www.ingramcontent.com/pod-product-compliance
Lightning Source LLC
Chambersburg PA
CBHW050405110426
42812CB00006BA/1811
* 9 7 8 1 9 5 1 9 4 8 1 1 5 *

ספר

הלכתא ברורה

מסכת שבת

כולל כל הלכות שבת (רמ"ב-שמ"ח)

ושאר ההלכות הנמצאות על הדף

שבשו"ע ובמשנה ברורה

בשילוב תמצית דברי הביאור הלכה והשער הציון

מסודרות על הדף ע"פ ציוני ה'עין משפט'

בתוספת מקורות של הבאר הגולה

לאסוקי שמעתתא אליבא דהלכתא

ספר הלכתא ברורה על מסכת סוכה
וכן ספרי חזרה ברורה: ג' כרכים על כל ו' חלקי משנה ברורה
ניתן להשיג ע"י:
"עם הספר" י. לעוויץ 0047 -377-718
יעקב בלוי 05-266-6245

ספר זה
ספר הלכתא ברורה על מסכת פסחים
ספר הלכתא ברורה על מסכת ר"ה ויומא
ספר הלכתא ברורה על מסכת ביצה ומועד קטן
ספר הלכתא ברורה על מסכת תענית מגילה וחנוכה
ספר חזרה ברורה על דיני חושן משפט ע"פ הסדר של הקשו"ע
וכן ספרי חזרה ברורה על יורה דעה: ב' כרכים
עם שאר הספרים המוזכרים למעלה
ניתן להשיג ע"י: www.chazarahmp3.com

1139 East 12th St.
Brooklyn, NY 11230
718 - 646 - 1243
info@chazarahmp3.com

ביד"צ שע"י העדה החרדית שליט"א

בית דין צדק

לכל מקהלות האשכנזים
שע"י "העדה החרדית"
פעיה"ק ירושלם תובב"א
רח' שטראוס 26/א

BETH DIN TZEDEK
OF THE ORTHODOX
JEWISH COMMUNITY
26\A STRAUSS ST.
JERUSALEM

ת.ד. 5006 P.O.B | טל. 02-6236550 TEL | פאקס 02-6221317 FAX

ב"ה

הסכמת הביד"צ שליט"א

נודע בשערים המצוינים בהלכה גודל ענין החזרה והשינון לדעת את הדרך ילכון בה ואת המעשה אשר יעשון בפרט בהלכתא רברבתא כהלכות שבת וכדו' אשר לפעמים נצרך להם ואין פנאי לחפש מקורו בספר, וע"כ בואו ונחזיק טובה להאי גברא יקירא הרה"ג ר' אהרן זליקוביץ שליט"א מעיר נ"י, אשר ערך ספר "חזרה ברורה" לפי סדר המשנה ברורה לחזור ולשנן הלכות שבת תחומין ועירובין שבמשנ"ב חלק ג' וד'.

והנה עבר על הספר ידידינו הגאון רבי חיים יוסף בלויא שליט"א מו"צ פעיה"ק רב שכו' פאג"י ומרבני ועד השחיטה דעדתינו, ומעיד כי הספר בנוי לתלפיות לתועלת ללומדים לשינון וחזרה, ע"כ אף ידינו תכון עמו לחלקו ביעקב ולהפיצו בישראל, והרוצים לידע את המעשה אשר יעשון עליהם לעיין בפנים הספר משנה ברורה ובהלכה, וכידוע מפי הפוסקים שאין לסמוך על ספרי הקיצורים ללא לימוד מקור הדברים בעיון כדת של תורה.

מי יתן וחפץ ה' בידיו של המחבר יצליח להגדיל תורה ולהאדירה מתוך שמחה ונחת וברכת ה' מלא, עדי נזכה לביאת גוא"צ אשר אליו מייחלים עינינו בקרוב הימים בב"א.

וע"ז באעה"ח ביום ז"ך לחודש תמוז - בין המצרים יהיה לששון ולשמחה - תשע"ה לפ"ק הביד"צ דפעיה"ק ת"ו

נאם
יצחק טוביה ווייס – גאב"ד

נאם
משה שטרנבוך – ראב"ד

נאם
אברהם יצחק אולמאן

נאם
נפתלי ה' פרנקל

קיבלנו בעד ספר "חזרה ברורה" על משנה ברורה

הרה"ג רב עזריאל אוירבאך שליט"א

בס"ד

הרב עזריאל אוירבאך
רב בית הכנסת "חניכי הישיבות", בית וגן
רח' הפסגה 53, בית וגן, ירושלים

Rabbi Azriel Auerbach
Rabbi of "Chaniche Hayeshivot"
53 Hapisga St., Bayit Vegan, Jerusalem

בס"ד

ראיתי את הספר "חזרה ברורה" הנועד לאלו אשר כבר
עסקו בעיון בשו"ע ובס' משנה ברורה - לקיים ושננתם
ובפרט בדבר הלכה בעניני או"ח אשר יום יום ידרושון
לדעת את הדרך ילכו בה. והנה המחבר עשה עבודה
יפה ומתוקנת ערוך ומסודר במעשה אומן לשם שינון הלכה
בבחינת נר לרגלי דבריך ואור לנתיבתי.
וברכה להמשך זיכוי הרבים להחדרת ההלכה היום
יומית מתוך הרחבת הדעת.

עזריאל אוירבאך

בס"ד

ראיתי את הספר "חזרה ברורה" הנועד לאלו אשר כבר עסקו בעיון בשו"ע ובס' משנה ברורה - לקיים ושננתם ובפרט בדבר הלכה בעניני או"ח אשר יום יום ידרושון לדעת את הדרך ילכו בה, והנה המחבר עשה עבודה יפה ומתוקנת ערוך ומסודר במעשה אומן לשם שינון הלכה בבחינת נר לרגלי דבריך ואור לנתיבתי.

וברכה להמשך זיכוי הרבים להחדרת ההלכה היום יומית מתוך הרחבת הדעת.

עזריאל אוירבאך

הרה"ג רב ישראל גנס שליט"א

הרב ישראל גנס
רח' פנים מאירות 2
קרית מטרסדורף, ירושלים 94423

בס"ד א' אלול תשע"ב

ראיתי את הספר "חזרה ברורה" אשר הפליא לעשות
האברך היקר הרב אהרן זליקוביץ שליט"א.
בספר הזה יש עמל רב, יגיעה רבה, סדר נפלא, ובעיקר תועלת
גדולה ללימוד המשנה ברורה שיוכלו לזכור את דבריו, הן המ"ב
הן הבה"ל והן השעה"צ.
ולא נצרכה אלא לברכה שיוסיף המחבר תת תנובה לזכות הרבים
בעוד ספרים מועילים.

הכו"ח לכבוד התורה ועמליה פה עיה"ק ירושלים תובב"א

ישראל גנס

בס"ד א' אלול תשע"ב

ראיתי את הספר "חזרה ברורה" אשר הפליא לעשות האברך היקר הרב אהרן זליקוביץ שליט"א. בספר הזה יש עמל רב, יגיעה רבה, סדר נפלא, ובעיקר תועלת גדולה ללימוד המשנה ברורה שיוכלו לזכור את דבריו, הן המ"ב הן הבה"ל והן השעה"צ. ולא נצרכה אלא לברכה שיוסיף המחבר תת תנובה לזכות הרבים בעוד ספרים מועילים.

הכו"ח לכבוד התורה ועמליה פה עיה"ק ירושלים תובב"א
ישראל גנס

קיבלנו בעד ספר "חזרה ברורה" על משנה ברורה

הרה"ג רב שמואל פירסט שליט"א

Rabbi Shmuel Fuerst
6100 North Drake Avenue
Chicago, Illinois 60659
(773) 539-4241
Fax (773) 539-1208

בס"ד

הרב שמואל פירסט
דיין ומו"ץ אגודת ישראל
שיקאגא, אילינאי

ה' מנחם אב תשע"ב

ראיתי הספר "חזרה ברורה" שחיברו הר"ר אהרן זליקוביץ שליט"א
שכתוב בתוכו כל דברי המחבר והרמ"א וכמעט כל דברי המ"ב ושע"צ
וב"ה והכל ערוך בסדר נאה. והתועלת מהספר יהי' ללומדי המ"ב
שיוכלו לחזור על ספר מ"ב באופן קל להבין אותה על בוריה
ובודאי ספר הנ"ל יהי' תועלת גדולה להרבה לומדי משנה ברורה שיהא להם
קל לחזור על דבריו כדי שיהיו בקיאין בדבריו ועי"ז יזכו לשמור ולעשות
ולקיים את דבר הלכה.
יהי רצון שיזכה המחבר שיתקבל הספר "חזרה ברורה" לפני כל הלומדים
הלכות אלו ויזכה לסיים כל שאר חלקים של המ"ב, ויזכה לשבת באהלה של
תורה כל ימי חייו.

הכו"ח לכבוד התורה,
בידידות,
שמואל פירסט

ה' מנחם אב תשע"ב

ראיתי הספר "חזרה ברורה" שחיברו הר"ר אהרן זליקוביץ שליט"א שכתוב בתוכו כל דברי המחבר והרמ"א וכמעט כל דברי המ"ב ושע"צ וב"ה, והכל ערוך בסדר נאה. והתועלת מהספר יהיה להלומדי המ"ב שיוכלו לחזור על ספר מ"ב באופן קל להבין אותה על בוריה.

ובודאי ספר הנ"ל יהיה תועלת גדולה להרבה לומדי משנה ברורה שיהא להם קל לחזור על דבריו כדי שיהיו בקיאין בדבריו ועי"ז יזכו לשמור ולעשות ולקיים את דבר הלכה.

יהי רצון שיזכה המחבר שיתקבל הספר "חזרה ברורה" לפני כל הלומדים הלכות אלו ויזכה לסיים כל שאר חלקים של המ"ב, ויזכה לשבת באהלה של תורה כל ימי חייו.

הכו"ח לכבוד התורה,
בידידות, שמואל פירסט

הרה"ג רב שמואל פעלדער שליט"א

RABBI SHMUEL FELDER
BETH MEDRASH GOVOAH
LAKEWOOD N.J.08701

שמואל יצחק פעלדער
דיין ומו"ץ בית מדרש גבוה
לייקואד נוי זשערזי

בעזהי"ת יום א' כ"א אייר תשע"ב לפ"ק

הן הובא לפני קונטרס שחיברו ר' אהרן זליקוביץ שליט"א על משנה ברורה אשר בשם "חזרה ברורה" יקבנו המכיל בתוכו כל דברי המחבר והרמ"א ומ"ב. וגם תמצית דברי הביאור הלכה ושער הציון, הכל עורך בצורה מסודרת ומאירת עינים, באופן ששייך לחזור על ספר משנה ברורה עם תמצית בה"ל ושעה"צ באופן קל ובהיר בלא בלבול ועירבוביא.

ובודאי שיש בחיבור זה תועלת גדולה ללומדי משנה ברורה לחזור ולשנן הדברים בצורה מועילה ביותר למען תהיה תורתם בלבם ערוכה ושמורה להיות בקיאין בדבר הלכה ללמוד וללמד לשמור ולעשות ולקיים.

ועל כן אברך הרב המחבר שיזכה שיתקבלו הדברים באהבה ובשמחה לפני הלומדים ויזכה לחבר עוד חיבורים כזה ואחרים בתורה הקדושה ולשבת באהלה של תורה כל ימי חייו מתוך מנוחת הנפש והרחבת הדעת.

הכו"ח לכבוד התורה
שמואל יצחק פעלדער

בעזהי"ת יום א' כ"א אייר תשע"ב לפ"ק

הן הובא לפני קונטרס שחיברו ר' אהרן זליקוביץ שליט"א על משנה ברורה אשר בשם "חזרה ברורה" יקבנו המכיל בתוכו כל דברי המחבר והרמ"א ומ"ב, וגם תמצית דברי הביאור הלכה ושער הציון, הכל עורך בצורה מסודרת ומאירת עינים, באופן ששייך לחזור על ספר משנה ברורה עם תמצית בה"ל ושעה"צ באופן קל ובהיר בלא בלבול ועירבוביא.

ובודאי שיש בחיבור זה תועלת גדולה ללומדי משנה ברורה לחזור ולשנן הדברים בצורה מועילה ביותר למען תהיה תורתם בלבם ערוכה ושמורה להיות בקיאין בדבר הלכה ללמוד וללמד לשמור ולעשות ולקיים.
ועל כן אברך הרב המחבר שיזכה שיתקבלו הדברים באהבה ובשמחה לפני הלומדים ויזכה לחבר עוד חיבורים כזה ואחרים בתורה הקדושה ולשבת באהלה של תורה כל ימי חייו מתוך מנוחת הנפש והרחבת הדעת.

הכו"ח לכבוד התורה
שמואל יצחק פעלדער

הרה"ג רב יחזקאל רוטה שליט"א

RABBI Y. ROTH
1556-53RD STREET
BROOKLYN, N. Y. 11219
TEL:(718) 435-1502

יחזקאל רוטה
אבדק"ק קארלסבורג
בארא פארק ברוקלין, נ.י. יע"א

להי"ו

תפארת שבנצח למב"י לסדר כללותיה ופרטותיה ודיקדוקיה מסיני תשע"ד לפ"ק

בימי הספירה שמסוגלים מאד ללמוד הלכה ברורה, כמבואר בתשו' המפורסמת לכ"ק זקיני זי"ע בשו"ת מראה יחזקאל סי' ק"ד בשם רבו הרה"ק מרימנאב זי"ע, שכל ההלכות שנשתכחו בימי אבלו של משה והחזירן עתניאל בן קנז כדאיתא בתמורה ט"ז, היתה בימי העומר, ועי"כ מסוגל מאד בימים הקדושים הללו לעשות חזרה על הלימוד שלא ישתכח, ועי"ז רומז לשון והחזירן מלשון חזרה, ועי"כ מאד מתאים כעת לחזק את ידי הרב המופלג צמ"ס כמוהר"ר **אהרן זליקוביץ** שליט"א שאיתמחי מכבר לערוך חיבור **חזרה ברורה** על המ"ב או"ח, ונתעטר בהמלצות והסכמות מגדולי הרבנים שיחי', ועל של עכשיו באתי מה שהוציא עתה חדש מן הישן על הלכות או"ה שביו"ד, ובוודאי יועיל להלומדים לחזור על לימודם, ודבר גדול עשה בזה שיהי' מוכן ומזומן לפני הלומד הלכות שירוץ בהם בלי גימגום וחיפוש, ובזה יתרבה יודעי דת ודין לזכור הלכה המביא לידי מעשה, והמחבר יהי' נמנה בין מזכי הרבים להגדיל תורה ולהאדירה, ויזכה להמשיך בעבוה"ק על מי מנוחות מתוך הרחבה וכט"ס עדי שיתרומם קה"ת וישראל ב"ב אמן.

הכו"ח לחיזוק תוה"ק ולומדיה

הק' יחזקאל רוטה

קיבלנו בעד ספר "חזרה ברורה" על יו"ד הלכות איסור והיתר

הקדמה

בעזה"י. תנא דבי אליהו: "כל השונה הלכות בכל יום מובטח לו שהוא בן עולם הבא, שנאמר 'הליכות עולם לו', אל תקרי הליכות אלא הלכות". **ואיתא** בגמ' (סוטה כא.) "משל לאדם שהיה מהלך באישון לילה ואפילה, ומתיירא מן הקוצים ומן הפחתים ומן הברקנים ומחיה רעה ומן הלסטין, ואינו יודע באיזה דרך מהלך, נזדמנה לו אבוקה של אור, ניצל מן הקוצים ומן הפחתים ומן הברקנים, (פירש רש"י: כך זכה לקיים מצוה ניצל ממקצת פורעניות), ועדיין מתיירא מחיה רעה ומן הליסטין ואינו יודע באיזה דרך מהלך, כיון שעלה עמוד השחר ניצל מחיה רעה ומן הליסטין, (פי' רש"י: זכה לתורה ניצול מיצה"ר ומן החטא), ועדיין אינו יודע באיזה דרך מהלך, הגיע לפרשת דרכים ניצל מכולם; מאי פרשת דרכים, מר זוטרא אמר: זה ת"ח דסלקא ליה שמעתתא אליבא דהלכתא" (פי' רש"י: כלומר זכה לכך ניצול מכולם). מבואר דהמעלה הגבוהה ביותר בלימוד התורה, היא לאסוקי שמעתתא אליבא דהלכתא.

וכך מצינו גם בדברי הרמב"ם באגרת לתלמידו: "ואין המטרה העיקרית אלא ידיעת מה שצריך לעשות וממה להמנע". **וכתב** הטור לבניו (נדפס בדף האחרון בספר ארחות חיים לרא"ש - ירושלים תשכ"ב): "והוי זהיר בתלמוד תורה לשמה, כדי שתדע המצות ותשמור עצמך מן העבירות וכו', והוי זהיר להאריך ולהעמיק ולחפש אחר כל הספרים בדרך פסק ההלכה בדבר הצריך לעולם וכו', ובכל מסכתא שתלמוד תכתוב מעט בכל מן הפוסקים, ומן ההלכות המעורבבות כתוב הכללים, כדי שיהיו בידך, ואם תספק באחד מהם, תמצאם בפעם אחרת, ובזה יצאו דבריך לאור ותתקיים תורתך".

כתב הדרישה (יו"ד סי' רמ"ו סק"ב, הובא בש"ך שם סק"ה ובט"ז שם סק"ב): "יש בעלי בתים נוהגין ללמוד בכל יום גפ"ת ולא שאר פוסקים, ומביאים ראיה מהא דאמרינן סוף פרק בתרא דנדה: 'תנא דבי אליהו כל השונה הלכות בכל יום מובטח לו שהוא בן העולם הבא'. אבל לי נראה כי לא זאת המרגוע ולא בזאת יתהלל המתהלל, כי אם בזאת יתהלל השכל וידוע בספרי פוסקים דיני תורה כגון האלפסי והמרדכי והרא"ש ודומיהם, דזהו שורש ועיקר לתורתנו, ואינם יוצאים כלל בלימוד גפ"ת, דהא דתנא דבי אליהו וכו', כבר כתב רש"י שם: כל השונה הלכות, פירוש הלכות פסוקות". **וכתב** המשנ"ב (סי' קנה סק"ט): "וכשלומד רק מעט, נכון שעיקר למודו יהיה בהלכות, שידע איך להתנהג למעשה וכנ"ל, ואמרו חז"ל (ברכות ח.) על הפסוק (תהלים פז, ב): 'אוהב ה' שערי ציון מכל משכנות יעקב', אוהב ה' שערים המצוינים בהלכה יותר מכל בתי כנסיות וכו', וגם אמרו (נדה עג.): 'כל השונה הלכות בכל יום מובטח לו שהוא בן עוה"ב'. **בנוסף** לאמור לעיל הובא בשם החזו"א זצ"ל: "שהמפרש היותר טוב של הגמרא הוא השלחן ערוך".

מטרת הספר שלפנינו 'הלכתא ברורה' היא, לאפשר לכל לומד - גם ללומד גמרא ורש"י בלבד - לראות מיד את ההלכה למעשה, ע"פ המראה מקומות שציין ה"עין משפט".

כדי להימנע מאריכות יתר, ברוב מקומות שהציון ב"עין משפט" הוא גם לרמב"ם וגם השו"ע, לא הבאתי את פסק הרמב"ם אלא רק את דברי השו"ע, אליהם חיברתי גם את דברי המשנה ברורה, וכן את הנקודות העיקריות שבדברי הביאור הלכה והשער הציון. במקומות שבהם ציין ה"עין מפשט" רק לדברי הרמב"ם, הבאתי רק את דברי הרמב"ם ללא הוספת דברי נושאי כליו, מלבד במקומות שבהם יש בנושאי הכלים פירוש נוסף לעצם הסוגיא.

הוספתי בשולי הדף גם את כל ציוני ה"באר הגולה", בהן מבוארת מקורה של כל הלכה בדברי הראשונים. במקומות שבהם פוסק השו"ע שלא כפי' רש"י בגמ', הוספתי את עיקר דברי הנושאי כלים והמפרשים, כדי שהסוגיא תובן ע"פ השיטה שכמותה פסק.

והתועלת הספר הזה רבה, שבאמצעותו יוכל הלומד לדעת את כל ההלכות בסמיכות למקורותיהם בגמ', ובנוסף, במקומות שלהלכה נפסק אחרת מכפי הנראה מפירוש רש"י, יוכל הלומד לראות מיידית לפי איזו שיטה בראשונים פוסק השו"ע, ואיך מתפרשת הסוגיא לפי אותה שיטה. **להשלמת** הענין הוספתי את כל הלכות שבת (רמ"ב-שמ"ח) - גם אלו שאינן מובאות ב"עין משפט" - אותן סדרתי על הדף ע"פ דברי הבית יוסף, הביאור הגר"א ו"באר הגולה". את ההלכות שאינן מוזכרות בגמ', סדרתי ליד ההלכות השייכות להן, שהוזכרו בסוגיא, או בשער המילואים.

הקדמה

גם בספר זה סדרתי את דברי השו"ע והמשנ"ב משולבים זה בזה - כפי שעשיתי בס"ד בספר "חזרה ברורה" - כך שניתן לקרוא את כל הענין ברציפות, כדי להקל על הלומד. **כיון** שבמקומות רבים נצרכים מאד גם דברי הביאור הלכה ושער הציון, הן מחמת חידושים להלכה שמופיעים בהם והן מחמת תוספת הסבר בסוגיות הגמ' או בפסקי השו"ע, לקטתי את עיקרי דבריהם והצבתי אותם בתוך דברי השו"ע והמשנ"ב.

וזאת למודעי שדברי השו"ע והרמ"א וסידורם לא שונו על ידי בשום אופן. גם דברי המשנ"ב הובאו בדרך כלל כלשונם ממש ללא שום שינוי, מלבד במקומות מועטים בלבד, שבהם נאלצתי לשנות מעט למען הסדר הטוב. גם את לשונות הביאור הלכה והשער הציון שהוצבו בתוך דברי השו"ע והמשנ"ב השתדלתי כמיטב יכולתי שלא לשנות, מלבד במקומות שהיה הכרחי לעשות זאת, הן מחמת צורך ההבנה והן מחמת סידור הדברים.

כדי שלא יצטרך ללומד, לבדוק בכל הלכה האם הוא מדברי השו"ע, הרמ"א, או המשנ"ב, הבאתי את דבריהם בצורת "פונטים" שונים: דברי השו"ע המחבר הובאו באותיות גדולות ברורות ב"פונט" זה: **מחבר**. ודברי הרמ"א הובאו באותיות כתב רש"י גדולות וברורות ב"פונט" זה: **רמ"א**. הציטוטים מהמשנ"ב נעשו באותיות רגילות ב"פונט" זה: משנה ברורה. את הליקוט מדברי הביאור הלכה הכנסתי לסוגריים עגולים ב"פונט" זה: (ביאור הלכה). ואת תמצית השער הציון הצגתי בסוגריים מרובעים וב"פונט" שונה: [שער הציון]. במעט המקומות בהן היה צורך בהוספה כלשהי, הודפסו הדברים באופן זה: ‹באופן זה›. **ולמטה** בחלק ה"באר הגולה", דברי הבאר הגולה עצמו הובאו כזה:(באר הגולה)**.** וכל שאר הדברים המובאים שם בשם הפוסקים, נכתבים באופן זה: ‹באופן זה›.

יתן ה' שספר זה יהיה לתועלת הרבים להגדיל תורה ולהאדירה, שנוכל להיות בקיאים בדבר ה' זו הלכה, ללמוד וללמד לשמור ולעשות ולקיים, ושלא אכשל ח"ו בדבר הלכה, ושאזכה להיות ממזכי הרבים, ולראות בבנין בית המקדש בב"א.

<u>לוח ה"פונטים"</u>

מחבר	**רמ"א**	משנה ברורה	(ביאור הלכה/באר הגולה)	[שער הציון]	‹הוספה›

מפתח הלכות

לוח המפתח

- האותיות שהם תוך רבוע כזה [א] הם אותיות הסעיפים.
- כשהסעיף אינו נכתב במקום א' בשלימותה, אלא נחלקה לחלקים, אז נרשם בהמפתח אצל כל חלק וחלק מספר כזה (1) או (2) וכדו'.
- כשהעין משפט מביא הלכה אחת בכמה מקומות, בדרך כלל ההלכה נכתבה רק במקום אחד, ובמקומות האחרים רשמנו ציון לאותו מקום, ובמפתח רשמנו את שאר המקומות האלו כזה [יא.]

הלכות שבת

רמב: להזהר בכבוד שבת, ובו סעיף אחד.

[א] - קיח. קיח:(1)

רמג: דין המשכיר שדה ומרחץ לכותי, ובו ב' סעיפים.

[א – ב] - מילואים

רמד: איזה מלאכות יכול האינו יהודי לעשות בעד הישראל, ובו ו' סעיפים.

[א] - יז: [ב – ו] - מילואים

רמה: ישראל וא"י שותפין, איך יתנהגו בשבת, ובו ו' סעיפים.

[א – ו] - מילואים

רמו: דיני השאלה והשכרה לאינו יהודי בשבת, ובו ה' סעיפים.

[א] - יח.(1) יט. [ב] - יח: [ג – ה] - מילואים

רמז: דין א"י המביאים כתבים בשבת, ובו ו' סעיפים.

[א – ג] - יט. [ד – ז] - מילואים

רמח: דין המפליג בספינה וההולך בשיירא בשבת, ובו ד' סעיפים.

[א – ב] - יט. [ג – ד] - מילואים

רמט: דינים השייכים לערב שבת, ובו ד' סעיפים.

[א – ד] - מילואים

רן: הכנת הסעודות לשבת, ובו ב' סעיפים.

[א] - קיז:(1) קיט.(2) [ב] - קיח:

רנא: שלא לעשות מלאכה בערב שבת מן המנחה ולמעלה, ובו ב' סעיפים.

[א – ב] - מילואים

רנב: מלאכות המותרים והאסורים להתחיל בע"ש כדי שיהיו נגמרים בשבת, ובו ז' סעיפים.

[א] - יז: יח:(2) [ב] - יז: [ג – ד] - מילואים [ה] - יח. יט.(2) קמה:(2) [ו] - יא.(1) יא:(1) יב.(2) [ז] - יב.

רנג: דין כירה ותנור ליתן עליה הקדירות בע"ש, ובו ה' סעיפים.

[א] - יח:(2) לו:(11,10,8,4,1) לז.(5,3) לז:(10,8,4,1) לח.(9,7) לח:(6) [ב] - לז.(3,1) לח: [ג – ה] - מילואים

מפתח הלכות

רנד: דיני תבשילין המוכנים מע"ש כדי להגמר בשבת, ובו ט' סעיפים.

א - יח: **ב** - יח: יט:(1) כ.(1) **ג** - לח. **ד** - מח. **ה** - יט:(1) כ.(1) קיז:(2) **ו** - ד. **ז** - קיז: **ח – ט** - יח:

רנה: הכנת האש קודם הכנסת שבת, ובו ג' סעיפים.

א - כ.(1) כא.(2) **ב** - כ. **ג** - כ:

רנו: שש תקיעות שהיו תוקעין בערב שבת, ובו סעיף אחד.

א - לה:

רנז: דיני הטמנת חמין, ובו ח' סעיפים.

א - לד.(1) לד:(2) לח:(3) מז:(4) **ב** - נא.(1) נא:(2) **ג** - מז:(1) מט.(2) **ד** - נא. **ה** - [לח:] נא. **ו** - לח: נא.
ז - נא. **ח** - מח.

רנח: שמותר להשים ערב שבת דבר קר על קדירה חמה, ובו סעיף אחד.

א - נא:

רנט: כמה דיני הטמנה וטלטולם, ובו ז' סעיפים.

א - מח.(1) מט.(2) מט:(3) נ.(4) **ב** - מילואים **ג** - נ: **ד – ה** - נא. **ו – ז** - מילואים

רס: דיני הכנסת שבת, ובו ב' סעיפים.

א - כה: **ב** - לד.

רסא: זמן הדלקת הערות לשבת, ובו ד' סעיפים.

א - לד. **ב** - לד: קיח:(1) **ג** - לה: **ד** - מילואים

רסב: לקדש השבת בשלחן ערוך ובכסות נקיה, ובו ג' סעיפים.

א - קיט: **ב** - קיג. **ג** - קיט.

רסג: מי ומי המדליקין, ואם טעו ביום המעונן, ובו י"ז סעיפים.

א - כג:(1) לג:(2) **ב** - [כג:] כ"ה: **ג** - כג:(2) לא:(1) **ד** - כג: **ה – ו** - מילואים **ז** - כג. **ח – יז** - מילואים

רסד: דיני הפתילה והשמן, ובו י' סעיפים.

א - כ: כא.(1) [כז.] **ב** - כא. **ג** - כ:(1) [כא.] כד:(2) כה:(3) **ד – ה** - כא. **ו** - כג. כד: כו. **ז** - כ: **ח – ט** - כח:
י - כט.

רסה: דין כלים הנתנים תחת הנר, ובו ד' סעיפים.

א – ב - כט: **ג** - מב: מד.(2) **ד** - מז:

רסו: דין מי שהחשיך לו בדרך, ובו י"ג סעיפים.

א - קנג. **ב** - קנג.(1) קנג: **ג – ו** - קנג. **ז** - קנג: **ח** - קנג. **ט** - קנג.(1) קנד:(2) **י** - מילואים **יא** - קנג:
יב - קנג:(1) מילואים(2) **יג** - מילואים

רסז: דיני התפלה בערב שבת, ובו ג' סעיפים.

א - מילואים **ב** - קיח: **ג** - מילואים

מפתח הלכות

רסח: דין הטועה בתפלת השבת, ובו י"ג סעיפים.

א - קיט: ב – ג - מילואים ד - כד. ה – ו - מילואים ז - כד. ח – ט - כד: י – יג - מילואים

רסט: דין הקידוש בבית הכנסת, ובו סעיף אחד.

א - מילואים

ער: לומר משנת במה מדליקין, ובו ב' סעיפים.

א – ב - מילואים

רעא: דיני קידוש על היין, ובו י"ז סעיפים.

א – יז - מילואים

רעב: על איזה יין מקדשים, ובו י' סעיפים.

א – י - מילואים

רעג: שיהיה הקידוש במקום סעודה, ובו ז' סעיפים.

א – ו - מילואים ז - כה:

רעד: דיני בציעת הפת בשבת, ובו ד' סעיפים.

א - קיז: ב - קיז: ג – ד - מילואים

ערה: דברים האסורים לעשות לאור הנר בשבת, ובו י"ב סעיפים.

א - יב.(1) יב:(2) ב – ה - יב: ו – ח - יג. ט – י - יב: יא - יב. יב - יב:

רעו: דיני נר שהדליק א"י בשבת, ובו ה' סעיפים.

א - קכב. ב - קכב.(1) קכב:(2) ג – ה - מילואים

רעז: שלא לגרום כיבוי הנר, ובו ה' סעיפים.

א - קכ: ב - קכ: ג - קכ: ד - מה. ה - קכא.

רעח: שיכול לכבות הנר בשביל החולה, ובו סעיף אחד.

א - כט:

רעט: דיני טלטול הנר בשבת, ובו ז' סעיפים.

א – ב - מד. ג - קמב: ד – ה - מילואים ו – ז - מו.

רפ: תשמיש המטה בשבת, ובו ב' סעיפים.

א – ב - מילואים

רפא: שלא יכרע בולך אנחנו מודים, ובו סעיף אחד.

א - מילואים

רפב: קריאת התורה והמפטיר בשבת, ובו ז' סעיפים.

א – ז - מילואים

רפג: למה אין מוציאין שני ספרי תורה בשבת, ובו סעיף אחד.

א - מילואים

מפתח הלכות

רפד: דיני הפטרה וברכותיה, ובו ז׳ סעיפים.

א - מילואים ב - כד. ג – ז - מילואים

רפה: לקרוא הפרשה שנים מקרא, ואחד תרגום, ובו ז׳ סעיפים.

א – ז - מילואים

רפו: דיני תפלת מוסף בשבת, ובו ה׳ סעיפים.

א – ה - מילואים

רפז: ניחום אבלים וביקור חולים בשבת, ובו סעיף אחד.

א - יב.(1) יב:(2)

רפח: דין תענית ודין תענית חלום בשבת, ובו י׳ סעיפים.

א – ג - מילואים ד - יא.(1) מילואים(2) ה - יא. ו - מילואים ז - קיט. ח – י - מילואים

רפט: סדר סעודת שחרית של שבת, ובו ב׳ סעיפים.

א - קיז: ב - מילואים

רצ: בשבת ישלים מאה ברכות בפירות, ובו ב׳ סעיפים.

א - מילואים ב - קטז:

רצא: דין שלש סעודות, ובו ו׳ סעיפים.

א - קיז: קיח. ב - קיח.(1) מילואים(2) ג - קיח. ד – ו - מילואים

רצב: דין תפלת מנחה בשבת, ובו ב׳ סעיפים.

א – ב - מילואים

רצג: דיני ערבית במוצאי שבת, ובו ג׳ סעיפים.

א - קיח: ב - לה: ג - מילואים

רצד: דיני הבדלה בתפלה, ובו ה׳ סעיפים.

א - קנ: ב – ה - מילואים

רצה: הבדלה שעושה ש״צ, ובו סעיף אחד.

א - מילואים

רצו: דיני הבדלה על היין, ובו ח׳ סעיפים.

א – ד - מילואים ה - כג: ו – ח - מילואים

רצז: דיני בשמים להבדלה, ובו ה׳ סעיפים.

א – ה - מילואים

רצח: דיני נר הבדלה, ובו ט״ו סעיפים.

א – טו - מילואים

רצט: שלא לאכול ולא לעשות שום מלאכה קודם שיבדיל, ובו י׳ סעיפים.

א – ט - מילואים י - קנ:

מפתח הלכות

ש: שיסדר שלחנו במוצאי שבת, ובו סעיף אחד.

א - קיט:

שא: באיזה כלים מותר לצאת בשבת ואיזה מהם אסורים, ובו נ"א סעיפים.

א - קיג: ב - מילואים ג - קיג: ד – ו - מילואים ז - [ס.] סא.(2,4) סג.(1) קמא:(3) ח – י - סב. יא - מילואים
יב - יא: יג - יא: סד: יד - יא: טו–טז - סו. יז–יח - סה: יט - מילואים כ - סו: כא - סב. כב - מילואים
כג - סז. כד - סו: כה - סא. סא:(2) כו - סא. כז - סז. כח - סה. כט - קמז. ל – לג - קמז. לד - קמז.(1)
קמז: לה - קמו: לו - נט: לז - מילואים לח – לט - קלט: מ – מא - קלח: מב - סב. מג - מילואים
מד - קכ. מה - קמו: מו - קמז: מז - מילואים מח - קמז: מט - קמא. נ – נא - נ.

שב: דיני נקוי וקפול הבגדים בשבת, ובו י"ג סעיפים.

א - קמז. ב - עה: ג - קיג. ד - קמא. ה - קמ. ו – ז - קמא. ח - קמא: ט – יב - קמב: יג - קמט.

שג: דיני תכשיטי אשה, ובו כ"ז סעיפים.

א - נז. ב - נז.(1) נז:(2) ג - נז: ד – ה - נט. ו - נט: ז – ח - נט: ט - ס.(2) סב.(1) י - נז.(2) סב.(1)
יא - סב. יב - סה. יג - קמא: יד - סד: טו - נז:(1) סג:(4) סד:(3) סה.(2) טז - נז. יז - סב: יח - נז.(3)
סד: יט - קכג. כ – כא - סה. כב – כג - סה: כד - סו: כה – כו - צה. כז - נ:

שד: על איזה עבד מצווה על שביתתו, ובו ג' סעיפים.

א - מילואים(1) נח.(2) ב – ג - מילואים

שה: במה בהמה יוצאת בשבת, ובו כ"ג סעיפים.

א - נא: ב - נב. ג - נא: ד - נב. ה - נא: ו - נג: נד. ז - נב:(1) נג. ח – יא - נג. יב - נח. יג - נד.
יד – טז - נד. יז - נב.(2) נג:(3) נד:(1) יח - קנד:(2) קנה.(1) יט - קכח: כ - צה. כא - מילואים כב - צד.
כג - מילואים

שו: באיזה חפצים מותר לדבר בשבת, ובו י"ד סעיפים.

א - קיג.(1) קנ.(2,1) קנא.(3) ב - קנא. ג - קנ:(1) קנא. ד – ה - מילואים ו - [קיג.] קנ. ז - קנז: ח - קיג:
ט – יד - מילואים

שז: דיני שבת התלוים בדבור, ובו כ"ב סעיפים.

א - קיג: ב - קנ. ג – ה - מילואים ו - קנ. קנ: ז - קנ. ח - קנ.(2) קנ:(1) קנא.(1) ט - קנ: י - קנא.
יא - קמח. יב - קמט. יג - קטז: קמט. יד - קטז: טו - קמט. טז - קטז: יז – יח - מילואים
יט - קכא. כ – כא - מילואים כב - ח:(1) קנ.(2) מילואים(3)

שח: דברים המותרים והאסורים לטלטל בשבת, ובו נ"ב סעיפים.

א - קכג: ב - לה. ג - קכב:(1) קכג.(1) קכג: קכד.(2,1) קכד:(2) ד - קכג: קכד. ה - קכג: ו - קכד:
ז - קכד.(2) קכד: ח – ט - קכב: י - קכה.(2) קכו: יא - קכב: קכג. יב – יג - קכה. יד - קמא: טו - קיב.
טז - קלח:(2) קמ.(1) יז - קכד: יח - מב. יט - מילואים כ - נ. כא – כב - קכה: כג - מילואים כד - נ.
כה – כו - מט: כז - קמ:(1) קמג. כח – כט - קכח. ל - קמג. לא – לב - קכח. לג - סא.
לד – לה - קכא: לו – לז - קמג. לח - נ. לט - מג. קכח: מ – מא - קכח: מב - קנא. מג - מילואים
מד - קכד: מה – מח - מילואים מט - קכד: נ - מילואים נא - קנז: נב - מז.

מפתח הלכות

שט: טלטול ע"י דבר אחר אם מותר בשבת, ובו ה' סעיפים.

א - קמא:(1) קמב.(2) ב - קכה. קמב.(1) ג - קמב. ד - קכה: קמב: ה - קמב:

שי: דיני מוקצה בשבת, ובו ט' סעיפים.

א - קמ: ב - יט:(1) מה. מה:(2) ג – ה - מילואים ו - מב: מג.(1) ז - מד: ח – ט - מז.

שיא: דיני מת בשבת ושאר טלטול מן הצד, ובו ט' סעיפים.

א - ל:(2) מג: ב - צד: ג – ד - מילואים ה - קמב: ו - מג: ז - קנא.(1) קנא:(2) ח - נ:(1) קמא.
ט - קכג.

שיב: הנצרך לנקביו במה מקנח בשבת, ובו י' סעיפים.

א - פא. פא:(1) ב - פא. ג - פא: ד - פא.(1) פא:(2) ה – ח - פב. ט - פא: י - מילואים

שיג: טלטול דלת וחלון והמנעול בשבת, ובו י' סעיפים.

א - קכד.(2) קכו. ב – ה - מילואים ו - מז. מז:(1) ז - מג. ח - קלח: ט - מז: י - מילואים

שיד: דברים האסורים משום בנין וסתירה בשבת, ובו י"ב סעיפים.

א - נ:(2) [קכב:] קמו. ב – ה - קמו: ו - קמו. ז - מילואים ח - קמו. ט – י - מילואים יא - קלט:(2)
קמו.(1) קמו:(1) יב - נ:

שטו: דברים האסורים משום אהל בשבת, ובו י"ג סעיפים.

א – ב - קכה: ג – ח - קלח. ט - קלז: קלח. י - קלח. יא – יב - קלח: יג - קלט:

שטז: צידה האסורה ומותרת בשבת, ובו י"ב סעיפים.

א - [קו.] קו: ב – ג - קו: ד - מג. ה - [עה.] קו: ו - קו: קז.(1) ז - קז. ח - [קז.] קז: ט - יב.(2) קז:
י – יא - קכא: יב - קז.

שיז: דין קשירה ועניבה בשבת, ובו ז' סעיפים.

א - [עד:] קיא: קנז.(2) קנז:(2) ב – ג - מח. ד – ה - קיג. ו - קיב: ז - קיג.

שיח: דין המבשל בשבת, ובו י"ט סעיפים.

א - לח. ב - מילואים ג - לח: לט. ד - לד.(1) קמה:(2) ה - מב: ו - נא: ז – ח - מילואים ט - מב.(1)
מב:(2) י - מב: יא - מב. יב - מא. מב.(2) יג – טו - מ: טז - נא: יז - מח. יח - יח: יט - קט.

שיט: דין הבורר בשבת, ובו י"ז סעיפים.

א – ה - עד. ו - קכח. ז - מילואים ח - קמ. ט - קלז: קלט: י – טו - קלט: טז - מילואים יז - צה.

שכ: דיני סחיטה בשבת, ובו כ' סעיפים.

א - קמג: ב - יט. קמה: ג - קמה: ד – ה - קמד: ו - קמג: ז – ח - קמה. ט – יד - נא: טו - מח.
טז - קמא. יז - קמג. יח - קיא. יט – כ - קמ.

שכא: דיני תולש בשבת ודין טוחן ודיני תקוני מאכל או מעבד ולש, ובו י"ט סעיפים.

א - קכח. ב – ד - קח: ה - עה: ו - קח: ז - קמא. ח - מילואים ט - עד: י – יא - מילואים יב - עד:
יג - צה. יד - קנו. טו - קמ. טז - קמ. יז - קמ. יח - קמ. יט - יט:(2)

מפתח הלכות

שכב: דין נולד בשבת, ובו ו' סעיפים.

[א] - מב: [ב – ה] - מילואים [ו] - קמט:

שכג: דיני השאלה וקנין צרכי שבת והדחת הכלים ותיקונן וטבילתן בשבת, ובו י' סעיפים.

[א – ד] - מילואים [ה] - קמח. [ו] - קיח. [ז – ח] - מילואים [ט] - נ. [י] - מילואים

שכד: דיני הכנת מאכל לבהמה לשבת, ובו ט"ו סעיפים.

[א] - קמ. [ב] - מילואים [ג] - קנה:(1) קנו.(2) קנה:(3) [ד – ה] - קנה. [ו] - קנה: קנו: [ז] - [ל:] קנה: קנו:(1)
[ח] - קנה. [ט – יב] - קנה: [יג] - קכב. [יד – טו] - קמ:

שכה: א"י שעשה מלאכה בעד ישראל, ובו ט"ז סעיפים.

[א] - יט. [ב – ה] - מילואים [ו – ז] - קנא. [ח] - מילואים [ט] - קנא. [י – יג] - קכב. [יד – טז] - קנא.

שכו: דיני רחיצה בשבת, ובו י"ג סעיפים.

[א] - לט:(1) מ. קמז.(1) [ב] - קמז. [ג] - לח: [ד – ו] - מ: [ז] - קמא. [ח] - מילואים [ט] - נ: [י] - מילואים
[יא – יב] - מ. [יג] - קכב.

שכז: דיני סיכה בשבת, ובו ד' סעיפים.

[א] - קיא. קיא: [ב – ג] - קמז: [ד] - קמא:

שכח: דין חולה בשבת, ובו מ"ט סעיפים.

[א – ה] - מילואים [ו] - קט. [ז – ט] - מילואים [י] - מילואים(1) ד.(2) [יא] - מילואים [יב] - מילואים קכח:(2)
[יג – טז] - מילואים [יז – יט] - קכט. [כ – כא] - קח: [כב] - נג:(1) קלד: [כג] - קלד: [כד] - קט. [כה] - מילואים
[כו] - עה: [כז] - מילואים [כח] - קז. [כט] - קט. [ל] - קמח. [לא] - צד: [לב] - קיא. [לג – לו] - מילואים
[לז] - קט: קי. [לח] - מילואים [לט] - קמז: [מ – מא] - סו: [מב] - קמז: [מג] - סו: [מד] - קט. קט:
[מה – מו] - מילואים [מז] - קמח. [מח] - מילואים [מט] - פא.

שכט: על מי מחללין שבת, ובו ט' סעיפים.

[א – ט] - מילואים

של: דיני יולדת בשבת, ובו י"א סעיפים.

[א] - קכח: [ב] - מילואים [ג – ד] - קכט. [ה] - מילואים [ו] - קכט. [ז] - קכט:(1) קלה.(2) [ח] - קלה.
[ט] - קכג. [י] - קמז: [יא] - קכג.

שלא: דין מילה בשבת, ובו י' סעיפים.

[א] - קלג. [ב] - קלג: [ג] - קלה. [ד] - קלב: קלז. [ה] - קלה. קלה:(2) [ו] - קל. קל:(1) [ז – ח] - קלג. [ט] - קלד:
[י] - קלג.

שלב: שלא ליילד הבהמה בשבת, ובו ד' סעיפים.

[א] - קכח: [ב – ד] - נג:

שלג: שלא לפנות אוצר בשבת, ובו ג' סעיפים.

[א] - קכו: קכז.(2) [ב – ג] - קכז.

מפתח הלכות

שלד: דיני דליקה בשבת, ובו כ"ז סעיפים.

א - קיז: ב - מילואים ג – ה - קיז: ו – יא - קכ. יב - קטו.(1) קטו: יג – יד - קטו: טו – טז - קטז:
יז - קטז: קיז:(2) קכ.(1) יח - קטז: יט – כא - קטז. כב - קכ. כג - קכ. קכא.(2) כד - קכ.
כה – כו - קכא. כז - מב.

שלה: דין חבית שנשברה, ובו ה' סעיפים.

א - קמג: ב – ג - קיז: ד - מילואים ה - קמב. קמג:

שלו: אם מותר לילך על גבי העשבים, וכן באילן, ובו י"ג סעיפים.

א – ד - מילואים ה - קז: ו - נ: ז - צה. ח - פא: ט – יב - מילואים יג - קנה.

שלז: דין כבוד הבית ודבר שאינו מתכוין, ובו ד' סעיפים.

א - כב. כט: [עה.] ב - צה. ג - מ: ד - קמא.

שלח: דברים האסורים בשבת משום השמעת קול, ובו ח' סעיפים.

א – ו - מילואים ז - קכד. ח - מג.

שלט: כמה דינים פרטיים הנוהגין בשבת, ובו ז' סעיפים.

א - מילואים ב - מ: ג – ד - קמח: ה – ו - מילואים ז - קלט:

שמ: כמה דינין מדברים האסורים בשבת כעין תולדות מאבות, ובו י"ד סעיפים.

א - צד: ב - מילואים ג - עה: ד – ה - קד: ו - עה. ז – ח - מח. ט - עג: י – יד - מילואים

שמא: היתר נדרים בשבת, ובו ג' סעיפים.

א - קנז. ב – ג - מילואים

שמב: בין השמשות מותר לעשות דברים שאסרו חז"ל משום גזירה, ובו סעיף אחד.

א - ח:

שמג: דיני קטן בשבת, ובו סעיף אחד.

א - קכא.

שדמ: דין ההולך במדבר בשבת, ובו ב' סעיפים.

א - סט: ב - סט:(1) מילואים(2)

שמה: דין ארבע רשויות בשבת, ובו י"ט סעיפים.

א – ב - ו. ג - צט: ד - ז: צח.(1) ה - ז: ו - ח. ז - ו. צט.(1) ח – ט - ז. י - ז. ז:(3) ח.(2) צא:(2) ק.(3)
יא - ז. ח. ק.(2) יב - ק. יג - ז: יד - ו.(1) ז.(2) [צח.] ק:(1) טו - ז: טז – יז - עירובין יח - ק: יט - ד.(1)
ח:(1) ז:(2)

שמו: דיני עירובין מן התורה, ובו ג' סעיפים.

א - ו.(1,3) ח:(2) צו.(1) ב - ו. ג - ז.(1) ט.(3) עירובין(4,2)

שמז: על איזה הוצאות חייב מן התורה, ובו סעיף אחד.

א - ב.(1) ג.(2)

שמח: דין המושיט מרשות לרשות, ובו סעיף אחד.

א - ג:

מפתח הלכות

הלכות חנוכה

תרע: דברים האסורים והמותרים בחנוכה, ובו ג' סעיפים.

[א] - כא: [ב – ג] - הל' חנוכה

תרעא: סדר הדלקת נר חנוכה ומקום הנחתו, ובו ח' סעיפים.

[א] - כג: [ב] - כא: [ג – ד] - כג: [ה] - כא: [ו] - כא:(1) כב.(2) [ז] - כב.(1) [ח] - כג.

תרעב: זמן הדלקת נר חנוכה, ובו ב' סעיפים.

[א] - כא: כג:(1) [ב] - כא:

תרעג: שמנים ופתילות הכשרות לחנוכה, ובו ד' סעיפים.

[א] - כא:(2,1) כב.(3) כג.(1) [ב] - כא: [ג – ד] - הל' חנוכה

תרעד: שמותר להדליק מנר לנר, ובו ב' סעיפים.

[א] - כב. [ב] - הל' חנוכה

תרעה: שהדלקה עושה מצוה ולא הנחה, ובו ג' סעיפים.

[א] - כב:(2) כג.(1) [ב – ג] - כג.

תרעו: סדר הברכות וההדלקה, ובו ה' סעיפים.

[א – ג] - כג. [ד – ה] - חנוכה

תרעז: דין אכסנאי בחנוכה, ובו ד' סעיפים.

[א – ג] - כג. [ד] - כב.

תרעח: נר של שבת קודם לנר של חנוכה, ובו סעיף אחד.

[א] - כג:

תרעט: ובו סעיף אחד.

[א] - הל' חנוכה

תרפ: שלא להניח הנרות סמוך לפתח בליל שבת, ובו ב' סעיפים.

[א – ב] - הל' חנוכה

תרפא: אין מבדילין בנר חנוכה במוצאי שבת, ובו ב' סעיפים.

[א – ב] - הל' חנוכה

תרפב: דין על הניסים בחנוכה, ובו ג' סעיפים.

[א] - כד. [ב] - כד. [ג] - הל' חנוכה

תרפג: ובו סעיף אחד.

[א] - הל' חנוכה

תרפד: סדר קריאת התורה בחנוכה, ובו ג' סעיפים.

[א – ג] - הל' חנוכה

§ מסכת שבת דף ב. §

אות א'

<u>פשט העני את ידו לפנים ונתן לתוך ידו של בעל הבית, או שנטל מתוכה והוציא, העני חייב ובעל הבית פטור</u>

סימן שמז ס"א - [א]מן התורה אינו חייב אלא כשעוקר חפץ מרשות היחיד והניחו ברשות הרבים, או איפכא - שזה נקרא מלאכה שלמה, שעקר החפץ מרשות זה והניח ברשות אחר.

דע, דשם עקירה לאו דוקא כשעוקר החפץ מע"ג קרקע ממש, אלא אפי' אם היה החפץ מונח בבגדיו שלבוש בהן מע"ש, ונטלו משם ופשט ידו לחוץ והניחו בר"ה, ג"כ חייב, **דמה** שהיה מונח מתחלה בכיסו, חשוב כמונח ע"ג קרקע, דבגדים שהוא לבוש בהן בטלין לגבי גופו, והנחת הגוף כהנחת חפץ דמיא, וממילא כשנטלו משם חשוב עקירה, [כן מוכח שבת י"א: וכ"כ האחרונים], **וכן** כשהיה החפץ מונח בידו ברה"י מע"ש, ופשט ידו לחוץ והניחו שם, ג"כ חייב, **דמה** שהיה מונח מתחלה בידו חשיב כמונח ע"ג קרקע, דידו וגופו דבר אחד הוא, [כ"כ התוס' בשבת ג' ד"ה מאי טעמא], **וכן** בכל זה לענין הנחה, וכמו שיבואר לקמיה.

אבל פשט ידו לפנים, וחפץ בידו, ונטלו חבירו העומד בפנים - ר"ל שלא נתן המכניס לתוך ידו, אלא הוא לקח ממנו, דנמצא שעשה הראשון רק עקירה לבד, וההנחה עשה השני, **ואפילו** לא הניחו ע"ג קרקע, אלא השאירו בידו, הנחה חשיבא, [כן מוכח מהתוס', **דכיון** שידו אצל גופו ברשות אחד, הוי הנחת ידו כהנחת כל הגוף, והנחת הגוף כהנחת חפץ].

או שפשט ידו לחוץ וחפץ בידו, ונטלו חבירו העומד בחוץ, שזה עקר וזה הניח, שניהם פטורים - דאם אינו עושה אלא חצי מלאכה, או שנעשית המלאכה שלמה ע"י שנים, שזה עוקר וזה מניח, פטורים, **שכן** דרשו רז"ל מקראי בפ"ק דשבת, מדכתיב גבי חיוב חטאת: מעם הארץ בעשותה, העושה את כולה חייב חטאת, ולא העושה את מקצתה, יחיד ועשה אותה חייב, שנים ועשו אותה פטורים.

(**ואם** היתה ידו למטה משלשה, הוי כאלו הניחה בארץ, וחייב לדעת הרמב"ם והמאור, **וי"א** דכיון שגופו ברה"י, ידו בתר גופו גריר, ולא חשיבא הנחה כל זמן שלא הניח החפץ בארץ).

אבל אסור לעשות כן מדרבנן - שמא יבוא כל אחד ואחד לעשות מלאכה שלמה, [רש"י], **וה"ה** אם עשה אדם אחד רק עקירה או הנחה לבד, ג"כ אסור מדרבנן, [כן מוכח בגמ' ג: וכדלקמיה בסימן שמ"ח].

אות ב'

<u>פשט בעל הבית את ידו לחוץ ונטל העני מתוכה, או שנתן לתוכה והכניס, שניהם פטורין</u>

רמב"ם פי"ג מהל' שבת [ב]ה"ה - כבר אמרנו שאין המוציא מרשות לרשות חייב עד שיעקור ויניח, אבל אם עקר ולא הניח, או הניח ולא עקר, פטור; לפיכך מי שהיה עומד באחת משתי רשויות ופשט ידו לרשות שניה וחפץ בידו, ונטלו אחר ממנו, או שנתן אחר לידו חפץ והחזיר ידו אליו, שניהם פטורים, שזה עקר וזה הניח.

באר הגולה

א פשוט בריש שבת במשנה וגמרא | ב «כצ"ל וכן תוקן במהדורת נהרדעא»

מסורת הש"ס

יציאות השבת פרק ראשון שבת ב

עין משפט נר מצוה

משנה

יציאות

*השבת שתים שהן ארבע בפנים ושתים שהן ארבע בחוץ כיצד העני עומד בחוץ ובעל הבית בפנים [א]פשט העני את ידו לפנים ונתן לתוך ידו של בעל הבית או שנטל מתוכה והוציא העני חייב ובעל הבית פטור: פשט בעל הבית את ידו לחוץ ונתן לתוך ידו של עני או שנטל מתוכה והכניס בעל הבית חייב והעני פטור: פשט העני את ידו לפנים ונטל בעל הבית מתוכה או שנתן לתוכה והוציא שניהם פטורין [ב]*פשט בעל הבית את ידו לחוץ ונטל העני מתוכה או שנתן לתוכה והכניס שניהם פטורין: גמ' *תנן התם שבועות שתים שהן ארבע ידיעות

רש"י

יציאות השבת. הוצאות שמרשות לרשות האמורות לשבת ובגמ' מפרש דהכנסות נמי קא קרי יציאות הואיל ומוציא מרשות לרשות: **שתים שהן ארבע בפנים** · לאותן העומדים בפנים שתים מן התורה הוצאה והכנסה דבע"ה ובפ' הזורק (לקמן צו:) כרישיה נפקא לן מויצו משה ויעבירו קול במחנה וגו' לא תפיקו מרה"י לר"ה להביא נדבה למחנה לויה ויום השבת היה כדיליף התם ועל שתים אלו חייב חטאת על שגגתו ועל זדונו כרת ועל התראתו סקילה וכן בכל מלאכת שבת: **שהן ארבע** · מדבריהם הוסיפו שתים לאסור לכתחלה ואם עשה פטור ולקמן מפרש להו ואזיל: **ושתים שהן ד' בחוץ** · שתים מן התורה הוצאה והכנסה דעני העומד בחוץ ושתים מדבריהם כשהמלאכה נעשית על ידי שנים זה עוקר וזה מניח לכתחלה אסור ואם עשה פטור כדיליף בגמרא (דף ג·) שנים שעשאוה פטורים: **פשט העני את ידו** · ואחפץ בתוכה: **ונתן לתוך ידו דבעה"ב** · דעביד ליה עקירה ברה"ר והנחה ברה"י: **או שנטל מתוכה והוציא** · החפץ והניח בר"ה דעביד ליה עקירה [ברה"י] והנחה [ברה"ר]: **העני חייב** · שעשה מלאכה שלמה והרי שתים מן התורה לעומד בחוץ: **ובעל הבית פטור** · פטור לגמרי ואפי' לכתחלה מותר דהא לאו מידי עבד והכי מפרש בגמ' (דף ג·): **פשט בעה"ב כו' בעה"ב חייב** · והרי שתים מן התורה לעומד בפנים: **פשט העני את כו'** · דעביד ליה עקירה ונטל בעה"ב מתוכה והניח בפנים ועביד ליה בעל הבית הנחה: **או שנתן לתוכה** · דעביד ליה בעל הבית עקירה והוציא העני והניח: **שניהם פטורין** · שלא עשה האחד מלאכה שלימה אבל אסורין לעשות כן לכתחלה שמא יבואו כל אחד ואחד לעשות מלאכה שלימה בשבת הרי שתים מדבריהם אחת לעני בחוץ ואחת לבע"ה בפנים וא"ת שנים הן לכל אחד ואחד עקירה לעני ועקירה לבע"ה הנחה לעני והנחה לבע"ה לקמן פריך לה ומשני דלא חשיב אלא עקירות שהן תחלת המלאכה ואיכא למימר שמא יגמרנה: **גמ' תנן התם** · במסכת שבועות: **שבועות שתים** · שבועות של ביטוי להרע או להיטיב שתים הן להתחייב עליהן קרבן עולה ויורד האמור בפרשה (ויקרא ה) דנפקי מלהרע או להיטיב דמשמע להבא אוכל ולא אוכל: **שהן ארבע** · יש לך לרבות עוד שתים מריבוי הכתוב לכל אשר יבטא האדם לרבות לשעבר אכלתי ולא אכל לא אכלתי ואכל: ידיעות

תוספות

יציאות השבת שתים שהן ארבע · הקשה ריב"א דדיני הוצאות שבת היה לו לשנות גבי אבות מלאכות אחר פרק כלל גדול לקמן (דף עג·) דהתם קתני אבות מלאכות מ' חסר אחת וקתני הוצאה לבסוף והוה ליה להתחיל כסדר בדברים דמיירי בע"ש מבעוד יום כגון לא יצא החייט במחטו סמוך לחשיכה אין שורין דיו וסמנין ואין צולין בשר ואח"כ במה מדליקין וכירה ובמה טומנין שהם דברים הנוהגים עם חשיכה ואח"כ במה בהמה ובמה אשה יוצאה דברים הנוהגים בשבת עצמו ושוב אבות מלאכות של שבת ודרך התנא לשנות כסדר זה כמו שמצינו בפסחים דמתחיל בליל י"ד ושוב בי"ד ושוב בשחיטת פסחים שהוא בין הערבים ואחר כך שונה מאכילת פסחים שהוא בלילה וכן ביומא מתחיל בז' ימי' קוד' יה"כ ואח"כ בעיה"כ ואח"כ ליל י"כ ותירץ דהוצאה חביבא ליה לאקדומי משום דממסכה זו שמעינן כמה דברים הוצאה והכנסה דעני ועשיר ודבעי' עקירה והנחה ושנים שעשאוה פטורין וידו של אדם חשובה לו כד' על ד' וידו של אדם איננה לא כרה"י ולא כרה"ר ור"ת מפרש דדבר ההוה רגיל הש"ס לשנות תחילה וכן במס' ב"ק (דף ב·) השור והבור המבעה וההבער ולא *נקט כסדר הפרשה וכן מפרש רב האי גבי ד' צריכין להודות בפרק הרואה (ברכות דף נד:) דלא נקט הש"ס כסדר הפסוק ועוד מפרש ר"ת דפתח ביציאות משום דבעי למימר לא יצא החייט במחטו אע"ג דלא שנה המלבן משום אין נותנין כלים לכובס ולא המבעיר משום במה טומנין הוצאה הולרך לשנות טפי משום דמלאכה גרועה היא כמו שאפרש: **יציאות** · הוצאות הוה ליה למתני' אלא נקט יציאות לישנא דקרא אל יצא איש ממקומו (שמות טז) ודרשינן מינה (עירובין דף יז:) הוצאה אל יצא עם הכלי ללקט המן: **שתים** שהן ארבע בפנים · כן נראה כמו שמפרש רש"י כאן דמבפנים היינו לבעה"ב העומד בפנים ובחוץ היינו לעני העומד בחוץ שתים הוצאות והכנסות דחיוב שהן ד' הוצאות והכנסות דפטור ובשבועות* פרש"י בפנים היינו הכנסות פנים שנים דחיוב דעני ודעשיר ושנים דפטור ובחוץ היינו הוצאות חוץ* ואין נראה מדפירש מילי דעני לחוד ומילי דעשיר לחוד משמע כפי שפירש כאן ולפי' דהתם לא היה לו לערב הוצאות והכנסות יחד ומיהו שמא לפי שהיה צריך להאריך אם היה בא לפרש הוצאות לבד [והכנסו' לבד] מ"מ אין נראה לרביט אלחנן מדקאמר בגמרא דיקא נמי דקתני יציאות וקמפרש הכנסות לאלתר ולא דייק מדקתני בפנים: **פשט** בעה"ב את ידו כו' · תימה לר"י אמאי צריך למתני תרתי דעני ודבעה"ב וכן ברים שבועות דמפרש בגמרא (דף ג· ושם) שתים דעני ודבעל הבית מה שייך לקרותו שתים מה לי עני מה לי עשיר ונראה לר"י דאיצטריך לאשמעי' משום דהוצאה מלאכה גרועה היא דמה לי מוציא מרה"י לרה"ר מה לי מוציא מרה"ר לרה"י ולא הוה גמרינן הוצאה דעני מבעה"ב ולא בעה"ב מעני ותדע מדאיצטריך תרי קראי בהוצאה כדנפקא לן ברים הזורק (לקמן דף צו: ושם) מויכלא העם מהביא ובספ"ק דעירובין (דף יז:) נפקא לן מקרא אחרינא דדרשינן אל יצא איש ממקומו אל יוציא *והתם פירשתי והיינו משום דמלאכה גרועה היא איצטריך תרווייהו חד לעני וחד לעשיר *וכן בכל תולדות דאבות מלאכות לא חיישינן שיהא במשכן אלא אבות בלבד ובתולדות דהוצאה בעי' שיהא במשכן דתנן בהזורק (דף צו·) שתי גזוזטראות זו כנגד זו המושיט והזורק מזו לזו פטור היו שתיהן בדיוטא אחת הזורק פטור והמושיט חייב שכך היתה עבודת לוים וברים הזורק (ג"ז שם:) נמי בעי הזורק ד' אמות ברה"ר מנלן ודחיק לאשכחינהו במשכן עד דמסיק כל ד"א ברה"ר הלכתא גמירי לה וכל אלו תולדה דהוצאה נינהו ולא אבות שאין אבות אלא מ' חסר אחת וגבי הכנסה נמי אמרינן בפ' במה טומנין (לקמן מט:) הם העלו קרשים מקרקע לעגלה אף אתם אל תכניסו מרה"ר לרה"י* וא"ת כיון דהכנסה היתה במשכן מה צריך תו לקמן בהזורק (דף צו:) לפרושי דסברא הוא מה לי אפוקי מה לי עיולי דהזורק ד' אמות ברה"ר משמע דאי הוה משכחת לה במשכן הוה ניחא ליה אע"ג דהתם ליכא סברא וי"ל דאיצטריך סברא להכנסה דבעה"ב דלא הוה במשכן דהם העלו קרשים כו' היינו הכנסה דעני דמסתמא בקרקע היו עומדים שהוא רה"ר ואם תאמר כיון דאיכא סברא אמאי איצטריך בבמה טומנין למימר דהכנסה היתה במשכן וי"ל דתנא ליה איידי דבעי למיתני הם הורידו קרשים מעגלה ואתם אל תוציאו כו' אע"ג דהוצאה נפקא לן מקרא בהדיא איצטריך למיתני שהיתה במשכן משום דקתני ברישא בברייתא אין חייבין אלא על מלאכה שכיוצא בה היתה במשכן ואם לא היה מוצא הוצאה במשכן הייתי מחייב בכל מלאכות הדומות למלאכה גמורה אע"פ שלא היה במשכן כמו בהוצאה והא דאסמוך קרא דשבת למלאכת המשכן הוה דרשינן למילתא אחריתי: **שבועות** שתים שהן ארבע · ברים שבועות (דף ג·) מפרש שתים אוכל ולא אוכל דכתיב בהדיא בקרא להרע או להיטיב דהיינו להבא שהן ד' אכלתי ולא אכלתי דאתי מדרשא והא דלא מפר' שהן ד' אזרוק ולא אזרוק והוה אתיא כולה כרבי ישמעאל ולא הוה צריך לאוקומי בתרי תנאי משום דמתני' בפ"ג (דף יט:) תנן בהדיא שהן ד' אכלתי ולא אכלתי וא"ת אמאי לא קתני שתים שהן שמונה [אוכל ולא אוכל] אכלתי ולא אכלתי אזרוק ולא אזרוק זרקתי ולא זרקתי ונראה דלכך פירש רש"י ברים שבועות שאינו שונה אלא דבר ואילופו ור' יצחק תירץ דלא נקט אלא אכלתי ולא אכלתי משום דפליג ר' ישמעאל והוי רבותא טפי אבל אזרוק ולא אזרוק דמודה ר"י לא חש למיתני וא"ת וגבי שבת אמאי קתני שתים שהן ד' ותו לא ליתני נמי מושיט ומעביר מרשות היחיד לרשות היחיד דרך רה"ר דחייב כדאמר לקמן (דף צו:) וזורק מרשות היחיד לרשות הרבים ומרה"ר לרה"י וי"ל דלא קתני אלא הכנסה *דדמיא להוצאה שהוא מרה"י לרה"ר לאפוקי מושיט ומעביר שהוא מרה"י לרה"י וזריקה נמי לא דמיא להוצאה שזה בהולכה ביד וזה בזריקה: ידיעות

עין משפט נר מצוה

אזהרה בכלל דיני שבת כתב הרמב"ם פ"א מהל' שבת הלכה ג וז"ל כל מקום שנאמר שהעושה דבר זה פטור הרי זה פטור מן הכרת ומן הסקילה ומן הקרבן אבל אסור לעשות אותו דבר בשבת ואיסורו מד"ס

א א מיי' פי"ב מהלכות שבת הלכה ט ופי"ג שם הלכה ב סמג לאוין סה טוש"ע א"ח סי' שמז:

ב ב מיי' שם הל' ז:

רבינו חננאל

יציאות השבת שתים שהן ארבע בפנים כו'. גמ' תנן התם בתחלת שבועות. שבועות שתים שהן ארבע. ידיעות הטומאה שתים שהן ארבע. יציאות השבת שתים שהן ארבע. מראות נגעים שתים שהן ארבע. ואקשי' אמאי התם במסכת שבועות לא קתני בענין שבת שתים

הגהות ומראי מקומות

שבועות ה.

לקמן צב.

שבועות ג.

[עי' מהרי"ם]

[דף ג. ודף ה. ושם ד"ה שתים]

[ת"י]

והתם פריך מי כתיב אל יוציא וסיינו משום כצ"ל רש"ל

[ועי' תוספות פסחים פה: ד"ה הוצאה]

מצאתי כתוב בגליון ת"י וז"ל ועי"ל שתים שתי הוצאות דחיוב ופטור שהן ארבע הכנסות דחיוב ופטור עכ"ל ואין נראה דבירושלמי בעי מה שנים כו' ומסיק ב' לחיוב וב' לפטור ע"ש. [דבור זה שייך לתוס' לעיל ד"ה שתים שהן ארבע אחר פירש"י לפני ואין נראה כו']

דדמיא לגמרי להוצאה כצ"ל

ידיעות הטומאה שתים שהן ארבע (א) *מראות נגעים שנים שהן ד' יציאות השבת שתים שהן ארבע *מאי שנא הכא דתני ב' שהן ד' בפנים וב' שהן ארבע בחוץ ומאי שנא התם דתני שתים שהן ארבע ותו לא הכא דעיקר שבת הוא תני אבות ותני תולדות התם דלאו עיקר שבת הוא אבות תני תולדות לא תני אבות מאי ניהו יציאות ויציאות תרי הויין וכי תימא מהן לחיוב ומהן לפטור והא דומיא דמראות נגעים קתני מה התם כולהו לחיובא אף הכא נמי כולהו לחיובא אלא אמר רב פפא הכא דעיקר שבת הוא תני חיובי ופטורי התם דלאו עיקר שבת הוא חיובי תני ופטורי לא תני חיובי מאי ניהו יציאות יציאות תרתי הויין שתים דהוצאה ושתים דהכנסה והא יציאות קתני אמר רב אשי תנא הכנסה נמי הוצאה קרי לה ממאי מדתנן *המוציא מרשות לרשות חייב מי לא עסקינן דקא מעייל מרה"ר לרה"י וקא קרי לה הוצאה וטעמא מאי כל עקירת חפץ ממקומו תנא הוצאה קרי לה אמר רבינא מתניתין נמי דיקא דקתני יציאות וקא מפרש הכנסה לאלתר ש"מ רבא אמר רשויו' קתני רשויו' שבת שתים: א"ל רב מתנה לאביי הא תמני הויין תרתי סרי הויין וליטעמיך שיתסרי הויין א"ל הא לא קשיא בשלמא

בבא

רש"י

ידיעות הטומאה. האמורות בקרבן עולה ויורד (ויקרא ה) או נפש כי תגע וגו' ואמרינן במס' שבועות (פ"א דף ז ע"ב) שאין הכתוב מדבר אלא בטומאת מקדש וקדשיו שלאחר שנטמא אכל קודש או נכנס למקדש וילפינן התם (דף ד') שאינו מתחייב אלא בידיעה תחלה וידיעה בסוף והעלם בינתיים כגון שידע שנטמא ונעלם ממנו טומאה ואכל קדש ומשאכל ידע שאכלו בטומאה שתים הן ממשמעות הכתוב (שם) ונעלם ממנו והוא טמא משמע שנעלם ממנו טומאה אבל זכור הוא שאכל קדש ושזה מקדש הרי שתים העלם טומאה לגבי קדש והעלם טומאה לגבי מקדש: שהן ארבע. יש לך לרבות עוד שתים מריבוי ונעלם ונעלם ב' פעמים לרבות את הזוכר לטומאה אבל נעלם ממנו קדש כסבור שחולין הן או נעלם ממנו מקדש: מראות נגעים. ליטמא בהן שנים הן שאת ובהרת: שהן ארבע. מריבוי ספחת שהוא משמע טפילה כמו ספחני נא אל אחת וגו' (שמואל א ב) מרבה טפילה לזו ולזו תולדה לשאת ותולדה לבהרת ושנו חכמים בהרת עזה כשלג שניה לה כסיד ההיכל שאת כלומר לבן שניה לה כקרום ביצה מראה לשון זכר הוא משום הכי תני שנים שהן ד': תני אבות ותולדות. יציאות והכנסות שהיציאות אבות הן דמויעבירו קול במחנה (שמות לו) לא משמע אלא הוצאות אלא מסברא אמרינן (בכ"מ הזורק דף צו:) מכדי מרשות לרשות קפיד קרא מה לי אפוקי מה לי עיולי: תרתי הויין. דעני ודבעל הבית ומאי שהן ארבע דקתני התם: מהן לחיוב ומהן לפטור. יציאות דעני ודבעל הבית לחיוב ויציאות שתים של פטור שתי עקירות של הוצאה כגון פשט בעל הבית ידו מלאה לחוץ ונטל עני מתוכה הרי פטור של בעל הבית דקתני ליה תנא דמתני' וכגון פשט העני ידו ריקנית לפנים ונתן בעל הבית לתוכה הרי פטור שני של הוצאה (פ"א של עני) שהוא אסור לכתחלה דגזרינן שמא יעשה הנחה על עקירתו והיינו שהן ד' דקתני התם: הא דומיא דמראות נגעים קתני וגו' מה התם כולהו לחיובא. שבאיזו מהן שנטמא בה ונכנס למקדש חייב ולהכי פריך ממראות נגעים דאינו שבועות וידיעות פלוגתא היא דאיכא מ"ד בשבועות (דף כה:) אינו חייב אלא על העתיד לבא ובידיעות נמי איכא למ"ד (שם דף יד:) אינו חייב אלא על העלם טומאה: חיובי תני. כדמפרש לקמיה ב' הוצאות וב' הכנסות וכולן לחיוב ביחיד שעשאם עני לבדו או בעה"ה לבדו: חיובי מאי ניניהו יציאות. כלומר יציאות קתני דמשמע הוצאה לכך תמיה הי מחיובי קתני ע"כ יציאות לחודייהו ותרתי הוא דהויין ומשני הכנסות נמי קתני בהדייהו: מדתנן המוציא מרשות לרשות. קחשיב מנין אבות מלאכות בפרק כלל גדול: מי לא עסקינן כו'. דהא ע"כ אהכנסה נמי חייב כדקתני מתני' העני חייב וקתני המוציא: מתניתין. דהכא נמי דיקא דהכנסה נמי קרי הוצאה: דקתני יציאות. ועל כרחיך לא מצית מפרש לה דיציאות לחודייהו קאמר ומאי שהן ארבע חיובי ופטורי דהא מפרש הכנסה ברישא דקתני כיצד פשט העני את ידו לפנים דהיינו הכנסה וקתני לה בפירושא דיציאות אלמא הכנסה נמי קרי לה הוצאה: רבא אמר. דקשיא לך לישנא דיציאה בין הכא בין התם רשויות קתני רשויות שתים רשות היחיד ורשות הרבים שהן ארבע בפנים כו' כלומר ועל ידיהן יש לך ארבע איסורין בפנים וכנגדן בחוץ ומהן לחיוב ומהן לפטור והאיך דשבועות כולהו לחיובא כדאוקימנא: תרתי סרי הויין. ארבעה חיובי ותמניא פטורי שתי עקירות לעני בלא הנחה ושתי הנחות בלא עקירה וכן לבעל הבית כגון פשט העני את ידו מליאה לפנים ונטל בעל הבית מתוכה הרי עקירה לעני והנחה לבעל הבית או שנתן לתוכה והוציא הרי עקירה לבעל הבית והנחה לעני וכן פשט בעל הבית כו' כדקתני לה: שיתסרי הויין. דאיכא למיחשב נמי הנך פטורי דמיתנו גבי חיובי העני חייב ובעל הבית פטור וכן בעל הבית חייב והעני פטור:

בבא

תוספות

ידיעות הטומאה כו'. וא"ת ואמאי לא קתני העלמות שתים שהן ד' העלם טומאה ואכל קדש או נכנס למקדש שהן ד' העלם קדש והעלם מקדש והוה אתי שפיר דלא מלי למיפרך האי תמני הויין כדפריך אידיעות וי"ל דנקט ידיעות כדמפרש התם (פ"ב ד' יד:) ידיעות קמייתא דליתנהו בכל התורה כולה קחשיב בתרייתא דאיתנהו בכל התורה לא קחשיב א"נ ידיעות בתרייתא דמייתי לידי קרבן קחשיב ולהאי לישנא דידיעות קמייתא קחשיב לא שייך למיתני גבי שבועות ושבת ידיעות שבועות וידיעות שבת ולאידך לישנא נמי דקאמר ידיעות בתרייתא דמייתי לידי קרבן קחשיב לא תנא בהו ידיעות כיון דחילוק שתים שהן ארבע משכחת באיסורא גופיה אבל גבי טומאה החילוק דשתים שהן ארבע אינו בא אלא מחמת הידיעה: מראות נגעים וכו'. ברוב ספרים גרס שנים שהן ד' וכן בשילהי המזבח מקדש (זבחים פח:) ברוב ספרים גרס מראות נגעים ר' דוסא אומר שלשים ושש עקביא בן מהללאל אומר שבעים ושנים דממראה יאמר מראות כמו ממחנה מחנות וכי היכי דכתיב ועתה הייתי לשני מחנות (בראשית לב) ה"נ קתני שפיר מראות שנים ואע"ג דהתם חשיב טולי האי והכא לא חשיב אלא ב' שהן ד' התם חשיב פתיכין ונגעי אדם וראש וזקן ונגעי בתים והכא לא חשיב אלא לבנות כדתנן במס' נגעים (פ"א מ"א) ומייתי לה בפ"ק דשבועות (דף ה:) בהרת עזה כשלג שניה לה כסיד ההיכל ט'*: התם דלאו עיקר שבת אבות תני ותולדות לא תני. וא"ת והא במראות נגעים תני אבות ותולדות כדמפרש בשבועות שהן ארבע שאת ותולדתו בהרת ותולדתו אף על גב דהתם לאו עיקר נגעים הוא וי"ל דלא דמי דתולדות דנגעים כתיבי ותולדות דשבת לא כתיבי: והא דומיא דמראות נגעים קתני. הא דנקט מראות נגעים טפי משבועות וידיעות משום דאינהו גופייהו לא ידעינן דהוו להו כולהו לחיובא אלא משום דדומיא דמראות נגעים קתני דבכולהו איכא פלוגתא בר ממראות נגעים: התם דלאו עיקר שבת הוא חיובי תני פטורי לא תני. לא הוה צריך לומר משום דלאו עיקר שבת הוא אלא משום דדומיא דמראות נגעים קתני דהוו כולהו לחיובא אלא משום דצריך לשניי הכא דעיקר שבת תני חיובי ופטורי קמסיים נמי התם דלאו עיקר שבת הוא וגם המקשה לא הקשה דליתני התם כי הכא כיון דידע דדומיא דמראות נגעים קתני אלא פריך דליתני הכא שתים שהן ד' ותו לא: *וכי תימא מהן לחיוב ומהן לפטור. רש"י לא פי' כאן לפי שיטתו שבסמוך דעקירות קחשיב ולפי שיטתו היה לו לפרש שתים לפטור בעקירות דבעה"ב: והא יציאות קתני. לא פריך אלא אמתני' דשבועות דהוה כולהו לחיובא ולא משכחת אלא שתים אבל במתני' דהכא משכחת לה כולהו ביציאות כגון שלא יהיו כולם לחיובא שתים דהוצאה שיש בה חיוב חטאת ופטור אבל אסור דאתי לידי חיוב חטאת שהן ד' פטור אבל אסור דלא אתי לידי חיוב חטאת ופטור ומותר בעני וכן בעשיר לפירוש ריב"א בסמוך ולהכי לעיל כי משני הכא דעיקר שבת הוא תני אבות ותולדות לא הוה מלי למיפרך והא יציאות קתני: מי לא עסקינן דקא מעייל מרה"ר לרה"י. ובפ"ק דשבועות (דף ה:) פריך ואימא דקא מפיק מרה"י לרה"ר ומשני א"כ ליתני המוציא לרה"ר מאי מרשות לרשות אפילו מרה"ר לרה"י וא"ת ומ"ש דתני תולדה דהוצאה ולא תני שום תולדה דכל שאר אבות ותירץ ריב"א דבכל שאר תולדות אם היה רוצה לשנותם היה צריך להאריך בלשונו אבל הכנסה דקרויה הוצאה כוללה עמו בקוצר: וקמפרש הכנסה לאלתר. וא"ת ואמאי לא דייק מכח דלא משכחת ארבע בפנים וד' בחוץ בלא הכנסות וי"ל דמשכחת להו כדפירשתי לעיל א"נ דמהא לא הוה שייך למימר מתני' נמי דיקא דמאי אולמא מההיא דשבועות דקיימא עלה דהתם נמי לא משכחת כולהו לחיובא אא"כ תחשוב הכנסות בכלל: רשויות קתני. רשויות שתים שהן ארבע פירוש דשתים קאי ארשויות רשות הרבים ורשות היחיד וקשה לריב"א דאם כן לא הוה ליה למיתני ושתים שהן ארבע בחוץ אלא שתים שהן ארבע בפנים וארבע בחוץ שתים שתים למה לי ופירש ריב"א רשויות שבת יש בהן שני חיובים שהן ד' בפנים וב' חיובים שהן ד' בחוץ ויציאות כרשה לריב"א דהוי כמו תוצאות דאשכחן רשויות דאקרי הוצאות דכתיב (במדבר לד) והיו תוצאותיו הימה ומתרגמינן רשוותיה:

בבא

רבינו חננאל

שהן ארבע בפנים ושתים שהן ארבע בחוץ. והכא קתני שתים שהן ארבע בפנים ושתים שהן ד' בחוץ. ושנינן הכא דעיקר שבת תני אבות ותולדות כו' תרדות. ושני רב פפא הכא דעיקר שבת תני חיובי ופטורי. התם חיובי תני דומיא דשבועות. וידיעות הטומאה ומראות נגעים משום הכי פטורי לא תני התם. ואקשי' תוב והא תרתי אינון הוצאה דעני והוצאה דבעל הבית. ושני שתים דהוצאה כדאמרן. ושתים נמי דהכנסה אחת דעני ואחת דבעה"ב הוצאה קרי לה. ופירשה רב אשי לטעמא ואמר האי תנא כל עקירת חפץ ממקומו כיון שמוציאו ממקום למקום אפילו הכנסה קרי לה הוצאה. וסייעיה רבינא ואמר דייקא דמתניתין הכי דקתני יציאות השבת וקא מפרש בתחלת דבריו פשט העני את ידו לפנים שהיא הכנסה ש"מ ההכנסה הוצאה קרי לה. רבא אמר שרשויות שבת שתים קתני. הוצאה והכנסה דעני. הוצאה והכנסה דבעה"ב. אקשי' תוב ד' בפנים וד' בחוץ הא תמניא ואנן תנינן י"ב. וכי תימא לטעמיך י"ו הווין

[ועי' תוס' שבועות ב. ד"ה מראות]

מסורת הש"ס

נגעים פ"א מ"א

שבועות ה:

לקמן צו.

הגהות הב"ח

(א) גמ' ידיעות הטומאה שתים שהן ארבע יציאות השבת שתים שהן ארבע מראות נגעים שנים שהן ארבעה מאי שנא הכא:

רש"ל מוחק כל דיבור זה

§ עניני הלכה שונים הקשורים להדף §

אמר רב אשי תנא הכנסה נמי הוצאה קרי לה

אחרי אשר ביארנו, דשתי חצאי מלאכות אינן מצטרפות לכשיעור, עלינו לבאר, איך הדין בשני חצאי שיעור מאב ותולדה דידיה אם מצטרפין, דאפשר דהוי כמלאכה אחת ממש ומצטרפים.

ולכאורה הוא ירושלמי מפורש בפ"א הל' א' ר"י בשם ר"י, הכניס חצי גרוגרות והוציא חצי גרוגרות, חייב. **הרי** דהכנסה והוצאה מצטרפין, וע"כ דאב ותולדה דידיה הוי כמלאכה אחת ממש.

ובפשטות היה נראה לכאורה, עפימ"ש הרמב"ן והרשב"א ז"ל בריש שבת, בהא דאמר רב אשי תנא הכנסה נמי הוצאה קרי לה, דפליג אהא דמבואר לקמן דף צ"ו: דהכנסה הויא תולדה דהוצאה, ורק דס"ל דהכנסה הויא חדא מלאכה לגמרי עם הוצאה, דכל עקירת חפץ ממקומו הוצאה קרי לה, והלכך ע"כ הויא בכלל המוציא מרשות לרשות דתני באבות מלאכות, דחד שם וחדא מלאכה היא יעוי"ש. **אבל** לפי"ז יקשה להראשונים ז"ל, שלא פי' כן בכונת רב אשי בסוגיין, ורק דגם הוא ס"ל דהכנסה היא תולדה.

והנה בשיטה מקובצת בריש ב"ק, בהא דפריך שם, ולר"א דמחייב אתולדה במקום אב, אמאי קרי לה אב ואמאי קרי לה תולדה, **כתב** וז"ל הקשה מהרר"י, ולימא דנ"מ דאם הוציא והכניס חצי גרוגרות, האב והתולדה מצטרפין לעשות חצי שיעור כשיעור שלם, משא"כ באבות דאם הוציא חצי גרוגרות וחזר וטחנה פטור, **ותירץ** הואיל וליכא נפקותא בשאר מלאכות לא קאמר, עכ"ל. **ונראה** דמקור השמ"ק ז"ל הוא הירושלמי הנ"ל, **וחזינן** דעת השימ"ק ז"ל, דדוקא הכנסה והוצאה מצטרפין, אבל לא בשאר מלאכות, ובאמת צ"ע סברתו בזה.

וע"כ נלע"ד בזה, במאי דנראה דענין צירוף שני חצאי שיעור, תלוי בזה, אם אב ותולדה הוו שמות מחולקין, דכבר כתבנו דחצי שיעור קצירה וחצי שיעור טחינה אינן מצטרפין, משום דלאו שם אחד הן, והוו רק שתי חצאי מלאכות, ולא מלאכה אחת שלימה. **והנה** התוס' ז"ל בריש שבת דף ב: בד"ה, מי לא עסקינן דקא מעייל מר"ה לרה"י כתבו וז"ל, **וא"ת** ומ"ש דתני תולדה דהוצאה, ולא תני שום תולדה דשאר אבות, **ותירץ** ריב"א דבכל שאר תולדות אם היה רוצה לשנותם, היה צריך להאריך בלשונו, אבל הכנסה דקרויה הוצאה כוללת עמו בקוצר, עכ"ל. **חזינן** בעליל, דאף למ"ד דהכנסה תולדה דהוצאה היא, מ"מ חלוקה היא משאר תולדות בזה, דחד שמא לה עם הוצאה, והיינו ג"כ כדאמר שם, וטעמא מאי, כל עקירת חפץ ממקומו, תנא הוצאה קרי לה.

אבל תולדה דעלמא אינה מצטרפת עם האב, דכיון דהוו שתי שמות דזה אב וזה תולדה, וגם חלוקות בפעולותיהן, לא שייך בהו צירוף לפעולה אחת שלימה, ושתי חצאין איכא, אבל לא דבר אחד שלם, **אכן** כל זה רק בכל תולדות דעלמא, אבל לא בהכנסה עם הוצאה, כיון דחד שמא הוא והוצאה קרו לה, **וגם** עיקר המלאכה הוא העקירת חפץ ממקומו, כחד פעולה היא, דבזה ובזה הרי נעקר החפץ ממקומו, ע"כ שייך שפיר בזה צירוף, **אף** אליבא דהריב"א ז"ל, דאינו מפרש כרמב"ן וכרשב"א ז"ל, וס"ל דגם לרב אשי הכנסה תולדה היא, אבל כיון דשם הוצאה עליה שפיר מצטרפת עם הוצאה.

וכ"ז דוקא אם הכנסה תולדה ולא אב בפני עצמו, **אבל** אם היה הכנסה אב בפני עצמו לגמרי, בודאי לא היה שייך צירוף. **וע"כ** הקשה השמ"ק דמ"ט לא אמר הש"ס האי נ"מ בין אב לתולדה אליבא דרב אשי. **וע"ז** תירץ כיון דליכא נפקותא בשאר מלאכות לא קאמר – אפיקי ים ח"ב סי' ד' ענף י'.

§ מסכת שבת דף ג, §

אות א'

פטור ומותר לא קתני

סימן שמז ס"א - ואם פשט ידו לפנים וחפץ בידו, והניחו לתוך יד חבירו העומד בפנים, ‹חייב› - ואע"ג דקי"ל, דבין עקירה ובין הנחה צריך שיהיה מקום שהוא ד' על ד' טפחים, ידו של אדם חשובה כד' על ד', [גמרא]. **או שפשט ידו לפנים, ונטל חפץ מתוך יד חבירו העומד בפנים והוציאו לחוץ** - ואפילו אם לא הניחו בארץ, הואיל והוא בידו הרי הוא כמונח בארץ וכנ"ל, [תוס'].

שנמצא שהעומד בחוץ לבדו עקר והניח, הוא חייב, וחבירו פטור [א]אבל אסור - לא משום איסור שבת, אלא שמכשיל את חבירו וגורם לו להוציא חפץ או להכניסו, ויש בזה איסור תורה משום "לפני עור", **ואם** הוא מונח באופן שאם אפילו לא היה בידו היה יכול ליטלו, דלא קעבר א"לפני עור", **מ"מ** איסור דרבנן איכא, דאפילו קטן אוכל נבילות ב"ד מצווין להפרישו, כ"ש גדול שלא יסייע לו - [הרא"ש]. ‹**ובודאי** כונת הרא"ש למיספי בידים, דאל"כ הא קיי"ל קטן אוכל נבילות אין בי"ד מצווין להפרישו, {דלא מצינו שיסבור הרא"ש כשיטת תוס', הובא בהרמ"א לעיל סי' שמ"ג, דבהגיע הקטן לחינוך ב"ד מצווין להפרישו}. **ומבואר** מדבריו, דלאו דלא תאכילום איכא גם היכא שיכול ליקח בעצמו, וגם בגדול דליכא לאו דלא תאכילום, עכ"פ אסור משום מסייע לעבירה – אחיעזר ח"ג סי' פ"א›.

[**ולכאורה** לפי מה דאיתא בברכות, הרואה לחבירו שהוא לבוש כלאים, דצריך לפשוט אפי' בשוק, ומשמע שם בגמר' דלאו תקנתא דרבנן בעלמא, דהלא מחוייב למחות בידו מן התורה כדי להפרישו מאיסור, **ואמאי** הכא הוי רק איסור דרבנן, **ונראה** ליישב, דהיכא אמרינן לענין כלאים דמחוייב למנעו, היכא שיש בידו למנעו ע"י פשיטה וכה"ג, אבל באין בידו למנעו, לית בזה חיוב מן התורה, **והכא** מיירי דאינו יכול למנעו מליטול, וקמ"ל הרא"ש, דאפ"ה איסור דרבנן יש, היכא שהוא לוקח מידו, שהוא בכלל מסייע ידי עוברי עבירה].

ואסור להשאיל לאדם כלי מלאכה, אם הוא חשוד לעשות בהם מלאכה בשבת, **אם** לא שיש לתלות שיעשה בה מלאכת היתר, **ודוקא** בדבר המצוי, אבל אם המלאכת היתר אין מצוי לעשות, אין תולין בה, אם לא מפני דרכי שלום - מ"א.

ולמומר לעבודת כוכבים אסור להושיט ג"כ דבר איסור, כמו לשאר ישראל, מ"א. **עוד** כתב, דלעכו"ם ליכא איסור לסייע במידי דאסור לו כמו אבר מן החי, לרוב הפוסקים, אם לא דקאי בענין שאינו יכול ליטלו, דשם שייך "לפני עור", **אבל** אם יש לו אבר מן החי משלו, או שיכול לקנות במקום אחר, ליכא איסורא, **ובביאור** הגר"א משמע דס"ל להלכה, דאפילו היכא דיכול לקנות במקום אחר, ג"כ אסור, וכן פסק בפת"ש שם בשם שו"ת אמונת שמואל, וכן מצדד בברכי יוסף שם.

דרך ארץ לומר לאדם שעוסק במלאכה: תצלח מלאכתך, ואפילו לעו"ג, **אבל** מי שעוסק במלאכת איסור, אסור לומר לו כך.

[ב]ואפי' אם העומד בחוץ הוא א"י, אסור, מפני שהוא כנותנו על מנת להוציא.

והוא הדין להוציא ידו לחוץ, והניחו ביד חבירו העומד בחוץ, או שנטל מיד חבירו העומד בחוץ, והכניס בפנים, שהעומד בפנים חייב שהוא עקר והניח - ואם יד חבירו למעלה מיו"ד, פטור, דמקום פטור הוא, **ויש** חולקין, ‹דכיון דקי"ל המעביר חפץ דרך עליו חייב, כי היכי דלא בעינן בשעת העברה שיהיה החפץ תוך י' ה"ה בשעת עקירה והנחה – מרכבת המשנה›. **והעומד בחוץ פטור אבל אסור** - ואפילו אם העומד בפנים היה נכרי, ג"כ העומד בחוץ יש איסור עליו, שיאמרו שהוא נותן לו ע"מ להכניס.

הזורק, ונעקר חבירו ממקומו וקבלו, שניהן פטורין, הראשון משום דלא אתעביד הנחה מכחו, שהשני חטפו באמצע הליכתו, והשני, משום דלא עשה רק הנחה, **ואם** רץ הוא עצמו וקבלו, הרי זה ספק אם חייב, אף דעשה גם ההנחה בעצמו, אפשר שאין ההנחה גמורה עד שינוח במקום שהיה לנוח בשעת עקירה, [גמרא] ‹דף ה.›.

הזורק מר"ה לר"ה ורה"י באמצע, או מרה"י לרה"י ור"ה באמצע, פטור, **ואם** הלך החפץ שתי אמות בר"ה זה, ושתי אמות בר"ה שמעבר השני, הרי זה חייב, שהרשויות מצטרפות, [גמרא] ‹דף צ"ח.›.

המושיט מרה"י לרה"י דרך ר"ה בדיוטא א', ר"ל ששני רה"י עומדים בצד אחד לאורך ר"ה, ור"ה מפסיק בין שני רה"י, אפי' למעלה מיו"ד שהוא מקום פטור, חייב, **בשני** דיוטות, דהיינו ששני רה"י עומדים זה כנגד זה, פטור, והיינו אפי' למטה מיו"ד, ‹מתני' דף צו.›, ע"ש בגמ' הטעם.

פשט ידו לפנים ונטל מים מעל גומא והוציאו לחוץ, חייב, שהמים כגוף אחד הן, ומונחים על הארץ, וכשלוקח מהן מעט, כמו שעוקר מן הקרקע, **אבל** אם נטל פירות או שמן מע"ג המים, פטור, שמה שהיו מונחין ע"ג המים לא הוי הנחה, וממילא כשעקרן מעל המים לא מקרי עקירה, [גמרא] ‹דף ה.›.

אות ב'

חייב, ואינו דומה לידו, מאי טעמא, גופו נייח, ידו לא נייח

רמב"ם פי"ג מהל' שבת ה"ח - היה עומד באחת משתי רשויות אלו ונתן חבירו חפץ בידו או על גביו ויצא באותו החפץ לרשות שניה ועמד שם, חייב; מפני שעקירת גופו בחפץ שעליו כעקירת חפץ מאותה רשות, ועמידתו באותו החפץ כהנחת החפץ בקרקע שעמד בה.

באר הגולה

א כ"כ שם התוס' והרא"ש והר"ן מפני שמכשיל את חבירו ‹מקום ציונו של הבאר הגולה ע"פ הפמ"ג› ב שם

בבא דדישא *פטור ומותר לא קתני אלא בבא דסיפא דפטור אבל אסור קשיא מי איכ' בכולי שבת פטור ומותר והאמר שמואל *כל פטורי דשבת פטור אבל אסור בר מהני תלת דפטור ומותר צידת צבי °וצידת נחש ומפיס מורסא כי איצטריך ליה לשמואל פטורי דקא עביד מעשה פטורי דלא קא עביד מעשה איכא טובא מ"מ תרתי סרי הויין פטורי דאתי בהו לידי חיוב חטאת קא חשיב דלא אתי בהו לידי חיוב חטאת לא קא חשיב שניהן פטורין והא אתעבידא מלאכה מבינייהו *תניא ר' אומר °מעם הארץ בעשותה העושה את כולה ולא העושה את מקצתה יחיד ועשה אותה חייב שנים ועשו אותה פטורין איתמר נמי א"ר חייא בר גמדא נזרקה מפי חבורה ואמרו בעשותה יחיד שעשאה חייב שנים שעשאוה פטורין: בעי מיניה רב מרבי הטעינו חבירו אוכלין ומשקין והוציאן לחוץ מהו עקירת גופו כעקירת חפץ ממקומו דמי ומיחייב או דילמא לא א"ל חייב ואינו דומה לידו (א) מאי טעמא גופו נייח ידו לא נייח א"ל

תורה אור: ויקרא ד

רש"י

בבא דרישא · העני חייב ובעל הבית פטור ובעל הבית חייב והעני פטור דפטור מחטאת ומותר לכתחלה דהא לאו עקירה עבד ולא הנחה עבד [שהאחר] הניחה בידו: פטור אבל אסור · פטור מחטאת אבל אסור מדבריהם לכתחלה: צידת צבי וצידת נחש ומפיס מורסא · כולהו בפ' ר"א אומר האורג בסיפיה והתם מפרש טעמייהו מנא ליה בהו דפטור ומותר: מורסא · קיסטור"א: מפיס · עולר שתפתח ותצא הליחה: כי איצטריכא ליה · לאשמעינן דפטור ומותר בהנך דאית בהו מעשה כגון הני תלת והו ליכא: איכא טובא · כגון הנך דבבא דרישא: פטורי דאתי בהו לידי חיוב חטאת · כגון עקירות שהן תחלת המלאכה דאיכא למגזר דילמא גמר לה אבל הנחות לא מצי למיתי לידי חיוב חטאת דהא ליכא עקירה גבי הלי וארבע דקתני בכל חד תרתי דחובא ועקירה דפטורא דתרתי נינהו פשט העני ידו מלאה לפנים הא חדא או שנתן לתוכה בע"ה וידו של עני היתה ריקנית הא תרתי וכן בחידך ורבותי' אומרים פשיטות יד לפנים [לגבי שניהם] בין מלאה בין ריקנית היא תחלת המעשה וההוא הוא דקחשיב דהוו להו תרתי בעני ותרתי בבע"ה כל חיוב ופטור במסכת שבת בחטאת קאי ובשוגג: מעם הארץ בעשותה · גבי חטאת כתיב: הטעינו חבירו · שהיה גופו ברה"י והטעינו חבירו דאיהו גופיה לא עקר מידי: אוכלין ומשקין · אורחא דמילתא נקט דבר הצריך לשבת ודרך בני אדם להתעסק בהן בשבת: עקירת גופו · שעקר את רגליו מן הבית לאחר שנטען: ואינו דומה לידו · הפשוטה לפנים וגופו לחוץ ונתן בע"ה לתוכה דפטור ביה תנא דמתני' אף לעני שהוציאה: ידו לא נייח · הלכך כי הוציאה לא עקר מידי ואין דרך הוצאה בלא עקירה והנחה: גופו נייח · ע"ג קרקע והויא עקירה. ל"א ידו בתר גופו גרירא ל"ג דיתירא היא:

תוספות

בבא דרישא פטור ומותר · וא"ת והא קא עבר אלפני עור לא תתן מכשול ואפילו מיירי שהיה יכול ליטול אפילו לא היה בידו דלא עבר משום לפני עור דמושיט כוס יין לנזיר מוקי לה בפ"ק דמס' עבודת כוכבים (דף ו:) דקאי בתרי עברי דנהרא °מ"מ איסור דרבנן מיהא איכא שחייב להפרישו מאיסור ואפילו אי מיירי בנכרי דלא שייך לפני עור מיהו איסור דרבנן מיהא איכא כדתניא בשילהי פירקין (דף יט.) נותנין מזונות לנכרי בחצר כמלו וילא אין זוקקין לו משמע דווקא כשהנכרי בחצר אבל אם עומד בחוץ ופושט ידו לפנים משמע דאסור ליתן להדיא ע"מ להוציא ויש לומר דמיירי בנכרי והחפץ של נכרי דאפילו מכניס ומוציא כל היום אין כאן איסור כלל כיון שאין החפץ של בעל הבית*: בר מהני תלת · הקשה ר"ת הא איכא הא דתנן בפרק במה מדליקין (לקמן כט:) המכבה את הנר מפני שהוא מתירא כו' ואם בשביל החולה שיישן פטור ומוקי לה בחולה שיש בו סכנה וא"כ הוא פטור ומותר דאין לך דבר שעומד בפני פקוח נפש ותירץ דהא מלתא דפשיטא היא ולא איצטריך ליה לשמואל לאשמעי' כדמשני בסמוך דלא איצטריך ליה לאשמעי' פטורי דלא קעביד מעשה וגד נחש מיירי בדליכא סכנה שיוכל להנצל בענין אחר אלא משום צערא שרו ליה רבנן כמו במפיס מורסא וכן מוכח בריש פרק שמונה שרצים (שם קז:) דגד נחש לאו משום סכנה פטור דהא מוקי לה כר"ש דאמר מלאכה שא"צ פטור עליה וע"ק לר"י והא איכא הא דתני' בפ' במה אשה (שם סב:) ר"א פוטר בכובלת ובצלוחית של פלייטון והוא פטור ומותר דהא בברייתא' אחרת קתני התם ר"א יוצאה אשה בכובלת לכתחלה ותירץ ר"י בשם ר' אברהם דלא חשיב שמואל אלא פטורים השנויין במשנה דגד נבי משנה היא בהאורג (שם ד' קז:) הגד נחש ומפיס מורסא משנה היא בעדיות (פ"ב מ"ה) ולספרים דגרסי בפ' במה אשה (שם ד' סב:) אליבא דאמר ר"מ חייב חטאת א"ל איהו פטור אבל אסור פי' דר"א קאמר לר"מ לדבריך כמי לכל היותר לא יהא אלא פטור אבל אסור לפי גרסא זו אתי שפיר: הצד נחש · הקשה בה"ג דשמואל אדשמואל דהכא סבר שמואל מלאכה שאינה צריכה לגופה פטור כר"ש ומשום צערא דגופא שרי ובפ' כירה (לקמן מב.) אמרינן בדבר שאין מתכוין סבר לה כר"ש במלאכה שאינה צריכה לגופה סבר לה כר"י ותירץ ר"ת דשמואל קאמר דלר"ש דאמר מלאכה שאינה צריכה לגופה פטור בהני תלת פטור ומותר כמו שמוכיח שמואל בסוף האורג (שם קז:) דודאי פטור ומותר קאמר °וליה לא ס"ל כר"ש ומיהו לדידן קי"ל כר"ש דרבא דהוי בתראה סבר כותיה בריש נוטל (שם קמא:) (*): ומפיס מורסא. בעדיות (פ"ב שם) תנן אם לעשות לה פה חייב ואם להוציא ממנה ליחה פטור וא"ת היכי מתחייב אפתיחת פה דמורסא הא אמרינן לקמן בפ' חבית (ד' קמו:) כל פתח שאינו עשוי להכניס ולהוציא אינו פתח ותירץ ר"ת דהאי נמי עשוי להכניס אויר ולהוציא ליחה: פטורי דאתי לידי חיוב חטאת · מה שפירש"י דעקירות קחשיב אינו נראה לר"י חדא דעקירה בלא הוצאה אינה אלא טלטול בעלמא ואין בה דררא דחיוב חטאת כלל ועוד דלפי' הקונט' קחשיב לבע"ה ג' יציאות והכנסה אחת ולעני ג' הכנסות והוצאה אחת ועוד דלא חשיב תרתי לפטור דעני באחת ודעשיר באחת כדחשיב חיובא ברישא ומפרש ריב"א דאתי לידי חיוב חטאת הייט אותו שפושט את ידו ומכניסה או מוציאה דטותה בבא דרישא חייב חטאת והכא פטור לפי שלא עשה כל המלאכה שחיסר ממנה מעט או עקירה או הנחה והביא ראייה מירושלמי דקאמר לא אתיא מתני' אלא פטור שנגד החיוב ומשום הכי לא חשיב אלא פטור של אותו שכנגדו חייב למעלה בבבא דרישא כגון פשט העני את ידו לפנים כו' וקתני העני חייב בבבא דסיפא בפשט העני את ידו לפנים וכו' וכן לבע"ה: שניהם פטורין והא איתעבידא מלאכה מבינייהו · אינו קאי אמתני' שהרי רישא דשניהם פטורין דהייט פשט העני את ידו לפנים קבעי לקמן (ד' ד:) אלא קאי אמאי דקאמר פטורי דאתי בהו לידי חיוב חטאת קחשיב אבל חטאת לית בהו אלא שניהן פטורין כדקתני מתני' ואמאי והא איתעבידא מלאכה מבינייהו ולא פריך שיתחייב הראשון דאין סברא דע"י השני שעשה הנחה וגמר המלאכה יתחייב הראשון אלא אשני קא פריך שיתחייב לפי שעל ידו נגמרה המלאכה: בעשותה. בכל הספרים גר' העושה את כולה ולא העושה מקצתה יחיד שעשה אותה חייב שנים שעשאוה פטורין פשטיה דקרא נראה דבעשותה קאי אנפש אבל הש"ס דריש ליה אמלאכה כלומר בעשות אותה וכולה מיירי בזה עוקר וזה מניח ואינו אלא כפל מלה וליכא למימר דב' שעשאוה איירי הי' שעשאוה בבת אחת דבפרק המצניע (לקמן צג: ושם) משמע דלריכי תרי קראי לזה עוקר וזה מניח ולב' שעשו מלאכה בבת אחת ועוד דבאיתמר נמי דקאי אמתניתין נמי קאמר האי לישנא יחיד ועשה אותה וכו' אך קשה דבפרק המצניע (שם:) משמע דזה עוקר וזה מניח נפקא מנפש או מאחת והכא נפקא לה מבעשותה קשה לר"י מדמלרכינן קרא לפטור משמע דזה עוקר וזה מניח היה במשכן ובפרק המצניע (ג"ז שם:) נמי פוטר ר"ש זה אינו יכול וזה אינו יכול אע"פ שהיה במשכן כגון ב' שנושאין את הארון ובירושלמי פרק הזורק אהא דתנן שתי גזוזטראות ברשות הרבים כו' היו שתיהן בדיוטא אחת המושיט חייב אמר רב חמא בשם ר' מיישא ובלבד על ידי ב' ופריך בכל אתר אמרת ב' שעשאוה פטורין וכאן אמרת חייבין ומשני שכך היתה עבודת הלוים והשתא מה בכך שהיתה במשכן מ"מ האי ליה לפטור מושיט כיון דשניהם עושין אותה ונראה לר"י דבמושיט אין זה עוקר וזה מניח אלא המושיט עשה עקירה והנחה ולא קשיא ליה בירושלמי אלא אמה שאינו מחייב מושיט אלא כשחבירו מקבל מידו [אחר] פטור ובכל מקום על ידי חבירו פטור [מפי] כגון ב' שעשאוה וכאן אינו מתחייב אלא על ידי חבירו: איתמר נמי ט' · תימה דמייתי סייעתא משמעתא לברייתא ובפרק קמא דקדושין (ד' ו:) פריך יהודה ועוד לקרא ו"ל דנזרקה מפי חבורה דקאמר הייט חבורה של תנאים ור"י תירץ משום דברייי' דלעיל לא מהגיא בי ר' חייא ור' אושעיא(א): עקירת גופו כעקירת חפץ דמי או לא · נראה לר"י דהכי נמי מצי למיבעי לענין (ב) הנחה כגון שהוליא חפץ לר"ה ועמד שם לפוש ולא הניחו ע"ג קרקע אם הנחת גופו הוה כהנחת חפץ או לא וממתני' דקתני או שנטל מתוכה והוליא העני חייב ליכא למיפשט דאיכא לאוקמא שהניחו ע"ג קרקע וא"ת (ג) ואמאי לא פשיט ממתניתין (ד' יח:) דקתני לא ילא החייט במחטו סמוך לחשכה שמא ישכח וילא ואי עקירת גופו לאו כעקירת חפץ דמי אמאי לא ילא בה הא לא מצי למיתי לידי איסור דאורייתא ויש לפרש דאפ"ה אסרו רבנן: מאי טעמא ידו לא נייח · נראה לר"י כלשון אחר דגרס ידו דבתר גופו לא בעי עקירה גופו גרירא בעי עקירה ולמאי דגרס נמי ידו לא נייח מפרש ר"י דהייט משום דבתר גופו גריר ורש"י פי' ידו לא נייח ע"ג קרקע משמע אפי' הוא וידו במקום אחד ונתן לו חבירו לתוך ידו והוציא פטור ואין נראה דבכל ענין שהטעינו חבירו בין על כתפו בין על ידו והוציא חייב דהא קתני או שנטל מתוכה והוציא חייב אלמא הנחת חפץ ביד בע"ה שהוא וידו ברשות אחת הויא הנחה מדחייב העני שעקר מיד בע"ה וכיון דהויא הנחה כשעוקר גופו עם זה שבידו הרי עוקרו ממקום הנחה:

(*) [וע"ע תוס' זבחים צג. ד"ה במלאכה]

רבינו חננאל

ד' פטורי דרישא דלית בהן מעשה כלל דפטור ומותר נינהו לא חשיב להן. לפיכך לא קשיא לי. ושמואל נמי דאמר כל פטורי דשבת פטור אבל אסור לבר מהני תלתי צידת צבי וצידת נחש ומפיס מורסא. דפטור ומותר לא אמר אלא בטורי דאית בהו מעשה וליתא מלאכה גמורה. אבל כי הני לית בהו [מעשה] כלל לא אמר מכל מקום י"ב הוויין. פי' בבא(ודישא) [דרישא] קתני פשט העני את ידו לפנים ונתן לתוך ידו של בעל הבית העני חייב בעה"ב פטור. כי נמצא שעקר מרשות הרבים והכניס והניח ברה"י לפיכך חייב חטאת. אבל בעה"ב שלא עקר כלל וגם לא הניח אלא העני הוא בא והניח לתוך ידו של בעה"ב פטור ומותר דהא בעה"ב לא עשה מעשה כלל. הנה שתים אחת לחיוב ואחת לפטור. או שנטל העני מתוך ידו של בעה"ב והוציא עני חייב שנמצא כי עקר מרה"י והניח לרה"ר אבל בעה"ב שלא עקר ולא הניח פטור ומותר. הנה העני עוד חייב ובעה"ב פטור. נמצאו שתים אחרות וכן כיוצא בבא שניה בעה"ב חייב שתים והעני פטור בשתיהן נמצא בהני תרתי בבי ח'. ד' מנהון חיובי חטאת. וד' מנהון פטורין (ותרין) [ומותרין] לגמרי דהא לית בהו מעשה כלל וכיון דלית בהו מעשה כלל (וכיון דלית בהו מעשה) בהני ד' לפיכך לא חשיב להו האי תנא ובבא תליתאה פשט העני את ידו לפנים ונטל בעה"ב מתוכה. נמצא העני עקר ובעה"ב הניח שניהם עשו מעשה מידו ולא אחד מהן עשה מעשה כולו אלא מקצתו וקיימא לן שנים שעשו מלאכה פטורין לפיכך שניהם פטורין. הנה שתים לפטור אחד העני ואחד בעה"ב. ועוד קתני סיפא או שנתן בעה"ב חפץ לתוך ידו של עני והוציאו העני שניהם פטורין. נמצאו בעה"ב עקר בפנים והעני הניח מבחוץ לפיכך שניהם פטורין. הנה שתים אחרות. וכן נמצא בה בבבא ד' פטורי כיוצא באלו נמצאו שיתמרי

בר' בבי. הסר מהם ד' ראשונים דפטור ומותר דלית בהן [מעשה] דלא חשיב להו נשתיירו י"ב. והיאך שנינו ד' בפנים וד' בחוץ שהן ח' בלבד. ושנינו פטורי כיוצא דאתי בהן לידי חיוב חטאת הוא חשיב התנא. אבל פטורי דלא אתי בהן לידי חיוב חטאת לא קתני וזה פירושו פשט העני את ידו לפנים שיש בה חפץ שעקרו מרה"ר והכניסו לרה"י ולא הניחו וכיון שלא הניחו אין לו [אלא] אסור ואלו הניחו היה חייב חטאת וזהו פטור אבל אסור דאתי לידי חיוב חטאת אבל בעה"ב שנטל חפץ מידו של עני אע"פ שעשה מעשה ואסור מידו לא אתי לידי חיוב חטאת לעולם. שאין*) כן דרך כדי שעקר. כבר עקרו העני ולא נשאר לו מה לעשות

*) אולי צ"ל שאין כאן דרך כדי לעקור שכבר עקרו העני וכו'

עין משפט נר מצוה

ג א מיי' פי"ב מהל' שבת הלכה ז טוש"ע א"ח סי' שמז:

ד ב מיי' שם הל' ח:

א"נ י"ל דמ"מ לאיסור שבת פטור ומותר [ת"י]

מסורת הש"ס

רש"ל

לקמן דף קז.

לקמן דף צג:

ס"א רש"ל

הגהות הב"ח

(א) גמ' מ"ט ידו לא נייח גופו נייח א"ל ר' חייא:

גליון הש"ס

גמ' וצידת נחש. עיין סנהדרין דף קא ע"א ברש"י ד"ה ולוחשין ובכאר שבע שם: רש"י ד"ה פטורי דאתי וכו' כגון עקירות. עיין שבועות דף יד ע"ב תוס' ד"ה ארבעה קמייתא: תוס' ד"ה בבא דרישא וכו'. מ"מ איסור דרבנן מיהא איכא. עי' טורי אבן בחגיגה מלואים חגיגה דף יג ע"א בד"ה אין מוסרין: תוס' ד"ה הצד נחש וכו' וליה לא ס"ל כר"ש. עיין סנהדרין דף פד ע"ב תוס' ד"ה מאן שמעת ליה:

(א) ועי' תוס' ב"ב סא. ד"ה ולרבעים וכו' ואומר ר"י דהחם לא קפיד אלא אלשון ועוד וכו' וקל"ע

(ב) ורשב"א פי' דהנחה פשיטא ליה ואפ"ה בעי פל עקירה כדפריך לקמן דלמא הנחה לא בעי אבל עקיר' בעי ת"י:

(ג) ורשב"א שמחלק בין עקירה להנחה לק"מ (ת"י) ,כתב כמ"ס אך מ"מ קשה לי למ"ס כיון דהוי הנחה אע"ג דלא נייח על גבי קרקע אפי' הוליא ידו מליאה לחוץ או לפנים יתחייב אלא ודאי משום כשידו דוקא ברשות אחרת לא הוי הנחה כדפרש"י משו' דבתר גופו גרירא ולר"י דלא מחלק בין עקירה להנחה קשה לי אמאי לא פשיט ממתניתין דעקירת גופו כעקירת חפץ כי היכי דהנחת חפץ ביד בעה"ב שהוא וידו ברשות אחת הוי הנחה ול"ל דגבי הנחה מודה הקונטרס שיש חילוק אבל בעקירות דחשיבי טפי אפי' הוי ידו ברשות שבוא שם לא הוי עקירה כיון דלא נח ע"ג קרקע [תוס' ישנים]:

א"ל ר' חייא לרב *בר פחתי לא אמינא לך כי קאי רבי בהא מסכתא לא תשייליה במסכתא אחריתי דילמא לאו אדעתיה דאי לאו דרבי גברא רבה הוא כספתיה דמשני לך שינויא דלאו שינויא הוא השתא מיהת שפיר משני לך דתניא היה טעון אוכלין ומשקין מבעוד יום והוציאן לחוץ משחשיכה חייב לפי שאינו דומה לידו: אמר אביי פשיטא לי ידו של אדם אינה לא כר"ה ולא כרה"י כר"ה לא דמיא מידו דעני כרה"י לא דמיא מידו דבע"ה בעי אביי ידו של אדם מהו שתעשה ככרמלי' מי קנסוה רבנן לאהדורי לגביה או לא ת"ש היתה ידו מלאה פירות והוציאה לחוץ תני חדא אסור להחזירה ותני אידך מותר להחזירה מאי לאו בהא קמיפלגי דמר סבר ככרמלי' דמיא ומ"ס לאו ככרמלית דמיא לא דכ"ע ככרמלית דמיא ולא קשיא כאן למטה מעשרה כאן למעלה מעשרה ואיבעית אימא אידי ואידי למטה מעשרה ולאו ככרמלית דמיא ולא קשיא כאן מבעוד יום כאן משחשיכה מבעוד יום לא קנסוה רבנן משחשיכה קנסוה רבנן אדרבה איפכא מסתברא מבעוד יום דאי שדי ליה לא אתי לידי חיוב חטאת ליקנסו' רבנן משחשיכ' דאי שדי ליה אתי בהו לידי חיוב חטאת לא ליקנסו' רבנן ומדלא קא משנינן הכי *תפשוט דרב ביבי בר אביי דבעי רב ביבי בר אביי הדביק פת בתנור התירו לו לרדותה קודם שיבא לידי חיוב חטאת או לא התירו תפשוט דלא התירו הא לא קשיא ותפשוט ואיבעית אימא לעולם לא תפשוט ולא קשיא כאן בשוגג כאן במזיד בשוגג לא קנסוה רבנן במזיד קנסוה רבנן ואיבעית אימא אידי ואידי בשוגג והכא *בקנסו שוגג אטו מזיד קמיפלגי מר סבר קנסו שוגג אטו מזיד ומר סבר לא קנסו שוגג אטו מזיד ואיבעית אימא לעולם לא קנסו ולא קשיא כאן לאותה חצר

כאן

רש"י

כר פחתי. בן גדולים: לא תשייליה. כלומר שאין לבו למס' זו שמא יתבייש: מבעוד יום. דהייט דומיא דהטעינו חברו בשבת דהכא והכא ליכא עקירה לאיסור גביה: שאינו דומה לידו. הפשוטה לפנים וגופו לחוץ ונתן חברו לתוכה: אמר אביי פשיטא לי. ממתניתין דידו של אדם הפשוטה לרשות אחרת אינה נגררת אחר גופו לגמרי להיות כרשות שהוא עומד בה בין שהוא רשות היחיד בין שהוא רשות הרבים: כרה"ר לא דמיא מידו דעני. דקתני מתני' דכי נטל בע"ה מתוכה פטור: וכרה"י לא דמיא. אם פשוטה לרשות הרבים: מידו דבע"ה. דקתני נטל עני מתוכה פטור: בעי אביי. השתא דחזינן דלאו בתר גופו שדינן לה לענין איחיובי מדאורייתא אלמא איפלוג רשותא מי אחמור עלה רבנן למיהוי כרמלית דהיכא דהוציא ידו מלאה לרשות אחרת לא יחזירנה אצלו ותהא כך פשוטה עד שתחשך דכיון דלאו בתר גופו גרירא נעשית לה רשות אחרת מדרבנן לגזור רשות מדבריהם לשבת שאסור להכניס ולהוציא ממנו לרה"י ולרה"ר ושמו כרמלית כדתניא בפרקין (דף ו:) ד' רשויות לשבת ככרמלית *לשון יערו וכרמלו שאינו לא הילוך תמיד לרבים ולא תשמיש רה"י: מי קנסוה. הואיל והתחיל בה באיסור: למטה מי'. רה"ר הוא קנסוה רבנן ושויוה כרמלית דלא ליהדרה: למעלה מי'. דאויר מקום פטור הוא כדתנן בהזורק (לקמן ק.) הזורק ד"א בכותל למעלה מי' טפחים כזורק באויר ופטור דלא הוי רה"ר למעלה מי' הלכך לא קנסוה דלאו איסורא עביד: ואיבעית אימא אידי ואידי למטה מי' טפחים ולאו ככרמלית דמיא. למהוי רשות לעצמה: כאן מבעו"י. הושיטה מבעו"י מחזירה משתחשך דלאו רשות לעצמה היא אלא בתר גופו גרירא: כאן משתחשך. הושיטה משחשיכה קנסוה ולא שתהא רשות לעצמה דא"כ אף מבעוד יום מיתסרא אלא קנסא בעלמא: מבעו"י דאי שדי ליה. כלומר היכא דהושיטה מבעוד יום שאם תאסרנה להחזירה וישליך מידו החפץ כדי להקל טרחו לא אתי לידי חיוב חטאת דלא הוי עקירה בשבת אלא הנחה לחודיה ואיסורא דרבנן הוא דאיכא דעשה מקצתה וכדתנן שניהן פטורין אבל אסורין קנסוה רבנן שלא יחזירנה אבל היכא דהושיטה משחשכה דאי שדי ליה מידו על ידי קנס שתאסרנו להחזירה נמצא מתחייב חטאת אם שוגג הוא דעביד ליה עקירה והנחה לא קנסוה רבנן דמוטב שלא נקנסנו משנגרום לבא לידי חילול שבת דאורייתא ומדלא חיישת להכי תפשוט בעיא דרב ביבי דלא נמנעו חכמים מלהעמיד דבריהם מפני חשש שמא לא יעמוד האדם בהם ויעשה איסור חמור: הדביק פת בתנור. בשבת בשוגג ונזכר שהוא שבת קודם שתאפה וקיימא לן (לקמן דף קיז:) דרדיית הפת שבות היא שאינה חכמה ואינה מלאכה: התירו לו. את האיסור מדבריהם וירדנה קודם שתאפה ויתחייב משום אופה שהוא אב מלאכה או לא התירו לרדותה ולהוציאה מן התנור: בשוגג לא קנסוה רבנן כו'. ודרב ביבי לא תפשוט מהכא לא לאיסור ולא להיתר דהאי דלא קנסוה בשוגג לאו משום חששא דדילמא שדי להו מידיה הוא אלא משום דלא עבד איסורא במזיד וחזרת ידו אינה אפילו שבות אי לא משום קנסא והכא לא קנים אבל רדיית הפת שבות הוא ונגזרה במנין ומשום קודם שיבא לידי חיוב חטאת לא בטלו גזירתם ולאיסור נמי לא תפשוט מדקנסו במזיד דהתם ליכא למיחש דילמא לישדינהו שיתחייב מיתת בית דין אבל הכא אי קנסינן ליה מלרדות על כרחיך יתחייב מיתת בית דין:

לאותה

תוספות

היה טעון אוכלין ומשקין מבעוד יום כו'. כשעמד לפוש משחשכה איירי דבלא עמד לא מיחייב אע"ג דעקירת גופו כעקירת חפץ דמי לא בטלה עקירה ראשונה כדאמר לקמן (ד' ה:) המפנה חפציו מזוית לזוית ונמלך עליהן להוציאן פטור שלא היתה עקירה משעה ראשונה לכך וכקם מבעוד יום לאשמעינן דעקירת גופו כעקירת חפץ דמי דאי הוה נקט טוען עצמו משחשכה ועמד לפוש לא היה משמע מידי דאפילו אי עקירה והנחת גופו לא הויא עקירה והנחה חייב משום עקירה ראשונה: מהו שתעשה ככרמלית. כגון שהוציא ידו מלאה לחוץ ולאהדורה אבל בע"א לא דהא תנן בפרק בתרא דעירובין (ד' נח:) עומד אדם ברה"י ומטלטל ברה"ר ולא הויא כרמלית אלא לענין רשות שהגוף שם שדומה יותר לשתי רשויות: מי קנסוה רבנן לאהדורה. נראה לר"י דגרס מי אסרוה ולא גרס מי קנסוה דלקמן בסמוך כי מוקמא דלאו ככרמלית דמיא אמרינן דאסור להחזירה משום קנס ושמא הא דעבדוה ככרמלית נמי הוי קנסא וכ"מ דאסור בשוגג *מבעוד יום: כאן למעלה מי'. וא"ת למעלה מי' לכתחלה נמי מותר להוציאה דהוי מקום פטור וי"ל דקמ"ל דאפילו הוציאה מתחלה דרך מטה מי' מותר להחזירה למעלה מי' ולא קנסינן ליה: התירו לו לרדותה. ואע"ג דאמרינן בר"ה בפרק י"ט (ד' כט: ושם) כל מלאכת עבודה לא תעשו וגו' יצאו תקיעת שופר ורדיית הפת שחכמה היא ואינה מלאכה מ"מ מדרבנן אסורה כדאמר בכל כתבי הקדש (לקמן קיז: ושם) ולא ירדה במרדה אלא בסכין וכן תקיעת שופר אסור מדרבנן דתנן בפ"ב דר"ה (ד' לג:) אין מעכבין התינוקות מלתקוע משום חינוך הא נשים מעכבין*: ואיבעית אימא לעולם לא תפשוט. נראה לר"י דל"ג לעולם לא תפשוט דאע"ג דאיכא שינויא אחרינא דלא תיקשי הני ברייתות אהדדי עדיין איכא למיפשט דרב ביבי מבני בית המדרש מדלא משני איפכא מכלל דלא התירו ולרשב"א נראה דשפיר גרים ליה דממאי דלא משני איפכא ליכא למיפשט דסברי בני בית המדרש דלא התירו דהא דלא משני איפכא לפי שאין נראה סברא לעולם לומר משחשיכה לא קנסוה מבעוד יום קנסוה דאי משחשיכה לא קנסוה שוב אין לומר מבעוד יום קנסוה דהוי כחוכא ואטלולא ואע"פ שאין שייך טעם משחשיכה לומר כמבעוד יום ולעיל ה"פ מדלא משנינן הכי לפי שאין נראה להם סברא לומר כן והוצרכו לומר משחשיכה קנסו מבעוד יום לא קנסו כדי לדחות שלא לפשוט בעיא דאביי א"כ תפשוט בעיא דרב ביבי אע"ג דאיכא למידחי בשינויא קמא ואי בעית למפשט דאביי נאמר כשינויא בתרא וזיל הכא קמדחי ליה כו' מ"מ חדא מינייהו מיפשטא ממה נפשך והשתא א"ש דקאמר ואב"א לעולם לא תפשוט לא דאביי ולא דרב ביבי: *בשוגג לא קנסוה. ומיירי מבעוד יום דהשתא ליכא למפשט דרב ביבי וא"ת מסוגיא קמא נמי נפשוט בעיא דרב ביבי דלא התירו דלמטה מי' אסור להחזירה ואפילו מוקמי' מבעוד יום הא פירשתי דאי מבעו"י לא התירו כ"ש משחשיכה וי"ל דאין לפשוט דהתם מה שלא התירו משחשיכה אע"ג דאתי לידי חיוב חטאת הייט משום מבעו"י דלא שייך טעם זה אבל גבי רדיית הפת לעולם אימא דהתירו:

כאן

רבינו חננאל

לעשות יותר ממה שעשה. והמעשה שעשה הנחה איכא עקירה ליכא הלכך הוא פטור אבל אסור. כיוצא בה בעה"ב שעקר חפץ מרה"י ונתנו לתוך ידו של עני והוציאו העני והניחו ברה"ר בעה"ב שעקר מרה"י ואילו הוציאו והניחו ברה"ר היה חייב חטאת חשיב לית. אבל העני שהניח דלא אפשר ליה לאתחויבי כי האי גוונא חטאות לאו קתני ליה. כללו של דבר העוקר אתי לידי חיוב חטאת אילו הניח שהנחה אחר עקירה היא. אבל המניח לא אתי לידי חיוב חטאת לעולם שכבר נעקר מקודם. ולא נשאר למניח מה לעשות. נמצאו בבבא ד' פטורי ב' מהן יתכן שיבוא לידי חיוב חטאת. וב' מהן לא. וכן בבבא דסיפא ד' כיוצא בהן. נמצאו בהני ד' בבי י"ו. ד' מהן חייב חטאת. וד' מהן פטור ומותר. וד' מהן פטור ולא אתי בהו לידי חיוב חטאת. וד' מהן אתי בהו לידי חיוב חטאת. והאי תנא ד' דאית בהן חיוב חטאת. וד' פטורי דאתי בהן לידי חיוב חטאת קתני הני אחריני דפטור ומותר ופטורי דלא אתי בהו לידי חיוב חטאת לא קתני ועלתה השמועה יחיד שעשה חייב. שנים שעשו פטורין: ירושלמי מנין שהוצאה נקראת מלאכה שנאמר ויצו משה ויעבירו קול במחנה לאמר וגו'. בעא מיניה רב מר' הטעינו חבירו אוכלין ומשקין ברה"י והוציאו לחוץ מהו עקירת גופו כעקירת חפץ ממקומו דמי וחייב או לא. א"ל חייב ואינן דומה לידו דמתניתין שהנותן לתוכה ונוטלה שניהם פטורים. מ"ט ידו לא ניחא בתר גופיה גרירה. ומקום שגופו עומד שם ידו חשיבה. כי אם יעתק הגוף ידו נמשכת עמו. וכיון שהגוף בחוץ כמו כן היד בחוץ חשיבה והנה לא עקר מרה"י אבל בעת שהגוף בפנים נטו נייח ובעי עקירה. ואם נתנדנד כאילו עקר והוציא חייב שנמצא כלו מעשה בידו הוא עקר מבפנים והוא הוציא והניח וכ"ש אם הוא משא כבד. אמר אביי ידו של אדם אינה חשובה כרה"י מידו דעני הנתתה בחוץ*). שאילו היתה כרשות היחיד לא היה בעה"ב הנוטלו מתוכה חייב. ועוד אילו היתה כרה"ר לא נתחייב העני הנוטלו מתוכה והוא בבית חייב וכיון דאמר אביי ידו של אדם אינה לא כרה"ר ולא כרה"י הוצרך לשאול מהו שתיחשב ידו ככרמלית ואם הוציאה בשבת בחפץ מותר לו להחזירה. כיון

שלא

*) בש"ס הגי' להיפך כרה"י לא דמיא מידו דבעה"ב וגי' רבינו המוה ואולי ט"ס נפל בדבריו וצ"ע

עין משפט נר מצוה

ה א מיי' פי"ד מהל' ש"ש הלכה ו:

ו ב ג מיי' פי"ג מהל' שבת הל' כ סמ"ג לאוין סה טוש"ע א"ח סי' שמח ופי"ש:

נ"ל או מבעוד יום רש"ל וכ"מ גורס ומבעו"י

*) [וע"ע תוס' ר"ס כ"ע: ד"ה רדיית הפת ועי' ערוך ערך רדידה]

[עירובין מח: גיטין מ:]

כת"ג כתוב שדיבור זה עם דלעיל הוא דיבור אחד

מסורת הש"ס

[ברכות יג: וש"נ]

[יעיי' ככרמלית]

גליון הש"ס

גמ' בר פחתי. עיין לקמן דף כט ע"א: שם משחשיכה דאי שדי לי' וכו'. עיין עירובין ד"כ ע"א תוס' ד"ה לא יעמוד: שםתפשוט דרב ביבי וכו'. עי' ב"ק דכ"ג ע"א תוס' ד"ה תפשוט: שם הא ל"ק ותפשו' וכו'. זבחים דף סו ע"ב: שם והכא בקנסו שוגג וכו'. עירובין דס"ח ע"ב וד"ק ע"א וגיטין דף כ"ג ע"א: רש"י ד"ה בר פחתי בן גדולים. מלשון הכתוב זרובבל פחת יהודה (חגי א) ומלשון המשנה הפחו' והסגני' (בכורים פ"ג מ"ג):

וא"ת היכי מפשוט הא דרב ביבי וודאי אתי לידי חיוב חטאת וי"ל דהכא נמי וודאי דא"א לו לתפום שם ידו כל היום א"כ נ"ל להשוות דרב ביבי אף על גב דאתי וודאי לידי חיוב חטאת מ"מ איכא חדא טיבותא דאיכא איסור ברדיית והכא נמי אע"ג דלא אתי וודאי לידי חיוב חטאת ליכא איסור בחזרת [תו"י]:

§ מסכת שבת דף ג: §

אות א'

כי קאי רבי בהא מסכתא לא תשייליה במסכתא אחריתי

רמב"ם פ"ד מהל' תלמוד תורה ה"ו - ואין שואלין את הרב מענין אחר, אלא מאותו הענין שהן עסוקין בו, כדי שלא יתבייש.

[א]יו"ד סימן רמו סי"ב - ואין שואלים את הרב מענין אחר, אלא מאותו ענין שהם עוסקים בו, כדי שלא יתבייש - ‹שלא יוכל להשיב הרב פתאום מענין לענין אפילו בהלכה אחת, כגון שהיו עסוקין בדיני שבת בענין הוצאה מרשות לרשות, לא ישאלנו בדין חבית שנשברה בשבת האיך מצילין אותה, אף על גב שהכל בדיני שבת - לבוש›.

אות ב' - ג'

מבעוד יום, דאי שדי ליה לא אתי לידי חיוב חטאת, ליקנסוה רבנן; משחשיכה, דאי שדי ליה אתי בהו לידי חיוב חטאת, לא ליקנסוה רבנן

כאן לאותה חצר, כאן לחצר אחרת

סימן שמח ס"א - [ב]היה עומד ברשות היחיד, והוציא ידו מלאה פירות לרשות הרבים [ג]בתוך עשרה, בשוגג, [ד]מותר להחזירה לאותו חצר - אף דעבד איסורא, שעשה עקירה ברה"י כדי להוציא לר"ה, אפ"ה לא קנסוהו רבנן, כיון דבשוגג עשה.

ואסור להושיטה לחצר אחר - ‹ואפילו אם אותו החצר הוא שלו, או שעירבו יחד›, **כדי** שלא יתקיים מחשבתו שחשב לפנותו מחצירו, ‹**ועיין באחרונים**, דלאו דוקא הושטה דיש בזה לפעמים איסור דאורייתא, כגון בדיוטא א', דה"נ זריקה אסור›.

ואפי' נתכוין מתחלה להוציאה לר"ה, ג"כ אסור להושיטה לחצר אחרת, דעכ"פ נתקיים מחשבתו שחשב לפנותו מחצירו, וחיישינן דלמא זמנא אחריתא שדי להו לר"ה, [א"ר בשם רש"ז], **וי"א** דדוקא כשהיתה כונתו מתחלה לפנותו לאותו חצר, אז אסור דנתקיים מחשבתו לגמרי, **אבל** אם כונתו להוציאה לר"ה, מותר לפנות לחצר, [מ"א בשם הרמב"ם].

וכ"ז כשאותו החצר לא היה בדיוטא אחת, היינו בשורה אחת, עם זה החצר, אלא זה כנגד זה, **אבל** אם היה בדיוטא אחת, והר"ה נמשכת גם בין החצרות, הלא יש בזה איסור דאורייתא להושיט מזו לזו, ואפילו הם למעלה מעשרה, וכמש"כ לעיל בסוף סימן שמ"ז.

[ד]ואם במזיד, אסור אפילו להחזירה לאותו חצר - דקנסוהו רבנן משום דעבד איסורא, אלא יאחז בידו עד שחשיכה.

ודוקא בתוך י', דלמעלה מי' בר"ה הוא מקום פטור, כדלעיל בסי' שמ"ה סי"ב, ואפילו אם הוציא במזיד, מותר להחזירה, [**ולענין** להוציא לחצר אחרת, איתא בא"ר בשם הרשב"א לאיסור, **והפמ"ג** כתב להקל, **וצ"ע** למה, דהא במושיט קימ"ל, דאפי' למעלה מעשרה בדיוטא אחת חייב, ובזה כנגד זה פטור אבל אסור, **ואולי** דכוונתו בזורק, **אבל** מדברי הרשב"א, דכתב הטעם כדי שלא תעשה מחשבתו, מוכח דאסור בכל גווני].

‹והנה בתוס' ד"ה כאן כתבו, דאפי' לכתחלה מותר להוציא למעלה מי', **אבל הרשב"א** דחה דבריהם, ומסיק דלכתחלה אסור, **דלמא** אתי לאפוקי למטה מי', וכ"כ בשם רבו לאיסור, וכ"כ המאירי, **ועיין בפמ"ג** שמצדד ג"כ בשם רש"י להחמיר בזה, ‹ד"ה למעלה כו' "ופטור", הוסיף מלת "ופטור" להוציא למעלה מיו"ד באויר רה"ר מרה"י, לכתחילה אסור, ומשו"ה נקיט בהזורק לשון דיעבד - שם›, **ולפלא שלא הביא דברי הרשב"א**›.

[ה]ויש אומרים דהני מילי כשהוציאה מבעוד יום - אז קנסוהו רבנן על שהשהה את ידו במזיד באויר ר"ה עד שתחשך, **אבל אם הוציאה משחשיכה, מותר להחזירה** - ר"ל לאותו חצר, **שמא ישליכה מידו ויבא לידי חיוב חטאת** - האי לישנא לאו דוקא, דהא במזיד מיירי, אלא ר"ל שמא ישכח וישליך מידו, ויבוא לידי מלאכה שיש בה חיוב חטאת להעושים בשגגה, [**אבל** בזה לית בה חיוב חטאת, דהא בעינן שיהיה תחלתו וסופו שגגה, והכא עשה תחלתו במזיד], **משא"כ** כשהוציאה מבע"י, אפי' אם ישליך לבסוף, לא יהיה רק איסורא בעלמא, דהא לא עשה עקירה בשבת.

ועיין בא"ר שמצדד להקל כהי"א, שכן דעת הרבה ראשונים, [וכ"כ בח"א, **ומסיים** דאם הוא סמוך לחשיכה במו"ש, במזיד קנסינן ליה].

‹**הנה דעה הראשונה היא דעת רש"י** ‹ד"ה בשוגג›, **ובב"י הביא בשם הר"ן** שדעת הרי"ף ג"כ כדעת רש"י, וממילא דברי הרמב"ם שסתם דבריו ג"כ כדברי הרי"ף, **ממילא יתפרש נמי כדברי הרי"ף וכדעת רש"י, ודלא** כהרא"ש **שמצדד לומר דהרי"ף יסבור כדעת התוס'** ‹ד"ה בשוגג›, ולכן סתם בשו"ע דעה הראשונה בסתמא. **ויש לעיין לדעה הראשונה, אם הוציאה מבע"י במזיד, אם קנסינן ליה שלא יחזירנה, דלכאורה מסתבר** לומר, דלא קנסו כי אם כשהוציאה במזיד משחשיכה, דעבד איסורא בתחלת פעולתו, **אמנם** בר"ן כתב, **דאין חילוק בין מבע"י למשחשכה, וכן מוכח מהרשב"א, וכן משמע קצת מהגר"א, והטעם נראה, דסברתן** דבתחלת הסוגיא איירי רק לענין שוגג, **אבל במזיד אף מבע"י אסור, ובמאירי** מצאתי שדעתו כמו שכתבנו, וז"ל: **דאם הוציאה מבע"י** אף במזיד מותר להחזירו אצלו, **אין מזיד שמבע"י חמור משגגת שבת,**

באר הגולה

[א] ‹פשוט› [ב] **שבת ג'** [ג] **ממשמעות הגמרא וכ"כ הרב המגיד** ‹כתירוץ הראשון דשם, וכ"ש לתירוץ האחרים כמ"ש אידי ואידי למטה כו' - גר"א› [ד] ‹כתירוץ האחרון וכדבעא כו' - גר"א› [ה] ‹כתירוץ הא בשוגג כו', וגם לתירוץ האחרון כן מדקאמר אידי ואידי בשוגג, ולכן לא הביאו הרי"ף אלא תירוץ זה שכולל כל התירוצים - גר"א› [ו] **הר"ן בשם התוס' והרב המגיד בשם הרמב"ן והרשב"א** ‹כתירוץ אדרבא איפכא, וגם לתירוץ אחרון צ"ל כן, דאל"כ הדק"ל כמ"ש תוס' שם ד"ה בשוגג עד וא"ת. **וכתב** הרא"ש שלא כתבו הרי"ף, שסמך על פשיטות דרב ביבי, **והר"ן** כ' דאפשר שסבר כרש"י ד"ה בשוגג: ולאיסור נמי כו', ור"ל שאין הקושיא מדאסרינן משחשכה, אלא מדלא משני איפכא, וזהו שכתב אדרבה כו' ומדלא כו' - גר"א›

עכ"ל, ור"ל הואיל דלפי המסקנא מיקל הגמרא בשוגג אף משחשכה, ראוי שנקיל מבע"י אף במזיד).

[ז]**בד"א כשהוציאה לרה"ר, אבל אם הוציאה לכרמלית** - שאינו אלא שבות דרבנן אפי' אם היה משליך אותם שם להדיא, **בכל גוונא** - פי' בין בשוגג בין במזיד, **מותר להחזירה** - דלא אסרו, דהוי כעין גזירה לגזירה, **ודוקא** לאותו חצר מותר להחזיר, אבל לא לחצר אחרת. **והגר"א** בביאורו מסיק לאיסור בכרמלית כמו בר"ה. (**והגם** דמותר לעמוד בכרמלית ולשתות מרה"י [סי' ש"נ ס"א], דהוי גזירה לגזירה, **לא** דמי כל הגזירות להדדי, וכאן גזרינן גזירה לגזירה – דמשק אליעזר).

המפנה חפצים מזוית לזוית, ונמלך עליהן והוציאן, פטור מחטאת, שלא היתה עקירה משעה ראשונה לכך, ונמצא דלא עשה אלא הנחה, ולית ביה רק איסורא בעלמא, ‹דף ה.›.

היה קנה בידו והגביה קצה האחד, וקצה השני מונח בארץ, וחזר והגביה הקצה השני, אפילו כל היום כולו, פטור, כיון שלא עקר כל הקנה מהארץ, [**אבל** אסור מדרבנן]. **ואם** משך החפץ וגררו על הארץ מתחלת ד' לסוף ד', חייב, שהמגלגל עוקר הוא, גמרא ‹דף ח›.

---

§ מסכת שבת דף ד. §

אות א'

כל חייבי חטאות אינן חייבין עד שתהא תחלתן שגגה כו'

רמב"ם פ"א מהל' שבת הי"ט - כל העושה מלאכה בשבת מקצתה בשגגה ומקצתה בזדון, בין שהזיד ולבסוף שגג, בין ששגג ולבסוף הזיד, פטור; עד שיעשה שיעור המלאכה כולה מתחלה ועד סוף בזדון, ואחר כך יהיה חייב כרת, ואם יהיה בעדים והתראה חייב סקילה; או שיעשה שיעור מלאכה כולה בשגגה מתחלה ועד סוף, ואחר כך יהיה חייב חטאת קבועה.

רמב"ם פ"ב מהל' שגגות ה"א - אין אדם חייב חטאת על שגגתו עד שיהיה שוגג מתחילה ועד סוף, אבל אם שגג בתחלה והזיד בסוף, או הזיד בתחלה ושגג בסוף, פטור מקרבן חטאת; כיצד כגון שהוציא חפץ מרשות לרשות בשבת, עקר בזדון והניח בשגגה, או שעקר בשגגה והניח בזדון, פטור עד שיעקור בשגגה ויניח בשגגה, וכן כל כיוצא בזה.

אות א'*[א]

וכי אומרים לו לאדם חטא כדי שיזכה חבירך

סימן שכח ס"י - מי שרוצים לאנסו שיעבור עבירה גדולה, אין מחללין עליו השבת כדי להצילו - דאין אומרים לו לאדם: חטא בשביל שיזכה חברך, **אך** אם הכפיה היה באחד מג' עבירות, ע"ז וגלוי עריות ושפיכת דמים, והוא משער שהנאנס ימסור עצמו למיתה בשביל זה, אפשר דצריך לחלל כדי שלא יבוא לזה, **(עיין לעיל סי' ש"ו) (צ"י בשם הרשב"א).**

אות ב'

הדביק פת בתנור, התירו לו לרדותה קודם שיבא לידי איסור סקילה

סימן רנד ס"ו - [ב]ואם נתנו בשבת, אפילו במזיד, מותר לרדות קודם שיאפה, כדי שלא יבא לידי איסור סקילה - דהו"א "הלעיטהו לרשע וימות", קמ"ל דשרי, **וכ"ש** כשהדביק בשוגג דשרי, כדי שלא יבוא לידי איסור חטאת.

ואפילו במרדה, ומ"מ אם אפשר לעשות בשינוי, כגון ע"י סכין וכה"ג, יעשה, **אך** כ"ז דוקא אם לא יצטרך להשהות עי"ז, כדי שלא יבוא ע"י השהיה לידי קרימת פנים להתחייב עי"ז.

ודוקא הוא בעצמו מותר לרדות, אבל אחרים אסורים לרדות בשבילו, בין כשהדביק במזיד ובין בשוגג, [גמרא ופוסקים], אפילו מי שהדביק את הפת איננו בפה שיודיעוהו, [כן משמע בגמרא], דאין אומרים לו לאדם: עשה חטא קל כדי שלא יבוא חברך לידי איסור חמור, כיון שחבירו פשע במה שהדביק, [מ"א בשם התוס' בתירוץ שני "ועוד י"ל" דגם בשוגג פשע, דהו"ל ליזהר שלא יבא לזה], **ואפילו** בתנורים שלנו שאין בהם איסור רידוי, מצדד בא"ר דאסור לאחר, משום דהבצק מוקצה הוא ואינו ראוי לטלטול, **וכ"ז** לענין אפיה, אבל לענין בישול פשוט הוא, דאם אחד שכח או עבר והניח קדרה סמוך להאש, צריך גם אחר לסלקו, כדי שלא יבוא חבירו לידי איסור, דבסילוק הקדירה אין כאן איסור כלל, וממילא יש כאן מצוה לאפרושי מאיסורא.

אות ג'

והא בעינן עקירה והנחה מעל גבי מקום ד' על ד'

[ג]**סימן שמה סי"ט - [ד]מקום פטור, הוא מקום שאין בו ד' על ד'** - טפחים רוחב, אפילו הוא ארוך אלף אמה, דמרובע ד' טפחים על ד' טפחים בעינן.

טור סימן שמח - הא דבעינן עקירה מע"ג מקום שיש בו ד' על ד' והנחה עליו... לא נאמרו אלא לענין חיוב חטאת, אבל איסורא איכא בכולהו, ולכך אין רצוני להאריך בהם.

באר הגולה

[ז] ב"י בגמ' [א] ‹ע"פ הגר"א וז"ל: שבת ד. וכתירוץ ראשון דתוס' ד"ה וכי, שאני פריה ורביה דמצוה כו', אבל בלא"ה אף שיתחייב סקילה כמ"ש שם› [ב] שם [ג] ‹אינו מובן מה זה שייך לענין של חשיבות המקום דבעינן לעקירה והנחה› [ד] שם ז'

יציאות השבת פרק ראשון שבת ד

כאן לחצר אחרת כדבעא מיניה רבא מר"נ היתה ידו מלאה פירות והוציאה לחוץ מהו להחזירה לאותה חצר א"ל מותר לחצר אחרת מהו א"ל אסור ומאי שנא לכי *תיכול עלה כורא דמילחא התם לא איתעבידא מחשבתו הכא איתעבידא מחשבתו: גופא בעי רב ביבי בר אביי הדביק פת בתנור התירו לו לרדותה קודם שיבוא לידי חיוב חטאת או לא התירו א"ל רב אחא בר אביי לרבינא היכי דמי אילימא בשוגג ולא אידכר ליה למאן התירו °ואלא לאו דאיהדר ואידכר *מי מחייב והתנן **כל חייבי חטאות אינן חייבין עד שתהא תחלתן שגגה וסופן שגגה אלא במזיד קודם שיבא לידי איסור סקילה מיבעי ליה אמר רב שילא לעולם בשוגג ולמאן התירו לאחרים מתקיף לה רב *ששת *וכי אומרים לו לאדם חטא כדי שיזכה חבירך אלא אמר רב אשי לעולם במזיד ואימא קודם שיבא לידי איסור סקילה רב אחא בריה דרבא מתני לה בהדיא אמר רב ביבי בר אביי °הדביק פת בתנור התירו לו לרדותה קודם שיבא לידי איסור סקילה: פשט העני את ידו: אמאי חייב *°והא בעינן עקירה והנחה מעל גבי מקום ד' על ד' וליכא אמר רבה הא מני ר"ע דאמר לא בעינן מקום ארבעה על ארבעה *דתנן הזורק מרשות היחיד לרשות היחיד ורשות הרבים באמצע רבי עקיבא מחייב וחכמים פוטרים ר"ע סבר אמרינן *קלוטה כמי שהונחה דמיא ורבנן סברי לא אמרינן קלוטה כמי שהונחה דמיא למימרא דפשיטא ליה לרבה דבקלוטה כמי שהונחה דמיא ובתוך

רש"י

לאותה חצר. שהוא עומד בתוכה מותר להחזירה אבל לחצר אחרת הסמוכה לה אסור לזורקה: **לכי תיכול עלה כורא דמילחא.** בבדיחותא אהדר ליה כשתמדוד לי כור של מלח אומר לך טעמו של דבר לישנא אחרינא לכשתאכל עליה כור של מלח לא תוכל להשוותם זו לזו: **מחשבתו.** שנתכוון לפנותה מחצר זה לא נתקיימה הלכך לא גזרו אבל לחצר אחרת נתקיימה מחשבתו וגזור דילמא זימנא אחריתי שדי להו לרה"ר: **ולא אידכר.** קודם אפייה על שגגתו שהיא שבת או שמלאכה זו אסורה: **למאן התירו.** הא לא מסיק אדעתיה לבא לישאל על כך: **ואלא דאיהדר ואידכר.** קודם אפייה: **מי מחייב.** חטאת באפייתו: **תחלתם וסופם.** תחלת המלאכה וסופה לא נודעה לו שגגתו עד שנגמרה עבירה: **לאחרים.** אחר שראה ובא לפניך לישאל לרדותה קודם שיבא חבירו לידי חיוב חטאת: **וכי אומרים לו לאדם.** לא וחטא איסור קל כדי שלא יתחייב חבירך עונש חמור: **בהדיא.** סקילה ובלשון פשיטותא ולא בלשון בעיא מתני רב אחא בריה דרבא מילתא דרב ביבי: **מעל גבי מקום ד'.** דהוי חשוב למיהוי הנחתו הנחה ועקירתו עקירה וידו לאו מקום ד' הוא וקתני לה מתני' בין לעקירה בין להנחה דקתני ונתן לתוך ידו של בעל הבית הרי הנחה או שנטל מתוכה הרי עקירה: **קלוטה.** החפץ הואיל ונקלט באוירה של רשות הרבים כמי שהונחה בתוכו הוא ואע"ג דלא נח:

תוספות

כאן לחצר אחרת. ואסור להחזירה דקתני לא להחזירה אללו קאמר אלא להחזירה לחצר אחרת: **ומאי** שנא. בזו כנגד זו איירי דבדיוטא אחת שנא ושנא דאיכא איסור חיוב חטאת דמושיט מרה"י לרה"י דרך רה"ר רה"ר א"נ בדיוטא אחת וכגון שאין מפסיק שם רה"ר:

ואלא דאהדר ואידכר מי מחייב. תימה דלישני אימא לידי (חיוב) איסור חטאת כדקאמר בסמוך קודם שיבא לידי איסור סקילה:

וכי אומרים לו לאדם חטא בשביל שיזכה חבירך. והא דאמר בבכל מערבין (עירובין לב: ושם) רבי סבר ניחא ליה לחבר דליעבד איסורא קלילא ולא ליעבד עם הארץ איסורא רבה התם כדי שלא יאכל ע"ה טבל על ידו דאמר לי' מלא לך כלכלה של תאנים מתאנתי אבל הכא שלא נעשה האיסור על ידו אין אומרים לו חטא אפי' איסור קל שלא יבא חבירו לידי איסור חמור ואומר ריב"א דאפי' למדביק עצמו אין לפשוט משם להתיר דהתם עדיין לא נעשה האיסור ומוטב שיעשה איסור קל ולא יעשה איסור חמור על ידו אבל הכא המעשה של איסור כבר נעשה וממילא יגמור לא יעשה אפי' איסור קל בידים והא דתנן בהשולח (גיטין דף מא: ושם) מי שחציו עבד וחציו בן חורין כופין את רבו ועושה אותו בן חורין ואע"ג דבהאי פירקא (דף לח:) א"ר יהודה כל המשחרר עבדו עובר בעשה דלעולם בהם תעבודו שאני פריה ורביה דמצוה רבה היא כדמשני התם בר"א שנכנס לבהכ"נ ולא מצא שם י' ושחרר את עבדו להשלימו לי' מצוה דרבים שאני ועוד י"ל דדוקא היכא דפשע קאמר וכי אומרים לו לאדם חטא כדי כו' ואתי שפיר הא דאמרי' בריש תמיד נשחט (פסחים דף נט. ושם) דאתי עשה דפסח שיש בו כרת ודחי עשה דהשלמה וקא עברי כהנים בעשה דהשלמה ומקריבין למחוסר כפורים כפרתו כדי שיביא פסחו וכן בפרק בתרא דעירובין (דף קג: ושם) כהן שנמלא בו יבלת חבירו חותכה לו בשיניו אע"ג דהוי שבות וגבי חציה שפחה וחציה בת חורין שנהגו בה מנהג הפקר וכפו את רבה בהשולח (גיטין דף לח:) משום שהיתה מחזרת וממליאה עצמה לזנות ודומי' לאנוסין *והוי נמי כמצוה דרבים:

קודם שיבא לידי איסור סקילה. וא"ת מאי בעיא היא זו אם התירו לרדותה פשיטא שלא ישמע לנו אם נאסור לו ותי' ריב"א *דאם לא התירו לא מיחייב סקילה כיון שמניח מלרדות ע"י מה שאנו אוסרין לו וכן בפסחים בס"פ האשה (דף צב. ושם) ערל הואה ואיזמל העמידו דבריהם במקום כרת אלמא לא מיחייב כרת הואיל ורבנן הוא דאסרי ליה למיעבד פסח וא"ת והיכי אתי לידי חיוב סקילה והא התראת ספק הוא דבשעה שהדביק פת בתנור שמא היה בדעתו לרדותה קודם שיבא לידי איסור סקילה ומה שלא רדה שמא שכח ההתראה ותי' ריב"א דכיון שהדביק תוך כדי דבור של התראה °וודאי תאפה אם לא ירדנה לאו התראת ספק הוא °דודאי לא היה בדעתו לרדות קודם אפייה ולא הוי התראת ספק אלא בלוקח אם על הכנים לח"ד בפ' ואלו הן הלוקין (מכות דף טו.) בטלו ולא בטלו דשמא לא ישבור כנפיה או לא ישחטנה ועכשיו שמשבר כנפיה אין יכולין להתרותו דלא הויא התראה אלא על הלאו והלאו כבר עבר וכן בשבועה שלא אוכל ככר זו אם אוכל זו ואכליה לאיסוריה והדר אכליה לתנאיה דכשמתרין בו בשעת אכילת איסור עדיין מחוסר מעשה אכילה של תנאי קודם שיתחייב מלקות אבל הכא כשמדביק פת בתנור אין האפייה מחוסרת מעשה:

מתני' לה בהדיא. אית ספרים דגרסי בעי רב ביבי ומהני בהדיא בבעיא דרב ביבי איסור סקילה:

והא בעינן עקירה והנחה מעל מקום ד'. אומר ר"ת דאין רגילות להניח החפץ בפחות מד' וכן היה מסתמא במשכן ועוד אומר ר"י דאל יצא איש ממקומו משמע דקאי כמי אחפץ כלומר ממקומו של חפץ דרשינן בעירובין (פ"א ד' יז:) דאל יצא אל יוציא אע"ג דפשטיה דקרא קאי אמקומו של אדם דהיינו ד' אמות מ"מ משמע נמי מקום החפץ ואין מקום חשוב בפחות מד':

אבל למעלה מי' ד"ה פטור. יש להוכיח קצת מכאן דמושיט חייב נמי למטה מי' דאם תמצא לומר פטור לפי שלא מצינו במשכן מושיט למטה מי' שהעגלות היו גבוהים י' א"כ לימא הכא אבל למעלה מי' ד"ה חייב דילפינן זורק ממושיט אבל עתה דמושיט חייב למטה מי' אז לא מצי למימר למעלה מי' ד"ה חייב דא"כ למטה מי' מ"ט פטור זורק ומיהו אינו הוכחה דלא מצי למימר דלכ"ע ילפינן זורק ממושיט דא"כ הא דתנן לקמן בהזורק (דף צו:) היו שתיהן בדיוטא אחת הזורק פטור והמושיט חייב אלמא לא ילפי' זורק ממושיט אמאן תרמייה ותדע דהא כי נמי נימא דמושיט חייב למטה מי' הוי מצי למימר דלכ"ע ילפי' זורק ממושיט ובדיוטא אחת בין למטה מי' בין למעלה מי' ד"ה חייב ופליגי למטה מי' בזו כנגד זו דמר סבר אמרינן קלוטה כמי שהונחה דמיא ומר סבר לא אמרינן אלא דלא מצי למימר דלכ"ע ילפינן זורק ממושיט משום מהני' דהזורק ולאי שנפרש בסמוך אתי נמי שפיר דלא נקט הכי:

דרבי עקיבא סבר ילפי' זורק ממושיט. וא"ת והא ע"כ זורק מרשות היחיד לרה"י דרך רשות הרבים לא היה במשכן מה צריך למילף ממושיט ומ"ט נמי דרבנן דפטרי וכיון דלא היה במשכן אמאי מחייב ר"ע דבתולדה דהוצאה שהיא מלאכה גרועה אין לנו לחייב אלא דוקא אותן שהיו במשכן כדפרישית לעיל (ד' ב:) וי"ל דר"ע סבר דזורק דמי טפי למושיט ממאי דדמו שאר תולדות להוצאה:

אבל למטה מי' ד"ה חייב דאמר קלוטה כמי שהונחה. °כשהחפץ בידו של עני או של בעה"ב לא שייך קלוטה דהא כשנותן בעה"ב לתוך ידו והוציא לא מחייב תימה לר"י אם ברייתא היא בשום מקום דבעינן הנחה על גבי מקום ד' וכדמשמע קצת בסמוך דא"ר זירא הא מני אחרים היא משמע דפליגי רבנן עליה אם כן היכי קאמר הכא ד"ה חייב אם כן ההיא ברייתא מני ונראה דלא קשה מידי שיעמיד ר"ע ורבנן כמתניתין ולא כההיא ברייתא דניחא ליה להעמיד מתני' ככ"ע:

דאמרינן קלוטה כמי שהונחה דמיא. וקשה לר"י דמאי פריך למימרא דפשיטא ליה לרבה מנא ליה דפשיטא ליה לרבה אי משום דקאמר הא מני ר"ע היא הייט משום דלר"ע אית ליה ממה נפשך קלוטה כמי שהונחה דמיא אבל אליבא דרבנן מספקא ליה ולהכי לא הוה מצי למימר הא מני רבנן היא ואם הייט אומרים הא דקאמר לעיל רבי עקיבא סבר קלוטה כמי שהונחה דמיא ורבנן כו' הכל מדברי רבה היא הוה אתי שפיר אך אין נראה שיהא מדברי רבה ואומר ר"י דהכי פירושו והא מיבעיא בעי לרבה וכיון דאיכא לספוקי בפלוגתייהו איכא נמי לספוקי דילמא לא אמרינן קלוטה כמי שהונחה ובזו כנגד זו לכ"ע פטור כי פליגי בדיוטא

ספר מסורת הש"ס

[עירובין לו.] חולין יב. קיב.

לקמן קי.

מנחות מח. [קידושין כה:] ועי' עירובין לג:

[עי' תוס' לקמן ז. ד"ה ופח]

לקמן צו

[שם נז. גיטין עט. ב"ק ע:]

[כתוס' גיטין מא: סוף ד"ה כופין כתבו ועוד מצוה דרבים שאני ע"ש ועי' תוס' פסחים פח: ד"ה כופין]

עין משפט נר מצוה

ז א מיי' פי"א מהל' שבת הלכה יט ופ"ב מהל' שגגות הלכה א סמג עשין ריג:

ח ב מיי' פ"ג שם הל' י"א ופ"ט הל' ס' וס' כ"ב מהלכות שבת הלכה א סמג לאוין סה: טוש"ע א"ח סי' רנד סעיף ו:

ט ג מיי' פי"ג מהל' שבת הלכה א ופי"ד הלכה יד סמג שם טוש"ע א"ח סי' שמה סעיף יט יעוי' סי' שמח:

קשה לרשב"א דכי אידכר נמי יכול לבוא לידי חטאת אם שכח לבסוף קודם שנאפה ספת כדמוכח פ"ס הזורק ואומר מהר"מ דסא לא שכיח שיחזור וישכח [תוס' ישנים]

רבינו חננאל

שלא הניח החפץ אי לא. תני חדא מותר להחזירה ותניא אידך אסור ישקלינן וטרינן ואסקינן הא דתני מותר להחזירה באותה חצר ופירשה רב נחמן באותה חצר שהוציאה ממנה שהרי לא עשה כלום כי לא נעשית מחשבתו. שרצה להשליכן לחצר אחרת ולא עלתה לו מחשבתו. והא דתני אסור להחזירה בחצר אחרת שהרי אם יחזירנה לחצר אחרת הרי נעשית מחשבתו ולפיכך אסור. בעיא דרב ביבי בר אביי תירצה רב אשי הכי הדביק פת בתנור בשבת במזיד התירו לו לרדותה קודם שתיאפה שלא יבא

תימה למסכ"ר שמואל ממירסרא א"כ מאי קא מיבעיא כיון דכין התירו בין לא התירו לא מחייב פשיטא דלא יתירו וכ"ל דל"מ אם התירו דמחייב אם לא ירדם אע"ג היא גופא קא מיבעי' ליה התירו דאם לא יתירו מחייב ול"ד לההיא דפסחים כיון דפשע או לא התירו דלא מחייב אע"ג דפשע מתחלה השתא מיהא אינו מניח מלרדות אלא ע"י שאסרו לו חכמים [תוס' ישנים] [שייך לע"ב]

רב נסים גאון

פרק א אבל למעלה מעשרה דברי הכל פטור ולא ילפי' זורק ממושיט. עיקרו במשנת בפרק הזורק (דף צו) היו שתיהן בדיוטי אחת הזורק פטור והמושיט חייב שכך היתה עבודת הלוים ב' עגלות זו אחר זו ברה"ר משיטין את הקרשים מזו לזו אבל לא זורקין ולפום דהויין

גליון הש"ס

גמ' ואלא לאו דאהדר ואידכר מי מחייב. עיין שו"ת תולדות אדם המיוחסו' לרמב"ן סי' ר"ה: תוס' ד"ה קוד' שיבא וכו' ובודאי תאפה אם לא ירדנה. עיין גיטין דף לג ע"א תוס' ד"ה ואפקעינהו: בא"ד דודאי לא היה בדעתו לרדות מל' זה משמע דמש"ה לא הוי התראת ספ'. והלו מתש"כ א"כ וכן בשבועה לא אוכל זו אם אוכל זה. משמע דשלא

אוכל זו אם לא אוכל זו לא הוי התראה ס' כיון דמחוסר מעשה לא שייך דלא ידע אי יאכלנו ולכאורה אפשר בהיפוך: תוס' ד"ה אבל למטה וכו' כשהחפץ בידו. ע"ל צ"ע תוס' ד"ה הפשט

ובתוך עשרה פליגי והא מיבעיא בעי לה רבה דבעי רבה *למטה מי' פליגי ובהא פליגי דר"ע סבר *קלוטה כמי שהונחה דמיא ורבנן סברי לא אמרינן קלוטה כמי שהונחה דמיא אבל למעלה מי' דברי הכל פטור ודכ"ע לא ילפינן זורק ממושיט או דילמא למעלה מי' פליגי ובהא פליגי דר"ע סבר ילפינן זורק ממושיט ורבנן סברי לא ילפינן זורק ממושיט אבל למטה מי' דברי הכל חייב מאי טעמא אמרינן קלוטה כמי שהונחה דמיא הא לא קשיא בתר דאיבעי הדר איפשיטא ליה *דסבר ר"ע קלוטה כמי שהונחה דמיא ודילמא הנחה הוא דלא בעיא הא עקירה בעיא אלא אמר רב יוסף הא מני רבי היא הי רבי אילימא הא ר' דתניא *זרק ונח ע"ג זיז כל שהוא רבי מחייב וחכמים פוטרין התם כדבעי' למימר לקמן כדאביי *דאמר אביי הכא באילן העומד ברה"י ונופו נוטה לרה"ר וזרק ונח אנופו דר' סבר אמרי' *שדי נופו בתר עיקרו ורבנן סברי לא אמרי' שדי נופו בתר עיקרו אלא הא ר' *דתניא זרק מרה"ר לרה"ר ורה"י באמצע *ר' מחייב וחכמים פוטרין ואמר רב יהודה אמר שמואל מחייב היה ר' שתים אחת משום הוצאה ואחת משו' הכנסה אלמא לא בעי עקירה ולא הנחה ע"ג מקום ד' על ד' הא איתמר עלה רב ושמואל דאמרי תרווייהו

לא

רש"י

ובסוף י' · דאילו למעלה מי' לאו אויר ר"ה הוא אלא אויר מקום פטור הוא ואפי' קלוטה ליכא: **זורק ממושיט** · דאילו במושיט מרה"י לרה"י דרך ר"ה אפי' למעלה מי' קיימא לן בפ' הזורק דחייב דיליף מעגלות של מדבר שמושיטין את הקרשים מזו לזו והן רה"י וביניהם ר"ה ולא היו זורקים אותן שלא יתקלקלו: **ודילמא הנחה הוא דלא בעיא** · מדקתני ר"ע מחייב אבל עקירה בעי מעל גבי מקום ד' מדלא קתני ר"ע מחייב שתים אחת משום הוצאה ואחת משום הכנסה: **זרק** · מר"ה מתחלת ד' לסוף ד' ונח' ע"ג זיז מכל עץ היוצא מן הכותל קרי זיז: **רבי מחייב** · אלמא דלא בעי הנחה על מקום ד': **שדי נופו בתר עיקרו** · והוי כמונח בר"ה על מקום ד' דעיקר מחשב ליה לנוף: **מחייב היה ר' שתים** · דהוי כאלו נח ברה"י וחזר ונעקר משם והכניס לר"ה אלמא לא עקירה בעי ולא הנחה בעי ע"ג מקו' ד':

מקורה

תוספות

בדיומא אחת דר"ע סבר ילפי' זורק ממושיט ורבנן סברי לא ילפינן אלא דרבה לא חש לפרש כל הבעיות ועוד אומר ר"י דהא דקאמר הש"ס אבל למטה מעשרה ד"ה חייב דאמרינן קלוטה כמי שהונחה סייט לרבנן אבל לר"ע קלוטה לאו כמי שהונחה דמיא ומחייב משום דילפינן זורק ממושיט דאי סבר כמי שהונחה דמיא *לא הוה מצי למילף זורק ממושיט דהא לא דמיא כלל דכיון דכמי שהונחה דמיא הוי [זורק למעלה מעשר'] כזורק מרה"י למקום פטור וממקום פטור לרה"י ולא דמי כלל למושיט שהוא מרה"י לרה"י ורה"ר באמצע אלמא ע"כ כיון דסבר ילפינן זורק ממושיט סבר קלוטה לאו כמי שהונחה דמיא והשתא אתי שפיר דפריך למימרא דפשיטא ליה כו' ואתי נמי שפיר דלא מצי למימר לעיל אבל למעלה מי' ד"ה חייב דילפינן זורק ממושיט דלר"ע לא מצי למילף כיון דסבר כמי שהונחה דמיא וכן משמע קצת דהא רב חסדא בעי נמי בהזורק (לקמן דף צז.) כמו רבה דהכא ואי הא דקא מסיים קלוטה כמי שהונחה דמיא קאי נמי אדר"ע היכי מצי למימר לרב חסדא דלכ"ע כמי שהונחה דמיא ולקמן בפירקין (דף ח.) משמע דדוקא ברה"י לא בעי רב חסדא הנחה ע"ג מקום ארבעה ומיהו רשב"א פירש בסמוך אף ברה"ר לא בעי רב חסדא מקום ד': **ודילמא** הנחה הוא דלא בעיא הא עקירה בעיא · פירש"י דדייק מדלא מחייב ב' אחת משום הוצאה ואחת משום הכנסה וקשה *דילמא הא דלא מחייב ב' משום דלא מחייב אתולדה במקום אב ועוד דבסמוך קאמר רב יהודה מחייב היה רבי ב' אע"ג דקתני סתם רבי מחייב ה"נ לר"ע מנ"ל דלא מחייב שתים ונראה לפרש דפריך הא עקירה בעיא דילפינן ממשכן שהיו נוטלין מתיבתן שהיו כהן ארבע על ארבע ונותנין ליד עושי המלאכה ולפי מה שפירשתי לעיל דדרשינן מאל יצא איש ממקומו אתי נמי שפיר דבעקירה מיירי: **אלא** א"ר יוסף כו' · קשה לרשב"א מה לריכין רבה ורב יוסף להעמיד המשנה כתנאים והא סבירא להו בפ"ב דעירובין (ד' נט: ושם) דמחשבתו משויא ליה מקום דקאמר התם רב יוסף השתין ורק חייב חטאת ופריך והא בעינן מקום ד' וליכא ומשני מחשבתו משויא ליה מקום דאי לא תימא הכי הא דאמר רבה זרק בפי כלב או בפי כבשן חייב וכו' ותי' ר"ת דהא דאמר מחשבתו משויא ליה מקום הייט היכא דלא ניחא לי' בענין אחר אלא בענין זה כמו משתין ורק שאינו יכול להשתין או לרוק בענין אחר וכן זרק בפי כלב שרצונו שיאכלנו הכלב או שישרוף העץ בכבשן ול"ג התם ונח בפי כלב דנח משמע דאין כוונתו לכך אבל הכא אינו חושש אם מקבל בידו או בכלי אחר והא דאמר לקמן (ד' ה.) ה"א ה"מ היכא דאתחשבה לידו אע"ג דניחא ליה שיקבלנו בע"א כמו בידו הייט משום דקאמר דידו של אדם חשובה לו כד' על ד' אבל בשאר דברים לא משוי ליה מחשבתו אלא היכא דלא ניחא ליה בע"א: **זרק** ונח ע"ג זיז כל שהוא ר' מחייב · וא"ת אכתי תקשה לך דילמא הנחה הוא דלא בעיא הא עקירה בעיא וי"ל דבלאו הכי פריך שפיר אבל קשה לספרים דגרסי לקמן בהזורק (ד' צז.) על מילתא דרב יהודה דאמר בסמוך מחייב היה רבי שתים ויתיב רב חסדא וקא קשיא ליה למימרא דמחייב רבי אתולדה במקום אב וכו' א"ל רב יוסף מר אדר' מתני לה וקשיא ליה אנן אדר' יהודה מתנינן לה לדברי ר"י דאמר חייב ב' אבל לר' לא מחייב ב' דלא מחייב ר' אתולדה במקום אב אם כן מה תירץ רב יוסף הא מני ר' היא אכתי תקשה דילמא הנחה הוא דלא בעי הא עקירה בעי וי"ל דסבר רב יוסף דדוקא אקלוטה דר"ע דליכא הנחה כלל איכא למיפרך הא עקירה בעי אבל אר' דבעי הנחה ע"ג זיז כל שהוא ה"ה לעקירה סגיא בכל שהוא ומיהו להש"ס בסמוך לית ליה סברא דרב יוסף דפריך ארבי זירא דילמא אחרים בעו עקירת מקום ד' ולא סגיא בכל שהוא כמו בהנחה ולר"ת נראה דגרסינן בהזורק יתיב רב יוסף וקא קשיא ליה א"ל רב חסדא וכו' ואתי שפיר דרב יוסף הוה מתני דברי רב יהודה אדר' ובסמוך דפריך והא איתמר כו' הוה מצי למיפרך הא דקשיא ליה לרב יוסף בהזורק (שם:) דרבי לא מחייב אתולדה במקום אב דתניא ר' אומר דברים הדברים אלה הדברים וכגירסת ר"ת נראה דלההוא גירסא דמתני רב יוסף מילתא דרב יהודה דמחייב ב' ארבי יהודה קשה דרב יוסף אדרב יוסף דהתם אומר בהדיא רבה ורב יוסף דאמרי תרווייהו לא מחייב ר"י אלא אחת ויש לדחות דרב יוסף משמי' דרב יהודה קאמר (*) ורב יהודה מחייב שתים וליה לא סבירא ליה: **באילן** העומד ברה"י ונופו נוטה לרשות הרבים · הכא בשמעתין הוה מצי לאוקמי באילן שעיקרו ונופו כולו קאי ברה"י ויש בעיקרו ד' דרבי סבר שדי נופו בתר עיקרו וחשיבא מקום ד' ורבנן סברי לא אמרינן שדי נופו בתר עיקרו ולא הוי מקום ד' דברה"י נמי סברא שמעתין דבעינן מקום ד' על ד' מדאמר בסמוך תני טרסקל שבידו הא תינח ברה"י משמע דברה"י נמי מהדרינן לאשכוחי מקום ארבע אלא נקט בכה"ג משום דמילתא דאביי איתמר בפרקין אמילתא דרב חסדא דאמר נעץ קנה ברה"י וזרק ונח על גביו אפילו גבוה מאה אמה חייב ופריך לימא דרב חסדא דאמר כרבי ומשני דברה"י כ"ע לא פליגי כדרב חסדא והכא באילן העומד ברה"י ונופו נוטה לרה"ר ומיירי אפילו אין בעיקרו ד' דרבי סבר שדי נופו בתר עיקרו דהויא כרה"י וחייב אע"ג דלא הוי מקום ד' כדרב חסדא ורבנן סברי לא אמרינן שדי נופו בתר עיקרו אבל קשה אמאי לא משני אביי לקמן באילן העומד כולו ברה"ר ויש בעיקרו ד' דרבי סבר שדי נופו כו' וחשיב מקום ד' ולרבנן לא הוי מקום ד' דברה"ר מודה רב חסדא דבעינן מקום ד' דברה"י דווקא קאמר רב חסדא כדמשמע לקמן דקאמר ברשות היחיד כולי עלמא לא פליגי כדרב חסדא ויש לומר דברה"ר לא מצי לאוקמי דאי הנוף למטה מג' לא הוו פטרי רבנן אע"ג דליכא ד' דכארעא סמיכתא היא ואי למעלה מג' לא הוה מחייב ר' דכרמלית היא אם רחב ארבע או מקום פטור אם אינו רחב ד' ולרשב"א נראה דברשות הרבים נמי משכחת לה למימר שדי נופו בתר עיקרו כגון שעיקרו פחות משלשה או גבוה ט' ורבים מכתפים עליו דהוו רה"ר ונופו עולה למעלה מג' דלרבי הוי נוף רשות הרבים דשדינן ליה בתר עיקרו כי היכי דשדינן ליה בתר עיקרו לשויא רה"י ולרבנן לא הוי כרה"ר והא דלא מוקי ליה אביי הכי *משום דרב חסדא לא בעי מקום ד' גם ברשות הרבים דמ"ש ורב חסדא נקט רשות היחיד משום דבעי לאשמעינן אפילו גבוה מאה אמות משום דרה"י עולה עד לרקיע ואיידי דנקט איהו רשות היחיד נקט נמי בתר הכי ברה"י כ"ע לא פליגי כו' ולמאי דמוקי לה אביי לקמן אליבא דרב חסדא הא דנקט זיז כל שהוא דהא אפי' ברוחב ד' נמי פליגי אומר רשב"א דנקט כל שהוא משום למעלה מי' דאי הוי רחב ד' הוי רה"י ולא הוו פטרי רבנן*) (אי אין) גדיים בוקעין תחתיו אי סברי כר' יוסי בר' יהודה בהזורק (לקמן ד' קא.) ואין נראה לר"י דמשמע דמשום רבותא דר' נקט לה ואומר ר"י דאי הוה נקט זיז סתמא הוה סלקא דעתך דמיירי ברחב ארבע וטעמא דר' לאו משום שדי נופו בתר עיקרו אלא ה"א דסבר כרבי יוסי בר"י דנעץ קנה ברה"ר ובראשו טרסקל להכי נקט כל שהוא לאשמעינן דטעמא דרבי משום שדי נופו בתר עיקרו והוי כמונח ברשות הרבים ע"ג מקום ד' אי אפשר להעמידה דאי למטה מג' לא בעי רחב ד' לכ"ע ולמעלה מג' לא הוי רה"ר אם לא נעמיד בדבילה שמנה ונח בצד הנוף :

לא   נ"ל אפילו

הדא מיניהו נקט דברשות אחד לא מצי לאשכוחי' דלרבנן הוי עיקרו רה"ר ונופו כרמלית או מקום פטור ולר' הוי ברשות אחד דלאפי' נופו לגמרי ברשות אחר שדי נופו בתר עיקרו [תוס' ישנים]

מסורת הש"ס

[לקמן צז.]
[ב"ק ע: לעיל פ"א וש"נ]
ר"ל נתי דסבר
[לקמן צז:]
שם דף ח.
[שם ב"מ קיח:]
לקמן נז.
[גיטין עט.]

אין זו קושיא כ"כ דהא לא קאמר הא עקירה ודאי בעי אלא דילמא קאמר [תוס' ישנים]

דרבי יהודה כצ"ל

לא נתיישב לי דס"ע למימר דפליגי דלא הוי נופו כרה"ר ולרבנן מקום פטור או כרמלי' הוא ועוד דס"ע אביי למימר איפכא באילן העומד ברה"ר ונופו נוטה לרה"י אלא

ואינה סוכתה דלא אמר קלוט' כמי שהונחה דמיא אלא להחמיר דאי להקל נמי אמרו א"כ זורק ד"א ברה"ר היכי משכחת לה [תוס' ישנים]

רבינו חננאל

לידי איסור סקילה או לא שהאופה מאבות מלאכות היא*) ולא אפשיטא. וקשי' למסבר רדיית הפת חכמה ואינה מלאכה. דגרסי' בפ' כל כתבי הקדש תנא דבי שמואל כל מלאכת עבודה לא תעשו. יצא תקיעת שופר ורדיית הפת שהיא חכמה ואינה מלאכה. וכיון שאינה מלאכה אמאי לא פשטי בה להיתרא. וקבלנו מרבותינו כי בעיא זו להתיר לו בפטור ומותר היא לפיכך לא איפשיטא ר"א כי רדיית הפת האפוית היא חכמה ואינה מלאכה. אבל רדייתה בעודה עיסה קודם שיקרמו פניה מלאכה היא. הלא תראה הפת האפוית אפשר לרדותה בסכין וכיוצא בה. אבל העיסה אי אפשר לרדותה אלא בידים שנמצא כמו לש ועורך. ומתקן הוא ואינו מקלקל. ולפיכך לא הזכירו בסקום הזה. הא דתנא דבי שמואל כלל ללמד כי אינו דומה זה לזה כלל:

פיסקא פשט העני את ידו לפנים אקשי' והא בעינן עקירה והנחה מעל גבי מקום ארבעה וליכא דהא כל חובי שבת לא מחייבי עד שיעקור ממקום ד' וינוח במקום ד' ואוקמה רבה לר' עקיבא דסבר קלוטה באויר כמי שהונחה בקרקע דמיא. דתנן מרה"י לרה"י ורה"ר באמצע ר' עקיבא מחייב וחכמים פוטרין. ודחינן ודילמא הנחה ע"ג מקום ד' לא בעי אבל עקירה מע"ג מקום ד' בעי דהא לא שמעי' ליה לר' עקיבא מהא מתניתין אלא בהנחה בלבד. אלא אמר רב יוסף ר' היא כו' ונדחת

*) מדברי רבינו וי"ל אלו מראה קצת דמפרש דגם רב אחא בריה דרבא מתני להא דרב ביבי בלשון בעיא ודלא כפרש"י רק דמתני בהדי בעי רב ביבי דמיירי במזיד ודו"ק:

רב נסים גאון

אבות המלאכות ילפי ממלאכות המשכן כמו שאמרו בפרק במה מדליקין (דף מט) אין חייבין אלא על מלאכה שכיוצא בה היתה במשכן וגו' והיתה עבודת הלוים בעגלות שמושיטין את הקרשים ולא זורקין גם כן הקרשים בשבת מגזוזטרא לגזוזטרא שנין בדיוטא אחת חייב והזורק פטור ועל העיקר הזה אמרו לא ילפינן זורק ממושיט :

עין משפט נר מצוה

י א מיי' פי"ג מהל' שבת הלכה ג:
יא ב ג ד מיי' שם הלכה טו:

גמרא

לא מחייב רבי אלא ברשות היחיד מקורה דאמרינן °ביתא כמאן דמליא דמיא אבל שאינו מקורה לא וכ"ת הכא נמי במקורה התינח ברשות היחיד מקורה בר"ה מקורה מי חייב *והאמר רב שמואל בר יהודה אמר רבי אבא א"ר הונא אמר רב המעביר חפץ ד' אמות בר"ה מקורה פטור לפי שאינו דומה לדגלי מדבר אלא א"ר זירא הא מני אחרים היא דתניא אחרים אומרים עמד במקומו וקבל חייב עקר ממקומו וקבל פטור עמד במקומו וקבל חייב הא בעינן הנחה על גבי מקום ד' וליכא אלא שמע מינה לא בעינן מקום ארבעה ודילמא הנחה הוא דלא בעינן הא עקירה בעינן והנחה נמי דילמא דפשיט כנפיה וקיבלה דאיכא נמי הנחה אמר רבי אבא מתניתין (א) כגון (שקבל בטרסקל) והניח ע"ג טרסקל דאיכא נמי הנחה והא ידו קתני תני טרסקל שבידו התינח טרסקל ברשות היחיד אלא טרסקל שבר"ה רה"י הוא לימא דלא כרבי יוסי בר' יהודה דתניא *רבי יוסי בר' יהודה אומר נעץ קנה בר"ה ובראשו טרסקל זרק ונח על גביו חייב דאי כר' יוסי בר' יהודה פשט בעל הבית את ידו לחוץ ונתן לתוך ידו של עני אמאי חייב מרה"י לרה"י קא מפיק אפילו תימא רבי יוסי בר' יהודה התם למעלה מי' הכא למטה מי' קשיא ליה לר' אבהו מי קתני טרסקל שבידו והא ידו קתני אלא א"ר אבהו כגון ששלשל ידו למטה מג' וקבלה והא עומד קתני בשוחה ואיבעית אימא בגומא ואב"א בננס °אמר רבא איכפל תנא לאשמעינן כל הני אלא אמר רבא *[א]ידו של אדם חשובה לו כד' על ד' וכן כי אתא רבין א"ר יוחנן ידו של אדם חשובה לו כד' על ד' א"ר אבין א"ר אילעאי א"ר יוחנן [ב]זרק חפץ ונח בתוך ידו של חבירו חייב מאי קמ"ל ידו של אדם חשובה לו כד' על ד' והא אמרה ר' יוחנן חדא זימנא מהו דתימא ה"מ היכא דאחשבה הוא לידיה אבל היכא דלא אחשבה הוא לידיה אימא לא קא משמע לן א"ר אבין א"ר אילעאי א"ר יוחנן [ג]עמד במקומו וקיבל חייב עקר ממקומו וקיבל פטור תניא נמי הכי אחרים אומרים עמד במקומו וקיבל חייב עקר ממקומו וקיבל פטור בעי ר' יוחנן זרק חפץ ונעקר הוא ממקומו וחזר וקיבלו מהו מאי קמבעיא ליה אמר רב אדא בר אהבה שני כחות באדם אחד קא מבעיא ליה שני כחות באדם אחד כאדם אחד דמי וחייב או דילמא כשני בני אדם דמי [ד]ופטור תיקו א"ר אבין א"ר יוחנן הכניס ידו לתוך חצר חבירו וקיבל מי גשמים והוציא חייב מתקיף לה ר' זירא מה לי הטעינו חבירו מה לי הטעינו שמים איהו לא עביד עקירה לא תימא קיבל אלא קלט והא בעינן עקירה מעל גבי מקום ד' וליכא אמר רבי חייא בריה דרב הונא כגון שקלט מעל גבי הכותל נמי והא לא נח כדאמר *רבא בכותל משופע הכא נמי בכותל משופע והיכא איתמר דרבא אהא דתנן

היה

רש"י

מקורה. שיש לה גג: **כמאן** (ג) **דמלי.** דבר סתום מכל לד הוי כמלא תפלים עד גגו דאין אוירו חשיב אויר הלכך כל הנזרק לתוכו הוי כמונח: **בסינת רה"י.** דבע"ה אלא רשות הרבים דעני מי מוקמת ליה במקורה: **לדגלי מדבר.** וכל מלאכות דשבת ממשכן גמרי לקמן מדנסמכה פרשת שבת לפרשת משכן בויקהל: **הא מני.** דלא בעי מקום ד' אחרים היא: **עמד במקומו.** זרק חפץ וקבלו אחר עמד המקבל במקומו וקבל: **חייב.** הזורק דאיהו עבד עקירה והנחה: **עקר.** המקבל ממקומו ורץ לקראת החפץ וקבלו: **פטור.** הזורק דלא איתעביד הנחה מכחו: **דפשיט כנפיה.** *פרס בגדו דהוי ד': **טרסקל.** סל: **רשות היחיד הוא.** ואמאי מחייב משום הוצאה: **לימא.** מתניתין דלא חשיב ליה רה"י דלא כרבי יוסי ברבי יהודה: **וזרק.** מרשות הרבים: **ונח על גביו חייב.** דאע"ג דלמטה לא הוי קנה רחב ד' הואיל ובראשו ארבע אמרינן גוד אחית מחילה והוי רה"י גמור: **למעלה מי'.** הוי רה"י הואיל ורחב ד': **שלשל.** השפיל כמו *היה משלשל בחבל: **למטה מג'.** דהויא כקרקע: **והא עומד קתני.** העני עומד בחוץ והאי יושב הוא: **בשוחה.** כופף עצמו: **ואיבעית אימא.** בעומד בגומא וידו סמוכה לשפתה: **איכפל תנא כו'.** טרח התנא בכל זאת ולא היה לו להודיענו דמוציא מרשות לרשות חייב אלא על ידי דברים הללו שאין דרכן בכך לתני פשט כנף בגדו לפנים דהוי ד': **היכא דאחשבה.** זה העושה מלאכה נתכוון לתתה ליד חבירו כי מתניתין: **אבל היכא דלא אחשבה.** שהלכה ונחה מעצמו ביד חבירו דהאי דזריק לא אחשבה ליד חבירו לאנוחה בגווה דלא נתכוון לכך: **עמד.** המקבל במקומו וקבל: **חייב.** הזורק: **פטור.** הזורק דלא עביד הנחה: **מאי קמיבעיא ליה.** מאי ספיקא איכא מאיזה טעמא יפטור הא עבד עקירה והנחה: **כשני בני אדם דמיא ופטור.** דהוו להו שנים שעשאוה דכיון שלא הניח החפץ לילך עד מקום הילוכו ולנוח אלא רץ אחריו ועכבו הויא ליה עקירה קמייתא בלא הנחה: **מה לי הטעינו חבירו.** דפטר ליה תנא דמתניתין דקתני או שנתן לתוכה והוציא שניהן פטורין: **לא תימא קיבל.** פשט ידו וירדו לתוכה דלא עבד מעשה: **אלא אימא קלט.** השתא סלקא דעתך כשהיה הקילוח יורד הכה בידו אחת וקבלו בחברתה דעבד ליה עקירה:

קולא

תוספות

לא מחייב ר' אלא ברשות היחיד מקורה. נראה לרשב"א דמשמע ליה מדלא נקט מרשות היחיד לרה"י ורשות הרבים באמצע כמו בפלוגתא דר"ע ורבנן וההיא דגיטין פ' הזורק (ד' עט: ושם) גבי היתה עומדת על ראש הגג וזרקו לה כו' וקאמר כמאן כרבי דאמר קלוטה כמי שהונחה דמיא לא סברי דרב ושמואל דהכא דאמרי דלא חייב ר' אלא ברשות היחיד מקורה ולדידהו צריך לשנויי דהתם משום איגטורי כדמשני התם אליבא דרבנן אפילו תימא רבנן כי פליגי רבנן לענין שבת אבל הכא משום איגטורי כו':

אמאי חייב מרה"י לרה"י קא מפיק. ואפילו משום מושיט ובדיוטא אחת לא מחייב °לפי ירושלמי דמצריך שיקבלנו שני מידו:

כאן למטה מי'. וא"ת נהי דרשות היחיד לא הוי ר"ה נמי לא הוי אלא ככרמלית כמו עמוד גבוה שלשה ורחב ד' ואמאי חייב ויש לומר דאין כרמלית בכלים כמו שפירש רש"י לקמן גבי היתה קופתו מונחת כו' קשה לר"י מה עלה על דעתו של המקשן דע"כ ידע דמתניתין מיירי למטה מי' בלא פירכא דר' יוסי בר' יהודה *דכל למעלה מי' הוי מקום פטור ולא מחייב לכ"ע וא"כ מאי פריך מרבי יוסי ברבי יהודה הא מילתא דפשיטא היא דלמטה מי' לא הוה רה"י דהא תנן לקמן בהזורק (לקמן ד' נט.) תולית הבור והסלע שהם גבוהים י' ורחבים ד' הנוטל מהן והנותן על גבן חייב פחות מכן פטור ופשיטא דרבי יוסי ברבי יהודה לא איירי אלא למעלה מי':

כגון ששלשל ידו למטה מג' וקבלה. וקסבר רבי אבהו דאגד יד שמיה אגד דאי לא הוי שמיה אגד מאי איריא דנטל עני מתוכה אפילו נתן בעה"ב לתוכה יהא חייב העני כשהוציא כיון דיד העני מיירי נמי דהוה למטה מג' דמסתמא יד בעה"ב ויד עני איירי בענין אחד דהא כי נטל מתוך ידו של בעה"ב דהוי למטה מג' הויא יד עני נמי למטה מג' ובכהאי גוונא אפילו נותן בעה"ב לתוך יד העני יהא חייב: **בגומא.** צריך לפרש בגומא שהיא רשות הרבים כגון שרבים מתשמשים בה למ"ד תשמיש על ידי הדחק שמיה תשמיש (לקמן ד' ח:) או בענין שמהלכים שם רבים אבל גומא שהיתה כרמלית או מקום פטור כיון שגופו שם ידו שהיא פשוטה לרשות הרבים לא הויא כרה"ר דבתר גופו גריר אע"פ שהיא למטה מג' כיון דסבר אגד יד שמיה אגד כדפי':

ה"מ היכא דאחשבה לידיה. וא"ת ולימא הך ולא בעיא ההיא דלעיל וי"ל דה"א דוקא לענין הנחה חשובה כד' על ד' אבל לגבי עקירה לא:

כשני בני אדם דמי ופטור. פי' כי היכי דבשני בני אדם פטור הראשון משום דלא עבד כלל הנחה ה"נ כיון שחטפו מהילוכו ולא הניח החפץ ללכת עד מקום הילוכו לא הויא הנחה דלא נח מכח הזורק או דילמא כאדם אחד דמי וכיון דעביד עקירה והנחה חייב ולא דמי לשנים שעשאוה ור"ח גרים איפכא כשני בני אדם דמי וחייב דאמר לעיל עמד במקומו וקבל חייב וה"נ כי קבלה הוא עצמו ולא חטפה מהילוכו ליחייב דהא איתעביד מחשבתו או דילמא כאדם אחד דמי ופטור דהוי כמו שעותן מימינו לשמאלו דאע"פ שהעבירה ד' אמות פטור:

היה

מסורת הש"ס

יומא נח.

ס"א כנף

[מכות ז.] ושם איתא בחבית

לקמן קא. עירובין לג:

כתובות לא:

יש גורסין רבה

הגהות הב"ח

(א) גמ' אמר ר' אבא מתני' נמי כגון (שקבלה בטרסקל) תא"מ וכ"נ בס"א שמקב' מטרסקל: (ב) רש"י ד"ה כמאן דמלי דמי דבר:

גליון הש"ס

גמ' ביתא כמאן דמליא כו'. עירובין ד' פו ע"ב: שם אמר רבא איכפל תנא לאשמעינן כו'. זבחים פו ע"א. וק"ל דדילמא מש"ה נקט ידו דאיירי ע"כ בלמטה ומוכח מזה דאגד יד שמיה אגד: תוס' ד"ה אמאי חייב וכו' לפי ירושלמי וכו' סוכה לעיל ג ע"א תוס' ד"ה נעשית:

אמר מהר"ש דמעיקרא ס"ד דמתני' איירי למעל' מי' ושולי הכלכל' למטה מי' ול"ל גוד אחית והוי שולי הכלכלה רשות הרבים [תוס' ישנים]

רבינו חננאל

ואוקמה ר' זירא כאחרים. דתניא אחרים אומרים עמד במקומו וקיבל אפי' בידו חייב. ש"מ לא בעי מקום ד'. ודחינן כגון שפשט כנפיה וקיבלה דאית בכנפיה מקום ד'. ואמרי' מתני' נמי כגון שקיבלה בטרסקל שבידו שיש בו ד'. פי' טרסקל טאבק. איני והא קיי"ל דטרסקל ברשות הרבים רה"י היא. נימא דלא כר' יוסי ב"ר יהודה. אפי' תימא ר' יוסי ב"ר יהודה היא מתני' והתם דתני נעץ קנה ברה"ר והניח בראשו טרסקל [וזרק] מרה"ר ונח על גבין חייב כשהיה טרסקל זה נתון למעלה מי' שאין רה"ר למעלה מי'. מתני' בטרסקל שבידו למטה מי' ודחי' לה ר' אבהו להא ואוקמה הוא כגון ששלשל ידו למטה מג' וקיבלה. דכל פחות מג' כלבוד דמי. וכאלו בקרקע הניח והאי העני עומד בשוחה כדכתיב (ישעיה ס) והלכו אליך שחוח. והוא פי' כפוף כדכתיב (שם נח) הלכוף כאגמון ראשו. פי' בגומא בור כדכתיב חופר גומץ. גומץ וגומא הכל אחד הוא. ננס קצר בקומתו. תדהו א"ז כולם. ואוקמא רבא הכי. ואמר האי סבר ידו של אדם חשובה לו כד' על ד'. וכן א"ר יוחנן

רב נסים גאון

אמר ר' אבהו כגון ששלשל בידו למטה מג' וקיבלה ועיקר דבריהן במשנה אבל בתוספתא במס' כלאים ועירובין וסוכה אמרו כל פחות מג' כלבוד דמי ואם הושיט ידו של עני סמוכה לארץ בפחות מג' לדברי ר' אבהו והניח בעל הבית בתוכה הרי אלו כאילו הניח בארץ ובמקום שיש בו ד' חייב וכבר אמרנו בברכות בפרק ג' (דף כה) כל פחות מג' כלבוד דמי והלכתא גמירי לה כמו שאמרו בפרק הזורק (דף לג) ואמרו עוד בעירובין ובסוכה לגוד וללבוד ולדופן עקומה:

מתקיף

יב א מיי' פי"ג מהל' שבת הלכה כא סמג לאוין סה טוש"ע א"ח סי' שנב סעיף א:
יג ב מיי' שם טוש"ע שם סעיף ג:
יד ג ד ה ו מיי' פי"ג מהל' שבת הלכה ד ופ"ח מהלכות טומאת אוכלין הלכה ג:
טו ז מיי' פי"ג מהל' שבת הלכה ח:
טז ח שם הלכה י:
יז י שם הלכה יב:

*היה ״קורא בספר על האיסקופה ונתגלגל הספר מידו גוללו אצלו ״היה קורא בראש הגג ונתגלגל הספר מידו עד שלא הגיע לי' טפחים גוללו אצלו משהגיע לי' טפחים הופכו על הכתב והוינן בה אמאי הופכו על הכתב *הא לא נח ואמר רבא בבותל משופע איתמר דאמר רבא בספר דעביד דנייח מים מי עבידי דנייחי אלא אמר רבא ״כגון שקלט מע"ג גומא גומא פשיטא מהו דתימא מים ע"ג מים לאו הנחה הוא קמ"ל ואזדא רבא לטעמיה דאמר רבא מים ע"ג מים היינו הנחתן אגוז ע"ג מים לאו היינו הנחתו בעי רבא *אגוז בכלי וכלי צף ע"ג מים בתר אגוז אזלינן והא נייח או דילמא ״בתר כלי אזלינן והא לא נייח דנייד תיקו ״שמן שצף ע"ג יין מחלוקת ר' יוחנן בן נורי ורבנן *דתנן ״שמן שצף ע"ג יין ונגע טבול יום בשמן לא פסל אלא שמן בלבד ר' יוחנן בן נורי אומר שניהם מחוברים זה לזה א"ר אבין א"ר אילעאי א"ר יוחנן ״היה טעון אוכלים ומשקין ונכנס ויוצא כל היום כולו אינו חייב עד שיעמוד אמר אביי ״והוא שעמד לפוש *ממאי מדאמר מר ״תוך ד' אמות עמד לפוש פטור לכתף חייב חוץ לד' אמות עמד לפוש חייב לכתף פטור מאי קמ"ל שלא היתה עקירה משעה ראשונה לכך הא אמרה רבי יוחנן חדא זימנא *דאמר רב ספרא א"ר אמי א"ר יוחנן (א) ״המעביר חפצים מזוית לזוית ונמלך עליהן והוציאן פטור שלא היתה עקירה משעה ראשונה לכך אמוראי נינהו מר אמר לה בהאי לישנא ומר אמר לה בהאי לישנא: ת"ר *המוציא מחנות לפלטיא דרך סטיו חייב ובן עזאי פוטר בשלמא *בן עזאי קסבר מהלך כעומד דמי אלא רבנן נהי נמי דקסברי מהלך לאו כעומד דמי היכא אשכחנא כה"ג דחייב א"ר ספרא א"ר אמי א"ר יוחנן

מידי

רש"י

קורא בספר. כל ספרים שלהם עשוים כמגילה: **ונתגלגל הספר מידו.** וראשו אחד בידו: **גוללו אצלו.** ובפרק בתרא דעירובין מוקים לה באיסקופה כרמלית כגון גבוה ג' ורחבו ד' ורשות הרבים עוברת לפניו דאי נפל כוליה מידיה ומהדרי ליה מרה"ר לאיסקופה לאו חיוב חטאת איכא הלכך השתא דראשו אחד בידו ואין כאן עקירה אפילו משום שבות נמי לא גזור: **היה קורא בראש הגג.** שהוא רה"י: **ונתגלגל הספר מידו.** וראשו אחד בידו: **עד שלא הגיע.** ראש התחתון: **לי'.** התחתונים שהוא אויר רה"ר גוללו אצלו: **הגיע לי'.** אסור לגוללו דגזור רבנן משום שבות היכא דאוגדו בידו אטו היכא דנפק מידיה כוליה דלא לייתיה דאיכא חיובא דאורייתא: **הופכו על הכתב.** כתבו לצד הכותל והחלק כלפי ר"ה שלא יהא מוטל כל כך בבזיון: **והא לא נח.** ואמאי אסור לגוללו אצלו: **משופע.** בולט מלמטה ומצר מלמעלה דנח ליה על אותו שיפוע: **מי עבידי דנייחי.** אלא בדבר שיש לו תוך: **מהו דתימא.** לאו הייט הנחתן דתהוי עקירתו עקירה דהא ניידי ואזלו: **קמ"ל.** דהייט הנחתן ועקירתן עקירה: **שמן שצף ע"ג יין.** ועקר השמן והוליכו לר"ה וה"ה ע"ג מים לענין שבת אבל לענין תרומה לא סגי דלא נקט יין: **מחלוקת רבי יוחנן ורבנן דהנן שמן.** של תרומה: **שצף ע"ג יין.** של תרומה: **טבול יום.** פוסל את התרומה מן התורה ביבמות בפ' הערל (דף עד:): **לא פסל אלא שמן בלבד.** לפי שאינו חבור זה לזה ושמן פסול הוא ולא טמא הילכך לא פסיל ליה ליין ולענין שבת נמי הוי כדבר אחר הצף על המים דלאו הייט הנחתו: **היה טעון אוכלין ומשקין.** משמע שלא טענו לכך אלא היה טעון ברה"י כדי להוליכו מזוית לזוית (ב) (או מבעוד יום) ומשעקר רגליו נמלך ויצא ונכנס כל היום כולו: **אינו חייב עד שיעמוד.** ואח"כ יעקור עצמו לצאת דעמידת גופו ודאי (ג) כעמידת חפץ דמי הלכך כי עמד ועקר ע"מ לצאת מיחייב אבל בלא עמידה ליכא עקירה אלא עקירה ראשונה והיא לא היתה ע"מ לצאת והתורה לא חייבה אלא מלאכת מחשבת וגמרינן ממשכן שיתכוין לעשות המלאכה אבל לא יודע שהוא שבת או כסבור שמלאכה זו מותרת: **והוא שעומד לפוש.** לנוח דההיא הויא עמידה ועקירה דבתרה הוי עקירה אבל עומד לכתף לתקן משאו על כתיפו לאו עמידה היא: **מדאמר מר.** רבה דהוא רביה דאביי: **תוך ד' אמות.** המעביר ד' אמות ברה"ר ועמד תוך ד' אמות לפוש וחזר והשלים והניח או עמד שם: **פטור.** שלא העביר ד' אמות בעקירה אחת ואם לכתף עמד בתוך הד' אמות וכשהשלים ד' אמות הניח או עמד שם לפוש חייב (ד) ועמידה דתוך ד' לאו עמידה היא שהיתה לכתף: **חוץ לד' אמות.** המעביר ד' אמות שלימות ועמד חוץ לד' אמות אם לפוש עמד הוי הנחת גופו כהנחת חפץ ואם לכתף עמד אין זו עמידה ואם נטלה אחר מידו אחרי כן שניהם פטורין: **אמוראי נינהו.** ר' אלעאי ור' אמי: **מר אמר לה בהאי לישנא ומר אמר לה בהאי לישנא.** ומיהו ר' יוחנן חדא זימנא אמרה: **חנות.** רה"י: **פלטיא.** רחבה והוא רה"ר: **דרך סטיו.** מקום אילטבאות שיושבים סוחרים ושם כרמלית עליה דלאו להילוכה הוא כרה"ר: **חייב.** הואיל ולא עמד בסטיו לפוש אין כאן הנחה אלא בפלטיא: **ובן עזאי פוטר.** כדמפ' קסבר מהלך כעומד דמי וכמאן נעקר מרה"י ומונח בסטיו ועוקר (ה) מסטיו ומניח ברה"ר: **היכא אשכחן כה"ג.** דמפסקא רשותא אחריתי מיחייב דילמא לא חייב' רחמנא אלא במוליך מרה"י לר"ה בהדיא:

מידי

תוספות

היה קורא בספר על האסקופה. ואם תאמר ולרבא בפרקין דלא גזר בכרמלית גזירה לגזירה גבי לא יצא החייט במחטו (לקמן ד' יא:) מאי איריא ספר אפילו כל מילי נמי שרי באגדו בידו כיון דאפילו באין אגדו בידו לא אסור אלא מדרבנן ואי אפשר לאוקמה אלא באסקופת כרמלית כדמסיק אביי בפרק בתרא דעירובין (דף צח: ושם) וי"ל דנקט ספר לאשמעינן אפילו ספר אם אין אגודו בידו אסור לאפוקי רבי שמעון דאמר התם כל דבר שהוא משום שבות אינו עומד בפני כתבי הקודש:

בכותל משופע. אור"י דאיירי כגון שרבים מכתפים עליו דהוי רה"ר:

אגוז ע"ג מים לאו היינו הנחתו. ואע"ג דאמרינן בפ"ק דב"מ (דף ט: ושם) ספינה מינח נייחא ומיא הוא דקא ממטי לה לגבי קנין שאני דלא אקרי חצר מהלכת דחצר ילפינן מיד *ויד נמי איהו דקא מסגי תותא וקא ממטי לה אבל הכא ממשכן ילפינן ושם לא היה מסתמא אלא כדרך שמצניעים חפצים בני אדם ובעי אגוז בכלי וכלי צף ע"ג מים אם הוא דרך כך להצניע חפצים או לא אע"ג דודאי לאו כמונח דמי דקי"ל רכוב כמהלך דמי ובריש פרק בתרא (דף קנג:) משמע נמי דאם נותן על אדם כשהוא מהלך דלא חשיב הנחה *דקאמר מניחו עליה כשהיא מהלכת ונוטל ממנה כשהיא עומדת ואמרינן נמי בהמוציא (לקמן דף פ.) הוציא דיו כשיעור שתי אותיות וכתבן כשהוא מהלך חייב כתיבתם זו היא הנחתם משמע דוקא כתבן שהניחן במקום שישארו שם לעולם אבל אם שפך לכלי אחר לא חשיב הנחה כיון שהוא מהלך:

רבי יוחנן בן נורי אומר שניהם כו'. מדנקט טבול יום ולא נקט שני משמע דשמן חשיב משקה דשני אחר מטמא משקין להיות תחלה וכן משמע בפ"ק דפסחים (דף יד: ושם) ומה שקשה ממנחות פירשתי שם בפסחים:

בשלמא לבן עזאי מהלך כעומד דמי. קשה לר"י מה צריך להאי טעמא לימא בשלמא לבן עזאי לא אשכחן כה"ג דמיחייב כדפריך מהא טעמא לרבנן דאי משום דמודה בזורק קאמר האי טעמא הא אכתי לא ידע דמודה בזורק דאי ידע לפרוך נמי לבן עזאי אזורק ומושיט היכא אשכחן כו' ותירץ ר"י דה"ק בשלמא לב"ע אפילו משכחת כה"ג במשכן פטור דמהלך כעומד דמי אלא לרבנן תקשה היכא אשכחן כו' *ובירושלמי פריך על דעתיה דבן עזאי אין אדם מתחייב על ד' אמות ברה"ר לעולם דיעשה כמי שהונחה על כל אמה ואמה ויפטר ומשני משכחת לה בקופץ והש"ס דידן לא חשיב לה פירכא כדאמר בהזורק (לקמן דף צז:) דד' אמות ברה"ר הלכתא גמירי לה ולהכי לא מקשה עלה וכן קלוטה לר"ע אע"ג דכמי שהונחה דמיא בזורק ד' אמות ברשות הרבים חייב ולא אמרינן כמי שהונחה תוך ד' אמות ברשות הרבים וריב"א מספקא ליה כיון דבד' אמות ברשות הרבים *)לא אמר מהלך כעומד דמי אף על גב דבעלמא כעומד דמי לבן עזאי אם חייב לבן עזאי אפילו עמד לפוש תוך ד' אמות אם לאו וכן אם לא עמד חוץ לארבע אמות כגון שנטלה אחר מידו אם אמרינן מהלך כעומד דמי חוץ לד' אמות אם לאו וכן קלוטה לרבי עקיבא אם אמר כמי שהונחה דמיא חוץ לארבע אמות אפילו קלטה אחר או כלב או שנשרפה כיון דתוך ארבע אמות לא אמרינן נראה לרשב"א לרבי יוחנן דאמר לעיל המפנה חפציו מזוית לזוית ונמלך עליהם והוציאן פטור לית ליה דבן עזאי דלבן עזאי דאמר מהלך כעומד דמי הוה חייב וכן מוכח בהדיא בריש אלו נערות (כתובות דף לא. ושם):

מידי

*) לא ליכא למימר דלית ליה מהלך כעומד דמי בשום מקום כי הכא דהפסק סטיו חשיב כמונח דאי טעמא משום הפסק כרמלית א"כ זורק ומושיט נמי ליפטר אלא וודאי גם לרס"י או איפכא נמי אית ליה מהלך כעומד דמי לבד מד"א בר"ה הלכתא גמירי לה אבל מודה בזורק ומושיט רק במהלך פליג ש"מ טעמא לא משום הפסק כרמלית אלא משום דמהלך כעומד דמי בכל מקום והמוליא מרה"י לרה"ר כיון שנכנס לרה"ר חייב אבל עומד ברה"י ומושיט או זורק אינו חייב עד שתנוח לבן עזאי [תוס' ישנים]

נראה דאם מהלך כעומד דמי וכלי בידו וכל א' וכו כלי דמי למניח אגוז בכלי וכלי צף ע"ג המים אבל רוכב או מניח ע"ג אדם דמי לאגוז ע"ג מים [רש"י]

[ועיין תוס' מעילה יג. סד"ה בשלמא]

מסורת הש"ס

עירובין צז: [קג.]
[עירובין צח.]
לקמן ק.
ג"ז שם עירובין צח: טבול יום פ"ב מ"ה
[רש"י אבל עומד לכתף פטור]
כתובות לא. ע"ש עירובין:
לקמן לא:
[כתובות לא: עירובין צח.]

הגהות הב"ח

(א) גמ' אמר ר' יוחנן המעביר חפצים מזוית לזוית ונמלך: (ב) רש"י ד"ה היה טעון וכו' מזוית לזוית ומשעקר רגליו בל"ל ותיבת או מבעוד יום נמחק: (ג) ד"ה אינו חייב וכו' גופו ודאי כהנחת חפץ דמי וכו' ממשכת דגמרי' ממשכן: (ד) ד"ה פטור וכו' לפוש חייב דעמידה דתוך ד' וכו' היא כיון שהיתה לכתף: (ה) ד"ה ובן עזאי וכו' בסטיו ונעקר מסטיו ומונח:

רבינו חננאל

זרק והלכה ונחה בתוך ידו של חבירו חייב. וא"ר יוחנן עמד במקומו וקיבל. כגון שורק לחבירו (כבו סה) חייב בזה שנעשית מחשבתו. נעקר ממקומו אחרי שורק שקיבלה פטור הזורק שהרי לא נצטרכה כוונתו לקבל באותו מקום מאליה באת לידו. בעי ר' יוחנן זרק ונעקר הוא ממקומו וקיבל מהו שנמצא הוא שורק הוא עצמו שקיבל. שני כוחותיו הללו שורק ושנעקר וקיבל כשני בני אדם דמו וחייב. או דילמא אפי' הכי אדם אחד הוא לא נעקר ממקום[וה]ו והנח במקום אחר אלא מקום העקירה הוא מקום הנחה. כי שניהם כאדם אחד הן. ועלתה בתיקו. הא דא' משום ר' יוחנן הכניס ידו לחצר חבירו וקיבל מי גשמים והוציאן חייב אתינן לאוקימה כגון שקלט מי גשמים הללו ולא כשהן יורדין אלא מעל גבי הכותל משופע דנחו ע"ג הכותל כגון הא דא' בסוף עירובין בהא דתנן היה קורא בראש הגג ונתגלגל הספר מידו כו' כד נח זה הספר ע"ג כותל משופע ודחינן אימור דא' רבה בספר דעביד דניח. מיא מי עבידי דניחי. ואוקמא רבא כגון שקלט מע"ג הגומא ונמצא השוציאו לרה"ר שקלט ממקום ד' רבא לטעמיה דאמר רבא מים ע"ג מים היינו הנחתן אגוז ע"ג מים לאו היינו הנחתו. כגון שעקר והוציא אגוזים מרה"י ונתנם ע"ג מים ברה"ר עקירה איכא הנחה ליכא. בעי רבא הוציא ונתן אגוז בכלי והכלי נתון במים מהו. בתר אגוז אזלינן והא נח חייב. או דילמא בתר כלי אזלינן והא לא נח ועלתה בתיקו. הוציא שמן ונתנו ע"ג [יין] מחלוקת ר' יוחנן בן נורי ורבנן דתנן בפרק (ב' דטב"י) שמן שצף ע"ג יין ונגע טבול יום בשמן לא פסל אלא שמן בלבד. ור' יוחנן בן נורי אומר שניהם חיבור לתנא קמא לא נח. לר' יוחנן בן נורי נח כמו חטים שאמרנו מים ע"ג מים היינו הנחתו פי' לפוש. כגון שינע במשוי שעליו ומתכוין לעמוד להתרוח ולנוח כדי שיסור יגיעו זה חשוב כאילו יניח המשא שעליו. וכל כי האי גונא הוי הנחה. אבל לכתף שכוונתו לתקן המשאו שעל כתיפו פטור דכמהלך דמי ולא עקר ולא הניח. הא דא"ר יוחנן המתכוון לפנות חפצים מזוית לזוית ונמלך עליהן והוציאן פטור. שלא היתה עקירה בכוונה להוציאן להתן במקום חיוב אלא לזוית שאין שם חיוב ועיקרו באלו נערות וכבר פירשנוהו שם. פי' סטיו אצטבא. והוא איקרבימא וערשין כי האי גונא בפני החנויות ועל זה שנינו בחיצונה המוציא מחנות לפלטיא דרך סטיו חייב ובן עזאי פוטר. סטיו

ודא

גליון הש"ס תוס' ד"ה אגוז. ויד נמי איהו דמסגי הואה. תמה לי הא בנתן גט ביד עבדה אמרינן דהוי חצר מהלכת והא הוי דומיא דידו. אע"כ דאמרינן דומיא דידו דא"א להלוך ממנו דסקונה ותמיד ידו אצלו כך בעי' חצר שאינה מהלכת ממנו דסקונה ועי"ג:

§ מסכת שבת דף ה. §

אות א'

ידו של אדם חשובה לו כד' על ד'

רמב"ם פי"ג מהל' שבת ה"ב - ידו של אדם חשובה לו כד' על ד', לפיכך אם עקר החפץ מיד אדם העומד ברשות זו, והניחו ביד אדם אחר העומד ברשות שניה, חייב. וכן אם היה עומד באחת משתי רשויות אלו, ופשט ידו לרשות שניה, ועקר החפץ ממנה או מיד אדם העומד בה, והחזיר ידו אליו, חייב, ואף על פי שלא הניח החפץ במקום שהוא עומד בו, הואיל והוא בידו, הרי הוא כמונח בארץ.

אות ב' - ג' - ד'

זרק חפץ ונח בתוך ידו של חבירו, חייב

עמד במקומו וקיבל, חייב; עקר ממקומו וקיבל, פטור

שני כחות באדם אחד... כשני בני אדם דמי ופטור

רמב"ם פי"ג מהל' שבת הט"ו - הזורק ונחה בתוך ידו של חבירו, אם עמד חבירו במקומו וקבלה, הזורק חייב, שהרי עקר והניח, ואם נעקר חבירו ממקומו וקבלה, פטור. זרק ורץ הזורק עצמו אחר החפץ וקבלו בידו ברשות אחרת או חוץ לארבע אמות, [א]פטור כאילו נעקר אחר וקבלו, שאין ההנחה גמורה עד שינוח החפץ במקום שהיה לו לנוח בו בשעת עקירה.

הזורק, ונעקר חבירו ממקומו וקבלו, שניהן פטורין, הראשון משום דלא אתעביד הנחה מכחו, שהשני חטפו באמצע הליכתו, והשני, משום דלא עשה רק הנחה, **ואם** רץ הוא עצמו וקבלו, הרי זה ספק אם חייב, אף דעשה גם ההנחה בעצמו, אפשר שאין ההנחה גמורה עד שינוח במקום שהיה לנוח בשעת עקירה, [גמרא] - מ"ב סוף סימן שמ"ז.

---

§ מסכת שבת דף ה: §

אות א'

היה קורא בספר על האיסקופה ונתגלגל הספר מידו כו'

סימן שנ"ב ס"א - [ב]הקורא בספר - כל ספרים שלהם עשויים בגליון כס"ת שלנו, **על האסקופה, ונתגלגל ראש האחד מהספר מידו** - ר"ל ונח על הארץ, דאם מסולק מן הארץ אפילו מעט, לא דמי כלל לנפילה, וליכא למיגזר משום נפילה, [עולת שבת], (ואפי' במקום דליכא בזיון מותר - שם), **ונשאר ראש השני בידו, גוללו אצלו, אפילו נתגלגל חוץ לד' אמות** - ג"כ מותר לגלול הספר אצלו, ולא חיישינן דלמא אתי לאקולי לאתויי הד' אמות אפילו היכא דנפל כולו מידו, דאיכא איסורא דאורייתא.

[ג]אפילו ברשות הרבים והאסקופה ברשות היחיד - צ"ל "רשות היחיד", היינו אפילו היתה רה"י, כגון שהיא גבוה עשרה טפחים ורוחב ד"ט, ולפניה הולכת ר"ה, **והו"א** דנגזר שלא להקל בזה לגלול הספר אצלו, משום דלמא נפל מידו כולו, ואתי ג"כ לאתויי אצלו, ושם איכא חיוב חטאת בזה, קמ"ל דלא גזרינן בזה, **משום בזיון כתבי הקודש התירו** - דמדאורייתא אם זרק דבר לר"ה וראש השני בידו, מותר להביאו אצלו, דאין כאן הנחה, כיון שראש השני בידו, ויכול להביאו אצלו, וא"כ במה שמושכו ומגביהו מן הארץ לא נחשב עקירה, **אלא** דרבנן גזרו שלא יבואו להקל אפילו היכא דנפל לגמרי, דשם איכא חיוב חטאת, **והכא** משום בזיון התירו.

ואף דמבואר בס"ב, היכא דעומד בראש הגג ולפניה הולך ר"ה, ונתגלגל ראש אחד מן הספר מידו על הארץ, דאסור לגול אצלו משום גזירה זו, **הכא** מיירי באסקופה שרבים דורסים עליה, כמבואר בהג"ה, ואיכא בזיון טפי לכתבי הקודש, לכך הקילו.

ודוקא היכא דצד אחד אוגדו בידו, הא אם נפל גם ראש השני לארץ, אפי' היכא דנפל לכרמלית, ג"כ אסור לאתויי אצלו, ולא התירו בזה משום בזיון כתבי הקודש.

הגה: דרכים דרסי על האסקופה - ואיכא בזיון טפי, (הנה המחבר לא זכר רק אוקימתא ראשונה דרבה, דמתני' מיירי באסקופת רה"י וכשהיא נדרסת, ולכן התירו, ואזיל לשיטתו בב"י שהסכים לדעת הרז"ה דמדחי תירוצא דאביי מהלכה, וסובר דאפילו תוך ד' אמות אסור באסקופה שאינה נדרסת, ואפילו באסקופת כרמלית וארוכה, וטעמו משום דהרא"ש סובר כהרז"ה מדהעתיק דבריו, וגם מסתימת הרי"ף משמע ג"כ קצת הכי. **אמנם יש מקילין**, שהולכים בשיטת הרמב"ם שהעתיק תירוצא דאביי להלכה, שמוקי' למתני' באסקופת כרמלית, דהיינו שאינה גבוה י"ט, ואין דורסים עליה, ועומדת בין רה"ר לרה"י, ולא נתגלגל הספר חוץ לד"א ברה"ר, (עיין רש"י ותוס'), **מיהו י"א, דדוקא** באסקופה ארוכה, דלא שייך לגזור שמא יביאם להדיא מרה"ר לרה"י בלי הנחה באמצע, דאדהכי והכי יזכור, או דאין רה"י מצד אחד, אבל בלא"ה אסור, **ויש שאין מחלקים בזה**).

באר הגולה

[א] (ורבינו ז"ל כותב פטור במקום תיקו, וזה דרכו באלו הספקות ומוכרח הוא - מגיד משנה) וכן כתבו הרי"ף ורא"ש (ודלא כמו שמפרש רש"י ותוס' הסוגיא הכא, ועיין בבה"ל) [ב] משנה בעירובין צ"ו [ג] כאוקימתא דרבה שם צ"ח,

ודוקא כתבי הקדש, אבל בשאר דברים אסור - היינו נמי אפילו כשראשו אחד נשאר בידו, אסור להביאו אצלו. **אפילו לא נפלו אלא לכרמלית (המגיד ורשב"א)** - והטעם, דגם בזה גזרינן שמא יפול לגמרי על הארץ, ואפ"ה יביאנו אצלו, **ודע** שיש כמה אחרונים שמקילין בזה, **מ"מ** נראה דבר"ה שלנו אין להקל, דכמה פוסקים סוברין דגם אצלנו יש ר"ה דאורייתא, וכדלעיל בסימן שמ"ה ס"ז.

אות ב'

היה קורא בראש הגג ונתגלגל הספר מידו, עד שלא הגיע לי' טפחים גוללו אצלו, משהגיע לי' טפחים הופכו על הכתב

סימן שנב ס"ב - [ד]**היה קורא בו על הגג** - מיירי בגג שהוא רה"י היה לפניו ר"ה, **ונתגלגל ראשו האחד מידו, עד שלא הגיע לעשרה טפחים התחתונים הקרובים לארץ, גוללו אצלו** - דכל שלא הגיע לעשרה טפחים התחתונים, הוי האויר מקום פטור, וע"כ גללו אצלו.

ואפילו אם היה כותל הבית משופע ונח עליו, או שהיה נח שם ע"ג זיז, בין שהיה הזיז רחב ארבע, ובין שלא היה ארבע.

ובכל זה מותר לכו"ע, אפילו בשאר דברים שאינם כתבי הקודש, כגון שהיה בידו סדין ונתגלגל ראש האחד מידו, דלמעלה מי"ט אין שום חשש משום ר"ה.

הגיע לעשרה טפחים התחתונים, אם הכותל משופע בענין שנח עליו, אסור לגוללו אצלו - ר"ל דאז הוי כמונח ראש אחד על הארץ, וע"כ אם נקיל בזה, יש חשש שמא יפול כולו מידו שם, ויבוא ג"כ לאתויי מר"ה לרה"י.

ודוקא כשרבים מכתפים עליו, הא לאו הכי הוי כרמלית, וכיון דאגודו בידו, שרי להביאו אצלו בכתבי הקודש לכו"ע, (מ"א בשם התוספות, **ועיין** בחי' הרשב"א שהביא בשם הרמב"ן, שחלק על התוספות, ודעתו דאפילו בשאין רבים מכתפין עליו מקרי הנחה בר"ה).

(**ואם** נח ע"ג זיז שאין רחב ד', הוי מקום פטור, ומותר להביאו אצלו).

וכדי שלא יעמוד בבזיון, הופכה על הכתב.

ואם אינו משופע, כל זמן שלא הגיע לארץ גוללו אצלו - ואפילו יש רק כמלא מחט בינו ובין הארץ, כיון שלא נח ממש על הארץ ותלוי באויר, לא מיקרי הנחה, וגוללו אצלו, [**דאם** מונח ע"ג זיז כל שהוא, לכו"ע מקרי הנחה, ולא בעינן בזה מקום ד'].

ובביאור הגר"א חולק ע"ז, דכל שהגיע תוך ג' סמוך לארץ, חשוב כמונח על הארץ.

ודוקא בכתבי הקודש מקילינן, אבל בשאר דברים, כל שהגיע לאויר העשרה טפחים שהוא אויר ר"ה, אף שלא נח, אסור להביאו אצלו, דגזרינן שמא יפול כולו לארץ, ויבוא ג"כ לאתויי אצלו, **ויש** מקילין בזה, **וכל** זה באויר ר"ה, אבל אם נפל לאויר כרמלית, מותר לכו"ע להביאו אצלו, כיון שאוגדו עדיין בידו.

אות ג' - ד' - ה' - ו'

כגון שקלט מעל גבי גומא

בתר כלי אזלינן והא לא נייח דנייח

שמן שצף על גבי יין, מחלוקת רבי יוחנן בן נורי ורבנן

שמן שצף על גבי יין, ונגע טבול יום בשמן, לא פסל אלא שמן בלבד

רמב"ם פי"ג מהל' שבת ה"ד - **היה עומד באחת משתי רשויות ופשט ידו לרשות שניה, ונטל משם מים מעל גבי גומא מלאה מים והוציאן, חייב, שהמים כולן כאילו הן מונחין על הארץ;** [ה]**אבל אם היה כלי צף על גבי מים, ופירות בתוך הכלי, ופשט ידו ולקח מן הפירות והוציא, פטור, שהרי לא נחו הפירות על גבי הארץ, ונמצא שלא עקר מעל גבי מקום ארבעה; ואין צריך לומר אם היו הפירות צפין על פני המים והוציאם שהוא פטור; וכן אם היה שמן צף על פני המים, וקלט מן השמן והוציאו, פטור.**

פשט ידו לפנים ונטל מים מעל גומא והוציאו לחוץ, חייב, שהמים כגוף אחד הן, ומונחים על הארץ, וכשלוקח מהן מעט, כמו שעוקר מן הקרקע, **אבל** אם נטל פירות או שמן מע"ג המים, פטור, שמה שהיו מונחין ע"ג המים לא הוי הנחה, וממילא כשעקרן מעל המים לא מקרי עקירה, [גמרא] - מ"ב סוף סימן שמז.

רמב"ם פ"ח מהל' טומאת אוכלין ה"ג - **שמן שצף ע"ג יין, ונגע טבול יום בשמן, לא פסל אלא השמן.**

אות ז' - ח'

היה טעון אוכלים ומשקין ונכנס ויוצא כל היום כולו, אינו חייב עד שיעמוד

והוא שעמד לפוש

רמב"ם פי"ג מהל' שבת ה"ח - **היה עומד באחת משתי רשויות אלו, ונתן חבירו חפץ בידו או על גביו, ויצא באותו החפץ לרשות שניה ועמד שם, חייב, מפני שעקירת גופו בחפץ שעליו כעקירת חפץ מאותה רשות, ועמידתו באותו החפץ כהנחת החפץ בקרקע שעמד בה. לפיכך אם**

באר הגולה

ד משנה וכאוקימתא דגמרא שם דמתניתין כולה רבי יהודה היא

ה וכבר הזכרתי למעלה, שרבינו כותב פטור במה שנשאר בתיקו - מגיד משנה

יצא בחפץ שבידו או על גביו ולא עמד ברשות שניה, אלא חזר ונכנס והוא בידו, אפילו יצא ונכנס כל היום כולו עד שיצא היום, פטור, [ו]לפי שעקר ולא הניח, ואפי' עמד לתקן המשאוי עליו, עדיין הוא פטור עד שיעמוד לנוח.

אות ט'

תוך ד' אמות עמד לפוש פטור, לכתף חייב; חוץ לד' אמות עמד לפוש חייב, לכתף פטור

רמב"ם פי"ג מהל' שבת ה"י - עקר חפץ מרשות הרבים והלך בו פחות מד' אמות ועמד, וחזר והלך פחות מד' אמות ועמד, אפילו כל היום כולו, פטור; בד"א בשעמד לנוח, אבל אם עמד לתקן משאו, הרי זה כמהלך, וכשיעמוד חוץ לארבע אמות חייב, והוא שיעמוד חוץ לארבע אמות לנוח, אבל אם יעמוד לתקן משאו, עדיין הוא כמהלך, ואינו חייב עד שיעמוד לנוח חוץ לארבע אמות.

אות י'

המעביר חפצים מזוית לזוית, ונמלך עליהן והוציאן, פטור, שלא היתה עקירה משעה ראשונה לכך

רמב"ם פי"ג מהל' שבת הי"ב - עקר חפץ מזוית זו להניחו בזוית אחרת, שנמצאת זו העקירה עקירה המותרת, ונמלך בדרך והוציאו לרשות שניה, פטור, מפני שלא היתה עקירה ראשונה לכך, ונמצאת כאן הנחה בלא עקירה.

המפנה חפצים מזוית לזוית, ונמלך עליהן והוציאן, פטור מחטאת, שלא היתה עקירה משעה ראשונה לכך, ונמצא דלא עשה אלא הנחה, ולית ביה רק איסורא בעלמא - מ"ב סוף סימן שמ"ח.

באר הגולה

[ו] ‹והקשה הלחם משנה וז"ל: ופי' רבינו לפי הנראה, דאע"ג דעקר לצאת בשבת, כיון שלא הניח, פטור, דהוי עקירה בלא הנחה, וכן נראה מדברי ה"ה, שכתב על דברי רבינו המימרא הזאת של רבי אלעאי, משמע שהוא סבור דרבינו מפרש הכי. וזה תימה, דא"כ איך אמרו בגמרא אח"כ מאי קמ"ל שלא היתה עקירה משעה ראשונה לכך, הא אמרה רבי יוחנן חדא זימנא, דבעקירה ראשונה לא היתה כוונתו לצאת אלא הכוונה היא לעקירת היתר, כמו שפירש רש"י ז"ל שם, ואם כפי' רבינו, אין טעם רבי אלעאי כן, דאפילו עקירה ראשונה באיסור וכונתו לצאת, אין טעם הפטור אלא מפני שלא הניח, **ובאמת** שלפי' רש"י ז"ל ג"כ תפול קושיא זאת, דאפי' נאמר כפירושו ז"ל, דכדברי רבי אלעאי הם כשעקר ללכת מזוית לזוית, היכי קאמר דטעמיה הוא מפני שלא היתה העקירה של איסור, אין הטעם אלא מפני שלא הניח, דהא אפי' שהיתה עקירה של איסור פטור, דעקר ולא הניח פטור, כסתם מתניתין דר"פ, ואדרבה אם טעמא של רבי אלעאי הוא מפני שהיתה עקירה של היתר, היה לו להשמיענו, דאפי' הניח לבסוף הוא פטור, כיון שהעקירה היתה בהיתר, ע"ש מה שתירץ באריכות›

§ מסכת שבת דף ו. §

אות א'

המוציא מחנות לפלטיא דרך סטיו חייב, אחד המוציא ואחד המכניס ואחד הזורק ואחד המושיט

סימן שמו ס"א - [א]אבל העומד ברשות היחיד ומוציא או מכניס - ר"ל שהיה עומד, והלך והוציא או הכניס, **או מושיט וזורק** - או שנשאר עומד, אלא שהושיט או זרק, **לרשות הרבים דרך מקום פטור או איפכא, חייב** - דכיון שעשה עקירה ברה"י והנחה בר"ה, או איפכא, לא איכפת לן מה שהעביר בינתים דרך מקום פטור, **ודוקא** שלא עמד במקום פטור, אבל עמד מעט שם, ואח"כ חזר והוציא לרשות האחר, פטור, כיון שעשה הנחה במקום פטור, **ומ"מ** איסורא דרבנן איכא אף בזה, דגזרינן דילמא אתי לאקולי ולאפוקי להדיא מרה"י לר"ה, [גמ' (דף ח:) במימרא דרב דימי אמר ר' יוחנן]. **וה"ה** דאסור להוציא מטעם זה מרה"י למקום פטור דרך ר"ה, אף אם יזהר שלא לעמוד בר"ה.

אות ב'

ארבע רשויות לשבת: רשות היחיד, ורשות הרבים, וכרמלית, ומקום פטור

סימן שמה ס"א - אקדים לזה הקדמה קצרה, והוא: הנה הוצאה מרשות לרשות הוי מכלל שאר מלאכות שאסרה התורה לעשות ביום השבת, והוא ככל גופי תורה שנמסרו למשה מסיני, **והביאו** חכמינו ע"ז ראיה ג"כ מקרא, דכתיב: ויצו משה ויעבירו קול במחנה, איש ואשה אל יעשו עוד מלאכה לתרומת הקודש, ויכלא העם מהביא, אלמא דהבאה לכל אחד מרשותו שהוא רה"י, לרשותו של משה שהיה ר"ה, מפני שהיו רבים מצויין שם, הוא בכלל מלאכה - רמב"ם, **וה"ה** דאסור להכניס מר"ה לרה"י.

ויש עוד רשות שלישי ששמו כרמלית, שהוא אינו בכלל ר"ה וגם איננו רה"י, שאין לו מחיצות כדין רה"י, וכמבואר בסי"ד, ומן התורה מותר להכניס ולהוציא ממנו לרה"י ולר"ה, **אבל** חכמים אסרוהו, כדי שלא יבוא להתיר ע"ז מרה"י לר"ה, שאין הכל בקיאים בדיני מחיצות.

ויש עוד רשות רביעי שנקרא מקום פטור, וכדלקמן בסוף הסימן, ומותר להכניס ולהוציא ממנו לכתחלה לרה"י ולר"ה, וכמבואר הכל בסימן שמ"ו.

[ב]ארבע רשויות לשבת: רשות היחיד ורשות הרבים, כרמלית, (פי' רך מל, לא לח ולא יבש אלא בינוני - פי' "כרמל" הכתוב בתורה, היינו שנמלל ביד, ואינו לח ולא יבש לגמרי, אלא כשמוללין אותו ביד הוא מתרכך לגמרי, **הכא נמי לא רשות היחיד לפי שאין לו מחיצות, ולא רשות הרבים שאינו דומה לדגלי מדבר, דלאו להלוכא דרבים עבידא, רש"י), ומקום פטור.**

אות ג'

ואיזו היא רשות היחיד: חריץ שהוא עמוק עשרה ורחב ארבעה, וכן גדר שהוא גבוה עשרה ורחב ארבעה

סימן שמה ס"ב - [ג]איזהו רה"י, מקום המוקף מחיצות גבוהות עשרה טפחים - בסימן שס"ג יתבאר כמה מחיצות צריך שיהא שם, ועוד כמה פרטים בענין זה.

ויש בו ד' טפחים על ד' טפחים או יותר - הנה מסי"ט מוכח, דבעינן שיהא בין המחיצות חלל ד' על ד', כי עובי המחיצות אין מצטרפות לזה, וזהו דעת רוב הפוסקים, **ויש** מן הראשונים שכתבו, דגם עובי המחיצות מצטרף לשיעור הזה, **ובא"ר** הביא בשם הרשב"א לחלק בענין זה, דמחיצות עבות שראוי להניח מלמעלה דף על גביהם ולהשתמש שם, מצטרף העובי עם החלל לשיעור זה, כיון שראוי להשתמש שם, ואם לאו אין מצטרף, **ועיין** באחרונים שהסכימו, דכ"ז לענין שיהא נקרא שם רה"י על עובי המחיצה מלמעלה, **אבל** לענין חלל שבתוך המחיצות, לכו"ע לא נקרא רה"י כל זמן שאין בחללו ד' על ד'.

וכן חריץ עמוק עשרה ורחב ארבעה על ארבעה; וכן תל גבוה עשרה ורחב ארבעה על ארבעה - וה"ה עמוד גבוה עשרה טפחים ורחב ד' על ד', **וכל** זה אפילו הם עומדים בר"ה, וכדלקמיה בס"י.

אבל אם התל או המחיצות הם פחותים מעשרה טפחים, אף שהם רחבים הרבה, לאו רה"י הוא. **וא"צ** שיהיה התל זקוף בגובה, אלא אפילו הוא משופע, אם מתלקט עשרה טפחים בגובה מתוך שיפוע ד' אמות, הוי כאלו זקוף כולו, והרי הוא רה"י במקום גבהו.

הגה: י"א דבעינן באלו ד' על ד' כן ואלכסונן, וכמו שיתבאר לקמן סי' שמ"ט (הג"א) - ר"ל כמו שם לענין מעביר ד' אמות בר"ה, אין חייב לכו"ע עד שיעביר שיעור ד' אמות עם אלכסון, שעולה ביחד ה' אמות וג' חומשי אמה, **כן** בעניננו לענין רה"י, אין נקרא רה"י עד שיהיה שיעור רוחב ד' טפחים עם אלכסונן, ועולה יחד ה' טפחים וג' חומשי טפח, [על ה' טפחים וג' חומשי טפח, ובעיגול סגי].

והנה הלבוש השמיט היש אומרים זה מחיבורו, ועיין בא"ר שכתב, שיפה עשה שהשמיטו, כי היא רק דעת יחידאה, וכל הראשונים חולקים ע"ז, **וס"ל** דאם הוא רק ד' על ד' מרובע, חשוב רה"י, ולא דמי לדלקמן סימן שמ"ט לענין העברת ד' אמות בר"ה, וכן הגר"א דחה הי"א הזה מהלכה, וכתב ג"כ דלא דמי לדלקמן סימן שמ"ט.

באר הגולה

א ברייתא שם וכת"ק, הרא"ש והר"ן והרמב"ם ורבינו יונה | ב ברייתא שבת ו' | ג שם בברייתא ובכמה דוכתי

מידי דהוה אמעביר חפץ ברה"ר התם לאו אע"ג דכמה דנקיט ליה ואזיל פטור כי מנח לי' חייב ה"נ ל"ש מידמי התם כל היכא דמנח ליה מקום חיוב הוא הכא אי מנח ליה בסטיו מקום פטור הוא אלא מידי דהוה אמעביר חפץ מתחלת ד' לסוף ד' התם לאו אע"ג דאי מנח ליה בתוך ד' אמות פטור כי מנח ליה בסוף ד' אמות חייב ה"נ ל"ש מי דמי התם לגבי דהאי גברא מקום פטור הוא לכ"ע מקום חיוב הוא הכא לכ"ע מקום פטור הוא אלא מידי דהוה אמוציא מרה"י לרה"ר דרך צדי רה"ר התם לאו אע"ג דאי מנח ליה אצדי רה"ר פטור וכי מנח ליה ברה"ר חייב ה"נ ל"ש מתקיף לה רב פפא הניחא לרבנן *דאמרי צדי רה"ר לאו כרה"ר דמי אלא לר' אליעזר *(בן יעקב) דאמר צדי רה"ר כרה"ר דמי מאי איכא למימר א"ל רב אחא בריה דרב איקא אימור דשמעת לר"א *(בן יעקב) דאמר צדי רה"ר כרה"ר דמי היכא דליכא חיפופי אבל היכא דאיכא חיפופי מי שמעת ליה הלכך להא דמיא *א"ר יוחנן ומודה בן עזאי בזורק תניא נמי הכי [א]המוציא מתנות לפלטיא דרך סטיו חייב אחד המוציא ואחד המכנים (א) ואחד הזורק ואחד המושיט בן עזאי אומר המוציא והמכנים פטור המושיט והזורק חייב: *ת"ר [ב]ד' רשויות לשבת רה"י ורה"ר וכרמלית ומקום פטור ואיזו היא רה"י [ג]חריץ שהוא עמוק י' ורחב ד' וכן גדר שהוא גבוה י' ורחב ד' זו היא רה"י גמורה ואיזו היא רה"ר [ד]סרטיא ופלטיא גדולה ומבואות המפולשין זו היא רה"ר גמורה אין מוציאין מרה"י זו לרה"ר זו ואין מכניסין מרה"ר זו לרה"י זו ואם הוציא והכניס [ה]בשוגג חייב חטאת במזיד ענוש כרת ונסקל [ו]אבל ים ובקעה ואיסטוונית והכרמלית אינה לא כרה"ר ולא כרה"י [ז]ואין נושאין ונותנין בתוכה ואם נשא ונתן בתוכה פטור [ח]ואין מוציאין מתוכה לרה"ר ולא מרה"ר לתוכה ואין מכניסין מרה"י לתוכה ולא מתוכה לרה"י ואם הוציא והכניס פטור [ט]חצרות של רבים ומבואות שאינן מפולשין עירבו מותרין לא עירבו אסורים אדם עומד על האיסקופה נוטל מבעה"ב ונותן לו נוטל מעני ונותן לו ובלבד שלא יטול מבעה"ב ונותן לעני מעני ונותן לבעה"ב ואם נטל ונתן שלשתן פטורים אחרים אומרים איסקופה משמשת ב' רשויות בזמן שהפתח פתוח כלפנים פתח נעול כלחוץ ואם היתה איסקופה גבוהה י' ורחבה ד' ה"ז רשות לעצמה: אמר מר זו היא רה"י למעוטי. מאי למעוטי הא [י]דר' יהודה *דתני' יתר על כן א"ר יהודה מי שיש לו ב' בתי' בשני צדי רה"ר עושה

לחי

רש"י

מידי דהוה אמעביר חפץ בר"ה · יותר מד' אמות וכל כמה דלא מנח ליה פטור וכי אנחיה חייב ואע"ג דאיפסיק הילוכא ביני וביני: מתחלת ד' לסוף ד' · אמות מלומלמות: לכולי עלמא מקום חיוב · אם יטלהו חוץ לד' ויניחהו כאן שהרי העבירו ד' שלימות: אצדי ר"ה. מרה"י לר"ה (ב) כגון חצר שנפרצה לר"ה דהוי מקום המחילה לצדי ר"ה ופליגי בה ר' אליעזר ורבנן בעירובין בפ' כל גגות ואמרי רבנן דלאו כר"ה דמו ואפ"ה כי אפיק מרה"י לר"ה דרך שם חייב: היכא דליכא חיפופי. כגון ההיא דעירובין: היכא דאיכא חיפופי. נועצים יתדות קטנות לפני הכותל שיחופו שם עגלות וקרונות ולא יחופו בכותל ויפילוהו: מי שמעת ליה · דהוי ר"ה ואפילו הכי כי מפיק לר"ה דרך שם חייב: בזורק · מתנות לפלטיא דרך סטיו דחייב דהא לא נח בכרמלית מידי: המכנים והמוציא פטור · דמהלך כעומד והא נח גופו בכרמלית: ד' רשויות · כולהו מפרש ליה: גדר · כותל שהוא גבוה י' ורחב ד' הוי רה"י: סרטיא · מסילה שהולכין בה מעיר לעיר: פלטיא: רחבה של עיר ששם מתקבלין לסחורה: ומבואו' · של עיר רחבים י"ו אמה: המפולשין · משני ראשיהן *לפלטיא: ענוש כרת · בלא התראה: ונסקל · בהתראה: בקעה · שדות הרבה קמפני"א בלע"ז: איסטוונים · שלפני החנויות שיושבים שם סוחרים: והכרמלית · לקמיה פריך אטו כל הני ים ובקעה לאו היינו כרמלית דקתני תנא לעיל: אינן לא כרשות היחיד · משום דדמיא לרה"ר דאין להם מחיצות: ולא כרה"ר · דאינן דומין לדגלי מדבר דלאו להילוכא דרבים עבידי: אין נושאין ונותנין בתוכן · כלומר אין מטלטלין בהן אלא בתוך ד' משום דדומין לר"ה וגזרו בהן רבנן אטו ר"ה: ואם הוציא והכניס פטור · וזו היא כרמלית האמורה למעלה: חצר של רבים · שפתוחין לחצר בתים רבים וחצר פתוחה לרה"ר ובני הבתים יוצאים דרך החצר לרה"ר: ומבואות שאינן מפולשין · שראשו אחד סתום וחצרות פתוחין לו ובני החצרות יוצאין דרך מבוי לרה"ר: עירבו. כל הבתים של חצר יחד בפת וכן לענין המבוי אם עירבו החצרות הפתוחות לו ביחד: מותרים · להכניס ולהוציא מן הבתים לחצר וכן מן החצרות למבוי: לא עירבו אסורין · מפני שהבית מיוחדת לבעליה והחצר רשות לכולן ונמצא מוציא מרשות לרשות אע"פ ששתיהן רה"י לעשות סייג לתורה להרחיק (ג) שלא יוציא מרה"י לרה"ר והך מילתא לאו מחילוק ד' רשויות היא דבין עירבו בין לא עירבו רה"י היא והמוציא מתוכו לרה"ר חייב: אדם עומד על האסקופה נוטל מעני שעומד בחוץ ונותן לו כו' · וזה מקום פטור שהוזכר למעלה שאינו חשוב רשות לעצמו לפי שאינו רחב ד' כדמפר' לקמן ובטל אגל רה"י ואגל רשות הרבים: ובלבד שלא יטול כו' · דמזלזל באיסורי שבת לכתחלה לגרום הוצאה מרה"י לרה"ר וגזירה דילמא אתי לאקולי ולאפוקי להדיא מרה"י לרה"ר: משמשת שתי רשויות · פעמים שהיא משמשת בתורת רה"י ופעמים כרה"ר ולקמיה מפרש לה בשילהי כולהי שמעתתא: הרי זו רשות לעצמה · אע"פ שהיא מרה"י כדאמרינן לעיל בגדר גבוה י' ורחב ד' הויא רשות בפני עצמה ואין מוציאין מן הבית לתוכה ולקמן מפרש טעמא: בשני צדי רה"ר · זו כנגד זו:

תוספות

מידי דהוה אמעביר חפץ בר"ה · ה"ל למנקט המוציא דאיירי ביה לעיל דכל כמה דלא מנח ליה מיפטר אלא משום דבתר הכי נקט מעביר נקט ליה נמי השתא ובכל ענייני העברה בר"ה קאמר: התם כל היכא דמנח ליה מקום חיוב הוא · ומוציא ומושיט ומעביר ד"א בר"ה דרך למעלה מי' דחייב אע"ג דאי הוה מנח ליה *למעלה מי' פטור מ"מ תחתיו במקום שמהלך מקום חיוב הוא אבל סטיו הקרקע נמי מקום פטור הוא: מידי דהוה אצדי ר"ה · וא"ת מה פשוט לן יותר דרך צדי ר"ה מדרך סטיו וי"ל דדרך בית שיש לפניו לצדין וכן היה מסתמא במשכן: היכא דאיכא חיפופי כו' · ותימה בפ' כל גגות (עירובין צד· ושם) פריך ולפלוג בצדי ר"ה דעלמא פירוש ואמאי פליגי בחצר שנפרצה ומשני אי הוי פליגי בעלמא ה"א כי פליגי רבנן עליה ה"מ היכא דאיכא חיפופי אבל היכא דליכא חיפופי מודו קמ"ל משמע דר"א נמי פליג בדאיכא חיפופי וי"ל דה"ק קמ"ל דהיכא דליכא חיפופי דוקא פליגי אבל היכא דאיכא חיפופי מודה רבי אליעזר אי נמי ההיא סוגיא כרב פפא דהכא דלא מחלק: המושיט והזורק חייב · וא"ת אמאי מודה במושיט וזורק כיון דלא יליף דרך סטיו מדרך צדי לענין (ד) מעביר ה"נ לא נילף בזורק ומושיט וי"ל דלבן עזאי מעביר דרך צדי נמי פטור אע"ג דהיה במשכן משום דמהלך כעומד דמי אבל זורק ומושיט דרך סטיו יליף מזורק ומושיט דרך צדי: ארבע רשויות לשבת. ק' לרשב"א ליתני ה' רשויות דהא קרפף יותר מבית סאתים שלא הוקף לדירה הזורק מר"ה לתוכו או איפכא חייב ואין מטלטלין בו אלא בד"א וי"ל דההיא רה"י גמור אלא לענין דאין מטלטלין בו אלא בד"א עשאוה ככרמלית והרי כבר שנה רה"י וכרמלית ולהכי נמי לא תני חצר שלא עירבו*: כרמלית. בירושלמי בריש שבת תני ר' חייא כרמל רך (*ומלא) לא לח ולא יבש אלא בינוני ה"נ כרמלית אינו לא כרה"י ולא כר"ה: יתר על כן א"ר יהודה · הכי מיתני' בתוספתא פרק ז' דעירובין אחד חלון שבין ב' חצרות ואחד חלון שבין שני בתים כו' וגשרים ונפשות ור"ה מקורה מטלטלין תחתיו בשבת דברי ר' יהודה יתר על כן א"ר יהודה כו פירוש יתר ע"כ בשני בתים משני צדי ר"ה דאף על גב דליכא למימר פי תקרה יורד וסותם כמו בגשרים ונפשות ור"ה מקורה דרישא אפ"ה נושא ונותן באמצע דקסבר ר"י ב' מחיצות דאורייי' כדאמרן בפ' כל גגות (עירובין כה·) וא"ת אמאי לא מייתי הכא מתני'

דכל

מסורת הש"ס

עירובין לד: כתובות לח:

[ליתא] פיא לסרטיי'

עירובין לח.

לקמן קיו. עירובין ו. [יב:] כב. נט: לה.

הגהות הב"ח

(א) גמ' ואחד המכנים אחד המושיט ואחד הזורק בן עזאי: (ב) רש"י ד"ה אצדי רשות הרבים מרה"י לרה"ר דרך צדי רה"ר כגון חצר: (ג) ד"ה לא עירבו וכו' לתורה להרחיק האדם מן העבירה שלא יוציא: (ד) תוס' ד"ה המושיט וכו' מדרך צדי לענין מוציא ה"נ לא נילף וכו' וי"ל דלבן עזאי מוציא דרך צדי:

גליון הש"ס

תוס' ד"ה כאן היכא כו' למעלה מי' פטור. עיין לקמן קב ע"א תד"ה והוליכו:

עין משפט נר מצוה

יח א מיי' פי"ד מהל' שבת הלכה טו סמג לאוין סה טוש"ע א"ח סי' שמו סעיף א:

יט ב מיי' שם הלכה א וסמג שם טוש"ע א"ח שם:

כ ג מיי' שם טוש"ע שם סעיף כ:

כא ד מיי' שם טוש"ע שם סעיף ז:

כב ה מיי' פ"א מהל' שבת הלכה ב:

כג ו מיי' פי"ד שם הל' ו סמג שם טוש"ע א"ח סי' שמה סעיף יד:

כד ז מיי' שם הל' יא וסמג שם טוש"ע א"ח סי' שמו סעיף ב:

כה ח מיי' שם הלכה יג טוש"ע שם סע"א:

כו ט מיי' פ"א מהלכות עירובין הל' ה סמג עשין דרבנן א טוש"ע א"ח סי' שסו סעיף א וסי' שפו סעיף א:

[בעירובין ובכתובות לא נזכר בן יעקב]

כז י מיי' פי"ז מהל' שבת הלכה י סמג שם טוש"ע א"ח סי' שסד סעיף ב:

תוספתא שבת פרק א

[ועי' תוס' עירובין פט: ד"ה ומאי]

[צ"ל ומל וכך העתיקו הערוך ועי' מנחות כו:]

רבינו חננאל

זהו כרמלית. לבן עזאי כאילו עומד בספיו. שנמצא מוציא מכרמלית לרחבה אלא לרבנן אמאי חייב ואמרי מידי דהוה אמוציא דרך צדי רשות הרבים התם לאו אע"ג דאי מנח ליה בצדי רה"ר פטור. כי מפיק לה לרה"ר חייב הכא נמי כך והוא ראית להתוא כותל שהוא צדי רה"ר. חיפופי. פי' אבנים. יוצאות מן הקיר כזיזים כדי שלא יחופו ויחככו הבהמות ובני אדם העוברים ובאין בקיר ויהרסוהו. דאפי' לר' אליעזר דאמר צדי רה"ר כרה"ר הן היכא דאיכא חיפופי דברי הכל לאו כרה"ר נינהו. א"ר יוחנן מודה בן עזאי שהזורק מתנות לפלטיא דרך סטיו חייב. תניא נמי הכי אחד הזורק ואחד המושיט ואחד המוציא ואחד המכנים מתנות לפלטיא דרך סטיו חייב. בן עזאי אומר המוציא והמכנים פטור המושיט והזורק חייב. מ"מ לא אמרי' קלוטה כמו שהונחה: ת"ר ד' רשויות לשבת. רה"י

רב נסים גאון

מתקיף לה רב פפא הניחא לרבנן דאמרי צידי רשות הרבים לאו כרשות הרבים דאמו אלא לר' אליעזר דאמר כרשות הרבים דאמו מאי איכא למימר ופלוגתא דר' אליעזר ורבנן במס' עירובין בפרק כל גגות העיר (דף לד) דתנן חצר שנפרצה לרה"ר המכניס מתוכה לרה"י או מרה"י לתוכה חייב דברי ר' אליעזר וחכמים אומרים מתוכה לרה"ר ומרה"ר לתוכה פטור ואמרי' בגמ' ואיבעי תימא בצידי רה"ר קמיפלגי דר' אליעזר סבר צידי רה"ר כרה"ר דאמו ורבנן סברי צידי רשות הרבים לאו כרה"ר דאמו: הבקעה בימות החמה רשות היחיד לשבת ורשות הרבים לטומאה בימות הגשמים רשות היחיד לכאן ולכאן פירשו בתוספתא במסכת טהרות בפרק המסוכן [פ"ו] אלו הן ימות החמה משתעקר תבואה מתוכה ואלו הן ימות הגשמים משתרד רביעה שנייה ומפורש הרביעה במסכת תענית (דף ו) בפ' א':

והא

אות ד'

ואיזו היא רה"ר: סרטיא ופלטיא גדולה, ומבואות המפולשין

סימן שמה ס"ז - [ד]איזהו רה"ר, רחובות ושווקים הרחבים ט"ז אמה - דילפינן מדגלי מדבר, שמקום הילוך העגלות היה מחזיק ט"ז אמה, וע"כ אם היה פחות מזה השיעור, אינו ר"ה מן התורה, אלא כרמלית. **ודרכים** שעוברין מעיר לעיר, הוי ג"כ ר"ה, משום דשכיחי בם רבים, [וגם הוא בדוקא אם הם רחבים ט"ז אמה].

ואינם מקורים - דדגלי מדבר לא היו מקורים.

[ה]ואין להם חומה, ואפי' יש להם חומה, אם הם מפולשים משער לשער - פי' שהשערים מכוונים זה כנגד זה, ויש לאותו דרך המכוון משער לשער כל דין ר"ה, (מ"א, **נראה פשוט דגם כל הרחוב והשוק יש עליו דין רה"ר, אף שהוא מתרחב הרבה מכנגד הפילוש, דאפילו קרן זוית הסמוכה לר"ה היה ר"ה, אי לאו משום דלא ניחא תשמישתא, וכ"ש בזה, דכל עיקר מקום קיבוץ הרבים הוא במקום שנתרחב, ומש"כ המ"א "דיש לאותו דרך כל דין רה"ר", נראה דכונתו, דבעינן שיהא רוחב הדרך ט"ז אמה, וגם שלא יהיה מקורה, כדי שיהיה חל עליה שם ר"ה, וממילא חל על שאר מקום השוק, אף שאינו מכוון נגד הפילוש וכנ"ל, דאל"ה אין חל שם רה"ר על כל השוק**).

(ואין דלתותיו נעולות בלילה) (טור), הוי רשות הרבים - מלשון זה משמע, דאם לא היו נעולות ממש, אע"פ שראויות לנעול, לא נתבטל עי"ז שם ר"ה, **והוא** כדעה ראשונה המובא לקמן בסי' שס"ד ס"ב, **ואם** דלת אחת ננעלת בלילה, עיין לקמן בסימן שס"ד במ"ב.

[ו]ויש אומרים שכל שאין ששים רבוא עוברים בו בכל יום, אינו רשות הרבים - סבירא להו, דגם לזה בעינן דומיא דדגלי מדבר, שהיו ששים רבוא, **ואף** שהיה שם עוד ערב רב ונשים וטף, לא חשבינן אלא מה שנמצא בכתוב בפירוש, (**וטעם הדעה הראשונה, שאין לנו ללמוד מדגלי מדבר אלא לענין ר"ה ממש, שלא תהא מקורה, ושיהיה בה שש עשרה אמה, ושתהא מפולשת, אבל לא למנין הדורסים בה**).

בכל יום - חפשתי בכל הראשונים העומדים בשיטה זו, ולא נזכר בדבריהם תנאי זה, רק שיהיו מצויין שם ששים רבוא.

(**וי"א שגם להסוברים שצריך ס' רבוא, ג"כ א"צ שיהיו מצויין שם תדיר כאחד, רק שהוא דרך מעבר לס' רבוא, ואפשר שאף שאר דרכים שפתוחים לדרך זו, ג"כ הוי רה"ר**, (תמצית דברי הבה"ל כמו שהעתיקו השונה הלכות).

ולענין הלכה, מדעת המחבר דכתב דעה זו רק בשם י"א, משמע דלהלכה לא ס"ל כן, **ומ"מ** אין בנו כח למחות ביד הסומכין על דעה זו, דדעה זו ג"כ לא דעת יחידאה היא, וכן צדדו כמה אחרונים, **וכל** בעל נפש יחמיר לעצמו, (דבזמנינו יש ג"כ ר"ה מן התורה, וממילא אין לסמוך על עירוב של צוה"פ, דבעינן דוקא דלתות, **אך** במקום שיש עוד צד להקל, יש לסמוך על הסברא אחרונה).

אות ה'

ואם הוציא והכניס, בשוגג חייב חטאת, במזיד ענוש כרת, ונסקל

רמב"ם פ"א מהל' שבת ה"ב - כל מקום שנאמר בהלכות שבת שהעושה דבר זה חייב, הרי זה חייב כרת, ואם היו שם עדים והתראה, חייב סקילה, ואם היה שוגג, חייב חטאת.

אות ו'

אבל ים ובקעה ואיסטוונית והכרמלית אינה לא כרשות הרבים ולא כרשות היחיד

סימן שמה סי"ד - [ז]איזה הוא כרמלית, מקום שאין הלוך לרבים, כגון ים - וה"ה נהר, ואע"ג דמיא לא מבטלי מחיצתא, כמו שכתבנו בסי"א, **י"ל** דכל חריץ שאינו משופע כדי שיתלקט גבוה י"ט מתוך ד"א, לא הוי רה"י, ומצוי הוא שאצל שפתו אינו עמוק כ"כ תיכף - כ"כ המ"א.

ובמאירי נזכר הטעם, משום דהמחיצות רחוקות זו מזו מאוד, אינן מצטרפות לעשות מה שביניהן רה"י, ולפי"ז אפילו אם אצל שפתו הוא עמוק, ג"כ אינו רה"י מן התורה מטעם זה, {**ונהר**, אע"ג דשתי מחיצות אינם רחוקות זו מזו, כיון דאידך השנים הם רחוקות זו מזו כמה פרסאות, אינם מצטרפות לאלו השנים}, **ואפילו** לפי דברי המ"א, מדרבנן כרמלית הוי בכל ענין.

(**ועיין** מ"א שהביא בשם רא"ם, **דאם יש בתוך הים גומא עמוקה יו"ד טפחים, הוי רה"י מן התורה, ואין דבר זה ברור כלל, וסיים המ"א, דמ"מ מדרבנן יש ע"ז דין כרמלית, כקרפף שלא הוקף לדירה, ועיין בפמ"ג, דבעינינו אפילו הוא פחות משתי סאה נמי הוי כרמלית**).

ואם היה רקק מים בר"ה ור"ה מהלכת בו, אם אינה עמוקה עשרה טפחים, אע"פ שאינה רחבה ד' טפחים, ועי"ז רוב מדלגין עליה ואין מהלכין בתוכה, אעפ"כ הוי ר"ה, {**וה"ה** אם היה דף מונח על הרקק, ובני אדם עוברים עליה, הוי ר"ה}, **וברש"י** דף ק' משמע קצת, דלא הוי ר"ה אלא א"כ הרבה בני אדם עוברים בתוכה, **ואם** הרקק עמוקה י' ורחבה ד"ט, הוי כרמלית כמו ים - רמב"ם, **ועיין** בפמ"ג דמסתפק לומר, דרק לחומרא הוי ככרמלית, שלא להוציא מתוכה לרה"י, אבל מן התורה רה"י הוא, [**ובמאירי** משמע דמן התורה לא הוי רה"י, משום דבאגם אין המחיצות נכרות].

באר הגולה

[ד] שם צ"ט [ה] בריש עירובין ו' בפי' רש"י [ו] רש"י שם, וכן נראה דעת הרא"ש וסמ"ג וסמ"ק והספר התרומה והרוקח, והתוס' בפרק א' דשבת משמע קצת כן, וכ"כ בפרק י' דשבת, אבל הרמב"ם לא הזכיר תנאי זה, וכ"כ הרב המגיד בשם המרב"ן ורשב"א וכ"כ בהג' מרדכי, וכ"כ הר"ן והריב"ש בתשובה שאף שאין ס' רבוא עוברים בו הוי רה"ר [ז] ברייתא שם

ובקעה - מקום שדות שאין מוקף מחיצות, **ואצטוונית (פירוש אלטוונית, מקום שלפני החנויות שיושבים שם הסוחרים).**

אות ז'

ואין נושאין ונותנין בתוכה, ואם נשא ונתן בתוכה פטור

סימן שמו ס"ב - [ח]מן התורה אין חייב אלא במעביר ד' אמות ברשות הרבים - היינו ע"י עקירה והנחה, **ואיסור** דרבנן איכא ע"י עקירה או הנחה לבד, וכדלקמן בסימן שמ"ז. **וחכמים אסרו להעביר ד' אמות בכרמלית** - דהוא דומיא דר"ה וכנ"ל.

וים ובקעה, תרי גווני כרמלית נינהו, ומותר לטלטל מזו לזו תוך ד' אמות - ר"ל דאעפ"כ מותר לטלטל מזו לזו, ולא גזרו משום רשויות.

אות ח'

ואין מוציאין מתוכה לרה"ר, ולא מרה"ר לתוכה; ואין מכניסין מרה"י לתוכה, ולא מתוכה לרה"י; ואם הוציא והכניס פטור

סימן שמו ס"א - [ט]מן התורה אין חייב אלא במוציא ומכניס וזורק ומושיט, מרה"י לרה"ר, או מרה"ר לרשות היחיד - מושיט, היינו שגופו עומד ברשות אחד, ומושיט בידו החפץ לרשות אחר, **ועיין** בסי' שמ"ז במ"ב, לענין מושיט מרה"י לרה"י דרך ר"ה.

וחכמים אסרו מכרמלית לרשות היחיד או לרשות הרבים, או מהם לכרמלית - דהוא דמיא קצת לר"ה, שאין מחיצות, ומ"מ אינו ר"ה, דלאו להילוכא דרבים עבידא, [רש"י], ולכן גזרו עליו חכמים, שלא להוציא ולהכניס ממנו בין לר"ה ובין לרה"י, כדי שלא יבאו להתיר אף מרה"י לר"ה.

אות ט'

חצרות של רבים ומבואות שאינן מפולשין, עירבו מותרין, לא עירבו אסורים

סימן שסו ס"א - [י]חצר שהרבה בתים פתוחים לתוכו - של אנשים מיוחדים, **אסרו חכמים לטלטל מבתיהם לחצר** - וה"ה מבית לבית בתוך החצר [אפי' הן סמוכין ממש זה לזה ורק פתח בינידהם], **או** בתוך המבוי, אף שהמבוי מתוקן בלחי וקורה.

(**וזה עוקר וזה מניח בלא ערבו, צ"ע**).

וטעם בכל זה, דגזרו שלא להוציא מרשותו לרשות חבירו, [וחצר ג"כ יש בו השתתפות של חבירו], כדי דלא ליתי לאפוקי מרה"י לר"ה, **ובחצר** גופא מותר לטלטל בכולו, ואפילו מחצר לחצר נמי מותר, [היינו כלים ששבתו בחצר], דלא גזרו בזה רבנן.

עד שיערבו, דהיינו שגובים פת מכל בית ובית ונותנים אותו בא' מבתי החצרות, שע"י כך אנו רואים כאילו כולם דרים באותו הבית - דעיקר דירתו של אדם במקום שפתו שם, **וכאילו כל החצר מיוחד לאותו בית** - ‹לשון הטור›.

וכמו שהסביר הרמב"ם, וז"ל: שיתערבו במאכל אחד שמניחין אותו מע"ש, כלומר שכולנו מעורבין ואוכל אחד לכולנו, ואין כל אחד ממנו חולק רשות מחבירו, אלא כשם שיד כולנו שוה במקום זה שנשאר לכולנו, כך יד כולנו שוה בכל מקום שאחז כל אחד לעצמו, והרי כולנו רשות אחד, ‹קצת באופן אחר מאיך שכתב הטור›, **ובמעשה** הזה לא יבואו לטעות ולדמות שמותר להוציא ולהכניס מרה"י לר"ה, עכ"ל.

סימן שפו ס"א - [יא]אסרו חכמים לטלטל מן החצירות למבוי - מפני שהמבוי חשיב רשות משותפת, כנגד החצרות שאינם מיוחדים רק לאנשי אותו החצר, וגזרו אטו מר"ה לרה"י. **והתירוהו ע"י שיתוף** - שכשם שעירובי חצרות מערב כל בתי החצר יחד, כך שיתופי מבואות משתף כל חצרי המבוי יחד, ונעשים כחצר אחד.

[יב]שגובין פת או דבר אחר ממיני מאכל מכל חצר וחצר, ונותנים אותו בא' מן החצירות, ואנו רואים כאילו פתוח כל המבוי לאותו חצר - ואף דלענין עירובי חצרות בעינן דוקא פת, כדלעיל בסי' שס"ו, **שאני** התם דעירוב משום דירה הוא, לערב דירתן לעשותן אחת, ודירתו של אדם אינו נמשך אלא אחר פתו, **משא"כ** שיתופי מבואות דאינו אלא לשתף רשות החצרות שבמבוי, לא רשות הבתים, וחצר לאו בית דירה הוא, הלכך סגי בכל דבר מאכל, **ומזה** הטעם נמי סגי כשנותנים אותו באויר החצר.

(**ואותו חצר שמניחין בו השיתוף א"צ ליתן חלק בזה, וכמו הבית שמניחין בו העירוב לענין עירובי חצירות, לעיל בסי' שס"ו ס"ג**).

אות י'

למעוטי הא דרבי יהודה

סימן שסד ס"ב - [יג]רשות הרבים עצמה - דהיינו רחובות ושווקים הרחבים ט"ז אמה, ומפולשים משער לשער, וכדלעיל בסימן שמ"ה ס"ז, ועי"ש בס"ח וט"ת, דיש עוד מיני ר"ה.

אינה ניתרת אלא בדלתות - מכאן ומכאן, **אבל** צורת הפתח לא מהני, אפילו אם יעשהו משני צדדיו.

באר הגולה

[ח] שבת ו' [ט] שבת ו' וצ"ר [י] ברייתא שבת ו' [יא] מדברי הרמב"ם ושנוי בברייתא שבת ו' וכפי' רש"י שם [יב] משנה עירובין כ"ו ובריייתא פ"א [יג] ‹יתר על כן אמר רבי יהודה מי שהיו לו שני בתים... אמרו לו אין מערבין רה"ר בכך, וכי תימא בכך הוא דלא מיערבא הא בדלתות מיערבא, והאמר רבה בר בר חנה אמר רבי יוחנן ירושלים אילמלא דלתותיה ננעלות בלילה חייבין עליה משום רה"ר, אמר רב יהודה הכי קאמר וכו', (עירובין דף ו:). הרי מפורש שאין רה"ר מתערבת אלא בדלתות - ב"י›

לחי מכאן ולחי מכאן או קורה מכאן וקורה מכאן ונושא ונותן באמצע אמרו לו אין מערבין רשות הרבים בכך ואמאי קרו ליה גמורה מהו דתימא כי פליגי רבנן עליה דרבי יהודה דלא הוי רה"י ה"מ לטלטל אבל לזרוק מודו ליה קמ"ל: אמר מר זו היא רה"ר למעוטי מאי למעוטי אידך דרבי יהודה *דתנן רבי יהודה אומר אם היתה דרך רה"ר מפסקתן יסלקנה לצדדין *וחכמים אומרים אינו צריך ואמאי קרו ליה גמורה איידי דתנא רישא גמורה תנא נמי סיפא גמורה ולחשוב נמי מדבר דהא תניא איזו היא ר"ה סרטיא ופלטיא גדולה ומבואות המפולשין והמדבר אמר אביי לא קשיא כאן בזמן שישראל שרויין במדבר כאן בזמן הזה: אמר מר אם הוציא והכניס בשוגג חייב חטאת במזיד ענוש כרת ונסקל בשוגג חייב חטאת פשיטא במזיד ענוש כרת ונסקל אצטריכא ליה הא נמי פשיטא הא קמ"ל כדרב דא"ר *מצאתי° מגלת סתרים בי רבי חייא וכתוב בה איסי בן יהודה אומר אבות מלאכות מ' חסר אחת ואינו חייב אלא אחת איני *והתנן אבות מלאכות מ' חסר אחת והוינן בה מנינא למה לי ואמר רבי יוחנן *שאם עשאן כולן בהעלם אחת חייב על כל אחת ואחת אלא אימא אינו חייב על אחת מהן והא קמ"ל האמהנך דלא מספקן: אמר מר אבל ים ובקעה והאיסטוונית והכרמלית אינן לא כרה"י ולא כרה"ר ובקעה אינו לא כרה"י ולא כרשות הרבים והא *תנן הבקעה בימות החמה רה"י לשבת ורה"ר לטומאה בימות הגשמים רה"י *(לכאן ולכאן) אמר עולא לעולם כרמלית הויא ואמאי קרי לה רה"י לפי שאינה רה"ר רב אשי אמר

כגון

לחי מכאן ולחי מכאן · בשתי פאות של אחד מן הבתים להיכר בעלמא דקסבר רבי יהודה ב' מחיצות הוו רה"י מדאורייתא והא איכא שתי מחיצות מעלייתא מחיצות של ב' בתים: **מהו דתימא כי פליגי רבנן עליה דר' יהודה** · בברייתא ואמרי אין מערבין רה"ר בכך למהוי רה"י ה"מ לטלטל שיהא מותר לטלטל בתוכה כדקתני אין מערבין רה"ר בכך דגזור בה משום דדמי לרה"ר: **אבל לזרוק** · שהזורק מרה"ר לתוכה מודו ליה דחייב דשתי מחיצות דאוריי' ושם רה"י עליה: **קמ"ל גמורה** . כלומר זו היא שנגמרו מניין מחיצות שלה שיש לה מחיצות מכל צד כגון חריץ וכן גדר דאמרינן מד' לדדין גוד אסיק פני המחילה על ראשו וגמלא ראשו מוקף מד' לדדין וחללו ד' אבל דרבי יהודה לא נגמרו מחיצות שלה למניינן ולאו רה"י היא כלל: **מפסקתן** · לפסי בירלות בפרק ב' דעירובין דהקילו חכמים משום עולי רגלים בבור בר"ה והבור עצמה רה"י שהיא עמוקה י' ורחבה ד' והממלא מתוכה ומניח על שפתה חייב והקילו חכמים לעשות ד' פסין וביניהן י' אמות דהוי חללו רה"י למלאות מן הבור וקאמר ר' יהודה אם היתה דרך רה"ר מפסקתן יסלקנה מביניהן דאתו רבים ומבטלי מחילתה והתם רמינן דרבי יהודה אדרבי יהודה דלעיל דאמר נושא ונותן באמצע דלא אתו רבים ומבטלין מחיצות ורבנן אדרבנן ומשנינן לה: **אינו צריך** · והיינו דקתני זו היא רה"ר אבל הילוך דרבים לבין הפסים לא הוי רה"ר הואיל ואיכא שם ד' מחיצות: **ואמאי גמורה** · הכא ליכא למימר מהו דתימא כדלעיל דעיקר עשייתן משום לטלטל בתוכו וקאמרי רבנן אינו צריך דרשות היחיד היא אפילו לטלטל וכ"ש דהזורק לתוכה מרה"ר חייב: **בזמן שהיו ישראל במדבר** · חשיבא רה"ר: **בזמן הזה** · אינו מקום הילוך לרבים דהולכי מדברות לא שכיחי: **חייב חטאת פשיטא** · כיון דתנא חדא רה"י וחדא רה"ר ניתני סתמא ואם הוציא והכניס חייב ואנא ידענא דשגגתו חטאת דהא שבת זדונו כרת הוא: **הא נמי פשיטא** · דבהתראה סקילה ממקושש: **מגילת סתרים** · שהסתירוה מפני שלא ניתנה ליכתוב וכששומעין דברי יחיד חדשים שאינן נשנין בב"ה וכותבין אותן שלא ישתכחו מסתירין את המגילה: **אינו חייב אלא אחת** · השתא משמע אם עשאן בהעלם אחד שלא נודע לו בין כל אחת ואחת שחטא אינו חייב אלא אחת דכל חילול דשבת גוף אחד של עבירה הוא: **מנינא למה לי** · ליתני אבות מלאכות הזורע והחורש כו' למה לי לאשמעי' מנייהא הא מני להו ואזיל: **חייב על כל אחת ואחת** · ובא להודיענו סכום החטאות שאדם חייב באיסורי שבת בהעלם אחד ואשמעינן מ' חסר אחת הן והו לא שאפי' עשה תולדותיהן עמהן אינו מביא על התולדה היכא דעשאה עם אביה דה"ל כעושה וחוזר ועושה דכול' חדא עבירה היא: **אינו חייב על אחת מהן** · אחת יש בהן שאינו חייב עליה מיתה ולא פי' (רבי) איזו היא ואשמעי' הנא דמתנית' דקתני נסקל דהא הוצאה והכנסה מהנך דלא מספקן היא דעל זו לא אמר איסי בן יהודה: **בימות החמה** · שאין בה זרעים: **רה"י לשבת** · דהא לאו הילוך לרבים הוא שאין רבים מסתלקין מן המסילה לילך בשדה: **רה"ר לטומאה** · וספקו טהור דהא לאו מקום סתירה הוא שיש בני אדם נכנסים לה דספק טומאה לטמא מסוטה גמרינן לה והתם סתירה כתיב ונסתרה והיא נטמאה דבמקום סתירה טמאה היא לבעלה מספק ומכאן אתה דן לשרץ: **בימות הגשמים** · שהיא זרועה אין אדם נכנס לה: **לעולם כרמלית הויא** · והזורק מרה"ר לתוכה אינו חייב:

כגון

דכל גגות (עירובין צה·) דקתני התם ועוד אמר רבי יהודה מערבין למבוי המפולש וי"ל דמתני' איכא לפרושי דמערבין בצורת הפתח וקסבר ג' מחיצות דאורייתא א"נ ה"א דמתני' איירי במבוי המפולש לרה"ר אבל אין ר"ה עוברת לתוכה להכי מייתי הברייתא דיתר על כן דאפי' רה"ר (גמורה) עוברת בה מטלטלין ע"י לחי או קורה משום דשתי מחיצות דאורייתא ואע"ג דבפ"ק דעירובין (דף י·) אמתני' דהרחב מי' אמות ימעט משמע דלכל היותר לא התיר רבי יהודה אלא עד י"ג אמה ושליש °היינו מדרבנן אבל מדאורייתא אפי' ברוחב י"ו אמות מטלטלין דאית ליה ב' מחיצות דאורייתא דע"כ נ"ל דרבי יהודה איירי ברה"ר גמורה שבוקעין שם רבים כדמוכח בפ"ק דעירובין דף ו: ושם) גבי כילד מערבין רה"ר ושם פירשתי* וא"ת והא מדקתני סיפא דמבואות המפולשין הוו רה"ר שמעי' שפיר לאפוקי מדר' יהודה דאית ליה ב' מחיצות דאורייתא דלדידיה מבואו' המפולשות לא הוו רה"ר כיון דאיכא שתי מחיצות וי"ל דמסיפא לא הוה שמעינן לאפוקי מדר' יהודה דה"א טעמא דרבי יהודה משום דקסבר לחי וקורה משום מחיצה דאיכא מאן דסבר הכי בפ"ק דעירובין (דף טו:) להכי אצטריך למתני' זו היא רה"י גמורה *למעוטי דר' יהודה דלא הוי רה"י דלחי וקורה לא חשיב מחילה:

ואמאי קרי ליה גמורה כו' מהו דתימא· אומר ר"י דלשון גמורה אדרבה איפכא מסתברא זו היא רה"י גמורה אבל זו איכה רה"י גמורה אבל היא רה"י קצת ורש"י ישבה בדוחק (א) לפי הגמרא:

כאן בזמן שישראל שרוין במדבר· משמע קצת דאיכה ר"ה אלא א"כ מצויין שם °ששים רבוא כמו במדבר:

בשוגג חייב חטאת פשיטא · כיון דאשמעינן דהאי הוי רה"י והאי הוי ר"ה פשיטא דהמוליא מזה לזה בשוגג חייב חטאת:

הא קמ"ל כרב כו' · מכאן מדקדק ר"י דלא קתני איסי אינו חייב על אחת מהן אלא אסקילה אבל חטאת חייב על כולם דאי קאי אחטאת א"כ כי פריך בשוגג חייב חטאת פשיטא הו"ל לשנויי הא קמ"ל כרב דהא דמשני במזיד ענוש כרת ונסקל אילטריכא ליה לא משני מידי ומעיקרא ודאי לא היה ידע דמיירי בסקילה מדפריך מדר' יוחנן דמיירי בחטאת והיינו משום דאינו חייב אלא אחת לא מצי לאוקמי בסקילה דאטו בתרי קטלי קטלינן ליה אבל כי קמפרש דאינו חייב על אחת מהן קאמר איסי אז ידע שפיר דלא איירי איסי אלא בסקילה דלא פליג אמתני' דכלל גדול (לקמן עג:) דקתני מנייהא למימר דחייב על כל אחת ואחת ואתי שפיר הא דבריש פרק כלל גדול (שם סט·) קאמר ארבי יוחנן דאמר שאם עשאן כולם בהעלם אחת חייב כו' דידע לה לשבת במאי ומפרש דידע לה לתחומים ואליבא דר"ע ולא מצי למימר דידע לה בדאיסי דהא אכולהו חייב חטאת וכן פירש בקונטרס ולקמן בריש הזורק (דף צו:) מייתי לדאיסי לענין סקילה ולא מישתמיט בשום מקום לאתויי לענין חטאת והא דאמרינן לקמן בריש פרק בתרא (דף קנד·) לרמי בר חמא דילמא הכי קאמר כל שחייבין על שגגתו חטאת חייבים על זדונו סקילה אומר ריב"א דאליבא דרמי בר חמא אתיא ההיא ברייתא דלא כאיסי דלאיסי איכא דוכתא דחייב חטאת ולא סקילה:

ואמר רבי יוחנן שאם עשאן כולם בהעלם אחת כו' · אין לריך לפרש דפריך דמסתמא לא פליג איסי עלה אלא מדברי איסי נמי יש לדקדק כן מדקתני מנייהא כדדייק לקמן בכלל גדול (דף עג:) :

לא

עין משפט נר מצוה

כח א מיי' פי"ז מהל' שבת הלכה לג :

כט ב מיי' פי"ד מהל' שבת הלכה א :

ל ג ד מיי' פ"כ מהל' אבות הטומאות הל' ו:

כד"ה וכי תימא

ולא בעי למימר דזו היא רה"י גמורה למעוטי דרבנן דאם היה רה"ר מפסקתן זו היא רה"ר למעוטי אידך דרבנן דמי שיש לו שני בתים דלא הוי רה"ר דלחי וקורה משום מחילה דזהו לא מיסתבר ועוד גימא ליה ספי לאוקמי כרבנן [ת"י]

ב"ב קנג: טהרות פ"ו מ"ו

[בטהרות אי' לכך ולכך]

מסורת הש"ס

עירובין [כ·] כב.

לקמן נו :

לקמן סט. עג: [נו:]

הגהות הב"ח

(א) תוס' ד"ה ואמאי וכו' ורש"י ישבה בדוחק (לפי הגמרא) תא"מ וכ"ב פ"א לפירוש גמורה:

*הקשה ריב"א ומאי קמ"ל ר"י מתני' היא לקמן סו: ותי' דקמ"ל בכעלם זה וזה בידו א"כ בשבת בכרת והזיד בלאו כדלקמן דף עו: א"נ קמ"ל דלא כאיסי דאף כדאיסי חייב חטאת [ת"י]

גליון הש"ס

גמ' דאמר רב מצאתי מגילת סתרי' בי ר"ח כב"מ לב ע"א: תוס' ד"ה יתר היינו מדרבנן . ולא זכיתי להבין הא מה דקתני ומתן לחי כו' ונושא ונותן היינו אף מדרבנן דמדאורי' ל"ג ללחי דהא סבר ב' מחיצות דאורייתא: תום' ד"ה כאן כו' ששים רבוא כו' עי' עירובין ע"א תוד"ה כילד:

רבינו חננאל

וה"ר כרמלית ומקום פטור . פשוטא היא זו הברייתא וגם פירשוה הראשונים ממני. איזו היא רה"י חריץ עמוק י' טפחים ורחב ד'. וכן גדר גבוה י' ורחב ד' זו היא רה"י גמורה (הבו) זו היא למעוטי הא דתני ר' יהודה מי שיש לו ב' בתים בשני צדי רה"ר עושה לחי מכאן וכו' זה אינו רה"י לא לזרוק וכ"ש לטלטל . סרטיא ופלטיא ומבואות המפולשות זו היא רה"ר גמורה למעוטי הא דר' יהודה . דתנן בעירובין בפסי ביראות. ר' יהודה אומר אם היתה דרך הרבים מפסקתה יסלקנה לצדדין קמ"ל דאע"ג דלא סילקה אינה כרה"ר: אמר מר והוציא מרה"י זה לרה"ר זה בשוגג חייב חטאת במזיד בלא התראה ענש כרת בהתראה נסקל פשיטא לא נצרכה אלא להא דאמר רב מצאתי במגילת סתרים בי ר' חייא וכתיב בה איסי בן יהודה אומר אבות מלאכות ארבעים חסר אחת אינו חייב על אחת מהן נמצא חייב על אחת בפני עצמה בספק זולתי המוציא מרשות לרשות דלא מספקא חיוב . דתני בהדיא בשוגג חייב חטאת במזיד חייב כרת ונסקל הא דתנן פ"ו הבקעה בימות החמה רה"י לשבת ומטלטלין בה רה"ר לטומאה וק"ל ספק טומאה ברה"ר טהור בימות הגשמים שמלאה מים ואין אדם נכנס לתוכה רה"י לזה ולזה . משני שלא לעולם הבקעה כרמלית היא .

והא

§ מסכת שבת דף ו: §

אות א'

<u>וחכמים אומרים אינו צריך</u>

רמב"ם מהל' שבת פי"ז הל"ג - הזורק מרה"ר לבין הפסין חייב, הואיל ויש בכל זוית וזוית מחיצה גמורה שיש בה גובה עשרה, ויותר מארבעה על ארבעה, והרי הרבוע ניכר ונראה ונעשה כל שביניהם רה"י; ואפילו היו בבקעה ואין שם ביניהם באר, שהרי בכל רוח ורוח פס מכאן ופס מכאן; ואפילו היו רבים בוקעין ועוברין בין הפסין, לא בטלו המחיצות, והרי הן כחצר שהרבים בוקעין בה, והזורק לתוכן חייב, ומותר להשקות הבהמה ביניהן אם היה ביניהן באר.

אות ב'

<u>והמדבר</u>

רמב"ם פי"ד מהל' שבת ה"א - איזו היא רה"ר: [א]מדברות ויערים ושווקים ודרכים המפולשין להן, ובלבד שיהיה רוחב הדרך ט"ז אמה ולא יהיה עליו תקרה.

אות ג' – ד'

<u>הבקעה, בימות החמה רה"י לשבת, ורה"ר לטומאה; בימות הגשמים רה"י לכך ולכך</u>

<u>רב אשי אמר כגון דאית לה מחיצות</u>

רמב"ם פ"כ מהל' שאר אבות הטומאה ה"ו - הבקעה המוקפת גדר בימות הגשמים, רה"י לשבת ולטומאה; ואם לא היתה מוקפת, הרי היא רה"י לטומאה בלבד.

באר הגולה

א ‹הוא דבר מתמיה אצלי, שהרי תירץ אביי לא קשיא כאן בזמן שהיו ישראל שרויים במדבר כאן בזמן הזה. ופירש"י ז"ל בזמן ההוא חשובה רה"ר, בזמן הזה אינו מקום הלוך לרבים, עכ"ל. ופירוש ברייתא דקתני בה המדבר, הא קמ"ל דאי איכא רבים מצויין עכשיו במדבר תדיר, ג"כ הוא בכלל רה"ר, וא"כ רבינו ז"ל לא היה לו להזכיר מדברות ויערים בסתם – מגיד משנה› ‹**כתב** ה"ר אברהם בנו של רבינו, שי"מ בזמן שישראל חונים במדבר והיו מחנותיהם סדורים בו, היה לגבן כמו בקעה ושדה ומאי דדמי להו, ובזמן הזה שאין ישראל דרים בו, אלא כל מי שירצה הולך ועובר בתוכו, הוא רה"ר, וטעמא דמסתברא הוא. **ולענין** יערים, לא דמי לים ובקעה, שהים אין תשמישו נוח כיער, והבקעה והאצטוונית וקרן זוית אף על פי שיש רשות לרבים להכנס לתוכן, אין להם צורך בהם כיער שהכל צריכים לעצים, ולהם דרך עליו כמדבר – כסף משנה›

§ מסכת שבת דף ז. §

אות א'

קרפף יותר מבית סאתים שלא הוקף לדירה, ואפילו כור ואפילו כוריים, הזורק לתוכו חייב

סימן שמו ס"ג - [א]**קרפף (פי' מקום שמוקף מחיצות בלא קרוי כמו הלר), יותר מבית סאתים** - ושיעור בית סאתים מבואר לקמן בסימן שנ"ח, שהוא ע' אמה וד' טפחים על ע' אמה וד' טפחים בריבוע, ‹וע"ש במ"ב שכתב: ומעט יותר כשיעור אצבע בערך›, **שלא הוקף לדירה** - כגון שהיה דעתו לנטוע או לזרוע וכה"ג, וכמבואר לקמן בסי' שנ"ח, **אסרו חכמים לטלטל בו** [ב]**אלא תוך ארבע אמות** - שכיון שהוא גדול כ"כ, אתי למיחלף בר"ה, ועשאוהו חכמים ככרמלית.

[ג]**ומותר להוציא ממנו לכרמלית אחר, כגון בקעה העוברת לפניו** - אף דמן התורה הוא רה"י לכל דבר כיון שיש לו מחיצות, והזורק מתוכו לר"ה חייב, ומרה"י לכרמלית הלא אסור להוציא וכנ"ל, **מ"מ** כאן התירו, שאם נאסור זה, יסברו שהוא רה"י גמור, ואין שם כרמלית עליו כלל, ויבואו לטלטל בכולו כשאר רה"י, ומתוך זה יבואו שאר אנשים לטלטל גם בר"ה, כי דומה זה קצת לר"ה כיון שהוא גדול ולא הוקף לדירה, **וע"כ** נתנו עליו חכמים דין שאר כרמלית לענין זה, שמותר להוציא ממנו לכרמלית אחר, כגון בקעה וכיוצ"ב.

סימן שנח ס"א - כל היקף שלא הוקף לדירה - דירת אדם ותשמישיו, **כגון גנות ופרדסים** - שמקיפים אותם רק לשמור את הפירות והזרעים שבתוכם, **וה"ה** קרפף, שהוא היקף גדול חוץ לעיר להכניס שם עצים לאוצר.

ובורגנים - סוכת שומרים שבשדות, **שאינם עשוים אלא לשמור בתוכן** - ר"ל אע"ג דסוכה זו נעשית לישיבת השומר, מ"מ כיון שאין דירתם שם מחמת עצמן, אלא לשמור האויר שלפניהן, אין זו דירה חשובה מחמת עצמה, והרי זו כהיקף של גנות ופרדסים, **ואפי'** היא מקורה בגג, נמי לא מיחשבה דירה.

אסרו חכמים לטלטל בתוכה יותר מד' אמות, אם הוא יותר מסאתים - דאע"ג דמן התורה כל המוקף מחיצות גבוהות עשרה, אע"פ שהיא רחבה כמה כורים, הוא רה"י גמור, ומותר לטלטל בכולו, **מ"מ** חכמים אסרו בהיקף גדול יותר מבית סאתים שלא הוקף לדירה, שהוא דומה קצת לר"ה ולכרמלית, שלא לטלטל בה ביותר מד"א כמו בר"ה ובכרמלית.

אות ב' – ג'

לקרן זוית הסמוכה לרשות הרבים

איצטבא שלפני העמודים נידון ככרמלית

סימן שמה סי"ד - איזה הוא כרמלית... ואצטבא (אצטבא הוא מקום שמניחין עליו פרקמטיא) שלפני העמודים ברשות הרבים - עמודים הם העומדים בר"ה, ותולין בהם התגרים פרקמטיא, ואצלם היו האצטבאות, **והיא** [ד]**רחבה ארבעה, וגבוה משלשה ועד עשרה** - דבאינה רחבה ארבעה, היא מקום פטור, ואם אינה גבוה שלשה, היא ר"ה, ואם גבוה עשרה, היא רה"י, וכנ"ל בס"י, **וה"ה** לענין אצטוונית.

[**וברשב"א** מסתפק, דאולי באיצטבא שלפני העמודים, אפי' באינה גבוה ג' ג"כ לא הוי ר"ה, דלא ניחא תשמישתא שם מפני העמודים].

ומיירי בשאין רבים מכתפין עליה, דאל"ה בתשעה, וכן מט' עד עשרה לדעת הי"א הנ"ל בס"י, הוי ר"ה.

והנה מדברי המחבר שלא זכר דין דבין העמודים, משמע דס"ל דבין העמודים עצמן נידון כרשות הרבים, כדעת הרמב"ם, ‹עיין לקמן אות ד'›, **אבל** רוב הפוסקים פסקו, דגם בין העמודים, אע"ג דזימנין דדרסי רבים, כיון שאין ההילוך נוח כ"כ, שהיו העמודים הרבה בארך ורוחב זה שלא כנגד זה, [גמרא ורש"י שם], ככרמלית דמיא.

[ה]**וקרן זוית הסמוכה לרשות הרבים, (כגון מבואות שיש להן שלש מחיצות ואין להם לחי או קורה ברביעית)** - דאי היה לחי, היה רה"י גמור מן התורה לענין זריקה, שהזורק מר"ה לתוכה חייב, וגם שהיה מותר לטלטל בתוכה ככל רה"י, דקי"ל לחי משום מחיצה, **ואפילו** אי הוי שם רק קורה, דהוי רק משום הכירא, עכ"פ לכו"ע רה"י הוא לענין טלטול, לטלטל בתוכה כמו בשאר רה"י, **וכ"ז** הוא רק לדעת הרמב"ם, אבל לשארי פוסקים, ע"י ג' מחיצות נעשה רה"י גמור מן התורה, והזורק מר"ה לתוכה חייב, אלא לענין טלטול אסור מדרבנן ככרמלית.

ויש עוד פירוש ברש"י בקרן זוית הסמוכה לרה"ר, כגון שהכניס הבית לתוכו, והניח מקרקעו לר"ה, **א"נ** בית שפניו עומד באלכסון, שזוית אחד סמוכה לר"ה, והשנית משוכה מר"ה לפנים, וזוית הבולטת מעכבת את הרבים מלכנס להדיא בתוך כניסה של זוית אחרת.

[ו]**ורשות הרבים שהיא מקורה** - דאינו דומה לדגלי מדבר, שלא היה מקורה מלמעלה. [ז]**ותל שיש בו ארבע על ארבע** - דאל"ה הוי מקום פטור, כדלקמיה בסי"ט, **ואינו גבוה עשרה** - ואם היה בצמצום ט', עיין לעיל בס"י. **וכן חריץ שהוא ארבעה על ארבעה ואינו עמוק עשרה.**

באר הגולה

א שבת ז' ועירובין ס"ז דרה"י גמור הוא | ב עירובין שם וכ"ג | ג שם ס"ז | ד שם בפי' רש"י ‹ברש"י לפנינו ליתא, אבל כ"כ בב"י מדעת עצמו, וכ"כ בדפוס מכון ירושלים› | ה שם בגמרא ופי' רש"י: קרן זוית שנכנס בו בית לתוכו, והניח מקרקעו לרה"ר, והפי' שכתוב בטור והביאו הרב רמ"א, הוא דעת הרמב"ם, וכבר כתב הרב המגיד שיש חולקין עליו | ו שם | ז הרמב"ם

כגון דאית לה מחיצות וכי הא דאמר עולא א"ר יוחנן *קרפף יותר מבית סאתים שלא הוקף לדירה ואפילו כור ואפילו כוריים הזורק לתוכו חייב מ"ט מחיצה היא אלא שמחוסרת דיורין בשלמא רב אשי לא אמר (א) כדעולא אלא עולא מ"ט לא אמר כשמעתיה אמר לך אי דאית לה מחיצות בקעה קרי לה קרפף היא ורב אשי *רה"י קתני: והכרמלית אטו כולהו נמי לאו כרמלית נינהו כי אתא רב דימי א"ר יוחנן לא נצרכה אלא לקרן זוית הסמוכה לרה"ר דאע"ג דזימנין דדחקי ביה רבים ועיילי לגווה כיון דלא ניחא תשמישתיה כי כרמלית דמי כי אתא רב דימי א"ר יוחנן בין העמודין נידון ככרמלית מ"ט אף על גב דדרסי בה רבים כיון דלא מסתגי להו בהדיא ככרמלית דמיא אמר ר' זירא אמר רב יהודה איצטבא שלפני העמודים נידון ככרמלית למ"ד בין העמודים כ"ש איצטבא למ"ד איצטבא איצטבא הוא דלא ניחא תשמישתיה אבל בין העמודים דניחא תשמישתיה לא לישנא אחרינא אבל בין העמודין דזימנין דדרסי ליה רבים כרה"ר דמיא אמר רבה בר שילא אמר רב חסדא לבינה זקופה ברה"ר זורק ונח בפניה חייב על גבה פטור אביי ורבא דאמרי תרוייהו והוא שגבוה שלשה דלא דרסי לה רבים אבל *היזמי *והיגי אע"ג דלא גביהי שלשה וחייא בר רב אמר אפילו היזמי והיגי אבל צואה לא ורב אשי אמר אפילו צואה אמר רבה דבי רב שילא כי אתא רב דימי אמר רבי יוחנן *אין כרמלית פחותה מארבעה ואמר רב ששת ותופסת עד עשרה מאי ותופסת עד עשרה אילימא דאי איכא מחיצה עשרה הוא דהוי כרמלית ואי לא לא הוי כרמלית ולא והאמר רב גידל אמר רב חייא בר יוסף אמר רב בית שאין בתוכו עשרה וקרויו משלימו לעשרה על גגו מותר לטלטל בכולו בתוכו אין מטלטלין בו אלא בד' אמות אלא מאי ותופסת עד י' דעד י' הוא דהויא כרמלית למעלה מי' טפחים לא הוי כרמלית וכי הא דא"ל שמואל לרב יהודה שיננא לא תיהוי במילי דשבתא למעלה מי' למאי הלכתא אילימא דאין רשות היחיד למעלה מי' והאמר רב חסדא *נעץ קנה ברשות היחיד וזרק ונח על גביו אפילו גבוה מאה אמה חייב מפני *שרה"י עולה עד לרקיע אלא

רש"י

כגון דאית לה מחיצות. ואשמעינן דאע"ג דהיקפה יתר מבית סאתים ולא הוקף לדירה שאין ביתו סמוך לה קודם היקף ולענין לטלטל לתוכה הויא ככרמלית כדאמרינן בעירובין שאין מטלטלין בו אלא בד' אפ"ה דאורייתא רה"י היא והזורק מרה"ר לתוכה חייב: **כדעולא.** דאמר מחיצה היא לקרות רה"י אלא שמחוסרת דירה לכך אסורה לטלטל מדרבנן והא דקתני רה"ר לטומאה כגון שיש פתחים במחיצותיה ונכנסין בזו *ויוצאין בזו: **עולא.** דאמר אמאי קרי לה רה"י כו' מ"ט לא אמר כגון דאית לה מחיצות ורה"י גמורה קאמר וניזיל בתר שמעתיה דאמר הזורק לתוכו חייב: **ורב אשי.** אמר לך רה"י קתני וכרמלית לא קרי לה תנא רה"י: **אטו כולהו.** הנך ים ובקעה ואיסטווניות לאו זו היא כרמלית דהוזכר במנין רשויות הא קתני איתו לא כרה"י ולא כרה"ר ואין מוציאין כו' ש"מ זו היא רשות שלישי: **לא נצרכה.** כרמלית דקתני אלא לאוסופי כרמלית אחריתי כגון קרן זוית שנכנס בו בית לתוכו והניח מקרקעו לרה"ר: **לא ניחא תשמישתיה.** שאין יכולין להכנס לה להדיא דרך הילוכו אי נמי בית שפניו עומד באלכסון שזויתו אחת סמוכה לרה"ר והשניה משוכה מרה"ר ולפנים זוית הבולטת מעכבת את הרבים מליכנס בהדי' בתוך כניסה של זוית האחרת: **בין העמודים.** שהיו עמודים ברחבה ותולין בהם התגרים פרגמטיא וגם איצטבאות היו לפניהם לישב שם התגרים: **לא מסתגי להו להדיא.** שהיו עמודים הרבה באורך ורוחב וזה שלא כנגד זה: **לבינה.** סתם לבינה ארכה ורחבה ג' ואין לעביה שיעור יש מהן עבות ויש מהן דקות: **ונח על פניה.** כגון דבילה שמינה או טיט: **חייב.** אם זרק ד"א דהוי כמונח ברה"ר דכל למטה מי' רה"ר הוא ובלבד שינוח (או) למטה מג' דהוי כקרקע או באויר כי האי דנדבקה בכותל וכדאמרינן במתני' לקמן הזורק ד' אמות בכותל למטה מי' טפחים כזורק בארץ וחייב וכי אמר למטה מי' ברוחב ד' כרמלית וכשאין רחב ד' מקום פטור היינו בתשמיש המסוים כגון גב לבינה וראש כותל או עמוד דהני מסתיים תשמישתייהו אבל אויר כגון פני הכותל דבר הנדבק בו לא הוי רשותא לנפשיה אלא אי למטה מי' הוא הוי רה"ר גמור ואי למעלה מי' הוא דלא שלטי ביה רבים הוי אוירא בעלמא מקום פטור כדתנן למעלה מי' טפחים כזורק באויר ופטור: **על גבה פטור.** כדמוקי לה אביי ורבא בגבוהה ג' דלא דרסי בה רבים דהוי מקום לעצמה: **היזמי.** דורנ"ש: **היגי.** אינגלטי"ר: **אע"ג דלא גבוה ג'.** הוי מקום פטור לעצמו דלא דרסי בה רבים עליה שלא יזוקו: **אפילו היזמי והיגי.** דדרסי עליה בסנדליהון אבל צואה אע"ג דלא גבוה לא דרסי עלה ורב אשי אמר אפילו צואה: **ה"ג אין כרמלית פחותה מד'.** רוחב ואי לא מקום פטור הוא ומותר לכתחלה להוציא משם לרשות הרבים ולרה"י: **ותופסת.** בגובה עד י' ולקמיה מפרש לה: **אילימא דאי איכא מחיצה י' כו'.** כגון בקעה המוקפת גדר והיא יתירה על בית סאתים ולא הוקפה לדירה: **וקירויו משלימו.** עובי קירויו: **על גגו.** דגבוה י' הוי רה"י ומותר לטלטל בכולו: **אלא בד'.** דכיון דלא גבוה המחילה י' הוי כרמלית אלמא איפכא שמעינן לה: **דעד י' הוי כרמלית.** אויר של בקעה או של ים או של קרפף יתר על בית סאתים תופס את שמו עד י' אבל למעלה מי' אין שם כרמלית על אוירו בדבר שאינו מסוים כגון פני לבינה או פני כותל או קלט מן האויר למעלה מי' מותר להוציא לכתחילה משם לרה"י ולרה"ר דאין שם כרמלית עליו כי היכי דאויר למעלה מי' ברה"ר לאו רה"ר הוא כדתנן לקמן למעלה מי' כזורק באויר גבי כרמלית נמי לאו כרמלית הוא ובדבר מסויים כגון ראש עמוד וגב לבינה ליכא לאוקמיה דאי אית ביה ארבע פשיטא דלמעלה מעשרה לא הוי כרמלית דהא אפילו עמוד ברשות הרבים רשות היחיד הוא ואי דלית ביה ארבע ולמטה מעשרה מי הוי כרמלית הא קאמר אין כרמלית פחותה מארבע ואי בדקאי בכרמלית וכיון דלית ביה ד' הוי *שם הכרמלית עליו אם כן מצינו אומר בכרמלית מרשות הרבים דאילו ברשות הרבים כי האי גוונא מקום פטור הוא ובטל ומותר לרשות הרבים ולרשות היחיד ולא אמרינן בשמעתין דהאי תופסת עד י' מקולי רשות הרבים הוא הלכך לא מיתוקמא אלא באוירא: **אילימא.** דאין רה"י שולטת באלכר באויר למעלה מי' אלא מקום פטור הוא ובטל אף לגבי רה"ר: **נעץ קנה.** סתמיה אין רחב ד': **וזרק.** מר"ה ונח על גביו: **חייב.** כמונח ע"ג קרקע דלא בעי הנחה על גבי מקום ד' ברה"י כדמפרש לקמיה בשמעתין: **עד לרקיע.** כל אויר שכנגד רה"י בין אויר אלכר בין אויר עמוד בר"ה גבוה י' ורחב ד' כנגדו עד לרקיע שם רה"י עליו: אלא

תוספות

לא נצרכה אלא לקרן זוית. לא בעי למימר דאיצטריך לגדי רה"ר משום דלר"א כרה"ר דמי ואפילו אית בהו חיפופי או שמא מספקא ליה אי מודה להו רבי אליעזר אם לאו: **אבל בין העמודים.** כרה"ר דמי אע"פ שאין בין עמוד לעמוד ט"ז אמות הוי רה"ר כיון שבני רה"ר בוקעין בה וחוץ לבין עמודים *רחב ששה עשר אמה: **ונח בפניה חייב.** אומר ר"ת דאם נח למעלה משלשה צריך שיהא בפניה ארבעה על ארבעה ומה שמודבק בפני הלבינה חשוב כמונח עליה אע"פ שאינו אלא באויר וכן הא דתנן למטה מי' כזורק בארץ ומוקי לה רבי יוחנן בדבילה שמינה היינו טעמא נמי דכיון שנדבק בפני הכותל שהוא רוחב ד' על ד' חשוב כמונח עליו וריב"א פי' דאף למעלה מג' לא בעי שיהא בפני הלבינה וכותל ד' על ד' דכיון שרואה את הקרקע חשיב כמונח ע"ג קרקע וקשה לר"י דלעיל (דף ד.) כי פריך אמתניתין דפשט ידו והא בעיא עקירה והנחה מע"ג מקום ארבע לוקי מתניתין במחזיק החפץ בענין זה שרואה את פני הקרקע: **אילימא** דעד עשרה הוא דהוי כרמלית ואי לא לא הוי כרמלית. פרש"י כגון בקעה המוקפת גדר והיא יתירה על בית סאתים ולא הוקף לדירה וקשה לר"י דהא רשות היחיד היא בין לעולא בין לרב אשי ולא הוי צריך לאתויי מרב גידל ועוד דהיכי קאמר ואי לא לא הויא כרמלית והרי ים ובקעה אין להן מחיצות ונראה לר"י דהכי פירושו אילימא עד דאיכא מחיצות י' היינו אויר הראוי למחיצות עשרה לאפוקי בקעה מסוככת בפחות מי' על גבי קונדסין דלא הוי כרמלית כיון דאין גבוהה י' והוי מקום פטור ומותר לטלטל בכולו והאמר רב גידל כו': ואם

סי' קונ"ס

עין משפט נר מצוה

לא א מיי' פט"ו מהל' שבת הלכה א סמג לאוין סה טור שו"ע א"ח סי' שמו וסי' שנח:

לב ב ג מיי' פי"ד מהל' שבת הלכה ד טוש"ע א"ח סי' שמה סעיף יד:

לג ד מיי' שם הל' ו:

לד ה ו מיי' שם הלכה ז טוש"ע א"ח סי' שמה סעיף י:

לה ז ח מיי' שם הל' ד טוש"ע שם סעיף יא:

רבינו חננאל

והא דתנן רה"י כלומר אינה רה"ר. רב אשי אמר (וקאמר) בבקעה דאית לה מחיצות מדקתני רשות היחיד: קרן זוית הסמוכה לרה"ר ואיצטבא שלפני העמודים ככרמלית נידונין. כל שאין גבוה מן הקרקע ג' טפחים כגון ליבני וכיוצא בה כרה"ר דמי. וכל הגבוה ג' טפחים ואין בו רחב ארבעה זורק ונח על גביו פטור חוץ מן הזורק ונח על פי הכלב או בפי הככשן או בידו של אדם וכיוצא בהן המפורשות בהמוצא תפלין משום דמחשבתו משויא להו מקום ומפורש בהמוצא תפלין כי האי גונא דכל פחות מג' בארץ כארץ חשיב. וא"ר יוחנן אין כרמלית פחותה מד' ותופסת עד י' טפחים אבל למעלה מי' מקום פטור הוא והכי פירושא בפ' הזורק כי הא דאמר שמואל לרב יהודה שיננא לא תיהוי במילי דשבתא למעלה מעשרה ואוקימנא בכרמלית ואקילו בה רבנן מקולי רה"י דאי איכא מקום ד' על ד' הוא דהויא כרמלית ואי לא מקום פטור הוא מקולי רה"ר נמי דעד י' הויא כרמלי' למעלה מי' לא הויא כרמלית אלא מקום פטור. הא דרב גידל דאמר בית שאין בתוכו עשרה טפחים וקירויו

גליון הש"ס

גמ' קרפף יותר מבית סאתים כו' הזורק לתוכו חייב. עי' לקמן פ ע"א ברש"י ד"ה והוא שיש חיוב כו' וד' לט ע"ב ברש"י ד"ה מוקף לכרמלי' ולע"ג: שם רה"י קתני. ועי"ש בטהרות פ"ו מ"ז שבילי בית הגלגל רה"י לשבת ושם מ"י איסטווניות רה"י לשבת וצ"ע: שם בתוכו אין מטלטלין וכו'. עי' עירובין סט ע"א תוס' ד"ה במחילות: תוס' ד"ה אבל בין העמודים כו' רחב ט"ז אמה. עי' עירובין ו ע"ב תוס' ד"ה וכי תימא:

מסורת הש"ס

עירובין סז:

ס"א והגיה פ"ק דעירובין אלר שהרבים נכנסין בזו ויוצאין בזו

סי' סנה והוא אינן סרק

[עירובין סז.]

גיטין עט. ע"ש [עירובין לג: לד:]

שם אויר כרמלית עליו כצ"ל רש"א

הגהות הב"ח

(א) גמ' רב אשי לא אמר כעולא אלא עולא מ"ט:

אות ד'

אבל בין העמודים דניחא תשמישתיה, לא

רמב"ם פי"ד מהל' שבת ה"ו - אצטבא שבין העמודים העומדים ברה"ר, הרי היא ככרמלית, וצדי רה"ר ככרמלית; אבל בין העמודים הואיל ורבים דורסין ביניהן, הרי הן רה"ר.

אות ד'* [ח]

תוס' ד"ה אבל: אע"פ שאין בין עמוד לעמוד ט"ז אמות

סימן שמה ס"ח - [ט]מבואות הרחבים ט"ז אמה ומתקצרים בקצתן, ואין בהם ט"ז אמה, י"א שאם ארכן לאורך רה"ר, הרי הם רה"ר - ט"ס וצ"ל: "מבואות הרחבים ט"ז אמה ומתקצרים בקצתן, או שאין בהן ט"ז אמה, וארכן לאורך ר"ה, י"א שהם ר"ה".

וביאור הדברים הוא, דמתחלה כתב לענין מבוי שמתקצר במקצתו, ואח"כ הוסיף עוד, דאפילו אם אין בכל משך המבוי ט"ז אמה, מ"מ כיון שאורכו לאורך ר"ה, ומפולש לו (משני צדדים לר"ה), ורבים בוקעים בו, הרי הוא כחלק ממנו.

ומדלא פירש המחבר שיעורא, משמע דאפילו אם המבוי קצר הרבה, ואין מחזיק אפילו י"ג אמה, ג"כ הוי ר"ה לדעה זו, [**דאפי'** אם הוא רק רחב עשר אמה, ג"כ רה"ר הוא, כיון שארכו לאורך רה"ר].

סימן שמה ס"ט - [י]מבואות הרחבים י"ג אמות ושליש, ושני ראשיהם מפולשים לרשות הרבים שהוא רחב ט"ז, י"א שהוא רה"ר - ס"ל דבשיעור זה ג"כ ניחא תשמישתא לרבים קצת, ומהני כשב' ראשיה מפולשין לר"ה, שיתחשב גם מקום זה לר"ה, דכיון דר"ה גמורה יש בשני ראשיה, ובוקעין בה רבים ומהלכין מר"ה לר"ה דרך המבוי, נמצא דהוי תשמיש דרבים גם בזו המבוי, וחשוב כר"ה עצמה.

והא דמבואר לקמן בסימן שס"ד, דמבוי המפולש בשני ראשיה לר"ה, אין דינו כר"ה, **מיירי** כשאין רחב י"ג אמה, או דמיירי כשהמבוי מפולש משני צדדין לרוחב ר"ה, דאין רבים בוקעין בו, דמי שרוצה לכנוס מר"ה למבוי הוא צריך לעקם דרכו, **וכאן** מיירי כשהמבוי הולך לאורך ר"ה, והולכין דרך מבוי זו להדיא לר"ה האחר שכנגדו, ולכן יש שם ר"ה גם על המבוי.

(ולפי מש"כ בס"ז במ"ב, דדרכים העוברים מעיר לעיר הוי ר"ה, א"כ ה"ה אם המבוי כלה לאורכו לשער העיר מזה ומזה, הוי ג"כ ר"ה, דאף שהמבוי בעצמו אין בו שיעור ר"ה, כיון שכלה לארכו להדרכים שיש עליהם שם ר"ה, ובוקעין רבים דרך המבוי מזה לזה, הוי ר"ה).

(דע, דעיקר סעיף זה נכלל בהא דלעיל בס"ח, וחלקו המחבר, משום דס"ח הוא לשון המ"מ בשם הרשב"א, וסעיף זה הוא לשון הרא"ש בשם ר"י, ובאמת פליגי אהדדי, דלדיעה ראשונה הוי ר"ה אפילו בפחות מי"ג, ולדעה זו דהרא"ש, משמע דדוקא בי"ג, וכ"כ הגר"א דחולקים אהדדי, ולפלא קצת על המחבר, שלא כתבם בסעיף אחד ובלשון פלוגתא).

(וכתבו בלשון וי"א, משום דלדעת רש"י והרמב"ם אפשר דאף בכה"ג לא הוי ר"ה, וכ"ש בההיא דס"ח, ומ"מ האי י"א לאו דעת יחידאה היא, דהרא"ש ועוד כמה ראשונים העתיקוהו).

אות ה' – ו

לבינה זקופה ברשות הרבים, וזרק וטח בפניה חייב, על גבה פטור

אפילו צואה

סימן שמה ס"י - [יא]כל דבר שהוא ברשות הרבים, אם אינו גבוה (שלשה) טפחים, אפי' הם קוצים או צואה שאין רבים דורסין עליהם, חשובים כקרקע והוי רשות הרבים - דכל פחות מג' קי"ל דאינה חולקת רשות לעצמה, ובטל לגבי רה"ר.

ואם הוא גבוה שלשה, ומשלשה עד תשעה, ולא תשעה בכלל, אם הוא רחב ארבע על ארבע, הוי כרמלית - דאם הוא גבוה שלשה אז אין רבים יכולין לדרוס עליו מצד גובהו, נפקא מכלל ר"ה, ולכלל רה"י לא בא עד גובה עשרה טפחים, ונתנו עליה חכמים שם כרמלית, שהוא רשות לעצמו, ואסור להוציא ממנו לרה"י ולר"ה.

ואם אינו רחב ארבע על ארבע, הוי מקום פטור - ואפילו אם ארכה יותר מד' טפחים, לא מצרפינן זה לרחבה, דלא נחשבת רשות לעצמו אא"כ יש בו ד' טפחים באורך וד' ברוחב.

[יב]ואם הוא גבוה ט' טפחים [יג]מצומצמים ורבים מכתפים עליו, הוי רה"ר - דבשיעור זה דרך בני אדם בר"ה לכתף עליו, דאינו לא גבוה ולא נמוך, [רש"י], **אבל** בפחות מט' שאינו ראוי לכתף עליו, לא מהני לשוייה ר"ה אפילו אם רבים מכתפין עליו.

ודוקא ט' טפחים מצומצמים, אבל יותר מט' לא הוי ר"ה, אפי' רחב ד' על ד'.

באר הגולה

ח ‹ע"פ הגר"א› **ט** **הרב המגיד בפי"ד ה"א בשם הרשב"א** ‹ודין הראשון מוכח שם ז. וע"ש בתוס' ד"ה אבל כו', ודין השני מוכח מעירובין ו' א' ב' וע"ש ועוס' ד"ה וכי תימא – גר"א› **י** **הרא"ש בפ"ק דעירובין בשם ר"י** ‹שם נ"ט א' וע"ש תוס' ד"ה עיר, ומיהו בגמרא כו', **וסובר** הרא"ש דדוקא י"ג, **וזחו** דלא כרש"י בשבת ו. שכ' רחבים י"ו אמה, וכ"כ התוס' בעירובין ו: ול"ד למבואות המפולשין כו', **וצ"ל** דכאן מיירי שבני ר"ה בוקעין דרך המבוי מזו לזו כו', וכ"כ תוס' נ"ט, ושם שאין בוקעין, וכמ"ש בתוס' שם – גר"א› **יא** **שבת ז'** **יב** **שם ח'** **יג** **רמב"ם**

ורבים מכתפים - אבל כשאין מכתפין עליו, אע"ג דראוי לכתף עליו, לא הוי ר"ה, ואפילו רחב ארבעה, [כפשטא דלישנא דגמרא דדוקא כשמכתפין].

אפילו אינו רחב ארבעה - ואע"ג דבעלמא לא הוי מקום חשוב בפחות מארבעה, כאן דדרך רבים לכתף עליו, אף בפחות מד' משוי ליה ר"ה, [רשב"א, וכדעת רמב"ם ורש"י].

[יד]**ויש מי שאומר דהוא הדין לגבוה מט' ועד עשרה ורבים מכתפים עליו, הוי רשות הרבים אפי' אינו רחב ארבעה** - הוא דעת הטור, דס"ל דהא דאמרינן בגמרא עמוד ט', הוא בא רק לאפוקי פחות מט' לא הוי ר"ה, אבל יותר מט' אין ה"נ דהויא ר"ה, כשרבים מכתפין עליו.

ולדינא נקטינן כסברא ראשונה, דהרבה פוסקים חולקין על זה, [הלא המה רש"י והרמב"ם והרשב"א והר"ן ומאירי והכל בו]

[טו]**ומי' ולמעלה, אם הוא רחב ארבעה** - היינו ד' על ד', **הוי רה"י; ואם לאו, הוי מקום פטור, אפי' אם יש בו מקום כדי לחוק להשלימו לארבעה** - היינו כגון שהיה העמוד סמוך לכותל ממש, אפ"ה לא אמרינן חוקקין להשלים, וממילא הוי מקום פטור, ומותר להוציא ממנו לרה"י ולר"ה.

אות ז' – ח'

אין כרמלית פחותה מארבעה

ועד י' הוא דהויא כרמלית, למעלה מי' טפחים לא הוי כרמלית

סימן שמה סי"א - [טז]**גומא ברשות הרבים, אם אינה עמוקה שלש, הוי רשות הרבים** - אע"ג דרחבה כמה טפחים.

משלש עד עשרה, אם רחבה ארבעה, הוי כרמלית; ואם לאו, הוי מקום פטור - ואפילו היו רבים משתמשין בו בגומא ההיא, [היינו אפילו עמוקה הגומא ט'], תשמיש ע"י הדחק הוא ולא שמיה תשמיש.

ואם היא עמוקה עשרה, הוי רה"י - ואפילו מלאה מים או שאר דברים שאדם מסתכל בהם ורואה מה שבתוך המחיצות, **אבל** אם מלאה פירות, לא הוי רה"י, כיון דאין המחיצות נכרות, ואפילו דעתו לפנותן, ופטור הזורק לתוכו מר"ה, [**ודוקא** מלאה, אבל אם מונח שם מאתמול מעט פירות, לא נתבטל הבור משיעורו עי"ז, תוס' לחד תרוצא], **ומ"מ** איסורא יש בזה, כיון דהפירות הוא דבר שיכול ליטלו משם בשבת, לא נתבטל לגמרי הבור משמו.

ולרשב"א, דוקא פירות טבלים או שאר דבר שאסור לטלטל, מבטל המחיצות, [**אבל** שארי פירות, אפי' בטלו בפירוש לא מהני, דבטלה דעתו אצל כל אדם].

והוא שתהא רחבה ארבעה - ואם לאו הוי מקום פטור, ואפילו עמוקה כ' אמה.

באר הגולה

[יד] הרא"ש שם וכ"כ הטור [טו] שם בגמרא ז' [טז] שם ‹ח.› וכרבא וכ"כ הרא"ש שם

אלא דאין רה"ר למעלה מי' מתני' היא *דתנן הזורק ד' אמות בכותל למעלה מי' טפחים כזורק באויר למטה מי' טפחים כזורק בארץ אלא אכרמלית דאין כרמלית למעלה מי' ואקילו בה רבנן מקולי רה"י ומקולי רה"ר מקולי רה"י דאי איכא מקום ארבעה הוא דהויא כרמלית ואי לא מקום פטור בעלמא הוא מקולי רה"ר דעד י' טפחים הוא דהויא כרמלי' למעלה מי' טפחים לא הויא כרמלי': גופא אמר רב גידל אמר רב חייא בר יוסף אמר רב "בית שאין תוכו י' וקרויו משלימו לי' על גגו מותר לטלטל בכולו בתוכו אין מטלטלין בו אלא בד' אמות אמר אביי "ואם חקק בו ד' על ד' והשלימו לי' מותר לטלטל בכולו מאי טעמא הוי חורי רה"י וחורי רה"י כרה"י דמו דאיתמר "חורי רה"י כרה"י דמו חורי רה"ר אביי אומר כרה"ר דמו °רבא אומר "לאו כרה"ר דמו א"ל רבא לאביי לדידך דאמרת חורי רה"ר כרה"ר דמו מ"ש מהא דכי אתא רב דימי א"ר יוחנן לא נצרכה אלא לקרן זוית הסמוכה לרה"ר ותיהוי כחורי רה"ר התם לא ניחא תשמישתיה הכא ניחא תשמישתיה תנן *הזורק ד' אמות בכותל למעל' מי' (א) כזורק באויר למטה מי' טפחים כזורק בארץ והוינן בה מאי כזורק בארץ והא לא נח וא"ר יוחנן בדבילה שמינה שנו ואי ס"ד חורי רה"ר כרה"ר דמו למה לי לאוקמה בדביל' שמינה לוקמה בצרור וחפץ ודנח בחור °זימנין משני לה שאני צרור וחפץ דמיהדר ואתי זימנין משני לה בכותל דלית ביה חור ממאי מדקתני רישא זרק למעלה מי' טפחים כזורק באויר ואי ס"ד בכותל דאית ביה חור אמאי כזורק באויר הא נח בחור וכי תימא מתני' דלית בהו ד' על ד' והאמר רב יהודה א"ר חייא *זרק למעלה מי' טפחים והלכה ונחה בחור כל שהוא באנו למחלוקת ר"מ ורבנן דר"מ סבר *חוקקין להשלים ורבנן סברי "אין חוקקין להשלים אלא לאו ש"מ בכותל דלית ביה חור שמע מינה: גופא אמר רב חסדא "נעץ קנה ברשות היחיד וזרק ונח על גביו אפי' גבוה מאה אמה חייב מפני שרה"י עולה עד לרקיע לימא רב חסדא דאמר כרבי דתניא *זרק ונח ע"ג זיז כ"ש ר' מחייב וחכמים פוטרים (אלמא לא בעינן מקום ד' על ד') אמר

רש"י

אלא. דאין אויר רה"ר למעלה מי' והוי אוירא מקום פטור: **מתני' היא.** ולמה ליה לשמואל לאשמעינן: **הזורק ד' אמות.** ברה"ר ונדבק בכותל כגון דבילה שמינה כדמוקי לה לקמן: **כזורק באויר.** ופטור דלאו ברה"ר נח ורה"י נמי לא הוי אלא דבר המסויים ורחב ארבע: **כזורק בארץ.** וחייב דאויר רה"ר משנח משהו הוי הנחה ולא דמי לנח על דבר המסויים למטה מי' דההוא חשיב למיהוי רשות חשוב לעצמו או כרמלית או מקום פטור ולא הויא הנחה ברה"ר: **אכרמלית.** כדפרישית: **ואקילו בה רבנן.** לעיל קאי אדרב דימי ורב ששת דאקילו בה רבנן בכרמלית הואיל ואיסורה מדבריהם אקילו בה: **מקולי רה"י ורה"ר.** רב דימי אשמעינן מקולי רה"י כי היכי דרשות היחיד ליתיה פחות מרחב ד' והמכנים מרה"ר עליו פטור כרמלית נמי לא הוי ומותר לכתחלה להכנים מרשות הרבים ומרה"י עליו ורב ששת אשמעינן דמקולי רה"ר נמי אקילו עלה דאינה תופסת באויר למעלה מי' כרה"י אלא למטה מי' כתורת רה"ר: **חקק בו.** בקרקע הבית באמצעיתו ארבעה באורך ורוחב: **והשלימו.** במקום חקק לחלל י' גבוה עד הקירוי נעשה כל הבית כולו חורי רה"י כמו כותלי רה"י ובהם חורים כלפי רה"י שהם כרה"י והכי נמי כיון דנגד החקק רה"י גמור אינך הוי פיאות של תשמישי רה"י: **חורי רה"ר.** חורים שבכתלים כלפי רה"ר: **לאו כרשות הרבים דמו.** אלא רשות לעצמן הן ואם רחבים ד' הוי כרמלית ואי לא הוי מקום פטור: **לא נצרכה.** והכרמלית דתני בברייתא אוקמוה רב דימי בקרן זוית כו': **כיסוי כחורי רשות הרבים.** ואמאי הויא כרמלית: **והא לא נח.** וכי חוזרה נפלה לתוך ד' אמות דעל כרחך כשמכה בכותל קופלת לאחוריה: **ושאני לרור וחפץ גרסינן.** כלומר בכותל דאית ביה חור ואפילו הכי לא אוקמיה ר' יוחנן בדנח בחור משום דלאו אורחייהו דצרור וחפץ לנוח ע"י זריקה במקום שנופלין שם: **אמאי כזורק באויר.** הא ה"ל מרה"ר לרה"י דהוה ליה גבוה י' ורשות לעצמו: **רבי מאיר ורבנן.** במסכת יומא גבי מזוזה: **רבי מאיר סבר.** דבר שאין בו שיעור ויש שם עובי ורחב לחקוק ולהשלים לכשיעור אמרינן כמאן דחקוק דמי והכא נמי לרבי מאיר חוקקין להשלים וחייב וסתם משנה ר' מאיר: **דאמר כרבי.** דלא בעי הנחה על גבי מקום ד': **זרק ונח כו'.** קס"ד מרה"ר לרה"י:

וטפו

תוספות

ואם חקק בו ד' על ד'. וקשה לריב"א מ"ש מסוכה דאינה גבוהה י' דאמר בפ"ק דסוכה (דף ד׳) חקק בה להשלימה לי' אם יש משפת חקק ולכותל ג' טפחים פסולה פחות מג' כשרה והכא מהני חקיקה אפילו מופלגת מן הכותל הרבה *ותירץ דשאני התם גבי סוכה דבעינן שיהיו מחילות סמוכות לסכך דילפינן התם (דף ו:) מחילות מבסכת בסכת בסכות כדאמרי' התם *הרחיק הסיכוך מן הדפנות פסולה ולהכי בעינן שיהא פחות מג' דלריך לצרף הגידוד של חקק למחילות כדי שיהיו סמוכות לסכך שכנגד הנקב ואע"ג דדופן עקומה מכשרת עד ד' אמות מתרץ לה הש"ס *ה"מ היכא דאיכא מחילות מעלייתא אבל הכא דלשויה מחילה בפחות מג' מלטרף הגידוד עם המחילות דהויא סמוך לסכך טפי לא מלטרף*: **התם** לא ניחא תשמישתיה. ולדי רה"ר לרבנן לאו כרה"ר דמי אע"ג דניחא תשמישתיה טפי מקרן זוית דהא אפילו ר"א דפליג בלדי רה"ר מודה בקרן זוית כדפריש' לעיל אפ"ה לא הוי כחורי רה"ר דחורי רה"ר ניחא תשמישתיה טפי:

והלכה ונחה בחור כל שהוא באנו למחלוקת רבי מאיר ורבנן. תימה לר"י דבפרק קמא דעירובין (דף יא: ושם) בכיפה דפליגי בה ר"מ ורבנן אמרינן התם דלא אמרינן חוקקין להשלים לר"מ אלא ביש ברגליה ג' וגובהה י' פי' גבוה ג' טפחים שיש בהן רחב ד' אבל אין ברגליה ג' או שאינה גבוה מי' לא אמרינן °וא"כ היכי אמרינן הכא חוקקים להשלים לר"מ בחור כל שהוא ואומר ר"י דאיירי בחורין שדרכן לעשות בשעת הבנין שמפולשין לרה"ר ובלד רה"י הם רחבים ד' אבל לא מלד רה"ר ולכ"ע הוי חור רה"י דהא חורי רה"י כרה"י דמי ולא פליגי אלא לשויה מקום ד' על ד' דלרבי מאיר חוקקין להשלים והוי כד' על ד' אבל ממש בחור כל שהוא אפילו ר"מ מודה דלא אמרינן חוקקין להשלים וכן משמע בירושלמי דגרסינן התם על דעתיה דר"מ בין שיש שם ד' בין שאין שם ד' רואין את הכותל כגמום ודוקא אותם שלמעלה מי' חשיבי חורי רה"י אבל שלמטה מעשרה אין בני רה"י משתמשין שם מפני בני רשות הרבים שמשתמשין בהן וה"פ וכ"ת דלית ביה ד' ואע"ג שהם חורי רה"י הוי כזורק באויר לפי שלא נח על מקום ד' והאמר רב יהודה כו' והא דלא מוקמינן מתני' בחור כל שהו ממש דלא אמרי' חוקקין לכ"ע היינו משום דסתם חורים כך הם ועוד דע"כ הוצרך לאוקמי בדביל' שמינ' דבחור כל שהוא ממש דלא אמר ביה חוקקין להשלים ליכא לאוקמי' דא"כ למטה מי' אמאי כזורק בארץ והא לא נח ע"ג מקום ד' ואל"ל כפרש"י דפריך מכח דסתם מתני' ר"מ היא אלא ע"כ אי מיירי בחור כל שהוא שאינו רחב ד' צריך לאוקמה כר"מ דאמר חוקקין להשלים דלרבנן אמאי למטה מי' כזורק בארץ ויש ליישב פירש"י דהוצרך לפ' משום דסתם מתני' ר"מ קפריך דאי לאו הכי הוה ליה למפרך בהדיא וכ"ת דלית ביה ד' למטה מי' אמאי כזורק בארץ:

אמר

עין משפט נר מצוה

לו א ב טוש"ע א"ח סי' שמה סעיף טו:

[ועי' תוס' סוכה ד: סד"ה פחות מג'ש]

[דף יא.]

לז ג מיי' פי"ד מהלכות שבת הלכה י סמג לאוין סה טוש"ע שם סעיף ד:

לח ד מיי' שם הלכה י טוש"ע שם סעיף יג:

[שם ד.]

לט ה מיי' שם הל' יח טוש"ע שם סעיף י:

מ ו מיי' שם הלכה יז טוש"ע שם סעיף ה:

ועי"ל דהכא יש מחילות גבוהות מכאן וא"צ לצרף הגידוד אלא דאין אויר י' וכשחקק דאיכא אויר י' במקום אחד הוי רה"י אבל בסוכה צריך לצרף הגידוד וביותר מג' לא מצטרף [תוס' ישנים]

רבינו חננאל

משלימו לעשרה על גגו מותר לטלטל בכלו כי כרה"י הוא חשוב. ראמרי' בכי האי גונא נד אסיק מהיצתא. בתוכו אין מטלטלין בו אלא בד' אמות. מ"מ כיון דלא חוי לדירה אין המחיצות מועילות. אלא כמו שאין שם מחיצות דמו: **אמר** אביי אם חקק בו ד' על ד' מותר לטלטל בכל הבית. מ"מ אלו הארבעה שיש בגובהן עשר הן הבית והשאר חשובין כחורין. וקי"ל חורי רה"י כרה"י דמו. חורי רה"ר אביי אמר כרשות הרבים דמו ורבא אמר לאו כרשות הרבים דמו. והלכתא כרבא. הא דא' רב חסדא נעץ קנה ברה"י אפי' מאה אמה וזרק מרה"ר ונח על גביו חייב. נימא כר' אמרה דתניא זרק ונח ע"ג זיז כל שהוא ר' מחייב וחכמים פוטרין

רב נסים גאון

והא דאמר רב יהודה אמר רב אמר ר' חייא זרק למעלה מעשרה והלכה ונחת בחור כל שהוא באנו למחלוקת ר' מאיר ורבנן ושמועה זו בפרק הזורק (דף ק) ותניא נמי הכי זרק למעלה מי' והלכה ונחה בחור כל שהוא ר' מאיר מחייב וחכמים פוטרים ותמצא בירור השמועה בפס' עירובין בפרק א' (דף יא) אשכחיה רב ששת לרבה בר שמואל אמר ליה תאני מר מידי בצורת פתח אמר ליה תנינא כיפה רבי מאיר מחייב במזוזה וחכמים פוטרין דר' מאיר סבר חוקקין להשלים ולדבריו אם נחה בחור כל שהוא חייב ורבנן סברי אין חוקקין להשלים ואם נחה בחור כל שהוא פ[טור] עד שתנוח בחור שיש בו ד' ועוד תמצא בפרק א' מן מסכת יומא (דף יא) ובמסכת שבת בפרק המוציא תפילין) [עירובין דף קא] תנו רבנן פתחי גינה בזמן שיש להן בית שער מבפנים כו' ואמרו אמר אביי דלית ביה ד' ויש בו לחוק להשלימו לד' ובהא פליגי דר' מאיר סבר חוקקין להשלים ורבנן סברי אין חוקקין להשלים:

מסורת הש"ס

לקמן צו: ק.

[לקמן נט: ק.]

[ג"ו שם.ע"ש]

[לקמן ק.] יומא יא:

[עירובין יא: לג: קא:]

[לעיל ד:]

רפ"ג מ"ו

הגהות הב"ח

(א) גמ' למעלה מעשרה טפחים כזורק באויר והוינן בה אמאי כזורק:

גליון הש"ס

גמ' רבא אומר לאו כרה"ר דמו. עיין עירובין פו ע"ב וברש"י שם ברה"ר ותהוי: שם זימנין משני לה. כעין זה נדרים ממ: תוס' ד"ה והלכה ונחה כו' וא"כ היכי אמרינן הכא חוקקים כו'. עי' תולין קטו ע"א תוד"ה אגן:

זימנין

§ מסכת שבת דף ז: §

אות א' - ב'

בית שאין תוכו י', וקרויו משלימו לי', על גגו מותר לטלטל בכולו, בתוכו אין מטלטלין בו אלא בד' אמות

ואם חקק בו ד' על ד' והשלימו לי', מותר לטלטל בכולו

סימן שמה סט"ו - [א]בית שאין תוכו עשרה וקרויו משלימו לעשרה, ויש בו ארבע על ארבע - היינו בחללו, דאי אין בחללו ד' על ד', תו אין על תוכו שם כרמלית, [**דלענין** חלל לכו"ע בעינן שיהא בו שיעור ד' על ד' לבד המחיצות, **ולענין** גגו דלהוי רה"י, פשוט דמצטרף בזה לכו"ע אף עובי המחיצות], **תוכו כרמלית** - כיון דמבפנים אין המחיצות גבוהות יו"ד, [רש"י, **ובר"ח** ור"ן איתא, כיון דלא חזי לדירה ע"י המחיצה, כמי שאין לו מחיצה דמיא].

(לכאורה פירושו, דאם הוציא מזה לר"ה אינו חייב, **אבל** באמת מסתפקנא, אולי מן התורה רה"י הוא, אלא דרבנן גזרו דליהוי כרמלית לחומרא, שלא יטלטלו בו אלא בד"א אפילו רחב הרבה, **ומה** דכתב המחבר תוכו כרמלית, היינו דאסור להוציא דרך ארובת הגג למעלה על הגג, או לרה"י שהיה סמוך לו).

ועל גבו רשות היחיד - כיון דגבוה שם עשרה, **[ב]ואם חוקק בו ארבע על ארבע** - בקרקע הבית בעומק להשלים שיהא גובה עשרה, **אפי' באמצע רחוק מן הכתלים** - ר"ל אפילו רחוק יותר משלשה טפחים, דליכא למימר דהוא כלבוד, **נעשה כולו רשות היחיד** - והטעם, דגבי שבת עיקר הקפידא שיהא הרשות שבתוכה משתמרת ע"י המחיצות המקיפים אותה, **וכיון** שהכתלים מבחוץ גבוהים עשרה טפחים, ובתוך הגומא נמי יש גובה יו"ד טפחים עד הקורה, **מקרי** הגומא רה"י גמורה, ושאר צדדי החקק שסביב הגומא מקרי חורי רה"י, דכרה"י דמו, כדלעיל בס"ד - רא"ש.

ומדבריו משמע, דאם לא היו הכתלים גבוהים יו"ד טפחים מבחוץ, אז לא הוי רה"י, [אפי' על גגו], אא"כ הגומא סמוכה תוך ג' טפחים לכותל, דאמרינן לבוד, והרי היא כגובה יו"ד טפחים - מ"א, **ובא"ר** מסתפק בזה, [ודעתו, דלהר"ן מצטרף גובה הכתלים שמבחוץ עם החקיקה שבתוך הגומא לשיעור י' בכל גווני].

אות ג'

חורי רה"י כרה"י דמו

סימן שמה ס"ד - [ג]חורים שבכתלי רשות היחיד שכלפי רשות היחיד, הם רשות היחיד - ר"ל אפילו אם פונים גם לר"ה, כיון שהחור הוא מעבר לעבר ונכנס גם כלפי רה"י, דינם כרה"י, **וע"כ** אסור להוציא איזה דבר שמונח על החור לר"ה או לכרמלית הסמוך לו, ואם מכניס מר"ה לתוכו חייב, **והנה** דעת התוספות, דלית חיובא אא"כ היה החור ד' על ד' טפחים, **אבל** דעת הרשב"א והמאירי, דבחורי רה"י א"צ שיהיה רחב ד', דיש להם דין רה"י עצמה בכל גוונא.

מסתימת המחבר משמע, דאפילו אם החורים הם למטה מעשרה טפחים, כיון שמפולשים כלפי פנים, דינם כרה"י, **וכן** משמע מלשון רמ"א, שכתב דאם אינם עוברים כלפי פנים, נידונין לפי גבהן ורחבן, משמע דאם החורין עוברין כלפי פנים, אין אנו מסתכלין על גבהן ורחבן, ולעולם כרה"י חשיבי, וכ"כ המ"א ותו"ש, **ובא"ר** כתב, דדבר זה פלוגתא היא בין הראשונים, דיש מן הראשונים [תוס'] דס"ל, דכיון שהוא למטה מעשרה אין בני רה"י משתמשין בם, מפני שכיון שהוא נמוך בני ר"ה משתמשין שם, וע"כ דינם כחורי ר"ה המבואר לקמן בסי"ג, וכן הוא ג"כ דעת הגר"א בביאורו.

הגה: ואם הם כלפי חוץ ואינם עוברים כלפי פנים, נדונים לפי גבהן ורחבן, כמו שיתבאר סי' זה סעיף י"ג (ב"י בשם הרשב"א והמגיד) - היינו אם הם גבוהים יו"ד טפחים ורחב ד', הוי רה"י, ואם אינם גבוהים י"ט, אז אם הם רחב ד' הוי כרמלית, ואם לאו הוי מקום פטור, **ואף** דמבואר דינא דרמ"א בהדיא בסי"ג, נקטיה הכא כדי לבאר, דאפילו חורי ר"ה, כשמפולשין לרה"י דינם כחורי רה"י.

אות ד'

חורי רה"ר... לאו כרה"ר דמו

סימן שמה סי"ג - [ד]חורים שבכתלים כלפי רשות הרבים - ר"ל דאינם עוברים כלפי פנים, דאם עוברים כלפי פנים דינם כחורי רה"י, וכמ"ש בס"ד.

אם הם גבוהים למעלה משלשה, אינם כרשות הרבים, אלא נדונים לפי מדותיהם - דלמטה משלשה, אפילו הם רחבים ד' על ד', נחשבים כקרקע ר"ה, וכנ"ל בריש ס"י.

אות ה'

אין חוקקין להשלים

סימן שמה ס"י - [ה]ומי' ולמעלה, אם הוא רחב ארבעה - היינו ד' על ד', **הוי רה"י; ואם לאו, הוי מקום פטור, אפי' אם יש בו מקום כדי לחוק להשלימו לארבעה** - היינו כגון שהיה העמוד סמוך לכותל ממש, אפ"ה לא אמרינן חוקקין להשלים, וממילא הוי מקום פטור, ומותר להוציא ממנו לרה"י ולר"ה.

באר הגולה

א שם בגמרא ז' | ב שם | ג שם ז' | ד שם ז' וכרבא | ה שם בגמרא ז'

אות ו'

נעץ קנה ברה"י וזרק ונח על גביו, אפילו גבוה מאה אמה, חייב, מפני שרה"י עולה עד לרקיע

סימן שמה ס"ה - אויר רה"י הוא רה"י עד לרקיע - ואפילו נעץ קנה ברה"י שגבוה ק' אמות, אף שאין בו רחב ד', אם זרק מר"ה ונח על גביו, חייב, [כבמימרא דר' חסדא].

[ז]**סימן שמה סי"ט - הגה: 'וכל זה דוקא בעומד ברשות הרבים** - פי' כל הציורים המבוארים בסעיף זה, דבאין בו ד' על ד' הוי מקום פטור, דוקא בעומד בר"ה. **אבל בכרמלית** - אע"ג דלא הוי ד', **אמרינן: מלא מין את מינו וניעור, ודינו ככרמלית** - היינו המקום פטור מצא את הכרמלית שהיא מינו, שהוא ג"כ מקום פטור מן התורה, וניער ונתחזק ע"י מינו להצטרף עמו ולהיות כמוהו.

ובעמוד או במחיצות הנ"ל, לא הוי ככרמלית אלא עד יו"ד טפחים, אבל בחריץ, אפילו עמוק ק' אמה, וכנ"ל בהג"ה בסי"ת.

[ח]**ויש חולקים ואומרים דאין חילוק בין רשות הרבים לכרמלית** - ועיין באחרונים שמצדדין להורות כדעה הראשונה, (ונראה דהוא מטעם דהרמ"א בסי"ח בהג"ה סתם כן, **ועיין** בסי' שנ"ה בהג"ה, משמע דלא פסיקא ליה להרמ"א דבר זה, **ולבד** זה מצאתי בעוד ראשונים, דאף בכרמלית יש מקום פטור, וע"כ במקום הדחק אפשר דיש להקל).

[ט]**אבל אם עומד ברה"י, לכולי עלמא דינו כרה"י** - שכל דבר שהוא בתוך רה"י, הוא רה"י, בין גבוה בין נמוך, בין רחב בין קצר.

---

§ מסכת שבת דף ח. §

אות א'

לא אמרינן שדי נופו בתר עיקרו

רמב"ם פי"ד מהל' שבת הי"ז - [א]אילן שהוא עומד ברה"י ונופו נוטה לרה"ר, וזרק ונח על נופו, פטור, שאין הנוף הולך אחר העיקר.

[ב]‹**כתוב** בהגהות דף קעז ע"ג (אות תנ): דאילן העומד במקום אחד, שדינן נופו בתר עיקרו – ד"מ סימן שמה אות ב'›.

אות ב'

זרק כוורת לרה"ר, גבוהה י' ואינה רחבה ו', חייב רחבה ו' פטור

סימן שמה ס"ו - [ג]אפי' כלי, כגון תיבה או מגדל או כוורת - נקט שני מיני כלים, מרובעים או עגולים, **אם יש לרבע בו ד' על ד'** - וע"כ בכוורת שהיא עגולה, לא הוי רה"י עד שתהיה חללה מחזקת ה' טפחים וג' חומשי טפח, דאז יש בחללה לרבע ד' על ד', [**ולדעה** דס"ל דגם עובי המחיצה מצטרפין לשיעור ד' טפחים, די שיהיו בצירוף המחיצות ה' טפחים וג' חומשי טפח]. **והוא גבוה עשרה, הוי רה"י** - ואפי' היא עומדת בר"ה, **והוי** רה"י בין תוך חללה, ובין גב הכלי מלמעלה, וכנ"ל בס"ג, [**וה"ה** דאוירו עולה עד לרקיע כמו שאר רה"י].

וכלי שאין גבוה עשרה העומד בר"ה, אין לו דין כרמלית, דאין כרמלית בכלים, אלא הוי כמו ר"ה, דבטל לגבי רשות שהוא עומד בו, מ"א, ‹רש"י בשבת דף ח'. ד"ה פחות מכן כו' .– מחה"ש›, **ולפי"ז** אם עומד הכלי בכרמלית, דין כרמלית עליו, מצד רשות שהוא עומד בו. [**אף** דאבן העוזר משיג על המ"א דאין שום ראיה מרש"י, וכונת רש"י דהוא מקום פטור בעלמא {אבל רה"ר לא הוי דלא ניחא תשמישתיה} והביא בשם הגהות אשר"י שכתב להדיא כדבריו, **מ"מ** לדינא אין לנטות מדברי המ"א, שכן מצאתי בכמה ראשונים כדבריו, והוא בחי' הרשב"א ובחידושי הר"ן ובמאירי, **ומה** שהביא בהגהת אשר"י בשם ר"ח ורש"י ‹ד"ה רחבה› כדבריו, ברש"י אינו מוכרח, ובר"ח שנדפס לפנינו לא נזכר כלל דין זה].

[**ודע** דבמאירי איתא בהדיא, דגם מקום פטור לא שייך בכלים, וע"כ אפי' אם אינו רחב ד' והוא עומד בר"ה, בטל לגבי ר"ה].

וכלי המחובר לקרקע, מקרי כרמלית, אפי' הוא בר"ה, [**והטעם**, דכיון שהוא מחובר לקרקע אין שם כלי עליה, והוי כתל פחות מי' בר"ה, **ופשוט** דממילא בעינן שיהיה עכ"פ רחב ד', דאל"ה הוי מקום פטור אפי' גבוה י'].

אות ג'

אפילו אינה רחבה ו' פטור

רמב"ם פי"ד מהל' שבת הי"ט - [ד]זרק קנה או רומח מרה"י ונתקע ברה"ר כשהוא עומד, פטור, שהרי מקצתו במקום פטור. זרק כלי מרה"י לרה"ר והיה אותו כלי גדול ויש בו ארבעה על ארבעה בגובה עשרה פטור, מפני שכלי זה רה"י גמורה, [ה]ונמצא כמוציא מרה"י לרה"י.

באר הגולה

ו ‹ע"פ הגר"א› ז ‹עירובין ט. התם דפתוח כו' – גר"א› ח ‹דס"ל דלא אמרו כן אלא בין לחיים – גר"א› ט ‹שבת ז: אר"ח נעץ קנה כו' – גר"א›
א ‹צ"ע אמאי לא הובא דין זה בשו"ע. ‹**להרמב"ם** לא מיירי לענין מקום ד' כלל, (ודלא כרש"י), ופליגי רבי ורבנן אי אמרינן שדי נופו בתר עיקרו למיחשב רה"י בזה האופן – מרומי שדה› ב ‹ותמוהים דבריו, דהרי פליגי בזה רבי ורבנן, ואיך פסק כרבי – קובץ על יד. **וי"ל** דכשעיקרו ונופו ברשות אחת, לכו"ע שדינן נופו בתר עיקרו, ועיין› ג **שם ח' בשמעתא דכוורת** ד ‹והרמב"ם לא מייתי כלל הך רבותא דקרומית של קנה בפי"ד, רק מייתי שם הלכה י"ט זרק קנה או רומח, (ובמקום שהיה לו לכתוב כוורת, כתב סתם כלי שיש בו דע"ד, ע"ש), ולא שמעינן מיניה רבותא דקרומית של קנה, אע"כ ס"ל דאין רבותא של רבא בקרומית דוקא, אלא הא דאגדו למעלה פוטר, דפליג עליו אביי, ופסק כרבא בקנה וה"ה בקרומית דמאי שנא – חת"ס. ‹**וצ"ע** אמאי לא הובא דין זה בשו"ע› ה ‹כתוס', ודלא כרש"י›

‹המשך ההלכות מול עמוד ב'›

*אמר אביי ברה"י דכ"ע לא פליגי כדרב חסדא אלא הכא באילן העומד ברה"י ונופו נוטה לרה"ר וזרק ונח אנופו דרבי סבר אמרי' *שדי נופו בתר עיקרו ורבנן סברי [א]לא אמרי' שדי נופו בתר עיקרו: אמר אביי [ב]זרק כוורת לרה"ר גבוהה י' ואינה רחבה ו' חייב רחבה ו' פטור רבא אמר [ג]אפי' אינה רחבה ו' פטור מ"ט אי אפשר לקרומיות של קנה שלא יעלו למעלה מעשרה כפאה על פיה שבעה ומשהו חייב שבעה ומחצה פטור רב אשי אמר אפי' שבעה ומחצה חייב מ"ט מחיצות לתוכן עשויות: *אמר עולא [ד]עמוד תשעה ברה"ר ורבים מכתפין עליו וזרק ונח על גביו חייב מ"ט פחות משלשה מדרס דרסי ליה רבים משלשה ועד תשעה לא מדרס דרסי ליה ולא כתופי מכתפי תשעה ודאי מכתפין עילויה א"ל אביי לרב יוסף גומא מאי אמר ליה וכן בגומא רבא אמר [ה]בגומא לא מ"ט תשמיש על ידי הדחק לא שמיה תשמיש איתיביה רב אדא בר מתנא לרבא היתה קופתו מונחת ברה"ר גבוהה עשרה ורחבה ד' אין מטלטלין לא מתוכה לרה"ר ולא מרשות הרבים לתוכה פחות מכן מטלטלין וכן בגומא מאי לאו אסיפא לא ארישא איתיביה

נתכוון

רש"י

ונופו נוטה לרה"ר וזרק · מתחילת ד' לסוף ד' ונח אנופו : שדי נופו כו' · דחשיב אגב עיקרו דאית ביה ד' ודרב חסדא דלא כרבי ודלא כרבנן לישנא אחרינא אמר אביי בדרב חסדא דהוי ברה"י אפי' רבנן מודו וכי פליגי רבנן בשדי נופו בתר עיקרו הוא דפליגי: כוורת · עגולה היא : גבוהה י' · כלומר אפי' גבוהה י' אם אינה רחבה ו' באמצעיתה חייב דהכתי חפץ בעלמא הוא ואינה רשות לעצמה דלא הוי רשות דאורייתא אלא גבוהה י' ורחבה ד' על ד' כדאמרי' בעירובין (דף כא·) דכל שיעורין דשבת צריך הן ואלכסונן ודבר עגול כי מרבעת לה מתוכו ומפקת עיגול שסביב הריבוע לא משכחת ביה ד' מרובעים אי לא הוי עיגולו קרוב לששה כדאמרינן גבי סוכה העשויה ככבשן (סוכה פ"א דף ז:) דעל כרחיך צריך שתמלא בתוכו אלכסון של ד' על ד' וכל טפח בריבועו טפח ותרי חומשי באלכסונו הרי ה' טפחים וג' חומשין ואביי לא דק ולחומרא הוא דלא דק ולהפרישו מאיסור שבת אף ע"ג דיש כאן אלכסון באינה רחבה ששה מחייב ליה מדרבנן עד דאיכא ששה אבל ודאי לענין קרבן לא מייתי אי הויא ה' טפחים וג' חומשין דהוי כזורק רשות: רחבה ו' פטור · דהוי רשות לעצמה ואנן ממשכן גמרינן שהיו זורקין מחטיהן במלאכתן זה לזה *ולא היו זורקין רשויות וא"ת בדלא גבוהה עשרה נמי רשות לעצמה היא דהא שמה כרמלית ההיא לאו מדאורייתא הוה רשות אלא מדרבנן ולא להקל על דברי תורה בא כגון זו שיפטר מחטאת: אי איפשר · הואיל וגבוהה י' שלא יהא בה קרומיות מן השתי שגבוהים מחבריהם של ערב ועולין למעלה מי' שהוא אויר מקום פטור וכיון דלא ניחא כולה ברה"ר לא הויא הנחה לאיחיובי : כפאה על פיה · וארקה אאינה רחבה ו' קאי : ז' ומשהו חייב · אם גבוהה ז' ומשהו עדיין חייב וכ"ש פחותה מכן אלא אפילו גבוהה ז' ומשהו דאיכא למימר הואיל ומחיצותיה למטה וקיי"ל הלכה למשה מסיני דאמרינן לבוד (א) הכתי כולה ניחא ברה"ר דכי מטיא פחות מג' סמוך לקרקע ואמר בהן לבוד והויא הנחה אכתי כולה באויר רה"ר היא וחייב : אבל גבוה ז' ומחצה · וה"ה לשני משהויין פטור דמכי מטא לפחות משלשה סמוך לקרקע אמרינן לבוד במחיצותיה והרי היא כמונחת נמצאו שוליה למעלה מעשרה ואינה נוחה כולה ברה"ר ובשלא כפאה ליכא למימר לבוד דלא אמרינן לבוד אלא במחיצות והא מילתא בין לאביי בין לרבא דאביי נמי מודה דבעינן הנחה כולה ברשות הרבים אלא דאביי לא חשיב קרומיות אבל בהא מודה דבלא קרומיות איתא למעלה מי' : לתוכן עשויות · להניח בהן דבש ולא לכופן כלפי מטה הלכך אין כאן תורת לבוד : תשעה · דוקא נקט דחזי לכתופי דאינו לא גבוה ולא נמוך : וזרק · מתחלת ד' לסוף ד' : מכתפי עילויה · וכיון דצריך לרבים רה"ר הוא *בין רחב בין קצר : גומא · עמוקה ט' : מאי · גבי רה"י דעשרה תניא לעיל (דף ו·) עומקה כגובהה דקתני חרין עמוק י' ורחב ד' רשות היחיד הכא מאי אי אמרי' מנחי ביה בני רה"ר חפצים שבידם עד דהדרי ואתו דרך שם ושקלי ליה ונמצא שצריכים לו רבים הלכך רשות הרבים הוא: ה"ג רבא אמר גומא לא מ"ט תשמיש ע"י הדחק לא שמיה תשמיש הלכך לאו צורך רבים הוא אלא כרמלית הוא: אין מטלטלין . דהוי רה"י לעצמה : פחות מכן · או בגובה או ברוחב מטלטלין וא"ת פחות מי' ורחבה ד' כרמלית היא לא גזור רבנן לבטולי מתורת כלים הואיל וכלי הוא : מאי לאו · האי וכן אסיפא נמי קאי דפחות מכן מטלטל לכתחלה אלמא רה"ר חשיב ליה ואוקמא בעמוק ט' דמשתמשין בו קאי: לא ארישא · אגבוהה י' ורחבה ד' דהוי רה"י קתני וכן בגומא:

תוספות

אמר אביי הכא באילן העומד כו' · תימה לר"י דטפי ניחא ליה למימר דפליגי בדרב חסדא ורב חסדא כרבי דלשנויא דאביי דלא שייכא פלוגתייהו. בדרב חסדא כ"ש דקשה לרב חסדא דהא איכא ברייתא לקמן בהזורק (דף ק· ושם) דלא כרב חסדא דפליגי רבנן ורבי מאיר בזרק למעלה מעשרה ונח בחור כל שהוא דר"מ מחייב משום דאמרי' חוקקין להשלים והוי כמונח ע"ג מקום ד' וחכמים פוטרין אלמא כולהו מודו דבעינן מקום ד' ברה"י ושמא י"ל דטעמא דרב חסדא דלא בעי' מקום ד' ברה"י משום דאמרי' ביתא כמליא דמי וחשיב כמונח על גבי מקום ארבעה אבל בכותל בעינן שיהא בחור ד' על ד' :

רחבה ששה פטור · פר"ח דדוקא נקט ששה דדופני הכוורת יש בהן שני חומשין וצריך שיהא אויר ד' בתוך הכוורת וגבוה י' אף ע"ג דאין אויר גבוה י' אלא עם השולים מצטרפין עם האויר לענין גובה דהלכתא גידוד ה' ומחילה ה' מצטרפין (עירובין דף נב· ושם) אף על גב דרש"י פי' דגידוד ה' ומחילה ה' היינו שעשה מחילה ה' על בור עמוק ה' אין פירושו נראה דהא תנן (שם פ"י דף צט: ולקמן דף צט.) בור וחולייתו מצטרפין ואם כן היכי פליג רב חסדא לומר אין מצטרפין כיון דמתניתין היא ובכל גגות (עירובין צג:) אמרינן בהדיא דמודה רב חסדא בתחתונה הואיל ורואה פני י' אלא צריך לפרש דגידוד ה' ומחילה ה' היינו שעשה מחילה ה' על תל גבוה ה' ואין נראה פירוש ר"ח דהא עובי חוליית הבור מצטרף כמו לחלל הבור לארבעה משום דחזי למינח עליה מידי ולהשתמש כדאמר בפ' חלון (עירובין דף עח.) גבי מלאו כותו ביתדות אלא נ"ל הא דנקט הכא ששה לא דק כדפירש"י : רחבה ששה פטור . שהכוורת עצמה נעשית רה"י כשתנוח והוי כזורק מרשות היחיד לרה"י דרך רה"ר דפטור כדאמר לעיל (דף ד·) דלא יליף זורק ממושיט ואפילו לר' עקיבא דאמר קלוטה כמי שהונחה דמיא הכא פטור דכל מקום שהיא מונחת חשיב רה"י* השתא משמע דפשיטא ליה לאביי דחשיבא כאילו נחה אחר שנעשה רה"י ובפ' הזורק (לקמן צט:) בעי ר' יוחנן בור ט' ועקר ממנו חוליא והשלימו לי' והניחו ברה"ר עקירת חפץ ועשיית מחילה בהדי הדדי קאתו ומיחייב או לא וא"ת כיון דלא הויא מחילה י' מעיקרא לא מיחייב בור י' ונתן לתוכו חוליא ומעטו מהו הנחת חפץ וסילוק מחילה כו' וא"כ אביי דפשיטא ליה במחללת דמבטל מחילתה דקאמר התם בור ברה"ר עמוק י' ורוחב ח' וזרק לתוכו מחללת וחלקו פטור משום דהשתא לא הויא רוחב ד' וכ"ש דפטור בעשיית מחילה משום דכיון דלא הויא מחילה עשרה מעיקרא לא מיחייב וא"כ הכא הוי ליה לחיובי מהאי טעמא כיון דלא הויא מחילה מעיקרא הרי נח ברשות הרבים וחייב וי"ל דטעמא דאביי משום דלא חשיב לא עקירה ולא הנחה כי אתי בהדי הדדי והכא נמי לא חשיבה הנחה כיון דהנחה ועשיית מחילה בהדי הדדי קאתו והא דפשיטא ליה לרבי יוחנן טפי בעשיית מחילה מבסילוק מחילה היינו משום דדילמא עקירה בעינן שתהא חשובה אבל בהנחה לא : כפאה על פיה · נראה לריב"א דארחב ששה קאי וכי איכא שבעה ומשהו חייב דכשמגיעות המחילות תוך שלש אין המחילות גבוהות י' ועובי השולים אין מצטרפין דבעינן מחילה הרואה את אויר הכלי שיהא גבוה י' ואע"ג דהיכא דכוורת גבוה י' מצטרפין השולים להיות על גבו רה"י כדאמר לעיל גבי בית שאין תוכו י' כו' וכיון דעל גבו רה"י פטור הזורק מ"מ כיון דאין גבוה י' אלא מחמת לבוד אין אויר פחות מג' מצטרף אלא א"כ יהיו המחילות גבוהות י' לבד השולים דלא אמרינן לבוד אלא במחיצות כדפירש בקונטרס תדע דבשולים למטה לא אמרי' לבוד : שבעה ומחצה פטור · דכשמגיעות המחילות תוך ג' יש שם מחילות עשרה לבד השולים והרי הוא רשות היחיד וחשיב כנח באותה שעה ושוב אינו מתחייב אע"ג דלאחר מכן טפל לארץ ובטל נמנה רה"י ונעשה כמונח ברה"ר אבל אינו רחב ו' אפי' ז' ומחצה חייב דלא אמרי' לבוד אלא במחיצות ומחיצות לא חשיבי אלא כשיש שם רחב ד' אבל כשאינו רחב ד' הרי הוא כשאר חפצים דעלמא ולא אמרינן לבוד : אי אפשר לקרומיות של קנה שלא יעלו למעלה מי' . ולאביי לא חשיב קרומית ליחשב אגודו במקום פטור : אמר ליה וכן בגומא · נוכל

עין משפט נר מצוה

מא א מיי' פי"ד מהל' שבת הלכה יז:
מב ב מיי' שם הל' יט טוש"ע א"ח סי' שמה סעיף ו:
מג ג מיי' שם הלכה יט סמג לאוין סה:
מד ד מיי' שם הלכה ח סמג שם טוש"ע שם סעיף יד:
מה ה שם סעיף יא:

מסורת הש"ס

[לעיל ז:]
[שם וש"נ]
[עירובין נג.]
ולא נהירא דלאכתן מיהא שהיו מושיטין רשויות כגון ארון ומנחות [תוס' ישנים]

הגהות הב"ח

(א) רש"י ד"ה ז' ומשהו וכו' הלכה למשה מסיני דאמרי' לבוד אכתי כולה ניחא ברה"ר כצ"ל ותיבת אכתי כולה ניחא ברה"ר נמחק:

גליון הש"ס

רש"י ד"ה רחבה שהיו זורקין מחטיהן. עי' לקמן צ"ט ע"ב ... שם ד"ה מכתפין עילויה בין רחב בין קצר. עי' לקמן [illegible] ד"ה אי [illegible]:

ועוד דכל למעלה מי' פטר ר"ע [תוס' ישנים]

רבינו חננאל

אמר אביי ברה"י כ"ע לא פליגי דרה"י עולה עד לרקיע. והכא באילן העומד ברה"י ונופו נוטה לרה"ר וזרק מרה"ר ונח ע"ג נופו ד' סבר אמרינן שדי נופו בתר עיקרו ומרה"ר לרה"י זרק דהא יש בעיקר האילן ד' ורבנן סברי כיון דנופו ברה"ר נוטה מרה"ר לרה"ר זרק ולא אמרינן שדי נופו בתר עיקרו וקי"ל כחכמים : אמר אביי זרק כוורת לרה"ר גבוה עשרה ורחבה ששה פטור כו' חזינן לרבותא מגאונים. פי' שמועה זו. וכן אמרו כוורת זו עשויה ממחצלת של קנים והיא עגולה והיא צריכה ששה מפני שתחתית לא יעשה משוה מרובע אלא מגלגל. ובהיות בין זוית לזוית ד' טפחים והוא משופע ועולה יוצא יתרונן ב"ט. ואילו היתה מרובעת משוה לא הצריכה אלא רוחב ד"ט. ולא הצריכה ו"ט אלא בשופע כדי שימצא בה ד' משוין : ואנן קיבלנו מרבנן זכר ארוננו לברכה כי כוורת זו היא [illegible] וצריך להיות חללה *)ו' טפחים על ו' טפחים מרובעות כדי להיחשב מקום רשות בפני עצמה. ואילו לא היה לה חלל **)ד' על ד' דיי לה מידו כיון שיש בה חלל אינה חשובה רשות בפני עצמה עד שיהו בחללה [illegible] ד' על ד' טפחים מרובעות וכוורת זו עם כתליה יש בה ו' טפחים על ו' טפחים מה' אצבעות בטפח נמצאו בה ו' אצבעות חסר אצבע עובי כותלה סביבותיה כשתסיר ממנה בעובי הכל אצבע לכל רוח נמצא חללה [illegible] כ"ח אצבע על כ"ח אצבע וכל אצבע היא חומש טפח שכן ידענו החשבון חשבון מדוקדק כל אמתא ברבועא אמתא ותרי חומשי באלכסונא כשתחלק אלו כ"ח אצבעות [illegible] טפחים לכל טפח ה' אצבעות וב' אצבעות יתרון האלכסון על המרובע יבא ו' אצבעות לכל טפח נמצאו כ"ח אצבעות ד' טפחים על ד' טפחים חללה של כוורת בלא תוספת ובלא גירעון ולא אמרנו ח' אצבעות [illegible] ממש אלא לפי שנוח להתלמד לבא החשבון הוה כלכו . אבל אם תעשהו ו' טפחים לפי חשבון תוציא עובי הכתלים אלו דברי אביי ורבא אמר אפילו אין רחבה ו' פטור אי אפשר לקרומיות של קנים שלא [יעלו] [illegible] מי' וקי"ל דלמעלה מי' אין צריך ד' על ד' אלא אפי' קנה עולה למעלה מי' : כפאה על פיה וזרק ונח על גביו פטור · כפאה על פיה וזרק אם גבוהה ז' ומשהו חייב כי ז' ומשהו וג' חסר משהו הרי עשרה ובעת [illegible] למחיצות עשרה נחה על הקרקע לפיכך חייב . אבל אם הוא שבעה וחצי ושלשה פחות משהו הנה עשרה ועוד נמצאת בעת שנוחה בארץ גבוהה מי' טפחים ואין רה"ר למעלה מי' ונמצא כמוציא מרה"ר [illegible] . רב אשי אמר אפי' ז' ומחצה חייב שהמחיצות לתוכה הן עשויות ומבפנים אתה צריך ו' טפחים בזמן שנחה קרקעיתה בארץ והמחיצות עולות בי' טפחים אבל מהופכת נמצאת שנחה ע"ג קרקעיתה בהגעת [illegible] של קנים בארץ בפחות מעשרה טפחים וחייב : אמר עולא עמוד תשעה ברשות הרבים ורבים מכתפין עליו וזרק ונח על גביו חייב מ"ט דכל פחות מג' רבים דורסין אותו וכארץ חשוב [illegible] הזורק ונח על גביו חייב מג' ולמעלה אינו נדרס שיותר הוא מכדי הרחק (ידו) [רגליו] של אדם בפסיעות וגם אין מכתפין בו שאין גבוה עד הכתף לפיכך אינו תשמיש הרבים כלל ואינו [illegible] הרבים אלא הוא ככרמלית חשוב לפיכך פטור . אבל אם זה העמוד גבהו תשעה טפחים וודאי רבים מכתפין עליו וכרשות הרבים הוא . והזורק מרשות הרבים ונח על גביו פטור . והזורק [illegible] היחיד ונח על גביו חייב . גומא פחות מעשרה מאי . רב יוסף אמר דין הגומא כדין העמוד . גומא ט' טפחים כרה"ר היא כמו העמוד . רבא אמר גומא לא מ"ט הילוך ע"י הדחק שמיה הילוך . אבל [illegible] ע"י הדחק לאו שמיה תשמיש . לפיכך אינה כרה"ר . ומותבינן עליה דרבא מהא היתה קופתו מונחת ברה"ר גבוהה י' ורחבה ד' אין מטלטלין מתוכה לרה"ר ולא מרה"ר לתוכה . כלומר כרה"י היא . [illegible] מכאן מטלטלין וכן בגומא מאי לאו אפחות מיכן קתני וכן בגומא כלומר מטלטלין מתוכה לרה"ר כי כרה"ר היא כמו עמוד ט' טפחים . ומשני לא כי קתני וכן בגומא אגבוה י' ורחבה ארבע קתני ואסיקנא

*) נראה פשוט דצ"ל וצ"ל חללה ד' טפחים על ד' טפחים וכן מסיק אח"כ בסמוך וכ"ה בתוס' כשמו . **) נראה דצ"ל ואילו לא היה לה חלל כלל דיי לה .

נתכוון לשבות ברה"ר והניח עירובו בבור למעלה מי' טפחים עירובו עירוב למטה מי' טפחים אין עירובו עירוב היכי דמי אילימא בבור דאית ביה עשרה ולמעלה דדלאי ואותביה ולמטה דתתאי ואותביה מה לי למעלה ומה לי למטה הוא במקום אחד ועירובו במקום אחר הוא אלא לאו בבור דלית ביה עשרה וקתני עירובו עירוב אלמא תשמיש על ידי הדחק שמיה תשמיש זמנין משני ליה הוא ועירובו בכרמלית ואמאי קרי לה רה"ר לפי שאינה רשות היחיד וזמנין משני ליה הוא ברה"ר ועירובו בכרמלית ורבי היא *דאמר כל דבר שהוא משום שבות לא גזרו עליו בין השמשות ולא תימא דחויי קא מדחינא לך אלא דוקא קאמינא לך *דתנן אם היה רקק מים ורשות הרבים מהלכת בו הזורק לתוכה ד' אמות חייב וכמה הוא רקק מים פחות מי' טפחים ורקק מים שרה"ר מהלכת בו הזורק לתוכו ד' אמות חייב בשלמא רקק רקק תרי זימני חד בימות החמה וחד בימות הגשמים וצריכא דאי אשמעינן בימות החמה דעבידי אינשי לקרורי נפשידהו אבל בימות הגשמים אימא לא ואי אשמעינן בימות הגשמים אגב דמטניף מקרי ונחית אבל בימות החמה לא צריכא אלא הילוך תרי זימני למה לי אלא לאו ש"מ הילוך על ידי הדחק שמיה הילוך תשמיש על ידי הדחק לא שמיה תשמיש ש"מ אמר רב יהודה האי זירזא דקני רמא וזקפיה רמא וזקפיה לא מיחייב עד דעקר ליה אמר מר *אדם עומד על האסקופה נוטל מבעה"ב ונותן לו נוטל מעני ונותן לו האי אסקופה מאי אילימא *אסקופת רה"ר נוטל מבעל הבית הא מפיק מרה"י לרה"ר ואלא אסקופת רה"י נוטל מן העני הא קא מעייל מרה"ר לרה"י אלא אסקופת כרמלית נוטל ונותן לכתחלה סוף סוף איסורא מיהא איתא אלא אסקופה מקום פטור בעלמא הוא כגון דלית ביה ד' על ד' וכי הא *דכי אתא רב דימי אמר רבי יוחנן מקום שאין בו ד' על ד' טפחים מותר לבני רשות היחיד ולבני רשות הרבים לכתף עליו ובלבד שלא יחליפו אמר מר ובלבד שלא יטול מבעל הבית ונותן לעני מעני ונותן לבעל הבית ואם נטל ונתן שלשתן פטורין לימא תיהוי תיובתא דרבא *דאמר רבא המעביר חפץ מתחילת ד' לסוף ד' ברשות הרבים אע"פ שהעבירו דרך

רש"י

נתכוון לשבות ברה"ר · המערב עירובי תחומין עירובו קונה לו שביתתו שם שיוכל לילך משם לכל רוח אלפים כאילו שבת שם וצריך שיתכוון לקנות שביתתו במקום שיכול לאכול שם עירובו אם היה רוצה לאוכלו שמתוך כן מועיל לו עירובו לקנות שביתה דמקום פיתא גורם דהתם שייך איכים ואע"פ שהוא בתוך העיר כשקדש היום : **למעלה מי' טפחים עירובו עירוב** · קס"ד דיכול ליטלו בשבת : **אי נימא בבור דאית ביה י'** · עמוק : **ומאי למעלה דדלאי ואותביה** · שהגביהו והניחו למעלה מי' מקרקעיתו של בור : **ומאי למטה דתתאי ואותביה** · שהשפילו והניחו למטה מי' התחתונים אמאי עירובו עירוב הרי הבור רה"י הוא משפת אוגנו ולמטה וכל שמונח בו ברה"י הוא מונח וכיון דנתכוין שתהא שביתתו ברה"ר ולא הניח עירובו על שפת הבור נמצא הוא במקום אחד ועירובו במקום אחר ואינו יכול להוציאו מרה"י לרה"ר לאוכלו : **אלא לאו** · האי למעלה מי' דקתני בבור דלית ביה י' וה"ק אם קרקעיתו של בור למטה מי' דהוי הבור חללו י' והוי רה"י אין עירובו עירוב כל מקום שהונח שם ואם קרקעיתו של בור למעלה מי' דה"ל חללו פחות מעשרה עירובו עירוב ולא חשיב ליה כמונח בכרמלית אלמא תשמיש לרבים חשיב ליה : **הוא ועירובו בכרמלית** · כגון שהיה בור זה בבקעה ונתכוון לשבות על שפתו ובור נמי כיון דלא עמוק י' כרמלית הוא : **ואמאי קרי ליה** · נתכוון לשבות ברה"ר : **לפי שאינה רה"י** · דאילו הואי האי בור בחצר אפילו עמוק י' עירובו עירוב : **וזמנין משני ליה** · רה"ר דוקא קתני ובור שהוא פחות מי' כרמלית הואי כדאמרינן דלא שמיה תשמיש ודקשיא לך היכי מצי מפיק ליה על כרחיך קניית עירוב בין השמשות איתא כשקדש היום והוא ספק יום ספק לילה : **ור' היא דאמר** · בעירובין (דף לד:) דשבות שגזרו חכמים באיסורי שבת לא גזרו עליה אלא בשבת ודאי ולא בין השמשות הלכך מכרמלית לרשות הרבים שבות בעלמא הוא ובין השמשות ראוי ליטלו משם ולאוכלו לפיכך קנה עירוב : **ולא דחויי קא מדחינא לך אלא דוקא קאמינא לך** · דלא שמיה תשמיש לרבים: **רקק** · גרוויל"א ומים לפין עליו : **ורשות הרבים מהלכת בו** · שעוברין בתוכו רקק ברגליהם : **פחות מי'** · שאין המים עמוקים י' : **חייב** · שהוא כרשות הרבים גמורה : **אלא הילוך תרי זימני למה לי** · ליתני בסיפא ורקק מים שברה"ר הזורק לתוכו חייב רה"ר מהלכת בו לאשמועינן דבעינן שיהא נורך לרבים למה לי הא מרישא שמעינן ליה אלא להכי הדר תנייה דוקא שיהא הילוך לרבים דאף על גב דע"י הדחק הוא שמיה הילוך אבל אם היה נורך רבים לתשמיש לא חשיב רשות לרבים : **זירזא דקני** · חבילה של קנים ארוכים : **רמא וזקפיה רמא וזקפיה** · הוליכו אמות הרבה ברשות הרבים כענין הזה שלא נטלו כולו מן הקרקע אלא זקפו והשליכו וחזר וזקפו והשליכו אין זו עקירה : **אסקופת רשות הרבים** · כגון אסקופת מבוי שאין עליה תקרה ואין גבוה ג' מן הקרקע ולחי של מבוי לפנים הימנה : **רשות היחיד** · כגון עומדת תחת התקרה או לפנים מן הלחי או גבוהה י' ורחבה ד' : אסקופת כרמלית אינה גבוהה י' אלא רחבה ד' היכי קתני נוטל לכתחילה סוף סוף איסור דרבנן איכא : **ומקום פטור** · מקום שאין בו ארבע על ארבע הוא מקום מסויים שיש לו ראש רחב קצת וגבוה ג' ועומד סמוך לרשות היחיד ולרה"ר והכי מוקים לה בעירובין בגבוה ג' : **ובלבד שלא יחליפו** · והכי נמי קתני לעיל ובלבד שלא יטול מן העני ויתן לבעל הבית :

תוספות

טכל לומר דוכן בגומא הייט כלומר אפי' (א) גבוה ט' הוי רה"ר דמכתפין בה ע"י הדחק וכ"ש פחות מתשעה דיותר נוח להשתמש בה וכן משמע בסמוך דקאמר אברייתא דמייתי מאי לאו וכן בגומא אסיפא משמע דכל פחות מי' מטלטלין *כמו בקופה: **ואי** אשמועינן בימות הגשמים כו' · בגריכותא חדא סגיא דאי תנא חדא זימנא רקק הוה מוקמינא ליה בדדמי ליה להכי תנא תרי זימני רקק אלא כיון דמשכחת לריכותא עביד כאילו תנא בברייתא בהדיא רקק בימות החמה ורקק בימות הגשמים*:

לא מיחייב עד דעקר לי' ממקומו · תימה מאי קמ"ל פשיטא דלא מיחייב כיון דלא עקר ועוד מה שייך הכא הך מילתא וי"ל דקמ"ל דאע"ג דדרך להוליכם בענין זה שאינן קלין לטעאן ואי כמו עומד לכתף (ג) דאמרי' לעיל (דף ה:) דחייב אפ"ה פטור ומשום דלעיל איירי בכיתוף עמוד ט' ברה"ר ורבים מכתפים עליו נקט ליה הכא ודוקא רמא וזקפיה דכשהגיח ראשו האחד חוץ לד' אמות עדיין ראשו השני מונח בתוך ד' וכשחוזר ומשליך ראשו [הב'] חוץ לד' אמות עדיין אינו מתחייב דהוי כמגרר החפץ עד שהוציא ראש החפץ חוץ לד' אמות והניחו דאע"פ שחוזר ומושכו לחוץ פטור שלא נעשית המלאכה בבת אחת אבל אם מגרר זירזא דקני בבת אחת עד חוץ לד' אמות או מרה"י לרה"ר חייב כדאמרינן (לקמן המצניע דף פא:) בגונב כיס בשבת היה מגרר ויוצא פטור משום דאיסור שבת ואיסור גניבה באין כאחד ואומר ר"י דאם מגלגל חבית ד' אמות ברה"ר או מרה"י לרה"ר חייב דהוי כמו מגרר דאינו נח כלל אבל מגלגל תיבה שהיא מרובעת פטור דהוי כמו רמא וזקפיה דא"א שלא תהא נחה קצת :

לימא תהוי תיובתא דרבא כו' · פרש"י (ג) אע"פ שהעבירו למעלה מי' דהוי מקום פטור ולא כהירא דא"כ ה"ל למיפרך מרבנן דאמרי (לעיל דף ה:) המוציא מחנות לפלטיא דרך סטיו חייב ומאי פריך נמי לימא תהוי תיובתא דרבא לימא הא רבנן קיימי כוותיה ועוד דבהמוצא תפילין (עירובין דף לח:) תנן עומד אדם ברה"י ומטלטל ברה"ר ובלבד שלא יוציא חוץ לד' אמות ודייק בגמרא הא הוציא חייב הטאת לימא מסייע ליה לרבא דאמר רבא המעביר כו' ולפי' הקו' מה ענין זה לזה לכך נראה כפי' ר"ח דמפ' שהעבירו דרך עליו שהעבירו *לפניו נגד גופו דה"א כיון שהגיע כנגדו הוי כמונח ונמצא שלא העביר ד' אמות יחד ומשני התם לא נח דאין זה הנחה *[דרך עלמו] : אף

עין משפט נר מצוה

מו א מיי' פ"ו מהלכות עירובין הל' ט סמג עשין דרבנן א טוש"ע א"ח סי' תט סעיף ג :

כמו בקופה מיהו הא וכן דקיימים ביה לפ"ז לאו דוקא כצ"ל רש"ל

מז ב מיי' פכ"ד מהל' שבת הלכה י טוש"ע א"ח סי' שז סעיף כב וסי' שמב :

[וע"ע תוס' חולין לו: ד"ה ואי אשמעינן ותוס' סנהדרין פג: ד"ה ומבול יוס ותוס' זבחים יז. ד"ה הג"ה וכו' וקצ"ע בתוס' יבמות כג. ד"ה ואי אשמועינן]

מח ג מיי' פי"ד מהל' שבת הלכה כד :

מט ד מיי' פי"ג מהל' שבת הלכה יא :

נ ה מיי' פי"ד מהלכות שבת הלכה יז סמג לאוין סה טוש"ע א"ח סי' שמו סעיף א :

נא ו מיי' שם הל' טו:

נב ז מיי' פי"ב מהל' שבת הלכה יד :

[לעיל ו.]

הוה מצי למימר דע"כ אסקופה מקום פטור הוא דהא אכתי לא תני מקום פטור ומיהו השתא נמי לא פי' דגבוה ג' ואינו רחבה ד' וא"כ לא בא לפרש איזהו מקום פטור ושמא מרישא שמעינן ליה עמוד גבוה י' ורחב ד' דהוי רה"י אבל אין רחב ד' הוי מקום פטור [ת"י]

לפניו מימינו לשמאלו נגד גופו כצ"ל רש"ל

נ"י רש"ל

רבינו חננאל

ואסיקנא הילוך ע"י הדחק שמיה הילוך . תשמיש ע"י הדחק לאו שמיה תשמיש כרבא והא דאמר רב יהודה זירזא דקני פי' חבילת קנים רמא וזקפה כגון שהיתה מושלת [ע"ג הקרקע] והגביה הקצה האחת והאחרת מונחת ע"ג קרקע . והעמידה והשליכה אפי' כל היום לא נתחייב שהרי לא הגביהה כלל ואינו חייב עד דעקר ומנח הנחה היא : הא דא"ר יוחנן מקום שאין בו ד' על ד' טפחים מותר לבני רה"ר ולבני רה"י לכתף עליו ובלבד שלא יחליפו מרשות זה לזה ועל זה הדרך העמדנו זו הברייתא דתניא אדם עומד על האסקופה נוטל מבעל הבית ונותן לו נוטל מן העני ונותן לו ובלבד שלא יטול מבעל הבית ויתן לעני ולא מן העני ויתן לבעל הבית כגון זה הוא שא"ר יוחנן שלא יחליפו . ולא יטול מבעל הבית ויתן לעני כו' ואם נטל מבעה"ב ונתן לעני או מן העני ונתן לבעה"ב פטור . ואמרי' נימא תהוי תיובתא דרבא

רב נסים גאון

וזמנין משני ליה [הוא] ברה"ר ועירובו בכרמלית ור' היא דאמר כל דבר שהוא משום שבות לא גזרו עליו בין השמשות ועיקר דבריו של ר' בברייתא במס' עירובין בפרק בכל מערבין (דף לג) דתניא נתנו באילן למעלה

אות ד'

עמוד תשעה ברה"ר ורבים מכתפין עליו, וזרק ונח על גביו, חייב

סימן שמה ס"י - [ו]ואם הוא גבוה ט' טפחים [ז]מצומצמים ורבים מכתפים עליו, הוי רה"ר - דבשיעור זה דרך בני אדם בר"ה לכתף עליו, דאינו לא גבוה ולא נמוך, [רש"י], **אבל** בפחות מט' שאינו ראוי לכתף עליו, לא מהני לשוייה ר"ה אפילו אם רבים מכתפין עליו. **ודוקא** ט' טפחים מצוצמים, אבל יותר מט' לא הוי ר"ה, אפי' רחב ד' על ד'.

ורבים מכתפים - אבל כשאין מכתפין עליו, אע"ג דראוי לכתף עליו, לא הוי ר"ה, ואפילו רחב ארבעה, [כפשטא דלישנא דגמרא דדוקא כשמכתפין].

אפילו אינו רחב ארבעה - ואע"ג דבעלמא לא הוי מקום חשוב בפחות מארבעה, כאן דדרך רבים לכתף עליו, אף בפחות מד' משוי ליה ר"ה, [רשב"א, וכדעת רמב"ם ורש"י].

[ח]ויש מי שאומר דהוא הדין לגבוה מט' ועד עשרה ורבים מכתפים עליו, הוי רה"ר אפי' אינו רחב ד' - הוא דעת הטור, דס"ל דהא דאמרינן בגמ' עמוד ט', הוא בא רק לאפוקי פחות מט' לא הוי ר"ה, אבל יותר מט' אין ה"נ דהויא ר"ה, כשרבים מכתפין עליו.

ולדינא נקטינן כסברא ראשונה, דהרבה פוסקים חולקין על זה, [הלא המה רש"י והרמב"ם והרשב"א והר"ן ומאירי והכל בו]

אות ה'

בגומא לא

סימן שמה סי"א - [ט]גומא ברשות הרבים, אם אינה עמוקה שלש, הוי רשות הרבים - אע"ג דרחבה כמה טפחים.

משלש עד עשרה, אם רחבה ד', הוי כרמלית; ואם לאו, הוי מקום פטור - ואפילו היו רבים משתמשין בו בגומא ההיא, [היינו אפי' עמוקה הגומא ט'], תשמיש ע"י הדחק הוא ולא שמיה תשמיש.

ואם היא עמוקה עשרה, הוי רה"י - ואפילו מלאה מים או שאר דברים שאדם מסתכל בהם ורואה מה שבתוך המחיצות, **אבל** אם מלאה פירות, לא הוי רה"י, כיון דאין המחיצות נכרות, ואפילו דעתו לפנותן, ופטור הזורק לתוכו מר"ה, [**ודוקא** מלאה, אבל אם מונח שם מאתמול מעט פירות, לא נתבטל הבור משיעורו עי"ז, תוס' לחד תרוצא], **ומ"מ** איסורא יש בזה, כיון דהפירות הוא דבר שיכול ליטלו משם בשבת, לא נתבטל לגמרי הבור משמו.

ולרשב"א, דוקא פירות טבלים או שאר דבר שאסור לטלטל, מבטל המחיצות, [**אבל** שארי פירות, אפי' בטלו בפירוש לא מהני, דבטלה דעתו אצל כל אדם].

והוא שתהא רחבה ארבעה - ואם לאו הוי מקום פטור, ואפילו עמוקה כ' אמה.

---

§ מסכת שבת דף ח: §

אות א'

הוא ברה"ר ועירובו בכרמלית

סימן תט ס"ב - צריך שיהא הוא ועירובו במקום אחד, כדי שיהיה אפשר לו לאכלו בין השמשות - דהא טעם העירוב משום דנחשב כאלו קבע דירתו שם. **לפיכך אם נתכוין לשבות ברה"ר והניח עירובו ברה"י, או ברה"י והניח עירובו ברשות הרבים, אינו עירוב, שאי אפשר לו להוציא מרשות היחיד לרשות הרבים בין השמשות** - שהוא זמן קנית עירוב תחלת שבת, **אלא בעבירה.**

(אבל היכא דיכול להגיע אליו, אפילו נתכוין לקנות שביתה רחוק ממקום הנחת העירוב, מקרי מקום אחד, כל שהוא בתוך תחומו ויכול להגיע אליו). ‹וצריך להוסיף, שהמרחק לא יהא יותר משיעור ביהש"מ - חזו"א›.

אבל אם נתכוין לשבות ברשות היחיד או ברשות הרבים והניח עירובו בכרמלית, או שנתכוין לשבות בכרמלית והניח עירובו ברשות היחיד או ברשות הרבים, הרי זה עירוב, שבשעת קניית העירוב שהוא בין השמשות, מותר להוציא ולהכניס מכל אחד משתי הרשויות לכרמלית לדבר מצוה, שכל דבר שהוא מדברי סופרים לא גזרו עליו ביהש"מ במקום מצוה או בשעת הדחק - ועירובי תחומין חשיב במקום מצוה, דהא אין מערבין אלא לדבר מצוה, כדלקמן בסימן תט"ו.

אות ב'

כל דבר שהוא משום שבות, לא גזרו עליו בין השמשות

סימן שז סכ"ב - [א]כל שבות דרבנן מותר בין השמשות לצורך מצוה, כגון לומר לאינו יהודי להדליק לו נר בין השמשות; או אם היה טרוד והוצרך לעשר בין השמשות.

באר הגולה

[ו] שם ח' והרמב"ם [ז] רמב"ם ‹ורש"י› [ח] הרא"ש שם וכ"כ הטור [ט] שם ‹ח.› וכרבא וכ"כ הרא"ש שם [א] טור בסימן שמ"ב מהא דעירובין ל"ב

סימן שמב ס"א - [ב]כל הדברים שהם אסורים מדברי סופרים, לא גזרו עליהם בין השמשות, (ועי"ל סי' רס"א וס"ס ש"ז), [ג]והוא שיהא שם דבר מצוה או דוחק.

לישנא ד"כל" לאו דוקא, דיש דברים שאיסורן מדברי סופרים, וגזרו עליהן ביה"ש אף לצורך מצוה, כגון המבואר לקמן בסימן ת"ט ס"ג בשו"ע, **וכן** להעביר פחות פחות מד' אמות, והטעם, משום דהם קרובים לבוא לידי מלאכה גמורה דאורייתא, גזרו בהם טפי, **וכן** הרבה פוסקים סוברים, דאין מערבין עירובי תחומין ביה"ש, אף שהוא לצורך מצוה, **וכן** מלאכה שאינו צריך לגופה, חמור משאר איסור דרבנן, ואסור בכל גווני ביה"ש, אף אם נימא דעצם איסורו הוא דרבנן, **וכ"ש** דלהרמב"ם הוא דאורייתא.

וכל סעיף זה לא מיירי כשקבל עליו שבת, אבל אם קבל עליו שבת, כגון ע"י "מזמור שיר ליום השבת", או "לכה דודי" בזמנינו, אפי' הוא מבע"י, **ואפי'** אם רק הצבור קבלו עליו, שאז חל עליו שבת בע"כ, אסור לו לעשות כל שבות בעצמו, אפי' לדבר מצוה, **אם** לא ע"י עו"ג.

ועיין במ"א שנסתפק בבין השמשות של מוצאי שבת, דאפשר דהשו"ע מיירי רק בע"ש, ושאני אפוקי יומא מעיולי יומא, דמספיקא לא פקעה קדושה, **ובח"א** כתב להחמיר, **והבית** מאיר הכריע, דמדינא אין חילוק, ואף במו"ש ביה"ש מותר שבות לצורך מצוה, **ומ"מ** למעשה כתב דיש להחמיר במו"ש, משום דאין אנו בקיאין בזמן ביה"ש מתי מתחיל הזמן שאיננו ודאי יום, (**וע"כ** נראה דבמו"ש יש להחמיר עד סמוך לצה"כ, שאז הוא ביהש"מ דר' יוסי זמן מועט מאד מאד).

כיצד, מותר לו ביהש"מ לעלות באילן, או לשוט על פני המים, להביא לולב או שופר - «לצורך יו"ט שחל ביום א', עיין לעיל סי' ש"ז ס"ה», **[ד]וכן מוריד מהאילן או מוציא מהכרמלית עירוב שעשה** - ר"ל והוא התכוין לקנות שביתה ברה"ר או ברה"י הסמוך אצל הכרמלית, **וחשיב** צורך מצוה, אף שא"צ לזה עתה כ"כ בשבת, משום דמתחלה אין מערבין עירובי תחומין אלא לדבר מצוה, ואם יהיה אסור ביה"ש, שהוא זמן חלות עירוב, להורידו ולהביאו אצלו, או להוציא מהכרמלית להביאו אצלו, לא יחול עירובו, והלכך צורך מצוה היא.

[ה]וכן אם היה טרוד ונחפז לדבר שהוא משום שבות, מותר בין השמשות - בא לפרש בזה האי "או דוחק" שכתב לעיל, דהיינו אם היה טרוד ונחפז לזה, דאז מן הסתם נצרך לו צורך הרבה, ושעת הדחק הוא, ולכן התירו לו, [**ומהאחרונים** משמע דטעם ההיתר הוא, מפני שאם לא יתירו לו נמצא שהוא מצטער בשבת], **ועיין** בבאור הגר"א שמשמע מיניה, שטרוד ונחפז, היינו כשהוא שעת הדחק גדול, כגון שרוצה לערב מפני שהוא טרוד ונחפז לברוח מפני כותי, בזה שוה הענין לדבר מצוה, והתירו שבות בין השמשות, דהיינו אפילו כשהעירוב מונח על האילן או בכרמלית, [**ומ"מ** פשוט, דגם הוא מודה למש"כ בסי' רס"א במ"ב ס"ק ט"ז בשם רש"ל, דלא גזרו על שבות ביה"ש במקום הפסד מרובה, ואפשר דה"ה במקום צורך גדול, **וכמה** אחרונים העתיקו את דברי מהרש"ל לדינא, דבמקום הפ"מ או צורך גדול לא גזרו בביה"ש על שבות].

(**דבר שהוא צורך שבת, אף שאפשר לו בלעדם, ורק שיתוסף לו עונג, חשיב צורך מצוה, וממילא מותר כאן בדבר שבות בין השמשות**).

(**עיין בפמ"ג שנתקשה, מ"ט מותר כל זמן בין השמשות בע"ש, למה לא יהיה אסור בו מעט משום תוספת שצריך להוסיף מחול על הקודש,** למ"ד דהוא מדאורייתא, **ואולי** דבאמת לא כל ביה"ש התירו, אלא מעט הסמוך ללילה אסור משום תוספת).

ומטעם זה מותר לומר בין השמשות לעכו"ם להדליק לו נר בשבת - האי "בשבת", ר"ל שידליק תיכף ביה"ש לצורך שבת, **אבל** אם מבקשו שידליק אח"כ בשבת גופא, זה אסור אפילו אם בקשו מבע"י, [**דאין** חילוק באמירה לא"י, בין אם אומר לו בשבת, או קודם שבת שיעשה בשבת, **ומה** שהוא דבר מצוה, המחבר לא סבירא ליה לחלק בזה].

ולאו דוקא לצורך סעודה מתיר המחבר, דה"ה אם מבקשו שידליק בחדר שישן שם, ג"כ יש להקל, [כן מצדד הפמ"ג, משום דהוא טרוד ומצטער מזה, **ובאמת** נראה שיש להתיר אף אם אינו טרוד מזה, כיון שהוא מתענג בזה בשבת, הוי צורך מצוה].

אות ג'

אם היה רקק מים ורה"ר מהלכת בו, הזורק לתוכה ד' אמות חייב

רמב"ם פי"ד מהל' שבת הכ"ד - רקק מים שהוא עובר ברשות הרבים ורבים מהלכין בו, אם אין בעומקו עשרה טפחים הרי הוא כרה"ר, בין שהיה רחב אפילו ארבע אמות, בין שלא היה ברוחבו ארבעה טפחים, שהרי רוב העם מדלגין עליו ואין מהלכין בתוכו, הואיל ואין בעומקו עשרה הרי הוא ר"ה; ואם יש בעומקו עשרה או יתר, הרי הוא ככרמלית כשאר הימים, והוא שיש ברוחבו ארבעה טפחים או יתר על כן, שאין כרמלית פחותה מארבעה.

אות ד'

האי זירזא דקני, רמא וזקפיה רמא וזקפיה, לא מיחייב עד דעקר ליה

רמב"ם פי"ג מהל' שבת הי"א - היה קנה או רומח וכיוצא בו מונח על הארץ, והגביה הקצה האחד, והיה הקצה השני מונח בארץ, והשליכו לפניו, וחזר והגביה הקצה השני שהיה מונח בארץ, והשליכו לפניו על דרך זו,

באר הגולה

ב עירובין ל"ב אוקמינן מתנ' כרבי דס"ל הכי | ג טור מהא דעירובין דאין מערבין תחומין אלא לדבר מצוה, וכ"כ הרב המגיד בשם המפרשים | ד עירובין שם | ה הרמב"ם שם

עד שהעביר החפץ כמה מילין, פטור, לפי שלא עקר החפץ כולו מעל גבי הארץ; ואם משך החפץ וגררו על הארץ מתחלת ארבע לסוף ארבע, חייב, שהמגלגל עוקר הוא.

היה קנה בידו והגביה קצה האחד, וקצה השני מונח בארץ, וחזר והגביה הקצה השני, אפילו כל היום כולו, פטור, כיון שלא עקר כל הקנה מהארץ, [**אבל** אסור מדרבנן]. **ואם** משך החפץ וגררו על הארץ מתחלת ד' לסוף ד', חייב, שהמגלגל עוקר הוא, גמ' ‹צ"א› - מ"ב סוף סימן שמח.

אות ה'

<u>אלא אסקופה מקום פטור בעלמא הוא, כגון דלית ביה ד' על ד'</u>

סימן [ו]שמה סי"ט - [ז]מקום פטור, הוא מקום שאין בו ד' על ד' - טפחים רוחב, אפילו הוא ארוך אלף אמה, דמרובע ד' טפחים על ד' טפחים בעינן.

וגבוה משלשה - דפחות משלשה בטל לגבי קרקע, וכדלעיל בס"י, **ולמעלה עד לרקיע.**

[ח]**או חריץ שאין בו ד' על ד' ועמוק יותר משלשה** - ט"ס צ"ל: "ועמוק שלשה ויותר".

[ט]**וכן המחיצות הגבוהות משלשה ולמעלה, ואין ביניהם ארבעה על ארבעה** - מלשון זה משמע, דאין עובי המחיצות מצטרף לד', וע"ל בס"ב מש"כ שם.

אות ו'

<u>ואם נטל ונתן שלשתן פטורין</u>

רמב"ם פי"ד מהל' שבת הט"ו - היה עומד במקום פטור ונטל חפץ מרה"י או מאדם העומד שם, והניחו ברה"ר או ביד אדם העומד שם, פטור.

[י]סימן שמו ס"א - [יא]אבל מקום פטור, מותר להוציא ולהכניס - וה"ה להושיט ולזרוק, **ממנו לרשות היחיד ולרשות הרבים, ומהם לתוכו.**

[יב]**וכן לא יעמוד אדם על מקום פטור, ויקח חפץ מיד מי שעומד ברה"ר, ויתננו למי שעומד ברשות היחיד, או איפכא** - וה"ה ליקח מקרקע רה"י וליתן לקרקע ר"ה.

האי "וכן" ‹דהולך על תחילת הסעיף שלא הבאנו כאן› לאו דוקא, דחיובא ליכא בזה, גמ', דכיון שהוא בעצמו עומד ומניח במקום פטור, מיד שהגיע החפץ נגדו, נעשה כמו שהניח שם מעט, [כן הוא לפי' רש"י והרמב"ם במה דמסיק שם: התם לא נח הכא נח, וכמש"כ בספר מעשה רוקח, ע"ש. **ועיין** במהרש"א דמפרש שם כן אף לפי' התוס' בשם ר"ח, [יג]**אכן** בהשגות הראב"ד פרק י"ב הי"ד, ‹לקמן אות ז'›, לפי מה שהעתיק פי' ר"ח, משמע דדוקא בשנח שם מעט, אבל כשלא נח כלל חייב]. **ונקט** "וכן" משום איסורא, משום דעכ"פ נעשה על ידו הוצאה מרה"י לר"ה, ואתי לאקולי להוציא מרה"י לר"ה להדיא.

ולהחליף דרך מקום פטור ברשויות דרבנן - ר"ל שעומד על מקום פטור, ונוטל מיד מי שעומד ברה"י, ונותן ליד העומד בכרמלית, או איפכא, [**וגם** בזה אפי' לא נח כלל בשעה שהגיע נגדו, נעשה כמי שנח ומותר לדעת המתירין, **ולדעת** הראב"ד בשם הר"ח הנ"ל, גם בזה בעינן דוקא שנח מעט בשעה שהגיע אצלו, דאל"ה הוי כמי שעקר מרה"י והניח בכרמלית, ואסור], **וה"ה** אם נוטל חפץ מרה"י ומניחו במקום פטור, וחוזר ונוטל ממקום פטור ומניחו בכרמלית, [**דאם** לא הניחו, רק שהעבירו דרך מקום פטור, אסור אפי' לדעת המתירין].

יש אוסרים - ס"ל דאין לחלק בין רשויות דאורייתא לרשויות דרבנן לענין זה, [**ואסור** אפי' אם נח בינתים, כמו אם העביר מרשות היחיד לרה"ר דרך מקום פטור ונח בינתים].

ויש מתירים - ס"ל דדוקא ברשויות דאורייתא גזרינן, משא"כ ברשויות דרבנן, דהוי גזירה לגזירה, [**דאפי'** אם יבוא עי"ז להוציא להדיא מרה"י לכרמלית, ג"כ ליכא איסורא דאורייתא]. **(ע"ל סימן שמ"ו סעיף ו').**

‹דע, דלפי המבואר בסוף הסימן, דמקום פטור העומד אצל כרמלית, אמרינן דמצא מין את מינו ודינו ככרמלית, והוא כדעה ראשונה הנזכר בהג"ה ס"ס שמ"ה ע"ש, **יהיה צריך לפרש המקום פטור דכאן, שהוא גבוה עשרה ואין רחב ארבעה, דאז לכו"ע לא נוכל לחשבו לכרמלית, אף דהוא בסמוך לו, דאין כרמלית תופס למעלה מעשרה, דאי** בפחות מי', **אף דאינו רחב ד', יש לו דין** כרמלית לדעה ראשונה הנ"ל›.

באר הגולה

[ו] ‹תוקן ע"פ מהדורת נהרדעא› [ז] **שם ז'** [ח] **רמב"ם** [ט] **שם** [י] ‹ע"פ הבאר הגולה› [יא] **ברייתא שם** (ו') **וח'** [יב] **ברייתא שם ו' וח'**

[יג] ‹לפירש"י משני הגמ', התם לא נח במקום פטור, דהיינו משום שהעביר, דהיינו שהלך עם החפץ ד' אמות בר"ה, אלא שהחפץ היה מוגבה למעלה מי', וכיון שקיי"ל מהלך לאו כעומד, שפיר דלא נח במקום פטור, **משא"כ** זה העומד במקום פטור, מקרי מה שבידו בעמידתו במקום פטור. **ולפי** הראב"ד, דהמעביר דרך עליו, היינו מימינו לשמאלו דרך פניו והוא עמד על עמדו, וחשוב ליה מקום פטור מה שמגיע החפץ נגד גופו, דהוי כנח תוך ד' אמות שהוא מקום פטור, **עיקר** התירוץ לשיטה זו היינו, התם לא נח, ר"ל התם איירי דלא נח, שהעביר היד בפעם אחד בלא הנחה כלל, **והכא** נח, כלומר דאיירי שעיכב היד בפגיעה נגד גופו כל שהוא, שעכבה זו חשוב הנחה לפטור, אלא שלכתחלה אסור משום דמחזי כמזלזל באיסור שבת – בית מאיר›

אות ד'

המעביר חפץ מתחילת ד' לסוף ד' ברה"ר, אע"פ שהעבירו דרך עליו, חייב

רמב"ם פי"ב מהל' שבת הי"ד - המעביר חפץ מתחלת ד' לסוף ד' ברה"ר, אע"פ שהעבירו למעלה מראשו, חייב. השגת הראב"ד: המעביר חפץ מתחלת ד' לסוף ד' ברה"ר אע"פ שהעבירו למעלה מראשו, חייב. א"א [יד]אין זה הפירוש נכון למה שאמרו: דרך עליו; אלא כך פירושו, האדם עומד במקומו ונוטל חפץ מצד ימינו ומניחו בצד שמאלו לסוף ארבע אמות, אף על פי שכשהגיע כנגד עצמו הרי הוא כמי שהניחו באמצע שהוא מקום פטור, כיון שלא הניחו חייב; ואם הניחו או שעכבו בידו שם מעט, פטור, כמו שאמרו: אדם עומד על האסקופה נוטל מבעה"ב וכו'.

---

§ מסכת שבת דף ט. §

אות א'

אסקופה משמשת שתי רשויות, בזמן שהפתח פתוח כלפנים, פתח נעול כלחוץ

[א]סימן שמו ס"ג - הגה: ולכן מותר ליקח מפתח מכרמלית שלפני גינה לפתוח ולנעול - היינו אף להכניס הדלת של הגינה עם המפתח לפנים, **ולהחזיר המפתח אליו** - דאע"פ שהגינה הוא רה"י מן התורה, שמוקפת מחיצות, כיון דרבנן עשאוהו ככרמלית, לא אסרו הטלטול ממנו לבקעה שלפניה, והטעם כנ"ל.

ובלבד שלא יהא ביניהם אסקופה שהיא רשות היחיד - ר"ל בפתח הגינה לא תהא אסקופה שקורין שוועל גבוה, **כגון שהיא גבוה עשרה ורחבה ארבעה** - שיש עליה שם רה"י, דאז אסור להכניס המפתח או להוציא, דהא מטלטל מכרמלית לרה"י, ומרה"י לכרמלית.

דאם אינה גבוה עשרה, איסקופה גופא כרמלית היא, וכמו בקעה דמיא, **וכן** אם לא היה רחבה ד', מקום פטור הוא, ובודאי מותר לעמוד עליה לפתוח ולסגור.

או שיש לה שני מחיצות מן הצדדין שהם רחבים ארבע - דבפחות מזה אפילו ד' מחיצות גמורות לא הוי רה"י, **ומשקוף עליה רחבה ארבע** - והיא השלישית, דאמרינן פי תקרה יורד וסותם, **דאז הוי רשות היחיד אע"פ שאינה גבוה עשרה** - ר"ל האיסקופה, וה"ה כשאינה גבוה ג', או שאין בה איסקופה כלל, דהרה"י נעשה ע"י המחיצות.

(והקשה המ"א, דהא בסוף סימן שס"א פסק, דבעינן דוקא שיהיו שתי המחיצות דבוקות זו בזו, ובזו כנגד זו לא אמרינן פי תקרה יורד וסותם, ואין לומר דהפתח נחשב למחיצה, א"כ במחיצה אחת מן הצד סגי, ועי"ש מה שתירץ, **ובא"ר** תירץ, דהכא כיון שאין מפולש לר"ה, דמצד אחד הדלת שבגינה, די אף בשתי מחיצות זו כנגד זו, והגר"א בביאורו כתב, דע"פ אמת די במחיצה אחת מן הצד, והדלת ג"כ נחשב למחיצה, נמצא דהוי כשתי מחיצות דבוקות, וכ"כ התו"ש, דרמ"א נקט רק אורחא דמלתא, אבל לדינא נעשה רה"י ע"י מחיצה אחת, ולדבריהם יהיה רה"י גמורה של ד' מחיצות, דלשתי מחיצות האחרות נאמר פי תקרה יורד וסותם ע"י המשקוף שלמעלה).

(ובפתח מבוי, אפילו אין מקורה כולה רק החצי החיצונה מקורה, אמרינן פי תקרה יורד וסותם, כיון שיש מקום ד' משפת הקורה עד הדלת, שם מבוי עליה ומצטרף עם המבוי, והקורה מתירתו, ‹אף דיש ג"ט אויר בין הקורה ובין פתח המבוי, מ"מ כיון דהמקום עם האויר רחב ד"ט שהוא שיעור מקום חשוב, נותנים לו דין מבוי ומצטרף עם המבוי – מחה"ש›, **וזהו** אם הוה דלת המבוי נעול, ואם הפתח פתוח, אפילו אין מקום ד' הוי כלפנים – מ"א, וצ"ע, דהלא דברי המ"א נובע מסוגית הגמרא שבת ט', ושם הלא איתא בהדיא בתוס', דאם פתוח לר"ה, אפילו אם הפתח נעול הוי כלפנים בשאין רחב ד', {וכיון דללחי מיקל התוס' פתוח לר"ה בפתח נעול, כ"ש לענין קורה}, וע"כ מיירי המג"א בפתוח לכרמלית, ואפ"ה אם פתח פתוח הוי כלפנים, וזהו סותר לפסק השו"ע לקמן בסימן שס"ה ס"ד, דפסק בהדיא דפתוח לכרמלית אסור תחת הקורה, **ובאמת** מזו הסוגיא לשיטת התוס' והרא"ש וגם לפירש"י, מוכח בהדיא דס"ל כשיטת הראב"ד, דס"ל דתחת הקורה מותר אף בפתוח לכרמלית, וא"כ לפלא על המ"א שסתם בזה ולא הזכיר דדעת השו"ע סותר לזה, וצ"ע).

גזירה משום תל ברשות הרבים

רא"ש סימן יז - רב אלפס ז"ל לא הביאה משום דאין הלכה כאחרים, אע"ג דקימ"ל כרבי מאיר בגזירותיו אפילו היכא דרבים פליגי עליה... מ"מ בהא לית הלכתא כוותיה, דבפרק כל גגות (דף צא א) פסיק הלכתא כר"ש דפליג עליה, דקאמר אחד גגות ואחד חצירות ואחד קרפיפות רשות אחת הן ומטלטלין מזה לזה.

באר הגולה

יד ‹ולדברי הכל דינו של רבינו ז"ל אמת – מגיד משנה› א ‹השייכות של רמ"א זה אינו מובן כ"כ, הגם דלהמ"א המובא בבה"ל יש שייכות›

דרך עליו חייב התם לא נח הכא נח: *אחרים אומרים *אסקופה משמשת שתי רשויות בזמן שהפתח פתוח כלפנים פתח נעול כלחוץ ואף על גב דלית ליה לחי *והאמר רב חמא בר גוריא אמר רב תוך הפתח צריך לחי אחר להתירו וכי תימא דלית ביה ד' על ד' והאמר רב *חמא *בר גוריא אמר רב תוך הפתח אע"פ שאין בו ד' על ד' צריך לחי אחר להתירו אמר רב יהודה אמר רב הכא באיסקופת מבוי עסקינן חציו מקורה וחציו שאינו מקורה וקירויו כלפי פנים פתח פתוח כלפנים פתח נעול כלחוץ רב אשי אמר לעולם באיסקופת בית עסקינן וכגון שקירה בשתי קורות שאין בזו ארבעה ואין בזו ארבעה ואין בין זו לזו שלשה ודלת באמצע פתח פתוח כלפנים פתח נעול כלחוץ: *ואם היתה איסקופה גבוהה י' ורחבה ד' הרי זו רשות לעצמה מסייע ליה לרב יצחק בר אבדימי דאמר רב יצחק בר אבדימי אומר היה רבי מאיר *כל מקום שאתה מוצא ב' רשויות והן רשות אחת כגון עמוד ברה"י גבוה י' ורחב ד' אסור לכתף עליו גזירה משום תל ברה"ר:

מתני'

רש"י

דרך עליו. שהגביהו למעלה מי' דלא שליט ביה אויר רה"ר והוי מקום פטור: **חייב.** כי הדר אנחיה ואע"ג דדרך מקום פטור אזל: **לא נח.** במקום פטור והויא ליה עקירה מרה"ר והנחה ברה"ר: **הכא נח.** במקום פטור ביד העומד על האסקופה: **פתח פתוח כו'.** קס"ד במבוי שהכשירו בלחי ולחיו לפנים מן האסקופה והיינו דקא תמה ואע"ג דלית ליה לחי מבחוץ והא אמר רב חמא כו': **תוך הפתח.** של מבוי דהיינו רחב האסקופה: **צריך לחי אחר להתירו.** שהלחי המתיר את המבוי סתמיה עגד האסקופה וזקוף עליה וקסבר אסור להשתמש עגד הלחי אלא מחודו הפנימי ולפנים האי היכר המחילה: **וכ"ת דלית ביה רחב ד'.** במשך עובי החומה לפיכך אינה רשות לעצמה ומותר להשתמש כנגד הלחי מחודו החיצון שהוא שוה לאסקופה אבל רה"ר ואין לך לחי גדול מעובי החומה שמכאן ומכאן שבהם המבוי ניתר: **הכא באסקופת מבוי עסקינן.** כדקאמרת אבל לא במבוי שהכשרו בלחי אלא במבוי שהכשרו בקורה וקורת המבוי שיעור רחבה טפח בפ"ק דעירובין (דף יג:) והאסקופה ועובי הפתח מסתמא רחבים הם כמלא חציו של עובי הפתח מקורה וחציו אינו מקורה וכגון שהניח הקורה כלפי פנים לצד המבוי הלכך פתח פתוח כלפנים מחוד החיצון של קורה ולפנים וסבר לה כמ"ד מותר להשתמש תחת הקורה או משום טעם ההיכרא מלבר כדמפרש פלוגתייהו בעירובין (דף ח:) אי משום דקורה משום מחילה דאמרינן חודה החיצון יורד וסותם: **פתח נעול.** והדלת שוקף בפני האסקופה הפנימית וכל האסקופה חוץ לדלת כלחוץ ואפילו תחת הקורה דכיון דנסתם המבוי בטלה לה קורה וליכא למימר יורד וסותם דכל מחילה שאין בין חלל המחיצות ד' אינן מחיצות ולא שייכא בהו תורת גוד אחית ולהכי לא אוקמא באסקופת בית דסתם בית פתח שלו יש לו משקוף מלמעלה וכמלא עובי הפסח כולו מקורה ואפילו פתח נעול אמרינן יורד וסותם שהרי יש בחלל עביו ד' מן הדלת לסתימת פי התקרה וה"ה דמלי לאוקמא כולו מקורה אלא שאין ברחב עביו ד' אלא משום דסתם עובי החומה אינו פחות מד': **באסקופת בית.** שכולו פתח מקורה והיינו טעמא דפתח נעול כלחוץ כגון שקירה עובי הפתח בשתי קורות דאילו תקרה שיש בה ד' אמרינן בה יורד וסותם ותו לא אתי נעילת דלת ומבטל למחילה ואפילו הוא שוקף באמצעיתו דלא דמי למבוי דקירת מבוי קלרה היא ולא הוכשרה אלא למבוי הלכך פתח נעול בטלה מתורת קורה דהא אזל ליה מבוי אבל תקרת ד' לא בטלה ירידת סתימתה בנעילת דלת דהלמ"מ היא גוד ולבוד ודופן עקומה במקום ד' והכא טעמא משום דשתי קורות הוו שאין בזו ארבע ולא בזו ארבע ולא ביניהן ג' והדלת מתוקן להיות נועל באמצע הלכך פתח פתוח כלפנים דכיון דאין ביניהם ג' אמרינן לבוד והוי כחדא ופיה החיצון יורד וסותם דהא השתא אית בה ד': **פתח נעול כלחוץ.** כיון דבאמצע הוא נמצא הוא מפסיק ביניהן ומחלקן זו מזו שאינן נראות יחד לומר בהן לבוד וליכא למימר בחיצונה פיה יורד וסותם דהא לית בה ד': **ואם היתה אסקופה גבוהה י' כו'.** סיפא דמילתא דאחרים דברייתא דלעיל והדר נקיט לה לפרושה כמו אמר מר: **רשות לעצמה.** ואין מטלטלין בה אפילו מן הבית ואף על גב דשניהם רה"י: **אומר היה ר"מ.** דהוא אחרים כדאמרינן בהוריות*: **והן רשות אחת.** דשניהן רה"י אלא שזה נמוך וזה גבוה: **כגון עמוד ברה"י כו'.** אסור לכתף עליו מן החצר: **משום תל ברה"ר.** גבוה י' ורחב ד' דהוי רשות היחיד דאיכא חיובא דאורייתא מרשות הרבים לכתף עליו:

מתני'

תוספות

אע"ג דלית ליה לחי כו'. פרש"י דס"ד דמיירי באסקופת מבוי שהכשירו בלחי ולא נהירא מדקאמר בסמוך לעולם באסקופת בית אלא נראה דמיירי בכל אסקופה בין דמבוי בין דבית בין דחצר ונקט אע"ג דלית ליה לחי משום מבוי דבית וחצר אינו ניתר בלחי וקורה אלא בפסים א"נ נקט לחי משום דבית וחצר נמי ניתרין בלחי מכאן ולחי מכאן ומיירי דקיימא אסקופה כנגד עובי החומה דהיינו בין לחיים שהוא תוך הפתח והדלת עומדת אלל עובי החומה של לד פנים ולהכי פתח פתוח כלפנים שאותו עובי רה"י גמורה היא שיש לה ג' מחילות ב' מחילות מעובי החומה ושלישית ללד פנים אע"פ שמלד רביעית הוא פרוץ במלואו אפ"ה כיון שהפתח פתוח בטל אותו עובי למה שבפנים שיש לו ד' מחילות פתח נעול כלחוץ דכיון שהוא נעול אינו בטל למה שבפנים והוי כנפרץ במלואו למקום האסור ולאו דוקא כלחוץ דהא רה"י גמורה היא מדאורייתא כיון שיש לה ג' מחילות ואסור לטלטל משם ולחוץ אלא קרי כלחוץ לפי שאינה כלפנים ואסור לטלטל מבפנים לעובי הפתח דרך נקב אם יש בדלת א"נ יש ליישב כלחוץ כגון שפתוח לכרמלית אבל באסקופה כולה ברה"ר חוץ לעובי החומה ליכא לאוקמא דאי לאו גבוה ג' אפילו פתח פתוח הויא כלחוץ דהוי רה"ר ואי גבוה ג' ורחבה ד' כרמלית היא ולא הויא לא כלחוץ ולא כלפנים ואם אינה רחבה ד' מקום פטור הוא ולעולם הוא כלפנים וכלחוץ ואי קיימא כולה לפנים א"כ לעולם הוא כלפנים וא"ת כיון דמיירי באסקופת בית א"כ מאי פריך אע"ג דלית ליה לחי והא אסקופת בית מסתמא מקורה הוא ואית לן למימר פי תקרה יורד וסותם ואור"י דע"כ באינו מקורה איירי דבמקורה אפילו פתח נעול נמי כלפנים: **תוך** הפתח אע"פ שאין בו ד' צריך לחי אחר להתירו. וא"ת לרבא דמוקי לה בפ' קמא דעירובין (דף י: ושם) דהיינו דוקא בפתוח לכרמלית משום דמלא מין את מינו וגעור לוקי הכא בפתוח לרה"ר ולאביי נמי דלא מפליג התם בין פתוח לכרמלית בין פתוח לרה"ר טוקי באסקופה גבוה ג' דבפ"ק דעירובין (ג"ז שם) מוקי אביי הא דצריך לחי אחר להתירו בדליכא אסקופה ד' או בדליכא אסקופה כלל ואמאי דחיק רב לשנויי בע"א וי"ל דלא מצי לאוקמי הכי דא"כ אפילו נעול נמי כלפנים וכי קאמר וכי תימא דלית ביה ד' הוה מצי למיפרך א"ה אפילו נעול נמי: **אמר** רב יהודה אמר רב הכא באסקופת מבוי עסקינן. דוקא באסקופת מבוי פתח פתוח כלפנים כיון שהקורה ראויה להתיר את המבוי אע"פ שמבוי זה א"ל לקורה שהרי יש לו ד' מחילות שהפתח והדלת ברביעית מ"מ כיון שראויה להתיר את המבוי מלטרף יחד והוי כאילו מקורה ד' טפחים אבל באסקופת חלר ובית כיון שהקורה אינה ראויה להתיר שם אפילו פתח פתוח הוי כלחוץ הואיל ואינו מקורה אלא חליה ודוקא נקט הכא חליו מקורה דבכולה מקורה אפילו נעול כלפנים דסתם אסקופה שהיא תוך הפתח רחבה ד' אף על גב דאוקי אסקופה דאיירי בה ת"ק באינה רחבה ד' התם מיירי בעומדת חוץ לעובי הפתח ודוקא קירויו כלפי פנים אבל כלפי חוץ אפילו נעול הוי כלפנים דקסבר רב חודו החילון יורד וסותם כדמסיק בפ"ק דעירובין (דף ה:) וה"ה דהוי מלי למנקט טפח א' מקורה וקירויו באמלעו בלבד שיהא פחות מארבע מחודו החילון של אותו טפח עד הדלת*: **גזירה** משום תל ברה"ר. אומר ר"י דמבית לעלייה לא אסר ר"מ לטלטל דלא יבא לטלטל בכך מרה"ר לעלייה דמיכר מחילתא ולא טעו אינשי בהכי אלא דוקא תל ברה"י גזר אטו תל ברה"ר דליכא מחילות וברים כל גגות (עירובין דף פט: ושם) מפרש דלא אמר ר"מ אלא כגון עמוד ואמת הריחים דקביעי אבל לא מכתשת ודברים המטלטלים ואומר ר"י דאע"ג דקי"ל כר"מ בגזירותיו אפילו לגבי רבים כדמוכח בריש אע"פ (כתובות ד' נז:) גבי הא דאמר ר"מ אסור להשהות אשתו אפי' שעה אחת בלא כתובה הכא אין הלכה כר"מ דבפ' כל גגות (עירובין ד' צא. ושם) פסקינן בהדיא הלכה כר"ש דפליג עליה וקאמר א' גגות וא' חצרות וא' קרפיפות רשות אחת הן לכלים ששבתו בתוכן ושרי לטלטל מגג לחצר:

לא

עין משפט נר מצוה

נב א ש"ע א"ח סי' שמו סעיף ג בהג"ה:

רבינו חננאל

ושנינן הא דרבא (ברנח) [בדלא נח] לפיכך חייב והא (בדלא נח)[ברנח]. פי' דרך עליו שהעבירו על עצמו מימינו ומשמאלו. הא דאחרים דאמרי אסקופה משמשת ב' רשויות פשוטות היא:

ס"א חנן בר רבא

מסורת הש"ס

[לעיל ו.] | עירובין ט. | [שם] | [לעיל ו.] | [עירובין שם. ג:] | [דף יג:]

אמר מהר"ם ס"מ למינקט וקירויו כלפי חוץ וכגון שהדלת עומדת באמצע עובי הפתח אבל הקירוי אלא דרך הדלת לעמוד כולה בפנים וכה דלא אוקימנא בלחי כדס"ד וכגון שהלחי באמצע האסקופה ואין משם עד הדלת ד' שמא לפי שאין דרך להעמיד לחי באמצע האסקופה אלא או בפנים או בחוץ או כמו שתירץ מהר"מ דלחי הוי משום מחיצה ואפילו נעול הוי כלפנים ואע"ג דליכא ד' כמו תקרת ד' דאפילו נעול יורד וסותם [תוס' ישנים]

גמרא

מתני' *לא ישב אדם לפני הספר סמוך למנחה עד שיתפלל לא יכנס אדם למרחץ ולא לבורסקי ולא לאכול ולא לדין *ואם התחילו אין מפסיקין מפסיקין (*לקרות ק"ש) ואין מפסיקין לתפלה: גמ' הי סמוך למנחה אילימא למנחה גדולה אמאי לא האיכא שהות ביום טובא אלא סמוך למנחה קטנה אם התחילו אין מפסיקין נימא תיהוי תיובתא דר' יהושע בן לוי דאמר ר' יהושע בן לוי *כיון שהגיע זמן תפלת המנחה אסור לאדם שיטעום כלום קודם שיתפלל תפלת המנחה לא לעולם סמוך למנחה גדולה ובתספורת בן אלעשה ולא למרחץ לכולא מילתא דמרחץ ולא לבורסקי לבורסקי גדולה ולא לאכול בסעודה גדולה ולא לדין בתחלת דין רב אחא בר יעקב אמר לעולם בתספורת דידן לכתחלה אמאי לא ישב גזירה שמא ישבר הזוג ולא למרחץ להזיע בעלמא לכתחלה אמאי לא גזירה שמא *יתעלפה ולא לבורסקי לעיוני בעלמא לכתחלה אמאי לא דילמא חזי פסידא בזביניה ומטריד ולא לאכול בסעודה קטנה לכתחלה אמאי לא דילמא אתי לאמשוכי ולא לדין בגמר הדין לכתחלה אמאי לא דילמא חזי טעמא וסתר דינא מאימתי התחלת תספורת אמר רב אבין משיניח מעפורת של ספרין על ברכיו ומאימתי התחלת מרחץ אמר רב אבין משיערה מעפרתו הימנו ומאימתי התחלת בורסקי משיקשור בין כתיפיו ומאימתי התחלת אכילה רב אמר משיטול ידיו ור' חנינא אמר משיתיר חגורה ולא פליגי *הא לן והא להו אמר אביי הני חברין בבלאי למאן דאמר *תפלת ערבית רשות כיון דשרא ליה המייניה לא מטרחינן ליה ולמ"ד חובה מטרחינן ליה והא תפלת מנחה דלכולי עלמא חובה היא ותנן אם התחילו אין מפסיקין ואמר רבי חנינא משיתיר חגורו התם

רש"י

מתני' לא ישב אדם לפני הספר. להסתפר: סמוך למנחה. קודם למנחה: עד שיתפלל. שמא ישכח ולא יתפלל והא אפילו בחול נמי והא דתני הכא משום דדמי להא דתני גבה לא יצא החייט במחטו ע"ש עם חשכה שמא ישכח ויצא משתחשך: ולא יכנס. סמוך למנחה: לא למרחץ כו'. וטעמא דכולהו משום שמא ימשך עד שיעבור זמן תפלה: ואם התחילו. אחת מכל אלו: אין מפסיקין. אלא יגמור ואח"כ מתפלל ובגמרא (דף י.) מפרש בדאיכא שהות לגמור קודם שיעבור הזמן: מפסיקין לק"ש. דאיתא מדאורייתא: ואין מפסיקין לתפלה. ובגמרא (דף יא.) פריך הא תנא ליה רישא: גמ' מנחה גדולה. התחלת זמן תמיד של בין הערבים מכי מתחיל להעריב דהיינו מחצי שבע ולמעלה דהא חצי שש וחצי שבע חמה עומדת בראש כל אדם וקודרת כנגדה למטה ואינה נוטה לשום צד ומחצי ז' ולמעלה נוטה ברקיע למערב סמוך למנחה מהתחלת שבע: מנחה קטנה. בט' ומחצה שהיו רגילין שלא לאחרו יותר מכן כדאמרי' בתמיד נשחט סמוך לה מתחילת י': אם התחילו אין מפסיקין. בתמיה ויעבור הזמן לימא תהוי תיובתא כו' דקתני הכא יגמרו סעודתם: בן אלעשה. חתנו של רבי היה ופזר מעות ללמוד תספורת של כ"ג [נדרי' נא.] שהיה מספר כל ראשו ולא לגמרי אלא מניח כל השערות קצת כדי שיהא ראשו של זה בצד עיקרו של זה והיינו כסום יכסמו [את ראשיהם] (יחזקאל מד) ומימשיך טובא: בורסקי גדולה. עורות הרבה ובתחלת תקונן: לכולא מילתא דמרחץ. לחוף ראשו ולהשתטף בחמין ובצונן ולהזיע: שמא ישבר הזוג. של מספרים ויהא צריך לחזור אחר זוג אחר: למרחץ. נמי לא תימא לכולא מילתא דמרחץ אלא להזיע בעלמא: יתעלפה. פשמי"ר בלע"ז: לעיוני בעלמא. שאין זה תחלת עשייתה ואפ"ה לכתחלה לא יכנס לה סמוך למנחה גדולה: דילמא חזי פסידא בזביניה. שמא נתקלקלו בתוכה העורות: ומטריד. ילטער ויהא טרוד בצערו ולא יתפלל: וסתרו דינא. יסתרו מה שפסקו ויחזרו בהן וחוזר להיות תחלת הדין: מאימתי התחלת תספורת. דנימא שוב אין מפסיק כדתנן אם התחילו כו': מעפורת. סודר ונותנו על ברכיו שלא יפול השער על בגדיו: משיערה מעפרתו סימנו. סודרו הוא ראשון להפשטת בגדיו: משיקשור בין כתפיו. את בתי זרועותיו שקורין ברלייר"א: הא לן והא להו. *בני בבל היו חוגרין את עצמן בחוזק וכשאוכלין צריכין להתירם ובני ארץ ישראל לא היו נוהגין כן בהתרת חגורה קודם נטילת ידים: למאן דאמר תפלת ערבית רשות. במסכת ברכות (דף כז:) מפני שהיא כנגד הקטר חלבים ואימורים שאין מעכבין כפרתן: לא מטרחינן ליה. להפסיק אלא יגמור ואחר כך יתפלל: ולמאן דאמר חובה כו'. בתמיה: לא

תוספות

לא ישב אדם לפני הספר סמוך למנחה עד שיתפלל. והא דאמר בערבי פסחים (דף קז: ושם) ערבי שבתות וערבי ימים טובים לא יאכל עד שתחשך היינו אפילו התפלל לא יאכל כדמפרש התם כדי שיכנס לשבת כשהוא בתאוה אבל לא התפלל אפילו בשאר ימים נמי אסור כדאמר הכא: ואם התחילו אין מפסיקין. אפילו התחילו באיסור כדמוכח בסוכה (דף לח.) גבי מי שבא בדרך ואין בידו לולב יטלנו על שולחנו ופריך למימרא דמפסיקין והא תנן אם התחילו אין מפסיקין ולא משני דהכא בהתחילו בהיתר וגבי לולב התחילו באיסור דמצפרא זמניה הוא וה"נ משמע בגמ' דקאמר כיון דשרי המייניה לא מטרחינן ליה ויתיישב נמי הא דקשה בגמרא גבי לימא תהוי תיובתא דריב"ל: אין מפסיקין. ודוקא בדאיכא שהות *ביום להתפלל כדמשמע בגמרא דקאמר במנחה לא שכיח שכרות משמע דאין לו להפסיד תפלת מנחה ובסוכה (ג"ז שם) בהדיא מוקי מתני' בדאיכא שהות דמשני אמה שהבאתי לעיל הא דאיכא שהות והא דליכא שהות:
לימא תהוי תיובתא דר' יהושע בן לוי. משמע ליה דאפילו התחיל מפסיק מדאמר אסור לטעום (א) וא"ת לוקי מתניתין בהתחיל בהיתר דאשכחן גבי הבדלה (ע"פ דף קו.) דקאמר נמי כי האי לישנא אסור לאדם *לטעום כלום קודם שיבדיל ואפ"ה משמע אם התחילו בהיתר אין מפסיקין דקאמר התם *הכי אמר רב הבדלה אינה קובעת וה"מ דקבעי ואכלי אבל אתחולי מעיקרא לא מתחלינן ויש לומר דאם התחילו אין מפסיקין משמע ליה אפילו התחילו באיסור כדפירש במתני':
בתספורת של בן אלעשה כו'. נראה דהכי הלכתא ושרי סעודה קטנה במנחה גדולה עד זמן תפלה ודוקא סעודה גדולה כגון סעודת אירוסין ונשואין וסעודת מילה אסור ודלא כרב אחא בר יעקב דאסר אפילו סעודה קטנה סמוך למנחה גדולה דהלכה כלישנא קמא דסתם לן הש"ס ורב אשי שהוא בתרא סידר את הש"ס והלכתא כותיה לגבי רב אחא בר יעקב ואמאי דאמר לקמן מאימתי התחלת דין אין להוכיח דמתניתין איירי בתחלת הדין דלא כרב אחא דאיכא למימר דקאי אאם התחילו אין מפסיקין ומיהו סמוך למנחה קטנה אסור אפילו סעודה קטנה ואם התחילו מפסיקין ואע"ג דהש"ס אי לאו דר' יהושע בן לוי הוה מוקי לה בסעודה קטנה וסמוך למנחה קטנה ואם התחילו אין מפסיקין ולא קי"ל כר' יהושע בן לוי כדאמר בפרק תפלת השחר (ברכות כח:) מ"מ כיון דמסיק סתם הש"ס הכי משמע דבהא דאם התחילו מפסיקין קיימא לן כותיה ודוקא בהא דאמר דאסור לטעום אפילו פירות לא קיימא לן כותיה: הא לן והא להו. פי' בקונטרס בני בבל היו חוגרים עצמם בחוזק וכ"ש בסמוך מדקאמר הני חברין בבלאי למ"ד תפלת ערבית רשות מכי שרא המייניה לא מטרחינן ליה ורבי חנינא שהיה בא"י היה אומר לתלמידיו שהיו מא"י לפי שדרכן היה להתרחק שלא היו יכולין לעסוק כל כך בביתם וקשה דבפרק כיצד מברכין (שם דף מד.) בסופו קאמר רב חסדא אמר על הארץ ועל פירותיה ור' יוחנן אמר על הארץ ועל הפירות ואמר התם לא פליגי הא לן והא להו מתקיף לה רב נחמן ארב חסדא אינהו אכלי ואנן מברכינן ומאי פריך לימא רב חסדא אומר לתלמידיו שהיו מארץ ישראל וי"ל דקים ליה שבאותה שנה לא היו לפניו תלמידים מארץ ישראל*:
למ"ד תפלת ערבית רשות לא מטרחינן ליה. וא"ת תיפוק ליה משום ק"ש וי"ל כגון שקרא ק"ש ונראה לר"י אפילו למאן דאמר תפלת ערבית רשות אין לבטלה בחנם אלא בשביל שום צורך כמו בשרא המייניה דהכא או אם יש שום מצוה שאינה עוברת יעשה המצוה ולא יתפלל אע"פ שהמצוה אינה עוברת אבל בחנם אין לבטלה תדע שהרי יעקב תקנה ולמה יש לבטלה בחנם ועוד דאמרינן בפרק תפלת השחר (שם כו: ושם) שהיא כנגד הקטרת אברים שהיא כל הלילה דלא מעכבי כפרה אלא מצוה ה"נ תפלת ערבית מצוה ואין להאריך:
התם

עין משפט נר מצוה

נג א מיי' פ"ו מהל' תפלה הלכה ה סמג עשין יט טוש"ע א"ח סי' רלב סעיף ב וטוש"ע ח"מ סי' ה סעיף ד:

נד ב טו"ע א"ח סי' רלה סעיף ב:

נה ג ד מיי' שם והל' ו סמג שם טוש"ע א"ח סי' רלב סעיף ב:

רבינו חננאל

מתני' לא ישב אדם לפני הספר סמוך למנחה עד שיתפלל. אתינן לאוקמה סמוך למנחה גדולה שהוא מו' שעות ומחצה ולמעלה. ובתספורת בן אלעשה שצריך שהות הרבה. כדגרסי' בסנהדרין ס"פ כהן גדול כסום יכסמו את ראשיהם תנא כמין תספורת לוליאנית תספורת יחידתא היא כלומר שתהיה הראש מכוסה בשיער כזה ראש זה השיער נוגע בעיקר השיער שלמעלה הימנו תניא א"ר לא להנם פיזר בן אלעשה את מעותיו אלא כדי להראות את התספורת כהן גדול. ובא רב אחא בן יעקב ודחאה ואוקמה למתני' בתספורת דידן וגזירה שמא ישבר הזוג שצריך לתקנו. מאימתי התחלתה משיניח מעפורת של ספרין על ברכיו: ולא יכנס למרחץ להזיע בעלמא. ולכתחלה אמאי לא גזירה שמא יתעלפה. ומאימתי התחלתו משיערה מפרתו. ולא לבורסקי. לעיוני בעלמא. ולכתחלה אמאי לא דילמא חזי בה פסידא וצריך לתקנינהו ומאימתי התחלתו משיקשור בין כתיפיו. ולא לאכול בסעודה קטנה. ולכתחלה אמאי לא דילמא אתי לאמשוכי. מאימתי התחלת סעודה רב אמר משיטול ידיו ר' חנינא אמר משיתיר חגורו ולא פליגי בני א"י שמהלכין אזורי חלצים עד שיתירו חגורתם. ובני בבל משיטול ידיו. וי"א בני בבל מהלכין אזורי חלצים ועליהו אמרו משיתיר חגורו ובני א"י נטילת ידים: ולא לדין בגמר דין ולכתחלה אמאי לא דילמא מוספי טענתא וסתרי לדין

רב נסים גאון

למעלה מי' טפחים אין עירובו עירוב: מנחה גדולה מו' שעות ומחצה ולמעלה ומנחה קטנה מט' שעות ומחצה ולמעלה ופירושם במסכת ברכות בפרק תפלת השחר (דף כו): תספורת בן אלעשה מפורשת במס' סנהדרין בפרק כהן גדול (דף כב) מאי כסום יכסמו את ראשיהם תנא כמין תספורת לוליאנית מאי תספורת לוליאנית אמר רב יהודה אמר שמואל תספורתא יחודאה היכי דמי אמר רבה ראשו של זה בצד עיקרו של זה שאלו את רבי איזהו תספורת של כהן גדול אמר להן צאו וראו תספורת של בן אלעשה תנא ר' אומר לא לחנם פיזר בן אלעשה את מעותיו אלא כדי להראות תספורת של כהן גדול: אמר זעירי הברין בבלאי למאן דאמר תפלת ערבית רשות רבי יהושע הוא דסבר כי תפלת ערבית רשות כמו שאמרו בברכות בפרק תפלת השחר (דף כז) תפלת ערבית רבן גמליאל אומר חובה ר' יהושע אומר רשות: רב

גליון הש"ס

רש"י ד"ה הא לן וכו' בני בבל היו חוגרין וכו'. מצינו כן ביחזקאל כג טו שאמר על בבל חגורי אזור במתניהם: תוס' ד"ה הא לן וכו' וי"ל דקים ליה וכו'. וכעין זה לקמן נג ע"א תד"ה ומאי דאכוי וכו' ולקמן קמו ע"ב תד"ה תרגמא זעירי. ובעירובין כט ע"א תד"ה ברכב"ם ד"ה לקנגו. ובחולין נד ע"א תד"ה וחזיא לדר"מ ובשבועות מז ע"א תד"ה כלכתא מאי ובכתובות ח ע"א תד"ה מ"ע דר"י. ובגדה מד ע"ב תד"ה שלשים יום וביבמות פ' ע"ב תד"ה כיון. ובכ"ק כט ע"ב תד"ה כי פליגי. ובכ"ב קח ע"א תד"ה הלו. ובנדרים כד ע"ב בכר"ן ד"ה ת"ש. ושם כו ע"א בר"ן ד"ה ולר"ש. ובמרדכי פרק בתרא דיבמות במתני' דאין מעידין אלא עד ג' ימים:

מסורת הש"ס

סוכה לח.

[ת"י לק"ש כ"א במשנה שבהרי"ף והרא"ש וכן בפרש"י דהכא ובפיסקא דלקמן יא.]

ברכות כח:

[ברכות ה: מד. יומא כח: סוכה לו. מח. ביצה ס. יד: תענית ד: קדושין כט: ב"מ קו. ב"ב קמו.]

[ועי' תוספות ברכות מד. ד"ה אינהו ותוס' קדושין כט: סד"ה הא]

הגהות הב"ח

(א) תוס' ד"ה לימא וכו' אסור לטעום כלום וא"ת:

פי' יתעלפה [ובערוך ערך עלף גרס יתעלף פי' לשון עייפות כמו על ראש יונה ויתעלף ועי' רש"י חולין ג: ד"ה נתעלף]

לפניט שם סגי' שיאכל

[דף קה.]

ברכות ד: ס:

§ מסכת שבת דף ט: §

אות א'

לא ישב אדם לפני הספר סמוך למנחה עד שיתפלל וכו'

סימן רל"ב ס"ב - הנה מפני שבסעיף זה יש בו פרטים רבים, לכן מוכרח אנכי להאריך קצת, **הנה** כל זה הסעיף, לענין אכילה וכן לענין להסתפר וליכנס למרחץ ושאר דברים הנזכרים פה, הוא משנה בפ"ק דשבת, דאסור סמוך למנחה, **ולא** ביארה המשנה איזה מנחה, אי מנחה גדולה דהיא משש שעות ומחצה ולמעלה, וסמוך לה הוא חצי שעה קודם, דהיינו תיכף אחר חצות היום, **או** מנחה קטנה, דהוא מתשע שעות ומחצה ולמעלה, וסמוך לזה היינו מתחלת שעה עשירית.

גם לא ביארה המשנה מה דאסרה לענין אכילה, אי דוקא לסעודה גדולה דהיינו סעודת נישואין וכה"ג, אז אסור שמא יעבור זמן המנחה, **או** אפילו סעודה קטנה כסעודת כל אדם אסור, דלמא אתי לאמשוכי.

וכן כה"ג יש להסתפק בשאר דברים המוזכרים במשנה, דהיינו שאסור ליכנס למרחץ, אי דוקא לכולא מלתא דמרחץ, דהיינו לחוף ראשו ולהשתטף בחמין וצונן ולהזיע, **או** אפי' להזיע בעלמא אסור, שמא יתעלף מחמת חום המרחץ, **וכן** לענין בורסקי, אי דוקא לבורסקי גדולה, או אפי' לעיוני בעלמא, וכה"ג בשארי דברים כאשר מוזכרים בזה הסעיף.

ויש שם בגמרא שני תירוצים, ולתרוייהו איירי המשנה במנחה גדולה: תירוץ קמא, דכונת המשנה שאסרה סמוך למנחה גדולה איירי דוקא בסעודה גדולה, הא סעודה קטנה מותר להתחיל עד זמן סמוך למנחה קטנה, **ויש** שמקילין עוד לתירוץ זה, דאפילו סמוך למנחה קטנה ג"כ מותר להתחיל סעודה קטנה, **ותירוץ** בתרא, דכונת המשנה לאסור אפילו סעודה קטנה סמוך למנחה גדולה.

ונחלקו הפוסקים בזה, הרי"ף והרמב"ם פסקו כתירוצא בתרא, וזהו שסתם המחבר כמותם, **והרמ"א** בריש דבריו פסק כתירוצא קמא, זהו תורף הענין שבסעיף זה, ועתה נתחיל לבאר את דברי הסעיף.

[א]לא ישב אדם להסתפר סמוך למנחה, עד שיתפלל - האי סמוך למנחה היינו סמוך למנחה גדולה, כאשר כתב המחבר בסוף דבריו, ואכולהו קאי, **והיינו** חצי שעה קודם, דהוא תחלת שעה שביעית שהוא מחצי היום ומעלה, **ואין** חילוק בין היום ארוך או קצר, לעולם חשבינן לדעה זו סמוך למנחה אחר חצי היום.

ואף שעד סוף זמן המנחה יש שהות הרבה, אפ"ה חיישינן שמא ישבר הזוג ויחזר אחר אחרת ויעבור המנחה, [גמרא]. **ואפשר** שאם יש לו ב' או ג' זוגים מוכנים לפניו שרי, [מ"א, **וא"ר** מפקפק בזה].

כשמגיע זמן המנחה, נכון שלא יקח ילד בחיקו, דשמא יטנף בגדיו, ובעוד שיחזר אחר מים יעבור מנחה, או יתאחר לבוא לבהכ"נ.

ולא יכנס למרחץ - אפי' להזיע בעלמא, וכ"ש לכולא מלתא דמרחץ.

ולא לבורסקי (מקום שמעבדין שם העורות) - אפי' לעיוני בעלמא, שמא יראה שנתקלקלו העורות ויצטער, ויהיה טרוד בצערו ולא יתפלל - רש"י, [**וגם** שמא יתקן, ובתוך כך יעבור הזמן]. **ומשמע** דה"ה לכל מלאכה או חשבון כיוצא בו שאפשר להמשך או לגרום טרדא, [מ"א], **ולכן** אותם היוצאים לירידים, שטרודים בקניית ומכירת סחורה, לא יתחילו לכתחלה סמוך לזמן מנחה גדולה עד שיתפללו מקודם, [ח"א].

(**ומצאתי** במאירי שכתב מענין זה וז"ל: **קצת מפרשים כתבו, שלא נאסרה מלאכה בחול מזמן הסמוך למנחה גדולה, אלא במלאכות שאין רגילות עשייתן לחצאין, כגון תספורת או הבורסקי, שמאחר שאתה חושש על הפסד עורות, איך יפסיד וילך להתפלל, ועוד שדרכו ללבוש בגדים צואים באותה שעה, עד שישלים וירחץ רגליו וילביש בגדים הרגילים לו, ואיך יפסיק ע"מ לחזור לאלתר לסורו, וכן לדין קשה לו לזוז בעוד שטענתו בידו ועדיו מזומנים לו, וכן כל כיוצא בו, אבל תפירה וכתיבה ושאר דברים שאדם רגיל להסתלק מהן לחצי שיעור, מתחיל, וכשיגיע זמן תפלה מפסיק**, עכ"ל, **ואפשר** שכן הוא ג"כ דעת המ"א, ולהכי כתב "כיוצא בזה", וכ"כ הפמ"ג, **אמנם** מסתימת לשון מהרי"ו שהביא המ"א, משמע דס"ל שבכל מלאכה אסור, **ובמקום** הצורך יש לסמוך להקל).

ולא לדין - אפילו שמעו טענותיהם מכבר, ועתה ראו לישב בשביל גמר דין, אסור, שמא יראו טעם ויסתרו הדין וימשך הענין, [**דאילו** כבר ישב מקודם שהגיע הזמן בשביל התחלת הדין, אף שגמר הדין הגיע סמוך למנחה, הלא קימ"ל אם התחילו אין מפסיקין, ופשוט].

ולא לאכול [ב]אפי' סעודה קטנה - היינו סעודת כל אדם, וסעודה גדולה הוא של נישואין ומילה, והטעם, דחיישינן שמא ימשך, **סמוך למנחה גדולה.**

ולענין להתחיל ללמוד קודם תפלת המנחה, עיין לעיל בסי' פ"ט ס"ו לענין לימוד קודם תפלת שחרית, וה"ה הכא כשמגיע זמן מנחה קטנה, [**ולכאורה** אין להחמיר לענין למוד אחצי שעה, **ופשוט** דאם התחיל בלמוד קודם שהגיע הזמן דחיוב תפילה, אינו חייב להפסיק אם ישאר לו שהות אח"כ להתפלל בזמן תפילה].

ואם התחיל באחת מכל אלו, אינו מפסיק אע"פ שהתחיל באיסור - היינו אפילו התחיל סעודה גדולה, או שנכנס לבורסקי גדולה, וכה"ג בשארי דברים כאשר הזכרנו בפתיחה, דבודאי יש לחוש בהו שמא ימשך הרבה, אפ"ה אינו מפסיק, כיון שיש שהות להתפלל אחר שיגמור סעודתו או מלאכתו.

ואפילו התחיל אחר שהגיע כבר זמן מנחה גדולה, ואפילו אחר כך, כל שלא הגיע עדיין החצי שעה שקודם מנחה קטנה, **[ג]דאלו** כשהתחיל בזו החצי שעה, מפסיק כשיגיע זמן מנחה קטנה, ואף שיש שהות הרבה עדיין עד הערב, דעיקר זמן מנחה הוא ממנחה קטנה ולמעלה, [ולכך מחמרינן יותר כשמתחיל סמוך לה]. **ועיין** לקמן בהג"ה מה שעכשיו נוהגין להקל.

באר הגולה

א שבת ט' ב **שם וכרב אחא בר יעקב דלישנא בתרא הוא, הרי"ף ורמב"ם והג' מיימוני שכן היה נוהג רבי מאיר** ‹מרוטנבורג› ג ‹דבזה נשאר סברת המקשן, דקיי"ל בהא כרבי יהושע בן לוי דאפילו סעודה קטנה סמוך למנחה קטנה צריך להפסיק – מחה"ש›

(וכל שא"צ להפסיק ומפסיק, נקרא הדיוט – מ"א בשם ירושלמי, **ובאדרת** אליהו חולק ע"ז, **ונראה** פשוט דאף למ"א, במקום דמן הדין יש להפסיק, כגון שהתחיל בזמן מנחה קטנה, ורק שאנו סומכין על קריאת השמש, המחמיר בזה בודאי לא נקרא הדיוט).

(ודע, דכל היכא שאמרו שאינו מפסיק, הוא אפילו אם עי"ז יפסיד התפלה בצבור, אינו מחוייב מדינא, **דלא** אטרחוהו רבנן בדיעבד, כיון שיש לו שהות להתפלל אח"כ).

[ד]**והוא שיהא שהות ביום להתפלל אחר שיגמור סעודתו או מלאכתו, אבל אם אין שהות להתפלל אח"כ** - אפילו התחיל בהיתר, **צריך להפסיק מיד** - היינו אפי' עוד היום גדול, כל שיודע שתמשך סעודתו או מלאכתו עד שתחשך, [רש"י ‹סוכה ל"ח. ד"ה הוא›, **ולאו** דוקא עד שתחשך ממש, אלא כל שלא ישאר זמן אחר סעודתו להתפלל כל התפילה בעוד יום], **צריך** להפסיק מיד, שמא ישכח ויעבור הזמן לגמרי, [**היינו** דלא אמרינן שיאכל ויפסיק בתוך הסעודה]. ‹**ולא** יכול להמתין עד זמן מ"ק, ודלא כמ"ש הרמ"א לקמן בסמוך, וכן הוא במ"א, ועיין באשי ישראל›.

חו"מ סימן ה ס"ד - אין יושבין בדין מתחלת שעה שביעית - ‹הטעם, דאז זמן המנחה מן הדין, וכמ"ש באו"ח סימן רל"ב, אלא שחכמים אמרו שימתין עוד חצי שעה עד שינטה השמש ויהיה ניכר, שמא יטעה בין תחילת שביעית לסוף ששית›, **אפילו לגמור דין** - ‹הטעם, שמא יראו הדיינים טעם חדש בטענתן ויחזרו מדעתן הראשונה ויהיה תחילת דין, ויהיו טרודין וישכחו מלהתפלל מנחה – סמ"ע›, **עד שיתפללו תפלת המנחה** - ‹ועכשיו שנהגו לקרות על ידי שמש לבית הכנסת, מותר, או"ת – נה"מ›.

ואם התחילו, אפי' תחלת דין, (אין) מפסיקין אפי' לכשיגיע זמן מנחה קטנה, ובלבד שיהיה להם שהות להתפלל אחר שיגמרו הדין - ‹אבל לכתחילה אסור אפי' בכה"ג, שמא ימשך וישכחו מלהתפלל›. [ה]**(ואם ישבו סמוך למנחה קטנה, מפסיקין) (טור)** - ‹בב"י וד"מ כתבו, דאפילו התחילו בגמר דין מפסיקין – סמ"ע›.

אות ב'

מפסיקין לקריאת שמע, ואין מפסיקין לתפלה

סימן רלה ס"ב - [ו]**אסור להתחיל לאכול חצי שעה סמוך לזמן ק"ש של ערבית** - היינו סמוך לצאת הכוכבים, [**והיינו** אפי' במקום שהצבור מקדימין להתפלל מפלג המנחה ולמעלה, אין לחוש בזה להחמיר], **ומשמע** ממ"א דאפילו במוצאי שבת יש ליזהר שלא להתחיל אז הסעודה, ועיין במ"ב רצ"ט מש"כ בזה.

והטעם, שמא ימשך בסעודתו, ופעמים ישתקע עי"ז גם בשינה, וישכח לקרות שמע, **ואפילו** לאכול קמעא אסור, ומ"מ טעימה בעלמא מיני פירות או אפילו פת בכביצה, שרי.

חצי שעה - דעת הט"ז להקל בזה, ולא בעי אלא שיעור מועט, **והאחרונים** מסכימים לפסק השו"ע, דכל דליכא אלא חצי שעה אסור להתחיל לאכול, **ואם** ביקש מאחד שיזכירנו להתפלל, ליכא אסורא להתחיל לאכול אפילו כשכבר הגיע זמן ק"ש.

וכן לישן, אפילו דעתו רק לישן קמעא. **וה"ה** דאסור אז לעשות כל המלאכות המבוארות לעיל בסימן רל"ב ס"ב, שהם דברים המביאים לידי פשיעה, [**אבל** שאר מלאכות שאין דרכן להמשך שרי, **אבל** במהרי"ו משמע דמחמיר בכל מלאכות], **וכ"ש** כשהגיע זמן ק"ש, בודאי אסור להתחיל בהן, **וא"ר** מצדד להתיר בהם קודם שהגיע זמן ק"ש.

מיהו ללמוד לכו"ע שרי בסמוך לה, ואדרבה מצוה הוא, וכמו שאמרו בש"ס: אדם בא מן השדה בערב נכנס לביהכ"נ, אם רגיל לקרות קורא, לשנות שונה, וקורא ק"ש ומתפלל, **אבל** משהגיע זמן ק"ש אסור אף ללמוד, כשהוא מתפלל בביתו ביחיד, [דבצבור לית לן למיחש שמא יפשע], **ואם** אמר לחבירו שאינו לומד שיזכרנו שיתפלל, מותר.

כתבו האחרונים, הקורין ומתפללין מבעוד יום, אע"ג שיש להם לחזור ולקרות ביציאת הכוכבים וכנ"ל בס"א, **אפ"ה** מותר להם לאכול קודם שיקרא שנית, שהרי עכ"פ כבר קרא, **ומ"מ** בהגיע זמן צה"כ ממש נכון ליזהר גם בזה.

[ז]**ואם התחיל לאכול אחר שהגיע זמנה** - ובתוך חצי שעה סמוך לצה"כ נמי כאחר שהגיע זמן הוא, (וה"ה כשהתחיל במלאכות שכתבנו מקודם, ג"כ דינא הכי), **מפסיק** - מיד [כשיגיע צה"כ], **וקורא ק"ש** - כיון דק"ש דאורייתא הוא, והוא התחיל באיסור, **ואם** התחיל בהיתר, דהיינו לפני חצי שעה שסמוכה לצה"כ, אפי' לק"ש אינו מפסיק, כל שיש לו שהות לקרוא אחר גמר סעודתו, וכנ"ל בסימן עיי"ן במ"ב.

בלא ברכותיה - משום דברכות אינם אלא מדרבנן, לא הטריחוהו להפסיק בשבילם, **וגומר סעודתו, ואח"כ קורא אותה בברכותיה ומתפלל.**

הגה: אבל אין צריך להפסיק לתפלה, הואיל והתחיל לאכול - כמ"ש המחבר, שאינו מפסיק אלא לקרות ק"ש בלחוד בלא ברכות ובלא שמ"ע, ומשום שהם רק מדרבנן, **והאי** דהדר ושנאו הרמ"א, משום דרצה לסיים: אבל וכו'.

[ח]**אבל אם לא התחיל לאכול, אע"פ שנטל ידיו, צריך להפסיק (ר"ן)** - היינו אף שיש עוד שהות הרבה להתפלל, מחמרינן ליה

באר הגולה

ד תוס' ורא"ש והר"ן ממשמעות הגמרא שם ובסוכה ל"ח

ה ‹צ"ע דכאן סתם הרמ"א כן, ובאו"ח סימן רל"ב (ס"ב) הביא דעת הרז"ה (בעל המאור) דאפילו סעודה גדולה מותר סמוך למנחה גדולה, ואצ"כ הא דתנן במשנה (שבת ט ב) לא לאכול ולא לדון, היינו סמוך למנחה קטנה, ומ"מ תנן במשנה ואם התחילו אין מפסיקין, ש"מ אפילו סמוך למנחה קטנה אין מפסיקין, ואיך סתם הרמ"א כאן, וצ"ע – תומים›

ו ב"י לדעת רבינו יונה והרשב"א אהא דאיתא שם ברכות ד'

ז מרדכי בפ"ק דשבת והר"ן שם, מהא דמפסיקין לק"ש, ומהא דסוכה ל"ח

ח ‹הרי"ף בשבת שם, שאמרו שם ולמ"ד חובה מטרחינן כו', וכתב הרי"ף והאידנא קבעום חובה ואע"ג דשרא המיינא מטרחינן ליה, וה"ה לנט"י – גר"א›

שיפסיק, **ולא** דמי להתחיל סמוך למנחה דאינו מפסיק בדיעבד אם כבר נטל ידיו, כדמבואר לעיל בסי' רל"ב, דבמנחה כיון דזמנה מועט, מירתת ולא אתי למפשע, **משא"כ** בערבית דזמנה בדיעבד כל הלילה, גזרינן דלמא אתי למפשע, ויסמוך על אריכותה של לילה, להכי כל זמן שלא התחיל באכילה עצמה מטרחינן ליה להפסיק אף שנטל ידיו, **ודוקא** כשלא בירך עדיין ענט"י, אבל אם כבר בירך ענט"י, נכון שלא יפסיק, אלא יברך "המוציא" ויאכל כזית, ויפסיק סעודתו, **ואף** דבהתחיל לאכול א"צ להפסיק, הכא שאני, שלא התחיל לאכול רק בשביל שלא יהא הפסק בין נט"י ל"המוציא", שאינו נכון לכתחלה, כמבואר לעיל בסי' קס"ו.

ואם אין שהות להתפלל, מפסיק אף לתפלה (הרא"ד) - ר"ל בין שהוא עומד סמוך לעלות השחר, **או** אפילו עומד בתחלת הלילה, רק שסעודה זו תמשך עד עלות השחר, כגון סעודות גדולות בימות הקיץ שהלילות קצרים, **צריך** להפסיק מיד ביציאת הכוכבים, **ואפילו** התחיל בהיתר מבעוד יום, נמי הדין כן.

אות ג' - ד'

לעולם בתספורת דידן

מאימתי התחלת תספורת, אמר רב אבין משיניח מעפורת של ספרין על ברכיו

סימן רלב ס"ב - [ט]ומאימתי התחלת תספורת - קאי אמה שכתב לעיל: ואם התחיל וכו', **משיניח סודר של ספרים על ברכיו; והתחלת מרחץ, משיפשוט לבושו העליון; והתחלת בורסקי, משיקשור בגד בין כתיפיו כדרך הבורסקים.**

והתחלת דין, אם היו עסוקים בו - פי' שכבר ישבו בדינין אחרים, **משיתחילו בעלי דינים לטעון; ואם לא היו עסוקים בו, משיתעטפו הדיינים** - שכך היו נוהגים מלפנים כשיושבין בדין, משום ששכינה שורה עמהם, **[י]ולדידן משישבו אדעתא לדון.**

והתחלת אכילה, משיטול ידיו - ומי שרגיל להתיר איזורו בשעת אכילה, מקרי התחלה מישתיר איזורו אף קודם נטילה, [טור ע"פ הגמרא. **ומשמע** מרשב"א, ‹דבסעודה גדולה› אם עדיין לא התחיל לאכול, אף כשהתיר חגורתו כדי לאכול, מפסיק, **והאחרונים** לא הזכירו בזה].

הגה: ויש חולקים וסבירא להו דסעודה קטנה מותר - היינו סמוך למנחה גדולה, ואחר מכן עד סמוך למ"ק, **אבל** סמוך למ"ק שהוא מתחלת שעה עשירית ולמעלה, גם לדידהו אסור בכל אלה, [היינו אפי' תספורת דידן, וכן בכל הדברים כמו לדעה קמייתא], ‹**ואפילו** סעודה קטנה›, **ואפי'** בדיעבד אם התחילו אז, מפסיקין כשיגיע הזמן דמ"ק.

ואינו אסור רק בסעודת נשואין או מילה (טור בשם ר"ת) - היינו דלדידהו אינו אסור להתחיל סמוך למנחה גדולה אלא סעודה גדולה, דבדידהו דוקא שצריך שיהוי רב, ע"כ חיישינן שמא ימשך הרבה עד שיעבור הזמן. **וה"ה** פדיון הבן, שיש שם הרבה בני אדם מסובין יחד, ועי"ז רגיל הדבר להמשך, **וסעודת** שבת ויו"ט לא מקרי סעודה גדולה.

ולדידהו תספורת דידן נמי שרי סמוך למנחה גדולה, ואינו אסור אלא תספורת של בן אלעשה, שהיא מלאכה גדולה כמרואר בגמרא, **ומרחץ**, דוקא כולא מילתא דמרחץ אסור אז, אבל להזיע בעלמא שרי, **ובורסקי**, דוקא בורסקי גדולה, **ודין**, דוקא התחלת דין שצריך לזה שיהוי הרבה, וחיישינן שמא יעבור עי"ז הזמן, אבל גמר דין שרי.

‹ועיין בביאור הגר"א שכתב, דהעיקר כדעה זו, וע"כ נראה דאף מי שאינו רוצה לסמוך על המנהג שנהגו להקל המבואר בהג"ה לקמיה, אין לו להחמיר רק כדעה זו האמצעית, אבל לא כ"כ כדעה ראשונה›.

וי"א דאפילו סעודה גדולה סמוך למנחה גדולה שרי [יא](בעל המאור והגמ"ר); וי"א דסעודה קטנה אפי' סמוך למנחה קטנה שרי [יב](טור בשם ר"י) - שתי אלו הדעות מקילין יותר מדעות הקודמות, דלדידהו רק באופן אחד אסור, ונחלקין זה מזה, **דלי"א** הראשון רק סמוך למנחה קטנה אסור, ואפילו סעודה קטנה, [**היינו** לכתחילה, אבל אם התחילו אפי' סעודה גדולה, אין מפסיקין אף שהגיע זמן מנחה קטנה, כיון שיש שהות עדיין לגמור גם התפלה מבעו"י], **אבל** סמוך למנחה גדולה שרי הכל.

וי"א השני ס"ל בהיפך, דסעודה גדולה אסור אפילו סמוך למנחה גדולה, וסעודה קטנה מותר אפילו סמוך למנחה קטנה **ומשמע** דכשהגיע זמן מנחה קטנה מודה דאסור להתחיל, **ובהגהת** מרדכי מיקל גם בזה, ודעתו דאין איסור אלא בסעודה גדולה סמוך למ"ק, ‹וזה לכאורה כמו ה"נהגו להקל" בסמוך, דלהי"א השני אסור כבר מסמוך למנחה גדולה›, וכן משמע במהרי"ו, דנהגו העולם להקל אף לאחר שהגיע זמן מנחה קטנה, [מג"א].

ונהגו להקל כשתי הסברות, דהיינו בסעודה גדולה סמוך למנחה גדולה, ובסעודה קטנה סמוך למנחה קטנה - ‹ויש מקילין אף לאחר שהגיע זמן מנחה קטנה, כדלעיל, עיין במ"א›. **וכן** העתיקו האחרונים.

ואפשר הטעם, משום דעכשיו קורין לבהכ"נ, לא חיישינן דלמא יפשע ולא יתפלל, (אגודה) (וע"ל סי' פ"ט) - ומיירי

באר הגולה

[ט] **שם בגמרא ט'** [י] **רבינו ירוחם** [יא] ‹זה דעת בעל המאור, שכתב כיון דבמסכת ברכות [כח, ב] פסקינן דלא כרבי יהושע בן לוי דאוסר הטעימה, ה"ה דלא קי"ל כוותיה במאי דס"ל דצריך להפסיק, וא"כ ממילא מפרשינן המשנה כפשטה סמוך למנחה קטנה, ואין חילוק בין סעודה גדולה לקטנה כסברת המקשן דלא אסיק לחלק, וכיון דהמשנה מיירי סמוך למנחה קטנה, ואפ"ה קתני אין מפסיקין דלא כרבי יהושע בן לוי, וא"כ ה"ה סעודה גדולה אין מפסיקים, וסמוך למנחה גדולה הכל שרי, אפילו סעודה גדולה דהא מתניתין לא מיירי אלא סמוך למנחה קטנה, ובין סעודה גדולה לסעודה קטנה אין חילוק לדידיה כנ"ל - מחה"ש› [יב] ‹ס"ל כר"ת דקיי"ל כתירוץ א', דהוא סתם ש"ס דמוקי למתניתין בסעודה גדולה סמוך למנחה גדולה, ודין מנחה קטנה לא הוזכר במשנה אלא בדברי רבי יהושע בן לוי שאמר כיון שהגיע זמן תפלת המנחה אסור כו', וס"ל להר"י דקיי"ל לענין הפסקה כרבי יהושע בן לוי, אלא דרבי יהושע בן לוי לא מיירי אלא בהתחיל אחר שהגיע זמן המנחה, דכן משמע מלשונו שאמר כיון שהגיע זמן תפלת המנחה כו', אבל סמוך למנחה קטנה מותר להתחיל סעודה קטנה - מחה"ש›

שדרכו ג"כ לילך להתפלל בצבור בבהכ"נ, אבל אם דרכו להתפלל ביחידות בביתו, לא מהני.

אמנם מיד שקורין לבהכ"נ צריך להפסיק ולהתפלל, דאל"ה מאי תקנתיה.

ודע, דדוקא סעודה קטנה סומכין על קריאת השמש לבהכ"נ, **אבל** סעודה גדולה אין סומכין על קריאה לבהכ"נ, להתיר להתחיל סמוך למ"ק, דהיינו מט' שעות ולמעלה, משום דשכיחא שכרות.

ומשמע מהאחרונים, דלענין לילך למרחץ אפילו לכולא מלתא דמרחץ, וכן לענין כל הדברים שמוזכר לעיל בסעיף זה, סמכינן על קריאת השמש לבהכ"נ כמו לענין סעודה קטנה, **והנה** לפי"ז מותר לילך בע"ש למרחץ אפילו כשהגיע זמן מנחה קטנה, במקום שהשמש קורא לבהכ"נ, **אמנם** אנשי מעשה נוהגין להתפלל מקודם שהולכין לבית המרחץ, [שאין רוצים לסמוך על קריאת שמש, דלאו היתר ברור הוא], **ויש** שמדקדקין ליזהר להתפלל מקודם אפילו כשהולכין לבית המרחץ סמוך למנחה גדולה, דהיינו אחר חצות, כמו שמוזכר במעשה רב, [שחוששין לדעת המחבר, שחשש שמא יתעלף, ומפני זה אסור אפי' להזיע בעלמא, וממילא לא מהני קריאת שמש], **אמנם** הנוהגין להקל בזה אין למחות בידן, דיש להם על מה שיסמכו וכנ"ל.

אבל כ"ז דוקא אם יכריז גם לאנשי בית המרחץ לצאת מבע"י איזה זמן קודם השקיעה, בכדי שיספיק להם העת אחר צאתם להתפלל בזמנה, דאל"ה לא נוכל לסמוך ע"ז כלל, [**ובאמת** בחורף בימים הקצרים כשבא מבית המרחץ, הלא ידוע דמצוה ע"כ אדם לזרז על הדלקת נרות שלא יעברו הזמן, ולא יהיה לו שהות עי"ז להתפלל מנחה בזמנה, בודאי מהנכון להקדים להתפלל מנחה מקודם, ואפי' ביחידי].

מיהו בסעודה גדולה יש להחמיר אפילו סמוך למנחה גדולה - היינו שלא לסמוך על קריאת השמש להתחיל אז הסעודה, דשכיח שכרות, ובשכרות לא מהני הקריאה, [ר"ל דלא כמנהג העולם שנהגו להקל גם בזה, וכמ"ש מתחילה], **ולפי"ז** כשיש חתונה בשבת, ולא יצאו מבהכ"נ עד אחר חצות, יתפללו מנחה מקודם ואח"כ יאכלו, דסעודת נישואין הוי סעודה גדולה.

ואפילו אם התחיל קודם לכן - דהיינו שהתחיל הסעודה גדולה קודם חצות, דאז עדיין זמן היתר לכו"ע, **כשמגיע מנחה קטנה והשעה עוברת** - ר"ל כיון שמשער שימשך סעודתו עד הלילה, **צריך לקום ולהתפלל (טור וב"י בשם הפוסקים)** - תיכף כשיגיע זמן מ"ק, [**ולפי** רהיטת לשון רמ"א משמע, דהיינו אפי' במקום שקורין לביהכ"נ].

נראה דדוקא בסעודה גדולה ומשום דשכיחא שכרות, דלא סמכינן על קריאת השמש לביהכ"נ וכנ"ל, לכך פוסק מיד, **אבל** בסעודה קטנה א"צ לפסוק מיד, דיוכל לסמוך דיפסוק מסעודתו כשיקרא השמש לביהכ"נ, אפילו אם התחיל סעודתו אחר שהגיע זמן מנחה קטנה.

(**ובדה"ח ראיתי שפוסק, דאם התחיל קודם שהגיע זמן דסמוך למ"ק, דהיינו קודם ג' שעות זמניות קודם הלילה, אפילו סעודה גדולה אין מפסיקין, ומשמע שם מיניה דהיינו אפילו יודע שתמשך סעודתו עד הלילה, אלא פוסק איזה זמן מועט קודם שיגמר זמן התפלה, ואפילו במקום שאין קורין לביהכ"נ, עי"ש, ולכאורה הוא דלא כדעת הרמ"א, ונראה שטעם הדה"ח, דמה שפוסק הטור דאם אין שהות להתפלל ביום אחר גמר סעודתו דפוסק מיד, ומובא כן לעיל בשו"ע, היינו כשהתחיל באיסור, אבל כשהתחיל בהיתר אין צריך לפסוק מיד, אלא פוסק איזה זמן מועט קודם שיגמר היום כדי שיוכל להתפלל, ואנו סומכין על דעת המאור, דעד שיגיע זמן סמוך למנחה קטנה, אפילו סעודה גדולה מותר להתחיל, וא"כ נקרא אז התחיל בהיתר, אבל מהרמ"א משמע דאפילו התחיל בזמן ההיתר, לכו"ע צריך לקום מיד כשיגיע זמן מ"ק, אם יודע שתמשך סעודתו עד הלילה, וצ"ע למעשה**).

§ מסכת שבת דף י. §

אות א'

משום שנאמר הכון לקראת אלהיך ישראל

סימן צא ס"ב - [א]צריך לאזור אזור בשעת התפלה, אפילו יש לו אבנט שאין לבו רואה את הערוה - ר"ל אבנט של מכנסים המפסיק בין לבו לערוה, **משום "הכון לקראת" וגו'** - בדיעבד אם התפלל בלא אזור יצא, **וי"א** עוד, דדוקא מי שרגיל כל היום בחגורה, אבל מי שהולך כל היום בלא חגורה, גם בשעת תפלה א"צ לחגור, **ומיהו** מדת חסידות אף בכה"ג.

[ב]אבל שאר ברכות מותר לברך בלא חגורה, מאחר שיש לו מכנסים. הגה: ואין לבו רואה את הערוה (ר"ן והרא"ש וכג' מיימונית) - וה"ה אם בגדיו מונחים דבוקים ממש על הבטן, ומפסיקים בין לבו לערוה.

וה"ה ק"ש, דלא שייך "הכון לקראת אלקיך" כי אם כשעומד לפני המלך.

איתא בזוהר ואתחנן: מאן דקאים בצלותא, בעי לכסויי רישיה ועינוי, בגין דלא יסתכל בשכינתא, והיינו בטלית של מצוה, מאן דפקח עינוי בשעת צלותיה, מקדים עליה מלאך המות וכו', **וכן** נוהגין כהיום לכסות ראש עד עינים בטלית מצוה בשעת תפלת י"ח - פמ"ג.

אות ב'

רמי פוזמקי ומצלי, אמר הכון לקראת וגו'

סימן צא ס"ה - [ג]לא יעמוד באפונדתו (טאסק"ה בלע"ז) - הוא איזור חלול שמשימין בו מעות, ואיננו דרך כבוד לעמוד כן לפני הש"י. **וכן** אין נכון להתפלל בקאפטין ובגד התחתון, או בשלאף ראק.

באר הגולה

א שבת ט' ושם בתוס' | ב סמ"ק | ג רמב"ם

גמרא

התם לא שכיחא שכרות הכא שכיחא שכרות א"נ במנחה כיון דקביעא לה זימנא מירתת ולא אתי למפשע ערבית כיון דכולא ליליא זמן ערבית לא מירתת ואתי למפשע מתקיף לה רב ששת טריחותא למיסר המייניה ועוד ליקו הכי וליצלי משום שנא' הכון לקראת אלהיך ישראל רבא בר רב הונא רמי פוזמקי ומצלי אמר הכון לקראת וגו' רבא שדי גלימיה ופכר ידיה ומצלי אמר כעבדא קמיה מריה אמר רב אשי חזינא ליה לרב כהנא כי איכא צערא בעלמא שדי גלימיה ופכר ידיה ומצלי אמר כעבדא קמי מריה כי איכא שלמא לביש ומתכסי ומתעטף ומצלי אמר הכון לקראת אלהיך ישראל רבא חזייה לרב המנונא דקא מאריך בצלותיה אמר מניחין חיי עולם ועוסקים בחיי שעה והוא סבר זמן תפלה לחוד וזמן תורה לחוד ר' ירמיה הוה יתיב קמיה דר' זירא והוו עסקי בשמעתא נגה לצלויי והוה קא מסרהב ר' ירמיה קרי עליה ר' זירא מסיר אזנו משמוע תורה גם תפלתו תועבה מאימתי התחלת דין רב ירמיה ורבי יונה חד אמר משיתעטפו הדיינין וחד אמר משיפתחו בעלי דינים ולא פליגי הא דעסקי ואתו בדינא הא דלא עסקי ואתו בדינא רב אמי ורב אסי הוו יתבי וגרסי ביני עמודי וכל שעתא ושעתא הוו טפחי אעיברא דדשא ואמרי אי איכא דאית ליה דינא ליעול וליתי רב חסדא ורבה בר רב הונא הוו יתבי בדינא כולי יומא הוה קא חליש לבייהו תנא להו רב חייא בר רב מדפתי ויעמד העם על משה מן הבקר עד הערב וכי תעלה על דעתך שמשה יושב ודן כל היום כולו תורתו מתי נעשית אלא לומר לך כל דיין שדן דין אמת לאמיתו אפילו שעה אחת מעלה עליו הכתוב כאילו נעשה שותף להקדוש ברוך הוא במעשה בראשית כתיב הכא ויעמד העם על משה מן הבקר עד הערב וכתיב התם ויהי ערב ויהי בקר יום אחד עד מתי יושבין בדין אמר רב ששת עד זמן סעודה אמר רב חמא מאי קרא דכתיב אי לך ארץ שמלכך נער ושריך בבקר יאכלו אשריך ארץ שמלכך בן חורים ושריך בעת יאכלו בגבורה ולא בשתי בגבורה של תורה ולא בשתייה של יין תנו רבנן שעה ראשונה מאכל לודים שניה מאכל לסטים שלישית מאכל יורשין רביעית מאכל פועלים חמישית מאכל כל אדם איני והאמר רב פפא רביעית זמן סעודה לכל אדם אלא רביעית מאכל כל אדם חמישית מאכל פועלים ששית מאכל ת"ח מכאן ואילך כזורק אבן לחמת אמר אביי לא אמרן אלא דלא טעים מידי בצפרא אבל טעים מידי בצפרא לית לן בה אמר רב אדא בר אהבה מתפלל אדם תפלתו בבית המרחץ מיתיבי הנכנס לבית המרחץ מקום שבני אדם עומדין לבושין יש שם מקרא ותפלה ואין צריך לומר שאילת שלום ומניח תפילין ואין צריך לומר שאינו חולץ מקום שבני אדם עומדים ערומים ולבושין יש שם שאילת שלום ואין שם מקרא ותפלה ואינו חולץ תפילין ואינו מניח לכתחלה מקום שבני אדם עומדין ערומים אין שם שאילת שלום ואין צריך לומר מקרא ותפלה וחולץ תפילין ואין צריך לומר שאינו מניחן כי קאמר רב אדא בר אהבה במרחץ שאין בו אדם והא אמר רבי יוסי בר חנינא [י] מרחץ שאמרו אע"פ שאין בו אדם בית הכסא שאמרו אע"פ שאין בו צואה אלא כי קאמר רב אדא בחדתי והא מבעיא בעא ליה רבינא הזמינו לבית הכסא מהו יש זימון או אין זימון ולא איפשטא ליה לאו הוא הדין למרחץ לא דילמא שאני

רש"י

לא שכיחא שכרות. אין דרך להשתכר מבע"י לפיכך גומר ויתפלל אבל בלילה עשוי להשתכר בסעודתן: הכון לקראת אלהיך · התנאה לפניו: רמי פוזמקי · נותן אנפילאות חשובים ברגליו ובלע"ז קאלצו"ש: שדי גלימא · משליך אדרתו מעליו שלא יראה כחשוב: ופכר ידיה · חובק ידיו באצבעותיו מרלי"ר בלע"ז כאדם המצטער מאימת רבו: חיי עולם · תורה תפלה צורך חיי שעה היא לרפואה לשלום ולמזונות: נגה · איחר: מסרהב · ממהר לעמוד: דיינין משתעטפין בטליתן · כשפותחין בדין מאימת שכינה ושלא יפנו ראשן לכאן ולכאן ותהא דעתן מיושבת עליהם: עסקי ואתו · בדין אחר וכבר מעוטפים הן וכשנגמר אותו דין בא לפניהם דין אחר סמוך למנחה הויא התחלתן משיפתחו בעלי הדין בטענות דהכא ליכא למימר משיתעטפו: עמודי · שעליית בית המדרש נשען עליהם: חליש לבייהו · מצטערין שלא עסקו אותו היום בתורה: תנא להו חייא בר רב · שגדול שכר הדיינים ולא יצטערו ול"נ דאין זה [משמעות] לשון לבייהו אלא לשון חלש דעתייהו ולשון חלש לבייהו לשון תענית הוא שלא סעדו כל היום תנא להו חייא בר רב שאין צריכין לישב ולידון כל היום אלא מקצת היום ומה שאמר מן הבקר עד הערב מדרש הוא שחשוב הדבר כמעשה בראשית שנאמר בו ערב ובוקר: שמלכך · דייך שהדיין קרוי מלך שנאמר מלך במשפט יעמיד ארץ (משלי כט): לודים · אומה שקורין קנינש ואוכלי אדם הן והם רעבתנין: מאכל יורשים · יורשי הון רב שלא טרחו בו ואין עסוקים ודואגין לשוט אחרי מזונות ולעסוק במלאכה: כזורק אבן לחמת · קשה לגוף ולי נראה לא קשה ולא יפה: מרחאות שלהן ג' חדרים היו לו פנימי להזיע ולהשתטף אמצעי שיורד לתוכו מן המרחץ ולובש חלוקו ויוצא לחיצון וגומר לבישתו ונח שם שעה מיגיעת המרחץ: עומדים ערומים · פנימי: מקרא · ק"ש: ערומים ולבושים. אמצעי שיוצא בו ערום וממהר לכסות את עצמו ויוצא לחיצון: וחולץ תפילין · מראשו ואין צ"ל שאם אוחזן בידו בתיק שלהן שאינו מניח והא דתני ואין צ"ל כו' איידי דבעי למיתני מציעתא ואינו מניח ואינו חולץ שאמצעי לא כמרחץ גמור הוא ומקצת תורת מרחץ עליו הלכך היו בראשו אין צריך לחלוץ היה אוחזן אסור להניחן שם בראשו אלא יוצא לחיצון ומניחן: אף על פי שאין בו אדם · שפינה משם: בחדתי · שלא רחץ בו אדם מעולם אלא שהזמינו לכך: שאני

תוספות

התם לא שכיחא שכרות · וא"ת דבריש פ' בתרא דתענית (דף כו: ושם) אמרינן שחרית ומוסף דכל יומא לא שכיח שכרות לא גזרינן מנחה ונעילה דשכיח שכרות חיישינן אלמא גם במנחה שכיח שכרות וי"ל דהתם לענין נשיאת כפים שאני דאפילו לא שתה אלא רביעית אסור לישא את כפיו:

טריחותא למיסר המייניה ועוד ליקו הכי ולילני ומשני משום שנאמר הכון לקראת אלהיך ישראל. ולא חייש לשנויי קושיא קמייתא מכאן שצריך לאזור חלציו כשמתפלל ובמחזור ויטרי מפרש דטעם דבעינן אזור שלא יהא לבו רואה את הערוה ודוקא להן שלא היה להם מכנסים לכך היו צריכים לאזור בשעת תפלה אבל לדידן שיש לנו אבנט של מכנסים אין אנו צריכין לאזור: רמי פוזמקי · מכאן יש להוכיח שאין להתפלל יחף אלא בט' באב ויוה"כ: אי איכא דאית ליה דינא ליעול · משמע דעדיף דין מתלמוד תורה והא דאמרי' בפ' בתרא דמ"ק (דף יז·) גבי ההוא דטרקיה זיבורא ושכיב עיילוהו למערתא דחסידי ולא קבלוהו למערתא דדייני וקבלוהו התם בדיינין שאינן מומחין שפעמים טועין אחר השוחד: דין אמת לאמיתו · לאפוקי דין מרומה: שאני

עין משפט נר מצוה

נז א טוש"ע א"ח סי' לח סעיף ג:

נח ב מיי' פ"ה מהל' תפלה הלכה ה סמג עשין יט טוש"ע שם סעיף ה:

נט ג מיי' שם טוש"ע שם סעיף י:

ס ד מיי' שם הלכה ד סמג שם טוש"ע א"ח סי' צה סעיף ג:

סא ה מיי' שם ופ"ג מהל' ציצית הלכה יא טוש"ע א"ח סי' צא סעיף ו בהג"ה וסי' כד סעיף א:

סב ו מיי' פ"ג מהלכות סנהדרין הלכה ז ופ"ו מהלכות תפלה הל' ו סמג עשין צז טוש"ע א"ח סי' רלב סעי' ב וטוש"ע ח"מ סי' ה סעי' ה:

סג ז מיי' פ"ג מהל' סנהדרין הל' א סמג עשין צז טוש"ע ח"מ סי' ה סעיף ג:

סד ח ט מיי' פ"ג מהל' ק"ש הלכה ג טוש"ע א"ח סי' קנז [וסי' סד]:

סד [י] [מיי' שם הל' ג טוש"ע א"ח סימן פג סעיף א]

[עי' ב"ב דף ח ע"ב]

סה כ מיי' פ"ג מהל' ק"ש הלכה ג טוש"ע א"ח סי' פד וסי' מה סעי' ב [ברי"ף כאן וכס"ג דברכות ד' כ. וכן ברא"ש כאן ושם סי' גו]

[כגון חמת יין שהוא חסר וזורק לתוכו אבן שיתמלא וזה לא מעלה ולא מוריד ושוב היה שימלאהו יין של"ס והביאו המג"א סי' קנז סק"ג]

מס' ד"א פ"י ע"ש וצ"ע

רבינו חננאל

ומאימתי התחלת דין. אי הוו עסקי בדינא אחריני משיפתחו בעלי הדין טענותיהן ואי לא משיתעטפו הדיינין: עד מתי יושבין בדין עד זמן סעודה. ואסיקנא ארבע זמן סעודה לכל היא: כל דיין שדן דין אמת לאמתו אפי' שעה אחת מעלה עליו הכתוב כאילו סייע במעשה בראשית מ"ט במעשה בראשית כתיב ויהי ערב ויהי בוקר והכא כתיב ויעמד העם על משה מן הבוקר עד הערב: פיסקא עד שיתפלל. אריב"ל כיון שהגיע זמן תפלת המנחה אסור לאדם שיטעום קודם שיתפלל תפלת המנחה אין הלכה כי הא דריב"ל וכבר פירשנוה בברכות בפ' תפלת השחר: אמר רב אשי חזינא ליה לרב כהנא דכי איכא צערא [בעלמא] שדי גלימיה וכסי ידיה וסינה כרעיה כעבדא לקמיה מריה ומצלי. וכד איכא שלמא לביש ומכסי ומעטף ומצלי אמר הכון לקראת אלהיך ישראל. וכן ראוי לעשות: אמר רב אדא בר אהבה מתפלל אדם במרחץ. ואותיבנא עליה מהא הנכנס למרחץ. מקום שבני אדם עומדים לבושים יש שם מקרא קריית שמע ותפלה ואין צריך לומר שאילת שלום ומניח שם תפלין ואין צ"ל שאינו חולץ. מקום שבני אדם עומדים ערומים ולבושים יש שם שאילת שלום ואין שם קרית שמע ולא תפלה ולא תפלין ואם היה לבוש אותם *)חולצן מקום שב"א כולן ערומין אין שם שאילת שלום ואין צ"ל ק"ש ותפלה וחולץ תפלין אחר מרחץ ואחד ביהכ"ס. ושנינן כי קאמר רב אדא במרחץ חדש ואשמעי' דהזמנה במרחץ לאו מילתא היא אבל הזמנה בביהכ"ס לא איפשיטא ונקטינן לה לאיסורא:

*) לפנינו בגמרא הגי' אינו חולץ תפילין ונראה דט"ס נפל בדברי רבינו וצ"ל באמת אין חולצין.

אמר

גליון הש"ס

גמ' לביש ומתכסי. עי' ברכות ל ע"ב: תום' ד"ה טריחותא וכו' ול"ח לשנויי קושיא קמייתא וכו'. וכעין זה פסחים פח ע"א וכמו שכתב המהרש"א שם וכתובות נה ע"א תד"ה סתם אינו להפסיד וזבחים ע"א תד"ה דלמא. וברמב"ן ס"פ דב"ב במלחמות ד"ה ועוד ס' אלא אמר רבינא: ד"ה דין אמת וכו' לאפוקי דין מרומה. עי' מגילה טז ע"ב תוד"ה סדן וב"ב מ' ע"ב:

ולא בראש מגולה - ובזמנינו צריך להשים בעת התפלה כובע בראשו, כדרך שהולך ברחוב, ולא בכובע הקטן שתחת הכובע, כי אין דרך לעמוד כן לפני אנשים חשובים, וכ"ש שלאף מיץ.

ולא ברגלים מגולים, אם דרך אנשי המקום שלא יעמדו לפני הגדולים אלא בבתי רגלים - מיהו אם הבגד ארוך שחופה את הרגלים, או בארצות החמין מאוד, שעומדים שם ג"כ בפני גדולים יחף, אין לחוש אפילו הבגדים קצרים ונראין הרגלים.

אין להתפלל בבתי שוקיים של פשתן לבד, דגנאי הוא לעמוד כן לפני גדולים, ומכ"ש כשלובשין סנדל והעקב מגולה, **ומהח"א** משמע, דאפי' בבתי שוקיים של צמר לבד ג"כ אין נכון, **והכל** תלוי לפי מנהג המקומות. **הרמ"מ** תיקן שלא לכנס לבהכ"נ במנעלים ארוכים, והיינו שטיוויל, **ואם** דרך אותו המקום לעמוד כך בפני גדולים, מותר. **גם** אין ללבוש בעת התפלה בתי ידים, שקורין הענטשי"ך, כדרך עוברי דרכים, וקורא אני עליהם: אל תבואני רגל גאוה ויד רשעים אל תנידני - ב"ח.

אות ג'

שדי גלימיה

סימן צא ס"ו - [ד]דרך החכמים ותלמידיהם שלא יתפללו אלא כשהם עטופים. הגה: [ה]ובעת זעם יש לחבק הידים בשעת התפלה כעבדא קמיה מאריה, ובעת שלום יש להתקשט בבגדים נאים להתפלל (טור).

אות ד'

ופכר ידיה ומצלי, אמר כעבדא קמיה מריה

סימן צה ס"ג - [ו]מניח ידיו על לבו כפותין, (פירוש כקשורין), הימנית על השמאלית - במקום שנוהגין לעמוד כן לפני המלך כשמדברים עמו ושואלים מאתו צרכיהם, והכל כמנהג המקום, **ובס'** עשרה מאמרות כתב בשם האר"י, שיניחו זרועותם על לבם ימנית על שמאלית, **ובשם** הרמ"ק, שיכוף האגודל בתוך פיסת היד, **[ו]ועומד כעבד לפני רבו, באימה ביראה ובפחד. ולא יניח ידיו על חלציו, מפני שהוא דרך יוהרא. (וע"ל ריש סי' ל"ז)** - ויש להתנועע בשעת תפלה, משום: כל עצמותי תאמרנה וכו'.

אות ה'

ומתעטף ומצלי

סימן צא ס"ו - עיין לעיל אות ג'.

סימן כד ס"א - אם אין אדם לובש טלית בת ארבע כנפות, אינו חייב בציצית. וטוב ונכון להיות כל אדם זהיר ללבוש טלית קטן כל היום, כדי שיזכור המצוה בכל רגע - דוגמא לדבר: כאדם המזהיר לחבירו על ענין א', שקושר קשר באיזורו כדי שיזכרנו. **וע"כ יש בו ה' קשרים, כנגד ה' חומשי תורה, וארבע כנפים, שבכל צד שיפנה יזכור. ונכון ללובשו על המלבושים** - עיין לעיל בסי' ח' במ"ב מה שכתבנו שם.

לפחות יזהר שיהיה לבוש ציצית בשעת התפלה - וק"ש, ואיתא בזוהר פ' שלח לך, דהקורא ק"ש בלי ציצית, מעיד עדות שקר בעצמו, שקורא פרשת ציצית ואינו מקיים הקרא.

כתב הח"א, לא טוב עושים המון העם, שמתפללין בדרך בלא טלית גדול, וע"פ רוב הט"ק אינו עשוי כדין בכל פרטיו שיהיה ראוי לברך עליו, וגם הוא ישן בו בלילה.

אות ו'

ולא פליגי, הא דעסקי ואתו בדינא, הא דלא עסקי ואתו בדינא

סימן רלב ס"ב - והתחלת דין, אם היו עסוקים בו - פי' שכבר ישבו בדינין אחרים, **משיתחילו בעלי דינים לטעון; ואם לא היו עסוקים בו, משיתעטפו הדיינים** - שכך היו נוהגים מלפנים כשיושבין בדין, משום ששכינה שורה עמהם, **[ח]ולדידן משישבו אדעתא לדון.**

חו"מ סימן ה ס"ה - מאימתי הוי התחלת הדין, משיתחילו בעלי דינים לטעון, או שנתעטפו הדיינים - ‹פי', הדיינים היו בימיהם יושבין בטליתותיהן ובסודרין שלהן מעוטפין מפני אימת השכינה, וכדי שלא יפנו אנה ואנה - סמ"ע.

‹פי', אם עתה הוא תחילת ישיבת הדיינין, אז התחלת הדין היא משיתעטפו הדיינים, ואם התחילו לדון קודם התחלת שעה שביעית בדין אחר, נמצא שאין בעטיפתן היכר שהרי היו כבר מעוטפין מתחילת ישיבתן לדון, אז התחלת דין זה הוא משיתחילו הבעלי דינים לטעון - סמ"ע.

(ועיין באו"ח סימן רל"ב).

אות ז'

עד מתי יושבין בדין, אמר רב ששת עד זמן סעודה

חו"מ סימן ה ס"ג - זמן ישיבת הדיינים, מהבקר עד סוף שעה חמישית; (מכאן ואילך אין צריכים לישב) (טור) - ‹לשון הפוסקים אינו כן, אלא הטור כתב עד חצי היום, וברמב"ם כתב עד סוף שעה ששית, **וב"י** כתב דאינו נכון, כיון דשעה ששית הוא זמן סעודת תלמידי חכמים, ומשם ואילך הוי כזורק אבן לחמת, ומשום הכי הרי"ף והרא"ש כתבו עד זמן סעודה, והיא שעה ששית. **ואני** כתבתי דנכונים הם דברי הרמב"ם והטור, שהרי דקדקו וכתבו עד חצי היום או עד סוף שעה ששית, ור"ל עד ולא עד בכלל, והיינו שישבו עד קרוב לסוף שעה ששית, באופן שיוכלו להתחיל

באר הגולה

ד שם | ה ‹פ"א דשבת - גר"א› | ו מיימוני | ז פ"ק דשבת | ח רבינו ירוחם

בסעודתן בסוף השעה, ועיקר הסעודה יאכלו בשעה השביעית, ואותה ההתחלה שיתחילו לאכול בסוף שעה ששית לא גרע מטעימה שאמרו: ואי טעים מידי לית לן בה, וקי"ל – סמ"ע.

אות ח' – ט'

רביעית מאכל כל אדם

לא אמרן אלא דלא טעים מידי בצפרא, אבל טעים מידי בצפרא, לית לן בה

סימן קנז ס"א - [ט]כשיגיע שעה רביעית, יקבע סעודתו - כשקם בעמוד השחר, חשבינן השעות מתחלת היום, **וכשקם** ממטתו אח"כ, חשבינן הזמן מעת שקם ממטתו. **והיינו** לכל אדם, אבל פועלים אמרינן בגמרא, דזמן סעודתן הוא בשעה חמישית.

ואם הוא ת"ח ועוסק בלימודו, ימתין עד שעה ו' - היינו תחלת שעה ו', ולא יאחר יותר עכ"פ מסוף שעה ו', **והאי** שעה רביעית ושעה ששית, ר"ל זמניות הן. **ולא יאחר יותר, דהוי כזורק אבן לחמת** - כגון חמת יין שחסר ועי"ז נפגם, וזורק לתוכו אבן שיתמלא, וזה לא מעלה ולא מוריד, דהיין גופא לא נתרבה עי"ז, וטוב היה שימלאהו יין, כך בזו, האכילה לא יתוסף לו כח על ידי זה.

אם לא טעם מידי בצפרא - אבל אם טעם מידי, לא הוי כזורק אבן לחמת, **ומ"מ** לכתחלה נראה דנכון לקבוע סעודה בששית אף אם טעם מידי בצפרא, דהא דרכן היה לאכול פת שחרית קצת, וכדאמרינן בגמרא: כד טעם בר בי רב ועייל לכלה, ואפ"ה משמע בגמר' שבת דף י', דזמן סעודה הוא עד שעה ששית, [דקאמר שם בגמרא, עד אימתי יושבין בדין, עד זמן סעודה, ומסמיך שם אחר זה הברייתא דזמן סעודה לתלמיד חכם הוא שעה ששית], ובע"כ כמש"כ.

טוב שישים אכילתו ביום קלה מבלילה, ויאכל ב' פעמים ביום אם חלש לבו, ואל ימלא כריסו בפעם אחת, **ויתנהג** על פי מה שכתוב בענין המן: בערב בשר לאכול ולחם בבקר לשבוע, **וטוב** שיפנה קודם סעודתו.

איתא בזוהר פרשת בשלח: לא ליבעי איניש לבשלא מזונא מן יומא ליומא אוחרי, ולא לעכב מזונא מן יומא ליומא אוחרי, {והטעם, כדי שיבקש בכל יום על מזונותיו}, וישתכחו על ידו ברכאן בכל יומא ויומא לעילא.

אות י'

מקום שבני אדם עומדין לבושין... מקום שבני אדם עומדים ערומים ולבושין... מקום שבני אדם עומדין ערומים...

סימן פד ס"א - [י]מרחץ חדש שלא רחצו בו - פי' אפילו פעם אחד, דאי רחצו, תו הו"ל כמרחץ ישן לכל דיניו, מאחר דהיה בו הזמנה ומעשה, **מותר לקרות בו** - ואע"ג דבבה"כ קי"ל לעיל בסימן פ"ג ס"ב, דאסור ע"י הזמנה בעלמא, שאני בה"כ דמאיס טפי, גמרא.

ובישן, בבית החיצון שכל העומדין שם לבושים, מותר; ובאמצעי, שקצת העומדין שם לבושים וקצת ערומים – (כי דרכם היה, שאחר שלבש חלוקו בבית האמצעי, היה יוצא לבית החצון לגמור שם הלבישה), **יש שם שאילת שלום, אבל לא ק"ש ותפלה** - וכן כל הברכות וד"ת אסור שם, **הגה: ומותר להרהר שם בד"ת (ר"ן)** - ואפילו נגד אנשים ערומים, דהרהור נגד ערוה אין איסור.

ומשמע מדברי הט"ז, דבדיעבד אם בירך שם אינו חוזר ומברך, **וכן** בק"ש אין חוזר וקורא, אף אם היה נמצא שם אז אדם ערום בבית האמצעי, **אך** באופן שלא עמד נגדו בעת הקריאה, או כגון שהחזיר פניו וגופו ממנו, **דאל"ה** חוזר וקורא מטעם שקרא נגד ערוה.

ובפנימי, שכולם עומדים שם ערומים – (בירושלמי איתא, שרובם עומדים שם ערומים), **אפילו שאלת שלום אסור** - כי "שלום" הוא שמו של הקב"ה, שנ': ויקרא לו ד' שלום, **וה"ה** שאסור ליתן שלום לחבירו במבואות המטונפות, דכל דינו כבית הפנימי.

ואדם ששמו "שלום", יש אוסרין בבית המרחץ לקרותו בשמו, אלא בלשון לע"ז, **ויש** מתירין, כיון שאינו מתכוין על ענין השלום, אלא להזכרת שמו של אותו אדם, **ובדברי** סופרים הלך אחר המיקל, וכן נוהגין, **וירא** שמים יש לו להחמיר, יען כי הרבה מאחרונים אוסרין, ויבלע המ"ם, ויאמר רק "שלו" בלא מ"ם, או "שלון" בנו"ן, **וגם** באגרת הרשות נכון שלא לכתוב שלום עם וא"ו, רק "שלם", שמצוי לזרוק באשפות.

(ואסור לענות אמן בבית המרחץ) (ר"ן) - על אחד שאמר בחוץ או באיזה בית שום ברכה, **ונראה** דהיינו דוקא בבית הפנימי, דהוא כבה"כ, אבל בבית אמצעי שרי לענות, **גם** אם שאל לו אדם דבר הלכה בבית הפנימי, אסור לומר לו: אין משיבין במרחץ, **וה"ה** כשנתן לו אדם אחד שלום במרחץ, אסור לומר: אין משיבין במרחץ, **אבל** רשאי לומר בכל זה "מרחץ הוא", דזה לא הוי אפילו הרהור, **אבל** בבית אמצעי מותר לומר לו: אין משיבין במרחץ, **ויש** מחמירין גם בבית אמצעי בזה, רק אם יש בו משום דרכי שלום, מותר לומר בלשון זה.

י"א (דבית אמצעי) אפי' אם עכשיו כולם לבושים, או שאין שם אדם כלל, מ"מ כיון דהבית מיוחד להיות בו ערומים ולבושים, קצת דין מרחץ עליו, **ויש** מקילים בזה, ולדבריהם בחדר שדר שם הבלן, ובני אדם עומדים שם ג"כ ערומים, שרי לומר ד"ת וקידוש ותפלה באין שם אדם.

וכ"ז לענין בית אמצעי, אבל בית הפנימי שכולם עומדים שם ערומים ורוחצין שם, הוא מאוס טפי, ולכו"ע דינו כבית הכסא, ואסור אפילו אין שם אדם, **ואפילו** היתה דרכו של אותו המרחץ לרחוץ בו רק בימות

באר הגולה

ט פסחים דף י"ב ושבת דף י' | י שבת י' והביאו הרי"ף והרא"ש

החמה, ובימי החורף הוא סגור, מ"מ גם אז כל דיני מרחץ עליו, דלא נעקר עדיין שמו ממנו, (ופשוט דמיירי שלא נבנה הבנין מתחלה לשם מרחץ, דאל"ה אפילו היו רוחצין בו רק פעם אחת, ג"כ דינו כבה"כ ישן).

אך אם עשו שינוי מעשה בגופו, כגון שעקרו שם תנורו וכיוצא בו, ועשוהו בית דירה, מותר לו להניח בפתחו מזוזה ולברך עליה, ולקרות ולהתפלל שם, וכן הדין לענין בה"כ.

ולענין בית הטבילה מסיק הט"ז, דכל דינו כבית אמצעי של מרחץ, ואין לברך שם שום ברכה, רק ברכת הטבילה שהיא הכרחית שם, כדיעבד היא חשובה, **וכל** זה אם המברך איננו ערום, וגם שלא יעמוד נגד ערומים בעת הברכה, דאז אסור מטעם ערוה, אם לא שהחזיר פניו וגופו מהן, **וה"ה** בכל זה באשה המברכת בבית הטבילה, **ובפמ"ג** כתב, דיותר טוב שתברך במים, והטעם, דשם במקום המים יותר מסתבר דאינו נחשב כבית אמצעי של מרחץ, **ופשוט** דגם שם צריכה בעת הברכה להחזיר פניה וגופה מנשים הערומות העומדות שם בבית הטבילה.

והנה לפי דעת הט"ז, אף כשאין שם אדם ערום, אין לברך שם ברכה אחרת לדעת המחמירין לעיל בבית אמצעי, **אבל** מהמ"א משמע להקל בזה, דאין בה זוהמא, וכן כתב בברכי יוסף, **והנה** במקוה ששופכין בה מים חמין, יש לומר דיש בה הבלא, **ומכל** מקום אפשר לומר, דאין בה זוהמא והבלא כל כך כמו במרחץ.

והני מקואות העומדים במרחץ גופייהו, במרחץ ודאי אסור לברך שם ברכת הטבילה, **ואפילו** במים צ"ע, די"ל הבלא דמרחץ נפיש, ובמים נמי אסור.

אין לשתות בבית המרחץ, כי הלא אסור לברך שם, ובלי ברכה אין לשתות, **ומי** שרוצה לשתות, מסיק בפמ"ג שיברך בבית החצון, או בחדר הבלן בשעה שאין שם בני אדם ערומים, או שיכנס בבית הטבילה במים עד למעלה מערותו, וגם יכסה ראשו, ויברך וישתה שם מעט ע"מ לשתות במרחץ, והוא שיהיה שם החדרים בבית אחד תוך בית המרחץ, **הא** לברך חוץ למרחץ כלל, אסור, **ופשיטא** דלברך ולא לשתות כלל רק במרחץ, בודאי אסור להפסיק בין ברכה לשתיה.

מזוזה במרחץ, בבית הפנימי ובאמצעי פטור, וה"ה מרחץ שיש לפניה חצר, ובחצר עומדים שם מקצתן ערומים, פטור ג"כ, **ודירת** הבלן חייבת במזוזה, דהוא חדר גמור, אך מפני שמצוי שם בני אדם ערומים, צריך לכסות המזוזה.

מלץ הויז, שעושין ממנו לפעמים מרחץ פעם א' או ב' בשנה, או לייטער הויז, חייב במזוזה, **ויש** אומרים דיש לכסות המזוזה, **וכן** מותר להתפלל בתוכו.

בית שעומדין בו אמבטאות לרחיצה, משמע מהאחרונים דדינו כבית הפנימי, דנפיש שם הבלא וזוהמא.

אות [י']

מרחץ שאמרו אע"פ שאין בו אדם, בית הכסא שאמרו אע"פ שאין בו צואה

רמב"ם פ"ג מהל' ק"ש ה"ב - אין קורין לא [יא] בבית המרחץ, ולא בבית הכסא אף על פי שאין בו צואה.

סימן פג ס"א - [יב] אסור לקרות כנגד בית הכסא ישן - ר"ל לפניו כמלא עיניו, ולאחריו ד"א, **ואם** יש שם ריח רע, צריך ד"א ממקום שכלה הריח, **אפילו פינו ממנו הצואה.**

ופשוט דאפילו אם לא הזמינו מתחלה לאותו המקום לבה"כ, כיון שהדרך לפנות שם נקרא בה"כ ישן, **וראיה** מלעיל סימן מ"ב, שכתבו שם הפוסקים, דאם דרכו תמיד לצור תפילין בהסודר, אסור להשתמש בו תשמיש אחר כאלו אזמניה.

ואיסורו מן התורה, כיון שזה המקום מכבר דרכו להיות בו צואה, אין זה "מחניך קדוש", **ע"כ** אם נסתפק לו אם הוא בה"כ ישן או חדש, אזלינן לחומרא כדין כל ספק צואה.

אות כ'

בחדתי

סימן פד ס"א - [יג] "מרחץ חדש שלא רחצו בו - פי' אפילו פעם אחד, דאי רחצו, תו הו"ל כמרחץ ישן לכל דיניו, מאחר דהיה בו הזמנה ומעשה, **מותר לקרות בו** - ואע"ג דבבה"כ קי"ל לעיל בסימן פ"ג ס"ב, דאסור ע"י הזמנה בעלמא, שאני בה"כ דמאיס טפי.

[יד] סימן מה ס"ב - [טו] "בבית המרחץ, בית החיצון שכל העומדים בו הם לבושים, יכולין להניח שם תפילין לכתחלה - שדרכם היה, לאחר שלבשו החלוק בבית האמצעי, לילך לבית החיצון ולגמור הלבישה, [רש"י].

ובבית האמצעי, שמקצת בני אדם עומדים שם לבושים ומקצתן ערומים, אינו יכול להניחם לכתחלה; ואם היו בראשו אינו צריך לחלצן - י"א דאם עתה אין שם אדם ערום, מותר להניח בו תפילין ולברך, **ויש** אוסרין, כיון דהמקום מיוחד לזה, דין מרחץ עליו במקצתו.

ובבית הפנימי שכל העומדים שם ערומים, אפילו היו בראשו, צריך לחלצן - בזה לכו"ע אפילו אין שם אדם ערום, דנפישא זוהמיה, וכבית הכסא דמיא.

באר הגולה

יא «במרחץ לא ביאר אף על פי שאין בו אדם כמ"ש בגמרא, דסתמו כפירושו – בן ידיד» **יב** ברכות כ"ו **יג** שבת י' והביאו הרי"ף והרא"ש
יד «אינו מובן אמאי זה לא הובא לעיל באות י', דלהתם שייך ולא הכא» **טו** שבת י'

ובית הטבילה משמע בט"ז, דדין בית אמצעי יש לו לכל דבר, ורק ברכת הטבילה מותר לברך בה, **ומהמ"א** משמע, דבאין בה אדם ערום, מותר להניח בה תפילין ולברך, דדוקא במרחץ החמירו אע"פ שאין שם אדם, משום שזוהמתו רבה מהבל החמין שמשתמשין בה, משא"כ במקוה, **ואם** שופכין בה ג"כ חמין, יש לעיין, **אבל** אם יש שם אדם ערום, אסור לכנס בה בתפילין וכתבי הקודש, דאסור לעמוד לפני השם ערום, ‹**דלמא** היינו דוקא כשהוא עומד כנגדו, דאל"ה הא מותר בבית האמצעי כשהם בראשם אע"פ שיש שם ערומים›.

שאני בית הכסא דמאים: אין שם שאילת שלום מסייע ליה לרב המנונא משמיה דעולא דאמר אסור לאדם שיתן שלום לחבירו בבית המרחץ משום שנאמר °ויקרא לו ה' שלום אלא מעתה הימנותא נמי אסור למימר בבית הכסא דכתי' °האל הנאמן וכ"ת ה"נ והאמר רבא בר מחסיא אמר רב חמא בר גוריא אמר רב *שרי למימר הימנותא בבית הכסא התם שם גופיה לא איקרי הכי דמתרגמינן אלהא מהימנא הכא שם גופיה איקרי שלום דכתיב ויקרא לו ה' שלום: ואמר רבא בר מחסיא אמר רב חמא בר גוריא אמר רב הנותן מתנה לחבירו צריך להודיעו שנאמר °לדעת כי אני ה' מקדשכם *תניא נמי הכי לדעת כי אני ה' מקדשכם א"ל הקב"ה למשה מתנה טובה יש לי בבית גנזי ושבת שמה ואני מבקש ליתנה לישראל לך והודיעם מכאן ארשב"ג הנותן פת לתינוק צריך להודיע לאמו מאי עביד ליה אמר אביי *שאיף ליה משחא ומלי ליה כוחלא והאידנא דחיישי' לכשפים מאי אמר רב פפא שאיף לי' מאותו המין איני *והאמר רב חמא *(בר) חנינא הנותן מתנה לחבירו א"צ להודיעו שנאמר °ומשה לא ידע כי קרן עור פניו בדברו אתו לא קשיא הא במילתא דעבידא לאגלויי הא במילתא דלא עבידא לאגלויי והא שבת דעבידא לגלויי מתן שכרה לא עביד לגלויי רב חסדא הוה נקיט בידיה תרתי מתנתא דתורא אמר כל מאן דאתי ואמר לי שמעתתא חדתא משמיה דרב יהיבנא ליה ניהליה א"ל רבא בר מחסיא הכי אמר רב הנותן מתנה לחבירו צריך להודיעו שנאמר לדעת כי אני ה' מקדשכם יהבה ניהליה אמר חביבין עלך שמעתתא דרב כולי האי א"ל אין א"ל היינו דאמר רב מילתא אלבישיהו יקירא א"ל אמר רב הכי בתרייתא עדיפא לי מקמייתא ואי הוה נקיטנא אחריתי יהיבנא לך: *ואמר רבא בר מחסיא אמר רב חמא בר גוריא אמר רב °לעולם אל ישנה אדם בנו בין הבנים שבשביל משקל שני סלעים מילת שנתן יעקב ליוסף יותר משאר בניו נתקנאו בו אחיו ונתגלגל הדבר וירדו אבותינו למצרים: ואמר רבא בר מחסיא אמר רב חמא בר גוריא אמר רב לעולם יחזור אדם וישב בעיר שישיבתה קרובה שמתוך שישיבתה קרובה עונותיה מועטין שנאמר °הנה נא העיר הזאת קרובה לנוס שמה והיא מצער מאי קרובה אילימא קרובה דמיקרבא וזוטא והא קא חזו לה אלא מתוך שישיבתה קרובה עונותיה מוצערין א"ר *אבין מאי קרא דכתיב °אמלטה נא שמה נ"א בגימטריא נ' וחד הוי ושל סדום נ' וב' ושלותה כ"ו

רש"י

שאני בית הכסא דמאים · ושם מגונה עליו מש"ה מספקא לן בהזמנתו: **ויקרא לו** · גדעון להקב"ה ה' שלום: **סימנותא** . להזכיר אמונה בבית הכסא: **צריך להודיעו** · מתן פלוני אתן לך וזהו דרך כבוד דשמא יתבייש לקבלה ומתוך כך מתרצין בדברים ואינו בוש בדבר וכן אם נתנה **בביתו** שלא מידיעתו צריך להודיעו שמידו באה לו שמתוך כך יהא אוהבו: **לדעת כי אני ה' וגו'** · להודיעם אני בא שאני רוצה לקדשם: **שייף ליה משחא** · ישפשפו בשמן בין עיניו דבר הנראה שתשאלנו אמו מי עשה כן ויאמר לה התינוק פלוני עשה וגם פת נתן לי: **ומלי ליה כוחלא** · נותן כחול סביב עינו וכן לשונו בתלמוד: **לכשפים** · שתחשדנו שכשפו: **לאגלויי** · מי נתנו לו: **מתן שכרה כו'** · והוא הודיעם [ע"י משה] בעל פה מה שכרה: **רב חסדא** · כהן הוה *כדאמרינן (ברכות פ"ו דף כד:) גבי עיר אחת היתה בא"י ובה שמונים זוגות אחים כהנים הנשואים שמונים זוגות אחיות כהנות ובדקו מסורא עד נהרדעא ולא אשכחו אלא תרתי בנתיה דרב חסדא דהוו נסיבי לרמי בר חמא ולמר עוקבא בר חמא: **הוה נקיט תרתי מתנתא דתורא** · זוג של זרוע לחיים וקיבה שנתנה לו ורצה להאכילן לישראל ואע"ג דרב חסדא בח"ל הוה לא ילפינן מהכא דמתנות נוהגות בזמן הזה דהאידנא נהוג עלמא כתלתא הני (ברכות דף כב:) כרבי יאשיה בכלאים וכרבי יהודה בטבילת בעלי קריין לת"ת וכרבי אלעאי בראשית הגז שהיה אומר אינו נוהג אלא בארץ וכן מתנות בימי רב חסדא אכתי לא נהוג כר' אלעאי ובימי ר"נ בר יצחק נהוג כוותיה בראשית הגז לא במתנות והשתא קא חזינא דנהוג אף במתנות וכי היכי (א) דאחזו במנהג בראשית הגז בימי ר"נ ולא מחינא בהו ונהגנא כולא כוותיה השתא דנהוג אף במתנות לא משנינן מנהגא: **חדתא** · חדשה שלא שמעתיה: **מילתא אלבישי' יקירא** · מעיל דמיו יקרים למי שרגיל ללובשו כלומר לפי שאתה תלמידו של רב ורגיל בשמועותיו אתה מחזר אחריהם: **משקל ב' סלעים** · לאו דוקא נקט בתלמידי רבינו יצחק הלוי מצאתי כתונת פסים סביב פס ידו נתן מילת ולא כל הכתונת: **שישיבתה קרובה** · שנתיישבו בה מקרוב כלומר עיר חדשה: **דמקרבא** · לנוס שם: **וזוטא** · ולא צריכין אתם להקפיד על קומה: **הא קא חזו לה** · למה ליה למימר להו: **שישיבתה קרובה** · שנה אחת קדמה לה סדום כדמפרש של סדום חמשים ושתים דע"כ בוני מגדל בארץ שנער היו ולא היה ישוב בעולם אלא באותה בקעה כדכתיב (בראשית יא) ויהי כל הארץ שפה אחת וגו' ויהי בנסעם מקדם ומשם נפוצו למקומות אחרים כשנתפלגו ובנו להם עיירות ומשנתפלגו עד שחרבה סדום אינו אלא חמשים ושתים שנה שהרי בסוף ימי פלג נתפלגו הארצות כדתניא בסדר עולם אמר רבי יוסי נביא גדול היה עבר שקרא בנו פלג כי בימיו נפלגה הארץ ואם תאמר בתחלת ימיו והלא יקטן אחיו קטן ממנו והוליד משפחות ונתפלגו ואם תאמר באמצע ימיו לא בא הכתוב לסתום אלא לפרש נתן לך סימן ולא תדע באיזו משטתיו אלא בסוף ימיו לא ותשוב שטתיו של פלג ונמצא שנה שמת בה היא שנת מ"ח לאברהם וכשחרב סדום שנת נ"ט לאברהם שהרי בו ביום נתבשרה שרה ולשנה אחרת ילדה ואברהם בן מאת שנה וגו' (שם כא): **ושלותה** . האמורה בה גאון שבעת לחם ושלות השקט היה לה וגו' (יחזקאל טז) וכתיב נתיב לא ידעו עיט לא הדריכוהו וגו' (איוב כח):
עשרים

תוספות

שאני בית הכסא דנפיש זוהמא · תימה בסוף פ"ק דנדרים (דף ז:) גרס בעי רבינא הזמינו לבית הכסא והזמינו לבית המרחץ מהו אלמא במרחץ נמי מיבעי ליה ויש שמוחקין אותו שם מן הספרים משום הך דהכא ומיהו יש לקיים שם הגיר' והכא ה"פ מאי לאו כי היכי דלא איפשיטא ליה מבית הכסא ה"נ לא איפשיטא ליה מבית המרחץ ומשני שאני בית הכסא דנפיש זוהמיה להכי לא איפשיטא ליה אבל מרחץ בתר דבעיא הדר פשטא א"נ הזמינו לבית המרחץ אינו מדברי רבינא אלא הש"ס הוא דמסיק שאינו רוצה לחלק וכן יש בכמה מקומות:
דמתרגמינן אלהא מהימנא · תימה דשלום נמי מתרגמינן דעבד ליה שלום וי"ל דהתם קראו שלום על שם שהוא עושה שלום דאי לא קראו שלום אלא בעי למימר ה' שלום ה' העושה לו שלום א"כ ה"ל למימר ה' שלומו:
הנותן מתנה לחברו צריך להודיעו · ודוקא במתנה שנותן לו ע"י אהבה שאין המקבל מתבייש אבל הנותן לדקה שהמקבל מתבייש מתן בסתר יכפה אף (משלי כא):
יהבה ניהליה · דמותרת לזרים כפירוש הקונטרס והכי מוכח בפרק הזרוע (חולין קלב:) והא דאמר בפ"ב דכתובות (דף כה:) חזקה לכהונה חילוק מתנות כגון שמעיד לו דבתורת כהונה יהבה ניהליה:
ה"ג נתגלגל הדבר וירדו אבותינו למצרים · ואע"ג דבלאו הכי נגזר דכתיב (בראשית טו) ועבדום וענו אותם שמא לא היה נגזר עליהם עינוי כ"כ אלא ע"י זה שהרי ארבע מאות שנה התחילו *קודם שנולד יצחק ל' שנים:
ושל סדום נ"ב שנה · כמו שמוכיח בקונ' שהיה אברהם בן מ"ח שנה כשנבנית סדום ושלותה כ"ו שנים משמע שהיה אברהם בן ע"ג כשהרג את המלכים ובסדר עולם משמע שהיה בן ע"ה שנה כשהכה את המלכים דקאמר התם אברהם אבינו כשנדבר עמו בין הבתרים בן ע' שנה היה שנאמר ויהי מקץ שלשים שנה וגו' וחזר לחרן ושהה שם ה' שנים שנאמר ואברם בן חמש שנים ושבעים שנה בצאתו מחרן וגו' ואותה שנה שיצא מחרן שנת רעב היתה ירד למצרים ושהה שם ג' חדשים בא וישב לו באלוני ממרא היא שנה שכבש את המלכים ולפ"ז לא היתה שלותה אלא כ"ד וצריך לומר שהיתה בשלוה ב' שנים בתחלה:
ולא

עין משפט נר מצוה

סו א מיי' פ"ז מהל' ק"ש הל' ה טוש"ע א"ח סי' פה סעיף ב:
סז ב מיי' פ"ו מהל' נחלות הלכה יג סמג עשין לו טור ח"מ סי' רפב:

מסורת הש"ס

ביצה טז.
ג"ז שם
גירסת רש"ל שמשלד יצחק וכשלד נמחק [ועי' בשל"ס דף קסא. בגמרא ד"ה כרוך שומר וכו' ביאור יפה בדברי תוס' כלון] ועי' מהרש"א
עי' רש"י חולין מד: ד"ה רב חסדא ומה שרשמתי שם
[ביצה טז. ע"ש]
[נ"ל ברבי]
מגילה טז:
ס"א א"ר יצחק ישיבתה של צוער נ"א שנה

הגהות הב"ח

(א) רש"י ד"ה סוס נקיט וכו' וכי היכי דלאחזו במנהג בראשית הגז:

רבינו חננאל

אמר רב המנונא אסור ליתן שלום לחבירו בביהכ"ס שהשם נפיה איקרי שלום שנאמר ויקרא לו ה' שלום אבל לומר נאמן בבית הכסא מותר שאינו שם שנא' האל הנאמן ומתרגמי' אלהא מהימנא:
אמר רב הנותן מתנה לחבירו צריך להודיעו שנאמר לדעת כי אני ה' מקדשכם . והני מילי במילתא דלא עבידא לאיתגלויי. אבל במילתא דעבידא לאיתגלויי לא . שנאמר ומשה לא ידע כי קרן עור פניו:
אמר רב לעולם אל ישנה אדם בנו אחד משאר בניו . שהרי בשביל ב' סלעים מילת שהוסיף יעקב אבינו ליוסף נתקנאו בו אחיו ונתגלגל הדבר וירדו אבותינו למצרים:
אמר רב לעולם יחזור אדם וישב בעיר שישיבתה קרובה [שמתוך שישיבתה קרובה] עונותיה מועטין א"ר חנן מאי קרא שנאמר הלא מצער היא ותחי נפשי כלומר מצער עתה בקרוב נתיישבה . א"ר יצחק ישיבת צוער נ"א שנה היתה שנאמר אמלטה נא שמה נא בגימטריא הכי הוו . ישיבתה של סדום נ"ב שנה והא שהיתה מוקדמת לצוער שנה ושלותה כ"ו דכתיב שתים עשרה שנה עבדו את כדרלעומר ושלש עשרה שנה מרדו הרי כ"ח שנה ובארבע עשרה למרידה בא כדרלעומר והחריבה נמצאת שלותה כ"ו שנים ותשלום נ"ב לישיבתה:

רב נסים גאון

רב חסדא הוה נקט מתנתא דתורא בידיה . רב חסדא כהן הוה ותמצא במסכת ברכות בפרק כיצד מברכין (דף מד) אמר ר' יצחק עיר אחת היתה בארץ ישראל וגופנא שמה והיו בה שמונים זוגים אחים כהנים לשמונים זוגות אחיות כהנות ובדקו רבנן מסורא ועד נהרדעא ולא אשכחו אלא תרתי בנתיה דרב חסדא כו' ואע"ג דאינהו כהנתא אינהו לא כהני:
רבא

§ מסכת שבת דף י: §

אות א'

שרי למימר הימנותא בבית הכסא

סימן פה ס"ב - [א]אפי' להרהר בד"ת, אסור בבית הכסא ובבית המרחץ [ב]ובמקום הטנופת, והוא המקום שיש בו צואה ומי רגלים - ואפילו בתוך הד"א של הבה"כ ממקום שכלה הריח, ג"כ אסור להרהר.

ובבית המרחץ - כי נפיש זוהמא בתוכו ומאוס, והו"ל כצואה ובה"כ, ואפילו בזמן שאין שם אדם.

וטעם איסור ההרהור בכל אלו המקומות, משום דבעינן "והיה מחניך קדוש" וליכא.

וכן אסור לעיין בבה"כ במשקלי השמות והפעלים של לשון הקודש, שאין דרך להגיע לידיעה רק ע"פ הכתובים, ויבוא להרהר במקרא, **ויחשוב** שם חשבונות ביתו והוצאותיו, כדי שלא יבא לידי הרהור, ובשבת יחשוב בבנינים וציורים נאים, **ופשוט** דמותר אדם להתבונן בבה"כ בגודל שפלותו, ושבסופו יחזור כולו להיות עפר רימה ותולעה, ואין נאה לו הגאוה.

כתב בספר תוספות ירושלים בשם הירושלמי, דבבורסקי אסור להתפלל וכן להזכיר כל דבר שבקדושה, והוא שהותחל העיבוד שיש ריח רע, אבל אם עדיין לא התחיל מותר, **ופשוט** דבזמן שאסור, הוא אפילו להאומן עצמו שמורגל בהריח רע ואינו מרגיש, כל שבני אדם מצטערים מזה הר"ר.

כתב ב"י: מי שתלמודו שגור בפיו, והרהר בבה"כ ובבית המרחץ לאונסו, מותר. **יש** אומרים דכיון דאנוס הוא בהרהורו, יכול אפילו לבטא בשפתיו, וכן משמע מזבחים ק"ב ע"ב, **אבל** בספר ברכי יוסף מסיק, דהדבור אסור בכל גווני, והראיה מהגמרא יש לדחות, כמש"כ שם הרב ברכת הזבח וצאן קדשים, **ומה** שכתב: דאם הרהר לאונסו מותר, היינו ר"ל דאם הרהר לא עבד איסורא מאחר שהיה לאונסו, **ברם** לכתחילה חובת גברא לדחות ההרהור, וכ"ש דהדבור אסור, **וכ"כ** בספר ישועות יעקב דהדבור אסור.

הגה: ואפי' הלכות המרחץ אסור ללמוד במרחץ.

[ג]דברים של חול, מותר לאמרם שם בלשון הקדש - ומדת חסידות הוא להחמיר.

[ד]וכן הכנויים, כגון "רחום" "נאמן" וכיוצא בהם, מותר לאמרם שם - דגם בני אדם מכונים בהם לפעמים, כמו שנאמר: חנון ורחום וצדיק, **ודוקא** באומר כך, אבל באומר: הרחום ירחם עליך, י"ל דאסור כמו שאלת שלום. **אבל השמות שאינם נמחקין, אסור להזכירם שם** - לאו דוקא, דהא איכא "שלום" דאסור להזכיר שם.

הראב"ד אוסר ב"רחום", וכתב הב"ח ויש להחמיר, וכן פסק הפר"ח, **מיהו** בלע"ז לכו"ע שרי, הואיל וזה אינו מיוחד דוקא להקב"ה, **משא"כ** שאר ד"ת, וכ"ש השמות שאינם נמחקין, אסור לאמור שם אפילו בלשון לע"ז, כגון "גא"ט" בלשון אשכנז, או "בוגא" בלשון פולין ורוסיא וכה"ג, **שאף** ששם זה אין בו קדושה באותיות כתיבתו, ומותר למוחקו, מ"מ יש בו משום בזיון בהזכרתו במקום טינופת, **כמו** בהזכרת ה"שלום", שמותר ג"כ למוחקו, ואעפ"כ כיון שהקב"ה נקרא בו, אע"פ שאינו מיוחד לו, אסור להזכירו כשמתכוין על ענין השלום, **וכ"ש** בזה שלכמה דברים דינם כשמות שבלשה"ק, כגון לענין שבועה, ולענין הזכרת ש"ש לבטלה, ולענין קללת חבירו בשם.

[ה]ואם נזדמן לו שם להפריש מדבר האסור, מפריש, ואפילו בלשון הקודש ובענייני קודש - דהיינו לומר לו אפילו בלשון הוראה שאסור לעשות כן, וא"צ לדקדק ולומר: אל תעשה כך, בלי לשון הוראה, [מ"א]. **ויש** מחמירין וסוברין, דאסור לומר בלשון הוראה, דזה הוא תורה, כגון אם רואה בע"פ שמגלחין אחר חצות, יאמר: אין מגלחין, דלשון זה אינו לשון הוראה, אע"ג דממילא נשמע דאסור, אבל לא יאמר: אסור לגלח, [ח"א]. **(ומקרוב נדפס חידושי הר"ן על שבת, איתא שם בהדיא דלא כהח"א, וראיותיו יש לדחות, וכ"כ הגר"ז כהמ"א). ונ"ל** דאם אין דבריו נשמעין בקיצור, יוכל להעריך לפניהם גודל האיסור בכל חלקיו, כדי להפרישן.

וה"ה אם נכנס בלבו הרהור עבירה, מותר להרהר שם בד"ת, מפני שזהו כמו להפרישו מאיסור, שהתורה מצלת מהרהורים רעים.

כתב המ"א בשם הר"ן, אפילו בלא אפרושי מאיסורא, שרי לומר לחבירו: עשה לי כך וכך, אפילו אם ממילא הוי הוראה, שבזה מורה לו שהוא מותר לעשות כן, כיון שאינו אומרם בלשון הוראה.

הגה: ובמקום שמותר להרהר בד"ת - כגון בבית אמצעי של מרחץ וכנ"ל, או כגון שהוא בעצמו אינו נקי לגמרי, כגון שנגע בידיו במקומות המכוסים, **דאם** ידיו או שאר מקומות מגופו מטונפות ממש, אפילו ההרהור אסור, **מותר לפסוק דין, ובלבד שלא יאמר טעמו של דבר** - דפסק דין הוי כמו הרהור, שמחשב הטעם בלבו.

אות ב'

לעולם אל ישנה אדם בנו בין הבנים

טור חו"מ סימן רפב - מידת חסידות שלא יעיד [ולא יהיה] שום אדם חשוב בצוואה זו שמעבירין הירושה מהיורש, אפילו ממי שאין נוהג כשורה למי שהוא חכם ונוהג כשורה, ורז"ל אמרו: שלא ישנה אדם לבן בין הבנים אפילו בדבר מועט, שלא יבוא לידי קנאה.

באר הגולה

א שבת מ' | ב הרמב"ם | ג שם בגמרא | ד שם י' | ה שם מ'

§ מסכת שבת דף יא. §

אות א' - ב'

כל עיר שגגותיה גבוהין מבית הכנסת לסוף חרבה

בקשקושי ואברורי לית לן בה

סימן קנ ס"ב - [א]אין בונים בהכ"נ אלא בגבהה של עיר - שנאמר: בראש הומיות תקרא. **[ב]ומגביהין אותו עד שיהיה גבוה מכל בתי העיר שמשתמשים בהם** - שנאמר: לרומם את בית אלהינו, **ויש** מקומות שאין נזהרין בזה, וכתבו האחרונים שהטעם, דכיון דיש שם הרבה בתי עו"ג שגבוהים מביהכ"נ, א"כ בלא"ה ליכא הכירא לביהכ"נ, **ומ"מ** ראוי לכתחלה ליזהר בזה בכל מה דאפשר, כי בגמרא החמירו מאד על זה. **לאפוקי בירניות, (פירוש בניינים העשוים לנוי, תרגום שכיות החמדה, בירניות ספירן), ומגדלים שאין משתמשים בהם** - שעשויין לנוי בעלמא, ואין משתמשין בתוכן כלל, לכן אפילו הבתים עצמן גבוהין, לית לן בה.

וגג שהוא משופע ואינו ראוי לתשמיש, [ג]משערין עד המקום שהוא ראוי לתשמיש, דהיינו שאם יש עלייה תחת הגג, לא תהא גבוה יותר מבהכ"נ – (אין ר"ל לאסור דוקא היכא שעצם הבית לבד הגג גבוה מביהכ"נ, אלא אפילו היכא שעצם הבית אינו גבוה, ורק בצירוף תחתית הגג מקום שמשתמשין שם כשעומדים על העליה, גבוה יותר מביהכ"נ, נמי אסור, דשיפועו אינו מגרע בזה, כיון שעכ"פ יכול להשתמש שם, דאותו מקום שבגג נחשב ככותלי עליה, כ"מ ברא"ש).

(בר"ן איתא: בירניות ומגדלים שעשויים לחוזק, ולפי"ז אין מקור להקל בגג שהוא משופע ואין ראוי לתשמיש מלמעלה, דהגמרא לא הקיל אלא במבצר שאין שם דירה עליה כלל, והוא עשוי רק לחיזוק העיר).

הגה: ובשעת הדחק, או שיש מלות מלכות שאינן רשאים לבנות בהכ"נ כדינו, מותר להתפלל בבית אע"פ שדרין בעליה על גביו - ר"ל וא"כ הביהכ"נ נמוך ממקום דירתו, אפ"ה שרי.

ובלבד שינהגו בעליה שעליו בנקיות, כמו שיתבאר ס"ס קנ"א. (ב"י בשם מהרי"י בן חביב).

אות ג'

יפה תענית לחלום כאש לנעורת

סימן רכ ס"ב - [ד]יפה תענית לבטל חלום רע, כאש לנעורת. הגה: ודוקא בו ביום, ואפי' בשבת, ועיין לקמן סי' רפ"ח.

אבל דוקא כשעושה תשובה עמו, כי התענית מועיל כמו קרבן לחטא, מה קרבן אינו מועיל בלי תשובה, שנאמר: זבח רשעים תועבה, אף תענית חלום וכו'. **ומ"מ** אין מחויב להתענות אלא רשות. **עוברות** ומניקות אין להורות להם להתענות, רק יפדו בממון.

אות ד'

ובו ביום

סימן תקסח ס"ב - וכן אם היה תענית חלום - או יא"צ, **אינו יכול ללוותו.**

אות ה'

אפילו בשבת

סימן רפח ס"ד - [ה]מותר להתענות בו תענית חלום כדי שיקרע גזר דינו - וגם יבלה כל היום בתורה ובתפלה, ויתכפר לו, **ובסדר** היום כתב, דיוכל להתודות על עונותיו כשמתענה, כמו בחול.

ועיין לעיל בסימן ר"כ במ"ב, דעוברות ומניקות אין להורות להן להתענות אפילו בחול, אלא יתנו פדיון נפשם לצדקה, **ובפרט** אם הן חלושות, בודאי אין להן להחמיר על עצמן.

כתב הט"ז, אם הרהר ביום וחלם לו בלילה מענין ההרהור, אין לו להתענות בשבת, דההרהור גרם זה ולא הראוהו מן השמים.

ואם חבירו ראה עליו חלום רע בשבת, וסיפר לו, לא יתענה, אבל אם אירע כן בחול, יתענה - כנה"ג מ"ב ומ"א וא"ר, **ועיין** לעיל בסימן ר"כ במ"א, דמי שחלם לו חלום קשה על חבירו, יתענה, והביאו כאן גם הא"ר, **ומשמע** שהחולם בעצמו יתענה כיון שהוא בחול, **ואולי** דשם מיירי שאינו רוצה לספר לו לצערו.

(**אם** אקלע החלום בת"צ, א"צ להתענות יום אחר, דעולה לו יום זה).

[ו]סימן רפח ס"ה - [ז]י"א שאין להתענות תענית חלום בשבת אלא על חלום שראהו תלת זימני.

[ח]וי"א שבזה"ז אין להתענות תענית חלום בשבת, שאין אנו בקיאים בפתרון חלומות לידע איזה טוב ואיזה רע.

[ט]והעולם אומרים שנמצא בספרים קדמונים שעל שלשה חלומות מתענים בשבת, ואלו הן: הרואה ס"ת שנשרף - וה"ה תפלין שיש בהן פרשיות שבתורה, **אבל** נביאים וכתובים משמע דלא, **ומש"כ** שנשרף, לאפוקי אם רואה שנפל מידו. **או יוה"כ בשעת נעילה, או קורות ביתו** «שנפלו» - ובמדרש רבה איתא, שפתרו לאשה שתלד זכר, וכן הות לה. **או שיניו שנפלו** - ואם היה לו כאב שינים, לא יתענה, כמו שכתב הט"ז במהרהר.

(והנה לפי המבואר בגמרא, דבר הדיא פתר: דבנך ובנתך שכבן, מסתברא דמי שאין לו בנים ובנות אין להחמיר בו להתענות בשבת, **וגם** אולי פתר לרע מפני שלא נתן לו רבא מעות, כדמוכח שם).

באר הגולה

א תוספתא פ"ג דמגילה | ב שבת י"א | ג טור לדעת הרא"ש | ד שבת י"א | ה ברכות ל"א | ו «מילואים» | ז מרדכי ספ"ק דשבת בשם מהר"ם | ח טור בסימן תקס"ח בשם רב עמרם ורבינו קלונימוס ושכ"כ אבי העזרי | ט בית יוסף

כ"ו דכתיב °שתים עשרה שנה עבדו את כדרלעומר ושלש עשרה שנה מרדו ובארבע עשרה שנה וגו': ואמר רבא בר מחסיא אמר רב חמא בר גוריא אמר רב *כל עיר שגגותיה גבוהין מבית הכנסת לסוף חרבה שנאמר °לרומם את בית אלהינו ולהעמיד את חרבותיו וה"מ בבתים אבל *בקשקושי *ואברורי לית לן בה אמר רב אשי אנא עבדי למתא מחסיא דלא חרבה והא חרבה מאותו עון לא חרבה: ואמר רבא בר מחסיא אמר רב חמא בר גוריא אמר רב תחת ישמעאל ולא תחת נכרי תחת נכרי ולא תחת חבר תחת חבר ולא תחת תלמיד חכם תחת ת"ח ולא תחת יתום ואלמנה: ואמר רבא בר מחסיא אמר רב חמא בר גוריא אמר רב כל חולי ולא חולי מעים כל כאב ולא כאב לב כל מיחוש ולא מיחוש ראש כל רעה ולא אשה רעה: ואמר רבא בר מחסיא אמר רב חמא בר גוריא אמר רב אם יהיו כל הימים דיו ואגמים קולמוסים ושמים יריעות וכל בני אדם לבלרין אין מספיקים לכתוב חללה של רשות מאי קראה אמר רב משרשיא °שמים לרום וארץ לעומק ולב מלכים אין חקר: *ואמר רבא בר מחסיא אמר רב חמא בר גוריא אמר רב יפה תענית לחלום כאש לנעורת אמר רב חסדא °ובו ביום ואמר רב יוסף °אפי' בשבת מתקיף לה רבי יהושע בריה דרב אידי איקלע לבי רב אשי עבדי ליה עיגלא תילתא אמרו ליה לטעום מר מידי אמר להו בתענית יתיבנא אמרו ליה ולא סבר ליה מר להא דרב יהודה דאמר *רב יהודה °לוה אדם תעניתו ופורע א"ל תענית חלום הוא ואמר רבא בר מחסיא אמר רב חמא בר גוריא אמר רב יפה תענית לחלום כאש לנעורת ואמר רב חסדא ובו ביום ואמר רב יוסף אפי' בשבת: ואם התחילו אין מפסיקין מפסיקין לק"ש: הא תנא ליה רישא אין מפסיקין סיפא אתאן לדברי תורה דתניא °חברים שהיו עוסקין בתורה °מפסיקין לק"ש ואין מפסיקין לתפלה א"ר יוחנן °לא שנו אלא כגון ר"ש בן יוחי וחביריו שתורתן אומנותן אבל כגון אנו מפסיקין לק"ש ולתפלה והתניא כשם שאין מפסיקין לתפלה כך אין מפסיקין לק"ש כי תני ההיא °בעיבור שנה דאמר רב אדא בר אהבה וכן תנו סבי דהגרוניא אמר רבי אלעזר בר צדוק כשהיינו עוסקין בעיבור השנה ביבנה לא היינו מפסיקין לא לקריאת שמע ולא לתפלה:

מתני' °לא יצא החייט במחטו סמוך לחשכה °שמא ישכח ויצא ולא הלבלר בקולמוסו ולא יפלה את כליו *ולא יקרא לאור הנר באמת אמרו החזן רואה היכן תינוקות קוראין אבל הוא לא יקרא כיוצא בו לא יאכל הזב עם הזבה מפני הרגל עבירה:

גמ' תנן התם לא *°יעמוד אדם ברה"י וישתה ברה"ר ברה"ר וישתה ברה"י אבל אם הכניס ראשו ורובו למקום שהוא שותה מותר וכן

רש"י

עשרים ושש דכתיב שתים עשרה שנה עבדו את כדרלעומר. אין זו שלוה וי"ג מרדו אין זו שלום שהיו בהן מלחמות הרי כ"ה שנים ושנת כ"ו נהרג כדרלעומר והיתה בשלוה כ"ו הנותרים מנ"ב: **לרומם בית אלהינו** · ועל ידי כן זכינו לתת לנו גדר ביהודה: **קשקושי ואברורי.** *בירניות ומגדלים: רב אשי ראש ישיבה היה במתא מחסיא ומכעס מלהגביה בתיהם יותר מבהכ"נ: **תחת ישמעאל** · לשמשו: **ולא תחת נכרי.** אדומים שהיו רשעי' יותר: **חבר** (א) אומה מבני פרסיים: **תלמיד חכם** · אם יקניטו יעניש וכן יתום ואלמנה מפני שדמעתן מצויה: **חולי.** הוא חולי צרוך המגונה והולך ומתיש כח כגון אשתא וחולי הראש: **כאב** · הוא ההולך ובא כגון כאב שן כאב מכה: **מיחוש** · חששא בעלמא לפי שעה וקל: **חללה של רשות** · עומק לבם שהוא צריך להיות לו לב לכמה מדינות למס הקצוב ולכמה מלחמות ולכמה משפטים והכל ביום אחד: **עיגלא תילתא** · (ג) שלישי לבטן שהוא משובח מפני שהבהמה בקטנותה איכה עדיין בכחה והולד ראשון ושני אינו בריא: **והא תנא ליה רישא אם התחילו אין מפסיקין** · וגבי תפלה קיימינן ולמה ליה למיהדר למיתני ואין מפסיקין לתפלה: **אתאן לדברי תורה** · ומילתא אחריתי נקט: **חברים שעוסקין בתורה מפסיקין** · תורתן לקריאת שמע דזמנה דאורייתא ובשכבך ובקומך ואין מפסיקין לתפלה: **אבל אנו** · הואיל ומפסיקין תורתנו לאומנתנו כ"ש שנפסיק לתפלה: **עיבור שנה** · שהיו עולים שבעה לעלייה ונושאין ונותנין אם השנה ראויה וצריכה להתעבר כדאמר בסנהדרין (יח:) על האביב ועל פירות האילן ועל התקופה: **מתני' שמא ישכח ויצא** · משתחשך: **ולא יפלה את כליו** · מבער כנים מבגדיו דמתרגמינן בערתי פליתי (דברים כו) ולקמן (יב.) מפרש טעמא: **ולא יקרא לאור הנר** · בספר שמא יטה הנר להביא השמן לפי הפתילה שידלק יפה ונמצא מבעיר בשבת: **חזן** · חזן הכנסת המקרא שבעה הקוראים בתורה ופעמים שאינו יודע היכן צריכין לקרות למחר ורואה היכן קורין תינוקות של בית רבן בשבת זו והן קורין בסדר לאור הנר בבית הכנסת ויודע שהיא פרשה של שבת זו ל"א חזן מלמד תינוקות ורואה היכן יתחילו למחר והיכא יסיימו פרשיותיהן: **כיוצא בו** · לעשות הרחקה לעבירה אמרו: **לא יאכל הזב עם הזבה** · וכ"ש טהור עם הזבה: **מפני הרגל עבירה** · מפני שמתוך שמתיחדין יבא לבעול זבה שהיא בכרת: **גמ' לא יעמוד אדם.** *)ברה"י ויושיט פיו וראשו לרה"ר לאחוז כלי ולשתות גזרה שמא יוציא הכלי אליו ונמצא מתחייב חטאת: וכן

*) כדפ"א הגי' נרה"ר וכו' ברה"י

תוספות

ולא תחת חבר · פירש בקונטרס חבר פרסיים ול"נ דפרסיים היו בבבל מימות כורש כדפירש"י בפ"ב דגיטין (דף יז.) וחברים בימי רבי יוחנן אתו לבבל כדאמר בהבא על יבמתו (יבמות סג:) ועוד דאמרינן בקדושין (עב.) הראני פרסיים דומין לחיילות בית דוד הראני חברין דומין למלאכי חבלה משמע דחברי אומה אחרת היא והא דאמר בפרק ב' דגיטין (דף יז.) אתא חברא שקל שרגא מקמייהו אמר רחמנא או בטולך או בטולא דבר עשו למימרא דבני אדומים מעלי מפרסיים והתניא אלהים הבין דרכה וגו' ידע הקב"ה שאין ישראל יכולים לקבל רוב גזרותיו של עשו הרשע עמד והגל' אותם לבבל לאו משום דחברים היו פרסאי אלא עיקר היו הפרסיים והחברים שביניהם היו כפופין להן ומשני הא מקמי דאתו חברי לבבל היו פרסאי מעלו מרומאי והא דקאמר או בטולך או בטולא דבר עשו בתר דאתו חברי לבבל בימי ר' יוחנן כדמוכח בהבא על יבמתו (יבמות סג:) והרשיעו את הפרסיים דרומיים מעלי מפרסאי ורש"י פירש שם דאתו חברי לבבל פרסיים בימי כורש ול"נ כדפרישי' דהא בימי רבי יוחנן אתו חברי ופרסיים בימי כורש וכדמוכח בקדושין (דף עב.) דלאו אומה אחת הן והר"ר יעקב מקורביל (ג) *מפרש דחברים היו משרתים מפרסיים דומים למלאכי חבלה לפי שלובשים בגדים שחורים ורחבים והיינו דשקל הכומר שרגא להביא לע"ז שלהן:

כגון אנו מפסיקין בין לקריאת שמע בין לתפלה · והא דאמר ליה רבי זירא לרבי ירמיה *מסיר אזנו משמוע תורה וגו' וי"ל תורתו היתה אומנתו או עדיין לא היתה שעה עוברת:

כגון רבי שמעון בן יוחי וחבריו · והא דאמר לקמן (דף לג:) כי הוה מטי *(זמן תפלה) לבים ומכסי ומצלי ההוא °מצלי היינו ק"ש:

בעיבור שנה · שלא יתקלקלו המועדות:

שמא ישכח ויצא · אליבא דרבא דאמר לא גזרי גזירה לגזירה אין לפרש שמא ישכח המחט דאפילו יצא ליכא איסור דאורייתא כדאיתא בפ"ב דב"ק (דף כו:) הכיר בה ושכחה לענין שבת פטור מלאכת מחשבת אסרה תורה אלא שמא ישכח את המחט להצניעו עד שיהיה שבת ולבסוף כשיזכור את המחט ישכח שהוא שבת ויצא:

לא יעמוד אדם ברה"ר וישתה ברה"י · בהמוצא תפילין (עירובין דף צט.) מוקי לה בחפצים הצריכים לו ודברי הכל פי' אפי' רבנן דאמרי עומד אדם בר"ה ומטלטל ברה"י הכא מודו דכיון דצריך לשתות איכא למיחש שמא יביאם אצלו וא"ת השתא נמי כי יכנים ראשו ורובו אמאי שרי הא מפיק מרה"י לרה"ר שלוקח ברה"י ונחית בבטנו ברה"ר דהכי אמר התם השתין מים ורק חייב חטאת ויש לומר דבליעתו היינו הנחתו ואין לחוש במה שסוב נכנסים לתוך מעיו כדאמר (לקמן דף פ.) הוליא דיו לכתוב ב' אותיות וכתבן כשהוא מהלך חייב דכתיבתן זו היא הנחתן ואתי שפיר הא דפרק אמרו לו (כריתות דף יג:) יש אוכל אכילה אחת וחייב עליה ד' חטאות ואשם אחד רבי מאיר אומר אף אם היתה שבת והוליאו בפיו חייב והשתא היכי תני ר"מ אולאה דלא מחייב עלה עד שתנוח במעיו בהדי הנהו דמחייב

עין משפט נר מצוה

סח א מיי' פ"א מהל' תפלה הל' ג טוש"ע א"ח סי' קג סעיף ג:

סט ב טוש"ע שם:

ע ג מיי' פ"א מהלכות תענית הלכה יב סמג עשין דרבנן ג טוש"ע א"ח סי' רכ סעיף ג [וכרי"ף כאן ובפ"ק דתענית ד' קע"ב. וברא"ש כאן ובפ"ט דברכות סי' ה' ובפ"ק דתעני' סי' עו]:

עא ד מיי' שם טוש"ע א"ח סי' תקסח סעיף ב:

עב ה מיי' וסמג שם טוש"ע א"ח סי' רפח סעיף ד:

[כלשון ישמעאל מגדל] ואמר רבינו יעקב דהכי גגין דידן כקשקושי דמיין לפי שאין משתמשין עליהן כמו שהיו רגילין להשתמש על גגותיהן בימי חכמים ולפ"ז א"צ להגביה בהכ"נ יותר משאר גגין [תו"י]

עג ו מיי' פ"ד מהלכות נדרים הלכה טו סמג לאוין רמב טוש"ע א"ח סי' תקסח סעיף ב:

עד ז ח מיי' פ"ב מהל' ק"ש הלכה ה ופ"ו מהל' תפלה הל' ח סמג עשין יט טוש"ע א"ח סי' קו סעי' ג:

עה ט מיי' פ"ב מהל' ק"ש הלכה ה:

[וכן מפרש הערוך בערך חבר]

עו י מיי' פי"ט מהל' שבת הלכה כו סמג לאוין סה טוש"ע א"ח סי' רנב סעיף ו:

עז כ מיי' פט"ז מהל' שבת הלכה ב סמג שם טוש"ע א"ח סי' שנ סעיף א:

[לעיל יו"ד.]

[צ"ל עידן צלויי]

מסורת הש"ס

פי' בניינים כמשין נטי

[גי' הערוך אבראורי פי' חומת כעיר בלשון פרסי]

תענית יב: ע"ש

[פי' תוס' לקמן כד. ד"ה תעני']

[לקמן קמט.]

עירובין כ. ע"ש צט. ע"ש

הגהות הב"ח

(א) רש"י ד"ה חבר אומה. נ"ב ורש"י בפ' כירה דף מה ר"ע פ"א חברי הם אומה שהיתה עם פרסיים עכ"ל: (ב) ד"ה עגלא תלתא שלישי. נ"ב ובעירובין דף סג. דחה רש"י בעצמו פי' זה ע"ש: (ג) תוס' ד"ה ולא תחת וכו' והר' יעקב מפריז פירש דחברים הם כומרים מפרסיים דומי' למלאכי חבלה:

רבינו חננאל

וכל עיר שגגותיה גבוהות מבהכ"נ סופה ליחרב שנאמר לרומם בית אלהינו ולהעמיד את חרבותיו. אמר רב אשי [אנא] עבדי למתא מחסיא שאגבהתיה [את בית] הכנסת למעלה מכל גג דלא ליחרב מהאי עון *)לעולם: אמר רב תחת נכרי ולא תחת ישמעאל. תחת ישמעאל ולא תחת חבר שהן רעים כדגרסי' ביבמות (סג:) תחת חבר ולא תחת ת"ח. כלומר אין בו כח להציל מיד הרשעים בזרוע רמה. וכ"ש יתום ואלמנה: אמר רב כל חולי ולא חולי מעיים. כל כאב ולא כאב לב. כל מחוש ולא מחוש ראש: אמר רב יפה תענית לחלום כאש בנעורת. אמר רב חסדא ובו ביום אמר רב יוסף ואפי' בשבת. ואינו תענית חלום. זה שאמר רב לוה אדם תעניתו ופורע אלא שקבל עליו מעצמו להתענות בו. ואפי' אם אירע בו אונס לוה ופורע. ודייקינן מהא דגרסי' בתעניות צערא קביל עליה כי הא שטעי' היכא דאירע בו [אונס]. אמר רב לוה אדם תעניתו ופורע ותענית חלום בין כך ובין כך לא: אם התחילו אין מפסיקין (בו) [כו']. ואוקימנא סיפא איצטריך לדברי תורה. דתניא חברים שהיו עסוקין בתורה מפסיקין לק"ש ואין מפסיקין לתפלה. א"ר יוחנן לא שנו אלא כגון רשב"י וחביריו שתורתן אומנותן אבל כגון אנו מפסיקין אפי' לתפלה והא דתניא כשם שאין מפסיקין לתפלה כך אין מפסיקין לק"ש התהיא בעיבור שנה תניא דא"ר אלעזר ב"ר צדוק כשהיינו עסוקים בעיבור שנה ביבנה לא היינו מפסיקין לא לק"ש ולא לתפלה: מתני' לא יצא החייט במחטו סמוך לחשכה כו'. ירושל' [לעיל בהלכה ב'] מטה דתנינן מנחה ותני לה ר' חייא חשיכה. הדא אמר אפילו חשיכה דתנינן בתרא מנחה היא: תנן התם בסוף עירובין לא יעמוד אדם ברה"י וישתה ברה"ר ולא ברה"ר וישתה ברשות היחיד אא"כ הכניס ראשו ורובו למקום ששותה

*) אולי כיון רבינו בזה לעולם למ"ש התוס' בחידושיו לשבת בתוספת שעשה רב אשי שלא תהא נהרסת כחורבנה לעולם כשעתיד הקב"ה לחזור כתי צדיקים לישבן וכדאיתא בברכות נ"ח ב' מחזור גם היא לישבה. והיינו דכתיב ולהעמיד את חרבותיו עי"ש ודו"ק:

גליון הש"ס גמ' חברים שהיו עוסקין בתורה מפסיקין לק"ש. עי' מ"ק ט ע"ב תוס' ד"ה כאן במקום וכו' וצ"ע ועמד בזה הרא"ה בתשובותיו: מתני' שמא ישכח ויצא. עיין לעיל ג ע"א תוס' ד"ה עקירת גופו: תוס' ד"ה כגון ר"ש וחבריו. מצלי היינו קריאת שמע. עיין ברכות טו ע"א תוס' ד"ה אמן:

ואף באלו הג', אין להתענות בשבת אא"כ התענית עונג לו, כגון שנפשו עגומה עליו, וכשיתענה ימצא נחת רוח, **לאפוקי** אם הוא אדם דלא קפיד בחלום רע, או שהתענית קשה עליו, ומצטער יותר בתעניתו ממה שמצטער בפחד החלום, אסור להתענות בשבת - ריב"ש, **ובשם** של"ה כתבו האחרונים, שאף באלו הג' היה רגיל על הרוב לפסוק שלא להתענות בשבת, אלא יתענה ב' ימים בחול, נגד יום השבת ויום ראשון שאחריו, [**נראה** שטעמו היה, דשמא אין נפשו עגומה עליו, אבל בודאי נפשו עגומה מודה].

וי"א הרואה יוה"כ אפילו שלא בשעת נעילה; וי"א הרואה שקורא בתורה; וי"א הרואה שנושא אשה.

והא דרואה שיניו שנפלו, דוקא שיניו, אבל הרואה לחייו שנשרו, חלום טוב הוא, דמתו היועצים עליו רעה.

ונ"ל שהחלומות שאמרו בפרק "הרואה" שהם רעים, גם עליהם מתענין בשבת - ופשוט דגם בזה דוקא אם נפשו עגומה עליו וכדלעיל.

ולא יתענה על חלומות שהם הפסד ממון, אלא דוקא על דברים שמחללין עליהם שבת. **וצריך** האדם לדקדק, שהרבה דברים הולכים אחר השם בלשון, כגון "שונרא" "שינרא", ע"ש בגמרא.

אות ו'

לוה אדם תעניתו ופורע

סימן תקסח ס"ב - הנודר לצום עשרה ימים באיזה יום שירצה, והיה מתענה ביום אחד מהם והוצרך לדבר מצוה - כגון לברית מילה או סיום מסכת, ואפילו הוא אינו שייך בגוה, **או מפני כבוד אדם גדול** - וי"א דאפילו הפצירו בו לשמחת מריעות, שרי מפני דרכי שלום, **אבל** מלשון השו"ע שכתב: מפני כבוד אדם גדול, משמע דדוקא מפני כבודו שמפציר בו, אבל מפני שאר אנשים לא, **(או שמצטער), הרי זה לוה ופורע יום אחר, שהרי לא קבע הימים בתחלת הנדר** - ר"ל אע"פ שקבלו מאתמול במנחה, כיון שקבלה זו לא הוי עתה תחלת הנדר, אלא ממה שהוסכם אצלו בתחלה להתענות איזה יום, ושם לא בירר היום.

וא"צ להתיר הנדר, ומכל מקום בכל זה צריך להתענות מקצת היום, וזמן מועט יותר ממה שהוא רגיל, כגון שרגיל לאכול בשעה רביעית, יאכל בשעה חמישית, [**והטעם**, כדי שיתקיים מעט נדרו על אותו היום גופא, ולא יהא צריך להתירו].

אבל אם לא קבל עליו קודם לכן להתענות יום אחד, אלא במנחה קבל עליו להתענות למחר, מקרי "תענית זה", ואינו יכול ללוותו - עיין בט"ז שדעתו, דאם מצטער מתעניתו, ומתענה מקצת היום, יכול ללות ולפרוע יום אחר אפילו "ביום זה", **אבל** דעת המ"א ועוד כמה אחרונים, דאין יכול ללות ולפרוע אלא בקבלת תענית סתם, **וגם** שם דוקא כשהתענה מקצת היום וכנ"ל.

הגה: וכ"ש "יום זה" ממש, כגון שאמר בתחלת נדרו: אתענה יום פלוני, או אתענה ב' וה' כל השנה, או כדומה לזה - דב' וה' כל השנה הוי ליה יום מיוחד, ולא יכול להחליפו לימים אחרים, **וגם** אין יכול לשנותו לשנה אחרת, דכיון דאמר "השנה", שנה זו דוקא, [מ"א].

[**והנה** הט"ז כתב היפך זה, **ובאמת** איני מבין סברת המ"א, דלמה לא נימא בעניננו, דכמו שאם אמר: אני נודר להתענות יום ג' וד' בשבוע, דיכול להחליף על ימים אחרים בשבוע זו, כשהוא מצטער, ומה דנקט ג' וד' לאו דוקא קאמר, אלא דכונתו שקבל עליו שני ימים, **ה"נ** נימא לענין זמן של השנה, דאין כונתו להקפיד על שנה זו דוקא, אלא חשבון של בה"ב של שנה זו קיבל עליו, ויכול להחליפם בבה"ב אחרים לאחר שיכלה שנה זו, **וזהו** לענ"ד סברת הט"ז].

אבל אם נדר להתענות בה"ב חצי שנה, או שנה, ולא אמר "השנה", לא מיקרי "יום זה", ויכול ללות ולפרוע בבה"ב אחרים לאחר שיכלה חצי שנה או שנה ראשונה, **אבל** על ימים אחרים כגון אגד"ו, אין יכול להחליף, דאפשר דדוקא על ימים אלו קפיד שהם ימי רצון.

וכתבו אחרונים, דמי שנדר להתענות בה"ב, יכול להחליף ולהתענות הב"ה, דכונתו היה רק לימים אלו שהם ימי רצון.

אות ז' - ח'

מפסיקין לק"ש, ואין מפסיקין לתפלה

לא שנו אלא כגון ר"ש בן יוחי וחביריו, שתורתן אומנותן

סימן קו ס"ב - [יא]מי שתורתו אומנתו, כגון רשב"י וחביריו - דהם לא היו עוסקים כלל במלאכתם, ואין מבטלין מלימודם אפילו רגע, [גמרא], **מפסיק לק"ש** - מפני שהיא דאורייתא, **ולא לתפלה** - דהיא דרבנן, **ואף** אם נסבור דהיא ד"ת, מ"מ מה"ת אין לה זמן קבוע, ודי בפעם אחת ביום וכנ"ל, **וכשקורא** ק"ש יקראנה עם ברכותיה, ואח"כ יחזור ללימודו ולא יתפלל.

ואף שצריך לבטל ולהפסיק לימודו לעשיית כל המצות אפילו של ד"ס, דהלומד ואינו מקיים נוח לו שלא נברא, **מ"מ** תפלה הואיל ואינה אלא בקשת רחמים, קילא משאר מצות לגבי אנשים כאלו, שאינם מבטלים מלימודם אפילו רגע.

אבל אנו, מפסיקים בין לק"ש בין לתפלה - שאנו שמפסיקין מדברי תורה למלאכתינו, כ"ש שנפסיק לתפלה.

אות ט'

בעיבור שנה

רמב"ם פ"ב מהל' קריאת שמע ה"ה - היה עוסק בתלמוד תורה והגיע זמן קריאת שמע, פוסק וקורא, ומברך

באר הגולה

י ‹בעין משפט כתוב סעיף ג', אבל בשו"ע של המ"ב אין כאן רק ב' סעיפים›

יא שבת י"א

לפניה ולאחריה; [יב]היה עוסק בצרכי רבים, לא יפסוק, אלא יגמור עסקיהן, ויקרא אם נשאר עת לקרות.

[יג]סימן ע ס"ד - [יד]היה עוסק בצרכי רבים והגיע זמן קריאת שמע, לא יפסיק - מיירי שאין שם מי שישתדל אלא הוא, ולכך אינו פוסק, דעוסק במצוה הוא, **ואפי'** אם הוא עוסק רק בהצלת ממונם. (**ואם עיקר** כונתו רק להשתכר, לא מיקרי עוסק במצוה, **ומ"מ** כיון שאין שם מי שישתדל אלא הוא, צ"ע, **ואם** כונתו בשביל שניהם, מקרי עוסק במצוה). **ואם** יכול להפסיק לק"ש, ואח"כ לחזור ולגמור צרכי צבור בלא טורח, יפסיק.

ומשמע מזה, דאם התחיל באיסור אחר שהגיע הזמן, צריך להפסיק, **ועיין** בפמ"ג שמצדד, דבכל גווני אינו צריך להפסיק.

כתב הפמ"ג, דאע"ג דהעוסק בצרכי רבים פטור מק"ש, מ"מ אם פסק וקרא, שפיר יצא ידי חובה, דלא פטור ממש מק"ש, אלא שהוא אז עוסק במצוה אחרת.

אלא יגמור עסקיהם - ומ"מ יעשה מה שיכול, ויקרא לפחות פסוק ראשון עם בשכמל"ו בזמנה, כי זה דבר קצר, ואפשר לו אפילו בשעה שעוסק בצרכי צבור.

ויקרא אם נשאר עת לקרות - ואם לא נשאר, מה יעשה, הרי עסק במצוה, **ומ"מ** חייב להזכיר יצ"מ אפילו לאחר שעבר זמן ק"ש, שזו היא מצוה בפני עצמה, ומצותה כל היום, **ע"כ** יאמר איזה פרשה שיש בה יצ"מ, אם כבר עבר הזמן שלא יוכל לאמר ברכת "אמת ויציב".

ודע, דאם נמשך זמן עסקו בצרכי צבור עד לאחר חצות, שאז פטור לכו"ע אף מן התפלה, מ"מ אסור לכו"ע לאכול קודם שמקיים מצות תפילין, דזמנו כל היום, **וגם** לפי מה שכתב הפמ"ג, אסור לו אז לאכול קודם שמתפלל תפלת המנחה, **ע"כ** כשיגיע חצי שעה שאחר חצות, יתפלל תפלת המנחה, ואח"כ יאכל.

אות י'

לא יצא החייט במחטו סמוך לחשכה, שמא ישכח ויצא, ולא הלבלר בקולמוסו

סימן רנב ס"ו - [טו]לא יצא אדם ע"ש סמוך לחשיכה במחטו [טז]בידו, ולא בקולמוסו - וה"ה כשאוחז שאר חפץ בידו, **שמא ישכח ויוציא** - היינו שישכח ויוציא את החפץ משתחשך מרשות לרשות, או יעבירנו ד"א בר"ה.

וה"ה כשיש לו שאר חפץ מונח לו בכיסו, דדרך הוצאה היא וחייב בשבת, ואסרו לצאת בו מביתו סמוך לחשיכה, שמא ישכח ויוציא משתחשך, **אבל** מותר לצאת לר"ה סמוך לחשיכה במחט התחובה לו בבגדו, במקום שאין דרך להוציא כן בחול, (**ואפילו באומן** מקרי שלא כדרך הוצאה, **והגר"א** פסק בבאורו דהלכה כר"י, דבאומן אפילו תחובה לו בבגדו חייב בשבת, וממילא יהיה אסור לו לצאת סמוך לחשיכה אפילו תחובה בבגדו), **וכל** כיו"ב בענין שאם היה יוצא בו בשבת פטור מדאורייתא, כמבואר לקמן בסימן ש"א, ואף שעכ"פ מדרבנן אסור, לא גזרו חז"ל גזירה לגזירה.

ולפי"ז האידנא דליכא ר"ה אלא כרמלית, שרי לצאת בחפץ שבידו סמוך לחשיכה, היינו קודם שקיעה, דלא הוי אלא גזירה לגזירה - מ"א, **מיהו** לדעת הרבה פוסקים והמחבר מכללם, גם בזה"ז איכא ר"ה, כמו שמוכח בסימן שמ"ה, **ולפי** מה שכתב הגר"א בבאורו, אסור סמוך לשקיעה ממש אפילו לכרמלית.

(**עוד** כתב הגר"א, דכל השקלא וטריא דגמרא אי גזרינן גזרה לגזרה, הוא רק בסמוך לחשכה, **אבל** עם חשכה, היינו שסמוך לשקיעה ממש, אסור אף בדבר שבשבת גופא הוצאה דרבנן).

סמוך לחשיכה - (עיין בפמ"ג שמצדד שהוא חצי שעה קודם בה"ש, כמו סמוך למנחה, וכ"כ בנהר שלום, **והנה** בירושלמי איתא, דהאי "סמוך לחשיכה" הוא סמוך למנחה, ור"ל למנחה קטנה, **והנה** כל הפוסקים לא הביאו הירושלמי זולת בפי' ר"ח, ועכ"פ הנכון להחמיר כפמ"ג ונה"ש, וגם מהגר"א מוכח דהאי "סמוך" איננו עם שקיעה ממש).

אות כ'

לא יעמוד אדם ברה"י וישתה ברה"ר, ברה"ר וישתה ברה"י. אבל אם הכניס ראשו ורובו למקום שהוא שותה, מותר

סימן שנ ס"א - [יז]אבל לא יעמוד ברשות היחיד ויוציא ראשו לרשות הרבים וישתה שם, או איפכא, אלא אם כן יכניס ראשו ורובו למקום שהוא שותה, דכיון שהוא צריך לאלו המים, חיישינן שמא יביאם אליו - ובין שהמים נתונים בכלים נאים, או אינם נאים, וכן כל כיו"ב באוכלין ומלבושין, לפי שהן חפצים הצריכין לו במקומו.

[יח]אבל מותר לעמוד ברשות היחיד או ברשות הרבים ולשתות בכרמלית, או איפכא - דבר"ה גופא הוא רק מטעם גזירה שמא יביאנו אצלו, ולא גזרינן גזירה לגזירה.

[יט]ויש מפרשים דחפצים הצריכים לו, היינו כלים נאים שהוא צריך להם, אבל אם הם כלים שאינם נאים, מותר לשתות מהם, אף ע"פ שלא הוציא ראשו ורובו אלא שהושיט צוארו לבד. [כ]ושאר טלטולים חוץ משתיה, אפילו כלים נאים מותר לטלטל, שלא גזרו אלא בכלים נאים ובשותה בהם, שהוא מקרבן לפיו.

והעיקר כסברא ראשונה.

באר הגולה

[יב] <"כי תניא ההוא בעיבור החדש", וסובר רבינו דטעמא הוה לפי שהם עוסקים בצרכי רבים - כסף משנה> [יג] <מיוסד על הרמב"ם הנ"ל> [יד] ירושלמי שם ה' ע"ד לפי' רמב"ם פ"ב מהל' ק"ש [טו] שם י"א [טז] לפי' הרמב"ם <דפסק כרבא>, וכתב הב"י ואפשר שזה היה דעת הרי"ף והרא"ש [יז] משנה עירובין צ"ט [יח] שם בגמ' וכרבא [יט] ה"ה בשם י"מ וזה דעת הרמב"ם [כ] ה"ה לדברי הרמב"ם

וכן בגת *איבעיא להו כרמלית מאי אמר אביי היא היא רבא אמר **היא גופה גזירה ואנן ניקום ונגזור גזירה לגזירה אמר אביי מנא אמינא לה דקתני וכן בגת מאי גת אי רשות היחיד תנינא אי רשות הרבים תנינא אלא לאו כרמלית רבא אמר וכן בגת לענין מעשר וכן אמר רב ששת וכן בגת לענין מעשר *דתנן שותין על הגת בין על החמין בין על הצונן ופטור דברי ר' מאיר ר' אלעזר בר' צדוק מחייב וחכ"א [ג]על החמין חייב על הצונן פטור *מפני שהוא מחזיר את המותר תנן לא יצא החייט במחטו סמוך לחשיכה שמא ישכח ויצא מאי לאו דתחובה לו בבגדו [ג]לא דנקיט ליה בידיה ת"ש לא יצא החייט במחטו התחובה לו בבגדו מאי לאו בערב שבת לא [י]כי תניא ההיא בשבת והתניא לא יצא החייט במחטו התחובה בבגדו בע"ש עם חשיכה הא מני רבי יהודה היא דאמר אומן דרך אומנתו חייב *דתניא [י]לא יצא החייט במחטו התחובה לו בבגדו ולא נגר בקיסם שבאזנו ולא סורק במשיחה שבאזנו ולא גרדי באירא שבאזנו ולא צבע בדוגמא שבצוארו ולא שולחני בדינר שבאזנו ואם יצא פטור אבל אסור דברי ר"מ ר' יהודה אומר אומן דרך אומנתו חייב ושאר כל אדם פטור תני חדא לא יצא הזב בכיסו ואם יצא פטור אבל אסור ותניא אידך [י]לא יצא ואם יצא חייב חטאת אמר רב יוסף לא קשיא הא ר"מ הא ר' יהודה א"ל אביי אימור דשמעת ליה לרבי מאיר במידי דלאו היינו אורחיה במידי דהיינו אורחיה מי שמעת ליה דאי לא תימא הכי אלא *מעתה הדיוט שחקק קב בבקעת בשבת לר"מ הכי נמי דלא מחייב אלא אמר רב המנונא לא קשיא כאן בזב בעל שתי ראיות כאן בזב בעל ג' ראיות מ"ש זב בעל שתי ראיות דחייב דמיבעי ליה לבדיקה זב בעל ג' נמי מיבעי ליה לספירה לא נצרכא אלא לבו ביום והא מיבעי ליה כדי שלא יטנפו כליו א"ר זירא האי תנא הוא דאמר °כל אצולי טינוף לא קא חשיב דתנן *[י]הכופה קערה על הכותל אם בשביל שתודח הקער' הרי זה בכיותן אם בשביל שלא

רש"י

וכן בגת · לקמיה מפרש לה: **כרמלית** · כגון בקעה דמדרבנן הוא דאסור להכניס ולהוציא: **מהו** · לעמוד ברה"י או ברה"ר ויוציא ראשו לכתחלה לתוכו וישתה: **היא היא** · כשם שאסרנו זו במשנתנו כך זו אסורה: **היא גופה** · אפי' יוציא הכלי מתוכה לרשות היחיד או מתוכה לרה"ר מדרבנן בעלמא הוא: **ואנן ניקום ונגזור** · הושטת ראשו אטו הוצאת כלי: **אי נימא רה"י** · כגון גבוה י' וקאמר דלא יעמוד ברה"ר וישתה לתוכה תנינא: **ואי רה"ר** · כגון אינה גבוה ג': **לענין מעשר** · דשתיה על הגת ממש שלא עקרו משם להוציאו חוצה הויא שתיית עראי ופטור ממעשר כל זמן שלא ירד לבור שהוא גמר מלאכתו למעשר אבל להוציאו משם הוי קבע שאין בדעתו להחזיר המותר ואע"ג דלא נגמר מלאכתו למעשר אסור: **בחמין** · שמזגו בחמין שוב אינו ראוי להחזיר המותר שלא יחמיץ את היין מחמת החמין: **מאי לאו דתחובה בבגדו** · שאין דרך הוצאה בכך ואפי' הוציאה לרשות הרבים משחשכה שבות בעלמא הוא וקא גזור סמוך לחשכה אטו חשכה אלמא גזרינן לאיסור שבת גזירה לגזירה: **כי תניא ההיא** · בשבת עצמה דחדא גזירה היכא גזירה תחובה בבגדו אטו היכא דמפיק בידים: **אומן** · המוציא דרך אומנתו שהוא רגיל לצאת לפרקים כן בחול חייב דהשתא לדידיה ליכא אלא חדא גזירה דגזרינן סמוך לחשכה אטו חשכה: **בקיסם שבאזנו** · קיסם ארוך ושוה כעין סרגלא שמסרטטין בה ספרים שקורין ויר"א בלע"ז ובו משוין את הנסרים כדרך נגרים שלנו משוים בנטיית קו ולי נראה שכל השנויין כאן אינו אלא שנותנין אותו בני האומנות עליהן בצאתם לשוק כדי שיכירו מאיזו אומנות הוא וישכרוהו למלאכה: **סורק** · בגדים שקורין פליר"ש: **במשיחה** · הוא קושר הקוצים שקורין קרדונ"ש וגם את הבגד תופר ומחבר בו ב' ראשין כשמותחו על יתדות האומנות לחובטו במקלות לזקוף את שערו: **אירא** · הוא למר או למר גפן שסותם בו פי הקנה לאחר שהניח בתוכו פקעיות הערב ומשייר בנקב מלא חוט לאריג וזורקו לקנה והפקיע מתגלגל לתוכו ולצאת אינה יכולה שנסתם הנקב: **דוגמא** · מעט למר לבוע אדום ומעט לבוע שחור וכן בכל מיני לבע שמראה בהם דוגמא לאחר כזה תרצו או כזה תרצו: **כיס** · שעושין לזב וקושרו לפי האמה לקבל בו את הזוב: **הא רבי יהודה** · דזו דרך הוצאתו בחול: **במידי דלאו היינו אורחיה** · כגון כל אלו השנוין למעלה אין דרך הוצאתו אלא ביד אפילו לאומן אלא בשעה שהוא רוצה להכריז לעצמו שהוא אומן אבל כיס לזב אין דרך הוצאתו אלא בכך מי שמעת ליה דפטור: **דאי לא תימא הכי** · דמודה ר"מ במי שכל דרכו בכך: **הדיוט שחקק קב בבקעת** · הואיל ואינו אומן ואין דרך חקיקה בכך הכי נמי דפטור לרבי מאיר א"כ לא מחייב ר' מאיר בשבת אלא אומנין אלא על כרחיך הואיל וכל דרך חקיקתו של זה בכך מיחייב והכא נמי הואיל וכל דרך הוצאה זו לזה בכך חייב: **זב בעל שתי ראיות** · חייב לפי שהכיס צריך לו לבדוק עצמו אם יראה עוד שלישית ויהיה זב גמור לקרבן וכיון דצריכה לו הויא ליה לדידיה דרך הוצאתו בכך: **מיבעי ליה לספירה** · דכתיב (ויקרא טו) וכי יטהר הזב וספר לו שבעת ימים ז' נקיים וצריך הוא לכיס לברר לו היום בנקיות שאילו יראה באחד מהן יסתור את הכל דבעינן רצופין דכתיב לטהרתו טהרה אחת לכולן שלא תהא טומאה מפסקת ביניהן: **לבו ביום** · באותו יום שבת ראה הראיה שלישית דשוב אינו צריך לכיס כל אותו היום שאין אותו יום ממנין הנקיים: **לא חשיב** · הלכך לאו דרך הוצאה היא לו: **כפה קערה על הכותל** · שיורדין גשמים עליו: **הרי הוא בכי יותן** · דאחשבינהו להנך משקין הרואה בדעתו שצריך להן ואע"ג דלא ניחא ליה נפילה שנפלו על הפירות לאחר זמן הוי מכשרין דתנן (מכשירין פ"א) כל משקה שתחלתו לרצון אע"פ שאין סופו לרצון מכשיר: שלא

תוספות

דמחייב בשעת בליעה אלא אהוצאה מחייב נמי בשעת בליעה כדפרישית ורש"י תירץ בענין אחר בהמוצא תפילין (עירובין דף צט:) ובפ"ב דעירובין (דף כ· ושם) פירשתי ונראה דאע"ג *דהלכה כר"מ בגזרותיו בהא דאמר לא יעמוד ברה"ר ומטלטל ברה"י או איפכא לית הלכתא כוותיה אלא כרבנן דשרו כדמוכח בהמוצא תפילין (שם דף צח:) דאמר מתני ליה רבי חנינא בר שלמיא לחייא בר רב קמיה דרב לא יעמוד כו' א"ל שבקת רבנן ועבדת כר"מ:

אמר אביי מנא אמינא לה·דגזרינן גזירה לגזירה °דוקא בהוצאה גזר אביי וכל הנהו דמייתי ראייה איירי בהוצאה אבל בעלמא לא גזר דהא בריש ביצה (דף ג·) פריך אביי למאן דגזר ביצה שנולדה בי"ט אטו פירות הנושרים היא גופה גזירה ואנן ניקום כו':

אלא לאו כרמלית · ואע"ג °דאין כרמלית בכלים האי גת כיון דמחובר לקרקע לא שמיה כלי:

ואם יצא פטור אבל אסור דברי ר"מ · והא דתנן בפרק במה אשה (לקמן דף סב·) ואם יצאה אשה במחט הנקובה חייבת חטאת התם לגמרי דרך הוצאה בכך וכן גבי הא דאמר ר"מ אם (א) סכה והוציאה בפיו חייב התם נמי דרך להוציא המאכל בפה:

כל אצולי טינוף לא קא חשיב · אע"ג דהוי אורחי' בכך כיון דלא הוי אורחיה אלא משום אצולי טינוף לא חשבינן הוצאה כי אורחיה תדע דהא הכופה קערה בשביל שלא ילקה הכותל אינו בכי יותן אע"ג דניחא ליה שנופלים המים ברחוק מן הכותל ע"י הקערה כיון דלא ניחא ליה אלא משום אצולי טינוף לא חשבינן ניחותא לגבי הכשר ה"נ לא חשיב הוצאה כי אורחיה ופריך התם לא ניחא ליה בהני משקין כלל הכא ניחא ליה בהאי כיס לקבולי בי' זיבה ובכה"ג שמקבל מים לאצולי טינוף חשוב משקה לרצון כדמוכח מסיפא וכי היכי דחשיב משקין המתקבלין אע"ג דלאצולי מטינוף (ב) משום דאחשבינהו קבלתן ה"נ חשיב כיס המקבל זיבה לאצולי מטינוף הוצאה כי אורחיה:

עין משפט נר מצוה

עח א מיי' פט"ו מהל' שבת הלכה ב סמג לאוין סה טוש"ע א"ח סי' שנ סעיף א:

עט ב מיי' פ"ה מהל' מעשר הלכה טז:

פ ג מיי' פי"ט מהל' שבת הלכה כ סמג לאוין סה טוש"ע א"ח סי' רנב סעיף ו:

פא ד מיי' שם הלכה כא וסמג שם טוש"ע א"ח סי' שא סעיף יב:

פב ה מיי' שם הל' כב טוש"ע שם סעיף יג:

פג ו מיי' פ"ב מהל' טומאת אוכלין הל' ג:

מסורת הש"ס

עירובין לט: [ביצה ג. וש"נ]

עירובין שם מעשרות פ"ד מ"ד

[כן עשמה מפני שהוא מחזיר כו' איתא במשנה דמעשרות וכן בעירובין]

תוספתא פ"א

[עי' תוס' סוכה בערוך ערך קב]

חולין טז. מכשירין פ"ד מ"ג

הגהות הב"ח

(א) תוס' ד"ה ואם יצא וכו' ר' מאיר אם סיכה שבת והוציאה בפיו: (ב) ד"ה כל וכו' אע"ג דלאולי מטיטוף מן משום:

גליון הש"ס

גמ' כל אצולי טינוף וכו'. עי' לקמן סד ע"ב תד"ה ובמנוך: תוס' ד"ה אמר אביי וכו' דוקא בהוצאה וכו'. עי' עירובין לג. ע"א תד"ה אלא.

רבינו חננאל

וכן בגת: **איבעיא** להו מהו לעמוד בכרמלית וישתה ברה"י או ברה"ר אע"פ שאינו מכניס ראשו ורובו למקום שהוא שותה. אמר אביי היא היא כלומר אסור. רבא אמר היא גופה גזירה להכניס ראשו ורובו למקום ששותה משום חששא שמא יוציא מרשות לרשות ליקום וניגזור בכרמלית לחייבו להכניס ראשו ורובו העומד (ברה"י) [בכרמלית] ושותה (בכרמלית) [ברה"י] למקום ששותה אסו עומד ברשות [הרבים] ושותה ברה"י שהוא עצמו גזירה גזרינן עליה שמא יוציא מרשות לרשות אלא מותר בכרמלית ובקש להביא ראיה לדבריו מסיפא דקתני וכן בגת. כלומר הגת כרמלית הוא ואסור. ודחה רבא ואמר האי דקתני וכן בגת לענין מעשר. והכי קאמר כשם שהעומד ברה"ר ושותה ברה"י אינו מותר לו לשתות אא"כ יכנים ראשו ורובו למקום שהוא שותה. שאם ישאר לו מים מותר להחזירן למקומן כן בגת לענין מעשר אינו מותר לו לשתות מן היין שבגת קודם שיעשר אלא אם הן צונן שיתכן לו להחזיר המותר. אבל בחמין שמפסידין היין ואי אפשר לו להחזיר המותר אסור לו לשתות שכיון שמזגו בחמין נקבע למעשר ואסור ואקשי' עליה דרבא מהא דתנן לא יצא החיים במחטו שהוא גזירה לגזירה כי זו המחט היא תחובה לו בבגדו וגזרי' עליה שלא יצא בה בבין השמשות שמא יצא בה במחט התחובה בבגדו בשבת. וגזרינן בה בשבת שמא יצא במחטו בידו. ושני רבא הכי הא דתנן לא יצא החיים במחטו כשאוחז המחט בידו. וגזרינן עליה בין השמשות שמא יוציאה בשבת דהדא גזירה היא והא דתניא בהדיא מחט התחובה לו (והברייתא דתניא במחט התחובה לו) בבגדו העמידה בשבת עצמה וגזירה שמא יוציאנה בידו דהדא גזירה היא והא דתניא בהדיא בבגדו בע"ש עם חשיכה אוקמא כר' יהודה דאמר אומן דרך אומנתו חייב כלומר החיים חייב בבחם התחובה לו בבגדו כאחד המוציאה בידו דלאו גזירה לגזירה היא: תני חדא לא יצא הזב בכיס שלו ואם יצא פטור אבל אסור ותניא אידך לא יצא ואם יצא חייב חטאת קשיין אהדדי ופריק רב יוסף לא קשיא הא ר' מאיר הא ר' יהודה ונדחת זו גם פירק רב המנונא דהא דקתני פטור בזב בעל שלש ראיות והא דקתני חייב חטאת בזב בעל ב' ראיות דבעי ליה כים שאם יראה אחרת חייב קרבן דהזנן דגם בבעל ג' ראיות בעי כים שאם יספור ימים טהורים ורואה אח"כ סותר כל הימים הטהורים וחוזר לחשוב מאותו היום ולהבא ז' ימים טהורים ואח"כ יטהר. ושנינן כגון שראה זוב בו ביום בשבת ולא ספר ימים טהורים עדיין ואין צריך כיס לספירה. ודהינן אם אין שם צורך הכיס לספירה צריך לו כדי שלא יטנפו כליו. ודחה רב זירא ואמר האי תנא כל אצולי מטינוף לא חשיב ליה מלאכת מחשבת וכי האי תנא דהכופה קערה על פי הכותל:

רב נסים גאון

רבא אמר גזירה היא תיקו לגזור גזירה לגזירה היא וגזירה הזכורה בפרק עושין פסין (עירובין כ) גזירה דילמא חזי ליה לאיבום דמיקלקל ושקיל ליה לדוולא ומפיק ליה והואי ליה לאידך גיסא נמי דמיקלקל ומנח ליה ומפיק ליה מרה"י לרה"ר. ואיתא בפ' יום טוב בפ' המביא כדי יין (דף לה) אמרו כל דבר שאותו חוזר לא קבע וכן השותה על הצונן פטור מן המעשר מפני שמחזיר את המותר. אלא אמר רב המנונא לא קשיא כאן בזב בעל ב' ראיות וכאן בזב בעל ג' ראיות ומה הפרש בין זב הרואה ב' ראיות ובין זב הרואה ג' ראיות זכור במשנה בפ' מגילה נקראת (דף ח) אין בין זב הרואה שתי ראיות לרואה ג' אלא קרבן ובתלמוד בררו הדבר ופירש מן הכתוב מנה הכתוב שתים וקרא טמא דכתיב (ויקרא טו) איש איש כי יהיה זב מבשרו זובו טמא הוא הזכיר הזיבה ב' פעמים וכן אמר טמא ודן עליו לטמא בב' ראיות וחזר ואמר (שם) וזאת תהיה טומאתו בזובו רר בשרו את זובו או החתים בשרו מזובו טומאתו היא מנה הכתוב ג' וקרא טמא הזכיר הזיבה ג' פעמים וכן אמר טמא ואם בב' ראיות דן עליו לטמא ובג' ראוי' אינו דין שיהא טמא שעד שלא ראה ג' ראה ב' וטמאי (כו) אהני לן האי קרא אחרינא ונמרי' מרבנן פירושא דיליה ב' ראיות לטומאה וג' לקרבן ובמשנת זבין בפ' ב' ראה ראייה ראשונה בודקין אותו וכו' ר' אליעזר אומר אף בשלישית בודקין אותו מפני הקרבן. וכן עוד לדבריהן זב בעל שלש ראיות נמי מיבעי ליה לספירה *) עיקר דיליה בקרא לפום מאי דנמרינן בפירושיה והוא שאמר הכתוב (ויקרא טו) וכי יטהר הזב מזובו וספר לו שבעת ימים ואמרו בתורת כהנים שבעת ימים יכול בין סמוכין ובין מפורדין ת"ל לטהרתו שתהא טהרתו אחת כלומר צריך שיהיו ימי הטהרה רצופין כדי שלא תפסיקם טומאה ואם יראה במקצתן זיבות הרי סתר כל מה שעברו עליו מימי הספירה וחייב לספור אחר שיטהר מטומאתו ז' ימי טהרה מתחלה עד שיעלו לו כולם בטהרה והוא טהור ובמשנת זבין בפרק א' אמרו אבל אם ראה זוב אפי' יום ז' סתר שלפניו ובמסכת נדה בפרק המפלת (דף כב) אמר ליה גזירת הכתוב היא זיבה נסורה סתרה כל ז' צחצוחי זיבה לא סתרה כל ז' ובפ' בנות הכותים (נדה דף לג) בעי רמי בר חמא פולטת שכבת זרע מהו שתסתור בזיבה רואה היא וכו' ולימעטיך זב נפיק היכי סתר אחרי טהרתו אמר רחמנא שלא תהא טומאה מפסקת ביניהן אלא מאי אית לך למימר שלא תהא טומאה זיבה מפסקת ביניהן ובפ' כל הזבחי' (ד' כט) תנינא אמרו אמר לו ר' עקיבא מצינו בזב וזבה ושומרת יום כנגד יום שהן בחזקת טהרה וכיון שראו סתרו ובסוף הפרק הא' מן כריתות (דף ח) אמרו הא קמ"ל דווקא דראה בלילי ח' אבל ביממא דז' לא דקסבר כל ראייה שהיא סותרת אין מביאה לידי קרבן ובפסחים בפ' כיצד צולין את הפסח (ד' פא) ובנזירות בסוף פ' הריני נזיר (ד' טו) אמרו תאני ר' אושעיא אבל הרואה זב בשביעי סותר שלפניו ורביכסנו אלה ובנזיר אמרו עוד והימים הראשונים יפלו מי שיש לו אחרונים סותר ט' כי טמא נזרו הטומאה סותרת הכל ואין התגלחת סותרת הכל כו': לא

*) (לפנינו בגמ' איתא לספירה)

§ מסכת שבת דף יא: §

אות א'

<u>היא גופה גזירה, ואנן ניקום ונגזור גזירה לגזירה</u>

סימן שנ ס"א - [א]אבל מותר לעמוד ברשות היחיד או ברשות הרבים ולשתות בכרמלית, או איפכא - דבר"ה גופא הוא רק מגועם גזירה שמא יביאנו אצלו, ולא גזרינן גזירה לגזירה.

אות ב'

<u>על החמין חייב, על הצונן פטור</u>

רמב"ם פ"ה מהל' מעשר הט"ז - הנותן יין לתבשיל חם, או שנתן שמן לקדרה באלפס כשהן מרותחין, נקבעו למעשר. מזג יין במים חמים, נקבע, ואין צריך לומר אם בישל היין, ואפילו בגת, שאסור לשתות ממנו עד שיעשר.

אות ג'

<u>לא, דנקיט ליה בידיה</u>

סימן רנב ס"ו - [ב]לא יצא אדם ע"ש סמוך לחשיכה במחטו [ג]בידו, ולא בקולמוסו - וה"ה כשאוחז שאר חפץ בידו, **שמא ישכח ויוציא** - היינו שישכח ויוציא את החפץ משתחשך מרשות לרשות, או יעבירנו ד"א בר"ה.

וה"ה כשיש לו שאר חפץ מונח לו בכיסו, דדרך הוצאה היא וחייב בשבת, ואסרו לצאת בו מביתו סמוך לחשיכה, שמא ישכח ויוציא משתחשך, **אבל** מותר לצאת לר"ה סמוך לחשיכה במחט התחובה לו בבגדו, במקום שאין דרך להוציא כן בחול, (**ואפילו באומן מקרי שלא כדרך הוצאה, והגר"א פסק בבאורו דהלכה כר"י, דבאומן אפילו תחובה לו בבגדו חייב בשבת, וממילא יהיה אסור לו לצאת סמוך לחשיכה אפילו תחובה בבגדו), וכל** כיו"ב בענין שאם היה יוצא בו בשבת פטור מדאורייתא, כמבואר לקמן בסימן ש"א, ואף שעכ"פ מדרבנן אסור, לא גזרו חז"ל גזירה לגזירה.

ולפי"ז האידנא דליכא ר"ה אלא כרמלית, שרי לצאת בחפץ שבידו סמוך לחשיכה, היינו קודם שקיעה, דלא הוי אלא גזירה לגזירה - מ"א, **מיהו** לדעת הרבה פוסקים והמחבר מכללם, גם בזה"ז איכא ר"ה, כמו שמוכח בסימן שמ"ה, **ולפי** מה שכתב הגר"א בבאורו, אסור סמוך לשקיעה ממש אפילו לכרמלית.

(**עוד כתב הגר"א, דכל השקלא וטריא דגמרא אי גזרינן גזרה לגזרה, הוא רק בסמוך לחשכה, אבל עם חשכה, היינו שסמוך לשקיעה ממש, אסור אף בדבר שבשבת גופא הוצאה דרבנן).**

סמוך לחשיכה – (עיין בפמ"ג שמצדד שהוא חצי שעה קודם בה"ש, כמו סמוך למנחה, וכ"כ בנהר שלום, והנה בירושלמי איתא, דהאי "סמוך לחשיכה" הוא סמוך למנחה, ור"ל למנחה קטנה, והנה כל הפוסקים לא הביאו הירושלמי זולת בפי' ר"ח, ועכ"פ הנכון להחמיר כפמ"ג ונה"ש, וגם מהגר"א מוכח דהאי "סמוך" איננו עם שקיעה ממש).

אות ד' – ה'

<u>כי תניא ההיא בשבת</u>

<u>לא יצא החייט במחטו התחובה לו בבגדו, ולא נגר בקיסם שבאזנו, ולא סורק במשיחה שבאזנו... ואם יצא פטור אבל אסור</u>

סימן שא סי"ב - [ד]לא יצא החייט במחט התחובה לו בבגדו; ולא נגר בקיסם שבאזנו; ולא סורק במשיחה שבצוארו - כל אלו הם שנותנים בני האומנות לסימן מאיזו אומנות הם בצאתם לשוק כדי שיכירום. **ואם יצא, פטור** - דאין דרך הוצאה בכך, אלא בידו, דאפילו אומן דוקא כשהוא רוצה להכריז על עצמו שהוא אומן, אז מוציא בכך, אבל לא בשאר פעמים, [רש"י].

והא דפסק המחבר לעיל בס"ח בדעה ראשונה, דבמחט נקובה התחובה לו בבגדו חייב אפילו כל אדם, שם מיירי שתחובה בבגד במקום שדרך לתחוב בו בחול לפרקים, **וכאן** מיירי כשתחובה במקום שאין דרך הוצאתו לגמרי בכך, רק לאומן כשרוצה להראות שהוא אומן, **לכן** לא מקרי דרך הוצאה ופטור אפילו אומן, כר"מ דס"ל הכי בגמרא.

ובביאור הגר"א פסק דהלכה כר"י, דאומן חייב, ועיין בספר חמד משה שהוא מצדד, דגם דעת הרי"ף והרא"ש מטין כן.

אות ו'

<u>לא יצא, ואם יצא חייב חטאת</u>

סימן שא סי"ג - [ה]לא יצא הזב בכיס שעושה להצילו מזיבתו שלא יטנף בה - דדרך הוצאה הוא לאיש זה בחול, [גמרא. ולהרמב"ם דפסק במשאצ"ל דחייב, גם בזה חייב], ואעפ"כ לא מקרי זה בשם מלבוש, דהוא עשוי רק להצילו מטינוף, וכל אצולי מטנוף משוי הוא, **אם** לא שהוא מלבוש גמור, וכדלקמן בסי"ד.

וה"ה אם קושר מטלית בפתילה של כובע כדי לקנח בו עיניו, אסור.

וכן אשה נדה שקושרת בגד לפניה שלא תתלכלך בדם נדותה, [ו]אסורה לצאת בו, אם לא יהא סינר עשוי כעין מלבוש - מלפניה ומלאחריה, כעין מכנסים בלא שולים, דכיון דדרך מלבוש הוא מותר בכל גווני, וכדלקמן בסי"ד, **אבל** כשהיא לפניה לבד, או שהיא מאחריה בלבד, וקושרתו ברצועות לפניה, בכה"ג לא מקרי מלבוש ואסור.

אבל אם קושרתו כדי שלא יכאב לה הדם ולא תצטער - היינו שלא יפול על בשרה ויתייבש עליה ונמצא מצערה, **מותר**

באר הגולה

א שם בגמ' וכרבא ב שם י"א ג לפי' הרמב"ם ‹דפסק כרבא›, וכתב הב"י ואפשר שזה היה דעת הרי"ף והרא"ש ד שבת י"א וכר"מ, רמב"ם ה שם ו שם ס"ד לפי' התוס' שם ‹נלמד מזב, שאמרו שם דאצולי טינוף הוא, דלא כפירש"י שם ס"ד ב', ועיין תוס' שם – גר"א›

לצאת בו - דכיון שכונתה בשביל צער, אפילו נצלת עי"ז מטינוף ג"כ, דרך מלבוש הוא, כשאר מלבושים שהם עשויים להגנת הגוף ומותר.

(אבל בלא קשירה לא מתקיים, ובסימן ש"ג סט"ו מבואר, דבמוך שהתקינה לנדתה באותו מקום, שרי אף בלא קשירה, דשם מתקיים, אבל הכא לא מתקיים בלא קשירה, כיון שאינו תלוי רק לפניה).

[י]**סימן שא סי"ד** - [ח]**דבר שהוא דרך מלבוש, אפי' אם אינו לובשו אלא משום אצולי טינוף** - ר"ל שלובשו מלמעלה על בגדיו כדי שלא יטנפו, **מותר לצאת בו בשבת.**

הגה: ולכן מותר ללבוש בגד מפני הגשמים - היינו ג"כ אפילו שמוסיף ללבוש בגד מלמעלה לבגדיו רק מפני הגשמים, ובלתי זה לא היה הולך בו, כגון שהוא בגד עב וגס מאד כשק, **או כובע על ראשו** - היינו שלובש מלמעלה כובע גדולה על כובעו, כדי שלא יטנף, אעפ"כ שרי, כיון שהוא דרך מלבוש.

אבל אסור לאשה ליתן בגד על צעיפה מפני הגשמים, דאין זה דרך מלבוש (הגהות מיימוני) - היינו אם אינו דרך מלבוש, רק שמונח על ראשה לבד, כמו בחתיכת בגד פשתן קטנה, **וע"כ** אסור לאיש לכסות הכובע בפאטשיילע.

אבל אם מתעטפת בו גם קצת מגופה, הוי דרך מלבוש ושרי, אף שהוא לאצולי טנוף, כמו שכתוב לעיל, [**מהמ"א** ותו"ש משמע, דעיטוף ראשה בלבד ג"כ שרי, **אך** מפמ"ג משמע, דכוונת המ"א שיהיה מעטוף ג"כ קצת מגופה, ואפשר דכוונתו להשוות דעת המ"א עם הט"ז, **ובח"א** ראיתי, שיהיה מעוטף גם רוב גופה, ולא ידעתי מנין לו, גם בב"י לא משמע כן], ‹**ובדפוס** חדש של הט"ז כתוב, דצריך רוב גופה›, **ואפילו** אם הוא בגד גרוע כשק, וכדלקמן בסכ"א, **ושרי** אף לעשירות, כיון דלעניות חזי, חשיב גם לעשירות מלבוש.

ואם כונתה שלא יצערו אותה הגשמים, שרי בכל ענין, אף שממילא נצלת עי"ז מטנוף בגדיה, ובלבד שתקשרנה יפה.

אות ז'

<u>הכופה קערה על הכותל, אם בשביל שתודח הקערה, הרי זה בכי יותן; אם בשביל שלא ילקה הכותל, אינו בכי יותן</u>

רמב"ם פי"ב מהל' טומאת אוכלין ה"ג - משקין שנתלשו מן הקרקע שלא ברצון, אינן מכשירין; לפיכך אדם או כלים או פירות שנבללו במשקין ונתלשו שלא ברצון, אע"פ שנגעו אוכלין באותן משקין ברצון, לא הוכשרו, שהרי אותן המים שלא לרצון נתלשו, וכאילו הן עדיין בקרקע שאינן מכשירין. היו המים שעל האדם ועל הכלים ועל הפירות תלושין ברצון, ונגעו בהן אוכלין ברצון, הוכשרו; כיצד, הכופה קערה על הכותל בשביל שתודח, המים שבה מכשירין, ואם הניח בהן פירות, הוכשרו, מפני שהן תלושין בכלי לדעת; כפאה בשביל שלא ילקה הכותל, המים שבה אינן כתלושין, ולפיכך אם נתן בה אוכלין לא הוכשרו.

---

§ מסכת שבת דף יב. §

אות א'

<u>עריבה שירד דלף לתוכה, מים הניתזין והנצפין, אינן בכי יותן; ושבתוכה, הרי זה בכי יותן</u>

רמב"ם פי"ב מהל' טומאת אוכלין ה"ח - עריבה שירד הדלף לתוכה, המים הניתזין והצפין מעליה אינן תלושין ברצון; נטלה לשפכה, המים שבתוכה אינן ברצון. הניחה שירד הדלף לתוכה, הניתזין והצפין שבתוכה אינן תלושין ברצון; ואם נטלה לשפכה, הרי אלו מכשירין, שכיון שלא שפכה במקומה הרי תלשן ברצונו.

אות ב'

<u>יוצא אדם בתפילין בע"ש עם חשיכה</u>

סימן רנב ס"ו - אבל מותר לצאת בתפילין - ר"ל שבראשו, **סמוך לחשיכה** – (ואפי' עם שקיעה ממש), ולא גזרינן שמא ישכח מלסלקם עד שחשיכה, ויצטרך אז לפנות ויסירם מעל עצמו וישאם ד"א בר"ה, כמ"ש סימן ש"א ס"ז, **לפי שאינו שוכחן** - בראשו מסתמא, שמצוה למשמש בהם ואסור להסיח דעתו מהם, **אבל** אם אוחזן בידו, אסור לצאת בהם סמוך לחשיכה כמו שארי חפצים, דמסיח דעתו מהם וישכח ויוציאם משחשיכה מרשות לרשות או שישאם ד"א.

אות ג'

<u>חייב אדם למשמש בתפילין כל שעה ושעה</u>

סימן כח ס"א - חייב אדם למשמש בתפילין בכל שעה, שלא יסיח דעתו מהם - פי' בכל שעה שנזכר בהם חייב למשמש, דעל ידי כן נזכר עליהן תדיר, ולא יבא לידי היסח הדעת, **ועוד** כדי לתקנם שלא יזוזו ממקומן, **ובעת** התפלה א"צ למשמש בהם.

וימשמש בשל יד תחלה - דהשל יד סמוכה לו למשמשו, ואין מעבירין על המצות, ואחר כך בשל ראש.

ואם בעת משמוש הש"ר מצאהו שנשמט ממקומו, ונודע לו אז שהש"י ג"כ נשמט ממקומו, צריך להחזיר הש"י תחלה על מקומו, מקרא: וקשרתם לאות על ידך, והדר: ולטוטפות בין עיניך.

וכשיאמר: וקשרתם לאות על ידך, ימשמש בשל יד, וכשיאמר: והיו לטוטפות בין עיניך, ימשמש בשל ראש.

באר הגולה

ז ‹מילואים› ח טור

גמרא

שלא ילקה הכותל אינו בכי יותן מי דמי התם לא קא בעי להו להני משקין כלל הכא קא בעי להו להאי כיס לקבולי ביה זיבה הא לא דמיא אלא לסיפא "עריבה (א) שירד דלף לתוכה מים הניתזין והנצפין אינן בכי יותן ושבתוכה הרי זה בכי יותן אלא אביי ורבא דאמרי תרוייהו ל"ק הא *ר' יהודה והא ר' שמעון תני דבי רבי ישמעאל ביוצא אדם בתפילין בע"ש עם חשיכה מאי טעמא כיון *דאמר רבה בר רב הונא 'חייב אדם למשמש בתפילין כל שעה ושעה ק"ו מציץ מה ציץ שאין בו אלא אזכרה אחת אמרה תורה °והיה על מצחו תמיד שלא יסיח דעתו ממנו תפילין שיש בהן אזכרות הרבה על אחת כמה וכמה הלכך מידכר דכיר להו תניא חנניא אומר 'חייב אדם למשמש בבגדו ע"ש *עם חשכה אמר רב יוסף הלכתא רבתי לשבת: לא יפלה את כליו כו': איבעיא להו לא יפלה את כליו ביום שמא יהרוג ורבי אליעזר היא דתניא אמר רבי אליעזר *ההורג כינה בשבת כאילו הורג גמל ולא יקרא לאור הנר שמא יטה או דילמא תרוייהו שמא יטה ת"ש אין פולין ואין קורין לאור הנר °מי אלימא ממתניתין ת"ש *אין פולין לאור הנר ואין קורין לאור הנר *אלו מן ההלכות שאמרו בעליית חנניה בן חזקיה בן גרון 'ש"מ דתרוייהו שמא יטה ש"מ אמר רב יהודה אמר שמואל 'אפילו להבחין בין בגדו לבגדי אשתו אמר רבא לא אמרן אלא דבני מחוזא אבל דבני חקליתא מידע ידעי ודבני מחוזא נמי לא אמרן אלא דזקנות אבל דילדות מידע ידיעי ת"ר אין פולין ברה"ר מפני הכבוד כיוצא בו אמר *(רב) יהודה ואמרי לה רבי נחמיה אין עושין אפיקטויזין ברה"ר מפני הכבוד ת"ר *המפלה את כליו מולל וזורק ובלבד שלא יהרוג אבא שאול אומר נוטל וזורק ובלבד שלא ימלול אמר רב הונא 'הלכה מולל וזורק וזהו כבודו ואפי' בחול רבה מקטע להו ורב ששת מקטע להו רבא שדי להו לקנא דמיא אמר להו רב נחמן לבנתיה קטולין ואשמעינן לי קלא דסנוותי תניא *רשב"א אומר אין הורגין את המאכולת בשבת דברי ב"ש וב"ה מתירין וכן היה רשב"א אומר משום רשב"ג אין משדכין את התינוקות לארס ולא את התינוק ללמדו ספר וללמדו אומנות ואין מנחמין אבלים° ואין מבקרין חולין בשבת דברי בית שמאי °וב"ה מתירין: ת"ר הנכנס לבקר את החולה *) אומר שבת היא מלזעוק ורפואה קרובה לבא ור"מ אומר יכולה היא שתרחם

*) [נ"ל בשבת אומר וכו']

רש"י

שלא ילקה כו' · דהיינו אטלי טינוף לא חשיב ליה הך כפיי': מי דמי · (ג)הא לא ניחא ליה בהנך משקין כלל וברלוט לא ירדו והוי נמי דכפיית קערה חשיבא ליה אבן חשיבותא דמשקין בעינן וכפייה זו אינה אלא לגלות עליהן שאינו חפץ בהן אבל הכא לענין שבת אחשיבותא דהולאה קפדינן והך הולאה דכיס חשיבא דקא מיבעי ליה להציל על בגדיו: הא לא דמיא · ע"כ אם להכשר זרעים באת לדמויה לא תדמיה אלא להך: שירד דלף לתוכה כו' · משנה היא במסכת מכשירין (פ"ד משנה ה) השנויה אחר הסיפא דהכופה את הקערה והכי תנן עריבה שירד הדלף לתוכה כו' הניתזה שירד הדלף לתוכה מים הניתזין והלפים ב"ש אומרים בכי יותן וב"ה אומרים אינם בכי יותן נטלה לשופכה אלו ואלו מודים שהן בכי יותן ומ"מ יש לשמוע מהך סיפא כדגרסינן בספרים (וכב"ה) נתנה לעריבה זו שירד הדלף לתוכה אע"ג דאלולי טינוף הוא אפילו הכי מדלא כפאה גלי דעתי' דאחשבינהו לקבלן והוו חשובים אותן שבתוכה והך הולאה נמי אחשבה לקבולי בהאי כיס האי זיבה אע"ג דבזיבה לא ניחא ליה אבן לחיובי אהולאת זיבה לא מהדרינן אלא אהולאת כיס: הניתזין · למרחוק: והלפין · מלמעלה כשהיא מלאה: אינן בכי יותן · דלא ניחא ליה בהו: הא רבי יהודה · דאמר מלאכה שאינה צריכה לגופה שברצונו לא תעשה ואינו צריך לעיקר(תחלתה)[תכליתה] כי הכא שאינו צריך לזיבה זו שעל ידה בא הכיס הזה ואעפ"כ חייב עליה ופלוגתייהו בהמלניע (לקמן דף צג:) גבי מוליא המת במטה חייב ואע"ג דהולאת המת לא ניחא ליה ביה ור"ש פוטר: עם חשיכה · ולא חיישינן דילמא נפיק בהו משתחשך: וסיס על מלחו תמיד · קרא יתירא הוא להך דרשה דהא כבר קבע ליה מקום והיה על מלח אהרן: למשמש בבגדו · שלא יהא כרוך בשום דבר פן יוליאנו: הלכתא רבתי · דבר גדול יש כאן להפרישו מאיסור שבת: שמא יהרוג · וביום נמי עסקינן ולאור הנר דמתני' אלא יקרא קאי: כהורג גמל · כלומר דגדול מאד: או דילמא · לאור הנר דקתני אתרוייהו קאי ותרוייהו שמא יטה אבל ביום שפיר דמי: מי אלימא ממתניתין · דקתני לאור הנר בסוף ואפ"ה מספקא לן דאיכא לפלוגי בהו ולמימר דלאור הנר אלא יקרא קאי הכא נמי איכא למימר דאין פולין אפילו ביום ולאור הנר אאין קורין קאי: ש"מ · דקתני לאור הנר בתרווייהו: בני מחוזא · מפנקי ולא עבדי מלאכה ובגדיהם רחבים כשל אשה וצריכים עיון: מידע ידעי · שבגדי האנשים קצרין שעוסקין בשדות במלאכה ושל נשים רחבים בתי יד שלהן: דזקנות · קצרים במקצת ושל אנשים מעונגין רחבים ודומין זה לזה וגזרינן שמא יטה: אבל דילדות · רחבים הרבה ואין של אנשים דומין להם: ברה"ר · בחול: מפני הכבוד · של עוברין שלא ימאסו: אפיקטויזין · הקאה גומיטא בלע"ז כך מצאתי: מולל וזורק · בשבת מולל להתיש כחן שלא יחזרו אליו ובלבד שלא ימלול בדוחק ויהרוג דסבירא ליה הריגת כינה שבות ואבא שאול כר"א ומחייב הטלת הלכך גזרינן מלילה שלא יהרוג: מקטע להו · הורגן ובשבת: לקנא · ספל: מאכולת · כינה: מתירין · כדמפרש טעמא בפרק שמונה שרצים (לקמן דף קז:) מאילים מאדמים דמשכן מה אילים פרים ורבים אף כל שפרה ורבה וכינה אינה פרה ורבה אלא מבשר אדם היא שורצת: וכן היה רבי שמעון בן אלעזר אומר · דבהני נמי פליגי ב"ש וב"ה: אין משדכין · בשבת משום ממצוא חפצך: וב"ה מתירין · דקא סברי חפצך ולא חפצי שמים: ואין מנחמין · משום דמצטער עם המצטערין: שבת היא מלזעוק · צריך (ג) להרחיב דעתם בתנחומים שלא יצטערו: יכולה היא שתרחם · אם תכבדוה מלהצטער בה:

תוספות

הרי זה בכי יותן · אין זה במשנה אלא שהש"ס מדקדק מדנקט הניתזין והנילפין אינן בכי יותן משמע הא שבתוכה הרי הן בכי יותן: שמא יהרוג · פירש הרב יוסף מאורלייינ"ש דכינה היינו שחורה הקופצת דכתיב והך את עפר הארץ והיה לכנים (שמות ח) ודרך שחורה הקופצת לצאת מן הארץ ובזאת נחלקו עליו רבנן אבל פרעוש היא הכינה הרוחשת וחייב עליה אפילו לרבנן כדאמרי' בפ' שמונה שרצים (לקמן דף קז: ושם) ואין נראה לר"ת דאמרינן במדרש *אף כי אנוש רמה אלו כנים שברא"ש (ד) ובנדה פ"ב (דף כ:) שלא לה מסריקותא מקטל קלמי ופי' בקונטרס מסרק להרוג כנים ואין דרך שחורה הקופצת להיות בראש ועוד דדרכות (פ"ז דף נא:) אמרינן ממהדורי מילי ומסמרטוטי קלמי ודרך כנים לבנות הרוחשות להיות בסמרטוטי מבגדים ישנים ועוד דפרעוש אמר לקמן בפ"ק שמונה שרצים (דף קז:) שהוא פרה ורבה וכינה הרוחשת אינה פרה ורבה אלא באה מזיעת אדם לכך נראה לר"ת דשחורה הקופצת היא פרעוש וחייב עליה לכ"ע וכינה הרוחשת שרי להרוג כב"ה המתירין ובקונטרס נמי פירש בסמוך דרבה מקטע להו בשבת:

מי אלימא ממתניתין · והפוסק ס"ד דברייתא דרכה לפרש טפי ממתניתין ועוד דבברייתא קתני אין פולין ואין קורין משמע טפי דקאי לאור הנר אתרוייהו מבמתני' דקתני ולא יפלה את כליו:

אפילו להבחין בין בגדו לבגדי אשתו · דרכן היו להיות שוין מכאן נראה לאסור להבחין בין בגדו לבגדי חברו לאור הנר:

נוטל וזורק ובלבד שלא ימלול · נראה לפרש דאבא שאול כרבנן וגזר מלילה דכינה אטו מלילה דפרעוש ומלילה דפרעוש שמא יהרוג וכולה חדא גזירה היא ורש"י פי' דכר' אליעזר סבירא ליה וקשה דמשמע דרבי אליעזר סבירא ליה דלפלות נמי אסור דקאמר לעיל לא יפלה שמא יהרוג ור' אליעזר היא ומיהו י"ל דלעיל לא קאי הכי:

רבה מקטע להו · מפרש ריב"א בחול וקאי אדרב הונא דקאמר זהו כבודו אפילו בחול ואנן סמכינן אפרש"י דפי' בשבת וקיימא כבית הלל דשרו בסמוך:

רבי

תורה אור

שמות כח

עין משפט נר מצוה

פב א מיי' פי"ב מהל' טומאת אוכלין הלכה ח:

פג ב מיי' פי"ט מהל' שבת הלכה כו סמג לאוין סה טוש"ע או"ח סימן רנב סעיף ו:

פד ג מיי' שם ופ"ד מהלכות תפילין הל' יד סמג עשין כב טור ש"ע או"ח סימן כח סעיף א:

[קהלת פסוק ברכות סטוכס]

פה ד מיי' פי"ט מהל' שבת הלכה כו סמג לאוין סה טוש"ע או"ח סימן רנב סעיף ז:

פו ה מיי' פ"ה מהל' שבת הלכה יד סמג שם טוש"ע או"ח סימן ערה סעיף א:

פז ו מיי' שם הלכה טו טור ש"ע שם סעיף יא:

פח ו ח מיי' פי"א מהל' שבת הל' ג סמג שם טוש"ע או"ח סימן שטו סעיף ט:

פט ט מיי' פכ"ד מהל' שבת הלכה ה ס"ג שם טוש"ע או"ח סי' ש סעיף ו וסימן רפו:

רבינו חננאל

ואיפרכא הא דרבי זירא ואמרינן מי דמי הכים דוב לקערה בכותל כו' ואוקמינה אביי ורבא הא דקתני חייב ר' יהודה דסבר מלאכה שאינה צריכה לגופה חייב עליה והא דקתני פטור לר' שמעון דאמר מלאכה שאינה צריכה לגופה פטור עליה וקיי"ל כר' שמעון: תני דבי שמואל יוצא אדם בתפילין ע"ש עם חשיכה. מ"ט כיון דאמור רבנן חייב אדם למשמש בתפלין בכל שעה ק"ו מציץ ומה ציץ שאין בו אלא אזכרה אחת אמרה תורה תמיד תפלין שיש בהן אזכרות הרבה עאכ"כ הלכך מדכר דכיר להו. תניא חנניא [אומר] חייב אדם למשמש בבגדו ערב שבת עם חשיכה אמר רב יוסף הלכתא רבתי לשבת וכן הלכה: לא יפלה את כליו איבעיא להו שמא יטה או שמא יהרוג כנים ומתניתין רבי אליעזר היא דקתני ההורג כינה בשבת והוא הפרעוש כהורג גמל בשבת ופשטנא לא יפלה שמא יטה את הנר. אמר רב יהודה אמר שמואל אפילו להבחין בין בגדו לבגדה והני מילי בבני מחוזא וזקנות אבל בילדות בגדיהן מידע ידיען שקרחות ודבבני חקליאתא נמי מידע ידיען: תנו רבנן אין פולין ברשות הרבים ואין עושין אפיקטויזין ברה"ר

רב נסים גאון

לא קשיא הא ר' יהודה דאמר מלאכה שאינה צריכה לגופה חייב עליה והא ר' שמעון דאמר מלאכה שאינה צריכה לגופה פטור עליה אבל עיקר דבריו של ר' שמעון במשנה בפרק המצניע (דף צג) דתנן וכן כזית מן המת וכזית מן הנבילה וכעדשה מן השרץ חייבין ור"ש פוטר ובגמ' אמרי' היה ר"ש אף במוציא את המת לקוברו ואת ההוצאה מלאכה שאינה צריכה לגופה היא לפי שזה שהוציא כלים מרשות לרשות לא לצורך נפשו הוציא לא לאכלו ולא ליהנות ממנו ולזאת נקראת מלאכה שאינה צריכה לגופה שאם חס ושלום יהיה זה המת סרוח או זאת הנבילה סרוחה ואין יכול לעמוד עמה מפני הריח הרע או ר' שמעון מודה שאם הוציאה חייב חטאת מפני שהיא באותה שעה נעשית מלאכה שצריכה לגופה ופרק אמר ר' עקיבא (דף צ) תנו רבנן המוציא ריח רע כל שהוא ובגמ' דבני מערבא אמרי את המת במטה חייב דברי הכל ולא כן תאני אף ריח רע כל שהוא ואמר ר' לא ור' שמעון מודה על דברי ר' יהודה כבר אמר בעל ההלכות גדולות בהלכות שבת כופין את הקערה על הנר בשביל שלא תאחוז בקורה ועל צואה של קטן ועל עקרב שלא תישך אמר ר' יהודה מעשה בא לפני רבן יוחנן בן זכאי ואמר אני לו מחמאת הא דאמרי' בכל דוכתא ר' יהודה דאמר מלאכה שאינה צריכה לגופה חייב עליה לא אשכחנן לה (עיקבא) [עיקרא] אלא מן האי ומאי דבי פליגי תנא קמא ור' יהודה בהא מתניתא מלאכה שאינה צריכה פליגי דקא אמרינן איכא דמתני לה אהא הצד נחש בשבת ומתעסק שלא ישכנו פטור ואם לרפואה חייב מאן תנא אמר ר' יהודה ר' שמעון היא דאמר מלאכה שאינה צריכה לגופה פטור וקא פשטינן לית להו דפטור ומותר מהא ועל עקרב שלא תישך אלמא כי פליגי במתני' במלאכה שאינה צריכה לגופה פטור עליה ור' יהודה קאמר חייב ומעשה נמי אתא לקמיה רבן יוחנן בן זכאי ואמר וכתב אדוננו האי וי"ל דהני מילי דכתיבן בהלכות רבואתא דבתר רבנן סבוראי פרישו להו ותמצא במסכת כריתות בפרק ספק אכל חלב בפרק (דף כ) רבנן התורה נחלים בשבת להתחמם בהם והבעירו מאליהן תני חדא חייב ותניא אחריתי פטור הא דתניא פטור קסבר מלאכה שאינה צריכה לגופה פטור עליה והא דתניא חייב קסבר מלאכה שאינה צריכה לגופה חייב עליה והתנאי שהזכרתי על דברי ר' שמעון שאם יהיה ריח רע והוציאו חייב חטאת כך מצאתי בפי' אדוננו האי ואלו דבריו ומדקדקי רבנן בהאי דקא מיפטר המוציא את המת והני מילי דלית ליה ריחא אבל אית ליה ריחא נמצאת הוצאתו מלאכה שצריכה לגופה ותניא בפרק אמר ר' עקיבא בסופיה המוציא ריח רע כל שהוא ואית לה להא מילתא סייעתא בתלמוד ארץ ישראל ומילתא מוכחא היא עד הנה דברי גאון ואני עיינתי בתלמוד ארץ ישראל וכתבתי ממנו ההלכה שרוקדם וכרה וכפשוטן של דברים יראת סיוע גדול לאותו הפרש שפרשתי אבל כשתעיין בסוף הדברים שנאמרו לשם מודה ר' שמעון כו' לא הויא סייעתא אבל מסכתי על דברי אותם הגאונים ז"ל:

הגהות הב"ח

(א) גמ' אלא לסיפא עריבה שנתנה שירד דלף: (ב) רש"י ד"ה מי דמי הא לא ניחא: (ג) ד"ה שבת היא מלזעוק צריך (להרחיב):

גליון הש"ס

גמ' מי אלימא ממתניתין וכו'.

אות ד'

חייב אדם למשמש בבגדו ע"ש עם חשכה

סימן רנ"ב ס"ז - מצוה למשמש אדם בכליו - בבגדיו, בכל מקום שדרכו להשתמש בו, כגון בכיסין התפורין לו, ואף בחגורו במקום שהמנהג להניח בתוכו חפציו, **בערב שבת סמוך לחשיכה, שלא יהיה בהם דבר שאסור לצאת בו בשבת** - דשמא יש בהם איזה דבר ויוציאנו לר"ה, או שמא יש דבר מוקצה ויטלטלנה בשבת, [**ולא** שייך כאן ספיקא דרבנן לקולא, דדבר מצוי ורגיל הוא לשאת בכיסו כל ימי החול מעות ושארי דברים, **ועוד** דהא איכא לברורי בקל].

נראה דה"ה בשבת, אם הוא רוצה לצאת חוץ לעירוב, והוא רגיל לשאת בכיסו דבר המותר לטלטל, שצריך למשמש מתחלה, [**דאפי'** אם נימא דלדידן לית לן ר"ה אלא כרמלית, דאינו אלא איסור דרבנן, הלא איכא לברורי בקל וכנ"ל].

(לשון "מצוה" איתא ג"כ בטור, והנה בגמרא איתא "חייב אדם למשמש" וכו', **ונראה** דלהכי שינו הלשון, משום דהיה קשה להו, דבמתניתין לא אסרו לצאת סמוך לחשיכה אלא אם אוחז דבר האסור לצאת בו בשבת, אבל לא שיצטרך למשמש פן יש לו איזה דבר שאסור לצאת בו בשבת, **וגם** שם הלא לא גזרו רק כשרוצה לצאת בהחפץ חוץ לביתו, ובזה משמע דאף כשיושב בביתו סמוך לחשכה ג"כ חייב למשמש, ולזה שינו הלשון וכתבו "מצוה", דהאי "חייב" אינו אלא מצוה, משא"כ שם איסורא הוא, **אבל** לפי מה שמחלק הגר"א, דמה דנקט חנניה "עם חשכה", לאו היינו סמוך לחשכה דמתניתין, ד"עם חשכה" הכונה סמוך לשקיעה ממש, אתי שפיר כל מה שהקשינו, דסמוך לשקיעה ממש חיובא איכא למשמש, ואף כשיושב בביתו, וברמב"ם נמי איתא "חייב למשמש עם חשיכה", כלשון הברייתא).

אות ה'

ש"מ דתרוייהו שמא יטה

סימן רעה ס"א - [א]אין פולין (פי' לבער את הכנים מהבגדים, תרגום בערתי הקדש: פליתי), ואין קורין בספר לאור הנר, [ב]ואפילו אינו מוציא בפיו, שמא יטה - להביא השמן לפי הפתילה, כדי שידלק יפה, וה"ה שאין בודקין הציצית, וכל כה"ג דבר הצריך עיון. (**והנה** אם צריך עיון הרבה או מעט, הפמ"ג סתם כהמ"א בשם הר"ן, דאפילו בעיון מועט, **והגר"ז** כתב דדוקא בשצריך עיון הרבה, והביא ראיה מל' הרמב"ם והטור, ומ"מ לדינא צ"ע, כי גם דעת הרמב"ן והריטב"א בחדושיהם כהר"ן, והביאו סמוכות לזה מן הירושלמי).

ואסור לקרות לאור הנר ביום במקום האופל.

אות ו'

אפילו להבחין בין בגדו לבגדי אשתו

סימן רעה סי"א - [ג]כלים הדומים זה לזה וצריך עיון להבחין ביניהם - ברמב"ם איתא: וצריך עיון רב, **אסור לבדקן לאור הנר, ואפילו להבחין בין בגדיו לבגדי אשתו, אם הם דומים אסור לבדוק.**

(מסתימת הפוסקים משמע, דבזה לא מפלגינן בין בדיקת שמש קבוע ‹דא"צ עיון רב›, לאינו קבוע ‹דצריך עיון רב›, כמו לענין בדיקת כוסות דבסמוך, **ואפילו** ע"י עצמו אסור, **והטעם** כתב המ"א בשם הר"ן, וכ"כ הרמב"ן והריטב"א, דרק שם הקילו משום נקיות, **וברמב"ם** וכן בטור משמע דדין זה תלוי בדין הסמוך, **ואין** איסור בדיקה כי אם בשצריך עיון רב להבחין ביניהם, ואז אסור אפילו ע"י עצמו, דדמי לשמש שאינו קבוע, **ונ"ל** דבנר של שעוה וחלב יש לסמוך על דעת הרמב"ם והטור, להקל בשאינו צריך עיון רב, דבלא"ה הב"ח בשם רש"ל מקיל בנרות הללו).

אות ז' – ח'

הלכה מולל וזורק

ובית הלל מתירין

סימן שטז ס"ט - [ד]אבל כנה, מותר להרגה - בכל מקום שמוצאה, בין על בשרו או על בגדיו, דרך מקרה, והטעם כנ"ל, **אבל** רמשים שהן פרים ורבים מזכר ונקבה, [וה"ה מביצי זכר ונקבה], או שהוייתן מן העפר, כמו הפרעושים, ההורגן חייב.

ורמשים שהוייתן מן הגללים ומן הפירות שהבאישו וכיו"ב, כגון תולעים של בשר, והתולעים שבתוך הקטניות, ההורגן פטור, ואסור מדרבנן, (ומה שמותר לענין כינה, אפשר משום שנתהוה מזיעה, או משום צערא ומאיסותא התירו לגמרי), **ודוקא** התולעים שנתהוו מן הפירות אחר שנתלשו, ובבה"ל בררתי דדוקא כשנתהוו אחר שנתעפשו, **אבל** אותן הגדלים בפירות במחובר, יש בהן איסור דאורייתא להרגן, דמקרי שרץ גמור.

(**היוצא** מדברינו, דאף אלו המינים שתחלת ברייתם לא הוי מזכר ונקבה, כגון אלו הנולדים בזרעים ובפירות בין בתלוש ובין במחובר, אעפ"כ יש בכחם לפרות ולרבות, וההורגם חייב, **ולא** נתמעט אלא כינה הנולדת מן הזיעה, ‹דמותר›, או הנתהוה מן הגללים ומן הפירות אחר שהבאישו, ‹דפטור אבל אסור›.

באר הגולה

א שבת י"א | ב ב"י מהא דהגהות אשרי | ג שם בגמרא י"ב | ד שם בברייתא וכב"ה

[ה]**והמפלה בגדיו מכנים, לא יהרגם** - דכיון שמצויים שם פרעושים, גזרינן שמא יהרוג ג"כ פרעושים.

(**כתב** בא"ר, שהרבה ראשונים מתירין בזה, {רש"י והרמב"ן והר"ן וה"מ לדעת הרמב"ם}, וע"ז סמכו העולם להקל, ומ"מ סיים דירא שמים יש לו להחמיר כדעת הרא"ש והטור).

ומ"מ מותר לזרקן במים, (וכן משמע בגמ' - מ"א, דהריגה גופא אינו אלא גזירה, ולא גזרו בזה, **אבל** בפרעושים דיש בהן חשש דאורייתא, אסור גם בזה, דהוא כמו הריגה ממש.

אלא מוללן בידו וזורקן; [ו]אבל המפלה ראשו, מותר להרגם - דבראש אינו מצוי פרעושים, ולא שייך לגזור בשבילם, **וכתב** הט"ז, דה"ה במפלה על בשרו ג"כ מותר להרגם, דשם ג"כ אינו מצוי שיחפש אחר פרעושים, ולא גזרו בזה כי אם במפלה את בגדיו.

לא יקח אדם הכנים מעורות שועלים וכדומה, משום שהוא מנתק מן הצמר, והוי פסיק רישיה.

אות ט'

ובית הלל מתירין

סימן רפז ס"א - [ז]יכולים לנחם אבלים בשבת, וכן יכולים לבקר את החולה - אמרינן בגמרא: בקושי התירו לנחם אבלים ולבקר חולים בשבת, **וע"כ** לא יפה עושין אותן שכל ימי השבוע אין הולכין רק בשבת. (**אם** לא שבימות החול היה טרוד, ובשבת שיש לו פנאי הולך לחולה אוהבו, שיודע בו שיש לו נחת מזה שהוא בא אליו לבקרו, מצוה קעביד, ואין לו למנוע מללכת בשבת ויו"ט, **ונראה** דה"ה אם הלך לבקרו בחול, ג"כ אין איסור לבקר בשבת, דהלא אמרו חז"ל דאין לבקור חולים שעור, **ובפרט אם הוא** יודע שבהליכתו להחולה הוא לתועלת, ליעצו איך להתנהג בענין מחלתו, וגם לחזק אותו שלא יפול לבו עליו, בודאי מצוה רבה הוא עושה בזה, **ולא** מעטו הפוסקים רק אם בחול אין הולך כלל, ומכוין שילך בשבת).

באר הגולה

[ה] **שם בברייתא וכת"ק** (פי' רש"י מולל וזורק: בשבת להתיש כחן שלא יחזרו אליו, ובלבד שלא ימלול בדוחק ויהרוג, דס"ל הריגת כינה שבות, ואבא שאול כרבי אליעזר דמחייב חטאת, הילכך גזרינן מלילה שלא יהרוג. **והרא"ש** כתב וז"ל: תנו רבנן המפלא כליו מולל וזורק וכו', נראה לי דהני תנאי לא פליגי אבית הלל שמתירין, דאי הוו פליגי לא היה הרי"ף מביא דבריהם, **אלא** מודו דמותר להרוג כינה בשבת, אבל פרעוש אסור, כדאמרינן פרק שמנה שרצים, הילכך הלוקח כינה מעל בשרו בשבת או מעל חלוקו מותר להרגה כבית הלל, **אבל** במפלא את כליו להסיר מהם פרעושים וכינים פליגי הני תנאי, ת"ק סבר דגזור הריגה דכינים אטו הריגה דפרעושים, ואבא שאול מחמיר לגזור אפילו מלילה דכינים אטו פרעושים - ב"י) [ו] **טור** [ז] **שבת י"א וכב"ה**

רבי יהודה אומר המקום ירחם עליך ועל חולי ישראל רבי יוסי אומר המקום ירחם עליך בתוך חולי ישראל שבנא איש ירושלים בכניסתו אומר שלום ובציאתו אומר *שבת היא מלזעוק ורפואה קרובה לבא ורחמיו מרובין ושבתו בשלום כמאן אזלא הא דאמר רבי חנינא מי שיש לו חולה בתוך ביתו צריך שיערבנו בתוך חולי ישראל כמאן כר' יוסי ואמר רבי חנינא בקושי התירו לנחם אבלים ולבקר חולים בשבת אמר רבה בר בר חנה כי הוה אזלינן בתריה דרבי אלעזר לשיולי בתפיחה זימנין אמר המקום יפקדך לשלום וזימנין אמר (ליה) רחמנא ידכרינך לשלם היכי עביד הכי *והאמר רב יהודה לעולם אל ישאל אדם צרכיו בלשון ארמי *ואמר רבי יוחנן כל השואל צרכיו בלשון ארמי אין מלאכי השרת נזקקין לו שאין מלאכי השרת מכירין בלשון ארמי שאני חולה דשכינה עמו *דאמר רב ענן אמר רב מנין ששכינה *סועד את החולה שנאמר ה' יסעדנו על ערש דוי תניא נמי הכי הנכנס לבקר את החולה לא ישב לא על גבי מטה ולא על גבי כסא אלא מתעטף ויושב לפניו מפני ששכינה למעלה מראשותיו של חולה שנאמר ה' יסעדנו על ערש דוי *ואמר רבא אמר רבין מנין שהקב"ה זן את החולה שנאמר ה' יסעדנו על ערש דוי: ולא יקרא לאור הנר: *אמר רבה אפילו גבוה שתי קומות ואפי' שתי מרדעות ואפילו עשרה בתים זו על גב זו חד הוא דלא ליקרי הא תרי שפיר דמי והתניא לא אחד ולא שנים אמר ר' אלעזר לא קשיא כאן בענין אחד כאן בשני ענינים אמר רב הונא ובמדורה אפי' עשרה בני אדם אסור אמר רבא אם אדם חשוב הוא מותר מיתיבי *לא יקרא לאור הנר שמא יטה אמר ר' ישמעאל בן אלישע אני אקרא ולא אטה פעם א' קרא ובקש להטות אמר כמה גדולים דברי חכמים שהיו אומרים לא יקרא לאור הנר ר' נתן אומר קרא והטה וכתב על פנקסו אני ישמעאל בן אלישע קריתי והטיתי נר בשבת לכשיבנה בהמ"ק אביא חטאת שמנה א"ר אבא שאני ר' ישמעאל בן אלישע הואיל ומשים עצמו על דברי תורה כהדיוט תני חדא שמש בודק כוסות וקערות לאור הנר ותניא אידך לא יבדוק לא קשיא כאן בשמש קבוע כאן בשמש שאינו קבוע ואי בעית אימא הא והא בשמש קבוע ולא קשיא הא בדמשחא והא בדנפטא איבעיא להו שמש שאינו קבוע בדמשחא מהו אמר רב הלכה ואין מורין כן ור' ירמיה בר אבא אמר הלכה ומורין כן ר' ירמיה בר אבא איקלע לבי רב אסי קם שמעיה קא בדיק לנהורא דשרגא אמרה ליה דביתהו ומר לא עביד הכי אמר לה שבקיה כרביה ס"ל: באמת אמרו החזן כו': והאמרת רישא רואה מאי לאו לקרות לא לסדר ראשי פרשיותיו וכן אמר רבה בר שמואל אבל מסדר הוא ראשי פרשיותיו וכולה פרשה לא

מיתיבי

רש"י

בתוך חולי ישראל. שמתוך שכוללן עם האחרים תפלתו נשמעת בזכותן של רבים: שבנא איש ירושלים. אדם גדול היה בירושלים ושמו שבנא: רחמיו. של הקב"ה מרובים: שבתו בשלום. נוחו בשבתכם לשלום: בקושי התירו. מפני שמצטער: בתפיחה. תורה אור בחולה: זימנין אמר לה. בלשון קדש וזימנין אמר לה בלשון ארמי והא לאו לענין שבת נקט: דשכינה עמו. ואין המתפלל צריך שיזדקקו לו מלאכי השרת להכניס תפלתו לפנים מן הפרגוד: סועד. סומך בתשות כחו ומשום רבינו יעקב סוער תרגומו של פוקד כלומר מבקר כמו ואת אחיך תפקוד לשלום (שמואל א יז) ומתרגמי' ואת אחיך תסער לשלם ולהך לישנא גרסינן אל תיקרי יסעדנו אלא יסערנו: מתעטף. מאימת שכינה כאדם היושב באימה ואין פונה לצדדין: ואפי' גבוה. דליכא למיחש להטייה דכיון דגזור לא פלוג למילתייהו: הא תרי שפיר נמי. שאם יבא להטות יזכירנו חברו: בשני ענינים. בשתי פרשיות הואיל וכל אחד מעיין לעצמו אין מכיר במעשה חבירו: במדורה. מדורת אש גדולה אסור דהואיל ויושבין רחוק זה מזה ועוד שזגבות האודים סמוכים להם אין זה מכיר בבא חבירו להבעיר ולחתות: מותר. לקרות לאור הנר שאינו רגיל להטות נר בחול מפני חשיבותו: שמש קבוע. לא יבדוק מפני שאימת רבו עליו אם ימצא בהן דבר מגונה ובודקן יפה וחיישינן להטייה: שאינו קבוע. לא רמיא עליה טולי האי: הא והא בשמש קבוע גרסי': בדנפטא. שהוא מסריח מותר לבדוק לאורו דלא אתי להטות: שמש שאינו קבוע בדמשחא מאי. כיון שאינו קבוע אינו מטה אפילו בחול והלכך בשבת מותר או דילמא בדמשחא הואיל ולא מאיס דרכו להטות בחול הוא: הלכה. דמותר: ואין מורין כן. שלא יזלזלו: קם שמעי'. דר' ירמיה דהוא שמש שאינו קבוע בבית רב אסי: אמרה ליה דביתהו. דרב אסי לרב אסי מר לא עביד הכי: כרביה. ר' ירמיה דאמר הלכה ומורין כן: ראשי פרשיות. ומרגלן בפיו שמתוך שראש הפרשה שגורה בפיו הוא נזכר בכולה למחר ומסייע את שבעה הקורין בנקודה וטעמיה בלחש: ולאמת

תוספות

רבי יהודה אומר המקום ירחם עליך כו'. ק' לר"ת מה מועלת תפלה לר' מאיר ור' יהודה דקאמר בפ"ק דר"ה (ד' טז: ושם) הכל נידונים בר"ה וגזר דין שלהם נחתם ביוה"כ דברי ר"מ ר' יהודה אומר הכל נידונין בר"ה וגזר דין של כל אחד ואחד נחתם בזמנו בפסח על התבואה ואדם ביום הכפורים ר' יוסי אומר אדם נידון בכל יום ואמר התם אמר רב יוסף כמאן מצלינן האידנא אקצירי ואמריעי כר' יוסי משמע דלר"מ ולר' יהודה לא מהניא צלותא וי"ל דהכא בשבת שבין ר"ה ובין יוה"כ איירי ולפי מאי דמשני התם איבעית אימא כדר' יצחק דאמר ר' יצחק יפה צעקה לאדם בין קודם גז"ד כו' אתי הכא שפיר: שבנא איש ירושלים*. ר"ת לא גרים שבנא דשבנא רשע הוה ולא מסקינן בשמיה דשם רשעים ירקב כדאמר בפרק אמר להם הממונה (יומא דף לח:) אלא גרס שכנא דהאי נמי שם אדם כדאמר בסוטה (דף כא.) אלא כשכנא (א) אחי הלל ונראה לר"י דשפיר גרס שבנא דאטו אם אחד רשע ושמו אברהם לא נקרא בשם זה אחר ואשכחן דתרי שבנא הוו כמו שמוכיח בישעיה (כב) דכתיב שבנא אשר על הבית וכתיב וקראתי לעבדי לאליקים וגו' וממשלתך אתן בידו וכתיב בתר הכי (שם לו) ויצא אליו אליקים אשר על הבית ושבנא הסופר משמע דשבנא אשר על הבית כבר מת והיה אליקים במקומו ושבנא הסופר היה אחר*: שאין מלאכי השרת מכירין בלשון ארמי. לבד מגבריאל כדאמר בסוטה בריש אלו נאמרין (דף לג.) דאמר מר בא גבריאל ולמדו שבעים לשונות ליוסף ותימה דאפי' מחשבה שבלב כל אדם יודעים ולשון ארמי אין יודעים: לא ישב על גבי מטה ולא על ספסל. נראה דדוקא כשחולה שוכב בגמוך שלא ישב גבוה ממראשותיו של חולה: רבי נתן אומר קרא והטה. הכא ובמכות (דף ה:) גבי יהודה בן טבאי שהרג עד זומם ובהאשה רבה (יבמות דף צא:) גבי הא שנקרע ס"ת בחמתן לא פריך ומה בהמתן של צדיקים אין הקב"ה מביא תקלה כו' אומר ר"ת דלא פריך בשום מקום אלא גבי אכילת איסור שגנאי הוא לצדיק ביותר וההוא דערבי פסחים (פסחים דף קג: ושם) דר' ירמיה אישתלי וטעים קודם הבדלה והגהו דמס' ר"ה (דף כא.) דקאמר בסים תבשילא דבבלאי בצומא רבה דמערבא התם לא הוה מאכל איסור אלא השעה אסורה ובבראשית רבה *אמרינן ר' ירמיה שלח לר' זירא חד פרסקל דתאנים ומסיק בין דין לדין מהאכל תאנה בטבלא הא קאמר עלה ר' אבא בר זימנא בשם ר' אליעזר זעירא אם הראשונים מלאכים אנו בני אינש ואם הם בני אינש אנו כחמורים ולא כחמורו של ר' פנחס בן יאיר*: שמש שאינו קבוע בדמשחא מאי. ללישנא בתרא מבעי ליה ור"ת גריס הא והא בשמש שאינו קבוע איבעיא להו שמש קבוע בדמשחא מאי דשמש שאינו קבוע בודק יפה שלא יעבירוהו אבל קבוע לא מרתת שיעבירוהו בשביל כך כיון שהוקבע כבר:

רבינו חננאל

מפני הכבוד · אמר רב הונא הלכך מלל וזורק וזהו כבודו ואפי' בחול· תניא ר' שמעון בן אלעזר אמר משום ר' שמעון בן גמליאל אין הורגין את המאכולת בשבת ואין משדכין על התינוקת לארסה ועל התינוק ללמדו ספר ואומנות ואין מנחמין אבלים ואין מבקרין את החולה דברי ב"ש וב"ה מתירין בכולן · ת"ר המבקר חולה בשבת אומרין שבת היא מלצעוק ורפואה קרובה לבוא: רבי יהודה אומר יכולה היא שתרחם עליו ועל כל חולי ישראל. רבי יוסי אומר המקום ירחם עליך בתוך חולי ישראל' כמאן אמר רבי חנינא מי שיש לו חולה בתוך ביתו יערבנו בתוך חולי ישראל כר' יוסי וכמאן (אמרי')[מצלי']האידנא אקצירי ומריעי כר' יוסי דאמר אדם נידון בכל יום ומפורש בר"ה פ"א. שבנא איש ירושל' בכניסתו אומר שלום ביציאתו היה אומר שבת היא מלצעוק ורפואה קרובה לבוא ורחמיו מרובין אחינו שבתו לשלום א"ר חנינא בקושי התירו לנחם אבלים ולבקר חולים בשבת משום דחיישינן שמא יבקש עליו רחמים בצרה ובצעקה · רבי אלעזר כד הוה שאיל בתפיחה אמר ליה המקום יפקידך לשלום וזמנין אמר ליה רחמנא ידכרך לשלם · ואפילו בלשון ארמי שפיר דמי דשכינה עמו · דתניא הנכנס לבקר חולה לא ישב ע"ג מטה ולא (בכפא) [בכסא] ולא בספסל אלא מתעטף ויושב לפניו מפני שהשכינה עליו שנאמר ה' יסעדנו על ערש דוי ואמר (רבי) [רבין] אמר רב מנין שהקב"ה זן את החולה שנא' ה' יסעדנו על ערש דוי: לא יקרא לאור הנר אמר (רבא) [רבה] ואפי' גבוה ב' קומות או ב' (מרועות) [מרדעות] או אפילו כמה בתים זה על גבי זה אסור וקיי"ל (כרבא) [כרבה] דאע"ג דבפרקין שואל אדם מחבירו אוקימנא להא דרבה כתנאי כיון דסתם לן תנא כוותיה דתנן מונה אדם את אורחיו ואת פרפרותיו מפיו אבל לא מן הכתב לא חיישינן להא מחלוקת דברייתא וכבר פירשנוה שם דהלכתא כרבה: לא יקרא דייקינן ממתניתין דוקא חד אבל תרי שרי והני מילי בענין אחד אבל בתרי עניני אסר דחיישינן שמא יטה ואפילו אדם חשוב ממעשה דר' ישמעאל: ירושלמי תני רבי חייא אבל מסתכל מה שכתוב ומה שבקערה ואינו חושש · לא יקרא אמר שמואל לא שנו אלא אחד אבל שנים מאחר שיכולין למחות זע"ז מותר: תני חדא השמש בודק הקערות והכוסות לאור הנר ותניא אידך לא יבדוק וסניין דשמעתא בין שמש קבוע בין שמש שאינו קבוע בודק כוסות וקערות לאור הנר. ורווקא בנפטא דמאים ונפיש נהוריה ולא אתי לאצלויי ביה אבל בדמשחא שמש שאינו קבוע ודאי אסור שמש קבוע פלוגתא והלכתא בודק ואין מורין כן: פיס' באמת [אמרו] החזן רואה וכו' · ואסיק' אבל מסדר הוא לתינוקות ראשי פרשיות:

*) נ"ב בגמ' אדרבה מסיק דאדם חשוב מותר ומר' ישמעאל אינו ראיה ואולי דרכיה היה לו גי' אחרת בסוגיא וצ"ע.

עין משפט נר מצוה

צ א ב מיי' פכ"ד מהל' שבת הלכה ה סמג לאוין סה טוש"ע או"ח סימן רפז וטוש"ע יו"ד סימן שלה סעיף ו:

צא ג טוש"ע או"ח סימן קא סעיף ד:

צב ד טוש"ע יו"ד סי' שלה סעיף ה:

צג ה מיי' פי"ד מהל' אבל הלכה ו סמג עשין ב טור ש"ע שם סעיף ג:

צד ו מיי' פ"ה מהלכות שבת הלכה יד סמג לאוין סה טוש"ע או"ח סי' ערה סעיף א:

צה ז מיי' שם טור ש"ע שם סעיף ב ג:

צו ח שם סעיף ה:

צז ט שם סעיף ד:

צח י כ מיי' שם הלכה טז טור ש"ע שם סעיף יב:

צט ל מיי' שם הלכה טז טור ש"ע שם סעיף ט י:

ועי' תוס' יומא לח: ותוספות כתובות קד: ד"ה שני]

מסורת הש"ס

ס"א שלום

סוטה לג.

[כסוטה אי' דאמר]

נדרים מ. ע"ש

[נ"ל סר את החולה שנאמר ה' יסעדנו קרי בי' יסערנו פי' סר סער]

[שם ע"ש]

לקמן קמט. [תוספתא פ"א]

תוספתא פ"א

וכ"ה לקמן קיט:

הגהות הב"ח

(א) תוס' ד"ה שבנא וכו' אלא כשכנא והלל כצ"ל ותיבת אחי נמחק:

גליון הש"ס גמ' שאין מלאכי השרת כו'. עי' כתמים דעים להראב"ד סימן קפ"ד: שם ולא ע"ג כסא. גירסת הרי"ף והרא"ש ולא ע"ג שרפרף ולא ע"ג מקום גבוה: שם מראשותיו של חולה שנאמר וכו'. עיין ברש"י כתומש פרשה ויחי בפסוק וישתחו ישראל על ראש המטה: שם אפילו גבוה ב' קומות. עי' ברא"ש פ"ו דעירובין סימן ג': שם אכיא חטאת שמנה וכו'. עי' יבמות דף ו ע"ב תוס' ד"ה לא אינו: תוס' ד"ה שבנא וכו'. ר"ת ל"ג כו' עי' כתובות דף קיד ע"ב תוס' ד"ה דייני וכו' ומגילה דף י ע"ב תוס' ד"ה רכה כל עוסקן: שם ד"ה שאין אפילו מחשבה. ופי' בס' מכביל לדוד להרב מהר"ס אלדווס על פירש"י בתורה פ' וילא ד"ה וילא בשם משנת חכמים למהר"ס חאגיז ז"ל:

§ מסכת שבת דף יב: §

אות א' - ב'

וביציאתו אומר: שבת היא מלזעוק, ורפואה קרובה לבא, ורחמיו מרובין, ושבתו בשלום

מי שיש לו חולה בתוך ביתו צריך שיערבנו בתוך חולי ישראל

סימן רפז ס"א - [א]ולא יאמר לו כדרך שאומר לו בחול - דמצטער ומעורר הבכי, דאסור בשבת, **אלא אומר לו: שבת היא מלזעוק ורפואה קרובה לבא, [ב]ורחמיו מרובים ושבתו בשלום. הגה: [ג]וי"א דא"ל לומר: ורחמיו מרובים וכו', וכן נהגו (רמב"ס)** - ובנחום אבלים יאמר לו: שבת היא מלנחם, ונחמה קרובה לבוא, **ויש** מקילים דרשאי לומר: המקום ינחמך, [ד][מ"א בשם דרישה].

כתב בפמ"ג, אם בא האבל לבהכ"נ אחר אמירת "מזמור שיר ליום השבת", שוב לא יקרא השמש: צאו נגד האבל, דאין להזכיר אבילות בפרהסיא, **ומ"מ** לילך בעצמו לומר לו: שבת היא מלנחם וכו', רשאי.

יו"ד סימן שלה ס"ו - [ה]יכלול אותו בתוך חולי ישראל - שמתוך שכוללו עם אחרים, תפלתו נשמעת יותר, ‹בזכותן של רבים›, **שיאמר: המקום ירחם עליך בתוך חולי ישראל. [ו]ובשבת** - ‹שאין מתחננים בו - לבוש›, **אומר: שבת היא מלזעוק, ורפואה קרובה לבא** - ובאו"ח סי' רפ"ז מסיים המחבר: ורחמיו מרובים ושבתו שלום, וכ"פ הב"ח ע"ש - ש"ך.

אות ג'

לעולם אל ישאל אדם צרכיו בלשון ארמי

סימן קא ס"ד - [ז]יכול להתפלל בכל לשון שירצה - והוא שיבין אותו הלשון על בוריו, **אבל** בלשון הקודש יוצא אפילו אינו מבין הלשון.

ומצוה מן המובחר הוא דוקא בלשון הקודש, ועיין בסימן ס"ב ס"ב ובמשנה ברורה שם מה שכתבנו בשם האחרונים בזה, **ועיין** בתשובת חת"ס שהאריך בכמה ראיות, דמה שהתירו להתפלל בכל לשון, היינו דוקא באקראי, אבל לקבוע בקביעה תמידית ולהעמיד ש"ץ, ולהשכיח לה"ק לגמרי, זה א"א בשום אופן, עי"ש, **ועוד** מחמת כמה וכמה טעמים נכוחים, האריכו כל גאוני הזמן בספר דברי הברית, והסכימו שאיסור גמור הוא לעשות כן, **ולאפוקי** מכתות חדשות שנתפרצו מחוץ למדינה בזה, והעתיקו את כל נוסח התפלה ללשון העמים, ועבירה גוררת עבירה, שדלגו הברכה של קבוץ גליות, וברכת "ולירושלים עירך", וכשם שרוצים להשכיח זכרון ירושלים, כן רוצים להשכיח לשה"ק מישראל, פן יגאלו בזכות שלא שינו את לשונם, הקב"ה ישמרנו מדיעות אפיקורסות כאלו.

(**וכתב במ"א בשם הס"ח, דמוטב להתפלל בלשון שמבין, אם אינו מבין בלשה"ק, ומוכח בס"ח, דהיינו דוקא אם הוא ירא שמים, ורצונו בזה הוא רק כדי שיתפלל בכונה, אבל אם אינו בכי האי גוונא, יתפלל בלה"ק, והטעם** כי לה"ק יש לו סגולות רבות מכל לשונות, והוא הלשון שהקב"ה מדבר בו עם נביאיו, וחז"ל אמרו: בלה"ק נברא העולם, כדכתיב: לזאת יקרא אשה כי מאיש לוקחה זאת, וגם כשתקנו כנה"ג את נוסח התפלה, היו ק"ך זקנים, ומהם כמה נביאים, והמה נימנו על כל ברכה בתיבותיה ובצירופי אותיותיה בכמה סודות נעלמות ונשגבות, **וכשאנו** אומרין דברים אלו כלשונות של כנה"ג, אף שאין אנו יודעין לכוין, מ"מ עלתה לנו תפלתינו כהוגן, כי התיבות בעצמן פועלין קדושתן למעלה, משא"כ כשמתפללין בלע"ז).

[ח]וה"מ בצבור, אבל ביחיד לא יתפלל אלא בלשון הקודש - לפי שאין מלאכי השרת נזקקין ללשון ארמית, וה"ה שאר לשונות חוץ מלשה"ק, אבל צבור אינם צריכים מליץ, שהקב"ה בעצמו מקבל תפלתם.

[ט]וי"א דהני מילי כששואל צרכיו, כגון שהתפלל על חולה - ר"ל שלא בפניו, אבל בפניו של חולה מותר בכל לשון, דהקב"ה מצוי שם, **או על שום צער שיש לו בביתו; אבל תפלה הקבועה לצבור, אפילו יחיד יכול לאומרה בכל לשון** - דכיון שהתפילה קבועה לצבור, הקב"ה בעצמו פונה אליה, אפילו שלא בזמן שהצבור מתפללין.

[י]וי"א דאף יחיד כששואל צרכיו, יכול לשאול בכל לשון שירצה, חוץ מלשון ארמי - דס"ל דהמלאכים מכירין בכל לשון, רק שאין נזקקין לארמית, שמגונה בעיניהם, ומשו"ה מותרות הנשים להתפלל בשאר לשונות.

ובצבור מותר אף לשון ארמי, ובזה אתי שפיר מה דאומרים "יקום פורקן" ו"בריך שמיה" בצבור וכדומה, **ולפי"ז** אם מתפלל בביתו, אין יכול לאמר שום "יקום פורקן".

אות ד'

שאני חולה, דשכינה עמו

יו"ד סימן שלה ס"ה - [יא]כשמבקש עליו רחמים, אם מבקש לפניו, יכול לבקש בכל לשון שירצה - [ולא שייך כאן אין מלאכי השרת נזקקין ללשון ארמי, דשכינה עם החולה, שנאמר ה'

באר הגולה

[א] שם [ב] טור וכשבנא איש ירושלים שם שבא לפרש דברי הת"ק, ב"י לדברי הטור [ג] ‹כת"ק שם - גר"א› [ד] ‹וז"ל: דהא כ' הר"ן טעם דאסור להתפלל על החולה, היינו משום שמתעורר על ידו רחמיו, ויבכה בשבת מחמת זכרו רוב צערו של חולה, משא"כ בניחום אבלים, עכ"ל. כי המת לא ישוב, וצער האבלים לא יתרבה יותר על ידי ניחומים› [ה] בברייתא שם וכרבי יוסי, וכמימרא דרבי חנינא שם בחול, ופי' רש"י שמתוך שכוללו עם האחרים, תפלתן נשמעת בזכותן של רבים [ו] כת"ק שם, וכן כ' הרמב"ם, ועיין באו"ח סי' רפ"ז [ז] סוטה ל"ב. [ח] אלפסי [ט] רבני צרפת [י] הרא"ש [יא] ממימרא דרבה בר בר חנה כי הוה אזיל בתר ר"א וכו' שם בשבת, מפני שהשכינה עמו וא"צ למלאכי השרת להכניס תפלתו

יסעדנו על ערש דוי], הרי מבקש כביכול בפני השכינה עצמה, שהרי היא מראשותיו של חולה, [וע"כ א"צ אז למלאכים], **ואם מבקש שלא בפניו**, [יב]**לא יבקש אלא בלשון הקדש** - שאין המלאכי השרת מכירין בכל לשון - ש"ך.

[משמע דבכל שאר לשונות אין מלאכים נזקקין חוץ מלשון הקודש דוקא, והוא דעת הרי"ף הביאו באו"ח סי' ק"א, **אלא** דכתב שם בשם הרא"ש, דדוקא ללשון ארמי אין נזקקין, אבל שאר לשונות הוי כמו לשון קודש, **וא"כ** קשה על הטור, למה סתם כאן נגד אביו ומצריך דוקא לשון הקודש, **ונראה** דמשום דחולה בעי רחמי טובא, על כן כתב כאן שיעשה אליבא דכו"ע – ט"ז].

אות ה'

הנכנס לבקר את החולה לא ישב לא על גבי מטה ולא על גבי כסא, אלא מתעטף ויושב לפניו, מפני ששכינה למעלה מראשותיו של חולה

יו"ד סימן שלה ס"ג - [יג]"המבקר את החולה לא ישב ע"ג מטה ולא ע"ג כסא ולא ע"ג ספסל, אלא מתעטף ויושב לפניו, שהשכינה למעלה מראשותיו. הגה: ודוקא כשהחולה שוכב על הארץ, דהיושב גבוה ממנו, אבל כששוכב על המטה, מותר לישב על כסא וספסל. (ב"י בשם הר"ן, וכן נוהגין) -

ובזוהר פרשת פנחס מבואר, דכשהחולה אדם בינוני, לא ישב לרגליו של חולה, דמלאך המות מקומו שם ומראשותיו, משמע שם דבכל ענין אפי' אינו גבוה מהחולה, **ואם** החולה הוא צדיק גמור, לא ישב רק לרגליו, מפני שהשכינה מסבבת אותו מכל צד לבד מרגליו, ע"ש – ערוה"ש.

אות ו'

אפילו גבוה שתי קומות

סימן רעה ס"א - [יד]"ואפי' הוא גבוה עשר קומות שאינו יכול ליגע אליו, שלא חלקו חכמים בדבר; [טו]ומטעם זה יש לאסור אפי' הוא בעששית או קבוע בחור שבכותל.

(**ואם** היא סגורה במפתח, יש מתירים, וטעמם, דדוקא כשגבוה הנר י' קומות אסרו, משום דדרכו כן לפעמים, כדי שעי"ז יראה מה שבגבוה, **משא"כ** להסגיר, שאין דרכו כלל אם לא משום איסור שבת, אית ליה היכרא ולא שייך שיפתח להטות, דדמי לקורא פרק "במה מדליקין", [**וכתב** המחה"ש, דע"י קשר משונה דמי לסגירה במפתח], **ויש** אוסרין בכל גוונא משום לא פלוג, **ועיין** בא"ר שמצדד להתיר בשמסר המפתח לאדם אחר, דדמי לאומר לחבירו: תן דעתך עלי שלא אטה, דמתיר בס"ג.

(עיין ט"ז, החילוק בין דבר הנאסר, שעליו אמרינן דלא פלוג, משא"כ לענין אדם הקורא, אמרינן דלא נאסר על איש כזה מעולם, וע"כ יש חלוק בין אדם חשוב לאינו חשוב, ובין ענין אחד לב' ענינים וכדלקמן, **ולפי"ז** פשוט דאם הוא גידם בשתי ידיו, או שהיו ידיו קשורות מאיזה סבה, דמותר לקרות לאור הנר).

[טו]**וכן בנר של שעוה** - האי "וכן" קאי ארישא, דבזה נמי גזרו שלא לקרות לפניה, ואף דהוא כרוך על הפתילה כעין נרות של שעוה וחלב שלנו, ולא שייך בו שמא יטה, **אעפ"כ** יש לחוש שמא ימחוט {שמסיר ראש הפתילה להסיר חשכה} ונמצא שהוא מכבה.

והב"ח בשם רש"ל כתב, דנהגו להקל לבדוק כלים וציצית ולקרות אצל נר של שעוה, וה"ה אצל נר של חלב, **והטעם**, דבזה לא שייך שמא יטה רק שמא ימחוט, וכיבוי הוי מלאכה שאינה צריכה לגופה, ולא הוי איסורא דאורייתא, וכ"כ הט"ז, **ומסיק** המג"א, דשלא לצורך יש להחמיר, דהא י"א דכיבוי הוי מלאכה דאורייתא, כמ"ש בסוף סי' של"ד, **והא"ר** כתב בשם המלבושי יו"ט, דבנר של שעוה שייך ג"כ שמא יטה, והביא לזה סמוכין מדברי הרמב"ן, וכ"כ בביאור הגר"א, דבנר של שעוה וה"ה של חלב שייך ג"כ שמא יטה, **ומ"מ** נ"ל דבנרות הטובים שלנו, שקורין סטארין, מותר לקרות לפניהם לכו"ע, **דלא** שייך שמא יטה רק בדבר שדרכו להטות לפעמים בחול כדי שידלק יפה, ובנר סטארין ידוע דאין צריך להטייה כלל לעולם, **וכ"ש** דלא שייך בו שמא ימחוט, דאורו צלול מאד ואין צריך כלל לזה.

(**ואם** עומד נר של שמן ונר של שעוה וחלב סמוכים להדדי, **אין** להתיר אפי' לדעת רש"ל, **ואפילו** לדעת המ"א שמקיל לעיל בסימן רס"ד בעומד נר כשר אצל נר פסול, כ"כ בספר תו"ש ופמ"ג, ע"ש הטעם, **אך** בנר שמן ונר שקורין סטארין, נראה דמותר לקרות לפני הנר שמן כל זמן שהסטארין דולק).

(והנה כהיום אין המנהג במדינותינו בהדלקת נר השעוה, רק בהדלקת נרות ממש שקורין לאמפ, ומעולם תמהתי על מה נוהגין כהיום רובא דאינשי להקל בזה לקרות לאורם, הלא שייך בזה שמא יטה כדרכו בחול, **ומתחלה** חשבתי דאפשר דסומכין עצמן על שיטת ראב"ן המובא במ"א, דמקיל בנר של חלב משום דמאיס, ובודאי סברתו דדמי לנר של נפט דמקיל במס' שבת לבדוק כוסות וקערות לאורו, וא"כ כ"ש בענינינו דנותנין גאז בנרות, דהוא מאיס ומסריח יותר מחלב, **אבל** אח"כ ראיתי שאין כדאי לסמוך ע"ז, חדא, דפסק השו"ע לקמן בסי"ב כדעת הרמב"ם, דאפילו בנפט אסור בדבר שצריך עיון רב, דחיישינן שמא יטה, וקריאה לפני הנר הלא נחשב לכו"ע לדבר שצריך עיון הרבה, **ואפילו** לדעת שארי הראשונים המקילין שם בזה, הלא כתב הרמב"ן שם בהדיא בחדושיו, דדוקא לענין בדיקת הכוסות הקילו לפני הנפט משום נקיות, ולא לענין שאר דברים, **ובאמת** דעת הראב"ן היא דעת יחידאה בזה, דלא מצאתי לשום פוסק שיסבור דיהיה מותר לקרות אפילו לנר של נפט, וכ"ש לנר של חלב).

באר הגולה

[יב] שם אין מלאכי השרת נזקקין לו, שאין מכירין בלשון ארמית, סוטה דף ל"ג ע"א [יג] בברייתא שבת דף י"ב ע"ב [יד] שם י"ב [טו] טור בשם רבי פרץ וסמ"ק [טז] ב"י

(**ושעמתי** על אנשי מעשה שכותבין על חתיכת נייר באותיות גדולות "שבת היום ואסור להדליק", ומדבקין מבעוד יום הנייר במקום השרייפיל, **ונראה** שע"ז בודאי יש לסמוך להקל, חדא, דדעת מהרש"ל דסגורה במפתח מותר, וה"ה בקשור בקשר משונה, וכמו שכתב במחצית השקל, וא"כ בנדון דידן שקשור הנייר על הנר במקום ההטייה, לא גריע מזה, **גם** כיון שבכל שעה רואה לעינו איסור בהדלקה בשבת, דמי קצת לקריאת פרק "במה מדליקין" המבואר בס"ז דמותר, **ועוד** דדמי למי שמבקש מחברו שיזכירנו, דפסק בס"ג דמותר).

(**אמנם** אחר כתבי כ"ז מצאתי בספר מסגרת השלחן, שהאריך בענין זה של למוד לפני הלאמפי"ן, והביא שם מתחלה דעת האוסרין כמו שכתבנו, **אך** לבסוף מסיק בשם כמה גדולים שצדדו להתיר, אפילו לדעת הרמב"ן הנ"ל, מטעם דלא חשו שמא יטה כי אם בפתילה ובנר בלבד, שזה דרכו בחול, לאחר שהדליק קצת ראש הפתילה שוב אינו דולק כ"כ כמו בתחלה, הלכך צריך להטות השמן אל הפתילה, או למשוך הפתילה קצת לחוץ, **אבל** הלאמפי"ן שלנו דרכן הם שדולקין מעת שמתחילין להדליק אותם עד סוף הדלקה בדרך אחד, ואין האור מתמעט כלל, **חוץ** בסוף כשנשאר מעט נפט בשולי הכלי, אז מתמעט אורו, ואז אינו מועיל אם יסבב הפתילה לחוץ, כי תיכף חוזר ומתמעט כבתחלה, ויותר מתמעט לפי שעושה פחם בראש הפתילה, **וקודם** לכן אין חשש שמא יסבב להרבות האור, דמסתמא תקן בע"ש שידלק האור כ"כ כפי הצורך שלו, ואם היה רצונו לעשות האור גדול יותר, אז היה עושהו מיד גדול יותר וכו', **והלכך** היכא דנותנים הרבה נפט בלאמ"פ, ועושין האור רק כדרך שדרכו לעשותו בחול כשרוצה ללמוד, שוב אין חשש שמא ירצה להרבות אורו, **ומסיק** שם דכן ראוי לנהוג, שימשוך בע"ש הפתילה לחוץ שיהיה אורו רב כדרכו בחול, ואז אין חשש שמא יתקנו בשבת, עכ"ד).

(**והנה** אף שאין היתר זה ברור, מ"מ יש לסמוך להקל לענין תלמוד תורה שלא לבטל, **ובפרט** אם הוא לומד בביהמ"ד אצל נר של נפט, נוכל לצרף דעת האו"ז שמתיר בצבור, וס"ל דכל בצבור הו"ל כתרי בחד ענינא, **ואף** דלא קי"ל הכי, מ"מ יש לצרף דעתו בצירוף הסברא הנ"ל להתיר, **וכ"ז** כתבנו אם א"א לו באופן אחר, אבל לכתחלה בביתו טוב ונכון שיעשה באופן ההיתר לכו"ע, וכמו שיעצנו מתחלה בראש דברינו).

אות ז'

כאן בענין אחד, כאן בשני ענינים

סימן רעה ס"ב - [יז]"ודוקא אחד, אבל שנים קוראים ביחד, שאם בא האחד להטות, (פי' להטות הנר כדי שיגיע השמן לפתילה), יזכירנו חבירו - ודוקא לענין קריאה שהוא מלתא דמצוה התירו בזה, אבל לא לענין רשות, כ"כ המ"א, **ומדברי** הט"ז משמע שהוא חולק ע"ז.

אבל שנים קורין - אבל אין פולין, (דכל אחד שהוא מפלה ובודק אחר כנים, הוא בודק במקום אחר, והו"ל כמו לענין קריאה בב' ענינים - ט"ז), **אם** לא שאחד מפלה והשני משמרו, שזה ודאי מותר.

והוא שקורין בענין אחד, שאז ישגיח האחד במה שיעשה חבירו, אבל בשני ענינים לא - (אפילו הוא בספר אחד, **ונסתפקתי** אם מהני בזה באומר אחד לחברו: תן דעתך עלי, דאפשר כיון דכל אחד טרוד בענינו, לא יעיין עליו היטב, וכן כה"ג לענין שני ספרים בענין א', לדעת הי"א המובא בהג"ה, **ואולי** יש להקל בזה במקום הצורך).

הגה: וי"א דבשני ספרים, אפילו בענין אחד אסור (ב"י) - שכל אחד מעיין בספרו, ואינו משגיח במה שעושה חבירו.

ולכן אסור לומר פיוטים בליל יו"ט שחל להיות בשבת בבהכ"נ, וכן נהגו (מרדכי וסה"ת וסמ"ג והגהות) - פי' אפילו בבהכ"נ דיש רבים, חיישינן להטייה, וכ"ש יחיד בביתו דאסור לאור הנר.

ואפילו לדעת המקילין לעיל בנר של שעוה וחלב, הכא בבהכ"נ דשכיחי רבים, יש להחמיר בכל גוונא שלא לומר הפיוטים, משום לא פלוג, דלפעמים יהיה נרות שמן, ואיכא חשש איסור שמא יטה.

ומש"כ פיוטים, ה"ה הזמירות שאומרים בשבת בבית, **אם** לא מי שרגיל קצת בהם וכמ"ש ס"ט, **או** שאומר לחבירו: תן דעתך עלי שלא אטה. **אבל** שאר התפלה מותר לקרות בסידור לאור הנר, והטעם, שתפלה מצויה בפי הכל וא"צ עיון רב, והוי כמו ראשי פרשיות בסעיף י'.

סימן רעה ס"ג - [יח]"אם יש אחר עמו, אפי' אינו קורא, ואומר לו: תן דעתך עלי שלא אטה, מותר - דוקא באומר לו, אבל בסתמא, אפילו יש בני בית הרבה, חיישינן שלא ישגיחו עליו ויבוא להטות. **וה"ה אם אומר כן לאשתו** - כלומר שלא תאמר דאשה דעתה קרובה אצלו ואינה משמרתו.

אות ח'

ובמדורה אפילו עשרה בני אדם אסור

סימן רעה ס"ה - [יט]"במדורה, אפילו עשרה אין קורין - ר"ל אפילו בענין אחד, דלאור הנר שרי, **[כ]משום דהואיל ויושבים רחוקים זה מזה** - (לכאורה ע"כ דקורין בב' ספרים, וא"כ אפילו לאור הנר אסור, וכנ"ל בהג"ה, וי"ל דטעם זה קאי אליבא דפוסקים המקילין בענין אחד אפילו בשני ספרים, וקמ"ל דבמדורה אסור, **וטעם** השני שכתב, ועוד שזנבות וכו', קאי אליבא דכו"ע, ור"ל דעל כן אפילו הם סמוכין זה לזה, וקורין בענין אחד ובספר אחד, ג"כ אסור).

ועוד שזנבות האודים סמוכים להם, אין זה מכיר כשבא חבירו להבעיר ולחתות - ועיין בע"ת, דאם ביקש לאחד שיתן דעתו עליו שלא יחתה, דמותר, והביאו הא"ר.

באר הגולה

יז שם בגמרא | יח טור שבלי הלקט | יט שם | כ רש"י שם

כתב הט"ז, נ"ל דאע"פ שמותר להתחמם נגד המדורה, כדאיתא סוף סי' רע"ן, **מ"מ** אין לישב בסמוך אצל זנבות האודים, כי יש לחוש שיגע בהם כדי שיבערו היטב, כדרך שמהפכין בזנבות האודים, **ויש** שכתבו דלא חיישינן שיבוא לזה.

אות ט'

אם אדם חשוב הוא מותר

סימן רעה ס"ד - [כא]אדם חשוב, שאין דרכו בחול להטות - פי' שברור הוא שאין דרכו אף בעת הלמוד, **מותר בכל גוונא -** אבל מסתמא לא אמרינן כן, דיש גם באדם חשוב שדרכו להטות בחול, וכדאיתא בגמרא לענין ר' ישמעאל בן אלישע, שהיה משים עצמו על דברי תורה כהדיוט.

וכתב הפמ"ג, ועכשיו אין להתיר באדם חשוב, כי כמה פעמים ראינו שמתוך עיון שוכחים ומטים ומוחטים, **ומ"מ** בהצטרף לזה ג"כ נר של שעוה וחלב, נראה דאין להחמיר בזה.

אות י' – כ'

כאן בשמש קבוע, כאן בשמש שאינו קבוע

ואין מורין כן

סימן רעה סי"ב - [כב]שמש שאינו קבוע אסור לו לבדוק כוסות וקערות - הדומין זה לזה, **לאור הנר** - לידע איזה מהן להניחן על השלחן, **מפני שאינו מכירן** - וצריך לזה עיון הרבה, ע"כ חיישינן שמא יטה, **והר"ן** כתב שהבדיקה היא לראות אם הם נקיים, ושמש קבוע מפני שהוא בקי בהם מכבר, יודע איזה כלי אינו נקי כל כך.

בין בנר שמן זית, בין בנר של נפט, (פי' מין זפת לבן וריחו רע), שאורו רב - ר"ל אע"פ שאורו רב, אפ"ה חיישינן שמא יטה, כיון שהוא שמש שאינו קבוע.

(**"פי'** מין זפת וריחו רע" – כצ"ל, ותיבת "לבן" ט"ס הוא, **דנפט** לבן אין מדליקין בו בחול וכ"ש בשבת, כדאיתא בשבת כ"ו ע"א).

הגה: [כג]ויש מתירין בשל נפט, אפילו בשמש שאינו קבוע - טעמם, דלהטייה לא חיישינן, לפי שאורו רב ולא צריך לזה, ולשמא יסתפק לא חיישינן, משום דמאיס, **ובשמן** זית וכן בשארי שמנים לכו"ע אסור.

ולעת הצורך יש לסמוך על דעה זו, כי כן דעת הרבה ראשונים, וכ"כ בספר שלחן עצי שטים.

אבל שמש קבוע מותר לו לבדוק לאור הנר - של נפט, **כוסות, מפני שא"צ עיון הרבה** - ואע"ג דאפילו להבחין בין בגדיו לבגדי אשתו אסרו, הכא התירו משום נקיות, ר"ן. ‹עיין בבה"ל›.

(**משמע** מדברי המ"א, דמפני הנקיות לא הותר רק בשאינו צריך עיון הרבה, ובשו"ע הגר"ז מקיל מפני הנקיות אפי' בשצריך עיון הרבה). ‹**דלדידיה** השו"ע לא ס"ל כהר"ן, שבודק הכוס אם הוא נקי, וא"כ רק הכא אסור בשצריך עיון הרבה, אבל מפני הנקיות מותר אפי' בשצריך עיון הרבה, ע"ש›.

ואם היה נר של שמן זית, אין מורין לו לבדוק, ואע"פ שהוא מותר - ר"ל אם בא לפנינו לישאל, אין מורין לו לכתחלה, ואם עשה מעצמו, אין מוחין בידו.

באר הגולה

כא שם בגמרא **כב** שם לדעת רמב"ם לפי גירסתו בגמרא כמ"ש המגיד שם והכ"מ והב"י ‹לפי גירסת רש"י, שמש קבוע חמיר טפי, ואסור בדמשחא מפני שאימת רבו עליו, וחיישינן שמא יטה כדי לבודקן יפה, ואפ"ה שרי בדנפטא, אבל שמש שאינו קבוע לא רמי עליה כולי האי, ומשום הכי שרי אפילו בדמשחא. ואיבעיא לן הא דשרינן לשאינו קבוע בדמשחא, אי מורין כן, או דילמא הוי הלכה ואין מורין כן. **אבל** הרי"ף והתוספות (ד"ה שמש) גורסים: איבעית אימא הא והא בשמש שאינו קבוע, ולא קשיא הא בדמשחא וכו'. איבעיא להו שמש קבוע בדמשחא מאי. **ולפי** זה שמש שאינו קבוע חמיר טפי, ואסור בדמשחא, ומיהו בדנפטא שרי, ושמש קבוע שרי אפילו בדמשחא. ואיבעיא לן הא דשרי שמש קבוע בדמשחא, אי מורין כן או לא. ופסקו הרי"ף והרא"ש והרמב"ם, כמ"ד אין מורין כן, משום דמשמע בגמרא דרב אסי נמי סבר הכי. **ובטעם** חילוק דמשחא לדנפטא, פי' רש"י, דבדמשחא חיישינן דילמא אתי לאטויי, ובדנפטא לא חיישינן מפני שהוא מסריח. **והרי"ף** והרא"ש כתבו, דטעמא משום דנפטא מאיס ונפיש נהוריה ולא צריך לאצלויי, ונראה שלא רצו לפרש משום דמסריח לחוד, משום דאפ"ה איכא למיחש שמא יטה ויזהר מליגע בו, ולכך פירשו הטעם משום דנפיש נהוריה טובא ואינו צריך הטייה, ולא סגי להו בהאי טעמא לחוד, משום דנהי דליכא למיחש לאצלויי, איכא למיחש שמא יסתפק ממנו, לכך כתבו תרי טעמי. **ונראה** דטעמא דבדמשחא אסור, הוא משום דלא נפיש נהוריה כדנפטא. **אבל** הרמב"ם כתב, דמשחא אסור משום שמא יסתפק ממנו, ובדנפטא כתב שאורו רב, כדברי הרי"ף והרא"ש, משמע שהוא מפרש דנפטא כיון שאורו רב לא חיישינן להטיה, וגם לשמא יסתפק לא חיישינן משום דמאיס, אבל בדמשחא אי לאו דאיכא למיחש שמא יסתפק, משום הטייה לא הוה גזרינן, דאע"ג דלא נפיש נהוריה כדנפטא, מ"מ כיון דנפיש נהוריה טובא, לא הוה גזרינן, **ואע"פ** שהתירו להדליק בדמשחא ולא חששו שמא יסתפק ממנו, הכא ע"י שהוא מתקרב לנר ביותר, חיישינן טפי, כנ"ל. **ובטעם** חילוק בין שמש קבוע לשאינו קבוע לגירסת הרי"ף, כתב הרא"ש שהוא משום דשמש שאינו קבוע מדקדק טפי, שמא ימצא חן וישכירוהו. **והרמב"ם** כתב, שהטעם משום דשמש שאינו קבוע צריך עיון יותר לפי שאינו בקי בהם, הלכך חיישינן ביה טפי לשמא יטה, וכן כתב הר"ן וכך הם דברי רבינו. **ובעיקר** דינים הללו יש להרמב"ם דרך אחרת, שכתב וז"ל: שמש שאינו קבוע אסור לו לבדוק כוסות וקערות לאור הנר, מפני שאינו מכירן, בין בנר של שמן זית בין בנר של נפט שאורו רב, אבל שמש קבוע מותר לו לבדוק לאור הנר כוסות וקערות, מפני שאינו צריך עיון הרבה, ואם היה נר של שמן זית אין מורין לו לבדוק, ואע"פ שהוא מותר, גזירה שמא יסתפק ממנו, עכ"ל. **ואיני** יודע היאך אפשר ליישב דבריו על פי גירסת הרי"ף, דכיון דלגירסא זו אמרינן ואיבעית אימא הא והא בשמש שאינו קבוע ולא קשיא הא בדמשחא הא בדנפטא, הרי מתיר בהדיא שמש שאינו קבוע בדנפטא, היאך יעלה על דעת הרמב"ם לאסרו. **ואין** ספק שא"א לומר דגריס לגמרי כרש"י, דא"כ היכי כתב דשמש קבוע בדמשחא אין מורין, דהא כשאינו קבוע הוא דאמרינן בגמרא הכי, **ועוד** דלכשתמצא לומר דגריס ואיבעית אימא הא והא בשמש קבוע כדגריס רש"י, א"א לומר שמפרש כרש"י, דהא לרש"י שמש שאינו קבוע קיל משמש קבוע, ולהרמב"ם הוי איפכא. **לכך** צ"ל שגירסת הרמב"ם מורכבת משתי הגירסאות, שהוא גורס: ואיבעית אימא הא והא בשמש קבוע כדגרס רש"י, ובבעיא גורס כהרי"ף: שמש קבוע בדמשחא מאי, והכי פירושו, הא והא בשמש קבוע ולא קשיא הא בדמשחא הא בדנפטא, כלומר אבל שמש שאינו קבוע אפילו בדנפטא אסור, ואיבעיא לן הא דאסרינן לשמש קבוע בדמשחא, דוקא להורות כן, אבל להלכה שרי ואין מוחין ביד העושה כן, או דילמא אסור גם מדינא ומוחין ביד העושה כן. **ועוד** י"ל דהכי קא מיבעיא ליה, הלכה כלישנא קמא דשרי לקבוע לבדוק סתמא, ואפילו בדמשחא משמע, או הלכה כלישנא בתרא דאסר בדמשחא אפילו לקבוע, וכן פירש הרב המגיד ז"ל – ב"י› **כג** ‹כגי' ר"ח שם בתוס' ורי"ף – גר"א›

גזירה שמא יסתפק ממנו - ואע"ג דלענין הדלקה לא אסרו משום זה, שאני הכא דע"י שהוא מתקרב לנר ביותר לבדוק, חיישינן טפי.

(**וכתב** בספר שלחן עצי שטים, דשאר שמנים הם כנפט, וטעמו, דלא חיישינן לשמא יסתפק רק בשמן זית, **ולענ"ד** בב"י לא משמע כן, דלא ממעטינן רק נפט מזה משום דהוא מאיס, אבל שאר שמנים דומין לשמן זית לזה, וגם בטור לא נזכר שמן זית, רק שמן סתמא).

הגה: נהגו לכסות הקטנים שלא יהיו ערומים בפני הנרות, משום ביזוי מלוה, וכ"כ הרוקח - קשה, דבלא"ה אסור משום סכנה, דאתי לידי נכפה, כדאיתא בפסחים קי"ב, **ונראה** לחלק בין קטן לגדול.

אות ל'

לסדר ראשי פרשיותיו

סימן רעה ס"ט - [כד]**ליל פסח שחל להיות בשבת, מותר לקרות ההגדה בספר, משום דהוי כעין ראשי פרקים, דאין ע"ה שלא תהא שגורה בפיו קצת.**

ומטעם זה יש להתיר, למשכים בשבת לבהכ"נ ומתפלל לאור הנר הדולק שם מבע"י, לפי שהתפלה ושארי דברים שהוא אומר ודאי שגורים בפיו יותר מן ההגדה בפסח, **אבל** ללמוד שם אסור, כיון שצריך עיון.

דאין ע"ה כו' - ואם הוא ע"ה שלא למד מעולם, ואין שגור בפיו כלל בלי סידור, ואין לו שם שום אדם שיבקשהו שיתן דעתו עליו שלא יטה, **מ"מ** אפשר ג"כ דיש להקל, שלא לבטל מצות הגדה שהוא מן התורה, אפילו אין לו רק נר של שמן.

סימן רעה ס"י - [כה]**הרב יכול לראות לאור הנר מהיכן יקראו התינוקות, ולסדר ראשי הפרשיות** [כו]**בפיו בספר, וקורא כל שאר הפרשה על פה. וראשי פרשיות לאו דוקא, אלא כל שיודע הפרשה על פה ובקצת צריך לראות בספר, שרי, שמאחר שאינו מעיין בספר תמיד, אית ליה היכירא ולא אתי לאטויי** – (פשוט דה"ה אם יודע איזה סוגיא ומסכת כה"ג).

באר הגולה

[כד] שבלי הלקט בשם ר' בנימין [כה] שבת י"א וי"ב [כו] ב"י מפירש"י ושכן נראה מדברי הפוסקים

§ מסכת שבת דף יג. §

אות א׳ – ב׳

שאני תינוקות

ואימת רבן עליהן לא אתי לאצלויי

סימן רעה [א]ס״ו - [ב]תינוקות של בית רבן קורין לאור הנר, מפני שאימת רבן עליהם - שאין פושטין יד לשום דבר, ואפי׳ בחול, אלא על פי רבן, ולא אתי לאצלויי, [רש״י]. **ומשמע** מסתימות השו״ע שסובר כהרשב״א, דאפי׳ אין רבן עמהן שרי, דכל שעה מתיראין שיבוא רבן ולא יטו, **ובא״ר** הביא הרבה פוסקים שחולקין ארשב״א.

[ג]סימן רעה ס״ז - [ד]מותר לקרות "במה מדליקין" לאור הנר, שהרי הוא מזכיר איסור שבת ואיך ישכח - משמע דדוקא "במה מדליקין", ששם נזכר עניני איסור הדלקה, ואיך ישכח וידליק, **אבל** שארי הלכות שבת לא.

[ה]סימן רעה ס״ח - [ו]נוהגים לקרות בליל יו״כ במחזורים, מפני שאימת יוה״כ עליהם.

אות ג׳

כיוצא בו לא יאכל הזב

יו״ד סימן קצה ס״ג - לא יאכל עמה על השלחן - ואצ״ל שאסור לאכול עמה בקערה א׳ בזה אחר זה, אע״פ שאין נוגעים ביחד - ש״ך. **[ז]אא״כ יש שום שינוי, שיהא שום דבר מפסיק בין קערה שלו לקערה שלה, לחם או קנקן** – [נראה דוקא כשאין אוכלין מאותו לחם, ואין שותין מאותו קנקן – ט״ז].

או שיאכל כל אחד במפה שלו - או שתגלה מעט מן השלחן, ותתן קערה שלה עליו - ש״ך.

אות ד׳

אף אשתו נדה הוא בבגדו והיא בבגדה אסור

יו״ד סימן קצה ס״ו - [ח]לא יישן עמה במטה, אפילו כל אחד בבגדו ואין נוגעין זה בזה. הגה: ואפילו יש לכל אחד מצע בפני עצמו.

(צ״ע אי מותר לשמוע קול זמר שלה, מאחר דבגמרא דשבת אמר מקיש אשה נדה לאשת רעהו, רק דיחוד שרי משום דהתורה העידה סוגה בשושנים, א״כ נראה דאסור, דהא באשת רעהו אסור, כמ״ש בברכות, קול באשה ערוה, וכ׳ הרא״ש שם פי׳ לשמוע, וכ״כ כל הפוסקים, וצ״ע - פת״ש).

אות ה׳

אפילו שום קורבה אסור

אבה״ע סימן כא ס״ז - [ט]המחבק או המנשק אחת מהעריות שאין לבו של אדם נוקפו עליהם, כגון אחותו הגדולה ואחות אביו וכיוצא בהם, אף על פי שאין לו שום הנאה כלל, הרי זה מגונה ביותר, ודבר איסור הוא ומעשה טפשים, שאין קרבים לערוה כלל - והא דאמרינן בפ״ק דשבת דף י״ג, דעולא מנשק לאחותו אבי ידייהו, צדיק גמור היה, ויודע בעצמו שלא יבא לידי הרהור, **בין גדולה בין קטנה** - הא דמחבקים ומנשקים אח לאחותו הקטנה בת שלש שנים, אין זה לחיבת אישות, רק לחיבת קורבה, והכל לש״ש - ש״ך. **חוץ מהאב לבתו ומהאם לבנה. כיצד, מותר האב לחבק בתו ולנשקה ולישן עמה בקירוב בשר, וכן האם עם בנה, כל זמן שהם קטנים. הגדילו, ונעשה הבן גדול והבת גדולה עד שיהיו שדים נכונו ושערה צמח, זה ישן בכסותו והיא ישנה בכסותה. ואם היתה הבת בושה לעמוד לפני אביה ערומה, או שנתקדשה, וכן אם האם בושה לעמוד בפני בנה ערומה, ואע״פ שהם קטנים, משהגיע ליכלם מהם, אין ישנים עמהם אלא בכסותן.**

באר הגולה

[א] ‹תוקן ע״פ מהדורת נהרדעא› [ב] שם י״א וי״ב [ג] ‹מילואים› [ד] טור בשם ספר המצות והיינו סמ״ק [ה] ‹מילואים› [ו] שם בשם בעל התרומות ‹מהנ״ל ס״ו, וה״ה כאן אימת שכינה עליו, וכמ״ש בפ״ב דנדה, אב״א בעתותא דשכינה - גר״א› [ז] ממשנה שבת דף י״א ע״א לא יאכל הזב עם הזבה וכו׳, הראב״ד שם בפי״א בהשגתו, ושכ״כ רב אחא, וכ״כ ה״ה בשם הרמב״ן והרשב״א, וכ״כ הר״ן שכן משמע בברייתא בגמ׳, וכ״כ הטור וש״פ [ח] אבעיא שם בפ״ק דשבת יג. ונפשטא [ט] ממסקנת הגמ׳ דעולא פליגא דידיה אדידיה כו׳ שבת דף י״ג ע״א

עין משפט נר מצוה

ק א ב מיי׳ שם הלכה טו טור שו״ע שם סעיף ז:

קא ג מיי׳ פי״א מהלכות איסורי ביאה הלכה יח ופי״ג מהלכות טומאת אוכלין הלכה יא סמג לאוין קיא טוש״ע יו״ד סימן קצה סעיף ג:

קב ד מיי׳ פי״א מהלכות א״ב שם טוש״ע שם סעיף ו:

קג ה מיי׳ פכ״א מהל׳ איסורי ביאה הלכה ו סמג לאוין קכו טוש״ע אה״ע סימן כא סעיף ז:

גמרא

תורה אור

מיתיבי *רשב״ג אומר התינוקות של בית רבן היו מסדרין פרשיו׳ וקורין לאור הנר אי בעית אימא ראשי פרשיותיו ואי בעית אימא *שאני תינוקות הואיל ואימת רבן עליהן לא אתי לאצלויי: כיוצא בו לא יאכל הזב: *תניא ר״ש בן אלעזר אומר בוא וראה עד היכן פרצה טהרה בישראל שלא שנינו לא יאכל הטהור עם הטמאה אלא לא יאכל הזב עם הזבה מפני הרגל עבירה כיוצא בו לא יאכל זב פרוש עם זב עם הארץ שמא ירגילנו אצלו וכי מרגילו אצלו מאי הוי אלא אימא שמא יאכילנו דברים טמאין אטו זב פרוש לאו דברים טמאין אכיל אמר אביי גזירה שמא יאכילנו דברים שאינן מתוקנין ורבא אמר *רוב עמי הארץ מעשרין הן אלא שמא יהא רגיל אצלו ויאכילנו דברים טמאין בימי טהרתו איבעיא להו נדה מהו שתישן עם בעלה היא בבגדה והוא בבגדו אמר רב יוסף ת״ש *העוף עולה עם הגבינה על השלחן ואינו נאכל דברי ב״ש ב״ה אומר לא עולה ולא נאכל שאני התם דליכא דיעות ה״נ מסתברא דהיכא דאיכא דיעות שאני דקתני סיפא *רשב״ג אומר שני אכסניים אוכלין על שלחן אחד זה אוכל בשר וזה אוכל גבינה ואין חוששין ולאו אתמר עלה *אמר רב חנין בר אמי אמר שמואל לא שנו אלא שאין מכירין זה את זה אבל מכירין זה את זה אסורים וה״נ מכירין זה את זה נינהו הכי השתא התם דיעות איכא שינוי ליכא הכא איכא דיעות ואיכא שינוי איכא דאמרי ת״ש רשב״ג אומר שני אכסניים אוכלין על שלחן אחד זה בשר וזה גבינה ואתמר עלה אמר רב חנין בר אמי אמר שמואל לא שנו אלא שאין מכירין זה את זה אבל מכירין זה את זה אסור והני נמי מכירין זה את זה נינהו התם דיעות איכא שינוי ליכא הכא איכא דיעות ואיכא שינוי ת״ש לא יאכל הזב עם הזבה משום הרגל עבירה ה״נ דיעות איכא שינוי ליכא ת״ש °אל ההרים לא אכל ועיניו לא נשא אל גלולי בית ישראל ואת אשת רעהו לא טמא ואל אשה נדה לא יקרב מקיש אשה נדה לאשת רעהו מה אשת רעהו הוא בבגדו והיא בבגדה אסור אף אשתו נדה הוא בבגדו והיא בבגדה אסור ש״מ *ופליגא דר׳ פדת דאמר ר׳ פדת לא אסרה תורה אלא קורבה של גלוי עריות בלבד שנאמר °איש איש אל כל שאר בשרו לא תקרבו לגלות ערוה *עולא כי הוי אתי מבי רב הוה מנשק להו לאחוותיה אבי חדייהו ואמרי לה אבי ידייהו ופליגא דידיה אדידיה דאמר עולא אפי׳ שום קורבה אסור *משום לך לך אמרי נזירא סחור סחור לכרמא לא תקרב: תני דבי אליהו *מעשה בתלמיד א׳ *ששנה הרבה וקרא הרבה ושימש תלמידי חכמים הרבה ומת בחצי ימיו והיתה אשתו נוטלת תפיליו ומחזרתם בבתי כנסיות ובבתי מדרשות ואמרה להם כתיב בתורה °כי הוא חייך ואורך ימיך בעלי ששנה הרבה וקרא הרבה

רש״י

ואימת רבן עליהן. אין פושטין יד לשום דבר ואפי׳ בחול אלא על פי רבן: פרצה. גברה כמו ופרצת ימה וקדמה (בראשית כח): שלא שנינו לא יאכל טהור עם הטמאה. מפני העבירה לפי שלא הוצרכו לכך שכולן אוכלין חוליהן בטהרה היו ולא היו אוכלין עם נשותיהן טמאות: אטו זב פרוש לאו דברים טמאין קאכיל. והלא כל מגעו טמא: מעשרין הן. ולא גזרי׳ גזירה לגזירה: שתישן עם בעלה. במטה כגון שהוא טמא דליכא למיחש משום טהרה או בזמן הזה שאין בו טהרה מי חיישי׳ להרגל עבירה או דילמא כיון דאיכא היכרא מדכר דכירי: על השולחן. שאוכל עליו מותר להניח בשר העוף אצל הגבינה דקסברי בית שמאי בשר עוף בחלב לאו דאורייתא ולא גזרי׳ העלאה אטו אכילה: ואינו נאכל. עמו: וב״ה אומרים כו׳. ש״מ דאסור: דליכא דיעות. שני בני אדם שיזכירו זה לזה וה״ה נמי דמלי לשנויי דליכא שינוי להיכרא ומיהו דעדיפא נקט דאפי׳ דיעות ליכא: שאין מכירין. דלא אתי חד למשקל מדחבריה ומיכל: אבל מכירין. אסור ואשה ובעלה [נמי] מכירין זה את זה וש״מ דאסור: שינוי ליכא. שאוכלין בדרך אכילה: איכא שינוי. שאין דרך לישן אלא בקירוב בשר כדכתיב שארה כסותה ועונתה ואמר מר שאר זה קירוב בשר שאם אמר אי איפשי אלא היא בבגדה והוא בבגדו יוציא ויתן כתובה במס׳ כתובות (פ״ד דף מח׳): אל ההרים לא אכל. בפרק אלו הן הנשרפין בסנהדרין (דף פא.) מפרש ליה שלא נתפרנס בזכות אבות שלא הוצרך לכך לפי שהוא צדיק: מה אשת רעהו כו׳. דאסור בן יחוד מן התורה בקדושין (פ״ד דף פ׳) מאחיך בן אמך: ופליגא. דרב יוסף דפשט מדרשה דהאי קרא לאיסור אדרבי פדת: גילוי עריות. תשמיש ממש ושאר קורבה ואפי׳ קירוב בשר מדרבנן והיא בבגדה אפי׳ מדרבנן ליכא למגזר:

ושימש

תוספות

מיתיבי התינוקות של בית רבן מסדרין פרשיותיהן כו׳. אומר הר״ס לפי׳ הקונטרס שפי׳ במתני׳ החזן רואה היכן התינוקות קורין לאור הנר הא דלא פריך ליה ממתני׳ משום דאיכא למימר דקורין באיסור ואין מוחין בידם אבל הכא דקתני מסדרין משמע שמותרין לעשות כן:

רבא אמר רוב עם הארץ מעשרין הן. וא״ת האמרי׳ בפרק בתרא דסוטה (דף מח׳) שיוחנן כהן גדול גזר על הדמאי לפי ששלח בכל גבול ישראל וראה שלא היו מפרישין אלא תרומה גדולה בלבד וי״ל דה״ק שלא היו מפרישין כולם אלא תרומה גדולה אבל רובן היו מעשרים והא דחשו הכא טפי למיעוט מבמקום אחר משום דהויא מיעוט דשכיח טובא והיו הרבה נכשלים ומה שקשה דאביי אדאביי ודרבא אדרבא מפורש בפ״ב דכתובות (דף כד׳ ושם) גבי חיישינן לגומלים: מה אשת רעהו הוא בבגדו והיא בבגדה אסור. והתם סברא הוא לאסור לפי שילרו תוקפו ומתגבר עליו ביותר ורש״י פי׳ אפי׳ ביחוד נמי אסור מדאורייתא ואין נראה דמשמע דרולה לאסור יחוד בנדה תימה דיחוד דאסור מן התורה לא ילפי׳ מאשת איש ושרי בנדה כדכתיב סוגה בשושנים (סנהד׳ פ״ד לז׳) והוא בבגדו והיא בבגדה דלא הוי אפי׳ באשת איש אלא מדרבנן אסור בנדה מהיקשא ספי הוה לן למיסר יחוד מהיקשא ולמישרי הוא בבגדו והיא בבגדה בלא יחוד כגון שפתח פתוח, לרה״ר מסוגה בשושנים*: ופליגא דר׳ פדת דא״ר פדת לא אסרה תורה אלא כו׳. תימה מנא ליה דפליגי דילמא מדרבנן אסור אפי׳ הוא בבגדו ורש״י דפירש כאן כיון דמדאורייתא לא אסור אלא תשמיש ממש מדרבנן לא אסור אלא קירוב בשר לא נהירא דמסתמא לא פליגי אמתני׳ דלא יאכל הזב עם הזבה ועוד וכי לית ליה דאשת רעהו הוא בבגדו והיא בבגדה אסור ומפרש ר״ת דפליגא דר׳ פדת דכיון דלא אסרה תורה אלא קריבה של גילוי עריות בלבד א״כ אין לנו לאסור ולגזור אלא כעין שאסר הכתוב דהיינו דיעות בלא שינוי כגון לא יאכל הזב עם הזבה אבל הוא בבגדו והיא בבגדה דאיכא דיעות ושינוי לא יסבור ר׳ פדת דאפי׳ באשת איש הוא בבגדו והיא בבגדה שרי ור״י פי׳ ופליגא דר׳ פדת כיון דאית ליה דלא שייך לשון קריבה אלא בגילוי עריות ממש וא״כ ואל אשה נדה לא יקרב היינו תשמיש ממש שוב אין ללמוד בהיקש מאשת איש לאסור הוא בבגדו כו׳ לאפוקי לשון קריבה ממשמעותו ודוחק הוא דהא אשת רעהו לא טמא משמע תשמיש ממש ואפילו הכי אסרי׳ הוא בבגדו והיא בבגדה: ופליגא דידיה אדידיה. והוא היה יודע בעלמו שלא יבא לידי הרהור שלדיק גמור היה כדאמרינן בפרק ב׳ דכתובות (דף יז׳) *דרב אחא בר אהבה מרכיב לה אכתפיה ומרקד א״ל רבנן אנן מהו למעבד הכי א״ל אי דמיא לכון כי כשורא לחיי ואי לא לא והספר לא חש לפרש והאריך כאן למה היה עושה:

בימי

רבינו חננאל

כיוצא בו לא יאכל הזב עם הזבה. בוא וראה עד היכן פרצה [טהרה] בישראל*) כיוצא בו לא יאכל זב פרוש עם זב עם הארץ שמא יהי רגיל אצלו ויאכילנו בימי טהרתו דברים טמאים אבל לדברים שאינם מתוקנים לא חיישינן דאמר רבא רוב עמי הארץ מעשרין הן. איבעיא להו נדה מהו שתישן עם בעלה היא בבגדה והוא בבגדו ובעי רב יוסף למפשטא מהא דתנן בשחיטת חולין פרק כל הבשר העוף עולה עם הגבינה על השולחן ואינו נאכל כו׳ ונדחה ו ופשטו׳ מהא דכתב ואת אשת רעהו לא טמא ואל אשה נדה לא יקרב. מקיש אשתו נדה לאשת רעהו מה אשת רעהו הוא בבגדו והיא בבגדה אסור אף אשתו נדה כיוצא בהן. ואף על גב דפליגא דר׳ פדת ומהא עובדא נמי דהוהא דקרא ושנה

*) נראה דחסר כאן וצ״ל שלא שנינו לא יאכל טהור עם הטמאה אלא לא יאכל הזב עם הזבה.

[ספחים מ: ב״מ לג. פ״ז יז. נח: נט. יבמות מ.]

רב נסים גאון

מיתיבי רבן שמעון בן גמליאל אומר תינוקות מסדירין פרשיותיהן לאור הנר זאת התיובתא פירקו עליה ב׳ פירוקין בתלמודנו ובתלמוד ארץ ישראל פירקו פרוק אחר חביב רציתי לכתבו בכאן וכך אמרו אילין בעו דישפי בוצינא ואילין לא בעי דישפי בוצינא ופי׳ דבריהם כי התינוקות יתרחקו מן הקריאה ויאהבו שיכבה הנר ואנו בטוחים בהן כי הם לא יטו את הנר ולפיכך הותר להם לקרות לאור הנר דליכא למיחש שמא יטו אבל החזן לא יקרא דחיישינן שמא יטה לפי שלא ירצה שיכבה הנר לפיכך מבטלין התינוקות מן הקריאה: בוא וראה עד היכן פרצה טהרה בישראל פירשו בגמ׳ דבני מערבא כי זו תשלת למדנות ממה שאמר הכתוב (בראשית ל) כי מעט אשר היה לך לפני ויפרץ לרוב כלומר מרוב שמשמרין ישראל הטהרות ורוב שמזהרין מליגע ומליקרב לדבר שגורם לטומאה:

מלא

מסורת הש״ס

תוספתא פ״א; שם; לקמן כג. כתובות כד. גיטין סא: [חולין לה: מנחות לא.]; חולין קד: עדיו׳ פ״ה מ״ב; [חולין קז:]; [שם]; יחזקאל יח; ע״ז יז.; ויקרא יח; ע״ז שם; [אדר״נ פ״ב]; [אדר״נ פ״ב אי׳ שקרא הרבה ושנה הרבה וכו׳ וכ״א בספרי״ן וסכא״ש]; דברים ל; [כתובות שם אי׳ רב אחא]

קד א מיי' פ"א מהלכו' א"ב הלכה יח סמג לאוין קיא טוש"ע יו"ד סימן קצה סעיף ב:
קה ב מיי' שם טור שו"ע שם סעיף יד:

ושימש תלמידי חכמים הרבה מפני מה מת בחצי ימיו ולא היה אדם מחזירה דבר פעם אחת נתארחתי אצלה והיתה מסיחה כל אותו מאורע ואמרתי לה בתי בימי נדותך מה הוא אצלך אמרה לי חס ושלום אפי' באצבע קטנה לא נגע [בי] בימי לבוניך מהו אצלך אכל עמי ושתה עמי וישן עמי בקירוב בשר ולא עלתה דעתו על דבר אחר ואמרתי לה ברוך המקום שהרגו שלא נשא פנים לתורה שהרי אמרה תורה °ואל אשה (ויקרא יח) בנדת טומאתה לא תקרב כי אתא רב דימי אמר מטה חדא הואי במערבא אמרי אמר רב יצחק בר יוסף סינר מפסיק בינו לבינה:

מתני' ואלו מן ההלכות שאמרו בעליית חנניה בן חזקיה בן גרון שעלו לבקרו נמנו ורבו ב"ש על ב"ה וי"ח דברים גזרו בו ביום:

גמ' א"ל אביי לרב יוסף אלו תנן או ואלו תנן ואלו תנן הני דאמרן או אלו תנן דבעינן למימר קמן תא שמע *אין פולין לאור הנר ואין קורין לאור הנר ואלו מן ההלכות שאמרו בעליית חנניה בן חזקיה בן גרון ש"מ ואלו תנן ש"מ: ת"ר מי כתב מגילת תענית אמרו חנניה בן חזקיה וסיעתו שהיו מחבבין את הצרות אמר רשב"ג אף אנו מחבבין את הצרות אבל מה נעשה שאם באנו לכתוב אין אנו מספיקין ד"א אין שוטה נפגע ד"א אין בשר המת מרגיש באיזמל איני *והאמר רב יצחק קשה רימה למת כמחט בבשר החי שנא' °אך בשרו עליו יכאב ונפשו עליו (איוב יד) תאבל אימא אין בשר המת שבחי מרגיש באיזמל אמר רב יהודה אמר רב *ברם זכור אותו האיש לטוב וחנניה בן חזקיה שמו שאלמלא הוא נגנז ספר יחזקאל שהיו דבריו סותרין דברי תורה מה עשה העלו לו ג' מאות גרבי שמן וישב בעלייה ודרשן: ושמנה עשר דבר גזרו: מאי נינהו שמנה עשר דבר *דתנן אלו פוסלין את התרומה [זבים פ"ה מ"ב] האוכל *אוכל ראשון והאוכל אוכל שני והשותה משקין טמאין *והבא ראשו ורובו במים שאובין וטהור שנפלו על ראשו ורובו שלשה לוגין מים שאובין *והספר והידים והטבול יום והאוכלים והכלים שנטמאו במשקין (פסחים יח:) מאן תנא האוכל אוכל ראשון והאוכל אוכל שני מפסל פסלי טמויי לא

רש"י

ושימש תלמידי חכמים · להסבירו סתומות המשנה וטעמיה והוא הנקרא תלמוד: נדותיך · כל שבעה של ראייה ראשונה: ליבוניך · כגון זבה שסופרת שבעה נקיים משפסקה וצריכה להיות לובשת לבנים לבדיקה שמא תראה ותסתור ספירתה: בנדת טומאתה · ועד שתבא במים לטבילה היא בנדתה דמרבינן מתהיה בנדתה בהוייתה תהא עד שתבא במים בתורת כהנים*: מטה חדא הואי · רחבה ולא קירוב בשר הואי וסבר דשרי בהכי: סינר · פורלייג"ט שהיא חוגרת בו ומגיע ממתנים ולמטה:

מתני' ונמנו ורבו · באו למנין ונמצאו של ב"ש מרובין: גמ' ה"ג ואלו תנן הני דאמרן או דלמא אלו תנן הני דבעינן למימר קמן · ואלו קאי אדלעיל לא יפלה את כליו ולא יקרא לאור הנר ואלו מן ההלכות כו' או דילמא אלו תנן וקאי לקמן אאין שורין דיו: ש"מ · דאתרתי קמייתי קאי אבל איכא נמי לאו משמונה עשר דבר נינהו ולקמן בגמרא מפרש להו: מגילת תענית · לפי שאר כל משנה וברייתא לא היו כתובין דאסור לכתבם וזו נכתבה לזכרון לדעת ימים האסורין בתענית לכך נקרא מגלה שכתוב במגלת ספר: מחבבין את הצרות · שנגאלין מהן והנס חביב עליהן להזכירו לשבחו של הקב"ה וכותבין ימי הנס לעשותן יום טוב כגון אלין יומין דלא להתענאה בהון כו': אין אנו מספיקין · לפי שהן תדירות · *ל"א אין אנו מספיקין מלעשות י"ט בכל יום: אין שוטה נפגע · אין פגע רע בא עליו כלומר אינו מכיר בפגעיו כך כמה נסים באים לנו ואין אנו מכירין בהן: בשר מת שבחי · הגדל באדם החי מחמת מכה או מחמת כויה אינו מרגיש באיזמל כשחותכין אותו: דברי תורה · כגון נבילה וטרפה וגו' לא יאכלו הכהנים הא ישראל אוכלים וכגון וכן תעשה בשבעה בחודש היכן נרמז קרבן זה בתורה: גרבי · למאור ולמזונות: דרשן · כדדרשינן להני קראי במנחות (דף מה·) דמשום דאשתרי מליקה בחטאת העוף גבייהו הוצרך להזהירם על מליקת חולין שהיא נבילה: האוכל אוכל ראשון · מן התורה אין אוכל מטמא אדם האוכלו חוץ מנבלת עוף טהור אבל נבלת בהמה לא כדאמר במסכת נדה (פ"ה דמ"ב:) מי שאין לו טומאה אלא באכילתה יצאתה זו שיש לה טומאה קודם שיאכלנה וכ"ש אוכל ראשון שאינו אב הטומאה אבל הן גזרו באותו היום כדמפרש טעמא לקמן בכולהו ושיעורן לפסול את הגויה בחצי פרס בפרק יום הכפורים (יומא ד' פ:) והתם נמי אמר הנח לטומאת גויה דלאו דאורייתא ומצאתי בספר ערוך* משנה טומאה זו מטומאה דאורייתא דסגי לה בטבילה לתרומה דלא בעיא הערב שמש דתניא בספרי אין האוכל אוכלים טמאין ולא השותה משקין טמאין טמא טומאת ערב: והבא. לאחר שטבל מטומאתו במים שאובין בו ביום: וטהור. גמור שנפלו על ראשו כו': והספר. כל כתבי הקודש תורה נביאים וכתובים פוסלין תרומה במגען: והידים. סתמן קודם נטילתן: וטבול יום. ולקמן פריך טבול יום מדאורייתא הוא: והאוכלין והכלים שנטמאו במשקין. לקמן בעי לה: מאן תנא. מי הוא האומר כן: פסלי · את התרומה ואותה תרומה לא תפסול אחרת שוב במגעה: לא

תוספות

בימי לבוניך מהו אצלך · לא משום שיש לחלק בין נדות לליבון דהא אמר ר"ע בפרק במה אשה יוצאה (לקמן דף סד:) הרי היא בנדתה עד שתבא במים אלא לפי שידע אליהו שכך היה המעשה ור"ח ורש"י פירשו בפרק אע"פ (כתובות דף סא· ושם) גבי שמואל מחלפא ליה דביתהו בידא דשמאלא היינו בימי ליבונה אין נראה כדפירשתי ור"ת פירש שהיו רגילים לטבול שתי טבילות אחת לסוף שבעה לראייתה שהיא טהורה מדאורייתא בהך טבילה ואחת לסוף ימי ליבון לכך היה מיקל אותו האיש ורש"י היה נוהג איסור להושיט מפתח מידו לידה בימי נדותה ונראה לר"י שיש סמך מסדר אליהו דקתני אמר לה שמא הבאת לו את השמן שמא הבאת לו את הפך ומיהו התם מסיים ונגע בך באצבע הקטנה ומפרק אע"פ (שם) דאמר אביי מנח' ליה אפומיה דכובא ורבא מנח' ליה אבי סדיא אין ראיה כי שמא דוקא במזיגת הכוס שיש חיבה יותר כדאמר התם אבל שאר דברים לא ומהכא דקאמר אכל עמי ושתה עמי יכול להיות שלא הקפיד אלא על השכיבה:

מטה חדא הואי · ופלטי בן ליש שנעץ חרב בינו לבינה (סנהדרין פ"ב דף יט:) איכא למימר שרחוק ממנה היה ביותר והיה פתוח לרה"ר שלא היה משום יחוד או שמא סבר כשאול שלא היתה מקודשת לדוד ומחמיר על עצמו היה מלבא עליה:

רש"י גרים [וכן ר"ח] ואלו תנן הני דאמרן ומביא ראיה דאומר במדרש (ס' משפטים) כל מקום שנאמר ואלה מוסיף על הראשונים אלה פסל את הראשונים ועל המדרש קשה לר"י דאלה דברי הברית (דברים כח) קאי אמה שכתוב למעלה:

ש"מ ואלו תנן · דלא קתני בתר הכי כדקתני במתניתין:

אוכל ראשון והאוכל שני · אי תנן אוכל ראשון לחוד לא הוה ידעינן מיניה אוכל שני ואי תנא אוכל שני הוה אמינא דאוכל ראשון נמי טמויי מטמא*:

והשותה משקין טמאים · לא שייך בהו ראשון ושני דלעולם משקין תחלה הוו אע"ג דאכתי לא נגזר כמו שאפרש בסמוך מ"מ היה בדעתם לגזור מיד וצריכא לאשמעינן משקין ואוכלין כדאמר בסמוך דהך דמשקין לא שכיח ואי תנא משקין ה"א דוקא משקין דחמירי אבל אוכל לא פסיל כלל: והבא ראשו ורובו במים שאובין · וא"ת תיפוק ליה שהוא טבול יום וי"ל דנפקא מינה דאפילו העריב שמשו פוסל עד שיחזור ויטבול: וטהור שנפלו על ראשו כו'. וא"ת מ"ש דבטהור לא גזרו כ"א בנפל ולא גזרו נמי בביאה כמו בטבול יום ונראה לר"י דבטהור לא רצו לגזור יותר אלא דוקא בנפילה כמו שרגילים להפיל עליהם מים שאובים אחר שטבלו במים סרוחים כדאמר בסמוך והיו נותנים עליהם ג' לוגים מים שאובים [וע"ע תוס' גיטין פז: ד"ה הבא]: רבי

ואי תני משקי' ואוכל שני ה"א דמיירי במשקי' שני' אבל אוכל ראשון ה"א דמטמא ואע"ג דהמשקין לעולם תחלה הוי אכתי לא נגזר ועוד אוכל ראשון דהוי ראשון דאוריי' ה"א דחמור ממשקין שהם תחלה רק מדרבנן [תוס' ישנים]

רבינו חננאל

ושמש ת"ח הרבה ומת בחצי ימיו ושאל אליהו את אשתו בימי (נדותיך) [לבתיך] מהו אצלך. פירוש בו' ימי נקיים[והיא](ואף)אמרה לו אכל עמי ושתה עמי וישן עמי בקירוב בשר ולא עלה על דעתו דבר אחר אמר לה ברוך המקום שהרגו שלא נשא פנים לתורה שנא' ואל אשה בנדת טומאתה לא תקרב. במערבא אמרי כך אמרה לו מטה חדא הוה וסינר מפסיק ביניהם:

פשטנא ממתניתין דתני אין פולין לאור הנר ואין קורין לאור הנר אלו מן ההלכות שאמרו בעליית חנניא בן חזקיה בן גרון ש"מ אלו תנן שכבר הזכרתם ולא מה דבעו למימר לקמן: ת"ר מי כתב מגילת תענית אמרו חנניה בן חזקיה בן גרון וסייעתו שהיו מחבבין להזכיר ימי צרות בשמחה. ארשב"ג אף אנו כו' שאלמלא הוא נגנז ספר יחזקאל שדבריו סותרין דברי תורה פירוש יש בספר יחזקאל דברים שמראין כאילו סותרי ד"ת כגון קרבנות המועדים והנוכות וכיוצא בהן. ובא חנניא בן חזקיה ודרשן כגון (הכתוב כת"י*) ונתברר שספר יחזקאל והתורה שוין: פיס' שמונה עשר דברים גזרו בו ביום ואלו הן דתנן פוסלין את התרומה האוכל אוכל ראשון והאוכל אוכל שני כו' פי' אוכל ראשון הוא שנגע בו השרץ ואוכל שני הנוגע במשקין במה שנגע בו השרץ אבל אוכל לא שאין אוכל מטמא אוכל ושניהם אליבא דר' יהושע האוכל אותם שני הוא ופוסל את התרומה דתנן בטהרות פרק ב' ר' יהושע אומר האוכל אוכל ראשון ואוכל שני שני והשותה משקין טמאים שאלו כולן פוסלין גופו של אדם כדתנן במעילה פרק ד' כל האוכלין מצטרפין לפסול את הגויה כבחצי פרס פירוש אוכלין טמאים. וכל המשקים פירוש הטמאין מצטרפין לפסול את הגויה ברביעית' [והבא ראשו ורובו במים שאובין] וטהור שנפלו על ראשו ועל רובו ג' לוגין מים שאובין פוסלו בתרומה פי' לולי שאמר כי בטהור טומאתו לא עמדה בטמא שלא טיהרוהו. גזרו על הספר מפני שהיו מצניעין אוכלין של תרומה גבי הספרים והיו העכברים באין על האוכלין ומפסידין הספרים. ידים מפני שהן עסקניות חיישינן דילמא נגעו בטומאה הלכך גזרו בהו טומאה ומתחלה גזרו על הידים הנוגעות בספר להיות פוסלין התרומה כדי שלא יהו מצוין ליגע ס"ת אלא במפה וגזרו נמי על האוכלין שנטמאו מן המשקין שנטמאו מחמת ידים שיפסלו התרומה גזירה משום משקין שנטמאו מחמת שרץ. ועל הכלים שנטמאו במשקין הבאים מחמת שרץ גזירה משום זב. טבול יום אסיק' סמי מכאן טבול יום ואסיק' שלמה תיקן טומאה לידים לקדשים והלל ושמאי גזרו לתרומה נמי ולא קבילו מינייהו אתו תלמידייהו גזרו וקבילו מנהון אמר רב יהודה בי"ח דבר נחלקו ובי"ח גזרו ואסיק' בי"ח שנחלקו בו ביום למחר השוו:

*) אולי צ"ל סכתוב ביחזקאל מ"ד.

§ מסכת שבת דף יג: §

אות א'

אפילו באצבע קטנה לא נגע בי

יו"ד סימן קצה ס"ב - [א]לא יגע בה אפילו באצבע קטנה, [ב]ולא יושיט מידו לידה שום דבר, ולא יקבלנו מידה - אפילו בדבר שהוא ארוך - ש"ך, **שמא יגע בבשרה.**

(**בתשו'** נו"ב נשאל באיש ואשה הדרים בכפר בין הגוים, ואין שם יהודי או יהודית זולת הזוג לבדם, אם מותר לבעלה לעמוד עליה כשהיא טובלת, לראות שתהא כולה תחת המים, ואם יכול לתמכה בידיו לדחפה תחת המים, **וכתב** שמצד הסברא נראה כיון דאיסור נגיעה כדעת הש"ך בסי"ז, וכן איסור הסתכלות במקומות המכוסים, הוא שמא יבא לידי הרגל דבר, ברגע זה לא חיישינן, דלא שביק היתרא שתיכף ברגע זה מותרת בעלייתה מן המים, ולכן אם א"א בענין אחר יש להתיר - פת"ש).

(**ועיין** בתשובת שמש צדקה שכתב, מי שמתה אשתו ר"ל והיא נדה, רשאי ליגע בה - פת"ש).

(**עיין** בתשובת יד אליהו שכתב, דאין אשה נדה רשאה להחזיק נר בידה כדי שישתה בעלה טאב"ק, או לחמם עצמו בנר ההוא, או להדליק ממנו נר אחר, וראיה ממשנה דמכשירין, אשה שהיו ידיה כו', ופי' הרע"ב לפי שההבל מחבר כו' - פת"ש).

(**ועיין** בתשב"ץ שכתב, דמותר ליטול מידה התינוק, משום דחי נושא את עצמו, והיא אינה עושה כלום, אלא התינוק עצמו הוא יוצא מחיק אמו ובא אל אביו, **ונראה** דאם התינוק קטן או חולה או כפות אסור, דאז לא שייך לומר חי נושא את עצמו - פת"ש).

(**וכתב** עוד דליגע בבגדיה בעודה לבושה יש להתרחק, אבל כשאינן עליה מותר, שלא נאסר משכב ומושב שלה אלא לטהרות - פת"ש).

הגה: וכן על ידי זריקה מידו לידה או להיפך, אסור (ב"י ס"ס קנ"ט והגהות ש"ד בשם המהר"ס) - (כתב הכו"פ, שראה נוהגין שזורקין דבר כלפי מעלה, ולא לנוכח אשתו כמתכוין לזרוק לידה, והיא פושטת ידה ומקבלתו, ויש להקל בזה, **אכן** בס"ט כתב, דאע"פ שיש להקל מעיקר הדין, מ"מ אין להתיר, וכל המחמיר בענינים כאלה תע"ב - פת"ש).

(**עיין** בשו"ת שבסוף ספר מנחת יעקב שכתב, דאסור לאשה נדה להסיר מבעלה נוצה דרך נפיחה, ומביא ראיה מאמימר דשקיל גברא גדפא מיניה, א"ל פסילנא לך לדינא, **ועיין** בתשו' הר הכרמל שדחה זה, והעלה להתיר, גם הכו"פ כתב דאין להחמיר בזה - פת"ש).

אות ב'

שלא נשא פנים לתורה

יו"ד סימן קצה סי"ד - [ג]כל אלו ההרחקות צריך להרחיק בין בימי נדותה בין בימי ליבונה, שהם ימי ספירתה; ואין חילוק בכל אלו בין רואה ממש למוצאת כתם.

הגה: וי"א דאין להחמיר בימי ליבונה בענין איסור אכילה בקערה, (הגה במרדכי בשם ראבי"ה), וכן נוהגין להקל בזה, ויש להחמיר.

ז"ל ד"מ: אמנם מצאתי הג"ה במרדכי בשם ראבי"ה וז"ל: אחר ימי ליבון ליכא הרגל עבירה, וטוב לאכול עמה כדי שתרצה לטבול אם יכולה לטבול, ע"כ, **וע"ז** ראיתי מקילים בימי לבונה, ואין נ"ל לסמוך ע"ז, וראבי"ה הוא יחיד בזה עכ"ל, **והב"ח** כ', דאף לפי זה טועים המקילים, שהרי לא התיר אלא ביום הז' שאחר ימי ליבון, כדי שתתרצה לטבול, וגם ליכא הרגל עבירה, דאין לחוש שמא יבא עליה ביום הז' כיון שהיא טובלת לערב, **וגם** זו סברא קלושה היא, ואין שומעין ליחיד להתיר איסור המפורסם בכל החיבורים, [**ואין להם על מי שיסמוכו**], ולכן יש לדרוש ברבים, דאיסורא קא עבדי הני דאוכלים יחד מקערה א' בימי לבונה - ש"ך, [**ונ"ל עוד, דאפי' יש להחמיר יותר בימי ליבון, דאם נתיר** לו באיזה קולא, יותר יש חשש שיבוא לידי הרגל דבר, **מאחר שרואה** שהיא אינה טמאה כל כך – ט"ז].

ומצאתי בהג"ה: ואנשים האוכלים עם נשותיהם בימי ליבונה שלא ירגישו בני הבית, שבוש הוא, ועוברים על דברי חכמים, ונתקבצו כל הקהלות ועשו חרם ע"ז, דברי הר"ח, **וראב"ן** כתב, ויש נוהגין שלא לאכול עד כלות שבעה נקיים, והוא כשר ונאה, דשוב ליכא הרגל עבירה אלא הרגל מצוה, דכיון דמצי למטבל לא שביק היתרא ואכיל איסורא - ש"ך.

(**והפוסקים** האחרונים החמירו, שלא להתיר שום הרחקה קודם שטבלה, אף שכבר שלמו ימי ספירתה, חכ"א וקש"ע וערוך השלחן).

באר הגולה

א תוס' שם בשבת דף י"ג מסדר אליהו וכ"כ הרמב"ם שם פי"א הי"ח והרשב"א ב שם בתוספות ובכתובות דף ס"א ע"א שרש"י היה נזהר בזה מסדר אליהו וכן כתב הרא"ש שם וש"פ ג תוספות שבת דף י"ג והרא"ש בפסקיו בפרק ה' דכתובות, וכ"כ הרשב"א ושכן הוא דעת הר"א ודעת כל הגאונים, וכ"כ הרמב"ם בפי"א מהא"ב הי"ח וסמ"ג וסה"ת מהא דשבת דף ס"ד ע"ב בנדתה תהא עד שתבא במים

§ מסכת שבת דף יד. §

אות א' – ב'

<u>האוכל אוכל ראשון ואוכל שני, שני</u>

<u>אוכל אוכל ראשון, ואוכל אוכל שני מאי טעמא גזרו ביה רבנן טומאה וכו'</u>

רמב"ם פ"ח מהל' שאר אבות הטומאה ה"י - וכן גזרו חכמים על כל אדם שיאכל אוכלין טמאין, בין שאכל אוכל ראשון או אוכל שני, ועל כל השותה משקין טמאים, שיהיה שני לטומאה עד שיטבול, ואם נגע באוכלין עשאן שלישי; ואם נגע במשקין אפילו משקה חולין, עשאן תחלה לטמא אוכלין ומשקין אחרים; אבל לא לטמא כלים, הואיל ועיקר טומאת אדם זה מדבריהם. השגת הראב"ד: אבל לא לטמא כלים. א"א [א]ולא אפילו לטמא אוכלין של חולין, שלא גזרו אלא לתרומה

ומפני מה גזרו טומאה על האוכל אוכלין טמאים, שמא יאכל אוכל ראשון או שני וישתה עליו משקה תרומה, ונמצא המשקה תרומה טמא באוכל שבפיו; וכן השותה משקין טמאים, שמא יאכל עמהן אוכל תרומה, ונמצא טמא במשקין שבפיו, [ב]וכבר ביארנו בתרומות, שאסור לאכול תרומה טמאה.

אות ג'

<u>והבא ראשו ורובו במים שאובין</u>

רמב"ם פ"ט מהל' שאר אבות הטומאה ה"א - הבא ראשו ורובו במים שאובין, או שנפלו על ראשו ועל רובו שלשה לוגין מים שאובין, הרי הוא כשני לטומאה עד שיטבול, ואם נגע באוכלין עשאן שלישי, ואם נגע במשקין טמאים, עשאן תחילה לטמא אוכלים ומשקין אחרים, אבל לא לטמא כלים. ומפני מה גזרו טומאה על אדם זה, מפני שהיו טבולי יום טובלין במערות שמימיהן רעים, ואח"כ היו רוחצין במים שאובים יפים דרך נקיות, ופשט המנהג כך עד שהיו רוב העם מדמים שמים שאובים שרוחצין בהן באחרונה הן שמטהרין לא הטבילה שבמי מקוה, והיו טובלין בזלזול בלא כוונה, ולפיכך גזרו שכל שבא ראשו ורובו במים שאובים או שנפלו על ראשו ורובו, נטמא ונעשה כשני לטומאה, אפילו טהור שאינו טבול יום, אם נפלו על ראשו ורובו שלשת לוגין מים שאובין, או שבא ראשו ורובו במים שאובין, ה"ז כשני לטומאה עד שיטבול. טבל, אינו צריך הערב שמש, מפני שעיקר טומאה זו מדבריהן, וכן האוכל אוכלין טמאים והשותה משקין טמאין וטבל, אינו צריך הערב שמש, וכן כלים שנטמאו במשקין, כיון שמטבילן טהרו ואין צריכין הערב שמש, מפני שטומאות אלו עיקרן מדבריהן.

אות ד'

<u>וספר מאי טעמא גזרו ביה רבנן טומאה</u>

רמב"ם פ"ט מהל' שאר אבות הטומאה ה"ה - בראשונה היו מניחין ככרות של תרומה בצד הספרים, ואומרים זה קודש וזה קודש, ובאין העכברים וקורעין את הספרים, לפיכך גזרו שכל תרומה שתגע באחד מכתבי הקדש נטמאת, והרי היא כשלישי לטומאה כאלו נגעו בשני, ונמצאו כל כתבי הקדש פוסלין את התרומה כשני; ולא עוד אלא מי שהיו ידיו טהורות, [ג]ונגע באחד מכתבי הקדש, נעשו ידיו שניות ומטמאין את התרומה ואת המשקין, ואף על פי שאין הידים מתטמאות אלא מראשון לטומאה, כמו שביארנו, הן מתטמאות מן הספר.

אות ה' – ו'

<u>והידים מפני שהידים עסקניות הן</u>

<u>אף ידים הבאות מחמת ספר פוסלות את התרומה</u>

רמב"ם פ"ט מהל' שאר אבות הטומאה ה"ה - עיין אות ד'.

רמב"ם פ"ח מהל' שאר אבות הטומאה ה"ח - שלמה המלך ובית דינו גזרו על כל הידים שיהיו שניות, ואע"פ שלא ידע בודאי שנטמאו, מפני שהידים עסקניות; ולא גזר שלמה על הידים טומאה אלא לקדש, ואחר כך גזרו חכמים שאחריו אף לתרומה, ולפיכך צריך נטילת ידים לתרומה, ואם נגע בתרומה קודם שיטול ידיו, פסולה ונשרפת על טומאה זו. השגת הראב"ד: לתרומה. א"א [ד]ואח"כ גזרו על אכילת חולין שצריך נטילת ידים

‹המשך ההלכות מול עמוד ב'›

באר הגולה

[א] ‹ואני אומר שזה דבר פשוט ומבואר בדברי רבינו בחמוך - כסף משנה› [ב] ‹ורש"י [ד"ה ופסיל] פי' דמוזהר לשמור בטהרה יע"ש - ראש יוסף› [ג] ‹עיין תוס' עמוד ב' ד"ה כיון› [ד] ‹ואין מזה תפיסה על רבינו, שאין כאן מקום דין נטילה לחולין, ובהל' ברכות שהוא מקומו כתבו - כסף משנה›

עין משפט
נר מצוה

קה א ב מיי' פ"ח מהל' שאר אבות הטומאות הלכה י:
קו ג מיי' שם פ"ט הלכה א:
קז ד שם הלכה ה:
קח הו מיי' שם ופ"ח הלכה ח:
קט ז מיי' פ"י מהלכו' ס"ת הלכה ו טור וש"ע א"ח סימן קמז סעיף א וטור ש"ע יו"ד סימן רפב סעיף ד:

לא מטמו אמר רבה בר בר חנה ר' יהושע היא דתנן *ר' אליעזר אומר האוכל אוכל ראשון ראשון ואוכל אוכל שני שני אוכל שלישי שלישי ר' יהושע אומר *האוכל אוכל ראשון ואוכל שני שני שלישי שני לקודש ואין שני לתרומה בחולין שנעשו על טהרת תרומה *אוכל אוכל ראשון ואוכל אוכל שני מ"ט גזרו ביה רבנן טומאה *דזימנין דאכיל אוכלין טמאין ושקיל משקין דתרומה ושדי לפומיה ופסיל להו שותה משקין טמאין מ"ט גזרו ביה רבנן טומאה דזימנין דשתה משקין טמאין ושקיל אוכלין דתרומה ושדי לפומיה ופסיל להו היינו הך מהו דתימא *הא שכיחי והא לא שכיחי קמ"ל *והבא ראשו ורובו במים שאובין מ"ט גזרו ביה רבנן טומאה א"ר ביבי אמר רב אסי שבתחלה היו טובלין במי מערות מכונסין וסרוחין והיו נותנין עליהן *מים שאובין התחילו ועשאום קבע גזרו עליהם טומאה מאי קבע אמר אביי שהיו אומרים לא אלו מטהרין אלא אלו ואלו מטהרין אמר ליה רבא מאי נפקא מינה הא קא טבלי בהנך אלא אמר רבא שהיו אומרים לא אלו מטהרין אלא אלו מטהרין *וטהור שנפלו על ראשו ורובו שלשה לוגין מים שאובין מ"ט גזרו ביה רבנן טומאה דאי לא הא לא קיימא הא *וספר מ"ט גזרו ביה רבנן טומאה אמר רב משרשיא שבתחלה היו מצניעין את אוכלין דתרומה אצל ס"ת ואמרו האי קדש והאי קדש כיון דקחזו דקאתו לידי פסידא גזרו ביה רבנן טומאה *והידים מפני שהידים עסקניות הן תנא *אף ידים הבאות מחמת ספר פוסלות את התרומה משום דר' פרנך *דא"ר פרנך א"ר יוחנן *האוחז ס"ת ערום נקבר ערום ס"ד אלא א"ר זירא ערום בלא מצות ס"ד אלא אימא ערום בלא אותה מצוה הי גזור ברישא אילימא הא גזור ברישא כיון

רש"י

לא מטמו. את התרומה להיות שניה והיא תחזור ותפסול אחרים: שאוכל אוכל ראשון. נעשה גופו ראשון ומטמא את התרומה להיות שנייה והיא תחזור ותפסול שלישי: שני. פוסל ואינו מטמא: שלישי. אינו פוסל תרומה במגעו אבל הקדשים פוסל ובפ"ב דשחיטת חולין מפרש טעמא דתרוייהו: ר' יהושע אומר האוכל אוכל ראשון הוי שני וכן האוכל אוכל שני הוי שני. והתם מפרש טעמא מלינו שהשני עושה שני ע"י משקין דמשקין אפי' הן שניים נעשין תחלה ועושין מגען שני ואף כאן התמירו בשני לעשות האוכלו כיוצא בו: שלישי שני לקדש. האוכל אוכל שלישי עושה גופו שני לקדש והתם מפרש טעמא דהאי אוכל שלישי חולין שנעשו על טהרת תרומה הוא וטהרתן טומאה היא אצל הקדש הלכך שמירה דידה לאו שמירה היא לענין קודש וחיישינן באוכל שלישי דידיה דילמא ראשון הוא והאוכלו שני: בחולין שנעשו על טהרת תרומה. כלומר באיזו חולין אתה מונה אוכל שלישי בחולין שנעשו על טהרת תרומה דאילו חולין גרידא לא משכחת בהו שלישי: מאי טעמא גזור. באדם האוכל שיהא טמא: ופסיל להו. והתורה הזהירה על התרומה לשמרה בטהרה דכתיב (במדבר יח) את משמרת תרומתי לפיכך גזרו באוכל אוכלין טמאין שלא יהא רגיל אצל תרומה: הא שכיחא. שאדם שותה עם אכילתו: והא לא שכיחא. שיהא אוכל עם שתייתו: ה"ג היו טובלין במי מערת סרוחים מכונסין. שיש בה מ' סאה מי גשמים שהם כשרים לכל טמא חוץ מזב לבדו דכתיב ביה מים חיים: והיו נותנין עליהן. על גופן מים שאובין להעביר סרחון המקוה: התחילו. הטובלין ועשו השאובין קבע לפיכך גזרו על השאובין טומאה לטמא אדם אחר טבילתו אבל אין מטמא שום אוכל ומשקה אלא אם כן נטמאו בשרץ: לא אלו. דמקוה לבדה מטהרין אלא אלו ואלו מטהרין דמתוך שהורגלו הכל בכך לא היו יודעין שלהעביר הזוהמא היו השאובין באין אלא לטהר: מאי נפקא לן מינה. כיון שכולן טובלין תחלה במקוה מאי איכפת לרבנן אם עשאוה הטובלין קבע אחר טבילה: אלא אלו מטהרין. וחיישינן דילמא אתי לבטולי תורת מקוה וטובלין בשאובין והתורה אמרה אך מעין ובור מקוה מים וגו' (ויקרא יא): מ"ט. הא לאו לאחר טבילה הוה: אי לאו. דגזור אף על הטהור לא קיימא גזירה הבא אחר טבילה דאמרי מ"ש האי מהאי: לידי פסידא. שעכברים מצויין אצל אוכלין ומפסידים את הספר אבל בחולין לא הוצרכו לגזור דבלאו הכי נמי לא היו נותנין חול אצל קדש: עסקניות הן. ונוגעין בבשרו ובמקום טנופת וגנאי לתרומה בכך וכמאס לאוכלין כשנוגע בה בידים מסואבות ורבותינו מפרשים חיישינן שמא נגעו [ידיו] בטומאה [ונטמא] וקשיא לי אם כן ניחוש שמא נגע באב הטומאה ונמצא ראשון ויטמאנה ועוד מאי שנא ידים לחודייהו בכל גופו נגזור לפסול תרומה שמא נגעו ידיו בטומאה ונטמא כל גופו ועוד לא תסגי להו בנטילה אלא בטבילה: ספר תורה ערום. אלא על ידי מטפחת: אילימא הא. דסתם ידים גזור ברישא: *הא הו למה לי. הך מי נפקא מכלל סתם ידים: *) אלא הא גזור ברישא. דסתם ידים לא גזרו (סמוך) לנטילתן מגע לתרומה:

*) ס"א לא גזרו סמוך לנטילתה מגע התרומה רש"ל.

ובא

תוספות

רבי יהושע אומר האוכל אוכל ראשון ושני שני. בפ"ב דחולין (דף לד: ושם) מפרש טעמא משום דמלינו שני עושה שני על ידי משקין וא"ת מאי צריך התם להאי טעמא נימא דלהכי שני עושה שני כדמפרש בסמוך בגמרא משום דזימנין דאכל אוכלין טמאין ושדי משקין דתרומה כו' וי"ל משום גזירה דתרומה אין לנו לעשות אוכל שני שני אם לא שמצינו כזה משום דדמי לחוכא ואיטלולא: זמנין דאכיל אוכלין טמאין כו'. אומר ר"ת דפסול גוייה הנזכרת בכל מקום דאמרי' (בעירובין ס"ח דף פג: ושם) ואחי חציה לפסול את הגויה דהיינו שיעור שני ביצים ולמ"ד ביצה ומחצה לאו היינו גזירה דהכא דמהך טעמא דהכא אפילו כביצה פסול אלא פסול גויה גזירה קדמוניות היתה וגזרו שלא יהיו באים לטעות ולומר כמו שמותר לאכול תרומה אחר אוכלים טמאין אע"פ שנוגע התרומה באוכלין טמאין שבמעיו כך מותר להגיע תרומה לאוכלין טמאין מבחוץ ולכך גזרו דהאוכל אוכלין טמאים כחצי פרס שיהא גופו נפסל מלאכול בתרומה אבל *ע"י מגע לא גזרו ודוקא כחצי פרס אבל כביצה ליכא למטעי שנשאר בין השינים ונחסר קודם שיגיע למעיו וכיון דאפקי מכביצה אוקמי אחצי פרס אבל גזירה דהכא גזרו שיפסול אף למגע ואף בכביצה משום טעמא דמפרש *תדע דגזירה קדמוניות היתה דביומא בפ' בתרא (דף פ: ושם) ס"ד למימר דפסול גויה דאורייתא ובי"ח דבר היו כולם בקיאים ואיך היו טועים לומר דהיא דאורייתא דא"כ חסר להו:

ושקיל משקין דתרומה ושדי לפומיה ופסיל להו. ואע"ג דמשקים תחלה הוו כדאמר (פרה פ"ח משנה ז) כל הפוסל את התרומה מטמא משקין להיות תחלה הכא דקאמר ופסיל להו משום דאכתי קודם י"ח דבר לא גזרו להיות משקין תחלה כמו שאפרש:

תנא אף הידים הבאות מחמת ספר. והא דלא מייתי מתני' דמסכת ידים (פ"ג מ"ה) כל כתבי הקדש מטמאין את הידים משום דמלינו למימר דה"מ לקדש להכי מייתי ברייתא דקתני בהדיא תרומה וא"ת ומאי אריא ידים הבאות מחמת ספר משום דר' פרנך אפילו מחמת כל פסולי תרומה נמי כדתנן במסכת ידים (פ"ג משנה ב) כל הפוסל את התרומה מטמא את הידים להיות שניות °וי"ל דהיינו דווקא לקדש דומיא דיד דמטמא את חברתה שאינו אלא לקדש כדמוכח בחגיגה (דף כד:) ופ"ב דחולין (דף לד: ושם) דקאמר מלינו שני עושה שני על ידי משקין הוי מצי נמי למימר דמלינו דע"י ספר שני עושה שני ושמא כשראה שלא קבל רבי אליעזר תשובתו במשקין חזר והשיב לו מכתבי הקדש*:

תנא אף הידים כו'. וא"ת הא דתנן (ידים פ"ג מ"ב) היד מטמא חבירתה ד"ר יהושע אמרו לו כו' א"ל מלינו כתבי קודש כו' א"ל אין דנין דברי סופרים מד"ת ולא מד"ס ע"ש והשתא היכי מייתי ראיה מכתבי קודש שהן שני ומטמאות ידים אף לתרומה ליד דלא מטמא חבירתה רק לקודש וי"ל דאינו חושש רק להשיב על סברתם שאמרו דאין שני עושה שני ועוד נראה לפרש דההיא דכתבי קודש היינו דוקא לקודש ולאו היינו גזירה דהכא דידים הבאות מחמת ספר דר' פרנך ומה שמקשה וכי לית להו לרבנן האוכל אוכל שני שני כיון דאין דנין דברי סופרים מד"ת ולא מד"ס נראה היכא דאיכא טעמא אית להו לרבנן שני עושה שני *כגזירה הבאות מחמת ספר משום דר' פרנך והאוכל אוכל שני כדמפרש כאן זימנין דאכיל אוכלין טמאים ושדי משקין דתרומה לפומיה (ת"י):

אף הידים הבאות מחמת ספר. מדקתני אף משמע דעל הספר גזרו תחלה ואח"כ על הידים הבאות מחמת ספר וכיון דסתם ידים לבסוף גזרו כדאמר לקמן א"כ ידים הבאות מחמת ספר בו ביום גזרו דהא בין גזירה דספר לגזירה דסתם ידים גזרו עליהם וא"כ הוה טפי מי"ח דבר ואם נאמר דעל הידים הבאות מחמת ספר לא באותו פרק גזרו אלא מקודם לכן הוה אתי שפיר אך לשון אף לא משמע כן ועוד לא יתכן שגזרו על הידים ועדיין ספר עצמו לא היה פוסל את התרומה:

האוחז ספר תורה ערום. קצת משמע דלאו דווקא ספר תורה דהא כל כתבי הקדש תנן במסכת ידים* °שמטמאין את הידים:

בלא אותה מצוה. אם אוחזו ללמוד בו אין לו שכר של אותו לימוד ואם בשביל לגוללו אינו מקבל שכר על הגלילה:

כיון

גליון הש"ס

תוס' ד"ה תנא אף הידים וכו' וי"ל היינו דוקא לקדש וכו'. עי' פסחים יט ע"א תוס' ד"ה שאין טומאת ידים:
תוס' ד"ה האוחז ס"ת וכו' שמטמאין את הידים. עי' מגילה ז ע"א ברש"י ד"ה אינה מטמאה. ועי' תוס' סוטה יז ע"א ד"ה לא על הלות נשה"ד:

כיון דהך גזור ברישא הא תו למה לי אלא הך גזור ברישא והדר גזור בכולהו ידים וטבול יום *טבול יום דאורייתא הוא דכתיב °ובא השמש וטהר סמי מכאן טבול יום והאוכלין שנטמאו במשקין במשקין דמאי אילימא במשקין הבאין מחמת שרץ דאוריי' נינהו דכתיב °וכל משקה אשר ישתה אלא ^ג^במשקין הבאין מחמת ידים וגזירה משום משקין הבאין מחמת שרץ והכלים שנטמאו במשקין כלים דאיטמאו במשקין דמאי אילימא במשקין דזב דאוריי' נינהו דכתיב °וכי ירוק הזב בטהור *מה שביד טהור טמאתי לך אלא ^ג^במשקין הבאין מחמת שרץ וגזירה משום משקין דזב וידים תלמידי שמאי והלל גזור שמאי והלל גזור דתניא יוסי בן יועזר איש צרידה ויוסי בן יוחנן איש ירושלים גזרו טומאה על ארץ העמים ועל כלי זכוכית *שמעון בן שטח תיקן כתובה לאשה וגזר טומאה על כלי מתכות שמאי והלל גזרו טומאה על הידים וב"ת שמאי וסיעתו והלל וסיעתו והאמר רב יהודה אמר שמואל י"ח דבר גזרו ובי"ח נחלקו ואילו הלל ושמאי לא נחלקו אלא בג' מקומות °דא"ר הונא *בג' מקומות נחלקו ותו לא וב"ת אתו אינהו גזור לתלות ואתו תלמידייהו וגזרו לשרוף *והאמר אילפא *ידים תחלת גזירתן לשריפה אלא אתו אינהו גזור ולא קבלו מינייהו ואתו תלמידייהו גזרו וקבלו מינייהו ואכתי שלמה גזר *דא"ר יהודה אמר שמואל בשעה שתיקן שלמה עירובין °ונטילת ידים יצתה בת קול ואמרה °בני אם חכם לבך ישמח לבי גם אני °חכם בני ושמח לבי ואשיבה חורפי דבר אתא שלמה

תורה אור: ויקרא כב · שם יא · שם טו · משלי כג · שם כז

רש"י

ובא השמש וטהר · ומקמי הכא לא ואוקימנן להאי קרא בתרומה ביבמות בפ' הערל (ד' עד:) ואפי' לנגיעה אשכחן קרא התם *כל כלי אשר יעשה מלאכה בהם במים ^(א)^ וגו' והאי נגיעה היא ובעינן הערב שמש אלמא פסיל בנגיעה דאי לא פסיל למאי קרי ליה וטהר השתא מכלל דמעיקרא לא הוי טהור גמור והאי כלי לאו בר אכילה הוא ומיהו טמויי לא מטמינן דהא לאו טמא איקרי: **סמי מכאן** · הסר מכאן: **מחמת שרץ** · שנטמאו בשרץ: **דאורייתא היא** · שהמשקין ראשון והאוכל שני ופוסל תרומה להיות שלישי: **דכתיב וכל משקה וגו'** · ואע"ג דהאי במשקין הבאין מחמת אויר כלי חרס כתיב דהא כתיב לעיל מיניה כל אשר בתוכו יטמא מכל האוכל כלומר אם יש בתוכו אוכלין או משקין והני שניים נינהו שהכלי היה ראשון והם שניים והאוכל הנוגע בהן אינו פוסל את התרומה (א"ה) הא גמרינן משקין הבאין מחמת שרץ מינייהו בק"ו ובפ"ק דפסחים (דף יח:) וכיון דמקבלי טומאה מדאורייתא ממילא עבדי לאוכל שני דהכי גמרינן סדר טומאה התם דמשקה מטמא אוכל ואוכל משקה דלא משכחת רביעי בקדש אלא בהכי דהא אין טומאה עושה כיוצא בה לא להיות אוכל מטמא אוכל ולא משקה מטמא משקה ולא אוכל ומשקה מטמאין כלים דאין כלי מיטמא אלא באב הטומאה: **מחמת ידים** · לפני נטילה דגזרו רבנן בידים וכן בשאר כל פוסלי תרומה השניין לטמא משקין להיות תחלה: **גזירה משום משקין הבאים מחמת שרץ** · דאשכחן בהן שהן ראשונים דאורייתא והא דגזור בכל טומאת משקין להיות תחלה ולא גזור נמי באוכלין גזירה משום אוכל הבא מחמת שרץ היינו טעמא דאחמיר רבנן במשקין משום דעלולין לקבל טומאה שאינן צריכין תיקון הכשר להביאן לידי טומאה אבל אוכלין צריכין תיקון נתינת מים להכשירן לקבלת טומאה כל הכשר שבש"ס לשון תיקון: **משקה הזב** · היוצא ממנו רוקו וזובו ומימי רגליו: **וכי ירוק הזב וגו'** · וכבס בגדיו אלמא אב הטומאה הוא לטמא אדם ובגדים דהיינו כלים ושאר משקין היוצאין ממנו גמרינן מרוק מה רוק מתאסף תחלה ואח"כ יוצא אף כל מתעגל ויוצא כגון מימי רגליו: **מה שביד טהור טמאתי לך** · אינו צריך כאן דטומאת משא ילפינן מיניה לרוק במסכת נדה (פ"ז דף נה:): **אלא בבאין מחמת שרץ** · דלאו אב הטומאה הן והכלי אינו מקבל טומאה אלא מאב הטומאה כדתניא בפסחים (דף כ:) יכול יהו כל הכלים מיטמאים מאויר כלי חרס ת"ל מכל האוכל וגו' אוכל ומשקה מיטמא מאויר כלי חרס כו' אלמא לא אתי כלי טמא ומטמא ליה וכ"ש אוכל ומשקה וגזור רבנן דליטמא לענין תרומה משום משקה זב והבא שהן אב הטומאה: **על ארץ העמים** · ומשום ספק קברות שלהן דנכרי מטמא במגע ובמשא ואהל לרבנן *ולרבי שמעון נמי דאמר אין מטמאין באהל מטמאין הן במגע ובמשא ורקב: **ועל כלי זכוכית** · דלא כתיב באורייתא טומאה: **תיקן כתובה** · שיהא כותב לה כל נכסי אחראין לכתובה לפי שהיה מייחד לה כתובתה וכשהיה כועס עליה אומר לה טלי כתובתיך ולאי בכתובות בסוף האשה שנפלו (דף פב:): **וגזרו טומאה על כלי מתכות** · לקמן מפרש: **שמאי וסיעתו כו'** · והם עצמן היו עם תלמידיהם במחלוקת של י"ח דבר: **ובי"ח דבר נחלקו** · כלומר אותם י"ח שגזרו במחלוקת היו אלא שנמנו ונמצאו ב"ש רבים: **שלשה מקומות** · לקמן מפרש: **לתלות** · תרומה על מגען לא אוכלין ולא שורפין: **לשריפה** · שיהו שורפין תרומה עליהן: **שלמה גזר** · דכתיב (קהלת יב) ואזן וחקר שעשה אזנים לתורה כלומר סייג והרחקה ככפיפה זו שנוטלין אותה באזנים ואין נוגעין בה: **עירובין** · אזנים להוצאת שבת שאסור להוציא מרשותו לרשות חבירו ואע"פ ששניהם רה"י: ולמחר

תוספות

כיון דהך גזור ברישא הא תו למה לי · ואם תאמר והא נפקא מינה לנוגע בספר מיד אחר נטילה ולא הסיח דעתו ואפילו הכי ידיו טמאות משום דרבי פרנך וי"ל דמשום הא לא היו גוזרין דמילתא דלא שכיחא היא שיגע בספר מיד אחר נטילה ומיהו השתא דגזור ידים מחמת ספר ברישא אפילו נוגע סמוך לנטילה גזרו עליה שלא חלקו:

סמי מכאן טבול יום · לא מן המשנה אלא דלא הוי ממנין י"ח דבר:

משקין הבאים מחמת שרץ · דאורייתא נינהו *לרבי עקיבא פריך דאית ליה בפרק קמא דפסחים (ד' יד:) משקין לטמא אחרים דאורייתא: **דכתיב** וכל משקה אשר ישתה · האי קרא במשקין הבאין מחמת כלי איירי ומשקין הבאין מחמת שרץ אתיא בק"ו מינה ואם האמר ומאי פריך דאורייתא נינהו נימא דיו לבא מן הדין להיות כנדון ולא ליהוי אלא שני כמשקין הבאין מחמת כלי והוכלין הנוגעין בהן לא פסלי תרומה וי"ל דאין דבר הנוגע בשרץ שלא יהא ראשון ובפ"ק דפסחים (ג"ז שם) הארכתי יותר:

אלא במשקין הבאין מחמת ידים · וא"ת ומה הוצרכו לגזירה זו דכיון דגזרו דידים פוסלות את התרומה א"כ משקין שנגעו בהן הוי תחלה דכל הפוסל את התרומה מטמא משקין להיות תחלה וי"ל דהאוכלים שנטמאו במשקין היינו גזירה דכל הפוסל את התרומה ועד השתא לא נגזרה והא דקאמר במשקין הבאים מחמת ידים ה"ה מחמת כל פוסלי תרומה והא דקמהדר ר' יהושע לרבי אליעזר (חולין פ"ב דף לד·) מלינו שהשני עושה שני ע"י משקין ואע"ג דאכתי לא נגזרה מ"מ היה דעתן לגזור מיד:

אלא במשקין הבאים מחמת שרץ · אומר ר"י דה"ה דהוה מצי למנקט משקין הבאים מחמת ידים שגם הם מטמאים כלי לפסול תרומה כדאמר בברכות בפרק אלו דברים (דף נב·) ב"ש אומרים נוטלים לידים ואחר כך מוזגים את הכוס שאם מוזגים תחלה יטמאו משקין שאחורי הכוס מחמת ידים ויחזרו ויטמאו את הכוס אלא נקט משקים הבאים מחמת שרץ לאשמעינן דאפילו הנך לא הוי אלא מדרבנן:

שמאי והלל גזורי · לא בעי לשנויי דשמאי והלל גזור בידים הבאות מחמת ספר ולא בסתם ידים דגזרו טומאה על הידים סתמא קתני דמשמע כל סתם ידים: **ואילו** שמאי והלל לא נחלקו אלא בג' דברים בלבד · ואם תאמר לימא דבג' דברים נחלקו ועמדו במחלוקתם ובשאר י"ח דברים נחלקו °ולמחר הושוו כדמשני לקמן כי פריך והא איכא בוצר לגת כו' הא שתיק ליה הלל לשמאי להכי לא מני לה בהדי ג' דברים וי"ל דלא דמי להתם דבהבוצר לגת שתיק ליה הלל לשמאי והודה לו מיד באותו מעמד להכי לא חשיב אבל הכא דכל היום נחלקו ולא הושוו עד למחר לא הוה ליה למימר לא נחלקו ואע"ג דקלא משמע שהיו שמאי והלל עצמן ביום שגזרו י"ח דבר (דהא) כי היכי דקתני (דף יז·) גבי בוצר לגת אותו היום היה הלל כפוף ויושב לפני שמאי כו' וה"נ קתני בתוספתא דשבת גבי י"ח דברים מ"מ לריך לומר דשני מעשים הוו: אלא

עין משפט נר מצוה

קי א מיי' פ"י מהלכות אבות הטומאות הלכה א:

קיא ב מיי' פ"ח שם הלכה י:

קיב ג מיי' פ"ו שם הלכה ג:

קיג ד מיי' פ"ח שם הלכה ח:

וכ"ה דס"מ למיפרך א"כ טמויי נמי ליטמו לר"ע דאית ליה שני עושה שלישי בחולין [ת"י]

ס"מ לשטיי דקודם גזרו אתלויה אע"פ שאין אנו יודעין מתי דהא על ו' ספיקות שורפין תרומה ע"כ קודם לכן גזרו אתלויה אע"פ שלא מצינו אלא דעדיפא מיניה פריך [תוספות ישנים]

גליון הש"ס

גמ' דאמר רב הונא בג' מקומות נחלקו וכו' ע"יין חגיגה דף טז ע"א תוס' ד"ה יוסי בן יועזר: שם ונטילת ידים וכו' רש"א מותק ונטילה: תוס' ד"ה ואילו וכו' ובשאר י"ח דברים נחלקו ולמחר הושוו וכו' וכדאיתא בס"ג חולין דנ"ה ע"ב לא נחלקו לא עמד ר"מ במחלוקת:

מסורת הש"ס

[שם עה.] · [נדה נה:] · [לקמן טז: ועי' כתובות פב:] · [לקמן טו.] · [שם:] · עירובין כא: ע"ש · [יבמות סא.]

הגהות הב"ח

(א) רש"י ד"ה ובא השמש וכו' אשר יעשה מלאכה בהם במים יובא וטמא עד הערב וטהר וגו' והאי נגיעה:

אות ז'

<u>האוחז ספר תורה ערום נקבר ערום</u>

סימן קמז ס"א - [ה]אסור לאחוז ס"ת ערום בלא מטפחת - אם לא ע"י בגד המפסיק, ואפילו נגיעה בעלמא בידו לס"ת ערומה, אסור.

וע"כ בעת שגוללים הס"ת קודם קריאה, או בשעת הגבהה, שלפעמים נמשכים יריעות הס"ת, ובכדי להשוות היריעה אוחזים בראשי היריעות למשוך אותם למעלה או למטה, כדי שיהיה שוה מבחוץ, אזי צריך ליזהר שלא יאחוז ביריעות ביד ערומה, [אף שנטל ידיו מקודם], **אלא** צריך הפסקת טלית או מטפחת, להפסיק בין ידיו ליריעות הס"ת.

ובעמודי הס"ת יכול לאחוז בלא מטפחת, [וכן פשט המנהג], **ויש** מחמירין, וכורכין עמודי הס"ת בקצוות הטלית בשעת הגבהה, **ובמקום** שלא נהגו הכל לעשות כן, אף מי שרוצה לדקדק בזה, יעשה בדעת שלא ירגישו בזה בני אדם, משום יוהרא.

וכ"ז דוקא כשאין צורך, אבל כשיש צורך לתיקון הס"ת, לתפור קצת, ולדבק בדבק מטלית וכדומה, היכא דלא אפשר רשאי, **ומ"מ** טוב שיטול ידיו תחלה, **אבל** כשאין צורך, אפילו בנטילת ידים יש להחמיר, כמו שמסיים הרמ"א.

בגמרא אמרינן, דעבור זה נקבר ערום ממצוה זו, דהיינו שאין לו שכר של אותה מצוה, שאם אחז וקרא בו, אין לו שכר מקריאה, וכן אם אחזו לגוללו או להגיהו.

הגה: [ו]וי"א דה"ה שאר כתבי קודש (אגודה ותוס' פ"ק דשבת) - ודוקא כשכתובים אשורית על הקלף ובדיו כס"ת, **אבל** ספרים שלנו שאין נכתבים באופן זה, לכו"ע מותר, ואפילו קודם נטילה, **ומיהו** דוקא בסתם ידים, אבל כשידע שנגע במקום הטינופת, יש להחמיר.

ולא נהגו כן - היינו אף באותן שכתובין אשורית ועל הקלף כדין, כגון מגילה, ג"כ נהגו העולם להקל, ומסיים הרמ"א: **[ז]וטוב להחמיר אם לא נטל ידיו** - ר"ל שהם סתם ידים, וחוששין שמא נגע במקום המטונף, **אבל** כשנטל ידיו אין להחמיר בזה. **ובס"ת, אפי' בכה"ג -** שנטל ידיו, ג"כ **אסור (ד"ע אגודה)** - ליגע בה בלי מטפחת.

יו"ד סימן רפב ס"ד - [ח]ולא יאחוז ספר תורה בלא מטפחות - ‹מפני שנוהג בה קלות ראש בזה - לבוש›. **עיין** באו"ח ר"ס קמ"ז.

‹**לפיכך** יש ליזהר בעלייתו לתורה שלא יתן היד על הס"ת, אא"כ כורך היד בטליתו. **ואם** מותר לאחוז בעמודי ס"ת בידים, נחלקו גדולי האחרונים באו"ח בסי' קמ"ז, ומנהג העולם להתיר, וכן הכריע אחד מהגדולים בראיות ברורות - ערוה"ש›.

---

§ מסכת שבת דף יד: §

אות א'

<u>טבול יום דאורייתא הוא</u>

רמב"ם פ"י מהל' שאר אבות הטומאה ה"א - כל המתטמא באב מאבות הטומאות, בין אדם בין כלים, הרי הוא ראשון לטומאה, כמו שביארנו, עד שיטבול; טבל, הרי הוא כשני לטומאה עד שיעריב שמשו, שנאמר: במים יובא וטמא עד הערב וטהר, הכתוב קרא לטבול יום טמא.

אות ב'

<u>במשקין הבאין מחמת ידים</u>

רמב"ם פ"ח מהל' שאר אבות הטומאה ה"י - הואיל והידים שניות, אם נגעו במשקה, עשאום תחילה, ואם נגעו משקין אלו באוכלין, עושין אותן שני, ואם נגעו במשקין אחרים, עושין אותן תחילה, שהמשקין תחלה לעולם כמו שביארנו; אבל אין משקין אלו שנטמאו מחמת הידים מטמאין כלים, שעיקר טומאת הידים מדבריהם.

השגת הראב"ד: אבל אין משקין. א"א לא ידעתי מהו זה, [א]והוא סותר את דבריו, וא"ת לא כתב שאין מטמאין אלא אכלים, אף זו שיבוש, שהרי אמרו באלו דברים, גזירה שמא יטמאו משקין שאחורי הכוס מחמת ידים, ויחזרו ויטמאו את הכוס, אלמא כלים נמי מטמאו.

אות ג'

<u>במשקין הבאין מחמת שרץ</u>

רמב"ם פ"ז מהל' שאר אבות הטומאה ה"ב - אין לך ולד טומאה שמטמא כלים, אלא משקין טמאים בלבד, וטומאה זו מדבריהם, והוא שיהיו אותן המשקין טמאין

באר הגולה

ה מגילה ל"ב ו ‹תוס' בשבת י"ד א' ד"ה האוחז כו'. **וב"ח** ומ"א כתבו דאף בעמודים אסור דמטמאין את הידים, כמ"ש הר"ש ספ"ג דידים בשם תוספתא, המשיחות והרצועות כו' תיק כו'. **ואינה** ראיה, דתפילין יוכיחו, דמטמאין את הידים כמש"ש במתני' ג' ב', ואפ"ה כ' תוס' בחגיגה כ"ד ב' ד"ה דתנן כו', ותירץ הר"י כו', וכ"כ הר"ש במתני' ב', **ומ"מ** ספר סתם, משמע כל כתבי הקודש - גר"א› ז ‹דמרדכי כתב דוקא אם לא נטל ידים, וכן משמע לכאורה שם מדפריך הי גזור ברישא כו', אבל תוס' שם ד"ה כיון כו' ס"ל אפי' נטל ידיו, ע"ש, והכריע כאן מדעתו כן - גר"א› ח **מימרא דרבי פרנך א"ר יוחנן מגילה דף ל"ב ע"א ובשבת דף י"ד ע"א** א ‹כלומר שהוא כתב שהמשקים תחילה, אלמא מטמאין, ועכשיו אמר שאין מטמאין, וא"ת לא כתב שאין מטמאין אלא אכלים, אף זו שיבוש וכו'. **ותמהני** על פה קדוש, מה מקום היה לו לומר שסותר את דבריו, שדבריו מבוארים, שלא כתב שאין מטמאין אלא לכלים. **ומה** שהקשה עליו מפרק אלו דברים, {וכן הקשה תוס' ע"ש}, כבר הקשה עליו כן בפרק שקודם זה, ומה צורך לכפול הדברים, וכבר כתבתי שם {עיין לקמן בהאות הסמוך} ליישב דברי רבינו - כסף משנה›

מחמת אב מאבות הטומאות, בין של תורה בין של דבריהם; ומפני מה גזרו על המשקין טמאין שיטמאו כלים, גזירה משום משקה הזב, שהוא אב ומטמא כלים דין תורה, שנאמר: וכי ירוק הזב בטהור, כמו שביארנו. **הגהת הראב"ד: טמאין מחמת אב. א"א ריבה דברים ונקודים שלא לצורך, וסוף דבר אפי' במשקין הבאים מחמת ידים גזרו שיטמאו את הכלים,** [ב]**משמעתא דאלו דברים.**

אות ד'

ידים תחלת גזירתן לשריפה

רמב"ם פ"ח מהל' שאר אבות הטומאה ה"ח - שלמה המלך ובית דינו גזרו על כל הידים שיהיו שניות, ואע"פ שלא ידע בודאי שנטמאו, מפני שהידים עסקניות; ולא גזר שלמה על הידים טומאה אלא לקדש, ואחר כך גזרו חכמים שאחריו אף לתרומה, ולפיכך צריך נטילת ידים לתרומה, ואם נגע בתרומה קודם שיטול ידיו, פסולה ונשרפת על טומאה זו. הגהת הראב"ד: לתרומה. א"א [ג]**ואח"כ גזרו על אכילת חולין שצריך נטילת ידים.**

---

§ מסכת שבת דף טו. §

אות א'

שלמה גזר לקדשים, ואתו אינהו וגזור אף לתרומה

רמב"ם פ"ח מהל' שאר אבות הטומאה ה"ח - שלמה המלך ובית דינו גזרו על כל הידים שיהיו שניות, ואע"פ שלא ידע בודאי שנטמאו, מפני שהידים עסקניות; ולא גזר שלמה על הידים טומאה אלא לקדש, ואחר כך גזרו חכמים שאחריו אף לתרומה, ולפיכך צריך נטילת ידים לתרומה, ואם נגע בתרומה קודם שיטול ידיו, פסולה ונשרפת על טומאה זו. הגהת הראב"ד: לתרומה. א"א [א]**ואח"כ גזרו על אכילת חולין שצריך נטילת ידים.**

אות ב'

קב ומחצה חייב בחלה; משהגדילו המדות אמרו: חמשת רבעים קמח חייבין בחלה

סימן תנו ס"א - אין לשין לפסח עיסה גדולה משיעור חלה, שהיא [ב]**מ"ג ביצים וחומש ביצה בינונים** - כמו שהן עם הקליפות, **והוא עשרון** - לפי ששיערו חכמים, שהעסק שאדם אחד מתעסק בידו בעיסה בלישה ועריכה, אינו מצילה מחימוץ כשהיא גדולה ביותר מהשיעור המוזכר כאן, לפי שאין הידים מספיקות להתעסק בה מכל צדדיה מתוך גדלה.

וכן ישער אותה, ימלא כלי מים ויערה המים ממנו לכלי אחר, ואח"כ יתן מ"ג ביצים ויחזיר בו המים שעירה ממנה, והמים שיותרו יתנם בכלי אחר, והכלי המחזיק אותם הוא המדה למלאותו מקמח - ולא ישער ע"י משקל, **והמדה מחוקה ולא גדושה; ושיעורה מקמח חטה מצרית תק"כ דרהם מצריים בקירוב** - וכתבו האחרונים שהוא שיעור ג' קווער"ט לערך.

הגה: ולא ידחק הקמח במדה - היינו אף אם כמות הקמח אינו מחזיק אלא עשרון או פחות מזה, **דאז"כ לא ילוש יפה** - בכמה מקומות, שלא יכנוס לשם מים, ויתחמץ כשיבוא בתבשיל, וימדוד בפזור כדרך שמודדים למכור, **ואפילו** להניח ידו על הקמח אין נכון לכתחלה.

וטוב לומר בשעת נתינת הקמח למדה, שעושה לשם מצוה.

באר הגולה

[ב] ‹ואי אפשר לומר, דמחמת ידים דקאמר לא טומאת ידים לבד קאמר, אלא היינו לומר שיהא טמא טומאת הגוף מחמת שרץ וכיוצא בו, וכשיגע בידיו במשקין שבאחורי הכוס יטמאם, ויחזרו ויטמאו את הכוס, דהא פריך התם וליטמאו ידים לכוס, כלומר בלא משקין, ומשני ידים שניות הם, ואין שני עושה ג' בחולין אלא על ידי משקין. **וכתב** הר"י קורקוס ז"ל, דההיא לא מכרעא כולי האי, דלב"ש הוא שאמרו כן, ואף על גב דמשמע דב"ה מודו בעיקר דינא, אפשר דלטעמייהו קאמרי להו, כלומר אפילו יהיה הדין כן, איכא טעמא להקדים מזיגת הכוס, ולא שבקינן פשטא דסוגיא בשבת, ופשיטותא דירושלמי, מקמי ההיא דאלו דברים, וכיון דמדרבנן הוא, אזלינן לקולא, עד כאן לשונו – כסף משנה› [ג] ‹ואין מזה תפיסה על רבינו, שאין כאן מקום דין נטילה לחולין, ובהל' ברכות שהוא מקומו כתבו – כסף משנה›

[א] ‹ואין מזה תפיסה על רבינו, שאין כאן מקום דין נטילה לחולין, ובהל' ברכות שהוא מקומו כתבו – כסף משנה› [ב] ‹שהעשירית האיפה שהיה במדבר שהוא שיעור חלה למדת המדבר, היה ז' לוגין וביצה וחומש, שהן מ"ג ביצים וחומש ביצה, כי כל לוג הוא ו' ביצים – מהר"ם מלובלין›

יציאות השבת פרק ראשון שבת טו

*שלמה גזר לקדשים ואתו אינהו וגזור אף לתרומה גופא אמר רב יהודה אמר שמואל י"ח גזרו ובי"ח נחלקו והתניא הושוו בו ביום נחלקו ולמחר הושוו גופא אמר רב הונא בג' מקומות נחלקו שמאי והלל *שמאי אומר מקב חלה והלל אומר מקביים וחכמים אומרים לא כדברי זה ולא כדברי זה אלא [ב]קב ומחצה חייב בחלה משהגדילו המדות אמרו חמשת רבעים קמח חייבין בחלה ר' יוסי אומר ה' פטורין ה' ועוד חייבין ואידך *הלל אומר מלא הין מים שאובים פוסלים את המקוה *שחייב אדם לומר בלשון רבו שמאי אומר תשעה קבין וחכמים אומרים לא כדברי זה ולא כדברי זה עד שבאו ב' גרדיים משער האשפה שבירושלים והעידו משום שמעיה ואבטליון [ג]ששלשה לוגין מים שאובין פוסלים את המקוה וקיימו חכמים את דבריהם ואידך *שמאי אומר כל הנשים דיין שעתן והלל אומר מפקידה לפקידה ואפילו לימים הרבה וחכמים אומרים לא כדברי זה ולא כדברי זה אלא [ד]מעת לעת ממעט ע"י מפקידה לפקידה ומפקידה לפקידה ממעט על יד מעת לעת ותו ליכא והאיכא *הלל אומר לסמוך ושמאי אומר שלא לסמוך כי קאמר רב הונא היכא דליכא פלוגתא דרבוותא בהדייהו והאיכא *הבוצר לגת שמאי אומר הוכשר והלל אומר לא הוכשר בר מיניה דההיא דהתם קא שתיק ליה הלל לשמאי: יוסי בן יועזר איש צרידה ויוסי בן יוחנן איש ירושלים גזרו טומא' על ארץ העמים ועל כלי זכוכית: והא רבנן דשמנים שנה גזור *דאמר רב כהנא כשחלה ר' ישמעאל בר' יוסי שלחו לו ר' אמור לנו ב' וג' דברים שאמרת(א) (לנו) משום אביך שלח להם כך אמר אבא ק"פ שנה עד שלא חרב הבית פשטה מלכות הרשעה על ישראל פ' שנה עד שלא חרב הבית גזרו טומאה על ארץ העמים ועל כלי זכוכית מ' שנה עד שלא חרב הבית גלתה לה סנהדרין וישבה לה בחנויות למאי הילכתא א"ר יצחק בר אבדימי לומר שלא דנו דיני קנסות ס"ד אלא אימא שלא דנו דיני נפשות וכי תימא בפ' שנה נמי אינהו הוו והתניא הלל ושמעון גמליאל ושמעון נהגו נשיאותן *(לפני) הבית מאה שנה ואילו יוסי בן יועזר איש צרידה ויוסי בן יוחנן הוו קדמי טובא

אלא

רש"י

ולמחר הושוו. שחזרו בהן ב"ה: קב ומחצה. ירושלמי' שהן ז' לוגין ובילה וחומש בילה למדה מדברית והוא עומר לגלגולת עשירית האיפה שחייב בחלה כדכתיב עריסותיכם כדי עיסת מדבר והוסיפו שתות בירושלים נמצא שש מדבריות נכנסות בחמש ירושלמיות ולוג הנשאר ובילה וחומש בילה עולין ללוג ירושלמי שהלוג מדברי ששה בילים נכנסין בחמשה בילים גדולים נמצא הלוג חסר בילה גדולה תן בילה וחומש בילה תחת בילה גדולה שהחומש הוא שתות מלבר [טוסף] על הבילה נמלאו ששה בילים גדולים שהן לוג גדול הרי הן ששה לוגים ירושלמי' דהן קב ומחצה: משהגדילו המדות. היא מדת לפורי שעודפ' שתות על ירושלמית* נמלאו הו' לוגין ה': ה' רבעים. לוגין שהן רביעית הקב: חמשה ועוד חייבין. דסבר רבי יוסי מדה מדברית היו בילים גדולים משלנו והכי נמי א"ר יוסי בעירובין בפרק כילד משתתפין (דף פג:) כמה שיעור חצי פרס שני בילים שוחקות והתם מפרש הא' ועוד אחד מכ' בבילה לכל בילה: הין. י"ב לוג: פוסלין. אם נפלו לתוכן קודם שנטלם אבל אם נטלם שוב אינו נפסל ואפילו המשיך לתוכן אחרי כן אלף סאה: שחייב אדם כו'. כלומר הן איט לשון משנה אלא לשון תורה אלא כך שמעה מפי שמעיה ואבטליון ורבותי מפרשין [בלשון] משה רבינו ולבי מגמגם שהרי בכמה מקומות לא הקפיד על כך: שני גרדיים משער האשפות. במסכת עדיות* מפ' למה הוזכר שם אומנתם ושם מקומם לומר שלא ימנע אדם עצמו מבית המדרש שאין לך אומנות פחותה מגרדי שאין מעמידין ממנו לא כהן גדול ולא מלך כדאמרינן בקדושין (דף פב.) ואין שער בירושלים פחות משער האשפות והכריעו בעדותן כל חכמי ישראל: כל הנשים. הרואות דם: דיין שעתן. לטמא טהרות משעת ראייתן ואילך: מפקידה לפקידה. למפרע בדקה היום ומצאתה טהורה ובדקה לסוף שבוע ומצאתה טמאה חוששין למגעה מבדיקה ראשונה ואילך שמא עם סילוק ידיה ראתה: מעת לעת ממעט על יד מפקידה לפקידה. שני זמנים הוזכרו בה למפרע להלך אחר הקל שבהן אם מפקידה לפקידה יתר על מעת לעת הלך אחר מעת לעת ואם מעת לעת יתר על מפקידה לפקידה הלך אחר הפקידה: ממעט על יד. ממעט אחריו: לסמוך. פלוגתא היא *דב"ש וב"ה גבי מביאין נדרים ונדבות וסומכין בי"ט: כי קאמר רב הונא היכא דליכא פלוגתא דרבוותא. שלש מקומות שאמר רב הונא לא נחלקו בהן רבותיהן הראשונים אבל סמיכה כל האבות ב"ד (ב) והנשיאים מיוסי בן יועזר עד הלל נחלקו בה במסכת חגיגה: הבוצר. ענבים לדורכן בגת דאילו הבוצר לצימוקין משקה היוצא מהם אין מכשירים דלא ניחא ליה: שמאי אומר הוכשרו. ביין הנדלף מהן על גביהן ואע"ג דאזיל לאיבוד לארץ ששותת מן הסלים גזירה שמא יבצרנו בקופות מזופפות כדמפרש לקמיה (דף יז:): הא שתיק ליה הלל. ולא עמד במחלוקתו כדתניא בפרקין (שם) אותו היום היה הלל כפוף כו': מלכות. הרשעה רומי: פשטה. התחילו לכובשן: הלל ושמעון. רבן שמעון בנו של הלל היה: ורבן גמליאל. הוא רבן גמליאל הזקן: ושמעון. הוא (ג) רבי שמעון הנהרג עם הרוגי מלכות והוא היה אביו של ר"ג דלעזריה לרבי יהושע בן חנניה (ברכות פ"ד דף כז:) ושעשה מחלוקת עם ר"א בן הורקנוס (ב"מ פ"ד דף נט:): בפני הבית. בעוד הבית קיים: ק' שנה. אחרונים שלפני החורבן התחיל נשיאותו של הלל ופרנסו אלו ארבע דורות ק' שנה אלמא הלל קודם לחורבן ק' שנה: ואילו יוסי בן יועזר. קדים להלל כמה דורות במסכת אבות:

אתו

תוספות

אלא שלמה גזר לקדשים. תימה דבפ"ק דפסחים (דף יט: ושם) קאמר רבי עקיבא זכינו שאין טומאת ידים במקדש ופריך ולימא שאין טומאת ידים וכלים במקדש ומשני רב יהודה ידים קודם גזירת כלים נשנית א"ל רבה והא תרווייהו בו ביום גזרו דתנן הספר והידים והכלים כו' והשתא מאי קפריך רבה והא ידים דקדש דמיירי התם שלמה גזר וכלים גזרו בי"ח דבר ויש לומר דר"ע אי"ח דבר קאי שהיה מחדש וה"ק זכינו שכשעסקו בי"ח דבר בדיני ידים שלא רלו לגזור טומאת ידים במקדש ורב יהודה דשני ידים קודם גזרת כלים נשנית דהיינו בימי שלמה ולהכי לא נקט ר"ע אלא ידים משום דלעולם הוי (ד) זה זכות במקדש אפילו בימי שלמה אפילו הכי חוזר ומקשה לו רבה והא תרווייהו כו' משום דלא משמע ליה לישנא הכי:

שלמה גזר כו'. והשתא לא הוי צריך לשנויי דאינהו גזור ולא קבלו מינייהו אלא אינהו גזור לתלות כו' ואילפא קאמר דידים דגזור שלמה תחלתן לשריפה אלא משמע ליה דקאי אילפא אי"ח דבר [ת"י]:

שמאי אומר מקב לחלה הלל אומר מקביים. בירושלמי מפרש טעמא דשמאי והלל משום דאיפא י"ח קבים ועשירית מלבר היינו ב' קבין ובאותו שיעור צריך להפריש חלה להלל ושמאי סבר דצריך ב' חלות לעומר שהיו עושין ממנו ב' אכילות אחת בבוקר ואחת בערב וכשיעור אכילה אחת חשיב שמאי עיסת מדבר:

רבי יוסי אומר ה' פטורין ה' ועוד חייבין. דקסבר ראשית עריסותיכם שכשיפרישו חלה שעדיין ישאר כדי עיסת מדבר ואור"ת דאין למחוק בפרק כלל גדול (לקמן דף עו.) ובפ' אלו עוברין (פסחים דף מח.) דמייתי התם חמשה רבעים ועוד חייבין בחלה דאתיא כר' יוסי*:

אלא שלא דנו דיני נפשות. תימה דוקמת ועלית אל המקום דדרשינן מיניה (סנהדרין יד: פז.) מלמד שהמקום גורם לא כתיב אלא בזקן ממרא ובזקן ממרא גופיה לא כתיב אלא בהמראתו שצריך שימרה עליהם במקומן אבל לדונו יכול אע"פ שאין ב"ד הגדול בלשכת הגזית ואין נראה לומר דבעינן שיהיו במקומן בשעת עבירה כמו בזקן ממרא דהא בזקן ממרא לא על המראתו לבד מיחייב אלא עד שיחזור לעירו ועשה כהוראתו והא לא כתיב מקום ועוד דלא מלינו בשום מקום שהיו בודקין אם היו ב"ד בלשכת הגזית בשעת עבירה אם לאו*:

אתו

עין משפט נר מצוה

קיד א מיי' פ"ח מהלכות שאר אבות הטומאות הלכה ח:

קטו ב מיי' פ"ו מהלכות בכורים הלכה טו סמג עשין קמא טור ש"ע א"ח סימן תנו סעיף א וטור ש"ע יו"ד סימן שכד סעיף א:

קטז ג מיי' פ"ד מהלכות מקואות הלכה ב סמג עשין רמח טור ש"ע יו"ד סימן רא סעיף טו:

קיז ד מיי' פ"ג מהלכות טומאת משכב ומושב הלכה ד סמג עשין רמג:

עדיות פ"א מ"ג

[ברכות מז. וש"נ]

עדיות פ"א מ"א נדה ב.

רבינו חננאל

אמר רב יהודה אמר שמואל בג' מקומות נחלקו שמי והלל שמי אומר מקב חלה כו' וכולן מפורשים במשנתנו בתחלת עדיות והיא מסכת בחירתא: ארץ העמים יוסי בן יועזר איש צרידה ויוסי בן יוחנן איש ירושלים גזרו על

[וע"ע תוס' ערוכין סג: ד"ה שבעה ותוס' פסחים מח: ד"ה חמשה]

[נ"ל בפני]

[וע"ע תוס' ע"ז ח: ד"ה שלמד כו' ותוס' סנהדרין יד: ד"ה מלמד]

רב נסים גאון

מלא הין מים שאובין פוסלין את המקוה שיעור ההין י"ב לוג והקב יש בו ד' לוגין הנה בפ' קבין ל"ו לוג ופירושן מבואר במס' עדיות ובתלמוד בפרק ערבי פסחים וקבא מנלן דארבע לוגי הויא דתניא (עדיות פ"א) הלל אומר מלא הין מים שאובין פוסלין את המקוה וכמה הין י"ב לוג שמי אומר ט' קבין שהן ל"ו לוג אלמא קבא ארבעה לוגי הויא ולוגא מנלן דארבעה רביעתא הויא דתניא (מנחות דף פט) הין וחצי הין ושלישית ההין ורביעית ההין לוג וחצי לוג ורביעית אלמא לוג ארבעה רביעיתא הויא ובגמרא דשתי מדות אמרו (שם דף פט) והין תריסר לוגי הוי דכתיב יהיה זה זה בגימטריא י"ב לוגי הואי:

מסורת הש"ס

עדיות פ"א מ"ב

נמצא הוי' לוגין חמש שהן ה' רביעי הקב שהקב ד' לוגין כצ"ל וכ"ה בפי' סרכנסוני' לוגין ה' מהרש"א

ובדיס פ"ה רבעים צריך למחוק אות ה' וכ"ה בדפוס ישן

חגיגה טז.

[בתוספ' פ"א]

[לקמן יז. ע"ש לגי' חולין לו:]

פ"ז ח:

הגהות הב"ח

(א) גמ' וג' דברים שאמרת משום כצ"ל ותיבת לנו נמחק: (ב) רש"י ד"ה כי קאמר וכו' שלשה כ"ד עם הנשיאים וכו' במסכת חגיגה ל"ב ס"פ אין דורשין: (ג) תוס' ד"ה אלא וכו' וכות זה במקדש:

יו"ד סימן שכד ס"א - אין חייב בחלה אלא חמשת מיני תבואה - שהן חטין ושעורים וכוסמין ושבולת שועל ושיפון, כדמפרש ואזיל, **ואין חייב אלא חמשת רבעים. ומדה שמחזיק מ"ג ביצים** - כמנין חל"ה, **וחומש ביצה** - ולרמז חומש יש ה' בסוף תיבת חלה, שהרי אי אפשר לכתוב ה' במנין מ"ג אלא בתיבת חלה, שהרי מיד כשתקח בידך מנין ה' נשאר בידך מנין ל"ח והרי חלה - ש"ך, ‹**דאות** ה"י במנין מ"ג א"א רק בחלה, ולכן כשתזכור המספר של חלה ממילא תזכור על הה"י דא"א בלא ה"י, וזהו כוונת הש"ך - ערוה"ש›, **ממלאים אותו קמח, ואותו קמח הוא שיעור חלה** – [זו דעת רשב"א, וחולק על הרא"ש, דס"ל משערינן לפי התבואה, כמו עומר של מן, ממילא בקמח הוא צריך יותר, וע"כ כתב שיש למדוד בקמח בגודש, ורשב"א כתב, דא"כ א"א לנו לדעת כמה ניתוסף במן אחר שנטחן ברחיים, אלא ודאי אין משערינן אלא בקמח, וע"כ אין צריך גודש – ט"ז].

וכשממלאים המדה קמח, תהיה מחוקה ולא גדושה. והיאך ישערו לדעת שהיא מחזקת מ"ג ביצים וחומש, נתבאר בטור או"ח - וע"פ אותו השיעור שערתי, והוא ג' קווארט פחות מעט, וכן נהגו, וכ"כ מהרי"ו בדיני פסח, דשיעור חלה הוא כלי שמחזיק מעט פחות מג' זיידלי"ך, וזייד"ל הוא קווער"ט - ש"ך. ‹**ואנחנו** מורים ובאים, על ג' קווארט בשוה הוי שיעור חלה, ואף שהוא פחות מעט, מי יוכל לשער המעט, ולכן יש ליזהר או ללוש הרבה פחות מג' קווארט, ואז פטורה, או ללוש ג' שלימים – ערוה"ש›. **(ועיין באו"ח סי' תנ"ו).**

‹**עיין** בספר צל"ח שב', שנתברר לו ע"פ המדידה, שהביצות המצויות בינינו הביצה שלימה שלנו הוא רק חצי ביצה מהביצות שבהם שיעורי התורה, **ולכן** היה מזהיר שעל מדה שמחזקת מ"ג ביצים שלנו יקח החלה בלא ברכה, **עד** שיהיה כמדת פ"ו ביצים שלנו אז יברכו, ע"ש, **וכמדומה** שגם בהנהגות הגר"א זצ"ל ראיתי שכתב כן - פת"ש›. ‹**ועכ"פ** על ג' קווארט קמח וודאי דיש לברך, וכן המנהג הפשוט בכל תפוצות ישראל, ואין לפקפק בזה כלל. **וטוב** יותר לשער במדת אגודל - ערוה"ש›.

ומשקל חמשת רבעים קמח הוא תק"כ דרה"ם מקמח חטים שבמצרים.

הגה: כלי המחזיק עשר אצבעות על עשר אצבעות, ברום שלש אצבעות ותשיעית אצבע בקרוב, הוא שיעור החלה. וכן מדה שיש בה ז' אצבעות פחות ב' תשיעיות אצבע (על ז' פחות ב' תשיעיות אצבע), ברום ז' אצבעות פחות ב' תשיעיות אצבע, הוא העומר - והוא החלה, **וכל האצבעות אלו הם רוחב גודל של יד** - כתב העט"ז צ"ע באלו המדות, אם ר"ל מרובעות או עגולות כו', **והדבר** פשוט שהוא מרובעות, שהרי הוא מהרמב"ם פ"ו מהל' בכורים שלמדו מרביעית של תורה של פסח, שהוא במרובע, וכמו שנתבאר שם בדברי הפוסקים - ש"ך.

אות ג'

ששלשה לוגין מים שאובין פוסלים את המקוה

יו"ד סימן רא סט"ו - מקוה שיש בו ארבעים סאה, ומעין כל שהוא, יכול לשאוב כל מה שירצה ליתן לתוכה והם כשרים, אע"פ שהם רבים על המים שהיו בתוכה תחלה. (ואין חילוק בין קדם המעין לשאובין או לא, כמו שנתבאר, ועיין לקמן סעיף מ' דיש חולקין) (ב"י בשם תשובת רמב"ן סימן רל"א). אבל כל זמן שאין במקוה מ' סאה, אפילו אם אינו חסר אלא כל שהוא, אם נפלו לתוכו ג' לוגים מים שאובים, פסלוהו; לא שנא שאבן בכלי, לא שנא סוחט כסותו והגביהו והמים שבה נופלין ממקומות הרבה (רמב"ם פ"ה); וכן המערה מהצרצור ומטיל ממקומות הרבה לתוכו, או שזרקם בחפניו.

אות ד'

מעת לעת ממעט על יד מפקידה לפקידה, ומפקידה לפקידה ממעט על יד מעת לעת

רמב"ם פ"ג מהל' מטמאי משכב ומושב ה"ד - הנדה והזבה ושומרת יום כנגד יום, והיולדת אף על פי שלא ראתה דם, כולם מטמאות למפרע מעת לעת או מפקידה לפקידה, וזהו הנקרא מעת לעת שבנדה; כיצד, אשה שהיתה טהורה ואין לה וסת, ובדקה עצמה בשחרית ומצאה טהורה, ובחצי היום בדקה עצמה ומצאה דם, הרי כל הטהרות שעשתה משעת פקידה ראשונה עד שעת פקידה שניה טמאות למפרע; וכן אם בדקה היום ומצאה טהורה, ולאחר שנים או ג' ימים בדקה ומצאה דם, כל הטהרות שעשתה מעת שבדקה ומצאה דם עד כ"ד שעות טמאות למפרע.

אלא אתו *אינהו גזור אגושא לשרוף ואאוירא ולא כלום ואתו רבנן דפ' שנה גזור אאוירא לתלות למימרא(א) דהדא גזירתא הוה לשריפה *והאמר אילפא ידים תחלת גזירתן לשריפה ידים הוא דתחלת גזירתן לשריפה הא מידי אחרינא לא אלא אתו אינהו גזור אגושא לתלות ואאוירא ולא כלום ואתו רבנן דפ' שנה גזור אגושא לשרוף ואאוירא לתלות ואכתי באושא גזור *דתנן ב"על ו' ספקות שורפין את התרומה על ספק בית הפרס ועל ספק עפר הבא מארץ העמים °ועל ספק בגדי עם הארץ ועל ספק כלים הנמצאין ועל ספק הרוקין ועל ספק מי רגלי אדם שבנגד מי רגלי בהמה ג"על ודאי מגען *(ועל) ספק טומאתן שורפין את התרומה ר' יוסי אומר אף על ספק מגען ברה"י שורפין וחכ"א ברה"י תולין ברה"ר טהורין ואמר עולא אלו ו' ספיקות באושא התקינו אלא אתו אינהו גזור אגושא לתלות ואאוירא ולא כלום ואתו רבנן דשמנים שנה גזור אידי ואידי לתלות ואתו באושא גזור אגושא לשרוף ואאוירא כדקאי קאי: ד"כלי זכוכית מ"ט גזור בהו רבנן טומאה *א"ר יוחנן אמר ר"ל הואיל ותחלת ברייתן מן החול שוינהו רבנן ככלי חרס אלא מעתה ה"לא תהא להן טהרה במקוה אלמה תנן *ואלו ו"חוצצין בכלים הזפת והמור בכלי זכוכית הכא במאי עסקינן כגון שניקבו והטיף לתוכן אבר ור"מ היא דאמר *הכל הולך אחר המעמיד °דתניא *כלי זכוכית שנקבו והטיף לתוכן אבר אמר רבן שמעון ב"ג ר"מ מטמא וחכמים מטהרין אלא מעתה לא

רש"י

אתו אינהו. יוסי (ב) ויוסי: גזור אגושא לשרוף. תרומה הנוגעת בגוש העפר: ואאוירא לאו כלום. תרומה הנכנסת באוירא ואין דבר מפסיק בינתים כגון שידה תיבה ומגדל פורח באויר לא קאמר דתימא: אלא גזור: ואכתי. אגושא לשרוף באושא גזור: על ספק בית הפרס. כלומר על ספקו של בית הפרס כגון תרומה שנכנסת לבית הפרס דהוא שדה שאבד בה קבר הייטו ספק דלא ידעינן אם האהילה על הקבר אם לאו: ועל ספיקו של עפר ארץ העמים. דכל עפר ארץ העמים מספקא לן בקבר של מת: ועל ספיקו של בגדי עם הארץ. דכולהו מספקא לן שמא ישבה עליהם אשתו נדה כדתנן (חגיגה דף יח:) בגדי ע"ה מדרס לפרושים: ועל ספק כלים הנמצאים. דלא ידעינן אם טמאים הן: ספק רוקין. כל רוקין מספקא לן דדילמא דזב ניהו: ועל ספק מי רגלי אדם. הך ספק לא דמי להנך דלעיל אלא אפי' מספקא לן אם מי רגלי אדם הן אם מי רגלי בהמה הן דאיכא תרי ספיקי לקולא דאם תמצי לומר דאדם שמא טהור: שכנגד מי רגלי בהמה. רבותא אשמעינן דלא תימא מדהני דבהמה הני נמי דבהמה: ודאי מגען וספק טומאתן. יודע ודאי שנגע בהן תרומה אבל אינו יודע אם הם טמאים אם לאו כדמפרש בכולהו: שורפים. והיינו אגושא: באושא התקינו. כמה שנים אחר חורבן כדאמרינן בר"ה (פ"ד דף לא:) גבי י' מסעות נסעה שכינה: ואלו חוצצין. לגבי טבילה: הזפת והמור גרסינן: בכלי זכוכית. שהן חלקין ואין אדם מקפיד על טיט ודבר אחר הנדבק בהן לפי שנופל מאליו והני הוא דמדבקי טובא וקפיד עלייהו ואין חוצץ אלא דבר המקפיד עליו: כגון שנקבו. וטהרו מתורת כלי חרס דכלי חרס שבירתו מטהרתו: והטיף לתוכו אבר. דחשיב ליה ככלי מתכות דכל קבלת טומאתו משום אבר המעמידו הלכך אית ליה טהרה במקוה: מטמא. ולא אמרינן בטיל ליה מתורת כלי כשאר כלי חרס הנשבר דקסבר הלך אחר המעמיד ותורת כלי מתכות עליו: אלא מעתה. הואיל ושויוהו ככלי חרס: כתר

תוספות

אתו אינהו גזור אגושא לשרוף כו'. וקשה דמכלי זכוכית לא תירץ כלום אפי' לפי המסקנא דהא ליכא למימר דמעיקרא גזור אזכוכית לתלות ולבסוף גזור לשרוף כדמסקינן אגושא דאכלי זכוכית לא שורפים כדאמרינן לקמן דעבוד רבנן היכרא דלא לישרוף עליה תרומה וקדשים וי"ל דדוקא בטומאת גבן אמר לקמן דאין שורפין תרומה וקדשים דאינו טמא אלא משום דמדמי להו לכלי מתכות אבל שאר טומאות המטמאין מתורת כלי חרס שפיר שורפים תרומה וקדשים דהא דמו לגמרי לכלי חרס וכן בלאו הכי צריך לפרש כן לקמן ולספרים דגרסי הכא אלא מעיקרא גזור ולא קבלו מינייהו ואתו רבנן דשמונים שנה וגזרו וקבלו מינייהו למימרא דהדא גזרה הואי לשרוף והאמר אילפא כו' אתי שפיר דכלי זכוכית נמי בשינויא קמא תירץ: ואאוירא לתלות. תימה דתנן במסכת אהלות (פ"ב מ"ג) אלו מטמאין במגע ובמשא ולא באהל עצם כשעורה וארץ העמים °וי"ל דהתם מיירי כגון שהביא עפר מארץ העמים לארץ ישראל אי נמי כר' שמעון דאמר *קברי עכו"ם אין מטמאין באהל דלא החמירו בארץ העמים יותר מקבריהם ועוד תירץ דההיא משנה נשנית קודם גזירה שגזרו על אוירה אלא על גושא בלבד וכן משמע מדקאמר על גושא לתלות ועל אוירה ולא כלום ואמאי קאמר ועל אוירה ולא כלום לימא דמעיקרא גזרו על תרוייהו לתלות ולבסוף גזרו על גושא לשרוף ועל אוירה כדקאי קאי אלא משום דמוכח ממתניתין דאהלות דמתחלה כשגזרו על גושא לא גזרו על אוירה והא דבעי בנזיר בפרק כהן גדול (דף נד: ושם) ארץ העמים משום אוירה גזרו עליה או משום גושא גזרו עליה הא פשיטא דאאוירה נמי גזרו כדקאמר הכא אלא התם ה"פ משום אוירה (ג) גזרו עליה שלא יכנס באויר ארץ העמים בשום ענין אפי' ע"י שידה תיבה ומגדל או משום גושא שהוא מאהיל על הגוש אבל כשאינו מאהיל על הגוש כגון ע"י שידה תיבה ומגדל טהור*: על ששה ספקות שורפין. אומר ר"י דלפי' איכא ספקות יותר ששורפין את התרומה עליהן כגון סככות ופרעות וכיוצא באלו הכא לא חשיב אלא הנהו דתקינו באושא: על ספק בית הפרס. נראה לר"י דמיירי בשדה שנחרש בה קבר דטהור מדאורייתא ולא חיישינן לעצם כשעורה ולא הוי אלא מדרבנן אבל שדה שאבד בה קבר הוי ספיקא דאורייתא כדמוכח במ"ק (ד' ה:) וא"כ לחכמים אמאי קאמרי אף ספק מגע ברשות היחיד תולין והתנן בפ' ו' דטהרות דכל ספקות ברשות היחיד טמא: ועל בגדי עם הארץ. דגזרו עליהם שיהיו כזבין לכל דבריהם ואפילו רוק שלו טמא דאמר בפ' בתרא דחגיגה (ד' כב.) גזירה משום ליטורא דעם הארץ ואפילו טמא מת רוק שלו אינו טמא אלא שעשאוהו כזב לבד מהיסט ומדרס שלא גזרו עליו כדתנן במסכת טהרות (פ"ז משנה ו) דקתני התם בגנבים שנכנסו לבית אין טמא אלא מקום רגלי הגנבים ומה הן מטמאין אוכלים ומשקין אבל כלי חרס המוקף צמיד פתיל ומשכבות ומושבות טהור ואם יש עמהן נכרי או אשה הכל טמא ובהניזקין (גטין דף סא: ושם) משמע נמי הכי דפריך וליחוש שמא תסיטם אשתו נדה משמע דהוא אינו מטמא בהיסט ועל ספק רוקין נמי דקאמר דחיישינן שמא של עם הארץ הן שרוקו טמא היינו כדפרישית ולא כפ"ה דפירש דבגד ע"ה טמא דחיישינן שמא ישבה עליו אשתו נדה: ועל ספק מי רגלי אדם שכנגד מי רגלי בהמה. פ"ה דספק ספיקא הוא וקשה דבפרק בנות כותים (נדה דף לג: ושם) תנן דאין שורפין עליהן תרומה מפני שטומאתן בספק ורמינהו על ו' ספקות שורפין כו' ומשני דמתני' דהתם מיירי דאיכא ספק ספיקא ומש"ה אין שורפין ולפירוש הקונטרס הא על ספק מי רגלי אדם שורפין אע"ג דהוי ספק ספיקא ונראה לר"י דנקט מי רגלי בהמה משום דכשהן זה אצל זה הן ניכרות טפי שהן של אדם וליכא אלא ספק אחד: אלמה תנן אלו חוצצין בכלים. וליכא למימר דההיא טבילה בכלים חדשים מיירי כשקונים מן הנכרים כדאמר בסוף מסכת ע"ז (דף עה:) דלריכי טבילה דהא קתני סיפא בפ"ט דמסכת מקוואות (משנה ה) על השלחן ועל הטבלא ועל הדרגש (ועל הדולבקי) חוללין: ורבי מאיר היא דאמר הכל הולך אחר המעמיד. ובפרק במה אשה (לקמן דף נט:) דקתני שהיה רבי נחמיה אומר בטבעת הלך אחר חותמה בעול הלך אחר סמלוניו בסולם הלך אחר שליבותיו כו' וחכמים אומרים הכל הולך אחר המעמיד לא מייתי הכא דהכא קרי מעמיד זה מה שנותנין לתוכם והתם קרי מעמיד דבר המעמיד כלי עלמו כגון עמודי סולם שמחברים את השליבות: וחכמים מטהרין. ואם תאמר והיכי מוכח מהכא דרבי מאיר סבר הכל הולך כו' דילמא הא דמטמא ר' מאיר משום דחשיב סתימה מעלייתא ומשמא מדין כלי זכוכית ולא מדין כלי מתכות וחכמים לא חשבו ליה סתימה מעלייתא ולכך מטהרים לגמרי ויש לומר דמסתבר ליה דלכולי עלמא הוי סתימה מעלייתא ופליגי דר' מאיר מטמא טומאה דאורייתא מדין כלי מתכות דסבר הכל הולך אחר המעמיד וחכמים מטהרין מדאורייתא אבל מדרבנן מיהא טמא לפי שגזרו על כלי זכוכית דסתימה מעלייתא היא אבל אין לפרש דרבנן מטהרין

עין משפט נר מצוה

קיח א מיי' פי"א מהל' טומאת מת הלכה א ב:

קיט ב ג מיי' פי"ג מהלכות אבות הטומאות הלכה יג:

קכ ד ה ו מיי' פ"א מהל' כלים הל' ס:

[יבמות סא.]

בדפו"י ליתא א"ר יוחנן

ע' ע תוספות גיטין ח: ד"ה דגזרו]

מסורת הש"ס

[לעיל יד:]

נדה לג: טהרות פ"ד מ"ה

[נ"ע שהוא וכן איתא במשנה]

מקוואות פ"ט [משנה ס]

[לקמן ס.]

ר"ס יט. פ"ט

הגהות הב"ח

(א) גמרא למימרא דהתלה הדא גזירתא:

(ב) רש"י ד"ה אתו אינהו יוסי ויוסף:

(ג) תוס' ד"ה ואאוירא וכו' ה"פ משום אוירא ממש גזרו:

רבינו חננאל

גושה שהוא קרקע עצמו כדכתיב (איוב ז) וגוש עפר לתלות כלומר טומאתה בספק לפיכך קדשים הנוגעים בה תולין לא אוכלין ולא שורפין ועל אוירן ולא כלום כלומר אם נכנסה התרומה בשידה תיבה ומגדל ולא נחה בקרקע חוצה לארץ אלא באוירה לא כלום ורבנן דשמוני' שנה גזרו על אוירה נמי לתלות ואתו רבנן דבאושא גזרו תרומה שנגעה בגוש חוצה לארץ לשרפה ועל אוירה כדקאי [קאי] לתלות. על כלי זכוכית מ"ט גזרו יוסי בן יועזר ויוסי בן יוחנן טומאה בהן א"ר שמעון בן לקיש הואיל ותחלת ברייתן מן החול שוינהו רבנן בכלי חרס ואקשינן אם ככלי חרס הן לא יטהרו במקוה אלמה תנן ואלו חוצצין בכלים הזפת והמור בכלי זכוכית (ושביק) מכלל שאם אין עליה דבר חוצץ עלתה להן טבילה ונטהרו ושנינן האי בכלי זכוכית שניקבו והטיפו לתוכן אבר וסתם הנקב והעמיד המשקין מלצאת ור'

גליון הש"ס

גמ' ועל ספק בגדי ע"ה. עי' נדה דף לד ע"א תוד"ה וזובו: שם דתני' כלי זכוכית. עיין פרק בתרא דכלים מ"ג: תוס' ד"ה ואאוירא וכו' וי"ל דהתם מיירי כגון שהביא עפר. עי' סנהדרין די"ב ע"א תוס' ד"ה מטשין:

§ מסכת שבת דף טו: §

אות א'

אינהו גזור אגושא לשרוף, ואאוירא ולא כלום, ואתו רבנן דשמונים שנה גזור אאוירא לתלות

רמב"ם פי"א מהל' טומאת מת ה"א - ארץ העכו"ם בתחילה גזרו על גושה בלבד כבית הפרס, ולא היו מטמאים אלא המהלך בה, או נוגע או נושא מעפרה; חזרו וגזרו על אוירה שיטמא, ואף על פי שלא נגע ולא נשא, אלא כיון שהכניס ראשו ורובו לאויר ארץ העכו"ם נטמא; וכן כלי חרש שהכניס אוירו לארץ העכו"ם, ושאר כלים שהכניס רובם לאויר ארץ העכו"ם, נטמאו.

רמב"ם פי"א מהל' טומאת מת ה"ב - טומאת אויר ארץ העכו"ם לא עשו אותה כטומאת עפרה, אלא קלה היא ממנה; שעל טומאת עפרה שורפין תרומות וקדשים, והמתטמא בגושה טמא טומאת שבעה וצריך הזייה שלישי ושביעי; אבל הנטמא באוירה א"צ הזייה שלישי ושביעי, אלא טבילה והערב שמש, וכן תרומה וקדשים שנטמאו מחמת אוירה, תולין, לא אוכלין ולא שורפין.

אות ב' - ג'

על ששה ספקות שורפין את התרומה וכו'

על ודאי מגען שהוא ספק טומאתן שורפין את התרומה

רמב"ם פי"ג מהל' שאר אבות הטומאה הי"ג - על ששה ספיקות שורפין את התרומה, וכולם גזירה מדבריהם, ואלו הן: על בית הפרס, ועל עפר הבא מארץ העמים, ועל בגדי ע"ה, ועל הכלים הנמצאים, ועל הרוקים הנמצאים, [א]ועל מי רגלי אדם טמא שנתערב במי רגלי בהמה מחצה למחצה, ואין ידוע אם בטלו מראיתן אם לא.

כיצד, אם נטמאת תרומה מחמת אחד מששה אלו, אף על פי שעיקר טומאתן בספק, הרי זו תשרף, הואיל וודאי ספיקות אלו טומאתן מן התורה, שהמת והזב טמאין מן התורה. ואחת תרומה שנגעה באחת משש טומאות האלו, או שנטמאת מחמת אחת מהן, והרי היא שלישי לאחת מהן, הרי זו תשרף; אבל אם נסתפק לו בכ"מ אם נגע בבית הפרס ובארץ העמים או לא נגע, אם נגע בבגדים ורוקין וכלים ומי רגלים או לא נגע, הרי אלו תולין; מפני שהעיקר טומאתן מפני הספק, שמא טמאין הן או טהורים, וא"ת טמאין, שמא נגע שמא לא נגע, ונמצאו שני ספיקות, ואין שורפין על שני ספיקות, אלא תולין כמו שביארנו.

אות ד' - ה' - ו'

כלי זכוכית מאי טעמא גזור בהו רבנן טומאה

לא תהא להן טהרה במקוה

ואלו חוצצין בכלים: הזפת והמור בכלי זכוכית

רמב"ם פ"א מהל' כלים ה"ה - כלי זכוכית אינן מקבלין טומאה מדברי תורה, וחכמים גזרו עליהן שיקבלו טומאה, הואיל ותחלת ברייתן מן החול ככלי חרס, הרי הן ככלי חרס; ומפני שתוכן נראה כברן, לא גזרו עליהן שיטמאו מאוירן, אלא עד שתגע הטומאה בהן בין מתוכן בין מגבן ככלי מתכות; ולא גזרו טומאה על פשוטיהן אלא על מקבליהן; ואין להם טהרה במקוה; ואין שורפין עליהן תרומה וקדשים, שלא גזרו עליהן אלא לתלות. השגת הראב"ד: ומפני שתוכן נראה כברן. א"א [ב]אין זה הטעם על דרך ההלכה, אלא מפני שתוכן נראה מברן, עשו גבו כתוכו ומטמא מגבו; וא"ת יטמא מאוירו ככלי חרס, א"כ יהיה חמור מכל הכלים הכתובים בתורה, שלא מצינו שלש טומאות הללו בשום כלי, מיעטו את האויר מפני שהוא חידוש.

באר הגולה

[א] ‹פירוש רבינו בה ע"פ התוספתא - כסף משנה› [ב] ‹פשטא דגמרא כהראב"ד, ולדעת רבינו י"ל שהוא סובר, שכשהקשו אלא מעתה לא ליטמו מגבן, בכלל זה הוא שיתטמאו מאוירן ככלי חרס, וכי שני רב אשי הואיל ותוכו נראה כברו, הוי נמי טעמא בין לשמטמאים מגבן בין מאוירן, [ר"ל בין לשלא יטמאו מאוירה], דכיון דלא דמו לכלי חרס שאין תוכן נראה כברן, וכלי זכוכית תוכן נראה כברן, אין לדמותן לגמרי לכלי חרס, ושלא כפירש"י - כסף משנה›

§ מסכת שבת דף טז. §

אות א'

מכאן ולהבא אין, למפרע לא

רמב"ם פי"ב מהל' כלים ה"י - כלי זכוכית שנטמאו ונשברו, טהרו ככל הכלים; ואפילו התיכן ועשה מהן כלים אחרים, אינם חוזרים לטומאה הישנה, לפי שעיקר טומאתה מד"ס כמו שביארנו, לא גזרו עליהן בטומאה ישנה.

אות ב'

עבדי בהו רבנן הכירא, כי היכי דלא לשרוף עלייהו תרומה וקדשים

רמב"ם פ"א מהל' כלים ה"ה - כלי זכוכית אינן מקבלין טומאה מדברי תורה, וחכמים גזרו עליהן שיקבלו טומאה, הואיל ותחלת ברייתן מן החול ככלי חרס, הרי הן ככלי חרס; ומפני שתוכן נראה כברן, לא גזרו עליהן שיטמאו מאוירן, אלא עד שתגע הטומאה בהן בין מתוכן בין מגבן ככלי מתכות; ולא גזרו טומאה על פשוטיהן אלא על מקבליהן; ואין להם טהרה במקוה; ואין שורפין עליהן תרומה וקדשים, שלא גזרו עליהן אלא לתלות.

השגת הראב"ד: ומפני שתוכן נראה כברן. [א]א"א אין זה הטעם על דרך ההלכה, אלא מפני שתוכן נראה מברן עשו גבו כתוכו ומטמא מגבו, וא"ת יטמא מאוירו ככלי חרס, א"כ יהיה חמור מכל הכלים הכתובים בתורה, שלא מלינו שלא טומאות הללו בשום כלי, מיעטו את האויר מפני שהוא חידוש.

באר הגולה

[א] ‹פשטא דגמרא כהראב"ד, ולדעת רבינו י"ל שהוא סובר, שכשהקשו אלא מעתה לא ליטמו מגבן, בכלל זה הוא שיתטמאו מאוירן ככלי חרס, וכי שני רב אשי הואיל ותוכו נראה כברו, הוי נמי טעמא בין לשמטמאים מגבן בין מאוירן, [ר"ל בין לשלא יטמאו מאוירה], דכיון דלא דמו לכלי חרס שאין תוכן נראה כברן, וכלי זכוכית תוכן נראה כברן, אין לדמותן לגמרי לכלי חרס, ושלא כפירש"י – כסף משנה›

מסורת הש"ס

כלים פ"ב מ"א

[ע"ז עה:]

פ"ו נב. כלים פי"א מ"א

כלים פ"ב מ"א

עין משפט נר מצוה

קכד א מיי' פ"ב מהל' כלים הלכה י:

קכה ב מיי' פ"א מהל' כלים הלכה ה:

לא ליטמו מגבן אלמה תנן *כלי חרס וכלי נתר טומאתן שוה מיטמאין ומטמאין מאוירידהן ומיטמאין מאחורידהן ואין מיטמאין מגביהן ושבירתן מטהרתן כלי נתר וכלי חרס הוא דטומאתן שוה אבל מידי אחרינא לא אמרי *כיון דכי נשברו יש להם תקנה שוינהו ככלי מתכות אלא מעתה יחזרו לטומאתן ישנה ככלי מתכות *דתנן כלי מתכות פשוטיהן ומקבליהן טמאין נשברו טהרו חזר ועשה מהן כלים חזרו לטומאתן ישנה ואילו גבי כלי זכוכית תנן *כלי עץ וכלי עור וכלי עצם וכלי זכוכית *פשוטיהן טהורין ומקבליהן טמאין נשברו טהרו חזר ועשה מהן כלים מקבלין טומאה מכאן ולהבא *מכאן ולהבא אין למפרע לא טומאת כלי זכוכית דרבנן וטומאה ישנה דרבנן בטומאה דאורייתא אחיתו בה רבנן טומאה בטומאה דרבנן לא אחיתו לה רבנן טומאה פשוטיהן מיהא ליטמא דהא פשוטי כלי מתכות דאורייתא נינהו עבדי בהו רבנן *היכרא כי היכי דלא לשרוף עלייהו תרומה וקדשים

רב

רש"י

נפר. מין אדמה לבנה: **מיטמאין ומטמאין מאוירן.** נטלית טומאה באוירן נטמא מן האויר חזר ותלה אוכלין באוירן מטמאין את האוכלים ואע"פ שלא נגעו טמא דכתיב כל אשר בתוכו יטמא ואפי' מלא חרדל שאין נוגע בדפנותיו אלא הסמוך לדפנות: **ומיטמאין מאחוריהן.** אם נכנס טומאה לתוך אחוריהן מבחוץ במקום חקק בית מושבם כדרך שעושין לכלי עץ: **ואין מיטמאין מגבן.** דכתיב אל תוכו: **יש להן תקנה.** להתיכן ולחזור ולעשותן כלים: **לטומאתן ישנה.** אם נטמאו ונקבו וטהרו וחזר ועשה מהן כלים יחזרו לטומאתן להצריכן טבילה הואיל וככלי מתכות נינהו: **טהרו.** דאיכא כלי: **חזרו לטומאתן ישנה.** לקמיה מפרש טעמא: **פשוטיהן טהורים.** דאיתקש עץ ועור לשק דיש לו בית קבול וכלי עצם איתקש לעץ ועור בפרשת מדין (במדבר לא) כל בגד וכל כלי עור וגו' ואמרי' בהכל שוחטין (חולין דף כה:) להביא דבר הבא מן העזים מן הקרנים ומן הטלפים וכלי זכוכית לקמן מפרש טעמא אמאי פשוטיהן טהורים מאחר דדמו למתכות: **וטומאה ישנה.** שיחזרו לה מאחר שטהרו ממנה דרבנן היא כדלקמן בהילכתא: **בטומאת כלי מתכות דאורייתא.** גזור טומאה ישנה אבל בכלי זכוכית דעיקר תחילת טומאתו ליתא אלא מדרבנן לא גזרו טומאה ישנה: **פשוטיהן מיהא ליטמא.** ככלי מתכות דהא פשוטי כלי מתכות דאוריי' וכיון דדכוותייהו שוינהו ליטמא דליכא לשנויי בהא כדשני' בטומאה ישנה: **עבדי רבנן היכרא.** בטומאת כלי זכוכית וחילקו בה מטומאה דאורייתא להודיע שהיא מדבריהם ולא ישרפו עליה תרומה וקדשים דלא שרפי תרומה משום טומאה דרבנן בר מן ו' ספיקות (לעיל דף טו:):

לעולם

תוספות

מטהרין לגמרי משום דחשיבי להו ככלי חרס דאמרי' בתוספתא כלי חרס שטיהר שעה אחת שוב אין לו טומאה לעולם דא"כ מנלן דרבי מאיר אזיל בתר מעמיד דילמא לאו מדין כלי מתכות מטמא ליה אלא משום דאזיל לטעמיה דאית ליה בתוספתא דכלים דכלי חרס שטיהר שוב יש לו טומאה דתניא התם שולי המחצין ושולי הפחתים וקרקרות הכלים ודופנותיהן כו' שיפן ועשאן כלים ממלאין בהן כו' ומקבלים טומאה מכאן ולהבא דברי ר' מאיר וחכמים אומרים כל כלי חרס שטיהר שעה אחת שוב ט' ורבינו שמואל גריס ור"מ היא דחשיב סתימה מעלייתא ולא גריס דאמר הכל הולך אחר המעמיד ומפרש דפליגי ר"מ ורבנן בהכי דר"מ חשיב ליה סתימה מעלייתא ורבנן לא חשיבי להו סתימה מעלייתא הלכך מטהרים לגמרי ודכ"ע אי הוה סתימה מעלייתא הוה אזלינן בתר מעמיד הלכך לר"מ יש לו טהרה במקוה*:

אלא מעתה לא ליטמאו מגבן. וה"ה דה"מ למימר וליטמאו מאוירן וכי משני דהא דמיטמאו מגבן מפני שנראה תוכן כברן לא מצי למיפרך אכתי ליטמאו מאוירן דאיכא למימר אה"נ והא דלא תני בהדי נתר וכלי חרס משום דכלי זכוכית מיטמי מגבן:

לא ליטמאו מגבן אלמה תנן כלי נתר וכלי חרס כו'. וקשה לרשב"א דהוה ליה לאתויי ברייתא דתוספתא דכלים מחט וטבעת ושולי כלי עץ וכלי זכוכית וכלי עצם אין ממלאין בהן ואין מקדשין בהן ואין מזלין בלמיד פתיל אלמא דמיטמאין מגבן ואמאי מייתי הא דלא מצי לאוכוחי מינה אלא על ידי דיוק כלי נתר וכלי חרס הוא דטומאתן שוה כו' ועוד אהך דמייתי איכא למימר דלא חשיב אלא כלי נתר וכלי חרס דהוו דאורייתא דכלי נתר נפקא לן בת"כ דכתיב [וכל] כלי חרס לרבות כלי נתר: **ה"ג** רש"י מיטמאין ומטמאין מאויריהן ומיטמאין מאחוריהן *ואין מיטמאין *מגביהן ופירש דמיטמאין מאחוריהן במקום חקק בית מושבן כל שכן דמטמאין אחרים כדמוכח בפ' העור והרוטב (חולין דף קיח.) מרובה מדת לטמא ממדת ליטמא דהשתא טיולי טיילא אפוקי מיבעיא והא דלא קתני מטמאין ומיטמאין מאחוריהן כדתנן גבי אויריהן משום דגבי אויריהן יש חידוש משניהם מה שאין כן בכלים אחרים שאינם מטמאין ולא מיטמאין מאויר אבל במה שמטמא אחרים מאחוריו אין זה חידוש דאפילו מגבן נמי מטמאין אחרים וכן כל הכלים וכ"ש אלו מאחוריהן דאיכא חקק אבל מיטמאין מאחוריהן תנא להשמעינן דאע"ג דאין מיטמאין מגבן אפילו הכי מיטמאין מאחוריהן ולהכי לא עריב להו מטמאין ומיטמאין מאחוריהן משום דבאויריהן הוי חידוש משניהם אבל באחוריהם אין חידוש אלא במיטמאין לחוד א"נ מטמאין מאויריהן היינו דאוריי' אבל מאחוריהן לא הוי אלא מדרבנן ועוד דמיטמאין מאויריהן היינו כל הכלי אבל מיטמאין מאחוריהן מצי למימר שאין מיטמא אלא גבו לבד והא דתניא בת"כ מרובה מדת לטמא מליטמא שמטמא אחרים מאחוריו ואין מיטמא מאחוריו מצינו למימר דאחוריו דקאמר התם היינו גב ולא חקק בית מושב א"נ איטו מיטמא מאחוריו מדאוריי' אבל מדרבנן מיטמא א"נ אפי' מדאוריי' מיטמא מאחוריו והא דקאמר איטו מיטמא מאחוריו היינו כולו דאיטו טמא כשקבל טומאה מאחוריו אלא גבו אבל תוכו לא והשתא אתי שפיר הא דאמרי' בפ' אלו מומין (בכורות דף לח. ושם) כלי חרס נטמא גבו לא נטמא תוכו משמע דגבו מיהא טמא והיינו כי נטמא מאחוריו במקום חקק וקרי ליה זימנין גבו וזמנין אחוריו ומה שכלי חרס מל"ל היינו אפילו ביש לו חקק שאם נטמא גבו תוכו טהור גמור והא דתניא בתוספתא דכלים כלי חרס אין לו טומאה אלא מאוירו והיינו לא אתי למעוטי אחוריו אלא גבו וחקק הוי בכלל אוירא והקשה ה"ר אליעזר הזקן ז"ל לפ"ה דתניא בתוספתא דכלים זה הכלל כל המשמש כפוי בכלי חרס טהור ואחורים הן משתמשין כפויים ותירץ רבינו שמואל דהתם בכיסוי קדרה ואלפס דאיירי בהם התם לעיל כמו שמפורש הטעם בת"כ יכול שאני מרבה אף חפוי הכלי ת"ל אשר יעשה מלאכה בהם פרט לכיסוי הכלי שאין עושין בהן מלאכה אבל אחורים פעמים שכופין פניהם למטה ועושין בהן מלאכה בתוך אחורים ור"י מפרש דגרסי' הכי מטמאין מאחוריהם פירוש מאויר אחוריהן אם קבלו טומאה מתוכן ואין מיטמאין מגבן פירוש לא מקבלי טומאה אפילו בנגיעת גבן וכ"ש מאויר אחוריהן דאין מקבלין טומאה וה"ה בנגיעת אחוריו נמי לא מקבלי טומאה והא דלא נקט דאין מיטמאין מאחוריהם משום דלא נטעי לומר דהיינו אויר אחוריהן אבל בנגיעת אחוריהן טמא להכי נקטו ואין מיטמאין מגבן דאין כאן אלא נגיעה והא דלא עריב ותני להו מטמאין ואין מיטמאין מאחוריהן ומגביהן היינו משום שלא הוי מפרש רבותא בגביהן ורבותא באחוריהם אבל השתא תנן מטמאין מאחוריהן לרבותא דאפי' באויר אחוריהן מטמאין ואין מיטמא מגבן דאפי' בנגיעה לא מקבלין טומאה*:

אלא כיון דכי נשברו יש להם תקנה. ל"ג אלא דלא הדר ביה ממאי דאמר שוינהו רבנן ככלי חרס דמשום טעם דנשברו יש להם תקנה אין סברא להוריד להם טומאה אלא משום דלכלי חרס דמי לגמרי וכיון דכבר הורידו להם טומאה משום דדמו לכלי חרס משום כיון דנשברו יש להם תקנה שוינהו רבנן כמתכות לענין טומאת גבן:

בטומאה דרבנן לא אחיתו לה רבנן טומאה. וקשה לר"י דאמר במס' ע"ז פ' ר' ישמעאל (דף נב: ושם) ריתך כלי לע"ז מהו אמר רב המטנלא טומאה ישנה קמיבעיא להו דתנן חזר ועשה מהן כלים חזרו לטומאתן ישנה אלמא אפילו בטומאה דרבנן נמי איכא טומאה ישנה ויש לומר אע"פ דאמר התם בטומאה דרבנן היא מ"מ הכלי מקבל טומאה מדאורייתא אבל הכא כלי זכוכית דלא מקבל שום טומאה מדאורייתא אלא מדרבנן פשיטא ליה דלא אחיתו להו רבנן טומאה:

עבדי רבנן היכרא דלא לישרוף תרומה וקדשים. במאי דאין חוזרין לטומאה ישנה לא הוי היכרא דהא כלי מתכות נמי אין חוזרין לטומאה ישנה אלא מדרבנן וליכא היכרא דאורייתא וקשה לר"י דילמא לעולם לכלי חרס דמו דאין מטמאין מגבן והאי דלא תני ליה בהדי כלי נתר וכלי חרס משום דהנהו מיטמאין באויר אבל כלי זכוכית לא מיטמא מאויר דעבדו רבנן היכרא דלא לישרוף וכו' דהא ה"ג אמר בפרק במה טומנין (לקמן דף מח:) דבית הפך ובית התבלין ר' מאיר מטמא במגע אבל לא באויר דעביד רבנן היכרא ותי' ר"י הבחור דע"כ כלי זכוכית מטמו מגבן מתוספתא דכלים שהבאתי לעיל שאין מזלין בלמיד פתיל ולמאי דפרישית נמי לעיל דדווקא לטומאה גב לא שורפין שאין טמא אלא משום דדמי לכלי מתכות אבל ממה שמטמא מאורת כלי חרס שורפין אתי נמי שפיר:

רב

והא דאמר בבכורות [לח.] נטמא גבו לא נטמא תוכו ה"ה דגבו נמי לא נטמא אלא אגב דקאמר נטמא תוכו נטמא גבו קאמר נמי נטמא גבו לא נטמא תוכו והא דלא מקבל טומאה מגבו נפקא לן בפ"ק דחולין [כה.] ממוקף צמיד פתיל דטהור וה"ל דדריש בת"כ אשר יפול מהם אל תוכו מתוכו ולא מאויר אסמכתא היא דהא תוך דרשינן בפ"ק דחולין לדרשה אחריתי [תוספות ישנים]

ועי"כ לא אתי למעוטי אלא גבו דהא מקבל טומאה על ידו דאמר בהמפלת [כו.] אבן היוצא מן ככירי' ומן התנור וכו' והיינו אפילו לסכנים כדאמר בר"פ העור והרוטב [קיח:] ומיהו יש לדחות דהתם איירי בטומאת אוכלין וכלי שטף אבל בכלי חרס לא יכנים [תוס' ישנים]

[וע"ע תוס' חולין כד: ד"ה וגבו ותוספות בכורות לח. ד"ה סרי]

רבינו חננאל

ור"מ הוא דאמר כיון שהשיפו לתוכן אבר ככלי מתכות דמי שהכל הולך אחר המעמיד ומטמאין ומטהרין דתניא כלי זכוכית שניקבו כו' ואקשינן אם ככלי מתכות הן יחזרו לטומאתן ישנה כו' ושנינן טומאת ישנה דרבנן וכי אחיתו להו רבנן טומאת בטמאה דאורייתא בטמאה דרבנן לא אחיתו להו טומאת ואקשינן והא פשוטיהן טומאה דאורייתא היא בכלי מתכות ובכלי זכוכית שנינו פשוטיהן טהורין ושנינן עבדו בהו רבנן היכירא ללמד כי אינן ככלי מתכות לכל מילי.

רב

גליון הש"ס

גמ' דכי נשברו יש להם תקנה. עיין סנהדרין דף ל"ח ע"א ברש"י ד"ה יש להם תקנה: שם עבדו בהו רבנן היכירא. לקמן דף מח ע"ב ד"ה דף ל ע"א:

עין משפט נר מצוה

קכו א מיי' פ"א מהל' כלים הלכה ה:

קכז ב מיי' פי"ב מהל' כלים הלכה ג:

קכח ג ד ה מיי' פ"ד מהלכות מקואות הלכה ד סמג עשין רמח טוש"ע יו"ד סימן רא סעיף מא:

[שם ליתא ושל ציון המלכה ע"ש ועי' רבה בחקותי פרשה לה]

[נ"ל כלי מתכות פשוטיהן ומקבליהן כו']

רב אשי אמר לעולם לכלי חרס דמו ודקא קשיא לך לא ליטמו מגבן *הואיל ונראה תוכו כברו *שמעון בן שטח תיקן כתובה לאשה וגזר טומאה על כלי מתכות כלי מתכות דאורייתא נינהו דכתיב °אך את הזהב ואת הכסף וגו' לא נצרכה אלא לטומאה ישנה דאמר רב יהודה אמר רב מעשה בשל ציון המלכה שעשתה משתה לבנה ונטמאו כל כליה ושברתן ונתנתן לצורף וריתכן ועשה מהן כלים חדשים ואמרו חכמים יחזרו לטומאתן ישנה מ"ט משום גדר מי חטאת נגעו בה הניחא למאן דאמר לא לכל הטומאות אמרו אלא לטומאת המת בלבד אמרו שפיר אלא למאן דאמר לכל הטומאות אמרו מאי איכא למימר אמר אביי גזירה שמא לא יקבנו בבדי טהרתו רבא אמר *גזירה *שמא יאמרו טבילה בת יומא עולה לה מאי בינייהו °א"ב דרצפינהו מרצף: ואידך מאי היא *דתנן המניח כלים תחת הצינור לקבל בהן מי גשמים אחד כלים גדולים ואחד כלים קטנים ואפילו כלי אבנים וכלי אדמה וכלי גללים פוסלין את המקוה אחד המניח ואחד השוכח דברי ב"ש וב"ה מטהרין בשוכח אמר ר' מאיר נמנו ורבו ב"ש על ב"ה ומודים ב"ש בשוכח בחצר שהוא טהור אמר רבי יוסי עדיין מחלוקת במקומה עומדת אמר רב משרשיא דבי רב אמרי *הכל מודים כשהניחם בשעת קישור עבים טמאים בשעת פיזור עבים ד"ה טהורין לא נחלקו אלא שהניחם בשעת קישור עבים ונתפזרו וחזרו ונתקשרו מר סבר *בטלה מחשבתו ומר סבר לא בטלה מחשבתו ולר' יוסי דאמר מחלוקת עדיין במקומה עומדת בצרי להו א"ר נחמן בר יצחק אף *בנות כותים נדות מעריסתן בו ביום גזרו: ואידך מאי היא *דתנן כל המטלטלי' מביאין את הטומאה בעובי המרדע אמר רבי טרפון אקפח

במדבר לא

רש"י

לעולם לכלי חרס דמו. הואיל ובריית[ן] מן החול הלכך פשוטיהן טהורין ואין בהן טומאה [ישנה]: **הואיל ונראה תוכו.** מבחוץ דרך דפנותיו לא חשיב גב אלא תוך: **בשל ציון.** בימי שמעון בן שטח היתה: **כל כליה.** במה שהיתה צריכה להמתין הזאת שלישי ושביעי הורה לפיכך שברתן למהר טהרתן לבו ביום: **וריתכן** · שולדי בלע"ז שמחבר כסף במקום שבר: **גדר מי חטאת** · כמלאו מי חטאת בטלים שאין לך אדם ממתין ז' ימים אלא שוברן ותשתכח תורת מי חטאת: **למ"ד כו'** · °לא ידענא היכא: **אמרו** · שיחזרו: **בבדי טהרתו** · כמולית רמון: **בת יומא** · בלא הערב שמש שהרואה שנטמאו ומשתמשין בהן בו ביום ואינו יודע שנשברו סובר שהטבילום: **עולה** · מועלת: **דרצפינהו מרצף** · הריקן ושברן כולן כמו *מחולת רצופה שמא לא יקבנו ליכא ושמא יאמרו איכא ואיכא דאמרי שמא לא יקבנו איכא שמא יאמרו כו' ליכא דהא מינכר עשייה שנתחדש כולו וזה נראה בעיני: **תחת הצינור** · שקבעו ולבסוף תקנו להמשיך מים למקוה דשוב אינו פוסל אבל הכלים פוסלים משום שאיבה: **ואחד כלים קטנים** · דלא תימא לא חשיבי: **ואפילו כלי גללים** · שאינם קרויין כלים לענין קבלת טומאה הוו כלים לענין שאיבה: **גללים** · (א)°שייש: **כלי אדמה** · דלאו ע"י גיבול הוא ככלי נתר וכלי חרס: **משכחין** · דשוכח לא חשיבה שאיבה הואיל ולא לכך נתכוון: **בחצר** · שלא תחת הצינור ונתמלא מן הנוטפין ונפלו למקוה שהוא טהור דבמניח תחת הצינור ושהניחן בשעת קישור עבים ואח"כ נתפזרו ושכחן כדמוקי לקמן הוא דפליגי ביה דגלי דעתיה שרצה שיפלו לתוכו ומשום פזור עבים לא בטלה מחשבתו ראשונה אבל במונח בחצר ואפי' בשעת קישור ונתפזרו לא מוכחא מחשבה קמייתא שפיר מעיקרא הלכך בטלה: **במקומה עומדת** · במניח תחת הצינור בקישור עבים לא נמנו ורבו עליה לבטל דברי בית הלל דלא חזרו בהן: **שניחן** · תחת הצינור בשעת קישור עבים ואיתרו גשמים לבוא ויבא למלאכתו ושכחן דברי הכל הואיל ומתחלה לכך נתכוון לא בטלה מחשבתו בשכחתו: **דברי הכל טהורים** · דליכא גלויי דעתא: **בטלה מחשבתו** · דכי נתפזרו אסח דעתיה דסבר לא ירדו גשמים עוד: **בצרי להו** · י"ח דבר שאין זו מן המנין דכל זמן שלא נמנו ורבו הויא הלכה כבית הלל וטהור: **נדות מעריסתן** · מיום שנולדה דגזרינן דילמא חזאי נדות דקטנה בת יומא מטמאה בנדה דתניא אין לי אלא אשה תינוקת בת יום אחד לנדה מנין תלמוד לומר ואשה וכותים אין דורשין מדרש זה וכי חזיין לא מפרשי לה הלכך גזור בהו רבנן: **כל המטלטלין מביאין את הטומאה** · משום אהל שאם היאהל ראשו אחד על המת וראשו אחד על הכלים מביאין להן טומאת אהל המת ליטמא ז' ימים ולהיות אב הטומאה כדין אהל טמא: **בעובי המרדע** · אפילו אין בהן פותח טפח אלא כעובי המרדע ולקמן מפרש יש בהיקפו טפח תוך טפח צריך להקיפו ואף על גב דאהל דאורייתא פחות מטפח לא הוי דהלכה למשה מסיני הוא כשאר כל השיעורין הכא גזור רבנן היקפו משום עביו:

אקפח

תוספות

רב אשי אמר לעולם לכלי חרס דמו. הכא לית ליה לרב אשי טעמא הואיל וכי נשברו יש להם תקנה שויוהו כו' ומיהו לענין להצריכן טבילה כשהן חדשים אית ליה לרב אשי האי טעמא בהדיא בפרק בתרא דמסכת ע"ז (דף עה:): **דאמר** רב יהודה מעשה בשל ציון המלכה·ומייתי ראיה דבימי שמעון בן שטח גזרו טומאה על כלי מתכות דיחזרו לטומאתן ישנה דהוא היה בימי של ציון המלכה כדאיתא בפרק ג' דתענית (דף כג.) דאמר מעשה בימי ר"ש בן שטח *ושל ציון המלכה שהיו גשמים יורדים מע"ש לע"ש וכו': **הניחא** למ"ד דלא לכל הטומאות אמרו. רשב"ג סבירא ליה הכי (ב) (בתוספתא) דכלים (*פ"א) גבי ההוא דמייתי לעיל (*כלי עץ וכלי שר כו') ופליג את"ק דאמר סתמא יחזרו לטומאתן ישנה וטעמא משום דטומאת מת היא זמן מרובה ויטבר ולא ירצה להמתין: **אחד** כלים גדולים. שמרוב גודלן אינן מקבלים טומאה כגון כלי עץ שהן יתרים על ארבעים סאה שאינן מיטלטלים מלא וריקן אפ"ה מיקרי שאיבה ואחד כלים קטנים כדתנן במס' כלים (פ"ב מ"ג) ומייתי לה בפ' אלו טריפות (חולין דף כה.) הדקין שבכלי חרס הן וקרקרותיהן ודפנותיהם יושבין שלא מסומכים שעורן מכדי סיכת קטן ועד לוג אבל בציר מהכי טהורים: **אף** בנות כותים. תימה לר"י דבריש בנות כותים (נדה דף לא: ושם) מוקי לה כר"מ דחייש למיעוטא והאי טעמא לא שייך אלא למ"ד כותים גרי אמת הן ואם ראתה טמאה מדאורייתא אבל למ"ד כותים גרי אריות הן לא שייך האי טעמא דאפי' אם ראתה טהורה מדאורייתא דעו"ג לא מטמאו בזיבה ובשמעתין מוכח דלכ"ע בנות כותים הוי מי"ח דבר ולמאן דלא חייש למיעוטא או למ"ד גרי אריות הן היכי מני לה בי"ח דבר ועוד דר' יוסי אית ליה דגרי אריות הן במנחות בפרק רבי ישמעאל (דף סו: ושם) דאית ליה תורמין משל עו"ג על של כותים ומשל כותים על של עו"ג והכא חשיב אליבי' בנות כותים בי"ח דבר וי"ל דבנות כותים אתיא לכ"ע וגזרו עליהן שיהיו נדות שלא יטמאו בהן והא דמוקי התם מתני' כר"מ משום דסיפא מוכחא דלא הוי משום טימוע דקתני הכותים מטמאין משכב התחתון כעליון מפני שהן בועלי נדות מספק ומסיים ואין שורפין עליהן את התרומה מפני שטומאתן ספק משמע דקאי אף אקטנות דאיירי בהן והא דקאמר התם רבי יוסי מעשה היה בעינבול והטבילוה קודם לחמה לאו משום דחייש למיעוט מייתי ראיה למיעוט דשכיח הוא דהא טעמא דרבי יוסי משום טימוע אלא לכך מייתי ראיה דאי לאו דשכיח הוא לא הוי לן למיגזר שיהו נדות מעריסותיהן משום טימוע דלא ליהוי כחוכא ואיטלולא וא"ת היכי חשיב ליה לר"מ בי"ח דבר והלא בלאו הכי בכל מקום חייש ר' מאיר למיעוטא וי"ל דהכא הוצרכו לגזור משום דדמי לחזקה ורובא שלא ראתה [illegible] עם יציאתה לעולם לא ראתה ואוקמי אחזקה וסמוך [illegible] ואיתרע ליה מיעוטא ולא הוה חייש רבי מאיר אי לאו דגזרו ליה בי"ח דבר דהוה ליה מיעוטא דמיעוטא כדמוכח בריש פרק בתרא דיבמות (דף קיט.) וא"ת למ"ד בפ"ב דמסכתא ע"ז (דף לו:) גזרו על בנותיהן משום דבר אחר היינו שיהו נדות מעריסותן אמאי חשיב לא בתרתי גזרות בנותיהן ובנות כותים וי"ל דצריכי דאי גזרו בעו"ג ה"א משום דאדוקי בעבודת כוכבים טפי אבל בנות כותים לא ואי גזרו בכותים משום דרגילין ושייכי טפי גבי ישראל מעובדי כוכבים אבל עכו"ם לא: **כל** המטלטלין · נקט מטלטלין משום שלא גזרו טומאה אלא על האדם הטושאן אבל בפותח טפח אפילו במחוברים נמי מביאין את הטומאה דדוקא זרעים וירקות לפי שאין בהן ממש קתני התם דלא מביאין ולא תוגלים דהוי כמו טיפת הברד והשלג וכפור והגליד והמלח אבל אילן המיסך על הארץ קתני התם דמביא את הטומאה:

*)**אקפח** את בני · לשון שבועה הוא כלומר אקפח את בני אם אין זה דבר אמת שהלכה זו מקופחת וכענין זה מליט במקרא (בראשית מב) חי פרעה אם תצאו מזה כלומר °שלא תצאו מזה *:

*)שייך לדף יז'

שמע

רבינו חננאל

רב אשי אמר לעולם כלי זכוכית ככלי חרס הן ודקא קשיא לך אם ככלי חרס הן לא יטמאו מגבן דהא אין כלי חרס מטמא אלא באויר ולא מגבו מה שאינן [בשאר כלים] דגרסינן בשחיטת חולין פ"ק ראשון. ת"ר אויר כלי חרס טמא וגבו טהור אויר כל הכלים טהורין וגבן טמא ותו אמרינן וכל כלי פתוח אשר אין צמיד פתיל עליו טמא הוא איזהו כלי שטומאתו קודמת לפתחו הוי אומ' זה כלי חרס וכי איצטריך פתיל עליו הוא דטמא הא יש צמיד פתיל עליו טהור הא למדת שכלי חרס אם אינו צמיד פתיל [עליו] טומאה קודמת לפתחו ואפילו באויר ואם הוא צמיד פתיל אינו מטמא מגבו ושאר כל הכלים אפילו הן צמיד פתיל ונגעה בהן טומאה מגבן נטמאו ואשוי כלי זכוכית אין מקבלין טומאה ככלי חרס דתנינן (כלים פ"ב) זה הכלל כל שאין לו תוך בכלי חרס אין לו אחוריים פי' אין מטמאין מגבן באויר שאין כלי חרס מטמא באויר מגבו אלא מתוכו שנאמר אל תוכו לפיכך מוקף צמיד פתיל טהור מפני שאינו מטמא מגבו שהן אחוריו אבל שאר הכלים ואפילו כלי זכוכית אין צמיד פתיל מציל בהן בזמן שיש לכלי זכוכית בית קבול מפני שמטמאין מגבן הכא אמר רב אשי כלי זכוכית ככלי חרס הן ובסוף ע"ז אמרינן כלי זכוכית ככלי מתכות הן ושנינן לא קשיא הכי קאמר כלי זכוכית ככלי חרס הן ולא מקבלי טומאה אא"כ יש להן תוך ככלי חרס והוא בית קבול אבל פשוטיהן טהורין תנור עליהן להיות מיטמאין מגבן הואיל וכלי זכוכית מראת הטומאה מגבן שהוא אחוריו כאילו בתוכו היא. אבל לעלות מידי טומאתן כלי זכוכית ככלי מתכות והצריכן טבילה במ' סאה והכין קיי"ל כרב אשי דהוא בתראה: שמעון בן שטח תיקן כתובה לאשה מפורש במס' כתובות פ' האשה שנפלו לה נכסים בסופו עד שבא שמעון בן שטח [ותיקן שיהא כותב] כל נכסיי אחראין לכתובתיך. תנור טומאה [על כלי מתכות] ואסיק' טומאה ישנה כגון שנטמאו כלי זכוכית ועמד ושיברן כדקיי"ל נשברו טהרו וריתכן ועשאן מיד כלי גזרו עליהן לחזור לטומאתן הישנה ולא לכל טומאות גזור גזירה זו אלא לטומאת מת בלבד וט"ט אמר עולא משום גדר מי חטאת פי' דאי מטהרת להו אתי לאקלי במי נד[ה] ואקשינן ולמאן דאמר דלכל הטומאות חוזרין לטומאתן ישנה ושבירתן כהאי טונא לא טהרתן ט"ט אמר אביי גזירה שמא לא יקבנו בבדי טהרתו כדתנן (כלים פי"ד) כלי מתכות כמה שיעורן הדלי למלאות בו כ[illegible] רבא אמר גזירה שמא יאמרו טבילה בת יומא עולה פי' הרואה כי שברו ותקנו ותטהר מידי כך יטבילוהו וישתמש בו מיד בלא הערב שמש יאמרו שבירתן טהרתן וטבילתן מטהרתן מה שבירתו אינה צריכה הערב שמש אף טבילתו אינה צריכה הערב שמש מכדי אביי ורבא סברי תרוייהו יחזרו לטומאתן ישנה מאי בינייהו איכא בינייהו דרצפינהו מרצף פירוש כגון שפוד שנרצף שיקע כותלי הכלי בתוכן ונעשה כאלו נשברו כותלי[ו] ואביי דחייש שמא לא יקבנו בבדי טהרתו אע"ג דרצפה חייש ועדיין טומאתו ישנה עליו ולרבא פרוח טומאתו דהוא רציף ולא כלי הוא: המניח את כליו תחת הצינור · כולה פשוטה היא:

מסורת הש"ס

[לעיל יד: עי' כתובות פב:]

[נדה יד.]

[חולין קכג.]

מקוואות פ"ד מ"א

[ועי' תוס' חגיגה טז: ד"ה אראה]

הגהות הב"ח

(א) רש"י ד"ה גללים שייש כ"ב בעלמא פרש"י לפיפי נקי: (ב) תוס' ד"ה הניחא וכו' סבירא ליה הכי במסכת כלים (וכן הוא בס"י) · נ"ב פ"ק בפ' י"א:

גליון הש"ס

גמ' איכא בינייהו דרצפינהו מרצף. עי' במתני' דכלי פי"א מ"ג ובתוי"ט שם ד"ה ריב"נ: רש"י ד"ה למ"ד לא ידענא היכא. עיין ברכות דף כ ע"ב ברש"י ד"ה מאן שמעת ליה כו' וש"נ: רש"י ד"ה גללים שייש. עיין רש"י לקמן דף נח ע"א ד"ה כלי גללים · ועי' שו"ת תשב"ץ ח"א סימן קכא: תוס' ד"ה אקפח וכו' שלא תצאו מזה. ועי' חגיגה דף טז ע"ב תוס' ד"ה אראה בנחמה ובכתובות דף סו ע"א:

רב נסים גאון

שמעון בן שטח תיקן כתובה לאשה · תמצא דבריו מבוארין במס' כתובות בפרק האשה שנפלו לה נכסים (דף פב) תניא נמי הכי בראשונה היו כותבין לבתולה מאתים ולאלמנה מנה וכו' עד שבא שמעון בן שטח ותיקן שיהא כותב כל נכסאי אחראין לכתובתיך ועיקר זאת הברייתא בתוספ' כתובות בראש פרק י"ב והוא אחרית המסכת: הניתא למאן דאמר לא כל הטמאות אמרו תיובת[א] לדרבן

§ מסכת שבת דף טז: §

אות א׳

הואיל ונראה תוכו כברו

רמב"ם פ"א מהל׳ כלים ה"ה - כלי זכוכית אינן מקבלין טומאה מדברי תורה, וחכמים גזרו עליהן שיקבלו טומאה, הואיל ותחלת ברייתן מן החול ככלי חרס, הרי הן ככלי חרס; ומפני שתוכן נראה כברן, לא גזרו עליהן שיטמאו מאוירן, אלא עד שתגע הטומאה בהן בין מתוכן בין מגבן ככלי מתכות; ולא גזרו טומאה על פשוטיהן אלא על מקבליהן; ואין להם טהרה במקוה; ואין שורפין עליהן תרומה וקדשים, שלא גזרו עליהן אלא לתלות.

השגת הראב"ד: ומפני שתוכן נראה כברן. [א]א"א אין זה הטעם על דרך הלכה, אלא מפני שתוכן נראה מברן עשו גבו כתוכו ומטמא מגבו, ולא"ת יטמא מאוירו ככלי חרס, א"כ יהיה חמור מכל הכלים הכתובים בתורה, שלא מלינו שלש טומאות הללו בשום כלי, מיעטו את האויר מפני שהוא חידוש.

אות ב׳

גזירה שמא יאמרו טבילה בת יומא עולה לה

רמב"ם פ"ב מהל׳ כלים ה"ב - וחזרת כלי מתכות לטומאתן הישנה מדברי סופרים, ומפני מה גזרו על כלי מתכות שיחזרו לטומאתן הישנה, גזירה שמא יטמא לו כלי, ויתיכנו ויעשה ממנו כלי אחר בו ביום, אם יאמר שהוא טהור כדין תורה, [ב]יבוא לומר השבירה מטהרת והטבילה מטהרת, כשם שאם נשבר והתיכו ועשה ממנו כלי כשהיה, הרי הוא טהור בו ביום, כך אם הטבילו, אף על פי שהוא כשהיה, הרי הוא טהור בו ביום, ויבואו לומר שאין הכלים צריכין הערב שמש, מפני זה החשש גזרו טומאה עליהם.

אות ג׳ – ד׳ – ה׳

דתנן: המניח כלים תחת הצינור לקבל בהן מי גשמים, אחד כלים גדולים ואחד כלים קטנים, ואפילו כלי אבנים וכלי אדמה וכלי גללים, פוסלין את המקוה... ובית הלל מטהרין בשוכח

הכל מודים כשהניחם בשעת קישור עבים, טמאים; בשעת פיזור עבים, דברי הכל טהורין; לא נחלקו אלא שהניחם בשעת קישור עבים, ונתפזרו, וחזרו ונתקשרו

בטלה מחשבתו

יו"ד סימן רא סמ"א - [ג]המניח כלים תחת הצנור לקבל מימיו שיפלו מהם לתוך המקוה, [ד]אם הניחם בשעת קשור עבים, וקודם שנתפזרו העבים ירדו גשמים ונתמלאו, חשובים לדעת, והווי שאובין; [ה]אבל אם לא נתקשרו העבים בשעה שהניחם, ואח"כ נתקשרו ונתמלאו; או אפילו הניחן בשעת קישור העבים, [ו]ונתפזרו, ונשארו שם עד שחזרו ונתקשרו, וירדו גשמים ונתמלאו, לא חשיבי לדעת ואינם פוסלין; [ז]ובלבד שישבור את הכלי או יהפכנו בענין שלא יגביהנו מעל הארץ, שאם מגביהו מן הארץ עם המים, חשובים שאובין ופוסלים את המקוה.

באר הגולה

א ‹פשטא דגמרא כהראב"ד, ולדעת רבינו י"ל שהוא סובר, שכשהקשו אלא מעתה לא ליטמו מגבן, בכלל זה הוא שיתטמאו מאוירן ככלי חרס, וכי שני רב אשי הואיל ותוכו נראה כברו, הוי נמי טעמא בין לשמטמאים מגבן בין מאוירן, [ר"ל בין לשלא יטמאו מאוירה], דכיון דלא דמו לכלי חרס שאין תוכן נראה כברן, וכלי זכוכית תוכן נראה כברן, אין לדמותן לגמרי לכלי חרס, ושלא כפירש"י - כסף משנה›

ב ‹דלא כפי׳ רש"י›

ג משנה ריש פ"ד דמקואות, ואיירי בצינור שקבעו ולבסוף חקקו

ד כאוקימתא דרב משרשיא דבי רב אמרי, שבת דף ט"ז ע"ב

ה שם וכב"ה, וכרבי יוסי שם במשנה דעדיין היא מחלוקת, הרא"ש ורבינו ירוחם וכ"כ הטור ‹צ"ע דלאוקימתא דרב משרשיא זה הוי אליבא דכו"ע, ולכאורה אות הציון צריך להיות לקמן על מש"כ "או אפי׳ הניחן בשעת קישור וכו׳"›

ו אף על גב דבמשנה תנן דב"ה מתירין בשוכח דוקא, סבירא להו להפוסקים הנ"ל, כיון דנתפזרו העבים הסיח דעתו מנפילת המים, והוי כשוכח

ז שם ממשנה ז׳ פ"ב דמקואות, והביאו המחבר בסעיף שאחר זה

§ מסכת שבת דף יז. §

אות א׳ – ב׳

שיהו כל המטלטלים מביאין את הטומאה על האדם שנושא אותן בעובי המרדע, ועל עצמן בכל שהן, ועל שאר אדם וכלים בפותח טפח

ומרדע שאמרו אין בעביו טפח ויש בהיקפו טפח, וגזרו על היקפו משום עביו

רמב״ם פ״ב מהל׳ טומאת מת ה״ה - אדם שנשא כלי, כגון מרדעת וכיוצא בו, והאהיל צד הכלי האחד על הטומאה, אם היה בהיקפו טפח, אף ע״פ שאין ברחבו אלא רוחב אצבע ושליש, ה״ז מטמא את הנושא ומביא לו טומאה מדבריהם, שגזרו על שיש בהיקפו טפח משום שיש ברחבו טפח; אבל אינו מביא את הטומאה לכלים שתחתיו ולשאר אדם שיאהיל עליהן ועל הטומאה, עד שיהיה בו רחב טפח.

אות ג׳ – ד׳

הבוצר לגת... הוכשר

פעמים שאדם הולך לכרמו לידע וכו׳

רמב״ם פי״א מהל׳ טומאת אוכלין ה״א - הבוצר ענבים למכור בשוק או לייבשן, לא הוכשרו לטומאה עד שיפלו עליהן משקין לרצונו כשאר האוכלין; אבל הבוצר לדרוך, הוכשר לטומאה, [א]ואף על פי שלא נפלו משקין על הבציר כלל, ואם נגעה בו טומאה נטמא, ודבר זה גזירה מדברי סופרים; ומפני מה גזרו על הבוצר לגת שהוא מוכשר, שפעמים שאדם נכנס לכרמו לידע אם הגיע להבצר, וסוחט אשכול של ענבים לבדוק בו, ומזלפו ע״ג הענבים הבצורות, שהרי הכל לדריכה עומד, ועוד מפני שאינו מקפיד עליו, הרי הוא מתמעך ויצאו מימיו, והרי הוא מקפיד עליהן שלא יזובו בקרקע, ונמצא מוכשר בהן, לפיכך גזרו שהבוצר לגת הוכשר.

השגת הראב״ד: ועוד מפני שאינו מקפיד. א״א [ב]זה לא ידעתי מהו, שאינו לא מגמרא ולא מהתוספתא, וטעם אין בו, ואולי שיבוש המעתיק הוא, [ג]וראוי להיות: אף על פי שאינו מקפיד עליו הרי הוא מתמעך וכו׳, ופירושו, אע״פ שאינו מקפיד על המשקה, שהרי בוצר בקופות והולך לאיבוד, כיון שהוא מתמעך ויצאו מימיו, מקפיד עליהן שלא יזובו בקרקע, ויבצרנו מקופות מזופתות, ונמצא מוכשר בהם, מה שאין כן במסיקה.

באר הגולה

א ‹לשון רש״י ״הוכשרו ביין הנדלף מהם״ (שבת ט״ו ע״א ד״ה שמאי אומר), ומשמע שאם לא היה עליהם יין, לא הוכשרו, וכן דעת הרמב״ן, שלא גזרו אלא במשקין שמכשירים שלא לרצון, גזירה משום משקין היוצאים לרצון, אבל אם לא היה על הענבים משקין כלל, לא גזרו, **ודלא** כהרמב״ם› ב ‹ואפשר שטעם רבינו, מדאמרינן בגמרא גזירה משום הנושכות, דאמר רבה בר נחמן פעמים שאדם הולך לכרמו לידע אם הגיעו ענבים לבצירה וכו׳, ופירש״י הנושכות, אשכולות הנושכות זו את זו וכו׳, **ורבינו** נראה שמפרש דהכי קאמר, משום אשכולות הנשוכות, כלומר אשכולות הנושכות, כלומר שהם ממועכות קצת והמשקה זב מהם, וא״ת מאין יבאו אשכולות נשוכות, לכן אמר (ומסתמא גורס כהגירסא המובא בגמ׳ ״(דאמר)״) פעמים שאדם הולך לכרמו וכו׳ ומזלפו עליהם, ובא רבינו ליתן טעם למה מזלפו עליהם, שהרי הכל לדריכה עומד, ולפיכך אינו חושש אם מזלפו עליהם, ועוד שאפילו לא יזלפנו עליהם בכוונה, ממילא הוא זב עליהן, שהוא משליך אותו על האשכולות, שהוא מקפיד עליו מלהשליכו בארץ – כסף משנה› ג ‹מלבד שהוא דוחק לשבש הספר, אין פירושו נוח לי, והדבר ברור כמה יש בו מן הדוחק, וע״פ מה שרצה לפרש לא היה צריך לשבש הלשון, אלא לומר דהכי קאמר, מפני שני טעמים גזרו וכו׳, האחד מפני שפעמים שאדם נכנס לכרמו וכו׳, השני מפני שמתוך שבתחילה אינו מקפיד על המשקה ובוצר בקופות, כשרואה שהוא זב מקפיד עליו ובוצר בקופות מזופפות – כסף משנה›

*אקפח את בני שזו הלכה מקופחת ששמע השומע וטעה *האיכר עובר ומרדעו על כתפו ואיהל צדו אחת על הקבר טימאו אותו משום כלים המאהילים על המת א"ר עקיבא אני אתקן שיהו דברי חכמים קיימים *שיהו כל המטלטלים מביאין את הטומאה על האדם שנושא אותן בעובי המרדע ועל עצמן בכל שהן ועל שאר אדם וכלים בפותח טפח וא"ר ינאי מרדע שאמרו אין בעביו טפח ויש בהיקפו טפח וגזרו על היקפו משום עביו [א] ולר' טרפון דאמר אקפח את בני שהלכה זו מקופחת בצרו להו א"ר נחמן בר יצחק אף בנות כותים נדות מעריסתן בו ביום גזרו ובאידך ס"ל כר' מאיר: ואידך *הבוצר לגת שמאי אומר הוכשר הלל אומר לא הוכשר א"ל הלל לשמאי *מפני מה בוצרין בטהרה ואין מוסקין בטהרה א"ל אם תקניטני *גוזרני טומאה אף על המסיקה נעצו חרב בבית המדרש אמרו הנכנס יכנס והיוצא אל יצא ואותו היום היה הלל כפוף ויושב לפני שמאי כאחד מן התלמידים *והיה קשה לישראל כיום שנעשה בו העגל וגזור שמאי והלל ולא קבלו מינייהו ואתו תלמידייהו גזור וקבלו מינייהו מ"ט אמר (ר') זעירי אמר ר' חנינא גזירה שמא יבצרנו בקופות טמאות *הניחא למ"ד כלי טמא חושב משקין שפיר אלא למ"ד אין כלי טמא חושב משקין מאי איכא למימר אלא אמר זעירי אמר ר' חנינא גזירה שמא *יבצרנו בקופות מזופפות רבא אמר גזירה משום הנושכות (דאמר) רב נחמן אמר רבה בר אבוה פעמים שאדם הולך לכרמו לידע אם הגיעו ענבים לבצירה או לא ונוטל אשכול ענבים לסוחטו ומזלף על גבי ענבים ובשעת בצירה עדיין משקה טופח עליהם: ואידך אמר

טבי

רש"י

אקפח את בני. מצטער היה על תורה המשתכחת ומקלל את עצמו: **אקפח.** אקבור לשון חיתוך וקיצור: **ששמע השומע.** כשנשאלה השאלה על ידי מעשה בבית המדרש ושמע שטמאוהו וטעה ולא ידע משום מה טמאוהו הם טמאו את המרדע משום כלים המאהילים על המת שהכלי עצמו המאהיל טמא בכל שהו דלא בעינן פותח טפח אלא לשוויה אהל להביא טומאה תחת ראשו השני להביא טומאה על אחרים אבל לגבי דידיה בכל שהו וטמאוהו לאיכר טומאת ערב משום שנגע באותו כלי שהוא אב הטומאה וזה שנגע בו ראשון והשומע טעה לומר שעשאוהו לאיכר אב הטומאה לטמא ז' ולטעון הזייה: **אני אתקן שיהו דברי חכמים.** שאומרים עובי המרדע מביא טומאה קיימין יש דבר שמביאין עליו טומאה ממש לטעון הזייה מדבריהם כגון על האדם הנושאן שטמא בו טומאת מגע מן התורה גזרו עליו בעובי המרדע ליטמא טומאת אהל מדבריהם גזירה היקפו משום עביו דכיון דמטמאת ליה על כרחך טומאה דאורייתא לאצרוכיה הערב שמש והוא לא נגע במת כסבור שמשום אהל אתה מטמאו ומשום שיש בהיקפו טפח וכיון דלא מטמאת ליה טומאת ז' אתי למימר באהל גמור כמי טומאת ערב אבל שאר אדם וכלים שאין נוגעין בו ואין עליך לטמאן כלל אין מביאין שום טומאה אלא בפותח טפח ר"ע מילתייהו דרבנן פריש: וא"ר ינאי גרסינן: **מרדע שאמרו.** דמביא את הטומאה על נושאו לטמאו שבעה מדבריהם: **אין בעביו טפח.** דאם כן הוי אהל דאורייתא: **ולר' טרפון.** דאמר לא גזרו שום גזירה אלא בדין תורה דלא טמאוהו אלא טומאת ערב משום מגע בצרי להו י"ח: בנות כותים כו': **ובאידך.** דמניח כלים: **סבר לה.** ר' טרפון כר' מאיר דחשיב ליה בי"ח דבר ואפיק הא ועייל הך דבנות כותים: **מפני מה בוצרין בטהרה.** מפני מה אתה מצריך לבצור בכלים טהורים דקאמרת הוכשר ואין אתה מצריך למסוק זיתים בכלים טהורים: **יכנס.** לבית המדרש: **והיוצא אל יצא.** לפי שהיו רוצין לעמוד במנין: **קשה.** לפי שהלל נשיא ועניותן שמאי והלל ולא קבלו מינייהו ואתו תלמידייהו וגזור וקבלו מינייהו: **מ"ט.** הוכשר הא לא ניחא ליה בההיא משקה דנפיק וקאזיל לאיבוד: **בקופות טמאות.** דאתיא טומאת הכלי ומחשבה ליה למשקה להכשיר הואיל וטומאתו והכשרו כאחת: **הניחא למאן דאמר.** °לא ידענא היכא: **חושב משקה.** להכשיר אוכל שבתוכו ואף על גב דלא אחשביה הוא: **מזופפות.** כיון דלא אזיל לאיבוד ניחא ליה ליליאתו: **הנושכות.** אשכולות הנושכות זו את זו וכשבא להפרידן נסחט המשקה עליהן וכיון דעבד בידים ולא אפשר בלא סחיטה מכשר:

טבי

תוספות

ששמע השומע וטעה כו' טמאוהו משום כלים המאהילים על המת. פי' בקונטרס טמאוהו לאיכר טומאת ערב משום דנגע בכלים המאהילים שהן טמאין טומאת ז' כדין הנוגע בטמא מת דטמא טומאת ערב מדאורייתא וקשה למה טעה השומע והיה סבור שטמאוהו טומאת ז' כיון דדבר פשוט הוא שאדם הנוגע בטמא מת דטמא טומאת ערב ועוד דמן התורה האיכר טמא טומאת ז' משום טומאה בחבורים דיקרב בדיקרב בחבורים טמא ז' מדאוריי' כדאמר בפ"ב דע"ז (דף לז: ושם) ואפילו בחבורים על ידי אהל טמא טומאת ז' כדמוכח בריש אהלות (פ"א מ"ג) לכך נראה שטמאוהו לאיכר טומאת ז' משום טומאה בחבורים והשומע טעה לפי שאינו פשוט כ"כ דין טומאה בחבורים והיה סבור דמשום אהל טמאוהו כיון שיש בהקיפו טפח לכך שנה כל המטלטלין מביאין טומאה לטמא כל אשר תחתיו משום אהל בעובי המרדע:

אמר רבי עקיבא אני אתקן שיהו דברי חכמים קיימין שיהו כל המטלטלין מביאין טומאה על האדם הנושאן בעובי המרדע. משום אהל לטמאו טומאת שבעה °אפי' היכא דלא שייך טומאה בחבורים כגון שיש סודר מפסיק בין המרדע לבשרו שהסודר טמא טומאת שבעה משום חבורים דהיינו *חבורי אדם במת והאדם אינו טמא אפי' מדרבנן אלא טומאת ערב דטמא מדאורייתא כדמוכח בפ' ג' מינין (נזיר דף מג: ושם) גזרו שיהא אדם טמא טומאת ז' משום אהל שלא יטעו אותם שאין יודעים דין טומאה בחבורים ויאמרו שטמא טומאת ערב משום אהל כיון שיש בהיקפו טפח א"כ אתי למימר שאין באהל אלא טומאת ערב לכך גזרו שיהא טמא ז' כאדם המיטמא באהל שלא חלקו אפילו יהא מפסיק בינו לבין המרדע. שלשה סודרים או ד' ויהא אדם רביעי או חמישי או יותר ואפי' אם המטלטלין פשוטי כלי עץ שאינן בני קבולי טומאה דלא שייכא בהם טומאה בחבורים ודוקא בעובי המרדע שיש בהיקפו טפח אבל בפחות מכן ליכא למטעי כלל שהיא משום אהל ואף על פי שלא ידעו טומאה בחבורים לא יטעו אלא ישאלו הטעם:

ועל שאר אדם וכלים בפותח טפח. כיון דליכא בהן שום טומאה בחבורין בעי אהל חשוב כבשאר דברים וא"ת למה טמאוהו ז' משום חבורים לר' טרפון והא מרדע פשוטי כלי עץ הוא ולא מקבל טומאה דהא ע"כ איירי שאין הדרבן בתוך המרדע שאם יש דרבן בתוכו היה מטמא אפילו בכל שהוא כל מה שתחתיו דחרב הרי הוא כחלל אפי' ע"י אהל כדמוכח בריש אהלות וכל הפסוק דבחלל חרב דרשינן ליה בטומאת אהל בנזיר פ' כ"ג (דף נג:) ואור"ת דחשיב בית קבול מקום שנותנין דרבן במרדעת ולא הוי בית קיבול העשוי למלאות שאין קובעין אותו שם אלא פעמים מניחין ופעמים מסירין וכן מוכח במסכת כלים דחשיב בית קבול דתנן* המרדע יש לו אחורים ותוך והא דתנן בפ"ט דכלים (מ"ו) כוש שבלע ליצורא ומלמד שבלע דרבן כו' הן טהורים ונכנסו לאהל נטמא פי' הדרבן לבדו נגע בהן ככר של תרומה טהור משמע דמלמד חשוב פשוטי כלי עץ לכך טהור ככר של תרומה שנגע במלמד שהמלמד לא קיבל טומאה מן הדרבן ומלמד ומרדע מסתמא הכל אחד ואור"י דאיכא לאוקמי בכה"ג שא"א להוציא הדרבן אא"כ ישבר בית קבולו ולכך לא חשיב תו בית קבול:

גוזרני טומאה אף על המסיקה. פי' הר"ר פורת דלהכי לא גזרו על המסיקה דגזירה שמא יבצרנו בקופות מזופפות °לא שייך בזיתים דמוהל היוצא מהם לא חשיב משקה והא דתנן במס' מכשירין (פ"ו מ"ה) מוהל השמן כשמן י"ל דהיינו במוהל היוצא לאחר אגירה לאחר שעמדו בכומר ב' ימים או ג' ואתיא כר' יעקב דריש חבית (לקמן קמד:) אבל מוהל היוצא ע"י מסיקה אפי' רבי יעקב מודה דטהור וכן גזירה דנושכות ופעמים שאדם יוצא לכרמו לידע אם הגיעו ענביו לבצור נמי לא שייך בהן והשתא אתי שפיר דתניא לקמן בריש חבית (דף קמה: ושם) המפלע בזיתים לידע אם הגיעו זיתיו למסוק אם לאו לא הוכשר*:

הניחא למ"ד כלי טמא חושב משקה. [בתוספתא] (א) דמכשירין (פ"ג מ"ה) גבי עריבה שירד דלף לתוכה ב"ש אומר הרי זה בכי יותן כו' בד"א בטהורה אבל בטמאה הכל מודים הרי זה בכי יותן דברי רבי מאיר ר' יוסי אומר אחת טמאה ואחת טהורה ב"ש אומרים בכי יותן ובית הלל אומרים אינו בכי יותן:

כיון

רבינו חננאל

מרדע שאמרו אין בעביו טפח ויש בהיקפו טפח והוא לא חשיב ליה אהל עד דהוי בעביו טפח תגזרו על מי שיש בהיקפו טפח להחשב אהל אטו עוביו: **הבוצר** לגת כו' אוקימנא לעילא שתיק ליה הלל לשמאי פי' מי שבצר ענבים שכוונתו להוצאת יין מהן ואמרו בזה כמה טעמים אחד גזירה שמא יבצרנו בקופות טמאות [שחושב] (שהשיבת) משקין גזרו אפילו על הטהורות: שני שמא יבצרנו בקופות מזופפות שאינן פולטות משקין וכאילו מתכוין באותן משקין ודעתו עליהן: שלישי גזירה משום הנושכות פי' יש מי שאומר כגון שיש לקופ' הללו אתנין ונושכות בתוך הענבים ופולטין משקין ויש מי שאומר שנושך אדם מאשכול וטפין ממנו משקין ורב נחמן אמר גזירה שמא יש עליהן בשעת בצירה משקין ממה שזולף עליה' בעודם מחוברין והמשקה ההוא עדיין טופח פירוש טופח שאם תטפח ידך עליו מתלחלחת היד:

רב נסים גאון

לרבן שמעון בן גמליאל דאמר לא לכל טמאות אלא לטמאת מת אלא למאן דאמר אף לכל הטמאו' אמרו מאי איכא למימר מחלוקת התנא קמא דפליג עליה רשב"ג והמשנה שחלקו בה התנאים היא שהוזכירה

...תבות פשוטיהן ומקבליהן טמאין כו' ודבריה בראש פר' י"א מן מסכת כלים: **אמר** ר' ינאי ומרדע שאמרו אין בעביו טפח כו' תמצא בתוספתא כלים פר' י"ד עובי המרדע ב' אצבעות והיקפו טפח: **הניחא** ...אמר כלי טמא חושב את המשקין אלא למאן דאמר אין כלי טמא חושב את המשקין מאי איכא למימר דע כי זו החלוקה נלאו למצוא אותה הרבה מהחכמים ולא תמצא אחד מן הקדמונים שפירשה וביררה ...ואנא בהדי שקיא כבר יגעתי ומצאתי בתוס' מכשירין (פ"ג) עריבה שירד דלף לתוכה הסים הניתזין והצפין אינן בכי יותן נטלה לשפכה בית שמאי אומרים בכי יותן ובית הלל אומרים אינן בכי יותן במה דברים ...בטהורה אבל בטמאה הכל מודים שהן בכי יותן דברי ר"מ ר' יוסי אומר אחת טהורה ואחת טמאה בית שמאי אומרים הרי זה בכי יותן וב"ה אומרים אינם בכי יותן סבר ר"מ כי בעריבה טמאה מודים ב"ש וב"ה ...בכי יותן וכלי טמא חושב את המשקה ור' יוסי סבר כי לא (פרש) [כי לא יש הפרש] אצל בית הלל בין הטמאה לטהורה שאינו בכי יותן ואין כלי טמא חושב את המשקה והודר לך בזה הפירוש כי נסתר הוא מאד

עין משפט נר מצוה

קכו א ב מיי' פי"ט מהלכות טומאת מת הלכה ה סמג עשין רלג:

קכז ג ד מיי' פי"א מהל' טומאת אוכלין הל' א סמג עשין רמו:

[לקמן קמו זבחים יג.]

מהרש"ל ומהר"ם כתבו דכן עם דיבור התוספות דכסמוך ד"ה ועל כו' כולם דיבור אחד עם דלעיל ד"ה ששמע

חיבורי אוכל במת והאדם ט' כצ"ל מהרש"א ועי' ר"מ ורש"ל

מסורת הש"ס

ולי"ל לקמן וסוף ספרת דלא משכינן במס' אהלות דהא רגלי האיכר נוגעים בארץ כשנושא עובר [ת"י]

[לעיל ט:] עי' לפו: חולין לו: כלומר היה לך לגזור אף במסיקה משום דאי הא לא קיימא הא [תוס' ישנים]

[תוספתא פ"א]

והשתא נקט כשהיה סבור לגת אורחא דמילתא לגימוקין [ת"י]

[כלים פכ"ה מ"ב]

[וע"ע תוס' פסחים ג: ד"ה אין ותוס' חגיגה כה. ד"ה יתננס ותוס' יבמות טו: ד"ה נריכה]

הגהות הב"ח

(א) תוס' ד"ה הניחא וכו' במס' מכשירין. כ"ב בתוספתא תני בכי ולא במשנה עיין בפ"ד דמסכת מכשירין בפי' הר"ש משאנץ ז"ל:

הגהות הגר"א

[א] גמ' ולר"ט דאמר כו' עד ובאידך ס"ל כר"מ. תא"מ:

גליון הש"ס

גמ' גוזרני טומאה אף על המסיקה. עי' חגיגה דף כה ע"א תוס' ד"ה יהנגה: שם הניחא למ"ד כלי ט"מ חושב. עי' טורי אבן חגיגה דף יט ע"א ד"ה ידיו מסואבות: רש"י ד"ה כניחא. לא ידענא היכא. עי' ברכות דף כה ע"ב ברש"י ד"ה מאן שמעת ליה כו' וש"נ: תוס' ד"ה אמר ר"ע וכו' אפי' היכא דלא שייך טומאה בחיבורין. עי' בב"מ דף קה ע"ב תוס' ד"ה על אדם: תוס' ד"ה גוזרני טומאה וכו' לא שייך בזיתים דמוהל וכו'. עי' רפ"ט דטהרות בר"ש ובתוי"ט שם:

עין משפט נר מצוה

קכח א מיי' פ"א מהל' תרומות הלכה כא:

קכט ב מיי' פי"ז מהל' מאכלות אסורות הלכה ט יב סמג לאוין קמב טוש"ע יו"ד סימן קיב סעיף א:

קל ג מיי' פ"א שם הלכה ג סמג לאוין קמח טוש"ע יו"ד סימן קכג סעיף א:

[קידושין נח: ע"ז עג: חולין קלו:]

קלא ד מיי' פ"ב מהל' איסורי ביאה הל' ח סמג לאוין קיב טוש"ע אה"ע סי' טז סעיף א:

קלב ה מיי' פ"ד מהל' איסורי ביאה הל' ד ופ"א מהל' טומאת מת הלכה יד ופ"ב מהלכות משכב ומושב הלכה י:

[וע"ע תוס' ב"ק קטו: ד"ה אתי]

קלג ו מיי' פ"ג מהלכות שבת הלכה ב' ופ"ו שם הלכה יט סמג לאוין סה טור שו"ע או"ח סימן רמד סעיף א וסימן רנב סעיף א ב:

[ג"ז שם: ע"ש]

מבי רישבא אמר שמואל אף *גידולי תרומה תרומה בו ביום גזרו מ"ט א"ר חנינא גזירה משום תרומה טהורה ביד ישראל אמר רבא אי דחשידי להכי אפרושי נמי לא ליפרשו (אלא אמר רבא ישראל) כיון דאפשר למעבד חטה אחת *כדשמואל ולא קעביד הימוני מהימני *אלא גזירה *משום תרומה טמאה ביד כהן דילמא משהי לה גביה ואתי לידי תקלה: ואידך אמר ר' חייא בר אמי משמיה דעולא אף *מי שהחשיך לו בדרך נותן כיסו לנכרי בו ביום גזרו: *ואידך אמר באלי אבימי סנוותאה פתן ושמנן ויינן ובנותיהן כולן מי"ח דבר הן הניחא לרבי מאיר אלא לר' יוסי שבסרי הויין איכא הא דרב אחא בר אדא דאמר רב אחא בר אדא אמר ר' יצחק גזרו על פתן משום שמנן ועל שמנן משום יינן על פתן משום שמנן מאי אולמיה דשמן מפת אלא גזרו על [ו]פתן ושמנן משום יינן [ז]ועל יינן משום בנותיהן [ח]ועל בנותיהן משום דבר אחר ועל דבר אחר משום דבר אחר מאי דבר אחר *אמר רב נחמן בר יצחק [ט]גזרו על תינוק נכרי שמטמא בזיבה שלא יהא תינוק ישראל רגיל אצלו במשכב זכור אי הכי לר"מ נמי תשסרי הויין אוכלין וכלים שנטמאו במשקין בחדא חשיב להו: **מתני'** ב"ש אומרים אין שורין דיו וסמנים וכרשינין אלא כדי שישורו מבעוד יום וב"ה מתירין ב"ש אומרים אין נותנין אונין של פשתן לתוך התנור אלא כדי שיהבילו מבעוד יום ולא את הצמר ליורה אלא כדי שיקלוט העין וב"ה מתירין ב"ש אומרים אין פורסין מצודות חיה ועופות ודגים אלא כדי שיצודו מבעוד יום וב"ה מתירין ב"ש אומרים אין מוכרין לנכרי ואין טוענין עמו ואין מגביהין עליו אלא כדי שיגיע למקום קרוב ובית הלל מתירין ב"ש אומרים אין נותנין עורות לעבדן ולא כלים לכובס נכרי אלא כדי שיעשו מבעוד יום ובכולן [י]בית הלל מתירין עם השמש

רש"י

מבי · שם אדם: **רישבא** · פורס נשבין לצוד חיה ועוף: **גידולי תרומה** · אם זרעה ואפי' דבר שזרעו כלה כגון תבואה וקטנית: **תרומה טהורה ביד ישראל** · ועינו צרה ליתנה לכהן וזורעה לבטלה מתורת תרומה: **אי דחשידי להכי אפרושי נמי לא ליפרשו** · אלא חטה אחת מן הכרי כדשמואל ומדאפרשו ש"מ לא חשידי: **משום תרומה טמאה ביד כהן** · שאסורה באכילה ובא לזורעה וגזור שתהא כשמה הראשון והרי היא תרומה טמאה דחיישינן דילמא משהי לה עד זמן זריעה ואתי למיכל בטומאתה: **נותן כיסו לנכרי** · ולא יטלטלנו פחות פחות מד' אמות: **סנוותאה** · שם מקום: **ובנותיהן** · במס' ע"ז פרכינן בנותיהן דאורייתא נינהו: **כולן מי"ח דברים הן** · והא כולהו חדא היא דגזרו על פיתן משום שמנן ועל שמנן כו' כדלקמן: **הניחא לר"מ** · דמנו להו להא דמניח כלים תחת הצינור הוו להו י"ח ס' דפסלי תרומה ואין קורין ואין פולין הא חסר פשו להו ז' צינור ומדרע ובנות כותים ובוצר וגידולי תרומה ונותן כיסו ופיתן ושמנן חדא: **איכא הא** · דמוסיף רב יצחק אדאבימי על דבר אחר משום ד"א: **ועל בנותיהן משום ד"א** · ע"ז ועוד גזרו על ד"א שלא החכר כאן: **שמטמא בזיבה** · ואפילו אינו זב: אוכלין וכלים שנטמאו *במשקין חדא חשיב להו: **מתני' סמנין** · לצבע: **כרשינין** · למאכל בהמה ביצ"א בלע"ז: **וב"ה מתירין** · משרתן את המים מבעוד יום: **אונין** · אריסב"א והן אגודות של פשתן מנופץ ונותנין אותו בקדרה לתנור ומתלבן: **שיהבילו** · שיתחממו (א): **העין** · הצבע שיקלוט מבעוד יום: **מתירין** · לתתה מבעו"י והיא קולטת כל הלילה: **ולא טוענין עמו** · על החמור: **ולא מגביהין עליו** · משאוי על כתיפו דנראה כמסייעו להוליך בשבת: **אלא כדי שיגיע למקום קרוב** · כלומר שיהא המקום קרוב שיוליכנו שם מבעו"י:

תוספות

כיון דאפשר למיעבד כשמואל מהימני · הקשה ריב"א תרומת מעשר דלא אפשר להו למיעבד כשמואל ליגזור ותירץ ר"י דמ"מ אמת הוא שגזרו אף על גידולי תרומה גדולה ורולה לפרש טעם בכולן: ומהר"ם אמר דתרומת מעשר מהימני הלוים דאין נותנין מעשר אלא לחברים וריב"א תירץ דאותן שהיו חשודים לא היו מפרישין כלל כדאמ' בסוטה והגרים שהיו מפרישים מהימני [תוס' ישנים]:

דילמא משהי ליה גביה ואתי ביה לידי תקלה · פי' בקונטרס ולכך גזרו דאפי' יזרענה דהוי טמאה וקשה לר"י דאמר בהדיא בפרק כל שעה (פסחים דף לד. ושם) שתילי תרומה טמאה טהורים מלטמא ואסורין מלאכול פי' לזרים כדמפרש התם אלמא לכהנים שרי וי"ל כיון דאין נאכלין לזרים משום ריוח פורתא שמטהרין לא משהי גביה והא דהכא חיישינן לתקלה ובספ"ק דפסחים (דף כ:) אמרי ב"ה תעשה זילוף איכא למימר דהכא מודו ב"ה דפעמים שצריך להשהות שנה שלימה עד זמן זריעה*:

על פתן ושמנן משום יינן. הקשה ריב"א מ"ש שהחמירו טפי ביין לאסור בהנאה מפת ושמן ותירץ מפני שהיין משמח אלהים ואנשים והיו רגילין לנסכו אפי' שלא בפני נכרי הואיל והורגלו לאוסרו משום בנותיהם נתנו בו חכמים דין וחומר יין נסך ממש כיון דפעמים היו מנסכין אותו אפי' שלא בפני נכרי:

הניחא לר' מאיר אלא לרבי יוסי שבסרי הויין. ה"מ נמי למימר אלא לר' טרפון מאי איכא למימ' רש"י חשיב אין פולין ואין קורין בתרתי וכן משמע מדקתני בברייתא אלו מן ההלכות ולא קתני בברייתא אלא הנהו תרתי והא דלא חשיב מבחין בין בגדו לבגדי אשתו ושמש הבודק כוסות וקערות לאור הנר הנך נפקו מכלל הני תרתי שהן עיקר מיהו קשה דלא מני רש"י הך דלא יאכל הזב עם הזבה דודאי מי"ח דבר הוא דקתני לה במתניתין בהדיא ולפי זה אוכל ראשון ואוכל שני חדא חשיב להו א"נ הבא ראשו ורובו במים שאובין וטהור שנפלו כו' חשיב חדא משום דאי לא הא לא קיימא הא כי היכי דפתן ושמנן ויינן ובנותיהן חשיב גזירה אחת והויא דלא יאכל זב פרוש עם זב עם הארץ דקתני עלה בתוספתא אלו מן ההלכות איכא למימר דהוי בכלל לא יאכל הזב עם הזבה: **ועל** בנותיהם משום דבר אחר. ואם תאמר הניחא למ"ד דמפרש בפרק ב' דמסכתא ע"ז (דף לו:) דעל בנותיהם גזרו נדות מה שייך הך גזירה לנכרי וי"ל דע"י שגזרו עליהם נדות יפרשו ממגען ולא יטמעו בהם כ"כ: **אונין** · פי' בקונ' טוחנים בתנור *ומתלבן וכן משמע בפ"ב (דף כז:) דאמרי' האונין של פשתן משיתלבנו: **אין** פורסין מצודות כו'. אע"ג דבשבת נמי אם פירש מצודה אינו חייב חטאת שאינו יודע אם יצוד אם לאו מ"מ גזרו לפרוש מצודה דפעמים אתי לידי חיוב חטאת כגון שבשעת פריסתו ילכוד דהכי קתני בתוספתא הפורש מצודה לבהמה או לעוף ונכנס לתוכה חייב: **אלא** בכדי שיצודו. וא"ת מנא ידע מתי יבא החיה וי"ל דבירושלמי מוקי לה בפורש בחורשין דמלוין שם חיותא ומיירי בענין זה שלא יוכל לנצוד במצודה אלא א' או ב' דהא מה מועיל שיצודו מבעוד יום אם יכול לצוד גם משתחשך: **אין** מוכרין לנכרי. אף על גב דלא עביד להו בשבת לא מיחייב חטאת מ"מ מאחר שהנכרי מחמר או עושה בשבת בידים דבר שישראל אסור מן התורה גזרו רבנן עם חשכה כדפירש בקונטרס משום דמיחלף בשלוחו אבל בהנך דברים דרישא שאינו עושה בשבת איסור בידים לא גזרו אי לאו דמיחייב חטאת והיינו טעמא דאין נותנין עורות לעבדן: **אין** נותנין עורות לעבדן וב"ה מתירין. מכאן היה נראה לר"ת להתיר על ידי קבלנות נכרי לבנות בשבת ועוד מביא ראיה מריחים דשרי ב"ה אליבא דרב יוסף בגמ' דמתירין להניח שם חיטין מבעוד יום ויניחו כל השבת כל שכן קבלנות על ידי נכרים דשרי ואינו ראיה דידעי כ"ע שהריחים טוחנות מעצמם וידעי נמי שהחטין הושמו שם מע"ש אבל קבלנות יאמרו שלוה להם בשבת לעשות ועוד מביא ראיה מסוף פ"ק דע"ז (דף כא: ושם*) דאמר רשב"ג מסכיר אדם שדהו לנכרי מ"ט אריס אריסותיה קעביד וה"נ קבלנותיה קעביד ואף על גב דר"ש בן אלעזר פליג עליה קיימא לן כרשב"ג דסתם מתני' סותיה והא דאמרינן במ"ק (דף יב: ושם) מקבלי קבולת בתוך התחום אסור חוץ לתחום מותר מוקי ר"ת התם טולה שמעתיה באבל ולכך החמיר ול"נ דהתם איכא דמחמרי בחול המועד טפי מבאבל ואפילו למאן דמחמרי טפי באבל מבחול המ' מודה בשבת דחמיר טפי ונראה לר"י דהא דשרי בשמעתין עורות לעבדן היינו בתלוש דלא מפרסמא מילתא שהנכרי עושה מלאכה בביתו ולא ידעי שהוא של ישראל וכן נמי אמר במ"ק (דף יא: ושם) גבי אבל מלאכתו ביד אחרים בביתו לא יעשו בבית אחרים יעשו אבל קבלנות דמחובר דהוי ברשות ישראל דמפרסמא מילתא אסור בתוך התחום דהרואה יאמר שכירי יום נינהו והכי משמע בירושלמי דפירקין דקאמר התם אומני נכרים שהן עושים עם ישראל בתוך ביתו אסור בתוך ביתם מותר אמר ר' שמעון בן אלעזר בד"א בקבולת אבל

רבינו חננאל

גידולי תרומה תרומה' אסיק' משום תרומה טמאה ביד כהן אבל משום טהורה ביד ישראל לא פי' דאפשר למעבד כדשמואל דאמר חטה אחת פוטרת את הכרי ומפורשת הא דשמואל בסוף ע"ז. הא דאמר עולא והא דאמר באלי פשוטות הן: י"ח דברים שגזרו בו ביום אלו הן שפוסלין את התרומה האוכל אוכל ראשון או אוכל שני אע"ג דשנינן הכא כר' יהושע דאמר זה וזה שני הוא הא מיפרש בשחיטת חולין פרק השוחט (דף לד עא) מימרא דרבה בר בר חנה (דילג) האוכל אוכל ראשון והאוכל אוכל שני כי שנים הם והשותה משקין טמאים והבא ראשו ורובו במים שאובין וטהור שנפלו עליו על ראשו ועל רובו ג' לוגין מים שאובין והספר והידים אבל טבול יום לא דאסרינן (פוסל האוכלין) ממי מיכן טבול יום כלומר טבול. יום אינה גזירה אלא מן התורה פוסל. האוכלין והכלים לר' מאיר דמחשב להו בחדא הרי ח' דברים הללו שפוסלין את התרומה גזרו בו ביום ועוד גזרו עשרה אחרים ואלו הן המניח כלים תחת הצינור וכלים המטלטלין מביאין ושומאה והבוצר לגת וגדולי תרומה ומי שהחשיך ופיתן ושמנן ויינן ובנותיהן ודבר אחר הרי י"ח דברים אליבא דר' מאיר ולר' יוסי דאמר כי המניח כלים תחת הצינור לא גזרו בו אלא עדיין הוא מחלוקת פיתת זה ומחשב זה אוכלין והכלים שנטמא במשקין שנים הרי גם לר' יוסי י"ח דבר שגזרו ובנות כותים נדות מעריסתן ותינוק נכרי שיהא מטמא בזיבה כדי שלא יהא תינוק ישראל רגיל אצלו בעבירה: ירושלמי ר' אליעזר אומר בו ביום גדשו סאה רבי יהושע אומר בו ביום מחקו סאה ... אנוחים כל מה שאתה נותן לתוכה שמשתין מהוקת פי' תמיהו נזירות לגזור נזירות ר' יהושע אומר בו ביום מחקו סאה לא הוסיפו ולא גרעו אלא התירו המותר ואסרו האיסור להבית סלאה שמן אם יתן לתוכה מים פקיו חשטן. תני רשב"י בו ביום גזרו פיתן ויינן וגבינתן וחמצן וציר ומורייסן וכבושיהן ושלוקיהן ומלוחיהן ועל החליקה ושחיקה. פיסגי ועל לשתם ועל עדותן ומתנתן ובכוריהן ובניהן שנטמאו בזיבה מבן ט' שנים ויום אחד כדי שלא יהא תינוק ישראל מצוי אצלו במשכב זכור ובנותיהן מבת ג' שנים ויום א'. פת עיסתו עליה והתירוה במקום שאין פת ישראל מצויה מפני חיי נפש. שכן רבי ובית דינו התירוה מפני שלא פשט איסורו ברוב ישראל ופירושן במס' ע"ז [ל"ו ע"א].רבי חייא רבה מפקר לרב אין את יכול מיכל כל שתא בטהרה אכול. ואין לא תהא אכול ו' יומין בשתא.מיכן היה ר' פנחס בן יאיר אומר זריזות מביאה [לידי נקיות נקיות מביאה] לידי טהרה טהרה מביאה לידי קדושה קדושה מביאה לידי ענוה ענוה מביאה לידי יראת חטא יראת חטא מביאה לידי רוח הקודש רוח"ק לידי חסידות חסידות לידי תחיית המתים תחיית המתים לידי אליהו ז"ל זריזות לידי נקיות שנאמר וכלה מכפר. נקיות לידי טהרה שנאמר וכפר וטהר וגו'. תני בשם ר"מ כל תקבוע בא"י ואוכל חולין בטהרה ומדבר בלשון הקודש וקורא את שמע בבקר ובערב מובטח לו שהוא בן העולם הבא: אלו כולן ששנינו במשנתינו כגון שריית דיו ונתינת אונין של פשתן לתנור וכיוצא בהן: הלכתא כב"ה דמתירין עם השמש

מסורת הש"ס

[תרומות פ"ט] [מ"ד] פסחים לד. נדרים ס.

רש"ל מ"ז

אלא אמר רבא כצ"ל רש"ל

לקמן קנג.

ע"א נו. ע"ש

כ"א אוכלין וכלים שנטמאו משקין פי' מכרש"א

וריב"א לפרש שנותנין אותן בתנור כדי לייבן כאמעך מן המשרה ויש בו איסור בישול מרס שיתייבשו מחרכן מחמת שלאותם וכדאמר (לקמן עד:) האי מאן דשדי סיכתא לאתונא חייב משום מבשל [תוס' ישנים]

הגהות הב"ח

(א) רש"י ד"ה שיהבילו שיתחממו ויתבשלו כצ"ל ותא"מ מתחיל הדיבור שיקלוט מבעוד יום סוף פרוק ואח"כ מ"ה הצבע סבין הלכע:

גליון הש"ס

רש"י ד"ה שמטמא בזיבה ואפי' אינו זב. עיין מהרש"א לקמן דף פג ע"ב בתוד"ה שהיה מונח

רב נסים גאון

וכבר פירשני המקום לגלותו ולבררו: **אלא** אמר רבה ישראל כיון דאפשר למיעבד כשמואל ולא קא עבדי דאמר שמואל חטה אחת פוטרת את הכרי ותמצא בפ' קידושין (דף נח) בסוף האיש מקדש ובמסכת *)בכורות בפרק יש בכור לנחלה ובשחיטת חולין בפ' ראשית הגז (דף קלו). ואידך אמר באלי פיתתא משנתו דרב פיתן ושמנן ויינם ובנותיהם כולן אסורין משנתה עשר דבר תמצא בפ' אין מעמידין בהמה (ע"ז דף לו) כבר הודו יאמר בנותיהן דאורייתא היא דכתיב (דברים ז) לא תתחתן בם והזכירו בזה הענין הרבה פנים ולא נתקימו ובירדו בסוף הדברים דאורייתא יחוד דאשת איש אתא דוד גזר אפילו יחוד דפנויה אתו אינהו גזר

*) נפינו לא נמצא כפ' יש בכור מימרא דשמואל הלזו רק הוא בע"ז ד' עג ע"ב.

§ מסכת שבת דף יז: §

אות א'

משום תרומה טמאה ביד כהן, דילמא משהי לה גביה ואתי לידי תקלה

רמב"ם פ"א מהל' תרומות הכ"א - גידולי תרומה הרי הן כחולין לכל דבר אלא שאסורים לזרים, גזרו חכמים עליהן שיהיו אסורין לזרים כתרומה, משום תרומה טמאה שביד הכהן, שלא ישהנה אצלו כדי שיזרענה ותצא לחולין, ונמצא בא בה לידי תקלה, [א]לפיכך מותר לאכול הגידולין בידים טמאות, ומותר לטבול יום כחולין.

אות ב'

פתן ושמנן משום יינן

יו"ד סימן קיב ס"א - אסרו חכמים לאכול פת של עממים עובדי כוכבים, משום חתנות - אבל משום געולי עכו"ם ליכא למיחש, דסתם כליהם אינן בני יומן, כדלקמן סי' קכ"ב - ש"ך.

(ואפילו במקום דליכא משום חתנות, אסור) - כגון פת הכומרים שאין להם בנים, אסור, דלא משום בתו של מוכר או נותן אמרו, אלא משום בנות עובדי כוכבים, שאם אין לזה יש לזה - ש"ך.

‹**מצא** פת בדרך, אזלינן בתר רוב עוברי דרכים, ומשמע דאם הם מחצה על מחצה, הוי ספק דרבנן ולהקל - רעק"א›.

ולא אסרו אלא פת של חמשת מיני דגן - [שזהו דבר חשוב ומביא לידי קירוב דעת - ט"ז], **אבל פת של קטניות ושל אורז ודוחן, אינו בכלל פת סתם שאסרו.**

אות ג'

ועל יינן משום בנותיהן

יו"ד סימן קכג סא - [ב]סתם יינם של עובדי כוכבים אסור בהנאה; וה"ה למגעם ביין שלנו. הגה: משום גזירת יין שנתנסך לאלילים - כלומר אסור מדרבנן משום יין שנתנסך לעבודת כוכבים שאסור מדאורייתא, וכן משום גזירת בנותיהן, כדאיתא בש"ס ופוסקים. [**פי' משום בנותיהם אסרוהו בשתייה, ומשום גזירת י"נ אסרוהו אף בהנאה**].

‹**יין** שנתנסך לפני עבודה זרה אסור בהנאה מדאורייתא, כדכתיב: אשר חלב זבחימו יאכלו ישתו יין נסיכם, ואיתקש לזבחי עבודה זרה, **אבל** סתם יינם מותר מדאורייתא אפילו בשתיה, אבל חכמים גזרו לאסור בשתיה, גזירה משום בנותיהן, **וכדי** שלא יטעו לומר דגם יין נסך ממש אינו אסור אלא בשתיה, ולכן גזרו שאפילו סתם יינם יהיה אסור בהנאה, וגזירה זו היא מגזירות י"ח דבר, שאפילו יבוא אליהו לא מהני היתר לאיסור זה, שכבר קיבלו עליהם כל ישראל, **ואיסור** זה של סתם יינם אף על פי שהוא קל בעיני העולם, ודימוהו לשאר איסור דרבנן, אבל באמת האיסור חמור מאוד, והשותה סתם יינם עוקר נשמתו ממקום שנשרש בו בקדושה ביין המשומר בענביו, ואין לו חלק לעולם הבא, והאריכו מאוד בעונש זה המקובלים, ונתחבר על זה ספר מיוחד הנקרא יין המשומר, והקורא בו תסמר שערות בשרו מגודל העונש, וכתבו שקבלה בידם שהשותה סתם יינם יכשל בודאי לבעול ארמית, כמו שגזרו חכמים יינם משום בנותיהם, (וכן הוא בסמ"ג) ובספר הזכרונות מהחסיד ר' שמואל אבוהב מאריך גם כן בעונשו, ולכן כל אדם יזהר בזה מאוד לנפשו, ויזכה לסעודת לויתן ולייו המשומר, **ואם** נכשל ושתה יין נסך, יתענה לפחות חמשה תעניתים נגד חמשה פעמים גפן שבתורה, (לבד משנה תורה), ויתוודה ולא ישתה עוד, (סוף סימן קכ"ג) - חכ"א›.

אות ד'

ועל בנותיהן משום דבר אחר

אבה"ע סימן טז ס"א - [ג]ישראל שבעל עובדת כוכבים דרך אישות, או ישראלית שנבעלה לעובד כוכבים (דרך אישות), הרי אלו לוקין מן התורה, שנאמר: לא תתחתן בם (ויש חולקין בזה). אבל הבא על העובדת כוכבים דרך זנות, במקרה, חייב עליה מדרבנן משום עובדת כוכבים ומשום זונה, ומכין אותו מכת מרדות. ואם ייחדה לו בזנות, חייב

באר הגולה

א ‹פרש"י ז"ל משום תרומה טמאה ביד כהן שאסורה באכילה, וגזרו שתהא בשמה הראשון והרי היא טמאה, חיישינן דילמא משהי לה גבי עד זמן זריעה, עכ"ל, נראה שהוא סובר שתרומה טמאה שזרעה, הגידולין תרומה טמאה כאשר היתה, והזקיקו לומר כן, דאי לא אכתי משהי לה לזורעה כדי לטהרה להתירה באכילה, ומה הועילו בתקנתן, **ובתוס'** כתבו דאפילו תימא שהיא טהורה, וכרבא שאמר כן פרק כל שעה, לא משהי לה, דכיון שאסורה לזרים, הוי ריוח פורתא, ומשום ריוח פורתא לא משהי לה ומפסיד שדהו בשבילה, ונמצא ההפסד רב על השכר - ר"י קורקוס› ב **משנה דעבודת כוכבים דף כ"ט ע"ב, וכפי' התוס' שם דמתני' בסתם יינם איירי, שגזרו עליו משום חתנות שם בגמ' דף ל"ו ע"ב, ואסרוהו בהנאה מטעם שכתב הרמ"א בהג"ה, שעשאוהו רבנן כיין נסך גמור משום דדמי ליה** ג ‹בפ"ב דע"ז (דף ל"ו): ועל בנותיהן משום דבר אחר, בנותיהן דאורייתא היא, דכתיב לא תתחתן בם, דאורייתא שבעה אומות, אבל שאר אומות לא, ואתי אינהו וגזור אפי' בשאר אומות, ולרשב"י דאמר כי יסיר את בנך מאחרי לרבות כל המסירות, מאי איכא למימר, אלא דאורייתא אישות בדרך חתנות, ואתו אינהו גזור אפי' דרך זנות. זנות נמי בב"ד של שם גזרו, דכתיב ויאמר יהודה הוציאוה ותשרף, אלא דאורייתא עכו"ם הבא על בת ישראל דמשכה בתרי', אבל ישראל הבא על נכרית לא, ואתו אינהו וגזור אפי' ישראל הבא על הנכרית, ישראל הבא על הנכרית הלכה למשה מסיני, דאמר מר קנאין פוגעין בו, אלא דאורייתא בפרהסיא וכמעשה שהי', ואתו אינהו וגזור אפי' בצנעא, בצינעא נמי בית דינו של חשמונאי גזרו, דכי אתא רב דימי אמר: ב"ד של חשמונאי גזרו, ישראל הבא על העובדת כוכבים חייב משום נשג"א, כי אתא רבין אמר: משום נשג"ז, כי גזרו בית דינו של חשמונאי ביאה, אבל ייחוד לא, ואתו אינהו גזור אפי' ייחוד. ייחוד נמי בית דינו של דוד גזרו, דאמר רב יהודה: באותה שעה גזרו על ייחוד! אמרי: התם ייחוד דבת ישראל, אבל ייחוד דעובדת כוכבים לא, ואתו אינהו גזרו אפי' אייחוד דעובדת כוכבים. ייחוד דבת ישראל דאורייתא היא, דאמר ר' יוחנן משום ר"ש בן יהוצדק: רמז לייחוד מן התורה מנין, שנאמר: כי יסיתך אחיך בן אמך, וכי בן אם מסית, בן אב אינו מסית, אלא בן מתייחד עם אמו, ואין אחר מתייחד עם כל עריות שבתורה. ייחוד דאורייתא דאשת איש, ואתא דוד וגזר אפי' אייחוד דפנויה, ואתו תלמידי בית שמאי ובית הלל גזור אפי' אייחוד דעובדת כוכבים, ע"כ. **נמצא** לפי כל זה, דלמסקנא אין גמרא זאת המקור להלכה זו, וצ"ע›

עליה מדרבנן משום נדה, שפחה, עובדת כוכבים, זונה. ואם היה כהן, אפילו בא עליה דרך מקרה לוקה מן התורה משום זונה.

אות ה'

גזרו על תינוק נכרי שמטמא בזיבה, שלא יהא תינוק ישראל רגיל אצלו במשכב זכור

רמב"ם פ"ד מהל' איסורי ביאה ה"ד - העכו"ם אין חייבין עליהם משום נדה ולא משום זבה ולא משום יולדת, וחכמים גזרו על כל העכו"ם הזכרים והנקבות שיהו כזבים תמיד, בין ראו בין לא ראו, לענין טומאה וטהרה.

רמב"ם פ"א מהל' טומאת מת הי"ד - ומדברי סופרים שיהו העכו"ם כזבין לכל דבריהן.

רמב"ם פ"ב מהל' מטמאי משכב ומושב ה"י - העבדים מטמאין בזיבה ובנדה ובלידה כישראל, אבל העכו"ם אין מטמאין לא בזיבה ולא בנדות ולא בלידות דין תורה, שנאמר: דברו אל בני ישראל ואמרתם אליהם איש איש כי יהיה זב, בני ישראל מטמאין בזיבה ולא העכו"ם; וחכמים גזרו על כל העכו"ם שיטמאו כזבים לכל דבריהן זכרים ונקבות, והוא שיהיה הזכר בן תשע שנים ויום אחד ולמעלה, והנקבה בת שלש שנים ויום אחד ומעלה; אבל הקטנים למטה מזמן זה לא גזרו עליהן טומאה, שעיקר הגזירה היא כדי שלא יהא תינוק ישראל רגיל אצל העכו"ם במשכב זכור, ופחות מזמן זה אין ביאתן ביאה. בעת שגזרו עליהן לא גזרו על שכבת זרע שלהן, אלא שכבת זרעו של עכו"ם טהורה כדין תורה, ומפני מה לא גזרו עליה טומאה, כדי להודיע שטומאתן מד"ס, שהרי הכל יודעין שאילו היו זבין דין תורה היתה שכבת זרעם אב הטומאה כשכבת זרע הזב, ומאחר שיודעין בטומאתן שהיתה מד"ס, לא יבואו לשרוף עליה תרומה וקדשים; נמצאת למד שזובו של עכו"ם, ודם נדה או דם זיבה ולידה של בת עכו"ם, ובת עכו"ם ועכו"ם עצמן אף על פי שהם נקיים מן התורה מדם וזוב, ורוק העכו"ם ומימי רגליהן ומשכבן ומרכבן, ובועל עכו"ם, כל אחד מאלו אב טומאה מד"ס, לפיכך אין חייבין עליהן על ביאת מקדש וקדשיו, ואין שורפין עליהן את התרומה; וכולן מטמאין אדם וכלים במגע, ומטמאין אדם במשא, כזב לכל דבר, אלא שהטומאה מדבריהן כמו שביארנו; ודם הנכרית כרוקה וכמימי רגליה, מטמא לח ואינו מטמא יבש.

אות ו'

ובכולן ב"ה מתירין עם השמש

סימן רמד ס"א - [ד]פוסק אדם (פירוש מתנה) עם האינו יהודי על המלאכה, וקוצץ דמים - היינו קבלנות, שמתנה עמו שיעשה לו איזה מלאכה בשכר דבר קצוב, **ואם** עושה לו בטובת הנאה, ע"ל בסי' רמ"ז ס"ד ובסי' רנ"ב ס"ב.

והאינו יהודי עושה לעצמו, ואף על פי שהוא עושה בשבת, מותר - דכיון שקצץ, אדעתיה דנפשיה קעביד למהר להשלים מלאכתו, דלישראל אין קפידא בזה, דאם לא יעשהו היום יעשהו למחר, **דאם** קובע לו מלאכתו בשבת אסור, כדלקמן סימן רמ"ז ס"א.

בד"א בצנעה, שאין מכירים הכל שזו המלאכה הנעשית בשבת של ישראל היא - היינו שהיא מלאכת צנעה, לפי שאין הכל מכירין שהיא של ישראל וכמו שמפרש, **אבל** אה"נ דאפילו אם הוא עושה אותה בפרהסיא שרי, כיון דהמלאכה עצמה אין ידוע שהיא של ישראל.

ואפילו אם קצת יודעים שהיא מלאכת ישראל, שרי, **ואף** על גב דמבואר לקמן בהג"ה דיש לחוש לאורחים ובני ביתו שיחשדו אותו, **שם** שהיא מלאכת מחובר, וסתם מחובר שם בעליו נקרא עליו, החמירו בו ביותר.

אבל [ה]אם היתה ידועה ומפורסמת, אסור, שהרואה את הא"י עוסק אינו יודע שקצץ, ואומר שפלוני שכר הא"י לעשות מלאכה בשבת; לפיכך הפוסק עם הא"י לבנות לו חצירו או כותלו, או לקצור לו שדהו - ר"ל דסתם מחובר הוי כאלו ידוע ומפורסמת שהיא של ישראל, **אם היתה המלאכה במדינה** - היינו בתוך העיר שקרוי מדינה לפעמים, **או בתוך התחום** - שרגילין אנשי העיר לפעמים לילך לשם, **אסור לו להניחם לעשות לו מלאכה בשבת, מפני הרואים שאינם יודעים שפסק.**

ואפי' אם הוא עומד במקום שאין ידוע שהוא שלו, ג"כ אסור, דיש לחוש לשכניו שיודעים שהוא שלו, ויחשדוהו ששכירו הוא לימים.

ואע"ג דדרך שדה לאריסות, וא"כ יסברו שלקחה באריסות כמ"ש סימן רמ"ג ס"א, **מ"מ** אסור, דשאני התם דכשיחקרו הדבר ימצא שכן הוא, שהאינו יהודי חולק בפירות, **אבל** הכא שיראו בעת הקציר שאין האינו יהודי נוטל בריות, ידעו למפרע דלאו אריס היה, ויחשדוהו ששכיר יום היה, דשכיח לשכור פועלים לימים למלאכה.

ואפילו אם מנהג העיר לשכור בקיבולת, דעת הט"ז להחמיר שלא להניח להאינו יהודי לעשות בשדה בשבת ויו"ט, וכ"ש בבנין בית,

באר הגולה

[ד] תוס' שם בע"ז כ"א ובשבת י"ז והרא"ש שם בע"ז | [ה] שם מהא דמועד קטן י"ב

דאכתי יחשדוהו בשכיר יום, שגם זה הוא רגילות, **ויש** שמקילין בזה כשמנהג כל העיר הוא בקיבולת, (**ועיין** בפמ"ג שכתב, דלטעם הר"ן דאסרינן אפילו בקיבולת דשדה, משום דמיחזי לאינשי כשכיר יום, היינו אפילו ידעו שקבלן הוא, לדידהו אין חילוק כל שאין הא"י נוטל בריוח, ויבאו להתיר אף שכירי יום ממש, לפי"ז אפילו נתפרסם ומנהג המקום לשכור רק בקיבולת, ג"כ אסור, וחמיר יותר לשיטתו מלשיטת הט"ז הנ"ל, **אבל** לטעם השו"ע שכתב: "אינו יודע שקצץ, ואומר שפלוני שכר הא"י לעשות לו מלאכה בשבת", משמע דהיכא שנתפרסם שזה האיש שכר בקבלנות, או שמנהג אותו המקום לשכור הפועלים בקבלנות, שרי, והוא מצדד שם להקל בזה, **ולענ"ד** יש לעיין הרבה בזה, דשיטת הר"ן הנ"ל לאו יחידאה הוא בזה, דיש עוד הרבה פוסקים דס"ל כוותיה לדינא, והנה בקיבולת דשדה, אם נתפרסם שזה האיש דרכו בקבלנות, או שמנהג המקום כן, לא נוכל למחות ביד המקילין, שבלא"ה יש כמה ראשונים שס"ל, דבשדה מותר קיבולת משום דיתלו באריסות, ונהי דאנן קי"ל להחמיר בזה כסתימת השו"ע כאידך רבוותא, מ"מ באופן זה נראה דיש לצרף דעתם להקל, **אמנם** בקיבולת דבית, שדעת ר"ת להקל יחידאה הוא בזה, וגם הוא בעצמו חזר בזה כמו שכתב רבינו ירוחם, יש לעיין אם יש להקל אפילו בנתפרסם וכנ"ל, אח"כ מצאתי בנשמת אדם, שגם דעתו להחמיר בזה, **וע"כ** צ"ע למעשה).

וקיבולת, «כשהוא מנהג כל העיר», הוא דוקא כשכל המלאכה הוא בקיבולת, לאפוקי אם רק האדריכל לבדו הוא קבלן, ושאר המסייעים דרך לשכרם לפעמים ליום, ואפילו אם הוא שכרם הכל בקבלנות, ג"כ אסור, (כ"כ האחרונים, ונ"ל דהכוונה הוא, דאותו בעה"ב דרכו לשכור לפעמים בעצמו את השכירים שתחתיו לשכירי יום, ולכך לא נקרא תו שם קבלנות על הבנין, **אבל** אם הדרך הוא תמיד שאין בעה"ב יודע כלל מכל עסק, רק שהוא שוכר האדריכל, והאדריכל בעצמו דרכו לשכור לפעמים שכירי יום תחתיו, תו הוי זה ג"כ בכלל קבלנות).

איתא בס"ח, מעשה באדם אחד ששכר אינו יהודי לבנות ביתו בקבלנות, והיה האינו יהודי בונה בשבת, והיו מתרעמים עליו ולא חשש לכך, ולא היו ימים מועטים שלא נשאר הקרקע לא לו ולא לזרעו.

הגה: ואפי' אם דר בין העובדי כוכבים - ר"ל שהוא דר מחוץ לתחום העיר, וגם אין עיר אחרת בתוך תחומו, אפ"ה **יש לחוש לאורחים הבאים שם, או לבני ביתו, שיחשדו אותו** - [ואפי' אם המלאכה רחוקה מדירתו, רק שהיא בתוך תחומו דדירתו, נחשב כאילו היה עירו שמה], **ומה** דמקילין לקמיה מבחוץ לתחום, היינו כשרק המלאכה היא שם, אבל הוא בעצמו דר בעיר.

ואם היתה המלאכה חוץ לתחום, וגם אין עיר אחרת בתוך תחומו של מקום שעושים בו מלאכה, מותר - דתו ליכא משום מראית העין, ואינו יהודי כי קטרח בדידיה קטרח.

«**ואם** יש עיר אחרת בתוך תחומו של מקום, אסור», וה"ה כשדר שם איזה יהודי בתוך התחום של מלאכה, ג"כ אסור, [דבודאי לא גרע מחשש דאורחים אחרים], ויצוה להאינו יהודי קודם שבת שלא יעשה בשבת.

והנה מתוך מה שנתבאר בזה הסעיף מוכח, דאסור לשכור אינו יהודי בקבלנות לפנות זבלו מחצר, והוא עושה בו בשבת, דהוא מתקן החצר בזה, והוא בכלל מלאכת מחובר, **ויש** מקומות שנוהגין היתר לשכרו ליקח הזבל מרחוב אף שעושה בו בשבת, וכתב המ"א דטעמם, דבשל רבים ליכא חשדא, אבל בשכיר יום פשיטא דאסור, **והאחרונים** השיגו על טעמו, ודעתם דאין נ"מ בזה הענין בין רבים ליחיד, וגם הוא בעצמו כתב לבסוף, דבמקום שאין נוהגין היתר ברחוב אין להקל, ע"ש טעמו דיש חלול ה' בדבר וכדלקמיה.

והנה אפי' אם נאמר דבשל רבים ליכא חשדא, מ"מ הסכים המ"א שאין להתיר לבנות בהכ"נ בשבת בקבלנות, כי בזמנינו שאין האומות שכנינו מניחים לשום אדם לעשות מלאכה בפרהסיא ביום חגם, איכא חילול ה' אם נניח אנחנו לעשות ביום שבת ויו"ט, **ומ"מ** כתבו כמה אחרונים, דאם יש חשש ח"ו שיתבטל הבנין בהכ"נ לגמרי, מותר להניח לאינו יהודי לבנותו כשהוא בקבלנות, ובלבד שיהיה מפורסם לכל שהוא בקבלנות.

ואינו יהודי שהכניס צאן של ישראל לדיר שלו, ע"ל סימן תקל"ז סעיף י"ד.

סימן רנ"ב ס"א - [ו]מותר להתחיל במלאכה בע"ש סמוך לחשיכה, אע"פ שאינו יכול לגומרה מבעוד יום והיא נגמרה מאליה בשבת, כגון: לשרות דיו וסממנים במים והם נשרים כל השבת - ובשבת אסור משום מגבל, שמערב הדיו והמים יחד, [גמרא י"ח], וי"א דאסור משום צובע [ח][רמב"ם], **אפ"ה** כיון שמתחיל בזמן המותר בע"ש, וממילא נגמר הפעולה בשבת, שרי, **וכן** בכל הני דקחשיב, יש בהן איסור דאורייתא כשעושה אותם בשבת, אפ"ה כיון שמתחיל בע"ש שרי.

ולתת אונין (פי' אגודות) של פשתן לתנור כדי שיתלבנו - אפילו אין טוח כיסויו בטיט, אפ"ה לא חיישינן שמא יגלה הכיסוי ויחתה בגחלים, דכיון דהרוח קשה להן, לא חיישינן שמא יגלהו, [גמרא].

ולתת צמר לתוך היורה - והיא קולטת הצבע, [ט]**שאינה על האש, והיא טוחה בטיט, שאם היא על האש אסור, שמא יחתה (פי' יגלה ויעור הגחלים במחתה)** - היינו אפילו יש זמן שיקלוט עין הצבע מבעוד יום, אפ"ה אסור, שמא יחתה כדי לקלוט היטב.

באר הגולה

ו «כצ"ל וכן מוגה במהדורת נהרדעא» ז **שבת י"ז** ח «נראה שרבינו ז"ל מפרש מ"ש בפרק קמא (שם י"ח) מאן תנא נתינת מים לדיו זו היא שרייתו, להתחייב משום צובע ויש לפרש כל הסוגיא בדרך זו, שמה שאינו בר גיבול, נגמרה בו מלאכת הצביעה, ומה שהוא בר גיבול, דעתו על הלישה ואין בו צביעה, וזה דוחק וצ"ע – מגיד משנה» ט **שם בגמ' י"ח**

ואפי' אינה על האש, אם אינה טוחה בטיט, אסור, שמא יגיס בה בכף, [י]והמגיס בקדרה, אפי' אינה על האש, חייב משום מבשל - דע"י הגסה בקדירה רותחת מתקרב הבישול במהרה.

הנה אף דהמחבר השוה הגסה ביורה להגסה בקדירה, אינו שוה לגמרי, דבקדירה אם היא מבושלת כל צרכו תו לית ביה איסורא, **ואלו** ביורה אסור בכל גוונא להגיס בה, כמבואר לקמן בסימן שי"ח סי"ח, **וע"כ** אסור לתת צמר ליורה רותחת סמוך לחשיכה כשאינה טוחה, אף שיש שהות לקלוט הצבע מבע"י, שמא יגיס משחשיכה.

[יא]ומותר לפרוס מצודות חיה ועופות ודגים והם נצודים בשבת - ובשבת אם הוא עושה כן, ובשעת פריסתו נכנס החיה לתוכה, חייב משום צידה, [תוס' י"ז: ד"ה אין פורסין].

ומותר למכור לא"י ולהטעינו סמוך לחשיכה – (היינו להטעין לו על חמורו, אף אם מכר לו מקודם, וה"ה להגביה המשאוי על כתפו, או ליתן לו מתנה והלואה), **ובלבד [יב]שיצא מפתח ביתו מבעוד יום** - ר"ל דאי אין שהות לזה, או שהא"י מתנה עמו שיקח ממנו בשבת, אף המכירה אסור, [גמרא].

(והטעם, [יג]כדי שלא יהיה נראה שהישראל צוהו להוציאו לחוץ, **ויש** עוד טעם לזה, שלא יחשדו את הישראל שמכר לו בשבת, או משכנם בידו, ולטעם זה אסור אפילו בעיר המוקפת חומה, או מקום שיש עירוב, **וכן** הסכימו האחרונים, דבענינו לענין מכירה וכן לענין שכירות איזה חפץ, ודאי דיש להחמיר אפילו במוקפת חומה והא"י דר שם, שיוציאם מביתו מבעוד יום, [**אך** מח"א משמע, דבמקום צורך גדול יש להתיר למסור לו במקום שיש עירוב, ולסמוך אטעם ראשון].

(ואם הא"י השאיר החפץ אצלו ובא בלילה ללקחו, נראה דיש להקל בשעת הדחק ליתן לו אפילו אם איננו אלם, דכיון שהאיסור הוא רק משום מראית עין, אין להחמיר בזה, שהוא רק חשד איסור דרבנן במקום שאין רואין).

הגה: ויש מתירין שיוליך הא"י בשבת אם יחד לו הא"י מקום מבעוד יום בבית ישראל - סברתם, דהוי כאלו כבר מונח בביתו של א"י.

ויש להחמיר - כדי שלא להרגיל הא"י בכך, **ועיין** באחרונים שהסכימו, דמדינא אין להקל בזה, דקי"ל בסימן ת"מ גם גבי חמץ דלא מהני בייחד לו מקום, **גם** דהרואה סבור שישראל צוהו להוציאו, ע"כ אין להקל בזה אלא במקום הפסד וצורך גדול, **ואם** הא"י אלם, יש להתיר אפילו בלא ייחד לו מקום, דבכה"ג לא גזרו חכמים, **כתב** ע"ת, נראה דאם השכיר את החדר לא"י בפרוטה על משך יום השבת, אין להחמיר כלל, ע"ש, **אבל** המ"א ושארי אחרונים כתבו, דאפילו בשכירות החדר אין לסמוך להקל, **וע"ל סי' שכ"ה.**

סימן [יד]רנ"ב ס"ב - [טו]ומותר ליתן בגדיו לכובס א"י, ועורות לעבדן (פי' האומן שמעבד ומתקן העורות) - וה"ה לשארי מלאכות, **סמוך לחשיכה** - ובעינן שיוציאם ג"כ מפתח ביתו מבעוד יום, **[טז]אם קצץ לו דמים** - היינו סך ידוע, ולא שכיר יום, **והטעם**, דכיון דקצב לו דמים בעד מלאכתו, ואינו מקפיד עליו שיעשנו תיכף, תו כי קעביד ביום השבת אדעתיה דנפשיה קעביד, למהר להשלים מלאכתו.

(ועיין בב"י דמסיק, דאין חלוק בין אם הא"י עושה גמר מלאכה בכלי, ובין אם הא"י עושה כל הכלי בשבת, כגון שנתן לו הישראל עצים ועשה כלי, או מטוה ועשה בגד, וכן אין חלוק בין אם העצים והמטוה הוא של ישראל, או שבקשהו שיעשה הכל משלו).

ועיין סימן רמ"ז ס"ב, דאם התנה עמו שיתן לו שכר ויתפשר עמו, אע"פ שלא פירש כמה יתן לו, דינו כקצץ, **ובזמן** הזה כלים לכובס סתמא דינו כקצץ, דקצבתו ידוע, ולכן המנהג פשוט ליתנם ע"ש סמוך לחשיכה, **(כ"כ מ"א וא"ר, אך סתם המ"א דבריו מאד, ולא פירש אם ר"ל שלא התנה כלל, מפני שאין עושין בחנם, או דבפעם ראשונה קצץ עמו, וקמ"ל דדי בזה, וע"כ נראה שר"ל שהבטיח ליתן לו שכר, אך שלא פירש כמה יתן, דעד כאן לא שרינן ברמ"ז שלא פירש כמה יתן לו, אלא בהבטיחו שיתן לו שכרו כראוי או שיתפשר עמו, ולכך סמכא דעתיה דא"י, וסבר שיתן לו שכרו משלם ודינו כקצץ, אבל אם אמר לו הישראל סתם שיתן לו שכר, אין דינו כקצץ, דהא אין הא"י יודע כמה יתן לו, ושמא יתן לו דבר מועט, ולכן כתב המ"א דבזמן הזה שכלים לכובס קצבתן ידוע, ולא יסבור הא"י שיתן לו דבר מועט, לכן אפילו אם אמר לו סתם שיתן לו שכר ג"כ סגי, והוי כמו שקצב לו בפעם אחד, ששוב בודאי נוכל לסמוך ע"ז תמיד, וזהו שסיים: דאטו בכל פעם וכו', ואולי דכונת המ"א לענין כביסה, לפי שקצבתן ידוע לכל, אפילו אם לא התנה עמו כלל סגי, שסמך שיתן לו כפי הקצבה הידועה, משא"כ בעורות לעבדן, שאין ע"ז קצבה ידועה, לכן אף שאין עושין בחנם, לא סמכא דעתיה דא"י, וסבר שיתן לו דבר מועט, וצ"ע למעשה).**

או שעושה אותם בטובת הנאה - היינו שנתרצה הא"י לעשות לו בחנם, ואמרינן דמסתמא הוא בשביל איזו טובה שעשה לו הישראל מתחלה, וע"כ אדעתיה דנפשיה קעביד.

[יז]והוא שלא יאמר לו לעשות בשבת - וכן אם אמר לכובס: ראה שאני צריך להם במו"ש, כגון שרוצה ליסע מיד במו"ש, גם זה אסור אפילו בקצץ, **דכיון** שא"א לגמרו אא"כ יעשה בשבת, הו"ל כאלו

באר הגולה

[י] לפי' רש"י שם (עיין תוס' י"ח: ד"ה דילמא מגיס) [יא] שם בגמ' י"ז [יב] שם י"ח וכרבי עקיבא אליבא דבית הלל [יג] (עיין ברש"י שכתב דנראה כמסייעו להוליך בשבת, ולקמן בדף י"ח: ד"ה אלא כדי שיגיע, כתב דמיחלף בשלוחו) [יד] (כצ"ל וכן מוגה במהדורת נהרדעא) [טו] שם י"ז [טז] שם תוספות דף י"ט והרא"ש ורמב"ם פרק ו' מה"ש הי"ב [יז] רמב"ם שם וסמ"ג ל"ת ס"ה והתרומה סי' רכ"ב וש"פ

אומר בפירוש שיכבס בשבת, והוי כשלוחו, [**וע"כ** אסור אפילו בנותן לו כמה ימים מקודם].

[יח] **וגם שיעשה הא"י המלאכה בביתו** - ר"ל שלא בבית ישראל, דאז מחזי כאלו הוא עושה בשליחות ישראל, **וכתב** הח"א, דבבית ישראל אסור אפילו אם הוא דבר שמנהג כל בני העיר ליתנו בקבלנות, ולא אתו למחשדיה בשכיר יום, ג"כ אסור מטעם זה, דיאמרו שצוהו לעשות בשבת, [**וראיתי** באיזה מקומות ששוכרין להם א"י בקבלנות לנער את פשתיהן בחצרן, ומנערין שם ביום השבת, **ולא** יפה הם עושין, דאף אם הוא מנהג כל העיר בקבלנות, הלא ברשות ישראל לעולם אסור, **וע"כ** יראה להקנות להם הפשתן בע"ש שיהיה להם לגמרי].

הגה: ואם לא קצץ - היינו שלא התנה עם הישראל אודות שכרו, והא"י מצפה לתשלום שכר, **אסור בע"ש** - דכשנותנו לו בע"ש, מחזי כאלו נותנו לו ע"מ שיעשה בשבת, ולא אמרינן אדעתיה דנפשיה קעביד, כיון שהישראל לא הבטיחו בהדיא, **וכשקצץ** דאדעתיה דנפשיה קעביד, לא מחזי כאלו אומר לו כן.

וכתבו הפוסקים, דכשיש שהות לגמרה מבע"י, מותר אפילו בע"ש, ואפילו לא קצץ, לכו"ע, **ומה** שדייק הרמ"א "בע"ש", דבד' וה' שהוא מופלג מן השבת, מותר ליתן לו אפילו שאין יכול לגמרה קודם השבת, כיון שלא אמר לו שיעשה בשבת.

(**הרמ"א** אזיל לשיטתו בסימן רמ"ז ס"א בהג"ה, דמתיר בלא קצץ ביום ה', **ועיין** במ"א, דאף שהחמיר הרמ"א שם שלא בעת הצורך כהמחבר, בזה הקיל, ע"ש טעמו, וכן משמע מהא"ר וש"א דיש להקל בזה בד' וה').

וע"ל סי' רמ"ז דיש חולקין אם עושה לו בחנם, דהיינו בטובת הנאה - וס"ל דדינו כלא קצץ, ואדעתיה דישראל קעביד ואסור בע"ש, **ועיין** בד"מ דמסכים להיש חולקין, וע"ל בסי' רמ"ז במש"כ במ"ב.

אם לא שהא"י בעצמו מתחיל עם הישראל לומר שיעשה לו בחנם, אז ודאי דעתו על הטובה שקיבל ממנו מכבר, ודינו כקצץ.

[יט] **ואם ראוהו עושה מלאכתו בשבת, אם היה עושה בטובת הנאה, צריך לומר שלא יעשה בה בשבת** - אף שהמחבר הקיל למעלה ליתן לו אף בטובת הנאה מבע"י, ואין לו לחוש מה שיעשה בשבת, אפילו אם הוא יודע שיעשה, כיון שאינו מצוהו ע"ז, וכמ"ש לעיל בסימן רמ"ז במ"ב, **מ"מ** כשבא לביתו ומצאו שעושה, מחזי דמדעתיה עביד כיון שאינו מקבל שכר ע"ז, וצריך לומר לו שלא יעשה.

(**ואפי'** אם הא"י התחיל בעצמו לומר שיעשה לו טובה, דהא להמחבר בכל גווני בחנם מותר לכתחלה למסור, דהוא בכלל טובת הנאה, ואפ"ה כשרואהו בשבת צריך למחות, וא"כ ה"ה בזה).

הגה: ואפילו נתנם לו כמה ימים לפני שבת - ר"ל דבזו הנתינה לא"י היה לכו"ע מותר וכנ"ל, אפ"ה צריך למחות כשרואהו.

אבל אם התנה עמו מתחלה ליתן לו שכרו, אף שלא פירש לו סך ידוע, א"צ למחות בידו, דבעבידתיה קעסיק.

(**ויש מאחרונים שמקילין עוד יותר**, דכל שעושה בשכר, **אף שלא התנה** עמו כלל אודות השכר, וזהו "לא קצץ" הנזכר בכל מקום, **אם היה** זה בדרך היתר, דהיינו שהיה כמה ימים לפני שבת, **או** שמסר לו בע"ש והיה שהות לגמרו קודם השבת, א"צ למחות לו כשרואה שעושה בשבת, דכיון שעושה עכ"פ בשכר, אמרינן בעבידתיה קעסיק).

ודע, דאם היה הא"י שכיר יום אצלו בימי החול, והוא רוצה עתה ג"כ לעשות מלאכתו בביתו בצינעה, צריך לילך ולמחות בידו כיון שנודע לו, אע"פ שאין עושה לפניו, [דמבואר בכמה מקומות דשכיר יום אדעתא דישראל קעביד].

כתב מ"א, דאם מצוה לא"י לעשות לו מנעלים, וראהו עושה בשבת, אפי' לא קצץ, א"צ למחות בידו, **דהא** אכתי לא נקרא שם ישראל עליהם, ואי בעי הא"י מוכרם לאחר, ולזה יעשה מנעלים אחרים, וא"כ לאו בדידיה קעסיק.

באר הגולה

יח ציינתיו לעיל סימן רמ"ד סעיף ה' | יט רוקח סי' צ"א בשם הירושלמי סוף פ"ק דשבת

§ מסכת שבת דף יח. §

אות א'

עפר, דבר גיבול הוא

רמב"ם פ"ח מהל' שבת הט"ז - והמרקד כגרוגרת חייב. הלש כגרוגרת חייב; והמגבל את העפר הרי זה תולדת לש, וכמה שיעורו כדי לעשות פי כור של צורפי זהב; [א]ואין גיבול באפר ולא בחול הגס ולא במורסן ולא בכיוצא בהן; והנותן זרע שומשמין או זרע פשתן וכיוצא בהן במים חייב משום לש, מפני שהן מתערבין ונתלין זה בזה. **השגת הראב"ד: ואין גבול באפר ולא בחול. א"א כמדומה אני שטעה בזה, שהוא סבור שאם נתן בהם מים וגבלן שאינו חייב משום לישה, כמו שהוא חייב בזרע שומשמין וזרע פשתן, וזהו שבוש גדול, שלא אמרו אפר אינו בר גיבול, אלא שאינו מחוסר גיבול, ובנתינת מים לבדה חייב.**

אות ב' - ג'

פותקין מים לגינה ערב שבת עם חשיכה, ומתמלאת והולכת כל היום כולו; ומניחין מוגמר תחת הכלים (ערב שבת) ומתגמרין והולכין כל היום כולו; ומניחין גפרית תחת הכלים (ערב שבת עם חשיכה) ומתגפרין והולכין כל השבת כולה; ומניחין קילור על גבי העין, ואיספלנית על גבי מכה (ערב שבת עם חשיכה) ומתרפאת והולכת כל היום כולו

אף על גב דקעביד מעשה שרי

סימן רנ"ב ס"ה - [ב]**ומותר לפתוח מים לגנה והם נמשכים והולכים בכל השבת** - היינו שפותח מים סמוך לחשיכה משפת המעין, שילך לגינה להשקותה.

ולהניח קילור (סם של רפואה שנותנין על העין) עבה על העין - היינו אף שנשאר מונח בשבת, ועי"ז מתרפא והולך, **וה"ה** שמותר להניח אז תחבושת על המכה, **אע"פ שאסור להניחו בשבת** - שמא ימרח.

עבה - דקילור רך וצלול אף בשבת גופא מותר להניחו, כשהיה שרוי מבע"י, כדלקמן בסי' שכ"ח סכ"א.

ולתת מוגמר תחת הכלים - לבונה ומיני בשמים נותנין על האש, ומעשנין הבגדים שיהא ריחן נודף, רש"י, **והם מתגמרים מאליהם כל השבת.**

ואפילו מוגמר מונח בכלי, דאין אדם מצווה על שביתת כלים - וכ"ש כשהמוגמר מונח על הארץ דשרי.

ולתת שעורים בגיגית לשרותן - דבשבת אסור, וכדלקמן בסימן של"ו סי"א ע"ש.

[ג]**וטוענין בקורת בית הבד והגת מבעוד יום על זיתים וענבים** - ואפילו לא נתרסקו מקודם, מותר לטעון, כיון שמתחיל הפעולה קודם שתשקע החמה וכנ"ל, **והשמן והיין היוצא מהם מותר** - פי' אף מה שיוצא בשבת, **ולא** גזרינן שמא יסחוט, כמו שגזרו במשקין שזבו מזיתים וענבים שלא נתרסקו, וכדלקמן בסימן ש"כ ס"א, **דהתם** יש חיוב חטאת אם יסחוט, ע"כ גזרו אפילו בזבו מעצמן, אבל הכא שכבר נדרסו ע"י הטעינה, ובלא"ה זב מעצמו, אלא שיוצא טפי ע"י הסחיטה בידים, בזה אין איסור אלא מדרבנן, ע"כ בזב מעצמו בשבת שרי לגמרי, **אך** כתב המ"א, דבזה אין מותר רק אם הוא טוען בעוד היום גדול, שיוכל להתרסק קודם שבת ע"י טעינת הקורה, **אבל** אם יטעון סמוך לשקיעה ממש, דלא יתרסקו קודם השבת ע"י הקורות, אסור המשקין היוצא מהן, גזירה שמא יסחוט, **(וע"ל סימן ש"ב סעיף ג').**

וכן בוסר - ענבים בתחלתן כשהן דקים, מוציא מהן משקה לטבל בו בשר, לפי שהוא חזק וקרוב להחמיץ, **ומלילות** - שבלין שלא בשלו כל צרכן, מרסקן וטוענין באבנים, ומשקה זב מהן ומטבל בו, **שריסקן מבעוד יום, מותרים המשקים היוצאים מהם** - והטעם הוא ג"כ כנ"ל.

ועיין בבה"ל דאין להתיר כי אם בשדכן ג"כ קודם השבת, ודיכה הוא יותר מריסוק, **(כי שלשה דברים יש, ריסוק ודיכה ושחיקה,** ריסוק בתחלה, ואח"כ דך אותם באיזה כלי, ואח"כ שוחק אותם יפה, **וע"כ** אין להתיר משקין היוצא מבוסר ומלילות אא"כ דכן מבעו"י, וכן ע"י טעינת קורה, צריך שיהיו מרוסקין קודם הטעינה, דאז תחשב הטעינה כדיכה).

באר הגולה

א ‹שבפ' מי שהחשיך (שם קנ"ה:) נראה בביאור שאין חיוב גיבול דבר תורה במורסן, שכך אמרו שם, אמר אביי אמריתה קמי דמר, מתני' דנותנין מים למורסן אבל לא גובלין מני, ואמר לי ר' יוסי בר' יהודה היא, דתניא אחד נותן את הקמח ואחד נותן לתוכו מים, האחרון חייב דברי רבי, ר' יוסי בר' יהודה אומר אינו חייב עד שיגבל, דילמא ע"כ לא קאמר ר' יוסי התם אלא בקמחא דבר גיבול הוא, אבל במורסן דלאו בר גיבול הוא אפילו ר' יוסי מודה, פי' דזהו גיבולו בנתינת מים ואסור. תניא בהדיא, אין נותנין מים למורסן דברי רבי, ור' יוסי בר' יהודה אומר נותנין, **ואידחי** סברא דמ"ד דבמורסן דלאו בר גיבול הוא אפילו ר' יוסי מודה דנתינת מים אסור, ואדרבה מותר, והטעם משום דאינו בר גיבול, **ולכך** אפי' יגבול לא יהא בו חיוב אלא אסור מדבריהם, ומתוך כך הותר נתינת מים, ואם היה גיבולו דבר תורה היה אסור נתינת מים מדבריהם. והסברא הראשונה היתה דעת אביי בפרקא קמא, ושם לא העלו בדחייתא - מגיד משנה› **ב** **שם י"ח** **ג** **שם י"ט ממשנה ו' פ"ב דעדיות וכרבי ישמעאל**

השמש *אמר רשב"ג נוהגין היו בית אבא שהיו נותנין כלי לבן לכובס נכרי שלשה ימים קודם לשבת ושוין אלו ואלו שטוענין קורת בית הבד ועגולי הגת: **גמ'** מאן תנא נתינת מים לדיו זו היא שרייתן אמר רב יוסף רבי היא דתניא *אחד נותן את הקמח וא' נותן (א) את המים האחרון חייב דברי רבי רבי *יוסי אומר אינו חייב עד שיגבל א"ל אביי ודילמא עד כאן לא קאמר ר' יוסי אלא בקמח דבר גיבול הוא אבל דיו דלאו בר גיבול הוא אימא ליחייב לא סלקא דעתך דתניא אחד נותן את האפר ואחד נותן את המים האחרון חייב דברי רבי ר' יוסי ברבי יהודה אומר עד שיגבל ודילמא מאי אפר *עפר דבר גיבול הוא והתניא אפר והתניא עפר *מידי גבי הדדי תניא: *ת"ר *פותקין מים לגינה ע"ש עם חשיכה ומתמלאת והולכת כל היום כולו ומניחין מוגמר תחת הכלים *(ע"ש) ומתגמרין והולכין כל היום כולו ומניחין גפרית תחת הכלים *(ע"ש עם חשיכה) ומתגפרין והולכין כל השבת כולה ומניחין קילור ע"ג העין ואיספלנית על גבי מכה *(ע"ש עם חשיכה) ומתרפאת והולכת כל היום כולו אבל אין נותנין חטין לתוך הריחים של מים אלא בכדי שיטחנו מבעוד יום מאי טעמא אמר רבה מפני שמשמעת קול א"ל רב יוסף ולימא מר משום שביתת כלים *דתניא °ובכל אשר אמרתי אליכם תשמרו לרבות שביתת כלים אלא אמר רב יוסף משום שביתת כלים והשתא דאמרת לב"ה אית להו שביתת כלים דאורייתא גפרית ומוגמר מאי טעמא שרו משום דלא קעביד מעשה אונין של פשתן מאי טעמא שרו משום דלא עביד מעשה ומינח נייחא מצודת חיה ועוף ודגים דקא עביד מעשה מאי טעמא שרו התם נמי בלחי *וקוקרי דלא קעביד מעשה והשתא דאמר רב אושעיא אמר רב אסי מאן תנא שביתת כלים דאורייתא ב"ש היא ולא בית הלל *לב"ש בין קעביד מעשה בין דלא קעביד מעשה אסור לבית הלל *אע"ג דקעביד מעשה שרי והשתא דאמרת דלב"ש אע"ג דלא עביד מעשה אסור אי הכי מוגמר

תורה אור: שמות כג

רש"י

עם חשכה · בעוד החמה זורחת: **כלי לבן** · שהוא קשה לכבס וצריך ג' ימים ומחמירין על עצמן כב"ש: **שטוענין** · את הזיתים בקורות בית הבד ואת הענבים בעיגולי הגת שלא היו עוצרין אותן בגלגל כמו שלנו אלא טוענין אותן בקורות כבדין והני דגת קרי עיגולין שהיו דפין עבין עשוין כעיגולין ושוין שטוענין אותן מבעוד יום והמשקה הולך וזב כל השבת ובגמרא (דף יט.) פריך מאי שנא דלא פליגי ב"ש בהא ומפרש משום דאי נמי עביד להו בשבת ליכא חיוב חטאת דכי אמרי' סחיטת זיתים וענבים אב מלאכה בפ' חבית שנשברה (לקמן דף קמג:) הני מילי בזיתים וענבים שלא ריסקן מבעוד יום דהוה ליה מפרק דבר ממשאו הגדל בתוכו והיא תולדה דדש אבל הכא אין נותנין קורה על גבי זיתים עד שטוחנין תחלה בריחים וכן ענבים דורכין אותן תחלה ברגל ובלאו קורה נמי משקה נפיק ממילא אלא דלא נפיק שפיר כי השתא ולא דמי לדש: **גמ' מאן תנא** בכולהו ט' ל"ג לה הכא אלא לקמן במשנה ושוין שטוענין: **מאן תנא נתינת מים לדיו** · ואע"פ שלא גיבל הדיו זו היא שרייתן והוי לישה דידיה בהכי ומיחייב משום לש דהא מתני' ליכא גבול ואפליגו בה מבעוד יום מכלל דבשבת חייב חטאת הוא: **האחרון חייב** · משום לש שהוא אב מלאכה: **אפר** · לאו בר גיבול הוא: **עפר** · בר גיבול הוא לטיט של בנין: **והא תניא** · תרתי מתניתא חדא דאפר וחדא דעפר: **מידי גבי הדדי תניא** · חדא תניא ר' חייא וחדא תניא רבי אושעיא וחדא מינייהו תניא לעפר בלשון אפר: **פותקין** · פותחין עושין נגר קטן משפת המעין לגנה: **מוגמר** · לבונה ומיני בשמים נותנין על האש ומעשנין הבגדים שיהא ריחן נודף: **גפרית** · תחת כלי כסף שמלבנין בהם פרחים וטורות בחרס ומעשנן בגפרית והן משחירות וניכרות וקורין כייל"ר: **קילור** · תחבושת שקורין לוז"א: **ואספלנית** · רטייה: **ברחיים של מים** · וכ"ש ברחיים של יד ושל חמור דאדם מצווה על שביתת בהמתו: **שיטחנו מבעוד יום** · מפני שמשמעת את הקול ואוושא מילתא בשבת ואיכא זילותא: **לרבות שביתת כלים** · דכתיב לעיל מינה למען ינוח שורך וחמורך וגו': **והשתא דאמרת בית הלל אית להו שביתת כלים** · דהא על כרחיך האי מתניתא בית הלל מדשרי בהנך וקתני דריחיים אסור משום שביתת כלים: **מוגמר וגפרית מאי שרו** · וה"ה לכל הנך דמתני' הרי המוגמר מונח בערדסקאות ומלא כלי עושה מלאכה: **לא קא עביד הכלי שום מעשה** · אלא מונח על הארץ והן בתוכו אבל הרחיים עבדי מעשה ולב"ש כיון דמונחין בגווה הייט מעשה דיליה: **מצודות דקא עבדי מעשה** · שהפח נקשר ותופס העוף וכן יקוש שפושטים לחיות ללוכדן ברגלים כשנוגעין בו קופץ ומתחבר אליו ולוכד: **בלחי** · חכה שקורין איימ"א שהדג בולעו ומהדקו והכלי אינו זז ממקומו: **וקוקרי** · שעושין סלים פיה אחד רחב ופיה השני קצר מאד והדג (ס"א והחיה) נכנס שם ומוציא ראשו בפי הקצר ואין גופו יכול לצאת וכשבא להחזיר ראשו לפנים ראשי קרומות נכנסין לו תחת לחיו דהשתא לא עביד כלי מידי: **והשתא דאמרת כו' ב"ש היא** · והא דריחים ב"ש וב"ש לא שני להו בין היכא דעביד כלי מעשה בין היכא דלא עביד דהא אסרי באונין דמתני' וכיון דב"ש היא:

מוגמר

תוספות

אבל בשכר אסור פירוש שכיר יום כד"א בתלוש אבל במחובר אסור ובעיר אחרת בין בתלוש בין במחובר מותר אמר ר"ש בר כהנא בשם רבי אחא בשבת ובאבל ובע"ז הלכה כר"ש בן אלעזר ורבינו תם נמי כשבנה את ביתו לא סמך על תשובתו ולא רצה להתיר: ומיהו בקבלנות מותר כרשב"ג דבשדה רגילות לעשות באריסות ולא בשכירות יום וכשישראל אומר לנכרי לתקן מנעלים או לקנות לא יאמר תעשה למחר דא"כ הוי כשכיר יום אלא תעשה לכשתרצה ואם הביא לו נכרי כליו ויודע שכבסן בשבת אסור ללובשן בשבת דאמר לקמן (קכב.) נכרי שהדליק נר בשביל ישראל אסור להשתמש לאורה (תוספות ישנים):

אבל דיו דלאו בר גיבול הוא · והא דאמר במה מדליקין (לקמן דף כג· ושם) כל השמנים יפים לדיו איבעיא להו לגבל או לעשן לאו דוקא גיבול אלא האי גיבול היינו עירוב בעלמא ואם תאמר והא מורסן דאמר בפרק בתרא (דף קנה: ושם) דלאו בר גיבול הוא וקאמר התם ר' יוסי ברבי יהודה אינו חייב עד שיגבל וי"ל דהתם לגבי קמח קאמר דאינו בר גיבול אבל בר גיבול הוא טפי מדיו ולהכי לא מייתי מיניה הכא אדיו ומכאן קשה על המפרש ההא דאמר בכירה בפרק המביא (דף לג: ושם) קיטמא שרי היינו כשנותנין מים לתוכו לשרוק התנור סביב הואיל ולאו בר גיבול הוא והכא משמע דאדרבה דמידי דלאו בר גיבול הוא חייב טפי אלא יש לפרש קיטמא שרי בלא מים לשרוק התנור סביביו וקמ"ל דלא גזרינן שמא יגבל בי"ט:

ומתרפאת והולכת כל השבת כולה · ואם תאמר הא דאמר בפרק שמונה שרצים (לקמן דף קח:) שורין קילורין מע"ש ומניח תחת העין בשבת וא"כ בשבת נמי שרי להניח ויש לומר דלקמן מיירי באדם בריא ואינו מניח בעין לרפואה אלא תחת העין לתענוג וליכא למיחש לשחיקת סממנים והכא מניח בעין לרפואה ולא שריא אלא מערב שבת*:

אונין של פשתן מאי טעמא שרו · הא דנקיט אונין טפי מדיו וסממנין וכרשינין משום דהתם פשיטא דליכא מעשה כלל אבל באונין התנור עושה קצת מעשה כשמחממו ועוד דבהנך לא הזכיר כלי אבל גבי אונין הוזכר התנור:

ולימא מר משום שביתת כלים · ואם תאמר למאי דמסיק מאן תנא שביתת כלים דאורייתא ב"ש מאי פריך רב יוסף ולימא מר משום שביתת כלים וכי אינו יותר טוב כמו שמפרש רבה שמשמעת הקול ואתי כב"ה וי"ל דלא סבירא ליה לרב יוסף טעמא דהשמעת הקול כלל ומסתברא ליה טפי לאוקמה כב"ש משום שביתת כלים ונראה דרבה סבר דטעמא דב"ש לאו משום שביתת כלים הוא אלא סבר דטעמא דב"ש דגזרינן דילמא אתי למעבד בשבת דאי לרבה נמי טעמא דב"ש משום שביתת כלים למה היה צריך רב יוסף להביא הברייתא והא מתני' היא דאסרי בית שמאי משום שביתת כלים ועוד דאמר לקמן (דף יט·) הני דאי עביד להו בשבת חייב חטאת גזרו בית שמאי עם חשכה משמע דטעמא דבית שמאי משום גזירה ולא משום שביתת כלים ולרב יוסף לא תקשה אמאי [לא] אסרי בית שמאי טעינת קורה משום שביתת כלים דהתם אתי ממילא טפי מכל הנך דמתניתין ואם תאמר לרבה הך ברייתא דשביתת כלים אמאן תרמייה ויש לומר דרבה סבר דברייתא דשביתת כלים בית שמאי היא והיכא דעביד מעשה אבל היכא דלא עביד מעשה כי הנך דמתני' טעמייהו משום גזירה ומצודות דמתני' בלחי וקוקרי:

והשתא דאמר רב אושעיא הא מני ב"ש היא · אומר ר"ת דהלכתא כרב יוסף דמוקי ברייתא כב"ש דהא רב אושעיא קאי כוותיה ולפ"ז ריחים מותרים לדידיה לב"ה שרי אפי' היכא דקעביד מעשה ולא חיישינן להשמעת קול ולי נראה דרב אושעיא לא מוקי לה

[מכילתא פרשת משפטים]

א"נ התם אינו משים קילור עצמו בהתחבושת אלא שורה הקילור במים ולגבי דידיה ליכא למיגזר שיודע כי לא התירו לו אלא ע"י שרייה ואחרים סבורין שנרתוך מים כוא צריך [תוס' ישנים]

עין משפט נר מצוה

קלד א מיי' פ"ח מהל' שבת הלכה טו סמג לאוין סה:

קלה ב ג מיי' פ"ג מהל' שבת הלכה ב וס"ו הלכה טו סמג שם טור ש"ע או"ח סימן רנב סעיף ה וסימן רמו סעיף א:

מסורת הש"ס

[עי' תוס' ע"ז כב: ד"ה מאי טעמא]

לקמן קנה:

[נ"ל יוסי ברבי יהודה וכ"א לקמן קנה:]

[עירובין כ: וש"נ] תוספתא פ"א

[ברב אלפס וברא"ש ליתא]

[ג"ז שם ליתא]

[ג"ז שם ליתא]

תניינהו וחד תני לתרוייהו וכיון דלאו גבי הדדי תנינהו חדא תניא כצ"ל רש"ל

[עי' בערוך ערך לח ובערך קקרי שהאריך לפרש ענייהם קתנו משם]

הא מני ב"ש היא ולב"ש ס"א

הגהות הב"ח

(א) גמ' ואחד נותן את המים וכו' ודילמא לא ס"ל ע"כ:

רבינו חננאל

אלו ששנינו בברייתא פתיחת מים לגינה בע"ש והנחת מוגמר תחת הכלים והנחת גפרית תחת הכלי' כולן מותרין וכן קילור על העין בע"ש ואיספלנית על המכ' ומתרפאת והולכת בשבת · ואע"ג דקיי"ל כב"ה וב"ה לית להו שביתת כלים נתינת חטים ברחיים של מים בע"ש להטחן בשבת אסור דלא אמרו משום

רב נסים גאון

אפילו יהוד דנכרית ונתבאר עוד בזה הפרק כי תינוק נכרי מטמא בזיבה בן ט' שנים ויום אחד לדבריהם אימתי ראוי לביאה בן ט' שנים ויום אחד אימתי מטמא בזיבה בן ט' שנים ויום אחד:

[ד]ומותר לתת חטים לתוך רחיים של מים, סמוך לחשיכה - וה"ה שמותר אז בעצמו לפתוח ג"כ את המסגרת של המים, שעי"ז טוחנין הריחיים, [ואף דאם יפתח בשבת גופא נראה דחייב חטאת, דהוי כמו שטוחן בידים, אפ"ה הלא לבית הלל לא גזרינן אטו שבת].

ודוקא של מים ולא של בהמה, דאדם מצווה על שביתת בהמתו.

(**נתינת חטים לתוך ריחים של מים בשבת איכא חיוב חטאת** {ודלא כהמ"א} **דהטחינה אח"כ ממילא אתי, וכמו הפורס מצודה, ובשעת פריסתו נכנס החיה לתוכה ונלכדה, דחייב אף דאתי ממילא, וכן כשאופה בתנור, אף שהאפיה ממילא אתי לבסוף, מ"מ מקרי מעשה ממש, אף שאינו מקרב האש לגבי הפת, אלא הפת לגבי האש, והאש פועל פעולתו לבסוף, אפ"ה חייב, וה"ה בענינינו, אף שהטחינה ממילא אתי לבסוף, אפ"ה חייב**).

(**והנה כ"ז מיירי שהמסגרת של המים היה פתוח, והוא נותן החטים לתוך האפרכסת, ומתחיל תיכף אחר נתינתו להטחן, ואם יש תחתיה עוד תבואה אחרת, יש לעיין אם יש בזה חיוב חטאת, ואינו דומה לנותן שמן לנר, דקיי"ל דחייב משום מבעיר, אף דבלא"ה ג"כ דולקת, דאפשר דהתם דולקת יותר בטוב ע"י הוספת השמן, וגם אפשר דהפתילה גופא מושכת עתה מן השמן הזה, משא"כ בענינינו, ואפשר לאידך גיסא, דכיון דהריחים טוחנין ובודאי יבוא גם לתבואה זו, דומה לאפיה ובשול אף שאינו תיכף, רק כיון שיהיה נאפה ונתבשל לבסוף, חייב הרודה הפת בתנור והנותן הקדרה על האש, וצ"ע**).

(**אבל אם פותח מסגרת המים בשבת, נ"ל דאף להמ"א חייב, דהלא תיכף מתחיל להטחן, והוא עושה מעשה ממש שעל ידו מסבב גלגל המים והריחים, והוא דומה כאלו הוא עצמו היה מסבב הריחים בכחו דחייב**).

(**וראיתי להתפארת ישראל שכתב, דריחים של רוח נ"ל דלכו"ע לית ביה חיוב חטאת, אם נותן התבואה לתוך האפרכסת, דהרי התראת ספק הוא, שמא יפסוק הרוח באמצע, ולא נהירא, דאפילו אם יפסק הרוח תיכף, מ"מ יטחן בודאי כגרוגרת והרבה יותר ע"י הריחים גופא, כידוע שכל דבר שדוחפים בכח, אפילו אם יפסק כח הדוחף, יהיה מתנענע מעצמו עוד במקצת**).

ולא חיישינן להשמעת קול, שיאמרו רחיים של פלוני טוחנות בשבת. ויש אוסרים ברחיים ובכל מקום שיש לחוש להשמעת קול (טור ותוס' (ד"ה והשתא) **והרא"ש פ"ק דשבת, וסמ"ג וסמ"ק וסה"ת והגה"מ פ"ו ותשו' מהרי"ו סימן ק"ל ואגור)** - כלל בזה כל כיוצא בזה המשמיע קול, דאוושא מילתא ואיכא זילותא לשבתא, וכמו שכתב בד"מ.

ואם הריחיים של א"י, בודאי שרי לתת לתוכה מבעוד יום, וה"ה אם השכירו לא"י, **ואם** הישראל מסר לא"י התבואה מבעוד יום, אז אף אם הא"י טוחן אותם בשבת, שרי בקצץ, דא"י אדעתיה דנפשיה עביד, **רק** שלא יעמוד ישראל אצלו, דמחזי כשלוחו, כמ"ש סוף סימן ש"ז, **ולצורך** הפסח מותר לישראל להיות עומד שם לראות שלא יתחמץ, וכן מותר להושיב שומר שלא יגנוב הא"י, **ובלבד** שלא ידבר עמו בשום עסק, וכמו שכתבנו לעיל בסוף סימן רמ"ד.

הגה: והכי נהוג לכתחלה – (ומ"מ משמע בד"מ, דהיכא דנהוג להתירא אין למחות בידם).

מיהו במקום פסידא יש להקל, כמו שנתבאר לעיל סוף סימן רמ"ד - הטעם, דאז יכול לסמוך אדעה ראשונה שמקלת ליתן מבע"י, **אבל** בשבת אסור ליתן אפילו ע"י א"י, ואפילו הוא שכירו, **ועיין** לעיל בסימן רמ"ג במ"ב סוף ס"א, דיעשה שטר מכירה לא"י דהוא מוכרו לו על שבת.

ומותר להעמיד כלי משקולת שקורין זייגע"ר מערב שבת, אע"פ שמשמיע קול להודיע השעות בשבת, כי הכל יודעים שדרכן להעמידו מאתמול - ולא יחשדוהו שהעמידו בשבת, **והנה** מוכח כאן דאסור להעמידו בשבת, **ואפילו** לומר לא"י להעמידו בשבת, וכונתו לשם מצוה לידע זמן ק"ש ותפלה, ג"כ צ"ע, דאפשר דיש בו מלאכה דבר תורה, ולא הותר ע"י א"י אפילו במקום מצוה, **(טור, ועיין לקמן סימן של"ח)** - וע"ש במ"ב מה שנכתוב בזה.

באר הגולה

[ד] שם (י"ח.) **וכרבה, רבינו חננאל והסכמת התוספות והרא"ש סמ"ק סי' רפ"ב וסמ"ג שם** (והגר"א כתב: כרב יוסף דר' אושעיא כוותיה, ועיין באה"ג ס"ק ט', שציין כרבה, ושגגה היא – גר"א, (**דדברי** רבה הם מקורו של הרמ"א, וכדמצויין שם, **וכ"כ** הב"י: לתת חטים לתוך ריחיים, לרב יוסף שרי, ולרבה אסור, **והיה** צריך הבאה"ג לומר (וכמ"ש במהדורת פריעדמאן): וכרב יוסף, ר"ת הובא בתוס' ד"ה והשתא, ב"י בדעת הרי"ף, והרמב"ם)

סימן רמו ס"א - ה'מותר להשאיל ולהשכיר כליו לאינו יהודי, ואע"פ שהוא עושה בהם מלאכה בשבת, מפני שאין אנו מצווים על שביתת כלים - הוא דעת הרי"ף והרמב"ם, וס"ל דהא דתניא: לא ישכיר כליו לא"י בע"ש, ובד' וה' מותר, הוא מטעם שביתת כלים דאסור, ואתיא כב"ש דס"ל אדם מצווה על שביתת כליו כמו על שביתת בהמתו, **אבל** ב"ה ס"ל שביתת כלים אין אדם מצווה עליו, וממילא מותר להשאיל ולהשכיר כליו אפילו בע"ש, ואפילו כלים שעושין בהם מלאכה. **ומ"מ** גם הם ס"ל דכל הכלים אין היתר להשכיר רק בהבלעה, אבל לא על שבת לחוד, אפי' אם משכירם בתחלת השבוע, דזה הוי שכר שבת, וכמ"ש אח"כ לפי הי"א, דע"ז לא מצינו מי שמקיל.

באר הגולה

ה רמב"ם בפ"ו מה"ש הט"ז וכדעת הרי"ף ‹כדעת הרי"ף שהשמיטה {ברייתא דדף י"ט}, דס"ל דב"ש היא דס"ל דמצווין כו' - גר"א›

מוגמר ונפרית מ"ט שרו ב"ש התם מנח ארעא גיגית ונר וקדרה ושפוד מ"ט שרו ב"ש דמפקר להו אפקורי מאן תנא להא דת"ר *"לא תמלא אשה קדרה עססיות ותורמסין ותניח לתוך התנור ע"ש עם חשכה ואם נתנן למוצאי שבת אסורין בכדי שיעשו כיוצא בו "לא ימלא נחתום חבית של מים ויניח לתוך התנור ע"ש עם חשכה ואם עשה כן למוצאי שבת אסורין בכדי שיעשו לימא ב"ש היא ולא ב"ה אפילו תימא ב"ה גזירה שמא יחתה בגחלים א"ה מוגמר וגפרית נמי לגזור התם לא מחתי להו דאי מחתי סליק בהו קוטרא וקשי להו אונין של פשתן נמי ליגזור התם "כיון דקשי להו זיקא לא מגלו ליה צמר ליורה ליגזור אמר שמואל ביורה עקורה וניחוש שמא מגים בה "בעקורה וטוחה והשתא דאמר מר גזירה שמא יחתה בגחלים "האי *קדרה חייתא שרי לאנוחה ע"ש "עם חשיכה בתנורא מ"ט כיון דלא חזי לאורתא אסוחי מסח דעתיה מיניה ולא אתי לחתויי גחלים ובשיל שפיר דמי בשיל ולא בשיל אסיר ואי שדא ביה גרמא חייא שפיר דמי והשתא דאמר מר כל מידי דקשי ליה זיקא לא מגלו ליה האי בשרא דגדיא ושריק שפיר דמי דברחא ולא שריק אסור דגדיא ולא שריק דברחא ושריק רב אשי שרי ורב ירמיה מדיפתי אסיר ולרב אשי דשרי *(והתניא) *אין צולין בשר בצל וביצה אלא כדי שיצולו מבעוד יום התם דברחא ולא שריק איכא דאמרי *"דגדיא בין שריק בין לא שריק שפיר דמי דברחא נמי ושריק שפיר דמי כי פליגי דברחא ולא שריק דרב אשי שרי "ורב ירמיה מדפתי אסיר ולרב אשי דשרי *(והתניא) "אין צולין בשר בצל וביצה אלא כדי שיצולו מבעוד יום התם "בבשרא אגומרי אמר רבינא האי קרא חייא שפיר דמי כיון דקשי ליה זיקא כבשרא דגדיא דמי: ב"ש אומרים אין מוכרין: ת"ר ב"ש אומרים "לא ימכור אדם חפצו לנכרי ולא ישאילנו ולא ילונו ולא יתן לו במתנה אלא כדי שיגיע לביתו וב"ה אומרים כדי שיגיע לבית הסמוך לחומה רבי עקיבא אומר כדי שיצא מפתח ביתו א"ר יוסי בר' יהודה הן הן דברי רבי עקיבא הן הן דברי בית הלל לא בא רבי עקיבא אלא לפרש דברי ב"ה: ת"ר *בש"א לא ימכור אדם חמצו לנכרי אלא אם כן יודע בו שיכלה קודם הפסח דברי ב"ש ובית הלל אומרים "כל זמן שמותר לאוכלו מותר למוכרו רבי יהודה אומר כותח

רש"י

מוגמר ונפרית מ"ט שרו. הא מנחי בכלים: כגון דמנחי מוגמר ונפרית בארעא. ולא בכלי: גיגית. שהשכר בתוכו ואי אפשר לשופכו לארץ והשעורין נשורין כל השבת יותר מח' ימים והשבת בכלל וכן נר הדולק בשבת וכן קדרה שעל גבי כירה שאי אפשר שלא תלטמק בשבת וכן שפוד המונח בתנור כדתנן (דף יט:) משלשלין את הפסח ולא פליגי ב"ש: כדמפקר לסו. לכלים ושוב אינו מצווה על שביתתן: עססיות ותורמסין. מיני קטניות וצריכין בישול יותר: בכדי שיעשו. כדי שלא יהנה ממלאכת שבת: יחתה בגחלים. למהר בישולן: סליק בהו קוטרא. של עלים ומשחיר הבגדים ועשן העלים קשה להם וכן בגפרית: לא מגלי. משטח פי תנור וליכא למגזר שמא יחתה בגחלים: לגזור. שמא יחתה בגחלים: עקורס. מעל האור: מגים. מהפך בה ובמבושל הוי בישול: וטוחה. מכוסה בכיסוי שלה וטוחה בטיט סביב דכולי האי לא טרח ומידכר: והשתא דאמר מר. דהנחת קדרה לא אסירא אלא משום חתייה: האי קדר' חייתא שפיר דמי. להשהותה לכתחלה מבעוד יום בתנור והיא מתבשלת כל הלילה דודאי חייתא לאו אדעתא למיכלה לאורתא אנחה התם ומשום למחר לא אתי לחתויי שהרי יש לה שהות גדול ולא דמי לעססיות ותורמסין שאין כל הלילה והיום די להן: ובשיל שפיר דמי. מבושלת כל צרכה שפיר דמי להניחה דלא בעי חיתוי: שדא ביה גרמא חייא. דלאו דעתיה למיכליה לאורתא: גדיא. קשי ליה זיקא: שריק. פי התנור בטיט סביב כיסוי אינו מוכן לחתות: ברחא. איל גדול לא קשיא ליה זיקא ואתי לגלויי פי התנור ליטול כיסויו לחתות: דגדיא ולא שריק. איכא חדא לאיסורא וחדא להיתרא: בבשרא אגומרי. שאינו בתנור דאפילו כיסוי ליכא ומוכן להפוך בו ולהתות: לא ישאילנו. שאלה דבר החוזר בעין הלואה בדבר הניתן להוצאה: אלא כדי שיגיע. הנכרי לביתו מבעוד יום ואע"ג דבדידיה קטרח מחמירין ב"ש דמיחלף בשלוחו: בית הסמוך לחומה. של עיר אחרת שהנכרי דר שם שהרי יכול להגיחו שם: מפתח ביתו. של ישראל: הן הן דברי כו'. לא בא ר"ע לחלוק על ב"ה אלא לחלוק על תנא בן מחלוקתו שאמר אליבא דב"ה לבית הסמוך לחומה ובא ר"ע לומר לא אמרו ב"ה כן אלא כו':

תוספות

לה כב"ש אלא הש"ס הוא דקאמר הכי הא מני ב"ש היא אליבא דרב יוסף דמוקי לה משום שביתת כלים אבל לרב אושעיא מצינן למימר דמוקי לה כב"ה ואית ליה השמעת קול כרבה וכן פסק ר"ח דטעמא דריחים משום השמעת קול ואתי כב"ה ועוד דסוגיא דלקמן לא מיתוקמא אלא כרבה כדפי' וקי"ל כרב אושעיא דמאן תנא שביתת כלים בית שמאי היא ומותר להשאיל כלים לנכרי ואין לחוש במה שיעשה בו הנכרי מלאכה אבל בהמתו אסור להשאיל דשביתת בהמתו עליו דאורייתא: *ולבית שמאי אף על גב דלא קעביד מעשה וכו'. השתא דטעמא דב"ש משום שביתת כלים הנך ג' בבות קמייתא אין שורין דיו וסממנים ואונין ומצודות הוו משום שביתת כלים שהמלאכה נעשית בתוך הכלי וכמאן שהכלי עושה המלאכה אבל מוכרין לנכרי ועורות לעבדן וכלים לכובס לא הוי משום שביתת כלים דכמה שהעורות מתעבדין אין העור עושה המלאכה אלא האדם המעבד עושה המלאכה וכן בגד המתלבן האדם המלבנו עושה המלאכה אלא טעמא דאסרי בית שמאי משום דמיחלף בשלוחו ולהכי נמי מוגמר וגפרית דמוקי בסמוך דמנחי אארעא אף על גב שהכלים העליונים מתגפרים ונלבעים לא שייך שביתת כלים כדפריש' שהכלי שאין המלאכה נעשית בו אין בהן משום שביתת כלים:

דמפקרא להו אפקורי. אע"ג דאמר בנדרים (דף מה:) דבעינן הפקר בפני ג' הכא לא בעינן דמסתמא *מפקיר להו ואין לסמוך על זה להשכיר סוס לנכרי ולהפקיר דהכא שאני משום דלא אפשר בענין אחר ועוד שאין הדבר מפורסם*: לא ימלא נחתום כו'. כדמסיק גזירה שמא יחתה אף ע"פ שיש שהות הרבה להתחמם חיישינן שמא יצטנן לפי שרגילים לחמם על אש רפה ויהא צריך לחתות: גזירה שמא יחתה. ואם תאמר מעיקרא דלא ידע האי טעמא תקשי ליה מתני' דבשר בצל ובילה וחררה ויש לומר דהתם ידע שפיר דהוי טעמא משום שמא יחתה שאין דבר מפסיק * בינו לגחלים: דילמא מגים בה. והוי צובע: ביורה עקור' וטוחה. ואין לחוש שמא יגלה ויגיס שאין דרך להגיס כמו לחתות ועוד דשמא מיהדק טפי: בשיל ולא בשיל אסור. נ"ל דלא הוי כמאכל בן דרוסאי דאי הוה כמאכל בן דרוסאי שרי להשהותו על גבי כירה אע"פ *שאינה גרופה וקטומה: האי בישרא דגדיא ושריק. מפרש בה"ג דמכאן ואילך איירי בגלי וכן משמע מדמייתי עלה אין צולין בשר בצל ובילה ולקמן בפרקין נמי מייתי לה אמשלשלים את הפסח ולהכי ברחא ולא שריק אסור אפי' בחייא כיון דמיירי בגלי ראוי לאוכלה בלילה ואתי לחתויי: התם בבשרא אגומרי. וא"ת לרב אשי דשרי ברחא ולא שריק ולא אסר אלא בשרא אגומרי תיקשי ליה מתני' דאין נותנין הפת בתוך התנור (דף יט:) ועוד משלשלין את הפסח (א) אמרי' מאי טעמא משום דבני חבורה זריזין הן *כדמפרש לקמן (דף כ:) והא בלאו הכי נמי שרי ויש לומר דמיירי שהתנור פתוח דהוי כמו בשרא אגומרי ונראה דאין הלכה כרב אשי בהאי לישנא דשרי ברחא ולא שריק דסוגיא דלעיל דקאמר כיון דקשי ליה זיקא לא מגלה לה לא אתיא כוותיה וכן סוגיא דלקמן גבי בני חבורה דזריזין הם דמשני האי מנחת פי' וקשי ליה זיקא והאי לא מנחת ולרב אשי אפי' היכא דלא קשי ליה זיקא שרי: ולא ישאילנו כו' אלא כדי שיגיע לביתו. לא מיירי בכלים דאסור לב"ש משום שביתת כלים דאפילו ברביעי או בחמישי נמי אלא כגון חלוק ושאר דברים וטעמא משום הולאה ונראה כשלוחו כדפ"ה:

עין משפט נר מצוה

קלו א מיי' פ"ג מהל' שבת הלכה יב סמג לאוין סה טוש"ע או"ח סימן רנב סעיף ח:
קלז ב מיי' שם טוש"ע שם סעיף ט:
קלח ג מיי' פ"ג שם הלכה יד:
קלט ד מיי' שם הלכה יו סמג שם טוש"ע או"ח סימן רנג סעיף א וסימן שט סעיף יח:
סייך לעיל ע"א וגם מג' דלג"ש
קמ ה מיי' שם הלכה ח סמג שם טוש"ע או"ח סימן רנג סעיף א:
קמא ו ז מיי' שם הלכה יג ופ"ט שם טוש"ע או"ח סימן רנד סעיף א:
קמב ח ט מיי' שם הל' ב עין טור שו"ע שם סעיף ב:
קמג י מיי' פ"ו מהלכות שבת הלכה יט סמג שם טוש"ע או"ח סימן רמו סעיף ב:
קמד כ מיי' פ"ג מהל' חמץ ומצה הלכה יא סמג לאוין עו טוש"ע או"ח סי' תמג סעיף א:

ואם השכיר או השאיל לנכרי ועשה בה מלאכה בשבת היה צריך להפקיר בפני שלשה [תוס' ישנים]

[כדלקמן ריש פ' כירה]

רבינו חננאל

שביתת כלי אלא רב יוסף אבל רבה אמר מפני שמשמעת את הקול ונותיה מפרסמא וכל היכא דאיכא למיחש שמא יחתה בגחלים כגון הנחת קדרה בתנור או חבית של מים וכיוצא אפילו ב"ה אסרי והא דתניא לא ימכור אדם חפצו לנכרי ולא ילונו ולא ישאילנו כו' קי"ל כר' עקיבא דאמר כדי שיצא מפתח ביתו כר' יוסי דאמר הן הן דברי ר"ע הן הן דברי בית הלל וכן גבי חמץ אוקמנא בפסחים (כא.) כל שעה שמותר לאכול כהן תרומה מותר למכור ישראל חמץ לנכרי

מסורת הש"ס

תוספתא שבת פ"ד

[פי' תוס' תענית ח. ד"ה אסרוהא]

[לקמן יט:]

[לקמן כ.]

[צ"ל והתנן]

[עי' תוס' ב"מ ל: ד"ה אפקרה]

[צ"ל והתנן]

פסחים כא.

הגהות הב"ח

(א) תוס' ד"ה התם וכו' את הפסח בתנור אמרינן

גליון הש"ס

גמ' האי קדירה חייתא וכו' עם חשיכה בתנור. עיין לקמן דף לח ע"א תוס' ד"ה שכח: תוס' ד"ה גזירה שאין דבר מפסיק. ק"ל הא מ"מ תיקשי ליה מתני' דר"פ כירה בחמין ותבשיל דקדירה מפסיק ואף לפי הצד איבעיא דשם דלהחזיר תנן הא מבואר שם דנ"ל אסורי משהא וכו' ומה הן משהין כו' חמין ולא תבשיל דהטעם ע"כ משום חיתוי דאינו משום בישול אף אם יסבור דיש בישול אחר בישול ומשום שביתת כלי מה מהני בזה גירוף וגם אמאי חמין מותר. וכיון דמאינו לב"ש דבקדירה מפסיק חיישינן לחיתוי י"ל דגם כ"ס ס"ל הכי גם בהא דפרכינן מוגמר וגפרית נמי ליגזור הא בלא"ה כיון דאינו מפסיק כלי ניחוש לחיתוי כמו באין צולין בשר:

§ מסכת שבת דף יח: §

אות א'

לא תמלא אשה קדרה עססיות ותורמסין ותניח לתוך התנור ערב שבת עם חשכה, ואם נתנן למוצאי שבת אסורין בכדי שיעשו

סימן רנ"ד ס"ח - [א]**לא ימלא אדם קדירה עססיות (פי' מיני קטניות הגדלות בא"י ולא בבבל) ותורמוסין, ויתן לתוך התנור ערב שבת סמוך לחשיכה** - היינו אפילו הוא גרוף וקטום, כמ"ש בסי' רנ"ג ס"א, **מיהו** תנורי דידן דמיא לכירה, דשרי גרוף וקטום, **ואם** הוא טוח בטיט שרי בכל ענין, כפי מ"ש הרמ"א בס"א בהג"ה.

[ב]**מפני שדברים אלו אינם צריכים בישול רב, ודעתו עליהם לאכלם לאלתר, ומפני כך אע"פ שלא נתבשלו כל עיקר, הרי הם כשאר תבשיל שהתחיל להתבשל ולא נתבשל כל צרכו, שאסור להשהותו** - וה"ה לשאר מיני קטניות וירקות ודברים רכים, שכולם אינם דומים לבשר, דקי"ל לעיל בריש סי' רנ"ג דמותר ליתנו סמוך לחשיכה כשהוא חי, לפי שבודאי לא יתבשל לסעודת הלילה, ולסעודת מחר יתבשל אפילו בלא חיתוי, **אבל** אלו קלים להתבשל, וחיישינן שמא יחתה בגחלים לצורך סעודת הלילה.

[ג]**והוא הדין לכירה וכופח. הגה: כשאינן גרופים וקטומים ואפשר לחתות (ב"י ומגילה פ"ג)** - אכירה לבד קאי, ונקט לשון רבים אכירות דעלמא, דאלו כופח הלא מבואר בסימן רנ"ג, דכשהסיקוהו בעצים לא מהני גריפה וקטימה.

ואם [ד]**עשה כן, אפילו בשוגג, אסורים למו"ש עד כדי שיעשו** - כדי שלא יהנה ממה שעבר על איסור דרבנן, **ועיין** לעיל בסימן רנ"ג ס"א בהג"ה, דאם נתבשל מבעו"י כמאכל בן דרוסאי, די.

אות ב'

לא ימלא נחתום חבית של מים ויניח לתוך התנור ערב שבת עם חשכה, ואם עשה כן למוצאי שבת אסורין בכדי שיעשו

סימן רנ"ד ס"ט - [ה]**כיוצא בו, לא ימלא חבית של מים, ויתן לתוך התנור ע"ש עם חשיכה** - אא"כ יש שהות שיתחממו קודם בה"ש, אף שלא יתחממו כל צרכן, [היינו לפי מה שפסק הרב לעיל ברנ"ג, דבתבשיל לא בעינן שיתבשל כל צרכו, וכן ה"ה בחמין].

וכן אסור ליתן מים לתוך הקדרות שבתנורים ע"ש עם חשיכה, אע"ג דמתכוין רק שלא יפקע הקדירה מהחום שבתנור, ולמאי יחתה, מ"מ הא הדרך הוא שמדיח בהם הכלים, וחיישינן שמא יחתה בהתנור כדי שיתחממו המים, ולכך צריך לזהר ליתנן שיתחממו במקצת מבע"י, [**ואפשר** דבשעת הדחק אם שכח ליתן מקודם, יכול לסמוך על הא"ר, דמצדד לומר דלהדחה לא חיישינן שמא יחתה, אך שיתנן קודם שקיעת החמה].

אע"ג דמים ראויין לשתות חייה, והיה ראוי להיות דינם כפירות הנאכלים חיים בס"ד, **מ"מ** אינם טובים כ"כ כפירות, ומהני להם החימום הרבה, ויש בהם גזירת חיתוי.

ואם עשה כן, אסורים למוצאי שבת בכדי שיעשו - ובתנור שלנו כשהוא גרוף וקטום, או כשהוא טוח בטיט, שרי וכנ"ל.

אות ג'

כיון דקשי להו זיקא לא מגלו ליה

רמב"ם פ"ג מהל' שבת הי"ד - וכן כל דבר שהרוח מפסדת אותו, אין גוזרין עליו שמא יגלהו ויחתה, ומפני זה נותנין אונין של פשתן לתוך התנור עם חשיכה, שאם גלהו יפסדו.

אות ד'

בעקורה וטוחה

סימן רנ"ב ס"א - ולתת צמר לתוך היורה - והיא קולטת הצבע, [ו]**שאינה על האש, והיא טוחה בטיט, שאם היא על האש אסור, שמא יחתה (פי' יגלה ויעור הגחלים במחתה)** - היינו אפילו יש זמן שיקלוט עין הצבע מבעוד יום, אפ"ה אסור, שמא יחתה כדי לקלוט היטב.

ואפי' אינה על האש, אם אינה טוחה בטיט אסור, שמא יגיס בה בכף, [ז]**והמגיס בקדרה, אפי' אינה על האש, חייב משום מבשל** - דע"י הגסה בקדירה רותחת מתקרב הבישול במהרה.

הנה אף דהמחבר השוה הגסה ביורה להגסה בקדירה, אינו שוה לגמרי, דבקדירה אם היא מבושלת כל צרכו תו לית ביה איסורא, **ואלו** ביורה אסור בכל גוונא להגיס בה, כמבואר לקמן בסימן שי"ח סי"ח, **וע"כ** אסור לתת צמר ליורה רותחת סמוך לחשיכה כשאינה טוחה, אף שיש שהות לקלוט הצבע מבע"י, שמא יגיס משחשיכה.

באר הגולה

א שבת י"ח | ב לפי' רמב"ם ‹ודלא כרש"י ע"ש›. וי"א דטעמא מפני שדברים אלו אינם צריכין בישול רב, ודעתו עליהם לאוכלם לאלתר, ומפני כך אע"פ שלא נתבשלו כל עיקר יש לחוש לשמא יחתה, שהרי הם כשאר תבשיל שהתחיל להתבשל ולא נתבשל כל צרכו שאסור להשהותו. וי"א טעמא לאידך גיסא, מפני שדברים אלו צריכין בישול רב ולא יספיק להם כל הלילה להתבשל, וחיישינן שמא יחתה בהם למהר בישולם אפי' ירצה אותם לצורך מחר – לבוש› | ג המגיד שם ובית יוסף | ד ב"י ממשמעותא הברייתא שם | ה שם | ו שם בגמ' י"ח | ז לפי' רש"י שם ‹עיין תוס' י"ח: ד"ה דילמא מגיס›

סימן שיח [ח]סי"ח - [ט]האלפס והקדירה שהעבירן מרותחין מעל גבי האור, אם לא נתבשל כ"צ, אין מוציאין בכף מהם, שנמצא מגיס ואיכא משום מבשל - וכ"ש להגיס ממש דאסור, ויש חיוב חטאת בזה לפי מה שפסק השו"ע לעיל בס"ד, דבזה מסייע ומקרב להבישול וחשיב כמבשל, [**אבל** בהוצאת הכף, איסורו הוא רק מדרבנן, שהוא כעין הגסה].

(**ובדיעבד** אם עשה הגסה בלא נתבשל כ"צ, לא נאסר, דיש לסמוך על דעת הראשונים, דאחר שנתבשל כמאב"ד תו אין בו משום בשול, וממילא דכ"ש דאין בו משום הגסה).

ואם נתבשל כל צרכו, מותר - אפי' להגיס בו, דאין בישול אחר בישול, וכדלעיל בס"ד.

שהעבירן מרותחין - נקט "שהעבירן" לרבותא, דאפי' בזה אסור כשלא נתבשל כל צרכו, **ובנתבשל** כל צרכו, אפי' עומד ע"ג האור מותר להוציא בכף, כן משמע בב"י, **אבל** בא"ר מסיק דיש לאסור בזה, [כן הוכיח מכל בו, ולהכל בו אם היה הגסה ממש, יש בו חיוב חטאת, כיון שהוא על האש, **ולא** אדע הטעם, דמאי עדיפא הגסה מבישול ממש, וכל הפוסקים מודים דבמבושל כל צרכו אין בו משום בישול, **ועכ"פ** בדיעבד בודאי אין לאסור בזה, וכדעת שאר הפוסקים]. **אבל צמר ליורה, אע"פ שקלט העין, אסור להגיס בו (פי' לנענע אותו בכף)** - משום צובע, (תוס') שכן הוא מלאכת הצביעה להגיס תמיד כדי שלא יתחרך, גם ע"י הגסה נקלט הצבע בצמר יותר, [**ויש** עוד טעם, דהסממנים צריכין בישול לעולם, **ונ"מ** אם מבשל סממנים במים בלא צמר, דלשני תירוצים הקודמין מותר הגסה, כשאר תבשיל שבישל כל צרכו, ולטעם זה אסור]. (**ועיין** מש"כ השו"ע לעיל סימן רנ"ב ס"א בשם רש"י).

הגה: ולכתחלה יש ליזהר אף בקדירה בכל ענין (פסקי מהרי"ו) - אלא יהפוך הקדירה לקערה ולא יוציא בכף.

ועיין באחרונים דלא נהיגין להחמיר בזה, דבאמת העיקר כמו שכתבנו מתחלה, דמבושל כל צרכו אפי' להגיס מותר, וכמבואר לקמן בסימן שכ"א סוף סי"ט, **והרוצה** להחמיר יחמיר בהגסה ממש, אבל להוציא בכף אין להחמיר כלל בנתבשלה כל צרכה ואינה על האש.

(**ומשמע** דכל המינים שוים להקל בזה, **ובמ"א** משמע, דבשאר מינים חוץ מן קטניות, שיכול לשפוך בקל מן הקדרה לקערה, ישפוך ולא יוציא בכף לכתחלה, **אבל** אין העולם נוהגין כן).

אות ה'

האי קדרה חייתא שרי לאנוחה ערב שבת עם חשיכה בתנורא, מאי טעמא, כיון דלא חזי לאורתא אסוחי מסח דעתיה מיניה, ולא אתי לחתויי גחלים

סימן רנג ס"א - [י]או שהוא חי שלא נתבשל כלל - היינו דאפילו הוחם התבשיל נמי מותר להשהות, ולא גזרינן שמא יחתה, כיון דעצם הבישול לא נתבשל כלל, [**אבל** אם נתבשל קצת, אפי' פחות ממאכל בן דרוסאי, אסור].

דכיון שהוא חי מסיח דעתו ממנה עד למחר, ובכל הלילה יכול להתבשל בלא חיתוי - פי' אז שרי ליתנו סמוך לשקיעה ממש, אבל אם נתנו מבעוד יום, אסור, דכבר נתבשל קצת קודם שבת, וצריך לסלק כשהגיע זמן שבת, אא"כ נתבשל כ"צ קודם זה.

וכ"ז דוקא בשר חי שא"א להתבשל לצורך סעודת הלילה, אבל ירק ושארי דברים שהם קלי הבישול, לא מהני מה שהוא חי, וכן מה שכתב לקמיה חתיכה חיה, היינו ג"כ בשר.

(**נראה** דאפילו אם התנור חומו רב, ויכול להתבשל באיזו שעות בלילה במשך הזמן, אעפ"כ אם אין דרכן של בני אדם להמתין בסעודתם כ"כ, בודאי אסוחי מסח דעתיה מיניה ולא אתי לחתויי, וכן מורה לשון הרמב"ם).

אבל אם נתבשל קצת ולא נתבשל כל צרכו, ואפי' נתבשל כל צרכו והוא מצטמק ויפה לו, חיישינן שמא יחתה - למהר בישולו כדי לאכול בלילה, או כדי שיהיה מצטמק יפה.

ואסור להשהותו עליה אא"כ גרף, דהיינו שהוציא ממנה כל הגחלים - חוץ לכירה, ומותר בזה וכן בקטם, אפילו רק נתבשל קצת.

או קטם, דהיינו שכסה הגחלים - היינו כל הגחלים, **באפר למעט חומם.**

ואם נתן בה חתיכה חיה, מותר כאילו היתה כולה חיה, דעל ידי כך מסיח דעתו ממנה.

אות ו' - ז'

דגדיא, בין שריק בין לא שריק שפיר דמי; דברחא נמי ושריק שפיר דמי; כי פליגי דברחא ולא שריק ורב ירמיה מדיפתי אסיר

סימן רנד ס"א - (כדי שיתבאר לך היטב דברי המחבר והרב באלו השתי סעיפים, אקדים דברי התו"ש שהעתיק דברי הגמרא והפוסקים בקצרה, גרסינן בש"ס י"ח ע"ב: והשתא דאמרת כל מידי דקשיא ליה זיקא לא מגליא ליה, דגדיא (הר"ן) בין שריק {שטח פי התנור בטיט סביב} ובין לא שריק, שפיר דמי, דברחא, והיינו עז, ושריק, נמי שפיר דמי, דברחא ולא שריק, רב ירמיה אסר, ורב אשי שרי, וכתבו

באר הגולה

ח (כצ"ל וכן תוקן במהדורת נהרדעא) ט הר"ן בפ"ק דשבת י"ח אוקימתא דיורה עקורה וטוחה י שם י"ח (הבאנו רק קטע מהסעיף, וע"ש להשלמת הענין)

הפוסקים דקי"ל כרב ירמיה, וקפריך הגמרא ולרב אשי דשרי, והתנן אין צולין בשר בצל וביצה אלא כדי שיצולו מבע"י, וקמשני, התם בבשרא אגומרי, ע"כ, וכתבו המפרשים, דרב ירמיה נמי מודה לתירוץ זה לפי המסקנא. וכתבו התוס' והרא"ש, דבצלי איירי, ולהכי ברחא ולא שריק אסור אפילו חי, אף דבקדרה חייתא מותר ליתן לכתחלה סמוך לחשכה, משום דבצלי בלא קדרה מתבשל מהרה שיהיה ראוי לאכילה בלילה, ושמא יחתה).

(והנה לדעת הרמב"ם והמחבר, עיקר הטעם דשרי בגדי בין שריק ובין לא שריק, משום שאינו צריך רק לחמימות מעט, לכך לא חיישינן שמא יחתה, שאם יחתה יתחרך, ולכך אפילו הוא חוץ לתנור סמוך לגחלים, ליכא למיחש שמא יחתה מטעם זה, מיהו היינו דוקא אם הוא סמוך לגחלים, אבל אם הוא מונח על הגחלים ממש, אף בגדי אסור, דכיון שהוא מונח על הגחלים ממש, בודאי אינו חושש על מה שיתחרך, כי חפץ הוא שיצלה מהרה באיזה אופן שיהיה, **אך** בשמונח על הגחלים ממש ונצלה מבע"י כמב"ד, שרי גם לדעה ראשונה דבריש סי' רנ"ג, דס"ל דגבי תבשיל לא מהני כמב"ד, כמו שנתבאר שם, אבל בצלי המונח על הגחלים ודאי שרי כשהוא כמב"ד, דבכה"ג ודאי לא יחתה אחר מב"ד, שחושש לפסידא דצלי שלא יתחרך, כיון שכבר נצלה כמב"ד).

(ובבשר שור ועז ס"ל לרמב"ם והמחבר, דשרי כשהוא טוח בטיט והוא בתוך התנור, מטעם דודאי לא יפתח התנור לחתויי, דאם יפתח התנור תכנס הרוח ויתקשה הבשר ויפסד, ולכן אם הצלי מונח בקדרה כגון צלי קדר, דאז אינה מתקשה, אם הוא חי לגמרי, שרי כמ"ש רסי' רנ"ג, אבל אם נתבשל קצת, אסור אפי' הוא צלי קדר, כיון דאינו מתקשה יש לחוש פן יפתח התנור ויחתה, ולפי"ז הא דמשני התם בבשרא אגומרי, היינו כגון שמונח על הגחלים ממש כמ"ש ס"ב, דבכה"ג אין חושש לחירוך רק שיצלה מהרה, ולכך לא שרי אלא בכמב"ד דוקא, וכשהגיע למב"ד שרי לכו"ע, אף לדעת הרמב"ם והמחבר ברסי' רנ"ג וכמ"ש).

(כל זה הוא לדעת המחבר כאן, אבל לדעת הרא"ש והטור (ורש"י) שהביא הרב בהג"ה, עיקר טעמא דשרי בגדי, משום דקשיא ליה זיקא, ולא מגלי כיסוי של התנור, ובזה שרי אף כשפי התנור מכוסה ואינו טוח בטיט, **אבל** בברחא לא שרי אלא דוקא כשהוא טוח בטיט סביב הכיסוי, בכה"ג הוא דליכא למיחש לחיתוי, דלא טרח כולי האי לסתור הטיחה שסביב פי התנור, ומהאי טעמא שרי אפילו הוא בקדרה, **ואינהו** מפרשי דהא דמשני התם בבשרא אגומרי, היינו שהתנור אינו מכוסה כלל, אלא הוא פתוח לגמרי, ולהכי אסור אפילו בגדי, **מיהו** כשהוא כמב"ד, אז שרי גם לדעה ראשונה דבריש סי' רנ"ג, ואפילו אינה מונחת על הגחלים אלא סמוך לגחלים, דבצלי שהוא כמב"ד ליכא למיחש שמא יחתה, ובזה נתבארו כלל דברי המחבר והרב, עכ"ל תו"ש).

יא **אע"פ שבשר חי מותר להשהותו** - היינו שמותר ליתן לכתחלה להשהותו ע"ג כירה ותנור, אפילו אם אינם גרופים וקטומים, דכיון שהוא חי מסיח דעתו ממנו עד למחר, ובכל הלילה יכול להתבשל בלא חיתוי, וכנ"ל בריש סימן רנ"ג.

הני מילי בקדרה, אבל בצלי שאצל האש אסור להניחו סמוך לחשיכה, שממהר להתבשל ואתי לחתויי - אפילו אם צולה את הצלי בתנור, והתנור מכוסה אך שאינו טוח בטיט, חיישינן שיגלה הכיסוי ויחתה שם בגחלים.

אם לא שיש שהות מבעוד יום להיות נצלה כ"כ, שיהיה מצטמק ורע לו, והוא לדעה ראשונה המבואר ברס"י רנ"ג, **ולדעה** שניה שם סגי אם נצלה מבע"י כמב"ד.

שאצל האש - לאפוקי צלי קדר, דינו כבקדרה ומותר להשהותו בחי, **גם** מיעט המחבר בזה, אם נותנו ע"ג האש ממש, דשם אפילו בבשר גדי אסור, וכדלקמן בס"ב, ע"ש הטעם.

(**ודע** דכ"ז הוא לדעת השו"ע, שפסק כשיטת הרי"ף והרמב"ם והרא"ש, שפסקו כר' ירמיה בגמרא, דברחא ולא שריק אסור, **אבל** יש עוד הרבה ראשונים פסקו כרב אשי בלישנא בתרא, דברחא ולא שריק שרי, **וע"כ** כתב הב"ח, דבדיעבד אם עבר או שכח, ושהה בתנור מכוסה אף שאינו טוח בטיט, מותר, מאחר דיש מתירין לכתחלה, וה"ה כל כיוצא בזה).

כתבו האחרונים בסימן רנ"ג, דמיני קטניות וירקות ושאר דברים רכים, אפי' בקדירה ממהרין להתבשל, וע"כ אפי' בחי חיישינן בהן שמא יחתה, וע"ל בס"ח ובה"ל שם.

וה"מ בבשר שור או עז - שהוא בשר קשה וצריך בשול ביותר, וחיישינן לחתויי, יב **אבל בשר גדי** - הרך, [דעל ברחא ולא שריק פי' רש"י איל גדול, מכלל דגדי הוא רך], **ועוף, שהם מנותחים לאברים, מותר, דלא חיישינן לחיתוי** - בין אם הוא חי לגמרי או שנתבשל קצת, וכדלקמן בהג"ה, יג **שאם יחתה בגחלים יתחרך (פי' יצא מגדר הצלי ונכנס בגדר הנשרף) הבשר, שאינו צריך אלא חמימות האש בלבד** - לפי טעם זה אין חילוק בין אם צולהו בתנור שפיו מכוסה, או צולהו מגולה אצל האש, דהכל שרי, ודלא כיש מחמירין דלקמיה בהג"ה.

אבל אם אינו מנותח, צריך בשול כשור ועז, ואם יחתה בגחלים לא יתחרך הבשר, וחיישינן לחתויי.

יד **ואם הוא בתנור, וטח פיו בטיט, בין גדי ועוף שלמים, בין בשר שור או עז, מותר, דלא חיישינן לחיתוי,** טו **שאם בא לפתוח התנור ולחתות, תכנס הרוח ויצטנן התנור, ויתקשה הבשר ויפסיד.**

באר הגולה

יא שבת י"ח | יב שם כלישנא בתרא וכרב ירמיה הרי"ף ורמב"ם בפ"ג הי"ג והתוס' | יג לפי' רמב"ם שם | יד שם בגמרא | טו לפי' רמב"ם שם

ואם הוא בקדרה, לא מהני כשהוא טוח בטיט לדעה זו, דהא לא יתקשה, **ועיין** לקמיה בהג"ה דמסיק דהמנהג להקל בזה.

הגה: ואין חילוק בזה - קאי אכל גווני היתר וגווני איסור המבוארים בסעיף זה, **בין אם הוא חי לגמרי או שנתבשל קצת (ב"י)** - דאילו יכול להצלות מבעוד יום צלי הראוי, אפילו בשר שור מותר, **והנה** לעיל בריש סימן רנ"ג מבואר שתי דעות מהו נקרא בשול הראוי, וה"ה בענייננו לענין צלי, וכמו שכתבנו למעלה.

ודע דכ"ז דוקא בענייננו דמיירי לענין צלי, אבל לענין קדירה, או צלי קדר דג"כ דינו כקדרה, יש חילוק בין חי לנתבשלו קצת, דבחי מקילינן ליתנו סמוך לחשיכה, בין בשר שור בין בשר גדי ועוף, **ובנתבשל** קצת אסור אפילו בשר גדי ועוף, שמא יחתה, דלא שייך בו ההיתר שיתחרך ע"י החיתוי, כיון דבקדירה הוא וצריך בישול רב, **ומה** נקרא מבושל קצת, מבואר לעיל בריש סימן רנ"ג, דעה קמייתא ס"ל שם עד שיתבשל כל צרכו, וכשיתבשל יותר יהיה מצטמק ורע לו, **והי"א** שם ס"ל, דמכיון שנתבשל כמאכל בן דרוסאי נקרא בישול גמור, ומותר ליתנו ע"ג כירה ותנור שאין גרוף וקטום.

וכל זמן שחלל הגוף שלם, אע"פ שאין עליו ראשו וכרעיו, מקרי שלם (הגהות מרדכי).

ויש מחמירין וסוברין דבתנור טוח בטיט, הכל שרי - ר"ל אפילו בקדירה ונתבשל קצת, דלא חיישינן שיפתחנו ויחתה, כיון שהוא סתום בטיט ואינו מוכן לחתות, וחולק בזה אדעת המחבר שמחמיר בזה, וכמש"כ.

והא דנקט הרמ"א בלישניה ויש מחמירין, אע"ג דלענין זה הוא קולא, משום דבצלי דאנן קיימינן ביה הוא חומרא וכדלקמיה.

וע"ג האש שהוא מגולה, הכל אסור - אין ר"ל על גבי הגחלים ממש, ["ועל גביו" נקרא שנוגע בהגחלים אפי' מצדיהן] דבזה אפילו להמחבר הכל אסור, וכמו שמבואר לקמן בס"ב, אלא ר"ל אצל האש, [היינו בסמוך לו]. **(ואפילו הוא בתנור**, כל שאינו מכוסה הוא כמו שצולהו בגלוי אצל האש, דלא שייך קשיא ליה זיקא, דבלא"ה הוא פתוח), **ובא** לאפוקי בזה מדעת המחבר דלא חילק בבשר גדי שמותר, בין אם צולהו בתנור שפיו מכוסה, ובין אם צולהו בגלוי אצל האש, **אבל** לדעתו אין היתר בגדי כי אם כשצולהו בתנור שפיו מכוסה, ורק שאינו טוח בטיט, ואז אמרינן בגדי ועוף דקשה ליה זיקא, ולא יפתח פי התנור, **אבל** כשצולהו מגולה אצל האש, גם בגדי ועוף חיישינן לחתויי.

(**הכל אסור** – ר"ל אפי' בשר גדי, והיינו עד שיצלו מבע"י כמאב"ד לדעת זו, ואפי' בבשר שור סגי בזה השעור, [אפי' אם נסבור בקדירה כהאוסרין בריש סי' רנ"ג], ובין כשצולה אצל האש, היינו בסמוך לו, או ע"ג האש, הכל שוה לדעתם, ולהכי לא הזכיר הרמ"א בפירוש, דלדעה זו יש קולא בנצלה מבע"י כמאב"ד, דמותר אפילו בבשר שור, דלא צריך לזה, דכבר כתב הרמ"א לעיל ברנ"ג סוף ס"א, דאפי' בקדרה נהגו להקל דסגי בכדי מאב"ד).

(**אבל** לדעת הרמב"ם והוא דעת המחבר בס"א וב', ע"ג האש ממש, וה"ה בצדי הגחלים כל שנוגע בם, שוה בשר גדי ושור לשעור מאב"ד כמבואר בס"ב, ושלא ע"ג האש ממש כי אם אצל האש בגלוי, {וה"ה בתנור שפיו מכוסה ואינו טוח, דהכל שוה לדעתם}, בבשר שור אסור עד שיתבשל כל צרכו כמ"ש במ"ב, ובבשר גדי מותר לגמרי וכנ"ל בס"א).

ובתנור שפיו מכוסה אלא שאינו טוח בטיט, אז יש לחלק בין גדי ועוף לשאר בשר כדרך שנתבאר, והכי נהוג כסברא זו (טור והגה"א וב"י בשם רש"י וסמ"ג וסמ"ק וסה"ת) – (והיינו דע"ג האש שהוא מגולה אסור אף בגדי ועוף, והיינו רק לכתחלה, אבל דיעבד יש להקל בגדי ועוף אצל האש, אף שהוא מגולה לגמרי, כיון שהמחבר מתיר לכתחלה כשיטת הרמב"ם).

אות ח' – ט'

אין צולין בשר בצל וביצה אלא כדי שיצולו מבעוד יום בבשרא אגומרי

סימן רנ"ד ס"ב - [טז]**אין צולין בצל וביצה או בשר** - וה"ה שארי דברים שאין נאכלין חיין וכדלקמיה, **ע"ג גחלים** - היינו שנוגעין בהגחלים, **אלא כדי שיצלה מבע"י** [יז]**משני צדדיו, כמאכל בן דרוסאי שהוא חצי בישולו** - ולאחר הצליה ימתין עד שיכבו הגחלים, ואז יטלם.

אפי' הוא בשר גדי - דהיינו אפילו הוא מנותח, דמקילינן לעיל בס"א, הכא ע"ג גחלים שאני, וכדמפרש והולך, **דכיון שהניח ע"ג גחלים אינו חושש אלא שיצלה מהרה ואע"פ שיתחרך, הלכך חיישינן שמא יחתה.**

[יח]**אבל כשנצלה כמאכל בן דרוסאי, לא חיישינן דלמא אתי לחתויי, אפילו אם הוא בשר שור, שמאחר שהוא ראוי לאכילה למה יחתה להפסידו** – (ואפילו האוסרין בריש סימן רנ"ג לענין בשול, וסבירא להו דבעינן שיהא מבושל כ"צ, הכא לענין צלי לכו"ע סגי בכדי מאכל ב"ד).

אבל אם יצלה בסמוך להגחלים, כבר נתבאר בס"א דעת המחבר, דבבשר גדי ועוף שהוא רך, לא חיישינן כלל לחיתויי, שעי"ז יתחרך הבשר, ומותר ליתנו בסמוך לחשיכה אפילו אם לא יהיה נצלה מבע"י כמאכל ב"ד, וה"ה בצל וביצה, (דהלא טעם של בשר גדי הוא שממהר להתבשל בצלי שאין צריך חיתוי, וממילא החיתוי יקלקלהו, וכ"ש בשאר דבר חוץ לבשר שהוא יותר ממהר להתבשל טפי מגדי, שהחיתוי יקלקלהו), **ובבשר** שור ועז שהוא קשה, בעינן שיהא נצלה כל צרכו

באר הגולה

[טז] שם [יז] בית יוסף מהא דמנחות נ"ז ומהרמב"ם פרק ט' דשבת ה"ה [יח] הר"ן וה"ה שם בפרק ג' דשבת הט"ז

מבע"י דוקא, דאל"ה חיישינן לחיתוי, כי לא יפסד ע"י החיתוי כיון שהוא אינו מונח ע"ג הגחלים, [**אם** לא שנותנו בתנור וטח פי כיסויו בטיט, אז מותר ליתנו בסמוך לחשיכה וכנ"ל].

ודעת הרמ"א כהפוסקים דאין חילוק בין ע"ג הגחלים או בסמוך להן, בין בבשר שור או בשר גדי ועוף, השיעור שיצלה מבע"י כמאב"ד, [**אם** לא שסתום פי התנור ואינו טוח בטיט, אז מותר בבשר גדי, דבודאי לא יפתחנו לחתות דקשיא ליה זיקא], **ואם** הוא טוח בטיט, שרי לדידיה בכל גווני ליתנו סמוך לחשיכה, דלא חיישינן שיסתור הטיח ויחתה, [דלהב"י אף בזה אסור כשצולהו ע"ג גחלים]. **וכבר** כתב בס"א דנהגו כסברא זו.

אות י'

לא ימכור אדם חפצו לנכרי, ולא ישאילנו ולא ילונו ולא יתן לו במתנה, אלא כדי שיגיע לביתו. ובית הלל אומרים: כדי שיגיע לבית הסמוך לחומה. רבי עקיבא אומר: כדי שיצא מפתח ביתו

סימן רמו ס"ב - [יט]**אסור להשאיל שום כלי לא"י בשבת** - היינו אפילו כלים שאין עושין בהן מלאכה, ואסור אפילו לדעה ראשונה, [כ]**ואפילו בערב שבת אם הוא סמוך לחשיכה, כל שאין שהות להוציאו מפתח ביתו של המשאיל קודם חשיכה** - היינו קודם שתשקע החמה, ואסור אז אפילו למכור לו או ליתן לו במתנה, וכמו שמבואר לקמן בסימן רנ"ב ס"א, וע"ש במ"ב מש"כ בזה, [כא]**מפני שהרואה סבור שישראל צוהו להוציאו** - לחוץ לר"ה, ואפילו לדידן דלית לן ר"ה גמורה, אסור, דאמירה לא"י שבות הוא אפילו במילי דרבנן, **וא"כ** אם העיר מוקפת חומה דמותר לטלטל בכולה, והא"י ג"כ דר שם, שרי להשאילו כלים שאין עושין מלאכה בהן, ואפי' בשבת, עיין בבח"ל לעיל, **ולמכור** לו ולהשכירו אסור אף בזה, שלא יאמרו שמכר והשכיר לו בשבת, **ואם** הוא כלים שעושין בהן מלאכה, אפילו להשאילו אסור, אא"כ יוציאם מפתח ביתו קודם השבת, שלא יאמרו בשליחותו של ישראל עושה מלאכה בשבת.

אות כ'

כל זמן שמותר לאוכלו מותר למוכרו

סימן תמג ס"א - [כב]**ומיהו כל שעה חמישית מותר בהנאה, ורשאי למוכרו לא"י,** [כג]**אפילו הרבה ביחד שודאי לא יאכלנו קודם פסח** - אפי' דבר שנקרא שם בעליו עליו, כגון שמכר אוצר של יין שרף, לא גזרינן שיחשדוהו שמכר לו הישראל בפסח, כשיראו שהעכו"ם מחזיק בהן בפסח, כיון שמכר לו עכ"פ בשעה המותרת למכור.

באר הגולה

יט שם | כ שבת י"ח וכר"ע אליבא דב"ה | כא סמ"ג ל"ת ס"ה והתרומה סי' רכ"א | כב משנה פסחים דף כ"א ובגמרא שם | כג ברייתא שם וכב"ה

§ מסכת שבת דף יט. §

אות א׳ - ב׳

נותנין מזונות לפני הכלב בחצר, נטלו ויצא אין נזקקין לו כיוצא בו, נותנין מזונות לפני הנכרי בחצר וכו׳

רמב"ם פ"ו מהל׳ שבת הכ"א - ומזמנין את הגוי בשבת ונותנין לפניו מזונות לאוכלן, ואם נטלן ויצא אין נזקקין לו, מפני שאין שביתתו עלינו; וכן נותנין מזונות לפני הכלב בחצר, ואם נטלן ויצא אין נזקקין לו.

סימן שכה ס"א - [א]מותר לזמן א"י בשבת - אף דביו"ט אסור לזמן א"י לאכול עמו, גזירה שמא ירבה לבשל בשבילו, **בשבת** דאין לחוש לזה שרי, [**ואין** לאסור, מפני שיטלטל הישראל הכוס שיש בו פירורי פת ששרה א"י ביין דנאסר בשתייתו, **דלא** נעשה בסיס, דהפירורין בטלי להכוס]. **[ב]ומותר ליתן מזונות לפניו בחצר [ג]לאכלן, ואם נטלן ויצא אין נזקקין לו.**

לאכלן - אפילו אם אינו מפרש לו שיאכל, ג"כ שרי, דמסתמא יאכל שם, **אלא** בא לאפוקי אם אין רשות בידו לאכלן שם, או שהוא הרבה שא"א לאכלן שם, אסור ליתנם לפניו, דהוי כאלו נותנו ע"מ להוציא, ויש בו משום מראית העין, שיאמרו שמוציא בשביל ישראל ובשליחותו.

ואף דאסור לטרוח בשבת בשביל מי שאין מזונותן עליו, אינו יהודי חשיב מזונותן עליו לענין שמותר לטרוח בשבילו, משום דמפרנסין עניי א"י עם עניי ישראל מפני דרכי שלום, תוס׳, [**ולאו** דוקא עניים, דה"ה כל א"י מפני דרכי שלום, **ולענין** בישול ביו"ט דהוא מלאכה דאורייתא, חשיב אין מזונותן עליך, דאסור להרבות בשבילו].

כתבו הפוסקים, דדוקא ליתן לפניו והוא יקחם בעצמו שרי, אבל ליתן לידו אסור, דשמא יוציא לר"ה, ונמצא למפרע דהישראל עשה העקירה מרה"י דאסור, **ודעת** הא"ר, דמותר ליתן לו אף בידו כשהוא בחצר כיון שאין נותן לו ע"מ להוציאו, דכיון דהא"י עומד בפנים, **(דהוא וידו ברשות אחת)**, כשיוציא לחוץ חשוב עושה בעצמו העקירה, **ויש** להקל בזה כדבריו. **ואם** הישראל אינו מוסר לידו, אלא הא"י לוקח מיד הישראל, לכו"ע מותר, כשלוקח ע"מ לאכול בחצר, דאף כשיוציא, הלא לא עשה ישראל העקירה כלל.

ודוקא שהא"י בחצר, [ד]אבל אם עומד בחוץ ופשט ידו לפנים, שידוע הוא שיוציאנו - ובזה אפי׳ לא יתנם הישראל לידו, אלא יקבלם מיד הישראל, דאין עושה הישראל שום עקירה, אפ"ה אסור, דכיון שידוע שיוציאנו, יאמרו דבשליחותו מוציא, **וכ"ש** למסור לידו דאסור משום העקירה. **[ה]או ליתן לו שאר חפצים שדרך להוציאן, אסור אפי׳ אם עומד בפנים** - ואפי׳ לא יתנם לידו, אלא יניח לפניו בחצר, כיון שידוע שיוציא אסור, דיאמרו דבשליחותו מוציא.

אפי׳ אם החפצים של א"י, שהרואה אינו יודע שהחפצים של א"י - בטור איתא: "או אפילו" וכו׳, ופירשו [המ"א ותו"ש וש"א] דאדלעיל קאי, דהא"י עומד בחוץ ופושט ידו לפנים, דבזה אפילו אם החפצים של א"י יש מראית עין, שיאמרו דשל ישראל הם שמוסר לידו, **אבל** כשעומד בחצר מותר לתת לפניו, [**דבידו** אסור משום עקירה, וא"ר מקיל גם בזה, **ומ"מ** נכון להחמיר בזה כיון שנותן ע"מ להוציא, **ובפרט** להמאמ"ר ונה"ש אסור בכל גווני כדבסמוך]. **דלא** גזרינן כולי האי בחפצים של א"י, ואמרינן דהרואה אותו שמוציא אח"כ, ידע שהחפצים של א"י הם. [**ומאמ"ר** ונהר שלום כ׳, דהעיקר דאף כשעומד בחצר אסור ליתן לו חפציו].

הגה: ואפי׳ בייחד לו מקום מבעוד יום, יש להחמיר - היינו אם היה החפץ ממושכן אצל ישראל, אף שייחד לו מקום על החפץ שיבוא ויטלנו כל זמן שירצה, אפ"ה אסור להניחו שיטלנו בשבת, דחפץ הממושכן אצל ישראל הוי כשלו, [**מ"א**, וכדעתו, דבחצר אין איסור שיקבל חפציו, והא דאסור בזה, הוא דמשכון חשיב כמו שלו]. **ומה** שייחד לו מקום לא מהני, דשכירות לא קניא, ועדיין ברשות הישראל הוא, ואיכא משום מראית עין.

אות ב׳*

לא ישכיר אדם כליו לנכרי בע"ש, ברביעי ובחמישי מותר

סימן רמו ס"א - [ז]מותר להשאיל ולהשכיר כליו לאינו יהודי, ואע"פ שהוא עושה בהם מלאכה בשבת, מפני שאין אנו מצווים על שביתת כלים - הוא דעת הרי"ף והרמב"ם, וס"ל דהא דתניא: לא ישכיר כליו לא"י בע"ש, ובד׳ וה׳ מותר, הוא מטעם שביתת כלים דאסור, ואתיא כב"ש דס"ל אדם מצווה על שביתת כליו כמו על שביתת בהמתו, **אבל** ב"ה ס"ל שביתת כלים אין אדם מצווה עליו, וממילא מותר להשאיל ולהשכיר כליו אפילו בע"ש, ואפילו כלים שעושין בהם מלאכה. **ומ"מ** גם הם ס"ל דכל הכלים אין היתר להשכיר רק בהבלעה, אבל לא על שבת לחוד, אפי׳ אם משכירם בתחלת השבוע, דזה הוי שכר שבת, וכמ"ש אח"כ לפי הי"א, דע"ז לא מצינו מי שמקיל.

[ח]וי"א דכלים שעושין בהם מלאכה, כגון מחרישה וכיוצא בה, אסור להשכיר לאינו יהודי בע"ש - הוא דעת הרב רבינו יונה, דהך ברייתא לא אסרה משום שביתת כלים, אלא ככו"ע אתיא, **והטעם**, דכשמוסר בע"ש את הכלים שעושין מלאכה בהן, והא"י יעשה בהן מיד בשבת, נראה כמו שעושה מלאכתו בשליחותו של ישראל, וזה אסור, דאמירה לא"י שבות, **ואע"ג** דבסימן רנ"ב ס"ב איתא דשרי ליתן עורות לעבדן עם חשיכה, דא"י אדעתיה דנפשיה קעביד כיון דקצץ לו דמים, שאני התם, שאין ריוח לישראל במה שהא"י עושה

באר הגולה

[א] ביצה כ"א דכמה אמוראי דסברי הכי וכ"פ הרי"ף והרא"ש ורמב"ם [ב] שבת י"ט [ג] רמב"ם שם וכתב ה"ה שהוא מהירושלמי [ד] תוס׳ והרא"ש והר"ן בריש שבת [ה] תוס׳ שם י"ט ורא"ש והר"ן והמרדכי שם [ו] ‹ע"פ הבאר הגולה› [ז] רמב"ם וכדעת הרי"ף [ח] הרא"ש בשם ר׳ יונה אהא דשבת י"ט וכן נראה מפי׳ רש"י שם

בותח הבבלי וכל מיני כותח אסור למכור ל' יום קודם הפסח: ת"ר נותנין מזונות לפני הכלב בחצר נטלו ויצא אין נזקקין לו כיוצא בו נותנין מזונות לפני הנכרי בחצר נטלו ויצא אין נזקקין לו הא תו למה לי היינו הך מהו דתימא האי רמי עליה והאי לא רמי עליה קמ"ל: ת"ר *לא ישכיר אדם כליו לנכרי בע"ש בד' ובה' מותר כיוצא בו אין משלחין איגרות ביד נכרי בע"ש בד' ובה' מותר אמרו עליו על ר' יוסי הכהן ואמרי לה על ר' יוסי החסיד שלא נמצא כתב ידו ביד נכרי מעולם ת"ר אין משלחין איגרת ביד נכרי ע"ש אא"כ קוצץ לו דמים ב"ש אומרים כדי שיגיע לביתו וב"ה אומרים כדי שיגיע לבית הסמוך לחומה והלא קצץ אמר רב ששת ה"ק ואם לא קצץ בית שמאי אומרים עד שיגיע לביתו ובית הלל אומרים עד שיגיע לבית הסמוך לחומה *והאמרת רישא אין משלחין לא קשיא הא דקביע בי דואר במתא והא דלא קביע בי דואר במתא: ת"ר אין מפליגין בספינה פחות מג' ימים קודם לשבת במה דברים אמורים לדבר הרשות אבל לדבר מצוה שפיר דמי ופוסק עמו על מנת לשבות ואינו שובת דברי רבי רשב"ג אומר אינו צריך ומצור לצידן אפילו בע"ש מותר: ת"ר *אין צרין על עיירות של נכרים פחות מג' ימים קודם לשבת ואם התחילו אין מפסיקין וכן היה שמאי אומר עד רדתה אפי' בשבת: אמר רבן שמעון בן גמליאל נוהגין היו וכו': תניא *א"ר צדוק כך היה מנהגו של בית רבן גמליאל שהיו נותנין כלי לבן לכובס ג' ימים קודם לשבת וצבועים אפילו בע"ש ומדבריהם למדנו שהלבנים קשים לכבסן יותר מן הצבועין אביי הוה יהיב ליה ההוא מנא דצביעא לקצרא אמר ליה כמה בעית עילויה א"ל כדחיורא אמר ליה *כבר קדמוך רבנן אמר אביי האי מאן דיהיב מנא לקצרא במשחא ניתיב ליה ובמשחא נשקול מיניה דאי טפי אפסדיה דמתחיה ואי בציר אפסדיה דכווציה: ושוין אלו ואלו שטוענין כו': מאי שנא כולהו דגזרו בהו ב"ש ומ"ש קורות בית הבד ועיגולי הגת דלא גזרו הנך דאי עביד להו בשבת מיחייב חטאת גזרו בהו ב"ש ע"ש עם חשכה קורות בית הבד ועיגולי הגת דאי עביד להו בשבת לא מיחייב חטאת לא גזרו מאן תנא דכל מידי דאתי ממילא שפיר דמי אמר רב יוסי *(בר) תנינא רבי ישמעאל היא דתנן *השום והבוסר והמלילות שרסקן מבעוד יום רבי ישמעאל אומר יגמור משתחשך ורבי עקיבא אומר לא

[תוספתא פי"ד] [תוספתא עירובין פ"ג] [תוספתא פ"א] [צ"ל ברבי] עדיות פ"ב מ"ו

רש"י

כותח הבבלי. נותנין בו חמץ כדאמרי' באלו עוברין ואינו עשוי לאכול יחד אלא לטבול בו ואינו כלה עד זמן מרובה: **שלשים יום.** משמתחילין לדרוש בהלכות הפסח חלה אזהרת פסח עליו: **כלב.** רמי עליה לזונו: **לא ישכיר אדם כליו.** לעשות בהן מלאכה בע"ש דנראה שמשכירו לו לצורך השבת: תורה אור **שלא נמצא כתב ידו.** שלא יוליכנו בשבת: **אלא אם כן קצץ לו דמים.** דכיון דקוצץ לו דמים בדידיה טרח וב"ש לא מודו בקצץ דאפילו בקצץ פליגי דהא לא עדיף ממוכר ומשאיל ונותן מתנה אלא מילתא דב"ה אשמעינן דבדלא קוצץ לא פליגי דאסור: **לביתו.** של מי שנשתלח לו: **לבית הסמוך.** לחומת העיר שנשתלח שם: **והלא קצץ.** ואמאי אסרי ב"ה הא איכא שרו לעיל: **והא אמרת רישא אין משלחין.** אא"כ קצץ: **דואר.** שלטון העיר ולו רגילין לשלוח איגרות: **שכיחא במתא.** משלחין בלא קוצץ בכדי שיגיע השליח למר לבית הדואר ולמר לבית הסמוך לחומה ורישא דאין משלחין בלא קוצץ כלל דלא קביע במתא ואם לא ימצאנו יהא צריך לילך אחריו בשבת: **מפליגין.** מפרישין מן היבשה לים וזהו לשון [הפלגת] ספינה על שם שמפליג עצמו מן היישוב ומרבינו יעקב שמעתי בעירובין שאמצעיתו של ים נקרא פילגוס ואף בלשון לעז פילגס: **ופוסק.** עם הנכרי ע"מ לשבות ואין צריך לשבות: **ומצור לצידן.** אין אלא מהלך יום ובע"ש היה שם יום השוק כדאמרינן בפסחים במקום שנהגו [דף נ:]: **ומדבריהם למדנו כו'.** ונפקא מינה לשכר הכובס: **לקצרא.** כובס: **כמה בעית עלויה.** בשכר כיבוס: **כבר קדמוך רבנן.** שלמדונו שהלבנים קשים לכבסן יותר מן הצבועים: **לימשחיה.** ימדדנו בנתינתו ובחזירתו: **דכוולי.** כרוחתין: **דאתי ממילא.** כגון משקין הללו שנסחטים מאליהם ובלבד שיתחיל מבעוד יום: **בוסר.** ענבים בתחילתן כשהן דקים מוציא מהן משקין לטבל בו בשר לפי שהוא חזק וקרוב להחמיץ: **מלילות.** שבולין שלא בשלו כל צרכן מרסקן וטוענן באבנים ומשקה זב מהן ומטבל בו: **יגמור.** מאחר שרסקן ונכנס בכובד יניחם בכלים ויצאו מעצמן ומותר לכתחילה: לא

תוספות

נותנין מזונות לנכרי בחצר. בשבת אפילו לב"ש דרגיל לאוכלו מיד ודוקא מזונות אבל שאר חפצים אסורים אפילו לב"ה דלא שרי ב"ה אלא בע"ש אבל בשבת לא וא"ת ואמאי נותנין מזונות לנכרי בשבת הא כיון דאין מזונותיהן עליך כדאמרינן הכא ובפ"ב דביצה (דף כא:) דמוליא אני את הנכרי שאין מזונותיהן עליך ליתסר כדאמרינן בפרק בתרא (דף קנה:) דאסור לטרוח בשבת לתת מזונות לפני חיה משום דאין מזונותי' עליך ה"נ ה"ל למיסר בנכרי וי"ל כיון דמפרנסים עניי נכרים עם עניי ישראל *משום דרכי שלום חשיב קצת מזונותיו עליך לענין איסור טורח שבות דרבנן אבל לענין עשיית מלאכה בי"ט דהוי איסור דאורייתא לא חשיב מזונותיו עליך: כתוב בה"ז שפ"א חלה נכרי ושלח ליהודי א' בי"ט שישלח לו מיינו ואם לא ישלח לו ימות והנכרי היה מוחזק בעיר והתיר לשלוח לו ע"י נכרי משום דרכי שלום ושלח אל רבינו שמחה והתיר לו אבל לא ע"י ישראל ולה"ר יצחק נראה דהוא הדין בשבת אם היה הענין כך שהיה דבר שייך דרכי שלום כגון שהיה שנכרי אלם נראה שמותר לשלוח לו על ידי נכרי לדידן דלית לן השתא רשות הרבים דאורייתא [תוס' ישנים]:

לא ישכיר. אין לפרש משום שביתת כלים וכב"ש דא"כ אפי' ברביעי ובחמישי נמי אלא כב"ה היא דלית להו שביתת כלים או בחלוק וטלית וכיוצא בהן איירי דלא שייך שביתת כלים ואסור לפי שנראה כנוטל שכר שבת אף על פי שמשכירו יחד חדש או שבוע דאם משכירו ליום אפילו ברביעי ובחמישי אסור כדמשמע בסוף הזהב (ב"מ דף נח.) גבי שוכר פועלים לשמור פרה או תינוק ודוקא לשוכרו דמיחזי כנוטל שכר שבת אבל שאלה שריא:

אלא אם כן קוצץ לו דמים. מתני' נמי דנותנים כלים לכובס ועורות לעבדן איירי נמי בקוצץ והא דפריך והלא קצץ לב"ה פריך:

אין מפליגין בספינה. אפילו תוך התחום אסור משום שט כדמוכח בפ' תולין (לקמן קלט: ושם) גבי ההוא טרבא מדרבנן דאמר למיכס בעיכא ואזיל לאידך גיסא ושמר פירי משמע דתוך התחום היה ואפ"ה בלא הערמה אסור*:

השום והבוסר והמלילות. למאי דקאמר בריש חבית (לקמן קמג:) מודים חכמים לר' יהודה בשאר פירות ומייתי מדתניא סוחטין בפגעין (א) ועוזרדין אבל לא ברמונים צ"ל דשום ובוסר יותר עשוין למשקין מפגעין ועוזרדין ומיהו התם מסיק דתרדין אע"ג דלאו בני סחיטה נינהו הואיל ואחשבינהו ה"ל משקין ולפ"ז הא דקתני סוחטין בפגעים לאו סחיטה גמורה קאמר אלא מיתוק בעלמא:

רבי ישמעאל אומר יגמור. פי' אינו צריך לסלק הטעינה סמוך לחשכה אלא מניח כל השבת קשה לר"י היכי מוכח דסבר ר' ישמעאל כל דאתי ממילא אפי' עביד בשבת ליכא חיוב חטאת דילמא ר' ישמעאל סבר כב"ה דשרו אפי' בהנך דלא אתי ממילא והא דנקט ריסקן משום רבותא דר"ע ועוד תימה דר"ע דאמר *לא יגמור לא כב"ש ולא כב"ה ונראה לר"י דיגמור הייט דיגמור ויאכל בשבת ולא דמי למשקין שזבו שאסורין דגזרינן שמא יסחוט דהכא אפילו יסחוט ליכא איסור דאורייתא משום דאתי ממילא והשתא מייתי שפיר דקסבר ר' ישמעאל כל דאתי ממילא ש"ד אפי' לב"ש כיון דאי עביד ליה בשבת לא מיחייב ור"ע דאמר לא יגמור לא שצריך להסיר הקורה דסבר כב"ה אלא שלא יגמור כדי לאכול מקודש היום דאסורין אפי' לב"ה כשאר משקין שזבו דאסורין דהך סחיטה נמי דאורייתא אע"ג דאתי ממילא ועי"ל דיגמור בידים משתחשך דלא דמי למתני' דלא שרו ב"ה אלא טעינת קורה אבל בידים לא דהכא כשאין מחוסרין דיכה כדאמר בסמוך והשתא מייתי שפיר דכיון דשרי ר' ישמעאל לסחוט בידים ולא גזר אטו מחוסרי דיכה א"כ במחוסרי דיכה נמי סבר דלא מיחייב ובתר הכי קאמר דלרבי ישמעאל במחוסרי דיכה מיחייב ואפ"ה כשאין מחוסרין שרי בידים ולא גזר אטו מחוסרין אבל כר"ע לא אתיא כיון דאסר בשאין מחוסרין דיכה אטו מחוסרין דיכה מכלל דמחוסרין דיכה מיחייב וא"כ אסור עם חשכה לב"ש: שמן

[גיטין סא.] [תוספתא עירובין פ"ג] [תוספתא פ"א] [וע"ע תוס' עירובין מג. ד"ה הלכה] לא יגמור כב"ש ולא כב"ה כצ"ע מכס"מ

עין משפט נר מצוה

קמה א ב מיי' פ"ו מהל' שבת הלכה כא סמג לאוין סה טור ש"ע א"ח סימן שכה סעיף א:

קמו ג ד ה מיי' שם הלכה כ סמג שם טוש"ע א"ח סימן רמו סעיף א:

קמז ו מיי' פכ"ד מהלכות שבת הל' ו ופ"ל שם הלכה יג סמג עשין לו סמג לאוין סה טוש"ע א"ח סימן רמח סעיף א:

קמח ז מיי' פ"ג מהל' שבת הלכה כה ופ"ל הלכה יג ופ"ו מהל' מלכים הלכה יא טור א"ח סימן רמט:

קמט ח מיי' פכ"א מהל' שבת הלכה טו טור וש"ע א"ח סימן רנב סעיף ה וסימן שכ סעיף ב:

הגהות הב"ח

(א) תוס' ד"ה השום וכו' בפגעים ופרישים ועוזרדין:

תימה דילמא רישא ס"ק אין משלחין באינו יכול להגיע אלא א"כ קצץ והיינו בפלוגת' דסיפא בלא קצץ אם יכול להגיע דברי וים ספרים דגרסי והתניא דאין משלחין וסיפא ברייתא דכיוצא בו וכן סגים ר' יהודה בספרו [ת"י]

גליון הש"ס

גמ' לפני הנכרי בחצר. עי' לעיל דף ג ע"א תוס' ד"ה בבא דרישא:

[כ"ע קסו. חולין קס.]

רבינו חננאל

והיא שעה חמישית כרבן גמליאל דאמר חולין נאכלין כל ארבע ותרומה כל חמש נתינת מזונות לפני נכרי בחצר או לפני כלב מותר ואם נטל ויצא אין נזקקין לו: ת"ר לא ישכיר אדם כליו לנכרי בע"ש כו' ת"ר אין משלחין אגרת ביד נכרי בע"ש כו' אוקימנא כדברי בית הלל אי לא קביעא דואר במתא פי' איש ידוע שכל כתב אליו והוא המשכיר ומשלח כל אגרת למי שנשתלחה לו אין משלחין אא"כ קצץ שכר לשליח או אם יכול השליח להגיע במקום שהוא שרוי (בין) מי שהאגרת שלוחה אליו מבעוד יום ואפילו בבית הסמוך לחומה ואי קבוע דואר במתא כעניין שפירשנו למעלה אע"פ שלא קצץ שרי דהא אגרת לבי דואר שדורה ובי דואר הוא במתא בהדיה ואם קצץ שכר המשלח לשליח בין יש בי דואר בין אין שם בי דואר בין מגיע אצל מי שנשתלחה לו בין אין מגיע מותר. אמרו על יוסף הכהן החסיד שלא נמצא כתב ידו ביד נכרי מעולם. הא דתנן נתינת כלי לבן לכובס נכרי פשוטה היא. הא דתנו רבנן אין מפליגין בספינה פחות מג' ימים קודם לשבת יש מי שאומרים בזמן שנגששת ואין במים י' טפחים ומשום גזירת תחומין נגעו בה אבל למעלה מי' טפחים לא גזרו ומשום הכי נהגו להפליג בים הגדול: ת"ר אין מפליגין בספינה פחות מג' ימים קודם לשבת בד"א לדבר הרשות אבל לדבר מצוה מותר. ופוסק עמו לשבות ואינו שובת דברי רבי רשב"ג אומר אינו צריך לפסוק. והלכתא כרשב"ג דכי קיי"ל הילכתא כר' מחבירו ולא מאביו וכבר פירשנוהו למעלה בספינה גוששת שאין במים י' טפחים ומשום תחומין גזרו אבל למעלה מי' טפחים לא גזרו: ושוין ב"ש וב"ה שטוענין בקורת בית הבד כו' ודייקינן ממתניתין דכל מידי דאי עביד הוא מעשה חייב עליו חטאת כגון שריית דיו ונתינת אונין של פשתן וכיוצא בהן בהני פליגי ב"ש אבל הכא דאי עביד לעצמו לא מחייב חטאת אפילו ב"ש מתירין וזהו שאמרו כל מידי דאתי ממילא שפיר דמי: אוקמה

בשבת, **אבל** בשכירות כלים ידוע הוא שאם יתנה עם הא"י שישבות בהכלים בשבת, לא יתן לו שכירות כ"כ, הילכך כיון שיש ריוח לישראל במה שהכלים נשכרים אצל הא"י בסתמא, ועושה בהן מלאכה בשבת, מחזי כשלוחו של ישראל לזה.

מחרישה וכיוצא בה - כגון ריחיים וכל כלי אומנות, **ועיין** בפמ"ג, דה"ה כלים שאין עושין בעצמן מלאכה, כגון גיגית שהשכר נעשה בה, או קדרה שמבשלין בה, וכל כה"ג, כיון שעכ"פ הא"י עושה בהן מלאכה, מחזי כשלוחו של ישראל, [עיין בגמרא י"ח]. **ולא** בא הרר"י למעוטי אלא כשמשכיר לו חלוק וטלית וכה"ג, איזה כלי שאין עומד לעשות בה מלאכה, דמותר להשכיר לו אפילו בע"ש, (וי"ל דבא לאורויי, דדוקא דברים שעושה בהם מלאכה דאורייתא, אבל בעושה בהם מלאכה דרבנן, מותר, כיון דלא מיחזי רק כעובר על שבות דשבות).

וביום החמישי מותר להשכיר לו - דלא מיתחזי כולי האי כשלוחו.

ט ובלבד שלא יטול שכר שבת אלא בהבלעה, כגון שישכיר לו לחדש או לשבוע - אבל ליטול שכר שבת לחוד, אפילו בכלי שאין עושין בו מלאכה, או שמשכיר לו חדר לדור בו, אסור לכו"ע.

י ולהשאיל לו, מותר אפי' בע"ש - דכיון שאין ריוח לישראל במלאכת הא"י, לא יאמרו שלוחו הוא לזה, **וע"כ** מותר להשאיל לו אפילו ליום השבת לחוד, אפי' כלים שיעשה הא"י מלאכה בהן.

הגה: וכן עיקר כסברא האחרונה. ומותר להשאיל לו בערב שבת (טור וסמ"ק ותוס' פ"ק דשבת), אע"ג שמתנה שהאינו יהודי יחזור וישאיל לו, ולא אמרינן בכי האי גוונא דהוי כשכירות (הגהות מיימוני) - היינו שאע"פ שאינו משאילו חנם כי אם בשכר שישאילנו אח"כ, מ"מ כיון דלא הוי בדרך שכירות ממש, לומר: אתן לך כך כדי שתשאילני כלי שלך, שרי - ב"י, (**ונראה דלפי טעם זה, אפילו אם מתנה שהא"י ישאיל לו על יום אחד יותר, מותר, ומ"מ לדינא יש לעיין בטעם הב"י: כיון דלא הוי דרך שכירות ממש, דבהג"מ שממנו מקור הדין זה, מוכח דאפילו בדרך שכירות, באופן זה ג"כ שרי, והנה ע"כ מוכרחין אנו לומר דטעם ההיתר הוא כמו שכתב הגר"א, דכאן לא שייך הטעם שכתב הרא"ש באיסור שכירות לא"י, משום דיש ריוח לישראל, ולפי"ז במתנה שיתן לו הא"י אח"כ בשביל זה את כליו על יום אחד יותר, הרי יש לו ריוח עי"ז, וצ"ע**).

(ועיין בחידושי רבי עקיבא איגר, דכלים שאין עושין בהם מלאכה, אפילו בשבת מותר להשאיל לו באופן זה, דלא מקרי שכר שבת, **ופשוט** דמיירי בעיר המוקפת חומה וכדלקמן).

סימן רמז ס"ג - יא אם שכרו לימים דבר קצוב בכל יום בהליכתו ובחזרתו, אלא שאינו מקפיד עמו מתי ילך, אם הוא בערב שבת, אסור, דכשיוצא בשבת נראה כאילו התנה עמו כך - ר"ל דאף שהתרנו לעיל בקצץ אפילו בע"ש, היינו כשהוא קוצץ לו סך קצוב בעד פעולתו, דאז אדעתיה דנפשיה עביד, ולא מינכר כלל שהמלאכה הנעשית בשבת הוא בשליחות ישראל, **אבל** כששכרו לימים, שקוצב לו שכר בעד כל יום, אף שאינו מקפיד עליו מתי ילך, ואדעתיה דנפשיה עביד פעולתו גם בזה, ולפיכך עדיף מלא קצץ כלל, ומותר בד' וה' אף לדעת המחבר, **מ"מ** כששוכרו בע"ש אסור, דכיון שיוצא תיכף בשבת, נראה כאלו התנה עמו כך ובשליחותו הולך, מאחר שנתן לו שכר בעד היום. **אבל** ביום ה' מותר, **ולדעת** הרמ"א לעיל בהג"ה, אפילו לא קצץ כלל מותר ביום ה'.

אות ג' - ד' - ה'

<u>אין משלחין איגרת ביד נכרי ע"ש, אא"כ קוצץ לו דמים עד שיגיע לבית הסמוך לחומה</u>

<u>הא דקביע בי דואר במתא, והא דלא קביע בי דואר במתא</u>

סימן רמז ס"א - יב שולח אדם אגרת ביד אינו יהודי, ואפילו בערב שבת עם חשיכה - היינו בעוד שהשמש זורח, [א"ר בשם רבנו ירוחם, והוא נובע מהמשנה שבת י"ח דבית הלל מתירין עם השמש, וכמו שפי' רש"י שם, וכן משמע מהגר"א], **וגם** צריך שיצא הא"י מפתח ביתו של ישראל קודם השבת.

והוא שקצץ לו דמים - ה"ה בכל מלאכות כשנותן לו ואין שהות לגמרו קודם השבת, בעינן דוקא שיקצוב לו דמים בעד מלאכתו, דאז אדעתיה דנפשיה קעביד ולא בשביל ישראל, וכדאיתא לקמן בסימן רנ"ב ס"ב, **אלא** נקט אגרת לאשמועינן, דאי לא קצץ ולא קביע בי דואר במתא, אסור כדמסיק, והטעם כמש"כ לקמיה, **אבל** שאר כלים וחפצים או מעות, אם שולח ביד א"י בע"ש, הדין כמו בכל מלאכות, ולכך אפילו אם לא קצץ, אם יש שהות ביום להגיע למקום מי שנשתלח לו, מותר, ולא חיישינן שמא לא ימצאנו בביתו ויצטרך לחפש אחריו בשבת, [**ואם** קצץ, אפי' עם חשיכה מותר].

ובלבד שלא יאמר לו שילך בשבת - וה"ה שלא יאמר לו: ראה שתהא שם ביום א' או ביום ב', וכיוצא בזה, וידוע שא"א לו להיות שם אלא א"כ ילך בשבת, דזה הוי כאלו אמר לו: לך בשבת.

ואם הא"י אמר מעצמו שילך בשבת, לית לן בה, כיון שהישראל לא אמר לו זה, וא"י אדעתיה דנפשיה קעביד בשביל שכירותיה.

ואם לא קצץ, אי לא קביע בי דואר (פירוש איש ידוע שכל כתב אליו יובל, והוא משלחו למי ששלוח אליו) במתא - היינו שאינו קבוע תמיד הבי דואר באותה העיר שנשתלח שם, אלא

באר הגולה

ט שם בתוס' והרא"ש והרז"ה ושאר פוסקים | י סמ"ג וסמ"ק וספר התרומה והגה"מ וב"י בשם התוס' | יא שם בגמ' לפי' הר"ן שם ‹כן פי' הר"ן "כיוצא בו" הנ"ל - גר"א. **וז"ל**: כיוצא בו אין משלחין אגרת ביד נכרי מע"ש, ובד' ובה' מותר וכו', וכיוצא בו דקתני בשלא קצץ, וכגון ששכרו לימים דבר קצוב בכל יום ויום בהליכתו ובחזרתו, אלא שאינו מקפיד עמו מתי ילך, ובכה"ג בע"ש אסור, דכיון שהוא שוכרו לימים והוא שוכרו בע"ש, כשיוצא בשבת נראה כאילו התנה עמו, עכ"ל› | יב שבת י"ט הרי"ף והרא"ש שם והרמב"ם

הולך לפעמים למקום אחר, **אסור לשלוח [יג]אפילו מיום ראשון** - דשמא לא ימצאנו הא"י, ויצטרך לילך אחריו בשבת, [רש"י], **ולכך** החמירו כולי האי וחששו לזה בענייננו, דכיון שכתב ידו של ישראל נושא, וניכר מעשה ישראל, יאמרו בשבת נתן לו להוליך, **וא"כ** אם נכתב האגרת בכתב א"י, שרי להוליך אפילו בע"ש ובלא קצץ, כל שיכול להגיע שם מבעוד יום לבית ראשון הסמוך לחומה, וכמו שהתרנו לעיל בשולח שאר כלים וחפצים ע"י א"י.

אסור לשלוח אפי' מיום ראשון - ואם הוא דרך קרוב כגון מהלך יום אחד, נראה דאף אם הוא משלחו ביום ב' וג' שרי, שאף שלא ימצאנו בביתו, יש לו שהות הרבה ללכת.

כתב ערו"ש, ונראה דכל זה מיירי כשולח ע"י הא"י ליד הבי דואר, אבל כשאדם משלח אגרת על ידו לחבירו, אין לחוש שמא לא ימצאנו בביתו שילך אחריו בשבת, ושרי אפילו בע"ש ובלא קצץ, כל שיכול להגיע שם מבעוד יום, וכן נוטה דעת מהר"ר אברהם מפראג המובא בב"ח, וע"ש שהאריך ומסיק להקל בזה, **ודעת** הט"ז ומ"א, דגם בשולח אגרת לחבירו, ג"כ יש חשש זה, **ובפירוש** ר"ח שיצא עתה לאור, מוכח כהערו"ש, עיין שם, **ומיהו** אם אמר לא"י שילך לשם, וימסור לבני ביתו של אותו האיש אם לא ימצאנו, לכו"ע שרי אפילו בע"ש ובלא קצץ, כל שיכול להגיע לבית ראשון הסמוך לחומה של העיר שהאיש שם.

ואי קביע בי דואר במתא - היינו שהאיש הממונה ע"ז קבוע שם תמיד, ובכלל זה הוא מה שקורין עכשיו פאשט מייסטער, שרגיל להיות במקומות גדולים, שהוא עומד על המשמר בעתים ידועים לקבל כתבים ולשלחם להשייכים לכתבים ההם, **משלחן אפילו בערב שבת, [יד]והוא שיהא שהות ביום כדי שיוכל להגיע לבית הסמוך לחומה** - [טו]לעיר שנשתלח שם, כלומר לבית ראשון מבפנים, [**ואם** הבי דואר ידוע לו שהוא בקצה האחר של העיר, אפי' אם העיר מוקף חומה, אפשר דצריך שיגיע לשם מבע"י].

הגה: [טז]ויש מתירין אפילו לא קלץ, ואפי' לא קביע בי דואר במתא, אם משלחו ביום ה' או קודם לכן; ויש לסמוך עלייהו אם לריכים לכך - טעמייהו, דכיון שלא אמר לו ישראל בהדיא שילך בשבת, אין לאסור כי אם סמוך לשבת דנראה כשלוחו של ישראל לזה, ואמירה לא"י שבות אפילו אמר לו בע"ש לעשות מלאכה בשבת, **אבל** מופלג מן השבת קצת, לא מחזי כאומר לו עשה מלאכה בשבת, ולפיכך אין לאסור כי אם ביום ערב שבת.

ואפילו ידוע שלא יוכל להגיע לשם קודם שבת, ג"כ שרי לדעה זו, דכיון שהוא מופלג מן השבת, לא מחזי כשלוחו וכנ"ל.

סימן רמז ס"ב - [יז]אם התנה עמו שיתן לו שכרו - (ר"ל כראוי לו, או כפי מה שיתפשר עמו), **אע"פ שלא פירש כמה יתן לו, דינו כקוצץ, דסמכא דעתיה דאינו יהודי ובדידיה קא טרח; אבל בסתם, אע"פ שיש בדעתו שיתן לו שכר, אסור, דלא סמכא דעתיה ובדישראל קא טרח** - ר"ל לא מבעיא אם הא"י מסתפק כלל אם יתנו לו שכר, דאסור, **אלא** אפי' אם הישראל מבין ממנו שמצפה לשכר מאתו, או ממי שנשתלח לו, אפ"ה אסור, כיון שהישראל לא הבטיחו עדיין. [**וזה** גרע מס"ד דמותר כשעושה בחנם, דהתם אינו מסתפק כלל אם יקבל שכר, ואז בודאי עושה בשביל טובה שעברה].

אות ו'

<u>אין מפליגין בספינה פחות מג' ימים קודם לשבת וכו'</u>

סימן רמח ס"א - הנה קודם שנכנוס בביאור דברי השו"ע, נעתיק לשון הברייתא הנאמר בזה בגמ' דף י"ט, **ת"ר** אין מפליגין בספינה פחות מג' ימים קודם לשבת, בד"א לדבר הרשות, אבל לדבר מצוה שפיר דמי, ופוסק עמו ע"מ לשבות ואינו שובת דברי רבי, רשב"ג אומר א"צ, ומצור לצידון {שהוא מהלך יום א'} אפילו בע"ש מותר, עכ"ל הברייתא.

והנה הרבה טעמים נאמרו ע"ז בפוסקים, י"א הטעם, שמא יצטרך הישראל לעשות מלאכה בעצמו בשבת משום פיקוח נפש, דמקום סכנה הוא, **או** שיעשה הא"י בעל הספינה עבורו מלאכה, בקשירת הקלע ושאר חילולים, **או** משום איסור תחומין, כמבואר בב"י באריכות.

והרי"ף ס"ל, דאי משום חשש מלאכה או תחומין ודאי היה אסור אף קודם ג' ימים, וגם לדבר מצוה לא היה מותר, **אלא** דעיקר האיסור משום ביטול מצות עונג שבת, דכל ג' ימים הראשונים יש להם צער מחמת נענוע הספינה שגופו משתבר, וכדכתיב: יחוגו וינועו כשכור, וגם מחמת סרחון העולה מן הימים המלוחין, ואין רוחו חוזרת לבוא עד אחר ג' ימים שהורגל בזה, וכמ"ש ס"ב.

וי"א דהטעם שאסרו להפליג בספינה, הוא מפני שנראה כאלו צף ושט על פני המים בשבת, וזהו אסור לכו"ע מפני גזירה שמא יעשה חבית של שייטין, וכדלקמן בסימן של"ט, [הוא שיטת התוס'], **וקודם** ג' ימים שרי, דע"י שהוצרך להפליג זמן הרבה קודם שבת אית ליה היכרא, ולא יבוא לעשות חבית של שייטין.

ואותן הפוסקים הנ"ל דס"ל דהטעם הוא משום מלאכה או משום תחומין, מה שחילק הברייתא לדידהו בין תוך ג' ימים לקודם ג' ימים, הוא משום דשלשה ימים קודם שבת מקרי קמא שבתא, וחל עליו להזהר שלא יבוא לידי חילול שבת, **אבל** קודם ג' ימים, דהם מקרי בתר שבת העבר, עדיין לא חל עליו אזהרת שבת הבאה, ושרי להפליג בהם, ואז אף אם יצטרך אח"כ לבוא לידי חילול שבת משום פיקוח נפש, שרי.

באר הגולה

[יג] ‹רי"ף שם, מדאמרינן שם: והאמרת אין משלחין כלל, ומשמיט "כיוצא" דאיגרות שם - גר"א› [יד] **לפירוש הרמב"ם, דהיינו חומת העיר שנשתלח משם, אך הב"י לא הכריע בין פי' רש"י להרמב"ם, ובכ"מ פי' דבריו בענין אחר,** ע"ש ‹מרן ז"ל כאן סתם הדברים, ולא פירש אם מהעיר שנשתלח לשם קאמר כפרש"י, או מעיר שנשתלח משם כמ"ש בב"י לדעת הרמב"ם ז"ל, ובכ"מ פירש פירוש אחר לדעת הרמב"ם ז"ל, ולעולם הוא דלא כפרש"י - מאמר מרדכי› [טו] ‹ב"ח מ"א - בהר היטב, וז"ל הב"ח: ועיין בתשו' מהר"ל ן' חביב הכריח, שדעת הרמב"ם ג"כ כפי רש"י ורבינו› [טז] ‹הרא"ש שם, כברייתא הראשונה שם דמיירי בכה"ג - גר"א› [יז] **הרשב"א בתשובותיו** ‹כן פי' הרשב"א קצץ הנ"ל, ולא קצץ פי' בשכיר {אצלו לשנה}, כמ"ש בס"ו - גר"א›

והנה המחבר אף שנמשך בס"ב אחר הרי"ף שהעתיק פירושו, מ"מ גם הוא ס"ל כהפוסקים דקודם ג' ימים שרי אף במקום שיצטרך אח"כ לבוא לידי חילול שבת ע"י מלאכה, וכמ"ש ס"ד, **אלא** דס"ל דאף אי לא היה בו שום חשש מלאכה ותחומין, כגון שהיא כולה של א"י, דכשנעשה בה מלאכה מסתמא אדעתיה דא"י נעשה, וגם היא במקום שעמוק יותר מעשרה טפחים, דאין בזה משום איסור תחומין להרבה פוסקים, אפ"ה אסור משום ביטול עונג שבת לחוד, **ועתה** נבוא לבאר בעז"ה את דברי השו"ע.

[יח] **מותר להפליג בספינה אפי' בערב שבת, אם הולך לדבר מצוה** - היינו אף דבודאי לא יקיים עונג שבת ע"ז, כמ"ש המחבר בס"ב, אפ"ה מותר כיון דלצורך מצוה הוא, וקי"ל דעוסק במצוה פטור מן המצוה, **ולא** מבעיא אם הספינה הולכת במקום שהמים עמוקים יותר מעשרה טפחים, דמותר ואין לחוש ליציאת חוץ לתחום, דקי"ל אין תחומין למעלה מי"ט, **אלא** אפי' יש מקומות שהמים מועטין פחות מי"ט, ג"כ מותר לצאת בע"ש בספינה, כיון שהוא לדבר מצוה.

[יט] **ופוסק עמו שישבות** - בין אם הוא מפליג בע"ש בין מקודם, כיון שהוא תוך ג' ימים הסמוך לשבת, **ואם אח"כ לא ישבות אין בכך כלום** - בספר עולת שבת נסתפק אם א"א לו לפסוק, כגון שהא"י אומר לו שלא ישבות וכה"ג, אי מעכב או לא, [**ואף** דמהמ"א ‹בסמוך› משמע דהוא לעכובא], **הסכימו** רוב האחרונים דהפסיקה הוא רק למצוה בעלמא ואינו מעכב, [ובפרט דהטור פוסק כרשב"ג דא"צ לפסוק עמו כלל, ולאו יחידאה הוא בזה, כי בר"ח שזכינו עתה לאורו כתוב בהדיא ג"כ דהלכה כרשב"ג נגד רבי, דהלכה כרבי מחבירו ולא מאביו. **וצ"ע** על פסק השו"ע דפסק כהרמב"ם נגד הטור בזה, והלא בחו"מ סימן ר"צ סט"ז פסק בהדיא שם להלכה כרשב"ג נגד רבי, דא"צ לחשב עמו, וגם על הרמב"ם גופא קשה, דשם פסק כרשב"ג נגד רבי והכא פסק להיפוך, וצ"ע, אח"כ מצאתי מקצת מזה בפמ"ג].

כתב המ"א, דבשבת אסור להפליג אפי' לדבר מצוה, דהא לא יוכל לפסוק עמו שישבות ולא ילך, **ויש** שמצדדים דאפי' בשבת שרי לדבר מצוה.

[כ] **אבל לדבר הרשות אין מפליגין בספינה פחות מג' ימים קודם השבת** - דהיינו ביום רביעי בשבת אסור - מ"א בשם הרבה אחרונים, **אבל** הגר"א הביא בשם הרבה ראשונים, דהג' ימים נחשבין עם השבת גופא, וביום רביעי מותר, ועי"ש שכתב שכן מוכח בתוספתא ובירושלמי.

וה"ה ג' ימים קודם יו"ט, דיו"ט ושבת שוין, [דכל הטעמים הנאמרים בפתיחה שייך גם ביו"ט], **וכן** ביו"ט שני אין מפליגין.

הגה: אבל קודם ג' ימים שרי, אפי' בספינה שמושכים אותה ע"י בהמות - ר"ל דלא נימא דדמי להליכה בקרון, דאסור ליסע בשבת אפילו אם ישב בהקרון קודם ג' ימים, **ועיין** בס"ב בהג"ה, דלפי מה שרגילין למשוך הספינות בבהמות בנהרות, אפילו בתוך ג' ימים מותר להפליג, **אלא** דנקט קודם ג' ימים משום שאר ספינות.

ואפי' אין בגובה המים י' טפחים - דהו"א דאסור משום תחומין, קמ"ל דלא, **והטעם**, כיון שהתחיל קודם ג' ימים, וכמש"כ לקמיה.

ואפילו במקום שיצטרך הישראל לעשות אחר כך מלאכה בשבת להוליך הספינה - הטעם כמו שכתבנו למעלה, דשלשה ימים קודם השבת שייכים לשבת הבא, וחל עליו להזהר שלא יבוא לידי חילול שבת, וכשיצא בתוך הזמן הזה, הרי הוא כאלו מתנה לחלל עליו את השבת, **אבל** קודם לזה שייכים לשבת שעבר, וכיון שהפליג בהיתר אין לו להמנע מחמת שבת הבא, שאז אם יארע לו סכנה ויצטרך לחללו משום פיקוח נפש, אין כאן חילול, **ועיין** לקמן בס"ד מה שנכתוב בזה.

היינו דאין לו למנוע מחמת זה מלישב בספינה, כיון שהוא קודם ג' ימים, **אבל** מ"מ כל מה שיכול לעשות שלא יצטרך בעצמו לחלל את השבת, כגון ע"י א"י וכדומה, פשיטא דמחויב לעשות כן.

[כא] **ואם הוא דרך מועט, כמו מצור לצידון שאין ביניהם כי אם מהלך יום אחד, מותר להפליג בע"ש בבקר** – (וה"ה אם יש ביניהם מהלך שני ימים, מותר ביום ה'), **מפני שאפשר שיגיע שם קודם השבת** - ר"ל כשיש רוח טוב הולכין ביום אחד, לכן שרי להלוך בע"ש, לפי שאפשר שיהיה רוח טוב. **ודוקא** בבקר, דאם ימשך שעה ושתים על היום, אסור, דלא יגיע לשם קודם השבת. [כב] **ומקום שנהגו שלא להפליג בע"ש כלל, אפי' דרך מועט, אין מפליגין.**

[כג] **סימן רמח ס"ב** - [כד] **הא דאין מפליגין בספינה פחות משלשה ימים קודם השבת, הטעם משום עונג שבת, שכל ג' ימים הראשונים יש להם צער ובלבול;** [כה] **ודוקא למפליגים בימים המלוחים, אבל בנהרות אין שום צער למפליגים בהם, ולפיכך מותר להפליג בהם אפילו בערב שבת** - וא"צ לפסוק עמו שישבות, **ולענין** להפליג בשבת עיין בס"ג.

[כו] **והוא שלא יהא ידוע לנו שאין בעומקם עשרה טפחים** - דכיון דתחומין דרבנן הוא, ואפילו תחומין די"ב מיל קי"ל דבימים ונהרות אין בהן איסור דאורייתא לד"ה, שאין דומין לדגלי מדבר, **לפיכך** תלינן בספיקו להקל, ואמרינן דעמוק עשרה טפחים מקרקע הספינה לקרקע המים, ואין תחומין למעלה מעשרה.

[כז] **אבל במקום שידוע לנו שמקרקע הספינה לקרקע הנהר פחות מעשרה טפחים, אסור (לצאת חוץ לתחום) משום איסור תחומין** - היינו בכל הג' ימים שקודם שבת, אם יודע שיזדמן לו שם בשבת מקום ההוא, ויצטרך לעבור עליו על איסור תחומין, **אבל** קודם לזה מותר, וכמש"כ בס"א בהג"ה.

באר הגולה

יח שבת י"ט | יט שם וכת"ק רמב"ם ורבי ירוחם | כ שם ושם | כא שם | כב הרמב"ם מהא דבני בישן פסחים דף נ' | כג ‹מילואים›
כד הרי"ף והרמב"ם שם והרא"ש | כה הרמב"ם בתשובה | כו בתשובות הרמב"ם | כז ב"י גם לדעת הרי"ף והרא"ש

שמקרקע הספינה - פי' אע"פ שהמים עמוקים י', אם הספינה משוקעת במים שאין בין קרקע הספינה לקרקע המים י"ט, **לא** מבעיא אם הוא יושב בספינה למטה מיו"ד, נמצא מהלך למטה מיו"ד, **אלא** אפי' אם הוא יושב בספינה במקום גבוה שהוא למעלה מיו"ד מקרקעית המים, ג"כ אסור, כיון שהספינה רחבה ארבעה וניחא להילוך, כעומד למטה דמיא, **ויש** מתירין כשהוא יושב למעלה מיו"ד טפחים ואין רגליו תלויות למטה מיו"ד טפחים, **ויש** לסמוך על דבריהם כשהוא צריך לכך.

הגה: וכן בספינה שילטרך הישראל לבא לידי מלאכה בשבת - אפי' מלאכה דרבנן, **אסור ליכנס בה ג' ימים קודם השבת** - הטעם כמ"ש למעלה, **אפי' הם נהרות הנובעים והיא למעלה מי' (ריב"ש מהרי"ק). אבל אין איסור במה שהבהמות מושכות הספינה בשפת הנהר, ולא דמי להליכה בקרון שאסור** - ר"ל דאם לא היה איסור אחר, כגון בנהרות הנובעים, ולמעלה מי', וגם לא יצטרך הישראל לעשות מלאכה שם, אין לאסור ליסע בספינה היכא שהבהמות מושכות הספינה, דיהיה דומה כאלו יושב בקרון והבהמה מושכת אותו, דאסור, **לא** אמרינן הכי, דהתם הטעם שמא יחתוך זמורה להנהיגה, אבל הכא הבהמות הולכות ברחוק ממנו, וע"כ מותר אפי' בתוך ג' ימים.

אות ז'

אין צרין על עיירות של נכרים פחות משלשה ימים וכו'

טור סימן רמט - אין צרין במלחמת הרשות על עיירות של עכו"ם, אא"כ התחילו ג"י קודם השבת, ואם התחילו אין מפסיקין; אבל מלחמת מצוה מתחילין אפילו בשבת.

אות ח'

יגמור משתחשך

סימן רנב ס"ה - [כח]וטוענין בקורת בית הבד והגת מבעוד יום על זיתים וענבים - ואפילו לא נתרסקו מקודם, מותר לטעון, כיון שמתחיל הפעולה קודם שתשקע החמה וכנ"ל, **והשמן והיין היוצא מהם מותר** - פי' אף מה שיוצא בשבת, **ולא** גזרינן שמא יסחוט, כמו שגזרו במשקין שזבו מזיתים וענבים שלא נתרסקו, וכדלקמן בסימן ש"כ ס"א, **דהתם** יש חיוב חטאת אם יסחוט, ע"כ גזרו אפילו בזבו מעצמן, אבל הכא שכבר נדרסו ע"י הטעינה, ובלא"ה זב מעצמו, אלא שיוצא טפי ע"י הסחיטה בידים, בזה אין איסור אלא מדרבנן, ע"כ בזב מעצמו בשבת שרי לגמרי, **אך** כתב המ"א, דבזה אין מותר רק אם הוא טוען בעוד היום גדול, שיוכל להתרסק קודם שבת ע"י טעינת הקורה, **אבל** אם יטעון סמוך לשקיעה ממש, דלא יתרסקו קודם השבת ע"י הקורות, אסור המשקין היוצא מהן, גזירה שמא יסחוט, **(וע"ל סימן ש"כ סעיף ב')**.

וכן בוסר - ענבים בתחלתן כשהן דקים, מוציא מהן משקה לטבל בו בשר, לפי שהוא חזק וקרוב להחמיץ, **ומלילות** - שבלין שלא בשלו כל צרכן, מרסקן וטוענין באבנים, ומשקה זב מהן ומטבל בו, **שריסקן מבע"י, מותרים המשקים היוצאים מהם** - והטעם הוא ג"כ כנ"ל.

ועיין בבה"ל דאין להתיר כי אם בשדכן ג"כ קודם השבת, ודיכה הוא יותר מריסוק, (הנה מדסתם המחבר משמע דס"ל [כט]כשיטת הפוסקים, דאפילו בשלא נדרכו הענבים מקודם, וכן בוסר ומלילות שריסקן אפילו הם מחוסרין עדיין דיכה, {כי ג' דברים יש, ריסוק ודיכה ושחיקה, ריסוק בתחלה, ואח"כ דך אותם באיזה כלי, ואח"כ שוחק אותם יפה}, מותר היוצא מהן, ומה דלקמן בסימן שכ"א סי"ט מחמיר במחוסר דיכה, שם הוא משום שעושה הפעולה בידים בשבת, ע"כ אסור, **משא"כ** לענין המשקין היוצא מהן, **אבל** בא"ר כתב דלהלכה יש לתפוס [ל]כאידך פוסקים, דאינו מותר המשקה היוצא כ"א בשנידוכו קודם השבת, וכן משמע בבאור הגר"א שמצדד כן, **וע"כ** אין להתיר משקין היוצא מבוסר ומלילות אא"כ דכן מבעו"י, וכן ע"י טעינת קורה, צריך שיהיו מרוסקין קודם הטעינה, דאז תחשב הטעינה כדיכה).

סימן שכ ס"ב - [לא]זיתים וענבים שנתרסקו מע"ש, משקים היוצאים מהם מותרין - דכיון שנתרסקו יזוב המשקה מאליו, ושוב אין בזה חיוב חטאת אפי' אם יסחוט בידים, ולכן לא גזרו על משקין היוצאין, [רש"י שבת י"ח].

(וכ"ש חלות דבש שריסקן מע"ש ויצאו מעצמן דמותרין).

(בטור כתב "שנתרסקו יפה", וכונתו דבעינן שיהיה נדוך היטב, וכמ"ש בעצמו לעיל בסי' רנ"ב, והמחבר בכונה השמיט תיבת "יפה", דאזיל לשיטתו שם, דס"ל דאפי' במחוסר דיכה מותר המשקין היוצאין, וכמ"ש הגר"א והמא"מ שם, ולענין דינא כבר כתבנו בסי' רנ"ב בבה"ל בשם הא"ר, דאין להתיר בריסוק לבד כ"ז שמחוסר דיכה, וכשיטת הטור וסה"ת).

ואפי' אם לא נתרסקו מע"ש, [לב]אם יש יין בגיגית שהענבים בתוכה, אע"פ שהענבים מתבקעים בשבת בגיגית, מותר לשתותו בשבת, שכל יין היוצא מהענבים מתבטל ביין שבגיגית - ואע"ג דלאחר שבת יהיה לו היתר, וקי"ל דדבר שיש לו מתירין אפילו באלף לא בטיל, **הני** מילי באיסור שהיה ניכר תחלה בעין ואח"כ נתערב, משא"כ בזה כל מעט ומעט שיוצא נתערב תיכף ונתבטל בששים ביין ההיתר שהיה בו מכבר, ואין חל עליו שם איסור, **ולפי"ז** אם הענבים מונחין בפני עצמן, והיין זב מהם במדרון ויורד לתוך יין שהיה שם כבר מע"ש, אסור כל היין להסתפק ממנו, משום דבר שיש לו מתירין, שהרי מקודם שנתערב היה בעין וניכר.

כתבו האחרונים, דמותר לתת ענבים בשבת בתוך היין שיתבקעו ויוציאו יינם, כמו בשלג בסעיף ט"ת, **וכן** מותר לשרות צמוקים וכיוצא בהם במים לעשות שתיה.

באר הגולה

[כח] שם י"ט ממשנה ו' פ"ב דעדיות וכרבי ישמעאל [כט] ‹המא"מ והגר"א בביאור דעת המחבר. **וז"ל** הגר"א: כתי' שני של תוס' שם ד"ה ר' ישמעאל. **וז"ל** התוס': ועי"ל דיגמור בידים משתחשך, דלא דמי למתניתין דלא שרו בית הלל אלא טעינת קורה אבל בידים לא, דהכא כשאין מחוסרין דיכה, ע"כ. **ודוקא** בזה צריך שלא יחסר דיכה, אבל לאכול מה שזב ממנו, מותר אפי' כשמחוסר דיכה› [ל] ‹היינו סה"ת וסמ"ג וסמ"ק והטור, וכתי' ראשון שם: ונראה לר"י דיגמור היינו דיגמור ויאכל בשבת, ע"כ. **ואפ"ה** דוקא כשאין מחוסרין דיכה, עיין בב"י› [לא] **ציינתיו לעיל בסי' רנ"ב ס"ה** [לב] **טור בשם בעל התרומה סי' רכ"ג, וכ"כ הסמ"ג שם וסמ"ק סי' רפ"ב, שהאיסור שלא היה ניכר מעולם כמו הכא מתבטל אפי' בדבר שיש לו מתירין**

גמרא

לא יגמור ורבי אלעזר אמר רבי אלעזר היא דתנן *חלות דבש שריסקן בערב שבת ויצאו מעצמן אסור ורבי אלעזר מתיר ור' יוסי בר חנינא מ"ט לא אמר כרבי אלעזר אמר לך התם הוא °דמעיקרא אוכל ולבסוף אוכל הכא מעיקרא אוכל והשתא משקה ור' אלעזר אמר לך הא שמעינן ליה לר' אלעזר דאפילו זיתים וענבים נמי שרי דהא *כי אתא רב הושעיא מנהרדעא אתא ואייתי מתניתא בידיה זיתים וענבים שריסקן מערב שבת ויצאו מעצמן אסורין ר' אלעזר ור"ש מתירין ורבי יוסי בר חנינא *ברייתא לא שמיע ליה ור' אלעזר מ"ט לא אמר כר' יוסי בר חנינא אמר לך לאו איתמר עלה אמר רבא בר חנינא אמר רבי יוחנן "במחוסרין דיכה דכ"ע לא פליגי כי פליגי במחוסרין שחיקה והני נמי כמחוסרין דיכה דמו הורה רבי יוסי בר חנינא "כרבי ישמעאל שמן של בדדין ומחצלות של בדדין רב אסר "ושמואל שרי *הני כרכי דזוזי רב "אסר ושמואל שרי א"ר נחמן עז לחלבה ורחל לגיזתה ותרנגולת לביצתה ותורי דרידיא °ותמרי דעיסקא רב אסר ושמואל אמר "מותר וקמיפלגי בפלוגת' דר' יהודה ור' שמעון ההוא תלמידא דאורי בחרתא דארגיז כרבי שמעון שמתיה רב המנונא והא כר' שמעון סבירא לן באתריה דרב הוה לא איבעי ליה *למיעבד הכי הני תרי תלמידי חד מציל בחד מנא וחד מציל בארבע וחמש מאני וקמיפלגי בפלוגתא *דרבה בר זבדא ורב הונא: **מתני'** *"אין צולין בשר בצל וביצה אלא כדי *שיצולו מבעוד יום *"אין נותנין פת לתנור עם חשכה ולא חררה על גבי גחלים אלא כדי *שיקרמו פניה מבעוד יום רא"א כדי שיקרום התחתון שלה *משלשלין את הפסח בתנור עם חשכה ומאחיזין את האור במדורת בית המוקד ובגבולין

רש"י

לא יגמור · אסור להניחם מבעוד יום אחר טובלן כדי לגמור משתחשך: **ור' אלעזר אומר** · הוא ר' אלעזר בן פדת דהוא אמורא: **ר' אלעזר היא** · הוא ר' אלעזר בן שמוע סתם ר' אלעזר של משנה וברייתא: **חלות דבש** · שהשורה רודה ועשויין כמין חלות של שעוה והדבש בתוכן: **שריסקן** · כותשן: **אסורין** · לאותו שבת באכילה: **דבש** · לאחר שזב מן החלות נמי אוכלא הוא הלכך ליכא למיגזר ביה שמא יסחוט משתחשך דלא שייכא ביה סחיטה: **הכא** · זיתים וענבים דמתני' דמעיקרא אוכלא והשתא משקה איכא למיגזר שמא יסחוט משתחשך דהא ודאי סחיטה היא: **ור' יוסי כר' חנינא** · הך ברייתא דקתני דפליג ר' אלעזר אף בזיתים ובענבים לא הוה שמיע ליה ומההיא דחלות דבש שהיא משנה בפרק חבית שנשברה לא הוי מצי לדמויה למתני' משום פירכא דלעיל: **במחוסרין דיכה כ"ע לא פליגי** · דאסירי דטעינתן היא גומרת ומלאכה הכל עשוי בשבת: **שחיקה** · יותר מדיכה לשון או דכו במדוכה (במדבר יא) ורבותי גורסין כי פליגי במחוסרין סחיטה שנידוש יפה ואין טעינתן גומרת אלא סחיטה ולמאן דגריס שחיק' טעינתן שוחקתן והני דמתני' מחוסרין דיכה הן וטעינתן היא דיכתן היא שוחקתן היא שוחטתן ובהא ר' ישמעאל מודה לאסור: **שמן של בדדין** · איידי דאיירי בבית הבד נקט ליה שמן המשתייר בזוית הבד תחת המעיכה והוא ניתן לבדדין וכן מחצלות של בדדין שמכסין בהן את הזיתים: **רב אסר** · לטלטולי משום מוקצה דרב סבר כר' יהודה במוקצה ושמואל סבר כר"ש דלית ליה מוקצה והכי אמרינן במי שהחשיך: **כרכי דזוזי** · זוג של מחצלות שמכסים בהן את פרגמטיא של ספינה וזוזי לשון זוג לפי שהן שתים ועשויות כאהל ובתשובות הגאונים מצאתי כרכי דזוזי (א) ומפרש שהוא לשון ספינה בלשון ארמי: **עז** · העומדת לחלבה: **וכן רחל** · העומדת לגיזתה: **ותורא דרידיא** · העומד לחרישה: **ותמרי דעיסקא** · העומדין להוליכן לסחורה למקום אחר: **פלוגתא דר' יהודה כו'** · דלר' יהודה דאית ליה מוקצה בפרק אחרון (דף קנו:) אסור לשוחטן ביום טוב אלא אם כן הזמינן מבעוד יום ולר' שמעון שרו: **חרתא** · שם מקום: **דארגיז** · אדם אחד היה מגושי שבנה לאותה העיר ורב המנונא דר בה ועדיין מערת קבורתו קיימת שם °כך מצאתי בתשובה: **והא כר' שמעון סבירא לן** · השתא כדלקמן * ואמאי שמתיה: **חד מציל** · אוכלין ומשקין מפני הדליקה הרבה לחצר המעורבת: **בחד מנא** · כדתנן מצילין סל מלא ככרות ואע"ג שיש בו מאה סעודות: **וחד מציל בארבע וחמש מאני** · אלא שמקפלן כולן לתוך כלי גדול ונושאן בפעם אחת: **וקא מיפלגי כו'** · בפרק כל כתבי הקדש*: **מתני' חררה** · עוגת רצפים (מלכים א יט) פוגא"ה בלע"ז: **יקרמו** · כמו קרום קרוסטי"ן בלע"ז: **שתחתון** · מפרש בגמרא: **משלשלין את הפסח כו'** · והוא נצלה והולך משתחשך ואע"ג דבעלמא אין צולין כדאמרן הכא שרי דבני חבורה זריזין הן ומדכרי אהדדי ולא אתו לחתויי בגחלים: **ומאחיזין את האור** · מעט מעט בעצים של מדורת בית המוקד שהיתה בעזרה והיא מתבערת והולכת משתחשך ולא חיישינן שמא יהו כהנים צריכין להבעירה משתחשך כדמפרש בגמרא: **בית המוקד** · לשכה גדולה היא שהכהנים מתחממין שם במדורת אש הנסקת תמיד מפני שמהלכין יחפים על רצפת שיש בעזרה כדאמרי' בזבחים (פ"ג דף כד·) הואיל ורצפה מקודשת דכתיב* ביום ההוא קדש המלך תוך החצר וכלי שרת מקודשין דכתיב* וימשחם ויקדש אותם מה כלי שרת לא יהא דבר חוצץ בינו לבין כלי שרת אף רצפה לא יהא דבר חוצץ בינו לבין הרצפה:

תוספות

שמן של בדדין · פ"ה המשתייר בזוית בית הבד וקשה לר"י דמה בא להשמיענו כאן דין מוקצה ועוד דלמה יהיה השמן מוקצה *ותירץ ר"י דקאי אדלעיל דקאמר דאם טען בית הבד מבעוד יום והשמן זב והולכת כל השבת רב אסר אותו שמן משום מוקצה דהוי נולד גמור דמחמת קורות והעיגול שעליו לא היה ראוי בין השמשות לאכילה אע"ג דע"מ כן הניחו וסמך על זה שיזוב כל השבת כיון דאין מתקן בעולם האי סמיכה לאו מידי הוא והאי נולד גמור ולא דמי לקדרה חייתא דשרי אע"ג דבין השמשות לא חזי לאכילה דהתם כיון דהבשר בעולם מהני דע"מ כן מניחה וכן מעיינות הנובעות כבר הם בעולם °וכן נואת קטן שהיה כבר במעיו מהני בהן סמיכה ולא דמי לזיתים וענבים שריסקן מבעוד יום וכן השום והבוסר שריסקן מבערב דהתם חזו מבערב לאכילה אבל הכא דלא חזו בין השמשות לאכילה והמשקה אינו בעולם הרי נולד גמור ואסור לרב וא"ת בפ"ב לקמן (דף כט·) דאמר רב אכל תמרי ושדא קשייתא לחיותא מאי לאו בפרסייתא ולא קבלה לא בארמייתא וקבלה והשתא היכי המ"ל דהוי פרסייתא והא רב אסר נולד הכא ויש לומר דה"פ מאי לאו בפרסייתא ולא קבלה משום דלא חשיבא ליה רב נולד כיון דמעיקרא גרעין והשתא גרעין אבל הכא שמן הבלוע בזיתים כל זמן *שלא יצא הוי נולד גמור ולא הוי משקה:

ושמואל שרי · תימה דבס"פ טטל(לקמן קמג.)אמרי' דשמואל הוה מטלטל גרעיני פרסייתא אגב ריפתא פי' בשולת כל צרכן שאין נשאר מן האוכל עליהם כלל וכיון דשרי נולד כר"ש בלא ריפתא נמי לישתרי ותירץ ר"ת דשמואל מחמיר על עצמו היה לפי שהיה אדם חשוב וכן מוכח סוגיא התם דאמר אביי אי לאו דאדם חשוב אנא: **הני** כרכי דזוזי רב אסר · לטלטל משום מוקצה תימה דבפ' מפנין (לקמן דף קכח·) אמרינן דרב במוקצה לאכילה סבר לה כר' יהודה ובמוקצה לטלטל סבר לה כר"ש והכא אוסר לטלטל לכרכי דזוזי ומפרש ר"ת דכרכי דזוזי °הן מוקצה מחמת מיאוס *כגון בגדים ומחצלות שמכסין בהם דגים ושאר דברים המלכלכין אותם והתם דקאמר רב דבמוקצה לטלטל סבר לה כר"ש במוקצה שמקצה האדם מדעתו לעיסקא לאוצר שאין בו מיאוס והא דאמר בפרק בתרא (דף קנו:) דאף רב ס"ל כר' יהודה מדכרכי דזוזי דרב אסר מפרש ר"ת דנבילה המתנבלת בשבת מוקצה מחמת איסור הוא דאף לכלבים אינו ראוי מחיים ומוקצה מחמת איסור חמור ממוקצה מחמת מיאוס והא דאמר בפ"ק דחולין (דף יד:) בשמעתא וסבין חבריא למימר מתני' ר' יהודה היא אימור דשמעת ליה לרבי יהודה במוקצה מחמת מיאוס במוקצה מחמת איסור מי שמעת ליה דיהוי בעלמא הוא ולפי המסקנא נאמר דמוקצה מחמת איסור טפי חמור תדע דהא קאמר התם אימור דשמעת ליה לר' מאיר במבשל דראוי לכוס שוחט דאינו ראוי לכוס מי שמעת ליה משמע דאית ליה לר' מאיר מוקצה מחמת איסור ובפרק כירה *משמע דלית ליה מוקצה מחמת מיאוס גבי מטלטלים נר חדש אבל לא ישן ר' מאיר אומר כל הנרות מטלטלים חוץ מן הנר שהדליקו בו באותו שבת: **וחד** מציל בארבע וחמש מאני · פי' בקונטרס ומקפלן כולן בתוך כלי אחד ונושאן בבת אחת ואין נראה לר"ת דבפ' כל כתבי (לקמן דף קכ·) לא פליגי אמוראי בהא דבעיא היא ופשיטא דהכא להציל דמי ושרי לכ"ע ומפרש ר"ת דחד מציל בחד מנא אפי' מאה סעודות אבל בארבע וחמש מאני כגון להציל ולחזור ולהציל אפי' באותו חצר לא וחד מציל בד' וה' מאני לאותו חצר ובהא פליגי התם רבה בר זבדא ורב הונא:

רבינו חננאל

אוקמה רבי יוסי ב"ר חנינא לר' ישמעאל ור' אלעזר בן פדת אוקמה לר' אלעזר ב"ר (שמעון) [שמוע]. חלות שריסקן פירשנוהו בפ' חבית שנשברה כי שם מקומה. הורה ר' חנינא [כר' ישמעאל] שמן של בדדין [ומחצלות של בדדין] רב אסר ושמואל שרי פירוש שמן הנמשך מתחת קורות בית הבד וזב בשבת אסור באכילה ובשבת ומחצלות המוקצות למלאכת בית הבד אסור לישב עליהן (כרב) [לרב] פי' כרכי דזוזי מחצלות מדורות שתים שתים זונות זונות והן עשויות לסחורה להשתלח בספינות אסור להתירן בשבת ולישב עליהן אמר רב נחמן עז להלבה ורחל לגיזותה ותרנגולת לביצתה ותורי דרידיא ותמרי לעסקא פלוגתא דר' יהודה ור' שמעון פי' כל אלו שהעמידו לדברים הללו ולא העמידו לאכילה עכשיו אם ביקש לוכל מן התמרים הללו בשבת או העז והרחל וכיוצא בהן לשוחטן ביו"ט מותר וקי"ל הלכה כר"ש דלית ליה מוקצה אלא נרותרות וציטוקים בלבד. הנהו תרי תלמידי חד מציל של מלא ככרות אפילו באותה חצר בחד מנא כרב הונא

עין משפט נר מצוה

ג"ל ומלח גרוי וכ"ה בתוס' ישנים

קנ א ב מיי' פרק כ"א מהלכות שבת הלכה יג טור ש"ע או"ח סימן שכא סעיף יט :

קנא ג מיי' פכ"ו מהל' שבת הלכה יד :

קנב ד מיי' פכ"ה מהל' שבת הלכה ט :

קנג ה מיי' פכ"ו מהל' שבת הלכה יד סמג לאוין סה טוש"ע או"ח סימן שי סעיף ג :

קנד ו מיי' פ"ג מהל' שבת הלכה יח סמג שם טור ש"ע או"ח סי' רנד סעיף ג :

קנה ז מיי' פ"ג שם הלכה יח טור ש"ע שם סעיף ס :

שלא יצא לא הוי משקה לוס הוי טולד גמור כצ"ל וכ"ה בתוס' ישנים

קשה הר"מ מה לריך לשמיד במוקצה מחמת מיאוס יעמיד אותו במוקצה משום סתירת אהל [פ"י]

מסורת הש"ס

לקמן קמג.

שם קמג:

[לקמן קח. עירובין יט: פסחים קח. גיטין מה. ערכין ג.]

לקמן קמ:

ס"א לאיסור

[לעיל יח.]

ס"א שיתבשלו

לקמן קכ.

[פי' תוס' מנחות סט: ד"ה פורסא]

עירובין קג.

[דף לה.]

[דף קכ.]

[מלכים א ח]

[ויקרא ח]

הגהות הב"ח

(א) רש"י ד"ה כרכי דזוזי וכו' הגאונים מצאתי כרכי דזוזי. נ"ב ולי נראה דלגירסת כרכי דזיווי יותר מתיישב לפרשו מלשון זוג כמו דקאי מלאכים בזווי דס"פ מפנין :

רב נסים גאון

אמר רב נחמן עז לחלבה ורחל לגיזותה כולה פלותתא דר' יהודה ור"ש נתבאר פלוגתם במוקצה ועיקר דבריהם בפרק כירה (דף מד) דתנו רבנן מטלטלין נר חדש בשבת אבל לא ישן דברי ר' יהודה ר"ש אומר כל הנרות מטלטלין בשבת חוץ מן הנר הדולק בשבת כבתה מותר לטלטלה ובסוף המס' (דף קנו) מתחכין את הדילועין לפני הבהמה כו' ואמרו פליגי בה רב אחא ורבינא חד אמר בכולה שבת הלכה כר"ש לבר ממוקצה מחמת כו' ובמקומות הרבה מן התלמוד תמצא פלוגתן והנה תמצא עיקר פלוגתן לדבריהן אין מוקצה לר"ש אלא גרוגרות וצימוקין ופרישו טעמא דהוא שילתא בגמ' דבני מערבא בפס' יום טוב (פ' במה מדליקין)ובפס' מעשרות(פ"ח)אמר רב שמואל בר סוטרא מפני שמסריחות בנתים: **הנך** תרי תלמידי חד מציל בחד מאנא וחד מציל בתרי תלתי מאני קמיפלגי בפלוגתא דר' אבא בר זבדא ורב הונא פליג ר' אבא בר זבדא ורב הונא בפרק

גליון הש"ס

גמ' דמעיקרא אוכל. עי' בר"ן ס"ג מי"א דעוקצין : **שם** ותמרי דעיסקא רב אסר ושמואל כו'. ג"י בר"ן וכהא"ש ותמרי דעיסקא פלוגתא דר"י ור"ש דר"י אית ליה מוקצה ור"ש לית ליה מוקצה: **רש"י** ד"ה דארגיז וכו'. כך מצאתי בתשובה. וכ"כ רש"י בעירובין דף סג ע"א ד"ה דארגיז : **תוס'** ד"ה שמן של בדדין. וכן נואת קטן. לקמן דקכ"א ע"ב : **שם** ד"ה הני כרכי דזוזי כו' הן מוקצה מחמת מיאוס . עי' תוס' לקמן דקל"ט ע"ב ד"ה מלא דביתה :

§ מסכת שבת דף יט: §

אות א' - ב'

במחוסרין דיכה

כרבי ישמעאל

סימן שכא סי"ט - [א]**שום ובוסר ומלילות שריסקן מערב שבת, אם מחוסרים דיכה, אסור לגמור דיכתן בשבת; ואם אין מחוסרים אלא שחיקה, מותר לגמור בשבת** - דג' דברים יש בדברים הנידוכין להוציא מהן שמנן: ריסוק ודיכה ושחיקה, ושחיקה הוא יותר מדיכה, **ולכך** קאמר, דאם נידוכו היטב מבעוד יום, ואינו מחוסר אלא שחיקה, כנגמר מלאכתו מבעוד יום דמי, ומותר לשחקו בשבת, (אפילו בידים).

[ב]**לפיכך מותר לגמור שחיקת הריפות בעץ פרור בקדירה בשבת** - הריפות הם מעשה דייסא, שכבר דכו אותם במדוכה, ונתבשלו כל צרכן, ואין מחוסר אלא שחיקה מעט, **ומ"מ** יש ליזהר שלא לטרוף בכח, (כמ"ש סט"ז - מ"א). **אחר שמורידין אותה מעל האש** - ובעודה על האש, י"א דיש בזה משום מגיס, דהוי כמבשל.

אות ג'

שמן של בדדין ומחצלות של בדדין... ושמואל שרי

רמב"ם פכ"ו מהל' שבת הי"ד - [ג]**שמן שיוצא מתחת הקורה של בית הבד בשבת, וכן תמרים ושקדים המוכנים לסחורה, מותר לאוכלם בשבת; ואפילו אוצר של תבואה, או תבואה צבורה, מתחיל להסתפק ממנה בשבת; שאין שם אוכל שהוא מוקצה בשבת כלל, אלא הכל מוכן הוא; חוץ מגרוגרות וצמוקין שבמוקצה בזמן שמייבשים אותם, הואיל ומסריחות בינתים ואינם ראויין לאכילה, הרי הן אסורין בשבת משום מוקצה.**

אות ד'

הני כרכי דזוזי, רב אסר

רמב"ם פכ"ה מהל' שבת ה"ט - כל כלי שמקפיד עליו שמא יפחתו דמיו, כגון כלים המוקצים לסחורה, וכלים היקרים ביותר, [ד]שמקפיד עליהן שמא יפסדו, אסור לטלטלן בשבת, וזה הוא הנקרא מוקצה מחמת חסרון כיס; כגון המסר הגדול, ויתד של מחרישה, וסכין של טבחים, וחרב של אושכפים, וחצין החרשים, וקורנס של בשמים, וכיוצא בהן.

אות ה'

ותמרי דעיסקא... ושמואל אמר מותר

סימן שי ס"ב - [ה]**אין שום אוכל תלוש הראוי לאכילה מוקצה לשבת** - דבדבר שאינו אוכל, אף לר"ש יש מוקצה לפעמים, כגון מוקצה מחמת חסרון כיס, **וכן** בדבר שאינו כלי, כגון מעות וצרורות ואבנים וכיו"ב, **ובדבר** שהיה מחובר מבע"י, ג"כ לכו"ע הוי מוקצה, שאין דעתו עליו מאתמול, ועיין בב"י. **דתמרים ושקדים ושאר פירות העומדים לסחורה, מותר לאכול מהם בשבת** - דאע"ג דעומדים לסחורה, דעתו עליהם לאכול מהם כשירצה.

אות ו'

אין צולין בשר בצל וביצה אלא כדי שיצולו מבעוד יום

סימן רנד ס"ב - [ו]**אין צולין בצל וביצה או בשר** - וה"ה שארי דברים שאין נאכלין חיין וכדלקמיה, **ע"ג גחלים** - היינו שנוגעין בהגחלים, **אלא כדי שיצלה מבע"י [ז]משני צדדיו, כמאכל בן דרוסאי שהוא חצי בישולו** - ולאחר הצליה ימתין עד שיכבו הגחלים, ואז יטלם.

אות ז'

אין נותנין פת לתנור עם חשכה ולא חררה על גבי גחלים אלא כדי שיקרמו פניה מבעוד יום

סימן רנד ס"ה - [ח]**אין נותנין סמוך לחשיכה פת בתנור, אלא כדי שיקרמו (פי' שיעלה על פני הלחם קרום וקליפה מחמת האש) פניה המדובקים בתנור** - מבעוד יום, דתו לא חיישינן שמא יחתה בגחלים.

באר הגולה

[א] **ציינתיו לעיל בסי' רנ"ב סעיף ה'** [ב] **טור בשם רמב"ם בפכ"א מה"ש הי"ג וכן כתב בתשובה** [ג] ‹כן פירש ר"י אלפס וכן פיר"י (תוס' ד"ה שמן) דקאי השמן הזב מבית הבד שטענה מבעוד יום, והשמן זב בשבת, ופליגי בנולד, ולא כפיר"ש שפירש שמן של בדדין הוא שמן המשתייר בזוית של בית הבד - הג' מיימוניות› [ד] ‹והרב המגיד כתב בפרק כ"ו (הי"ד) גבי אוצר של תבואה, שאם יש לו כלים המוכנים לסחורה והוצרך להם, מותר לטלטלם, וכ"ש הוא מפירות המוכנים לסחורה שהותרו אפילו באכילה, עכ"ל, וכן משמע מכרכי דזוזי, דאיתא בסוף פרק קמא (יט:) ובסוף פרק מי שהחשיך (קנז:), וגם לפי מה שפירשו התוספות שם בסוף פרק קמא (ד"ה הני), מכל מקום פשיטא להו דלרבי שמעון אפילו בכלים המיוחדים לעסקא לית ליה מוקצה, **וצ"ל** דהא דכתב הרמב"ם דכלים המוקצים לסחורה אסור לטלטלן, היינו דוקא כשמקפיד עליהם שמא יפסדו, ומשו"ה אע"פ שאינם יקרים ביותר, כיון שהם מוקצים לסחורה, אסור לטלטלם, דשמקפיד עליהם שמא יפסדו דקתני, קאי גם לכלים המוקצים לסחורה, הא אם אינו מקפיד עליהם, אע"פ שהם מוקצים לסחורה, מותר לטלטלם, וכדברי הרב המגיד - ב"י סימן ש"ח. ‹**נמצא** דהציון של העין משפט אינו מדוקדק, דבכרכי דזוזי אין הלכה כרב, ורק בציור דהוי מוקצה מחמת חסרון כיס, הוא דהוי מוקצה› [ה] **שם מ"ה** [ו] **שם** [ז] **בית יוסף מהא דמנחות נ"ז ומהרמב"ם פרק ט' דשבת ה"ה** [ח] **שם וכר"א**

והאחרונים הסכימו, דה"ה דסגי אם מתקרם פניה שכנגד האש, **ואפשר** דגם המחבר ס"ל הכי, והא דנקט "פניה המדובקים", ס"ל דזהו יותר בקל מתקרם, **ואין** חילוק אם הוא נאפה בקרקע התנור או בבעקי"ן, ועיין לקמיה בהג"ה.

ועיין בביאור הגר"א בהג"ה שבסמוך, דדוקא אם הפת דק, אבל אם הוא עב אינו מתבשל מהרה, וצריך שיהיה נקרם הפנים התחתון שכנגד התנור, וגם הפנים שלמעלה נגד חלל התנור.

ולא חררה ע"ג גחלים, אלא כדי שיקרמו פניה שכנגד האש. הגה: וכל שפורסה ואין החוטין נמשכין, קרוי קרימת פנים - ואפי' אם היה הפת עבה, נמי סגי בזה השיעור לכו"ע, דכיון דאין חוטין נמשכין, בודאי נקרמו פניה היטב בין למעלה בין למטה. **וכ"ז** בשאין גרוף וקטום, אבל בכירה או בתנור שלנו כשהוא גרוף וקטום, או כשסותם פי התנור בטיט, מותר ליתן הפת בתנור סמוך לשקיעה בכל גווני.

ופשטיד"א או פלאדי"ן, צריך שיקרמו פניה למעלה - היינו לצד חלל התנור, **ולמטה** - לצד תחתית הכלי שנאפית בו. **ועיין** במ"א וט"ז שכתבו, דלפי דעת המחבר לעיל, סגי בשנקרם במקום אחד לבד, **אמנם** בביאור הגר"א כתב, דלפי שהוא עב ואינו מתבשל מהרה, לכך לכו"ע בעינן מלמעלה ומלמטה, **וגם** הדגול מרבבה כתב דכו"ע מודים בזה, אמנם מטעם אחר, דכיון דפשטיד"א חלק עליון וחלק התחתון אינם מגוש אחד, דהרי המולייתא שבתוכה מפריד ביניהם, הוי כשני עוגות, ובכל אחד צריך קרימת פנים, וכ"כ בספר חמד משה.

ויתבשל מה שבתוכה כמאכל בן דרוסאי - היינו מה שממלאין בהפשטיד"א בשר ודגים וכה"ג, דאל"כ אף שקרמו פניה, חיישינן שמא יחתה בגחלים כדי שיתבשל מה שבתוכה.

[ט]**ואם נתן אותם סמוך לחשיכה ולא קרמו פניהם, אם במזיד, אסור** - לרדות אפי' ע"י שינוי, ואפי' אם אין לו מה יאכל, ואפי' אם א"י רידהו שלא מדעתו, אסור לו לאכול, [דהלא האפיה היה באיסור]. **עד מו"ש בכדי שיעשו** - היינו האכילה, אבל הרדיה מן התנור פשוט דמותר תיכף במו"ש.

---

§ מסכת שבת דף כ. §

אות א'

בפחמין כל שהוא

סימן רנה ס"ב - [א]י"א שבפחמין אפילו לא אחז בהם האור אלא כל שהוא, שרי, מפני שהם דולקים והולכים.

אות ב'

כדי שיצולו מבעוד יום כמאכל בן דרוסאי

סימן רנד ס"ב - [ב]אין צולין בצל וביצה או בשר - וה"ה שארי דברים שאין נאכלין חיין וכדלקמיה, **ע"ג גחלים** - היינו שנוגעין בהגחלים, **אלא כדי שיצלה מבע"י [ג]משני צדדיו, כמאכל בן דרוסאי שהוא חצי בישולו** - ולאחר הצליה ימתין עד שיכבו הגחלים, ואז יטלם.

אות ג'

כל שהוא כמאכל בן דרוסאי אין בו משום בישולי נכרים

יו"ד סימן קיג ס"ח - נתן ישראל קדרה על האש וסלקה, ובא עובד כוכבים והחזירה, אסור - כיון שנתבשל ע"י עובד כוכבים בלא קירוב בישול דישראל, הכי אמרינן בש"ס ופוסקים - ש"ד, [ד]**אא"כ הגיע למאב"ד, שהוא שליש בישולו, כשסילקה.**

אות ד'

כדי שיקרמו פניה המדובקין בתנור

סימן רנד ס"ה - [ה]אין נותנין סמוך לחשיכה פת בתנור, אלא כדי שיקרמו (פי' שיעלה על פני הלחם קרום וקליפה מחמת האש) פניה המדובקים בתנור - מבעוד יום, דתו לא חיישינן שמא יחתה בגחלים.

[ו]**והאחרונים** הסכימו, דה"ה דסגי אם מתקרם פניה שכנגד האש, **ואפשר** דגם המחבר ס"ל הכי, והא דנקט "פניה המדובקים", ס"ל דזהו יותר בקל מתקרם, **ואין** חילוק אם הוא נאפה בקרקע התנור או בבעקי"ן, ועיין לקמיה בהג"ה.

ועיין בביאור הגר"א בהג"ה שבסמוך, דדוקא אם הפת דק, אבל אם הוא עב אינו מתבשל מהרה, וצריך שיהיה נקרם הפנים התחתון שכנגד התנור, וגם הפנים שלמעלה נגד חלל התנור.

‹המשך ההלכות מול עמוד ב'›

באר הגולה

ט רמב"ם מדין עססיות ותורמסין י"ח | א טור ור' ירוחם וכר' **יהודה שם כ'** ‹ומשמע לרבינו דרבי יהודה אינו חולק על ת"ק, אלא מוסיף על דבריו, ות"ק מודה לו, וכך הם דברי רבינו ירוחם בח"ג, **אבל** מדברי הרמב"ם בפירוש המשנה נראה דרבי יהודה פליג את"ק, שכתב ואין הלכה כרבי יהודה, וכן נראה מדבריו בפ"ג גם כן שלא חילק בין פחמין לעצים - ב"י› | ב **שם** | ג **בית יוסף מהא דמנחות נ"ז ומהרמב"ם פרק ט' דשבת ה"ה** | ד **רבי אסי א"ר יוחנן שם** | ה **שם וכר"א** | ו ‹רבי אליעזר אומר כדי שיקרום פנים המדובקים בתנור, ופי' רש"י [ד"ה מדובקים] שזה חומרא, שפנים שכלפי האור ממהר לקרום. **וכתב** התוס' [ד"ה איבעיא] דמוכח מן הירושלמי דאדרבה פנים המדובקים בתנור ממהרים לקרום, ורבי אליעזר להקל אתי, **ופסקו** גם האחרונים כר"א - מחה"ש›

תורה אור

ובגבולין כדי שתאחוז האור ברובו ר' יהודה אומר *בפחמין כל שהוא: **גמ'** וכמה א"ר אלעזר אמר רב ^(א)כדי שיצולו מבעו"י כמאכל בן דרוסאי איתמר נמי *אמר רב אסי א"ר יוחנן ^(ב)כל שהוא כמאכל בן דרוסאי אין בו משום בישולי נכרים *תניא חנניא אומר כל שהוא כמאכל בן דרוסאי מותר להשהותו ע"ג כירה ואע"פ שאין גרופה וקטומה: אין נותנין את הפת כו': איבעיא להו תחתון האיך דגבי תנור או דילמא תחתון האיך דגבי האור ת"ש ר"א אומר ^(ג)כדי שיקרמו פניה המדובקין בתנור: ^(ד)משלשלין את הפסח: מ"ט *משום דבני חבורה זריזין הן הא לאו הכי לא והאמר *מר גדיא בין שריק בין לא שריק שפיר דמי התם מינתח הכא לא מינתח: ^(ה)ומאחיזין את האור וכו': מנהני מילי אמר רב הונא °לא תבערו אש בכל מושבותיכם בכל מושבותיכם אי אתה מבעיר *אבל אתה מבעיר במדורת בית המוקד מתקיף לה רב חסדא אי הכי אפילו בשבת נמי אלא אמר רב חסדא קרא כי אתא למשרי אברים ופדרים הוא דאתא *וכהנים זריזין הן: ובגבולין כדי שתאחוז כו': מאי רובו אמר רב רוב כל אחד ואחד ושמואל אמר כדי שלא יאמרו הבא עצים ונניח תחתיהן תנא רב חייא לסיועיה לשמואל ^(ו)כדי *שתהא שלהבת עולה מאיליה ולא שתהא שלהבת עולה ע"י דבר אחר עץ יחידי רב אמר רוב עביו ואמרי לה ברוב היקפו *אמר רב פפא הלכך °בעינן רוב עביו ובעינן רוב היקפו כתנאי ר' חייא אמר ^(א) כדי שישחת העץ ממלאכת האומן רבי יהודה בן בתירא אומר כדי שתאחוז האש משני צדדין ואע"פ שאין ראיה לדבר זכר לדבר °את שני קצותיו אכלה האש ותוכו נחר היצלח למלאכה: °והאח לפניו מבערת מאי אח אמר רב אחוונא ושמואל אמר עצים שנדלקו באחוונא ההוא דאמר להו מאן בעי אחוונא אשתכח ערבתא א"ר הונא קנים אין צריכין רוב אגדן צריכין רוב גרעינין אין צריכין רוב נתנן בחותלות צריכין רוב מתקיף לה רב חסדא אדרבה איפכא מסתברא קנים מבדרן אגדן לא מבדרן גרעינין מבדרן נתנן בחותלות לא מבדרן איתמר נמי אמר

רב

(שמות לה) (יחזקאל טו) (ירמיה לו)

רש"י

ובגבולין. צריך להבעיר מדורתן מבעוד יום כדי שתאחוז האש ברובו: **ר' יהודה אומר.** אם היתה מדורת פחמין אין צריך להאחיז בהן האור אלא כל שהוא והיא דולקת והולכת דאין דרכה להיות כבה והולכת וא"צ לחתות בהן: **גמ' בן דרוסאי.** לסטים היה ומבשל בישולו שליש: **איתמר נמי.** דמאכל בן דרוסאי חשוב בישול: **כל שהוא.** מבושל ביד ישראל כמאכל בן דרוסאי שוב אין בגמרו משום בישולי נכרים: **גרוף.** מן הגחלים במגריפה שקורין וודיל: **קטום.** מפזרים אפר מלמעלה כדי לשכך חומו שלא יוסיף הבל בשבת וזה תבשיל שהוא כמאכל בן דרוסאי לא חיישי' אם מתבשל והולך בשבת: **דגבי תנור.** שהככרות נדבקים בדופני התנור סביב הילכך מבעיא ליה הי קרי תחתון הגך פנים דגבי דופני התנור או פנים הפונים למטה לחלל התנור נגד האור: **מדובקים בתנור.** ותומרא היא דפנים שכלפי האור ממהרין לקרום: **ששם מנסח.** ואם פותח פי התנור עייל ביה זיקא וקשי ליה: **הכא לא מנתח.** דכתיב (שמות יב) על ראשו ועל קרבו ואי מגלי ליה לא קשי ליה זיקא הלכך אי לאו דזריזין הן אסור: **אברים ופדרים הוא דאתא.** להתיר את הקטירן כל הלילה אבל מדורת בית המוקד שאינה צורך גבוה אלא צורך כהנים לא הותרה וסמוך לחשיכה הייט טעמא דלא גזור משום דכהנים זריזין הם שכולם היו בני תורה וחרדים וזכורים ולא אתו לחתויי משתחשך: **כל אחד ואחד.** כל עץ ועץ ולא תימא כיון שאחזה ברוב מנין העצים: **ושמואל אמר.** כדי שלא צריך לומר הבא עצים דקים ונניח תחתיהן להבעיר את אלו: **תני ר' חייא.** בפ' במה מדליקין לגבי מנורה להעלות נר תמיד שתהא שלהבת עולה מאליה אלמא בכי האי גוונא הויא הדלקה משום ר"י הלוי וקשה לי חדא דרמי בר חמא קתני לה התם ועוד דלאו מתניתא היא אלא הוא אמר לה בפירוש דמתני' אחריתי ושאר רבותינו תנו לה לענין מדורה ואני מצאתי אותה בת"כ לגבי מנורה: **עץ יחידי.** כעין קורה שלט: **רוב עביו.** שיכנס האור בתוך עביו עד רובו: **רוב היקפו.** מבחוץ: **כתנאי.** רוב עביו או רוב היקפו: **שישחת.** רוב עביו: **ב' צדדיו.** רוב היקפו: **זכר לדבר.** דשוב הולך ודולק: **שני קצותיו אכלה האש.** בידוע שתוכו נחר והלכה לתה שלי ונעשה יבש: **נחר.** פסק לחה שלה ויבש כמו נחר גרוני (תהלים סט) וכן חרה מני חורב (איוב ל): **והאח.** בשריפת יהויקים המגילה כתיב: **אחוונא.** ערבה: **באחוס.** כל העצים נדלקין זה מזה הקטן מדליק הגדול: **אין צריכין רוב.** להגיע את האור ברובן מע"ש אלא מאחיז בהן אור מבעוד יום לפי שאין כבין והולכים אלא דולקים והולכים: **צריכים רוב.** לפי שאין שלהבת יכול ליכנס ביניהם: **גרעינין.** של תמרה אם עשה מהם מדורה לכשיבשו אין צריכין רוב: **נתנן בחותלות.** כלים ששם מטלבין ונתן הכלי מלא במדורה צריכין רוב לפי שנצטרין יחד ואין השלהבת יכולה להכנס בהן: **קנים מבדרן.** לכאן ולכאן ואחת מהן היוצאה לא תמלא את חברתה לבערה הלכך כי לא אגדן צריכי רוב אבל אגדן לא מבדרן ואין צריכין רוב וכן גרעינין:

עד שישחת ממלאכת האומן. אבל למ"ד משתאחוז האור משני צדדין איט נשחת בהכי ממלאכת האומן ואע"ג דכתיב את שני קצותיו אכלה האש היצלח למלאכה הייט גבי עץ הגפן אבל שאר עצים אין נשחתין כ"כ במהרה ממלאכת האומן:

תוספות

איבעיא להו תחתון האיך דגבי תנור. ולפ"ה דפי' דלגבי האור ממהר לקרום ומיבעיא ליה אם תחתון דקאמר ר' אליעזר דגבי תנור והא דקאמרי רבנן עד שיקרמו פניה אחת מפניה ואפילו בעליון סגי ואם תחתון דקאמר ר"א היינו דגבי האור אם כן הא דקאמרי רבנן עד שיקרמו פניה הייט כל פניה תא שמע ר' אליעזר כו' ופושט דר"א לחומר' ומיהו בירושלמי משמע דלהקל בא דקאמר התם ומודה ר"א בלחם הפנים שאין קרוי לחם עד שיקרמו פניו בתנור משמע דהכא סגי בקרימת כל דהו אבל בלחם הפנים בעינן קרימה מעליא. ריב"א*.

למשרי אברים ופדרים. וא"ת אי אברים ופדרים דחול כדפ"ה הא אמר בפרק [במה מדליקין] (דף כד:) עולת שבת בשבתו ולא עולת חול בשבת ואי אברים ופדרים דשבת ואשמועינן מבכל מושבותיכם דאע"ג דמטתן כל הליל' ואפשר להקטירן במוצאי שבת אפ"ה דהי שבת הא מעולת שבת נפק מדממעט עולת חול דהייט ע"כ אברים ופדרים דחול דשחיטה וזריק' עבר זמנו בשקיעת החמה א"כ אברים ופדרים דשבת קרבים בשבת וי"ל דאתי למשרי אברים ופדרים דחול כשמשלה בהן האור מבעוד יום והא דקאמר ולא עולת אברים ופדרי' דחול בשבת הייט דוקא בשלא משלה בהן האור וכן הא דאמר בפרק טרף בקלפי (יומא דף מו׳ ושם) אברי *חול שנתותרו עושה להן מערכה בפני עצמן וסודרן אפי' בשבת ואפי' לרב הונא דפליג התם הייט דאמר דאין עושה להן מערכה בפני עצמן אבל ד"ה דסודרן על המערכה גדולה הייט כשמשלה בהן האור כדמוכח התם והא דקאמר התם לחד לישנא דדוקא בפסולין אי משלה בהן האור אין אי לא לא לאו משום דכשרים לא בעינן משלה בהן האור אלא ה"ק דדוקא בפסולים אצטריך לאשמעינן במשלה בהן האור אבל בכשרים לא אילטריך לאשמעי' וריב"א מסתפק בשאר קרבנות כשמשלה בהן האור אם נעשו כלחמו של מזבח למשריגהו בשבת אי לאו דדילמא דוקא בתמיד מהני האי טעמא משום דשם תמיד דוחה שבת וקשה דהתם מפיק ליה ביומא מבמועדו ואפי' בשבת והכא מפיק ליה מבמושבותיכם ונראה דעיקר דרשא מבמושבותיכם והתם נקט במועדו ואפי' בשבת אגב דבעי למנקט במועדו ואפי' בטומאה ועי"ק והא במושבותיכם אצטריך לשריפת בת כהן דלא דחיא שבת כדדרשי' פ"ק דיבמות (דף ו: ושם) ופרק אחד דיני ממונות (סנהדרין לה:) נאמר כאן במושבותיכם כו' אף מושבות האמור כאן כו' וי"ל דהכא מכם דריש מדכתי' מושבותיכם ולא כתיב *מושבות והא דדרשי' בפ"ק דקדושין (דף לז: ושם) מושבות דכתב רחמנא גבי שבת ל"ל וקאמר דסד"א הואיל ובענין מועדות כתיב תבעי קדוש ב"ד כמועדות קמ"ל לא מלא תבערו אש בכל מושבותיכם דריש כדפירש הקונטרס דההוא לא כתיבא בענין דמועדות ואצטריך לה נמי כדדריש הכא אלא מושבותיכם דכתי' באמור (ויקרא כג) דההוא כתיב במנינא דמועדות*:

כדי שתהא שלהבת עולה מאיליה. אלמא במקום שהקפיד הכתוב שלא יכבה סגי שתהא שלהבת עולה מאליה ואין צריך שתהא

הדרן עלך יציאות השבת

עין משפט נר מצוה

קנו א מיי' פ"ג מהל' שבת הלכה יט טור ושו"ע או"ח סי' רנה סעיף כ:

קנז ב מיי' פ"ג מהלכות שבת הלכה טז טור שו"ע או"ח סימן רנד סעיף כ:

קנח ג מיי' פי"ז מהל' מ"א טור ושו"ע יו"ד סי' קיג סעיף ח:

קנט ד מיי' פ"ג מהל' שבת הלכה יח סמג לאוין סה טור שו"ע או"ח סימן רנד סעיף ה:

קס ה ו מיי' שם הלכה טו:

[ועי' תוס' מנחות מ: ד"ה ושמעינן]

קסא ז מיי' שם הל' כ:

קסב ח ט מיי' שם הל' יט סמג שם טור שו"ע או"ח סימן רנה סעיף א:

[לעיל יח:]

[שם איתא עולה ועי' ברש"י שם ד"ה הכי גרסינן]

לקמן כא.

רבינו חננאל

וחד מציל בר' ה' מאני כר' אבא בר זבדא והלוקת רבי אבא בר זבדא ורב הונא בפ' כל כתבי הקודש: צליית בשר וביצה אסיק' כמאכל בן דרוסאי וכל שהוא כמאכל בן דרוסאי מותר לשהותו ע"ג כירה אע"פ שאינה גרופה ולא קטומה. קרומיו של פת אוקימ' קרומת פנים המדובקים בתנור וכיון שקרמו פנים מותר לשהותה והכין מפרשא בפ' הלקמן בכירה (לז:): משלשלין את הפסח לתנור עם חשכה אוקימ' משום דבני חבורה זריזין הן הא שאר בני אדם לא ואי גדיא הוא מינתח הוא כלומר אינו שלם אלא מנותח אברים כיון דקשי ליה זיקא לא מגלי ליה הלכך לא אתי לחתויי בגחלים בין שריק התנור בין לא שריק התנור שרי. אברי דברחא שריק שרי לא שריק רב ירמיה מדפתי אסר ורב אשי שרי וקיי"ל כוותיה. בשרא אנומרי אסיר אלא א"כ נצלה כל צרכו. קרא חייא בתנור רבינא שרי. ומחיזין את האור במדורת בית המוקד משום דכהנים זריזין הם. וקרא לאברים ופדרים הוא דאתא דכתיב לא תבערו אש בכל מושבותיכם בכל מושבותיכם אינכם מבערים אבל אתם מבערים לאברים ופדרים ובגבולין כדי שיצית האור ברובו רב אמר רוב כל עץ ועץ. ושמואל אמר כדי שאין צריכין להביא אחרים תחתיהן כדי שידליקם והלכתא כשמואל דתני ר' חייא לסיועיה [לשמואל] שתהא שלהבת עולה מאיליה ולא על ידי דבר אחר. עץ יחידי אסיק' בעינן רוב עביו ורוב היקפו ואת

מסורת הש"ס

פ"ז לח.

לקמן לו:

[עירובין קג. פסחים סה.]

[לקמן קיד: עירובין קג. פסחים נט: סה. פה. ביצה יח. כ"ב ל. חולין קכג. זבחים לה.]

הגהות הב"ח

(א) גמ' ר' חייא אמר עד שישחת העץ ממלאכה:

גליון הש"ס

גמ' אבל אתה מבעיר במדורת בית המוקד. עי' יומא דף מו ע"ב תוס' ד"ה ואחד: שם אמר ר' פפא הלכך בעינן רוב עביו. חולין דף טו ע"ב ובעין זה סוטה דף מ ע"א וחולין דף סה ע"א:

[ועי' תוספות לקמן ע. ד"ה כבערה]

[ועי' תוס' קידושין לז. ד"ה ושכי שבת]

הדרן עלך יציאות השבת

רב נסים גאון

בפ' כל כתבי הקודש (דף כ) דתנן מצילין סל מלא ככרות כו' ואמרינן אמר רב הונא לא קשיא כאן בבא להציל כאן בבא לקפל ר' אבא בר זבדא אמר רב כאן לאותה חצר כאן לחצר אחרת: סליק פירקא קמא

אמר רב כהנא [א]קנים שאגדן [א]צריכין רוב [ב]לא אגדן אין צריכין רוב גרעינין צריכין רוב נתנן בחותלות אין צריכין רוב תני רב יוסף [ב]ארבע מדורות אין צריכין רוב של זפת ושל גפרית ושל [ג] גבינה *ושל רבב במתניתא תנא [ג]אף של קש ושל גבבא א"ר יוחנן עצים של בבל אין צריכין רוב מתקיף לה רב יוסף מאי היא אילימא סילתי השתא פתילה אמר עולא *המדליק צריך שידליק ברוב היוצא סילתי מבעיא אלא אמר רב יוסף שוכא דארזא רמי בר אבא אמר *זוזא:

הדרן עלך יציאות השבת

*במה מדליקין ובמה אין מדליקין [ד]אין מדליקין לא *בלכש ולא בחוסן ולא בכלך ולא בפתילת האידן ולא בפתילת המדבר ולא בירוקה שעל פני המים *[ה]ולא בזפת ולא בשעוה ולא בשמן קיק ולא בשמן שריפה ולא באליה ולא בחלב *נחום המדי אומר מדליקין בחלב מבושל וחכ"א אחד מבושל ואחד שאינו מבושל אין מדליקין בו:

גמ' לכש שוכא דארזא עץ בעלמא הוא בעמרניתא דאית ביה: ולא בחוסן: אמר רב יוסף נעורת של פשתן אמר ליה אביי והכתיב °והיה *החסון לנעורת (מכלל דחוסן לאו נעורת הוא) אלא אמר אביי כיתנא דדייק ולא נפיץ: ולא בכלך: אמר שמואל שאלתינהו לכל נחותי ימא ואמרי (*לה) כולכא שמיה רב יצחק בר זעירא אמר גושקרא רבין ואביי הוו יתבי קמיה דרבנא נחמיה אחוה דריש גלותא חזייה דהוה לביש מטכסא א"ל רבין לאביי היינו כלך דתנן א"ל אנן שירא פרנדא קרינן ליה °מיתיבי *השיראים והכלך והסיריקין חייבין בציצית (תיובתא דרבין) *תיובתא איבעית אימא שירא לחוד ושירא פרנדא לחוד*): ולא בפתילת האידן: אחוונא: רבין ואביי הוו קאזלו בפקתא דטמרוריתא חזינהו להנהו *ארבתא אמר ליה רבין לאביי היינו אידן דתנן אמר ליה ההיא עץ בעלמא הוא קלף ואחוי ליה עמרניתא דביני ביני: ולא בפתילת המדבר: שברא: ולא בירוקה שעל כו': מאי היא אילימא אוכמתא דחריצי איפרוכי מפרכן אלא אמר רב פפא אוכמתא דארבא תנא [ו]הוסיפו עליהן של צמר ושל שער ותנא דידן צמר מבווץ כוויץ שער איחרוכי מיחרך: ולא בזפת: זפת זיפתא שעוה קירותא תנא עד כאן פסול פתילות מכאן ואילך פסול שמנים פשיטא [ז]שעוה איצטריכא ליה מהו דתימא לפתילות נמי לא חזיא קא משמע לן אמר רמי בר אבין עטרנא פסולתא דזיפתא שעוה פסולתא דדובשא
למאי

*) רש"ל גורס ואב"א פירושא קא מפרש

ישעיה א

תוספות

במה מדליקין כו' · פעמים מפרש מאי דסליק מיניה ופעמים במה שהתחיל* : **אחד** מבושל כו' · הכא מזכיר שאינו פשוט תחילה וכן בכמה מקומות ומה שקשה על גירסת רש"י דסוכה [דף ז·] מפורש במקום אחר* : **בעמרניתא** דאית ביה · וא"ת הא מסיפא שמעינן ליה כל היוצא מן העץ אין מדליקין בו אלא פשתן וכן קשה גבי אידן ויש לומר דאין למדין מן הכללות אפילו במקום שנאמר בהן חוץ* : **אנן** שירא פרנדא קרינן ליה · פר"ת דכלך דמתניתין קרינן שירא פרנדא אבל מטכסא לאו היינו שירא פרנדא דלא הוה אחר חורבן כדאמר בפ' בתרא דסוטה (דף מח:) משחרב בית המקדש בטל שמיר וזכוכית לבנה ושירא פרנדא ור"י מפרש דקאי נמי אמטכסא והא דקאמר התם בטל לא לגמרי בטל אלא °שלא היה נמצא כ"כ דהא זכוכי' לבנה היתה אחר חורבן דאמרי' בפ' אין עומדין (ברכות דף לא·) תבר קמייהו זכוכית חיורתא בחופת בנו*: **ותנא** דידן צמר מכווץ כווץ ושער איחרוכי מחרך · ולא איצטריך תנא דמתני' למיתני וא"ת כיון דמתני' נמי סברה דצמר ושער פסולים להדלקה א"כ מאי הוסיפו וי"ל דהוסיפו היינו טעמא מפני שאין מושכין השמן יפה ותנא דמתניתין פסיל להו משום דצמר כווץ ושער מחרך ולא איצטריך למתני: **עד** כאן פסול פתילות מכאן ואילך פסול שמנים · בני נרבונא אוסרין נר שעוה שלנו ומפרשי הכי מהו דתימא לפתילות נמי לא שאם שם נר שעוה בנר שמן יהא אסור קמ"ל מכאן ואילך פסול שמנים כיון שיש בו שמן כשר מותר אבל נר של שעוה בלא שמן אסור להדליק ולי נראה דאם אסור להדליק בלא שמן כי הניחה בשמן נמי אסור כדאמרינן לקמן כרך דבר שמדליקין על גבי דבר שאין מדליקין דאסור אלא ודאי כי לא הניח בשמן נמי שרי :
למאי

רש"י

רב כהנא אמר קנים שאגדן צריכין רוב · כרב הוא דלא עיילא בהן טרא ולאדלורי לא חיישינן דארוכין הן וכבדין : **גרעינין שנתנן בחותלות אין צריכין רוב** · כרב חסדא שנוחין לידלק אבל בלא חותלות מבדרי : **מדורה** · לשון היסק גדול : **רבב** · שומן ושעוה וכל דבר הניתך : **גבבא** · שגובבין מן השדה בל"א שטובל"א : **קש** · זנבות שבולין אסטוריי"ם : **סילתי** · לאחר שעשאום עצים דקים ובבבל נוהגין כן : **ספסא פתילה** · של בגד הטבולה בשמן ונוח לידלק : **אמר עולא המדליק** · נר של שבת צריך שידליק ברוב היוצא מראש הפתילה חוץ לנר : **שוכא דארזא** · יבש הוא ודק ויש כמין למר בין קליפה לעץ והוא מבעירו משאחזה בו אור : **זוזא** · מולש"א בלעז :

הדרן עלך יציאות השבת

במה מדליקין · לעשות פתילה כל הני דמתני' מפרש בגמרא: **לא בזפת ולא בשעוה** · לאו לענין פתילה אלא לתת במקום שמן וכל הני מזפת ואילך פסולי שמנים הן : **גמ' עץ בעלמא הוא** · ופשיטא דלא חזי לפתילה אלא למדורה: **עמרניתא** · כמין למר יש בין קליפתו לעצו : **והיה החסון לנעורת** · אלמא חסון לאו נעורת הוא : **כיתנא דדייק ולא נפיץ** · דכיון דלא נפיץ אין שמן נמשך אחריו כפין קרפי"ר ונעורת מן הדק שבו והכי קאמר קרא פשתן החזק יהפך לנעורת כלומר הגבור יהיה חלש : **גושקרא** · פסולת של משי העשוי ככובעים והוא בית התולעת וקורין לו פולויי"ל ונופלים אותו וטווהו ועושה ממנו בגד ואסור לעשות ממנו פתילה כדאמר בכל פסולי פתילות דמתניתין שהאור מסכסכת בהן קופלת ונפסקת ואין השלהבת עומדת במקומה : **גושקרא** . על שם פסולת וגם פת סובין כמו כן נקראת במסכת גיטין (דף נו:) : **מטכסא** . לבוש העשוי מאותו כלך : **שיראים** . מטיל העשוי מעיקר המשי: **סיריקין** . עשוי מן המשי הרך המתפלל ומלוי במשי וקורין לו במקומנו יד"ש : **חייבין בציצית** . ודלא כמאן דאמר כל בגדי למר ופשתים דוקא חייבין בציצית מדאורייתא אי נמי מדרבנן קתני מיהא השיראים והכלך אלמא שיראין לאו היינו כלך : **אחוונא** . ערבה ויש כמין למר בין קליפה לעץ: **בפקתא** . בקעה : **עץ בעלמא הוא** . והיכי ליחזי לפתילה : **שברא** . מין עשב ארוך וקורין אותו אורטי"א : **אוכמתא דחריצי** . מקום כנוס מים גדל עליהם כמין ירקרוקת : **איפרוכי מיפרכן** . ולא מצי ליעבד פתילה מינה : **אוכמתא דארבא** . ספינה המתעכבת במקום אחד במים גדל ירקרוקת סביב שוליה מבחוץ : **מכווץ כווץ** . מפני האור ואין דולק כלל ואין שלהבת אוחזת בו ולא צריך למתנייה : **עד כאן** . עד ירוקה שעל פני המים פסול פתילות : **מכאן ואילך פסול שמנים** . שלא יתן חתיכה זפת או שעוה בנר במקום שמן : **שעוה איצטריכא ליה**. לפי שרגילין לעשות כמין פתילה ארוכה והפתילה לתוכה כמו שאנו עושין : **מהו דתימא לפתילה נמי** . קאסר לה : **פסולתא דזיפתא** . לאחר שיוצא הזפת מן העץ זב ממנו על ידי האור פסולת לגול כשמן והוא עיטרן (א) :
למקח

עין משפט נר מצוה

[כך מסיק הש"ס נדרים כ: ובנזיר ב.]

[עי' תוס' פסחים פס. קת: ד"ה אחד ובסוכה כ. ד"ה אחת זבחים נב: ד"ה אי הכי מנחות סג: ד"ה ר"י ועי' תוספות קידושין יג. ד"ה כשם]

[כדאיתא עירובין כו:]

קסג א ב ג מיי' פ"ג מהל' שבת הלכה כא כב סמג לאוין סה טוש"ע או"ח סי' רנה ס"ג:

א ד מיי' פ"ה מהלכות שבת הלכה ה סמג שם טור או"ח סימן רסד :

ב ה מיי' שם הלכה ח סמג שם טור שו"ע שם סעיף ג :

ג ו מיי' שם הלכה ה טוש"ע שם סעיף א :

ד ז מיי' שם הלכה ח טוש"ע שם סעיף ז :

[ועי' תוס' ב"מ כט: ד"ה בזכוכית ותוספות חולין סד: ד"ה כזוגיתא]

[עי' רש"י לקמן כד: ד"ה ה"ג נחום וכו']

רבינו חננאל

האח לפניו מבוערת רב אמר אחואנה . פי' עצי (מערכה) [ערבות] תני רב יוסף ארבע מדורות אין צריכות רוב של זפת פ"א של נפט ושל גפרית ושל רבב ושל גבינה. פתילה אמר עולא צריך להדליק ברוב היוצא עצים של בבל שוכא דארזא פי' זאזא גוותא יבש דרומני:

פ"ב במה מדליקין כו' לכש עמרניתא דביני ביני דארזא. חוסן כיתנא דדייק ולא נפיץ. כלך רבין אמר מיטכס' השיראים והכלך והסיריקין חייבין בציצי' פתילת האידן ערמניתא דביני ביני ערבה . פתילת המדבר שיברא . ירושלמי אמר שמואל בר רב יצחק כתיב להעלות נר תמיד שערו לומר אין לך עושה שלהבת אלא פשתן : לא בזפת ולא בשעוה תנא ע"כ פסול פתילות

הגהות הגר"א

[א] גמ' קנים שאגדן . נ"ב אינו גירסת הרא"ש אבל הרי"ף ורמב"ם גרסי כל האי שמעתא בהיפך מגירסת הרא"ש: [ב] שם (לא אגדן א"צ רוב גרעינין צריכין רוב נתנן בחותלות א"צ רוב) תא"מ וכ"כ הרי"ף והרא"ש לא גרסי כל זה : [ג] שם גבינה . נ"ב גירסת הרי"ף קירה :

מסורת הש"ס

גי' הרי"ף גפרית ושל רבב ושל קירה

לקמן כח:

ענף של עץ [עי' ערוך]

[נדרים כ: נזיר ב.]

[גי' הערוך בלבש ע"ש]

[גי' רש"י וכן הרב מברטנורא לא בזפת וכן נכון כי זה התחלת בבא דפסול שמנים]

יש מפרשים דקרא משמע שהנעורת דולק ואין נראה דקש נמי דולק יפה ואין דומה לפתילה [ת"י]

מנחות לט:

[גיטין כח. זבחים פה.]

נ"ל ערבתא

הגהות הב"ח

(א) רש"י ד"ה פסולתא דזיפתא וכו' והוא עיטרן שקורין דוסיט בלשון כנען הס"ד :

גליון הש"ס

גמ' מיתיבי השיראים והכלך . ק"ל

אמאי פריך מהברייתא ולא פריך ממתניתין פ"ט מ"ב דכלאים : תוס' ד"ה אנן שירא כו' שלא היה נמצא כל כך . עיין בר"ש פ"ט מ"ב דכלאים :

אות ה' – ו'

משלשלין את הפסח

הכא לא מינתח

רמב"ם פ"ג מהל' שבת הט"ו - נתן גדי שלם לתוך התנור, הרי הוא כבשר עז או כבשר שור, ואסור לשהותו שמא יחתה בגחלים, אלא א"כ טח התנור; ומותר לשלשל כבש הפסח לתנור עם חשיכה, ואף על פי שאינו טח, מפני שבני חבורה זריזים הן.

אות ז'

ומאחיזין את האור וכו'

רמב"ם פ"ג מהל' שבת ה"כ - בד"א בגבולין, אבל במקדש מאחיזין את האור בעצים במדורת בית המוקד עם חשיכה, ואין חוששין שמא יחתה בגחלים, שהכהנים זריזין הן.

אות ח' – ט'

כדי שתהא שלהבת עולה מאיליה, ולא שתהא שלהבת עולה על ידי דבר אחר

בעינן רוב עביו, ובעינן רוב היקפו

סימן רנה ס"א - [ז]אין עושין מדורה מעצים סמוך לחשיכה, עד שיצית בהם האור בענין שתהא השלהבת עולה מאליה, [ח]בלי סיוע עצים אחרים - דהיינו שלא יהא צריך לומר: הבא עצים דקים ונניח תחתיהן כדי להבעיר, [רש"י]. דאל"ה חיישינן שמא יחתה ויניד העצים משתחשך.

וה"ה אם רוצה להסיק אז התנור של בית החורף, נמי דינו כמדורה, אא"כ התנור טוח בטיט דאז שרי - תו"ש, **ומשמע** דאם יש שיעור סמוך לחשיכה שתהא שלהבת עולה מאליה, שפיר דמי אף בתנור שאינו טוח בטיט, **ומ"מ** נראה לי, דלכתחלה נכון למנוע מהיסק סמוך לחשיכה אף באופן זה, אלא יראה שיהיה אף גמר ההיסק בחול, דמצוי הוא שנשאר אח"כ האודים בתנור, ומוכרח הוא לכבותן לבסוף ע"י א"י כדי שלא יתקרר התנור אם ימתין עד שיכלו לגמרי, ואינו נכון להביא עצמו לזה לכתחלה, **ואינו** דומה להא שמתירין להסיק בשבת ע"י א"י לכתחלה במדינות הקרות, דהתם אין לו עצה אחרת, דמה שהסיק אתמול כבר נתקרר, אבל הכא הרי יכול להסיק מקודם, אם לא שהיה אונס בזה, [**אבל** אין לאסור מפני שיצטרך לבסוף לצוות להא"י בשבת לסתום פי התנור למעלה, מקום שהעשן יוצא, וזה הוא כעין פסיק רישא לענין כבוי הגחלים, דזה מותר ע"י א"י, כיון שאינו עושה כיבוי ממש].

ואם הוא עץ יחידי, [ט]צריך שיאחוז האור ברוב עביו וברוב הקיפו - שיכנס האור מבפנים בתוך עביו עד רובו, וגם שיתפשט ברוב היקפו מבחוץ.

[י]ואם לא הודלקה כל כך, אסור ליהנות בה בשבת, גזירה שמא יחתה בה ויניד העצים כדי שתעלה השלהבת - פי' אפילו הודלקה אח"כ לגמרי, וכמש"כ בסוף סימן רנ"ד בעססיות ותורמוסין, דכל שעבר על דברי חז"ל, אסור ליהנות עד מו"ש.

---

§ מסכת שבת דף כ: §

אות א' – ב' – ג'

קנים שאגדן צריכין רוב, לא אגדן אין צריכין רוב; גרעינין צריכין רוב, נתנן בחותלות אין צריכין רוב

ארבע מדורות אין צריכין רוב: של זפת, ושל גפרית, ושל גבינה, ושל רבב

אף של קש ושל גבבא

סימן רנה ס"ג - [א]מדורה של זפת ושל גפרית, ושל קש - זנבי שבלים, **וגבבא** - שגובבין משדה אחר הקצירה, **עיין בגמרא** דה"ה [ב]שומן ושעוה וכל דבר הניתך, **אפי' לא אחז בהם האור אלא כל שהוא, שרי.**

וכן מדורה של קנים, ושל גרעיני תמרים, [ג]כשהם מפוזרים - הטעם, דכיון שאחז בהן האור קצת מבעוד יום, שוב הם דולקין מאליהן, [**רש"י**, וע"ש דרמז דמיירי בגרעינין יבשין, ומסתמא ה"ה בקנים].

אבל אם הקנים אגודות, והגרעינים בסל - דשוב אין השלהבת יכולה ליכנס בהן, **צריכים שיצית בהם האור עד שתהא שלהבת עולה מאליה** - והוא דעת הרי"ף והרמב"ם, [ומחלוקתן תלוי בחלופי הגרסאות].

[ד]ויש אומרים בהיפך - הוא דעת הרא"ש והטור, דכשהם מפוזרות, כל אחת מהן לא תמצא את חברתה לבערה, והם כבים והולכים, הילכך צריכים רוב, משא"כ כשהם נאגדים יחד, וכן בגרעינין.

באר הגולה

[ז] שבת י"ט [ח] שם כ' וכשמואל [ט] שם וכר"פ [י] רמב"ם [א] שם [ב] ‹וכן פי' רש"י רבב, וצ"ע אמאי השמיט המחבר רבב› [ג] לגירסת הרי"ף שם ורמב"ם [ד] לגירסת הרא"ש שם והטור ‹ולפי גירסת רש"י, קנים אינם צריכים רוב, אגדן צריכין רוב, ובגרעינין הויא איפכא דצריכין רוב, ואם נתנם בסלים אינם צריכין רוב - ב"י›

אות ד'

<u>אין מדליקין לא בלכש, ולא בחוסן, ולא בכלך, ולא בפתילת האידן, ולא בפתילת המדבר, ולא בירוקה שעל פני המים</u>

טור סימן רסד - אין עושין פתילות לנר של שבת, בין נר שעל השלחן בין כל נר שמדליק בבית, מכל דבר שהאור מסכסך בו, פי' שאינו נאחז אלא נסרך סביביו והשלהבת קופצת ודולגת, ואלו הן: לכש, והוא מין ארז, וכמו צמר גפן גדל בין העץ ובין הקליפה; חוסן, והוא פשתן שלא נפוץ; כלך, והוא פסולת של משי; אידן, והוא מין ערבה ויש כמו צמר גפן בין קליפה לעץ; פתילת המדבר, והוא מין עשב ארוך ומוך שבתוכו ראוי להדליק בו; וירוקה שעל פני המים, והוא הירוק שגדל סביב הספינה כשהוה לעמוד במקום אחד על פני המים; ולא בצמר ולא בשער; [ה]ופירש"י שאין מדליקין בקנבוס ולא בצמר גפן, [ו]ור"ת התירו, ונהגו כמותו.

אות ה'

<u>ולא בזפת, ולא בשעוה, ולא בשמן קיק, ולא בשמן שריפה, ולא באליה, ולא בחלב</u>

סימן רסד ס"ג - [ז]אין מדליקין נר לשבת אלא משמן הנמשך אחר הפתילה, ולפיכך אין מדליקין בזפת, ולא בשעוה, ולא בשמן העשוי מצמר גפן, ולא באליה, ולא בחלב - היינו שיניחם בנר ויתן הפתילה בתוכם כמו שעושין בשמן, **אבל** נרות כעין שלנו, מבואר בס"ז דשרי.

ושומן הבהמה הוא ג"כ בכלל חלב לענין זה, **ולענין** חמאה יש לעיין, **אך** לפי מה שידוע דדרך להתיך החמאה והשומן קודם שמדליקין בו, יש עצה לזה, דהיינו שיתן לתוכם מעט משמנים הכשרים, ומהני בודאי, וכדלקמן בס"ה, **אך** מ"מ לכתחלה טוב ליזהר מלהדליק בהן אם יש לו שמנים אחרים, כי לפעמים נשאר בנר שומן, ונותן חמאה ומבשלן, ועובר על איסור בישול בשר וחלב, וגם על איסור הנאה, **אם** לא בשומן עוף, דקי"ל דאין בו משום בישול והנאה.

אין מדליקין בשמרי שמן, דהוא עב ואינו נמשך היטב אחר הפתילה.

אות ו'

<u>הוסיפו עליהן של צמר ושל שער</u>

סימן רסד ס"א - [ח]אין עושין פתילה לנר של שבת, [ט]בין נר שעל השלחן, בין כל נר שמדליק בבית, [י]מדבר שהאור אינו נאחז בו, אלא נסרך סביביו והשלהבת קופצת, כגון: צמר ושער וכיוצא בהם - הטעם בפסול פתילות ושמנים, שאין מאירין יפה, וחיישינן שמא יטה הכלי שיבוא השמן שבתוכו אל הפתילה כדי שידלק יפה, וחייב משום מבעיר.

(ע"כ אפילו אין לו פתילות ושמנים אחרים כי אם אלו הפסולים, ועי"ז יבטל מצות הדלקה, נראה דאסור מטעם זה, **לבד** עיטרן, דטעם איסורו הוא רק משום שמא יניחנו ויצא, אין להניח הודאי מפני הספק, כ"כ הפמ"ג).

(השו"ע איירי בנר של פמוט שקורין לאמפ, אבל באמת ה"ה בנר של שעוה וחלב שאנו עושין, ג"כ אין עושין בהן הפתילות הפסולות).

(**אבל** ליו"ט מותר כל הפתילות והשמנים, חוץ משמן שרפה, ע"ש בגמרא כ"ד ע"א, **ולכאורה** בעטרן גם ביו"ט אין מדליקין, לפי מה דקי"ל לעיל בסימן רס"ג ס"ה, דביו"ט נמי מברכין על הדלקה, אלמא דביו"ט נמי חובה, וא"כ שמא יניחנו ויצא, **ולענין** צרי, מצאתי בפמ"ג שמסתפק בזה).

אלא [יא]מדבר שהאור נתלה בו, כגון פשתן נפוצה, ובגד שש, [יב]וצמר גפן, וקנבוס, וכיוצא בהן - [יג]והא"ר כתב, דנכון להחמיר לכתחלה בקנבוס אם אפשר באחר.

הגה: ואם הדליק בדברים האסורים - בין פסול פתילות ובין שמנים, **אסור להשתמש לאורו (תשובת הרשב"א)** - (עיין בתשובת הרשב"א הטעם, כיון דכל איסור הדלקה הוא מפני שמא יטה, א"כ גם עתה לענין להשתמש שייך שמא יטה, **ולכאורה** בחלב מהותך, דבאמת הוא נמשך אחר הפתילה, רק מטעם גזרה שאינו מהותך, יש לעיין לענין דיעבד).

ואסור אפי' תשמיש שאין צריך עיון, שמא יטה, דאילו בדבר שצריך עיון, אסור לעשות בשבת לאור הנר אפילו בנר יפה, כבסימן ער"ה, **והט"ז** כתב, דבענינינו אפילו ביש אחר עמו שרואה אותו, אפילו הכי אסור, דא"א ליזהר שלא יטה.

וי"א דאם יש נר אחד מדברים המותרים, מותר להשתמש לאור האחרים - אפילו הנרות עומדות בחדר אחר, דכיון שיש במקום אחד נר כשר, יזכור ולא יטה גם במקומות אחרים, כן פירש במ"א, **ובא"ר** כתב שכונת הרמ"א, היינו דוקא באותו חדר עצמו, **ועיין** בביאור הגר"א, מדמה ענינינו לנר חנוכה להי"א הזה, ושם הלא אינו מותר

באר הגולה

[ה] ‹דף כ"ז: ד"ה אין מדליקין› [ו] ‹שם ד"ה כל היוצא› [ז] **שבת כ' וכ"א** [ח] **שבת כ'** [ט] **טור והרא"ש והמרדכי ורוב הפוסקים וכל גדולי צרפת** [י] **שם כ"א** [יא] **שם כ'** [יב] **תוספות שם כ"ז** ‹ד"ה כל היוצא› **ורא"ש בריש פרק ב'** והר"ן שם והרמב"ם בפרק ה' ה"ה **ושאר פוסקים** [יג] ‹כי ראיתי בספר יראים ושבלי הלקט ופסקי ריקאנטי ורוקח אוסרים בקנבוס אף שהתירו בצמר גפן, ולפ"ז יש לפרש מ"ש הגהות דהר"מ פסק כרש"י, היינו לענין קנבוס ודו"ק, והב"י חשב דלכולי עלמא שוין הן, וליתא - א"ר›

להשתמש לנר חנוכה כי אם כשהנר כשר עומד אצלם, ולא בחדר אחר, הרי דמפרש כהא"ר, וכן בספר קרבן נתנאל מחמיר כשעומד בחדר אחר.

וכן דבר שאפשר בלא נר, מותר לעשות אפילו אצל נרות האחרים - כגון לשכב בחדר, או למשוך יין מן המרתף, והיינו דרך כלי שקורים הא"ן או ליבע"ר בל"א, אבל לא דרך ברזא.

הא"ר פירש, דוקא כשיש עכ"פ נר אחד כשר בבית, שעי"ז מותר אפילו בחדר אחר, **אבל** שארי אחרונים פירשו, דאפילו אין נר כשר כלל, מותר להי"א הזה.

ולצורך שבת יש להקל בדיעבד (הגהות מרדכי) - והיינו דוקא לענין להשתמש כשכבר הדליק, ומטעם דכיון דיש לו נר כשר שמדליק יפה, תו לא אתי להטות, **אבל** אין להקל מטעם זה להדליק לכתחלה נר כשר עם פסול.

ואם יש נר אחד כשר ועומד אצלו נר פסול, כתב המ"א דמותר להשתמש אפילו שלא לצורך שבת, דלא יהא אלא נר אחד בלחוד, (**ולטעמיה אזיל, דס"ל דהדין הראשון של הי"א מיירי אפילו בחדר אחר**).

(**אבל** לפי מה שבאר הגר"א, דקולת הי"א בעומד אצלם ממש, ואפ"ה כתב הרמ"א דדוקא לצורך שבת, **ומשום** דשם בנר חנוכה גופא לא ברירא הדין לפי דעת רש"י והר"ן, וע"כ הכא לענין שבת מחמירין אם לא לצורך שבת, **או** דס"ל להרמ"א כמש"כ הא"ר, דיש לחלק דלא דמי לנר חנוכה, דהכא יש חשש שמא יטה אף שיוכל לראות בנר הכשר, דאדם רוצה שכל הנרות ידלקו יפה, **משא"כ** התם דבהנאה תליא מלתא, וכיון שיוכל להשתמש אצל אחר לא חשיבא הנאה).

אות ז'

<u>שעוה איצטריכא ליה</u>

סימן רסד ס"ז - [יד]כרך זפת או שעוה או חלב סביב הפתילה, מדליקים בהם - דלא אסרו בכולהו אלא אם היו נתונים בכלי ונותן הפתילה בתוכם, כמו שעושין בשמן, שאז אין נמשכים אחר הפתילה, **אבל** בזה נמשך שפיר עם הפתילה שבתוכו, **ודוקא** אם הפתילה כשרה, אבל אם היא פסולה, לא מהני הכריכה סביב לה.

באר הגולה

יד שם כ' וכפי' רש"י (ד"ה שעוה) והרי"ף ורא"ש ושאר פוסקים.

§ מסכת שבת דף כא. §

אות א'

__אבל עושין מהן מדורה, בין להתחמם כנגדה בין וכו'__

סימן רעה ס"א - וכשהודלקה כשיעור - פי' מבעוד יום קודם השבת, [א]**יכול להתחמם כנגדה בשבת ולהשתמש לאורה, בין אם הוא ע"ג קרקע או על גבי המנורה.**

הט"ז כתב, דמ"מ יש ליזהר שלא לישב בסמוך אצל זנבות האודים, לפי שיש לחוש שמא יגע בהם לקרבם אצל המדורה, **אבל** דעת הא"ר והתו"ש דלא חיישינן לזה, ומותר להשתמש אפילו בסמוך להמדורה או התנור, אם לא בדבר שצריך עיון רב או לקרות כנגדה, דאז חיישינן שמא יטה, וכדלקמן בסימן ער"ה.

ואפי' היא מדברים שאין עושין מהם פתילה לשבת - דבמדורה מתוך שההיסק רב, כל אחד מבעיר את חבירו, [רש"י].

אות ב'

__פתילות שאמרו חכמים אין מדליקין בהן בשבת וכו'__

סימן רסד ס"א - [ב]**אין עושין פתילה לנר של שבת,** [ג]**בין נר שעל השלחן, בין כל נר שמדליק בבית,** [ד]**מדבר שהאור אינו נאחז בו, אלא נסרך סביביו והשלהבת קופצת, כגון: צמר ושער וכיוצא בהם** - הטעם בפסול פתילות ושמנים, שאין מאירין יפה, וחיישינן שמא יטה הכלי שיבוא השמן שבתוכו אל הפתילה כדי שידלק יפה, וחייב משום מבעיר.

סימן רסד ס"ג - [ה]**אין מדליקין נר לשבת אלא משמן הנמשך אחר הפתילה.**

אות ג'

__אין מדליקין__

סימן רסד ס"ד - [ו]**אפי' נתן מעט שמן זית בשמנים אלו שאינם נמשכים, ואז נמשכין** – (לאו דוקא שמן זית, דה"ה ע"י משהו שאר שמנים ג"כ נמשך אחר הפתילה, וכדלקמן בס"ה, אלא לרבותא נקטיה), **אין מדליקין בהם** - דגזרינן דילמא אתי לאדלוקי בעינייהו, [רש"י], **אבל** אם היה רובו משמנים הכשרים, ומיעוט מהפסולים, בטל ברוב ומותר.

אות ד'

__בד"א להדליק, אבל להקפות מותר__

סימן רסד ס"ב - [ז]**כרך דבר שמדליקין בו על דבר שאין מדליקין בו, אם נתכוון להעבות (פי' לעשותה עבה) הפתילה כדי** [ח]**להוסיף אורה, אסור** - אף דעתה ע"י הכריכה האור נאחז ומאיר יפה, ולא אתי להטות, אפ"ה אסור, גזירה שמא ידליק בו לבדו. **ואם נתכוון** [ט]**להקשות הפתילה כדי שתהא עומדת ולא תשלשל למטה, מותר** - [י]אפי' מדליק שניהם יחד, דכיון שאין מכוין לפתילה להדליקו, לא גזרו בו. (**ונ"ל בשיש בדבר שמדליקין בו מעוטא, וא"כ אין נמשך אחר הפתילה, אפי' בלהקשות אין להקל, שמא יטה**).

ומטעם זה מותר לכרוך דבר שמדליקין בו ע"ג גמי או קש, כדי ליתן הפתילה בעששית – [יא](עיין מ"א שכתב, דגמי או קש כיון דלא חזי לפתילה בעינייהו, ליכא למגזר שמא ידלק בו בעיניה, ע"כ אפי' נתכוון להעבות הפתילה שרי, עכ"ל, ומדברי רבינו ירוחם משמע דאסור בזה לדעת רש"י, **ובספר תו"ש ג"כ מפקפק בזה לדעת הרמב"ם**).

הגה: נותנין גרגיר של מלח - לפי שהמלח צולל את השמן שתמשך אחר הפתילה, [רש"י ס"ז: ד"ה בול], **וגרים של פול** - כדי להניח הפתילה עליו, ובתוספתא איתא טעם העושה כן, כדי שיהא שוהה ודולק, **ע"פ הנר בע"ש, כדי שיהא דולק יפה בשבת (מיימוני וטור).**

אות ה'

__חלב מהותך וקרבי דגים שנמוחו, אדם נותן לתוכו שמן וכו'__

סימן רסד ס"ה - [יב]**חלב מהותך** - שהתיכו אותו על האור, או שהוא חלב מחוי ממעי הבהמה, **וקרבי דגים** - שנימוחו, [גמ'], **אין מדליקין בהם; ואם נתן בהם מעט מא' מהשמנים שמדליקין בהם, מותר להדליק בהם** - דלפי עיקר הדין היה מותר בחלב מהותך, לפי שנמשך אחר הפתילה שפיר, **אלא** דרבנן גזרו בו אטו שאינו מהותך, וכשהוא בתערובות לא גזרו בו, דהו"ל גזירה לגזירה, [גמרא].

‹המשך ההלכות מול עמוד ב'›

באר הגולה

[א] שבת כ"א [ב] שבת כ' [ג] **טור והרא"ש והמרדכי ורוב הפוסקים וכל גדולי צרפת** [ד] שם כ"א [ה] שבת כ' וכ"א [ו] שם כ"א בעיא ונפשטה [ז] שם כ"א [ח] **מגיד משנה שם לגירסתו בהרי"ף והרמב"ם שם** [ט] ‹מדברי הרב המגיד נראה שהוא גורס בהרי"ף להדליק, להעבות הפתילה כדי להוסיף אורה, להקפות. להקשות הפתילה, וכ"כ שם הרמב"ם, אם להעבות הפתילה כדי להוסיף אורה אסור, ואם להקשות הפתילה כדי שתהא עומדת ולא תשלשל למטה, מותר – ב"י. **ודלא** כרש"י› [י] ‹דבשו"ע פוסק כדעת הרי"ף דבכוונתו תליא מלתא, ומש"כ בגמרא להקפות מותר, היינו שכוונתו להקשות. **אבל** רש"י ס"ל אפילו כוונתו להקשות, מ"מ גזרינן דלמא אתיא לאדלוקי בעינייהו, כיון דעכ"פ גם הפסול דולק, ומש"כ להקפות מותר, ר"ל שמניחו תחת הפתילה הכשרה שיהיה צף למעלה, אבל הפסול אינו דולק כלל – מחה"ש› [יא] ‹כתב המחבר ומטעם זה כו', משמע דוקא מהאי טעמא הואיל וקי"ל כהרי"ף דבכוונה תליא, לכן ג"כ מותר לכרוך ע"ג קש וגמי כו', דשם ג"כ אין כוונתו להוסיף אורה. **אבל** לדעת רש"י אפי' ע"ג קש וגמי אסור, דלא אזלינן בתר הכוונה, וגזרינן דלמא אתיא לאדלוקי בעינייהו. **אבל** בב"י כתב דע"ג גמי וקש לכו"ע שרי, אפי' לשיטת רש"י, דליכא למיגזר דלמא אתי לאדלוקי בעינייהו, דלא חזי לפתילה – מחה"ש› [יב] **שם וכדפסקו הרי"ף ורא"ש ורמב"ם** ‹וכתב הר"ן, חלב מהותך פי' רש"י (דף כ"ד: ד"ה ה"ג) דהיינו חלב מבושל, ולא מסתבר, דהא במתניתין אסרינן חלב מבושל דומיא דשארא, כלו' אפי' ע"י תערובות, אלא חלב מהותך היינו מחוי שלא נקרש עדיין – ב"י›

במה מדליקין פרק שני שבת כא

גמרא

למאי נפקא מינה למקח וממכר: *ת"ר כל אלו שאמרו אין מדליקין בהן בשבת "אבל עושין מהן מדורה בין להתחמם כנגדה בין להשתמש לאורה בין ע"ג קרקע בין על גבי [א]*כירה ולא אסרו אלא לעשות מהן פתילה לנר בלבד: ולא בשמן קיק וכו': מאי שמן קיק אמר שמואל שאילתינהו לכל נחותי ימא ואמרו לי עוף אחד יש בכרכי הים וקיק שמו רב יצחק בריה דרב יהודה אמר משחא דקאזא ריש לקיש אמר קיקיון דיונה אמר רבה בר בר חנה לדידי חזי לי קיקיון דיונה *ולצלוליבא דמי ומדפשקי רבי ועל פום חנותא מדלן יתיה ומפרצידוהי עבדי משחא ובענפוהי נייחן כל *בריחי דמערבא אמר רבה [ב]פתילות שאמרו חכמים אין מדליקין בהן בשבת מפני שהאור מסכסכת בהן שמנים שאמרו חכמים אין מדליקין בהן מפני שאין נמשכין אחר הפתילה בעא מיניה אביי מרבה שמנים שאמרו חכמים אין מדליקין בהן בשבת מהו שיתן לתוכן שמן כל שהוא וידליק מי גזרינן דילמא אתי לאדלוקי בעינייהו או לא א"ל [ג]אין מדליקין מאי טעמא *לפי *שאין מדליקין איתיביה *כרך דבר שמדליקין בו ע"ג דבר שאין מדליקין בו אין מדליקין בו (אמר) *רשב"ג של בית אבא היו כורכין פתילה על גבי אגוז ומדליקין קתני מיהת מדליקין א"ל אדמותבת לי מדרשב"ג סייעינהו מדתנא קמא הא לא קשיא *מעשה רב מ"מ קשיא מאי לאו להדליק לא להקפות אי להקפות מ"ט דת"ק כולה רשב"ג היא וחסורי מיחסרא והכי קתני כרך דבר שמדליקין בו ע"ג דבר שאין מדליקין בו [ד]בד"א להדליק אבל להקפות מותר שרבן שמעון בן גמליאל אומר של בית אבא היו כורכין פתילה ע"ג אגוז איני והאמר רב ברונא *אמר רב [ה]חלב מהותך וקרבי דגים שנמוחו אדם נותן לתוכו שמן כל שהוא ומדליק הני מימשכי בעינייהו והני לא מימשכי בעינייהו וגזרו רבנן על חלב מהותך משום חלב שאינו מהותך ועל קרבי דגים שנמוחו משום קרבי דגים שלא נמוחו וליגזור נמי חלב מהותך וקרבי דגים שנמוחו שנתן לתוכן שמן משום חלב מהותך וקרבי דגים שנמוחו שלא נתן לתוכן שמן*) היא גופה גזירה *ואנן ניקום וניגזור גזירה לגזירה: תני רמי בר חמא פתילות ושמנים שאמרו חכמים אין מדליקין בהן בשבת [ו]אין מדליקין בהן במקדש משום שנא' °להעלות נר תמיד הוא תני לה והוא אמר לה כדי *שתהא שלהבת עולה מאיליה ולא שתהא עולה על ידי דבר אחר תנן *מבלאי מכנסי כהנים ומהמיניהם היו מפקיעין ומהן מדליקין שמחת בית השואבה שאני ת"ש דתני רבה בר מתנה [ז]בגדי כהונה שבלו מפקיעין אותן ומהן היו עושין פתילות למקדש מאי לאו דכלאים לא [ח]דבוץ: אמר רב הונא פתילות ושמנים שאמרו חכמים אין מדליקין בהן בשבת אין מדליקין בהן בחנוכה בין בשבת בין בחול אמר רבא מאי טעמא דרב הונא קסבר כבתה זקוק לה ומותר להשתמש לאורה ורב חסדא אמר מדליקין בהן בחול אבל לא בשבת קסבר כבתה אין

תורה אור: שמות כז

רש"י

למקח וממכר. למאן דמתני למזבן שמן שריפה ליתיב ליה פסולתא דדובשא: **אבל עושין מהן מדורה.** היסק גדול שאחד מבעיר חבירו: **לנר.** קרויז"ל: **בשמן קיק.** שמן של עוף אחד טתכין בנר ודולק: **משחא דקאזא.** שמן שעושין מגרעיני למר גפן שקורין קוטו"ן: **קיקיון.** כעין אותה של יונה: **לדידי חזי לי.** מין קיקיון דיונה: **ומדפשקי רבי.** בבלעי המים הוא גדל: **ועל פום חנוותא מדלן יתיה.** על פום החנויות מדלין אותו לצל ולריח טוב: **מפרצידוהי.** מגרעיניו: **נייחן.** שוכבין: **בריחי.** חולין: **מסכסכת.** כמין סכין פגומה מסכסכת בבשר אגמילי"ד בלע"ז שאין אורו זקוף ונוח במקום אחד אלא נדעך וקופץ לישנא אחרינא מסכסכת בהן אינה נכנסת תוך הפתילה אלא סביב מבחוץ כמו סיכסכה אבניו ברואט"ש בלע"ז: **שאין נמשכין.** ואתי להטות: **שמן כל שהוא.** שמן הניתן בתוכו ממשיכו לאחר הפתילה: **לפי שאין מדליקין.** בעינייהו וגזרינן הא אטו הא: **כרך דבר לעשות פתילה על גבי דבר שאין מדליקין בו.** כגון פסול פתילות דמתני': **קתני מיהא.** בדר"ש מדליקין ואע"ג דאגוז לא חזי לפתי לה על ידי תערובות שפיר דמי: **מעשה רב.** הואיל ומעיד שכך היו של בית אביו עושין הלכה היא: **מאי לאו להדליק.** היו כורכים שתדליק הפתילה עם האגוז: **לא להקפות.** לא היו מדליקין האגוז אלא סומך עליה הפתילה להציפה שלא תטבע בשמן ויצף הברזל מתרגמינן וקפא פרזלא (מלכים ב ו): **חלב מהותך.** פונד"ר בלע"ז: **הני מימשכי בעינייהו.** אחר הפתילה ובלא תערובות שמן כמי חזו אלא דגזור רבנן מהותך אטו אינו מהותך הלכך בעינייהו גופה גזירה ואנן ניקום וניגזור ע"י תערובת אטו בעינייהו: **והוא אמר לה.** מפרש מאי תלמודא והיכי משמע מהאי קרא: **ולא שתהא עולה כו'.** ולא שתהא צריכה תיקון והטייה: **מבלאי מכנסי כהנים.** ממכנסי הכהנים הבלואים: **היו מפקיעין.** קורעין ועושין פתילות בשמחת בית השואבה שהיא בעזרת נשים: **ומהמיניהם.** של כלאים הם דכתיב ואת האבנט שש משזר ותכלת וארגמן וקי"ל תכלת עמרא הוא ותני' לעיל לענין שבת הוסיפו עליהן של למר לפסול וקתני מדליקין בהן במקדש: **שמחת בית השואבה שאני.** דלא כתיב להעלות בה ולאו דאורייתא היא: **מאי לאו דכלאים.** כגון אבנט: **כבתה.** נר חנוכה: **זקוק לה.** לתקנה הלכך צריך לכתחלה לעשות יפה דילמא פשע ולא מתקן לה: **ומותר להשתמש לאורה.** הלכך בשבת אסור שמא יטה לצורך תשמיש:

תוספות

למאי נ"מ למקח וממכר. פשיטא ליה להש"ס שהיו מכירין השטוה והעטרן כדאמרינן שטוה קירותא לכך קאמר למאי נ"מ למקח וממכר שאם נדר לתת לחבירו שטוה יתן לו פסולתא דדובשא ואין יכול לכופו לתקן לו וכן עיטרן. אבל לעיל דקאמר מאי לכש שוכא דארזא לא קאמר למאי נ"מ לפי שלא היו מכירין בשם לכש ומפרש שהוא שוכא דארזא:

מפני שאין נמשכין כו'. שמעתי ממהר"א ז"ל שמשמע באם שיש רק נר א' כשר בבית ע"י זה יזכור ולא יטה שאר נרות שבחדר ושבמרתף ור"ם מקוצי אומר דבר שיכול לעשות בלא נר כגון להוציא יין מן החבית מותר להשתמש לאור כל נר [תוספות ישנים]:

חלב מהותך וקרבי דגים שנימוחו נותן לתוכן שמן כו'. קרבי דגים לאו היינו שמן דגים דשמן דגים שרי ליה מתני' בעיניה (לקמן דף כד:):

שמחת בית השואבה שאני. תימה היכי שרי להדליק והא לאו צורך קרבן הוא ואמר בפ"ב דקידושין (דף נד. ושם) בגדי כהונה שבלו מועלין בהן ודוחק לומר לב"ד מתנה עליהן *דמה צורך יש להן להתעות בשביל זה ונראה לר"י דהואיל ולכבוד הקרבן היו עושין דכתיב ושאבתם מים בששון (ישעיה יב) צורך קרבן חשוב ליה והא דאמר (סוכה פ"ה דף נג.) בוררת אשה חטין לאור בית השואבה לא שהיתה בוררת אלא שהיתה יכולה לברור ומיהו בירושלמי דייק מהכא דקול ומראה וריח אין בהן משום מעילה וקשה לר"י מאי פריך *ממכנסי הכהנים הלא היה בהן פשתן דכתיב תכלת וארגמן ותולעת שני ושש משזר (שמות כח) וטוב לפתילה דהוי ככרך דבר שמדליקין בו ע"ג דבר שאין מדליקין בו ובשבת הוא דאסור שמא ידליק בעיניה אבל במקדש לא שייכא הך גזירה ונראה לר"י דכיון שאין מן הפשתן אלא רביע בטל בשאר מינים והוי כאילו אין בו פשתן כלל:

ומותר להשתמש לאורה. וא"ת מנא ליה לרבא דסבר רב הונא דמותר להשתמש לאורה דילמא הא דאמר אין מדליקין בשבת משום דסבר כבתה זקוק לה ואין

רבינו חננאל

מיכן ואילך פסול שמנים: ת"ר כל אלו שאמרו חכמים אין מדליקין בהם בשבת משום פסול פתילות אבל עושה בהם מדורה בין להתחמם כנגדה בין להשתמש לאורה בין ע"ג קרקע בין ע"ג מנורה לא אסרו אלא לעשותן פתילה לנר בלבד. בשמן קיק שמואל אמר (עץ) [עוף] ושמו קיק ר"ל אמר קיקיון דיונה. אמר רבה פתילות שאמרו חכמים אין מדליקין בהן מפני שהאור מסכסכת בהן שמנים שפסלו [חכמי'] מפני שאין נמשכין אחר הפתילה. בעא מיניה אביי מרבה שמנים שאסרו חכמים להדליק בהן בשבת מהו לתת לתוכן שמן ולהדליק א"ל אסור לפי שאין מדליקין כלומר כיון שאין מדליקין בפני עצמן כשישלים השמן שתתן בתוכו שוב אין מדליקין שכבר אמרו אין נמשכין אחר הפתילה ואותיב עלה ותרצה הכי כרך דבר שמדליקין בו על גבי דבר שאין מדליקין בו אין מדליקין בו בד"א להדליק אבל להקפות

עין משפט נר מצוה

ה א מיי' פ"ב מהלכות שבת הלכה יא סמג לאוין סה טור שו"ע או"ח סימן רסד סעיף א:

ו ב מיי' פ"ה מהל' שבת הלכה ט סמג שם טור שו"ע או"ח סימן רסד סעיף ג:

ז ג מיי' שם הלכה ט טור שו"ע שם סעיף ד:

ח ד מיי' שם הלכה ו טוש"ע שם סעיף ג:

ט ה מיי' שם הלכה ט וש"ע שם סעיף ה:

י ו מיי' פ"ג מהלכות תמידין ומוספין הלכה טו:

יא ז ח מיי' פ"ח מהלכות כלי המקדש הלכה ו:

מסורת הש"ס

תוספתא פ"ב

ס"א מנורה

ערוך פי' אילן סרק

[נ"ל כריחי עי' ערוך ערך כרח ובמתורגמן]

מ"ס א"ל לפי שאין כו' רש"ל [ועי' בערוך ערך לפי פי' שאין מדליקין קבנה כלומר כך היא שאין מדליקין]

[לקמן קכו: כ"ב סב. קל. נדר סה:]

[לקמן כד:]

ועוד דלא מצינו לב"ד בזה דכיון דכבר קדשו בגדי כהונה לא נפקי לחולין בלא פדיון [תו"י]

כ"א שאינן נדלקין

תוספתא פ"ב

[נ"ל מהמיניה' דהיינו אבנט ועי' רש"א]

[ל"ל ריטב"א אומר]

[אבות פ"ה מ"ה]

יומא כג:

סוכה נא:

[ע"ל אבו"ל ח"ל]

הגהות הגר"א

[א] גמ' כירה. נ"ב מנורה גירסת רי"ף ור"ש וכן בתוספתא:

ולא"ת אכתי הוי גזירה לגזירה מהותך אטו שאינו מהותך ושאינו מהותך שמא יטה ו"ל דהא"ל שלא יטה וריב"ן פי' דהא דאמר לעיל נמשכין אחר הפתילה לא משום שמא יטה אלא שמא יכבה וליכא שלום בית [תוס' ישנים]

פירוש להעבות ראש הפתילה להרבות אורה מותר שרשב"ג אומר של בית אבא היו כורכין כו' וקיי"ל (כרבא) [כרבה] איני והאמר רב ברונא אמר רב חלב מהותך (פ"ש) [פי'] מלשון היתוך כדכתיב (יחזקאל כב) כהתוך כסף בתוך כור וכתיב (איוב ג) ויתכו כמים וקרבי דגים שנימוחו נותן לתוכן שמן כל שהוא ומדליק ושנינן הני ממשכי בעינייהו אבל הני לא ממשכי בעינייהו ואסיק' לקמן*) דשני הני משמן דגים לפיכך שמן דגים מזוקק הוא ודולק ונמשך אחר הפתילה ואין צריך הערובת. תני רמי בר חמא פתילות שאסרו הכמים להדליק בהן בשבת גם במקדש אין מדליקין בהם שנאמר להעלות נר תמיד והא דתנן מבלאי מכנסי כהנים ומהמייניהם מהן היו מפקיעין ובהן היו מדליקין והאבנט יש בו צמר הני לשמחת בית השואבה אבל למנורה אין מדליקין אלא בשל (בוץ) [פשתן] וכבר פירשנוהו היטב בראיות בפרק החליל.

*) לפנינו ליתא בגמ' הני משמן דגים ואולי דכוון למ"ש לקמן דף כ"ו ע"א איכא בינייהו דרב ברונא ומפרש כפי' ר"ת שם בתוס' ודו"ק היטב. ועי' תוס' כאן ד"ה חלב:

גליון הש"ס גמ' אין מדליקין מ"ט לפי שאין מדליקין. כעין זה עירובין דף לו ע"א מו"ק דף כו ע"ב גיטין דף ס ע"א נדה דף ס ע"א וכן בלשון התורה ויקרא כ"ב אשר יהיה בו מום לא יקרב כי כל איש אשר בו מום לא יקרב ועי' ריטב"א קידושין דף ו ע"ב ד"ה ה"ג: שם שמנים ופתילות כו' אין מדליקין בהם במקדש. ק"ל למאי נקט שמנים הא במקדש אין מדליקין רק בשמן זית זך: תוס' ד"ה חלב מהותך ס' קרבי דגים לאו היינו. ע"ל דף כו ע"א תוס' ד"ה איכא בינייהו דרב ברונא:

אין זקוק לה ומותר להשתמש לאורה א"ר זירא אמר רב מתנה ואמרי לה א"ר זירא אמר רב פתילות ושמנים שאמרו חכמים אין מדליקין בהן בשבת מדליקין בהן בחנוכה בין בחול בין בשבת א"ר ירמיה מאי טעמא דרב קסבר כבתה אין זקוק לה ואסור להשתמש לאורה אמרוה רבנן קמיה דאביי משמיה דר' ירמיה ולא קיבלה כי אתא רבין אמרוה רבנן קמיה דאביי משמיה דר' יוחנן וקיבלה אמר אי זכאי גמירתיה לשמעתיה מעיקרא והא גמרה נפקא מינה לגירסא דינקותא וכבתה אין זקוק לה ורמינהו מצותה משתשקע החמה עד שתכלה רגל מן השוק מאי לאו דאי כבתה הדר מדליק לה לא דאי לא אדליק מדליק וא"נ לשיעורה: עד שתכלה רגל מן השוק ועד כמה אמר רבה בר בר חנה אמר ר' יוחנן עד דכליא ריגלא דתרמודאי: ת"ר מצות חנוכה נר איש וביתו והמהדרין נר לכל אחד ואחד והמהדרין מן המהדרין ב"ש אומרים יום ראשון מדליק שמנה מכאן ואילך פוחת והולך וב"ה אומרים יום ראשון מדליק אחת מכאן ואילך מוסיף והולך אמר עולא פליגי בה תרי אמוראי במערבא ר' יוסי בר אבין ור' יוסי בר זבידא חד אמר טעמא דב"ש כנגד ימים הנכנסין וטעמא דב"ה כנגד ימים היוצאין וחד אמר טעמא דב"ש כנגד פרי החג וטעמא דבית הלל דמעלין בקדש ואין מורידין אמר רבה בר בר חנה א"ר יוחנן שני זקנים היו בצידן אחד עשה כב"ש ואחד עשה כדברי ב"ה זה נותן טעם לדבריו כנגד פרי החג וזה נותן טעם לדבריו דמעלין בקדש ואין מורידין ת"ר נר חנוכה מצוה להניחה על פתח ביתו מבחוץ אם היה דר בעלייה מניחה בחלון הסמוכה לרה"ר ובשעת הסכנה מניחה על שלחנו ודיו אמר רבא צריך נר אחרת [א] להשתמש לאורה ואי איכא מדורה לא צריך ואי אדם חשוב הוא אע"ג דאיכא מדורה צריך נר אחרת: מאי חנוכה דתנו רבנן בכ"ה בכסליו יומי דחנוכה תמניא אינון דלא למספד בהון [ב] ודלא להתענות בהון שכשנכנסו יוונים להיכל טמאו כל השמנים שבהיכל וכשגברה מלכות בית חשמונאי ונצחום בדקו ולא מצאו אלא פך אחד של שמן שהיה מונח בחותמו של כהן גדול ולא היה בו אלא להדליק יום אחד נעשה בו נס והדליקו ממנו שמונה ימים לשנה אחרת קבעום ועשאום ימים טובים בהלל והודאה *)תנן התם גץ היוצא מתחת הפטיש ויצא והזיק חייב גמל שטעון פשתן והוא עובר ברשות הרבים ונכנסה פשתנו לתוך החנות ודלקה בנרו של חנוני והדליק את הבירה בעל הגמל חייב הניח חנוני את נרו מבחוץ חנוני חייב רבי יהודה אומר בנר חנוכה פטור *אמר רבינא *(משום דרבה) זאת אומרת נר חנוכה מצוה להניחה בתוך עשרה דאי ס"ד למעלה מעשרה לימא ליה היה לך להניח למעלה מגמל ורוכבו ודילמא אי מיטרחא ליה טובא אתי לאימנועי ממצוה: *אמר רב כהנא דרש רב נתן בר מניומי משמיה דרבי תנחום

נר

*) ב"ק סב: ב"ב כו:

תוספות

ואין יכול להדליק בשבת וי"ל דא"כ לא הוה צריך ליה למימר בין בחול בין בשבת כיון דחד טעמא הוא אלא ה"ל למימר *אין מדליקין סתם מדקאמר בין בחול בין בשבת ש"מ שעוד יש טעם אחר בשבת שלא להדליק לבד מטעם חול והייט שמא יטה וא"כ סבר דמותר להשתמש לאורה ומיהו רב דקאמר מדליקין בין בחול בין בשבת לא הוה מצי למימר מדליק סתם דה"א דוקא בחול אבל בשבת אין מדליקין שמא יטה דבשתמא לא הייתי אומר שום אדם יחמיר לאסור להשתמש לאורה וכן הלכתא דנר חנוכה אסור להשתמש לאורה כרב וכר' יוחנן ואביי נמי קיבלה ורב יוסף נמי משמע לקמן דס"ל הכי וכבתה אין זקוק לה דכולהו סבירא להו הכי ורב הונא יחיד הוא ולית הלכתא כוותיה:

דאי לא אדליק מדליק. אבל מכאן ואילך עבר הזמן אומר הר"י פורת דיש ליזהר ולהדליק בלילה מיד שלא יאחר יותר מדאי ומ"מ אם איחר ידליק מספק דהא משני שינויי אחרינא ולר"י נראה דעתה אין לחוש מתי ידליק דאנו אין לנו היכרא אלא לבני הבית שהרי מדליקין מבפנים:

והמהדרין מן המהדרין. נראה לר"י דב"ש וב"ה לא קיימי אלא אנר איש וביתו שכן יש יותר הידור דאיכא היכרא כשמוסיף והולך או מחסר שהוא כנגד ימים הנכנסים או היוצאים אבל אם עושה נר לכל אחד אפי' יוסיף מכאן ואילך ליכא היכרא שיסברו שכך יש בני אדם בבית:

מצוה להניחה על פתח ביתו מבחוץ. ומיירי דליכא חצר אלא בית עומד סמוך לרה"ר אבל אם יש חצר לפני הבית מצוה להניח על פתח חצר דאמר לקמן *חצר שיש לה ב' פתחים צריכה ב' נרות ואמרי' נמי נר שיש לה שני פיות עולה לשני בני אדם משמע לשני בתים ואם היו מניחים על פתחי בתיהם היה לזה מימין ולזה משמאל אבל אי מניחים על פתח החצר אתי שפיר:

ובשעת הסכנה. נראה לר"י דהיינו מכי אתו חברי לבבל כדאמר בפ' כירה (לקמן דף מה. ושם) מהו לטלטל שרגא דחנוכתא מקמי חברי בשבתא וא"ת דעל השלחן נמי יקחו אותו כדאמר בגיטין (דף יז.) רבה בר בר חנה חלש אתא חברא שקל שרגא מקמייהו וי"ל דאין רגילות כ"כ לחפש בבתים*:

שהיה מונח בחותמו של כ"ג. אם כבר גזרו על הנכרים להיות כזבים *(נדה פ"ד דף לד) נ"ל שהיה מונח בחותם בקרקע שלא הסיטו הכלי:

רש"י

אין זקוק לה. הלכך בחול שרי: ואסור להשתמש לאורה. שיהא ניכר שהוא נר מצוה וליכא למיחש להטייה: ולא קבלה. שלא חשבו לסמוך על דבריו: אי זכאי. אילו הייתי זוכה לעומדה הייתי גורסה כשמעתיה ראשון: גירסא דינקותא. מתקיים יותר משל זקנה: לשיעורה. שיהא בה שמן כשיעור הזה ומיהו אם כבתה אין זקוק לה: ריגלא דתרמודאי. שם אומה מלקטי עצים דקים ומתעכבין בשוק עד שהולכים בני השוק לבתיהם משחשכה ומבעירים בבתיהם אור וכשצריכין לעצים יוצאים וקונין מהן: נר איש וביתו. נר אחד בכל לילה ואיש וכל בני ביתו סגי להו בנר אחד: והמהדרין. אחר המצות עושין נר אחד בכל לילה לכל אחד ואחד מבני הבית: כנגד ימים הנכנסים. העתידים לבא: ימים היוצאין. שיצאו כבר וזה שהוא עומד בו נמנה עם היוצאין: פרי החג. מתמעטים והולכים בקרבנות דפרשת פנחס: מעלין בקדש ואין מורידין. מקרא ילפינן לה במנחות בפרק שתי הלחם (דף צט.): מבחוץ. משום פרסומי ניסא ולא ברה"ר אלא בחצרו שבתיהן היו פתוחין לחצר: ואם היה דר בעלייה. שאין לו מקום בחצרו להניחה שם: מניחה. מבפנים כנגד חלון הסמוך לרה"ר: הסכנה. שהיה להם לפרסיים חוק ביום אידם שלא יבעירו נר אלא בבית ע"ז שלהם כדאמרינן בגיטין (פ"ב דף יז.): נר אחרת. לעשות היכר לדבר: ואי איכא מדורה. אם לא צריך נר אחרת לפי שמשתמש לאור המדורה ויש היכרא שהנר של מצוה היא: ואי אדם חשוב הוא. שאינו רגיל להשתמש לאור המדורה: צריך נר אחרת. דאי לא לא הוי היכר: מאי חנוכה. על איזה נס קבעוה: בחותמו. בהצנע וחתום בטבעתו והכיר שלא נגעו בו: ס"ג ועשאום ימים טובים בהלל והודאה. לא שאסורין במלאכה שלא נקבעו אלא לקרות הלל ולומר על הנסים בהודאה: גץ. נילון אישטינצל"ש: פטיש. קורנס גדול של נפחים: בעל גמל חייב. שלא היה לו להגדיל בחבילתו שתכנס לחנות: בנר חנוכה פטור. חנוני שברשות פירסום מצוה הניחה שם: זאת אומרת. הא דקתני בנר חנוכה פטור:

פסולה

עין משפט נר מצוה

וכתא ליכא למימר דאי הוי אמר אין מדליקין סתם ה"א דהייט בשבת ומשום דמותר להשתמש לאורה אבל בחול מדליקין דכבתה אין זקוק לה דא"כ לא ה"ל למימר אין מדליקין בחנוכה אלא בהדיא הל"ל כיון מותר להשתמש לאורה [תוספות ישנים]

יב א מיי' פ"ד מהלכות חנוכה הלכה ו סמג לאוין ס ועשין ה טוש"ע א"ח סימן תרעג סעיף א:

יג ב מיי' שם הלכה ה טוש"ע שם סעיף ב:

יד ג מיי' שם הלכה ו טוש"ע שם סעיף א:

טו ד מיי' שם הלכה ה סמג שם טוש"ע א"ח סימן תרעב סעיף א:

טז ה מיי' שם טור שו"ע שם סעיף ב:

יז ו ז מיי' שם הלכה א סמג שם טוש"ע א"ח סימן תרעא סעיף ב:

יח ח ט מיי' שם הלכה ז ח טור שו"ע שם סעיף ה:

יט י מיי' פ"ג מהלכות חנוכה הלכה א ב סמג שם טור שו"ע א"ח סימן תרע סעיף א:

כ כ ל מיי' פי"ד מהל' נזקי ממון הלכה יג טוש"ע חו"מ סימן תיח סעיף יג:

כא מ טוש"ע א"ח סי' תרעא סעיף ו:

רבינו חננאל

אמר רב פתילו' ושמנים שאמרו חכמים אין מדליקין בהן בשבת מדליקין בהם בחנוכה בין בחול בין בשבת מ"ט קסבר כבתה אין זקוק לה ואסו' להשתמש לאורה. מיתיבי מצותה משתשקע החמה ועד שתכלה רגל מן השוק מאי לאו דאי כבתה הדר מדליק לה ושנינן לא אי לא אדליק נר של חנוכה עדיין לא יאמר כבר עבר זמנה אלא מדליק עד דכלי' ריגלא דתרמודאי אי נמי שיעורא דשמן דנר חנוכה כמה הוא כדי שיהא דולק משקיעת החמה עד שתכלה רגלא דתרמודאי: ת"ר מצות חנוכה נר איש וביתו והמהדרין נר לכל אחד ואחד והמהדרין מן המהדרין ב"ה אומרים יום ראשון מדליק אחד מיכן והילך מוסיף והולך. פי' המהדרין שהדרי מצות כדאמרינן (ב"ק ט ב) להדור מצוה עד שליש במצוה. ת"ר נר חנוכה מצוה להניחה על פתח ביתו מבחוץ ואם היה דר בעלית מניחה בחלון הסמוך לרה"ר ובשעת הסכנה מניחו על השולחן ודי אמר רבא וצריך נר (אחר) [אחר] לתשמישו [ואי איכא מדורה לא צריך] ואי אדם חשוב הוא אף על גב דאית ליה מדורה צריך נר (אחר) [אחר] לתשמישו ואפק'

מסורת הש"ס

[מס' סופרים פ"כ הלכה ד ועי' תוספות זבחים נו. ד"ה מנין ותוספות מנחות כ: ד"ה נפסל]

[ברכות כח. יומא יב: עג. מגילה ט: כח: הוריות יב: מנחו' לט: לט.]

[מס' סופרים פ"כ הלכה ה]

ב"ק כב.

[נ"ל משמיה דרבא]

[ב"ק סב:]

הגהות הגר"א

[א] גמרא (להשתמש לאורה) תא"מ: [ב] שם (ודלא להתענות בהון) תא"מ:

גליון הש"ס גמ' כל השמנים שבהיכל. עי' ברמב"ם פ"ה מהלכות בית הבחירה הלכה ח ועיין בתשובת בתי כהונה ח"א בבית ועד סימן א': תוס' ד"ה שהיה מונח וכו' שלא הסיטו. עיין לקמן דף פד ע"ב תוספות ד"ה שעקורים כבר:

(ואם אפילו מעט שמן אין לו, כתב בתשב"ץ דיסחוט אגוז לתוך החלב המהותך, כי שמן אגוזים הוא ג"כ משמנים הכשרים).

והוא שחלב מהותך עדיין לא נקרשו, אבל אם נקרשו, הר"ן אוסר אפילו בנתינת שמן לתוכו, וכתב הא"ר דכן עיקר.

ושמן צלול שעושין מגלגל עינו של דג או מבשרו, מותר אפילו בעיניה.

אות ו'

אין מדליקין בהן במקדש

רמב"ם פ"ג מהל' תמידין ומוספין הט"ו - כל הפתילות שאסור להדליק בהן בשבת, אסור להדליק בהן במקדש [יג]במנורה, שנאמר: להעלות נר תמיד, שתהא שלהבת עולה מאליה.

אות ז' – ח'

בגדי כהונה שבלו מפקיעין אותן, ומהן היו עושין פתילות למקדש

דבוץ

רמב"ם פ"ח מהל' כלי המקדש ה"ו - מכנסי כהנים הדיוטים שבלו ואבנטיהם, היו עושין מהן פתילות ומדליקין בהן במקדש בשמחת בית השואבה; [יד]וכתנות כהנים הדיוטים שבלו, היו עושין מהן פתילות למנורת תמיד.

---

§ מסכת שבת דף כא: §

אות א'

פתילות ושמנים שאמרו חכמים אין מדליקין בהן בשבת, מדליקין בהן בחנוכה, בין בחול בין בשבת

סימן תרעג ס"א - [א]כל השמנים והפתילות כשרים לנר חנוכה, ואע"פ שאין השמנים נמשכים אחר הפתילה, ואין האור נתלה יפה באותם הפתילות - היינו כי יש שמנים גרועים, שאין נמשכין אחר הפתילה, וכן יש פתילות גרועים, שאין האור נתלה יפה בהן, ובשבת אסור להדליקן, **וס"ד** דבחנוכה אסור ג"כ להדליקן, שמא יבואו לידי כיבוי, **קמ"ל** דאין לחוש לזה, דקי"ל כבתה אין זקוק לה, דכיון שהדליק נעשה זכר לנס ונגמרה המצוה.

ומ"מ מצוה מן המובחר ליקח לפתילה, צמר גפן או חוטי פשתן.

שומן או חלב הנאסר מבב"ח, אסור להדליק ממנו נר חנוכה, (אע"ג דמצות לאו ליהנות ניתנו, מ"מ כיון דנ"ח בעי שיעור, וכיון דבב"ח אסור בהנאה, כתותי מיכתת שיעורא - שערי תשובה), **וג"כ** אסור לבטולי בששים להדליק ממנו. **שמן** הגזול, צ"ע אי כשר לנר חנוכה. **אם** נמצא עכבר בשמן, מאוס הוא ואסור לנר חנוכה.

הנוהגין להדליק ביום ראשון א', ומכאן ואילך מוסיף והולך, צריך שיהיה הנוסף דומה לנר העיקר, **אבל** אותם שעושים נר לכל אחד מבני הבית, יכול האחד להדליק נר של שמן, והשני של שעוה.

הגה: ומיהו שמן זית מלוה מן המובחר (מרדכי וכל בו ומהרי"ל), ואם אין שמן זית מלוי, מלוה בשמנים שאורן זך ונקי; ונוהגים במדינות אלו להדליק בנר של שעוה, כי אורן צלול כמו שמן - ומ"מ מצוה בשל שמן טפי מנרות של שעוה, דע"י השמן נעשה הנס.

[ב]ואפי' בליל שבת שבתוך ימי חנוכה, מותר להדליק בנר חנוכה השמנים והפתילות שאסור להדליק בהם נר שבת - ר"ל דס"ד דניחוש בזה כמו בעלמא בנר של שבת, שמא לא תדלק יפה, ויטה הנר להביא השמן לפי הפתילה, **קמ"ל** דכאן אין לחוש לזה, דהא אסור להשתמש לאורה, א"כ לא איכפת ליה במה שלא תדלק יפה.

הגה: אם אינו נותן בנר רק כדי שיעור מלותו (תשובת הרשב"א) - דאם יתן יותר, יש חשש שמא יטה אותו נר חנוכה להשתמש בו אחר השיעור של הדלקה, שאז מותר ליהנות ממנו.

אבל לא להשמש, מ"א, **ור"ל** דבשבת חנוכה אסור לעשות השמש מהשמנים ופתילות שאין מדליקין בהם בשבת, **דכיון** דמותר לעשות איזה תשמיש נגד השמש, א"כ חיישינן שמא יטה.

לפי שאסור להשתמש בנר חנוכה בין בשבת בין בחול.

אות ב'

כבתה אין זקוק לה

סימן תרעג ס"ב - [ג]הדלקה עושה מצוה, [ד]לפיכך אם כבתה קודם שעבר זמנה, אינו זקוק לה - ואם הדליקה במקום

באר הגולה

[יג] ‹ודקדק רבינו לכתוב במנורה, משום דהתם מותיב מדתנן מבלאי מכנסי הכהנים ומהמיניהם היו מפקעים ומהם היו מדליק, כלומר ובגדי כהונה הוה בהו תכלת והוא צמר, שהוא מהדברים שאסור להדליק בשבת בפתילתו, ומשני שמחת ביה השואבה שאני - כסף משנה› [יד] ‹ודייק רבינו כתנות כהנים למעט אבנט, דאין עושין מהם פתילות למנורת תמיד, משום דאית בהו עמרא, ואין להדליק בהם למנורת התמיד, ומכנסים תנן דבשמחת בית השואבה מדליקין בהם, ולא נשאר לפתילות מנורה התמיד כי אם כתונת ומצנפת, וצריך טעם למה השמיט רבינו מצנפת, ואפשר דתנא כתנות וה"ה למצנפות, א"נ משום דמצנפות דקות ביותר, ולא חזו לפתילות, לכך השמיטם - כסף משנה› [א] **מימרא דרב שבת כ"א** [ב] **שם** [ג] **מסקנת הגמ' כ"ג** ‹לפיכך וכו', איני יודע היאך תלוי זה בזה, דאפי' א"ת הנחה עושה מצוה הוה הדין כן, ותו דבגמ' הביא הרבה הוכחות דלא קי"ל הנחה עושה מצוה, ואמאי לא הוכיח ממה דקי"ל כבתה אין זקוק לה, **אלא** נראה דכאן לא בא לאפוקי ממ"ד הנחה עושה מצוה, אלא ה"ק כיון שהדליק תכף קיים המצוה, ע"כ אם כבתה אין זקוק לה - ט"ז› [ד] **כרב חסדא ורבי ירמיה לטעמיה דרב**

הרוח וכבתה, זקוק לה לחזור ולהדליקה במקום שאין הרוח מצוי, דזה הוי כאלו לא נתן בה שמן כשיעור, **ומ"מ** לא יברך עליה, [דשמא לא היה ברור שיכבה, כמו שמנים פסולים דמדליק בהן]. **ופשוט** דאם הוא רואה שהאור אין נאחז בהפתילה, ובודאי יכבה במהרה, שאינו יוצא בהדלקה זו, וצריך מדינא לחזור ולהדליקה לאחר הכביה, [**דזה** גרע מפתילות שאין נאחז בהן האור יפה, דשם הוי רק חשש שיכבה].

(**אכן בעת הדלקה בעינן שיהיה בה שמן שיוכל להדליק כשיעור, ונ"ל דכמו כן בעינן שבעת הדלקה יהיה כל הנרות לפי חשבון הימים, ואז נחשב למהדר מן המהדרין, וע"כ אם כבתה אחת קודם שהשלים ההדלקה, צריך לחזור ולהדליקה, ודע עוד, דמה שאמרו אינו זקוק לה, היינו אפילו כבו כולם, דלא בעינן פרסומי ניסא רק בעת ההדלקה**).

(**בתשובת** מהר"י ברונא כתב, דלא יסלק ידו אחר הברכה, עד אשר ידליק רוב הפתילה היוצא מן השמן).

[ה] **ואפי' כבתה בע"ש קודם קבלת שבת שעדיין הוא מבעוד יום, אינו זקוק לה** - הטעם, כיון שבע"ש מחוייב להדליק קודם שקיעה, וגם כבר בירך עליה "להדליק נר של חנוכה", כבר הותחלה המצוה בהכשר, **ועיין** בט"ז שחולק ע"ז, ודעתו, דקודם קבלת שבת שיש עדיין היתר להדליק, מחוייב לחזור ולהדליק, ובלי ברכה. [ו]**וכן אם לאחר שהדליקה, בא לתקנה וכיבה אותה בשוגג, אינו זקוק לה.**

הגה: ואם רוצה להחמיר על עצמו ולחזור ולהדליקה, אין לברך עליה (רשב"א) - והאחרונים כתבו, דראוי להחמיר לחזור ולהדליקה בכל ענין, [היינו בין שנכבה בשוגג או במזיד, **ואפי'** כשנכבה במזיד, דבודאי מחוייב לחזור ולהדליק, מ"מ לא יברך], **ובפרט** אם נכבה בע"ש קודם קבלת שבת, **ואם** הוא קיבל בעצמו שבת ואח"כ כבה, ויש עדיין זמן היתר, מותר לומר לחבירו שידליקם.

מצוה מן המובחר לקנות שעוה לנר חנוכה, מן מה שנוטף מן הנרות בבהכ"נ, מאחר דאיתעביד בהו חדא מצוה, ליתעביד בהו מצוה אחריתא.

אות ג'

ואסור להשתמש לאורה

סימן תרעג ס"א - לפי שאסור להשתמש בנר חנוכה בין בשבת בין בחול - היינו דאפילו לאכול אצלן בשבת, דהוא סעודת מצוה, ג"כ אסור. **והטעם**, כדי שיהא ניכר שהוא נר מצוה לפרסם הנס, [רש"י], **ועוד** כיון שע"י נס שנעשה במנורה תקנה, עשאוה כמנורה שאין משתמשין בה כלל, [ר"ן]. **והיינו** אפילו אותן שמוסיפין המהדרין בכל לילה, ג"כ אסור להשתמש לאורן.

אות ד'

מצותה משתשקע החמה עד שתכלה רגל מן השוק

סימן תרעב ס"א - [ז]אין מדליקין נר חנוכה קודם שתשקע החמה, אלא עם סוף שקיעתה - היינו צאת הכוכבים, שאז העם עוברין ושבין ורואין בביתו, ואיכא פרסומי ניסא, **אכן** בע"ש מקדימין, וכדלקמן בסי' תרע"ט.

והנה המחבר סתם כדעת הטור וסייעתו, דס"ל דמה שאמר הגמרא דזמן הדלקת נר חנוכה הוא משתשקע החמה, היינו סוף שקיעה, **אבל** באמת יש הרבה ראשונים דס"ל, דכונת הגמרא הוא על תחלת שקיעה שניה, והוא בערך רבע שעה מקודם.

ועיין בבה"ל שביארנו, דלאותן האנשים הנוהגין להתפלל מעריב בזמנו, דהיינו אחר צה"כ, נכון לנהוג כן לכתחלה להדליק קודם מעריב, וכ"כ במור וקציעה, וכן נהג הגר"א, (**דהרבה ראשונים ס"ל, דלכתחלה יש לנהוג כן, כמו שהביא הגר"א, ועוד דאף הטור שכתב סוף שקיעה, גם הוא ס"ל דיכול להקדים עד קרוב לחצי שעה מקודם, ובפרט אם נסבור בדעת הרמב"ם, במה שכתב דמדליקין עם שקיעתה, היינו ממש עם הזמן שנתכסה השמש מעינינו, וידוע שדעתו דמצות הדלקה הוא רק כחצי שעה או מעט יותר אח"כ, ואם עבר הזמן שוב לא ידליק עוד, א"כ אם ידליק בשעת צה"כ, אינו יוצא כלל מצות הדלקה לדעת הרמב"ם והעומדים בשיטתו בזמן השקיעה, ואפילו המקילים שיכול להדליק אח"כ, הוא ג"כ רק מטעם ספק לכמה פוסקים**), **אכן** יטיל בה כ"כ שמן, שידלוק חצי שעה אחר צאת הכוכבים, **ואם** לא הדליק מקודם, והגיע זמן צה"כ, יקדים להתפלל מעריב, דהוא תדיר, וגם יש בה מצות ק"ש שהיא דאורייתא, שע"ת, (**וע"ש** שמסיים: שנראה שהמדליק קודם שילך להתפלל ערבית לא הפסיד, שיש לחוש שעד שיתפלל ערבית יעבור זמן הדלקתו, שהוא חצי שעה מדינא דגמרא, ע"כ).

ודע, דאפילו הנוהגין תמיד להדליק אחר תפלת ערבית, מן הנכון שיכינו עכ"פ השמן בתוך הנרות קודם תפילת ערבית, כדי שיהיה מוכן תיכף אחר תפלת ערבית להדליק, **דאם** יעשה הכל אחר תפלת ערבית, בודאי יש לחוש שיעבור עיקר זמן הדלקתו, והוא חצי שעה מדינא דגמ'.

לא מאחרים ולא מקדימים – (וצריכין אנו לומר, דמה שאמרו ובלבד שלא יקדים, היינו דוקא שמדליקו בעוד היום גדול, שאז אינו מינכר שהוא לשם חנוכה, אבל לא כשמדליקו רבע שעה, או אפילו חצי שעה לערך קודם צה"כ).

[ח] **ויש מי שאומר שאם הוא טרוד** - ר"ל שלא יהיה לו פנאי אח"כ, **יכול להקדים מפלג המנחה ולמעלה** - הוא שעה ורביע קודם צה"כ, וחשבינן השעה לפי קוצר היום, דהיינו שעות זמניות. **ויכול** לברך ג"כ. [**ואם** הדליק קודם פלג המנחה, צריך לכבותה ולחזור ולהדליק].

[ט] **ובלבד שיתן בה שמן עד שתכלה רגל מן השוק** – (לכמה פוסקים הוא כחצי שעה אחר צאת הכוכבים, שהוא בסך הכל שעה וג' רבע שעה מזמן הדלקה), **דאם** לא ידלוק בלילה ליכא פרסומי

באר הגולה

[ה] תרומת הדשן [ו] הר"ן בשם תשו' הרשב"א [ז] ל' הרמב"ם מברייתא שבת כ"א [ח] בשם מהר"י אבוהב [ט] שם בגמ' לתרוצא בתרא

ניסא, **ואם** לא נתן בה שמן רק כשיעור חצי שעה כנהוג בכל יום, יחזור ויתן בה שמן וידליק, **ומ"מ** לא יחזור ויברך.

(**ואסור** להשתמש לאורה כל אותו הזמן, אף שהדליקה בעוד היום גדול, **ואם** כבתה בחול קודם צה"כ, צריך לחזור ולהדליק, **אבל** לא יברך, דעל פי הדחק אמרינן, דמפלג המנחה ולמעלה כבר הותחל המצוה).

אות ה'

דאי לא אדליק מדליק, ואי נמי לשיעורה

סימן תרע"ב ס"ב - [י]שכח או הזיד ולא הדליק עם שקיעת החמה, מדליק והולך עד שתכלה רגל מן השוק, שהוא כמו חצי שעה, שאז העם עוברים ושבים ואיכא פרסומי ניסא; [יא]הלכך צריך ליתן בה שמן כזה השיעור – (ומי שאין לו שמן כשיעור הזה, ידליק בלא ברכה).

ומשמע דאם הדליק זמן מה אחר שקיעת החמה, א"צ ליתן שמן כ"כ, רק עד שתכלה רגל מן השוק, **אכן** כ"ז הוא לדין התלמוד, שהיה ההיכר לעוברים ושבים, **אבל** האידנא דההיכר הוא רק לבני ביתו, לעולם בעי שיעור הידוע, **ואף** מדליק אחר שכלה הרגל משוק בעי זה השיעור.

אבל אם נותן בה שמן הרבה שידליק יותר, אין בו שום מצוה, **אבל** בנרות של שעוה יש הידור מצוה כשהן ארוכות, ומ"מ אין לעשותם גדולות יותר מדאי. (**ושעוה** מעובדי עבודת גלולים, אין ליקח).

כתב הב"י בשם א"ח, מי שבירך והדליק נר אחת בלילה שניה, ידליק אח"כ עוד נר אחת ולא יברך, **ועיין** בפמ"ג שמצדד, דאפילו לא היה דעתו מתחלה רק על נר אחת, ואח"כ נזדמן לו עוד נר, ג"כ לא יברך עוד, כי מדינא אין חיוב רק נר א', והשאר משום הידור כנ"ל.

[יב]ואם נתן בה יותר, יכול לכבותה לאחר שעבר זה הזמן, וכן יכול להשתמש לאורה לאחר זה הזמן - שאינו מקצה השמן רק מה שצריך לשיעור חצי שעה למצותו, וע"כ מותר לכבותו ולהנות ממנו, **ומ"מ** הסכימו כמה אחרונים, דלכתחלה טוב להתנות, שאינו מקצה השמן אלא לשיעור הדלקה, משום דיש מן הפוסקים שסוברים, דאם נתן בסתם, הקצה למצותה הכל.

ויש מחמירין, שבעוד שהנרות דולקין, אין להשתמש לאורן, משום הרואה, שלא ידע לחלק בין תוך זמן שיעורו, לאחר זה הזמן, [**ולפי** טעם זה, אפי' התנה מעיקרא לא מהני, **וכן** אין לטלטל הנרות ממקומן בעוד שדולקים אפי' יותר מחצי שעה, מפני הרואים שלא ידעו, ויאמר להשתמש נטלו].

הגה: י"א שבזמן הזה שמדליקין בפנים - וא"כ ההיכר הוא רק לבני ביתו, **א"צ ליזהר ולהדליק קודם שתכלה רגל מן השוק (ד"ע והטור בשם התוספות)** - וידליק כשבני הבית מקובצים יחד.

ומ"מ טוב ליזהר גם בזמן הזה – (שאע"פ שמדליקין בפנים, כיון שמדליקין בפתח הבית והוא פתוח, יש הכירא לעוברים ושבים).

ואפילו ללמוד אסור משהגיע זמנה, וכ"ש אכילה ושאר דברים, ואפילו התחיל פוסק, [שצריכין לחוש לתרוץ הראשון, דאין שהות אלא חצי שעה להדליק, ובדליכא שהות והוא מידי דרבנן גם כן צריך להפסיק, ומכל שכן כאן דיש פרסומי ניסא גם כן].

[**ובאמת** יש להחמיר בעוד חצי שעה קודם, אלא הוא מיירי בבני אדם שמתפללין ערבית בזמנה, וא"כ חצי שעה קודם בלא"ה אסור משום ק"ש, **ולפי** דעת הפר"ח והגר"א, דיש להדליק אחר שקיעה, ממילא צריך להחמיר חצי שעה מקודם לכל הדברים הנ"ל, ואפי' אם כבר התפלל מנחה, **אכן** לענין לימוד נראה דאין להחמיר, דיש לסמוך אשארי פוסקים, הסוברין דזמנה של הדלקה הוא עם סוף שקיעה].

[יג]ומיהו ה"מ לכתחלה, אבל אם עבר זה הזמן ולא הדליק, מדליק והולך כל הלילה - עד עמוד השחר, ובברכה, **והיינו** דוקא אם בני הבית נעורים, אבל אם ישנים אין לברך עליהם, אלא ידליק בלא ברכה, דכמו דלדידהו לא היה מברך אלא בזמן פרסום הנס, ה"נ לדידן, **ואם** בא לביתו קודם עה"ש, ומצא בני ביתו ישנים, מן הנכון שיקיצם, כדי שיוכל להדליק בברכה, [מ"א. **ובספר** חמד משה דעתו בזה, דאם שכח או נאנס ולא הדליק עד שישנו כולם, יקיץ ב' או ג' מהם וידליק, ואם א"א להקיצם, מ"מ ידליק ויברך, **דלפי** דברי המ"א, אם יהיה אדם במקום שאין איש אף מאנשי הבית, ידליק בלא ברכה, **ולא** ראינו זה בפוסקים, אלא ודאי דאם יכול לפרסם ההדלקה בפני רבים יותר עדיף, אבל אי ליכא אנשים, בשביל זה לא יבטל המצוה, כן נ"ל, וכן נוהגין העולם, עכ"ל, **וספק** ברכות להקל, ומ"מ מי שרוצה לנהוג כוותיה, אין מוחין בידו].

[יד]ואם עבר כל הלילה ולא הדליק, אין לו תשלומין. הגה: ובלילות אחרות ידליק כמו שאר בני אדם, אע"פ שלא הדליק בראשונה (מ"ב בשם מהרי"ל ואגודה וד"ע) - ר"ל בלילה שניה שתי נרות, ובלילה שלישית שלש, ולא נימא דלדידיה, הלילה שניה היא ראשונה, וידליק רק אחת.

באר הגולה

[י] **שם בגמרא לתרוצא קמא** [יא] ‹שם לשיעורה – גר"א. ‹**משמע** דגם תירוץ קמא מודה לבתרא, דיש שיעור בהשמן› [יב] **כן פירשו הרי"ף ורא"ש שם לתרוצא בתרא "אי נמי לשיעורא"** [יג] **תוס' שם בשם הר"י פורת וכן משמע מדברי הרא"ש** ‹בבאר הגולה מצויין אות זה לעיל על "וכן יכול להשתמש לאורה לאחר זה הזמן", אבל מקומו כאן, כמו שמבואר בתוס' ובביאור הגר"א וז"ל: "כיון דאיכא תירוץ אחר בגמרא, תוס' שם", ע"כ. **ולכאורה** לפי מה שמפרש המ"ב, שהוא משום הבני בית, אין זה כמו הר"י פורת, דלדידיה מדליקין כל הלילה משום תירוץ שני שם בגמ', ורק הוי לפי הר"י בסוף התוס', וכפי שפסק הרמ"א, וצ"ע›
[יד] **טור, ושכן כתב רבי יצחק בר יהודה, וכן כתב המרדכי**

אות ו' – ז'

מצות חנוכה נר איש וביתו, והמהדרין, נר לכל אחד ואחד, והמהדרין מן המהדרין... יום ראשון מדליק אחת, מכאן ואילך מוסיף והולך

סימן תרעא ס"ב - [טו]**כמה נרות מדליק: בלילה הראשון מדליק אחד, מכאן ואילך מוסיף והולך אחד בכל לילה, עד שבליל האחרון יהיו שמונה** – (אמרינן בגמרא, דמצות חנוכה נר איש וביתו, ר"ל דדי נר אחד לכל בני ביתו, בכל לילה ולילה, והמהדרין מדליקין נר לכל אחד ואחד, והמהדרין מן המהדרין, יום ראשון מדליק אחד, מכאן ואילך מוסיף והולך אחד בכל לילה, עד שבליל אחרון יהיו שמנה, **והטעם**, כנגד ימים היוצאים, וזה היום שעומד בו נמנה עם הימים שיצאו כבר, והיינו שבזה ידעו ויזכרו הכל כמה ימים יצא בהתמדת הנס, וכשיזכירו זה שהיה הנס משך זמן רב, יש בו פרסומי ניסא ושבח יותר להש"י, **ועוד** שמעלין בקודש).

ואם אין ידו משגת, רק לנר אחד בכל לילה לו ולביתו, יצא בזה מדינא, ושיעורא דשו"ע הוא רק למי שידו משגת, להיות מהדר מן המהדרין.

ואם יש לו ט' נרות, ידליק בליל שני שתי נרות, **ואם** יש לו י' נרות, אעפ"כ לא ידליק רק בליל ב' ב', ובליל ג' לא ידליק שתים רק אחת.

ומי שאין לו שמן הרבה, יתן באחד שמן כשיעור, והמותר יחלק לכולם, שאם יעשה לכולם בשוה, לא ידליק אפילו אחד כשיעור.

ואם יש לו שמן בצמצום על כל השמנה ימים, ולחבירו אין לו כלום, מוטב שידליק בכל לילה אחד, ויתן גם לחבירו, דהא מדינא א"צ אלא אחד, **ודוקא** כשחבירו אינו מבני ביתו, או שאינו סמוך על שולחנו, אבל אם הוא מבני ביתו, ‹ואם כן עיקר המצוה אינו חל כלל על חבירו, רק שחבירו רוצה להיות מן המהדרין›, מוטב שיהיה הוא מהמהדרין ‹מן המהדרין – ח"א›.

ואם השמן הוא ביוקר, מוטב להדליק בנרות שעוה, ולהיות מוסיף והולך כמו שכתוב בפנים, ממה שידליק בשמן זית, נר א' בכל לילה לבד, [**וי"א** דבלילה ראשונה יראה עכ"פ להדליק בשמן זית, אע"ג דלאח"כ לא יוכל לקיים להיות כמהדרין מן המהדרין בשאר לילות, לא דחינן מצוה החביבה בשעתה, ממה שעי"ז לא יוכל אח"כ לקיים מצוה מן המובחר יותר].

[טז]**ואפילו אם רבים בני הבית לא ידליקו יותר** - בין בלילה ראשונה ובין בשארי לילות, דהכל נגררים אצל בעה"ב, **אפילו** בניו הגדולים ומשרתיו, כיון שהם סמוכים על שולחנו בקביעות, הם בכלל בני ביתו.

(**והטעם**, דלפי"ז כשרואין בבית בליל שני שדולקין שתי נרות, ירגישו בתוספות הנר, **אבל** אם מדליקין בלילה הראשונה נר לכל אחד מבני הבית, אז אם ידליקו בלילה השניה שנים לכל אחד, אין כאן הכרה לתוספות הנס, כי יאמרו שיש הרבה בני בית, ולכל אחד אין שם רק נר אחת, והיינו כשכל הנרות דולקים במקום אחד זה אצל זה).

הגה: וי"א דכל אחד מבני הבית ידליק [יז]**(רמב"ם)** - לבד מאשתו דהיא כגופו, **וכן המנהג פשוט** - והיינו כמו שכתוב לעיל, דיוסיף והולך נר א' בכל לילה, **ואם** אין ידם משגת כ"כ, ידליקו נר אחד בכל לילה, [ובאופן זה, יקרא עלידן שם מהדרין, ולא מהדרין מן המהדרין].

ויזהרו ליתן כל אחד ואחד נרותיו במקום מיוחד, כדי שיהא היכר כמה נרות מדליקין (מהר"א מפראג) – (דבאופן זה, גם התוספות מודו שיכולין להדליק יותר, והיינו בעת שניתוסף הנרות, כן מוכח מא"ר, **ודעת** המ"א, דאפילו בלילה הראשונה יש ליזהר בזה, משום לא פלוג).

אות ח' – ט'

נר חנוכה מצוה להניחה על פתח ביתו מבחוץ; אם היה דר בעליה, מניחה בחלון הסמוכה לרשות הרבים; ובשעת הסכנה, מניחה על שלחנו ודיו

צריך נר אחרת להשתמש לאורה; ואי איכא מדורה, לא צריך; ואי אדם חשוב הוא, אף על גב דאיכא מדורה, צריך נר אחרת

סימן תרעא ס"ה - [יח]**נר חנוכה מניחו על פתח הסמוך לרשות הרבים מבחוץ** - משום פרסומי ניסא, [רש"י], **אם הבית פתוח לרשות הרבים, מניחו על פתחו; ואם יש חצר לפני הבית** - וחצרותיהן היו פתוחות לר"ה, **מניחו על פתח החצר** – (וזה שלא כדעת רש"י, דסובר דמניחו על פתח הבית הפתוח לחצר, ובר"ן ובאור זרוע העתיקו כרש"י).

[יט]**ואם היה דר בעלייה שאין לו פתח פתוח לרשות הרבים** - וגם אין לו פתח פתוח לחצר, אלא פתוחה היא לבית, **מניחו בחלון הסמוך לרשות הרבים** - [דאם היה פתח העלייה פתוח לחצר, היה מניחה על פתח החצר שהוא פתוח לרה"ר, ואם היה פתוח לרה"ר, היה מניחה על הפתח].

ובשעת הסכנה שאינו רשאי לקיים המצוה, מניחו על שלחנו ודיו, [כ]**וצריך נר אחר להשתמש לאורו** - לעשות היכר לדבר, שהנר של מצוה היא, (ור"ל שאפילו אם לא ירצה כלל להשתמש לאורה, מ"מ צריך נר אחר, שיהיה היכולת בידו להשתמש לאורה, ועי"ז מינכר שהנר הראשון הוא לשם מצוה, **דאל"ה**, כיון שעומד על השולחן, יאמרו שלצרכו הדליקה).

באר הגולה

טו ברייתא שבת כ"א וכב"ה | טז תוס' וכן כתב הטור | יז ר"ל כמו שמפרש רמב"ם סוגיא דגמרא שם, דהרי כתב שהמנהג הפשוט בספרד, שיהיו כל אנשי ביתו מדליקין נר אחד בלילה הראשון, ומוסיפין נר בכל לילה, ואפי' אם רבים בני הבית | יח ברייתא שם כ"א וכפי' התוס' | יט שם בברייתא | כ מימרא דרבא שם

(ונראה דוקא במניחה על שולחנו, אבל כל שמניחה סמוך לפתח, א"צ לנר אחרת, אע"פ שעומד לו לשם, הואיל ואינו בא להשתמש לאורה לאיזה תשמיש, **אכן** מנהג העולם, וכן מנהג רבותינו, דבכל נר חנוכה המודלקת בתוך הבית, צריך נר אחרת, אפילו לא היה צריך לתשמיש, שלא יאמרו לצרכו הדליקה, וכן אני נוהג למעשה, כ"כ המאירי).

(ועיין במ"א, דאפילו מי שאין לו אלא נר אחד, ונר אחרת להדליק לשמש לאורה אין לו, מ"מ ידליק את הנר ויברך עליה, ומ"מ לכתחלה בודאי יזהר שלא להשתמש לפניה).

ואם יש מדורה א"צ נר אחר; ואם הוא אדם חשוב שאין דרכו להשתמש לאור המדורה, צריך נר אחר.

אות י'

<u>בכ"ה בכסליו יומי דחנוכה תמניא אינון, דלא למספד בהון ודלא להתענות בהון</u>

סימן תרע ס"א - [כא]**בכ"ה בכסליו (מתחילין) שמונת ימי חנוכה, ואסורים בהספד ותענית** - כי בבית שני כשמלכו מלכי רשעה, גזרו גזירות על ישראל ובטלו דתם, ולא הניחו אותם לעסוק בתורה ומצות, ופשטו ידם בממונם ובבנותיהם, ונכנסו להיכל ופרצו בו פרצות וטמאו הטהרות, וצר להם לישראל מאוד מפניהם, ולחצום לחץ גדול, עד שריחם עליהם אלהי אבותינו והושיעו מידם והצילם, וגברו בני חשמונאי הכהנים הגדולים והרגום והושיעם ישראל מידם, וחזרה מלכות לישראל יותר על מאתים שנה עד החורבן השני, **וכשגברו** ישראל על אויביהם ואיבדום, בכ"ה בכסליו היה, ונכנסו להיכל ולא מצאו שמן טהור במקדש, אלא פך אחד שהיה מונח בחותמו של כ"ג, ולא היה בו להדליק אלא יום אחד בלבד, ונעשה נס והדליקו ממנו נרות המערכה ח' ימים, עד שכתשו זיתים והוציאו שמן טהור, **ומפני** זה התקינו חכמים שבאותו הדור, שיהיו הימים האלו שתחלתן כ"ה בכסליו ימי שמחה והלל, ומדליקין בהן הנרות בערב על פתחי הבתים בכל לילה ולילה משמונת הלילות, להראות ולגלות הנס, והוא מצוה מד"ס כקריאת המגילה, **וימים** אלו הן הנקראים "חנוכה", ר"ל: חנו כ"ה, שביום כ"ה חנו מאויביהם, **ומפני** שהן ימי שמחה והלל, לכך אסור בהן ההספד והתענית.

[כב]**אבל מותרין בעשיית מלאכה; ונוהגות הנשים שלא לעשות מלאכה בעוד שהנרות דולקות** - בביתו, כדי להכיר שאסור להשתמש לאורה, והוא כחצי שעה.

ודוקא נשים, לפי שנעשה נס על ידיהם, כדלקמיה בס"ב בהג"ה, **ויש** מקומות שגם האנשים מחמירים בזה.

[כג]**ויש מי שאומר שאין להקל להם** - דהוי כדברים המותרים ואחרים נהגו בהם איסור, שאין להתיר בפניהם, **וכתב** בשלטי גבורים, וכן הסכים בתשו' חכם צבי, שבמקום שנהגו איסור מלעשות מלאכה כל היום, יש למחות בידם, כי הבטלה עבירה היא, ומביאה לידי שעמום.

נוהגין העניים לסבב בחנוכה על הפתחים, ויש טעם לזה.

אות כ' - ל'

<u>גמל שטעון פשתן, והוא עובר ברשות הרבים, ונכנסה פשתנו לתוך החנות ודלקה בנרו של חנוני והדליק את הבירה, בעל הגמל חייב</u>

<u>הניח חנוני את נרו מבחוץ, חנוני חייב</u>

חו"מ סי' תיח סי"ב - גמל שהוא טעון פשתן, ועבר ברה"ר ונכנס פשתנו לתוך החנות ודלקה בנרו של חנוני והדליק את כל הבירה, בעל הגמל חייב, מפני שהרבה במשאוי, בין שעמדה הבהמה בין שלא עמדה. ואם הניח החנוני נרו מבחוץ, הוא חייב לשלם אף דמי הפשתן לבעל הגמל, [כד]ואפילו הוא נר חנוכה, שהיה לו לישב ולשמור שלא יזיק.

אות מ'

<u>נר חנוכה מצוה להניחה בתוך עשרה</u>

סימן תרעא ס"ו - [כה]**מניחו למעלה מג' טפחים** - דכל למטה מג' כאלו הניח בקרקע, ואין ניכר שבעה"ב הניחו שם, **ומ"מ** בדיעבד יצא.

[כו]**ומצוה להניחו למטה מי' טפחים** - דאיכא פרסום הנס טפי כשהוא למטה, דדבר העשוי לאור אין דרך להניחה כ"כ למטה, **ואם הניחו למעלה מי"ט, יצא** - ועיין בא"ר שכתב, דהא דאין העולם נזהרין בזה, משום דסומכין על המרדכי שכתב, דעכשיו שהורגלו להניח בפנים, אין קפידא בזה, **אכן** הטור סתם בזה, ומשמע דס"ל דאין לחלק בזה, וכן נוהגין כל המדקדקים כמ"ש בב"י.

ואם דר בעליה, מניחה בחלון שהוא לצד ר"ה, אפילו אם החלון גבוה יותר מי"ט מקרקעית העליה, [**ומשמע** ממג"א, דעדיף טפי להניח בחלון הסמוך לרה"ר, אף שהיא למעלה מי"ט, מלהניח בטפח הסמוך לפתח, אף שהוא יכול להניח למטה מי"ט, **ואף** שהפמ"ג מפקפק קצת בזה, מ"מ אין לדחות דבר זה, דענין שצריך היכר לבני רשות הרבים יש מקור גדול בגמרא, דאמרו "עד דכליא רגלא דתרמודאי", וגם במה שאמרו "מצוה להניחה על פתח ביתו מבחוץ", ואילו הא דאמרו דלכתחלה צריך להניחה למטה מי' טפחים, יש כמה ראשונים דדחו זה מהלכה].

ואם יש לו שתי חלונות, אחד למעלה מי"ט, ואחד למטה מי"ט, ודאי יניחנה בחלון שהיא למטה מי"ט.

ובנרות בהכ"נ, המנהג שהמנורה במקום גבוה.

באר הגולה

כא בריייתא שבת כ"א | כב טור מבריייתא דלעיל "שעשאום יו"ט בהלל והודאה" ‹עיין רש"י ד"ה ה"ג ועשאום› | כג טור | כד שם במשנה דף ס"ב וכת"ק אע"פ שהוא מצוה להניחם בחוץ | כה טור בשם מהר"ם מרוטנבורג | כו מימרא דרבא שם

§ מסכת שבת דף כב. §

אות א'

נר של חנוכה שהניחה למעלה מעשרים אמה, פסולה

סימן תרעא ס"ו - [א]אבל אם מניחו למעלה מכ' אמה, לא יצא - דלא שלטא ביה עינא, ואין נ"מ בין אם מדליק מבחוץ, ובין אם מדליק בבית, וצריך לחזור ולברך.

הגה: אפילו לקחה כך דלוק והניחה למטה מעשרים, לא יצא, דהדלקה עושה מצוה (ב"י בשם תוס') - אבל אם הדליקה למטה מכ', ונטלה משם והניחה במקום אחר תוך כ', יוצא, דהא הוי הדלקה במקומה, דשני המקומות כשרים.

[**ועיין** בפמ"ג שכתב, דאף בנרות שעוה ארוכים, כל שמקום הלהב הוא למעלה מכ' אמה, פסולה].

אות ב' – ג'

נר חנוכה מצוה להניחה בטפח הסמוכה לפתח משמאל, כדי שתהא נר חנוכה משמאל ומזוזה מימין

סימן תרעא ס"ז - [ב]מצוה להניחו בטפח הסמוך לפתח - בין אם ההנחה הוא על פתח הבית או על פתח החצר, שאם ירחיקנה להלן מן הפתח, אינו ניכר שבעה"ב הניחו שם, [רש"י].

[ג]משמאל, כדי שתהא מזוזה מימין ונר חנוכה משמאל - ויהיה מסובב במצות, **מיהו** בדיעבד אם הניח נר חנוכה מימין, יצא.

[ד]ואם אין מזוזה בפתח, מניחו מימין - דכל מידי דמצוה ימין עדיף, ועוד דאיכא פרסומי ניסא טפי, שהכל פונין לצד ימין.

[ה]ואם הניחו בדלת עצמו, יניחנו מחציו של כניסה לצד שמאל - והיינו מקום הדלת שנכנס משם לתוך הבית יחלקנו לשנים, ובחצי הנוטה לצד שמאל, שהוא נגד המזוזה שהמזוזה בימין, שם יניחנו, ואיירי כשיש שם מזוזה - מ"א, **ומשמע** מזה, דיכול להניח בכל שטח אותו החצי, **ועיין** בט"ז שדעתו, דלמעשה ראוי להחמיר, להניח הנרות בצד השמאל בקצה האחרון סמוך לכותל.

[**ואין** נ"מ בכל זה, בין שהדלת נפתחת לצד המזוזה, ומקום הציר שהדלת סובב שם הוא בצד השני, או להיפך, בכל זה שייך שתי הדעות של המ"א והט"ז].

הגה: ומיהו בזמן הזה, שכולנו מדליקין בפנים ואין היכר לבני רה"ר כלל, אין לחוש כל כך אם אין מדליקין בטפח הסמוך לפתח; ומ"מ המנהג להדליק בטפח הסמוך לפתח כמו בימיהם, ואין לשנות - כדי שיכנס בין שתי מצות, (ור"ל המנהג הנכון להתנהג כך), **<אבל אין זה מנהג לחייב לכו"ע, (דאל"ה סותר דברי עצמו)**, {דהא כבר כתב שבזה"ז שכולנו מדליקין בפנים ואין היכר לבני רה"ר כלל, אין לחוש כ"כ}, **<דרק** כשתיקנו להניח על פתח ביתו מבחוץ, איפסק שיניח משמאל, כדי שיכנס בין שתי מצות, אבל לא היו מתקנין עיקר התקנה מטעם זה, **אלא** המדקדקים נזהרין גם עתה, אף שהוא רק בשביל טעם זה הקלוש, שבזה"ז שאין מדליקין בחוץ וכל הפרסום הוא לבני הבית, ליכא התקנה דידליקו אצל הפתח בשביל זה שיכנס בין השתי מצות – אג"מ או"ח ח"ד סי' קכה>.

ומ"מ אם יש לו חלון הסמוך לר"ה, נכון יותר שיניחנו שם, כדי שיהיה היכר לבני ר"ה ויתפרסם הנס, אם לא במקום דשכיחא הזיקא עי"ז, [**אבל** אם החלון גבוה מקרקע ר"ה למעלה מכ' אמה, ואין היכר לבני ר"ה, אז טוב יותר להניח בפתח].

ומ"מ רבים בני הבית, שעדיף יותר להדליק כל אחד במקום מיוחד, מלערב הנרות ביחד ואין היכר כמה נרות מדליקין; ומ"מ יזהרו שלא להדליק במקום שמדליקין הנרות כל השנה, כי אז לא יהיה היכר כלל; ואף כי אין היכר רק לבני הבית, מ"מ היכר קצת מיהא בעי.

אות ד'

אסור להרצות מעות כנגד נר חנוכה

סימן תרעג ס"א - [ו]ואפי' לבדוק מעות או למנותן לאורה - שהוא תשמיש עראי, ג"כ **אסור** - ועיין במ"א וט"ז שהסכימו, דאפילו למנותן מרחוק, שאין ידיו סמוכות לנר, ג"כ אסור.

והטעם, כדי שלא יהא מצות בזויות עליו, [גמרא], **ודוקא** בזה שהוא עכ"פ תשמיש עראי, אבל כל שאינו משמש כלום, רשאי לישב בביתו בשעה שנר חנוכה דולקת, [היינו אפי' לא הדליק השמש אצלו כמו שנהוג, **וביותר** מזה כתב הפר"ח, דלילך לאור נר חנוכה, לראות שלא יכשל, שרי, דלא מחוייב להעצים עיניו, דלא מקרי תשמיש].

באר הגולה

א מימרא דרב כהנא שם כ"ב | ב מימרא דרבה שם | ג כרב שמואל מדפתי שם | ד טור בשם אבי העזרי והגהות מרדכי בשם רבי יקיר
ה שם בשם סמ"ק והמרדכי שם | ו מימרא דרב שם כ"ב

תורה אור

נר *של חנוכה שהניחה למעלה מכ' אמה פסולה כסוכה וכמבוי: ואמר *רב כהנא דרש רב נתן בר מניומי משמיה דרב תנחום מאי דכתיב °והבור רק אין בו מים ממשמע שנא' והבור רק איני יודע שאין בו מים אלא מה ת"ל אין בו מים מים אין בו אבל נחשים ועקרבים יש בו: אמר רבה נר חנוכה מצוה להניחה בטפח הסמוכה לפתח והיכא מנח ליה רב אחא בריה דרבא אמר מימין רב *שמואל מדפתי אמר משמאל והילכתא משמאל כדי שתהא נר חנוכה משמאל ומזוזה מימין: אמר רב יהודה אמר רב אסי (אמר *רב) אסור להרצות מעות כנגד נר חנוכה כי אמריתה קמיה דשמואל אמר לי וכי נר קדושה יש בה מתקיף לה רב יוסף וכי דם קדושה יש בו *דתניא °ושפך וכסה במה ששפך יכסה שלא יכסנו ברגל שלא יהו מצות בזויות עליו ה"נ שלא יהו מצות בזויות עליו: בעו מיניה מרבי יהושע בן לוי מהו להסתפק מנויי סוכה כל שבעה א"ל הרי אמרו אסור להרצות מעות כנגד נר חנוכה אמר רב יוסף *מריה דאברהם תלי תניא בדלא תניא סוכה תניא חנוכה לא תניא *דתניא סככה כהלכתה ועיטרה בקרמים ובסדינין המצויירין ותלה בה אגוזים אפרסקין שקדים ורמונים ופרכילי ענבים ועטרות של שבלים יינות (של) שמנים וסלתות אסור להסתפק מהן עד מוצאי יום טוב האחרון של חג ואם התנה עליהן הכל לפי תנאו אלא אמר רב יוסף אבוהון דכולהו דם: *איתמר רב אמר אין מדליקין מנר לנר ושמואל אמר מדליקין רב אמר אין מתירין ציצית מבגד לבגד ושמואל אמר מתירין מבגד לבגד רב אמר אין הלכה כרבי שמעון בגרירה ושמואל אמר הלכה כרבי שמעון בגרירה *°אמר אביי כל מילי דמר עביד כרב לבר מהני תלת דעביד כשמואל מדליקין מנר לנר ומתירין מבגד לבגד והלכה כרבי שמעון בגרירה *דתניא רבי שמעון אומר גורר אדם מטה כסא וספסל ובלבד שלא יתכוין לעשות חריץ יתיב ההוא מרבנן קמיה דרב אדא בר אהבה ויתיב וקאמר טעמא דרב משום ביזוי מצוה אמר להו לא תציתו ליה טעמיה דרב משום דקא מכחיש מצוה מאי בינייהו איכא בינייהו דקא מדליק משרגא לשרגא מ"ד משום ביזוי מצוה משרגא לשרגא מדליק מ"ד משום אכחושי מצוה משרגא לשרגא נמי אסור מתיב רב אויא[א] *סלע של

מעשר

רש"י

פסולה · דלא שלטא בה עינא למעלה מכ' אמה וליכא פרסומי ניסא : כסוכה וכמבוי · דתנן בהו בהדיא בעירובין ומסכת סוכה דפסילי : מצוה להניחה · בחצר או ברה"ר בטפח הסמוך לפתח שאם ירחיקנה להלן מן הפתח אינו ניכר שבעה"ב הניחו שם: מימין · בכניסתו לביתו לימין : מזוזה · קי"ל דבימין דכתיב ביתך דרך ביאתך וכי עקר איניש כרעיה דימינא עקר ברישא*: להרצות · למנות: במה ששפך · בידו ששפך בה ולא ברגלו : נויי סוכה · פירות שתולין בה לנוי : מריה דאברהם · לשון תמיה הוא : תלי · סוכה דתניא בברייתא בהדיא כדמפרש ואזיל : בדלא תניא · בנר חנוכה דמימרא דרב אסי הוא ואינו ברייתא : ופרכילי בקרמים · פארה ביריעות של צבעים שקורין אובריי"ן : התנה עליהן · במס' ביצה (דף ל:) אוקימנא באומר איני בודל מהן כל בין השמשות של קידוש יו"ט ראשון דלא חל עלייהו קדושה כלל אבל תנאי אחר אינו מועיל: אבוהון דכולהו · שילמדו כולן ממנו : דם · כיסוי הדם דנפקא לן מקרא ושפך וכסה ומפרש בה טעמא שלא יהיו מצות בזויות עליו : מנר לנר · דחנוכה כדמפרש טעמא לקמיה : מתירין · להטיל ציצית מטלית ישן לטלית חדש ובמנחות מפרש טעמא דמאן דאסר: הלכ' כר"ש · דאמר דבר שאין מתכוין מותר ואע"ג דקעביד חריץ והוי תולדה דחורש או בונה ומשום דהילכתא *כרב באיסורי בטליה הש"ס נר מהני תלת נקטינהו גבי הדדי : כל מילי דמר · רבה בר נחמני : לעשות חריץ גרסינן: טעמא דרב · מנר לנר משום ביזוי מצוה שמדליק קיסם שאינה מן המצוה מנר של מצוה ומתוך מדליק השני : אכחושי · דמיחזי כמאן דשקיל נהורא ושואב קצת מלחלוחית שמן : משרגא לשרגא · מביא נר אצל נר ושתיהן של מצוה ולא בקיסם :

תוספות

נר חנוכה שהניחה למעלה מכ' אמה פסולה כסוכה וכמבוי · וא"ת הוה ליה למימר ימעט כמו גבי מבוי דאמר התם מבוי דרבנן תני תקנתא ואיכא למימר דנקט פסולה משום דבעי למימר כסוכה שהיא מן התורה אי נמי לא רצה להצריך יכבנה וימעטנה ויחזור וידליק' דלמעטה ולהניחה כמו שהיא דולקת אי אפשר כדמוכח לקמן* :

אסור להסתפק מהן עד מוצאי יו"ט האחרון · והא דשרי אתרוג ביו"ט האחרון טפי מסוכה מפרש בפרק לולב וערבה (סוכה מו:) משום דסוכה בספק שביעי ספק שמיני יתובי יתבינן ואי מתרמי ליה סעודה בין השמשות אכיל ליה התם והואיל ואיתקצי בין השמשות איתקצי כוליה יומא של ספק ח' וט' אבל אתרוג אינו ניטל בספק ז' וח' *ולא איתסר בספק שמיני (א) אלא משום דאיתקצי בין השמשות של ז' ואע"פ דבין השמשות של ח' נמי אסור משום שהוא ספק יום הואיל ולא אסור אלא משום ספק יום וספק לילה לא איתקצי בכך כולי יומא מידי דהוה אביצה שנולדה בזה דמותרת בזה אע"פ דבין השמשות אסור משום ספק יום וספק לילה :

סוכה תניא · משמע דטעמא דנויי סוכה משום ביזוי מצוה וקשה לר"י בפרק כירה (לקמן דף מה: ושם) משמע דטעמא משום מיגו דאיתקצי למצותה ותירץ דצריכי לתרווייהו דמשום דאיתקצי למצותה לא הוה אסרינן בחולו של מועד דלא שייך מוקצה אלא (בנפל) בשבת וביו"ט ומשום ביזוי מצוה לא הוה אסרינן להו היכא דנפלו אבל השתא דאמרי' דאיתקצי וביזוי מצוה אסרינן אפילו נפלו ואפי' בחוה"מ *וקשה לר"י כיון דנויי סוכה אסורין משום ביזוי א"כ מאי פריך בביצה בפ' המביא (דף ל: ושם) מנויי סוכה אעצי סוכה דקאמר וסוכת החג לא מהני בה תנאה והתני' סככה כהלכתה כו' ומאי קושיא דילמא עצי סוכה לא מהני ביה תנאה דמקרא נפקא כדדריש התם מניין לעצי סוכה שאסורין כל שבעה ת"ל חג הסוכות ז' ימים וגו' ודרשה גמורה היא כדמוכח בפ"ק דסוכה (דף ט. ושם) דב"ש פסלי מהאי קרא סוכה ישנה וב"ה מכשירין דההוא מיבעי ליה לעצי סוכה שאסורין כל שבעה אבל נויי סוכה דלא אסירי אלא משום ביזוי מהני בהו תנאה ועוד בפרק כירה (לקמן דף מה·) משמע בהדיא *דעצי סוכה לא אסור אלא משום דאיתקצאי למצותה *והשיב ר"ת דבין נויי סוכה ובין עצי סוכה היתרים על הכשר סוכה לא אסירי אלא משום ביזוי או משום הואיל והוקצה למצותו ולא אסירי מקרא אלא דווקא כדי הכשר סוכה והמקשה דפריך בביצה (דף ל:) מנויי סוכה אעצי סוכה לא ידע שיש חילוק בין יותר מכדי הכשר סוכה לכדי הכשר סוכה ומשני באומר איני בודל מהם כל בה"ש דלא חיילא קדושה על נויי סוכה וכן על עצים היתרין על הכשר סוכה מהני בה תנאה אבל עצי סוכה כדי הכשר חיילא קדושה עלייהו על כרחו דבר תורה כל שבעה ולא מהני תנאה והא דקאמר התם ואם התנה עליהן הכל לפי תנאו ופריך למימרא דמהני בה תנאה כו' ומשני סיפא אתאן לסוכה דעלמא ובתר הכי פריך וסוכת החג לא מהני בה תנאה והתניא סככה כו' לא בעי לשנויי הכל לפי תנאו על יתרות מכדי הכשר סוכה דהכל לפי תנאו משמע בכל הסוכה :

אבוהון דכולהו דם · הא דלא קאמר אבוהון דכולהו עצי סוכה דנפקי מקרא כדאמר בריש המביא בביצה (דף ל: ושם) אומר ר"י דמשום דמעצי סוכה לא הוה ילפינן דשאני סוכה דבמסתפק מהן איכא ביטול מצוה אבל בנויי סוכה ובהרצאת מעות לאור נר חנוכה ליכא ביטול מצוה :

רב אמר אין מתירין מבגד לבגד · לא מבעיא אי חובת טלית הוא דאסור אלא אפילו חובת גברא הוא נמי אסור כדאשכחן במזוזה דנענש אותו שנטלה בבבא מציעא בסוף פרק השואל (דף קב·) אף על גב דחובת הדר היא ושמואל אמר מתירין אע"ג דשמואל גופי' סבר *דחובת טלית היא אפ"ה מתירין כיון שעושהו לצורך בגד אחר וגבי מזוזה שנענש שמא לא היה בדעתו להניח בבית אחר א"כ מזוזה שאני שעשויה להציל מן המזיקין ואע"ג דלכ"ע אין מתירין שלא להניח בבגד אחר אין קשה מה שנהגו להתיר ציצית מטליתות של מתים דדווקא בטלית של חי שהוא בר חיובא אין מתירין :

כל מילי דמר עביד כרב · קשיא דפ"ק דכתובות (ד' ו) שם כתובה :

וכי

עין משפט נר מצוה

כב א מיי' פ"ד מהל' חנוכה הל' ז סמג עשין ה טוש"ע א"ח סי' תרעא סעיף ו :

כג ב ג מיי' שם טוש"ע שם סעיף ז :

[ועי' תוס' עירובין ב: ד"ה סוכה ותוס' סוכה ב: ד"ה דאורייתא]

כד ד מיי' שם הל' ו סמג שם טוש"ע א"ח סי' תרעג סעיף א :

כה ה מיי' פ"ו מהל' סוכה הל' טז סמג עשין מג טוש"ע א"ח סימן תרלח סעיף ב :

כו ו טוש"ע א"ח סימן תרעז סעיף ד :

ר"ל לא איתסר בה"ש של ח' וט' אלא משום דאתקצי בה"ש של ז' וח' ורש"ל גורס ולא איתסר בשמיני משום דאתקצי כו' דבה"ש של ז' נמי אסור :

כז ז מיי' פ"ד מהלכות חנוכה הל' ט סמג עשין ה טוש"ע א"ח סי' תרעד סעיף א :

כח ח מיי' פ"א מהל' ציצית הל' יג סמג עשין כו טוש"ע א"ח סי' טו סעיף א :

כט ט מיי' פ"א מהל' שבת הלכה ה סמג לאוין סה טוש"ע א"ח סי' שלז סעיף א :

אי נמי טעמא דהוקצה למצותו כ"מ דאסירי אפי' ביו"ט האחרון משום דאתקצי בה"ש דלטעמא דביזוי ליכא א"כ הכל אחד אתקצי למצותו משום ביזוי מצוה [ת"י]

*אולי צ"ל דנויי

פי' ר"ת נראה דחוק דלא ה"ל למימר באומר איני בודל כו' אלא בהדיא התם בהכשר סוכה ומינו נראה דאצטריך לשנויי באומר איני בודל דתנאי אחר לא מהני בהו משום ביזוי מצוה אבל כשהוא אומר איני בודל לא חייל עלייהו קדושה כלל וליכא ביזוי [ת"י]

רבינו חננאל

נר חנוכה למעלה מעשרים אמה פסולה כמבוי וכסוכה ומצוה להניחה מבחוץ בתוך י' טפחים בטפח הסמוך לפתח בצד שמאל כדי שתהא מזוזה מימין ונר חנוכה משמאל דרך ביאתו לביתו · ואסור להרצות מעות כנגד נר של חנוכה שלא יהא מצות בזויות עליו כמו הדם דאמר רחמנא ושפך וכסה שלא יכסנו ברגל וכו' וכן סככה כהלכתה כו' אמר רב יוסף אבוהון דכולהו דם פי' כל המצות מן הדם לומדות שלא יהא מצות בזויות עליו : תניא בכ"ה בכסליו חנוכה תמניא יומי דלא למספד שכשנכנסו עכו"ם להיכל טימאו כל שמן שבמקדש וכשגברו כו' : אתמר רב אמר אין מתירין ציצית מבגד לבגד כלומר מן הטלית ומטילין לטלית אחרת וכו' · אין מדליקין מנר של חנוכה נר אחר ואין הלכה כרבי שמעון בגרירה · רבה בר נחמני לעולם היה עושה כרב בר מהני תלתי דעביד כשמואל דהוה שרי להתיר ציצית מבגד לבגד ולהדליק מנר של חנוכה נר אחר של חנוכה והלכתא כר"ש דאמר גורר אדם

מסורת הש"ס

[יומא יא:]

ראשי' לז

[בשאלתות פ' וישלח סי' כו איתא ירמי']

[בהרא"ש ליתא וכן משמע מלשון רש"י ד"ה תלי]

ויקרא יז

חולין פז·

[עירובין עה: כתובות ב: ב"ב קלד:]

לקמן מה· ביצה ל: סוכה י· [תוספ' סוכה פ"א]

מנחות מא:

לקמן מ: פסחים קא·

לקמן כט: מו· [פסחים קא·] ביצה כג: [מנחות מא:] [תוספתא ביצה פ"ב]

[תוספתא מעשר שני רפ"א]

[מנחות מא·]

הגהות הב"ח

(א) תוס' ד"ה אסור וכו' ולא איתסר בספק שביעי ושמיני אלא וכו' של ז' וא"זאע"ג דבין השמשות של ח' וט' נמי אסור:

הגהות הגר"א [א] גמ' (סלע של מע"ש) :

גליון הש"ס גמרא אמר אביי כל מילי דמר · עיין לקמן דף מו ע"א תוספות ד"ה דנפטא ובעירובין דף נג ע"ב תוספות ד"ה לא תימא :

[ז]אפי' תשמיש של קדושה, כגון ללמוד לאורה, אסור; [ח]ויש מי שמתיר בתשמיש של קדושה - מדברי הט"ז מוכח, דלדעה ראשונה אסור אפילו בלימוד דרך עראי, דאלו בדרך קבע, אפילו לדעה שניה אסור, (**ועיין** בא"ר ובחמד משה שחולקים עליו, ודעתם, דלדעה זו אף דרך קבע מותר, **וא"כ** אפשר לומר, דדעה הראשונה האוסרת, הוא דוקא אם הלימוד היה בדרך קבע, אבל לא בדרך ארעי).

(והנה באמת חלא ידוע דעת הרא"ש, דתשמישי ארעי שרי, ורק בענין הרצאת מעות, כשמקרב ידיו אצל נר חנוכה, אז אסור משום דהוי גנאי להן, אבל בעלמא שרי, ורש"ל פסק ג"כ הכי, **וע"כ** לענ"ד בענינינו דמספקינן לענין לימוד דרך ארעי, אפילו אם נפסוק להלכה כמסקנת המ"א, דבתשמישי ארעי, אפילו כשאין ידיו סמוכות לנר אסור, **כשנצרף** לזה ג"כ כשהוא תשמישי קדושה ובדרך ארעי, כגון ללמוד לפניהן דרך ארעי, אפשר דלכו"ע אין להחמיר, וצ"ע).

(**ודע** עוד, דאפילו ללמוד בדרך קבע, אפשר דאין להחמיר רק בכדי שיעור המבואר לעיל סימן תרע"ב סעיף ב', אבל לא בתר זה, **והיינו** אפילו אם נרצה להחמיר שם שלא כדעת המחבר, הוא רק לדבר הרשות, אבל לא לדבר מצוה, וצ"ע, ויותר טוב אם הוא חול ואין לו נר אחר ללמוד לפניו, שיכבנה לאחר כלות השיעור, ויחזור וידליקנה).

וכן בנרות בהכ"נ, אין משתמשין לאורן אף תשמישי קדושה, כמו בבית, דהיינו אם ירצה להתפלל מעריב אצלם, כל זמן שלא דלקו חצי שעה, אסור.

ונוהגים [ט]להדליק נר נוסף - פי' מלבד הנר שמניחין על השולחן, **כדי שאם ישתמש לאורה יהיה לאור הנוסף שהוא אותו שהודלק אחרון** - דחוששין כיון שמדליקין בפנים, אולי ישתמשו בנרות של חנוכה ולאו אדעתייהו, **אבל** מעיקר הדין, כיון שיש לו נר על שולחנו, א"צ להדליק נר נוסף.

(**הנה** לדעת הב"ח הוא כפשטיה, דאך נגדו מותר לשמש, אבל נגד כולן יחד אסור, כיון שיש נר חנוכה בתוכם, **ולדעת** רמ"א בסוף הסעיף ‹בנוגע תערובות›, כיון שיש נר חול בתוכם, שוב **אין** ביזוי מצוה בהשתמשו נגד כולם, כיון שיש שם נר הנוסף או השמש, והיה די לו לשמש נגד אורו בלבד, ולא מהני ליה נר חנוכה, **ולפי** דבריו מש"כ: יהיה לאור הנוסף, היינו שאור הנוסף הלא יועיל לו ג"כ לשימושו, ולהכי שרי, וכן הסכים המ"א והפר"ח להקל, **אלא** שהפר"ח סיים, דאם אין די לו לתשמישו בהנר של חול, דהיינו דבר שהוא צריך עיון גדול, וצריך לזה הענין ג"כ האור של נר חנוכה, באופן זה בודאי אין להקל).

ועיין מ"א, (שמטעם אחר) לכתחלה אין להשתמש אצל כולן יחד, כי אם לאור הנוסף או להשמש בלבד כשהוא אחד בפני עצמו, דהרואה יאמר לצרכו הדליק כולן, דלפעמים אדם מדליק כמה נרות, (וטעם זה לא שייך לענין תערובות, עיין לקמן בסמוך).

[י]ויניחנו מרחוק קצת משאר נרות מצוה - כדי שיהיה היכר כמה נרות מדליקין באותו יום, ולא יחשבוהו עמהם, [**ובריו"ו** איתא עוד טעם, כדי שאם יבוא לשמש, יהיה היכר שמשתמש לאורו לבד].

הגה: ובמדינות אלו אין נוהגים להוסיף, רק מניח אצלן השמש שבו מדליק הנרות, והוא עדיף טפי - דבזה מוכח בהדיא לבני הבית שאינו ממנין הנרות, **וטוב** שלבד זה יניח נר על השלחן, ‹דאיכא למימר לצורכו אדלקה, ואף על גב דאיכא שמש, מכל מקום פעמים אדם מדליק כמה נרות לצורכו - מחה"ש›.

ואפילו רבים המדליקין, כיון שכל אחד מניח נרותיו במקום מיוחד, צריך להניח שמש אצל כל אחד ואחד, אפי' יש נר על השולחן, דשמא ישתמש אצל הנרות.

ויש לעשותו יותר ארוך משאר נרות, שאם בא להשתמש ישתמש לאותו נר (מרדכי) - ר"ל דכיון שהוא גדול, עיקר תשמישו ממנו, **וה"ה** אם מעמידו גבוה קצת משאר הנרות, שפיר דמי.

אם נתערב נר חנוכה האסור בהנאה בשאר נרות - ר"ל לאחר שהודלק שנעשה בו מעשה, נתערב, דמקודם לכן לא נאסר, דהזמנה לנר חנוכה לאו מילתא היא, **ואח"כ** כבה בתוך זמן שיעורו, [דאילו לאחר זמן שיעורו, הנר חנוכה בעצמו ג"כ מותר להשתמש בו, **ונהי** דיש פוסקים שמחמירין, מ"מ לענין תערובות בודאי אין להחמיר], **אפי' אחד באלף, [יא]לא בטיל** - כן פסק בתה"ד, דהיינו ליטול אחת מתוכן להדליקו ולהשתמש בו, **וה"ה** בעודן דולקין, לא יטול אחד מתוכן להשתמש בו לאורו, **דהוי דבר של מנין (ת"ה)** - ור"ל דאפילו במקום שרגילין למכור הנרות במשקל, מ"מ נרות של מצוה הכל מונין אותן בכל לילה, ודבר שבמנין חשוב הוא ולא בטיל.

באר הגולה

[ז] **טור בשם אביו הרא"ש, וכתב הר"ן דכיון שע"י נס שנעשה במנורה תקנוהו, עשאוהו כמנורה שאין משתמשין בה כלל** ‹**הנה** בטעמא דאסור להשתמש לאור חנוכה מצינו ג' טעמים: **רש"י** פי' לעיל דף כ"א: ד"ה ואסור, משום דבעינן שיהא ניכר שהוא נר של מצוה, **ובר"ן** ורז"ה כתבו, שכיון שהם זכר לנר ושמן של היכל, עשאוהו כמנורה שאין משתמשין בה כלל, ואפילו תשמיש של מצוה, **ובגמ'** אמרינן הטעם, דאסור להרצות מעות משום ביזוי מצוה, **והנה** לפי פירש"י כבר כתבו ליישב הגמ', שס"ל לרש"י כהרא"ש, דריצוי מעות הוי תשמיש קל, ולא שייך לומר שמשום זה הדליק הנר, ע"כ צריך לטעמא דביזוי מצוה, הואיל והוא תשמיש של גנאי שמקרב ידיו אל הנר, ובשאר תשמיש צריך טעמא דהיכרא, **או** דרש"י ס"ל דבתשמיש של מצוה ליכא משום ביזוי מצוה, ע"כ הוצרך לפרש דלמ"ד אסור להשתמש לאורה, דמשמע גם תשמיש של מצוה, (דאל"כ אכתי איכא חששא דשמא יטה לצורך תשמיש קדושה), ועל כרחך היינו טעמא משום היכרא, וטעמא דביזוי מצוה צריך בהרצאת מעות וכרא"ש הנ"ל, **אבל** לטעם הרז"ה והר"ן תיקשי, למה לי שני טעמים, משום ביזוי מצוה ומשום דומיא דמנורה, **ואולי** י"ל, דודאי אי לאו טעמא דביזוי מצוה, בטעמא דהשווהו למנורה לא סגי, דהרי בשאר דברים לא השווהו, רק הואיל ואיכא סברא דביזוי מצוה אם משמש לצרכו אצלו, ע"כ אסרו חז"ל כל תשמיש אף של מצוה, דומיא דמנורה שלא השתמשו בו כלל, דעי"ז ניכר טפי שהוא נר מצוה ואיכא סברא לאסור - נבכי נהרות› [ח] **טור בשם בעל העיטור וכ"כ בשבלי הלקט** [ט] **טור ורבינו ירוחם** [י] **שם כרבינו ירוחם** [יא] **פי' להדליק כל אחד בפני עצמו, אבל להדליק ב' או ג' ביחד בטל ברוב** ‹לכאורה ר"ל כמ"ש הרמ"א, דידליק מן התערובות כ"כ וכו', אף דלשון "בטל ברוב" דחוק, ע"כ צ"ל כן, דהא אי מדליק רק ב' בודאי ליכא ביטול ברוב›

אלא ידליק מן התערובות כל כך שבודאי נר של היתר דולק עם נר של איסור, ואז מותר להשתמש אצלן (ד"ע) - פי' אם נתערב נר חנוכה א', מדליק ב', ואם נתערב ב' או ג', ידליק אחד יותר, כדי שימצא בו נר של היתר ג"כ, דהא הדלקת השמש הוא כדי שישתמש לאורו, ש"מ דאם הם ביחד מותר לשמש אצלן.

ויש מן הפוסקים [הב"ח] דס"ל, דדוקא שמש שעומד למעלה מכל הנרות שרי, דאז עיקר תשמישו לאור השמש, משא"כ בזה שמשתמש לאור כולן, הרי מתהנה ג"כ מנר חנוכה, **והנה** במ"א ופר"ח הסכימו, דהדין עם הרמ"א, (ואע"ג דמ"א גופיה כתב, דאע"ג דאיכא שמש, לא ישתמש אלא לאור השמש, ולא לאור נר חנוכה, היינו משום דנר חנוכה דולק למצותן, לכן צריכין הכירא שהודלק לשם מצוה, ואם ישתמש אצלן יאמרו לצורכו אדלקיה, דלפעמים מדליק כמה נרות, **משא"כ** הכא בתערובות, כשידליקן לא ידליקן לשם מצוה, כי אם לצורכו, ואין צריך נר התירא כי אם דלהשתמש לנר האסור בלבד לא שרינן, וכיון דאיכא חד נר היתר, תו לא מקרי נהנה מדבר איסור), **אמנם** הגר"א משמע דאין הדין הזה מוכרע, וכן במור וקציעה משמע, דלמעשה יש להחמיר בדין זה.

ורש"ל חולק, (על התה"ד) ופוסק דחד בתרי בטל, [הביאו המ"א, ולא הכריע לדינא, **ומשמע** דבמקום שהוא הפסד מרובה, אפשר שיש להקל, דהוא מלתא דרבנן, **וטעמו** של רש"ל נראה, דס"ל הואיל ונמכרות במשקל, אינם נחשבות דבר שבמנין משום שמדליקין אותן במנין, דהמנין לאו משום חשיבות היא, אלא המצוה כך היא].

ועיין בט"ז שכתב, דאפילו להרמ"א, דוקא כשנתערב בתוך ימי חנוכה, דחשובין הן, דהן ראוין למצוה ביום המחרת, [**וע"כ** מיירי שנשאר גדול כ"כ, שראוי להדליקה לנר חנוכה, דהיינו שעדיין ידלק חצי שעה, דאל"כ הלא שוב אין ראויין לנר חנוכה לפי מה שהוא עכשיו, ובטל חשיבותן], **אבל** אם נתערב ביום השמיני, וכ"ש לאחר מכן, כבר בטל חשיבותו, ודינו לכו"ע כיבש ביבש, ובטל ברוב.

אות ה'

סככה כהלכתה, ועיטרה בקרמים ובסדינין המצויירין, ותלה בה אגוזים אפרסקין שקדים ורמונים ופרכילי ענבים, ועטרות של שבלים, יינות שמנים וסלתות, אסור להסתפק מהן עד מוצאי יום טוב האחרון של חג; ואם התנה עליהן, הכל לפי תנאו

סימן תרלח ס"ב - וכן אוכלים ומשקים שתולין בסוכה כדי לנאותה - בין שתלוין בסכך ובין שתלוין בדפנות, **אסור להסתפק מהם כל שמנה** - דביזוי הוא להמצוה כשמסתפק מהם, **אפילו נפלו** - דכיון דאיתקצאי לביה"ש, איתקצאי לכל היו"ט, **ואפילו** נפלו בחוה"מ אסורין.

(זהו אם תלאן קודם ביה"ש ראשון, **ואם** תלאן ביום א' או בחוה"מ, מתחיל איסורו מן בין השמשות הראשון שאחר זה עד סוף יו"ט, **אבל** מן עת התליה עד הערב לא מיתסרא).

(וביו"ט ושבת אסור לטלטלם דמוקצים הם) - (היינו בין כשתלויין על הכותל ובין כשנפלו), **והיינו** אפי' לדעת המתירין לעיל בסי' תצ"ה מוקצה ביו"ט כמו בשבת, במוקצה כזה לכו"ע אסור, דהוקצו למצותן.

(**ואם** נפלו הנויין על השולחן וא"א לאכול, י"א דמשום אוכל נפש ביו"ט מותר לטלטל המוקצה ולהסירן, **והפמ"ג** מסיק, דאם אפשר ע"י טלטול מן הצד, לנער הטבלא וכדומה, יעשה ולא יטלטל בידים, ע"ש, **ולענ"ד** אם קסמי הסכך נושרין הרבה על השלחן, אפשר דמותר לטלטל אף בשבת להסירן אם נמאס מזה, מידי דהוי אגרף של רעי).

אבל בחוה"מ לא שייך איסור טלטול, וע"כ אם נפלו מותר לטלטלן ולהחזירן למקומן.

ואם יודע שהילדים יאכלו מהם, מוטב שלא לתלותם, שינתקו החוטים ויבואו לידי חלול שבת, וגם שמא יבואו לאכלם, **אכן** אם יכול לתלותם בגובה, שלא יוכלו הילדים להגיע לשם, או שאין לו ילדים, מצוה לתלות נוי סוכה, **גם** בשל"ה כתב, דראוי ליפות הסוכה בקרמין וסדינין, ולתלות בה פירות חשובין.

ואם התנה עליהם בשעה שתלאם - בא לאפוקי דלא נימא דוקא סמוך לבין השמשות, **ואמר: איני בודל מהן כל בין השמשות** - דיש תחלת בין השמשות ויש סוף בין השמשות, ובעינן שלא יבדול מהן כל זמן בין השמשות, **(של ח' ימים)** - פי', לאפוקי כשאמר: איני בודל מהן כל ביה"ש של עיו"ט הראשון, דאז חיילא קדושה עכ"פ בבין השמשות של שאר יומי, ואסור מיו"ט שני עד סוף יו"ט, **ואי** אמר סתם: איני בודל מהן כל בין השמשות, אפשר דכלול בזה כל שמונת הימים, **הרי זה מסתפק מהם בכל עת שירצה** - פי' אפילו כשהן תלוין, וכ"ש דהתנאי מהני להנות מהן כשיפלו, **שהרי לא הקצה אותם, ולא חלה עליהם קדושת הסוכה, ולא נחשבו כמותה.**

אות ו'

[יב] **אלא אמר רב יוסף: אבוהון דכולהו דם**

סימן תרעז ס"ד - [יג] **"הנותר ביום השמיני מן השמן הצריך לשיעור הדלקה** - היינו שלא נתן תחלה רק כשיעור הדלקה, ונכבה באמצע ונותר, **עושה לו מדורה ושורפו בפני עצמו** - דלהניחו לשנה הבאה לנר חנוכה אסור, דחיישינן לתקלה, **ואפילו** להניחו בכלי מאוס, דודאי לא יבוא לאכלו, ג"כ אסור, דחיישינן שמא יבוא לדלוק ולהנות הימנו.

באר הגולה

[יב] «אינו מובן למה ציין העין משפט בדיוק על מלות אלו» [יג] הרא"ש בשם שאילתות דרב אחאי והמרדכי בשם ילמדנו פסיקתא רבתי

שהרי הוקצה למצותו - דכיון שלא נתן תחלה רק כשיעור הדלקה, הוקצה למצותו ואסור להנות הימנו, **אבל** אם נתן הרבה בנר ונותר, מותר להשתמש בו לכתחלה, וכמו שכתב לעיל בסי' תרע"ב ס"ב.

(כתב הש"ג: צ"ע, אם נתן השמן לשיעור הדלקת חצי שעה, ודלק יותר מחצי שעה, כגון שהפתילה דקה, והוא חשב שהפתילה בינונית, אם מותר להסתפק ממנו, דאפשר כיון דהוא אקציה מדעתו, אף דבטעות הוי, נאסר).

ודע דיש פוסקים שסוברין, דאם נתן השמן בסתם, הוקצה כל השמן, אם לא דהתנה לכתחלה שלא יאסור אלא כשיעור, **(אבל אם לקח צלוחית של שמן לנר חנוכה, ונשתמש ממנו כדי צרכו, לכו"ע אין הנותר בכלל מותר השמן שבנר חנוכה).**

הנותר ביום השמיני - דבלילות הקודמין, אם נותר יכול להשתמש בהן למצות הדלקה בלילות שאחריהן.

(ואם נכבה באמצע השיעור בליל זיי"ן, והוסיפו בליל ח' הרבה שמן יותר מן השיעור, ודלק כשיעור חצי שעה וניתותר, נראה דלכו"ע אסור להנות מהן, דבודאי יש בזה מן השמן של תוך זיי"ן האסור, אם לא שיודע שבשמן שהוסיף על האתמול, היה ס' כנגד מעט הראשון).

ואם נתערב בשמן אחר ואין ששים לבטלו, [יד]יש מי שאומר שאין להוסיף עליו כדי לבטלו - ועיין ביו"ד, דיש מתירין בכל איסור דרבנן להוסיף עליו אם נתערב, ולכן כתב כאן יש מי שאומר.

אות ז'

מדליקין

סימן תרעד ס"א - [טו]מדליקין נר חנוכה מנר חנוכה - מיירי מליל ראשון ואילך, שיש יותר מנר אחד, ומדליק זה מזה, **א"נ** בליל ראשון, ויש שני אנשים בבית אחד, שכל אחד מדליק בפני עצמו, מותרין להדליק זה מזה, דשתיהן נרות של מצוה הן.

ואף דמבואר לקמן בסימן תרע"ה, שצריך להניחה תחלה על מקומה ואח"כ להדליקה, כבר כתב הט"ז לקמן, דעל זמן מועט אין להקפיד ע"ז, **ולדעת** שארי אחרונים דסוברין, דעל זמן מועט ג"כ יש להקפיד, הכא מיירי שהיו שניהן קבועין במקומן, אכן היה להן פתילות ארוכות, והפתילה מגיע לנר שלפניה, וא"צ להסירה ממקומה, [**ומסתברא** שאע"פ שמושך הנר שרוצה להדליק, ומדליקה מאחרת, דג"כ שפיר דמי, כל שאינה מסירה לגמרי מהנר, **ובא"ר** תירץ באופן אחר, דמיירי שמטלטל נר הדלוק, ומגיעה לנר המונח ומדליקה, **אכן** הפמ"ג מפקפק, דהא הביא בסי' תרע"ב בשם ליקוטי מהרי"ו, דאין לטלטל נר חנוכה ממקומה בתוך שיעורה, **ולענ"ד** נראה דסובר הא"ר, דהלא כל הטעם שלא יאמרו לצורכו הוא, והכא הלא רואין שמגיעה לצורך נר חנוכה אחרת].

ודוקא להדליק מזה לזה בלא אמצעי, אבל להדליק מזה לזה על ידי נר של חול, אסור - מפני שנראה כמבזה נר של מצוה, שמדליק ממנו נר של חול, אע"פ שהוא עושה לצורך מצוה, **אבל** בלא אמצעי אין בזה ביזוי מצוה, כיון דשתיהן של מצוה הן.

ואם כבה אחד מהנרות, אין להדליקה מן האחרים, אפילו בלא אמצעי, ואפילו כבתה בתוך שיעור הזמן, **דאין** בהדלקה זו מצוה מעיקר הדין, דקי"ל כבתה אין זקוק לה.

וכ"ש שאם נכבה השמש, שאין להדליקו מן נר חנוכה, שבכלל נר של חול לזה, **וכתב** רש"ל, שבבהכ"נ אין חילוק בין השמש לשאר נרות, שכל הנרות שבתוכה קרויים נר מצוה, **ומשו"ה** יש לגעור באותן שמדליקין נרותיהן ע"י השפחות מנר ביהכ"נ, אפילו מן השמש, **חוץ** ממוצאי שבת, כדי לילך לביתו להאיר במבואות האפילות.

[טז]ויש מתירים גם בזה - ס"ל, דכיון דעושה כדי להדליק תיכף ממנו נר של מצוה, לאו בכלל ביזוי הוא, **[יז]אא"כ הוא בענין שיש לחוש שיכבה הנר של חול קודם שידליק נר אחר של חנוכה.**

הגה: ונהגו להחמיר בנרות חנוכה שלא להדליק אפילו מנר לנר, דעיקר מצותו אינו אלא נר אחד, והשאר אינו למצוה כ"כ, ולכן אין להדליק זה מזה (הג"מ ומרדכי) - היינו דמדינא הלא סגי בנר אחד לכל בני הבית, היכי דסמוכין כולן על שולחן אחד, **ולפי"ז** היכא דשני בעלי בתים דרין בבית אחד, דמדינא צריך הדלקת נר חנוכה לכל אחד, מדליקין זה מזה.

ודוקא בנרות חנוכה, ומטעם הנ"ל, **אבל** בנרות אחרים של מצוה, כגון של שבת ושל בית הכנסת וכדומה, מדליקין מנר לנר, ד"מ, וכן הסכים בספר חמד משה, דכן הוא עמא דבר, וכ"כ בחיי אדם, **וכן** משמע לעיל בסימן קנ"ד סי"ד, דדוקא נר של הדיוט אין מדליקין מנר של ביהכ"נ, אבל נר מנר שרי, ולא הגיה הרמ"א שם כלום להחמיר, משמע דפשיטא ליה דבזה לית כאן מנהג להחמיר, **ועיין** בפמ"ג, דע"י נר של חול אין כדאי, אפילו בשאר נרות של מצוה.

וכל זה אינו רק בעוד שדולקים למצותן, אבל אחר שעבר זמן המצוה מותרים בהנאה, כ"ש שמותר להדליק מהן (נ"י כ"ק) - ולפי מה שכתבנו לעיל בסימן תרע"ב, דיש פוסקים שסוברין, דכל זמן שדולקין אסור להשתמש לאורן, ה"ה דאין להדליק מהן, **ומ"מ** נראה דאין להחמיר בזה, רק לענין להדליק ממנו נרות של חול, **אבל** נר של מצוה דמדינא מותר אפילו בתוך השיעור, עכ"פ אין לנו להחמיר אחר שעבר השיעור.

באר הגולה

[יד] טור בשם הר"מ מרוטנבורג **[טו] מימרא שבת כ"ב וכרב וכמאן דאמר משום ביזוי מצוה, רא"ש בשם הרי"ף וכ"כ הרמב"ן** ‹כתירוץ ראשון בתוס' שם עמוד ב' ד"ה מאי הוה עלה, דקי"ל כרב - גר"א› **[טז] שם בשם בעל התרומות וכ"כ הר"ן וכשמואל** ‹וכתירוץ שני בתוס' שם - גר"א› **[יז] תרומת הדשן** ‹גמרא שם {עמוד ב'} גזירה שמא לא יכוין כו' - גר"א›

אות ח'

מתירין מבגד לבגד

סימן טו ס"א - מותר להתיר ציציות מטלית זה וליתנם בטלית אחר - אפילו מטלית חדש לטלית חדש, [יח][ב"ח], וכ"ש מטלית ישן שמותר להתיר וליתנם בטלית חדש שרוצה ללבשו ולקיים בו המצוה. **גם** אפי' מטלית גדול לטלית קטן, שטלית גדול וטלית קטן שוים, **אבל** אין להתיר ציצית מטלית של גדול וליתנם בטלית של קטן, דחיובו רק מדרבנן. **ובפמ"ג** נסתפק, אם מותר להתיר ציצית מטלית של צמר, ליתנם בטלית של שאר מינים, להפוסקים דשאר מינים הוא רק מדרבנן, **והארצה"ח** מיקל בזה.

עיין בפמ"ג שכתב, דאם מצויים לו ציצית אחרים להשיג, נכון להחמיר שלא להתיר ציציותיו, אם לא באופן המבואר בסמוך.

[יט]**אבל שלא להניחם בבגד אחר, לא** - כי יש איסור שמבזה טלית של מצוה בחנם, **אם** לא שנתבלה הטלית, אז מותר להתיר ציציותיו בכל גווני, **או** שרוצה למכרו לנכרי, או לעשות מהטלית בגד שלא יהיה ד' כנפות, מותר ליטלן.

אבל אם רוצה למכור הטלית לישראל, אסור ליקח ציציותיו, אף שישראל השני יוכל להטיל ציצית בעצמו, אפ"ה אסור.

ומותר להסיר הציצית ולתת תחתיהם יותר נאים, משום הידור מצוה, או כשהם ישנים ומסירם כדי לחדשם, או כשנפסק חוט א' ולא נשאר בו אלא כדי עניבה, אע"פ שעדיין הציצית כשר, אעפ"כ מותר להסיר ולתת תחתיה שלמה.

ובמקום שהציצית הם שלמים, וראויים להנתן לבגד אחר {לאפוקי אם הם רק כדי עניבה} יש מן האחרונים שכתבו, דיזהר להתיר הקשרים והכריכות שלהם, ולא להפסיקן ולקרוע אותן, כדי שלא יכלה אותן, וכבר אחז"ל: לא ישפוך אדם מי בורו ואחרים צריכין להם, **והחיי** אדם כתב, במקום שקשה בעיניו הטרחה להתיר, מותר לנתקם, ואין בזה משום בל תשחית, כיון שאין עושה דרך השחתה.

הגה: ודוקא בטלית של בר חיובא - אפילו אינו חייב רק מדרבנן, **אבל מותר להתיר הצילית מטלית של מתים.**

אות ט'

הלכה כרבי שמעון בגרירה

סימן שלז ס"א - אקדים לסימן זה הקדמה קצרה, והיא: חורש הוא אחד מל"ט אבות מלאכות, וכיון שכונת החורש לרפויי ארעא, דאז טוב לזריעה, וגם כוונתו להשוות הגומות וליפותו, כדי שיהיה המקום שוה, **ולכן** החופר בשדה או שעשה חריץ, או שהיה שם תל קטן והשפילו, או שהיה שם מקום נמוך והשוה אותו, וכן כל המשוה גומות במקום הראוי לזריעה, חייב משום חורש, וכן כל מה שעושה ליפות הקרקע הוא תולדת חורש, וחייב בכל שהוא, **ואם** היה זה בבית, חייב משום בונה, שמתקן הבנין עי"ז.

[כ]**דבר שאין מתכוין, מותר** - זה לשון הרמב"ם: דברים המותרים לעשותן בשבת, ובשעת עשייתן אפשר שתיעשה בגללן מלאכה אחרת, ואפשר שלא תיעשה, אם לא נתכוון לאותה מלאכה מותר, וכן כוונת המחבר, **והוא שלא יהא פסיק רישיה** - פירוש, שבודאי תיעשה המלאכה האחרת.

[כא]**הלכך גורר אדם מטה כסא וספסל** - פי' כיון דדבר שאינו מתכוין מותר, הלכך גורר, דאע"ג דבגרירתו מצוי שיעשו חריצים בקרקע, ואיכא בזה משום חשש חופר, דהוא תולדה דחורש, אפ"ה לאו פסיק רישא הוא, אפילו בקרקע שאינה מרוצפת, דאפשר שפיר שלא תחרוץ בקרקע.

[**וחופר** גמור לית בזה, דאינו חופר כדרכו במרא וחצינא, אלא כלאחר יד, ובפרט כשגורר בבית ולא בשדה, דמקלקל הוא ע"י החריצים, ומדרבנן הוא דאסור, **ומ"מ** דע, דהא דקי"ל דבר שאינו מתכוין מותר, הוא אפי' במקום דבמתכוין איכא איסור דאורייתא].

בין גדולים - דמיטרח ליה לישאם על כתפו, **בין קטנים** - דיכול ליקחם על כתפו, אפ"ה מותר לו לגררם על הארץ, **ובלבד שלא יתכוין לעשות חריץ.**

כתב המג"א, דגדולים ביותר אסור לגרור על הארץ, דפסיק רישא הוא, דבודאי יעשה חריץ, **ואפילו** מרוצף בקרקע של שיש אסור לגרור, דגזרינן מרוצף אטו אינו מרוצף, [**ומסתברא** דאם כל העיר מרוצף באבנים או בקרשים, יש להקל בזה, **ואפי'** אם נחמיר לקמן בכיבוד, הכא קיל טפי, דאפי' באינו מרוצף לית בזה גררא דאורייתא מכמה אנפי, אחד, דהחריץ שיעשה הוא בזה רק חופר כלאחר יד, ועוד דהוא מקלקל ע"י הגומות שנעשים בבית ולא מתקן, **ועל** כולם הלא אינו מכוין לזה, והוא רק פסיק רישא דלא ניחא ליה, וגם בזה לכו"ע הוא רק איסור דרבנן, **ומבואר** לעיל בסי' שט"ז ס"ג בהג"ה, דדעת הרמ"א שם מוכח דס"ל בעלמא דאם הוא תרי דרבנן, מותר בפסיק רישא דלא ניחא ליה].

[כב]**ומותר לרבץ הבית** - להזות מים על קרקע הבית כדי שלא יעלה האבק, **כיון שאינו מתכוין להשוות גומות, אלא שלא יעלה האבק** - ואע"ג דכמה פעמים מתמלאים הגומות בעפר ובאבק, לאו פסיק רישא הוא.

ואפילו בקרקע שאינה מרוצפת מותר.

באר הגולה

יח ‹בפרק במה מדליקין כתב רש"י מתירין מטלית ישן לטלית חדש, עכ"ל, אפשר דרצונו לומר דטלית ישן קרוע שאין לובשין אותו, ומשו"ה מותר להתיר ציציותיו, אבל מטלית חדש לטלית חדש אין מתירין, **ומיהו** נראה עיקר דרש"י אורחא דמילתא נקט, דאין דרך להתיר ציצית מטלית שעומד ללבישה, אבל מדינא שרי אפילו מחדש לחדש - ב"ח› יט ‹תוס' בשבת שם, וז"ש בגמ' מבגד לבגד - גר"א› כ **מסקנא דגמרא שבת כ"ב ובכמה דוכתי** כא שם כב **מסקנא דגמרא שבת צ"ה**

במה מדליקין פרק שני שבת

תורה אור

*מעשר שני אין שוקלין כנגדו דנרי זהב ואפילו לחלל עליו מעשר שני אחר אי אמרת בשלמא כי פליגי רב ושמואל מנר לנר אבל בקינסא אסר שמואל הא לא תהוי תיובתא אלא אי אמרת בקינסא נמי שרי הא תהוי תיובתא אמר רבה גזירה שמא לא יכוין משקלותיו וקא מפיק להו לחולין מתיב רב ששת °מחוץ לפרוכת העדות יערוך *וכי לאורה הוא צריך והלא כל ארבעים שנה שהלכו בני ישראל במדבר לא הלכו אלא לאורו אלא עדות היא לבאי עולם שהשכינה שורה בישראל מאי עדות אמר *רב זו נר מערבי שנותן בה שמן כמדת חברותיה *וממנה היה מדליק °ובה היה מסיים והא הכא כיון דקביעי נרות לא סגיא דלא משקיל ואדלוקי קשיא בין למ"ד משום בזויי מצוה ובין למ"ד משום אכחושי מצוה תרגמא ר"פ בפתילות ארוכות סוף סוף למ"ד משום אכחושי מצוה קשיא קשיא מאי הוי עלה א"ר הונא בריה דרב יהושע חזינא אי הדלקה עושה מצוה מדליקין מנר לנר ואי הנחה עושה מצוה אין מדליקין מנר לנר דאיבעיא להו הדלקה עושה מצוה או הנחה עושה מצוה ת"ש דאמר רבא יהיה תפוש נר חנוכה ועומד לא עשה ולא כלום שמע מינה הנחה עושה מצוה התם הרואה אומר לצורכו הוא דנקיט לה ת"ש דאמר רבא הדליקה בפנים והוציאה לא עשה כלום אא"ב הדלקה עושה מצוה הדלקה במקומו בעינן משום הכי לא עשה כלום אלא אי אמרת הנחה עושה מצוה אמאי לא עשה ולא כלום התם נמי הרואה הוא אומר לצורכו הוא דאדלקה תא שמע דאמר רבי יהושע בן לוי

עששית

מעשר שני · דינרין שחילל עליהם מעשר שני אין שוקלין כנגדן דינרין של חולין לראות שיהיו שלימים : **אי אמרת בשלמא כי פליגי רב ושמואל מנר לנר** · ממש ולא בקיסם והא הוא דשרי שמואל דלא חייש לאכחושי אבל בקינסא דביזוי הוא מודה הא לאו הויא תיובתיה דהנך דינרים דחולין לא גופייהו מצוה ואע"ג דלמצוה קבעי להו לקינסא דמיא אלא אי אמרת בקינסא נמי שרי שמואל הואיל ולורך מצוה הוא הא הויא תיובתיה דאסר לשקול ואע"ג דלורך מצוה : **לא יכוין משקלותיו** · שמא לא ימצאם טובים או ימצאם יתירים ויחוס עליהן ולא יחלל המעשר עליהן ונמצא שביזה המעשר שלא ללורך : **ומפיק להו לחולין** · כלומר יניחם בחוליהן כמו שהן: **נר מערבי** · למ"ד במנחות *מזרח ומערב מונחין סדר הקנים קרי מערבי נר שני שבלד החיצון שהוא במזרח ולמ"ד לפונודרום מונחים אמצעי קרי מערבי על שם שהיה פיו כנגד מערב וכל שאר הנרות כלפי האמצעית דכתיב אל מול פני המנורה דהיינו אמצעי יאירו וגו' של לפון היו פונות לדרום ושבדרום פונות ללפון · נרות לוצ"ש של זהב שנותנין לתוכן שמן ופתילה : **כמדת חברותיה** · חצי לוג שיערו בה ללילי תקופת טבת הגדולים ואם ידלק ביום (ובלילה) בלילות הקצרים ידלק אבל פחות לא שלא יכבה בטבת בלילה והתורה אמרה מערב עד בקר : **וממנה היה מדליק** · הנרות בין הערבים : **ובה היה מסיים** · הטבת הנרות שדלק כל היום ואינו מטיבו עד הערב ומשנה זו בת"כ שנויה וסבירא ליה דמזרח ומערב מונחין והכי תניא לעיל מיניה להעלות נר תמיד שתהא נר מערבי תמיד שממנו יהא מתחיל ובו יהא מסיים ומדלא כתיב להעלות נרות ש"מ הוקבע נר אחד להתחיל בו בכל יום וזהו נר מערבי השני של מזרח והכי תנן (תמיד לג·) נכנס ומצא נרות מזרחים דולקות מדשן המזרחי ומניח את המערבי דולק שממנו מדליק את המנורה בין הערבים מצאו שכבה כגון מצאת שמעון הצדיק מדליקו ממזבח העולה ונראה בעיני דאמור רבנן קביעותא בנר שני משום דאין מעבירין על המצות וכי עייל בהיכל בקמא פגע ברישא וביה לא מצי לאתחולי דכתיב יערוך אותו לפני ה' צריך שיהא אחד חולה לו דאי לא לא קרינן ביה לפני ה' והכי אמרינן במנחות (דף נח:) דכתיב בנר מערבי לפני ה' מכלל דכולהו לאו לפני ה' כו' ובה היה מסיים ההטבה לפי שהשאר היה מטיב שחרית או מטיב בין הערבים ואוחז הישנה בידו או מניחה בכלי עד(א) שנותן שמןופתילה ומדליקה ומדליק ממנה את השאר והא דאמרינן בסדר יומא (דף לג:) הטבת ה' נרות קודם להטבת ב' נרות משמע כולהו הוה מטיב שחרית ויליף לה מקראי הייתו בשלא הי' הנס מתקיים והי' מוצאו שכבה דלא סמך קרא אניסא וכל זמן שהיו ישראל חביבין היה דולק כל היום והיינו עדותה : **והא הכא כיון דקביעי נרות** · במנורה ולא היה יכול לנתק נר מערבי מן המנורה להדליק בו האחרים על כרחיך הא דקתני ממנה הי' מדליק לא סגי דלאו משקל קינסא: **ואדלוקי** · לקינסא מנר מערבי ובההיא קינסא מדליק את השאר : **בפתילות ארוכות** · כל הפתילות יוצאות חוץ לנרותיהם עד שמגיעות זו לזו ומדליק ממנה הסמוכה לה והאחר זו מזו : **סוף סוף למ"ד כו'** · דהא לדידיה מתרגמא לשרגא אסור : **אי הדלקה עושה מצוה** · אי המצוה של חנוכה תלויה בהדלקה מדליקין כדאשכחן במנורה: **ואי הנחה עושה מצוה** · ועיקר מצותה תליא בהנחה: **אין מדליקין מנר לנר** · דהדלקה לאו מצוה היא כולי האי : **דאיבעיא להו גרסי'** · כלומר דהא מילתא כבר איבעיא לן ומפשטאדההיא בעיא מיפשטא לן הך : **היה תפוש נר חנוכה** · בידו משהדליקה עד שכבתה : **ועומד** · לאו דוקא אלא כן לשון הש"ס : **לצרכו** · להשתמש וליכא היכר ניסא : **בפנים** · בבית : **והוציאה לחוץ** . כדאמר לעיל דצריך להניחה על פתח ביתו מבחוץ : **אי אמרת בשלמא הדלקה עושה מצוה משום הכי לא עשה ולא כלום** · דכיון דזו היא מצותה צריך שתיעשה במקום חיובא :

עששית

וכי לאורה הוא צריך והלא כל אותם מ' שנה כו'· תימה אמאי נקט מ' שנה לעולם כל העולם כולו לאורו של מקום הולכין וי"מ וכי אהרן כשהיה נכנס לפנים לאורה היה צריך והלא מ' שנה היה מאיר להם עמוד ענן בכל המקומות כדאמרינן בברייתא דמלאכת המשכן היה מסתכל בטפיח *(ורואה בו) ויודע מה בתוכו בחבית ויודע מה בתוכה וכן משמע בת"כ דאכהנים קאי דגרם התם וכי לריכים לנר והלא כל אותן מ' שנה לא הולרכו לנר שנא' כי ענן ה' על המשכן וגו' ומיהו בשלהי כל קרבנות (מנחות ד' פו: ושם) משמע דאשכינה קאי דמייתי לה גבי הא דא"ר אליעזר לא לאכילה אני לריך ולא לאורה אני לריך וקאמר נמי התם לפרוכת העדות עדות היא לכל באי עולם שהשכינה שורה בישראל וא"ת לאורה אני לריך והלא כל אותן ארבעים שנה : **ובה** היה מסיים · פירש בקונטרס ובה היה מסיים ההטבה שהשאר היה מטיב שחרית וזה היה מטיב בין הערבים ואוחז הישנה בידו או מניחה בכלי עד שנותן לתוך מערבית שמן ופתילה ומדליקה ומדליק השאר ממנה וקשה לריב"א שאם (ב) אפשר להדליק מן הישנה א"כ גם השאר ידליק ממנה ומאי פריך לרב כיון דהוליא הפתילה הישנה מן הנר תו ליכא לא משום בזיון מצוה ולא משום אכחושי מצוה אלא ודאי א"א לעשות כן וכשבא להטיב היה מטיב כל מה שבנר והפתילה היתה כבה מאליה אלא בעוד שהפתילה ישנה בנר מערבי דולקת היה מדליק ממנה השאר והיה מטיבה ונותן בה שמן ופתילה חדשה ומדליקה מן השאר ובה היה מסיים היינו ההדלקה* : **והא** הכא כיון דקביעי נרות כו' · כמ"ד בפרק ב' מדות (מנחות ד' פח:) דנר של פרקים היה דמשמע התם דמחובר הוה והיה של פרקים כדי שיוכל להטיבו יפה ואיכא מ"ד התם דלא הוה קבוע אלא היה מסלקו לגמרי בשעת הטבה ואחר כך מניחו : **מאי** הוי עלה · תימה מאי קמיבעיא ליה ומאי קאמר נמי חזינן אי הדלקה כו' הא לכאורה משמע דהלכה כשמואל דהא רבה עבד כוותיה וא"כ קינסא נמי שרי דהא ע"כ בקינסא פליגי ובביזוי מצוה דהא מאן דמפרש טעמא דרב משום אכחושי מצוה איתותב וצ"ל דאינו תופס דברי רבה עיקר ומבעיא ליה אי הנחה עושה מצוה ואסור לרב מנר לנר משום ביזוי מצוה כמו בקינסא או הדלקה עושה מצוה ושרי כמו במנורה דלא חיישינן לאכחושי מצוה ומסיק דהדלקה עושה מצוה ושרי א"כ מלאתי בשם ריב"ם דמיבעיא ליה אליבא דשמואל דהילכתא כוותיה אי שרי בקינסא אי לאו ומיבעיא ליה אי קי"ל כמו שאמר למעלה דלמ"ד משום בזויי מצוה שרי להדליק מנר לנר לרב ואם כן בקינסא פליגי ושרי שמואל בקינסא או דילמא לא קי"ל הכי ומנר לנר נמי איכא ביזוי מצוה ואסר רב (פי') דהנחה עושה מצוה ולא דמי למנורה ודוקא מנר לנר שרי שמואל אבל בקינסא אפילו שמואל מודה דאסור ומסיק חזינן דאיבעיא לן ואפשיט דהדלקה עושה מצוה ומדליק לרב מנר לנר כמו במנורה ולשמואל אפילו בקינסא שרי : **דאיבעיא** להו הדלקה עושה מצוה כו' · ונפקא מינה אם הדליקה חש"ו או הניחה :

מכבה

עין משפט נר מצוה

לא ב מיי' פ"ג מהל' מעשר שני הל' יט :

לא ג מיי' פ"ג מהל' תמידין הלכה יד :

[ילקוט סוף פקודי ליח']

לב ד ה מיי' פ"ד מהל' חנוכה הל' ט סמג עשין ה טוש"ע א"ח סי' תרעה סעיף א :

[במנחות פו: איתי' רבא וכ"א בילקוט פרשת תצוה רמז שעח]

[וע"ע תוס' מנחות פו: ד"ה ממנה וכו']

רבינו חננאל

אדם מטה כסא וספסל ובלבד שלא יתכוון לעשות חריץ ואסיקנ' דטעמא דרב משום בזוי מצוה וכיון דנר של מצוה הוא [דמדליק מנר של] מצוה ליכא בזיון מצוה והדלקה היא המצוה ולא הנחת הנר בטפח הסמוך לפתח הלכך מותר להדליק נר של חנוכה מנר של חנוכה שנמצא מדליק מצוה ממצוה שהדלקת נר השני היא מצותו

מסורת הש"ס

מנחות פו:

[דף נח:]

תמיד לג· פ"ז מ"א

הגהות הב"ח

(א) רש"י ד"ה ובה היה מסיים וכו' מניחה בכלי עד שנותן לתוך מערבית שמן ופתילה וכו' (ב) תוס' ד"ה ובה היה וכו' וקשה לריב"א שאם היה אפשר להדליק בישנה א"כ :

גליון הש"ס

גמרא ובה היה מסיים · עיין חגיגה ד' כו ע"ב תוס' ד"ה מנורה :

§ מסכת שבת דף כב: §

אות א׳ - ב׳

סלע של מעשר שני אין שוקלין כנגדו דנרי זהב, ואפילו לחלל עליו מעשר שני אחר

גזירה שמא לא יכוין משקלותיו, וקא מפיק להו לחולין

רמב"ם פ"ג מהל׳ מעשר שני הי"ט - מע"ש אין שוקלין כנגדו אפילו דינרי זהב, ואפילו לחלל עליהם מע"ש אחר, גזירה שמא לא יכוין ממנו משקלו, [א]ונמצאו הפירות חסרים, והוא שוקל בהן מעות לחלל עליהם מעשר אחר, נמצא מוציא מעשר לחולין בפחות בדמיו.

אות ג׳

בפתילות ארוכות

רמב"ם פ"ג מהל׳ תמידין הי"ד - וכיצד מדליקו, מושך הפתילה עד שמדליקה ומחזירה, לפי שהנרות קבועים במנורה ואינו יכול להדליק בנר אחר משום בזיון.

אות ד׳ - ה׳

היה תפוש נר חנוכה ועומד, לא עשה ולא כלום

הדליקה בפנים והוציאה, לא עשה כלום

סימן תרעה ס"א - ומ"מ צריך שידליקנה במקום הנחתה - ר"ל דלא תימא דלא איכפת לן בהנחה כלל, ובאיזה ענין שידליק יצא, קמ"ל, **שאם [ב]הדליקה בפנים והוציאה לחוץ, לא יצא, [ג]שהרואה אומר: לצורכו הוא מדליקה.**

הנה בזמן הגמרא, שהיה צריך להניח הנר חנוכה על פתח ביתו מבחוץ, הוא כפשטיה, דצריך להדליק ג"כ במקום ההנחה, דהיינו מבחוץ, ששם הוא מקום החיוב של פרסומי ניסא, **ואפילו** כהיום שאנו מקילין, ומדליקין בפנים בבית, מ"מ אינו יוצא באופן זה, דצריך שיהיה הדלקת הנרות במקום שיניחם לבסוף, משום דהרואה יאמר לצורכו הוא מדליקה, [כן הסכים הב"ח ומ"א דאפי׳ באופן זה ג"כ לא יצא], **ולפי"ז** פשוט דה"ה אם הדליקה בחוץ והניחה בפנים, ג"כ אינו יוצא מטעם זה.

וכתבו הפוסקים, שאפילו היה ההדלקה והנחה במקום אחד, בפנים או בחוץ, ג"כ יש ליזהר שלא לטלטל הנרות חנוכה ממקומן, עד שיושלם השיעור של הדלקה, דהיינו חצי שעה, **ויש** מאחרונים שמקילין בזה, **וכתב** הפמ"ג, דלכתחלה בודאי יש ליזהר בזה, **ואפילו** בנרות חנוכה שמדליקין בביהכ"נ, ג"כ נכון ליזהר לכתחלה, שלא לטלטלן ממקומן עד שיעור חצי שעה.

[ד]וכן אם מדליקה ואוחזה בידו במקומה, לא יצא, שהרואה אומר: לצרכו הוא אוחזה - דעת הט"ז, דדוקא שאוחזה כל זמן מצותו, אבל אם אוחזה בידו קצת זמן, ואח"כ מניחה כשהיא דולקת, יצא, **אבל** כמה אחרונים מפקפקין בזה, ודעתם, דאין להדליק עד שיהיו מונחין תחלה במקומן.

באר הגולה

א ‹ודברי רבינו בפירושו שלא כפירוש רש"י - כסף משנה› ב **מימרא דרבא שם** ג ‹הקשה הב"ח, הא בגמרא אמרינן הטעם, דהדלקה במקומה בעינן כיון שהדלקה עושה מצוה, וא"כ מה צריך לטעם זה, ותירץ, דבא לומר דאפי׳ לדידן שמדליקין בפנים, אם הוציאה לחוץ לא יצא, שהרואה אומר לצרכו הדליקה - מ"א›
ד ג"ז **מימרא דרבא שם**

§ מסכת שבת דף כג. §

אות א׳ – ב׳

שהיתה דולקת והולכת כל היום כולו, למוצאי שבת מכבה ומדליקה

שמע מינה: הדלקה עושה מצוה, שמע מינה

סימן תרעה ס"א - [א]הדלקה עושה מצוה, ולא הנחה - מדמברכינן: אקב"ו להדליק נר וכו', **ולפי"ז** גם בשבת ויו"ט נמי דינא הכי, **שאם היתה מונחת במקומה שלא לשם מצות חנוכה, מדליקה שם וא"צ להסירה ולהניחה לשם מצות חנוכה.**

[ב]לפיכך עששית שהיתה דולקת כל היום, שהדליקה מע"ש למצות חנוכה, למוצאי שבת מכבה ומדליקה לשם מצוה - ר"ל שאם היינו סוברין שהנחה עושה מצוה, היה צריך לכבותה ולהגביה, ולהניחה לשם מצוה ולהדליקה, **אבל** כיון שהדלקה עושה מצוה, מדליקה כמות שהיא מונחת, [גמרא]. **ואינו** מועיל מה שהדליקה אתמול לשם מצוה, דכל יומא ויומא מילתא באנפי נפשה היא.

[ג]סימן תרעה ס"ב - [ד]יש מי שאומר דכיון דהדלקה עושה מצוה, צריך שיתן שמן בנר כדי שיעור קודם הדלקה; אבל אם בירך והדליק ואח"כ הוסיף שמן עד כדי שיעור, לא יצא ידי חובתו - וצריך לכבותה וליתן בה שמן כשיעור, ולחזור ולהדליק בלא ברכה.

אות ג׳ – ד׳

הדליקה חרש שוטה וקטן, לא עשה ולא כלום

אשה ודאי מדליקה

סימן תרעה ס"ג - [ה]אשה מדלקת נר חנוכה, שאף היא חייבת בה - שהנס היה גם להן, שהגזירה היתה על כל בתולה הנישאת שתבעל להגמון תחלה, **וגם** התשועה נעשה ע"י אשה, שבת יוחנן כ"ג חתכה ראשו של ראש הצוררים.

מדלקת - פי׳ בעד כל בני ביתה, (בזה אין צורך שיהיו עומדים אצלה בשעת הברכה), **ואפילו** איש יכול לעשות אותה שליח להוציאו, אם עומדין בשעה שמדלקת, ושומעין הברכה, **ובדיעבד** אם לא ענו אמן על הברכה ג"כ יצאו, **וכן** איש מברך לאשה ויוצאת ידי חובתה, אם עומדת שם ושומעת הברכה, לא בענין אחר, (זה מיירי ע"כ בשאינם מבני ביתם של המדליק, ובאופן שהוא מדליק כעת שנית עבורם, או באופן שהם מדליקין לעצמם ויוצאים בברכתו – קנה בשם).

(**והגם דיכולה להוציא אפי׳ בעלה, אבל ידוע מה שארז"ל: בן מברך לאביו ואשה מברכת לבעלה, אבל אמרו חכמים, תבא מארה לאדם שאשתו ובניו מברכין לו, ומה שאמר "דקא מדליקי עלי בגו ביתאי", מפני שלא היה אז בביתו, ועיקר החיוב מונח על הבית**).

ועיין בתשובת עולת שמואל, דלדידן שמדליקין כל אחד בפני עצמו, מ"מ אשה אינה צריכה להדליק, דהויין רק טפילות לאנשים, [דאשתו כגופו דמי], **ואם** רוצים להדליק, מברכות, דהוי כשאר מצות עשה שהזמן גרמא דיכולות לברך, **וכשאין** האיש בבית, תדליק האשה, דהוי בת חיובא, ובברכה, ולא ידליק קטן, וכדלקמיה.

כתב רש"ל, סומא אם הוא בבית שאחרים מדליקין, ויכול להשתתף בפריטי עמהם ויברכו עליו, זה עדיף, וכן אם יש לו אשה אשתו מדלקת עליו, **ואם** הוא בבית מיוחד ואין לו אשה, ידליק בעצמו ע"י סיוע של אחר, **ועיין** בשע"ת דלא יברך, וכ"ש שאינו יכול להוציא אחרים.

[ו]אבל אם הדליקה חרש שוטה וקטן, לא עשה כלום - ואפילו אחרים עומדין על גבם, דאין עליהן חיוב מצוה, **ואע"פ שהניחה גדול** - דהדלקה עושה מצוה ולא הנחה.

[ז]ויש מי שאומר, בקטן שהגיע לחינוך מותר - הנה לפי מה שסתם המחבר בסימן תרפ"ט ס"ב, משמע דלמעשה אין לסמוך, שיהיה הקטן יכול להוציא בהדלקתו לגדולים.

הגה: ולדידן דכל אחד מבני הבית מדליק בפני עצמו, קטן שהגיע לחינוך צריך להדליק ג"כ - ר"ל דאף אם נימא להלכה דלא כהי"א הנ"ל, ואינו יכול להוציא אחרים בהדלקתו, מ"מ הוא בעצמו כיון שהגיע לחינוך צריך להדליק.

ולדידן - [ור"ל דלדעת המחבר לעיל בסי׳ תרע"א, שסובר שא"צ להדליק אפי׳ המהדרין מן המהדרין, רק הבעה"ב בשביל כולם, ורק שמוסיף בכל לילה, אין שייך כלל לומר דהקטן ידליק, אם לא שיש לו בית מיוחד בפני עצמו, וזהו דקאמר: ולדידן וכו׳].

(**ועיין במ"א דהביא מש"ג דס"ל, דאפילו לדידן שמדליקין נר לכל א׳ וא׳, קטנים פטורין, דנהי דמחוייב לחנכו, היינו בדבר שיש בו חיוב על הגדול מצד הדין, אבל בזה דגם בגדול ליכא כי אם משום הידור מצוה, אינו מחוייב לחנך בו הקטן**). **ונ"ל** דלקטן א"צ להחמיר כולי האי, ודי שידליק בכל לילה רק נר אחד לכו"ע.

כתבו האחרונים, דגר גם כן יכול לומר: שעשה נסים לאבותינו.

באר הגולה

[א] מסקנת הגמרא שבת כ"ג [ב] מימרא דרבי יהושע בן לוי שם [ג] (מילואים) [ד] הרא"ש [ה] מימרא דר׳ יהושע בן לוי שם, שאף הם היו באותו נס, ופי׳ רש"י שגזרו היונים על כל הבתולות הנישאות שיבעלו להגמון תחלה, וע"י האשה נעשה הנס [ו] מסקנת הגמרא שם [ז] הר"ן בשם בעל העיטור

מסורת הש"ס

עין משפט נר מצוה

תורה אור

עששית ^א שהיתה דולקת והולכת כל היום כולו למוצ"ש מכבה ומדליקה אי אמרת בשלמא הדלקה עושה מצוה שפיר אלא אי אמרת הנחה עושה מצוה האי מכבה ומדליקה מכבה ומגביהה ומניחה ומדליקה מיבעי ליה ועוד מדקא מברכינן אשר קדשנו במצותיו וצונו להדליק נר של חנוכה ^ב ש"מ הדלקה עושה מצוה ש"מ והשתא דאמרינן הדלקה עושה מצוה ^ג הדליקה חרש שוטה וקטן לא עשה ולא כלום ^ד אשה ודאי מדליקה דא"ר יהושע בן לוי נשים חייבות בנר חנוכה *שאף הן היו באותו הנס: אמר רב ששת ^ה אכסנאי חייב בנר חנוכה א"ר זירא ^ו מריש כי הוינא בי רב משתתפנא בפריטי בהדי אושפיזא בתר דנסיבי איתתא אמינא ^ז השתא ודאי לא צריכנא דקא מדליקי עלי בגו ביתאי: א"ר יהושע בן לוי ^ח כל השמנים כולן יפין לנר ושמן זית מן המובחר אמר אביי מריש הוה מהדר מר אמשחא דשומשמי אמר האי משך נהורי טפי כיון דשמע לה להא דרבי יהושע בן לוי מהדר אמשחא דזיתא אמר האי צליל נהוריה טפי ואריב"ל ^ט כל השמנים יפין לדיו ושמן זית מן המובחר איבעיא להו °לגבל או לעשן ת"ש דתני רב שמואל בר זוטרא כל השמנים יפין לדיו ושמן זית מן המובחר בין לגבל בין לעשן רב שמואל בר זוטרא מתני הכי כל העשנים יפין לדיו ושמן זית מן המובחר אמר רב הונא כל השרפין יפין לדיו ושרף קטף יפה מכולם: *א"ר חייא בר אשי אמר רב המדליק נר של חנוכה צריך לברך ורב ירמיה אמר הרואה נר של חנוכה צריך לברך אמר רב יהודה *^י יום ראשון הרואה מברך ב' ומדליק מברך ג' מכאן ואילך מדליק מברך שתים ורואה מברך אחת מאי ממעט ממעט זמן ונימעוט נס נס כל יומי איתיה מאי מברך מברך אשר קדשנו במצותיו וצונו להדליק נר של חנוכה* ^כ והיכן צונו רב אויא אמר °מלא תסור רב *נחמיה אמר °שאל אביך ויגדך זקניך ויאמרו לך מתיב רב עטרם *הדמאי מערבין בו ומשתתפין בו *ומברכין עליו ומזמנין עליו ומפרישין אותו ערום ובין השמשות ואי אמרת כל מדרבנן בעי ברכה הכא כי קאי ערום היכי מברך והא בעינן *°והיה מחניך קדוש וליכא אמר אביי ^ל ודאי דדבריהם בעי ברכה ספק דדבריהם לא בעי ברכה והא יו"ט שני דספק דבריהם הוא ובעי ברכה התם כי היכי דלא לזילזולי בה *רבא אמר רוב עמי הארץ מעשרין הן: אמר רב הונא ^מ חצר שיש לה ב' פתחים צריכה שתי נרות (*ואמר) רבא ^נ לא אמרן אלא משתי רוחות אבל מרוח אחת לא צריך מ"ט אילימא משום חשדא חשדא דמאן אילימא חשדא דעלמא אפילו ברוח אחת נמי ליבעי אי חשדא דבני מתא אפי' משני רוחות נמי לא ליבעי לעולם משום חשדא דבני מתא וזימנין דמחלפי בהאי ולא חלפי בהאי ואמרי כי היכי דבהאי פיתחא לא אדליק בהך פיתחא נמי לא אדליק ומנא תימרא דחיישינן לחשד *דתניא אמר רבי שמעון °בשביל ארבעה דברים אמרה תורה להניח פיאה בסוף שדהו מפני גזל עניים ומפני ביטול עניים ומפני החשד ומשום °בל תכלה מפני גזל עניים שלא יראה בעל הבית שעה פנויה ויאמר לקרובו עני הרי זו פאה ומפני

[מסורת הש"ס / מקורות בגליון: דברים יז; דברים לב; דברים כג; ויקרא יט; דמאי פ"א מ"ד; פסחים קח: מגילה ד: ערכין ג:; סוכה מו:; מס' סופרים פ"כ הלכה ו; [בהלכות פי' כו איתא רב נחמן בר יצחק] *ומברכין ברהמ"ז ומזמנין ביה"ל אילו ברכת המזון פשיטא מברכין דאמר' ליהנות מהעוה"ז בלא ברכה [ת"י] לעיל יג. כתובות כד: גיטין סא: ביצה לה: מנחות לא:; תוספתא דפאה פ"א ה"ב; פי' קדושים; נ"ל אמר]

רש"י

עששית · כלי גדול של זכוכית בלמ"ז לנטרנ"א: **דולקת** · שהדליקה למצות חנוכה בע"ש: **ומדליקה** · למצות הלילה: **היו באותו הנס** · שגזרו יוונים על כל בתולות הנשואות להיבעל לטפסר תחלה ועל יד אשה נעשה הנס: **אכסנאי** · אורח: **בתר דנסיבי** · ופעמים שהייתי אכסנאי ללמוד תורה: **עלי** · בשבילי: **בגו ביתאי** · בביתי: **משוך נהורים** · אינו ממהר לכלות כשמן זית: **צליל נהורים** · צלול ומאיר: **לגבל** · מצאתי בתשוב' הגאוני' שמעשנין כלי זכוכית בעשן שמן זית עד שמשחיר וגורר השחרורי' ונותן בו שמן קימעא ומגבל בו ומייבשו בחמה וממחה אותו לתוך הדיו: **לעשן** · כמו כדפרישית: **שרף** · גומא: **קטף** · פרוני"ל של יער כמו שאנו עושים משל שרף: **הרואה**. העובר בשוק ורואה באחד החצרות דולק ומצאתי בשם רבינו יצחק בן יהודה שאמר משם רבינו יעקב דלא הוזקקה ברכה זו אלא למי שלא הדליק בביתו עדיין או ליושב בספינ': **הרואה מברך שתים** · שעשה נסים ושהחינו שאין עליו לברך להדליק דהא לא אדליק איהו: **מאי ממעט** · המדליק בשאר ימים איזו מן השלש ממעט: **כל יומי איתיה** · שהרי כל שמנה הדליקו מן הפך אבל זמן משהגיענו להתחלת זמן הגיענו: **היכן צונו** · הא לאו דאורייתא היא אלא מדבריהם: **מלא תסור** · מן הדבר אשר יגידו לך וגו': **מערבין בו** · עירובי חצרות ותחומין: **משתתפין בו** · במבוי דאי בעי מפקר לנכסיה והוה עני וחזי ליה כדתנן מאכילין את העניים דמאי הלכך חשוב דידיה: **ומברכין עליו**. המוציא: **ומזמנין עליו** · ברכת הזימון: **ומפריש אותו** · אדם שהוא ערום כלומר דלא צריך לברוכי עליה בהפרשתו: **והיה מחניך קדוש** · ולא יראה בך ערות דבר אפילו דבור דהזכרת השם לא יראה בך ערות דבר: **ודאי דדבריהם**. כגון נר חנוכה: **ספק דדבריהם** · כגון דמאי שהפרשתו אינה אלא מספק: **ובעי ברכה** · קדוש היום: **רבא אמר** · ספק דדבריהם בעי ברכה ודמאי אפילו ספק לא הוי אלא חומרא בעלמא דרוב עמי הארץ מעשרין: **חצר שיש לה ב' פתחים** · שיש לבית ב' פתחים פתוחים לחצר צריכ' שתי נרות נר לכל פתח כדמפ' טעמא משום חשדא שהרואה יהא סבור שהבית חלוק והרי הוא של שני בני אדם ויאמרו האחד אינו מקיים מצות נר: **מב' רוחות** · אחד בצפון ואחד במזרח: **חשדא דעלמא** · בני עיר אחרת העוברין משם בשוק: **אפי' מרוח אחת נמי** · סבורין הן שהבית חלוק מתוכו: **ואי חשדא דבני מתא** · שיודעים שאין חלוק: **לסוף שדהו** · בגמר קצירו כדכתי' לא תכלה משמע בשעת כילוי ולא שיקצרנה אותה קודם לכן: **מפני בטול עניים** · וכולהו מפרש להו: **שעה פנויה** · שאין עניים אלנו ויאמר לקרובו עני מהר וטול כאן עד שלא יבאו אחרים אבל עכשיו שמניחה בגמר קציר השד' העניים רואין ובאין:

תוספות

מכבה ומגביהה ומניחה וחוזר ומדליק מיבעי ליה · וא"ת אמאי מכבה וחוזר ומדליק בהגבהה סגי כיון דהנחה עושה מצוה דאמו מי גרע דלוקה ועומדת מהדליקה חש"ו וי"ל דמיירי שהדליקה מתחלתה לצורך שבת ולכך גרע מהדליקה חש"ו דהתם שמדליקה בעתה ניכר הדבר שהוא מדליקה לשם חנוכה · ריב"א:

שמע מינה הדלקה עושה מצוה · וא"כ מותר להדליק מנר לנר ומכל מקום כיון שנהגו העולם להחמיר אין לשנות המנהג:

מריש הוה מהדר מר אמשחא דשומשמי · כראה דאנר חנוכה קאי ומשום טעמא דמסיק דנפיש נהוריה טפי אבל לנר שבת פשיטא דשמן זית מצוה מן המובחר לפי שנמשך אחר הפתילה טפי מכולהו כדמוכח במתניתין דכולהו מודו ביה דמדליקין:

כל השרפים יפים לדיו · פירש בקונטרס שרף גומא ואין נראה לר"ת דהא דיו אין זה גומא כדאמרינן בפ"ב דגיטין (דף יט. ושם) בכל כותבין בדיו בסם ובסקרא ובקומוס ומפרש בגמרא קומוס גומא ודיו נמי אין זה מי עפצים שרגילין להניח בהן גומא דהא בברייתא קתני התם כתבו במי טריא ועפצא דהיינו עפצים כשר משמע דלאו היינו דיו דקתני במתניתין ועוד דכשר משמע דיעבד ובדיו היא עיקר הכתיבה ועוד דבפרק כל היד (נדה דף כ. ושם) אמרינן פלי קורטא דדיותא ובדיק דהיינו דיו שלנו שהוא קשה ולא של עפצים ואין דרך להניח גומא לתוך דיו שלנו אלא שרף [דהכא] היינו לחלוחית של אילן כמו שאנו עושין דיו שלנו וכן יש בנדה בפ"ק (דף י:) גבי בתולה זו שירפה מצוי וזו אין שירפה מצוי וכן בפ' כל שעה (פסחים לט. ושם) ירק מר יש לו שרף ופניו מכסיפין דע"כ ההוא שרף היינו לחלוחית ועל כן היה פוסל ר"ת ס"ת שאין כותבין בדיו שלנו דשאר לא מיקרי דיו כדפי' ואמרי' בפ' הבונה (לקמן קד:) כתבו שלא בדיו הרי אלו יגנזו ומוקמי' לה בהקומץ רבה (מנחות דף לד*) בס"ת:

[גליון: ע"ש ועי' תוס' גיטין יט. ד"ה כתבו]

הדר

[נ"ל באי' אנו"ח שעשה נסים וכו' ושהחיינו וכו' וכ"א בכרי"ף וברא"ש]

[לפי פרש"י ד"ה והיה מחניך כו' סמיך הש"ס אסיפא דקרא כמ"ש תוס' כתובות כד: סד"ה אלו וכן כתבו בשאר דוכתא ועי' ב"מ קיד: מנין לערום שלא יתרום דכתי' ולא יראה בך ערות דבר ע"ש פרש"י]

גליון הש"ס

גמ' איבעיא להו לגבל. עי' לעיל דף יח ע"א תוס' ד"ה אבל דיו:

לג א ב מיי' פ"ד מהל' חנוכה הל' ט סמג עשין ה טוש"ע א"ח סי' תרעה סעיף א:

לד ג ד מיי' שם טוש"ע שם סעיף ג:

לה ה ו ז מיי' פ"ד שם הל' יא סמג שם טוש"ע א"ח סימן רסג סעיף ז וסימן תרעז סעיף א:

לו ח מיי' פ"ה מהל' שבת הל' יא סמג לאוין סה טוש"ע א"ח סי' רסד סעיף ו וסימן תרעג סעיף א:

לז ט מיי' פ"א מהל' תפילין הל' ד סמג עשין כה טוש"ע א"ח סי' לב סעיף ג:

לח י מיי' פ"ג מהל' חנוכה הל' ד סמג עשין ה טוש"ע א"ח סי' תרעו סעי' א ב ג:

לט כ מיי' פי"א מהל' ברכות הל' ג סמג עשין כז:

מ ל מיי' פ"ג מהלכות חנוכה הל' ה וע"ש במ"מ:

מא מ נ מיי' פ"ד מהל' חנוכה הל' י סמג עשין ה טוש"ע א"ח סי' תרעא סעיף א:

מב ס מיי' פ"ב מהל' מתנות עניים הלכה יב:

רבינו חננאל

ובעי'(להדליק)[שידליק] מי שהי' חייב ובר מצות והנשים מדליקות עששית שהיתה דולקת כל היום כולו לערב מכבה ומדליקה ואכסנאי חייב בנר חנוכה ואי משתתף בהדי אושפיזי או אם היה נסיב תו לא צריך · כל השמנים יפין לנר ושמן זית יפה מכולם המדליק ביום ראשון מברך להדליק ושעשה נסים וזמן · מיכן והילך מברך שתים ומניח זמן' היכן צונו דמברכין אשר קדשנו במצותיו וצונו להדליק רב נחמן בר יצחק אמר שאל אביך ויגדך כו' [רב] אויא אמר לא תסור מן הדבר אשר יגידו לך הנה צונו אלהינו לשמוע דברי חכמים ואקשינן וכי מצוה מדרבנן בעי ברכה והתנן הדמאי מערבין בו ומשתתפין בו ומברכין ומזמנין עליו ומפרישין אותו ערום בין השמשות ואי אמרת דכל מצוה מדרבנן בעי ברכה היכי מברך ערום הא בעינן והיה מחניך קדוש ולא יראה בך ערות דבר וליכא ושני אביי ודאי דדבריהם כגון חנוכה וכיוצא בו בעי ברכה אבל דמאי דאפי' לרבנן ספק הוא לא בעי ברכה איני והא יו"ט שני דספק מדרבנן הוא ומברכינן ומשנינן התם הוא משום דלא לזילזולי בה רבא אמר רוב עמי הארץ מעשרין הן לפיכך לא בעי ברכה בדמאי השתא מן רבנן דדייק ואמרי לענין נולד כשהוא מהול אע"ג דקיי"ל (כרבא) [כרבה] דאמר שמא ערלה כבושה הוא לפיכך צריך להטיף ממנו דם ברית בחול כיון שהוא ספק מדבריהם כד מהיל ליה בחול לא צריך ברכה כמו הדמאי · אמר רב הונא חצר שיש לה ב' פתחים בב' רוחות צריך ב' נרות דחיישינן לחשדא ומנלן דחיישינן דתני

ח'סימן תרעז ס"ב - ט'קטן שהגיע לחינוך צריך להדליק - לפי מה שפסק המחבר בסי' תרע"א ס"ב, דאפילו המהדרין מן המהדרין אין מדליקין רק נר אחד לכל אנשי הבית, ורק שמוסיפין והולכין בכל יום נר אחד יותר, **ע"כ** מיירי כאן שהקטן הזה יש לו בית בפני עצמו, וע"כ צריך להדליק ולברך, **אבל** לדידן דנהגינן שכל אחד צריך להדר ולהדליק בפני עצמו, א"כ גם הקטן הזה צריך בכל גווני להדליק בפני עצמו, והכי פסק הרמ"א לעיל בסוף סימן תרע"ה, **אבל** דעת הש"ג והמאירי, דאפילו לדידן א"צ לחנך הקטן להדליק בפני עצמו, אם לא שיש לו בית בפני עצמו, ‹וע"ש מש"כ במ"ב›.

אות ה' - ו' - ז'

אכסנאי חייב בנר חנוכה

אמר רבי זירא: מריש כי הוינא בי רב משתתפנא בפריטי בהדי אושפיזא

בתר דנסיבי איתתא אמינא: השתא ודאי לא צריכנא, דקא מדליקי עלי בגו ביתאי

סימן רסג ס"ז - י'אורח שאין לו חדר מיוחד - הא אם היה לו חדר מיוחד, צריך להדליק ולברך, אפילו אם מדליקין עליו בביתו, וכנ"ל בס"ו, **וגם אין מדליקין עליו בביתו, צריך להשתתף בפרוטה** - וה"ה אם הבעה"ב מקנה לו חלק בנר שלו במתנה, וכמ"ש לקמן בסימן תרע"ז לענין נר חנוכה.

והביא המג"א בשם תשובת רש"ל, דגם הבחורים צריכין להשתתף, ומסיק שם דאפשר דהיינו דוקא כשאוכל בפני עצמו, **אבל** אם סומך על שלחן בעה"ב, הרי הוא בכלל בני ביתו, ע"ש.

סימן תרעז ס"א - יא'אכסנאי שאין מדליקין עליו בביתו - כי מדינא כשאשתו מדלקת נר חנוכה בביתו, הוא יוצא י"ח בהדלקתה, אף שהוא במקום רחוק מביתו, וא"צ שוב להשתתף אפילו בפריטי, **ועיין** בט"ז בשם רש"ל, דדוקא כשהוא יודע בבירור שאשתו מדלקת עליו, [**ובתרומת** הדשן משמע, דאפי' אינו יודע זה בבירור, רק שהוא יודע באשתו שיודעת דין זה, שהאשה צריכה להדליק בגו ביתה, שהמצוה מוטלת על מי שהוא בתוך הבית, או אפי' אם אינה יודעת, אבל בני ביתה יודעים דין זה], **אבל** אם אינו יודע, יש לו להדליק וגם לברך, **ומטעם** זה, מי שלא ידע שהדליקו עליו, ובא באותו לילה לביתו ומצא שהדליקו עליו, צריך להדליק, דכיון שלא ידע מתחלה, מסתמא היה דעתו להדליק בעצמו ולא לצאת בשל אשתו, וממילא חל עליו תקנת חכמים, **ועיין** במ"א שדעתו בזה, דידליק בלא ברכה.

וע"ל בסי' תרע"ו, שהבאנו כמה פוסקים שסוברין, דכשהוא סומך על אנשי ביתו, אף שיוצא בזה ידי נר חנוכה, מ"מ כשרואה אח"כ נר חנוכה, י"א שצריך לברך "שעשה נסים", **וע"כ** נכון יותר להדליק בעצמו אפי' נר אחד, ולא לסמוך על קולא זו, וע"ל בס"ג מה שנכתוב בזה.

‹ועכ"פ כשאין מדליקין עליו בביתו› **צריך לתת פרוטה לבעל הבית להשתתף עמו בשמן של נר חנוכה** - היינו שא"צ האכסנאי ליתן כל חצי הוצאות הנרות, רק בפרוטה סגי, דעי"ז מקנה לו חלק בשמן, **ויש** מאחרונים שכתבו, דצריך הבעה"ב להוסיף מעט שמן בשבילו, חוץ השיעור שצריך ליתן לצורך חצי שעה בשביל עצמו, [**והפר"ח** כתב דא"צ להוסיף כלל], **וה"ה** אם בעה"ב מקנה לו חלק בשמן במתנה, [באחד מדרכי הקנין, ולא באמירה בעלמא], שרי, דהוי כמשתתף בפרוטה, ‹**ומ"מ צריך ליזהר בשיתוף זה, שלא ידליק זה לילה אחת וזה לילה אחרת, אלא יהא השמן משותף בכל לילה ולילה, או יתן לו פרוטה לזכות לו חלק בכל הלילות**›.

והיינו אפילו אם אוכל על שולחן בעה"ב, לא אמרינן דכבני ביתו דמי, ומדינא די בנר אחד לכולם, **כיון** דאורח הוא, ואינו סמוך על שולחנו בקביעות, צריך להשתתף עמו, **וצריך** האכסנאי לשמוע הברכות מבעה"ב.

‹**עיין בפמ"ג שכתב, אם שני בעלי בתים דרים בחדר אחד, ואין סומכין וכל אחד אוכל משלו, צ"ע אם די בשיתוף, דאפשר דצריך כל אחד מדינא להדליק בשלו, ואורח אפשר הקילו, וחולקין בזה הלבוש והפר"ח, אמנם מדברי השיבולי לקט בשם רבותינו, מסתימת דבריו משמע, דכיון שהם בבית אחד די בשיתוף**›.

וה"ה הבחורים שלומדים שלא בביתם, צריכין להשתתף עכ"פ, **ודוקא** בבחור שאוכל בפני עצמו, אבל אם סמוך על שולחן בעה"ב, הוא בכלל בני ביתו, וה"ה משרתיו, כיון שהם סמוכין על שולחנו בקביעות, מדינא א"צ להדליק, אא"כ רוצה להיות מן המהדרין, ‹**ועיין בפר"ח, דלדידיה בכל גווני צריך להשתתף**›.

ומ"מ אם יש לאכסנאי נר, נכון יותר להדליק בעצמו, [לצאת דעת מהרי"ו ומהרי"ל, שכתב דכהיום שהמנהג בעלמא להיות מן המהדרין נר לכל אחד, אתו לחשדו שלא הדליק נר חנוכה], ‹עיין לקמן בסמוך›.

יב'ואם יש לו פתח פתוח לעצמו, צריך להדליק בפתחו - הטעם משום חשדא, שיחשדו אותו שלא הדליק נר חנוכה, **ואפי'** אם הוא יודע שמדליקין עליו בביתו, לא מהני, **ואפי'** הוא פתוח לרוח שפתח בעה"ב פתוחה, והבעה"ב הלא הדליק נר חנוכה, **מ"מ** חיישינן שכשידעו שפה התאכסן אורח אחד, יאמרו שלא הדליק נר חנוכה, [**דאינו** דומה לחצר שיש לו שני פתחים מרוח אחד, דמקילינן לעיל בסימן תרע"א בסופו, הכא חמיר טפי מטעם שכתבנו].

באר הגולה

ח ‹מילואים› | ט אורחות חיים | י בהגהת מרדכי בשם ראבי"ה | יא מימרא דרבי זירא שבת כ"ג | יב מהא דרב הונא ‹חצר שיש לה ב' פתחים›

(מסתפקנא אם מיירי אפילו אין הבית חלוק מתוכו, אלא שהאורח יש לו בבית זוית אחת שהוא משתמש שם, ובאותו זוית יש לו פתח לרחוב שהוא נכנס ויוצא דרך שם, וחיישינן לחשדא כשלא ידליק לעצמו, **או** דמיירי דוקא שהבית חלוק מתוכו, ויש לו חדר מיוחד שם, אז חיישינן לחשדא, וכן משמע לכאורה לשון השו"ע מסוף דבריו, וצ"ע, **אח"כ** מצאתי כעין זה בשבה"ל, שיש ב' דיעות בזה, ויש לעיין קצת).

וכיון דבזה ההדלקה אינו אלא משום חשדא, י"א דלא יברך אם יודע שמדליקין עליו בביתו, **אבל** אם אין מדליקין עליו בביתו צריך לברך, דכיון שהוא מדליק בעצמו, בודאי אינו משתתף עמהם בפריטי, וחל עליו מדינא חובת הדלקה.

משמע דכשאין פתח פתוח, אפי' הוא מתאכסן בחדר בפני עצמו, יכול להשתתף בפריטי עם בעל הבית, או אם הוא נשוי, יכול לסמוך על ביתו.

[יג] אף על פי שאותו בית אינו מיוחד אלא לשינה, והוא אוכל על שלחן בעל הבית - טעמו, שכיון שיש לו בית מיוחד לשינה, והעולם רואין אותו נכנס ויוצא בו, איכא חשדא אם אינו מדליק, שאין העולם יודעין שאוכל במקום אחר.

והוא הדין לבן האוכל אצל אביו - ואפילו אוכל אצלו בקביעות, כיון דהטעם משום חשד.

הגה: וי"א דבזמן הזה שמדליקים בפנים ממש, ידליק במקום שאוכל, וכן נהגו (תשובת רשב"א) - דמקום אכילתו עיקר, **ועיין** באחרונים שכתבו, דגם הדעה ראשונה מודה בזה"ז, דכיון שמדליקין בפנים ליכא חשדא מעוברים ושבים, אלא מבני הבית, והם יודעים שמדליק במקום שאוכל, או משתתף עם בעה"ב שם, [**היינו** לענין אכסנאי, **אבל** לענין בן, אם הוא סומך על שולחן אביו בקביעות, הרי הוא בכלל נר איש וביתו, וא"צ להשתתף, אם לא שרוצה להיות ממהדרין נר לכל אחד, **ומדברי** הפר"ח מוכח, דהוא סובר דצריך לאשתתופי]. (**קשה** ללמוד הרמ"א, דמש"כ ידליק, לאו דוקא, אלא אף משתתף בפריטי, דהרי קאי על דברי המחבר שכתב בפתח פתוח לעצמו, דידליק דוקא ולא מהני השתתפות בפריטי, א"כ גם הרמ"א שכתב ידליק, המשמעות ידליק דוקא - מנחת יצחק, וכן מבואר בבה"ל לקמן בסמוך ע"ש).

ידליק במקום שאוכל - ודוקא לענין אכסנאי הנ"ל שאין ביתו אצלו, או לענין בן הסמוך על שולחן אביו, **אבל** מי שסועד אצל חבירו באקראי, ויש לו שם בית באותו העיר, צריך לילך לביתו להדליק שם נר חנוכה, **ואם** אינו רוצה לזוז ממקום שסועד, יצוה לאשתו שתדליק עליו בביתו, ומ"מ מצוה בו יותר מבשלוחו, (**ודוקא** באופן זה, אבל אם הולך הוא וכל אנשי ביתו לבית אביו או חמיו בקביעות על ח' ימי חנוכה, דבר ברור הוא, שכיון שסועד וישן שם כל ימי חנוכה, אף שביום אוכל אכילת עראי בביתו, שאינו מדליק אלא בבית שאוכל וישן שם בלילה, דכיון שאין שום אדם בבית, למי ידליק, וכ"ש האידנא שההיכר לבני הבית, וכיון שישנים בני הבית שם, שם ידליקו).

ויש פוסקים שסוברין (המהרי"ו והמהרי"ל), דכ"ז בזמן הגמרא שהיו מדליקין בפתחי הבתים ובחצרות, (הוא דאמרינן דכשאין לו פתח פתוח לעצמו, אפי' הוא מתאכסן בחדר בפני עצמו, יכול להשתתף בפריטי עם בעה"ב, או אם הוא נשוי, יכול לסמוך על ביתו), **אבל** האידנא שמדליקין בפנים בבית, כל אורחים, היינו אפילו נשוי שבביתו מדליקין עליו בודאי, ג"כ צריך להדליק בעצמו בכל גווני, דמי יודע באכסניא אם יש לו אשה בבית שמדלקת עליו, ואתו למיחשדיה, **וגם** להשתתף בפריטי אינו מועיל, משום דכיון שהמנהג כהיום שכל אחד מדליק בבית בפני עצמו, אתו בני הבית לחשדו, **ומסיק** המ"א שאין להחמיר כדבריהם, כי אם כשיש לו עכ"פ חדר בפני עצמו, אבל אם אין לו חדר בפני עצמו, יכול לסמוך אאנשי ביתו שהדליקו עליו בביתו, או אפריטי, **וכשיש** לו נר, נכון יותר להדליק בעצמו כדלעיל.

(**וקשה על הרמ"א ממ"נ, אי ס"ל כמהרי"ל, דהשתא מפני שמדליקין בפנים גרע טפי, היה לו להגיה, דבימינו אפילו אין פתח פתוח צריך להדליק לעצמו, ואי לא ס"ל כסברת מהרי"ל, כיון דהטעם דדינא דשו"ע הוא משום חשדא דעוברים ושבים, בזמנינו דמדליקין בפנים תו ליכא חשדא זו, היה לו להקל** (בהשתתפות בפריטי) **אפילו פתח פתוח, כמ"ש בהגה"ה בסוף סי' תרעא, וצ"ע**), (ואמאי מצריך להדליק דוקא - מנחת יצחק, ועיין לעיל במ"ב וצ"ע).

אות ח'

כל השמנים כולן יפין לנר, ושמן זית מן המובחר

סימן רסד ס"ו - [יד] שאר כל השמנים חוץ מאלו, מדליקים בהם; [טו] ומ"מ שמן זית מצוה מן המובחר - דהוא נמשך אחר הפתילה טפי מכולהו, **ואם** אין שמן זית מצוי, מצוה בשאר שמנים שאורן צלול, והם קודמין לנר שעוה, **ונר** שעוה קודם לנר של חלב, דאורה צלול ויפה, **ונ"ל** דכ"ז לפי ענין הנר, דבנר שלנו שקורין סטרין, שצלול בודאי יותר מן השעוה, ואינו רגיל להטות בו אפילו בחול, זה עדיף מנר שעוה, ואולי אף מכל השמנים, דהרי בודאי לא אתי להטות, **ועיין** מה שנכתוב לקמן בסימן ער"ה.

(**ושמן של איסור הנאה, כגון של ערלה וכדומה, אסור לנר שבת, דלא שייך מצות לאו ליהנות ניתנו, דעיקר המצוה משום עונג הוא, ודמי לישיבת סוכה**).

באר הגולה

יג טור בשם תשו' אביו הרא"ש | יד שם כ"ד: וכחכמים | טו שם בתוספות (כ"ג, ד"ה מריש)

סימן תרעג ס"א - [טז]**כל השמנים והפתילות כשרים לנר חנוכה, ואע"פ שאין השמנים נמשכים אחר הפתילה, ואין האור נתלה יפה באותם הפתילות** - היינו כי יש שמנים גרועים, שאין נמשכין אחר הפתילה, וכן יש פתילות גרועים, שאין האור נתלה יפה בהן, ובשבת אסור להדליקן, **וס"ד** דבחנוכה אסור ג"כ להדליקן, שמא יבואו לידי כיבוי, **קמ"ל** דאין לחוש לזה, דקי"ל כבתה אין זקוק לה, דכיון שהדליק נעשה זכר לנס ונגמרה המצוה.

ומ"מ מצוה מן המובחר ליקח לפתילה, צמר גפן או חוטי פשתן.

שומן או חלב הנאסר מבב"ח, אסור להדליק ממנו נר חנוכה, ‹אע"ג דמצות לאו ליהנות ניתנו, מ"מ כיון דנ"ח בעי שיעור, דהיינו שיתן שמן בנר שידליק כשיעור, וכיון דבב"ח אסור בהנאה, כתותי מיכתת שיעורא - שערי תשובה›, **וג"כ** אסור לבטולי בששים להדליק ממנו.

שמן הגזול, צ"ע אי כשר לנר חנוכה.

אם נמצא עכבר בשמן, מאוס הוא ואסור לנר חנוכה.

הנוהגין להדליק ביום ראשון א', ומכאן ואילך מוסיף והולך, צריך שיהיה הנוסף דומה לנר העיקר, **אבל** אותם שעושים נר לכל אחד מבני הבית, יכול האחד להדליק נר של שמן, והשני של שעוה.

הגה: ומיהו שמן זית מלוה מן המובחר, ואם אין שמן זית מלוי, מלוה בשמנים שאורן זך ונקי; ונוהגים במדינות אלו להדליק בנר של שעוה, כי אורן לגול כמו שמן - ומ"מ מצוה בשל שמן טפי מנרות של שעוה, [יז]דע"י השמן נעשה הנס.

אות ט'

כל השמנים יפין לדיו, ושמן זית מן המובחר

סימן לב ס"ג - **יכתבם בדיו שחור, בין שיש בו מי עפצים בין שלא במי עפצים.**

הגה: ולכתחלה יחמיר לכתוב בדיו העשויה מעשן עלים או שמנים שרויה במי עפלים, וכמו שיתבאר בי"ד סי' רע"א - פי' ולא יטיל לתוכו קומא, או קנקנתום, שקורין בל"א קופער וואסער, כי לכתחלה בעינן כתב שיוכל להמחק, וע"י קומא או קנקנתום הכתב עומד ואין נמחק, (**א"נ** י"ל דבא הרמ"א להוסיף, **דלכתחלה יחמיר כדברי רבינו תם, דדוקא בא מן העץ**).

וזהו הכל למצוה מן המובחר בלבד, אבל לדינא גם הרמ"א מודה, דמותר לעשות ממי עפצים וקומא וקנקנתום, **וכן** נוהגין לעשות כהיום, ע"י תערובות שלשתן וע"י בישול, דהכי עדיף טפי, **ועיין** במ"א שכתב, דבימיו לא ראה ג"כ לאחד מן הגדולים, שנהג לעשות בדיו העשוי מעשן עצים ושמנים, **אך** אפשר דהיו עושין מדיו של קוצים, כמו שסיים בשם מהרי"ל, **וכן** פסק בס' גט מקושר ובס' ברכי יוסף לעשות כמנהגינו עכשיו, דהדיו העשוי מעשן עצים ושמנים מתקלקל ונמחק בנקל, ע"כ אין נוהגין בו עכשיו.

ודיו העשוי ממי עפצים בלבד בלא קומא, שקורין בל"א גומא, או מקנקנתום בלבד, פסול אפילו דיעבד, כן כתב הגר"א בביאורו.

אות י'

יום ראשון: הרואה מברך שתים, ומדליק מברך שלש, מכאן ואילך: מדליק מברך שתים, ורואה מברך אחת

סימן תרעו ס"א - [יח]**המדליק בליל ראשון מברך שלש ברכות: להדליק נר חנוכה** - בגמרא וכל הפוסקים איתא, "נר של חנוכה", **וכ"כ** המהרש"ל, אך שכתב שיאמר "שלחנוכה" במילה אחת, ולא [יט]"של חנוכה" שתי מילות, **והעולם** אין נוהגין להקפיד בזה, **ושעשה נסים** - "בזמן הזה", ולא "ובזמן", **ושהחיינו** - "והגיענו לזמן הזה", הלמ"ד בחיר"ק, ולא בפת"ח. ‹**ומנהג** העולם לומר לַזמן הזה – פסקי תשובות›.

[כ]**ואם לא בירך זמן בליל ראשון, מברך בליל שני או כשיזכור** - ר"ל כשיזכור בשאר הלילות בשעת ההדלקה, **ואם** נזכר אחר ההדלקה, אינו מברך בלילה זו עוד, [**אמנם** אם אירע זה בליל שמיני, וממילא יתבטל לגמרי ברכת "שהחיינו", צ"ע, **דאפשר** דכמו בעלמא קימ"ל, דזמן אומרו אפי' בשוק, דהוא קאי על עצם היו"ט, אפשר דה"ה בזה, דקאי על עצם הזמן דחנוכה, דנעשו בו נסים ונפלאות, אלא דלכתחילה סמכו זה על זמן דהדלקה].

סימן תרעו ס"ב - [כא]**מליל ראשון ואילך מברך שתים: להדליק, ושעשה נסים** - דנס כל יומא איתא, שהרי כל שמנה ימים הדליקו מן הפך, **אבל** זמן, משהגיענו להתחלת הזמן הגיענו, [רש"י].

הגה: ויברך כל הברכות קודם שיתחיל להדליק (מהרי"ל) - דבעינן שיהיו הברכות עובר לעשייתן, (**ואין נ"מ בין לילה ראשונה לשאר הלילות**).

הדליק נר חנוכה, ושכח לברך על הדלקתה, ורק קודם שהדליק כולן נזכר דעדיין לא בירך, יש לו לברך כל הברכות - רע"א, ‹א', דעת הא"ר דמברך על ההידור, ב', כיון דמקרי שיהוי מצוה משך הדלקתם, י"ל דמקרי עובר לעשייתן. ג', דעת הפוסקים אם לא בירך עובר לעשייתן מברך

באר הגולה

[טז] **מימרא דרב שבת כ"א** [יז] ‹ולא כתב שמטעם זה מצוה בשמן זית, שכוונתו מטעם זה הוא שוה לכל מיני שמן, ולמעט נרות של שעוה או חלב שהזכיר שם, ומפורש בסוגיא דשבת, דמעלת שמן זית אף לנר חנוכה אינו משום שהנס נעשה בנרות המקדש שהיה משמן זית, אלא משום דצליל נהוריה טפי, ונראה שהטעם הוא משום דשמן זית שהוכשר למנורה שהוא כתית, כמעט שליכא עתה בזמננו שבנ"א אין משתמשין בזה, והיה זה נעשה מיוחדת למנורה, לכן אין לנו השמן זית דהוכשר למנורה – אג"מ או"ח ח"ו סי' מ"ט› [יח] **מימרא דרב יהודה שבת כ"ג** [יט] ‹וכתב טעם מעצמו בים של שלמה, דבשלמא נר של שבת שהוא נר לצורך שלום בית, ולעצמו, רק שמצות שבת עליו, ונקרא של שבת, אבל הכא הני אינו כשאר נרות, ואינו עשוי להאיר לעצמו, אלא לפרסומי ניסא דחנוכה, משו"ה מברכין נר שלחנוכה, כלומר שאינו עשוי אלא לחנוכה ולא לזולתו, עכ"ל› [כ] **טור בשם תשובת אביו הרא"ש** [כא] **שם במימרא הנזכרת**

אח"כ, מכל זה נראה לסמוך בנ"ד דיברך], [**אכן** כתב שם: אולם אם קודם דהדליק נרות הנוספות כבו הראשונות, לא יברך רק "על הנסים" ו"שהחיינו", ע"ש מלתא בטעמא], ‹דבזה ליכא סניף הנ"ל דמכח שיהוי מצוה מקרי עובר לעשייתן, כיון דכבתה ואזדא מצוותה לגמרי, הדרינן לפסקא דרבוותא הנ"ל הא"ר והפר"ח אם מברכים על ההידור, וספק ברכות להקל›, **עוד** כתב, שאם נזכר לאחר שהדליק כולם, אין לו לברך ברכת "להדליק", רק ברכת "שעשה נסים", וכן ברכת "שהחיינו", יש לו לברך, [דלא גרע מרואה נר חנוכה, דמברך ב' ברכות אלו - **וכגון** דאיתרמי דלא בירך "שהחיינו" בלילה ראשונה, דזמנו כל הח' ימים]. ‹**ועיין** לעיל ס"א דכתב המ"ב: "ואם נזכר אחר ההדלקה, אינו מברך בלילה זו עוד", וצ"ע, ואולי ס"ל דלא שייך ברכת רואה על זמן לבד - שונה הלכות›.

סימן תרעו ס"ג - [כב]מי שלא הדליק ואינו עתיד להדליק באותו הלילה - אבל אם ידליק אח"כ, לא יברך אראיה, כיון דיוכל לברך אח"כ על ההדלקה, **וגם אין מדליקין עליו בתוך ביתו, כשרואה נר חנוכה מברך: שעשה נסים, ובליל ראשון מברך גם: שהחיינו; [כג]ואם אח"כ בליל ב' או ג' בא להדליק, אינו חוזר ומברך: שהחיינו** - משום דהלא בירך מאתמול כשראה הנרות.

ואם באתמול לא בירך כלל, משום דסמך על אשתו שמדלקת בביתו, וכפי מה דמוכח מדברי המחבר, דאם אשתו מדלקת עליו בתוך ביתו, חשוב כמו שהדליק בעצמו, **ע"כ** אם בא בליל שני לביתו ומדליק, אינו צריך לברך ברכת "שהחיינו".

ויש פוסקים דסברי, [כד][מרדכי, ‹עיין לקמן סימן תרע"ז ס"ג›, ועיין בביאור הגר"א שכתב דכן מוכח ג"כ [כה]מרש"י], דאפילו יודע שמדליקין עליו בביתו, כיון דהוא בעצמו אינו מדליק, וגם אינו משתתף עם אחרים בפריטי, צריך לברך על הראיה, להודות על הנס, וגם לברך אז "שהחיינו", [**דאילו** היה משתתף בפריטי, ושומע ברכה מבעה"ב, אפי' אם לא ראה אז הנרות, אינו מחוייב לכו"ע לברך אח"כ על הראיה, דשומע כעונה, והרי כבר הודה על הנס], **ומ"מ** אינו כדאי לעשות כן למעשה, דספק ברכות להקל.

[כו]סימן תרעז ס"ג - [כז]יש אומרים שאע"פ שמדליקין עליו בתוך ביתו, אם הוא במקום שאין בו ישראל, מדליק בברכות. הגה: כי חייב לראות הנרות (מרדכי), וכן נוהגין - זה סותר לסימן תרע"ו ס"ג, דסובר שם דכשמדליקין בביתו א"צ לברך על הראיה, **ודין** דכאן הוא מן המרדכי, ושם סתם המחבר כשארי פוסקים שחולקין עליו, **ולכן** לדינא אין לנהוג כן להדליק בברכה, אא"כ שיאמר שאינו רוצה לצאת בהדלקת אשתו, וכמ"ש רמ"א אחר זה.

[**והמאמ"ר** מיישב בדוחק, דדעת המחבר, דשאני התם שהוא במקום ישראל ורואה הנרות, דכיון שפטור מעיקר המצוה ע"י שמדלקין עליו בביתו, וא"צ להדליק, וגם רואה נרות חבירו, ולא בעי לאדלוקי כדי לראותם, אין לו לברך על הראיה, כיון שפטור מעיקר המצוה, דהיינו ההדלקה, **ברם** הכא שהוא במקום שאין שם ישראל, ואינו רואה הנרות, אע"פ שמדליקין עליו בתוך ביתו, מ"מ חייב הוא לראות הנרות, ומאחר שצריך להדליק כדי לראות הנרות, מדליקן בברכות, כיון שהוצרך ונצטוה להדליק, **ומפני** שלא ברור לו להמחבר סברא זו, לפיכך כתבו בשם י"א, עכ"ל, **ולדינא** בודאי אין לנהוג כן].

אות כ'

והיכן צונו

רמב"ם פ"א מהל' ברכות ה"ג - וכן כל המצות שהן מדברי סופרים, בין מצוה שהיא חובה מדבריהם, כגון מקרא מגילה והדלקת נר בשבת והדלקת נר חנוכה, בין מצות שאינן חובה, כגון עירוב ונטילת ידים, מברך על הכל קודם לעשייתן: אשר קדשנו במצותיו וצונו לעשות; והיכן צונו בתורה, שכתוב בה: אשר יאמרו לך תעשה, נמצא ענין הדברים והצען כך הוא, אשר קדשנו במצותיו שציוה בהן לשמוע מאלו שצונו, להדליק נר של חנוכה או לקרות את המגילה, וכן שאר כל המצות שמדברי סופרים - ‹וכתב רבינו טעמו של רב אויא, שהוא נראה יותר, ועוד דאמרינן בברכות פרק מי שמתו, כל מילתא דרבנן אסמכוה אלאו דלא תסור, אלמא כרב אויא קיימא לן. **וכתב** רבינו אשר יאמרו לך תעשה, שהוא בלשון עשה, וכתוב בפסוק עצמו – כסף משנה›.

אות ל'

ודאי דדבריהם בעי ברכה, ספק דדבריהם לא בעי ברכה

רמב"ם פ"ג מהל' חנוכה ה"ה - בכל יום ויום משמונת הימים האלו גומרין את ההלל, ומברך לפניו: בא"י אמ"ה אקב"ו לגמור את ההלל, בין יחיד בין צבור; אע"פ שקריאת ההלל מצוה מדברי סופרים, מברך עליה אק"ב וצונו, כדרך שמברך על המגילה ועל העירוב, שכל ודאי של

באר הגולה

כב **כפי' רש"י בשם רבינו יצחק בן יהודה משום רבינו יעקב.** ‹ר"ן וטור, וע"ש בר"ן, אבל במרדכי לא משמע כן, וע"ש, וכ"נ דעת רש"י - גר"א. ‹**ברש"י** כתוב: מצאתי בשם ר"י ב"ר יהודה שאמר משום רבינו יעקב, דלא הוזקקה ברכה זו אלא למי שלא הדליק בביתו עדיין, או ליושב בספינה, עכ"ל. **מלשון** "עדיין" משמע לכאורה אף על פי שאח"כ ידליק בביתו, **אבל** הטור לא פי' כך דבריו, אלא לשון "עדיין" לאו דוקא, דגם אח"כ לא ידליק, וע"כ מדמה אותו ליושב בספינה, דמסתמא לא ידליק כל הלילה, אבל אם ידליק אח"כ באותה לילה, לא יברך אראייה, כיון דיוכל לברך אח"כ על ההדלקה - ט"ז› **כג** **תשובת אשכנזית** **כד** ‹מיהו במרדכי הביא לשון רש"י בענין אחר, וז"ל: שלא הוזקקה ברכה זו, אלא למי שלא הדליק בביתו עדיין, ושאין דעתו להדליק בעצמו, כגון אכסנאי שלא שמע הברכה, דלקמן מסיק קא מדלקי עלאי בגו ביתאי, ומ"מ צריך לראות, כדאמרינן הרואה יומא קמא מברך שתים, מכאן ואילך אחת, וכן אומר ר"י, שנהגו בני אדם שהיו הולכין בגייר"ש ליריד, ולא היה דר יהודי באותה העיר, ומדליקין בבית הגוי, עכ"ל, **ואולי** חסר בספרי רש"י שבידינו, אלא שבהגהות מיימוניות העתיק לשון רש"י כמו שהוא בספרי רש"י שבידינו - ב"ח› **כה** ‹אף דאינו מפורש כלשון המרדכי, מ"מ היושב בספינה משמע אף שהדליקו עליו בביתו, ואפ"ה מברך על הראיה, כמרדכי הנ"ל - דמשק אליעזר› **כו** ‹מילואים› **כז** **מהר"י אבוהב בשם א"ח וכ"כ המרדכי**

דבריהם מברכין עליו; אבל דבר שהוא מדבריהם ועיקר עשייתן לו מפני הספק, כגון מעשר דמאי, אין מברכין עליו; ולמה מברכין על יום טוב שני, והם לא תקנוהו אלא מפני הספק, כדי שלא יזלזלו בו.

השגת הראב"ד: א"א זה הטעם לאביי, אבל רבא חלק עליו ואמר שאין הטעם לדמאי אלא מפני שרוב ע"ה מעשרין הם, אבל ספק אחר אפילו בדרבנן מברכין.

‹**ודעת** רבינו והגאונים ז"ל לפרש, דרבא לא פליג אהאי טעמא דאביי, דהא בהדיא אמרינן בברכות, ספק קרא ק"ש ספק לא קרא אינו חוזר וקורא ק"ש, מ"ט ק"ש דרבנן, אלמא כל ספק דדבריהם לא בעי מיהדר וברוכי, **אלא** טעמא דרבא, כיון דתקינו רבנן וגזרו על הדמאי כמצוה של דבריהם ממש, הוו להו לתקוני בברכה, אלא משום דרוב עמי הארץ מעשרין הן, עבוד רבנן היכרא דלא לימרו כדאורייתא דמי להו לרבנן. **אבל** הר"א ז"ל סבור דרבא פליג אדאביי, ולרבא כל ספק אפילו בדרבנן בעי ברכה, וכן כתוב בהשגות, וקבלת הגאונים תכריע – מגיד משנה›.

אות מ' – נ'

חצר שיש לה שני פתחים, צריכה שתי נרות

לא אמרן אלא משתי רוחות, אבל מרוח אחת, לא צריך

סימן תרעא ס"ח - [כח]**חצר** - וה"ה בית, **שיש לו שני פתחים משני רוחות** – (היינו אחת בצפון ואחת במזרח), **צריך להדליק בשתיהן** [כט]**מפני החשד** - שיאמרו בני עירו, מדלא אדליק בהא, באחרת נמי לא אדליק, **וע"כ** אפילו כל הבתים שבחצר שייך לאדם אחד, או שאין לו שם בחצר רק בית אחד, צריך להדליק בשתי הפתחים.

ואם שני הפתחים ברוח אחד, (והם בבית אחד) (כל בו), די לו באחד מהם - הטעם, דהא חזי ליה שהדליק באחד, ומה שלא הדליק בשני, ידעו אנשי עירו שמבפנים הוא בית אחד, ושני הפתחים שייכים לאדם אחד, ודי להדליק במקום אחד, [גמרא, **ולא** חיישינן לחשדא דעלמא, שעוברים ושבים דרך הרחוב, שיסברו שהבית חלוק מתוכו, ויאמרו שהם שני בתים שייכים לשני אנשים, ואחד מהם לא קיים מצות נר, דאושים נכרים אין מצוין ברחובות משחשך היום].

אבל אם הם בשני בתים, [וכל בית מכוון כנגד פתח בפני עצמו, להמדליקין בפתח החצר], או שבית אחד חלוק מתוכו, [ל]אע"פ שהם של אדם אחד, צריך להדליק בשתיהן, משום חשד, שיחשדו ששני בני אדם דרין שם, [**אף** שכתבנו מתחילה, שידעו אנשי עירו, זהו רק לענין אם הבית חלוק מתוכו או לא, אבל לא לענין זה]. **ויש** מקילין בששתיהן שייכין לאדם אחד, [לא][מג"א].

הגה: ואם מדליק בשני פתחים, אינו מברך רק באחד מהם, ובשני מדליק בלא ברכה (ר"ן); מיהו בזמן הזה שכולם מדליקין בפנים ממש, ואין היכר לבני ר"ה כלל, אפילו יש לחצר או לבית הרבה פתחים להרבה רוחות, אין מדליקים אלא פעם אחת בפנים, כן נ"ל וכן המנהג פשוט - היינו שבזמן הטור, היו מדליקין אצל פתח הבית מבפנים, והיו עושין עכ"פ היכר לעוברים, ע"כ יש חשד כל שאין היכר כראוי לעוברים, **משא"כ** עכשיו, שמדליקין ממש בפנים, ולא איכפת לן כלל לעשות היכר לבני ר"ה, ע"כ לא איכפת לן בחשדא דידהו, [**ומה** דכתב לעיל בס"ז בהג"ה, "ומ"מ המנהג להדליק בטפח הסמוך לפתח", ר"ל המנהג הנכון].

באר הגולה

[כח] מימרא דרב הונא וכדמפרש רבא שם כ"ג [כט] והא דאיתא לעיל בסי' צ' ס"ח, דהיכא דיש לבהכ"נ שני פתחים דליכא חשד, התם שאני, דכיון דאי לא מצלי הוי ליה פורק עול מלכות שמים, לא אתי למיחשדיה, א"נ שאני הכא דאית ביה הפסד ממון אתי למיחשדיה טפי, ב"י [ל] [דרכי משה בשם הכל בו, וכן הסכים הגר"א בביאורו, ומוכיח מן הרש"י היפך מהוכחת המג"א, עיין בדמשק אליעזר ומחה"ש]. ‹**וז"ל** הדמשק אליעזר: מדכתב על "אפי' מרוח אחת נמי": "סבורין הן שהבית חלוק", ולא פי' דהקושיא הוא ג"כ כשבאמת הבית חלוק, רק שהוא של איש א', דאפי' מרוח אחת נמי ליבעי ב' נרות, שמא יסברו שהן של ב' בני אדם, אלא ודאי דס"ל לרש"י, דאה"נ דבזה אף לפי המסקנא צריך ב' נרות, **ועוד** מדכתב בבני מתא, "שיודעין שאין חלוק", ולא כתב שיודעין שהן של איש א', ש"מ דזאת גם בני מתא אינן יודעין, וא"כ אם הבית חלוק, אף מבני מתא צריך ב' נרות אפי' מרוח א', ודלא כמ"א› [לא] ‹**וז"ל**: אבל מלשון רש"י דדוקא כשהן של ב' בני אדם צריך להדליק בשתיהן, ע"ש, אבל של אדם א' א"צ, עכ"ל. **וז"ל** המחה"ש: כתב רש"י וז"ל, חצר שיש לה כו' צריכה שתי נרות כו' משום חשדא, שהרואה יהיה סבור שהבית חלוק והרי הוא של שני בני אדם, ויאמרו האחד לא קיים מצות נר חנוכה, עכ"ל. **ואם** איתא לדברי דרכי משה, דאפילו הן של אדם אחד איכא חשדא שיאמרו שהן של שני בני אדם, א"כ הוה ליה לרש"י לומר שהרואה יהיה סבור שהבית חלוק ויהיה סובר שהוא של שני בני אדם. **ומדכתב** רש"י והרי הוא של שני בני אדם, משמע דוקא כשהאמת כן, שהוא, דהיינו החצר, של שני בני אדם, אלא שאין הבית וחצר חלוק, וא"צ כי אם נר א', והרואה יטעה שהבית חלוק, וכיון שהוא של שני בני אדם, צריך שני נרות, לכל פתח נר א', **אבל** כולי האי לא חיישינן שיטעו שהן של שני בני אדם› ‹**וכתב** הדמשק אליעזר: ודלא כמג"א שכתב, דמלשון רש"י משמע דוקא כשהן של שני בני אדם, וס"ל להמג"א, דברוח אחת דליכא חשדא, אה"נ דאפי' בבית חלוק כשהוא של אדם א', א"צ לחוש לחשדא, **והא** ליתא, דכוונת רש"י, דמצד הדין היה, אף שהבית חלוק רק אם הוא אדם א', יוצא בפתח א', אך דתקנו משום חשדא, ויש נ"מ, דצד א' אין חוששין לחשדא, שיאמרו דהבית חלוק, אבל לחשדא דשני בני אדם, היכא דבאמת הבית חלוק, איכא חשדא אף לבני מתא, משא"כ בשני רוחות, איכא חשדא אף כשבאמת אין בית חלוק, שמא יאמרו חלוק ושהוא של שני בני אדם. **וחנה** לכאורה נפלאת דברי רש"י, שכתב "כדמפרש טעמא משום חשדא, שהרואה יהא סבור" כו', והא ליתא, דהלא מסקנת הגמ' דלא חיישינן לחשדא דעלמא, ובני מתא יודעין אם הבית חלוק, **לכן** נ"ל ברור דצ"ל נקוד ב' נקודות אחר מש"כ "כדמפרש טעמא", והאי "משום חשדא" הוא ד"ה אחר, ומציין על מש"כ בגמ' "אילימא משום חשדא", ע"ז מפרש "שהרואה סבור" כו', ותחילה כתב רש"י סתם צריכה ב' נרות נר לכל פתח, "כדמפרש טעמא", והיינו מסקנת הגמ', "דזמנין מחלפי בהאי ולא מחלפי בהאי ואמרי כי היכי דבהאי פתחא לא אדליק" כו' – דמשק אליעזר›

אות ס'

בשביל ארבעה דברים אמרה תורה להניח פיאה בסוף שדהו: מפני גזל עניים, ומפני ביטול עניים, ומפני החשד, ומשום בל תכלה

רמב"ם פ"ב מהל' מתנות עניים הי"ב - אין מניחין את הפאה אלא בסוף השדה, כדי שיהיו עניים יודעין [לב] מקום שיבאו לו; וכדי שתהיה ניכרת לעוברים ולשבים ולא יחשד; ומפני הרמאים שלא יתכוין לקצור הכל, ואומר לאלו שרואים אותו קוצר סוף השדה: בתחלת השדה הנחתי; ועוד שלא ישמור שעה שאין שם אדם, ויניחנה ויתננה לעני הקרוב לו. עבר והניח הפאה בתחלת השדה או באמצעה, הרי זו פאה, וצריך שיניח בסוף השדה כשיעור הפאה הראויה למה שנשאר בשדה אחר שהפריש את הראשונה.

באר הגולה

לב «ולא יצטרכו לבטל ממלאכתן כל היום, שיהיו עיניהם נשואות על שדה אחת מתחלת קצירתו לומר עכשיו יניח פאה, אבל מתוך שיודעין שאין מניח אלא בסוף שדהו, הולכין למלאכתן ובאין בזמן שמשערין שגומר הקצירה - דרך אמונה»

עין משפט
נר מצוה

מג א מיי' פ"ד מהל' חנוכה הל' ד סמג עשין ה טוש"ע א"ח סי' תרעא סעיף ג:

מד ב מיי' שם טוש"ע שם סעיף ד:

מה ג ד מיי' פ"ד מהל' חנוכה הל' יד טוש"ע א"ח סי' רסג סעי' ג' וסי' רעו סעיף ה וסי' תרעח:

מו ה מיי' פ"ה מהל' שבת הל' א' סמג לאוין סה טוש"ע א"ח סי' רסג סעיף א ב:

מז ו [מיי' פ"ד מהל' חנוכה הל' ה] טוש"ע א"ח שם סעיף ד:

מח ז מיי' פי"א מהל' תרומות הלכה א:

ומפני ביטול עניים שלא יהו עניים יושבין ומשמרין עכשיו מניח בעה"ב פאה ומפני חשד שלא יהיו עוברין ושבין אומרים תבא מארה לאדם שלא הניח פאה בשדהו ומשום °בל תכלה (ויקרא יט) אטו כולהו לאו משום בל תכלה נינהו אמר רבא מפני הרמאין: אמר רב יצחק בר רדיפה א"ר הונא "נר שיש לה שני פיות עולה לב' בני אדם אמר רבא "מילא קערה שמן והקיפה פתילות כפה עליה כלי עולה לכמה בני אדם לא כפה עליה כלי עשאה כמין מדורה ואפילו לאחד נמי אינה עולה: אמר רבא פשיטא לי "נר ביתו ונר חנוכה נר ביתו עדיף משום שלום ביתו נר ביתו וקידוש היום נר ביתו עדיף משום שלום ביתו בעי רבא נר חנוכה וקידוש היום מהו קידוש היום עדיף דתדיר או דילמא נר חנוכה עדיף משום *פרסומי ניסא בתר דאבעיא הדר פשטה "נר חנוכה עדיף משום פרסומי ניסא: אמר רב הונא "הרגיל בנר הויין ליה בנים תלמידי חכמים הזהיר במזוזה זוכה לדירה נאה הזהיר בציצית זוכה לטלית נאה הזהיר בקידוש היום זוכה וממלא גרבי יין רב הונא הוה רגיל דהוה חליף ותני אפתחא דרבי אבין נגרא חזא דהוה רגיל בשרגי טובא אמר תרי גברי רברבי נפקי מהכא נפקי מינייהו רב אידי בר אבין ורב חייא בר אבין רב חסדא הוה רגיל דהוה חליף ותני אפיתחא דבי נשא דרב שיזבי חזא דהוה רגיל בשרגי טובא אמר גברא רבא נפק מהכא נפק מינייהו רב שיזבי דביתהו דרב יוסף הות מאחרה ומדלקת לה אמר לה רב יוסף תניא *°לא ימיש עמוד הענן יומם ועמוד האש (שמות יג) לילה מלמד שעמוד ענן משלים לעמוד האש ועמוד האש משלים לעמוד הענן סברה לאקדומה אמר לה ההוא סבא תנינא "ובלבד שלא יקדים ושלא יאחר: °אמר רבא דרחים רבנן הוו ליה בנין רבנן[א] דמוקיר רבנן הוו ליה חתנוותא רבנן[ב] דדחיל מרבנן הוא גופיה הוי צורבא מרבנן ואי לאו בר הכי הוא משתמען מיליה כצורבא מרבנן: ולא בשמן שריפה וכו': מאי שמן שריפה אמר רבה "שמן של תרומה שנטמאה ואמאי קרו לה שמן שריפה הואיל ולשריפה עומד ובשבת מ"ט לא מתוך שמצוה עליו לבערו גזרה שמא יטה א"ל אביי אלא מעתה ביו"ט לישתרי אלמה תנן *אין מדליקין בשמן שריפה ביו"ט [לקמן כד:] גזרה יו"ט אטו שבת רב חסדא אמר לשמא יטה לא חיישינן אלא הכא ביו"ט שחל להיות ע"ש עסקינן לפי *שאין שורפין קדשים ביו"ט [לקמן כד:] [מנחות מו:] והא מדקתני סיפא אין מדליקין בשמן שריפה ביו"ט מכלל דרישא לאו ביו"ט עסקי' א"ר תנינא מסורא מה טעם קאמר מה טעם אין מדליקין בשמן שריפה ביו"ט לפי שאין שורפין קדשים ביו"ט

תניא

תורה אור

ומפני בטול עניים · שלא הוו יודעים מתי יקצור אותם: מפני החשד · שהעוברין רואין בגמר קצירו שהוא מכלה את הכל לא ידעו שנתנה כבר: ומשום לא תכלה · דמשמע שעת כילוי: אטו כולהו · הני דאמרן לא טעמא דלא תכלה קא מפרשי מאי שנא שעת כילוי: אמר רבא מפני הרמאין · העוברין על לא תכלה ואומרים כבר הנחתי: שתי פיות · שהנרות שלהם של חרס הן ומכוסין ועושים לו נקב בלדי כסויו להכניס לו הפתילה והוא הפה ולמעלה בכיסויו יש נקב קטן וגם חלל יש למעלה מן הכסוי וממלאו שמן והוא נכנס דרך הנקב מעט מעט אם יש בו שני נקבים משני צדדין עולה לשני בני אדם למהדרין העושין נר לכל אחד ואחד: עשאה כמדורה · שהאש מתחברת לאמצעיתה ואינו דומה לנר: נר ביתו ונר חנוכה · נר ביתו בשבת והוא עני ואין לו כדי לקנות שמן לשתי נרות: שלום ביתו · והכי אמרינן לקמן (דף כה:) ותזנח משלום נפשי זו הדלקת נר בשבת שבני ביתו מצטערין לישב בחשך: בנים תלמידי חכמים · דכתיב (משלי ו) כי נר מצוה ותורה אור על ידי נר מצוה דשבת וחנוכה בא אור דתורה: דרבי אבין נגרא · חרש עצים: בשרגא · דשבת: חליף ותני · עובר ושונה כלומר עובר תמיד: דבי נשא(א) · אביו ואיכא דאמרי חמיו: נפק מינייהו דהתם כבנו: מאחרה ומדלקת · נר של שבת סמוך לחשכה: לא ימיש · קרא יתירא הוא להך דרשה דהא כתיב וה' הולך לפניהם יומם: עמוד הענן · של יום משלים אורו לעמוד האש שהיה עמוד האש בא קודם שישקע עמוד הענן אלמא אורח ארעא בהכי: לאקדומי · בעוד היום גדול: תנינא · שונה אני: שלא יקדים · דלא מינכרא שהיא של שבת: דרחים · אוהב: הוו ליה בנין רבנן·(ב) ואהבתו עליהם כתב על בן: ואי לאו בר הכי (ג) · שאינו רגיל לעסוק בתורה: ולשריפה עומד · שאסור באכילה: שמצוה עליו לבערו · דילמא אתי ביה לידי תקלה דאכילה: שמא יטה · כדי שיתבער מהר: ביום טוב · דליכא למיחש להטייה לישתרי: בערב שבת · והוא צריך להדליקה מבעוד יום נמצא שורף קדשים ביו"ט ולקמן בפרקין (דף כד:) ילפינן מקראי דאין שורפין:

בברכת

ולא בשמן שרפה · אוקמה רב חסדא ביו"ט שחל להיות ע"ש עסקי' דבעי אדלוקי נר של שבת מבעוד יום ונמצא מדליקו ביו"ט ואין מדליקין שמן שרפה ביו"ט דקי"ל שאין שורפין קדשים ביו"ט ותניא

הדר פשטה נר חנוכה עדיף משום פרסומי ניסא · ונראה לרשב"א כשחל ר"ח טבת להיות בשבת שיש להפטיר בנרות דזכריה משום פרסומי ניסא ולא בהשמים כסאי שהיא הפטרת ר"ח ועוד כיון שהמפטיר קורא בשל חנוכה יש לו להפטיר מענין שקרא ומה שמקדימים לקרות בשל ר"ח משום דבקריאת התורה כיון דמלי למיעבד תרוייהו תדיר ופרסומי ניסא עבדינן תרוייהו ותדיר קודם אבל היכא דלא אפשר למעבד תרוייהו פרסומי ניסא עדיף ועוד דבקריאת התורה אין כל כך פרסומי ניסא שאינו מזכיר בה נרות כמו בהפטרה ועוד נראה לרשב"א דעל כן הקדימו של ר"ח כדי שהמפטיר יקרא בשל חנוכה ויפטיר בנרות דזכריה:

ה"ג חזא דהוו רגילי בשרגא · פי' הבעל והאשה לכך אמר תרי גברי רברבי נפקי מהכא ולקמן אמר חזא דהוה רגילה האשה לבדה לכך קאמר דנפיק חד גברא רבא בזכותה:

דבי נשא דרב שיזבי · אומר ר"ת דכבר נפטר אביו לכך קאמר בהאי לישנא דאי מחיים הוה ליה למימר דבי אבוה ואומר ר"ת בשם רבינו שמואל שכשכותבין כתובה אם אבי הכלה מחיים כותבין דהנעלת ליה מבי אבוה ואם כבר מת כותבין דהנעלת ליה מבי נשא ולרשב"א נרא' דאפי' מחיים אשכחן דקאמר בי נשא בפרק מי שהחשיך (לקמן דף קנו·) לוי בריה דרב הונא בר חייא אשכחיה לגבלא דבי נשא דקגביל וספי לתוריה בסם ביה אתא אבוה אשכחיה כו' ויכול לכתוב בכתובה כאשר ירצה*:

גזרה יו"ט אטו שבת · וא"ת בכל שמנים שאין מדליקין בהן בשבת נגזור יו"ט אטו שבת ובמתני' תנן אין מדליקין בשמן שריפה ביו"ט משמע דבשאר שמנים מדליקין וי"ל דבשאר שמנים דכיון דאין נמשכין אחר הפתילה כי שרי ביו"ט לא אתי למישרי בשבת דפשיטא הוא דאיכא למיגזר בהן שמא יטה אבל שמן שריפה אי שרי ביו"ט איכא למטעי ואתי למשרי בשבת כיון דנמשך אחר הפתילה לפי שאינו פשוט לעולם דטעמא דמתוך שמצוה עליו לשורפו גזרה שמא יטה הקשה ה"ר אליעזר דהכא מפרש רבה דטעמא גזרה יו"ט אטו שבת ולקמן (דף כד:) מפיק מקרא דהוא לבדו והשיב לו רבינו שמואל דע"כ לקמן האי רבא שהוא אחר אביי והכא רבה שהרי משיב לו אביי תלמידו וגם פליג עליה רב חסדא חבירו אקשה מאי פריך הכא אביי אלא מעתה ביו"ט לישתרי והוא גופיה מפיק לקמן דאין מדליקין בשמן שריפה מעולת שבת בשבתו ונראה לפרש דאביי ורבא לקמן לא קיימי אמאי דקאמר מ"ט אין מדליקין לפי שאין שורפין קדשים ביו"ט ולית להו האי גזרה [תרומה אטו קדשים] אלא קיימי לפרושי מנ"ל שאין שורפין קדשים ביום טוב ורשב"א מפרש הכי אלא מעתה ביום טוב לישתרי אי אמרת בשלמא דמיירי ביום טוב שחל בערב שבת וטעמא לפי שאין שורפין קדשים ביום טוב כדמוקי לה רב חסדא שפיר אלא כיון שאמרת טעמא דאין מדליקין בשבת גזירה שמא יטה השתא לא מצי לפרושי דביום טוב אין מדליקין לפי שאין שורפין קדשים ביו"ט דהא מה שייך יו"ט למיתני הכא כיון דביו"ט טעמא אחרינא הוא אלא צריך לפרש דביו"ט נמי שמא יטה ומאי יטה שייך ביו"ט ולפ"ז מתיישב לישנא אלא מעתה דמשמע שיש לפרש בענין אחר שלא יקשה ביו"ט לישתרי ולא קשה דאביי אדאביי ואם תאמר דהכא גזר רבה יו"ט אטו שבת ושבת גופיה שמא יטה א"כ סבר דגזרינן גזרה לגזרה וכריש פירקין קאמר היא גופה גזרה ואנן ניקום ונגזור גזרה לגזרה · ולא

רבינו חננאל

דתני ר' שמעון בשביל ד' דברים אמרה תורה תנח פאה בסוף שדה מפני החשד כו' אמר רב הונא [נר] שיש לו ב' פיות עולה לב' בני אדם אמר רב מילא קערה שמן והקיפה פתילות עולה מנין פתילות לבני אדם · אלו הן מן המהדרין שצריכין לנר לכל אחד ואחד ואם לא כפת עלית כלי נעשת כמדורה ואפילו לאחד אינו עולה· אמר רבה נר ביתו עדיף מנר חנוכה ומקדוש היום משום שלום ביתו שנאמר (איוב ה) וידעת כי שלום אהלך ונר חנוכה עדיף מקדוש היום כדי לפרסומי ניסא· אמר רב הונא הרגיל בנר חנוכה הויין לו בנים ת"ח הזהיר במזוזה כו' · דביתהו דרב יוסף הוית מאחרה ומדלקה סמוך לחשיכה בע"ש · אמר רב יוסף תנינא לא ימיש עמוד הענן יומם וגו' מלמד שעמוד הענן משלים לעמוד האש כלומר בא עמוד האש ועדיין עמוד הענן קיים · סברה לאקדומי טובא תנא ליה ההוא סבא ובלבד שלא יקדים ובלבד שלא יאחר אלא בעת שקיעת החמה קודם כמעט תהית הדלקה: ולא בשמן שרפה

מסורת הש"ס

[ברכות יד·]

[תוספ' סוטה פ"ד]

[לקמן כד:]

[לקמן כד:] [מנחות מו:]

[ועי' תוס' ב"ב יב: ד"ה אמגושא]

הגהות הב"ח

(א) רש"י ד"ה דבי נשא· נ"ב ע"ל בדף קנו: ע"ב מבואר דבי נשא פי' אביו: (ב) ד"ה הוו ליה בנין רבנן הואיל ואהבתו: (ג) ד"ה ואי לאו בר הכי הוא שאינו:

הגהות הגר"א

[א] גמ' דמוקיר רבנן . נ"ל דדחיל מרבנן: [ב] שם דדחיל מרבנן . נ"ל דמוקיר רבנן:

גליון הש"ס

גמ' אמר רבא דרחים רבנן· עי' מכות יו"ד ע"א:

§ מסכת שבת דף כג: §

אות א'

נר שיש לה שני פיות, עולה לשני בני אדם

סימן תרעא ס"ג - [א]נר שיש לו שתי פיות, עולה לו בשביל שנים - היינו שהפתילות מבפנים מונחים בנר זה אצל זה, רק ראשי הפתילות כשבולטין לחוץ, נחלקין לשתי מקומות, [ב][רש"י], **וקמ"ל**, דאע"פ שמבפנים אינן מובדלין הפתילות כלל זה מזה, מ"מ כיון שבמקום הנחתן בפה מינכר שהם שתים, נחשבות כשתים, [ב"ח].

משמע מלשון זה, דאפילו למהדרין, העושין נר לכל אחד, ג"כ יועיל זה לשני בני אדם, [ג]**ועיין** במ"א שדעתו, דלפי מאי דאיתא לעיל בהג"ה, דלדידן דמוסיפין בכל לילה נר אחד לכל אחד מן הבית, צריך כל אחד להדליק נרותיו במקום מיוחד, לא ידליקו שני אנשים בנר אחד, ואפילו בלילה הראשונה יש ליזהר בזה, [היינו אף דטעם הג"ה הוא כדי שלא יטעו לומר דריבוי הנרות הוא מכמה בני אדם ולא מן הוספה, וזה לא שייך בלילה ראשונה דאין מדליקין בו כי אם נר אחד, מכל מקום משום לא פלוג יש ליזהר אף בלילה הראשונה, **ומ"מ** איתא לדינא דשו"ע דעולה בשביל שנים, לאיש אחד מליל ראשון ואילך, **ועיין** בא"ר שחולק על המ"א, ודעתו, דבלילה הראשונה יש להקל, ובשעת הדחק נראה דיש לסמוך ע"ז], **ואפשר** דוקא נר אחד שיש לו רק שני פיות, אבל במנורת שלנו שיש להן ח' פיות, מותר להדליק שני בני אדם, זה בקצה זה, וזה בקצה זה, שהרי רואין שהדליקו שנים, דאל"כ היה מדליק כסדר אחד אצל חבירו, **וכן** נוהגין העולם.

אות ב'

מילא קערה שמן והקיפה פתילות, כפה עליה כלי עולה לכמה בני אדם; לא כפה עליה כלי עשאה כמין מדורה, ואפילו לאחד נמי אינה עולה

סימן תרעא ס"ד - [ד]מילא קערה שמן והקיפה פתילות, אם כפה עליה כלי, כל פתילה עולה בשביל נר אחד - שעי"ז אין מתחברים כל הפתילות יחד, **ודוקא** כשכפה ואח"כ הדליק, אבל אם הדליק ואח"כ כפה, צריך לכבות ולכסות בכלי, ולחזור ולהדליק.

לא כפה עליה כלי, אפי' לנר אחד אינו עולה לפי שהוא כמדורה - שמתחברות כל הלהב יחד, (וה"ה כשהקיף נרות בעיגול, עד שעי"ז יוכל להתחבר הלהב, ג"כ דינא הכי).

הגה: ולכן יש ליזהר להעמיד הנרות בשורה בשוה ולא בעגול, דהוי כמדורה (הג"מ בשם סמ"ק) - ודוקא בשורות שוה, שלעשות אחד נכנס ואחד יוצא, ג"כ אינו כדאי, שלא יבוא לעשות בעיגול.

ואם יש הפסק מחיצה בין נר לנר, וכרחב אצבע ביניהן, מותר ואפילו לא כפה עליה כלי, [א"ר, ולא כפמ"ג], וכן נוהגין, דדוקא בקערה שאין שום הפסק בין נר לנר.

ומותר להדליק בפמוטות - של נחושת, **שקורין לאמפ"א** - העשויין קנים קנים יוצאין סביבות בעיגול, שהקנים חלולין, ומחיצת כל קנה מפסיק בינו לבין חבירו, **מאחר שכל נר מובדל הרבה מחבירו (ת"ה).**

משמע מלשון זה דתרתי בעינן, דהיינו שיהיו ג"כ מובדלים הקנים אחד מחבירו (שתי אצבעות - שם), לבד מה שיש לכל קנה מחיצה בפני עצמה, [פמ"ג], **ועיין** בא"ר שכתב, דדי ברחב אצבע.

מותר להדליק כו' - (וכתבו האחרונים בשם רש"ל, דאף דמן הדין מותר, מ"מ אין זה הידור לנר חנוכה).

ויזהרו כשעושים נרות אפי' בשעוה, שאין לדבקן ביחד ולהדליקן, דהוי כמדורה (פסקי מהר"י) - אפילו להדביק שנים ביחד אסור, וכ"ש ד' או ה' דודאי נראה כמדורה, **וה"ה** כשמדבקין נרות שעוה בכותל, יראה שיהיו מרווח אחד מחבירו, עכ"פ כשיעור אצבע.

אפי' בנרות של שבת ויו"ט יזהרו שלא לעשות כן (א"ז) - (מלשון זה משמע, דאף בשבת ויו"ט יש ליזהר שלא לעשות כן, ואינו כן, דבשבת ויו"ט מצוה לעשות כרוכים, **ולענ"ד** נראה דחסר כאן פרט אחד, דהיינו כשמדבקין אותן אחר הדלקתן, עד שעי"ז מתחממות ונופלות, וזה באמת אסור בין בחנוכה ובין בשבת ויו"ט).

אות ג' - ד'

נר ביתו ונר חנוכה, נר ביתו עדיף, משום שלום ביתו; נר ביתו וקידוש היום, נר ביתו עדיף, משום שלום ביתו נר חנוכה וקידוש היום... נר חנוכה עדיף, משום פרסומי ניסא

סימן רסג ס"ג - [ה]אם אין ידו משגת לקנות נר לשבת ולקידוש היום, נר שבת קודם - ואע"ג דקידוש דאורייתא, מ"מ על היין דרבנן, דמן התורה יוצא בתפלה, וכמו שנכתוב בסי' רע"א, **ועוד** דהא יכול לקדש על הפת. **וכן אם אין ידו משגת לקנות נר לשבת ונר לחנוכה, נר שבת קודם משום שלום הבית, דאין שלום בבית בלא נר.**

ואם יש לו נר אחד, סגי, ויוציא המותר לקידוש או לנר חנוכה, וגם לחנוכה בנר אחד סגי, **ואם** יש לו נר אחד לשבת ונר אחד לחנוכה,

באר הגולה

א מימרא דרב הונא שם כ"ג | ב ונראה דהך נר אינה כצורת פמוטות שלנו שקורין אותו לאמפ"א, שכל נר יש לו חלל כמו מרזב בפני עצמו, אלא כפירוש רש"י - ב"ח | ג וז"ל: פירש"י שני בני אדם למהדרין העושים נר לכל א'. **ונ"ל** דלדידן דמוסיפין בכל לילה, לא ידליקו ב' אנשים בנר א', דאז לא יהיה היכר כמה נרות מדליקין, כמ"ש בהג"ה, ע"כ | ד מימרא דרבא שם | ה שבת כ"ג

ויש לו עוד מעט מעות, נ"ל דטוב יותר לקנות עוד נרות לחנוכה להיות מן המהדרין.

(ואם אין ידו משגת לקנות יין לקידוש ולקנות נר חנוכה, ע"ל סימן תרע"ח).

סימן רצו ס"ה - [ו]אם אין ידו משגת לקנות שמן לנר חנוכה ויין להבדלה, נר חנוכה קודם - משום דפרסומי ניסא עדיף, **ועוד** דעיקר מצות הבדלה נוכל לקיים בתפלה.

סימן תרעח ס"א - [ז]מי שאין ידו משגת לקנות נר חנוכה ונר שבת, יקנה נר שבת מפני שלום ביתו - ואם יש לו נר אחד לביתו, סגי, אע"ג דטוב וראוי שיהיה ב' נרות לשבת, מ"מ במקום הדחק די שיהיה נר אחד על השולחן שאוכל, והשאר לנר חנוכה, ולהוי מן המהדרין, [דענין מהדרין נזכר בגמ']. **(וע"ל סי' רס"ג ס"ג)** - דמבואר שם, דאם אין ידו משגת לנר שבת וקידוש היום, ג"כ נר שבת קודם.

י"א דבזה"ז שמדליקין בפנים, יקנה לנר חנוכה, שהרי לא ישב בחושך, ואע"פ שאסור להשתמש לאורה, הוי כשעת הסכנה, דאיתא לעיל בסימן תרע"א ס"ה, דמניחה על שולחנו, [**ואף** דשם איתא, דצריך נר אחר להשתמש לאורו, התם משום היכר צריך נר אחר, דלא יאמרו לצורכו הדליקה, ובאמת אם אין לו נר אחר, נמי מותר, ואף דע"ב משתמש על שלחנו בו], **אבל** רוב האחרונים הסכימו, דאין לחלק בזה בין זמן הגמרא לזמנינו, [**ומשמע** דדעתם, דאם ידלקו לנר חנוכה, יהיה אסור להשתמש לפניו].

[ח]ואם יש לו לשל שבת, ואין לו לנר חנוכה ולייו לקידוש היום, יקנה לנר חנוכה - היינו נר אחד, והמותר ליין קידוש, **משום פרסומי ניסא** - וקידוש הלא יכול לקדש בפת, **ובלא"ה** קידוש על היין הוא רק מדרבנן, דמן התורה יוצא בזכירת דברים בעלמא.

ומיירי דיש לו פת, דאי אין לו פת, קניית הפת דוחה אפי' לנר של שבת, וכ"ש נר חנוכה וקידוש היום.

הגה: וה"ה נר חנוכה קודם ליין הבדלה - משום האי טעמא, **וע"ל סי' רצ"ו סעיף ה'** - אין נזכר שם יותר מכאן, ונראה דצ"ל: כדלעיל בסימן וכו'.

אות ה'

הרגיל בנר, הויין ליה בנים תלמידי חכמים

סימן רסג ס"א - [ט]יהא זהיר לעשות נר יפה - הנה עיקר הדלקת הנר הוא חובה משום מצות עונג שבת, [תוס' בשבת כ"ה:], ומחמת הידור מצוה יראה לעשותו יפה.

ואיתא בש"ס, דזוכה עבור זה לבנים תלמידי חכמים, דכתיב: כי נר מצוה ותורה אור, ע"י נר מצוה דשבת בא אור דתורה, **ולכך** ראוי שתתפלל האשה אחר שתגמור ההדלקה והברכה, שיתן לה הקב"ה בנים זכרים מאירים בתורה.

והדלקת הנר צריך להיות בכל החדרים שהולך שם בשבת, עכ"פ נר אחד, אף שאינו אוכל שם, כדי שלא יכשל בעץ או באבן, **מיהו** הברכה תברך על הנר שבמקום אכילה.

סימן רסג ס"ב - [י]אחד האנשים ואחד הנשים, חייבים להיות בבתיהם נר דלוק בשבת; אפי' אין לו מה יאכל, שואל על הפתחים ולוקח שמן ומדליק את הנר, שזה בכלל עונג שבת הוא.

[יא]סימן תרעא ס"א - [יב]צריך ליזהר מאד בהדלקת נרות חנוכה - ואמרינן בגמרא: הרגיל בנר הויין לו בנים ת"ח, שנאמר: כי נר מצוה ותורה אור, ופירש"י ע"ז: נר מצוה דשבת וחנוכה.

ואפילו עני המתפרנס מן הצדקה שואל - על הפתחים, **או מוכר כסותו** - או משכיר עצמו, **ולוקח שמן להדליק** - משום פרסומי ניסא, **אבל** אינו מחוייב בכל זה רק בשביל נר א' בכל לילה.

(**ונלמד** כן מדין ד' כוסות, דזה וזה הוי משום פרסומי ניסא, **ולפי"ז** נראה, דהגבאים מחוייבים ליתן לו נרות להדליק, כמו בד' כוסות, **מיהו** נראה, דאין צריכין ליתן לו כי אם נר אחד בכל לילה, דהיינו נר איש וביתו, דיותר הוי מן המהדרין, ואין חיוב ליתן לו).

אות ו'

ובלבד שלא יקדים ושלא יאחר

סימן רסג ס"ד - [יג]לא יקדים למהר להדליקו בעוד היום גדול - היינו כשהוא זמן הרבה קודם תוספת שבת, **שאז אינו ניכר שמדליקו לכבוד שבת** - וזמן תוספת שבת להשו"ע הוא מעט קודם סוף השקיעה, (וכשמדליק זמן הרבה קודם לזה, הוא בכלל לא יקדים, ואפילו אם הוא בתוך שעור ד' מילין המבוארין לעיל, **ואף** דמבואר לעיל בהמחבר דיכול להוסיף עד התחלת ד' מילין, היינו בשקיבל עליו שבת מאותו הזמן ועשה אותו לתוספת, ובכאן הלא איירי בלי קבלה, **ולדעת** הגאונים דמתחלת השקיעה הוא זמן בה"ש, א"כ זמן התוספת הוא זמן מועט קודם לזה, ולא יקדים הוא זמן הרבה קודם לזמן הזה), **ועיין** בסי' רס"א במ"ב, דמסקינן שם, דמי שפורש עצמו ממלאכה חצי שעה או עכ"פ שליש שעה קודם השקיעה, אשרי לו, דהוא יוצא בזה ידי כל הראשונים.

באר הגולה

ו מהא דשבת כ"ג לענין קידוש היום | ז מימרא דרבא שבת כ"ג | ח שם בעיא והדר פשטא | ט טור מהא דר' הונא שבת כ"ג | י לשון הרמב"ם מהא דרב שבת כ"ה ‹איך זה שייך לענין של "הרגיל בנר", וצ"ע› | יא ‹ע"פ הגר"א› | יב רמב"ם ממשנה דאפי' עני שבישראל וכו' פסחים צ"ט, וה"נ משום פרסומי ניסא | יג שם ‹שבת כ"ג›

(לפי מה דמבואר לקמן בס"י בהג"ה, דהמנהג דאשה כשמדלקת מסתמא מקבלת שבת בזה, א"כ תוכל שפיר להקדים עד זמן פלג המנחה, **אם** לא כשמתנית שאינה מקבלת שבת בזה).

וגם לא יאחר - היינו היכא שהוא מדליק בצמצום בסוף זמן המותר, [יד] **והטעם**, משום דשמא בין כך ובין כך יאחר הזמן, וע"ל בסימן רס"ב ס"ג במ"ב.

[טו] ואם רוצה להדליק נר בעוד היום גדול ולקבל עליו שבת מיד - היינו שיפרוש עצמו מכל מלאכות האסורות, ואפילו מאותם דברים שהם אסורים מדרבנן, **רשאי, כי כיון שמקבל עליו שבת מיד, אין זו הקדמה, ובלבד שיהא מפלג המנחה ולמעלה** - אבל קודם פלג המנחה אין קבלתו קבלה אף בדיעבד, ועיין בסימן רס"א ס"ב במ"ב.

שהוא [טז] שעה ורביע קודם הלילה - היינו צאת ג' כוכבים, **ודעת** הלבוש והגר"א, דפלג המנחה הוא שעה ורביע קודם השקיעה, **ולכו"ע** שעה ורביע זו היא שעה זמנית, דהיינו שמתחלק כל יום לי"ב חלקים לפי שעותיו, בין שהוא ארוך או קצר, להשו"ע מתחלק מעה"ש עד צאת הכוכבים, ולהלבוש והגר"א מזריחת השמש עד השקיעה.

(ועיין בסי' רס"א במ"א שהביא בשם הב"ח, דיש לחוש לדעת הר"א ממיץ, ולפרוש עצמו ממלאכה שתי שעות קודם הלילה, ומשמע מיניה דלא חשש לדעת השו"ע שפסק דלא יקדים יותר משעה ורביע, **ולמעשה** בודאי יש לסמוך על הב"ח והמ"א, דיוכל לקבל עליו שבת שתי שעות קודם הלילה, דאף דבסי' זה סתם הרמ"א ולא חלק על המחבר, בסי' רס"א ס"א בהג"ה העתיק שם בשם מהרי"ו, ע"ש, משמע דס"ל דעל שתי שעות קודם הלילה חלה הקבלה, **ובפרט** דדעת הלבוש והגר"א הנ"ל דפלג המנחה הוא שעה ורביע קודם השקיעה).

הגה: וע"ל סימן רס"ז. ואם היה הנר דלוק מבעוד היום גדול - אפילו אם היה אחר פלג המנחה, ומיירי שהיה דלוק לענין אחר, **יכבנו ויחזור וידליקנו לצורך שבת (טור).**

אבל אם הדליק לצורך שבת, אף שלא קבל עליו שבת בהדלקתו, מ"מ אין צריך לכבותו, אף דלכתחלה לא היה לו להדליק כ"כ מקודם, שאינו ניכר שמדליקין לצורך שבת, מ"מ בדיעבד שפיר דמי, (**ואם** נרצה להחמיר לכבות ולחזור להדליק, כדי שתהיה ההדלקה בזמנה, ולא יעבור על לא יקדים, יצא שכרו בהפסדו, דתהיה ברכתו הראשונה לבטלה).

(וכ"ז כשהיה ההדלקה אחר פלג המנחה, אבל אם הדליק קודם פלג המנחה לצורך שבת, אפילו אם קבל עליו שבת מאותו הזמן, אין הדלקתו מועילה כלום אף דיעבד, וצריך לכבות ולחזור ולהדליק ולברך).

[יז] סימן תרע"ב ס"א - [יח] אין מדליקין נר חנוכה קודם שתשקע החמה, אלא עם סוף שקיעתה, לא מאחרים ולא מקדימים - (הוא מלשון הרמב"ם, עיין בר"ן ורשב"א דפליגי ע"ז, והנה מקור הרמב"ם כתב הרה"מ שהוא ממה דאיתא בשבת כ"ג ע"ב, ובלבד שלא יקדים ולא יאחר, ויפרש לה דאיירי בחנוכה, **ולפ"ז** לרוב הפוסקים דמפרשי לה דאנר של שבת קאי, תו אין לנו מקור לדינו של הרמב"ם, וגם הטור בסימן רס"ג נסיב לה לענין שבת, **וקצת** פלא על השו"ע דסתם בסימן רס"ג ס"ד לענין שבת וגם בענינינו לענין חנוכה, **ואולי** דבענינינו סובר הטור ואפשר גם להרמב"ם שהוא מצד הסברא, שאינו ניכר לפרסומי ניסא כשמקדים, דשרגא בטיהרא מאי מהני, **אבל** קשה, דהתינח אם מפרש משתשקע החמה כפשטיה, נוכל לומר שקודם שקיעה שאור היום גדול לא מינכר אור הנר וליכא פרסומי ניסא, אבל כיון שהעתיק השו"ע כפירושו של הטור והמרדכי, דהיינו מסוף שקיעה והוא צאת הכוכבים, בודאי כשמקדים קצת כערך רבע שעה והוא זמן בין השמשות או מעט יותר, איכא היכר שהוא ללילה, **ותדע**, בשבת ג"כ פסק השו"ע שם שלא יקדים מטעם שאינו היכר שמדליקו לכבוד שבת, ואפ"ה ידוע שמוכרח לכו"ע להדליקו קודם ביה"ש הנ"ל, וע"כ אנו צריכין לומר דמה שאמרו ובלבד שלא יקדים היינו דוקא שמדליקו בעוד היום גדול, שאז אינו מינכר שהוא לכבוד שבת, וכן בענינינו שהוא לשם חנוכה, וכן מוכח לשון השו"ע שם עי"ש, אבל לא כשמדליקו רבע שעה או אפילו חצי שעה לערך קודם צה"כ. והנה הטור כשהעתיק מסוף שקיעה לא העתיק "ובלבד שלא יקדים", והרמב"ם שהעתיק "ובלבד שלא יקדים", לא העתיק מסוף שקיעה, אלא כתב שמדליקין עם השקיעה, וכונתו ממש קודם השקיעה, ואפילו אם נפרש דהרמב"ם סובר כר"ת וסייעתו דהיינו השקיעה השנייה, ג"כ אנו מוכרחין לומר דזמן של בין השמשות ומעט יותר כעשרה מינוט מקודם, דהוא בס"ה לערך כ"ה מינוט קודם צה"כ, אינו בכלל "ובלבד שלא יקדים", והראיה משבת, וכ"ש לפי מה שבירנו לעיל בסימן רס"א מכמה פוסקים, דהרמב"ם סובר דצריך להדליק נרות בע"ש קודם שנתכסה השמש מעינינו, והוא הנקרא שקיעה, א"כ בודאי כשמדליק אפי' קודם שקיעה ג"כ אינו בכלל שלא יקדים, אך שלא יקדים הרבה קודם שקיעה, דזהו מה שאמרו "ובלבד שלא יקדים". **היוצא** מדברינו, דהמחבר שהעתיק כטור מסוף שקיעה, וצירף לזה דברי הרמב"ם שלא יקדים, הוא צע"ג).

אות ז'

שמן של תרומה שנטמאה

רמב"ם פי"א מהל' תרומות ה"א - ומדליק את הטמא, וזהו הנקרא שמן שריפה בכל מקום.

באר הגולה

[יד] ‹וצ"ע, שהרי בגמ' משמע דאין זה מצד חילול שבת, אלא משום דאורח ארעא שלא ידליק סמוך לחשכה, וכמו שפרש"י› [טו] תוס' והרא"ש והמרדכי מהא דרב צלי של שבת בע"ש ברכות כ"ז [טז] דהיינו בשעות זמניות י"ב שעות אפילו ביום ארוך וכדלעיל בסי' רל"ג בהגה [יז] ‹ע"פ הביאור הלכה› [יח] לשון הרמב"ם בפ"ד מברייתא שבת כ"א

§ מסכת שבת דף כד. §

אות א'

מה תפלה בהודאה, אף ברכת המזון בהודאה

סימן תרפב ס"א - [א]**כל שמונת ימי חנוכה אומר "על הניסים" בבהמ"ז בברכת הארץ, ובתפלה בברכת "מודים"** - הטעם, דכולה מילתא דחנוכה, עיקרה הודאה היא, [גמרא ‹ע"פ רש"י›. **ומ"מ** בדיעבד אם אמר "על הניסים" בעבודה, והשלים תפלתו, א"צ לחזור, דלא הוי הפסק מה שאמר חוץ למקומו].

[ב]**ובברכה** מעין שלש בחנוכה ופורים, אין מזכירין של חנוכה ופורים.

כתוב בספרים, שבנוסח "על הניסים" יאמר: "ועל הנסים" בוי"ו, הן בתפלה הן בבהמ"ז. "**כשעמדה** עליהם", יש לדלג תיבת "עליהם", דהא אח"כ אומר "על עמך ישראל", **אא"כ** אומר "ועל עמך ישראל".

[ג]**ואם לא אמר, אין מחזירין אותו** - דלאו דאורייתא נינהו, וקאי אתפלה ואברכת המזון, **ואין** חילוק בבהמ"ז בין בחול ובין בשבת חנוכה, אף דמוכרח לאכול מצד שהוא שבת, מ"מ אינו חוזר בשביל "על הניסים" דחנוכה, **(וע"ל סי' רל"ד סעיף ד' וה').**

[ד]**ומיהו אם נזכר באותה ברכה, כל זמן שלא הזכיר את השם, אפילו נזכר בין "אתה" להשם, חוזר. הגה: י"א כששכח "על הניסים" בברכות המזון, כשמגיע ל"הרחמן" יאמר: הרחמן הוא יעשה לנו נסים ונפלאות כשם שעשית לאבותינו בימים ההם בזמן הזה בימי מתתיהו כו' (כל בו)** - וכן בפורים, **(וכבר נתבאר סימן קפ"ז סעיף ד')** - וה"ה שיאמר כן בתפלה אחר גמר התפלה דרך בקשה קודם "יהיו לרצון".

ובראש חדש שבחנוכה, יאמר זה אחר "הרחמן הוא יחדש" וכו', משום דתדיר קודם.

אות ב'

מהו להזכיר ראש חודש בברכת המזון... מזכיר

סימן תכד ס"א - [ה]**"מזכירין "יעלה ויבא" בברכת המזון;** [ו]**ואם לא אמר, אין מחזירין אותו** - דאין חיוב לאכול פת בר"ח, וא"כ אי בעי לא הוי אכיל פת, ולא נתחייב כלל בברכת המזון. **ואם נזכר קודם שהתחיל "הטוב והמטיב",** [ז]**אומר: ברוך שנתן ר"ח לעמו ישראל לזכרון** - עיין לעיל סימן קפ"ח בביאור הלכה, דצ"ל בשם ומלכות. **הגה: וע"ל סי' קפ"ח ס"ז.**

אות ג'

ימים שיש בהן קרבן מוסף, כגון ראש חודש וחולו של מועד, ערבית ושחרית ומנחה מתפלל שמונה עשרה, ואומר מעין המאורע בעבודה, ואם לא אמר מחזירין אותו; ואין בהן קדושה על הכוס; ויש בהן הזכרה בברכת המזון

סימן תכב ס"א - [ח]**ערבית שחרית ומנחה, מתפלל י"ח ברכות ואומר "יעלה ויבא" ב"רצה"** - ומבואר לעיל בסימן רל"ו ס"ב, דמכריז הש"ץ בין קדיש לתפלה שהוא ר"ח, ולא חשיב הפסק כיון שהוא צורך תפלה, [**ודוקא** בין קדיש לתפלה, אבל כשהוא עומד בברכת ק"ש בין הפרקים, אסור להפסיק]. [**ודוקא** בערבית, דסמיכת גאולה לתפלה שלו לא חמיר כולי האי, משום דתפלת ערבית רשות, **אבל** בין גאולה לתפלה דשחרית, חמירא טפי ואסור - מסי' רל"ו ס"ב].

ואם לא אמרו בערבית, [ט]**אין מחזירין אותו, (ובאיזה מקום שנזכר שאינו חוזר, ע"ל סימן רל"ד סעיף ד' וה')** - ושם מבואר, דמשהתחיל לומר "ותחזינה" והזכיר "ברוך אתה ה'", אפילו לא סיים "המחזיר" וכו', נמי אינו חוזר.

בין שר"ח יום אחד בין שהם ב' ימים, מפני שאין מקדשין את החדש בלילה - ולא היה עדיין קדושת ר"ח על היום, **ואפילו** בליל ב' של ר"ח שייך טעם זה, שהלא יום ב' הוא רק משום ספיקא, דאלו היום א' היה קודש, היום שני הוא חול.

[י]**אבל אם לא אמרו שחרית ומנחה, מחזירין אותו.**

[יא]**ואם נזכר קודם שהתחיל "מודים", אומר במקום שנזכר** - ואח"כ יאמר "מודים", והיינו אפי' כבר אמר וסיים ברכת "ותחזינה", **ואם** לא סיים עוד "המחזיר", רק אמר "ברוך אתה ה'", כתבנו לעיל בסי'

באר הגולה

[א] **כרב הונא ורב ששת שבת כ"ד** ‹ואם תאמר הא בפרק במה מדליקין לא אמרו אלא אם בא להזכיר מזכיר, משמע דהרשות בידו, ואיך כתב רבינו חיובא. **י"ל** דבירושלמי אמרו, דכשלא הזכיר על הנסים דחיובא, חוזר, **ורבינו** לענין חוזר לא רצה לפסוק כירושלמי, כיון דלגמ' דידן הוי רשות ההזכרה, אם כן החזרה הוי ברכה לבטלה, ולא שבקינן גמרא דידן ועבדינן כירושלמי, **אבל** לענין חיוב ההזכרה פסק כירושלמי, משום דאפילו לגמרא דידן אין כאן איסור, דהרי קאמר דהוי רשות, ואם כן ראוי להחמיר כירושלמי, והוא טעם נכון - לחם משנה.› **והנראה** לענ"ד, שהם ז"ל דקדקו דברי הש"ס, דאחר שהביא דברי רב הונא, הביאו עובדא דרב הונא בר יהודה שהזכירה, ורב ששת נמי הוה ס"ל הכי אלא שאמר לו שיש להזכירה בהודאה, וכיון דהנך אמוראי עבדו הכי, וכו"ע גרירי אבתרייהו, כתבו ז"ל הדין לפי הנהוג, דהשתא קבעוה חובה כיון שכך קבלו עליהם - מעשה רוקח› [ב] ‹דאף בבה"מ א"צ להזכיר מצד הדין, כמ"ש בפ"ב דשבת, אלא מצד המנהג, משא"כ כאן שאין מנהג כלל - גר"א סימן רח סי"ב› [ג] **הרי"ף והרא"ש מהא דתני אושעיא שם,** ‹שמעינן מהך ברייתא, דמי שטעה ולא הזכיר על הנסים בחנוכה ופורים, שאין מחזירין אותו, שאין מחזירין בימים שאין בהן קרבן מוסף, כגון תעניות ומעמדות וכגון חנוכה ופורים - רא"ש, **וכ"כ התוס' שם** ‹ד"ה דתני› **ובשם תוספתא דברכות, וכ"כ הטור בשמם** [ד] **טור** [ה] **שבת כ"ד וכרב דתניא כוותיה** [ו] **מימרא בברכות מ"ט** [ז] **ציינתיו סי' קפ"ח סעיף ז'** [ח] **ברייתא שבת כ"ד** [ט] ‹ברכות ל: - גר"א› [י] **שם ברייתא** [יא] **גמרא ברכות כ"ט**

במה מדליקין פרק שני שבת כד

תניא כוותיה דרב חסדא *כל אלו שאמרו אין מדליקין בהן בשבת מדליקין בהן ביום טוב חוץ משמן שריפה לפי שאין שורפין קדשים ביום טוב: איבעיא להו מהו להזכיר של חנוכה בברכת המזון כיון דמדרבנן הוא לא מדכרינן או דילמא משום פרסומי ניסא מדכרינן אמר רבא אמר רב סחורה אמר רב הונא אינו מזכיר ואם בא להזכיר מזכיר בהודאה רב הונא בר יהודה איקלע לבי רבא סבר לאדכורי בבונה ירושלים אמר להו רב ששת כתפלה אמה תפלה בהודאה אף ברכת המזון בהודאה: איבעיא להו מהו להזכיר ראש חודש בברכת המזון אם תימצי לומר בחנוכה דרבנן לא צריך ראש חודש דאורייתא צריך או דילמא כיון דלא אסור בעשיית מלאכה לא מזכרינן רב אמר במזכיר רבי חנינא אמר אינו מזכיר אמר רב זריקא נקוט דרב בידך דקאי רבי אושעיא כוותיה דתני ר' אושעיא *גימים שיש בהן קרבן מוסף כגון ר"ח וחוה"מ ערבית ושחרית ומנחה מתפלל שמונה עשרה ואומר מעין המאורע בעבודה ואם לא אמר מחזירין אותו ואין בהן קדושה על הכוס ויש בהן הזכרה בברכת המזון ימים שאין בהן קרבן מוסף כגון שני וחמישי (ושני) ותעניות ומעמדות שני וחמישי מאי עבידתייהו אלא שני וה' וב' של תעניות ומעמדות דערבית ושחרית ומנחה מתפלל שמונה עשרה ואומר מעין המאורע בשומע תפלה הואם לא אמר אין מחזירין אותו *(ואין בהן קדושה על הכוס) ואין בהן הזכרה בברכת המזון: איבעיא להו מהו להזכיר של חנוכה במוספין כיון דלית ביה מוסף בדידיה לא מדכרינן או דילמא יום הוא שחייב בארבע תפלות רב הונא ורב יהודה דאמרי תרוייהו אינו מזכיר רב נחמן ורבי יוחנן דאמרי תרוייהו ומזכיר אמר אביי לרב יוסף הא דרב הונא ורב יהודה דרב הוא דאמר רב גידל אמר רב ראש חדש שחל להיות בשבת המפטיר בנביא בשבת אינו צריך להזכיר של ראש חדש שאילמלא שבת אין נביא בראש חדש מי דמי התם נביא בדר"ח ליכא כלל הכא איתיה בערבית ושחרית ומנחה אלא להא דמיא דאמר רב אחדבוי אמר רב מתנה אמר רב יום טוב שחל להיות בשבת המפטיר בנביא במנחה בשבת א"צ להזכיר של יום טוב שאילמלא שבת אין נביא במנחה ביום טוב
ולית

רש"י

בברכת המזון · בתפלה פשיטא לן שהרי להלל ולהודאה נקבעו כדאמרינן לעיל*: **לא מזכרינן** · לא חייבו להזכיר: **אינו מזכיר** · אינו צריך להזכיר: **מה תפלה בברכת הודאה** · דהא כולה מילתא דחנוכה עיקרה להודאה נתקנה: **בהודאה** · בברכת הארץ: **ואומר מעין המאורע בעבודה** · לבקש רחמים על ישראל ועל ירושלים להשיב עבודה למקומה לעשות קרבנות היום: **שני וחמישי** · משמע של כל שבתות השנה ומאי עבידתייהו לזכרם ולחלקם משאר ימות השנה: **של תעניות** · שהיו גוזרים תעניות על הגשמים שני וחמישי [ושני] במס' תענית (דף י׳): **ושל מעמדות** · כלומר לימים של מעמדות שהיו מתענין ארבעה תעניות בשבת שני ושלישי ורביעי וחמישי ומעין המאורע דידהו תפלת תענית: **ערבית** · לילי כניסתן ואע"פ שאוכל ושותה כל הלילה מתפלל תפלת תענית מאחר שנכנס היום והכי נמי אמר רב הונא במסכת תענית (דף יא:) יחיד שקבל עליו תענית אף על פי שאוכל ושותה כל הלילה מתפלל תפלת תענית · ובתשו' הגאונים מצאתי ברייתא שנו רבותינו פעמים שאדם שרוי בתענית ואינו מתפלל ופעמים שאינו שרוי בתענית ומתפלל הא כיצד כאן בכניסתה כאן ביציאתה כלומר ערב תענית אע"פ שעתיד לאכול לאחר תפלה מתפלל תפלת תענית וליל מחרתו אף על פי שעודנו בתענית כשמתפלל תפלת ערבית אינו מתפלל תפלת תענית וסוף דברי הגאונים כתבו אבל אין אנו רגילים לומר ערבית ואפילו שחרית שמא יארע לו אונס חולי או בולמוס ויטעום כלום ונמצא שקרן בתפלתו: **אין מחזירין אותו** · דלאו דאורייתא נינהו: **בברכת המזון** · של ערבית בכניסתו וכ"ש ביציאתו שכבר עבר היום: **של חנוכה במוספין** · בתפלת מוספין דשבת ור"ח שבתוך ימי חנוכה מהו להזכיר על הניסים בהודאה: **בד' תפלות** · ערבית ושחרית ומוסף ומנחה וכיון שחובת תפלה זה היום אינה פחותה משאר תפלות של יום: **אין נביא בר"ח** · הכא נמי הואיל אלמלא ר"ח אין מוספין בחנוכה לא בעי לאזכורי: הכא איתיה (*בשחרית וערבית) ומנחה וכיון שהיום מחויב בארבע תפלות כוו כן זו: **המפטיר בנביא במנחה בשבת** · מצאתי בתשובת הגאונים שהיו רגילים לקרות בנביא בשבתות במנחה עשרה פסוקים ובימי פרסיים גזרו גזרה שלא לעשות וכיון שנסתלקו נסתלקו: **אין נביא במנחה ביום טוב** · ואף על גב דאיתיה שחרית הואיל ומנחה לאו משום יום טוב אתי לא מזכרינן:
ככל

תוספות

ולא גזרי' כשן לתוך חלב מהותך שמן אטו לא כתן דבלא כתן כמי לא אסור אלא אטו שאין מהותך אע"ג דבחלב מהותך גזרינן גזרה לגזרה דגזרי' אטו שאינו מהותק ושאינו מהותך אטו שמא יטה הא לא חשיב גזרה לגזרה דכשאינו מהותקודלמא יטה לפי שאינו נמשך אחר הפתילה אבל הכא משום שמלוה עליו לית לן למימר ודאי יטה ותירץ ר"י דהכא לא חשיב גזירה לגזרה דיו"ט ושבת כי הדדי נינהו כדאמרינן בפרק במה אשה (לקמן דף סד׳ ושם) גבי סנדל המסומר וקשה לרשב"א דהכא גזרינן יו"ט אטו שבת ובריש כל הכלים (לקמן דף קכד׳ ושם) מסקינן דלא גזרינן ושמא אין להשוות גזרות של חכמים זו לזו אותם שאינם במלאכה אחת: **גזירה** יו"ט אטו שבת · וקשה לרשב"א הא דתנן בפ"ג דבילה (דף כז: ושם) מעשה ושאל ר' טרפון עליה ועל החלה שנטמאת ואמרו לו לא יזוזו ממקומם והשתא לרבה אמאי לא יזוזנה והא חזיא להיסק תחת תבשילו דלא שייך בה למיגזר יו"ט אטו שבת כמו בשמן ולפי טעמא דאין שורפין קדשים ביום טוב ניחא וצריך לדחוק דגזרינן חלה בשבת אטו שמן*:

תניא כוותיה דרב חסדא · וא"ת והא משמע חוץ משמן שריפה דאין מדליקין בשבת ולא ביו"ט והיינו דלא כרב חסדא דלדידי' מדליקין בשבת וי"ל דה"ק כל אלו שאמרו אין מדליקין בשבת מדליקין ביום טוב וכ"ש אותו שמדליקין בשבת מדליקין ביום טוב חוץ משמן שריפה שאף על פי שמדליקין בשבת אין מדליקין ביום טוב וכו':

איבעיא להו מהו להזכיר של חנוכה בברכת המזון · תימה דהך מילתא הוה ליה לאסוקי לעיל גבי מילי דחנוכה:

מהו להזכיר של חנוכה בבהמ"ז · בתפלה פשיטא ליה דמזכיר משום דתפלה בצבור הוא ואיכא פרסומי ניסא אבל בבהמ"ז שבבית ליכא פרסומי ניסא כולי האי:

מזכיר בהודאה · דעל הנסים הודאה היא ולא תפלה:

בבונה ירושלים · כמו בר"ח שאומר יעלה ויבא בבונה ירושלים ומשום דיעלה ויבא היא תפלה ותחנונים תקנוה בבונה ירושלים דהיא נמי תפלה ובי"ח תיקנוה בעבודה שהיא תפלה להשב ישראל לירושלים: **או** דילמא כיון דלא אסור בעשיית מלאכה כו' · והא דאמר בפ"ג דמגילה (דף כב: ושם) כל שיש בו ביטול מלאכה לעם כגון תענית ציבור וט' באב קורין שלשה ושאין בו ביטול מלאכה לעם כגון ראש חודש וחולו של מועד קורין ד' היינו מנהג בעלמא שאין רגילין לעשות מלאכה*:

דתני ר' אושעיא (כוותיה) כו' · מהכא לא הוי בעי למיפשט לעיל דאינו מזכיר חנוכה בברכת המזון דאיכא למידחי דדוקא נקט תעניות ומעמדות אבל חנוכה ופורים אף על פי שאין בהן קרבן מוסף צריך להזכיר משום פרסומי ניסא ואיפכא ליכא למיפשט דדילמא נקיט תעניות ומעמדות משום תפלת מוסף והוא הדין דחנוכה ומיהו אף בחנוכה ופורים אם לא אמר בתפלה אין מחזירין אותו כדתניא בהדיא בתוספתא דברכות (פרק ח"ה): **תעניות** ומעמדות ערבית שחרית ומנחה כו' · מה שפי' הגאונים שאין אנו רגילין לאומרה ערבית ואפילו שחרית שמא יארע לו אונס חולי או בולמוס ונמצא שקרן בתפלתו ומה שש"צ מתפלל שחרית היינו לפי שא"א שלא יתענה אחד מהם וקשה לר"י אם כן היאך לוה אדם תעניתו ופורע הלא ימצא שקרן בתפלתו קודם תקנת הגאונים ולעיל בפ"ק (דף יא׳) דאמר ליזוף מר וליפרע הלא כבר התפלל תפלת תענית: **אלא** להא דמיא דאמר רב אחדבוי כו' · תימה תרתי מילתא דרב למה לי לאשמועינן יום טוב שחל להיות בשבת וכ"ש ראש חודש דליכא נביא כלל ותירץ ר"י דחדא מכלל חבירתה איתמר:

שאלמלא שבת אין נביא במנחה · וקשה לר"י דתנן בפרק שלישי דמגילה (דף כא׳ ושם ע"ש) בשני ובחמישי ובשבת במנחה קורין שלשה ואין מפטירין בנביא ותירץ ר"ת דנביא דהכא היינו כתובים שהיו מפטירין בכתובים בשבת במנחה כדאמר בפרק כל כתבי (לקמן דף קטז:) בנהרדעא פסקי סידרא בכתובים במנחתא דשבתא ובמגילה איירי בנביא ממש:
ולית

עין משפט נר מצוה

מט א מיי' פ"ב (מהל' תפלה הל' יג ופ"ב) מהלכות ברכות הלכה ו סמג עשין כז טוש"ע א"ח סי' תרפב סעיף א:

נ ב מיי' פ"ב מהל' ברכות הלכה ה סמג שם טוש"ע א"ח סי' תכד:

נא ג מיי' פ"ב מהל' תפלה הלכה י סמג עשין יט טוש"ע א"ח סי' תכב סעי' א וסימן תל סעיף ב:

נב ד מיי' שם הל' יד טור וש"ע א"ח סי' תקסה סעיף א ג:

נג ה שם סעיף ב:

נד ו מיי' שם הל' יג סמג שם טוש"ע א"ח סי' תרפב סעיף ב:

רבינו חננאל

ותניא כותיה כל השמנים שאמרו חכמים אין מדליקין בהן בשבת אבל מדליקין בהן ביו"ט חוץ משמן שריפה שאין שורפין קדשים [פסולין] ביו"ט: **אמר** רבא מזכיר של חנוכה בברכת המזון כתפלה מה תפלה בהודאה אף ברכת המזון בהודאה אמר רב מזכיר של ר"ח בברכת המזון דתני רב הושעיא ימים שיש בהן קרבן מוסף כגון ר"ח וחוש"מ ערבית שחרית ומנחה מתפלל י"ח ואומרין מעין המאורע בעבודה ואם לא אמר מחזירין אותו ואין בהם קדושה על הכוס ויש בהן הזכרה בבהמ"ז · ימים שאין בהם קרבן · מוסף כגון שני וחמישי ושל תעניות ומעמדות ערבי' ושחרית ומנחה מתפלל י"ח ואומר מעין המאורע בשומע תפלה ואם לא אמר אין מחזירין אותו ואין בהם קידוש על הכוס ולא הזכרה

מסורת הש"ס

[דף כה:]

תוספתא פ"ב

[תוספתא ברכות פ"ג ע"ש וקל"ע]

ס"א ל"ג

[נ"ל בערבית וש חרית]

עיין רש"א

[וע"ע תוספות מגילה יח: ד"ה ר"ח ותוס' ר"ה כב: ד"ה משום ותוס' מגילה כב: ד"ה ואין]

קי"ד ס"ו בבה"ל, דנכון יותר לסיים "למדני חקיך", כדי שלא יהיה הזכרת השם לבטלה, ויאמר "יעלה ויבא", ואח"כ יאמר עוד הפעם "ותחזינה".

ואם לא נזכר עד אחר שהתחיל "מודים", אם נזכר קודם שהשלים תפלתו, חוזר ל"רצה" - דג' אחרונות חשובות כאחת.

ואם לא נזכר עד שהשלים תפלתו - היינו שסיים ברכת "שים שלום" ואמר "יהיו לרצון" וכו', ד"יהיו לרצון" מכלל התפלה הוא, וכדלעיל בסי' קכ"ב, **חוזר לראש.**

[יב] **ואם הוא רגיל לומר תחנונים אחר תפלתו, ונזכר אחר שהשלים תפלתו קודם שיעקור רגליו, חוזר ל"רצה"** - ואין נ"מ בזה בין אם אומר התחנונים קודם "יהיו לרצון" או אחר "יהיו לרצון", דכל שהוא עוסק עדיין בתחנונים, או שעדיין צריך לומר תחנונים, לא מקרי עדיין סילוק תפלה.

נקט האי לישנא "דקודם שיעקור רגליו", משום דהמחבר מיירי שעדיין לא אמר תחנונים, רק דכיון דרגיל, מסתמא יתחיל לומר גם עתה, **אבל** אם כבר אמר תחנונים וסיים אותם, ואין במחשבתו לומר עוד, אפילו עדיין לא עקר רגליו, כמי שעקר דמי וחוזר לראש התפלה.

[**עוד** פשוט, אם דרכו לומר אחר תחנונים עוד פעם "יהיו לרצון" כמנהג המדקדקין, כל שלא סיים "יהיו לרצון" שני, הוי כלא סיים, דהוא ג"כ מכלל התחנונים, וכ"כ בא"ר].

הגה: ואם הוא ספק אם הזכיר או לאו, אין צריך לחזור (כל בו) - טעמו, דכיון שאין עוברין שלשים יום שאין מזכירין בו "יעלה ויבוא", אין זה חזקה שלמה לומר שבודאי לא הזכיר.

ומ"מ להלכה לא נקטינן כן, דרוב האחרונים וכמעט כולם חולקין ע"ז, וסוברין דאפילו בספק צריך לחזור ולהתפלל, דמסתמא התפלל כמו שרגיל בכל יום בלא "יעלה ויבוא", **מיהו** כבר כתבנו לעיל בסימן קי"ד במ"ב בשם האחרונים, דאם ברור לו שהיה בדעתו לזכור מעין המאורע בתוך התפלה, ולאחר זמן מופלג נפל ספק בלבו אם זכר בתפלה או לא, אין צריך לחזור, **אך** כ"ז אם הספק נפל לו לאחר זמן, אבל אם נתעורר לו הספק מיד אחר התפלה, יש לו לחזור.

וע"ל שסכה מלהזכיר בשחרית, ע"ל סימן קכ"ו - דשם מבואר שאין צריך לחזור משום טרחא דצבורא, ויש לו לסמוך על תפלת מוסף שיתפלל, ושם נזכר קדושת היום.

סימן תצ ס"ב - [יג]"יום ג' שהוא חוש"מ, ערבית ושחרית ומנחה מתפלל כדרכו, ואומר "יעלה ויבא" בעבודה, ואם לא אמרו מחזירין אותו; וכן מזכירו בברכת המזון, ואם לא אמרו אין מחזירין אותו - דדוקא בתפלה דלא סגי דלא יתפלל, וכיון שלא התפלל כראוי, יחזור, **דהיינו** אם נזכר לאחר שעקר רגליו חוזר לראש, ואם עד שלא סיים תפלתו חוזר ל"רצה", **משא"כ** בברכת המזון בחול המועד, דאי בעי לא אכיל דבר המחייב לבהמ"ז, שיאכל בשר ופירות, ע"כ אין מחזירין אותו בכל גווני.

[יד]"סימן רסח ס"ד - [טו]"מי שהתפלל תפלה של חול בשבת ולא הזכיר של שבת, לא יצא - וה"ה ביו"ט, ואפי' ביו"ט שני, **ואם** ספק לו אם התפלל של חול או של שבת, ג"כ צריך לחזור, דמסתמא התפלל של חול כמו שהוא רגיל.

[טז]"ואם הזכיר של שבת בתוך י"ח, אע"פ שלא קבע ברכה לשבת, יצא. הגה: ובמוסף אפי' לא אמר רק "ונעשה לפניך את חובותינו בתמידי יום וקרבן מוסף", יצא (ב"י בשם הרא"ש פרק מי שמתו) - ר"ל שאמר בא' מן הברכות "יהי רצון שנעשה לפניך" וכו', **וכ"ש** אם אמר הנוסח של המוסף כהלכה, רק שחיסר הפסוקים של הקרבנות, דיצא.

[יז]"סימן רסח ס"ז - [יח]"חוזרים לומר "ויכלו", משום יו"ט שחל להיות בשבת שאין אומרים אותו בתפלה - ואגב שבת זה תקנו לכל השבתות.

וגם להוציא למי שאינו יודע; ואומרים אותו בקול רם ומעומד - לפי שבזה אנו מעידים להקב"ה במעשה בראשית, ודין עדים בעמידה, כדכתיב: ועמדו שני האנשים, **וטוב** לומר אותה ביחד בצבור, דעדה שלמה בעינן להעיד להקב"ה, **ועכ"פ** יהיה בשנים.

(**עיין במ"ב שכתבנו, דלכתחלה יהדר אותה לומר ביחד, הוא ממ"א, דלכתחלה טוב להדר לצאת גם דעת הת"ק, דס"ל דצריכין להעיד כאחד דוקא, ובאמת קי"ל בחו"מ סימן כ"ח, דאין צריכין להעיד ביחד**).

(**עוד שם, דלכתחלה טוב בעשרה, ומטעם זה המתפלל בלחש ימהר לסיים תפלתו, כדי שיאמר "ויכלו" עם הקהל – פמ"ג**).

ויחיד המתפלל, י"א דאינו חוזר לומר "ויכלו", דאין עדות ליחיד, **וי"א** דיחיד יכול לומר, אבל אין צריך עמידה, **וטוב** שגם היחיד יאמר, אבל לא יתכוין לשם עדות אלא כקורא בתורה.

כתב מטה משה, אם שכח לומר בבהכ"נ, יאמר אותו שבקדוש מעומד, **והמנהג** לומר אותו שבקדוש מעומד אף אם אמרו בבהכ"נ.

באר הגולה

[יב] שם כלישנא בתרא דרב נחמן בר יצחק וכ"פ הרי"ף והרא"ש והרמב"ם וסמ"ג מהא דרבי אושעיא שבת כ"ד ‹ומי גרע שבת מר"ח וחוה"מ – ב"י› והמרדכי והתרומה [יג] ברייתא שבת כ"ד [יד] ‹ע"פ הבאר הגולה וב"י› [טו] רמב"ם [טז] בית יוסף [יז] ‹מילואים› [יח] תוספות והרא"ש בפרק ע"פ

אות ד'

ימים שאין בהן קרבן מוסף, כגון שני וחמישי ושני של תעניות ומעמדות, ערבית ושחרית ומנחה מתפלל שמונה עשרה, ואומר מעין המאורע בשומע תפלה

סימן תקסה ס"א - [יט]יחיד אומר "עננו" ב"שומע תפלה" - ר"ל שאינו קובע ברכה לעצמו בין "גואל" ל"רופא" כמו ש"צ, אלא כוללה ב"שומע תפלה", וכדלקמיה בהג"ה.

בין יחיד שקיבל עליו תענית, [כ]בין יחיד המתפלל עם הצבור בת"צ - (ואפילו אם הוא מתפלל עם הש"ץ בשוה, ג"כ לא יאמר ברכת "עננו" עמו, ורק ב"שומע תפלה" כשאר יחידים), דרק לשליח צבור קבעו ברכה לעצמו בין "גואל" ל"רופא", ולא ליחידים.

(כתב הח"א, יחיד שאינו מתענה, ומתפלל עם הצבור, יאמר בש"ת "עננו", ויאמר "ביום ת"צ זה", עכ"ל, ובמאמר מרדכי השיג ע"ז, ע"ש, ודבריו נכונים, דיחיד שאינו מתענה, אין לומר "עננו" בשום פנים).

[כא]וכן שליח ציבור שמסדר תפלתו בלחש, כיחיד דמי וב"שומע תפלה".

הגה: ואומרו קודם "כי אתה שומע" וכו', ולא יחתום ב"עונה בעת צרה", אלא כשמגיע ל"בכל עת צרה וצוקה", יסיים "כי אתה שומע תפלה" וכו' (ב"י בשם תוס'), ולא ישנה ממטבע הברכה - ואפילו ש"ץ, אם שכח לומר "עננו" בין "גואל" ל"רופא", שאומר ב"שומע תפלה", ג"כ לא יחתום שם בברכה בפני עצמו, אלא יסיים "כי אתה שומע", כיחיד.

אפי' כשמתענה יחיד, יאמר: עננו בצום תעניתנו וכו' (רשב"א) - דלעולם לישתתף איניש בהדי צבורא, ולא מיחזי כשיקרא מה שאומר בלשון רבים, דא"א שלא יהיה אחד בסוף העולם שמתענה היום, **ויש** מאחרונים שמצדדים לומר "ביום צום תעניתי", או "ביום צום התענית" [כדי שלא יהיה תפילתו בלשון יחיד], **והעולם** נהגו כרמ"א, וכן העתיק בדה"ח.

סימן תקסה ס"ג- [כב]יש אומרים שאין היחיד אומר "עננו" כי אם במנחה, שמא יאחזנו בולמוס - שיהיה צריך לאכול כדי להשיב נפשו, **ונמצא שקרן בתפלתו** - ועיין בט"ז שכתב, דאם רוצה להתפלל בשחרית "עננו", ולדלג תיבות "ביום צום תעניתנו", הרשות בידו, דאז אין חשש שמא ימצא שקרן.

אבל שליח צבור, אומרו [כג]גם בתפלת שחרית כשהוא מתפלל בקול רם, שא"א שלא יתענו קצת מהקהל - (עיין לקמן בסימן תקס"ו ס"ג, דבעינן דוקא עשרה מתענים, **אלא** דכאן מיירי שיש עשרה שדעתם להתענות, ורק מחששא שמא לא יוכלו אח"כ להתענות, בזה אמרינן כיון דעכ"פ ישאר מעט אף לבסוף, לא מיחזי כשקרא, **אבל** אם יודע שבשעת תפלה אין שם עשרה שדעתם להתענות, א"כ איננו שליח של צבור לענין תפלת תענית).

[כד]ובארבע צומות, גם היחיד אומרו בכל תפלותיו - ואפילו בתפלת ערבית שקודם התענית, דעצם התענית מתחיל מבערב, [**דאף** שבג' צומות רשאי לאכול בלילה, ולא הצריכוהו להפסיק מבערב, מ"מ שם תענית מתחיל מבערב, שאם ישן שוב אינו רשאי לאכול].

דאפי' יאחזנו בולמוס ויאכל, שייך שפיר למימר: עננו ביום צום התענית הזה, כיון שתיקנו חכמים להתענות בו.

הגה: ונהגו בכל הצומות שלא לאומרו כי אם במנחה - ואפילו מתפלל מנחה גדולה יאמר "עננו", דאפילו אם יאחזנו בולמוס לא יהיה שקרן בתפלתו, דעכ"פ התענה עד חצות.

מלבד שליח צבור שאומר שחרית כשמתפלל בקול רם - (אבל בתפלת לחש שלו לא יאמר "עננו" ב"שומע תפלה", דהוא כשאר יחידים).

אות ה'

ואם לא אמר אין מחזירין אותו

סימן תקסה ס"ב - [כה]אם שכח מלומר "עננו", אין מחזירין אותו. (וע"ל סימן רצ"ד סעיף ד' וה') - דשם מוכח בס"ד, דתיכף כשיסיים ברכת "שומע תפלה", אין לו לחזור, אע"פ שלא פתח בברכה שלאחריה, [ואפי' לא אמר אלא השם בלבד], **רק** אחר תפלתו יכללה ב"אלהי נצור", כדלקמיה, וגם הסעיף ה' דשם שייך לכאן.

ואם נזכר קודם שעקר רגליו, [כו]אומר בלא חתימה (לאחר תפלתו) - קודם "יהיו לרצון", [**היינו** לכתחילה, ובדיעבד יכול לומר אף אחר "יהיו לרצון", כיון שלא עקר רגליו עדיין].

אות ו'

מהו להזכיר של חנוכה במוספין... מזכיר

סימן תרפב ס"ב - [כז]גם במוסף של שבת ושל ר"ח צריך להזכיר של חנוכה, אע"פ שאין מוסף בחנוכה - דיום הוא שנתחייב בארבעה תפלות, **ואם** לא אמרו אין מחזירין אותו.

באר הגולה

[יט] מימרא דרבי יצחק ורב ששת תענית י"ג [כ] הרא"ש שם [כא] כל בו [כב] ‹טור› שם ‹ורש"י שם סוף ד"ה ערבית› בשם הגאונים [כג] כפי' הב"י דברי הגאונים ושכן נראה מדברי הסמ"ג והרוקח והמרדכי בפ"ב דשבת [כד] כל בו [כה] ברייתא שבת כ"ד [כו] טור לדעתו [כז] מסקנת הגמ' שם

וליית הילכתא *ככל הני שמעתתא אלא כי הא דא"ר יהושע בן לוי יום הכפורים שחל להיות בשבת המתפלל נעילה צריך להזכיר של שבת יום הוא שנתחייב בארבע תפלות קשיא הילכתא אהילכתא אמרת הילכתא כריב"ל וקיימא לן הילכתא כרבא דאמר רבא יו"ט שחל להיות בשבת שליח ציבור היורד לפני התיבה ערבית אינו צריך להזכיר של יום טוב שאילמלא שבת אין שליח צבור יורד ערבית ביו"ט הכי השתא התם בדין הוא דאפילו בשבת נמי לא צריך ורבנן הוא דתקוני משום סכנה אבל הכא יום הוא שנתחייב בארבע תפלות: ולא באליה כו': חכמים היינו תנא קמא איכא בינייהו *דרב ברונא אמר רב ולא מסיימי:

מתני' *אין מדליקין בשמן שריפה ביו"ט רבי ישמעאל אומר אין מדליקין בעטרן מפני כבוד השבת וחכמים מתירין בכל השמנים בשמן שומשמין בשמן אגוזים בשמן צנונות בשמן דגים בשמן פקועות בעטרן ובנפט ר' טרפון אומר אין מדליקין אלא בשמן זית בלבד:

גמ' *מ"ט לפי *שאין שורפין קדשים ביו"ט מנהני מילי אמר חזקיה וכן *תנא דבי חזקיה אמר קרא (שמות יב) ולא תותירו ממנו עד בקר והנותר ממנו עד בקר* שאין ת"ל עד בקר מה ת"ל עד בקר בא הכתוב ליתן לו בקר שני לשריפתו אביי אמר *אמר קרא (במדבר כח) עולת שבת בשבתו *ולא עולת חול בשבת ולא עולת חול ביו"ט רבא אמר אמר קרא (שמות יב) הוא לבדו יעשה לכם הוא ולא מכשירין לבדו ולא מילה שלא בזמנה דאתיא בק"ו רב אשי אמר (ויקרא כג) (שבת) שבתון עשה

רש"י

ככל הני שמעתתא · רב הונא ורב יהודה ורב גידל ורב אחדבוי אלא כתפלה אחת כך חברתה לכל דבר היום ומזכיר: **צריך להזכיר של שבת** · לומר ותתן לנו את יום המנוח ואת יום הכפורים הזה וחותם מקדש השבת ויוה"כ ואע"פ שאין תפלת נעילה בשבת: **יום הוא שנתחייב בד' תפלות** · ואו תפלת הלילה בכלל אלא תפלות היום שחרית מוסף מנחה ונעילה: **שליח ליבור היורד ערבית** · המתפלל ברכת מעין שבע קונה שמים וארץ מגן אבות בדברו: **משום סכנה** · מזיקין שלא היו בתי כנסיות שלהן בישוב וכל שאר לילי החול היו עסוקין במלאכתן ובגמרן מלאכתן מתפללין ערבית בביתן ולא היו באין בבית הכנסת אבל לילי שבת באין בבית הכנסת וחשו שיש שאין ממהרין לבא ושוהין לאחר תפלה לכך האריכו תפלה הלבור: **הכי גרסינן נחום** (א) **אומר מדליקין בחלב מבושל** · והוא מהותך: **היינו ת"ק** · דאמר ולא בחלב כל חלב במשמע: **דרב ברונא** · דשרי ע"י תערובת שמן כל שהוא: **ולא מסיימי** · אין ניכר מי אוסר ומי מתיר:

מתני' שמן שריפה · שמן של תרומה טמאה ובגמ' מפרש טעמא: **רבי ישמעאל אומר כו'** · בשבת: **עטרן** · °פסולתא דזיפתא: **מפני כבוד השבת** · שריחו רע: **שמן שומשמין כו'** · מסקנא דמילתא דחכמים היא: **צנונות** · לנון: **שמן דגים** · °מקרבי דגים שנימוחו: **פקועות** · °דלעת מדברי: **נפט** · מין שמן שריחו רע כדאמרינן בסדר יומא (דף לט:) בא למדוד נפט אומרים לו מדוד לעצמך שאין אדם רוצה לסייעו:

גמ' מנהני מילי · דאין שורפין דאי לא ממעט לה קרא אית לן למימר ליתי עשה דבאש תשרופו וידחה את לא תעשה כל מלאכה: **שאין ת"ל עד בקר** · זימנא אחריתי אלא והנותר ממנו באש תשרופו דהא כתיב עד בקר ברישא: **בקר שני** · שהוא חולו של מועד והכי משמע והנותר ממנו לבקר ראשון עד בקר שני המתינו ותשרפהו: **עולת חול** · כגון אברי תמיד של ערב יו"ט שלא הוקטרו מבעוד יום אין מעלין אותן משחשכה וכ"ש קדשים פסולים לא שרפינן: **הוא לבדו** · קראי יתירי נינהו דמצי למכתב אך אשר יאכל לכל נפש יעשה לכם: **מכשירין** · מכשירי האוכל כגון לעשות שפוד וסכין ותנור וכירים: **לבדו** · למעוטי מילה שלא בזמנה דלא דחיא שבת ויו"ט דאי לא מעטיה קרא אתיא בק"ו דתידחי בפ' ר' אליעזר (לקמן קלב:) דהכי תניא התם ומה צרעת שדוחה את עבודה ועבודה דוחה את השבת מילה שלא בזמנה דוחה אותה דהכי תניא התם מילה דוחה את הצרעת בין בזמנה בין שלא בזמנה ויליף לה מקראי שבת שנדחית מפני עבודה אינו דין שתהא מילה שלא בזמנה דוחה אותה אתא לבדו לאפוקי מהאי ק"ו דלא תדרוש ליה וממילא שמעינן מינה דמטה שאין זמנה קבוע ויכול לעשותה למחר אינה דוחה יום טוב וה"ה לשריפת קדשים טמאים:

עשה

תוספות

ולית הילכתא ככל הני שמעתתא · פי' בקונטרס כרב הונא ורב יהודה ורב גידל ורב אחדבוי ואומר ר"י דלא היה לו למנות דרב גידל בהדייהו דאפילו ריב"ל מודה דאין צריך להזכיר של ר"ח בנביא כיון דנביא בר"ח ליכא כלל וכן אנו נוהגין שלא להזכיר*:

איכא בינייהו דרב ברונא אמר רב ולא מסיימי · הקשה ריב"א אמאי לא מסיימי והא אמר בהמוכר פירות (ב"ב דף צג:) דכל תנא בתרא לטפויי אתא °וי"ל דהכא דאיכא ג' תנאים איכא למימר דלא אתא לטפויי אלא אנחום המדי דאמר מדליקין בחלב מבושל בעיניה ואתו חכמים למימר אפילו במבושל אין מדליקין בעיניה אבל בנתינת שמן לתוכו מותר וטעמא דת"ק נמי איכא למימר דאסר בנתינת שמן דומיא דזפת ושעוה ולא מסיימי משום דאיכא למימר תנא בתרא לטפויי אתא:

לפי שאין שורפין קדשים ביו"ט · וא"ת היכי ילפינן תרומה מקדשים דקדשים דין הוא שאין שריפתן דוחה יו"ט לפי שאין יכול ליהנות בשעת שריפה ולא אמרינן מתוך שהותרה הבערה לצורך הותר' נמי שלא לצורך אלא שלא לצורך אוכל נפש אבל צריך שיהא קצת צורך להתחמם או לשום הנאה אבל הבערה לגמרי שלא לצורך לא הותרה אלא שריפת תרומה טמאה שמותר ליהנו' בשעת שריפה למה יאסר מאי שנא משמן חולין שמותר לשורפו ולהדליקו להנאתו דאטו תרומה לפי שיש מצוה בשריפתה מיגרע גרע ואומר ריב"א דודאי גרע *דכיון שאסרה תורה כל הנאות רק הנאת שריפה אם כן הבערה זו אינה לצורך הנאתו אלא לשם מצות שריפה אלא שהתורה לא הקפידה שיהנה ממנה בשעת ביעור' ולהכי לא דחיא יו"ט מידי דהוה אנדרים ונדבות *דאין קרבים ביו"ט למ"ד משלחן גבוה קא זכו וכן שתי הלחם לדידיה אין אפייתן דוחה יו"ט אע"פ שיש בהן אכילת אדם משום דעיקרן לצורך גבוה ולמ"ד קריבין ביו"ט היינו משום דקסבר דעיקר שחיטתן ואפייתן נמי לצורך אדם אבל שריפת תרומה טמאה ודאי לשם מצות ביעור ולא לשם הנאה הלכך אסור ביו"ט כשאר קדשים ולר"י נראה דלא שייך בשריפת תרומה לומר משולחן גבוה קא זכו ולא דמו לשתי הלחם שהאפייה היא לצורך גבוה שהרי אחר אפייה צריך לעשות בהם תנופה וכן אחר שחיטת נדרים ונדבות עושין מהן לגבוה אבל תרומה טמאה אין עושין ממנה לגבוה כלום וליכא למימר בה משולחן גבוה קא זכו והכי מפרש ר"י לפי שאין שורפין קדשים ביו"ט פי' גזרו תרומה אטו קדשים *וא"ת ומאי איריא אטו קדשים משום דאין שורפין קדשים ביו"ט °נגזור משום תרומה שלא לצורך דאפילו שורפין קדשים ביו"ט דאתי עשה ודחי לא תעשה תרומה שלא לצורך אין שורפין דמשמע מתוך פרש"י בסמוך דאין עשה בשריפתה אלא מדרבנן וי"ל דשריפת תרומה שלא לצורך לא שכיח דשום אדם לא ישרפנה חנם כיון שיכול ליהנות בשריפתה וכדמוכח בירושלמי כלשון הזה: **בבקר** שני לשריפתו · וא"ת אי בבקר שני דוקא ואינו יכול לשורפו בליל מוצאי יו"ט היכי מוכח דאין שריפת קדשים דוחה יום טוב הא ע"כ אינו מטעם דאין שריפת קדשים דוחה יום טוב דהא בליל מוצאי יום טוב נמי אין שורפו ואם כן גזרת הכתוב הוא לשרוף בבקר שני וי"ל הא דאין שורפין בלילה היינו משום דהקפיד הכתוב שלא לשרוף הקדשים בלילה כדאשכחן בשלמים דאין נאכלין לאור שלישי ואפילו הכי אין נשרפין אלא ביום שלישי כדדריש בריש פסחים (דף ג. ושם) ביום השלישי באש ישרף ביום אתה שורפו כו': **ולא** עולת חול בשבת ולא עולת חול ביום טוב · תימה כיון דקרא בשבת איירי מנא ליה למדרש ולא עולת חול ביום טוב דילמא דוקא ולא חול בשבת דחמיר מיום טוב וי"ל דאביי סבר כרבי עקיבא דדריש בפרק אלו קשרים (לקמן דף קיד.) עולת שבת בשבתו בשבת אחרת לימד על חלבי שבת שקריבין ביום טוב מדאיצטריך קרא למשרי עולת שבת ביום טוב אם כן עולת חול ביום טוב אסור דסבר נדרים ונדבות אין קרבין ביום טוב כדאמר התם ורבי ישמעאל פליג התם ודריש עולת שבת בשבתו לימד על חלבי שבת שקריבין בי"ה אבל שקריבין ביום טוב לא איצטריך דקסבר נדרים ונדבות קריבין ביום טוב: **ולא** מילה שלא בזמנה דאתיא בק"ו · פירש בקונטרס מה צרעת שדוחה את העבודה ועבודה דוחה את השבת מילה דוחה אותה שבת שנדחית כו' וקשה בפרק ר"א דמילה (לקמן דף קלב: ושם) לית ליה לרבא (א) האי קל וחומר דקסבר האי לצרעת דוחה את העבודה לאו משום דחמירא אלא משום דנגברא הוא דלא חזי והר"ר יוסף פורת לא גרים דאתיא בק"ו: (א) ור"ת עשה ק"ו מאוכל נפש שלא נכרתו עליו [י"ג בריתות] ואיכא למיפרך מה לאוכל נפש שכן מצוה עוברת [ת"י]:

דקושייתם אהכוה דלעיל כג ע"ב ר"ת אמר כו' לפי שאין שורפין קדשים דאיהו לא ס"ל הואיל גבי מאופה מיום טוב לחול:

עין משפט נר מצוה

[חסי' תוספות כתובות כד. ד"ה לית]

נה א מיי' פי"ב מהל' תפלה הל' טו טוש"ע א"ח סי' רסח ס"ב וסי' תכה סעיף ג:

נו ב מיי' פ"ב מהל' תפלה הל' ז טוש"ע א"ח סי' תרכג סעיף ג

נז ג מיי' פ"ט מהלכות תפלה הל' יב סמג עשין יט טוש"ע א"ח סי' רסח ס"ב וסי' תריט סעיף ג:

נח ד מיי' פ"ה מהל' שבת הלכה י סמג לאוין סה טור וש"ע א"ח סי' רסד סעיף ג:

נט ה מיי' שם הל' יא טוש"ע שם סעיף ו:

ס ו מיי' פ"ג מהל' י"ט הל' ח

תוספתא פ"ב

[ועי' רש"י במשנה ביצה כז: ד"ה תלה שנטמאת וכו']

[עי' תוס' לעיל כג: ד"ה גוזרה]

[ביצה יט.]

כדפו"י ליתא

[ועי' תוס' פסחים מו: ד"ה לא תקרא ותוס' ביצה כז: ד"ה ועל]

מסורת הש"ס

[שייך לעיל במשנה כ:]

[לעיל כא.]

[לעיל כג:]

[לעיל כג: וש"נ]

לקמן קלג. פסחים פג. תמורה ד: ע"ש

[נ"ל באש תשרופו שאין כו]

[פסחים נט:]

הגהות הב"ח

(א) רש"י ד"ה ה"ג נחום המדי אומר:

גליון הש"ס

רש"י ד"ה עטרן פסולתא דזיפתא. עי' לעיל כ ע"ב: שם ד"ה שמן דגים מקרבי דגים שנמוחו · עי' לקמן כו ע"א תוס' ד"ה איכא בינייהו: שם ד"ה פקועות דלעת מדברי · עיין רד"ק (מ"ב ד לט): תוס' ד"ה איכא בינייהו דרב ברונא כו' וי"ל דהכא דאיכא שלשה תנאים · עיין בב"ק נט ע"א תוס' ד"ה איכא בינייהו כתב גופנא: שם ד"ה לפי כו' נגזור משום תרומה שלא לצורך · ק"ל הא גם בשלא לצורך הוי רק דרבנן דמדאורייתא שרי הואיל ואי מקלעי אורחים מש"ה לא גזרי' בכך · ואולי

רבינו חננאל

בבהמ"ז ואשכחנא נמי דמזכיר של חנוכה בתפלת המוסף של שבת ושל ר"ח שבת כרבי יהושע בן לוי דאמר יוה"כ שחל להיות בשבת המתפלל תפלת נעילה צריך להזכיר של שבת יום הוא שנתחייב בד' תפלות והלכתא כרבא דאמר ש"ץ היורד ערבית ביום טוב שחל להיות בשבת א"צ להזכיר של יו"ט שאלמלא שבת אין ש"ץ יורד ערבית ביום טוב ומשום סכנה הוא בשבת אין ביום טוב לא אבל הא דאמר רב ר"ח שחל להיות בשבת המפטיר בנביא א"צ להזכיר של ר"ח שאלמלא שבת אין נביא בר"ח וגם זה שאמר המפטיר בנביא במנחה ביוה"כ שחל להיות בשבת א"צ להזכיר של יוה"כ שאלמלא שבת אין נביא במנחה ביו"ט בהני (תלת) [תרתי] לית הלכתא כוותיה דרב: **ואקשינן** אהא דתנן ותנא אחד חלב מבושל ואחד שאינו מבושל אין מדליקין בו היינו ת"ק דתני לא באליה ולא בחלב ונחום פליג עלייהו ואמר מדליקין בחלב מבושל מכלל דת"ק אמר אפילו בחלב מבושל ושנינן יש לומר כן ת"ק סבר אין מדליקין בחלב מבושל בפני עצמו ואם נתן בהו שמן מותר כרב ברונא אמר רב נחום מתיר בחלב מבושל אע"פ שלא נתן בהו שמן ורבנן בתראי אסרי אפילו בשנתן בהו שמן: **ומנא** לן שאין שורפין קדשים ביו"ט חזקיה תני מלא תותירו אביי אמר עולת שבת בשבתו ולא עולת חול בשבת ולא עולת יו"ט בשבת וכן לא עולת חול ביו"ט רבא אמר כתיב הוא לבדה זו לבדה

רב נסים גאון

פרק ב **לבדו** ולא מילה שלא בזמנה הבאה מק"ו · עיקרה בפ' ר' אליעזר אומר אם לא הביא כלי מערב שבת (דף קלג) דת"ר מילה דוחה את הצרעת בין בזמנה בין שלא בזמנה יו"ט אינה דוחה אלא בזמנה ואמרי' (שם דף קלג) מנא הני מילי אמר חזקיה וכן תנא דבי חזקיה (שמות יב) לא תותירו ממנו עד בוקר וכו' והכין כתב ארונו האיי גאון בפירושיה מילה אינה דוחה יו"ט אלא בזמנה ומי שעבר שמיני שלו אינו נימול ביו"ט ותנן (שבת דף קלז) קטן נימול לח' לט' לי' לי"א לי"ב ותני בה יו"ט אחר שבת נימול לי"א ואפי' י"ט שני אינה דוחה דקתני ב' ימים טובים של ראש השנה נימול לי"ב מנהני מילי ושמעתא דעיקר דילה בגמ' דכיצד צולין (פסחים דף סג) דתנן העצמות והגידים והנותר כו' שאין דוחה לא את השבת ולא את יו"ט ואיתמרו בה הני ד' מעמי וקאמר רבה מילה הבאה שלא בזמנה לא דחיא

§ מסכת שבת דף כד: §

אות א'

ולית הילכתא ככל הני שמעתתא

סימן רפד ס"ב - [א]אם חל ר"ח בשבת, אין המפטיר מזכיר של ר"ח כלל - דאלמלא שבת אין נביא בר"ח, וקריאת הנביא הוא רק משום שבת.

[ב]וי"א שאע"פ שאינו מזכיר בחתימה של ר"ח, מזכירין אותו בתוך הברכה, שאומר: את יום המנוח הזה ואת יום ר"ח הזה; והמנהג כסברא הראשונה.

[ג]סימן תכה ס"ג - ר"ח שחל להיות בשבת, כולל במוסף בברכה רביעית שבת ור"ח, וחותם: מקדש השבת וישראל וראשי חדשים - ואם חתם בשל שבת לבד, יצא בדיעבד, [**ועיין** במאמר מרדכי שמפקפק קצת על פסק זה].

בסידורים כתוב בשבת ר"ח ובשאר ימים טובים: אחר שמסיים קרבן שבת, יסיים: "זה קרבן שבת וקרבן היום כאמור", וכן כתב בסידור רב עמרם, **אכן** כמה פוסקים כתבו דהוי יתור לשון, וקמי שמים גליא, והוי הפסק, ולכן כתבו שאין לאומרו.

אות ב'

יום הכפורים שחל להיות בשבת וכו'

סימן תרכג ס"ג - [ד]אם חל בשבת, מזכיר בה של שבת - כדרך שמזכיר בשאר תפלות היום, שהרי עדיין יום שבת הוא, **ואפי'** אותם הממשיכים תפלה זו בלילה, כיון שהתחילו מבע"י, צריך להזכיר של שבת.

אות ג'

יום טוב שחל להיות בשבת, שליח ציבור וכו'

סימן רסח [ה]ס"ט - [ו]יו"ט שחל להיות בשבת, אינו מזכיר של יום טוב בברכה מעין שבע (פי' "אל עליון קונה" וכו') - כי לא תקנוה אלא בשבת, ואפילו בשבת אינו חובה מצד הדין, רק שתקנוה משום סכנה וכנ"ל, ומה דתיקון תיקון ואין להוסיף עליה, [גמ'].

(קאי על כל יו"ט, לבד מיו"ט א' של פסח שחל להיות בשבת, דאין אומרים אותו, דלא נתקן אלא משום מזיקין, ובפסח הוא ליל שמורים).

סימן תריט ס"ג - [ז]אם חל בשבת, אומרים: ויכולו, וברכה אחת מעין שבע - וצ"ל בזה "המלך הקדוש שאין כמוהו".

וחותם: מקדש השבת, ואינו מזכיר של יום הכיפורים - דברכה זו אינו בא בשביל יוה"כ, דהלא אם חל יוה"כ ביום חול, א"צ לומר בה ברכה אחת מעין שבע, [**ואף** דבתפילת נעילה כשחל יוה"כ בשבת, מזכירין של שבת, אף שאם לא היה יוה"כ לא היו אומרים אותו בשבת, **שאני** התם, שהיום הוא שנתחייב בארבע תפילות, משא"כ הכא, שאפי' בשבת אינה חובה בערבית, אלא משום סכנה].

[ח]סימן רסח ס"ח - [ט]ואומר ש"צ ברכה אחת מעין שבע, [י]ואין היחיד אומר אותה - הוא מה שהש"ץ אומר אחר התפלה: "בא"י או"א וכו' קונה שמים וארץ" וכו', **ונתקנה** משום סכנת מזיקים, [גמ'], שבתי כנסיות שלהם היו בשדה, ולפעמים בני אדם מאחרים לבוא לבהכ"נ, וישארו יחידים בבהכ"נ בשדה, לפיכך תקנו ברכה זו, כדי שבעוד שש"צ מאריך בה, יסיימו גם הם תפלתם, וגם האידנא לא זזה תקנה ממקומה.

הגה: מיהו אם היחיד רוצה להחמיר על עצמו, יכול לאומרה בלא פתיחה ובלא חתימה, וכן נוהגין הצבור לאמרה עם ש"צ בלא פתיחה וחתימה (אבודרהם וכל בו) - דהיינו שמתחיל "מגן אבות" עד "זכר למעשה בראשית" בלבד, כי עיקר התקנה היה שהש"ץ יברך אותה, **ע"כ** נראה פשוט שמה שנוהגין באיזה מקומות, שהש"ץ אומר בקול רם רק עד "קונה שמים וארץ", ואח"כ אומר בלחש, לא יפה הן עושין, אלא אחר שסיימו הקהל יתחיל הוא "מגן אבות" בקול רם.

אות ד'

אין מדליקין בעטרן מפני כבוד השבת

סימן רסד ס"ג - [יא]וכן אין מדליקין בעטרן, מפני שריחו רע ויניחנו ויצא – (עטרן הוא פסולתא דזיפתא, דהיינו לאחר שיוצא הזפת מן העץ, זב ממנו ע"י האור פסולת צלול כשמן, ונקרא

באר הגולה

א **שבת כ"ד וכרב גידל, תוס'** ‹כתבו דמאי דאמרינן לית הלכתא ככל הני שמעתתא, לא קאי אדרב גידל – ב"י› ב **הרא"ש והר"ן בשם ר"י** ‹וה"ר יונה ז"ל כתב, דנראה לו כפירוש רש"י, וכן פסק רי"ף, מדסתם הש"ס ולית הלכתא ככל הני, לא מפקינן חדא מינייהו, וסברת אביי עיקר דמדמי להו אהדדי, {דכי היכי דאמרינן יום הוא שנתחייב בחמש תפלות, הכא נמי יום הוא שנתחייב בהפטרה – כסף משנה}, ולא כדדחי ליה הש"ס, ועוד דמסתבר דהני תרי מימרי דרב לא פליגי אהדדי וכו', **וליתא** דרב גידל וצריך להזכיר של ראש חדש בנביא בשבת, ויאמר על התורה ועל העבודה ועל יום המנוחה ויום ראש החדש הזה, **אבל** אינו חותם בראש חדש, שהרי ערבית ושחרית ומנחה אינו חותם בראש חדש אפילו בראש חדש שחל להיות בשבת, אלא שאומר מעין המאורע בעבודה, ואינו חותם אלא במוסף בלבד, והיאך אפשר לומר שיחתום בנביא של ר"ח, כלום יפה כח ר"ח בהפטרה שאינה אלא בשביל שבת, יותר מבשלש תפלות הקבועות בר"ח, אלא ודאי אינו חותם אלא בשל שבת, אלא שמזכיר של ר"ח כמו שמזכיר של חנוכה במוספין – רא"ש› ג ‹אינו מובן איך זה שייך להסוגיא› ד **מימרא דר"י בן לוי שבת כ"ד** ה ‹ע"פ מהדורת נהרדעא› ו **שבת כ"ד** ז **מימרא דרבא שבת כ"ד** ח ‹מילואים› ט **טור מהא דשבת כ"ד** י **שם בשם אבי העזרי והמרדכי פרק ב' דשבת וסמ"ג בשם ר"י** יא **שבת כ"ד וכ"ה**

עטרן, והוא נמשך אחר הפתילה, אלא מתוך שריחו רע ביותר, לפיכך גזרו בו שמא יניחנו ויצא), וחובה לאכול בשבת אצל הנר.

(אבל נפט, והוא מין שמן שריחו רע, אך אינו כמו עיטרן, לא גזרו בו, לבד בנפט לבן אסרו חז"ל {בשבת כ"ו} להדליק בו אפילו בחול, מפני שהוא עף ומבעיר את הבית, **ונמצא** לפי"ז שהשמנים שלנו שדרך העולם להדליק בו, שקורין גאז, שריחו רע במקצת, מדליקין בהם בשבת, אף דבעת הכביה ריחו רע ביותר, אעפ"כ אין לחוש לזה, דשם לא שייך שמא יניחנו ויצא).

אות ה'

בכל השמנים

סימן רסד ס"ו - [יב]שאר כל השמנים חוץ מאלו, מדליקים בהם; [יג]ומ"מ שמן זית מצוה מן המובחר - דהוא נמשך אחר הפתילה טפי מכולהו, **ואם** אין שמן זית מצוי, מצוה בשאר שמנים שאורן צלול, והם קודמין לנר שעוה, **ונר** שעוה קודם לנר של חלב, דאורה צלול ויפה, **ונ"ל** דכ"ז לפי ענין הנר, דבנר שלנו שקורין סטרין, שצלול בודאי יותר מן השעוה, ואינו רגיל להטות בו אפילו בחול, זה עדיף מנר שעוה, ואולי אף מכל השמנים, דהרי בודאי לא אתי להטות, **ועיין** מה שנכתוב לקמן בסימן ער"ה.

אות ו'

לפי שאין שורפין קדשים ביום טוב

רמב"ם פ"ג מהל' יו"ט ה"ח - וכן אין שורפין אותה ביום טוב, שאין שורפין קדשים שנטמאו ביום טוב, ששריפת קדשים שנטמאו מצות עשה שנאמר: באש ישרף, ועשיית מלאכה שאינה לצורך אכילה וכיוצא בה, עשה ולא תעשה, ואין עשה דוחה את לא תעשה ועשה.

---

§ מסכת שבת דף כה. §

אות א' – ב'

בשעת ביעורה תיהני ממנה

בשתי תרומות הכתוב מדבר אחת תרומה טהורה ואחת תרומה טמאה, ואמר רחמנא לך, שלך תהא, להסיקה תחת תבשילך

רמב"ם פ"ב מהל' תרומות הי"ד - התרומה לכהן בין טהורה בין טמאה, אפילו נטמא הדגן או התירוש כולו קודם שיפריש, הרי זה חייב להפריש ממנו תרומה בטומאה וליתנה לכהן, שנאמר: ואני נתתי לך את משמרת תרומותי, אחת טהורה ואחת טמאה; הטהורה נאכלת לכהנים, והטמאה יהנו בשריפתה; אם היה שמן, מדליקין אותו, ואם היה דגן וכיוצא בו, מסיקין בו את התנור.

יו"ד סימן שלא סי"ט - תרומה גדולה, בזמן הזה שהיא עומדת לשריפה מפני הטומאה, שיעורה כל שהוא.

הגה: ונותן בזמן הזה לכל כהן שירצה, בין חבר בין עם הארץ, ואפילו אינו מיוחס רק שמוחזק בכהן, והוא שורפה; ויכול להניחה ולשרפה (עד) שיכול ליהנות ממנה בשעת שריפתה; אבל זר אסור ליהנות ממנה בשעת שריפתה, אם לא שכהן נהנה עמו; אבל שאר הנאות שאינו מכלה אותה, מותרת אפילו לזרים (טור). כהן שאוכל אצל ישראל, נותן בנר שמן של תרומה, ואע"פ שעומד הכהן והולך לו, אין צריך לכבותו עד שיכבה מעצמו.

באר הגולה

יב שם כ"ד וכחכמים | יג שם בתוספות (כ"ג. ד"ה מריש)

גמרא

עשה והוה ליה *יום טוב עשה ולא תעשה ואין עשה דוחה את לא תעשה ועשה ביום טוב הוא דאסיר הא בחול שפיר דמי מ"ט אמר רב כשם שמצוה לשרוף הקדשים שנטמאו *כך מצוה לשרוף את התרומה שנטמאת ואמרה תורה בשעת ביעורה תיהני ממנה היכן אמרה תורה מדרב נחמן *דאמר רב נחמן אמר רבה בר אבוה אמר קרא ואני הנה נתתי לך את משמרת תרומותי *בשתי תרומות הכתוב מדבר אחת תרומה טהורה ואחת תרומה טמאה ואמר רחמנא לך שלך תהא להסיקה תחת תבשילך ואיבעית אימא מדרבי אבהו *דאמר רבי אבהו א"ר יוחנן ולא בערתי ממנו בטמא ממנו אי אתה מבעיר אבל אתה מבעיר שמן של תרומה שנטמאת ואימא ממנו אי אתה מבעיר אבל אתה מבעיר שמן של קדש שנטמא לאו קל וחומר הוא *מה מעשר הקל אמרה תורה לא בערתי ממנו בטמא קדש חמור לא כ"ש א"ה תרומה נמי לימא ק"ו הוא הא כתיב ממנו ומה ראית מסתברא קדש לא ממעיטנא שכן סימן פנ"ק עכ"ם פיגול נותר קרבן מעילה וכרת אסור לאונן אדרבה תרומה לא ממעיטנא שכן מחפ"ז סימן מיתה חומש ואין

רש"י

עשה הוא · דמשמע שבות בו : ואין עשה · דבלא תשרופו דוחה יו"ט דהוא לא תעשה ועשה ואע"ג דהדלקת נר ביו"ט מלאכה המותרת היא הואיל והבערת שאר קדשים שאין נהנין מהן נאסרין גם זו לא יצא מן הכלל : הא בחול שפיר דמי · לאיתהנויי מינה : מצוה לשרוף את התרומה שנטמאת · דדמיא לקדש ועוד משום תקלה : לא בערתי ממנו · במעשר שני כתיב : בטמא · בין שאני טמא בין שהוא טמא : קדש לא ממעיטנא · מהך תומרא : שכן · יש בו תומרי פנקעכ"ם וראוי גם לזו חייבין עליו משום פיגול שחטו על מנת לאכול חוץ לזמנו ואכל אפילו בזמנו ומשום נותר חוץ לזמנו ממש ולא חשב מתחלה וקרוי קרבן ויש בו מעילה ואף על גב שקדש *(הטתר) לאכילת כהנים אין בהן מעילה מ"מ תורת מעילה שייכא ביה אם קדשי קדשים הן יש בהן מעילה לפני זריקה לכל הנאה מהן ואם קדשים קלים הן יש מעילה באימוריהן לאחר זריקת דמים לאפוקי תרומה דלית בה כלל : וכרת · לאוכלה בטומאת הגוף ותרומה במיתה בידי שמים ימיו נקצרים אבל אינו הולך ערירי : אסור לאונן · ק"ו ממעשר אבל תרומה מותרת לאונן ביבמות בפרק הערל (דף ע:) זר זר ב' פעמים זרות אמרתי לך ולא אנינות · אונן כל זמן שלא נקבר מתו : מחפ"ז · מיתה בידי שמים לזר האוכלה או כהן טמא וחומש לזר האוכלה בשוגג דכתיב (ויקרא כב) כי יאכל קדש בשגגה ויסף חמישיתו עליו אבל קדש משעה שיש היתר לכהנים כתרומה ויצא מידי מעילה שוב אין חומש בשגגת אכילתו ויש דמוקמי לה בחומשין דחומשא ולא חומש דהוחש בהקדש בפרק הזהב (בבא מציעא דף נד:) : ואין

תוספות

בק"ו דהא בלאו ק"ו נמי אתיא דלאו דאתי עשה ודחי לא תעשה ורב אשי הוא דמשני דיו"ט עשה ולא תעשה הוא ואין עשה דוחה לא תעשה ועשה וקשה לר"י דבפ"ק דביצה (דף ח: ושם) משמע *דאית ליה לרבא דיו"ט עשה ולא תעשה הוא גבי אפר כירה דפריך סוף סוף יו"ט עשה ולא תעשה הוא ואין עשה דכיסוי דוחה לא תעשה ועשה אלא אמר רבא ט' ודוחק למימר דהש"ס ניחא ליה למיפרך דיו"ט עשה ולא תעשה הוא דקי"ל כרב אשי אבל רבא אע"ג דלית ליה ליו"ט עשה ולא תעשה מ"מ אין כיסוי דוחה יו"ט מלבדו ור"י מפרש דאתיא בק"ו מנדרים ונדבות דדחו יו"ט אף על גב שלא נכרתו עליהם י"ג בריתות מילה לכ"ש וקסבר רבא דקריבין ביו"ט וליכא למיפרך מה לנדרים ונדבות שהן לצורך גבוה כדפריך בפ' ר' אליעזר דמילה (לקמן קלא:) מה לעומר ושתי הלחם שהן לצורך גבוה דהא לאו חובה נינהו ואפילו חטאות ואשמות לא מיקרו צורך גבוה כיון דאי לא חטא לא בעי לאייתינהו ואית ליה לרבא דיום טוב עשה ולא תעשה כדמוכח בביצה להכי אילטריך ק"ו דאי לאו ק"ו לא הוה צריך קרא למיסר ורבא לא קאי אשריפת קדשים אלא הש"ס מייתי משום דמינה כמי שמעינן דאין שריפת קדשים דוחה יו"ט :

הל יו"ט עשה כו' · ואית הנך אמוראי דלעיל דסברי דיו"ט לא תעשה גרידא כילף מהכא דלא דחי עשה את ל"ת וכי האי גוונא פריך בפ"ק דיבמות (דף ו·) אשמא מיכן לא נילף נפי סיכול לעשות אחר יו"ט [ת"י] :

הא בחול שפיר דמי מ"ט כו' · תימה מהיכא תיתי דתרומה טמאה אסורה בהנאה דבעי מ"ט אי ממעשר הקל כדמשמע בסמוך היכא למיפרך מה למעשר שכן הד"ס ט"ב כדפריך בהערל (יבמות דף עד:) וליכא למימר דהוה אסרינן ליה משום דאיקרי קדש דכתיב (ויקרא כב) ונתן לכהן את הקדש או משום דהוקשה לקדשים כדאמר במעילה בפרק הנהנה (דף יח·) דקדש אקשי רחמנא לתרומה וקדש גופיה אסור בהנאה כשניטמא אפילו אותו קדש שהיה מותר בהנאה קודם כמו שלמים נפקא לן שפיר מק"ו למעשר או מהיקשא דמעשר כדאמר בפרק כל שעה (פסחים דף כד·) דא"כ מאי פריך ומה ראית ואימא ממנו אתא למעוטי קדש ולא תרומה ואם נמעט קדש מהיכא תיתי איסור תרומה וי"ל דהוה גמרינן תרומה מדאיתקש לבכורים ובכורים למעשר כדאמרינן בהערל (יבמות דף עג:) ולקמן לא סמיך אק"ו אלא אהיקשא סמיך ומיהו קדש אתי שפיר בק"ו ממעשר כדאמרי' בפ' כל שעה (פסחים דף כד·) וליכא למיפרך שכן הד"ס ט"ב דכולהו איתנהו בקדש בר מוידוי ואר"ת דמוידוי לא שייך למיפרך דלא שייך וידוי גבי קדש אבל בתרומה שייך דהא אגב מעשר מתודה נמי אתרומה כדאמר *וגם נתתיו ללוי זו תרומה ואין לה וידוי בפני עצמה ואו"ת אכתי היכי יליף בק"ו קדש ממעשר הא איכא למיפרך מה למעשר שכן טעון כסף צורה כדפריך בפרק בתרא דמכות (דף יז:) ואור"י דלא שייך האי פירכא אלא דוקא גבי חוץ לחומה כדהתם דבעי למילף דאוכל תודה או שלמים חוץ לחומה דלוקה ממעשר ואם תאמר הכא אסרינן הסקה והדלקה באיסורי הנאה וערלה דאסורה בהנאה ושרי ליהנות בשעת ביעור כדאמר בפרק כל שעה (פסחים כז:) ולא משכח התם עלים לרבנן דאסורים אלא בשריפה וצריך לדחות ולומר דשמן ובשר ותבואה חשיבי בעין טפי בשעת היסק מעלים :

כך אתה מצווה לשרוף את התרומה · פי' בקונטרס משום דלא ליתי בה לידי תקלה לפי טעם זה נראה דלאו דוקא שריפה אלא ה"ה שאר ביעור וכ"פ בהדיא באלו עוברין ול"נ דבסוף תמורה (דף לג:) קתני תרומה טמאה בהדי הנשרפין וקתני התם הנשרפין לא יקברו ע"כ נראה דשריפה דוקא משום דדמיא לקדש ומדרבנן א"נ מדאורייתא מדאיקרי קדש ואם תאמר דאמר בספ"ק דפסחים (דף כ:) גבי תרומה טמאה שתעשה זילוף הא תנן בתמורה הראוי לקבורה קבורה פירוש כגון משקין ויש לומר דלא קאי אלא אערלה וכלאי הכרם ולא אתרומה דשריא בהנאה* :

אחת תרומה טמאה ואחת תרומה טהורה · ואף על גב דדריש רבי אליעזר (בכורות דף לד· ושם) אחת תרומה טהורה ואחת תלויה יניחנה במקום המוצנע ולא במקום התורפה דאסור לגרום לה טומאה התם דריש משמרת תרומותי משמע שתי תרומות צריכות שימור דהיינו טהורה ותלויה והכא דריש מלך :

שכן פנקעכ"ם · תימה דמאי לאחשובי נמי דחמירי קדשים מתרומה בהא העריב שמשו אוכל בתרומה הביא כפרתו אוכל בקדשים* :

פגול · היינו חישב לאוכלו חוץ למקומו ובכלל זה הוי אוכל חוץ לחומה דלוקה בקדשים ונותר היינו חישב לאוכלו חוץ לזמנו והוי נותר בכלל זה והוי האי פיגול ונותר כי ההוא דהם עון פיגול הוא הרי כבר נאמר לא יחשב ואם עון נותר כו' (פסחים דף מז:) ולא כמו פיגול שבכל הש"ס דקרי פיגול דחישב לאוכלו חוץ לזמנו דהיינו נותר דהכא:

כרת · שאינו מגיע לששים שנה שהוא מיתת כל אדם כדמשמע בשילהי מ"ק (דף כח· ושם) דאמר התם רב יוסף כי הוה בר שיתין שנין עבד יומא טבא לרבנן אמר השתא נפקי לי מכרת א"ל אביי נהי דנפק מר מכרת דשני מכרת דיומי מי נפק מר פירוש כדאמר התם מת ביום א' מיתה של זעם שנים מיתה של בהלה שלשה מיתה של כרת ומיתה בידי שמים אין לה זמן קבוע אלא שמת בשביל עון זה ואפי' אין בידו עון אחר ואפי' למ"ד (לקמן דף נה·) יש מיתה בלא חטא בשביל עון זה יקצרו ימיו ומיהו בירושל'* קאמר דכרת אינו מגיע לחמשים ומפיק לה מאל תכריתו את שבט הקהתי וגו' וזאת עשו להם וחיו פי' אמרה תורה עשו להם תקנה שלא ימותו בעבודתן קודם חמשים וכתיב אל תכריתו משמע כרת היינו שמת קודם חמשים ומיתה האמורה בתורה דקאמר התם היינו שמת עד ששים דכתיב במדבר הזה יתמו ושם ימותו ולא נגזרה גזירה אלא על בני עשרים שימותו קודם ארבעים וקרי לה מיתה אבל זרעו אומר ריב"א דאין בכרת אלא בהגהו דכתיב בהו ערירי ואין נראה לר"ת דהא בפרק הבא על יבמתו (יבמות דף נה·) קאמר ערירי דכתב רחמנא גבי דודתו למה לי לכדרבה כו' ואי אין זרעו נכרת אלא דוקא בהגהו דכתיב ערירי *מאי קבעי והא דלא קאמר במועד קטן (דף כח· ושם) נהי דנפק מר מכרת דשני מכרת דבני מי נפק מר התם מיירי כשאין לו בנים קטנים ודוקא קטנים נענשים בעון אביהם ולא גדולים כדמשמע בפירקין (דף לב:) ומיהו קשה דבתורת כהנים ממעט אשת אח מן האם מכרת אשת אחיו נדה היא מה נדה יש לה היתר אף אשת אח דיש לה היתר דהיינו מן האב דשריא כשאין לה בנים וכולי הש"ס משמע דיש בה כרת כמו בשאר עריות דהא מני לה גבי תמש עשרה נשים פוטרות צרותיהן ולפירוש ריב"א אתי שפיר דמלינן למימר דממעט לה מעררי ואין להאריך [וע"ע תוספות יבמות ב: ד"ה אשת] :

תתן

עין משפט נר מצוה

סא א ב מיי' פ"ב מהל' תרומות הי"ד ופ"א ה"א טוש"ע י"ד סימן של"א סי"ט בהג"ה :

*וע"כ אית ליה לרבא דיו"ט עשה ול"ת הוא דאי לא הוי אלא ל"ת גרידא אמאי מוקי קרא אמילתא דאיכא ק"ו ונוקמא בנותר או בשאר דליכא ק"ו ומיהו אכולהו ק"ו איכא למיפרך שכן נוהגים בנשים כבאנשים תאמר במילה שאינה נוהגת כ"א באנשים ואיכא למימר עולת ראיי' תוכיח דקריבה לב"ש ביו"ט · וא"ת בפרק ר' אליעזר דמילה דבעי למילף מילה שלא בזמנה דלא דחי יו"ט לחזקיה מנותר ולאביי מעולת שבת והיכא בעי למילף הא במילה איכא ק"ו [ת"י] :

רבינו חננאל

לבדו יעשה לכם הוא ולא מכשירין לבדו ולא מילה שלא בזמנה דאתיא בק"ו ומה מילה שנכרתו עליה י"ג בריתות שלא בזמנה אין דוחה יום טוב קדשים שלא נכרתו עליהן ברית אינו דין שלא ידחו יו"ט שלא בזמנם כגון קדשים שעבר זמנן שנעשו נותר וטעונין שריפה : תרומה טמאה ביו"ט אסור לשורפה הא בחול מותר מנלן אמר רבא כשם שמצוה לשרוף קדשים הפסולים בחול כן מצוה לשרוף התרומה שנטמאת ואמרה תורה בשעת שרפתה תהנה ממנה שנאמר ואני נתתי לך את משמרת תרומותי בב' תרומות הכתוב מדבר אחת תרומה טהורה ואחת תרומה טמאה ואמר רחמנא בשתיהן נתתי לך שלך תהא להסקה תחת תבשילך להנות ממנה ור' יוחנן אמר מהכא לא בערתי ממנו בטמא (מן המעשר) ממנו אינו מבעיר בטמא אבל מבעיר בשמן תרומה שנטמאת : ואקשינן אמאי קא מרבית תרומה להנאה תרבה קודש שנטמא שמותר להנות ממנו ודחי' (קאי) ק"ו הוא ומה מעשר הקל (יום) [אם] נטמא אסור בהנא' קדש החמור לא כ"ש אי הכי תרומה נמי נימא ק"ו ותהיה אסורה בהנאה ודחי הא כתיב במעשר ממנו מכלל שיש אחד שמותר בהנאה ט' ומייתינן בק"ו הקדש שכן חומר מן התרומה כי הקדש יש בו חומרא שנעשה פיגול ונותר כי בשר הוא וקבוע לו זמן לאכילתו ואם עבר [הזמן] נעשה נותר והאוכל קודש וטומאתו עליו חייב כרת והנהנה מן הקדש מביא קרבן

רב נסים גאון

יו"ט מק"ו והיכי דאמי מה עצמות וגידים ונותר דפסח לא דחו ועולת חול לא דחיא יו"ט מילה שלא בזמנה לא כל שכן ושמעתי בה פירוש אחר בפנים אחרות הדבין איתמר לבדו ולא מילה שלא בזמנה הבאה בק"ו הראות כי המילה שלא בזמנה ביו"ט הייתי סבור שהיא מותרת מק"ו והיה לי לומר (א"כ) [דמה] עשיית אוכל נפש שהוא רשות כגון שחיטה ובישול ואפייה פתריה רחמנא עשייתו ביו"ט מילה שלא בזמנה שהיא מצוה לא כל שכן שתעשה ביו"ט לפיכך הוצרך לבדו להודיענו כי אוכל נפש לבדו מותר לעשותו ביו"ט ולא מילה שלא בזמנה ונדחה מה שהייתי סבור מק"ו בזה המיעוט שמיעט

עין משפט
נר מצוה

סב א מיי' פ"ה מהל' שבת הלכה א' סמג לאוין סה טוש"ע א"ח סי' רסג סעיף ב :

סג ב מיי' פ"ל מהל' שבת הלכה ב' סמג עשין ל טוש"ע א"ח סי' רס סעיף א :

סד ג מיי' פ"ג מהלכו' ציצית הלכה ז סמג עשין כו טוש"ע א"ח סי' יח סעיף ב :

סה ד מיי' פ"ה מהל' שבת הלכה י סמג לאוין סה טוש"ע א"ח סי' רסד סעיף ג' :

[חולין קה:]

ואין לה פדיון ואסורה לזרים הנך נפישן ואיבעית אימא קדש חמור שכן ענוש כרת *רב נחמן בר יצחק אמר קרא °תתן לו לו ולא לאורו מכלל דבת אורו הוא : דברים יח

רבי ישמעאל אומר כו' : מאי טעמא אמר (א)רבא מתוך שריחו רע גזרה שמא יניחנה ויצא אמר ליה אביי ויצא אמר ליה שאני אומר "הדלקת נר בשבת חובה דאמר רב נחמן בר רב זבדא ואמרי לה אמר רב נחמן בר רבא אמר רב הדלקת נר בשבת חובה רחיצת ידים ורגלים בחמין ערבית רשות ואני אומר ב'מצוה מאי מצוה דאמר רב יהודה אמר רב כך היה מנהגו של ר' יהודה בר אלעאי ע"ש מביאים לו עריבה מלאה חמין ורוחץ פניו ידיו ורגליו ומתעטף ויושב בסדינין המצוייצין° ודומה למלאך ה' צבאות והיו תלמידיו מחבין ממנו כנפי כסותן אמר להן בני לא כך שניתי לכם *סדין בציצית בית שמאי פוטרין וב"ה מחייבין והלכה כדברי בית הלל ואינהו ג'סברי גזירה משום כסות לילה : °ותזנח משלום נפשי נשיתי טובה מאי ותזנח משלום נפשי אמר ר' אבהו זו הדלקת נר בשבת נשיתי טובה אמר רבי ירמיה זו בית המרחץ(ב) (*אמר רבי יוחנן) זו רחיצת ידים ורגלים בחמין ר' יצחק נפחא אמר זו מטה נאה וכלים נאים שעליה ר' אבא אמר זו מטה מוצעת ואשה מקושטת לתלמידי חכמים : ת"ר איזה עשיר כל שיש לו נחת רוח בעשרו דברי רבי מאיר : סימן מ"ט ק"ס : רבי טרפון אומר כל שיש לו ק' כרמים ומאה שדות וק' עבדים שעובדין בהן רבי עקיבא אומר כל שיש לו אשה נאה במעשים רבי יוסי אומר כל שיש לו בית הכסא סמוך לשולחנו *תניא רבי שמעון בן אלעזר אומר ד'אין מדליקין בצרי מאי טעמא אמר רבה מתוך שריחו נודף גזרה שמא יסתפק ממנו אמר ליה אביי לימא

איכה ג

רש"י

ואין לה פדיון · להוציאה לחולין אבל קדש יש קדש שנפדה כגון שהומם לפני שחיטה : ואסורה לזרים · לעולם אבל קדש יש קדש שמותר לזרים לאחר זריקה כגון מעשר בהמה ותודה ושלמים : הנך נפישין · בשם : כרת · עדיפא דאית בה תרי° חומרי ימיו נכרתין והולך ערירי : ראשית דגנך תתן לו ולא לאורו · מכאן שאין תורמין מן הטמא על הטהור דכתיב תתן לו דבר הראוי לו לאכול ולא לתת לאורו להסיק ומדאיצטריך למעוטי מכלל דבת אורו היא להסקה : וילא · מאי איכפת לן : חובה · כבוד שבת הוא שאין סעודה חשובה אלא במקום אור כעין יממא בפרק בתרא דיומא (דף עה:) : רחיצת ידים ורגלים · ערבית ליל שבת : בסדינין המצויי'ן · סדינים של פשתן ובהן ציצית של תכלת כלאים אלא שמותר מן התורה דדרשינן סמוכין לא תלבש שעטנז גדילים תעשה לך (מנחות ס"ד לט:) : מחבין ממנו כנפי כסותן · שהיו להם סדינים שאינן מצוייצין : בית שמאי פוטרין · ואף על גב דציצית חובה הוא בכל טליתות שיש לו לאדם ואפילו מונחים בקופסא הני דפשתן פטורין משום דכלאים לא שרא רחמנא דלא דרשי סמוכין : וב"ה מחייבין · דדרשי סמוכין : ואינהו סברי · [תלמידיו] שהיו אוסרין סבור נהי דהלכה כב"ה ומחייבין מדאורייתא מיהו [רבנן] גזור בהו משום כסות לילה שמא יהא לו כסות שמיוחד ללילות ויטיל בו ציצית ונמצא לובש כלאים שלא במקום מצוה דכסות לילה לא מיחייב בציצית דכתיב וראיתם אותו וביבמות *פרכינן וכי ב"ד מתנין לעקור דבר מן התורה לפטור את החייב ומשני שב ואל תעשה שאני : הדלקת נר בשבת · שלא היה לו ממה להדליק ובמקום שאין נר אין שלום שהולך ונכשל (ג)והולך באפילה : איזהו עשיר · נפקא מיניה למטרח להדורי אמילתא : נחת רוח בעשרו · שמח בחלקו אם מעט אם רב : שעובדין בהן · בשדות עבודה הצריכה להם : שמא יסתפק ממנו · ותניא בתוספתא* הנותן שמן לנר חייב משום מבעיר והמסתפק חייב משום מכבה במסכת ביצה בגמרא דיום טוב (דף כב·) : שהוא

תוספות

תתן לו ולא לאורו מכלל דבת אורו היא · ואם תאמר מידי ולא לאורו כתיב אימא תתן לו ולא דבר שאין ראוי לו כלל וי"ל דאם כן לא לכתוב אלא תתן דאין נתינה פחות משוה פרוטה° מדכתיב לו משמע לו ולא לאורו :

הדלקת נר בשבת חובה · פי' במקום סעודה דחובה היא שיסעוד במקום הנר משום עונג אבל מהדלקת נר גופיה לא הוה פריך אביי דפשיטא דחובה היא דהתנן (לקמן דף לא:) על ג' עבירות נשים כו' על שאינן זהירות בהדלקת הנר : חובה · לגבי רחיצת (ד)ידים בחמין קרי ליה חובה דלא הוי כל כך מצוה ומים אחרונים קרי ליה חובה *משום סכנה דמלח סדומית ששרגו הגפן ותמירי טפי מנהראשוני' ויש שרוצים לומר דאין לברך אהדלקת נר מדקרי ליה חובה כדאמרינן (חולין קה·) מים אחרונים חובה ואין טעונין ברכה ואומר ר"ת דשיבוש הוא דלא דמי למים אחרונים דלא הוי אלא להצלה בעלמא אבל הדלקת נר היא חובה של מצות עונג שבת וכמה חובו' הן דטעונין ברכה ומה שאומר טעם אחר שלא לברך משום שאם היתה מודלקת ועומדת לא היה צרי' לכבותה ולחזור ולהדליקה ולא להדליק אחרת אין נראה דהא גבי כיסוי הדם (שם פז·) אם כסהו הרוח פטור מלכסותו אפ"ה כשמכסה צריך לברך וכן נולד מהול איכא למ"ד *דאין צריך להטיף ממנו דם ברית וכשמל תניא בשילהי פר' ר' אליעזר דמילה (לקמן דף קלז:) המל אומר כו' ובסדר רב עמרם יש המדליק נר בשבת מברך אשר קדשנו כו' ועוד נראה לר"ת שאם היה הנר מודלק ועומד שצריך לכבות ולחזור ולהדליק כדאמר ליה ההוא סבא ובלבד שלא יקדים ובלבד שלא יאחר (לעיל דף כג:) : [לקמן קלז·]

מתוך שריחו רע · ואף על גב דנפט נמי ריחו רע כדאמר בפ"ק (דף יב:) הא בדמשחא והא בדנפטא ובפרק אמר להם הממונה (יומא דף לט·) בא למדוד נפט אומרים לו מדוד לעצמך אין ריחו רע כמו עטרן :

סדין בציצית ב"ש פוטרין · פירש בקונטרס ב"ש לא דרשי סמוכין והא דלא קאמר אוסרין משום דסברי בעלמא כלי קופסא חייבין בציצית והכא פטירי דלא שייך למיתני בהו אוסרין ובסיפא דהך ברייתא קתני בפ' התכלת (מנחות דף מ·) א"ר אליעזר כל המטיל תכלת בסדינו בירושלים אינו אלא מן המתמיהין אמר ר' אם כן למה אסרוה פי' *א"כ (כל אותן) שמתמיהין עליו למה עושין כן כיון דהלכה כב"ה ומשני גזרה שמא יקרע סדינו כו' ועוד מתרץ גזרה משום כסות לילה ופירש"י בתשובה אחת שלא גזרו אלא על התכלת אבל במינו חייב והא דא"ל *מלאכא לרב קטינא סדינא בקייטא סרבלא בסיתוא ציצית מה תהא עליה היינו ציצית מן המובחר מה תהא עליה אבל ציצית במינו היה עושה ובשמעתין נמי היה להם ציצית של מינו והיו מחביאים מר' יהודה לפי שהיה מחייב לעשות תכלת והיה סבור שעושין כב"ש מדאורייתא ואינהו סבור אפי' לב"ה אסור מדרבנן משום כסות לילה וקשה לר"י דבפרק התכלת (שם דף מא·) מהדר לאתויי לציצית חובת טלית הוא מחסידים הראשונים משארגו בבגד ג' היו מטילין בו ציצית ודחי לה ואמאי לא מייתי מהכא דלא קתני אוסרין ועוד דבה"ג פוסק דחובת גברא הוא מדמברכינן להתעטף בציצית ועוד דאמרינן בפ"ק דיבמות (ד' ד·) גבי כלאים בציצית דאפילו מאן דלא דריש סמוכין בעלמא במשנה תורה דריש ואיך יתכן לומר דב"ש לא דרשי סמוכין ועוד דרב עמרם גאון פוסק כב"ש בששה דברים וחשיב הך בהדייהו ועוד אמאי נקט סדין בציצית הוה ליה למנקט כלאים בציצית ונראה לר"ת דכ"ע דרשי סמוכין וב"ש פטרי מדרבנן משום כסות לילה או משום שמא יקרע ופטרי אפילו ממינו מדקתני סדין בציצית ולא קתני סדין בתכלת כדאמר ר' אליעזר בר' לדוק כל המטיל תכלת בסדינו כו' וב"ה מחייבין אפי' תכלת דלית להו הנהו גזרות דב"ש וכב"ש קי"ל כדמוכח בסיפא דהך ברייתא והשתא ניחא דרב קטינא שלא היה לו ציצית כלל וכן תלמידיו של רבי יהודה לא היה להם כלל ציצית דסברי כב"ש ואומר ר"ת דאין לעשות טליתות של פשתן ולעשות בו ציצית אפילו מינו דכב"ש קיימא לן דפטרי והמברך מברך ברכה לבטלה* : גזירה משום כסות לילה · מדנקט סתמא דש"ס האי טעמא ולא נקט טעמא שמא יקרע משמע דקי"ל כרבי שמעון דפוטר כסות לילה בפ' התכלת (מנחות ד' מג·) וכן משמע בפ"ב דברכות (ד' יד:) דאמר במערבא לא היו אומרים פרשת ציצית בלילה אלא מתחילין דבר אל בני ישראל אמר אביי כיון דאינהו מתחילין אנן נמי מתחילין וכיון דמתחלינן מסיימינן משמע דמודו כולהו דאין מצות ציצית בלילה ולכך נשים פטורות מן הציצית ורב יהודה ורב עמרם דהוו רמי תכלתא לפרזומא דאינשי ביתיה בהתכלת (ד' מג·) ובפרק קמא דסוכה (ד' יא· ושם) משום דסברי דהויא מצות עשה שלא הזמן גרמא לא קיימא לן כוותייהו דהא משמע שהם דווקא היו עושין ולא האחרים ובפרק קמא דקדושין (ד' לג:) תנו רבנן מצות עשה שהזמן גרמא שופר ולולב סוכה וציצית : ולימא

רבינו חננאל

מעילה והוא קרבן לפיכך אסור לאונן משא"כ בתרומה כי לא תמצא מאלו כולן בתרומ' אע"פ שהתרומה יש בה מיתה שנאמר ומתו בו כי יחללוהו והנהנה ממנה משלם אותה וחומשה ואין לה פדיון ואסורה לזרים מה שאין כן בקודש כי השלמים מותרין לישראל שאין זרים ואם נפסלו*) יש להן פדיון אפ"ה חומרות דקודש נפישי : אמרו משמיה דרב הדלקת נר בשבת (חנוכה) [חובה] וכן אמר רבא הדלקת נר בשבת (חנוכה) [חובה]**) ורב חנן אמר אפילו רחיצת ידים ורגלים בחמין חובה ממנהג של רבי אלעזר ויי"א רחיצת ידים ורגלים בחמין מצוה : סדין בציצית ב"ש פוטרין וב"ה מחייבין והלכה כב"ה : ותזנח משלום נפשי זו הדלקת הנר נשיתי טובה זו בית המרחץ רבי יוחנן אמר רחיצת ידים ורגלים

*) ר"ל אם נפסלו ע"י מום קודם שחיטה וכ"ה בפירש"י.

**) כ"ל דכן ל"ל רב חנן משמיה דרב אמר רחילת ידים ורגלים בחמין ערבית רשות ואני אומר מלוה ממנהג של ר"י בר אלעאי.

[שם מא·]

רב נסים גאון

שמיעט בו הכתוב דהיינו לבדו ולולי הוא היה עולה על דעתנו כי מילה שלא בזמנה ביום טוב מותרת מקל וחומר: אינהו סבור גזירה משום כסות לילה· עיקר דילה במס' מנחות בפ' התכלת (דף מ) דתנו רבנן סדין בציצית בית שמאי פוטרין ובית הלל מחייבין והלכה כב"ה וכו' רב זירא אמר גזירה משום כסות לילה :

מסורת הש"ס

פסחים לג·

[נ"ל ר' יוחנן אמר]

[דף ג:]

[תוספתא פ"ב]

[פי"ב]

[ועי' תוספות יבמות ד: ד"ה כולהו מנחות מ: ד"ה סדין]

הגהות הב"ח

(א) גמ' אמר רבה מתוך שריחו: (ב) שם זו בית המרחץ רבי חייא בר אבא אמר רבי יוחנן זו רחיצה: (ג) רש"י ד"ה הדלקת וכו' ונכשל (והולך) תז"מ ונ"ב ס"א ואוכל: (ד) תו' ד"ה חובה לגבי רחילת ידים ורגלים בחמין דלא הוי (אב) כל קדמאה קרי ליה חובה ומים אחרונים :

מנחות מ· עדיות פ"ד [מ"י]

א"כ כיון דהלכה כב"ה למה עושין כן שמתמיהין עליו כצ"ל מכרש"ה ובת"י א"כ שמתמיהין עליו למה אסרו כיון דהלכה כב"ה

§ מסכת שבת דף כה: §

אות א'

הדלקת נר בשבת חובה

סימן רסג ס"ב - [א]אחד האנשים ואחד הנשים חייבים להיות בבתיהם נר דלוק בשבת; אפי' אין לו מה יאכל, שואל על הפתחים – (וה"ה דצריך למכור כסותו), **ולוקח שמן ומדליק את הנר, שזה בכלל עונג שבת הוא** - אין הכונה דאין לו כלל מה יאכל, דבזה מוטב שיחזור על הפתחים כדי לקנות לחם לשבת, דיקיים בזה מצות קידוש, וגם עיקר סעודת שבת, **אלא** הכונה שאין לו לאכול משל עצמו, שהוא מתפרנס מקופת הצדקה, אפ"ה צריך להשתדל להשיג ג"כ נר לשבת, דהוא עיקר עונג סעודת שבת.

ומי שיש לו מעות מצומצמין, מצות לחם לסעודת שבת קודם לכל, (**עיין** בפמ"ג, דלחם כדי שביעה בעינן, ולא בכזית, ור"ל אם הוא רעב, דאל"ה בודאי יוצא בשעור קטן, וכדאמרינן בגמ': לעולם יסדר אדם שלחנו בע"ש אע"פ שאינו צריך אלא לכזית), **ונר** לשבת קודם ליקח משאר מאכלים, דאף דשאר מאכלים ובשר הוא ג"כ בכלל עונג שבת, מ"מ נר עדיף יותר משום שלום בית וכדלקמן, **ומיהו** משום נר די נר אחד לחוד, והשאר יוציא על מאכלי שבת, כדאמרינן בגמ', דאפילו עני צריך לעשות דבר מועט לכבוד שבת, **ועיין** במה שכתבנו לעיל בסימן רמ"ב במ"ב.

(**וראיתי** בדה"ח שהעתיק, דפת כדי שביעה של שלש סעודות קודמת לנר, **וצע"ג** בזה, דהלא ראינו דאחשבו רבנן לנר שבת וחנוכה משום שלום בית ופרסומי ניסא יותר מסעודה ג', דהלא בשביל נר שבת וחנוכה צריך לשאול על הפתחים כדי להשיגה, ובשביל סעודה ג' אינו חייב לזה, **ובפרט** מה שכתב הדה"ח דשלש סעודות כדי שביעה קודם יותר מנר שבת, לענ"ד פשוט דאין להחמיר בזה בסעודה ג', דדי בכביצה ויותר מעט, והשאר יוציא לנר של שבת).

[ב]סימן רעג ס"ז - [ג]י"א שאין מקדשים אלא לאור הנר; [ד]וי"א שאין הקידוש תלוי בנר, ואם הוא נהנה בחצר יותר מפני האויר או מפני הזבובים, מקדש בחצר ואוכל שם אע"פ שאינו רואה הנר, שהנרות לעונג נצטוו ולא לצער; והכי מסתברא - והיינו במצטער הרבה, (דהכרעתו קאי רק אסיפא, שהוא נהנה בחצר יותר), דאל"ה צריך לאכול דוקא במקום נר, (דהרבה אחרונים ס"ל, דעיקר הסעודה תלויה בנר), **ועיין** בפמ"ג שמצדד, דיותר טוב שיקדש בבית ויאכל מעט, ואח"כ יגמור סעודתו בחצר, **ועיין** בסימן רס"ג ס"ט מה שכתוב שם מענין זה.

אבל לא יקדש בבית ויאכל בחצר, וכדלעיל בס"א.

אות ב'

רחיצת ידים ורגלים בחמין ערבית... מצוה

סימן רס ס"א - [ה]מצוה לרחוץ, הגה: כל גופו (טור) - מפני כבוד השבת, **ומ"מ** אין זה חובה גמורה, [גמרא], והמקיימה מקבל עליה שכר, ושאינו מקיימה אינו נענש עליה.

כל גופו - היינו בחמין, [דראיית הטור הוא ממה דאיתא שם בגמרא, נשיתי טובה, זו בית המרחץ, וסבר דאשבת קאי, וכן משמע בחי' מהרש"א ובביאור הגר"א, וסתם מרחץ הוא של חמין], (**ובפושרין יש לעיין,** כיון דבגמרא נזכר חמין, ופושרין אין בכלל זה, **אבל** בצונן בודאי לא יצא בזה ידי המצוה, **אך** אם לאחר שנשתטף בצונן נתחמם היטב ע"י הבל הזיעה שהעלה על עצמו, **אפשר הוא בכלל רחיצה בחמין**).

(**עיין באה"ר שמפקפק בדין הטור, ונ"ל דאם לא השיג בבית המרחץ מים חמין רק מועטין, מוטב שירחץ בהן פניו ידיו ורגליו, דהוא מבואר בגמרא בהדיא**).

(**ומשמע בגמרא, דאפילו מי שתורתו אומנותו יש לו לבטל כדי לקיים רחיצה בחמין, דמביא שם הגמרא מרבי יהודה בר אלעאי, אך שם בדידיה לא נזכר כי אם פניו ידיו ורגליו**).

וגם על הנשים שייך מצות רחיצה, **ובימי** החורף שהימים קצרים ואין להם פנאי, יקיימו מצות הרחיצה בפניהם וידיהם, **ואף** לאנשים די בזה כשאין להם פנאי, ועיין בא"ר.

ומאד יש ליזהר שלא יבוא ע"י מצות הרחיצה לחשש חילול שבת, ובעו"ה הרבה נכשלין בזה בימי החורף כשהימים קצרים, שיושבין כמעט עד שחשיכה, **ואף** אם גמר את עצם הרחיצה בהיתר, ג"כ מזדמן איסור לידו, שפעמים הוא סורק את ראשו בסוף, שהיא מלאכה דאורייתא בשבת, **גם** מצוי שאחר גמר כל הפעולות סוחט האלונטית מהמים שנבלע בו, והוא בכלל מכבס, וכמו שיבואר לקמן בסימן ש"ב, **וראוי** לכל מי שנגע יראת השם בלבו, למנוע את העם מזה, וזכות הרבים יהיה תלוי בו, וגם כדי שלא יתפש ח"ו בעונם, וכידוע מאמר חז"ל: כל מי שיש לו למחות באנשי ביתו ואינו מוחה, נתפס בעון אנשי ביתו, וכל מי שיש לו למחות באנשי עירו ואינו מוחה, נתפס בעון אנשי עירו.

ואם א"א לו, ירחץ פניו ידיו ורגליו בחמין בע"ש - וכעת אין נוהגין ליזהר ברחיצת רגלים, ואפשר דדוקא במדינותיהם שהיו רגילין לילך יחף, ודרכו לרחוץ במים מפני האבק והעפר, משא"כ במדינותינו.

וה"ה בכל זה בעיו"ט, אבל ביום ה' לא הוי יקריה דשבת, אא"כ אי אפשר לו לרחוץ בע"ש, אז כל כמה דמקרב לשבת טפי מעלי, וכן לענין להסתפר.

באר הגולה

[א] **לשון הרמב"ם מהא דרב שבת כ"ה** [ב] (ע"פ הב"י וז"ל: אהא דאמרינן בפרק במה מדליקין (כה:) הדלקת נר בשבת חובה, כתבו התוספות (ד"ה הדלקת) והמרדכי, פי' שצריך לאכול במקום הנר, וכן נראה מפי' רש"י (שם ד"ה חובה)) [ג] **רא"ש בר"פ ע"פ בשם י"א, ומרדכי מהא דאביי ק"א** [ד] **טור בשם גאון ומרדכי בשם רבי שמחה וכ"כ הגהות פ"ה אות כ'** [ה] **שבת כ"ה מהא דר"י בר אלעאי**

[ו]**ומצוה לחוף הראש** – (בב"ח העתיק בחמין, ובאמת לא נזכר חמין בהפוסקים, ובכל מידי דמהני למיחף הראש סגי, ובזמן הגמ' היה דרכם ע"י איזו נתר וכדומה, וכדאיתא בשבת נ: ברש"י ד"ה חופף עי"ש).

[ז]**ולגלח הצפרנים בע"ש** - וביום ה' מקפידין שלא ליטלן, מפני שהצפרנים מתחילין לחזור ולצמוח ביום ג' לגלוחן, ואם כן אין זה תיקון כבוד שבת, שחוזר לצאת. **יש** שכתבו שאין לקוץ אלא בע"ש או בעיו"ט, ואין לקוץ צפרני הידים ורגלים ביום אחד, **והנכון** שיקוץ מן הרגלים ביום ה', ומן הידים ביום ו' - מ"א.

איתא בגמרא: השורף צפרנים חסיד, קוברן צדיק, זורקן רשע, שמא תעבור עליהן אשה מעוברת ותפיל, **ולכן** בבית המדרש דלא שכיחי נשי, או בית המרחץ שעשוי רק להרחצת אנשים, מותר לזרוק, **גם** איתא שם בגמרא, דאין בכחן להזיק רק בדוכתא דנפילי, אבל אי כניש להו בתר הכי ושדי להו לאבראי, לית לן בה, **וכתב** בפרישה, מכאן דאם חתך בביתו במקום דשכיחי נשי, ונפל מידו קצת צפרניו, יכבד אותו המקום ויזיזם ממקומם, ושוב לית לן בה, **והא"ר** כתב, דאפשר דדוקא כשהשליכן חוץ לחדר הוי שינוי מקום.

ויש ליטול הידים אחר גילוח הצפרנים, וכדלעיל בסי' ד'.

הגה: ואם היו שערות ראשו גדולות, מצוה לגלחן (א"ז) - בתער או במספרים, והטעם, כדי שלא יכנוס לשבת כשהוא מנוול.

יש מקומות שאין מגלחין ואין נוטלין צפורנים בר"ח, אפילו חל ביום עש"ק, כי כן צוה ר"י חסיד.

וכשנוטל צפרניו לא יטול אותן כסדרן, ויתחיל בשמאל בקמיצה; ובימין באצבע. וסימן לזה: דבהג"א בשמאלו; ודבאג"ה בימין (אבודרהם וספר המוסר) - בתשב"ץ כתוב, שמהר"ם לא דקדק בזה, וכ"כ על האר"י, **מ"מ** יש ליזהר לכתחילה - מ"א.

אות ג'

סברי גזירה משום כסות לילה

[ח]**סימן ט ס"ו** - [ט]**י"א שאין לעשות טלית של פשתן** - דגזרו חז"ל, משום דאז יהיה מוכרח לעשות בו ציצית של פשתן, ויש לחוש שמא יעשה בו ג"כ תכלת, והוי איסור כלאים כשיתכסה בו בלילה, שאז אין זמן קיום המצוה, **ואף** דבזמנינו אין לנו תכלת, ס"ל דמ"מ אין הגזירה בטילה, **והרבה** פוסקים התירו בזה, דס"ל דעיקר הגזירה לא היה רק שלא יטילו בו תכלת, כדי שלא לבוא לידי כלאים, אבל לא על חוטי הפשתים, **וגם** דבזמנינו דליכא תכלת לא שייך כלל הך גזירה, **ומש"ה** כתב רמ"א בהג"ה, דאם אי אפשר בענין אחר יש לסמוך עליהם. **אע"פ שאין הלכה כן, ירא שמים יצא את כולם, ועושה טלית של צמר רחלים שהוא חייב בציצית מן התורה בלי פקפוק.**

הגה: ומיהו אם א"א רק בטלית של פשתן, מוטב שיעשה טלית של פשתן וציצית של פשתן משיתבטל ממצות ציצית - וכ"ש דמותר לעשות טלית של שאר מינים וציצית של פשתן, כשאין לו ציצית אחרים, כדי שלא יתבטל המצוה. **ויוכל** לסמוך על המתירים גם לענין ברכה, ופשוט דאם יש לו טלית גדול של צמר, יברך עליו ויכוין לפטור את זה, **ובמ"א** כתב, ונ"ל דיעשה בו כנפות של עור, ויטיל בו ציצית צמר, **והאחרונים** מפקפקים בזה.

סימן יח ס"ב - סדינים, אע"פ שאדם ישן בהם בבוקר, אין מטילין בהם ציצית - מפני שעיקר תשמישן בלילה, וכסות לילה מיקרי, **אך** לפי"ז לא היה פטור רק להרא"ש, אבל להרמב"ם דכסות לילה חייב ביום, חייב, **וי"א** עוד טעם לפטור, משום דלא חייבה התורה רק דרך מלבוש או דרך עיטוף, לא דרך העלאה בעלמא, **ויש** חולקין, וס"ל דאפי' אם יציע תחתיו בגד של ד' כנפות, חייב בציצית, וכ"ש דרך העלאה, **ע"כ** הכריע המ"א, דיעשה קרן אחת עגולה, ויצא אליבא דכו"ע, **אכן** משמע מדבריו, דאין להחמיר בזה רק בסדין של צמר, אבל לא בשל פשתן או שאר מינים, **ועיין** הטעם בפמ"ג, [י]די"א דאין עושין לפשתן כלל ציצית, ושאר מינין כמה פוסקים סוברים דהם מדרבנן, איכא ס"ס.

אות ד'

אין מדליקין בצרי

סימן רסד ס"ג - ולא בצרי - הוא שמן אפרסמון, וריחו טוב מאד, **מפני שריחו נודף, שמא יסתפק ממנו ונמצא מתחייב משום מכבה** – (ובזה אפילו יש לו נרות אחרות בלתו, אסור).

ויש עוד טעם אחר בש"ס, מפני שהוא עף ונדבק בכותלי הבית, ומבעיר את הבית, ואדם בהול על ממונו ויבוא לכבות, **וכתב** המג"א, דמזה למדנו שלא יסתום התנור בעצים, שלא יבוא לידי חילול שבת עי"ז.

---

§ מסכת שבת דף כו. §

אות א'

אין מדליקין בטבל טמא בחול, ואין צריך לומר בשבת

יו"ד סימן רלא סקט"ז - [א]**אין מדליקין בטבל טמא** - וכ"ש בטהור, ובחול ואצ"ל בשבת, שנאמר: משמרת תרומותי, בשמירות ב' תרומות הכתוב מדבר, בין בטהורה בין בטמאה, מה תרומה טהורה אין לך בה אלא משעת הרמתה, אף תרומה טמאה אין לך ליהנות בה אלא משעת הרמתה ואילך - ש"ך.

<המשך ההלכות מול עמוד ב'>

באר הגולה

ו מרדכי שם ושבולי הלקט | ז כל בו וספר חיי עולם | ח <ע"פ מהדורת נהרדעא> | ט <וזש"כ דהיו תלמידיו מחביאין ממנו כנפי כסותן, והיינו משום דהיו הולכין בטלית של סדין בלא ציצית, אבל להשיטות דס"ל דציצית של פשתים חייבים, א"כ היה לו לומר החביאו הציצית שלא יראה שאין בהן תכלת – דמשק אליעזר> | י <וזהו לכאורה כוונת העין משפט דהביא הלכה זו כאן> | א ברייתא שבת דף כ"ו. ופי' רש"י ואין צ"ל בטבל טהור

עין משפט נר מצוה

סו א מיי' פ"ו מהלכות מעשר הל' ג טוש"ע י"ד סי' שלא סעיף קפו:
סז ב מיי' פ"ב מהל' שבת הלכה י:
סח ג ד מיי' שם הלכה יא ופכ"ב מהלכות כלים הלכ' א סמג לאוין סה טוש"ע א"ח סי' רסד סעיף ו:

גמרא

לימא מר מפני שהוא עף חדא ועוד קאמר חדא מפני שהוא עף ועוד גזירה שמא יסתפק ממנו ההיא חמתא דהות סניאה לה לכלתה אמרה לה זיל איקשיט במשחא דאפרסמא אזלא איקשיט כי אתת אמרה לה זיל אתלי שרגא אזלא אתלא שרגא אינפח בה נורא ואכלתה: °ומדלת הארץ השאיר נבוזראדן רב טבחים לכורמים וליוגבים כורמים תני רב יוסף אלו מלקטי אפרסמון מעין גדי ועד רמתא יוגבים אלו ציידי חלזון מסולמות של צור ועד חיפה: ת"ר [א]אין מדליקין בטבל טמא בחול ואצ"ל בשבת כיוצא בו [ב]אין מדליקין בנפט לבן בחול ואצ"ל בשבת בשלמא נפט לבן מפני שהוא עף אבל טבל טמא מאי טעמא אמר קרא °ואני הנה נתתי לך את משמרת תרומותי *בשתי תרומות הכתוב מדבר אחת תרומה טהורה ואחת תרומה טמאה מה תרומה טהורה אין לך בה אלא משעת הרמה ואילך אף תרומה טמאה אין לך בה אלא משעת הרמה ואילך: גופא ר"ש בן אלעזר אומר אין מדליקין בצרי וכן היה רבי שמעון בן אלעזר אומר *צרי אינו אלא שרף מעצי הקטף *ר' ישמעאל אומר כל היוצא מן העץ אין מדליקין בו ר' ישמעאל בן ברוקה אומר אין מדליקין אלא ביוצא מן הפרי ר' טרפון אומר אין מדליקין אלא בשמן זית בלבד עמד רבי יוחנן בן נורי על רגליו ואמר מה יעשו אנשי בבל שאין להם אלא שמן שומשמין ומה יעשו אנשי מדי שאין להם אלא שמן אגוזים ומה יעשו אנשי אלכסנדריא שאין להם אלא שמן צנונות ומה יעשו אנשי קפוטקיא שאין להם לא כך ולא כך אלא נפט אלא [ג]אין לך אלא מה שאמרו חכמים אין מדליקין ומדליקין בשמן דגים ובעטרן רבי שמעון שזורי אומר מדליקין בשמן פקועות ובנפט סומכוס אומר כל היוצא מן הבשר אין מדליקין בו אלא בשמן דגים סומכוס היינו ת"ק איכא בינייהו דרב ברונא אמר רב ולא מסיימי *תניא רבי שמעון בן אלעזר אומר [ד]כל היוצא מן העץ אין בו משום שלש על שלש ומסככין בו חוץ מפשתן אמר אביי ר'

תורה אור: ומדלת הארץ — ירמיה נב. ואני הנה נתתי — במדבר יח.

רש"י

שהוא עף · ונדבק בכותלי הבית ומדליק את הבית: **חמתא** · חמותה: **איתלי שרגא** · הדלק את הנר: **עד רמתא** · שם מקום: **לכורמים** · לשון מאספים כמו כורמים עליו את הכלים לקמן בפרק רבי עקיבא (דף פח:): **וליוגבים** · לשון יקבים שעוצרין ופולטין את החלזון להוציא דמו כדאמרן בפרק כלל גדול לקמן (דף עה·) והכיחס נבחרא לבושי המלך: **סולמא דצור** · מעלה הר וקרא המסילה וגבוהה וקורין אותה פוייאיא"ה: **אין מדליקין בטבל טמא** · וכ"ש בטהור ולקמיה מפרש טעמא: **מה תרומה טהורה** · שהיא לאכילה אין לך בה אלא משעת הרמה ואילך ומקמי הכי אסירא שהרי טבל הוא במיתה לאוכלה אף תרומה טמאה אע"פ שאין אתה אוכלה אלא מסיקה אסור להסיקו בטבלו: **אין מדליקין בצרי** · כדמפרש לעיל ועוד כדקתני ואזיל דאינו בא מן הפרי אלא מן העץ שרף בעלמא והוה ליה כזפת ואינו נמשך ליסנא אחרינא וכן היה רבי שמעון בן אלעזר אומר כו' לאו טעמא למילתיה יהיב אלא הכי קאמר ועוד היה אומר דבר אחר בצרי: **עצי קטף** · כך שמם: **מן הפרי** · לאפוקי שמן דגים ועטרן וצרי: **אין לך אלא מה שאמרו חכמים אין מדליקין בהן** · כגון פסולי שמנים דמתניתין: **ומדליקין בשמן דגים** · ואע"ג דדמי לחלב ואינו יוצא מפרי: **ובעטרן** · ואע"ג דמזפת קאתי: **סומכוס היינו ת"ק** · רבי יוחנן בן נורי דפסיל כל הנך דמתניתין וחלב אימני בהדייהו דהוא יוצא מן הבשר ואכשר בשמן דגים: **איכא בינייהו דרב ברונא** · דאמר צריך לתת לתוכו שמן כל שהוא אי נמי דאכשר חלב מהותך בתערובת שמן כל שהוא חד מהנך תנאי סבר לדרב ברונא דחלב ניתר בתערובת אבל שמן דגים אפילו בעיניה וחד סבר שמן דגים על ידי תערובת אבל חלב כלל וכלל לא: **אין בו משום שלש על שלש** · לקבל טומאה בג' אצבעות: **יוצא מן העץ** · כמו קנבוס ולמר גפן: **ומסככים בו** · סוכה הואיל ואינו מקבל טומאה דאין מסככין בדבר המקבל טומאה כדילפינן במסכ' סוכה (דף יב·) מגרנך ומיקבך: **חוץ מפשתן** · דילפינן לקמן דאיקרי עץ ומקבל טומאת נגעים אפילו אוכין שבו כדלקמן הלכך אין מסככין באוכין:

תוספות

ולימא מר מפני שהוא עף · ויבא בהול על ממונו ויבא לכבות תימה דה"ל למימר אפילו בחול נמי ליתסר כדאמר לקמן דאין מדליקין בנפט לבן אפילו בחול מפני שהוא עף:

חדא ועוד קאמר · וקשה לר"י דתניא בסמוך הצרי אינו אלא שרף מעצי הקטף משמע דהטעם לפי שאינו נמשך אחר הפתילה ומה הוצרך לבדות הטעם מדעתו:

אין מדליקין בטבל טמא · פירש בקונטרס וכ"ש בטבל טהור ואין נראה דלא הוי כ"ש דמהיכא תיתי אלא ה"ה בטבל טהור דילפינן טבל טהור מטבל טמא מה טבל טמא אין לך בו שום הנאה של כילוי אלא מהרמה ואילך אף טבל טהור כן אבל הנאה שאינה של כילוי שרי דלא מצינו בשום מקום שיהא טבל אסור בהנאה ומהכא נמי ילפינן כהן שסכר פרה מישראל לא יאכילנה כרשיני תרומה (יבמות פ"ז דף סו:) דהנאה של כילוי אסורה לזרים אבל שאר הנאות שרי דתנן בפרק בכל מערבין (עירובין דף כו:) דמערבין לישראל בתרומה*:

רבי ישמעאל אומר כל היוצא מן העץ אין מדליקין בו · הא דלא קתני אלא פשתן כדקתני במתני' משום דמתניתין איירי בפסול פתילות והכא איירי בפסול שמנים קשה לרשב"א דרבי ישמעאל דתני במתני' דאין מדליקין בעטרן מפני כבוד השבת משמע שנמשך אחר הפתילה יפה אלא דגזרינן שמא יניחנו וילא כדמפרש לעיל והכא משמע כל היוצא מן העץ אינו נמשך אחר הפתילה ועטרן יוצא מן העץ הוא דהוא פסולת דזיפתא כדאמר לעיל:

רבי שמעון שזורי אומר מדליקין בשמן פקועות ובנפט · *קשה לרשב"א מה בא לומר רבי שמעון שזורי דהא לרבי יוחנן בן נורי נמי מדליקין בהן מדקאמר אין לך אלא מה שאמרו חכמים אין מדליקין משמע דוקא הנהו אבל שמן פקועות ונפט מכשיר ועוד דנפט מכשיר בהדיא רבי יוחנן ואין לומר דרבי שמעון שזורי איירי בנפט לבן דהא אפי' בחול אמר לעיל אין מדליקין בו ואי גרסינן אין מדליקין במילתיה דרבי שמעון שזורי אתי שפיר:

איכא בינייהו דרב ברונא · פירש בקונטרס דחד מינייהו סבר דחלב מהותך שרי בתערובות אבל שמן דגים אפילו בעיניה וחד סבר שמן דגים בתערובות אבל חלב כלל וכלל לא והשתא תרוייהו לא סברי בכולה מילתא כרב ברונא ולא משמע הכי ובקונטרס דחק לפי שפירש במתניתין דשמן דגים היינו קרבי דגים שנימוחו ונראה לר"ת דשמן דגים היינו שמן שבא מעיטו של דג כדאמר בהמוכר את הספינה (ב"ב דף עג:) עגדו מגלגלתא דעינא תלת מאה גרבי מישחא ובשמן דגים מודה רב ברונא דשרי בעיניה והשתא חד מינייהו סבר לגמרי כרב ברונא:

ולא מסיימי · ולא שייך הכא תנא בתרא לטפויי אתא *דמוכח קרא דת"ק להחמיר מדקאמר אין לך אלא מה כו' ומדליקין בשמן דגים ובעטרן משמע דווקא הנך מדכתת לפרושי ולא פי' נמי דרב ברונא:

אין בו משום שלש על שלש ומסככין בו חוץ מפשתן · קשה לריב"א דמשמע דפחות משלש על שלש מסככין אפי' בשל פשתן ובפ"ק דסוכה (דף טו:) אמרינן סיככה במטלניות שאין בהן שלש על שלש פסולה ותירץ דהתם איירי דבאות מבגד גדול שכבר היו ראויות לקבל טומאה אבל הכא מיירי בהגהו שלא היה בהם מעולם שלש על שלש וקשה לרשב"א דאפי' אם לא נארג בו מעולם שלש על שלש מקבל טומאה כדאמר בפרק במה אשה (לקמן דף סג:) ארג כל שהוא טמא ואין מסככין בו וי"ל דהתם מיירי כשאין בדעתו לארוג בו יותר והכא מיירי כשיש בדעתו לארוג בו יותר הלכך אם אין בו שלש על שלש טהור:

רבי

[וע"ע תוס' מנחות סז: ד"ה כדי שתהא ותוספו' פסחים לד· ד"ה מחמין לו]

[לפי מ"ש תוס' בחולין עב: ד"ה אלא כי האי ס"ל כו' דר"ש שזורי דוקא קאמר ולא בא להוסיף אלא רק ככך דקחשיב בלחוד מכשיר ע"ש אין מקום לקושית הרשב"א ודע עוד דהתם בחולין הביאו תוס' במלתא דר"ש שזורי בעטרן ובנפטן]

מסורת הש"ס

[לעיל כה: וש"נ]
[כריתות ו:]
תוספתא פ"ב
תוספתא שם
[פי' תוס' לעיל כה: ד"ה איכא ביניהו וכו']

רבינו חננאל

בחמין: ת"ר אין מדליקין בטבל טמא בחול · ואין צ"ל בשבת מ"ט (בתרומה) [בב' תרומות הכתוב מדבר] מה תרומה טהורה אין לך בה אלא משעת הרמה ואילך אף תרומה טמאה אין לך בה אלא משעת הרמה · תניא אין מדליקין בעטרן מפני שריחו רע שמא יניח הנר ויצא · אין מדליקין בצרי מפני שריחו נודף שמא יסתפק ממנו · ועוד מפני שהוא עף · רבי [טרפון] אומר אין מדליקין אלא בשמן זית בלבד · א"ר יוחנן בן נורי מה יעשו אנשי בבל שאין להם אלא שומשמין · מה יעשו אנשי מדי שאין להם אלא שמן אגוזים · ואנשי אלכסנדריא שאין להם אלא שמן צנונות · אין לך אלא השמנים שאמרו חכמים אין מדליקין בהן וכן הלכה · רבי שמעון בן אלעזר אומר כל היוצא מן העץ אין בו משום שלש על שלש · ומסככין בו חוץ מן הפשתן שכנגד פשתן מקבל טומאה אפילו אין בו אלא שלש על שלש אצבעות ואין מסככין בו · ואתא אביי למימר כי דבי

רב נסים גאון

איכא בינייהו דרב ברונא אמר רב ולא מסיימי · [והוא] שמעתתא דאיתמרא בפירקא (דף כג) חלב מהותך וקירבי דגים שנימוחו:

עין משפט נר מצוה

סט א מיי' פי"ב מהל' טומאת צרעת הל' · ופכ"ב מהל' כלים הל' יב:

ע ב מיי' פי"ג שם הל' א סמג עשין רלח :

ר' שמעון בן אלעזר ותנא דבי ר' ישמעאל אמרו דבר אחד ר' שמעון בן אלעזר הא דאמרן תנא דבי ר' ישמעאל מאי היא *דתני דבי ר' ישמעאל הואיל ונאמרו בגדים בתורה סתם ופרט לך הכתוב באחד מהן צמר ופשתים מה להלן צמר ופשתים אף כל צמר ופשתים רבא אמר שלשה על שלשה בשאר בגדים איכא בינייהו *דר' שמעון בן אלעזר אית ליה לתנא דבי ר' ישמעאל לית ליה דכולי עלמא מידת שלש על שלש בצמר ופשתים מיטמא בנגעים מנלן דתניא בגד אין לי אלא בגד *שלש על שלש מנין ת"ל °והבגד ואימא לרבות שלשה על שלשה לאו ק"ו הוא השתא שתי וערב מיטמא שלשה על שלשה מיבעיא אי הכי שלש על שלש נמי ליתי בק"ו אלא שלשה על שלשה דחזו בין לעשירים בין לעניים אתי בק"ו שלש על שלש לעניים הוא דחזיין לעשירים לא חזיין לא אתי בק"ו טעמא דכתביה קרא הא לא כתביה קרא לא גמרינן בק"ו ואימא לרבות שלשה על שלשה בשאר בגדים אמר קרא °בגד צמר ופשתים °בגד צמר ופשתים אין מידי אחרינא לא ואימא כי אימעוט משלש על שלש אבל שלשה על שלשה מיטמא (א) תרי מיעוטי כתיבי °בגד צמר או [בבגד] פשתים חד למעוטי משלש על שלש וחד למעוטי משלשה על שלשה ולרבא דאמר שלשה על שלשה בשאר בגדים איכא בינייהו לרשב"א אית ליה לתנא דבי רבי ישמעאל לית ליה שלשה על שלשה בשאר בגדים מנא

תורה אור: ויקרא יג · שם · שם

רש"י

ר' שמעון בן אלעזר ותנא דבי ר' ישמעאל אמרו דבר אחד · דמהיכא תיתי לר' שמעון למעוטי שאר בגדים מטומאה אי לאו דאית ליה הא דתנא דבי ר' ישמעאל והלכך יוצא מן העץ לאו דווקא נקט דה"ה לטלה של עזים וכל מידי דלאו צמר ופשתים הוא ואיידי דנקט יוצא מן העץ לענין סוכה נקט לה נמי לענין טומאה: הואיל ונאמרו בגדים בתורה סתם · כגון בטומאת שרצים וטומאת מת דכתיב בטומאת שרצים או בגד או עור ובמת וכל בגד וכל כלי עור וכן בשכבת זרע וכל בגד וכל עור אשר יהיה עליו שכבת זרע וגו' ובציצית על כנפי בגדיהם: ופרט לך הכתוב באחד מהן · בטומאת נגעים כלל תחלה ואח"כ פרט והבגד כי יהיה בו נגע צרעת כלל בבגד צמר כו' פרט אף כל בגדים הסתומים ילפי' במה מליט דהוא בנין אב דאינו אלא צמר ופשתים: שלשה · טפחים: לר' שמעון אית ליה · דבהדיא תנא אין בו משום שלש על שלש אבל שלשה על שלשה דחזי אף לעשירים מיטמא ולקמן יליף מגליה בהו טומאה כלל האוהל ומנגעים יליף דאי לא יליף מנגעים מהיכא תיתי ליה לחלק בין פשתן לשאר מינין: דכולי עלמא · בין לאביי בין לרבא אליבא דהני תנאי: בגד אין לי כו' · כלומר אי הוה כתיב בנגעים בגד אין לי דמיטמא בנגעים אלא בגד שלם: לעשירים לא חזיין · אין מקפידין להצניע ובטולי מבטלי להו לא אתיין בק"ו: וטעמא דכתביה קרא כו' · מסקנא דפירושה דמילתא היא ובניחותא כלומר הלכך טעמא דכתב קרא והבגד לרבויינהו הלכך מיטמו הא לא רבינהו לא מיטמו: ואימא לרבות שלשה על שלשה בשאר בגדים · ושלש על שלש בצמר ופשתים מיטמו מק"ו והאי רבויא לשלשה על שלשה אתא ולשאר בגדים: אמר קרא בבגד צמר · פרט אחר כלל למימר דאפי' גדול דשאר מינין לא מיטמו בנגעים: ואימא כי אמעיט · שאר בגדים משלש על שלש דבצמר ופשתים אתי בק"ו מדשתי וערב אבל שלשה על שלשה מיטמו מריבויא דוהבגד: תרי מיעוטי כתיבי · תרי זימני כתיבי בגד צמר ופשתים זאת תורת נגע הצרעת בגד הצמר או הפשתים: מנא ליה · לרבי שמעון שום טומאה בשאר בגדים האהל ושאר בגדים הסתומים למדין הן מן המפורש: מאי

תוספות

רבי שמעון בן אלעזר ותנא דבי ר' ישמעאל אמרו דבר אחד · וא"ת כיון דבשאר בגדים אפי' שלשה על שלשה טהור לר' שמעון בן אלעזר אמאי נקט שלש על שלש ותירץ הרב פורת דנקט שלש על שלש משום פשתן דאפי' שלש על שלש טמא ואע"ג דאמר לקמן (דף כז:) ר"ש בן אלעזר וסומכוס אמרו דבר אחד דאמר סומכוס סיככה בטווי פסולה משמע דהא דקאמר הכא חוץ מפשתן היינו טווי ולא בגד וי"ל דעיקר מילתיה איירי בבגדי פשתן ומ"מ דייק לקמן מדלא קאמר חוץ מבגד פשתן דבטווי נמי איירי וא"ת מאי דוחקיה דאביי לאוקמה דתנא שלש על שלש משום פשתן ולימא דדוקא נקט כמו שאמר רבא ואי משום דלא ליפלוג ר"ש בן אלעזר אתנא דבי ר' ישמעאל הא אביי גופיה קאמר לקמן דהאי תנא דבי ר' ישמעאל מפיק מאידך תנא דבי ר' ישמעאל י"ל דסבירא ליה לאביי הא דמרבה לקמן תנא דבי ר' ישמעאל שאר בגדים היינו אפי' שלש על שלש וסבר דשאר בגדים או יהיה בהן טומאה כמו בצמר ופשתים או יהיו טהורים לגמרי :

השתא שתי וערב מיטמא · תימה לר"י דילמא הא דתנן בפ"ג דנגעים (משנה ה) כמה יהא בפקיע ויטמא כדי לארוג בו שלש על שלש היינו בתר דקיי"ל באריג דמיטמא בשלש על שלש אבל כל כמה דלא ידעינן באריג גם שתי וערב לא יטמא אלא כשיהיה כדי לארוג בו הרבה וא"כ היכי אתי שלשה על שלשה בק"ו דשתי וערב ותירץ ר"י דנראה לו להש"ס סברא דאריג שלשה על שלשה עדיף משתי וערב אפי' כדי לארוג בו אלף על אלף ולרשב"א נראה דודאי בבגד שייך לחלק בשיעורו משום דכתב רחמנא בגד דמשמע בגד שלם אבל שתי וערב השיעור תלוי בסברא והיינו שלש על שלש דחזי אפילו לעשירים דהא חזי לאיצטרופי לבגד גדול:

*אתי בק"ו · מפרש הרב פורת דהאי ק"ו לא נקט אלא להרווחא דמילתא ובלאו ק"ו נמי אין צריך ריבוי לשלשה על שלשה דכיון דחזו לעניים ולעשירים בגד חשוב הוא דמה לי שלשה על שלשה ומה לי ד' או ה' אמות כיון שגם זה ראוי כמו זה וכן מוכח מדברי רבא דאמר שלשה על שלשה בשאר בגדים מאו בגד ומנא ליה דילמא איצטריך קרא לבגד שלם אלמא משמע דאין חילוק בין בגד שלם לשלשה על שלשה וכן אביי דמוקי או בגד לשלש על שלש בצמר ופשתים דמיטמא בשרצים ולא מוקי לשלשה על שלשה משום דשלשה על שלשה הוי בכלל בגד ולא צריך ריבוי וכן משמע ממאי דפריך ואימא כי אימעוט משלש על שלש ושם אפרש ויש ליישב דאיצטריך ק"ו דאי לאו ק"ו ה"א בגד משמע בגד שלם אבל השתא דאיכא ק"ו גלי לן דבכל מקום דכתיב בגד הוי שלשה על שלשה :

ואימא לרבות שלשה על שלשה בשאר בגדים · פי' בקונטרס אבל שלש על שלש בצמר ופשתים אתי בק"ו ולא נהירא דהא אמרן כיון דלא חזי לעניים ולעשירים לא אתי בק"ו ונראה לפרש (ב) דהכי פריך ואימא לרבות שלשה על שלשה פי' שנרבה שלשה על שלשה בשאר בגדים דהא ליכא מיעוטא למעוטינהו וצמר ופשתים אתי למעוטי שאר בגדים משלש על שלש דאי לאו צמר ופשתים הוה מרבינן בכל בגדים מוהבגד שלש על שלש כיון דקרא סתמא כתיב והמתרץ לא הבין קושייתו והיה סבור שהמקשה לא ידע דצמר ופשתים כתיב ולהכי הדר פריך אימא כי אימעוט משלש על שלש היינו קושיא ראשונה אלא שמפרש היטב :

ואימא כי אימעוט משלש על שלש · מכאן נמי משמע כפי' הרב פורת דשלשה על שלשה הוי בכלל בגד וק"ו להרווחא דמילתא נקט דאי שלשה על שלשה לא שמעי' מבגד אלא מק"ו א"כ מאי פריך כי אימעוט משלש על שלש מה צריך מיעוט מהיכא תיתי לרבות שלש על שלש בשאר בגדים דריבויא דוהבגד בצמר ופשתים מוקמינן לה אפי' בשלש על שלש דשלשה על שלשה לא איצטריך בצמר ופשתים דהא מק"ו דשתי וערב אתי אבל בשאר בגדים דלא אתי בק"ו דהא בשתי וערב בהדיא כתיב צמר ופשתים איצטריך ריבוי מוהבגד *לשלש על שלש ומיהו שמא המקשה סבר דיש לרבות בשאר בגדים שלש על שלש כמו בצמר ופשתים כיון דקרא סתמא כתיב וחד ריבוי לכולהו :

תרי מיעוטי כתיבי · ואם תאמר לשתוק מריבויא דוהבגד וע"כ שלש על שלש טמא בצמר ופשתים דאי לאו הכי תרי מיעוטי למה לי וי"ל *דאי לאו ריבויא דוהבגד הוה מוקמינן תרי מיעוטי לרבות שלשה על שלשה בשאר בגדים דאין מיעוט אחר מיעוט אלא לרבות (ולכי מהסס דהיאך נאמר דאין מיעוט אחר מיעוט אלא לרבות שלשה על שלשה בשאר בגדים ויותר נראה לומר כיון דאיכא לאוקמי שפיר תרי מיעוטי ליכא למימר דאתי לרבות) [ת"י] ושלש על שלש בצמר ופשתים ה"א דטהור אבל השתא דכתיב ריבוי דוהבגד ע"כ הנך תרי מיעוטי אתי למעוטי ולאו לרבות דאי לרבות מוהבגד וחד מיעוט הוה ידעינן שלשה על שלשה בשאר בגדים כדפרישית לעיל וא"ת אכתי לשתוק מריבויא דוהבגד וחד מיעוטא ולא ניכתב אלא חד צמר ופשתים ואנא ידענא דשאר בגדים דלא יטמאו בנגעים דמהיכא תיתי וידעינן נמי דצמר ופשתים מיטמו בשלש על שלש דאי לאו הכי אמאי כתב רחמנא טומאה כלל בבגד צמר ופשתים דשלשה על שלשה שמעינן מק"ו דשתי וערב אלא ודאי לשלש על שלש אתיא וי"ל דהשתא דגלי לן קרא דשייכי טומאה דנגעים בבגדים ילפינן השיעור שפיר בק"ו דשתי וערב אבל אי לאו איכתיב טומאת בגדים לא הוה ילפינן מק"ו דשייך טומאה בבגד וה"א דאין שייך נגע אלא בשתי וערב אבל בבגד לא שייך נגע דשמא לא יבא בו נגע כלל :

רבינו חננאל

רבי שמעון בן אלעזר כתנא דבי ר' ישמעאל תני הא מתניתא דיליה ודחי רבא ואמר שלשת על שלשת טפחים בשאר בגדים זולתי בגדי פשתן איכא בינייהו · ר' שמעון בן אלעזר לא מיעט שאר בגדים אלא משלשה על שלשה · אבל ג' על ג' טפחים אפילו דשאר בגדים מקבלי טומאה ותנא דבי רבי ישמעאל סבר לא איקרי בגד אלא צמר ופשתים · ובגדים אחרים שעושין משאר עצים לאו בגדים נינהו ולא מיטמא ג' על ג' ולא שלשה על שלשה ושקלינן וטרינן

מסורת הש"ס

יבמות ד: מנחות לט:

נ"י לר'

הגהות

(א) תרי מיעוטי כתיבי בגד צמר ופשתים כצ"ל ונה"י כתבו על זה גם זה משמע כפי' ה"ר פורת דאי שלשה על שלשה איננו בכלל בגדים נוקי תרי מיעוטי חדא לשלש על שלש וחדא לשלשה על שלשה ואכתי בגד שלם בשאר בגדים דלא מטמא בנגעים מנא ליה אלא משמע כפי' ואין זה טוכחה דבמיעוט אי נתמעט גם משלשה על שלשה דשלש על שלש ושלשה על שלשה שניהם איתרבו לשאר בגדים מריבוי אחד מוהבגד אבל מ"מ קצת יש להוכיח מדלא קאמר כי אימעוט מג' על ג' ומשלשה על שלשה דמחד ריבוי נפקא תרווייהו אבל בגד שלם מטמא [ת"י] :

(ב) אבל אין לפרש ואימא לרבות מוהבגד שלשה על שלשה בשאר בגדים ולא שלש על שלש בצמר ופשתים דהא מדאיצטריך ריבוי לשאר בגדים ידע דצמר ופשתים כתיב ועוד דבקושיא שניה ידע דצמר ופשתים כתיב א"כ מה פריך כיון דצמר ופשתים כתיב טפי הוי לן לאוקמי ריבוי לג' על ג' בצמר ופשתים ממה שנרבה שלשה על שלשה בשאר בגדים כמו בצמר ופשתים דהא רבוי צמר ופשתים נכתב בהם כדאמר לקמן קאי בצמר ופשתים מרבה שאר בגדים ועוד מה פריך אימא כי אימעוט מג' על ג' אבל שלשה על שלשה מטמא מנ"ל כיון דאיצטריך ריבוי לג' על ג' בצמר ופשתים וי"ל ואימא לרבות נמי שלשה על שלשה בשאר בגדים וזהו כפי' המסורת בפנים [ת"י] :

כ"ה גירסת הרש"ל שזהו דיבור בס"ע וגרים לעיל דאריג שלש על שלש עד ף אבל כת"י גרים לעיל דאריג שלשה על שלשה כו' והך מפי' הרב פורת שייך לדיבור א' עם דלעיל וקאי אק"ו דשלשה על שלשה

[ל"א לשלשה על שלשה]

מלאתי בשם ה"ר שלמה אשטרוביצ"ג ז"ל ק"ל א"כ יהיו שוין כל הבגדים ולמה כתב ד' מיעוט שאלו בגד צמר בגד פשתים אלא י"ל אי לא יתורא דוהבגד ה"א אין מיעוט אחר מיעוט אלא לרבות שלש על שלש בצמר ופשתים וממילא נרבה שלש על שלש בשאר בגדים דסברא הוא שיהא שוין אם אין מיעוט כדפירי' לעיל וכך מועיל יתור של שני מיעוטים כמו והבגד אבל השתא דכתיב ריבוי דוהבגד לרבות ג' על ג' בצמר ופשתים אם כן אתי תרי מיעוטי למעט ולמעוטי זה וזה משאר בגדים דלאו לרבות לישתוק מרבוי דוהבגד [ת"י] :

אות ב׳

אין מדליקין בנפט לבן בחול, ואין צריך לומר בשבת

רמב״ם פ״ה מהל׳ שבת ה״י - אין מדליקין בעטרן מפני שריחו רע, שמא יניחנו ויצא, וחובה עליו לישב לאור הנר; ולא בצרי מפני שריחו טוב, שמא יקח ממנו מן הנר, ועוד מפני שהוא עף; ולא בנפט לבן ואפילו בחול, מפני שהוא עף ויבא לידי סכנה.

אות ג׳

אין לך אלא מה שאמרו חכמים אין מדליקין

סימן רסד ס״ו - [ב]**שאר כל השמנים חוץ מאלו, מדליקים בהם;** [ג]**ומ״מ שמן זית מצוה מן המובחר** - דהוא נמשך אחר הפתילה טפי מכולהו, **ואם** אין שמן זית מצוי, מצוה בשאר שמנים שאורן צלול, והם קודמין לנר שעוה, **ונר** שעוה קודם לנר של חלב, דאורה צלול ויפה, **ונ״ל** דכ״ז לפי ענין הנר, דבנר שלנו שקורין סטרין, שצלול בודאי יותר מן השעוה, ואינו רגיל להטות בו אפילו בחול, זה עדיף מנר שעוה, ואולי אף מכל השמנים, דהרי בודאי לא אתי להטות, **ועיין** מה שנכתוב לקמן בסימן ער״ה.

(ושמן של איסור הנאה, כגון של ערלה וכדומה, אסור לנר שבת, דלא שייך מצות לאו ליהנות ניתנו, דעיקר המצוה משום עונג הוא, ודמי לישיבת סוכה).

אות ד׳

כל היוצא מן העץ אין בו משום שלש על שלש, ומסככין בו, חוץ מפשתן

רמב״ם פכ״ב מהל׳ כלים ה״א - כמה שיעור הבגד להתטמא ג׳ טפחים על ג׳ טפחים למדרס, וג׳ אצבעות על ג׳ אצבעות מכוונות עם המלל לטומאת המת או לשאר טומאות; בד״א בבגדי צמר ופשתים, אבל בגדים של שאר מינין אין מקבלין טומאה מכל הטומאות אא״כ היה בהן ג׳ טפחים על ג׳ טפחים או יתר, שנאמר: או בגד, מפי השמועה למדו שבא הכתוב לרבות ג׳ טפחים על ג׳ טפחים כשאר בגדים לטומאה.

---

§ מסכת שבת דף כו: §

אות א׳

שלש על שלש

רמב״ם פי״ב מהל׳ טומאת צרעת ה״י - פחות מג׳ אצבעות על ג׳ אצבעות מן האריג, אינו מטמא בנגעים.

רמב״ם פכ״ב מהל׳ כלים הי״ב - מאימתי יקבל הבגד טומאה, משיארוג בו ג׳ אצבעות על ג׳ אצבעות.

אות ב׳

בגד צמר ופשתים אין, מידי אחריני לא

רמב״ם פי״ג מהל׳ טומאת צרעת ה״א- אין מטמא בנגעים אלא בגדי צמר ופשתים בלבד, או השתי או הערב של צמר ופשתים; וכל כלי העור בין קשה בין רך, אף העור הצבוע בידי שמים מטמא בנגעים; והלבדים כבגדים ומטמאין בנגעים; והאהלים מטמאין בנגעים בין שהיו של צמר ופשתים בין שהיו של עור.

באר הגולה

ב שם כ״ד וכחכמים | ג שם בתוספות (כ״ג. ד״ה מריש)

§ מסכת שבת דף כז. §

אות א'

שלשה על שלשה בשאר בגדים

רמב"ם פכ"ב מהל' כלים ה"א - כמה שיעור הבגד להתטמא ג' טפחים על ג' טפחים למדרס, וג' אצבעות על ג' אצבעות מכוונות עם המלל לטומאת המת או לשאר טומאות; בד"א בבגדי צמר ופשתים, אבל בגדים של שאר מינין אין מקבלין טומאה מכל הטומאות אא"כ היה בהן ג' טפחים על ג' טפחים או יתר, שנאמר: או בגד, מפי השמועה למדו שבא הכתוב לרבות ג' טפחים על ג' טפחים בשאר בגדים לטומאה.

רמב"ם פכ"ג מהל' כלים ה"ב - [א]כבר ביארנו שהבגד מתטמא בשלש על שלש כמו שביארנו בשאר טומאות, ובשלשה טפחים על שלשה טפחים למדרס.

אות ב'

מניין לרבות צמר גמלים וצמר ארנבים נוצה של עזים והשירין והכלך והסריקין

רמב"ם פ"א מהל' כלים הי"א - כל שהוא ארוג בין מצמר ופשתים בין מקנבוס או ממשי או משאר דברים הגדלים ביבשה, הוא הנקרא בגד לענין טומאה; והלבדים כבגדים לכל דבר.

אות ג'

לאתויי כלאים

יו"ד סימן רצח ס"א - אין אסור משום כלאים, אלא צמר רחלים ואילים עם פשתן.; אבל צמר גמלים וצמר ארנבים ונוצה של עזים וכל שאר מינים, מותרים בפשתן; וכן קנבוס וצמר גפן וכל שאר מינים, מותרים אפי' בצמר רחלים ואילים.

באר הגולה

[א] ‹לכאורה השייכות, דכמו לענין טומאת מדרס, הגם דאין טומאה לג' על ג', יש לג"ט על ג"ט, ה"ה בנוגע בגדים של שארי מינים לכל הטומאות›

עין משפט נר מצוה

מסורת הש"ס

מנא ליה נפקא מאו בגד דתניא בגד אין לי אלא בגד שלשה על שלשה בשאר בגדים מניין ת"ל או בגד ואביי האי או בגד מאי עביד ליה מיבעי ליה לרבות שלש על שלש בצמר ופשתים דמטמא בשרצים ורבא גלי רחמנא גבי נגעים והוא הדין לשרצים ואביי איכא למיפרך מה לנגעים שכן שתי וערב מטמא בהם ואידך אי ס"ד נגעים תמירי לכתוב רחמנא גבי שרצים וליתו נגעים מינייהו ואידך נגעים משרצים לא אתו דאיכא למיפרך מה לשרצים שכן מטמא בכעדשה *אמר אביי האי תנא דבי רבי ישמעאל מפיק מאידך תנא דבי ר' ישמעאל דתני דבי רבי ישמעאל בגד אין לי אלא בגד צמר ופשתים מניין לרבות צמר גמלים וצמר ארנבים נוצה של עזים והשירין והכלך והסריקין תלמוד לומר או בגד רבא אמר כי לית ליה להך תנא דבי רבי ישמעאל בשאר בגדים שלש על שלש שלשה על שלשה אית ליה והא רבא הוא דאמר שלשה על שלשה בשאר בגדים לרשב"א אית ליה לתנא דבי רבי ישמעאל לית ליה הדר ביה רבא מההיא ואב"א *הא *רב פפא אמרה רב פפא אמר אף כל לאתויי כלאים כלאים בהדיא כתיבי ביה לא תלבש שעטנז צמר ופשתים יחדיו ס"ד אמינא ה"מ דרך לבישה אבל בהעלאה כל תרי מיני אסור ולאו ק"ו הוא ומה לבישה דקא מיתהני כולי גופיה מכלאים אמרת צמר ופשתים אין מידי אחרינא לא העלאה לא כ"ש אלא דרב פפא *בדותא היא רב נחמן בר יצחק אמר אף כל לאתויי

רש"י

מאו בגד · דכתיב בשרצים או ריבויא הוא: דתניא ל"ג דאי מתניתא היא היכי פליג עלה אביי ואמר מיבעיא ליה לשלש על שלש הא תנא תני בהדיא שלשה על שלשה בשאר בגדים מניין אלא דרשא דרבא היא: **גלי רחמנא בנגעים** · דרבייה מן והבגד וה"ה לשרצים דכיון דכתיב בהן בגד כי התם מיניה ילפינן בבנין אב: **שרצים אין שתי וערב מטמא בהן** · דבגד כתיב בהו ולא שתי ולא ערב: **ואידך אי ס"ד** · ורבא אמר לך על כרחיך לשלשה על שלשה בשאר בגדים אתא דאילו ג' על ג' בצמר ופשתים בשרצים מנגעים יליף דאי נגעים תמירי לכתוב רחמנא האי ריבויא בשרצים ולשתוק מריבויא דהבגד בנגעים אלא לדרשא אחריתי אתא: **בכעדשה** · ונגעים בעינן כגריס: **מפיק מאידך** · כלומר מולא הוא מסברת אידך תנא דפליג עליה דאשכחן דמרבי שאר בגדים לטומאת שרצים: **של עזים** · קרי טלה על שם שאין גוזזין אותם אלא מורטין: **רבא אמר כי ליה ליה** · לתנא דרישא בשאר בגדים בשרצים ג' על ג' דילמד סתום מן המפורש אבל שלשה על שלשה בשרצים אית ליה בהו דאיתרבו מאו בגד: **סדר ביה רבא מההיא** · ואמר דתנא דבי רבי ישמעאל ורשב"א אמרו דבר אחד ולאו כאביי אלא דלתרוייהו בשאר בגדים טומאת ג' על ג' ליכא שלשה על שלשה איכא: **ואיבעית אימא הא** · שמעתא דסיפא לאו רבא אמרה אלא רב פפא אמרה לאוקמי תרוייהו תרי תנאי דרבי ישמעאל כהדדי ולמימר דמודה תנא דרישא דיש טומאת שרצים בשאר בגדים: **ה"ג דרב פפא אמר אף כל לאתויי כלאים** · אף כל דתנא דרישא דקאמר אף כל בגדים סתם צמר ופשתים לאו לפרושי בגדים סתומים דטומאה קא אתי דבשאר טומאה ודאי מטמאו שאר בגדים דאיתרבו מאו בגד אלא לפרושי בגד האמור בכלאים סתם ובגד כלאים שעטנז וגו' הלכך לרב פפא *לא מפיק האי תנא מילתיה דהאי תנא והך פירוקא דסיפא איהו אמרה ולא איתמר כדאמרת ליה אליבא דרבא דמפליג בין ג' על ג' לשלשה על שלשה אלא הכי איתמר רב פפא אמר לא מפיק האי תנא מאידך תנא דאף כל לאתויי כלאים דכי הוה מוקמינן ליה כרבא הוה צריך לפלוגי דכיון דאף כל לטומאת שרצים כמי אתא על כרחיך אף כל למעוטינהו משלש על שלש כדין נגעים ואו בגד לרבויי שלשה על שלשה ואף על גב דלא מטמו שאר בגדים בנגעים דהא נתמעטו בתרי מיעוטי איתרבו בשרצים אבל לרב פפא לא מיבעי לן לפלוגי דכיון דאתרבו שאר בגדים לשרצים איתרבו לכל תורת צמר ופשתים בין לשלש בין לשלשה: **בהדיא כתיבי ביה** · צמר ופשתים לא תלבש שעטנז וגו': לאתויי

תוספות

נפקא ליה מאו בגד דתניא בגד ס' · פירש בקונטרס דלא גרסינן דתניא דאי ברייתא היא היכי פליג אביי ולאו פירכא היא דהא אביי מודה דלאו אתא לרבות שאר בגדים לאידך תנא דבי רבי ישמעאל כדאמר אביי גופיה בסמוך והיינו ההיא ברייתא גופיה דלקמן אלא שקילרה רבא והא דקאמר לאביי האי או מאי עביד ליה היינו אליבא דרשב"א והיך תנא דבי רבי ישמעאל אבל לאידך תנא דבי ר' ישמעאל אתא או לרבות שאר בגדים אפי' לשלש על שלש כדפרישית לעיל *ולרבא דאמר דאידך תנא דבי רבי ישמעאל לא מרבה שאר בגדים אלא לשלשה על שלשה לא מפיק האי תנא דבי רבי ישמעאל מאידך וה"נ דהוה מצי למיבעיא הכא ורבא האי או להך תנא דבי ר' ישמעאל מאי עביד ליה דלא פליגי אביי ורבא אלא אליבא דרשב"א וכמו שדורש אביי כן צריך למדרש רבא אליבא תנא דבי ר' ישמעאל דהכא:

תלמוד לומר או בגד · תימה דלקמן בפרק במה אשה יוצאה (דף סג:) דרשינן מאו בגד דארג כל שהוא טמא וכי תימא שקולים הם ויבואו שניהם מ"מ כי פריך ואביי האי או בגד מאי עביד ליה לימא דאיצטריך לארג כל שהוא ואפי' אם נמחק שם ספרים דכתוב בהן או בגד ויגרוס דיליף מאו בבגד פשתים דכתיב גבי נגעים הניחא לרבא דיליף שרצים מנגעים על ידי דגלי רחמנא וה"ה לענין ארג כל שהוא אלא לאביי מאי איכא למימר:

מה לנגעים שכן שתי וערב טמא בהן · אבל בשרצים לא כדאמר בפרק במה אשה (לקמן דף סד.) יכול שאני מרבה את החבלים ואת המשיחות ת"ל שק מה שק טווי וארוג אף כל טווי וארוג:

אי ס"ד נגעים חמירי · הא ודאי דנגעים חמירי אלא מפר' הר"ס דה"ק אי ס"ד שדקאמרת דאו בגד לרבות ג' על ג' בצמר ופשתים דהא נגעים חמירי:

שכן מטמא בכעדשה · ורבא אע"ג דפירכא גמורה היא לא חשיב ליה דלא הוי אלא גילוי מילתא בעלמא דגלי רחמנא בנגעים דג' על ג' קרוי בגד בצמר ופשתים והוא הדין בשרצים והקשה ה"ר יעקב מקורביי"ל הקדוש ונימא ק"ו *[הכי] מה שתי וערב דטהור בשרצים טמא בנגעים ג' על ג' שטמא בשרצים אינו דין שטמא בנגעים ויש לומר דכלים יוכיחו שמטמא בשרצים ולא בנגעים אף אני אביא ג' על ג' וכי תימא מה לכלים שכן אין מטמאין ואין נעשין אהל המת במחובר דג' על ג' נמי אין נעשה אהל כיון דלית ביה פותח טפח אי נמי שק יוכיח אי נמי בגד לבוע ובגד נכרי יוכיח שטמא בשרצים *ולא בנגעים כדאמר בת"כ וא"ת דהכא משמע דעדשה הוי פחות מכגרים ותימה לר"י בפסחים בריש אלו דברים (ד' סז:) קאמר מטרע חמור מבעל קרי שכן טעון פריעה ופרימה אדרבה בעל קרי חמור שכן מטמא במשהו סבר ליה כרבי נתן דאמר כחתימת פי האמה משמע דחתימת פי האמה לא הוי פחות מכגרים והתם לעיל מיניה קאמר זב חמור מצרע שכן טומאה יוצאה עליו מגופו ואי כעדשה הוי פחות מגרים ומחתימת פי האמה ליפרוך *מה לצרע שכן מטמא בכעדשה ומיהו אי לא משמעתיה מסברא אין להקשות דאיכא למימר דכעדשה שהיא עבה כדמרדד לה הוי רחבה טפי מגרים:

מניין לרבות צמר גמלים · וא"ת צמר גמלים אמאי לא הוי בכלל צמר ומה צריך ריבוי וי"ל דסתם צמר הוא של כבשים אבל של גמלים לא איקרי צמר סתם אלא צמר גמלים וכן שאר צמר והאיל דיש להם שם לווי איצטריך ריבוי כדאמר באלו טרפות (חולין דף סב:) אווז ולא אווז סוחלית:

ונוצה של עזים · תימה מאי איצטריך ריבוי לנוצה של עזים הא כתיב שק בהדיא בקרא ושק הוי מדבר הבא מן העזים כדמוכח בפרק במה אשה (לקמן דף סד:) ותירץ ר"י דשק הוי מן השער של עזים וההיא מיקרי שער ולא נוצה ומן הדק דאיקרי נוצה עושים בגדים ולא שק ועל שם שמורטין אותה כמו נוצת התרנגולין קרי ליה נוצה ואור"י דכן משמע בפרק ראשית הגז (חולין דף קלז:) דקאמר דראשית הגז אינו נוהג אלא ברחלים דאמר קרא ראשית גז לאכך ואתיא גיזה גיזה מגז כבשי יתחמם (איוב לא) ופריך התם ונילף גיזה גיזה מבכור ויהא נוהג אף בשוורים אמר קרא תתן לו ולא לשקו ופריך נוצה של עזים ליחייב אלמא נוצה לא הויא בכלל שק:

הדר ביה רבא מההיא · ומשום שלא יחלוק ההוא תנא דבי רבי ישמעאל אהך הדר ביה מההיא דלעיל ולא מהך דהכא ולית ליה לרבא אף כל לאתויי שרצים וא"ת בריש יבמות (דף ד: ושם) היכי פריך הש"ס והא תנא דבי רבי ישמעאל לית ליה דרבא ההיא דהכנף מין כנף מנא ליה דלית ליה הא רבא אית ליה דאף כל קאי אשרצים דאי לאו אף כל הו"א דמיירי גבי שרצים בכל בגדים ולאו בג' על ג' אבל השתא דאמר אף כל צמר ופשתים אצטריך או לרבות שלשה על שלשה בשאר בגדים אבל שלש על שלש בשאר בגדים לא וי"ל דהתם קאמר אליבא דרב נחמן בר יצחק דאמר אף כל לאתויי ציצית דהשתא ודאי לית ליה דרבא דליהוי מחייב שאר מינים בציצית: **אלא** הא דרב פפא בדותא היא · תימה לר"י דבריש יבמות (גם זה שם) משמע דלתנא דבי רבי ישמעאל אף כל לאתויי כלאים כי היכי דליהוי צמר ופשתים מופנה למדרש

רבינו חננאל

ואסיקנא הדר ביה רבא מההיא · ואיתוקמה דאביי ואמר רב נחמן בר יצחק אתא דתנא דבי רבי ישמעאל הואיל ונאמרו בתורה בגדים סתם ופרט לך הכתוב בא' מהן צמר ופשתים אף כל צמר ופשתים לאיתויי ציצית שאינו חייב בציצית אלא צמר ופשתים ואקשינן ציצית בהדיא כתיב לא תלבש שעטנז צמר ופשתים גדילים תעשה לך · כלומר אינו חייב לעשות גדילים אלא צמר ופשתים · ושנינן איצטריך סד"א כדרבא דרבא רמי כתיב על ציצית הכנף מן כנף · כלומר האי קרא משמע תו ציצית מכנף עצמו של זה הבגד וכתוב אחרינא צמר ופשתים גדילים תעשה לך הא כיצד שאר מינין במינן פוטרין שלא במינן אין פוטרין · אבל אם תעשה ציצית מן צמר ופשתים פוטרין בין במינן בין שלא במינן קמ"ל דליתיה לדרבא ואתינן לרבויי שאר בגדים לציצית מאשר תכסה · ודחינן האי אשר תכסה לרבות כסות סומא שחייב בציצית:האי תנא דתנא אין מטמא בגדים אלא בגד צמר ופשתים מפיק מהאי תנא דבי רבי ישמעאל דתני רבי ישמעאל בגד צמר אין לי אלא בגד צמר מנין לרבות צמר גמלים צמר ארנבים נוצה של עזים והשיראין והכלך והסיריקין מנין ת"ל או בגד · ואמרינן

רב נסים גאון

מה לשרצים שכן מטמאין בכעדשה · עיקר דילה בתורת כהנים (ויקרא יח) כל הנוגע בהם יכול בכולם תלמוד לומר מהן אי מהן יכול במקצתן תלמוד לומר בהם הא כיצד עד שיגיע במקצתו שהוא ככולו שיערו חכמים בכעדשה שכן החומט תחילת ברייתו כעדשה ותמצא בגמרא דחגיגה (דף יא) בסוף פרק הכל חייבים בראייה ובנזירות (דף נג) בפרק כהן גדול :

עין משפט נר מצוה

עד א מיי׳ פ״ג מהל׳ ציצית הלכה א סמג עשין כו טוש״ע א״ח סי׳ ט סעיף א:

עה ב מיי׳ שם הלכה ה טוש״ע שם סע״ב:

עו ג מיי׳ שם טוש״ע שם סעיף ג:

עז ד ה מיי׳ שם הל׳ ז סמג שם טוש״ע א״ח סי׳ יז סעיף א וסי׳ יח סעיף א:

עח ו מיי׳ פ״ה מהלכות סוכה הלכה ד סמג עשין מג טוש״ע א״ח סי׳ תרכט סעיף ד:

שייך לעיל ע״א

עט ז מיי׳ פי״ג מהל׳ טומאת צרעת ה״ח:

פ ח מיי׳ פ״ה מהל׳ שבת הל׳ ה סמג לאוין סה טוש״ע א״ח סימן רסד סעיף א:

[וע״ע תוס׳ שבועות כו: ותוס׳ בכורות כד: ד״ה תדא ותוס׳ ב״ק סו: ד״ה רבא]

פא ט מיי׳ פ״ב מהל׳ טומאת מת הל׳ יב:

תוספות

למדרש סמוכין להתיר כלאים בציצית וי״ל דהיינו עד דלא ידע דשעטנז לאפטיי אבל במסקנא דאמר לרבנן שעטנז לאפטויי הכי נמי לתנא דבי ר׳ ישמעאל וצמר ופשתים לגופייהו אתו הלכך לא צריך אף כל לאתויי כלאים וא״ת לתנא דבי ר׳ ישמעאל צמר ופשתים גבי לבישה מ״מ נ״ל דמדכתיב ובגד כלאים שעטנז לא יעלה עליך שמעינן דכל בגדים צמר ופשתים הן וי״ל דה״א דווקא העלאה אבל בלבישה כל תרי מיני אסירי והשתא ליכא למימר לתנא דבי ר׳ ישמעאל דתיתי שעטנז שעטנז מהעלאה כדאמר בריש סוגיא ביבמות (דף ד: ושם) דהא השתא אילטריך שעטנז לאפטויי למדרש סמוכין ולא מופנה למדרש מיניה גזירה שוה: **רב** פפא אמרה · לא בעי למימר רב נחמן בר יצחק אמרה דאמר אף כל לאתויי ציצית דאין למעות ולהחליף דברי רבא לרב נחמן אלא ברב פפא שהיה תלמידו ומלך אחריו וכשהיה אומר דבר לא היו יודעים אם מדעתו אמרה או למדה לפני רבו: **סד״א** כי דוקיא דרבא · ל״ג כי דוקיא דהא מגוף מילתא דרבא הוא דמפיק ובריש יבמות (ג״ז שם) הוא דגרס לה ונראה אע״ג דבפרק התכלת (מנחות ד׳ לט: ושם) אמר רב נחמן השיראין פטורין מן הציצית קיי״ל כרבא דבתראה הוא וחייב בציצית מדאורייתא:

מסתברא קאי בצמר ופשתים כו׳ · לא שייך למיפרך אדרבה קאי ברואין מרבה רואין קאי ברואין מרבה סומין דהא עיקר המצוה היא בטלית ולא באדם שאם אין לו טלית בת ד׳ כנפות פטור מן הציצית: **רבי** שמעון בן אלעזר וסומכוס אמרו דבר אחד · וא״ת דר״ש בן אלעזר קאמר מסככין בו חוץ מן הפשתן משמע אפי׳ לא נטוה וכדאמרינן נמי בפ״ק דסוכה (דף יב: ושם) סיככה באניצי פשתן פסולה ומשמע התם דהיינו דייק ונפוץ אע״ג דלא נטוה וסומכוס קאמר דדוקא בטווי פסולה וי״ל דלרשב״א קאסר מדרבנן *וסבר בדדייק ונפוץ לפי שהוא קרוב לטווי וטווי הוא דאסור מן התורה הואיל דמטמא בנגעים והיינו אמרו דבר אחד דהא דקאמר סומכוס סיככה בטווי פסולה היינו דבר תורה מדאמר מפני שמטמא בנגעים דמדרבנן אין סברא לאוסרו אי מדאורייתא שרי לסכך בטומאת נגעים גזירה משום טומאת מת וכיון דבטווי אסור מדאורייתא א״כ באניצי פשתן יאסור מדרבנן מפני שהוא קרוב לטווי כדפרישית:

אונין של פשתן · פי׳ בקונטרס שלא נטוה ודחק לפרש כן מפני דכבר תנא שתי וערב וקשה לריב״א דמנלן לטמאותו בנגעים הא שתי וערב כתיב ונראה לר״י דאונין היינו מטוה וכן פי׳ בערוך* ושתי וערב דקאמר היינו צמר לפי שבצמר ניכר בין שתי לערב דהשתי הוא מן הלשונות של צמר הגדול וטווי כלאחר יד ולא כמו שטווים הערב ודרך היה לשולקו אע״פ שעכשיו אין רגילין ואונין של פשתן שהוא הטווי לא הוזכר לא שתי ולא ערב לפי שלא ניכר איזה של שתי ואיזה של ערב כדאמר בפ״ק דמס׳ ע״ז (ד׳ יז:) אייתו ליה תרי קיטרי אמרו ליה הי דשתיא והי דערבא איתרחיש ליה ניסא אתא זיבורא *(למיתב) על דערבא כו׳ אלמא לא מינכר בפשתן*: **כל** היוצא מן העץ אין מדליקין · פי׳ בקונטרס לעיל כגון בקנבוס וצמר גפן ואין נראה לר״ת דא״כ יהא אסור להדליק בו ומעשים בכל יום שמדליקין בצמר גפן וגם טוב מאד לפתילה ואור״י ודאי מותר להדליק בקנבוס וצמר גפן דאלים יוצאים מן העץ אלא זרע הוא כדאמרי׳ במנחות קנבוס ולוף אסרה תורה שאר זרעים כו׳ ופשתן נמי מין זרע כמו קנבוס אלא דאיצטריך במתני׳ למשרי פשתן משום דאיקרי עץ כדכתיב ותטמנם בפשתי העץ וכמו עץ הדעת *למ״ד חטה היתה וקרי לה עץ אע״פ שאינה עץ ועוד דאמר בכילד מברכין (ברכות דף מ: ושם) כל היכא דאי שקלת לפירא ולא הדר אילנא ומפיק לא מברכינן עליה בורא פרי העץ ופשתן וקנבוס וצמר גפן אי שקלת לפירא היינו הזרע לא הדר אילנא ומפיק הלכך לאו יוצא מן העץ ניהו: **ואין** מטמא טומאת אהלים אלא פשתן · והא דאמר לעיל בפ״ק (דף יז:) ועל עצמן בכל שהן משמע דכל הכלים נעשה אהל לקבל טומאה מחמת אהל הכא איירי בדבר הקבוע שחיברו לקרקע אע״ג שמתחילה היה בגד כיון שחיברו לאהל בטלו מתורת בגד ואין מיטמא אלא פשתן אע״פ שהוא מחובר כדכתיב והזה על האהל כו׳ וקשה לר״י דתנן באהלות (פ״ח מ״א) אלו מביאין וחוצצין השידה והתיבה כו׳ והסדינים שהם עשוים אהלים ואיך חוצצין סדינין של פשתן בפני הטומאה והא כל דבר המקבל טומאה אינו חוצץ בפני הטומאה וי״ל דמיירי בסדינין של משי וקבוע שאין מטמאים ורשב״א פירש במשניות בע״א:

גמרא

*לאתויי ציצית בהדיא כתיב °לא תלבש שעטנז צמר ופשתים וכתיב °גדילים תעשה לך סד״א כדרבא *דרבא רמי כתיב °הכנף מין כנף וכתיב צמר ופשתים יהדיו הא כיצד בצמר ופשתים פוטרין בין במינן בין שלא במינן ישאר מינין במינן פוטרין שלא במינן אין פוטרין ס״ד כדרבא קמ״ל

אמר רב אחא בריה דרבא לרב אשי לתנא דבי רבי ישמעאל מאי שנא לענין טומאה דמרבי שאר בגדים דכתיב או בגד הכא נמי לימא לרבות שאר בגדים מאשר תכסה בה ההוא ילאתויי כסות סומא הוא דאתא דתניא *וראיתם אותו יפרט לכסות לילה אתה אומר פרט לכסות לילה או אינו אלא פרט לכסות סומא כשהוא אומר אשר תכסה בה הרי כסות סומא אמור הא מה אני מקיים וראיתם אותו פרט לכסות לילה ומה ראית לרבות סומא ולהוציא כסות לילה מרבה אני כסות סומא שישנה בראייה אצל אחרים ומוציא אני כסות לילה שאינה בראייה אצל אחרים ואימא לרבות שאר בגדים מסתברא קאי בצמר ופשתים מרבה צמר ופשתים קאי בצמר ופשתים מרבה שאר בגדים:

אמר אביי רבי שמעון בן אלעזר וסומכוס אמרו דבר אחד רשב״א הא דאמרן סומכוס דתניא סומכוס אומר יסיככה בטווי פסולה מפני שמטמאה בנגעים כמאן כי האי תנא 'דתנן *שתי וערב מטמא בנגעים מיד *דברי רבי מאיר ורבי יהודה אומר השתי משישלה והערב מיד והאוני׳ של פשתן משיתלבנו:

מתני׳ יכל היוצא מן העץ אין מדליקין בו אלא פשתן טוכל היוצא מן העץ אינו מטמא טומאת אהלים אלא פשתן:

גמ׳ מנלן דפשתן איקרי עץ *אמר מר זוטרא דאמר קרא °והיא העלתם הגגה ותטמנם בפשתי העץ: והיוצא מן העץ אינו מטמא טומאת אהלים אלא פשתן: מנלן אמר רבי אלעזר *גמר אהל אהל ממשכן

רש״י

לאתויי ציצית · דלא מחייבי בציצית אלא בגדי צמר ופשתים: **גדילים תעשה לך** · לאלו: **סד״א כדרבא** · כלומר סד״א דלא דרשינן הכי סמוכין לענין טלית למימר דטלית צמר ופשתים תעשה ציצית ולא לשאר טלית אלא לענין ציצית תדרשיה גדילים תעשה לך מצמר ופשתים ולא משאר מינין כדדריש ליה רבא: **כתיב הכנף מין כנף** · דהאי כנף קרא יתירא הוא דהא כתיב על כנפי בגדיהם והוה ליה למכתב ונתנו על הציצית פתיל תכלת: **מין כנף** · מין הטלית יהא הציצית דהכי משמע ציצית של כנף תהא ואם של משי הוא ציצית של משי פוטר בה: **וכתיב צמר ופשתים** · גדילים תעשה לך דמשמע נמי מהן תעשה: **סד״א כדרבא** · דאמר דהכנף אתא לאשמועינן דלא תדרוש סמוכין למיפטר שאר בגדים דודאי מיחייב מיהא בציצית דמינן קמ״ל אף כל דלא תדרוש הכנף הכי אלא אורחיה דקרא הוא ולאשמועינן דמצות ציצית בשני מיני לבע שני חוטין של תכלת ושני חוטין של לבן דהיינו מין כנף דסתמיה לבן: **מאי שנא כו׳** · אליבא דרב נחמן קבעי לה דאמר אף כל לאתויי ציצית: **אשר תכסה** · ריבויא דקרא הוא: **לכסות לילה** · כסות המיוחד ללילות דלא ניחייב: **שישנה בראייה אצל אחרים** · וקרינן ביה וראיתם לאחרים ביום ולא אתי אשר תכסה ומפיק וראיתם: **שאינה בראייה** · ואי מרבינן לה מאשר תכסה קא עקרת ליה וראיתם: **ואימא לרבות שאר בגדים** · ולא כסות סומא: **קאי בצמר ופשתים** · כדאמר דסמך צמר ופשתים לגדילים מרבה כסות סומא דצמר ופשתים: **מרבה שאר בגדים** · בתמיה: **אמרו דבר אחד** · דדבר המיטמא בנגעים אין מסככין ואע״ג דאינו מטמא בטומאת מגע: **הא דאמרן** · חוץ מפשתן ולא קאמר חוץ מבגד פשתן משמע אע״ג דלאו בגד שלא נטוה כגון אונין או נטוה ולא נארג אין מסככין הואיל ומטמו בנגעים ואע״ג דלא מטמא בשרצים: **סיככה בטווי** · הואיל ומטמו בנגעים דכתיב או בשתי או בערב וה״ה נמי לאונין משיתלבנו והאי דנקט טווי לאשמועינן דטווי מטמא מיד דטווייתו הוא גמר מלאכתו ולא בעי שישלה: **כמאן** · אמרה סומכוס להא כר׳ מאיר דאמר מטמא מיד שנטווה ל״ח כמאן אמרה אביי להאי מילתא דהאיך חוץ מפשתן דווקא קאמר אע״ג דלאו בגד ועל כרחיך אפי׳ אונין במשמע אלמא אונין מיטמא בנגעים: **כי האי תנא** · כר׳ יהודה: **משישלה** · שיהיו שולין אותו מן היורה ששולקין אותו בה ללבנו: **משיתלבנו** · בתנור: **מתני׳ אין מדליקין בו** · לעשות פתילה מקנבוס ובגד קנבוס מצמר גפן: **אינו מטמא טומאת אהלים** · אם עשה מהן אהל והמת תחתיו הוי כשאר בית וא״צ להטביל האהל עצמו דלא קבל טומאה אלא כלים שתחתיו: **אלא פשתן** · שאף אהל שמת כדכתיב והזה על האהל ובגמ׳ יליף דבפשתן משתעי קרא: **גמ׳** ממשכן

מסורת הש״ס

מנחות לט: יבמות ה: נזיר נח: ע״ש

זבחים יח: מנחות מג.

נגעים פי״א מ״ח ת״כ תזריע [במשנה דנגעים לא נזכר דברי ר׳ מאיר ומטעם זה כתבו תוס׳ בסוכה יב: ד״ה באניצי וכו׳ ליישב דלא קאמר הכא רבי וסומכוס וכו׳ מאיר אמרו דבר אחד וגם דלא קאמר כמאן כר׳ מאיר ע״ש ודע דגם בת״כ ליתא דברי רבי מאיר]

כ״א מסברא

[סוכה כא:]

[ערך אוני׳ ע״ש]

[נ״ל ויתיב]

[וע״ע תוספות סוכה יב: ד״ה באניצי]

[ברכות מ:]

גליון הש״ס

גמ׳ אמר מר זוטרא דאמר קרא. ברכות מ״ב ע״ב:

ויפרוש

רבינו חננאל

ואמרינן אינן מטמא בג׳ על ג׳ אלא צמר ופשתים והאי יתני דמיטמאין בנגעים שאר בגדי׳ בשלשה על שלשה׳ אמרנו בתחלת הפרק השיראין והכלך והסיריקין חייבין בציצית׳ ואמרינן בתחלת יבמות אמר רחמנא עביד ציצית פתיל תכלת ותכלת עמרא הוא · ומסאי דתכלת עמרא הוא ואמרינן מרשש כיתנא דכתיב שש ברקמה ממצרים כו׳ · כמו שנתפרש ביומא · מרשש כיתנא תכלת עמרא הוא ששעינן מינא דעמרא הוא דמיקריא פתיל תכלת הילכך ליכא ציצית אלא עמרא · תנינא שתי וערב מטמאין בנגעים מיד דברי רבי מאיר רבי יהודה אומר השתי משישלה והערב מיד · והאונין של פשתן משיתלבנו: **מתני׳** כל היוצא מן העץ אין מדליקין בו אלא פשתן [כו׳: **גמרא** מנלן דפשתן] איקרי עץ שנאמר התטמנם בפשתי העץ: **כל** היוצא מן העץ אינו מטמא טומאת אוהלים אלא פשתן מנהני מילי אמר רבי אלעזר יליף אהל אהל ממשכן

§ מסכת שבת דף כז: §

אות א'

לאתויי ציצית

סימן ט ס"א - אין חייב בציצית מן התורה, אלא בגד פשתים או של צמר רחלים - או אילים זכרים, כדתני דבי ר' ישמעאל, דילפינן מנגעים דפרט ביה הכתוב צמר ופשתים, אף כל מקום דכתיב ביה "בגד", הכונה מצמר ופשתים.

אבל בגדי שאר מינים אין חייבים בציצית אלא מדרבנן - כגון צמר גמלים, ונוצה של עזים, והשירים, וצמר ארנבים, וכן קנבוס וכל כה"ג, אינן בכלל צמר ופשתים, **וממילא** ה"ה דבכל אלו אם עשה מהן ציצית, כל אחד מהן אינו פוטר אלא במינו.

אף דצריך לברך על מצוה שהיא מדרבנן ג"כ, מ"מ נ"מ לענין כמה דברים: **א'**, דיותר ראוי לעשות בגד שהוא יוצא בו מן התורה, **ב'**, אם נתערב לו ציצית טוויין לשמן בשלא לשמן ואין לו ציצית אחרים, או שיש לו ספק על הבגד אם הוא חייב בציצית, דאם הוא מדרבנן, ספיקא דרבנן לקולא, **ג'**, אם הוא יושב בצבור ונפסק אחד מציציותיו בחול, דאם הוא מדרבנן, י"ל כבוד הבריות דוחה דרבנן, ואינו מחוייב תיכף לפשוט טליתו, ועוד נ"מ הרבה עיין בפמ"ג.

(וי"א דכולהו חייבין מדאורייתא, וככי הלכתא) (תוס' והרא"ש וסמ"ג ומרדכי) - פוסקים כרבא, דרבא רמי: כתיב "על ציצית הכנף", משמע מין כנף, פי' אפילו אינו של צמר ופשתים מ"מ יהיו הציצית ממין הבגד, וכתיב: "לא תלבש שעטנז צמר ופשתים יחדיו, גדילים תעשה לך" מהם, **הא** כיצד, צמר ופשתים פוטרין בין במינן ובין שלא במינן, שאר מינין במינן פוטרין שלא במינן אין פוטרין, **ומכריע** רמ"א כדעה זו, שכן סבירא להו לרוב האחרונים כרבא לדרוש מין כנף, וש"מ דכל מיני בגד חייב מן התורה בציצית, ויהיה ממין הבגד.

וי"ש יחמיר על עצמו לחוש לדעה הראשונה, ויעשה טלית של צמר, כדי שיתחייב בציצית מן התורה לכו"ע, **ונכון** שיעשה בין הט"ג ובין הט"ק של צמר.

אות ב'

צמר ופשתים פוטרין בין במינן בין שלא במינן

סימן ט ס"ב - ציצית של פשתים או של צמר רחלים, פוטרים בכל מיני בגדים.

והב"ח כתב, כיון דיש פוסקים המחמירין בזה, שלא לעשות אפילו ציצית של צמר לשאר מינין, כיון שאינו מינו, וז"ל: דלרבא בשאר מינים דחייבין דאורייתא לא פטר אלא צמר ופשתים יחדיו, דהיינו בזמן שהיה תכלת, אבל עכשיו לא פטר צמר או פשתים בשאר מינים, אלא דוקא במינן פוטרין, כגון ציצית של משי במשי, וצמר גפן בצמר גפן, דדרשינן הכנף מין כנף, דמין כנף דוקא, כמבואר בב"י, ע"כ לא יברך רק על טלית צמר וציצית צמר, **והעולם** נוהגין לעשות ציצית של צמר לשאר מינין, ובספר א"ר ג"כ כתב שיש להקל בזה, וכן משמע בספר מעשה רב.

אות ג'

שאר מינין, במינן פוטרין, שלא במינן אין פוטרין

סימן ט ס"ג - ציצית של שאר מינים, אין פוטרים אלא במינם - דין זה קאי בין למ"ד שאר מינין דאורייתא או דרבנן.

כגון משי לבגד משי, וצמר גפן לצמר גפן - ואפילו אם תחתיו היה תפור בצמר או פשתים או מין אחר, אזלינן בתר עליון דהוא עיקר הבגד.

וכ"ז דוקא אם המשי היה טווי ושזור לשם ציצית, דבלא"ה לא.

אבל שלא במינם אין פוטרין - ואם היה השתי ממין זה והערב ממין אחר, פשוט דאין לטלית זו תקנה אלא בציצית של צמר, דהוא פוטר בכל הבגדים, או בציצית של פשתים במקום הדחק וכנ"ל.

אות ד' – ה'

לאתויי כסות סומא

פרט לכסות לילה

סימן יז ס"א - אע"ג דכתיב: וראיתם אותו, סומא חייב בציצית, מפני שנתרבה מ"אשר תכסה בה" - ופשוט דיכול לברך ג"כ עליהן, אך שיבדוק אותן מתחלה במשמוש ידיו, או יבקש לאחר לבדקם.

וקרא ד"וראיתם אותו" איצטריך למעט כסות לילה, (ע"ל סי' י"ח) - והסברא נותנת לרבות כסות סומא ולמעט כסות לילה, משום דכסות סומא ישנו עכ"פ בראיה אצל אחרים, אבל כסות לילה אינו בראיה אצל אחרים.

סימן יח ס"א - לילה לאו זמן ציצית הוא, דאמעיט מ"וראיתם אותו". להרמב"ם כל מה שלובש בלילה פטור, אפילו הוא מיוחד ליום, ומה שלובש ביום חייב, אפילו מיוחד ללילה.

ומ"מ מותר לצאת לר"ה בליל שבת בטלית עם הציצית, ולא הוי משוי, שהם נוי הבגד ותכשיטיה.

ולהרא"ש כסות המיוחד ללילה, פטור אפילו לובשו ביום, וכסות המיוחד ליום או ליום ולילה, חייב אפילו לובשו בלילה, (וכ"כ רש"י ע"ש). **הגה: וספק ברכות להקל, ע"כ אין לברך עליו אלא כשלובש ביום, והוא מיוחד ג"כ ליום (הג' מיימוני)** - פי' גם ליום, ואפילו גם מיוחד ללילה, וכ"ש ליום לבד.

והיינו דוקא לענין ברכה, אבל אסור ללבוש כסות של לילה ביום בלא ציצית, וכן כסות של יום בלילה, משום ספק, **ומ"מ** נראה, דהש"ץ

הלובש טלית בלילה, א"צ לבדוק הציצית, דבכגון זה בודאי נוכל לסמוך על חזקתן שמכבר.

אות ו'

<u>**סיככה בטווי פסולה, מפני שמטמאה בנגעים**</u>

סימן תרכט ס"ד - סיככה בפשתן שלא נידק ולא ניפץ, כשרה, דעץ בעלמא הוא; אבל אם נידק וניפץ, פסולה - [לדעת כמה ראשונים הוא מדאורייתא, **אבל** לדעת הרי"ף והרמב"ם והרא"ש הוא] מדרבנן, מפני שאין צורתו עומדת עליו, ומחזי כאילו אינו מגידולי קרקע, **ועוד** כיון דראוי לתתם לתוך כרים וכסתות, ואז יקבלו טומאה, **וע"כ** גם בנעורת, שברי גבעולין הננער מן הפשתן, אין מסככין בו, דגם ממנו ראוי למלא כרים וכסתות, **והנה** לפי הטעמים האלו, אפילו בצמר גפן וקנבוס שאין מטמאין בנגעים, אם נידק וניפץ אין מסככין בהם.

ועוד כתבו טעם, מפני דכיון דכבר נידק וניפץ, קרוב הוא לטוותו ויקבל טומאה, ע"כ גזרו שלא לסכך בו, **ולפי"ז** בצמר גפן וקנבוס דאין מקבל טומאה כלל, לא שייך האי גזירה, **ויש** להחמיר.

אות ז'

<u>**שתי וערב מטמא בנגעים מיד**</u>

רמב"ם פי"ג מהל' טומאת צרעת ה"ח - השתי והערב בין של צמר בין של פשתן מטמאין בנגעין מיד משיטוו, אף על פי שלא ליבן הפשתן ולא שלק הצמר.

אות ח'

<u>**כל היוצא מן העץ אין מדליקין בו אלא פשתן**</u>

סימן רסד ס"א - [א]אין עושין פתילה לנר של שבת, [ב]בין נר שעל השלחן, בין כל נר שמדליק בבית, [ג]מדבר שהאור אינו נאחז בו, אלא נסרך סביביו והשלהבת קופצת, כגון: צמר ושער וכיוצא בהם; אלא [ד]מדבר שהאור נתלה בו, כגון פשתן נפוצה, ובגד שש, [ה]וצמר גפן, וקנבוס, וכיוצא בהן.

אות ט'

<u>**וכל היוצא מן העץ אינו מטמא טומאת אהלים אלא פשתן**</u>

רמב"ם פ"ה מהל' טומאת מת הי"ב - האהל עצמו המאהיל על הטומאה, אעפ"י שלא נגעה בו טומאה, הרי הוא טמא טומאת שבעה מן התורה, והרי הוא כבגדים שנגעו במת, שנאמר: והזה על האהל; בד"א בשהיה האהל בגד או שק או [ו]כלי עץ או עור, אחד עור בהמה וחיה בין המותרין לאכילה בין האסורין לאכילה, שנאמר: ויפרוש את האהל על המשכן, אין קרוי אהל אלא ארוג ועור כמשכן; אבל אם היה האהל נסרין של עץ, כגון התקרה והמחצלת וכיוצא בהן, או שהיה עצם או של מתכות, ה"ז טהור, ואין צ"ל שאם היה בנין שהוא טהור, וכ"מ שנאמר הבית טמא, אינו אלא אדם וכלים שבכל הבית; ואין לך יוצא מן העץ שהוא מתטמא טומאת אוהלים אלא הפשתן בלבד. השגת הראב"ד: אבל אם היה האהל וכו' עד או של מתכת ה"ז טהור וכו'. א"א והוא שנעשה אהלים קבועים, והכי איתא במתני' דאהלות פ"ח, חוץ מפשתן, שאפילו נעשה אהל קבוע מיטמא; והא דקתני במתני' יריעה וסקורטיא וקטבליא וסדין ומחללת מביאין את הטומאה וחוצצין, אלמא לא מקבלין טומאה כשנעשו אהלים, לא ביריעה וסדין של פשתן, אלא בשאר בגדים שנעשים מן העץ, כמו קנבוס ונייסטא שעושין מהם בגדים, שדינם כדין עצים שאין מקבלין טומאה במחובר.

---

§ מסכת שבת דף כח. §

אות א' – ב' – ג'

<u>**כתיב הכא זאת התורה אדם כי ימות באהל, וכתיב התם ויפרש את האהל על המשכן, מה להלן של פשתן קרוי אהל, אף כאן של פשתן קרוי אהל**</u>

<u>**משכן קרוי משכן, ואין קרשים קרויין משכן**</u>

<u>**עור בהמה טמאה**</u>

רמב"ם פ"ה מהל' טומאת מת הי"ב - האהל עצמו המאהיל על הטומאה, אעפ"י שלא נגעה בו טומאה, הרי הוא טמא טומאת שבעה מן התורה, והרי הוא כבגדים שנגעו במת, שנאמר: והזה על האהל; בד"א בשהיה האהל בגד או שק או [א]כלי עץ או עור, אחד עור בהמה וחיה בין המותרין לאכילה בין האסורין לאכילה, שנאמר: ויפרוש את האהל על המשכן, אין קרוי אהל אלא ארוג ועור כמשכן; אבל אם היה האהל נסרין של עץ, כגון התקרה והמחצלת וכיוצא בהן, או שהיה עצם או של מתכות, ה"ז טהור, ואין צ"ל שאם היה בנין שהוא טהור, וכ"מ שנאמר הבית טמא, אינו אלא אדם וכלים שבכל הבית; ואין לך יוצא מן העץ שהוא מתטמא טומאת אוהלים אלא הפשתן בלבד.

‹המשך ההלכות מול עמוד ב'›

באר הגולה

א שבת כ' | ב טור והרא"ש והמרדכי ורוב הפוסקים וכל גדולי צרפת | ג שם כ"א | ד שם כ' | ה תוספות שם כ"ז ורא"ש בריש פרק ב' והר"ן שם והרמב"ם בפרק ה' ה"ה **ושאר פוסקים** ‹ודלא כרש"י› | ו ‹כלומר פשתן דוקא שנקרא עץ, אבל שאר עצים לא כמו שביאר בסמוך – כסף משנה›

א ‹כלומר פשתן דוקא שנקרא עץ, אבל שאר עצים לא כמו שביאר בסמוך – כסף משנה›

ממשכן

ממשכן °כתיב הכא °זאת התורה אדם כי ימות באהל וכתיב התם °ויפרוש את האהל על המשכן מה להלן של פשתן קרוי אהל אף כאן של פשתן קרוי אהל אי מה להלן שזורין וחוטן כפול ו' אף כאן שזורין וחוטן כפול ו' ת"ל *אהל אהל ריבה אי אהל אהל ריבה אפילו כל מילי נמי אם כן גזירה שוה מאי אהני ליה ואימא מה להלן קרשים אף כאן קרשים אמר קרא °ועשית קרשים למשכן משכן קרוי משכן ואין קרשים קרויין משכן אלא מעתה ועשית מכסה לאהל הכי נמי מכסה לא איקרי אהל אלא הא דבעי רבי אלעזר עור בהמה טמאה מהו שיטמא באהל המת השתא עור בהמה טהורה לא מטמא עור בהמה טמאה מיבעיא שאני התם דהדר אהדריה קרא דכתיב °ונשאו את יריעות המשכן ואת אהל מועד מכסהו ומכסה התחש אשר עליו מקיש עליון לתחתון מה תחתון קרוי אהל אף עליון קרוי אהל: גופא בעי רבי אלעזר עור בהמה טמאה מהו שיטמא טומאת אהלין מאי קמיבעיא ליה אמר רב אדא בר אהבה תחש שהיה בימי משה קמיבעיא ליה טמא היה או טהור היה אמר רב יוסף מאי תיבעי ליה תנינא לא הוכשרו למלאכת שמים אלא עור בהמה טהורה בלבד מתיב רבי אבא רבי יהודה אומר שני מכסאות היו אחד של עורות אילים מאדמים ואחד של עורות תחשים רבי נחמיה אומר מכסה אחד היה ודומה כמין תלא אילן והא תלא אילן טמא הוא ה"ק כמין תלא אילן הוא שיש בו גוונין הרבה ולא תלא אילן דאילו התם טמא והכא טהור °א"ר יוסף א"ה היינו דמתרגמינן ססגונא ששש בגוונין הרבה רבא אמר עור בהמה טמאה דמטמא באהל המת מהכא דתניא עור או בעור ריבה *עור בהמה טמאה °ושלקה ביד כהן *)°קצץ מכולן ועשה אחת מהן מנין תלמוד לומר °או בכל מלאכת עור ואיכא למיפרך מה לנגעים שכן שתי וערב טמא בהן אלא גמר משרצים דתניא עור אין לי אלא עור בהמה טהורה עור בהמה טמאה מנין תלמוד לומר או עור ואיכא למיפרך מה לשרצים שכן מטמאין בכעדשה נגעים יוכיחו וחזר הדין לא ראי זה כראי זה ולא ראי זה כראי זה הצד השוה שבהן שעור טמא בהן ועשה עור בהמה טמאה כעור בהמה טהורה אף אני אביא אהל המת שעור טמא בו ונעשה בו עור בהמה טמאה כעור בהמה טהורה אמר ליה רבא מברניש לרב אשי איכא למיפרך מה להצד השוה שבהן שכן טמאין בפחות מכזית תאמר במת שאינו מטמא אלא בכזית אלא אמר רבא מברניש אתיא

*) מעילה יח. ע"ש

רש"י

ממשכן. דלא הוה ביה שום יוצא מן העץ אלא פשתן כדכתיב עשר יריעות שש משזר: **שזורין**. דמור"ש בלע"ז דכתיב משזר: **וחוטן כפול ששה**. כדאמרינן בפ' בא לו דסדר יומא (דף עא:) דברים שנאמר בהן שש חוטן כפול ששה ואי קשיא כיון דיליף ממשכן כלים ואדם שתחת גג הבית וכל שאר אהלים דלא דמו למשכן מנלן דמטמו בספרי תניא מנין לעשות שאר המאהילים כאהל אמרת מה מצורע הקל עשה בו כל המאהיל כו': **אף כאן קרשים**. ואימא דעץ נמי איקרי אהל: **משכן קרוי משכן**. כגון עשר יריעות שש משזר ומשכן איקרי אהל דכתיב (שמות לט) את משכן אהל מועד: **הכי נמי**. דמכסה עורות לאו אהל ולענין טומאה נמי לא מקבל: **השתא עור בהמה טהורה**. כגון אילים מאדמים: **מה התחתון**. עשתי עשרה יריעות עזים לאהל על המשכן דמשכן היינו עשר יריעות המחוברות בקרסי זהב מלמעלה מהן אהל יריעות עזים ולמעלה מהן מכסה העורות: **מאי קמיבעי ליה**. הא ממשכן גמר לה ר' (*אליעזר) לעיל בריש שמעתין והתם טהורה היא דהוי למלאכת משכן: **מכסה אחד היה**. חציו של אילים וחציו של תחשים ולמעלה דקרא אתרוייהו כתיב דבין אילים בין תחשים היה מכסה אחד מלמעלה לאהל יריעות העזים: **תלא אילן**. חיה טמאה היא ומנומרת בגוונין: **אי הכי**. סייעתא היא: **ששש**. ששמח ביופיו בגוונין: **עור או בעור**. גבי נגעים כתיב או בעור והוה מצי למכתב או עור: **ושלקה ביד כהן**. משהראהו ביד כהן נעשה נגע ומתחלה לא היה נגע: **קצץ מכולן**. מכל האמורים בפסוק וחיברן יחד: שרצים מטמאין בכעדשה ומת בכזית ונגעים בכגריס והוא פחות מכזית: **אף אני אביא אהל המת שעור טמא בו**. כדאמר לעיל מקיש עליון לתחתון דקרוי אהל: **שאינם מטמאים בנגעים**. דהא צמר ופשתים כתיב:

מטמא

תוספות

ויפרוש את האהל וגו'. תימה לר"י מנא ליה דהאי אהל היינו שש משזר אימא היינו יריעות עזים דאשכחנא באידיא דאיקרי אהל כדכתיב ועשית יריעות עזים לאהל על המשכן וכן משמע פשטיה דקרא ויפרוש את האהל דהיינו יריעות עזים על המשכן *דהיינו שש משזר כדכתיב ואת המשכן תעשה עשר יריעות שש משזר ויש לומר דדייק משום דקרא כתיב בהקמת המשכן וחשיב לעיל בסדר הקמתן דמתחלה נתן אדנים (ואח"כ עמודים)(א)ואחר כך הקרשים וכתיב אחר הקרשים ויפרוש את האהל משמע היינו יריעות התחתונות שהם שש משזר דהם תחלת הפרשה ותימה דאמאי לא יליף מהא דמשכן היינו יריעות שש משזר כדכתיב ואת המשכן תעשה וגו' ומשכן איקרי אהל דכתיב את משכן אהל מועד ושמא אהאי קרא סמיך: **אם כן** ג"ש מאי אהני ליה. והא דאמר כל פותח טפח מביא את הטומאה היינו מק"ו ממצורע כדיליף בספרי וכדפיר' בקונטרס וא"ת והיכי יליף נימא דיו כמצורע שלא יטמא אלא טומאת ערב ודווקא בעומד או ביושב ולא עובר כדתניא במסכת נגעים ומייתי לה *ובפ"ק דקדושין (ד' לג:) טמא יושב תחת האילן וטהור עובר טמא כו' וי"ל דאינו אלא גילוי מילתא בעלמא מק"ו דמצורע דלית לן למילף אהל אהל ממשכן לענין למעט הבאת טומאה בשאר אהלים דלאו פשתן ולא ילפינן ממשכן אלא לטומאת עצמו אפילו מחובר דדוקא פשתן ולא שאר יוצא מן העץ ולענין אהל שאינו עשוי בידי אדם לרבי יהודה בפ"ב דסוכה (דף כא. ושם) דלא מצינן למילף ממצורע ולא אשכחן ביה קרא לא למעט ולא לרבות(ב) *אהל שאינו עשוי בידי אדם: **אי** מה להלן קרשים כו'. פירש בקונטרס דאף עץ יהא קרוי אהל וקשה לריב"א דהא דפנות אין קרויות אהל אלא המכס' שמלמעלה הוא קרוי אהל ומפ' דה"ק אי מה להלן קרשים בהדי פשתן אף כאן בטומאת אהל קרשים בהדי פשתן ואע"ג דאהל אהל ריבה לענין דלא בעינן שזורים ולכפול ששה וכן לענין דלא בעינן צמר ופשתים יחד כי התם אלא אפילו פשתים ולא צמר מ"מ פריך דליהוי קרשים בהדי פשתים דסתם אהל קרוי עם הכיסוי ועם הדפנות: **ואין** קרשים קרוים משכן. וקשה לר"י הא כתיב יהיה סרוח על צדי המשכן מזה ומזה לכסותו ואמר לקמן בהזורק (דף צח:) לכסות אמה של קרשים ואיכא למ"ד אמה של אדנים אלמא דקרשים איקרי משכן ויש לומר דצדי המשכן איקרי ולא משכן: **ריבה** עור בהמה טמאה. פירש רבינו שמואל דלהכי אילטריך לרבויי עור בהמה טמאה כדקתני בת"כ (פ' תזריע) יכול אין לי אלא מין בהמה דקה ונאכל כו' דומיא דצמר שהוא דוקא של כבשים מנין לרבות עור בהמה דקה ואין נאכלת בהמה גסה נאכלת ואין נאכלת עד שתהא מרבה עורות שרצים תלמוד לומר *בעור בעור ונראה דהא דנקט בהמה גסה נאכלת אגב אחריני נקט דאיהי לא בעיא קרא דהא בשמעתין ילפינן לענין טומאת אהל כל מין טהורה מאילים: **ושלקה** ביד כהן. מפרש נמי רבינו שמואל דאילטריך לרבויי משום דכתיב והבגד כי יהיה בו נגע צרעת וגו' והראה אל הכהן דמשמע דאם לא היתה בו נגע קודם שהראהו לכהן טהור: **שכן** שתי וערב טמא בהן. מה שאין כן במת כדנפקא לן בפרק במה אשה (לקמן דף סד:): **אלא** גמר משרצים דתניא עור אין לי אלא עור של בהמה טהורה. וא"ת מנלן דאיירי קרא בעור בהמה טהורה ויש לומר כמו בנגעים דהכא כתיב שק וה"א מה שק מין בהמה דקה ונאכל כדמוכח בת"כ ולקמן דשק הוי דבר הבא מן העזים אף עור מין בהמה דקה ונאכל אע"ג דבת"כ מרבה אף שק הבא ממזיר שהוא דבר טמא אפ"ה הוה אמינא דלא הוקשה עור אלא למשמעות דשק דהיינו של עזים ולא הוקש למאי דמרבי בשק לכך אילטריך ריבוי · הרב פורת: **מה** לשרצים. וליכא למיפרך שיטמא מת בכעדשה מק"ו דהא כל שיעורים הם הלכה למשה מסיני וקשה לר"י ונילף מת משרצים בגזירה שוה דבגד ועור כדאמר לקמן בפרק במה אשה (ג"ז שם) ואומר ר"י משום דג"ש דאהל אהל ממשכן סתרה לה לכך אילטריך ריבוי ועוד י"ל דג"ש לא איירי בטומאת אהל[המת] עצמו המחובר:

אתיא

עין משפט נר מצוה

פב א ב ג מיי' פ"ה מהלכות טומאת מת הלכה יב:

פג ד מיי' פ"ז מהלכות טומאת צרעת הל"ג:

דאי על האהל הוי יריעות שש משזר ועל המשכן היינו על הקרשים הא אין הקרשים קרויים משכן [תוס' ישנים]

פד ה מיי' שם פי"ג הלכה יב:

רבינו חננאל

ממשכן כתיב זאת התור' אדם כי ימות באהל וכתיב ויפרוש את האהל על המשכן מה להלן שש ותכלת והן צמר ופשתי' אף הכא צמר ופשתים. כיון דיליף אהל דטומאה מאהל המשכן. בעי ר' אלעזר עור בהמה טמאה מהו שיטמא באהל המת. ומיבעיא ליה תחש שהיה בימי משה טהור היה או טמא היה. ומפרש רב יוסף תנינא לא הוכשרו למלאכת שמים אלא עור בהמה טהורה בלבד. איני והא"ר נחמיה דומה כמין תלא אילן ותלא אילן טמא הוא. ושנינן דומה לו שיש לו גוונין הרבה כמותו. אבל טהור הוא. רבה אמר עור בהמה טמאה דמטמאה באהל המת. אתי בק"ו מנגעים. דתניא היה לו לומר עור למה כתב בעור לרבו' עור בהמה טמאה. ושלקה ביד כהן שנטמאת בנגעים קיצץ מכולן. פי' כגון שנטל מזה העור רצועה ומזה רצועה ודיבקן ועשאן אחד. מנין שמטמא בנגעים ת"ל או בכל מלאכת עור. פי' שלקה ביד כהן כגון שהחזיק הכהן בעור לבודקו ועודנו בידו לקה בצרעת לאלתר. איכא למיפרך מה לנגעים שכן מטמאין שתי וערב כו' מה להצד השוה שבהן שכן טומאתן פחות מכזית. הבגדי' טומאתן בכגרים. והשרץ כעדשה אלא

רב נסים גאון

אי מה להלן שזורין וחוטן כפול ו' אף כאן שזורין וחוטן כפול ו'. ותמצא עיקרו במס' יומא בפרק בא לו כהן גדול (דף ע"א) ת"ר בגדים שנאמר בהן שש חוטן כפול ו' וכו' ואמרו קרא' כמה הוו שיתא חד לגופיה דכיתנא ניהו וחד שיהו שוורין וחד לחוטן שיהא כפול ו' ומהנה יודע לנו כי כל בגד שכתב בהן שש העשויים במשכן היו שוזרים וחוטן כפול ו': **תאמר** במת שאינו מטמא אלא בכזית עיקר דילה בספרי הנוגע במת יכול כל שהוא וכו' אחר שרבה הכתוב מיעט אמרו כזית מן המת טמא שכן היא תחלת ברייתו ובמשנה במס' אהלות בפרק ב' אלו מטמאין באהל המת וכזית מן המת ולא היה ביניהם הפרש והוא כבר פירושו בפרק ג' כזית מן המת פתחו בטפח והמת פתחו בד'

מסורת הש"ס

סקשה מהרש"א מה צריך אהל אהל ריבה ליליף מק"ו מכולה של עזים דלא מטמא בנגעים מטמא באהל המת שאין חוטן כפול ששה דמטמא בנגעי' לא כ"ש ותי' דהכא קיימינן אליבא דר"א דלית ליה ק"ו מדבעי בסמוך עור בהמה טמאה מהו והכי דאית לכו ק"ו דרשי אהל אהל לדרשה אחריתא [ת"י]

[שייך לע"ב]

נראה קצת דכל כלי עור דכתיב במת ושכבת זרע דאתי לדרשה אחריכא ולא לעור בהמה טמאה דא"כ תקשי אמאי איצטריך למיכתבינהו דליתי בג"ש דבגד ועור משרצים [ת"י]

ס"א או בעור

הגהות הב"ח

(א) תוס' ד"ה ויפרוש וכו' דמתחלה נתן אדנים ואח"כ קרשים ואח"כ עמודים וכתיב אחר העמודים ויפרוש את האהל: (ב) ד"ה א"כ וכו' לא למעט ולא לרבות הס"ד וכשאר נמחק:

גליון הש"ס

גמ' אמר רב יוסף א"ה היינו דמתרגמינן. עי' קדושין דף מו ע"א תוס' ד"ה א"ר:

בר' ספרים ובתוספ' בראש סדר טהרות חומר בכזית (מזה)[מן] המת שכזית פתחו בטפח ומת פתחו בד' טפחים ובתוספתא דמגילה בפרק א' אין בין כזית מן המת למת אלא שכזית מן המת פתחו בטפח והמת פתחו בד'

גמרא

אתיא בק"ו מנוצה של עזים שאין מטמא בנגעים מטמא באהל המת עור בהמה טמאה שמטמאה בנגעים אינו דין שמטמאה באהל המת ואלא הא דתני רב יוסף לא הוכשרו במלאכת שמים אלא עור בהמה טהורה בלבד למאי הלכתא לתפילין תפילין בהדיא כתיב בהו למען תהיה תורת ה' בפיך מן המותר בפיך אלא לעורן והאמר אביי ש"ן של תפילין הל"מ אלא לכורכן בשערן ולתופרן בגידן הא נמי הל"מ הוא דתניא תפילין מרובעות הל"מ נכרכות בשערן ונתפרות בגידן אלא לרצועו' והא"ר יצחק רצועות שחורות הל"מ נהי דגמירי שחורות טהורות מי גמירי מאי הוי עלה דתחש שהיה בימי משה א"ר אלעא אמר רשב"ל אומר היה ר"מ תחש שהיה בימי משה בריה בפני עצמה היה ולא הכריעו בה חכמים אם מין חיה הוא אם מין בהמה הוא וקרן אחת היתה לו במצחו ולפי שעה נזדמן לו למשה ועשה ממנו משכן ונגנז מדקאמר קרן אחת היתה לו במצחו ש"מ טהור היה דא"ר יהודה שור שהקריב אדם הראשון קרן אחת היתה לו במצחו שנאמר ותיטב לה' משור פר מקרין מפרים מקרין תרתי משמע אמר ר"נ בר יצחק מקרן כתיב וליפשוט מיניה דמין בהמה הוא כיון דאיכא קרש דמין חיה הוא ולית ליה אלא חדא קרן איכא למימר מין חיה הוא:

מתני' פתילת הבגד שקיפלה ולא הבהבה ר"א אומר טמאה היא ואין מדליקין בה רע"א טהורה היא ומדליקין בה:

גמ' בשלמא לענין טומאה בהא פליגי דר"א סבר קיפול אינו מועיל ובמילתיה קמייתא קיימא ור"ע סבר קיפול מועיל ובטולי בטיל אלא לענין הדלק' במאי פליגי א"ר אלעזר א"ר אושעיא וכן א"ר אדא בר אהבה הכא בג' על ג' מצומצמות עסקינן ובי"ט שחל להיות ע"ש עסקינן דכ"ע אית להו דר' יהודה דאמר מסיקין בכלים ואין מסיקין בשברי כלים ודכ"ע אית להו דעולא דאמר עולא המדליק צריך שידליק ברוב היוצא ר"א סבר קיפול אינו מועיל וכיון דאדליק ביה פורתא הויא ליה שבר כלי וכי קא מדליק בשבר כלי קמדליק ור"ע סבר קיפול מועיל ואין תורת כלי עליו וכי קמדליק בעץ בעלמא קמדליק אמר רב יוסף היינו דתנינא ג' על ג' מצומצמות ולא ידענא למאי הלכתא ומדקא מתרץ רב אדא בר אהבה אליבא דר' יהודה ש"מ כר"י ס"ל ומי א"ר אדא בר אהבה הכי והא"ר אדא בר אהבה

נכרי

תוספות

אתיא בק"ו מנוצה של עזים. וא"ת נימא שתי וערב יוכיח שמטמא בנגעים ואינו מטמא במת אף אני אביא עור בהמה טמאה כו' ועוד קשה אמאי איצטריך קרא בשרצים לעור בהמה טמאה ליתי בק"ו מנוצה של עזים שאין מיטמא בנגעים מיטמא בשרצים וי"ל דאי לא הוה כתיב קרא בשרצים ליכא למילף עור בהמה טמאה בק"ו מנגעים לא בשרצים ולא באהל המת דאיכא למימר שתי וערב יוכיח אבל השתא דכתיב טומאה בשרצים ילפינן שפיר בק"ו מנגעים שיטמא באהל המת וליכא למימר שתי וערב יוכיח דמה לשתי וערב שכן אינו מטמא בשרצי' תאמר בעור בהמה טמאה שמטמא בשרצים הכי נמי יטמא באהל המת:

ור"י אומר דליכא למימר שתי וערב יוכיח דהכי עביד ק"ו ומה נוצה של עזים שאין מטמא בנגעים מטמא באהל המת ככלי העשוי מנוצה של עזים עור בהמה טמאה שמטמא בנגעים אינו דין שיטמא באהל המת ככליו דהשתא לא שייך למימר שתי וערב יוכיח שמטמא בנגעים ולא באהל המת דשתי וערב אין שייך בו כלי ואין לומר דכל היוצא מן העץ ועצם יוכיח שמטמא בנגעים ואינו מטמא במת דמה שמטמא בנגעים אינו מחמת עצמו אלא מחמת הבית דהא בית שסיככו בזרעים אמר בהשור והרוסב דמטמא בנגעים אבל טלה והעור מטמא מחמת עצמו. ומהר"ם כתב דליכא למימר שתי וערב יוכיח דמה לשתי וערב שכן אין מטמאין לא במת ולא בש"ז תאמר בעור בהמה טמאה דמטמא דהא כתיב במת ובש"ז כל בגד וכל כלי עור. ולעיל כי פריך מה לשרצים ליכא למימר נגיעת מת וש"ז יוכיח דמה לכולהו שכן פחות מכזית דנגיעת מת בכשעורה וש"ז במשא או בחתימת פי האמה (והוא תי' דאיצטריך קרא בשרצים לאפוקי מהיקש דשק) וזה אין נראה דע"כ דגם לענין אהל הוי שיעורו בכזית להביא טומאה על כל הכלים ועל עצמן אפי' יוצא מן העץ דזהו חלוק קיי"ל דמביא. וי"ל דלא שייך כלל למימר אהל תלוש יוכיח כיון דלא אתינא למילף אלא לענין אהל המחובר דלא מטמא אלא מאי דילפי' ממשכן וכי האי גוונא איכא בפ"ק דמנחות גבי טריפה שהיתה לה שעת הכושר דלא ילפינן מטריפה שלא היתה לה שעת הכושר אפי' במה הצד [ת"י]:

והקשה השר מקוצי מאי בעי בסמוך מאי הוי עלה דתחש תיפוק ליה דטהור היה מדאיצטריך קרא בשרצי' לטמא עור בהמה טמאה דאי טמא היה לשתוק קרא בשרצים ותיתי בק"ו מנגעים דהשתא ליכא למימר שתי וערב יוכיח דמה לשתי וערב שכן אין מטמאין באהל המת תאמר בעור בהמה טמאה דמיטמא באהל המת כיון דתחש טמא היה וי"ל דמהכא ליכא למיפשט דטהור היה דאפילו טמא היה כתיב בשרצים דמילתא דאתיא בק"ו טרח וכתב לה קרא ועוד אומר רש"י דשרצים לא אתו מק"ו מנגעים דאיכא למיפרך פשוטי כלי עור יוכיח דמטמא בנגעים ולא בשרצים:

למאי הלכתא. לא בעי למימר לאשמעינן דתחש טהור היה דמשמע דאתא לאשמעינן שום צורך הוראה:

תפילין בהדיא כתיב בהו למען תהיה וגו'. תימה לר"י וכי אין לברייתא לשנות מה שדורש מן הפסוק וכל הנך דמייתי בסמוך וכי לית ליה לרב יוסף לשנות הברייתא לפי שזה אמרו אמורא אחד או ברייתא ואומר רבינו יצחק דהכי פריך תפילין בהדיא כתיב בהו ואי הא הוה אתי לאשמעי' הוה ליה לאתויי קרא אע"כ מילתא אחריתי אתא לאשמעי' ודרשה דמן המותר בפיך היתה פשוטה ולא איצטריך לאשמעי' וקאמר אלא לעורן והאמר אביי שין של תפילין כו' וכזה הלשון הוה ליה לרב יוסף למימר והוה ידעינן שפיר דבעי עור בהמה טהורה דדרשה דמן המותר בפיך היא פשוטה אלא לכורכן בשערן צריך בהמה טהורה הא נמי הל"מ דתניא כו' מדלא קתני רב יוסף בהאי לישנא וכרכות בשערן ש"מ דמילתא אחריתא אתא לאשמעינן אלא לרצועותיהן והא"ר יצחק רצועות שחורות הל"מ וכיון דמצריך שיהו הרצועות שחורות כמו הקציצה כל שכן דבעינן שיהו טהורות כמו הקציצה דסברא הוא להקפיד על הטהרה מעל השחרות ואי הא אתא רב יוסף לאשמעי' לישמעינן שיהיו שחורות דהוה שמעינן מינה תרתי שחורות וטהורות ומשני נהי דגמירי שחורות טהורות מי גמירי דמשחורות ליכא למיגמר טהורות:

לא צריכא אלא לכורכן בשערן. קשה לרשב"א אי הא אתא לאשמעי' אמאי נקט עור במילתיה:

רבה

רש"י

טמאה באהל המת. אם עשאו אהל דהא ממשכן גמר ליה ועיקר אהל דכתיב במשכן בירועות עזים כתיב הא דכתיב בספרים כל מעשה עזים ל"ג ליה דמהכא לא נפקא לן אהל דבכלים הוא דכתיב וכדאמר בעלמא להביא דבר הבא מן העזים מן הקרנים ומן הטלפים: **אלא הא דתני רב יוסף כו'.** כיון דרבינן עור בהמה טמאה לאהל המת הא דתני רב יוסף למאי הלכתא מאי דהוה הוה אי לאו למילף מיניה לטומאה: **לתפילין.** איתמר דהיא נמי מלאכת שמים: **לעורן.** עור דפוס שלהן שהכתבים של פרשיות מונחים בו דהאי לא מלמען תהיה נפקא דהא לאו תורה כתיבא ביה: **שי"ן של תפילין.** שיהא העור נקמט מבחוץ ג' קמטין ודומה לשי"ן והרצועה נקשרת כמין דלית ויש רצועה כפופה כמין י' דהיינו שדי וכיון דלאות השם נכתב בקמטין שלו מותר בפיך בעינן ומקרא נפיק: **אלא לכרכום בשערן.** הכיא להא דרב יוסף שצריך לקשור אוגרות הפרשיות בשער עור בהמה טהורה ולתופרן בגיד בהמה טהורה: **בשערן.** בשער מן הקלף כלומר בשל טהורה: **לרצועותיהן.** שיהיו מעור בהמה טהורה: **הל"מ.** וכיון דהלכתא רצועות מסיני טהורות נמי הל"מ ומתניתא דרב יוסף לאו הל"מ קאמר: **מאי הוי עלה דתחש.** הואיל ולרב יוסף לאו לענין מלאכה דמשכן איתמר לא איפשיט בעיין: **מקרין מפריס משמע.** דמשמע מקרין כל קרניו:

מתני' שקיפלה. כמו שגודלין פתילות: **ולא הבהבה.** על השלהבת כדי שתהא מחורכת ותדליק יפה: **טמאה היא.** דבגד כלי הוא ומקבל טומאה אם היה שלש על שלש דקפול אין מבטלה מתורת בגד הואיל ולא הבהבה: **ואין מדליקין בה.** כדמפרש טעמא בגמ':

גמ' קפול מועיל. לבטולה מתורת בגד: **מצומצמות.** דאי הוה טפי פורתא לכולי עלמא מדליקין: **וכי"ט שחל להיות בע"ש.** דשייך ביה איסור מוקצה עסקינן: **ואין מסיקין בשברי כלים.** שנשברו בו ביום דהוו להו נולד אבל בכלים מסיקין דהא חזו לטלטלן: **ודכולי עלמא אית להו.** צריך המדליק להדליק בידים קודם סילוק ידיו רוב היוצא מן הפתילה חוץ לנר הלכך על כרחך צריך לעסוק בו לאחר שנפחת משלש הלכך טעמא דר"א דאסר קסבר קיפול אינו מועיל והוה ליה כלי שנשבר בי"ט וכי קמדליק ביה פורתא כיון דמצומצמות היו הוו שברי כלי דפחות משלש לאו כלי הוא והוה ליה כלי שנשבר בי"ט וכי קמדליק בידים להשלים רוב היוצא בשבר כלי קמדליק והא דאמרינן מסיקין בכלים דוקא שלא יגע בו אחר שנפחת אלא אם כן ריבה עליו עצים מוכנים כדלקמן (דף כט:): **קיפול מועיל.** ועל כרחך מעי"ט קיפלה דאין גודלין פתילה בי"ט כדתניא בהמביא (ביצה לג:) וכבר נתבטל הכלי מבעי"ו ואין כאן שבר כלי: **היינו דתנינא.** שהייתי שונה מרבותי משנה ג' על ג' מצומצמות ולא הוה ידענא למאי הלכתא איתמר דאי לענין טמויי כל שכן דאי איכא טפי דמטמא: **ומדקא מפרק כו'.** מילתא באפי נפשיה היא בתמיה למירמי דרב אדא אדרב אדא מדקא מתרץ למתניתין ואוקי דכולי עלמא אית להו אין מסיקין בשברים דהיינו אליבא דר"י דאית ליה נולד ש"מ כו':

שחקק

עין משפט נר מצוה

פה א מיי' פ"א מהלכות תפילין הלכה י' ופ"י מהלכות ס"ת הלכה א סמג עשין כב כה טוש"ע א"ח סימן לב סעיף יב טור ש"ע יו"ד סימן רעא סעיף א:

פו ב מיי' פ"ג מהלכות תפילין הלכה טו סמג עשין כב טור ש"ע א"ח סי' לב סעיף נו:

פז ג מיי' שם הלכה א טוש"ע שם סעיף מב:

פח ד מיי' שם הלכ' ד טוש"ע שם סעיף נט:

פט ה מיי' שם טוש"ע שם סעיף מד:

צ ו מיי' שם הל' ט טור ש"ע שם סעיף מט:

צא ז ח מיי' שם הלכה יד טו סמג שם טור ש"ע א"ח סימן לג סעיף ג:

צב ט מיי' פ"א מהל' מאכלות אסורות הלכה יב טור ש"ע יו"ד סימן פ סעיף ד:

צג י טוש"ע א"ח סימן רסד סעיף ט:

צד כ מיי' פ"ה מהלכות שבת הלכה ה סמג לאוין סה טור ש"ע שם סעיף ח:

[עי' תוספות חולין נט: ד"ה וקרש]

פ"ז ת. ע"ש חולין ס:

רבינו חננאל

אתיא בק"ו מנוצה של עזים. ומה נוצה של עזים שאינה מטמאה בנגעים (כג' על ג') מטמא באהלים דילפינן אהל אהל ממשכן. עור בהמה טמאה שמטמא בנגעים אינו דין שיטמא באהלים ואלא הא דתני רב יוסף לא הוכשרו למלאכת שמים אלא עור בהמה טהורה למאי הלכתא ואסקנא לרצועות של תפילין. שיהו מבהמה טהורה. אבל תפילין עצמן בהדיא כתיב בהו למען תהיה תורת ה' בפיך. ודרשינן מן המותר בפיך. וגם ש"ן של תפילין. וכי נכרכות בשערן ונתפרות בגידן ורצועותיהן שחורות הלכה למשה מסיני הן. ואסיק' נמי תחש בריה בפ"ע היא ולא הכריעו חכמים אי מין חיה הוא [או מין בהמה] וקרן היה לו וטהור היה: פיסקא פתילת הבגד שקפלה ולא הבהבה כו'. א"ר אלעזר מתניתין בג' על ג' מצומצמות הוא' וביו"ט שחל להיות בע"ש. וכולי עלמא אית להו דר' יהודה דאמר מסיקין בכלים ואין מסיקין בשברי כלים. וכולי עלמא אית להו דעולא דאמר צריך להדליק ברוב היוצא. ר' אלעזר סבר קיפול אינו מועיל וכיון דאדליק בה פורתא הוה ליה שבר כלי. וכי קא מדליק בשבר כלי קא מדליק. ולפיכך אסור. ור"ע סבר קיפול מועיל וכיון דקפליה בטליה וכי קא מדליק בעץ בעלמא

רב נסים גאון

בר' פסחים: אתיא בק"ו מנוצה של עזים שאין מטמא טומאת נגעים. תמצא עיקר דילי' בתורת כהנים והבגד יכול השיראין והסיריקון והכלך וצמר גפן וצמר גמלים וצמר ארנבאין ונוצה של עזים ת"ל בבגד צמר או בבגד פשתים אין לי אלא צמר ופשתים המיוחדין: כיון דאיכא קרש דמין חיה הוא ולית ליה אלא קרן אחד · בגמ' שחיטת חולין בפרק אלו טריפות (דף ס) אמרו וקרש אע"פ שאין

מסורת הש"ס

לקמן קח. [מכות יא.]

[פי' פרש"י מנחות לה: ובתוס' שם ד"ה אלו תפילין שכרכם וכו' שהשיגו על פירש"י מסוגי' דהכא דמסיק אלא לרצועות וכו' ועי' רש"י ותוס' לקמן קח. ד"ה שי"ן של תפילין ועי' תוס' מגילה כו: ד"ה תשמישי קדושה וכו' ורש"י ותוס' עירובין צז. ד"ה קשר ותוס' ברכות ו' ד"ה אלו]

לקמן קכד: ביצה לג. תו"כ

לעיל כ:

גליון הש"ס

גמ' והאמר אביי שי"ן של תפילין. ק"ל הא יי"ן נשור של תפלה של יד וצ"ע: גמ' אמר רב יוסף היינו דתנינא שלש על שלש. כעין זה יבמות דף עז ע"ב ודף ס ע"א:

השגת הראב״ד: אבל אם היה האהל וכו׳ עד או של מתכת ה״ז טהור וכו׳. א״א והוא שנעשה אהלים קבועים, והכי איתא במתני׳ דאהלות פ״ח, חוץ מפשתן, שאפילו נעשה אהל קבוע מיטמא; והא דקתני במתני׳ יריעה וסקורטיא וקטבליא וסדין ומאללת מביאין את הטומאה וחוצצין, אלמא לא מקבלין טומאה כשנעשו אהלים, לא ביריעה וסדין של פשתן, אלא בשאר בגדים שנעשים מן העץ, כמו קנבוס וויישטא שעושין מהם בגדים, שדינם כדין עלים שאין מקבלין טומאה במחובר.

אות ד׳

<u>ושלקה ביד כהן</u>

רמב״ם פ״ו מהל׳ טומאת צרעת [ב]ה״ז - מי שבא אצל כהן וראהו שצריך הסגר או שהוא פטור, ועד שלא הסגירו או פטרו נולדו לו סימני טומאה, ה״ז יחליט.

אות ה׳

<u>קצץ מכולן ועשה אחת</u>

רמב״ם פי״ב מהל׳ טומאת צרעת הי״ב - [ג]התופר מטליות שאין בכל אחת מהן שלש על שלש, ועשה מהן בגד, הרי זה מטמא בנגעים, שהתפור כארוג, וכולו בגד אחד הוא.

---

§ מסכת שבת דף כח: §

אות א׳

<u>לתפילין</u>

סימן לב סי״ב - יהיה הקלף מעור בהמה וחיה ועוף הטהורים, אפילו מנבילה וטריפה שלהם - (ואפילו נתנבלה ע״י אחרים, כגון נחורות ועקורות).

אבל לא מעור בהמה וחיה ועוף הטמאים, דכתיב: למען תהיה תורת ה׳ בפיך, ממין המותר לפיך - (ואפילו שאר ספרים שאינם תנ״ך, שיש בהם שמות שאינם נמחקים, אסור לכתוב על עור בהמה טמאה, **ואם** הם כתובים רק ברמז לסימן השם, י״ל דשרי לכתוב, וה״ה ספרי הש״ס ופוסקים כה״ג שרי).

ולא מעור דג אפילו הוא טהור, משום דנפיש זוהמיה.

יו״ד סימן רעא ס״א - אין כותבין ס״ת על עור בהמה חיה ועוף הטמאים; ולא על עור דג אפילו טהור. אבל כותבין על עור בהמה חיה ועוף הטהורים, ואפילו עור נבילות וטריפות שלהן.

אות ב׳

<u>לעורן</u>

סימן לב סל״ז - [א]עור הבתים צריך להיות מעור בהמה חיה ועוף טהורים, [ב]אפילו מנבלה או טרפה שלהם - דכתיב: למען תהיה תורת ה׳ בפיך, מן המותר בפיך, וכיון דאות שי״ן שהוא מרמז על שם שדי נקמט בעור התפילין, הוא בכלל תורת ה׳, (על כן אם נתהוה לו איזה ספק בעור הבתים אם הוא טהור, יש להחמיר דספיקא דאורייתא הוא, ואפילו ברצועות יש להחמיר).

ואין חילוק בין הש״ר או הש״י, (ומש״כ הפמ״ג, דעור הבית ש״י דאין בו שי״ן, שצריך להיות מעור טהורה, הוא מדרבנן בעלמא, גם זה אינו לענ״ד, דלפי״ז הו״ל להגמ׳ לתרץ דקאי לש״י דאין בו שי״ן, ומש״כ הפמ״ג בזה הוא דוחק גדול, **אלא** נראה פשוט דס״ל להגמ׳ דכיון דהל״מ הוא אפילו על התפירות שיהיו נתפרין הבתים דוקא בגידין טהורין, כ״ש על הבתים גופייהו שיהיו מעור טהור, ולא צריך לזה הא דרב יוסף, ואין זה בכלל אין דנין ק״ו מהלכה, דגילוי מילתא בעלמא הוא, **ואחר** דקמקשה הגמ׳ והאמר אביי שי״ן של תפילין וכו׳, היה יכול לתרץ דקאי על ש״י, ולהקשות ע״ז מהברייתא דקמקשה השתא, אך לא רצה להאריך בזה, וכמו שכתבו כעין זה בכללי הש״ס עיין בגליון הש״ס להגרע״א, והנלענ״ד כתבתי).

וה״ה עור התיתורא והמעברתא, כיון שמחובר ותפור בהבתים, (**ע״כ** הסופרים שמניחים בין הבית להתיתורא עורות ישנים אשר מאשפות ירימו, וממנעלים קרועים, ידעו כי עבירה היא בידם, אחרי שהוא מחובר להבית, צריך להיות דוקא מעור כשר כמוהו ממש, כ״כ בספר לשכת הסופר, **ולכתחלה** בודאי הדין עמו, אך לענין דיעבד יש לעיין, לפי מה דכתב הפמ״ג לקמן בסעיף מ״ז, דמה דהצריך רמ״א לדבק כשר, הוא למצוה ולא לעיכובא, כיון דהדיבוק אינו מעכב, ממילא אין קפידא במה מדבק, וא״כ לכאורה ה״נ בענינינו, לא דמי לעור התיתורא והמעברתא דחיובן הוא מצד הדין, ע״כ בעינן שיהיו טהורים, משא״כ בזה, וצ״ע).

אות ג׳

<u>שין של תפילין הלכה למשה מסיני</u>

סימן לב סמ״ב - שי״ן של תפילין הלכה למשה מסיני - ואם נתקלקל השי״ן ואינו ניכר, צריך לתקנו מחדש, דומיא דאם נתקלקל ריבוע המבואר בסמוך.

באר הגולה

ב ‹תוקן ע״פ מהדורת נהרדעא› ג ‹מפירש״י משמע מכל המינין האמורין בפרשה, ולא כן משמע ברמב״ם - מהר״ם בנעט› א שבת כ״ח ב שם ק״ח

שיעשה בעור הבתים של ראש כמין שי"ן בולטת מקמטי העור - דהיינו שמקמט העור במלקט ע"י כפילה, שכופל מהעור עד שנעשו סעיפי השי"ן. **ולעשותן** ע"י דפוס, דהיינו שעל הדפוס חקוק שי"ן בולטת, ודוחק הדפוס בעור הבית ונעשה תואר שי"ן, עיין בט"ז ומ"א, דמשמע דלכתחילה טוב למנוע מזה, **ובכנה"ג** בשם תשובת הרמ"ע כתב, דזהו יותר הידור, **וכן** המנהג פשוט כהיום לעשותן בדפוס, מפני שעי"ז יש לה תואר שי"ן בחוליותיה וזיונה, יותר משי"ן המקומטת מהעור.

ומשמע באחרונים, דתמונת שיני"ן שלנו שאנו עושין בתפילין די, דלא בעינן דוקא כתב סת"מ ממש, אלא דוגמא, (הוא מהב"ח), **ומנהג** סופרים כהיום באיזה מקומות, להדר ולעשותן בכתב אשורית ממש.

ואם עשה השי"ן בקלף אחר, והדביק בדבק על הבית, פסול.

אחד מימינו ואחד משמאלו. של ימין המניח, של ג' ראשים, ושל שמאל המניח, של ארבע ראשים - ואין חילוק בזה בין איטר לאחר, דבתר ימין ושמאל דעלמא אזלינן.

הגה: מיהו אם היפך, אינו נפסל - אבל אם עשה בשני הצדדים רק שי"ן של שלשה ראשים או ארבע, פסול, וכ"ש אם חיסר לגמרי שי"ן אחד.

אות ד'

תפילין מרובעות הלכה למשה מסיני

סימן לב סל"ט - תפילין בין של ראש בין של יד, הלכה למשה מסיני שיהיו מרובעות בתפרן, ובאלכסונן, דהיינו שיהיו ריבוען מכוון ארכו כרחבו, כדי שיהיה להם אותו אלכסון שאחז"ל: כל אמתא בריבועא אמתא ותרי חומשי באלכסונא - פי' בריבוע גמור שארכו כרחבו ממש, שיערו חכמים כל השיעור שיש לו, יש לו באלכסון ב' חומשים נוסף על אותו השיעור, וגם כאן צריך שיהיה מרובע ממש, אבל אם לא יהיה מרובע ממש, לא יהיה באלכסון שלו כשיעור ב' חומשים תוספות, אלא שיעור אחר, **וע"כ** ימדדנו בד' קוים וידע אם הוא מרובע, דהיינו תחלה ימדוד קו אחד באורך וקו אחד ברוחב שיהיה שוה, אך שמא באמצעו שוה ובצדדיו מתמעט, לכן ימדדנו עוד בשני קוים באלכסונו, שיהיו שוים ב' קוי האלכסון ג"כ.

וגם יש להשגיח בענין התפירה, כי מחמת שהסופרים עושין נקבים גדולים קצת, נמשך החוט לצדדין, ועי"ז אין התפירות שוות בריבוע, זה נכנס וזה יוצא.

ואם לא עשה מרובעות, מעכב בדיעבד, ומ"מ אם אין לו תפילין אחרים, יניחם לעת עתה בלא ברכה, וכשיזדמן לו תפילין אחרים יניחם.

ונ"ל פשוט, דצריך להיות התפירות מרובע בין למעלה ובין למטה, ואף דלא ברירא לי לענין דיעבד, מ"מ לכתחילה בודאי יש ליזהר בזה.

וצריך לרבע מקום מושבן - והוא התיתורא, דהיינו שיחתוך המעברתא מב' צדדיו, כדי שיהא ניכר ריבוע התיתורא, וצריך להשגיח מאד ע"ז, כי כל זה מעכב אפילו בדיעבד, **והתיתורא** צריכה להיות מרובע בין מלמעלה ובין מלמטה, [וצ"ע אם מעכב בדיעבד].

וגם זה הוא מהלמ"מ לדעת רוב הפוסקים, וגם זה הוא בריבוע גמור כמו בהתפירה, ואף דמרובע ממש במלאכת הבתים, דהיינו שיהיה בתכלית הצמצום, הוא כמעט מן הנמנע, מ"מ כל מה דאפשר לו לאדם לעשות בענין זה, בודאי חייב הוא לעשות.

ועכשיו בעו"ה הרבה שאין משגיחין על תפליהן שיהיו מרובעין כדין, אפילו המדקדקין במצות יש שאין משגיחין כי אם על ראש הבתים שיהיו מרובעין, ואין משגיחין על התיתורא ועל התפירות שהוא ג"כ מעיקר הדין, והוא דבר הנקל לתקן.

וגם הבתים - דלא כמו שנוהגין קצת, לעשות של יד עגולה בראשו, רק שמרבע התיתורא מלמטה, אלא בין הש"י ובין הש"ר יהיו מרובעים, **והכוונה** בהש"ר, כשהארבעה בתים יחד יהיו מרובעים, ולא כל אחד בפני עצמו, **וריבוע** הבתים צ"ל בכל משך גובהן, **וגם** הריבוע יהיה ע"י הבתים עצמן, ולא ע"י דבר אחר שמטיח עליהם.

הגה: אבל גובה הבתים אין להקפיד אם הוא יותר מרחבן וארכן (ב"י בשם אשרי וסמ"ק ומרדכי ורמב"ם) - (דריבוע לא נאמר אלא על אורך ורוחב).

אות ה'

נכרכות בשערן

סימן לב סמ"ד - והלכה למשה מסיני שיכרוך עליה שער בהמה או חיה הטהורים - לכן אם לא כרך השיער עליה פסול, אף שכרך עליה קלף.

הגה: ונוהגין לכרוך שער על הפרשה, ואחר כך כורכין עליו קלף כשר, וחוזרים וכורכים עליו שער (אגור) - כי י"א שיכרוך השער על גוף הפרשה, ואח"כ יכרוך הקלף למעלה, וי"א להיפך, לכך נוהגין לקיים דברי שניהם, **ועיין** בביאור הגר"א שכתב, דמדינא אין קפידא איזו קודם.

ונהגו שיהיה שער זה של עגל - כדי שיזכור מעשה עגל ולא יחטא, וגם כדי לכפר על עון זה, **וכתב** הא"ר, דמזה הטעם טוב לעשות כל תיקון תפילין מעור עגל, ולאפוקי מאותן שעושין הרצועות מעור תייש.

ואם לא מצא של עגל, כורך בשל פרה או של שור, ורוחץ השער היטב בתחלה עד שיהא נקי. קצת שער זה צריך שיראה חוץ לבתים - י"א שיהיה אצל הבית שמונח בו פרשת "קדש", וי"א אצל "והיה אם שמוע", **וטוב** שיצא מפרשת "והיה אם שמוע" בצד הפונה לפרשת "קדש".

עיין במ"א ועיין בחידושי רע"א שהסכים, ששער היוצא יהיה פחות מאורך שעורה.

אות ו'

ונתפרות בגידן

סימן לב סמ"ש - [ג]הלכה למשה מסיני שיהיו תפילין נתפרים בגידי בהמה וחיה טהורים - אפילו מנבילות וטריפות שלהם, **ולוקחין** מהעקב שהם לבנים, **ואם** הם קשים מרככים באבנים עד שיעשו כפשתן, וטווין אותם ושוזרין אותם, **ודעת** המ"א דבעינן בזה הטוייה לשמה, **והא"ר** ופמ"ג מפקפקין בזה.

[ד]וטוב לתפור בגידי שור - ואם אין לו, יקח מגידי בהמה דקה, אבל מטמאה אפי' בדיעבד פסול, **וצ"ע** אם מותר לתפור בגיד הנשה.

אות ז' – ח'

אלא לרצועות

רצועות שחורות הלכה למשה מסיני

סימן לג ס"ג - [ה]עור הרצועות צריך שיהיה מעור בהמה חיה ועוף הטהורים - דלא הוכשרה למלאכת שמים אלא טהורה בלבד, (**וכתב הפמ"ג**, איני יודע אם מה"ת או מדרבנן, ונ"מ להקל בספיקן אם אינו יודע אם טהורה או טמאה).

[ו]הלכה למשה מסיני שיהיו הרצועות שחורות מבחוץ - לצד השער שהוא מקום החלק, ואם השחירם מבפנים לא מהני, וצריך לחזור ולהשחירם מבחוץ, (דמה שתירץ הגמר' "כאן מבחוץ", היינו לצד שער, ולעיכובא הוא אפי' בדיעבד, בין הש"ר או הש"י).

(**וראיתי בפמ"ג שכ',** אם השחיר עכו"ם הרצועה, ואין לו רצועה אחרת, יוכל להשחיר מצד השני, דנהי דגמירי שחורות, אבל לא דוקא מצד השער, ד"מבחוץ" תלוי רק בהמקום שלובש לצד חוץ, **וכונתו** אם יהפך הרצועה וילבש השחור לצד חוץ, **ולפי"ז** מה שאמרו שם בגמרא "ונוייהן לבר שחור וחלק", הוא למצוה מן המובחר בלבד, ומ"מ לכתחילה בודאי גם הוא מודה, כמו שכתב בעצמו, **ודע** דלדברי הפמ"ג, יצמח לפעמים חומרא גדולה, אם יהיה מונח הרצועה במקום היקף הקשר בצד השחור למטה, לא יצא בזה ידי המצוה והוי ברכה לבטלה).

עיין בברוך שאמר דמשמע מדבריו, דמצוה להשחירן עד שיהיו שחורות כעורב, (שכתב שישחירו פעם א', ואח"כ כשיתייבש קצת אז ישחירו פעם שנית, וכן פעם שלישית, עד שיהיה העור שחור לכל הצורך ממש כעורב, ונ"ל דזהו רק למצוה בעלמא, אבל מדינא כל שחל עליו שם שחור סגי ליה, **ולפי"ז** אפי' אם היה מראיתו דומה למראה הכחול, שקורין "בלא"ה", ג"כ כשר, ומ"מ לכתחילה בודאי מצוה להשחירו שיהיה שחור ממש).

ואם נתישנו ונתמעד מהן השחרות, צריך להשחירן מחדש, ובמקום הידוק הקשר מצוי מאד להתמעד השחרות, ויש ליזהר בזה מאד.

(**ומסתפקנא** אם מה"ת די בכל אחד עד כדי שיעורו, והשאר הוא למצוה ולנוי בעלמא, או דילמא כיון דהיא מחוברת כולה כחדא, צריכה להיות כולה שחור, וצ"ע).

(**גם** איני יודע אם ההל"מ קאי ג"כ על חתיכת הרצועה שנכנסת בהמעברתא, ולכתחילה לא מסתפקנא דחייב להשחיר, דילמא מתהפך הבית מזה המקום, אך בדיעבד אולי דמי למה שבפנים).

אות ט'

דאיכא קרש דמין חיה הוא, ולית ליה אלא חדא קרן

יו"ד סימן פ ס"ד - הקרש, אף על פי שאין לו אלא קרן אחד, הרי הוא חיה.

אות י'

פתילת הבגד שקפלה ולא הבהבה... ומדליקין בה

סימן רסד ס"ט - 'א"צ להבהב הפתילה, (פי' ענין הבהוב יפול על דבר שאינו נשרף לגמרי וגם לא קיים לגמרי, אל תאכלו ממנו נא, תרגום יונתן: מהבהב). הגה: ומ"מ נהגו להדליק הפתילה ולכבותה, כדי שתהיה מחורכת ותאחז בה האור יפה (טור) - ואף בנר הכרוך כעין שלנו, עושין כן, **וזה** יעשה האיש מתחלה, ויהיה תועלת שלא תשהה האשה בהדלקתה בהגיע זמנה.

אות כ'

המדליק צריך שידליק ברוב היוצא

סימן רסד ס"ח - [ח]המדליק צריך שידליק רוב מה שיוצא מן הפתילה מהנר - כדי שיהא הלהב עולה יפה מיד שיסלק ידו, כמו שהיה הענין בהדלקת המנורה, **וה"ה** בנר שעוה וחלב.

(**ע"כ** יו"ט שחל להיות ע"ש, אין מדליקין בחתיכות בגד ג' על ג' מצומצמות, דכיון דאדליק בה פורתא, הו"ל שבר כלי, דאין עליה עתה שם בגד וכלי, ואסור שוב להדליק בה, כמש"כ סימן תקא, **אא"כ** קפל הבגד לפתילה מעיו"ט, דנתבטל עי"ז מתורת כלי – מ"א בשם הגמ').

באר הגולה

ג שבת כ"ח וק"ח | ד שימושא רבא ונ"י וספר התרומה | ה שבת כ"ח | ו מנחות ל"ה | ז שם כ"ח וכרבי עקיבא | ח שם

§ מסכת שבת דף כט. §

אות א'* [א]

תוס' ד"ה ולא בסמרטוטין: ולא בסמרטוטין אפי' מהורכין

סימן רסד ס"י - [ב]אין מדליקין בסמרטוטין - היינו בלאי בגדי פשתן הגסים, **אפי' מהורכין** - ומטעם שאין האור נאחז יפה בהן. **אין** מדליקין על השלחן בנר חרס ישן, דמאיס, אא"כ הסיקו באור, **ואם** הוא של זכוכית או של חרס מצופה, שרי, שאינו מאוס כ"כ, **ובאיש** עני שאין לו, ודאי מותר, ממה שיתבטל מנר שבת דהוא חובה.

אות א'

שלש על שלש מכוונות

רמב"ם פכ"ב מהל' כלים ה"א-כמה שיעור הבגד להתטמא, ג"ט על ג"ט למדרס, וג' אצבעות על ג' אצבעות מכוונות עם המלל לטומאת המת או לשאר טומאות.

אות ב'

מסיקין בכלים ואין מסיקין בשברי כלים

סימן תקא ס"ו - [ג]כלים שנשברו ביו"ט - היינו שנשברו כ"כ שאין ראוין לכעין מלאכתן הראשונה, **אין מסיקים בהם מפני שהם נולד** - דמעיקרא כלי והשתא שבר כלי, ואסורים בטלטול, ולכך אסור להסיק בהם, **ואפילו** אין מטלטלן כלל, אלא שורפן במקומן שמונחין שם, ג"כ אסור, דמעשה הדלקה שעושה בכלי שנדלקת על ידו, חשיב כטלטול, [מ"א, ודבריו נובעין מחי' רשב"א בשבת דף כ"ט, ע"ש. ועיין רש"י בשבת קכ"ד: ד"ה מסיקין, משמע קצת דכל שאינו מזיז המוקצה ממקומו אף שמדליקו בידים לית לן בה, אכן מדף כ"ח: בגמ' בענינא דקיפול משמע כרשב"א, וצ"ע]. **אבל** אם ראוין לכעין מלאכתן הראשונה, דהיינו שברי עריבה לצוק לתוכן מקפה {מאכל עב}, ושברי זכוכית לצוק לתוכן שמן, ככלים שלמים הן, ומסיקין בהן. **עץ** שמחתין בו האש, כיון שהוא מיוחד לכך, הרי הוא כלי, ואם נשבר ביו"ט, אסור להסיקו וכנ"ל. **וע"ל** בסי' ש"ח ס"ו, בט"ז ובה"ל שם, [דהיינו לפי מאי דהבאתי שם דעת שארי אחרונים, דאפי' בשאינם ראוין לכעין מלאכתן, כל שראוין לשום מלאכה, לאו נולד הוא, א"כ ה"נ בענינינו עדיין לאו בכלל שברים הוא].

אות ג'

אכלן אין מסיקין בגרעיניהן

סימן תקא ס"ז - [ד]שקדים ואגוזים שאכלו מערב יו"ט, מסיקין בקליפיהם ביו"ט. ואם אכלם ביו"ט, אין מסיקין בקליפיהם - וה"ה בתמרים, כשאכלן ביו"ט אין מסיקין בגרעיניהן, [גמרא], ואפילו הקליפין והגרעינין ראוין למאכל בהמה, **והטעם**, מפני שאתמול היו מחוברין וטפלין להאוכל, ונחשבין כאוכל עצמו שהוא ראוי לאכילת אדם, ועכשיו אין ראוין רק לאכילת בהמה, והו"ל נולד, **ודוקא** תמרים חשובים שאין נשאר מהם על הגרעינין כלום, אבל תמרים רעים הואיל ונשאר מעט מן האוכל על הגרעינין, מותר לטלטל הגרעינין אגב האוכל, גמרא, [כפי' רש"י בשבת דף כ"ט].

אות ד'

כיון דאדליק בהו פורתא הוה ליה שברי כלים

סימן תקא ס"ו - (ואם הסיק בכלים, אסור להפוך בהם לאחר שהודלקו במקצת) - ר"ל שהודלקו כ"כ עד שאין ראוין לכעין מלאכתן הראשונה, וכנ"ל, **(דאז הוי שברי כלי, אלא אם כן ריבה עליהם עצים מוכנים) (המגיד ור"ן)** - ובלא היפך באש, אף שנהנה מן המוקצה, שנתבשל שם תבשילו, לית לן בה, דמוקצה מותר בהנאה, היכי שההנאה באה מאליה ואינו עושה מעשה בידים.

אות ה'

עצים שנשרו מן הדקל לתנור ביו"ט מרבה עצים מוכנין

סימן תקז ס"ב - אע"פ שעצים שנשרו מן הדקל ביו"ט, ‹אסור להסיקן› - משום מוקצה, שהרי הם מחוברין ביה"ש, ועוד משום שמא יעלה ויתלוש, **או בשבת שלפניו, אסור להסיקן** - משום דאין שבת מכין ליו"ט. **אם נשרו ביו"ט בתוך התנור** - וה"ה בהניחם עכו"ם בתנור שלא לדעת ישראל, **מרבה עליהם עצים מוכנים (שלא יהיו עצי איסור ניכרים)** - דבניכרים לא שייך ביטול, **ומבטלן. ומיירי** שהיו עוד עצים בתנור, אלא שלא היה שם רוב כנגד העצים שנשרו, דבכה"ג מוסיפין ומבטלים איסור דרבנן, וכדמבואר ביו"ד סימן צ"ט ס"ה, **ואפילו** להרמ"א שם שמחמיר מלבטל איסור לכתחלה אפילו בכה"ג, מודה הכא, משום דהאיסור נשרף וכדלקמיה.

ובלבד שלא יגע בהם עד שיתבטלו ברוב - ואז כשמהפך בהם בעת הדלקתם מזוית לזוית, בהיתרא קמהפך, **ומשמע** דתיכף משעה שנתבטלו מותר להפוך בהם, אע"פ שלא הדליקם עדיין. **ואע"ג** דבשעה שמרבה עליהם עצים ומערב אותם, העצים הקודמים מתנודדים, לא חיישינן לזה, דהוא כטלטול מן הצד.

ודע, דיש פוסקים המקילים בדין זה ביותר, ולדידהו אפי' לא היה בתנור עצים כלל, רק אלו שנשרו מן הדקל, מותר ג"כ לערב, **ואפי'** אם יהיו עצי איסור ניכרים לאחר עירוב ברוב, ג"כ לא חיישינן, **רק** שלא יזיז בעצי האיסור כשרואה אותן, **והכל** מטעם הנ"ל, שהאיסור נשרף, והנאה באה לאחר שהאיסור אינו בעין. **(וכן מסוגיא דשבת דף כ"ט מוכח לכאורה כן, שהרי אסר להפוך בכלים שמסיקין עד שמרבה עליהם ומבטלן, אע"ג דמסתברא שיהיה ניכר הכלי גם אח"כ בין העצים, ולסברא דדוקא שנפל בתנור שהיו בו עצים, לא קשה מהך סוגיא, דשאני הכא {התם} שעדיין הוא היתר, אבל לענין מה שמצרכינן לערב עד שלא יהא ניכר, מאי נ"מ אם היה היתר מתחלה, סוף סוף אינו מתבטל לסברא זו, וא"כ כי קמהפך באיסורא קמהפך, וגם הרשב"א כתב דלאו מתורת בטול קאתי, דלא שייך בשניכר, אלא משום שלא יהא נראה להדיא דמטלטל מוקצה, וצ"ע).**

באר הגולה

א ‹ע"פ הבאר הגולה› | ב רי"ו בשם התוס' | ג שם ל"ב וכרב יהודה ושבת כ"ח וקכ"ד | ד ברייתא שם כ"ט וכרבי יהודה רמב"ם

גמרא

נכרי שחקק קב בבקעת ישראל מסיקה *ביו"ט ואמאי נולד הוא לדבריהם דר"א ור"ע קאמר ליה וליה לא סבירא ליה רבא אמר היינו טעמא דרבי אליעזר לפי שאין מדליקין בפתילה שאינה מהורכת ולא בסמרטוטין שאינן מהורכין אלא הא דתני רב יוסף ג' על ג' מצומצמות למאי הלכתא לענין טומאה *דתנן ג' על ג' שאמרו חוץ מן המלל דברי ר"ש וחכ"א ג' על ג' מכוונות: אמר רב יהודה אמר רב *מסיקין בכלים ואין מסיקין בשברי כלים דברי רבי יהודה ור"ש מתיר מסיקין בתמרין אבל אין מסיקין בגרעיניהן דברי רבי יהודה ור"ש מתיר מסיקין באגוזים אבל אין מסיקין בקליפותיהן דברי רבי יהודה ורבי שמעון מתיר וצריכא דאי אשמעינן קמייתא בההיא קאמר רבי יהודה משום דמעיקרא כלי והשתא שבר כלי והוה ליה נולד ואסור אבל תמרים דמעיקרא גרעינין והשתא גרעינין אימא שפיר דמי ואי אשמעינן גרעינין הוה אמינא דמעיקרא מכסיין והשתא מיגליין אבל קליפי אגוזין דמעיקרא מיגלו והשתא מיגלו אימא שפיר דמי צריכא והא דרב *לאו בפירוש איתמר אלא מכללא איתמר דרב אכל תמרי ושדא קשייתא *לבוכיא אמר ליה רבי חייא *בר פחתי כנגדו ביו"ט אסור קיבלה מיניה או לא קיבלה מיניה ת"ש דכי אתא רב לבבל אכל תמרי ושדא קשייתא לחיותא מאי לאו בפרסייאתא ולא קיבלה לא *בארמיאתא הואיל וחזי אגב אימיהו א"ל ר' שמואל בר בר חנה לרב יוסף לרבי יהודה דאמר מסיקין בכלים ואין מסיקין בשברי כלים כיון דאדליק בהו פורתא הוה ליה שברי כלים וכי קא מהפך באיסורא קא מהפך דעבד כדרב מתנה *דאמר רב מתנה אמר רב עצים שנשרו מן הדקל לתנור ביו"ט מרבה עצים מוכנין ומסיקן רב המנונא אמר הכא בפחות משלשה על שלשה עסקינן *ומקולי מטלניות שנו כאן ואזדא ר' אליעזר לטעמיה ור"ע לטעמיה *דתנן פחות משלשה על שלשה שהתקינו לפקק בו את המרחץ ולנער בו את הקדירה ולקנח בו את הרחיים בין מן המוכן ובין שאין מן המוכן טמא דברי רבי אליעזר ורבי יהושע אומר בין מן המוכן ובין שלא מן המוכן טהור ר"ע אומר מן המוכן טמא ושלא מן המוכן טהור ואמר עולא ואיתימא רבה בר בר חנה א"ר יוחנן הכל מודים זרקו באשפה דברי הכל טהור

הניחו

רש"י

שחקק קב · בי"ט דהוה ליה נולד: לדבריהם דר' אליעזר ור' עקיבא קאמר · האי דאוקים להו רב אדא אליבא דר' יהודה דאזלא פלוגתייהו דלא מיתוקמא אלא אליבא דר' יהודה ומיהו איהו לא סבירא ליה אלא כר' שמעון: טעמא דרבי אליעזר · בהדלקה משום דאין מדליקין בו שאין דולקין יפה ובכל שבתות השנה אסור ולאו משום נולד: חוץ מן המלל · דרך תופרי בגדים למלול מן הבגדים לכופלן מעט סביב התפירה ואח"כ תופר וג' על ג' סופו לתפור לטלאי בבגד עני לכן אחשבוה להיות כלי הלכך צריך להיות בו יותר משיעור המלל כדי שיהא הטלאי שלש על שלש: מכוונות · מצומצמות ובהכי אחשבוה ואע"ג דכשיתפור לא הוה שלש והיינו הך דרב יוסף ולאו משום דלאי הוה טפי לא מיטמא *(דכל שכן) אלא לאפוקי מדתנא קמא: מסיקין בתמרים · דאגב דמטלטל להו לאכילה חזו נמי להסקה: אבלן · ביו"ט אין מסיקין בגרעינין ביו"ט דהוה להו נולד: והשתא מגליין · הלכך נולד הוה: והא דרב · דאמר לר' יהודה אין מסיקין בגרעינין לאו בפירוש איתמר: אכל תמרי · בחול: לבוכיא · בירה של רעפים שקורין טיול"ש והיא תלויה וספרים שכתוב בהן לבי תפי היינו נמי בירה והוא תרגום של בית שפיתה שתי קדרות: קשייתא · גרעינין: בר פחתי · בן גדולים: אכל תמרי · ביום טוב: פרסייתא · תמרים טובים ומתבשלים יפה וכל אוכל שלהם נפרש מעל גרעיניהן ואין הגרעינין ראוין לטלטל ואפ"ה שרי לטלטלן למישדינהו לחיותא אלמא לא קיבלה מיניה: בארמיתא · דאין מתבשלות יפה ואין האוכל נפרש מהן ומשתייר בגרעיניהן וחזו לאדם: אגב אימייהו · שיש עוד מאכל עליהן: מרבה · עליהן ומבטלן ברוב: רב המנונא אמר · מתניתין בפחות משלשה טפחים על שלשה טפחים פליגי לענין טומאה: ומקולי מטלניות · מטלניות הקטנות בעיניו דומיא דמתוקנות לפקוק מרחץ למידי דלא חשיב הוא וקיפול דנקט במתניתין משום הבהוב דנקט דוקא ולפלוגתא דהדלקה תנא קיפול: פחות משלשה כו' · דאילו שלשה על שלשה חשיבי ולא בטלי ואע"ג דקילי כגון סמרטוטין: שהתקינו לכך · שהקצו לכך: לפקוק המרחץ · נקבים שהמים באים דרך שם למרחץ: ולנער בו את הקדרה · לאחוז בהן שולי הקדרה ולנערה לתוך התמחוי: בין מן המוכן · לקמיה מפרש:

תוספות

רבא אמר היינו טעמא דר' אליעזר · משמע דרבא לענין טומאה אית ליה שיטיא דרב אדא בר אהבה ולקמן משמע דאית ליה שיטיא דרב המנונא דאמר מקולי מטלניות שנו כאן דקאמר והדר ביה ר' עקיבא לגבי ר' יהושע על כן נראה דהכא גרס רבה ולקמן רבא וכ"ל דבחנם נהגו אנשים להדליק הפתילה ולכבותה כדי שתהא מהובהבת דהא אין הלכה כרבי אליעזר דשמותי הוא ועוד אמרינן לקמן הכא בפתילה שצריך להבהבה עסקינן משמע דיכול להדליק אע"פ שאינה מהובהבת:

ולא בסמרטוטין שאינן מהורכין · קשה כיון דתנא דאפילו בפתילה שאינה מהורכת אין מדליקין כ"ש בסמרטוטין שאינם מהורכין ומיהו בתוספתא גרס ולא בסמרטוטין אפי' מהורכין:

אבלן אין מסיקין בגרעיניהן · תימה לר"י דבפרק נוטל (לקמן דף קמג:) אמר למימרא דרבא כרבי יהודה סבירא ליה פירוש דאסר נבלה שנתנבלה בשבת והא"ל לשמעי' כווי לי בר אווזא ושדי מיעיה לשונרא ומשני התם כיון דמסרח דעתיה עילויה מאתמול אלמא כיון דדעתו מאתמול לתת לשונרא כשיסריח למחר שרי אע"ג דכל זמן שלא הסריח חזי לאדם *משום דחשיב כאילו הכינו מבעוד יום לשונרא ה"נ מאתמול דעתיה עילויה להסיר הגרעינין כשיאכל התמרים למחר ואמאי חשיב ליה טפי נולד ממיעיה דבר אווזא וי"ל דהתם בר אווזא נשחט מעי"ט ואין המעיים צריכים לאווז וכיון דמבעוד יום דעתיה למיתביה לשונרא אם יסריתו חשיבה הכנה מעלייתא אבל הכא הגרעינין צריכין לאוכל וחשיבי כאוכל עצמו עד שיאכל התמרים לכך חשיב להו נולד ולא מהני מה שדעתו עליהם מאתמול: והא דרב לאו בפירוש איתמר כו' · הא פשיטא דרב אסר נולד כרבי יהודה מכרכי דזוזי (לעיל דף יט:) אלא מייתי ראיה דאף בגרעינין דאיכא למימר מעיקרא גרעינין והשתא גרעינין אסר רבי יהודה וא"ת ובאגוזים דמעיקרא מגלו והשתא מגלו מנלן דאסר וי"ל דאע"ג דמטעם זה עושה צריכותא מ"מ מטעם זה לפי האמת אין נראה לו לחלק ביניהם: בין מן המוכן כו' · פירש בקונטרס מוכן דרבי אליעזר קופסא שאינו מוכן תלאו במגוד והניחו אחורי הדלת ומוכן דר' יהושע תלאו במגוד והניחו אחורי הדלת *ושאינו מוכן זרקו לאשפה ורבי עקיבא מוכן תלאו במגוד ושאינו מוכן הניחו אחורי הדלת וקשה לר"י דהשתא מוכן ושאינו מוכן דהאי תנא לא הוי כאידך ועוד מה להם להזכיר בדבריהם קופסא ואשפה דלא פליגי בה ועוד דבפרק כירה (לקמן דף לט: ושם) קרי לרבי עקיבא מכריע ואמאי והלא לא גילו בדבריהם רבי אליעזר ורבי יהושע שיש לחלק בין תלאו במגוד להניחו אחורי הדלת ונראה לר"י דמוכן דכולהו היינו תלאו במגוד ושאינו מוכן היינו הניחו אחורי הדלת והאי דקאמר אמאי קרי ליה שלא מן המוכן אחורי הדלת שלא מן המוכן הואיל והוא טמא ומשני משום דלגבי קופסא לאו מוכן הוא ולא בעי למימר משום דלגבי מגוד לאו מוכן הוא דלא חשיב כולי האי תלאו במגוד מאחורי הדלת דהוה קרי ליה לגביה שלא מן המוכן וכן לר' יהושע קא בעי אמאי חשיב לתלאו במגוד מן המוכן הואיל והוא טהור ומשני דלגבי אשפה מוכן הוא והא דלא קאמר דלגבי אחורי הדלת מוכן הוא משום דלא גריע כולי האי טפי ממגוד דליהוי אינו מוכן לגביה:

ורש"י פי' לקמן משום דאין דרך לאכול תמרים ביו"ט ולא נהירא דמשום זה לא הוי אסור לטלטלו כמו בשר מלוח דמותר לטלטלו (תו')

גם בירושלמי פירש כן

עין משפט נר מצוה

צה א מיי' פכ"ב מהל' כלים הלכה א:

צו ב מיי' פ"ב מהל' יו"ט הלכה יב סמג לאוין סה טוש"ע א"ח סי' תקא סעיף ו:

צז ג מיי' שם טוש"ע שם סעיף ז:

צח ד שם סעיף ו בהג"ה:

צט ה מיי' שם הלכה יא סמג שם טוש"ע א"ח סי' תקו סעיף ב:

מסורת הש"ס

ב"מ בח · ג' כלים פכ"ח מ"ו · ס"א נ"ג · [ברכות פ' וש"נ] · [גי' הערוך לבוביא] · [פי' תמרי ארמיאתא גרעיניהו רכין ואכלין בגרעיניהן עם התמרים ערוך ערך אדם] · ביצה ד: · [לקמן לט:] · כלים פכ"ח מ"ב · [ביצה לג: וש"נ] · [לעיל נ: וש"נ]

רבינו חננאל

מדליק רבא אמר טעמא דר' אליעזר לפי שאין מדליקין לא בסמרטוטין ולא בפתילה שאינה מהורכת · ורבי עקיבא מתיר: ירושלמי מהו מהורכין מספספן דכתי' (דניאל ג') ושער ראשיהון לא התחרך · ג' על ג' מצומצמות שאמרו חוץ מן המלל דברי ר' שמעון וחכ"א ג' על ג' מכוונות:

אמר רב יהודה אמר רב מסיקין בכלים ואין מסיקין בשברי כלים · מסיקין בתמרים · אבלן אין מסיקין בגרעיניהן · מסיקין באגוזים · אבלן אין מסיקין בקליפיהן דברי רבי יהודה · ורבי שמעון מתיר בכולן · וצריכא דאי אשמעינן וכו' ופשוטה היא · עד אבל קליפי אגוזים דמעיקרא מיגלו אימא קא שרי ר' יהודה צריכא · והא דרב מכללן איתמר דרב אכל תמרי ושדא קשייתא לבוכיא א"ל ר' חייא בר פחתי כנגדו ביו"ט אסור ואסיקנא קיבלה מיניה והא כי אתא רב לבבל אכל תמרי ושדא קשייתא לחייתא · ואוקימנא בתמרי ארמיתא שגרעיניהן רכים · והואיל וראוין להיאכל בכלל התמרים כאוכל הן ולפיכך מטלטלם · אבל שדו גרעינין דלא חזי אגב אימיהו אסור כר' חייא אליבא דרבי יהודה קסבר הלכה כר' יהודה ביו"ט הואיל ופתם לן כוותיה ביו"ט · ומרמתריץ להו דר' יהודה כרב מתנה שמע מינה הלכתא כוותיה · דאמר רב מתנה עצים שנשרו מן הדקל לתנור ביו"ט מרבה עליהם עצים מוכנים ומסיקן · ואוקמה רב המנונא למתני' במטלניות פחות מג' אצבעות והא דמייתי ראיה ממטלת פחותה מג' על ג' מקולי מטלניות שנו כו' · דתנן בכלים בפ' כ"ח פחות מג' על ג' שהתקינו לפקק את המרחץ ולנער בו הקדירה ולקנח בו הרחיים בין מוכן בין שאינו מוכן טמא דברי ר' אליעזר · ר' יהושע אומר בין מוכן בין שאינו מוכן טהור · רע"א

רב נסים גאון

מאי לאו בפריסאתא ולא קבלה לא בארמיאתא הואיל וחזיאן אגב אימיהו תמצא פירושיה בסוף פ' נוטל ארם את בנו (דף קמג) הני גרעיני דתמרי ארמיאתא שרי לטלטולינהו בשבתא הואיל וחזיאן אגב אימן כי התמרים יבשים תאכל אותם הבהמות ודפריסאתא אסור לפי שהרוטב של תמרים לא תאכל הבהמה אלא גרעינא בלבד לא חזיין אגב אימן:

הניחו בקופסא דברי הכל טמא לא נחלקו אלא שתלאו במגוד או שהניחו לאחורי הדלת ר' אליעזר סבר *מדלא זרקו באשפה דעתיה עילויה ומאי(א) קרי ליה שלא מן המוכן דלגבי קופסא לאו מוכן הוא ור' יהושע סבר מדלא הניחו בקופסא בטולי בטליה ומאי קרי ליה מוכן דלגבי אשפה מוכן הוא ור' עקיבא בתלאו במגוד סבר כרבי אליעזר בהניחו אחורי הדלת סבר לה כרבי יהושע *והדר ביה ר"ע לגביה דר' יהושע ממאי אמר רבא מדקתני פתילת הבגד מאי אריא דתני פתילת הבגד ליתני פתילה של בגד מאי פתילת הבגד דעדיין בגד הוא:

מתני' ג'לא *יקוב אדם שפופרת של ביצה וימלאנה שמן ויתננה על פי הנר בשביל שתהא מנטפת ואפילו היא של חרס ורבי יהודה מתיר אבל אם חברה היוצר מתחלה מותר מפני שהוא כלי אחד י'לא ימלא אדם קערה של שמן ויתננה בצד הנר ויתן ראש הפתילה בתוכה בשביל שתהא שואבת ורבי יהודה מתיר:

גמ' וצריכא דאי אשמעינן שפופרת של ביצה בהא קאמרי רבנן דכיון דלא מאיסא אתי לאסתפוקי מינה אבל של חרס דמאיסא אימא מודו ליה לרבי יהודה ואי אשמעינן של חרס בהא קאמר רבי יהודה אבל בההיא אימא מודי להו לרבנן ואי אשמעינן הנך תרתי בהני קאמר רבי יהודה משום דלא מיפסק אבל קערה דמיפסקא אימא מודי להו לרבנן ואי אשמעינן בההיא בההיא קאמרי רבנן אבל בהני תרתי אימא מודו לרבי יהודה צריכא: ואם חברה היוצר מתחלה מותר וכו': תנא אם ד'חברה בסיד ובחרסית מותר והאנן יוצר תנן מאי יוצר כעין יוצר: *תניא א"ר יהודה פעם אחת שבתינו בעליית בית נתזה בלוד והביאו לנו שפופרת של ביצה ומלאנוה שמן ונקבנוה והנחנוה על פי הנר והיה שם ר"ט וזקנים ולא אמרו לנו דבר אמרו לו *משם ראיה שאני בית נתזה דזריזין הן אבין ציפוראה גרר ספסלא בעיליתא דשישא לעילא מרבי יצחק בן אלעזר א"ל אי שתוקי לך כדשתיקו ליה חבריא לר' יהודה נפיק מיניה חורבא °גזירה עליתא דשישא אטו עליתא דעלמא ריש כנישתא דבצרה גרר ספסלא לעילא מר' ירמיה רבה א"ל כמאן *כר"ש אימר דאמר ר"ש בגדולים דלא אפשר בקטנים מי אמר ופליגא דעולא דאמר עולא מחלוקת בקטנים אבל בגדולים ד"ה מותר מתיב רב יוסף *ר"ש אומר גורר אדם מטה כסא וספסל ובלבד שלא יתכוין לעשות חריץ קתני גדולים וקתני קטנים קשיא לתרווייהו עולא מתרץ לטעמיה ור' ירמיה רבה מתרץ לטעמיה עולא מתרץ לטעמיה מטה דומיא דכסא ור' ירמיה רבה מתרץ לטעמי' כסא דומיא דמטה מתיב רבה *מוכרי ה'כסות מוכרין כדרכן ובלבד שלא יתכוין בחמה מפני החמה ובגשמים מפני הגשמים והצנועין מפשילין במקל לאחוריהן והא הכא דאפשר למיעבד כצנועין דכי קטנים דמי וכי ו'לא מתכוין שרי ר"ש לכתחלה תיובתא דר"י רבה *תיובתא:

מתני' ז'המכבה את הנר מפני שהוא מתירא מפני נכרים ומפני ליסטי' מפני רוח רעה מפני החולה שיישן פטור כחס על הנר כחס על השמן כחס על הפתילה חייב ח'רבי יוסי *פוטר בכולן חוץ מן הפתילה מפני שהוא עושה פחם:

גמ'

סניפו בקופסא · גלי דעתיה דחשיב ליה : **במגוד** · קס"ד דגרע מקופסא ועדיף מאחורי הדלת ואחורי הדלת עדיף מזרקו לאשפה ומוכן דר' אליעזר היינו קופסא ושלא מן המוכן מגוד ואחורי הדלת : **ומאי (ג) קרי ליה שלא מן המוכן** · הואיל ולרבי אליעזר חשיב לקבולי טומאה דלגבי קופסא לאו מוכן הוא : **ורבי יהושע סבר כו'** · ומוכן דרבי יהושע מגוד ואחורי הדלת ושלא מן המוכן זרקו לאשפה: **ומאי (ג) קרי ליה** · למגוד מוכן הואיל ולר' יהושע בטל לגבי אשפה דאיירי בה רבי יהושע מוכן הוא ורבי עקיבא תלאו במגוד קרי מוכן ואחורי הדלת שלא מן המוכן : **והדר ביה ר' עקיבא לגבי רבי יהושע** · ומטהר אף במוכן : **מדקתני** · במתניתין פתילת הבגד דמשמע שעדיין בגד הוא קאת וחשבו בעיניו ואפ"ה קאמר רבי עקיבא במתני' טהורה היא אלמא הדר ביה : **של בגד** · משמע שקפלה מבגד הבגד משמע שקפל הבגד עצמו שלם ולענין הדלקה כדאוקימנא לעיל טעמא דרבי אליעזר דבעי פתילה מהורכת שתדלק יפה : **מתני' שפופרת מנטפת** · ויתקיים הנר שתהא השמן מטפטף כל שעה לתוך הנר וטעמא משום גזרה שמא יסתפק הימנו וכיון שהקנהו לנר חייב משום מכבה ואפי' אותה שפופרת של חרס דמאיסא ליה גזרינן : **אבל אם חיברה** · ליכא למיחש דמשום איסור שבת בדיל מיניה : **ויתן ראש הפתילה** · השני שהוא יוצא דרך הנקב האחר שבנר לשאוב השמן נמשך דרך הפתילה לראש הדולק : **ורבי יהודה מתיר** · דלא גזר : **גמ' דלא מיפסק** · מידי שהוא מונח בתוך חלל הנר למעלה מכיסוי : **דמפסקא** · שהרי אצל הנר מונחת ויש כאן הפסק וליכא למימר גופיה הוא אימא מודה דגזור : **תנא אם חיברה** · בעה"ב עצמו מבעוד יום בסיד או בחרסית מותר : **כעין יוצר** · שחברה שפיר : **דשישא** · רצפה של שיש דלא עביד בה חריץ : **לעילא מרבי יצחק** · לפניו : **כדשתיקו ליה חבריא** · רבי טרפון וזקנים שמפני שלא אמרו לו דבר דימה והעיד דמותר : **נפק מיניה חורבא** · וינהגו היתר בדבר ור' יצחק סבירא ליה כרבי יהודה דדבר שאין מתכוין אסור ואע"ג דבשיש לא עביד חריץ גזר אטו עיליתא דעלמא : **ריש כנישתא** · מפטיר כנסיות המכנים ומוציא ומיישב תלמידים ותינוקות : **דבצרה** · שם מקום כי זבח לה' בבצרה (ישעיה לד) : **כר' שמעון** · דאמר גורר אדם : **דלא אפשר** · אלא בגרירה שאין יכול ליטלן בידו : **מחלוקת בקטנים** · ואע"ג דאפשר בטלטול שרי רבי שמעון הואיל ואין מתכוין לחריץ ורבי יהודה סבר כיון דאפשר אסור : **קתני גדולים** · מטה : **וקתני קטנים** · כסא ורבי יהודה פליג עליה דתנן במסכת ביצה רבי יהודה אומר כל הכלים אין נגררים דאי לאו משום פלוגתייהו למה לי למיתני גדולים השתא קטנים שרי רבי שמעון גדולים מיבעיא אלא תנא קטנים משום ר' שמעון ותנא גדולים משום רבי יהודה : **דומיא דכסא** · קטנים ובהא הוא דאסר רבי יהודה אבל בגדולים שרי : **כסא דומיא דמטה** · גדולים ובהא הוא דשרי רבי שמעון אבל בקטנים אסר : **מוכרין כדרכן** · כסות של כלאים לובשו בשוק כדי להראותו למוכרו דלא אסרה תורה אלא לבישה שהיא להתחמם כדרך כל הלובשים והעלאה דומיא דלבישה נמי דמיתהני בה : **ובלבד שלא יתכוין כו'** · ור' שמעון הוא דאזיל בתר סוגה : **והצנועים** · כשרים שמרחיקין עצמן מכל לזות שפתים : **והא הכא דאפשר** · לכל אדם למעבד שלא על ידי איסור ואפילו הכי שרי : **מתני' מפני נכרים** · כגון פרסיים שהיה להם יום חג שאין מניחין אור אלא בבית עבודת אלילים שלהם : **ומפני ליסטין** · שלא יראו שיש שם אדם ויבאו עליו : **ומפני רוח רעה** · *) הבאה עליו וכשאינו רואה נוח לו : **פטור** · ובגמרא מפרש לכולה : **כחס על הנר** · שרואהו שמתקלקל וחס עליו וכבה את הפתילה : **הנר** · קרויי"ל : **חייב** · ובגמרא מפרש לה : **פוטר בכולן** · מפרש בגמרא (דף לא:) : **שהוא עושה פחם** · בכיבוי זה והוי מלאכה הצריכה לגופה כדאמר בגמרא :

*) ס"א מרה שחורה

גזירה עיליתא דשישא אטו עיליתא דעלמא · והא דקאמר בסוף המצניע (לקמן דף צה: ושם) אמימר שרא זילחא במחוזא ומפרש דטעמא מאי אסור רבנן דילמא אתי לאשוויי גומות הכא ליכא גומות ומפרש בקונטרס דכולה מחוזא רצפה היתה התם אין לגזור מחוזא אטו שאר עיירות אבל בעיר אחת גזרינן עלייה זו °אטו עלייה אחרת : **ה"ג** מחלוקת בקטנים אבל בגדולים ד"ה מותר · ול"ג ד"ה אסור דבפרק כל שעה (פסחים דף כה: ושם) משמע דטפי שרי היכא דלא אפשר מהיכא דאפשר :

ובלבד שלא יתכוין בחמה מפני החמה וכו' · ובענין דלא הוי פסיק רישיה כגון שהוא לבוש מלבושים אחרים להגין עליו מפני החמה ומפני הגשמים : שהמ"ו

עין משפט נר מצוה

ק א מיי' פכ"ב מהל' כלים הלכה כב :

קא ב מיי' פ"ה מהל' שבת הל' יב טוש"ע א"ח סי' רסה סעיף א :

קב ג מיי' שם טוש"ע שם סעיף ג :

קג ד מיי' שם טוש"ע שם סעיף א :

קד ה מיי' פ"י מהל' כלאים הל' טז סמג לאוין רפג טוש"ע י"ד סי' שא סעיף ו :

קה ו מיי' פ"א מהל' שבת הלכה ה סמג לאוין סה טוש"ע א"ח סי' שלז סעיף א :

קו ז ח מיי' פ"א שם הלכה ז ופי"ב הלכה ב סמג שם טוש"ע א"ח סימן רעח :

גליון הש"ס

גמ' גזירה עיליתא דשישא · עיין לקמן דף קמא ע"ב : תוס' ד"ה גזרה וכו' אטו עלייה אחרת · ועיי' לקמן דף קמא ע"ב ברש"י ד"ה קרקע :

תוספתא פ"ב ע"ש

[לקמן מז: וש"נ]

לעיל כב. לקמן מו: ביצה כב: [תוספ' ביצה פ"ב] פסחים קח. מנחות מח:

כלאים פ"ט מ"ה לקמן מו: פסחים כו:

מסורת הש"ס

[לקמן מ.]

פסחים יח.

[לקמן סב· ברכות יא· עירובין יג: מס' פז. ר"ה כד: סוכה כ: יד: כח. לא: נו: לז· מגילה כז: יבמות כה: קד: ב"מ סג· ב"ב קנו: ע"ז כד. מח: מג. מד. סנהדרין יב. מנחות כח: בכורות מה: חולין נז: ערכין לא· נדה כ: סא.]

[עיין תוספות פסחים כה: סד"ה לא אפשר]

[אע"ג דר' יוסי אית ליה דהבערה ללאו יצאת בכיבוי מודה דחייב אף בפני עצמו כדתנן בפרק כלל גדול · ושוב אמר מהר"מ דמהר"א אמר דבפ' ספק אכל כסדיה פוטר רבי יוסי בהבערה ומחייב בכיבוי [ת"י]

הגהות הב"ח

(א) גמ' ואמאי קרי ליה שלא וכו' ואמאי קרי ליה מוכן: (ב) רש"י ד"ה ואמאי קרי ליה שלא: (ג) ד"ה ואמאי קרי ליה למגוד :

רבינו חננאל

[רע"א מן המוכן טמא שלא מן המוכן טהור] ואוקימנא בשזרקו לאשפה דברי הכל טהור הניחו בקופסא דברי הכל טמא · כי פליגי בשתחבו בבגדו או בשהניחו אחורי הדלת · רבי אליעזר סבר מדלא זרקו לאשפה דעתיה עילויה לפיכך הוא טמא ואמאי קרי ליה אינו מוכן דלגבי קופסא לאו מוכן הוא · ורבי יהושע סבר כיון שלא הניחו בקופסא בטליה הלכך טהור הוא · ואמאי קרי ליה מוכן דאחורי הדלת או תחוב בבגדו לגבי אשפה מוכן הוא · ור' עקיבא (סבר מספקא ליה) בתחבו בבגדו סבר לה כר' אליעזר שהוא טמא בהניחו אחורי הדלת סבר לה כר' יהושע והדר ביה ר' עקיבא לגבי ר' יהושע ואמר אפי' התחבה בבגדו טהור מסאי מדקתני במתני' פתילת הבגד ולא קתני פתילה של בגד ש"מ דעדיין בגד הוא ותני ר' עקיבא אומר טהורה ומדליקין בה · ומאן דהוא רב המנונא דאייתי ראיה מג' על ג' מוקים לה לפתילה דקתני במתני' פתילה שיש בה פחות מג' [טפחים] הא רחויה היא והכי קתני ר' עקיבא אומר טהורה ומשנה שלימה שנינו מפני שאמרו ג' על ג' שנטמעטה טהורה אבל שלשה על שלשה שנטמעטה אע"פ שטהר מן המדרס טמא בכל הטומאות אלא פחות משלש הוא (וכן) [וכיון] דאוקימנא רב ארא בג' אוקימנא רב המנונא בפחות משלש והאי (דקתני) [דקאמר] שלשה דהכנת טמליות בהדיא [בפחות] משלשה קתני לה והוא הדין לפחות מג' *) והלכה כר"ע דקאי ר' יהושע כוותיה דהא הדר ביה ר' עקיבא לגבי דר' יהושע וכן מפורש בבירה : מתני' לא יקוב אדם שפופרת של ביצה כו' · ופשטה היא זו השפופרת של חרס · תנא אם חיברה זו השפופרת של חרס בסיד ובגפסים כעין היוצר מותר ומלאנה שמן ונקבנה והנחנה ע"פ הנר והיה שם ר' טרפון והזקנים ולא אמרו לנו דבר אמרו לו משם ראיה מפני כי [בית] נתזה (זהיר) [זריז] הוה: תנא (תוספתא פ"ב) נותנין סים או חרסית תחת [הנר] או נרגיר מלח או גריס של פול ע"ש מבעוד יום ע"פ הנר להיות שוהה. אבין ציפוראה גרר ספסלא בעיליתא דשישא לעילא מר' יצחק בן אלעזר אמר ליה [אי] שתוקי לך כי היכי דשתקו ליה חבריא לר' יהודה בשפופרת של ביצה ונפיק מינה הורבה דהוראה להיתר לאו שפיר עבדת בגרירת ספסלא גזירה עיליתא דשישא דלית בה חריץ אטו עיליתא דעלמא · ריש כנישתא דבצרה גרר ספסלא לעילא מר' ירמיה רבה א"ל כמאן כר' שמעון דשרי ר' שמעון בגדולים דלא אפשר להגביהן בקטנים דאפשר להגביהן מי אסור · עולא אמר מחלוקת בקטנים אבל בגדולים דברי הכל מותר ומותבינן לתרוייהו מהאי ר' שמעון אומר גורר אדם מטה כסא וספסל ובלבד שלא יתכוין לעשות חריץ הנה קתני מטה דהיא גדולה וקתני כסא וספסל שהן קטנים מכלל דפליגי בקטנים ובגדולים קשיא לתרווייהו ופרק' ר' ירמיה רבה כסא וספסל גדולים הן דומיא דמטה · עולא מפרק לטעמיה מטה קטנה שיכול להגביהה דומיא דכסא וספסל · מתיב רבא מוכרי כסות של כלאים מוכרין כדרכן ובלבד שלא יתכוין בחמה מפני החמה ובגשמים מפני הגשמים · שאם יתכוין נמצא נהנה מן הכלאים ואסור והצנועין מפשילין במקל לאחוריהן כדי שלא יהא כלאים עולה על גופן כלל · והא הכא דאפשר למעבד כצנועים כי הכי דאפשר להגביה כלים · וכי לא מכוין קא שרי רבי שמעון בהעלאה עליהן · תיובתא דרבי ירמיה רבה תיובתא : מתני' המכבה את הנר מפני שהוא מתירא כו' .

*) עי' בר"ף שסתרו · אוקימנא

רב נסים גאון

מותיב רבא מוכרי כסות מוכרין כדרכן ובלבד שלא יתכוין בחמה מפני החמה ובגשמים מפני הגשמים · המשנה שנויה בפרק ט' דמסכת כלאים בסוף המסכת לפי שאמרו קודם לכן אין עראי לכלאים כו' הוצרכו להתיר לאלו דברים שהם תולים בהם ובלבד שלא יתכוונו בהם להרחיק חום החמה בעת החום והזק הגשמים בעתם וכמוהו התירו לתופרים כמו ששנינו תופרי כסות תופרין כדרכן כו' כלומר

§ מסכת שבת דף כט: §

אות א'

מדלא זרקו באשפה דעתיה עילויה

רמב"ם פכ"ב מהל' כלים הכ"ב - פחות משלשה על שלשה שהתקינו לפקוק בו את המרחץ ולנער בו את הקדירה ולקנח בו את הריחיים וכיוצא באלו, אם השליכו באשפה אינו מקבל טומאה; תלאו במגוד או הניחו אחורי הדלת, הרי זה כמי שהניחו בתוך בגדיו, ועדיין הוא חשוב אצלו [א]ומקבל שאר טומאות; חוץ מטומאת מדרס, שהרי הוא פחות משלשה טפחים.

אות ב'

לא יקוב אדם שפופרת של ביצה וימלאנה שמן ויתננה על פי הנר בשביל שתהא מנטפת

סימן רסה ס"א - [ב]אין נותנין כלי מנוקב מלא שמן על פי הנר, כדי שיהא נוטף בתוכו, גזירה שמא יסתפק ממנו ויתחייב משום מכבה - דכיון שהוא בכלי אחר שאין הנר בתוכו, לא בדיל מיניה, וכיון שהקצהו לנר, המסתפק חייב משום מכבה, [רש"י].

ואפילו להפוסקים שסוברין דעל סתם כיבוי אין בו חיוב חטאת, רק איסורא בעלמא, מלבד כשהוא מכבה כשצריך להפחמים, וכדלקמן בסימן של"ד סכ"ז, אפ"ה גזרו ביה רבנן הך גזירה.

ואם חברו לו בסיד או בחרסית, מותר, דכיון שהוא כלי אחד, בדיל מיניה משום איסור שבת.

אות ג'

לא ימלא אדם קערה של שמן ויתננה בצד הנר ויתן ראש הפתילה בתוכה בשביל שתהא שואבת

סימן רסה ס"ב - [ג]לא ימלא קערה שמן ויתננה בצד הנר, ויתן ראש הפתילה בתוכה בשביל שתהא שואבת - ר"ל שנותן קצה השני מהפתילה שאינו דולק בהקערה לשאוב השמן, **גזירה שמא יסתפק ממנו** - דסד"א כיון דהפתילה מונחת גם בקערה יהיה בדיל מניה, קמ"ל דאפ"ה גזרינן, [ד][רמב"ם ואחרונים].

וגם בזה אם חברו בסיד או בחרסית מותר.

אות ד'

חברה בסיד ובחרסית מותר

סימן רסה ס"א - ואם חברו לו בסיד או בחרסית, מותר, דכיון שהוא כלי אחד, בדיל מיניה משום איסור שבת.

אות ה'

מוכרי כסות מוכרין כדרכן וכו'

יו"ד סימן שא ס"ו - תופרי כסות, תופרים כדרכם - [פי' אף על פי שבשעת התפירה יש הבגד על ארכבותם כדרך התופרים, והטעם, דדבר שאין מתכוין מותר], **ובלבד שלא יתכוונו בחמה מפני החמה ובגשמים מפני הגשמים; והצנועין, תופרין בארץ. וכן מוכרי כסות מוכרין כדרכן, ובלבד שלא יתכוונו בחמה מפני החמה ובגשמים מפני הגשמים; והצנועים מפשילין במקל.**

אות ו'

וכי לא מתכוין שרי רבי שמעון לכתחלה

סימן שלז ס"א - אקדים לסימן זה הקדמה קצרה, והיא: חורש הוא אחד מל"ט אבות מלאכות, וכיון שכונת החורש לרפויי ארעא, דאז טוב לזריעה, וגם כוונתו להשוות הגומות וליפותו, כדי שיהיה המקום שוה, **ולכן** החופר בשדה או שעשה חריץ, או שהיה שם תל קטן והשפילו, או שהיה שם מקום נמוך והשוה אותו, וכן כל המשוה גומות במקום הראוי לזריעה, חייב משום חורש, וכן כל מה שעושה ליפות הקרקע הוא תולדת חורש, וחייב בכל שהוא, **ואם** היה זה בבית, חייב משום בונה, שמתקן הבנין עי"ז.

[ה]**דבר שאין מתכוין, מותר** - זה לשון הרמב"ם: דברים המותרים לעשותן בשבת, ובשעת עשייתן אפשר שתיעשה בגללן מלאכה אחרת, ואפשר שלא תיעשה, אם לא נתכוון לאותה מלאכה מותר, וכן כוונת המחבר, **והוא שלא יהא פסיק רישיה** - פירוש, שבודאי תיעשה המלאכה האחרת. [ו]**הלכך גורר אדם מטה כסא וספסל** - פי' כיון דדבר שאינו מתכוין מותר, הלכך גורר, דאע"ג דבגרירתו מצוי שיעשו חריצים בקרקע, ואיכא בזה משום חשש חופר, דהוא תולדה דחורש, אפ"ה לאו פסיק רישא הוא, אפילו בקרקע שאינה מרוצפת, דאפשר שפיר שלא תחרוץ בקרקע.

[**וחופר** גמור לית בזה, דאינו חופר כדרכו במרא וחצינא, אלא כלאחר יד, ובפרט כשגורר בבית ולא בשדה, דמקלקל הוא ע"י החריצים,

---

באר הגולה

[א] ‹ומסיק התם דהדר ביה ר"ע לגבי רבי יהושע, הלכך הלכה כרבי יהושע, ואם כן יש לתמוה על רבינו, למה פסק בתלאו במגוד או הניחו אחורי הדלת שהוא טמא, וצ"ע - כסף משנה› [ב] **שבת כ"ט וכת"ק** [ג] **שם. גם בזה אם חיברו בסיד או בחרסית מותר, כדלעיל סעיף א'** [ד] ‹וראיתי לרבנו בפי' המשנה דגריס: ואי אשמועינן בהנך תרתי, הו"א בהנך מודה ר"י משום דמפסקא, אבל קערה דלא מפסקא אימא מודה לרבנן. וזה היפך פי' רש"י וגרסתו - מרכבת המשנה. **ולהרמב"ם** נמי איכא למימר, דאי לא תני ביצה הו"א איפכא, דדוקא קערה שרי דבדיל מינה שרואה הפתילה שנתונה בתוכה - תוס' יו"ט› [ה] **מסקנא דגמרא שבת כ"ב ובכמה דוכתי** [ו] **שם**

ומדרבנן הוא דאסור, **ומ"מ** דע, דהא דקי"ל דבר שאינו מתכוין מותר, הוא אפי' במקום דבמתכוין איכא איסור דאורייתא].

בין גדולים - דמיטרח ליה לישאם על כתפו, **בין קטנים** - דיכול ליקחם על כתפו, אפ"ה מותר לו לגררם על הארץ, **ובלבד שלא יתכוין לעשות חריץ.**

כתב המג"א, דגדולים ביותר אסור לגרור על הארץ, דפסיק רישא הוא, דבודאי יעשה חריץ, **ואפילו** מרוצף בקרקע של שיש אסור לגרור, דגזרינן מרוצף אטו אינו מרוצף, [**ומסתברא** דאם כל העיר מרוצף באבנים או בקרשים, יש להקל בזה, **ואפי'** אם נחמיר לקמן בכיבוד, הכא קיל טפי, דאפי' באינו מרוצף לית בזה גררא דאורייתא מכמה אנפי, אחד, דהחריץ שיעשה הוא בזה רק חופר כלאחר יד, **ועוד** דהוא מקלקל ע"י הגומות שנעשים בבית ולא מתקן, **ועל** כולם הלא אינו מכוין לזה, והוא רק פסיק רישא דלא ניחא ליה, וגם בזה לכו"ע הוא רק איסור דרבנן, **ומבואר** לעיל בסי' שט"ז ס"ג בהג"ה, דדעת הרמ"א שם מוכח דס"ל בעלמא דאם הוא תרי דרבנן, מותר בפסיק רישא דלא ניחא ליה].

[ז]**ומותר לרבץ הבית** - להזות מים על קרקע הבית כדי שלא יעלה האבק, **כיון שאינו מתכוין להשוות גומות, אלא שלא יעלה האבק** - ואע"ג דכמה פעמים מתמלאים הגומות בעפר ובאבק, לאו פסיק רישא הוא.

ואפילו בקרקע שאינה מרוצפת מותר.

אות ז' – ח'

המכבה את הנר מפני שהוא מתירא מפני נכרים ומפני ליסטים, מפני רוח רעה, מפני החולה שיישן, פטור וכו'

רבי יוסי פוטר בכולן

רמב"ם פ"א מהל' שבת ה"ז - כל העושה מלאכה בשבת, אע"פ שאינו צריך לגופה של מלאכה, חייב עליה, כיצד, הרי שכבה את הנר מפני שהוא צריך לשמן או לפתילה כדי שלא יאבד, או כדי שלא ישרף, או כדי שלא יבקע חרש של נר, חייב, מפני שהכיבוי מלאכה והרי נתכוין לכבות, ואע"פ שאינו צריך לגוף הכבוי, ולא כבה אלא מפני השמן או מפני החרש או מפני הפתילה, הרי זה חייב; וכן המעביר את הקוץ ד' אמות ברשות הרבים, או המכבה את הגחלת כדי שלא יזוקו בהן רבים, חייב, ואע"פ שאינו צריך לגוף הכבוי או לגוף ההעברה, אלא להרחיק ההזק, הרי זה חייב, וכן כל כיוצא בזה. השגת הראב"ד: כל העושה מלאכה בשבת אע"פ שאינו צריך לגופה של מלאכה חייב עליה. א"א ר"ח ז"ל פסק כר"ש שהוא פוטר, מדאמרינן פרק נוטל, רבא כר"ש ס"ל דאמר מלאכה שאינה צריכה לגופה פטור עליה.

רמב"ם פי"ב מהל' שבת ה"ב - המכבה כל שהוא חייב, א' המכבה את הנר וא' המכבה את הגחלת של עץ.

טור סימן רעח ס"א - המכבה הנר מפני שהוא מתירא מפני עכו"ם או לסטים או רוח רעה או לצורך חולה שאין בו סכנה, פטור אבל אסור; ואם יש בו סכנה, מותר לכתחלה; ואם כבהו מפני שחס על הנר או על השמן או על הפתילה, פטור; ואם כבהו כדי להבהב הפתילה, חייב חטאת - ‹משנה שם: כחס על הנר כחס על השמן כחס על הפתילה, חייב, רבי יוסי פוטר בכולן, חוץ מן הפתילה מפני שהוא עושה פחם, **ומפרש** בגמרא (לא:) דרבי יוסי כרבי שמעון ס"ל, ומשו"ה פוטר בכולן, והא דמחייב בפתילה, דוקא כשצריך להבהבה, כלומר שלא הובהבה מבעו"י, דכיבוי זה צריך לגופו, שיהא הלהב נוח לאחוז בה כשיבא להדליקה, [ח]וא"כ לדברי הפוסקים כרבי שמעון, הלכה כרבי יוסי, ולדברי הפוסקים כרבי יהודה, הלכה כת"ק, ורבינו פוסק כרבי שמעון - ב"י›.

שו"ע סימן רעח ס"א - עיין דף ל.

---

§ מסכת שבת דף ל. §

אות א' – ב'

ובדין הוא דליתני מותר

סימן רעח ס"א - [א]מותר לכבות הנר בשביל שיישן החולה שיש בו סכנה – (לכאורה לא היה לו לתלות כלל בחולה שיש בו סכנה, רק באם ע"י מניעת השינה יבא לידי סכנה שרי, ואם לאו אסור, וכן ראיתי לאחד שכתב כן, ומשמע שהוא מפרש כן דברי הגמרא והשו"ע, **אבל** לענ"ד לשון הגמרא והשו"ע הוא כפשוטו ממש, והטעם, משום דשינה יפה לחולה כמו שאחז"ל, לכך התירו לו הכביה בשביל זה בסתמא, דעלול להתרפא עי"ז, וגם עכ"פ לחיות חיי שעה יותר בשביל זה, דגם ע"ז ניתן שבת לידחות, ובלתי השינה אפשר שיכבד עליו החולי ויסתכן יותר, ומיהו אפילו בחולה שאין בו סכנה, אם הרופא אומר שע"י מניעת השינה יתגבר עליו החולי יותר, ואפשר שיבא עי"ז לידי סכנה, גם זה שרי, והשו"ע קמ"ל דבחולה מסוכן גם בסתמא שרי).

שפקוח נפש דוחה שבת, וכדלקמן בסימן שכ"ח, **וה"ה** כשמתיירא מפני לסטים שלא יבואו עליו ויהרגוהו, ואין לו עצה להסתיר את האור, ג"כ מותר לכבות, [גמרא, וכמו שפי' רש"י שם בדף ל. {ד"ה ש"מ} ע"ש ד"ה"ה לשאר פטורי דמתניתין". **וכשידוע** לו שהוא רק סכנת גנבי בלבד, אסור לו לחלל שבת ולכבות].

‹המשך ההלכות מול עמוד ב'›

באר הגולה

[ז] מסקנא דגמרא שבת צ"ה [ח] ‹וזהו הטעם של העין משפט, אמאי הביא רישא וסיפא של המשנה› [א] שבת כ"ט ול'

במה מדליקין פרק שני שבת ל

גמ' מדקתני סיפא חייב ש"מ ר' יהודה היא רישא במאי עסיקנא אי בחולה שיש בו סכנה מותר מיבעי ליה ואי בחולה שאין בו סכנה חייב חטאת מיבעי ליה לעולם בחולה שיש בו סכנה *ובדין הוא דליתני מותר ואיידי *דבעי למתני סיפא חייב תנא נמי רישא פטור והדתני רבי אושעיא אם בשביל החולה שיישן לא יכבה ואם כבה פטור אבל אסור ההיא בחולה שאין בו סכנה ורבי שמעון היא: שאול שאילה זו לעילא מר' תנחום דמן נוי מהו לכבות בוצינא דנורא מקמי באישא בשבתא פתח ואמר אנת שלמה אן חכמתך אן *סוכלתנותך לא דייך שדבריך סותרין דברי דוד אביך אלא שדבריך סותרין זה את זה דוד אביך אמר °לא המתים יהללו יה ואת אמרת °ושבח אני את המתים שכבר מתו וחזרת ואמרת °כי לכלב חי הוא טוב מן האריה המת לא קשיא הא דקאמר דוד לא המתים יהללו יה הכי קאמר לעולם יעסוק אדם בתורה ובמצות קודם שימות שכיון שמת בטל מן התורה ומן המצות ואין להקב"ה שבח בו והיינו דאמר ר' יוחנן *מאי דכתיב °במתים חפשי כיון שמת אדם נעשה חפשי מן התורה ומן המצות ודקאמר שלמה ושבח אני את המתים שכבר מתו שכשחטאו ישראל במדבר עמד משה לפני הקב"ה ואמר כמה תפלות ותחנונים לפניו ולא נענה וכשאמר °זכור לאברהם ליצחק ולישראל עבדיך מיד נענה ולא יפה אמר שלמה ושבח אני את המתים שכבר מתו דבר אחר מנהגו של עולם שר ב"ו גוזר גזרה ספק מקיימין אותה ספק אין מקיימין אותה ואם תמצי לומר מקיימין אותה בחייו מקיימין אותה במותו אין מקיימין אותה ואילו משה רבינו גזר כמה גזירות ותיקן כמה תקנות וקיימות הם לעולם ולעולמי עולמים ולא יפה אמר שלמה ושבח אני את המתים וגו' ד"א ושבח אני וגו' כדרב יהודה אמר רב דאמר רב יהודה אמר רב מאי דכתיב °עשה עמי אות לטובה ויראו שונאי ויבושו אמר דוד לפני הקב"ה *רבונו של עולם מחול לי על אותו עון אמר לו מחול לך אמר לו עשה עמי אות בחיי אמר לו בחייך איני מודיע בחיי שלמה בנך אני מודיע *כשבנה שלמה את בית המקדש ביקש להכנים ארון לבית קדשי הקדשים דבקו שערים זה בזה אמר שלמה עשרים וארבעה רננות ולא נענה פתח ואמר °שאו שערים ראשיכם והנשאו פתחי עולם ויבא מלך הכבוד רהטו בתריה למיבלעיה אמרו מי הוא זה מלך הכבוד אמר להו ה' עזוז וגבור חזר ואמר °שאו שערים ראשיכם ושאו פתחי עולם ויבא מלך הכבוד מי הוא זה מלך הכבוד ה' צבאות הוא מלך הכבוד סלה ולא נענה כיון שאמר °ה' אלהים אל תשב פני משיחך זכרה לחסדי דוד עבדך מיד נענה באותה שעה נהפכו פני כל שונאי דוד כשולי קדירה וידעו כל העם וכל ישראל שמחל לו הקב"ה על אותו עון ולא יפה אמר שלמה ושבח אני את המתים שכבר מתו* והיינו דכתי' °ביום השמיני שלח את העם ויברכו את המלך וילכו לאהליהם שמחים וטובי לב על כל הטובה אשר עשה ה' לדוד עבדו ולישראל עמו וילכו לאהליהם שמצאו נשותיהן בטהרה שמחים שנהנו מזיו השכינה וטובי לב שנתעברו נשותיהן של כל אחד ואחד וילדה זכר על כל הטובה אשר עשה ה' לדוד עבדו (ולישראל עמו' לדוד עבדו) שמחל לו על אותו עון ולישראל עמו דאחיל להו עון דיום הכפורים ודקאמר שלמה כי לכלב חי הוא טוב מן האריה המת כדרב יהודה אמר רב דאמר רב יהודה אמר רב מאי דכתיב °הודיעני ה' קצי ומדת ימי מה היא אדעה מה חדל אני אמר דוד לפני הקדוש ברוך הוא רבונו של עולם הודיעני ה' קצי אמר לו גזרה היא מלפני שאין מודיעין קצו של בשר ודם ומדת ימי מה היא גזרה היא מלפני שאין מודיעין מדת ימיו של אדם ואדעה מה חדל אני אמר לו *בשבת תמות אמות באחד בשבת אמר לו כבר הגיע מלכות שלמה בנך *ואין מלכות נוגעת בחברתה אפי' כמלא נימא אמות בערב שבת *אמר לו °כי טוב יום בחצריך מאלף °טוב לי יום אחד שאתה יושב ועוסק בתורה מאלף עולות שעתיד שלמה בנך להקריב לפני על גבי המזבח
כל

גמ' מדקתני סיפא · כתם על יגר כו' חייב חטאת אם שגג בשבת שכח שהוא שבת או סבר שכיבוי מותר בשבת: ש"מ ר' יהודה היא · דאמר *מלאכה שאינה צריכה לגופה חייב עליה דכיבוי זה אין צריך לגופו אלא לצורך דבר אחר שלא תדלק הפתילה או שלא יפקע הנר ואין לך כיבוי הצריך לגופו אלא כיבוי של פחמין כשעושין אותו וכיבוי של הכהוב פתילה שהכיבוי נעשה להאחיז בו האור מהר כשידליקו וכיון דרבי יהודה היא רישא דפטר משום חולה וה"ה לשאר פטורי דמתניתין: אי · דאיכא סכנת נפשות ומשום פקוח נפש שרי להו ליתני מותר לכתחלה: חייב מיבעי ליה · הואיל ורבי יהודה היא דלא פטר ליה משום דאינה צריכה לגופה: והא דתני רבי אושעיא · בהדיא אבל אסור: ור' שמעון היא · דפטר ליה משום אינה צריכה לגופה: שאול שאילתא · שאלו שאלה: לעילא מר' תנחום · לפניו וכן לשון הש"ס (א) והמקרא שרפים עומדים ממעל לו (ישעיה ו') ועל שם שיראים להתקרב לפניו עומדין מרחוק: דמן נוי · מקום: באישא · חולה תרגום של רעה בישתא: פתח ואמר · כך היו רגילין לפתוח באגדה תחילה והוא דומה לשאלה ודרש: כי לכלב חי · כלומר גדולים החיים ופקוח נפש: אן היא · אנה הלכה: וחזרת ואמרת · לסתור דברי עצמך: לא קשיא · איהו גופיה הוה מפרש להו: דאמר ר' יוחנן · קרא קא דריש במתים חפשי: ושבח אני את המתים · שעסקו בחייהם בתורה ומצות ומתו ראויים לשבחם אפילו מצדיקים חיים שגדולים הן במיתתן מבחייהן: עמד משה · ואין לך צדיק ממנו ולא נענה בזכותו: ד"א ושבח אני את המתים · הראשונים מן החיים של עכשיו שהראשונים טובים מאלה תדע שמתקיימות גזרותיו של משה ואין מתקיימות גזירות שרים של עכשיו: ותקן כמה תקנות · כי ההיא דתני במגילה (דף ד' ולב·) משה תיקן להם לישראל שיהו שואלין ודורשין בענייט של יום: על אותו עון · דבת שבע: דבקו שערים · של בית קדשי הקדשים: כ"ד רננות · רנה תפלה תחינה כתובים בתפלת שלמה עד כ"ד ויש אומרים כ"ד ברכות דתענית ולא נהירא *): רהטו שערים בתריה למבלעיה · סברי דעל עצמו אמר מלך הכבוד א"ל שערים מי הוא זה מלך הכבוד אמר איהו ה' עזוז וגבור (תהלים כד): שולי דוד · משפחת שאול שמעי וכיוצא בו: דיום הכפורים · שאכלו ושתו בחנוכת הבית כדכתיב את החג שבעת ימים ושבעת ימים כדאמרינן במועד קטן (דף ט·): ודקאמר שלמה כי לכלב חי הוא טוב מאריה המת · לאו לענין חשיבותא אמרו אלא לענין הלכות שבת וי"ט: קצי · העתידות לבא עלי: ומדת ימי · כמה ימי חיי: מה חדל אני · באיזה יום אני חדל ובטל מן העולם: אמות באחד בשבת · שיוכלו להתעסק בי ובהספדי: כי טוב יום בחצריך · כלומר כבר אמרת לפני טוב יום שאתה עומד בחצרי ועוסק בתורה מאלף עולות שעתיד בנך שלמה להעלות כדכתיב (מלכים א ג) אלף עולות יעלה שלמה וגו':

*) משום דבברכות דכ"ט ע"א איתא להיפך. כ"כ בכתנות אור פ' שמיני

עין משפט נר מצוה

קו א ב מיי' פ"ב מהל' שבת הלכה כ טוש"ע א"ח סימן רעח:

[עירובין מז. פסחים ז: יבמות לא: קב: כתובות ל. נדרים כח: עבי' נזיר כה: ב"ק מט: לד: כ"מ סב: סנהדרין נז. זבחים לא: חולין סח. קנו: בכורות מו:]

[תרגום אונקלוס של בתכמה ובתבונה בחוכמתא ובסוכלתנו כפי' תשא]

[לקמן קנא: ע"ש ולא תשכיל ותבין פרש"י דהכא ד"ה דאמר רבי יוחנן ונדה סא:]

[מ"ק ט.]

[עי' תוספות חגיגה יח. ד"ה לא עצרת כו'] תהלים פד

מסורת הש"ס

[עי' תוספות לקמן נד: ד"ה את כמה]

[לקמן נג:]

תהלים קטו · קהלת ד · שם ט · תהלים פח · [שמות לב] · תהלים פו · סנהדרין קז: ע"ש מ"ק ט· · תהלים כד · שם · דה"י ו · מלכים א ח · תהלים לט

[ברכות מח: מ"ק כח: יומא לח: תענית ה:] *[מכות י.]

הגהות הב"ח

(א) רש"י ד"ה לעילא מר' תנחום וכו' הש"ס והמקרא · ב"ב פ"ל בפי' ר"ע דף פ"ח פ"א פי' בדרך אחר:

גליון הש"ס

גמ' טוב לי יום אחד שאתה יושב ועוסק בתורה · ובירו' פ"ז דברכות איתא חביבי עלי משפט וצדקה שאתה עושה יותר מקרבנות:

ל"א קצי מנין שנותי מדת ימי באיזה יום בשנה לדעת מנין ימי שאני מתקיים בשנה ארוכה כצ"ל

רבינו חננאל

אוקימנא למתני' כרבי יהודה ובחולה שיש בו סכנה שאם יראה אור הנר ימות והוא הדין לכל הזכורין במשנתנו ובדין הוא דליתני מותר ואיידי דתני סיפא בפרק חייב תני רישא פטור דמשמע פטור אבל אסור ואינו אלא פטור ומותר והא דתני רבי אושעיא אם בשביל שיישן חולה לא יכבה ואם כבה פטור אבל אסור ההוא בחולה שאין בו סכנה ואליבא דרבי שמעון דאמר דבר שאין מתכוין פטור*) נשאלה שאלה זו לפני ר' תנחום דמן נוי שם מקום מן

*) עי' בכריתות כ' ב' ובתוספות שם:

רב נסים גאון

[ש"מ ר' יהודה היא]· כלומר הדבר שנא' לדעת ר' יהודה שהיה סובר מלאכה שאינה צריכה לגופה חייב עליה וכבר הקדמנו פירוש בפרק הראשון [רישא] במאי עסקי' אי בחולה שיש בו סכנה מותר מיבעי ליה והעיקר דיליה הוא דאמר הכתוב (ויקרא יח) אשר יעשה אותם האדם וחי בהם ובפרק יום הכפורים (יומא דף פה) אמרו וכבר היה רבי ישמעאל ורבי עקיבא ורבי אלעזר בן עזריה מהלכין בדרך ולוי הסדר וישמעאל בנו של רבי אלעזר בן עזריה מהלכין אחריהם נשאלה שאילה זו לפניהם מנין לפיקוח נפש שדוחה את השבת נענה רבי ישמעאל ואמר (שמות כב) אם במחתרת ימצא הגנב ולאחר דבריו אמר רב יהודה אמר שמואל אי הואי התם הוה אמינא מילתא דעדיפא מכולהו וחי בהם ולא שימות בהם אמר רבא לכולהו אית להו פירכא לבר מדשמואל דלית ליה פירכא וגו' וכבר אמרו קודם (שם דף פכ) שאין לך דבר שעומד בפני פיקוח נפש חוץ מע"ז וגילוי עריות ושפיכות דמים ובפרק מפנין (דף קכח) אמר מר זוטרא מתני' לקולא טעמא דאטרה אין צריכה הא סתמא מחללין עליה את השבת אמר ליה רבינא (למרי) [למרימר] הילכתא כמאן אמר ליה כמר זוטרא שספק נפשות להקל ואמרו (שם) אמר רב יהודה אמר שמואל עושין מדורה לחיה בשבת סבור מינה לחיה אין לחולה לא בימות הגשמים אין בימות החמה לא איתמר אמר ר' חייא בר אבין אמר שמואל הקיז דם ונצטנן עושין לו מדורה אפילו בתקופת תמוז ושנו במשנה (פרק ר"א דמילה דף קלד) רבי אליעזר בן עזריה אומר מרחיצין את הקטן ביום השלישי שחל להיות בשבת שנאמר ויהי ביום השלישי בהיותם כואבים ואמרו בתלמוד כי אתא רב דימא אמר רבי אלעזר הלכה כרבי אלעזר בן עזריה הוו בה במערבא הרחצת כל גופו או הרחצת מילה עצמה אמר להו הוזא סרבנן ורבי (עקיבא) [יעקב] שמיה מסתברא דהרחצת כל גופו דאי סלקא דעתך הרחצת מילה עצמה מי גרע מחמין של גבי מכה בשבת דאמר רב אין מונעין חמין ושמן מעל גבי מכה בשבת מתקיף לה רב יוסף ולא שני לך בין חמין שהוחמו בשבת לחמין שהוחמו מערב שבת מתקיף לה רב דימי ומאי דהכא בחמין שהוחמו בשבת פליגי דילמא בחמין שהוחמו מערב שבת פליגי אמר אביי אנא בעאי דאישני ליה וקדים ושני ליה רב יוסף מפני שסכנה היא לו כי אתא רבין אמר ר' אבא אמר רבי אלעזר ואמרי לה אמר רבי אבהו אמר רבי יוחנן הלכה כרבי אלעזר בן עזריה בין בחמין שהוחמו בשבת ובין בחמין שהוחמו מערב שבת בין בהרחצת כל גופו ובין בהרחצת מילה מפני שסכנה היא לו ואלו העיקרים אמרו ובחולה שיש בו סכנת מותר מיבעיא ליה ובמסכת ע"ז תמצא כמו אלו העיקרים רבים: ואילו משה רבינו גזר כמה גזירות ותיקן כמה תקנות מעצמו לישראל והרי אנו מזכירין מהן מה שיזדמן לנו במסכת דיבמות אמרינן בפרק הערל (דף עט) אמרו ונתינים דוד גזר עליהם משה גזר עליהם מחוטב עציך עד שואב מימיך ובמסכת ברכות בפרק שלשה שאכלו כאחת (דף מח) אמר רב נחמן משה תיקן להם לישראל ברכת הזן בשעה שירד להן המן ובמסכת מגילה בפרק בני העיר (דף לב) תנו רבנן משה תיקן להן לישראל שיהו קורין ודורשין בעניינו של יום ובפ' יוה"כ (יומא עה) משה תיקן להם זמן סעודה (ובפ') [ובמסכת] תעניות (דף כז) [בפרק] בג' פרקים בשנה משה תיקן להם לישראל שמונה משמרות ארבעה מאלעזר וארבעה מאיתמר: בשלמא לדוד עבדו שמחל לו הקב"ה על אותו עון אלא לישראל עמו מאי היא שמחל להם עון יום הכפורים תמצא פירו' בפרק משקין בית השלחין (מו"ק דף ט) אמר

עין משפט נר מצוה

קח א מיי' פכ"א מהל' שבת הלכה יח סמג לאוין סה טוש"ע א"ח סימן שכד סעיף ז :

קט ב מיי' פכ"ו מהל' שבת הלכה כא סמג שם טוש"ע א"ח סי' שיא סעיף א :

קי ג מיי' פ"א מהלכות לולב הלכה טו :

קיא ד מיי' פ"ז מהל' יסודי התורה הלכה ד [ברא"ש פ"ה דברכות סימן ג:]

קיב ה מיי' פ"ב מהל' דעות הלכה ג :

רש"י

כל יומא דשבתא· של כל שבתות השנים : **הוה יתיב וגריס**· שלא יקרב מלאך המות אליו שהתורה מגינה ממות כדאמרינן בסוטה (דף כא·) : **סליק ובחיש באילני**· מנענע המלאך באילנות להשמיע קול תימה : **וכלבים של בית אבא רעבים**· לשתי שאלות הללו הוצרך : **ולא יפה אמר כו'**· שלתקנת הכלבים לא הצריכוהו לשנות טלטול נבילה ואת האריה המת אסרו לטלטל אלא על ידי ככר או תינוק ל"א שהקדימוהו תשובת הכלב לתשובת האריה לשון רבותי : **ולענין שאילתא**· דמהו לכבות : **דשאילנא קדמיכון**· דרך ענוה אמר דהוה ליה למימר דשאילתון קדמי : **קרויה נר**· כד' *אלהים נשמת אדם (משלי כ) : **מוטב תכבה נרו כו'**· לאו מהכא יליף חלול שבת דפיקוח נפש נפקא לן *וחי בהם ולא שימות בהם אלא להטעימן הדבר בהגדה המושכת את הלב לפי שהיו באים לשמוע הדרשה נשים ועמי הארץ והיו צריכין הדרשנין למשוך את לבבם : **תחלתו וסופו**· וכ"ש שיש עוד בינתיים : **קודם השמש**· אם יעמול בתורה שקדמה לשמש *יש יתרון : **לגווה**· לוותא סולא"ש : **מסולל**· מסובה: **משחוק שמשחק עם הרשעים**· שנותן להם שעה משחקת כדי להאכילן חלקן ולטורדן מן העולם הבא : **שמחה של מצוה**· כגון הכנסת כלה : **שחוק**· שחוק ממש שאין דעת שוחק מיושבת עליו ואפילו אינו של לצון מ"מ אין בו ייסוב : **קלות ראש**· לצון : **קחו לי מנגן**· מצוה היא להשרות עליו שכינה : **לדבר הלכה**· צריך לפתוח במילי דבדיחותא ברישא : **לחלום טוב**· אם בא לישן מתוך שמחה מראין לו חלום טוב : **נוטפות מר**· מרירות מחמת אימה : **וכדחי רבנן**· נפתח לבם מחמת השמחה : **מעזי פנים**· שלא יזיקוני : **ומעזות פנים**· שלא יצא עלי שם ממזרות דהוא עז פנים : **בדברי תורה**· מותר לענות כאולתו : **הרה ויולדת יחדיו**· ביום שהרה זה יולדת ולד אחר כמו תרנגולת וכיון שמשמשת בכל יום נמצאת יולדת בכל יום להכי משמע קרא בכל עת שהיא מתעברת יולדת שממהרת לגמור צורת הולד לזמן מועט : **בא ואראך**· טרח לענותו כאולתו כדי להעמיד דברי תורה על מכונו : **ליגלג**· זו אוולת : **צלף**· מין אילן הטוען ג' מיני פירות אביונות וקפריסין ולולבין וכי איתיה להאי ליתיה להאי כדאמר בריש חזקת הבתים* : **פיסת בר**· משמע גלוסקאות שרחבות כמין פס יד ומשמע כלי מילת כמו כתונת פסים : **בר**· כמו לשבור בר (בראשית מב) ולענין כלי מילת בר נקי כמו ברה כחמה (שיר ו) : **כמהין ופטריות**· שיוצאין כמות שהן בלילה אחד ורחבין ועגולין כגלוסקאות : **נכרא בר קורא**. סיב כמין לבוש מלוייר גדל סביבות הקור של דקל כשהוא רך קור ענף האילן כשהוא רך יוצא בכל שנה קודם שיתקשה קרוי קור : שהמרו

תורה אור

כל יומא דשבתא הוה יתיב וגריס כולי יומא ההוא יומא דבעי למינח נפשיה קם מלאך המות קמיה ולא יכיל ליה דלא הוה פסק פומיה מגירסא אמר מאי אעביד ליה הוה ליה בוסתנא אחורי ביתיה אתא מלאך המות סליק ובחיש באילני נפק למיחזי הוה סליק בדרגא איפחית דרגא מתותיה אישתיק ונח נפשיה שלח שלמה לבי מדרשא אבא מת ומוטל בחמה וכלבים של בית אבא רעבים מה אעשה שלחו ליה *חתוך *נבלה והנח לפני הכלבים ואביך *הנח עליו ככר או תינוק וטלטלו ולא יפה אמר שלמה °כי לכלב חי הוא טוב מן האריה המת ולענין שאילה דשאילנא קדמיכון נר קרויה נר ונשמתו של אדם קרויה נר מוטב תכבה נר של בשר ודם מפני נרו של הקב"ה : אמר רב יהודה בריה דרב שמואל בר שילת משמיה דרב בקשו חכמים לגנוז ספר קהלת מפני שדבריו סותרין זה את זה ומפני מה לא גנזוהו מפני שתחילתו דברי תורה וסופו דברי תורה תחילתו דברי תורה דכתיב °מה יתרון לאדם בכל עמלו שיעמול תחת השמש ואמרי דבי ר' ינאי תחת השמש הוא דאין לו קודם שמש יש לו סופו דברי תורה דכתיב °סוף דבר הכל נשמע את האלהים ירא ואת מצותיו שמור כי זה כל האדם *מאי כי זה כל האדם אמר רבי *(אליעזר) כל העולם כולו לא נברא אלא בשביל זה ר' אבא בר כהנא אמר שקול זה כנגד כל העולם כולו שמעון בן עזאי אומר ואמרי לה שמעון בן זומא אומר לא נברא כל העולם כולו אלא לצוות לזה ומאי דבריו סותרין זה את זה כתיב °טוב כעס משחוק וכתיב °לשחוק אמרתי מהלל כתיב °ושבחתי אני את השמחה וכתיב °ולשמחה מה זה עושה לא קשיא טוב כעס משחוק טוב כעס שכועס הקב"ה על הצדיקים בעוה"ז משחוק שמשחק הקב"ה על הרשעים בעולם הזה ולשחוק אמרתי מהלל זה שחוק שמשחק הקב"ה עם הצדיקים בעולם הבא ושבחתי אני את השמחה שמחה של מצוה ולשמחה מה זה עושה זו שמחה שאינה של מצוה *ללמדך *שאין שכינה שורה לא מתוך עצבות ולא מתוך עצלות ולא מתוך שחוק ולא מתוך קלות ראש ולא מתוך *שיחה ולא מתוך דברים בטלים אלא מתוך דבר שמחה של מצוה שנאמר °ועתה קחו לי מנגן והיה כנגן המנגן ותהי עליו יד ה' אמר רב יהודה וכן לדבר הלכה אמר רבא וכן לחלום טוב איני והאמר רב גידל אמר רב *כל תלמיד חכם שיושב לפני רבו ואין שפתותיו נוטפות מר תכוינה שנאמר °שפתותיו שושנים נוטפות מור עובר אל תקרי מור עובר אלא מר עובר *אל תקרי שושנים אלא ששונים לא קשיא הא ברבה והא בתלמיד ואיבעית אימא הא והא ברבה ולא קשיא הא מקמי דלפתח הא לבתר דפתח כי הא דרבה מקמי דפתח להו לרבנן אמר מילתא דבדיחותא ובדחי רבנן לסוף יתיב באימתא ופתח בשמעתא ואף ספר משלי בקשו לגנוז שהיו דבריו סותרין זה את זה ומפני מה לא גנזוהו אמרי ספר קהלת לאו עיינינן ואשכחינן טעמא הכא נמי ליעיינן ומאי דבריו סותרים זה את זה כתיב °אל תען כסיל כאולתו וכתיב °ענה כסיל כאולתו לא קשיא הא בדברי תורה הא במילי דעלמא כי הא דההוא דאתא לקמיה דרבי אמר ליה אשתך אשתי ובניך בני אמר ליה רצונך שתשתה כוס של יין שתה ופקע ההוא דאתא לקמיה דרבי חייא אמר ליה אמך אשתי ואתה בני אמר ליה רצונך שתשתה כוס של יין שתה ופקע אמר רבי חייא אהניא ליה צלותיה לרבי דלא לשוייה בני ממזירי דרבי כי הוה מצלי אמר *יהי רצון מלפניך ה' אלהינו שתצילני היום מעזי פנים ומעזות פנים בדברי תורה מאי היא כי הא דיתיב רבן גמליאל וקא דריש עתידה אשה *שתלד בכל יום שנאמר °הרה ויולדת יחדיו ליגלג עליו אותו תלמיד אמר אין כל חדש תחת השמש א"ל בא ואראך דוגמתן בעוה"ז נפק אחוי ליה תרנגולת ותו יתיב רבן גמליאל וקא דריש עתידים אילנות שמוציאין פירות בכל יום שנאמר °ונשא ענף ועשה פרי מה ענף בכל יום אף פרי בכל יום ליגלג עליו אותו תלמיד אמר והכתיב אין כל חדש תחת השמש א"ל בא ואראך דוגמתם בעולם הזה נפק אחוי ליה צלף ותו יתיב רבן גמליאל וקא דריש *עתידה ארץ ישראל שתוציא גלוסקאות וכלי מילת שנאמר °יהי פסת בר בארץ ליגלג עליו אותו תלמיד ואמר אין כל חדש תחת השמש אמר ליה בא ואראך דוגמתן בעולם הזה נפק אחוי ליה כמיהין ופטריות ואכלי מילת נברא בר קורא : *ת"ר °לעולם יהא אדם ענוותן כהלל ואל יהא קפדן כשמאי מעשה בשני בני אדם שהמרו

מסורת הש"ס ומראי מקומות

[צ"ל ה'] · [יומא פה:] · [כדאי' פסחים נד. נדרים לט:] · לקמן קמב: · לקמן קנו: · קהלת ט · שם ח · [דף כח:] · שם יב · ברכות ו: · [צ"ל אליעזר] · שם ז · שם ב · שם ח שם ב · פסחים קיז. ע"ש · ס"א שמחה · מלכים ב ג · שיר השירים ה · עיין בערוך ערך טף · [לקמן פח. פסחים קיז:] · משלי כו · משלי כו · [ברכות טז: וכו איתא שתצילני וכו' וכן לקוי להיות] · [עי' תוספות ע"ז כ: ד"ה אין בן דוד] · ירמיה לא · יחזקאל יז · תהלים עב · כתובות קיא: · [אבות דר"נ פט"ו ע"ש שינויים רבים]

רב נסים גאון

אמר רבי פרנך אמר רבי יוחנן אותה שנה לא עשו ישראל צום הכפורים כו' : **ואביך** הנח עליו ככר או תינוק וטלטלו · תמצא עיקר המעשה בפרק כירה (דף מג) איתמר מת המוטל בחמה רב יהודה אמר שמואל הופכו ממטה למטה ורבי חיננא משמיה דרב אמר מניח עליו ככר או תינוק ומטלטלו ובפ"ז נוטל אדם את בנו (דף קמג) אמרו לא אמרו ככר או תינוק אלא למת בלבד מיכן נלמוד כי אותם שמניחין פת על המנורה שתדליקו את הנר עלית כדי שיסירו המנורה ממקומה עוברין הב על המצות ואסור לעשות כן שלא התירו חכמים להניח ככר אלא למת בלבד ולא לדבר אחר :

פליגו

רבינו חננאל

העיירות : **מהו** לכבות בוצינא דנהורא מקמי באישא בשבתא · פי' באישא שביב מרע : **פתח** ואמר אנת שלמה אן הוא חכמתנותך וסוכלתנותך לא דייך שדבריך סותרין דברי אביך כו'· ולענין שאילתא דשאילנא ת"ש נשמתו של אדם היא נרו של הקב"ה שנאמר נר ה' נשמת אדם · מוטב תכבה נרו של ב"ו מפני נרו של הקב"ה · כלומר אם הוא חולה שיש בו סכנה שרי : **אין** השכינה שורה אלא מתוך שמחה שנאמר והיה כנגן המנגן ותהי עליו רוח אלהים · וכן לדבר הלכה והני מילי ברבה אבל בתלמיד לא שכל תלמיד שאין שפתותיו נוטפות מר תכוינה : **תנו** רבנן לעולם יהא אדם ענוותן כהלל ואל יהא קפדן כשמיי מעשה בב'

וכתבו האחרונים, דה"ה בשביל החולה שהוא ספק סכנה, ג"כ מותר לכבות, **אבל** בשביל חולה שאין בו סכנה, אסור לכבות לכו"ע, [גמרא]. (**ולאו דוקא הכביה אסור, דה"ה להשפיל אורה מעט ג"כ אסור בחולה שאין בו סכנה, כידוע דהמעטת האור הוא בכלל מכבה, וכנ"ל** בכמה מקומות), **ואפי'** להפוסקים דס"ל דאין על כיבוי חיוב חטאת, משום דהוי מלאכה שאין צריך לגופה, אפ"ה אסור מדברי סופרים, ואיסור כביה חמור משאר איסור דרבנן, כיון דיש בו צד חיוב לכו"ע, **והרמב"ם** פוסק דמלאכה שאין צריך לגופה חייב עליה.

ולכך נקראת מלאכה שאין צריך לגופה, שהרי א"צ לתכלית המלאכה, כי א"צ לכיבוי בשביל עצמו, אלא שהוא מכבה מפני איזה ענין, כגון כדי שיישן החולה, או שהוא חס על השמן שבנר שלא ידלק כולו עכשיו, או שהוא חס על חרס הנר שלא יתקלקל מפני חוזק ההדלקה, או שמכבה עצים דולקים מפני שחס עליהם, או שמכבה את הדליקה מפני שחס על ממונו, כ"ז מקרי אינו צריך לגופו, שהרי אינו מכוין לתכלית המלאכה עצמה, **וכן** הדמיון בשאר מלאכות, כגון החופר גומא וא"צ אלא לעפרה, שהמלאכה היא הגומא, וחייב בבית משום בונה ובשדה משום חורש, וכיון דא"צ לגומא, הוי מלאכה שאין צריך לגופה, **ואין** לך כיבוי הצריך לגופו, אלא כשהוא מכבה עצים כדי לעשות מהן פחמין, דהלא זה צריך לגוף המלאכה, שהרי א"א לעשות פחמין אם לא שיכבה, וכן כשהוא מכבה את הפתילה מפני שצריך להבהבה, שיהא נאחז בה האור יפה כשיחזור וידליקנה.

עיין ברמב"ם בפירוש המשנה, שכתב דדוקא בשא"א להוציא החולה למקום אחר, (ר"ל היכא דחוששים פן ע"י טלטולו יכבד עליו החולי יותר), או להסתיר האור ממנו, ור"ל ע"י כפיית כלי על גביו, וכדלעיל בסוף הסימן עי"ש, או ע"י הוצאה לחדר אחר, **דאל"ה** בודאי יותר טוב לטלטל מוקצה מלעבור על איסור כביה.

(**ונראה דלהרמב"ם אם אפשר לעשות עצה אחרת, לבד דאיסורא איכא,** גם חיוב חטאת איכא, **ומ"מ יש לעיין לדינא, דאפשר דזה דוקא לדעתו דס"ל מלאכה שאצ"ל חייב עליה, אבל להפוסקים דפטרי, אפשר** דמותר לכתחלה בחולה שיש בו סכנה בכל גווני, **ומ"מ לדינא נראה** להחמיר לכו"ע היכא דיש לו עצה אחרת, להסתיר האור ע"י כפיית כלי וכיוצא בזה, **כי באיסור כביה אף דהיא מלאכה שאצ"ל, מ"מ מפני שהיא** קרובה מאד לאיסור תורה, לא רצו להקל בה, דלהכי אסרו בגמרא אף לר"ש בחולה שאין בו סכנה, ובשאר שבותים קי"ל דמותר לישראל לחלל אף בחולה שאין בו סכנה, **ובפרט** בדבר שלהרמב"ם חייב חטאת, האיך נבוא אנחנו להקל לכתחלה).

וכשיקיץ אח"כ, מותר להדליק הנר בשבילו, (ומ"מ נראה דאין מותר רק להדליק הנר כדי שלא ישב החולה בחשך, אבל להטות הנר כדי שיאיר יותר בטוב, אסור, כי שבת לא הותר רק מה שהוא הכרח לו).

ובכל זה אם א"י מזומן לפניו ואפשר לעשות על ידו בלי איחור, יעשה על ידו.

---

§ מסכת שבת דף ל: §

אות א'

חתוך נבלה והנח לפני הכלבים

סימן שכד ס"ז - [א]מחתכין נבילה לפני הכלבים אפילו נתנבלה היום, בין שהיתה מסוכנת, בין שהיתה בריאה; [ב]והני מילי בנבילה הקשה שאי אפשר להם לאכלה בלא חתיכה, אבל אם היתה ראויה להם בלא חתיכה, לא, דמיטרח במה שהוא ראוי לא טרחינן.

אות ב'

הנח עליו ככר או תינוק וטלטלו

סימן שיא ס"א - [ג]מת המוטל בחמה, מטלטלו מחמה לצל באותו רשות ע"י ככר או תינוק - מיירי שעדיין לא הסריח, אלא שחושש פן יסריח, ולכך החמיר המחבר דדוקא באותו רשות מותר להוציא, ואזיל לטעמיה בריש ס"ב, **אבל** לדעת רמ"א בהג"ה שם דהביא דעת רש"י וטור, גם במוטל בחמה שהוא קרוב להסריח, נמי שרי להוציא לרשות אחר, וכן פסק הב"ח להקל.

אות ג'

שמחה של מצוה

רמב"ם פ"ח מהל' לולב הט"ו - השמחה שישמח אדם בעשיית המצוה ובאהבת האל שצוה בהן, עבודה גדולה היא, וכל המונע עצמו משמחה זו ראוי להפרע ממנו שנאמר: תחת אשר לא עבדת את ה' אלהיך בשמחה ובטוב לבב; וכל המגיס דעתו וחולק כבוד לעצמו ומתכבד בעיניו במקומות אלו, חוטא ושוטה, ועל זה הזהיר שלמה ואמר: אל תתהדר לפני מלך. וכל המשפיל עצמו ומקל גופו במקומות אלו, הוא הגדול המכובד העובד מאהבה, וכן דוד מלך ישראל אמר: ונקלותי עוד מזאת והייתי שפל בעיני; ואין הגדולה והכבוד אלא לשמוח לפני ה' שנאמר: והמלך דוד מפזז ומכרכר לפני ה'.

באר הגולה

[א] שבת קנ"ו משנה וכת"ק הרי"ף הרא"ש וכן פסק הרמב"ם [ב] שם בגמרא אליבא דרבי יהודה [ג] שבת מ"ג

אות ד'

שאין שכינה שורה לא מתוך עצבות ולא מתוך עצלות ולא מתוך שחוק ולא מתוך קלות ראש ולא מתוך שיחה ולא מתוך דברים בטלים, אלא מתוך דבר שמחה של מצוה

רמב"ם פ"ז מהל' יסודי התורה ה"ד - כל הנביאים אין מתנבאין בכל עת שירצו, אלא מכוונים דעתם ויושבים שמחים וטובי לב ומתבודדים; שאין הנבואה שורה לא מתוך עצבות ולא מתוך עצלות, אלא מתוך שמחה; לפיכך בני הנביאים לפניהם נבל ותוף וחליל וכנור והם מבקשים הנבואה, וזהו שנאמר: והמה מתנבאים, כלומר מהלכין בדרך הנבואה עד שינבאו, כמו שאתה אומר פלוני מתגדל.

אות ה'

לעולם יהא אדם ענוותן כהלל ואל יהא קפדן כשמאי

רמב"ם פ"ב מהל' דעות ה"ג - ויש דעות שאסור לו לאדם לנהוג בהן בבינונית, אלא יתרחק מן הקצה האחד עד הקצה האחר, והוא גובה לב, שאין דרך הטובה שיהיה אדם עניו בלבד, אלא שיהיה שפל רוח ותהיה רוחו נמוכה למאד; ולפיכך נאמר במשה רבינו: ענו מאד, ולא נאמר ענו בלבד; ולפיכך צוו חכמים: מאד מאד הוי שפל רוח, ועוד אמרו שכל המגביה לבו כפר בעיקר, שנאמר: ורם לבבך ושכחת את ה' אלקיך; ועוד אמרו: בשמתא מאן דאית ביה גסות הרוח ואפילו מקצתה.

---

§ מסכת שבת דף לא. §

אות א'

נשאת ונתת באמונה

סימן קנ"ו ס"א - [א]אח"כ ילך לעסקיו, דכל תורה שאין עמה מלאכה, סופה בטלה וגוררת עון, כי העוני יעבירנו על דעת קונו; ומ"מ לא [ב]יעשה מלאכתו עיקר, אלא עראי, ותורתו קבע, וזה וזה יתקיים בידו; [ג]וישא ויתן באמונה - היינו שלא ימצא בעסקו שום גזל ותרמית, וגם ע"ז שואלין לו לאדם בשעת הדין, כמו שאחז"ל.

אות ב'

קבעת עתים לתורה

סימן קנ"ה ס"א - [ד]אחר שיצא מבהכ"נ, ילך לבה"מ - דאיתא בגמרא: היוצא מביהכ"נ ונכנס לבהמ"ד ועוסק בתורה, זוכה ומקבל פני השכינה, שנאמר: ילכו מחיל אל חיל יראה אל אלהים בציון.

והנה בזמנם היה הביהכ"נ מיוחד לתפלה, וביהמ"ד מיוחד לתורה לחוד, והיה דרכם להתפלל בביהכ"נ, **ואף** בזמנינו שמתפללים בבתי מדרשות, מ"מ שייך ג"כ דבר זה, דאחר התפלה ילך להתחבר עם האנשים העוסקים בתורה, במשניות וכדומה, ונאמר עליו הכתוב: ילכו מחיל אל חיל וגו'.

ויקבע עת ללמוד - דאיתא בגמרא: כשמכניסין אדם לדין, שואלין אותו: קבעת עתים לתורה, **וטוב** שיקבע העת מיד אחר התפלה, משום "ילכו מחיל אל חיל" וכנ"ל, **וגם** דאם ילך מקודם לעסקיו, חיישינן שמא ימשך ויתבטל קביעותו.

חייב אדם ללמוד בכל יום תורה שבכתב, שהוא תנ"ך, ומשנה וגמרא ופוסקים, **ובעלי** בתים שאינם לומדים רק ג' או ד' שעות ביום, לא ילמדו בגמרא לחוד, דבזה אינו יוצא, אלא צריך שילמוד דוקא גם ספרי פוסקים, כל אחד כפי השגתו.

וצריך שאותו עת יהיה קבוע שלא יעבירנו - דעיקר מצות ת"ת אין לה שיעור, וחיובה הוא כל היום כל זמן שיש לו פנאי, וכדכתיב: לא ימוש ספר התורה הזה מפיך וגו', **וכשיש** לו פנאי והוא מבטל מלמוד תורה מרצונו, הוא קרוב למה שאחז"ל על הפסוק: כי דבר ה' בזה, זה שאפשר לו לעסוק בתורה ואינו עוסק, **ואחז"ל**: ר' חלקיה בשם ר' סימון, העושה תורתו עתים, ר"ל שאינו לומד אלא בעתות מיוחדות, אף שיש לו פנאי ללמוד יותר, הרי זה מפר ברית, ויליף זה מן הכתוב: עת לעשות לה' הפרו תורתך, **אלא** הכונה בקביעת עתים לתורה הוא, שצריך האדם ליחד עת קבוע בכל יום שלא יעבירנו בשום פעם, ואם אירע לו אונס שלא היה יכול להשלים הקביעות שלו ביום, יהיה עליו כמו חוב וישלימנו בלילה, וכדאמרינן: רב אחא בר יעקב יזיף בימַמא ופרע בלילא, **וכתבו** האחרונים, שלעולם קודם שיצא מביהמ"ד שחרית, אפילו אם אירע לו אונס שלא יוכל ללמוד בקביעות, ילמוד עכ"פ פסוק אחד או הלכה אחת.

אף אם הוא סבור להרויח הרבה - ואיש כזה הוא מבעלי אמנה, שמאמין ובוטח בה' שלא יחסר לו מזונותיו עי"ז, **וכדאיתא** בירושלמי: מאי אנשי אמנה, כהדא דהוו צוחין ליה בפרגמטיא, פי' שהיו צועקים הקונים שיבא עם סחורתו למכור, והוי אמר לית אנא מבטל ענתי, מה דחמי למיתי מיתי, וז"ל הקרבן עדה שם: הוי אמר אין אני מבטל השעה שקבעתי ללמוד התורה בשביל הרווחת ממון, אם ראוי שיבוא לי ריוח יבוא הוא מעצמו מהקב"ה, אף לאחר שאגמור קביעות למודי.

באר הגולה

[א] טור ממשנה ב' פ"ב דאבות [ב] ברכות ל"ה [ג] שבת ל"א [ד] טור ממשמעות גמ' דשבת ל"א

שהמרו זה את זה אמרו כל מי שילך ויקניט את הלל יטול ד' מאות זוז אמר אחד מהם אני אקניטנו אותו היום ע"ש היה והלל חפף את ראשו הלך ועבר על פתח ביתו אמר מי כאן הלל מי כאן הלל נתעטף ויצא לקראתו אמר לו בני מה אתה מבקש א"ל שאלה יש לי לשאול א"ל שאל בני שאל מפני מה ראשיהן של בבליים סגלגלות א"ל בני שאלה גדולה שאלת מפני שאין להם חיות פקחות הלך והמתין שעה אחת חזר ואמר מי כאן הלל מי כאן הלל נתעטף ויצא לקראתו אמר לו בני מה אתה מבקש א"ל שאלה יש לי לשאול א"ל שאל בני שאל מפני מה עיניהן של תרמודיין תרוטות אמר לו בני שאלה גדולה שאלת מפני שדרין בין החולות הלך והמתין שעה אחת חזר ואמר מי כאן הלל מי כאן הלל נתעטף ויצא לקראתו א"ל בני מה אתה מבקש א"ל שאלה יש לי לשאול א"ל שאל בני שאל מפני מה רגליהם של אפרקיים רחבות א"ל בני שאלה גדולה שאלת מפני שדרין בין בצעי המים אמר לו שאלות הרבה יש לי לשאול ומתירא אני שמא תכעוס נתעטף וישב לפניו א"ל כל שאלות שיש לך לשאול שאל א"ל אתה הוא הלל שקורין אותך נשיא ישראל א"ל הן א"ל אם אתה הוא לא ירבו כמותך בישראל א"ל בני מפני מה א"ל מפני שאבדתי על ידך ד' מאות זוז א"ל הוי זהיר ברוחך כדי הוא הלל שתאבד על ידו ד' מאות זוז וד' מאות זוז והלל לא יקפיד: ת"ר מעשה בנכרי אחד שבא לפני שמאי אמר לו כמה תורות יש לכם אמר לו שתים תורה שבכתב ותורה שבעל פה א"ל שבכתב אני מאמינך ושבעל פה איני מאמינך גיירני ע"מ שתלמדני תורה שבכתב גער בו והוציאו בנזיפה בא לפני הלל גייריה יומא קמא א"ל א"ב ג"ד למחר אפיך ליה א"ל והא אתמול לא אמרת לי הכי א"ל לאו עלי דידי קא סמכת דעל פה נמי סמוך עלי: שוב מעשה בנכרי אחד שבא לפני שמאי א"ל גיירני ע"מ שתלמדני כל התורה כולה כשאני עומד על רגל אחת דחפו באמת הבנין שבידו בא לפני °הלל *גייריה אמר לו דעלך סני לחברך לא תעביד זו היא כל התורה כולה ואידך פירושה הוא זיל גמור: שוב מעשה בנכרי אחד שהיה עובר אחורי בית המדרש ושמע קול סופר שהיה אומר °ואלה הבגדים אשר יעשו חושן ואפוד אמר הללו למי אמרו לו לכהן גדול אמר אותו נכרי בעצמו אלך ואתגייר בשביל שישימוני כהן גדול בא לפני שמאי אמר ליה גיירני על מנת שתשימני כהן גדול דחפו באמת הבנין שבידו בא לפני הלל גייריה א"ל כלום מעמידין מלך אלא מי שיודע טכסיסי מלכות לך למוד טכסיסי מלכות הלך וקרא כיון שהגיע °והזר הקרב יומת אמר ליה מקרא זה על מי נאמר א"ל אפי' על דוד מלך ישראל נשא אותו גר קל וחומר בעצמו ומה ישראל שנקראו בנים למקום ומתוך אהבה שאהבם קרא להם °בני בכורי ישראל כתיב עליהם והזר הקרב יומת גר הקל שבא במקלו ובתרמילו על אחת כמה וכמה בא לפני שמאי א"ל כלום ראוי אני להיות כהן גדול והלא כתיב בתורה והזר הקרב יומת בא לפני הלל א"ל ענוותן הלל *ינוחו לך ברכות על ראשך שהקרבתני תחת כנפי השכינה לימים נזדווגו שלשתן למקום אחד אמרו קפדנותו של שמאי בקשה לטורדנו מן העולם ענוותנותו של הלל קרבנו תחת כנפי השכינה: אמר ר"ל מאי דכתיב °והיה אמונת עתיך חוסן ישועות חכמת ודעת וגו' אמונת זה סדר זרעים עתיך זה סדר מועד חוסן זה סדר נשים ישועות זה סדר נזיקין חכמת זה סדר קדשים ודעת זה סדר טהרות ואפ"ה °יראת ה' היא אוצרו אמר רבא בשעה שמכניסין אדם לדין אומרים לו *נשאת *ונתת באמונה 'קבעת עתים לתורה עסקת בפו"ר צפית לישועה פלפלת בחכמה הבנת דבר מתוך דבר ואפ"ה אי יראת ה' היא אוצרו אין אי לא לא משל לאדם שאמר לשלוחו העלה לי כור חיטין לעלייה הלך והעלה לו א"ל עירבת לי בהן קב חומטון א"ל לאו א"ל מוטב אם לא העליתה: תנא דבי ר"י *מערב אדם קב חומטון בכור של תבואה ואינו חושש: אמר רבה בר רב הונא כל אדם שיש בו תורה ואין בו

יראת

רש"י

שהמרו · נתערבו כמו שממרין את הסוסים דסנהדרין (דף כה:): **מי כאן הלל** · כלום כאן הלל ולשון גנאי לנשיא ישראל: **מפני מה ראשן של בבליים סגלגלות** · בילונ"ה בלעז שאינו עגול לישנא אחרינא ראשן של בבליים סגלגל עגול: **תרוטות** · רכות: **שדרים בין החולות** · והרוח נושבת ונכנס בתוך עיניהם ובמקום אחר *מפרש תרוטות לשון עגולות בית מושב שלהן ואף כאן אני אומר כן ומפני שדרים בין החולות צריכה אותם המקום שלא יהא סדק של עיניהם ארוך כשלנו ויכנס בו החול וכן רגליהם של אפרקיים רחבות שלא יטבעו בבלעי המים ורבותינו מפרשים שדרים בין בלעי המים והולכין יחפין ומתפשטין רגליהן לפי שהמנעל דוחק הרגל ומעמידו על דפוס שלו: **כדי הוא הלל** · ראוי לכך: **הוציאו בנזיפה** · דתניא הבא לקבל דברי חברות חוץ מדבר אחד וכן גר הבא להתגייר וקבל עליו דברי תורה חוץ מדבר אחד אין מקבלין אותו במסכת בכורות (דף ל:): **גייריה** · וסמך על חכמתו שסופו שירגילנו לקבל עליו דלא דמיא הא לחוץ מדבר אחד שלא היה כופר בתורה שבעל פה אלא שלא היה מאמין שהיא מפי הגבורה והלל הובטח שאחר שילמדנו יסמוך עליו: **אפיך ליה** · כגון תשר"ק: **לאו עלי קא סמכת** · מנין אתה יודע שזו אלף וזו בית אלא שלמדתיך וסמכת עלי דעל פה נמי סמוך על דברי: **אמת הבנין** · מקל שהוא אמת אורך ומודדים בו אורך הבנין שהיו קוללין עם האומנין כך וכך אמות בכך וכך דמים: **דעלך סני לחברך לא תעביד** · ריעך וריע אביך אל תעזוב (משלי כז) זה הקב"ה אל תעבור על דבריו שהרי עליך סנאוי שיעבור חבירך על דבריך ל"א חבירך ממש כגון גזלה גנבה ניאוף ורוב המצות: **אידך** · שאר דברי תורה: **פירושה** · דהא מילתא הוא לדעת איזה דבר סנאוי זיל גמור ותדע: **סופר** · מלמד תינוקות: **טכסיסי** · תיקוני צרכי המלך לפי הכבוד: **שלשתן** · הגרים הללו: **סדר זרעים** · שעל אמונת האדם סומך להפריש מעשרותיו כראוי: **חוסן** · לשון יורשין ועל ידי אשה טולדו יורשין: **סדר נזיקין** · מושיען מזהיר לפרוש מהיזק ומהתחייב ממון: **דעת** · עדיף מחכמה: **היא אוצרו** · הוא עיקר החשוב בעיניו לאצור ולעשות סגולה לזכרון: **קבעת עתים** · לפי שאדם צריך להתעסק בדרך ארץ שאם אין דרך ארץ אין תורה הוצרך לקבוע עתים לתורה דבר קצוב שלא ימשך כל היום לדרך ארץ: **בפריה ורביה** · היינו חוסן: **צפית לישועה** · לדברי הנביאים: **הבנת דבר מתוך דבר** · היינו דעת: **קב חומטין** · ארץ מלחה ומשמרת את הפירות מהתליע: **ואינו חושש** · למוכרה בדמי חטין דלאו אונאה היא שהרי שמירתן בכך: יראת

תוספות

שהמרו זה את זה · דיני אסמכתא מפורש במקום אחר (בבא מציעא דף עדי ושם):

אמונת זה סדר זרעים · מפרש בירושלמי שמאמין בחי העולמים וזורע: וסותר

קיג א טור וש"ע א"ח סי' קנו:

קיד ב מיי' פ"א מהל' ת"ת הלכה ח טור וש"ע א"ח סימן קנה סעיף א:

רבינו חננאל

בג' בני אדם שהמרו זה את זה · כל מי שיקניט הלל יטול [ד' מאות] זוז כו' **אמר** ר"ל והיה אמונת עתיך וגו' אמונת זה סדר זרעים · עתידות סדר מועד·חוסן זה סדר נשים · ישועות זה סדר נזיקין · חכמת זה סדר קדשים · ודעת זה סדר טהרות · ואף על פי [כן] יראת ה' היא אוצרו · אי איכא יראת ה' אין ואי לא לא: **רבא** אמר בשעה שמכניסין את האדם לדין אומרים לו נשאת ונתת באמונה · קבעת עתים לתורה · עסקת בפריה ורביה · צפית לישועה · פלפלת בחכמה · הבנת דבר מתוך דברי אע"פ שיש בידך כל אלו אי איכא יראת שמים אין ואם לא לא · פי' חומטון חול מערבין בתבואה · ואינו בא בה סלמנטון · והיא רצינתאי ומפורש בסוף המוכר את הספינה: כל ת"ח שיש בו תורה ואין בו

[סוטה מז. סנהדרין קז: בכורות מד.]

[עי' תוס' יבמות קט: ד"ה רעה וכו']

שמות כח

במדבר א

שמות ד

[גרסת נ"י וש"ע]

ישעיה לג

שם

[עי' תוס' סנהדרין ז' ד"ה אלא ותוס' קדושין מ: ד"ה אין]

זה סיין לדיני מכירה

גליון הש"ס

גמרא הלל גייריה · עי' יבמות דף כד ע"ב תוס' ד"ה לא בימי ודף קט ע"ב תוס' ד"ה רעה:

קטו א מיי' פ"י מהל' שבת הל' ו' ופי"ב הל' ב סמג לאוין סה טור א"ח סימן רסח:
קטז ב מיי' פי' מהל' שבת הלכה טו:
קיז ג מיי' פ"ט מהל' שבת הל' ג טוש"ע א"ח סי' רסג סעיף ג:

[ילקוט פרשת עקב רמז תתנה איתא רבי ור' אלעזר בר' שמעון הוו יתבי וכו' וע"ש ילקוט קהלת ג' רמז תתקסט]

[מ"ק כח: סנהדרין עו: ע"ש]

גמרא

יראת שמים דומה לגזבר שמסרו לו מפתחות הפנימיות ומפתחות החיצונות לא מסרו לו בהי עייל *מכריז רבי ינאי חבל על דלית ליה דרתא ותרעא לדרתא עביד אמר רב יהודה לא ברא הקב"ה את עולמו אלא כדי שייראו מלפניו שנאמר °והאלהים עשה שייראו מלפניו *ר' סימון ור' אלעזר הוו יתבי חליף ואזיל ר' יעקב בר אחא א"ל חד לחבריה ניקו מקמיה דגבר דחיל חטאין הוא א"ל אידך ניקו מקמיה דגבר *בר אוריין הוא א"ל אמינא לך אנא דגבר דחיל חטאין הוא ואמרת לי את בר אוריין הוא תסתיים דרבי אלעזר הוא דאמר דגבר דחיל חטאין הוא דא"ר יוחנן משום ר' *אלעזר °אין לו להקב"ה בעולמו אלא יראת שמים בלבד שנאמר °ועתה ישראל מה ה' אלהיך שואל מעמך כי אם ליראה וגו' וכתיב °ויאמר לאדם הן יראת ה' היא חכמה וגו' *שכן בלשון יוני קורין לאחת הן *תסתיים: דרש רב עולא מאי דכתיב °אל תרשע הרבה וגו' הרבה הוא דלא לירשע הא מעט לירשע אלא מי שאכל שום וריחו נודף יחזור ויאכל שום אחר ויהא ריחו נודף דרש רבא בר רב עולא מאי דכתיב °כי אין חרצובות למותם ובריא אולם אמר הקב"ה לא דיין לרשעים שאינן חרדין ועצבין מיום המיתה אלא שלבם בריא להן כאולם והיינו דאמר רבה מאי דכתיב °זה דרכם כסל למו יודעין רשעים שדרכם למיתה ויש להם חלב על כסלם שמא תאמר שכחה היא מהן ת"ל ואחריהם בפיהם ירצו סלה: כחס על הנר כו': ר' יוסי כמאן ס"ל *אי כר' יהודה ס"ל אפילו בהנך נמי ליחייב ואי כר"ש ס"ל פתילה נמי ליפטר אמר עולא *לעולם כר' יהודה ס"ל וקסבר ר' יוסי ג'סותר על מנת לבנות במקומו הוי סותר על מנת לבנות שלא במקומו לא הוי סותר א"ל רבה מכדי *כל מלאכות ילפינן להו ממשכן והתם סותר ע"מ לבנות שלא במקומו הוא א"ל שאני התם כיון דכתיב °על פי ה' יחנו כסותר ע"מ לבנות במקומו דמי ור' יוחנן אמר לעולם כר"ש ס"ל ומאי שנא פתילה כדאמר רב המנונא ואיתימא רב אדא בר אהבה הכא בפתילה שצריך להבהבה עסקינן דבההיא אפילו ר"ש מודי דקא מתקן מנא אמר רבא דיקא נמי דקתני שהוא עושה פחם ולא קתני מפני שנעשית פחם ש"מ:

מתני' על שלש עבירות נשים מתות בשעת לידתן על שאינן זהירות בנדה בחלה ד'ובהדלקת הנר: **גמ'** נדה מ"ט א"ר יצחק היא קלקלה בחדרי בטנה לפיכך תלקה בחדרי בטנה תינח נדה חלה והדלקת הנר מאי איכא למימר כדדרש ההוא גלילאה עליה דרב חסדא אמר הקב"ה *רביעית דם נתתי בכם על עסקי דם הזהרתי אתכם ראשית

תורה אור: קהלת ג; דברים י; איוב כח; קהלת ז; תהלים עג; תהלים מט; במדבר ט

רש"י

יראת שמים דומה · לפתחים חיצונים שדרך להם נכנסים לפנימיים כך אם ירא שמים הוא נעשה חרד לשמור ולעשות ואם לאו אינו חש לתורתו: **בהי עייל** · באיזה פתח נכנס לפתוח את הפנימים: (א)(י' ולגא) **אמינא לך** · כלומר אתה מיעטת בשבחו: **הן יראת ה'** · יחידה היא היראה בעולם: **מי שאכל שום וריחו נודף כו'** · פירוקא הוא כלומר הכי קאמר קרא אם רשעת מעט אל תוסף על רשעך דמי שאכל שום וריחו נודף כבר לחבריו כלום יחזור ויאכל עוד אחר ויהיה נודף יותר לזמן ארוך: **חרדין ועצבין** · טטריקון דחרצובות: **כאולם** · שפתחו פתוח ורחב: **זה דרכם** · לעיל מיניה כתיב קרבם בתימו לעולם דהיינו קבורה והדר כתיב זה דרכם כסל למו כלומר יודעין הם שזו דרכם אבל כסל למו כליותיהם מחופין בחלבם מהשיב (ב)כליותיהם מחשבת סופם ושמא תאמר מחמת החלב שכחו והרי הם שוגגין ת"ל ואחריהם את העתיד לבא לנפשם אחרי אובדם בפיהם ירצו ויספרו תמיד ואעפ"כ אינן חוזרין: **אפי' בפתילה נמי ליפטר** · דחס על הפתילה נמי אינה צריכה המלאכה לגופה דמלאכה היינו כיבוי וכיבוי עצמו אינו צריך לו דאם לא הובערה מעולם הוה ניחא ליה אם מתחלה הובהבה הואיל וחס עליה כי אית בה עפי הוה ניחא ליה בה: **לעולם כר' יהודה סבירא ליה** · דמשום אין צריכה לגופה לא מיפטר הואיל וצריכה לדבר אחר מלאכת מחשבת הוא וכי מכבה לה משום חייסא דשמן ונר הייט טעמא דפטור קסבר דסותר ע"מ לבנות במקומו הוי סותר כל מקלקל דשבת הוי פטור דלאו הייט מלאכת מחשבת וסותר דתנן *באבות מלאכות דמיחייב סותר ע"מ לבנות הוא ואינו יכול לבנות אלא אם כן סותרו והשתא לאו קלקול הוא ור"י סבר דאם במקומו חוזר ובונה הוא דמחייב אסתירה ואי לא לא ומכבה דומיא דסותר הוא וכן קורע דומיא דסותר ולהכי תנן הקורע ע"מ לתפור וכן מוחק תנן ע"מ לכתוב דכולם סותר נינהו הלכך על הפתילה חייסה דידיה אינה אלא להדליק הלכך מכבה על מנת להדליק היינו במקומו אבל כי חס על הנר או על השמן ועל הפתילה אינו חס ואינו חושש אם מעליכה אפי' צריך לשמן להדליק בו פתילה אחרת לאחר זמן בתוך נר זה אין זה סותר ע"מ לבנות במקומו שאין הכיבוי וההבערה לא בשמן ולא בנר אלא בפתילה הלכך לא שייכא סתירה ובנין אלא בפתילה וכיון דאין מחשבת סופו לחזור ולהדליק פתילה זו אין כאן עוד בנין במקום סתירה ודקתני שהוא עושה פחם כלומר מפני שהם עושין פחם מתחלתה ועומדת לחזור ולהאחז בה אור ואיכא בנין במקום סתירה ורבותינו מפרשין נר ושמן איכא למימר מיבעי ליה למידי אחריני ולא להדליק ולי נראה שאין צריכין אנו לדוחק זה דמשום דאיכא למימר לית לן למיפטריה שהרי הוא יודע למה חס עליהן וסתם נר אינו אלא להדליק בו פתילה: **ומשכן סותר על מנת לבנות שלא במקומו הוא** · שהיו סותרין אותו בחנייה זו ונוסעים למקום אחר וחונים וחוזרים ומקימין אותו: **כר' שמעון** · דפטר ליה משום דאין צריכין לגופה וכחס על הפתילה היינו טעמא דמחייב כגון שצריך להבהבה שלא הובהבה מבעוד יום דכיבוי זה צריך לגופו שיהא הלהב נוח לאחוז בה כשיבא להדליקה: **שהוא עושה פחם** · שהוא °מתכוין ממש לעשותה כמין פחם עכשיו אלמא בכבוי הצריך לגופו מיירי ולא קתני שנעשית פחם מתחלתו שהובהבה דנמצי למימר טעמא משום דבת בנין היא דאיכא בנין במקום סתירה מה שאין כן בשמן ונר דלא שייך בהו בנין וסתירה: **מתני' בשעת לידתן** · בגמרא מפרש מאי שנא שעת לידתן: **גמ'** הכי גרסינן בנדה מאי טעמא: **בחדרי בטנה** · מקור דמה: **קלקלה** · מרדה: **רביעית דם** · חיי אדם תלויין בה: ראשית

תוספות

וסותר על מנת לבנות במקומו · ור"ש פוטר אפי' בסותר על מנת לבנות במקומו אלא במקום שע"י סתירה יש תיקון (בבנין אחרון) יותר משלא היה בבנין ראשון מעולם שם כגון בפתילה שצריך להבהבה דמחייב ר' שמעון כדאמר בסמוך ואם תאמר לר' שמעון הא דתנן בפרק כלל גדול (לקמן דף עג·) המכבה והסותר בשלמא מכבה משכחת לה דמתקן כדפירש כגון לעשות פחמין אלא סותר לא משכחת שיהא מתקן בסתירה זו יותר משלא היה בטי שם מעולם ואמאי חייב לר' שמעון וי"ל דכולהו ממשכן ילפינן לה ולא היה כיבוי במשכן כ"א לעשות פחמין ולהכי לא מחייב ר"ש אלא בכה"ג אבל סותר אשכחן במשכן שאין מתקן בסתירה זו יותר משלא היה בטי שם מעולם ולהכי מחייב שם אפי' ר"ש וא"ת כיון דסותר ומכבה בעינן ע"מ לבנות ולהבעיר א"כ בפרק כלל גדול (שם) דתנן המכבה והסותר הוי ליה למיתני המכבה ע"מ להבעיר והסותר ע"מ לבנות כי היכי דקתני המוחק ע"מ לכתוב שתי אותיות והקורע ע"מ לתפור שתי תפירות וי"ל דהתם נמי לא קתני ליה אלא משום דבעי למיתני שיעורא דשתי אותיות ושתי תפירות אבל במכבה וסותר על מנת להבעיר ולבנות כל שהוא מיחייב לא איצטריך למיתנייה:

רבינו חננאל

יראת שמים דומה לגזבר שמסרו לו מפתחות הפנימיות והחיצוניות לא מסרו לו בהי עייל מכריז ר' יוחנן חבל על דלית[ליה]דירתא ותרעא לדירתה עביד · אמר להו [רבא] לרבנן במטו מינייכו רבנן לא תירתון תרתי גיהנם *): א"ר יוחנן אין להקב"ה אלא יראת שמים בלבד שנא' ויאמר לאדם הן יראת ה' היא חכמה וסור מרע בינה: פיס' כחס על הנר כחס על השמן וכו' · אוקימנא למתני' כולה המכבה את הנר כחס על הנר כחס על השמן כחס על הפתילה כו' לר' יהודה דסבר דבר שאין מתכוין אסור וחלק עליו רבי יוסי בכולהו והודה לו בפתילה · ואוקמה עולא דרבי יוסי נמי כרבי יהודה סבירא ליה דדבר שאין מתכוין אסור · מיהו אמר לך לא מחייב אלא היכא דקא מתעבדא מלאכה וסותר ע"מ לבנות במקומו כגון פתילה שכבה ע"מ להדליק במקום שכבה בראש הפתילה הוי סותר ונגמרה מלאכה לפיכך חייב · אבל מכבה הפתילה ליטול השמן או הנר נמצא סותר בפתילה ובונה בנר או בשמן כי האי גוונא לא הוי סותר ואין שם מלאכה כלל לפיכך פטור · ואקשינן מכדי מלאכות דשבת ילפינן להו [ממשכן] ובמשכן סותר מזה המקום שנוסעין ממנו לבנות במקום אחר הוא והנה סותר שלא לבנות במקומו הוי סותר ושנינן כיון דכתיב על פי ה' יחנו ועל פי ה' יסעו · ויתכן שיאמר להם שובו הנו במקום שסרתם כסותר ע"מ לבנות [במקומו] דמי רבי יוחנן אמר לעולם רבי יוסי כרבי שמעון סבירא ליה ומתני' בפתילה שצריך להבהבה עסקי' · דבהא אפילו רבי שמעון מודה דקא מתקן מנא דחירוכי משויא ליה מנא ודייקא נמי מתני' הכי דקתני מפני שהוא עושה פחם כלומר מתכוין לעשותה פחם הוא ולא קתני שנעשה פחם בלא כוונתו ש"מ · נתברר כי ההבהוב הוא חירוך (דניאל ג) ושער ראשיהון לא התחרך והחירוך הוא עשיה במין פחם: מתני' על שלש עבירות נשים וכו' · אסיקנא כי הא דדריש ההוא גלילאה

*) לפנינו ליתא כאן מימרא דרבא אלא ביומא ד' עב ע"ב:

מסורת הש"ס

ז"לגא; יומא עב:; [גיטין סב: פרש"י קונטרס]; [ילקוט פרשת עקב הכ"ל איתי' ר' אלעזר בר' שמעון]; [במגילה כו: פרש"י ד"ה תסתיים יש סימן]; לעיל יב: לקמן עג: וש"נ; [לקמן מט:]; [סוטה כ: ע"ש רש"י ותוספות ד"ה לדם]

הגהות הב"ח

(א) רש"י ד"ה בהי וכו' הפנימיים כס"ד ואח"כ מ"ה אמינא לך אלא כלומר: (ב) ד"ה זה דרכם וכו' מהשיב אל כליותיהם וכו' ירצו סלה ויספרו:

גליון הש"ס

גמרא אין לו להקב"ה בעולמו · עיין ברכות דף לג ע"ב: **רש"י** ד"ה מפני שהוא עושה פחם · שהוא מתכוין ממש · וק"ל הא בפשוטו י"ל דהוא מן הפתילה כיים דמון. כחס על הפתילה חייב דמיירי בלא הובהבה מבעו"י וכיון דרצונו לחזור ולהדליק הפתילה וניחא ליה בפחם מיקרי צריכה לגופה דאפילו באינו מתכוין אלא דהוי פ"ר היכא דניחא ליה מיקרי צריכה לגופה כדלקמן קג ע"א בתולש עולשין בארעא דידיה · ומרווח יותר דבפתילה שצריך להבהבה עסקינן היינו דהוא אינו מתכוין לכך אלא דממילא ניחא ליה:

§ מסכת שבת דף לא: §

אות א'

<u>לעולם כרבי יהודה סבירא ליה</u>

רמב"ם פ"א מהל' שבת ה"ז - כל העושה מלאכה בשבת, אע"פ שאינו צריך לגופה של מלאכה, חייב עליה, כיצד, הרי שכבה את הנר מפני שהוא צריך לשמן או לפתילה כדי שלא יאבד, או כדי שלא ישרף, או כדי שלא יבקע חרש של נר, חייב, מפני שהכיבוי מלאכה והרי נתכוין לכבות, ואע"פ שאינו צריך לגוף הכבוי, ולא כבה אלא מפני השמן או מפני החרש או מפני הפתילה, הרי זה חייב; וכן המעביר את הקוץ ד' אמות ברשות הרבים, או המכבה את הגחלת כדי שלא יזוקו בהן רבים, חייב, ואע"פ שאינו צריך לגוף הכבוי או לגוף ההעברה, אלא להרחיק ההזק, הרי זה חייב, וכן כל כיוצא בזה. השגת הראב"ד: כל העושה מלאכה בשבת אע"פ שאינו צריך לגופה של מלאכה חייב עליה. א"א ר"ח ז"ל פסק כר"ש שהוא פוטר, מדאמרינן פרק נוטל, רבא כר"ש ס"ל דאמר מלאכה שאינה צריכה לגופה פטור עליה.

טור סימן [א]רעח ס"א - המכבה הנר מפני שהוא מתירא מפני עכו"ם או לסטים או רוח רעה או לצורך חולה שאין בו סכנה, פטור אבל אסור; ואם יש בו סכנה, מותר לכתחלה; ואם כבהו מפני שחס על הנר או על השמן או על הפתילה, פטור; ואם כבהו כדי להבהב הפתילה, חייב חטאת - ‹משנה שם: כחס על הנר כחס על השמן כחס על הפתילה, חייב, רבי יוסי פוטר בכולן, חוץ מן הפתילה מפני שהוא עושה פחם, **ומפרש** בגמרא (לא:) דרבי יוסי כרבי שמעון ס"ל, ומשו"ה פוטר בכולן, והא דמחייב בפתילה, דוקא כשצריך להבהבה, כלומר שלא הובהבה מבעו"י, דכיבוי זה צריך לגופו, שיהא הלהב נוח לאחוז בה כשיבא להדליקה, **וא"כ** לדברי הפוסקים כרבי שמעון, הלכה כרבי יוסי, ולדברי הפוסקים כרבי יהודה, הלכה כת"ק, ורבינו פוסק כרבי שמעון - ב"י›.

אות ב'

<u>סותר על מנת לבנות במקומו הוי סותר, על מנת לבנות שלא במקומו לא הוי סותר</u>

רמב"ם פ"י מהל' שבת הט"ו - הסותר כל שהוא חייב, [ב]והוא שיסתור על מנת לבנות, אבל אם סתר דרך השחתה פטור; הסותר אהל קבוע או שפרק עץ תקוע, הרי זה תולדת סותר וחייב, והוא שיתכוין לתקן.

אות ג'

<u>ובהדלקת הנר</u>

סימן רסג ס"ג - [ג]הנשים מוזהרות בו יותר, [ד]מפני שמצויות בבית ועוסקות בצרכי הבית - ועוד טעם, מפני שכבתה נר של עולם, שגרמה מיתה לאדם הראשון, **ומ"מ** טוב שהאיש יתקן הנרות.

ואפילו אם ירצה הבעל להדליק בעצמו, האשה קודמת, אם לא שיש הרבה נרות, יכול הוא ג"כ להדליק.

וכשהיא יולדת בשבת ראשונה, מדליק הבעל ומברך. **ובימי** נדותה האשה מברכת בעצמה.

כתב המ"א, דאשה סומא ג"כ יכולה לברך על נר שבת, דהא נהנית ג"כ מהמאורות, **ומיהו** אם יש לה בעל שהוא פקח, הוא יברך, **ואם** אוכלת בשלחן אחד עם אחרים שברכו והדליקו, לא תברך, דהא עיקר הטעם שכולם מברכין, משום שמחה יתירה שיש ע"י ריבוי הנרות, כמ"ש בסעיף ח', והא ליכא שמחה גבה.

באר הגולה

א ‹נ"ל דכצ"ל, דסימן רסח אינו שייך לכאן› **ב** ‹משנה פ' כלל גדול (שבת ע"ג) גבי אבות מלאכות, והוא בסותר ע"מ לבנות, כדאיתא בפ' ב"מ (דף ל"א:) בגמרא - מגיד משנה. **וז"ל** הרמב"ם פ"א הי"ח: כל המקלקל על מנת לתקן חייב, כיצד הרי שסתר כדי לבנות במקומו, או שמחק כדי לכתוב במקום שמחק, או שחפר גומה כדי לבנות בתוכה יסודות, וכל כיוצא בזה, חייב, ושיעורן כשיעור המתקן. **וכתב** ע"ז בעל פרי הארץ: מהכא משמע דס"ל דסותר על מנת לבנות במקומו הוא דמחייב, וזה ודאי כר' יוסי דמתני', דפוטר בכולן חוץ מן הפתילה מפני שהוא עושה פחם, וכדאוקמה עולא בפרק במה מדליקין דף ל"א: דקסבר ר' יוסי סותר על מנת לבנות במקומו הוי סותר. **וקשה** דאמאי פסק כר"י דהוי יחידאה ושבק רבנן, ותו דלפי זה היה לו לפסוק בכחס על הנר דפטור, ואלו בפ"א הל' ז' פסק דחייב. **ונראה** לענ"ד דס"ל לרבינו דלעולם בהא דקאמר ר"י דלא מחייב בסותר אלא דוקא בסותר ע"מ לבנות במקומו, בהא הלכתא כותיה, מדמהדר תלמודא לאוקמי ההיא דמשכן אליביה, **וזהו** שכתב הרב המגיד לקמן פ"י הל' ט"ו וז"ל: והוא בסותר ע"מ לבנות כדאיתא בפרק במה מדליקין, כונתו בזה להודיענו דלא מחייב אלא דוקא בסותר ע"מ לבנות במקומו כר"י, **מיהו** ס"ל לרבינו, דבההיא דכחס על הנר לא קי"ל כר"י אלא כדעת הת"ק, וס"ל דלא תליא הא בהא, דאין לדמות נר ושמן לסותר ע"מ לבנות שלא במקומו, אלא העיקר כת"ק דמחייב בכלהו, משום דקי"ל כר"י דמחייב אמלאכה שאינה צריכה לגופה, והגם דר' יוסי מדמי לה לסותר ע"מ לבנות שלא במקומו לפטור, בהא לא קי"ל כותיה, משום דלא שייך הך דבמקומו ושלא במקומו גבי נר ושמן ופתילה, ור' יוסי הוא דמדמי להו, ואנן קי"ל כת"ק דס"ל דאין שייכות לזה כלל. **מיהו** בעיקר דינו של רבי יוסי דלא מחייב אלא דוקא בסותר ע"מ לבנות במקומו, קי"ל כותיה, כנ"ל, עכ"ל. ‹**והר"מ** ז"ל פ"א מה"ש ופי"ב פסק כר' יהודה, שאצל"ג חייב, ופרק עשירי הט"ו סותר ע"מ לבנות חייב ואף שלא במקומו, כי לא חילק שם, וט"ס הציון בעין משפט - ראש יוסף. ‹**ובסוף** פרק א' כתב, הסותר על מנת לבנות במקומו כו', משמע דשלא במקומו פטור, האומנם כי בפ"י [הט"ו] כתב הרמב"ם הסותר חייב והוא שיסתור על מנת לבנות, ולא כתב על מנת לבנות במקומו, **אך** י"ל שסמך על מה שכתב בפ"א - אבני נזר› **ג** שבת ל"א **ד** הרמב"ם

§ מסכת שבת דף לב. §

אות א'

לעולם אל יעמוד אדם במקום סכנה לומר שעושין לו נס

יו"ד סימן קטז ס"ה - וכל אלו הדברים הם משום סכנה, ושומר נפשו ירחק מהם, ואסור לסמוך אנס או לסכן נפשו בכל כיוצא בזה. (ועיין בחושן משפט סימן תכ"ז).

אות ב'

מי שחלה ונטה למות אומרים לו: התודה, שכן כל המומתין מתודין

יו"ד סימן שלח ס"א - [א]נטה למות, אומרים לו: התודה - שכן דרך כל המומתין מתודין, טור וש"ס שבת - ש"ך. ‹ואף שאולי יצטער עי"ז, מ"מ א"א לו למות בלא וידוי, דזהו עיקר גדול וזכות לנפש להביאו לחיי עולם הבא, וראיה שהרי כל המומתין במיתת ב"ד מתודין קודם מיתתן, אף שאין אנו חוששין כ"כ לתקנותם, וכ"ש לסתם ישראל - ערוה"ש›.

כתב הב"ח, ומשמע דוקא בנטה למות, אבל בלא נטה למות אין אומרים לו התודה, כדי שלא יהא נשבר לבו, **ואף** על פי שאומרים לו הרבה הולכים בשוק ומתודים, **מ"מ** כשאומרים לו לאדם התודה שכן דרך כל המומתים מתודים, ידע הוא שמסוכן הוא מאד, דאל"כ לא היו מזכירין מיתתו בפניו, ויהיה נשבר לבו, לפיכך אין אומרים לו כך אלא בנטה למות כו'. **נראה** מדבריו דאומרים לו: "התודה שכן דרך כל המומתין מתודין", ולכך אין אומרים לו כך אלא בנטה למות, **אבל** הפרישה כתב, דהאי "שכן דרך כל המומתין מתודין", לשון הטור הוא, ולא שיאמרו לו כך, וא"כ אפי' בנטה למות אין אומרים לו כך, **ואף** על גב שהב"ח הביא אח"כ לשון רש"י שכתב: אומרים העומדים שם שכן דרך כל המומתין מתודין כדתנן בסנהדרין כו', **אין** דעת רש"י לומר שהעומדים שם אומרים "כל המומתים מתודין", דא"כ היאך כתב כדתנן בסנהדרין כו', **אלא** האי "שכן דרך כל המומתים" כו', דבור אחר הוא, ומתחלה פי' א"אומרים" מאן נינהו האומרים, ומפרש, "העומדים שם", ואח"כ מפרש "שכן דרך כל המומתים" כו', מלשון שכן דרך כל המומתים כדתנן בסנהדרין כו', **ומ"מ** נראה דדוקא בנטה למות אומרים לו התודה, דאל"כ חושב שמסוכן הוא וישבר לבו, **אי** נמי בלא נטה למות אין אומרים לו כך, שהרי עדיין יש לו שהות שיוכל להתודות, אבל בנטה למות יש לחוש שימות פתאום בלא וידוי - ש"ך.

[ב]ואומרים לו: הרבה התודו ולא מתו, והרבה שלא התודו מתו, ובשכר שאתה מתודה אתה חי, [ג]וכל המתודה יש לו חלק לעולם הבא - ‹ובכל מה שנוכל להשקיט דעתו, החוב עלינו להשקיט דעתו - ערוה"ש›.

ואם אינו יכול להתודות בפיו - ‹שהוא חלוש כל כך›, **יתודה בלבו -** ‹העיקר צריך לראות שיאמר הוידוי בעודו בדעתו, דכשאינו בדעתו אינו כלום. **ואם** יודע להתודות לומר אשמנו ועל חטא וכיו"ב, מה טוב›. **[ד](ואם אינו יודע להתודות, אומרים לו: אמור: מיתתי תהא כפרה על כל עונותי) -** ‹וזהו וידוי קצר - ערוה"ש›.

[ה]וכל אלו הדברים אין אומרין לו בפני ע"ה, ולא בפני נשים, ולא בפני קטנים, שמא יבכו וישברו לבו - ‹וזהו ודאי עבירה לבכות בפניו ולצערו, ויש לגרש הנשים והקטנים כשבוכין בעודו חי החולה - ערוה"ש›.

---

§ מסכת שבת דף לב: §

אות א'

כל הזהיר בציצית זוכה ומשמשין לו שני אלפים ושמונה מאות עבדים

טור סימן כד - ריש לקיש אמר, כל הזהיר במצות ציצית זוכה שמשמשים לו ב' אלפים וח' מאות עבדים, שנאמר: אשר יחזיקו עשרה אנשים מכל לשונות הגוים והחזיקו בכנף איש יהודי וגו' - ‹וכתוב בנמוקי יוסף, וזה מפני שיכירו בזמן ההוא כמה גדולה מצוה זו, וכי היא שהגינה עלינו בגולה, ומביאה אותנו לחיי העולם הבא - ב"י›. **וכל המבטל מצות ציצית עליו נאמר: לאחוז בכנפות הארץ וגו'.**

ואמרו חז"ל: הזהיר במצות ציצית זוכה ורואה פני השכינה, **ומשמע** מן הכתובים, דהיהודים שישארו לעת קץ יהיו מצויינים במצוה זו, **ואמרו** חז"ל: כל הזהיר במצות ציצית, זוכה ומשמשין לו שני אלפים ושמונה מאות עבדים וכו' - מ"ב סימן ח' סי"א.

באר הגולה

א	ברייתא שבת דף ל"ב.
ב	רמב"ן בסת"ה ממסכת שמחות
ג	משנה סנהדרין דף מ"ג:
ד	שם במשנה
ה	שם במסכת שמחות

במה מדליקין פרק שני שבת לב

עין משפט נר מצוה

קיח א מיי' פ"ב מהל' רוצח ושמירת נפש הל' ו סמג עשין עט ש"ע י"ד סי' קיו סעיף ס בהג"ה:

קיט ב מיי' פ"א מהל' תשובה הל' א סמג עשין יג טוש"ע קנו סי' שלא סעיף א:

מסורת הש"ס

כדמתיב נר ה' נשמת אדם תנחומא ריש פ' נח [נ"ל רבה]

תענית כ

[סנהדרין מ: ב"ב קיט: תוספתא יומא פ"ד]

תוספתא פ"ב ברכות לא:

תוספתא פ"ב

כ"א וזמן

תורה אור

ראשית קראתי אתכם על עסקי ראשית הזהרתי אתכם נשמה שנתתי בכם קרויה נר *על עסקי נר הזהרתי אתכם אם אתם מקיימים אותם מוטב ואם לאו הריני נוטל נשמתכם ומ"ש בשעת לידתן אמר *רבא נפל תורא חדד לסכינא אביי אמר תפיש תירוס אמתא בחד מחטרא ליהוי רב חסדא אמר שבקיה לרויא דמנפשיה נפיל מר עוקבא אמר רעיא חגרא ועיזי רידהטן אבב חוטרא מילי ואבי דרי חושבנא רב פפא אמר אבב חנואתא נפישי אחי ומרחמי אבב בזיוני לא אחי ולא מרחמי וגברי היכא מיבדקי אמר ריש לקיש בשעה שעוברים על הגשר גשר ותו לא אימא כעין גשר רב לא עבר במברא דיתיב ביה עכו"ם אמר דילמא מיפקיד ליה דינא עליה ומתפיסנא בהדיה שמואל לא עבר אלא במברא דאית ביה עכו"ם אמר שטנא בתרי אומי לא שליט ר' ינאי בדיק ועבר ר' ינאי לטעמיה *דאמר °לעולם אל יעמוד אדם במקום סכנה לומר שעושין לו נס שמא אין עושין לו נס ואם עושין לו נס מנכין לו מזכיותיו אמר רבי חנין מאי קראה °קטנתי מכל החסדים ומכל האמת רבי זירא ביומא דשותא לא נפיק לביני דיקלא אמר ר' יצחק בריה דרב יהודה לעולם יבקש אדם רחמים שלא יחלה שאם יחלה אומרים לו הבא זכות והפטר אמר מר עוקבא מאי קראה °כי יפול הנופל ממנו ממנו להביא ראיה תנא דבי רבי ישמעאל כי יפול הנופל ממנו (ממנו) ראוי זה ליפול מששת ימי בראשית שהרי לא נפל והכתוב קראו נופל אלא *שמגלגלין זכות על ידי זכאי וחובה על ידי חייב: ת"ר [א]מי שחלה ונטה למות אומרים לו התודה שכן כל המומתין מתודין אדם יוצא לשוק יהי דומה בעיניו כמי שנמסר לסרדיוט חש בראשו יהי דומה בעיניו כמי שנתנוהו בקולר עלה למטה ונפל יהי דומה בעיניו כמו שהעלוהו לגרדום לידון שכל העולה לגרדום לידון אם ישלו פרקליטין גדולים ניצול ואם לאו אינו ניצול ואלו הן פרקליטין של אדם תשובה ומעשים טובים ואפי' תשע מאות ותשעים ותשעה מלמדים עליו חובה ואחד מלמד עליו זכות ניצול שנאמר °אם יש עליו מלאך מליץ אחד מני אלף להגיד לאדם ישרו ויחננו ויאמר פדעהו מרדת שחת וגו': ר' אליעזר בנו של ר' יוסי הגלילי אומר אפילו תשע מאות ותשעים ותשעה באותו מלאך לחובה ואחד לזכות ניצול שנאמר מליץ אחד מני אלף: תנו רבנן על שלש עבירות נשים מתות יולדות רבי אלעזר אומר נשים מתות ילדות ר' אחא אומר בעון שמכבסות צואת בניהם בשבת וי"א על שקורין לארון הקודש ארנא: תניא ר' ישמעאל בן אלעזר אומר בעון שני דברים עמי הארצות מתים על שקורין לארון הקודש ארנא ועל שקורין לבית הכנסת בית עם תניא ר' יוסי אומר *שלשה בדקי מיתה נבראו באשה ואמרי לה שלשה דבקי מיתה נדה וחלה והדלקת הנר חדא כר' אלעזר וחדא כרבנן *תניא רשב"ג אומר הלכות הקדש תרומות ומעשרות הן הן גופי תורה ונמסרו

בראשית לב | דברים כב | איוב לג

רש"י

ראשית קראתי אתכם · ראשית תבואתה (ירמיה ב): עסקי ראשית · ראשית עריסותיכם (במדבר טו): הריני נוטל נשמתכם · ותאבד רביעית דמכם ויכבה נרכם ויבטל שם ראשיתכם ונשים נלקו על כך כדאמרינן בבראשית רבה היא איבדה חלתו של עולם שעל ידה נטרד אדה"ר שנתרם כחלה וכבתה נרו של עולם ושפכה דמו ועוד שצרכי הבית תלוין בה: נפל תורא · לארץ שהוא עומד לשחיטה הכל אומרים חדדו לסכינא עד שלא יקום ויהא טורח להשליכו כך הואיל ואיתרע מזלה מזומנת פורעניתה לבא: תפיש תירוס אמתא · תרבה פשעים השפחה וכולן תלקה בחבטה אחת: תפיש · תרבה: תירוס · פשע והתרסה: מחטרא · בשוו"ט בלע"ז כלומר אשה עומדת ליסורי לידה על עונשה של חוה ומצרפין לה עונשין הרבה לאותו מלקות: שבקיה לרויא · לשיכור אינך צריך להפילו שהוא יפול מאליו כך האשה עומדת לילד משנתעברה והיא צריכה לבקש להקב"ה לפתוח רחמה והוא נמנע והיא מתה מאליה כל הני משל הדיוט נינהו: רעיא חגרא ועיזי רהיטין · קלים לרוץ ואינו יכול להגיען ולהוליכן על כרחן: אבב חוטרא מילי · כשהיא באה לפני גדרות צאן שם הוא מדבר עמה להלקותה על פשעה ואבי דרי לבית הדיר של צאן באין לחשבון · גדרות צאן מתרגמינן חוטרין דען (במדבר לב) כלומר האשה כשהיא בבריאות פעמים שזכיותיה תולין ואין כח במקטרג להזכיר עונה אבל משהגיעה לפתח הסכנה וצריכה לנסים שם מזכירין עונותיה ומעשיה אם ראויה היא לנס אם לאו: אבב חנואתא נפישי אחי ומרחמי · לפתח החנות שמחלקים בו מזונות ויש שם עושר הרבה אחים והרבה אוהבים יש הכל נעשים אוהבים: מרחמי · אוהבים: אבב בזיוני · במקום שיש הפסד ועוני לא אחי ולא מרחמי כך בשעת הסכנה הורע מזלה ותשובתה וחדלו פרקליטין שלה: וגברי היכא מיבדקי · מעשים שלהם להזכיר עונם וזכותם: כעין גשר · כל מקום סכנה כגון קיר נטוי ויוצא לדרך: דילמא מיפקיד · נכרי דינא על חטאיו ומתפיסנא בהדיה: מברא · ספינה שעוברין בה את הנהר: בדיק · הספינה שלא יהא בה נקב: מנכין · פוחתין: קטנתי מכל החסדים · הוקטנו ונתמעטו זכיותי בשביל החסדים אשר עשית וגו': יומא דשותא · שמנשבת בו הרוח דרומית חזקה המפלת חומות ועוקרת אילנות: לביני דקלי · שלא יפיל הרוח דקל עליו: ממנו להביא ראיה · מאחר שהוא נפל צריך למצוא ממנו וממעשיו ראיה לזכות: מששת ימי בראשית · דכתיב קורא הדורות מראש (ישעיה מא) שנגלו לפניו הדורות ומעשיהם *וקנס פורענותם: שהרי · כשניתנה תורה עדיין לא נפל זה והכתוב קראו נופל: על ידי חייב · בע"ה זה שלא קיים מצות מעקה: אומרים · העומדין שם: שכן דרך כל המומתים מתודין · כדתנן בסנהדרין שכל המתודה יש לו חלק כו' שכן מצינו בעכן שאמר לו יהושע כו' בפ' נגמר הדין (סנהדרין דף מג:): לשוק · מצויים שם מריבות ובעלי דינים נכרים וישראלים: דומה כמו שנמסר לסרדיוט · להוליכו לפני השופט: חש בראשו · חששא בעלמא מיחוש קל: נתנוהו בקולר · הוי טפי משנמסר לסרדיוט וגרוע מעולה לגרדום שאין דנין שם אלא להריגה ועל כרחון חמור וצריך פרקליטין גדולים: עלה למטה · שחלה הרבה שצריך לעלות וליפול למשכב: ואלו הן פרקליטין · (א)שעושה למטה(ב) רצוי לב"ד של מעלה תשובה ומעשים טובים: כאותו מלאך · שמליץ עליו זכות והוא אחד מני אלף ואפילו הוא עצמו מעיד עליו חובה ניצול באחת של זכות שנאמר מליץ אחד מני אלף במליצתו של מלאך אין אלא אחת מאלף להגיד ישרו ומשמע נמי שהמלאך המליץ הוי אחד מני אלף דהא מלאך כתיב מכלל דהשאר מגידים עליו חובה אלא מדלא כתיב אם יש עליו מליץ מלאך אחד מני אלף איכא למידרשיה אמלאך ואמליצה: ילדות · בשעת לידתן: שלש עבירות · הנך דמתניתין: ילדות · בחורות ואפילו שלא בשעת לידה: רבי אחא אומר · הילדות מתות על עון שמכבסות: ארנא · כך היו קורין מגדלות שלהם פריט"ר ובלשונינו משטי"ר: בית עם · לשון בזוי שמתקבצין בו הכל: ולארון הקדש ארנא · אין קורין אותו ארון הקדש: בדקי(ג) · שעות שבודקין אותן בהן בשעת סכנה כרבנן דאמרי יולדות: דבקי · שמדבקין ומקרבין מיתה לפני זמנה כר' אלעזר דתני ילדות:

וכמסרו

תוספות

על שקורין לארון הקדש ארנא · לא ארון שעשה בצלאל קאמר דמסתמא לא היו מזכירים ארון שהיה לפני כמה שנים שנגנז בבית הראשון אלא לארון שבבית הכנסת אע"ג דבכל דוכתי קרי ליה תיבה כדתנן העובר לפני התיבה היורד לפני התיבה (ברכות פ"ה דף לד·) אור"י אשכחן נמי דקרי ליה ארון כדאמר תשעה וארון מצטרפין (שם פ"ז דף מז:): מקרא

רבינו חננאל

גלילאת רביעית דם נתתי בכם על עסקי דם הזהרתי אתכם ראשית קראתי אתכם על עסקי ראשית הזהרתי [אתכם] כגון החלה והתרומה נשמה שקרויה נר נתתי בכם על עסקי נר הזהרתי אתכם אם אתם מקיימין אותן מוטב ואם לאו הריני נוטל נשמתכם · ולמה בשעת לידה אמר רבה נפל תורא חדד סכינא תיפוש תירום אמתא חד מחבטא ניהוי פי' תרבה להתרוםם השפחה על אדונתה אחת הכאת תהיה עליה · כלומר פעמים רבות מכעסת אדונתה ומקבעת אדונתה את הכל בלבה והיא משלמת לה בהכאה אחת הכל · וכן רעיא מחגרא ועיזא רהיטתא אבב חוטרא ואבי [דרי] חושבנא · *) פי' רועה פסח שאין יכול לרוץ · ועז בורחת ורצה בשרות כשמגיע בשער גדרות הצאן כדמתרגמינן חוטרין דען ובבית הדיר (ט) כדתנן הכונס צאן לדיר שם מעלה חשבון הבריחות שברחה ושם מכה אותה · בחנות של יין הכל (אי הכין) [אוהביו] באין שם ושואלין בשלום בעל החנות כדי שישתו עמו אבל אם רואין שנתפס אדם בבית המכס או בבית המושל להיענש כל אוהביו בורחין אין אחד מהן פונה אליו: לא יעמוד אדם במקום סכנה ויאמר עושין לי נס [שמא] אין עושין לו נס · ואם עושין לו מנכין לו מזכיותיו שנא' קטנתי מכל החסדים וגו': לעולם יבקש אדם רחמים שלא יחלה שאם יחלה אומרים לו הבא זכיות והפטר: ת"ר חלה ונטה למות אומרים לו התודה שכן דרך כל המומתים מתודים אדם יוצא לשוק יהיה דומה כמי [שנמסר] לסרדיוט חש בראשו דומה כמי שנתנוהו בקולר עלה למטה דומה כמי שהעלוהו לגרדום לידון אם יש לו פרקליטין המלמדין עליו זכות נצול אם לאו לא נצול תשובה ומעשים טובים הן פרקליטין של אדם · אפי' תתקצ"ט מלמדין עליו חובה ואחד מלמד עליו זכות נצול שנאמר אם יש עליו מלאך מליץ אחד מני אלף להגיד פי'

הגהות הב"ח

(א) רש"י ד"ה ואלו הן פרקליטין (שעושה למטה) תא"מ ונ"ב ס"א אין זה: (ב) בא"ד שכן רצוי לב"ד: (ג) ד"ה בדקי מיתה שעות:

לארם ישרו ויחוננו ויאמר פדעהו מרדת שחת מצאתי כופר: שלשה בדקי מיתה · כרבנן דאמרי מתות יולדות [ואמרי לה ג' דבקי מיתה כר"א דאמר מתות ילדות] כלומר דבקה בהו מיתה שלא בעתה:

*) ע' ערוך ערך נב.

ונמסרו לעמי הארץ תניא רבי נתן אומר בעון נדרים מתה אשה של אדם שנאמר °אם אין לך לשלם למה יקח משכבך מתחתיך רבי אומר *בעון נדרים בנים מתים כשהן קטנים °שנאמר °אל תתן את פיך לחטיא את בשרך ואל תאמר לפני המלאך כי שגגה היא למה יקצוף האלהים על קולך וחבל את מעשה ידיך איזה הן מעשה ידיו של אדם הוי אומר בניו ובנותיו של אדם ת"ר בעון נדרים בנים מתים דברי ר"א בר"ש ר' יהודה הנשיא אומר בעון ביטול תורה בשלמא למאן דאמר בעון נדרים כדאמרן אלא למ"ד °בעון ביטול תורה מאי קראה דכתיב °לשוא הכיתי את בניכם מוסר לא לקחו ר"נ בר יצחק אמר למ"ד בעון נדרים נמי מהכא לשוא הכיתי את בניכם על עסקי שוא מכדי *ר' יהודה הנשיא היינו רבי ורבי בעון נדרים קאמר בתר דשמעה מר"א בר' שמעון פליגי בה ר' חייא בר אבא °ור' יוסי חד אמר בעון מזוזה וחד אמר בעון ביטול תורה למ"ד בעון מזוזה מקרא נדרש לפניו ולא לפני פניו ולמ"ד בעון ביטול תורה *מקרא נדרש לפניו ולפני פניו: פליגי בה ר"מ ור' יהודה חד אמר בעון מזוזה וחד אמר בעון ציצית בשלמא למ"ד בעון מזוזה דכתיב °וכתבתם על מזוזות ביתך וכתיב בתריה למען ירבו ימיכם וימי בניכם אלא למ"ד בעון ציצית מ"ט א"ר כהנא ואיתימא שילא מרי דכתיב °גם בכנפיך נמצאו דם נפשות אביונים נקיים ר"נ בר יצחק אמר למ"ד בעון מזוזה נמי מהכא דכתיב °לא במחתרת מצאתים שעשו פתחים כמחתרת אמר ר"ל *כל הזהיר בציצית זוכה ומשמשין לו ב' אלפים וח' מאות עבדים שנא' °כה אמר ה' [צבאות] בימים ההמה אשר יחזיקו עשרה אנשים מכל לשונות הגוים [והחזיקו] בכנף איש יהודי לאמר נלכה עמכם וגו': סימן שנא חלה תרומה נגזלת דינא שבועה שיפוכתא גילויא ונבלותא: תניא ר' נחמיה אומר בעון שנאת חנם מריבה רבה בתוך ביתו של אדם ואשתו מפלת נפלים ובניו ובנותיו של אדם מתים כשהן קטנים: ר' אלעזר בר' יהודה אומר בעון חלה אין ברכה במכונס ומארה משתלחת בשערים וזורעין זרעים ואחרים אוכלין שנאמר °אף אני אעשה זאת לכם והפקדתי עליכם בהלה את השחפת ואת הקדחת מכלות עינים ומדיבות נפש וזרעתם לריק זרעכם ואכלוהו אויביכם אל תקרי בהלה אלא בחלה ואם נותנין מתברכין שנאמר °[ו]ראשית עריסותיכם תתנו לכהן להניח ברכה אל ביתך: בעון ביטול תרומות ומעשרות שמים נעצרין מלהוריד טל ומטר והיוקר הוה והשכר אבד ובני אדם רצין אחר פרנסתן ואין מגיעין שנאמר °ציה גם חום יגזלו מימי שלג שאול חטאו מאי משמע *תנא דבי רבי ישמעאל בשביל דברים שצויתי אתכם בימות החמה ולא עשיתם יגזלו מכם מימי שלג בימות הגשמים ואם נותנין מתברכין שנאמר °הביאו את כל המעשר אל בית האוצר ויהי טרף בביתי ובחנוני נא בזאת אמר ה' צבאות אם לא אפתח לכם את ארובות השמים והריקותי לכם ברכה עד בלי די *מאי עד בלי די אמר רמי בר (*רב) א"ר עד שיבלו שפתותיכם מלומר די: בעון גזל הגובאי עולה והרעב הווה ובני אדם אוכלים בשר בניהן ובנותיהן שנאמר °שמעו הדבר הזה פרות הבשן אשר בהר שומרון העושקות דלים הרוצצות אביונים אמר רבא כגון* הני נשי דמחוזא

דאכלן

(משלי כב; קהלת ה; ירמיה ב; דברים יא; ירמיה ב; שם; זכריה ח; ויקרא כו; יחזקאל מד; איוב כד; מלאכי ג; עמוס ד)

רש"י

ונמסרו לעמי הארץ · שלא מסרו לב"ד למטת שומרין לדבר והאמינה תורה את כל אדם עליהן והן הן גופי תורה שחברים אוכלין פתן וסומכין שניטל ממנו חלה ותרומה ומעשרות והקדש נמי מסור לכל אדם להקדיש ואל הקדש ע"פ כל אדם והן גופי תורה שהייט לריכים לחוש במטלטלין שמא הקדישו וחזר בו ואע"ג דתקון רבנן דמאי מ"מ תורה האמינתו ורבותי מפרשים הלכות הקדש כגון יין לנסכים כדמפרש בחומר בקדש (חגיגה דף כו:) שעמי הארץ נאמנים עליו וקשיא לי אי מדרבנן קאמר דחשיב מאי דהימנוהו רבנן לא הוה ליה למיתני תרומות ומעשרות דרבנן לא הימנוהו: **אם אין לך לשלם** · עולות והקדשות שתדור: **משכבך** · אשתך: **אל תתן את פיך** (א) · בנדר לחטיא את בשרך לחייב את בניך: **לפני המלאך** · גזבר של הקדש: **כי שגגה** · בשוגג קפלתי לנדור ולא אשלם: **על קולך** · בשביל קול נדריך: **לשוא הכיתי** · בתמיה וכי בחנם הכיתים היט אלא בשביל המוסר דהייט תורה לא לקחו לא למדו לשון לקח: **על עסקי שוא** · שעקרו בנדריהם דדמי לשבועה: והא בעון נדרים אמר בברייתא קמייתא ומשני ההיא קמייתא בתר הך איתמר דמעיקרא אמר בעון ביטול תורה ובתר דשמע מר' אלעזר דשמע מר' שמעון אבוה דהוה רביה דרבי בעון נדרים אמר איהו נמי הכי: **מקרא נדרש** · למען ירבו ימיכם וימי בניכם נדרש לפניו קאי אקרא דלקמיה דמשתעי במזוזה ולא לפני פניו ולמדתם אותם את בניכם: **ולפני פניו** · ואף בעון בטול תורה קאמר: **גם בכנפיך** · בשביל כנפיך שבטלת מטתם כמלאו עליך חובת דם נפשות אביונים נקיים בנים קטנים שלא חטאו: **כמחתרת** · שאין לה פלימין הכי אמר קרא לא במחתרת *פתחיהן מצאתים שלמים במצותי כי על כל אלה הכיתי דהאי קרא בתר לשוא הכיתי את בניכם כתיב: **בכנף איש יהודי** · בשכר הכנף יחזיקו בכנף עשרה אנשים מכל לשון הרי שבע מאות לשבעים לשון ולארבע כנפות יש לו הרי אלפים ושמנה מאות: **שנאת חנם** · שלא ראה בו דבר עבירה שיהא מותר לשנאתו ושונאו: **מריבה רבה** · מדה כנגד מדה: **ובניו קטנים מתים** · אהבתו ניטלת ממנו הייט נמי במדה: **במכונס** · באוצרות יין ושמן ומתוך כך באה מארה בשערים שמוכרים ביוקר: **בהלה** · בעון חלה: **והפקדתי** · כמו לא נפקד ממנו איש (במדבר לא) אמעט את מה שעליכם שכנסתם כבר: **השמים נעצרים** · ומתוך שאין גשמים היוקר הוה: **והשכר אבד** · שכר ריוח: **ציה גם חום** · ליה כמו טוי דברים שצויתי אתכם בשעת החום הייט תרומות ומעשרות:

דאכלן

תוספות

מקרא נדרש לפניו ולפני פניו · תימה לר"י דבפ"ק דקדושין (דף לד: ושם) דאמר כל מלות עשה ט' ופריך ונקיש מזוזה לתלמוד תורה פי' וליפטרי נשים ממזוזה כי היכי דפטירי מתלמוד תורה ומשני לא ס"ד דכתיב למען ירבו ימיכם וגו' אטו גברי בעו חיי נשי לא בעו חיי והשתא הא קאי נמי אתלמוד תורה כדמשמע הכא אע"פ שאין הנשים חייבות וי"ל דבת"ת הוה מחייבינן נמי מהאי טעמא אי לא מיעט קרא בהדיא *דכתיב ולמדתם אותם את בניכם ולא את בנותיכם אבל במזוזה דליכא מיעוט אלא היקשא מהאי טעמא אית לן למימר דאין להקיש: **רבי** יהודה הנשיא הייט רבי ורבי בעון נדרים קאמר · והכא לא משני דאף בעון ביטול תורה קאמר כדמשני לקמן (דף לג:) גבי אף על לשון הרע דהתם שייך למימר דאף קאמר דבברייתא שניה שמביא אחריה קאי נמי אתנא קמא דקאמר על לשון הרע וקאמר איהו אף שאוכלים דברים שאינם מתוקנים אבל הכא אי אף קאמר א"כ ברייתא דלעיל דלא קאי את"ק הוה ליה למינקט נמי בעון ביטול תורה:

בעון ציצית כו' · דוקא בימיהם שהיו מלבושיהם כך בארבע כנפות היו נענשים מי שלא היה לשם ציצית כדמוכח (מנחות מא.) גבי א"ל מלאכא לרב קטינא כו' אבל השתא שאין העולם רגילים במלבושים כאלו אין לריך לקנות · אך טוב לקנות טלית ולברך עליו בכל יום כדאמר בסוף פרק קמא דסוטה (דף יד.) וכי לאכול מפריה היה רולה משה אלא אמר משה מלוה שאוכל לקיים יתקיים על ידי [ת"י]:

ה"נ

עין משפט נר מצוה

קב א מיי' פ"ג מהל' ציצית הל' יב סמג עשין כו טור א"ח סימן כד:

[כדאיתא בקדושין כט:]

רבינו חננאל

פי' מקרא נדרש לפניו שנאמר למען ירבו ימיכם וימי בניכם וגו' ולפני זה הפסוק כתיב וכתבתם על מזוזות ביתך וגו' · ונדרש בזכות שתעשה מזוזות ירבו ימי בניכם רבי יהודה הנשיא אמר לפני פניו כתיב ולמדתם אותם את בניכם לדבר והן התורה ומקרא זה למען ירבו ימיכם וימי בניכם נדרש לפניו שהוא המזוזה ולפני פניו בטול תורה: תניא רשב"א הלכות קודש ותרומה ומעשרות הן הן גופי תורה · וכולן נמסרו לעמי הארץ: ירושלמי תני רשב"ג הלכות קודש חטאת והבכורות הן הן גופי הלכות ושלשתן נמסרו לעמי הארץ (הלכך הקודש) [וכמו דתנינן בחגיגה כך] אם אמר הפרשתי לתוכה רביעית קודש (שמו) [נאמן] וכו' ויושאר כל השמועה כולה ופשוטה היא:

מסורת הש"ס

כתובות עב: ע"ש

[יבמות סב: קדושין כט.]

[ר"ה טז: קדושין מ: ב"מ לג: מנחות מג: חולין קמב:]

ס"א פלימין

[תענית ז:]

[צ"ל חמאו]

[פסחים כ]

מכות כג: תענית ט׳ [כב: ע"ש]

הגהות הב"ח

(א) רש"י ד"ה אל תתן את פיך · נ"ב עי' בתוספות ר"פ שייין נדרים ואין בשרך:

רב נסים גאון

פליגי בה ר' אבא (חייה) [חייא] בר אבא ור' יוסי חד אמר בעון מזוזה וחד אמר בעון ביטול תורה · פי' הוא שאמר הקב"ה לישראל (דברים יא) ולמדתם אותם את בניכם לדבר בם וכתיב וכתבתם על מזוזות ביתך ובשעריך ואמר שכרה כנגדה למען ירבו ימיכם וימי בניכם והך דאמר בעון מזוזה הבנים מתים קסבר מקרא נדרש לפניו ולא לפני פניו כלומר כי תתן שכרו של מי שקיים מצות מזוזה שיאריכו חיי בניו וחילופה שאם יעזוב עשייתה ויהיו דברי הכתוב למען ירבו תורין על הפסוק שלפניו שהוא וכתבתם על מזוזות ביתך והך דאמר בעון ביטול תורה הבנים מתים קסבר מקרא נדרש לפניו ולפני פניו וכי זו ההבטחה ומתן השכר הכתוב בפסוק שהוא למען ירבו ימיכם שלא הבטיח הקב"ה אלא למי שלמד את בנו תורה כמו שאמר בפסוק שהוא לפני פניו ולמדתם אותם יהיה עכשיו זה שכתוב למען ירבו ימיכם וימי בניכם חוזר על הפסוק שכתב ולמדתם אותם הלכך כל מי שלמד תורה לבניו זוכין לאריכות ימים וחילופה כי אם אינו מלמדם תורה לא תהיה להם אריכות ימים כי הם מתים בעון ביטול תורה: כל הזהיר במצות ציצית זוכה ומשמשין אותו שני אלפים ושמונה מאות עבדים שנא' (זכריה ח) כה אמר ה' [צבאות] בימים ההמה אשר יחזיקו עשרה אנשים מכל לשונות הגוים והחזיקו בכנף איש יהודי כבר ידעת כל לשונות הגוים הם שבעים לשון ואם יהיו י' אנשים מכל לשון לע' לשון יהיו הכל שבע מאות הרי אלו יחזיקו בכנף אחד והטלית שעל ישראל יש לה ד' כנפים שנאמר (דברים כב) על ארבע כנפות כסותך הרי אם יהיו שבע מאות מחזיקים בכנף אחד יהיו כל המחזיקים בד' כנפים אלפים ושמונה מאות:

אמר

גליון הש"ס גמ' שנאמר אל תתן · עי' שבועות דף לט ע"א תוס' ד"ה ואין בשרך: שם בעון ביטול תורה מאי קראה · במסכת כלה איתא רבי יהושע אומר בעון ביטול תורה בנים קטנים מתים דכתיב ותשכח תורת אלהיך אשכח בניך גם אני: שם רבי חייא בר אבא ורבי יוסי · צ"ל ור' אסי או ר' אמי · סדר הדורות בהקדמה אות ד':

‹ההלכות נמצאות מול עמוד א'›

במה מדליקין פרק שני שבת לג

מסורת הש"ס

תורה אור

דאכלן ולא עבדן וכתיב °הכיתי אתכם בשדפון ובירקון הרבות גנותיכם וכרמיכם ותאניכם וזיתיכם יאכל הגזם וכתיב °יתר הגזם אכל הארבה ויתר הארבה אכל הילק ויתר הילק אכל החסיל וכתי' °ויגזור על ימין ורעב ויאכל על שמאל ולא שבעו איש בשר זרועו יאכלו אל תקרי בשר זרועו אלא בשר זרעו: בעון עינוי הדין ועיוות הדין וקלקול הדין וביטול תורה חרב וביזה רבה ודבר ובצורת בא ובני אדם אוכלין ואינן שבעין ואוכלין לחמם במשקל דכתיב °והבאתי עליכם חרב נוקמת נקם ברית וגו' ואין ברית אלא תורה *שנאמר °אם לא בריתי יומם ולילה וגו' וכתיב °בשברי לכם מטה לחם ואפו עשר נשים וגו' וכתיב °יען וביען במשפטי מאסו: בעון שבועת שוא ושבועת שקר וחילול השם וחילול שבת חיה רעה רבה ובהמה כלה ובני אדם מתמעטין והדרכים משתוממין שנא' °ואם באלה לא תוסרו לי אל תקרי באלה אלא באלה וכתיב °והשלחתי בכם את חית השדה וגו' וכתיב בשבועת שקר °ולא תשבעו בשמי לשקר וחללת את שם אלהיך ובחלול השם כתיב °ולא תחללו את שם קדשי ובחלול שבת כתיב °מחלליה מות יומת ויליף חילול חילול משבועת שקר: בעון *שפיכות דמים בית המקדש חרב ושכינה מסתלקת מישראל שנאמר °ולא תחניפו וגו' ולא תטמא את הארץ אשר אתם יושבים בה אשר אני שוכן בתוכה הא אתם מטמאים אותה אינכם יושבים בה ואיני שוכן בתוכה: בעון גלוי עריות ועבודת כוכבים והשמטת שמיטין ויובלות גלות בא לעולם ומגלין אותן ובאין אחרים ויושבין במקומן שנאמר °כי את כל התועבות האל עשו אנשי הארץ וגו' וכתיב ותטמא הארץ ואפקוד עונה עליה וגו' וכתיב °ולא תקיא הארץ אתכם בטמאכם אותה ובעבודת כוכבים כתיב °ונתתי את פגריכם וגו' וכתיב והשמותי את מקדשיכם וגו' ואתכם אזרה בגוים בשמיטין וביובלות כתיב °אז תרצה הארץ את שבתותיה כל ימי השמה ואתם בארץ אויביכם וגו' וכתיב °כל ימי השמה תשבות: בעון נבלות פה צרות רבות וגזירות קשות מתחדשות ובחורי שונאי ישראל מתים יתומים ואלמנות צועקין ואינן נענין שנא' °על כן על בחוריו לא ישמח ה' ואת יתומיו [ואת](ו) אלמנותיו לא ירחם כי כלו חנף ומרע וכל פה דובר נבלה בכל זאת לא שב אפו ועוד ידו נטויה מאי *ועוד ידו נטויה א"ר חנן בר רבא הכל יודעין כלה למה נכנסה לחופה אלא כל המנבל פיו אפי' חותמין עליו גזר דין של שבעים שנה לטובה הופכין עליו לרעה אמר רבה בר שילא אמר רב חסדא כל המנבל את פיו מעמיקין לו גיהנם שנאמר °שוחה עמוקה פי זרות רב נחמן בר יצחק אמר אף שומע ושותק שנאמר °זעום ה' יפול שם אמר רב אושעיא כל המתמרק עצמו לעבירה חבורות ופצעין יוצאין בו שנאמר °חבורות פצע תמרוק ברע ולא עוד אלא שנדון בהדרוקן(א) שנאמר °ומכות חדרי בטן אמר רב נחמן בר יצחק *סימן לעבירה הדרוקן ת"ר ג' מיני הדרוקן הן של עבירה עבה ושל רעב תפוח ושל כשפים דק שמואל הקטן חש ביה אמר רבש"ע מי מפיס איתסי אביי חש ביה אמר רבא ידענא ביה *בנחמני דמכפין נפשיה רבא חש ביה והא רבא הוא דאמר נפישי קטילי קדר מנפיחי כפן שאני רבא דאנסי ליה רבנן בעידניה בעל כורחיה ת"ר ד' סימנין הן סימן לעבירה הדרוקן סימן לשנאת חנם ירקון סימן *לגסות הרוח עניות סימן ללה"ר אסכרה ת"ר אסכרה באה לעולם

על

דאכלן ולא עבדן · ונמלא שגוזלות את בעליהן ועוד מתוך שמלומדות במאכל ובמשתה גורמות לבעלים לגזול: **וכתיב** · בההיא פרשה בנבואת עמוס הכיתי אתכם בשדפון וסיפיה דקרא כרמיכם(ב) וזיתיכם יאכל הגזם וכתיב ביואל יתר הגזם דמשמע שהגזם אינו אלא תחלת מכה ואחריה באים ארבה וחסיל אלמא גובאי עולה בעון גזל וכיון דמיני גובאי עולין רעב הוה וכיון דהרעב הוה כתיב בישעיה ויגזור על ימין ורעב וגו' וסיפיה דקרא איש בשר זרועו יאכלו: **עינוי הדין** · שמאחרין הדיינין לדונו ולא נשא שמים אלא לאחר שהוברר להן הדין משהין אותו: **עוות הדין** · שמעוותין אותו מזידין: **קלקול הדין** · שלא היו מתונין בו לעיין כל צרכן ונתקלקל מאליו: **חרב וביזה רבה כו'** · דכתיב נקם ברית ואין ברית אלא תורה דכתיב אם לא בריתי יומם ולילה והגית בו יומם ולילה וכתיב חרב ועל ידי חרב דהיינו משלחת גירוי מלחמה הביזה באה וכתיב ושלחתי דבר הרי דבר וכתיב בשברי לכם מטה לחם הרי בצורת וכתיב בסוף כל הקללות יען וביען במשפטי מאסו הרי עינוי ועיוות וקלקול בכלל: **שבועת שוא** · כל המשנה את הידוע כגון על האיש שהוא אשה שבועת שקר שאין בדאותו ניכרת ומאמין שקר לבריות: **והדרכים משתוממין** · מאין עובר: **אלא באלה** · ויש במשמע בין שוא בין שקר וכתיב בשבועת שקר וחללת ובשבת ובחילול השם כתיב חילול וגמרינן משבועה: **חילול השם** · אדם גדול שבני אדם למדים הימנו ואינו נזהר במעשיו נמלאו הקטנים מזלזלין בתורה על ידו ואומרים זהו מבין שאין ממש בתורה ובמצות ונמצא השם מתחלל נעשה דבריו חולין: **אין אני שוכן** · חורבן הבית במשמע שאין משכני (ג) בתוכם: **כי את כל התועבות** · בפרשת עריות כתיב: **ונתתי את פגריכם על פגרי גלוליכם** · דהיינו ע"ז וכתיב בתריה ואתכם אזרה בגוים וכתיב ושממו עליה אויביכם היושבים בה הרי שהם גולין ואויביהם יושבין במקומן: **שבתותיה** · שמיטין: **ואתם בארץ אויביכם** · ולעיל מיניה כתיב ושממו עליה אויביכם: **לא ישמח** · הרי צרות וגזירות ואת יתומיו ואת אלמנותיו לא ירחם הרי צועקין ואינם נענין בעון מה כי כלו חנף ומרע וכל פה דובר נבלה ועוד ידו נטויה לשון ועד כל שנותיו של אדם שהן ע' שנה יד הדין נטויה עליו לבטל זכיותיו בעון זה: **הכל יודעין כו'** · ולא הוצרך לאדם לפרש למה נכנסה והמנבל פיו בכך אפילו כו': **שוחה עמוקה** · מוכנת לפי זרות למי שפיו זרה: **זעום ה' יפול שם** · זעם של הקב"ה הוא שוחה שם אצל פי זרות היושב אצלו ושומע קרוי זעומו של הקב"ה: **המתמרק עצמו** · מפנה לבו לכך ממרק עצמו משאר עסקים להתעסק בעבירות: **תמרוק ברע** · הממרק ברע: **הדרוקן** · חולי הוא: **של עבירה עבה** · הבאה בשביל עבירה עבה בשרו מתקשה ועב ונפוח בעובי: **תפוח** · שייני"ש נפוח עורו על בשרו ומים בינתיים ונראה כזוכית ורך מתוכו: **דק** · בשרו דק וכחוש: **מי מפיס** · מי מטיל גורל להבחין ולהודיע שאינו של עבירה עכשיו יאמרו עלי שעברתי על דת ואין הכל יודעין בג' סימנים שאמרנו ופעמים שמשתנין: **ידענא ביה** · שמחמת רעב בא לו ואין צריך לחשדו: **והא רבא דאמר** · כלומר למה חש בו והא לא הרעיב את עצמו מדקאמר ידענא ביה בנחמני מכלל דהמרעיב עצמו רע בעיניו ואי משום שהיה משהה נקביו ואמרינן בבכורות (דף מד:) נותא רבה הדרוקן רבה שעל שהיית נקבים הוא בא: **הא איהו אמר נפישי קטילי קדר** · רבים הרוגי נקבים ממותי הדרוקן של רעב קדר לשון קדרה על שם ששופך כקדרה: **דאנסי ליה רבנן בעידניה** · התלמידים הקבועים להם עת לפניו אונסין אותו להשהות נקביו: **סימן לגסות הרוח עניות** · בפרק האיש מקדש (קדושין דף מט:) מפרש מאי עניות עניות דתורה: **אסכרה** · חולי המתחיל במעיים וגומר בגרון הנקרא בונמלא"ן:

על

הגהות הב"ח

(א) גמ' שנידון בהדרוקן כ"כ עי' בעירובין דף מא ע"ב: (ב) רש"י ד"ה וכתיב וכו' כרמיכם ותאניכם וזיתיכם: (ג) ד"ה אין אני וכו' משכני (בתוכם) תז"מ ונ"ב ס"א בתוכם:

[עי' רש"י גטין לה: ד"ה והלכתא ובר"ן נדרים כד: ד"ה איתמר טעם דנקרא נחמני]

עמוס ד · יואל א · ישעיה ט · ויקרא כו · ירמיה לג · ויקרא כו · שם · שם · שם · ויקרא יט · שם כב · שמות לא · במדבר לה · ויקרא יח · שם · שם · שם · שם · ישעיה ט · משלי כב · שם · שם כ · שם

[נדרים לג.] · [יומא פה. ע"ש] · [כתובות תז] · יבמות פ: ע"ש · [קדושין מט:]

קבא א מיי' פ"ז מהל' דעות הלכה ה :

על המעשר ר' אלעזר בר' יוסי אומר על לשון הרע אמר רבא ואיתימא ריב"ל מאי קראה °והמלך ישמח באלהים יתהלל כל הנשבע בו כי יסכר פי דוברי שקר איבעיא להו רבי אלעזר ברבי יוסי על לשון הרע קאמר או דילמא אף על לשון הרע נמי קאמר ת"ש כשנכנסו רבותינו לכרם ביבנה היה שם רבי יהודה ור' אלעזר בר' יוסי ור"ש נשאלה שאלה זו בפניהם מכה זו מפני מה מתחלת בבני מעיים וגומרת בפה נענה רבי יהודה ברבי אלעאי *ראש המדברים בכל מקום ואמר אע"פ *שכליות יועצות ולב מבין ולשון מחתך פה גומר נענה רבי אלעזר ברבי יוסי ואמר מפני שאוכלין בה דברים טמאין דברים טמאים סלקא דעתך אלא שאוכלין בה דברים שאינן מתוקנים נענה ר' שמעון ואמר בעון ביטול תורה אמרו לו נשים יוכיחו שמבטלות את בעליהן נכרים יוכיחו שמבטלין את ישראל תינוקות יוכיחו שמבטלין את אביהן תינוקות של בית רבן יוכיחו התם כדרבי גוריון דאמר רבי גוריון ואיתימא רב יוסף ברבי שמעיה בזמן שהצדיקים בדור צדיקים נתפסים על הדור *אין צדיקים בדור תינוקות של בית רבן נתפסים על הדור א"ר יצחק בר זעירי ואמרי לה א"ר שמעון בן נזירא מאי קראה °אם לא תדעי לך היפה בנשים צאי לך בעקבי הצאן וגו' ואמרינן גדיים הממושכנין על הרועים ש"מ אף על לשון הרע נמי קאמר ש"מ ואמאי קרו ליה ראש המדברים בכל מקום דיתבי רבי יהודה ורבי יוסי ורבי שמעון ויתיב יהודה בן גרים גבייהו פתח ר' יהודה ואמר כמה נאים מעשיהן של אומה זו תקנו שווקים תקנו גשרים תקנו מרחצאות ר' יוסי שתק נענה רשב"י ואמר כל מה שתקנו לא *תקנו אלא לצורך עצמן תקנו שווקין להושיב בהן זונות מרחצאות לעדן בהן עצמן גשרים ליטול מהן מכס הלך יהודה בן גרים *וסיפר דבריהם ונשמעו למלכות אמרו יהודה שעילה יתעלה יוסי ששתק יגלה לציפורי שמעון שגינה יהרג אזל הוא ובריה טשו בי מדרשא כל יומא הוה מייתי להו דביתהו ריפתא וכוזא דמיא וכרכי כי תקיף גזירתא °א"ל לבריה *נשים דעתן קלה עליהן דילמא מצערי לה ומגליא לן אזלו טשו במערתא איתרחיש ניסא איברי להו חרובא ועינא דמיא והוו *משלחי מנייהו והוו יתבי עד צואריהו בחלא כולי יומא גרסי °בעידן צלויי לבשו מיכסו *ומצלו והדר משלחי מנייהו כי היכי דלא ליבלו איתבו תריסר שני °במערתא אתא אליהו וקם אפיתחא דמערתא אמר מאן לודעיה לבר יוחי דמית קיסר ובטיל גזירתיה נפקו חזו אינשי דקא כרבי וזרעי אמר *מניחין חיי עולם ועוסקין בחיי שעה כל מקום שנותנין עיניהן מיד נשרף יצתה בת קול ואמרה להם להחריב עולמי יצאתם חיזרו למערתכם הדור אזול איתיבו תריסר ירחי שתא אמרי *משפט רשעים בגיהנם י"ב חדש יצתה בת קול ואמרה צאו ממערתכם נפקו כל היכא דהוה מחי ר' אלעזר הוה מסי ר"ש אמר לו בני די לעולם אני ואתה בהדי פניא דמעלי שבתא חזו ההוא סבא דהוה נקיט תרי *מדאני אסא ורהיט בין השמשות אמרו ליה הני למה לך אמר להו לכבוד שבת ותיסגי לך בחד חד כנגד °זכור וחד כנגד °שמור א"ל לבריה חזי כמה חביבין מצות על ישראל יתיב דעתייהו שמע ר' פנחס בן יאיר חתניה ונפק לאפיה עייליה לבי בניה הוה קא *אריך ליה לבישריה חזי דהוה ביה פילי בגופיה הוה קא בכי וקא נתרו דמעת עיניה וקמצווחא ליה א"ל אוי לי שראיתיך בכך א"ל אשריך שראיתני בכך שאילמלא לא ראיתני בכך לא מצאת בי כך דמעיקרא כי הוה מקשי ר"ש בן יוחי קושיא הוה מפרק ליה ר' פנחס בן יאיר תריסר פירוקי לסוף כי הוה מקשי ר"פ בן יאיר קושיא הוה מפרק ליה רשב"י עשרין וארבעה פירוקי אמר הואיל ואיתרחיש ניסא איזיל אתקין מילתא דכתיב °ויבא יעקב שלם ואמר רב שלם בגופו שלם בממונו שלם בתורתו °ויחן את פני העיר אמר רב מטבע תיקן להם ושמואל אמר שווקים תיקן להם ור' יוחנן אמר מרחצאות תיקן להם אמר איכא מילתא דבעי לתקוני אמרו ליה איכא דוכתא דאית ביה ספק טומאה

ואית

תהלים סג · שה"ש א · שמות כ · דברים ה · בראשית לג · שם

רש"י

על המעשר · האוכל פירותיו טבלים והוא במיתה בידי שמים וזוהי מיתתו מדה במדה דדרך גרונו נכנס במעיו : **יסכר** · אסכרה : **לכרם** · זה בית המדרש שיושבין שורות שורות ככרם כך מפורש בירושלמי בברכות : **מכה זו** · אסכרה : **ראש המדברים** · במלות המלך שלוה עליו לדבר תחלה בכל מקום כדלקמן : **פה גומר** · לשון הרע והוא בא על כך לפיכך מתחיל במעיים ומסיים בפה שהלב מבין לספר לשון הרע ובונה הדברים מלבו : **פה גומר** · הכל יוצא מן הגרון : **דברים טמאים סלקא דעתך** · וכי עונשה מיתה דבשלמא לשון הרע עונשה מיתה דכתיב (תהלים קא) מלשני בסתר רעהו אותו אצמית : **מתוקנין** · מעושרים שהטבל במיתה בידי שמים כדיליף באלו הן הנשרפים (סנהדרין דף פג·) : **כעון בטול תורה** · דענוש נמי מיתה כדאמרן מקרא נדרש לפני פניו למען ירבו ימיכם הא אם לא תלמדו יתמעטו : **נשים יוכיחו** · שאינן מצוות על דברי תורה דכתיב ולמדתם אותם את בניכם ולא בנותיכם ומתות באסכרה אמר להן אף הן מבטלות את בעליהן: **תינוקות יוכיחו** · שאינן בני לימוד אמר להן אף הן כגון שמבטלים את אביהם להוליכן לחמה ולטנן ולפייסן באגוזים : **של בית רבן** · לא בטלין ולא מבטלין : **אם לא תדעי לך** · לשמור מצותי אלי לך ובקשי רחמים בזכות עקבי הצאן אבות הראשונים שהיו רגלי הצאן וחזוקם ורעי בזכותן את גדיותיך תינוקות שלך שלא יתפשו על משכנות הרועים רועי הדור ופרנסיו : **ש"מ אף על לשון הרע** · ולא פליג אמעשר דהא קאמר הכא שהם אוכלין דברים שאינן מתוקנין : **בן גרים** · בן גר וגיורת היה : **של אומה זו** · רומיים : **שווקין** · סדר מושב שווקי עיירות וחוצותיהן : **וסיפר דבריהם** · לתלמידיו או לאביו ואמו ולא להשמיען למלכות ונשמעו על ידו למלכות : **יתעלה** · להיות ראש המדברים : **איברי להו חרובא** · לאכול פירותיו ועינא דמיא לשתות : **בחלא** · בחול שהיו פושטין בגדיהם שלא יבלו ומכסין ערותן בחול : **כרבי** · חורשים : **ועוסקין בחיי שעה** · דאפשר על ידי נכרים והקב"ה מחלק מזון וריוח לעושי רצונו : **משפט רשעים בגיהנם י"ב חדש** · שנאמר (ישעיה סו) ואשם לא תכבה והיה מדי חדש בחדשו ומדי שבת בשבתו יבא כל בשר אף הנדונים בו במשמע מה שבתות למנוי שלהם אף חדשים למנוי שלהן והאי ודאי בפושעי גיהנם משתעי דכתיב לעיל מיניה ויצאו וראו בפגרי האנשים הפושעים בי הכי תני לה בסדר עולם (פ"ג) : **די לעולם** · בעוסקי תורה אני ואתה : **תרי מדאני** · חבילות של הדס להריח בשבת : **מדאני** · כמו מעדנות כימה (איוב לח) : **אריך** · מתקן ומחליק : **פילי** · בקעים סדקים מחמת החול : **וקמצווחו ליה** · לר' שמעון שהדמעות מלוחין ומכאיבין את המכה בתחלתן : **אתקין מילתא** · כדרך שעשה יעקב כשניצול מיד עשו : **שלם בגופו** · שנתרפא מצלעתו : **שלם בתורתו** · שלא שכח תלמודו מפני טורח הדרך : **תיקן להם** · דברי חן ותנייה ולי נראה תיקן את חלקת השדה לשון תיקון :

ואית

תוספות

ה"ג ר"ת הלך רבי יהודה בן גרים וסיפר דברים ונשמעו למלכות ויש ספרים שכתב בהן יהודה ואין נראה לרבינו תם דאמרינן בפרק קמא דמועד קטן (דף ט·) כי הוו מיפטרי ר' יהודה בן גרים ור"ש בן חלפתא מר' שמעון בן יוחי אמר ליה לבריה אנשים הללו אנשי צורה הם זיל גבייהו דליברכוך מכלל דגברא רבה היה ובסוף שמעתא ל"ג גל של עצמות בלשון גנאי אלא נח נפשיה :

עבד

גליון הש"ס

שם א"ל לבריה נשים דעתן קלה עליהן · עי' מג"א סס"י קנ"ו : שם בעידן צלויי לבשו · עיין לעיל דף יא ע"א תוס' ד"ה כגון רשב"י : גמ' במערתא אתא אליהו · בירושלמי פ"ט דשביעית סוף בענין אחר ועוד שם ענינים נפלאים מרשב"י :

[ברכות סא.]

[ברכות סג: מנחות קג:]

[שנאמר ומשקדשי תחלו (יחזקאל ט) כך כתב רש"י כתובות ח: ד"ה תשיב אם]

ע"ז ב:

[קידושין פ:]

[עי' תוספות לעיל יא. ד"ה כגון ר"ש]

[לעיל י· ביצה טו: תענית כא·]

[עדיות פ"ב מ"י ר"ס יז·]

דברים ה

[כלומר שרך בשר גופו ומתקנו ערוך ע"ש כענק א]

[תרגום של ויפשיטו ויפלחו ועי' רש"י כתובות סה: ד"ה האי תנא וכו' ורש"י סוטה ח: ד"ה בשני אית לה]

[גירס' הערוך מדני פי' תן עיין שבלע וסוא מעדן כדכתיב מעדנות כימה איוב ל"ח ע"כ ועי' סוכה יג: וברש"י שם ד"ה ראשי מעדנים וכו' ולכאורה טוב לגרוס הכא בגמרא וברש"י מעדני אסא]

§ מסכת שבת דף לג: §

אות א'

וסיפר דבריהם ונשמעו למלכות

רמב"ם פ"ז מהל' דעות ה"ה - אחד המספר בלשון הרע בפני חבירו או שלא בפניו, והמספר דברים שגורמים אם נשמעו איש מפי איש להזיק חבירו בגופו או בממונו, [א]ואפילו להצר לו או להפחידו, הרי זה לשון הרע; ואם נאמרו דברים אלו בפני שלשה, כבר נשמע הדבר ונודע, ואם סיפר הדבר אחד מן השלשה פעם אחרת, אין בו משום לשון הרע; והוא שלא יתכוין להעביר הקול ולגלותו יותר.

אות א'* [ב]

חד כנגד זכור וחד כנגד שמור

סימן רסג ס"א - [ג]ויש מכוונים לעשות ב' פתילות, אחד כנגד "זכור" ואחד כנגד "שמור" - היינו כשהוא דולק שמן בנר, **ואם** הדלקתו הוא בנרות, עושה שני נרות, **ואם** מעותיו מצומצמין, נראה שטוב יותר שיקנה אחד יפה, ולא שנים גרועין.

ויש שמכוונין לעשות נר של שעוה משני נרות קלועים ביחד, זכר למה שאמרו חז"ל: ד"זכור" ו"שמור" בדבור אחד נאמרו, ומנהג הגון הוא, **אבל** אותן האנשים שמדבקין אותן בשעת הדלקה סמוכין זה לזה, שלא כדין עושין, כי לבסוף מתחממות זו מזו ונוטף השעוה עי"ז, וגם נכפלות ונופלות.

ומותר להדליק מנר לנר, בין אם מדליק שנים או יותר, ואין בזה משום בזוי מצוה, דכולן של מצוה הם, (**והא"ר כתב בשם פענח רזא, שטוב שיהיה נר מיוחד להדליק בו תמיד כל הנרות של שבת), אבל** אסור להדליק קיסם או נר של חול מנר של שבת, משום בזוי מצוה, **ונהגו** להחמיר בזה אפילו אם כונתו כדי להדליק בו נר אחר של שבת.

(**ויש לעיין, היאך מותר מדינא להדליק מנר לנר בנר של שבת, בשלמא בנר חנוכה, אף דעיקר מצוה הוא נר אחד, והשאר הוא רק למהדרין,** מ"מ כיון דההידור הזה הוא נזכר בגמרא, תו הוי נר של מצוה, ומותר מדינא, רק דנהגו להחמיר מחמת זה כדאיתא שם בהג"ה, **אבל** בשבת לא נזכר כלל בגמרא שתי נרות, כי אם דעצם ההדלקה הוא חובה, ואנו עושין בעצמנו לרמז בעלמא, ובפרט אם מדליק יותר משתים, מנ"ל דמותר להדליק מנר לנר, אפשר דזה הוי כמו אם רוצה להדליק נר של חול בחנוכה, היינו יותר מחשבון הקצוב, דבודאי אסור מדינא, **ואולי** משום דלכל מה דמיתוסף אור, יש בו יותר שלום בית ושמחה יתירה, הכל הוא בכלל עונג שבת, ומקרי נר של מצוה, ועדיף זה מנר חנוכה דמחמירין בו, משום דהשאר אינם רק להידור).

אסור להדליק נרות של שבת משעוה הבאה מבית תפלתם של אינם יהודים, אפי' באופן שמותר להדיוט, כגון שבטלו הא"י, אפ"ה אסור למצוה משום דמאיס, **ועיין** בפמ"ג שכתב, דאם אין לו נר אחר כי אם זה, דשרי, ומ"מ לא יברך על זה, **ועיין** לעיל סי' קנ"ד סי"א ובמש"כ שם.

הגה: ויכולין להוסיף ולהדליק ג' או ד' נרות, וכן נהגו - ויש נוהגין להדליק ז' נרות כנגד ז' ימי השבוע, ויש עשרה כנגד עשרת הדברות, **ואין** צריכין להיות כולן על השלחן.

ואשה ששכחה פעם אחת להדליק, מדלקת כל ימיה ג' נרות (מהרי"ל) - מיירי בשהיתה רגילה בשנים, ואם היתה רגילה מתחלה בשלשה, צריכה להדליק כל ימיה ד', **ואם** שכחה כמה פעמים, צריכה להוסיף בכל פעם עוד נר אחד יותר, והכל משום קנס, כדי שתהא זהירה בכבוד שבת, **וע"כ** אם נאנסה ולא הדליקה, כגון שהיתה בבית האסורים וכיוצא בזה, א"צ להוסיף.

כתב הא"ר, דבאשה עניה יש להקל בששכחה, שתוסיף כל ימיה מעט שמן בנר, **ואם** היא מדלקת נרות, תדליק תמיד נר אחד מעט יותר ארוך מבתחלה.

(**ואם לא שכחה לגמרי, רק שחסרה נר אחד ממה שהיתה רגילה מתחלה, א"צ להוסיף, דכ"ז הוא רק מנהג, והבו דלא לוסיף עלה).**

כי יכולין להוסיף על דבר המכוון - ר"ל ששתי נרות הוא מכוון כנגד "זכור" ו"שמור" וכנ"ל, **נגד דבר אחר, ובלבד שלא יפחות (אשר"י ומרדכי).**

באר הגולה

[א] ‹ור"ל דלשון הרע לא מקרי דוקא שהוא אומר דבר של גנאי על חבירו, אלא אם אומר דברים שיוכלו לגרום לו היזק ואפילו רק להפחידו, הרי זה לה"ר, ומקור הדברים הלא הוא כמו שציין הכ"מ, מעובדא דיהודה בן גרים בשבת, או מעובדא דדואג, דהוי מספר לה"ר לשיטת רבנו, וכמ"ש לעיל, **וע"ז** סיים רבנו וכתב, ואם נאמרו דברים אלו בפני שלשה, כבר נשמע הדבר ונודע, ולפי"ז אם סיפר הדבר אחד מן השלשה פעם אחרת אין בו משום לה"ר, שהרי אין זה גורם לו היזק עוד שהרי כבר נודע הדבר. **ומקור** הדברים מאותה עובדא הנזכרת, דס"ל לרבנו כשיטת ר"ת ז"ל שם בשבת, דהוא אותו ר"י בן גרים תלמיד ר' שמעון בן יוחאי, ובודאי לא היה מספר הדברים לבני ביתו אם היה בזה משום לתא דלה"ר, ועל כן מוכרח לומר, דכיון דאמר רשב"י הדברים בפני שלשה, כמו שאמרו בגמ' שם, הוי סבר ר"י בן גרים דאין בו לה"ר עוד, והוא לא נתכוין בודאי להעביר הקול ולגלותו יותר, ונענש מ"מ על ידי רשב"י, משום דבדברים כאלה דברים של מלכות צריכים להזהר בהם ביותר, או מטעמים אחרים, שהרי עכ"פ סבלו רשב"י ובנו על ידו כל כך, או כמו שכתב המהרש"א ז"ל, שהיה לר' יהודה בן גרים להבין מהא דר' יוסי ששתק שלא לספר הדברים לפני אחרים – עבודת המלך› [ב] ‹ע"פ הגר"א› [ג] **טור והכל בו**

§ מסכת שבת דף לד. §

אות א'

שלשה דברים צריך אדם לומר בתוך ביתו ערב שבת עם חשכה: עשרתם, ערבתם, הדליקו את הנר

סימן רס ס"ב - [א]**כשיהיה סמוך לחשיכה, ישאל לאנשי ביתו בלשון רכה** - כי היכי דליקבלו מניה, [גמ']. ולעולם אל יטיל אדם אימה יתירה בתוך ביתו, שמתוך היראה הם מחללין שבת, ומאכילין לאדם דבר האסור לו, ובאין לידי כמה עבירות.

וסמוך לחשיכה היינו קודם בין השמשות בעוד ודאי יום, ושיהיה בו עוד שהות להוסיף מחול על הקודש, **דכל** הני אין יכול לעשותם אח"כ בשבת, לכך יזרז אודותם בע"ש, **והטעם** שמאחר מלישאל עד עתה, כדי שלא יפשעו ויאמרו עדיין יש שהות, [רש"י].

עשרתם? ערבתם? - ובמקומות שאין דרך להניח עירובי חצרות כי אם מע"פ לע"פ, [וכהיום נמנעו מזה, משום דדרך ליפול בו בקיץ תולעים], וגם עירובי תחומין אין דרכו להניח, אין צריך לומר זה.

[ב]**הפרשתם חלה?** - וכעת אין נוהגין לישאל זה, ועיין בתשו' כנסת יחזקאל שכתב טעם לזה, **אך** בע"פ בודאי צריך לישאל, ואם חל בשבת צריך לישאל בע"ש.

ויאמר להם: הדליקו את הנר - בפת"ח תחת הה"א, בלשון צווי, דאין שייך שאלה, דהא רואה שלא הודלק, **וה"ה** שיזהירם שיפסקו מלעשות מלאכה, **ואם** הוא אז בבית המדרש או במקום אחר, צריך לשלוח אחר שיזהירם לזה.

ובמקום שאין מעשרין, אין צריך לומר: עשרתם (טור).

אות ב'

ספק חשכה ספק אינו חשכה, אין מעשרין את הודאי, ואין מטבילין את הכלים, ואין מדליקין את הנרות; אבל מעשרין את הדמאי, ומערבין וטומנין את החמין

סימן רסא ס"א - [ג]**ספק חשיכה, והוא בין השמשות** - וה"ה אם נסתפק אם הגיע הזמן לבה"ש, (ולא הוי ס"ס, דספק חסרון ידיעה אינו נכנס כלל בגדר ספק, ואפילו לענין מעשר דהוא דרבנן, וכ"ש לענין הדלקה, משא"כ ביה"ש דהוא ספק לכל העולם, **ועוד** נ"ל דמש"ה לא הוי ספק, דהוא משם א', ספק יום ספק לילה).

(והיינו כדי שיעור הלוך ג' רביעי מיל אחר שקיעת החמה) (טור בסימן רל"ג וכדלקמן ס"ס ב') - היינו אחר סוף שקיעה, דלדעת התוספות והשו"ע נמשך מתחילת השקיעה עד סופה יותר משלשה מילין, וכדלקמן בס"ב, ואח"כ מתחיל הזמן דבין השמשות, ועיין לקמן במ"ב בס"ב, **(ושיעור מיל הוא שליש שעה פחות חלק ל')**.

אין מעשרים את הודאי - אפילו במעשר פירות דהוי דרבנן, דהו"ל כמתקן, **וה"ה** שאסור להפריש חלה אף בחו"ל.

וחמור חלת חו"ל יותר ממעשר, דלענין מעשר אם אין לו מה יאכל בשבת, תו הוי לצורך מצוה, וקי"ל דלא גזרו על שבות בה"ש לצורך מצוה, וכמו שפסק לקמיה, **ולענין** חלה יש להחמיר בכל גווני, שהרי חלת חו"ל יכול לאכול בלא הפרשת חלה, ולשייר מעט עד אחר שבת ולהפריש מן המשויר, **ולכן** כשחל שבת בע"פ, ולא הפריש חלה מהמצה בע"ש מבעוד יום, מותר להפריש אף בע"ש בין השמשות, דא"א לאכול ולשייר חתיכה מכל מצה, (שהיא טירחא גדולה - דרך אמונה), **וה"ה** אם לא הפריש חלה מבעו"י מהלחם חמץ שיאכל בבוקר בשבת.

ואין מטבילין את הכלים - המחבר העתיק לשון המשנה אף שאין נוהג עתה, דהמשנה איירי לענין להטביל כלים מטומאתן, **משום** דנ"מ מזה לדידן לענין טבילת כלים חדשים הנקחין מן הא"י, לדעת האוסרים להטבילן בשבת כדלקמן בסימן שכ"ג ס"ז, דאסור נמי לדידהו להטבילן בין השמשות, **והטעם**, משום דנראה כמתקן את הכלי, דע"י הטבילה מותר להשתמש בה, **אך** אם הוא צריך לשבת ואין לו אחר, יכול להטביל בין השמשות ולברך כדין.

(**ועוד אפשר לומר, דאיירי לענין כלים טמאים בלחוד, ואתא לאשמעינן בזה דכהיום ג"כ חל גזירת חכמים, דאסור להטביל כלים טמאים לטהרן, אף דהיום אין נראה כמתקן, שאין טומאה וטהרה נוהג עתה**, ומה תיקון יש בהטבלה, **ואפ"ה אסור משום "דבר שבמנין צריך מנין אחר להתירו"**).

ואין מדליקין את הנרות - בזה אסור אפילו לצורך מצוה, שיתבטל עי"ז מסעודת שבת וכה"ג, דספיקא דאורייתא הוא, **ואפילו** בדיעבד אם הדליק או שעשה שאר איזה מלאכה בין השמשות, אסור ליהנות ממנה, כמו אם היה עושה אותה בשבת גופא, דאסור אפילו אם עשה אותה בשוגג, וכמבואר בסימן שי"ח, (פמ"ג, **ולענין** תוספת שבת מצדד להקל, **אך** בדיעבד אם עבר והדליק או שעשה שאר מלאכה אחר השקיעה, בזמן דאיכא דעות בין הפוסקים בעצם זמן בין השמשות, **יש להקל בדיעבד ליהנות ממנה**).

ואין מערבין עירובי תחומין - דבגמרא יש סמך לעירובי תחומין מקרא, [רש"י ותוס'], וע"כ חמיר דאפילו לדבר מצוה אסור, כ"כ הער"ש, **ובלבוש** מיקל לדבר מצוה, **ושתי** דעות האלו נמצאים בספר מאירי, ע"ש שכותב, דלדעה המתרת יהיה איירי הגמרא דאוסר לערב, דוקא בדבר הרשות, ובמערב ברגליו, דבעלמא מותר אפי' לדבר הרשות, דבפת הא קי"ל דאפילו מבעוד יום אין מערבין אלא לדבר מצוה.

(וע"ל סי' תט"ו ס"ב) - ר"ל דמבואר שם דבדיעבד עירובו עירוב, וע"ש במ"א.

באר הגולה

א שבת ל"ד   ב (והר"מ מרוטנבורק לא היה אומר עשרתם, שאין מעשר האידנא, אלא היה אומר להם: הפרשתם החלה - טור)   ג שבת ל"ד

ואית להו צערא לכהנים לאקופי אמר איכא איניש דידע דאיתחזק הכא טהרה א"ל ההוא סבא כאן קיצץ *בן זכאי תורמסי תרומה עבד איהו נמי הכי כל היכא דהוה קשי טהריה וכל היכא דהוה רפי צייניה °אמר ההוא סבא °טיהר בן יוחי בית הקברות א"ל אילמלי *(לא) היית עמנו ואפי' היית עמנו ולא נמנית עמנו יפה אתה אומר עכשיו שהיית עמנו ונמנית עמנו יאמרו זונות מפרכסות זו את זו תלמידי חכמים לא כל שכן יהב ביה עיניה ונח נפשיה נפק לשוקא חזייה ליהודה בן גרים אמר עדיין יש לזה בעולם *נתן בו עיניו ועשהו גל של עצמות:

מתני' °ג' דברים צריך אדם לומר בתוך ביתו ערב שבת עם חשכה עשרתם ערבתם הדליקו את הנר °°ספק חשכה ספק אינו חשכה אין מעשרין את הודאי ואין מטבילין את הכלים ואין מדליקין את הנרות °אבל *מעשרין את הדמאי ומערבין וטומנין את החמין:

גמ' מנא הני מילי א"ר יהושע בן לוי אמר קרא °וידעת כי שלום אהלך ופקדת נוך ולא *תחטא אמר רבה בר רב הונא *אע"ג דאמור רבנן שלשה דברים צריך אדם לומר וכו' °צריך למימרינהו בניחותא כי היכי דליקבלינהו מיניה אמר רב אשי אנא לא שמיע לי הא דרבה בר רב הונא וקיימתי מסברא הא גופא קשיא אמרת שלשה דברים צריך אדם לומר בתוך ביתו ערב שבת עם חשכה אין ספק חשכה ספק אינו חשכה לא והדר תני ספק חשכה ספק אינו חשכה מערב: *סימן °*בגופיא *זומרא *ציפרא *בחבלא *דמילתא: א"ר אבא אמר רב חייא בר אשי אמר רב לא קשיא °כאן בעירובי תחומין כאן בעירובי חצרות *ואמר *רבא °אמרו לו שנים צא וערב עלינו לאחד עירב עליו מבעוד יום ולאחד עירב עליו בין השמשות זה שעירב עליו מבעוד יום נאכל עירובו בין השמשות וזה שעירב עליו בין השמשות נאכל עירובו משחשכה שניהם קנה עירוב מה נפשך אי בין השמשות יממא הוא בתרא ליקני קמא לא ליקני ואי בין השמשות ליליא הוא קמא ליקני בתרא לא ליקני בין השמשות ספקא הוא *וספקא דרבנן לקולא: *(ואמר) רבא מפני מה אמרו *°אין טומנין בדבר שאינו מוסיף הבל משחשכה גזרה שמא °ירתיח אמר ליה אביי אי הכי בין השמשות נמי ניגזר א"ל סתם קדירות רותחות הן ואמר רבא מפני

*[נ"ל אמר]

תורה אור

רש"י

ולית להו צערא לאקופי · שהיה אותו שוק שהספק בו מקום מעבר העיר לרבים והכהנים לא היו יכולין ליכנס שם מפני טומאה וצריך להקיף דרך אחר ארוך: **איכא דידע דאיתחזק טהרה** · בהאי שוק מימיו שלא היה בית הקברות גמור ולא ניתן לפטותו: **כאן קיצץ בן זכאי** · שתלן ועקרן לאחר גידולן: **תורמסי תרומה** · האריכות לשמרן בטהרה וגם הוא היה כהן כדאמרינן [*בתוספתא דפרה] (פ"ג) אם מה שעשו ידי שכחתי: **עבד איהו נמי הכי** · היה מקצץ תורמסין ומשליכן שם ונעשה גם ולף המת במקום שהוא שם ולייגו למקום הקבר הכי מפרש בפסיקתא דפרשת העומר ובסדר זרעים ירושלמי*): **היית** · במעמד: **ונמנית** · הסכמת לדעתו להיות מן המנין: **מפרכסות זו את זו** · את שער חברתה להיות נאה: **גל מעצמות** · כמת שנרקב בשרו ונפל מזמן הרבה:

מתני' עם חשכה · שאם ימהר להזכירם מבעוד יום יפשעו ויאמרו עדיין יש שהות: **עשרתם** · פירות האילן לסעודת שבת שאף אכילת עראי של שבת קובעת למעשר כדאמרינן במסכת ביצה (דף לד:) דשבת עונג איקרי מכל שהוא הוי עונג: **ערבתם** · ערובי *תחומין וחצירות והני תרי שייכי למימרינהו בלשון שאלה דשמא כבר עשו אבל בנר לא שייך הדלקתם דדבר הנראה לעין הוא: **ספק חשכה** · כגון בין השמשות אין מעשרין את הודאי דתיקון מעליא הוא אע"ג דשבות בעלמא היא קסבר גזרו על השבות אף על בהש"מ: **ואין מטבילין את הכלים** · דהוי נמי שבות כדאמרינן במסכת ביצה (דף יח.) דנראה כמתקן כלי: **ואין מדליקין את הנרות** · כ"ש דספיקא דאורייתא היא וזו ואין צריך לומר זו קתני: **אבל מעשרין את הדמאי** · דלא דמי למתקן דרוב ע"ה מעשרין הן: **ומערבין** · עירוב ובגמרא פריך הא תנן לעיל עם חשכה ערבתם מקמי דליהוי ספק: **וטומנין את החמין** · נותן בקופה של מוכין להיות חומם משתמר בהן אבל משתשכה ודאי אין טומנין בהן כדמפרש בגמ':

גמ' עם חשכה · מבעוד יום הוא ויש שהות לעשר ולערב(א): **בעירובי תחומין** · תיקון מעליא דאסמכוה רבנן תחומין אקראי ואפי' למאן דאמר תחומין דרבנן כדאמרינן בעירובין (דף נא.) ילפינן מקום ממקום ומקום מניסה כו' אבל עירובי חצרות חומרא בעלמא הוא ולא מיקרי שביתה מעלייתא וספקא דבין השמשות שפיר דמי: **בין השמשות קונה עירוב** · שהוא תחילת קדושת היום: **נאכל** · שאכלו כלב או אדם: **שעירב עליו מבעוד יום** · הניח עירוב לסוף התחום מבעוד יום ולא הספיק להחשיך ממש עד שנאכל בין השמשות: **שניהם קנו עירוב** · דלגבי האי שנאכל בין השמשות משוינן ליה ליליא ואמרינן כבר קדש היום בעוד העירוב קיים וקנה עירוב דהלכה כר' יוסי דאמר בעירובין (דף לה.) ספק עירוב כשר ולגבי דהאי שהונח עליו בין השמשות ונתקיים עד שחשכה משוינן לבין השמשות יממא ועדיין לא קדש היום כשהונח ונמצא שהיה שם כבר בשעת קניית עירוב: **בתרא ליקני** · זה שהונח עליו בין השמשות: **קמא לא ליקני** · שהרי נאכל מבעוד יום: **ה"ג ספקא דרבנן היא** · כלומר הא מילתא דמספקא לן אי בין השמשות יממא או ליליא במילתא דרבנן איתרע לן בעירובי תחומין דרבנן וכל ספקא דרבנן לקולא: **ה"ג אמר רבא מפני מה אמרו אין טומנין בדבר שאינו מוסיף הבל** · כגון למר ומוכין: **משחשכה** · כדתנן במתניתין וטומנין את החמין טעמא דספק חשכה הא ודאי חשכה אין טומנין ופתם הטמנה בדבר שאינו מוסיף הבל דאילו בדבר המוסיף הבל אפי' מבעוד יום אסור כדתנן בפ"ד (דף מז:) אין טומנין לא בגפת כו' גזורה שמא ימלא קדרתו שנצטננה כשירצה להטמינה וירתיחנה תחילה ונמצא מבשל בשבת: **אי הכי בין השמשות נמי ניגזור** · דהא שבות מעלייתא היא דהא איכא גזירת איסור דאורייתא ותנא דמתניתין אית ליה דגזרו על השבות ביה"ש דקתני אין מעשרין את הודאי: **רותחות הן** · שסמוך לביה"ש הוא מעבירם מעל האור וליכא למיחש לשמא נצטננה וירתיחנה:

תוספות

ולית להו צערא לאקופי ... **עבד** איהו נמי הכי · מפר"ת כמו יעקב אבינו ותיקן מילתא: **כל** היכא דהוה קשי טהריה · כדאיתא בנדה בפרק האשה (דף סא. ושם) דתניא אמר רבי יוסי בן שאול מעשה בסלע שהיו מחזיקין בה טומאה כו' אמר להו הביאו לי סדינין הביאו לו ושרוןן במים ופרסו עליו מקום טומאה לח מקום טהרה נגוב: **לא** קשיא כאן בעירובי תחומין כו' · נראה לר"ת כפירוש הקונטרס דבעירובי תחומין מחמרינן משום דאית להו סמך מן המקרא וכן פר"ח וכן יש בירושלמי וכן משמע בפרק מי שהוציאוהו (עירובין דף מו: ושם) גבי הא דקאמר הלכה כדברי המיקל בעירוב רב פפא אמר איצטריך סד"א ה"מ עירובי חצרות אבל בעירובי תחומין אימא לא ומעיקרא היה מפרש ר"ת דעירובי חצרות חמירי טפי דאין מערבין אלא בפת כדמשמע בפרק הדר (שם דף עא:) ובחלון (שם דף פא: ושם) אבל בעירובי תחומין מערבין בכל דבר חוץ ממים ומלח *ואין נראה דהא ר"מ ס"ל דתחומין דאורייתא בפרק בכל מערבין (שם לה:) ואפ"ה אית ליה בהדר* דעירובי חצרות בפת ובעירובי תחומין מערבין בכל דבר דלא אשכחן דפליג ר"מ אסתם משנה דבכל מערבין וטעמא דמקילי בתחומים דלא בעי פת משום *דאין מערבין אלא לדבר מצוה:

נאכל עירובו משתשכה · לאו דווקא וה"ה לא נאכל:

שניהם קנו עירוב · פירש בקונטרס דרבא איירי בעירובי תחומין וכן משמע לשון צא וערב ואע"פ דספק חשכה אין מערבין עירובי תחומין ה"מ לכתחילה אבל בדיעבד כשר כר' יוסי דאמר (עירובין פ"ג דף לה.) ספק עירוב כשר וקשה לרשב"א דר' יוסי לית ליה התם גבי נפל עליו גל או נשרף או תרומה ונטמאה ספק עירוב [כשר] אלא משום חזקה כדתניא התם בהדיא (דף לו.) כיצד אמר רבי יוסי ספק עירוב כשר ס' אבל בספק כי הכא שהכיתו בין השמשות או נאכל בין השמשות לא מכשר ומפר"ת דהכא מיירי בעירובי חצרות וכן פר"ח וכן מוכח בסוף הדר (שם דף עו:) ולא אשכחן כמי דלאו חוץ לעיר קאמר כמו לא ושכור לנו פועלים (ב"מ דף סג:)*: ורבי

רבינו חננאל

מתניתין ג' דברים צריך אדם לומר בתוך כו' · ואמיקנא צריך למימרינהו בניחותא כי היכי דנקבלו אינשי ביתיה מיניה מנא לן דצריך הדלקת נר בשבת שנאמר וידעת כי שלום אהלך וגו' ואין שלום אלא באור שנא' וירא אלהים את האור כי טוב ואוקמינן הא דתנן הכא ערבתם עם חשכה הן עירובי תחומין והא דתני בסיפא בספק חשיכה ומערבין וטומנין את החמין ערובי חצרות אמר רבא אמר (לשנים צאו ועירבו עלי) [אמרו לו שנים צא וערב עלינו] פי' ערובי חצרות (אחד) [לאחד] עירב עליו מבע"י (ואחד) [ולאחד] עירב עליו בין השמשות זה שעירב עליו מבע"י נאכל ערובו בין השמשות וזה שעירב עליו בין השמשות נאכל עירובו משחשיכה שניהם קנו עירוב. מה נפשך וכו' ואסיקנא בין השמשות ספק מן היום הוא ספק מן הלילה הוא ועירובי חצירות דרבנן וספק דבריהם להקל: ירושלמי הדא דתימר בעירובי חצרות אבל בעירובי תחומין דבר תורה הן: וטומנין החמין אמר רבא מפני מה אמרו אין טומנין בדבר המוסיף ואפילו מבע"י גזרה שמא ירתיח *) בין השמשות ומפני מה אמרו אין טומנין אפילו בדבר שאינו מוסיף משחשיכה גזרה שמא יטמין

*) נראה דחסר כאן כדברי רבינו וצ"ל ובבין השמשות לא גזרינן דבביה"ש סתם קדרות רותחות הן:

רב נסים גאון

אמר רבא מפני מה אין טומנין אפילו בדבר שאינו מוסיף הבל משחשכה (מה שחשכה) דבר המוסיף הוא הנזכר בבמה טומנין (לקמן מז) גפת וזבל ומלח וסיד וחול ודבר שאינו מוסיף תבן וזגין ומוכין ועשבין בזמן שהן יבשים ומה שהתירה המשנה מהטמנה מבעוד יום אבל בשבת לא כמו שאסרה ספק חשיכה ספק אינה חשיכה טומנין את החמין אבל ודאי חשיכה אין טומנין כלל ואפילו בדבר שאינו מוסיף ופירוש דילה בתוספתא (פרק רביעי) אין טומנין את החמין בתחילה ובסוף פרק במה טומנין (דף נא) תנו רבנן אע"פ שאמרו אין טומנין בדבר שאינו מוסיף כו' ולפי שהיתה הטמנת החמין בשבת אסורה מכל צד למדנו ראיה מזה על דבר המשנה שאסרה אבל טומנין בהן יבשין אינן אלא מבעוד יום ערב שבת ואפילו הכי הרי אמרו אין טומנין כו' לא בנפת ולא בזבל כולה ובפ' כירה אמרו (דף לט) אמר רב חסדא ממעשה שעשו אנשי טבריא ואמרו להן רבנן בשלה הטמנה בדבר המוסיף ואפילו מבעוד יום ועמד לנו מדבר זה כי הגפת והזבל וכל דבר שהוא מוסיף הבל לא נכשר ההטמנה בהם ואפילו מבעוד יום ואו

אבל מעשרין את הדמאי - דרוב עמי הארץ מעשרין הן, ולא מקרי תיקון, [רש"י].

וטומנין את החמין - בדבר שאינו מוסיף הבל, כמ"ש בתחלת סימן רנ"ז, עי"ש שמבואר כל פרטי הדין בטעמיהן.

ומערבין עירובי חצירות – (היינו אפי' לדבר הרשות, [ד]והטעם, דכל עירובי חצרות הוא בכלל מצוה, דמצוה לחזור אחר עירובי חצרות, ולא גזרו בביהש"מ, והכ"מ כתב, דמ"מ לא מקרי בשביל זה עירובי חצרות מצוה, אלא שהתירו מטעם שהוא טרוד ונחפז עליה).

ויכול ג"כ לברך, (ולא הוי כשאר דברים דקי"ל ספק ברכות להקל, והטעם צ"ל, דלענין עירובי חצרות דקיל, עשו הדבר כאלו הוא יום ודאי), **ועיין** בס"ד ובמה שכתבנו שם, **ומ"מ** לכתחלה יזהר שלא יאחר העירובי חצרות עד בין השמשות.

(וה"ה דיכול להניח אז עירובי תבשילין).

(**ואם** ספק לו על הזמן גופא אם הוא בין השמשות או שהוא כבר לילה, יזהר שלא לברך, **ולענין** עצם העירוב לכאורה יש להחמיר, דלא אמרינן בזה ספיקא דרבנן לקולא, ויש לעיין, **ועיין** לקמן במה שכתבנו בכללי שיעורי הזמנים, איך יש לנהוג למעשה).

(וע"ל סי' שצ"ג) - היינו דשיתופי מבואות יש לו דין עירובי חצירות, ועוד פרטי דינים ע"ש.

ולשאר דברים שאסור מדרבנן חוץ מאלו דקחשיב פה, דין בה"ש כמו שבת עצמה, **אם** לא שהוא לדבר מצוה או שאר דוחק, וכמבואר לקמן בסימן שמ"ב עי"ש.

[ה]**ומותר לומר לא"י בין השמשות, להדליק נר לצורך שבת** - דאמירה לא"י הוא בכלל שבות, ולא גזרו על שבות בין השמשות לצורך מצוה, וכדלקמן בסימן שמ"ב ע"ש.

המחבר אזיל לשיטתו, דסבירא ליה לקמן בסימן ש"ז ס"ה, דבשבת גופא אסור ע"י א"י במלאכה דאורייתא, אפי' אם הוא לצורך שבת, ועיין לקמן בסימן רע"ו ס"ב בהגה"ה.

[ו]**וכן לומר לו לעשות כל מלאכה שהיא לצורך מצוה** - אף שאיננה בשביל שבת, וכדלקמן בסימן שמ"ב עי"ש ובמ"ב.

או שהוא טרוד ונחפז עליה - כתב רש"ל: היינו כל דבר שאם לא יהיה נעשה הוא מצטער בשבת, שרי לעשות ע"י הא"י בין השמשות, **אבל** לבי נוקף להחמיר אם אין לו בהן שום צורך בשבת רק לצורך חול, **אך** אם הוא הפסד מרובה או לצורך גדול, שרי שבותין בבה"ש, ובפרט שבות דאמירה לא"י דלית ביה מעשה, **וע"כ** מותר לומר לא"י בין השמשות להדליק נר יא"צ, מאחר שהעולם נזהרין בו, חשבינן כלצורך גדול, עכ"ל בקיצור.

הגה: וכן מי שקבל עליו שבת שעה או ב' קודם חשיכה, יכול לומר לאינו יהודי להדליק הנר ושאר דברים שצריך (מהרי"ו) - אפילו שלא במקום מצוה, דכיון שעוד היום גדול, בודאי יש מקומות שעדיין לא קבלו עליהן שבת ועושין בעצמן מלאכה, די לנו במה שע"י הקבלה נשבות בעצמנו ממלאכה.

ודוקא שעה או ב', אבל חצי שעה סמוך לחשיכה, דאז אפשר דבכל מקומות ישראל קבלו עליהן השבת, חמירא טפי, ואסור אפי' לומר לא"י שיעשה מלאכה, **מיהו** לצורך מצוה שרי. **ואפילו** לפי מה שפוסק המחבר לקמן בס"ד, דאחר קבלת שבת אסור לעבור אפילו על שבות במקום מצוה, **מ"מ** לענין אמירה לא"י לא מחמרינן טפי מבהש"מ, (וגם אחר קבלת שבת מותר לצורך מצוה - מחה"ש).

ודע, דבענינינו איירינן שהצבור שבעירו קבלו עליהן השבת, וחל קדושת שבת בע"כ אפילו אם אחד לא ירצה לקבל, וע"כ כתב "לומר לא"י" וכו', ומטעם הנ"ל, **אבל** ביחיד שקבל עליו השבת, מותר אפי' לומר לישראל חברו שיעשה לו מלאכה, וכדלקמן בסי' רס"ג סי"ז.

שעה או ב' קודם כו' – (לכאורה בשתי שעות קודם חשיכה, הלא הוא קודם פלג המנחה, ואין בקבלתו כלום, ואפילו בעצמו היה יכול להדליק, **ואולי** דמהרי"ו סובר כסברת הב"ח שנביא לקמן).

(וע"ל סי' שמ"ב).

אות ג'

צריך למימרינהו בניחותא

סימן רס ס"ב - עיין לעיל אות א'.

אות ד'

כאן בעירובי תחומין, כאן בעירובי חצרות

סימן רסא ס"א - ואין מערבין עירובי תחומין - דבגמרא יש סמך לעירובי תחומין מקרא, [רש"י ותוס'], וע"כ חמיר דאפילו לדבר מצוה אסור, כ"כ הער"ש, **ובלבוש** מיקל לדבר מצוה, **ושתי** דעות האלו נמצאים בספר מאירי, ע"ש שכותב, דלדעה המתרת יהיה איירי הגמרא דאוסר לערב, דוקא בדבר הרשות, ובמערב ברגליו, דבעלמא מותר אפי' לדבר הרשות, דבפת הא קי"ל דאפילו מבעוד יום אין מערבין אלא לדבר מצוה. **(וע"ל סי' תט"ו ס"ב)** - ר"ל דמבואר שם דבדיעבד עירובו עירוב, וע"ש במ"א.

אבל מעשרין את הדמאי - דרוב עמי הארץ מעשרין הן, ולא מקרי תיקון, [רש"י].

וטומנין את החמין - בדבר שאינו מוסיף הבל, כמ"ש בתחלת סימן רנ"ז, עי"ש שמבואר כל פרטי הדין בטעמיהן.

באר הגולה

[ד] (עיין ברש"י דכתב טעמא משום דחומרא בעלמא הוא, ולפי"ז א"צ להני טעמי, **ואולי** אליבא דהכ"מ, דשם בהל' שבת כתב משם הר"ר אברהם בנו של רבינו, דהנחת העירובי חצירות יש בה משום שבות, (עיין בשם יוסף על הרמב"ם כאן), ולפי"ז צריך להני טעמי) [ה] ר"י [ו] **רמב"ם הביאו טור והב"י** סי' שמ"ב

ומערבין עירובי חצירות – (היינו אפי' לדבר הרשות, והטעם, דכל עירובי חצרות הוא בכלל מצוה, דמצוה לחזור אחר עירובי חצרות, ולא גזרו בביהש"מ, והכ"מ כתב, דמ"מ לא מקרי בשביל זה עירובי חצרות מצוה, אלא שהתירו מטעם שהוא טרוד ונחפז עליה).

ויכול ג"כ לברך, (ולא הוי כשאר דברים דקי"ל ספק ברכות להקל, והטעם צ"ל, דלענין עירובי חצרות דקיל, עשו הדבר כאלו הוא יום ודאי), **ועיין** בס"ד ובמה שכתבנו שם, **ומ"מ** לכתחלה יזהר שלא יאחר העירובי חצרות עד בין השמשות.

(וה"ה דיכול להניח אז עירובי תבשילין).

(**ואם** ספק לו על הזמן גופא אם הוא בין השמשות או שהוא כבר לילה, יזהר שלא לברך, **ולענין** עצם העירוב לכאורה יש להחמיר, דלא אמרינן בזה ספיקא דרבנן לקולא, ויש לעיין, **ועיין** לקמן במה שכתבנו בכללי שיעורי הזמנים, איך יש לנהוג למעשה).

(וע"ל סי' שצ"ג) - היינו דשיתופי מבואות יש לו דין עירובי חצירות, ועוד פרטי דינים ע"ש.

סימן שצג ס"ב - אחד עירובי חצרות, ואחד שיתופי מבואות, [ז]מערבין אותם בין השמשות, [ח]ואפילו אם כבר קבל עליו תוספת שבת - ר"ל שכבר קבל עליו קודם שנעשה בין השמשות, דאיכא תרתי לריעותא, אפ"ה שרי.

[ט]ויש אוסרים אם קבל עליו תוספת שבת - ולדידהו אסור מפני הקבלה אפילו עדיין לא הגיע זמן בין השמשות, **וטעמם**, דכיון שקבל עליו בפירוש, חמור דבר זה יותר מזמן בין השמשות דאתיא ממילא.

מביאור הגר"א משמע שמצדד לדינא כדעה זו.

סימן תטו ס"ב - [י]אין מערבין עירובי תחומין בין השמשות - דעירובי חצרות מותר לכתחלה ביה"ש, וכדלעיל בסי' רס"א ס"א, ועירובי תחומין חמיר ממנו, דיש סמך לעירובי תחומין מקרא, [רש"י].

[יא]ואם עירב, עירובו עירוב - משום דאיסור תחומין הוא דרבנן, וספיקא לקולא, **ומ"מ** ספק הונח העירוב או לא, גרע מזה, וכמבואר לעיל בסי' ת"ט ס"ו ע"ש.

והיש חולקין דס"ג, ס"ל גם בזה דפסול, כיון שלא היה לעירוב חזקת כשרות, (**והנה** לפי מה שכתבנו לקמיה, דרוב פוסקים ס"ל כהיש חולקין דבסמוך, ממילא כאן אפילו בדיעבד אין עירובו עירוב, **ומ"מ** נ"ל, אם הניח העירובי תחומין בבין השמשות דר' יהודה, דלר' יוסי זה הזמן הוא עדיין יום גמור, יש להקל).

אות ה'

אמרו לו שנים צא וערב עלינו, לאחד עירב עליו מבעוד יום, ולאחד עירב עליו בין השמשות; זה שעירב עליו מבעוד יום נאכל עירובו בין השמשות, וזה שעירב עליו בין השמשות נאכל עירובו משחשכה, שניהם קנו עירוב

סימן שצג ס"ג - [יב]עירב לשנים - היינו ששנים עשוהו שליח לערב בשבילן, **לאחד מבעוד יום ונאכל העירוב בין השמשות, ולא' עירב בין השמשות, שניהם קנו עירוב; שלאותו שנאכל עירובו בין השמשות, אנו חושבים אותו לילה** - וכבר חל העירוב, **ולאותו שהניח עירובו בין השמשות, חושבים אותו יום** - והניח בזמנו, **ואף** שהאיש הזה נעשה שליח בעד שניהם, וסותרין אלו לאלו, **מ"מ** כיון דעירובי חצרות מלתא דרבנן היא, תלינן לקולא לכל אחד ואחד, משום דספיקא דרבנן לקולא, גמרא.

[יג]אבל אם עירב עליו בין השמשות ונאכל עירובו בין השמשות, אסור - דכולי האי לא מקילינן, לחלק הזמן בין השמשות גופא לאיש אחד, דהיינו לענין הנחה לשוייה כיום, ולענין אכילה לשוייה כלילה.

(**אמרינן** בשבת דף ל"ד, דכד שלים בין השמשות דר' יהודה מתחיל בין השמשות דר' יוסי, **ולפי"ז** אם הניח העירוב בזמן בין השמשות דר' יהודה, ונאכל בזמן ביה"ש דר' יוסי, קנה ממ"נ, דלר' יהודה הרי נאכל בלילה, ולר' יוסי הרי הונח ביום).

אות ו'

אין טומנין בדבר שאינו מוסיף הבל משחשכה

סימן רנז ס"א - [יד]אין טומנין בשבת, אפילו בדבר שאין מוסיף הבל - לאחר שנתבשל התבשיל רוצה להטמינו בדבר שישמור חומו, כגון בכרים וכסתות וכדומה, ואסרו לעשות כן בשבת, וטעמא, דשמא ימצא אז קדרתו צוננת וירתיחה, דחייב משום מבשל, [מ"א והוא בגמ' ל"ד.], **ואפילו** למ"ד דאינו חייב משום מבשל בזה, כיון שנתבשל פעם אחד, מ"מ איכא למיגזר שמא יחממה ע"ג האש ויחתה בגחלים, ויתחייב משום מבעיר, [**ולפי"ז** אפילו הוא דבר יבש, דלכולי עלמא אין בזה משום בישול, ג"כ אסור להטמין].

[טו]אבל בספק חשיכה, טומנין בו - דסתם קדרות בין השמשות רותחות הן, וליכא למיגזר הגזירה הנ"ל, [גמ'].

‹המשך ההלכות מול עמוד ב'›

באר הגולה

[ז] משנה שבת ל"ד ובגמרא בפי' המשנה ובפירש"י ותוספות שם וש"פ [ח] טור בשם ר' שמריה והמרדכי גם בשם ר' יואל [ט] שם במרדכי בשם מקצת תלמידיו וחזר בו הרב [י] משנה שבת ל"ד כדמפרש לה שם בגמ' [יא] טור בשם הרמב"ם שם [יב] מימרא דרבה שבת ל"ד ועירובין ע"ו [יג] ר' יונה שם בשבת [יד] שבת ל"ד [טו] לגירסת רש"י וכן כתבו הר"ן והרא"ש ‹ודלא כגירסת הרי"ף והרמב"ם, דמחליפין אינו מוסיף במוסיף›

עין משפט
נר מצוה

קכט א מיי' פ"ד מהל' שבת הלכה ב סמג לאוין סה טוש"ע א"ח סימן רנז סעיף א:
קל ב מיי' פ"ב מהל' מחוסרי כפרה הל' יב יג יד:
קלא ג ד מיי' פ"ה מהל' שבת הל' ד סמג עשין לג טוש"ע א"ח סימן רסא סעיף ב:

מפני מה אמרו "אין טומנין בדבר המוסיף הבל ואפילו מבעוד יום גזירה שמא יטמין ברמץ שיש בה גחלת אמר ליה אביי ויטמין גזירה שמא יחתה בגחלים: ת"ר ביה"ש ספק מן היום ומן הלילה ספק כולו מן היום ספק כולו מן הלילה מטילין אותו לחומר שני ימים ואיזהו בין השמשות משתשקע החמה כ"ז שפני מזרח מאדימין הכסיף התחתון ולא הכסיף העליון בין השמשות הכסיף העליון והשוה לתחתון זהו לילה דברי רבי יהודה ר' נחמיה אומר כדי שיהלך אדם משתשקע החמה חצי מיל *רבי יוסי אומר בין השמשות כהרף עין *זה נכנס וזה יוצא (א)ואי אפשר לעמוד עליו אמר מר מטילין אותו לחומר שני ימים למאי הלכתא אמר רב הונא בריה דרב יהושע לענין טומאה *כדתנן "ראה שני ימים בין השמשות ספק לטומאה ולקרבן ראה יום אחד בין השמשות ספק לטומאה הא גופה קשיא אמרת איזהו ביה"ש משתשקע החמה כ"ז שפני מזרח מאדימין הא הכסיף התחתון ולא הכסיף העליון לילה הוא והדר תנא הכסיף התחתון ולא הכסיף העליון בין השמשות אמר רבה אמר רב יהודה אמר שמואל כרוך ותני "איזהו ביה"ש משתשקע החמה כל זמן שפני מזרח מאדימין והכסיף התחתון ולא הכסיף העליון נמי בין השמשות הכסיף העליון והשוה לתחתון לילה ורב יוסף אמר רב יהודה אמר שמואל הכי קתני משתשקע החמה כ"ז שפני מזרח מאדימין יום הכסיף התחתון ולא הכסיף העליון ביה"ש הכסיף העליון והשוה לתחתון לילה ואזדו לטעמייהו דאיתמר שיעור ביה"ש בכמה אמר רבה אמר רב יהודה אמר שמואל שלשה חלקי מיל מאי ג' חלקי מיל אילימא תלתא פלגי מילא נימא מיל ומחצה אלא תלתא תילתי מילא נימא מיל "אלא "תלתא ריבעי מילא ורב יוסף אמר רב יהודה אמר שמואל שני חלקי מיל מאי שני חלקי מיל אילימא תרי פלגי מילא לימא מיל ואלא תרי רבעי מילא לימא חצי מיל אלא תרי

רש"י

מפני מה אמרו אין טומנין בדבר המוסיף הבל ואפילו מבעוד יום. כדתנן לקמן *לא בגפת ולא בזבל ואף על גב דהתם הטמנה מבעוד יום הוא דהא אסרינן משחשכה: ברמץ · אפר המעורב בגחלים: ויצמק · דהא מבעוד יום הוא: גזירה שמא יחתה בגחלים · משחשכה שבא לבשל הקדרה שלא בשלה כל צרכה וגזרו אף בבישלה כל צרכה עד שיגרוף או שיקטום והכי מסקינן בפרק כירה (דף לז:) דאמר *רבי קטמה והובערה משהין עליה חמין שהוחמו מבעוד יום כל צרכן ותבשיל שבישל כל צרכו וכן אמר רבי יוחנן*: מן היום ומן הלילה · כלומר ספק(ג) יש בו משניהם: ספק כולו מן היום ספק כולו מן הלילה · הרי ג' ספיקות לפיכך מטילין עליו חומר שני הימים ולקמן מפרש למאי הילכתא שייך לומר שמא יש בו משניהם: מאדימין · שנראה אדמומית חמה בעבים: הכסיף · השחיר: התחתון · תחתון של כיפת הרקיע הסמוכה לארץ: עליון · גובהה של כפה אינה ממהרת להכסיף ולקמן פריך מאי קאמר דקשיא סיפא ארישא: חצי מיל · זהו שיעור אורך בין השמשות ולאחר חצי מיל הוי לילה: כהרף עין · כשיעור קריצת עין ברפיון ולא בחזקה: זה נכנס · הלילה נכנס והיום יוצא יציאת זה עם כניסת זה כשהם מתפרשין קרי בין השמשות וכל דמקמי הכי הוי יום מעליא: למאי הילכתא · יטילו עליו ספק שמא משניהם יש בו בשלמא ספק כולו מן היום איכא למימר לענין מוצאי שבת להביא אשם תלוי ספק כולו מן הלילה לענין לילי שבת אלא חומר שניהם למאי הילכתא: ראה שני ביה"ש · זיבה דזב מטמא בימים ובראיות בין שראה שתים ביום אחד בין שראה שתים בשני ימים רצופים בין שראה אחת בשני ימים כגון בין השמשות חשיב ליה כשתי ראיות משום ימים דילפינן מלזכר ולנקבה מה נקבה בימים אף זכר בימים וראיות בגופיה מיפרשא כדתניא במגילה (דף ח·) מנה הכתוב שתים וקראו טמא כו': ספק לטומאה ולקרבן · ספק טמא ספק טהור ספק חייב קרבן עם הטומאה ספק אינו חייב קרבן אבל טמא שבעה דזב בעל שתי ראיות או שני ימים כל תורת טומאת זבין עליו ושלישי מביאתו לידי קרבן וזה שראה שני בין השמשות ספק יום אחד הוא וטמא בשני ראיות או שני ימים רצופין הן וטמא נמי בתורת ימים ספק ב' ימים שאין רצופים הן וטהור מטומאת שבעה אלא כבעל קרי בעלמא דלאו שתי ראיות ביום אחד איכא ולא שני ימים רצופין איכא ספק שהן ג' ימים רצופין דזב גמור הוא אף לקרבן כיצד שמא בין השמשות הראשון כולו מן היום וביה"ש השני כולו מן הלילה ונמצא יום אחד הפסק בינתיים וטהור או שניהם מן היום דהוו להו שני ימים רצופין וכן אם שניהם מן הלילה הוו להו נמי שני ימים רצופין או שמא אם הראשון מן הלילה והשני מן היום הוו להו נמי שתי ראיות ביום אחד וטמא שבעה בכל אלו ואין כאן קרבן או שמא שתיהן הראיות היו מקצתן ביום ומקצתן בלילה ויש כאן שלשה רצופים וכן אם הראשונה מקצתה ביום ומקצתה בלילה והשניה כולה מן הלילה או הראשונה כולה מן היום והשניה מקצתה ביום ומקצתה בלילה הוו להו ג' ימים רצופין וטעון קרבן הלכך ספק אף לקרבן ומביא חטאת העוף הבאה על הספק ואין נאכלת דשמא לאו בר קרבן הוא ומליקת חולין נבלה: ראה אחת ביה"ש ספק לטומאה · שמא מקצתה ביום ומקצתה בלילה והויא חומר ב' ימים וטמא ז' או שמא כולה או מן היום או מן הלילה ואין כאן אלא אחת: פני מזרח מאדימים · עדיין לא הכסיף אפי' תחתון: כרוך ותני · שני הדברים בכרך אחד בתורה אחת: ואזדו לטעמייהו · דרבה סבר שיעור ביה"ש נפיש ורב יוסף סבר זוטר: פלגא

תוספות

רבי יוסי אומר בין השמשות כהרף עין · פירש רשב"א דאין להסתפק בו אלא כשהוא כהרף עין ולא בזמן גדול כמו שמסתפק בו תנא קמא אבל אין לפרש רבי יוסי אין מסתפק בבין השמשות כלל והכי קאמר כהרף עין אני מכיר ובקי בו מתי זה נכנס וזה יוצא ויודע אני מתי הוא יום מתי הוא לילה דהא בתוספתא דמסכת זבים בפ"ק קתני וכן היה ר' יוסי אומר ראה אחד בין השמשות ואחד ודאי ספק לטומאה ולקרבן פירוש שראה במוצאי שבת ביה"ש וביום שני ראה ביום ספק לטומאה דשמא בין השמשות כולו מן היום והוי יום מפסיק וטהור או שמא כולו מן הלילה והוו שני ימים רצופין וטמא ושמא מן היום ומן הלילה ואיכא שלשה ימים רצופין וחייב קרבן אלמא דר' יוסי נמי מספקא ליה בההוא כהרף עין: ספק לטומאה ולקרבן · פירש בקונטרס דשמא בין השמשות ראשון כולו מן היום ושני כולו מן הלילה ול"נ דאי ראשון כולו מן היום שני נמי כולו מן היום ועוד דאמר לקמן במתניתין (דף לה:) העושה מלאכה בשני בין השמשות חייב חטאת ממה נפשך ולפירוש הקונטרס הא איכא למימר שמא בין השמשות דע"ש כולו יום ומוצאי שבת כולו לילה ולא יתחייב חטאת אלא אשם ומפרש רשב"ם ספק לטומאה ולקרבן שראה בין השמשות במוצאי שבת וביה"ש למוצאי יום שני דשמא בין השמשות שניהם כולו מן היום או כולו מן הלילה מפסיק יום אחד בינתים ואין כאן טומאה או שמא חציו מן היום וחציו מן הלילה והוו רצופין וטמא טומאת שבעה ומתחייב קרבן וקשה לפירושו הדא דשני ימים בין השמשות משמע רצופין ועוד דלפי זה לא משכחת טומאת ז' בלא קרבן ולישנא משמע ספק טומאה לחוד ולקרבן לחוד ועוד קשה לר"י דהם מיירי כשראה כל בין השמשות כמו העושה מלאכה שני בין השמשות כדמפרש רשב"ם א"כ בראיה אחת חייב קרבן דהא ביה"ש הוי לכל הפחות חצי מיל דהוו אלף אמה דשיעור מיל הוי אלפים אמה כדפי' רש"י בפרק שני שעירים (יומא דף סז· ושם) ואמר בפרק ד' מיתות (סנהדרין דף סג·) ראה אחת מרובה כג' שהיא כמגדיון לשילה שהם שתי טבילות ושני סיפוגין הרי זה זב גמור ובתוספתא בריש מסכת זבין משמע הייט שיעור ק' אמה לכך מפרש ר"ת דמיירי שלא ראה כל בין השמשות אלא שעה אחת מועטת דבין השמשות זה ושעה אחרת בין השמשות אחר ובכל שהוא שבין השמשות יש להסתפק שמא כולו מן היום או כולו מן הלילה או חציו יום וחציו לילה והשתא אתי שפיר דספק לטומאה דשמא הראשון כולו מן היום והשני כולו מן הלילה ומפסיק יום בינתים או שמא תרווייהו יום או תרווייהו לילה ואיכא ב' ימים רצופין וספק לקרבן שמא הראשון מן היום ומן הלילה והשני לילה או הא' יום והב' חציו יום וחציו לילה ואיכא ג' רצופין וההיא
דהעושה

רבינו חננאל

יטמין ברמץ ויבא לחתוי בגחלים: ת"ר בין השמשות [ספק] מן היום ומן הלילה ספק כולו מן היום ספק כולו מן הלילה מטילין אותו לחומר ב' ימים ואמרינן למאי הלכתא לטומאה כדתנן במסכת זבין פרק א' ראה ב' ימים בין השמשות ספק לטומאה ולקרבן פי' האיש מטמא בראיות והאשה בג' ימים · עכשיו איש שראה ביום שבת בין השמשות אם תאמר בין השמשות כולו (א') יום הוא הנה [ראה] ראיה אחת בשבת עוד ראה ביום ראשון בין השמשות הנה ראיה שניה ביום ראשון וא"ת בין השמשות של יום ראשון חציו מליל יום ב' הוא נמצא שראה ג' ימים (בג') [בב'] ראיות בשבת וביום א' ויום שני וקיי"ל ב' לטומאה וג' לקרבן ראה אחד ביה"ש ספק לטומאה יש לומר כולו מן היום ובעל קרי הוא ואינו טמא אלא יומו ויש לומר בין השמשות חציו יום [ותצטרף] (לג') [וג'] ימים או (לג') [וג'] לילות הרי זה זב גמור ותניא בתוספתא (פ"א דזבים) ומודה ר' יוסי שאם ראה אחת בין השמשות אף על פי שאין כאן כדי טבילה וסיפוג יש בו ב' ראיות שב' ימים חולקין אותה וכן היה ר' יוסי אומר ראה אחת בין השמשות ספק לטומאה ופטור מן הקרבן ראה שתים בין השמשות ספק לטומאה ולקרבן אחת ודאי ושתים בין השמשות או אחת בין השמשות [ושתים ודאי] ודאי לטומאה וספק לקרבן שתים ודאי ואחת בין השמשות [או שתים בין השמשות ואחת ודאי ודאי לטומאה ולקרבן] סוף הברייתא ואיזהו בין השמשות משתשקע החמה וכ"ז שפני מזרח מאדים הכסיף התחתון ולא הכסיף העליון (והוה יום) [ביה"ש] הכסיף העליון והשוה לתחתון זהו לילה דברי רבי יהודה ור' נחמיה אומר בה"ש משתשקע החמה עד כדי הילוך חצי מיל רבי יוסי אומר ביה"ש כהרף עין הלילה נכנס והיום יוצא ואי אפשר לעמוד עליו ואמרי על הא דר' יהודה הא גופה קשיא ומתרץ רבה כרוך ותני איזהו בה"ש משתשקע החמה וכ"ז שפני מערב מאדימין את המזרח וסימנך כוותא · פי' אם יהיה נר דולק בבית ובו חלון פתוח למערב מתראה אור הנר כנגד פתח החלון במזרח וגם הכסיף התחתון ולא הכסיף העליון עדיין ביה"ש הוא · הכסיף העליון והשוה לתחתון זהו לילה · ורב יוסף תני לה הכי איזהו ביה"ש משתשקע החמה וכ"ז שפני מערב מאדימין למזרח עדיין הוא יום הכסיף התחתון ולא הכסיף העליון ביה"ש הכסיף העליון והשוה לתחתון לילה ואזדו לטעמייהו דאתמר שיעור בין השמשות בכמה רבה אמר כדי הילוך ג' רבעי מיל [ור"י אמר ב' שלישי מיל] נתננו סימן זה לדבר שהוא *(טם) לתלמיד בהין של תורה שהוא י"ב לוגין רביעית ג' לוגין ושליש ד' לוגין נמצאו ג' רביעית ט' לוגין ונמצאו שני שלישי הין ח' לוגין הרי יש בין ג' רביעיות ובין ב' שלישים לוג א' שהוא חצי שתות כמוהו חשבון המיל ששיעורו בו רבה ורב יוסף נמצא שיעור רבה יתר על השיעור דרב יוסף כדי הילוך חצי שתות מיל ש"מ שלא נתנו סימן לשיעור אלא לדבר שנחלק בו שהוא משתשקע החמה וכ"ז שפני מזרח מאדימין והיינו חצי שתות מיל (משיכסיף עליון עד שישוה לתחתון) [משתשקע החמה עד שיכסיף התחתון]
*) אולי צ"ל טח

מסורת הש"ס
[דף מז:]
שם איתא ר' יצחק בר נחמני א"ר אושעיא
[לקמן לז:]
ברכות ב:
[נדה נג.] [עי' תוספות פסחים ב. ד"ה לאור יכנס] זבים פ"א מ"ג

הגהות הב"ח
(א) גמ' וזה יוצא ואי אפשר לעמוד עליו וכו' התוספות ... (ג) רש"י ד"ה מן היום ... ספק יש בו:

גליון הש"ס
גמ' אלא תלתא רבעי · עיין פירש"י ברכות דף ב ע"ב ד"ה ושלא כהנים ובנדה דף נג ע"א ברש"י ד"ה ביה"ש ודו"ק:

רב נסים גאון

יאן אל חבן אל יאכם וכל דבר (שמוסיף)(שאינו מוסיף)הבל פי' אלחרארה אנמא אבאח אל הטמנה בהם מבעוד יום אבל משחשיכה אסור*) הרי מכאן אמר רבא מפני מה אמרו אין טומנין בדבר המוסיף ואפילו מבעוד יום ואין טומנין בדבר שאינו מוסיף משחשיכה כי העת שאסרו בו ההטמנה בגפת ובזבל בו בעת עצמו אמרו אבל טומנין בהם יבשים ואי אפשר להיות משחשיכה מפני שאסרו אין טומנין בתחלה בשבת ולא יתכן להיות אלא מבעוד יום ואעפ"כ אסרו דבר שהוא מוסיף ולא התירו אלא דבר שאינו מוסיף ואם היה דבר שאינו מוסיף מבעוד יום הוא שמותר מכלל שמשחשיכה אסור: ראה ב' ימים בין השמשות ספק לקרבן ראה יום אחד בין השמשות ספק לטומאה. כבר ידענו כי הזב אפילו ראה ג' ראיות מופסקין ביום אחד הרי הוא זב גמור כדתניא (ב"ק פרק כלל כרגל דף כד) תלה הכתוב את הזב בראיות ואת הזבה בימים וכן אם לא יהיו מופסקין אלא מחוברין ויש בהן שיעור שיטבול אדם ב' טבילות ויסתפג ב' סיפוגין הרי (זה) [זב] גמור כדתנן (מס' זבים פ"א משנה ס) ראה אחת מרובה כשלש שהיא (כמי נדיון) [כמן גד יון] לשילוח שוק כדי שתי [טבילות] וכשני סיפוגין הרי זה זב גמור וכן נמי אם ראה בסוף היום ראיה אחת מחוברת שלא פסקה עד שנכנס הלילה הרי דינה כדין ב' ראיות כי יציאת היום וכניסת הלילה מחלקין הראיה ומפסיקין אותה שאמרה המשנה ראה אחת ביום ואחת בין השמשות אחת בין השמשות ואחת למחר אם ידוע שמקצת הראיה מהיום ומקצתה למחר ודאי לטומאה ולקרבן ואם ספק שמקצתה היום ומקצתה למחר ודאי לטומאה וספק לקרבן אבל אם ראה בין השמשות הראשון ובין השמשות הוא סוף היום שעבר ותחילת יום שאחריו ואנו מסתפקים בו יהיה דין זה האיש ספק לטומאה

*) פי' הדברים אמנם הטמנה ביבש וכל דבר שאינו מוסיף הבל אינו אסור הטמנה בהם מבעוד יום אבל משחשיכה אסור וכן הוא במשנה אבל טומנין כשהן יבשין:

אות ז'

גזרה שמא ירתיח

סימן שיח ס"ד - תבשיל [טז]**שנתבשל כל צרכו, יש בו משום בישול אם נצטנן** - היינו שאין היד סולדת בו, אף שהוא קצת חם עדיין, (**ואם** הורק לכלי שני, אף אם היה עדיין יד סולדת בו, **יש לומר** דדינו כמו נצטנן, ויש בו עתה משום בישול), **וע"כ** אסור מן התורה להניח התבשיל הזה בשבת במקום חם שהיס"ב, **ולערב** אותו בתבשיל רותח בכלי שני יש להקל.

אבל אם היד סולדת בו, אף שנצטנן מרתיחתו, לא שייך בו בישול עוד, דבכלל רותח הוא, ואין בישול אחר בישול, **ודוקא** לענין להחזירו לתנור כשהוא גרוף מן הגחלים, או שהם עמומין, (**או** להעמידו נגד המדורה), **אבל** לתנור כשאינו גרוף, וכ"ש על האש ממש, אסור להחזיר לכו"ע אפילו רותח גמור, וכדלעיל ברנ"ג.

וכ"ז הוא דעת המחבר, (**ויש בזה פלוגתא דרבוותא, דדעת הרמב"ם** והרשב"א והר"ן, דשוב אין בו משום בישול אפילו נצטנן לגמרי, **אך** דהמחבר סתם להחמיר כדעת רש"י ורבינו יונה והרא"ש והטור, **ועיין** בביאור הגר"א שלא הכריע בין השיטות), **אבל** הרמ"א לקמן בסט"ו בהג"ה כתב, דכל זמן שלא נצטנן לגמרי, נהגו להקל דאין בו משום בישול, וע"ש.

וכל דינים האסורין משום בשול, אפילו ליתן על הכירה או התנור קודם היסק אסור, כמ"ש סימן רנ"ג.

הגה: וי"א דוקא אם נצטנן ויפה לו - אבל אם מצטמק ורע לו, מותר להניח סמוך למדורה אפילו במקום שהיס"ב.

ועיין בב"ח שפסק כסברא הראשונה, דאין חילוק בזה, וכן משמע בביאור הגר"א.

ואם לא נתבשל כל צרכו, [יז]**ואפי' נתבשל כמאכל בן דרוסאי** - וה"ה יותר, עד שיגמר בישולו, **שייך בו בישול אפילו בעודו רותח** - מן התורה. (**ואף** דהיה יכול לאכול ע"י הדחק מתחלה את התבשיל, וחייב על שיעור כמאכב"ד משום מבשל, מ"מ המסייע לגמור כל צרכי בישולו, גם הוא בשם מבשל יקרא מן התורה, **ולפי"ז** אם נטל בשבת הקדרה מן הכירה, וספק לו אם כבר נתבשל כ"צ, אסור לו להחזירו, אף שהוא עודו בידו והכירה גרופה, כל שיש חום בכירה שיוכל להתבשל יותר ע"י עמידתו שם).

ופשוט דאפילו ע"י א"י אסור לגמור הבישול, **ונראה** דבדיעבד אין לאסור התבשיל, דיש לסמוך על הפוסקים שסוברים, דכיון שנתבשל כמאכל ב"ד שוב אין בזה משום בישול, (**דכל שיש ספק** פלוגתא אי הוי בישול, אין לאסור בזה בדיעבד).

---

§ מסכת שבת דף לד: §

אות א'

אין טומנין בדבר המוסיף הבל ואפילו מבעוד יום, גזירה שמא יטמין ברמץ שיש בה גחלת

סימן רנז ס"א - ואין טומנין בדבר המוסיף הבל אפי' מבע"י - גזירה שמא יטמין באפר שיש בו גחלים ויחתה בשבת.

כתב הפמ"ג, דאפילו אם הטמין קודם חצות בבקר, מ"מ עביד איסורא כשמשהה בהטמנה זו על שבת ואינו מסלק קודם חשיכה, [**וגרע** משהיה דעלמא שעל הכירה, דאפי' בנתבשל כ"צ ומצטמק ורע לו אסור].

והא דמטמינין בדבר שאינו מוסיף הבל מבע"י, היינו לצורך שבת, אבל לצורך מוצ"ש, מוכח מסימן תר"ט בהג"ה שם, דאין מטמינין בכל גווני, כ"כ המ"א, **אך** תמה ע"ז, ומסיק דרק חומרא הוא שנהגו כן ולא מדינא, **ועיין** בלבוש וא"ר, ולדידהו בודאי מותר להטמין לצורך מו"ש, ואין שם אפילו מנהג להחמיר.

אות ב'

ראה שני ימים בין השמשות, ספק לטומאה ולקרבן; ראה יום אחד בין השמשות, ספק לטומאה

רמב"ם פ"ב מהל' מחוסרי כפרה הי"ב - ראה ראייה אחת, מקצתה בסוף היום, ומקצתה בתחילת הלילה, אף על פי שאינה ארוכה כשתים, הרי אלו שתי ראיות, שהימים מחלקין הראייה; לפיכך הרואה ראייה אחת בין השמשות שהוא ספק מן היום ומן הלילה, הרי זה ספק לטומאה.

רמב"ם פ"ב מהל' מחוסרי כפרה הי"ג - ראה ראייה אחת ביום ואחת בין השמשות, הרי זה ודאי לטומאה, וספק לקרבן, ומביא קרבן ואינו נאכל.

רמב"ם פ"ב מהל' מחוסרי כפרה הי"ד - [ראה] ראייה אחת בין השמשות [של שבת], וראייה שנייה בין השמשות של מוצאי שבת, הרי זה ספק לטומאה וספק לקרבן; ספק לטומאה, שמא ראייה ראשונה היתה בערב שבת ושנייה במוצאי שבת, והרי הפסיק שבת ביניהן, ואין כאן זיבות כלל; והרי הוא ספק לקרבן, שמא אחת מהן היתה מקצתה ביום ומקצתה בלילה שהיא חשובה כשתים,

---

באר הגולה

[טז] **טור ורא"ש מדברי רש"י בפירוש שמא ירתיח ל"ד** ‹כתב הרא"ש: ולמאי דפרישית דלא שייך בישול בתבשיל שנתבשל, לא תקשה הא דאמרינן בפרק במה מדליקין (סוף לד.) דאין טומנין בדבר שאינו מוסיף הבל, גזירה שמא ירתיח, התם לאו משום בישול, אלא משום שמא יחתה. **ורש"י** פירש לעיל (שם ד"ה משחשכה) גזירה שמא ירתיח, קדרה שנצטננה כשירצה להטמינה וירתיחנה בתחלה באור, נמצא מבשל בשבת. **מדבריו** למדנו שאף בתבשיל שנתבשל ונצטנן שייך ביה בישול, כיון שיש בו משקה – ב"י› [יז] **לדעת הטור וכן משמע מדברי רמב"ם**

והרי ראה שלש ראיות שהוא חייב בקרבן, ולפיכך מביא קרבן ואינו נאכל.

אות ג' – ד'

איזהו בין השמשות, משתשקע החמה כל זמן שפני מזרח מאדימין, והכסיף התחתון ולא הכסיף העליון נמי בין השמשות, הכסיף העליון והשוה לתחתון, לילה תלתא ריבעי מילא

סימן רסא ס"ב - [א]י"א שצריך להוסיף מחול על הקודש - בין בכניסתו ובין ביציאתו, ואין על הזמן הזה לא לאו ולא כרת, כי אם מצות עשה מן התורה, **וילפינן** מדכתיב ביוה"כ "ועניתם את נפשותיכם בתשעה לחודש בערב, מערב עד ערב תשבתו שבתכם", ואמרינן: יכול בט' מתענין, ת"ל "בערב", אי "בערב" יכול משתחשך, ת"ל "בתשעה", הא כיצד מתחיל ומתענה מבעוד יום כדי להוסיף מחול על הקודש, וגם ביציאתו מוסיף מדכתיב "מערב עד ערב", **ומדכתיב** "תשבתו שבתכם", ילפינן דכל מקום שנאמר "שבות" כמו שבת ויו"ט, גם כן צריך להוסיף ולשבות ממלאכה, (**וי"א דהוא מדרבנן**).

וזמן תוספת הוא ע"כ קודם בין השמשות, דבבה"ש הוא ספק שמא הוא לילה וחייב עליה אשם תלוי, ולא צריך קרא לאוסופי.

[ב]וזמן תוספת זה הוא מתחילת השקיעה, שאין השמש נראית על הארץ, עד זמן בין השמשות; והזמן הזה שהוא ג' מילין ורביע, רצה לעשותו כולו תוספת, עושה; רצה לעשות ממנו מקצת, עושה - היינו ע"י דיבור שהוא מקבלו עליו לשם תוספת שבת, או ע"י אמירת "ברכו", וכדלקמן בס"ד, **ואם** מהני לזה קבלה בלב, ע"ל בסי' תר"ח ס"ג בהג"ה ובמ"ב שם, **וע"ל** ברס"ג ס"י בהג"ה, דמנהגנו שהאשה המדלקת נרות לשבת היא מקבלת שבת בהדלקה זו.

ובלבד שיוסיף איזה זמן שיהיה וודאי יום מחול על הקודש - ולא סגי בהוספה כל שהוא, אלא שצריך קצת יותר, (ונראה דעכ"פ הוא פחות מכדי ג' רבעי מיל), **ושיעור** התוספת עם בין השמשות ביחד, עולה כמעט חצי שעה.

[ג]ושיעור זמן בין השמשות הוא ג' רביעי מיל - והוא לערך רבע שעה, [ולדעת הגר"א הוא מעט יותר], דמיל לדידיה הוא 22.5 דקות, **שהם מהלך אלף ות"ק אמות קודם הלילה.**

הוא דעת ר"ת וסייעתו, דס"ל דשתי שקיעות הן, מתחלה נכסית החמה מעינינו ושוקעת, והוא הנקרא תחלת השקיעה, ושוהה כדי ג' מילין ורביע מיל ועדיין יום הוא, **ומאז** והלאה מתחיל השקיעה שניה, שאז מתחיל להשקע האור לגמרי, והוא נקרא סוף השקיעה, ונמשך זמנה כדי שיעור מהלך ג' רבעי מיל, שהוא אלף ות"ק אמות, והוא בה"ש, ואח"כ יוצאין ג' כוכבים בינונים שהם סימן ללילה, **ונמצא** שלדעתו מתחלת השקיעה עד צאת הכוכבים היא ארבעת מילין, [**ויש** עוד זמן מועט לר' יוסי עד צאת הג' כוכבים, דהא לדידיה אחר השלמת הג' רבעי מיל עדיין ביה"ש הוא, כדאיתא בגמרא, אלא מפני שהוא זמן משהו לא חש השו"ע לכתבו], **ועיין** מה שכתבנו בסמוך, דהרבה פוסקים חולקין ע"ז, וס"ל דמיד שנתכסה החמה מעינינו הוא בה"ש, שהוא ספק יום ספק לילה.

לילה נקרא מן התורה לכל דבר, משיראו ג' כוכבים (בינונים, ומפני שאין אנו בקיאין בין גדולים לבינונים, ע"כ צריך לפרוש ממלאכה אפילו לדעת ר"ת, ג' רבעי מיל קודם שיתראו שום כוכבים, **ודע**, לפי מה שידוע שנשתנה השעור דד' מילין לפי האופק והזמן, ובמדינותינו רגילות להראות הכוכבים קודם השלמת השעור דד' מילין, לא יוכל לעשות מלאכה בע"ש עד השלמת הזמן המבואר בשו"ע אפילו לדעת ר"ת, כי כבר חשך היום באותו הזמן והוא לילה, או עכ"פ ספק לילה, אלא יפרוש עכ"פ חצי שעה קודם הזמן שרגילות להתראות הכוכבים באותו מקום).

והנה השו"ע הזכיר בסעיף זה דעת ר"ת וסייעתו, אבל הרבה מהראשונים ס"ל, וגם הגר"א הסכים לשיטתם, דבה"ש מתחיל תיכף אחר תחלת השקיעה, היינו משעה שהחמה נתכסה מעינינו, ונמשך זמנו כדי ג' רבעי מיל, ואח"כ בסמוך לו יוצאין הג' כוכבים בינונים, והוא לילה מן התורה לכל דבר, (**והטעם** לכל זה, דהנה בפסחים צ"ד איתא, דמשקיעת החמה עד צה"כ שיעור ד' מילין, ובשבת ל"ד ל"ה איתא, דמשקיעת החמה מתחיל בה"ש, ואמר שם דמשך בה"ש תלתא רבעי מיל ואח"כ הוי לילה, ואמרינן שם דג' כוכבים בינונים הוי לילה, א"כ קשה אהדדי, **וע"כ** תירץ ר"ת וסיעתו לחלק, דההיא דפסחים הוא התחלת השקיעה, משקיעת גוף השמש כשנכסה מעינינו, ומאז עד צה"כ ד' מילין, **ומשתשקע** החמה שבשבת, שם הוא סוף השקיעה, שהוא כשנשקע גם אור השמש מרוב הרקיע, לבד לצד המערבי, ומאז מתחיל בה"ש, שהיא ג' רבעי מיל קודם צה"כ, **ומהתחלת** השקיעה שהוא שקיעת גוף השמש עד סוף השקיעה הנ"ל, הוא יום, והוא משך ג' מילין ורביע, ואז הוא זמן תוספת שבת, וכמ"ש כאן בשו"ע, ובין כולם המה ד' מילין, ועד ד' מילין מהתחלת השקיעה לא הוי לילה ודאי, זהו שיטת ר"ת וסיעתו, **אבל** הגר"א ז"ל חולק על שיטה זו, והאריך בכמה ראיות דשקיעת החמה שבשבת לענין בה"ש, הוא ג"כ התחלת השקיעה, כמו שקיעת החמה שבפסחים, ומיד אחר שקיעת גוף השמש מתחיל בה"ש, ומשך זמן בה"ש הוא ג' רבעי מיל, **וקושיא** הנ"ל תירץ לחלק בין צה"כ דשבת לצה"כ דפסחים, דצה"כ דשבת הוא זמן של לילה שהוא ג' כוכבים בינונים, וצה"כ דפסחים הוא צאת כל הכוכבים הנראים בלילה, שהוא זמן מאוחר הרבה, והוי ד' מילין אחר התחלת השקיעה, **ואע"ג** שנראה לעינים שמשך בה"ש שהוא עד צאת הכוכבים הוא הרבה יותר מג' רבעי מיל, הוא כמו שכתב הגר"א בבאורו, ששעור הגמרא נאמר רק על אופק בבל או א"י, ובמדינותינו שנוטה יותר לצפון, מתארך יותר, ולכן לענין סוף בה"ש אין לנו משך זמן מסוים מן הגמרא על אופק שלנו, ורק תלוי לפי הראות מתי

באר הגולה

א הרי"ף ורא"ש והר"ן והמגיד בשם הרמב"ן מהא דיומא פ"א | ב המגיד | ג שבת ל"ד וכרבי יהודה וכדמפרש לה רבה

הוא ג׳ כוכבים בינונים, אבל לא גדולים, ולפי שאין אנו בקיאין איזהו בינונים, צריך להמתין (מו"ש) עד קטנים, כמ״ש סי׳ רצ״ג).

ולפי"ז יש ליזהר מאד שלא לעשות מלאכה אחר שהחמה נתכסה מעינינו, ואפילו מלאכת מצוה כגון הדלקת הנרות לסעודת שבת, ג"כ יזהר מאד לגמור הדלקתם קודם שתשקע החמה, דלאח"כ הוא בכלל בה"ש, (וח״ו להקל בזה, דהוא ספק איסור סקילה לדעת כל הני רבוותא, **ובפרט** בימינו שאין העולם בקיאין בזמן בה״ש, ובאופן זה לכו״ע יש להחמיר לפרוש ממלאכה מתחלת השקיעה, כדאיתא בס״ג, **ולאו** דוקא לענין שבת, דה״ה לכל דבר שיש בתורה שנ״מ בין יום ובין לילה, אזלינן להחמיר דתיכף בהתחלת השקיעה מתחיל בה״ש).

(**ודע**, דבספר יראים לרבינו אליעזר ממיץ, החמיר עוד יותר לענין התחלת בה״ש, וס״ל דבה״ש מתחיל ג׳ רבעי מיל קודם התחלת השקיעה, והובאו דבריו באגודה ובמרדכי, **ועיין** בב״ח שהאריך בזה, ודעתו שיש ליזהר לכתחלה לנהוג כשיטת היראים, והביא שכן היה מנהג הקהלות מאז, **ועיין** במ״א שהביא ג״כ את דברי הב״ח, (וכן ראיתי זקנים ואנשי מעשה שפירשו ממלאכה ב' שעות קודם שבת, עכ"ל. **ונסתפקתי** בטעם שיעור ב' שעות, דבגמרא פסחים איכא פלוגתא בשיעור מתחלת השקיעה עד צה"כ, דאיכא דס"ל דהוי מהלך ד' מיל, ואיכא דס"ל דהוי מהלך ה' מיל. ובפוסקים איכא מחלוקת בשיעור מיל, די"א דשיעור מיל הוא ח"י מינוטי"ן, או ששיעור מיל הוא כ"ד מינוטי"ן, **וא"כ** י"ל דהני אנשי מעשה ס"ל כמ"ד דמתחלת השקיעה עד צה"כ הוא שיעור ה' מיל, וס"ל כמ"ד דשיעור מיל הוא ח"י מינוטי"ן, וא"כ ה' מיל עולה שעה ומחצה, וג' רביעי מיל לפני ה' מיל הוא בהש"מ, עולה קרוב לרביעית שעה, וקצת קודם בהש"מ צריך להוסיף מחול על הקודש, ועולה יחד קרוב לב' שעות, לכן פירשו ב' שעות קודם צה"כ. **או** משום דס"ל כמ"ד מתחלת השקיעה עד צה"כ הוא ד' מיל, אלא דס"ל כמ"ד דשיעור מיל הוא כ"ד מינוטין, א"כ ד' מיל עולה שעה ומחצה ועוד שש מינוטין, וג' רביעי מיל לפניו הוא בהש"מ, והוא לפי זה ח"י מינוטין, עולה יחד שעה ומחצה וכ"ד מינוטי"ן, וחסר משני שעות ו' מינוטי"ן, ולכן פירשו שני שעות לפני צה"כ מפני תוספת שבת - מחה"ש), **ומשמע מיניה שלחומרא חשש** לדברי הב״ח, **אכן** הגר״א דחה שיטת הרא״ם הנ״ל, **ומ״מ** לכתחלה בודאי טוב לחוש לדברי הרא״ם, ולהקדים מעט יותר בהדלקת הנרות כדי לצאת גם שיטתו).

ולכתחלה אין להמתין עד הרגע האחרון, רק יקדים הדלקתם משעה שהשמש בראשי האילנות כדלקמן, **ומי** שמחמיר על עצמו ופורש עצמו ממלאכה חצי שעה, או עכ"פ שליש שעה קודם שקיעה, אשרי לו, דהוא יוצא בזה ידי שיטת כל הראשונים, [**היינו** אפי׳ לשיטת הרא״ם, ואפי׳ אם נסבור דמיל הוא כ״ד מינוט, ויוצא בזה מדינא גם התוספות שבת להרבה אחרונים].

(**עיין** בפמ״ג, דהד׳ מילין הם שעות שוות ולא זמניות, א״כ לפי״ז אפילו בתקופת תמוז ג״כ השעור הזה, **אמנם** בספר מנחת כהן דעתו להלכה, דאפי׳ לשיטת ר״ת הארבעה מילין הם זמניות, ובימי הקיץ מאריך יותר, ולא נאמרו דברי הגמרא רק בזמן ניסן ותשרי שהימים והלילות שוין, משא״כ בשאר ימים משתנה הענין לפי הזמן, **אך** למעשה מסיק שם, שאין לסמוך על סברא זו רק להחמיר, וכגון במוצ״ש, ולא להקל, וכן הוא גם דעת הגר״א, **וכן** כתב הגר״א עוד, דשיעורי הגמרא לא נאמר רק באופק בבל, אבל במדינותינו שנוטין לצד צפון, הבה״ש מאריך תמיד יותר, וכ״כ ספר מנחת כהן).

ולענין מו"ש, עיין בבה"ל שבארנו בשם הפוסקים, דלכו"ע השעור דג' רבעי מיל משתנה לפי הזמן והמקום, ולא נאמר זה בגמ' אלא באופק בבל, ובזמן ניסן ותשרי שהימים והלילות שוים, ובמקומותינו שנוטה לצד צפון העולם, מתארך הרבה יותר, (ומי הוא בזמנינו שיוכל לכוין הזמן בצמצום), **ע"כ** יש ליזהר מאד שלא לעשות מלאכה במוצ"ש, אף שנתאחר זמן רב אחר השקיעה, (עד שיראו הג׳ כוכבים בינונים, שזהו הסימן המובהק ללילה הנאמר בגמ׳ בכמה מקומות, וקודם לכן לא הוי לילה ודאי, וסימן זה שייך בכל מקום ובכל זמן, אך מפני שאין אנו בקיאין בבינונים צריך קטנים), וכדלקמן בסי' רצ"ג ס"ב.

(**ולדעת** ר״ת, צריך להמתין במוצ״ש מלעשות מלאכה עד זמן ד׳ מילין, שהוא עכ״פ שיעור שעה וחומש מעת התחלת השקיעה, שלדעתו אז זמן יציאת ג׳ כוכבים בינונים, ונכון לכתחלה לצאת דעת ר״ת וכל הני רבוותא המחזיקים בשיטתו, שלא לעשות מלאכה במוצ״ש עד שיושלם השעור דד׳ מילין).

(**ולענין** שעות זמניות בימים הארוכים, נראה דאם רואה שהכסיף העליון ושוה לתחתון, דהיינו שנשקע האודם מן כל כפת הרקיע בצד המערבי, ויש ג״כ ג׳ כוכבים, א״צ להחמיר להמתין על שעות זמניות בימים הארוכים, אפילו לדעת ר״ת, **דהא** אלו שני הסימנים ג״כ נאמר בגמרא [שבת ל״ה] על זמן הלילה, ואיתא ג״כ שם בגמ׳ דאביי הוי מסתכל על סימנא דהכסיף, ע״ש בגמרא, ומשמע דבסימן זה לבד היה מסתפק, **ונהי** דאין אנו בקיאין כ״כ כמותם, עכ״פ בהצטרף ג״כ סימן הכוכבים, בודאי שוב אין לנו להחמיר יותר, ומוטב לנו לומר שאין אנו בקיאין בחשבון האופקים שמשתנה החמה בתהלוכותיה לפי המקום והזמן, וע״כ אין אנו יודעין היטב חשבון הד׳ מילין, שהוא רק סימן אחד, ויש לנו במה לתלות, משנאמר שאנו טועין באלו השני סימנים).

הגה: ואם רוצה להקדים ולקבל עליו השבת מפלג המנחה ואילך, הרשות בידו - ונאסר בעשיית מלאכה, **(טור ואגור בשם תוס' פ' תפלת השחר) (וע"ל סי' רס"ז)** - אבל אם קיבל עליו השבת קודם פלג המנחה, אין בקבלתו כלום, **ופלג** המנחה נקרא שעה ורביע קודם הערב, וע"ל בסי' רל"ג דהוא שעות זמניות, דהיינו בין שהיום ארוך או קצר מתחלק לי"ב חלקים, וחלק ורביע קודם הערב הוא פלג המנחה.

גם כתבנו שם דיש דעות בין הפוסקים, אם שעה ורביע הזו הוא קודם השקיעה, או קודם צה"כ, (**ולצד** זה אין בין דברי הרמ״א להקודם, רק חלק עשרים מן השעה, דארבעה מילין הם שעה וחומש, ומפלג המנחה עד הלילה הוא שעה ורביע, וידוע דרביע יתר הוא על חמישית רק בחלק עשרים), **ע"כ** לענינו בדיעבד אם קבל על עצמו לשם תוספת שבת עד שעה ורביע שקודם השקיעה, יש להחמיר שלא לעשות מלאכה.

(**עיין** בפמ״ג שכתב, דמי שמקבל שבת בתוך הד׳ מילין, הוא דאורייתא, ובעשה דתוספת שבת, ומן הזמן הזה עד פלג המנחה, הוא רק מדרבנן).

§ מסכת שבת דף לה. §

אות א'

חלתא בת תרי כורי שרי לטלטולה, ובת תלתא כורי אסור לטלטולה

סימן שח ס"ב - [א]כל כלי, אפי' הוא גדול וכבד הרבה, לא נתבטל שם כלי ממנו, לא מפני גדלו ולא מפני כבדו -

ואפי' אם הוא משוי של כמה בני אדם, וה"ה אבן גדולה וקורה גדולה, אם יש תורת כלי עליה, דהיינו שמיוחדים לתשמיש, שרי לטלטלן.

ובכלי מותר אפי' אינו רגיל לטלטלה בימות החול, מ"מ לא אמרינן דמפני כבדותה הוא קובע לה מקום, ומקצה אותה מדעתו מלטלטלה.

ונראה דאם בימות החול הוא זהיר מלהניעה ממקומה כדי שלא תפסד ותתקלקל, ממילא הוא בכלל מוקצה מחמת חסרון כיס, ואסור לטלטלה, [**היינו** אפי' בגוונא דלא הוי פסיק רישא שתתקלקל ע"י הטלטול].

אות ב'

כוורת הקש וכוורת הקנים ובור ספינה אלכסנדרית, (אע"פ) שיש להם שולים, והן מחזיקות ארבעים סאה בלח שהן כוריים ביבש, טהורים

רמב"ם פ"ג מהל' כלים ה"ב - הכלים שחזקתן שהן עשויין לנחת, כגון שידה תיבה ומגדל וכוורת הקש וכוורת הקנים ובור ספינה גדולה וכיוצא באלו, אם הן מחזיקין ארבעים סאה, אין מקבלין טומאה.

באר הגולה

א **עירובין ק"ב** ‹בעירובין (קב.) ההיא שריתא, פי' קורה, דהוה בי רבי פדת דהוה מדלו לה בי עשרה ושדו לה אדשא, ולא אמר להו ולא מידי, אמר תורת כלי עליה. ההיא אסיתא, פי' מכתש, דהוה בי מר שמואל דהוה מחזקה אדריבא, שרא מר שמואל למישדייה אדשא, אמר תורת כלי עליה. פי' אדריבא, לתך. וכתבום הרי"ף והרא"ש בפרק כל הכלים, **וכתב** הרב המגיד בפרק כ"ה שהקשו המפרשים, מדאמרינן בסוף פרק במה מדליקין (לה) שנחלקו רבה ורב יוסף אם מותר לטלטל כוורת בת שלשה כורין, ובבת ארבעה שוין לאיסור, **ותירצו** בתוספות (עירובין קב. ד"ה ההוא שריתא) דכוורת אין דרכה לטלטלה, וכל שגדולה כל כך אסור לטלטלה בשבת, אבל קורה זו דרכן היתה לטלטלה בכל שעה לסגור הדלת, אף בשבת מטלטלין אותה הואיל ויש תורת כלי עליה, **ומדברי** ההלכות ורבינו שלא הזכירו כלל הא דפרק במה מדליקין, נראה לי שהם סוברים שמימרות אלו אין להם עיקר, ורבה ורב יוסף הוא שמחמירין בטלטול, ואין הלכה כמותן, וכן עיקר, עכ"ל – ב"י›

תרי תילתי מיל מאי בינייהו איכא בינייהו פלגא דדנקא וחילופה בחלתא דאמר רבה *חלתא בת תרי כורי שרי לטלטולה ובת תלתא כורי אסור לטלטולה ורב יוסף אמר בת תלתא כורי נמי שרי בת ארבעה כורי אסור אמר אביי בעי מיניה דמר בשעת מעשה ואפילו בת תרי כורי לא שרא לי כמאן כהאי תנא דתנן * כוורת הקש וכוורת הקנים ובור ספינה אלכסנדרית אע"פ[א] שיש להם שולים והן מחזיקות מ' סאה בלח שהן כוריים ביבש טהורים *אמר אביי שמע מינה *האי גודשא תילתא הוי אביי חזייה לרבא דקא דאי למערב א"ל והתניא כל זמן שפני מזרח מאדימין א"ל מי סברת פני מזרח ממש לא פנים המאדימין את המזרח א"ד רבא חזייה לאביי דקא דאי למזרח א"ל מי סברת פני מזרח ממש פנים המאדימין את המזרח וסימניך כוותא: ר' נחמיה אומר כדי שיהלך אדם משתשקע החמה חצי מיל: א"ר חנינא הרוצה לידע שיעורו של ר' נחמיה יניח חמה בראש הכרמל וירד ויטבול בים ויעלה וזהו שיעורו של ר' נחמיה א"ר חייא הרוצה לראות בארה של מרים יעלה לראש הכרמל ויצפה ויראה כמין כברה בים וזו היא בארה של מרים אמר רב מעין המיטלטל טהור וזהו בארה של מרים: אמר רב יהודה אמר שמואל ביה"ש דר' יהודה כהנים טובלין בו למאן אילימא לר' יהודה ספקא הוא אלא ביה"ש דר' יהודה לר' יוסי כהנים טובלין בו פשיטא מהו דתימא בין השמשות דר' יוסי מישך שייך בדר' יהודה קא משמע לן דשלים בין השמשות דר' יהודה והדר מתחיל בין השמשות דר' יוסי אמר רבה בר בר חנה א"ר יוחנן הלכה כר' יהודה לענין שבת והלכה כר' יוסי לענין תרומה בשלמא הלכה כר' יהודה לענין שבת לחומרא אבל לענין תרומה מאי היא אילימא לטבילה ספקא היא

אלא

רש"י

פלגא דדנקא · אחד מי"ב במיל דשיעורא דרבה תלת ריבעי מילא היינו תשעה פלגי דנקא ושיעורא דרב יוסף שמונה פלגי דנקא · דנקא ששות: **וחילופה** · איפליגו רבה ורב יוסף בחלתא דהתם שיעורא דרב יוסף נפיש מדרבה דאמר הכא תלתא אמר התם תרי ורב יוסף דאמר הכא תרי אמר התם תלתא: **חלתא** · כוורת: **שרי לטלטולה** · דתורת כלי עליה: **בת תלתא** · גדולה יותר מדאי ואין תורת כלי עליה: **בעי מיניה דמר** · רבה: **בשעת מעשה** · שהייתי צריך לדבר: **כמאן** · הא דאפי' בתרתי כורי לא שרא: **קש** · זכבות שבולין אסטרי"ם: **ובור ספינה אלכסנדרית** · ספינה גדולה שפורשים בה לים הגדול ומי הים מלוחין ועושין כלי גדול כמין בור ונותנין לתוכו מים יפים: **לא** · אין בו גודש: **שהן כוריים** · ששים סאה ביבש שהגודש מחזיק שליש בכלים שלהם שהיו עשויין כיס שעשה שלמה גובהן כחלי רחבן והם עגולים: **טהורין** · דאיתקש כלי עץ לשק דמיטלטל מלא וריקן וזהו אינו מיטלטל מלא דגדול יותר מדאי ואם יטלטלוהו ישבר בידיהם: **דאי** · מביט ערב שבת לראות אם יש שם אדמומית חמה: **פנים המאדימים את המזרח** · לערב חמה שוקעת במערב והזוהרי החמה מאדימין את המזרח כחלון דכשהחמה נכנסת בה מאדמת כותל שכנגדה: **וסימנך כוותא** · חלון כמו שפירשתי: **כרמל** · הר שעל שפת הים וחמה סמוך לשקיעתה נראית על ראשי ההרים ובכדי שירד ויטבול ויעלה הוי לילה: **כמין כברה** · סלע עגול ועשוי ככברה: **וזו בארה של מרים** · שהיה מתגלגל עם ישראל במדבר בזכותה של מרים דכתיב (במדבר כ) ותמת שם מרים וסמיך ליה ולא היה מים לעדה: **טהור** · מלקבל טומאה ומטבלין בו דלאו ככלי דמי להיות המים הטובעין ממנו כשאובין ואין לך מעין מיטלטל אלא בארה של מרים: **כהנים טובלין בו** · ואע"פ שצריכין הערב שמש אחר טבילה לאכול בתרומתן קסבר יממא הוא ויש שהות אחריו לשקיעת החמה: **ספק הוא** · לדידיה הואיל וקרי ליה בין השמשות סליה ספקא הוא ושמא טבלו בלילה ואין כאן הערב שמש: אלא בין השמשות דרבי יוסי לרבי יהודה לא גרסינן דהא בהדיא אמר שמואל בין השמשות דר' יהודה כהנים טובלין בו ומאן דגריס ליה מפרש הכי אלא בין השמשות דר' יוסי לרבי יהודה והכי אתמר בין השמשות דר' יוסי לרבי יהודה כהנים טובלין בו ואשמעינן שמואל דבין השמשות דר' יוסי קדים לדר' יהודה ותחילת בין השמשות דר' יהודה לר' יוסי לילה הוא ודר' יוסי לר' יהודה יממא הוא והא בעי הערב שמש נהי דלר' יהודה יממא הוא מיהו היכי טביל הא בין השמשות דר' יהודה ספק לילה הוא וכיון דבין השמשות דר' יוסי כהרף עין מקמי דסליק מטבילה שלים ועייל בין השמשות דר' יהודה וספק לילה הוא ואין כאן הערב שמש ולאו מילתא היא דליכא למימר דר' יוסי קדים מדקאמר בסיפא אלא דרבי יהודה לר' יוסי ופרכינן פשיטא ואי הוה לן לספוקי דדילמא דר' יוסי קדים מאי פשיטותא טובא אשמעינן שמואל דאשמעינן דבין השמשות דר' יהודה קדים: **פשיטא** · דלר' יוסי כהנים טובלים בו בדר' יהודה דהא ספקא דר' יוסי כהרף עין וכל למעלה הימנו יממא הוא ושיעוריה דר' יהודה נפיש טובא ומעריב שמשיה: **בין השמשות דר' יוסי מישך שייך בדר' יהודה** · בסופו הוא נכלל וכי שלים דר' יהודה לילה הוא אפי' לר' יוסי וכי טביל בסוף בין השמשות דר' יהודה תו ליכא הערב שמש קא משמע לן שמואל דכל בין השמשות דר' יהודה לר' יוסי יממא הוא וכשר לטבילה והדר מתחיל דר' יוסי והוא הערב שמש: **בשלמא הלכה כר' יהודה לענין שבת לחומרא** · כלומר מדקאמר ר' יוחנן הלכה כר' יהודה להכי והלכה כר' יוסי להכי ש"מ מספקא ליה הלכך על כרחך לחומרא בעי למיזל ובשלמא כי אמר הלכה כר' יהודה לענין שבת איכא למימר דלחומרא אמרה ובע"ש אמר שאם עשה בו מלאכה מביא חטאת הלכה כר' יהודה כי הכא ולמולי כדאמר התם תלוי אבל במוצ"ש לא עבדינן סוטיה למימרא דביה"ש דידיה לילה הוא: **אילימא לטבילה** · דס"ל דכהנים טובלין בדר' יהודה כדקאמר ר' יוסי והא לר' יוחנן דר' יהודה ספיקא הוא מדלענין שבת קאי כוותיה לחומרא:

אלא

תוספות

דהעושה מלאכה בשני בין השמשות הייט שעשה כל בין השמשות או שעשה בשניהם בתחילת בין השמשות וכן הא דתניא בתוספתא דמסכת זבים בפ"ק דשני בין השמשות ודאי לטומאה וספק לקרבן מיירי נמי דידעינן כגון שראה בשניהם בתחילת בין השמשות ועוד י"ל דמיירי כשראה כל בין השמשות דר' יוסי תני לה דאמר בין השמשות כהרף עין וליכא ביה שיעור שלשה ראיות: **תרי** תילתי מיל · קשה דהכא משמע דמשקיעת החמה עד הלילה ליכא אלא תלתא ריבעי מיל ור' יהודה גופיה בפסחים בפרק מי שהיה טמא (דף צג. ושם) סבר דמשקיעת החמה עד צאת הכוכבים ארבע מילין וצאת הכוכבים לילה הוא כדאמרינן בריש פ"ק דפסחים (דף ב: ושם) וכדמוכח קרא (נחמיה ד) ואנחנו עושים במלאכה וגו' דמייתי מפיק בפ"ב דמגילה (דף כ:) דמעלות השחר יממא הוא ואומר ר"ת דהתם מיירי בתחילת שקיעה והכא משתשקע מסוף שקיעה אחר שנכנסה חמה בעובי הרקיע אבל תימה לר"י דבמאי פליגי דהא ודאי משעת צאת הכוכבים הוי לילה כדפי' וי"ל דאמרינן לקמן לא גדולים הנראים ביום ולא קטנים כו' אלא בינונים והשתא פליגי דלר' יהודה מספקא ליה בכל כוכבים הנראים משקיעת החמה עד שהכסיף העליון אם הם בינונים אם לאו ועי"ק דניחזי אנן כאדם בינוני שילך מתחילת שקיעת החמה ד' מילין כדאמר בפסחים י"ל דמספקא להו מהו אדם בינוני:

ואפילו בת תרי כורי לא שרא לי · לית הילכתא הכי שיתבטל ממנו תורת כלי משום טובדו דאמר בפ"ב דעירובין (דף קב· *ושם) ההיא שריתא דהוה בי רבי פדת דהוי שקלי לה עשרה ושדי לה אדשא אמר תורת כלי עליה אפילו אביי גופיה לא קיבלה כדאמרינן בפרק כירה (לקמן דף מה:) מנרתא שאני שאדם קובע לה מקום א"ל אביי והרי עריבת חתנים דאדם קובע לה מקום ומותר לנטותה ולפורקה בשבת אלא אמר אביי כו' והא דאמרינן בשילהי כל כתבי (לקמן קכא:) פמוטות של בית רבי מותר לטלטלן בשבת א"ל ר' זירא בניטלין בידו אחת או בשתי ידים אמר ליה כאותן של בית אביך פירוש שהן גדולות ולא כר"ח ורש"י שפירשו כאותן של בית אביך שהם קטנות דהא מוכח בהדיא בפ' כירה (לקמן הו:) דמנורות דלית להו חדקי דטלי עלמא שרי דהיינו פמוטות גדולות:

וירד ויטבול ויעלה · פי' בקונטרס ובתוך כדי שירד ויעלה הוי לילה וקשה דלא ה"ל למינקט סימנא דטבילה אי לאו דאתא לאשמעינן דטבילה מעליא היא וכירוש' משמע בפ' (ב') [א'] דברכות דמשיעלה מתחיל בין השמשות והשתא קמ"ל דשפיר טבל ועלה לו הערב שמש *וה"ה דלפי זה הוה ליה למינקט הרוצה לידע בין השמשות דרבי יהודה אלא שמא סבר כרב יוסף דבין השמשות דרבי יהודה אינו מתחיל משתשקע החמה אלא משהכסיף התחתון:

אלא

רבינו חננאל

התחתון] כדי הילוך חצי שתות מיל (וכיון שפירשנו רבה) [וע"ז שפירשנו דרבה] אמר ג' רביעי מיל ורב יוסף אמר ב' שלישי מיל · אמרו והלופה בחלתא רבה נותן בת סדה ב' כור ורב יוסף נותן בת סדה ג' כור (ביותר) [יותר] אסור נמצא רב יוסף מוסיף על שיעורו של רבה ותרווייהו סבירא להו דכהאי שיעורא מטלטלא מליאה וריקנית ומנא היא והלכך שריא לטלטולה · אמר אביי בעי מינית דמר הלכת למעשה ואפילו חלתא בת ארבעים סאה שהוא כור ושליש כור לא התיר לי כי האי דתנן בכלים פרק (י"ד) [ט"ז] כוורת הקש וכוורת הקנים ובור ספינה אלכסנדרית אף על פי שיש להם שולים ומחזיקות מ' סאה בלח שהן כוריים ביבש טהורים כלומר אינה כלי לפיכך אינה מקבלת טומאה והלכתא כרבה: רבי נחמיא אומר משתשקע החמה עד שיעור כדי הילוך חצי מיל וזו בין השמשות אמר רבי (נחמי') [חנינא] הרוצה לידע שיעורו של ר' נחמיה יניח חמה בראש הכרמל וירד ויטבול בימא של טבריא ויעלה וזהו שיעור של ר' נחמיה א"ר

גירי' רש"ל וקשה לרמב"א דלפי זה לא היה לו להזכיר עלייה אלא כשירד ויטבול ותו לא

רב נסים גאון

כי בחליפת זה היום וכניסת יום אחר נתחלף הראיה ויהיה על זה האיש דין הטומאה כאילו ראה ב' ראיות ותמצא ברור זה הדבר בפרק ראשון מתוספתא עין ומודה רבי יוסי שאם ראה אחת בין השמשות אע"פ שאין בה כדי טבילה וטיפת ויש בידו ב' ראיות מפני שב' ימים חולקין אותו וטמילין אותו לדוטרי ב' ימים וספק לטומאה ולראלך *) אמרו מטילין לדוטרי ב' ימים: אמר אביי ש"מ מי' גראשא תילתא הוי דייק לה אביי מדברי המשנה והן מחזיקות ארבעים סאה בלח שהן כורים ביבש כי הכור ל' סאין כמו שתמצא בפרק המוכר את הספינה (ב"ב דף פו) כור בל' סאה בסלע אני מוכר לך והואיל והכלי שיכיל מן היבש כורים שהן ס' סאה לא יכיל מן הלח יותר ממ' סאה והם ב' שלישי הס' מכלל שהשליש הנשאר לא יכילנו הכלי עצמו שלא יהיה גדוש על פי המדה והואיל ובזמן

*) ולהלן פירושו בלשון ערבי ולזה

עין משפט נר מצוה

אלא לאכילת תרומה דלא אכלי כהנים תרומה עד דשלים בין השמשות דר' יוסי א"ר יהודה אמר שמואל כוכב אחד יום שנים בין השמשות שלשה לילה תניא נמי הכי כוכב אחד יום שנים בין השמשות שלשה לילה א"ר יוסי(א) לא כוכבים גדולים הנראין ביום ולא כוכבים קטנים שאין נראין אלא בלילה אלא בינונים א"ר יוסי בר' זבידא העושה מלאכה בשני בין השמשות חייב חטאת ממה נפשך א"ל רבא לשמעיה אתון דלא קים לכו בשיעורא דרבנן ארשימשא אריש דיקלי אתלו שרגא ביום המעונן מאי במתא חזי תרנגולא בדברא עורבי אי נמי אדאני: ת"ר שש תקיעות תוקעין ערב שבת ראשונה להבטיל את העם ממלאכה שבשדות שניה להבטיל עיר וחנויות שלישית להדליק את הנר דברי ר' נתן ר' יהודה הנשיא אומר שלישית לחלוץ תפילין ושוהה כדי צליית דג קטן או כדי להדביק פת בתנור ותוקע ומריע ותוקע ושובת אמר רשב"ג מה נעשה להם לבבליים שתוקעין ומריעין ושובתין מתוך מריעין תוקעין ומריעין הוו להו המשה אלא שתוקעין וחוזרין ותוקעין ומריעין ושובתין מתוך מריעין מנהג אבותיהן בידיהן מתני ליה רב יהודה לרב יצחק בריה שניה להדליק את הנר כמאן לא כר' נתן ולא כר' יהודה הנשיא אלא שלישית להדליק את הנר כמאן כרבי נתן תנא דבי רבי ישמעאל שש תקיעות תוקעין ע"ש התחיל להקוע תקיעה ראשונה נמנעו העומדים בשדה מלעדור ומלחרוש ומלעשות כל מלאכה שבשדות ואין הקרובין רשאין ליכנס עד שיבואו רחוקין ויכנסו כולם כאחד ועדיין חנויות פתוחות ותריסין מונחין התחיל לתקוע תקיעה שניה נסתלקו התריסין וננעלו החנויות ועדיין חמין מונחין על גבי כירה וקדירות מונחות על גבי כירה התחיל לתקוע תקיעה שלישית סילק המסלק והטמין המטמין והדליק המדליק ושוהה כדי צליית דג קטן או כדי להדביק פת בתנור ותוקע ומריע ותוקע ושובת א"ר יוסי *(בר) חנינא שמעתי שאם בא להדליק אחר שש תקיעות מדליק שהרי נתנו חכמים שיעור לחזן הכנסת להוליך שופרו לביתו אמר לו *אם כן נתת דבריך לשיעורין אלא מקום צנוע יש לו לחזן הכנסת בראש גגו ששם מניח שופרו לפי שאין מטלטלין לא את השופר ולא את החצוצרות והתניא שופר מיטלטל וחצוצרות אינם מיטלטלין אמר רב (*יוסי) לא קשיא כאן ביחיד כאן בצבור א"ל אביי וביחיד למאי חזי הואיל וראוי לגמע בו מים לתינוק

רש"י

אלא לאכילה · וכולה מילתא דר' יוחנן לחומרא דלא תימא כי שליט בין השמשות דר' יהודה לילה הוא וניכול וממילא נמי לענין מולאי שבת לא אמרינן כר' יהודה דנימא דר' יוסי לילה הוא ושרי: בשני בין השמשות · ערב שבת ומולאי שבת בהעלם אחד אין כאן עוד אשם תלוי אלא חטאת: ממה נפשך · אי לילה הוא חייב על ערב שבת ושל מולאי שבת איננו כלום ואי יממא הוא חייב על מולאי שבת ואין של ערב שבת כלום וכגון דעבד ליה כל בין השמשות דליכא לספוקי להאי בתחילתו ולהאי בסופו: בשיעורי דרבנן · בין השמשות: אתלו · הדליקו את הנר מבעוד יום: חזו תרנגולין · היושבים על הקורות מבעוד יום וכן העורבים בשדה: אדאני · עשב הקרוי מלוו"א ועלין שלו נוטין לנגד החמה שחרית כפופין למזרח ובחצי היום זקופין ולערב כפופים מאד למערב: שש תקיעות · אף התרועות במנין דסדר שלהן תקיעה תרועה ותקיעה: להבטיל ממלאכה שבשדות · ויהא להן שהות ליכנס לעיר: להבטיל העיר · ממלאכה: והחנויות · ממקח וממכר: לחלוץ תפילין · והדלקת נר ברביעית: להדביק פת בתנור · ועדיין יש שהות כדי שיקרמו פניה שהיו ממהרים התקיעות כדי להוסיף מחול על הקדש: ותוקע ומריע ותוקע · הרי שש: ושובת · חל שבת עליו: מלעדור · מלחפור: ויכנסו כולם כאחד · שלא יחשדו הנכנסים באחרונה לומר שעסקו במלאכתן אחר ששמעו קול השופר שאין הכל מכירין מי קרובים ומי רחוקים: תריסין · הן דלתות *החנויות ומסלקין אותן ומניחן ע"ג יתדות ומוכרין עליהן תבלין ושאר דברים ולערב מחזירין אותן לפתחים: חמין · מים חמין למזוג בהן יין לשתות: סילק המסלק · קדרות העשויות להסתלק למאכל הלילה: והטמין המטמין · את הראויות למחרת: חזן הכנסת · שמש הליבור: להוליך שופרו לביתו · שהיה גג מיוחד בגובה העיר והמלעיתה לתקוע שם ומשם מוליכו לביתו אלמא אכתי לא נקיט קדושת שבת עלייהו: לשיעורין · פעמים שביתו קרוב פעמים שביתו רחוק: בראש גגו · שתקע שם: שאין מטלטלין · אפילו ברשות היחיד: והתניא שופר מיטלטל · לפי שכפוף ראשו וראוי לשאוב בו מים ולשתות התינוק: חצוצרות · פשוטה ואינה ראויה אלא לתקוע והוי דבר שמלאכתו לאיסור ואסור משום מוקצה:

תוספות

אלא לענין אכילה · קשה דמשום שיעורא פורתא דהוי כהרף עין לא הוי ליה למיפסק כר' יוסי וליכא למימר דכהרף עין דר' יוסי איננו מיד אחר בין השמשות דר' יהודה ומתאחר הרבה אחריו א"כ(ג) הא דאמר רב יהודה כו' בין השמשות דר' יהודה לרבי יוסי כהנים טובלים בו מאי איריא בין השמשות אחר בין השמשות דר' יהודה נמי כהנים טובלים לר' יוסי וי"ל דאינו מתאחר כל כך שיהא שיעור טבילה בינתיים א"נ ספק היה להם אם היה מתחיל מיד אחר דר' יהודה או מתאחר הרבה ולהכי איצטריך למיפסק דלא אכלי כהנים תרומה עד דודאי שלים בין השמשות דרבי יוסי:

הקשה ה"ר פורת דבשבת גופיה הוה מצי למינקט הלכה כר' יהודה בע"ש וכר' יוסי במולאי שבת וכן לענין תרומה הוה מצי למימר הלכה כר' יהודה לענין טבילה וכר' יוסי לענין אכילה ונראה לר"י דניחא ליה לאשמועינן רבותא דאפי' בשבת דחמיר מיקל ר' יוסי ושרי לעשות מלאכה בבין השמשות דר' יהודה ואפי' בתרומה דקיל משבת או בתרומה דרבנן מחמיר ר' יוסי דלא אכלי כהנים עד דשלים בין השמשות דידיה:

רבי יהודה הנשיא אומר שלישית לחלוץ כו' · פירש"י ורביעית להדליק את הנר וכן משמע דלא פליג אתרתי קמייתא ועוד דאמר בסמוך שניה להדליק את הנר כמאן לא כר' נתן ולא כר' יהודה הנשיא וליכא למימר נמי דאף לחלוץ תפילין קאמר ומדליק נמי בשלישית מדקאמר אלא ג' להדליק את הנר כמאן כר' נתן משמע ולא כר' יהודה הנשיא וקשה דבס"פ ד' מיתות (סנהדרין דף סח: ושם) גבי שחלה ר"א ואותו היום ע"ש היה ונכנס הורקנוס בנו לחלוץ תפילין גער בו אביו ויצא בנזיפה א"ל היאך מניחין איסור סקילה ועוסקין באיסור שבות אלמא הדלקת נר קודם לחליצת תפילין וי"ל דשאני התם דמשום חוליו איתרו מלהדליק את הנר לפי שהיו טרודין בו עד שהיה סמוך לחשכה ולכך אמר יעסוק באיסור סקילה קודם ואדרבה משם יש ראיה דחליצת תפילין קודמת מדרצה הורקנוס לחלוץ תפילין קודם הדלקה ומסתמא היה יודע שכך היו רגילין לעשות:

שש תקיעות · כמו שפירש בקונטרס שהיו תוקעין תקיעה תרועה תקיעה אע"ג דקאמר משמע לקמן דשלש ראשונות תקיעות הן דקתני התחיל לתקוע תקיעה שניה לאו דווקא נקט תקיעה וכן מוכיח בפרק החליל (סוכה דף נג: ושם) דתנן אין פוחתין מכ"א תקיעות במקדש ואין מוסיפין על מ"ח תקיעות וחשיב בהותן מ"ח שלש להבטיל את העם ממלאכה ואמר בגמרא מתניתין דלא כר' יהודה דתניא רבי יהודה אומר הפוחת אל יפחות משבע והמוסיף אל יוסיף על ט"ז ומפרש במאי פליגי ר' יהודה סבר תקיעה תרועה תקיעה אחת היא ואם ג' להבטיל את העם ממלאכה כולן תקיעות למה היה ר' יהודה מחשבם כאחת:

והתניא שופר מטלטלין כו' · תימה לר"י הא ע"כ האי דשרי לטלטל שופר היינו לצורך גופו או לצורך מקומו דמחמה לצל אפי' ר' שמעון אסר כמו שאפרש בסמוך דשופר מלאכתו לאיסור הוא ובריית' דלעיל דאסר להצניעו היינו מחמה לצל והוי כמו מרא שלא יגנב בפרק כל הכלים (לקמן דף קכד:) דהיינו טלטול שלא לצורך ואומר ר"י דמשמע ליה דאסר בברייתא דלעיל אפי' לצורך גופו ומקומו מדקתני לפי שאין מטלטלין ולא קתני לפי שאין מצניעין וא"ת וכיון דאיירי הכא הא דמטלטל שופר היינו לצורך גופו א"כ חצוצרות אמאי אין מטלטלין וי"ל דחצוצרות מוקצה יותר משופר כמו שאפרש בסמוך ומיהו מתוך פירוש הקונטרס משמע דשופר האי מלאכתו להיתר:

הא

רבינו חננאל

הגהות הב"ח

(א) גמ' אמר רבי יוסי בר אבין לא כוכבים: (ג) תוס' ד"ה אלא וכו' ולא"כ הא דאמר:

גליון הש"ס

גמרא ושוהה כדי צליית דג. עי' כרין בפירקין בסל' אוכם דף י' ע"ב:

[תלונות עי' בילם רש"י ד"ה תריסין]

[נ"ל ברבי]

[מגילה יח: גיטין יד. ב"ב כס. חולין ס. נב:]

[נ"ל יוסף]

להדליק נר דברי ר' נתן ר' יהודה הנשיא אומר שלישית לחלוץ את התפילין כו' תנא דבי שמואל ו' תקיעות תוקעין ע"ש התחילו לתקוע ראשונה נמנעו הכל מלחרוש ומלעדור ומלזרוע ואין הקרובים נכנסין עד שיגיעו רחוקים הגיעו רחוקים נכנסו הכל ועדיין חנויות פתוחות ותריסין מונחים. תקע שניה נסתלקו התריסין וננעלו החנויות ועדיין החמין והקדירות מונחין ע"ג הכירה תקע שלישית סילק המסלק

*) לפנינו סגי' שם בירושלמי מן הדא כוכביא וכ"ה בחדושי הרשב"א כתי' ועי' בהגהות מיי' פ"ה מהל' שבת עוד ג' אחרת בירושלמי. **) וכן בספר דברי יוסף מביא ג"כ נוסחא זו בשם ש"ס כ"י.

רב נסים גאון

ובזמן שהוא גדוש יכיל ס' אע"פ שמן הלח לא יכיל אלא ארבעים נפקא לן מינה הא דאביי שהגדוש על פי המדה הוא שליש מה שתכילנו כלל המדה: במאי קמיפלגי **) בפלוגתא דר' אלעזר והורקנוס בנו · תמצא פירוש דבריהם במסכת סנהדרין בסוף פרק ד' מיתות (דף סח) תניא כשחלה ר' אליעזר נכנסו חכמי ישראל אצלו והוא יושב בקינוף שלו והן יושבין בטריקלין שלו אותו היום ערב שבת היה ונכנס הורקנוס בנו לחלוץ תפילין גער בו אביו ויצא בנזיפה אמר להן חבריו של אבא כמדומה שדעתו של אבא נטרפה אמר לו דעתך ודעת אמך נטרפה היאך מניחין איסור סקילה ועוסקין באיסור שבות סבר ר' אליעזר הדלקת הנר שהוא איסור סקילה קודמת לחליצת תפילין שהוא איסור שבות וצריך להקדים הדלקת הנר ואחר כן יחלוץ והורקנוס בנו סבר חליצת תפילין קודמת להדלקת הנר ותמצא בפרק במה מדליקין דבני מערבא מעשה בר' אליעזר שהיה גוסס בערב שבת עם חשיכה ונכנס הורקנוס בנו לחלוץ תפייליו אמר לו בני הנחת מצות הנר שהיא שבות וחייבין עליה כרת

**) נראה דחסר כאן כדעת הגאון וצריך לציין על הברייתא דשלישית להדליק את הנר ר"י הנשיא אומר שלישית לחלוץ תפילין וע"ז אמר דקמפליגי בפלוגתא דר"א והורקנוס בנו וכו' ועי' תוס' ד"ה ר"י.

§ מסכת שבת דף לה: §

אות א׳ - ב׳

כוכב אחד יום, שנים בין השמשות, שלשה לילה אלא בינונים

סימן רלה ס"א - [א]זמן ק"ש בלילה משעת יציאת [ב]שלשה כוכבים [ג]קטנים - ואפי׳ מפוזרים, [ולא דמי לסי׳ רצ"ג דבעינן שיהיו מכונסין במקום אחד, דהתם משום דבעינן להוסיף מחול על הקודש], **דכתיב**: ובשכבך, וקודם לילה לאו זמן שכיבה הוא, ולילה מקרי משנראו ברקיע ג׳ כוכבים בינונים, **אך** מפני שאין הכל בקיאין ויבואו לטעות בגדולים, וגדולים בודאי אינן סימן ללילה, שכמה פעמים נראין אפילו ביום, החמירו גבי ק"ש דאינו קורא עד שיראו ג׳ קטנים, [**משא"כ** לגבי תענית לא הטריחו ואוקמי אדינא דסגי בבינונים].

ואם הוא יום מעונן, ימתין עד שיצא הספק מלבו - דספק דאורייתא הוא, **ואם** הוא יודע מתי שקעה החמה, ימתין כשיעור ד׳ מילין שהוא ע"ב מינוט, **ועיין** לקמן סימן רצ"ג ס"ב במ"ב ובה"ל, דכל הענין דשם שייך גם לכאן.

[ד]סימן רצג ס"ב - [ה]צריך ליזהר מלעשות מלאכה עד שיראו ג׳ כוכבים קטנים - וקודם לכן אסור משום ספק יום, **ומדינא** סגי בג׳ כוכבים בינונים, אלא שאין אנו בקיאין בזה, ושמא הן גדולים הנראין ביום, לכן אנו מצריכין קטנים.

עיין לקוטי פר"ח על יו"ד שכתב, דאם הרקיע מזהיר כעין אורה של יום, תו לא נחשב אותו הזמן רק בה"ש, והביאו הגאון רע"א בחידושיו, **ובבאור** הגר"א כתב, דאם נסתלק האדמימות מן כל כפת הרקיע באותו צד ששקעה החמה, אין אנו חוששין במה שמזהיר.

(משמע בגמרא, דכל זמן שלא נסתלק האדמימות מן כל כפת הרקיע באותו צד ששקעה החמה, וזה מקרי בגמרא "הכסיף העליון ושוה לתחתון", אין לסמוך על הכוכבים, **וכ"כ** בבאור הגר"א, דלהבחין בכוכבים לבד צריך בקיאות רב, דשמא הן כוכבים הנראים ביום, **ולכך** היו האמוראים מסתכלים אם נסתלק האדמימות לגמרי, **ואז** מועיל הכוכבים, **ואפילו** על כוכבים קטנים אין לסמוך מקודם שהכסיף העליון ושוה לתחתון, ומה נקרא הכסיף, נ"ל דהוא כאשר נסתלק האדמימות מן אותו מקום, ונוטה ללובן, מלשון הכסיף פניו, **דאף** דרש"י פירש דהוא השחיר, נ"ל דלאו דוקא השחיר ממש, דזה נמשך זמן רב מאד, אלא כל שנסתלק האדמימות הוא בכלל השחיר, **וכן** מוכח ברשב"א ומאירי, אח"כ מצאתי בעז"ה בערוך שפירש בהדיא, דהכסיף הוא מלשון לובן, ע"ש, **וכן** בבאור הגר"א משמע, דבמה שנשקע אורה מלהאדים, מקרי הכסיף, ומי שאינו בקי בענין הכסיף, או שהיה יום מעונן, ישער אם יש כדי ד׳ מילין מעת תחלת השקיעה).

ודע עוד, דבספר תפארת ישראל מצריך ג׳ קטנים לבד ג׳ בינונים, ולא ידעתי מקורו, **ואולי** דטעמו, שמא אנו טועין בדבר וגדולים הם, לכך אנו צריכין עוד כוכבים הגדולים מהם, ומזה אנו יודעין שעכ"פ הם אינם גדולים, **ולפי** מה שכתב בשערי תשובה בשם המטה יהודה והברכי יוסף, ע"ש, (שהבינונים בתחלת צאתם נראים קטנים, ואח"כ נראים לעינינו יותר גדולים, ואחרי גדלם יוצאים כוכבים אחרים קטנים, וקטנים דהכא, היינו שאחר הבינונים שעליהם), ניחא דברי התפארת ישראל בפשיטות, אולם שארי אחרונים לא הזכירו דבר זה, **ואפשר** דאם בשארי מקומות הרקיע מעונן, ולא יכול לראות עוד כוכבים, יש להקל לכו"ע, **ונ"ל** דלפי מה שכתב הגר"א, דבעינן שיסתלק האדמימות מן כל כפת הרקיע באותו צד ששקעה החמה, ואז מועיל הג׳ כוכבים, נראה דמועיל אז בג׳ כוכבים קטנים לבד, [**דהא** כששלים ביה"ש דר׳ יהודה, והיינו כשהכסיף העליון והשוה לתחתון, מתחיל תיכף ביה"ש דר׳ יוסי, (לפי מה שכתב הגר"א, או עד כדי מ"ט אמה, הוא לערך חצי מינוט [ו]להשו"ע), וכמו דאמרינן בגמרא שם, והיינו שני כוכבים בינונים, וכמעט תיכף יוצא הכוכב השלישי, וכדמוכח שם דהוא כהרף עין, וממילא אז אין להסתפק שמא גדולים הם].

(**עיין לעיל בסי׳ רס"א בבה"ל, שבררנו דאף לשיטת הגר"א** (דג׳ רבעי מיל אחר שקיה"ח הוא צה"כ), **יש ליזהר בג׳ כוכבים, משום דבמדינותינו שנוטין לצד צפון, הבה"ש מאריך תמיד יותר, ואין לנו סימן אחר ללילה זולת הכוכבים, וראיתי אנשים המהדרין בחנוכה לצאת דעת הגר"א, להדליק הנרות בהקדם אחר שקיעה, שטועין בדבר ומזרזין עצמן גם במו"ש בעוד שלא חשך היום לגמרי, וסומכין עצמן על שיטת הגר"א דהבה"ש אינו ארוך כ"כ כידוע, אבל הוא טעות, דג׳ כוכבים צריך לכו"ע, ואין אנו בקיאין בבינונים וצריך קטנים וכמו שפסק בשו"ע, דזהו הסימן המובהק ללילה, וקודם לכן הוי ספק לילה**).

[ז]ולא יהיו מפוזרים אלא רצופים - משום תוספת שבת, **וה"ה** כשרואה ג׳ כוכבים קטנים שאינם רצופים, וממתין מעט אחרי כן, מותר לעשות מלאכה, **דעיקר** טעם הרצופין משום תוספת, וכיון שהמתין מעט הרי הוסיף.

(קשה לי, דלפי מה דפסק המחבר בסי׳ רס"א כשיטת ר"ת, דמשקיעת החמה עד ג׳ כוכבים יש כשעור הילוך ד׳ מילין, א"כ אם אנו רואין כוכבים, ואנו יודעין שעדיין לא נשלם הזמן דד׳ מילין, ע"כ דאותן הכוכבים הם גדולים, א"כ אמאי לא התנה הכא המחבר, שיהא נשלם השעור דד׳ מילין מעת השקיעה, **ואפשר** לומר דס"ל, דמכיון שאנו רואין ג׳ כוכבים, תלינן דמסתמא נשלם השעור, אבל אם אנו יודעין שלא נשלם, אה"נ דצריך להמתין עד שיושלם, **שוב מצאתי** בס׳ מנחת כהן, דאפי׳ לר"ת, מכיון שאנו רואין סימן הכוכבים, שוב אין להקפיד על שלא

באר הגולה

[א] ברכות ב׳ ע"א [ב] שבת ל"ה ע"ב [ג] רבינו יונה שם בברכות [ד] (ע"פ הבאר הגולה) [ה] רבי יונה בתחלת ברכות מהא דשבת ל"ה

[ו] (אולי כוונתו למה שהביא הב"י בסי׳ רצ"ג את דעת הרא"ש שס"ל כן. **דהקשו** התוס׳ (ל"ה: ד"ה אלא) דכיון דזה רק שיעורא פורתא כהרף עין, מאי שייך לפסוק דבעינן להחמיר כוותיה, ותירצו בתירוץ קמא, דהאי כהרף עין אינו מתחיל מיד אחר צה"כ דר׳ יהודה, אלא קצת אחריו כשיעור טבילה, והיינו כחצי דקה אחר צה"כ, כדאיתא בהרא"ש, **והגר"א** פליג על התוס׳, וס"ל דהוי מיד אחר סיום זמנו דר׳ יהודה) [ז] **הר"ן שם בשבת ע"פ הירושלמי**

נשלם השעור דד' מילין, ע"ש טעמו, ונ"ל דאפי' להמנחת כהן, עכ"פ נכון שיראה אז אם הכסיף העליון ושוה לתחתון, כיון שהוא בתוך ד' מילין, דמגמר' מוכח דהכוכבים שראוים לסמוך עליהם שהוא לילה, הם נראים דוקא אחר שהכסיף העליון ושוה לתחתון).

ואם הוא יום המעונן, ימתין עד שיצא הספק מלבו - מה שלא זכר השו"ע, שימתין השיעור ד' מילין מעת תחלת השקיעה, לפי מה שפסק לעיל בסימן רס"א ס"ב, **דאפשר** דמיירי דלא נודע לו גם זמן השקיעה משום הענן. **ואם** יש לו מורה שעות שהולך בטוב, ויודע בבירור שהיה אתמול בזה הזמן לילה על פי הדין, דהיינו ג' כוכבים קטנים, נראה דיוכל לסמוך ע"ז, וכ"כ בברכי יוסף דיוכל לסמוך על מורה שעות.

אות ג'

העושה מלאכה בשני בין השמשות חייב חטאת

רמב"ם פ"ה מהל' שבת ה"ד - [ח]משתשקע החמה עד שיראו שלשה כוכבים בינוניים, הוא הזמן הנקרא בין השמשות בכל מקום, והוא ספק מן היום ספק מן הלילה, ודנין בו להחמיר בכל מקום, ולפיכך אין מדליקין בו; והעושה מלאכה בין השמשות בערב שבת ובמוצאי שבת בשוגג, חייב חטאת מכל מקום; וכוכבים אלו לא גדולים הנראים ביום, ולא קטנים שאין נראין אלא בלילה, אלא בינוניים, ומשיראו שלשה כוכבים אלו הבינוניים, הרי זה לילה ודאי.

אות ד'

אתון דלא קים לכו בשיעורא דרבנן, אדשימשא אריש דיקלי, אתלו שרגא; ביום המעונן מאי, במתא חזי תרנגולא, בדברא עורבי

סימן רסא ס"ג - [ט]מי שאינו בקי בשיעור זה, ידליק בעוד שהשמש בראש האילנות - או בראשי הגגות הגבוהים. (הוא תלמוד ערוך בשבת ל"ה ע"ב, ולפי"ז בזמננו דבודאי לא קים לן ג"כ בשעורא דרבנן, ובפרט בשבת דהוא מסור לכל, בודאי החיוב ע"פ הדין לכו"ע להדליק קודם השקיעה, אח"כ מצאתי זה בשו"ע של הגר"ז שהזהיר מאד על הדבר).

ואם הוא יום המעונן, ידליק כשהתרנגולין יושבים על הקורה מבעוד יום; ואם הוא בשדה שאין שם תרנגולין, ידליק כשהעורבים יושבים מבעוד יום - וה"ה כשיש לו מורה שעות שהולך בטוב, ויודע ע"ז אימתי הוא זמן השקיעה, יכול לסמוך עליו.

(**וכתב** שם עוד הגר"ז, דאם יהיה איזה אונס ח"ו שלא תוכל למהר להדליק עד שקיעת החמה, אזי תצוה לא"י להדליק נרות של שבת, והיא תברך עליהן הברכה, ותבא עליה ברכת טוב ותקבל שכר על הפרישה, עכ"ל, וע"ל בסי' רס"ג, במש"כ במשנה ברורה בשם האחרונים, שדעתם דאין לאשה לברך בזמן שהא"י מדליק).

אות ה'

שש תקיעות תוקעין ערב שבת

סימן רנו ס"א - [י]כשהיו ישראל ביישובן, היו תוקעין בע"ש שש תקיעות, כדי להבדיל את העם מן המלאכה. הגה: ונהגו בקהלות הקדושות, שכל שהוא סמוך לשבת כחצי שעה או שעה, שמכריז ש"צ להכין עצמן לשבת, והוא במקום התקיעות בימיהם - היינו חצי שעה קודם שנתכסה השמש מאתנו, וזהו הכרזת הש"ץ על כל בני העיר שיראו להכין עצמם לשבת, **ולבעלי** מלאכות ראוי לשלוח איש לבטל אותן ממלאכתן מקודם, דהיינו שתי שעות ומחצה קודם צאת הכוכבים, שהוא זמן מנחה קטנה, וכנ"ל בסימן רנ"א - מ"א, וזהו לערך שעה ורביע קודם שנתכסה השמש, [**ובעו"ה** נתפשט המנהג בכמה מקומות שעושין עד סמוך לשקיעה, וזהו מצד שרובם עניים וצריכין המעות ליפות השבת, וזה לא נוכל למחות בידן, אבל באמת אם אינו דחוק לזה, יזהר מזה].

עוד כתב המ"א, דראוי לבעלי החנויות שיסגרו חנותן כמו שעה קודם השבת, [**היינו** שעה קודם השקיעה, וזהו ג"כ בערך הנ"ל, ומש"כ המ"א שעה, אפשר דבזמנו היו נוהגין להקדים תפלת ערבית בע"ש שעה ומחצה קודם הלילה, וא"כ יהיה בסך הכל ב' ומחצה, **או** אפשר דרצה המ"א לבטל הרע במיעוטו, וכדי שירצו העולם למעט הרגלן], **כי** גדולה המכשלה, שלפעמים בא שר אחד ונמשך המשא ומתן עד שחשיכה ממש, **ומלבד** זה, כפי הרגיל שהנשים כשבאות מהחנויות רוחצות ולובשות בגדי שבת קודם הדלקת הנרות, ואם יתאחרו מלצאת יבואו ח"ו לספק חילול שבת, ובפרט בימים הקצרים, ע"כ מהנכון מאד שיקדימו לצאת.

ואודות קבלת שבת ג"כ יש קלקול, שרוב העם יש להם היתר בטעות, שכל עוד שלא אמרו "ברכו", או קבלת שבת כפי הנהוג בימינו, עושין כל הצריך להם לשבת, אע"פ שהוא לילה ממש, וע"כ יש להקדים לקבל שבת, [**ועיין** בפמ"ג, שדעתו דטוב שיקדימו הקבלת שבת, וה"ברכו" ימתינו עד שיגיע זמן ק"ש, **ואפשר** שזהו רק בזמנו, אבל בימינו אם יתנהגו כן, לא יצייתו לנו ויבואו מביתם קודם מעריב, וע"כ נהגו בכמה קהלות

באר הגולה

[ח] ‹כתב הרמ"ך למה התחיל בדברי רבה, {דף לד: אמר רבה אמר רב יהודה אמר שמואל: כרוך ותני, איזהו בין השמשות, משתשקע החמה כל זמן שפני מזרח מאדימין, והכסיף התחתון ולא הכסיף העליון נמי בין השמשות, הכסיף העליון והשוה לתחתון, לילה}, וסיים בדברי רב יהודה אמר שמואל, {דף לה: אמר רב יהודה אמר שמואל: כוכב אחד יום, שנים בין השמשות, שלשה לילה}, **אם** רוצה לפסוק כרבה, הל"ל משתשקע החמה עד שיכסיף התחתון והעליון, **ולא** עוד דאם רוצה לפסוק רב יהודה אמר שמואל, הל"ל משיראו שני כוכבים עד שיראו שלשה, **גם** יש לתמוה על הרי"ף שהביא הכל, ונראה שרבה ורב יהודה חולקין, וצ"ע, **וי"ל** שרב יהודה אמר שמואל אמרה לתרוייהו, ש"מ חד שיעורא הוא, עכ"ל - כסף משנה› [ט] **שם ל"ה** [י] **שבת ל"ה**

קדושות כעת ע"פ עצת הגדולים, להקדים גם ה"ברכו", וכדי שלא יבאו לחילול שבת החמורה, **אך** מהנכון מאד שכשיבואו לביתם יחזרו ויקראו ק"ש, ואף שכלל העם לא יזהרו בזה, מ"מ אין למנעם מלהקדים מעריב, ויסמכו בק"ש על מה שקורין לפני המטה], **ואין** להמתין על אדם גדול שעדיין לא בא, אם הגיע זמן של קבלת שבת, כי זכות הוא לו שלא יתחלל שבת על ידו.

וכן ראוי לנהוג בכל מקום - כדי שלא יבואו ישראל לידי חילול שבת,

ובקהלות גדולות מאד שא"א להכריז, נכון מאד שימצאו אנשים המתנדבים בעם לילך ולזרז בכל רחובות קריה על דבר סגירת החנויות והדלקת הנרות, **וכעת** נמצא כן בכמה עיירות גדולות חבורות קדושות המיוסדות על השגחת השבת, ואשרי חלקם, כי הם מזכים את ישראל לאביהם שבשמים, ויזכו עבור זה המתחזקים תמיד במצוה זו לבנים גדולי ישראל.

(**והנה כיון שהוא במקום התקיעות, ע"כ אפילו כשחל ע"ש ביו"ט, ג"כ יש להכריז, כמו מאז שהיו תוקעין בו, כמו שאמרו חז"ל, ועיין בפמ"ג שכתב, דיו"ט ע"ש ראוי להקדים באמירת "ברכו" או קבלת שבת בעוד יום גדול, דסמוך לחשיכה אסור מן התורה לבשל מיו"ט לשבת, דלא שייך "הואיל", ובטשאלינ"ט שנותנין מבעוד יום לתוך התנור לצורך שבת, יזהר ליתן מבעו"י כ"כ שיהא ראוי לאכול עכ"פ כמאב"ד**).

§ מסכת שבת דף לו. §

אות א'

רבי שמעון

סימן שח ס"ג - כלי שמלאכתו לאיסור, מותר לטלטלו, (ואם נשתמש לאיסור בבין השמשות כגון נר שהודלק ע"ל סי' רע"ט), בין לצורך גופו, כגון קורנס של זהבים או נפחים לפצוע בו אגוזים, קורדם לחתוך בו דבילה; בין לצורך מקומו, דהיינו שצריך להשתמש במקום שהכלי מונח שם, ומותר לו ליטול משם ולהניחו באיזה מקום שירצה; אבל מחמה לצל, דהיינו שאינו צריך לטלטלו אלא מפני שירא שישבר או יגנב שם, אסור.

סימן שח ס"ד - כלי שמלאכתו להיתר, מותר לטלטלו אפי' אינו אלא לצורך הכלי שמא ישבר או יגנב; אבל שלא לצורך כלל, אסור לטלטלו.

לתינוק בציבור נמי חזי לגמע לתינוק עני ותו הא דתניא כשם שמטלטלין את השופר כך מטלטלין את החצוצרות מני אלא לא קשיא הא ר' יהודה הא *ר' שמעון הא *ר' נחמיה ומאי שופר נמי חצוצרות כדרב חסדא דא"ר חסדא *הני תלת מילי אישתני שמייהו מבי חרב בית המקדש חצוצרתא שופרא שופרא חצוצרתא למאי נפקא מינה לשופר של ראש השנה ערבה צפצפה צפצפה ערבה למאי נ"מ ללולב פתורה פתורתא פתורתא פתורה למאי נ"מ למקח וממכר אמר אביי אף אנו נאמר הובלילא בי כסי בי כסי הובלילא למאי נפקא מינה *למחט שנמצאת בעובי בית הכוסות דמצד אחד כשירה ומשני צדדים טריפה אמר רב אשי *אף אנו נאמר בבל *בורסיף בורסיף בבל למאי

רש"י

לתינוק עני · שעל הציבור לפרנסו : הא ר' יהודה · שופר מיטלטל וחצוצרות אין מיטלטלין דמוקצה הוא אבל שופר תורת כלי עליו כדאמרן לעיל : הא · דקתני תרוייהו מטלטלין ר' שמעון היא דלית ליה מוקצה : הא · דקתני אף שופר אין מטלטלין ר' נחמיה דאמר *אפי' תרווד אפי' טלית אין ניטלין אלא לצורך תשמישו המיוחד ועיקר שופר לאו לגמוע מים קאי : ומאי שופר · דקתני בההיא דר' נחמיה דאקדמיה בה לחצוצרות לאיסורא וכיון דתני אין מטלטלין את השופר תו לא צריך למתני חצוצרות דכ"ש היא הואיל ואינו ראוי לגמע בו תינוק אלא שופר דתנא רישא הוא חצוצרות וחצוצרות דתנא בסיפא הוא שופר דאישתנו שמייהו כדרב חסדא : לשופר של ראש השנה · אין תוקעין אלא באותו שעם הארץ קורין חצוצרות והוא שופר או אם בא עם הארץ לשאול במה יתקע אומרים לו בחצוצרות : צפצפה · פסולה ללולב ועלה שלה עגול וקנה שלה לבן כדאמרן בסוכה : פתורא · מתחילה היו קורין לגדול פתורה ולקטנה פתורתא ועכשיו נשתנו : אף אנו נאמר · אף אנו יכולים להוסיף אדרב חסדא לומר שגם זה נשתנה : הובלילא · מתחילה היו קורין להמסס הובלילא ולבית הכוסות בי כסי ועכשיו נשתנו : המסס · הוא הסמוך לבית הכוסות עשוי סגלגל כמין כדור ובתוכו קליפות קליפות הרבה כגלגל של ריחים וקורין ליכפיי"ל ודופנו דק מאד : בית הכוסות · סוף הכרס שקורין פאנצ"א ויש בו עובי שקורין דובלון ותוכו עשוי כמין כוס עובי בית הכוסות דופן כפולה ודבוקין הכפלים זה בזה בשומן : מצד א' · שלא ניקב אלא א' מן הכפלים כשרה שחבירו סותמו : מב' צדדין · שניקבו שניהם טריפה ובבית הכוסות הוא דאיכא לפלוגי בין צד א' לשני צדדין אבל בהמסס אפי' מצד א' שלא נראה הנקב לחוץ אין זו סתימה לפי שהדופן דק מאד : לגיטי

תוספות

הא ר' יהודה · לר' יהודה מטלטלין שופר אע"ג דמלאכתו לאיסור שרי לטלטלו לצורך גופו ומקומו כדמוכח בפרק כל הכלים (לקמן קכד:) דאמר רב מכבדות של מילתא מותר לטלטל בשבת ושל תמרה אסור פירוש לפי שמלאכתו לאיסור ור' אלעזר אמר אף של תמרה במאי עסקינן אילימא לצורך גופו ומקומו בהא לימא רב של תמרה לא והא רב כרבא ס"ל דשרי דבר שמלאכתו לאיסור לצורך גופו ומקומו ואי ר' יהודה אסר והא רב סבר כר' יהודה דאית ליה מוקצה ובפרק תולין (לקמן דף קמא: ושם) גבי הא דפריך לאביי [ורבא] ממגעל שעל גב האימום משמע בהדיא דשרי ר"י בדבר שמלאכתו לאיסור לצורך גופו ומקומו ותניא נמי בפרק כירה (לקמן דף מד·) ר' יהודה אומר כל הנרות של מתכת מטלטלין חוץ מן הנר שהדליקו בו בשבת אבל בחצוצרות אסר משום דכיון דלא חזי למלאכת היתר אלא מעט מקצה ליה לגמרי ממלאכת היתר והוי כמטה שיחדה למעות והניח עליה מעות דאמר רב יהודה א"ר (לקמן דף מד:) דאסור לטלטלה *ומוקי לה כר' יהודה וכמו קינה של תרנגולים דמשמע לקמן (דף מה:) *דאסור לר' יהודה אפי' לצורך גופו ומקומו : הא ר' שמעון · דלית ליה מוקצה אלא מוקצה מחמת חסרון כיס ודוקא לצורך גופו או מקומו הוא דשרי אבל מחמה לצל מודה ר"ש דאסור דתנן בפרק כל הכלים (לקמן דף קכב:) נוטל אדם את הקורנס לפצע בו את האגוזים קורדום לחתוך בו דבילה אבל מחמה לצל אסור וכר' שמעון היא מדקתני סיפא מחט של יד ליטול בו את הקוץ ובהנחנקין (סנהדרין דף פד:) מוקי לה כר' שמעון ובשילהי האורג (לקמן קז·) נמי מוכח מינה דמפיס מורסא מותר לכתחילה והאיך דמפיס מורסא מוקמא כר"ש ברים פ' ח' שרצים (לקמן דף קז:) ובפ' בתרא (לקמן קנז·) נמי פשיטא לן דמתניתין דכל הכלים אתיא כר"ש דקאמר דבמוקצה מחמת חסרון כיס מודה ר"ש דתנן כל הכלים ניטלין בשבת חוץ ממסר הגדול ויתד של מחרישה וגבי מכבדות של תמרה (דף קכד:) דפריך אלא מחמה לצל בהא לימא ר' אלעזר אף של תמרים ואי שרי ר"ש אף מחמה לצל מאי קושיא דילמא ר' אלעזר כר"ש ס"ל :

הא ר' נחמיה · ההיא דאסרה שופר ותצוצרות דתניא בפרק חבית (לקמן דף קמו·) אפי' תרווד אפי' סכין אין נוטלין אלא לצורך תשמישן ופי' בקונטרס תשמישן המיוחד להם ומשמע לפי' דכלי שמלאכתו לאיסור אסור לטלטלו לשום צורך דהא מיוחד למלאכת איסור ואנן בעינן שיהא מיוחד לצורך אותו דבר שטלטלו בשבת וקשה לר"ת דאמר בפרק חבית (ג"ז שם) חותלות של תמרים ושל גרוגרות מתיר אבל לא מפקיע ולא חותך ומוקי לה כר' נחמיה וכן בפרק בכל מערבין (עירובין דף לה· ושם) הכא במנעול דקטיר במיתנא ובעי סכינא למיפסקיה ומוקי כר' נחמיה ואמאי אסר בסכין כיון שהוא עומד ומיוחד לחתיכה והר"ר שמעון הזקן הקשה לפירוש הקונטרס דהיכי קאמר רבא בפרק כל הכלים (לקמן דף קכד·) ואתא ר' נחמיה למימר דאפי' כלי שמלאכתו להיתר לצורך גופו או לצורך מקומו אין מחמה לצל לא היכי שרי לצורך מקומו והלא אין זה תשמיש המיוחד לו *ודוחק ר"ת לומר לפי' הקונטרס דקערות אחר שאכלו בהן דדרך להסירן כל שעה חשיב צורך מקומו תשמיש המיוחד לו ונראה לר"ת דלא שרי ר' נחמיה אלא תשמיש הרגיל לעשות בו בחול אפי' אינו תשמיש המיוחד לו ואפי' דבר שמלאכתו לאיסור שרי כיון שדרך אותו תשמיש לעשות ממנו בחול כגון קורנס לפצע בו את האגוזים וקורדום לחתוך בו את הדבילה והיינו לצורך תשמישו דקאמר כלומר מה שרגיל לעשות בו בחול ולא אתא לאפוקי אלא מחמה לצל וכגון תשמיש שאינו רגיל לחתוך כגון חותלות של תמרים בסכין או מנעול דקטיר במיתנא ושופר נמי אין דרך בחול לגמע בו מים לתינוק והסקה בכלים דתניא בפרק כל הכלים (לקמן דף קכד: *) אין מסיקין בכלים כו' ומוקי לה כר' נחמיה ומביא ר"ת ראיה מפרק כל הכלים (ג"ז שם) דתנן כל הכלים ניטלין לצורך ושלא לצורך ר' נחמיה אומר אין ניטלין אלא לצורך ומפרש רבה בגמרא דבר שמלאכתו להיתר לצורך גופו ולצורך מקומו דבר שמלאכתו לאיסור לצורך גופו אין לצורך מקומו לא והשתא מה לו להזכיר דבר שמלאכתו לאיסור כיון דמתניתין לא איירי אלא במלאכתו להיתר אלא ודאי משום ר' נחמיה נקטיה דבעי למימר ואתא ר' נחמיה למימר דאפי' דבר שמלאכתו להיתר כו' ומשום דמשוה ר' נחמיה מלאכתו להיתר למלאכתו לאיסור נקט מלאכתו לאיסור דלר' נחמיה תרוייהו לצורך גופו שרי ולצורך מקומו לא ולרבא תרוייהו לצורך גופו ומקומו שרי מחמה לצל לא ולשון אפי' משמע נמי הכי :

למחט שנמצאת · דתניא באלו טרפות (חולין דף נ· ושם) ובהמדיר (כתובות דף עו:) מצד אחד כשירה מב' צדדין טרפה ופי' בקונטרס בעובי בית הכוסות הוא דאיכא לפלוגי הכי אבל בהמסס אפי' מצד אחד שלא נראה הנקב לחוץ טרפה דאין זו סתימה והקשה ה"ר אליעזר ממי"ץ דהא תנן *המסס ובית הכוסות שניקבו לחוץ משמע דבהמסס נמי לא מיטרפה אלא בנקב מפולש ואור"י דהאי לחוץ לא לגמרי לחוץ אלא כלומר לצד חוץ לאפוקי ניקבו זה לתוך זה דכשירה כדקתני בתר הכי וקמ"ל דמצד אחד כשירה אע"ג דניקב עור אחד שלם אבל הא דקתני מב' צדדין טרפה אין חידוש אי נמי מב' לצדדין טרפה נמי חידוש הוא דקמ"ל אע"פ ששוכב על המסס וס"ד שמגין כמו חלחולת שנקבה וירכים מעמידין אותה דכשירה קמ"ל דהכא טרפה ור"ת אומר דבהמסס נמי מצד אחד כשירה ופשיטא דלא הויא טרפה אא"כ ניקב נקב מפולש לחוץ דאין סברא שיהיה טרפה בשום מקום אלא בנקב מפולש והא דנקט בברייתא בית הכוסות לאשמועינן מצד אחד כשירה אע"ג דניקב עור שלם ונפקא מינה הא דשמעינן דאישתני שמייהו אע"ג דדינם שוה דאי לא אשמעינן ה"א דהאי דקתני מחט שנמצאת בעובי בית הכוסות היינו דקרו השתא בי כסי שאין לו אלא עור אחד והוה אתי למימר דדוקא בההוא מצד אחד כשירה אבל במאי דקרו הובלילא אפי' מצד אחד טרפה כיון שניקב עור אחד שלם להכי אשמעינן דאישתני שמייהו דאפי' בהובלילא מצד אחד כשירה ועוד אור"י דמליצו למימר כפי' רש"י דבהמסס אפי' מצד אחד טרפה דחיישינן שמא ניקב לחוץ וחזר והבריא כמו ישב לו קוץ בושט* דהכי הלכתא התם דחיישינן שמא הבריא וחוששין לספק דרוסה ואפי' למאן דלא חייש התם בקוץ שמא במחט שהוא דק חייש והא דבעי באלו טרפות ניקבו לחוץ היינו כגון דידעינן דשוב לא הבריא כגון שאכלה מחט בפניו ושחטוה מיד :

כפקא

עין משפט נר מצוה

קלה א מיי' פכ"ה מהל' שבת הל' ג סמג לאוין סה טוש"ע א"ח סי' שח סעיף ג ד :

סוכה לד. ע"ש

[עי' בערוך ערך הגרה וכסנהדרין קט· מלי בורסיף וכו']

רבינו חננאל

והטמין המטמין והדליק המדליק ושותה כדי לצלות דג קטן או כדי להדביק פת בתנור ותוקע ומריע ותוקע ושובת וכו' ואסיק' מקום צנוע יש בראש גגו ששם מניח את השופר שאין מטלטלין לא את השופר ולא את החצוצרות ותניא מטלטלין שופר והחצוצרות ותניא מטלטלין שופר ולא חצוצרות ואוקימנא להו הא ר' יהודה הא ר' שמעון והא ר' נחמיה :

הדרן עלך במה מדליקין

ועוד קשה הא דאל"ל אביי (שם) לרבה אליבא דר"נ קערות היכי מטלטלים להו ולרבה דידיה מי ליתא הא לא מטלטלי אלא לתשמיש המיוחד לו ודוחק ר"ת ט' [תו"י]

רב נסים גאון

ובאת להלוץ תפילין שהן רשות ואינן אלא מצוה : למאי נפקא מינה למחט שנמצאת בעובי בית הכוסות תמצא אצל דלך*) בפרק אלו טריפות (דף נ) ובכתובות בפ' המדיר (דף עו) :

*) פירושו בערבי המאה עיקר זה :

מסורת הש"ס

[לקמן קמו.]

[לקמן קכג· קכד. קמו. עירובין לה. ביצה לג.]

[כתובות עו: חולין מח: נ]

[סוכה לד. ע"ש]

[חולין מג.]

[וע"ש]

חולין מג:

גליון הש"ס

תוס' ד"ה הא ר' יהודה וכו' ומוקי לה כר' יהודה · וע"ש ע"ב תוס' ד"ה הא אין עליה : בא"ד דאסור לר' יהודה · עי' פירש"י שם ד"ה אלא לתרנגולין :

למאי נפקא מינה לגיטי נשים :

הדרן עלך במה מדליקין

כירה שהסיקוה בקש ובגבבא נותנים עליה תבשיל בגפת ובעצים לא יתן עד שיגרוף או עד שיתן את האפר בית שמאי אומרים חמין אבל לא תבשיל ובית הלל אומרים חמין ותבשיל בית שמאי אומרים נוטלין אבל לא מחזירין ובית הלל אומרים אף מחזירין: **גמ'** איבעיא להו האי לא יתן לא יחזיר הוא אבל לשהות משהין אף על פי שאינו גרוף ואינו קטום ומני חנניה היא דתניא *חנניה אומר כל שהוא כמאכל בן דרוסאי מותר לשהותו על גבי כירה אע"פ שאינו גרוף ואינו קטום או דילמא לשהות תנן ואי גרוף וקטום אין אי לא לא וכל שכן להחזיר ת"ש מדקתני תרי בבי במתני' ב"ש אומרים חמין אבל לא תבשיל ובית הלל אומרים חמין ותבשיל ב"ש אומרים נוטלין אבל לא מחזירין וב"ה אומרים אף מחזירין אי אמרת בשלמא לשהות תנן הכי קתני כירה שהסיקוה בקש ובגבבא משהין עליה תבשיל בגפת ובעצים לא ישהא עד שיגרוף או עד שיתן אפר ומה הן משהין בית שמאי אומרים חמין אבל לא תבשיל וב"ה אומרים חמין ותבשיל וכי היכי דפליגי בלשהות פליגי נמי בלהחזיר שבית שמאי אומרים נוטלין אבל לא מחזירין ובית הלל אומרים אף מחזירין אלא אי אמרת להחזיר תנן הכי קתני כירה שהסיקוה בקש ובגבבא מחזירין עליה תבשיל בגפת ובעצים לא יחזיר עד שיגרוף או עד שיתן אפר ומה הן מחזירין בית שמאי אומרים חמין אבל לא תבשיל ובית הלל אומרים חמין ותבשיל בית שמאי אומרים נוטלין אבל לא מחזירין ובית הלל אומרים אף מחזירין הא *תו למה לי לעולם

רש"י

לגיטי נשים · דקיימא לן בני בבל בקיאין שצריך לכתוב גם לשמה והמביא גט משם אין צריך לומר בפני נכתב ובפני נחתם ובני שאר ארצות אין בקיאין וצריך ועכשיו בני בורסיף היא בבל ובבל של עכשיו היא בורסיף והן עמי הארץ כדאמרינן בפלוגתא (סנהדרין דף קט.) בור שאפי שבטלו מימיו ולכי אומר נפקא מינה לגיטי נשים לענין שינה שמו ושמה ושם עירו ועירה פסול וצריך לכתוב שם של עכשיו :

הדרן עלך במה מדליקין

כירה · עשויה כעין קדירה ושופתין קדירה לתוכה : קש · זנבות השבולין : **גבבא** · הנגבב מן השדה אישטובל"א : **גפת** · פסולת של שומשמין שהוציא שומנן : **עד שיגרוף** · הגחלים משום דמוסיף הבל וטעמא פרישנא בפרק דלעיל* שמא יחתה בגחלים : **או עד שיתן אפר** · על גבי גחלים לכסותם ולצננם : **בית שמאי אומרים** · נותנין עליה חמין אחר שגרפה דלא צריכי לבשולי דליכא למגזר שמא יחתה : **אבל לא תבשיל** · דניחא ליה בישוליה ואתי לאחתויי א"נ כשקיימא מתבשלו ומיחזי כמבשל : **לא מחזירין** · בשבת דמיחזי כמבשל(א) : **אף מחזירין** · הואיל וגרוף : **גמ'** קטום · היינו נתן אפר על הגחלים דאפר מתרגמינן קיטמא : **תרי בבי** · בית שמאי אומרים חמין וכו' ותו תנא בבא אחריתי נוטלין ולא מחזירין : **ומה הן משהין** · בגרוף וקטום : **פליגי נמי בלהחזיר** · את המותר לשהות כגון חמין לבית שמאי וחמין ותבשיל לב"ה : **אלא אי אמרת להחזיר תנן הכי קתני** · כלומר ע"כ הכי מפרשא : **ב"ש אומרים נוטלין ולא מחזירין** · ע"כ אתבשיל קיימי דהא שרו בחמין : **הא תו למה לי** · הא תנא ליה רישא אבל לא תבשיל : לעולם

תוספות

נפקא מינה לגיטי נשים · מה שפי' בקונטרס לענין שינה שם עירו ושם עירה אין נראה לרשב"א דבבל הוא שם מדינה ולא שם העיר כדאמר בפרק עשרה יוחסין (קדושין דף עא·) כל הארצות עיסה לארץ ישראל וארץ ישראל עיסה לבבל וקאמר נמי התם *עד היכן היא בבל ולא אשכחן שום דוכתא עיר ששמה בבל אלא מדינה היא ואין כותבין שם מדינה בגט :

הדרן עלך במה מדליקין

כירה שהסיקוה בקש ובגבבא · נראה לר"י דקש היינו זנבות השבולים שנשאר בשדה הנקרא אשטובל"א בלעז ותבן הוא הנקצר עם השבולת דהכי משמע לקמן בפרק שואל (לקמן דף קנ:) דקאמר בשלמא קש משכחת לה במחובר אלא תבן היכי משכחת לה ומסיק בתבנא סריא והא דאמר בריש המקבל (בבא מציעא דף קג·) גבי מקום שנהגו לקצור אינו רשאי לעקור משום דאמר ניחא לי דתיתבן ארעאי הוה ליה למימר דתיתקש דהנשאר בקרקע נקרא קש כדפירש רש"י אלא משום דתיתבן משמע טפי לשון זיבול נקט ליה*: **לא** יתן עד שיגרוף · פירש בקונטרס משום תוספת הבל ואין נראה לר"י דאפילו גרופה וקטומה היא מוספת הבל יותר מכמה דברים השנויין בבמה טומנין ועוד דחנניה שרי להשהות אף כשאינה גרופה ולא אסרו מוסיף הבל אלא דוקא בהטמנה אבל להשהות שרי וכשאינה גרופה אסרי רבנן דחנניה משום דילמא אתי לאחתויי : **חמין** ותבשיל · נראה לר"י דסתם חמין ותבשיל היינו אפי' לא בשיל כל צרכו אלא כמאכל בן דרוסאי דהא כי מוקי מתניתין להחזיר תנן הוי מתניתין כחנניה דשרי חמין ותבשיל להשהות על גבי כירה אפילו בשאינה גרופה אפילו לא בשיל כל צרכו ולא כרבנן ואמאי ודילמא מתניתין אפילו כרבנן ומתני' בחמין ותבשיל שנתבשלו כל צרכן דמודו רבנן דמשהין ע"ג כירה שאינה גרופה וקטומה אלא ודאי משום דסתם חמין ותבשיל כמאכל בן דרוסאי נמי משמע ומיהו סתם חמין ותבשיל הוי נמי בשיל כל צרכו כדמוכח בסוף שמעתין (דף לח·) גבי קשיא דרבי מאיר אדרבי מאיר אע"פ שיש לדחות ושם אפרש בע"ה ואפילו אי סתם חמין ותבשיל לא הוה בשיל כל צרכו צריך לומר הא דאסרי בית שמאי להחזיר היינו אפילו חמין שהוחמו כל צרכן וכן לבית הלל באינה גרופה מדקאמר בגמרא (דף לח:) ואף רבי אושעיא סבר מחזירין אפילו בשבת דאמר רבי אושעיא פעם אחת כו' והעלנו לו קומקומוס של חמין ומזגנו לו את הכוס והחזרנוהו למקומו ואי לא אסיר בהוחמו כל צרכן מנא ליה דמחזירין אפילו בשבת דילמא הוחם כל צרכו הוה ואם תאמר ואם סתם חמין ותבשיל הוי בין בשיל כל צרכו בין לא בשיל אם כן סברי בית שמאי מצטמק ויפה לו אסור כיון דאסיר תבשיל שבישל כל צרכו ואם כן היכי שרי חמין שלא הוחמו כל צרכן והא יפה לו הוא ואור"י דודאי תבשיל אסרי בית שמאי משום דלעולם יפה לו אע"ג דנתבשל כל צרכו אבל חמין שאין יפה להם אלא עד כדי צרכן אבל מכאן והילך רע להן כדמוכח לקמן לא אסרי בית שמאי דליכא למיגזר שמא יחתה דבלא חיתוי יוחמו כל צרכן : **וב"ה** אומרים אף מחזירין · אפילו בשבת מחזירין *כדאמר בגמרא ולשון נוטלין נמי משמע דבשבת מיירי דבחול לא הוה צריך למיתני נוטלין ולמאן דאסר להחזיר אסר אפילו בחול לבית הלל כשאינה גרופה ולבית שמאי אפי' בגרופה מדקאמר בגמרא לדברי האומר מחזירין מחזירין אפילו בשבת משמע דעיקר פלוגתא הוי בחול ועוד מדקדק ר"ת מדקאמר לא יתן עד שיגרוף ואי לא יתן לא יחזיר בשבת הוא איך יגרוף או יקטום בשבת °והוה ליה למימר אלא אם כן גרף וקטם אלא בחול נמי אסור להחזיר וא"ת מה שיעור הוא נותן לאסור בע"ש דהיכא דסלקו בהשכמה פשיטא דשרי להחזיר ואומר ר"י דמשעה שלא יוכלו להרתיחו מבעוד יום אסור להחזיר ומיהו בשבת אפילו רותח אסור להחזיר למאן דאסר דאי לאו הכי מנא ליה דרבי אושעיא סבר מחזירין אפילו בשבת דילמא קומקומוס של חמין רותח הוה ועוד אומר ר"י דמלינו למימר דבערב שבת נמי אסור להחזיר אפילו רותח משעה שאם היה קר לא היה יכול להרתיח מבע"י וקשה לרשב"א היכי שרי להחזיר קדרה על גבי כירה בשבת והא אמר בפרק המביא כדי יין (ביצה דף לג: ושם) דבילים וקדרה וחביתא ופוריא מלמטה למעלה אסור משום אהל ואור"י דכי אסרו חכמים אהל עראי ה"מ כשעושה הדפנות תחלה ואח"כ הכיסוי אבל הכא שדופני הכירה כבר עשויות מאליהן לא אחמור רבנן לאסור ליתן קדרה על גבה ומיהו הא דאמר בהמוצא תפילין (עירובין דף קב·) גבי דיכרי דרב הונא דאמר ליה כרוך בודיא ושייר בה טפח למחר מוסיף על אהל עראי הוא משמע דבלא שיור אסור אע"ג דהדפנות כבר עשויות אור"י התם משום דדמי אהל טפי אסור אפי' בלא עשיית דפנות אבל קדרה דלא דמי אהל כולי האי לא אסרו חכמים בלא עשיית דפנות :

לעולם

עין משפט נר מצוה

א ב ג ד מיי' פ"ג מהל' שבת הלכה ד ה סמג לאוין סה טוש"ע א"ח סי' רנג סעיף א :

מסורת הש"ס

[דף עא:]

[דף לד:]

לעיל כ.

[ועי' תוס' ב"מ קג· ד"ה המקבל]

הגהות הב"ח

(א) רש"י ד"ה אבל לא תבשיל וכו' כמבשל הס"ד ואח"כ מ"ה אבל לא :

גליון הש"ס

תוס' ד"ה וב"ה אומרים וכו' וצל"ל אא"כ גרף · לענ"ד הא מלים כזה במ"ק דף ד ע"ב עד שיעמיק כו' כגון שהעמיק:

ולא רצה לומר דתנא רישא דאפילו בחול אין מחזירין לב"ש כדמשמע עד שיגרוף וסיפא קתני דאפילו בשבת מחזירין לב"ה כדמשמע נוטלין דבלאו הכי בבא סברא טוא דבתרווייהו פליגי דהא אי לשהות תנן ליכא אלא חד בבא בסתורס ומהר"ם אומר דאי משום ב"ה תני סיפא לא ס"ל למיתני דברי בית שמאי [תו"י]

ומיהו רש"י פי' בגמרא מחזירין אפילו בשבת למחרת דנראה דאין דעתו להחזיר ובטלה הטמנה אבל בלילה אין נראה כן [תו"י]

רבינו חננאל

ס"ג **כירה** שהסיקוה בבקש ובגבבא וכו' · כירה זו היא מקום שפיתת ב' קדרות . איבעיא להו הא דתנינן לא יתן עד שיגרוף · או עד שיתן האפר על גבי גחלים נתינה זו בע"ש וקס"ל דאסור לשהות ע"ג כירה אא"כ גרופה וקטומה או דילמא נתינה זו החזרת הקדירה היא בשבת וקס"ל דאסור להחזיר אלא ע"ג כירה קטומה או גרופה אבל לשהות מותר · ומתני' מני חנניה היא דתניא כל שהוא כמאכל בן דרוסאי מותר לשהותו על גבי כירה אע"פ שאינה גרופה ולא קטומה .

רב נסים גאון

נפקא מינה לגיטי נשים · כלומר בדאלך*) המביא גט מבבל או מבורסיף אין צריך לומר בפני נכתב ובפני נחתם לדבריהם שאמרו במסכת גיטין בפר' א' (דף ו) בבל רב אמר כארץ ישראל לגיטין מכי אתא רב לבבל ובפרק עשרה יוחסין (דף עב) היכא חביל ימא אמר רב פפא סבא משמיה דרב זו פרת בורסיף ובבראשית דר' אושעיא (פרשה לח) חד תלמיד ר' יוחנן הוה יתיב קדמוי הוה מסבר ליה ולא סבר אמר ליה מה דין לית את סבר אמר ליה דאנא גלי מן אתראי אמר ליה מן הדין אתר את אמר ליה מן בורסיף אמר ליה לא תאמר כן אלא בולסיף שנאמר (בראשית יא) כי שם בלל ה' שפת כל הארץ ובגמרא דכל ישראל יש להן חלק (סנהדרין דף קט) אמרו אמר רב יוסף בבל בורסיף סימן רע לתורה מאי בורסיף אמר רב אסי בור שפת ואדוננו האיי ז"ל אמר בבל בורסיף ובורסיף בבל כוונת דבר זה להודיע ששנינו במשנה שינה שמו ושמה שם עירו ושם עירה פסול הרי נודע כי בבל ובורסיף עיר אחת הן והגט כשר : **סליק פרק במה מדליקין**

*) פירושו בזה

§ מסכת שבת דף לו: §

אות א׳ - ב׳ - ג׳

כירה שהסיקוה בקש ובגבבא, נותנים עליה תבשיל; בגפת ובעצים, לא יתן עד שיגרוף, או עד שיתן את האפר כל שהוא כמאכל בן דרוסאי, מותר לשהותו על גבי כירה, אף על פי שאינו גרוף ואינו קטום

לשהות תנן

סימן רנג ס״א - הנה מפני שהסימן הזה רבו פארותיו, וכדי שלא יבלבל עיני הקורא בו, אמרתי להעתיק מספר מחצית השקל פתיחה קטנה אליה מעיקרי הדינים שלה, כדי שירוץ הקורא בו. **דע,** שיש ענין שהיה וענין חזרה, שהיה מקרי שנותן תבשיל מע״ש ע״ג כירה לא דרך הטמנה, ומניחו עומד ע״ג כירה ובשבת נוטל מהכירה, **וחזרה** מקרי כשהניחם מע״ש ע״ג כירה, ובשבת נוטלו מהכירה ורוצה להחזירה שנית ע״ג כירה, זהו עיקר דין חזרה לכו״ע, **אבל** יש עוד ענין חזרה, שנוטלו מע״ש סמוך לחשיכה ומחזירו, כמבואר בס״ב בהג״ה.

ופליגי חנניה ורבנן, דחנניה ס״ל אם התבשיל כבר נתבשל כמאכל בן דרוסאי, הוא כחצי בישול, וי״א כשליש בישול, מותר להשהותה ע״ג כירה אפילו אם אינה גרופה מן הגחלים, ואינה קטומה, היינו שמכוסה הגחלים באפר, **וחכמים** ס״ל דאסור אם אינה גרופה וקטומה, אא״כ נתבשל כל צרכו ומצטמק ורע לו.

ובריש פרק כירה תנן: כירה שהסיקוה וכו׳ בגפת ובעצים לא יתן עד שיגרוף או עד שיתן את האפר, ומבעי להש״ס, האי לא יתן דתנן, ר״ל לא ישהה אלא אם כן גרוף וקטום, ואתיא כרבנן דחנניה, **או** לא יתן ר״ל לא יחזיר, אבל שהיה מותרת אפילו אינו גרוף וקטום, ואתיא כחנניה, ולא איפשיטא האי בעיא, **ופסקו** הרי״ף והרמב״ם והעומדים בשיטתם לשהות תנן, וכרבנן דחנניה, דאפילו לשהות בעינן ע״ג גרופה וקטומה, **והתוספות** פסקו להחזיר תנן, אבל לשהות מותר אפילו על אינה גרופה משנתבשל כמאכל בן דרוסאי וכחנניה, **והן** השתי דעות שהובאו בשו״ע בסימן זה, דעה א׳ היא דעת הרי״ף והרמב״ם, והי״א שמביא המחבר בסוף ס״א הוא דעת רש״י ותוספות הנ״ל, זהו מה שבארנו בקצרה, ומעתה נבוא לבאר את דברי השו״ע בעז״ה.

[א]כירה שהיא עשויה כקדירה, ושופתין על פיה קדירה למעלה, ויש בה מקום שפיתת שתי קדירות - גם בתוכה יש מקום להעמיד הקדרה, ומותר להשהות במצטמק ורע לו, [ב]{גמ׳} {ל״ז}, **אלא** משום דרוצה להשמיענו איסור במצטמק ויפה לו אפילו על פיה.

אם הוסקה בגפת שהוא פסולת של זיתים, או בעצים - וה״ה פחמין וגללי בהמה גסה, **וי״א** דה״ה פסולת של שומשמין, דגם הם בכלל גפת הנזכר במשנה, וכדלקמן בסי׳ רנ״ז ס״ג לענין הטמנה, [רש״י והברטנורא, והמחבר העתיק לשון הטור ופי׳ המשנה להר״ם], **אסור ליתן עליה תבשיל מבעוד יום [ג]להשהותו עליה** - (וה״ה דאסור ליתן עליה חמין שלא הוחמו כ״צ, לדעה זו דפסק דלא כחנניה), **משום** דכל הני עבדי גחלים, וחיישינן שמא יחתה בהם.

והיינו ליתנו קודם שקיעת החמה להשהותו עליה לצורך הלילה, [**דלאחר** זה הוא בכלל ספק חשיכה, ואפי׳ חי אסור ליתן].

וה״ה אם היה נתון, צריך לסלק כשהגיע זמן חשיכה, אם לא נתבשלה כל צרכה, או שמצטמק ויפה לו.

(ליתן עליה - היינו על גב הכירה, וגבה נקרא עובי דפנות הכירה, וכ״ש נגד חלל הכירה מלמעלה, ואפילו אם היא מכוסה בכסויה ומעמידה על הכיסוי, כ״כ רש״י בדף ל״ז. {ד״ה גבה}, **אך** מדברי הרמב״ם משמע לכאורה, דע״ג כיסוי אין בכלל על גבה, **דאפשר** דהוא כמו שאם כסה הגחלים באפר, דאמרינן דמסתמא שוב הסיח דעתו ממנה ולא אתי לחתויי, **ואעפ״כ** צ״ע בדעתו).

(**ואם** כונתו לצורך מחר, יש פוסקים שמתירין, דלא חיישינן שיבא לחתות, וכמו בחייתא, **ומדינא** אין לסמוך ע״ז, דדוקא בחייתא שא״א לאכלו, אבל בזה שאפשר לאכלו, חיישינן שימלך לאכלו ויחתה, **אלא** שבדיעבד יש לסמוך ע״ז, רק שלא יהא רגיל לעשות כן).

אא״כ נתבשל כל צרכו והוא מצטמק (פי׳ הולך וחסר) ורע לו, דליכא למיחש שמא יחתה - היינו דכיון שכבר נתבשלה לגמרי, עד שאם תתבשל יותר תצטמק לרעה, לא חיישינן לחיתוי, ומותר ליתנה אז לכתחלה.

מצטמק ורע לו - פי׳ כל דבר שאדם עצב כשיבש ונתכווץ מחמת רוב הבשול, [**ואפי׳** התבשיל בעצם יפה לו הצמוק, רק האדם עצוב מזה מחמת דצריך לאורחין, שרי], **וכן** ביפה לו, היינו שהוא שמח מזה.

(**בגמרא** ל״ז ע״ב איתא, כל תבשיל דאית ביה מוחא {קמח} מצטמק ורע לו, לבר מליפתא, דאע״ג דאית ביה מוחא יפה לו, וה״מ דאית ביה בשרא, וגם לא בעי ליה לאורחין, הא לית ביה בשרא, או דקבעי ליה לאורחין, מצטמק ורע לו, דע״י הצימוק מתפרך הבשר ואין ניכר, ואין דרך כבוד לתת לאורחין כך, **ועיין** בפמ״ג שביאר, דאפי׳ לית ביה מוחא ג״כ רע לו בלית ביה בשרא, **אכן** מסוגיא דברכות משמע, דהצימוק יפה ללפת אף בעצים לחוד, וע״כ דכונת הגמרא דוקא היכא דאית ביה מוחא, **אך** מרש״י {ד״ה דאית ביה בישרא} משמע קצת כהפמ״ג, ויש ליישב).

(**עוד** איתא שם בגמרא, לפדא {מאכל מתאנים} דייסא ותמרא, מצטמק ורע לו, והיינו אפי׳ בלא מוחא, **ובדף** ל״ח. שם, כרוב ופולין ובשר טרוף, מצטמק ויפה לו, ועי״ש ברש״י {דמשמע דמפרש כהערוך} ובגליון {צ״ל מסורת} הש״ס בשם הערוך, מה שפירש על בשר טרוף, **עוד** שם בגמ׳ {ל״ח.}, דמים חמין מצטמק ורע לו, וביצים מצטמק ויפה להן, אלא אם

באר הגולה

[א] שבת ל״ו [ב] {לא מצאתי בגמ׳ דתוכה מותר במצטמק ורע לו באינה גרופה וקטומה, ורק דמותר בגרופה וקטומה, וצ״ע} [ג] ר׳ הושעיא {ל״ז} ורבה בר בר חנה {ל״ז} לדעת הרי״ף וכן דעת השאלתות והר״י ברצלוני והרמב״ם

מיירי בצלי שמונח אגומרי, ומתחרך ע"י הצימוק, וכל שאינו יודע בבירור אם הוא מור"ל או יפה לו, ראוי להחמיר בו, כ"ז כתבנו לפי דעה זו, ועיין מה שנכתוב אי"ה לקמן לדעה השניה).

או שהוא חי שלא נתבשל כלל - היינו דאפילו הוחם התבשיל נמי מותר להשהות, ולא גזרינן שמא יחתה, כיון דעצם הבישול לא נתבשל כלל, [**אבל** אם נתבשל קצת, אפי' פחות ממאכל בן דרוסאי, אסור].

דכיון שהוא חי מסיח דעתו ממנה עד למחר, ובכל הלילה יכול להתבשל בלא חיתוי - פי' אז שרי ליתנו סמוך לשקיעה ממש, אבל אם נתנו מבעוד יום, אסור, דכבר נתבשל קצת קודם שבת, וצריך לסלק כשהגיע זמן שבת, אא"כ נתבשל כ"צ קודם זה.

וכ"ז דוקא בשר חי שא"א להתבשל לצורך סעודת הלילה, אבל ירק ושארי דברים שהם קלי הבישול, לא מהני מה שהוא חי, וכן מה שכתב לקמיה חתיכה חיה, היינו ג"כ בשר.

(**נראה** דאפילו אם התנור חומו רב, ויכול להתבשל באיזו שעות בלילה במשך הזמן, אעפ"כ אם אין דרכן של בני אדם להמתין בסעודתם כ"כ, בודאי אסוחי מסח דעתיה מיניה ולא אתי לחתויי, וכן מורה לשון הרמב"ם).

אבל אם נתבשל קצת ולא נתבשל כל צרכו, ואפי' נתבשל כל צרכו והוא מצטמק ויפה לו, חיישינן שמא יחתה - למהר בישולו כדי לאכול בלילה, או כדי שיהיה מצטמק יפה.

ואסור להשהותו עליה אא"כ גרף, דהיינו שהוציא ממנה כל הגחלים - חוץ לכירה, ומותר בזה וכן בקטם, אפילו רק נתבשל קצת.

או קטם, דהיינו שכסה הגחלים - היינו כל הגחלים, **באפר למעט חומם** - וא"צ לקטום עד שאין ניכר שם אש כלל, רק בכסוי אפר כל שהוא מלמעלה על פניהם סגי, ואפי' הובערה אח"כ שרי - גמ' ‹ל"ז. ל"ז:›, [**הנה** בתוס' איתא לחד תירוצא, דבאופן זה אינו מותר רק בנתבשל כל צרכו ומצטמק ויפה לו, אבל בנתבשל קצת אסור כיון דהובערה. ובמ"א לא העתיק זה, משום דספיקא דרבנן הוא, דאולי כתירוצא קמא - פמ"ג, **ולא** צריך לזה, דהרמב"ן מסיק דהוי כקטומה לכל מילי, וכן משמע בחי' הר"ן והריטב"א], **עוד** אמר שם ‹עמוד ב'›, דאפילו היו הגחלים של רותם, שאינם ממהרין להכבות, ג"כ שרי, **והטעם** בכל זה, כיון דגילה דעתו דלא בעי לגחלים, סגי, דבודאי לא אתי לחיתויי.

עוד איתא ‹שם ל"ז.›, דגחלים שעממו היינו שהוחשך קצת מראיתן, הרי הן כקטומה, **והטעם**, דכיון שלא חשש ללבותן שלא יעוממו, מוכחא מלתא שאינו קפיד בחתויה.

[ד] **ואם נתן בה חתיכה חיה, מותר כאילו היתה כולה חיה, דעל ידי כך מסיח דעתו ממנה.**

[ה] **ואם הוסקה בקש או בגבבא, מותר לשהות עליה אפילו אינה לא גרופה ולא קטומה** - לפי שאין בה חשש חיתוי, שמיד שכלה השלהבת כלה גם הגחלת.

וה"ה דמותר לשהות בתוכה, דכיון דכגרופה דמיא, ומבע"י הוא נותנו לתוכה, מה לי תוכה מה לי ע"ג, [רש"י] ‹ל"ז. ד"ה אלא אי אמרת›.

(וה"ה דמותר להחזיר אפילו בשבת, דכגרופה וקטומה דמיא).

(יש לעיין, דבש"ס ופוסקים נקטו לשון "שהסיקוהו בקש וגבבא", דמשמע דהיה אחר ההיסק, ולהכי בעצים אסור משום שמשאירים אחריהם גחלים, ואיכא למיחש משום חיתוי, משא"כ בקש שאינם משאירים אחריהם גחלים, **ולפי"ז** אפשר דאם הניח הרבה קש שבוער זמן רב, אפשר דאסור להשהות עכ"פ בשעה שבוער, **או** אפשר דהש"ס אורחא דמלתא נקט, שהיה דרכם להעמיד הקדרה אחרי ההיסק, אבל ה"ה בשעה שמסיקים נמי מותר, **והטעם**, דבשעה שבוער בלא"ה אין לחוש לחיתויי, דלמה ליה לחתות כל זמן כשבוער, וא"צ לחתות כי אם בשנכבה, וזה אשמעינן דבקש כיון שנכבה לא יועיל חיתויו, דכלה גם הגחלת, משא"כ גבי גפת ועצים לעולם אסור, דיבא לחתות בגחלים אחר שיכלה האש, **וצ"ע**).

[ו] **וי"א שכל שנתבשל כמאכל בן דרוסאי, (פי' שם אדם שהיה אוכל מאכלו שלא נתבשל כל צרכו)** - י"א חצי בישול, וי"א שליש בישול, והשו"ע לקמן בסימן רנ"ד ס"ב סתם חצי בישול, ובמקום הדחק אפשר דיש להקל.

או שנתבשל כל צרכו ומצטמק ויפה לו, מותר להשהותו ע"ג כירה - ס"ל דכיון שנתבשל שראוי לאכול ע"י הדחק, תו ליכא למיחש שמא יחתה, דכיון שראוי לאכילה למה יחתה בחנם, ולכך שרי אפילו באינה גרופה וקטומה, **ואין** צריך לזה אלא כשעדיין לא הגיע למאב"ד, **או** כשבא להחזירה בשבת, דמחזי כמבשל אם אינה גרופה, [ז][רש"י והר"ן. **וי"א** הטעם בזה, דכשנוטלה מן האש פעמים שמצטננת קצת, וחיישינן שמא יחתה בגחלים].

הגה: או אפילו ע"ג תנור (המגיד פ"ג והגהות מרדכי ומיימוני פ"ג וריש פ' כירה וב"י) - וה"ה בתוך התנור והכירה, דלא מפלגינן בין תנור לכירה, אלא מה שאסור בכירה שאינה גרופה משום חשש חיתוי, אסרינן בתנור אפילו בגרוף, דמשום חום התנור חשבינן ליה כאינו גרוף וכנ"ל, **אבל** מה שהתירו בכירה אפילו באינה גרופה, דלא אתי לחתות משום דכבר נתבשלה, גם בתנור מותר.

באר הגולה

ד **שם י"ח** ה **שם ל"ו** ‹מה שחסר כאן מן הסעיף נמצא בדף ל"ז.› ו **לפירוש רש"י** (ל"ז: ד"ה ורב ששת) **ור"י** (תוס' שם ד"ה אמר) ‹מה שחסר כאן מן הסעיף נמצא בדף ל"ח.› ז ‹לכאורה ר"ל רש"י במשנה דף ל"ו: ד"ה לא מחזירין, **ועיין** המהר"ם שם שכתב, דרש"י שם מפרש שיטת ב"ש, **וז"ל**: אבל מ"מ טעמו של ב"ה א"א לפרש אלא מטעם חיתוי, דכשאינה גרופה לא יחזיר דחיישינן לחיתוי, אבל בגרופה וקטומה יחזיר דליכא למיחש לחיתוי, וכן משמע בתוס' לקמן בדף ל"ח ע"ב ד"ה פינה ממיחם למיחם, דבחזרה נמי שייך טעם גזירת חיתוי. **וצ"ע**›

אפי' הוסק בגפת ועצים, ואפי' אינה גרופה וקטומה; ולא הוזכרה גרופה וקטומה והיסק בקש ובגבבא, אלא כשהתחיל להתבשל ולא הגיע למאכל בן דרוסאי - דאז חיישינן שמא יחתה בגחלים, אם הוסקה בגפת ועצים, וגם איננה גרופה מן הגחלים. (עיין בחי' רע"א שכתב, דדין זה אינו ברור, דיש פוסקים שסוברין, דאפי' גרופה וקטומה לא מהני בזה), ‹דחיישינן שמא יגיס, ע"ש›.

וכן לענין אם נטל הקדירה מעליה ובא להחזירה עליה בשבת - עיין לקמן בס"ב.

הגה: ונהגו להקל כסברא האחרונה – (עיין בב"י שהאריך הרבה באלו השתי דעות, והעתיק דברי הרא"ש שכתב: דמפני שישראל אדוקים במצות עונג שבת, ובודאי לא ישמעו לנו, ע"כ הנח להם, ע"ש, משמע מזה דרק משום זה לא רצה למחות, וכן הב"י גופא ממה שהעתיק דעה הראשונה בסתמא, והדעה השניה בשם י"א, משמע ג"כ דעתו נוטה להחמיר, **אך** מ"מ אין בנו כח למחות במקילין, שכבר נהגו העם כהי"א, וכמו שכתב הרמ"א, וע"כ לפי"ז לכתחלה בודאי טוב ליזהר שיהיה מבושל כ"צ קודם חשכה, ולסלקו מן האש, **אך** אם אירע שנתאחר הדבר, כגון שבאו אורחים קודם שקיעת החמה, והוצרך לבשל איזה תבשיל עבורם, יכול להעמיד על הפטפוט לבשל, אף שלא יתבשל עד השקיעה רק כחצי בישול, סגי, ויניחנו עומד על הפטפוט עד שיגמר בשולו, ומותר לסלק ממנו בלילה, דהא אין עומד על הגחלים).

[ח]**וכל זה בענין שהה, שהקדירה יושבת על כסא של ברזל** - כעין פטפוט של שלש רגלים, והגחלים מונחים תחתיו, **או על גבי אבנים** – (שעומדת בתוך הכירה או בתוך התנור), **ואינה נוגעת בגחלים.**

(ודע, דכירות שלנו שהן מחוברות בבנין עם התנור, לכו"ע רק דין כירה יש להן, ועיין לעיל במה שכתבנו לענין תנורים שלנו).

אבל הטמנה ע"ג גחלים, לד"ה אסור - הכי ס"ל להמחבר, דאם שולי הקדרה נוגעין בגחלים, מקרי הטמנה, וממילא דאסור אף בנתבשל כל צרכו ומצטמק ורע לו, וכדלקמן בסימן רנ"ז ס"ז.

הגה: וי"א דאפי' אם הקדירה עומדת ע"ג האש ממש, כל זמן שהיא מגולה למעלה - היינו שאין מכסה עליה בבגדים מלמעלה, ועיין לקמן ברנ"ז ס"ח, **לא מקרי הטמנה, ושרי** - היינו דהוא רק בכלל שהיה, ושרי בשנתבשל מבעוד יום כמאב"ד, לפי מה שנהגו כסברא אחרונה. **וכן המנהג.**

ואפילו אם הקדרה עומדת בתוך התנור והתנור סתום, לאו בכלל הטמנה היא, וכדלקמן בסימן רנ"ז סוף סעיף ח' ע"ש.

רק שנזהרים לנתקו קלת קודם השבת מן האש, כדי שיוכל ישראל להסירו משם - דקשה לישראל ליזהר שלא ינענע הגחלים בעת נטילתו את הקדרה, (ושרי בזה אפילו כשעומדת בתוך התנור, ואיננה עומדת עתה על האש, כיון שכבר נתבשלה, היינו לדעה הראשונה כשנתבשלה לגמרי, ולהי"א כמאב"ד).

ואם לא נתקו מן האש ומלאו ע"ג האש בשבת, יש להסירו משם ע"י א"י; ואם ליכא א"י, מותר לישראל להסירו משם; ויזהר שיקחהו משם בנחת ולא ינענע הגחלים, ואז אף אם ינענען קלת, דבר שאין מתכוין הוא ושרי (מרדכי ר"פ כירה והגמי"י פ"ז).

ודוקא כשעומדת הקדרה ע"ג גחלים, אבל הגחלים מונחים סביב הקדרה, אסור לישראל, משום שע"י נטילתו בודאי יחתה בגחלים, ואסור, דעי"ז מבעיר התחתונות ומכבה העליונות, ואף שאין מתכוין לזה, פסיק רישא הוא, **ואפילו** ע"י א"י יש מחמירין בזה, עיין במ"א וא"ר, **ומ"מ** נראה דלצורך שבת יש לסמוך על דעת המקילין ע"י א"י, [דבאמת הלא הוא רק פ"ר דלא ניחא ליה, ואיסורו מדרבנן לכו"ע], ‹**ולהלן** בסוף הסימן כתב במ"ב, דאמירה לא"י דהוי שבות בלא מעשה, מותרת אף בפסיק רישא דניחא ליה, וצ"ע›.

ודין פתיחת התנור וסתימתו על ידי הא"י, יתבאר בס"ס רנ"ט, ע"ש במ"ב.

באר הגולה

ח טור ורא"ש שם והר"ן בשם הגאונים, והמגיד לדעת הרמב"ם והגהות שם, וספר התרומה וספר המצות

§ מסכת שבת דף לז. §

אות א'

אסיפא קאי, וב"ה אומרים אף מחזירין, ואמר רבי חלבו אמר רב חמא בר גוריא אמר רב: לא שנו אלא על גבה, אבל תוכה אסור

סימן רנג ס"ב - [א]כירה שהיא גרופה וקטומה, ונטל הקדירה מעליה, [ב]אפי' בשבת מותר להחזירה - דלא תימא דלא התירו חכמים אלא כשנטל מע"ש ומחזיר בע"ש סמוך לחשיכה, קמ"ל דמותר ליטול ולהחזיר אפילו בשבת גופיה, ואפילו כמה פעמים, (והיינו אפילו מצטמק ויפה לו), [ואין חילוק בין כשנטלה מהכירה מבעוד יום ובין בשבת גופא].

אבל אינו גרוף וקטום, אסור אפי' במצטמק ורע לו, וכן בתנור אפי' גרוף וקטום, (ואם הוסק הכירה בקש או בגבבא, דינה כגרופה וקטומה).

[ג]כל זמן שהיא רותחת - פרט זה אינו דומה לכל הנזכרים בסעיף זה, דבהם הטעם הוא דלא התירו חכמים חזרה כי אם באופן זה, **אבל** בזה הטעם הוא, דכיון שנסתלק מרתיחתו, דהיינו שאין היד סולדת בו, יהיה בו שוב איסור בישול, וכדלקמן בסימן שי"ח ס"ד, **ולפי** מה שפסק הרמ"א שם סט"ו בהג"ה, נהגו להקל אם לא נצטנן לגמרי.

[ד]ודוקא על גבה - היינו על עובי דפנותיה מלמעלה, או ששם כיסוי על חללה והעמיד הקדירה על הכיסוי, [רש"י בדף ל"ז ‹ד"ה גבה› וטור], **ואפילו** אם תלה הקדירה לתוך אויר הכירה, וקצת דפנותיה בולטין מלמעלה, כדרך הקדירה שקצרה מלמטה ורחבה מלמעלה, ג"כ בכלל ע"ג הוי, **ולא** מקרי תוכה אלא כשיושבת הקדירה על קרקעית הכירה.

אבל לתוכה אסור - דכיון שהוא מעמיד לתוכה כדרך שמבשלין בה תדיר, נראה כמבשל, **ואותן** הכירות שאין להן תוך וחלל, אלא הן פשוטות, ותוכן וגבן אחד, מותר להחזיר להן, דאין עליהן שם תוך, **ואם** יש אש בכירה, עיין סימן שי"ח סט"ו.

אות ב'

שתי כירות המתאימות, אחת גרופה וקטומה ואחת שאינה גרופה ואינה קטומה, משהין על גבי גרופה וקטומה, ואין משהין על שאינה גרופה ואינה קטומה

סימן רנג ס"א - הגה: שתי כירות המתאימות זו אצל זו ודופן של חרס ביניהם, האחת גרופה וקטומה והשניה אינה גרופה וקטומה, מותר לשהות על הגרופה וקטומה, אע"פ שמוסיף הבל משאינה גרופה וקטומה (גמ' פרק כירה) - להכירה הגרופה, והו"א דלהוי כאינה גרופה, קמ"ל דלא אמרינן הכי, ואפילו בשבת מותר להחזיר עליה.

אות ג'

כירה שהסיקוה בגפת ובעצים, סומכין לה, ואין מקיימין אלא אם כן גרופה וקטומה

סימן רנג ס"א - [ה]ואפילו אינה גרופה (פי' שמשך הגחלים מהתנור), וקטומה (פי' שכסה הגחלים באפר), מותר לסמוך לה קדירה בסמוך חוצה לה - היינו אפילו אם היד סולדת במקום ההוא, והיינו ג"כ אפילו לא נתבשלה שליש, **דכיון** דאינו אלא סומך לה מבחוץ, לא חמיר האי כירה מגרופה וקטומה הנ"ל, דמותר שם להשהות אפילו לא נתבשלה כדי שליש וכנ"ל.

י"א דלא שרינן הכא כי אם הסמיכה בע"ש להשהותה משתחשך, אבל להחזיר בשבת אסור אפילו בסמיכה, **ורק** לסברא שניה המוזכר בסוף הסעיף מותר אפילו בחזרה ע"פ האופנים המבוארים בס"ב, **אבל** כמה אחרונים חולקין ע"ז, ודעתם דחזרה בסמיכה מותר לכו"ע, [וכ"כ בתוס' ל"ז בד"ה מהו], **ואפי'** בסמיכה לכתחלה בשבת, יש מקילין [ב"מ דגמ"ר] היכא שהקדירה עדיין חם ומבושל כל צרכו, ועיין במה שכתב הרמ"א בסוף הסימן ובבה"ל שם.

אות ד'

גחלים שעממו, או שנתן עליה נעורת של פשתן דקה, הרי היא כקטומה

רמב"ם פ"ג מהל' שבת ה"ד - כיצד, תבשיל שלא בשל כל צרכו, וחמין שלא הוחמו כל צרכן, או תבשיל שבשל כל צרכו וכל זמן שמצטמק הוא יפה לו, אין משהין אותו על גבי האש בשבת, אף על פי שהונח מבעוד יום, גזרה שמא יחתה בגחלים כדי להשלים בשולו או כדי לצמקו; לפיכך אם גרף האש, או שכסה אש הכירה באפר, או בנעורת הפשתן הדקה, או שעממו הגחלים שהרי הן כמכוסות באפר, או שהסיקוה בקש או בגבבה או בגללי בהמה דקה, שהרי אין שם גחלים בוערות, הרי זה מותר לשהות עליה, שהרי הסיח דעתו מזה התבשיל, ואין גוזרין שמא יחתה באש.

באר הגולה

א שם ל"ו | ב שם ל"ח | ג טור ורי"ו בשם הר' יונה | ד שם ל"ז ‹מה שחסר כאן מן הסעיף נמצא בדף ל"ח› | ה שם ל"ז

כירה פרק שלישי שבת לז

לעולם אימא לך להחזיר תנן וחסורי מיחסרא והכי קתני כירה שהסיקוה בקש ובגבבא מחזירין עליה תבשיל בגפת ובעצים לא יחזיר עד שיגרוף או עד שיתן את האפר אבל לשהות משהין אע"פ שאינו גרוף ואינו קטום ומה הן משהין בית שמאי אומרים חמין אבל לא תבשיל ובית הלל אומרים חמין ותבשיל והך חזרה דאמרי לך לאו דברי הכל היא אלא מחלוקת בית שמאי ובית הלל שבית שמאי אומרים נוטלין ולא מחזירין ובית הלל אומרים אף מחזירין ת"ש דאמר ר' חלבו א"ר חמא בר גוריא אמר רב לא שנו אלא על גבה אבל לתוכה אסור אי אמרת בשלמא להחזיר תנן היינו דשני בין תוכה לעל גבה אלא אי אמרת לשהות תנן מה לי תוכה מה לי על גבה מי סברת ר' חלבו ארישא קאי אסיפא *קאי ובית הלל אומרים אף מחזירין ואמר ר' חלבו אמר רב חמא בר גוריא אמר רב לא שנו אלא על גבה אבל תוכה אסור *תא שמע ב' כירות המתאימות אחת גרופה וקטומה ואחת שאינה גרופה ואינה קטומה משהין על גבי גרופה וקטומה ואין משהין על שאינה גרופה ואינה קטומה ומה הן משהין בית שמאי אומרים ולא כלום ובית הלל אומרים חמין אבל לא תבשיל עקר דברי הכל לא יחזיר דברי רבי מאיר רבי יהודה אומר בית שמאי אומרים חמין אבל לא תבשיל ובית הלל אומרים חמין ותבשיל בית שמאי אומרים נוטלין אבל לא מחזירין ובית הלל אומרים אף מחזירין אי אמרת בשלמא לשהות תנן מתני' מני רבי יהודה היא אלא אי אמרת להחזיר תנן מתניתין מני לא רבי יהודה ולא ר' מאיר אי רבי מאיר קשיא לב"ש בחדא ולבית הלל בתרתי אי רבי יהודה קשיא גרופה וקטומה לעולם אימא לך להחזיר תנן ותנא דידן סבר לה כרבי יהודה בחדא ופליג עליה בחדא סבר לה כרבי יהודה בחדא בחמין ותבשיל ונוטלין ומחזירין ופליג עליה בחדא דאילו תנא דידן סבר לשהות ואף על פי שאינו גרוף וקטום ורבי יהודה סבר בלשהות נמי גרוף וקטום אין אי לא לא איבעיא להו מהו לסמוך בה תוכה וגבה אסור אבל לסמוך בה שפיר דמי או דילמא לא שנא תא שמע שתי כירות המתאימות אחת גרופה וקטומה ואחת שאינה גרופה וקטומה משהין על גבי גרופה וקטומה ואף על גב דקא סליק ליה הבלא מאידך דילמא שאני התם דכיון דמידליא שליט בה אוירא תא שמע דאמר רב ספרא אמר רב חייא קטמה ונתלבתה סומכין לה ומקיימין עליה ונוטלין ממנה ומחזירין לה שמע מינה לסמוך נמי קטמה אין לא קטמה לא ולטעמיך נוטלין ממנה דקתני קטמה אין לא קטמה לא אלא תנא נוטלין משום מחזירין הכא נמי תנא סומכין משום מקיימין הכי השתא התם נוטלין ומחזירין בחד מקום הוא תנא נוטלין משום מחזירין אלא הכא סומכין בחד מקום הוא ומקיימין בחד מקום הוא מאי הוי עלה ת"ש *כירה שהסיקוה בגפת ובעצים סומכין לה ואין מקיימין אא"כ גרופה וקטומה גחלים שעממו או שנתן עליה נעורת של פשתן דקה הרי היא כקטומה אמר ר' יצחק בר נחמני א"ר אושעיא קטמה והובערה משהין עליה חמין שהוחמו כל צורכן ותבשיל שבישל כל צורכו

שמע

רש"י

לעולם אימא לך להחזיר תנן · ואילו לשהות אע"פ שאינו גרוף שרי: **והך חזרה דאמרי לך** · לא יחזיר עד שיגרוף דכי גרוף מיהא שרי: **לאו דברי הכל היא** · ולבית שמאי לא סבירא להו: **לא שנו** · שריותא דמתני' אלא על גבה דלא נפיש הבלא כולי האי אבל תוכה אסור: **אי אמרת בשלמא להחזיר תנן** · אבל לשהות משהין אפילו בשאין גרופה כדמחסרינן ליה חסורי ורבי חלבו אשריותא דלשהות על שאינה גרופה קאי: **היינו דשני בין תוכה לעל גבה** · דכי משהי לתוכה דשאינה גרופה מטמין ממש ברמץ: **אלא אי אמרת לשהות תנן** · דאפילו לשהות בעי גרופה כיון דגרופה ומבעוד יום הוא טמנו לתוכה מה לי תוכה מה לי על גבה: **ארישא** · עד שיגרוף: **אסיפא קאי** · דאיירי בחזרה אבל רישא לשהות הוא ובין תוכה ובין גבה שרי: **שתי כירות המתאימות** · מחוברות יחד וקיר של חרס מפסקת ביניהם: **משהין על גבי גרופה וקטומה** · דלא חיישינן משום דסליק לה הבלא מאידך: **ומה הן משהין** · על הגרופה: **לא יחזיר** · בשבת: **אא"ב** · רישא דמתניתין לשהות קאמר דבעי גרופה ובלשהות פליגי בחמין ובתבשיל ובגרוף וסיפא פליגי בחזרה מתני' ר' יהודה היא אלא אי אמרת להחזיר תנן דבעי גרופה אבל לשהות לא בעי גרופה ופלוגתא דחמין ותבשיל כשאינו גרוף כדקמחסרת ומתרצת לה: **קשיא לב"ש בחדא** · דקאמרי ב"ש במתני' משהין חמין אף בשאינו גרוף והכא קאמר רבי מאיר לב"ש דאפילו גרוף ולא כלום וכ"ש כשאינו גרוף והא טולה חדא פירכא היא דבית שמאי לא שני להו בין גרוף לשאינו גרוף: **ולב"ה בתרתי** · דבמתניתין שרי בית הלל להשהות חמין ותבשיל אף בשאינו גרוף והכא קתני דבגרוף חמין אין תבשיל לא ובשאינה גרוף אין משהין כלל ולענין חזרה בגרוף תנן במתניתין לב"ה מחזירין והכא קתני עקר דברי הכל לא יחזיר: **ואי ר' יהודה** · דאמר נמי כי מתניתין מ"מ גרופה וקטומה קשיא דמתניתין תרלת דפלוגתא קמייתא בשאינו גרוף ושרו ב"ש חמין ובית הלל חמין ותבשיל והכא קתני אין משהין על גבי שאינה גרופה ואינה קטומה כלל ופלוגתא דלשהות בגרופה וקטומה: **בחמין ותבשיל ונוטלים ומחזירין** · דמוקי פלוגתא דב"ש וב"ה בשהיית חמין ותבשיל דבית שמאי שרו חמין ותבשיל לא וב"ה חמין ותבשיל ולא כר' מאיר דאמר לב"ש לא כלום: **מהו לסמוך** · קדרה אצל דופן הכירה בלא גרופה שהכירה מטלטלת היא ומושיבים אותה על גבי קרקע: **גבה** · טובי שפתה או כסוי של חללה: **דמדלי** · הקדרה על גבי הכירה: **ונתלבתה** · חזרה והובערה: **הכא נוטלין ומחזירין בחד מקום** · ולא שייך למתני' מחזירין עד דתני נוטלין: **נעורת** · הריסט"ש: **שהוחמו כל צרכן** · דליכא למיחש לחיתויי:

מצטמק

תוספות

לעולם אימא לך להחזיר תנן וחסורי מיחסרא כו' · *משום דקיי"ל כחנניה כמו שאפרש בע"ה דחיק לאוקמא מתני' כוותיה:

אא"ב להחזיר תנן היינו דשני בין תוכה לעל גבה · פי' בקונטרס משום דאי להחזיר תנן(א) א"כ לשהות משהין אפילו באינה גרופה להכי שני בין תוכה דהוי מטמין ממש ברמץ לעל גבה וקשה להר"ח דלחנניה אפילו תוכה משהין אפי' באינה גרופה דהא תנן (לעיל דף יט:) ולא חררה על גבי גחלים אלא עד שיקרמו פניה הא קרמו פניה שרי אע"ג דחררה בתוכה היא ובלאו הכי אור"י דבחנם דחק רש"י לפרש כן דאיכא למימר שפיר היינו דשני לן בין תוכה לעל גבה מאי דשרי להחזיר בגרופה ובהשהאה דוקא לא ניחא ליה לחלק אבל בהחזרה ניחא ליה שפיר לחלק כדמוכח במאי דמשני מי סברת ארישא קאי אסיפא קאי כו' קשה לר"י *היכי בעי למימר אליבא דרב דמתניתין להחזיר תנן אם כן אתיא מתניתין כחנניה ורב דלא כחנניה דהא חנניה שרי במצטמק ויפה לו דהא דתנן (שם) אין צולין בשר ובילה אלא כדי שיצולו מבעוד יום אתיא כחנניה ובילה אמרינן לקמן דמצטמק ויפה לו הוא ורב אסר לקמן *דמצטמק ויפה לו וי"ל דבלאו הכי לא סבר לה רב כשום תנא דהא ר"מ ור' יהודה אסרי באינה גרופה אפילו במצטמק ורע לו ורב שרי במצטמק ורע לו אפילו באינה גרופה דבגרופה לא אשכחן שום אמורא דאסר אפילו יפה לו ועוד דרב קאי אמילתיה דרבי יוחנן דאיירי באינה גרופה וכן רבי יוחנן דשרי לקמן חמין ותבשיל שבישל כל צרכו באינה גרופה אבל לא בישל כל צרכו אסור לא אשכחן תנא דסבר הכי:

מהו לסמוך · באינה גרופה קבעי ואי מתניתין להשהות תנן קא בעי להשהות ולהחזיר ואי להחזיר תנן ושרי להשהות אפי' תוכה וגבה בעי להחזיר ולהשהות היכא שאינו מבושל כמאכל בן דרוסאי:

תא שמע כירה שהסיקוה כו' · ומסיק דשרי לסמוך ומכל מקום אין ללמוד מכאן לסמוך אלא האש דשאני הכא דדופני כירה מפסיקין בינו ולאש:

עין משפט נר מצוה

ב א מיי' פ"ג מהל' שבת הלכה י' סמג לאוין סה טוש"ע א"ח סי' רנג סעיף ב:

ג ב שם סעיף א בהג"ה:

ד ג מיי' שם הלכה ז טוש"ע שם סעיף א:

ה ד מיי' שם הלכה ד:

ואפשר דרב מוקי מתני' בלהחזיר אבל להשהות אפילו אינה גרופה שרי מצטמק ורע לו ולרבי יוחנן אפי' מצטמק ויפה לו [תו"י]

רבינו חננאל

ושקלינן וטרינן ותריצנן כירה שהסיקוה בגפת או בעצים אסור להחזיר אבל לשהות משהין בה אע"פ שאינה גרופה ולא קטומה בין תבשיל בין חמין כחנניה: ואע"ג דעמדה אמרינן תוב תא שמע ב' כירות המתאימות אחת גרופה וקטומה ואחת שאינה גרופה ולא קטומה כו' לר' מאיר אליבא דבית הלל משהין ע"ג גרופה וקטומה חמין אבל לא תבשיל ולב"ש לא כלום לר' יהודה אליבא דב"ש משהין חמין אבל לא תבשיל · וב"ה חמין ותבשיל ב"ש אומרים נוטלין חמין אבל לא (תבשיל) מחזירין · וב"ה [אומרים] נוטלין אף מחזירין בשלמא אי אמרת מתני' לשהות [נמי בעינן] ע"ג גרופה וקטומה מתני' ר' יהודה היא · אלא אי אמרת להחזיר היא אבל לשהות בש"א משהין חמין ובה"א חמין ותבשיל אף על פי שאינה גרופה ולא קטומה · מני מתני' אי ר' מאיר קשיא לב"ש (בתו) [בחדא] במתני' דקתני בש"א חמין אבל לא תבשיל · ורבי מאיר קתני לבית שמאי ולא כלום · ולבית הלל בתרתי דר' מאיר קתני לב"ה משהין חמין אבל לא תבשיל · ומתני' קתני לב"ה חמין ותבשיל · ותוב דרבי מאיר קתני דברי הכל לא יחזיר ומתני' קתני לב"ה אף מחזירין · אי לרבי יהודה קשיא גרופה וקטומה דכי קתני משהין לב"ש חמין לב"ה חמין ותבשיל בגרופה וקטומה קתני ומתני' אע"פ שאינה גרופה וקטומה · ושנינן לעולם אימא לך להחזיר תנן · ותנא דידן סבר לה כרבי יהודה בחדא ופליג עליה בחדא ופשפה היא ועמדה [הסוגיא] דמתני' להחזיר תנן . עכשיו יש מי שאומר כיון דלא איפשיטא בהדיא להחזיר אשנויי לא סמכינן [ומוקמי] מתני' לשהות · ויש מי שאומר הלכה להחזיר תנן ומסייעא ליה הא דא"ר יוחנן כירה שהסיקוה בגפת ובעצים משהין עליה חמין שלא הוחמו כל צרכן ותבשיל שלא בישל כל צרכו עקר לא יחזיר וקסבר מתני' להחזיר תנן כו' · ועוד מדאמר רבא תרוייהו תננהי ואמרינן מכדי תרוייהו תננהי ר' יוחנן מאי אתא לאשמעינן ואמר דיוקא דמתני' קמ"ל ש"מ דרבי יוחנן סבר דוקא דמתני' להחזיר הוא *)ושידה זה אינה הטמנה אלא כגון כסא של ברזל והקדירה יושבת עליה והיא תלויה (או) באבנים [או] כיוצא בה · אבל הטמנה ע"ג גחלים דברי הכל אסור · דקי"ל הטמנה בדבר המוסיף אסור ואפילו מבעוד יום : איבעיא להו מהו לסמוך לה · תוכה וגבה אסור · אבל לסמוך שרי או דילמא לא

*) עי' בבעל המאור ;

מסורת הש"ס

תוספתא פ"ג

תוספתא [פ"ג]

הגהות הב"ח

(א) תוס' ד"ה אא"ב וכו' דאי להחזיר תנן אבל לשהות:

גליון הש"ס

תוס' ד"ה לעולם וכו' משום דקיי"ל כחנניה · כעין זה בתוספות מגילה דף יט ע"ב ד"ה ודילמא:

עין משפט נר מצוה

ו א ב (מיי' פ"ג מהל' שבת הל' ד') סמג לאוין סה טוש"ע א"ח סימן רנג סעיף א:

שמע מינה מצטמק ויפה לו מותר שאני הכא דקטמה אי הכי מאי למימרא הובערה איצטריכא ליה מהו דתימא כיון דהובערה הדרא לה למילתא קמייתא קמשמע לן אמר רבה בר בר חנה אמר רבי יוחנן קטמה והובערה משהין עליה חמין שהוחמו כל צורכן ותבשיל שבישל כל צורכו ואפי' גחלים של רותם ש"מ מצטמק ויפה לו מותר שאני הכא דקטמה אי הכי מאי למימרא הובערה אצטריכא ליה היינו הך גחלים של רותם אצטריכא ליה אמר רב ששת אמר ר' יוחנן כירה שהסיקוה בגפת ובעצים משהין עליה חמין שלא הוחמו כל צורכן ותבשיל שלא בישל כל צורכו עקר לא יחזיר עד שיגרוף או עד שיתן אפר קסבר מתניתין להחזיר תנן אבל לשהות משהין אע"פ שאינו גרוף ואינו קטום אמר רבא תרווייהו תננהי לשהות תנינא *אין נותנין את הפת בתוך התנור עם חשיכה ולא חררה על גבי גחלים אלא כדי שיקרמו פניה הא קרמו פניה שרי להחזיר נמי תנינא בית הלל אומרים אף מחזירין ועד כאן לא קשרו בית הלל אלא בגרופה וקטומה אבל בשאינה גרופה וקטומה לא ורב ששת נמי דיוקא דמתני' קמ"ל אמר רב שמואל בר יהודה אמר רבי יוחנן *כירה שהסיקוה בגפת ובעצים משהין(א) עליה תבשיל שבישל כל צורכו וחמין שהוחמו כל צורכן ואפי' מצטמק ויפה לו אמר ליה ההוא מדרבנן לרב שמואל בר יהודה הא רב ושמואל דאמרי תרווייהו מצטמק ויפה לו אסור אמר ליה אטו לית אנא ידע דאמר רב יוסף אמר רב יהודה אמר שמואל מצטמק ויפה לו אסור כי קאמינא לך לרבי יוחנן קאמינא אמר ליה רב עוקבא ממישן לרב אשי אתון דמקרביתו לרב ושמואל עבידו כרב ושמואל אנן נעביד כרבי יוחנן אמר ליה אביי לרב יוסף מהו לשהות אמר ליה הא רב יהודה משהו ליה ואכיל א"ל בר מיניה דרב יהודה דכיון דמסוכן הוא אפילו בשבת נמי שרי למעבד ליה לי ולך מאי אמר ליה בסורא משהו דהא רב נחמן בר יצחק *מרי דעובדא הוה ומשהו ליה ואכיל אמר רב אשי קאימנא קמיה דרב הונא ושהין ליה כסא דהרסנא ואכל ולא ידענא אי משום דקסבר מצטמק ויפה לו מותר אי משום דכיון דאית ביה מיחא מצטמק ורע לו הוא אמר רב *נחמן ב(ב)מצטמק ויפה לו אסור מצטמק ורע לו מותר כללא דמלתא כל דאית ביה מיחא מצטמק ורע לו לבר מתבשיל דליפתא דאף על גב דאית ביה מיחא מצטמק ויפה לו הוא והני מילי דאית ביה בשרא אבל לית ביה בשרא מצטמק ורע לו הוא וכי אית ביה בשרא נמי לא אמרן אלא דלא קבעי לה לאורחין אבל קבעי לה לאורחין מצטמק ורע לו לפרא דייסא ותמרי מצטמק ורע להן בעו מיניה מרבי חייא בר אבא

שבח

רש"י

מצטמק · מתמעט וכויץ רטריי"ט לשון שדים צומקין (הושע ט) כמו שאתה אומר בלשון צוי נצטוה ובלשון צדק נצטדק וכן כל תיבה שראש יסודה צד"י כשהיא מתפעלת נותן טי"ת אחר צד"י : **מותר** · להשהותן בכירה דאי לא במצטמק ויפה לו קאמר מאי אתא לאשמעינן אלא ע"כ במצטמק ויפה לו קאמר ואפילו הכי לא גזרו משום חיתוי הואיל ונתבשל כל צרכו ותנא חמין לאשמעינן דבעינן שהוחמו כל צרכן מבעוד יום : **שאני הכא דקטמה** · וגלי דעתיה דלא ניחא ליה בצמוקי : **גחלים של רותם** · חמין יותר משאר גחלים ואינם ממהרין לכבות כדאמרינן בהמוכר את הספינה (ב"ב דף עד:) : **משהין עליה** · ואע"פ שלא קטמה ואמוראי נינהו אליבא דר' יוחנן : **מתניתין** · דקתני עד שיגרוף : **להחזיר תנן** · דלא שרו בית הלל להחזיר עד שיגרוף ופירוקא דמתניתין כדאמרינן לעיל חסורי מיחסרא הלכך עקר לא יחזיר הואיל ואינה גרופה : **תרווייהו תננהי** · בין לשהות בשאינה גרופה תנינא בהדיא סתם משנה דמותר ועקר לא יחזיר נמי תנינא ולמה ליה לרבי יוחנן לאשמעינן : **הא קרמו פניה שרי** · והייט לא בישל כל צרכו ותנור לאו גרוף וקטום הוא ואי נמי גרוף בתנור לא מהניא גריפה כדתנן במתניתין וכ"ש פת דאדעתא לבשולי יהביה בגוויה : **ועד כאן לא שרו כו'** · דמתניתין אלאחר שיגרוף קאי דקתני לא יתן עד שיגרוף ובין למאן דאמר לא ישהה ובין למ"ד לא יחזיר מ"מ חזרה דסיפא אגרוף וקטום מהדר : **ורב ששת נמי דיוקא דמתני' קמ"ל** · משום דלא מתני לה בהדיא הא קרמו שרי ואגן דמשהינן קדירה על גבי כירה שאינה גרופה אדתנניה סמכינן הואיל ותנן סתם מתניתין כוותיה כדאמר הא קרמו שרי ואע"ג דלא בישל כל צרכו ואמר רב ששת משמיה דרבי יוחנן כוותיה דמתניתין דפרקין משום חזרה הוא דבעי גרופה אבל לשהות לא וכל הני אמוראי דאסרי סברי מתניתין לשהות תנן : **מהו לשהות** · בשאינה גרופה : **מסוכן הוא** · רגיל לאוחזו בולמוס וצריך לאכול מאכל מתוק וטוב : **מרי דעובדא** · מדקדק במעשיו : **מיחא** · קמח : **כסא דהרסנא** · דגים המבושלים בשמן בקמח : **דאית ביה בשרא** · מצטמק ויפה לו שומן הבשר משבר כח הלפת כדאמר בברכות (דף מד:) : **לאורחין** · צריך חתיכות חשובות לשום לפניהם ואין דרך כבוד בתבשיל המצטמק שאין הבשר ניכר בו : **לפדא** · מאכל שעושה מתאנים : **תמרי** · מאכל תמרים :

שבח

תוספות

שמע מינה מצטמק ויפה לו מותר · פירש בקונטרס דאי האי תבשיל במצטמק ורע לו מאי אתא לאשמעינן וקשה לר"י הא איצטריך לאפוקי מדרבי מאיר ורבי יהודה דאסרי בשאינה גרופה אפילו חמין דמצטמק ורע להם ועוד קשה כיון דהשתא ס"ד דמשום דהובערה הדרא למילתא קמייתא כי מסני שאני הכא דקטמה מאי פריך מאי למימרא הא איצטריך טובא לאפוקי ממאי דס"ד מעיקרא ונראה לר"י דהשתא ס"ד דלא חשיבא קטומה כלל משום דהובערה ואשמעינן דהדרא למילתא קמייתא דאי חשיבא קטומה אמאי נקט בישל כל צרכו אפי' לא בישל כל צרכו שרי דאפילו רבי מאיר דמחמיר מכולהו תנאי שרי בחמין שלא הוחמו כל צרכן כדפירשנו לעיל דסתם חמין ותבשיל הוי שלא הוחמו כל צרכן ופריך שמע מינה מצטמק ויפה לו מותר דהא סתם תבשיל אמר לקמן דמצטמק ויפה לו הוא ומשני שאני הכא דקטמה פירוש וחשיבא לגמרי קטומה וה"ה אפילו לא בישל כל צרכו שרי והא דנקט בישל כל צרכו לאשמעינן דאי לאו קטומה אפילו בישל כל צרכו אסור משום דמצטמק ויפה לו הוא ופריך אי הכי מאי למימרא אף על גב דאשמעינן דאי לא קטומה אסור מ"מ מדנקט למילתיה בלשון היתר משמע דהתירא אתי לאורויי לן ואף על גב דאשמעינן דלא הדרא למילתא קמייתא נראה לו דהא לא איצטריך לאשמעינן דסברא הוא דלא הדרא למילתא קמייתא ואף על גב דמעיקרא הוה בעי למימר דהדרא למילתא קמייתא לאו משום דסברא הוא לומר כן אלא משום דנקט במלתיה בישל כל צרכו היה ר"ל כן כדפרישית ומשני דמכל מקום אצטריך דמהו דתימא כו' ועוד יש לומר שאני הכא דקטמה דלאו לגמרי מהניא קטימה אלא דוקא משום דבישל כל צרכו אבל לא בישל כל צרכו אסור משום דהובערה והשתא אתי שפיר הא דנקט הכא קטמה והובערה ולעיל נקט ונתלבתה דנתלבתה הוי פחות מהובערה והויא לגמרי כקטומה ופריך א"ה מאי למימרא דהא בלאו מילתיה מסברא ה"א דלא הדרא למלתא קמייתא כמו בנתלבתה ושרי ואפי' לא בישל כל צרכו ובלשון איסור ה"ל לאשמעינן ולא בלשון היתר ומשני הובערה איצטריך ליה ואי לאו מילתיה לא היה פשוט היתר אלא הוה ס"ד למימרא דהדרא למילתא קמייתא :

אמר רב ששת אמר ר' יוחנן כירה שהסיקוה בגפת ובעצים משהין עליה תבשיל שלא בישל כל צרכו כו' · פסק ר"ח דהלכה כרב ששת אמר ר' יוחנן דרבא דאמר תרווייהו תננהי סבירא ליה כוותיה וכן פסק רש"י דסתם מתניתין דפרק קמא (דף יט:) כחנניה ומותר להשהות אפי' באינה גרופה אבל להחזיר ודאי אסור עד שיגרוף וקטום ואפי' *בישל כל צרכו כדפי' לעיל : **דיוקא** דמתני' קמ"ל · פי' רש"י דקמ"ל דקרמו פניה שפיר דמי ואין נראה דדיוק פשוט הוא דהא כיון דתנא עד שיקרמו פניה ממילא שמעינן דקרמו פניה שרי ונראה לפרש דדיוקא דמתניתין דכירה אתא לאשמעי' דלהחזיר תנן וחסורי מחסרא והכי קתני : **מהו** להשהות · באינה גרופה ולא בישל כל צרכו קבעי או במצטמק ויפה לו :

שבח

רבינו חננאל

לא שנא ופשטנא מהא דתניא כירה שהסיקוה בגפת ובעצים סומכין ואין מקיימין עליה אלא אם כן גרופה וקטומה עממו הגחלים או שנתן לתוכה נעורת של פשתן דקה הרי כקטומה (רבי) [אמר רב] (שמעון) [שמואל] בר יהודה א"ר יוחנן כירה שהסיקוה בגפת ובעצים משהין עליה חמין שהוחמו כל צרכן ותבשיל שבישל כל צרכו ודוקא כירה שהיא שפיתת ב' קדרות אבל אם אין בה אלא שפיתת קדרה אחת אסור ואפי' מצטמק ויפה לו מותר ואע"ג דרב ושמואל פליגי הא קי"ל דרבי יוחנן לגבי רב ושמואל הלכתא כר' יוחנן ומה שאמר רב (עקיבא) [עוקבא] ממישן לרב אשי אתון דמקרביתון לרב ושמואל עבידו כרב ושמואל לאו משום דהלכתא כוותייהו אלא לעולם הלכתא כר' יוחנן דשרי אבל אתון דנהיגתון איסורא כרב ושמואל הוו להו דברים המותרין ואחרים נהגו בהן איסור אי אתה רשאי להתירן בפניהם והא דאמר רב יהודה מסוכן בשבת שרי למיעבד ליה פשוטה הוא : **הא** דאמר רב נחמן בר יצחק מצטמק ויפה לו אסור מצטמק ורע לו מותר · כללא דמילתא כל דאית ליה מיחא מצטמק ורע לו הוא בר מתבשילא דליפתא דאע"ג דאית ליה מיחא מצטמק ויפה לו הוא כו' · האי כללא (לגברי) [לגבי] רב ושמואל אמרה ולית הלכתא אלא כר' יוחנן דהא סייעיה ר' עקיבא ממישן לרב אשי · **לפדא** דייסא ותמרי מצטמק ורע לו מותר

היתה אמאי אסור להחזיר מ"מ מדאמר לקמן [דף מ:] נותן אדם קיתון של מים כנגד המדורה בשביל שיוחמו ובלבד שלא יתננו כנגד המדורה אלא כדי להפיג צינתן ובזמן איכא מאן דשרי אפילו יד סולדת בו ואם כן אמאי אסור תבשיל שבישל כל צרכו להחזיר הא לא שייך ביה בישול ולעיל [דף לד.] נמי דאסור להטמין משחשכה אפילו באין מוסיף הבל גזרה שמא ירתיח הא לא שייך ביה בישול וי"ל דודאי בזמן לא שייך בישול אבל בתבשיל אפילו במבושל מבעוד יום שייך בישול ושאני דברינן קיתון של מים היינו ליתן במקום שאפי' תהיה שם כל היום לא תהיה יד סולדת בו [ת"י]

מסורת הש"ס

לעיל יט:

[ביצה כט: חולין קי.]

הגהות הב"ח

(א) גמ' אמר רב שמואל בר יהודה א"ר יוחנן כירה וכו' משהין עליה חמין שהוחמו כל צורכן ותבשיל שבישל כל צרכו ואפי' מצטמק

לספרי' דגרסי הכא רנב"י ז"ל דאליבא דרב ושמואל קאמר דהא איהו גופיה משהי ליה ואכיל [ת"י]

§ מסכת שבת דף לז: §

אות א׳ - ב׳

כירה שהסיקוה בגפת ובעצים, משהין עליה תבשיל שבישל כל צורכו וחמין שהוחמו כל צורכן, ואפילו מצטמק ויפה לו מצטמק ויפה לו אסור, מצטמק ורע לו מותר

סימן רנג ס״א - [א] **כירה שהיא עשויה כקדירה, ושופתין על פיה קדירה למעלה, ויש בה מקום שפיתת שתי קדירות** - גם בתוכה יש מקום להעמיד הקדרה, ומותר להשהות במצטמק ורע לו, [ב][גמ׳] ‹ל״ז›, **אלא** משום דרוצה להשמיעינו איסור במצטמק ויפה לו אפילו על פיה.

אם הוסקה בגפת שהוא פסולת של זיתים, או בעצים - וה״ה פחמין וגללי בהמה גסה, **וי״א** דה״ה פסולת של שומשמין, דגם הם בכלל גפת הנזכר במשנה, וכדלקמן בסי׳ רנ״ז ס״ג לענין הטמנה, [רש״י ‹במשנה› והברטנורא, והמחבר העתיק לשון הטור ופי׳ המשנה להר״ם].

אסור ליתן עליה תבשיל מבעוד יום [ג]**להשהותו עליה** – (וה״ה דאסור ליתן עליה חמין שלא הוחמו כ״צ, לדעה זו דפסק דלא כחנניה), **משום** דכל הני עבדי גחלים, וחיישינן שמא יחתה בהם.

והיינו ליתנו קודם שקיעת החמה להשהותו עליה לצורך הלילה, [**דלאחר** זה הוא בכלל ספק חשיכה, ואפי׳ חי אסור ליתן].

וה״ה אם היה נתון, צריך לסלק כשהגיע זמן חשיכה, אם לא נתבשלה כל צרכה, או שמצטמק ויפה לו.

(**ליתן עליה** – **היינו על גב הכירה, וגבה נקרא עובי דפנות הכירה, וכ״ש נגד חלל הכירה מלמעלה, ואפילו אם היא מכוסה בכסויה ומעמידה על הכיסוי, כ״כ רש״י ‹עמוד א׳ ד״ה גבה›, אך מדברי הרמב״ם משמע לכאורה, דע״ג כיסוי אין בכלל על גבה, דאפשר דהוא כמו שאם כסה הגחלים באפר, דאמרינן דמסתמא שוב הסיח דעתו ממנה ולא אתי לחתויי, ואעפ״כ צ״ע בדעתו**).

(**ואם כונתו לצורך מחר, יש פוסקים שמתירין, דלא חיישינן שיבא לחתות, וכמו בחייתא, ומדינא אין לסמוך ע״ז, דדוקא בחייתא שא״א לאכלו, אבל בזה שאפשר לאכלו, חיישינן שימלך לאכלו ויחתה, אלא שבדיעבד יש לסמוך ע״ז, רק שלא יהא רגיל לעשות כן**).

אא״כ נתבשל כל צרכו והוא מצטמק (פי׳ כולך וחסר) ורע לו, דליכא למיחש שמא יחתה - היינו דכיון שכבר נתבשלה לגמרי, עד שאם תתבשל יותר תצטמק לרעה, לא חיישינן לחיתוי, ומותר ליתנה אז לכתחלה.

מצטמק ורע לו - פי׳ כל דבר שאדם עצב כשיבש ונתכווץ מחמת רוב הבשול, [**ואפי׳** התבשיל בעצם יפה לו הצמוק, רק האדם עצוב מזה מחמת דצריך לאורחין, שרי], **וכן** ביפה לו, היינו שהוא שמח מזה.

(**בגמרא איתא, כל תבשיל דאית ביה מוחא {קמח} מצטמק ורע לו, לבר מליפתא, דאע״ג דאית ביה מוחא יפה לו, וה״מ דאית ביה בשרא, וגם לא בעי ליה לאורחין, הא לית ביה בשרא, או דקבעי ליה לאורחין, מצטמק ורע לו, דע״י הצימוק מתפרך הבשר ואין ניכר, ואין דרך כבוד לתת לאורחין כך, ועיין בפמ״ג שביאר, דאפי׳ לית ביה מוחא ג״כ רע לו בלית ביה בשרא, אכן מסוגיא דברכות משמע, דהצימוק יפה ללפת אף בעצים לחוד, וע״כ דכונת הגמרא דוקא היכא דאית ביה מוחא, אך מרש״י משמע קצת כהפמ״ג, ויש ליישב**).

(**עוד איתא שם בגמרא, לפדא {מאכל מתאנים} דייסא ותמרא, מצטמק ורע לו, והיינו אפי׳ בלא מוחא, ובדף ל״ח. שם, כרוב ופולין ובשר טרוף, מצטמק ויפה לו, ועי״ש ברש״י ‹דמשמע דמפרש כהערוך› ובגליון ‹צ״ל מסורת› הש״ס בשם הערוך, מה שפירש על בשר טרוף, עוד שם בגמ׳ ‹ל״ח›, דמים חמין מצטמק ורע לו, וביצים מצטמק ויפה להן, אלא אם מיירי בצלי שמונח אגומרי, ומתחרך ע״י הצימוק, וכל שאינו יודע בבירור אם הוא מור״ל או יפה לו, ראוי להחמיר בו, כ״ז כתבנו לפי דעה זו, ועיין מה שנכתוב אי״ה לקמן לדעה השניה**).

או שהוא חי שלא נתבשל כלל - היינו דאפילו הוחם התבשיל נמי מותר להשהות, ולא גזרינן שמא יחתה, כיון דעצם הבישול לא נתבשל כלל, [**אבל** אם נתבשל קצת, אפי׳ פחות ממאכל בן דרוסאי, אסור].

דכיון שהוא חי מסיח דעתו ממנה עד למחר, ובכל הלילה יכול להתבשל בלא חיתוי - פי׳ אז שרי ליתנו סמוך לשקיעה ממש, אבל אם נתנו מבעוד יום, אסור, דכבר נתבשל קצת קודם שבת, וצריך לסלק כשהגיע זמן שבת, אא״כ נתבשל כ״צ קודם זה.

וכ״ז דוקא בשר חי שא״א להתבשל לצורך סעודת הלילה, אבל ירק ושארי דברים שהם קלי הבישול, לא מהני מה שהוא חי, וכן מה שכתב לקמיה חתיכה חיה, היינו ג״כ בשר.

(**נראה דאפילו אם התנור חומו רב, ויכול להתבשל באיזו שעות בלילה במשך הזמן, אעפ״כ אם אין דרכן של בני אדם להמתין בסעודתם כ״כ, בודאי אסוחי מסח דעתיה מיניה ולא אתי לחתויי, וכן מורה לשון הרמב״ם**).

באר הגולה

[א] שבת ל״ז [ב] ‹לא מצאתי בגמ׳ דתוכה מותר במצטמק ורע לו באינה גרופה וקטומה, ורק דמותר בגרופה וקטומה, וצ״ע› [ג] ר׳ הושעיא ורבה בר בר חנה לדעת הרי״ף וכן דעת השאלתות והר״י ברצלוני והרמב״ם

[ד]**אבל אם נתבשל קצת ולא נתבשל כל צרכו, ואפי' נתבשל כל צרכו והוא מצטמק ויפה לו, חיישינן שמא יחתה** - למהר בישולו כדי לאכול בלילה, או כדי שיהיה מצטמק יפה.

ואסור להשהותו עליה אא"כ גרף, דהיינו שהוציא ממנה כל הגחלים - חוץ לכירה, ומותר בזה וכן בקטם, אפילו רק נתבשל קצת.

או קטם, דהיינו שכסה הגחלים - היינו כל הגחלים, **באפר למעט חומם** - וא"צ לקטום עד שאין ניכר שם אש כלל, רק בכסוי אפר כל שהוא מלמעלה על פניהם סגי, ואפי' הובערה אח"כ שרי - גמ', [**הנה** בתוס' איתא לחד תירוצא, דבאופן זה אינו מותר רק בנתבשל כל צרכו ומצטמק ויפה לו, אבל בנתבשל קצת אסור כיון דהובערה. ובמ"א לא העתיק זה, משום דספיקא דרבנן הוא, דאולי כתירוצא קמא - פמ"ג, **ולא** צריך לזה, דהרמב"ן מסיק דהוי בקטומה לכל מילי, וכן משמע בחידושי הר"ן והריטב"א]. **עוד** אמר שם, דאפילו היו הגחלים של רותם, שאינם ממהרין להכבות, ג"כ שרי, **והטעם** בכל זה, כיון דגילה דעתו דלא בעי לגחלים, סגי, דבודאי לא אתי לחיתויי.

עוד איתא, דגחלים שעממו היינו שהוחשך קצת מראיתן, הרי הן כקטומה, **והטעם**, דכיון שלא חשש ללבותן שלא יעוממו, מוכחא מלתא שאינו קפיד בחתויה.

[ה]**ואם נתן בה חתיכה חיה, מותר כאילו היתה כולה חיה, דעל ידי כך מסיח דעתו ממנה.**

[ו]**ואם הוסקה בקש או בגבבא, מותר לשהות עליה אפילו אינה לא גרופה ולא קטומה** - לפי שאין בה חשש חיתוי, שמיד שכלה השלהבת כלה גם הגחלת.

[ז]**וי"א שכל שנתבשל כמאכל בן דרוסאי, (פי' הם אדם שהיה אוכל מאכלו שלא נתבשל כל צרכו)** - י"א חצי בישול, וי"א שליש בישול, והשו"ע לקמן בסימן רנ"ד ס"ב סתם חצי בישול, ובמקום הדחק אפשר דיש להקל.

[ח]**או שנתבשל כל צרכו ומצטמק ויפה לו, מותר להשהותו ע"ג כירה** - ס"ל דכיון שנתבשל שראוי לאכול ע"י הדחק, תו ליכא למיחש שמא יחתה, דכיון שראוי לאכילה למה יחתה בחנם, ולכך שרי אפילו באינה גרופה וקטומה, **ואין** צריך לזה אלא כשעדיין לא הגיע למאב"ד, **או** כשבא להחזירה בשבת, דמחזי כמבשל אם אינה גרופה, [ט][רש"י והר"ן]. **וי"א** הטעם בזה, דכשנוטלה מן האש פעמים שמצטננת קצת, וחיישינן שמא יחתה בגחלים].

הגה: או אפילו ע"ג תנור (המגיד פ"ג והגהות מרדכי ומיימוני פ"ג וריש פ' כירה וב"י) - וה"ה בתוך התנור והכירה, דלא מפלגינן בין תנור לכירה, אלא מה שאסור בכירה שאינה גרופה משום חשש חיתוי, אסרינן בתנור אפילו בגרוף, דמשום חום התנור חשבינן ליה כאינו גרוף וכנ"ל, **אבל** מה שהתירו בכירה אפילו באינה גרופה, דלא אתי לחתות משום דכבר נתבשלה, גם בתנור מותר.

אפי' הוסק בגפת ועצים, ואפי' אינה גרופה וקטומה; ולא הוזכרה גרופה וקטומה והיסק בקש ובגבבא, אלא כשהתחיל להתבשל ולא הגיע למאכל בן דרוסאי - דאז חיישינן שמא יחתה בגחלים, אם הוסקה בגפת ועצים, וגם איננה גרופה מן הגחלים.

‹עיין בחי' רע"א שכתב, דדין זה אינו ברור, דיש פוסקים שסוברין, דאפי' גרופה וקטומה לא מהני בזה›, ‹דחיישינן שמא יגיס, ע"ש.

וכן לענין אם נטל הקדירה מעליה ובא להחזירה עליה בשבת - עיין לקמן בס"ב.

באר הגולה

ד ‹ס"ל כיון דבמסקנא דגמ' אמרינן אמר רב נחמן כללא דמילתא כו', ש"מ דהכי קי"ל, וכ"ש בשלא נתבשל כ"צ - גר"א›. ‹**ולכאורה** זהו שציין העין משפט על גמרא זה› **ה** **שם י"ח** **ו** **שם ל"ו** ‹מה שחסר כאן מן הסעיף נמצא בדף ל"ז.› **ז** **לפירוש רש"י** (ל"ז: ד"ה ורב ששת) **ור"י** (תוס' שם ד"ה אמר) ‹שם ל"ז ב' כחנניה, דסוגיא דסתמא בספ"ק כוותיה, ועוד מדמחסרינן ודחקינן לאוקמיה מתניתן אליביה, ועוד דרב ששת א"ר יוחנן וסייעיה רבא, ואמרינן תרוייהו תננהי ומשנינן דדיוקא דמתני' קמ"ל, אלמא מתניתין כוותיה דייקא, **וכן** ס"ל לרב שמואל בר יהודה, אלא דקמ"ל דמצטמק ויפה לו מותר, כמ"ש רב האי, דרבותא קמ"ל אע"ג דאיכא למיגזר כיון דבחיתוי מועט מועיל, יהיב דעתיה ומחתה, וראיה דרב אסר במצטמק ויפה לו, ובספ"ק אמר רב עד כמאב"ד, **ואף** על גב דרב ושמואל פליגי ארבי יוחנן, הא הלכה כרבי יוחנן לגבייהו, כמ"ש בריש יום טוב ובפ"ד דעירובין, **ועוד** דמר עוקבא ממישן אמר לרב אשי, אתון דמקרביתו כו' אנן כו', אלמא הלכה כרבי יוחנן אלא שאתון צריכין לנהוג משום דברים המותרים ואחרים נהגו בהן איסור, ובסוריא משהו ואכיל, **וכן** רב נחמן בר יצחק מרא דעובדא כו', ומעשה רב כמ"ש בספי"ז דשבת - גר"א. ‹**מה** שחסר כאן מן הסעיף נמצא בדף ל"ח.› **ח** ‹וכן ס"ל לרב שמואל בר יהודה, אלא דקמ"ל דמצטמק ויפה לו מותר, כמ"ש רב האי, דרבותא קמ"ל אף על גב דאיכא למיגזר כיון דבחיתוי מועט מועיל, יהיב דעתיה ומחתה - גר"א›, ‹**ואפשר** שזה היה כוונת העין משפט במה שציין גמרא זה, דאי משום עיקר הפסק של הי"א, היה צריך יותר להיות מצויין על רב ששת אמר רבי יוחנן› **ט** ‹לכאורה ר"ל רש"י במשנה דף ל"ו: ד"ה לא מחזירין, **ועיין** המהר"ם שם שכתב, דרש"י שם מפרש שיטת ב"ש, **וז"ל**: אבל מ"מ טעמו של ב"ה א"א לפרש אלא מטעם חיתוי, דכשאינה גרופה לא יחזיר דחיישינן לחיתוי, אבל בגרופה וקטומה יחזיר דליכא למיחש לחיתוי, וכן משמע בתוס' לקמן בדף ל"ח ע"ב ד"ה פינה ממיחם למיחם, דבחזרה נמי שייך טעם גזירת חיתוי. **וצ"ע**›

הגה: ונהגו להקל כסברא האחרונה – (עיין בב"י שהאריך הרבה באלו השתי דעות, והעתיק דברי הרא"ש שכתב: דמפני שישראל אדוקים במצות עונג שבת, ובודאי לא ישמעו לנו, ע"כ הנח להם, ע"ש, **משמע** מזה דרק משום זה לא רצה למחות, וכן הב"י גופא ממה שהעתיק דעה הראשונה בסתמא, והדעה השניה בשם י"א, משמע ג"כ דעתו נוטה להחמיר, **אך** מ"מ אין בנו כח למחות במקילין, שכבר נהגו העם כהי"א, וכמו שכתב הרמ"א, וע"כ לפי"ז לכתחלה בודאי טוב ליזהר שיהיה מבושל כ"צ קודם חשכה, ולסלקו מן האש, **אך** אם אירע שנתאחר הדבר, כגון שבאו אורחים קודם שקיעת החמה, והוצרך לבשל איזה תבשיל עבורם, יכול להעמיד על הפטפוט לבשל, אף שלא יתבשל עד השקיעה רק כחצי בישול, סגי, ויניחנו עומד על הפטפוט עד שיגמר בשולו, ומותר לסלק ממנו בלילה, דהא אין עומד על הגחלים).

§ מסכת שבת דף לח. §

אות א'

המבשל בשבת, בשוגג יאכל, במזיד לא יאכל

סימן שיח ס"א - אחד המבשל את המאכל או את הסממנין, או המחמם את המים, {ר"ל אף דמים ראוי לשתיה בלא בישול, וה"ה חלב, מ"מ חייב כיון דמשתבח ע"י הבישול}, **ואחד** האופה את הפת, הכל ענין א' הוא, דאפיה הוא מענין בישול, אלא שאפיה הוא בפת, ובישול הוא בשארי דברים.

המתיך אחד ממיני מתכות כל שהוא, או המחמם את המתכות עד שתעשה גחלת, הרי זה תולדת מבשל, {שהרי בחימומו הוא מרככו שיהא ראוי לתקנו ולעשות ממנו כלי, והרי הוא מרפה דבר הקשה}, **וכן** הממסס את הדונג {שעוה} או את החלב, או את הזפת והכופר והגפרית וכיוצא בהן, הרי זה תולדת מבשל וחייב, **וכן** המבשל כלי אדמה עד שיעשו חרס, חייב משום מבשל, {דקודם שמתחזק הכלי ונצרף בהכבשן ונעשה חרס כראוי, מתבשל בה טיט של הכלי}, **וכן** הנותן חתיכת עץ בתנור כדי שיתייבש, וידוע שמתחלה הוא מתרפה ויוצא ממנו הלחלוחית, חייב משום מבשל, **כללו** של דבר, בין שרפה גוף קשה באש, או שהקשה גוף רך, [ר"ל כיון שהקשה מסתמא מתרפה תחלה, וחייב על הרפוי], הרי זה חייב משום מבשל - רמב"ם, **וע"כ** יש ליזהר מאד, שלא להניח עצים לחים על התנור ליבשן אחר שקיעת החמה, דהוא חשש דאורייתא.

הניח בשר ע"ג גחלים, אם נצלה צליה גמורה כשיעור גרוגרת, חייב, ואפילו הגרוגרת אינה במקום אחד, אלא מתלקט משנים ושלשה מקומות, ג"כ חייב, **ואפילו** אם לא היה צליה גמורה רק כמאב"ד, ג"כ חייב, אלא דבזה שאינו צליה גמורה, צריך שיהיה הבשר צלוי משני הצדדים של הבשר דוקא, ואם לאו פטור, **וכ"ז** הוא לענין חטאת, אבל איסורא יש בכל גווני, **וכן** מה שכתב הרמב"ם מתחלה לענין צליה השיעור גרוגרת, הוא ג"כ רק לענין חיוב חטאת, אבל איסור דאורייתא יש בכל גווני, כדקי"ל חצי שיעור אסור מן התורה.

[א]**המבשל בשבת, (או שעשה אחת משאר מלאכות), במזיד, אסור לו לעולם** - ליהנות מאותה מלאכה, דקנסוהו רבנן, **ומ"מ** מותר לו ליהנות מדמיה של המלאכה, **כתב** המג"א בשם הרשב"א, דגם הקדירה שבישל בה בשבת אסורה לו לבשל בה, מפני שהיא בלועה מדבר האסור לו, **ודוקא** המבשל לבריא, אבל המבשל לחולה מותרת הקדרה.

ולאחרים מותר למוצאי שבת מיד - ואפילו למי שנתבשל בשבילו, דלא בעינן להמתין בכדי שיעשו אלא במלאכה הנעשית ע"י א"י בשביל ישראל, משום דקל בעיניו איסור דאמירה לא"י, ויבוא לעשות כן פעם אחרת כדי שיהיה מוכן לו במו"ש מיד, **אבל** דבר שנעשה ע"י ישראל בידים, ודאי ליכא למיחש דעי"ז שנתיר למו"ש מיד, יבא פעם אחרת לומר לישראל לבשל לו בשבת בשביל זה, **ועוד** שהישראל לא ישמע לו, דאין אדם חוטא ולא לו.

אם היה במו"ש יו"ט, אפילו בישל בהיתר, כגון שבישל בשבת לחולה, מ"מ אסור לבריא גם ביו"ט ראשון, דאין שבת מכין ליו"ט.

אם נתערב בשבת אותו דבר שנתבשל במזיד באחרים, דעת המ"א דאינו מתבטל, ואסור לו בשבת ליהנות מזה, דכיון דלמו"ש יהיה מותר לאחרים, מקרי דבר שיש לו מתירין דאינו בטל אפילו באלף, [**אבל** במו"ש מותר ליהנות לכו"ע, דמתבטל אז, ואם נתערב במו"ש, מתבטל לכו"ע], **ומה** שכתב ביו"ד ס"ס ק"ב היפוך זה, נדחק המ"א לישבו, ועיין בחות דעת שם שחולק עליו, **וכ"ז** להמבשל בעצמו, אבל לענין אחרים לכו"ע מקרי דבר שיש לו מתירין, [**ואם** נתערב דבר שנתבשל בשוגג, לכו"ע הוי דבר שיש לו מתירין במו"ש, ואינו בטל].

ובשוגג - שגג בדין או שכח, כ"ז בכלל שוגג הוא, **אסור בו ביום גם לאחרים, ולערב מותר גם לו מיד** - הנה בגמרא פליגי בענין שוגג ומזיד ר"מ ור' יהודה, ודעת השו"ע הוא דעת ר' יהודה, שכן הסכימו הרי"ף והרמב"ם והגאונים, **והגר"א** הסכים בבאורו לשיטת התוספות וסייעתם, דפסקו כר' מאיר, דבמזיד אסור בין לו בין לאחרים עד מו"ש, ובשוגג מותר גם לו מיד, **ובמקום** הצורך יש לסמוך על זה בבשול בשוגג.

(**ודע**, דלדעת השו"ע דפסק כר"י, דבשוגג מותר ליהנות במו"ש, זהו בכל מלאכות דמנכר הקנס שקנסו חז"ל שלא ליהנות בו ביום עד מו"ש, **אבל** בנוטע בשבת וה"ה בזורע, דבלא"ה אין יכול ליהנות לאלתר, שוגג שוה למזיד, דבשניהם צריך לעקור הנטיעה).

(**כתב** בח"א, דוקא בדבר שנעשה מעשה בגוף הדבר, שנשתנה מכמות שהיה כמבשל וכיו"ב, **אבל** המוציא מרשות לרשות, שלא נשתנה הדבר מכמות שהיה, אם בשוגג מותר אפילו לו, ואפילו בו ביום, **ואם** במזיד, אסור אפילו לאחרים עד מו"ש מיד, **ומ"מ** יש להחמיר בכל איסורי תורה כמו מבשל, עכ"ל).

וכל שיש ספק פלוגתא בזה אי הוי בכלל בישול או לאו, או בשאר מלאכות כה"ג, אין לאסור בדיעבד, דכל האיסור הזה הוא רק מדרבנן שקנסוהו, וספיקא דרבנן לקולא.

ואם היא מלאכה דרבנן, עיין בביאור הגר"א שהאריך להוכיח, דלכו"ע אם עשה אותה בשוגג, אין לאסור בדיעבד ליהנות ממנה.

(ואם אמר לאינו יהודי לעשות לו מלאכה בשבת, ע"ל סימן ש"ז סעיף כ').

באר הגולה

א חולין ט"ו וכתובות ל"ד ובבא קמא ע"א וכרבי יהודה הרי"ף והגאונים ורמב"ם בפרק ו' הכ"ג והרא"ש וש"פ

שכח קדירה על גבי כירה ובשלה בשבת מהו אישתיק ולא א"ל ולא מידי למחר נפק דרש להו *המבשל *בשבת *בשוגג יאכל במזיד לא יאכל ולא שנא מאי ול"ש רבה ורב יוסף דאמרי תרווייהו להיתירא מבשל הוא דקא עביד מעשה במזיד לא יאכל אבל האי דלא קא עביד מעשה במזיד נמי יאכל רב נחמן בר יצחק אמר לאיסורא מבשל הוא דלא אתי לאיערומי בשוגג יאכל אבל האי דאתי לאיערומי בשוגג נמי לא יאכל מיתיבי *שכח קדירה על גבי כירה ובישלה בשבת בשוגג יאכל במזיד לא יאכל בד"א בחמין שלא הוחמו כל צורכן ותבשיל שלא בישל כל צורכו אבל חמין שהוחמו כל צורכן ותבשיל שבישל כל צורכו בין בשוגג בין במזיד יאכל דברי ר"מ ר' יהודה אומר חמין שהוחמו כל צורכן מותרין מפני שמצטמק ורע לו ותבשיל שבישל כל צורכו אסור מפני שמצטמק ויפה לו וכל המצטמק ויפה לו כגון כרוב ופולים ובשר *טרוף אסור וכל המצטמק ורע לו מותר קתני מיהא תבשיל שלא בישל כל צורכו בשלמא לרב נחמן בר יצחק לא קשיא כאן קודם גזרה כאן לאחר גזרה אלא רבה ורב יוסף דאמרי להיתירא אי קודם גזרה קשיא מזיד אי לאחר גזרה קשיא נמי שוגג קשיא מאי גזירתא דאמר רב יהודה בר שמואל א"ר אבא אמר רב כהנא אמר רב בתחילה היו אומרים המבשל בשבת בשוגג יאכל במזיד לא יאכל וה"ה לשוכח משרבו משהין במזיד ואומרים שכחים אנו חזרו וקנסו על השוכח קשיא דר' מאיר אדר' מאיר קשיא דר' יהודה אדר' יהודה דר' מאיר אדר"מ לא קשיא הא לכתחילה הא דיעבד דר' יהודה אדר' יהודה נמי לא קשיא כאן בגרופה וקטומה כאן בשאינה גרופה וקטומה איבעיא להו עבר ושהה מאי מי קנסוהו רבנן או לא ת"ש דאמר שמואל בר נתן א"ר חנינא כשהלך רבי יוסי לציפורי מצא חמין שנשתהו על גבי כירה ולא אסר להן ביצים מצומקות שנשתהו על גבי כירה ואסר להן מאי לאו לאותו שבת לא לשבת הבאה מכלל דביצים מצומקות מצטמקות ויפה להן נינהו אין דאמר רב חמא בר חנינא פעם אחת נתארחתי אני ורבי למקום אחד והביאו לפנינו ביצים מצומקות כעוזרדין ואכלנו מהן הרבה: ב"ה אומרים אף מחזירין: אמר רב ששת לדברי האומר מחזירין

רש"י

שכח קדרה · אליבא מאן דאסר: **המבשל בשבת** · משנה היא: **ולא שנא.** אבל האי דשכח קדרה לא שנא בין שוגג למזיד והכי דרש להו סתמא ולא פירש אי אשוגג מדמה לה ומותר לאוכלה אי אמזיד מדמה לה ואסור: **במזיד נמי** · אם השהה על גבי כירה מבעוד יום יאכל: **דלא אתי לאיערומי** · ולעשות מזיד ולומר שוגג הייתי דלא נחשדו ישראל על השבתות: **דאתי לאיערומי** · דאיסור דרבנן הוא וקילא ליה ואתי לשהויי מזיד ויאמר שכחתי: **מיתיבי שכח קדרה כו' בשוגג** · כגון האי דשכח יאכל בשבת: **במזיד** · דלא שכח אלא הניח לא יאכל: **ובשר טרוף** · דגלי דעתיה דלא לאורחים קבעי לה: **וכל המצטמק ויפה לו** · כלומר וכן כל שאר המצטמק ויפה להם אסור לאוכלן אם השהן מזיד: **קתני מיהא** · בשלא בישל כל צרכו דיש חילוק בין שוגג למזיד במשנה קשיא בין לרבה ורב יוסף דשרו מזיד בין לרב נחמן דאסר שוגג: **בשלמא לרב נחמן** · מצי לתרולי כי תניא ההיא דשוגג יאכל לפני גזירה דאמרינן לקמן דגזרו על השוכחין וכי איתמר דר' חייא בר אבא דתרי' נמי אליביה דשוגג אסור לאחר גזירה: **אלא דרבה ורב יוסף** · דאמרי אליבא דר' חייא בר אבא להתירא אף במזיד: **אי קודם גזירה** · אתמר דר' חייא: **קשיא מיהא מזיד** · דהכא תניא במזיד לא יאכל: **ואי לאחר גזירה קשיא נמי שוגג** · דאפי' שוגג ה"ל למיסר דאילו מתני' קודם גזירה נשנית: **המבשל בשבת** · בידים דאיכא חיובא דאורייתא: **וה"ה לשוכח** · דהמשהה נמי מבעוד יום אם שכח בשוגג יאכל ואם במזיד השהה לא יאכל כאילו בשלה בידים בשבת: **קשיא דר' מאיר אדר' מאיר** · דתנן לעיל בריש פירקין לר' מאיר אליבא דב"ה חמין אבל לא תבשיל והכא שרי חמין ותבשיל שבישל כל צרכו: **וקשיא דר' יהודה אדר' יהודה** · דהתם א"ר יהודה חמין ותבשיל והכא אסר תבשיל שבישל כל צרכו: **הא לכתחלה** · משנה קמייתא לשהות לכתחלה קמיירי והך בהשהה כבר קאמר דמותר לאוכלה: **כאן בגרופה וקטומה** · ההיא דלעיל איירי בגרופה וקטומה כדקתני בה משהין על גבי גרופה וקטומה ואין משהין על שאינה גרופה ומה הן משהין על הגרופה שהתרנו לשהות ר"מ אומר כו' הלכך אפי' לכתחלה שרי ר' יהודה והכא בשאינה גרופה הלכך דיעבד אסר: **עבר ושהה במזיד מאי** · מותר לאוכלה או לא: **חמין לא אסר** · דמצטמק ורע לו: **ביצים אסר** · דמצטמק ויפה לו: **מאי לאו לאותו שבת** · אסרן עליהן באכילה: **לא לשבת הבאה** · אסר להן עכשיו שלא לעשות כן לשבת הבאה אבל באכילה שרו: **מכלל דביצים מצומקות כו'** · בעיא היא: **והביאו לפניו** · בחול: **כעוזרדין** · שנצטמקו עד שנעשו דקות כעוזרדין קורמ"ש בלע"ז ומדאמר ואכלנו הרבה מכלל דיפה להן: מחזירין

תוספות

שכח קדרה על גבי כירה ובישלה בשבת מהו · אע"ג דקיי"ל כחנניה הכא בעי בדלא בשיל כמאכל בן דרוסאי דמודה ביה חנניה אי נמי בעי אפי' בקידרא חייתא והא דשרינן בפ"ק (דף יח: ושם) קידרא חייתא היינו דוקא בתנור שחומו רב דבלא חיתוי יתבשל עד למחר אבל כירה דשליט בה אוירא אסור, דאיכא למיחש שמא יחתה:

אבל האי דלא קעביד מעשה במזיד נמי יאכל · תימה דהא אמר בפ"ק (שם) לא תמלא אשה קדרה עססיות כו' ואם נתנה למוצאי שבת אסורין בכדי שיעשו וי"ל דבלאו הכי פריך שפיר מברייתא דמייתי:

בשלמא לרב נחמן בר יצחק כאן קודם גזירה כו' · תימה לר"י *לימא תרווייהו קודם גזירה והא דשרי בברייתא שוגג היינו בבשיל כמאכל בן דרוסאי ורב נחמן איירי בדלא בשיל כמאכל בן דרוסאי כדפי' ותירץ ר"ת דבישלה בשבת משמע שלא היתה קודם לכן כלל מבושלת ולא בעי למימר נמי דרב נחמן סבר כר' יהודה דאסר תבשיל אפי' בישל כל צרכו וכ"ש לא בישל משום דדילמא ר' יהודה לא איירי אלא במזיד אבל בשוגג מודה לר"מ דשרי אפי' לא בישל כל צרכו:

קשיא דר' מאיר אדר' מאיר · כאן משמע דסתם חמין ותבשיל הוי נמי מבושל כל צרכו דאי לאו הכי לא הוה פריך מידי ורשב"א אומר דאפי' אי סתם חמין ותבשיל הוי בלא בשיל כל צרכו פריך שפיר דהא באינה גרופה משמע בברייתא דלעיל דאין משהין כלל אפי' בישל כל צרכו דאי הוה שרי בישל כל צרכו ה"ל לפרש מה הן משהין באינה גרופה כדמפרש אגרופה והכא שרי ר"מ בישל כל צרכו אפי' באינה גרופה מ"מ נראה דסתם חמין ותבשיל הוי נמי בבשיל כל צרכו מדפשיטא ליה לתלמודא דמאן דאסר להחזיר אסר אפי' בישל כל צרכו כדמוכח גבי ואף ר' אושעיא סבר כו':

הא לכתחלה הא דיעבד · לא סגי בהאי שינויא דהא לעיל שרי ר' מאיר סתם חמין דהוייא אפי' לא הוחמו כל צורכן אפי' לכתחלה והכא אסר חמין שלא הוחמו כל צורכן אפי' דיעבד אלא צריך לשנויי כדמשני אקשיא דר' יהודה אדר' יהודה הא בגרופה וקטומה הא בשאינה גרופה ואדרבי יהודה נמי צריך לשנויא (דהכא) דהא לכתחלה הא דיעבד דהא בשאינה גרופה אסר לעיל אפי' חמין שנתבשל כל צרכו והכא שרי אלא דאיכא לשנויי הא לכתחלה הא דיעבד:

עבר ושהה מאי · בדלא בשיל כמאכל בן דרוסאי ליכא לאוקמי דהא כבר פשט לעיל לאיסורא כרב נחמן בר יצחק ונראה לר"י דמבעיא ליה בבשיל ובשוגג ואליבא דר' יהודה אע"ג דאין הלכה כר' יהודה אי אסר מצטמק ויפה לו דוקא במזיד או דילמא אפי' בשוגג ומייתי ראיה ממעשה דר' יוסי דאסר ומשמע ליה דאפי' בשוגג היה מדקאמר ונשתהו ולא קאמר ושיהו ומיהו לשון עבר ושהה משמע במזיד כמו עברה ולשה דפסחים (דף מב.) ואומר רשב"א דקודם גזירה בעו דאחר גזירה פשיטא דאסור בשוגג כמו מזיד:

לא לשבת הבאה · כולה סוגיא בשאינה גרופה דבגרופה ליכא שום אמורא דאסר כדפרישית לעיל והיינו כרב דאסר לעיל מצטמק ויפה לו אפי':

רב נסים גאון

פרק כירה אמר רבי חנינא כשהלך רבי יוסי לציפורי · הדבר שגרם לו לילך לציפורי הוא שמפורש בבמה מדליקין (דף לג) יוסי ששתק יגלה לציפורי:

רבינו חננאל

הא דבעו מר' חייא בר אבא שכח קדירה ע"ג כירה ובישלה בשבת ודרש להו המבשל בשבת בשוגג יאכל במזיד לא יאכל ולא שנא כלומר במבשל יש להפריש בין שוגג למזיד אבל בשוכח השוגג והמזיד שוין: **רבה** ורב יוסף אמרי שוכח בין שוגג ובין מזיד מותר לא קנסו רבנן אפילו במזיד רב נחמן בר יצחק אמר שניהן אסורין וקי"ל כוותיה ואותבינא עליה שכח קדירה על גבי כירה ובישלה בשבת בשוגג יאכל במזיד לא יאכל כו' · ועלתה לרבה ורב יוסף בקשיא ואקשינן הכא א"ר מאיר חמין שהוחמו כל צרכן ותבשיל שבישל כל צרכו בין בשוגג בין במזיד מותר ובתחלת הפרק אמר ומה הן משהין בש"א ולא כלום ובה"א חמין אבל לא תבשיל [ושנינן התם] לכתחילה דרבי יהודה אדרבי יהודה לא קשיא הא דקתני רבי יהודה הכא תבשיל שבישל כל צרכו אסור כירה שאינה גרופה ולא קטומה ולפיכך אסור והאי דקתני התם משהין ע"ג כירה לב"ה חמין ותבשיל בגרופה וקטומה וכיון שנתקשה רבה ורב יוסף נתקיימו דברי רב נחמן בר יצחק וקי"ל כוותיה כל השוכח קדירה ובישלה קודם גזירה הוה שרי ובתר גזירה קנסו רבנן אפילו שוגג ומאי גזירה דבתחלה היו אומרים המבשל בשבת בשוגג יאכל במזיד לא יאכל וה"ה לשוכח ומשרבו משהי קדירה במזיד ואומרים שוכחים אנן גזרו אף על השוכח · וכיון דסלקי דמצטמק ויפה לו אסור איבעיא לן עבר ושהה מאי ואתינן למפשטא מהא דתניא דאסיר רבי יוסי בצפורי ביצים מצומקים שנשתהו על גבי כירה (שמא) [ש"מ] עבר ושהה קנסו רבנן ודחינן לא אסר להו לעשות

עין משפט נר מצוה

ז א מיי' פ"ג מהל' שבת הלכה ד ופ"ו הל' כג סמג לאוין סה טור וש"ע א"ח סימן שיח סעיף א

ח ב ג מיי' פ"ג מהל' שבת הלכה ט סמג לאוין סה טוש"ע א"ח סימן רנג סעיף א:

[עי' תוספות ע"ז סו: ד"ה אמר רבא]

ושמא לתלמודא לא נראה להלק כיון דר"מ אוסר אפילו תבשיל

מסורת הש"ס

תוספתא פ"ג

ב"ק עא. חולין טו. גיטין נג. ביצה יז: [תרומות פ"ב מ"ג] כתובות לד.

תוספתא פ"ג

[פי' שמחתכין אותו חתיכות קטנות ומרסקין אותו עד שנטרף במקפה או בעיסוי שכל זמן שמצטמק יוצא שמנו ומתערב עם הבישול ערוך ערך טרף ג]

אות ב׳ - ג׳

שכח קדירה על גבי כירה ובשלה בשבת... לאיסורא ביצים מצומקות שנשתהו ע"ג כירה, ואסר להן... לשבת הבאה

סימן רנג ס"א - ‹כירה... אם הוסקה בגפת... אסור ליתן עליה תבשיל מבעוד יום להשהותו עליה... אא"כ נתבשל כל צרכו והוא מצטמק (פי' הולך וחסר) ורע לו, דליכא למיחש שמא יחתה›.

[ב]**ואם שכח ושהה** - וכ"ש אם שגג בדין, **אם הוא תבשיל שבישל כל צרכו, מותר אפי' הוא מצטמק ויפה לו** - ואפילו הוא בתוך התנור, והטעם, דלא נהנה ממנו כ"כ, כיון דבלא"ה היה ראוי לאכילה שנתבשל כ"צ, וע"כ בדיעבד מותר.

ואם הוא תבשיל שהתחיל להתבשל ולא בישל כל צרכו, אסור עד מוצאי שבת - לכל אדם, וכ"ש לבני ביתו דאסור, כיון דנתבשל בשבילם.

בהגהות אשר"י מבואר דגם במו"ש הוא בכדי שיעשה, כמו בעבר ושהה, **ומלשון** הרמב"ם לא נראה כן, פמ"ג.

ואם עבר ושיהה, אסור בשניהם. הגה: עד בכדי שיעשו (הגה"א ורמב"ם) – (כדי שלא יהנה ממלאכת שבת – רש"י, והרמב"ם נתן הטעם, כדי שלא ישתכר כלום, ולא יבא להקל פעם אחרת).

ואם החזירה א"י בשבת - לצורך ישראל, (והנה בלבוש כתב, דדוקא שלא בידיעת ישראל, דאל"ה מתחשב כמזיד, ולא נהירא).

דינו כשכח ושיהה (הג"א) - דמה שנעשה ע"י א"י במזיד, לא חמיר ממה שנעשה ע"י ישראל בשוגג, וע"כ אפי' אם מצטמק ויפה לו מותר, כיון שנתבשל כל צרכו, ואין נהנה ממנו כ"כ, (**ואף** דבחזרה אסור אפי' בשוגג, וכדלקמיה, הכא מקילינן, משום דשם גופא לא פסיקא כ"כ).

(והנה בהחזירו א"י והיה מבושל כמאכל ב"ד, לכאורה יש להקל לדעת רמ"א דלקמן, דהא כתב דדינו כשכח ושהה, ובשהיה ס"ל לקמן דסגי כמאב"ד, **אך** יש לדחות, דהא מ"מ בחזרה כו"ע שוין דאסור, **ואף** אם נימא דהוא רק איסור דרבנן לחנניה, הלא גם איסור דרבנן אסור לעשות ע"י א"י, ואפילו בדיעבד אסור, ומה דמקילינן הכא במצטמק ויפה לו, אף דבזה ג"כ יש איסור מדרבנן עכ"פ ע"י ישראל, משום דאין הישראל נהנה כ"כ ממלאכתו, כיון שמקודם היה מבושל כ"צ, משא"כ בזה שלא נתבשל כל צרכו, הלא עכ"פ הישראל נהנה ממלאכתו, וכ"ש להפוסקים שסוברין דיש בזה איסור דאורייתא ע"י ישראל, וכדלקמן בסימן שי"ח בב"י, ולא שייך דין הרמ"א הכא כי אם במצטמק ויפה לו).

ואם החזירה ישראל - בשבת אפילו בשוגג, **דינו כעבר ושהה (הגהות מרדכי)** - במזיד, ואסור אם מצטמק ויפה לו.

(ומיירי באופן שהחזרה אסור לד"ה, דאל"ה אין להחמיר בדיעבד).

והטעם דמחמרינן בחזרה טפי מבשהיה, משום דקעביד מעשה, **ועיין** במ"א שפסק, דלאחרים שרי בזה, מאחר שהיה מבושל קודם כ"צ, והיה שוגג.

ודע דדין זה הוא אפילו לשיטת הרמ"א, דפוסק בסוף הסעיף כהי"א, דבשהיה מותר כמאכל בן דרוסאי, הכא בחזרה שוים הם לדינא, דהא לכו"ע בחזרה אסור אפילו אם נתבשל כל צרכו.

ואם מצטמק ורע לו, מותר, שהרי לא נהנה מן האיסור (ב"י וע"ל ריש סי' רנ"ז) - ר"ל אע"ג דלכתחלה אסור בחזרה אפי' אם מצטמק ורע לו, בדיעבד מותר אפילו החזיר במזיד, שהרי לא נהנה כלל.

‹וי"א שכל שנתבשל כמאכל בן דרוסאי... או שנתבשל כל צרכו ומצטמק ויפה לו, מותר להשהותו ע"ג כירה... אפי' הוסק בגפת ועצים, ואפי' אינה גרופה וקטומה; ולא הוזכרה גרופה וקטומה והיסק בקש ובגבבא, אלא כשהתחיל להתבשל ולא הגיע למאכל בן דרוסאי›. [ג]**ואם שכח ושהה תבשיל שהתחיל להתבשל ולא הגיע למאכל בן דרוסאי, אסור** - היינו אפילו לאחרים עד מו"ש, ואם בעינן בזה בכדי שיעשה, עיין לעיל בס"ק ל"ב. **ואצ"ל אם עבר ושהה.**

דבהגיע למאכל בן דרוסאי, לדעה זו מותר אפילו לכתחלה.

ונראה דלענין דיעבד יש להורות, דכמאב"ד הוא שיעור שליש, שרבו העומדים בשיטה זו, עיין בא"ר.

באר הגולה

ב **שם כפי' הרי"ף והרמב"ם** ‹בעו מיניה מרבי חייא בר אבא שכח קדרה על גבי כירה ובשלה בשבת מהו... להרי"ף והרמב"ם בהגיע למאכל בן דרוסאי נמי מיבעיא ליה, וכגון שלא נגמר בישולו לרוב בני אדם, דאי נגמר בישולו ומצטמק ויפה לו, היינו בעיין דבסמוך, ואי מצטמק ורע לו, מישרא שרי... **ואסיקנא** דלא יאכל, משום דגזרו ביה רבנן, כדאמר רב יהודה אמר שמואל, בתחלה היו אומרים המבשל בשבת בשוגג יאכל במזיד לא יאכל, והוא הדין לשוכח, משרבו משהין במזיד ואומרים שכחים אנו, חזרו וקנסו על השוכח. **וכתוב** בהגהות אשיר"י דאסור למוצאי שבת בכדי שיעשו, וכן נראה מדברי הרמב"ם . **ותו** איבעיא לן עבר ושהה מאי, ולא איפשיטא... ומדברי הרי"ף נראה, שהוא גורס עבר ושכח, במקום עבר ושיהה, והוא מפרש בעיא זו בשנתבשל כל צרכו ומצטמק ויפה לו, דאע"ג דקנסו על השוכח, דילמא הני מילי בשלא נתבשל כל צרכו, אבל בנתבשל כל צרכו, אע"פ שהוא מצטמק ויפה לו, לא קנסו, ולא איפשיטא, ולקולא, וכן דעת הרמב"ם – ב"י›. ‹**ודלא** כמו שהבין הפמ"ג {הובא במ"ב} בלשון הרמב"ם›. ג ‹בעו מיניה מרבי חייא בר אבא שכח קדרה על גבי כירה ובשלה בשבת מהו. לדעת רש"י ור"י, בבשיל ולא הגיע למאכל בן דרוסאי מיבעיא ליה, דאי לא בשיל כלל, או בשיל והגיע למאכל בן דרוסאי, מישרא שרי להשהות – ב"י›. ‹**מה** שחסר מן הסעיף נמצא בדף לו: ולז:›

[ד]**סימן רנ"ד ס"ג** - [ה]**אם עבר** - שנתן במזיד סמוך לחשיכה כ"כ, עד שלא היה שהות לצלות מבעוד יום כמאכל בן דרוסאי, **או שכח** - ששכח הצלי ע"ג כירה, **ונצלה בשבת באיסור, אסור** - בין לו בין לאחרים, עד מוצ"ש בכדי שיעשו, וכדלעיל בסי' רנ"ג ס"א, ‹וע"ש דבשכח הביא ב' דעות, וצ"ע›, כדי שלא יבוא להשהות במזיד ויאמר שכחתי, ‹**וע"ל ס"א בבה"ל**, ‹דבדיעבד אין אוסרין אם היה התנור מכוסה›.

באר הגולה

ד ‹ע"פ הגר"א: שם ל"ח.› ה הג' אשר"י

*מחזירין אפילו בשבת ואף ר' אושעיא סבר אף מחזירין אפי' בשבת דא"ר אושעיא פעם אחת היינו עומדים לעילא מר' חייא רבה והעלנו לו קומקמוס של חמין מדיוטא התחתונה לדיוטא העליונה ומזגנו לו את הכוס והחזרנוהו למקומו ולא אמר לנו דבר א"ר זריקא א"ר אבא א"ר תדאי לא שנו אלא שעודן בידו אבל הניחן ע"ג קרקע אסור א"ר אמי ר' תדאי *דעבד לגרמיה הוא דעבד אלא הכי א"ר חייא א"ר יוחנן אפילו הניחה על גבי קרקע מותר פליגי בה רב דימי ורב שמואל בר יהודה ותרוייהו משמיה דרבי אלעזר אמרי חד אמר ^ג עודן בידו מותר ע"ג קרקע אסור וחד אמר הניחן על גבי קרקע נמי מותר אמר חזקיה משמיה דאביי הא דאמרת עודן בידו מותר לא אמרן אלא ^י שדעתו להחזיר אבל אין דעתו להחזיר אסור מכלל דעל גבי קרקע אע"פ שדעתו להחזיר אסור איכא דאמרי אמר חזקיה משמיה דאביי הא דאמרת על גבי קרקע אסור לא אמרן אלא שאין דעתו להחזיר אבל דעתו להחזיר מותר מכלל שבעודן בידו אע"פ שאין דעתו להחזיר מותר בעי ר' ירמיה תלאן במקל מהו הניחן על גבי מטה מהו בעי רב אשי פינן ממיחם למיחם מהו תיקו: **מתני'** ^י תנור שהסיקוהו בקש ובגבבא לא יתן בין מתוכו בין מעל גביו כופח שהסיקוהו בקש ובגבבא ה"ז ככיריים בגפת ובעצים הרי הוא כתנור: **גמ'** תנור שהסיקוהו סבר רב יוסף למימר תוכו תוכו ממש על גביו על גביו ממש אבל לסמוך שפיר דמי איתיביה אביי כופח שהסיקוהו בקש ובגבבא הרי הוא ככיריים בגפת ובעצים הרי הוא כתנור ואסור הא ככירה שרי במאי עסקינן אילימא על גביו ובמאי אילימא כשאינו גרוף וקטום אלא כירה כי אינה גרופה וקטומה על גביו מי שרי אלא לאו לסמוך וקתני הרי הוא כתנור ואסיר אמר רב אדא בר אהבה הכא בכופח גרוף וקטום ותנור גרופה וקטומה עסקינן הרי הוא כתנור ^י דאע"ג דגרוף וקטום על גביו אסור דאי ככירה כי גרופה וקטומה שפיר דמי: תניא כוותיה דאביי ^י תנור שהסיקוהו בקש ובגבבא אין סומכין לו ואין צריך לומר על גביו ואין צריך לומר לתוכו ואין צריך לומר בגפת ובעצים כופח שהסיקוהו בקש ובגבבא סומכין לו [א] ואין נותנין על גביו בגפת ובעצים אין סומכין לו אמר ליה רב אחא בריה דרבא לרב אשי האי כופח היכי דמי אי ככירה דמי אפילו בגפת ובעצים נמי אי כתנור דמי אפילו בקש ובגבבא נמי לא אמר ליה נפיש הבליה מדכירה וזוטר הבליה מדתנור היכי דמי כופח היכי דמי כירה א"ר יוסי בר חנינא ^י כופח מקום שפיתת קדרה אחת כירה מקום שפיתת שתי קדרות אמר אביי ואיתימא רבי ירמיה אף אנן נמי תנינא *כירה ^י שנחלקה לאורכה טהורה לרחבה טמאה כופח בין לאורכו בין לרוחבו טהור: **מתני'** ^ט אין נותנין ביצה בצד המיחם בשביל שתתגלגל ולא יפקיענה בסודרין ור' יוסי מתיר ^י ולא יטמיננה בחול ובאבק דרכים בשביל שתצלה מעשה שעשו אנשי טבריא ^י והביאו סילון של צונן לתוך אמה של חמין אמרו להם חכמים אם בשבת כחמין שהוחמו בשבת ואסורין ברחיצה ובשתיה אם ביום טוב כחמין שהוחמו ביום טוב ואסורין ברחיצה ומותרין בשתיה: **גמ'** איבעיא להו גלגל מאי אמר רב יוסף [ט] גלגל חייב חטאת אמר מר בריה דרבינא אף אנן נמי תנינא כל

מחזירין אפילו בשבת · ביום המחרת ולא תימא פלוגתייהו משחשכה והתם הוא דשרו משום דמוכחא מילתא דאדעתא דאהדורי לצורך מחר שקיל ליה אבל ביום לא מוכח דשקיל ליה אדעתא דאהדורי ובטלה לה הטמנה וה"ל כמטמין לכתחלה: **קומקמוס** · יורה קטנה: **דיוטא** · עלייה: **למקומו** · לכירה: **אבל הניח על גבי קרקע אסור** · להחזיר דבטלי לה הטמנה דאתמול והוי כמטמין לכתחלה: **לגרמיה** · יחיד הוא בדבר ואין הלכה כמותו: **תלאן במקל מהו** · כעודן בידו דמי או כהניחן ע"ג קרקע דמי: **פינן ממיחם למיחם מהו** · מי הוי כמטמין לכתחלה ואסור להחזירן לכירה או לא: **מיחם** · קומקמוס שמחמם בו חמין: **מתני' תנור** · מתוך שקצר למעלה ורחב למטה נקלט חומו לתוכו טפי מכירה: **כופח** · בגמרא מפרש לה עשוי חלל ככירה אבל ארכו כרחבו ואין בו אלא שיעור שפיתת קדירה אחת וכירה יש בה שפיתת שתי קדירות: **גמ' על גביו** · על שפתו: **אבל לסמוך** · אצל דופנו: **הא ככירה שרי** · כלומר מדקתני הרי הוא כתנור מכלל דאי הוה מדמי ליה לכירה הוה שרי ושמעינן מינה דכירה שהוסק בגפת ובעצים שרי: **ובמאי קאי** · קס"ד בשאינה גרופה ואי על גבה מי שרי: **תניא כוותיה דאביי** · דאסור לסמוך אתנור: **אפי' בגפת ועצים** · לשתרי בגרופה וקטומה: **שנחלקה לאורכה** · הרי בטלו שתי שפיתותיה שנחלקת רחבה לשתים הלכך טהרה מטומאתה שהרי ניתצה: **נחלקה לרחבה** · כמאלו שתי השפיתות קיימות זו לבדה וזו לבדה: **כופח בין לאורכה בין לרחבה טהורה** · שהרי ארכה כרחבה וכולה מקום שפיתה אחת: **מתני' אין נותנין ביצה בצד המיחם** · קומקמוס של נחשת: **בשביל שתתגלגל** · שתצלה קצת עד שתהא מגלגלת: **ולא יפקיענה בסודרין** · לא ישברנה על סודר שהוחם בחמה כדי שתצלה מחומו של סודר: **בחול ובאבק דרכים** · שהוחמו מכח חמה ובגמרא מפרש אמאי לא פליג רבי יוסי בהא: **והביאו סילון** · מבעוד יום: **של צונן** · כדי לחממן דהמים נמשכין ובאין כל השבת: **לתוך אמה** · של חמי טבריא: **אם בשבת** · אותן שבאו בשבת: ה"ג כחמין שהוחמו:

אפילו בשבת · פירש בקונטרס בשבת ביום המחרת ולפ"ז ה"ל למינקט אפי' ביום השבת ולמאי דפרישית דעיקר פלוגתייהו בחול אתי שפיר: **פינה** ממיחם למיחם מהו · וא"ת דבפרק במה טומנין (לקמן דף נא·) תניא וכן היה רשב"ג אומר לא אסרו אלא בלותו מיחם אבל פינה ממיחם למיחם מותר אלמא במיחם אחר שרי טפי והכי משמע איפכא וא"ר"ת דהכא גבי השהה ע"ג כירה כשהוא בלותו מיחם שהוא חם לא אתי לחתויי אבל במיחם אחר שהוא קר אתי לחתויי אבל גבי הטמנה שרי טפי כשהוא קר דכחיתוי מועט לא יועיל: ורשב"א מפרש בשם ר"י דהתם בהטמנה דהוי לצורך מחר ליכא למיחש לחיתויי דבלא חיתוי יתחמם הרבה אבל הכא דבעי לה בלילה איכא למיחש לחיתויי ומיהו קצת משמע התם דמיירי במטמין בלילה (ת"י):

תנור שהסיקוהו בקש ובגבבא לא יתן כו' · אי להחזיר תנן הכא נמי האי לא יתן לא יחזיר אבל להשהות משהה אפילו בתנור שאינו גרוף וקטום כדמשמע בפ"ק (דף יח:) °דשרינן קידרא חייתא ובשיל כמאכל בן דרוסאי אפילו באינו גרוף וקטום ומשמע התם דבתנור איירי דקאי אהא דקתני התם לעיל לא תמלא אשה קדרה *עססיות כו':

אילימא בשאינה גרופה · האי ליסקא לאו דוקא דאביי סבר דלא מיתוקמה בגרופה דבגרופה לא מסתבר ליה שיהא חילוק בין גפת ועצים לקש וגבבא דאי הוה מצי אביי לאוקמה בגרופה כדמוקי לה רב אדא לא הוה מצי למפשט מידי ורב אדא דמוקי לה בגרופה סבר דיש לעולם יותר חום כשהסיקוה בגפת ובעצים אע"ג דגרופה מבקש ובגבבא:

תניא כוותיה דאביי כו' · יש דגרסי בסיפא כופח שהסיקוהו בגפת ובעצים *אין סומכין לה דאי גרס סומכין לה לא אתא כוותיה דאביי דאית ליה דבכופח נמי אין סומכין כדאמרינן לעיל וי"ל דאי גרסינן סומכין איכא לאוקמה בגרופה ונקט גפת ועצים לרבותא דאפילו הכי סומכין לה:

לא יטמיננה בחול · אע"ג דאמר בלא יחפור (ב"ב דף יט· ושם) דחול דקליל מקרר דחמים מחים והכא בילה היא קרה הכא מיירי בחול שהוחם בחמה דומיא דאבק דרכים:

מעשה והביאו סילון של צונן לתוך אמה של חמין כו' · מבעוד יום הביאוהו כדפירש בקונטרס ואין שום איסור כלל בהבאה כדתניא בפרק קמא (דף יח·) פותקין מים לגינה ומתמלאת והולכת כל השבת כולה ואסרו ברחיצה גזירה שמא יערבם בשבת ולערבם בשבת אסור משום תולדות האור ואשיבא כחדא גזירה *ואם היינו מפרשים דבסילון היו בו נקבים וכשהיו רוצים בשבת היו פותחים הנקבים ומתערבין הצוננין בחמין הוה אתי שפיר טפי דהשתא ליכא אלא חדא גזירה אטו חמי האור אך בגמרא מדמי לה להטמנה מבעוד יום ויליף מינה לאסור להטמין

עין משפט נר מצוה

ט א ב ג ד ה ו ז מיי' פ"ג מהל' שבת הלכה ה ו · סמג לאוין סה טוש"ע א"ח סימן רנג סעיף ב:

י ח מיי' פט"ז מהל' כלים הלכה יג:

יא ט י מיי' פ"ט מהל' שבת הל' ב ג טוש"ע א"ח סי' שיח סעיף ג:

יב כ מיי' פכ"ב מהל' שבת הלכה ג סמג שם טוש"ע א"ח סימן שכו סעיף ג וסימן רנג סעיף ה ו וסעיף א:

[יב] כ [מיי' פ"ט מהל' שבת הלכה כ]:

ואי מתני' להשהות תנן בתנור נמי אסור להשהות אע"ג דקידרא חייתא לעיל שרי הווא כחנניה ומתני' אי להשהות תנן אתיא דלא כחנניה [ת"י]

ולפ"ז צריך למגרס בתר הכי ואצ"ל ע"ג ואצ"ל בתוכה ואי גרסי' סומכין גרסי' ונותנין אפילו ע"ג ואפילו בתוכה [ת"י]

וכא דחשיב לה כחמין שהוחמו בשבת מטעם עסי' כפי' ראשון [ת"י]

רבינו חננאל

כן אלא לשבת הבאה וכן סוגיא דשמעתא: פיס' בה"א אף מחזירין אוקימנא הא דקתני מחזירין בשבת הוא ואפי' כמה פעמים ודוקא בכירה גרופה וקטומה והני מילי שלא הניחם ע"ג קרקע כלל אלא מחזיקם בידו ודעתו עליהם להחזירם הוא ששנינו אף מחזירין אבל אם הניחם ע"ג קרקע אע"פ שהיה ברעתו להחזירם לכירה אסור ואסיקנא לשמעתא בתרי לשני · וקי"ל כל כי האי גוונא בדאורייתא עבדינן לחומרא · ושבת איסורא דאורייתא היא: תלאם במקל או הניחם ע"ג המטה או הניחם בכרעי המטה או פינם ממיחם למיחם הני כולהו איבעיא ולא אפשיטו ועלו בתיקו · וקי"ל כל תיקו דאיסורא לחומרא: מתני' תנור שהסיקו בקש ובגבבא כו' אוקמא אביי לא יסמוך · תניא כוותיה תנור שהסיקו בקש ובגבבא אין סומכין לו ואין צ"ל על גביו · ואין צ"ל שהסיקו בגפת או בעצים · כופח שהסיקוה בקש ובגבבא הרי הוא ככירה · בגפת ובעצים הרי הוא כתנור ואסור · ואע"פ שהוא גרוף וקטום · ואסיק' כופח מקום שפיתת קדירה אחת · כירה מקום שפיתת ב' קדירות · ודייקינן לה מהא דתנן כירה שנחלקה לארכה טהור לרחבה טמא פי' עדיין תורת כלי עליה דהא יכול לשפות קדירה אחת · כופח בין לארכה בין לרחבה טהורה · והאי כופח נפיש הבלית מדכירה וזוטר הבליה מדתנור וקי"ל מתני' בתנור של נחתומין · מפורש בלא יחפור (ב"ב כ:) אבל תנור [דידן] ככירה של נחתומין היא: פיס' אין נותנין ביצה בצד המיחם בשביל שתתגלגל גלגל

מסורת הש"ס

[ברכות מח· וש"נ]

כלים פ"ו מ"ג

הגהות הגר"א

[א] גמ' סומכין לו ואין נותנין · נ"ב צ"ל סומכין לו ונותנין כו':

גליון הש"ס

תוס' ד"ה תנור כו' דשרינן קידרא חייתא ובשיל כמאכל בן דרוסאי · ק"ל הא שם לא נזכר מן מאב"ד אלא סתם ובשיל שפיר דמי אלא דתו' כתבו שם דהיינו כמאב"ד דהא קיימא לן כחנניה וא"כ איך עשו כאן סוכתא מזה דלמא באמת תנור חמיר דכמאב"ד אסור ודאמרי' ובשיל ש"ד היינו כפשוטו ובשיל לגמרי גם אמאי לא סוכיחו כפשוטו דהא קתני ולא חררה על גבי גחלים אלא כדי שיקרמו פניה חררה היינו בתנור כמ"ש תוס' לעיל דף לז ע"א ד"ה אא"כ וכו' אף על גב דחררה בתוכה היא · והיינו ע"כ משום דחררה אופין בתנור עכ"פ ראיית מפ"ק תמוה מאד:

§ מסכת שבת דף לח: §

אות א׳ - ב׳ - ג׳ - ד׳ - ה - ו׳ - ז׳

מחזירין אפילו בשבת

עודן בידו מותר, על גבי קרקע אסור

שדעתו להחזיר, אבל אין דעתו להחזיר אסור

תנור שהסיקוהו בקש ובגבבא, לא יתן בין מתוכו בין מעל גביו. כופח שהסיקוהו בקש ובגבבא, הרי זה ככיריים; בגפת ובעצים, הרי הוא כתנור

דאע״ג דגרוף וקטום, על גביו אסור

תנור שהסיקוהו בקש ובגבבא, אין סומכין לו, ואין צריך לומר על גביו, ואין צריך לומר לתוכו, ואין צריך לומר בגפת ובעצים. כופח שהסיקוהו בקש ובגבבא, סומכין לו, ונותנין על גביו; בגפת ובעצים אין סומכין לו

כופח מקום שפיתת קדרה אחת, כירה מקום שפיתת שתי קדרות

סימן רנג, ס״ב - [א]**כירה שהיא גרופה וקטומה, ונטל הקדירה מעליה,** [ב]**אפי׳ בשבת מותר להחזירה** - [ג]דלא תימא דלא התירו חכמים אלא כשנטל מע״ש ומחזיר בע״ש סמוך לחשיכה, קמ״ל דמותר ליטול ולהחזיר אפילו בשבת גופיה, ואפילו כמה פעמים, [והיינו אפילו מצטמק ויפה לו], [ואין חילוק בין כשנטלה מהכירה מבעוד יום ובין בשבת גופא].

אבל אינו גרוף וקטום, אסור אפי׳ במצטמק ורע לו, וכן בתנור אפי׳ גרוף וקטום, (ואם הוסק הכירה בקש או בגבבא, דינה כגרופה וקטומה).

[ד]**כל זמן שהיא רותחת** - פרט זה אינו דומה לכל הנזכרים בסעיף זה, דבהם הטעם הוא דלא התירו חכמים חזרה כי אם באופן זה, **אבל** בזה הטעם הוא, דכיון שנסתלק מרתיחתו, דהיינו שאין היד סולדת בו, יהיה בו שוב איסור בישול, וכדלקמן בסימן שי״ח ס״ד, **ולפי** מה שפסק הרמ״א שם סט״ו בהג״ה, נהגו להקל אם לא נצטנן לגמרי.

הגה: [ה]**ועודה בידו** - ר״ל שלא הסיר הקדרה מידו מעת נטילתה מן הכירה עד שעה שיחזירנה, [ו]**ולאפוקי** אם הניחה ע״ג מטה או ספסל וכדומה לזה בינתים, הוי כמו שהניחה ע״ג קרקע בינתים, **וזה** ‹ע״ג קרקע› אסור לכו״ע, דבטלה לה השהיה הראשונה, ושוב כשמחזיר ומניחה ע״ג הכירה הו״ל כמושיב לכתחלה ע״ג הכירה בשבת, **וחכמים** לא התירו אלא חזרה, אבל לא להושיב לכתחלה, אף שכבר נתבשלה כל צרכה ואין בה מן הדין משום איסור בישול, מ״מ כיון שמעמידה במקום שדרך לבשל שם תמיד, נראה כמבשל לכתחלה בשבת. [**ולא** הזכרתי פינה ממיחם למיחם שזוכר המ״א, משום דבלא״ה יש דעות שמקילין במיחם שני, עיין בתוס׳ ‹ד״ה פינה› [ז]ור״ן, ע״כ לפענ״ד פשוט דיש לסמוך על המקילין בבעיא זו].

ולא הניחה ע״ג קרקע – ‹לפי מה שהעתיק הרמ״א מקודם לדינא, דבעינן עודה בידו דוקא, תו לא צריכינן למכתב שלא יניח ע״ג קרקע, **אלא** המחבר שיטה אחרת יש לו, דדוקא ע״ג קרקע אסור, דאז בטלה השהיה הראשונה, אבל לא במניחה ע״ג ספסל וכדומה בינתים, **ודע**, דאם הניחה ע״ג קרקע, **אף** שהיה דעתו להחזירה, אסור אפילו לדעת המחבר›.

הגה: ודעתו להחזירה (טור) - הטעם ג״כ כנ״ל, שעי״ז לא בטלה עדיין שהיה הראשונה שהשהה אותה על הכירה מבעוד יום, כיון שהיה דעתו להחזיר עד שלא תצטנן, [**דאם** יהיה דעתו להחזיר אחר שיצטנן, אין מחשבתו מועלת כלום, אחרי שאסור לעשות כן, והוי כאין דעתו להחזיר], **ונראה** דאם חישב להחזיר עד שלא נצטנן לגמרי, ג״כ די לפי מה דקימ״ל כהרמ״א בזה], **אבל** אם בתחלה כשנטלה לא היה דעתו לזה, ושוב נמלך להחזיר תיכף, אסור אף שלא הניח ע״ג קרקע בינתים, דהו״ל כמושיב לכתחלה בשבת.

ועיין בביאור הלכה שהבאנו הרבה מהראשונים, שמקילין בעודן בידו אפילו אין דעתו להחזיר, וכן מקילין בדעתו להחזיר אף שבינתים הסירן מידו, [היינו ע״ג הספסל וכדומה], ‹כלישנא בתרא דחזקיה משמיה דאביי›, **ונראה** שבעת הצורך יש לסמוך ע״ז, [**ואף** דיש מהם שמקילין אף בהניח ע״ג קרקע כיון שהיה דעתו להחזיר, קשה לפסוק נגד סתימת השו״ע לקמן בס״ג, ע״ש], ‹**ועכ״פ** בעודן בידו ואין דעתו להחזיר, מסתברא ודאי שיש להקל לעת הצורך, **מאחר** שגם הרמב״ם השמיטה, **וכן** בהניחה ע״ג ספסל וכדומה והיה דעתו להחזיר, **מאחר** שגם דעת הרב״י כהפוסקים המקילין בזה›.

‹**בחדושי רע״א כתב, דאפילו אם זה המניח היה אדם אחר שאין הקדרה שלו, ג״כ מועיל המעשה שלו לאסור שוב להחזיר ע״ג כירה, ולא** שייך בזה אין אדם אוסר דבר שאינו שלו, **אך אם עודו בידו**, ורק בעת שסילק מהכירה לא היה בדעתו להחזירו, **אם מחשבתו מועלת לאסור שוב להחזיר, זה תלוי במחלוקת הראשונים, עי״ש שהאריך**›.

באר הגולה

א שם ל״ו **ב** שם ל״ח **ג** ‹פי׳ רש״י ז״ל שבת, יום שבת, שלא תאמר לא התירו אלא סילק בלילה והחזיר, אבל ביום מכיון שסילק נראה כמי שאין דעתו להחזיר אלא לאכילה דהשתא בעי לה, וכי החזיר דמי למניח לכתחלה ואסור, קמ״ל, **וקשיא** לי, דא״כ מה ראיה יש מדרבי הושעיא, דלמא התם בשסילק בלילה, ויש לי לומר לדברי רש״י ז״ל, דכיון שסלקו כדי למזוג לו ומזגו, כ״ש הוא דמיחזי כמי שגומר בדעתו שלא להחזירו, ולא שנא יום ולא שנא לילה, **ויש** מי שפי׳ שבת, היינו משתחשך, שלא תאמר לא התירו אלא בין השמשות – חי׳ הרשב״א› **ד** **טור ורי״ו בשם הר׳ יונה** **ה** **שם וכלישנא קמא דחזקיה משמיה דאביי** ‹כתב בהגה בשו״ע פריעדמאן: ציון זה של באה״ג צוין על דברי רמ״א אלו, שלא כדרכו, שמציין לעולם על דברי המחבר, ונראה דקאי גם על מה שכתב רמ״א לקמן "ודעתו להחזירה"› **ו** ‹דכל אלו הם איבעיות דלא אפשטא, ופסק הרב ב״י כהפוסקים דס״ל כיון דמדרבנן הוא אזלינן בספקו לקולא, אבל רמ״א ס״ל כהפוסקים לחומרא – מחה״ש› **ז** ‹שהקשה כקושיית התוס׳, דאדרבה מיחם שני קיל טפי, ותירץ בתירוץ ב׳: א״נ הכא פירושא דקא מיבעיא לן, פינן ממיחם למיחם מהו להחזיר למיחם ראשון ולהחזירה על גבי כירה, מי הוי כהניחו על גבי קרקע או לא›

[ח]**ודוקא על גבה** - היינו על עובי דפנותיה מלמעלה, או ששם כיסוי על חללה והעמיד הקדירה על הכיסוי, [רש"י בדף ל"ז ‹ד"ה גבה› וטור], **ואפי'** אם תלה הקדירה לתוך אויר הכירה, וקצת דפנותיה בולטין מלמעלה, כדרך הקדירה שקצרה מלמטה ורחבה מלמעלה, ג"כ בכלל ע"ג הוי, **ולא** מקרי תוכה אלא כשיושבת הקדירה על קרקעית הכירה.

אבל לתוכה אסור - דכיון שהוא מעמיד לתוכה כדרך שמבשלין בה תדיר, נראה כמבשל, **ואותן** הכירות שאין להן תוך וחלל, אלא הן פשוטות, ותוכן וגבן אחד, מותר להחזיר להן, דאין עליהן שם תוך, **ואם** יש אש בכירה, עיין סימן שי"ח סט"ו.

[ט]**ובתנור, אסור להחזיר אפי' הוא גרוף וקטום** - אפילו הוסק בקש או בגבבא וכנ"ל, **וה"ה לכופח, אם הסיקו בגפת ועצים** - דהלא לא הותרה חזרה לכו"ע אלא בגרופה, [היינו אפי' להי"א דמיקל בס"א], ובתנור וכופח שהבלם רב לא מהני גריפה, וכדלעיל בס"א.

הגה: ודוקא שהתבשיל מבושל כל צרכו - קאי ארישא, דאמר אפי' בשבת מותר להחזירה ע"ג כירה כשהקדירה רותחת, ולזה ביאר דדוקא כשהוא מבושל כ"צ, אבל אם לא נתבשל כ"צ, שייך אחריו עוד בישול, (**ואזיל זה לפי מה שפסק המחבר בשי"ח ס"ד, אבל לפי מה שביארנו שם, דיש הרבה ראשונים שסוברין דכשנתבשל כמאב"ד תו לא שייך בישול כשהיא רותחת, ישתנה זה הדין ג"כ לענין חזרה, ומ"מ קשה להקל, דהוא נוגע בענין דאורייתא**).

ואז מותר להחזיר, ואפילו לכירה אחרת - ואפילו אם הבלה מרובה מראשונה, מ"מ לא הוי רק בכלל חזרה ושרי, **אבל** אם היתה בתחלה טמונה בדבר שאינו מוסיף הבל, ובשבת בא להושיבה לכירה, או להיפוך מכירה להטמנה, אסור, דזהו פעולה חדשה, ואין טומנין משחשיכה אפילו בדבר שאינו מוסיף הבל, וכדלקמן בסימן רנ"ז.

אבל אם לא נתבשל כל צרכו, אסור אפי' לאותה כירה (מיימוני).

[י]**וי"א דכל זה** - פי' הא דבעינן דוקא עודה בידו, גם דעתו להחזיר, **אינו אסור רק כשנטלו מן הכירה מבעוד יום, ולא החזירו עד שחשכה** - דכיון שלא היה הנטילה בשבת, נראה חזרתו כפעולה חדשה, והוי כנותן לכתחלה ומבשל, משו"ה מצרכינן עכ"פ עודנה בידו וכה"ג, כי היכי דליהוי הכירא שאינו אלא חזרה.

אבל אם לקחו משם משחשכה, אפי' הניחו ע"ג קרקע מותר (ר"ן וכל בו) - ואפילו לא היה דעתו להחזיר, והטעם, שהרי הכל ידעו דכבר עמדה הקדירה בכירה ונתבשלה כבר. **אבל** גרוף וקטום לכו"ע בעינן.

וכן נוהגים להקל בתנורים שלנו שיש להם דין כירה, וסומכים עלמם על דברי המקילין - היינו שמחזירים לתוך התנור בשבת מה שנותר להם אחר שלקחו מן הטשאלינ"ט לאכילה, כדי שלא יצטנן, [**אבל** ליתן לתוכו מאכלים שלא הטמינו בו, לכולי עלמא אסור בכל גווני].

וטוב להחמיר - כי הרבה פוסקים חולקין על הר"ן, **ועוד** כי הב"י סובר, שגם הר"ן לא התיר אלא ע"ג כירה ולא בתוכו, וגם המ"א מצדד כהב"י ע"ש, ומי עדיפא תנור שלנו מכירה, **ומ"מ** נראה שיש זכות על המנהג, כי כבר נתבאר בפוסקים שאין לאסור חזרה אא"כ יש חום שהקדירה יהיה נעשה רותחת מן החום, וזה אין מצוי כ"כ, ע"כ אין לפקפק בזה, ואח"כ מצאתי בלבוש כדברינו.

מיהו אם נצטנן, לכו"ע אסור (ב"י) - היינו אם נצטנן לגמרי וכמ"ש למעלה, והטעם, דשייך אח"כ עוד בישול חדש, **ועיין** במ"א שכתב, דאפילו בדבר יבש שאין בו מרק, דלא שייך בו בישול, ג"כ אסור, דכיון שכבר נצטנן בטלה השהיה הראשונה, והוי כנותן עתה מחדש בתוך התנור, לזה אסור בכל גווני, ‹**אבל** הבה"ל בס"ה חולק עליו – שונה הלכות›, **וכ"ז** כשמניחו עתה במקום שע"י החום יהיה היד סולדת בו.

כתבו האחרונים, דבמקום שמותר להחזיר, מותר אפילו לסתום פי התנור בדף אחר החזרה, דסתימת הדף לא מקרי הטמנה, **מיהו** אם ע"י סתימת פי התנור יהיה רותח, טוב שלא לסתום וכנ"ל.

ודע דכ"ז הוא באין גחלים בוערות בתנור, אבל אם יש שם גחלים בוערות, פשוט במשנה דבאין גרוף וקטום אפילו לב"ה אסור להחזיר, ואפילו תנור שלנו דדמי לכירה ג"כ אסור בכל גווני, **ולפי** מש"כ בס' ישועות יעקב, דלענין חזרה סגי כשגרוף הגחלים לצד אחד, יש להקל אם גרף הגחלים מבע"י שיהיו רק לצד אחד, [**משא"כ** לענין שהיה, בעינן שיגרוף כל הגחלים לחוץ].

וי"א דאם הוציא מאכל מן התנור, אסור להניחו בכרים ובכסתות (הגה"מ) - דזה מקרי תחלת הטמנה, דמה שהיה מונח מתחלה בתנור ענין אחר הוא כנ"ל, ואין טומנין בשבת אפילו בדבר שאינו מוסיף הבל, ולכן אפילו היה עדיין המאכל חם ורותח אסור, **ואם** אינו טמון היטב בתוכם, שהוא פתוח מלמעלה, שרי, דזה לא מקרי הטמנה, כמ"ש רמ"א בסוף ס"א בהג"ה.

[יא]**וי"א דכל שהוא סמוך לחשיכה** - כדי להבין דברי הי"א מוכרח אני להאריך קצת, דהנה התוס' והרא"ש וסייעתם הוכיחו, דבע"ש נמי שייך דיני חזרה, דהיינו אם נטל מבעוד יום מן הכירה, או מן התנור לדידן, אסור להחזיר עליו אא"כ הוא גרוף וקטום, **והקשו** ע"ז, א"כ דאסרינן להחזיר אפילו בע"ש, אם יסלק הקדרה מן הכירה בע"ש בהשכמה לא יהיה יכול להחזיר, ואיזה שיעור זמן נתנו חכמים ע"ז, **ומסקי** דאם הוא סמוך לחשיכה כ"כ, עד שאם היה קר לא היה יכול להרתיחו

באר הגולה

ח שם ל"ז | ט טור ורמב"ם ושאר פוסקים | י ‹כן הוא בירושלמי – גר"א› | יא ‹תוס' שם ל"ו ב' ד"ה וב"ה, מדאמרינן אף בשבת, ש"מ שאף בחול פליגי, ומינה לב"ה בשאינה גרופה וקטומה – גר"א›

באותו זמן, אסרו אז להחזיר בלא גריפה, דאם יהיה מותר אז להחזיר, יחזיר גם בשבת, וכולא חדא גזירא היא, ובשבת אסור שמא יחתה.

או סמוך לברכו שהוא קבלת שבת לדידן (הגהות מרדכי) - בזמנם היו נוהגין לומר ברכו בהקדם, וקמ"ל דכיון דע"י ברכו הוא קבלת שבת, הוי כשבת גמור, ובעינן שאותו השיעור יהיה קודם ברכו דוקא, **ועיין** במ"א שחולק ע"ז, וס"ל דלא נזכר זה השיעור רק קודם חשיכה, ולא קודם ברכו.

אם הוא סמוך כ"כ שאם נלטנן הקדירה אי אפשר להרתיחה מבעוד יום, דינו כמו בשבת עצמו - היינו אפילו הוא קודם שקיעת החמה איזה זמן, דינו כמו בשבת, **והיינו** רק לענין דבעינן גרופה וקטומה כמו בשבת, אבל לענין דעתו להחזיר ושלא יניחנו ע"ג קרקע, לא בעינן בזה.

ודוקא אחר שנגמר כל בישול הקדירה, ומניחה לעמוד על הכירה עד הערב לשמור חומה, בזה הוא דמחמרינן אם נטלה, שלא להחזירה לשאינה גרופה, **אבל** כל זמן שלא נתבשל כ"צ, נוטלה ומחזירה בכל גווני, דלא שייך למיגזר דיחזיר גם בשבת, דזהו מבשל בשבת, ופשיטא דמזדהר בהכי אפי' אי שרית להחזיר מבע"י, **ויש** מחמירין גם בזה משום לא פלוג. **וחי** לגמרי שרי להחזיר סמוך לחשיכה ממש, אפי' לאינה גרופה וקטומה, וכמ"ש ס"א.

ויש מקילין בזה - [יב]הוא דעת רש"י וסייעתו, דס"ל דלא גזרו על חזרה כי אם משחשיכה ולא מבעוד יום.

והמנהג להקל, אך טוב להחמיר במקום שאין צורך כל כך - ולפי"ז אין ליטול הקדרה מכירה ולתנו ע"ג תנור שאינו גרוף וקטום סמוך לחשיכה, דאף דתנור שלנו דינו ככירה, הא בכירה גופיה יש להחמיר לדעה זו, ואם הוא גרוף וקטום, מותר אף בשבת, [**אבל היש** מקילין דלית חזרה בע"ש רק שהיה, מותר אף בלא גרופה, אם הוא מבושל כ"צ ומצטמק ויפה לו, לדעה שניה הנ"ל בסוף ס"א, **ולדעה** ראשונה שם, עכ"פ במצטמק ורע לו שרי].

ודוקא ע"ג כירה ממש - היינו דבזה יש אוסרין חזרה סמוך לחשיכה וכנ"ל, **אבל לסמוך, אפי' סמוך לאש** – (ר"ל וכ"ש סמוך לכירה), **במקום שהיד סולדת בו** - דאי אין היסל"ב, אפי' בשבת שרי, **שרי אפי' סמוך לחשיכה (הגמ"ר והגמי"י)** - היינו אפי' נצטנן לגמרי, ואי לא נצטנן לגמרי, אפילו בשבת שרי, וכמש"כ בסימן ש"ח סט"ו בהג"ה.

ובתנור אין חילוק בין להחזיר עליו או לסמוך אצלו - היינו בתנור של זמן התלמוד, וכבר כתוב זה בס"א, אלא דשם מיירי לענין שהיה, וכאן מיירי לענין חזרה, **אבל** תנורים שלנו שפתוחים מן הצד, הם ככירה.

ודוקא במקום שהיד סולדת, אבל אין היד סולדת שם, שרי אפי' בשבת, כמו שיתבאר לקמן סי' שי"ח.

[יג]סימן רנג ס"א - ותנור - היינו בתנור שלהם שעשויות ככירה, אך מתוך שקצרות למעלה ורחב למטה נקלט חומו לתוכו טפי מכירה, לכך החמירו בו יותר מכירה, **[יד]אפילו אם הוסק בקש וגבבא, אסור אפילו לסמוך לו, [טו]אפי' אם הוא גרוף וקטום** - מפני שהגורף אינו גורף אלא רוב האש עצמה, וא"א שלא תשאר ניצוץ אחד, ובתנור שחומו רב חיישינן שמא יחתה כדי שיבערו אותם הניצוצות.

והנה מלשון המחבר משמע דס"ל כדעת הטור, דאפילו בקש ובגבבא אסור בגרוף וקטום, וכן הוא דעת ה"ר יהונתן המובא בחידושי הר"ן, **אכן** מלשון הרמב"ם משמע, דבקש וגבבא אינו אסור בתנור כי אם באינו גרוף, וכן הוא דעת הכל בו וחידושי הר"ן, **ויש** להקל בזה.

הגה: כל זמן שהיד סולדת בו (הגהות מרדכי) - אבל אם אין היס"ב, מותר ליתן אפי' על גביו אפי' בשבת, **ואפשר** דאפילו אין גרוף וקטום מן הגחלים ג"כ שרי, כיון שהמקום שמעמיד שם הקדרה אין היד סולדת בו.

וכ"ש שאסור לשהות בתוכו או על גבו - ודוקא בלא נתבשל כ"צ, או במצטמק ויפה לו, **אבל** במצטמק ורע לו מותר, וכן בקידרא חייתא, ואפילו באינו גרוף וקטום.

[טז]וכופח, שהוא מקום שפיתת קדירה אחת - הוא עשוי כעין כירה, אלא דכירה הוא מקום שפיתת שתי קדרות, וכופח הוא מקום שפיתת קדרה אחת, לפיכך נפיש הבליה מכירה, שהמקום צר והחום מתקבץ בו ביותר, וזוטר הבליה מדתנור.

אם הוסק בקש או גבבא, דינו ככירה - ואפילו לא גרף את הקש ולא קטם, **בגפת או בעצים, דינו כתנור** - שאפילו גרף וקטם אסור, בין בתוכה בין ע"ג בין בסמיכה.

(והתנורים שלנו דינם ככירה) (ר"ן ר"פ כירה וכל בו וכן משמע מפירש"י) ‹ד"ה תנור› - שפיהם מן הצד, ועוד שרחבים ביותר [משפיתת קדירה אחת], אין חומם רב כ"כ, וע"כ דינו ככירה, **ובספר** תפארת שמואל הביא בשם רש"ל, שחולק ע"ז וסובר דשוים הם לדינא ע"ש, **ועכ"פ** בתנור של נחתומין שמסיקין בו תדיר וחומו רב, טוב להחמיר לדונו כתנור.

באר הגולה

יב ‹וז"ל המ"א: כתבו הרש"י (דף ל"ה: ד"ה להדביק פת בתנור) והר"ן, שמותר להדביק פת בתנור סמוך לברכו, אם יש שהות ביום שיקרמו פניה קודם שתחשך, דלא גזרינן שמא יחתה אחר ברכו, דהא לא אסור מדאורייתא, וא"כ כ"ש שיש להקל בדין זה, דהוא גופה אינו אסור אלא משום גזירה דאי שרית ליה מע"ש אתי להחזיר בשבת, ובשבת אסור שמא יחתה, א"כ למה נגזר סמוך לברכו. **ועיין** במחה"ש שהביא גם מרש"י ל"ח: ד"ה מחזירין, ע"ש שמאריך בזה› יג ‹ע"פ הבאר הגולה›
יד שם ל"ח טו ממשמעות הגמרא שם לדעת כל הפוסקים טז שם

אות ח'

כירה שנחלקה לאורכה, טהורה; לרחבה טמאה. כופח בין לאורכו בין לרוחבו טהור

רמב"ם פט"ז מהל' כלים הי"ג - הכירה מקום שפיתת שתי קדרות, והכופח מקום שפיתת קדירה אחת; לפיכך כירה שנחלקה לאורכה טהורה, לרוחבה עדיין מקבלת טומאה; הכופח שנחלק בין לארכו בין לרחבו טהור.

אות ט' - י'

אין נותנין ביצה בצד המיחם בשביל שתתגלגל, ולא יפקיענה בסודרין

ולא יטמיננה בחול ובאבק דרכים בשביל שתצלה

סימן שיח ס"ג - [יז]כשם שאסור לבשל באור, כך אסור לבשל בתולדת האור, כגון: ליתן ביצה בצד קדרה, או לשברה על סודר שהוחם באור, כדי שתצלה - והמבשל בו חייב, לפיכך המניח פירות או מים על התנור או בתוך הקאכלין לאחר שהוסק התנור, ונתבשלו שם, חייב, **ומדרבנן** אסור להניח אפילו קודם שהוסק, וכדלקמיה, **וכל** דיני בישול הנזכרים בסימן זה, שייכים גם בדבר שנתבשל ע"י תולדת האור.

ואפילו בתולדת חמה, כגון: בסודר שהוחם בחמה, אסור, גזירה אטו תולדת האור - ואפילו בדיעבד אסור, **ואפשר** דלאחר שבת מותר אף למבשל עצמו. **וכן אסור להטמינה בחול או באבק דרכים שהוחמו מכח חמה** - (עיין בפמ"ג, דאפילו אם הביצה צלויה כ"צ, ג"כ אסור להטמינה, דאיסור הטמנה הוא אפילו במבושל כל צרכה, כמ"ש בסימן רנ"ז ס"ז).

ואפילו מבע"י, דחול הוא דבר המוסיף הבל, כמבואר לעיל בסי' רנ"ז ס"ג, ואסור להטמין בו אפי' מבע"י כמבואר שם - הרא"ש, **ובחידושי** רע"א הביא בשם הרשב"א, דמותר להטמין בו מבע"י, דכל שהוחם בע"ש מן החמה, מצטנן לגמרי בליל שבת, [**ואף** דחול מקרי מוסיף הבל, היינו בתבשיל רותח, אבל לא בתבשיל צונן, דחמימי חיים ודקרירי קריר. **עוד** כתב, דתולדת חמה מותר להטמין בשבת בדבר שאינו מוסיף הבל].

ואפילו אם לא יטמין, אלא יגלגלה בשבת על גבי חול החם כדי שתצלה, נמי אסור, דגזירה אטו תולדת האור, **וע"כ** אסור לצלות ביצה על גג רותח מחמה.

המבשל בחמי טבריא פטור מחטאת, דהוי כתולדת חמה, אבל חייב מכת מרדות, דאיסור יש בזה, [גמרא מ:], הלכך אסור להעמיד מאכל ע"ג חמי טבריא בשבת, **אבל** להשהות עליהן מע"ש מותר, (**ובחידושי** רע"א מצדד, דגם על תולדת אור מותר להשהות, דלא גרע מכירה גרופה דמותר, כיון דלא שייך שמא יחתה), **ולהניח** בתוכן אסור, משום הטמנה בדבר המוסיף הבל, כמ"ש סימן שכ"ו ס"ג.

[יח]אבל בחמה עצמה, כגון: ליתן ביצה בחמה, או ליתן [יט]מים בחמה כדי שיוחמו, מותר - ולא גזרינן אטו אור, דחמה באור לא מיחלף, [רש"י].

אות כ'

מעשה שעשו אנשי טבריא והביאו סילון של צונן לתוך אמה של חמין, אמרו להם חכמים: אם בשבת, כחמין שהוחמו בשבת, ואסורין ברחיצה ובשתיה

סימן שכו ס"ג - [כ]אמת המים שהיא חמה, אסור להמשיך לתוכה אפילו מערב שבת סילון, (פירוש, צינור מרזב וסילון, דבר אחד הם), של צונן, ופי הסילון יוצא חוץ לאמה, ומימיו נשפכים לעוקא (פירוש גומא) שבקרקע - היינו שממשיך את הצונן דרך סילון המוקף מכל צד, כדי שיתחממו מחום אמת המים, ואין מתערב מימיו עם החמין, **ואסור** משום דהוי כמטמין בדבר המוסיף הבל, דאסור אפילו מבעוד יום, וכמ"ש בסי' רנ"ז ס"א.

אבל אם פי הסילון נכנס לתוך האמה, ומתערב הצונן עם החמין יחד, שרי אף ברחיצה, אם המשיכו מע"ש, [מ"א. **וע"ש** שכתב דלרש"י (דף ל"ט. ד"ה דדמיא) גם זה אסור, אך מהשו"ע מוכח דס"ל כתוס' (שם דבור ראשון) והר"ן, וכ"כ המ"א לעיל ברנ"ג ס"ק ל"ב דלא קימ"ל כרש"י. [כא]**ועיין** בבית מאיר שכתב דאף רש"י מודה דזה לא הוי הטמנה, **ומכמה** ראשונים לא משמע הכי לדעת רש"י].

ואם המשיכו, אסורים, [כב]אפילו המים שנכנסו לה מערב שבת, ברחיצה ובשתיה, כאילו הוחמו בשבת - ר"ל

באר הגולה

[יז] שבת ל"ח במשנה כתנא קמא דרבי יוסי הרי"ף ורמב"ם [יח] שם ל"ט [יט] שם קמ"ו במשנה [כ] **שבת ל"ח משנה וכפי' התוס' בשם ר"י והר"ן** [כא] ‹אמת שכן כתב הר"ן להדיא לפרש"י, וכן הוא משמעות לשון רש"י נמי דף ל"ט בד"ה דדמיא להטמנה, כתב שמטמין מים במים. **אבל** תימה לי דא"כ מה יענה רש"י ז"ל להמתני', אבל נותן הוא לתוך הכוס, ומה בכך שהוא כלי שני ואינו מבשל, הא מ"מ מטמין צוננים בדבר המוסיף הבל, שלכו"ע אסור, ומכ"ש לדעת רש"י עצמו שאוסר הטמנת צונן אפילו בדבר שאינו מוסיף הבל, רק להפיג צינתן, ע"ש בר"ן סוף במה טומנין. **לכן** הנלענ"ד דרש"י מודה דלא מקרי הטמנה מים במים מעורבים, ומה שפי' בהמתני', פירושו היינו לס"ד דמשום בישול בתולדת חמה נגעו בה, אבל להמסקנא דהטעם משום הטמנה, ע"כ מודה לפי' התוס', **ומ"ש** דדמי להטמנה שמטמין מים במים, לאו דוקא מים בתערובות מים, אלא ר"ל מים שבתוך הסילון במים דחמי טבריה, ור"ל דבשלמא לרבה יש לפרש כדפירשו תוס' ומשום דדמיא להטמנה, ודוק כי צ"ע - ב"מ› [כב] **טור לפי' התוס' וכן כתב הב"י** ‹ורבינו תופס פי' התוס' עיקר, ומפני כך כתב שאסור להמשיך לתוכה סילון של צונן ואפילו מע"ש, דמאחר דדמי להטמנה, הרי אסרו להטמין בדבר המוסיף הבל ואפילו מבעוד יום, דאילו לפי' רש"י מותר להמשיכו מע"ש, וגם מפני כך כתב הטור שאסורין אפילו המים שנכנסו לה מע"ש, דאסור להטמין בדבר המוסיף הבל ואפילו מבעוד יום, ואם עבר והטמין דין הוא שיהא אסור... דאילו לפי' רש"י מה שנמשך מע"ש משמע דשרי, דהא לא איתעביד בהו שום איסורא, וכן נראה ממה שכתב רש"י במשנה ל"ט. ואם בשבת, אותן שבאו בשבת, דמשמע הא אותן שבאו מע"ש מותרות - ב"י›

ואפילו לרחוץ בהן ידיו אסור, **ומיירי** שסתם פי הסילון שהונח מבע"י, ונתמלא בצוננים, ונשאר מונח מוטמן עד יום השבת, שאז פותחין פי מוצאו שישפכו מימיו להעוקא שבקרקע, **והם** לא הוחמו בשבת אלא מבע"י, רק שהיו מוטמנים בשבת, אפ"ה אסורים, ככל הטמנה במוסיף הבל, שאסור אף בדיעבד.

(**ואם** לא היה סתום מוצאו ומובאו, אינו אסור מה שבאין דרך הסילון מע"ש, דכבר הלכו ונשפכו להעוקא קודם שבת, ומה שבאים לתוכה בשבת יש להסתפק, דאחרי דהמים שבאו להסילון תיכף בעת הנחתו, כבר הלכו ונשפכו להעוקא קודם השבת, ומה שבאין לו אח"כ בשבת, אפשר דאין שייך עליהם שם הטמנה, דהרי הוא לא הטמינם, דממילא באין מעצמן להסילון).

[כג]**ואם הביא סילון של מים מערב יו"ט, *ביו"ט כחמין שהוחמו ביו"ט ואסורין ברחיצה** - היינו כל גופו, אבל ידיו מותר, **ומותרין בשתיה.**

*(**תיבת** "ביו"ט" לא ידעתי ביאורו, ולא בא למעט בזה המים שנכנסו לה מעיו"ט, דלא אסור כמו בשבת, דהא בב"י כתוב בהדיא, דאסור אפי' המים שנכנסו לה מעיו"ט, וצ"ע).

סימן רנז ס"ה - [כד]**אם פינה התבשיל בשבת מקדירה שנתבשל בה לקדירה אחרת, מותר להטמינו [כה]בדבר שאינו מוסיף הבל** - ודוקא בדבר שאינו מוסיף הבל, דבדבר המוסיף הבל, אפילו צונן גמור אסור וכדלקמיה.

סימן רנז ס"ו - [כו]**מותר להטמין בשבת דבר צונן בדבר שאינו מוסיף הבל** - כגון מים או תבשיל תחת כרים וכסתות, **כדי שלא יצטנן ביותר, או כדי שתפיג צינתו** - ואפילו אדם חשוב שרי. [כז]**אבל בדבר המוסיף הבל, אפילו להטמין צונן גמור ואפילו מבע"י נמי אסור** - (עיין בתו"ש שכתב, דבחול ‹ר"ל חול הים› מותר, אף שגם הוא מדברים המוסיפין הבל, זהו רק לדברים חמין, אבל לדברים קרים מקרר הוא).

סימן רנז ס"א - [כח]**ואם הטמין בדבר המוסיף הבל, התבשיל אסור אפילו בדיעבד.**

[כט]**ודוקא בצונן שנתחמם, או שנצטמק ויפה לו** - פי' לענין דיעבד, אבל לכתחלה אסור אפי' מצטמק ורע לו, כמ"ש בס"ז.

אבל בעומד בחמימותו כשעה ראשונה, מותר - הטעם, דהא לא אהני מעשיו כלל, **וכתב** המ"א, דה"ה המטמין בשבת בדבר שאינו מוסיף הבל, דשרי בדיעבד אע"ג דעשה איסורא, דהא אינו אלא עומד בחמימותו, [**ומשמע** דבדבר המוסיף הבל בשבת, אף בעומד בחמימותו אסור, וצ"ע - רעק"א].

הגה: י"א דאם שכח והטמין בשוגג בדבר המוסיף הבל, שרי לאכול (הגהות מרדכי) - וה"ה אם שגג בדין וסבר שמותר, גם זה שוגג מקרי, **טעם** הי"א הוא, דס"ל דהטמנה שוה בזה לשהיה, דפסק המחבר לעיל ברנ"ג ס"א, דאם שכח ושהה אפילו תבשיל שמצטמק ויפה לו, מותר לאכול.

(עיין במ"א שכתב, דדוקא בנתבשל כל צרכו, אבל אם נגמר בשולו בשבת, אסור, דודאי לא עדיף משהיה, **ולא** העתקתיו, משום דלפי מאי דפסקינן כהי"א בשהיה לעיל, דכמאב"ד מותר, ממילא ה"ה הכא, וכבר הקשה כן התו"ש, **ומפני** חומר הענין נ"ל, דדעת המ"א שלא לאחוז הקולא בשני ראשין, דהיינו לפסוק בעניננו כהי"א, דשוה לשהיה, ובשהיה נפסוק ג"כ כהי"א שם, ודי אם נקל בזה בכל צרכו, **ועיין** בח"א שהעתיק ג"כ לדינא כהי"א הזה, ודוקא בכל צרכו, ואולי ג"כ טעמו כמו שכתבנו, ומ"מ במקום הצורך אפשר דיש לסמוך בדיעבד בשוגג אף בנתבשל רק כמאב"ד, וכדעת התו"ש, וכן משמע בשלחן עצי שטים).

והנה דעת המ"א והט"ז והגר"א, [ל]דהמחבר ס"ל דאפילו בשוגג אסור לאכול עד מו"ש, ולכך סתם הדבר, **ומ"מ** נראה דבמקום הצורך יש לסמוך על דעת הי"א הזה, שהרבה אחרונים מצדדים כן, **ובפרט** אם היה נתבשל כל צרכו, דבלא"ה יש מקילין לקמן בס"ז בהג"ה, ע"כ אין להחמיר בזה לענין דיעבד בשוגג.

אות [כ']

גלגל חייב חטאת

רמב"ם פ"ט מהל' שבת ה"ב - הנותן ביצה בצד המיחם בשביל שתתגלגל, ונתגלגלה, חייב, שהמבשל בתולדת האור כמבשל באור עצמה; וכן המדיח בחמין מליח הישן או קוליס האספנין, והוא דג דק ורך ביותר, הרי זה חייב, שהדחתן בחמין זה הוא גמר בשולן; וכן כל כיוצא בהן.

באר הגולה

כג **שם בית יוסף** ‹ולפי' התוס' שתפס רבינו עיקר צריך לומר, דהא דקתני אם בשבת כחמין שהוחמו בשבת, אין פירושו אם נכנסו לתוכה המים בשבת, דהא אפילו נכנסו מע"ש נמי אסורין הם, אלא לפלוגי בין שבת ליום טוב הוא דתני הכי, והכי קאמר אם בענין דשייך לשבת אירע מעשה זה, אפילו אותן שנכנסו מע"ש הרי הן כחמין שהוחמו בשבת, ואסורין ברחיצה ובשתיה, ואם בענין דשייך ליו"ט אירע, הרי הן כחמין שהוחמו ביו"ט, ואפילו אותן שנכנסו מערב יו"ט אסורין ברחיצה ומותרין בשתיה - ב"י› **כד** **שם כרשב"ג** ‹נ"א› ‹השייכות להגמרא הכא הוי קלוש, ורק מצד מה שכתב במ"ב, דהוי רק דיוק מהסעיף, וצ"ע› **כה** **טור ורמב"ם** **כו** **שם במשנה לפי' רמב"ם שם ה"ד והר"ן בשם הגאונים** **כז** **ר"ן מסילון דאנשי טבריא שם ל"ח** **כח** **ר"ן מסילון דאנשי טבריא שם ל"ח** **כט** **רמב"ן** ‹מדקאמר במתני' כחמין שהוחמו כו' - גר"א› **ל** ‹ס"ל דהטמנה גרוע טפי - פמ"ג›

§ מסכת שבת דף לט. §

אות א׳ – ב׳

בחמה דכוליה עלמא לא פליגי דשרי, בתולדות האור כוליה עלמא לא פליגי דאסיר

גזרינן תולדות החמה אטו תולדות האור

סימן שיח ס"ג - [א]כשם שאסור לבשל באור, כך אסור לבשל בתולדת האור, כגון: ליתן ביצה בצד קדרה, או לשברה על סודר שהוחם באור, כדי שתצלה - והמבשל בו חייב, לפיכך המניח פירות או מים על התנור או בתוך הקאכלין לאחר שהוסק התנור, ונתבשלו שם, חייב, **ומדרבנן** אסור להניח אפילו קודם שהוסק, וכדלקמיה, **וכל** דיני בישול הנזכרים בסימן זה, שייכים גם בדבר שנתבשל ע"י תולדת האור.

ואפילו בתולדת חמה, כגון: בסודר שהוחם בחמה, אסור, גזירה אטו תולדת האור - ואפילו בדיעבד אסור, **ואפשר** דלאחר שבת מותר אף למבשל עצמו.

וכן אסור להטמינה בחול או באבק דרכים שהוחמו מכח חמה – (עיין בפמ"ג, דאפילו אם הביצה צלויה כ"צ, ג"כ אסור להטמינה, דאיסור הטמנה הוא אפילו במבושל כל צרכה, כמ"ש בסימן רנ"ז ס"ז).

ואפילו מבע"י, דחול הוא דבר המוסיף הבל, כמבואר לעיל בסימן רנ"ז ס"ג, ואסור להטמין בו אפילו מבע"י כמבואר שם - הרא"ש, **ובחידושי** רע"א הביא בשם הרשב"א, דמותר להטמין בו מבע"י, דכל שהוחם בע"ש מן החמה, מצטנן לגמרי בליל שבת, [**ואף** דחול מקרי מוסיף הבל, היינו בתבשיל רותח, אבל לא בתבשיל צונן, דחמימי חיים ודקרירי קריר. **עוד** כתב, דתולדת חמה מותר להטמין בשבת בדבר שאינו מוסיף הבל].

ואפילו אם לא יטמין, אלא יגלגלה בשבת על גבי חול החם כדי שתצלה, נמי אסור, דגזירה אטו תולדת האור, **וע"כ** אסור לצלות ביצה על גג רותח מחמה.

המבשל בחמי טבריא פטור מחטאת, דהוי כתולדת חמה, אבל חייב מכת מרדות, דאיסור יש בזה, [גמרא מ:], הלכך אסור להעמיד מאכל ע"ג חמי טבריא בשבת, **אבל** להשהות עליהן מע"ש מותר, (**ובחידושי רע"א מצדד**, דגם על תולדת אור מותר להשהות, דלא גרע מכירה גרופה דמותר, כיון דלא שייך שמא יחתה), **ולהניח** בתוכן אסור, משום הטמנה בדבר המוסיף הבל, כמ"ש סימן שכ"ו ס"ג.

[ב]אבל בחמה עצמה, כגון: ליתן ביצה בחמה, או ליתן [ג]מים בחמה כדי שיוחמו, מותר - ולא גזרינן אטו אור, דחמה באור לא מיחלף, [רש"י].

באר הגולה

[א] שבת ל"ח במשנה כתנא קמא דרבי יוסי (תיבות "כתנא קמא" מתייחסים לדברי השו"ע להלן "ואפי' בתולדות חמה כו'") הרי"ף ורמב"ם [ב] שם ל"ט [ג] שם קמ"ו במשנה

מסורת הש"ס

לקמן קמה:

שם קמו:

הגהות הב"ח

(א) רש"י ד"ה מי סברת מעשה טבריא אסיפא:

גליון הש"ס

גמרא דחלפי אפיתחא דגיהנם · עיין חולין דף ח ע"א תוס' ד"ה בחמי טבריא:

ואין נראה כ"כ קושיא דלא חיישינן שמא יחפור במעזיבה אלא בחול דוקא חיישינן ובאין לו כל צורך והסר לו מעט [ת"י]

עין משפט נר מצוה

וכיו"ש נמי אסרי שמא יחתה דאף בירו"ש אסור לחתות לצורך רחיצה [ת"י]

יג א ב מיי' פ"ט מהל' שבת הלכה ג וסכ"ב הלכה ס סמג לאוין סה טוש"ע א"ח סימן ש"ח סעיף ג:

רבינו חננאל

גלגל מאי · אמר רב יוסף גלגל חייב חטאת כענין מליח ישן וקוליס האיספנין שהדחתן היא גמר מלאכתן: ולא יפקיענה בסודרין · ור' יוסי מתיר · ואוקמה רב נחמן [בחמה כ"ע לא פליגי דשרי] בתולדות האור כולי עלמא לא פליגי [דאסור] כי פליגי בתולדות חמה ת"ק סבר גזרינן תולדות חמה אטו תולדות אור · ור' יוסי סבר לא גזרינן ואמרו ליה רבנן לרבי יוסי והא מעשה שעשו אנשי טבריא תולדות חמה הוא ואסרי להו רבנן לאנשי טבריא [אע"ג דדחי ר' יוסי ואמר תולדות אור הן]

גמ' כל *שבא בחמין מלפני השבת שורין אותו בחמין בשבת וכל שלא בא בחמין מלפני השבת מדיחין אותו בחמין בשבת חוץ מן המליח ישן וקולייס האיספנין שהדחתן זו היא גמר מלאכתן ש"מ: ולא יפקיענה בסודרין: והא דתנן *נותנין תבשיל לתוך הבור בשביל שיהא שמור ואת המים היפים ברעים בשביל שיצננו ואת הצונן בחמה בשביל שיחמו לימא רבי יוסי היא ולא רבנן אמר רב נחמן [א]בחמה דכ"ע לא פליגי דשרי בתולדות האור כ"ע לא פליגי דאסיר כי פליגי בתולדות החמה מר סבר גזרינן [ב]תולדות החמה אטו תולדות האור ומר סבר לא גזרינן: ולא יטמיננה בחול: וליפלוג נמי ר' יוסי בהא רבה אמר גזרה שמא יטמין ברמץ רב יוסף אמר מפני שמזיז עפר ממקומו מאי בינייהו איכא בינייהו עפר תיחוח מיתיבי רשב"ג אומר מגלגלין ביצה על גבי גג רותח ואין מגלגלין ביצה על גבי סיד רותח בשלמא למאן דאמר גזרה שמא יטמין ברמץ ליכא למיגזר אלא למאן דאמר מפני שמזיז עפר ממקומו ליגזר סתם גג לית ביה עפר ת"ש מעשה שעשו אנשי טבריא והביאו סילון של צונן לתוך אמה של חמין וכו' בשלמא למאן דאמר גזרה שמא יטמין ברמץ היינו דדמיא להטמנה אלא למאן דאמר מפני שמזיז עפר ממקומו מאי איכא למימר מי סברת מעשה טבריא אסיפא קאי ארישא קאי לא יפקיענה בסודרין ור' יוסי מתיר והכי קאמרי ליה רבנן לר' יוסי הא מעשה דאנשי טבריא דתולדות חמה הוא ואסרי להו רבנן אמר להו ההוא תולדות אור הוא °דחלפי אפיתחא דגיהנם אמר רב חסדא

ממעשה

רש"י

גמ' כל שבא בחמין · כל מלוח שבא בחמין מע"ש חוזרין ושורין אותו בחמין בשבת ואין בו משום תיקון שהרי נתקן כבר: **מדיחין** · שאין זה גמר מלאכתו אבל לא שורין: **חוץ מדג מלוח ישן או קוליים האיספנין** · דג שקורין טוניני"א: **שהדחתו זהו גמר מלאכתו** · מדקרי ליה גמר מלאכתו ש"מ זהו בישולו וחייב: **והא דתנן** · בפרק חבית נותנין כו' המים לוכן: **בחמה** · בשמש: **דשרי** · דאין דרך בישולו בכך וחמה באור לא מיחלפא דליגזר הא אטו הא: **בתולדות האור** · כגון אם הוחם הסודר הזה באור מתחילה: **דאסיר** · דהוי בישול: **תולדות חמה** · שהוחם הסודר בחמה: **אטו תולדות האור** · דמאן דחזי סבר דתולדות האור נינהו: **שמא יטמין ברמץ** · דמאן דחזי סבר מכדי האי לבשולי והאי לבשולי ותרווייהו דרך הטמנה מה לי רמץ מה לי חול ומשום הכי מודה ר' יוסי: **שמא יזיז עפר** · שמא לא יהא שם חול עקור לכל הצורך ואתי לאזוזי עפר הדבוק והוי חופר גומא: **עפר תיחוח** · כלומר תיחוח בעומק דליכא למיחש למזיז: **גג רותח** · שרתחו חמה: **ואין מגלגלין בסיד רותח** · דהוא תולדות האור: **ליכא למיגזר** · בגג רותח דהא לא מטמין ליה: **אלא** · לשמא יזיז עפר ויכסנו בו ליגזר: **לתוך אמה של חמין** · וחמי טבריא לאו תולדות האור נינהו ואפ"ה אסרו להו ומודה בהא ר' יוסי: **דדמיא להטמנה** · שמטמין מים במים: **מי סברת מעשה** (א) **אסיפא קאי** · לסייעתא דחול ואבק ולאורויי דתולדות חמה כי האי גוונא אסירי לדברי הכל: **ארישא קאי** · אפלוגתא ורבנן הוא דאמרי לה אבל לר' יוסי כה"ג לא מיתסר אלא משום דהני תולדות האור נינהו: **והא מעשה** · דחמי טבריא דתולדות חמה נינהו ודמי לאפקעתא דסודרין דליכא למגזר לשמא יזיז ואסרי להו:

בטלה

תוספות

להטמין מבעוד יום בדבר המוסיף הבל גזירה שמא יטמין ברמץ *ושמא יחתה ולר"י נראה דמה שהיו מתערבין צונן בחמין לא הוה דמי להטמנה וליכא למילף מינה דאיכא למימר דאסרי להו מפני שמבשל המים צוננין ונראה לו דסילון לא היה מתערב בחמין כי היה מוקף מחיצות מכל צד והיו מתחממין המים צוננים שבסילון מחמת חמי טבריא ולא היו רוחצות בחמי טבריא עצמן לפי שריחן רע והשתא דמיא להטמנה שמים צוננין היו נטמנין בתוך החמין להתחמם:

כל שבא בחמין מלפני השבת · פירוש שנתבשל לגמרי כדמפרש לקמן בפרק חבית (דף קמה:) כגון תרנגולת דרבי אבא שורין אותו בחמין אפילו בכלי ראשון וכל שלא בא כו' מדיחין אותו לפירוש רשב"א דמפרש דעירוי ככלי שני אתי שפיר הכא דאין שורין אותו בכלי ראשון אבל מדיחין אותו מכלי ראשון דרך עירוי אבל לפר"ת דמפרש דעירוי הוי ככלי ראשון ע"כ מדיחין אותו מכלי שני קאמר וא"כ מאי איריא מדיחין אפילו שורין נמי ואומר ר"י דאפילו בכלי שני אין שורין דהואיל דהמים חמין מיחזי כמבשל ואע"ג דתנן לקמן (דף מב:) אבל נותן לתוך הקערה או לתוך התמחוי היינו דוקא תבלין שהן עשויין למתק את הקדירה ולא מיחזי כמבשל א"נ ה"ה שורין אותו כיון דאיירי בכלי שני והא דנקט מדיחין לאשמעינן דאפילו הדחה הויא גמר מלאכה במליח הישן וקולייס האיספנין: **שמא** יטמין ברמץ · אבל הפקעת סודרין לא גזרו אטו שמא יטמין ברמץ דסודרין לא דמו לרמץ ואטו סודרין שנתחממו באור לא בעי ר' יוסי למיגזר דאין דרך לחממן כל כך שלא יהיו נשרפין: **מפני** שמזיז עפר ממקומו · פי' בקונטרס מתוך שלא יהיה לו חול עקור כל הצורך לכסות אתי לאזוזי עפר הדבוק והוי חופר גומא וקשה לריב"א דהא ליכא איסורא דאורייתא בחופר גומא ואיט צריך אלא לעפרה לרבי שמעון דאמר מלאכה שאינה צריכה לגופה פטור עליה וצריך לומר לפי פירוש הקונטרס גזירה שמא יחפור הגומא לטמון הבילה בתוכה ור"ת *הקשה לפירוש הקונטרס דמאי דמשני בסמוך סתם גג לית ביה עפר אדרבה הא סתם גג יש בו מעזיבה וכיון דגזרינן שמא יחפור לגזור שמא יחפור במעזיבה ויכסה ועוד שמלא בספרים ישנים מפני שמזיז עפר ממקומו ולפירוש הקונטרס צריך לגרוס שמא יזיז ומפרש ר"ת שמזיז עפר שהוא מוקצה ממקומו כשתוחב הבילה בתוך העפר וסבר רב יוסף דטלטול מן הצד שמיה טלטול ואיכא בינייהו עפר תיחוח הייט שהוא תיחוח כל כך כשמניח הבילה מידו ליפול נטמנת מעלמה בתוך העפר ואיט מזיז עפר ממקומו בידים והשתא אתי שפיר דסתם גג לית ביה עפר כל כך שיוכל להטמין בתוכו דלחפירת מעזיבה לא חיישינן ולפירוש זה הוה מצי למימר איכא בינייהו עפר מוכן ובלאו הכי איכא בינייהו טובא כגון גג דאית ביה עפר שמא יטמין ליכא למימר ושמא יזיז איכא וכגון מעשה דאנשי טבריא דשייך יטמין ולא שייך יזיז אבל קשה לרשב"א דקאמר בסמוך אלא למ"ד שמא יזיז עפר לגזור ולהאי פירוש לא שייך למימר לגזור אלא הוה ליה למימר ליתסר ויש ליישב דמשום דכל איסורי דרבנן הם גזירה אטו דאורייתא נקט האי לישנא ועוד פירש רביט תם בספר הישר שמזיז עפר ממקומו והוי חופר שהוא תולדה דחורש אפילו בעפר תיחוח כגון חול ואבק דרכים כדמוכח בבילה (דף ח: ושם) דקאמר והא קעביד כתישה בעפר תיחוח והא קעביד גומא אלמא בעפר תיחוח שייך נמי גומא והא דקאמר הכא איכא בינייהו עפר תיחוח הייט כל כך תיחוח כשמניח בילה עליו נשקעת מאליה דבההוא ודאי לא שייך חורש וקשה לפי' דמאי פליג רבה ארב יוסף ולא חייש למה שמזיז עפר מדקאמר אלא למאן דאמר שמזיז כו' משמע דלרבה ניחא ויש לומר דרבה סבר דלא שייך גומא אלא כשנוטל בידו מן העפר ונשאר מקום מן הגומא אבל בנעילת בילה לא שייכא גומא לפי שאינה ניכרת:

איכא בינייהו עפר תיחוח · פירש בקונטרס דבעפר תיחוח לא שייכא גומא והא דמשמע בבילה (שם) דבעפר תיחוח נמי שייך גומא צריך לומר לפי' דהתם איירי שיש מעט עפר תיחוח וסביבו קרקע קשה דכשמסיר עפר תיחוח תשאר הגומא קיימת אבל הכא כשיש עפר תיחוח הרבה כשיעשה גומא אינה מתקיימת כי דופני הגומא יפלו ולא יוכלו להתקיים לפי שאין הקרקע קשה:

ואין מגלגלין בילה על גבי סיד רותח · קשה אדמפליג בין תולדות חמה לתולדות האור לפלוג בתולדות חמה גופייהו בין גג רותח לחול ואבק דרכים וגג דאית ביה עפר ולמ"ד דשמא יטמין ברמץ אתי שפיר דמפליג בין גג רותח לסיד רותח שלא כדרך הטמנה אבל בתולדות חמה גופייהו לא מצי למיפלג אלא בין דרך הטמנה לשלא כדרך הטמנה דבחול נמי אם איט מטמיט בו אלא מגלגלו על גביו שרי: **אלא** למ"ד שמא יזיז וכו' · וא"ת לרב יוסף אטו מי לית ליה גזירה שמא יטמין ברמץ והא מהאי טעמא אסרינן להטמין בדבר המוסיף הבל ויש לומר דמבעוד יום איכא למיגזר שמא יטמין ברמץ ושמא יחתה אבל הכא לא שייך למיגזר דאטו אי שרינן לבשל בחמי חמה ניחוש דילמא אתי לבשל בחמי אור בשבת וא"ת הא אסרינן משחשיכה להטמין אף כשאין מוסיף הבל גזירה שמא ירתיח ויש לומר דהני מילי בדבר המבושל איכא למיחש שמא ירתיח אבל בישול גמור כי הכא לא טעו אינשי אטו תולדות חמה:

ממעשה

ממעשה שעשו אנשי טבריא ואסרי להו רבנן בטלה *הטמנה בדבר המוסיף הבל ואפילו מבעוד יום אמר עולא הלכה כאנשי טבריא א"ל רב נחמן כבר תברינהו אנשי טבריא לסילוניהו: מעשה שעשו אנשי טבריא: מאי רחיצה אילימא רחיצת כל גופו אלא חמין שהוחמו בשבת הוא דאסורין הא חמין שהוחמו מע"ש מותרין והתניא *חמין שהוחמו מע"ש למחר רוחץ בהן פניו ידיו ורגליו אבל לא כל גופו אלא פניו ידיו ורגליו אימא סיפא *בי"ט כחמין שהוחמו בי"ט ואסורין ברחיצה ומותרין בשתיה לימא תנן סתמא כבית שמאי דתנן *בית שמאי אומרים לא יחם אדם חמין לרגליו אא"כ ראויין לשתיה וב"ה מתירין א"ר איקא בר חנניא להשתטף בהן כל גופו עסקינן והאי תנא הוא דתניא *לא יישתטף אדם כל גופו בין בחמין ובין בצונן דברי ר"מ ר"ש מתיר ר' יהודה אומר בחמין אסור בצונן מותר אמר רב חסדא מחלוקת בכלי אבל בקרקע דברי הכל מותר והא מעשה דאנשי טבריא בקרקע הוה ואסרי להו רבנן אלא אי איתמר *הכי איתמר מחלוקת בקרקע אבל בכלי דברי הכל אסור אמר רבה בר בר חנה אמר רבי יוחנן הלכה כרבי יהודה א"ל רב יוסף *בפירוש שמיע לך או מכללא שמיע לך מאי כללא דאמר רב תנחום א"ר יוחנן א"ר ינאי אמר *(רב) כל מקום שאתה מוצא שנים חלוקין ואחד מכריע הלכה כדברי המכריע חוץ *מקולי מטלניות שאף על פי שרבי אליעזר מחמיר ורבי יהושע מיקל ור' עקיבא מכריע אין הלכה כדברי המכריע חדא דרבי עקיבא תלמיד הוא ועוד הא

הדר

רש"י

בטלה הטמנה · נאסרה הטמנה בדבר המוסיף הבל דהא מבע"י נתנו שם הסילון ומפני שהצוננין מתחממין בכך ואע"ג דממילא אסור : לסילונייהו · לסילונין שלהן שחזרו בהן : ראויין לשתיה · דמחים להו לשתייה ולא בעי רוחץ בהן פניו : להשתטף · שנותן על גופו ומשתטף : והאי תנא · ר' שמעון היא דמתיר להשתטף כל גופו בשבת בחמין שהוחמו מע"ש והיינו דקאמר כחמין שהוחמו בשבת אסור (א) הא שהוחמו מאתמול שרי ואי בי"ט כחמין שהוחמו בי"ט ואסור ברחיצה דאפי' בית הלל לא שרי להחם בי"ט אלא לפניו ידיו ורגליו אבל לשיטוף כל גופו לא : לא ישתטף · בשבת : בין בחמין · ואפי' הוחמו בחול : בכלי · דהרואה אומר היום הוחמו ומוכחא מילתא דתולדות האור נינהו ואתי להחם בשבת כגון נותן צונן בחמין : אבל בקרקע · כגון אמבטאות של מרחצאות והן חמי האור : מותר · דבטלי להו מתורת חמין : והא מעשה דאנשי טבריא כו' · אלמא במילתייהו קיימי :

תוספות

ממעשה שעשו אנשי טבריא ואסרו להם בטלה הטמנה מבע"י בדבר המוסיף הבל · וא"ת מה צריך למילף ממעשה דאנשי טבריא הא מתני' היא דאין טומנין בדבר המוסיף הבל בפרק במה טומנין (לקמן ד' מז: וש"ם) ומבע"י איירי דמשתשיכה אפי' בדבר שאינו מוסיף הבל אסור כדאמרינן בפ"ב (לעיל דף לד·) ואור"י דמתניתין דלקמן איכא לאוקמא בבין השמשות אבל מבעוד יום הו"א דשרי וא"ת והא קתני טומנין בגיזי צמר ואין מטלטלין אותן ואי בין השמשות איך טומנין בהן והא אסור לטלטלן וי"ל דהוה מוקמינן כר' דאמר (לעיל ד' ח:) כל דבר שהוא משום שבות לא גזרו עליו בין השמשות וא"ת אי כר' אתיא אי מבעוד יום שרי להטמין ביה"ש נמי שרי דכל דבר שהוא משום שבות כו' וי"ל דה"א בהטמנה החמירו וה"ר שמואל מוורדין מפרש ממעשה אנשי טבריא בטלה הטמנה דאסור אפי' לאכול כדקתני ואסורין בשתיה וה"ר יונה מפרש •בטלה אפי' בקדירה חייתא והיינו דקאמר בטלה משמע לגמרי מכל דבר : אלא פניו ידיו ורגליו כו' · הכל היה יכול לדקדק מסיפא דקתני בי"ט כחמין שהוחמו בי"ט אילימא רחיצת כל גופו הא אוחמו מעי"ט שרי והא לקמן אסר רחיצה בי"ט דקאמר למחר נכנס ומזיע אבל רוחץ לא ודוקא שטיפה שרי בבית החיצון אלא דרך הש"ס *מה שיכול לדקדק מרישא מדקדק ומיהו קשה לרשב"א דמגופה דמתניתין הוי מצי למידק בלא הך ברייתא דמייתי מדקתני ואסורין בשתיה כ"ש פניו ידיו ורגליו דאסירי : אלא אם כן ראויין לשתיה · נראה לר"י •דווקא שמחמם אותם לצורך שתיה אבל לצורך רחיצה אע"ג דראויין לשתיה אסרי ב"ש •דהא לית להו מתוך (ביצה ד' יב· ושם) ובפ"ב דביצה (ד' כא: ושם) אסרי ב"ש מדורה להתחמם כנגדה ואע"ג דראויה היא לבשל ולאפות ועוד אומר ר"י דמהכא נמי יש לדקדק דאי שרו ב"ש לצורך רחיצה משום דראויין לשתיה א"כ לא אתיא מתני' אפי' כב"ש דקתני ואסורין ברחיצה ומותרין בשתיה ומדקתני ומותרין בשתיה מכלל דראויין לשתיה ואפ"ה קתני דאסורין ברחיצה אלא ודאי לא שרו ב"ש אלא כשעושה לצורך שתיה ונראה לר"י דיכול לחמם אפי' ביותר מכדי שתיה כדאמר בפרק הדר (עירובין ד' סח·) •נשיילה לאימיה אי צריכה נחימו אגב אימיה ודוקא בכדי שיעור לרגליו אבל לצורך כל גופו לא והיינו טעמא שהבלנים חשודים דפעמים שיחממו עיקרן לרחיצה :

וב"ה מתירין · משמע דוקא לרגליו אבל לצורך כל גופו לא וכן משמע בכולה שמעתין דמחמירין בחמין שהוחמו בי"ט כחמין שהוחמו בשבת וגזרו על הזיעה ביו"ט כמו בשבת כדאמר בביצה בהמביא ולקמן (דף מ· ושם) א"כ משמע שאסור לעשות הבערה משום רחיצה שאם לא כן לא היו גוזרים על הזיעה ותימה דמ"ש הבערה דרחיצה מהבערה דזיעה דשרי מדאורייתא כדמוכח התם ואומר ר"י בשם ריב"א דרחיצה אינה אלא לתענוג ואסורה כמו מוגמר דאסור בפ"ק דכתובות (ד' ז· ושם) משום דאין שוה לכל נפש וכן משמע בירושלמי דהיינו טעמא דרחיצה אבל זיעה שוה היא לכל נפש דאינה תענוג אלא לבריאות והא דתניא לקמן (ד' מ·) מרחץ שפקקו נקביו מעי"ט למחר נכנס ומזיע ה"ה אפי' הוחם בו ביום אלא נקט מעי"ט דאפ"ה דוקא מזיע אבל רוחץ לא :

בין בחמין בין בצונן · נראה לר"י דהיינו אפי' חמין שהוחמו מע"ש דהא אוסר אפי' צונן ומסתמא בהנך חמין אסיר ר' יהודה ועוד דמסתמא לא מיירי בדעבדי איסורא והאי תנא הוא דקאמר היינו ר"ש ועוד אומר ר"י דיש להוכיח דבחמין שהוחמו מע"ש פליגי דאמר בפרק חבית (לקמן ד' קמז· ושם) מה חמי טבריא חמין אף מי מערה חמין הרוחץ דיעבד אין לכתחילה לא מכלל דלהשתטף אפי' לכתחילה מני ר"ש היא דתניא לא ישתטף כו' ואי בשהוחמו בשבת פליגי אבל מערב שבת שרי ר' יהודה אמאי צריך לאוקמה כר"ש לוקמה כר' יהודה ובהוחמו מע"ש דהא דומיא דחמי טבריא קתני : והא מעשה דאנשי טבריא בקרקע הוה ואסרי להו · הקשה ה"ר אליעזר ממי"ץ מאי פריך התם הוחמו בשבת כדקתני כחמין שהוחמו בשבת משמע דבהוחמו מע"ש שרי והכא *בהוחמו מע"ש פליגי כדפרישית ומפרש הר"ר יוסף דס"ל להש"ס מדמחמיר ר"מ כ"כ דאוסר אפי' צונן מחמיר נמי לאסור ע"ש אטו שבת ולהכי פריך והא מעשה דאנשי טבריא בקרקע הוה ואסרי להו בהוחמו בשבת ורב חסדא קאמר אבל בקרקע ד"ה מותר אפי' בהוחמו בשבת דהא לר"מ אי הוה אוסר להו בהוחמו בשבת בהוחמו מע"ש נמי הוה אוסר וקשה דר"מ אוסר להשתטף בצונן אפי' בקרקע כדמסיק דבקרקע פליגי ובפרק שמונה שרצים (לקמן דף קט· ושם) משמע דשרי דקאמר התם רוחצין במי גרר ובמי חמתן ובמי עסיה ובמי טבריא אבל לא בים הגדול ורמינהו רוחצין במי טבריא ובים הגדול כו' ומוקים בתרייתא כר' מאיר וי"ל דבקרקע דהכא דאסר היינו דומיא דכלי דדמי לרוחץ בחמין והתם בנהר התירו שנראה כמיקר בנהר ואפי' בחמי טבריא לא דמי לאדם רוחץ בחמין :

אמר רבה בר בר חנה *) הלכה כר' יהודה · אע"ג דר' יוחנן אית ליה הלכה כסתם משנה הכא משום דר' יהודה מכריע הוא אין הלכה כסתם וקשה דבפרק קמא דפסחים (דף יג· ודף כא· ושם) פריך וניחא מר הלכה כר' מאיר דסתם לן תנא כוותיה אע"ג דסבר דרבן גמליאל מכריע הוא דפריך בתר הכי וניחא מר הלכה כרבן גמליאל דהוה ליה מכריע וי"ל דסתם דהכא גריע מההוא סתם דהכא סתם במתני' ומחלוקת בברייתא והלכה כמכריע ומיהו אי לאו הכרעה הוה הלכה כסתם מתני' אע"ג דמחלוקת בברייתא : (לעיל) הא חמין שהוחמו מבעוד יום מותרים והתניא חמין שהוחמו כו' · תימה לוקי ההיא ברייתא דאסרה בכלי משום דהרואה אומר היום הוחמו ומתניתין בקרקע כמשמעה כדמפליג בסמוך בין כלי לקרקע וי"ל דדוקא בשיטוף דקיל איכא לפלוגי אבל ברחיצה דחמירא לא מסתברא לפלוגי בהכי :

דילמא

*) [אמר ר' יוחנן הלכה כו']

דשרי להשתטף ולא לרחוץ והאי תנא הוא ר"מ ור"י דאסרי חמין שמתחממין והולכין גם בשבת והשתא פריך שפיר והא מעשה דאנשי טבריא בקרקע הוי ויתיישב נמי ההיא דפ' שמונה שרצים דשרי ר"מ לרחוץ בקרקע וכן בפרק חבית דמוקי כר"ש [מ"י]

מסורת הש"ס

[לקמן מ:] [לקמן קמז: ע"ש תוספתא פ"ד] [כריתות ט: וש"נ] [ע"ל רבי] [לעיל כט.]

עין משפט נר מצוה

יד א ב

טו ג ד

הגהות הב"ח

(א) רש"י ד"ה והאי תנא וכו' שהוחמו בשבת אסור ברחיצה הא שהוחמו :

רבינו חננאל

ק"ל כת"ק אמר רב חסדא מדאסרו להו רבנן] שמע מיניה דבטלה הטמנה בדבר המוסיף ואפילו מבעוד יום · אסיקנא דכופח מקום שפיתת קדירה אחת הוא · ואם הוסק בגפת או בעצים הרי הוא כתנור ואסור לסמוך בו · וכ"ש בתוכו או על גבו · וכן לשהות בו אע"פ שהוא גרוף וקטום אסור · נמצא האסור שני פנים · צונן שלא הוחמו כל עיקר · ותבשיל שהתחיל להתבשל ולא הגיע למאכל בן דרוסאי · ומותר שני פנים · חמין שהוחמו ולא בשלו כל עיקר ושבשלו כמאכל בן דרוסאי · ואפילו [לא] בשלו כל צרכן מותר · ומאי דקשי' ליה [זיקא] מסקנא כלישנא בתראה דרב אשי דבין דגריא ובין [דברחא] בין שריק ובין שלא שריק שרי · ולא יטמיננה בחול ובאבק דרכים בשביל שתצלה דברי הכל אסור : מעשה שעשו אנשי טבריא הביאו סילון של צונן כו' אין הלכה כאנשי טבריא דהא תברינהו לסילונייהו אוקימנא הא דתנן אסור ברחיצה להשתטף בהן כל גופו ור' שמעון הוא דשרי בחמין שהוחמו מע"ש להשתטף דתניא אסור להשתטף בין בחמין בין בצונן דברי רבי מאיר ורבי שמעון מתיר ורבי יהודה אומר בחמין אסור בצונן מותר · אמר רבה בר בר חנה אמר רבי יוחנן הלכה כר' יהודה : הא דקאמר שמואל חמין שהוחמו מע"ש אינו רוחץ בהן בשבת אלא פניו ידיו ורגליו תניא כוותיה וקי"ל כוותיה דשמואל בהא : א"ל לרבה בר בר חנה בפירוש שמיע לך מיניה דר' יוחנן דהלכתא כר' יהודה דבצונן מותר להשתטף אבל בחמין אסור · או מכללא · מאי כללא דא"ר יוחנן א"ר ינאי כל מקום ששנים חולקין ואחד מכריע הלכה כדברי המכריע חוץ מקולי מטליות שפירשנום בפרק של מעלה · והוא זה ששנינו בכלים בפרק כ"ח פחות משלשה על שלשה שהתקינה לפקק בה את המרחץ כו' · אף על פי שרבי אליעזר מחמיר ורבי יהושע מיקל ורבי עקיבא מכריע שאין הלכה כרבי עקיבא · חדא דתלמיד הוא ואין תלמיד מכריע על רבו ·

רב נסים גאון

חדא דר' עקיבא לגבי רבי אליעזר ורבי יהושע תלמיד הוא · פירוש שלו תמצאנו בנדרים בפרק הנודר מן המבושל (דף נ) ר' עקיבא אקדשא ליה ברתיה דבר כלבא שבוע כו' אמרה ליה זיל הוי בבי רב אזל הוה י"ב שנין קמיה רבי אליעזר ורבי יהושע ובהרבה מקומות תמצאנו כשהוא מדבר עם אחד מהן אומר ר' תרשני לומר לפניך דבר אחד ממה שלימדתני בר"ה (כה) בשעה ששגר רבן גמליאל לר' יהושע גוזר אני עליך שתבוא אצלי במקלך כו' דתניא הלך ר"ע לר' יהושע מיצר א"ל ר"ע ר' תרשני לומר לפניך דבר אחד שלימדתני ובסנהדרין (פ' ד' מיתות דף סח) ר"ע אומר משום ר' יהושע שנים מלקטין קישואין כו' ובתלמוד אמרו גמרה מר' אליעזר ולא סברה הדר גמרה מר' יהושע ואסברה ניהליה · ועוד תא הדר בית רבי עקיבא לגבי ר' יהושע מפורש זה בפרק במה מדליקין (דף כט) :

גליון הש"ס

גמ' הכי איתמר מחלוקת בקרקע. עי' מ"ק דף יט ע"ב תוס' ד"ה שלשור וכו' : תוס' ד"ה ממעשה וכו' בטלה אפילו בקדירה חייתא. עי' לקמן דף מז ע"ב תוס' ד"ה במה טומנין : ד"ה אלא אם וכו' נראה לר"י דוקא שמחמם. עי' לקמן דף עו ע"א תוס' ד"ה הואיל ורהוין : באה"ד דהא לית להו מתוך · דבריהם צ"ע דלענין מתוך מה הפרש בין ראויים או אינן ראויים · ולאיתי כרשב"א שהוסיף ומאן דלית ליה מתוך לית ליה הואיל ויסוד זה נסתר מסוגית הגמ' פסחים דף מו ע"ב וכמ"ש התוס' שם ד"ה אהבערה לא לחייב וצ"ע ובתשובה וגם בדרשות האלכתי בזה : באה"ד כדאמרינן פרק הדר נשיילה קי"ל למאי הוצרכו לראיה זו דאפשר לצורך מילה עדיף · הא נסדיא היתה ברייתא ערוכה בביצה ממלא נחתום חבית מים אע"פ שא"צ אלא לקיתון אחד :

§ מסכת שבת דף לט: §

אות א׳ - ב׳

ביום טוב, כחמין שהוחמו ביום טוב, ואסורין ברחיצה ומותרין בשתיה ובית הלל מתירין

סימן תקיא ס"ב - [א]**מותר להחם ביו"ט מים לרחוץ ידיו** - אף שאינן ראוין לשתיה רק לרחיצה, **וה"ה** פניו ורגליו, דרחיצת פניו ידיו ורגליו הוא דבר השוה לכל נפש, **ומ"מ** לא ירחצם במרחץ, שמא יבוא לרחוץ שם כל גופו. **אבל לא כל גופו** - פי' להחם מים כדי רחיצת כל גופו, דרחיצת כל גופו הוא דבר שאין שוה לכל נפש, רק למעונגין הרגילין בזה. **ואפי' אינו רוחצו בבת אחת** - אלא אבר אבר, דבמים שהוחמו ביו"ט, אסור לרחוץ בכל גווני, [וכן אפי' להשתטף אסור, וכמו גבי שבת].

הגה: אבל מותר לרחוץ תינוק במים שהוחמו על ידי ישראל ביו"ט - פי' כגון שעבר וחממו, או שהוחם לצורך שתיה, או פניו ידיו ורגליו, דשרי, **ולגדול** אסור אף בכה"ג לרחוץ ביו"ט, אף להמתירין רחיצה בחמין שהוחמו מעיו"ט, כיון שעכ"פ הוחמו ביו"ט, **(ומוכח בגמרא,** דלרחוץ ידיו ורגליו מותר, **אפי'** אם חימם המים כדי לרחוץ **כל גופו,** דעשה איסור בזה, מ"מ לא קנסוהו על רחיצת פניו ידיו ורגליו **מהם,** כן מוכח שם בדף ל"ט ע"ב בקושית הגמרא, דקאמר שם לימא תנן סתמא כב"ש וכו' ע"ש**), אבל** לקטן מותר, דהיינו רביתיה ולא גזרו בו, **ודוקא** בקטן שרגילין לרחצו בכל יום, אז אמרינן היינו רביתיה, **אבל** כל שרגילין שלא לרחצו ב' או ג' ימים, אז לאו היינו רביתיה ואסור.

אבל אסור להחם לצרכו אפי' ע"י א"י (מהרי"א מפראג) - דלכמה פוסקים הוא איסור דאורייתא, דרחיצת כל הגוף אינו שוה לכל נפש, [ואפי' לגבי תינוק דהוא רביתיה וצריך לבריאותו, אינו נחשב עי"ז שוה לכל נפש], וע"י עכו"ם הוא שבות, **ואפילו** לדעת הסוברים דהוא איסור דרבנן, [דרחיצת כל הגוף וסיכה הוא בכלל אוכל נפש, ורק דרבנן גזרו משום מרחצאות], עכ"פ הוי שבות דשבות, **מיהו** במקום חולי קצת יש להתיר.

אבל כשצריך להחם לבשל או להדיח, אז מותר להרבות בשבילו (כל בו) - כדי שישאר גם לקטן לרחיצה, ובלבד שלא יוסיף מים בקדרה לאחר שהעמיד אותה על האש, רק שיקח מתחלה כלי גדול, [**ואף** דבאופן זה גם בשביל גדול היה מותר להרבות, נקט הרמ"א להרבות בשביל הקטן, **דבגדול** אף דעצם החימום היה מותר, אבל ללא תועלת הוא, דאח"כ יהיה אסור לרחוץ בם, וכמש"כ, דאפי' אם החימום היה של היתר לגמרי, כגון לשתיה לבד, ג"כ אסור לרחוץ אח"כ כל גופו].

ולענין מה שנוהגין ליתן מטפחת {ווינדלי"ן} בעריבה תחת הקטן בעת הרחיצה, והנה יש בזה איסור כיבוס, דשורה אותם במים, וע"כ יש ליזהר עכ"פ שיהיו הווינדלי"ן נקיים מכובסים מכבר, דבלא"ה אין להקל ליתנם לתוך המים כי אם ע"י עכו"ם, **ואפי'** אם הם נקיים ומכובסים, טוב שיתנן לתוך המים ע"י עכו"ם אם באפשר.

ודין חמי טבריה כמו בשבת, כדאיתא סימן שכ"ו (ב"י).

[ב]**אבל במים שהוחמו מעיו"ט, מותר לרחוץ כל גופו אפילו כאחד** - אף דבשבת אסור אף אבר אבר, וכ"ש כל גופו כאחד, כדאיתא בסי' שכ"ו, ביו"ט קיל טפי. **מיהו דוקא חוץ למרחץ, אבל במרחץ אסור** - היינו אפי' בבית החיצון של מרחץ אסור לרחוץ בחמין, ולא הותר שם אלא להשתטף בהם, **דאסרו** חכמים רחיצה במרחץ, משום גזירת הבלנין, שהיו מזלזלין בזה לעשות באיסור, כמבואר בשבת דף מ'.

הגה: ויש אוסרים בכל ענין, וכן נוהגין (טור והרא"ש) - דס"ל דאין חילוק בין שבת ליו"ט, ואסרו רחיצה ביו"ט כמו בשבת, [ג]**(ודוקא** כל גופו כאחד, אבל אבר אבר לכו"ע מותר לרחוץ), **ואפי'** להשתטף באותן חמין אסור לדעה זו.

מיהו לענין תינוק, גם לדידהו מקילינן ביו"ט יותר מבשבת, ומותר לרחצו אפי' בחמין שהוחמו ביו"ט וכנ"ל, וכ"ש בחמין שהוחמו מעיו"ט, **אכן** בתינוק שאין מורגל כ"כ אף בימי החול ברחיצת כל הגוף, אפשר דאף בהוחמו מעי"ט יש להחמיר, **ולעת** הצורך בודאי יש להקל.

ועיין בא"ר שכתב, דרוב הפוסקים ס"ל כדעה ראשונה, אלא שנוהגין לאסור, ואין לשנות המנהג.

אות ג׳ - ד׳

לא ישתטף אדם כל גופו, בין בחמין ובין בצונן מחלוקת בקרקע, אבל בכלי דברי הכל אסור

סימן שכו ס"א - [ד]**אסור לרחוץ כל גופו** - וה"ה רוב גופו, דרובו ככולו, [ה]**אפי' כל אבר ואבר לבד** - וכ"ש אם רוחץ כדרך הרחיצה כל הגוף ביחד. **אפילו במים שהוחמו מע"ש, בין אם הם בכלי בין אם הם בקרקע** - גזירה שמא יבואו עי"ז להחם בשבת.

במקום שנוהגין להחם המקוה, צריך ליזהר שיהיה רק פושרין, דאל"כ אסור לטבול בו, [**ומ"מ** יש לסמוך בעת הדחק על הקרבן נתנאל, ‹שכתב, שטבילת מי מקוה בחמין אינו בכלל גזרת מרחצאות›.

‹**ומצטער,** אע"פ שאינו חולי כל הגוף, י"ל דמותר לרחוץ – חי' רעק"א›.

באר הגולה

[א] **הרי"ף ותוס' מהא דאמרו להן חכמים משנה שבת ל"ח** [ב] **טור בשם הרי"ף ורמב"ם** ‹זה לשונו: חזינן לגאון שכתב דההיא דאמרינן (שם לט:) לא ירחוץ אדם כל גופו בשבת בחמין שהוחמו מערב שבת, דוקא בשבת, אבל ביו"ט שרי לרחוץ כל גופו בחמין שהוחמו מערב יו"ט, דלאו דבר שחייבין עליו משום שבות ולא משום רשות ולא משום מצוה, אלא גזירה היא, וכי גזרי בשבת, אבל ביו"ט לא. **וכתב** הר"ן, מיהו דוקא חוץ למרחץ, אבל במרחץ אסור, מדתניא בפרק כירה (מ.) מרחץ שפקקו נקביו מערב יו"ט, למחר נכנס ומזיע ויוצא ומשתטף בבית החיצון, ובודאי מדקתני פקקו נקביו, בחמין שהוחמו מערב יו"ט מיירי, ואפילו הכי משתטף אין רוחץ לא, ומשתטף בבית החיצון אין בבית הפנימי לא, הילכך בתוך המרחץ אפילו בחמין שהוחמו מעיו"ט אסור, אבל חוץ למרחץ שרי – ב"י›

[ג] ‹דף מ. תניא כוותיה דשמואל וכו', ואצ"ל חמין שהוחמו ביו"ט. מדלא איירי בחמין שהוחמו מערב יו"ט, ש"מ דהוחמו מעיו"ט רוחץ בהן כל גופו אבר אבר – ר"ן›

[ד] **שבת ל"ט ברייתא וכרבי יהודה** ‹ואינו מובן אמאי ציינו העין משפט על דברי רבי מאיר. ‹**ולכאורה** חלק זה של הסעיף הוי לכו"ע, וכמ"ש הגר"א וז"ל: שם ל"ט ב' ולד"ה אף ר"ש לא פליג אלא בשיטוף, ע"כ. וצ"ע על הבאר הגולה›

[ה] **מימרא שם** ‹מ.› **וכשמואל שם**

[ו]**ואפילו לשפוך המים על גופו ולהשתטף, אסור** - אפי' ממים שהוחמו מע"ש, ואפי' הם בקרקע, [גמ']. [ז]**אבל מותר לרחוץ בהם** - היינו בחמין שהוחמו מע"ש, **פניו ידיו ורגליו. הגה: או שאר איברים, כל שאינו רוחץ כל גופו** - [ח]אבל בחמין שהוחמו בשבת אסור, אפילו ידיו לבד. **ואשה** שלובשת לבנים בשבת ויו"ט, מותרת לרחוץ במקומות המטונפים בחמין שהוחמו מע"ש ויו"ט, **רק** שתזהר לרחוץ בידים ולא בבגד, כדי שלא תבא לידי סחיטה, **ויש** נשים נוהגות שאין לובשות לבנים בשבת ויו"ט, ובמקום שאין מנהג ידוע יש להתיר.

---

§ מסכת שבת דף מ. §

אות א'

חמין שהוחמו מערב שבת, למחר רוחץ בהן פניו ידיו ורגליו, אבל לא כל גופו אבר אבר

סימן שכו ס"א - [א]**אסור לרחוץ כל גופו** - וה"ה רוב גופו, דרובו ככולו, [ב]**אפי' כל אבר ואבר לבד** - וכ"ש אם רוחץ כדרך הרחיצה כל הגוף ביחד. **אפי' במים שהוחמו מערב שבת, בין אם הם בכלי בין אם הם בקרקע** - גזירה שמא יבואו עי"ז להחם בשבת. **במקום** שנוהגין להחם המקוה, צריך ליזהר שיהיה רק פושרין, דאל"כ אסור לטבול בו, [**ומ"מ** יש לסמוך בעת הדחק על הקרבן נתנאל, שכתב, שטבילת מי מקוה בחמין אינו בכלל גזרת מרחצאות].

(ומצטער, אע"פ שאינו חולי כל הגוף, י"ל דמותר לרחוץ – חי' רעק"א).

[ו]**ואפילו לשפוך המים על גופו ולהשתטף, אסור** - אפי' ממים שהוחמו מע"ש, ואפי' הם בקרקע, [גמרא].

[ז]**אבל מותר לרחוץ בהם** - היינו בחמין שהוחמו מע"ש, **פניו ידיו ורגליו. הגה: או שאר איברים, כל שאינו רוחץ כל גופו** - [ח]אבל בחמין שהוחמו בשבת אסור, אפילו ידיו לבד.

ואשה שלובשת לבנים בשבת ויו"ט, מותרת לרחוץ במקומות המטונפים בחמין שהוחמו מע"ש ויו"ט, **רק** שתזהר לרחוץ בידים ולא בבגד, כדי שלא תבא לידי סחיטה, **ויש** נשים נוהגות שאין לובשות לבנים בשבת ויו"ט, ובמקום שאין מנהג ידוע יש להתיר.

אות ב'

מרחץ שפקקו נקביו מע"ש, למוצאי שבת רוחץ בו מיד

סימן שכו סי"א - [י]**מרחץ שסתמו נקביו מע"ש** - אותן נקבים שהמרחץ מתחמם על ידיהן, שהאור ניסקת מבחוץ מתחתיו, **למוצאי שבת רוחץ בו מיד** - שהרי לא נתחמם בשבת, **ואם** ספק אם היה פקוק נקביו, עיין לעיל בסימן שכ"ה ס"ז. [י]**אבל אם לא סתמו נקביו, אע"פ שמאליו הוחם בשבת, צריך להמתין לערב בכדי שיעשו, לפי שאסור לעשות כן, גזירה שמא יחתה בגחלים** - וכיון שאסרו חז"ל לעשות כן, לפיכך צריך להמתין למוצאי שבת בכדי שיעשו, כדי שלא יעשה כן בפעם אחרת, שלא יסתום נקביו ויבוא לידי חיתוי.

ואותן בתי חורף, [שיש שני חדרים זה על זה, ויש נקבים בתקרה התחתונה, כדי שכשיסיקנו התנור למטה ויתחמם החדר התחתון, יכנס החום דרך הנקבים לחדר העליון], ועל הנקבים יש קערות ברזל, או סתימת אבן, נוהגין בו היתר לפותחן בשבת, **ואף** דע"י שהחום עולה דרך הנקבים למעלה הו"ל כאלו הוסק בשבת וכנ"ל, וא"כ היה צריך להיות אסור לפתוח הנקבים – מחה"ש, [**שאינו** דומה למרחץ, ששם הוחם המים וכל אשר במרחץ מן האש הניסוק מתחתיו, משא"כ הכא שרק חום בעלמא נכנס מן החדר ההוא, ודמי למי שפותח חדר החם לחדר הצונן].

אות ג'

פקקו נקביו מערב יום טוב, למחר נכנס ומזיע וכו'

סימן תקיא ס"ב - [ח]**אבל במים שהוחמו מעיו"ט, מותר לרחוץ כל גופו אפילו כאחד** - אף דבשבת אסור אף אבר אבר, וכ"ש כל גופו כאחד, כדאיתא בסימן שכ"ו, ביו"ט קיל טפי.

מיהו דוקא חוץ למרחץ, אבל במרחץ אסור - היינו אפילו בבית החיצון של מרחץ אסור לרחוץ בחמין, ולא הותר שם אלא להשתטף בהם, **דאסרו** חכמים רחיצה במרחץ, משום גזירת הבלנין, שהיו מזלזלין בזה לעשות באיסור, כמבואר בשבת דף מ'.

הגה: ויש אוסרים בכל ענין, וכן נוהגין (טור והרא"ש) - דס"ל דאין חילוק בין שבת ליו"ט, ואסרו רחיצה ביו"ט כמו בשבת, [ט]{**ודוקא** כל גופו כאחד, אבל אבר אבר לכו"ע מותר לרחוץ}, **ואפי'** להשתטף באותן חמין אסור לדעה זו.

מיהו לענין תינוק, גם לדידהו מקילינן ביו"ט יותר מבשבת, ומותר לרחצו אפי' בחמין שהוחמו ביו"ט וכנ"ל, וכ"ש בחמין שהוחמו מעיו"ט, **אכן** בתינוק שאין מורגל כ"כ אף בימי החול ברחיצת כל הגוף, אפשר דאף בהוחמו מעי"ט יש להחמיר, **ולעת** הצורך בודאי יש להקל.

ועיין בא"ר שכתב, דרוב הפוסקים ס"ל כדעה ראשונה, אלא שנוהגין לאסור, ואין לשנות המנהג.

‹המשך ההלכות מול עמוד ב'›

באר הגולה

ו שם ז שם בברייתא ח ‹כמ"ש בשבת ל"ט, אילימא כל גופו, אלא חמין שהוחמו בשבת הוא דאסירן הא מע"ש מותרין כו', אלא פניו ידיו ורגליו, אימא סיפא כו', הרי דמוכח משם דחמין שהוחם בשבת אסור אפי' פניו ידדיו ורגליו לבד - גר"א ע"פ דמשק אליעזר› **א שבת ל"ט ברייתא וכרבי יהודה** ב מימרא שם ‹מ.› וכשמואל שם ג שם ד שם בברייתא ה ‹עיין בהערה לעיל ל"ט› ו שבת מ' ברייתא ז הר"ן שם ח טור בשם הרי"ף ורמב"ם ‹עיין בהערה לעיל ל"ט: ללשונו› ט ‹תניא כוותיה דשמואל וכו', ואצ"ל חמין שהוחמו ביו"ט. מדלא איירי בחמין שהוחמו מערב יו"ט, ש"מ דהוחמו מעיו"ט רוחץ בהן כל גופו אבר אבר - ר"ן›

כירה פרק שלישי שבת מ

*הדר ביה ר"ע לגביה דרבי יהושע *ואי מכללא מאי דילמא ה"מ במתניתין אבל בברייתא לא א"ל אנא בפירוש שמיע לי [תוספתא פ"ג ע"א] אתמר חמין שהוחמו מע"ש רב אמר למחר רוחץ בהן כל גופו אבר אבר ושמואל אמר לא התירו לרחוץ אלא פניו ידיו ורגליו מיתיבי חמין שהוחמו מע"ש למחר רוחץ בהן פניו ידיו ורגליו אבל לא כל גופו תיובתא דרב אמר לך רב לא כל גופו בבת אחת אלא אבר אבר והא פניו ידיו ורגליו קתני כעין פניו ידיו ורגליו תא שמע לא התירו לרחוץ בחמין שהוחמו מע"ש אלא פניו ידיו ורגליו ה"נ כעין פניו ידיו ורגליו תניא כוותיה דשמואל* *חמין שהוחמו מע"ש למחר רוחץ בהן פניו ידיו ורגליו אבל לא כל גופו אבר אבר ואצ"ל חמין שהוחמו בי"ט רבה מתני לה להא שמעתא דרב בהאי לישנא חמין שהוחמו מע"ש למחר אמר רב רוחץ בהן כל גופו ומשייר אבר אחד איתיביה כל הני תיובתא תיובתא א"ל רב יוסף לאביי רבה מי קא עביד כשמעתיה דרב א"ל לא ידענא מאי תיבעי ליה פשיטא דלא עביד דהא איתותב (*דילמא) לא שמיעא ליה ואי לא שמיעא ליה ודאי עביד *דאמר אביי כל מילי דמר עביד כרב בר מהני תלת דעביד כשמואל (*) מתירין מבגד לבגד ומדליקין מנר לנר והלכה כר"ש בגרירה כחומרי דרב עביד כקולי דרב לא עביד *ת"ר [א]מרחץ שפקקו נקביו מע"ש למוצ"ש רוחץ בו מיד פקקו נקביו [ב]מעי"ט למחר נכנס ומזיע ויוצא ומשתטף בבית החיצון אמר רב יהודה מעשה במרחץ של בני ברק שפקקו נקביו מעי"ט למחר נכנס ראב"ע ור"ע והזיעו בו ויצאו ונשתטפו בבית החיצון אלא שחמין שלו מחופין בנסרים כשבא הדבר לפני חכמים אמרו אף על פי שאין חמין שלו מחופין בנסרין ומשרבו עוברי עבירה התחילו לאסור אמבטיאות של כרכין מטיל בהן ואינו חושש מאי עוברי עבירה דא"ר שמעון בן פזי אמר ריב"ל משום בר קפרא בתחלה היו רוחצין בחמין שהוחמו מע"ש התחילו הבלנים להחם בשבת ואומרים מערב שבת הוחמו אסרו את החמין והתירו את הזיעה ועדיין היו רוחצין בחמין ואומרים מזיעין אנחנו אסרו להן את הזיעה והתירו חמי טבריה ועדיין היו רוחצין בחמי האור ואומרים בחמי טבריה רחצנו אסרו להן חמי טבריה והתירו להן את הצונן ראו שאין הדבר עומד להן [ג]התירו להן חמי טבריה [ד]וזיעה במקומה עומדת אמר רבא האי מאן דעבר אדרבנן שרי למיקרי ליה עבריינא כמאן

כי

(*) בכל המקומות איתא מתירין

רש"י

סדר ביה רבי עקיבא. כדאמרינן בפירקין דלעיל (דף כט:) לשון מכריע מכביד מטה כף מאזנים ומכריע את שכנגדו כגון הכא בחמין אסור השתא הוה ליה ר' שמעון דמתיר בחמין יחיד במקום שנים נמצא ר' יהודה מכביד את כף המשקולת שהרי ר' יהודה עם רבי מתיר שוים לאיסור ובצונן מותר הוי ליה ר' מאיר בצונן יחיד במקום שנים נמצא ר' יהודה מכביד את כף המשקולת: **ה"ג.** דא"ר יוחנן הלכה כדברי המכריע במכריע במשנה כי ההיא דמטלניות: **כעין פניו.** כלומר כל אבר בפני עצמו: **רוחץ בהן כל גופו.** ביחד אלא שמשייר אבר אחד: **איתיביה כל הני.** וליכא לשנויי כעין פניו ידיו ורגליו דהא כל גופו יחד קאמר חוץ מאבר אחד: **א"ל רב יוסף לאביי.** משום דגדל אביי בבית רבה בר נחמני שהיה ראש קודם לרב יוסף ומת היה שואלו רב יוסף איך היה רואהו נוהג: **מי עביד כשמעתי' דרב.** בהא מילתא דרחילה: **מאי תבעי ליה.** שיטה דהש"ס פרכא ליה: **לא שמיע ליה.** *לרבה הא תיובתא משום הכי מספקא ליה לרב יוסף ברבה דדילמא עביד כרב: **ואי לא שמיעא ליה.** אמאי מספקא ליה לרב יוסף: **הא ודאי עביד.** רבה בכל מילי כרב: **כחומרי דרב הוה עביד.** בר מהני תלת חומרי אבל כקולי דרב איכא דלא עביד והא קולא היא ודילמא לא עביד: **שפקקו נקביו.** שלא יצא תמימותו: **רוחץ בו מיד.** ואין צריך להמתין בכדי שיעשה וי"א שפקקו נקביו אותן נקבים שמרחץ מתחמם על ידיהן שאור ניסקת מבחוץ מתחתיו *טי"ה ועיקר רוחץ בו מיד שהרי לא נתחמם בשבת אבל בשבת לא שהרי גזרו על הרחיצה: **ומשתטף בבית החיצון.** שלפני המרחץ ולא בתוך המרחץ שלא יאמרו רוחץ הוא כדאמרן דאסרו את הרחיצה אבל הזיעה התירו והילך היא זיעה עומד או יושב בבית המרחץ ואינו נותן מים עליו והוא מתחמם ומזיע: **מחופין בנסרים.** ולא היו צריכין לחוש שמא נתחממו בשבת מחומו של מרחץ: **התחילו לאסור.** את הזיעה: **אמבטאות.** בתי מרחץ גדולים: **מטייל בהן.** מהלך בתוכן לפי דרכו ולא להזיע: **ואינו חושש.** שמא יאמרו מזיע הוא ואע"ג דאסרו את הזיעה: **מאי עוברי עבירה.** דקאמר לעיל שאסרו זיעה על ידיהן: **אסרו להן את החמין.** לגמרי: **ועדיין היו רוחצין בחמין.** שהוחמו מבע"י: **שאין הדבר עומד.** שלא היו ציבור יכולין לקבל מתוך שאסרו להם את הכל: **במקומה עומדת.** לאיסור:

כי

תוספות

דילמא ה"מ במתני' אבל בברייתא לא *אע"ג דלא קאמר במשנתינו *הכא משמע דאין הלכה כמותו משום דסתם מתני' דלא כוותיה*: **הלכה** כדברי המכריע. הכרעה כגון קולי מטלניות שר"א ור"י הזכירו בפירוש בדבריהם מוכן ושאינו מוכן דהיינו תלאו במגוד והניחו אחורי הדלת שגילו בדבריהם שיש סברא לחלק ביניהם אלא שנראה להם דסוף סוף אין לחלק ביניהם לכך הוי ר' עקיבא שמחלק ביניהם מכריע וכן ר' יהודה הוי מכריע דר' שמעון ור"מ הזכירו בדבריהם חמין וצונן והכרעה שלישית דלא הויא הכרעה הוי כי ההיא דפ"ק דפסחים (דף כא.) חבית של יין של תרומה שנטמאה ב"ש אומרים תשפך *הכל וב"ה אומר תיעשה זילוף אמר ר' ישמעאל בר' יוסי אני אכריע בשדה תשפך *הכל ובבית תעשה זילוף אמרו לו אין הכרעה שלישית מכרעת משום דלא הזכירו ב"ש וב"ה בדבריהם בית ושדה ולא גילו שיש סברא לחלק בין בית לשדה חשיב לה הכרעה שלישית ולא כפירוש הקונטרס דפירש התם דטעמייהו דב"ש לאו משום תקל' אלא מטעם אחר כמו משום ריחא אלא משום דלא הזכירו בדבריהם בית ושדה כדפי' וה"ה דהוה מצי למימר ליה דאין הכרעת תלמיד הכרעה כדאמר הכא אלא רבותא אמרו דאפי' לא היה תלמיד אינה הכרעה והא דתנן בברכות (דף מג:) ב"ש אומרים מברך על השמן ואח"כ מברך על ההדס וב"ה אומרים מברך על ההדס ואח"כ על השמן א"ר גמליאל אני אכריע שמן זכינו לריחו וזכינו לסיכתו הדס לריחו זכינו לסיכתו לא זכינו וא"ר יוחנן הלכה כדברי המכריע פר"ת התם דהויא כהכרעה שבכל הש"ס ולא נהירא דלא הויא הכרעה אלא כדפי' והתם אינו אלא מפרש טעמא דבית שמאי ור"ח פי' אין הכרע' שלישית מכרעת הייני הכרע' דור שלישי כמו ר' ישמעאל בר' יוסי שהיה דור שלישי לב"ש וב"ה ולאו דוקא דור שלישי אלא ה"ה שני ובכל מקום נקט הכרעה שלישית משום ברייתא דפסחים*:

למוצאי שבת רוחץ מיד. דוקא לרחוץ אבל להזיע נכנס אפי' בשבת ומזיע כמו בי"ט כדאמר בסמוך דאפי' בשבת הוי זיעה שריא עד הגזירה ולאחר גזירה אפילו בי"ט אסרו דאיום טוב קתני משרבו עוברי עבירה התחילו לאסור והוה מצי לערוביהו וליתניהו מרחץ שפקקו נקביו מערב שבת או מערב יום טוב למחר נכנס ומזיע ולמוצאי שבת ויום טוב רוחץ מיד אלא אי עריב ותני להו הוה אמינא דדוקא בשבת אסרו הזיעה ולא ביום טוב דעובדא דמייתי בשבת הוה להכי מפליג להו השתא משרבו עוברי עבירה קאי איום טוב אבל לא אשבת דזיעה לא הוזכרה גבי שבת:

אלא שחמין שלו מחופין בנסרים. פי' בקונטרס שלא היו צריכין לחוש שהוחמו בשבת מחום המרחץ משמע שסובר שנשתטפו בחמין שהוחמו מע"ש ולעיל אסר רבי יהודה גופיה ושמא יחלק בין שבת ליום טוב ומיהו בתוספתא גרסינן ונשתטפו בצונן אלא שחמין שלו מחופים ולא יסברו העולם שרחצו בחמין:

מפני

רבינו חננאל

הדר ביה ר"ע לגבי דר' יהושע. ואסיקנא דאי מכללא מאי הוי ר' יהודה מכריע הוא והלכתא כדברי המכריע ובין [בפי' ובין] מכללא חדא הוא. ואמרינן דילמא הני מילי אם תהיה מחלוקתם במשנה אבל חלוקתם בברייתא לא. אמר ליה בפירוש שמיעא לי. והא דאמר אביי כל מילי דמר עביד כרב בר מהני תלת. אסיק' רבה כחומרי דרב הוה עביד. כקולי דרב לא הוה עביד: ת"ר מרחץ שפקקו. פי' פקקו סתמו נקביו מע"ש למוצאי שבת רוחץ בה מיד. פקקו נקביו מערב יום טוב למחר נכנס ומזיע ויוצא ומשתטף בבית החיצון. וכן עשו ר' אלעזר בן עזריה ור"ע במרחץ של בני ברק. משרבו עוברי עבירה התחילו לאסור שהיו מחמין בשבת ואומרים מע"ש החמנו. אסרו להן חמין והתירו הזיעה כו'. ואסיקנא אסרו להן אפילו חמין שהוחמו מע"ש ואפילו חמי טבריא וכ"ש חמי האור. ואפילו זיעה אסרו להן

עין משפט נר מצוה

[עי' ברכות יט: במשנתינו קאמרינן והא בריי' היא]

[ועי' תוס' מנחות לא: ד"ה מי קאמר וכו' תירצו באופן אחר]

טו א מיי' פכ"ב מהלכות שבת הלכה ב סמג לאוין סה טוש"ע או"ח סימן שכו סעיף א:

יז ב שם סעיף יא:

יח ג מיי' פ"א מהלכות י"ט הלכה טז סמג לאוין עה טור שו"ע או"ח סימן תקיא סעיף ב:

שם איתא הכל

הכל

יט ד מיי' פכ"ב מהלכות שבת הלכה ב סמג לאוין סה טוש"ע או"ח סימן שכו סעיף א:

כ ה מיי' שם טוש"ע שם סעיף יב:

לעיל כב. פסחים קא. מנחות מא:

תוספתא שבת פ"ד

[ועי' יתר אריכות בתוס' ב"ק קטז: ד"ה הכרעה]

מסורת הש"ס

[לעיל כט:]

[לעיל לט:]

מאן דגרס בגמ' דילמא גרס הכא לא שמיע ליה לרב יוסף

[רש"ל מ"ז]

תיבת טי"ה רמז לרבינו יהודה הלוי

גליון הש"ס

תוס' ד"ה דילמא ה"מ במתניתין וכו' אע"ג דלא קאמר במשנתנו. עי' משנה למלך רים הלכות בית הבחירה:

כי האי תנא אמבטיאות של כרכים מטייל בהן ואינו חושש אמר רבא דוקא כרכין אבל דכפרים לא מ"ט כיון דזוטרין נפיש הבלייהו ת"ר מתחמם אדם כנגד המדורה ויוצא ומשתטף בצונן ובלבד שלא ישתטף בצונן ויתחמם כנגד המדורה מפני שמפשיר מים שעליו *ת"ר מיחם אדם אלונטית ומניחה על בני מעים בשבת ובלבד שלא יביא קומקומוס של מים חמין ויניחנו על בני מעים בשבת ודבר זה אפי' בחול אסור מפני הסכנה *ת"ר מביא אדם קיתון מים ומניחו כנגד המדורה לא בשביל שיחמו אלא בשביל שתפיג צינתן ר' יהודה אומר מביאה אשה פך של שמן ומניחתו כנגד המדורה לא בשביל שיבשל אלא בשביל שיפשר רשב"ג אומר אשה סכה ידה שמן ומחממתה כנגד המדורה וסכה לבנה קטן ואינה חוששת איבעיא להו שמן מה הוא לתנא קמא רבה ורב יוסף דאמרי תרוייהו להתירא רב נחמן בר יצחק אמר לאיסורא רבה ורב יוסף דאמרי תרוייהו להתירא שמן אע"פ שהיד סולדת בו מותר קסבר ת"ק שמן אין בו משום בשול ואתא רבי יהודה למימר שמן יש בו משום בישול והפשרו לא זה הוא בשולו ואתא ר' שמעון בן גמליאל למימר שמן יש בו משום בשול והפשרו זהו בשולו רב נחמן בר יצחק אמר לאיסורא שמן אע"פ שאין היד סולדת בו אסור קסבר שמן יש בו משום בשול והפשרו זהו בשולו ואתא ר' יהודה למימר הפשרו לא זהו בשולו ואתא רשב"ג למימר שמן יש בו משום בשול והפשרו זהו בשולו רשב"ג היינו ת"ק איכא בינייהו כלאחר יד א"ר יהודה אמר שמואל אחד שמן ואחד מים יד סולדת בו אסור אין יד סולדת בו מותר והיכי דמי יד סולדת בו אמר רחבא כל שכריסו של תינוק נכוית א"ר יצחק בר אבדימי פעם אחת נכנסתי אחר רבי לבית המרחץ ובקשתי להניח לו פך של שמן באמבטי ואמר לי טול בכלי שני ותן שמע מינה תלת שמע מינה שמן יש בו משום בשול וש"מ כלי שני אינו מבשל וש"מ הפשרו זהו בשולו היכי עביד הכי והאמר רבה בר בר חנה א"ר יוחנן *בכל מקום מותר להרהר חוץ מבית המרחץ ובית הכסא וכ"ת בלשון חול א"ל והאמר אביי דברים של חול מותר לאומרן בלשון קודש של קודש אסור לאומרן בלשון חול אפרושי מאיסורא שאני תדע דאמר *רב יהודה אמר שמואל מעשה *בתלמידו של ר' מאיר שנכנס אחריו לבית המרחץ ובקש להדיח קרקע ואמר לו אין מדיחין לסוך לו קרקע אמר לו אין סכין אלמא אפרושי מאיסורא שאני הכא נמי לאפרושי מאיסורא שאני אמר רבינא שמע מינה המבשל בחמי טבריה בשבת חייב דהא מעשה דר' לאחר גזירה הוה ואמר ליה טול בכלי שני ותן איני *והאמר רב חסדא המבשל בחמי טבריה בשבת פטור מאי חייב נמי דקאמר *מכת מרדות א"ר זירא אנא חזיתיה לר' אבהו דשט באמבטי ולא ידענא אי עקר אי לא עקר פשיטא דלא עקר דתניא לא ישוט אדם בבריכה מלאה מים ואפי' עומדת בחצר לא קשיא הא דלית

רש"י

כי האי תנא. דאמר לעיל משהתחילו עוברי עבירה התחילו לאסור הזיעה והרי לא נאסרה אלא ע"י הרוחצין בחמין מאתמול ואומרים מזיעין אנחנו ואין כאן אלא עבירת דבריהם שאסרו את החמין: נפיש הבלייהו. ומזיע: מפשיר. מחמם לשון פושרין: מיחם אדם. מחמם: אלונטית. טיול"א ונראה לי בגד שמסתפגין בו דבכל דוכתא קרי ליה אלונטית: על גבי מעיים. כשהוא חש במעיו מחממין לו כלי או בגד ומניחו שם ומועיל: ובלבד שלא יביא קומקומוס כו'. שמא ישפכו עליו ונמצא רוחץ בשבת בחמין: מפני סכנה. פעמים שהן רותחין: לא שיחמו. לא שיניחם שם עד שיחמו: אלא שתפיג צינתן. במקצתן שתפיג שתתחלף כמו וריחו לא נמר (ירמיה מח) מתרגמין וריחיה לא פג: לא בשביל שיבשל. שלא תניחנו שם כדי בישול שתהא היד סולדת בו: סכה ידה. אבל להפשירו בפך כדרך שעושה בחול לא ופליג אדרב יהודה: לאסירא. מאי דאסר רבי יהודה בשמן בישול שרי ת"ק ומים דוקא נקט ולא שיחמו דיש בהן בישול אבל שמן אע"פ שהיד סולדת דהיינו בישול דר' יהודה שרי לת"ק: סולדת. נמשכת לאחוריה מדאגה שלא תכוה וזהו לשון ואסלדה בחילה (איוב ו) ואדאג ברעדה ואמשך מתלונתי מדאגת יום הדין אם הייתי יודע שמיתתי קרובה ולא יחמול: שמן יש בו משום בישול. הלכך לא כדי שיבשל אלא כדי שיפשר שרי דהפשרו אין זה בישולו: ואתא רבי שמעון למימר דהפשירו זהו בישולו. הלכך כדעבדין בחול לא ליעביד אלא כלאחר יד על ידי שינוי: לאיסורא. אמרה תנא קמא לשמן דמיא הוא דשרי להפשיר אבל שמן הפשרו זהו בישולו: איכא בינייהו כלאחר יד. דלתנא קמא אפי' ע"י שינוי אסור: והיכי דמי. סלוד יש שסולד מרתיחה מועטת ויש שאינו סולד: נכנסתי. בשבת ובחמי טבריא הוה שלא נאסרו כדאמר לעיל התירו להם חמי טבריא: באמבטי. כגון בריכה עשויה בקרקע שהמים נכנסים שם ונאספין: ובקשתי להניח שם פך שמן. להפשיר לסוך הימנו קודם הרחילה: טול. מן המים: בכלי שני. שילטנו מעט דכלי שני אינו מבשל ואח"כ תן הפך לתוך אותו כלי שני דהך אמבטי שהחמין נמשכין לה מן המעיין חשיב לה ככלי ראשון שנרתחו בו שאע"פ שהעבירו מעל האור מבשל כדתנן לקמן (ד' מב:) האילפס והקדירה שהעבירן מרותחין לא יתן לתוכן תבלין: וש"מ הפשרו. במקום הראוי לבישול: זהו בישולו. דהא להפשיר בעלמא הוא דקבעי ואסר ליה: והיכי עביד הכי. להורות הוראה שהוא דבר תורה בבית המרחץ: להרהר. בדברי תורה: דברים של קדש. דברי תורה: אסור לאומרן. במקום הטנופת ואפי' בלשון חול: אין מדיחין. דלמא אתי לאשויי גומות: דהא מעשה דרבי אחר גזירה הוה. שגזרו על הזיעה ועל כרחין בחמי טבריא הוא דהוי ורבי יהושע (א) דאמר לעיל בימי רבי הוה אלמא בימי רבי כבר נגזרה: וקאמר ליה טול בכלי שני. אבל ראשון לא אלמא יש בהן משום בישול: מרדות. רדוי: שט. לף: דשט באמבטי. בשבת: ולא ידענא אי עקר. רגליו מן הארץ דקסבר כי תנן אין שטין על פני המים במשילין פירות *בנהר גדול תנן דאיכא למגזר שמא יעשה חבית של שייטין כדאמרינן התם אבל באמבטי לא: אי לא עקר. רגליו: לא ישוט. דאע"ג דליכא למיגזר אסור: ואפילו עומדת בחצר. דליכא למיגזר שמא יתיז מים ברגליו חוץ לארבע אמות: הא. דאסיר: דלית

תוספות

מפני שמפשיר מים שעליו. בכולה שמעתא ובמתניתין גבי מיחם שפינהו משמע דלהפשיר מים לצורך שתייה מותר דהפשירן לא זהו בישולן. והכא דאסורין מפרש ריב"א דדומה כרוחץ במים חמין ויבא להחם חמין לרחוץ גופו:

ובלבד שלא יביא קומקומוס כו'. פירוש כל זמן שהאלונטית שם שמא יפלו המים על האלונטית ואתי לידי סחיטה אי נמי לא יביא משום רפואה וגזרו אטו שחיקת סממנים טפי מבאלונטית דלא מיחזי כרפואה כ"כ:

ושמע מינה כלי שני אינו מבשל. תימה מאי שנא כלי שני מכלי ראשון דאי יד סולדת אפי' כלי שני נמי ואי אין יד סולדת אפילו כלי ראשון נמי אינו מבשל ויש לומר לפי שכלי ראשון מתוך שעמד על האור דופנותיו חמין ומחזיק חומו זמן מרובה ולכך נתנו בו שיעור דכל זמן *שהיד סולדת בו אסור אבל כלי שני אף על גב דיד סולדת בו מותר שאין דופנותיו חמין והולך ומתקרר: ובי תימא בלשון חול קאמר ליה. ואע"ג דאסור להרהר כימא דאין אסור להרהר אלא בלשון קדש והוא הרהר בלשון חול: פשיטא

עין משפט נר מצוה

כא א מיי' פכ"ב מהל' שבת הלכה ג סמג לאוין סה טוש"ע או"ח סימן שכו סעיף ד:

כב ב מיי' שם הלכה ד טוש"ע שם סעיף ו:

כג ג ד מיי' וסמג שם טוש"ע או"ח סימן שיח סעיף יד:

כד ה ו מיי' פכ"ב שם הלכה ה ו טור ש"ע שם סעיף יג וטוש"ע יו"ד סימן קה סעיף ב:

כה ז ח ט מיי' פ"ג מהלכות ק"ש הלכה ד ה טוש"ע או"ח סימן פה סעיף ב:

כו י מיי' פכ"ג מהלכות שבת הלכה ג טוש"ע או"ח סימן של סעיף ג:

כז כ מיי' פ מהלכות שבת הלכה ג:

והכא באמבטי במקום שרגה לאגית הפך כיתה יד סולדת בו והא דלא א"ל תן במקום שאין היד סולדת דהיינו במקום שרחץ ודאי לא היה היד סולדת ושמא גם לא היה יכול להפשיר א"נ פעמים החמירו בכלי ראשון אף אם אין היד סולדת בו וכן החמירו חכמים אפי' בכלי שני לקמן (מב:) גבי ספל היה באמבטי [תו"י]

כח ל מ מיי' פכ"ג מהל' שבת הלכה ה טור ש"ע או"ח סימן שלט סעיף ב:

מסורת הש"ס

תוספתא שבת פ"ד

[תוספתא שם]

ברכות כד: (לעיל י.) לקמן קנ. זבחי' קב: ע"ז מד: קדושין לג.

פסחים מח.

[יבמות כב. כתובות מה: נזיר כג. נח: חולין קמה:]

[לקמן קנ:]

[עי' תוס' לקמן קמו: ד"ה דתניא]

[דף לו:]

הגהות הב"ח

(א) רש"י ד"ה דהא מעשה וכו' ור' יהושע בן לוי דאמר:

רבינו חננאל

להן אלא צונן בלבד. ראו שאין הדבר עומד חזרו והתירו להן חמי טבריא בלבד. וזיעה במקומה עומדת באיסור אמר רבא מאן דעבר על דברי חכמי' שרי למיקריי' עבריינא. כי האי תנא דתנא משרבו עוברי עבירה: תנא אמבטאות של כרכין מטייל בהן ואינו חושש. והני מילי דכרכין אבל דכפרין כיון דזוטרן נפיש הבליהון: ת"ר מתחמם אדם כנגד המדורה ויוצא (ומשתטף בצונן) [ובלבד שלא ישתטף בצונן] ויתחמם כנגד המדורה מפני שנפשרו המים שעליו: ת"ר מיחם אדם אלונטית ומניחה ע"ג מעיו בשבת ובלבד (ישתטף בצונן ויתחמם כנגד המדורה מפני שתפשר המים) שלא יביא קומקומוס של חמין ויניחנו על גבי מעיו בשבת. ודבר זה אפילו בחול [אסור] מפני הסכנה שלא יכוה: ת"ר מניח אדם קיתון של מים כנגד המדורה לא שיחמו אלא כדי שתפוג צינתן. ר' יהודה אמר מנחת אשה פך של שמן כנגד המדורה לא שיתבשל אלא כדי שתפשר. רשב"א אשה סכה ידה שמן כנגד המדורה. וסכה לבנה קטן ואינה חוששת: איבעיא להו שמן מה לי בו אמר ת"ק. ואסיק' אמר רב אמר שמואל אחד שמן ואחד מים אם נתחמם כשעור שהיד סולדת בו אסור אין היד סולדת בו מותר. ושיעור שהיד סולדת בו. פי' (פירוש') [בירושל'] שהיד *) שולטת בו סולדת היא שולטת והוא כל שכריסו של תינוק נכוית הימנו. הא מעשה דר' שבקשו לו פך של שמן באמבטי ואמר להן טלו בכלי שני ותנו. שמעינן מינה תלת. ש"מ שמן יש בו משום בישול. ולפיכך בכלי ראשון אסור. שנמצא מבשל שמן בשבת. וש"מ מדשרי בכלי שני דכלי שני אינו מבשל. וש"מ הפשרו לא זהו בישולו: אמר רבינא ש"מ המבשל בחמי טבריא הואיל וגזרו רבנן עלייהו חייבין מכת מרדות מדרבנן. ואקשינן דר' היאך מורה הוראה במרחץ ואמר טלו בכלי שני כלומר זהו מותר וזהו אסור. והא"ר יוחנן כל מקום מותר להרהר חוץ מבית המרחץ ובית הכסא. ולא דאקשינן מדברי ר' יוחנן לר' דר' יוחנן לגבי דר' תלמיד קטן הוא. (ולא) [אלא] הא דר' יוחנן דברי הכל קבלה הוא

*) ע"ס יב כאן ולשון הירושלמי הובא בר"ש.

אות ד'

התירו להן חמי טבריה

סימן שכו סי"א - [י]והני מילי בחמי האור, אבל בחמי טבריא מותר לרחוץ אפילו כל גופו יחד - וה"ה שארי מעינות חמין לא גזרו עליהן איסור רחיצה, **ובמקום** שאין דרך לרחוץ בהם אלא לרפואה, אסור לרחוץ בהן בשבת. **ואין צריך לומר בצוננין** - ועיין לקמן במ"ב, שנהגו שלא לרחוץ בנהר.

[יא]והא דשרי בחמי טבריא, דוקא בקרקע, אבל בכלי לא, דאתי לאיחלופי בחמי האור.

אות ה'

וזיעה במקומה עומדת

סימן שכו סי"ב - [יב]אסור ליכנס למרחץ אפילו להזיע - מפני עוברי עבירה, שהיו רוחצין בחמין שהוחמו מבע"י, ואמרו מזיעין אנחנו, לפיכך אסרו גם הזיעה, [גמ']. **ואם** אינו מתכוין להזיע, מותר לדעה זו, אפילו אם המרחץ קטן דנפיש הבליה, שבודאי יזיע.

[יג](וי"א דאפילו לעבור במרחץ במקום שיכול להזיע, אסור) ([יד]רש"י וטור) - היינו שהמרחץ קטן דנפיש הבליה ומזיע, אסור אע"פ שאינו מכוין לכך.

ולדעה זו, העולין מבית הטבילה ולובשין בגדיהן במרחץ בשבת, צריכין ליזהר שלא לשהות הרבה, כדי שלא יבואו לידי זיעה, ובלילה שהמרחץ חם מאד א"א ליזהר בזה, **ולענין** טבילת נשים, צ"ל שסמכו בעת הצורך על דעה ראשונה.

---

§ מסכת שבת דף מ: §

אות א'

מתחמם אדם כנגד המדורה ויוצא ומשתטף בצונן, ובלבד שלא ישתטף בצונן ויתחמם כנגד המדורה, מפני שמפשיר מים שעליו

סימן שכו ס"ד - [א]לא ישתטף אדם בצונן כל גופו ויתחמם כנגד המדורה, מפני שמפשיר מים שעליו, ונמצא כרוחץ כל גופו בחמין - זהו מלשון הרמב"ם, ור"ל שאין לאסור מפני חמום המים גופא, דהפשר אינו בכלל בישול, (**וע"כ** איירי שאינו מקרב ידו כ"כ, עד שיוכל להתחמם היטב כדי שיעור שהיס"ב), **רק** מפני חשש רחיצה, **וס"ל** דכיון שאין זה רחיצה גמורה, עשאוהו רק כחמין שהוחמו מע"ש, דאין אסור אלא כל גופו, כמ"ש בס"א, [**אבל** ברחיצה גמורה, אף לדעת הרמב"ם, אסור אפי' פניו ידיו ורגליו לבד, כהי"א דלקמן, אף שלא היה רק הפשר מים בשבת, אף שעל הפשר אין איסור].

[**ומפשטות** לשון הגר"א משמע, דטעם הרמב"ם משום דלא היה על הפשר שם איסור, לכך ס"ל דהוא כחמין שהוחמו בע"ש, דגם שם לא היה על עצם החימום איסור, ולא גזרו רק על כל גופו, **ולפי"ז** במים שהופשרו בשבת, היינו שלא היה יסל"ב, אין איסור לדעת הרמב"ם רק רחיצת כל גופו].

אבל מותר להשתטף בצונן אחר שנתחמם אצל האש - שאין המים מתחממין כ"כ.

[ב]סימן שכו ס"ה - [ג]י"א שצריך ליזהר שלא לחמם ידיו אצל האש אחר נטילה, אם לא ינגבם תחלה יפה - ס"ל דדינו שוה כרוחץ בחמין שהוחמו בשבת, דאסור אפילו לרחוץ בהן פניו ידיו ורגליו, **ואף** דסתם חמין שהוחמו בשבת הוחמו המים באיסור, והכא בעניננו הלא לא היה על המים שם חימום, רק שם הפשר בעלמא, **אין** לחלק בזה, דאפילו מים שרק הופשרו בשבת, ואין היד סולדת בהן, ג"כ אסור לרחוץ בהן אפילו אבר אחד.

(**עיין במ"א דדעתו, דאפי' להחזיק ידיו במקום שלא יוכלו המים להתחמם כ"כ עד שיהיה היד סולדת בהן, ג"כ אסור לדעה זו, דאלו במקום שהיס"ב בהן, אף לדעה ראשונה אסור. והנה בגמ' איתא, דסכה ידה שמן ומחממתה כנגד המדורה, והטעם, דבשמן אין שייך גזירת רחיצה, ומ"מ ע"כ איירי שאין מקרבת ידה כ"כ עד שיוכל להתחמם היטב השמן כדי שיעור שהיס"ב, וכ"ז ניחא לפי' המ"א, אבל לפי' האחרון שבב"י, שטעם הרא"ש מפני עצם חמום המים, א"כ הרא"ש סותר קצת ד"ע במה שהביא אח"כ דברי רשב"ג, והי"ל לפרושי עכ"פ דרשב"ג לא מיירי באופן זה).**

(**ואצל כותל התנור, אם הוא חם מאד, ג"כ נראה שיש ליזהר).**

אות ב'

מיחם אדם אלונטית ומניחה על בני מעים בשבת, ובלבד שלא יביא קומקומוס של מים חמין ויניחנו על בני מעים בשבת, ודבר זה אפילו בחול אסור מפני הסכנה

סימן שכו ס"ו - [ד]אסור ליתן ע"ג בטנו כלי שיש בו מים חמין, ואפילו בחול מפני הסכנה, שפעמים שהם רותחים - וכ"ש דאסור בשבת, שמא ישפכו עליו, ונמצא כרוחץ בשבת,

---

באר הגולה

[י] שם מ' [יא] טור בשם סמ"ג וכ"כ בסה"ת [יב] שם בגמ' [יג] ‹גמ' שם. **אבל** הרמב"ם ושו"ע מפרשים דוקא שנכנס להזיע, ולא חילק בין גדול לקטן, לפי שאין נודע לנו השיעור, ר"ן - גר"א› [יד] ‹עמוד א' ד"ה מטייל: ולא להזיע. ואמרינן עלה דוקא של כרכים דרויחן, אבל דכפרים לא, דכיון דזוטרי נפיש הבלייהו, כלומר והרי הוא כיושב ומתכוין להזיע - ר"ן› [א] **שם מ' ובררייתא** [ב] ‹ע"פ הב"י› [ג] **טור וכ"כ שם הרא"ש והמרדכי** ‹וכן נראה מדברי התוס' (מ: ד"ה מפני) וכן משמע מפי' רש"י שם גבי הא דתנו רבנן מיחם אדם אלונטית ומניחה על גבי בני מעים בשבת וכו' - ב"י, ‹וז"ל רש"י: שמא ישפכו עליו ונמצא רוחץ בשבת בחמין, ע"כ, **וצ"ל** דמיירי בחמין שהוחמו מעט בשבת, ולהכי אפי' אינו רוחץ כל גופו אסור, כמ"ש ס"ה - מ"א› [ד] **שם ברייתא**

כ"כ רש"י והר"ן, [**ומיירי** אף בחמין שהוחמו מעט בשבת, היינו שאין היס"ב, ואסור אף אבר אחד וכנ"ל]. **ולפי"ז** אם החמין בכלי סגור, שקורין ווארם פלאש, שרי, **אבל** לפירוש התוס', דהטעם משום דמינכר שהוא לרפואה, וגזירה משום שחיקת סמנים, גם בזה אסור, **ולצורך** גדול יש להקל.

מפני הסכנה וכו' – (עיין בפמ"ג דמשמע, דאפי' הם עתה פושרים בעלמא שאין היד סולדת בהם, ג"כ אסור, [ח]ולא ידענא מנ"ל, דמסתברא דאסרינן הכא רק כשהיד סולדת בהן, אבל לא בפושרים גמורים).

(אבל מותר להחם בגד וליתנו על בטנו) (טור) - וה"ה להחם כלי בשבת, דמותר אף לפי' התוס' הנ"ל, דלא מינכר כ"כ שהוא לרפואה.

אות ג' – ד

<u>מביא אדם קיתון מים ומניחו כנגד המדורה, לא בשביל שיחמו, אלא בשביל שתפיג צינתן</u>

<u>אחד שמן ואחד מים, יד סולדת בו אסור, אין יד סולדת בו מותר</u>

סימן שיח סי"ד - [ו]מותר ליתן קיתון של מים או שאר משקים כנגד האש להפיג צנתן – (ואפילו כדי להפשיר נמי מותר, כיון שלא יוכל להגיע לשיעור יס"ב).

ובלבד שיתנם רחוק מהאש בענין שאינו יכול להתחמם באותו מקום [ז]עד שתהא היד סולדת בו - היינו שאפי' אם יעמדו שם המים והמשקין זמן מרובה, לא יתחממו כ"כ.

(פי' מתחממת ונכוית), דהיינו מקום שכריסו של תינוק נכוית בו - דלא נוכל לשער ביד, דיש שסולד מרתיחה מועטת, ויש שאינו סולד, [רש"י].

אבל אסור לקרבו אל האש למקום שיכול להתחמם שתהא היד סולדת בו, [ח]ואפילו להניח בו שעה קטנה שתפיג צנתו, אסור, כיון שיכול להתבשל שם - וחיישינן דילמא מישתלי ליטלו.

הגה: וה"ה בפירות או שאר דברים הנאכלים כמות שהן חיין - היינו שאסור להניחן במקום החום להפיג צינתן, פן ישכח עד שיצלו, **ואף** שנאכלין כמות שהן חיין, ג"כ אסור, דשייך בהן שם בישול, שהם משתבחין עי"ז, **אבל** ליתנן רחוק מהאש, אפי' דבר שאין נאכל כמות שהוא חי שרי. **(מרדכי פ' כירה ועי"ל סימן רנ"ד).**

ומ"מ מותר ליתן אלונטית וכלי עופרת סמוך לאש לחממו, היינו שיש בהכלי תבשיל שלא נצטנן, ורוצה שיהיה חם, אף אם הוא קרוב כ"כ עד שיוכל הכלי להיות ניתך שם או לשרוף האלונטית, **דכיון** דלא ניחא ליה בהכי, הוי דבר שאין מתכוין, **וגם** מסתמא לא ישכח ויזהר הרבה ליקח אותו משם קודם שיתיך או ישרוף.

[ט]סימן שיח סט"ו - [י]דבר שנתבשל כ"צ והוא יבש שאין בו מרק, מותר להניחו כנגד המדורה אפי' במקום שהיד סולדת בו - הטעם, דכיון שכבר נתבשל, שוב אין בזה משום חשש בישול, **ומיהו** על האש ממש אסור מדרבנן, מפני שנראה כמבשל, **אבל** בזה שמעמידו כנגד המדורה, שאין דרך בני אדם ברוב פעמים לבשל כך, אפי' איסור דרבנן ליכא - הרשב"א, **ועיין** מש"כ לקמיה בשם הרא"ש, שסובר דסמוך למדורה ג"כ אסור, אלא צריך להרחיק קצת.

כל צרכו והוא יבש - דאי לא הוי כל צרכו, אפי' אם היה דבר יבש והוא רותח, יש בו עוד משום בישול, כנ"ל בס"ד, וממילא אסור להעמידו במקום שהיס"ב, **ואי** הוי דבר לח, אפי' בכל צרכו יש בו עוד משום בישול אם נצטנן, לפי מה שפסק המחבר בריש ס"ד.

כנגד המדורה - נקט נגד המדורה ולא אצל המדורה, להורות שצריך להרחיק קצת מן המדורה, ולכן לא חיישינן שיבוא לחתות באש, דכיון שהצריכו חכמים להרחיק קצת, אית ליה הכירא ולא אתי לחתויי, הרא"ש.

וראיתי איזה אחרונים שכתבו, דמיירי שהיה עשוי מדורה בפני עצמה, אבל כשמדורת עצים הוא בתוך התנור, אסור להכניס שם קדירה אפי' אם מרחיק קצת מן המדורה, כיון שהוא מקום שהיד סולדת בו, **ולא** גרע ממה שמבואר בסימן רנ"ג, דאסור להכניס קדרה לכירה כשאינה גרופה, דהוא אפי' אם אינו מעמידו סמוך להאש, **אך** אם אינו מעמיד את הקדרה על קרקעית התנור, כי אם על איזה כלי המפסיק, אז יש להקל, וכנ"ל בסי' רנ"ג ס"ג, [**והח"א** מפקפק אפי' בקדרה מפסקת], <דתוך אויר התנור, דכל האויר חם, אין הפסק בין קרקעיתו לתנור מתיר כלום – חזו"א>.

(**צ"ע**, הא בס"ה מביא המחבר דעת הרא"ם, **דיש בישול אחר צלי**, **וע"ש** במ"א, דה"ה דיש צלי אחר בישול, **ואיך מתיר הכא בסתם**).

הגה: ואפי' נצטנן כבר - לפרש דברי המחבר בא, דמיירי בנצטנן, ולהכי לא התיר אלא ביבש, **אבל אם הוא רותח** - היינו שהיס"ב, **אפילו בדבר שיש בו מרק, מותר.**

ויש מקילין לומר דכל שאין נותנו ע"ג האש או הכירה ממש רק סמוך לו, אפילו נצטנן מותר (המגיד) - פליג אמחבר דס"ל

באר הגולה

[ה] (עיין רש"י ד"ה מפני סכנה: פעמים שהן רותחין. לכאורה ר"ל דאסור לעולם אפי' בפושרים, משום דפעמים הן רותחין) [ו] שם מ' בברייתא [ז] שם בגמ' [ח] הר"ן שם בשם הירושלמי ובשם ר"י ושאר פוסקים [ט] (ע"פ הב"י, וז"ל: מביא אדם קיתון של מים ומניח כנגד המדורה, ואע"ג דאסרינן להשים על גבי כירה אפילו גרופה וקטומה, אע"פ שהתבשיל נתבשל מע"ש ולית ביה משום בישול, וי"ל דיש לחלק בין להשים על גבי כירה למדורה, דחזרה על גבי כירה אסור, אבל אצל המדורה שרי, משום דדמי לסומך (לז) ואע"פ שאין דבר מפסיק, כיון שהצריכו חכמים להרחיק מן המדורה, איכא היכרא ולא אתי לחתויי) [י] הסכמת כל הפוסקים אפי' המחמירים בדבר שיש בו מרק

דדוקא כשהוא יבש, אבל בדבר לח שנצטנן יש בישול אחר בישול, **ודעה** זו ס"ל דאין בישול אחר בישול בכל גווני, ואפי' נצטנן לגמרי.

שאינו נותנו על גבי האש וכו' - דאם נותן ע"ג ממש, אף שאין בו איסור דאורייתא לדידהו, עכ"פ אסור מדרבנן, מפני שנראה כמבשל, **וגם** דאתי לחתות בגחלים.

ונהגו להקל בזה אם לא נצטנן לגמרי, וכמו שכתבתי לעיל סי' רנ"ג - אף דלדעת המחבר, כיון שנצטנן מעט מחמימותו ואין היס"ב, שוב יש בו משום בישול, וכמו שכתבנו לעיל בס"ד, **המנהג** להקל בזה, דסומכין בזה איש מקילין כל זמן שלא נצטנן לגמרי.

אות ה' – ו'

ואמר לי: טול בכלי שני ותן

כלי שני אינו מבשל

סימן שיח סי"ג - [יא]מותר ליתן קיתון של מים או של שאר משקים, בכלי שני שיש בו מים חמין - אף דמים בלבד בלא כלי ג"כ מותר לערב בתוך כלי שני, וכנ"ל בסי"ב, **נקט** ע"י כלי משום סיפא, לאשמועינן דבכלי ראשון אפי' ע"י הפסקת כלי אסור.

כלי שני מיקרי, כשעירו מן כלי ראשון שהרתיחו החמין בתוכו, לתוך כלי זה, ומותר אפי' אם היד סולדת בו, **אבל** אם שואב בכלי ריקן מתוך כלי ראשון, י"א דדינו ככלי ראשון, **ובפרט** אם משהה הכלי ריקן בתוכו עד שמעלה רתיחה, ודאי מקרי כ"ר.

אבל בכלי ראשון אסור – (נראה שאם הצוננין שבכלי עליון מרובים כ"כ שא"א שיתבשל, שרי, דלא גרע היכא דמפסיק כלי מהיכא שנתערבו ממש).

יו"ד סימן קה ס"ב - [יב]חום של כלי ראשון שהיד סולדת בו, מבשל ואוסר כולו. אבל חום של כלי שני אינו מבשל. [יג]ויש אומרים שגם כן אינו מפליט ואינו מבליע. [יד]וי"א דמכל מקום הוא מפליט ומבליע, ואוסר כדי קליפה. וראוי לחוש ליזהר בדבר לכתחלה (ועי"ל סי' ס"ח סעיף י"ג) - (כתב הש"ך אפילו הוא דבר שדרכו להדיחו אח"כ, דאז מותר להניחו ע"ג איסור צונן, כדלעיל סי' צ"א, מ"מ הכא יש ליזהר לכתחלה בדבר הזה – באה"ט).

אבל בדיעבד מותר בלא קליפה, ובהדחה בעלמא סגי. (ועי"ל סימן ס"ח וצ"ב וצ"ה נתבארו דיני כלי שני ועירוי) – (וכתב עוד, ומ"מ יש להחמיר ולאסור בכלי חרס בכ"ש אם היס"ב, במקום שאין הפסד כ"כ, וכן בדבר מאכל יש לקלוף במקום שאין הפסד כ"כ, אבל עכ"פ אין לאסור כולו בכ"ש, **וגם** דעת הט"ז להחמיר בכ"ש כל שהיס"ב, אם לא בהפסד מרובה ודבר חשוב, וא"כ כל החומרות שנזכרו בסימן צ"ד בענין ב"י, הוי בכ"ש ג"כ, ולא כמ"ש רמ"א שם, אם לא בהפסד מרובה ודבר חשוב יש לסמוך אהרמ"א, **מיהו** בדבר זה חולק הט"ז, שמשמע מדבריו שאוסר כולו, והש"ך כתב שאינו אוסר רק כ"ק, (**ועיין** מ"ש בסימן צ"ד בשם מהרש"ל, בדבר שהוא עב כמו חתיכת בשר רותח, שדינו ככ"ר ממש, ומ"ש שם ע"ז) – באה"ט).

אות ז' – ח' – ט'

בכל מקום מותר להרהר, חוץ מבית המרחץ ובית הכסא

דברים של חול, מותר לאומרן בלשון קודש; של קודש, אסור לאומרן בלשון חול

אפרושי מאיסורא שאני

סימן פה ס"ב - [טו]אפי' להרהר בד"ת, אסור בבית הכסא ובבית המרחץ [טז]ובמקום הטנופת, והוא המקום שיש בו צואה ומי רגלים - ואפילו בתוך הד"א של הבה"כ ממקום שכלה הריח, ג"כ אסור להרהר.

ובבית המרחץ - כי נפיש זוהמא בתוכו ומאוס, והו"ל כצואה ובה"כ, ואפילו בזמן שאין שם אדם.

וטעם איסור ההרהור בכל אלו המקומות, משום דבעינן "והיה מחניך קדוש" וליכא.

וכן אסור לעיין בבה"כ במשקלי השמות והפעלים של לשון הקודש, שאין דרך להגיע לידיעה רק ע"פ הכתובים, ויבוא להרהר במקרא, **ויחשוב** שם חשבונות ביתו והוצאותיו, כדי שלא יבא לידי הרהור, ובשבת יחשוב בבנינים וציורים נאים, **ופשוט** דמותר אדם להתבונן בבה"כ בגודל שפלותו, ושבסופו יחזור כולו להיות עפר רימה ותולעה, ואין נאה לו הגאוה.

כתב בספר תוספות ירושלים בשם הירושלמי, דבבורסקי אסור להתפלל וכן להזכיר כל דבר שבקדושה, והוא שהותחל העיבוד שיש ריח רע, אבל אם עדיין לא התחיל מותר, **ופשוט** דבזמן שאסור, הוא אפי' להאומן עצמו שמורגל בהריח רע ואינו מרגיש, כל שבני אדם מצטערים מזה הר"ר.

כתב ב"י: מי שתלמודו שגור בפיו, והרהר בבה"כ ובבית המרחץ לאונסו, מותר. **יש** אומרים דכיון דאנוס הוא בהרהורו, יכול אפילו לבטא בשפתיו, וכן משמע מזבחים ק"ב ע"ב, **אבל** בספר ברכי יוסף מסיק, דהדבור אסור בכל גווני, והראיה מהגמרא יש לדחות, כמש"כ שם הרב ברכת הזבח וצאן קדשים, **ומה** שכתב: דאם הרהר לאונסו מותר, היינו ר"ל דאם הרהר לא עבד איסורא מאחר שהיה לאונסו, **ברם** לכתחילה חובת גברא לדחות ההרהור, וכ"ש דהדבור אסור, **וכ"כ** בספר ישועות יעקב דהדבור אסור.

באר הגולה

יא שבת מ' בעובדא דרבי יצחק בר אבדימי לדעתו | יב מסקנת הגמרא שבת דף מ' ע"ב | יג טור בשם הרשב"א בשם י"א | יד שם הרשב"א | טו שבת מ' | טז הרמב"ם שם

הגה: ואפי' הלכות המרחץ אסור ללמוד במרחץ (ר"ן פ' כירה וב"י בשם א"ח).

[יז]**דברים של חול, מותר לאמרם שם בלשון הקודש** - ומדת חסידות הוא להחמיר.

[יח]**וכן הכנויים, כגון "רחום" "נאמן" וכיוצא בהם, מותר לאמרם שם** - דגם בני אדם מכונים בהם לפעמים, כמו שנאמר: חנון ורחום וצדיק, **ודוקא** באומר כך, אבל באומר: הרחום ירחם עליך, י"ל דאסור כמו שאלת שלום. **אבל השמות שאינם נמחקין, אסור להזכירם שם** - לאו דוקא, דהא איכא "שלום" דאסור להזכיר שם.

הראב"ד אוסר ב"רחום", וכתב הב"ח ויש להחמיר, וכן פסק הפר"ח, **מיהו** בלע"ז לכו"ע שרי, הואיל וזה אינו מיוחד דוקא להקב"ה, **משא"כ** שאר ד"ת, וכ"ש השמות שאינם נמחקין, אסור לאמור שם אפילו בלשון לע"ז, כגון "גא"ט" בלשון אשכנז, או "בוגא" בלשון פולין ורוסיא וכה"ג, **שאף** ששם זה אין בו קדושה באותיות כתיבתו, ומותר למוחקו, מ"מ יש בו משום בזיון בהזכרתו במקום טינופת, **כמו** בהזכרת ה"שלום", שמותר ג"כ למוחקו, ואעפ"כ כיון שהקב"ה נקרא בו, אע"פ שאינו מיוחד לו, אסור להזכירו כשמתכוין על ענין השלום, **וכ"ש** בזה שלכמה דברים דינם כשמות שבלשה"ק, כגון לענין שבועה, ולענין הזכרת ש"ש לבטלה, ולענין קללת חבירו בשם.

[יט]**ואם נזדמן לו שם להפריש מדבר האסור, מפריש, ואפילו בלשון הקודש ובענייני קודש** - דהיינו לומר לו אפילו בלשון הוראה שאסור לעשות כן, וא"צ לדקדק ולומר: אל תעשה כך, בלי לשון הוראה, [כ][מ"א]. **ויש** מחמירין וסוברין, דאסור לומר בלשון הוראה, דזה הוא תורה, כגון אם רואה בע"פ שמגלחין אחר חצות, יאמר: אין מגלחין, דלשון זה אינו לשון הוראה, אע"ג דממילא נשמע דאסור, אבל לא יאמר: אסור לגלח, [כא][ח"א]. (**ומקרוב נדפס חידושי הר"ן על שבת, איתא שם בהדיא דלא כהח"א, וראיותיו יש לדחות, וכ"כ הגר"ז כהמ"א**). **ונ"ל** דאם אין דבריו נשמעין בקיצור, יוכל להעריך לפניהם גודל האיסור בכל חלקיו, כדי להפרישן, [מוכח מסוגיא דשבת שם].

וה"ה אם נכנס בלבו הרהור עבירה, מותר להרהר שם בד"ת, מפני שזהו כמו להפרישו מאיסור, שהתורה מצלת מהרהורים רעים.

[כב]**כתב** המ"א בשם הר"ן, אפילו בלא אפרושי מאיסורא, שרי לומר לחבירו: עשה לי כך וכך, אפילו אם ממילא הוי הוראה, שבזה מורה לו שהוא מותר לעשות כן, כיון שאינו אומרם בלשון הוראה.

הגה: ובמקום שמותר להרהר בד"ת - כגון בבית אמצעי של מרחץ וכנ"ל, או כגון שהוא בעצמו אינו נקי לגמרי, כגון שנגע בידיו במקומות המכוסים, **דאם** ידיו או שאר מקומות מגופו מטונפות ממש, אפילו ההרהור אסור, **מותר לפסוק דין, ובלבד שלא יאמר טעמו של דבר** - דפסק דין הוי כמו הרהור, שמחשב הטעם בלבו. **(ר"ן פ"ק דשבת ובפרק כל הכלים).**

אות י'

ובקש להדיח קרקע, ואמר לו: אין מדיחין; לסוך לו קרקע, אמר לו: אין סכין

סימן שלז ס"ג - [כג]**"אין סכין את הקרקע** - פי' דרכם היה לסוך שמן על הקרקע של בית המרחץ וכיוצא בו, ולהתגלגל עליהם.

ולא מדיחים אותו - שהיו פוקקין סילון שהמים נכנסו דרך בה לבית המרחץ, ופותחים נקב שבצד אחר, שילכו אותם המים ומנקים את הקרקע מפני הזוהמא.

וטעם כל אלה, משום דחיישינן להשוות גומות, **ואפילו** למאן דשרי כיבוד בשבת, דשאני הכא דכיון שהוא רוצה ליפות את הקרקע לסוך אותה או להדיחה, חיישינן שמא יראה גומות וישכח ויבא להשוותם במתכוין.

אפי' הוא מרוצף - דגזרינן אטו שאינו מרוצף, **והא** דהתיר בס"ב לענין כיבוד ולא גזר כן, משום דכיבוד הוא יותר דבר נחוץ מהדחה.

ודע, דהדחת רצפת הקרשים שנוהגין כהיום, יש בזה עוד איסור לעשות בשבת מלבד הדחה, דהא צריך לזה שריית אלונטית במים כידוע, ויש בזה משום כיבוס.

באר הגולה

יז **שם בגמ'** יח **שם י'** יט **שם מ'** כ ‹וז"ל: כתב הכ"מ כההוא דא"ל ר"מ אין סכין בשבת, והיה די שיאמר לו אל תסוך, או איני רוצה שתסוך, ואעפ"כ א"ל בלשון הוראה, עכ"ל› כא ‹וצ"ע דמלשון מ"א והכ"מ משמע דבכל לשון מותר להפריש מאיסורא, שהרי א"ל "אין סכין בשבת", וכי ס"ד שנתיר לעבור איסור דאורייתא בשביל שיזכה חבירו, דלא מצינו אלא להתיר איסור קל שלא יעבור חבירו על דאורייתא, כדאיתא בשבת דף ד' ובשו"ע סי' ש"ו, ע"ש במ"א ובתוס' שם. **ועוד** דהא מעשה דרבי בשבת מ' ע"ב בחמי טבריא היה, ובישול בחמי טבריא אינו אלא מדרבנן. **וכן** מעשה דר"מ שם שבקש להדיח קרקע ולסוך, כל זה אינו אלא מדרבנן, כדפירש"י שם להדיא, ואיך ס"ד להתיר דבור שהוא איסור דרבנן, אלא ודאי דלא הותר אלא לומר בלשון שלילה "אין סכין" ו"אין מדיחין", וכן "טול בכלי שני", דהדיבור גופא אינו דברי תורה אלא שנשמע מזה ממילא, **אבל** שיאמר לו אסור לסוך ואסור להדיח, אסור, כדאיתא בר"ן פרק כירה בשם רמב"ן, וכ"כ רמ"א דאפי' הלכות מרחץ אסור. **ומ"ש** המ"א בשם הכ"מ דא"ל ר"מ "אין סכין בשבת", לשון זה אינו לא בגמרא ולא בכ"מ, אלא "אין סכין", אבל "אין סכין בשבת", אפשר דאסור, דזה לשון הוראה גמורה, וצ"ל דכוונת המ"א דבשבת א"ל "אין סכין"› כב ‹וז"ל: דהא א"ל טול בכלי שני ותן, אע"ג דילפינן מינה דהפשירו לא זהו בישולו. **וז"ל**: המחה"ש: דאמרינן שם מעובדא דרבי ש"מ תלת, וחד מיניהו דהפשר לא מקרי בישול (כן היא גרסת הרי"ף שם יט, א. אבל בגמרא הגרסא להיפוך), דאל"כ אפי' בכלי שני לתסר, דהא עכ"פ השמן נעשה מפושר. **ואי** לאו דכה"ג שרי, לא הוה ליה למימר כן, אלא הוה ליה לומר אל תתנהו לתוך האמבטי, והיה די בזה לאפרושי מאסורא, אלא ודאי כיון דצריך לכך ואינו אומרו בלשון הוראה, אע"ג דממילא ילפינן מיניה הוראה, שרי› כג **רמב"ם בפ' כ"א שם ממעשה דתלמידו של רבי מאיר שבת מ' ובתוספתא פרק י"ז**

אות כ'

המבשל בחמי טבריא בשבת פטור

רמב"ם פ"ט מהל' שבת ה"ג - וכן המבשל בחמי טבריה וכיוצא בהם, פטור.

אות ל' – מ'

לא ישוט אדם בבריכה מלאה מים, ואפילו עומדת בחצר

לא קשיא, הא דלית ליה גידודי, הא דאית ליה גידודי

סימן שלט ס"ב - [כד]אין שטין על פני המים - בידיו ורגליו, שגם רגליו עקר מן קרקע המים, [מרש"י שם בדף מ:, דאי לאו הכי אינו אסור, ואף הרי"ף מודה בזה וכדאיתא במלחמות], **והטעם**, שמא יעשה חבית של שייטין, והוא כלי של גומא שאורגין אותו ועושין כמין חבית ארוכה, ללמוד בו לשוט על המים, [רש"י].

[כה]**אפילו בבריכה שבחצר** - הוא מקום כנוס מים לכביסה או לשרות פשתן, **מפני שכשהמים נעקרים ויוצאים חוץ לבריכה, [כו]דמי לנהר** - כשהמים יוצאים מן הבריכה ונמשכין בחצר מכחו, שדוחה המים בידיו ורגליו בשייטתו, **והוי** בכלל גזירה שאין שטין על פני המים, שמא יעשה חבית של שייטין. **ואילו** כשהבריכה עומדת בר"ה, בלא"ה אסור, שמא יתיז מים ברגליו חוץ לארבע אמות, [גם זה מרש"י שם].

ואם יש לה שפה סביב - היינו כעין כותלים גבוהים מכל צד, **מותר, דכיון דאפילו נעקרו המים השפה מחזרת אותם למקומם, הוי ליה ככלי וליכא למגזר ביה שמא יעשה חבית של שייטין** – (והנה לפירש"י בגמר', מסתברא דבזה אינו מותר רק כשהבריכה בחצר, אבל לא בר"ה, שמא יתיז חוץ לד"א, **אבל** לפי' הרי"ף שהעתיק השו"ע כוותיה, לא ברירא לי).

באר הגולה

כד משנה שם (ביצה ל"ו) **כה** ברייתא שבת מ' **כו** כן פירש הר"ן לפי גירסת הרי"ף שם וכ"כ רמב"ם בפכ"ג ה"ה (והרי"ף כתב בלשון הזה: תנו רבנן לא ישוט אדם בבריכה מלאה מים ואפילו עומדת בחצר, ואי אית גידודי שרי, מאי טעמא, דאי נמי עקר למיא הא איכא גידודי דמהדרי להו. **וכתב** הר"ן, שהוא מפרש עקר ולא עקר, לענין המים, שכשהן נעקרין ויוצאים חוץ לבריכה מיקרי עקר, ואסור משום דדמי לנהר, והוי בכלל גזירה דאין שטין על פני המים, וכי לא עקר להו למיא, הוה ליה ככלי, ולפיכך כתב ז"ל, דאי אית לה גידודי שרי, דאי נמי עקר להו למיא הא איכא גידודי דמהדרי להו. **אבל** רש"י פי' מאי דאמרינן בגמרא אי עקר אי לא עקר, אי עקר רגליו מן הארץ לשוט קאמרינן, וכל היכא דאיכא גידודי הוה ליה ככלי, ובכלי לא אסרו לשוט, דליכא למיגזר שמא יעשה חבית של שייטין, עכ"ל. **ודברי** הרא"ש כפירוש רש"י, אבל דברי הרמב"ם בפרק כ"ג ה"ה כדברי הרי"ף ז"ל – ב"י)

§ מסכת שבת דף מא. §

אות א'

כל האוחז באמה ומשתין כאילו מביא מבול לעולם

סימן ג סי"ד - יזהר שלא יאחוז באמה וישתין, אם לא מעטרה ולמטה - ואפילו אם האבר בקישוי, מותר מעטרה ולמטה, **מפני שמוציא שכבת זרע לבטלה** - ר"ל שע"י נגיעתו בגיד בא לידי חמום והרהור, ויבא לזה, וחומר עון הזה עיין באה"ע.

‹ואפילו אם אין לו עפר תיחוח ומקום מדרון, וא"א לו להשתין בישיבה, ויכול לבוא עי"ז ללעז על בניו ע"י הניצוצות כשלא יאחוז באמה, אפ"ה אסור›.

אא"כ הוא נשוי - דיש לו פת בסלו ואין יצרו תוקפו כ"כ, ואם היא נדה או שהוא בדרך, אסור.

ואפילו נשוי אינו מותר להושיט ידו לאמה כלל אלא בשעה שהוא צריך לנקביו.

ומדת חסידות ליזהר אפילו הנשוי - ואם עומד במקום שיש לו פחד שלא יפול, אין להחמיר בנשוי כלל, ארה"ח.

אבה"ע סימן כג ס"ד - אסור לאדם שאינו נשוי לשלוח ידו במבושיו - ‹ר"ל בביצים, גר"א. היינו אפילו בביצים, ציץ אליעזר›, **כדי שלא יבא לידי הרהור; ואפילו מתחת טבורו לא יכניס ידו, שמא יבא לידי הרהור** – [עיין במה שכתבתי ביו"ד סי' קפ"ב, דזה לא הוי אלא תוספת קדושה, אבל לא עיקרא דדינא, דאם לא כן מה התפאר רבינו הקדוש עצמו שלא הכניס ידו למטה מאבניטו, ושעל כן נקרא רבינו הקדוש], **ואם השתין מים, לא יאחוז באמה וישתין; ואם היה נשוי מותר** – {משמע אפילו אין אשתו עמו מותר}, ‹וט"ז ומ"א באו"ח סי' ג' לא כ"כ, ע"ש – באה"ט›, ‹**ודעת** הטור, דאף נשוי אינו מותר אלא לאחוז מעטרה ולמטה לצד הארץ – ערוה"ש›, **ובין נשוי ובין שאינו נשוי לא יושיט ידו לאמה כלל, אלא בשעה שהוא צריך לנקביו. (ועיין בא"ח סימן ג')** – ‹ולרחוץ האמה עם כל הגוף יחד, שרי כשרוחץ בדרך העברה, אבל להתעכב הרבה ברחיצת האבר אין נכון לעשות כן, דשמא יתחמם, **וגם** כשרוחץ לא יביט בערותו, ומגונה הוא, וכ"ש שלא יסתכל בערות חבירו – ערוה"ש›.

אות ב'

כל העולה מבבל לארץ ישראל עובר בעשה

רמב"ם פ"ה מהל' מלכים הי"ב - [א]כשם שאסור לצאת מהארץ לחוצה לארץ, כך אסור לצאת מבבל לשאר הארצות, שנאמר: בבלה יובאו ושמה יהיו.

אות ג'

אכל ולא שתה, אכילתו דם וזהו תחילת חולי מעיים

רמב"ם פ"ד מהל' דעות ה"ב - לא יאכל אדם עד שתתמלא כריסו אלא יפחות כמו רביע משבעתו; [ב]ולא ישתה מים בתוך המזון אלא מעט ומזוג ביין, וכשיתחיל המזון להתעכל במעיו שותה מה שהוא צריך לשתות, ולא ירבה לשתות מים ואפילו כשיתעכל המזון; [ג]ולא יאכל עד שיבדוק עצמו יפה יפה שמא יהיה צריך לנקביו; [ד]לא יאכל אדם עד שילך קודם אכילה עד שיתחיל גופו לחום, או יעשה מלאכתו או יתיגע ביגע אחר, כללו של דבר יענה גופו וייגע כל יום בבקר עד שיתחיל גופו לחום, וישקוט מעט עד שתתישב נפשו ואוכל; [ה]ואם רחץ בחמין אחר שיגע, הרי זה טוב, ואחר כך שוהה מעט ואוכל.

אות ד'

המיחם שפינה ממנו מים חמין, לא יתן לתוכו מים מועטים כדי שיחמו, אבל נותן לתוכו מים מרובים כדי להפשירן

סימן שיח סי"ב - [ו]מיחם שפינה ממנו מים חמין, מותר ליתן לתוכו מים צונן (מרוזים) כדי להפשירן - אבל מועטין שיוכלו להתחמם מחום המיחם עד שתהא היד סולדת בהן, אסור, **אבל** מרובין מותר אפי' אם ימלא את כל הכלי במים צוננים, וע"י זה יוכל הכלי לבוא לידי צירוף, דהיינו כשהכלי מתכות חם ונותנין לתוכו צונן, מחזקים את הכלי, וזה הוא גמר מלאכת הצורפין, שרתיחת האור מפעפעתו וקרוב להשבר, והמים מצרפין פעפועיו, אפ"ה שרי, כיון שאין מתכוין לזה, **ולאו** פסיק רישיה הוא, דאפשר שלא יגיע הכלי עי"ז לידי צירוף, **והמכוין** לצרף, י"א שהוא חייב מדאורייתא, וי"א שהוא מדרבנן.

‹המשך ההלכות מול עמוד ב'›

באר הגולה

א ‹שם (כתובות דף קי"א) אמר רב יהודה אמר שמואל כשם שאסור לצאת מא"י לבבל, כך אסור לצאת מבבל לשאר ארצות, ולעיל מהא (דף ק"י:) אמרינן דאמר רב יהודה כל העולה מבבל לא"י עובר בעשה, שנאמר: בבלה יובאו ושמה יהיו עד יום פקדי אותם, ורבינו כתב המימרא דאסור לצאת מבבל לשאר ארצות, ואף א"י בכלל, ומשמע התם בגמרא דאמוראי בתראי נמי הכי ס"ל – כסף משנה› ב ‹זהו אמרם בשבת מ"א, אכל ולא שתה אכילתו דם, וזהו תחלת חולי מעים, הרי דצריך לשתות אבל רק מעט – עבודת המלך› ג ‹ברייתא בברכות כ"ג ב' הנכנס לסעודת קבע מהלך וכו' ונפנה ונכנס, ובשבת פ"ב א' הנצרך להפנות ואכל וכו' רוח רעה או רוח זוהמא שולטת בו, ועיין בדף מ"א א' שם – עבודת המלך› ד ‹רבנו מפרש הא דאמרו בשבת מ"א שם, אכל ולא הלך ד' אמות אכילתו מרקבת, דלא כפירש"י דקאי על אחר אכילה, אלא דקאי אקודם אכילה – עבודת המלך› ה ‹עיין שבת מ', נכנס ומזיע יוצא ומשתטף, הרי דשיטוף אחר זיעה טובה – עבודת המלך› ו **שם מ"א במשנה ובגמ'** ‹נקט תירץ דרב אדא, דרב ושמואל ס"ל כוותיה – גר"א›

כירה פרק שלישי שבת מא

מסורת הש"ס

עין משפט נר מצוה

תורה אור

דלית ליה גידודי הא דאית ליה גידודי: וא"ר זירא אנא חזיתיה לר' אבהו שהניח ידיו כנגד פניו של מטה ולא ידענא אי נגע אי לא נגע פשיטא דלא נגע דתניא *ר' אליעזר אומר [א]כל האוחז באמה ומשתין כאילו מביא מבול לעולם אמר אביי עשאוה כבולשת דתנן *בולשת שנכנסה לעיר בשעת שלום חביות פתוחות אסורות סתומות מותרות בשעת מלחמה אלו ואלו מותרות לפי שאין פנאי לנסך אלמא כיון דבעיתי לא מנסכי ה"נ כיון דבעית לא אתי להרהורי והכא מאי ביעתותא ביעתותא דנהרא איני והאמר ר' אבא אמר רב הונא אמר רב כל המניח ידיו כנגד פניו של מטה כאילו כופר בבריתו של אברהם אבינו לא קשיא הא כי נחית הא כי סליק כי הא דרבא שחי ר' זירא זקיף רבנן דבי רב אשי כי קא נחתי זקפי כי קא סלקי שחי *ר' זירא הוה קא משתמיט מדרב יהודה דבעי למיסק לארעא דישראל דאמר רב יהודה [ב]כל העולה מבבל לא"י עובר בעשה שנאמר °בבלה יובאו ושמה יהיו (ירמיה כז) אמר איזיל ואשמע מיניה מילתא ואיתי ואיסק אזל אשכחיה דקאי בי באני וקאמר ליה לשמעיה הביאו לי נתר הביאו לי מסרק פתחו פומייכו ואפיקו הבלא ואשתו ממיא דבי באני אמר אילמלא *(לא) באתי אלא לשמוע דבר זה דיי בשלמא הביאו נתר הביאו מסרק קמ"ל דברים של חול מותר לאומרם בלשון קדש פתחו פומייכו ואפיקו הבלא נמי כדשמואל דאמר שמואל הבלא מפיק הבלא אלא אשתו מיא דבי באני מאי מעליותא דתניא [ג]אכל ולא שתה אכילתו דם וזהו תחילת חולי מעיים *אכל ולא הלך ד' אמות אכילתו מרקבת וזהו תחילת ריח רע הנצרך *לנקביו ואכל דומה לתנור שהסיקוהו ע"ג אפרו וזהו תחילת ריח זוהמא רחץ בחמין ולא שתה מהן דומה לתנור שהסיקוהו מבחוץ ולא הסיקוהו מבפנים רחץ בחמין ולא נשתטף בצונן דומה לברזל שהכניסוהו לאור ולא הכניסוהו לצונן רחץ ולא סך דומה למים ע"ג חבית: **מתני'** מוליאר הגרוף שותין הימנו בשבת אנטיכי אע"פ שגרופה אין שותין הימנה: **גמ'** היכי דמי מוליאר הגרוף תנא מים מבפנים וגחלים מבחוץ אנטיכי רבה אמר בי כירי רב נחמן בר יצחק אמר בי דודי מאן דאמר בי דודי כ"ש בי כירי ומאן דאמר בי כירי אבל בי דודי לא תניא כוותיה דרב נחמן אנטיכי אע"פ שגרופה וקטומה אין שותין הימנה מפני שנחושתה מחממתה: **מתני'** המיחם שפינהו לא יתן לתוכו צונן בשביל שיחמו אבל נותן הוא לתוכו או לתוך הכוס כדי להפשירן: **גמ'** מאי קאמר אמר רב אדא בר מתנא הכי קאמר [ד]המיחם שפינה ממנו מים חמין לא יתן לתוכן מים מועטים כדי שיחמו אבל נותן לתוכו מים מרובים כדי להפשירן והלא

רש"י

דלית ליה גידודי. שאין שפתה גבוהה שיהיו המים עמוקים אצל שפתה כמו באמצע דכיון שאין עמוקים שם כי מטי סמוך לשפתה טוען רגליו בקרקע וחופר וממחה העפר לתוך המים ודמי למגבל ולי נראה דאית ליה גידודי שרי דלא דמי לנהר אלא לכלי דלית ליה גידודי דמיא לנהר ואסור: **שהניח ידיו.** כשהיה רוחץ משום צניעות: **אי נגע.** באמה: **כאילו מביא מבול לעולם.** שמתחמם ובא לידי קרי וזה קלקולו של דור המבול מוציאים שכבת זרע לבטלה דכתיב כי השחית כל בשר וגו' (בראשית ו): **כבולשת.** עשאוה להא דר' אבהו בולשת חיילות גיים הבא לעיר על שם שמחפשין ובולשים את העיר קרי לה בולשת: **בשעת שלום.** כגון שהוא של אותה מלכות: **כאילו כופר.** דנראה שהוא בוש בדבר: **כי נחית.** לנהר פניו כלפי הנהר ואין כאן משום צניעות אסור לכסותו: **כי סליק.** ופניו כלפי העם מותר משום צניעות: **ר' זירא זקיף.** דחייש לדרב שלא יראה ככופר: **משתמיט.** היה ירא לראות לו משום דהוה בעי רבי זירא למיסק לארעא דישראל ורב יהודה לא סבירא ליה וירא פן יגזור עליו מליך: **בבלה יובאו ושמה יהיו עד יום פקדי וגו'.** ור' זירא אמר לך ההוא קרא בכלי שרת כתיב כדאמרינן בשני דייני גזירות (כתובות קיא.): **הביאו לי נתר.** לחוף את ראשי וקאמר להו בלשון הקודש: **פתחו פומייכו.** ויכנס הבל בית המרחץ לתוך הגוף ויוציא הבל של זיעה: **ואשתו.** מן מים חמין ואפי' לא הוחמו אלא לרחיצה: **מותר לאומרן.** בבית המרחץ ואפי' בלשון קודש: **הבלא.** דמרחץ הנכנס דרך הפה: **מפיק הבלא.** דזיעה: **ולא הלך ד' אמות.** קודם שישן: **מרקבת.** אינה מתעכלת לעשות זבל: **ריח רע.** ריח הפה: **ריח זוהמא.** כל גופו מזוהם בזיעה תמיד: **ולא הסיקוהו מבפנים.** שאינו מטיב לכלום: **ולא הכניסוהו לצונן.** שהן מחזקין את הברזל: **למים ע"ג חבית.** על שוליו ולדדיו שאינם נכנסים לתוכו: **מתני' מוליאר הגרוף.** מן הגחלים מבע"י: **שותין.** ממימיו בשבת ואע"פ שהוחמו קצת מחמת הכלי לפי שאינו מוסיף הבל אלא משמר ומקיים חום שלהם שלא יצטננו בגמרא מפרש מוליאר מים מבפנים וגחלים מבחוץ כלי שיש בו בית קיבול קטן אצל דופנו מבחוץ מחובר לו ונותן שם גחלים והמים בקיבולו הגדול ורבותינו מפרשים מוליאר שני שולים ואנטיכי בי דודי מחילה בינתיים ולי נראה להפך דאם כן ה"ל למיתני מים מלמעלה וגחלים מלמטה ועוד דנחשתה דתני באנטיכי לשון שולים הן והן אומרים לשון נחושת ואני נחשת מחרס: **אנטיכי.** מפרש בגמרא: **גמ' בי כירי.** אלא יש בכירה אצל חלליה שהגחלים בו ומים נתונים בחללה השני ואע"ג דדמי למוליאר מיהו כירה דופנה עב והאור תדיר בתוכה כל ימות החול ודופנה חם מאד ומוסיף הבל במים אע"פ שגרופה מן הגחלים: **בי דודי.** יורה גדולה עושין לה שתי שוליים ונותנין גחלים בין שניהם והמים על העליונים: **וכל שכן.** דבי כירי אסור כדפרישית שמתוך שהאור תדיר בו ודופנו עב מרתיח: **אבל בי דודי לא.** שהרי הוא כמוליאר: **שנחושתה.** נחושת שלה אלמא ביורה של נחשת קאי ונחשת משמר רתיחתו ואני אומר נחושתה לשון שולים כדכתיב (יחזקאל טז) יען השפך נחשתך ולשון של המשנה נחשתו של תנור במסכת כלים (פ"ח מ"ג) ושאני אנטיכי ממוליאר דמתוך שהשולים מכוסים הומם משמר ואע"ג שגרפו גחליהם: **מתני' המיחם.** קומקמוס של חמין: **שפינהו.** כולה מתניתין מפרש בגמרא: **גמ' מאי קאמר.** מאי פינהו ומאי לא יתן והדר אמר אבל נותן: והלא

תוספות

פשיטא דלא נגע דתניא ר' אליעזר אומר כו'. ואע"ג דרבנן פליגי עליה ושרו בפרק כל היד (נדה יג: ושם) לא שרי אלא משום ממזרות שלא יראה ככרות שפכה ויוציאו לעז על בניו שהן ממזרים*: **רחץ** ולא סך. ול"נ מעיקרא דהא בכולי הש"ס רחילה קודם סיכה כדאמר בפ"ק דקידושין (דף כב:) רחצו סכו וקרא כתיב ורחצת וסכת (רות ג) מיהו קרא איכא לאוקמי בסיכה שהיתה מתקשטת עצמה לריח טוב לכן לא היתה סכה בתחלה שעל ידי רחיצה היתה מעברת הסיכה מעליה: **מוליאר** הגרוף שותין ממנו בשבת. פי' בקונטרס לפי שאין מוסיף הבל אלא משמר ומקיים חום שלהן ואנטיכי אפי' גרופה אין שותין הימנה לפי שמוספת הבל ואין נראה דלא שייך למיגזר במוסיף הבל אלא בהטמנה גזירה שמא יטמין ברמץ ועוד דדוחק לומר דמתני' איירי כשעשה האיסור ועוד דאנטיכי אוסר בכל ענין לשתות הימנו אפילו בהשהאה ואי להחזיר תנן משהין אפילו באינו גרוף ועוד אי משום תוספת הבל אסרה ליה מתני' בשתיה תקשה לרבה ורב יוסף דשרו לעיל (דף לח.) בשכח קדרה ע"ג כירה ובשלה בשבת אע"ג דלא נתבשלה כמאכל בן דרוסאי ואפי' במזיד ונראה כפי' ה"ר פורת מוליאר הגרוף שותין הימנו בשבת שמוזגין המים חמין ביין לפי שהמים אינן כ"כ חמין במוליאר שיתבשל היין מן המים שמוזגין לתוכו אבל אנטיכי אע"פ שגרופה אין שותין הימנה לפי שאנטיכי יש בה הבל יותר ומתבשל היין מן המים בשעת מזיגה וכ"מ בירושלמי: והלא

[וע"ע תוספות יומא ל. ד"ה מלוח]

כט א מיי' פכ"א מהל' איסורי ביאה הלכה כג טוש"ע או"ח סימן ג סעיף יד וטוש"ע אה"ע סימן כג סעיף ד:

ל ב מיי' פ"ה מהלכות מלכים הלכה יב:

לא ג מיי' פ"ד מהלכות דעות הלכה ב:

לב ד מיי' פכ"ב מהל' שבת הלכה א וסכ"ב הלכה ו סמג לאוין סה טוש"ע או"ח סימן שית סעיף יב:

רבינו חננאל

הוא ומשום דשמעיה מר' יוחנן הוכיח בעל השמועה. ושנינן לאפרושי מאיסורי שרי כמעשה דתלמידו של ר' מאיר: **תניא** לא ישוט אדם בבריכה מליאה מים ואפילו עומדת בחצר א"ר זירא חזיתיה לר' אבהו שהניח ידיו כנגד פניו של מטה וכו' פי' ר' אבהו היה יורד בנהר לטבול ואפילו (לא) נגע לא חיישינן (לה) [והא] דתניא ר' אליעזר אומר כל האוחז באמה ומשתין כאילו מביא מבול לעולם כלומ' מתחמם ומוציא ש"ז ונמצא משחית זרעו על הארץ. הני מילי היכא דלא מיבעית אבל היכא דמיבעית כגון ר' אבהו דהוה מבעית מעליית הנהר אין לו פנאי להתחמם כמו שאין פנאי לבלשת לנסך. הלכך אפילו נגע לא חיישינן ליה והני מילי דשרי להניח ידיו כנגד פניו של מטה כשעולה מן הנהר אבל כשיורד בנהר לא כרב דאמר כל המניח ידיו כנגד פניו של מטה כאילו כופר בבריתו של אברהם אבינו וכרבנן דבי רב אשי דכי נחתי זקפו כי סלקי שחו: אמר רב יהודה כל העולה מבבל לא"י עובר בעשה שנאמר בבלה יובאו ושמה [יהיו] עד יום פקדי אותם נאם ה'. והלך ר' אבא ומצא לר' יהודה במרחץ והי' אומר לשמשיו בלה"ק הביאו לי נתר הביאו לי מסרק פתחו פומייכו והסיקו הבלא ואשתו מיא דבי באני למדנו ממנו כי דברים של חול מותר לאומרן במרחץ בלה"ק. אמר אילו לא [באתי] אלא לשמוע דבר זה דיי: **מתני'** מולייר תנא מים מבחוץ וגחלים מבפנים והוא של חרס ואם נרף גחלים שרי: **אנטיכי** א"ר נחמן בי דודי ושל נחושת היא ותניא כרב נחמן אנטיכי אע"פ שגרופה אין שותין הימנה בשבת מפני שעשו

נדה יג. מג.

ע"ז ע: כתובות כו. [נדה יג.]

כתובות קי. ברכות כד.

[עי' תוספות מגילה כח. ד"ה אלמלא]

[עי' ב"מ קיג:]

[לקמן פב. ע"ש]

מחממתה: **ירושלמי** מולייר שאינו גרוף אסור מפני שהגחלים נתונות בגופו ר' חנניא בר הלל אמר מפני שהרוח נכנסת לתוכו והגחלים בוערות. ר' יוסי בר אבין א' מפני שעשוי פרקין פרקין ומתיירא שמא נתאכל דיבוקו ומוסיף מים. אנטיכי בשם ר' יוחנן אמרי מפני שמתחממת מכתליה: **פיסקא** מיחם שפינהו לא יתן לתוכו צונן

והלא מצרף ר' שמעון היא דאמר *דבר שאין מתכוין מותר מתקיף לה אביי מידי מיחם שפינה ממנו מים קתני מיחם שפינהו קתני אלא אמר אביי הכי קאמר המיחם שפינהו ויש בו מים חמין לא יתן לתוכו מים מועטין בשביל שיחמו אבל נותן לתוכו מים מרובים כדי להפשירן ומיחם שפינה ממנו מים לא יתן לתוכו מים *כל עיקר מפני שמצרף ור' יהודה היא דאמר דבר שאין מתכוין אסור אמר רב ל"ש אלא להפשיר אבל לצרף אסור ושמואל אמר אפי' לצרף נמי מותר לצרף לכתחילה מי שרי אלא אי איתמר הכי איתמר אמר רב לא שנו אלא שיעור להפשיר אבל שיעור לצרף אסור ושמואל אמר אפי' שיעור לצרף מותר

רש"י

והלא מצרף. כשכלי מתכות חם ונותן לתוכו צונן מחזקים את הכלי וזו היא גמר מלאכת הצורפין שרתיחת האור מפעפעתו וקרוב להשבר והמים מצרפין פעפועיו סולדי"ר בלע"ז: שפינהו. משמע שפינהו לעצמו מעל האור: אבל לצרף. שפינהו ממנו החמין: הכי איתמר לא שנו. דפינהו שרי לתת לתוכו צונן: אלא שיעור להפשיר. ולא לצרף כגון שלא מלאהו כולו ורב משמע ליה פינהו כרב אדא שפינה ממנו חמין: אפילו שיעור לצרף. שמלאהו כולו: מותר

תוספות

והלא מצרף. וליכא לשנויי בשלא הגיע לצירוף כדמשני בפרק אמר להם הממונה (יומא דף לד: ושם) דהתם מיחם הגיע לצירוף הוא: מידי מיחם שפינה הימנו מים קתני המיחם שפינהו קתני. תימה והכתיב ופנו את הבית (ויקרא יד) ואנכי פניתי הבית (בראשית כד) סולו פנו דרך (ישעיה נז) וכן בש"ס *פנו מקום לבר ליואי שאינו מפנה אלא מה שבתוכם וי"ל כיון דבכמה מקומות הוזכר פינוי על הדבר המפנין כגון *המפנה תפליו מזוית לזוית *) מפנין ד' וה' קופות (*) פנו כלים (מבית) הטומאה *(תבן) ועתיד לפטתו לא הוה ליה למנקט פינהו אלא פנה ממנו מים כיון דאיכא למיטעי: מיחם שפינה ממנו מים לא יתן לתוכו מים כל עיקר מפני שמצרף ורבי יהודה היא. אבל לר"ש שרי אע"פ שמצרף כיון דאינו מבשל כגון שיש בו מים הרבה שאין המיחם מספיק לבשל רוב המים שבתוכו כדאשכחן בפרק אמר להם הממונה (יומא דף לד: ושם) שאין מבשל ומצרף דקאמר רבי יהודה מביאין עששיות של ברזל ומטילין לתוך המים שתפיג צינתן ואם היה מבשל היה אסור ואפ"ה פריך והלא מצרף ואע"ג דאביי סבר כר"ש דהא אמר לעיל *כל מילי דמר עביד כרב לבר מהני תלת דעביד כשמואל וחד מינייהו הלכה כר"ש בגרירה ומשתמא אביי כרבה רביה סבירא ליה מ"מ מוקי מתניתין כרבי יהודה משום דקשיא ליה מידי מיחם שפינה ממנו מים קתני ורב אדא לא חייש לקושיית אביי ומוקי לה כהלכתא כר"ש ול"ג לעיל אמר רב אדא בר מתנא אמר רב דרב סבר *כר' יהודה בגרירה ועוד דבהדיא מוקי בסמוך מתני' כר' יהודה ונ"ל דלא הוי פסיק רישיה שיכול להיות שלא יצרף דבפסיק רישיה מודה ר"ש והא דפריך והלא מצרף ה"ק והלא שמא מצרף קשה דהכא משמע דבצירוף אסר ר' יהודה נמי דבר שאין מתכוין ובפרק אמר להם הממונה גרים רש"י ה"מ דאורייתא אבל הכא צירוף דרבנן ול"ג אין שבות במקדש ומפרש דדוקא בדבר שהוא מן התורה אית ליה לר' יהודה דבר שאין מתכוין אסור אבל בצירוף שהוא דרבנן לא ומיהו בלאו הכי קשה לפי' דהא ר' יהודה אסר בגרירה במתניתין דבילה דפרק י"ט (דף כג:) דתנן ואיכה גררת אלא אבל ע"ג כלים דמשמע אבל ע"ג קרקע לא ומוקמינא כר' יהודה דאסר באין מתכוין אע"ג דבגרירה ליכא איסורא דאורייתא אפי' במתכוין כדמשמע בסוף פירקין דהאי תרש כלאחר יד ועוד דשמעתא דהתם קשה דמשני אביי אפי' תימא כשהגיע לצירוף דבר שאינו מתכוין מותר ופריך ומי אמר אביי הכי והתניא ימול בשר ערלתו אפי' במקום בהרת יקוץ דברי רבי אושעיא והוינן בה קרא ל"ל ואמר אביי לא נצרכה אלא לר' יהודה דאמר דבר שאין מתכוין אסור והשתא אמאי לא מייתי ההיא דבילה דהיא משנה שלמה דאסר ר' יהודה דבר שאין מתכוין ומייתי מילתיה דאביי ועוד מותק הספר דגרס ואין שבות במקדש לכך נראה לפרש התם אביי אמר אפילו כו' דבר שאין מתכוין מותר פי' מותר לר' יהודה ולא אסר °ליה ר' יהודה דבר שאין מתכוין אלא מדרבנן ופריך מימול בשר ערלתו דמוקי אביי דאיצטריך לר' יהודה קרא א"כ ש"מ דאסר ר' יהודה אין מתכוין מן התורה ומשני וה"ג ה"מ בכל התורה כולה פי' בכל התורה כולה חוץ משבת אסור מן התורה אבל צירוף דגבי שבת לא אסור אין מתכוין אלא מדרבנן דכיון דאין מתכוין לא הויא מלאכת מחשבת ושרי דאין שבות במקדש והשתא א"ש הכא וסוגיא דהתם וקשה דבפרק ספק אכל (כריתות דף כ: *ושם) א"ר אסי כגון שנתכוין לכבות העליונות והובערו התחתונות מאליהן ת"ק סבר לה כר"י דאמר דבר שאין מתכוין אסור ולכך קאמר דחייב חטאת ומאן דפטר כר"ש דאמר דבר שאין מתכוין מותר אלמא משמע דדבר שאין מתכוין אסור לר"י אפי' בשבת מן התורה וי"ל דהתם הוי פסיק רישיה שאי אפשר כלל לכבות העליונות אם לא יובערו התחתונות וחשיב מלאכת מחשבת ואע"ג דהוי פסיק רישיה פטר ר"ש משום דהויא מלאכה שאינה צריכה לגופה דאינו צריך להבערת התחתונות והא דנקט ליפנא מתכוין ושאין מתכוין ולא נקט ת"ק כר"י דאמר מלאכה שאינה צריכה כו' משום רבותא דר"י נקט דלא תימא דלא מחייב ר"י מלאכה שאינה צריכה לגופה אלא במקום שמתכוין לעשות המלאכה כגון מכבה גחלת של עץ שלא יזוקו רבים שמתכוין לכיבוי אבל התם שאינו מתכוין להבעיר התחתונות לא קמ"ל כיון דהוי פסיק רישיה חייב ובההיא דהחותה גחלים להתחמם והובערו מאליהן נקט הא ר"י דאמר מלאכה שאינה צריכה לגופה חייב הא ר"ש כו' אע"ג דאין כוונתו להבעיר מדפטר ר"ש דאי כוונתו להבעיר הויא צריכה לגופה מ"מ כיון דניחא ליה בהך הבערה לא קרינן ביה שאינו מתכוין ולהכי לא נקט ליפנא דאין מתכוין אבל בנתכוין לכבות העליונות לא ניחא ליה בהבערת התחתונות כלל שהרי בא לכבות שייך ליפנא דאין מתכוין אע"ג דהוי פסיק רישיה ור"ש שרי בחותה גחלים להתחמם אע"ג דבפרק הבונה (לקמן קג: ושם) משמע דהתולש לאכילה או לבהמה בארעא דידיה חייב חטאת בכל שהוא אע"ג דאין מתכוין ליפות הקרקע לא דמי לכל מלאכה שאינה צריכה לגופה כגון חותה להתחמם דהתם אע"פ שאין מתכוין ליפות אנן סהדי דניחא ליה אבל בחותה אינו נהנה בהבערה זו דבלא הבערה זו יתחמם וכיון שאינו נהנה (א) בברור לא נתכוון להבעיר והויא מלאכה שאינה צריכה לו*: **לא** שנו אלא להפשיר. מתוך פי' הקונט' משמע דמפרש הסוגיא כן לא שנו אלא בדבר שאין שייך צירוף אלא פישור כגון מיחם שפינהו אבל לצרף פי' בדבר ששייך צירוף כגון מיחם שפינו ממנו מים אסור ושמואל אמר אף לצרף כלומר אף בדבר ששייך צירוף מותר ומשמע אפי' במתכוין ולהכי פריך ולצרף לכתחילה מי שרי אלא אי איתמר הכי איתמר לא שנו דפינה ממנו מים שרי לתת לתוכו צונן אלא שיעור להפשיר ולא לצרף כגון שלא מלאהו כולו דליכא צירוף עד שימלאנו על כל גדותיו ורב מפרש פינהו כרב אדא והא דפריך לעיל והא מצרף משום דמשמע ליה הא דקאמר אבל נותן לתוכו מים מרובין שיש שיעור לצרף מדקאמר מרובים אבל כשפינהו והמים בתוכו א"א להיות צירוף ודוחק ור"י מפרש בענין אחר דפינהו נמי איכא צירוף כשמלאהו ובפינה ממנו מים כל שהוא יש בו שיעור לצרף מדפריך לעיל והלא מצרף ולא משני שאין בו שיעור לצרף ועוד מדקאמר אביי אבל מיחם שפינה ממנו מים אסור מפני שמצרף משמע דהתם פשיטא ליה שמצרף ולא שייך לפלוגי ביה דבכל שהוא הוא מצרף וה"פ לא שנו אלא להפשיר פי' שמתכוין להפשיר השתא סבירא ליה דמיירי רב אפי' בשיעור לצרף אבל לצרף שמתכוין לצרף אסור כר"ש ומפרש פינהו שפינה ממנו מים כרב אדא אי נמי פינהו עם המים כאביי ומיירי כשיש בו שיעור לצרף כגון שממלאו כולו מים צוננין דאע"ג דהמים חמין שבתוכו לא נסתלקו יש שיעור לצרף ומחלק בין אין מתכוין למתכוין כר"ש ולא כאביי דמוקי לה באין בו שיעור לצרף וכר' יהודה וכי פריך אליבא דשמואל ולצרף לכתחילה מי שרי ה"ה דהוה מצי למיפרך אליבא דרב כיון דסבר דהלכה כרבי יהודה בגרירה דהיינו בדבר שאינו מתכוין מאי דוחקיה לאוקמי מתני' כשיש בו שיעור לצרף וכר"ש לוקמה כשאין בו שיעור לצרף כאביי וכרבי יהודה דסבירא ליה כוותיה אלא אדשמואל קפריך דעדיפא ליה אלא אי איתמר הכי איתמר השתא מפרש מתניתין כאביי לגמרי שפינהו עם המים וה"פ לא שנו אלא שיעור להפשיר שאינו ממלא המיחם על כל גדותיו אבל שיעור לצרף אע"פ שאינו מתכוין אלא להפשיר אסור כרבי יהודה דסבר כוותיה אבל פינה ממנו מים לעולם אסור דבכל ענין יש שיעור לצרף כדפי' וכי קאמר אביי אבל מיחם שפינה ממנו מים כו' ה"ה דמצי למימר בד"א בשיעור להפשיר אבל שיעור לצרף אסור אלא ניחא ליה למינקט האי ליפנא משום דמלשון פינהו דייק דאתיא כר' יהודה ושמואל אומר אף שיעור לצרף מותר כר"ש וא"ת מדקאמר שמואל אף שיעור לצרף אם כן מוקי מתני' כאביי דדייק שפינהו דלרב אדא דמפרש שפינה ממנו מים לעולם יש שיעור לצרף ומאי אף שיעור לצרף דקאמר שמואל וכיון דמפרש כאביי אם כן נידוק דווקא פינהו הא פינה ממנו אסור כר"י וי"ל דשמואל קאי אמילתיה דרב וקאמר אף שיעור לצרף שרי דהנא סבירא לי כר"ש מוקמי' מתני' כוותיה דרב אדא כשפינה ממנו מים ויש לעולם שיעור לצרף:

לא שנו אלא להפשיר. פ"ה דרב משמע ליה מתני' פינהו כרב אדא שפינה ממנו המים ושיעור להפשיר כשלא מלאהו ושיעור לצרף כשמילאהו וקשה כי פריך לעיל והלא מצרף לימא כשלא מילאהו ועוד מדקאמר אביי אבל מיחם שפינה ממנו מים לא יתן לתוכו כל עיקר מפני שהוא מצרף משמע בכל ענין הוא מצרף אפי' לא מילאהו וי"ל דמשמע ליה פינהו כאביי וקאמר לא שנו אלא שיעור להפשיר שלא נתן בו מים כ"כ שיצטנן החמין אבל נתן בו מים כ"כ שיצטננו החמין אסור ואע"פ שאינו מתכוין לצרף מיתסר (תו"י בשם מהר"ם מרוטנברג):

אפילו

רבינו חננאל

אוקמא מיחם שפינהו מע"ג הכירה ויש בו מים חמין לא יתן לתוכו מים מועטין בשביל שיחמו אבל נותן לתוכו מים מרובין כדי לפשר. פינה ממנה החמין לא יתן לתוכו מים כל עיקר מפני (הוא) שמצרף. ור' יהודה הוא דאמר דבר שאין מתכוין אסור אמר רב לא שנו אלא מים מועטין שיעור להפשיר אבל מים מרובין שיעור לצרף אסור. פי' צירוף הכלי בעת שיתחמם נעשה כגחלת וכשמביאו בשעת גמר מלאכתו בצונן מחזקתו ולוטש פניו ונמצא לו כמו צירוף רב אמר שיעור לצרף אסור ושמואל אמר אפילו שיעור לצרף נמי מותר *) ואוקמה שמואל כר"ש ורב אדא בר מתנה כר' שמעון ודאביי נמי בבא דרישא (נמי) קאי כשמואל וסוגיא כשמואל אליבא דר"ש [ור' ארא] ואקשינן

*) מן ואוקמה עד קאי כשמואל טובא גם ברמב"ן במלחמה בשם ר"ח:

רב נסים גאון

ר"ש היא דאמר דבר שאינו מתכוין מותר וזה העיקר בפרק במה מדליקין (דף כט) דתניא ר"ש אומר גורר אדם מטה כסא וספסל ובלבד שלא יתכוין לעשות חריץ. ור' יהודה דאמר דבר שאין מתכוין אסור עיקר דברי ר' יהודה במשנה במס' יו"ט בפ' יום טוב שחל להיות ערב שבת (דף כג) דתנן ר' יהודה אומר אין מקרדין ביו"ט מפני שהוא עושה חבורה ובגמ' גרסי' ר' יהודה סבר דבר שאין מתכוין אסור ובמס' בכורות בפ' כל פסולי המוקדשין (דף לג) שנינו בכור שאחזו דם אפילו מת אין מקיזין לו את הדם דברי ר' יהודה כו' ר' שמעון אומר יקיז אע"פ שהוא עושה מום הרי מיכן תדע שר' יהודה סבר דבר שאין מתכוין אסור ור"ש [סבר] דבר שאין מתכוין מותר:

מסורת הש"ס

*[עירובין כ:] *)[קיקכו:] (*) [פנו כלים מפני הטומאה ברכות כח:]

[לעיל כט: ביצה כג: כתובות ו: פסחים כה: נזיר מב. לקמן ג. כריתות כ:]

[כתובות עז:]

[ספר ועתיד לפטתו פירכין עם.]

לסברת התוס' אליבא דרש"י דאינו מצרף אלא כשמלא מלא ממש צריך לחלק מיעוט כל עיקר [מו"י]

[לעיל כב.]

[ע"ש]

[וע"ע תוספות בסמוך ד"ה ל"ש ותוס' לקמן מב. ד"ה אפי' ותוס' לקמן קג. ד"ה לא צריכא ותוס' לקמן קיא. ד"ה כאי ותוספות יומא לד: ד"ה ה"מ ותוספות סוכה לג: ד"ה מודה ותוספות כתובות ה: ד"ה אמ"ל ועוד שם ו. ד"ה האי ותוס' כריתות כ: ד"ה סבירא]

הגהות הב"ח

(א) תוס' סוף ד"ה מיחם וכו' וכיון שאינו נהנה: נ"ב ע"ל פ' כלל גדול דף עה בד"ה ספי ניחא:

גליון הש"ס

תוס' ד"ה מיחם שפינה וכו' ליה ר"י דבר שאינו מתכוין אלא מדרבנן. וכ"כ רש"י לקמן קכה ע"ב ד"ה לפי תומו. ועיין לקמן דף לה ע"א תוס' ד"ה המכבד:

ז'ומותר לצוק מים חמין לתוך מים צונן, או צונן לתוך חמין - ובשניהן אפי' המים צוננים מועטין, שעדיין היד סולדת בהן אחר התערובות, ג"כ שרי, כיון שהוא בכלי שני, קי"ל דכלי שני אינו מבשל. **והוא שלא יהיו ח'בכלי ראשון, מפני שמתחממין הרבה** - דאם החמין הם בכלי ראשון, אסור לצוק בתוכם מים צוננים, וה"ה דאסור לערות מהם לתוך מים צוננים מועטים, שיתבשלו על ידם.

(**ומשמע** ממ"א דגם דעת הטור הוא כן, דחמין לתוך צונן בעינן ג"כ שיהיו מרובים, וכדעת התוס' שכתבו כן בהדיא ד"ה נותן ע"ש במסקנת דבריהם, והט"ז כתב דדעת הטור להקל בחמין לתוך צונן, אפילו בצונן מועטים, אך הרמב"ם מחמיר בזה, ועיין בספר בית מאיר שהאריך בזה הרבה, ומסיק דדעת הטור להקל, וכן הוא ג"כ דעת הרשב"א והר"ן, **וטעמם**, דזה לא חשיב עירוי כיון שמתערבין זה בזה, וממילא חשיב החמין שנשפך לתוך הצונן ככלי שני, ואין יכול הצונן המועט להתבשל ע"י החמין, ומ"מ מסיק דלדינא אין להקל בזה נגד דעת התוספות, דנוגע באיסור דאורייתא, וז"ל: לכן נלענ"ד לדינא, כמו המורגל האידנא שעושין משקה שקורין פאנ"ש, דהיינו שסוחטין מבע"י לימוני"ס הרבה למימהן, ומערבין לתוכו צוק"ר ומשקה שקורין ארא"ק, וביום שבת או בליל שבת מערין על תערובות זה מים חמין הרבה שנתבשלו בשבת בהיתר, בעניותנו בודאי צריכים לחוש לדעת התוספות ולאסור מכלי ראשון, אא"כ אין היד סולדת בם, כי הוא נוגע באיסור דאורייתא דמבשל בשבת, **אך** בדיעבד נראה לענ"ד דיש לסמוך על הרשב"א והר"ן שמתירין להדיא, אף שסברת טעמם קשה עלינו להשיג, ומה שנוהגין נמי הכי במשקה קאפ"ע או טיי"א, שמבשלין קודם שבת מעט מים עם קאפ"ע וטיי"א, באופן שהוא חזק מאד בטעמו, וביום השבת מערין עליהם מים חמין הרבה שנתבשלו בהיתר, בזה יש עוד סעד להתיר, מטעם היש מקילין המבואר בסט"ו, והוא דעת הרשב"א ודעמיה, דס"ל דאף בלח שנצטנן אין בישול אחר בישול וכו', עי"ש, לכן אין למחות ביד אחרים העושים, אבל לעצמו כל בעל נפש יחוש אף בזה, שלא לערות מכלי ראשון כל זמן שהיד סולדת בו, עכ"ל, וכן דעת הגר"א ג"כ משמע שחושש לדעת התוס' הנ"ל).

הגה: ואם המים מרובים כל כך שא"א שיתבשלו, רק שיפיגו צנתן - ואפי' חמין קצת כעין פושרין, רק שלא יהיה היסול"ב, [גמרא], **אפילו בכלי ראשון שרי.**

ואם המים מרובין - קאי אצונן לתוך חמין, וכן אם חמין לתוך צונן היה הצונן מרובים, שרי, **ועיין** בח"א שכתב, דבצונן לחמין, דוקא ששופך בשפיכה גדולה הכל בפעם אחת, אבל מעט מעט אסור לערות, שהרי מבשל תיכף, ומה יועיל מה שמצטנן אח"כ, [**יש** לעיין, שהרי בדבר חריף קימ"ל כדי שיתן על האור ויתחיל להרתיח, הרי דעל האור ג"כ אינו מבשל ברגע ראשונה, וגם כאן אף שמתערב תיכף בהחמין, מ"מ אין מתבשל תיכף עד שישפוך השאר].

רק שלא יהיה על האש (טור) - וה"ה סמוך לאש במקום שיכול להתבשל, פן ישכח ויניחנו שם, וכדלקמיה בסעיף י"ד.

באר הגולה

ז ‹שם מב. כב"ה וכמסקנא דגמ', חזינא ליה לרבא כו' - גר"א› ח **שם בתוס'** ‹מ"ב. ד"ה נותן›

§ מסכת שבת דף מב. §

אות א׳ – ב׳

מכבין גחלת של מתכת ברה"ר בשביל שלא יזוקו בה רבים אבל לא גחלת של עץ

סימן שלד סכ"ז - [א]גחלת המונחת במקום שרבים ניזוקים בה, יכול לכבותה, [ב]בין אם היא של מתכת, בין אם היא של עץ - דכיבוי שחייב מן התורה הוא דוקא כשמכבה לעשות פחמין, **אבל** סתם כיבוי הוי מלאכה שאינה צריכה לגופה, והוא רק איסור דרבנן, ובמקום הזיקא דרבים שיוכלו להנזק בגופן לא גזרו, **אבל** במקום הזיקא דממונא אסור, כמ"ש סעיף כ"ו. **ומיירי** שאין לו עצה איך לטלטלה ממקום זה לפנותה למקום אחר שאין רבים מצויים בה, דאל"ה בודאי יותר טוב שיפנה אותה ולא יכבנה.

והרמב"ם אוסר בשל עץ - ס"ל דחייב במלאכה שאצ"ל, ולכך אסור בשל עץ, **אבל** בשל מתכת ליכא איסור כיבוי מן התורה לכו"ע, דאינו שורף, **ואין** בזה משום מצרף, היינו שמחזק את הכלי ע"י המים צוננים ששופך עליה, כיון שאין מכוון לזה.

והלכה כדעה ראשונה.

אות ג׳

הלכך קוץ ברשות הרבים, מוליכו פחות פחות מארבע אמות, ובכרמלית אפילו טובא

סימן שח ס"ח - [ג]קוץ המונח ברשות הרבים, מותר לטלטלו פחות פחות מד' אמות - עד שיסלקנו לצדי ר"ה, מקום שאין דורסין בו רבים, **ומשמע** במ"א, דדוקא אם לא היה הקוץ מונח שם מע"ש, דאל"כ היה לו לסלקו מע"ש, **אבל** הא"ר חולק עליו, וס"ל דאפילו מונח שם מע"ש, מותר ליטלה בשבת.

ובכרמלית מותר לטלטלו להדיא, משום דחיישינן שמא יוזקו בו רבים, ובמקום הזיקא דרבים לא גזור רבנן שבות - והא דאיתא לעיל בס"ו בהג"ה, דאם יש שברי זכוכית בבית, מותר לסלקו ולפנותו, אף שסתם בית אין מצוי בו רבים כ"כ, **שם** הוא רק איסור מוקצה, ואיסור טלטול ד"א בכרמלית, או בר"ה פחות מזה, חמור מזה.

דעת הריב"ש המובא במ"א, דאם היה הקוץ גדול, (וה"ה אבן גדולה הנראה לעינים), אסור לטלטלו, דבנקל יכול להזהר ממנו שלא יוזק, כיון דנראה לכל, **ועיין** במ"א שהקשה עליו, ובתו"ש מיישבו ומצדד להורות כמותו, **ועיין** בספר שלחן ע"ש, דבטלטול מן הצד מותר גם בזה.

(**וכתב** המג"א בסוף דבריו, ומ"מ צ"ע אם יש להתיר באבן, כי נראה דלא התירו אלא בדבר דלא היה לו לסקל מאתמל, **ונראה** לענ"ד ברור דהדין עם המ"א ולאו מטעמיה, כי נראה דלא התירו בשבת כי אם קוץ, מפני שעלול מאד להזיק בעוקץ החד שלו, **משא"כ** בסתם אבן, שאין להם עוקצין, אפילו אבן קטן שאין נראה לעינים, **דאף** דלענין נזקין אמרינן דאבנו סכינו ומשאו הוא בכלל בור, שם שאני דהחמירה התורה ביותר).

אות ד׳ – ה׳

בין חמין לתוך הצונן, ובין צונן לתוך החמין מותר

מערה אדם קיתון של מים לתוך ספל של מים, בין חמין לתוך צונן, בין צונן לתוך חמין

סימן שיח סי"ב - [ד]ומותר לצוק מים חמין לתוך מים צונן, או צונן לתוך חמין - ובשניהן אפי' המים צוננים מועטין, שעדיין היד סולדת בהן אחר התערובות, ג"כ שרי, כיון שהוא בכלי שני, קי"ל דכלי שני אינו מבשל.

והוא שלא יהיו [ה]בכלי ראשון, מפני שמתחממין הרבה - דאם החמין הם בכלי ראשון, אסור לצוק בתוכם מים צוננים, וה"ה דאסור לערות מהם לתוך מים צוננים מועטים, שיתבשלו על ידם.

(**ומשמע** ממ"א דגם דעת הטור הוא כן, דחמין לתוך צונן בעינן ג"כ שיהיו מרובים, וכדעת התוס' שכתבו כן בהדיא ד"ה נותן ע"ש במסקנת דבריהם, והט"ז כתב דדעת הטור להקל בחמין לתוך צונן, אפילו בצונן מועטים, אך הרמב"ם מחמיר בזה, ועיין בספר בית מאיר שהאריך בזה הרבה, ומסיק דדעת הטור להקל, וכן הוא ג"כ דעת הרשב"א והר"ן, **וטעמם**, דזה לא חשיב עירוי כיון שמתערבין זה בזה, וממילא חשיב החמין שנשפך לתוך הצונן ככלי שני, ואין יכול הצונן המועט להתבשל ע"י החמין, ומ"מ מסיק דלדינא אין להקל בזה נגד דעת התוספות, דנוגע באיסור דאורייתא, וז"ל: לכן נלענ"ד לדינא, כמו המורגל האידנא שעושין משקה שקורין פאנ"ש, דהיינו שסוחטין מבע"י לימוני"ס הרבה למימהן, ומערבין לתוכו צוק"ר ומשקה שקורין ארא"ק, וביום שבת או בליל שבת מערין על תערובות זה מים חמין הרבה שנתבשלו בשבת בהיתר, בעניותנו בודאי צריכים לחוש לדעת התוספות ולאסור מכלי ראשון, אא"כ אין היד סולדת בם, כי הוא נוגע באיסור דאורייתא דמבשל בשבת, **אך** בדיעבד נראה לענ"ד דיש לסמוך על הרשב"א והר"ן שמתירין להדיא, **אף** שסברת טעמם קשה עלינו להשיג, **ומה** שנוהגין נמי הכי במשקה קאפ"ע או טיי"א, שמבשלין קודם שבת מעט מים עם קאפ"ע וטיי"א, באופן שהוא חזק מאד בטעמו, וביום השבת מערין עליהם מים חמין הרבה שנתבשלו בהיתר, בזה יש עוד סעד להתיר, מטעם היש מקילין המבואר בסט"ו, והוא דעת הרשב"א ודעמיה, דס"ל דאף בלח שנצטנן אין בישול אחר בישול וכו', עי"ש, לכן אין למחות ביד אחרים העושים, אבל לעצמו כל בעל נפש יחוש אף בזה, שלא לערות מכלי ראשון כל זמן שהיד סולדת בו, עכ"ל, וכן דעת הגר"א ג"כ משמע שחושש לדעת התוס' הנ"ל).

<המשך ההלכות מול עמוד ב'>

באר הגולה

[א] שם מ"ב [ב] דלא כרבי יהודה שם אלא רבי שמעון, טור וש"פ [ג] שבת מ"ב [ד] <שם מב כב"ה וכמסקנא דגמ', חזינא ליה לרבא כו' – גר"א>
[ה] שם בתוס' <מ"ב. ד"ה נותן>

כירה פרק שלישי שבת מב

מותר למימרא דשמואל כרבי שמעון סבירא ליה *והאמר שמואל ׳מכבין גחלת של מתכת ברה"ר בשביל שלא יוזקו בה רבים ׳אבל לא גחלת של עץ ואי ס"ד סבר לה כרבי שמעון אפילו של עץ נמי *בדבר שאין מתכוין סבר לה כרבי שמעון במלאכה שאינה צריכה לגופה סבר לה כרבי יהודה אמר רבינא ׳הלכך *קוץ ברשות הרבים מוליכו פחות פחות מד' אמות ובכרמלית אפילו טובא: אבל נותן כו': ת"ר נותן אדם חמין לתוך הצונן ולא הצונן לתוך החמין דברי בית שמאי ובית הלל אומרים ׳בין חמין לתוך הצונן ובין צונן לתוך החמין מותר בד"א בכוס אבל באמבטי חמין לתוך הצונן ולא צונן לתוך החמין ורבי שמעון בן מנסיא אוסר אמר רב נחמן הלכה כר"ש בן מנסיא סבר רב יוסף למימר ספל הרי הוא כאמבטי א"ל אביי תני ר' חייא ספל אינו כאמבטי ולמאי דסליק אדעתא מעיקרא דספל הרי הוא כאמבטי ואמר רב נחמן הלכה כרבי שמעון בן מנסיא אלא בשבת רחיצה בחמין ליכא מי סברת רבי שמעון אסיפא קאי ארישא קאי ובית הלל מתירין בין חמין לתוך צונן ובין צונן לתוך החמין ורבי שמעון בן מנסיא אוסר צונן לתוך חמין לימא רבי שמעון בן מנסיא דאמר כב"ש הכי קאמר *לא נחלקו ב"ש וב"ה בדבר זה אמר רב הונא בריה דרב יהושע חזינא ליה לרבא דלא קפיד *אמנא מדתני רבי חייא נותן אדם קיתון של מים לתוך ספל של מים בין חמין לתוך צונן ובין צונן לתוך חמין אמר ליה רב הונא לרב אשי דילמא שאני התם דמיפסק כלי אמר ליה מערה איתמר ׳מערה אדם קיתון של מים לתוך ספל של מים בין חמין לתוך צונן בין צונן לתוך חמין: **מתני'** *׳האילפס והקדרה שהעבירן מרותחין לא יתן לתוכן תבלין אבל

רש"י

מותר. שאין מתכוין לכך: **גחלת של מתכת.** שמשליכין לחוץ פסולת של ברזל דלא שייך כבוי בהכי מדאורייתא ומדרבנן אסורה והיכא דאיכא נזקא לרבים לא גזרו על השבות: **אבל לא של עץ.** דאיסורא דאורייתא היא וחייב סקילה: **אפילו של עץ נמי.** דהא לרבי שמעון מלאכה שאינה צריכה לגופה פטור עליה וכל כיבוי אינו צריך לגופו חוץ מעושי פחמין או מהבהבי פתילה: **הלכך.** כיון דאמרת לא גזרו שבות דכיבוי מתכת במקום נזקא דרבים: **קוץ ברשות הרבים מוליכו פחות פחות מד' אמות.** עד שיסלקנו לצידי רשות הרבים דאיסורא דרבנן הוא: **ובכרמלית.** דטלטול דידיה דרבנן: **אפילו טובא.** יעבירנו בעקירה אחת: **חמין לתוך צונן.** דקסבר תתאה גבר ואין החמין מרתיחין את הצונן אלא מפשירין: **ולא צונן לתוך חמין.** שהתחתונים מרתיחים את העליונים דתתאה גבר: **בכוס.** דלשתיה קבעי להו ולא ניחא ליה שיחומו הרבה ועוד דכלי שני הוא: **אוסר.** אפילו חמין לתוך צונן: **ספל הרי הוא כאמבטי.** ואף על גב דכלי שני הוא הואיל ולאו לשתיה אלא לרחיצה אסירי דניחא ליה שיחמו הרבה וגזרינן: **אלא בשבת רחיצה בחמין ליכא.** בתמיה דהא לרבי שמעון אפילו חמין לתוך צונן אסור לא משכחת חמין שהוחמו ואפילו מע"ש שלא יהיו צריכין להפיג רתיחתן ואם כן לא ירחוץ אפילו פניו ידיו ורגליו בחמין: **מי סברת ר' שמעון אסיפא קאי.** דלא שרי ת"ק אלא חמין לתוך צונן ואתא איהו ואסר אף חמין לתוך צונן: **ארישא קאי.** לשתיה וצונן לתוך חמין דקשרו ב"ה קאסר: **מתני' שהעבירן.** מן האור: **מרותחין.** בין השמשות: **לא יתן לתוכן תבלין.** משתחשך דכלי ראשון כל זמן שרותח מבשל: אבל

תוספות

אפילו של עץ נמי. ואם תאמר ומאי ס"ד דמקשה וכי משום דסבר שמואל כרבי שמעון באין מתכוין יסבור כמותו במלאכה שאינו צריך לגופה וי"ל דס"ד דמקשה דודאי הא בהא תליא משום דסבר רבי יהודה דמלאכה שאינו צריך לגופה חייב עליה היכא דמתכוין בשאין מתכוין נמי החמירו חכמים אבל לרבי שמעון דפטור עליה מן התורה אף במתכוין לא הם לאסור מדרבנן כשאין מתכוין כיון דמתכוין עצמו ליכא אלא איסורא דרבנן ומיהו לפי האמת לאו הא בהא תליא דשמואל אע"ג דבמלאכה שאינה צריכה לגופה סבר כרבי יהודה דחייב [מתיר] באין מתכוין ולרבי יהודה נמי אסור אין מתכוין אפילו בגרירה דמתכוין עצמו לא אסיר אלא מדרבנן כדאמרי' לקמן ובשילהי כל התדיר (זבחים דף נח: ושם*) דאמר שמואל המתנדב יין מביאו ומזלפו ע"ג האשים ופריך והא קא מכבה ומשני דסבר דבר שאין מתכוין מותר ופריך כי הכא דאמר שמואל מכבין גחלת של מתכת אבל לא של עץ והשתא אומר רשב"א דפריך מכ"ש דכיון דסבר שמואל דמלאכה שאינה צריכה לגופה חייב א"כ סבירא ליה נמי בשבת דבר שאין מתכוין אסור דסבר המקשה דהתם דהא בהא תליא כמו מקשה דהכא וכיון דבשבת אסור אין מתכוין כ"ש בעלמא אך הקשה דמשמע דאי הוי סבר שמואל מלאכה שאינה צריכה לו פטור עליה הוה אתי שפיר ואמאי והא מלאכה שאינה צריכה לגופה בשאר איסורים דלאו שבת חייב עליה וכיון דסבירא ליה דהא בהא תליא א"כ אמאי קאמר התם דבר שאין מתכוין מותר: **נותן** אדם חמין לתוך צונן. *אפי' בכלי ראשון דחמין לתוך צונן אינו מבשל כמו שאפרש ולא צונן לתוך חמין אפילו בכלי שני דגזרי ב"ש כלי שני אטו כלי ראשון וב"ה דפליגי ושרו צונן לתוך חמין היינו דוקא בכלי שני כדקתני בד"א בכוס משמע דבכלי ראשון מודו ב"ה ולא משום דסברה הך ברייתא דתתאה גבר כדפירש בקונטרס דאם כן יקשה מהכא למ"ד *עילאה גבר ולמאן דאמר תתאה גבר [פסחים עו.] נמי הא מבשל כדי קליפה כמו שאפרש לקמן בע"ה אלא נראה כמו שאומר ר"ת דחמין לתוך צונן משמע שהצוננין של מטה מרובים שדרך ליתן המועט במרובה ולכך אין מבשלים החמין המועטים כלל לפי שמתערבין בצוננין המרובין ומתבטל חמימותן ולא צונן לתוך חמין שהחמין של מטה מרובין ומתערבין בהן הצוננין המועטין ומתבשלין: **אבל** באמבטי כו'. נראה דהאי אמבטי איירי כגון שהוא כלי שני ולא הוי כההוא אמבטי דלעיל *דקאמר בקשתי להגיח פך באמבטי מדקאמר ספל אינו כאמבטי והאי ספל ע"כ כלי שני דאי כלי ראשון אמאי אינו כאמבטי ודכוותיה אמבטי הוי כלי שני ועוד דאי באמבטי שהוא כלי ראשון איירי לא הוה ליה למינקט אמבטי אלא מיחם שהוא לשתיה דומיא דכוס ומדנקט אמבטי משמע דבכלי שני איירי ואתא לפלוגי בכלי שני בין כוס שהוא לשתיה לאמבטי לפי שחמין הרבה ואיכא למיגזר דהרואה אותן חמין כל כך סבור דכלי ראשון הוא ובמתני' דנקט במיחם שהוא ראשון לא יתן לתוכו מים הוה מצי למימר באמבטי שהוא שני לא יתן לתוכו מים אלא דמתני' איירי בשתיה ומפליג בין מיחם לכוס: **מי** סברת ר"ש בן מנסיא אסיפא קאי ארישא קאי. היינו דוקא למאי דס"ד לרב יוסף מעיקרא אבל למאי דמסקי' דספל אינו כאמבטי קאי אסיפא בכוס וסבר שפיר ר"ש בן מנסיא כב"ה דאפילו צונן לתוך חמין מותר ואתיא מתני' דשריא לתוך הכוס אליבא דהלכתא דהלכה כר"ש בן מנסיא וא"ת למאי דסלקא דעתך דארישא קאי ואסר בכוס צונן לתוך חמין מאי קמ"ל רב יוסף דספל הרי הוא כאמבטי כוס נמי הרי הוא כאמבטי לר"ש בן מנסיא דהלכתא כוותיה וי"ל דרב יוסף לב"ה אתא לאשמעינן דשרו בכוס: **נותן** אדם קיתון של מים. וא"ת ואמאי לא מייתי ברייתא דלעיל דספל אינו כאמבטי ואמאי איצטריך כמי רבי חייא למיתני תרוייהו וי"ל דהשתא קמ"ל בין חמין לתוך צונן בין צונן לתוך חמין דההיא דספל אינו כאמבטי ה"א דקאי אר"ש בן מנסיא דאסר באמבטי אפי' חמין לתוך צונן ועליה קאמר דספל אינו כאמבטי ושרי חמין לתוך צונן אבל צונן לתוך חמין ה"א דאסור ואפשר ההיא דלעיל היינו הך דהכא אלא שקיצרה ונקט לישנא דרב יוסף דמייתי עלה: **שאני** התם דמפסיק כלי. וא"ת דאמר לעיל (דף מ:) טול בכלי שני ותן אבל בכלי ראשון לא אע"ג דמפסיק מנא וי"ל דהתם בכלי ראשון והכא דבכלי שני שאני: אבל

עין משפט נר מצוה

לג א ב מיי' פ"א מהל' שבת הלכה ז ופי"ב הלכה ב טוש"ע או"ח סי' שלד סעיף כז:

לד ג מיי' שם פ"א הל' ז טוש"ע או"ח סי' שח סעיף יח:

לה ד ה מיי' פכ"ב מהל' שבת הלכה ו טוש"ע או"ח סימן שיח סעיף יב:

לו ו מיי' שם טור שו"ע שם סעיף ט:

מסורת הש"ס

זבחים נח: — [שם צג.] — [ביצה כח:] — [לקמן קלג. יבמות כח. ב"ק לג. סוטה טו.] — [בכורות ליתא ועי' ברב אלפס] — פסחים מ: — [דף מ:] — [ושם צג.]

עוד נוכל לומר דהחמין לתוך צונן דוקא כב"ש שרי ב"ש אבל בכלי ראשון אסור אטו צונן לתוך חמין [תו"י]

רבינו חננאל

למימרא דשמואל כר' שמעון (ורב אדא) והאמר שמואל מכבין גחלת של מתכת ברה"ר בשביל שלא יוזקו בה רבים אבל גחלת של עץ לא ואילו ר"ש סבר אפילו של עץ מותר לפי שאין מתכוון לכבות אלא כדי שלא יוזק רבי האי גוונא פטר ר' שמעון ואסיק' לעולם כר' יהוד' סבירא לי' דאמר מלאכה שאינה צריכה לגופה חייב עליה *) מיהו דבר שיש בו היזק לרבים כגון צירת נחש וכבוי גחלת של מתכת בזמן שהיא חמה והיא שחורה והרואה אותה דומה שהיא צוננת לפי שאין בה אדמומית כגחלת לוחשת ונמצא בני אדם ניזוקין בו לפיכך מותר אבל הגחלת של עץ אם תסיר אדמומיתה נכבת כבר ואינה מזקת ואם אדמומיתה בה כל הרואה אותה מתרחק ממנה ומכל פנים אין אדם ניזוק שהשחורה כבר כבתה והאדומה מתרחקין ממנה לפיכך המכבה אותה חייב ולפיכך היה שמואל אוסר בגחלת של עץ. (ומדוקיה) אמר רבינא קוץ ברה"ר מוליכו פחות פחות מד' אמות ואע"ג דרב ושמואל הלכה כרב באיסורי בהא קיי"ל כשמואל דאמר במלאכה שאינה צריכה לגופה סבר לה כר' יהודה בדבר שאין מתכוין סבר לה כר"ש ומדרב אחא ורבינא שמע מינייהו דהלכתא כר"ש: **פיסקא** אבל נותן הוא לתוכו או לתוך הכוס כדי להפשירן. ת"ר לא יתן אדם חמין לתוך צונן [ולא צונן] לתוך חמין וב"ה מתירין כו'. ואוקימנא להא דר"ש בן מנסיא שאוסר כלומר לא נחלקו ב"ש וב"ה אלא אפילו ב"ה אוסרין ואע"ג דאמר רב נחמן הלכתא כר' שמעון בן מנסיא כיון דאמר רב הונא חזינא לרבא דלא קפיד זימנין עביד כמר וזמנין עביד כמר מדתני ר' חייא דתני ר' חייא נותן אדם קיתון של מים לתוך ספל כו' ורב אשי מתריץ לה לרב הונא ואמר ליה מערה תניא כלומר מערה אדם קיתון של מים לתוך ספל של מים בין חמין לתוך צונן בין צונן לתוך חמין קיי"ל כוותייהו דאינון בתראי ולא דמו ספל לאמבטי וכוס למיחם דאוקימנא ליה שאסור לתת בתוכו צונן מועטין בהיות חמין בו כדי שיחמו אלא מרובין כדי להפשיר כי המיחם הוא עצמו מיחם אבל ספל ואמבטי וכוס מתחממין בכלי אחד ומערין בתוך

---

*) עי' ביאור דברי רבינו ז"ל בחידושי הרשב"א ז"ל ד"ה גחלת של מתכות ע"ש היטב.

אבל נותן הוא לתוך הקערה או לתוך התמחוי רבי יהודה אומר *לכל הוא נותן חוץ מדבר שיש בו חומץ וציר: גמ' איבעיא להו רבי יהודה ארישא קאי ולקולא או דילמא אסיפא קאי ולחומרא ת"ש דתניא רבי יהודה אומר לכל אילפסין הוא נותן לכל הקדירות רותחות הוא נותן חוץ מדבר שיש בו חומץ וציר סבר רב יוסף למימר מלח הרי הוא כתבלין דבכלי ראשון בשלה ובכלי שני לא בשלה א"ל אביי תני רבי חייא מלח אינה כתבלין דבכלי שני נמי בשלה ופליגא דרב נחמן דאמר רב נחמן צריכא מילחא בישולא כבשרא דתורא ואיכא דאמרי סבר רב יוסף למימר מלח הרי הוא כתבלין דבכלי ראשון בשלה בכלי שני לא בשלה א"ל אביי תני ר' חייא *מלח אינה כתבלין דבכלי ראשון נמי לא בשלה והיינו דאמר רב נחמן צריכא מילחא בישולא כבישרא דתורא: מתני' *אין נותנין כלי תחת הנר לקבל בו את השמן ואם נתנוה מבעוד יום מותר ואין ניאותין ממנו לפי שאינו מן המוכן: גמ' אמר רב חסדא ג אע"פ שאמרו אין נותנין כלי תחת תרנגולת לקבל ביצתה אבל כופה עליה כלי שלא תשבר אמר רבה מ"ט דרב חסדא קסבר תרנגולת עשויה להטיל ביצתה באשפה ואינה עשויה להטיל ביצתה במקום מדרון והצלה מצויה התירו והצלה שאינה מצויה לא התירו איתיביה אביי והצלה שאינה מצויה לא התירו והתניא *נשברה לו חבית של טבל בראש גגו מביא כלי ומניח תחתיה בגולפי חדתי דשביחי דפקעי איתיביה *נותנין כלי תחת הנר לקבל ניצוצות נמי שכיחי איתיביה

רש"י

אבל נותן הוא לתוך הקערה. דכלי שני אינו מבשל: תמחוי. כעין קערה גדולה שמערה כל האילפס לתוכה ומשם מערה לקערות: ר' יהודה אומר לכל וכו'. בגמ' מפרש אהי קאי אכלי ראשון או אכלי שני: חוץ מדבר שיש בו חומץ או ציר. שהן מבשלין את התבלין כשהן רותחין: ציר. הנוטף מן הדגים כשכובשים אותן במכבש: גמ' ארישא קאי. אאילפס דקא אסר ת"ק וקאמר ר' יהודה לכל אילפסין הוא נותן דכלי ראשון לא מבשל: או דילמא אסיפא קאי. אקערה ותמחוי דקא שרי ת"ק וקא אמר ליה רבי יהודה בכל קערות ותמחויין מודינא לך חוץ מדבר שיש בו חומץ ואפילו כלי שני נמי לא: דבכלי ראשון נמי לא בשלה. ומותר ליתן ואפילו בכלי ראשון משהעבירו מן האור: מתני' אין נותנין. בשבת: כלי תחת הנר. לקבל בו שמן המטפטף משום דשמן מוקצה הוא וקסבר אין כלי ניטל בשבת אלא לצורך דבר הניטל אי נמי קסבר אסור לבטל כלי מהיכנו להושיב כלי במקום שלא יוכל עוד ליטלו *(משום) דהוי כקובע לו מקום ומחברו בטיט ודמי למלאכה וכלי זה משיפול בו השמן המוקצה יהא אסור לטלטלו: מותר. להניחה שם: ואין ניאותין. נהנין: גמ' אע"פ שאמרו אין נותנין כלי תחת תרנגולת לקבל ביצתה. כשהיא מטילתה במקום מדרון שמא תתגלגל ותשבר ומדיוקא דמתניתין שמעינן לה דדמי לנותן כלי תחת הנר לקבל בו שמן: אבל כופה עליה כלי. ולא תימא אין כלי ניטל אלא לצורך דבר הניטל: באשפה. ויש לחוש שמא תשבר ברגלי אדם וכופה עליה כלי: והצלה מצויה התירו. לטלטל כלי לצרכה ואף על פי שהבילה דבר שאינו ניטל בשבת: שאינה מצויה. כגון מדרון וטיפטוף דשמן דמתני': נשברה לו חבית של טבל גרסינן: מביא כלי. ואף על גב דטבל דבר שאינו ניטל הוא וחבית לא שכיחא דפקעה: גולפי. חביות: נותנין כלי. מתניתין היא ומותיב ליה מינה: ניצוצות. שלהבת הנוטפת מן הנר כדי שלא ידלק מה שתחתיה ואע"ג דניצוצות לא מיטלטלי ולא שכיחי:

איתיביה

תוספות

אבל נותן הוא לתוך הקערה כו'. מהכא ליכא למידק דעירוי ככלי שני מדקתני לא יתן לתוכה תבלין ולא אשמעינן רבותא אפילו שלא יערה על הקערה שתבלין בתוכה דאדרבה דוק מסיפא דקתני אבל נותן הוא לתוך הקערה ולא קתני מערה על הקערה שתבלין בתוכה ורבינו שמואל מביא ראיה דעירוי ככלי שני מהא דקי"ל תתאה גבר ולר"י נראה דעירוי ככלי ראשון ומביא ראיה דבזבחים בפרק דם חטאת (דף צה: ושם) ת"ר אשר תבשל בו אין לי אלא שבישל בו עירה לתוכו רותח מניין תלמוד לומר [אשר תבושל] בו ישבר אלמא דעירוי חשיב מבשל ובירושלמי בפרק כירה בעי מהו ליתן תבלין מלמטה ולערות עליהן מלמעלה ר' יונה אמר אסור דעירוי ככלי ראשון חיליה דר' יונה מן הדא אחד שבישל בו ואחד שעירה לתוכו רותח ודחי ר' יוסי תמן כלי חרס בולע תבלין אינו מתבשל השיב רבי יוסי בר בון והתניא מניין שבכלי נחשת כן תלמוד לומר ואם בכלי נחשת בשלה אית לן למימר כלי נחשת בלע בתמיה פי' ע"י עירוי אם אינו מבשל לא בלע אלמא דמסיק דעירוי ככלי ראשון ונראה דעירוי לא הוי ככלי ראשון ולא ככלי שני אלא מבשל כדי קליפה דהא קי"ל כשמואל דאמר תתאה גבר דתניא כוותיה בכילד צולין (פסחים עו.) ומ"מ מבשל כדי קליפה דאמר התם תניא כוותיה דשמואל חם לתוך צונן או צונן לתוך צונן מדיח ופריך חם לתוך צונן אדמיקר ליה בלע אלא אימא חם לתוך צונן קולף צונן לתוך צונן מדיח וכן משמע בשילהי מסכת ע"ז (דף עו.) דאמר מר *עוקבא זבן יורה מעכו"ם אהדר ליה גדנפא ומסיק כבולעו כך פולטו מה בולעו בניצוצות אף פולטו בניצוצות ואי עירוי ככלי ראשון °מאי איריא משום דבלע בניצוצות אפילו בלע בליעה גמורה פלט בניצוצות שהוא עירוי אלא ודאי לא מבשל אלא כדי קליפה ואם עירו רותחים על התרנגולת צריכה קליפה וכלי שתשמישו ע"י עירוי כגון קערות יכול להגעילן ע"י עירוי דכבולעו כך פולטו אבל כלי שנתבשל בו איסור לא סגי להגעילו על ידי עירוי והא דאמר בפרק בתרא דע"ז (דף עד:) דרש רבא נעוה ארתחיה דהתם מסתמא ע"י עירוי שאני התם דאותה נעוה לא בלעה ע"י רותח**: לכל קדרות רותחות הוא נותן. נראה דדוקא בתבלין פליג אבל בשאר דברים מודה דכלי ראשון מבשל אף כשהעבירו מעל האור: והיינו דר"נ. נראה דאף לפי' הקונטרס שפי' *)דבכל מקום דאיכא לישני דפליגי בשל תורה הלך אחר המחמיר ובשל סופרים הלך אחר המיקל וכן לריב"א שפירש שבכל מקום איכא דאמרי טפל לגבי לשון ראשון שהוא עיקר הכא הלכה כלישנא בתרא דללישנא קמא פליג ברייתא דרבי חייא אדרב נחמן וללישנא בתרא היינו דרב נחמן ומתוך כך פסק רבינו שמואל שמותר לתת מלח בתבשיל בשבת אפילו בכלי ראשון שהעבירו מן האור והמחמיר כלישנא קמא שלא ליתן מלח בקערה כל זמן שהיד סולדת בו תבא עליו ברכה: ואם נתנוהו מבעוד יום מותר. הלשון דחוק דהוה ליה למימר אבל מבעוד יום נותנין: ואין ניאותין ממנו לפי שאינו מן המוכן. איכא לאוקמה כר"ש *דמתיר מותר השמן שבנר ואין ניאותין דקתני הכא היינו כל זמן שדולק °דמוקצה מחמת מצוה מודה ר"ש כדאמר בגמ' לקמן (דף מה.) אין מוקצה לר"ש אלא שמן שבנר בשעה שהוא דולק הואיל והוקצה למצותו הוקצה לאיסורו ולא שבנר ממש קאמר דההיא אסור בלאו הכי משום מכבה כדאמר בביצה פ"ב (דף כב. ושם) המסתפק ממנו חייב משום מכבה אלא כלומר שמן המטפטף מן הנר והטלטול דנר עצמו אין לאסור מטעם דהוקצה למצותו ולא אסור לטלטלו אלא משום דנעשה בסיס לדבר האסור כדאמרינן בסוף פירקין (דף מז.) הנר לנר שמן ופתילה הואיל ונעשה בסיס לדבר האסור אבל מטעם דהוקצה למצותו לא היה אסור לטלטלו שאין ביטול מצוה במה שמטלטלו: אע"פ שאמרו חכמים אין נותנין כו'. אין נותנין כלי תחת הנר לקבל בו את השמן ה"ל למימר דתנן במתניתין וכלי לקבל ביצה לא שמעינן אלא מדיוקא דמתני' אלא משום דבעי למימר אבל כופה עליה כלי נקט ביצה: הצלה שאינה מצויה לא התירו. פי' בקונטרס לדבר שאינו ניטל וגרס בההוא דפריך אביי מינה בסמוך נשברה לו חבית של טבל בראש גגו דטבל אינו ניטל וקשה לריב"א דאי גרס בה טבל אמאי פריך לרב יוסף מברייתא אחרת מהך דהכא הוה ליה לאקשויי ועוד דבפרק כל כתבי (לקמן דף קיז: ושם) משמע בהדיא דלא גרסי' בברייתא דהכא טבל דלא בשל טבל מיירי דקתני סיפא נזדמנו לו אורחין מביא כלי אחר כו' ונראה לו לפרש דהצלה שאינה מצויה לא התירו לטרוח בכל דבר אפילו בדבר הניטל משום טירחא: שאינה מצויה לא התירו. והא דאין נותנין כלי תחת הנר לקבל שמן חשיב הצלה שאינה מצויה לפי שרגילים לעולם לתת כלי תחת הנר מבעוד יום וניצוצות אע"ג דקאמר בסמוך דשכיחי לא שכיחי כולי האי שיחושו לתת שם כלי מבעוד יום ולהכי חשיב לה הצלה מצויה:

דמבטל

עין משפט נר מצוה

לז א מיי' פכ"ב מהל' שבת הלכה ו טוש"ע או"ח סימן שיח סעיף ט:

לח ב מיי' פכ"ה מהלכות שבת הלכה כג ופ"ס הלכה יג סמג לאוין סה טור שו"ע או"ח סימן רסה סעיף ג:

לט ג מיי' פכ"ה שם סמג שם טור ושו"ע או"ח סימן שי סעיף ו וסימן שכב סעיף א ופי' תקיג סעיף ד:

מסורת הש"ס

[כלאי' גוזל במעשרות פ"א מ"ז]

[נ"ל משום]

לקמן קיז: ע"ש

לקמן מג. מז:

[ועי' תוספות זבחים לה: ד"ה עירה כו']

*) [עי' תוס' ע"ז ז. ד"ה בשל תורה]

[לקמן מד.]

הגהות

יש ספרים שגורסין כאן בתוס' רב עקביא כמו שהביא הגאון מהרי"ף בע"ז שם בהגהותיו. ואולי יצא גירסת מר עוקבא מסוגיא דב"מ ע. סבוא דודא דבני מר עוקבא כמו שהעיר בסה"ד

א"נ ארתחי' שעשה הלש למטה והיא של חרס דנפי' כל שהו איכא למ"ד זה וזה לפטור המעשה והתלעה ומוגלשין ואיירי בפים למטם כשיעור חלה ולהכי בין תתאה גבר בין עילאה גבר מבשל כדי קליפה ובצר ליה משיעור חלה [תוי"ט]

רבינו חננאל

בתוך חללו לפיכך מותר שנמצאו כלי שני וקיי"ל כלי שני מותר: ר' יהודה אומר לכל הוא נותן כו' אסיק' ר' יהודה ארישא דקתני האלפס והקדירה שהעבירן מרותחין לא יתן בתוכן תבלין התם פליג ומקיל הוא דתניא ר"י אומר לכל אלפסין רותחין [הוא נותן] לכל קדרות רותחין הוא נותן חוץ מדבר שיש בו חומץ וציר. מלח כתבלין הוא אי לא ואסיק' כדתני ר' חייא מלח אינו כתבלין דבכלי ראשון נמי לא בשלה והיינו דרב נחמן דאמר צריכה מילחא בשולי כבשרא דתורא ש"מ כי נותן מלח בתבשיל בשבת ואפילו בכלי ראשון אינו בישול: מתניתין אין נותנין כלי תחת הנר לקבל בו את השמן כו' אמר רב חסדא אע"פ שאמרו אין נותנין נר תחת התרנגולת כו' כלומר אפילו אם עומדת במקום מדרון ורואין כיון שתלד תפול הביצה במקום מדרון ותשבר לא התירו לו להטיל תחתיה כלי לקבלה לביצה כדי שלא תשבר שזה לילד התרנגולת במקום מדרון דבר שאינו מצוי הוא ומשום אחת שנזדמנה לה כך לא חיישינן לה. אבל כיון שדרך רוב התרנגולת להטיל ביציהן לאשפה התירו לכפות על אותה ביצה כלי בשביל שלא תשבר וזהו פירוש הצלה מצויה התירו הצלה שאינה מצויה לא התירו והא חבית שנשברה בראש גגו כו' ושנינן בגולפי חדתי פי' קנקנים חדשים

גליון הש"ס

תוס' ד"ה אבל. מאי איריא משום דבלע בניצוצות. ק"ל דלטעמיך אף אם עירוי לא הוי ככ"ר היינו בעירוי על צונן אבל הכא דהעירוי על גופה הכלי שהוא חם. אף אם היה שעירוי מגון לא כיה תם דתתאי גבר מכ"ם כעירוי מכ"ר על כ"ר וה' יאיר עיני: שם ד"ה ואין נאותין דמוקצה מחמת מצוה מודה ר"ש. וכיון דאינו ראוי לאכלו ממש כאותה שעה הוי מוקצה בעצמותו כדין כל מאכל שאינו חזי לכלום. עי' מג"א ריש סימן תקט"ז ורק בטלטול הנר בשעה שהוא דולק להאיר וזו מדינא מותר אלולי טעמא דבסיס ולק"מ קושית מהרש"א:

הגה: ואם המים מרובים כל כך שא"א שיתבשלו, רק שיפיגו לנתן - ואפי' חמין קצת כעין פושרין, רק שלא יהיה היסול"ב, [גמרא], **אפילו בכלי ראשון שרי, רק שלא יהיה על האש (טור)** - וה"ה סמוך לאש במקום שיכול להתבשל, פן ישכח ויניחנו שם, וכדלקמיה בסעיף י"ד.

ואם המים מרובין - קאי אצונן לתוך חמין, וכן אם חמין לתוך צונן היה הצונן מרובים, שרי, **ועיין** בח"א שכתב, דבצונן לחמין, דוקא ששופך בשפיכה גדולה הכל בפעם אחת, אבל מעט מעט אסור לערות, שהרי מבשל תיכף, ומה יועיל מה שמצטנן אח"כ, [**יש** לעיין, שהרי בדבר חריף קימ"ל כדי שיתן על האור ויתחיל להרתיח, הרי דעל האור ג"כ אינו מבשל ברגע ראשונה, וגם כאן אף שמתערב תיכף בהחמין, מ"מ אין מתבשל תיכף עד שישפוך השאר].

אות ד'*[ו]

אבל באמבטי חמין לתוך הצונן, ולא צונן לתוך החמין

סימן שיח סי"א - [ו]אמבטי (פי' כלי שרוחץ בו) של מרחץ, שהיא מלאה מים חמין, (אע"פ שהיא כלי שני) (תוספות ורא"ש וטור), אין נותנין לה מים צונן, שהרי מחממן הרבה - דכיון שהן לרחיצה, מסתמא חיממן הרבה, ומתבשלין הצוננים שמתערבין בהם אע"פ שהאמבטי היא כ"ש, וזהו שכתב: שהרי מחממן הרבה.

עיין באחרונים שכתבו, דדוקא מים מועטין שאפשר שיתבשלו שם, אבל אם נותן הרבה כל כך עד שהחמין נעשים פושרים עי"ז, שרי, וכמו לקמיה בסוף סי"ב, **ונראה** דאם היה האמבטי כלי ראשון, יש לחוש לדעת [ח]הר"ן ורי"ו, שכתבו דבאמבטי אסור ליתן אפי' צונן מרובים, [**דבכלי** שני יש לסמוך בזה על רש"י ‹ד"ה בכוס› ור"ן, שמפרשים דהגמ' מיירי בכ"ר].

(**ומיירי שרוצה ליכנס לשם ליטול מעט מים חמין ולרחוץ בהן אח"כ פניו ידיו ורגליו, דמותר אם הוחמו מע"ש, וכדלקמן בסי' שכ"ו**).

ואפי' בחמי טבריא [גמ'] ‹דף מ:›, אסור ליתן צוננים באמבטי שהומשך מן המעין לתוכה, אלא צריך ליטול מהאמבטי בכ"ש, ואח"כ יתן המים לתוכה, אפילו המים צוננים מועטין מן החמים, וכדלקמיה בסי"ב.

אבל נותן הוא ממים חמין שבזה האמבטי, לתוך אמבטי אחר של צונן - ואפי' אם האמבטי הוא כ"ר, מותר לערות לתוך מים צוננים, אם הם מרובין על החמין, (**ונ"ל דאם עתה אין היד סולדת בהן, אפילו לא היו בתחלה המים צוננין מרובין כ"כ, אם אירע שלא היו החמין חמין כ"כ, ונעשו פושרין שלא ע"י הרבה מים צוננין, ג"כ שרי**).

(**ואם היה האמבטי כלי שני, משמע מט"ז דלכו"ע מותר אפילו אם הצונן** מועטין, ‹דלדידיה הטור התיר אף ערוי מכ"ר, ולהרמב"ם אף דאסר בכ"ר מ"מ התיר בכ"ש›, **והפמ"ג מפקפק בזה לדעת הטור**), ‹דאזיל בשיטת המ"א, דהטור החמיר בכ"ר, וממילא צידד די"ל דה"ה בכ"ש, ועיין בסי"ב›.

ואע"ג דאסור לערות על תבלין כמ"ש בס"י, דהוי ככלי ראשון, זהו דוקא על דבר גוש, אבל הכא שאני, שמתערבין החמין עם הצונן, ומתבטל חמימותן כיון שהצונן מרובים, **וליתן** חתיכת בשר רותח לתוך רוטב צונן, [שנצטנן לגמרי, לפי מה שפסק הרמ"א בסעיף ט"ו בהג"ה], אסור, דכיון שאינו מתערב מבשל כדי קליפה, [**ומ"מ** לענין דיעבד נראה דאין לאסור הרוטב, דיש לסמוך איש מקילין לקמן סט"ו, דס"ל דאין בישול אחר בישול אפי' בנצטנן, ובפרט שבעצם דין זה מפקפקין הב"מ והנ"א].

לתוך אמבטי אחר - לרבותא נקט, דאע"פ שהוא אמבטי, לא גזרו, וכ"ש לתוך כלי אחר שיש בו צונן.

אות ו'

האילפס והקדרה שהעבירן מרותחין, לא יתן וכו'

סימן שיח ס"ט - [ט]כלי ראשון, (פי' הכלי שמשתמש בו על האש), אפילו לאחר שהעבירוהו מעל האש, מבשל כל זמן שהיד סולדת בו - היינו אפילו כבר פסק רתיחתו ממנו, **אבל** אם אין היד סולדת בו, אפילו כלי ראשון אינו מבשל, **ואם** לא העבירוהו מעל האש, אסור ליתן לתוכו תבלין ואפי' מלח בכל גוונא, ואפי' דעתו לסלק את הקדרה מהר משם, פן ישכח עד שיתבשל, וכדלקמן בסי"ד.

לפיכך אסור ליתן לתוכו תבלין - אבל בכלי שני מותר לתת תבלין, אפי' יד סולדת בו, דאין מתבשל שם, **ואם** מונח בכלי שני דבר גוש שהיד סולדת בו, יש ליזהר בזה, דיש פוסקים שסוברין דדבר גוש כל זמן שהיס"ב דינו ככלי ראשון.

---

§ מסכת שבת דף מב: §

אות א'*[א]

תוס' ד"ה אבל נותן וכו'

סימן שיח ס"י - [ב]אסור ליתן תבלין בקערה ולערות עליהן מכלי ראשון - דאף דתבלין אין מתבשל בכ"ש וכנ"ל, מ"מ העירוי מכ"ר קי"ל דהוא מבשל כדי קליפה, **ואפי'** בדיעבד אסור אם עירה להדיא עליהן שלא נפסק הקילוח.

(**הנה בשארי דברים חוץ ממים ושמן, כבר מבואר לעיל בס"ה, דיש ליזהר** לכתחלה אף בכלי שני, **אך לענין דיעבד אין להחמיר בכלי שני, ובעירוי מכלי ראשון נראה דינן כמו לענין תבלין, וכ"ז בדבר שלא נצלה**

באר הגולה

[ו] ‹ע"פ הבאר הגולה› [ז] **שבת מ"ב ברייתא וכתבו רמב"ם בפרק כ"ב** ‹הוא לשון הרמב"ם וכמ"ש הרי"ף, דרבי שמעון בן מנסיא ארישא קאי ואין הלכה כמותו – גר"א. ‹**דגם** לפי מאי דס"ל דספל אינו כאמבטי, אפ"ה קיים המסקנא דרבי שמעון בן מנסיא ארישא, דפליג בכ"ש גבי צונן לתוך חמין, וכיון דרבא לא קפיד אמנא, והתיר אפי' צונן לתוך חמין, מוכח דלית הלכתא כרבי שמעון בן מנסיא – דמשק אליעזר› [ח] ‹מתוך שמקפידין הרבה על חומו, אסרו בו אפי' הפשר – ר"ן› [ט] **שבת מ"ב במשנה ובגמרא שם** [א] ‹ע"פ הב"י› [ב] **ר"ת וכן מטין דברי הרא"ש וכן דעת ה"ה**

ונאפה, אבל בדבר שנצלה או נאפה, אין לאסור בדיעבד אפילו הניח אותם בכלי ראשון, דיש לסמוך אפוסקים החולקין על ר"א ממיץ, וס"ל דאין בישול אחר אפיה וצליה, וכנ"ל בס"ה בהג"ה).

אות א'

מלח אינה כתבלין, דבכלי ראשון נמי לא בשלה

סימן שיח ס"ט - [ג]**אבל מלח מותר ליתן לתוכו כיון שהעבירו מעל האש, דצריכא מלחא בישולא כבשרא דתורא** - ואף שנימוח אף בכלי שני, מיחויו אינו בישולו, שאף בצונן אתה רואה כן.

שהעבירו מעל האש - דעל האש אפי' בישרא דתורא מתבשל, [אפי' אינו מעלה רתיחות].

[ד]**ויש מי שאוסר לתת לתוך כלי זה בשר מלוח** - ר"ל בשר שנמלח והודח כדין, **אפי' הוא של שור** - דנהי דהבשר אינו מתבשל, הלחלוחית שבו מתבשל.

הגה: וי"ל דבלא מלוח נמי אסור, אלא דנקט מלוח, דבלאו הכי אסור משום דם שבו - היינו דלא נטעה לומר, דהטעם שאוסר הוא משום דהמלח מרכך הבשר, ומתבשל אח"כ בכלי ראשון, **אלא** דאפי' בלא נמלח כלל היה אסור לתתנו מפני הלחלוחית וכנ"ל, **והא** דנקט המחבר מלוח, דאי לא היה מלוח היה אסור לתתנו מפני איסור דם בכלי רותח, בלא איסור שבת.

ויש אוסרים לתת מלח אפילו בכלי שני כל זמן שהיד סולדת בו; והמחמיר תע"ב (תוספות ומרדכי פרק כירה) - בגמרא איכא תרי לישני בזה, ללישנא בתרא הוי מלח לקולא, דקשה להתבשל כבישרא דתורא, מש"ה מותר אפי' בכלי ראשון כשהעבירוהו מהאש, **וללישנא** קמא הוי מלח לחומרא, דאפי' בכלי שני מתבשל, **ופסקו** רוב הפוסקים כלישנא בתרא, אלא מפני שיש מחמירין, לכן כתב דהמחמיר תבא עליו ברכה.

וה"מ במלח שחופרין, אבל מלח שעושין ממים שמבשלין אותם, אין בו משום בישול לכו"ע, דאין בישול אחר בישול, וכדלקמן בסט"ו, **וכן** בצוקע"ר מותר מהאי טעמא ליתנו בכ"ר, לאחר שהעבירוהו מן האש, [מדרבנן מפני שנראה כמבשל]. [ה]**ויש** שמפקפקין בזה, וטוב ליזהר מכלי ראשון לכתחלה.

ואם עבר ונתן מלח אפילו בכלי ראשון, אפילו הוא על האש, שעבד איסורא - דע"ג האש אפי' לפסק השו"ע אסור וכנ"ל, **מותר המאכל, דהמלח בטל ע"ג המאכל (ב"י בשם שבולי הלקט)** - ואע"ג דמידי דעביד לטעמא לא בטיל, שאני הכא דהוי זה וזה גורם, דהכא מיירי שנמלח ג"כ מכבר בע"ש, וגם מיירי דהמלח שנתן עכשיו לא היה בה כדי ליתן טעם בקדרה זולת המלח של אתמול, **אבל** אם היה במלח של עכשיו לבדו כדי ליתן טעם, אסור המאכל עד מו"ש, [ואפי' במזיד אין להחמיר יותר], אם נתן בהכלי כשעומד על האש, [דלאחר שהעבירו, הא קימ"ל דמדינא מותר בכלי ראשון], **וה"מ** במלח שנעשה מחפירה, אבל במלח שנעשה ממים שמבשלין, אין לאסור המאכל וכנ"ל, [אף דלכתחילה בודאי אסור על האש].

(**ובתבלין כשנתנו לכלי ראשון, אף שנתן ג"כ קצת מע"ש, יש לעיין** בדיעבד לענין התבשיל, דהא הוי דבר שיש לו מתירין, **דבמלח** מתיר רבינו שמחה, משום דנימוח מיד ואין מתבשל, **דצריכא מילחא בישולא וכו', ומתבטל מקודם שנאסר**, ‹דלאחר שנימוח לא ניכר ולא הוה דבר שיש לו מתירין, כבסימן ש"כ סעיף ב' - פמ"ג›, **משא"כ בתבלין, ואפשר** דגם בכאן מתבטל קודם שנתבשל, וצ"ע).

[ו]**סימן שיח ס"ה** - [ו]**יש מי שאומר, דדבר שנאפה או נצלה, אם בשלו אח"כ במשקה** - ר"ל שנתנו בקדרה כשמתבשלת עם רוטב, **דאם** נותנו במשקים צוננים, תיפוק ליה דיש בו משום בישול עבור המשקים, **יש בו משום בישול** - דאע"ג דאין בישול אחר בישול בדבר יבש, מ"מ יש בישול אחר צלי, ואפילו עדיין רותח מחמת הצליה, וה"ה דלשיטה זו יש צלי אחר בישול, **ולכן** אסור ליתן דבר שנתבשל אצל האש בלי רוטב, ולאו דוקא אצל האש, דה"ה בכל מקום שיוכל להצלות מחום התנור, **ולכן** צריך ליזהר שלא להחזיר בשר מבושל בלי רוטב לתוך התנור, במקום החום שהיד סולדת בו, ואפילו אם יעמידנו ע"ג קדרה המפסקת.

(**ועיין בפמ"ג, דאם עשה צלי אחר בישול בע"ש, דלא נתבטל שם בישול** הראשון, ומותר לשרותו בחמין בשבת כשאר דבר מבושל, **ונראה** דה"ה לדידיה **בבישול אחר צלי, דמותר בשבת להניחו בלי רוטב בתנור, אף שיצלה, דלא נתבטל שם צלי ראשון ממנו, אך** לענ"ד אין דין הפמ"ג מוכרח, דנהי דמוכח דלא נתבטל שם הראשון, הרי שם השני בודאי קיים, **ושפיר יש לומר דמקרי עתה בשול אחר צלי, אך זה נלענ"ד, בבשלו ואח"כ צלאו בע"ש, דמותר להניחו בתנור בשבת, דפעולה אחרונה נקבע בו יותר, ומקרי צלי אחר צלי**).

אבל לכו"ע אין צלי אחר צלי, ודבר שנצלה מותר ליתנו אצל האש אפילו אם נצטנן, **ובלבד** שלא יקרבנו ביותר, כדי שלא יבוא לחתות, **וגם** לא יעמידנו על קרקעית התנור, אלא ע"י הפסק כלי ריקנית תחתיה, כדי שלא יהיה נראה כמבשל, ועיין לעיל בסימן רנ"ג ס"ה, ‹ע"ש בס"ג בבה"ל וצ"ע›, **וה"ה** באפיה כה"ג, דאין אפיה אחר אפיה.

ואסור ליתן פת [ח]**אפילו בכלי שני שהיד סולדת בו** - הוסיף בזה דין אחר, והטעם, דסבירא ליה לדעה זו, דיש דברים

באר הגולה

[ג] **שם בגמרא וכלישנא בתרא הרי"ף ורא"ש והרמב"ם והתוס'** ‹ד"ה והיינו דרב נחמן› [ד] **טור. והתוס'** ‹הנ"ל› **כתבו המחמיר תבוא עליו ברכה** ‹והיינו במלח בכלי שני, וכדלקמן בהרמ"א, וצ"ע› [ה] ‹דדוקא שעדיין יהיה נשאר יבש, אבל כשיהיה נימוח, א"כ הוי דינו כדין דבר לח שנצטנן דיש בישול אחר בישול – מחה"ש› [ו] ‹ע"פ הגר"א› [ז] **טור בשם ר' אליעזר ממיץ וסמ"ג מהא דקיימא לן כר' יוסי שאין יוצאין במבושל אחר אפייה, בפסחים מ"א** [ח] ‹שבת מב: ואפילו ללישנא בתרא, משום דמילחא צריכה כו' אבל שאר דברים מודה ללישנא קמא – גר"א›

שמתבשלים אפילו בכלי שני מפני שהם רכים, ואין אנו בקיאים, וע"כ הוסיף לאסור ליתן פת האפוי דהוא רכיך אפילו בכלי שני, **וה"ה** דלדעה זו יש להחמיר נמי בשאר דברים שלא ליתנם בכלי שני, [חוץ ממים ושמן, וכדלקמן סימן זה], **ועיין** לקמן בס"ט אודות תבלין.

ט **ויש מתירין. הגה: בכלי שני** - ס"ל דאין כלי שני מבשל בשום דבר, **ועיין** בח"א שכתב, דהיכא שהיד נכוית בו, לכו"ע מבשל אפילו בכלי שני.

ויש מקילין אפילו בכלי ראשון - ס"ל דאין שייך שם בישול אחר אפיה או צליה, וה"ה להיפך.

ונהגו ליזהר לכתחלה שלא ליתן פת אפילו בכלי שני כל זמן שהיד סולדת בו - פי' שאין נותנים לחם במרק של הטשאלינ"ט בקערה שהיא כלי שני, **וכ"ש** שיזהר שלא לערות עליהם מכלי ראשון.

ובכלי שלישי מצדד הפמ"ג להקל, עי"ש, **ובדיעבד** אפילו בכ"ר אין לאסור, דיש לסמוך איש מקילין.

ואותם שחותכים הבצלים ונותנין לתוך המרק בקערה, לא ישימו רק אחר שלא תהיה היד סולדת בהמרק, דבלחם יש קולא מחמת שנאפה כבר, ואפ"ה נזהרים, כ"ש בבצלים שצריך ליזהר, כי אין אנו בקיאין במידי דמקרי רכיך וכנ"ל, **וכ"ש** לפי מה שנוהגין ליתן הבצלים לתוך התבשיל שהוא דבר גוש, בודאי יש ליזהר בזה, דיש פוסקים שסוברים דדבר גוש שמונח בכלי שני דינו ככ"ר, **ואפילו** אם ימתין עד שיהיה המרק שבקערה אין היד סולדת בו, מ"מ יזהר שלא ישפוך אח"כ על שיורי בצלים שנשאר בקערה, מן המרק שבקדרה אם היד סולדת בהן, דעירוי מבשל כדי קליפה כדקי"ל בס"י, ויש בזה חשש דאורייתא.

וכן מה שנוהגין איזה אנשים כשעושין חמין מרגלי בהמה, לחתוך חתיכת פת בכלי ולערות עליהם המרק של הרגלים מכ"ר, לא יפה הם עושין, **דאפילו** אם לא יתן הפת בתחלה עד שיערה המרק תחלה בכלי, כדי שיעשה כ"ש, הלא כתב רמ"א דיש ליזהר בזה, **אלא** אם רוצה ליתן פת, ימתין עד שלא יהיה היד סולדת במרק, או שלכל הפחות ישאב בכף מן הקדרה, כדי שתהיה הקערה כלי שלישי, **וכ"ש** אם רוצה ליתן בצלים ושומים לתוך החמין האלו, בודאי יזהר מאד לעשות כן, דאם יערה עליהם מכלי ראשון שהיד סולדת בהן, יש בזה חשש אב מלאכה וכנ"ל.

אות ב'

אין נותנין כלי תחת הנר לקבל בו את השמן, ואם נתנוה מבעוד יום, מותר. ואין ניאותין ממנו, לפי שאינו מן המוכן

סימן רסה ס"ג - י **אין נותנין כלי בשבת תחת הנר לקבל שמן הנוטף, מפני שהוא מבטל כלי מהיכנו** - שהיה מוכן מתחלה לטלטלו, ועכשיו אסרו בטלטול מחמת השמן שבתוכו, שהוא מוקצה מחמת איסור, כמש"כ בסימן רע"ט, **וחכמים** אסרו לבטל כלי מהיכנו, מפני שדומה כאלו סותר הכלי ומשברה, (**טעם זה איתא ברמב"ם וברש"י בפרק מי שהחשיך** ‹דף קנד›, **ובדף מ"ב פי' רש"י, מפני שהוא כקובע לו מקום ומחברו בטיט, ודמי למלאכה**).

(**וכתב הפמ"ג, דאפי' כלי שמלאכתו לאיסור, אף דמתחלה היה ג"כ עליה קצת שם מוקצה, אעפ"כ אסור להעמידה לקבל שמן הנוטף, דמתחלה היתה הכלי מותר לטלטלה עכ"פ לצורך מקומה, ועכשיו אסור לגמרי**).

ואם יש בכלי דבר המותר, מותר להניחו תחת הנר לקבל בו שמן, דהא יכול לטלטלו אגב ההיתר, אם הוא בענין שמותר לטלטל בשבילו, כמו שכתב בסוף סימן ש"י עי"ש.

עוד עצה אחרת כתב בתשובת מהרי"ל, והסכים עמו המ"א, דישים כלי מבעוד יום תחת השלחן, ובשבת אחר האכילה יסיר את השלחן, והכלי עומד מעצמו תחת הנר, **ואף** דהוא גורם בשבת לבטל כלי מהיכנו ע"י הסרת השלחן, מ"מ שרי כיון שאינו מבטלו בידים בשבת, **ועוד** דהא אין אנו נזהרים מלהשים כלי בשבת על השלחן תחת הנר אע"פ שנופל בו שמן, כי אין מתכוין לכך, **ה"נ** אין מתכוונים כשמסיר השלחן אלא להצלת השלחן שלא יפול עליו הנר.

אבל מותר לתת תחת נר של שעוה או של חלב, שחושש שמא יפול וידליק מה שתחתיו, ומניח שם כלי שיפול על הכלי, **ומטעם**, דכיון דאפשר לנער מיד האיסור מתוך הכלי, כמש"כ סימן רע"ז, לא חשיב מבטל כלי מהיכנו, **ולא** דמי לשמן שאינו רוצה לנערו ולהפסידו.

ולהעמיד כלי תחת הפחם שבראש הפתילה שיפול לתוכו, אסור, אם לא במקום הפסד, **ואע"ג** דלאחר שכבו יכול לנערם מן הכלי, מ"מ חשיב ביטול כלי מהיכנו לפי שעה עכ"פ, כיון שא"א לנערם מיד.

ומותר ליתנו מבעוד יום, והשמן הנוטף אסור להסתפק ממנו בשבת - שכבר הוקצה השמן בין השמשות, ומיגו דאיתקצאי בין השמשות לנר איתקצאי לכולי יומא, **וגם** הכלי אסור בטלטול ע"י השמן, שנעשה בסיס לה.

ונראה אפילו יש שמן היתר הרבה בכלי מבע"י, והניחה אז לקבל שמן הנוטף, מ"מ אסור להסתפק, דדבר שיש לו מתירין לא בטיל.

ואם לא נטף לתוכו שמן כלל, לא נאסר הכלי לטלטל במחשבה בעלמא, **ובא"ר** כתב, דאם נטף שמן לתוכה מבע"י, מתקיים מחשבתו שחשב עליה, ומקרי עי"ז כלי שמלאכתו לאיסור, אף אם אח"כ נשפך השמן, **וכמו** אם הניח מעות על הכלי מבע"י, אף שנטלו מבע"י, מ"מ הוי מיוחד לאיסור והוי מוקצה.

הגה: ואסור ליגע בנר דולק כשהוא תלוי, אע"פ שאינו מטלטלו ואין בו משום מוקצה בנגיעה בעלמא, מ"מ אסור פן יתנדנד קצת מנגיעתו ויטה (א"ז) - השמן אל הפתילה, ויתחייב

באר הגולה

ט מרדכי בפרק ג' דשבת בשם ראבי"ה ‹כמש"ש מ: [גבי שמן, וש"מ כ"ש אינו מבשל], ושם מ"א [אבל נותן הוא לתוך הכוס, דהוי כ"ש], וללישנא בתרא אידחי לישנא קמא, [וס"ל דכל דבר הוי כתבלין, דכ"ש אינו מבשל] – גר"א עם פי' הדמשק אליעזר› י שם מ"ב

משום מבעיר, או כאשר ירחקהו יתחייב משום מכבה, **ועיין** בסי' רע"ז ס"ג, דבנר של שעוה לא חיישינן לזה, (**ועיין באו"ז שמחמיר אף בנר של שעוה**).

משמע מזה, דבלא חשש הטייה אין לחוש משום איסור טלטול מוקצה ע"י הנדנוד, **וכתב** המ"א, דמיירי שדבר היתר מונח עליו ורוצה ליקח ממנו, והוי טלטול מן הצד דמותר, כמש"כ סימן שי"א ס"ח, **אבל** ליגע בו ממש, אסור במנורה תלויה, אפילו אין הנר דולקת בתוכה, (**אמנם באו"ז מצאתי, שממנו נובע הדין של הרמ"א, דאפילו נוגע ממש** במנורה תלויה, מקרי טלטול מן הצד).

אות ג'

אף על פי שאמרו אין נותנין כלי תחת תרנגולת לקבל ביצתה, אבל כופה עליה כלי שלא תשבר

סימן שי ס"ו - [יא]כל דבר שאסור לטלטלו, אסור ליתן תחתיו כלי כדי שיפול לתוכו, מפני שאוסר הכלי בטלטול, ונמצא מבטל כלי מהיכנו - והוי כסותר הכלי.

אבל מותר לכפות עליו כלי - היינו דלא כר' יצחק, דס"ל דאסור לטלטל שום כלי אלא בשביל דבר המותר לטלטל.

[יב]ובלבד שלא יגע בו - ואע"ג דמותר ליגע במוקצה, כדלעיל בסי' ש"ח ס"ג, **הכא** אביצה קאי, וכדי שלא ינענע אותה, **אבל** דבר שאינו מתנדנד ע"י הנגיעה, שרי, באר הגולה והגר"א וכ"כ בדה"ח, **ודלא** כמ"א וט"ז.

סימן שכב ס"א - [יג]ביצה שנולדה בשבת, אסורה אפי' לטלטלה - דכיון דלא חזי לאכילה, והיינו לגומעה חיה, כמוקצה דמיא, [**ואסורה** בטלטול אפי' כשצריך לגופה, כגון לכסות בה את הכלי].

[**ופמ"ג** מסופק, היכא שהתרנגולת עומדת לאכילה, ‹דבתרנגולת העומדת לגדל וולדות, אסורה הביצה משום מוקצה, דהיינו נולד, וכר' יהודה דאית ליה מוקצה›, או למ"ד מוקצה בשבת שרי, ורוצה ליתן הביצה לעו"ג, ‹דיש לו צורך›, דאפשר דלא אסור בטלטול].

והאי דאסורה באכילה, משום גזירה שבת דמיקלע אחר יו"ט, שאז ביצה הנולדה בה אסורה מדאורייתא באכילה, **דכל** ביצה דמתילדא האידנא מאתמול גמרה לה, ונמצא כשנאכלנה, דיו"ט הכינה לשבת, וזה אסור, מדכתיב: והיה ביום הששי והכינו את אשר יביאו, וסתם ששי חול הוא, להורות לנו דדוקא בחול צריך להכין לסעודת שבת, וכן ליו"ט דגם הוא איקרי שבת, **אבל** ביו"ט אסור להכין לסעודת שבת, [ובזה לא מועיל עירוב תבשילין, דלא אתי דרבנן ועקר דאורייתא], ‹דכל דבר אפוי ומבושל לא שייך ביה הכנה, שאינו מחוסר רק תקון בעלמא, דמעיקרא הוה חזי ליה, רק גבי ביצה שהוא דבר חדש שלא היתה בעולם ולא היתה ראויה כלל מעיקרא - תוס'›, **וכ"ש** דבשבת אסור להכין לסעודת יו"ט, וע"כ כשנולדה הביצה ביו"ט שחל יום א', ג"כ אסור מן התורה לאכלה, דבודאי נגמרה במעי התרנגולת מאתמול, ונמצא דשבת הכינה ליו"ט כשנאכלנה, **ואע"ג** דהכנה בידי שמים היא ולא בידי אדם, גם זה בכלל הכנה ואסור, **וע"כ** גזרו רבנן בכל שבת ויו"ט כשנולדה, שאסור.

[**והא** דלא אסור כשנולדה ביום א' של חול מהאי טעמא, דסעודת חול לא חשיבא כלל, ולא בעיא הכנה מבע"י כמו דאשכחן בשבת, וע"כ לא שייך לומר שהשבת הכין לה].

ואפי' נתערבה באלף, כולן אסורות - דהוי דבר שיש לו מתירין, וקי"ל דדשיל"מ אפילו באלף לא בטיל, **והטעם**, דעד שעתה יאכלנה ויטלטלנה בחשש איסור, יותר טוב שימתין עד שתחשך, ויהיה כולם בהיתר.

וכן אם הוא ספק אם נולדה בשבת או מקודם, ג"כ אסור מטעם זה, אף דבכל דוכתא קי"ל דספיקא דרבנן להקל, **אך** אם השכים קודם עמוד השחר, ומצא הביצה מונחת בהקינה של תרנגולת, מותרת לטלטלה ולאכלה, דרובן אינן יולדות בלילה, ותלינן דמאתמול שהיה יום חול נולדה, [**משא"כ** אם אתמול היה יו"ט].

ויכול לכוף עליה כלי שלא תשבר, [יד]ובלבד שלא יגע בה - היינו בהכלי, וכ"ש בנגיעה בידיו, והטעם, דע"י שהיא עגולה היא מתנענעת ממקומה, ועיין לעיל בסימן ש"ח ס"ג בהג"ה ובסימן ש"י ס"ו ובמה שכתבנו שם.

סימן תקיג ס"ד - [טו]מותר לכפות עליה כלי כדי שלא תשבר, [טז]ובלבד שלא יגע בה הכלי - דמצוי להתנענע הביצה ע"י נגיעה כל שהוא, מפני שהיא עגולה.

אבל אסור ליתן תחתיה כלי, בעת שהתרנגולת מטילתה, שתפול בו, דהרי היא מוקצה, ונמצא מבטל על ידי זה הכלי מהיכנו, לעיל בסימן ש"י ס"ו.

---

§ מסכת שבת דף מג. §

אות א'

משום דקא מבטל כלי מהיכנו

סימן שי ס"ו - [א]כל דבר שאסור לטלטלו, אסור ליתן תחתיו כלי כדי שיפול לתוכו, מפני שאוסר הכלי בטלטול, ונמצא מבטל כלי מהיכנו - והוי כסותר הכלי.

באר הגולה

יא שבת מ"ב | יב טור, אע"ג דמותר ליגע במוקצה, הכא אביצה קאי, וכן הוא בירושלמי, ובלבד שלא יגע בביצה, והביאו הראב"ד בהשגות בפרק כ"ה הכ"ג, והרא"ש בפ"ק דביצה, עיין ב"י מ"ש בזה, ה"ה ות"ה ח"א סימן ס"ז | יג ביצה ג' ברייתא | יד ציינתיו לעיל בסי' ש"י סעיף ו' וע"ש | טו ברייתא שם ‹ביצה דף ג:› | טז ציינתיו לעיל סימן ש"י סעיף ו' וע"ש | א שבת מ"ב

כירה פרק שלישי שבת מג

מסורת הש"ס | **עין משפט נר מצוה**

גמרא

איתיביה *כופין קערה על הנר שלא יאחז בקורה בבתי גחיני דשכיח בהו דליקה *וכן קורה שנשברה סומכין אותה בספסל ובארוכות המטה בכשורי חדתי דעבידי דפקעי *נותנין כלי תחת הדלף בשבת בבתי חדתי דשכיחי דדלפי רב יוסף אמר היינו טעמא דרב חסדא *משום *דקא מבטל כלי מהיכנו איתיביה אביי *חבית של טבל שנשברה מביא כלי אחר ומניח תחתיה א"ל *טבל מוכן הוא אצל שבת שאם עבר ותקנו מתוקן *נותנין כלי תחת הנר לקבל ניצוצות א"ר הונא בריה דרב יהושע ניצוצות אין בהן ממש *וכן קורה שנשברה סומכין אותה בספסל או בארוכות המטה דרפי דאי בעי שקיל ליה *נותנין כלי תחת הדלף בשבת בדלף הראוי *כופין את הסל לפני האפרוחין שיעלו וירדו קסבר מותר לטלטלו והתניא *אסור לטלטלו בעודן עליו והתניא אע"פ שאין עודן עליו אסור א"ר אבהו בעודן עליו כל בין השמשות מיגו דאיתקצאי לבין השמשות איתקצאי לכולי יומא א"ר יצחק כשם שאין נותנין כלי תחת תרנגולת לקבל ביצתה כך אין כופין עליה כלי בשביל שלא תשבר *קסבר אין כלי ניטל אלא לדבר הניטל בשבת מיתיבי כל הני תיובתא ושני בצריך למקומו תא שמע *אחת ביצה שנולדה בשבת ואחת ביצה שנולדה ביום טוב אין מטלטלין לא לכסות בה את הכלי ולסמוך בה כרעי המטה אבל כופה עליה כלי בשביל שלא תשבר הכא נמי בצריך למקומו *ת"ש פורסין מחצלות על גבי אבנים בשבת באבנים מקורזלות דחזיין לבית הכסא ת"ש *פורסין מחצלות על גבי לבנים בשבת דאישתיור מבנינא דחזיין למיזגא עלייהו ת"ש פורסין מחצלת על גבי כוורת דבורים בשבת בחמה מפני החמה ובגשמים מפני הגשמים ובלבד שלא יתכוין לצוד הכא במאי עסקינן דאיכא דבש א"ל רב עוקבא ממישן לרב אשי תינח בימות החמה דאיכא

רש"י

איתיביה כופין קערה. של חרס על גבי הנר כו': **גחיני.** נמוכין: **וכן קורה שנשברה כו'.** משנה היא לקמן: **שנשברה.** בשבת: **ארוכות המטה.** לימוכ"ש: **בספסל.** דכלי הוא ומותר לטלטלו: **בכשורי חדתי.** שלא נבדקו עדיין וכשמכביד משא הבית עליהן שהיו טחין על גגותיהן בטיט שכיחי דפקעי: **תחת הדלף.** לקבלו: **טעמא דרב חסדא.** דאין נותנין כלי תחת התרנגולת: **מפני שמבטל כלי מהיכנו.** שהיה מוכן מתחלה לטלטלו ועכשיו עושהו מוקצה: **מוכן הוא.** שאין בו מוקצה אלא איסורו ואם בא אחד ועבר על דברי חכמים שאסרו לתרום בשבת ותיקנו מתוקן ומותר לטלטלו ולאוכלו הלכך לאו מבטל כלי מהיכנו חשיב ליה: **אין בהן ממש.** ומותר ליטלן אחר שכבו לתוכו: **וכן קורה כו'.** קס"ד שמהדקו שם ואינו יכול שוב ליטלו: **דרפוי.** לשתיה כל אלו משניות הן: **כל בין השמשות.** אבל נטלו שם משחשיכה מותר ליטלו אם אין האפרוחים עליו: **בצריך למקומו.** להשתמש במקום הכלי ומתוך שיטל ליטלו לצורך מקומו מוליכו למקום שירצה: **לכסות בה את הכלי.** לסתום פי צלוחית: **על גבי אבנים.** מפני הגשמים שלא ימחו או לא יקבלו סיד מאחר שנרויות במים: **מקורזלות.** ראשן חד ורלאויות לקינוח דהוי דבר הניטל: **למיזגא.** להשען שכל הסבתן כך היתה יושב קלת ונשען קלת על שמאלו:

תוספות

דמבטל כלי מהיכנו. בפרק בתרא *פירש בקונטרס דאסור משום דמתחזי כסותר וכאן פירש דחשיב כאלו מחברו שם בטיט: **טבל** מוכן הוא אלל שבת. אף על פי שאסור לטלטלו כדתנן בפרק מפנין (לקמן קכו:) מ"מ לא חשיב מבטל כלי מהיכנו כיון דאם עבר ותיקנו מתוקן ק' לרשב"א דתנן במסכת תרומות בפ"ב (משנה ג) ומייתי לה בהניזקין (גיטין נד.) המעשר בשבת בשוגג יאכל במזיד לא יאכל ולישנא דקאמר הכא אם עבר ותיקנו משמע במזיד מדלא קאמר *שאם שגג ותיקנו ונראה דנקט עבר כגון דלית ליה פירי אחריני דאמר בביצה בפרק י"ט (דף יז:) דאפילו במזיד יאכל עוד הקשה דבפרק בתרא (דף קנד:) תניא היתה בהמתו טעונה טבל ועששית מתיר את החבלים והשקים נופלים ואע"פ שמשתברין משמע דאסור להניח תחתיהן כרים וכסתות אלמא טבל לאו מוכן הוא ואור"י דאף על פי שמשתברין לא קאי אטבל אלא אעששית ועוד הקשה כי היכי דאמר דאם עבר ותיקנו מתוקן ה"נ כשמניח כלי תחת תרנגולת לקבל ביצתה נימא שאם עבר והסיר הביצה מותר הכלי לטלטל ואם כן ביטלת תורת ביטול כלי מהיכנו ולאו פירכא היא דהא כמו שהכלי עם הביצה אין לה היתר אבל טבל יש לו היתר על ידי תיקון ועוד הקשה היכא דאית ליה פירי אחריני בשוגג אמאי יאכל נימא מגו דאיתקצאי לבין השמשות איתקצאי לכולי יומא ועוד מ"ש דהכא אמר דאם עבר ותיקנו מתוקן ובביצה בפ' אין צדין (דף כו: ושם) גבי בכור לר"ש דאמר אין רואין מומין בי"ט אמר שאם עבר וביקרו אינו מבוקר והדר בר אוכמי דאמר בשוגג מבוקר אמרינן התם דליתא דמשבש ותני*: **כופין** את הסל. לעיל לא מלי פריך מינה דהגלה מטיה היא: **בעודן** עליו. אבל אחר שירדו מותר לטלטלו נראה לר"י דקסבר דאין מוקצה לחצי שבת דלמ"ד בפ' אין צדין (ביצה כו: ושם) דיש מוקצה אסור לטלטלו אף אחר שירדו וקשה לרשב"א למ"ד יש מוקצה לחצי שבת אמאי כופין את הסל לפני האפרוחים והא מבטל כלי מהיכנו וקי"ל דאסור לבטלו דבסוף פירקין *פריך סתמא דהש"ס והא קא מבטל כלי מהיכנו וכן בפ' מפנין (לקמן קכח:) ובפ' בתרא (דף קנד:) פריך אליבא דרב הונא אע"ג דלא מלינו שהיה סובר כן משמע דלכ"ע אסור לבטל כלי מהיכנו וכן אפרש בסמוך וי"ל דלמ"ד יש מוקצה לחצי שבת הך דכופין את הסל מוקי כר"ש דלדידיה ודאי שרי לטלטל הסל כשירדו דאפי' מיגו דאיתקצאי לבין השמשות איתקצאי לכולי יומא לית ליה דהא מתיר להסתפק מן הנר שכבה *א"כ הא דיש מוקצה לחצי שבת הייני לאכילה ולא לטלטול וא"ת רב יוסף דמפרש מתני' משום דאסור לבטל כלי מהיכנו לא אתיא מתני' כר"ש דלדידיה לא מבטל כלי מהיכנו כיון דשרי לאחר שכבה כי היכי דלא תשבינן הכא כפיית הסל ביטול כלי משום דשרי אחר שירדו וי"ל דלא דמי דהכא ודאי לא חשיב ביטול כלי כי מיד כשבאו על הסל בידו להפריחם ולהבריחם משם: **בעודן** עליו כל בין השמשות. תימה הא כיון דבידו להפריחם למטה האי גמרו בידי אדם ולית לן למימר מיגו דאיתקצאי לבין השמשות כדמוכח בפ' אין צדין (ביצה כו:) דפריך ר' זירא למ"ד יש מוקצה לחצי שבת והא פולין ועדשים דמבשלים בי"ט דמעיקרא חזו לכוס כי שדינהו בקדרה חייתא (א) אידחו להו גמר בישולייהו אישתרו להו א"ל אביי ולטעמיך תקשי לך קדירות דעלמא דהא קדירות דשבתא בין השמשות רותחות הן ולאורתא קא אכלינן מינייהו אלא גמרו בידי אדם לא קמבעיא ליה כי קא מיבעיא ליה גמרו בידי שמים וי"ל דשאני קדירות אם הוה צריך להו בין השמשות היה מקררן וכן פולין ועדשים רצונו שיתבשלו בלא שום דיחוי אבל הכא רצונו היה שיעלו האפרוחין על הסל שלכך כפאו והרי עשה אותו הקלה אותו לצרכן ומיגו דאיתקצאי לבין השמשות איתקצאי לכולי יומא: **ושני** ליה בצריך למקומו. ההיא דנותנין כלי תחת הדלף איכא נמי לשנויי בדלף הראוי כדשני לעיל ובפרק משילין (ביצה לו: ושם) משני ליה הכי לרבי יצחק תימה לר"י מ"ש דגבי שמן תנא אין נותנין וגבי ניצוצות נותנין בתרוייהו הוה מצי למתני נותנין בצריך למקומו או בתרוייהו אין נותנין בשאין צריך למקומו ונראה לר"י דמעיקרא אשמעינן דאין כלי ניטל אלא לדבר הניטל בשבת וגבי ניצוצות דבתר הכי אשמעינן דבצריך למקומו שרי אי נמי ר' יצחק אית ליה נמי דאסור לבטל כלי מהיכנו ולהכי גבי שמן אין נותנין אפילו בצריך למקומו ולרב הונא נפרש בסמוך דאית ליה נמי תרוייהו אין כלי ניטל אלא לדבר הניטל ואסור לבטל כלי מהיכנו ואם נאמר דלרב יוסף לא אתיא מתניתין כר"ש דכיון דלדידיה מותר לאחר שכבה לא חשיב ביטול כלי אם כן מלינן למימר דאפילו רבה אית ליה דאסור לבטל כלי מהיכנו ואילטריך למימר דהגלה שאינה מטיה לא התירו כדי לאוקמה מתניתין כר"ש וא"ת מאי צריך בכל הני משניות לאשמעינן דבצריך למקומו שרי ויש לומר דלגבי ניצוצות אילטריך לאשמעינן דלא תימא אפילו בצריך למקומו אסור משום דילמא אתי לכבויי וכן ההיא דכופין קערה שלא תאחוז כו' וההיא דקורה שנשברה נראה לרשב"א דאילטריך לאשמעינן דלא חיישינן שמא יעלה את הקורה דאסור להעלות כדתנן בפ' שואל (לקמן קנא:) וכן קורה שנשברה סומכין אותה כו' לא שתעלה אלא שלא תוסיף: **כופה** עליה כלי שלא תשבר כו'. כל הנהו דמייתי ידע המקשה דמלי לשנויי בצריך למקומו אלא שרוצה לידע אם יש לתרץ בענין אחר: **דאייתור** מבניינא. כדאמר לקמן בפ' כל הכלים (דף קכד:) הני לבני דאייתרי מבניינא שרי לטלטולינהו:

עין משפט נר מצוה

[דף קכד: וכ"כ רש"י לקמן קכח: ד"ה וסא]

מ א מיי' פכ"ה מהלכות שבת הלכה כג סמג לאוין סה טוש"ע או"ח סימן שי סעיף ו:

מא ב מיי' שם הל' כה:

מב ג מיי' שם טוש"ע או"ח סימן שיג סעיף ז:

מג ד מיי' שם הלכה כד טוש"ע או"ח סימן שלח סעיף ח וסימן תקכא סעיף ג:

מד ה ו מיי' שם הלכה כה סמג שם טוש"ע או"ח סימן שח סעיף לט:

מה ז מיי' וסמג שם טוש"ע או"ח סימן שע"ז סעיף ד:

וזה אין להקשות דלר"ש אמאי חשיב במתניתין ביטול כלי מהיכנו הא עבר וכיבה מותר השמן כמו גבי טבל שאם עבר כו' וי"ל שאני דכיבוי איסורא דאורייתא ולא אמר ביה שאם עבר כו' [תוספות ישנים]

מסורת הש"ס

לקמן קו. קכח. | לקמן קכח: | ביצה לה: | [לקמן מז: קכח: קנד:] | [תוספתא פי"ד] | [ביצה לד: לה.] | לעיל מב: | לקמן מז: | לקמן קכח: | [תוספ' פט"ו] | [תוספתא שם] | [ביצה לו.] | ביצה ג: | [שם לו. כל הסוגיא ע"ש כמה שינויים] | שם לו. | [דף מז:]

רבינו חננאל

חרשים שהן מצוין להפקיע. וניצוצות תחת הנר נמי מילתא דשכיחא היא ובבתי גחיני כלומר בתים נמוכים להיאחז בהן דליקה מילתא דשכיחא היא וכן כולם. פירק רבא לדבריו דהצלת מצויה התירו הצלת שאינה מצויה לא התירו אליבא דרב חסדא. רב יוסף אמר ט"ם דרב חסדא משום דאי שרית ליה לקבל הביצה בכלי במקום מדרון כבר ביטל אותו הכלי היום שאסור לטלטלו והביצה בתוכו. כשם שאסור לטלטל הביצה. אבל כפיית הכלי על הביצה אינו ביטול שאם הוצרך הכלי מותר לו לטלטלו שהרי אין בכלי כלום ולא מבטל כלי מהיכנו. איתיביה אביי (טלטל) [חבית של טבל] כו' והא טבל אסור לטלטלו ושני ליה טבל מוכן הוא שאם עבר ותיקנו מתוקן הוא. ושני בניצוצות. ניצוצות אין בהם ממש והכלי שמקבל בו הניצוצות לא מיבטיל ומותר להשתמש בה. וספסל שסומך בה הקורה רפויה היא שיכול ליטלה ולהשתמש בה. והכלי שמקבל בו הדלף בדלף הראוי לשתיה שהמים מותרים וכ"ש הכלי. וכן הסל שכופין שיעלו וירדו בו האפרוחים עומדין על הסל [או שהיו עומדין על הסל] בין השמשות אסור לטלטל אותו הסל שנעשה מוקצה ואם לאו מותר. ור' יצחק חולק על רב חסדא ואומר אפי' כלי לכוף עליה בשביל שלא תישבר ביצה בשבת אסור. קסבר אין כלי ניטל [אלא] לדבר הניטל בשבת. ואותיבנא עליה כל הני תיובתא. ומשני בצריך למקומו. ת"ש אחת ביצה [שנולדה] בשבת ואחת ביצה שנולדה ביו"ט אין מטלטלין אותה לא לכסות בה את הכלי ולא לסמוך בה כרעי המטה. אבל כופה עליה כלי כו' ומשני הכא נמי בצריך לאותו מקום. פי' לאותו מקום של כלי ולא למקום הביצה.

הגהות הב"ח

(א) תוס' ד"ה בעודן וכו' כי שדינהו בקדר' חייתא כצ"ל ותיבת חייתא נמחק:

גליון הש"ס

תוס' ד"ה טבל מוכן. שאם שגג. עי' לעיל מב ע"א תוס' ד"ה עבר ונכסים דף מב ע"א ברש"י ד"ה סיכה דלאמר ובר"ן שם: תוס' ד"ה בעודן עליו. א"נ לא דיש מוקצה. עיין לקמן דף מד ע"ב תוס' ד"ה יש עליה מעות:

רב נסים גאון

באבנים מקורזלות של בית הכסא. תמצא פירושו בפרק המוציא יין (דף פא) ותנין על לבי מדרשא אמר להו רבותי שיעור אבנים מקורזלות בכמה אמרו לו כזית וכאגוז וכביצה תנו רבנן בשבת ג' אבנים מקורזלות מותר להכניסן לבית הכסא כו': **בליבני** דאייתור מבניינא דחזיין למיזגא עלייהו עיקרם בפרק כל הכלים ניטלין בשבת (דף קכד) אמר רב נחמן הני ליבני דאשתיור מבניינא שרי לטלטולינהו בשבתא משום דחזו למיזגא עלייהו ובמס' יום טוב (דף לא) בפרק המביא כדי יין ממקום למקום. אמר ליה לא נצרכה אלא לאותן ב' חלות מנהג הוא בעת התיכת הדבש מן הכוורת להניח ב' חלות לעסק הדבורים ותישתכח עיקר דיליה בבבא [בתרא] בפרק המוכר את הספינה (דף פ) חלות דבש מניח שתי חלות היוצאות:

אות ב'

חבית של טבל שנשברה מביא כלי אחר ומניח תחתיה

רמב"ם פכ"ה מהל' שבת הכ"ה - חבית של טבל שנשברה, מביא כלי ומניח תחתיה, הואיל ואם עבר ותקנו מתוקן, הרי הוא כמתוקן. ונותנין כלי תחת הנר לקבל ניצוצות, מפני שאין בהן ממש, ומותר לטלטל הכלי. קורה שנשברה, אין סומכין אותה בספסל או בארוכות המטה, אלא אם כן היו רווחים, וכל זמן שיחפוץ יטלם, כדי שלא יבטל כלי מהיכנו. פורסין מחצלת על גבי אבנים בשבת או על גבי כוורת דבורים, בחמה מפני החמה ובגשמים מפני הגשמים, ובלבד שלא יתכוין לצוד, שהרי נוטלה בכל עת שירצה. וכופין את הסל בשבת לפני האפרוחים בשביל שיעלו עליו וירדו, שהרי מותר לטלטלו כשירדו מעליו, וכן כל כיוצא בזה.

אות ג'

וכן קורה שנשברה סומכין אותה בספסל או בארוכות המטה, דרפי, דאי בעי שקיל ליה

סימן שיג ס"ז - [ב]קורה שנשברה, מותר לסמכה בארוכות המטה, שהם כלי, לא כדי שתעלה, דא"כ הוי ליה בונה, אלא כדי שלא תרד יותר.

ואם אינו כלי, רק עץ בעלמא כמו מקל, אע"פ שמוכן הוא לטלטל, מ"מ אסור לסמכו תחת הקורה, דדמי לבונה, כ"כ מ"א, **אבל** הא"ר ותו"ש חולקים עליו, ומתירים בכל דבר ששם כלי עליו לענין טלטול, כיון שהוא עושה רק כדי שלא תרד יותר.

[ג]והוא שיהיו רפויים, שיכול ליטלם כשירצה; אבל אם מהדקם שם, אסור - הטעם, דמבטל כלי מהיכנו, שאינו יכול שוב ליטלו משם בשבת, **ואם** אינו תחוב בחוזק כ"כ, שרי.

ועיין בפמ"ג, [שהוא מצדד, דלפי הא"ר ותו"ש דלעיל, אפי' במהדקו שרי במקל, דלא שייך שם ביטול כלי מהיכנו, כל שאין שם כלי עליו, **ולענ"ד** דבר חדש הוא ולא נהירא, דכיון שגזרו איסור שלא לבטל כלי מהיכנו, לא פלוג במילתייהו, ואסרו כל דבר שהיה מתחילה מותר לטלטל, והוא גורם בפעולתו שיהא אסור לטלטל].

אות ד'

נותנין כלי תחת הדלף בשבת, בדלף הראוי

סימן שלח ס"ח - [ד]מותר ליתן כלי תחת הדלף בשבת - שדולף דרך התקרה וכוצא בזה.

[ה]ואם נתמלא, שופכו ומחזירו למקומו; והוא שיהא הדלף ראוי לרחיצה - דאין על המטר היורד שם מוקצה או נולד, ויכול לשתותו או לרחוץ ממנו, וה"ה אם הוא ראוי רק לשתיית בהמה.

[ו]אבל אם אינו ראוי, אסור, משום שאין עושין גרף של רעי לכתחלה - פי' אין עושין דבר שימאס, על סמך שיהיה מותר אח"כ להוציאו כגרף של רעי, **ואם** אפילו יתרצה שישאר כך ולא יזיזנו ממקומו, ג"כ אסור, (**דעיקר הטעם דאסור להעמידו תחת הדלף**, הוא משום שאין מבטלין כלי מהיכנו, דלא יהיה יכולת בידו להזיזו אח"כ ממקומו כיון דאית ביה מוקצה, **אלא** משום דאי הוי שרי לעשות גרף של רעי לכתחלה, לא היה קרוי כלל בטול כלי מהיכנו, כיון שמותר ליטול אח"כ ולשופכו, **אבל** כיון דקי"ל דאין עושין גרף של רעי לכתחלה, א"כ הרי הוא מוכרח להתרצות לכתחלה שיהיה מונח שם בקביעות, ומעתה הוי שפיר בטול כלי מהיכנו).

(והנה דין זה העתיק המחבר מהרמב"ם, [ז]והטור פליג ע"ז, ועיין בח"א שכתב, דבמקום צורך גדול יש לסמוך על הטור, דפסק שאפילו באינו ראוי מותר ליתן כלי תחתיו, והנה מה שאנו נוהגים ליטול בבוקר מי הנטילה תוך כלי, אף שהם בודאי אינם ראוים לרחיצה ולא לשתיית בהמה, וכן המים אחרונים שנוטלים לתוך כלי, ע"כ משום דס"ל כהטור, ועוד נ"ל, דזה לא מיקרי אינו ראוי, דאין עליהם שום איסור אלא מפני שרוח רעה שורה עליהן, ולא מקרי אינו ראוי רק אם הוא מעורב בטיט שיורד מן הגג, או שיש עליהם איסור עכ"פ מדרבנן, וכמו גבי טבל מדרבנן).

ואם נתן כלי תחת דלף שאינו ראוי לרחיצה, מותר לטלטלו במים המאוסים שבו - היינו אף קודם שנתמלא, **ודוקא** כשהוא נתון במקום שישיבתו קבועה שם, דמאוס עליו, והוי כגרף של רעי שהתירו לטלטלו להוציאו לאשפה מפני כבודו, אם הוא עומד במקום שישיבתו קבועה שם, וכנ"ל בסי' ש"ח סל"ד ע"ש.

באר הגולה

[ב] שבת קנ"א במשנה **[ג] שם מ"ג כדמפרש לה רב הונא, ורמב"ם בפכ"ה הכ"ה** **[ד] משנה שם** ‹ביצה ל"ה:› **[ה] ברייתא שם** ‹ביצה ל"ו› **[ו] רמב"ם בפרק כ"ה הכ"ד** **[ז]** ‹ובודאי צ"ע לתרץ דברי הטור, דהא בפ' כירה דף מ"ג מוקמינן לה בדלף הראוי דוקא, כי היכי דלא תקשה הא אסור לבטל כלי מהיכנו, **ונ"ל** לתרץ דהא איתא בפ' משילין, בי רחייא דאביי דלוף, פי' הדלף נפל על הרחיים שלו והיא עשויה בטיט ונימוחים מפני הגשמים, ולא היה מספיק לכלים הצריכים תחת הדלף, אתא לקמיה דרבה, א"ל זיל עייליה לפורייך להתם, דליהוי כגרף של רעי ואפקיה, יתיב אביי וקא קשיא ליה, וכי עושין גרף של רעי לכתחלה, אדהכי נפל בי ריחייא דאביי, אמר תיתי לי דעברי אדמר. **ונראה** דהרמב"ם שכתב כאן שאין עושין גרף של רעי לכתחלה, ס"ל כאביי, דאע"ג דאמר תיתי לי דעורבתי על דברי רבה, דרך אינות אמר כן, אבל לדינא לא הדר ביה... **אבל** הטור ס"ל כרבה, דאין בזה איסור גרף לכתחלה, כיון שכבר הגשמים מזלפין בבית, וכמ"ש התוס' בפ' משילין שם, וסוגיא דפ' כירה היא אליביה דאביי, כמ"ש שם, דאותביה אביי לרב יוסף, וע"כ הוה ביטול כלי מהיכנו כמ"ש להרמב"ם, ואנן קי"ל כרבה, כדמשמע בפ' משילין דאביי הדר ביה, וא"כ אין כאן ביטול כלי מהיכנו, דמותר לשפכו משום גרף של רעי, וע"כ פסק כאן דא"צ שיהיו המים ראוים לרחיצה, כנ"ל בישוב דבריהם, ולענין הלכה פסק כאן כרמב"ם - ט"ז›

סימן תקכא ס"ג - ליתן כלי תחת הדלף - שדולף דרך התקרה, כדי שלא יטנף את הבית, **כדינו בשבת כך דינו ביו"ט. (וע"ל סימן של"ח ס"ח).**

אות ה' – ו'

כופין את הסל לפני האפרוחין שיעלו וירדו בעודן עליו

סימן שח סל"ט - [ח]אסור לטלטל בהמה חיה ועוף - דהם בכלל מוקצה כעצים ואבנים, דהא לא חזו, **ואפילו** אם יכול להגיע להפסד על ידם, כגון שהעוף פורח על גבי הכלים ויכול לשברם, אפ"ה אסור לתפסם בידים, **ואפילו** אם הוא מורגל בבית מכבר, דתו אין בו משום חשש צידה, כמבואר בסימן שט"ז, אפ"ה ליטלם בידים אסור משום מוקצה, אלא יפריחנה מעליהם, **וכמבואר** במ"א, דאיסור טלטול מוקצה הוא אפילו במקום הפסד.

ואע"פ כן [ט]מותר לכפות את הסל לפני האפרוחים כדי שיעלו וירדו בו - ואין בו משום חשש ביטול כלי מהיכנו על אותו זמן שהם עליו, דהא יכול להפריחם בכל שעה.

[י]ובעודם עליו אסור לטלטלו - ואם היו עליו ביה"ש, אסור אע"פ שירדו, דמיגו דאיתקצאי לבה"ש איתקצאי לכולי יומא, [גמ'].

אות ז'

פורסין מחצלת על גבי כוורת דבורים בשבת וכו'

סימן שטז ס"ד - [יא]פורסין מחצלת ע"ג הכוורת, (מקום שמתכנסים בו הדבורים לעשות דבש) - בחמה מפני החמה ובגשמים מפני הגשמים, **ובלבד שלא יכוון לצוד, [יב]וגם הוא בענין שאינו מוכרח שיהיו נצודים, כי היכי דלא להוי פסיק רישיה** - כגון שלא יהדק המחצלת על הכוורת כ"כ, כדי שיוכלו הדבורים עכ"פ לצאת בדוחק, **או** שיש בכוורת איזה חור קטן, ויכולים לצאת משם, ואע"ג שאין נראה להדיא להדבורים עי"ז, אפ"ה שרי, דקי"ל כר"ש דדבר שאין מתכוין מותר, **אבל** כשאין בו חור כלל, אז הוי פסיק רישיה, ואסור אפילו במילתא דרבנן.

(ועיין בא"ר שתמה על השו"ע, דלפי מש"כ: וגם הוא בענין שאינו מוכרח וכו', דהיינו שיכולים הדבורים להשתמט ממקום צידתם, אפילו אם היה מתכוין לצודם ג"כ שרי, דהרי מ"מ אינם ניצודים, שיכולים לצאת, ונ"ל דהכונה במש"כ השו"ע: וגם הוא בענין וכו', היינו שיש שם בכוורת חור קטן, דבכה"ג לא שרי כי אם לר"ש, ודוקא בשאינו מתכוין, אבל חור גדול אם היה בכוורת, אפי' במתכוין שרי, דהרי מ"מ אינם ניצודים כלל).

הפורס מצודה, ובשעת פריסתו נכנסה החיה לתוכה, חייב חטאת, אבל אם נכנסה אח"כ לתוכה, פטור אבל אסור, **וכתב** המג"א, דמכאן מוכח שיש ליזהר שלא להעמיד בשבת המצודה לצוד בו עכברים, וכ"כ בפסקי תוספות שבת י"ז.

באר הגולה

[ח] ה"ה בפרק כ"ה הכ"ה מהא דשבת קכ"ח בברייתא ‹ביצה ל"ו: ד"ה אלא› ובעל התרומה וה"ה בפרק כ"ה הכ"ה [ט] שם במשנה ‹קכ"ח› [י] שם בגמרא ‹מ"ג.› [יא] שם מ"ג [יב] מרדכי שם והתוס'

דאיכא דבש בימות הגשמים דליכא דבש מאי איכא למימר לא נצרכא אלא לאותן שתי חלות והא מוקצות נינהו דחשיב עלייהו הא לא חשיב עלייהו מאי אסור אי הכי הא דתני ובלבד שלא יתכוין לצוד לפלוג ולתני בדידה בד"א כשחישב עליהן אבל לא חישב עליהן אסור הא קמ"ל אע"פ שחישב עליהן ובלבד שלא יתכוין לצוד מני אי ר"ש *לית ליה מוקצה אי ר' יהודה כי לא מתכוין מאי הוי הא דבר שאין מתכוין אסור לעולם ר' יהודה מאי ובלבד שלא יתכוין לצוד שלא יעשנה כמצודה דלישבוק להו רווחא כי היכי דלא ליתצדו ממילא רב אשי אמר מי קתני בימות החמה ובימות הגשמים בחמה מפני החמה ובגשמים מפני הגשמים קתני ביומי ניסן וביומי תשרי דאיכא חמה (ואיכא צינה) ואיכא גשמים ואיכא דבש אמר להו רב ששת פוקו ואמרו ליה לר' יצחק כבר תרגמא רב הונא לשמעתיך בבבל דא"ר הונא עושין מחיצה למת בשביל חי ואין עושין מחיצה למת בשביל מת מאי היא דא"ר שמואל בר יהודה וכן תנא שילא מרי *מת המוטל בחמה באים שני בני אדם ויושבין בצדו חם להם מלמטה זה מביא מטה ויושב עליה וזה מביא מטה ויושב עליה חם להם מלמעלה מביאים מחצלת ופורסין עליהן זה זוקף מטתו ונשמט והולך לו וזה זוקף מטתו ונשמט והולך לו ונמצאת מחיצה עשויה מאליה איתמר מת המוטל בחמה רב יהודה אמר שמואל [ג]הופכו ממטה למטה רב חנינא בר שלמיא משמיה דרב אמר *מניח עליו ככר או תינוק ומטלטלו היכא דאיכא ככר או תינוק כולי עלמא לא פליגי דשרי [°]כי פליגי דלית ליה מ"ס *טלטול מן הצד שמיה טלטול ומ"ס לא שמיה טלטול לימא כתנאי *אין מצילין את המת מפני הדליקה אמר ר' יהודה בן לקיש שמעתי שמצילין את המת מפני הדליקה היכי דמי אי דאיכא ככר או תינוק מ"ט דתנא קמא אי דליכא מ"ט דר' יהודה בן לקיש אלא לאו בטלטול מן הצד פליגי דמר סבר טלטול מן הצד שמיה טלטול ומ"ס לא שמיה טלטול לא [ד]דכ"ע טלטול מן הצד שמיה טלטול והיינו טעמא דר' יהודה בן לקיש *דמתוך שאדם בהול על מתו אי

רש"י

דליכא דבש. דבר הניטל: שתי חלות. כל הכוורת עושין אותה הדבורים חלות חלות של לפיחית דבש ושעוה וכשרודים אותן מניחין בה שתים שיתפרנסו מהן הדבורים כל ימות הגשמים כדתנן בהמוכר את הספינה (ב"ב פ.) הלוקח חלות כוורתו של חבירו מניח שתי חלות דסתמא לא מכרן: מוקצות נינהו. לדבורים הדר הוה ליה דבר שאינו ניטל ואפ"ה מטלטלין מחצלת להגלתן: דחשיב עלייהו. מאתמול לאכילה: ופני. היא שהצרכת לתרוצה כשחישב וקתני דדבר שאין מתכוין מותר כר"ש: אי ר"ש. אמר [°]למה לי לאוקמיה בשחישב: שלא יעשנו כמצודה. שלא יכסנה כולה אלא דנשבוק רווחא שיוכלו לצאת כי היכי דלא ליתצדו בהאי כיסוי ממילא ואע"ג דלא מיכוין למיצד אסור: רב אשי אמר. לעולם דאיכא דבש טובא ודקשיא לך ימות הגשמים מי קתני בה ימות הגשמים: לשמעתיך. דאין כלי ניטל אלא לדבר הניטל: מת המוטל בחמה. ויש לחוש שמא ימהר להסריח: ויושבין בצדו. ע"ג הקרקע כדי שילטערו מחום הקרקע ויצטרכו להביא מטות לישב עליהן והמטות יהיו למחיצה כדמסיים ואזיל: חם להם למטה. מן הקרקע שרתחו חמה: ופורסין. על ראשן נגל: זה זוקף מטתו. שתהא המחצלת מונחת עליה וכן זה נמצאת מחילה עשויה מאליה ולכשירצו נשמטין והולכין להם ודוקא נקט חם להם מלמטה ברישא שיביאו המטות לישיבה ברישא והדר מחצלת לפרוס עליהן נגל ואוחזין אותה בידיהן עד לאחר שעה שיזקפום וישמטום דהוה ליה כי ההוא דאמרינן (עירובין דף קא.) האי מדורתא מלמעלה למטה שרי אבל לאתויי מעיקרא מטות לצורך האהל לא דהוה ליה מלמטה למעלה כדרך בנין וקי"ל אין עושין אהל עראי בתחילה בשבת: הופכו ממטה למטה. עד שמגיע נגל: מן הצד. כלאחר יד: אי דליכא. והאי מצילין דקאמר ר' יהודה בן לקיש דמטלטל ליה להדיא הוא: מאי טעמא דר' יהודה. אלא לאו מן הצד הוא דקשרי: אי

תוספות

דחשיב עלייהו. וא"ת והא אסור לרדותם כדתניא בסוף פרק המצניע (לקמן צה. ושם) הרודה חלות דבש בשוגג חייב חטאת דברי ר"א ולרבנן שבות מיהא איכא והוי דבר שאינו ניטל וי"ל דמיירי ברדויות ומונחות שם בכוורת אי נמי רגילות שיש דבש לף ע"ג חלות ואותו אינו צריך רדייה:

שלא יעשנו כעין מצודה. וא"ת מאי קמ"ל פשיטא דאי עביד כעין מצודה דאסור *והא לא משמע מברייתא דאע"ג דאינו מתכוין אסור וי"ל דאמר בפ' משילין (ביצה לו: ושם) דקמ"ל דס"ד במינו ניצוד אסור שאין במינו ניצוד מותר:

רב אשי אמר כו'. מסתמא רב אשי השיב מיד כן לרב עוקבא כששאלו אלא שסידר הש"ס תירוץ שלו תחילה ורשב"א אומר דשניהם השיב רב אשי דבמסכת ביצה גרס א"ל לא נצרכה אלא לאותן שתי חלות ובשיטה דהכא גרס ואב"א מי קתני בימות החמה כו':

כבר תירגמ' רב הונא לשמעתיך. בפרק בתרא (דף קכד:) משמע דאית ליה נמי לרב הונא דאסור לבטל כלי מהיכנו דפריך אמילתיה דקאמר התם רב הונא היתה בהמתו טעונה כלי זכוכית מביא כרים וכסתות ומניח תחתיהן והא קמבטל כלי מהיכנו ומשני בשליפי זוטרי וא"ת אכתי תקשה ליה התם דהא רב הונא סבר הכא דאין כלי ניטל אלא לדבר הניטל וי"ל דמיירי בצריך למקומו וא"ת וכי פריך ליה התם מהא דהיתה בהמתו טעונה טבל ועששית לימא דמיירי באין צריך למקומו וי"ל דהוה מצי לשנויי הכי דה"נ הוה מצי לשנויי בשליפי רברבי ור"י מתרץ דאיסור דאין כלי ניטל אלא לדבר הניטל שרי *היכא דאיכא הפסד מרובה וכן משמע דקאמר התם מהו דתימא כי היכי דלהפסד מרובה חששו כו' משמע חששו והתירו לטלטל אף לדבר שאינו ניטל דמה חששו *להתיר אם לא זה האיסור:

חם להם מלמטה. תימה בלא שום חום מאי איסור איכא שיביאו כל אחד מטה לישב עליה ותו אמאי מייתי ברישא מטה והדר מחצלת ימתינו עד שיחם להם גם מלמעלה ויביאו מטות ומחצלות יחד ונראה דאחמור רבנן למיעבד היכרא שהוא לצורך חי כל כמה דאיפשר למיעבד:

ופורסין עליהן זה זוקף כו'. דוקא בכה"ג [ה]כמו שפי' רש"י אבל ממטה למעלה אסור משום אהל כדאמרי' בהמביא כדי יין (ביצה לב: ושם) אמר רב יהודה מדורתא מלמעלה למטה שרי מלמטה למעלה אסור וכן ביעתא וכן קידרא וכן חביתא ופוריא דהא דאמרי' בהמוצא תפילין (עירובין קב.) גבי דיכרי דרב הונא אתא לקמיה דרב א"ל זיל כרוך בודיא ושייר בה טפח למחר פשטוה מוסיף על אהל עראי הוא ושפיר דמי אבל בלא שיור אסור היינו משום שהמחיצות התחתונות היו כבר עשויות ואם היה פורש עליהן היה עושה אהל כדרך לעשות אהל ואע"ג דרב הונא אית ליה הכא דאין כלי ניטל אלא לדבר הניטל [ו]מה שהיה מוסיף למחר לא חשיב טלטול או שמא היו מושיבין שם אדם א"נ משום הפסד מרובה שרי כדפירש לעיל:

זה זוקף מטתו. תימה לר"י (*) דרבא לא שרי אלא בשביל חי ובפ' מי שהוציאוהו (שם מד: ושם) תניא זוקף את המטה פורש עליה סדין שלא תפול החמה על המת ועל האוכלין והתם מוקי לה במחילה רביעית שסוכה כשירה בלאו הכי ולא הוי אלא תוספת אהל אבל מ"מ (אין) ניטל הכלי בשביל מת ויש לומר דהתם נמי לא שרי אלא בענין שאומר כאן שעושה בשביל חי אי אי נמי שיש אוכלין עם המת:

ונשמט והולך לו. ואין צריך לישאר שם תחת האהל כדי שיהא נראה שנעשה בשביל חי כיון דבשעת עשייה היה נראה שעושה בשביל חי:

דכ"ע טלטול מן הצד שמיה טלטול. נראה לר"י דכן הלכה מדלא קאמר דכ"ע לא שמיה טלטול וכגון דליכא ככר ותינוק ואין לו אלא מטה אחת וטעם דרבי יהודה בן לקיש מתוך שאדם בהול כו' אלא משום דהלכתא דשמיה טלטול נקט הכי וקשה לר"י דבריש כל הכלים (לקמן קכג.) פסיק רב נחמן כר' אלעזר בן תדאי דקסבר לא שמיה טלטול וע"ק דרב אדרב דהכא סבר שמיה טלטול ובסוף פ' תולין (שם קמא.) אמרי בי רב טלטול מן הצד לא שמיה טלטול [ז]ובדוכתא אחריתי פריך מדרב אאמרי בי רב ובפרק השואל (ב"מ קב:) ובפרק בית כור (ב"ב קה:) מגליך מילתיה דרב ודאמרי בי רב ועוד אמאי אסר רב

(*) נ"ל דהכא

מו א מיי' פכ"ה מהלכו' שבת הלכה ו ופכ"ו הלכה כב סמג לאוין סה טוש"ע או"ח סימן ש"י סעיף ו:

מז ב ג מיי' שם פכ"ו הלכה כא טור שו"ע או"ח שם סעיף א:

מס"ר שכנה סגים וכלא משמע דלע"ג דאינו כו'

ולעיל מיניה ה"מ לשנויי דהרי משום הפסד אלא דמשני שינויא חדא לכולהו בצריך למקומו [תו"י]

ומיהו דוחק דהשתא דחששו להתיר טורח (דהמגלהם) [דמלאכה] [דסף לכב] דמפרש טעמא משום הלכה שאינה מצוים ולית ליה דביטול כלי ולא טעמא דאין כלי ניטל (אלא) [אלא] תיקשי ליה ברייתא דאסרי' בפ' בתרא דף קכד: להביא תחתיו כרים וכסתות אלא ודאי משום טורח [תו"י]

ומשמע ליה שיש שם חלות סרכה דלא הוי מוקצה מחמת חסרון כיס [תוס' ישנים]

[לעיל מ: לקמן קמב:]

[לקמן קכג. קמב.]

[תוספ' פי"ד] יומא פה.

יומא שם

גליון הש"ס

רש"י ד"ה אי ר"ש למה לי בשחישב. משמע דמכ"מ צריכים לשינויא דאיכא ב' חלות דס"ל לרש"י שסדלר"ש ליכא לדינא דרי"ן היינו אפילו לר"ש דמיקל במוקצה ואולם רש"י בביצה כ'

כאמת דפירכת הש"ס דלר"ש ל"צ כלל לתרץ דאיכא ב' חלות מבואר דס"ל לרש"י שם (דלר"ש ליכא לדינא דרי"ן). ולדברי רש"י אלו כוונת הרז"ה פ' מי שהחשיך שכתב דריי"ן הוא רק לר"י וכתב עלם שכ"כ רש"י: גמ' כי פליגי דלית ליה. ק"ל אמאי לא הוי המטה עצמה במקום ככר או תינוק ועי' מג"א סי' ש"ח ס"ק כ"א ובתוס' שבת. ומזה לא הערו כלום וצע"ג: תוס' ד"ה ופורסין וכו' מה שהיה מוסיף למחר. עי' לקמן דף נג ע"א תוס' ד"ה מהו ליתן: שם ד"ה דכו"ע וכו' ובדוכתא אחריתי. עי' בכורות דף כו ע"ב:

רבינו חננאל

וכיון שמותר לפנותו מאותו מקום ולטלטלו מטלטלו למקום הביצה (כו') וכופהו על הביצה וכן כולם *) ולא יתכן לישב ע"ג הביצה כדי שלא ישנפו בגדיו. לפיכך כופה עליה [כלי] וישב עליו. וכל התיובתות פשוטות הן. ושנינו על הכוורת באותן ב' חלות ששנינו בפ' המוכר את הספינה בענין המוכר חלת דבש כוורתו לחבירו שחייב הקונה להניח לו שתי חלות דבש כדי שיהו מזון לדבורים שלא יברחו. ולפיכך אמרנו אותן ב' חלות מוקצות מאכל אדם הן (לא השאילו) דשאולין לדבורים. ושנינן כגון (שחייב) [שחשב] עליהן בפירוש למאכל אדם. ואקשינן אי הכי אדתני ומזהיר בפריסת ע"ג הכוורת ובלבד שלא יתכוין לצוד. ליפלוג עליה כו'. ואסיקנא לעולם ר' יהודה [היא] והאי דקתני ובלבד שלא יתכוין לצוד. שלא ישלשל המחצלת וידחקנה בכותלי הכוורת שנמצא הדבורין כסתומין בכוורת אלא ירויח כמעט המחצלת מן הנקב של כוורת שהוא פתח לצאת ולכנוס בו הדבורים כו'. אמר רב ששת כבר תירגם רב הונא לשמעתיה דר' יצחק בבבל דאמר עושין מחיצה למת בשביל החי ואין עושין מחיצה למת בשביל המת כיצד מת מוטל בחמה באין ב' בני אדם ויושבין בצידו. חם להם מלמטה [זה] מביא מטה ויושב עליה וזה מביא מטה ויושב עליה כו'. איתמר מת המוטל בחמה רב יהודה אמר שמואל הופכו ממטה למטה. ומשמיה דרב אמרו מניח עליו ככר או תינוק ומטלטלו. ואסקינן בשיש ככר או תינוק כ"ע לא פליגי שמניח עליו ככר או תינוק ומטלטלו (וכ"ע)[כי פליגי היכא דל"ל מ"ס] טלטול מן הצד שמיה טלטול. [ומ"ס לא שמיה טלטול]. ואתינן ואוקמינן בתנאי. אין מצילין [את המת] מפני הדליקה. אמר ר' יהודה בן לקיש שמעתי שמצילין את המת מפני הדליקה. ואמרינן כ"ע טלטול מן הצד שמיה טלטול. היינו טעמא דר' יהודה בן לקיש מתוך שאדם בהול על מת אי

*) פ"ס כאן ופי' אחר הוא בצריך למקום הביצה לישב.

§ מסכת שבת דף מג: §

אות א'

מת המוטל בחמה, באים שני בני אדם ויושבין בצדו, חם להם מלמטה, זה מביא מטה ויושב עליה, וזה מביא מטה ויושב עליה; חם להם מלמעלה, מביאים מחצלת ופורסין עליהן, זה זוקף מטתו ונשמט והולך לו וכו'

סימן שיא ס"ו - [א]מת המוטל בחמה [ב]ואין להם מקום לטלטלו, או שלא רצו להזיזו ממקומו, באין שני בני אדם ויושבים מב' צדדיו, חם להם מלמטה, זה מביא מטתו ויושב עליה, וזה מביא מטתו ויושב עליה - כדי להפסיק בינם לקרקע, **חם להם מלמעלה, זה מביא מחצלת ופורס על גביו, וזה מביא מחצלת ופורס על גביו, זה זוקף מטתו ונשמט והולך לו, וזה זוקף מטתו ונשמט והולך לו** - [ג]ר"ל שזוקפה ומסירה, והוא נשמט מתחת המחצלת, והמחצלאות הם קשים וזקופים ונשארים ממילא כאהל על המת, **נמצאת מחיצה עשויה מאליה, שהרי מחצלת זה ומחצלת זה גביהן סמוכות זו לזו, ושני קצותיהן על הקרקע משני צדי המת.**

ואין להקשות, כיון דלבסוף זוקף מטתו ומסירה אח"כ, ונשאר רק המחצלת פרוסה על המת, יביאו מיד המחצלת ויפרוס על גביו, ואח"כ כשישמט ישאר על המת, **יש** לומר, דאם כן יהא ניכר יותר שעושה לצורך המת, ואסור לעשות אהל עראי לצורך המת, **אבל** השתא ניכר שעשו לצורך עצמן, שהרי כשחם להם מלמטה הביאו מטה, ויאמרו שגם המחצלת הביאו מתחלה רק בשביל עצמן.

ועיין במ"א, דאם הוא מתירא שלא יסריח המת ויצטרכו לצאת, שרי לפרוס עליו מחצלת להדיא, ‹משום דזה עצמו נקרא צורך החיים, דאם יסריח יצטרכו לצאת›, אך שיהיה בלא עשיית אהל, ‹ר"ל באופן שבשו"ע, דלית ביה משום איסור אוהל - לבושי שרד›, [**ובא"ר** משמע, דבלא טעם שיצטרכו החיים לצאת מן החדר, ג"כ שרי בשביל המת לבד, לדידן דקימ"ל שלא כר' יצחק, דאמר אין כלי ניטל אלא לצורך דבר הניטל, **ובתו"ש** מיישב זה, ע"ש].

אות ב' - ג'

הופכו ממטה למטה

דכולי עלמא טלטול מן הצד שמיה טלטול

סימן שיא ס"א - [ד]מת שמוטל במקום שירא עליו מפני הדליקה, אם יש ככר או תינוק, מטלטלו על ידיהם - וה"ה שאר חפץ שמותר לטלטל, והיינו שמניח עליו או אצלו ומטלטלו עמו, ולא מינכר כ"כ טלטול המוקצה, אף שגם המת הוא מוקצה, מפני שמטלטל שניהם כאחד, **ולא** התירו ע"י עצה זו דככר או תינוק אלא למת בלבד מפני בזיון המת, אבל לא בשאר דבר מוקצה כאבן וכיו"ב, וכמ"ש לקמן בס"ה.

והטעם שהצריכו לכל זה, ולא התירו לטלטלו להדיא כמו שמסיים לבסוף, משום דכל מה שאפשר למעבד בקצת היתר טפי עדיף.

ואם אין לו ככר או תינוק, [ה]אם יש לו שתי מטות, מטלטלו על ידי שיהפכנו ממטה למטה, דהוי טלטול מן הצד - ואע"ג דטלטול מן הצד ג"כ שמיה טלטול כשמטלטלו לצורך דבר המוקצה, כמ"ש ס"ח, **מ"מ** בדליקה התירו, מטעם דאדם בהול על מתו, ואי לא שרית ליה אתי לכבויי, [גמרא].

ולענין טלטול המטה אחר שסילק המת ממנה, תלוי בזה, אם היה חי ביה"ש, לכו"ע מותר לטלטל אח"כ המטה, דלא נעשית בסיס למת כיון דלא אתקצאי ביה"ש, **אך** אם מת בע"ש, הרא"ש אוסר, **והמאור** מתיר, ‹דאין המטה צריכה למת, וכל עצמו א"צ להטילו אלא ע"ג הקרקע, כדתנן שומטין הכר מתחתיו - מ"א›, **ואם** היה דעתו מתחלה שיהיה מונח המת עליה כל השבת, ואח"כ סלקוהו ממנה, לכו"ע נעשית המטה בסיס ואסור לטלטלה.

[ו]ואם אין לו לא זה ולא זה, מטלטלו טלטול גמור.

וכל זה באותו רשות - משמע מזה, דלרשות אחר אסור להוציא בכל גווני, ‹שפוסק כהרמב"ם, **שלא הותר מפני כבוד הבריות** ‹להוציאו לכרמלית›, **רק כשהחיים מתבזים עי"ז, וכמש"כ בריש ס"ב**›, **אבל** הרבה אחרונים הסכימו, דאפי' לרשות אחרת שלא ערבו עם זה, או לכרמלית, שרי להוציא מפני בזיון המת, **ולענין** אם צריך לזה ככר ותינוק, תליא בשתי דעות המבואר בס"ב.

ויש מאחרונים שכתבו, דגם דעת המחבר הוא כן, ומה שכתב "באותו רשות", ר"ל דמה שכתבנו מילתא דפסיקא דצריך לכתחלה ככר או תינוק, הוא דוקא באותו רשות, **אבל** כשמוציאו לרשות אחר, כגון שהדליקה הוא בכל החצר, והוכרח להוציאו משם, אז לאו מילתא דפסיקא הוא, די"א דאדרבה דטוב להוציאו בלא ככר ותינוק, כדי למעט באיסור הוצאה, וכמבואר בס"ב, (**ובאמת מדברי המחבר עצמו**

באר הגולה

[א] **שם מ"ג** ‹יש לדקדק, דהא בגמרא (מג:) איתא למימרא זו אמאי דאמר (שם) רבי יצחק אין כלי ניטל אלא לצורך דבר הניטל, וכיון דקימ"ל כמאן דאמר כלי ניטל אפילו לצורך דבר שאינו ניטל, כמו שנתבאר בסימן ש"י, תו לא הוה לן למיפסק כהאי מימרא, **אלא** טעמא כדי שתהא המחיצה נעשית מאליה, דאין עושין אהל עראי ובשביל צער החי התירו לעשותה בשינוי כזה, אבל מפני המת לבד לא התירו - ב"י› [ב] **לשון הרמב"ם** [ג] ‹וזוקף מטתו דקאמר לא להיות עומדת זקופה והמחצלת עליה, כדפירש רש"י, אלא לומר שזוקפה ומסירה משם אם ירצה, לפי שאינה צריכה לו עוד - ב"י› [ד] **שבת מ"ג** [ה] **שם וכרבי יהודה בן לקיש** [ו] **נראה מדברי רש"י שם** ‹ד"ה אי דליכא. **לא** מצאתי בנוסח שלנו שום ראיה דהכי ס"ל, ואדרבה משמע איפכא, ועוד דפשוט שלא היה מעלים מלכתוב דשינויא מיירי בטלטול גמור, ומדלא פי', ודאי משמע דנשאר כמו בדברי המקשן, ומה שפי' לעיל אי דליכא והאי מצילין דקאמר ר"י ב"ל דמטלטל ליה להדיא הוא, היינו בקושיא קודם שמסיק אלא לאו בטלטול מן הצד פליגי, דמשמע דלפני זה מיירי בטלטול גמור, **וע"כ** היה להם נוסחא אחרת ברש"י - מגיני שלמה› **ומדברי רמב"ם והר"ן והרא"ש**

בסוף ס"ב, שכתב: וה"ה אם הוא בבזיון אחר, כגון שהיה בספינה וכו' וכן כל כיוצא בזה, מוכח להדיא דה"ה לענין שריפת המת, דלא גרע מזה, וע"כ אנו מוכרחין לומר באחד משני אלה, או דהרמב"ם בעצמו יודה לענין דליקה במת, דמותר להוציאו לרשות אחרת, ומה שכתב המחבר "באותו רשות", הוא כמו שכתבתי במ"ב, **או** דהמחבר בעצמו חזר מזה לבסוף, והחזיק בסעיף ב' את שיטת רש"י (צ"ד: ד"ה לאפוקיה) לדינא, וכמו שכתב הגר"א בהדיא בביאורו).

(ולענין דינא בודאי יש להקל, דאפילו אם נימא דהרמב"ם מחמיר בזה, הלא מכמה גדולי הראשונים מוכח דפליגי עליה, וגם דכרמלית הוא דבר של דבריהם, ובודאי שומעין להקל).

[ז]מת המוטל בחמה, מטלטלו מחמה לצל באותו רשות ע"י ככר או תינוק - מיירי שעדיין לא הסריח, אלא שחושש פן יסריח, ולכך החמיר המחבר דדוקא באותו רשות מותר להוציא, ואזיל לטעמיה בריש ס"ב, **אבל** לדעת רמ"א בהג"ה שם דהביא דעת רש"י (צ"ד: ד"ה לאפוקיה) וטור, גם במוטל בחמה שהוא קרוב להסריח, נמי שרי להוציא לרשות אחר, וכן פסק הב"ח להקל.

ואם אין לו ככר או תינוק, [ח]לא יטלטלנו כלל, אפילו להפכו ממטה למטה, [ט]דטלטול מן הצד שמיה טלטול. (ועיין לקמן בסימן זכ ס"ו מאי תקנתיה).

(**ואפי'** לדעת רמ"א דמיקל בסמוך להוציאו לכרמלית משום כבוד הבריות, מ"מ לענין טלטול באותו רשות לכו"ע אסור בלא ככר ותינוק, משום דהוצאה היכי דהוא מוכרח לזה, א"א בענין אחר, **משא"כ** לענין טלטול, אפשר לתקוני ע"פ רוב ע"י ככר ותינוק, ולכך לא פלוג אפי' היכא דאין לו, וי"א משום דאיסור טלטול חמיר מאיסור הוצאה לכרמלית).

ומטעם זה אסור לדחוף ע"י קנה דבר שהוא מוקצה, **אך** אם דחיפתו הוא מפני שצריך להשתמש במקום שמונח בו המוקצה, שרי, דהוי טלטול מן הצד לצורך דבר המותר, וכדלקמן בס"ח, **ועיין** לעיל בסימן ש"ח במ"ב סכ"ז.

[י]סימן שיא ס"ח - [יא]טלטול מן הצד לצורך דבר המותר, מותר.

§ מסכת שבת דף מד. §

אות א'

<u>הלכה כרבי יהודה בן לקיש במת</u>

סימן שיא ס"א - [א]מת שמוטל במקום שירא עליו מפני הדליקה, אם יש ככר או תינוק, מטלטלו על ידיהם - וה"ה שאר חפץ שמותר לטלטל, והיינו שמניח עליו או אצלו ומטלטלו עמו, ולא מינכר כ"כ טלטול המוקצה, אף שגם המת הוא מוקצה, מפני שמטלטל שניהם כאחד, **ולא** התירו ע"י עצה זו דככר או תינוק אלא למת בלבד מפני בזיון המת, אבל לא בשאר דבר מוקצה כאבן וכיו"ב, וכמ"ש לקמן בס"ה.

והטעם שהצריכו לכל זה, ולא התירו לטלטלו להדיא כמו שמסיים לבסוף, משום דכל מה שאפשר למעבד בקצת היתר טפי עדיף.

ואם אין לו ככר או תינוק, [ב]אם יש לו שתי מטות, מטלטלו על ידי שיהפכנו ממטה למטה, דהוי טלטול מן הצד - ואע"ג דטלטול מן הצד ג"כ שמיה טלטול כשמטלטלו לצורך דבר המוקצה, כמ"ש ס"ח, **מ"מ** בדליקה התירו, מטעם דאדם בהול על מתו, ואי לא שרית ליה אתי לכבויי, [גמרא].

ולענין טלטול המטה אחר שסילק המת ממנה, תלוי בזה, אם היה חי ביה"ש, לכו"ע מותר לטלטל אח"כ המטה, דלא נעשית בסיס למת כיון דלא אתקצאי ביה"ש, **אך** אם מת בע"ש, הרא"ש אוסר, **והמאור** מתיר, ‹דאין המטה צריכה למת, וכל עצמו א"צ להטילו אלא ע"ג הקרקע, כדתנן שומטין הכר מתחתיו - מ"א›, **ואם** היה דעתו מתחלה שיהיה מונח המת עליה כל השבת, ואח"כ סלקוהו ממנה, לכו"ע נעשית המטה בסיס ואסור לטלטלה.

[ג]ואם אין לו לא זה ולא זה, מטלטלו טלטול גמור.

אות ב'

<u>מותר השמן שבנר ושבקערה אסור</u>

סימן רסה ס"ג - והשמן הנוטף אסור להסתפק ממנו בשבת - שכבר הוקצה השמן בין השמשות, ומיגו דאיתקצאי בין השמשות לנר איתקצאי לכולי יומא.

סימן רעט ס"א - [ד]וכן מותר השמן שבנר שהדליקו בו באותה שבת, אסור לטלטלו ולהסתפק ממנו באותו שבת - וה"ה מותר הנר העשוי מחלב ושעוה, שהדליקו בו באותה שבת וכבה, דאסור לטלטלו ולהסתפק ממנו באותה שבת, [**דאם** לא הדליקו באותו שבת, מקרי כלי שמלאכתו לאיסור, ומותר לטלטל לצורך גופו ומקומו].

דהואיל והוקצה בתחלת כניסת השבת, דהיינו שבביה"ש כשהיה דולק היה אסור להסתפק ממנו, דהמסתפק משמן שבנר חייב משום מכבה, וכדלעיל ברסי' רס"ה, איתקצאי לכולי יומא שלא להסתפק ממנו אף אחר שכבה, **וכיון** שאסור ליהנות ממנו כל יום השבת, ממילא אסור ג"כ לטלטלו, דאינו ראוי לכלום, **ומלבד** זה, בטלטול גופא הוקצה בבין השמשות, שנעשה הכל בסיס להשלהבת, וכדלעיל.

‹המשך ההלכות מול עמוד ב'›

באר הגולה

[ז] שם [ח] שם וכרב [ט] תוס' והרי"ף ורא"ש (וע"ל ס"ח) [י] ‹ע"פ הבאה"ג והגר"א› [יא] תוס' שם מ"ג ורי"ף והרא"ש שם ‹שהקשו הא דאמרינן שם דכו"ע טלטול כו', משמע דכן הלכה, ובפט"ז קכ"ג. אמרינן דלאו שמיה טלטול, וחילקו בכה"ג - גר"א› [א] שבת מ"ג [ב] שם וכרבי יהודה בן לקיש [ג] נראה מדברי רש"י שם ‹מ"ג: ד"ה אי דליכא. **ועיין** בהערה לעיל דף מ"ג:› ומדברי רמב"ם והר"ן והרא"ש [ד] שם ‹מ"ד.› וכת"ק רמב"ם

אי לא שרית ליה אתי לכבויי א"ר יהודה בן שילא א"ר אסי א"ר יוחנן *הלכה כר' יהודה בן לקיש במת: אין ניאותין הימנו לפי שאינו מן המוכן: תנו רבנן *מותר השמן שבנר ושבקערה אסור ורבי שמעון מתיר:

מתני' *מטלטלין נר חדש אבל לא ישן רבי שמעון אומר כל הנרות מטלטלין חוץ מן הנר הדולק בשבת:

גמ' *ת"ר מטלטלין נר חדש אבל לא ישן דברי רבי יהודה ר"מ אומר כל הנרות מטלטלין חוץ מן הנר שהדליקו בו *בשבת ר' שמעון אומר חוץ מן הנר הדולק בשבת כבתה מותר לטלטלה אבל כוס וקערה ועששית לא יזיזם ממקומם ור' אליעזר בר' שמעון אומר מסתפק מן הנר הכבה ומן השמן המטפטף ואפי' בשעה שהנר דולק אמר אביי רבי אליעזר ברבי שמעון סבר לה כאבוה בחדא ופליג עליה בחדא סבר לה כאבוה בחדא דלית ליה מוקצה ופליג עליה בחדא דאילו אבוה סבר כבה אין לא כבה לא ואיהו סבר אע"ג דלא כבה אבל כוס וקערה ועששית לא יזיזם ממקומם מאי שנא הני אמר עולא סיפא אתאן לר' יהודה מתקיף לה מר זוטרא אי הכי מאי אבל אלא אמר מר זוטרא לעולם רבי שמעון וכי קשרי רבי שמעון בנר זוטא דדעתיה עלויה אבל הני דנפישי לא והתניא מותר השמן שבנר ושבקערה אסור ורבי שמעון מתיר התם קערה דומיא דנר הבא קערה דומיא דכוס א"ר זירא פמוט שהדליקו בו בשבת לדברי המתיר אסור לדברי האוסר מותר למימרא דרבי יהודה מוקצה מחמת מיאוס אית ליה מוקצה מחמת איסור לית ליה והתניא *ר' יהודה אומר כל הנרות של מתכת מטלטלין חוץ מן הנר שהדליקו בו *בשבת אלא אי איתמר הכי איתמר א"ר זירא פמוט שהדליקו עליו בשבת ד"ה אסור לא הדליקו עליו ד"ה מותר: אמר *רב יהודה א"ר מטה שיחדה למעות אסור לטלטלה מיתיבי' רב נחמן בר יצחק מטלטלין נר חדש אבל לא ישן

ומה

רש"י

אי לא שרית ליה וכו'. אבל במוטל לחמה לא שרי: **מתני'** מטלטלין נר חדש. שאינו מאוס וחזי לאישתמושי (א) להדיא שלא דלק בו נר מעולם: אבל לא ישן. דמוקצה מחמת מיאוס הוא: **גמ'** חוץ מן הנר שהדליקו. ואף על גב שכבה אסור דאית ליה לרבי מאיר מוקצה מחמת איסור ולית ליה מוקצה מחמת מיאוס: *חוץ מן הנר הדולק בשבת. בעוד שהוא דולק אסור שמא יכבה הנר: עששית. כוס גדול של זכוכית שקורין לנפ"א: לא יזיזם ממקומן. ואפי' כבה הנר ולקמן מפרש טעמא: מן הנר הכבה. דכיון דכבה והולך לא מחייב תו משום מכבה: כבה אין לא כבה לא. דלא שמעינן ליה לרבי שמעון דשרי במתני' אלא מותר שמן שבנר ושבקערה דמשמע לאחר שכבה: מאי אבל. מדקאמר אבל מכלל דבנר מותר: בזוטא. דדעתי' עליה מבע"י סבר שיכלה השמן מהר ואשתמש בנר לכשיכבה: אבל הני. לא אסיק אדעתיה שיכבו כל היום: ור' שמעון מתיר. וקערה נפישא קשיא קערה אקערה: דומיא דנר. קתני לה דזוטרא: פמוט. מנורה של מתכת ואינה מאוסה: לדברי המתיר. ר' מאיר המתיר בנר ישן: אוסר. בהאי דמוקצה מחמת איסור כדקתני לעיל חוץ מן הנר שהדליקו בו בשבת: לדברי האוסר. רבי יהודה האוסר בנר ישן של חרס התם הוא דמאיס אבל הכא שרי ולית ליה מוקצה מחמת איסור: נר של מתכת. לא מאיס כנון של נחשת דלא בלע: שיחדה למעות. מיתסרא בהזמנה בעלמא ואע"פ שלא הניח עליה מעולם: מטלטלין נר חדש. והא רבי יהודה קאמר לה דאית ליה מוקצה אלמא לא מיתסר בהזמנה מדקאמר אבל לא ישן ולא קתני אבל לא המיוחד לכך:

הגיה

תוספות

רב הכא טלטול מן הצד הא תנן בפ' נוטל (לקמן קמב:) מעות שע"ג הכר מנער את הכר והן נופלות ואבן שעל פי החבית מטה על לדה וכו' ומוקי לה רב התם בשוכח אבל במניח נעשה בסיס לדבר האסור והכא (ג)(חשיב) בשוכח מדשרי שמואל וכל דבר שדעתו ליטלו בשבת ולא להניחו כל השבת °אפילו מניח חשיב כשוכח כי ההיא דמנער את הכיסוי והם נופלות אע"פ שבמתכוין כיסה בדבר שאינו ניטל ואפי' רבנן דרבי אלעזר בן תדאי שרו בכי האי גוונא דהכא דהא שרו פגה שהטמינה בתבן וחררה שהטמינה בגחלים אם מגולה מקצתה ובמכוסה כולה פליגי דרבי אלעזר שרי אפי' מכוסה כולה דתוחב בכוש או בכרכר ואומר ר"י דיש לחלק °דהכא עיקר הטלטול לצורך מת ולא דמי לכל הנהו שעושה עיקר הטלטול לצורך כר ותבית ולא לצורך מעות ואבן *ולהכי לא מייתי הכא פלוגתא דר' אלעזר בן תדאי ורבנן וע"ק לר"י דאפי' בטלטול דמת יש לאסור יותר משאר טלטול מן הצד כדפי' שרי שמואל ובסוף במה טומנין (לקמן דף נ:) אמר שמואל האי סכינא דביני אורבי דלה ושלפה והדר דלה שרי ואי לא אסיר ופירש בקונט' לקמן דאסור משום טלטול מן הצד וכן קשה דרב הונא אמר התם האי סליקוסתא דלה ושלפה והדר דלה שרי ואי לאו אסור א"כ אסר טלטול מן הצד ובסוף חולין אמרי בי רב טלטול מן הצד לא שמיה טלטול ואמרי בי רב היינו רב הונא כמו שמפרש ר"ת בספ"ק דסנהדרין*(דף יז: ושם) ונראה לר"י דרב הונא ושמואל לא אסרי התם משום טלטול מן הצד אלא משום שמסיר עפר ומרחיב הגומא ואיידי דאיירי לעיל מיניה בגומא נקטה ומותיב מהטומן לפת וצנונות דסתם לפת וצנונות לאו דלה ושלפה ולהכי חשיב הש"ס תיובתא ור"ה ושמואל °הוו ידעי לה דמתני' היא בסדר זרעים אלא דדחקי לאוקמה בדלה ושלפה והש"ס לא ניחא ליה לאוקמה הכי ועומדת בתיובתא:

*מתוך שאדם בהול על מתו אי לא שרית לי' אתי לכבויי. ואע"ג דגבי ממון אמרינן *איפכא אי שרית ליה אתי לכבויי הייט משום שאין מצטער על ממונו כמו על מתו ואי שרית ליה מתוך שיהא טרוד להציל ישכח שהיום שבת ויבא לכבות בשוגג אבל על מתו מצטער ביותר ואי לא שרית ליה אתי לכבויי במזיד:

שבנר ושבקערה אסור ור' שמעון מתיר. ואחר השבת מותר אפי' לר' יהודה וה"נ תניא לקמן גבי טיי סוכה אסור להסתפק מהן עד מוצאי י"ט האחרון אבל בתר הכי שרי וקשה לר"י דמ"ש מנר חנוכה דתניא *כבה ליל ראשון מוסיף עליו בליל ב' ומדליק בו כבה ליל ח' עושה לו מדורה בפני עצמו מפני שהוקצה למצותו ואומר ר"י דנר חנוכה עיקרו לא להנאתו בא אלא לפרסומי ניסא ומשום חביבותא דנס אינו מצפה שיכבה אלא מקצה לגמרי למצוה אבל נר שבת להנאתו בא יושב ומצפה שיכבה ולכך מותר וא"ת ומ"ש נר שכבה דאסור לטלטל לר' יהודה מסוכה רעועה דעלמא דמהני בה תנאי כדאמר לקמן בשמעתין ואם התנה עליה הכל לפי תנאו ומוקי לה במסכת ביצה (דף ל:) בסוכה דעלמא ורעועה דאתמול דעתיה עלויה שתפול ונר נמי דעתיה עלויה שיכבה ואמאי אין מועיל תנאי להסתפק ממותר השמן ולר"ש נמי יועיל תנאי להסתפק מן השמן המטפטף בשעה שהנר דולק וי"ל דהתם סוכה דעלמא היתה עשויה מזמן גדול ועתה כיה"ש אינו בודל ממנה ויושב ומצפה מתי תפול אבל נר עיקר הקצאתו הוא ביה"ש ודחייה בידי' לצורך שבת וחמיר טפי ולא מהני ביה תנאי*: **לדברי** המתיר אסור. פי' בקונטרס לדברי ר' מאיר וא"ת מאי קמ"ל הא בהדיא קאסר ר' מאיר נר שהדליקו בה באותו שבת וי"ל דהא ה"מ בנר של חרס דאית ביה תרתי מוקצה מחמת מיאוס ומחמת איסור קמ"ל דאפי' בשל מתכת דלא מאיס ולית ביה אלא מוקצה מחמת איסור אסר ר' מאיר ואין נראה לר"ת דלפי זה הא דמסיק דברי הכל אסור לא הוי אלא ר' מאיר ור' יהודה דקאי עלייהו ולא ר"ש ומפרש וכן פר"ח לדברי המתיר היינו ר' שמעון אסר כאן בפמוט דהא פמוט גדול הוא כוס וקערה ועששית כמו פמוטות של בית ר' דשלהי כל כתבי (לקמן קכא:) לדברי האוסר היינו ר' מאיר ור' יהודה דאסרי בנר חרס שהדליקו בו באותו שבת וה"מ בנר של חרס דאיכא תרתי מוקצה מחמת מיאוס ומחמת איסור אבל בנר מתכת שרו ומסיק דאפי' בשל מתכת אסר ר' מאיר וה"נ אמרי' בפ"ק דחולין (דף טו.) ע"כ לא שרי רבי מאיר אלא במבשל דראוי לכוס אבל בשוחט לא*: **מטה** שיחדה למעות אסור לטלטלה. נראה דאפי' לצורך גופה או לצורך מקומה אסור דכיון שיחדה למעות שוב אין עושין ממנה שום תשמיש °והויא כאבנורות דאסור לטלטלה לרבי יהודה אפילו לצורך גופה ומקומה ולרבי שמעון לא אסור שום מוקצה לצורך גופו ומקומו אלא מוקצה מחמת חסרון כיס:

ומה

דהתם אפי' ר"ש מודי' אף על גב דשרי כתגלגלה בשבת התם אינו מעלה על לבו שישתמש שום אדם בשבת והוי כמו ד"ש כמיפו כמחוכר דפרש"י דביצה [דף כד:] דאפילו ר"ש אסר כגרוגרות וצימוקין מדלא נקטן מאתמול אקלינהו [תוספות ישנים]

רבינו חננאל

[אי לא] שרית ליה לטלטולי אתי לכבויי ולמעבד איסורא דאורייתא. א"ר יהודה בר שילא א"ר אסי א"ר יוחנן הלכה כר' יהודה בן לקיש במת: ואין נאותין ממנו לפי שאינו מן המוכן: ת"ר מותר השמן שבנר ושבקערה אסור להסתפק ממנו. ור"ש מתיר (מטלטלין נר חדש אבל לא ישן) אע"ג דקיי"ל דהלכתא כר' שמעון בכולה שבת בהא לית הלכתא כוותיה. דתנא דידן קתני דברי ר' יהודה סתמא במתניתין [מטלטלין נר חדש אבל לא ישן]. ובברייתא מפרש דברי ר' יהודה מטלטלין נר חדש אבל לא ישן. ר' מאיר [אומר] כל הנרות מטלטלין חוץ מן הנר שהדליקו בה באותה שבת. נמצא ר' מאיר ור' יהודה שניהן אוסרין בנר שהדליקו בו באותה שבת. ור"ש מתיר ואין הלכתא כוותיה. דהוא יחיד במקום רבים ואע"פ דא"ר יוחנן אנו אין לנו אלא בנר כר' שמעון [לר' שמעון] אסרו וליה [לר'] יוחנן לא סבירא ליה טעמא דר"ש. ואפילו ר"ש לא שרי לטלטולי בשבת בנר שכבה אלא בנר קטן דכיון דהוא נר קטן ושמנו מעט דעתו עליו מאתמול לכשיכבה יטלטלנו ואינו מוקצה. אבל נר גדול כגון כוס וקערה ועששית שיתכן שידליק היום כולו לא אמרינן דחשיב עליהו מאתמול לכשיכבו יטלטלם. אלא אמרינן ודאי כיון דגדולים הן נתייאשו מלטלטלן ומוקצין הן. לפיכך קתני סיפא אבל כוס וקערה ועששית לא יזיזם ממקומן וכן כיוצא בהן. פעמים שיש קערה ועששית קטנה דומיא דנר קטן ודינם כדין נר קטן ופעמים שיש נר גדול דומיא דקערה ועששית ודינו כדינם. והא דא"ר אלעזר [בר"ש] מסתפק אדם מנר הכבה ומשמן המטפטף אע"פ שהנר דולק*) א"ר זירא פמוט שהדליקו עליו לדברי המתיר בנר אסור בפמוט. כלומר לר' שמעון דמתיר בנר קטן בפמוט שהוא גדול אוסר. ולדברי ר' מאיר ור' יהודה שאוסרין בנר של חרש מפני שהוא מטנף. והוא צאו כלי. ולפיכך הוקצהו מאתמול בפמוט שהוא של מתכת ואינו מטונף מתיר: ירושל' נר מאוס. פמוט אינו מאוס. תני נר המונח על הדלת פותח ונועל בשבת ובלבד שלא יתכוין לכבות. רב ושמואל פותרין לה בשוכח וסקללין למאן דעבד כן [יבמות] ה' לאיש אשר יעשנה וגו'. ואקשי' ולר' יהודה מוקצה מחמת מיאוס אית ליה מוקצה מחמת איסור שהדליקו בה באותה שבת לא. והתניא ר' יהודה אומר כל הנרות של מתכת מטלטלין חוץ מן הנר שהדליקו בה באותה שבת. ואסיקנ' הכי לדברי

*) עי' ברשב"א וברמב"ן

רב נסים גאון

אמר ר' זירא פמוט שהדליקו עליו באותה שבת לדברי המתיר אוסר לדברי האוסר מתיר פמוט מין מנורה ויש לה קנה אחד ובמנחות בפרק הקומץ את המנחה (דף כח) כשאמרו על דרך קושיא ואימא נמי באג

גליון הש"ס תוס' ד"ה דכ"ע כו' אפילו מניח חשיב כשוכח כי ססיא דמנער. עי' לקמן דף נא ע"א תוס' ד"ה או טמנן: **בא"ד** דהכא עיקר. עי' לעיל דף לט ע"א תוס' ד"ה מפני שמזיז: **בא"ד** הוו ידעי לה דמתני' היא. עי' מנחות דף ע ע"א תוס' ד"ה אסר כלוג. ומו"ק דף ה ע"א תוס' ד"ה לאתויי: **תוס'** ד"ה מטה שיחדה כו' והויא כאבנורות. לעיל דף לו ע"א:

עין משפט נר מצוה

מח א מיי' פכ"ו מהל' שבת הלכה כא סמג לאוין סה טוש"ע או"ח סימן שיא סעיף א:

מט ב מיי' פ"ה מהל' שבת הלכה יב ופרק כו הלכה יד סמג לאוין סה טוש"ע או"ח סימן רסה סעיף ג וסימן רעט סעיף א:

נ ג מיי' פכ"ה מהלכות שבת הלכה י יא טוש"ע או"ח סימן רעט סעיף א:

[בש"ס לא נמצא מקומו אלא בשאלתות פי' ויצא הביאו בהא"ש פרק במה מדליקין בס"פ ובטור וב"י סימן תרעו]

עין משפט נר מצוה

נא א מיי' פכ"ה מהל' שבת הלכה י טוש"ע או"ח סימן ש' סעיף ז:

מסורת הש"ס

ומה נר דלהכי עבידא כי לא הדליק בה שרי לטלטולה מטה דלאו להכי עבידא לא כ"ש אלא אי איתמר הכי איתמר אמר רב יהודה אמר רב *מטה שיחדה למעות הניח עליה מעות אסור לטלטלה לא הניח עליה מעות מותר לטלטלה לא יחדה למעות יש עליה מעות אסור לטלטלה אין עליה מעות מותר לטלטלה והוא שלא היו עליה בין השמשות אמר עולא מתיב ר' *אליעזר *מוכני שלה °בזמן שהיא נשמטת אין חיבור לה ואין נמודדת עמה ואין מצלת עמה באהל המת ואין גוררין אותה בשבת בזמן שיש עליה מעות הא אין עליה מעות שריא אף על גב דהוו עליה ביה"ש ההיא ר' שמעון היא דלית ליה מוקצה ורב כרבי יהודה סבירא ליה הכי

רש"י

הניח עליה מעות. אפילו בחול הרי הוקצה לאיסור ואסור לטלטלה ואפילו נסתלקו המעות מבעוד יום ולא דמי לנר של מתכת דשרי רבי יהודה דהתם בלא יחדו: **לא יחדה למעות.** אין עליה מעות בשבת: **מותר לטלטלה.** ואע"ג דהניח עליה מעות בחול: **והוא** שנסתלקו מבעוד יום. שלא היו עליה כל בין השמשות אבל היו עליה כל בין השמשות איתקצי לכולי יומא: **מוכני שלה.** גבי שידה תנן במסכת כלים והיא עגלה של עץ מוקפת מחיצות למרכב אנשים ונשים. **מוכני** אופן: **בזמן שהיא נשמטת.** כעין אופני עגלה שלנו שאדם יכול לסלקו מן העגלה: **אינו חיבור לה.** דחשובה היא כלי לעצמה דאי שידה בת קבולי טומאה היא כגון שאינה מחזקת מ' סאה בלח ונטמאה השידה לא נטמא המוכני ואי לאו בת קבולי טומאה היא ונגעה טומאה במוכני המוכני טמאה לעצמה דלא חשיבה משידה והיא מטלטלה מלאה וריקנית דיש לה בית קיבול: **ואינה נמודדת עמה.** לענין טומאה כדפרישית דכלי עץ המחזיק מ' סאה בלח שהן כוריים ביבש טהור כדאמרי' בבמה מדליקין (דף לה.) דכלי עץ איתקש לשק שיהא מיטלטל מלא וריקן וזו אינו מיטלטל מלא ותנן במסכת כלים* ומייתינן בגמ' דמנחות *השידה ב"ה אומרים נמדדת מבחוץ דרואין אותה כאילו היא עומדת בתוך כלי גדול ואם מחזיק אותו כלי מ' סאה טהורה השידה ואע"פ שהיא אינה מחזקת מ' סאה דקסבר אף עוביה נמדד עמה והמוכני אינו נמדד עמה להשלים דרואין כאילו ניטל המוכני ואח"כ תכנס השידה לתוך הכלי: **ואינה מצלת עמה באהל המת.** דאם השידה מחזקת מ' [סאה] דאינה מקבלת טומאה מצלת באהל המת והוי אהל לעצמה ולא שנכנסה לבית שהמת בו דא"כ אין כאן הצלה שהרי הגג מאהיל על הטהרות מלמעלה אלא כגון שנכנסה לבית הקברות כדאמרינן בעירובין* ר' יהודה אומר אף בבה"ק מפני שיכול לחוץ בשידה תיבה ומגדל כפ' בכל מערבין* דקסבר אהל זרוק כלומר אהל המיטלטל שמיה אהל ומפסיק (א)כלפי הטומאה והמוכני אם הוא גבוה מדופני השידה וכלים [בולטים] מלמעלה מדופני השידה וגובה המוכני מגין עליהם אינו מצילן דמוכני כלי הוא לעצמו ומקבל טומאה ואינו חוצץ בפני הטומאה ורבותי דוחקין ומפרשין אותה באהל המת ממש ובשל חרס המוקפת צמיד פתיל והרבה תשובות יש חדא דנמדדת לא שייך בשל חרס דלא איתקש לשק ובין מיטלטל ובין אינו מיטלטל טמא ועוד אם המוכני מוקף צמיד פתיל יציל בפני עצמו כלים שבתוכו ועוד בפירוש נשנית במסכת כלים בהלכות כלי עץ והלכות כלי חרס נשנו לבדן והלכות כלי עץ נשנו לבדן: **הסיא ר' שמעון היא.** ומיהו מעות לא חזו מידי ומודה רבי שמעון דעודן עליו אסור:

מניחין

תוספות

ומה נר דלהכי עבידא כו'. פי' בקונטרס דדייק מדקתני אבל לא ישן משמע דוקא ישן אבל חדש אפילו יחדו וקשה לר"י דלמאי דמסיק נמי מטה שיחדה והניח עליה מעות כו' תקשה ליה מנר של מתכת דשרי ר' יהודה אפילו יחדו לעיל מדקתני חוץ מן הנר שהדליקו בה באותה שבת אבל לא הדליקו בה באותה שבת אע"פ שיחדה והדליקו בה בחול שרי ונראה לר"י דלא דייק כלל מדקתני אבל לא ישן אלא דוקא בנר של חרס הוא דקאמ' דלהכי עבידא שתחלת עשייתה היא להדלקה והוי כמו יחוד שמיד שמדליקין בה פעם אחת נמאסת ואין ראויה לתשמיש אחר ולכך תחלת עשייתה אינה אלא להדלקה אע"פ שראויה לתשמיש אחר כין עשייה להדלקה מ"מ אין עושין אותה לכך שאין זה אלא זמן מועט אבל בנר מתכת אין עשייתה להדלקה לבד דראויה כל שעה לתשמיש אחר:

לא הניח עליה מעות מותר לטלטלה. ותוגרות דאסר ר' יהודה לעיל (דף מ.) נראה לר"י דאסר אפי' לא תקע בה דחצוצרות לא חזיא אלא לתקיעה ואין לחלק בין תקע ללא תקע אבל מטה ונר חזי לתשמיש אחרינא: **יש** עליה מעות אסור לטלטלה. ע"כ במניח איירי *דבשבת תנן פרק נוטל (לקמן קמב:) מנער הכר והן נופלות ובמניח בשבת איירי דהניח מבעוד יום והיו עליה בין השמשות אפילו אין עליה מעות אסור לטלטלה כדקאמר בסיפא דמילתיה וקשה דהיך יכול להיות שמניח לדעת בשבת וי"ל כגון שהניח נכרי או תינוק לדעת ישראל וא"ת אמאי לא מוכח מהכא בפ' אין נדין (ביצה כו:) דאין מוקצה לחצי שבת וי"ל דאיכא לאוקמא כגון שהניחם לדעת ישראל כדי להסירם אחר שעה והוו כגמרו בידי אדם ולמאי דפרישית לעיל דהא דיש מוקצה לחצי שבת היינו באיסור אכילה ולא בטלטול א"ש: **מוכני** שלה. פי' בקונטרס דגבי שידה תנן לה במסכת כלים (פי"ח מ"א) והיא עשויה למרכבת אנשים ונשים *ואין נראה לר"י דאי חזיא למדרס לא שייך בה מדידה דלא איתקש לשק ולא בעינן מיטלטל מלא וריקן כדמוכח בפרק אלו מומין (בכורות לח. ושם) דפריך ושאין לו תוך בכלי שטף מקבל טומאה הוא והא דומיא דשק בעינן ומשני בהנך דחזו למדרסות לכך נראה דאיכה עשויה אלא לכלים והא דאמר לקמן בפרק רבי עקיבא (דף פד. ושם) שלש תיבות הן תיבה שפתחה מלדה טמאה מדרס מלמעלה טמאה מת פי' אבל מדרס לא לפי שאומרים עמוד ונעשה מלאכתנו והבאה במדה טהורה מכלום פי' שיש לה מ' סאה אור"י דצריך לומר דלא קאי אפתחה מלדה דכיון דחזיא למדרס אפילו באה במדה טמאה כדפי'*): **ואין** מצלת עמה באהל המת. פי' בקונט' בבית הקברות (ג)שהכלים על דופני השידה וקשה דמי יביא טומא' על הכלים ומפרש ריב"א דמיירי שפיר דקיימא השידה באהל המת ומוקפת צמיד פתיל ואע"ג דכלי עץ אינו מציל בצמיד פתיל היכא דמקבל ארבעים סאה מציל כיון דלא מקבל טומאה כדתנן במסכת כלים ואלו מצילין בצמיד פתיל כלי גללים כו' וכלי עץ הטהורים ואין צ"ל דמוכני יש לו בית קיבול אלא פשוטי כלי עץ הוא ויש נקב בשידה בלדה והכלים בתוך השידה והמוכני חופפת שם וממעטת אותו נקב עד שאין נשאר פותח טפח וקאמר כיון דנשמטת אינו ממעט דדוקא כי מבטלו שם ממעט בחלון כדמוכח בלא יחפור (ב"ב כ: ושם) דפריך אהא דקתני דכלי חרס ממעט בחלון הא קחזי ליה פי' ולא מבטל התם והיכי ממעט ומשני דמטונף ומיירי שאינו סותם כל הנקב דאם סותם כל הנקב אפי' אינו מבטלו שם סותם כדאמר בפ' בתרא (דף קנו.) בימי אבא שאול בן בטנית פקקו את המאור בטפיח והתם לא בטלוה שאם ביטלוהו בשבת היה חייב משום בונה דהא מוסיפים על הבנין אלא ודאי בלא ביטול איירי ואפ"ה סותם ובכלי עץ אמרינן נמי בפ' בתרא דמגילה (דף כו:) ההיא בי כנישתא דרומאי דהות פתיחה להאי אנדרונא דהוו מחתי בה מיתי בעו כהני למיזל לצלויי התם אמרו ליה לרבא אמר להו זילו דלו תיבותא ואותבוהו אבבא דהוי כלי עץ העשוי לנחת ומסתמא לא היו מבטלין אותו שם שהרי ס"ת מניחין בתוכו ומיהא תבן וגרוגרות אין להם דין כלים דאפי' סותמין כל החלון לריכין ביטול כדמוכח בפרק לא יחפור (ב"ב יט:) ולר"ת אין נראה לפרש דמוכני האי אופן דאין דרך להניח מעות על האופן דקתני ואין גוררין אותה בשבת בזמן שיש עליה מעות ומפרש דמוכני הייט כן של שידה כמו את הכיור ואת כנו (שמות ל) וכמו מכונות במלכים (א ז) פי' בסים שהשידה מונחת עליו ויש בשידה נקב מתחתיה כנגד המוכני והיא בבה"ק והטומאה נכנסת דרך נקב בשידה ואין המוכני מצלת כיון שהיא נשמטת ואין מבטלין אותה שם ומיירי נמי שאין סותמת כל הנקב אלא ממעטת אותו מפותח טפח כדפי' לעיל וצ"ל דמיירי שאין הטומאה כנגד הנקב דכשהטומאה נגד הנקב אפילו אין בו פותח טפח בוקעת ועולה כדאמר בפ"ק דסוכה (דף יח: ושם) ארובה בבית ואין בה פותח טפח טומאה כנגד ארובה כל הבית טהור לפי שבוקעת ועולה וכן במסכת אהלות* ומייתי לה בהעור והרוטב (חולין קכה:) חבילי המטה וסריגי חלונות כו' פירכן על המת באויר הנוגע כנגד הנקב טמא שלא כנגד הנקב טהור והתם אין בנקבים פותח טפח דקתני רישא דמפסיק בין בית לעלייה: **אין** גוררין אותה בשבת בזמן שיש עליה מעות. מפרש ר"י דכשהיא נשמטת היא כלי בפני עצמה אבל כשאינה נשמטת מותר לגוררה אע"פ שיש עליה מעות דכיון שאינה ע"ג השידה שהיא עיקר הכלי שרי: **הא** אין עליה מעות שריא אע"ג דהוו עליה כל בין השמשות. קשה לרשב"א דמאי פריך לוקמא בשבת ולהכי אין עליה מעות אע"ג דהוו עליה כל בין השמשות שריא כדאמר בפרק נוטל (לקמן קמב:) ובזמן שיש עליה מעות אסור לגוררה אפי' בשבת שהוא טלטול גמור וקמ"ל דבאינה נשמטת שרי לגוררה טלטול גמור ומתרץ דע"כ במניח איירי דהא אין גוררין אותה משמע אפי' לצורך מקומה ואי בשבת הא אמרי' בפרק נוטל (ג"ז שם) לא שנו אלא לצורך גופו אבל לצורך מקומו מנענעו ועודן עליו (*ומיהו מטה שיחדה והניח עליה מעות °איכא למימר דמודה ר"ש דמקפיד עליה ניחד לה מקום כדאמרי' בריש כל הכלים (שם קכג: ושם) הכל מודים כיון דקפיד עליה מיחד לה מקום ופר"ת דהכל מודים אפי' ר"ש והא דפריך לעיל מנר הייט משום שאין לחלק בין מטה לשאר דברים אלא כשהניח עליה מעות ולפ"ז לא קשה לעיל אפי' הקונטרס שפי' דדייק מדקתני אבל לא ישן):

הכי

*) [ועי' תוס' מנחות לא. ד"ה שידה]

ובסוכה [מג:] דקאמר גבי מורכיות וכו' ע"ש משמע דדוקא ע"י ע"ה אבל ת"ח לא היו עושין אף על גב דכייתוסין לא הניחו לדעתם לא חשיב כשבת א"נ לא היו יכולין לנערם בלא טלטול קצת אע"ג דקאמר ושמטום [תו"י]

ורשב"א פירש במפיות דכיון דאין נכנסין לה אלא באקראי בעלמא לא הוי בכך מיוחד למדרס שהרי ספינה עשויה לישב בה בני אדם ואפ"ה כשמחזקת מ' סאה טהורה [תוספות ישנים]

[לקמן מו: כלים פי"ח מ"ב]

פי"א מ"א [דף לא.]

[דף ז.] [שם]

הגהות הב"ח

(א) רש"י ד"ה ואינה מצלת וכו' ומפסיק בפני הטומאה: (ב) תוס' ד"ה ואין מצלת וכו' בבית הקברות והכלים מעל דופני השידה:

גליון הש"ס

גמ' בזמן שהיא נשמטת. עי' לקמן דף מח ע"ב תוס' ד"ה דבר תורה: תוס' ד"ה הא אין וכו'. איכא למימר דמודה ר"ש. עי' לעיל ד' לו ע"א תוס' ד"ה הא ר' יהודה:

[סוף בתוספתא דאהלות פי"ג]

רש"ל מ"ז ומהרש"ל כתב שזהו שייך לסוף דיבור שלאח"ז ועי' מהר"ם

רבינו חננאל

הכל פמוט שהוא מנורה שאין לה אלא קנה אחד ואין על ראשה אלא כף אחת הדליקו עליו באותה שבת דברי הכל (אחד) [אסור]. לא הדליקו עליו דברי הכל מותר. הא דאמר רב מטה שייחדה למעות והניח עליה מעות *) והיו עליה המעות כל בין השמשות. אע"פ שנטלו המעות עכשיו ואינם במטה אסור לטלטלה. אסיקנא דרב כר' יהודה אמרה לשמעתיה. מתיב ר' אליעזר הא דתנן בכלים פ' י"ח מוכני שלה בזמן שהיא נשמטת אינה חבור ואינה נמדלת עמה ואינה נצלת באהל המת. פי' (כאן) [כן] של שידה בזמן שהיא נשמטת אינה כמו השידה ואינה נשלפת עמה ולא נצלת עמה מפני שהשידה כלי וזו אינה כלי **) מכללא לפיכך אמרו אין גורדין

*) ס"פ כלן. **) פ"ם כלן ועי' ברמב"ן וברשב"א.

רב נסים גאון

זהב באה קנים אינה באה זהב אינה באה קנים השיבו הוא פמוט מיתקרי והפמוט שהזכיר ר' זירא בשמועה זו נחשת היא וחדש ואינו נמאס ואם הדליקו עליו נר באותו שבת הרי הוא מוקצה מחמת איסור ולפי שהוא מנוקה מלכלוך לא הוי מוקצה מחמת מיאוס ועל דעת ר' מאיר מתיר טלטול הפמוט אם לא הדליקו עליו באותה שבת וזה הפמוט אע"פ שהוא כחדש שאינו נמאס אסור לטלטלו לפי שנהיה מוקצה מחמת איסורו מפני הנר שהדליקו עליו באותו יום ועל דעת ר' יהודה שהיה אומר טלטול נר [נר ישן] (חדש) [של חרש] (חרש) הרי הפמוט מותר לטלטלו לפי שנראה נר חדש ואינו מאוס ולפיכך באה הקושיא מידי למימרא דר' יהודה מוקצה מחמת מיאוס אית ליה מוקצה מחמת איסור לית ליה והתניא ובגמ' דבני מערב' גרסי מעשה היה וטלטלו פמוט מתחת הנר בשבת מה אנן קיימין אי כר' מאיר אפילו פמוט יהא אסור כמו שאסר כל הנרות מטלטלין חוץ מן הנר שהדליקו בה באותה שבת וזה הפמוט הדליקו בו באותה שבת והרי הוא לר' מאיר אסור ואי כר"ש אפילו נר עצמו יהא מותר וכל שכן הפמוט שיהא מותר ואין אנו צריכים להודיענו זה ההיתר בפמוט על דעת ר' שמעון שהיה סובר נר עצמו מותר לטלטלו וכ"ש פמוט מתחתיו אלא כן אנן כר' יהודה דר' יהודה אומר נר מאוס פמוט אינו מאוס וזה טוע הפירוש שפירשנו אבל בארתי זה והטעם כי ראיתי מי שפירש אותו בטעם אחר וסבר שר' שמעון שהוא

(ולפי"ז בנר של שעוה וחלב שכבה ביו"ט, היה מותר להשתמש בהנותר איזה תשמיש, דהא גם בעת שהיה דולק היה מותר לקצרו מלמטה ע"י הדלקה, מיהו בגמרא יש עוד טעם אחר לר"ש, דהואיל והוקצה בעת שהיה דולק למצותו, **א"כ** לפי"ז ה"ה בנר של שעוה וחלב שהודלק לשם מצות יו"ט וכבה, אסור להשתמש בו שוב שום תשמיש אחר ביו"ט, דלא הוקצה אלא למצות הדלקה ביו"ט, וה"ה אם הנר נעשה משומן וכבה, אסור לאכול הנותר אף ביו"ט).

אות ג'

כל הנרות מטלטלין, חוץ מן הנר שהדליקו בו בשבת

סימן רעט ס"א - [ה]נר שהדליקו בו באותה שבת, אע"פ שכבה, אסור לטלטלו - והיינו אפילו לא נשאר בו שמן כלל, [דהאיסור הוא גם על הנר גופא], **והטעם**, דכיון דביה"ש היה אסור בטלטול, לפי שנעשה הנר והשמן והפתילה בסיס לשלהבת, שהוא דבר האסור בטלטול, ומיגו דאיתקצאי לביה"ש איתקצאי לכולי יומא, **וזהו** הנקרא בגמרא מוקצה מחמת איסור, דקי"ל ביה לאיסורא.

אם יש אימת א"י עליו ע"י הנר, {כמו שהיה בזמן האמוראים, שהיתה אומה אחת שהיו מקפידין ביום חגם על ישראל שמדליקין נר באותו היום, וכל כה"ג}, מותר לטלטלו לאחר שכבה, שלטי גבורים וכן הסכים בספר תו"ש, ‹ומקורו, דף מ"ה. כדי הוא ר' שמעון לסמוך עליו בשעת הדחק›, **ודלא** כמ"א, ‹דרש"י חולק, דרש"י פי' שעת הדחק, סכנה, משמע היכא דליכא סכנה אע"ג שהוא שעת הדחק, לא הותר - מחה"ש›, **ומפמ"ג** משמע, שאם ירא שיכהו או שאר הפסד ממון, לכו"ע שרי, ‹דאי סכנה ממש, אין לך דבר שעומד בפני פקוח נפש, ובמאי נסתפקו רב כהנא ורב אשי, ואפי' לכבותה מותר, וי"ל סכנה לאו דוקא סכנת נפשות, אלא שיכה אותו, או הפסד ממון וכדו' - שם›.

סימן רעט ס"ב - [ו]נר זה שאמרנו שאסור לטלטלו, אפילו לצורך גופו ולצורך מקומו אסור; [ו]יש מי שהתיר, ולא נראו דבריו - ולא דמי לשאר כלי שמלאכתו לאיסור, דמותר לטלטלו לצורך גופו ומקומו, וכמו דאיתא בסימן ש"ח ס"ג, **דהכא** כיון דבביה"ש היה אסור לטלטלו אף לצורך גופו ומקומו, דהיה בסיס להשלהבת וכנ"ל, מיגו דאיתקצאי לביה"ש לגמרי, איתקצאי לכולי יומא לגמרי, **ואין** חילוק בכל זה בין הנר שהדליקו בו השמן, ובין המנורה שהדליקו בה הנרות, דגם הוא נעשה בסיס להנרות.

(**ואפילו** לדעת הסה"ת, דס"ל דבסיס לא הוי אלא א"כ דעתו שישאר כן כל השבת, והכא הלא הנר עומד להכבות, א"כ הלא לא נעשית המנורה כלל בסיס להנר, מ"מ הכא עדיפא, דהוא איירי בדעתו לסלק האיסור מעל הבסיס בשבת, ולכך לא נתבטל הבסיס לגביה, **משא"כ** בזה שאין דעתו כלל לסלק אפילו ע"י א"י הנר מן המנורה עד שיכבה, ממילא נעשית המנורה בסיס להנר מתחלת השבת, ומגו דאתקצאי וכו', כ"כ בספר תו"ש, דלא כט"ז, **גם** בפמ"ג פקפק נגדו, משום דלא דמי למניח אבן ע"פ החבית, דשם לדעת סה"ת דלא נעשה בסיס, אי בעי מנער בבה"ש גופא ולא אתקצאי כלל, **משא"כ** בנר לא שייך זה, דהא צריך לו בלילה, דנר בשבת חובה, ומגו דאתקצאי לבה"ש וכו', וכ"ז הוצרכנו אפילו לענין נר של שעוה וחלב, אבל בנר של שמן בודאי אתקצאי הנר להשמן בבה"ש לכו"ע, דהא לא שייך בו כלל נעור אז, דהא אסור לנערו משום כבוי).

הגה: וי"א דמי שהוא איסטניס והנר מאוס עליו, מותר להוציאו, דהוי לדידיה כגרף של רעי - היינו כשהוא מונח במקום ישיבתו, שרי להוציאו משם כשאינו יכול לסבול שיהא מונח אצלו, לאחר שכבה או למחר ביום, **אבל** אם הוא מונח במקום אחר, גם האיסטניס אסור לטלטלו ממקום למקום לכו"ע.

והב"ח ומ"א פסקו, דאף מי שאינו איסטניס, אם הוא אומר שמאוס עליו, שרי לסלקו מעל השלחן, **ומשמע** בב"ח דלא הקיל אלא בנר של חרס, שהוא מאוס בודאי, וכדלקמן בס"ו, וה"ה של עץ, אבל של מתכת לא מאיס, **ובדה"ח** משמע דיש להחמיר באינו איסטניס, וכדעת ההג"ה, [דמשמע דלאו כל אדם יכול לומר: איסטניס אני, אלא מי שיודע שהוא איסטניס - גר"א].

והמחמיר לא הפסיד (מרדכי ריש בילה) - צ"ל: והמחמיר יחמיר, והמיקל לא הפסיד.

---

§ מסכת שבת דף מד: §

אות א'

מטה שיחדה למעות, הניח עליה מעות, אסור לטלטלה; לא הניח עליה מעות, מותר לטלטלה. לא יחדה למעות, יש עליה מעות, אסור לטלטלה; אין עליה מעות, מותר לטלטלה; והוא שלא היו עליה בין השמשות

סימן שי ס"ז - [א]מטה שיש עליה מעות, או אפילו אין עליה עתה והיה עליה ביה"ש, אסור לטלטלה, דמגו

באר הגולה

[ה] שבת מ"ד וכר' מאיר, הרי"ף ורא"ש שם ורמב"ם [ו] וכן נראה מדברי רמב"ם ומדברי רי"ו ומדברי הרא"ש והגהות אשרי [ז] מרדכי שם **והאגור בשם ר' ישעיה** ‹וז"ל: מיהו לצורך גופו או לצורך מקומו מותר - ב"י› [א] **שבת מ"ד ודלא כרב, הרי"ף והרמב"ם, וכן כ' ר' ירוחם שכן עיקר** ‹והרי"ף כתב דלא שאני בין יחדה ללא יחדה, דבכל גוונא אם אין עליה מעות מותר לטלטלה, והוא שלא היו כל בין השמשות, ודלא כרב יהודה אמר רב דמפליג בין יחדה ללא יחדה, **וכתב** הר"ן דטעמו, משום דרב לטעמיה דסבירא ליה כרבי יהודה דאית ליה מוקצה, אבל לדידן דקיימא לן כרבי שמעון, אפילו יחדה נמי שרי, וכן כתב הרא"ש לדעת הרי"ף. **וכתב** עוד הרא"ש שם, שרבינו תם (מד: סוף ד"ה הא) סובר, דמודה רבי שמעון במטה שיחדה למעות וגם הניח עליה מעות, שאפילו סילקן מבעוד יום אסור, משום דאדם קפיד עליה ומייחד לה מקום, **ומשמע** שדינו כדין כלי שמלאכתו לאיסור, שנתבאר בסימן ש"ח, דלצורך גופו או לצורך מקומו מותר, מחמה לצל אסור, ואם כן לא אסר רבינו תם אלא לטלטלו מחמה לצל, אבל לצורך גופו או לצורך מקומו שרי, והוא שאין עליה מעות, וכן כתוב בהגהות אשירי. **ודעת** הרמב"ם נראה שהיא כדעת הרי"ף, שלא חילק בין יחדה למעות ללא יחדה, וכתב רבינו ירוחם שכן עיקר. **ולדברי** כולם היכא דהיו עליה מעות כל בין

דאתקצאי לבין השמשות אתקצאי לכולי יומא. הגה: ואפילו לצורך גופו או לצורך מקומו (ב"י) - דדין הבסיס כאותו המוקצה שעליו, וכיון דמעות הוי מוקצה מחמת גופו, דאסור אפילו לצורך גופו ומקומו, גם דין המטה כך הוא.

ומיירי שהניח, דאי בשכח, הלא אף בעודן המעות עליה מותר לנערן, וכ"ש שלא נעשית המטה בסיס לכל השבת, וכדלעיל בסי' ש"ט ס"ד.

מטה שיש עליה מעות - ‹משמע אפילו לא היו המעות עליה בין השמשות, אסור לטלטלה בעודן עליה, ומשכחת לה שהניחן א"י או תינוק המעות בשבת לדעת ישראל, **ואם** מותר לנער אז המעות מעליה, עיין במ"א שהביא דעות בזה, ומשמע שדעתו נוטה דלא נעשה בסיס, כיון שלא היו עליה בין השמשות, ומותר לנער›.

וה"ה לכל דבר היתר שמונח עליו איסור, אבל אם אין עליה עתה מעות, וגם לא היה עליה ביה"ש, מותר לטלטלה, אפילו יחדה למעות והניחם עליה מבע"י, כיון שסילקן קודם בין השמשות - ‹באמת היה יכול להשמיענו יותר רבותא, דאפי' הניחם עליה בשבת ואח"כ סילקם ממנה, כיון שלא היו עליה בין השמשות, אף שמיוחדת היתה למעות, ג"כ שרי, **אלא** דנקט לשון זה לאפוקי מדעת היש אוסרין, דמיירי בשהניח עליה מבע"י ואח"כ סילק ממנה, דאפילו באופן זה אסור, הואיל והיתה מיוחדת לזה, ולהכי נקט המחבר ג"כ הך לישנא›.

הגה: ויש אוסרין בייחד לכך והניח בהם, אע"פ שסילקן מבע"י (טור בשם ר"ת) - טעמו, דהוא גריע משאר כלי שמלאכתו לאיסור, כיון שיחדה בהדיא לזה, מסתמא מיחד לה מקום, ומקפיד שלא להשתמש בה תשמיש אחר זולת זה, וע"כ דינה כמוקצה מחמת חסרון כיס, כ"כ הפוסקים, {**ומ"מ** אם לא הניח בה עדיין מעות כלל, רק ביחוד בעלמא, אין שם מוקצה עלה, דהזמנה לאו מילתא היא}, **וכתב** המ"א, [ב]ולפי"ז אפילו לצורך גופו ומקומו אסור, ונשאר בתימה על הרמ"א, שכתב לשיטה זו דלצורך גופו או מקומו מותר, דליתא, והביא ראיות לזה, ‹**דהא** אפי' לדעת המתירין, יחדה לכך הוי כלי שמלאכתו לאיסור, ואינו מותר כי אם לצורך גופו ומקומו - פמ"ג›, **וכן** בפרישה וביאור הגר"א מסכימים לדבריו, ועיין מה שכתבנו לקמיה.

ולכן אסור לטלטל כיס של מעות אע"פ שהוציא המעות ממנו מבע"י, אא"כ עשה בו מעשה שפתחו מלמטה וסלקו מן היחוד - דמעשה זו מבטל המחשבה דיחוד, והמעשה שעשה בה מעיקרא שהניח בה מעות, **וכן נוהגין (הגה"מ פכ"ה).**

מיהו לצורך גופו או לצורך מקומו, מותר - עיין לעיל מש"כ בשם המ"א ושארי אחרונים שתמהו ע"ז, וס"ל דלשיטה זו אסור בכל גווני, **ומ"מ** לדינא מסכים בספר א"ר, דאף שהכיס מיוחד למעות, כל שאין דרכו להקפיד להניח בו דברים אחרים, איננו בכלל מוקצה מחמת חסרון כיס, רק כסתם כלי שמלאכתו לאיסור, ושרי לצורך גופו או מקומו, וכן הסכים בספר ב"מ, ע"ש.

וכן בכיס התפור בבגד, הואיל ועיקר הבגד עומד ללבוש, אם הוציא המעות משם, מותר ללבוש הבגד - ‹דמותר לצורך גופו - דה"ח›, **דהכיס בטל אצלו** - ‹הא דהוצרך לטעם דהכיס בטל - מחה"ש›, ר"ל וע"כ מותר לצאת בו אפי' לר"ה, ולא אמרינן דהכיס הוי משאוי - מ"א, [**דלענין** טלטול, בלא"ה שרי לדעת רמ"א, שכתב מתחילה דלצורך גופו מותר], **עוד** כתב, דאפי' אם נסבור למעלה, דאף לצורך גופו ומקומו אסור, וכמש"כ לעיל, מ"מ הכא שרי ליתן בתוך הכיס וליטול ממנו, דהא חזינן דלא קפיד עלייהו בחול להניח בו גם דברים אחרים.

אבל אם שכח בו מעות, מותר לטלטל הבגד, דלא אמרינן דכל הבגד נעשה בסיס למעות, הואיל ואין המעות על עיקר הבגד - כלומר דהכיס אינו תפור לארכו בבגד, אלא פיו לבד תפור, והוא כולו תלוי, **דאם** היה הכיס כולו תפור בבגד, אמרינן דכל הבגד נעשה בסיס, **ואף** דהכא מיירי בשכח, מ"מ עכ"פ היה צריך לנער מתחלה המוקצה, וכדלעיל בסי' ש"ט ס"ד, **משא"כ** כשהכיס תלוי, אין צריך אפילו ניעור מתחלה, **ויש** מחמירין וסוברין דגם בזה צריך ניעור מתחלה.

כונתו העיקר לברר לנו, דהואיל ויש עדיין מעות בהכיס, אסור ללבשו, שמא ישכח ויצא, וכדמסיים לבסוף, ורק לטלטל מותר.

ודע עוד, דלאו דוקא שכח, דאפילו אם הניח מעות בכוון מבע"י, ודעתו היה שישאר שם כל השבת, אף דהכיס נעשה בסיס להמעות, **מ"מ** מותר לטלטל הבגד אף בעוד שהמעות מונח בכיס, דהבגד לא נעשה בסיס הואיל ואינם על עיקר הבגד, {**ומ"מ** אסור להכניס ידו בהכיס, דעכ"פ הכיס נעשה בסיס להמעות, **ואפילו** לאחר שהוסרו המעות מתוכם, דהרי עכ"פ ביה"ש אתקצאי הכיס להמעות}, **ומ"מ** אם אפשר בניעור יראה לנער מתחלה, דיש שסוברין דאף שהמעות אינם על עיקר הבגד, ג"כ צריך לנער קודם שיטלטל הבגד, בין בהניח ובין בשכח, וכמ"ש לעיל.

[**וכתב** מ"א, דמה דנקט "שכח", משום דלכתחילה אין להניח מעות, שמא ישכח ויצא, **ובעניי** לא ידעתי מקור לזה, **ולענ"ד** משום דרצה להשמיענו לדיוקא, דהיכא דהמעות על עיקר הבגד, כגון שהכיס תפור לארכו, אפי' שכח צריך לנער מתחילה קודם שמטלטל הבגד].

באר הגולה

השמשות, ואחר כך נטלן, היינו דומיא דנר שכבה, וכבר כתבתי בסימן רע"ט, שדעת כל הפוסקים שאפילו לצורך גופו וצורך מקומו אסור לטלטלו - ב"י›

ב ‹ודלא כהב"י, עיין לעיל בהערה›

כתב המ"א, דוקא כשפה הכיס תפור להבגד, אז אמרינן דהוא בטל לגבי הבגד, **וכן** כשיש מעות תוך תיבה שבשלחן, שקורין טישקעסטיל, ועשוי בענין שא"א להוציאו לגמרי מן השלחן, וע"כ נתבטל לעיקר השלחן, **אבל** כשכיס מלא מעות קשור לבגד, הוא כלי בפני עצמו ואינו בטל לגבי הבגד, **וכן** התיבה אם יכולין להוציאו לגמרי מן השלחן, וא"כ כל אחד ואחד כלי בפני עצמו, ולא נתבטל לגבי השלחן, **וממילא** אסור לטלטל הבגד והשלחן, שהרי הם נעשים בסיס להמעות, כשהניח את המעות בם מע"ש על דעת שיהיו שם בשבת, {**אם** לא שמונח על השלחן דבר היתר שחשוב יותר, ונעשה השלחן בסיס לו}, [**ופמ"ג** מסתפק אם מהני דבר זה גם לענין תיבה, שיהא מותר לטלטלה, דאפשר דבעינן דוקא שיהא דבר היתר מונח בתוכה, ונשאר בצ"ע], **ואם** שכח ליטלם מע"ש, עכ"פ צריך מדינא ניעור מתחלה, **אך** אם יש בתוכם רק איזה פרוטות, בטלים לגבי הבגד והשלחן, דאין אדם מבטל בגדו ושלחנו בשביל איזה פרוטות - ח"א.

עוד כתב: דנ"ל דוקא כשהתיבה שבשלחן הוא מיוחד תמיד למעות או שאר דבר מוקצה, **אבל** כשהתיבה התלויה בשלחן עשויה תמיד להניח בה לחם וסכינים, ואירע שהניח בה מעות, אפילו אין בה לחם וסכינים, **אע"ג** דהטישקעסטי"ל ודאי אסור לטלטל, אבל מותר לטלטל השלחן, שהרי גם הטישקעסטי"ל הוא בעצם כלי שמלאכתו להיתר, וא"כ נעשה השלחן בסיס לאיסור ולהיתר, וצ"ע.

אבל אין ללובשו בשבת, דחיישינן שמא יצא בו, כדלעיל סימן ש"א סל"ג (ב"י סי' ש"ט). ועיין לעיל סימן רס"ו אם שכח כיסו אצלו בשבת, מה דינו (ב"י).

§ מסכת שבת דף מה. §

אות א'

מניחין נר על גבי דקל בשבת, ואין מניחין נר על גבי דקל ביום טוב

סימן רעז ס"ד - [א]מותר להניח נר של שבת מבע"י ע"ג אילן, וידלק שם בשבת, דליכא למיחש דלכשיכבה לשקליה מיניה ונמצא משתמש במחובר - דהא קיי"ל דנר שהדליקו בו באותה שבת, אסור לטלטלו אפילו לאחר שכבה, וכדלקמן בסי' רע"ט. **אבל אין מניחין נר של יו"ט ע"ג אילן** - ר"ל אפילו להניחו מעי"ט, וכדלקמן בסימן תקי"ד ס"ו, **דשקיל ומנח ליה ונמצא משתמש באילן.**

סימן תקיד ס"ו - [ב]אין נותנין נר על גבי אילן מעיו"ט, [ג]דחיישינן שמא יבא להשתמש באילן - דביו"ט פשיטא דאסור, דהנחה בכלל שימוש הוא, **אלא** אפילו אם הניח מעיו"ט על דעת שיהיה מונח שם ביו"ט, אסור, דכיון דביו"ט מותר לטלטל הנר, חיישינן שיבוא ליטול משם, וגם זהו בכלל שימוש דאסרו חכמים, וכנ"ל בסי' של"ו, וזהו מה שסיים המחבר: שמא יבואו וכו'.

אות ב'

חטים שזרען בקרקע, וביצים שתחת תרנגולת מהו, כי לית ליה לרבי שמעון מוקצה היכא דלא דחייה בידים, היכא דדחייה בידים אית ליה מוקצה, או דילמא לא שנא

סימן שי ס"ב - [ד]אין שום אוכל תלוש הראוי לאכילה מוקצה לשבת - דבדבר שאינו אוכל, אף לר"ש יש מוקצה לפעמים, כגון מוקצה מחמת חסרון כיס, **וכן** בדבר שאינו כלי, כגון מעות וצרורות ואבנים וכיו"ב, [ה][ב"י והגר"א]. **ובדבר** שהיה מחובר מבע"י, ג"כ לכו"ע הוי מוקצה, שאין דעתו עליו מאתמול, ועיין בב"י.

דתמרים ושקדים ושאר פירות העומדים לסחורה, מותר לאכול מהם בשבת - דאע"ג דעומדים לסחורה, דעתו עליהם לאכול מהם כשירצה.

[ו]ואפי' חטים שזרעם בקרקע ועדיין לא השרישו (מותר לטלטלן) - דאי השרישו, היה חייב משום עוקר דבר מגידולו, **ועיין** במאירי שכתב, דדוקא כשלא היו הזרעים עדיין מכוסין בעפר.

וביצים שתחת התרנגולת - ר"ל שהושיב התרנגולת על הביצים מבע"י כדי לגדל אפרוחים, **מותר לטלטלן** - ר"ל דאע"ג דדחינהו בידים מלהשתמש בהן, מ"מ כיון דחזיין ללקטן ולאכול, לא הוו מוקצה, [גמ'], **דלכשיהיו** מוקצה בעינן שני פרטים: דחינהו בידים, ולא חזו, וכמש"כ בסוף הסעיף.

[ז]וכן תמרים הלקוטים קודם בישולן, וכונסין אותם בסלים והם מתבשלים מאליהן, מותר לאכול מהם קודם בישולן - דאפילו כשהכניסו בסלים, עדיין איכא דאכיל להו הכי.

אבל גרוגרות וצמוקים שמניחים אותם במוקצה לייבשן - רחבה שאחורי הבתים קרוי מוקצה, **אסורין בשבת משום מוקצה, שהן מסריחות קודם שיתייבשו** - שכשהניחן ליבשן ונשתהו מעט, שוב אינן ראויין לאכילה עד שיתייבשו. **דכיון שיודע שיסריחו הסיח דעתו מהם, [ח]וכיון דאיכא תרתי: דחינהו בידים, ולא חזו, הוי מוקצה** - היינו אפילו בטלטול אסורין, דהרי הן כאבנים ועפר.

ואפילו היה אוכל מן הענבים עד שחשכה, והותיר והניחן במוקצה, או העלן לגג ליבשן לעשות אותן צמוקין, **אפ"ה** שם מוקצה עליהן, דהשתא כיון דהניחן לייבשן אסח דעתיה מינייהו.

ודוקא גרוגרות וצמוקין, אבל שארי פירות שהעלה לגג ליבשן, אין בהם משום מוקצה, דהם חזיין לאכילה אף קודם שיתייבשו.

הגה: י"א דאין הכנה שייך בשל אינו יהודי - ר"ל דבר שהוא אסור בישראל משום דאתקצאי בהש"מ ולא הוזמן מבע"י, בא"י לא שייך זה, דאין הא"י מקצה מדעתו כלום, וכיון שהוא מוכן לאיש אחד מוכן לכל, **אבל** דבר דאסור בבהש"מ משום מחובר, או משום שהיה מחוסר צידה, ותלשו הא"י או צדו בשבת, אף שהדבר הוא של א"י, לכו"ע אסור, וכן באיסור נולד ג"כ הכי, [**ולפי"ז** פשוט, דאבנים ומעות וכיוצא בזה, אין נ"מ בין של א"י לישראל, דהלא אלו אפי' הזמנה מבע"י לא מהניא].

(**ולפי"ז א"י שהדליק נר בבין השמשות, וכבה אח"כ, מותר לישראל לטלטל המנורה אח"כ, בנתאכסן ישראל בבית א"י**, (ובחזו"א מפקפק ע"ז, כיון דבשעה שדולק לא חזי למידי או דנעשה בסיס לשלהבת), **אם לא שהדליק הא"י לצורך ישראל, דאז נעשה בסיס לכל השבת**).

ואפילו גרוגרות וצמוקים שבידו מותרים (כל בו וכ"מ בהר"ן וירושלמי) - ר"ל דאף שהעלה הא"י מבע"י ליבשן, ודחיין בידים, מ"מ לא חל עלייהו שם מוקצה, **ועיין** בספר בית מאיר שמפקפק בזה מאד, כיון דדחייה בידים ולא חזי לאכילה, אטו משום דא"י הוא נותן דעתו יותר לזה, והגר"ז סובר ג"כ כהבית מאיר, **וע"כ** מפרש דמיירי השו"ע דוקא בגרוגרות וצמוקין דחזו ולא חזו, וכדלקמן בס"ה, דפוסק השו"ע שם דמהני הזמנה, בזה פסק הכלבו דבא"י אפי' אי לא הזמין מהני, דאינו מקצה מדעתו, **אבל** אי לא חזו לגמרי, דקי"ל דאפי' הזמנה לא מהני בישראל, בזה אין נ"מ בין ישראל לא"י.

באר הגולה

[א] **שבת מ"ה** [ב] **מימרא דרב שבת מ"ה** [ג] **רמב"ם** [ד] **שם מ"ה** [ה] (ועוד כתב שם רש"י בסמוך (מה) אהא דאמרינן אין מוקצה לרבי שמעון, בדבר הראוי, כלומר אבל בדבר שאינו ראוי אית ליה מוקצה - ב"י) [ו] **שם בעיא ונפשטא** [ז] **שם בעיא ונפשטא** [ח] **כפי' רש"י שם וכ"כ הרי"ף והרא"ש והרמב"ם**

הכי נמי מיסתברא דרב כר' יהודה סבירא ליה דאמר רב מניחין נר על גבי דקל בשבת ואין מניחין נר ע"ג דקל בי"ט אי אמרת בשלמא דרב כרבי יהודה סבירא ליה היינו דשני בין שבת לי"ט אלא אי אמרת כרבי שמעון סבירא ליה מה לי שבת ומה לי י"ט ורב כרבי יהודה ס"ל והא בעו מיניה דרב מהו לטלטולי שרגא דחנוכתא מקמי חברי בשבתא ואמר להו שפיר דמי שעת הדחק שאני דהא א"ל רב כהנא ורב אשי לרב הכי הלכתא אמר להו *כדי הוא ר' שמעון לסמוך עליו בשעת הדחק בעא מיניה ריש לקיש מר' יוחנן חטים שזרען בקרקע וביצים שתחת תרנגולת מהו כי לית ליה לר' שמעון מוקצה היכא דלא דחייה בידים היכא דדחייה בידים אית ליה מוקצה או דילמא לא שנא א"ל אין מוקצה לרבי שמעון אלא שמן שבנר בשעה שהוא דולק הואיל והוקצה למצותו *הוקצה לאיסורו ולית ליה הוקצה למצותו *והתניא סיככה כהלכתה ועיטרה בקרמים ובסדינין המצויירין ותלה בה אגוזין אפרסקין שקדים ורמונין ואפרכלי של ענבים ועטרות של שבולין יינות שמנים וסלתות אסור להסתפק מהן עד מוצאי י"ט האחרון ואם התנה עליהן הכל לפי תנאו וממאי דר' שמעון היא דתני *ר' חייא בר יוסף קמיה דר' יוחנן אין נוטלין עצים מן הסוכה בי"ט אלא מן הסמוך לה ור' שמעון מתיר ושוין בסוכת החג בחג שהיא אסורה ואם התנה עליה הכל לפי תנאו כעין שמן שבנר קאמרינן הואיל והוקצה למצותו הוקצה לאיסורו איתמר נמי א"ר חייא בר אבא א"ר יוחנן אין מוקצה לרבי שמעון אלא כעין שמן שבנר בשעה שהוא דולק הואיל והוקצה למצותו הוקצה לאיסורו אמר רב יהודה אמר שמואל אין מוקצה לר' שמעון אלא גרוגרות וצימוקים בלבד ומידי אחרינא לא והתניא *היה אוכל בתאנים והותיר והעלן לגג לעשות מהן גרוגרות בענבים והותיר והעלן לגג לעשות מהן צימוקין לא יאכל עד שיזמין וכן אתה אומר באפרסקין ותבושין ובשאר כל מיני פירות מני אילימא רבי יהודה ומה היכא דלא דחיה בידים אית ליה מוקצה היכא דדחייה בידים לא כל שכן אלא לאו ר' שמעון היא לעולם רבי יהודה ואוכל אצטריכא ליה סד"א כיון דקאכיל ואזיל לא ליבעי הזמנה קמ"ל כיון דהעלן לגג אסוחי אסחי לדעתיה מינייהו *בעא מיניה רבי שמעון בר רבי מרבי

פצעילי

רש"י

מניחין נר. מבעוד יום: **ע"ג דקל.** וידלק שם בשבת דליכא למיחש לכשיכבה לישקליה מיניה ונמלא משתמש במחובר דכיון דאקלייה לדבר האסור בין השמשות איתקצי לכולי יומא: **ואין מניחין כו' בי"ט.** דשקיל ומנח ליה ומשתמש באילן: **מה לי שבת כו'.** בשבת נמי שקיל ליה לכשיכבה: **שרגא דחנוכתא.** אחר שכבה: **מקמי חברי.** שלא יראוהו בחצר כדאמרינן בפרקין דלעיל (דף כא:) דנותנו בטפח הסמוך לרשות הרבים וידעו שהדליקו בו נר והם גזרו שלא להדליק אף נמי ביום חגם אין מניחין לדלוק אור אלא בבית ע"ז: **חברי.** שם אומה שהיתה עם פרסיים: **הכי הילכתא.** בתמיה: **בשעת הדחק.** סכנה אלמא שלא בשעת הדחק אסור: **שזרען בקרקע.** ועדיין לא השרישו מהו ללקוט ולאכול: **אין מוקצה לר' שמעון בדבר הראוי.** אלא בשמן שבנר בשעה שהוא דולק כדתניא לעיל: **הואיל והוקצה למצותו.** לשבת: **הוקצה לאיסורו.** איסור כיבוי: **והוקצה למצותו לית ליה.** בתמיה דקס"ד שמן שבנר דוקא קאמר דאיכא תרתי מוקצה למצוה ומוקצה של שעת דליקתו משום איסור כיבוי אבל מוקצה למצוה גרידא לא אסר ואפילו בשעת המצוה: **וסתניא סיככה.** לסוכה כו': **קרמים.** בגדי צבעונים שקורין אובריי"ש: **אפרסקין.** פירסיק"י בלע"ז: **יינות שמנים.** בכלי זכוכית: **עד מוצאי יו"ט האחרון.** והכא מוקצה למצוה איכא מוקצה דאיסור ליכא דאי משום סתירת אהל כי מטא תולו של מועד לשתרי דומיא דנר שכבה: **וסא ממאי דר' שמעון היא.** דמותיבנא לך מיניה: **דתני ר' חייא כו' אין נוטלין עצים.** בפסח ועצרת מסוכה העשויה לצל ואפילו נפלו משום מוקצה דאיתקצאי מחמת סתירת אהל בי"ט: **אלא מן הסמוך לה.** אם סמך חבילות עצים אצל דופנה ליכא איסור מוקצה דדעתיה עילויה מאתמול למישקלינהו למחר דלא סתר בהו אהלא ומהך דתני ר' חייא בר יוסף הוי מצי לאותבי ברישא אלא ניחא ליה לאותבי ממתניתא דר' חייא ור' אושעיא כדאמרינן בעלמא (חולין דף קמא:) כל מתניתא דלא מיתניא בי ר' חייא כו': **ור' שמעון מתיר.** אם נפלה דלית ליה מוקצה והכי מוקמינן ליה במסכת ביצה: **ושוין בסוכת החג בחג.** שהוקצה למצותה דמצותה כל שבעה אלמא כל שעת מצותה טוג מוקצה שלה ואע"ג דליכא איסור סתירה: **כעין שמן קאמינא.** ולא משום איסור אלא משום מצוה דהואיל דהוקצה למצותו דשבת הוקצה לכל זמן איסור דליקתו ולא יותר דאין מצותו אלא בשעת דליקתו ומשכבה אין בו מצוה אבל בסוכת החג מצותה כל שבעה והקצאתה כל זמן מצותה: **אלא גרוגרות וצמוקין.** גרוגרות תאנים שמעלה לגג ליבשן ומשכנסתהו שם מעט אין ראוים לאכילה עד שיתייבשו וכן צימוקים דענבים: **היה אוכל בתאנים.** רבותא אשמעי' (א)דהוה אכיל ואזיל מכיון דאסקינהו אסח דעתיה ואקצן: **תבושין.** קוייצ"ן: **וכן אתה אומר כו'.** ואע"ג דהני חזי כל שעתא ואפי' כשהן לא נתקלקלו מיהו הואיל ואקצינהו אסירי: **אי נימא ר"י.** למה לי הנך דנקט דדחינהו בידים אפי' הכניסן נמי לאוצר בעו הזמנה:

פלגילי

תוספות

הכי נמי מסתברא דרב כר' יהודה ס"ל. בכמה מקומות אשכחן דרב סבר כר' יהודה דאסר מטה שייחדה למעות והניח עליה מעות ואילו לר' שמעון שרי דהא שרי אגוזרות אפי' תקע בה כמה זימני ודכרכי דווזי (לעיל דף יט:) אלא דבעי לאוכוחי דסבר כר' יהודה במיגו דאיתקצאי בין השמשות כו': **מקמי** חברי בשבתא. שביום חג שלהם לא היו מניחין נר אלא בבית ע"ז ומאי דקמבעיא ליה בנר חנוכה טפי מבנר שבת משום דלצורך אכילה היו מניחים להם ואע"ג דבשעת הסכנה אמרינן בבמה מדליקין (לעיל דף כא:) דמניחה על שולחנו ודיו הכא מיירי אם יארע שלא הניחה על שולחנו א"נ אומר ר"י דשעת הסכנה דלעיל לאו סכנת חברים קאמר אלא סכנת גזירה שגזרו שלא להדליק נר חנוכה: **היכא** דדחייה בידים אית ליה. ואף על גב דנר שכבה שרי ר' שמעון אף על גב דדחייה בידים דהתם שאני כיון שכבר פסק דיחוי שלה אבל הכא לעולם הן דחויין כל זמן שמונחין שם: **אלא** שמן שבנר. לאו דווקא שבנר דההוא אסור משום מכבה כדאמר בפ"ב דביצה (דף כב:) המסתפק ממנו חייב משום מכבה אלא המטפטף מנר ומשום דמוקצה למצותו לא אסור *נר הדולק לטלטל כדפרישית לעיל אלא כדאמר בסוף פירקין משום דהוי בסיס לדבר האסור תימה לר"י דאמאי נקט שמן שבנר טפי ה"ל למינקט אין מוקצה לר' שמעון אלא גרוגרות וצימוקין דדמו טפי לחיטין שזרען דלא איתקצאי לא מחמת מצוה ולא מחמת איסור וליכא למימר דסבר ר' יוחנן דלר' שמעון אין מוקצה בגרוגרות וצימוקין דהא רבי קאמר בסמוך דאית ליה לרבי שמעון מוקצה בגרוגרות וצימוקין ומסתמא לא פליג: **עד** מוצאי י"ט האחרון של חג. הקשה ר"ת ביום טוב האחרון דלא אסר אלא מטעם מיגו דאיתקצאי בין השמשות מחמת יום שעבר והא רבי שמעון שרי מותר השמן שבנר אף על גב דהוקצה בין השמשות למצותו משום יום הבא ונראה לר"י דבמה שאוסרת הברייתא יום טוב האחרון לא אתיא כר' שמעון: **ולא** מן הסמוך לה. בפרק המביא כדי יין (ביצה ל: ושם) גרס במשנה אלא מן הסמוך לה ופריך בגמ' והא קסתר אוהלא ומשני מאי מן הסמוך לה סמוך לדפנות והשתא אי גרס בברייתא דהכא אלא מן הסמוך לה הוי בסמוך לדפנות ואי גרס ולא מן הסמוך לה מיירי במה שעל הסכך וטעמא משום דסתר אוהלא כדאמר התם: **ואם** התנה הכל לפי תנאו. בריש המביא (ג"ז שם) פריך עלה והא קא סתר אוהלא ומוקי לה בסוכה נפולה וברעועה דמאתמול דעתיה עלה: **אלא** בגרוגרות ולימוקין. בירושלמי מפ' שמסריחין בינתיים כיון שמתקלקלין כל כך אין דעתו לקחתם עד שיתקנו היטב: **וכן** אתה אומר באפרסקין. אף על פי שאין מתקלקלין כל כך מקצה אותם מדעתו: **היכא** דלא דחייה בידים אית ליה מוקצה. כגון הא דתנן בפרק מפנין (לקמן קכו:) ולא את האוצר ותנן נמי בפרק בתרא (דף קנו:) רבי יהודה אומר אם לא היתה נבלה מע"ש אסורה כו': **ואוכל** איצטריכא ליה. מדנקט אוכל במוקצה דדחייה בידים נראה דאזיל ואכיל שרי ליה לר"י במוקצה דלא דחייה בידים כגון גבי אוצר לדבריו

עין משפט נר מצוה

נב א מיי' פ"ה מהלכות שבת הלכה יז ופ"ד מהלכות י"ט הלכה ה סמג לאוין סה טור שו"ע או"ח סימן רעז סעיף ד וסימן תקי"ד סעיף ו :

נג ב מיי' פכ"ו מהלכות שבת הלכה יד סמג לאוין סה טוש"ע או"ח סימן שי סעיף ג :

רבינו חננאל

אותה בשבת. בזמן שיש עליה מעות. פי' מוכני כן. מלשון את הכיור ואת כנו. נמדלת מלשון שילוף. כדתנן המידל בגפנים. ונרסינן במשקין (מ"ק ג) מאי מדלי שלופי. נמצלת מלשון צל. קתני מיהת אין גוררין אותה בשבת בזמן שיש עליה מעות הא אין עליה מעות שרי. ואע"ג דהוו עליה בין השמשות. ושנינן משנה זו לר' שמעון היא. ורב דאמר כרבי יהודה. דהא רב הוא דאמר מניחין נר ע"ג דקל בשבת [ואין מניחין נר ע"ג דקל ביום טוב]. מכלל דרב כר' יהודה סבר ליה דאמר הנר שהדליקו בו בשבת אין מטלטלין אותו. אבל ביו"ט שמטלטלין אותו ונמצא משתמש במחובר לקרקע אסור. (ואין מניחין נר ע"ג דקל ביו"ט) ואוקימנא אליבא דר' יהודה דשני לית בין שבת ליו"ט. אבל ר' שמעון לא שני לית בטלטול הנר בין שבת ליו"ט. איני דרב כר' יהודה עביד ליה. והא רב התיר לטלטל נר מפני חבארי בשבת. ושנינן הא אמר רב בהא כדאי הוא ר"ש לסמוך עליו בשעת הדחק מכלל דרב סבר לית הלכתא כר' שמעון. והא דא"ר יוחנן אין מוקצה לר"ש אלא מידי דאיתקצאי לאיסורא כגון שמן שבנר בשעה שדולק או כגון עיטורי סוכה וכיוצא בהן הואיל והוקצו למצוה פשוטה היא

רב נסים גאון

שהוא מתיר בנר אוסר בפמוט ולדבריהם בתלמוד ארץ ישראל או כר' שמעון אפילו נר עצמו יהא מותר נתבאר כבר שר' שמעון מתיר הנר עצמו וכ"ש הפמוט: מהו לטלטולי שרגא דחנוכה מיקמי חבארא בשבתא. שמענו כי בימי החברים פרסיי' היו חברים מחזרין בכל בתי ישראל ומכבין את הנרות ולוקחין מכל בית נר והיה צער גדול לישר' מזה המעשה מפני שהיו מוליכין את נרותיהם לע"ז ואשכחנן בפרק ב' (דגיטין דף טז) רבה בר בר חנה חלש על ר' יהודה ורבנן לשיולי ביה בעו מיניה שנים שהביאו גט ממדינת הים צריכים שיאמרו בפנינו נכתב בפנינו נחתם או אין צריכין אמר להו אין צריכין ומה אילו אמרו בפנינו נירשה מי לא מהימני אדהכי אתא ההוא חברא שקלא לשרגא מקמייהו אמרי רחמנא או בטולך או בטלא דבר עשו לטימרא דרומאי מעלו מפרסאי והא תני ר' חייא מאי דכתיב (איוב כח) אלהים הבין דרכה והוא ידע את מקומה ידע הקב"ה בישראל שאין יכולים לקבל גזירות של עשו הרשע לפיכך הגלה אותם לבבל ובמס' יבמות בפרק הבא על יבמתו (דף סג) אמרו מאי דכתיב בגוי נבל אכעיסם ר' יוחנן אמר אלו חברים אמרו ליה לר' יוחנן אתו חבארי לבבל (שאג) [שגא] ונפל [א"ל] מקבלי שוחדא תריץ ויתיב גוזר על שלש מפני שלש על בשר מפני המתנות על מרחצאות מפני טבילה קא מחטטי שכבי מפני ששמחים ביום אידם ובשאלתות דרב אחא מן שבחא כך פי' בפרשת וארא אל אברהם ובמלכות פרסיים היו חברים שבהן מחזרין על בתי ישראל ומכבין את הנרות ונותנין את הגחלים ומוליכין אותן לבית האור שלהן שהיא ע"ז ולא היו עוזבים לא אש ולא גחלים שלינו בלילה חוץ מע"ז שלהן שהיא בית נורא: כדי הוא ר' שמעון בן יוחי לסמוך עליו בשעת הדחק. הוא ר' שמעון שאמר הנר שכבתה מותר לטלטלה דלית ליה מוקצה וכל ר' שמעון סתם במשנה ובברייתא הוא ר"ש בן יוחאי וכל ר' יהודה סתם הוא ר' יהודה בר' אלעאי ובמס' מנחות בפרק הקומץ (דף יח) אמרו מפני שר' יהודה בנו של ר' אלעאי ור' אילעאי תלמידו של ר' אליעזר שנה לך משנת ר' אליעזר:

מסורת הש"ס

[ברכות ט. עירובין מו.] גיטין יט. נדה ז. ט:

ל"ל והוקצה [תוס' ישנים]

לעיל כב. ביצה ל: סוכה י. [תוספתא סוכה פ"א]

ביצה ל:

ביצה כו:

[ביצה מ.]

הגהות הב"ח

(א) רש"י ד"ה היה אוכל וכו' רבותא אשמעי' קמ"ל דהוה: נ"ב דהוה:

גליון הש"ס

תוס' ד"ה אלא שמן וכו' נר הדולק לטלטל כדפי' לעיל דף מב ע"ב תוס' ד"ה ואין נותנין :

עין משפט נר מצוה

נד א מיי' פכ"ה מהל' שבת הלכה יד סמג לאוין סה טוש"ע או"ח סימן שי סעיף ב:

[דף כו.]

נה ב ג מיי' פ"ב מהל' יו"ט הלכה ב סמג לאוין עה טור שו"ע או"ח סימן תצז סעיף ב וסימן תצח סעיף ג:

[ועי' תוספות ביצה כו. ד"ה פ"ר]

והא דלא בעי באפרוח חי אם מותר לטלטל הקינה משום דאפשר לנפריתו [תוספות ישנים]:

[ביצה ג.]

אי"נ הוי מוקצה מחמת חסרון כיס [תוי"ט]

[ועי' תוספות חולין יז. ד"ה אמר רב הונא]

מסורת הש"ס

ביצה מ.

שם-[לקמן קנה.]

[ביצה שם]

[צ"ל דרבא]

ביצה כב

שם ב.

עירובין קב. לקמן קלג:

[דף קטו:]

סתו"י כמתחיל ולפ"ז וכו' הגרסא בס"א נמצא בדף זו ע"א כי שם מקומו

פצעילי *תמרה לרבי שמעון מהו א"ל *אין מוקצה לר"ש אלא גרוגרות וצימוקין בלבד ורבי לית ליה מוקצה והתנן *אין משקין ושוחטין את המדבריות אבל משקין ושוחטין את הבייתות ותניא *אלו הן מדבריות כל שיוצאות בפסח ונכנסות ברביעה בייתות כל שיוצאות ורועות חוץ לתחום ובאות ולנות בתוך התחום ר' אומר אלו ואלו בייתות הן ואלו הן מדבריות כל שרועות באפר ואין נכנסות לישוב לא בימות החמה ולא בימות הגשמים איבעית אימא הני נמי כגרוגרות וצימוקין דמיין ואי בעית אימא לדבריו דר"ש קאמר ליה וליה לא סבירא ליה ואיבעית אימא לדבריהם דרבנן קאמר להו לדידי לית לי מוקצה כלל לדידכו אודו לי מיהת דהיכא דיוצאות בפסח ונכנסות ברביעה דבייתות נינהו ורבנן אמרו ליה לא מדבריות נינהו אמר רבה בר בר חנה אמר ר' יוחנן אמרו הלכה כרבי שמעון ומי א"ר יוחנן הכי והא בעא מיניה ההוא סבא קרויא ואמרי לה סרויא מר' יוחנן קינה של תרנגולת מהו לטלטולי בשבת אמר ליה כלום עשוי אלא לתרנגולין הבא במאי עסקינן דאית ביה אפרוח מת הניחא למר בר אמימר משמיה *(דרב) *דאמר מודה היה ר' שמעון בבעלי חיים שמתו שאסורין אלא למר בריה דרב יוסף משמיה דרבא דאמר חלוק היה רבי שמעון [אפי'] בבעלי חיים שמתו שהן מותרין מאי איכא למימר הבא במאי עסקינן בדאית ביה ביצה והאמר *רב נחמן מאן דאית ליה מוקצה אית ליה נולד דלית ליה מוקצה לית ליה נולד דאית ביה ביצת אפרוח כי אתא רב יצחק בר' יוסף א"ר יוחנן הלכה כר' יהודה ור' יהושע בן לוי אמר הלכה כרבי שמעון אמר רב יוסף היינו דאמר רבה בר בר חנה א"ר יוחנן אמרו הלכה כרבי שמעון אמרו וליה לא סבירא ליה א"ל אביי לרב יוסף ואת לא תסברא דר' יוחנן כר' יהודה הא ר' אבא ורבי אסי איקלעו לבי ר' אבא דמן חיפא ונפל מנרתא על גלימיה דר' אסי ולא טילטלה מאי טעמא לאו משום דרבי אסי תלמידיה דר' יוחנן הוה ור' יוחנן כרבי יהודה ס"ל דאית ליה מוקצה א"ל מנרתא קאמרת מנרתא שאני דא"ר אחא בר חנינא א"ר אסי הורה ריש לקיש בצידן מנורה הניטלת בידו אחת מותר לטלטלה בשתי ידיו אסור לטלטלה ור' יוחנן אמר אנו אין לנו אלא בנר כרבי שמעון אבל מנורה בין ניטלה בידו אחת בין ניטלה בשתי ידיו אסור לטלטלה וטעמא מאי רבה ורב יוסף דאמרי תרווייהו הואיל ואדם קובע לה מקום אמר ליה אביי לרב יוסף והרי כילת חתנים דאדם קובע לו מקום ואמר שמואל משום רבי חייא *כילת חתנים מותר

רש"י

פצעילי תמרה. א) תמרים הנלקטים קודם בישולן וכונסין אותם בסלים שעושין מלולבין והן מתבשלות מאליהן מהו לאכול מהן קודם בישולן מי מודה בהן דמוקצות הן כגרוגרות וצימוקין או לא: **אלא כגרוגרות וצימוקין.** דאיכא תרתי דדחינהו בידים ולא חזו: **ור' לית ליה מוקצה.** דקס"ד מדבעי מיניה אליבא דרבי שמעון אלמא הוה שמיע ליה מאבוה דכרבי שמעון סבירא ליה: **משקין.** דרך להשקות בהמה לפני שחיטה שתהא נוחה להפשיט: **המדבריות.** הבייתות: **ברביעה.** במרחשון: **ואלו מדבריות כל שרועות באפר.** והני מיהא אסירי אלמא אית ליה מוקצה: **איבעית אימא הני.** מדבריות נמי כגרוגרות דמי דדחינהו בידים ויש טורח לילך ולהביאם: **ואיבעית אימא.** ההיא דפצעילי תמרה לדבריו דרבי שמעון קאמר ולר' לא ס"ל: ה"ג אמר רבה בר בר חנה א"ר יוחנן אמרו הלכה כר' שמעון: **אמרו.** בני הישיבה: **סרויא קרויא.** על שם מקומו: **כלום עשוי.** לשום תשמיש: **אלא לתרנגולין.** הלכך ה"ל מלאכתו לאיסור ואסור אלמא אית ליה מוקצה: **דאית ביה אפרוח מת.** דלא חזי למיכל ולכלבים נמי לא חזי ואף על גב דא"ר שמעון מחתכין את הנבלה לפני הכלבים הני מילי במסוכנת אבל בריאה לא דלא הוה דעתיה מאתמול לכלבים והאי אפרוח שמת בשבת נמי לא הוה דעתיה מאתמול לכלבים: **הניחא למר כו' דאמר מודה היה ר"ש.** דאע"ג דאמר מחתכין הנבלה לפני הכלבים ה"מ במסוכנת דדעתיה עליה מאתמול לכלבים אבל מודה הוא בבעלי חיים כלומר בבריאים שמתו שאסורין שפיר קתרצת דלרבי שמעון גופיה לא חזי לכלבים: **מאי איכא למימר.** הא חזי לכלבים: **דאית בה ביצה.** שנולדה היום ומודה ר' שמעון בנולד: **והא אמר רב נחמן כו'.** בשמעתא קמייתא דביצה: **דאית בה ביצת אפרוח.** וכלב לא אכיל לה משום *קליפה: **וליה לא סבירא ליה.** לר' יוחנן לא סבירא דתיהוי הלכה כר' שמעון והייתו דרב יצחק: **ואת לא תסברא.** ומקמי דשמעת ליה לדרב יצחק לא הוה ידעת דר' יוחנן כר' יהודה: **בשתי ידים אסור לטלטלה.** כדמפרש טעמא לקמיה דלאו לטלטולי עבידא דאדם קובע לה מקום: **ור' יוחנן אמר אנו אין לנו.** שום היתר בהלכות טלטול נרות: **אלא בנר.** ישן כרבי שמעון דמתיר אבל מנורה כו' הלכך אי לאו מדרב יצחק לא הוה ידענא ליה אבל השתא ידענא דכר' יהודה סבירא ליה בטלה בר ממוקצה מחמת מיאוס דנר ישן: מותר

תוספות

לדבריו דר' שמעון קאמר ליה וליה לא סבירא ליה. משמע דמספקא ליה אי ר' סבר לה כר' שמעון ותימה אמאי לא מוכח מההיא דלקמן דסבר כר"ש דאמר פעם אחת הלך ר' כו' והורה במטרה כר"ש בנר וכן מברייתא דמייתי באין לדין* בכור תם שנפל לבור ר' יהודה הנשיא אומר ירד מי שבקי במומין ויראה אם יש בו מום יעלה וישחוט כו' ומיהו במאי דמתיר לראות במומין לא אתי כר"ש אלא במאי דלית ליה מוקצה ומיהו רש"י לא גרים בכור תם אלא בכור שנפל לבור והשתא מלי אתי כר' יהודה ויראה אם היה בו מום זה מעי"ט*: **הבא** במאי עסקינן דאית ביה אפרוח מת. פירש הר"ר יוסף דלא נקט אפרוח חי משום דחי חזי לשחק בו תינוק כשבוכה ואין נראה דהא בההיא דטופין את הסל לפני האפרוחין (לעיל דף מג:) משמע דאסור לטלטל ועוד אי מחיים שרי אמאי קאמר בסמוך דמודה ר"ש בבעלי חיים שמתו שאסורין אלא ודאי בעלי חיים *מוקצין הם כגרוגרות וצימוקין ומקצה אותם גם מכלבים ולא דמי לבשר תפל שמותר לר"ש מדפריך בפרק מפנין (לקמן קכח:) על רב הונא דשרי והא תלמיד דרב הוא ורב כר' יהודה סבירא ליה אבל לר' שמעון משמע דשרי משום דאינו מקצהו מכלבים כמו בעלי חיים: **דאית** ביה ביצה. דאסור משום נולד ל"ע דר' יוחנן גופיה *מפרש טעמא דביצה משום משקין שזבו ואפשר דמשום הכי לא הוה אסר ר"ש לטלטלה אלא לאכילה: **דאית** ביה ביצת אפרוח. נראה לר"י דאסור לר' שמעון משום דכיון דאית ביה אפרוח הוי *כמו גרוגרות וצימוקין וקא מיבעיא ליה לסבא קרוייא אי שרי לטלטולי על ידי שינער משם הביצה אי חשיב כמו מניח או כשכח והשיב לו רבי יוחנן כלום עשוי אלא לתרנגולין ואין זה כשכח אלא כמניח ואסור: **אמר** ליה מנרתא שאני. וא"ת אמאי לא מוכח מהא דא"ר יוחנן בפ' לולב וערבה (סוכה מו:) דסוכה אפי' בשמיני אסורה אלמא אית ליה מיגו דאיתקצאי כו' כר' יהודה ותירץ ר"י דנר אינו מוקצה למצותו מטלטול שאין ביטול מצוה בטלטול ולא דמי לסוכה דאיתקצאי ביה"ש מחמת מצוה ונהי אינו יכול להוכיח מסוכה אנר: לעיל **לאו** משום דר' אסי תלמידו דר' יוחנן כו'. וא"ת דילמא ר' אסי כרב רביה סבירא ליה כדאמר לעיל גבי שרגא דחנוכה אמרו ליה רב כהנא ורב אסי לרב הילכתא הכי ונראה דרב אסי דלעיל לאו היינו ר' אסי דהכא דההוא דלעיל חבירו של רב כהנא והכא ר' אסי חבירו של ר' אמי*: **אין** לנו אלא בנר כר' שמעון. פי' במוקצה מחמת מיאוס דהיינו נר ישן שלא הדליקו בה באותה שבת ולעיל דפסיק כרבי יהודה היינו בהדליקו בה באותה שבת דהוי מוקצה מחמת איסור והא דפסיק בפרק בתרא* כר"ש בנבלה לפני הכלבים אף על גב דנבלה מוקצה מחמת איסור היא כדפר"ת (לעיל יט: ד"ה והמולל) התם *לא דחייה בידים אבל הכא דדחייה בידים סבר כר' יהודה ולפי זה לא קיימי ר' יוחנן וריב"ל דפסקי כר' שמעון אחדא ברייתא דר' יוחנן קאי אברייתא דכל הנרות של מתכת מטלטלין כו' אבל במאי דקאמר ר' יהודה בברייתא דלעיל מטלטלין נר חדש אבל לא ישן לא סבר רבי יוחנן כוותיה וריב"ל אברייתא דמטלטלין נר חדש קאי דבההיא ברייתא שרי רבי

א) אין כאן לר"י פירוש זה דל"ד לגרוגרות וצימוקין דלא דחיה בידים וצ"ל כפירוש הערוך שפירש פצעילי תמרה לשון מפלע שמפצעין תמרים כדי להתבשל ולהתייבש וכשעת הפציעה נתקלקלת מראיתה ואחר זמן מתהפכות ודמי לגרוגרות וצימוקין אך שגרוגרות וצימוקין מתקלקלות יותר מהם. [הוספות ישנים]:

רבינו חננאל

וכן הא דאמר ליה [ר'] לר' שמעון בריה אין מוקצה לר' שמעון אלא גרוגרות וצמוקין בלבד פשוטה היא: אמר רבה בר בר חנה א"ר יוחנן אמרו הלכה כר"ש איני והא בעא מיניה ההוא סבא קרוייה קינה של תרנגולין מהו לטלטלה בשבת ואמר ליה אסור כלום עשוי אלא לתרנגולים מכלל דר' יוחנן כר' יהודה סבירא ליה דאית ליה מוקצה. ושנינן בדאית ליה בהאי קינה אפרוח מת ומשום הכי אסורה לטלטלה. הניחא למ"ד בעלי חיים שמתו בשבת דברי הכל אסור לטלטלן בשבת הא אפילו לר' שמעון ואלא למ"ד ר"ש מתיר בבעלי חיים שמתו שמותר לטלטלן אע"ג דאית בהאי קינה אפרוח שמת בשבת ר"ש מתיר אמאי קא אסר ר' יוחנן והא איהו הלכתא כר' שמעון סבירא ליה, ואסיקנא בדאית בהאי קינה ביצה שיש בה אפרוח דלדברי הכל אסורה. ואעפ"כ לא נתברר כי ר' יוחנן כר' שמעון סבירא ליה. וכי אתא רב יצחק בר' יוסף א"ר יוחנן הלכתא כר' יהודה וריב"ל אמר הלכה כר"ש. אמר רב יוסף היינו דאמר רבה בר בר חנה א"ר יוחנן אמרו הלכה כר"ש וליה לא סבירא ליה. ודייק נמי אביי מדר' אסי נפלה מנרתא על גלימיה [בבי] ר' אבא ולא טלטלה. ואמר (משמיה) [משום] דר' אסי תלמיד דר' יוחנן הוא. ור' יוחנן במוקצה סבר לה כר' יהודה. ודחינן להא דאביי. ואמרינן לא אפילו תימא ר' יוחנן כר' שמעון מנרתא שני

§ מסכת שבת דף מה: §

אות א׳

אין מוקצה לרבי שמעון אלא גרוגרות וצימוקין בלבד

סימן שי ס״ב - [א]וכן תמרים הלקוטים קודם בישולן, וכונסין אותם בסלים והם מתבשלים מאליהן, מותר לאכול מהם קודם בישולן - דאפילו כשהכניסו בסלים, עדיין איכא דאכיל להו הכי.

אבל גרוגרות וצמוקים שמניחים אותם במוקצה לייבשן - רחבה שאחורי הבתים קרוי מוקצה, **אסורין בשבת משום מוקצה, שהן מסריחות קודם שיתייבשו** - שכשהניחן ליבשן ונשתהו מעט, שוב אינן ראויין לאכילה עד שיתייבשו.

דכיון שיודע שיסריחו הסיח דעתו מהם, [ב]וכיון דאיכא תרתי; דחינהו בידים, ולא חזו, הוי מוקצה - היינו אפילו בטלטול אסורין, דהרי הן כאבנים ועפר.

ואפילו היה אוכל מן הענבים עד שחשכה, והותיר והניחן במוקצה, או העלן לגג ליבשן לעשות אותן צמוקין, **אפ״ה** שם מוקצה עליהן, דהשתא כיון דהניחן לייבשן אסח דעתיה מינייהו.

ודוקא גרוגרות וצמוקין, אבל שארי פירות שהעלה לגג ליבשן, אין בהם משום מוקצה, דהם חזיין לאכילה אף קודם שיתייבשו.

אות ב׳ - ג׳

אין משקין ושוחטין את המדבריות, אבל משקין ושוחטין את הבייתות

אלו הן מדבריות, כל שיוצאות בפסח ונכנסות ברביעה; בייתות, כל שיוצאות ורועות חוץ לתחום, ובאות ולנות בתוך התחום

סימן תצז ס״ב - דגים ועופות וחיה שהם מוקצה, אין משקין אותן ביו״ט, ואין נותנים לפניהם מזונות, שמא יבא ליקח מהם - לאכלם, ובבהמה טמאה דלא שייך זה, מותר לכו״ע.

כתבו האחרונים, דוקא לפניהם ממש אסור ליתן, אבל אם נותן ברחוק קצת מהם, והם באים ואוכלים, לית לן בה, כיון דעושה הכירא, מדכר ולא אתי ליקח מהם.

מדתלה הטעם במוקצה, משמע דה״ה בהמה, כגון בהמה מדברית המבואר לקמן בסימן תצ״ח ס״ג, או כגון אווז ותרנגולת העומדת לגדל ביצים, אף דלא שייך בהן צידה, כיון דהם מוקצה אסור להשקותן וליתן לפניהם מזונות, שמא יבוא לאכול מהן ביו״ט. [**ודע**, דכל זה אם נסבור דמוקצה אסור ביו״ט, והמחבר אזיל בזה לטעמיה, שפסק בסי׳ תצ״ה דמוקצה אסור ביו״ט, **אמנם** לי״א שמביא בהג״ה לעיל שם, דמוקצה מותר ביו״ט, א״כ כ״ש דנותנים לפניהם מזונות, אם הוא דבר שניצוד ועומד].

אבל לקמן בסעיף ז׳ סתם המחבר כדעת הפוסקים, דתלוי הדבר בצידה, דכל שאין מחוסרין צידה מותר ליתן לפניהם מזונות, **וכתב** הפר״ח דכן נוהגין העולם, וכן הוא העיקר, עי״ש.

וכל מה שאסור לאכלו או להשתמש בו מפני שהוא מוקצה, אסור לטלטלו.

סימן תצח ס״ג - בהמות שיוצאות ורועות חוץ לתחום, ובאות ולנות בתוך התחום - לאו דוקא בכל יום, אלא אפילו שבאים לפרקים ללון, **הרי אלו מוכנות, ולוקחין מהן ושוחטין אותן ביום טוב** - ואפילו לא באו מבעוד יום אלא בלילה, דלא חשב עלייהו כלל ביה״ש, נמי מותרין, דכבהמות בייתיות דמי, וא״צ לחשוב עליהם, **אם** רק לית בהו איסור תחומין, כגון שבאו מאליהם וכדומה.

אבל הרועות והלנות חוץ לתחום - היינו שדרכם להיות רועות כל הקיץ עד חודש חשון, ואח״כ באות לביתם, מ״מ כל ימי הקיץ אין דעת אנשי העיר עליהם, **אם באו ביו״ט, אין שוחטין אותן ביו״ט, מפני שהן מוקצין, ואין דעת אנשי העיר עליהן** - ולמאן דשרי מוקצה ביו״ט, מותרים, **ויש** מי שכתבו דלכו״ע אסור, דכיון שאין נכנסות לתחום העיר כל ימי הקיץ, הוי להו כגרוגרות וצמוקים שהעלם לגג ליבשן, דלכו״ע אסוחי אסח דעתייהו מנייהו עד שיתייבשו, וכמבואר לעיל בסי׳ ש״י, [**דפסק** כתירוץ קמא בש״ס, וס״ל דתירוצא קמא לאו לרבי בלחוד קאתי, ואאינם באים לבית לעולם כמו שפירש רש״י ‹בביצה›, אלא אכל מדבריות קאי].

ומיירי דלית בהו איסור תחומין, כגון שבאו מאליהם, או עירבו לאותו צד, או לענין להתיר אותם לישראל אחר, דאל״כ בלא״ה אסורין, שהרי באו מחוץ לתחום.

(**ומשמע מזה, דאם באו בערב יו״ט, שוב נפקע מנייהו שם מדברי, ומן הסתם הוי להו מוכנים, ופשוט דדוקא בדידע בהו ביה״ש, אכן הרב המאירי כתב להדיא, דאפילו באו מערב יו״ט, דמסתמא לאו דעתיה עלייהו, אא״כ זימנם בפירוש מערב, עי״ש, וצ״ע לדינא**).

באר הגולה

א שם בעיא ונפשטא | ב כפי׳ רש״י שם וכ״כ הרי״ף והרא״ש והרמב״ם

§ מסכת שבת דף מו. §

אות א'

חוליות בין גדולה בין קטנה אסורה לטלטלה; גדולה נמי דאית בה חידקי, גזירה אטו גדולה דחוליות בקטנה דאית בה חידקי, מר סבר גזרינן

סימן רעט ס"ז - [א]מנורה, בין גדולה בין קטנה - אפי' היא חדשה שלא הדליקו בה מעולם, **אם היא של פרקים אין מטלטלין אותה, דחיישינן שמא תפול ותתפרק ויחזירנה, ונמצא עושה כלי.**

ואם דרכה להיות רפוי, שרי, כמ"ש סימן שי"ג ס"ו, **וע"ש** מה שכתבנו במ"ב לענין כוסות של פרקים.

[ב]**ואפילו אם אינה של פרקים, אלא יש בה חריצים סביב ודומה לשל פרקים, אסור לטלטלה** - משום דמיחלף בשל פרקים. **ודע** דלפי המתבאר בסעיף זה, אסור לטלטל נרות שלנו שקורין לייכטע"ר, אף שלא הדליקו בו מעולם, דהרי הם עשויין של פרקים, **ומש"כ** בס"ו, מיירי בנרות שלא היו עשויין פרקים.

אות א'* [ג]

רבה ורב יוסף דאמרי תרוייהו: דנפטא נמי שרי לטלטולה

סימן רעט ס"ו - [ד]נר שלא הדליקו בו באותו שבת, [ה]אפילו הוא של חרס דמאיס, ואפילו הוא של נפט דמסריח, מותר לטלטלו, דמוקצה מחמת מיאוס מותר - הואיל ואיכא תורת כלי עליה, וחזי לכסויי ביה מנא - גמ'.

ואף דהוא כלי שמלאכתו לאיסור, מ"מ לצורך גופו ומקומו מותר, וכמ"ש סימן ש"ח ס"ג. (**וכתב** בא"ר, דדוקא אם נשתמש בו פעם א', שהדליקו בו פעם א' בחול או בשבת שעברה, **הא** אם לא הדליקו בו מעולם, רק ייחד אותו להדלקה, הוא בכלל כלי שמלאכתו להיתר עדיין, דהזמנה לאו מלתא היא, ומותר לטלטלו שלא יפסד ושלא יגנב. **ודע** דהפמ"ג מצדד, דלדעת הרמב"ם, מוקצה מחמת מיאוס, אפילו אם הכלי אין מלאכתו לאיסור, רק שהוא מאוס לבד, ג"כ אין מותר כי אם לצורך גופו ומקומו דוקא, **אך** דלדעת המאור והר"ן משמע דלא ס"ל כוותיה בזה).

באר הגולה

א שם מ"ה ומ"ו וכרבי יוחנן לדעת הרא"ש והתוספות שם | ב שם מ"ו | ג (ע"פ הב"י) | ד שבת מ"ד וכר' מאיר | ה שם קנ"ז וכרא"ש

מותר לנטותה ומותר לפרקה בשבת אלא אמר אביי בשל חוליות אי הכי מ"ט דר"ש בן לקיש דשרי מאי חוליות כעין חוליות דאית בה חידקי הלכך *חוליות בין גדולה בין קטנה אסורה לטלטלה גדולה נמי דאית בה חידקי גזירה אטו גדולה דחוליות כי פליגי בקטנה דאית בה חידק *מר סבר גזרינן ומר סבר לא גזרינן ומי א"ר יוחנן הכי והאמר ר' יוחנן *הלכה כסתם משנה ותנן *מוכני שלה בזמן שהיא נשמטת אין חיבור לה ואין נמדדת עמה ואין מצלת עמה באהל המת ואין גוררין אותה בשבת בזמן שיש עליה מעות הא אין עליה מעות שריא ואע"ג דהוו עליה ביה"ש א"ר זירא תהא משנתינו שלא היו עליה מעות כל ביה"ש שלא לשבור דבריו של ר' יוחנן א"ר יהושע בן לוי פעם אחת הלך רבי לדיוספרא והורה במנורה כר' שמעון בנר איבעיא להו הורה במנורה כר' שמעון בנר להיתרא או דילמא הורה במנורה לאיסורא וכר' שמעון בנר להיתרא תיקו רב מלכיא איקלע לבי רבי שמלאי וטילטל שרגא ואיקפד ר' שמלאי ר' יוסי גלילאה איקלע לאתריה דר' יוסי ברבי חנינא טילטל שרגא ואיקפד ר' יוסי בר' חנינא *ר' אבהו כי איקלע לאתריה דר' יהושע בן לוי הוה מטלטל שרגא כי איקלע לאתריה דר' יוחנן *לא הוה מטלטל שרגא מה נפשך אי כרבי יהודה סבירא ליה ליעבד כרבי יהודה אי כר' שמעון סבירא ליה ליעבד כר' שמעון לעולם כר' שמעון ס"ל ומשום כבודו דר' יוחנן הוא דלא הוה עביד *א"ר יהודה שרגא דמשחא שרי לטלטולה דנפטא אסור לטלטולה רבה ורב יוסף דאמרי תרוייהו דנפטא נמי שרי לטלטולה (דהואיל וחזי לכסות ביה מנא) רב אויא איקלע לבי רבא הוה מאיסן בי כרעיה בטינא אתיבי אפוריא קמיה דרבא איקפד רבא בעא לצעוריה א"ל מ"ט רבה ורב יוסף דאמרי תרוייהו שרגא דנפטא נמי שרי לטלטוליה א"ל הואיל וחזיא לכסויי בה מנא אלא מעתה כל צרורות שבחצר מטלטלין הואיל וחזיא לכסויי בהו מנא א"ל הא איכא תורת כלי עליה הני ליכא תורת כלי עליה מי לא תניא השירים

רש"י

מותר לנטותה. דהתם כילה חתנים אין לה גג טפח שנקליטין יוצאין לשני ראשי המטה באמצעה אחד לכאן ואחד לכאן ונותן כלונס' מזה לזה ומשליך האהל עליה והוא שופע לכאן ולכאן וכיון שאינו רחב טפח אינו אהל ואין בו לא בנין ולא סתירה: **בשל חוליות.** במטרה של פרקים שמא תפול ותתפרק ויחזירנה ונמצא עושה כלי: **חידקי.** חיתוכין סביב לה קרונ"ש ודומה לפרקים ומאן דחזי סבר של פרקים הוא: **גדולה.** הואיל ודרכה לעשותה של חוליות כי אית ביה חידקי סברי דחוליות הן ואסור אפילו לר"ש לקיש כדאמר לעיל ניטלת בשתי ידים אסור לטלטלה: **כי פליגי בקטנה דאית בה חידקי.** דכולי עלמא ידעי דלאו חוליות ניהו: **גזרינן.** אטו חוליות: **ומי אמר רבי יוחנן הכי.** הלכה כר' יהודה: **סתם משנתינו.** דמוכני דקתני הא אין עליה מעות שריא כגון שלא היו עליה בין השמשות והכי תידוק מינה טעמא דיש עליה מעות כשקדש היום הא אין עליה כשקדש היום שריא: **לדיוספרא.** מקום: **איבעיא להו.** חדא הוראה הואי והכי קאמר הורה במטרה להיתרא כדרך שהיה ר' שמעון מתיר בנר ישן או דילמא שתי הוראות הוה הורה במטרה לאיסור כדאמרן בחידקי וגזרינן אטו חוליות וכר"ש הורה בנר להיתר: **וטלטל שרגא.** נר שכבה: **לעולם כרבי שמעון סבירא ליה.** דאי סבירא ליה דאסור לא הוה מטלטל ליה לכבוד ר' יהושע בן לוי דליעבד איסורא: **שרגא דמשחא.** שדלק נר של שמן: **שרי לטלטולה.** אחר שכבה כר' שמעון דלא מאיס: **אבל בנפטא.** דמסריח אפילו רבי שמעון מודה דלא חזי אלא למלאכתו: **איקפד רבא.** משום טינוף המטה: **וכעא לצעוריה.** בשאלות: השירים

תוספות

רבי שמעון נר שהדליקו בהותה שבת והא דלא פסיק רבי יוחנן כרבי מאיר דהא סבר לגמרי כותיה דשרי מוקצה מחמת מיאוס ואסר מוקצה מחמת איסור נקט רבי יהודה משום דבכל מקום הוזכר גבי מוקצה ועוד דלא מליט דאית ליה לרבי מאיר מוקצה מחמת איסור גרידא אלא בנר ישן דאיכא תרתי מחמת מיאוס ומחמת איסור אך לפי זה קשה לרשב"א דמשמע דנקט במנורה אין לנו כרבי שמעון אבל רבי שמעון מיהא שרי במטרה ולמאי דמפרש טעמא דמטרה משום דאדם קובע לו מקום היכי שרי רבי שמעון הא אמרי' בריש כל הכלים (לקמן דף קכג.) הכל מודים בסיכי וזירי ומזורי כיון דקפיד עלייהו מיחד להו מקום ונראה לפרש דרבי יוחנן פסק כרבי יהודה במוקצה מחמת מיאוס וכ"ש במוקצה מחמת איסור *כדמוכח בפרק בתרא (דף קנז.) דקאמר בכולי שבת הלכה כרבי שמעון בר ממוקצה מחמת מיאוס וחד אמר במוקצה מחמת מיאוס נמי הלכה כרבי שמעון בר ממוקצה מחמת איסור דהיינו שהדליקו בה בהותה שבת והא דקאמר אנו אין לנו אלא בנר כרבי שמעון לאו משום דסבר כותיה בנר אלא כלומר אין לנו שיתיר אפי' רבי שמעון דמיקל אלא בנר אבל במטרה אסר והשתא קיימי תרווייהו אחד ברייתא ולא מצי נמי למינקט רבי מאיר:

והא כילת חתנים דאדם קובע לה מקום. פי' רשב"א דאדם קובע לה מקום כמו למטרה ואפ"ה שרי שמואל אלא ודאי לא חשיב קביעות שלה ושל מטרה קביעות אלא היכא דקבע מקום לגמרי כדאמר בפ' כל הכלים (לקמן קכג. ושם):

דחוליות בין גדולה בין קטנה אסורה. קשה לר"י דבפ"ב דביצה (דף כח:) תנן ג' דברים ר"ג מחמיר כב"ש ותשיב אין זוקפין את המנורה ומשמע דב"ה שרי ומפרש התם בגמרא *הכא במטרה של חוליות עסקינן משום דמיחזי כבונה דב"ש סברי יש בנין בכלים ויש סתירה בכלים וב"ה סברי אין בנין כו' אלמא שרי ב"ה מטרה של חוליות להחזיר ומאן דשרי בסוף פירקא להחזיר מטה של חוליות ברפוי איכא לאוקמא ה"נ ברפוי אבל למאן דאסר קשה ותירץ ר"י דהתם מיירי כגון שהחוליות מחוברין יחד ואינם מתפרקין ופעמים מטין אותן ופעמים זוקפין אותן*: **הורה** במטרה להיתרא וכר"ש בנר נמי להיתרא או דילמא במטרה הורה לאיסורא וכר"ש בנר להיתרא. וא"ת אמאי לא קאמר נמי או דילמא הורה במטרה להיתרא כרבי שמעון בנר וכרבי שמעון בנר לא סבירא ליה דכה"ג איתא בהלו טריפות (חולין דף נג: ושם) הורו בטרפחת כרבי בזפק איבעיא להו הורו בטרפחת לאיסורא וכרבי בזפק להיתרא או דילמא הורו בטרפחת להיתרא כרבי בזפק וכרבי בזפק לא סבירא להו וי"ל דהכא לא שייך למיתלי מטרה בנר כדתלי טרפחת בזפק דהכא אין טעם אחד לשניהם דנר משום מוקצה ומטרה משום בנין ועוד דלא בעי למימר דר' לא סבר בנר כר"ש משום דריב"ל פסיק לעיל כר"ש ואם תאמר ובההיא דהלו טריפות אמאי לא קאמר נמי תרווייהו להיתרא כדאמר הכא או דילמא הורו בטרפחת להיתרא וכר' בזפק נמי להיתרא ומיהו בהלו הכי מגיהין שם הספרים ול"ג הורו בטרפחת לאיסורא דהא כ"ע שרו לה דתניא התם *היא האם היא טרפחת היא שלחופית ובניטל האם *הוה עובדא והאכילה רבי טרפון לכלבים ואמר הלכה חמורך טרפון ואמר ליה רבי עקיבא טועה בדבר משנה אתה וגרס התם הורו בטרפחת להיתרא וכרבי בזפק להיתרא כו' ורש"י פי' הורה במטרה להיתרא כר"ש בנר וחדא הוראה הוי ואין נראה דאין לתלות מטרה בנר ועוד דהכתי הוי ליה למיבעיא או דילמא תרוייהו להיתרא: **דנפטא** אסור לטלטלה. פי' בקונט' אפילו לר"ש וכן משמע דהא שרגא דמשחא דשרי לטלטלה הייט לר' שמעון ועוד מדפריך רבא בסמוך לרבה ורב יוסף מ"ש מצרורות שבחצר ואי שרי ר' שמעון דנפטא תיקש' ליה לכ"ע אליבא דרבי שמעון לכך פי' בקונט' דהכא אליבא דר' שמעון קאי ואע"ג דרב אית ליה מוקצה *גבי מטה שיחדה למעות *ורבה נמי אית ליה כדאמר אביי *כל מילי דמר עביד כרב ורב יוסף נמי משמע דאית ליה מוקצה בפ' נוטל (לקמן קמב:) דקאמר כמה חריפא שמעתא דרדקי איסור דאמור בשכח לכתחילה מי אמור הכא אליבא דר"ש קאמר וליה לא ס"ל ומיהו נראה לפרש דהכא מיירי נמי אליבא דרבי יהודה ולא מיירי בהדליקו בו בהותה שבת והא"ק שרגא דמשחא של מתכת שרי לטלטולה ואפילו לרבי יהודה כדתניא לעיל (ד' מד.) כל הנרות של מתכת מטלטלין דנפטא אסור אפי' לרבי שמעון דמאים טפי מנר ישן ורבה ורב יוסף שרו אפי' לרבי יהודה דלא מאים אלא שריחו רע וחזי לכסויי ביה מנא אבל נר ישן מוקצה ליה לגמרי משום דמאים ואפילו מכיסוי מנא: [ועי' תוס' מנחות מא: ד"ה כל מילי]: ולמר

רבינו חננאל

שני דא"ר יוחנן אנו אין לנו כר"ש אלא בנר. אבל מטרה בין ניטלת בידו אחת בין ניטלת בב' ידים אסור לטלטלה. וטעמא מאי ואוקמה רחבה במנורה דאית בה חידקי חידקי שהן כעין חוליו' שנראה המעמידת או המטלטלת כבונה. הילכך דחוליות בין גדולה בין קטנה אסורה. לית בה חוליות ואית בה חידקי חידקי גדולה אסורה דמיחלפא בגדולי' של חוליות. כי פליגי במנורה קטנה דאית בה חידקי חידקי. ר' יוחנן סבר גזרינן קטנה דאית בה חידקי אטו גדולה דאית בה חידקי. וריש לקיש סבר לא גזרינן. איני דגזר ר' יוחנן והא איהו דאמר הלכה כסתם משנה. ותנן סתמא בכלים פ' י"ח במוכני של שידה ואין גוררין אותה בשבת בזמן שיש עליה מעות. ודייקינן מינה. הא אין עליה מעות שריא. ואע"ג דהוו עליה כל בין השמשות ולא נ"ינן כשאין עליה מעות אסר כשיש עליה מעות. וא"ר זירא תהא משנתנו בשלא היו עליה מעות כל בין השמשות (מורי) שלא לשבור דברי ר' יוחנן. כלומר לא תקשי לך דר' יוחנן אדר' יוחנן. והא דהורה ר' (זירא ספרא) [בדיוספרא] עלתה בתיקו. ...בה לחומרא ומוקמינן לה הורה ר' במנורה לאיסורא וכר' שמעון בנר להיתרא: ר' אבהו מטלטל שרגא כר"ש. ובאתריה דר' יוחנן לא הוה מטלטל ליה משום כבודו דר' יוחנן (רב) [אמר רב יהודה] שרגא דמשחא ...לטלה. אבל שרגא דנפטא (הוה) אסור ורבה ורב יוסף שרו אפילו שרגא דנפטא. ואסיקנ' משום דחזו לכסויי בהו מני דנפטא. ואם תאמר אי הכי כל צרורות שבחצר ישלטלו הואיל וחזו לכסויי בהו מנא דנפטא. שני

עין משפט נר מצוה

נו א ב מיי' פכ"ו מהל' שבת הלכה יא טוש"ע או"ח סי' רעט סעיף ג:

מסורת הש"ס

[לקמן סח: קיב: קמה: קמח: עירובין לב. ביצה לז: תענית יח. יבמות מב: גיטין פא: ב"ק כט: סט. ע"ז לג. כתובות לג. סנהדרין לד: שבועות ג: מנחות נב: חולין מג. נדה ב. ט:]

[יבמות יד. ע"ש]

[עי' תוספות יבמות יד. ד"ה לא כוס]

רש"ל מוחק זה

[עי' תוספות ביצה כב. ד"ה וכ"ס]

[חולין נה:]

[סנהדרין לג.]

[לעיל מה:]

[לעיל כב.]

[לעיל מד: כלים פי"ח מ"ע]

[דף כב.]

ולפי זה אמור מוקצה מחמת מיאוס ומוקצה מחמת איסור לר' יוחנן דלא דחייה בידים כמו נבילה דפסק כר"ש ורב סבר איפכא דקאמר בפ"ק דחולין [דף טו.] ע"כ לא שרי ר"מ כו' אבל שוחט דאין ראוי לכוס לא וכ"מ לית ליה בפרקין [לעיל מד.] מוקצה מחמת מיאוס לגבי אמר בפרק בתרא דרב סבר כר"י מדכרכי דווהי אסור דהוי מוקצה מחמת מיאוס כדפי' ר"ת בפ"ק מוכח מכ"ש לדידיה מחמת איסור אמיר נמי. (תוס' ישנים)

גליון הש"ס

גמ' אמר ר' יהודה שרגא דמשחא. עי' לקמן דף קכב ע"ב תוס' ד"ה רתח: תוס' ד"ה דנפטא וכו' ורבה נמי אית ליה. עי' מנחות דף מא ע"ב תוס' ד"ה כל מילי. ובעירובין דף לג ע"ב תוס' ד"ה לא תימא:

גמרא

א) *השירים והנזמים והטבעות הרי הן ככל הכלים הנטלים בחצר °ואמר עולא מה טעם הואיל ואיכא תורת כלי עליה הכא נמי הואיל ואיכא תורת כלי עליה א"ר נחמן בר יצחק בריך רחמנא דלא כסיפיה רבא לרב אויא רמי ליה אביי לרבה תניא *מותר השמן שבנר ושבקערה אסור ורבי שמעון מתיר אלמא לר' שמעון לית ליה מוקצה ורמינהו *רבי שמעון אומר כל שאין מומו ניכר מעי"ט אין זה מן המוכן הכי השתא התם אדם יושב ומצפה אימתי תכבה נרו הכא אדם יושב ומצפה מתי יפול בו מום מימר אמר מי יימר דנפיל ביה מומא ואת"ל דנפיל ביה מומא מי יימר דנפיל ביה מום קבוע ואם תמצי לומר דנפל ביה מום קבוע מי יימר דמזדקק ליה חכם מתיב רמי בר חמא *מפירין נדרים בשבת [ונשאלין לנדרים שהן] לצורך השבת ואמאי לימא מי יימר דמיזדקק לה בעל התם כדרב פנחס משמיה דרבא *דאמר רב פנחס משמיה דרבא כל הנודרת על דעת בעלה היא נודרת ת"ש *) נשאלין לנדרים של צורך השבת בשבת ואמאי לימא מי יימר דמזדקק ליה חכם התם אי לא מיזדקק ליה חכם סגיא ליה בג' הדיוטות הכא מי יימר דמיזדקק ליה חכם רמי ליה אביי לרב יוסף מי אמר ר' שמעון כבתה מותר לטלטלה כבתה אין לא כבתה לא מאי טעמא דילמא בהדי דנקיט לה כבתה הא שמעינן ליה לר' שמעון דאמר דבר שאין מתכוין מותר דתניא *ר' שמעון אומר גורר אדם כסא מטה וספסל ובלבד שלא יתכוין לעשות חריץ כל היכא דכי מיכוין איכא איסורא דאורייתא כי לא מיכוין גזר ר"ש מדרבנן כל היכא דכי מיכוין איכא איסורא דרבנן כי לא מיכוין שרי ר"ש לכתחילה מתיב רבא *מוכרי כסות מוכרין כדרכן ובלבד שלא יתכוין בחמה מפני החמה ובגשמים מפני הגשמים והצנועין מפשילין במקל לאחוריהן והא הכא דכי מיכוין איסורא דאורייתא איכא כי לא מיכוין שרי רבי שמעון לכתחילה אלא אמר רבא הנח

*) לקמן קמ. נדרים עז:

רש"י

השירים. אצעדות: הרי הן ככל הכלים. אע"פ שאסור לצאת בהן לרה"ר כדאמרי' בפרק במה אשה יוצאה (לקמן נט:) גזירה דילמא שלפא ומחויא מיהו תורת כלי עליהן ומותר לטלטלן שלא כדרך מלבוש: מומו ניכר. גבי בכור קאי: מי יימר דמזדקק ליה חכם. שימלא חכם שיזקק לו ביו"ט לראות אם מום קבוע הוא או לא: מפירין נדרים. בעל לאשתו: ונשאלין לנדרים. לחכם להתירן: שהן לצורך שבת. כגון נדר שלא יאכל היום: ואמאי. מותרת לאכול ואפי' שרי לה בעל ליתסר לה משום מוקצה דהא אסחה דעתה ואמרה מי יימר דמזדקק לה בעל: על דעת בעלה. ע"מ אם ירצה הבעל וסמכה עליה דמזדקק לה ביום שמעו: הכא מי יימר כו'. והדיוטות לא מצו למישרייה לבכור אלא במום הידוע לכל כגון מחוסר אבר: איסורא דאורייתא. כיבוי אב מלאכה הוא חריץ ליכא איסור דאורייתא דחופר כלאחר יד הוא דחופר דאמר לקמן תולדה דחורש וחייב ה"מ חופר כדרכו במרא וקרדום: מוכרין כדרכן. ואפי' של כלאים לובשו להראותו בשוק: ובלבד שלא יתכוין. להנאת חימום והא ר"ש היא מדאזיל בתר כוונה: לדבר

תוספות

ואמר עולא מה טעם. להכי אילטריך לפרושי האי טעמא משום דמשמע ליה דסבר האי תנא כמאן דאסר לקמן להתקשט בהן בחצר מדקתני הרי הן ככל הכלים הניטלין בחצר פירוש ככל הכלים שמלאכתן לאיסור דשרי לצורך גופן ומקומן ולהכי מפרש עולא דאיכא תורת כלי עליה וקשה לר"י דאמר בפ' מי שהפך (מ"ק יג: ושם) ר' יהודה נשיאה נפק בחומרתא דמדושא [עי' פי' רש"י שם] שמע ר' אמי ואיקפיד אמר רב יוסף מ"ט איקפיד והתניא השירים והנזמים כו' ומאי פריך מינה אדרבה מינה משמע דאסור לצאת בהן כדפי' והתם קאמר נפק דמשמע דרך מלבוש ונראה לר"י דחומרתא דמדושא הייט טבעת של עץ כמו שמפרשים רבותיו של רש"י ולא של אלמוג כמו שהוא מפרש דאלמוגין מפרש בראש השנה (דף כג.) כסיתא והכא קאמר דמדושא אלא של עץ אחר הוא ששמו מדושא ואין שם תכשיט עליו וכשיוצאים בו דרך מלבוש לא הוי קישוט אלא טלטול בעלמא ולהכי ידע רב יוסף דר' אמי לא איקפד אלא משום טלטול והשתא מייתי שפיר מהך ברייתא דשרי לטלטל לצורך גופו או לצורך מקומו כשאר כלי' שמלאכתן לאיסור דניטלין לצורך גופו או לצורך מקומו ונפק לחצר קאמר אבל לרה"ר אסור כדאמרי' בפ' הדר (עירובין סט. ושם) ההוא גברא דנפיק בחומרתא דמדושא חזייה לר' יהודה נשיאה כסייה אמר כגון זה מבטל רשות לר' יהודה: **והתנן** ר"ש אומר כל שאין מומו ניכר מעי"ט אין זה מן המוכן. קשה לר"י מאי קא פריך הא ע"כ טעמא דר"ש לאו משום מוקצה אלא משום דסבר דאין רואין מומין ביו"ט דהא ר' יהודה דאית ליה מוקצה שרי התם בריש אין צדין (ביצה כה: ושם) בכור שנפל לבור ירד מומחה ויראה אם יש בו מום יעלה וישחוט ואם לאו לא ישחוט וי"ל דדייק מדלא קתני ר"ש אוסר לפי שאין רואין מומין בי"ט דהוה משמע לכתחילה אסור אבל בדיעבד מותר ומדקתני אין זה מן המוכן משמע דהוי מוקצה ואפי' בקרו אינו מותר והכי פליגי דר' יהודה סבר רואין מומין בי"ט הלכך לא הוי מוקצה דמיירי בנפל בו מום מעי"ט כדמוקי לה התם ור"ש סבר אין רואין ולכך אפי' ביקרו אינו מותר משום מוקצה ול"ת דבבילה משמע דאביי סבר כאדא בר אוכמי דאמר לר"ש היכא דנפל בו מום מעי"ט אם בקרו מותר דאמר אביי התם כוותיה דרבה בר רב הונא מסתברא מדקתני תלת בבי בברייתא*(ומוקמא ההיא ברייתא כאדא בר אוכמי) וע"כ הא דשני ליה בין נפל בו מום קבוע מעי"ט לנפל בו מום בי"ט משום דבנפל בו בי"ט ב) איכא תלתא מי יימר כדקאמר בסמוך ובנפל בו מעי"ט ליכא אלא חד מי יימר דמיזדקק ליה חכם מאי קשיא מגר שכבה דליכא כל הני מי יימר וי"ל דחזר בו אביי ולית ליה *(דאדא בר אוכמי) משמע מתני' דרב אושעיא דאדא בר אוכמי משבש ותני דמתני' דהתם נמי דיקא כרב אושעיא כדמפרש התם: **מי** יימר דנפל ביה מומא. נראה דכל הני מי יימר דקאמר רבה לאו דווקא דהא ר"ש אסר אפי' בנפל בו מום קבוע מעי"ט דהשתא ליכא אלא חד מי יימר דמיזדקק ליה חכם דהא קתני אר' יהודה דלא שרי אלא כשהיה בו מום קבוע מעי"ט דהא פריך אהא דקאמר ר' יהודה ואם לאו לא ישחוט פשיטא ומשני לא צריכא דנפל ביה מאתמול מום עובר והשתא הוה ליה מום קבוע מהו דתימא כיון דדעתיה עילויה נשחטיה קמ"ל א"כ הא דקאמר אם יש בו מום יעלה וישחוט הייט ע"כ מום קבוע מעי"ט ואפי' לאדא בר אוכמי דשרי ר"ש בדיעבד בחד מי יימר מ"מ בנפל בו מום עובר מעי"ט דאיכא תרתי מי יימר לכאורה משמע התם דאסר לכך נראה דלאו דוקא הן דאפי' בחד מי יימר סגי וכן מוכחא מתקפתא דרמי בר חמא דפריך מחד מי יימר: **מי** יימר דמיזדקק לה בעל. ואע"ג דפירות שנדרה מהם אינם מוקצין לענין טלטול •דהא חזו לשאר בני אדם מ"מ אית לן למימר מיגו דאיתקצאי בין השמשות מאכילתם איתקצאי לכולי יומא אי נמי מיירי בפירות שלה ואסרתן לכל אדם: **מי** יימר דמיזדקק לה בעל. תימה מי דמי התם ודאי לא מיזדקק ליה חכם דאין רואין מומין בי"ט אבל הכא דאין לך איסור בדבר מיזדקק לה בעל ולית לן למימר מי יימר דהא לר' יהודה דקסבר רואין מומין בי"ט לא אמרי' מי יימר *וי"ל דבעל נמי לא ניחא להזדקק דזימנין דשרי נדרים שנדרה לדבר מצוה: **התם** אי לא מיזדקק ליה חכם סגי ליה בג' הדיוטות אבל הכא כו'. ואע"ג דבפ"ק דחולין (דף יח:) אמר רב יהודה אמר ר' ירמיה ספק משמיה דרב ספק משמיה דשמואל ג' מתירין את הבכור במקום שאין מומחה הייט דוקא במומין מובהקין כגון ניסמת עינו נקטעה ידו נשברה רגלו כדאמרינן בשילהי כל פסולי המוקדשין (בכורות לו:) וה"נ דהוה מצי למימר מי יימר דמזדקקי ליה ג' הדיוטות דודאי לא מיזדקקי ליה משום דאין רואין מומין בי"ט והא דנקט דמיזדקק ליה חכם משום דחכם שרי בכל מומין: ולפ"ז א"ש נמי הכא דאמר אם עבר ותיקנו מתוקן דלדוקא חכם אמר הכא לא מיזדקק אבל בג' הדיוטות לא אמר מי יימר ומיהו לפי מ"ש בפנים ה"נ סמ"ל כו' לא א"ש הכא כדפי' לעיל ולהכי נקט חכם משום דמתיר בכל מומין ועיקר טעמא משום דהכא איכא איסורא והתם ליכא והא דנקט התם אם לא מיזדקק ליה חכם סגיא בג' הדיוטות אע"ג דשרי תשיב מוקצה אי לא סגיא ליה בג' הדיוטות [ת"י]:

כבתה אין לא. כבתה לא. בן דרך הש"ס דאע"ג דהוה מצי לאתויי רישא דקתני בהדיא חוץ מן הנר הדולק בשבת מייתי סיפא ודייק מינה:

דכל היכא דקמכוין איכא איסורא דאורייתא. וא"ת דהכא בכיבוי ליכא איסורא דאורייתא לר"ש דמלאכה שאינה צריכה לגופה היא וי"ל דה"ק דכי מיכוין איכא איסורא דאורייתא כגון בפתילה וצריך להבהבה •אע"פ שזה התירוץ דחוק הוא הא בלאו הכי פריך ליה שפיר הרב פור"ת:

א) הא דלא מייתי מהאיתין דכל הכלים נטלן אדם קורנס לפצוע בו אגוזים אבל השירים כו' אין שבין כ"א ללבוש וכיון דאסור להתקשט בהן ס"ל לאסרן לטלטל אפ"ה כיון דאיכא תורת כלי עליה שרי והכא נמי ל"ש [תו"י]: ב) וליכא למימר דלאע"ג דנפל מום מעי"ט איכא ג' מי יימר דהבעלים לא היו יודעים כלל שהיה בו מום לא היה דהתם מפי כל שאין מומו ניכר לאחם משמע אבל בעלים יודעים ולאדא בר אוכמי ל"ל דלאע"ג דר"ש איירי דנפל ביה מום מעי"ט מדקאי על ר"י ת"מ מיירי נמי בנפל בו מום בי"ט או מום שנפל מעי"ט מדקתני אין זה מן המוכן דמשמע דאפילו ביקרו אינו מבוקר [תו"י]:

רבינו חננאל

שני צרורי' הואיל ואיכא תורת כלי עליהן כמו (ש"ם עולה)[שא' עולא] בשירים נזמים וטבעות הואיל [תורת] כלי עליהן: תנא מותר שמן שבנר ושבקערה אסור להסתפק ממנו. ור"ש מתיר. אלמא לר"ש לית ליה מוקצה. איני והא לענין בכור שנפל בו מום ביו"ט אמר ר"ש אין זה מן המוכן. ושנינן שני זה מזה. אדם מצפה מתי תכבה נרו ויסתפק מן השמן ומכין ליה. אבל לגבי מום ליכא למימר הכי. דאמר מי יימר דנפיל ביה מומא. ואי נפל מי יימר דמזדקק ליה חכם ומותבינן מהא דתנן מפירין נדרים בשבת *) לצורך השבת ושנינן כל הנודרת על דעת בעלה היא נודרת ומכתחלה כך נדרה בחזקת שיפר לה בעלה והא [דתנן] נשאלין נדרים לצורך השבת נימא מי יימר דמיזדקק ליה חכם. ושנינן שני התם דסגיא בג' הדיוטות: רמי אביי ומי אמר ר' שמעון כבה הנר מותר לטלטלו. מכלל דאי לא כבה חייש. דילמא כי מטלטל ליה שמא יכבה והא איהו דאמר גורר אדם מטה כסא וספסל ובלבד שלא יתכוין לעשות חריץ הנה דאע"ג דנעשה חריץ כיון דבלא כוונה נעשה לא חייש ר' שמעון. ושני כל היכא דכי מכוין אתי למנגע באיסורא דאורייתא כגון כביית הנר וכיוצא בו חייש ר"ש וגזר מדרבנן. וכל היכא דכי מכוין איסורא [דרבנן] היא. כי לא מכוין שרי' ר"ש לכתחלה איני והא מוכרי כסות כו' וכלאים איסורא דאורייתא היא. וכי לא מיכוין שרי ר"ש לכתחלה. ומשני רבא

*) עי' בחלופי גרסאות

רב נסים גאון

התם אי לא מזדקק ליה חכם סגיא בג' הדיוטות. משתכח עיקר דילה במסכתא הנדרים בפרק נערה המאורסה (דף עח) אהרן ובניו וכל ישראל בפרשת נדרים למאי הילכתא אמר רב אחא בר יעקב להכשיר ג' הדיוטות וכותיה גרסי' בפרק יש נוחלין (בבא בתרא דף קכ):

גליון הש"ס

גמ' ואמר עולא. עי' לקמן דף נט ע"ב תוס' ד"ה מאן דכה: תוס' ד"ה מי יימר דמזדקק לה בעל ואע"ג וכו' דהא חזי לשאר ב"א. עי' לקמן דף קמ ע"ב תוס' ד"ה כיון דהגיה: שם ד"ה דכל היכא וכו' אע"פ שזה התירוץ דחוק. עי' בבכורות דף כה ע"א תוס' ד"ה דשוי ליה:

מסורת הש"ס

מו"ק יב: • [לעיל מד.] ביצה כו: • ביצה כו. • לקמן קמ. נדרים עז: • יבמות כט: גיטין פג: נדרים עג: נדה מו: • [תוספתא ביצה פ"ב] [לעיל כב. כט: ביצה כג: פסחים קא: מנחות מא:] • כלאים פ"ט מ"ה [לעיל כט:] פסחים כו: • רש"ל מ"ז • רש"ל מ"ז • וכריתות דהכא דכתיב בידים סי' נגו לאסור כי התם דלא דחיא בידים [תוס' ישנים] • [פי' תוס' לעיל ל"ע: ד"ה אלא פניו ופי' ברש"ם]

הנח לנר שמן ופתילה הואיל (א) דנעשה בסיס לדבר האסור א"ר זירא א"ר אסי א"ר יוחנן אמר ר' חנינא אמר רבי רומנוס לי התיר רבי לטלטל מחתה באפרה א"ל רבי זירא לרבי אסי מי אמר רבי יוחנן הכי והתנן *נוטל אדם בנו והאבן בידו או כלכלה והאבן בתוכה ואמר רבה בר בר חנה א"ר יוחנן בכלכלה מלאה פירות עסקינן טעמא דאית בה פירי הא לית בה פירי לא *°אישתומם כשעה חדא ואמר הכא נמי דאית בה קרטין אמר אביי קרטין בי רבי מי חשיבי וכי תימא חזו לעניים והתניא *בגדי עניים לעניים בגדי עשירים לעשירים *אבל דעניים לעשירים לא אלא אמר אביי מידי דהוה אגרף של ריעי אמר רבא שתי תשובות בדבר חדא גרף של ריעי מאים והאי לא מאים ועוד גרף של ריעי מיגלי והאי מיכסי אלא אמר רבא כי הוינן בי רב נחמן "הוה *מטלטלינן כנונא אגב קיטמא ואע"ג דאיכא עליה שברי עצים מיתיבי ושוין שאם יש בה שברי פתילה שאסור לטלטל *אמר אביי "בגלילא שנו לוי בר שמואל אשכחינהו לרבי אבא ולרב הונא בר חייא דהוו קיימי אפיתחא דבי רב הונא אמר להו מהו להחזיר מטה של טרסיים בשבת אמרו ליה "שפיר דמי אתא לקמיה דרב יהודה אמר הא רב ושמואל דאמרי תרוייהו המחזיר מטה של טרסיים בשבת חייב חטאת מיתיבי *המחזיר קנה מנורה בשבת חייב חטאת קנה סידין לא יחזיר ואם החזיר פטור אבל אסור רבי סימאי אומר °קרן עגולה חייב קרן פשוטה פטור אינהו דאמור כי האי תנא דתניא מלבנות המטה וכרעות המטה ולווחים של סקיבס "לא יחזיר ואם החזיר פטור אבל

רש"י

לדבר האסור. לשלהבת דכי האי מוקצה מודה ר"ש שהכלי טפל לשלהבת בשעה בו ולאו משום דחייש לכבייה: **בסיס.** מושב את כט מתרגמינן בסיסיה: **א"ר רומנוס לי התיר רבי לטלטל מחתה.** של לבונה באפרה קס"ד באפרה עם אפרה קאמר שהאפר מוקצה ולא היו צריכין לו ואשמעינן דאגב מחתה דאיכא תורת כלי עליה טלטלה עם אפרה: **נוטל אדם.** הכלכלה בשבת והאבן בתוכה: **הא ליכא פרי לא.** דכלי נעשה בסיס לאבן וטפלה לו ובטל תורת כלי דידיה והכי נמי נעשית מחתה בסיס לאפר ורבי יוחנן שמעי' ליה לעיל דכדר' יהודה סבירא ליה: **דאית בה קרטין.** שנשתיירו מן האור ולבונה דחזיא להריח ואגב לבונה מטלטל למחתה עם אפרה דומיא דכלכלה מלאה פירות והאבן בתוכה: **קרטין.** של שיור לבונה: **בי רבי.** דנשיא ועשיר הוה מי חשיבי: **בגדי עניים.** שלש על שלש או שחוטן עבה הוו בגדים לעניים לענין טומאה: **בגדי עשירים.** שלשה על שלשה הוו בגדים לעשירים וכל שכן לעניים אבל בגדי עניים לעשירים לא הוה בגד גבייהו ולא מקבלי טומאה הכא נמי בי רבי (ג) בטלי קרטין **אלא אמר אביי.** הא דשרי ליה לטלטל מחתה באפרה משום דאפרה מאיס עליה להרחיקו והוי כגרף של רעי דתניא במסכת ביצה (דף לו:) מותר להוציאו לאשפה שבחצר: **גרף.** כלי חרס המוכן לכך: **מיכסי.** כל מחתות מכוסות הן ויש בהן נקבים להוציא הריח: **כנונא.** כלי נחשת שמביאין בו האור לפני שרים להתחמם: **אגב קטמיה.** שהיו צריכין לאפרו לכסות רוק או צואה וא"ת מה לד איסור יש כאן הייט רבותא דאע"ג דאיכא עליה שברי עצים והא דר' רומנוס נמי האי מחתה באפרה דקאמר מחתה בשביל אפרה שהיה צריך לו ודעתייא עליה מאתמול ורבותא אשמעינן (כיון) אע"ג דאיכא עליה שברי עצים דהוי ככלכלה של פירות והאבן בתוכה: **ושוין.** ר' יהודה ור"ש שנחלקו בנר ישן: **בגלילא שנו.** שחשובות להן שברי פתילה שאין בגדים של פשתן מצויין להם הלכך לא בטלי ונעשה נר בסיס להן: **טרסיים.** צורפי נחשת או גרדיים והולכין מעיר לעיר למלאכתן ונושאין עמהן מטות של פרקים: **חייב חטאת.** הוא תחלתו וגמרו ונמצא עושה כלי וחייב משום מכה בפטיש אב לכל גומרי מלאכה ולא משום בנין דאין בנין בכלים: **קנה מנורה.** שיולאין ממנה קנים לנרות הרבה וטולין הימנה ובשעת הצורך מחזירין אותו: **קנה של סיידין.** הטחין ומלבנין הבית בסיד יש להן קנים של פרקים ונותן מטלית בראשה ושורין בסיד המחוי וטח את הבית וכשהוא טח מלמטה אי אפשר לו אלא בקנה קצר וכשהוא הולך ומגביה מוסיף קנה על קנה ומאריכו: **פטור.** שאין זה גמרו שהרי צריך לחזור ולפרקו תמיד: **קרן עגולה וקרן פשוטה.** שניהם מין כלי זמר והוא עשוי נקבים נקבים כככרה ומכנים בהן חלילים ומוליאין קולות הרבה קרן עגולה מעשה אומן הוא וצריך לתקוע בנקבים בחוזק והויא מלאכה ובקרן פשוט מכניסו בריוח ודרכן לפרקם תמיד ופטור קתני מיהת בקני מנורה דחייב והוא הדין למטה של טרסיים: **אינהו.** רבי אבא ורב הונא בר חייא: **דאמור כי האי תנא.** כרבי שמעון דמתיר לכתחלה: **מלבנות המטה.** כעין רגלים קטנים יש להן בית קיבול ומכנים לתוכן ראשי כרעי המטה שלא ירקבו בארץ: **לווחים של סקיבס.** עץ קטן כמין דף שתוקעין בקשת שקורין אבלשטר"א שעליו מושך החץ:

תוספות

הנח לנר שמן ופתילה הואיל ונעשה בסיס לדבר האסור. אילטריך למימר בשמן דנעשה בסיס לדבר האסור דאי לאו הכי לא היה הנר אסור לטלטל דהוי בסיס לדבר האסור ולדבר המותר ושרי כדאמר בסמוך כי הוינן בי רב נחמן הוה מטלטלינן כנונא אגב קיטמא אע"ג דאיכא עליה שברי עצים ואם תאמר פתילה אמאי קאמר דהויא בסיס לדבר האסור היא עצמה הויא דבר האסור כדאמר לקמן ושוין שאם יש בה שברי פתילות שאסור לטלטלה וי"ל דשברי פתילה הוי שברי כלים ודמי לצרורות אבל פתילה שלימה שהיא כלי הוה שרי אי לאו דנעשה בסיס לדבר האסור:

לי התיר רבי לטלטל מחתה באפרה. השתא ס"ד דאפר מחתה מוקצה הוא: **ואמר** רבה ב"ב חנה א"ר יוחנן כו'. תימה אמאי לא פריך בלאו מילתיה דרבי יוחנן ממתני' דפ' נוטל (לקמן דף קמב:) דתנן מעות שע"ג הכר מנער את הכר והן נופלות וכן אבן שעל פי החבית מטה על צדה והיא נופלת אבל טלטול גמור אסור ואור"י דה"א דשאני מעות דחשיבי ולא בטלי ואבן שע"פ החבית ה"א דמיירי שהוא מתוקן לכסות פי החבית והחבית צריכה לה ולכך לא בטלה:

בגדי עניים לעניים. אומר ר"ת דדוקא בטומאת מדרס דבייחוד תליא מלתא אבל בשאר טומאות לא תליא מלתא בייחוד דאפי' היה מוטל באשפה מרבינן *מוהבגד דשלש על שלש מיטמא בין לעניים בין לעשירים דבקרא לא מפליג מידי ומייתי ר"ת ראיה דתנן במסכת כלים (פרק כ"ז מ"ב) דבגד מטמא משום שלשה על שלשה למדרס משום שלש על שלש לטמא מת וע"כ בעשירים מיירי דבפכ"ח תנן התם בגדי עניים אע"פ שאין בהם שלשה על שלשה טמאין מדרס וא"ת הכא דפריך מברייתא אמאי לא פריך ממתני' דפכ"ח דכלים שהבאתי ואור"י דאי ממתני' ה"א דבגדי עניים היינו כעין שק שעיקרו עשוי לעניים ואפי' ביד עשירים אינו צריך שלשה על שלשה אבל שאר בגדים בעי שלשה על שלשה שאינו עומד אלא לעשירים להכי מייתי ברייתא דלא שייך לפרשה הכי:

הוה מטלטלינן כנונא אגב קיטמא. פי' כנונא מחתה והיינו מחתה באפרה דלעיל פי' אגב אפרה שהוסק מע"ש דמוכן הוא דחזי לכסות בה רוק או צואה וקשה דמשמע דוקא אגב קיטמא שרי הא לאו הכי נעשה בסיס לדבר האסור ואילו בפ"ב דביצה (כא: ושם) אמר גבי אין מזמנין נכרי בשבת משום שיורי כוסות פריך וניטלטלינהו אגב כסא מי לא אמר רבא כי הוינן בי רב נחמן הוה מטלטלינן כנונא אגב קיטמא אף על גב דאיכא עליה שברי עצים ומאי פריך שאני כנונא דאגב קטמא מטלטל לה אבל בסים ליכא אלא דבר האסור ואור"י דשיורי כוסות לא חשיבי למיהוי כום בטל לגבייהו אף על גב שאין היתר עמהן בטם טפי גרעי משברי עצים שעם הקיטמא בכנונא: **אע"ג** דאיכא עליה שברי עצים. נראה לרבינו תם דשברי עצים חשיבי טפי מאבן שבכלכלה דאם לא כן מאי קמ"ל ואדמקשי ליה מברייתא דשוין כו' ליסייעיה ממתני' דכלכלה והאבן בתוכה אלא שברי עצים חשיבי טפי ויש לדמות שברי עצים לגבי אפר כשברי פתילה לגבי שמן:

בגלילא שנו. פי' בקונט' שחשובות להן שברי פתילה שאין בגדי פשתן מצויין להם ואין נראה לר"ת דהא אמרי' בשילהי ב"ק (דף קיט:) לוקחין מן הנשים כלי למר ביהודה וכלי פשתן בגליל משמע שמצוי פשתן הרבה שם ומפרש ר"ת בגלילא שנו שהיה להם רוב שמן ולהכי לא בטלי שברי פתילה אגב שמן וכן משמע בפ"ק דסנהדרין (דף יא:) גבי טול איגרת וכתוב לאחנא בני גלילאה עילאה ותתאה כו' דזמן ביעורא מטא לאפרושא מעשרא ממעטני זיתא ואמר בנזיר בפרק בית שמאי (דף לא:) בגלילא שנו דחמרא עדיף ממשחא ויין היה מצוי להם הרבה כדאמר בהמוליא יין (לקמן עח.) גבי מים כדי לשוף בהן את הקילור וקאמר בגלילא שנו *דרפואת מים שכיח טפי משתיה שהיה להן רוב יין והיו שותין הכל יין ואפילו הכי חמרא עדיף להו ממשחא כי השמן היה להם בזול יותר ורש"י פי' נמי בהמוליא (שם) שמחמת עניותא היו עושין רפואה מן המים ואין עושין מן היין רק שתייה ולפיכך היתה רפואת מים שכיחא ואין נראה דכיון שלא היה להם יין לשיפות הקילור א"כ שכיחא שתיית מים טובא ואמרי' בעלמא *אף ערב יוה"כ בגליל שהיו מרבים בסעודה משמע שעשירים היו [וע"ע תוספות חגיגה כה: ד"ה בגלילא]:

*[חולין סג׳]

עין משפט נר מצוה

נז א ב מיי' פכ"ו מהל' שבת הלכה יג טור שו"ע או"ח סימן ש' סעיף ח:

נח ג ד מיי' פכ"ג מהל' שבת הלכה כו כח סמג לאוין סה טור שו"ע או"ח סימן שיג סעיף ו:

רבינו חננאל

הנח לנר ופתילה ושמן דלא גזר ר"ש אלא הואיל ונעשה כל אחד בסיס לדבר האסור. ופשטה היא: **אמר** רבא כי הוינו בי רב נחמן הוינו מטלטלי כנונא אגב קיטומה אף על גב דאיכא עלית שברי עצים. מיתיבי ושוין שאם יש בה שברי פתילה שאסור לטלטלה. ופריק אביי בגלילא שנו. פירוש בגליל שנו שדרכם להדליק בשברי פתילות. וכיון שדרכם להדליק בשברי פתילות נעשו מוקצות בשבת לפיכך אסור לטלטל אפילו הנרות שיש בהן שברי פתילות. אבל שברי עצים דכנונא לא חשיבי ובטלי: **לוי** בר שמואל בעא מר' אבא ומרב הונא בר חייא מהו להחזי' מטה של(פרסים) [טרסים] בשבת אמרו ליה שרי. אמר להו רב יהודה רב ושמואל דאמרי תרווייהו המחזיר מטה של (פרסים) [טרסים] בשבת חייב חטאת. מיתיבי המחזיר קנה מנורה בשבת חייב חטאת קנה של ציירין לא יחזיר ואם החזיר פטור אבל אסור. ר' סימאי א' קרן [עגולה חייב קרן] פשוטה פטור. קתני מיהת המחזיר קנה מנורה בשבת חייב חטאת. קשיא לר' אבא ולרב הונא דשרי. ושנינ' אינהו דאמור כי האי תנא דתניא אם היה רפוי מותר. דתניא מלבנות המטה וכרעי המטה [ולווחין] של סקיבס לא יחזיר. ואם החזיר פטור אבל

רב נסים גאון

אלא אמר אביי מידי דהוה אגרף של רעי. משתכח במס' יום טוב בפרק משילין פירות (דף לו) אמר שמואל גרף של רעי ועביט מימי רגלים מותר להוציאו לאשפה ובפרק נוטל אדם את בנו (דף קמג) אמרו הני גרעיני דתמרי כול' רב הונא בריה דרב יהושע עביד להו גרף של רעי וכן אסימר עביד להו גרף של רעי: **אמר** אביי בגלילא שנו. כבר פרשו בזה השינוי ששינה אביי הרבה מן החכמים ולא שמעתי מהם כלום ולא מצאתי בו לאחד מן הגאונים פירוש אבל טרחתי על שינויו ומצאתי במס' נזירות בפ' בית שמאי אומרים הקדש טעות הקדש (דף לא) והא שמן עדיף מיין אי משום הא לא קשיא בגלילא שנו דחמרא עדיף ממשחא זה מודיע שהשמן היה אצלם מצוי הרבה וכי מה שרשם בנר ויש בו שברי פתילה אין לו חשיבות אצלם ואינן משתמשין בו לצרכם והרי הוא כדין המוקצה שאסור לטלטלו ולכך

רשב"ג

מסורת הש"ס

לקמן קמב:

[מו"ק ג: קידושין לט: סוכה מד. חולין כח.]

[עירובין כט:]

[עי' תוספות לקמן קכו: ד"ה כיון וכו']

כילה כח: ע"ש

[לקמן עח.]

[תוספ' פי"ג]

הגהות הב"ח

(א) גמ' ופתילה הואיל ונעשה בסיס:

(ב) רש"י ד"ה בגדי עשירים וכו' ה"ג בי ר' לא חשיבי קרטין ובטלי כס"ד:

גליון הש"ס

גמ' קרן עגולה חייב. עי' כלים פי"א מ"ו:

ורבינו מאיר פי' כי מרוב שתיית יין כי' להם תכלילי עינים ושכיחי רפואת מים טובא [תו"י]

שנו חכמים כי בגליל אסור לטלטל נר שיש בו שברי פתילה לפי שהשמן הנותר בנר לא חשיב להו וכבר זה הפירוש הודעתו באלו חיים לתלמידנו ופירשנו להם בזה הענין ואפשר לחאמר בו פירוש אחר שאנשי גליל לפי שלא היו מקפידין על לשונם ולא דייקי לישנא ולא גמיר מחד רבה ולא גלו מסכתא למסכתא כמו שהוא מפורש במסכת עירובין בפרק כיצד מעברין (דף נג) ולא היה תלמודם מקויים בידם אסרו עליהם החכמים שלטול נר שיש בתוכו שברי פתילה *) עלי דרך האיסורים ואל תחכם ואל תסייג ויקוי דאלך אצא קולהום פי עדה (מוצאע) [מואצע] מן אל תלמוד מתל הדא אל קול עלי טריק אל תנקין להם

*) פירושם בערבי על דרך האיסורים והגדר והסייג ונמצא סיוע לזה במקומות הרבה מהתלמוד משל זה המאמר על דרך הגירעון להם נזכיר מזה מה שנמצא בפ' חומר בקודש.

‹ההלכות נמצאות בעמוד הבא›

§ מסכת שבת דף מז. §

אות א' - ב'

הוה מטלטלינן כנונא אגב קיטמא, ואף על גב דאיכא עליה שברי עצים

בגלילא שנו

סימן שי ס"ח - [א]כלי שיש עליו דבר האסור ודבר המותר, מותר לטלטלו, כגון: מחתה שיש עליה מבע"י אפר שמותר לטלטלו לכסות בו רוק או צואה, ויש עליה ג"כ שברי עצים שהם אסורים בטלטול, מותר לטלטל מחתה כמו שהיא.

אפר שמותר - לאפוקי אם הוסק בשבת, דאסור בזה לכו"ע משום נולד, דנעשה מעשה חדש, דמעיקרא עצים והשתא אפר, **ואם** נתערב אפר המותר באפר האסור, והאיסור לא היה ניכר קודם שנתערב, בטל ברוב, **דאי** היה ניכר, קי"ל דדשיל"מ אפילו באלף לא בטל, ומוקצה יש לה מתירין בערב.

כתב הח"א: נ"ל דמים הנוטפין מן האילנות בימי ניסן, אסורין ג"כ משום נולד, **ואפילו** יש כבר כלי עם מים מע"ש שנוטף לתוכו, אפ"ה אסור, ולא אמרינן בזה דבטל, **דהא** טיפה הנוטפת היתה ניכר קודם שנתערב בהמים, וקי"ל דדבר שיל"מ אפילו באלף לא בטיל.

[ב]וכגון שדבר המותר חשוב מדבר האסור; אבל אם דבר האסור חשוב יותר מדבר המותר, בטל אצלו ואסור לטלטלו - ואם שניהם שוין, אסור.

[ג]כתבו הפוסקים, דאם לכל העולם ההיתר חשוב יותר, ולדידיה אינו חשוב, אזלינן בתר דידיה, וה"ה איפכא.

[ד]וטעם היתר טלטול זה, משום דלא אפשר למינקט קיטמא לחודיה, אפילו אי שדי ליה מהמחתה - ר"ל דלמה בסימן ש"ט ס"ג אמרינן, בפירות המונחים עם אבן בסל, דאע"ג דהסל הוא בסיס לאיסור ולהיתר, מ"מ היכא דאפשר לא יטלטל הפירות והסל כל זמן שהאבן מונח שם, אלא ינער מתחלה הכל על הארץ, ואח"כ ילקט הפירות לתוך הסל ויטלטלם, **והכא** נמי אף שצריך להאפר, נימא דינער הקיטמא עם השברי עצים על הארץ, ואח"כ יכנס הקיטמא לבד תוך הכלי ויטלטל למקום שירצה, **ולזה** כתב, דהכא לא אפשר לכנס אח"כ הקיטמא לבד, משום דשברי עצים היינו שברים קטנים או פחמין קטנים, שא"א ליטול האפר מבלעדם.

או אם צריך למקום המחתה, (כמו שנתבאר לעיל סי' ש"ט) - דאז א"א לנער, דיפול למקום שצריך אליו, לכן מטלטלה כולה ביחד.

ואם א"צ אלא לגוף המחתה, לא יטלטלנה כמו שהיא, אלא ינער האפר ושברי העצים במקומם, ויטול המחתה - ואי איכא הפסד בניעור, א"צ לנער, וכמ"ש בסימן ש"ט ס"ג.

הגה: וכן אם יוכל לנער האיסור לחוד, ינערנו ולא יטלטלנו עם ההיתר (ב"י בשם תשובת הרא"ש).

וכל זה לא מיירי אלא שהיה ההיתר עם האיסור מבעוד יום;

אבל אם היה האיסור עליו לבד - ר"ל בבין השמשות, **לא מהני מה שהניח אללו ההיתר בשבת (ב"י בשם תשובת הרשב"א)** - דאפילו אם היה ניטל האיסור לגמרי משם, ג"כ אסור כיון דאתקצאי לבין השמשות, וכנ"ל בס"ז, **אבל** אם בשבת הונח עליו דבר איסור, הואיל וביה"ש לא אתקצאי, הו"ל מוקצה לחצי שבת, וקי"ל דאין מוקצה לחצי שבת, אלא כל זמן שהאיסור מונח עליו אסור בטלטול, **ע"כ** מותר להניח עליו דבר של היתר החשוב יותר, ומטלטל הכל ביחד, אם אי אפשר לו לנער האיסור משם.

[ה]סימן שי ס"ט - [ו]תיבה שיש בה דבר המותר לטלטל ומעות, אם המעות אינם עיקר, מותר לטלטלה כמו שהיא, על פי התנאים שנתבארו במחתה.

[ז]סימן שח סנ"ב - [ח]מוקצה לעשירים הוי מוקצה - ר"ל שהוא דבר שהוא גרוע בעיני העשירים, ואין דרכם להשתמש בו מחמת עשרם, ומקצים אותם מדעתם, **כגון** שירי מטליות שהם פחותים משלשה טפחים על שלשה טפחים, דלא חזיין רק לעניים לאיזה טלאי, ולא לעשירים, ע"כ נאסר לעשירים אף בטלטול.

ואפילו עניים אין מטלטלין - שכבר הוקצה מדעתו של בעה"ב העשיר, **ואין** חילוק בין עניים שבביתו בין עניים שחוץ לביתו, דאזלינן בתר מי שהוא בעליו, **והא** דאיתא לעיל בסי"ג, דאם יש בהן ג' אצבעות על ג' אצבעות מותר לטלטלן, היינו דוקא כשהם של עני, ואז מותר גם העשיר לטלטל אותן, **ועיין** בט"ז שמסיק, דדוקא כשהעשיר דר בבית העני, שאז הוא נגרר אחריו, **אבל** עשיר דעלמא אסור לטלטל, כיון שמ"מ אינו ראוי לו, שהוא פחות מג' טפחים על ג' טפחים.

עוד כתבו הפוסקים, דמה שפסק המחבר דמוקצה לבעה"ב הוי מוקצה לכל, הוא דוקא בדבר שאינו ראוי לבעליו מחמת גריעותא כנ"ל,

---

באר הגולה

[א] **שם מ"ז** [ב] **טור מהא דאביי שם וכפי' התוס' שם** (ד"ה בגלילא) **בשם ר"ת** ‹כ"כ בב"י, וצ"ע למה דוקא לפי' ר"ת, **ואפשר** משום דלפרש"י משמע ליה דמסתמא המעט שמן שבנר לא חשוב, וא"כ דוקא מפני שהשברי פתילה היה חשוב בעיניהם להכי לא בטל, **משא"כ** בשוין, י"ל דמותר, **ולכן** כתב על לשון הטור, ודברי רבינו כפי' ר"ת, דמשמע לו מדקשה ר"ת על פי' רש"י, דבגלילא אדרבא היה מצוי פשתן הרבה שם, מסתמא שניהם לא היו חשוב להם, וש"מ דבשוין לפחיתות אסור, וממילא ה"ה בשוים לחשיבות - בית מאיר› [ג] ‹דפריך וקרטין בי רבי שהיה עשיר גדול מי חשיבא, ובטל לגבי אפר, והוי מחתה בסיס לאיסור גרידא, דהתניא בגדי כו'. הרי דתלוי בדעת בעה"ב, אם אינו חשוב אצל בעה"ב אע"ג דחשיב לגבי אחריני לא מהני, וה"ה להיפך - מחה"ש› [ד] **רא"ש בתשובה** [ה] ‹ע"פ הבאר הגולה› [ו] **הגהות בשם הר"מ מהא דשבת מ"ז** [ז] ‹ע"פ הבאר הגולה› [ח] **הר"ן מהא דקרטין בי רבי שבת מ"ז**

אבל דבר שאינו ראוי לבעליו מחמת איסור, כגון שנדר מככר, לא נעשה מוקצה בשביל זה, הואיל דמותר לאחרים, ואף הוא עצמו מותר לטלטלו, **ואם** אסר על כל העולם, אז אסור לכל לטלטלו.

אות ג׳ - ד׳

להחזיר מטה של טרסיים בשבת... שפיר דמי

[ט]מלבנות המטה, וכרעות המטה, ולווחים של סקיבס, לא יחזיר, ואם החזיר פטור אבל אסור

סימן שיג ס״ו - [י]מטה של פרקים - היינו שעשויה פרקים פרקים, בשביל בעלי אומנות שיוכלו לשאת אתם בדרך, וכשבאין על מקומם מחזירין פרקיה יחד ומושיבין אותה, **אסור להחזירה ולהדקה** - גזרה שמא יתקע ביתדות ומסמרים, **ובאמת** אפילו אינו רוצה להדק אסור, וכדמסיים, ואם דרכה להיות רפויה מותר, וכ״כ רמ״א בהדיא, אלא דכתב להדקה, דאז חייב - נשמת אדם, **ואם תקע חייב חטאת** - דהוי גמר מלאכה, וחייב משום מכה בפטיש, **וי״א** דכיון שעושה בזה כלי גמור, חייב משום בונה.

[יא]ואם היא (דרכה להיות) רפויה, מותר לכתחלה - דשוב אין לחוש כלל שמא יבוא לתקוע, **(ובלבד שלא יהדק)** - ורפוי ואינו רפוי אסור.

דרכה להיות רפויה - (והיינו שאינו מקפיד אם יתנועע בתוך החור, מותר, דאין לגזור אלא בדבר שצריך להיות מעמידה בדוחק - כלבו בשם הראב״ד, **אבל** בסמ״ג איתא, דדוקא דבר שצריך גבורה ואומנות אסור, עכ״ל המ״א).

[יב]וכוס של פרקים - שיש כוס שמפרקין אותו מעל רגלו, **מותר לפרקו ולהחזירו בשבת** - כשהוא רפוי, והטעם, דאין דרך להדק כ״כ בחוזק שיהיה חשוב כמו תקיעה, ועל כן אין לחוש שמא יתקע - [טור].

[יג]ויש מי שאומר שדין הכוס כדין המטה - ס״ל כיון דעכ״פ דרך להדק, גם ברפוי אסור כמו במטה של פרקים, **וה״ה** השטענד״ר שבבהכ״נ שמונחים עליו ספרים, אם הוא של פרקים.

ולכתחלה יש להחמיר כדעה זו, **אך** אם הוא לצורך שבת, יש לסמוך אדעה ראשונה.

הגה: ואם דרכו להיות מהודק - ר״ל להיות מהודק ותקוע בחוזק, **אע״ג דעכשיו רפוי, אסור (מיימוני פכ״ב והגהות אשיר״י וכל בו וכן נראה דברי הטור)** - שבזה אף הטור דהוא דעה ראשונה, מודה דאסור.

כתב המ״א, דכוסות שלנו העשויים בחריצים סביב, כמו אלו שיש שרויף סמוך לרגלם, ומהודקים בחוזק, לכו״ע אסור, [והיינו אפי׳ להדקו ברפוי, מטעם שמא יהדק בחזק, **והנה** מלישנא דהמ״א מוכח, דכשיהדק בחוזק ע״י השרויף, הוא חשוב כמו תוקע ממש, ועי״כ אסור להטור בכל גווני, **ומהט״ז** משמע דס״ל, דאפי׳ ע״י השרויף בחוזק הוא רק איסור דרבנן, וא״כ ממילא לדעה ראשונה דהוא דעת הטור, שרי כשמהדקו ברפוי, **ועיין** בספר מאמ״ר שמאריך בענין כלי של שרויף, ומצדד להקל, ומ״מ מסיק דלמעשה יש להחמיר כהמ״א, **אך** בעיקר הדין משמע שם דס״ל, דע״י שרויף הוא רק איסור דרבנן בכל גווני]. **וכיסוי** הכלים אפילו אם עשויים כך, שרי, דהתם אין עשויים לקיום, רק לפותחן ולסוגרן תמיד, וכ״כ הט״ז.

ואפילו הכלים שאסור לפורקן ולהחזירן, מ״מ לטלטלן שרי, ולא גזרו אלא במנורה שדרכה להתפרק, כמש״כ ס״ס רע״ט, וכל כיוצא בו, אבל דבר שאין דרכו להתפרק, שרי בטלטול.

באר הגולה

ט (והא זהו שיטת הת״ק, ואנן קימ״ל כרשב״ג, ואמאי ציינו העין משפט) י **שבת מ״ז** (שם עמוד ב׳, בי רב חמא הוי מטה גללניתא הוי מהדרי לה ביו״ט, א״ל ההוא מרבנן לרבא מאי דעתיך בנין מן הצד הוא, נהי דאיסורא דאורייתא ליכא מדרבנן מיהא אסור, א״ל אנא כרשב״ג ס״ל דאמר אם היה רפוי מותר, **הרי** דגם רב חמא היה נזהר מלהדק, מדאמר ליה בנין מן הצד הוא, אף דדרכו להיות רפוי כמ״ש בהג״א ע״ש - גר״א ע״פ הדמשק אליעזר) יא **שם וכרשב״ג בברייתא** (ונראה מדברי הרא״ש שם, דהא דאמרינן אם היה רפוי מותר, היינו לומר שהוא עשוי להיות רפוי, ומשום הכי שרי, אבל אם הוא עשוי להיות מיהדק, אף על פי שעכשיו כשמחזירו מניחו רפוי, אסור - ב״י) יב **טור לדעתו ורבי ירוחם בשם רבי פרץ** יג **טור בשם הר״מ מרוטנבורג והכל בו**

אבל אסור ולא יתקע ואם תקע חייב חטאת רשב"ג אומר אם היה רפוי מותר בי רב חמא הוה מטה גללניתא הוה מהדרי לה ביומא טבא א"ל ההוא מדרבנן לרבא מאי דעתיך בנין מן הצד הוא נהי דאיסורא דאורייתא ליכא איסורא דרבנן מיהא איכא אמר ליה אנא כרשב"ג סבירא לי דאמר אם היה רפוי מותר: **מתני'** *נותנין כלי תחת הנר לקבל ניצוצות ולא יתן לתוכו מים מפני שהוא מכבה: **גמ'** והא *קמבטל כלי מהיכנו אמר רב הונא בריה דרב יהושע ניצוצות אין בהן ממש: ולא יתן לתוכו מים מפני שהוא מכבה: לימא תנן סתמא כרבי יוסי *דאמר גורם לכיבוי אסור ותסברא אימור דאמר ר' יוסי בשבת בערב שבת מי אמר וכי תימא הכא נמי בשבת והתניא נותנין כלי תחת הנר לקבל ניצוצות בשבת ואין צריך לומר בע"ש ולא יתן לתוכו מים מפני שהוא מכבה מע"ש ואין צריך לומר בשבת אלא אמר רב אשי אפילו תימא רבנן שאני הכא מפני שמקרב את כיבויו:

הדרן עלך כירה

במה *טומנין ובמה אין טומנין אין טומנין לא בגפת ולא בזבל לא במלח ולא בסיד ולא בחול בין לחין בין יבשין ולא בתבן ולא בזגין ולא במוכין ולא בעשבין בזמן שהן לחין אבל טומנין בהן כשהן יבשין: **גמ'** איבעיא להו גפת של זיתים תנן אבל דשומשמין שפיר דמי או דילמא דשומשמין תנן וכל שכן דזיתים ת"ש דאמר ר' זירא משום חד דבי ר' ינאי קופה שטמן בה אסור להניחה על גפת של זיתים ש"מ של זיתים תנן לעולם אימא לך לענין הטמנה דשומשמין נמי אסור לענין

אסוקי

רש"י

יפקא. בחוזק על ידי יתדות שקורין קוייל"ש: **מטה גללניתא**. סירגדיי"ן והוא כעין של טרסיים: **מן הצד**. מפני שאינה תקועה ומהדקה בחוזק קרי לה מן הצד כלומר ע"י שינוי: **גמ' והא קא מבטל כלי מהיכנו**. דלא יוכל ליטלו משם כל היום דנעשה בסיס לניצוצות לימא תהוי תיובתיה דרב חסדא דאסר בפירקין (דף מג.): **אין בהן ממש**. משכנו ומותר ליטלן: **כרבי יוסי**. בכל כתבי הקדש דקתני עושה מחיצה בכל הכלים בין מלאין בין ריקנין כדי שלא תעבור הדליקה רבי יוסי אוסר בכלי חרס חדשים מלאים מים שאין יכולין לקבל האור והן מתבקעים ומכבין את הדליקה: **בערב שבת**. כגון זה שנותן המים מבעוד יום בכלי תחת הנר: **וכי תימא הכא נמי**. אין נותנין לתוכו מים בשבת קאמר ור' יוסי היא: **וקתני**. אפילו בע"ש אסור ואי לגרם כיבוי מדמית לה אפילו כרבי יוסי לא מיתוקמא דבע"ש לא אמר רבי יוסי: **אלא אמר רב אשי**. מתניתין אפילו לרבנן דלא דמי לגרם כיבוי דהתם כי מטי דליקה לכלים דליקה הוא דפקעי להו וגרמא בעלמא הוא אבל זה שנתן המים ממש תחת הנר מכבה ממש הוא וגזירה מבעוד יום אטו משחשכה: **שמקרב את כיבויו**. זמן כיבוי להדיא והוה ליה מכבה ממש אי הוה יהיב ליה בשבת:

הדרן עלך כירה

במה טומנין. הבא לסלק קדירה מעל גבי כירה ולטומנה בדבר אחר ואמרו חכמים *אין טומנין בדבר המוסיף הבל אלא בדבר המעמיד הבל מי הוא המוסיף ואסור: **גפת**. פסולת של בית הבד של שמן שהוא כנוס יחד וחם מאד: **לחין**. יש בהן הבל הרבה יותר מיבשין: **זגין**. פסולת של יקב יין: **מוכין**. כל דבר רך קרוי מוכין כגון צמר גפן ותלישי צמר רך של בהמה וגרירת בגדים בלויים: **גמ' קופה שטמן בה**. שנותן בה מוכין וטומן בה קדירה: **לענין הטמנה**. לטומנו בתוכה:

אסוקי

תוספות

רבן שמעון בן גמליאל אומר אם היה רפוי מותר. ולעיל נמי מיירי ברפוי *וקשה קצת דהיכי פליגי טובי האי דמר מחייב חטאת ומר שרי אפי' לכתחלה ועוד הא אין בנין וסתירה בכלים ועוד תקשה לרב יהודה הך ברייתא דליכא תנא דמחייב חטאת ויש לומר דהכי קאמר לעיל הא רב ושמואל דאמרי תרווייהו המחזיר מטה של טרסיים בשבת חייב חטאת כשאינו רפוי ואם כן ברפוי אין סברא להתיר לכתחלה:

לימא תנן סתמא כרבי יוסי דאמר גורם לכיבוי אסור. הוה מצי למימר וליטעמיך הא רבי יוסי גופיה לא אמרה אלא בדליקה משום דאדם בהול על ממונו אי שריא ליה אתי לכבויי והכי מפרש בכל כתבי (לקמן קכ:) אבל הכא ליכא למגזר דהא יש כלי תחת הנר ואינו בהול ובכמה מקומות בהש"ס יכול לומר וליטעמיך ואינו אומר:

מפני שמקרב את כבויו. פירוש דגזרינן ע"ש אטו שבת ובשבת יכול לבא לידי כיבוי אם יגביה הכלי בשעת נפילת הגיצוצות ואם תאמר מאי שנא שריית דיו וסממנים ופריסת מצודה דשרינן בפ"ק (דף יז:) עם השמש והכא אסרינן מע"ש שלא יבא לעשות בשבת ותירץ הרב פור"ת דהתם ליכא למיחש שמא יעשה כן בשבת דהא אב מלאכה הן אבל הכא איכא למיחש דלא דמי איסור כל כך במה שמניח כלי תחת הגיצוצות ואיכא למיחש שמא יבא לידי כיבוי שיתחיל ליתן המים קודם נפילת הגיצוצות וקודם גמר הנתינה יפלו ומכבה בידים או שיגביה הכלי עם המים כנגד הגיצוצות כדפרישית ואף על גב דבלאו כיבוי אין בו חיוב חטאת לר' שמעון דמלאכה שאינה צריכה לגופה היא החמירו אטו כיבוי דחיוב חטאת ואע"ג דהוי גזירה לגזירה קים להו לרבנן דהכא שייך למגזר טפי ורש"י דפי' דהוי מכבה ממש לאו דוקא אלא כלומר שיוכל לבא לידי כיבוי ור"ת גרים כפירוש ר"ח מפני שמקרב כיבוי דהתם הוא דשרי לעשות מחיצה מכלים שיש בתוכן מים שאינו מכבה כלום עד שיתבקעו הכלים אבל הכא אין הפסק בין מים לניצוצות ומיד נכבות כשנופלות בכלי והוי כמחילת מים דאסירא כגון מחילת שלג וברד וקשה לפירושו דבירושלמי מוקי מתני' כר' יוסי אבל לרבנן אפי' מחיצות של מים מותר ובפ' כל כתבי (לקמן קכ:) נמי שרו רבנן דר' יוסי בטלית שאחז בו האור מצד אחד ליתן עליו מים מצד אחר ואם כבתה כבתה ונראה דלפי הש"ס שלנו יש לחלק דבמחילה של מים אע"ג דאין דבר מפסיק מ"מ שרי שאין האש טפלת לתוך המים להדיא כי הכא שהמים תחת הגיצוצות ומקרב כיבוין טפי ועוד דאיכא למימר דהש"ס שלנו אוסר במחיצות של מים לרבנן ומשום הכי מוקי מתניתין כרבנן ופליג אירושלמי ולא דמי לטלית שאחז בו האור מצד אחד שאינו אלא שלא תתפשט האור ומה שרגילים לתת מים בזכוכית שקורין לאמפ"א ונותנין עליה שמן בע"ש אין זה קרוי קירוב כיבוי דכיון שאין מתכוין לכיבוי כלל אלא להגביה את השמן לא שייך למגזר מידי שמא יעשה בשבת ושרי אפי' לר' יוסי וכ"ש לרבנן דאל"כ אפי' בלא מים אסור שהגיצוצות טפלות בשמן: ועוד איכא למימר דתלמוד שלנו אסר מחילה של מים לרבנן ומש"ה מוקי מתני' כר' יוסי ופליג אירושלמי ול"ד לטלית שאחז בו האור מצד אחד שאינו אלא שלא תתפשט האור [ת"י]:

הדרן עלך כירה

במה טומנין וכו' אין טומנין לא בגפת. פירש הר"י יוסף בשם רבינו שמואל דמיירי בבשיל ולא בשיל *אבל קדרא חייתא ובשיל שרינן בפ"ק (דף יח:) ואין נראה לר"ת דהא אית לן לאוקמא מתניתין בסתם קדרות שהן מבושלים בין השמשות ועוד דמסתמא איירי מתני' דומיא דמתני' דכירה דמיירי בבשיל כמאכל בן דרוסאי ונראה לר"ת שיש לחלק בין השהאה להטמנה דהא להשהות מותר כשהוא מאכל בן דרוסאי שאין חיתוי מעט מועיל לו שהרי מגולה הוא ושליט ביה אוירא אבל הטמנה שעושין לצורך מחר והוא מוטמן יש לחוש שמא יחתה שמעט חיתוי מועיל לו ליתפס חומו וגזרו להטמין בכל דבר המוסיף הבל גזירה שמא יטמין ברמץ ויחתה:

דזיתים

עין משפט נר מצוה

נט א מיי' פכ"ג מהל' שבת הלכה ו וסמג שם טוש"ע שם סעיף ו וסעיף ט:

ס ב מיי' שם טור ש"ע שם סעיף ו:

סא ג מיי' שם פ"ה הלכה יג סמג שם טוש"ע או"ח סימן רסה סעיף ד:

א ד ה מיי' פ"ד מהלכות שבת הלכה א טוש"ע או"ח סימן רנז סעיף ג:

רבינו חננאל

אסור. לא יתקע ואם תקע חייב חטאת רבן שמעון בן גמליאל אומר אם היה רפוי מותר המחזיר קני מנורה חייב חטאת כמשמעו מפני שמתקן כלי כבנין. קנה של ציידין דרכם לתת קנה דק דק בתוך ראש קנה עבה כדי שיהא (נכוה) [גבוה] ולא יתאנשבר וזהו פטור אבל אסור. קרן עגולה חייב פשוטה פטור. אלו הן כלי שיר. והן של חליות ויש מהן קרן עגולה וקרן פשוטה כדכתיב (דניאל ג) קל קרנא משרוקיתא. וזה שהיא עגולה היא כלי יש בו מלאכה להחזירה לפיכך חייב חטאת אבל פשוטה אין בה עסק כלום כדתנן בכלים פ' י"א. הכוש והאיצא והמקל והסומפניא והחליל של מתכת טמאין והמצופין טהורין והסמפניא שיש בה בית קיבול כנפים בין כך ובין כך טמאה. קרן עגולה טמאה וכו' טמאין ובשעת חבורן הכל טמאה בי רב חמא הוה ליה מיטה גליתא והוו מהדרי ליה בי"ט א"ל לרב חמא מאי דעתיך בנין מן הצד הוא נהי דאיסורא דאוריי' ליכא דרבנן מיהא איכא. א"ל רב חמא אנא כרבן שמעון בן גמליאל סבירא לי אם היה רפוי מותר. נמצא רב חמא כר' אבא ורב הונא דשרו. ומסתברא מטה של טרסיים הוא כגון מטה גליתא: נותנין כלי תחת הנר לקבל בו ניצוצות. והא קא מבטל כלי מהיכנו. אמר רב הונא בריה דרב יהושע ניצוצות אין בהן ממש ומותר להשתמש באותו כלי ולא יתן בתוכו מים מפני שהוא מכבה. לימא תנן סתמא כר' יוסי דאמר גרם כבוי אסור דתנן ר' יוסי אוסר לעשות מחיצה שלא תעבור הדליקה בכלי חרש חדשים מלאים מים שאין יכולין לקבל את האור והן מתבקעין ומכבין הדליק' והוי איסור דאסר ר' יוסי בשבת. בע"ש מי אסר. וכי תימא הכא נמי כי תנן אסור בשבת אבל בע"ש שרי. והא תניא נותנין כלי תחת הנר לקבל ניצוצות בשבת ואין צורך לומר בע"ש. ולא יתן לתוכו מים בע"ש מפני שהוא מכבה ואין צריך לומר בשבת. ואוקמה רב אשי אפילו לרבנן דפליגי עליה דר' יוסי הכא אסרי מפני שמקרב כיבויו פי' כיון שנופלין הניצוצות במים מיד נכבין ובכלים עד שיתבקעו. וקי"ל דהלכתא כר"ש דאפי' במוקצה מחמת מיאוס שרי: ואין הלכה כר"ש במוקצה מחמת איסור כגון במנורה ופמוט שהדליקו עליהן באותה שבת וכיוצא בהן וכגון מטה שיחדה למעות ונכרי שהביא דורון לישראל דבר המחובר לקרקע וכיוצא בהן דמוקצה מחמת איסור הן. וגרסי' בפ' שחשך בדרך פליגי בה רב אחא ורבינא חד אמר בכולה שבת הלכתא כר"ש בר ממוקצה מחמת מיאוס וחד אמר אפילו במוקצה מחמת מיאוס נמי הלכתא כר"ש בר ממוקצה מחמת איסור בלבד וקי"ל דבכל התורה רב אחא להומרא ורבינא לקולא והלכתא כרבינא לקולא בר מהני תלת אומצא כו' ואע"ג דעולא ולוי ורב אמרו הלכה כר' יהודה הא שמואל וזעירי ור' יוחנן אמרו הלכתא כר' שמעון. ורבינא דהוא בתראה פסק הלכתא כר' שמעון כדאמרן. לפיכך כל מוקצה מותר לבר ממוקצה מחמת איסור כמו שפירשנו. ומוקצה מחמת חסרון כיס מודה ר' שמעון ונרונרות וצמוקין כדאמרן: הדרן עלך כירה

פרק רביעי במה טומנין ובמה אין טומנין כו' אין טומנין בגפת. אוקימנא בגפת של שומשין וכל שכן בגפת של זיתים דמסיק נמי הבלא אסיק' אמר רבא אנוהי

מסורת הש"ס

עי' לקמן קלח. הש"י ד"ה וכמה גלין

[לעיל מב: מג.]

[לעיל מג: וש"נ]

לקמן קכ.

בבא בתרא יט. [מד"ס ב מי"ד ב.]

לעיל לו:

גליון הש"ס

תוס' ד"ה רשב"ג וכו' וקשה קצת. עי' לקמן דף קלח ע"א: שם ד"ה במה טומנין וכו' אבל קדירה חייתא. עי' לעיל דף לז ע"ב תוספות ד"ה ממעט:

רב נסים גאון

נדבר מן דאלך מא יתצדנא בפרק חומר בקודש (דף כה) אמרו אמר רב יוסף בגלילא שנו מינו דלא מוחזקי אקודש לא מוחזקי אתרומה נמי בנדרים בפרק *) ואלו נדרים ובגליל אסורין שאין אנשי גליל מכירין את חרמי כהנים ובפרק המוציא יין (דף עח) ובפרק מקום שנהגו (דף נה) בפסחים עוד ובגמרא (ירושלמי שבת פרק כל כתבי הלכה ח) גרסי אמר עולא י"ח שנין עבד רבן יוחנן בן זכאי יתיב בהדה ערב ולא אתא קימוי אלא אילין תרתין עובדיה אמר גליל גליל שנאת את התורה סופך להעשות במציקין וכל דין סוע לפירושנו: **לימא** תנן סתמא כר' יוסי דאמר גרם כיבוי אסור. עיקר דיליה במשנה בפרק כל כתבי הקודש (דף קכ) דתנן ר' יוסי אוסר בכלי חרש חדשים מלאים מים שאין יכולין לקבל את האור והם מתבקעין ומכבין את הדליקה ובגמ' גרסי ר' יוסי סבר גרם כיבוי אסור: **סליק פרק כירה**

*) נ"ל ואלו מותרין דף יח במשנה.

§ מסכת שבת דף מז: §

אות א'

ולא יתקע, ואם תקע חייב חטאת

סימן שיג ס"ו - [א]מטה של פרקים - היינו שעשויה פרקים פרקים, בשביל בעלי אומנות שיוכלו לשאת אתם בדרך, וכשבאין על מקום מחזירין פרקיה יחד ומושיבין אותה, **אסור להחזירה ולהדקה** - גזרה שמא יתקע ביתדות ומסמרים, ‹ובאמת אפילו אינו רוצה להדק אסור, וכדמסיים, ואם דרכה להיות רפויה מותר, וכ"כ רמ"א בהדיא, אלא דכתב להדקה, דאז חייב – נשמת אדם›, **ואם תקע חייב חטאת** - דהוי גמר מלאכה, וחייב משום מכה בפטיש, **וי"א** דכיון שעושה בזה כלי גמור, חייב משום בונה.

סימן שיג ס"ט - [ב]התוקע עץ בעץ, בין שתקע במסמר, בין שתקע בעץ עצמו - בין בבנין ובין בכלי, [עיין בהרב המגיד שמקורו מהא דמלבנות המטה, שבת מ"ז, וכן ציין הגר"א, ושם כלי הוא], **עד שנתאחד, הרי זה תולדת בונה** - וכן התוקע העץ בתוך הקרדום, או שתקע יתד בתוך הבית יד של הקרדום כדי להדקו. **וכן** המפרק עץ תקוע, חייב משום סותר, והוא שיתכוין לתקן.

אות ב'

אם היה רפוי מותר

סימן שיג ס"ו - [ג]ואם היא (דרכה להיות) רפויה, מותר לכתחלה - דשוב אין לחוש כלל שמא יבוא לתקוע, **(ובלבד שלא יהדק)** - ורפוי ואינו רפוי אסור.

דרכה להיות רפויה - (והיינו שאינו מקפיד אם יתנועע בתוך החור, מותר, דאין לגזור אלא בדבר שצריך להיות מעמידה בדוחק – כלבו בשם הראב"ד, **אבל** בסמ"ג איתא, דדוקא דבר שצריך גבורה ואומנות אסור, עכ"ל המ"א).

אות ג'

נותנין כלי תחת הנר לקבל ניצוצות; ולא יתן לתוכו מים, מפני שהוא מכבה

סימן רסה ס"ד - [ד]נותנים כלי - אפילו בשבת, [גמ'], **תחת הנר לקבל ניצוצות** - שלהבת הנוטפת מן הנר, כדי שלא יודלק מה שתחתיו, [רש"י ‹מ"ב:›], **מפני שאין בהם ממש** - בניצוצות, שמיד הן כבין, **ואין כאן ביטול כלי מהיכנו** - אף לשעה מועטת, ‹דמיד יכול לנערן, ולא הוי ביטול כלי מהיכנו – מחה"ש›, ומותר לטלטל את הכלי אף אחר שנפלו לתוכו.

מיהו האפר של ניצוצות אסור לטלטלן, דהוי נולד.

אבל לא יתן לתוכו מים אפי' מבע"י, מפני שמקרב זמן כיבוי הניצוצות – ‹ואפילו אם עבר ונתן, יסלקנו – פמ"ג בשם [ה]רש"י ‹מ"ב: ד"ה מותר›, **ואפילו אם ירצה להעמיד הכלי עם מים קודם שמדליק השמן, מצדד המג"א להחמיר›.**

ואע"ג דבשאר מלאכות קי"ל, דשרי להתחיל אותו מבעוד יום והמלאכה נגמרת בשבת, כמ"ש רסי' רנ"ב, ולא גזרינן שמא יתחיל לעשות כן בשבת, **שאני** התם דהכל יודעין שהוא מלאכה, ולא יטעו לעשות כן בשבת, **אבל** הכא יש לחוש שמא יחשוב שאין בזה שום איסור, ויעשה כן בשבת, ויש לחוש שמא יגביה הכלי עם המים נגד הניצוצות ויכבה אותן, תוס' סוף כירה וע"ש עוד טעמים והעתיקן המ"א.

כתב הא"ר בשם או"ה, כשיש סכנת דליקה ח"ו, מותר ליתן כלי מלא מים לקבל הניצוצות, **ולפי"ז** אם רואה נר שנכפף ויפול על השלחן, רשאי להעמיד תחתיו כלי מלא מים, **ועיין** בפמ"ג שמפקפק בעיקר דינו של הא"ה, ‹ובגמ' מ"ז: דפריך מדליקה, משמע דאף שיש לחוש לדליקה אסור – פמ"ג›, **ונראה** דיש להקל במקום הדחק ע"י קטן.

[ו]ומ"מ מותר ליתן מים בעששית שמדליקים בה בערב שבת, כיון שאינו מתכוין לכבוי אלא להגביה השמן - וע"כ לא גזרינן שיעשה כן בשבת.

‹וברא"ש כתב עוד טעם, דבשמן אין כיבוי כלל, דאפילו לא יתן לתוכה מים, כשיכלה השמן תכבה הפתילה, **וכתב המ"א**, דלפי"ז אף בשבת מותר ליתן מים לעששית, אם מדליקה א"י לצורך חולה, **ובא"ר** חולק ע"ז, וגם המ"א מודה דאסור, **ובמקומות** שנוהגין להדליק בעששית מע"ש ונותנין תחלה מים ואח"כ שמן, וכשקורין א"י בשבת להדליק לצורך חולה, עושה כן מעצמו כמנהג העיר, מותר›.

הגה: וי"א אפילו מתכוין לכבוי – ‹פי' שמתכוין שאחר שיכלה השמן יתכבה תיכף, ולא יתקלקל הכלי, כ"כ הט"ז, **ובא"ר** בשם המלבושי יו"ט פי', שכשהשמן קרוב למים מתכבה הנר, אף שיש עדיין קצת שמן, וקמ"ל דאפילו מתכוין שיתכבה בשביל זה›, **שרי, מאחר שאין המים בעין אלא תחת השמן, לא הוי אלא גרם כיבוי, וכן**

באר הגולה

[א] **שבת מ"ז** ‹שם, בי רב חמא הוי מטה גללניתא הוי מהדרי לה ביו"ט, א"ל ההוא מרבנן לרבא מאי דעתיך בנין מן הצד הוא, נהי דאיסורא דאורייתא ליכא מדרבנן מיהא אסור, א"ל אנא כרשב"ג ס"ל דאמר אם היה רפוי מותר, **הרי** דגם רב חמא היה נזהר מלהדק, מדאמר ליה בנין מן הצד הוא, אף דדרכו להיות רפוי כמ"ש בהג"א ע"ש – גר"א ע"פ הדמשק אליעזר› [ב] **רמב"ם בפ"י מה"ש הי"ג מהא דגבי מלבנות המטה שבת מ"ז** [ג] **שם וכרשב"ג בברייתא** ‹ונראה מדברי הרא"ש שם, דהא דאמרינן אם היה רפוי מותר, היינו לומר שהוא עשוי להיות רפוי, ומשום הכי שרי, אבל אם הוא עשוי להיות מיהדק, אף על פי שעכשיו כשמחזירו מניחו רפוי, אסור – ב"י› [ד] **שם מ"ז** [ה] ‹אף דרש"י מיירי בענין ביטול כלי מהיכנו, הפמ"ג מביא ממנו ראיה גם לענין של מקרב כיבוי› [ו] **תשובות הגאונים בשם רב נטרונאי גאון**

נוהגין (סמ"ג) – (ואף דבסימן של"ד קי"ל, דגרם כיבוי שרי דוקא במקום פסידא, זהו בשבת עצמה, אבל לא גזרינן בכה"ג ע"ש אטו שבת).

וליתן בע"ש מים לתוך הקנה שעומד בו נר שעוה או חלב, כדי שיכבה כשיבוא עד המים, אסור לכו"ע, דהא מתכוין לכיבוי, והאש נופל לתוכו ממש, והמים בעין והם תחת האש, **ומ"מ** במקום צורך יש להתיר בזה לסמוך על הפוסקים דס"ל, דדוקא כשהמים בכלי אחר אסור, שמא יעשה כן בשבת, אבל באותו נר עצמו לא שייך למיגזר שיעשה כן בשבת, שהכל יודעין שאסור ליגע בנר הדלוק, **גם** יזהר ליתן המים בקנה קודם שמדליק הנר. **ולכו"ע** מותר לתחוב הנר בע"ש לתוך החול וכיוצא, בענין שכשיגיע האור לשם ימנעהו מלשרוף יותר ויכבה מאליו, שגרם כיבוי הוא.

אות ד' – ה'

במה טומנין ובמה אין טומנין: אין טומנין לא בגפת, ולא בזבל, לא במלח, ולא בסיד, ולא בחול, בין לחין בין יבשין. ולא בתבן, ולא בזגין, ולא במוכין, ולא בעשבין, בזמן שהן לחין, אבל טומנין בהן כשהן יבשין

לענין הטמנה, דשומשמין נמי אסור

סימן רנז ס"ג - [ז]אלו הם דברים המוסיפים הבל: פסולת של זיתים [ח]או של שומשמין, וזבל ומלח וסיד וחול, בין לחים בין יבשים.

אע"ג דלענין הטמנה בתוכן שוין הן, מ"מ יש חילוק ביניהן, דבשומשמין וה"ה בכל הדברים הנזכרים כאן, דוקא להטמין לתוכן אסור, אבל אם הטמין בדבר המותר, כגון בקופה של צמר וכה"ג, מותר להניח הקופה עליהן, **אבל** על גפת של זיתים אסור להניח, דחמימי טפי, ומוסיפין הבל למעלה דרך הקופה להקדרה.

ותבן - בין אם הוא ארוך, או נחתך לחתיכות דקות, **וזגין** - הוא פסולת של יקב יין, [ט]**ומוכין** - כל דבר רך קרוי מוכין, כגון צמר גפן, ותלישת צמר רך של בהמה, וגרירת בגדים בלוים, [רש"י], **ועשבים, בזמן ששלשתן לחין** - חשיב לתבן וזגין כחדא.

דלחין יש בהן הבל הרבה יותר מיבשין, **ומסתימת** המחבר משמע, דבין לחין מחמת עצמן, ובין לחין מחמת דבר אחר, שניהם אסורין, (ונ"ל דטעם הטור הוא, דאף דבגמרא דילן מסתפק בזה, כיון דהירושלמי פרק במה טומנין פשיטא ליה בזה לאיסור בכל גווני, כוותיה נקטינן), **אמנם** כמה אחרונים הסכימו, דדוקא לחין מחמת עצמן, שהם מחממות יותר מלחין מחמת משקה שנפלו עליהן משיבשו.

[י]סימן רנז ס"ז - [יא]כל היכא דאסרינן הטמנה, אפילו בקדירה מבושלת כ"צ אסרינן - ולא דמי לשהיה ע"ג כירה, דלכו"ע מותר במבושל כ"צ וכבסימן רנ"ג, דסתם הטמנה עיקרו הוא לצורך מחר, וצריך חיתוי טפי שלא יתקרר חתבשיל, ולכך חיישינן בכל גווני לחיתוי אם יטמין ברמץ, וגזרו משום זה בכל דבר המוסיף הבל וכנ"ל, **ואפילו** אם מטמין לצורך הלילה, לא חלקו חכמים בגזירתם, **משא"כ** בשהיה, דסתם שהיה הוא רק לצורך הלילה, שהרי מניחה מגולה, ולא יתקרר בזמן מועט, ולא חיישינן לחיתוי בזה, [**ואם** משהה לצורך מחר, ג"כ שרי, דכיון שהוא מגולה מתקרר הרבה, וחתוי מעט לא יועיל].

ואפי' מצטמק ורע לו - ובדיעבד מותר לכו"ע במצטמק ורע לו, וכנ"ל בס"א.

הגה: וכן עיקר – (שכן פסקו כל הפוסקים, ושיטת היש מקילין היא שיטה יחידאה).

[יב]ויש מקילין ואומרים דכל שהוא חי לגמרי או נתבשל כל צרכו, מותר בהטמנה כמו בשיהוי, וכמו שנתבאר לעיל סימן רנ"ג - ס"ל כיון שהוא חי, אפילו אם היה מטמין ברמץ, לא היה מתבשל ע"י החיתוי לצורך הלילה, ועד למחר בלאו החיתוי יתבשל, ולכך לא חיישינן.

וקאי אהטמנה בדבר המוסיף הבל מבעוד יום, אבל להטמין בשבת בדבר שאינו מוסיף הבל, אפילו מבושל כ"צ ומצטמק ורע לו, אסור לכו"ע, [דהא הטעם שמא ימצא קדרתו צוננת וירתיחנה וכנ"ל].

(כל צרכו – עיין במ"א שכתב, דלדעת י"א אפילו נתבשל כמאב"ד, ועיין בא"ר שחולק עליו, ועיין בתו"ש מה שכתב בזה, ולבסוף מסיק גם הוא, דבכונה נקט הרמ"א כ"צ, לאשמעינן דבפחות מזה, אף במקום שנהגו להקל, יש למחות בידם, מאחר דגם בשהיה יש דעות בזה).

ובמקום שנהגו להקל על פי סברא זו, אין למחות בידם, אבל אין לנהוג כן בשאר מקומות.

באר הגולה

[ז] **שם מ"ז** [ח] **שם לדעת הטור והר"ן ור' ירוחם וכן נראה מדברי רמב"ם** ‹ומשמע דבעיין לא איפשיטא, וכיון דמידי דרבנן הוא נקטינן לקולא, **אלא** שכתב הר"ן: וסלקא שמעתין הכי, דגפת דמתניתין אפילו דשומשמין, וכ"כ רבינו ירוחם, וכ"כ רבינו, וכ"כ הרמב"ם בפירוש המשנה, וכן נראה מדבריו בפ"ד, שכתב סתם שאין טומנין בגפת, ולא חילק בין דזיתים לדשומשמין, **ואפשר** שטעמם, מדלא דחי בדרך "דילמא", אלא ב"לעולם אימא לך", משמע דקושטא דמילתא הכי איתיה. **א"נ** שמפני שהוא קרוב לבוא לידי איסור תורה החמירו בספיקו – ב"י› [ט] **לדעת הרמב"ם שם** ‹דלמא כוונתו כהפמ"ג, דז"ל המ"א: צ"ל דחשיב לתבן וזגין כחדא, ובאמת ברמב"ם לא הזכיר תבן, ומדסתם ש"מ דאפי' לחין מחמת ד"א אסור – מ"א. **וז"ל** הפמ"ג: כפי דעתי כיון בכאן כוונה אחת כמו שאגיד. כי אם נאמר כמש"כ הרי"ף: וסליקא מחמת עצמן, משמע הא מחמת דבר אחר אין מוסיף הבל, וא"כ מוכין לחין מחמת עצמן אין בנמצא, כי אם לפעמים ממרטא דביני אוטמי, כדמסיק בשבת מ"ט א'. משא"כ תבן זגין ועשבים הם לחים מחמת עצמן, יש מקום לומר דנקיט "ששלשתן" בכוונה, כלומר בזגין ועשבים ותבן מצוי בהם לחים מחמת עצמן, וה"ה מוכין אם הם באפשרי מחמת עצמן. ולזה אמר, מדסתם, כהר"מ סובר פ"ד מהל' שבת ה"א, דכ"ש מחמת דבר אחר, וע"כ תבן וזגין כחדא חשוב – פמ"ג› [י] ‹ע"פ הבאר הגולה› [יא] **סמ"ג שם וסמ"ק שם ותרומה שם לדעת ר"ת** ‹ד"ה במה› **שם במשנה מ"ז** [יב] ‹שם (בתוס' הנ"ל) בשם ר' שמואל, דבשניהם הטעם משום שמא יחתה – גר"א›

"סימן רנז ס"א - וי"א דכל זה אינו אסור אלא כשעושה לצורך לילה, אבל כשמטמין לצורך מחר, מותר להטמין מבע"י בדבר שמוסיף הבל (מרדכי ריש פרק כירה וב"י ס"ס רנ"ג בשם שבולי לקט) - הטעם, דעיקר מה שאסרו להטמין במוסיף הבל, הוא משום שמא יבוא להטמין ברמץ ויחתה בגחלים, וע"כ כיון שמטמין לצורך מחר, ס"ל להי"א דלא שייך גזירה זו, דאפילו אם לא יגיע התבשיל למאכל בן דרוסאי, יתבשל ממילא כל הלילה, ולא יבוא לחתות, **וה"ה** דס"ל להי"א הזה, דמותר להטמין בנתבשל כ"צ, דלא יבוא ג"כ לחתות, וע"כ מותר בזה אף במטמין לצורך לילה, והוא כדעת היש מקילין לקמן בס"ז בהג"ה.

(ובדיעבד יש לסמוך על זה, ובלבד שלא יהא רגיל לעשות כן) - משמע דאם הוא רגיל, אף בדיעבד אסור, והטעם, דמעיקר הדין אין להם מקום להי"א, כמ"ש הגר"א ושארי פוסקים, וכן כתבו דהיש מקילין דלקמן אין להם מקום בדין, ולכך כתב שם רמ"א: דאין לנהוג כן בשארי מקומות.

באר הגולה

§ מסכת שבת דף מח. §

אות א'*[א]

תוס' ד"ה דזיתים: מכאן יש לאסור להניח גחלים תחת הקדרה

בא"ד: דלא אסרו אלא כשמטמין ומדביק סביב הקדרה

סימן רנז ס"ח - אע"פ שמותר להשהות קדירה ע"ג כירה שיש בה גחלים ע"פ הדרכים שנתבארו בסי' רנ"ג - דהיינו שמעמידה ע"ג כירה מלמעלה על פיה, ואין שולי הקדירה נוגעין בגחלים שלמטה, וה"ה בכה"ג אם עומדת ע"ג כסא של ברזל בתוך כירות שלנו, **וגם** תהיה הקדירה מבושל כל צרכה, לפי דעת המחבר שם.

[ב]**אם הוא מכוסה בבגדים, אע"פ שהבגדים אינם מוסיפים הבל מחמת עצמן, מ"מ מחמת אש שתחתיהם מוסיף הבל [ג](ואסור)** - ואפי' אם מפזר אפר ע"ג הגחלים, מ"מ מוסיף הבל הוא, [כן מבואר בתוס', וכן כתב הפמ"ג].

[ד]**ומיהו כל שהוא בענין שאין הבגדים נוגעים בקדירה, אע"פ שיש אש תחתיה, כיון שאינו עושה דרך הטמנה, שרי** - דהיינו כעין שצייר המחבר בסמוך.

הלכך היכא שמעמיד קדירה ע"ג כירה או כופח שיש בהם גחלים - עתה חזר לפרש בקיצור מה שכתב בתחלת הסעיף: "אע"פ שמותר להשהות", **ואין שולי הקדירה נוגעים בגחלים, שיהוי מקרי, ומותר ע"פ הדרכים שנתבארו בסימן רנ"ג** - המחבר אזיל לשיטתו בסימן רנ"ג סוף ס"א, **אבל** לדעת הרמ"א שם בהג"ה, אפילו שולי הקדירה נוגעין בגחלים ג"כ שרי, כיון שהקדירה מגולה למעלה ואין טמון בבגדים.

[ה]**ואם נתן על הקדירה כלי רחב שאינו נוגע בצדי הקדירה, ונתן בגדים על אותו כלי רחב, מותר** - עתה חזר לפרש בקיצור מה שכתב: ד"בענין שאין הבגדים נוגעין" מותר.

ה"ה כשנותן ע"פ הקדירה דף רחב, בענין שהבגדים שמכסה מלמעלה לא יגעו בצדי הקדירה.

דכיון שאין הבגדים נתונים אלא על אותו כלי רחב שאינו נוגע בצדי קדירה, אין כאן הטמנה.

והנה כ"ז כשיש אש בכירה, אבל אם אין אש בכירה כלל, י"א שאין לאסור להעמיד קדירה עליה ולכסותה בבגדים, דאף שחום הכירה שתחתיה ג"כ גדול ומוסיף הבל, מ"מ שרי, [ו]**דדוקא** ע"ג גפת וכדומה אסרו, משום דראוי להטמין בתוכה, וגזרו שמא יטמין ברמץ, אבל הכא אין ראוי להטמין בתוך הקרקע של הכירה, הלכך ליכא למיחש למידי, [ז]**וגם** מטעם אחר י"ל דלא דמי לגפת, דגפת מוסיף הבל בעצמו, אבל כירה אין חומה אלא מחמת האש, ובכל שעה מתקרר והולך, **ויש** שחוששין בזה להחמיר, אא"כ מניח כלי או דף רחב על הקדרה מלמעלה ואח"כ מכסה אותה בבגדים, כמ"ש בשו"ע, [דעת הרא"ש בעצמו], **ומ"מ** אין למחות ביד הנוהגין להקל.

ועל פי זה תדע, דמה שנוהגין להעמיד קאווי או תבשיל בע"ש מבע"י על התנור מלמעלה, ומכסין אותן בבגדים, דאף שלא יפה הם עושין לדעת פוסקים המחמירין, מפני שחום התנור מוסיף הבל, אא"כ יניח איזה דף רחב על הקדירה, מ"מ אין למחות בם, דיש להם על מה שיסמוכו וכנ"ל, [**וה"ה** אם מעמידה בגומא שנעשית על התנור או בתוך הקאכלי"ן, אך בענין שלא יהיה הגומא או הקאכי"ל מצומצמת לפי ערך הקדרה לבד, דזה ג"כ חשוב כעין הטמנה, אלא שיהיה קצת אויר מפסיק בין הקדרה לדופן הגומא והקאכי"ל, ואז מותר לכסות אותה אפי' בבגדים].

אמנם אם נותן חול ע"ג התנור, אע"פ שאין מטמין כולו בתוכו, רק ששולי הקדירה עומדים בחול, ולמעלה מכוסה בבגדים ע"ג הקדירה, בודאי אסור, שחול הוא מהדברים המוסיפים הבל, וגזרינן שמא יטמין בו כולו, **ואם** כופה כלי רחבה, או שנותן עליה דף רחב, ומכסה בבגדים מלמעלה, מותר אף שמעמידו עד חציו בחול.

[ח]**וכן מותר להניח הקדירה בתנורים שלנו ע"י שיתן בתוכה חתיכה חיה** - פי' עד השתא מיירי לענין כירה, ועתה בא לפרש דגם בתנור מותר ליתן קדרה מבע"י, ואף שאינו גרוף וקטום, כיון שנותן בה חתיכה חיה לא חיישינן לחיתוי, וה"ה אם היא מבושלת כ"צ, דאל"ה אסור משום שהיה, **דאף** שהקדרה כולה נתונה בתוך התנור, ומכסה את פי התנור ג"כ בבגדים, ובודאי מוסיף הבל ע"י חום התנור, אפ"ה אין שם הטמנה ע"ז ושרי, כיון שאין הבגדים נוגעין בקדירה.

[ט]**והוא שלא תהא הקדירה נוגעת בגחלים** - דאם היו שוליה נוגעין בגחלים, ס"ל דמחמת זה גופא מקרי מטמין בדבר המוסיף הבל ואסור, **והרמ"א** ס"ל דעי"ז לא חשיב הטמנה.

ואע"פ שמכסה פי התנור בבגדים, כיון שאין הבגדים נוגעים בקדירה, לאו הטמנה היא ושרי.

באר הגולה

א ‹ע"פ הב"י› ב **טור ושאר פוסקים** ג **כצ"ל על פי הב"י** ד **טור לדעת הרא"ש ור"ן שם** ‹וסברת ר"י ב"ועוד" בתוס' הנ"ל› ה **ר"ן לדעת רבי יונה והרשב"א** ו ‹סברת ר"י בתוס' הנ"ל› ז ‹סברת רבינו ברוך בתוס' הנ"ל› ח **מדברי הרא"ש שם** ‹ובדברי הר"י ב"ועוד" בתוס' הנ"ל›

ט ‹שאילו בנוגעת ממש, למה לי משום שטמן בקופה, אפילו לא טמן כלל יהא אסור, שהרי כל זמן שפני הקדירה דבוקין על פני דבר המוסיף הבל, זו היא הטמנה, שהטמנה במקצת הטמנה היא, ואין הדבר תלוי בהטמנת כל הקדרה. **ותדע** לך מדקתני במתניתין כיצד הוא עושה נוטל את הכיסוי והן נופלות, אלמא כסוי הקדירה היה מגולה, ואעפ"כ לא התירו אלא בדבר שאינו מוסיף, אבל בדבר המוסיף אסור, וא"ת דוקא בשכולה טמונה חוץ מפיה, א"כ נתת דבריך לשיעורין – רשב"א מ"ז:› ‹**ובודאי** ראיה זו שהביא אינה ראיה כלל, דמתני' איכא לאוקומה כגון שהקדירה מכוסה כולה היא וכיסויה, אלא שיש על הכיסוי בית יד כדרך שעושין לו עכשיו, ואותו בית יד אינו מכוסה, ואוחז ידו ונוטל את הכיסוי והן נופלות – ר"ן›

אסוקי הבלא. כגון זה שהטמין בדבר אחר והניח קופה על הגפת דליכא אלא שהגפת מעלה הבל למעלה ומרתיח קדרה שבקופה: **אפומא דקומקומא.** מיחם של חמין והכוזא היתה מלאה צונן: **נזהיה.** גער בו: **מאי שנא ממיחם על גבי מיחם.** דתניא בברייתא בסוף פרקין דשרי: **התם אוקומי מוקים.** שהמיחם העליון גם בו יש מים חמין והתחתון אינו אלא מעמיד חומו שלא יפיג: **דסתודר.** סודר של ראש: **דכובא.** קנקן: **נטלא.** כלי ששואבין יין מן הכובא: **דקא עצר.** שהיה סוחטו מן המים שנבלעו בו: **מאי שנא מפרונקא.** בגד העשוי לפרוס על הגיגית שפורסין אותו בשבת: **לא קפיד עליה.** אם שרוי במים שהרי לכך עשוי ולא אתי לידי סחיטה: **מוכין.** אינן אלא לעשות מהן לבדין שקורין פלטר"ר ומוקצין הן למלאכה ואסור לטלטלן ואלו שטמן בהן מי אמרינן יחדן להטמנה ואיכא תורת כלי עליהן ומותר לטלטלן בשבת או לא: **עומד ומפקיר לכך.** קופה של מוכין שדמיה יקרין אין דרך בכך ולא בטלי להטמנה: **גיזי של צמר.** כמות שנגזזו: **ציפי צמר.** לאחר שנפצוה וטחוה כמין מחצלות משטיחין: **לשונות.** לאחר שלבנן וסורקין אותן כעין לשונות ארוכין לטוותן: **ואין מטלטלין אותן.** קס"ד דהכי קאמר ואע"פ שטמן בהן אין מטלטלין אותן: **אם לא טמן בהן כו'.** ומילי מילי קתני ברישא אשמועינן דטומנין בהן דלא מוספי הבלא ואשמועינן סיפא דסתם מוכין מוקצות נינהו אבל הגי דטמן בהן הוי כמי שיחדן לכך: **למזגא.** להיסב עליהן: **לאהדורי אודרא לבי סדיא.** להחזיר מוכין שנפלו מן הכר לתוכן: **מתירין בית הצואר.** שדרך הכובסים לקושרן: **אבל לא פותחין.** לכתחילה דהשתא עביד ליה מנא: **בחדתי.** שלא היו מעולם לתוכו אסור דהשתא עביד ליה מנא: **בעתיקי.** להחזירו לכר זה שנפלו ממנו: **הפותח בית הצואר.** של חלוק לכתחילה: **חייב חטאת.** דהשתא קמשוי ליה מנא וחייב משום מכה בפטיש והיינו גמר מלאכה:

אסוקי הבלא דזיתים מסקי הבלא דשומשמין לא מסקי הבלא רבה ורבי זירא איקלעו לבי ריש גלותא חזיוה להההוא עבדא דאנח כוזא דמיא אפומא דקומקומא *נזהיה רבה א"ל ר' זירא מאי שנא ממיחם על גבי מיחם א"ל התם אוקומי קא מוקים הכא אולודי קא מוליד הדר חזייה דפרס דסתודר אפומיה דכובא ואנח נטלא עילויה [ג]נזהיה רבה א"ל ר' זירא אמאי אמר ליה השתא חזית לטוף חזייה דקא מעצר ליה א"ל מאי שנא מפרונקא א"ל התם לא קפיד עילויה הכא קפיד עילויה: ולא בתבן: בעא מיניה רב אדא בר מתנה מאביי מוכין שטמן בהן מהו לטלטלן בשבת א"ל [ד]וכי מפני שאין לו קופה של תבן עומד ומפקיר קופה של מוכין לימא מסייע ליה *טומנין בגיזי צמר ובציפי צמר ובלשונות של ארגמן ובמוכין ואין מטלטלין אותן אי משום הא לא איריא הכי קאמר אם לא טמן בהן אין מטלטלין אותן אי הכי מאי למימרא מהו דתימא חזי למזגא עליידהו קמ"ל: רב חסדא [ה]שרא לאהדורי *אודרא לבי סדיא בשבתא איתיביה רב חנן בר חסדא לרב חסדא מתירין בית הצואר בשבת אבל לא פותחין ואין נותנין את המוכין לא לתוך הכר ולא לתוך הכסת ביו"ט ואין צריך לומר בשבת לא קשיא הא בחדתי הא בעתיקי תניא נמי הכי אין נותנין את המוכין לא לתוך הכר ולא לתוך הכסת בי"ט ואין צריך לומר בשבת נשרו מחזירין אותן בשבת ואין צריך לומר ביום טוב אמר רב יהודה אמר רב *[ו]הפותח בית הצואר בשבת חייב חטאת מתקיף לה רב כהנא מה

דזיתים מסקי הבלא. מכאן יש לאסור להניח גחלים תחת הקדרה אפי' יתן עליהן אפר אין להטמין קדרה עליהם שהרי הגחלים מעלין הבל למעלה כמו גפת של זיתים ויש תימה היאך אנו מטמינין על כירות שלנו שקורין אשטר"א ואע"פ שגורפין אותו הוא מוסיף הבל כמו גפת של זיתים ואומר ר"י שיש ליתן טעם לקיים המנהג דגבי גפת איכא למיחש שמא יטמין סולה בתוכה אבל בכירות שלנו לא שייך למיחש הכי ועוד יש שעושין חפירה גדולה ועושין בה בנין לבנים סביב מכל צד ולמלמטה ומחמין אותה היטב וגורפין אותה ומטמינין בה את הקדרה ולא דמיא למטמין בדבר המוסיף הבל דלא אסרו אלא כשמטמין ומדביק סביב הקדרה דומיא דרמץ אבל תנור או חפירה שיש אויר בין הדפנות לקדרה אין לאסור יותר מהשהאה אף על פי שכל הקדרה בתוך התנור ורבינו ברוך פי' שיש לחלק בין תוספת הבל דגפת לתוספת הבל דכירה שלנו לפי שהכירה אין חומה אלא מחמת האש ולעולם מתקרר והולך אבל הגפת מוסיף הבל מעצמו אומר רבינו שמואל דמותר לשום תפוחים אצל האש סמוך לחשכה אע"פ שלא יוכלו לצלות מבע"י דנאכלין טפי כמו שהן חיין מהתבשיל שנתבשל כמאכל בן דרוסאי דשרי ואע"ג דבפ"ק (ד' יט:) תנן אין צולין בשר בצל וביצה אלא כדי שיצולו מבע"י אע"פ שפעמים אוכלים בצל חי מ"מ אינו ראוי לאכול חי כמו תפוחים ורגילה להפיג חריפותן ולמתקן בבישולו ואם הטמין תפוחים עם הקדרה אסור להחזיר כרים וכסתות על הקדרה שטמנן או להוסיף על אותן כרים אע"ג דאם אין שם תפוחים מותר להחזיר כדתנן בפירקין (ד' נא.) כסהו ונתגלה מותר לכסותו ולהוסיף כמי אמרינן בגמרא (שם.) אם בא להוסיף מוסיף כשיש עם הקדרה תפוחים אסור דאם מחזיר קודם שנתבשלו כמלא מבשל בשבת ומה שנהגו להסיר הקדרה מעל הכירה ומניחין על הקרקע עד שיגרפו הכירה שמא סבירא לן כהך לישנא דריש כירה (לעיל דף לח:) דשרי חזקיה משמיה דאביי הניחו על גבי קרקע אם דעתו להחזיר: **מאי** שנא ממיחם ע"ג מיחם. קשה לר"י דבברייתא גופה דשרי מיחם ע"ג מיחם בסוף פרקין קתני בהדיא ולא בשביל שיחמו אלא בשביל שיהו משומרין ואומר ר"י דברייתא לא שמיע ליה ולא מכח ברייתא פריך אלא ממעשים בכל יום שנותנין מיחם על גבי מיחם תימה דהיכי דמי אי יד סולדת בו היכי הוה בעי למישרי אע"פ שמבשל מי לא ידע דתולדה האור כאור דתנן (לעיל דף לח:) אין נותנין בילה בגד המיחם ואמר אם גלגל חייב חטאת ותנן נמי (דף מח.) המיחם שפינהו לא יתן לתוכו צונן ואי להפשיר היכי מסיק דלאסור והא תניא בפ' כירה (דף מ:) נותן אדם קיתון של מים כנגד המדורה לא בשביל שיחמו אלא בשביל שתפוג צינתן והיינו הפשר כדמוכח סוגיא דהתם ורב יהודה נמי קאמר התם אחד מים ואחד שמן יד סולדת בו אסור אין יד סולדת בו מותר ואין לחלק דגבי מדורה יזהר שלא יבשל כיון שהוא אצל האש אבל הכא אפילו אין יד סולדת בו אסור דשמא יבא לטעות ויניח עד שיתבשל דהא גבי מיחם שרינן לתת לתוכו מים מרובין כדי להפשירן ולא גזרינן אטו מים מועטין אע"פ שאינו אצל האש ונראה לרשב"א דהא דשרינן לתת קיתון של מים כנגד המדורה היינו ברחוק מן המדורה שלעולם לא יוכל לבא לידי בשול אבל בקרוב אסור אפי' להפשיר דילמא משתלי ואתי להניחן שם עד שיתבשל ולהכי מסיק הכא דלאסור ולא בשביל שיחמו דקתני התם היינו כלומר במקום שיכול לבא לידי שיחמו והלשון דחוק קצת: **מאי** שנא מפרונקא. פר"ח דאמר רבא בפרק תולין (לקמן קלט:) האי פרונקא אפלגא דכובא שרי דלא הוי אהל ולא חיישינן שמא יסחוט: **התם** לא קפיד. פר"ח בפ"ק דכתובות (דף ו.*): **וכי** מפני שאין לו קופה של תבן כו'. וא"ת מאי קבעי הא תנן במתניתין טומנין בגיזי צמר ואין מטלטלין אותן והיינו אפילו טמן דהא קתני בהדיא כיצד עושה מנער את הכיסוי והן נופלות וכי מייתי מברייתא דמסייע ליה לייתי ממתניתין דלא מצי למדחי ממתניתין כדדחי ברייתא וליכא למימר דמתני' איכא לאוקומי בשל הפתק כדמוקי לקמן רבינא ע"כ סוגיא דהכא לא סבירא כרבינא מדלא מוקי ברייתא דמייתי בשל הפתק ותירץ ר"י דגיזי צמר חשיבי טפי ממוכין ואסורים לטלטל יותר ואע"ג דרבא קאמר לקמן דאפילו גיזי צמר טמן בהן מטלטלין אין לחוש אי פליגא אאביי דהכא כיון דלא קיימא לקמן מילתיה דרבא ולמאי דמשני רבינא מילתיה דרבא ומוקי מתניתין בשל הפתק ודרבא בשאין של הפתק אומר רשב"א דה"נ מיירי במוכין של הפתק ולא פליגא דרבא אדאביי אך ק"ק דמאי משני בסמוך מהו דתימא חזי למזגא עלייהו כיון דמיירי בשל הפתק היכי ס"ד דשרי לטלטל משום דחזי למזגא עלייהו:

ה"ק אם לא טמן אין מטלטלין אותן. אמוכין קאי ולא אגיזי צמר דגיזי צמר אפי' טמן אין מטלטלין: **הא** בחדתי הא בעתיקי. אומר ר"י שאם נתקו חוטי הסרבל אם הנקב רחב ויכול להכניסם בלא טורח שרי כיון דעתיקי ובלבד שיתכס בענין זה שלא יהא לחוש שמא יתקע דבענין שהוא רגילות לתקוע ולקשור נראה דאסורין להחזיר כדאסרינן בריש כל הכלים (דף קכב:) החזרת שידה תיבה ומגדל גזירה שמא יתקע:

וכי

עין משפט נר מצוה

ב א טוש"ע או"ח סימן רנ"ח סעיף א:

ג ב מיי' פכ"ב מהלכות שבת הלכה טו טור ושו"ע או"ח סימן רנ"ג סעיף טו:

ד ג מיי' פכ"ו מהלכות שבת הלכה יב טוש"ע או"ח סימן רנ"ט סעיף א:

ה ד מיי' פכ"ב מהלכות שבת הלכה כג טור ושו"ע או"ח סימן ש"מ סעיף ח:

ו ה מיי' פ"י מהלכות שבת הלכה י טוש"ע או"ח סימן שי"ז סעיף ג:

רבינו חננאל

כוזא דמיא אפומא דקומקומא משום דמיא צונן ומוליד חימום. ואסר נמי למפרס סודרא אפומא דכובא ולאנוחי נטלא אגביה דסודרא משום (דשארי) [דשיורי] הכוס מתחוין בסודרא וקפיד בנשירא דסודרא וסחיט ליה ולא דמי לפרונקא שהיא מטלית קשורה בפומא דכובא כדגרסי' בפ' דר' אליעזר אומר תולין (ד' קלט:) אמר רבא האי פרונקא אפלגי דכובא שרי ולא חייש דניחוי כמו מסננת אפומא דכולא כובא אסיר דהא עביד (אבל) אהל כמסננת. ואמאי שרי רבא התם אפלגי דכובא ליחוש שמא יסחוט המטלית. ושנינו מטלית לא קפיד בנשירותא מלשון (לקמן קמו:) מי שנשרו כליו בדרך שוטחן בחמה אבל לא כנגד העם סודר קפיד בנשירותא הילכך האי אסור והאי שרי: פי' מוכין סמרטוטין. בגדים מקוצצין כדתנן בנגעים פרק י"א בגד מוסגר שנתערב באחרים כולן טהורין קיצצו ועשאו מוכין טהור. מוכין אסיקנא כי הא דתניא אין נותנין מוכין לא לתוך הכר ולא לתוך הכסת בי"ט ואין צריך לומר בשבת נשרו מחזירין אותן בשבת [ואין צריך לומ' ביו"ט]: **אמר** רב הפותח בבגד בית הצואר בשבת חייב

רב נסים גאון

פ"ד אמר ליה ר' זירא מאי שנא ממיחם על גבי מיחם. בסוף הפרק (דף נא) בברייתא גרסי' ומניחין מיחם על גבי מיחם ומאי שנא מפורנקא. עיקר דיליה בפרק ר' אליעזר אומר תולין את המשמרת ביו"ט (דף קלט) אמר רבא האי פרונקא אפלגא דפומא דכובא שרי וכו' ואיכא דאמרי מאי שנא מפרונקיה דמר לפי שר' זירא עם רבא הוה מפליג הוא

ב"מ יט.

[גי' הערוך אודרא פי' סטוה]

פסחים ג:

ד"ה סא'

(עיין במ"א דמשמע מיניה, דלדעת הרמ"א שרי אפילו כשמכסה מלמעלה בבגדים, ובענין שאינם נוגעין, [י]ובספר א"ר חולק עליו וסובר, דכיון שהוא מכסה מלמעלה בבגדים, גם הרמ"א מודה דאין להקל, אלא כשאין שולי הקדרה נוגעין בגחלים).

הגה: והטמנה שעושין במדינות אלו, שמטמינים בתנור וטחין פי התנור בטיט, שרי לכו"ע (א"ז ותה"ד ואגור), וכמו שנתבאר לעיל סי' רנ"ד, ויתבאר לקמן סוף סי' רנ"ט - הנה לענין הטמנה אין צריך כלל טיח בטיט גם להרמ"א, אלא דבא לומר דבטיח שרי בכל ענין, אפילו אין נותן בה חתיכה חיה של בשר, וגם היא עדיין בתחלת בשול, דבלא טיח היה אסור בזה להניח הקדרה בתנור שאינו גרוף וקטום משום חשש חיתוי, ובטיח שרי.

ואעפ"כ י"א דצריך ליזהר שלא יטמין הקדרה בתנור בתוך הגחלים מכל צד, דקרוי הטמנה בדבר המוסיף הבל מחמת הגחלים גופא, [**דאף** דבזה ליכא למיחש לחיתוי, מ"מ שייך למגזר שמא יטמין ברמץ מגולה, ולא עדיף מגפת של זיתים], **ויש** מקילין גם בזה, דהא טוח בטיט ולא אתי לחיתוי, וכן משמע באור זרוע, **וטוב** להחמיר לכתחלה, וגם מטעם אחר, פן ישארו הגחלים לוחשות עד למחר, ולא יוכל להסיר הקדירה משם, וכדלעיל ברנ"ג ס"א בהג"ה, **ועכ"פ** במקום שלא נהגו להטיח הסתימה בטיט, בודאי אסור להטמין הקדרה בתוך הגחלים, אפי' אם הקדרה כבר מבושל כל צרכה.

ודע דמבואר לעיל, דדוקא בבשר כשהוא חי אין בו חשש חיתוי, דע"י חיתוי לא יתבשל שיהא ראוי לאכול לצורך הלילה, **אבל** פשטיד"א או מיני קטניות או מיני בצק, ממהרין להתבשל, ואף כשנותנן סמוך לחשיכה כשהן חיין, יש בו חשש חיתוי משחשיכה, כדי למהר בישולן לצורך סעודת הלילה, וצריך שיהיה התנור טוח בטיט, **ובמקומות** שלא נהגו לטוח התנור בטיט, אסור ליתן מינים אלו בתנור סמוך לחשיכה, אם לא ניתן בהן חתיכת בשר חי, אא"כ יש שהות שיתבשל עכ"פ מבע"י כמאכל בן דרוסאי, או שיכסה הגחלים באפר, כמ"ש סימן רנ"ג.

ומצוה להטמין לשבת כדי שיאכל חמין בשבת, כי זהו מכבוד ועונג שבת - אבל מי שמזיק לו החמין, מותר לאכול צונן.

וכל מי שאינו מאמין בדברי החכמים ואוסר אכילת חמין בשבת, חיישינן שמא מין הוא (הר"ן פרק במה טומנין וכל בו) - ובימינו בעו"ה מצוי קלקול גדול, ע"י אלו שפורשין עצמם בשאט נפש ממצות אכילת חמין בשבת, שבאין לבסוף עי"ז לידי איסור, שמצווין לא"י שיחמו עבורן חמין בשבת, **וכמה** פעמים יבואו עי"ז גם לידי איסור דאורייתא של שלשה אבות מלאכות, והן: בישול והבערה וכיבוי, שמעמידין את הכלי עם עלי הטיי"א על המוליאר {ובלשוננו סאמאוואר} בשעה שהגחלים בוערות, הרי בשול, ובכל פעם כשנוטל את הכלי מעליו ומחזירו אח"כ, הוא עובר על מבעיר ומכבה, דבשעה שהכלי עומד עליו מתכבה האש במקצת, ובהסירו מתבערים הגחלים, **והעושה** כן במזיד הוא פסול לעדות ולשבועה מן התורה, ומכרית את נפשו מארץ החיים, כי היא עבירה שחייבין עליה כרת וסקילה, וכל בעל נפש לא יסור ממנהג ישראל להטמין חמין על שבת, ולקיים מצות עונג שבת כאשר נהגו אבותינו מעולם, ושומר מצוה וכו', **וזה** לשון בעל המאור בפ' כירה: כל מי שאינו אוכל חמין וכו', וצריך להזמין, לבשל להטמין, ולענג את השבת ולהשמין, הוא המאמין, וזוכה לקץ הימין, ע"ש עוד.

אות א'** [יא]

תוס' ד"ה דזיתים בא"ד: דמותר לשום תפוחים אצל האש

סימן רנ"ד ס"ד - [יב]פירות שנאכלין חיין, מותר ליתנם סביב הקדירה - והקדרה עומדת על הפטפוט ותחתיה יש אש, [באופן היתר, כגון שהיא כמאב"ד דשרי להי"א, או שהיא מצור"ל דשרי לד"ה].

אע"פ שא"א שיצלו קודם חשכה - וקמ"ל דמותר ליתן קודם חשיכה פירות סביבה, אף שהפירות נוגעין באש וניצולין בשבת מחום האש, **ולא** דמי לבשר בצל וביצה הנ"ל, דאסור ליתנם אא"כ ניצולו מבעוד יום כמאב"ד, **דהכא** כיון שנאכלין חיין, הרי שהוא כתבשיל שנתבשל כמאב"ד, דיותר הם טובים בלא בישול כלל משאר תבשיל שנתבשל כמאב"ד, ולא אתי לחתויי, [**ואפי'** להאוסרין בסי' רנ"ג במאב"ד, מודו הכא, דחשוב כמו צליה על האש, כיון שהפירות נוגעין בגחלים].

ולא דמי לבצל בס"ב, דאסור אע"פ שלפעמים אוכלין אותו חי, מ"מ אין טוב לאכלו חי כמו תפוחים, **וה"ה** לכל דבר שאין טוב לאכלו חי, כמו תפוחי יער וכדומה, אסור כבצל וביצה הנ"ל.

והא דנקט "סביב הקדרה", ולא נקט סתמא דמותר ליתנם על האש, דבר ההוה נקט, ובימיהם היה רגילות לנהוג כן, [**עיין** תוס' מ"ח. דנקטו סתמא אצל האש], **א"נ** משום דין הכסוי דנקט בסיפא דשייך בקדירה, נקטיה.

ומיהו צריך ליזהר שלא יחזיר הכיסוי אם נתגלה משחשיכה, ושלא להוסיף עליו עד שיצולו, מפני שממהר לגמור בישולם בשבת - אף דמצד הקדירה, אם נתגלה בשבת הכיסוי שלו שכיסוהו מלמעלה, מותר לחזור ולכסותו שלא יצטנן, וכן להוסיף עליו, וכדלקמן ברנ"ז ס"ד, **שם** הקדירה כבר נתבשלה מבע"י, אבל הכא שהפירות מתבשלין והולכין בשבת, והכיסוי הוא גם עליהן, וע"י הכיסוי הוא ממהר לגמור בשולו, אסור, [תוס'].

וכ"ש שאסור להניחם בשבת גופא סמוך לתנור כדי לצלות, ואפילו אם נותנו בשביל זה קודם שהוסק, אסור, כדלעיל בסוף סימן רנ"ג, **אבל** קודם חשיכה מותר ליתן אותם על תנור החם או בקאכל"ן, והיינו קודם לשקיעה, ועיין בסימן רס"א בדין בה"ש.

באר הגולה

[י] ‹דאל"כ הו"ל לרמ"א להגיה הכא, לכן נ"ל דס"ל דהכא מיירי שמכוסה התנור בבגדים, ואף שאין נוגעים בקדרה, מ"מ כיון שהגחלים נוגעים הוי הטמנה, משא"כ בסימן רנ"ג דאין מכוסה בבגדים – א"ר› [יא] ‹ע"פ הבאר הגולה› [יב] **טור בסימן רנ"ז בשם רשב"ם והתוספות והרא"ש בריש פרק ד' דשבת**

אות א'

חזיוה להה‍וא עבדא דאנח כוזא דמיא אפומא דקומקומא, נזהיה רבה

סימן שיח סי"ז - [יג]אסור ליתן צונן (על המיחם), אפילו להפשיר, כל שהמיחם חם כל כך שאילו היה מניחו שם הרבה היה בא לידי בישול, דהיינו שיהיה יד סולדת בו - דחיישינן שמא ישכח ויניחנו שם עד שיתבשל.

לפי מה דמסיק הרמ"א לעיל בסט"ו בהג"ה, יש להקל בזה אם היה דבר מבושל ולא נצטנן לגמרי.

שדין מניח ע"ג מיחם, כדין מניח כנגד המדורה - ר"ל ומבואר לעיל בסי"ד, דאפי' להפיג צינתו אסור, אם יכול לבוא לידי בישול.

ואם אינו חם כל כך, מותר - אפי' אם הצונן הוא דבר שלא נתבשל מעולם. **ואם** המיחם עומד ע"ג האש, עיין לעיל בס"ח.

אות ב'

חזייה דפרס דסתודר אפומיה דכובא, ואנח נטלא עילויה, נזהיה רבה

סימן שכ סט"ו - [יד]אסור לפרוס סודר על פי החבית וליתן על גביו הכלי שדולים בו, שמא יבא לידי סחיטה - שיסחוט הסודר מן המים שנבלעו בו ע"י הכלי, וסוחט בגד חייב משום מלבן, **ומיירי** שהיתה אז החבית ריקנית, דאל"ה פריסת סודר בעצמה אסור משום חשש סחיטה, אפילו אם לא יניח כלי לח על גבה.

אבל בגד העשוי לפרוס עליו, מותר, שאינו חושש עליו לסוחטו - שהרי לכך עשוי, ואינו מקפיד עליו אם הוא שרוי במים, **ומיירי** בענין דאין בו משום חשש אהל, וע"ל בסימן שט"ו סי"ג ובמ"ב שם.

אות ג'

וכי מפני שאין לו קופה של תבן עומד ומפקיר קופה של מוכין

סימן רנט ס"א - [טו]מוכין - פי' יבשים, כמ"ש סימן רנ"ז ס"ג, **(פי' כל דבר רך קרוי מוכין כגון: צמר גפן, ותלושי צמר רך של בהמה, וגרירת בגדים בלויס)** - (עיין במ"א, ונראה שלא היה לפניו מה שכתוב לפנינו, "וגרירת בגדים בלוים", כי באמת הוא ממציינים, והמ"א השמיט זה, וכנראה שבכונה השמיטו, **אף** שכתוב זה ברש"י במשנה, היינו לדינא דהטמנה, אבל למה שכתוב פה, שמוכין חשיבי מגיזי צמר, ע"כ לא איירי במוכין כזה, ‹אלא באלו› שמוכן רק לעשות לבדים).

שטמן בהם דרך מקרה, אסור לטלטלן - דסתמן חשובין הם ואדם מקצה דעתו מהן, מפני שעומדין לעשות מהן לבדין, והן מוקצין מחמת חסרון כיס, דמקפיד להשתמש בהן שאר דברים, ולפיכך אפילו טמן בהם דרך מקרה, עדיין הם עומדין בהקצאתן ואינם בטלים להטמנה.

(**ודע, דדעת הא"ר להסכים לשיטת הראשונים, הסוברין דמוכין דינו כגיזי צמר כל זמן שאינם עומדים לסחורה, וע"י הטמנה בעלמא שרי למחר לטלטלינהו, וע"ש שהביא דכן הוא שיטת הבה"ג, ולענ"ד דכן הוא ג"כ שיטת הר"ח, שהרי לא העתיק בדף מ"ח הסוגיא דאביי לגבי מוכין, וע"כ דס"ל כבה"ג, דמאחר דקי"ל כרבא** ‹וכלישנא קמא שם מ"ט› **בגיזי צמר דבהטמנה בעלמא שרי לטלטלינהו, וכדמסיק רבינא שם** ‹נ.› **דבתראה הוא, ה"ה נמי לגבי מוכין,** ‹דמוכין לא חשיבי מגיזי צמר, ודלא כרש"י מ"ח. ד"ה מוכין, עיין בב"י›, **ונדחה הא דאביי, אמנם הרבה ראשונים פוסקין כאביי, וכמובא בב"י, ובמקום הדחק נראה דיש לסמוך ע"ז).**

דרך מקרה - לאפוקי אם רגיל להטמין בהן, נסתלק מהן שם מוקצה אף שלא יחדן בפירוש, **ודעת** הב"ח דאפילו בשני פעמים סגי לזה.

[טז]אלא מנער הכיסוי והן נופלות; וכגון שמקצתן מגולה - כדי שיהיה לו מקום פנוי לאחוז הכסוי, כדי שלא יצטרך לטלטל המוכין להדיא, **שאין זה טלטול אלא מצדו.**

[יז]ואם יחדן לכך, מותר לטלטלן - פי' שיחדן מע"ש להטמנה לעולם, [מ"א ותוספות שבת, וכן כתב רש"י בדף נ' ‹ד"ה יחדן›], ואפילו היה היחוד רק במחשבה בעלמא, לא בפה.

אות ד'

שרא לאהדורי אודרא לבי סדיא בשבתא

סימן שמ ס"ח - [יח]מוכין שנפלו מן הכסת, מותר להחזירם - לאותו הכסת, דכיון דכבר היו שם, אין בזה משום תיקון מנא, **אך** שיזהר שלא יתפור.

כל דבר רך קרוי מוכין, כגון צמר גפן וגרירת בגדים בלויים וכה"ג, [רש"י בריש פ' במה טומנין], וה"ה נוצות, [מרב חסדא דשרא לאהדורי אודרא], ‹עיין ג"י הערוך ופי' בצד הגמ'›.

אבל אסור ליתנם בתחלה בכסת - דהשתא עביד ליה מנא, ויש בזה חיובא דאורייתא, [רש"י, **ולהרמב"ם** הוא רק משום גזרה שמא

באר הגולה

[יג] תוס' בשבת מ"ח ‹ד"ה מאי שנא› **אעובדא דרבה ורבי זירא בבי ריש גלותא והר"ן שם** **[יד]** **שבת מ"ח בעובדא דבי ריש גלותא וכפירש"י וכ"כ הרמב"ם** ‹ודלא כדברי רבינו ירוחם דמחלק באופן אחר, וז"ל: כיסוי שמשימין על חבית של מים, אם הוא מבגד שלובשים, כגון חלוק או כיוצא בו, אסור לכסות בו, אבל כיסוי מבגד אחר שאין לובשין אותו, מותר - ב"י› **[טו]** **שבת מ"ח כאביי** **[טז]** **שם מ"ט** **[יז]** ‹מדקאמר וכי מפני שאין כו', {משמע דאם מפקיר בפירוש לזה, דהיינו ייחדן להטמנה, שרי לטלטל} וכמ"ש בגיזי הפתק, {שם דף נ. גבי גיזי צמר של הפתק, דיש חילוק בין ייחדן להטמנה או לא} - גר"א ע"פ הדמשק אליעזר› **[יח]** **ברייתא שם מ"ח**

יתפור, וסתמתי כרש"י, משום דהר"ן והריטב"א והאור זרוע והמאירי כולם סתמו כרש"י, ומברייתא דנקטה לדין זה עם דין דפותח בית הצואר בחדא מחתא, משמע נמי כרש"י, דהתם חיוב חטאת איכא, כדאיתא שם בהדיא].

אות ד'* [יט]

תוס' ד"ה לא בחדתי לא בעתיקי

סימן שיז ס"ב - [כ]**נשמטו לו רצועות מנעל וסנדל, או שנשמט רוב הרגל** - שמנעלים שלהם היו עשויים פרקים, ומחוברים ע"י הרצועות, וכשנשמט חלק המנעל שעל רוב הרגל ממקומו, מחזירו ומהדקו מחדש ע"י הרצועות, **ויש** מפרשים שנשמט מנעלו מרוב רגלו ע"י שאין מהודק, ורוצה ליתן הרצועה בנקב אחר, **מותר להחזיר הרצועות למקומם** - ודוקא אותן הרצועות, אבל רצועה חדשה שלא היתה שם מתחלה, אסור, דמקרי מתקן מנא, **ובלבד שלא יקשור** - פי' שלא יעשה קשר בראשו שלא ישמט, דהוי קשר של קיימא, כמ"ש סוף סעיף א'.

אבל במנעל חדש אסור ליתן הרצועות בשבת, אפילו אם הנקב רחב, דמתקן מנא, **וה"ה** בסרבל או במכנסים חדשים, אסור להכניס שם רצועות או משיחה, דמבטל ליה התם, ומקרי מתקן מנא, **אבל** אבנט שרי להכניסו אפילו במכנסים חדשים, דלא מבטל ליה התם, והוא עשוי להכניס ולהוציא תדיר.

הגה: ודוקא שיוכל להחזירו בלא טורח - דהיינו שהנקב רחב, **אבל אם צריך טורח לזה, אסור, דחיישינן שמא יקשור (תוס'** «הנ"ל» **והרא"ש פ' במה טומנין)** - והאחרונים [מ"א ועוד הרבה אחרונים] השיגו ע"ז, דאפילו הנקב רחב אסור במקום שרגילים לקשור, דחיישינן שמא יקשור, **ובמקום** שהנקב צר, אפילו במקום שאין רגילין לקשור אסור, דצריך טורח, **וא"כ** ברצועות שלנו במנעלים ובמכנסים, דרגילין לקשור בראשן, אפי' אם הנקב רחב אסור להחזירן.

[עיין במ"א וט"ז שהשיגו ע"ז, וכתבו דט"ס הוא, ומפני חומר הקושיא אפשר קצת לתרץ, דאף דבד"מ הארוך העתיק דברי התוס' והרא"ש עי"ש בהגהותיו, פה חזר מזה וסתם להלכה כדעת הג' מרדכי בפרק במה טומנין, ומה שמציין תוס' והרא"ש, אין הציונים מהרמ"א בעצמו כידוע, ומקור לסברא זו נראה שיצא להג' מרדכי ממה דאמר שם בגמרא מ"ז: דאם היה רפוי מותר, דלא גזרינן ביה שמא יתקע, ע"ש בר"ן וריטב"א, ולדברי התוס' דס"ל דאפילו בנקב רחב יש חשש שמא יתקע, ע"כ דס"ל דשם אין רגילות לתקוע, ומ"מ למעשה נראה דאין לזוז מדברי התוס' והרא"ש, דאפי' הנקב רחב אסור במקום שרגילין לקשור, וכמו שהעתקתי במ"ב בשם האחרונים, שגם הטור ורבינו ירוחם העתיקו שיטת התוס' והרא"ש לדינא].

סימן שמ ס"ז - [כא]**אותם שמהדקים הבגדים סביב זרועותיהם על ידי החוט שמותחין אותו ומתהדק** - דרכן היה ליתן חוט בתוך הבית יד שעל זרועו, דכשרוצה להדקו היה מותח החוט ומתהדק היטב, **אסור למתחו אלא אם כן יהיו הנקבים רחבים קצת, ומתוקנים בתפירה בעיגול** - סביב הנקב, דאז אינו דומה כלל לתופר, דהוי כמאן דמכניס קרסים בלולאות, כיון דמתוקן לזה בתמידות למתחו ולהדקו כשלובשו, וכן לרפותו כשרוצה לפשטו.

ואפי' החוט תחוב במחט נקובה, שהוא תלוי שם בתמידות כדי להכניסו על ידו בהנקבים, שרי, ואין בו משום טלטול, כיון שהמחט תלוי בפתיל והפתיל בבגד, ואין נפרד ממנו לעולם.

ואם אין מהדקו יפה, ונמלך לפעמים להניחו כך לעולם, ולפשטו כשהוא מהודק, אסור להדקו בשבת, «**דנמצא** עשה תפירה של קיימא, ובתפירה של קיימא אין מועיל מה שהנקבים רחבים ומתוקנים בתפירה ובעיגול - גר"ז».

אות ה'

הפותח בית הצואר בשבת חייב חטאת

סימן שיז ס"ג - [כב]**מתירין בית הצואר מקשר שקשרו כובס, שאינו קשר של קיימא** - שאינו עשוי להתקיים רק עד שיקחנו הבעה"ב לביתו, «והוא לכמה ימים שהכביסה נמשכת, ומ"מ מותר לכתחלה כיון דעשוי לכך שיפתחנו אחר הכביסה, וכיון שאינו של קיימא שיהא בו איסור תורה לא אסרו חכמים - ערוה"ש», **ויש** מחמירין בדבר, אא"כ עשוי להתיר באותו יום של הכביסה.

אבל אין פותחין אותו מחדש, דמתקן מנא הוא - וחייב משום מכה בפטיש, דהוא גמר מלאכה, [רש"י].

הגה: אפילו כבר נפתח, רק שחזר האומן וקשרו - בטוב, עד שאינו יכול להתירו אא"כ יחתוך החוטים, או ינתקן, ולכן חשיב עתה כפתיחה מחדש, ואסור משום תיקון מנא. «**משום** דכל מאי שהוא לתיקון הבגד וצורך בעשייתו, אינו בכלל קורע, ודוק - עולת שבת».

ובספר יש"ש כתב, דכתונת שנתקשרו המשיחות ולא יוכל להתיר, שרי לכו"ע לנתקן, שהרי אינו עשוי אלא להתירו בכל זמן שירצה, ולא מקרי קשר, **ואף** זה לא יעשה בפני ע"ה אלא בצנעא, **ע"כ** צ"ל דס"ל להיש"ש, דדוקא כשחזר האומן וקשרו אסור לנתק, אבל שאר קשירות שרי, כ"כ מ"א, **והטעם** אפשר, דכשקשרו האומן בשעת מלאכה, יש בזה משום מכה בפטיש כשחותכו ומנתקו אח"כ, דהוא גמר מלאכה, «דקודם לכן לא היה מתוקן מעולם ללבשו - גר"ז», **אבל** שאר קשירות שנקשרו אחר שכבר נגמר הבגד, אין שייך בזה משום מכה בפטיש כשמנתקו אח"כ.

באר הגולה

יט «ע"פ הגר"א» | כ הרמב"ם בפ"י ה"ד וכתב הרב המגיד שהוא מהתוספתא «וכן הוא בגמרא שלנו רפ"ד, ר"ח שרא לאהדורי אודרא כו', ועתוס' שם בד"ה הא בחדתי - גר"א» | כא **טור בשם רבי פרץ, ומרדכי פרק ז' דשבת, והג"מ פרק י' ה"ט וש"פ** «עיין תוס' מ"ח א' ד"ה הא כו' - גר"א. **והיינו** דכתב המחבר רחבים ומתוקנים - דמשק אליעזר» | כב שבת מ"ח

ואם אינו רגיל להתיר הקשר של הכתונת אלא משבת לשבת, אסור לנתק, כמו דאסור להתיר, **ומ"מ** אם דרכו לעשות עניבה, ובלא כונה נקשר, דינו כקשר שעשוי להתיר בכל יום.

או תפרו ביחד כדרך שהאומנים עושין (ר' ירוחם) - שתופרין אותו עד שנגמרה מלאכתו.

ולכן - ‹כמו לענין מכה בפטיש אין חילוק בתפירה אם הוא של קיימא או לא, ודלא כקשירה›, **אסור לנתק או לחתוך זוג של מנעלים התפורים יחד כדרך שאומנים עושין** - והטעם נראה, משום דהוא חשיב כקורע ע"מ לתקן, ‹דאי משום מכה בפטיש, הא תפרו אחר שכבר נגמר המנעלים וכדלעיל›, **אע"ג דהתפירה אינה של קיימא, דאין חילוק בתפירה בין של קיימא לאינה ש"ק (הגמ"ר פ' במה טומנין). ויש מתירין בתפירה שאינה ש"ק, ואין להתיר בפני ע"ה (ב"י).**

כל קשר שהוא עשוי לזמן ולא לתמידות, ואפילו אם הוא קשר אמיץ, יש להקל ע"י א"י לקשור ולהתיר אם הוא לצורך הרבה, דהוי שבות דשבות.

מה בין זו למגופת חבית א"ל רבא זה חיבור וזה אינו חיבור רמי ליה ר' ירמיה לרבי זירא *תנן **שלל של כובסין ושלשלת של מפתח' והבגד שהוא תפור בכלאים חיבור לטומאה עד שיתחיל להתיר אלמא שלא בשעת מלאכה נמי חיבור ורמינהו *מקל [ב]שעשה (א) יד לקורדום חיבור לטומאה בשעת מלאכה בשעת מלאכה אין שלא בשעת מלאכה לא א"ל התם שלא בשעת מלאכה אדם עשוי לזורקו לבין העצים הכא שלא בשעת מלאכה נמי ניחא ליה דאי מיטנפו הדר מחוור להו בסורא מתנו לה להא שמעתא משמיה דרב חסדא בפומבדיתא מתנו משמי' דרב כהנא ואמרי לה משמיה דרבא מאן תנא הא מלתא דאמור רבנן כל המחובר לו הרי הוא כמוהו א"ר יהודה אמר רב ר"מ היא דתנן *[ג]בית הפך ובית התבלין ובית הנר שבכירה מטמאין במגע ואין מטמאין באויר דברי ר' מאיר ור"ש מטהר בשלמא לר"ש קסבר לאו ככירה דמו אלא לר' מאיר אי ככירה דמו אפילו באויר נמי ליטמו אי לאו ככירה דמו אפילו במגע נמי לא ליטמו לעולם לאו ככירה דמו ורבנן הוא דגזרו בהו אי גזרו בהו אפילו באויר נמי ליטמו °עבדו בהו רבנן היכרא כי היכי דלא אתי למשרף עליה תרומה וקדשים *תנו רבנן [ד]מספורת של פרקים ואיזמל של רהיטני חיבור לטומאה ואין חיבור להזאה מה נפשך אי חיבור הוא אפילו להזאה נמי אי לאו חיבור הוא אפילו לטומאה נמי לא אמר רבא דבר תורה בשעת מלאכה חיבור בין לטומאה בין להזאה ושלא בשעת מלאכה אינו חיבור לא לטומאה ולא להזאה

וגזרו

רש"י

מה בין זו למגופת חבית. דתניא בפרק חבית שנשברה (לקמן דף קמו.) מביא אדם חבית ומתיז את ראשה בסייף ומניחה לפני האורחים: מגופה. אינה מן החבית עצמו ואע"פ שדבוקה בו אינו חשוב חיבור שהרי ליטול עומדת אבל הבגד כשנארג כולו חבור: שלל של כובסים. דרכם לשלול הבגדים זה עם זה קטנים עם הגדולים כדי שלא יאבדו*: ובגד שתפרו בכלאים. והן שתי חתיכות של בגד צמר שתפרו בחוט של פשתן דודאי סופו ליקרע ולהפרד זה מזה משום איסור כלאים וכן שלל של כובסין סופן להפרד אפ"ה חיבור לטומאה ואם נטמא זה נטמא זה: עד שיתחיל להתיר. דמעשה מוציא מיד מעשה וכיון שהתחיל להתיר גלי על ידי מעשה דלאו חד בגד הוא: שלא בשעת מלאכה. כגון שלל של כובסין שלא הוצרך לשוללו אלא משום שעת כיבוס ואפילו הכי חשיב ליה חיבור אחר כיבוס: מקל. של עצים בעלמא: שעשאו יד לקורדום. שלא קבעו לתוכו: חיבור בשעת מלאכה. ואע"פ דבאנפי נפשיה פשוטי כלי עץ לא מקבלי טומאה הכא בית יד הוא ונתרבו ידות לכל תורת כלי או האוכל בפ' העור והרוטב (חולין קיח.): לזורקו. למקל ומצניע הקורדום לבדו: ניחא להו. שיהו שלולין: דאי מיטנפי הדר מחוור להו. ע"י השלל הזה: להא שמעתין. דלקמיה מאן תנא להא כו'. כל המחובר לו כגון שלל של כובסין דאמרן לעיל חיבור ונטמא אף זה שלא נגעה בו הטומאה ואי לאו דחיבור הוא הוי טהור ואע"ג דנגע בהאי דאין כלי מקבל טומאה אלא מאב הטומאה: בית הפך ובית התבלין ובית הנר שבכירה. כירה זו מיטלטלת היא ומחוברין לה כלי חרס קטנים · בית הפך שמושיבין בתוכן שמן להפשיר: מטמאין במגע. אם נפלה טומאה באוירן או לאויר הכירה ונגעה הטומאה לשולי הכירה נטמאו גם אלו או נגעה טומאה לשוליהם של אלו נטמאת הכירה: ואין מטמאין. בטומאת הכירה כלומר בטומאת האויר שאם נפל שרץ באויר הכירה ולא נגעה הטומאה בדופניה היא טמאה דכלי חרס מטמא באויר והן טהורין שאינן חיבור לה אלא לענין מגע כדמפרש טעמא לקמיה: ור' שמעון מטהר. במגע את מי שלא נגעה בו הטומאה דכל חד כלי באנפי נפשיה הוא אלמא לרבי מאיר חיבור ופליגי עליה: אפי' באויר ליטמו. מחמת כירה אם נטמאת כירה מאוירה בלא נגיעה: דגזרו בהו. דליהוו חיבור מדרבנן: עבוד בהו רבנן היכרא. דלא עבדו להו ככירה ממש ליטמא באויר כי היכי דלידעו שחיבור מדבריהם ולא לשרוף על טומאתן תרומה וקדשים: איזמל של רהיטני. פלייג"א שממחקים בה את התריסין ומתקין הברזל לתוך דפוס של עץ המתוקן לו ולאחר מלאכתו נוטלו הימנו: חיבור לטומאה. נטמא זה נטמא זה: ואין חיבור להזאה. וצריך להזות על שניהם:

וגזרו

תוספות

וכי מה בין זה למגופת חבית. פי' בקונטרס דתניא לקמן בפרק חבית (דף קמו. ושם) רשב"ג אומר מתיזה בסייף ומניחה לפני האורחין ואין נראה לר"י דא"כ מאי משני זה חיבור וזה אינו חיבור התם נמי חיבור הוא דרשב"ג שרי להתיז אפילו גוף החבית עם המגופה כדמוכח התם דבעו מיניה מרב ששת מהו למיברז חביתא בברטיא כו' אמר להו לפתחא קא מכוין ואסור ופריך מהא דשרי רשב"ג להתיז ראשה בסייף ומשני התם ודאי לעין יפה קא מכוין אבל הכא אי לעין יפה קא מכוין ליפתחיה מיפתח והא דאסר למיברז חביתא היינו בגוף החבית דחביתא חבית גופא משמע ועוד דמגופה שרי דתנן במתני' אין נוקבין מגופה של חבית דברי רבי יהודה וחכמים מתירין משמע דשרי רשב"ג אפי' בגוף החבית דלעין יפה קא מיכוין והכי הוה ליה לשנויי בשמעתין הכא לפתחא מכוין התם לעין יפה מכוין ופיר"ת וכי מה בין זה לנקיבת מגופת חבית דתנן בפ' חבית (גם זה שם) אין נוקבין מגופת חבית דברי ר' יהודה וחכמים מתירין וא"ת [התם] לכ"ע לא מיחייב חטאת כדאמר התם בגמ' דבר תורה כל פתח שאינו עשוי להכניס ולהוציא אינו פתח אבל הכא פתח בית הצואר עשוי הוא להכניס ולהוציא ואם כן מאי קשיא ליה ויש לומר דהכי פריך כיון דמחייבת חטאת בפותח בית הצואר משום דעשוי להכניס ולהוציא א"כ נמי גבי מגופה אם עשוי להכניס ולהוציא היה חייב חטאת הלכך השתא נמי שאינו עשוי אלא להוציא היה לאסור מדרבנן ומשני זה חיבור וזה אינו חיבור שהמגופה אינה מן החבית ואפילו אם היה עשוי נקב שבמגופה להכניס ולהוציא לא היה חייב חטאת לכך שרו רבנן:

חיבור עד שיתחיל להתיר. האי חיבור היינו לטומאה ולא להזאה כדתנן במסכת פרה (פי"ב מ"ט) וא"ת ואמאי לא מייתי מתני' דמסכת פרה וי"ל משום דלא קתני בה עד שיתחיל להתיר ולא הוה מצי לאוכוחי מינה דשלא בשעת מלאכה נמי חיבור:

אמר רב יהודה אמר רב רבי מאיר היא. אההיא דשלל של כובסים קאי וכן פירש בקונטרס דבההוא דמקל שמא אפי' רבי שמעון מודה דכיון שצריך הקרדום למקל הוי חיבור:

עבדו רבנן היכרא כו'. וגבי שלל של כובסין היכא נמי היכרא מה שאינו חיבור להזאה והכא גבי כירה לא שייך הך היכרא דלית ביה הזאה:

אי חיבור הוא אפי' להזאה נמי כו'. קשה לר"י דבשלל של כובסין נמי תקשה לן הכי אי חיבור הוא אפילו להזאה נמי אי לאו חיבור הוא לטומאה נמי לא ורבא נמי דקאמר דבר תורה בשעת מלאכה חיבור בין לטומאה בין להזאה אמאי לא קאמר דבין בשעת מלאכה בין שלא בשעת מלאכה גזרו בה רבנן טומאה כי ההיא דשלל של כובסין ותירץ ר"י דשלל של כובסין ודאי לא הוי חיבור אלא מדרבנן אפילו בשעת מלאכה שאינם צריכים זה לזה ולהכי מדמה לה לבית הפך ולבית התבלין שכל אחד הוא תשמיש בפני עצמו ולהכי אינו חיבור להזאה כיון דמדאורייתא אינו חיבור אבל מספורת של פרקים פשיטא ליה דבשעת מלאכה הוי חיבור דבר תורה כיון שמשמשין שניהם תשמיש א' °וצריכים זה לזה בשעת מלאכה מה שאין כן בשלל של כובסים שאין תשמיש בגד זה צריך לזה כלל והא דפריך אי לאו חיבור הוא אפילו לטומאה נמי לא לאו דוקא ועיקר קושיתו הוא דאמאי אינו חיבור להזאה ורשב"א מפרש דגבי שלל של כובסין אתי ליה שפיר אע"ג דאינו חיבור להזאה משום דלא הוי חיבור מן התורה גזרו רבנן שיהא חיבור לטומאה כיון שכל בגד טמא בפני עצמו מן התורה אבל גבי מספורת פריך שפיר אי לאו חיבור הוא מדאורייתא אם כן אמאי גזרו חכמים טומאה כלל דהא כל פרק בפני עצמו טהור מדאורייתא לרבנן דתנן במס' כלים בפי"ג (מ"א) מספורת שנחלקה לשנים רבי יהודה מטמא וחכמים מטהרים אף על גב דאיכא למימר דהתם מיירי כשאינה של פרקים ולפי זה הא דאמר השחור והזוג של מספרים אף על פי שנחלקו טמאים אתי כרבי יהודה ודוחק והא דאמר דגזרו על הזאה שבשעת מלאכה משום הזאה שלא בשעת מלאכה אף על גב דשלא בשעת מלאכה טהור גמור הוא ואין צריך הזאה כלל מ"מ כשחוזרים ועושים בו מלאכה חוזר לטומאתו ישנה והחמירו חכמים בטומאה ישנה שלא תועיל לו הזאה שלא בשעת מלאכה כיון שאינו חיבור דבר תורה וגזרו על הזאה שבשעת מלאכה אטו הזאה שלא בשעת מלאכה · רשב"א:

דבר תורה בשעת מלאכה חיבור. תימה מאי שנא ממוכני דאמר (לעיל דף מד:) בזמן שהיא נשמטת דאינו חיבור וצריך לחלק:

ועל

עין משפט נר מצוה

ז א מיי' פי"ב מהלכות פרה הלכה ו:
ח ב מיי' פכ"ב מהלכות כלים הלכה יג:
ט ג מיי' פי"ז מהלכות כלים הלכה ה:
י ד מיי' פי"ב מהלכות פרה הלכה ד:

[עוקצין פ"ב מ"ז ע"ש]

רבינו חננאל

חטאת מפני שהוא מחובר בבגד אבל מגופת החבית שאינה מן החבית עצמה מותר לפתחה בשבת. רמי ליה (ר' יוחנן) ר' ירמי' לר"ז שלל הכובסין כו' עד המקל שעשאו יד לקורדום כו' פירוש הכובסין שוללין יריעות זו עם זו כדי שיהו נוחין לכביסה ואינה תפירה אלא שלילה מלשון (מו"ק כב:) על המתים כולן שולל לאחר שבעה ומשני ליה ר' זירא מקל שעשאו יד לקרדום כיון שמשלים מלאכתו זורק אותו מקל לבין העצים אבל שלל של כובסין אע"פ ששלמה כביסתם רוצה בשלילותן שמא יטנפו יחזור ויחוורים: מאן תנא כל המחובר לו הרי הוא כמוהו אמר רב ר"מ היא ונדחת ופשוטה היא: ת"ר מספורת של פרקין פי' שמתפרק זה מזה וכן איזמל של רהיטי. חיבור לטומאה ואם נטמא אחד נטמא האחר ואינן חיבור להזאה. פרשה רבא דבר תורה בשעת מלאכה. כלומר בשעה שעוז בהן חיבור הן לטומאה ולהזאה. שלא בשעת מלאכה אינן חיבור לא לטומאה ולא

רב נסים גאון

בעל השמועה: אי ככירה דמו אפילו באויר נמי ליטמו. עיקר דילה משתכח בתורת כהנים וכל כלי חרש אשר יפול מהם אל תוכו מתוכו הוא מיטמא ואינו מטמא מאחוריו כו' יכול אף הכלים יהו מיטמאין באויר כלי חרש תלמוד לומר[וכו'] אוכלין מיטמאין באויר כלי חרס ואין הכלים מיטמאין באויר כלי חרס ובפרק ב' מן מס' כלים שנינו כלי חרס וכלי נתר טומאתן שוה ומטמאין באויר ותמצא בפרק יציאות השבת (דף טז) והמשנה והתוס' מליאה מענין זה ובתלמוד בפ' ראשון מן שחיטת חולין (דף כד) שנו במשנה הטהור בכל הכלים טמא בכלי חרס ובברייתא גרסינן ת"ר אויר כלי חרס טמא וגבו טהור:

מסורת הש"ס

ובכילה ז. פירש"י בשם"א בלע"ז ע"ש [ג' הערוך בערך שלל תנן שלל הכובסין והבגד שהוא תפור בכלאים חיבור לטומאה וכו']

כלים פכ"ט מ"ג

כלים פי"ח מ"ג

לקמן נח: [שתי ברייתות הן בתוספתא דכלים ב"מ פ"ג]

הגהות הב"ח

(א) גמ' מקל שעשאו יד:

גליון הש"ס

גמ' עבדו בהו רבנן היכרא. לעיל דף טז ע"א נדה דף לד ע"א: תוס' ד"ה אי חיבור וכו' וצריכים זה לזה בשעת מלאכה. עי' ביצה דף כב ע"ב תוס' ד"ה משום שלשה כלים:

§ מסכת שבת דף מח: §

אות א'

שלל של כובסין, ושלשלת של מפתחות, והבגד שהוא תפור בכלאים, חיבור לטומאה עד שיתחיל להתיר

רמב"ם פי"ב מהל' פרה אדומה ה"ו - שלל הכובסין והבגד שהוא תפור בכלאים, והן עומדין להתירן, אינו חיבור להזייה, והרי הן חיבור לטומאה; וכן הסלעים שבקנתל, והמטה של טרבל, וקרן של כליבה, וקרנים של יוצאי דרכים, ושלשלת המפתחות, חיבור לטומאה ולא להזאה, אלא צריך שיגעו המים מן המזה בכל סל וסל, ובכל מפתח ומפתח, ובכל קרן וקרן, ובכל קורה וקורה ממטה זו המפוצלת.

אות ב'

מקל שעשה יד לקורדום, חיבור לטומאה בשעת מלאכה

רמב"ם פ"כ מהל' כלים הי"ג - מקל שעשאהו יד לקורדום, הרי הוא חיבור לטומאה בשעת מלאכה, ואם נגעה טומאה במקל כשהוא חורש או מבקע בו, נטמא הקורדום, ואם נגעה בקורדום, נטמא המקל.

אות ג'

בית הפך ובית התבלין ובית הנר שבכירה, מטמאין במגע ואין מטמאין באויר

רמב"ם פי"ז מהל' כלים ה"ה - בית הפך ובית התבלין ובית הנר שבכירה, אם נטמאת הכירה במגע, נטמאו כולן, ואם נטמאת באויר, לא נטמאו, לפי שאינן חיבור לה אלא מדברי סופרים, ולפיכך עשו לה היכר כדי שלא ישרפו על מגען תרומה וקדשים.

אות ד'

מספורת של פרקים ואיזמל של רהיטני, חיבור לטומאה ואין חיבור להזאה

רמב"ם פי"ב מהל' פרה אדומה ה"ד - כלים המפוצלין שמחוברין זה לזה במסמרים, כגון מספורת של פרקים ואיזמל של רהיטני וכיוצא בהן, בשעת מלאכה חיבור לטומאה ולהזייה, שלא בשעת מלאכה אינו חיבור לא לזה ולא לזה; כיצד הן חיבור לטומאה ולהזייה, שאם נטמא אחד מהן בשעת מלאכה נטמא השני, ואם הזה על אחד מהן בשעת מלאכה עלתה הזייה לשניהן, וכאילו הן גוף אחד; וכיצד אינו חיבור לא לטומאה ולא להזייה, שאם נטמא אחד מהן שלא בשעת מלאכה, לא נטמא חבירו, ואם נטמאו שניהן והזה על אחד מהן שלא בשעת מלאכה, לא טיהר חבירו, אף על פי שהן מחוברין, וזהו דין תורה; אבל מדברי סופרים גזרו שיהיו חיבור לטומאה אפילו שלא בשעת מלאכה, גזירה משום שעת מלאכה, ולעולם אם נגעה באחד מהן טומאה, נטמא חבירו; וכן גזרו עליהן שלא יהיו חיבור להזייה אפילו בשעת מלאכה, גזירה משום שלא בשעת מלאכה, ולעולם אם הזה על אחד מהן לא טיהר חבירו עד שיזה גם עליו; הנה למדת שכל מקום שאתה שומע חיבור לטומאה ואינו חיבור להזייה, אין זה אלא גזירה מדבריהם על הדרך שביארנו.

§ מסכת שבת דף מט. §

אות א'

לחין מחמת עצמן, או דילמא לחין מחמת דבר אחר

רמב"ם פ"ד מהל' שבת ה"א - יש דברים שאם טמן בהן התבשיל הוא מתחמם ומוסיפין בבישולו כעין האש, כגון הגפת וזבל ומלח וסיד וחול; או זגין ומוכין ועשבים, בזמן ששלשתן לחים, [א]ואפילו מחמת עצמן; ודברים אלו נקראין דבר המוסיף הבל.

[ב]**סימן רנז ס"ג - ותבן** - בין אם הוא ארוך, או נחתך לחתיכות דקות, **וזגין** - הוא פסולת של יקב יין, [ג]**ומוכין** - כל דבר רך קרוי מוכין, כגון צמר גפן, ותלישת צמר רך של בהמה, וגרירת בגדים בלוים, [רש"י], **ועשבים, בזמן ששלשתן לחין** - חשיב לתבן וזגין כחדא.

דלחין יש בהן הבל הרבה יותר מיבשין, **ומסתימת** המחבר משמע, דבין לחין מחמת עצמן, ובין לחין מחמת דבר אחר, שניהם אסורין, (ונ"ל דטעם הטור הוא, **דאף** דבגמרא דילן מסתפק בזה, כיון דהירושלמי פרק במה טומנין פשיטא ליה בזה לאיסור בכל גווני, כוותיה נקטינן), **אמנם** כמה אחרונים הסכימו, [ד]דדוקא לחין מחמת עצמן, שהם מחממות יותר מלחין מחמת משקה שנפלו עליהן משיבשו.

אות ב'

טומנין בכסות, ובפירות, בכנפי יונה, ובנסרת של חרשים, ובנעורת של פשתן דקה

סימן רנז ס"ג - ואלו דברים שאינם מוסיפים הבל: כסות - וה"ה כרים וכסתות [גמ' נ"א, ואי היו מוסיפין הבל היה אסור אפילו צונן, וכדלקמן בס"ו], וגיזי צמר, [דף מ"ט במשנה], **ופירות** - כגון חטין וקטניות, [רש"י], **וכנפי יונה (או שאר נוצות) (מהרר"א בהגהות)** - ונקט מתחלה כנפי יונה, והוא לשון התלמוד, משום דהיה מצוי להם, **ונעורת של פשתן** - דק דק שנוערין מן הפשתן, [רש"י], **ונסורת של חרשין, (פי' הקש הדק הנופל מן העץ כשמגררים אותו במגירה).**

הגה: י"א דמותר להטמין בסלעים - היינו אבנים קטנים שמוציאין מהם אש, וקורין אותן אבני אש, **אע"פ שמוסיפין הבל, דמלתא דלא שכיחא לא גזרו ביה רבנן (תוס' ומרדכי)** - היינו דהא לא שכיח כלל שיטמין בסלעים, משום שמשברים הקדרה או שמקלקלים המאכל, **אבל** דבר שלפעמים טומנין בהם, אע"ג דלא שכיח, גזרו בהו רבנן.

כתב רש"ל בתשובה: אפר חם הוא דבר שאינו מוסיף הבל, ושרי לטמון בו, אא"כ מעורב בגחלים, והביאוהו הא"ר ותו"ש וש"א, **וה"ה** בכל דבר שאינו מוסיף הבל, אפי' הם חמים שרי.

אות ג'

תפילין צריכין גוף נקי כאלישע בעל כנפים

סימן לז ס"ב - מצותן להיותם עליו כל היום, אבל מפני שצריכים גוף נקי שלא יפיח בהם, ושלא יסיח דעתו מהם, ואין כל אדם יכול ליזהר בהם, נהגו שלא להניחם כל היום. ומ"מ צריך כל אדם ליזהר בהם להיותם עליו בשעת ק"ש ותפלה - דבזמן קצר כזה בקל יכול ליזהר מהפחה ומהיסח הדעת, והקורא ק"ש בלא תפילין כאלו מעיד עדות שקר בעצמו, **ואם** לא נזדמן לו אז, או שהיה חולה מעיים בשעת מעשה, כל היום זמנו, ומחויב להניחן עכ"פ כדי שלא יבטל יום אחד ממצות תפילין.

וזהו לכל אדם, אבל אנשי מעשה נוהגין ללמוד אחר התפלה בתפילין, **אך** יש ליזהר שלא לדבר בהם דברים בטלים, דמלבד איסור דברים בטלים, הוא בא עי"ז לידי היסח הדעת.

סימן לז ס"ג - קטן היודע לשמור תפילין בטהרה שלא יישן ושלא יפיח בהם. הגה: ושלא ליכנס בהן לבית הכסא, חייב אביו לקנות לו תפילין לחנכו - במצות הנחתן, וכן ללמדו הדינים הנצרכים לזה, דקודם לכן אין רשאי להניח תפילין, ולאו חינוך הוא.

אות ד'

טומנין בשלחין... בגיזי צמר

רמב"ם פ"ד מהל' שבת ה"א - ויש דברים שאם טמן בהן התבשיל ישאר בחמימותו בלבד, ואינן מוסיפין לו בישול, אלא מונעין אותו מלהצטנן, כגון זגין ומוכין ועשבים יבשין, וכסות ופירות וכנפי יונה, ונעורת הפשתן ונסורת חרשים, ושלחין וגזי צמר, ודברים אלו נקראין דבר שאינו מוסיף הבל.

אות ה'

נוטל את הכסוי והן נופלות

סימן רנט ס"א - [ה]מוכין שטמן בהם שלא בדרך מקרה, אסור לטלטלן, [ו]אלא מנער הכיסוי והן נופלות; וכגון שמקצתן מגולה - כדי שיהיה לו מקום פנוי לאחוז הכסוי, כדי שלא יצטרך לטלטל המוכין להדיא, **שאין זה טלטול אלא מצדו.**

באר הגולה

א ‹ובגמ' איבעיא להו לחין מחמת עצמן או דילמא וכו', ובהלכות: וסליקא דמחמת עצמן תנן. **ומלשון** רבינו שכתב אפי' מחמת עצמן, נראה שדעתו שיותר הם מחממין בשלחין מחמת ד"א וכ"ש שאסור, ורש"י ז"ל פירש בהפך - מגיד משנה› ב ‹מילואים ע"פ המ"ב ובה"ל› ג **לדעת הרמב"ם שם** ‹ע"ל דף מ"ז: בהערה› ד ‹וזהו כפי' רש"י, דלחין מחמת עצמן מחמם טפי מלחין מחמת ד"א, ולא כהרמב"ם, ע"ל במגיד משנה› ה **שבת מ"ח כאביי** ו **שם מ"ט**

וגזרו רבנן על טומאה שלא בשעת מלאכה משום טומאה שבשעת מלאכה ועל הזאה שבשעת מלאכה משום הזאה שלא בשעת מלאכה: בזמן שהן לחין: איבעיא להו *לחין מחמת עצמן או דילמא לחין מחמת דבר אחר ת"ש לא בתבן ולא בזגים ולא במוכין ולא בעשבים בזמן שהן לחין אי אמרת בשלמא לחין מחמת דבר אחר שפיר אלא אי אמרת לחין מחמת עצמן מוכין לחין מחמת עצמן היכי משכחת לה ממרטא דביני אטמי והא דתני רבי אושעיא טומנין בכסות יבשה ובפירות יבשין אבל לא בכסות לחה ולא בפירות לחין כסות לחה מחמת עצמה היכי משכחת לה ממרטא דביני אטמי:

מתני' [ג]טומנין בכסות ובפירות בכנפי יונה ובנסורת של חרשים ובנעורת של פשתן *דקה רבי יהודה אוסר בדקה ומתיר בגסה:

גמ' *א"ר ינאי [ו]תפילין צריכין גוף נקי *כאלישע בעל כנפים מאי היא אביי אמר שלא יפיח בהן רבא אמר שלא יישן בהן ואמאי קרי ליה בעל כנפים שפעם אחת גזרה מלכות רומי הרשעה גזירה על ישראל שכל המניח תפילין ינקרו את מוחו והיה אלישע מניחם ויוצא לשוק ראהו קסדור אחד רץ מפניו ורץ אחריו וכיון שהגיע אצלו נטלן מראשו ואחזן בידו אמר לו מה זה בידך אמר לו כנפי יונה פשט את ידו ונמצאו כנפי יונה לפיכך קורין אותו אלישע בעל כנפים *ומאי שנא כנפי יונה משאר עופות משום דאמתיל כנסת ישראל ליונה שנאמר °כנפי יונה נחפה בכסף וגו' מה יונה כנפיה מגינות עליה אף ישראל מצות מגינות עליהן: בנסורת של חרשין וכו': איבעיא להו רבי יהודה אנסורת של חרשין קאי או אנעורת של פשתן קאי ת"ש דתניא *רבי יהודה אומר נעורת של פשתן דקה הרי הוא כזבל ש"מ אנעורת של פשתן קאי ש"מ:

מתני' [ד]טומנין בשלחין ומטלטלין אותן בגיזי צמר ואין מטלטלין אותן כיצד הוא עושה [ה]נוטל את הכסוי והן נופלות ר"א בן עזריה אומר קופה מטה על צדה ונוטל שמא יטול ואינו יכול להחזיר וחכ"א נוטל ומחזיר:

גמ' יתיב ר' יונתן בן עכינאי ורבי יונתן בן אלעזר ויתיב ר' חנינא בר חמא גבייהו וקא מיבעיא להו שלחין של בעה"ב תנן אבל של אומן כיון דקפיד עלייהו לא מטלטלינן להו או דילמא של אומן תנן וכ"ש של בעה"ב אמר להו ר' יונתן בן אלעזר מסתברא של בעה"ב תנן אבל של אומן קפיד עלייהו אמר להו ר' חנינא בר חמא כך אמר ר' ישמעאל בר' יוסי אבא

רש"י

וגזרו על הטומאה שלא בשעת מלאכה. שיהא חיבור: **ועל הזאה שבשעת מלאכה.** שלא יהא חיבור הלכך חיבור לטומאה לעולם ואין חיבור להזאה כלל: **לחין מחמת עצמן.** מחממות טפי מלחין מחמת משקין שנופלין עליהן משיבשו: ה"ג מוכין לחין מחמת עצמן היכי משכחת לה: **ממרטא דביני אטמי.** מקום הנמרט מבין ירכותיה של בהמה שהוא מלא זיעה והוא לח מעצמו להכי קרי ליה מרטא דלאו בר גיזה הוא:

מתני' נעורת. דק דק שנוערין מן הפשתן וקורין אריסט"ש: **נסורת.** שמנסרים הנגרים מן העצים: **ובפירות.** כגון חטין וקטניות: **כנפי יונה.** נוצה:

גמ' שלא יפיח. שיכול להעמיד עצמו בשעת הרוח: **שלא יישן בהן.** שמא יפיח או יראה קרי אבל אם יכול להזהר שלא יישן בהן כל הגופים נקיים בהפחה שיכולין להעמיד עצמן: **ינקרו את מוחו.** שהוא תחת התפילין ינקרו לשון ניקור עינים: **קסדור.** מניסטרא"ל שהיה ממונה על כך: **כנפי יונה.** כדמפרש לקמיה מפני שהם מצות והם מגינין לישראל והויא להם ככנפים ליונה שהיא נמשלת ליונה והמצות ככנפים: **כנפים מגינות עליה.** מן הצנה ומכל עוף ואדם הבא עליה היא נלחמת ומכה בראש גפה מה שאין כן בשאר עופות: **הרי הוא כזבל.** דמוסיף הבל:

מתני' שלחין. עורות כמו והפשיט תרגום ושלח: **ומטלטלין אותן.** בין שטמן בהן בין שלא טמן בהן דחזו למזגא עלייהו: **ואין מטלטלין אותן.** דמוקצות הן לטוות ולארוג: **כיצד הוא עושה.** זה שטמן בהן כיצד יטול קדרתו הואיל ואסור לטלטלן שהרי היא טמונה כולה בהן: **נוטל כיסוי.** של קדרה שיש תורת כלי עליה ואף על גב שהן עליה לא איכפת לן דלא נעשית בסיס להן שאין עשוי אלא לכסות קדרה: **רבי אלעזר בן עזריה אומר קופה מטה על צדה ונוטל.** כשבא ליטול הקדרה מטה הקופה על צדה: **שמא יטול.** הקדרה ויפלו הגיזין שמכאן ומכאן לתוך גומא שישבה בהן ואם יצטרך לחזור ולהטמינה לא יוכל לטלטל גיזין לכאן ולכאן ולעשות גומא להחזירה בתוכה: **נוטל ומחזיר.** בגמרא מפרש לה:

גמ' שלחין של בעה"ב תנן. דמותר לטלטלן שאין עומדין לימכר ולא קפיד עלייהו כי מטנפי וחזי למזגא עלייהו: **אבל של אומן.** שעומדות למוכרן קפיד עלייהו הלכך לא למזגא קיימי ואין מטלטלין אותן: שלחא

תוספות

ועל הזאה שבשעת מלאכה משום הזאה שלא בשעת מלאכה. תימה דהא גבי מקל שעשאו יד לקורדום קאמר דהוי חיבור לטומאה משמע אבל לא להזאה ואמאי והא לא שייך למגזר התם אטו שלא בשעת מלאכה כדאמר לעיל דאדם עשוי לזורקו בין העצים וי"ל דהתם לא הוי חיבור להזאה משום דאפילו בשעת מלאכה לא הוי חיבור דבר תורה דלא חשיב כלל בית יד בשום פעם כיון שהוא עשוי לזורקו כל שעה:

אבל לא בכסות לחה כו'. נראה דרבי אושעיא פליג אמתני':

כאלישע בעל כנפים. להכי נקט אלישע דמסתמא כיון שנעשה לו נס בתפילין היה זהיר בהן והיה לו גוף נקי ומזה הטעם אין אנו יכולין ליפטר שהרי בזה אנו יכולין להזהר ואין תימה על מה שמצוה זאת רפויה בידינו שגם בימי חכמים היתה רפויה כדתניא בפרק ר' אליעזר דמילה (לקמן קל.) ר"ש בן אלעזר אומר כל מצוה שלא מסרו עצמן ישראל עליה בשעת גזירת המלכות כגון תפילין עדיין היא רפויה בידם והא דאמרינן בפ"ק דר"ה השנה (דף יז.) פושעי ישראל בגופן קרקפתא דלא מנח תפילין אומר ר"ת דמיירי באותן שעושין מחמת מרד ומבזין המצות ושוחקין ברצועה שבידם וברא"ש כדאמר ביומא (דף לו:) פשעים אלו המרדין והא דאמר במדרש תפילין מפני מה לא החזיקו בהן מפני הרמאים אין נראה לר"י דמשום רמאין נמנעו מלעשות מצוה אלא ה"פ מפני מה לא החזיקו נאמנות באדם המניח תפילין *וקאמר מפני הרמאין שהיו מניחין תפילין לרמות בני אדם כדמפרש התם מעשה בתלמיד אחד שהפקיד מעותיו אצל אחד שהיה מניח תפילין כשתבע בו אמר להד"ם אמר ליה אותו תלמיד לא לך הפקדתי אלא לתפילין שעל ראשך וע"ע שם:

אביי אמר שלא יפיח בהן. שיוכל לשמור עצמו מלהפיח עד שיסיר תפילין כדפירש בקונט' אבל לא קיים שמא יישן דאע"ג דפעמים יוכל ליזהר משינה ורבא מצריך גם שיכול להעמיד עצמו בשעה שתאחזנו השינה שלא יישן פתאום ומיהו אביי נמי מודה דאסור לישן בהן כדתניא בפרק הישן (סוכה כו. ושם) דאסור לישן בתפילין בין שינת קבע בין שינת עראי:

שלא יישן בהן. משום שלא יפיח בהן בשעת שינה או משום היסח הדעת אבל משום קרי אין לחוש כדאמר בפ' הישן (ג"ז שם:) דא"ל יוסי ילדים לעולם חוללין מפני שרגילין בטומאה ופריך לימא קסבר ר' יוסי בעל קרי אסור להניח תפילין ומשני הכא בילדים ונשותיהם עמהם עסקינן שמא יבאו לידי הרגל דבר אבל משום קרי לא בעי למיסר:

נטלם מראשו. ואף על גב דאמר בסנהדרין (דף עד: ושם) בשעת גזרת המלכות אפי' על מצוה קלה יהרג ואל יעבור ואפילו לשנויי ערקתא דמסאנא אסור היינו משום דבשינוי ערקתא מתנהג כעובד כוכבים ודומה שמוציא עצמו מכלל ישראל אבל הכא אינו עושה כלום אלא שאין לו תפילין בראשו שעה אחת והרבה ישראל שאין להם תפילין כמותו:

בכנפיה מגינות עליה. אור"י דאמרינן במדרש* כל העופות כשהן יגעין נינוחין ע"ג סלע והיונה בשעה שהיא יגעה פורחת באחת וניטחת באחת:

טומנין בשלחין ומטלטלין אותן. הא דאמר בפ"ק דביצה (דף יא.) טמנין העור לפני הדורכן דהתירו סופן משום תחילתן פי' כדי שישחטו לצורך יו"ט אבל עור דמערב יו"ט משמע התם דאסור לטלטל ובפרק כל כתבי (לקמן קטז:) קאמר אם מטלטלין תיק הספר עם הספר לא נטלטל עור אגב בשר משמע דעור בלא בשר אסור פירש"י בפרק כל כתבי (ג"ז שם*) דהכא מיירי בעור בהמה גסה והתם בעור בהמה דקה דלא חזי למזגא כולי האי ולפירושו הא דביצה נמי מיירי בעור בהמה דקה והא דתנן בפ' כל כתבי (דף קכ.) פורסין עור גדי על גבי התבה כו' צריך לומר לפי' דמיירי כשיחדו לישיבה °ור"ת מפרש דהכא מיירי ביבשין דחזי למזגא עלייהו והתם בלחין:

אבא

עין משפט נר מצוה

יא א מיי' פ"ד מהלכות שבת הלכה א:

יב ב מיי' פ"ד מהלכות שבת הלכה א טוש"ע או"ח סימן רנז סעיף ג:

יג ג מיי' פ"ד מהלכות תפילין הלכה טו סמג עשין כב טוש"ע או"ח סימן לז סעיף ב ג:

יד ד מיי' פ"ד מהלכות שבת הלכה א:

טו ה מיי' פ"ד מהלכות שבת שם ופכ"ו הל' יב סמג לאוין סה טור שו"ע או"ח סימן רנט סעיף א:

רבינו חננאל

להזאה ונזרו שאם נטמא הא' שלא בשעת מלאכה נטמא גם האחר בכל מקו' שהוא. ודוק' אם הוא (מחברן) מחובר עדיין משום טומאה שבשעת מלאכה. ונזרו נמי על הזאה שאם יזה על הא' אפילו בשעת מלאכה לא נטהר האחר אע"פ שהוא מחובר עמו משו' הזאה שלא בשעת מלאכה. פי' אם יראה שהזה בשעת מלאכה על האחד ונטהר גם האחר יטהר הוא כשיזה על האחד אפילו השני שלא בשעת מלאכה: פי' מירטא דביני אטמא העמר שבין הירכות של בהמה כיון שתמיד השתנתה שותת בין ירכותיה יש בו לחלוחית לעולם ואינו מתנגב לעולם ואפילו עושה מאותו צמר כסות יש בו לחלוחית: **תפלין** צריכין גוף נקי. קיי"ל כרבא דאמר שלא יישן בהן: ר' יהודה אומר. אוקימנא בנעורת: **טומנין** בשלחין ומטלטלין אותן. פירוש שלחין עורות בלשון שנגזז (כצמר) [הצמר] ועדיין לא נעבדו: **אבא** שלחא פירש

מסורת הש"ס

לקמן קל. [עי' תוספות בכא בתרא יג: ד"ה אלא]

[ברכות נג: ע"ש גיטין מה. סנהדרין לם. לקמן קל.]

[לקמן נח:]

[ברייתא וכר"ש ליתא]

[ועי' ירושלמי פרק הים קורא הלכה ד]

[כתב סדר לך לך פרשה לט]

גליון הש"ס

תוס' ד"ה טומנין בשלחין וכו' ור"ת מפרש. עי' זבחים דף צד ע"ב תוס' ד"ה אינן בהסכ"ד:

כד"ה בתרתי פליגי

אבא שלחא הוה °ואמר הביאו שלחין ונשב עליהן מיתיבי ג׳נסרין של בעה"ב מטלטלין אותן ושל אומן אין מטלטלין אותן ואם חישב לתת עליהן פת לאורחין בין כך ובין כך מטלטלין שאני נסרים דקפיד עלייהו ת"ש עורות בין עבודין ובין שאין עבודין מותר לטלטלן בשבת לא אמרו עבודין אלא לענין טומאה בלבד מאי לאו לא שנא של בעל הבית ולא שנא של אומן לא של בעה"ב אבל של אומן מאי אין מטלטלין אי הכי הא דתני ולא אמרו עבודין אלא לענין טומאה בלבד לפלוג וליתני בדידה בד"א בשל בעה"ב אבל בשל אומן לא כולה בבעל הבית קמיירי כתנאי עורות של בעה"ב מטלטלין אותן ושל אומן אין מטלטלין אותן ר׳ יוסי אומר אחד זה ואחד זה מטלטלין אותן: הדור יתבי וקמיבעיא להו הא *דתנן אבות מלאכות ארבעים חסר אחת כנגד מי אמר להו ר׳ חנינא בר חמא כנגד עבודות המשכן אמר להו ר׳ יונתן בר׳ אלעזר כך אמר רבי שמעון ברבי יוסי בן לקוניא כנגד *מלאכה מלאכתו ומלאכת שבתורה ארבעים חסר אחת בעי רב יוסף °ויבא הביתה לעשות מלאכתו ממנינא הוא או לא א"ל אביי וליתי ספר תורה ולימני מי לא *אמר רבה בר בר חנה א"ר יוחנן לא זזו משם עד שהביאו ספר תורה ומנאום אמר ליה כי קא מספקא לי משום דכתיב °והמלאכה היתה דים ממנינא הוא והא כמאן דאמר* לעשות צרכיו נכנס או דילמא ויבא הביתה לעשות מלאכתו ממנינא הוא והאי והמלאכה היתה דים הכי קאמר דשלים ליה עבידתא תיקו תניא כמאן דאמר כנגד עבודות המשכן דתניא אין חייבין אלא על מלאכה שכיוצא בה היתה במשכן הם זרעו ואתם לא תזרעו הם קצרו ואתם לא תקצרו הם העלו את הקרשים מקרקע לעגלה ואתם לא תכניסו מרה"ר לרה"י הם הורידו את הקרשים מעגלה לקרקע ואתם לא תוציאו מרה"י לרה"ר הם הוציאו מעגלה לעגלה ואתם לא תוציאו מרה"י לרה"י מרה"י לרשות היחיד מאי קא עביד אביי ורבא דאמרי תרווייהו ואיתימא רב אדא בר אהבה מרשות היחיד לרה"י דרך רשות הרבים: בגיזי צמר ואין מטלטלין: אמר רבא ילא שנו אלא שלא טמן בהן אבל טמן בהן מטלטלין אותן איתיביה ההוא מרבנן בר יומיה לרבא טומנין בגיזי צמר ואין מטלטלין אותן ביצד הוא עושה נוטל

תורה אור: ויבא הביתה לעשות מלאכתו (בראשית לט) · והמלאכה היתה דים (שמות לו)

תוספות

אבא שלחא. פר"ח ואמר הביאו לי שלחן בשבת והלכה כר׳ יוסי דקי"ל מעשה רב וכן נראה דלאי בחול מיירי כדפי׳ בקונט׳ ולא מייתי ראיה אלא דאומן נמי לא קפיד טפי, הוה ליה לאתויי דר׳ יוסי אבוה דשרי לקמן בהדיא של אומן: **לא** אמרו עבודין אלא לענין טומאה בלבד. פרש"י שאין עור מקבל טומאה עד לאחר עיבוד ואם תאמר והא אמר בזבחים בפ׳ דם חטאת (דף צג: וצד) מניין לרבות עור משהופשט תלמוד לומר אשר יזה עליה תכובס יכול אף עור שלא הופשט תלמוד לומר בגד מה בגד מקבל טומאה אף כל דבר המקבל טומאה משמע דעור משהופשט מקבל טומאה ויש לומר דהתם כשיחדו לישיבה והכא כשלא יחדו ואפ"ה מותר לטלטלו בשבת והא דאמר רבא בריש כל הכלים (לקמן קכג.) מדלענין טומאה לאו מנא הוא לענין שבת נמי לאו מנא הוא גבי מחט שניטל חורה או עוקצה ה"פ מדלענין טומאה לאו מנא הוא אפי׳ ע"י יחוד דניטל חורה או עוקצה טהורה ולא מהני בה יחוד והא דתנן במסכת כלים בפרק י"ג (משנה ה) מחט שניטל חורה או עוקצה טהורה ואם התקינה למיתוח טמאה אומר ר"י דהתם מיירי כשעשה בה שום שינוי ותיקון למיתוח אבל ביחוד בעלמא למיתוח איכא טמאה אבל היכא דהוי מנא לענין טומאה ע"י יחוד לגבי שבת הוי מנא בלא יחוד וכן משמע התם דקאמר תרגמא אביי אליבא דרבא בגלמי דזימנין דמימליך עלייהו ומשוי להו מנא להכי מותר לטלטלה אע"ג דאכתי לא אימליך עלה והיא טהורה:

ארבעים אבות מלאכות חסר אחת כנגד מי. דהרבה מלאכות יש דדמיין להדדי והוה לן למחשבינהו כולן כאחת כדפריך בפרק כלל גדול (לקמן עג:) היינו זורה היינו בורר היינו מרקד ומשום חילוק מועט שביניהם לא הוה מחלקינן להו אי לאו דקים להו דל"ט מלאכות הן כנגד שום דבר לכך בעי כנגד מי:

כנגד כל מלאכה שבתורה. לכאורה נראה דיליף נמי ממשכן שהרי לכך נסמכה פרשת שבת לפרשת משכן ועוד דאי לא יליף ממשכן א"כ היכי ידעינן לדידיה הי ניהו אבות מלאכות והי תולדות דאין סברא לומר שמדעתם בירכו מלאכות החשובות ועשאום אבות ועוד דבהדיא תנן לקמן בהזורק* המושיט חייב שכך היתה עבודת הלוים אלא לפי שיש מלאכות דומות זו לזו ולא עושין שתיהן אבות כגון מרקד ובורר לכך חלקום חכמים להשלים מנין מלאכות שבתורה הואיל וחלוקות קצת זו מזו ואי אפשר לומר כן דלא פליג מדקאמר בסמוך תניא כמ"ד כנגד עבודות המשכן משמע דפליגי ועוד למאן דלית ליה דרשא דמלאכת ומלאכה מנא ליה דחשיב זורה ובורר בשתים ועוד לקמן משמע דמטעם דכנגד עבודות המשכן גרידא אית לן לאחשובינהו בתרתי דקאמר אביי ורבא בפרק כלל גדול (לקמן עג:) כל מילתא דהואי במשכן אע"ג דאיכא דדמיא לה חשיב לה: **הם** העלו קרשים כו׳. אפילו רבנן דפליגי אדרבי יוסי ברבי יהודה גבי *) נעץ קנה ברשות הרבים ובראשו טרסקל ולית להו גוד אחית מודו בעגלה שהיא רשות היחיד כיון דעגלה גופה יש אורך בזקיפה עשרה ורוחב ארבעה אע"פ שתחתיה רשות הרבים ובריש כל גגות (עירובין פט.) [ד"ה במחיצות] הארכתי יותר: **ואתם** לא תכניסו. ואפ"ה לא הויא אב כדפרישית לעיל (דף ב.) [ד"ה פשט]:

*) [לעיל ה. לקמן קא.]

רש"י

שלחא סוס. אומן לעבד עורות: ואמר. בחול: הביאו שלחין ונשב עליהן. אלמא לא קפיד: דקפיד עלייהו. שמא יתקלקלו: ולא אמרו עבודין. לא הוזכרו לחלק בין עבודין לשאינן עבודין: אלא לענין טומאה. דעבודין מקבלין טומאה ולא שאינן עבודין: לפלוג בדידה. בטלטול גופיה איכא לפלוגי בשל אומן בין עבודין לשאינן עבודין דעבודין קפיד עלייהו: בד"א. דעבודין מותר לטלטלן בשל בעה"ב אבל של אומן מאחר שעבדן קפיד עלייהו: כולה בבעה"ב איירי. ומהדר ליפלוגי בבעה"ב דאיירי ביה ולא אשכח לפלוגי אלא לענין טומאה ולא שבקיה לבעה"ב דאיירי ביה ונקט אומן *מפסקה למילתיה טפי מדהשתא: הדור יתבי. הנך רבנן דלעיל: כנגד עבודות המשכן. אותן המנויות שם בפרק כלל גדול היו צריכין למשכן ופרשת שבת נסמכה לפרשת מלאכת המשכן ללמוד הימנה: שבתורה. שכתובים בכל התורה והכי קאמר קרא (שמות כ) לא תעשה כל מלאכה כמנין כל מלאכה שבתורה: לא זזו משם. °לא ידענא היכא איתמר ומיהו [אפשר] לענין וי"ו דגחון אתמר מדפרכינן לה נמי בקדושין *גבי וי"ו דגחון ומתרצינן אינהו הוו בקיאי בחסרות ויתרות ש"מ לענין אותיות איתמר והכא ליכא לשנויי הכי: משום דכתיב והמלאכה היתה דים. ואי מנינן לתרווייהו הוו ארבעים ומדתנן אבות מלאכות ארבעים חסר אחת איכא חד דלא ממנינא ובהני תרי דאיכא למימר דלא מלאכה נינהו ולא ידענא הי מינייהו נפיק והכי קא מיבעיא ליה והמלאכה היתה דים ממנינא היא ומלאכה ממש קאמר והכי קאמר המלאכה שהיו עושין היו עושין די לא פחות מן הצורך ולא יותר מן הצורך כגון רידודי טסין לציפוי הקרשים לדי היו מרדדין אותם וכן בטווי של יריעות והאי לעשות מלאכתו הוא דתפיק ומסייע למאן דאמר במסכת סוטה לעשות צרכיו נכנס לשכב עמה אלא שנראתה לו דמות דיוקנו של אביו ואמר לו עתידין אחיך ליכתב על אבני אפוד רצונך שימחה שמך מביניהם כו׳ או דילמא האי לעשות מלאכתו מלאכה ממש הוא ומסייע לה לאידך: והאי והמלאכה היתה דים. לאו מלאכה היא אלא כדמשמע קרא בהבאת נדבה וכמאן דאמר שלימא ליה עבידתא מלאכת ההבאה שלא היו צריפין עוד וכל מידי דרמי עליה דאינש קרי ליה עבידתא כדאמרינן במסכת סוטה (דף לג.) בטילת עבידתא דאמר סנאה לאייתויא להיכלא ולית אלא גבא מלחמה להחריב: הם זרעו וקצרו סמנין. לצבוע תכלת ועורות אילים ומחט ולשו נמי סמנין לצבוע ואופה דקתני במתני׳ באבות מלאכות הוא בישול סמנין אלא דנקט סידורא דפת והכי מפרש בפרק כלל גדול (לקמן דף עד:): קרקע. רשות הרבים: עגלה. רשות היחיד שגבוהה י׳ ורחבה ד׳: דרך רשות הרבים. דאויר שבין העגלות רשות הרבים: אבל טמן בהן מטלטלין אותן. קס"ד השתא דמילי מילי קתני מתניתין ולאו אהך דטמן בהן קאי: מרבנן בר יומיה. אותו היום בא לבית מדרשו תחלה*: נוטל אלא

עין משפט נר מצוה

טז א מיי׳ פכ"ו מהלכות שבת הלכה יב סמג לאוין סה טוש"ע או"ח סימן שח סעיף כח:
יז ב שם סעיף כו:
יח ג מיי׳ פכ"ו מהלכות שבת שם סמג שם טור שו"ע או"ח סימן רנט סעיף א:

רבינו חננאל

פושט עורות היה וקבלנו מרבותינו דהלכתא כר׳ יוסי דקיי"ל מעשה רב ואמר ר׳ ישמעאל בר׳ יוסי אבא שלחא הוה ואמר הביאו שלחין ונשב עליהן · נמצא כי עשה מעשה כשמועתו דתניא עורות של בעל הבית מטלטלין אותן · של אומן אין מטלטלין אותן · ר׳ יוסי אומר זה וזה מטלטלין הלכך עורות של אומן הואיל וראויין לישב עליהן ואין נפסדין אינו מקפיד עליהן ומותר לטלטלן · אבל נסרין של אומן הואיל ואם ישב עליהן נפגמין הלכך קפיד עליהן ואסור לטלטלן: אמר ר׳ חנינה הא דתנן אבות מלאכות ארבעים חסר אחת כנגד עבודות המשכן · ותניא כוותיה אין חייבין אלא על מלאכה שכיוצא בה היתה במשכן כיצד הן זרעו וקצרו והעלו קרשים מקרקע לעגלה אתם לא תזרעו ולא תקצרו כו׳ הא דתנן אבות מלאכות ארבעים חסר אחת כו׳ · וא"ר יונתן בן אלעזר כנגד מלאכת ומלאכה שבתורה *) והן ס"א, כשתוציא ג׳ מלאכות הכתובין בויכולו השמים וד׳ שכתוב בהן ועשית ויעשה ותעשה ולרגל המלאכה וי"ג שכתב כל מלאכת עבודה הרי כ"א נשארו מ׳ ובכללם ששת ימים וכו׳ לא תעשה מלאכה · ולמה (זכה) כי בפירוש אמרו בתלמוד א"י שבא זה הכתוב להשלים ל"ט מלאכות בתורה ויש מי שמוציא מכלל אלו מ׳ ויבא יוסף הביתה לעשות מלאכתו · תשארו ל"ט ויש מי שמוציא והמלאכה היתה דים ולדברי הכל נשארים ל"ט מלאכות: פיס׳ בגיזי צמר ואין מטלטלין אותן· וקי"ל

*) עי׳ ראב"ן סימן פ"ג שמבואר היטב דברי הר"ח כמ"ש כאן וברמב"ן וברשב"א ע"ש:

רב נסים גאון

ולא אמרו עבודין אלא לענין טומאה בלבד· עיקר דיליה מישתכח במסכת חולין בפ׳ העור והרוטב (דף קכב) וכולן שעיבדן או שהילך בהן כדי עבודה טהורין ובתוספתא וכולן שעיבדן ושהילך בהן כדי עבודה טהורין משום עור: **אותיביה** ההוא מרבנן בר יומיה לרבא זה התלמיד אמרו עליו באותו היום נכנס לבית המדרש על כן קרו ליה בר יומיה וכיוצא בו אמרנו בשחיטת קדשים (זבחים פ"ה דף נו) היה שם תלמיד אחר שבא לשמש לבית המדרש ור׳ יוסי הגלילי שמו וכבר היה רב אידי אבוה דר׳ יעקב בר אידי וזו קרי ליה בר בי רב דחד יומא כמו שאמרו (חגיגה דף ה) רב אידי אבוה דר׳ יעקב בר אידי הוה רגיל דהוה אתי תלתא ירחין באורחא והוה קאי חד יומא בבי רב והדר אזיל תלתא ירחין באורחא הוה קאי חד יומא באושפיזיה והדר אתי הוה קא קרו ליה בר בי רב דחד יומא חלש דעתיה קרי אנפשיה (איוב יב) שחוק לרעהו אהיה אמר ליה ר׳ יוחנן בטמותא מינך לא תענישו רבנן נפק ר׳ יוחנן ודרש (ישעיה נח) ואותי יום יום ידרושון וכי ביום דורשין אותו ובלילה אין דורשין אותו אלא לומר לך כל העוסק בתורה אפילו יום אחד בשנה לשמה מעלה עליו הכתוב כאילו עוסק כל השנה כולה:

מסורת הש"ס

ס"א מפסקא
ב"ק ג. לקמן עג. וש"נ
[דף ל.]
[ועי׳ תוס׳ שבת פ"ז מ"ב סד"ה אבות ועי׳ חידושי רמב"ן ורשב"א כאן פיר"ח]
קידושין ל. ע"ש
סוטה לו:
[פי׳ אחר רב אידי הוה דהוה קרי לי׳ בר בי רב דחד יומא כחגיגה ה: ערוך]

גליון הש"ס

רש"י ד"ה לא זזו לא ידענא כו׳ . עיין ברכות דף כח ע"ב תוס׳ ד"ה מאן דמאו ליה ונ"ב:

§ מסכת שבת דף מט: §

אות א'

ואמר הביאו שלחין ונשב עליהן

סימן שח סכ"ה - [א]עורות יבשים, בין של [ב]אומן בין של בעה"ב, מותר לטלטלן - אף דבאומן סתמייהו עומדות אצלו למכירה, אפ"ה לא אמרינן בהן דקפיד עלייהו מלהשתמש בהן.

עורות יבשים - בזה מותר לדעה זו אפילו בדקה, **ולחים** דלא חזי לישיבה, אסור בשניהם, אא"כ חישב עליהן לישיבה מבעוד יום.

הגה: וי"א דוקא עורות בהמה גסה דחזי לישב עליהם, אבל מבהמה דקה, אסור, אא"כ חשב לישב עליהם מבע"י (רש"י) - ס"ל דאין חילוק, דבין ביבשים ובין בלחים שרי בגסה, **אבל** בדקה בעינן חישב, בין בלחים ובין ביבשים.

והעיקר כדעה הראשונה, דתלה רק ביבשים, ואז מותר בין בעבודים ובין שאינם עבודים, [גמרא].

ואם נתנן לאוצר לסחורה, צריכין יחוד דוקא, וכמו שכתב ריש סי' רנ"ט.

אות ב'

נסרין של בעל הבית מטלטלין אותן, ושל אומן אין מטלטלין אותן, ואם חישב לתת עליהן פת לאורחין, בין כך ובין כך מטלטלין

סימן שח סכ"ו - [ג]נסרים של בעה"ב, מותר לטלטלן; ושל אומן, אסור - דבהו קפיד האומן שלא יתקלקלו, **אא"כ חשב עליהם מבע"י, ליתן עליהם פת לאורחים או תשמיש אחר.**

ונסרים של סוחרים שנתנום לאוצר, אפשר דאסור ג"כ לטלטלם, דקפדי עלייהו ג"כ שלא יתקלקו ויתעקמו, כמו אומן, אע"ג דלא החליקן ברהיטני.

אות ג'

לא שנו אלא שלא טמן בהן, אבל טמן בהן מטלטלין אותן

סימן רנט ס"א - אבל [ד]אם טמן בגיזי צמר, אפילו לא יחדן לכך, מותר לטלטלן - אף דסתם גיזי צמר מוקצה הוא לטויה לאריגה, מ"מ אין חשובין כ"כ כמו מוכין, [רש"י] ‹דף מ"ח. ד"ה מוכין›, וכיון שטמן בהן, כמאן דיחדן להכי דמי, [רש"י] ‹דף נ. ד"ה רבינא אומר›.

באר הגולה

[א] **שם במשנה מ"ט לפי' ר"ת** ‹וכתבו התוספות (שם ד"ה טומנין) דהא דמשמע בפרק קמא דביצה (יא) ובפרק כל כתבי (קטז:) דאסור לטלטל עור בלא בשר, פי' רש"י (שם ד"ה בתרתי פליגי) דהכא מיירי בעור בהמה גסה, והתם בעור בהמה דקה, דלא חזי למיזגא כולי האי, **והא** דתנן (שבת קכ.) פורסין עור של גדי על גבי תיבה וכו', צ"ל לפירושו, דמיירי כשיחדו לישיבה, **ורבינו** תם מפרש, דהכא ביבשים דחזי למיזגא עלייהו, והתם בלחים. **והר"ן** כתב כדברי רבינו תם - ב"י›

[ב] **כר' יוסי שם** [ג] **שם בברייתא** [ד] **שם וכרבא** ‹בלישנא קמא› **וכאוקימתא דרבינא תוספות והרא"ש וטור והר"ן וש"פ**

§ מסכת שבת דף נ. §

אות א'

בשל הפתק שנו

סימן רנט ס"א - אבל [א]אם טמן בגיזי צמר, אפילו לא יחדן לכך, מותר לטלטלן - אף דסתם גיזי צמר מוקצה הוא לטויה לאריגה, מ"מ אין חשובין כ"כ כמו מוכין, [רש"י] ‹דף מ"ח. ד"ה מוכין›, וכיון שטמן בהן, כמאן דיחדן להכי דמי, [רש"י] ‹דף נ. ד"ה רבינא אומר›.

וה"מ סתם גיזין שאין עומדין לסחורה, אבל אם נתנם לאוצר לסחורה, צריכין יחוד - דכיון שהם עומדים אצלו לסחורה, מסתמא עתיד להחזירן אח"כ ג"כ לאוצר, [רש"י], (ואפי' כשאינו מקפיד עליהם מלהשתמש בהם שום דבר), וע"כ אין מבטלן להטמנה, והוי ממילא מוקצה, אם לא שיחדן להטמנה מע"ש.

ואם טמן בהם בלא יחוד, מנער הכיסוי והן נופלות, [ב]דהיינו לומר שנוטל כיסוי הקדירה שיש תורת כלי עליה - וכגון שמקצתה מגולה, וכנ"ל גבי מוכין, **ואם** אינה מגולה כלל, יכול לתחוב בכוש ולנער את הכיסוי, וכדלקמן בסי' שי"א ס"ט.

ואע"פ שהם עליה לא איכפת לן, דלא נעשית בסיס להן - דהא אין הכיסוי תשמיש להצמר, אדרבה הצמר משמש להקדירה לחממה.

אות ב' - ג'

אין צריך לקשר

יושב, אף על פי שלא קישר ואף על פי שלא חישב

סימן שח ס"כ - [ג]חריות (פי' ענפים) של דקל שקצצם לשריפה, מוקצים הם ואסור לטלטלם - משמע דסתמא לא אסירי, **ועיין** לקמיה מש"כ, דעצים שלנו סתמא עומדים להסקה.

היינו טלטול ממש, אבל לישב עליהם כשאין מזיזן ממקומן, ודאי שרי, **ואפילו** כשמזיזן ע"י ישיבתו, מצדד המ"א להקל, דטלטול מן הצד הוא כל זמן שאין מזיזן בידים, **ומצאתי** במאירי שגם הוא הסכים לזה, רק שכתב דבמקום שאין צורך ראוי לפרוש מזה.

ישב עליהם מעט מבע"י, מותר לישב עליהם בשבת - היינו אפי' לטלטלם כדי לישב עליהם, ואע"פ שלא חישב עליהם מבע"י, דבזה שישב גלה דעתו דלישיבה קיימא, [רש"י], והוסר מעליהם שם מוקצה.

וכ"ש אם קשרן לישב עליהם, או [ד]אם חשב עליהם מבע"י לישב עליהם אפילו בחול - ר"ל דבזה שעשה מעשה מבעוד יום, או שחישב בדעתו בהדיא לישיבה, בודאי ביטל מעליהם שם מוקצה.

אפי' בחול - והא"ר הביא בשם [ה]כמה ראשונים, שס"ל דמחשבה לא מהני אא"כ חישב לישב עליהם בשבת.

איתא בש"ס ‹דף קכ"ה›, דזמורה שיש בראשה עקמימות כעין מזלג, שראוי לתלות עליו דלי ולמלאות בו, אע"פ שחישב עליו מע"ש למלאות בה, אסור למלאות בה בשבת אא"כ היא קשורה בדלי מע"ש, דחיישינן שמא תהא ארוכה ויקטמנה, מתוך שהיא רכה ונוחה לקטום, ונמצא עושה כלי וחייב משום מכה בפטיש, **ואם** הוא קשה משמע דשרי, אפילו אם רק יחד הזמורה לכך מע"ש, **ואם** הוא מחובר לקרקע, אפילו הוא קשה דליכא חשש שמא יקטום, אפ"ה אסור להשתמש בה אא"כ היא קשורה בדלי, משום מוקצה, דבמחובר לקרקע לא מהני מחשבה להוציאה מתורת מוקצה, **אך** דבמחובר לא שרינן אפילו בקשורה, אלא כשהזמורה הוא פחות מג"ט סמוך לארץ, **דאל"ה** אסור משום משתמש באילן, כמש"כ בסי' של"ו.

אות ד'

יוצאין בפקורין ובציפא בזמן שצבען (בשמן) וכרכן במשיחה; לא צבען (בשמן) ולא כרכן במשיחה, אין יוצאין בהם; ואם יצא בהם שעה אחת, מבעוד יום, אף על פי שלא צבע ולא כרכן במשיחה, מותר לצאת בהן

סימן שח סכ"ד - [ו]פשתן סרוק וצמר מנופץ שנותנים על המכה, [ז]אם חשב עליהם מבע"י לתתם על המכה, ‹בשבת› - לפמש"ל בס"כ, ה"ה אם חשב ליתנם על המכה בחול, **או [ח]שישב בהם שעה אחת מבע"י, או שצבען בשמן** - פי' טבלן בשמן, תרגום וטבל: וצבע, **[ט]דגלי דעתיה דלמכה קיימי, או שכרכן במשיחה ליתנם על המכה בשבת, תו לית בהו משום מוקצה** - הטעם הכל כנ"ל בחריות ס"כ, דכיון שחשב או ישב, הוסר מעליהם שם מוקצה.

[י]ומשום רפואה נמי ליכא, שאינו אלא כמו מלבוש שלא יסרטו בגדיו [יא](במכה).

באר הגולה

א שם וכרבא ‹בלישנא קמא› וכאוקימתא דרבינא תוספות והרא"ש וטור והר"ן וש"פ ב כפירש"י שם ‹דף מ"ט. ד"ה נוטל כיסוי› ג שבת נ' בברייתא כרשב"ג וכר"ב אסי הרי"ף והרא"ש ורמב"ם ד שם וכשמואל ר"ן שם ובשם רב האי ור' יונה וכ"כ הרא"ש והרמב"ם ה ‹עיין לקמן אות ד' בהערה› ו שבת נ' בברייתא ז כשמואל שם ח שם איתא יצא אבל הב"י כתב ‹בשם תוס' ד"ה אבל› דה"ה ישב ט רש"י שם י ‹רש"י שם - גר"א› יא כן הוא בטור

נוטל את הכיסוי והן נופלות אלא אי איתמר הכי איתמר אמר רבא לא שנו אלא שלא יחדן להטמנה אבל יחדן להטמנה מטלטלין אותן איתמר נמי כי אתא רבין א"ר יעקב א"ר אסי בן שאול אמר רבי לא שנו אלא שלא יחדן להטמנה אבל יחדן להטמנה מטלטלין אותן רבינא אומר "בשל הפתק שנו תניא נמי הכי *גיזי צמר של הפתק אין מטלטלין אותן ואם התקינן בעל הבית להשתמש בהן מטלטלין אותן תנא רבה בר בר חנה קמיה דרב *חריות של דקל שגדרן לעצים ונמלך עליהן לישיבה צריך לקשר רשב"ג "אומר אין צריך לקשר הוא תני לה והוא אמר לה הלכה כרשב"ג איתמר רב אמר קושר ושמואל אמר חושב *ורב אסי אמר "יושב אע"פ שלא קישר ואע"פ שלא חישב בשלמא רב הוא דאמר כת"ק ושמואל נמי הוא דאמר כרשב"ג אלא רב אסי דאמר כמאן הוא דאמר כי האי תנא דתניא *"יוצאין בפקורין ובציפא בזמן שצבען (בשמן) וכרכן במשיחה לא צבען (בשמן) ולא כרכן במשיחה אין יוצאין בהם ואם יצא בהן שעה אחת מבעוד יום אע"פ שלא צבע ולא כרכן במשיחה מותר לצאת בהן אמר רב אשי אף אנן נמי תנינא *הקש שעל גבי המטה לא ינענעו בידו אבל מנענעו בגופו אבל אם היה (עליו) מאכל בהמה או שהיה עליו כר או סדין מבעוד יום מנענעו בידו ש"מ ומאן תנא דפליג עליה דרשב"ג רבי חנינא בן עקיבא דכי אתא רב דימי אמר זעירי א"ר חנינא פעם אחת הלך רבי חנינא בן עקיבא למקום אחד ומצא חריות של דקל שגדרום לשום עצים ואמר להם לתלמידיו צאו וחשבו כדי שנשב עליהן למחר ולא ידענא אי בית המשתה הוה אי בית האבל הוה מדקאמר אי בית המשתה הוה אי בית האבל הוה דוקא בית האבל או בית המשתה דטרידי אבל הבא קשר אין לא קשר לא *אמר רב יהודה "מכנים אדם מלא קופתו עפר ועושה בה כל צרכו דרש מר זוטרא משמיה דמר זוטרא רבה "והוא שיחד לו קרן זוית אמרו רבנן קמיה דרב פפא כמאן כרבן שמעון בן גמליאל דאי כרבנן האמרי בעינן מעשה אמר להו רב פפא אפילו תימא רבנן עד כאן לא קאמרי רבנן דבעינן מעשה אלא מידי דבר עבידא ביה מעשה אבל מידי דלא בר מיעבדא ביה מעשה לא נימא כתנאי בכל "חפין את הכלים חוץ מכלי כסף בגרתקון *הא נתר וחול מותר והתניא *נתר וחול אסור מאי לאו בהא קמיפלגי דמר סבר בעינן מעשה ומר סבר לא בעינן מעשה לא דכולי עלמא לא בעינן מעשה ולא קשיא (הא רבי יהודה הא ר' שמעון) הא *רבי יהודה דאמר דבר שאין מתכוין אסור הא ר' שמעון דאמר *דבר שאין מתכוין מותר במאי אוקימתא להא דשרי כר"ש אימא סיפא אבל לא יתוף בהם שערו ואי ר"ש משרא קשרי דתנן נזיר

רש"י

נוטל את הכיסוי. אלמא בהך דטמן נמי קאסר לטלטולי אלא על ידי כיסוי: יחדן להטמנה. לעולם: רבינא אומר. לעולם כדקאמר רבא אם טמן בהן מותר לטלטל דכמאן דיחדן להכי דמו ורבא לאו אמתניתין קאי דמתניתין בגיזין של הפתק דודאי עתיד להחזירן משם ולא יחדן לכך: הפתק. מערכה גדולה שעורכין ומושיבין להקלותן לסחורה שקורין ט"ש בין של בגדים בין של צמר בין של חגבים ובשר מלוח: חריות. ענפים קשים כעין שהוקשו שדראות של לולבין וכפלו עלין שלהן קרי להן חריות: שגדרן. כל (לקיטת) [קלילת] תמרים קרי גדירה: צריך לקשר. לקשרם יחד מבעוד יום להוכיח שלישיבה עומדים ואם לא קשרם יחד אסור לטלטלן למחר דלא הוי יחוד במחשבה: ורב אסי אמר ישב. עליהן מבעוד יום: ואע"פ שלא חישב. עליהן לישב למחר גלי דעתיה דלישיבה קיימי: פקורין. פשתן סרוק שנותנין על המכה: בציפא. צמר מנופץ הניתן על המכה: בזמן שצבען בשמן. גלי דעתיה דלמכה קיימי להניחן עליה בשבת דלאו לרפואה ניכהו אלא שלא ישרטו מלבושיו את מכתו והוה ליה כמלבוש דעלמא אבל לא צבען בשמן דלאו מלבוש ניכהו הוה ליה משאוי ואין יוצאין בו לר"ה: ואם יצא בהן כו'. היינו כרב אסי דאמר ישב אע"פ שלא קשר ולא חישב: אף אנן נמי תנינא. כרב אסי: קש. סתמיה לטינא קאי ללבנים או להסקה ומוקצה הוא ואם היה נתון על המטה ולא לשכב עליו ובא בשבת לשכב עליו והוצרך לנענעו ולשוטחו לשכיבה שלא יהא צבור וקשה: לא ינענעו בידו. שאסור לטלטלו: אבל מנענעו בגופו. כלאחר יד: או שהיה עליו כר או סדין. ששכב עליו מבעוד יום ואע"פ שלא יחדו לכך ולא חישב עליו דהיינו כרב אסי: ומאן תנא. לעיל דאמר צריך לקשור ופליג אדרבן שמעון: ולא ידענא. זעירי קאמר לה: דטרידי. ולא יכלו לקשור מבעוד יום והתם הוא דשרי בלא קישור אבל בעלמא לא: מכנים מלא קופתו עפר. לכסות בו צואה ורוק ומערה העפר בביתו לארץ ונוטלו תמיד לכל צרכיו: והוא שייחד לו קרן זוית. דהוי כמוכן ועומד לכך אבל נתנו באמצע ביתו למדרס רגלים הרי הוא בטל לגבי קרקעית הבית ומוקצה ואסור: כרבן שמעון. דשרי במחשבה בעלמא שאין מעשה מוכיח שעומד לעשות צרכיו: דבר מעביד מעשה. שכן מעשה הוא טיטול לעשות בו מעשה הוכחה: לימא כתנאי. הא דרב יהודה במידי דלאו בר מעשה: חפין. משפשפין את הכלים בשבת לנאותן: חוץ מכלי כסף בגרתקון. כמין עפר שגדל בחבית של יין וקורין לו אלו"ס והוא עיקר תקון כלי כסף וגורר אותו שהכסף רך והוא ממחק שהוא אב מלאכה: אבל נתר וחול מותר. דלא גריר ליה לכסף: מאי לאו. הא דתניא אסור לאו משום דגריר ליה אלא משום מוקצה קאסר ליה ותנא דשרי כגון שהכניס מלא קופתו לכך ועירה על גבי קרקע ומאן דאסר קסבר בעינן מעשה וזה לא יכול: לא דכולי עלמא. במידי דלאו בר מעשה לא בעינן מעשה דאית להו הא דרב יהודה וטעמא מאן דאסר דזימנין דגריר ואף על גב דלא מיכוין לגרור אסור כרבי יהודה דאמר דבר שאין מתכוין אסור ומאן דשרי כר"ש ומיהו גרתקון אסור דודאי גריר ומודה ר"ש בפסיק רישיה ולא ימות: לא יתוף בהן. בנתר וחול שערו בשבת מפני שמשירו:

תוספות

אלא אי איתמר כו'. אין גירסא זו נכונה דלכאורה משמע שלרבא עצמו היה מקשה וטפי הוי ניחא אי הוה גרס אלא אמר רבא אבל לפי זה הוה צריך לומר דרבינא לפלוגי אתא:

רבינא אומר בשל הפתק שנו. ומילתא דרבא כדקאמר מעיקרא ובשאינה של הפתק ותימה דרבא קאמר לא שנו משמע דאמתניתין קאי והא מתניתין מיירי בשל הפתק וי"ל דרישא מיירי בכל גיזי צמר בין של הפתק בין שאינם של הפתק דאין מטלטלים אותן וקאמר רבא לא שנו בהגהו שאינה של הפתק אלא שלא טמן בהן אבל טמן בהן מטלטלים אותן והא דקתני סיפא כיצד הוא עושה כו' בשל הפתק קאמר ואע"פ שטמן בהן אין מטלטלין כיון שלא הזמינן:

ורב אסי אמר ישב אע"פ שלא קשר ושלא חישב. רבינו שמשון הזקן פסק כרב אסי מדקאמר בסמוך רב אשי שהוא בתרא מתני' נמי דיקא ור"ת פוסק כרב מכח קושיא כמו שמפורש בפרק כל הכלים (לקמן דף קכו· בד"ה ר"י אומר ושם):

בפקורין ובציפא. פר"ח כיפה שיש בה שער ונותנין אותה בראש הקרח ונראה שהוא שער ראשו:

אבל לא צבען בשמן אין יוצאין בהן. לאו דוקא אין יוצאין דאפילו לטלטלם אסור לפי שאינם מוכנים אלא נקט אין יוצאין אגב רישא ובסמוך נמי דקאמר אבל יצא בהן שעה אחת מבעוד יום לאו דוקא יצא דהוא הדין ישב בהן בביתו:

ואם יצא בהן שעה אחת כו'. אע"פ *שלא צבע ולא חישב היינו כרב אסי דאמר ישב אע"פ שלא חישב ולא קישר קשה לר"י רישא דקתני יוצאין בהן בזמן שצבען מאי אריא צבען אפילו חישב נמי דהא כיון דמתיר יצא אע"פ שלא צבע ולא חישב כל שכן חישב ולא צבע דלכאורה ישיבה גריעא ממחשבה וכן נמי יציאה ותירץ דהאי דקאמר צבען לא לצאת בהן בשבת אלא כדי לצאת בהן מבעוד יום ואחר כך נמלך ואפ"ה יכול לצאת בהן בשבת:

ולא ידענא אי בית האבל הוה. פי' אי משום בית האבל התיר אי משום בית המשתה:

שלא צבען ולא כרכן במשיחה והיינו כרב אסי כנ"ל

מסורת הש"ס

[תוספתא פ"ד] · לקמן קכו: · [פי' תוס' לקמן קכה: סד"ה ותודו] · [תוספתא פ"ו] · נ"ל מ"ש פ"ש · לקמן קמא. · ביצה ח. · נ"א אבל · [תוספתא ביצה פ"ד] · [לעיל מח:] · [שם וש"נ] · ס"מ פ"ו

עין משפט נר מצוה

יט א (מיי' פכ"ה מהל' שבת) סמג לאוין סה טוש"ע או"ח סימן רנט סעיף א:

כ ב ג מיי' פכ"ה מהל' שבת הלכה כא טור שו"ע או"ח סימן שח סעיף כ:

כא ד מיי' פי"ט מהל' שבת הלכה טו טור שו"ע שם סעיף כד [וסי' שא סעיף נ]:

כב ה ו מיי' פכ"ה מהל' שבת הלכה כב סמג שם טוש"ע שם סעיף לח וסימן תנא סעיף יז:

כג ז מיי' פכ"ג מהלכות שבת הלכה ז סמג שם טוש"ע או"ח סימן שכג סעיף ט·

רבינו חננאל

כרבא דאמר לא שנו אלא שלא יחדן להטמנה אבל יחדן להטמנה מטלטלין אותן דהא ר' נמי תני כוותיה · ורבינא דהוא בתראה אוקמה למשנתנו בשל הפתק *). פי' הפתק לשון יוני הוא · כגון אוצר המוטל לסחורה· כדתנן בע"ז (ל"ט:) החגבים הבאים מן הסלילה אסורין ומן ההפתק מותרין ותני' (שם מ:) חגבין והקפלוטאות הבאים מן ההפתק ומן האוצר ומן הספינה מותרין · כדתנינן גיזי צמר של הפתק אין מטלטלין אותן אם התקינן בעל הבית להשתמש בהן מותר: חריות של דקל שגדרן לעצים ונמלך עליהן לישיבה · אוקימנא ר' חנינא בן עקיבא אומר צריך לקשר. ר' שמעון בן גמליאל אומר אין צריך לקשר · אמר רבה בר בר חנה הלכתא כרשב"ג ואע"ג דאמר רב יקשור הא אמר שמואל יחשוב כרבה בר בר חנה · ודר' אסי נמי דאמר כי האי תנא דתני יוצאין בפיקריון ובציפא כו' פי' פאה נכרית והוא שיער שעושה בקפה והקרח נותנן בראשו ונראה כי אותו שיער שבקפה שיער ראשו הוא ואם יצא בהן שעה אחת מבעוד יום דיו והא דאמר רב אסי עדיפא מדשמואל · ונמצא רב לגבייהו יחיד ויחיד ורבים הלכה כרבים : הא דאמר רב יהודה מכנים אדם מלא קופתו עפר כבר פרשתי' בפס' י"ט ולא (אכרע בהא מילתא) [בר מיעברא

*) עיין ערוך ערך אפתק ·

[יב]**וי"א דלא סגי במחשבה לחוד** - [יג]עיין מ"א שהקשה על המחבר, ודעתו דלכו"ע סגי במחשבה, [יד]ובא"ר יישב קושיתו, ע"ש.

סימן שא ס"נ - [טו]**יוצאים בפשתן סרוק וצמר מנופץ שבראשי בעלי חטטין (פי' בעלי נגעים)** - ועושין זה כדי שיהא נראה כשער על ראשן.

אימתי, בזמן [טז]**שצבען וכרכן** - היינו שצבען לנוי, וכרכן במשיחה, דאז נחשב כמלבוש, **או שיצא בהם שעה א' מבע"י** - דגלי דעתיה דלמלבוש קיימי.

ואם לא צבען ולא יצא, אף לטלטלן אסור משום מוקצה, **אך** אם חושב מבעוד יום לצאת בהן, עיין סימן ש"ח סכ"ד דמותר בטלטול. (ולענין לצאת, עיין בב"י דזה תליא בשיטת הראשונים, דלהרא"ש ותוס' מותר, ולר"ן ורבינו יונה והרשב"א אסור, משום דלא מוכחי מלתא ומחזי כמוציא בשבת. **ודע**, דהב"י כתב בשם התוספות (ד"ה אבל), דלאו דוקא יצא בהן שעה אחת מבע"י, דה"ה אם ישב בהן, **ועיין** בביאור הגר"א שכתב, דלדעת אלו ראשונים המחמירין דלא מהני חישב, ה"ה דלא מהני ישב לענין הוצאה).

[יז]**סימן שא סנ"א** - [יח]**מותר לצאת במצנפת שתולים בצואר למי שיש לו מכה בידו** - כצ"ל, וכן נדפס בעו"ש ובתו"ש, ומה שנמצא באיזה דפוס "בראשו", ט"ס הוא, **או בזרועו, וכן בסמרטוטין (פי' חתיכות בגד בלוי) הכרוכים על היד או על האצבע שיש בו מכה** - שכל אלו אינם נחשבים להם משוי, אלא הם כתכשיט להם.

ה"ה בכרוכים על המכה ממש - מ"א, **ועיין** לעיל סכ"ב וסכ"ח מש"כ שם, דכן הסכימו עוד הרבה אחרונים.

ומשמע מסתימת המחבר, דבזה נחשב כמלבוש אפילו לא יצא בהן שעה אחת מבעוד יום, משא"כ בסעיף נ' הקודם, כ"כ המ"א, וכן מצדד הא"ר. (**והגר"א כתב**, דלדעת המחבר בסעיף הקודם, גם בזה בעינן שיצא בהן שעה אחת מבע"י, וכ"כ הט"ז, **אלא** דהגר"א בירר לנו, דמה שלא הזכיר המחבר בסעיף זה הפרט זה, הוא לפי שיטת שארי הראשונים, דלענין שיהא נחשב כמלבוש לענין הוצאה לא בעינן שיצא בהן שעה אחת מבע"י, והגמרא שהזכירו לענין פיקורין, הוא משום דבלא"ה אסור משום טלטול, **וא"כ** המחבר שהזכיר פרט זה בס"נ, שהוא מעתיק בזה לשון הרמב"ם, שס"ל דהגמרא מיירי לענין הוצאה, וכאן השמיטו, סותר בזה דברי עצמו, **ולפי"ז** בודאי אין להקל בזה נגד שיטת רש"י והרמב"ם ורבינו יונה והר"ן והרשב"א, דכולם בחדא שיטתא קיימי, דטעם האיסור הוא משום הוצאה, וגם בעניננו בעינן שיצא בהן שעה אחת מבעוד יום, ומ"מ למעשה צ"ע אחרי שהמחבר סתם בזה להקל).

אות ה' – ו'

מכניס אדם מלא קופתו עפר, ועושה בה כל צרכו

והוא שיחד לו קרן זוית

סימן שח סל"ח - [יט]**מכניס אדם מבע"י מלא קופתו עפר** - ומערה בביתו על הארץ, רש"י, **ומייחד לו קרן זוית, ועושה בו כל צרכיו בשבת, כגון: ליטול ממנו** [כ]**לכסות צואה או רוק וכיוצא בזה** - ובענין שאין בו משום עשיית גומא, דהיינו שיטול בשוה, או שהחול דק או תיחוח, דתיכף כשנוטל החול נופל לתוך הגומא וסותמה.

אבל אם לא ייחד לו קרן זוית, בטל אגב עפר הבית ואסור לטלטלו - אפילו אם בעת שהכניס הקופה לבית היה כונתו לכסות צואה ורוק, מ"מ כיון שפזרו באמצע ביתו למדרס רגלים, הרי הוא בטל לגבי קרקעית הבית, והוא מוקצה ואסור, [**כן** מוכרח מרש"י ד"ה מכניס וכו', דאיירי שהכניס לכסות בו, ואפ"ה אם לא יחד אמרינן דבטל למדרס הרגלים ואסור, כמ"ש רש"י ד"ה והוא, ע"ש]. **ולפי"ז** אסור ליקח בשבת מעט מן החול המפוזר בקרקע הבית להשתמש בו לאיזה דבר.

(**וראיתי** בחידושי רע"א שהביא בשם נזירות שמשון, שכתב דאם יש רצפת אבנים או נסרים, שרי, **ולענ"ד** יש לעיין בזה טובא, אחד, דרש"י כתב דהוא בטל לקרקעית הבית, כיון שנתנו למדרס רגלים והוא מוקצה, וא"כ אף שהקרקע מחופה ברצפת אבנים או נסרים, גם הוא בכלל קרקעית הבית הוא ובטל לגביה, ובכלל מוקצה הוא כיון שהקצה אותו מדעתו, **וכן** מוכח קצת מלקמן סימן תצ"ח סי"ז, שכתב דכיון שלא שטחו מוכחא מילתא דלצרכיו בעי לה, משמע אבל אם שטחו, אסור בכל גווני. **ואפילו** להטור שכתב אגב עפר הבית, אפשר ג"כ דכוונתו כמו שכתבנו לפירש"י, **ועוד** נ"ל, דאפילו אם נסבור כהנז"ש, ג"כ אינו מותר רק בשהכניסה עפר וחול לכתחלה לאיזה תשמיש, ואח"כ פזרו בביתו למדרס רגליו, בזה אמרינן כיון שאינו בטל לגבי קרקע, ממילא הוא

באר הגולה

[יב] **ר"ן ורבינו יונה שם** ‹והקשה הר"ן, היכי אמרינן דבחריות מהני חשב, הא תנן יוצאין בפקורין ובציפה בזמן שצבען בשמן וכרכן במשיחה, ואילו מחשבה לא מהניא. **ותירץ** ה"ר יונה, דהתם משום דלא מוכחא מילתא דמייחדן למכתו, ומיחזי כמוציא בשבת, אבל יצא בהן מבעוד יום מוכחא מילתא. **אבל** הרא"ש כתב וז"ל: וי"ל הא דקאמר וצבען, לא כדי לצאת בהן בשבת, אלא כדי לצאת בהן מבעוד יום, ואח"כ נמלך ולא יצא בהן, אפ"ה יכול לצאת בהן בשבת, ולפי דברי ר"י (תוס' ד"ה ואם) משמע, דבעיא מחשבה לצורך השבת, והך צביעה דצבען כדי לצאת בהן מבעוד יום גריעא ממחשבה לצורך שבת, וקמשמע לן דאפילו הכי מהניא, **ולא** משמע הכי לעיל דנמלך עליהן, דקתני גבי חריות של דקל, משמע דאפילו בחול מהניא הך מחשבה לרבן שמעון בן גמליאל, והא דתניא צבען ולא תנא חשב, איכא למימר תיקון מעליא נקט, וממילא ידענא דה"ה חשב, מדנקט סיפא ואם יצא בהן, דשמעינן מינה דכל שכן חשב, עכ"ל - ב"י› [יג] ‹צ"ע, דהא הר"ן בשם הר"י לא אסר אלא לצאת בהן, משום דלא מוכחא מילתא דמיחדו למכתו, ומחזי כמוציא בשבת, אבל לטלטלן לכו"ע סגי במחשבה, כמו חריות בס"כ, והרב"י שפתח בטלטול וכתב וי"א כו', דבריו צ"ע לישבם - מ"א› [יד] ‹ואשתמיט ליה תשו' רשב"א, דכתב: לטלטל אבן לפצע אגוזים, צריך שישתמש בו מבעוד יום, כמו בפוקרין וציפה וכו', כי היכי דליהוי בו היכירא, **הרי** להדיא דאף לענין טלטול בעינן מעשה, ור"ן בשם רבינו יונה קאי על הש"ס מיירי ביציאה, לכך הזכיר נמי דין הוצאה, וזה ברור - א"ר› [טו] שבת נ' [טז] פי' בשמן, רש"י וכן העתיק הבית יוסף [יז] ‹ע"פ הגר"א עיין בבה"ל› [יח] **כל בו בשם הראב"ד, וכתב ובלבד שיצא בה שעה אחת מבע"י** [יט] שבת נ' [כ] שם ברש"י

בכלל התירו כדמעיקרא, **אבל** אם הכניסו לכתחלה רק לפזר בבית למדרס רגליו ופזרו, בודאי אסור להגביהו בשבת ולטלטלו, כיון שלא ייחד לו מבעוד יום קרן זוית, במה הוסר מעליו שם מוקצה שיש על סתם עפר וחול, **והשו"ע** שהוצרך לומר בטל אגב עפר הבית, ולא אסרו מטעם שלא היה יחוד עליו, מיירי נמי כמו שכתבתי במ"ב, אפילו אם בעת שהכניסו היה בשביל איזה תשמיש, וא"כ יש שם יחוד עליו, אפ"ה אסור מטעם דבטל, והרי הוא כמו שהקצה אותו עתה מדעתו).

הגה: ולכן מותר ליקח פירות הטמונים בחול, כי אין אותו עפר מוקצה (ב"י ססי' שי"א בשם שבולי לקט) - ואם טמון בעפר שהוא מוקצה, ע"ל סימן שי"א סעיף ח' וט' מה שכתוב שם.

סימן תצח סי"ז - מכניס אדם מלא קופתו עפר לבית - מערב יו"ט, (דביו"ט גופא, סתם עפר וחול הוא מוקצה לד"ה, ואפילו לר"ש), ומערה אותו על הקרקע, **בסתם** - ר"ל שלא חישב בהדיא לצורך גינה, אלא בסתם, וכנ"ל, **ועושה בו כל צרכו.**

(וע"ל סימן ש"ח סעיף ל"ח) - ר"ל שמבואר שם, דמותר אף לכסות בו צואה, אף דאפשר היה לומר דכונתו לא היה אלא לדבר שתשמישו תדיר ודאי, אבל לא לזה דאפשר שלא יעשה התינוק צרכיו בבית.

ודוקא בזה שהכניסו לבית בסתמא, דאז אמרינן דדעתו לכל מה שיצטרך, **אבל** אם הכניסו לדבר שתשמישו ודאי, כגון שהכניסו לכסות בו דם עוף שדעתו לשחטו ביו"ט, אסור לכסות בו צואה, **ויש** מקילין גם בזה.

ולא אמרינן שהוא בטל אגב קרקע הבית - משום מיעוטו, וכמו בסעיף הקודם, **והוא שייחד לו קרן זוית, דכיון שלא שטחו,**

מוכחא מילתא דלצרכו בעי ליה - עיין לעיל בסי' ש"ח במ"ב, דאם שטחו, נתבטל אגב קרקע הבית, אפילו אם הכניסו בפירוש לצרכיו.

וגם צריך ליזהר «כשעושה בו כל צרכו», ליטול ממנו בשוה, ולא לעשות גומא, **או** דמיירי שהוא תיחוח הרבה, דתיכף כשנוטל החול, נופל לתוך הגומא וסותמה.

אות ז'

<u>בכל חפין את הכלים חוץ מכלי כסף בגרתקון</u>

סימן שכג ס"ט - [כא] **מותר לשפשף הכלים בכל דבר** - ואע"פ שאפשר דגריר והוי ממחק, מ"מ הוי דבר שאין מתכוין ושרי.

ואפילו בנתר וחול, כשייחד להם מקום מבעוד יום שאינו מוקצה, (וכ"ש דמותר לשפשף במורסן), **ונראה** דדוקא כשהיה החול (והמורסן) מגובל במים מע"ש, או שלוקח עתה החול בלי תערובות מים, או להיפך כשנותן הרבה מים שלא יתדבק כלל החול אחד לחבירו, דאל"ה יש בזה משום חשש לישה לכמה פוסקים, **ועיין** לקמן בסוף סימן שכ"ו, דיזכל ליקח החול בידים רטובות.

חוץ מכלי כסף בגרתקון, [כב] **שהוא שמרי יין כשנתייבשו ונתקשו,** [כג] **מפני שהוא ממחק לכלי כסף שהוא רך** - והוי פסיק רישיה, **ושאר** כלים אפילו בגרתקון נמי שרי.

מפני שהוא ממחק - וע"כ אסור להשחיז הסכין בשבת, אף שלא בריחיים רק בעץ וכדומה, דדומה לממחק.

ומהרי"ל היה אוסר לשטוף את הזכוכית בשבולת שועל להצהירו, וצריך טעם למה, **ואפשר** דס"ל דדוקא להדיח הכלים שיהיו נקיים שרי, אבל לא להצהירו, [**ולפי"ז** להצהיר הסכינים ג"כ אסור], ודוחק, [**וי"א** דמהרי"ל איירי שלא לצורך היום, ואפי' בהדחה בעלמא אסור].

באר הגולה

[כא] שבת נ' בברייתא [כב] ‹דלא כרש"י, וז"ל המאירי: בגרתקון, והוא שמרים היבשים שסביבות החביות של יין, וי"מ אותו עפר הנקרא אלום› [כג] שם
ופירש"י מפני שהוא פסיק רישא דמודה ביה ר"ש

עין משפט
נר מצוה

[בלא טיבות סלא ריש כ"ש אומר לריך תיקון ולא אומר דהכי קך כ"ל לעניס שערי לסדיא אמרינן בנזיר מג. עלה דקך משנה הקנן מיל חופף וכו' ומפספס מני ר"ש היא דאמר דבר שאין מתכוין וכו' ע"ש]

כד א מיי' פ"ה מהלכות נזירות הלכה יד סמג לאוין רד:

כה ב ג מיי' פכ"ב מהל' שבת הלכה יג סמג לאוין סה טוש"ע או"ח סימן שכו סעיף ט:

כו ד טוש"ע או"ח סימן קעח סעיף א:

כז ה ו מיי' פ"ד וספ"ו מהלכות שבת [דין זה ליתא בכתבים ועיין כס"מ] סמג שם טוש"ע או"ח סימן רנז סעיף ג:

כח ז מיי' פכ"ה מהל' שבת הלכה טו טוש"ע או"ח סימן שלו סעיף ו:

כט ח טוש"ע או"ח סי' שיד סי"א:

תורה אור

נזיר חופף *ומפספס אבל לא סורק אלא הא והא ר' יהודה היא ותרי תנאי אליבא דר' יהודה האי תנא אליבא דר' יהודה סבר גריר והאי תנא אליבא דר' יהודה סבר לא גריר במאי אוקימתא כר' יהודה אימא סיפא אבל פניו ידיו ורגליו מותר הא מעבר שיער איבעית אימא בקטן ואיבעית אימא באשה ואיבעית אימא בסריס אמר רב יהודה עפר לבינתא שרי אמר רב יוסף *כוספא דיסמין שרי אמר רבא עפר פלפלי שרי אמר רב ששת ברדא שרי מאי ברדא אמר רב יוסף תילתא אהלא ותילתא אסא ותילתא סיגלי אמר רב נחמיה בר יוסף כל היכא דליכא רובא אהלא שפיר דמי בעו מיניה מרב ששת מהו לפצוע זיתים בשבת אמר להו וכי בחול מי התירו קסבר משום הפסד אוכלין לימא פליגא דשמואל דאמר שמואל *עושה אדם כל צורכו בפת אמרי פת לא מאיסא הני מאיסי אמימר ומר זוטרא ורב אשי הוו יתבי אייתו לקמייהו ברדא אמימר ורב אשי משו מר זוטרא לא משא אמרו ליה לא סבר לה מר להא דאמר רב ששת ברדא שרי אמר להו רב מרדכי בר מיניה דמר דאפילו בחול נמי לא ס"ל סבר לה כי הא דתניא מגרר אדם גלדי צואה וגלדי מכה שעל בשרו בשביל צערו אם בשביל ליפות אסור ואינהו כמאן סברוה כי הא דתניא *רוחץ אדם פניו ידיו ורגליו בכל יום בשביל קונו משום שנאמר °כל פעל ה' למענהו: רבי אלעזר בן עזריה אומר קופה מטה על צדה ונוטל שמא יטול וכו': אמר רבי אבא אמר רבי חייא בר אשי *(אמר רב) הכל מודים שאם נתקלקלה הגומא שאסור להחזיר תנן וחכמים אומרים נוטל ומחזיר היכי דמי אי דלא נתקלקלה הגומא *שפיר קא אמרי רבנן אלא לאו אף על פי דנתקלקלה הגומא לא לעולם דלא נתקלקלה והבא בחוששין קמיפלגי מר סבר חוששין שמא נתקלקלה הגומא ומר סבר אין חוששין אמר רב הונא °האי סליקוסתא *דצה שלפה והדר דצה שריא ואי לאו אסיר אמר שמואל האי סכינא דביני אורבי דצה שלפה והדר דצה שרי ואי לאו אסיר מר זוטרא ואיתימא רב אשי אמר בגורדיתא דקני שפיר דמי אמר ליה רב מרדכי לרבא מתיב רב קטינא תיובתא *הטומן לפת וצנונות תחת הגפן אם היה מקצת עליו מגולים אינו חושש לא

משלי טז

רבי שמעון אומר נזיר חופף ומפספס כו'. ומיירי בנתר וחול דתנן בתר הכי בפ' ג' מינין (נזיר דף מב.) ר' ישמעאל אומר נזיר לא יחוף ראשו באדמה לפי שמשיר את השער: **אבל** לא סורק. התם מפרש טעמא משום דלהשרת נימין המדולדלות מתכוין: **במאי** אוקימתא כר' יהודה אימא סיפא כו'. בשלמא אי כר"ש אתיא שפיר דאיכא למימר דשערות פניו ידיו ורגליו אינם עשרות מהר ולא הוי פסיק רישיה ושרי אבל בראשו אסור דהוי פסיק רישיה אבל השתא דאוקימתא כר' יהודה אע"ג דלא הוה פסיק רישיה הוה לן למיסר: **מהו** לפצוע זיתים בשבת. פירש בקונט' להכותם על הסלע למתק מרירותן ומיבעיא ליה אי אסיר בשבת משום שווי אוכלא ותיקוני אוכלא ופריך ובחול מי התירו דאיכא הפסד אוכלין שנפסד המשקה הזב מהן:

וקשה לפ"ז דבפ' חבית גבי דיני סחיטה ה"ל למיתני ועוד מה הפסד אוכלין יש כיון שעושה לתקנם ומפרש ר"י מהו לפצוע לחוף פניו ידיו ורגליו כי התוא דלעיל ודרך מי זיתים להעביר וללבן כדאמר במסכת ע"ז חולמן ברותחין או שולגן במי זיתים ופריך ובחול מי התירו דאיכא הפסד, דנמאסין לאכילה. (ת"י) **בשביל** צערו. ואם אין לו צער אחר אלא שמתבייש לילך בין בני אדם שרי דאין לך צער גדול מזה: **הכל** מודים שאם נתקלקלה הגומא שאסורה להחזיר. ואפי' לר"א בן עזריה דאמר בפרק כל הכלים (לקמן קכג.) תוחב בכוש או בכרכר והן ננערות מאליהן דטלטול מן הצד לא שמיה טלטול וכן קי"ל הכא עדיף טפי מטלטול מן הצד שצריך לטלטל אילך ואילך כשרוצין להטמין: **אי** לא נתקלקלה הגומא פשיטא. טפי הוה ליה למפרך מ"ט דמאן דאסר: **גורדיתא** דקני. מין אילן כפירוש הקונטרס כדמשמע בעושין פסין (עירובין יט:) ומיירי למטה מג' דליכא איסור משתמש במחובר כדאמר בפרק כל הכלים (לקמן קכה:) ובפרק בתרא דעירובין (דף ק.): **הטומן** לפת וצנונות כו'. ע"כ בשלא השרישו מיירי דבהשרישו לא היו ניטלין בשבת ואם תאמר בשלמא כלאים ושביעית איצטריך לאשמעינן דלא גזרינן כשמתכוין להטמין אטו דילמא אתי לנוטעה אבל מעשר אמאי נקטיה דאפי' השרישו לא שייך מעשר כיון דליכא תוספת ואי נקטיה דשרי לעשר מן התלוש ממקום אחר עליו או לעשותו מעשר על התלוש ולא חיישי' דילמא אתי לעשר מן התלוש על המחובר או להפך א"כ הוה ליה למינקט תרומה דבכל דוכתא רגיל להזכיר תרומה על זה כדאמר (תרומות פ"א מ"ה) אין תורמין מן התלוש על המחובר *פירות ערוגה זו תלושין יהיו תרומה על פירות ערוגה זו מחוברין ואומר ר"י דרגילות הוא שמתוספין מחמת ליחלוחית הקרקע כמו שאנו רואין שומין ובצלים שמתוספין אפי' כשמונחין בחלון ועל אותו תוספת קאמר דלא בעי לעשורי ודוקא נקט הטומן אבל במתכוין לנטיעה חושש משום כולן: **מקצת** עליו מגולים. משום דבעי למתני וניטלין בשבת נקט מקצת עליו מגולים כדפירש בקונטרס ובערוך* משמע דמשום טלאו נקט דפירש בשם רב האי גאון דגרס אם היו מקצתם מגולים שאם האמהות טמונים בקרקע והעלים מגולים הרי זו זריעה מעולה אלא דוקא מקצתן מגולים אינו חושש משום כלאים ושביעית דלאו זריעה היא ומה שהקשה והלא זריעה מעולה היא לאו פירכא היא דבלא השרישו איירי כדפרישית ולפירושו קשה דבפרק חלון (עירובין דף עז. והם) קאמר רב יחיאל כפה ספל ממעט ופריך והא ניטלת בשבת הוא

[ערך לפת]

נזיר. בחול ככל אדם בשבת: **חופף.** שערו בנתר וחול*: **ומפספס.** מכפף שערו דכיון דאינו מתכוין מותר ועל כרחיך ר"ש קא אמר לה אלמא נתר וחול זימנין דאינו משיר ולא דמי לפסיק רישיה ולא ימות: **אבל לא סורק.** במסרק דודאי משיר: **אלא הא והא.** הנך תרתי מתני' דלעיל דפליגי בנתר וחול ר' יהודה ומאן דאסר סבר זימנין דגריר ור' יהודה האמר דבר שאין מתכוין אסור ומאן דשרי סבר לא גריר כלל ואין כאן משום ממחק: **במאי אוקימתא כר' יהודה ס"ג.** ול"ג להא דתניא אסור דהא תרווייהו כר' יהודה אוקימנא להו ועוד הך סיפא דפריך אבל פניו ידיו ורגליו מותר לאו סיפא דההיא דתניא אסור הוא אלא סיפא דההיא דתניא מותר דהכי תני בה לא יחוף בהן שערו אבל פניו ידיו ורגליו מותר והא מלתא גבי הך דתני מותר פריכנא ליה לעיל: **בקטן אשה וסריס.** דלית להו זקן: **עפר לבינתא.** כתישת לבינה: **שרי.** לחוף פניו ואפי' מי שיש לו זקן: **כוספא דיסמין.** פסולת שומשמין: **עפר פילפלי.** שחיקת פלפלין: **ברדא שרי.** לרחוץ פניו: **אהלא.** שורש עשב ששמו אהל: **אסא.** הדס: **סגלי.** עשב שקורין ויאו"ל ויש בו שלשה עלין: **כל היכא דליכא רובא אהלא שפיר דמי.** ואפי' הוי טפי מתלתא אהלא ופליג אדרב יוסף דרב יוסף תלתא אהלא דווקא קאמר שהאהל עשוי ללבן ולנאות כבורית ומשיר שיער: **לפצוע זיתים.** בלע"ז בלעז על הסלע למתק מרירותו: **כל צורכו.** בין תשמיש בין לפרר אותה ולמהותה בתבשיל רותח: **משום ליפות את עצמו אסור.** משום לא ילבש גבר שמלת אשה (דברים כב): **בשביל קונהו.** לכבוד קונהו דכתיב (בראשית ט) כי בצלם אלהים עשה וגו' ועוד דהרואה בריות נאות אומר ברוך שככה לו בעולמו: **כל פעל ה' למענהו.** הכל ברא לכבודו: **שאם נתקלקלה הגומא.** שנפלו הגיזין למקום מושב הקדרה: **שאסור להחזיר.** לפי שמזיז הגיזין לכאן ולכאן: **שפיר קאמרי רבנן.** ומאי טעמא דר' אלעזר: **חוששין.** אי שרית ליה ליטול לכתחילה בקופה זקופה פעמים שנתקלקלה ואתי נמי להחזירה הלכך תקון ליה רבנן להטות קופה על צדה: **סליקוסתא.** עשב שהוא נאה למראה ולהריח וממלאין כד עפר לח ותוחבין אותו לתוכו ונותנו לפני שרים וכשהוא רוצה נוטלו ומריח בו ומחזירו למקומו ואי מבעוד יום דלה לתוך העפר ושלפה והדר דלה שפיר דמי ליטלה למחר ולהחזירה שהרי הורחב מקום מושבה והוחלק מבעוד יום ואינו מזיז עפר: **סכיני דביני אורבי.** שנועצין סכין בין שורות הלבנים שבבנין להסתמר: **בגורדיתא דקני.** קנים הדקלים(א) שיוצאין הרבה בגזע אחד ותכופין זה בזה שפיר דמי לנעוץ בתוכן סכין לשמרו ואין חוששין שמא יגרור הקליפה וחייב משום מוחק: **מתיב רב קטינא תיובתא.** להנך רבנן דאמרי דאי לא דלה ושלפה אסור: **הטומן לפת.** להסתמר בקרקע שכן דרכו הא דנקט מקצת עליו מגולין משום ניטלין בשבת נקט לה ולאו משום מידי אחריני דאי אין מקצת עליו מגולין אין לו במה לאוחזה אא"כ מזיז העפר בידים: לא

מסורת
הש"ס

עי' רש"י ברכות ו. ד"ה מהופלא

לקמן פא: נזיר מב.

[פי' פסולת שומשמין שכותשין אותו בורד על ידי שמייבשין אותו ושוחקין אותן ורוחצין בהן ידים מזוהמתם ערוך בערך כספן ועיין רש"י שקיצר בזה למחדד]

ברכות נ: לקמן קמ. ביצה כה:

[תוספ' ברכות פ"ד ע"ש]

הגהות
הב"ח

(א) רש"י ד"ה בגורדיתא דקני (קנים הדקלים) תא"מ ונ"ב ס"א קנים הדוקרים:

[כמו דעלה אלא שמגלים העניין ומקולל את לשון כ"כ רבי' פי' ויעלה למ"ד סלייה]

גליון
הש"ס

גמ' האי סליקוסתא. עי' לעיל דף מג ע"ב תוס' ד"ה דכו"ע טלטול:

ב"ה ליתא

פ"א פשיטא

לקמן קיג. עירובין עז. כלאים פרק א מ"ט [עי' תוספות מנחות ע. ד"ה ספר וכו' מה שכתבו בתימה ועיין תוס' לעיל מג: סד"ה רבי"ע טלטול וכו' יתישב התימה]

רבינו חננאל

מיעברא ביה מעשה]: נימא כתנאי בכל הפין את הכלים כו' מלשון אשה חופפת וסורקת כר' ברחיצת ידים דקא אמרי' אבל רוחץ פניו ידיו ורגליו הא תנא דסבר משום השרת נימין מדולדלות. אליבא דר' יהודא מוקים לה בקטן וסריס ואשה דלית להון שיער אבל הלכה כר' שמעון דאפי' גברי בעלי שיער שרו וכן עפר לבינתא שרי למישא ביה ידיה. ויש מי שמפרש לבינתה מלשון (ס"ה ג) סור ולבנתה וכן כוספא דיסמין. וכן בוראדא דהוא תילתא אהלא. תילתא סיגלי. תילתא אסא הני בולהו לענין רחיצת ידים בהן. וקיי"ל דבכולהו הני שרי אבל רובא אהלא רב נחמיה לא הוה שרי וכ"ש כולה (אוכלין וכ"ש בשבת) לפצוע זיתים וכיוצא בהן לרחוץ בהן ידיו בחול אסור משום הפסד אוכלין. וכ"ש בשבת שאסור. וזה שאמר שמואל עושה אדם כל צורכיו בפת לית הלכתא כוותיה והאוסר ידיו לרחוץ (כרב ארא) [כברדא] סבר לית כי האי תנא דתניא מגרר אדם גלדי צואה וגלדי מכה שעל בשרו בשביל צערו. ואם לייפות עצמו אסור. והמתיר סבר לה כר' שמעון בן גמליאל דאמר רוחץ אדם פניו ידיו ורגליו בשביל כבוד קונו משום שנאמר כל פעל ה' למענהו: מתני' ר' אלעזר בן עזריה אומר קופה מטה על צדה ונוטל כו'. אסיקנא הכל מודים שאם נתקלקלה הגומא שאסור להחזיר סליקוסתא שהיא אגודה של חבצלת וכיוצא בה אמר רב הונא דעצה בחול או בטיט והלצה והרויח בטיט מע"ש כדי שתהא נכנסת ויוצאה בנוסא מותרת (כולה) [לטלטלה] בשבת וכן אמר שמואל בסכינא דנעיצא ביני אורבי כמו שאמר בסליקוסתא. ומותבינן עליה הטומן לפת וצנונות תחת הגפן אם היו מקצתן מגולין

§ מסכת שבת דף נ: §

אות א'

נזיר חופף ומפספס, אבל לא סורק

רמב"ם פ"ה מהל' נזירות הי"ד - נזיר חופף על שערו בידו וחוכך בצפרניו, ואם נפל שער אינו חושש, שהרי אין כוונתו להשיר, ואפשר שלא ישיר; אבל לא יסרוק במסרק, ולא יחוף באדמה, מפני שמשרת את השער ודאי, ואם עשה כן, אינו לוקה.

[א]**סימן שג סכ"ז - [ב]אסור לסרוק במסרק בשבת** - משום תלישת שער הגוף, דהוי תולדה דגוזז, [**ועיין** בריב"ש, דאפי' למ"ד בעלמא משאצ"ל פטור, הכא חייב, דבמשכן היו גוזזין עורות תחשים אע"פ שלא היו צריכין לצמר, וכ"כ בחי' הר"ן שבת צ"ד בשם הרא"ה, **אמנם** התוס' שם ס"ל דתליא בפלוגתא, **אמנם** איסורא לכו"ע יש בזה].

ואפילו אותו שעושים משער חזיר, שא"א שלא יעקרו שערות - וע"כ אף אם אינו מכוין לתלישת השער, ג"כ אסור דהוי פסיק רישא, [**ואפי'** למ"ד פ"ר דלא ניחא ליה שרי, מ"מ כיון שהוא רוצה בהפרדת השערות, וזה א"א זולת השרת השערות, הוי פ"ר דניחא ליה]. **ובגמרא** איתא: דכל הסורק, להשיר נימין המדולדלין {היינו שנתלשו קצת, ועדיין לא נעקרו לגמרי} מתכוין, כדי להפריד היטב שערותיו, **ונ"מ** מזה, דאפילו במסרק רך, כגון בארש"ט רכה, שאינו פסיק רישא, ג"כ אסור, **אם** לא באופן שאין מכוין להשיר הנימין הנ"ל.

ומ"מ מותר לתקן מעט את שער הראש בכלי העשוי משער חזיר, **דדוקא** לסרוק אסור בו, דמשיר שער, אבל לתקן מעט שרי, **ובמסרק** אסור אף בזה, **ונהגו** שיהיה הכלי העשוי משער חזיר מיוחד לשבת, כדי שלא יהיה מחזי כעובדין דחול.

אבל מותר לחוף ולפספס ביד (ב"י) - היינו שמבדיל בידיו שערותיו זו מזו, **וברמב"ם** איתא: חופף על שערו בידו, וחוכך בצפרניו, ואף אם נפל שער עי"ז אינו חושש, שהרי אין כונתו להשיר, ואפשר שלא ישיר, **ועיין** לקמן בסימן שכ"ו ס"ט ויו"ד ובמ"ב שם, שלא יחוף בדבר שמשיר שער ודאי.

כתב בספר ישועות יעקב, ראיתי אנשים מקילים לסרוק ראשם בשבת, וכמעט נעשה הדבר כהיתר אצלם, ואוי לעינים שכך רואות, לעבור בשאט נפש לחלל שבת בידים, ומהראוי לכל חכם בעירו להזהיר ע"ז, אולי ישמעו ויקחו מוסר, עכ"ד, **ומה** שמשיבין שמוכרח לתקן שערותיו כדי שלא יתגנה בפני חבריו, הלא יכול לעשות באופן ההיתר כנ"ל, **ומלבד** כ"ז, הלא יכול לחוף ולפספס שערותיו ביד, ולמה יעבור איסור חמור כזה בידים.

(**איתא** בש"ס, דפוקסת אסור משום שבות, דדמי לבנין כמו גודלת, **ופרש"י** בשם רבותיו, דהיינו שמתקנת שערה במסרק או בידיה, **וכתב** הריב"ש, שאין כונת רש"י בזה בסריקה, דזה אסור משום גוזז, **ועוד** שלא אמרו סורקת במסרק, אלא הוא תקון אחר נעשה במסרק, **ואפשר** שהוא התקון שעושין הנערות, שאחר שראשן היה סרוק יפה, ואין בו חשש של השרת נימין, רוחצין המסרק בשמן טרוף במים, ומעבירין המסרק על ראשן להדביק השערות זו בזו ולהשכיבן על הראש, וזה דומה לבנין, עכ"ל, **משמע** דבלא"ה שרי לעשות זה התקון אחר שכבר היה הראש סרוק יפה, ואינו עושה רק להשכיב השער).

אות ב' - ג'

עפר לבינתא שרי

כל היכא דליכא רובא אהלא שפיר דמי

סימן שכו ס"ט - [ג]מותר לרחוץ פניו ידיו ורגליו - והיינו אפילו יש לו זקן, [גמ'], וה"ה שער ראשו, **אך** שלא יסחטם אחר רחיצתו, **בדברים שאינם משירים שער** - ר"ל שאינם ודאי משירים, אף דלפעמים הם ג"כ משירים, **מעורבים עם דברים המשירים** - כיון דהוא אינו מתכוין לזה, אלא לצחצח עצמו בלבד, וקי"ל כר"ש דדבר שאין מתכוין מותר. **ובלבד שלא יהיה הרוב מדבר המשיר** - הטעם, דאז פסיק רישא הוא, ואסור משום גוזז אף שאינו מתכוין, לכו"ע.

(**ונראה** דבמינים שאינו יודע את טבעם, ואולי הם משירים, בודאי יש לאסור מלרחוץ בהם).

(**והנה** הרמב"ם בפרק כ"ב פרט כל הדברים הנזכרים שם בגמרא להיתר, ולא הזכיר נתר וחול, דגם זה מוזכר שם בגמרא בריש הסוגיא דלר"ש מותר, וכן בפ"א מהלכות שבת הזכיר דמותר לרחוץ ידיו בעפר הפירות, ולא הזכיר ג"כ מאומה מנתר וחול, **משמע** דבנתר וחול ס"ל דאסור, וצריך טעם, **ועיין** בלח"מ שתמה ג"כ בזה, ותירץ דס"ל להרמב"ם, דר' ישמעאל בנזיר דאמר דלא יחוף ראשו באדמה, ס"ל דאף נתר וחול אסור, דפ"ר הוא, ופסק כוותיה, משום דשם בנזיר מפרש בגמרא את דבריו, ומה דמתירין בכלים אף בנתר וחול כדלעיל בסימן שכ"ג, וכן איתא בהדיא ברי"ף ורא"ש וכל הפוסקים, היינו דכלים לא גריד כ"כ, ולא הוי פ"ר, **וצע"ג** דשבק הרמב"ם סתמא דגמרא דפרק במה טומנין, דמשמע מינה דהסתם משנה כולל אף בנתר וחול, ואמרינן בדף פ"א עלה דהלכה כסתם משנה הזו, ופסק כר' ישמעאל, **ועוד** דלסברת הלח"מ, מאי מקשה הגמרא בפרק במה טומנין ממשנה זו, הי"ל לומר דהברייתא דאוסרת לחוף בהן שערו ס"ל כר' ישמעאל דפ"ר הוא, **וגם** מפירוש הר"ח שם משמע, דלפי מאי דקי"ל כר"ש, אף בנתר וחול מותר לחוף את השער, **וכן** בהגהות אשר"י כתב שם דמדינא מותר אף בנתר וחול, **ומ"מ** לבסוף כתב שם דקשה הוא להכשיר, ואולי מטעם דר' ישמעאל הנ"ל, **וצ"ע** למעשה).

באר הגולה

א (ע"פ הב"י והגר"א, וז"ל ב"י: ובשלהי פרק במה טומנין (נ:) נמי מייתי לה, וכתב רש"י נזיר בחול ככל אדם בשבת)

ב כל בו ותשובת הריב"ש

ג שבת נ' וכרבי נחמיה

אות ד'

עושה אדם כל צורכו בפת

סימן קעא ס"א - [ד]עושה אדם צרכיו - ור"ל צורך תשמישיו, וכמו שיתבאר לקמיה, **בפת** - וכ"ש בשאר אוכלין, **והני מילי דלא ממאיס ביה, אבל מידי דממאיס ביה, לא** - ואפילו בשאר אוכלין ג"כ אסור, **ואסור** לפצוע זיתים ליטול ידיו במים היוצאים מהם, שחזקים הם ומעבירים את הזוהמא, מפני שהזיתים נמאסים על ידי זה, ואיכא הפסד אוכלין, גמרא, [**העתקתי** פי' הרי"ף והרא"ש והשמטתי פי' רש"י שמביאו המ"א, שפי' כוונת הש"ס, דאסור לפצוע זיתים על הסלע כדי למתק מרירותו, **משום** דהרבה ראשונים חולקים עליו, וס"ל דאין בזוי אוכלין במה שנעשה להכשר האוכל עצמו, **ומ"א** בודאי לא ראם].

ואם עושה לרפואה, שרי אפילו מימאס ביה, **ואפילו** בלא רפואה, אם הוא דבר שהוא צורך האדם, ודרך העולם לעשות בהאוכל צורך זה, ג"כ שרי, **ומטעם** זה מזלפין הקרקע ביין, וסכין הגוף ביין ושמן, כמבואר בגמרא בכמה דוכתי.

הילכך אין מניחין עליו בשר חי, ואין מעבירין עליו כוס מלא - שקרוב הדבר שישפך עליו וימאס, **ואין סומכין בו הקערה, אם היא מלאה דבר שאם יפול על הפת ימאס** - וג"כ מטעם הנ"ל, (וה"ה על האוכלין דמימאסי עי"ז), **וכ"ש** אם הקערה בתחתיתו אינו נקי, וימאס הפת עי"ז.

אבל כשאינה מלאה, שרי לסמוך, אף דמשתמש בפת, דעושה אדם כל צרכיו בפת וכנ"ל, וה"ה דמותר לכסות בו כלי, (**וראיתי** בפמ"ג שכתב, דנ"ל דוקא לסמוך הקערה שרי, דצורך אכילה היא, ר"ל כשאינה מלאה, **אבל** לעשות בו מלאכה שאינה צורך אכילה, כגון לסמוך איזה דבר, אסור, דהוי כמו זריקה, ע"ש, **ולא** נהירא, דאיתא ברשב"א בהדיא, דלשמואל שרי לסמוך קערה ריקנית).

(**ועיין** ביו"ד סוף סימן ש"נ, דאסור לגרום לאוכלין שיאסרו בהנאה, כגון לתלות על המתים דבר שיש בהן אוכל נפש, דמפסידן עי"ז).

אות ה' – ו'

הכל מודים שאם נתקלקלה הגומא שאסור להחזיר אין חוששין

סימן רנט ס"ג - [ה]הטומן בקופה מלאה גיזי צמר שאסור לטלטל - היינו אותם שהוקצו לסחורה, וכנ"ל בס"א, **והוציא הקדירה, כל זמן שלא נתקלקלה הגומא, יכול להחזירה** - דחזרה מותר בשבת בדבר שאינו מוסיף הבל, וכדלעיל ברנ"ז ס"ד.

ואם נתקלקלה - שנפלו הגיזין שמכאן ומכאן למקום מושב הקדרה, **לא יחזירנה** - לפי שמזיז את הגיזין שהוא מוקצה, (והכי גרע טפי מטילטול מן הצד, דשרי כמ"ש סוף סי' ש"א, דהכא צריך לטלטל אילך ואילך כשרוצה להטמין, תוס' (ד"ה הכל) – מ"א). (**והרא"ש** נתן טעם וז"ל: דודאי יטלטל הגיזין בידו, ועל ידי הקדרה לא יטלטל, פן ישפך התבשיל אם יונוזו הצמר על ידי הקדרה, עכ"ל – מחה"ש).

ואפי' לכתחלה יכול להוציאה על דעת להחזירה אם לא תתקלקל, ולא חיישינן שמא יחזירנה אף אם תתקלקל.

[ו]וי"א שאפילו טמן בדבר שמותר לטלטל, אם נתקלקל הגומא, לא יחזיר, מפני שתצטרך הקדירה לעשות לעצמה מקום כשמחזירה, ונמצא כמי שטומן בשבת.

(הנה בא"ר וש"א כתבו, דהעיקר כדעה הראשונה, וכן משמע מהמחבר, ובבאור הגר"א הביא ראיה מהירושלמי להיש אומרים).

אות ז'

האי סליקוסתא, דצה שלפה והדר דצה, שריא, ואי לאו אסיר

סימן שלו ס"ו - [ז]עשבים שתחבן בעפר מבעוד יום כדי שיהיו לחים - כגון עשבים שהם נויים למראה ולהריח, וממלאין כד עפר לח ותוחבין אותו לתוכו, רש"י, **וה"ה** אם תוחבן בקרקע, כיון שאינו מכוין שישתרשו שם, **מותר לאחוז בעלים ולהוציאן** - אם רוצה להריח בהם, ולא מצרכינן ליה לנעוץ ולשלוף בע"ש ולחזור ולנעוץ, עד כדי להרחיב מקום מושבה בעפר, עד שלא יזיז העפר בשליפתו בשבת, **דאפילו** יזיז העפר לית לן בה, שהרי אינו מטלטל העפר בידיו, אלא ע"י העשבים, ואינו אלא טלטול מן הצד דשרי, [גמרא].

וה"ה להחזירן אח"כ למקומן, [כן איתא במאירי בהדיא, וכן משמע קצת ברש"י (ד"ה סליקוסתא), וכ"כ הח"א], **אם** לא נסתם הנקב משהוציאן.

[ח]והוא שלא השרישו - כגון קודם ג' ימים, דאז בודאי לא השרישו, **דאם** השרישו פשיטא שאסור להוציאם, שהרי הוא עוקר דבר מגידולו. **וגם צריך שאינו רוצה בהשרשתן; אבל אם נתכוין לזריעה אסור** - דכיון שהם תחובין וטמונים בקרקע כשאר זרעים, וגם מתכוין לזורעם, גזרו בהו רבנן דלא ליתי לאחלופי לתלוש לאחר השרשה.

באר הגולה

[ד] ברכות נ' [ה] שם במשנה (מ"ט) וכדמפרש לה רב בגמ' נ' [ו] לדעת רמב"ם בפירוש המשנה שם וכתב הב"י שכן נראה מחבורו (אבל הרמב"ם כתב בפירוש המשנה, שהטעם מפני שתצטרך הקדרה לעשות לעצמה מקום כשמחזירה, ונמצא כמי שטומן בשבת, ולפי"ז אפילו בדברים המותרים לטלטל אסור להחזירה אם נתקלקלה הגומא, ואפשר שמפני שהיה מפרש כן לא הזכיר דין זה בחיבור, דכיון דקיימ"ל כרבנן, דלא מיתסר להחזיר אלא בשנתקלקלה הגומא, פשיטא דאסור להחזירה, דהוי כמטמין לכתחלה – ב"י) [ז] שם נ' (ואיתותב רב הונא, מדתנן הטומן לפת וצנונות תחת הגפן, אם היו מקצת עליו מגולין אינו חושש משום כלאים וכו', וניטלין בשבת, ופי' רש"י וניטלין בשבת, שאוחזה במקצת עליה המגולין, ולא חייש אם העפר נזוז מאליו, והוא הדין לסליקוסתא – ב"י) [ח] תוספות (ד"ה הטומן) והר"ן שם

אות ח'

האי סכינא דביני אורבי, דצה שלפה והדר דצה, שרי וכו'

סימן שיד ס"א - [ט]ואם היה סכין תקוע מע"ש בחבית - היינו שהיה תקוע בחוזק, וע"י הוצאתו והכנסתו פסיק רישא הוא שיתרחב הנקב, אפ"ה **מותר להוציאו ולהכניסו, שהרי אינו מתכוין להוסיף** - כיון דעיקר איסורו הוא רק מדרבנן, ס"ל דשרי, כיון שאינו מתכוין לזה.

הגה: ודוקא שהוציאו ג"כ פעם אחת מבע"י, אבל אם לא הוציאו מבע"י, אסור, דהוי פסיק רישא דעושה נקב ופתח לחבית (תה"ד) - דעת הרמ"א לחלוק עליו, דדוקא כשהוציאו פעם א' מבעוד יום, דעי"ז נתרחב קצת, דתו לא הוי פסיק רישא, **אבל** בלא"ה אסור דפס"ר הוא, דאף דהוא פתח שאין עשוי להכניס ולהוציא, דאיסורו הוא רק מדרבנן וכנ"ל, ס"ל דפסיק רישא אסור אף במלתא דרבנן.

דעושה נקב ופתח - ר"ל דאף דמבואר בסי"ב, דהיכא שהסכין היה תחוב בדבר תלוש, מותר להוציאו בשבת בכל גווני, דלא שייך שם משום בונה, **הכא** שאני דיש בו משום מתקן פתחא, ואף שאין עשוי להכניס ולהוציא, עכ"פ מדרבנן אסור.

וע"ל בסי"ב, דבכותל שהוא מחובר, גם המחבר מודה דאסור להוציא הסכין שהיה תקוע בו מע"ש, **וה"ה** בחבית שמחזקת מ' סאה, דיוצא ג"כ משם כלי, דהוי כאהל, דשם במתכוין להרחיב הנקב חייב משום קודח דהוי תולדה דבונה, ולכן אפילו אם אינו מכוין, עכ"פ פס"ר הוא.

והנה לענין עיקר הדין, הסכימו המ"א וא"ר והגר"א והגרע"א, דפס"ר אסור אף במלתא דרבנן, **ומ"מ** הכא מצדדים המ"א והגר"א, דמדינא אף בכותל שרי היכא שאין מתכוין, כיון שא"צ להגומא, והוי מלאכה שאצ"ל, **וגרע** משאר איסור דרבנן דאסור היכא שהוא פס"ר, כיון שהוא ג"כ מקלקל, וגם הוא כלאחר יד, וממילא נעשה הגומא בכותל ע"י הוצאת הסכין שמתרחב הגומא, וכדלעיל בסימן שי"א ס"ח גבי צנון ע"ש, **אלא** שהעולם נהגו בו איסור להוציא, דנראה כעושה נקב בכותל, **וגם** הט"ז מצדד כן בעיקר הדין אף בכותל, ומ"מ סיים דאין בידו להקל נגד התה"ד והשו"ע והרמ"א, שפסקו כולם בסוף הסימן להחמיר לענין כותל, **וכן** הוא ג"כ דעת הא"ר כהשו"ע והרמ"א, דאפשר דניחא ליה שיהא הנקב מרווח לחזור ולתחוב בו הסכין, ובאופן זה בודאי לכו"ע אסור, **אלא** לענין חבית, דעיקר איסור הוא רק מדרבנן, יש לסמוך היכא שהוא צורך גדול על דעת המחבר, שמתיר להוציא הסכין בשבת, כיון שאין מתכוין להוסיף הנקב, אפילו היכא שלא הוציאו מעולם מתחלה.

כלי שנתרועע, אם מותר ליטול ממנו חרס ע"ל סי' ש"ח סמ"ד.

סימן שיד סי"ב - [י]סכין שהוא תחוב בכותל של עץ מבע"י, אסור להוציאו בשבת, כיון שהוא דבר מחובר - דע"י הוצאתו, כיון שהיה מתחלה תקוע קצת בחוזק, א"א שלא יתרחב הסדק שם, ועשיית נקב כל שהוא בכותל מחובר יש בו משום קודח, דהוא תולדה דבונה, **ואף** דאין מתכוין לזה, כמעט פסיק רישא הוא, **ועיין** לעיל בס"א במ"ב מה שכתבנו דעת אחרונים בזה. **נקט** של עץ, דבכותל של לבנים, מצוי כמה פעמים שאין שורותיהם מדובקים זה לזה, ואז מותר להוציא אפילו אם לא היה דצה ושלפה מבעוד יום, [יא][**כן** מוכח בגמרא במסקנא, דבסכינא דביני אורבי מותר אפילו לא דצה ושלפה, עיין בב"י].

אבל אם הוא תחוב בספסל, וכן בכל דבר תלוש, מותר להוציאו – (כלל בזה אף חבית שאינה מחזקת ארבעים סאה, שהיה תקוע בה סכין מבע"י, דמותר להוציאו, וכדמוכח בב"י, **אך** הרמ"א פליג עליו לעיל בסוף ס"א בהג"ה).

(הגה: ואם דלה ושלפה מבע"י, אפילו בכותל, שרי) (ב"י) - להוציאה, ואף לחזור ולתחוב אותו בכותל, [רש"י], דכיון דכבר נעץ הסכין בכותל מבעו"י והוציאו והדר נעצו, כבר הורחב מקום מושבו, ותו לא הוי פס"ר, **אבל** אם לא חזר ונעצו מבעו"י, נראה דאסור לתחוב אותו בכותל, דעדיין לא נתרחב במה שהוציאו פעם א' מן הכותל, [**דהלא** הפוסקים הוכיחו דבר זה משמואל, דבדצה ושלפה כבר נתרחב הנקב, ותו לא הוי פס"ר, ושם במימרא דשמואל איתא, דצה ושלפה והדר דצה, משמע דצה ושלפה לחוד אסור לתחוב אותו בשבת, **ואף** דיש לדחות דנקט הכי לרבותא, דבפעם ראשונה שדצה אסור אפי' להוציאה, ולא אמרינן דהגומות ממילא עבידן, {וכמו דמסיק הגמ' באמת הכי לקמן קי"ג}, אבל לענין הרחבת

באר הגולה

ט **מרדכי** ‹פי' רש"י מתיב רב קטינא, תיובתא להנך רבנן דאמרי דאי לא דצה ושלפה אסיר, וכן העלו הרי"ף והרא"ש, דאפילו לא דצה ושלפה שרי, **ואם** כן מה שכתב המרדכי בפרק חבית, אם היה סכין תקוע מערב שבת בחבית, מותר שהרי אינו מתכוין להוסיף, כדאמרינן בסוף פרק במה טומנין אמר שמואל הני סכיני דביני אורבי דצה ושלפה והדר דצה שרי, **לאו** למימרא דכשמואל נקטינן, דהא איתותב, אלא מסופא דמילתא דאסיקנא דאפילו לא דצה ושלפה שרי הוא דמייתי, ולא חש לסיומי מילתא, דמפורש בהדיא דשמואל איתותב ולא קיימא לן כוותיה, **ואם** כן בסכין התקוע בחבית, אפילו לא דצה ושלפה שרי, **אלא** שמדברי בעל תרומת הדשן נראה דכשמואל נקטינן, דלא שרי אלא דוקא בדצה ושלפה, **ואפשר** שהוא מפרש דלא מתיב רב קטינא אלא לרב הונא דאמר לעיל מיניה האי סליקוסתא דצה שלפה והדר דצה שרי ואי לא אסיר, דהטומן לפת וצנונות להאי דמיא טפי, דבתרווייהו איכא למיחש שמזיז עפר, **אבל** סכינא דביני אורבי איכא למיחש ביה נמי משום מרחיב גומא דהוי בונה. **ועם** כל זה איני יורד לסוף דעת בעל תרומת הדשן, שבתחלה כתב דנראה דלא שרי סכין התקוע בחבית, אלא בשתקעוהו והוציאוהו כבר בחול, הא לאו הכי לא, ובסוף התשובה כתב, שאם תקוע הסכין בדבר תלוש, אין טעם לאסור, ומשמע דאפילו לא דצה ושלפה שרי, דאי בדצה ושלפה אפילו במידי דמחובר נמי שרי, ואם כן חבית דתלוש היא אמאי לא אלא אם כן דצה ושלפה, **ושמא** דוקא בחבית המחזקת ארבעים סאה קאמר, שדינה כקרקע, **אבל** אין זה במשמעות לשונו, שכתב אפילו בחבית גדולה שמחזקת יותר מארבעים סאה, משמע דבכל חבית מיירי – ב"י› ‹**ובאמת** שיותר יש לתמוה על בית יוסף שכתב דברים אלו, שהרי בתרומת הדשן מוכח בהדיא דטעם דבחבית אסור, משום דאיכא למיחש שמתקן פתחא, מה שאין כן בשאר דברים תלושים, ולכן דברי תרומת הדשן נכונים בטעמן ואין לפקפק עליהן – דרכי משה› י **תרומת הדשן** יא ‹וכתב עוד (תרה"ד) דבסכינא דביני אורבי אין נראה לחייבו משום קודח אפילו אי לא דצה ושלפה, דהתם אינו אלא שמפריש אורבי מהדדי שאינם גוף אחד, ולא שייך ביה קודח – ב"י› ‹**ויש** לדקדק על מ"ש הב"י, דמהרא"י פוסק כשמואל משום דבסכינא דבני אורבי איכא למיחש ביה משום מרחיב גומא דהוי בונה, ולכן חמיר מטומן לפת וכו', דהא לעיל מיניה הביא לשון מהרא"י ז"ל, דבסכינא דבני אורבי אין לחייבו משום קודח אפי' אם לא רצה ושלפה וכו' – מאמ"ר› ‹**דלא** איתותב שמואל אלא מהא דהחמיר בסכינא דביני אורבי, דהתם לא מיסתבר לחייבו משום קודח אפילו לא דצה ושלפה, דהתם אינו אלא שמפריד אורבי מהדדי, שהרי אינו גוף אחד – נחלת צבי›

הגומא אפשר דבפעם אחת שתחבה והוציאה די לכו"ע ושרי להכניסה בשבת, **מפירוש** רש"י ד"ה סליקוסתא, משמע כמו שכתבנו בפנים].

(ודע, דאפי' לדעת החולקין על השו"ע, וס"ל דמדינא אין איסור בכל גווני להוציא הסכין מן הכותל, וכנ"ל בס"א במ"ב, היינו דוקא לענין הוצאה מן הכותל, דהסדק נעשה ממילא, אבל לתחוב אותו בתוך הכותל, דהוא עושה הסדק בידים, בודאי לכו"ע אסור, אם לא הורחב עדיין מקום מושבו, **ולפי** מה שכתבנו במ"ב, אין מותר לתחוב בכותל עד שכבר נתחב שני פעמים בחול).

אות ח'* [יב]

הטומן לפת וצנונות תחת הגפן וכו'

סימן שי"א ס"ח - [יג]טלטול מן הצד לצורך דבר המותר, מותר, הלכך [יד]צנון שטמן בארץ, ומקצת עליו מגולים - דאי לא היו העלין מגולין כלל, הרי בע"כ מזיז עפר בידים, ואסור, **ואפי'** אם ירצה לתחוב מחט או כוש דרך העפר בצנון וליטלו, וכמו בס"ט, ג"כ אסור, דנראה כעושה גומא, **ויש** מקילין ע"י תחיבת מחט וכוש.

[טו]**ולא השריש** - דאי השריש, אפילו אם היה גם גוף הצנון מגולין מלמעלה, ג"כ אסור להזיזן ממקומן, משום תולש. **וגם לא נתכוין לזריעה** - דאם היה נתכוין לזריעה, אף שלא השריש אסור, כיון שמתחלה היה רוצה בהשרשתן, וטמונין בקרקע כדרך הזריעה, **ועיין** במ"א שהקשה ע"ז מהא דקי"ל בגמרא, והובא לעיל בסי' ש"י ס"ב, דחטין שזרען בקרקע ועדיין לא השרישו, דמותר ללקטן ולאכלן, **ומ"מ** אין לזוז מפסק המחבר, דכן נמצא בכמה ראשונים, **וההיא** דלעיל תירץ המאירי, דמיירי כשלא היו הזרעים עדיין מכוסין בעפר.

נוטלו, [טז]אע"פ שבנטילתו מזיז עפר ממקומו - ר"ל דמ"מ רק טלטול מן הצד הוא, וכונתו הוא בשביל לקיחת הצנון דהוא דבר המותר. [יז]**ואע"פ שהוסיף מחמת לחות הקרקע, מותר** - כתבו האחרונים, דההיתר דלקיחת הצנון מהארץ, מיירי כשטמונין בשדה, דאי בבית אסור, שמא יבא להשוות אח"כ הגומות שבקרקע הבית שנעשה עי"ז, **וכעין** זה איתא בגמ' ‹קי"ג.› ג"כ, גבי עמודים של אורג שהיו תקועין בקרקע הבית, שאסור לטלטלן ממקומן, שמא יבא להשוות הגומות אח"כ, **ואך** אם הם טמונין בחול ועפר שמונחין בקרן זוית, והכניסן לעשות בו צרכיו, מותר להוציאן, ואפי' לא היה מגולה כלל מלמעלה, וכמו שנתבאר לעיל בסי' ש"ח סל"ח, וע"ז רמז בהג"ה בס"ט.

הגה: ואפי' הניחו שם מבע"י להיות שם כל השבת, דאין באוכלין משום בסיס לדבר האסור (כל בו) - ר"ל דאף דבעלמא אם הניח דבר מוקצה על איזה כלי על דעת שישאר שם כל השבת, לכו"ע נעשה הכלי גופא ג"כ מוקצה מטעם בסיס לדבר האסור, וכנ"ל בסי' ש"ט ס"ד, **מ"מ** הכא לא נעשה הצנון בסיס להעפר שעל גבו, מטעם דאין באוכלין וכו', **ור"ל** דבאוכלין אלו לא שייך בסיס, דהלא לא היתה כונתו בהטמנה שיהא האוכל משמש להעפר, אלא אדרבה שיהא העפר משמש להאוכל, **וה"ה** לענין פירות הטמונין בתבן דלקמיה, אפי' היה דעתו שישארו שם כל השבת, ג"כ לא נעשו הפירות בסיס להתבן שעל גבן, מטעם הנ"ל.

§ מסכת שבת דף נא. §

אות א'

כסהו ונתגלה מותר לכסותו

סימן רנ"ז ס"ד - [א]אע"פ שאין טומנין בשבת אפילו בדבר שאין מוסיף הבל, אם טמן בו מבע"י ונתגלה משחשיכה, מותר לחזור ולכסותו - מש"כ "ונתגלה" לאו דוקא, דהא אף לכתחלה מותר לגלות, כמ"ש בסמוך, אלא דקמ"ל דאף בכה"ג שנתגלה ממילא, דוקא משחשיכה, **אבל** אם נתגלה מבעוד יום, אסור לכסותו בשבת, דהוי ליה כמטמין לכתחלה בשבת, **וכ"ש** דאם גילהו בידים מבע"י, אפילו על דעת לכסותו משתחשך, דאסור לכסותו בשבת, [**ומוכח** בבאור הגר"א, דאפי' אם גילהו ביה"ש, ג"כ אסור לכסותו בשבת].

אות ב'

מותר להטמין את הצונן

סימן רנ"ז ס"ו - [ב]מותר להטמין בשבת דבר צונן בדבר שאינו מוסיף הבל - כגון מים או תבשיל [גמ'], תחת כרים וכסתות, **כדי שלא יצטנן ביותר, או כדי שתפיג צינתו** - ואפילו אדם חשוב שרי, [ג]‹שם› [ד]**אבל בדבר המוסיף הבל, אפילו להטמין צונן גמור ואפילו מבע"י נמי אסור** – (עיין בתו"ש שכתב, דבחול ‹ר"ל חול הים› מותר, אף שגם הוא מדברים המוסיפין הבל, זהו רק לדברים חמין, אבל לדברים קרים מקרר הוא).

‹המשך ההלכות מול עמוד ב'›

באר הגולה

יב ‹ע"פ הבאה"ג והגר"א› | יג | תוס' שם מ"ג ורי"ף והרא"ש שם | יד | כלאים פ"א מ"ט | טו | תוס' שם ‹ד"ה הטומן› בשבת נ' | טז | שם בגמ' ודלא כהנך רבנן דאסרי שם | יז | שם בתוס' ‹ד"ה הטומן› | א | שבת נ"א | ב | שם במשנה לפי' רמב"ם והר"ן בשם הגאונים ‹פרש"י מפני החמה וכו', נראה מדבריו דכדי לחממו, אע"פ שהוא מטמין בדבר שאינו מוסיף הבל, אסור, **אבל** הרמב"ם כתב: כדי שלא יצטנן ביותר או כדי שתפיג צינתו, וכן נראה מדברי הגאונים, והכי פשטא דמלתא דבכולי פרקין בהטמנה דלחמם עסקינן וכן עיקר – ב"י. ‹**ולכאורה** צ"ל דהיינו לחממו רק מעט כדי להפיג צינתו, אבל לא להוליד בו חום, כמ"ש המ"ב סי' רנ"ח ס"ק ב': אבל בזה שמוליד חום ע"י הטמנה, אסור› | ג | ‹דלא קימ"ל כרבי אמי, חדא, מדאמר הש"ס הוא סבר, משמע דרבי אמי לגרמיה ס"ל, אבל אנן לא קימ"ל הכי, וגם רב נחמן עביד עובדא, וגם רב יוסף אמר שרב נחמן כדין עביד – מחה"ש› | ד | ר"ן מסילון דאנשי טבריא שם ל"ח

לא משום כלאים ולא משום שביעית ולא משום מעשר וניטלין בשבת תיובתא: **מתני'** לא כסהו מבעוד יום לא יכסנו משתחשך *כסהו ונתגלה מותר לכסותו ממלא את הקיתון ונותן לתחת הכר או תחת הכסת: **גמ'** אמר רב יהודה אמר שמואל [ב]מותר להטמין את הצונן אמר רב יוסף מאי קמ"ל תנינא ממלא אדם קיתון ונותן תחת הכר או תחת הכסת אמר ליה אביי טובא קמ"ל דאי ממתני' הוה אמינא ה"מ דבר שאין דרכו להטמין אבל דבר שדרכו להטמין לא קמ"ל אמר רב הונא *(אמר רב) אסור להטמין את הצונן והתניא רבי התיר להטמין את הצונן לא קשיא הא מקמיה (א)דלישמעיה מר' ישמעאל ברבי יוסי הא לבתר דלישמעי' *כי הא דיתיב רבי ואמר אסור להטמין את הצונן אמר לפניו רבי ישמעאל ברבי יוסי אבא התיר להטמין את הצונן אמר *כבר הורה זקן אמר רב פפא *בא וראה כמה מחבבין זה את זה שאילו ר' יוסי קיים היה כפוף ויושב לפני רבי דהא רבי ישמעאל ברבי יוסי דממלא מקום אבותיו הוה וכפוף ויושב לפני רבי וקאמר כבר הורה זקן אמר ליה רב נחמן לדרו עבדיה אטמין לי צונן ואייתי לי מיא דאחים קפילא ארמאה *שמע רבי אמי ואיקפד אמר רב יוסף מ"ט איקפד כרבוותיה עביד חדא כרב וחדא כשמואל כשמואל דאמר רב יהודה אמר שמואל מותר להטמין את הצונן כרב *דאמר רב שמואל בר רב יצחק אמר רב [ג]כל שהוא נאכל כמות שהוא חי אין בו משום בשולי נכרים (*הוא) סבר *אדם חשוב שאני: *ת"ר [ד]אע"פ שאמרו* אין טומנין אפילו בדבר [לעיל לד.] שאינו מוסיף הבל משחשכה אם בא להוסיף מוסיף כיצד הוא עושה רשב"ג אומר נוטל את הסדינין ומניח את הגלופקרין או נוטל את הגלופקרין ומניח את הסדינין וכן היה רשב"ג אומר [ה]לא אסרו אלא אותו מיחם אבל פינה ממיחם למיחם מותר השתא אקורי קא מקיר לה ארתוחי קא מירתח לה *[ו]טמן וכיסה בדבר הניטל בשבת או טמן בדבר שאינו ניטל בשבת וכיסה בדבר הניטל בשבת הרי זה נוטל ומחזיר [ו]טמן וכיסה בדבר שאינו ניטל בשבת או שטמן בדבר הניטל בשבת וכיסה בדבר שאינו ניטל בשבת אם היה מגולה מקצתו נוטל ומחזיר ואם לאו אינו

רש"י

לא משום כלאים. דאין זו שתילה: **ולא משום מעשר** דנימא בטלה לה אגב קרקע והרי הוא כלוקטה מתחלה ויהא צריך לעשר על התוסף שמא ניתוסף: **וניטלין בשבת**. שאוחזה במקצת עליה המגולין ולא חייש אם העפר ניזוז מאליו וה"ה לסליקוסתא:

מתני' לא יכסנו משתחשך. הא פרישנא טעמא בפ"ב (דף לד:) מפני מה אמרו אין טומנין בדבר שאינו מוסיף הבל משחשיכה גזירה שמא ירתיח: **ממלא הקיתון**. של צונן: **ונותן לתוך הכר**. שלא יחמו בחום הקיץ והחמה כגון כר וכסת של לבדין שאינו מחמם: **גמ' מותר להטמין את הצונן**. מפני החמה שלא יחמו ולא גזרינן אטו הטמנה כדי שיחמו: **אי ממתני' הוה אמינא הני מילי**. כגון מים צוננין שאין דרכן להטמין תחת כר וכסת לחממן שאין מתחממין בכך הלכך ליכא למיגזר: **אבל דבר שדרכו להטמין**. לחמם כגון תבשיל אימא לא יטמיננו מפני החמה: **התיר להטמין את הצונן**. מפני החום: **זקן**. ר' יוסי: **ממלא מקום אבותיו**. גדול כאביו: **היה כפוף ויושב לפני רבי**. מפני כבוד הנשיאות ולא היה מורה לפניו אע"פ שגדול הימנו: **כבר הורה זקן**. גדלו ושאו עליו: **אטמין לי צונן**. בשבת: **ואייתי לי מיא דאחים קפילא ארמאה**. שהחמן נחתום נכרי ובתול ולאשמועינן דאין בהן משום בשולי נכרים: **כרבוותיה**. כרבותיו: **אדם חשוב שאני**. שהרואה אותו שהוא מיקל עומד ומיקל יותר: **אין טומנין אם הטמין משחשיכה ואפילו בדבר שאינו מוסיף הבל**. וכדאמרן שמא ימלא קדרתו צוננת כשירצה להטמינה וירתיחנה בשבת אבל אם בא להוסיף כיסוי על כיסוי משחשיכה מוסיף: **גלופקרא**. קו"ט ויש בו הבל יותר מן הסדינין ונוטל את הגלופקרא בימות החמה אם ירא שמא יקדיח תבשילו מחמת רוב כיסוי: **וכן היה רשב"ג**. מיקל קולא אחריתי בהטמנה: **לא אסרו**. להטמין משחשיכה אלא במיחם שהוחמו בו דהתם הוא דאיכא למיגזר שמא ירתיח: אבל מפנה הוא ממיחם למיחם אחר ומטמין וזהו לשון התוספתא והיינו נמי פינהו ממיחם למיחם מותר דהשתא ליכא למיגזר שמא ירתיח דהשתא אקורי קא מיקר להו במתכוין ארתוחי מרתח להו בתמיה: **טמן**. הקדרה בדבר הניטל מה שנתן סביבותיה הוי דבר מוכן: **וכיסה**. על פיה נמי דבר המוכן כגון כלי: **או שטמן בדבר שאינו ניטל**. וכיסה בדבר הניטל: **הרי זה נוטל ומחזיר**. דהואיל והכיסוי ניטל מגלה הקדרה ואוחזה אבל טמן וכיסה בדבר שאינו ניטל או אפי' טמן בדבר הניטל וכיסה בדבר שאינו ניטל אם אין מקצת פיה מגולה לא יטול דאין לו במה יאחזנה ואם תאמר יפנה סביבותיה הואיל ודבר הניטל הוא ויאחזנה בדופניה(ג) ויטנה על צדה ויפול הכיסוי כי ההיא דתנן לקמן (פרק נוטל דף קמב:) האבן שעל פי החבית מטה על צדה והיא נופלת ואם היתה בין החביות מגביהה ומטה על צדה והיא נופלת הא אוקימנא התם בשכח אבל במניח נעשה בסיס לדבר האסור והיכא דמגולה מקצתו אין זה טלטול שמגלדו והכיסוי נופל מאליו: הרי

תוספות

הוא ואמאי ממעט ומשני דאית לה אוגנים וחבריה בארעא ופריך וכי יש לו מאי הוי והתנן הטומן לפת כו' ואי גרם מקלת מגולים מאי פריך הא לא דמי לספל שיש לו אוגנים ואומר ר"י דיש לומר דבנטיעה איכא קרקע קשה ודבוק ביותר ומדמה ליה לספל שיש לו אוגנים ואין להקשות לפירוש הערוך דמאי פריך מינה לשמואל נימא דהך משנה סבר טלטול מן הצד לא שמיה טלטול(ג) כאלעזר בן תדאי ומקלת מגולין נקט משום אחריני ולא משום שבת ושמואל סבר כרבנן דאיכא למימר דמשמע ליה דמשום שבת נמי נקט לה מדלא תנא בהדיא וניטלין בשבת אפילו מכוסין ש"מ דמכוסין אסורין כרבנן ואפ"ה מקלתן מגולין שרי: **כסהו** ונתגלה מותר לכסותו. נראה לר"י דה"ה דמותר לגלותו בידים ולחזור ולכסותו כמו שמותר ליטול הקדרה ולהחזירה והא דנקט כסהו ונתגלה משום דנתגלה מבעוד יום איירי דומיא דרישא לא כסהו מבעוד יום וקאמר דמותר לכסותו משתחשך אבל אם גילהו בידים מבעוד יום כדי לכסותו משתחשך אסור לכסותו משתחשך דדמיא לתחלת הטמנה:

אילו היה ר' יוסי קיים היה כפוף כו'. פי' רבינו שלמה מחמת נשיאותו דהא ר"י היה גדול מרבי כדמוכח בפ"ב דנדה (דף יד: ושם) דאמר ליה רבי ישמעאל ברבי יוסי לר' חמא בר ביסנא כדברי רבי אומר לך או כדברי אבא אמר ליה כדברי רבי אמור לי אמר ליה זהו שאומרים עליו דאדם גדול הוא שמניח דברי הרב ושומע דברי התלמיד ור"ת מפרש דודאי מתחלה היה רבי תלמידו של רבי יוסי אבל אח"כ נתחכם רבי כדקאמ' התם ור' חמא סבר רבי ריש מתיבתא שכיחי רבנן גביה ומחדדן שמעתתיה: **ביצד** הוא עושה רשב"ג אומר נוטל את הסדינין כו'. נראה לר"י ולה"ר פור"ת דל"ג כיצד הוא עושה דרשב"ג פליג את"ק דלא שרי אלא להוסיף אבל להחליף אסור ורשב"ג שרי אף להחליף וכ"ש ליטול ולהחזיר אותו דבר דלא הוי כל כך תחלת הטמנה והיינו דקאמר וכן היה רשב"ג אומר כלומר שהיה מיקל קולא אחריתי גבי הטמנה:

אבל פינה ממיחם למיחם מותר. ול"ד להוא דכירה דבעי בפרק כירה (לעיל לח:) פינה ממיחם למיחם מהו דהתם רוצה בחמימותן לכך יש לאסור כשהוא צונן אבל הכא גבי הטמנה כל כמה שהוא צונן טפי שפיר דמי כדאמר לעיל רבי התיר להטמין את הצונן וא"ת ורבי לא ידע לעיל דמותר להטמין את הצונן וכי לא ידע דשמיע ליה מאבוה הכא דשרי וי"ל דהכא דוקא דמוכח מילתא שנתכוין לצנן שפינהו ממיחם למיחם אבל קיתון של מים דלא מוכח מידי יהא אסור להטמין. מתוספות רבינו יהודה (ת"י):

או שטמן בדבר הניטל וכיסה בדבר שאינו ניטל. הקשה בקונט' יפנה סביבה ויאחזנה בדופניה ויגביהנה ויטנה על צדה כדתנן בפרק נוטל (לקמן קמב:) היתה בין החביות מגביהה כו' ומתרץ דהא אוקמינן התם בשכח אבל במניח נעשה בסיס לדבר האסור וקשה דאי חשיב הכא כמניח אם כן במגולה מקצתה היאך נוטל ומחזיר מה בין זה לאבן שעל פי החבית דאסרי' במניח אפי' להטותה על צדה ועוד קשה לר"ת דהא תנן נוער את הכיסוי והן נופלות אפי' אינן מגולות מקצתן ועל כן אומר ר"ת דלא חשיב כמניח [°]כיון שדעתו ליטלו בשבת ובפ' נוטל (שם דף קמג:) כמי תנן בית שמאי אומרים מגביהין מעל גבי השלחן עצמות וקליפים וב"ה אומרים מסלק את הטבלא ומנערה ולא חשיב לב"ה כמניח והכא מיירי בכיסוי כעין כלי חרס שנותנים על הקדרה שהקדרה בלועה בתוכה ואי אפשר לנער הכיסוי אלא אם כן יגביהו קצת ור"י מפרש כגון שטמן הקדרה בקופה בדבר הניטל ולמעלה מן הקדרה מילא כל הקופה בדבר שאינו ניטל שאי אפשר לו להגיע לקדרה אם לא יטלטל דבר שאינו ניטל בידים*: אינו

עין משפט נר מצוה

כט א מיי' פ"ד מהל' שבת הלכה ד סמג לאוין סה טוש"ע או"ח סימן רנז סעיף ד:
ל ב מיי' שם טוש"ע שם סעיף ו:
לא ג מיי' פי"ז מהלכות מאכלות אסורות הל' יד סמג לאוין קמב טור שו"ע יו"ד סימן קיג סעיף א:
לב ד מיי' פ"ד מהלכות שבת הלכה ד סמג לאוין סה טוש"ע או"ח סימן רנז סעיף ד:
לג ה מיי' שם הלכה ה טוש"ע שם סעיף ה:
לד ו (מיי') סמג שם טוש"ע או"ח סימן רנט סעיף ד:
לה ו שם סעיף ה:

[לקמן קמב: ברכות יט. פסחים קי. מו"ק יח: יב. מגילה כב: כתובות נג: פו. ב"מ עג. ע"ז ח: כח. מח: חולין קלד:]

רבינו חננאל

מגולין אין חושש משום כלאים דלא ירק' באילן הוא ולאו משום שביעית דלאו זריעה היא וכן משום מעשר ונטלין בשבת דלאו מחובר לקרקע אינון. ועלתה בתיובתא לשמואל. וקיי"ל כי הא מתניתא דמותבינא מינה ש"מ דסליקוסתא אע"ג דלא ארווח בגומא שרי וכ"ש סכין דנעיצה בין הנדבך ובין הקנים. וזו הלפת טומנה להתרכך כגון טמינת פגא בתבן: **ממלא** קיתון כו' ואסיק' מותר להטמין את הצונן אפי' בדבר שדרכו להטמין [כי] הא דאמר רב נחמן לדראי עבדיה אטמין לי את הצונן ואייתי לי חמין דאחים קפילא ארמאה. ואסי' אע"ג דקיי"ל דשרי להטמין

גליון הש"ס

תוס' ד"ה או שטמן וכו' כיון שדעתו ליטלו בשבת. עי' לעיל דף מג ע"ב תוס' ד"ה דכו"ע טלטול.

מסורת הש"ס

[נ"ל אמר רבי]

סנהדרין כד.

שם ודף כט:

[שם כד.]

[מו"ק יב:]

מו"ק יב: יבמות מו. ע"ז לח. נט.

[נ"ל והוא]

תוספתא פ"ד

[תוספתא שם כל הענין עד סוף הפרק]

הגהות הב"ח

(א) גמ' מקמי' דלשמעיה מר' ישמעאל וכו' לבתר דשמעיה כו': (ב) רש"י ד"ה או שטמן וכו' ויאחזנה בדופניה ויגביהנה ויטנה: (ג) תוס' ד"ה מקלת וכו' טלטול כרבי אלעזר בן תדאי:

[ועי' תוספות לקמן קכג. ד"ה הא' סוגלא]

אינו נוטל ומחזיר *רבי יהודה אומר נעורת של פשתן דקה הרי היא כזבל *מניחין מיחם על גבי מיחם וקדרה על גבי קדרה *אבל לא קדרה על גבי מיחם ומיחם על גבי קדרה וטח את פיה בבצק ולא בשביל שיחמו אלא בשביל שיהיו משומרים וכשם שאין טומנין את החמין כך אין טומנין את הצונן רבי התיר להטמין את הצונן *ב ואין מרזקין לא את השלג ולא את הברד בשבת בשביל שיזובו מימיו אבל נותן הוא לתוך הכוס או לתוך הקערה ואינו חושש:

הדרן עלך במה טומנין

*במה ג בהמה יוצאה ובמה אינה יוצאה יוצא הגמל *באפסר ונאקה בחטם ולובדקים בפרומביא וסוס בשיר ד וכל בעלי השיר יוצאין בשיר ונמשכין בשיר *ומזין עליהן(א) *וטובלין במקומן: **גמ׳** מאי נאקה בחטם אמר רבה בר בר חנה *נאקתא חיורתי בזממא דפרזלא: ולובדקים בפרומביא: אמר רב הונא חמרא ה לובא *בפגי דפרזלא לוי שדר זוזי לבי חוזאי למיזבן ליה חמרא לובא צרו שדרו ליה שערי למימר דניגרי דחמרא שערי אמר רב יהודה אמר שמואל מחליפין לפני רבי של זו בזו מהו נאקה באפסר לא תיבעי לך כיון דלא מינטרא ביה משאוי הוא כי תיבעי לך גמל בחטם מאי כיון דסגי ליה באפסר משאוי הוא או דילמא נטירותא יתירתא לא אמרי׳ משאוי הוא אמר לפניו ר׳ ישמעאל ברבי יוסי כך אמר אבא ו ארבע בהמות יוצאות באפסר הסוס והפרד והגמל והחמור למעוטי מאי לאו למעוטי גמל בחטם לא למעוטי נאקה באפסר במתניתא תנא לובדקים וגמל יוצאין באפסר כתנאי אין חיה יוצאה בסוגר חנניה אומר יוצאה בסוגר ובכל דבר המשתמר במאי עסקינן אילימא בחיה גדולה מי סגי לה סוגר ואלא בחיה קטנה מי לא סגי לה סוגר אלא לאו חתול איכא בינייהו תנא קמא סבר כיון דסגי לה במיתנא בעלמא משאוי הוא וחנניה סבר כל נטירותא יתירתא לא אמרינן משאוי הוא אמר רב הונא בר חייא אמר שמואל הלכה כחנניה לוי בריה דרב הונא בר חייא ורבה בר רב הונא הוו קאזלי באורחא קדמיה חמרא דלוי לחמרא דרבה בר רב הונא חלש דעתיה דרבה בר רב הונא אמר איצא ליה מילתא כי היכי דאיתותב

תוספות

אינו נוטל ומחזיר. נראה לרשב״א דהיינו כרשב״ג דאמר בפרק נוטל כל היכא דאיכא איסורא והיתרא בהיתרא טרחינן באיסורא לא טרחינן אבל לרבנן דפליגי עליה שרו במכוסות לגמרי ליטול בידים דבר שאינו ניטל דבפרק נוטל (לקמן קמב:) מתני׳ דהיתה בין החביות מגביהה ומטה על לדה מוקי לה כרשב״ג משמע דרבנן דרשב״ג שרו לטלטל את האבן עצמו: **אין** מרסקין לא את השלג ולא את הברד. מכאן יש ליזהר שלא ירחוץ ידיו בשלג וברד בשבת *ופעמים שמתקרשים ויש ברד מעורב בהם אין לרחוץ בהן דאי אפשר שלא ירסק הברד וכל הזהיר בו תבא עליו ברכה:

הדרן עלך במה טומנין

במה בהמה יוצאה. דאדם מוזהר על שביתת בהמתו דכתיב למען ינוח וגו׳ ומיהו לאו דלא תעשה מלאכה אתה ובהמתך ליכא אלא במחמר אחר בהמתו כדמוכח בריש מי שהחשיך (לקמן קנג.) ובריש נדרים (דף ב:) דייק בהך דהכא ובכל הני דלעיל דאיכא דוכתא דתנא ברישא הא דסליק מיניה ואיכא דוכתא דתני ברישא הא דפתח ביה: **חמרא** לובא. אומר ר״ת דלובא היינו מצרים דכתיב (נחום ג) פוט ולובים היו בעזרתך ואמרינן בירושלמי גרים הבאים מלוב מהו להמתין להם שלשה דורות ומייתי עלה דהדא עלם מצראה דלווחין ליה לוב*: **אך** דילמא כל נטירותא יתירתא לאו משוי היא. וא״ת תפשוט ממתניתין דתנן ולובדקים בפרומביא אע״ג דסגי לה באפסר כדאמר בסמוך תנא לובדקים וגמל יוצאים באפסר ופרומביא עדיפא מאפסר דאמר לקמן חמור שעסקיו רעים כגון זה מהו לצאת בפרומביא בשבת אלמא משמע דעדיף מאפסר וי״ל דלא הוי נטירותא יתירתא ואורחיה נמי בהכי ולא חשיב משוי: **קדמיה** חמרא דלוי. משמע שמכבדין בדרכים ובפ׳ אמר להם הממונה (יומא כז:) נמי אמרינן שלשה שהיו מהלכין בדרך הרב באמצע גדול מימינו וקטן משמאלו וכן מצינו במלאכי השרת שבאו אצל אברהם וכו׳ והקשה ר״ת דבפ׳ שלשה שאכלו (ברכות מז:) מסיק דאין מכבדין אלא בפתח הראוי למזוזה ותירץ רבינו תם דהתם כשאין הולכים בחבורה אחת אלא כל אחד הולך לצורך עצמו אבל כשהולכים בחבורה אחת מכבדים בכל מקום: אמר

רש״י

הרי זה כזבל. דמוסיף הבלא ואין טומנין בה אפילו מבעוד יום: **מיחם**. של נחשת: **קדרה**. משל חרס יש ספרים שכתוב בהן אבל לא מיחם על גבי קדירה ומפרשים טעמא מפני שהקדירה מרבה חמימות ומוספת הבלא למיחם אבל בתוספתא גרסינן ומיחם על גבי קדירה: **וטח את פיה**(ב) **בבצק**. הגילוש מבעו״י כל הנך מניחין נמי בשבת: **ולא שיחמו**. שיהא העליון צונן ונתנו כדי שיחום מחומו של תחתון: **אלא שיהו משומרין**. שהיו שניהן חמין ונתנו על גביו של זה כדי שיהא חומו משתמר בהן: **ואין מרזקין**. כמו מרסקין משברין לחתיכות דקות ברד גלצ״א בלע״ז: **כדי שיזובו מימיו**. משום דקא מוליד בשבת ודמי למלאכה שבוראת המים הללו: **אבל נותן לתוך הכוס**. של יין בימות החמה כדי לצנן ואע״פ שנימוח מאליו ואינו חושש:

הדרן עלך במה טומנין

במה בהמה יוצאה כו׳. לפי שאדם מצווה על שביתת בהמתו בשבת ומידי דמינטרא ביה בהמה הוי תכשיט ואורחא ולא הוי משוי ומידי דלא מינטרא ביה הוי משוי: **אפסר**. קבישטר״א: **נאקה**. דרומי״ל: **בחטם**. מפרש בגמרא: **ולובדקים בפרומביא**. מפרש בגמ׳: **בשיר**. כמו אלעדה סביב צוארו וטבעת קבוע בה ומכניסין בו רצועה או חבל ומושכין הבהמה: **וכל בעלי השיר**. כגון כלבים [של] ציידים וחיות קטנות שנותנין שיר לצוארם לנוי: **יוצאין ונמשכין**. מפרש בגמ׳: **ומזין עליהם במקומן**. כמו שהם בצואר הבהמה אם נטמאו: **וטובלן במקומן**. מכניסין בהמה למים להטביל את השיר: **גמ׳ מאי נאקה**. ומאי חטם: **חיורתי**. שהיא קשה להשתמר מפני שבורחת: **בזממא דפרזלא**. מוזי״ל בלע״ז נוקב את חוטמו ומכניסו בתוכו והוא כמין טבעת: **חמרא לובא**. חמור הבא ממדינת לוב כמו הכושים והלובים דאסא בדברי הימים (ב טז): **בפגי דפרזלא**. פריי׳ כעין שלנו פגי כמו זה קנה חמור ובית פגי (ב״מ ד׳ מ׳) קיבליי״ל בית רסנה ולחייה: **צרו שדרו ליה שערי**. צרו מעותיו ושלחו לו שעורים בצרור מעותיו ולא רצו לקנות לו חמור מפני שהוא רחוק מבבל מהלך חצי שנה כדאמר בהגוזל (ב״ק ד׳ קיב:) והשיאוהו עצה לקנות חמור במקומו ויאכילנו שעורים תמיד ונמצא חמורו טוב ומשובח: **ניגרי דחמרא שערי**. פסיעותיו של חמור לפי שעורים שהוא אוכל: **מחליפין**. שאילתם נאקה באפסר וגמל בחטם מהו משוי הוא ואסור: **לאו למעוטי גמל בחטם**. והכי קאמר ארבע בהמות הללו משתמרים באפסר ואסורות לצאת בחטם: **לא למעוטי נאקה באפסר**. דהואיל ולא מינטרא ביה משאוי הוא אבל נטירותא יתירתא כגון חטם לגמל לאו משאוי הוא: **יוצאין באפסר**. דלובדקי נמי מינטרא ביה: ה״ג כתנאי אין חיה יוצאה בסוגר: **כתנאי**. נטירותא יתירתא אי משוי הוא או לא: **בסוגר**. קולא״ר של חבל כדמתרגמינן ויתנהו בסוגר בקולרין (יחזקאל יט): **בחיה גדולה**. כגון דוב: **קטנה**. כגון נמייה וחולדה: **חתול**. לא בעי נטירותא אפילו כחיה קטנה שאינו תאב לברוח כל כך: **במיתנא**. חבל קטן: **הלכה כחנניה**. ונטירותא יתירתא לאו משאוי הוא: **חלשא דעתיה דרבה בר רב הונא**. שהיה גדול וכסבור שעשה מדעת: דאיתותב

עין משפט נר מצוה

לו א מיי׳ פ״ד מהלכות שבת הלכה ו סמג לאוין סה טוש״ע או״ח סימן רנח וסימן שיח סעיף ו:

לז ב מיי׳ פכ״א מהלכות שבת הלכה יג סמג לאוין סה טוש״ע או״ח סימן שכ סעיף טו וסי׳ שיח סעיף טז:

א ג מיי׳ פ״כ מהלכות שבת הלכה ח סמג לאוין סה טוש״ע או״ח סימן שה סעיף א:

נ״ל ומים שמתקרשים רש״א

[בתוספתא פ״ד איתא מרסקין בסמ״ך וכ״א בפירש״י דהכא על נכון וכן בערוך ורי״ף ורא״ש ובכ״י סי׳ שיח מרסיקין]

ב ד מיי׳ שם טור שו״ע שם סעיף ה:

ג ה מיי׳ שם טור שו״ע שם סעיף ג:

ד ו מיי׳ שם טור שו״ע שם סעיף א:

[ועי׳ תוס׳ בכורות ה: ד״ה העמים וכו׳]

[עי׳ תוס׳ שם ד״ה וטובלין]

רבינו חננאל

את הצונן וכל הנאכל כמות שהוא חי אין בו משום בשולי נכרים. אדם חשוב לא איבעי ליה למיעבד הכי: **ת״ר** אע״פ שאמרו אין טומנין בדבר שאינו מוסיף [הבל] אבל אם בא להוסיף מוסיף כיצד ר״ש ב״ג אומר נוטל הסדינין ומניח [את] הגלופקרין כו׳ פשוטה היא ר׳ יהודה אומר נעורת של פשתן דקה הרי הוא כזבל ומניחין מיחם ע״ג מיחם וקדירה על גבי קדירה וקדירה ע״ג מיחם ומיחם על גבי קדירה וטח פיהן בבצק׳ ולא כדי שיחמו אלא כדי שישתמרו כו׳ רבי התיר להטמין את הצונן כו׳:

הדרן עלך במה טומנין

פ״ה במה בהמה יוצאה ובמה אינה יוצאה. יוצאה הגמל באפסר כו׳ ונאקה בחטם נקתא חורתי בזממא דפרזלא. לובדקים בפרומביא. חמרא לובא בפגי דפרזלא לבדקם לובא חמור לוב. ממקום ששמו לוב כדכתיב (דניאל י״א) לובים וכושים במצעדיו. כדגרסי׳ בירושלמי גרים הבאים מלוב מהו להמתין להם ג׳ דורות וקיי״ל כר׳ יוסי דאמר ארבע בהמות יוצאות באפסר בשבת הסוס והפרד והחמור והגמל: **ירושלמי** אמר חזקיה וסמניך וכן תהיה מגפת הסוס וגו׳ למעוטי גמל בחטם שלא יצא. רב אמר הלכה כר׳ יוסי. ולית הלכתא כחנניה דתני כל נטירותא יתירתא לאו (משום) [משוי] הוא ושפיר דמי ואע״ג דאמר שמואל הילכתא כחנניה פליג רב עליה:

מסורת הש״ס

[לעיל מט.]

הך אבל לא הוא טעות וצ״ל וקדירה ע״ג וכו׳ ואע״ג דרש״י גרס אבל לא היינו כמיחם ע״ג קדירה אבל בקדירה ע״ג מיחם ליכא מאן דפליג עי׳ בב״י בטא״ח סימן רנח

[נדרים ב: מיר ב.]

[עי׳ תוס׳ נב. ד״ה מין]

גמלא נקיבה גדולה ערוך

פי׳ רסן שבלחי

הגהות הב״ח

(א) במשנה ומזין עליהן במקומן וטובלין: (ב) רש״י ד״ה וטח את פיה בשבת בבצק:

אות ג'

כל שהוא נאכל כמות שהוא חי אין בו משום בשולי נכרים

יו"ד סימן קיג ס"א - דבר שאינו נאכל כמו שהוא חי, וגם עולה על שלחן מלכים ללפת בו את הפת או לפרפרת – [הטעם, דעיקר הגזירה משום חתנות, ודבר שאינו חשוב כ"כ, אין אדם מזמין חבירו עליו – ט"ז], **שבישלו עו"ג, אפילו בכלי ישראל ובבית ישראל, אסור משום בישולי עובדי כוכבים.**

אות ד'

אף על פי שאמרו אין טומנין... אם בא להוסיף מוסיף

סימן רנז ס"ד - [ה]וכן אם רצה להוסיף עליו בשבת, מוסיף; [ו]וכן אם רוצה ליטלו כולו ולתת אחר במקומו, בין שהראשון חם יותר מהשני, בין שהשני חם יותר מהראשון, אפילו לא היה מכוסה אלא בסדין, יכול ליטלו ולכסותו בגלופקרין - ר"ל דלא תימא דהטמנה בסדין אינה חשובה הטמנה, שאינו מועיל, וא"כ כשמכסה עליו בגלופקרין בשבת, הו"ל כמטמין לכתחלה, קמ"ל דאף סדין מועיל עכ"פ במקצת.

[ז]והוא שנתבשלה הקדירה כל צרכו; אבל אם אינה מבושלת כ"צ, אפילו להוסיף על הכיסוי אסור, שתוספת זה גורם לה להתבשל – (כתב המ"א, כשטמונה בדבר שאינו מוסיף הבל, פשוט שאינו גורם בשול כלל, אלא מיירי בדרך שכתב בס"ח, והיינו שהקדרה עומדת ע"ג כירה שיש תחתיה גחלים קטומים, ולמעלה מכוסה בבגדים בענין שאין נוגעים בקדרה, וכמבואר בס"ח דמותר להטמין בדרך זה, ואז גורם בשול ע"י הוספת כיסוי, **ובספר** בית מאיר חולק עליו, וכתב דפשטיות הטור והשו"ע משמע דמיירי בכל גווני, וכ"כ בספר נהר שלום, והטעם כתב בספר בית מאיר, דכשמטמין דבר רותח שעומד ברתיחתו ומתבשל, אף שמטמין בדבר שאין מוסיף הבל אלא מעמידו בחמימותו וברתיחתו, כל שעה שמאריך הרתיחה והבישול מתבשל המאכל יותר, ובהוספה גורם בשול, וזה מוכח מפרש"י ‹ד"ה גלופקרא›, וכן מוכח בבאור הגר"א, ולכן לא העתקתי דברי המ"א להלכה).

[ח]סימן רנז ס"ב - [ט]אפילו תבשיל שנתבשל כ"צ, אסור להטמין בשבת אפילו בדבר שאינו מוסיף הבל - ומ"מ בדיעבד שרי וכנ"ל.

אות ה'

לא אסרו אלא אותו מיחם, אבל פינה ממיחם למיחם מותר

סימן רנז ס"ה - [י]אם פינה התבשיל בשבת מקדירה שנתבשל בה לקדירה אחרת, מותר להטמינו [יא]בדבר שאינו מוסיף הבל - דלא אסרו אלא כשהוא בכלי ראשון שנתבשל בו, אבל כשפינהו לכלי אחר, אף שעדיין היד סולדת בו, מותר, **ואין** נ"מ אם נתכוין בפירוש כדי לקרר, או בסתמא לאיזה סיבה, **ואפילו** אם חזר ועירה אותו אח"כ לכלי ראשון שהיה בו, נמי שרי, דתו לא מקרי כלי ראשון, והו"ל כצונן דמותר להטמינו, **ואפילו** בכלי ראשון, אם נתקרר עד שאין היס"ב, ג"כ נראה דשרי להטמינו, אם הוא במקום הצורך. **ודוקא** בדבר שאינו מוסיף הבל, דבדבר המוסיף הבל, אפילו צונן גמור אסור וכדלקמיה.

אות ו'

טמן וכיסה בדבר הניטל בשבת, או טמן בדבר שאינו ניטל

סימן רנט ס"ד - [יב]טמן בדבר שאינו ניטל - שנתן דבר מוקצה סביב הקדרה, **וכיסה פיה בדבר הניטל, מגלה הכיסוי ואוחז בקדירה ומוציאה.**

אות ז'

טמן וכיסה בדבר שאינו ניטל בשבת וכו'

סימן רנט ס"ה - [יג]טמן וכיסה בדבר שאינו ניטל, אם מקצת הקדירה מגולה, נוטל ומחזיר; ואם לאו, אינו נוטל.

[יד]**ואם** טמן בדבר הניטל, וכיסה פיה בדבר שאינו ניטל, מפנה סביבותיה ואוחז בקדרה ומוציאה, דלא נעשית בסיס להן כמ"ש סוף ס"א, ואח"כ מנער את הקדרה, והדבר שאינו ניטל נופל מאליו.

---

§ מסכת שבת דף נא: §

אות א'

מניחין מיחם על גבי מיחם וקדרה על גבי קדרה וכו'

סימן רנח ס"א - [א]מותר להניח מבעוד יום כלי שיש בו דבר קר ע"ג קדירה חמה - ואפילו הוא דבר חי, ויתבשל עתה ע"י חום הקדירה שתחתיה, ג"כ שרי כיון שמניח מבע"י, **שאין זה כטומן בדבר המוסיף הבל** - ר"ל אפילו כסה אז הכלי והקדרה בבגדים,

---

באר הגולה

[ה] **שם בגמ'** [ו] **שם כרשב"ג** [ז] **טור וסמ"ג וסמ"ק והתרומה** [ח] ‹ע"פ הגר"א: שם נ"א א', ת"ר אף על פי כו', אם בא כו', וע"כ בנתבשל כ"צ מיירי כמ"ש בס"ד, והוא שנתבשלה כו'› [ט] **הר"ן שם** [י] **שם כרשב"ג** [יא] **טור ורמב"ם** [יב] **שם נ"א** [יג] **שם** [יד] ‹ודלא כרש"י, עיין תוס' ד"ה או, **וס"ל** דאם היה דעתו ליטלו בשבת, ולא להניחו שם לכל השבת, יש לו דין שוכח, ולדעה זו א"צ לסברת מ"א {דאין הכיסוי תשמיש להצמר אדרבה הצמר משמש להקדרה לחממו}, דבלא"ה אין הכיסוי נעשה בסיס, כיון דדין שוכח יש לו – מחה"ש› [א] **שבת נ"א לגירסת הרי"ף והרא"ש** ‹מניחין מיחם על גבי מיחם, וקדרה ע"ג קדרה, ומיחם ע"ג קדרה, וקדרה ע"ג מיחם›

ובודאי ניתוסף חום על הדבר קר ע"י הקדרה, אפ"ה שרי, דלא חשיב הקדרה כגפת ודומה לה המוסיפין הבל, **דהתם** הוא מוסיף הבל מחמת עצמו, אבל אין להקדרה הבל מעצמה, ואדרבה כל שעה חומה מתמעט והולך, ולהכי שרי.

(ודע, דהכא כתב הב"י הטעם דמתקרר, וכמו שכתבנו במ"ב, ולעיל בסימן רנ"ז הכריע הב"י בעצמו, לענין העמדה ע"ג כירה קטומה, דמקרי מוסיף הבל אף שמתקרר מחמת עצמו, ודלא כרש"י, וע"כ דשם חמירא מחמת שחום הכירה גדול מאד).

(ואם הקדרה התחתונה מונחת ע"ג האש, אז יש לזה דין מוסיף הבל ע"י האש, וכדלעיל בסימן רנ"ז ס"ח, ואסור אפי' מבע"י לכסות עליהן בבגדים מלמעלה, משום הטמנה, ואם אין מכסה בבגדים, יש לזה דין שיהוי, וצריך שיהיה הדבר קר נתבשל כמאב"ד מבעוד יום, לדעת הרב לעיל בסימן רנ"ג). ‹**וע"ל** סי' רנ"ג ס"ה, דע"ג קדרה מלאה אין בו איסור אפי' להניח בשבת, וצ"ע – שונה הלכות›.

ודוקא להניח הדבר קר מבע"י, אבל להניחו בשבת על הקדרה תחת הכיסוי בגדים שעליה שיתחמם, אסור, ואפי' אין החום כ"כ שיוכל לבוא ליסל"ב, דבשבת לא התירו להטמין את הצונן אלא כדי שתפיג צינתו, אבל בזה שמוליד חום ע"י הטמנה, אסור, **ואם** אין הקדרה מכוסה בבגדים, אין איסור להניח עליו הדבר קר, אלא כשיוכל לבוא לידי יד סולדת בו, וכדלקמן בסי' שי"ח ס"ו.

כתבו האחרונים, שאסור ליקח כלי ובתוכו משקה צונן, ולתחוב אותו בשבת לכלי מלא מים חמין, שיתחמם בתוכו, אפילו לא יוכל לבוא לידי יד סולדת בו, שזהו דרך הטמנה ממש, כיון שכולו טמון בתוכו, [**אבל** אם כוונתו להפיג צינתו לבד, ובמקום שלא יוכל לבא לידי יד סולדת בו, אפשר דיש לסמוך על דברי המקילין, דס"ל דלא מקרי זה דבר המוסיף הבל, וממילא מותר להטמין הצונן בו, וכנ"ל ברנ"ז ס"ו]. **אבל** אם חם כ"כ שיוכל לבוא לידי יד סולדת בו, אז אפילו אינה טמונה כולה בתוכו, שמגולה למעלה, וגם אין כונתו רק להפיג הצינה בלבד, אפ"ה אסור, פן ישכח עד שיהיה היד סולדת בו, ויתחייב משום מבשל, וכדלקמן בסי' שי"ח סי"ד.

סימן שיח ס"ו - [ב]כלי שיש בו דבר חם שהיד סולדת בו - המחבר אזיל לשיטתיה בס"ד, דאם נצטנן קצת עד שאין היד סולדת בו, יש בו עוד משום בישול, **אבל** לפי מה שכתב רמ"א בהג"ה בסט"ו, דנוהגים להתיר אם לא נצטנן לגמרי, א"כ לא בעינן יד סולדת בו, **מותר להניחו בשבת ע"ג קדירה הטמונה** - בבגדים מבע"י, **כדי שישמור חומו ולא יצטנן** - ואשמועינן דמותר להניח הכלי תחת הבגדים שכיסו בהן הקדרה, **ואף** שאין טומנין בשבת אפי' בדבר שאינו מוסיף הבל, הכא כיון דעיקר הטמנה היה מבע"י לצורך הקדרה, דזה מותר, ולכן אם נתגלתה הקדרה דמותר לכסותה, מותר לכסות דרך אגב גם הכלי שיש בו הדבר חם.

ואפילו לא נתבשל כל צרכו, דאמרינן לעיל בס"ד דיש בו משום בישול אפילו ברותח, שאני הכא דלא יבוא עי"ז לידי בישול גמור, רק שישתמר חומו בתוכו - ט"ז, **אבל** הרבה אחרונים חולקין עליו, וס"ל דאינו מותר רק בנתבשל כל צרכו, דיש לחוש שמא יתוסף מעט בישול ע"י החום, **וכתב** בספר מאמר מרדכי, דבכל צרכו, אפי' יהיה מצטמק ויפה לו ע"י העמדה זו, ג"כ שרי.

ויכול לטוח פיו בבצק - כדי שלא יצא חומו, **אם יש לו בצק שנלוש מאתמול** - ומיירי בשאינו מוקצה, כגון דצריך הבצק לתרנגולין שבביתו.

ועיין במ"א, דדוקא בבצק שהוא אינו בר מירוח, אבל בשעוה וזפת או טיט שהוא דבר המתמרח, אסור משום ממרח, וכענין דאיתא לעיל בסי' שי"ד סי"א, דאסור ליתן שעוה בנקב החבית לסתמו מפני שהוא ממרח, **והט"ז** כתב דבצק נמי בר מירוח הוא, אלא הטעם דאין בזה משום מירוח, לפי שאין מקפיד עליו לדבק אותו בטוב, רק שלא יהיה מגולה לגמרי שלא יתקרר, **אבל** שם גבי נקב החבית קפיד עליה לדבק היטב, ולהחליקו סביב הנקב שלא יזוב היין החוצה, עכ"ד, **ולפי** זה אף בטיט ושעוה מותר בענינו, **אבל** להמ"א הנ"ל אסור.

(ומשמע מזה, דבצק מותר להניח על גבי כלי חם שהיד סולדת בו, ולא חיישינן שיבוא לקצת אפיה, כדי קרימת פנים).

אבל אין מניחין כלי שיש בו דבר שאינו חם כל כך, על גבי קדירה שהיא חמה כל כך, שהעליון יכול להתחמם מחומה עד שתהא היד סולדת בו - דתבשיל שנצטנן, קי"ל בס"ד דיש בישול אחר בישול, וע"כ אסור אפילו לא הטמינם כלל בשום דבר.

והיינו אפילו אם אין בדעתו להשהות שם כ"כ, חיישינן דילמא מישתלי, וכדלקמיה בסי"ד.

(אבל אם לא יוכל לבוא לשיעור יד סולדת בו, מותר להניח אפילו קר לגמרי, אף שיתחמם קצת).

וה"מ בדבר לח, אבל בדבר יבש אפילו נצטנן לגמרי שרי, וכדלקמיה בס"ח, [**ומיירי** בלי הטמנה דוקא, וכדלעיל ברנ"ג, דבהטמנה אסור].

אות א'* [ג]

ולא בשביל שיחמו, אלא בשביל שיהיו משומרים

סימן רנז ס"ב - ומ"מ לשום כלים על התבשיל כדי לשמרו מן העכברים, או כדי שלא יתטנף בעפרורית, שרי - היינו אפילו בגדים שמעמידין את החום של הקדרה שלא יצטנן, אפ"ה שרי, כיון שאינו מכוין לזה, **שאין זה כמטמין להחם, אלא כשומר ונותן כיסוי על הקדירה.**

באר הגולה

ב שבת נ"א בברייתא ורמב"ם בספ"ד מה"ש וכפי שפירשו הרב המגיד שם והביאו הב"י בסי' רנ"ח ולא בשביל שיחמו, אלא בשביל שיהיו משומרים ›

ג ‹ע"פ הגר"א: שם ב' מניחין מיחם כו', וטח כו',

(וע"ל סי' רנ"ג) – (איני יודע כונתו, ואולי למש"כ שם בס"ה, דאסורין להטמין תחת הבגדים אף שהוא דבר יבש, או למש"כ שם בהג"ה, דאף ע"י א"י אסור).

אות ב'

ואין מרזקין לא את השלג ולא את הברד בשבת בשביל שיזובו מימיו, אבל נותן הוא לתוך הכוס או לתוך הקערה ואינו חושש

סימן שכ ס"ט - [ד]**השלג והברד, אין מרסקין אותם, דהיינו לשברם לחתיכות דקות כדי שיזובו מימיו** - דדמי למלאכה שבורא המים הללו, ואסור מדרבנן, [רש"י], **א"נ** גזירה שמא יסחוט פירות העומדין למשקין, [**והשמטתי** טעם דנולד, דהמחבר לא ס"ל, מדהתיר נגד השמש].

אבל לשבור חתיכה ממנו שרי, ואפי' אם יזובו קצת מים עי"ז, דלא נתכוין לזה, ועוד שהולך לאיבוד.

אבל נותן הוא לתוך כוס של יין או מים, והוא נימוח מאליו ואינו חושש - כיון דלא עביד מעשה בידים לא גזרו ביה, **ויש** מתירין אפילו לרסק בידים לתוך הכוס, **והטעם**, דכיון שנתערב במה שבתוך הכוס ואינו בעין, לא גזרו ביה כלל.

[ה]**וכן אם הניחם בחמה או כנגד המדורה ונפשרו, מותרים** - ליהנות מהם, **וה"ה** דמותר לכתחלה להניח כיון שממילא הוא נימוח, וכמו לתוך הכוס, **ולדעת** רמ"א בסימן שי"ח סט"ז בהג"ה, גם הכא יש להחמיר, דאף דנימוח מאליו אסור משום נולד, **ואינו** דומה לתוך הכוס, דהתם הוא מעורב במים ואינו ניכר.

סימן שיח סט"ז - [ו]**מותר ליתן אינפאנדה כנגד האש במקום שהיד סולדת** - היינו ע"ג איזה כלי המפסיק, דאל"כ אסור, וכנ"ל בסימן רנ"ג ס"ג וס"ה.

אינפאנדא הוא פשטיד"א הנזכר בכמה מקומות, והוא פת כפולה הממולא בחתיכות שומן, ונותנו שם כדי לחממו, **והטעם** שמותר, דכיון שהוא יבש, אף שנצטנן, לא שייך ביה בישול עוד, וכמ"ש בסט"ו.

ואע"פ שהשומן שבה שנקרש חוזר ונימוח - מ"מ מקרי יבש, כיון שבשעה שנותנו לחממו לא נמחה עדיין.

ולא דמי לריסוק שלג וברד, המבואר לקמן בסימן ש"כ ס"ט דאסור מטעם נולד, שמוליד המים, וה"נ הרי מתחלה היה עב וקפוי, ועכשיו נעשה זך וצלול, **דשאני** הכא דלא עביד כלום בידים, אלא ממילא הוא נמחה, **וגבי** ברד נמי תניא: אבל נותן הוא לתוך הכוס של יין לצננו ואינו חושש, ואע"פ שנימוח, כיון שהוא ממילא.

הגה: וכ"ש קדירה שיש בה רוטב שנקרש, שכשהשומן נימוח אינו בעין, דשרי (רבי ירוחם) - דבזה כשהוא נימוח מתערב השומן עם הרוטב ואינו ניכר, ודמי ממש להא דאמרינן: אבל נותן לתוך הכוס, משום דאינו ניכר כשנימוח הברד לתוכו.

והיינו רק לענין איסור נולד דלא שייך בזה, אבל לענין איסור בישול הכא חמיר מדלעיל, דהא רוטב הוא דבר לח, ודבר לח שנצטנן שייך בו בישול, כמ"ש המחבר בס"ד, **וע"כ** אינו מותר הכא רק אם יעמיד הקדרה במקום שאין היד סולדת בו.

ויש מחמירין (ר"ן) - ס"ל דגם בזה שייך איסור נולד, ואפי' בקדרה שהשומן מעורב עם המרק, **ולא** דמי להא דאמרינן: אבל נותן הוא לתוך הכוס, דהתם אין הברד ניכר כלל כשנמחה בהכוס, **אבל** שומן שנמחה צף למעלה וניכר הוא, ואפי' להניחו בחמה שיהיה נמחה, ג"כ אסור לדעה זו.

ודע דאפי' להיש מחמירין, אינו אסור כי אם כשיש הרבה שומן על הפשטיד"א, שכשיהיה נימוח יהיה זב לחוץ ויהיה מינכר בפני עצמו, **אבל** אם אין על הפשטיד"א כ"כ שומן, או שמעמידו כ"כ בריחוק מקום מן החום, שלא יהיה נימוח עד שיזוב לחוץ, אלא מעט ממנו יהיה נימוח בתוכו לבד, או אם השליך לחוץ השומן שעליו, מותר לחמם הפשטיד"א לכו"ע, ואף שעדיין נפשר וזב מבשר שומן שבתוכו, דבר מועט הוא ושרי לכו"ע, **וכן** מותר להחם בשבת חתיכת בשר שמן, אע"פ שמקצתו זב, כיון דדבר מועט הוא הנפשר, לא חשיב ושרי.

כתבו האחרונים, כד של מים או שאר משקין שנקרש מלמעלה, שרי לכו"ע להעמידו במקום שלא יגיע ליד סולדת בו, [דאי יכול להגיע, אפי' יחזיק רק שעה קטנה אסור, כנ"ל בסי"ד], דהקרח כשימס יהיה מתערב תיכף תוך המשקים שתחתיו ואינו ניכר, [**דאי** נקרש כולו, אסור להיש מחמירין, ואין להקל אלא לצורך שבת, לפי מה שמסיק הרמ"א].

ונהגו להחמיר - ומ"מ קודם שהוסק התנור, מותר להניח הפשטיד"א, כיון דיש מתירין אפי' אח"כ, **ואין** לעשות כן בפני ע"ה.

מיהו במקום צורך יש לסמוך אסברא ראשונה - היינו דאז אפי' לכתחלה מותר, ובדיעבד בכל גווני אין לאסור.

[ז]**סימן שכ ס"י** - [ח]**מותר לשבר הקרח כדי ליטול מים מתחתיו** - דשבירת הקרח אינה מלאכה כלל, ולא אסרו בריסוק אלא אם הוא עושה כדי שיזובו מימיו, משא"כ בזה.

כתב המ"א, דבנהר או באר אסור, דכיון דהוא מחובר לקרקע יש בו משום חשש בנין וסתירה, **אבל** הרבה אחרונים חולקין עליו, וס"ל דשם מים עליהן ואין שייך בו בנין וסתירה, **ולצורך** שבת יש להקל.

באר הגולה

ד שבת נ"א ברייתא | ה הר"ן שם ורוב הפוסקים | ו רמב"ן וסמ"ג וסמ"ק ורבינו ירוחם וכ"כ ה"ה לדעת הרשב"א | ז ‹מילואים›
ח טור בשם אבי העזרי

[ט]סימן שכ סי"א - [י]צריך ליזהר בחורף, שלא יטול ידיו במים שיש בהם שלג או ברד - כדי שלא יבוא לידי ריסוק, **ושלחן** עצי שטים מיקל בזה, אך שיזהר שלא ירסקם.

ואם יטול, יזהר שלא ידחקם בין ידיו, שלא יהא מרסק - (עיין מ"א שכתב, דלהמתירין לרסק לתוך הכוס, גם בזה שרי, וטעמו, משום דמעורב במי הנטילה ולא גזרו ביה, **ואין** להקל בזה, דדין זה העתיקו כמה וכמה ראשונים).

[יא]סימן שכ סי"ב - [יב]יש ליזהר שלא ישפשף ידיו במלח - הטעם כנ"ל בשלג וברד, דגם בזה יתהוה מים ע"י השפשוף. **והיינו** דוקא במלח לבד, אבל מותר להשליך מלח במים אפילו הרבה, וליטול ידיו מהם אחר שנימוחו, וכמו שהתירו לעיל ליתן שלג וברד לתוך הכוס, **אך** שלא יעשה מי מלח עזין, דהיינו שני שלישי מלח ואחד מים.

[יג]סימן שכ סי"ג - [יד]דורס שלג ברגליו ואינו חושש - ואף אם השלג נימוח וזב עי"ז, לית לן בה, כיון דהוא אינו מתכוון לזה, **והט"ז** כתב, דכיון שהוא דבר שא"א ליזהר בזה, לא גזרו ביה.

[טו]סימן שכ סי"ד - [טז]הר"מ מרוטנבורג מתיר להטיל מי רגלים בשלג - דומיא דדורס שלג ברגליו.

[יז]והרא"ש היה נזהר - שע"י השתן ודאי נימוח, ולא דמי לסעיף ט' דשרי ליתן שלג לתוך הכוס אע"פ שנימוח, דהכא כיון דעביד מעשה גרע טפי.

ועיין בט"ז שפסק להקל, וכן הא"ר כתב להקל, **אם** לא שאפשר בלא טורח טוב ליזהר.

אות ג'

במה בהמה יוצאה ובמה אינה יוצאה וכו'

סימן שה ס"א - הנה כתיב: למען ינוח שורך וחמורך וגו', הרי הזהירה התורה שגם בהמת ישראל תנוח בשבת, ולאו דוקא בהמה, ה"ה עופות וכל בעלי חיים, **ולכן** דוקא כשתצא בדבר שהוא לה לשמירה, הוי תכשיט ואורחא, והרי הוא כמלבוש לאדם, ולאו משוי הוא, **אבל** בדבר שאינה משתמרת בו, הוי משוי ואסור, [רש"י]. **וה"ה** כשתצא במה שהיא שמירה יתירה לפי ענינה, דלאו אורחה בהכי, ג"כ בכלל משוי הוא ואסור.

[יח]בהמה יוצאת במה שמשתמרת בו, אבל אם אינה משתמרת בו, [יט]או הוי נטירותא יתירתא ביותר, הוי משאוי - דוקא בשמירה יתירה הרבה, אבל אם רק מעט יותר ממה שצריכין, לא הוי משא, דאי אפשר לצמצם. **[כ]וכן כל דבר שהוא לנוי ולא לשימור, לא תצא בו.**

הילכך [כא]נאקה - שהיא גמלא נקבה לבנה, **יוצאת בזממא דפרזלא, שהוא טבעת של ברזל, ונוקב חוטמו ומכניסו בו** - נקט והולך בתחלה הבהמות החזקות שצריכות שמירה ביותר, ולא די להם בשמירה קלה, כגון נאקה, שצריך לשמירתה דוקא זממה דפרזלא בחוטמה, ולא די לה בפגא דפרזלא, וכ"ש באפסר, ואסורה לצאת בהם.

וחמרא לובא - הוא חמור הבא ממדינת לוב, **בפגא דפרזלא, דהיינו בריג"א** - היינו בפרומביא הכתוב בסעיף ג', **אבל** לא בזממא, דזה הוא לה נטירותא יתירתא. **ודוקא** חמרא לובא, אבל חמור אחר לא, דהו"ל אצלו נטירותא יתירתא, וכמו שכתוב לקמיה בסעיף ג', **ואיתא** בגמרא, דחמרא לובא יוצא אף באפסר, דגם בזה משתמר.

והגמל באפסר שהוא קבישטר"ו - אבל לא בזממא דפרזלא, שהוא לו שמירה יתירה, **ובפגא** דפרזלא מסתפק המ"א, **והט"ז** פסק לאיסור, [**ובאמת** נראה דתלוי הענין באם דרך הגמל לצאת בחול בפרומביא לשמירה, ואז מותר לצאת בשבת, דומיא דסוס].

[כב]ופרד וחמור - צ"ל "וכן פרד וחמור", דהיינו שגם הם יוצאים באפסר, **אבל** ברסן שהוא פרומביא אסורים לצאת, וכמו שכתב בס"ג לענין חמור, וה"ה פרד.

וסוס יוצאים - "וסוס יוצא" וכו' - כצ"ל, דאלו חמור אסור ברסן, **באפסר** - הוא מה שקורין אברי"ץ, **[כג]או ברסן שהוא פרינ"ו** - היינו בריג"א הנ"ל, שהוא פרומביא, ובלשוננו קורין צוי"ם. **אבל לא בשניהם** - דדי לה באחד, והשני משוי הוא, **ואם** עסקיו רעים, שאין משתמר באחד, מותר לצאת בשניהם יחד, והכל לפי הענין.

[כד]ומותר לכרוך חבל האפסר סביב צוארה ותצא בו - מרש"י ור"ן משמע, דאע"ג שכרוך בחוזק סביב צוארה, שאין אדם יכול להכניס ידיו בין אפסר לצואר, שתהא נוח לימשך כשירצה, אפ"ה שרי, משום דהיא נוי, **ואע"ג** דכל נוי אסור וכנ"ל בריש הסעיף, וכדלקמן בסוף סי"ז, היינו דוקא בנוי דלאו אורחיה בחול, לאפוקי דבר שדרך כל אדם לעשות כן בחול לנוי לבהמה, לאו משאוי הוא, **אבל** התוספות וכן רבינו ירוחם ס"ל, דנוי אסור בכל ענין, והכא מיירי ברפויין, ומקרי לשמירה, דהא יכול לאחוז בחבל כשתרצה לברוח, **וכ"ש** אם יצא קצת מן החבל תלוי סביב צוארה דשרי, **ופסק** הב"ח כהתוספות לחומרא.

באר הגולה

[ט] (ע"פ הבאר הגולה) [י] **שם וכן כתבו התוספות** (ד"ה אין מרסקין) **והרא"ש שם** [יא] (מילואים) [יב] **שם בשם בעל התרומות** [יג] (מילואים) [יד] **טור בשם הר"מ מרוטנבורק** [טו] (מילואים) [טז] **טור בשמו** [יז] **שם** [יח] **שבת נ"א במשנה ורש"י שם** [יט] (שם נ"ב א' כרב - גר"א. ע"ש תוס' ד"ה אמר) [כ] **שם נ"ב וכרב** [כא] **שם במשנה בגמרא נ"א** [כב] **שם נ"ב** [כג] (כן כתבו שם התוספות (נב. ד"ה אמר) וז"ל: ויוצא סוס ברסן דאורחיה בהכי - ב"י) [כד] **שם וכרב הונא**

דוקא באלו שמותרים לצאת באפסר, מותר גם לכרוך סביב צוארה החבל היוצא ממנה אם הוא ארוך, **אבל** פרה אסורה לצאת באפסר, וכן לכרוך חבל סביב צוארה, לפי שהיא משתמרת בלא"ה, [גמרא], וכדלקמן בסי"ז ע"ש.

[כה]**ומותר לטלטל האפסר** - וכן הרסן, דמוכן הוא לבהמה ואינו מוקצה, **וליתנו עליה,** [כו]**ובלבד שלא ישען עליה** - ר"ל כשנותן בראש הבהמה יזהר שלא ישען בראשה, דהוי משתמש בבע"ח.

אות ד'

וכל בעלי השיר יוצאין בשיר ונמשכין בשיר

סימן שה ס"ה - [כז]**בעלי השיר, כגון כלבים של ציידים וחיות קטנות** - וה"ה סוס, **שיש להם כמין אצעדה סביב צוארן וטבעת קבועה בה, ומכניסין בה רצועה ומושכין אותם בה, מותר שיצאו בשיר הכרוך על צוארן** - ר"ל שהרצועה התלויה בשיר כרוך על צוארן, וכנ"ל בס"א, **ויכולים למשכם בהם** - היינו שאם רוצה יוכל למשוך אותה ע"י הרצועה התלויה, [גמרא], ועיין לקמן בסט"ז.

והיינו אלו דאורחייהו בהכי בחול, **אבל** חתול אסור, דסגי לה בחבל קטן בעלמא, וזה הוא לה נטירותא יתירתא, כן משמע בגמרא שם.

אות ה'

חמרא לובא בפגי דפרזלא

סימן שה ס"ג - [כח]**לצאת חמור בפרומביא (פי' רסן של ברזל), אסור** - נתבאר בס"א דדוקא חמרא לובא מותר בו.

אות ו'

ארבע בהמות יוצאות באפסר: הסוס והפרד והגמל והחמור

סימן שה ס"א- עיין לעיל אות ג'.

באר הגולה

[כה] תוספות שם ‹נ"ב. ד"ה אמר› והרא"ש [כו] הרא"ש שם [כז] שם נ"א במשנה וכפי' רש"י שם [כח] סמ"ג והתרומה וב"י לדעת כל הפוסקים

§ מסכת שבת דף נג. §

אות א' – ב'

עז שחקק לה בין קרניה יוצאה באפסר בשבת

זימנין דרפי ונפיל, ואתי לאתויי ד"א ברה"ר

רמב"ם פ"כ מהל' שבת הי"א - **עז שחקק לה בקרניה יוצאה באפסר הקשור בחקק בשבת, ואם תחבו בזקנה אסור, שמא תנתחנו ויביאנו בידו ברשות הרבים, וכן כל כיוצא בזה.**

[א]סימן שה ס"ב - [ב]**אם קשר חבל בפי הסוס, הרי זה משאוי, לפי שאינו משתמר בו** - דנשמט הוא מפיו, ולא דמי לאפסר שקשור בראשו ואינו נשמט.

אות ג'

בין לנוי בין לשמר אסור

סימן שה סי"ז - **ולא ברצועה [ג]שבין קרניה, בין אם היא לשימור** - דזה הוי נטירותא יתירתא לפרה, והוי משוי וכנ"ל בס"א, **בין אם היא לנוי.**

[ד]**ולא תצא פרה או שור בחבל שבצוארה, לפי שא"צ שמירה** - והוי משוי, **ואם** טבעה לברוח, נתבאר בס"ד דמותר.

[ה]**אבל עגלים מותרים** - אפי' החבל כרוך סביב צוארן, דיוכל לתפסם בהחבל אם יברחו, וכנ"ל בס"א, **לפי שהם מורדים בקל.**

אות ד'

במורדת

סימן שה ס"ד - [ו]**כל בהמה שעסקיה רעים, אע"פ שאין בנות מינה צריכות לאותה שמירה והיא צריכה, מותר לצאת בה** - ועי"כ אפילו פרה שסתמה אינה צריכה שמירה, וכדלקמן בסוף סעיף י"ז, אם היא מורדת, מותרת לצאת בחבל סביב צוארה, [גמ'].

אות ה'

או יוצאין כרוכין, או נמשכין

סימן שה ס"ה - [ז]**בעלי השיר, כגון כלבים של ציידים וחיות קטנות** - וה"ה סוס, **שיש להם כמין אצעדה סביב צוארן וטבעת קבועה בה, ומכניסין בה רצועה ומושכין אותם בה, מותר שיצאו בשיר הכרוך על צוארן** - ו"ל שהרצועה התלויה בשיר כרוך על צוארן, וכנ"ל בס"א, **ויכולים למשכם בהם** - היינו שאם רוצה יוכל למשוך אותה ע"י הרצועה התלויה, [גמרא], ועיין לקמן בסט"ז.

והיינו אלו דאורחייהו בהכי בחול, **אבל** חתול אסור, דסגי לה בחבל קטן בעלמא, וזה הוא לה נטירותא יתירתא, כן משמע בגמרא שם.

אות ו'

טבעת אדם טמאה

רמב"ם פ"ח מהל' כלים ה"ו - **וכל תכשיטי האדם כגון הקטלה והנזמים והטבעות, בין שיש עליהן חותם בין שאין עליהם חותם, וכיוצא בהן, מקבלין טומאה.**

אות ז'

וטבעת בהמה וכלים

רמב"ם פ"ח מהל' כלים ה"ז - **כל תכשיטי הבהמה והכלים כגון הטבעות שעושין לצואר הבהמה ולאזני הכלים, טהורין ואינן מקבלין טומאה בפני עצמן.**

אות ח'

ושאר כל הטבעות טהורות

רמב"ם פ"ח מהל' כלים ה"ט - **וכל הטבעות טהורות חוץ מטבעת אצבע, אבל טבעת שחוגר בו את מתניו שקשורה בין כתפיו, טהורה.**

באר הגולה

[א] 〈ע"פ הגר"א ז"ל: ע"ש בעי ר"י תחב לה בזקנה כו'. **הרי** דבענן דוקא דכאיב ליה אם אתי לאינתוחי, הא לא"ה אסור - דמשק אליעזר〉 [ב] רמב"ם בפ"כ מה"ש ה"ח [ג] שם בגמ' כרב [ד] 〈תוס' נ"ב א' ד"ה אמר, וגמ' שם מיתבי קשרה כו' - גר"א〉 [ה] מהא דעגלי דבי רב הונא נ"ב 〈תוס' שם ועבה"ג - גר"א〉 [ו] ה"ה בפ"כ הי"א כאוקימתא דרבינא נ"ב [ז] שם נ"א במשנה וכפירוש רש"י שם

במה בהמה פרק חמישי שבת נב

מסורת הש"ס

עין משפט נר מצוה

ה א ב מיי' פ"כ מהל' שבת הלכה יא :

[בכורות מט:]

ו ג מיי' שם סמג לאוין סה טוש"ע או"ח סי' שה סעיף יז :

ז ד מיי' שם ופ"א מהל' פרה אדומה הלכה ז' סמג עשין רלב טוש"ע א"ח סי' שם סעיף ד :

ח ה (מיי' פ"כ מהל' שבת הל' ח') טור וש"ע שם סעיף ס :

ט ו מיי' פ"ח מהל' כלים הלכה ו :

י ז שם הלכה ז :

יא ח שם הלכה ע :

גמרא

דאיתותב דעתיה א"ל חמור שעסקיו רעים כגון זה מהו לצאת בפרומביא בשבת א"ל הכי אמר אבוך משמיה דשמואל הלכה כחנניא תנא דבי מנשיא [א]עז שחקק לה בין קרניה יוצאה באפסר בשבת בעי רב יוסף תחב לה בזקנה מהו כיון דאי מנתח לה כאיב לה לא אתיא לנתוחה או דילמא [ב]זימנין דרפי ונפיל ואתי לאתויי ד"א ברה"ר תיקו *תנן התם ולא ברצועה שבין קרניה אמר (ליה) ר' ירמיה בר אבא פליגי בה רב ושמואל חד אמר [ג]בין לנוי בין לשמר אסור וח"א לנוי אסור ולשמר מותר אמר רב יוסף תסתיים דשמואל הוא דאמר לנוי אסור לשמר מותר דאמר רב הונא בר חייא אמר שמואל הלכה כחנניא א"ל אביי אדרבה תסתיים דשמואל הוא דאמר בין לנוי בין לשמר אסור דאמר רב יהודה אמר שמואל מחליפין לפני רבי של זו בזו מהו אמר לפניו *ר' ישמעאל בר' יוסי כך אמר אבא ד' בהמות יוצאות באפסר הסוס הפרד והגמל והחמור לאו למעוטי גמל בחטם סמי הא מקמי הא ומאי חזית דמסמית הא מקמי הא סמי הא מקמי הא (דאשכחן שמואל הוא דאמר לנוי אסור לשמר מותר דאתמר) רב חייא בר אשי *אמר רב בין לנוי בין לשמר אסור ורב חייא בר אבין *אמר שמואל לנוי אסור לשמר מותר מיתיבי קשרה בעליה במוסרה כשרה ואי ס"ד משאוי הוא °אשר לא עלה עליה עול אמר רחמנא אמר אביי במוליכה מעיר לעיר רבא אמר שאני פרה דדמיה יקרין רבינא אמר [ד]במורד׳: הסוס בשיר וכו׳: מאי יוצאין ומאי נמשכין אמר רב הונא [ה]או יוצאין כרוכין או נמשכין ושמואל אמר יוצאין נמשכין ואין יוצאין כרוכין במתניתא תנא יוצאין כרוכין לימשך אמר רב יוסף חזינא להו לעיגלי דבי רב הונא יוצאין באפסריהן כרוכין בשבת כי אתא רב דימי אמר ר' חנינא מולאות של בית רבי יוצאות באפסריהן בשבת איבעיא להו כרוכין או נמשכין ת"ש כי אתא רב שמואל בר יהודה א"ר חנינא מולאות של בית רבי יוצאות באפסריהן כרוכים בשבת אמרוה רבנן קמיה דרב אסי הא דרב שמואל בר יהודה לא צריכא מדרב דימי נפקא דאי ס"ד דרב דימי נמשכין קאמר מדרב יהודה אמר שמואל נפקא דאמר רב יהודה אמר שמואל מחליפין היו לפני רבי של זו בזו מהו אמר לפניו ר' ישמעאל בר' יוסי כך אמר אבא ארבע בהמות יוצאת באפסר הסוס והפרד והגמל והחמור אמר להו רב אסי איצטריך להו דאי מדרב יהודה נפקא הוה אמינא אמר לפניו ולא קיבלה מיניה קמ"ל דרב דימי ואי דרב דימי הוה אמינא ה"מ נמשכין אבל כרוכין לא קמ"ל דרב שמואל בר (רב) יהודה: ומזין עליהן וטובלן במקומן: למימרא דבני קבולי טומאה נינהו והתנן *[ו]טבעת אדם טמאה [ז]וטבעת בהמה וכלים [ח]ושאר כל הטבעו׳ טהורות

רש"י

דאיתותב דעתיה· להודיעו שלא נתכוונתי נטירותא יתירתא לגביה או לא: הלכה כחנניא· ולא איכפת לן אי הוי נטירותא יתירתא: יוצאה באפסר· אם תחבו בחקיקת קרן אבל בקשירה בעלמא לא דילמא שלפא מרישה מתוך שראשה דק והיא מתנתקת לכאן ולכאן כשמושכין אותה ואתי לאתויי ארבע אמות ברשות הרבים: תחב לה בזקנה· שקשר שער זקנה כמין נקב ותחב האפסר לתוכו: מנתחא· מתנתקת וקופלת אנה ואנה לברוח מידו: כאיב לה· הזקן שנתלש השער ומכאיבה: תנן התם· בסוף פרקין ולא פרה ברצועה שבין קרניה: לנוי· שצובעה וקולעה לנוי בין קרניה כמין קליעה מקרן לקרן ואינו אוחזה בה: לשמר· שאוחזה בה: אסור· דפרה מינטרא בלא אחיזה אלא מוליכה לפניו וקסבר נטירותא יתירתא משוי הוא: ולשמר מותר· קסבר נטירותא יתירתא לאו משוי הוא: ארבע בהמות. וקס"ד דהכי קאמר באפסר יוצאו׳ ולא בחטם אלמא נטירותא יתירתא משוי הוא: ומאי חזית. דמסמית האי דשמואל מקמיה ההיא סמי ההיא מקמי הא: דאיתמר· בהדיא דשמואל הוא דשרי וההוא דמחליפין כדאוקימנא דלא (א) למעוטינהו מחטם אלא למעוטי נאקה מאפסר דלא מינטרא ביה: קשרה בעליה· לפרה אדומה: במוסרה· אפסר: במוליכה מעיר לעיר· וסתם פרה פונה למקום מרבץ שלה וצריך לאוחזה כשמוליכה לעיר אחרת ולאו נטירותא יתירתא הוא אלא אורחא היא: שאני פרה· אדומה: דדמיה יקרים· ובעי נטירותא יתירתא משטולדה: יוצאין כרוכין· הרצועה סביב צוארן ואע"פ שאינו אוחזה לאו משוי הוא דלנוי נמי אורחייהו הוא: נמשכין· שמושכה ברצועה הקבועה בטבעת השיר: יוצאין נמשכים· דנטירותא אורחא הוא: ואין יוצאין כרוכים· דלנוי לאו אורחא הוא: כרוכין לימשך· כרוכים בריוח שיכול להכניס ידו בין הכרך לצואר או יניח מעט מן החבל שאם באת לברוח ימהר ויאחזנה: מולאות· פרדות: דאי ס"ד רב דימי נמשכין לחוד קאמר· אבל כרוכין לא ולא אתא לאשמעינן אלא דמולאות משתמרות באפסר ולא הוי משוי להו: מדרב יהודה אמר שמואל נפקא· דקס"ד דקיבלה רבי מיניה דרבי ישמעאל ברבי יוסי: טבעת אדם· שנותן באצבע לנוי: טמאה· דתכשיט הוא וממדין ילפינן דמנה בהן תכשיטין אצעדה וצמיד וגו׳ ואכולהו קאי תתחטאו אתם ושביכם (במדבר לא): טבעת בהמה· כגון שיר: טבעת כלים· כעין שעושין בראש ידות הכלים: ושאר כל הטבעות. כגון העשויות לדלת: טאורות

תוספות

אמר שמואל הלכה כחנניא· פר"ת דהלכה כרב דאמר בין לנוי בין לשמר אסור מדמשני אביי ורבא ורבינא דהוו בתראי אליביה ההיא דקשרה בעליה במוסרה ועוד דקיי"ל *דהלכתא כרב באיסורי הלכך אומר הרב פור"ת דכל נטירותא יתירתא אסור כגון פרה באפסר ובכל טי בהמה אסור לצאת ומיהו עגלים יוצאות באפסר כדאמר בסמוך ויוצא סוס ברסן דאורחיה בהכי או באפסר אבל בשניהם ברסן ובאפסר אסור ומותר להשים הרסן או האפסר בראש הסוס בשבת ואין בו איסור טלטול דמוכן הוא לבהמה ואדם המנהיג סוס ברשות הרבים יזהר שלא יוציא ראש החבל מתחת ידו טפח ומה שבין ידו לסוס יגביה מן הקרקע טפח דהכי אמרינן לקמן בפרקין(ג) ומותר לכרוך חבל האפסר סביב צואר הבהמה ולצאת דהא עגלי דרב הונא ומולאות של בית רבי יוצאים כרוכין:

אדרבה תסתיים דשמואל הוא דאמר כו׳· תימה לרשב"א מה ראייה מייתי מדאמר שמואל מחליפין לפני רבי כו׳ דלכאורה משמע דהא דקאמר לעיל לא למעוטי נאקה באפסר דכל זה מדברי שמואל:

קשרה בעליה במוסרה. הוה מצי לשנויי הא מני חנניא היא והא דמשמע בריש הכונס (ב"ק נה:) דמוסרה שמירה פחותה היא היינו דוקא בשור: **אי** יוצאין כרוכין· פי׳ בקונט׳ דמכוין לנוי וכן פירש במתניתין וקשה לרשב"א ולהרב פור"ת דלעיל משמע דלנוי לכ"ע אסור ותירץ הרב פור"ת דבהא פליגי דרב הונא סבר דנטירותא נמי איכא בכרוכין שאם רוצה הבהמה לברוח יתפסנה בכריכת האפסר ולא הוי משוי ושמואל סבר כרוכין לא הוי נטירותא:

במתניתא תנא כרוכין לימשך· רב הונא מתרץ כרוכים לימשך שיש חלל בין אפסר לצואר שהוא נוח לימשך כשירצה ושמואל סבר לימשך דוקא שיש חבל תלוי באפסר:

בבאין מנוי אדם לנוי בהמה· פירש"י ובעודו לאדם נטמא ובחגם פירש כך דאפילו אחר שיחדו לבהמה מקבל טומאה שאינו עולה מלקבל טומאה מכאן ואילך אלא בשינוי מעשה כדמוכח בפ"ק דסוכה (דף יג:) גבי קוצר לאכילה ונמלך לסיכוך ורש"י בעצמו פירש כן בריש במה אשה (לקמן נח:) °וכופת שאור שיחדו לישיבה דאמר טהור אור"י דמיירי כשיש שינוי מעשה:

ומזין עליהם במקומן· אצטריך לאשמעינן במקומן דלא חיישינן שמא תפול הזאה על הבהמה ויפסלו דתנן במסכת פרה (פי"ב מ"ג) נתכוון להזות על האדם והזה על הבהמה אם יש באזוב [לא] ישנה:

וטובלין במקומן· הקשה הר"ר אליעזר אמאי לא מקשה הכא טבילה מאן דכר שמיה כדפריך בריש במה אשה (דף נז.) אמאי דתנן ולא תטבול עד שתרפס ותירץ ר"ת דהכא לא פריך משום דמתני׳ מיירי בדין כלים שמחלק בין כלי לכלי ואיזה מותר לצאת בו ואיזה אסור ואגב אורחיה אשמעינן שאר דיני כלים ומזין עליהם וטובלן במקומן דכן דרך התנא כי ההוא (לקמן דף ס.) דקיטע יוצא בקב שלו ואם יש בו בית קבול כתותין טמא אבל בריש במה אשה דמיירי בדיני כלים ואשמעינן דין טבילת אשה פריך שפיר טבילה מאן דכר שמיה: והא

רבינו חננאל

רב עליה. ואמר בין לנוי בין לשמר אסור. ושמואל אמר לנוי אסור לשמר מותר. ומותבינן לרב קשרה לפרה ארומה בעליה במוסרה כשרה. קשיא לרב דאמר לשמור בשבת אסור שנמצאת מוסרה בפרה (מחזי) [משוי]. והמשאוי פוסל בפרה אמאי קתני כשרה. ופריק אביי ורבא ורבינא דאיהו בתרא לעולם לשמר כמשאוי והכא בפרה מורדת ומשום הכי לא היה מוסרה משאוי עליה. אבל כולי עלמא משאוי היא כרב ומדמשני רבינא לאוקמה כרב שמע מינה הלכתא כוותיה דרב: יוצאין כרוכין. שהיו אפסריהן כרוכין על צואריהן. ואסיקנא דיוצאין כרוכין וכ"ש נמשכין. מולאות פי׳ פרדות של בית רבי היו יוצאות באפסריהן כרוכין בשבת. יוצאין בשיר ונמשכין בשיר ומזין עליהן וטובלין במקומן. פי׳ שיר כעין צמידין. כדמתרגמינן שירין. ואקשינן וכי טבעות של בהמה בני קיבולי טומאה נינהו. והתנן בכלים פ׳ י"ב טבעת אדם טמאה. טבעת בהמה וכלים ושאר כל

רב נסים גאון

פ"ה שאני פרה דדמיה יקרין. במס׳ ע"ז בפרק אין מעמידין בהמה (דף כ"ד) דברו עלה *) פי דאלך למא קאל ר"א אומר ישראל היו משמרין אותה משעה שנוצרה הסבב מאגא אל תירוץ קאלו עלי טריק אל סואל מנא ידעינן וג׳ אל גואב אמר רב כהנא כום אדום מעבירין לפניה בשעה שעולה עליה וכו׳ אי הכי אמאי דמיה יקרין הואיל ושתי שערות פוסלות בה:

*) כוונת הדברים כן הוא. כי דברו בזה כענין למה שאמר רבי אליעזר לפי מה שבא הסיפור אמרו בדרך אלה מנא ידעינן ובלא מספקא אמר רב כהנא וכו׳

הגהות הב"ח

(א) רש"י ד"ה דאיתמר וכו׳ דלאו למעוטי גמל מחטם אלא: (ב) תוס׳ ד"ה אמר וכו׳ לקמן בפירקין. נ"ב ד׳ נד ע"ב:

גליון הש"ס

תוס׳ ד"ה בבאין וכו׳ וכופת שאור שיחדו לישיבה דאמר טהור. חולין קכט ע"א ועי׳ ב"ב יט ע"ב תוס׳ ד"ה איסוק ליה:

מסורת הש"ס (שוליים)

לקמן נד:

[תוספ׳ פ"ה]

ס"א אינו והי"ג מאי הוה עלה אתמר וכו׳ [לקמן נד:]

[שם]

במדבר יט

[כלים פי"ב מ"א]

עין משפט נר מצוה

יב א מיי' פ"ח מהל' כלים הלכה י:
יג ב ג שם הלכה ט:
יד ד מיי' פ"ג מהל' מקוואות הלכה טז:
טו ה מיי' פ"ח מהל' כלים הלכה י:
טז ו שם הלכה ט:
יז ז מיי' פ"ד מהל' כלים הלכה ו:
יח ח מיי' פי"א מהל' כלים הלכה יד:
יט ט שם הלכה טז:
כ י מיי' פ"כ מהל' שבת הלכה י סמג לאוין סה טוש"ע א"ח סי' שה סעיף ז:

[ועי' תוס' סוכה יג: ד"ה מהו דתימא ומה שנכתב שם על הגליון ויש ליישב קצת]

טהורות א"ר יצחק (נפחא) בבאין מנוי אדם לנוי בהמה ורב יוסף אמר הואיל ואדם מושך בהם את הבהמה מי לא תניא מקל של בהמה של מתכת מקבל טומאה מה טעם הואיל ואדם רודה בהן ה"נ הואיל ואדם מושך בהן: וטובלן במקומן: והאיכא חציצה א"ר אמי בשריתכן לימא ר' אמי כרב יוסף סבירא ליה דאי כר' יצחק (*נפחא) דאמר בבאין מנוי אדם לנוי בהמה כיון דריתכן עבד בהו מעשה ופרחה לה טומאה מינייהו דתנן*) כל הכלים יורדין לידי טומאתן במחשבה ואין עולין מטומאתן אלא בשינוי מעשה סבר לה כרבי יהודה דאמר מעשה לתקן לאו מעשה הוא דתניא ר' יהודה אומר לא אמר שינוי מעשה לתקן אלא לקלקל במתניתא תני במחוללין *שאל תלמיד אחד מגליל העליון את ר"א שמעתי שחולקין בין טבעת לטבעת אמר לו שמא לא שמעת אלא לענין שבת דאי לענין טומאה דא ודא חדא היא ולענין טומאה דא ודא אחת היא *והתנן טבעת אדם טמאה וטבעת בהמה וכלים ושאר כל הטבעות טהורות כי קאמר ליה איהו נמי דאדם קאמר ליה ודאדם דא ודא אחת היא והתניא* טבעת שהתקינה לחגור בה מתניו ולקשר בה בין כתפיו טהורה ולא אמרו טמאה אלא של אצבע בלבד כי קאמר ליה איהו נמי דאצבע קאמר ליה ודאצבע דא ודא אחת היא והתנן *טבעת של מתכת וחותמה של אלמוג טמאה היא של אלמוג וחותמה של מתכת טהורה כי קאמר ליה איהו נמי כולה של מתכת קאמר ליה ועוד שאל שמעתי שחולקין בין מחט למחט אמר ליה שמא לא שמעת אלא לענין שבת דאי לענין טומאה דא ודא אחת היא ולענין טומאה דא ודא אחת היא *והתנן מחט שניטל חורה או עוקצה טהורה כי קאמר ליה בשלימה ובשלימה דא ודא אחת היא *והתנן מחט שהעלתה חלודה אם מעכב את התפירה טהורה ואם לאו טמאה ואמרי דבי ר' ינאי והוא שרישומה ניכר כי קאמר ליה בשיפא קאמר לי' ובשיפא דא ודא אחת היא והתניא *מחט בין נקובה בין אינה נקובה מותר לטלטלה בשבת ולא *אמרינן נקובה אלא לענין טומאה בלבד הא *תרגמא אביי אליבא דרבא בגלמי: **מתני'** חמור יוצא במרדעת בזמן שהיא קשורה בו זכרים יוצאין לבובין רחלות יוצאות שחוזות כבולות וכבונות העזים יוצאות צרורות רבי יוסי אוסר בכולן חוץ מן הרחלין הכבונות רבי יהודה אומר עזים יוצאות צרורות ליבש אבל לא לחלב:
גמ'

*) כלים פכ"ה מ"ט לקמן נח: סוכה יג: קדושין נט. [מנחות סט:]

תוספות

והא איכא חציצה · פירש בקונטרס שטבעת תקוע בשיר בחוזק ואין המים נכנסים שם ואומר ר"י דצריך לומר שפעמים מסירים אותן ועושים מהן מלאכה בפני עצמן שאם כל שעה היו קבועים בצואר הבהמה היה הכל חשיב כלי אחד ולא הוי חציצה וה"ר פור"ת פירש והא איכא חציצה לפי שהוא דבוק בצואר הבהמה:

בשריתכן · להכי לא מוקי לה במחוללין דאין דרך השיר להיות כן:

טבעת שהתקינה לחגור בה מתניו · נראה לר"י דהיינו לחגור מלבושיו שהן רחבים ואוגדם כנגד מתניו בטבעת כעין שפי' בקונטרס לקשור בה את כתפיו:

היא של אלמוג וחותמה של מתכת · וא"ת והא יש בה בית קיבול מקום מושב החותם וי"ל דאין זה בית קיבול דאמרינן בית קיבול העשוי למלאות *לא שמיה בית קבול:

והתניא מחט בין נקובה בין אינה נקוב' · נראה לר"י דלא פריך אליב' דאביי דאיהו הוה מפרש שאינה נקובה היינו שניטל חורה או עוקצה אלא אליב' דרבא פריך דלדידיה לא מצינן לפרש הכי כדמוכח בריש כל הכלים (לקמן קכג·) ותימה לר"י דכיון דלא ידע המקשה דמיירי בגלמי א"כ בלאו הכי תקשה ליה לרבא כדפריך בריש כל הכלים (ג"ז שם): והוא

רש"י

טהורות · דלאו משום תכשיט מיטמאו דאין תכשיט לכלי וכלי נמי לא הוו אלא תכשיט כלי ומיהו בעודן מחוברות לכלי מיטמו עם הכלי דהוי יד לכלי דכל המחובר לו הרי הוא כמוהו: **בבאין מנוי אדם לנוי בהמה** · מתני' כגון שנעשה שיר זה לתכשיט אדם ובעודו לאדם נטמא ולאחר טומאתו נתנו לבהמה וצריך להטבילו מטומאתו ראשונה שלא יגע בטהרות: **הואיל ואדם מושך בהן את הבהמה** · חשיב ליה כלי תשמיש דאדם: **מקל של בהמה** · שרודין בו את הגמל או את האנקה *אי נמי כעין שעושין להנהיג את הדוב: **של מתכת** · דאילו של עץ פשוטי כלי עץ לא מקבל טומאה: **מאי טעמא** · הרי צורך בהמה: **רודה** · מכה ומייסרה: **והאיכא חציצה** · שטבעת הקבוע בשיר קבוע בו בחוזק ואין המים נכנסין שם: **בשריתכן** · הכה בפטיש עד שנתפשט ונתרחק הנקב סביב סביב: **כרב יוסף סבירא ליה** · דאמר כשהן של בהמה נמי מקבלי טומאה הואיל ואדם מושך בהן הלכך כי ריתכן לאחר טומאה אכתי במילתייהו קיימי ולא פרחה טומאתן דאכתי חזו לבהמה: **דאי כרבי יצחק** · דאמר לא מקבל טומאה אלא בעודן לאדם טומאה זו שקבלו בעודן לאדם כיון דריתכן ושוב אין נאים לאדם בטלי להו מתורת תכשיט וטהרו מטומאתן: **יורדין לידי טומאתן במחשבה** · מאחר שחישב עליו שיניחנו כמות שהוא עכשיו ולא יוסיף תיקון אחר הוא גמר מלאכתן ומקבל טומאה: **ואין עולין מטומאתן** · מאחר שחישב על העור לעשות שטיח ירד לידי טומאה ואם חזר וחישב עליו לרצועו' וסנדלים לא בטל מתורת כלי *ולא טהר בכך עד שיתן בו אזמל דהוי שינוי מעשה הא בשינוי מעשה מיהא עולה מטומאתו: **לתקן** · וזו היא תקונו לצורך בהמה: **לאו מעשה הוא** · לבטל מתורת כלי: **במחוללין** · מתחלה נעשו חלולין רחבים שיש חלל בדביקתן שנתן טבעת בתוך טבעת כמות שהוא רחב: **שחולקין** · יש חילוק בהלכותיהן ואיני יודע מהו חילוקן: **אלא לענין שבת** · לענין הוצאת שבת יש חילוק בין יש עליה חותם לשאין עליה חותם כדאמר לקמן בפ' במה אשה (דף נט·): **דא ודא אחת היא** · כל טבעות דין אחד להן: **שהתקינה לחגור בה מתניו** · שקבעה ברצועה ועשאה כמין בוקלא שעושין לסרגין של סוסים: **ולקשור בה בין כתפיו** · בתי זרועותיו ברצ"ייל"א: **טהורה** · דהדר הויא לה כטבעת כלים ולא דמיא לאדם מושך בהם שאינו משתמש בה כלום אלא מונחת ועומדת לרצועה ומיהו עם הרצועה מקבלת טומאה אבל אם היה נוטלה ומחזירה אינה מקבלת טומאה לעצמה: **כי קאמר ליה איהו נמי** · דא ודא אחת היא: **דאצבע קאמר ליה** · ולענין שבת יש חילוק: **אלמוג** · עצי אלמוגים והוא נאה: **טמאה** · דבתר טבעת אזלינן ופשוטי כלי מתכות טמאים: **היא של אלמוג טהורה** · דפשוטי כלי עץ הוא: **אלא לענין שבת** · לענין הוצאת שבת יש חילוק בין נקובה לשאינה נקובה דנקובה קתני חייב חטאת ובשאינה נקובה כגון אישפינגל"א שהיא תכשיט קתני אינו חייב חטאת בפרק במה אשה (דף נז:): **חורה** · חור שלה: **עוקצה** · פונטא: **חלודה** · רוא"יל"ה: **והוא שרישומה** · של מחט ניכר דהוי כלי וטמאה · ל"א שרישומה של חלודה ניכר בבגד היינו עיכוב תפירה וטהורה: **בשיפא** · נישופת בשופינא שקורין לימ"א שאין בה חלודה: **מותר לטלטלה בשבת** · בחצר דהא חזיא ליטול את הקוץ ותורת כלי עליה: **ולא אמרו נקובה** · חלוקה להלכותיה אלא לענין טומאה בלבד דנקובה מקבלת טומאה ושאינה נקובה לא: **הא תרגמא אביי** · בפרק כל הכלים: **בגלמי** · שהוא גולם שנקלפה מן החוט ועומדת לינקב התם הוא דכל זמן שלא נקבה אינה מקבלת טומאה דהא לא נגמרה מלאכתה ולענין טומאה כלי מעשה כתיב (במדבר לא) שנגמר כל מעשהו ומיהו לענין שבת שריא דזימנין דממליך עלה ומנח לה הכי ומשוי לה מנא לנטילת קוץ אבל מחט שנגמרה מלאכתה כגון אישפינגל"א שאינה עומדת לינקב דא ודא אחת היא לטומאה: **מתני' מרדעת** · בשטי"ל ומניחין אותו כל היום על החמור לחממו דאמרי אינשי חמרא אפילו בתקופת תמוז קריר ליה: **שהיא קשורה בו** · בגמ' מפרש: **זכרים** · אילים: **לבובין שחוזות כבולות וכבונות** · מפרש בגמרא: **צרורות** · דדיהן צרורות פעמים ליבש שמהדקן כדי שלא יחלבו עוד ויתעברו או יהו שמנות לאכול ופעמים לחלב לשמור חלבן שלא יטפטף לארץ וקושרין להם כיס בדדיהן: **ר' יוסי אוסר בכולן** · דמשוי הוא: **חוץ מן הרחלים הכבונות** · שהוא שמירת צמרן שלא יטנף והוי להו תכשיט: **יוצאות צרורות ליבש** · ר' יהודה סבירא ליה כתנא קמא דלאו משוי הוא ומיהו ליבש דמיהדק שפיר וליכא למיחש דילמא נפיל ואתי לאיתויי אבל ליחלב דלא מיהדק שפיר חיישינן:
גמרא

רבינו חננאל

הטבעות טהורות. ואוקמה ר' יצחק נפחא בבאין מנוי אדם. כלומר טבעת אדם היתה ונעשה עתה שיר לבהמה. ואוקמה רב יוסף הואיל ואדם מושך בהן. פי' פעמים שמכנים אדם אצבעו באותו השיר ומושך בה הבהמה שנמצאת טבעת העשוי' לאצבעו של אדם. כמו מקל בהמה של מתכת טמאה מפני שמחזיקה אדם ורודה בה כו'. וטובלן במקומה והא עביד חציצה. כלומר כיון שהשירים הללו נושכין זה לזה הרי מקום הנשיכה סתום ואין המים באין בהם. ופריק ר' אמי בשריתכן. כלומר ריתכן באור והטבילן במים בעודן השירין כמו גחלים לוחשות שהמים באין אליהם מכל צד. ואמרינן האי פירוקא דר' אמי דלא כר' יצחק נפחא היא. דאי אליבא דר' יצחק נפחא טבעת של בהמה יורד לקבל טומאה. אפי' אם יחשב עליה להיות טבעת של אדם. וטבעת של אדם אינה עולה מידי טומאה להבטל מעליה תורת כלי אלא בשינוי מעשה כדתנן כל הכלים יורדין לידי טומאתן כו' ואי בשריתכן הנה עשה בהן מעשה ונסתלקה תורת כלי מעליהן. ואין צריכין לא הזאה ולא טבילה. (כי בעינן) [ושנינן] מעשה לסלק תורת כלי מעליהו מעש' לקלקל כגון שבירה וכיוצא בה. אבל ריתוך שהוא תיקון וחיזוק לכלי מתכת כי האי גוונא אינו מעשה לטהר ולא מבטל הטומאה מעל הטבעת. במתניתא תנא במחוללין. כלומר חלולין הן מלשון נבובים אלו השירין. והמים באין בהם מכל צד. ואין שם חציצה: תנא (תוספתא פ"ה) ומכנים חבילין לתוך ידו. ובלבד שלא יכרוך לתוך ידו. ובלבד שלא יכרוך ע"ג ידו ולא ישלשל חבלים מידו יותר מטפח: שאל תלמיד את ר' אלעזר שמעתי חלוקה בין טבעת לטבעת. א"ל לענין שבת בין טבעת שיש עליה חותם. לטבעת שאין עליה חותם. אבל לענין טומאה כל טבעות דינם אחד. ואסיקנא טבעת של אדם של אצבע של מתכת הכל דינם אחד לענין טומאה. וכן נמי מחט שלימה שיפא [נקובה ושאינה] נקובה הכל דינם אחד לענין טומאה. ואם היא ניטל חרירה או עוקצה אי העלת חלודה ומעכבת התפירה (או נקובה) טהורה היא. ואקשינן ולענין (שבת אנה) [טומאה אינה] היא חלוקה בין מחט למחט. והתניא מחט בין נקובה בין שאינה נקובה מותר לטלטלה בשבת. [ולא אמרו כו'] ושנינן הא תרגמה אביי זו וברייתא אליבא דרבא דאמר מחט שניטל עוקצה או חרירה מדלענין טומאה לאו כלי הוא וטהורה היא. לענין שבת נמי לאו כלי ואסור לטלטלה. מתניתא דקתני בין נקובה בין שאינה נקובה מותר לטלטלה בגלומי כלי מתכת היא. כלומר עדיין גולם הוא חוט של ברזל ועדיין הוא צריך לנקבו ולחדד לו עוקם לעשותה מחט. ועכשיו אין לה לא נקב ולא עוקם. ואמרינן זמנין דמימליך עליה דהאי גולם ומשוי ליה מנא כמות שהיא. אבל מחט שניטל חרירה שלה או עוקצה לבין גרוטאות זריק לה: [מתני'] חמור יוצא במרדעת בזמן שהיא קשורה לו כו'. אוקמה שמואל בשקשורה לו מע"ש. וקיי"ל כוותיה. ומתניתא מסייעא ליה. נתינת מרדעת ע"ג חמור דברי הכל

רב נסים גאון

והא איכא חציצה. בראש מס' (עירובין דף ד) אמרו חציצין דאורייתא נינהו דכתיב (ויקרא טו) ורחץ במים את כל בשרו שלא יהא דבר חוצץ בין מים לבשרו ועיקר דילה במס' (סוכה דף ו) בפרק א' במס' מקוואות בפ' ט': **הא** תירגמא אביי בגלמי. ותמצא עיקר דיבור זה בפ' כל הכלים (ד' קכג) הניטלין בשבת ואני אבאר לך פירושו כי ראיתי פירוש להרבה מן החכמים מחט נקובה שנגמרה מלאכתה אם ניטל עוקצה טהורה עוקצה התנובא שלה שהוא פי המחט או חרירה הוא מקום הנקב כבר אין לה תקנה ויצאה מתורת כלי ונתיאשו הבעלים ממנה ולפיכך שנינו בה טהורה כי מעת שניטל עוקצה או

מסורת הש"ס

רש"ל כי' דהאי א"נ שייך אחר דיבור רודה ואינו דרש"י בא להשמיענו ענינו של מקל אבל ודאי דמה שפי' רודה מכה ומיסרה אינו אלא לפי' אחד של רש"י ולא"כ פי' של רודה שמכה בו את הבהמה
תוספתא דכלים (ב"מ) פ"ב
כלים פי"ב מ"א
תוספתא שם
לקמן נט: כלים פי"ג מ"ו
לטהר בקרקל"ל
לקמן קכג. כלים שם מ"ה
כלים שם
לקמן קכג. [תוספתא שם]
[לקמן סב. קמו: קכג. עירובין סח: פסחים יב: סוכה יט. כתובות קי. ב"מ כב. פ: קו. קט. בכורות נה. ועי' סוכה כ' ובתוס' שם ד"ה סיכן]

גליון הש"ס

גמ' ושאר כל הטבעות. עי' כלים פ"א מ"ג בר"ש ד"ה למעלה מן הסמכב: שם דאי לענין טומאה דא ודא אחת היא. עי' לקמן ס ע"א תוס' ד"ה למאי חזיא: שם בשלימה. עי' לקמן ס ע"א תוס' ד"ה הואיל ואשה אוגרת: תוס' ד"ה היא של אלמוג וכו' לא שמיה בית קבול. עי' לעיל ד' יז ע"א תוס' ד"ה ועל שאר. סוכה דף יב ע"ב תד"ה מהו דתימא:

§ מסכת שבת דף נב: §

אות א'

בבאין מנוי אדם לנוי בהמה

רמב"ם פ"ח מהל' כלים ה"י - כל הכלים יורדים לטומאה במחשבה, ואין עולין מידי טומאה אלא בשינוי מעשה, והמעשה מבטל מיד המעשה ומיד המחשבה, והמחשבה אינה מבטלת לא מיד המעשה ולא מיד המחשבה; כיצד טבעת בהמה או כלים שחשב עליה להחזירה טבעת אדם, הרי זו מקבלת טומאה במחשבה זו, וכאילו נעשית לאדם מתחלת עשייתה; חזר וחישב עליה להניחה טבעת בהמה כשהיה, אף על פי שלא נתקשט בה האדם, הרי זו מקבלת טומאה, שאין המחשבה מבטלת מיד המחשבה עד שיעשה מעשה בגוף, כגון שישוף אותה או יתקעה במעשה של בהמה. היתה הטבעת לאדם, וחישב עליה לבהמה, עדיין היא מקבלת טומאה כשהיתה, שאין הכלים עולין מידי טומאתן במחשבה; עשה בה מעשה ושינה לבהמה, אינה מקבלת טומאה, שהמעשה מבטל מיד המעשה.

אות ב' - ג'

הואיל ואדם מושך בהם את הבהמה

מקל של בהמה של מתכת מקבל טומאה, מה טעם הואיל ואדם רודה בהן

רמב"ם פ"ח מהל' כלים ה"ט - טבעת השיר של בהמה, הואיל והאדם מושך בה את הבהמה, מקבלת טומאה; וכן מקל של בהמה של מתכת, הואיל ואדם רודה אותה בו, מקבלת טומאה.

אות ד'

כל הכלים יורדין לידי טומאתן במחשבה, ואין עולין מטומאתן אלא בשינוי מעשה

רמב"ם פ"ח מהל' כלים ה"י - עיין לעיל אות א'.

אות ה'

טבעת שהתקינה לחגור בה מתניו ולקשר בה בין כתפיו, טהורה, ולא אמרו טמאה אלא של אצבע בלבד

רמב"ם פ"ח מהל' כלים ה"ט - וכל הטבעות טהורות חוץ מטבעת אצבע, אבל טבעת שחוגר בו את מתניו [א]שקושרה בין כתפיו, טהורה.

אות ו'

טבעת של מתכת וחותמה של אלמוג, טמאה, היא של אלמוג וחותמה של מתכת, טהורה

רמב"ם פ"ד מהל' כלים ה"ו - טבעת של מתכת וחותמה של אלמוג, טמאה; היתה של אלמוג וחותמו של מתכת, ה"ז אינה מקבלת טומאה.

אות ז'

מחט שניטל חורה או עוקצה טהורה

רמב"ם מהל' כלים פי"א הי"ד - מחט שניטל קצתה הנקוב או עוקצה, טהורה.

אות ח'

מחט שהעלתה חלודה, אם מעכב את התפירה טהורה, ואם לאו טמאה

רמב"ם מהל' כלים פי"א הט"ז - מחט שהעלתה חלודה, אם מעכבת התפירה טהורה, ואם לאו טמאה.

אות ט'

חמור יוצא במרדעת בזמן שהיא קשורה בו

סימן שה ס"ז - [ב]**חמור יוצא במרדעת, (פי' כמין אוכף קטן** - עיין בלבושי שרד, שצ"ל "כמין אוכף גדול", **שמניחין על החמור כל היום כולו כדי שיתחמם)** - דמצטער בצינה, דחמרא אפילו בתקופת תמוז קרירא ליה, ונחשב כמלבוש, [גמרא].

והוא שתהא קשורה לו מע"ש - דאז גלי דעתו מאתמול שצריכה לכך, **אבל** אם קשרו בשבת, אסור לצאת בו, כיון דלא גליא דעתו מע"ש שיהא לה למלבוש, [רש"י, נ"ד: ד"ה כדאמרן, ולפי"ז הוי דאורייתא, **ובתוס'** כתבו, דבשקושר בשבת מחזי כמתכוין להוצאת המרדעת, **וגם** דמחזי כמתכוין להוליך הבהמה למקום רחוק].

ושאר כל הבהמות אסורות - לפי שאין הצינה קשה להן, והוי המרדעת משוי.

באר הגולה

א ‹מתניו או שקושרה, כ"ה בדפו"י - קרית מלך› ב שם במשנה ובגמ' נ"ג

§ מסכת שבת דף נג. §

אות א' – ב'

והוא שקשורה לו מערב שבת

ולא באוכף, אף על פי שקשורה לו מערב שבת

סימן שה ס"ז - [א]**חמור יוצא במרדעת, (פי' כמין אוכף קטן** - עיין בלבושי שרד, שצ"ל "כמין אוכף גדול", **שמניחין על החמור כל היום כולו כדי שיתחמם)** - דמצטער בצינה, דחמרא אפילו בתקופת תמוז קרירא ליה, ונחשב כמלבוש, [גמרא].

והוא שתהא קשורה לו מע"ש - דאז גלי דעתו מאתמול שצריכה לכך, **אבל** אם קשרו בשבת, אסור לצאת בו, כיון דלא גליא דעתו מע"ש שיהא לה למלבוש, [רש"י (נ"ד: ד"ה כדאמרן], ולפי"ז הוי דאורייתא, **ובתוס'** כתבו, דכשקושר בשבת מחזי כמתכוין להוצאת המרדעת, **וגם** דמחזי כמתכוין להוליך הבהמה למקום רחוק]. **ושאר כל הבהמות אסורות** - לפי שאין הצינה קשה להן, והוי המרדעת משוי.

[ב]**ולא יצא באוכף אעפ"י שקשור לו מע"ש** - דאין האוכף מועיל לו והוי משוי, **דדוקא** מרדעת מועיל, שהוא מונח על כל הגוף, משא"כ אוכף אין מחמם אלא במקום שמונח.

אות ג'

ליתן מרדעת על גבי חמור בשבת... מותר

סימן שה ס"ח - [ג]**מותר ליתן מרדעת על החמור** - היינו שלא לצאת לר"ה, כי אם שיהיה בחצר, [רש"י], **מפני הצנה** - היינו דמשום זה לא חיישינן לטרחא דשבת, [ד]**ובלבד שלא יקשרנו בו** - היינו אפילו בקשר שאינו של קיימא, **מפני שכשקושר צריך ליקרב אליו, ונמצא משתמש בבע"ח.**

[ה]**אבל על הסוס, כיון דלית ליה צער צנה, אסור ליתן עליו מרדעת כלל** - משום דהוי טרחא שלא לצורך, **ועיין** בביאור הגר"א שכתב, דלדעת רש"י, גם על הסוס וכן לכל הבהמות מותר ליתן מרדעת בחצר, דגם להם יש צער צינה ומועיל החימום.

וכ"ז בסתמא, אבל בשעה שהקור גדול, ואנו רואים שמזיק לסוס, וכן בימות החמה שהזבובים רבים ומצערים להסוס, לכו"ע מותר להניח בחצר המרדעת, או שאר בגד עליו, דלא גרע מחמור, **ובלבד** שיהיה זהיר שלא יסמוך עצמו על הבהמה בשעת הכיסוי.

[ו]**ולהסיר מרדעת בשבת, בין מן החמור ובין מן הסוס אסור** - דהוי טרחא שלא לצורך, **כיון דלית ליה צער אם לא יסירנה** - ואפילו אם כבר נתחממה ע"י משאוי שנשאה מבע"ג, [רש"י].

(**המחבר** סתם בזה כדעת הסמ"ג, **ועיין** בביאור הגר"א שכתב, דדעת רש"י, דמן הסוס וכן ה"ה מכל הבהמות, מותר להסיר המרדעת, וכן האוכף, **דדוקא** מן החמור דאית ליה קרירות ביותר, ויצטנן ממילא אפילו אם לא נסיר מעליו, משא"כ בשארי בהמות, ותלוי כ"ז בפירוש הסוגיא שם, **וכתב** הגר"א דפשטא דשמעתין משמע כדברי רש"י).

[ז]**ואוכף אסור בין ליטול** - הטעם כנ"ל לענין מרדעת, **בין להניח, בין לחמור בין לסוס** - להניח הטעם, דכיון דאינו מחמם רק מעט, הוי טרחא שלא לצורך.

(**ודעת** הא"ר להורות כהטור, [ח]דנתינת אוכף על החמור מותר כמו מרדעת, **אבל** מהגר"א משמע שמסכים עם השו"ע).

אות ד'

אוכף שעל גבי חמור, לא יטלטלנה בידו, אלא מוליכה וכו'

סימן שה ס"ט - [ט]**אוכף שע"ג החמור שבא מן הדרך ונתיגע וצריך להסירו לצננו, לא יטלנו בידו** - דאף דיש להחמור עונג בהסרתו, מ"מ כיון דלית ליה צער אם לא יסירנו, אסור, [רש"י ותוס'], **וכבר** כתבו בסעיף הקודם, ושנאו משום סיפא. **אלא** [י]**מתיר החבל מתחתיו, ומוליכו ומביאו בחצר והוא נופל מאליו.**

אות ה'

טרסקל אסור

סימן שה ס"י - [יא]**אין תולין לחמור טרסקל (פי' כלי של ערבה קלופה ומכוסה בעור) בצוארו, ליתן מאכל בתוכו שיאכל משם** - דכל מידי שאינו אלא לתענוג לבהמה, הוי טרחא שלא לצורך ואסור, [גמרא שם].

‹המשך ההלכות מול עמוד ב'›

באר הגולה

[א] **שם במשנה ובגמ' נ"ג** [ב] **שם בברייתא וכתנא קמא** [ג] **שם לכולהו אמוראי** [ד] **הרא"ש בשם הירושלמי** [ה] ‹סמ"ג, וכמש"ש לחממה אית לה צערא כו' דאמרי אינשי כו', ומפרש דאמרי אינשי קאי ארישא, על לחממה אית לה צערא, משא"כ בסוס, **אבל** שיטת רש"י, דאין אסור אלא ליטול המרדעת מן החמור, אבל מן הסוס בין ליטול בין ליתן מותר, דמפרש חמרא כו' לפיכך אסור ליטלו – גר"א› [ו] **בית יוסף ממשמעות הגמ' נ"ג וכדברי הסמ"ג שהביא הטור** ‹שם כאן לצננה כו' לצננה ל"ל צערא, ומפרש דה"ה בכל הבהמות אין צער בחימום, דלא כפרש"י מחמת דאמרי אינשי, אלא שאין צער לבהמה בזה, **אבל** בסה"ת ומרדכי נסתפקו בזה, **ולרש"י** פשיטא ליה, דמשמע מדבריו דמותר, כנ"ל שכ' בד"ה כאן לחממה כו', אבל נטילת אוכף כו' שהרי הוא יצטנן מאליו, דאמרי אינשי כו', משמע אבל סוס מותר, **דלפי** דברי הסמ"ג, מ"ש בגמ' דאמרי כו', קאי ארישא כנ"ל, אבל בנטילת האוכף א"צ שום טעם, ואפי' לסוס אסור. **אבל** לרש"י הוא להיפך, דבלחממה א"צ שום טעם, ולפי"ז הסוס קל, דהכל מותר בסוס, ופשטא דשמעתין משמע כדברי רש"י, דאסיפא קאי – גר"א› [ז] ‹שם אוכף שעל כו' השתא ליטול כו', וערש"י ד"ה מ"ש מאוכף, ואפי' למסקנא כאן לחממה, אוכף אינו מחמם כמש"ש ולא באוכף אף על פי, **ואף** על גב דבמרדעת מותר משום חימום, כמ"ש רש"י במתני', וערש"י שם ד"ה אף באוכף כו' – גר"א› [ח] ‹דס"ל דמאי דפריך, וכי מה בין אוכף למרדעת ואישתיק, היינו משום דפסק להלכה דגם במרדעת מותר, ולא כדפירש"י, דסבור הא דאישתיק משום דסבר אוכף נמי שרי ע"כ, דמשמע דלמסקנא אסור באוכף, שהוא תמוה, דהדבר כפשטן גם להמסקנא, ומה דקאמר במסקנא ומאי שנא מאוכף שאני התם אפשר דנפל ממילא, אבל להניחו שרי, וכן למה דמשני לצננה לית לה צערא, היינו נמי להסירה, אבל לחממה ולהניחה שרי, וא"כ עולה מסוגיא דשמעתא דחמור אפילו באוכף שרי – א"ר› [ט] **שם נ"ג** [י] **הגהות בפ"כ ה"י בשם סמ"ק** [יא] **שם בגמ' וכשמואל תוספות הרי"ף וש"פ**

גמ׳ אמר שמואל והוא שקשורה לו מע"ש אמר רב נחמן מתני׳ נמי דיקא דקתני *אין החמור יוצא במרדעת בזמן שאינה קשורה לו היכי דמי אילימא שאינה קשורה לו כלל פשיטא דילמא נפלה ליה ואתי לאתויי אלא לאו שאינה קשורה מע"ש מכלל דרישא שקשורה לו מע"ש ש"מ תניא נמי הכי *חמור יוצא במרדעת בזמן שקשורה לו מע"ש ולא באוכף אע"פ שקשורה לו מע"ש רבן שמעון בן גמליאל אומר אף באוכף בזמן שקשורה לו מע"ש ובלבד שלא יקשור לו מסריכן ובלבד שלא יפשול לו רצועה תחת זנבו בעא מיניה רב אסי בר נתן מר׳ חייא בר רב אשי מהו ליתן מרדעת על גבי חמור בשבת אמר ליה מותר א"ל וכי מה בין זה לאוכף אישתיק איתיביה אוכף שעל גבי חמור לא יטלטלנה בידו אלא מוליכה ומביאה בחצר והוא נופל מאיליו השתא ליטול אמרת לא להניח מיבעיא אמר ליה ר׳ זירא שבקיה כרביה סבירא ליה דאמר רב חייא בר אשי אמר רב תולין *טרסקל לבהמה בשבת וקל וחומר למרדעת ומה התם דמשום תענוג שרי הכא דמשום צער לא כל שכן שמואל אמר מרדעת מותר טרסקל אסור אזל ר׳ חייא בר יוסף אמרה לשמעתא דרב קמיה דשמואל א"ל אי הכי אמר אבא לא ידע במילי דשבתא ולא כלום כי סליק ר׳ זירא אשכחיה לר׳ בנימין בר יפת דיתיב וקאמר ליה משמיה דר׳ יוחנן נותנין מרדעת על גבי חמור בשבת א"ל *יישר וכן תרגמה אריוך בבבל *אריוך מנו שמואל והא רב נמי אמרה אלא שמעיה דהוה מסיים ביה ואין תולין טרסקל בשבת א"ל יישר וכן תרגמה אריוך בבבל דכולי עלמא מיהת מרדעת מותר מאי שנא מאוכף שאני התם דאפשר דנפיל ממילא רב פפא אמר כאן לחממה כאן לצננה לחממה אית לה צערא לצננה לית לה צערא והיינו דאמרי אינשי חמרא אפי׳ בתקופת תמוז קרירא לה מיתיבי *לא יצא הסוס בזנב שועל ולא *בזהורית שבין עיניו *לא יצא הזב בכיס שלו ולא עזים בכיס שבדדיהן ולא פרה בחסום שבפיה ולא סייחים בטרסקלין שבפיהם לרה"ר ולא בהמה בסנדל שברגליה ולא בקמיע אע"פ שהוא מומחה וזו חומר בבהמה מבאדם אבל יוצא הוא באגד שעל גבי המכה *ובקשישין שעל גבי השבר ובשיליא המדולדלת בה *ופוקקין לה זוג בצוארה ומטיילת עמו בחצר קתני מיהת ולא סייחין בטרסקלים שבפיהם לרה"ר לרה"ר הוא דלא הא בחצר שפיר דמי מאי לאו בגדולים ומשום תענוג לא בקטנים ומשום צער דיקא נמי דקתני דומיא

רש"י

גמ׳ מכניסין נמי דיקא · לקמן בהאי פירקא: אף באוכף · דהיא נמי מהאי לחממה: ובלבד שלא יקשור לו מסריכן · פוסרא"ל דמיחזי כמי שרוצה להטעינו משוי: רצועה תחת זנבו · פוטל"א שנותנים שם שלא תרד האוכף והמשוי על צוארה כשהיא יורדת לעמק והמסרך שלא תרד על זנבה כשהיא עולה על ההרים: מהו ליתן מרדעת · ולא לצאת לרה"ר אלא בחצר ומפני הצינה: ה"ג אמר ליה מותר א"ל וכי מה בין זה לאוכף אישתיק: איתיביה כו׳ · כסבור הא דאישתיק משום דלא אסגא ביה דסבר אוכף נמי שרי ואותביה מברייתא דאסר ליטלה והשתא ליטול אמרת לא להניח מיבעי׳ דדמי כאילו צריך להטעינה משוי: כרביה · רב: טרסקל · סל מלא שעורים תולין לה בצוארה ופיה נתון לתוכו ואוכלת ותענוג בעלמא הוא שלא תטרח לשוח צוארה לארץ: צער · של צינה: מרדעת מותר · דלצערא היא הלכך אורחה בהכי ולאו משוי הוא: לשמעתא דרב · דשרי בטרסקל: אבא · *אברי כמו אברך אבא למלכא (בראשית מא): שמואל קרי אריוך על שם שהיה בקי בדינין ושופט כמלך השופט על הארץ לשון ריכא *מלך (ב"ב דף ד׳): והא רב נמי אמרה · דכיון דשרי בטרסקל כ"ש מרדעת: מאי שנא מאוכף · שאסור ליטול וכ"ש להניחו: דנפיל ממילא · כדקתני מוליכו ומביאו לחצר והוא נופל מאליו: כאן לחממה · מרדעת צריך לחממה ומותר משום צער דצינה אבל נטילת אוכף אינו אלא שיצטנן שנתחממה ע"י משאוי שנשאה מבעוד יום ואי לא שקיל ליה לא איכפת לן שהרי הוא יצטנן מאליו דאמרי אינשי וכו׳: בזנב שועל · שתולין לו בין עיניו שלא ישלוט בו עין: וזהורית · נוי: בכיס שלו · שתולין לו באמתו לקבל זוב ולבדוק מנין ראיותיו שאינו תכשיט לו: בכיס שבדדיהן · לקבל חלב הנוטף אי נמי שלא ישרטו דדיהן על הקוצים שהיו דדיהן גסין: בחסום שבפיה · שחוסמין אותה שלא תרעה בשדות אחרים וכשמגיעין למקום מרעיתם נוטלין אותה הימנה: בסנדל שברגליה · שעושין לה סנדל של מתכת שלא יזיקוה האבנים: קמיע · כתב לרפואת חולי: מומחה · שריפא כבר ג׳ פעמים: וזה חומר בבהמה מבאדם · קס"ד השתא דאקמיע קאי דאמרינן לקמן בפרק במה אשה יוצאה (ד׳ סא·) שהאדם יוצא בקמיע מומחה וכל הני דקתני לא תלא הך דלאו שמירת גופה הוא אלא משאוי וסנדל משום דדילמא מישתליף ואתי לאתויי: אגד שעל גבי המכה · ליכא למימר אתי לאתויי: קשישין שעל השבר · בהמה שנשבר בה עצם עושין לה דפין מכאן ומכאן וקושרים אותן שם והן מעמידין העצם שלא יזוד אנה ואנה עד שמתחבר: ובשליא המדולדלת בה · שיליתה מקצתה: ופוקקין לה זוג · אבל כשהוא פקוק אפי׳ בחצר לא תלא מפני שהעינבל שבתוכה מקשקש ומוליד קול לכך פוקק בצמר או במוכין שלא יקשקש העינבל שבתוכה: זוג · אישקלי"ט: עינבל · בטדי"ל: ומטיילת · באותו זוג בחצר אבל לא תצא בו לרה"ר כדמפרש לקמן בפרקין (דף נד:) דמיחזי כמאן דאזיל לחינגא: מאי לאו · בסייחים גדולים קאמר דצוארן ארוך ואין להם צער לשוח ולאכול מע"ג הקרקע ותולה להן טרסקל לתענוג וקשיא לשמואל: קטנים · ארכובותיהן גבוהין וצוארן קטן ויש להם צער לשוח ע"ג הקרקע ולאכול:

דומיא

תוספות

והוא שקשורה לו מע"ש · רש"י פי׳ לקמן דבקשורה מע"ש הוי מלבוש החמור אבל באינה קשורה מע"ש הוי משאוי ועוד יש לפרש דבאינה קשורה מע"ש מיחזי כמתכוין להולאת המרדעת וה"ר פור"ת פירש דמיחזי כאילו מתכוין להוליך הבהמה למקום רחוק:

אילימא שאינה קשורה לו כלל פשיטא · ולא בעי למפרך דמרישא שמעינן לה דקתני בזמן שהיא קשורה הא אינה קשורה לא דדרך משניות כן במסכת ע"ז (דף לה:) אלו דברים אסורין באכילה כבשים שדרכן לתת לתוכן יין כו׳ וכסיפא (שם דף לט:) קתני ואלו מותרים באכילה ט׳ וכבשים שאין דרכן לתת ט׳ ובפרק אלו טרפות (חולין דף נד·) קתני אלו כשרות אע"ג דאיכא מינייהו דשמעי׳ מרישא *וא"ת ונפשוט מרישא דבקשורה מערב שבת איירי מדאיצטריך למיתני בזמן שהיא קשורה דבלאו הכי הוה ידעי׳ דאיירי בקשורה דאי באינה קשורה פשיטא דאסור דילמא נפלה ואתי לאתויי כדקאמר הכא אילימא כו׳ אלא ודאי בזמן שקשורה מע"ש קאמר וי"ל דמרישא לא תפשוט דאדרבה ה"א דלהכי תנא בזמן שהיא קשורה לאשמעי׳ דאפי׳ קשורה בשבת דאי לא תנא ליה ה"א דוקא בקשורה לו מע"ש אבל בקשורה בשבת לא קמ"ל להכי דייק מסיפא:

מהו ליתן המרדעת ע"ג חמור בשבת · ואין לאסור משום דאין כלי ניטל אלא לדבר הניטל דבהמה חשיבא כדבר הניטל כיון דיכול למושכה ולהוליכה בכל מקום ורב אסי בר נתן דבעי אם אסור אין לפרש משום דמיחזי כרוצה להוליך הבהמה למקום רחוק דא"כ היכי דייק דמאן דשרי טרסקל כ"ש מרדעת · ואין לפרש נמי דבעי למיסר בחצר אטו רה"ר כדאמר גבי אשה בפ׳ במה אשה (לקמן דף סד:) דגבי בהמה לא גזרו כדתניא בסמוך גבי זוג ומטיילת עמו בחצר אלא נראה לר"י דטעמא משום טרחא דשבת ואע"ג דשריא קרצוף בפ"ב דביצה (דף כג·) התם יש לה צער ביותר א"נ לא שרי אלא בי"ט אבל בשבת אסור:

אוכף שע"ג החמור · וא"ת ויתיר האוכף וינער ויפול כדאמר *בפ׳ כל כתבי גבי היתה בהמתו טעונה טבל כו׳ וי"ל דהתם מיירי בשקין שתוכל הבהמה להתקלקל אבל מחמת האוכף לא תוכל הבהמה להתקלקל לכך לא התירו:

תולין טרסקל · וא"ת ותאסר משום דמשתמש בבע"ח כי היכי דאסור להניח נר על גבי דקל בשבת משום דמשתמש במחובר וי"ל דהתם מנענע הענפים אבל הכא אינו מנענע הבהמה בכך ורב אסי בר נתן דבעי למיסר *אפשר משום דילמא אתי להשתמש בבע"ח (ת"י):

אריוך · שם מלך כדכתיב אריוך מלך אלסר (בראשית יד) ונקטי׳ טפי משאר מלכים לפי שמובלע בו לשון ארי:

דשמעיה דקא מסיים בה כו׳ · אע"ג דקיי"ל *כרב באיסורי הייט לגבי שמואל לחודיה אבל הכא ר׳ יוחנן דקי"ל כוותיה לגבי רב קאי כשמואל וברייתא דאוכף נמי קיימא כשמואל למאי דמשני כאן לחממה כאן לצננה ומתני׳ דאין סכין ומפרכסין לבהמה דמייתי לקמן נמי פליגא אדרב כדפירש בקונטרס:

מאי לאו בגדולים ומשום תענוג · וא"ת ומאי קושיא דילמא הכא מיירי בטרסקל שנתלה מע"ש אבל לתלות בשבת אפי׳ בחצר אסור ותירץ דדייק מדנקט רה"ר גבי טרסקל טפי משאר דכולהו נמי ברה"ר איירי אלא נקט רה"ר דבחצר מותר בכל ענין:

כגון

עין משפט נר מצוה

כא א ב מיי׳ פ"כ מהל׳ שבת הל׳ י סמג לאוין סה טוש"ע א"ח סי׳ שה סעיף ז:

כב ג מיי׳ שם הל׳ יג טוש"ע שם סעי׳ ח:

כג ד מיי׳ שם טוש"ע שם סעיף ט:

כד ה מיי׳ שם טוש"ע שם סעיף י:

כה ו מיי׳ שם טוש"ע שם סעיף יא:

כו ז שם סעיף י:

רבינו חננאל

מותר לרחות צער בהמה לתלות (קרצטל) [טרסקל] בפיה משום תענוג הוא. ור׳ יוחנן ושמואל אמרי וכן הלכה ותני מילי בבהמות גדולות ומשום תענוג. אבל קטנים דמשום צערא הוא ברה"ר אסורים לצאת הסייחין (בקרצטלין) [בטרסקלין] שבפיהם אבל בחצר שרי. מסורכו פי׳ חגורו: תניא יוצא אדם באגד שעל גבי (בהמה) [המכה].

רב נסים גאון

או חרירא אדם זורקה לבין הגרוטאות ונתיאש ממנה מלעשותה כלי וטהורה היא ואם היתה מרש שאינה נקובה ויש לה עוקץ וכבר שיפה אותה ומירקה ואע"פ שעדיין לא נקבה מפני שהיא ראויה ליטול בה את הקוץ הרי היא כתורת כלי וטמאה כמו הנקובה לפי שהנקובה ראויה לתפירה והיא ראויה להוציא בה את הקוץ וזו וזו שוין בתורת טומאה כמו שאמרו אבל לענין טומאה דא ודא אחת היא ובכדומה לו אמרו בתוספתא (דב"מ דכלים פי"א) ואם מתחילה עשאו לכן אפי׳ פוחת מיכן טמא ובגמרא אמרו (מס׳ כלים פ"ד מ"ג) אי זו היא גמורא כל שניטלו אזניה ואמרו בתוספתא (ב"ק דכלים פ"ג) ואם מתחלה עשאה בלא אזנים נידונית כחבית ואשר אמרו בין נקובה ובין שאינה נקובה מותר לטלטלה בשבת ולא אמרו נקובה אלא לענין טומאה בלבד הוא דתירגם אביי אליבא דרבה בגלוסי והוא ברזל החתוך שראויה להעשות מהם והואיל ויש לומר שאם ירצה בעלה לעשותה כלי יכול הוא לעשות כמו שאמרו זימנין דמשליך עלה ושוויה לה כלי מותר לטלטלה בשבת ונחשב אותה לענין טלטול כמו הכלים והיא כמו מרש נקובה לענין שבת אבל לענין טומאה לא והרי היא בחזקת טהורה עד שיגמור מלאכתה ותהיה כלי כמו שאמרו בתוספתא בסוף בבא קמא דכלים גולמי כלי מתכות הרי הן ככל הכלים אלא שהן טהורין:

אמר

מסורת הש"ס

לקמן ס:

[תוספ׳ פ"ה]

פי׳ כרש"י חולין מה:

[תוספתא פ"ה]

לקמן סד:

[חולין מ"ב. ועי׳ תוס׳ ד"ה ניקב ותוס׳ נד. ד"ה ואלו כשרות כולן צריכי וקי"ע]

[גיר׳ ערוך קרסטל וכן איתא בריף]

[חולין סו:]

עין משפט נר מצוה

כז א מיי' פ"כ מהל' שבת הלכה יג טוש"ע א"ח סי' שה סעי' יז בהג"ה :

כח ב ג מיי' פכ"א מהל' שבת הל' לי סמג לאוין סה טוש"ע א"ח סי' שכח סעיף כב וסי' שלב סעיף ג :

כט ד מיי' וסמג שם טוש"ע א"ח סי' שלב סעיף ג וסעיף ד :

ל ה ו ז מיי' פ"כ מהל' שבת הל' יב סמג שם טוש"ע א"ח סי' שה סעיף ו :

כגון שהיה תחום שלה מובלע כו' · ומ"מ לא התירו אלא דרך קריאה אבל לילך מעבר לבהמה ולרודפה לעיר לא :

תנאי היא · רב יהודה ידע שפיר דתנאי היא אלא דניחא ליה לאוקמי תרי סתמי דברייתא אליבא דחד תנא :

כאן ליבש כאן ליחלב · פי' בקונט' ליחלב שיקבלו בכים את החלב וקשה דהא ודאי משוי הוא ולכ"ע חייב דהויא מלאכה הצריכה לגופה ופי' ה"ר פור"ת ליחלב לשמור החלב בדדיהן שלא יזוב לארץ ושרי ת"ק דהוי כמו רחלים כבונות דחשבי' ליה מלבוש אף על פי שאינו עשוי לצורך עצמן אלא לשמור הצמר ור"י פירש דבין ליבש ובין ליחלב תרוייהו עבדי להו כדי שלא יסרטו דדיהן כדאמרינן בסמוך וליבש בזמן שאינו חפץ בחלב שרי לפי שמהדקו וליכא למיחש דילמא נפיל ואתי לאתויי אבל ליחלב שאינו רוצה שיתייבשו אינו מיהדק איכא למימר דילמא נפיל ואתי לאתויי :

שקושרין להן כנגד זכרותן כו' · ולשון לבובין הוי שלא לקרב כמו ובכל תבואתי תשרש (איוב לא) וכמוהו הרבה :

ממאי מדקתני סיפא · טפי הוי ליה לאתויי כבולות דהוי ממש כעין זה אלא משום דשחוזות הוי ברישא :

תורה אור

דומיא דקמיע ש"מ: אמר מר ולא בקמיע אע"פ שהוא מומחה והא אנן תנן *ולא בקמיע שאינו מומחה הא מומחה שפיר דמי ה"נ *שאינו מומחה והא אע"פ שהוא מומחה קתני מומחה לאדם ואינו מומחה לבהמה ומי איכא מומחה לאדם ולא הוי מומחה לבהמה אין אדם *דאית ליה מזלא מסייע ליה בהמה דלית לה מזלא לא מסייע לה אי הכי מאי זה חומר בבהמה מבאדם מי סברת אקמיע קאי אסנדל קאי ת"ש [ב]סכין *ומפרכסין לאדם ואין סכין ומפרכסין לבהמה מאי לאו דאיכא מכה ומשום צער לא [ג]דגמר מכה ומשום תענוג ת"ש בהמה שאחזה דם אין מעמידין אותה במים בשביל שתצטנן אדם שאחזו דם מעמידין אותו במים בשביל שיצטנן אמר עולא גזירה משום שחיקת סממנין אי הכי *אדם נמי אדם נראה כמיקר א"ה בהמה נמי נראה כמיקר אין מיקר לבהמה °ולבהמה מי גזרינן והתניא *היתה עומדת חוץ לתחום קורא לה והיא באה ולא גזרינן דילמא אתי לאתויי ואמר רבינא כגון שהיה תחום שלה מובלע בתוך תחום שלו ר"נ בר יצחק אמר שחיקת סממנין גופה תנאי היא דתני' בהמה שאכלה כרשינין לא יריצנה בחצר בשביל שתתרפה ורבי *[ד]אושעיא מתיר דרש רבא הלכה כרבי *אושעיא: אמר מר לא יצא הזב בכיס שלו ולא עזים בכיס שבדדיהן והתניא יוצאות עזים בכיס שבדדיהן אמר רב יהודה לא קשיא הא דמיהדק הא דלא מיהדק רב יוסף אמר *תנאי שקלת מעלמא תנאי היא דתנן העזים יוצאות צרורות רבי יוסי אוסר בכלן חוץ מן הרחילות הכבונות ר' יהודה אומר עזים יוצאות צרורות ליבש אבל לא ליחלב ואיבעית אימא הא והא ר' יהודה ולא קשיא [ה]כאן ליבש כאן ליחלב תניא אמר ר' יהודה מעשה בעזים בית אנטוכיא שהיו דדיהן גסין ועשו להן כיסין כדי שלא יסרטו דדיהן: ת"ר מעשה באחד שמתה אשתו והניחה בן לינק ולא היה לו שכר מניקה ליתן ונעשה לו נס ונפתחו לו דדין כשני דדי אשה והניק את בנו אמר רב יוסף בא וראה כמה גדול אדם זה שנעשה לו נס כזה א"ל אביי אדרבה כמה *גרוע אדם זה שנשתנו לו סדרי בראשית אמר רב יהודה בא וראה כמה קשים מזונותיו של אדם שנשתנו עליו סדרי בראשית אמר רב נחמן תדע דמתרחיש ניסא ולא אברו מזוני: ת"ר מעשה באדם אחד שנשא אשה גידמת ולא הכיר בה עד יום מותה אמר *רב בא וראה כמה צנועה אשה זו שלא הכיר בה בעלה אמר לו רבי חייא זו דרכה בכך אלא כמה צנוע אדם זה שלא הכיר באשתו: [ו]זכרים יוצאין לבובין: מאי לבובין אמר רב הונא תותרי מאי משמע דהאי לבובין לישנא דקרובי הוא דכתיב °לבבתני אחותי כלה עולא אמר עור שקושרין להם כנגד לבם כדי שלא יפלו עליהן זאבים זאבים אזכרים נפלי אנקיבות לא נפלי משום דמסגו בריש עדרא וזאבין בריש עדרא נפלי בסוף עדרא לא נפלי אלא משום דשמני ובנקבות ליכא שמני ותו מי ידעי בין הני להני אלא משום דזקפי חוטמייהו ומסגו כי דוו רב נחמן בר יצחק אמר עור שקושרין להן תחת זכרותן כדי שלא יעלו על הנקבות ממאי מדקתני סיפא [ז]והרחלים יוצאות שחוזות מאי שחוזות שאוחזין האליה שלהן למעלה כדי שיעלו עליהן זכרים רישא כדי שלא יעלו על הנקבות וסיפא כדי שיעלו עליהן זכרים מאי משמע דהאי שחוזות לישנא דגלויי הוא דכתיב °והנה אשה לקראתו שית

דומיא דקמיע · משום חולי : **והא אנן תנן** · גבי אדם לקמן בפ' במה אשה (דף ס·): **הא מומחה שפיר דמי** · מאי שנא בהמה מאדם: **מזליה** · מלאך שלו ומליץ עליו : **אי הכי** · דבהמה נמי נפקא בקמיע המומחה לבהמה : **מאי זה חומר** · אדם נמי לא נפיק אלא בקמיע מומחה לאדם: **אסנדל קאי** · וזה חומר דקתני ולא בהמה בסנדל שברגליה : **סכין** · שמן : **ומפרכסין** · גלדי מכה : **ומשום צער** · [ואפילו] הכי לבהמה לא וקשיא בין לרב בין לשמואל דשרי במרדעת : **לא דגמר מכה** · שנתרפאה המכה וסיכה ופירכוס משום תענוג ולרב ודאי קשיא והשיא מתניתא קמייתא דאוכף נמי קשיא ליה דנהי נמי דלצינה ליכא לצער תענוג מיהא הוא אלא רב תנא הוא ופליג : **שאחזה דם** · אנפודור"א : **אין מעמידין כו'** · אלמא אפילו צער נמי אסור : **גזירה משום שחיקת סממנים** · במידי דרפואה גזור רבנן דאי שרית שום רפואה אתי למישרי שחיקת סממנים והוא איסורא דאורייתא דהוי טוחן : **אין מיקר לבהמה** · אין דרך להקר בהמה הלכך כולי עלמא ידעי דלרפואה קמיכוין ואתי למישרי שחיקת סממנים : **ומי גזרינן** · במקום פסידא כי האי גוונא : **חוץ לתחום** · קס"ד חוץ לתחום שלו היתה עומדת בהמה : **שהיה תחום שלה מובלעת בתוך תחום שלו** · דחוץ לתחום דקתני חוץ לתחום שלה שהבהמה המסורה לרועה המיוחד הרי היא כרגלי הרועה וזה הקורא לה בעליה ויכול לילך כגון שהוא שבת קרוב לאותו מקום ואפילו הכי לא יביאנה ממש בידיו הואיל והיא יוצאה חוץ לתחומה אין לה אלא ד' אמות ומיהו קורא לה והיא באה דלא הוזהר הוא על תחום בהמתו ובלבד שלא יביאנה ממש בידיו : **תנאי היא** · דאיכא דלא גזר שאר רפואות אטו שחיקת סממנין : **שאכלה כרשינין** · הרבה ועל ידי אכילה מרובה אחזה חולי שקורין מינייזונ"א וצריכה להשתלשל ולהוציא רעי ומרילה : **כדי שתתרפה** · גרסינן הכא לשון ריפוי שיהיו מעיה רפויים בשלשול ומוליאה רעי : **לא יריצנה** · גזירה בכל רפואה אטו שחיקת סממנין : **דמיהדק** · דליכא למיחש דילמא נפיל ואתי לאתויי : **תנאי שקלת מעלמא** · איבדת כולם שאין אתה מולא תנאים שנחלקו בכך דתוקי הנך תרתי מתנייתא חדא כמר וחדא כמר : **תנאי היא** · במתניתין ר"מ שרי ר' יוסי אסר : **ליבש** · מיהדק שפיר ולענין משוי נמי לא הוי משוי דלורך גופה היא דחלבה מכחישה : **ליחלב** · הוי משוי שמונעת את החלב בכיס : **גסין** · גדולין ונגררין על הקולין ומסרטין דדיהן : **שנשתנו עליו כו'** · ולא זכה ליפתח לו שערי שכר : **תדע** · דקשין : **דמרחשי ניסא** · מן השמים לכמה הגלות לנפשות אדם : **ולא איברו מזוני** · ולאין נס זה רגיל שיבראו מזונות לצדיקים בביתם שימלאו חטין גדלין באולרותיהן : **גידמת** · ידה קטועה : **זו דרכה בכך** · לכסות כל אשה עלמה וכ"ש זו שהיתה לריכה לכך : **תותרי** · קופל"א שמחברין אותם בקשר שנים שנים שלא יברחו : **לבבתני** · קרבתני אלך מחמת טוי מעשיך : דרך זאבים לאחוז בהמה בלבה : **אנקבות לא נפלי** · בתמיה : **דמסגי** · מהלכין : **בסוף עדרא לא נפלי** · בתמיה : **כי דוו** · מביטין כאן וכאן לפיכך מתקנאין בהם כסבורים שרולים להלחם בהם : **אליה** · זנב שלהן קושרים כלפי גבן שלא יכסה ערותן : שית

רבינו חננאל

ובקשישין : **תניא** אדם שאחזו דם מעמידין אותו במים בשביל לרפאותו . מ"ט משום דנראה כמיקר . אבל בהמה שאחזה דם אין מעמידין אותה במים כו' . אמר עולא בהמה גזירה משום שחיקת סמנים . ושחיקת סמנים תנאי היא . דתניא בהמה שאכלה כרשינין הרבה אין מריצין אותה בחצר בשביל לרפאותה . ור' יאשיה מיקל . והלכתא כוותיה דדרש רבא הלכתא כר' יאשיה. והא דר' יאשיה מסייעא לשמואל. מעשה שנעשה נס ונפתחו שני דדין כשני דדי אשה כו' וזו שהיתה גידמת כו' . **משוטות הן** : **פי'** תותרי . סמרטוטין של רקמה ושל משי שעושין על הבהמה ליפותה . עולא אמר עור שמעמידין להן כנגד לבן שלא יפלו עליהן זאבים . משום דמסגו כי דוו . ומסתברא כוותיה דתנן (כע"ז דף כט:) באיסורי · הנאה ועורות לבובין . ות"ר (שם דף לב.) איזהו עור לבוב . כל שהוא קרוע כנגד הלב . (וקרודה) [וקרורת] כמו ארובה כו'. שחוזות מלשון שית זונה:

וכברא"שית רבה על פסוק ויהי אומן את הדסה שנפתחו למרדכי שני דדים כדדי אשה ליכא למיפרך הכי דהכי קאמר נפתחו דלא הי"ל שכר מניקה ומרדכי הי"ל שכר אך לא הי' מולא מניקה [ס"י]

גליון הש"ס

גמ' ולבהמה מי גזרינן והתניא . ק"ל דלמא משום שחיקת סממני' דאוריי' גזרי' אבל בתחומין דרבנן לא :

[לקמן ס.] [ב"ק כ:] [גי' סערוך וטפרכין פי' מגרדין] [כינס יח:] [לקמן קנא. ותוספ' פי"ח] [נ"ל יאשיה וכ"א בר"א והרא"ש וכן העתיקו תוס' מ"ק י: ד"ס ואין]

[נ"ל יאשיה] [עירובין נז: פסחים מה: בילה יט. סנהדרין כה.] [נ"ל רבי]

אות ו'

לא יצא הסוס בזנב שועל, ולא בזהרורית שבין עיניו וכו'

סימן שה סי"א - [יב]לא יצא הסוס בזנב שועל, שתולין בין עיניו שלא תשלוט בו עין הרע, ולא בזהורית שעושים לו לנוי - בכל אלו הטעם, לפי שאין בהם צורך לשמירת גופן והוי משאוי, **לבד** מסנדל שנועלים ברגלי הבהמה, [רש"י]. וכן בכיס שבדדי העזים. **ולא עזים בכיס שבדדיהם, שקושרים אותם [יג]שלא יסרטו דדיהם בקוצים** - ומשמע מהגר"א, דהטעם משום שאינו מהודק יפה, וחיישינן דלמא נפל הכיס ואתו בעליהן לאתויי, **ועיין** לעיל בס"ו מה שכתבנו שם.

ולא פרה בחסום שבפיה, שחוסמים פיה שלא תרעה בשדות אחרים; ולא כל בהמה בסנדל שנועלים ברגליה שלא תנגף - הטעם, משום דלמא נפל ואתי לאתויי, [רש"י]. **ונראה** שאין בכלל זה הברזל שקובעין ברגלי הסוסים מלמטה, דכיון שקבוע במסמרים לא חיישינן דילמא נפלי.

אבל יוצאה באגד שע"ג מכה; [יד]ובקשקשים שע"ג השבר, והם לוחות שקושרים להם סביב העצם הנשבר בהן; ובשליא שיצאה מקצתה ותלויה בה.

ופוקק זוג שבצוארה ומטייל בה בחצר - היינו שסותם העינבל שבתוכה בצמר או במוכין, דאל"ה אסור משום דמשמיע קול, [רש"י]. **אבל לא תצא בו לרשות הרבים אע"פ שהוא פקוק, [טו]בין אם הוא בצוארה, בין אם הוא בכסותה** - שעושה לסוסים מעילים שלא יטנפו, [רש"י] (נ"ח. ד"ה שבכסותה), **משום** דמחזי כמוליכו בשוק למכור - גמרא, **ומשמע** דבאלו דלא שייך זה, כגון בחתולים ועופות וכה"ג, שאין דרך להוליכן למכור בזוג, מותר כשפקוק, **ובסמ"ג** משמע דאסור אף באלו לצאת משום משוי, ועיין במ"א וא"ר.

ודע, דכל הנך דאמרינן בבהמה דאסור לצאת בר"ה משום משוי, בחצר שרי ואפי' אם אינה מעורבת, **ולענין** כרמלית יש דעות בין האחרונים, יש מתירים ויש אוסרים, **ולענין** ר"ה שלנו בודאי יש ליזהר, דיש בזה ספק איסור תורה, (**ואין להקל אפילו בשעת הדחק, דהרי הרבה גדולי ראשונים ס"ל, דגם באין ששים רבוא שייך ר"ה, דלא בעינן שיהא דומה לדגלי מדבר, וא"כ לדידהו הו"ל איסור דאורייתא של שביתת בהמתו אף בר"ה שלנו**), **ובדבר** שהחשש הוא משום דלמא נפיל ואתי בעליו לאתויי, אף המתירים הנ"ל מודים דאסור בכרמלית, **ובדבר** שהטעם הוא משום דמחזי כמוליכו למכור, אף במבוי המעורבת אסור כיון דשכיחי שם רבים, כ"כ מ"א, **והפמ"ג** וכן הבית מאיר מפקפקין בדין זה.

אות ז'

בקטנים ומשום צער

סימן שה ס"י - [טז]אבל עגלים וסייחים שצוארן קטן ומצטערים לאכול ע"ג קרקע, שרי בחצר, אבל אין יוצאים בו - אפילו אם היה תלוי עליהן מבעוד יום, דהוי משוי, [תוס'] (ד"ה מאי).

§ מסכת שבת דף נג: §

אות א'

שאינו מומחה

סימן שה סי"ז - הגה: הבהמה יוצאה בקמיע מומחה לבהמה, אבל לא בשאינה מומחה, אע"פ שהיא מומחה לאדם (ב"י ור' ירוחם ורמב"ם) - מפני שהאדם יש לו מזל ומלאך המליץ עליו מלמעלה, ומזלו מסייע לו שיועיל לו הקמיע, משא"כ לבהמה, [גמרא].

אות ב' - ג'

סכין ומפרכסין לאדם, ואין סכין ומפרכסין לבהמה

דגמר מכה ומשום תענוג

סימן שכח סכ"ב - [א]מעבירין גלדי המכה, וסכין אותה בשמן - דבזמנם היה דרך הבריאים בסיכה בשמן, ולא מוכחא מילתא דלרפואה עביד, **ועיין** במ"ש הרמ"א בסי' שכ"ז ס"א בהג"ה, לענין מדינותינו, (דבמקום שאין נוהגין לסוך בשמן כי אם לרפואה, אסור).

[ב]אבל לא בחלב, מפני שהוא נימוח - וה"ה אם השמן היה קרוש דדמי לחלב. **[ג]ואפי' בגמר מכה דליכא אלא צערא** - "דליכא צערא אלא תענוג בעלמא", כצ"ל, **שרי** - ר"ל אף דבבהמה אסור משום תענוג בעלמא, אפ"ה באדם שרי.

ומסתברא דבגמר מכה גם במדינותינו שרי בשמן.

סימן שלב ס"ב - [ד]אין מפרכסין לבהמה גלדי מכה - פי' להסיר את הגלד, **ולא סכין אותה** - את המכה, **בשמן.**

וה"מ בגמר מכה, דליכא אלא משום תענוג - שנתרפאה המכה, וע"כ אין לטרוח בשביל בהמה כדי לענגה, **אבל בתחלת מכה דאיכא צערא, שרי.**

באר הגולה

יב שם בברייתא | יג כפירוש השני שברש"י | יד גירסת הגמ' ורוב הפוסקים קשישין | טו שם נ"ח | טז שם בגמ' | א שבת נ"ג ברייתא | ב טור והמרדכי שם | ג שם בגמ' | ד שם נ"ג ברייתא וגמרא

אות ד'

בהמה שאכלה כרשינין, לא יריצנה בחצר בשביל שתתרפה, ורבי אושעיא מתיר

סימן שלב ס"ג - [ה]אם אכלה כרשינין הרבה ומצטערת, יכול להריצה בחצר כדי שתייגע ותתרפא - דאע"ג דזהו רפואה, וברפואה לאדם גזרו משום שחיקת סממנים, **ברפואת** בהמתו אין אדם בהול כ"כ שיבוא לשחוק סממנים, **וה"ה** אם היא קרובה למיתה מחמת זה, דאז בודאי בהול, אפ"ה מותר, דאי לא שרית ליה אתי לידי שחיקת סממנים ושאר מלאכה דאורייתא. **אבל** אסור לעשות בשבילה שום מלאכה דאורייתא או דרבנן, אפילו היא מתה, **וע"י** א"י מותר לעשות כשהבהמה חולה, [משום צער בעלי חיים].

סימן שלב ס"ד - [ו]אם אחזה דם, יכול להעמידה במים כדי שתצטנן; [ז]ואם הוא ספק שאם לא יקיזו לה דם תמות, מותר לומר לא"י להקיזה - דמתוך שאדם בהול על ממונו, אי לא שרית ליה אתי למעבד בעצמו איסורא דאורייתא. **ועיין** בח"א שכתב, דאפילו אם היא רק חולה בעלמא, ג"כ מותר ע"י א"י כדי לרפאותה, משום צער בע"ח, **אבל** להקיז לסוס כדי שיאכל יותר, בודאי אסור.

אות ה' - ו' - ז'

כאן ליבש, כאן ליחלב

זכרים יוצאין לבובין

והרחלים יוצאות שחוזות

סימן שה ס"ו - [ח]אילים יוצאים לבובים, והוא עור שקושרים להם תחת זכרותם שלא יעלו על הנקבות; והרחלות יוצאות שחוזות, והוא שקושרין אליתן כלפי מעלה כדי שיעלו עליהן הזכרים; ויוצאות כבונות, והוא שקושרים בגד סביבן לשמור הצמר שיהיה נקי - וטעם כל אלו, דאע"פ שאין נעשין להם לשמירה שלא לברוח, מ"מ כיון שנעשין לשמירת גופן, לשמרן מפני הצער שלא יהיו מוכחשים, או מפני צמרן ובריאותם וטובתם, הוי להו כמלבוש לאדם, ולא למשא הוא להם, ומותרין לצאת בהן.

והעזים צרורות, והוא שקושרים ראשי דדיהן, [ט]ודוקא כשקושרים אותם כדי שיצטמקו דדיהן ולא יחלבו, דאז מהדק שפיר - ואפילו אם קישר בשביל זה כיס על דדיהן, ג"כ שפיר דמי, גמ' ע"ש, **אבל אם קשר כדי לשמור חלבן שלא יפול לארץ, אסור, דלא מהדק שפיר, וחיישינן דלמא נפל ואתי לאתויי** - אבל בלא"ה משמע דהיה מותר, ולא הוי משוי, דחשיב מלבוש במה ששומר בזה את חלבן, וכמו רחלים כבונות דשרי מפני ששומר בזה את צמרן. [**עיין** בתוס' שם ד"ה כאן, דמשמע דלדעת האוסרין ס"ל דהוי משוי, ואולי הוא רק לר' יוסי, ‹**אינו** מובן, דרק ר"י פי' סברת האוסרים, והוא משום דלמא נפיל, וצ"ע›.

ועיין לקמן בסעיף י"א, דאוסר לעזים לצאת בכיס שבדדיהן, שתלוי עליה כדי שלא ישרטו דדיהן בקוצים, **מיירי** התם שהיו צריכין עוד להחלב, ולא הדקוה שפיר כדי שלא יצטמק החלב, ולכך אסור, [כן מוכח שם דעת הגר"א לדינא, [י]וכן מוכח מהגמ' שם, ותמה על השו"ע שלא הזכיר זה שם בפירוש].

---

§ מסכת שבת דף נד. §

אות א' - ב' - ג'

שמכבלין אליה שלהן למטה, כדי שלא יעלו עליהן הזכרים

שמכבנין אותו למילת **הלכה כרבי יהודה**

סימן שה ס"ו - [א]אילים יוצאים לבובים, והוא עור שקושרים להם תחת זכרותם שלא יעלו על הנקבות; והרחלות יוצאות שחוזות, והוא שקושרין אליתן כלפי מעלה כדי שיעלו עליהן הזכרים; ויוצאות כבונות, והוא שקושרים בגד סביבן לשמור הצמר שיהיה נקי - וטעם כל אלו, דאע"פ שאין נעשין להם לשמירה שלא לברוח, מ"מ כיון שנעשין לשמירת גופן, לשמרן מפני הצער שלא יהיו מוכחשים, או מפני צמרן ובריאותם וטובתם, הוי להו כמלבוש לאדם, ולא למשא הוא להם, ומותרין לצאת בהן.

והעזים צרורות, והוא שקושרים ראשי דדיהן, [ב]ודוקא כשקושרים אותם כדי שיצטמקו דדיהן ולא יחלבו, דאז מהדק שפיר - ואפילו אם קישר בשביל זה כיס על דדיהן, ג"כ שפיר דמי, גמ' ע"ש, **אבל אם קשר כדי לשמור חלבן שלא יפול לארץ, אסור, דלא מהדק שפיר, וחיישינן דלמא נפל ואתי לאתויי** - אבל בלא"ה משמע דהיה מותר, ולא הוי משוי, דחשיב מלבוש במה ששומר בזה את חלבן, וכמו רחלים כבונות דשרי מפני ששומר בזה את צמרן. [עיין בתוס' שם ד"ה כאן, דמשמע דלדעת האוסרין ס"ל דהוי משוי, ואולי הוא רק לר' יוסי, ‹עיין מה שהערנו למעלה›.

באר הגולה

[ה] **שם ברייתא כרבי יאשיהו** ‹גי' הרי"ף› [ו] **דלא כההיא ברייתא שם אלא כר' יאשיהו הרי"ף והרא"ש** [ז] **מרדכי שם** [ח] **שם** ‹נ"ב: במשנה› ונ"ג [ט] **כרבי יהודה במשנה וכרב שם נ"ד הרי"ף והרמב"ם** [י] ‹אולי משום דרבי יהודה דהוא המחלק בין ליבש ויחלב, אמר מעשה בעזים שהיו יוצאין בכיסין שלא ישרטו דדיהן› [א] **שם** ‹נ"ב: במשנה› ונ"ג [ב] **כרבי יהודה במשנה וכרב שם נ"ד הרי"ף והרמב"ם** ‹אבל רש"י גורס: ור' יוחנן אמר הלכה כת"ק, ופי' כת"ק דמתני', וכן כתוב בהרבה ספרים, ולגירסא זו הלכה כרבי יוחנן לגבי רב ושמואל, וכיון שהרי"ף והרמב"ם מסכימים לדעת אחת, הכי נקיטינן - ב"י›

שית זונה ונצורת לב : הרחלים יוצאות כבולות : מאי כבולות °שמכבלין אליה שלהן למטה כדי שלא יעלו עליהן הזכרים מאי משמע דהאי כבול לישנא דלא עביד פירי הוא דכתיב °מה הערים [האלה] אשר נתת לי אחי ויקרא (להן) ארץ כבול עד היום הזה מאי ארץ כבול א"ר הונא שהיו בה בני אדם שמכובלין בכסף ובזהב אמר ליה רבא אי הכי היינו דכתיב (°*כי לא) ישרו בעיניו מפני שמכובלין בכסף ובזהב לא ישרו בעיניו אמר ליה אין כיון דעתירי ומפנקי לא עבדי עבידתא רב נחמן בר יצחק אמר ארץ חומטון היתה ואמאי קרי לה כבול דמשתרגא בה כרעא עד כבלא ואמרי אינשי ארעא מכבלא דלא עבד פירי : כבונות : מאי כבונות °שמכבנין אותו למילת *כדתנן שאת כצמר לבן *מאי צמר לבן אמר רב ביבי בר אביי כצמר נקי בן יומו שמכבנין אותו למילת : והעזים יוצאות צרורות : איתמר רב אמר °הלכה כר' יהודה ושמואל אמר הלכה כר' יוסי ואיכא דמתני להא שמעתא באפי נפשיה רב אמר ליבש מותר ולא לחלב ושמואל אמר אחד זה ואחד זה אסור ואיכא דמתני לה אהא עזים יוצאות צרורות ליבש אבל לא לחלב משום ר' יהודה בן בתירא אמרו כך הלכה אבל מי מפים איזו ליבש ואיזו °לחלב ומתוך שאין מכירים אחד זה ואחד זה אסור אמר שמואל ואמרי לה אמר רב יהודה אמר שמואל הלכה כר' יהודה בן בתירא כי אתא רבין אמר ר"י הלכה כת"ק : **מתני'** ובמה אינה יוצאה °לא יצא גמל במטולטלת לא עקוד ולא רגול וכן שאר כל הבהמות °לא יקשור גמלים זה בזה וימשוך אבל מכנים חבלים לתוך ידו וימשוך ובלבד שלא יכרוך : **גמ'** תנא °לא יצא הגמל במטולטלת הקשורה לו בזנבו אבל יוצא הוא במטולטלת הקשורה בזנבו ובחוטרתו אמר רבה בר רב הונא יוצא הגמל במטולטלת הקשורה לה בשלייתה : לא °עקוד ולא רגול : א"ר יהודה *עקוד עקידת יד ורגל כיצחק בן אברהם רגול שלא יכוף ידו על גבי זרועו ויקשור מיתיבי עקוד שתי ידים ושתי רגלים רגול שלא יכוף ידו על גבי זרועו ויקשור הוא דאמר כי האי תנא דתניא עקוד עקידת יד ורגל או שתי ידים ושתי רגלים רגול שלא יכוף ידו ע"ג זרועו ויקשור ואכתי לא דמי בשלמא רישא וסיפא ניחא מציעתא קשיא אלא הוא דאמר כי האי תנא עקוד עקידת יד ורגל כיצחק בן אברהם רגול שלא יכוף ידו על גבי זרועו ויקשור : ולא יקשור גמלים : מאי טעמא אמר רב אשי משום דמיחזי *כמאן דאזיל לחינגא : אבל מכנים : אמר רב אשי לא שנו אלא לענין כלאים כלאים דמאי אילימא כלאים דאדם והתנן *אדם °מותר עם כולם לחרוש ולמשוך אלא כלאים דחבלים *והתניא *התוכף °תכיפה אחת אינה חיבור לעולם כלאים דחבלים והכי קאמר ובלבד שלא יכרוך ויקשור אמר שמואל °ובלבד שלא יצא [חבל] מתחת ידו טפח והא תנא דבי שמואל טפחיים אמר אביי השתא דאמר שמואל טפח ותנא דבי שמואל *טפחיים שמואל *הלכה למעשה אתא לאשמעינן

והתניא

רש"י

שית זונה · נוטריקון דשתויות : שית · בית הבשת : שכבולין · לשון כבלי ברזל קשורה : ויקרא להם · בעשרים ושתים עיר שנתן שלמה לחירם משתעי קרא : מכובלין · מעוטפין ומקושרין : עבידתא · אנגריא של מלך : חומטון · מלאה ומתבקעת : דמשתרגא בה כרעא · טובעת בה הרגל : עד כבלא · פרק התחתון שקורין קויל"ה : שמכבנין · קושרין בגד סביבו °ביום שנולד שלמרו נקי ומשמר למרו שלא יטנף : למילת · לעשות מצמרו כלי מילת* : מכבנין · על שעושין כמין קרסי מתכת לחבר הבגד כמו שנתן כבינתי לבתי (גיטין דף נו·) נושק"א בלע"ז : באנפי נפשה · ולא אפלוגתא דמתני' : ואיכא דמתני · להא דשמואל אהא : כך הלכה · דליבש מותר ולחלב אסור : אבל מי מפים · מי מטיל גורל ומבחין איזו ליבש ואיזו לחלב והרואה אותם צרורות ליבש אומר דלחלב הוא ואתי למישרי תרווייהו : כת"ק · דמתני' דשרי בתרווייהו :

מתני' מטולטלת · י"מ טוטלא שתחת זנבו וי"מ מרדעת והאחרון נראה בעיני דאי רצועה שתחת הזנב קשורה ומחוברת לסרגא ואיך תפול וטעמא דמתני' משום שמא תפול ומייתי לה הוא : לא עקוד ולא רגול · מפרשינן בגמ' שעוקדים ידיהם עם רגליהם בכבלים שלא יברחו : ולא יקשור גמלים זו לזו וימשוך · האחד כדמפרש בגמרא : ובלבד שלא יכרוך · החבלים בכרך אחד ובגמרא מפרש טעמא :

גמ' בזנבו ובחוטרתו · דכיון דקשורה בשניהם לא נפלה : חוטרתו · אלדרוב"א שיש לכל גמלים על גביהם : בשלייתה · דכיון דלאו לא מנתחא לי' ול"נ מטולטלת כר קטן מלא מוכין נותנין לו תחת הזנב כדי שלא תשחית הרצועה הבשר לפי שהמשוי שעל גבה כשהגמל יורד מכביד ויורד כלפי צוארה אלא שהרצועה מעכבתו : יד ורגל · אחד מן הידים ואחד מן הרגלים כובל ביחד : יד על גב זרועו · אחד מידיו כופף כלפי מעלה וקושר כדי שלא יהו לו אלא ג' רגלים לברוח: שתי ידים · כאחד או שתי רגלים כאחד : ואכתי לא דמי · האי תנא לדרב יהודה : רישא וסיפא ניחא · כדרב יהודה אבל מציעתא דקתני או שתי ידים או שתי רגלים קשיא לדרב יהודה דלא קרי עקוד אלא יד ורגל כיצחק בן אברהם דכתיב (בראשית כב) ויעקד כפף ידיו ורגליו לאחוריו וקשר יד ורגל יחד ונפשט צוארו לאחוריו : לחינגא · לשוק למוכרם חינגא ע"ש שסובבין את השוק מחולות מחולות עגולות של בני אדם: לענין כלאים שנו · האי שלא יכרוך דמתני' לא שייך ביה איסור שבת אלא משום כלאים אסר ליה כדמפרש ואזיל : כלאים דחבלים · שיש בהן חבלי צמר וחבלי פשתן וכי כריך להו הוו כלאים וידו מתחממת באחיזתן וקסבר °דבר שאין מתכוין אסור : אי נימא כלאים דאדם · דכי כריך להן סביבות ידו נמצא קשור עם הגמלים ופעמים שהן מושכין שום דבר ונמצא אדם וגמל מנהיגין יחד : והתנן אדם מותר עם כולם · עם כל הבהמות לחרוש ולמשוך שלא אסרה תורה אלא שני מיני בהמה יחד כגון שור וחמור ומשנה זו במסכת כלאים : התוכף · בגדי צמר ופשתים : בתכיפה אחת · כגון ע"י מחט פעם אחת או שקשר קשר אחד : אינו חיבור · דכתיב (דברים כב) צמר ופשתים יחדו לא אסרה התורה אלא חבור יפה המתקיים : כריכה וקשירה · בשתי תכיפות : שלא יצא חבל · ראש החבל לא יצא מתחת ידו טפח למטה דדמי כמי שנושאה בידו ולא מתחזיא שהיא מהפסר הגמלים : שמואל · דאמר טפח לאורויי הלכה למעשה אתא לאשמעינן דהבא לימלך לפנינו אמרינן ליה טפח שלא להקל באיסורין ומיהו עד טפחיים ליכא איסור :

והתניא

תוספות

עד כבלא · מפרש ר"י עד השוק כדאמר בפ' במה אשה (לקמן דף סג:) בירית באחת כבלים בשתים שמניחין הכבלים בשוק :

רב אמר ליבש מותר כו' · וא"ת לימא מר הלכה כמר וי"ל משום °דאיכא דמפכי להו לתנאי* :

הלכה כר' יהודה בן בתירא · הא דנקט ר' יהודה בן בתירה ולא נקט ר' יוסי משום דבמקום שאין עושין כלל אלא כדי ליבש שרי ר' יהודה בן בתירא דלא שייך התם מי מפים ור' יוסי אוסר משום דילמא נפיל : ר"ת גרים

אמר רב הלכה כת"ק ושמואל אמר כו' וכן כי אתא רבין א"ר יוחנן הלכה כתנא קמא ואתי שפיר איכא דמתני לה לדרב ושמואל דלעיל אהא :

והתנן אדם מותר עם כולם לחרוש ולמשוך · וא"ת אפי' יהא אדם נמי אסור תקשה דמאי כלאים שייך הכא כיון שאינו מושך בעגלה ובקרון דהא בשבת איירי ואין לומר דאסור להנהיג בכלאים אפי' לא ימשוך שום דבר דאם כן יהא אסור להוליך ולהזיז ממקומו שור פסולי המוקדשין דחשיב כשני מינים כדאמרי' בפרק בתרא דמכות (דף כב·) המנהיג בשור פסולי המוקדשין לוקה גוף אחד הוא ועשאו הכתוב שני גופים וי"ל דה"ק אילימא כלאים דאדם והא דקתני ובלבד שלא יכרוך בחול קאמר כדאוקימנא לעיל (פ"ב דף כג:) ולא בשמן שריפה דאיירי ביו"ט ומיירי שמושכין שום דבר אי נמי י"ל דחשיב משיכה מה שנושאים שניהם את החבלים :

מ"ט

עין משפט נר מצוה

לא א ב ג מיי' פ"כ מהל' שבת הלכה יב סמג לאוין סה טוש"ע א"ח סי' שה סעיף ו :

[וע' תוספות מנחות ל: ד"ה ולימא]

לב ד מיי' שם הלכה ט טוש"ע שם סעי' טו:

לג ה מיי' שם הלכה י טוש"ע שם סעיף יג :

לד ו מיי' שם טוש"ע שם סעיף יד :

לה ז מיי' פ"ט מהל' כלאים הלכה יו"ד סמג לאוין רפ"ב טוש"ע י"ד סי' רצו סעיף עו :

לו ח מיי' פ"י מהל' כלאים הלכה כד סמג לאוין רסג טוש"ע י"ד סי' ש' סעיף ג :

לז ט מיי' פ"כ מהל' שבת הלכה ט סמג לאוין סה טוש"ע א"ח סי' ש"ה סעיף טו :

רבינו חננאל

כבולות מלשון כבלים כדכתיב ארץ כבול ותו' ופי' [דמשתקעא] כרעא בגוה כי כבלא שהיא עפרא וחול וזו היא תומטון . כבונות . מכבנין עור הטלה מיום לידתו עד ח' ימים וזהו צמר רך ונקרא (מילא) [מילת] . ר' יהודה אומר עזים יוצאות צרורות ליבש אבל לא לחלב כיון דאשתכח' ת"ק דברייתא כר' יהודה דמתניתין ורב אמר הלכתא כותיה הלכה כמותם ואפי' ר' יהודה לא חלק אלא אמר כך הלכה . לצרור דדי הבהמה לצמקן כדי שתתעבר הבהמה מותר . אבל מי מפים כלומר מי הבחין בין קשירת דד ליבש לקשירת דד לחלב וקי"ל הלכתא כרב באיסורי וכן הלכתא ואע"פ שר' יוסי חולק : לא יצא הגמל במטולטלת כו' תנא [לא] יצא הגמל במטולטלת בחוטרתא שתכנס בו הרוח אבל יוצא בזנבו הקשורה בחוטרתו שלא תכנס בו הרוח . לא עקוד ולא רגול . אוקמה רב יהודה עקוד יד ורגל כעקידת יצחק בן אברהם . רגול שלא יכוף על זרועו ויקשור . ותניא כוותיה ולא יקשור גמלים זה בזה וימשוך : ירושלמי שלא יהו אומרים פלוני יוצא לעשות מלאכתו בשבת . פי' חינגא שוקי מלשון חגאיד חגיגת נכרים . אבל מכנים הוא חבלים לתוך ידו ובלבד שלא יכרוך איתנו למימר הא דתנן ובלבד שלא יכרוך משום דנראה כאלו מושך האדם עם הבהמה ומשום כלאים. והתנן בכלאים בסוף פרק ח' אדם מותר עם כולם לחרוש ולמשוך אלא משום כלאים דחבלין חיישינן דלמא חבל אחד צמר ואחר פשתים וכיון שיכרוך עובר משום כלאים והתנן התוכף תכיפה אחת אינה חבור הנה תכיפה שהיא כגון תפירה אחת אינה חיבור וכ"ש כריכה שאינה חיבור . ושנינן מתניתין לא יכרוך ויקשור שנמצאת כריכה ותפירה כעין שתי תכיפות אמר שמואל ובלבד שלא יהא אפסר יוצא מתחת ידו טפח ואסיק' הלכה למעשה שלא יהא אפסר מתחת ידו כדי כריכה וכן לא יהא אפסר הניתן בראש הבהמה

וראש

מסורת הש"ס

[צ"ל להם]

[צ"ל ולא]

שבועות ה: נגעים פ"א מ"א [שבועות ו.]

[תמיד לא:]

[ברכות נג.]

כלאים פ"ח מ"ו [ב"ק נד:] [צ"ל והתנן]

[כלאים כט:] [ברכות כד. ושם נסמן]

כלאים פ"ט מ"י [יבמות ה': מנחות לט.]

גליון הש"ס

רש"י ד"ה שמכבנין וכו' ביום שנולד. עי' רש"י יחזקאל כז יח: שם ד"ה כלאים דחבלים וכו' דבר שאין וכו' אסור. עי' לקמן קמ ע"א ברש"י ד"ה אבל נוטל: תוס' ד"ה רב אמר וכו' דאיכא דמפכי להו לתנאי. כעין זה מגילה כב ע"א

ועיין לקמן בסעיף י"א, דאוסר לעזים לצאת בכיס שבדדיהן, שתלוי עליה כדי שלא יסרטו דדיהן בקוצים, **מיירי** התם שהיו צריכין עוד להחלב, ולא הדקוה שפיר כדי שלא יצטמק החלב, ולכך אסור, [כן מוכח שם דעת הגר"א לדינא, [ג]וכן מוכח מהגמ' שם, ותמה על השו"ע שלא הזכיר זה שם בפירוש].

אות ד'

לא יקשור גמלים זה בזה וימשוך, אבל מכניס חבלים לתוך ידו וימשוך, ובלבד שלא יכרוך

סימן שה סט"ו - [ד]לא יקשור גמלים זה אחר זה והוא תופס באפסר הראשון וכולם נמשכים על ידו - משום דמחזי כמאן דאזיל למכרם לשוק, **ומהאי** טעמא אפילו היו קשורין מע"ש, ג"כ אסור למשכן.

אבל [ה]אם תופס כמה אפסרי גמלים בידו, מותר. [ו]ויש מי שאוסר גם בזה - ס"ל דגם בזה שייך הטעם הנ"ל, **ולא התיר אלא להוציא בהמה אחת לבדו והוא מושכה בחבל** - ועיין בא"ר שהביא, דהיא רק דעת יחידאה, וכל הפוסקים חולקין עליה, ואין לחוש לה.

אות ה'

לא יצא הגמל במטולטלת הקשורה לו בזנבו, אבל יוצא הוא במטולטלת הקשורה בזנבו ובחוטרתו. אמר רבה בר רב הונא: יוצא הגמל במטולטלת הקשורה לה בשילייתה

סימן שה סי"ג - [ז]אין הגמל יוצא במטולטלת, והוא כמין כר קטן שנותנים תחת זנבו, [ח]אפילו היא קשורה לו בזנבו - דשמא נפיל ואתי לאתויי, **אא"כ היתה קשורה בזנבו ובחטוטרתו** - כמין חטוטרת יש לגמל על גביהם, וכשקשורה בשניהם מיהדק שפיר ולא נפל, **או בשליתה** - כיון דכאיב לה לא מינתחא לכאן ולכאן, [רש"י].

אות ו'

לא עקוד ולא רגול

סימן שה סי"ד - [ט]לא תצא שום בהמה לא עקוד ולא רגול - דמכל זה יש צער גדול לבהמה, ומשוי הוא לה, **ויש** שכתבו משום דילמא נפל החבל ומייתי לה, **פי' [י]עקוד: שקושר ידה אחת עם רגלה** - ודוקא ידה אחת, אבל כשקשורים שני ידיה או שתי רגליה כדי שלא יברחו, כדרך שעושין לסוסים כשרועין, מותר לצאת בהן, דנטירותא הוא לה, ולא הוי משוי, וכנ"ל בריש הסימן, [**ואי** הטעם משום דלמא נפיל ואתי לאתויי, אפשר דשם יותר מהדק שפיר].

ורגול: היינו שקושר אחת מרגליה כלפי מעלה, שלא תלך אלא על ג' רגלים.

אות ז'

אדם מותר עם כולם לחרוש ולמשוך

יו"ד סימן רצז סט"ז - מותר לעשות מלאכה באדם ובבהמה או חיה כאחד, כגון אדם שחורש עם שור, או מושך עגלה עם חמור, וכיוצא בו - [יא]‹שכן משמע לא תחרוש בשור וחמור יחדיו, אבל אתה חורש יחדיו עם השור או החמור – לבוש›.

אות ח'

התוכף תכיפה אחת אינה חיבור

יו"ד סימן ש ס"ב - בגד צמר שחברו עם בגד פשתן בתכיפה אחת (פי' בתחיבה אחת בתחב המחט בבגד), אינו חיבור ואין זה כלאים. קבץ שני ראשי החוט כאחד – [פירוש וקשרם ביחד], **או שתכף שתי תכיפות, הרי זה כלאים** – [זו דעת הרמב"ם, אף על גב דבהלכות שבת פרק י' כתב, התופר שתי תפירות חייב, והוא שיקשור ראשי החוטין מכאן ומכאן כדי שתעמוד התפירה ולא תשמט, **צריכין** לומר דשאני חבור דכלאים דחשיב חבור אפילו בכל דהו, מדכתיב יחדיו, שלא יהיה להם צד חבור אפי' לפי שעה, מה שאין כן בתכיפה אחת שאין שם חבור אפילו לפי שעה, **אף** על גב דבסוף כלאים אמרינן במשנה, דבתכיפה אחת אינה כלאים, והשומטו בשבת פטור, ובשתי תכיפות יש כלאים, ובשבת חייב, משמע דשבת וכלאים שוין, **היינו** לענין החילוק שיש בין תכיפה אחת לשנים, משא"כ לענין קשירה, דבשבת צריך שיהיה דבר קיים, דמלאכת מחשבת אסרה תורה – ט"ז].

באר הגולה

[ג] ‹אולי משום דרבי יהודה דהוא המחלק בין ליבש ויחלב, אמר מעשה בעזים שהיו יוצאין בכיסין שלא יסרטו דדיהן› [ד] שם במשנה [ה] כן נראה מדברי הר"ן ורבי ירוחם והרמב"ם ‹וסברא ראשונה ס"ל הא דאמרינן "ל"ש אלא לענין כלאים", לא קאי אלא א"ובלבד שלא יכרוך", וכמ"ש רש"י שם ד"ה לענין כו' - גר"א› [ו] כן נראה מדברי הטור ‹דהא איכא למימר בהא נמי דמיחזי כמאן דאזיל לחינגא, ולא שרי אלא להוציא בהמה אחת לבדה, דמשמע ליה דכי היכי ד"ובלבד שלא יכרוך" מיירי לענין כלאים, כדמפרש בגמרא שם, "אבל מכניס לתוך ידו חבלים" נמי מיירי בהכי ולא לענין שבת – ב"י› [ז] נ"ד במשנה וכפי' רש"י ‹בגמ' ד"ה בשלייתה› [ח] שם בגמ' [ט] שם במשנה [י] שם בגמרא [יא] ‹עיין רש"י›

(ויש אומרים דלא הוי כלאים אלא בב' תכיפות וקשר ב' ראשי החוט) - כגון שמעביר המחט פעם א' ואינו מעביר כל החוט, ומעביר המחט פעם שנית, ונמצא שני ראשי החוטין ביחד, וקושר שני ראשי החוטין - ש"ך, [דבענין אחר אינן מתקיימים, **אבל אם אינו קושר שני ראשי החוטין, או שאינו מעביר המחט אלא פעם אחת, אף על פי** שקושר שני ראשי החוטין על שפת הבגד, אינו חיבור, עכ"ל הטור, **ונראה הטעם,** דכל שהחוט מתקשר בחוץ על שפת הבגד, יתקלקל מהר כשיגיע באיזה דבר, כי החוט הוא דבר דק ואין מגין עליו, **ובזה ניחא לי** מה שקשה, למה הוצרכה התורה להתיר כלאים בציצית, והלא חיבור שלהם בבגד על ידי קשירה מבחוץ, **ולדידי ניחא, דדוקא בכלאים שמחבר** שני דברים להדדי, ובמהרה ינתק החוט כל שהוא מבחוץ, **מה שאין כן** בציצית שאין שם רק דבוק החוטין להבגד, ולא במהרה ינתק, **כנ"ל, ומדלא הביא רמ"א הך חילוק היאך יהיו קישורי החוט, משמע שדעתו** לפסוק להחמיר אפילו בקשירה מבחוץ, ‹לכאורה ע"כ ר"ל בב' תכיפות, דזה צריך לרמ"א, וא"כ איך הוי הקשירה מבחוץ, וצ"ע›, **וכן נכון, מאחר שהרמב"ם אוסר כאן אפילו בלא קשירה כלל, וכל שכן אם עושה קשר** בראש החוט מכאן ומכאן, כמו שכתב הרמב"ם אפילו בדין שבת, כמו שזכרנו – ט"ז].

(**עיין** במג"א שכתב, דאף לדעה זו דתכיפה אחת לא מהני קשר, היינו קשר אחד, משא"כ שני קשרים, אפילו תוחב המחט פ"א לכו"ע הוי חיבור, דאל"כ כלאים בציצית היכא משכחת לה, ע"ש, וכן כתב בתשובת חות יאיר, **וכתב** עוד, דאף דס"ל לדעה זו דגם ב' תכיפות בעי קשר, מ"מ ג' תכיפות וכ"ש יותר לא בעי קשר, ע"ש עוד - פת"ש).

אות ט'

ובלבד שלא יצא חבל מתחת ידו טפח

סימן שה סט"ז - המוציא בהמה והוא מושכה באפסר, [יב]צריך ליזהר שלא יצא ראש החבל מתחת ידו טפח למטה, דדמי כמו שנושאה בידו ולא מתחזיא מאפסר הבהמה - ומ"מ אם הוציא טפח אחד מתחת ידו, לא עשה איסור, אא"כ הוציא ב' טפחים, **אלא** דלמעשה יש להחמיר לכתחלה שלא יצא אפילו טפח אחד מידו, גמרא.

[יג]וגם לא יניח הרבה מן החבל בין ידו לבהמה, כדי שלא יכביד עד שלא יגיע בטפח הסמוך לארץ - צ"ל "עד שיגיע", והטעם, דכשיגיע סמוך לארץ לא תהא נראה כאלו הבהמה נמשכת בה, דיהיה מותר מחמת שהוא נטירותא דבהמה, אלא כמשאוי בעלמא, [רש"י].

[יד]ואם הוא ארוך, יכרוך אותו סביב צוארה.

באר הגולה

יב שם כשמואל | יג שם בברייתא | יד טור מדין כריכת חבל האפסר בסעיף א' ושם אות ה' ציינתיו

והתניא ובלבד שיגביה מן הקרקע טפח כי תניא ההיא בחבלא דביני ביני: **מתני'** *אין *חמור יוצא במרדעת בזמן שאינה קשורה לו *ולא בזוג אף על פי שהוא פקוק ולא בסולם שבצוארו ולא ברצועה שברגלו ואין התרנגולים יוצאין בחוטין ולא ברצועה שברגליהם ואין הזכרים יוצאין בעגלה שתחת האליה שלהן ואין הרחלים יוצאות חנונות ואין העגל יוצא בגימון ולא פרה בעור *הקופר ולא *ברצועה שבין קרניה *פרתו של רבי אלעזר בן עזריה היתה יוצאה ברצועה שבין קרניה שלא ברצון חכמים: **גמ'** מאי טעמא *כדאמרן: ולא בזוג אע"פ שהוא פקוק: משום *דמיחזי כמאן דאזיל לחינגא: ולא בסולם שבצוארו: א"ר הונא בי לועא למאי עבדי ליה להיכא דאית ליה מכה דלא הדר חייך ביה: ולא ברצועה שברגלו: דעבדי ליה לגיזרא: ואין התרנגולין יוצאין בחוטין: דעבדי ליה סימנא כי היכי דלא ליחלפו: ולא ברצועה: דעבדי ליה כי היכי דלא ליתברו מאני: ואין הזכרים יוצאין בעגלה: כי היכי דלא לחמטן אלייתיה: ואין הרחלים יוצאות חנונות: יתיב רב אחא בר עולא קמיה דרב חסדא ויתיב וקאמר משעה שגוזזין אותה טומנין לה עזק בשמן ומניחין לה על פדחתה כדי שלא תצטנן אמר ליה רב חסדא א"כ עשית' מר עוקבא אלא יתיב רב פפא בר שמואל קמיה דרב *חסדא ויתיב וקאמר בשעה שכורעת לילד טומנין לה שני עזקין של שמן ומניחין לה אחד על פדחתה ואחד על הרחם כדי שתתחמם א"ל רב נחמן אם כן עשיתה ילתא אלא א"ר הונא עץ אחד יש בכרכי הים וחנון שמו ומביאין קיסם ומניחין לה בחוטמה כדי שתתעטש ויפלו דרני ראשה אי הכי זכרים נמי כיון דמנגחי זכרים בהדדי ממילא נפלן שמעון נזירא אמר קיסמא דריתמא בשלמא דרב הונא היינו דקתני חנונות אלא לרבנן מאי חנונות דעבדינן להו מילתא דמרחמינן עלייהו: ואין העגל יוצא בגימון: מאי עגל בגימון א"ר הונא בר נירא אמר ר' אלעזר מאי משמע דהאי גימון לישנא דמיכף דכתיב °הלכוף כאגמון ראשו: ולא פרה בעור הקופר: דעבדי לה כי היכי דלא למציוה יאלי: ולא ברצועה שבין קרניה: אי [ג]לרב (דאמר) *בין לנוי בין לשמר אסור אי לשמואל (דאמר) לנוי אסור לשמר מותר: פרתו של רבי אלעזר בן עזריה: *וחדא פרה הויא ליה והא אמר רב ואמרי לה אמר רב יהודה אמר רב תריסר אלפי עגלי הוה מעשר רבי אלעזר בן עזריה מעדריה כל שתא ושתא תנא לא שלו היתה אלא של שכינתו היתה ומתוך שלא מיחה בה נקראת על שמו *רב ורבי חנינא ור' יוחנן ורב חביבא מתנו בכוליה דסדר מועד כל כי האי זוגא חלופי רבי יוחנן ומעייל רבי יונתן [ד]כל מי שאפשר למחות לאנשי ביתו ולא מיחה נתפס על אנשי ביתו באנשי עירו נתפס על אנשי עירו בכל העולם כולו נתפס על כל העולם כולו אמר רב פפא והני דבי ריש גלותא נתפסו על כולי עלמא כי הא דאמר רבי חנינא מאי דכתיב °ה' במשפט יבא עם זקני עמו ושריו אם שרים חטאו זקנים

תורה אור: הלכוף כאגמון ראשו — ישעיה נח · ה' במשפט יבא — ישעיה ג

רש"י

וספניא ובלבד שיגביה מן סקרקע טפח · אבל כל כמה דבעי ניפוק מתותיה ידיה: **בחבלא דביני ביני** · שבין ידו לגמל בההוא קאמר כמה דבעי נהוי ובלבד שיגביהנו מן הקרקע טפח כדי שתהא נראה הבהמה נמשכה בו דאי לא לא מיתחזי נטירותא דבהמה אלא כמשאוי בעלמא שאין נראה שאוחז ראשה בידו: **מתני' בזוג** · אישקליטא: **אע"פ** · שחללו פקוק במוכין שאין העינבל שלו מקשקש להשמיע קול ובגמ' מפרש טעמא: סולם ורצועה וכל הנך דמתניתין מפרש בגמרא וכולהו משום דחיים עלייהו ואי נפלי אתי לאיתויי: **עגלה** · כגון קרון קטן שעושין לו תחת זנבו שראש זנב אותן האילים רחב כמין כר קטן ואין בו עצם אלא שומן ועב וכבד וכשנגרר לארץ נסרט ונשחת ועושים לו עגלה מתגלגלת אחריו כשהוא הולך והזנב קשור עליה: **קופר** · שרץ הוא שנימיו חדין כמחט וקורין לו הריצו"ן וקושרין עורו בדדי הפרה שלא יניקוה שרצים: **ולא ברצועה שבין קרניה** · דמשאוי הוא לה כדמפרש בגמרא: **גמ' כדאמרן** · שאינה קשורה בו מע"ש דלא גלי מאתמול שיהא צריכה לכך שיהא לה למלבוש: **פקוק** · סתום: **לחינגא** · לשוק למכור ותולין לו זוג להנאותו: **בי לועא** · שקושרין אצל הלחי: **דלא הדר חייך ביה** · שלא יוכל להחזיר צוארו לצד המכה לחככה בשיניו וקושרין בצוארו וחשובים הן יותר מקשישין שעל גבי השבר ואי נפלו חיים עלייהו ומייתי להו בשוגג: **לגיזרא** · אנטורטליי"ר בלע"ז בהמ' שפסיעותיה קצרים ומכה רגליה זה בזה עושין לה כמין טבעת של עקלים או רצועות עבות וקושרין אותה למעלה מפרסות הרגל מקום שמנקשין זו בזו: **דלא ליחלפו** · בתרנגולי חבריהם: **דלא ליתברו מאני** · שקושרין שני רגליה יחד ברצועה קצרה שלא תוכל להרים רגליה ולהתיז: **דלא ליחמטן** · שלא ילקו בסלעים וטרשים בלכיי"ר בלע"ז: **לאחר שגוזזין אותה טומנים לה עזק בשמן** · עד שיגדל צמרה: **עזק** · צמר גפן או כל דבר רך: **פדחתה** · מצחה: **עשיתה מר עוקבא** · נוהגת ברחל זו חשיבותו של מר עוקבא שהיה עשיר ואב בית דין וכי דרך חשיבותה לכך: **ילתא** · אשתו של רב נחמן: **דרני** · תולעים: **קיסמא דריתמא** · קיסם של רותם שמניחין לה בחוטמה: **בר נירא** · עול קטן שמניחין* לעגל בצוארו שיהיה למוד לכוף ראשו לכשיגדל: **דלא למציוה יאלי** · שלא ינקוה עלוקה שקורין סנגשוא"ש: **בין לנוי בין לשמר אסור** · דכל נטירותא יתירתא אמרי' משאוי הוא: **(מתנו) בכולי סדר מועד כל כי האי זוגא** · ארבעתן יחד: **חלופי ר' יוחנן** · יש מחליפין ר' יוחנן ומעיילי ר' יונתן: **נתפס** · נענש על עבירות שבידן: **בכל העולם כולו** · בכל ישראל כגון מלך ונשיא שאפשר לו למחות שיראין מפניו ומקיימין דבריו: **זקנים**

תוספות

מאי טעמא דילמא נפיל ואתי לאתויי · אע"ג דאוקימנא לעיל דאיירי בקשורה הכא מפרש לפום משמעות ריהטא דמתני' ומשום שהאריך לעיל לא חש להאריך הכא ומתוך פי' הקונט' משמע דל"ג דילמא נפיל ואתי לאתויי: **משום** דמיחזי כמאן דאזיל לחינגא · אבל משוי אינו שבטל אגב אפסר ומשום דילמא נפיל נמי ליכא למיחש כדחיישינן גבי זוג ברים במה אשה (לקמן דף נח:ושם) דהכא מיירי באריג ואמר התם כל שהוא אריג לא גזרו:

דלא למציוה יאלי · פירש"י שאגשוא"ש דהיינו עלוקה ואין נראה דאין מוצצות אלא דם ועוד דהוה ליה למימר עלוקות ולא אשכחן דקרי להו יאלי בשום מקום ונראה דיאלי היינו נמי קופר דמתני' כדאמר בריש בבא בתרא (דף ד·) גבי הורדוס אהדר ליה כלילא דיאלי ונקרינהו לעיניה והאנקה מתרגמינן יאלי (ויקרא יא) והוא שקורין הירצו"ן:

הוה מעשר ר' אלעזר בן עזריה כל שתא ושתא · הקשה ר"ת דאמר בפ' בתרא דבכורות (דף נג: ושם) דאין מעשר בהמה נוהג אחר החורבן מפני התקלה א"כ בזמן הבית הוה מעשר ומסתמא בן י"ג שנה היה כשעישר וא"כ מאי קאמר דהוה מעשר כל שתא ושתא דע"כ לא היה בשעת חורבן הבית לכל היותר כי אם בן י"ד או ט"ו שהרי רבי יוחנן בן זכאי משך נשיאותו אחר החורבן שנה או שנתים דכמה תקנות תקן אחר החורבן כדתנן* משחרב בהמ"ק התקין רבי יוחנן בן זכאי ואחריו ר"ג היה נשיא שנתים או ג' קודם שמינו רבי אלעזר בן עזריה כדאמר בפרק תפלת השחר (דף כז:) אשתקד לצעריה *לרבי צדוק וקודם לכן לצעריה לרבי יהושע על תקנת המועדות וכשהעמידוהו נשיא היה בן י"ח שנה כדאמר התם הרי בשעת החורבן היה בן י"ד או ט"ו לכל היותר וי"ל דקודם גזרה הוה מעשר אי נמי אפוטרופוס הוה מעשר בקטנותו °והר"ר אלחנן מפרש הוה מעשר אחר חורבן בהמת ארנונא למלך*: **רב** ור' חנינא ור' יוחנן ורב חביבא מתני · פירוש מתני הך שמעתא דאמר בסמוך והשתא פסק הש"ס למילתיה וקאמר בכולי *(הש"ס)(א) כל כה"ג זוגא מיחלפא רבי יוחנן כו' ולא קאי מתני אחילוף כך קבל רבינו שמואל בשם רבינו שלמה ששמע מרבי אליעזר רבו: ואף

[ר"ה כו:] · [במשנה דרבי צדוק כצ"ל] · [גיטין נה:] · [סדר מועד]

עין משפט נר מצוה

לח א ב מיי' פ"כ מהל' שבת הלכה י יא סמג לאוין סה טוש"ע א"ח סי' שה סעיף יז [ורב אלפס כ"מ עו.]

לט ג מיי' פיו מהל' דיעות הלכה ז סמג עשין יא:

רבינו חננאל

וראש האפסר (בין) [ביד] המושך הבהמה אותו וביני ביני יגביהנו שלא יהא קרוב לקרקע טפח. וכן הלכה. פי' מטוטלת צפיחה. פי' דלא נחמטה שלא יעלה כעין עיפוש באליה. חנונות עץ ושמו עץ וחנון. ומניחין קיסם ממנו בחוטמו כדי שתתעטש ויפלו דרני ראשה. שמעון נזירא אומר כו'. נמון עץ קטן כמו עול. לא פרה בעור הקופר ברצועה שבין קרניה אי לרב בין כך ובין כך אסור אי לשמואל לשמר מותר לנוי אסור וזה היתה לנוי: כל מי שיש בידו ספק למחות ואינו מוחה נתפס עליו כו'. ה' במשפט יבא עם זקני עמו ושריו אם שרים חטאו זקנים מה חטאו אלא על שלא מיחו:

[במשנה דרבי צדוק כצ"ל]

[וע' תוספות בכורות נג. ד"ה אלא וכו' שם דתו פי' זה וגם לתי' דאפוטרופוס ע"ש אבל ביצה כג. ד"ה תליסר וכו' כתבו כמו הכא וע"ע תוס' ע"ז יג. ותוס' יומא סו. ד"ה אין מקדישין]

רב נסים גאון

אמר ליה רב נחמן אם כן עשיתה ילתא ילתא היא אשתו של רב נחמן ותגד דאלך*) בסוף פרק שלשה שאכלו כאחת (ברכות דף נא) עולא בר רב איקלע לבי רב נחמן בריך וכו' שמעא ילתא ואיקפדה ובעשרה יוחסין (קדושין דף ע) אמר רב נחמן לרב יהודה נישדר מר שלמא לילתא:

*) הוראתו והמנא וכי

מסורת הש"ס

[לעיל נג.] · [לקמן סד:] · [לעיל נב. עדיו' פ"ג מי"ב ביצה דף כג.] · לעיל נג. · [לעיל ע"א וביצה כג.] · גירס' רש"ל רב נחמן · כד"א שמניחין · [לעיל נב:] · ביצה כג. · סוכה ד: מגילה · ישעיה ג

הגהות הב"ח

(א) תוס' ד"ה רב וכו' בכולי סדר מועד כל כי האי זוגא מיחלפא:

גליון הש"ס

תוס' ד"ה הוה מעשר וכו' והר"ר אלחנן מפרש פי' מ"ל רפ"ז מהלכות בכורות:

זקנים מה חטאו אלא אימא על זקנים שלא מיחו בשרים °רב יהודה הוה יתיב קמיה דשמואל אתאי ההיא איתתא קא צווחה קמיה ולא הוה משגח בה א"ל לא סבר ליה מר °אוטם אזנו מזעקת דל גם הוא יקרא ולא יענה א"ל *שיננא רישך בקרירי רישא דרישיך בחמימי הא יתיב מר עוקבא אב ב"ד דכתיב °בית דוד כה אמר ה' דינו לבקר משפט והצילו גזול מיד עושק פן תצא כאש חמתי ובערה ואין מכבה מפני רוע מעלליהם וגו' °א"ל ר' זירא לר' סימון לוכחינהו מר להני דבי ריש גלותא א"ל לא מקבלי מינאי א"ל אע"ג דלא מקבלי לוכחינהו מר דא"ר אחא בר' חנינא מעולם לא יצתה מדה טובה מפי הקב"ה וחזר בה לרעה חוץ מדבר זה דכתיב °ויאמר ה' אליו עבור בתוך העיר בתוך ירושלים והתוית תיו על מצחות האנשים הנאנחים והנאנקים על כל התועבות הנעשות בתוכה וגו' א"ל הקב"ה לגבריאל לך ורשום על מצחן של צדיקים תיו של דיו שלא ישלטו בהם מלאכי חבלה ועל מצחם של רשעים תיו של דם כדי שישלטו בהן מלאכי חבלה אמרה מדת הדין לפני הקב"ה רבש"ע מה נשתנו אלו מאלו אמר לה הללו צדיקים גמורים והללו רשעים גמורים אמרה לפניו רבש"ע היה בידם למחות ולא מיחו אמר לה גלוי וידוע לפני שאם מיחו בהם לא יקבלו מהם (*אמר) לפניו רבש"ע אם לפניך גלוי להם מי גלוי והיינו דכתיב °זקן בחור ובתולה טף ונשים תהרגו למשחית ועל כל איש אשר עליו התיו אל תגשו וממקדשי תחלו וכתיב ויחלו באנשים הזקנים אשר לפני הבית *תני רב יוסף אל תקרי מקדשי אלא מקודשי אלו בני אדם שקיימו את התורה כולה מאלף ועד תיו ומיד °והנה ששה אנשים באים מדרך שער העליון אשר מפנה צפונה ואיש כלי מפצו בידו ואיש אחד בתוכם לבוש הבדים וקסת הסופר במתניו ויבאו ויעמדו אצל מזבח הנחושת מי הוה אמר להו הקב"ה התחילו ממקום שאומרים שירה לפני ומאן נינהו ששה אנשים א"ר חסדא קצף אף וחימה ומשחית ומשבר ומכלה ומ"ש תיו אמר רב תיו תחיה תיו תמות ושמואל אמר תמה זכות אבות ורבי יוחנן אמר תחון זכות אבות ור"ל אמר תיו סוף חותמו של הקב"ה *דאמר רבי חנינא חותמו של הקב"ה אמת (אמר) ר' שמואל בר נחמני *אלו בני אדם שקיימו את התור' כולה מאלף ועד תיו מאימתי תמה זכות אבות °אמר רב מימות הושע בן בארי שנא' °אגלה את נבלתה לעיני מאהביה ואיש לא יצילנה מידי ושמואל אמר מימי חזאל שנאמר °וחזאל מלך ארם לחץ את ישראל כל ימי יהואחז וכתיב ויחן ה' אותם וירחמם ויפן אליהם למען בריתו את אברהם יצחק ויעקב ולא אבה השחיתם ולא השליכם מעל פניו עד עתה ר' יהושע בן לוי אמר מימי אליהו שנאמר °ויהי בעלות המנחה ויגש אליהו הנביא ויאמר ה' אלהי אברהם יצחק וישראל היום יודע כי אתה אלהים בישראל ואני עבדך ובדברך עשיתי [את] כל הדברים האלה וגו' ורבי יוחנן אמר מימי חזקיהו שנאמר °למרבה המשרה ולשלום אין קץ על כסא דוד ועל ממלכתו להכין אותה ולסעדה במשפט ובצדקה מעתה ועד עולם קנאת ה' צבאות תעשה זאת וגו': אמר רב אמי אין מיתה בלא חטא ואין יסורין בלא עון אין מיתה בלא חטא דכתיב °הנפש החוטאת היא תמות בן לא ישא בעון האב ואב לא ישא בעון הבן צדקת הצדיק עליו תהיה ורשעת הרשע עליו תהיה וגו' אין יסורין בלא עון דכתיב °ופקדתי בשבט פשעם ובנגעים עונם

מיתיבי

רש"י

זקנים · סנהדרין: **רישך בקרירי** · אני שאני רבך איני נכוה אבל מר עוקבא שהוא ראש לי ולך ואב ב"ד יכווה בחמין: **דכתיב בית דוד וגו'** · לא ענש אלא מי שבידו לשפוט: **חוץ מדבר זה** · שנא' במקרא זה שהוציא דבור לטובה ומפני עונש תוכחה חזר בו: **והתוית תיו על מצחות האנשים הנאנחים והנאנקים על כל התועבות הנעשות בתוכה** · אלו צדיקים: **שלא ישלטו בהם מלאכי חבלה** · שאני רוצה לשלוח בעיר: **היינו דכתיב** · מעיקרא ועל כל איש אשר עליו התיו אל תגשו ולבסוף וממקדשי תחלו: **ממקודשי** · שהודה למקטרג מדת הדין וחזר מן הטוב: **מי הוה מזבח הנחשת** · בימי יחזקאל והלא שלמה גנזו ועשה מזבח אבנים של ל"ב אמה דכתיב (מלכים א ח) כי מזבח הנחשת אשר לפני ה' קטן מהכיל *כאדם האומר לחבירו ננס פלוני ופסול לעבודה: **ממקום שאומרים שירה** · מן הלוים שאומרים שיר בכלי נחשת: **תיו תמות** · לרשעים: **חותמו של הקב"ה אמת** · אמצעית לאותיות וראשון ואחרון על שם אני ראשון ואני אחרון ואני הוא: **אלו בני אדם שקיימו התורה כולה** · התיו סימן להם שקיימו התורה מראש עד סוף: **ואיש לא יצילנה** · שאין עוד זכות לאבות שאכלוה: **ויפן אליהם למען בריתו את אברהם וגו' ולא השליכם מעל פניו עד עתה** · אבל מכאן ואילך השליכם ולא פנה אל ברית אבות: **ה' אלהי אברהם ואלהי יצחק וישראל היום יודע** · שאתה זוכר ברית אברהם יצחק וישראל מדקאמר היום יודע ותו לא מכלל דתמה ועל ידי רחמים הוזכרה להם בימי חזאל: **בימי חזקיהו** · דכתיב מעתה ועד עולם קנאת ה' לבאות תעשה זאת ולא זכות אבות: **בלא חטא** · וחטאו של אדם גורם לו מיתה: **בשבט ובנגעים** · היינו יסורים וקאמר שאין באין אלא משום פקידת עון:

תוספות

ואע"ג דלא מקבלי לוכחינהו מר · היינו היכא דספק אי מקבלי כדאמר בסמוך לפניהם מי גלוי אבל היכא דודאי לא מקבלי הנח להם מוטב שיהו שוגגין ואל יהיו מזידין כדאמרינן בהמביא כדי יין (ביצה דף ל. ושם) ובפרק שואל (לקמן דף קמח:) גבי תוספת יוה"כ*:

ועל הרשעים תיו של דם · לא מקרא קאמר הכי אלא מסבר' דהא דכתיב והתוית תיו על מצחות האנשים הנאנחים והנאנקים על כל התועבות הנעשות בתוכה היינו בצדיקים גמורים:

מזבח נחשת בימי שלמה מי הוה · כדכתיב ששלמה הסירו כי היה קטן מהכיל וא"ת והא כתיב בדברי הימים (ב ד) ויעש שלמה את מזבח הנחשת וי"ל דדרשינן ליה כי הכא מזבח שאומרים לפניו °שירה בכלי נחשת:

קצף אף וחימה · קשה לרשב"א דאמר בפ"ק דמסכת ע"ג (דף ד· ושם) כתיב חימה אין לי וכתיב נוקם ה' ובעל חימה ומשני כאן לישראל כאן לנכרים אלמא דאין להקב"ה חימה על ישראל והא דמס' ע"ג קשה דבס"פ ארבעה נדרים (דף לב·) אמר חימה משה הרגו דכתיב חימה אין לי ופריך והא כתיב כי יגורתי מפני האף והחימה ומשני תרי חימה הוו:

ושמואל אמר תמה זכות אבות ורבי יוחנן אמר תחון זכות אבות · אומר רבינו תם דזכות אבות תמה אבל ברית אבות לא תמה דהא כתיב (ויקרא כו) וזכרתי את בריתי יעקוב אף לאחר גלות ולכן אין אנו מזכירין זכות אבות אלא הברית °ומפרש דשמואל דאמר מימי חזאל דייק מדכתיב למען בריתו ולא למען זכותו ואומר ר"י דבויקרא רבה (פ' לו) דייק מעד עתה כדפי' בקונטרס ולר"י נראה דלא פליגי שמואל ור"י אלא שמואל קאמר דלרשעים תמה אבל לצדיקים לא תמה ובצדיקים איירי ר"י תדע דהא ר"י אמר בסמוך דמימי חזקי' תמה זכות אבות והכא קאמר דאף בשעת חורבן דבתר הכי תחון זכות אבות ועל זה אנו סומכין להזכיר זכות אבות ובשלהי ויקרא רבה רבי אחא אומר לעולם זכות אבות קיימת ולעולם אנו מזכירים אותם וכן הוא אומר כי אל רחום וגו' ולא ישכח את ברית אבותיך וגו':

אין מיתה בלא חטא · פי' (מיתה) לפי שהגזרה באה אף על השגגה ואין יסורים בלא עון של מזיד כדאמר ביומא (דף לו:) חטאים אלו השגגות עונות אלו הזדונות ואף על גב דאמר (שבועות דף ח:) גבי שעיר של יה"כ להגין עליו מן היסורים משמע דיסורים באים על שוגג הכא מיירי ביסורי נגעים שהן מבוערים כדמייתי קרא:

ארבעה

רבינו חננאל

ד' מתו בעטיו של נחש כבר פירשנוהו:

רב נסים גאון

דאמר ר' חנינא חותמו של הקב"ה אמת· תמצא עיקר דברי ר' חנינא בפרק בא לו כהן גדול (דף סט) במס' יומא ובפ' ד' מיתות (דף סד) במס' סנהדרין ובתלמוד ארץ ישראל במסכת סנהדרין (פרק ס"א) אמרו בדבר זה טעם נאה ביותר ונראה לי לכתבה הנה והכי אמרו מהו חותמו של הקב"ה רב ביבי בשם ר' ראובן אמר אמת מהו אמת אמר ר' אבין שהוא אלהים חיים ומלך עולם אמר ר' שמעון בן לקיש אלף ראשה דאלפא ביתא מם באמצעיתה תיו בסופ' לומר (ישעי' מד) אני ה' ראשון שלא קיבלתי מלכותי מאחר ומבלעדי אין אלהים שאין לי שותף ואת אחרונים אני הוא שאין אני עתיד למוסרה לאחר ואיתא נמי בבראשית [רבה] דר' אושעיא (פרשה פא):

גליון הש"ס

גמ' ר"י הוה יתיב. עי' ב"ב דף י ע"ב תוס' ד"ה עליונים: שם א"ל ר"ז לר' סימון לוכחינהו. עי' מדרש רבה איכה שני ד"ה ולא זכר הדום רגליו: שם אמר רב מימות הושע בן בארי· ירושלמי פרק חלק ושם איתא הך לימוד בשם שמואל: תוס' ד"ה מזבח נחושת וכו' שירה בכלי נחושת. עי' זבחים דף ס ע"א תוס' ד"ה ה"ק: שם ד"ה ושמואל וכו' ומפרש דשמואל דאמר מימי חזאל· אולם בירושלמי פ' חלק מסיים עד עתה עד אותה שעה הזכות קיימת והיינו כפי' רש"י:

[וע"ע תוס' ב"ב ס: ד"ה מוטב ותוס' ע"ז ד. ד"ה שהיה בידם]:

מסורת הש"ס: [לקמן קנג. וש"נ ועי' מ"ש בהגהות: על הגליון] [זבחים נט:] [נ"ל אמרת] [פ"י ד. ע"ש] [שם] יומא סט: סנהדרין סד. [נ"ל אמר אלו וכו']

משלי כא · ירמיה כא · יחזקאל ט · שם · הושע ב · מלכים ב יג · מלכים א יח · ישעיה ט · יחזקאל יח · תהלים פט

מסורת הש"ס

מיתיבי אמרו מלאכי השרת לפני הקב"ה רבונו של עולם מפני מה קנסת מיתה על אדם הראשון אמר להם מצוה קלה צויתיו ועבר עליה א"ל והלא משה ואהרן שקיימו כל התורה כולה ומתו א"ל °מקרה אחד לצדיק ולרשע לטוב וגו' הוא דאמר כי האי תנא דתניא ר"ש בן אלעזר אומר אף משה ואהרן בחטאם מתו שנא' °יען לא האמנתם בי *הא האמנתם בי עדיין לא הגיע זמנכם ליפטר מן העולם מיתיבי *°ארבעה מתו בעטיו של נחש ואלו הן בנימין בן יעקב ועמרם אבי משה וישי אבי דוד וכלאב בן דוד וכולהו גמרא לבר מישי אבי דוד דמפרש ביה קרא דכתיב °ואת עמשא שם אבשלום תחת יואב (*שר) הצבא ועמשא בן איש ושמו יתרא הישראלי אשר בא אל אביגיל בת נחש אחות צרויה אם יואב וכי בת נחש הואי והלא בת ישי הואי דכתיב °ואחיותיהן צרויה ואביגיל אלא בת מי שמת בעטיו של נחש מני אילימא תנא דמלאכי השרת והא איכא משה ואהרן אלא לאו ר"ש בן אלעזר היא וש"מ יש מיתה בלא חטא ויש יסורין בלא עון ותיובתא דרב אמי *תיובתא: א"ר שמואל בר נחמני א"ר יונתן כל האומר ראובן חטא אינו אלא טועה שנאמר °ויהיו בני יעקב שנים עשר מלמד שכולן שקולים כאחת אלא מה אני מקיים °וישכב את בלהה פילגש אביו מלמד שבלבל מצעו של אביו ומעלה עליו הכתוב כאילו שכב עמה תניא ר"ש בן אלעזר אומר מוצל אותו צדיק מאותו עון ולא בא מעשה זה לידו אפשר עתיד זרעו לעמוד על הר עיבל ולומר °ארור שוכב עם אשת אביו ויבא חטא זה לידו אלא מה אני מקיים וישכב את בלהה פילגש אביו עלבון אמו תבע אמר אם אחות אמי היתה צרה לאמי שפחת אחות אמי תהא צרה לאמי עמד ובלבל את מצעה אחרים אומרים שתי מצעות בלבל אחת של שכינה ואחת של אביו והיינו דכתיב °אז חללת יצועי עלה (אל תקרי יצועי אלא יצועיי) כתנאי פחז כמים אל תותר ר' אליעזר אומר פזתה חבתה זלתה ר' יהושע אומר פסעתה על דת חטאת זנית ר"ג אומר פיללתה חלתה זרחה תפלתך אמר ר"ג עדיין צריכין אנו למודעי ר' אלעזר המודעי אומר הפוך את התיבה ודורשה *זעזעתה הרתעתה פרחה חטא ממך רבא אמר ואמרי לה ר' ירמיה בר אבא זכרת עונשו של דבר חלית עצמך חולי גדול פירשת מלחטוא: ראובן בני עלי בני שמואל דוד ושלמה ויואש* סימן: *אמר ר' שמואל בר נחמני א"ר יונתן כל האומר בני עלי חטאו אינו אלא טועה שנאמר °ושם שני בני עלי (עם ארון ברית האלהים) חפני ופנחס כהנים לה' סבר לה כרב דאמר רב פנחס לא חטא מקיש חפני לפנחס מה פנחס לא חטא אף חפני לא חטא אלא מה אני מקיים אשר ישכבון את הנשים מתוך ששהו את קיניהן שלא הלכו אצל בעליהן מעלה עליהן הכתוב כאילו שכבום גופא אמר רב פנחס לא חטא שנאמר °ואחיה בן אחיטוב אחי אי כבוד בן פנחס בן עלי כהן ה' וגו' אפשר חטא בא לידו והכתוב מייחסו והלא כבר נאמר °יכרת ה' לאיש אשר יעשנה ער ועונה מאהלי יעקב ומגיש מנחה לה' צבאות *אם ישראל הוא לא יהיה לו ער בחכמים ולא עונה בתלמידים ואם כהן הוא לא יהיה לו בן מגיש מנחה אלא לאו שמע מינה פנחס לא חטא אלא הא כתיב °אשר ישכבן *ישכבן כתיב והכתיב °אל בני כי לא טובה השמועה א"ר נחמן בר יצחק בני כתיב והכתיב מעבירים א"ר הונא בריה דרב יהושע מעבירם כתיב והכתיב בני בליעל מתוך שהיה לו לפנחס למחות לחפני ולא מיחה מעלה עליו הכתוב כאילו חטא א"ר שמואל בר נחמני א"ר יונתן כל האומר

בני

רש"י

ארבעה מתו בעטיו של נחש · והא דכתיב (קהלת ז) כי אדם אין צדיק בארץ וגו' ברוב בני אדם קאמר: **וש"מ** יש מיתה בלא חטא ויש יסורים בלא עון · ואע"ג דמאי דקאמר אין יסורין בלא עון לא איתותב: **כל** האומר בני עלי חטאו אינו אלא טועה · פירוש במאי דכתיב אשר ישכבון לא חטאו אלא מבזים קדשים היו כדכתיב (שמואל א ב) בטרם יקטירון החלב וגו': **מעבירם** כתיב · הש"ס שלנו חולק על ספרים שלנו שכתוב בהם (*מעבירים) וכן מצינו בירושלמי בשמשון והוא שפט את ישראל ארבעים שנה מלמד שהיו פלשתים יראים ממנו כ' שנה אחר מותו כמו בחייו °ובכל ספרים שלנו כתיב כ' שנה (שופטים טז): **מתוך** שהיה לו לפנחס למחות · ופליג אר' יונתן דאמר שניהם לא חטאו: שהיה

בעטיו של נחש · בעצתו של נחש שהשיא לחוה ולא בחטא אחר שלא חטאו · בעטיו כמו עטא וטעם (דניאל ב): **ואמיותיהם** · בבני ישי משתעי: **אלא לאו ר"ש בן אלעזר** · דאמר משה ואהרן בחטאם מתו ומודה בהני: **כל האומר ראובן חטא** · במעשה בלהה: **דכתיב** · בההוא קרא: **ויהיו בני יעקב וגו'** · להוציא מלבך שלא תחשדנו: **ויבא חטא זה לידו** · ויגזור הקב"ה שיהיו מן המקללים: **אחת של שכינה** · כך היה יעקב עושה בארבעה אהלי נשיו מעמיד מטה לשכינה ובאותו אהל שהוא רואה בו השכינה הוא בא ולן אותו הלילה: **חללת** · אותו שם שעלה על יצועי דהיינו שכינה מדלא כתיב יצועי עלית מטעם אחר עד שלא נבנה אהל מועד היתה שכינה מצויה באהלי לדיקים: **פחז** · נוטריקון הוא: **פזתה** · לשון עמא פזיזא (לקמן דף פח·)· פזתה מיהרת בעלמך וחטאת: **זלתה** · זלזלת: **פיללת** · להגלל מן החטא: **חלתה** · *ויחל משה (שמות לב): **זעזעת'** · יראת לחטוא לר' אליעזר ור' יהושע חטא ולרבן גמליאל ולמודעי בקש לחטוא ולא חטא: **חלית** · חולי גדול להתאפק לכבוש יצרך: **כל האומר בני עלי חטאו** · באשת איש אינו אלא טועה ומיהו בבזיון קדשים חטאו: **דאמר רב** · לקמן בשמעתין פנחס לא חטא ויליף לה מקרא ור' יונתן יליף לה לחפני מהאי קרא דמקיש חפני לפנחס: **ששהו את קיניהן** · שהיו מסרבין להקריב שום קרבן אלא בקושי כדכתיב (שמואל א ב) גם בטרם יקטירון את החלב וגו' וכשהיו זבות ויולדות באות ממקום אחר לשילה להקריב את קיניהן והן היו משהין מלהקריבם והנשים לא היו יכולין לסמוך עליהם שיקריבו והיו שוהות שם ולא היו חוזרות אצל בעליהן עד שראו קיניהן קרבין והיו טהורות לקדשים וליכנס לעזרה לפיכך מעלה עליהם כאילו שכבום שהיו מונעים אותן מפריה ורביה: **פנחס לא חטא** · באשת איש דאשר ישכבון את הנשים אינו אלא חפני לבדו: **ואחיה בן אחיטוב וגו' כהן ה'** · בשילה נושא אפוד הרי שמייחסו לשבח ומזכיר עליו שם פנחס אבי אביו: **אפשר בא חטא לידו והכתוב מייחסו** · לשבח ואת בן בנו מייחסו אחריו והכתיב גבי עבירה דנואפים יכרת ה' לאיש וגו' והאי קרא בבא על הנכרית ועל הזונה משתעי כדדרשינן ליה באלו הן הנשרפין *דכתיב לעיל מיניה כי חלל יהודה קדש ה' אשר אהב ובעל בת אל נכר ודרשינן כי חלל יהודה קדש זו זונה וכן הוא אומר לא תהיה קדשה וגו': **ער** · חריף להבין ולהורות בין החכמים כדאמרי' בעירובין (דף נג:) אהרנית ערנית: **ואם כהן הוא כו'** · וכאן מייחס כהן מגיש מנחה אחר פנחס: והכתיב אל בני כי לא טובה השמועה אשר אנכי שומע מעבירים עם ה' אביהם היה מוכיחם: **והא כתיב מעבירים אמר *רב הונא בריה דרב יהושע מעבירם כתיב** ·

תוספות

קשה בעיני שם החכם הנזכר כאן כי אומר אני שטעות גדול הוא ול"ג לה להא מילתא שהרי בספרים מוגהים כתיב מעבירים וגם במסורה הגדולה במקום שמנויין שם כל התיבות דלא כתיב בהן יו"ד וקורין ולא נמנה זה והם מנויין ע"פ החשבון וזו אינה קשיא דהאי מעבירים לאו לשון עבירה הוא אלא לשון ויעבירו קול במחנה (שמות לו) וה"ק להו לא טובה השמועה אשר אנכי שומע את עם ה' מעבירים ומכריזין וקובלים עליכם והאי מעבירים לשון רבים הוא ואעם ה' קאי ולאו אבני עלי שהרי הם היו עוברים ולא היו מעבירים את אחרים:

בני

גליון הש"ס

גמ' ד' מתו בעטיו של נחש כו' · בזוה"ק פ' בראשית ועל דא יהושע לא מת אלא בעטיו דנחש וכו' ובזוה"ק פ' בראשית בפסוק וינחם ס' תלתא דאיסתלקו בגין ההוא עטיא דנחש עמרם לוי בנימין ואית דאמרי אף ישי: שם תיובתא · עי' ברא"מ פ' וישלח ד"ה אומרא וכפ' שופטים ד"ה ריה"ג: תוס' ד"ה מעבירם כתיב וכו' זבכל ספרים שלנו . וכן מצינו בנדה דף לג ע"א תוס' ד"ה והנושא שכתבו דהמסורת שלנו מחולק עם הש"ס . ובמגילה דף כב ע"א כתבו תוס' דויחל הוא כ' פסוקים סמוך לפרשה שלפניו וכן והקרבתם ובס"ת שלנו ויחל הוא ד' פסוקים מהפרשה וכן והקרבתם ג"פ וכמ"ש מהרש"א שם ובפסחים דף קיז ע"א בתוס' ד"ה שעומדים כתבו שלא יתכן שיהיה מזמור כ' פסוקים ואלו בספרים שלנו מזמור קיז הוא ב' פסוקים . עי' מהרש"א שם ע"א ובסנהדרין דף ד ע"א פירש"י שם דבכבשה דיחיד כתיב קרנות מלא ובס"ת שלנו כתיב חסר . ובדף ד ע"א כ' רש"י דבפרשה והיה כי יביאך כתיב לטטפת חסר ובפ' והיה אם שמע כתיב מלא . ובס"ת שלנו גם בפ' והיה כי יביאך כתיב מלא . ובדף כ ע"א כתי' להכרית וקרי להכרו' ובספרים שלנו גם הכתיב להכרות . עוד שם דף קג ע"א . ויעתר לו ויעתר לו מיבעיא ליה . ובספרים שלנו כתיב ויעתר. ובב"ב דף ט ע"א הלא פרוש בשין ובספרים שלנו כתיב בסין . ועי' בח"א שם במהרש"א . ובקדושין דף ל ע"א . והתגלח חציין של פסוקי' ובתיקונים בפ' לו בפסוק ויאפוד לו בו ליין דשם חצי התורה בפסוקים . ובירושלמי שהביא תוס' בכתובות דף ז ע"ב דבמקהלת ברכו אלהים חסר . ובספרים שלנו כתיב מלא . וברש"י בחומש פ' תרומה ואת כל אשר אנוה הוא וי"ו יתירה ולפנינו כתיב את בלא ו'. עי' ברא"ם שם· ובמדרש רבה שיר השירים בפסוק אחוז לנו שועלים שעלים א"ר ברכיה קדמאה מלא תניינא חסר . ובמסורה אינו כן אלא תרוייהו חסר . ובברכות דף ז ע"ב כתי' לבלותו ובספרי' שלנו כד"ס א יז כתיב לבלותו . (ובפסחים דף ג ע"א ו' דטהור . ובספרים שלנו כתיב טהר חסר ו') . ובנדרים דף לו ע"ב את דוגד הוגד קרי ולא כתיב . ובספרים שלנו הוא קרי וכתיב כמ"ש הר"ן שם · ובפסוק אני ה' אלהיך אשר הוצאתיך איתא בירושלמי פ"ב דסוכה דחסר ו' . ובספרים שלפנינו הוא מלא יו"ד . ובמדרש ויקרא רבה פ' ע' ושם דכך . א"ר ינאי ושם כתיב ובספרים שלנו כתיב בסין . ובפירש"י בחומש בראשית כ"ד הסיגנס חסר כתיב ובכל הספרים איתא מלא . ובמדרש בראשית רבה פרשה ע"ז ר"ל אמר הנותרת כתיב ובכל הספרים שלנו כתיב הנותרת . ובעירובין דף נג ע"א בתוספת ד"ה אשר הרש"י כ' דכתיב ויקרא כ"ה אשר לא חומה והם כתבו דהכתיב אשר לו וקרי לא ובספרים שלנו שכתיב לא באל"ף וקרי לו כמ"ש התי"ט שם :

[צ"ל מעברים]

[יומא פז.]

ב"ב יז.

[צ"ל כמו ויחל משה]

[צ"ל על]

רש"ל מ"ז ועי' רש"י

לשון רשת

צ"ל ויאשרו

יומא ט.

סנהדרין פב. [פג.]

[עי' תוספות סנהדרין ד. ד"ה ורבנן]

מהרש"א גורס רבה

§ מסכת שבת דף עד: §

אות א׳ – ב׳

<u>אין חמור יוצא במרדעת בזמן שאינה קשורה לו, ולא בזוג אף על פי שהוא פקוק, ולא בסולם שבצוארו, ולא ברצועה שברגלו; ואין התרנגולים יוצאין בחוטין, ולא ברצועה שברגליהם; ואין הזכרים יוצאין בעגלה שתחת האליה שלהן, ואין הרחלים יוצאות חנונות, ואין העגל יוצא בגימון, ולא פרה בעור הקופר, ולא ברצועה שבין קרניה לרב בין לנוי בין לשמר אסור</u>

סימן שה סי״ז - [א]אין חמור יוצא במרדעת בזמן שאינה קשורה לו מע״ש; ולא בזוג אעפ״י שהוא פקוק - כבר מובא לעיל בס״ז ובסוף סי״א, ושנאו משום אינך, דנשנה הכל במשנה אחת בגמרא.

ולא בסולם שבצוארו, והן לוחות שקושרים סביב צוארו שלא יחכך מכתו - טעם כל אלו, לבד מאלו שנבאר בהדיא טעמם, משום דחייס עלייהו, ואי נפיל אתי לאתויי, [רש״י, **ומרמב״ם** משמע מטעם משוי הוא].

ולא ברצועה שברגלו, והוא כמין טבעת עבה שעושים מקש, וקושרים ברגלי הבהמה שפסיעותיה קצרות ומכה רגליה זו בזו, ועושים לה זה להגין שלא תכה זו בזו - זהו פירש״י, **ובהרי״ף** פירש עוד, דכשנבקע פרסה של רגל הבהמה, קושרין אותה ברצועה כדי שתחלים ותחזור לכמות שהיתה, וכן פירש הרמב״ם בפירוש המשנה.

ואין התרנגולים יוצאים בחוטים שקושרים ברגליהם לסימן; ולא ברצועה שקושרים ברגליהם כדי שלא ישברו הכלים - כתב הח״א, דאם קשרן לרגליהן כדי שלא יוכלו לברוח, שרי לצאת בהן, דכל מה שדרך לעשות לשמירתן הוי לה כמו מלבוש, [**וקצת** קשה, דמרש״י משמע דהטעם בכל זה משום דלמא נפלי, ולא משום משוי, וא״כ אפשר דאף בזה נחוש לזה, **אך** מדברי אור זרוע הנ״ל, שהוא מיקל בקשורין שני רגליהם של הבהמה כדי שלא תברח, ולא חייש דלמא נפלי, ממילא גם בתרנגולת צריך להיות כן].

ואין האילים יוצאים בעגלה שתחת אליותיהם, שעושים להם כן כדי שלא תהא האליה נגררת בארץ; ואין העזים יוצאות בעץ ידוע שנותנים בחוטמיהם כדי שיתעטשו ויפלו תולעים שבראשיהם; ולא העגל בעול קטן שנותנים על צוארה; [ב]ולא בזמם שמניחים בחוטמו של עגל כדי שלא יינק - בביאור הגר״א משמע, דבזה הטעם הוא דהוי כמו משוי, דדמי לחסום שבפי הפרה שבסעיף י״א, דשם הטעם משום משוי.

ולא פרה בעור שנותנים על דדיה שלא יינקו השרצים; ולא ברצועה [ג]שבין קרניה, בין אם היא לשימור - דזה הוי נטירותא יתירתא לפרה, והוי משוי וכנ״ל בס״א, **בין אם היא לנוי.**

אות ג׳

<u>כל מי שאפשר למחות לאנשי ביתו ולא מיחה, נתפס על אנשי ביתו; באנשי עירו, נתפס על אנשי עירו; בכל העולם כולו, נתפס על כל העולם כולו</u>

רמב״ם פ״ו מהל׳ דעות ה״ז - וכל שאפשר בידו למחות ואינו מוחה, הוא נתפש בעון אלו, כיון שאפשר לו למחות בהם.

באר הגולה

א שם במשנה | ב ׳סמ״ג יח ע״א, וסמ״ק עמוד רצח, וספר התרומה סימן רלו, והגהות מיימוניות בפ״כ אות ל׳ - נחלת צבי׳ | ג שם בגמ׳ כרב

§ מסכת שבת דף ע. §

אות א'

כדי להרבות שכר לחזניהן ולסופריהן

חו"מ סימן ט ס"ד - [א]כל דיין שיושב ומגדיל שכר לסופרים ולשמשים, הרי זה בכלל הנוטים אחרי הבצע.

אות ב'

מורד במלכות הוה

רמב"ם פ"ג מהל' מלכים ה"ח - כל המורד במלך ישראל יש למלך רשות להרגו, [ב]אפילו גזר על אחד משאר העם שילך למקום פלוני ולא הלך, או שלא יצא מביתו ויצא, חייב מיתה, ואם רצה להרגו יהרג, שנאמר: כל איש אשר ימרה את פיך.

באר הגולה

א **שם בשם הרמב"ם בפכ"ג ממימרא דשמואל שבת דף נ"ו ע"א** **ב** ‹קדושין מ"ג א' מורד במלכות הוה וכפי' רבינו מאיר בתוס' שם - קרית מלך› ‹**וז"ל** התוס': פי' בקונטרס דמורד היה מהא דקאמר "אדוני יואב" בפני המלך דוד, ולא נהירא, שהרי יואב לא היה מורד במלכות, **ואומר** רבינו מאיר אביו של ר"ת, מה שאמר לו דוד שילך לביתו לאכול ולשתות, והוא מיאן בדבר, כדכתיב: כל עבדי אדוני על פני השדה חונים ואני אבא אל ביתי לאכול וגו', בתמיה, ולא היה לו לסרב, **וי"מ** דהמרד היה שהקדים לומר "אדוני יואב" קודם המלך דוד, ע"כ›

במה בהמה פרק חמישי שבת נו

בני שמואל חטאו אינו אלא טועה שנאמר ע"א ח ויהי (*כי זקן שמואל ובניו לא הלכו) בדרכיו בדרכיו הוא דלא הלכו מיחטא נמי לא חטאו אלא מה אני מקיים °ויטו אחרי הבצע שלא עשו כמעשה אביהם שהיה שמואל הצדיק מחזר בכל מקומות ישראל ודן אותם בעריהם שנאמר °והלך מדי שנה בשנה וסבב בית אל והגלגל והמצפה ושפט את ישראל והם לא עשו כן אלא ישבו בעריהם *כדי להרבות שכר לחזניהן ולסופריהן כתנאי *ויטו אחרי הבצע ר' מאיר אומר חלקם שאלו בפיהם רבי יהודה אומר מלאי הטילו על בעלי בתים ר' עקיבא אומר קופה יתירה של מעשר נטלו בזרוע ר' יוסי אומר מתנות נטלו בזרוע: א"ר שמואל בר נחמני אמר ר' יונתן כל האומר דוד חטא אינו אלא טועה שנאמר °ויהי דוד לכל דרכיו משכיל וה' עמו וגו' אפשר חטא בא לידו ושכינה עמו אלא מה אני מקיים °מדוע בזית את דבר ה' לעשות הרע שביקש לעשות ולא עשה אמר רב רבי דאתי מדוד מהפך ודריש בזכותיה דדוד מדוע בזית את דבר ה' לעשות הרע רבי אומר משונה רעה זו מכל רעות שבתורה שכל רעות שבתורה כתיב בהו ויעש וכאן כתיב לעשות שביקש לעשות ולא עשה °את אוריה החתי הכית בחרב °שהיה לך לדונו בסנהדרין ולא דנת ואת אשתו לקחת לך לאשה ליקוחין יש לך בה *דא"ר שמואל בר נחמני א"ר יונתן כל היוצא למלחמת בית דוד כותב גט כריתות לאשתו שנאמר °ואת עשרת חריצי החלב האלה תביא לשר האלף ואת אחיך תפקוד לשלום ואת ערובתם תקח מאי ערובתם תני רב יוסף דברים המעורבים בינו לבינה °ואותו הרגת בחרב בני עמון *מה חרב בני עמון אי אתה נענש עליו אף אוריה החתי אי אתה נענש עליו מאי טעמא ²מורד במלכות הוה דאמר ליה °ואדוני יואב ועבדי אדוני על פני השדה חונים אמר רב כי מעיינת ביה בדוד לא משכחת ביה בר מדאוריה דכתיב (א) °רק בדבר אוריה החתי אביי קשישא רמי דרב אדרב מי אמר רב הכי *והאמר רב קיבל דוד לשון הרע קשיא גופא רב אמר קיבל דוד לשון הרע דכתיב °ויאמר לו המלך איפוא הוא ויאמר ציבא אל המלך הנה הוא בית מכיר בן עמיאל *(בלא) דבר וכתיב וישלח המלך ויקחהו מבית מכיר בן עמיאל *(מלא) דבר מכדי חזייה דשקרא הוא כי הדר אלשין עילויה מ"ט קיבלה מיניה דכתיב °ויאמר המלך *(אל ציבא איה) בן אדוניך ויאמר ציבא אל המלך הנה (הוא) יושב בירושלים וגו' ומנא לן דקיבל מיניה דכתיב °ויאמר המלך הנה לך כל אשר למפיבושת ויאמר ציבא השתחויתי אמצא חן *(בעיני) המלך ושמואל אמר לא קיבל דוד לשון הרע דברים הניכרים חזא ביה דכתיב °ומפיבושת בן שאול ירד *(לפני) המלך לא עשה רגליו ולא עשה שפמו ואת בגדיו לא כיבס וגו' וכתיב ויהי כי בא ירושלים לקראת המלך ויאמר לו המלך למה לא הלכת עמי מפיבושת ויאמר אדוני המלך עבדי רמני כי אמר עבדך אחבשה לי החמור וארכב עליה ואלך את המלך כי פסח עבדך

בני שמואל חטאו. במקח שוחד והטיית דין: **לחזניהם.** שמשיהם ששוכרין אותן לילך ולהזמין את הנקראים לדין: **ולסופריהם.** לשטרי בירורין ולאגרות שום: **מלאי הטילו על בעלי בתים.** עתקים להן פרגמטיא לעסוק בה ולתת להם השכר ומתוך כך היה נמשך לבם להטות דין כשבאין לפניהם לדון והיינו חטאם: **חלקם שאלו בפיהם.** מעשר ראשון הראוי להם שלוים היו שאלו בפיהם מתוך שהיו גדולי הדור ושופטים לא היו מונעים מהם ושאר לוים עניים מלטעדים ולר' מאיר לא חטאו בהטיית משפט: **קופה יתירה.** יותר מן הראוי: **מתנות.** זרוע לחיים וקיבה והם לא היו כהנים ל"א מתנות לויה כגון מעשר וקרא כתיב ונתן לכהן ודרשינן ולא שיטול מעצמו בשחיטת חולין בפ' הזרוע (דף קלג.) וה"ה לכל מתנות כהונה ולויה: **דוד חטא.** בבת שבע קודם שקבלה גט: **שכבה.** לשכב עמה קודם שקבלה גט שהיה בעלה שולח לה מן המלחמה שאם ימות לא תיזקק ליבום או שמא יהרג ואין מעיד עליו ותתעגן אשתו או שמא יהא שבוי כדאמרינן לקמן כל היוצא למלחמת בית דוד כו': **משונה רעה זו.** בכתיבתה ובלשונה: **שהיה לך לדונו.** על שמרד במלכות כדלקמן: **ליקוחים יש לך בה.** קדושין תופסין בה שאינה אשת איש כדשמואל כו': **גט כריתות.** על תנאי שאם ימות תהא מגורשת מעכשיו ופעמים שהוא טרוד בגלותו ושולחו מן המלחמה: **ואת ערובתם תקח.** במלחמת שאול כתיב: **דברים המעורבים ביניהם.** הייט קדושין תקח תבטל ע"י גט שתביא להם מן המלחמה: **בחרב בני עמון.** כאותן שהורגים בני עמון שלא מדעתך: **ואדוני יואב.** לאו אורח ארעא לקבל עליו מרות אחרים בפני המלך: **רק בדבר אוריה.** מקרא כתיב כך בדבר אוריה שגרם לו שיהרג אבל בבת שבע לא חטא: **לשון הרע.** לקמיה מפרש: **בלא דבר.** איט חכם בתורה והוא מלאו מלא דבר וחכם בתורה: **חזייה דשקרא הוא.** מתחילה מלאו שקרן בכך: **כי הדר אלשין עליה.** ליבא על מפיבושת כשהיה דוד בורח מפני אבשלום מאי טעמא קביל מיניה: **איה בן אדוניך ויאמר הנה יושב בירושלים.** כי אמר היום ישיבו לי את ממלכת אבי: **דברים הנכרים חזא ביה.** במפיבושת כשנהרג אבשלום וחזר דוד למלכותו ובא לפניו לא עשה רגליו ולא עשה שפמו כסבור דוד שניכרים דברי ליבא שנצטער על שחזר דוד ולא קישט עצמו *ועוד היה מצפה שכשיושיבוהו במלכות יתגאה ויסתפר לכך לא קבל דבריו ואמר לו אתה וליבא תחלקו השדה והוא השיבו קשה אין לי לצעוק אלא על מי שהביאך הלום הנה שמצטער על שובו ואם לא שראה בו דברים הניכרים היה חוזר ממה שאמר הנה לך כל אשר למפיבושת ואע"פ שמיהר ואמר לו מתחלה הנה לך כל אשר למפיבושת אין זו קבלה כי כל זמן שלא היה דוד שב למלכותו יודע היה שאין מתנתו מתנה ולא אמר לו אלא על תנאי אם יראה אמת בדבריו:

שהיה לך לדונו בסנהדרין. קשה לר"י דפ"ק דמגילה (דף יד: ושם) אמרינן גבי נבל דמורד במלכות לא בעי למדייניה ואוריה מורד במלכות הוה כדאמר בסמוך ויש לומר דודאי צריך לדונו ולידע אם הוא מורד במלכות אבל לעיין בדינו ולעשות הלכת דין ולהמתין עד למחר אין צריך וכן משמע דבסנהדרין (דף לו. ושם) אמר שדן דוד את נבל בסנהדרין מויחגרו איש חרבו וגו':

ליקוחין יש לך בה. אף על גב דאפילו חטא כמי יש לו בה ליקוחין דהא אנוסה היתה ושריא לבעל וה"ה לבועל מ"מ ליקוחין יש לך בה משמע לא היה לך בה עבירה:

גט כריתות כותב לאשתו. פרש"י על תנאי שאם ימות במלחמה תהא מגורשת מעכשיו וצריך לומר לפירושו דאף על גב דאוריה בא מן המלחמה התנאי היה שאם לא ישוב בסוף המלחמה שיהא גט אך קשה דתנן במי שאחזו (גיטין דף עג. ושם) מה היא באותן הימים רבי יהודה אומר הרי היא כאשת איש לכל דבריה ואם כן לר' יהודה היתה אשת איש גמורה ונראה לר"ת שהיה מגרשה לגמרי בלא שום תנאי והא דאמרינן בהזהב (ב"מ דף נט. ושם) מוטב שיבעול אדם ספק אשת איש ואל ילבין פני חבירו ברבים מנלן מדוד קרי לה ספק אשת איש לפי שהיו מגרשים בלנעה והעולם סבורים שהיא אשת איש:

דאמר ליה ואדוני יואב. פרש"י דמורד במלכות הוה משום דקאמר ואדוני יואב °ואין נראה דאין זה מורד שלא היה בלבו להמליכו ולקרותו מלך אלא כמו שפירש רבינו מאיר דהוי מורד משום דבסיפא דקרא כתיב ואני אבא אל ביתי לאכול ולשתות ולשכב עם אשתי וגו' שדוד אמר לו לעשות ולא רצה לעשות:

רק בדבר אוריה החתי. קשה דהא איכא מעשה דהסתה בריש פ"ב דיומא (דף כב:) וי"ל דלא חשיב ליה דלא הוי כל כך עון גדול וגם שגג: אלא

עין משפט נר מצוה

מ א מיי' פכ"ג מהל' סנהדרין הלכה ג סמג לאוין רח טוש"ע ח"מ סי' ט סעיף ד:

מא ב מיי' פ"ג מהל' מלכים הלכה ח:

גליון הש"ס

גמ' שהיה לך לדונו בסנהדרין עי' מגילה דף יד ע"ב תוס' ד"ה מורד במלכות: תוס' ד"ה דאמר. ליה וכו' ואין נראה. עיין יומא דף סו ע"ב תוס' ד"ה מהו נסקל:

[נ"ל מלא ועי' במהרש"א]

[נ"ל בעיניך אדוני]

[נ"ל לקראת]

מסורת הש"ס

[נ"ל כאשר זקן שמואל ולא הלכו בניו]

[חולין קלג. תוספ' סוטה פי"ד]

הגהות הב"ח

(א) גמ' לא משכחת ביה רק בדבר אוריה כצ"ל ותיבת בר מדאורי' דכתי' נמחק:

כתובות ט:

קידושין מג.

יומא כב:

[נ"ל בלו]

[נ"ל ואיה]

רש"י מס' דעת אמיתית של מפיבושת דהא דלא קישט הייט משום שעוד היה מצפה שכשיושיבו לדוד במלכות יתגלה [כ"מ] ורש"ל גרס ומצד עתה הי' מצפה:

על

עין משפט נר מצוה

מב א טוש"ע ח"מ סי' ז' סעיף ג:

רב נסים גאון

נצא בר נצא [נצא] הא דאמרן בר נצא דכתיב (ש"א טו) ויבא שאול עד עיר(שלמה)[עמלק]וירב בנחל אמר ר' מני על עסקי נחל בשעה שאמר הקב"ה לשאול ועתה לך והכיתה את עמלק נשא שאול קל וחומר בעצמו ואמר ומה על נפש אחת אמרה תורה הבא עגלה ערופה בנחל המאבר נפשות הרבה על אחת כמה וכמה ועוד אם אדם חטא בהמה מה חטאת אם גדולים חטאו קטנים מה חטאו:

סליק פרק במה בהמה

אלא מעתה אז יבנה יהושע כו'. הקשה הר"ר אלחנן דבחלק (סנהדרין דף צא:) מפקינן מדכתיב אז יבנה יהושע ולא כתב אז בנה מכאן לתחיית המתים מן התורה אם כן אתא לדרשה ה"נ אתא לדרשה דהכא ואומר ר"י דמ"מ פריך מדלא כתיב שבקש לבנות אלא יבנה ש"מ שרוצה לומר שבנה כההוא דיהושע דודאי בנה:

מה אחרונים לא עשו ותלה בהן כו'. לא שייך למימר הכא מקום הניחו לו אבותיו להתגדר בו כדאמר בפ"ק דחולין (דף ז' ושם:) גבי נחש נחשת שביער חזקיה דהתם לא ביערוהו אבותיו שהיו יראים לבערו לפי שעשאו משה על פי הדבור אבל הכא למה היו מניחים מלבערם: **דצוציתא**. אומר ר"ת דאמר במדרש שהיה נר דולק על ראשו:

הדרן עלך במה בהמה

עבדך וירגל בעבדך אל אדוני המלך ואדוני המלך כמלאך האלהים ועשה הטוב בעיניך ויאמר לו המלך למה תדבר עוד דבריך אמרתי אתה וציבא תחלקו את השדה ויאמר מפיבשת אל המלך גם את הכל יקח אחרי אשר בא אדוני המלך בשלום אל ביתו אמר לו אני אמרתי מתי תבא בשלום ואתה עושה לי כך לא עליך יש לי תרעומות אלא על מי שהביאך בשלום היינו דכתיב °ובן יהונתן מריב בעל וכי מריב בעל שמו והלא מפיבשת שמו אלא מתוך שעשה מריבה עם בעליו יצתה בת קול ואמרה לו נצא בר נצא נצא הא דאמרן בר נצא דכתיב °ויבא שאול עד עיר עמלק וירב בנחל אמר רבי מני על עסקי נחל *אמר רב יהודה אמר רב בשעה שאמר דוד למפיבשת אתה וציבא תחלקו את השדה יצתה בת קול ואמרה לו רחבעם וירבעם יחלקו את המלוכה אמר רב יהודה אמר רב אילמלי *לא קיבל דוד לשון הרע לא נחלקה מלכות בית דוד ולא עבדו ישראל ע"ז ולא גלינו מארצנו: אמר ר' שמואל בר נחמני א"ר יונתן כל האומר שלמה חטא אינו אלא טועה שנאמר °ולא היה לבבו שלם עם ה' אלהיו כלבב דוד אביו כלבב דוד אביו הוא דלא הוה מיחטא נמי לא חטא אלא מה אני מקיים °ויהי לעת זקנת שלמה נשיו הטו את לבבו ההיא כרבי נתן דר' נתן רמי כתיב ויהי לעת זקנת שלמה נשיו הטו את לבבו והכתיב כלבב דוד אביו כלבב דוד אביו הוא דלא הוה מיחטא נמי לא חטא הכי קאמר ויהי לעת זקנת שלמה נשיו הטו את לבבו ללכת אחרי אלהים אחרים ולא הלך והכתיב °אז יבנה שלמה במה לכמוש שקוץ מואב שבקש לבנות ולא בנה אלא מעתה °אז יבנה יהושע מזבח לה' שבקש לבנות ולא בנה אלא דבנה הכא נמי דבנה אלא כדתניא רבי יוסי אומר °ואת הבמות אשר על פני ירושלים אשר מימין להר *המשחה אשר בנה שלמה מלך ישראל לעשתרות שקוץ צדונים וגו' *אפשר בא אסא ולא ביערם יהושפט ולא ביערם עד שבא יאשיה וביערם והלא כל ע"ז שבארץ ישראל אסא ויהושפט ביערום אלא מקיש ראשונים לאחרונים מה אחרונים לא עשו ותלה בהן לשבח אף ראשונים לא עשו ותלה בהן לגנאי והכתיב °ויעש שלמה הרע בעיני ה' אלא מפני שהיה לו למחות בנשיו ולא מיחה מעלה עליו הכתוב כאילו חטא אמר רב יהודה אמר שמואל נוח לו לאותו צדיק שיהא שמש לדבר אחר ואל יכתב בו ויעש הרע בעיני ה' *אמר רב יהודה אמר שמואל בשעה שנשא שלמה את בת פרעה הכניסה לו אלף מיני זמר ואמרה לו כך עושין לעבודה זרה פלונית וכך עושים לע"ז פלונית ולא מיחה בה *אמר רב יהודה אמר שמואל בשעה שנשא שלמה את בת פרעה ירד גבריאל ונעץ קנה בים ועלה בו שירטון ועליו נבנה כרך גדול [של רומי] במתניתא תנא אותו היום שהכנים ירבעם שני עגלי זהב אחד בבית אל ואחד בדן נבנה צריף אחד וזהו איטליאה של יון: א"ר שמואל בר נחמני א"ר יונתן כל האומר יאשיהו חטא אינו אלא טועה שנאמר °ויעש הישר בעיני ה' וילך בכל דרך דוד אביו אלא מה אני מקיים °וכמוהו לא היה לפניו מלך אשר שב וגו' *שכל דיין שדן מבן שמנה עד שמנה עשרה החזירן להן שמא תאמר נטל מזה ונתן לזה תלמוד לומר בכל מאודו שנתן להם משלו ופליגא דרב דאמר רב אין לך גדול בבעלי תשובה יותר מיאשיהו בדורו ואחד בדורנו ומנו אבא אבוה דרבי ירמיה *בר אבא ואמרי לה אחא אחוה דאבא אבוה דרב ירמיה בר אבא דאמר מר רבי אבא ואחא אחי הוו אמר רב יוסף ועוד אחד בדורנו ומנו עוקבן בר נחמיה ריש גלותא והיינו *נתן דצוציתא אמר רב יוסף הוה יתיבנא בפירקא והוה קא מנמנם וחזאי בחילמא דקא פשט ידיה וקבליה:

הדרן עלך במה בהמה

על עסקי נחל. ומה על נפש אחת אמרה תורה הבא עגלה ערופה בנחל נפשות הללו על אחת כמה וכמה אם גדולים חטאו קטנים מה חטאו: **ולא עבדו ישראל עבודה זרה**. שעל ידי שנחלקה המלכות העמיד ירבעם העגלים שלא יעלו ישראל ירושלים לממשלתו של רחבעם: **שלמה חטא**. בע"ז: **כדר' נתן**. דשני קרא הטו ללכת והוא לא הלך: **הכא נמי דבנה**. קשיא היא: **אלא**. מהכא תילף דלא בנה כדתניא רבי יוסי אומר כו': **להר המשחה**. לשון שמן דמתרגמינן משחא והוא הר הזיתים: **מקיש ראשונים**. מקיש את בנינו של שלמה לביעורו של יאשיהו מה יאשיהו לא עשה ביעור זה ותלו בו מן השמים לשבח הואיל וביער השאר שנעשה משמת יהושפט אף שלמה לא עשה בנין זה ותלו בו לגנות מתוך שלא מיחה בנשיו: **שמש**. לחטוב עצים ולשאוב מים בשכר לע"ז: **ואל יכתב בו דבר זה**. ללמדך שקשה התוכחה במי שבידו לימחות: **מיני זמר**. כלי שיר: **נעץ קנה**. ושרטון מדבק בו עד שנוסף והולך וגדל שרטון חול ורפש וטיט שהים גורש: **כרך גדול של רומי**. שהוא מיצר לישראל והוא (איטליא) של יון במסכת מגילה (דף ו:): **ביום שהעמיד ירבעם את העגלים נבנה צריף אחד**. בתוך שרטון שגדל שם בימי שלמה צריף כוך קטן מליידין שעושין מן קנים ומן ערבה ומתוך נתוספו בתים על בתים: **איטליאה**. שם העיר והיא ממדינת יון וכשנטלה רומי מלכות יוונים לכדוהו והפקלהם: **יאשיהו חטא**. דכתיב שב אל ה' משמע דחטא מעיקרא: **מבן ח'**. שישב על כסא מלכותו דכתיב בן ח' שנה וגו': **עד בן י"ח**. שמצא חלקיה את הספר ועיין ודקדק בתורה ובדיניה בכתב ובעל פה והבין שמא טעה בדינא: **נטל מזה**. ממי שנתן לו תחילה: ה"ג ואמרי לה אחא אחוה דאבא אבוה דרב ירמיה בר אבא: **נתן דצוציתא**. על שם ניצוצין דנורא שהמלאך פשט את ידו וקיבל תשובתו לישנא אחרינא על שאחזו המלאך בציצית ראשו:

הדרן עלך במה בהמה

מסורת הש"ס

[כדמפרש ביומא כב:]

יומא כב:

[עי' תוספת מגילה כה.]

גליון הש"ס

תוס' ד"ה דצוציתא וכו' על ראשו. ע' סנהדרין דף לח ע"ב ברש"י ד"ה לדזיו ליה:

[בקרא כתיב המשחית וגם בע"י איתא כך ועי' פירש"י במלכים שכתב הוא הר המשחה וכיון שהזכיר את שמו ע"י ע"ז שינו שמו לגנאי עכ"ל]

סנהדרין כא: ע"ש

מלכים ב כג

שם כג

ע' ברכת הזבח כריתות כה:

[חולין ז: ועי' תוס' שם ז. ד"ה אלא]

בכ"י הגי' ואמר וכן לקמן

[ועמ"ש רש"י סנהדרין לח: ד"ה לדזיו וכו' שהיה מר עוקבא בעל תשובה שנתן עינו וכו' וכשהוא יוצא לשוק היה נר דולק כראשו מן השמים ועל שם כך קרא ליה רבי נתן צוציתא וכו']

§ מסכת שבת דף נו: §

אות א'

שכל דין שדן מבן שמנה עד שמנה עשרה החזירן להן

חו"מ סימן ז ס"ג- [א]**יש אומרים שאינו ראוי לדון אלא מבן י"ח ומעלה והביא שתי שערות** - ‹דאז הוא גבר בגוברין, ויש בו כח להציל העני מיד גוזלו, שהוא אחד מהמדות שצריכים להיות בדיין - הסמ"ע›. [ב]**וי"א דמבן י"ג ומעלה כשר, ואפילו לא הביא שתי שערות** - ‹היינו טעמא, דאע"ג דלענין עדים בעינן ב' שערות, שאני התם דקפיד קרא להיות נקרא איש, כמו שנאמר: ועמדו שני האנשים, **משא"כ** בדיין שאינו תלוי אלא בחריפותו ובקיאותו, **ומשו"ה** כתב הטור בדעת י"א זה ז"ל, אם הוא מפולפל ובקי בחדרי התורה. **ומ"מ** פחות מבן י"ג דאין לו שם גדלות כלל, פסול, דלא מצינו שום מצוה וציווי בקטנים מן התורה - סמ"ע›.

באר הגולה

א **טור בשם י"א ממימרא דשמואל כל דין שדן יאשיהו וכו' שבת דף נ"ו ע"ב** ‹תמהני מאוד על כל הפוסקים, שהביאו ראיה מהא דיאשיהו שהחזיר כל דין עד י"ח, והאיך נעלם מהם מה שפירש רש"י במקומו (שבת נו, ב ד"ה עד בן י"ח), עד י"ח שמצא חלקיהו הכהן ספר בבית ה', והבין בתורה שבכתב, והיה חושב שטעה קודם בדין. ולכך החזיר, **ואמת** שכן נאמר (מלכים ב כב, ג) ויהי בשמונה עשרה שנה למלך יאשיהו גו', ספר התורה מצאתי בבית ה', הרי שהרגיש הרב מה ענין בן י"ח דוקא לכאן, ועל זה כתב שאז מצא חלקיהו הכהן הספר, וקודם שהיה הספר חשב שמא טעה, ולכך החזיר. **אבל** עכשיו פשיטא דהכל תלוי בגדלות וקטנות, וכל שהוא גדול יכול לדון כמבואר בירושלמי, **לכן** נראה להכשיר בדיעבד מטעם הנ"ל. **וכן** נראה דעת הרמב"ם שלא הזכיר דין זה ממימרא דשמואל, והיינו שמפרש כפירוש רש"י וזה ברור - תפארת יעקב› ב **שם בשם הירושלמי** ‹דס"ל ביאשיהו כפרש"י בשבת שם - גר"א›

§ מסכת שבת דף נז. §

אות א'

__**במה אשה יוצאה ובמה אינה יוצאה, לא תצא אשה לא בחוטי צמר, ולא בחוטי פשתן, ולא ברצועות שבראשה; ולא תטבול בהן עד שתרפם**__

סימן שג ס"א - [א]לא תצא אשה בחוטי צמר, ולא בחוטי פשתן, ולא ברצועות, שבראשה - אכולהו קאי, ולאפוקי חוטין שבצוארה כמ"ש בס"ב, **מפני שצריכה להסירם בשעת טבילה, חיישינן שמא תוליכם ד' אמות ברשות הרבים** - היינו דלמא מתרמי טבילה של מצוה, ותוכרח להסירם מפני חציצה, ואתיא לאתויינהו ד"א, **ועיין** באחרונים שכתבו, דלא פלוג רבנן בתקנתא, ואפילו זקנה ובתולה לא תצא.

ודוקא בדברים קטנים כאלו הוא דחיישינן, כיון דאף בחול לפעמים היא נושאתן בידה, **אבל** דברים שהם עיקר מלבושים, לא חיישינן להכי, דאין דרכה לילך בלעדם, ובודאי תלבשם אחר הטבילה, [מ"א בשם התוס' ‹ד"ה במה›].

[ב]**ואם הם קלועות בשערה, מותר** - דהא ליכא למיחש דלמא אתיא לאתויינהו, דהא אסורה לסתור קליעת שערה, כמ"ש בסכ"ו.

[ג]**ויש מי שאוסר** - דדלמא כשתתרמי לה טבילה של מצוה, תסתור הקליעה ע"י א"י ותוציא החוטין, ואתיא אח"כ לאתויינהו - ט"ז, **ועוד** טעמים אחרים עיין בב"ח ובבאור הגר"א.

יו"ד סימן קצח ס"ב - [ד]אלו הדברים שחוצצין, חוטי צמר וחוטי פשתן ורצועות שכורכין בהם השער בראש, לא תטבול בהם עד שתרפם – [לפי שמקפדת להסירם בשעת חפיפה או רחיצה, שיכנסו שם המים, כיון דאיכא זימנא דמקפדת, חוצץ לעולם, ע"כ א"צ כאן שיהיה כן על רובה – ט"ז], ‹ועיין מה שמבואר עוד בט"ז בס"ה בענין זה›.

[ה]**ואם הם בתוך קליעת שערה אינו מועיל בהם רפיון.**

אות א'* [ו]

__**תוס' ד"ה במה - בא"ד: אבל דברים שמותר לצאת בהן שאין רגילות להסירן, מותר לקשור ולהתיר ברה"ר**__

סימן שג סט"ז - [ז]בכל מה שיכולה לצאת, יכולה להתירו ברה"ר - כגון חגורתה וכה"ג, **ולא חיישינן דלמא מתיא ליה** - והטעם, דכל הדברים שרגילין להסירן, אסרו חז"ל לצאת בהן מביתה כשהיא לבושה בהן, דשמא כשתסירנה אח"כ בר"ה תשכח שהוא שבת ואתיא לאתויי, **אבל** דברים שמותרת לצאת בהן מביתה, משום שאינה רגילה להסירן, מותרת לקשור ולהתיר בר"ה, **דממ"נ**, אם תהיה זכורה שבת בשעת התרה, לא אתיא לאתויי, ואם לא תהיה זכורה שבת, אפי' אם נאסור להתיר ולהסיר לא יועיל, תוס'.

אות ב'

__**ולא בטבעת שאין עליה חותם, ולא במחט שאינה נקובה, ואם יצאת אינה חייבת חטאת**__

סימן שג ס"י - [ח]וכשאין עליה חותם, לא תצא - דילמא שלפא ומחויא, **ואם יצתה, פטורה** - לפי שהוא תכשיט לאשה, [גמ' ‹ס.›. **וע"ל** בסימן ש"א ס"ט הדין לענין איש.

סימן שג סי"ח - [ט]ויש מי שאומר שבזמן הזה שנהגו האנשים לצאת בטבעת שאין עליה חותם, הרי זה להם כתכשיט, ושרי - ובחי' רע"א כתב, דאף שאין למחות בזה, שיש לו על מי לסמוך, מ"מ בעל נפש יחוש לעצמו שלא לצאת בטבעת כלל, והיינו חוץ לעירוב.

[י]**ולפי זה אפשר דכיון שנהגו עכשיו הנשים לצאת בטבעת שיש עליה חותם, הרי הוא להן כתכשיט, ושרי** - היינו לפי מה שכתב בתחלה ע"פ סברא אחרונה דבתכשיט מותרת.

באר הגולה

א **שבת נ"ז במשנה ובגמ'** ב **טור בשם ר"ת והרא"ש והר"ן שם** ‹וכ"כ בתוספות בשם ר"י ד"ה במה - ב"י› ג **רש"י שם** ‹ד"ה לא בחוטי צמר› ד **משנה שבת דף נ"ז ע"א ובריש פ"ט דמקואות** ה **תוספות שם** ‹ד"ה במה›, **עב"י וכ"כ הרא"ש** ‹ופי' רש"י בחוטים שבקליעת שערה והתוספות (ד"ה במה) והרא"ש הקשו על דבריו, ופירשו דלא בשהם בקליעת שערה מיירי, אלא בחוטין הנתונים על שערות ראשן, וכתב הרא"ש: וכן מוכח לישנא דמתניתין, דקתני ולא תטבול בהם עד שתרפם, ובחוטין שעל שערותיה מועיל בהם רפיון שלא יהו מהודקים על ראשה, אבל בחוטים שבתוך קליעותיה אין מועיל בהן רפיון כל כך, כיון דאין המים נכנסים בתוך הקליעה עד שתסתור אותה לגמרי, עכ"ל - ב"י› ו ‹ע"פ הבאר הגולה› ז **תוס' נ"ז ורא"ש והר"ן** ח **שם נ"ז** ט **הר"ן ע"פ סברת ר"ת והביאו הב"י בסימן ש"א** י ‹ואף שמדין המשנה רק בשאין עליו חותם אינה חייבת חטאת›

*במה *אשה יוצאה ובמה אינה יוצאה לא תצא אשה לא בחוטי צמר ולא בחוטי פשתן ולא ברצועות שבראשה ולא תטבול בהן עד שתרפם ולא בטוטפת ולא בסרביטין בזמן שאינן תפורים ולא בכבול לרה"ר ולא *בעיר של זהב ולא בקטלא ולא בנזמים ולא בטבעת שאין עליה חותם ולא במחט שאינה נקובה ואם יצאת אינה חייבת חטאת: **גמ'** טבילה מאן דכר שמה אמר רב נחמן בר יצחק אמר רבה בר אבוה מה טעם קאמר מה טעם לא תצא אשה לא בחוטי צמר ולא בחוטי פשתן מפני שאמרו חכמים בחול לא תטבול בהן עד שתרפם וכיון דבחול לא תטבול בהן עד שתרפם בשבת לא תצא דילמא מיתרמי לה טבילה של מצוה ושריא להו ואתי לאתויינהו ד' אמות ברה"ר בעא מיניה רב כהנא מרב תיכי חלילתא מאי א"ל אריג קאמרת כל שהוא אריג לא גזרו איתמר נמי *אמר רב הונא בריה דרב יהושע כל שהוא אריג לא גזרו ואיכא דאמרי אמר רב הונא בריה דרב יהושע חזינא לאחוותי דלא קפדן עלייהו מאי איכא בין הך לישנא ובין הך לישנא איכא בינייהו דטניפן להך לישנא דאמר כל שהוא אריג לא גזרו הני נמי ארוג ולהך לישנא דאמרת משום קפידא כיון דטניפא מקפד קפדא עלייהו *תנן התם ואלו חוצצין באדם חוטי צמר וחוטי פשתן והרצועות שבראשי הבנות ר' יהודה אומר של צמר ושל שער אין חוצצין מפני שהמים באין בהן אמר רב הונא וכולן בראשי הבנות שנינו מתקיף לה רב יוסף למעוטי מאי אילימא למעוטי דצואר ודמאי אילימא למעוטי דצמר השתא רך על גבי קשה חוצץ רך על גבי רך מיבעיא ואלא למעוטי דחוטי פשתן השתא קשה על גבי קשה חוצץ קשה על גבי רך מיבעיא אלא אמר רב יוסף היינו טעמא דרב הונא לפי שאין אשה חונקת את עצמה איתיביה אביי הבנות יוצאות בחוטין שבאזניהן אבל לא בחבקין שבצואריהן ואי אמרת אין אשה חונקת עצמה חבקין שבצואריהן אמאי לא אמר רבינא

הכא

במה אשה יוצאה. דהוי תכשיט ולא משוי והיכא דהוי תכשיט וגזור ביה רבנן דילמא שלפא ומחויא לחברתה חשיבותו ודילמא אתי לאיתויי ד' אמות: **לא בחוטי צמר ופשתן ורצועה שבראשה.** שקולעת בהן שערה: **שבראשה.** אכולהו קאי ובגמ' מפרש טעמא: **ולא תטבול בהן.** משום חלילה: **עד שתרפם.** שתתירם קלת שיהיו רפויין ויכנסו המים ביניהם לשער: **טוטפת וסרביטין.** מפרש בגמרא וחשובין הן וחיישינן דילמא שלפא ומחויא לחברתה: **בזמן שאין תפורין.** עם השבכה שקורין שקופיי"א אבל תפורין ליכא למיחש לאחוויי שאינה נוטלת השבכה מראשה ברה"ר שתגלה כל שערה: **כבול.** מפרש בגמ': **לרה"ר.** אבל לחצר שרי וכל הנזכרים למעלה אסורים אף לחצר שמא תרגילם ברה"ר וחדא גזירה היא דגזור בהם שלא תתקשט בהם בשבת כלל ובכבול התירו כדמפרש לקמן בפרקין (דף סד:) שלא לאסור את כל תכשיטיה ותתגנה על בעלה: **עיר של זהב.** כמין נוסקא ומציירין בה כמין עיר: **קטלא.** מפרש בגמרא (לקמן דף נט:): **חותם.** צורה לחתום בה איגרת או כל דבר סגור: **שאינה נקובה.** כגון אישפיגל"א: **ואם יצאת אינה חייבת חטאת.** דכולהו תכשיטין נינהו ורבנן הוא דגזור בהו דילמא שלפא ומחויא: **גמ' טבילה מאן דכר שמה.** מה ענין טבילה אצל הלכות שבת: **ושריא להו.** ומתרת אותם לטבול בשבת שעל הטבילה לא גזרו כדאמרינן במסכת ביצה (דף יח.) אדם נראה כמיקר ואין נראה כמתקן עצמו: **תיכי חלילתא.** שרשרות של חוטין חלולות ועגולות: **מהו.** לקלוע בהן שערה ולצאת בשבת שאינה יכולה למותחן ולדוחקן על השער בחוזקה והמים נכנסין בה ומיבעיא ליה מי הוי חלילה ולא תצא בהן בשבת משום גזירת טבילת מצוה או לא הוי חלילה: **כל שהוא אריג לא גזרו.** לצאת בו בשבת דלענין חלילה לא חייץ דלא מצי להדוקי שפיר: **לאחוותי דלא קפדן עלייהו.** ליטלן מראשן כשהן רוחצות בחמין אלמא עיילי בהו מיא שפיר אפילו להנאת רחיצה וכיון שכן לענין טבילה נמי לא צריכין להתירן ומותר לצאת בהן בשבת דהא אי מתרמי טבילה לא שרו להו לא משום חלילה ולא משום קפידא: **דמיטנפי.** שנטנפו הנך תיכי בטיט: **הא נמי אריג הוא.** והא קאמר לא גזרו כלל לצאת ולהאי לישנא דלא קפדי משמע דאי קפדי ליטלן מראשן כשהן רוחצות אסור לצאת בהן בשבת ואע"ג דלענין איהדוקי לא חייצי ומותרות לטבול בהן הלכך הני כיון דמיטנפי מקפד קפדן שלא להיות בראשן בשעת טבילתן מפני שהמים ממחין את הטיט ומלכלך בשרן בעלייתן מן הטבילה ואע"ג דחלילה לא הוי דהא עיילי בהו מיא מיהו כיון דשקלי לה משום טינוף אתי לאיתויינהו ואסור לצאת בהן וללישנא קמא לא גזרו אלא במידי דחייץ לטבילה ורבותי מפרשין הך קפידא לענין חלילה כדקי"ל רובו ומקפיד עליו חוצץ (עירובין דף ד:) וקשיא לי בגוה טובא חדא דכי איתמר ההוא במידי דמיהדק איתמר ואשמעינן דאע"ג דלא עיילי ביה מיא כיון דלא קפיד עליה חשיב כגופיה ובטל לגבי שערו אבל במידי דלא מיהדק ועיילי ביה מיא מאי הוצץ איכא למימר הא לאו חוצץ הוא ואי אתית למימר דההוא חוצץ דהתם לא דק בלישניה ומיהו כל מידי דקפיד עלייהו אסור היכי אמרינן הכא האי נמי אריג הוא ומותר כיון דפשיטא לן דהיכא דמיטנפי מקפד קפדן על כרחיך חיין דהא רב הונא בריה דרב יהושע אהלכה למשה מסיני לא אתא לאיפלוגי: **ואלו חוצצין באדם.** משום דתני התם אלו חוצצין בכלים תני לענין טבילת אדם ואלו חוצצין באדם: **של צמר ושל שער אין חוצצין.** דלא מיהדק על גבי שער: **הבנות קטנות.** אורחא דמילתא נקט: **וכולן בראשי הבנות שנינו.** לא תימא שבראשי הבנות ארצועות לחודייהו קאי אלא אחוטין נמי קאי: **למעוטי מאי.** אשמעינן רב הונא דחוטין נמי בראשי הבנות שנינו: **אילימא למעוטי.** חוטין הקשורין בצוארן דלא חייצי: **ודמאי.** הי חוטין אתא למעוטי דלא חייצי בצואר: צמר קרוי רך לגבי פשתן ולגבי שער. שער: **ע"ג רך.** בשר: **מיבעיא.** בתמיה הא ודאי על גבי רך טפי מיהדק: **לפי שאין אשה חונקת עצמה.** להדק חוטין בצוארה וקושרתן בריוח שיהו רפין: **בחוטין שבאזניהם.** שנותנין שם שלא יסתם הנקב: **חבקין.** ענקי רצועות שאינן מוזהבות רחבות דלאו לתכשיט עבידן דומיא דחוטין שבאזניהן: **חבקין.** לשון קילקלי וחבק (לקמן דף סד.) ליגל"א לאסור בו סוס:

בקטלא

במה אשה כו' לא בחוטי צמר. מפרש בגמ' משום דילמא מיתרמי לה טבילה של מצוה ושרי להו ואתי לאתויינהו ארבע אמות ברה"ר אומר ר"י דהיינו דוקא בחוטין שאינן נתונין בקליעת השער אבל חוטין הנתונין בקליעת השער יוצאה בהן דבהנהו ליכא למיגזר דילמא שריא להו כדתנן בהמצניע (לקמן דף צד:) דאיכא לכל הפחות איסור שבות בגודלת וסברא הוא דכי היכי דיש איסור בעשיית קליעה ה"נ יש איסור בסתירת קליעה וא"ת מהאי טעמא תהא אשה אסורה לצאת בטלית דהא ודאי שריא לה בשעת טבילה וניחוש דילמא אתי לאתויי וי"ל דדברים שהם עיקר מלבוש ליכא למיגזר דאפילו בחול אין דרך ללכת כלל ממקומו עד שילבישם אלא דוקא בדברים קטנים יש לחוש שאין מקפיד אם הינם עליו ורגילות הוא בחול כשמתירן פעמים נושאן בידו עד ביתו ונראה לר"י דדוקא בדברים שרגילות להסירן כדי להראותן או משום חלילה או משום קפידא גזרו שלא לצאת דשמא כשיסיר ישכח שהוא שבת ואתי לאתויי אבל דברים שמותר לצאת בהן שאין רגילות להסירן מותר לקשור ולהתיר ברה"ר דליכא למיחש למידי דאם יהא זכור שבת בשעת התרה לא אתי לאתויי ואם לא יהיה זכור שבת אפילו נאסר להתיר ולהסיר לא יועיל וכ"מ לקמן (דף סא.) דקתני בברייתא וקושר ומתיר קמיע אפילו ברה"ר והא דאיצטריך התם לאשמעי' דשרי אע"פ שכל דבר מותר להסיר כדפרישית איצטריך לאשמעינן דלא אסרינן משום דמיחזי דקושרו עליו שלא לרפואה ומתכוין להוליך כי היכי דאסור בפילפל וגרגיר מלח לכתחילה לתת בפה בשבת או להחזיר אלא כמלבוש גמור חשיב מחמת הרפואה:

השתא רך על גבי קשה חוצץ כו'. וא"ת דילמא רב הונא נקט וכולן בראשי הבנות לרבותא דאפילו בראשי הבנות דהוי רך ע"ג קשה חוצץ ואור"י דבלאו רב הונא הוה ידעינן דבכל מקום חוצצין אפילו בראש אלא ודאי למעוטי שום דבר אתא: **השתא** קשה ע"ג קשה חוצץ. סבר הש"ס דקשה ע"ג רך חיין טפי מקשה ע"ג קשה ורך ע"ג קשה לא חיין כקשה ע"ג קשה דהא לר' יהודה חוטי צמר אין חוצצין דהוי רך על גבי קשה וחוטי פשתן דהוי קשה ע"ג קשה חוצצין וחוטי שיער דהוי נמי קשה על גבי קשה לכ"ע אין חוצצין אף על פי שחוטי פשתן חוצצין לכולי עלמא: **אלא** א"ר יוסף. לפי שרב יוסף בעצמו מקשה שייך לומר אלא:

הכא

מסורת הש"ס

[מדרש כ: נזיר ג.]

[ע' תוס' לקמן נט. ד"ה ולא]

לקמן נח.

מקוואות פ"ט מ"ח

גליון הש"ס

גמ' תיכי חלילתא מאי. עי' זבחים דף לד ע"א תוס' ד"ה מקנחת:

עין משפט נר מצוה

א א מיי' פי"ט מהל' שבת הל' ו' ומיי' פ"ב מהל' מקוואות הל' ה סמג לאוין סה וסמג עשין רמח טוש"ע א"ח סי' שג סעיף א וטוש"ע י"ד סי' קלח סעיף ב:

ב ב מיי' פי"ט מהל' שבת הלכה ד' טוש"ע א"ח סי' שג סעיף י וסעיף יח:

ג ג ד מיי' שם הלכה ט טוש"ע א"ח סי' שג סעיף א וטוש"ע י"ד סי' קלח סעיף ג:

ד ה ו מיי' שם הלכה ז' טוש"ע א"ח שם סעיף ב וטוש"ע י"ד שם סעיף ב:

רבינו חננאל

במה אשה יוצאה ובמה אינה יוצאה. לא תצא אשה בחוטי כו'. אוקמה רב נחמן גזירה שמא תזדמן לה טבילה של מצוה ומשום שחוצצת מתרתן ומהלכת בהן ד' אמות ברה"ר. אבל תיכי חלילתא לא גזרו בהו רבנן דהא אחוותיה דרב הונא בריה דר' יהושע הוו סבלי בדמתחן הני תיכי חלילתא בראשיהן ולא הוו קפדי וכיון דלא הוו קפדי שרו. וה"מ תיכי חלילתא אבל תיכי טמימתא לא דהוצצות ואסיק' דחוטי שיער אינן חוצצין ואפילו הן קשורין בראש הבנות ואע"פ שהראש קשה הוא המים נכנסין בשיער ואין חוצצין אבל חוטי צמר וחוטי פשתן בראש הבנות חוצצין וכ"ש אם הן קשורין בצואר שמשתקעין בבשר ואין המים באין תחתיהן. ולפיכך חוצצין. כיוצא בהן התחבקין שבצוארי הבנות ואוקימנא

אות ג׳ – ד׳

כל שהוא אריג לא גזרו

כיון דטניפא מקפד קפדא עלייהו

סימן שג ס״א - [יא]ואם הם מעשה אריגה, מותר, שא״צ להסירם בשעת טבילה - דהני לא מיהדקי שפיר ולא חייצי, **ועיין** יו״ד סימן קצ״ח, דסתם שם בס״ג, דדוקא כשמעשה אריגה היו חלולים ‹וכן פי׳ רש״י ד״ה תיכי› אז א״צ להסירם.

הגה: [יב]ובלבד שלא יהיו מטונפות - דכשהחוטין מטונף בטיט ורפש, המים ממחים את הטיט ומלכלך בשרן בעלייתן מן הטבילה, וע״כ דרכה להסיר מתחלה, וכיון דשקיל לה משום טנוף, אתיא לאתויינהו, **או מוזהבים, דאז מסירן כדי שלא יתטנפו** - החוטין **במים (טור והרא״ש וסמ״ג)** - ואתיא אח״כ לאתויינהו, [רש״י, ודעתו דמשום חציצה א״צ להסיר כיון דעיילי בהו מיא], **וי״א** עוד, דמחוייבת בכ״ז להסיר קודם הטבילה משום חציצה, כיון שמקפדת עליהן, [**הוא** דעת רבותיו של רש״י שס״ל, דאע״ג דעיילי בה מיא, כיון שמקפדת עליהן להסירן, ממילא חייצי ומחוייבת להסירן. **ופשטיה** דלישנא דהרמ״א כאן משמע דס״ל כדעת רש״י ולא כרבותיו, ושם ביו״ד קצ״ח ס״ד בהג״ה סתם כדעת רבותיו, וכבר התעורר בזה הגר״א בביאורו, **ומפני** זה דחק המ״א בס״ק ה׳ דהכוונה כאן ג״כ משום חציצה, אבל פשטיה דלישניה דהרמ״א לא משמע כן, וכן משמע בביאור הגר״א].

יו״ד סימן קצח ס״ג - [יג]אם החוטין האלו חלולין, עשוי מעשה רשת, אינם חוצצין (טור בשם ראב״ד) - דרפו מרפי טובא ולא מהדקי שפיר, ועייל מיא תותייהו - הראב״ד, **וק״ק** דבאו״ח ר״ס ש״ג כתב סתם, אם הם מעשה אריגה מותר, שא״צ להתירה בשעת טבילה, ולא מחלק בין עשויה חלולים מעשה רשת או לא, **משמע** דסבירא ליה כהחולקים על הראב״ד, ויש ליישב - ש״ך.

[יד]יו״ד סימן קצח ס״ד - [טו]חוטי שער אינם חוצצין – [פירוש שכרוכים סביב השערות ולא מהודקים בהם, ע״כ אינם חוצצין, ויתבאר בסמוך – ט״ז].

הגה: ואם היו מוזהבות, חוללין, דמקפדת עליהם שלא תטנפם; וכן אם היו מטונפים תחלה, מקפדת עליהם שלא תתלכלך מהן במים, וחוללין (טור) – [דכשהם מוזהבות מקפדת עליהם להסירם, וכשאינה מסירם הוה חציצה, וכן במטונפות מקפדת להסירם – ט״ז].

ואם היו מוזהבות כו׳ - נראה דקאי גם אסעיף שלפני זה - ש״ך.

‹**כתב** בספר לבושי שרד, ואע״ג דמיא עיילי בהו, ומה יזיק מה שמקפדת להסירם, כבר כתב הב״י, דהטור פסק כרבותיו של רש״י, דהנהו דינים דסעיף א׳, דרוב או מקפיד חוצץ, מיירי אף דעיילי מיא כו׳, **ולפ״ז** הני דינים דסעיף ג׳ ד׳ **דאין חוצץ**, מיירי דוקא במיעוט, אבל כשמכסה רוב השערות, אע״ג דאינה מקפדת ומיא עיילי, אפ״ה חוצץ, **ולפי** זה קצת קשה מהדיא דסעיף ה׳, דמבואר דבב׳ שערות או יותר אין חוצץ, אף במקפיד או רוב, משום דלא מיהדק, **וצ״ל** דדוקא בדבר שאינה מגופה, כהך דסעיף ג׳ ד׳, אמרינן דבמקפיד או רוב חוצץ, אף אי עיילי מיא, משא״כ שערות דעצמה, דהוה גופה, אין מקום לומר שחוצץ, אלא אי לא עיילי מיא›.

‹**שוב** ראיתי בס״ט האריך ג״כ בזה, כנראה שדעתו, דגם לדעת רבותיו של רש״י לא אסור היכא דעיילי מיא, אלא במקפיד, אבל באינו מקפיד אף ברובא שרי, **ולענ״ד** תימה לומר כן, דודאי אין חילוק בין מיעוט המקפיד לרוב שאינו מקפיד, אחרי דס״ל לרבותיו של רש״י, דהלכתא דרובא ומקפיד חוצץ אתמר נמי במידי דלא מיהדק, ולישנא דחוצץ לאו דוקא, א״כ גם הא דגזרו רובו שאינו מקפיד משום רובו המקפיד, הוא נמי בכה״ג אף דלא מיהדק, **ואף** למה שרוצה לומר בס״ט שם, דס״ל לדעה זו דמדאורייתא ליכא חציצה אלא במידי דמיהדק, אלא שחכמים גזרו כו׳, ג״כ אין שום סברא לחלק בין מיעוט המקפיד לרוב שאינו מקפיד, **ומסיק** דהיכא דאיכא עוד צד להקל יש להקל אם הם רפויין, אע״ג דקפיד עליידהו›.

‹**אך** כ״ז הוא לדעת הב״י, אכן הדרישה ופרישה חולק, דדעת רש״י עיקר, והך דינא דמוזהבות אין הטעם משום חציצה, אלא משום דמירתתא ולא טבלה שפיר, **ולדבריו** הך דסעיף ג׳ ד׳ אין חוצץ אף ברוב, כיון דמיא עיילי, **ונ״ל** עיקר כהדרישה ופרישה ולא כהב״י, והכי נקטינן להלכה, דכל היכא דעיילי מיא, אפילו רוב ומקפיד שרי, **ומדינא** אפילו לכתחלה טובלת בהם, ולא גזרינן רפויין אטו שאין רפויין, אלא מקום שמצינו בו, כגון אחוזה חברתה, וכן בנזמי האוזן, כיון דטריחא לה להסירן, אבל בשאר דוכתי לא גזרינן, **אך** מאחר דיש מי שמחמיר בכל הרפויין להסירם, יש לנהוג לכתחלה להחמיר בכולם ולהסירם, **אבל** אם כבר טבלה, ודאי דאין להחמיר כלל, ודלא כספר בה״י, **וכתב** עוד, מאחר דהוכחתי דטעמא דמוזהבות אינו רק משום דמירתתא, א״כ י״ל דהוא רק לכתחלה, וצ״ע בזה להלכה, עכ״ד›.

באר הגולה

[יא] שם בגמ׳ [יב] ‹פסק כלישנא בתרא כשיטת חגאונים דפסק לחומרא כאיכא דאמרי, וכ״פ הטור, אבל רמב״ם ושו״ע פסקו כלישנא קמא, משום דרב ס״ל כלישנא קמא – גר״א› [יג] בעיא דרב כהנא מרב שם ונפשטא [יד] ‹מילואים› [טו] שם במשנה בריש פ״ט דמקואות וכרבי יהודה, וכדאיתא שם בשבת בגמרא דמודים חכמים לרבי יהודה בחוטי שער

אות ה' – ו'

לפי שאין אשה חונקת את עצמה

אמר רבינא הכא בקטלא עסקינן, דאשה חונקת את עצמה, דניחא לה שתראה כבעלת בשר

סימן שג ס"ב - [טז]**מותר לצאת בחוטין שבצוארה, שהם רפוים וא"צ להסירם בשעת טבילה** - שאינה מהדקן בחוזק, שאינה חונקת עצמה, [גמ'], **והא** דלא אסרו משום דלמא שלפא ומחויא, דזה אינו שייך אלא בדבר שהוא תכשיט.

[יז]**אבל בקטלא שבצוארה** - היא רצועה רחבה כדלקמיה בסעיף זיי"ן, ואינה חונקת, [רש"י], **אסור, מפני שצריכה להסירם בשעת הטבילה, לפי שהיא מהדקת אותה כדי שתראה בעלת בשר** - היינו דמשו"ה יש בזה משום חציצה, **וחיישינן דלמא אתיא לאתויי ד"א ברשות הרבים** - ואף דלקמיה בס"ז משמע, דטעם האיסור הוא משום דהוי דבר חשוב, וחיישינן דלמא שלפא ומחויא, **התם** מיירי ברפויה סביב צוארה, ואפ"ה אסור משום שלפא ומחויא, **והכא** כשמהדקת כדי שתראה בעלת בשר, ממילא לא שלפא מעליה, שאז לא תראה בעלת בשר, **ואפ"ה** אסורה משום דצריכה להסירה משום חציצה, [ט"ז בשם התוס'] ‹עמוד ב' ד"ה הכא בקטלא›.

יו"ד סימן קצח ס"ב - ואם הם כרוכים בשאר מקומות בגוף, לא תטבול בהם עד שתרפם, [יח]**חוץ מאם הם כרוכים בצואר, שאינם חוצצין לפי שאינה מהדקן** - שלא תהא חונקת עצמה - ש"ך.

[יט]**אבל קטלא** - האל"ז באנ"ד בל"א, **שהיא רצועה חלקה ורחבה שכורכת סביב צוארה, חוצצת, מפני שחונקת עצמה בחוזק כדי שיהיה בשרה בולט ותראה בעלת בשר, ומתוך שהרצועה חלקה ורחבה אינה מזיקתה.**

‹**מזה** יש ללמוד בכל מקום, כל שאינו מהודק ביותר מחוטי הצואר, שאינה מהדקן שלא תהא חונקת עצמה, רפוי מקרי – סד"ט. **ושבה"ל** ציין לשון הש"ך ס"ק נ"ו, דרק בגד שאינו מהודק אינו חוצץ, הא מהודק חוצץ אף שאינו חונק›.

(**עיין** בתשו' פני אריה, שנשאל על אשה שנושאת ספוג באזנה לשאוב הזוהמא, ששכחה ליטול הספוג בשעת טבילה, **וכתב** שלא ידע בזה הלכה ברורה, ע"כ תטבול שנית בלא ברכה).

באר הגולה

טז שם כרב יוסף אליבא דר"ה שם וכדמפרש רבינא שם   יז שם במשנה וכדמפרש לה רבינא שם   יח מימרא דרב הונא וכדמפרש רב יוסף טעמו שם   יט ברייתא

הכא בקטלא עסקינן *דאשה חונקת את עצמה דניחא לה שתראה כבעלת בשר: ר' יהודה אומר של צמר ושל שער אין חוצצין מפני שהמים באין בהן: אמר רב יוסף אמר רב יהודה אמר שמואל הלכה כרבי יהודה בחוטי שער *א"ל אביי הלכה מכלל דפליגי וכי תימא אי לאו דשמעינן מתנא קמא דאיירי בחוטי שער איהו נמי לא הוה מיירי ודילמא כשם קאמר להו כי היכי דמודיתו לי בחוטי שער אודו לי נמי בחוטי צמר *איתמר אמר רב נחמן אמר שמואל *מודים חכמים לרבי יהודה בחוטי שער תניא נמי הכי חוטי צמר חוצצין חוטי שער אין חוצצין ר' יהודה אומר של צמר ושל שער אין חוצצין אמר רב נחמן בר יצחק מתניתין נמי דיקא *דקתני יוצאה אשה בחוטי שער בין משלה בין משל חברתה מני אילימא רבי יהודה אפילו חוטי צמר נמי אלא לאו רבנן היא וש"מ בחוטי שער לא פליגי ש"מ: לא בטוטפת: מאי טוטפת א"ר יוסף חומרתא דקטיפתא א"ל אביי *תהוי כקמיע מומחה ותשתרי אלא אמר רב יהודה משמיה דאביי *אפוזיינו תניא נמי הכי *יוצאה אשה בסבכה המוזהבת ובטוטפת ובסרביטין הקבועין בה איזו טוטפת ואיזו סרביטין א"ר אבהו טוטפת המוקפת לה מאזן לאזן סרביטין המגיעין לה עד לחייה אמר רב הונא עניות עושין אותן של מיני צבעונין עשירות עושין אותן של כסף ושל זהב: ולא בכבול: אמר רבי ינאי כבול זה איני יודע מהו אי כבלא דעבדא תנן אבל כיפה של צמר שפיר דמי או דילמא כיפה של צמר תנן וכ"ש כבלא דעבדא *אמר רבי אבהו מסתברא כמ"ד *כיפה של צמר תנן ותניא נמי הכי יוצאה אשה בכבול ובאיסטמא לחצר ר"ש בן אלעזר אומר *אף בכבול לרה"ר כלל *אמר רשב"א כל שהוא למטה מן השבכה יוצאין בו כל שהוא למעלה מן השבכה אין יוצאין בו מאי איסטמא א"ר אבהו ביזיוני מאי ביזיוני אמר אביי אמר רב כליא פרוחי ת"ר *ג' דברים נאמרו באיסטמא *אין בה משום כלאים *ואינה מטמאה בנגעים ואין יוצאין בה לרה"ר משום ר"ש אמרו אף אין

רש"י

בקטלא עסקינן. בגד חשוב לתלות בצוארה כנגד לבה שלא יפול מה שהיא אוכלת על בגדיה ויש לו מקום שנצים כעין שעושים למכנסים ותוחב בו רצועה רחבה ומוללתו סביב הרצועה שהבגד רחב הרבה וקושרת הרצועה סביב צוארה וחונקת עצמה בחוזק כדי שתהא בשרה בולטת ונראה בעלת בשר ומתוך שהרצועה חלקה ורחבה אינה מזיקתה: **מכלל דפליגי.** בתמיה והא ת"ק לא איירי בשערה שמע מינה בשער מודה דלא מיהדק על גבי שער: **דילמא.** האי דאדכר שער: **כשם קאמר להו.** כשם שאתם מודים לי בחוטי שער אודו לי בחוטי צמר (א): **חומרתא דקטיפתא.** קשר שעושין לרפואות קיטוף עין רע שלא תשלוט: **ותיהוי כקמיע מומחה.** דקתני מתני' ולא בקמיע בזמן שאינו מן המומחה הא מומחה שפיר דמי: **אפוזייני.** פרונטי"ל של זהב: **סבכה.** קופי"ה דאי שלפא ליה מיגליא ראשה: **המקפת.** את הפדחת מאזן לאזן: **המגיעים עד לחיים.** על ראשה כורכתו ותולה לה על לחייה מכאן ומכאן: **אי כבלא דעבדא תנן.** חותם שעושין לעבד בכסותו לסימן הוכחה שהוא עבד ובההוא קתני מתני' דשפחה לא תצא בו: **אבל כיפה של צמר.** ככובע שתחת השבכה דמקרי נמי כבול ומתקשטת בו: **שפיר דמי.** דכיון דמיגליא שערה לא שלפא ומחויא: **או דילמא כיפה תנן.** דלא אלא דחיישינן דילמא שלפא ומחויא מתחת השבכה ואינה מגלה וכל שכן כבלא דעבדא: **בכבול ובאיסטמא.** לקמיה מפרש מאי איסטמא ומדקתני כל שהוא למטה מן השבכה ש"מ כיפה תנן: **כליא פרוחי.** מגלפת קטנה לאחר קישוריה שקולעת ראשה וכסתה יש שערות קטנות שיוצאין חוץ לקישוריה והן נקראין פרוחי על שמפריחין ויוצאין לחוץ ואוגדתן לתחת קישוריה ע"י מגלפת קלרה: **כליא.** מונעת אותן שערות מלצאת: **אין בה משום כלאים.** שעשויה כמין לבד שקורין פולטר"א ואינה טווייה: **ואינה מטמאה בנגעים.** מהאי טעמא גופיה דגבי נגעים כתיב נמי בגד ויליף מכלאים שוע וטווי: אין

תוספות

הכא בקטלא עסקינן. תימה דמשמע דקטלא טעמא משום חנק ולא"כ אמאי תני (ב) במתניתין בסיפא בהדי חוטי צמר ברישא הוה ליה למיתנייה ואומר רשב"א דקטלא כמי דבר של נוי הוא ויש לחוש דילמא שליף ומחויא ומיירי מתני' ברפוי דליכא חנק ולכך אין לאוסרו אלא משום תכשיט אבל ברייתא דהכא איירי במיהדק דליכא למיחש דילמא שלפא שאינה מסירה לפי שלא תראה בעלת בשר ולא"ת ומאי דוחקיה לאוקמא ברייתא משום חנק לוקמא ברפוי ומשום משלפא כמתני' וי"ל דברייתא משמע ליה דטעמא משום חנק דומיא דרישא דקתני הבנות יוצאות בחוטין שבאזניהם דלא איצטריך דליכא למיחש דילמא שלפא ומחויא דפשיטא הוא דמאי נוי שייך בחוטין אלא איצטריך לאשמועינן דאין בו חציצה ואינה מסירתן בשעת טבילה וה"נ סיפא טעמא משום חציצה: **תניא** נמי הכי כו'. מדתני (ג) וסרביטין הקבועים בה ולכך לקבוע אפוזיינו בסבכה אבל חומרתא דקטיפתא אין קובעין: **אי** כבלא דעבדא תנן. תימה אי כבלא דעבדא תנן אמאי קתני טפי גבי אשה וי"ל דבעי למיתני בסיפא דמתני' יוצאה בכבול ובפאה נכרית לחצר ופאה נכרית לא שייכא אלא באשה ולא"ת אמאי לא תני נמי ברישא פאה נכרית בהדי כבול דאין יוצאין בה לרה"ר ויש לומר דמילתא דפשיטא היא דאסור לצאת בה לרה"ר דודאי משלפה משום דמחכו עלה ולא"ת אי כבלא דעבדא תנן אמאי שרי בחצר טפי משאר דברים *אבל אי כיפה של צמר תנן ניחא דשרי בחצר שלא תתגנה על בעלה כדמפרש עולא לקמן (דף סד:) וי"ל דכבלא דעבדא שרי כדי לעשות בו קורת רוח לרבו שאם היה כל היום בלא כבול אפילו בחצר בדבר מועט שיעשה העבד כנגד רבו סבור רבו שדעתו למרוד בו ולאתי לידי קטטה ולקמן *דפירש"י דבסיפא מודו כ"ע דכבול כיפה של צמר היא קשה לר"י דהא משמע הכא למ"ד כבלא דעבדא תנן שרי כיפה של צמר אף לרה"ר: **אין** בה משום כלאים. פרש"י משום שאינה טווי וריב"א אומר דמשום הכי אין להתיר דהתנן *הלבדים אסורין מפני שהן שועין אלא משום דאיסטמא דבר קשה הוא ובדבר קשה לא אסרו רבנן משום כלאים כדאמר בפרק קמא דביצה (דף טו: ושם) א"ר הונא בריה דרב יהושע האי נמטא גמדא דנרש שריא אע"ג דשאר לבדים אסורין האי שריא לפי שהיא קשה וכן משמע ביומא פרק בא לו (דף סט:) רב אשי אמר בגדי כהונה קשין הן ולכך שרי להציע תחתיהם כי הא דאמר רב הונא בריה דרב יהושע האי נמטא גמדא דנרש שריא וקשה לר"ת דאמרינן בפ"ק דערכין (דף ג:) הכל חייבים בציצית כהנים לוים וישראלים ופריך פשיטא ומשני כהנים איצטריך ליה סד"א הואיל ואישתרי כלאים לגבייהו כו' לא ליחייבו והשתא היכי אישתרי להו והא בגדי כהונה קשין הן וכה"ג לישראל נמי שרי ואומר ר"ת דדבר שהוא שוע טווי ונוז [ובדרך מלבוש והעלאה] דאסור מן התורה אין חילוק בין רך לקשה דבכל ענין אסור מן התורה אבל בכלאים דרבנן כגון לבדים שאינם אלא שוע שרי בקשין אפילו ללבוש כיון דאין בהו כלאים אלא מדרבנן ובגדי כהונה נמי כיון דשרי מדאורייתא *להציע תחתיהן כדתניא לא יעלה עליך אבל אתה מותר להציעו תחתיך אבל אמרו חכמים אסור לעשות כן כו' שרי אפילו מדרבנן כיון דקשין הן דבקשין לא גזרו רבנן כלל ובדבר רך נמי היכא דלא שכיח כריכה מותר להציעו תחתיך כגון מרדעת החמור וכרים וכסתות ומילי אחריני דחשיב במס' כלאים ועל אותן קוטש פורפונטש השיב ר' יצחק שאם יש בתוכן בלאי בגדים של צמר ושל פשתן ונתחב כהן המחט שתי תפירות דאסורין בהעלאה אפילו חוט התפירה של קנבוס או של משי שלא התירו כרים וכסתות אלא בהצעה אבל בהעלאה לא אבל אם אין בתוכן רק גיזי צמר יכול להיות דמותר אף בהעלאה שאין חוט התפירה מחברן לבגד כלל אלא שמחבר ומקרב שני הבגדים של פשתן שהן כסוי הקוטש משני לדדין ומתוך כך מתהדק הצמר שבינתים ואין זה חיבור כחיבור אריג או תפירה או קשירת חבלים דבמה בהמה: **ואינה** מטמאה בנגעים. קשה לר"י מאי איריא בנגעים אפי' במת ושרץ לא מטמא דבעינן טווי ואריג כדאמר לקמן (דף סד.) ואומר ר"י דמטמא במת ושרצים מק"ו דפכין קטנים שטהורין בזב וטמאים במת ושרץ איסטמא שטמא בזב דשייך בה מדרס כמו בכפה דאמר (כלים פרק כ"ח משנה ה) כפה שנתנתו לס"ת טהור מן המדרס אינו דין שיטמא במת ושרץ ובערוך פי' איסטמא חתיכה של בגד מוזהב וקובעין בה אבנים טובות ומרגליות ולפ"ז ניחא דמטמאה במת ושרצים כשאר תכשיט אבל בנגעים לא שאין הבגד עיקר כ"א הזהב והאבנים טובות ומהאי טעמא נמי אין בה משום כלאים: והאמר

עין משפט נר מצוה

ה א מיי' פ"ב מהל' מקואות הלכה ה סמג עשין רמח טור וש"ע יו"ד סי' קלח סעיף ד:

ו ב (מיי' פי"ט מהל' שבת הל"ד) טוש"ע א"ח סי' שג סעיף טו:

ז ג מיי' פי"ט מהל' שבת הלכה יו"ד סמג לאוין סה טור וש"ע א"ח סי' שג סעיף טו:

ח ד מיי' שם הלכה ז טוש"ע שם סעיף ג:

ט ה מיי' פ"י מהל' כלאים הלכה כ סמג לאוין רפג טור וש"ע י"ד סי' שא סעיף יד:

י ו מיי' פי"ג מהל' טומאת צרעת הלכה א:

רבינו חננאל

בקטלא ומשום דאשה חונקת עצמה כדי שתראה בעלת בשר. פירש רב יוסף טוטפת חומרתא דקטיפתא יש מי שאומרים כי הוא ממיני מרגליות שתולות הנשים בצואריהן משום עין רעה. ונדחו דבריו. ואיתוקמא מאי טוטפת אבזייני כלומר אב שיש בו מינין הרבה. כי מינין תרגם זני דכתיב (דניאל ג) זני זמרא פירוש כל מיני זמר והיא נקראת טוטפת מפני שנותנת למעלה מן המצח במקום הטוטפת כדתניא יוצאה אשה בסבכה המוזהבת ובטוטפת ובסרביטין ואוקמה ר' אבהו טוטפת המוקפת מאוזן לאוזן סרביטין המגיעין לה עד לחייה: ולא בכבול אוקמה ר' אבהו כיפה של צמר דתניא יוצאה אשה בכבול ובאיצטמא לחצר ר' שמעון בן אלעזר אומר בכבול אף לרה"ר כו' דייקינן דכבול דומיא דאיצטמא מה איצטמא כיפה אף כבול כיפה. וכדגרסינן (חולין קלח ע"א) כיפה של צמר היה מונח בראש כ"ג ועליו הציץ שנאמר ושמת אותו על פתיל תכלת. והן חוטין גדילין מעשה עבות רחבין בשתים ושלש אצבעות כגון אבנט ולית הלכתא כשמואל דאמר כבלא דעבדא דאין עושין בדבר של תורה לחקל מספקא אלא הכבול שאסרה משנתנו היא כיפה של צמר וכ"ש כבלא דעבדא שאסור. איצטמא היא ביזני. כלומר תופין הרבה ממיני צבעונין ותולין אותן בפני הכלה שלא יצערוה הזבובין שמתביישת להסיר הזבובין מעליה ותולין זה בפניה ונקראת כליא דיבי והוא כגון אותה ששנינו (מדות פ"ד מ"ו) אמה כולה עורב. לפי שבמקדש [ראשון] שהיתה קדושתו בכל הקהל והיתה השכינה שריה בו לא היו עופות פורחות עליו אבל במקדש שני פחדו שמא אין קדושתו כקדושת ראשון ושמא יפרחו העופות על המקדש וישליכו שם דבר טומאה ועשו צורה להבריח העופות מפני ההיכל וקראו אותה כולה עורב כלומר זו מונעת העורבים מלפרוח בגג ההיכל וזו צורה כדרך שעושין עכשיו שומרי הזרעים: ת"ר שלשה דברים נאמרו באצטמא אין יוצאין בה לרה"ר לפי שאינה כלי כמשאוי חשוב ואין בה משום כלאים דלא אריג הוא ואינה מטמאה בנגעים שאין בה

מסורת הש"ס

[לקמן קי: ושם נסמן]

ס"א אלא מודי' איתמר אמר רב יוסף אמר ר"י אמר שמואל

לקמן סד:

פי' ציץ [ובערוך ערך אב פי' אב זיינא]

ס"א איתמר רב אמר כיפה של צמר תנן ושמואל אמר כבלא דעבדא תנן אבל כיפה של צמר שפיר דמי

[תוספ' פ"ס]

להציע כלאים תחתיהן כצ"ל

הגהות הב"ח

(א) רש"י ד"ה כשם קאמר וכו' לצמר הס"ד ואח"כ מה"ד אלא מודים איתמר כו' ס"ג נספר שיין הס"ד ור"ל שהוא ס"א: (ב) תוס' ד"ה הכא וכו' אמאי תני לקטלא במתניתין: (ג) ד"ה תניא וכו' מדתני ובטוטפת וסרביטין:

רב נסים גאון

פ"ו תנו רבנן שלשה דברים נאמרו באיסטמא וכו' לדברי תנא קמא אין בה משום עטרת חתנים ולדברי ר' שמעון בן אלעזר אין בה משום עטרות כלות הוא מחמת המעשה שאמרו במס' סוטה בפרק האחרון (דף מט) בפולמוס של אספסינוס גזרו על עטרות חתנים בפולמוס של טיטוס גזרו על עטרות כלות ובפ' א' מן גיטין (דף ז) אמרו אמר ליה ריש גלותא לרב הונא כלילא מנלן דאסיר אמר ליה מרבנן דתנן בפולמוס של אספסינוס קיסר גזרו על עטרות חתנים ועל האירוס אדהכי קם רב הונא לאיפנויי אמר ליה רב חסדא קרא כתיב (יחזקאל כא) כה אמר ה' הסר המצנפת וכו' מה מצנפת אצל העטרה לומר לך בזמן שמצנפת בראש כהן גדול תהא עטרה בראש חתנים נסתלקה מצנפת מראש כהן גדול תסתלק העטרה מראש כל אדם אדהכי אתא רב הונא אשכחינהו דהוו יתבי וקאמרי להא שמעתא אמר להו האלהים מדרבנן הוא דאסור הזוג

§ מסכת שבת דף נז: §

אות א'

מודים חכמים לרבי יהודה בחוטי שער

יו"ד סימן קצח ס"ד - [א]חוטי שער אינם חוצצין - [פירוש שכרוכים סביב השערות ולא מהודקים בהם, ע"כ אינם חוצצין, ויתבאר בסמוך - ט"ז].

אות ב'

תהוי כקמיע מומחה ותשתרי

סימן שג סט"ו - [ב]יוצאת בקשר שעושין לרפואת קיטוף עין הרע שלא ישלוט - נראה משום דבזמנם היה זה בדוק לרפואה, והוי כקמיע מומחה, [נ"ז ע"ב בגמרא]. **ולא** שייך בזה שליף ומחוי, שאינו דבר של נוי, [**ולכאורה** קשה מכאן אשיטת ר"י דס"ל, דאפי' לחש אחד באגרת אחרת אין מועיל, והברייתא מדמי אהדדי קמיע של כתב וקמיע של עקרין, וליתרץ הגמרא דאיירי שאותן הסממנים גופייהו עדיין לא נתמחו בזה, ועיין].

אות ג'

יוצאה אשה בסבכה המוזהבת, ובטוטפת ובסרביטין הקבועין בה

סימן שג [ג]ס"ב - [ד]ולא תצא בטוטפת, והוא כמין ציץ ומגיע מאוזן לאוזן; ולא בשרביטין, והוא ג"כ ציץ ואינו מגיע [ה]אלא עד לחיים, שכורכתו על ראשה ותולה לה על לחייה מכאן ומכאן; והוא שאינם תפורים בשבכה; דחיישינן דלמא שלפא לאחווי ואתי לאתויי ד"א ברשות הרבים - דמיני תכשיט הם.

[ו]אבל אם תפורים, ליכא למיחש להכי ומותר - שאינה נוטלת השבכה מראשה בר"ה, כדי שלא תתגלה שערה, [רש"י].

(הנה העתיק בזה לשון המשנה, ובטור איתא, דאפי' קשורים שפיר דמי).

הגה: וי"א דבתולה שאינה חוששת לגילוי ראשה, אפי' תפורה בשבכה אסור, דחיישינן שמא תסירה עם השבכה ואתי לאתויי (א"ז).

אות ד'

כיפה של צמר

סימן שג ס"ג - [ז]לא תצא בכיפה של צמר, דהיינו חוטי דעמרא [ח]דגדילין ועבידי כי הוצא, (פי' כלים העשוים מעלי לולבי הדקלים שהם כאריגה, משא"כ אילטמא העשויה כמין לבד כדאיתא בגמרא שם), ורחבים כשתי אצבעות כשיעור ציץ - והוא תכשיט, וחיישינן דילמא שלפא ומחויא, ועיין לקמן בריש סי"ח.

[ט]ולא באיצטמא, דהיינו מטלית שתולין בו חוטין של צבעונין, ותולין אותו לכלה להפריח ממנה הזבובים - וזה אינו לא תכשיט ולא מלבוש, והוי כמשא, שתולין אותו רק להפריח, מפני שאם יעמוד לה זבוב על פניה היא מתביישת לגרשו, [**עיין** ב"ח שכתב דהוא משא. **ומ"מ** נ"ל דלאו משא גמור היא, דהא חד דינא הוא עם כפה של צמר דמותר לחצר, וכדאיתא בגמרא נ"ז, ולקמן בסעיף י"ח איתא דמותר בכבול שהוא כפה של צמר אף בחצר שאינה מעורבת, וה"ה באיצטמא, וכדאיתא בביאור הגר"א שם, וע"כ דלאו משוי גמור הוא, ובריו"ף גם כן לא כתב בהדיא שהוא משוי, רק שאינה תכשיט].

אות ה'

אין בה משום כלאים

יו"ד סימן שא סי"ד - [י]ציץ של עור או משי וכיוצא בהם שתלה בה חוטי צמר וחוטי פשתן מדולדלים על פני האדם כדי להפריח הזבובים, אין בו משום כלאים, שאין דרך חימום בכך - ‹ופשוט הוא דאם בא' מכל אלו כוונתו גם לחימום, אסור - ערוה"ש›.

אות ו'

ואינה מטמאה בנגעים

רמב"ם פי"ג מהל' טומאת צרעת ה"א - [יא]אין מטמא בנגעים אלא בגדי צמר ופשתים בלבד, או השתי או הערב של צמר ופשתים, וכל כלי העור בין קשה בין רך, אף העור הצבוע בידי שמים מטמא בנגעים, והלבדים כבגדים ומטמאין בנגעים, והאהלים מטמאין בנגעים בין שהיו של צמר ופשתים בין שהיו של עור.

באר הגולה

[א] שם במשנה בריש פ"ט דמקואות וכרבי יהודה, וכדאיתא שם בשבת בגמרא דמודים חכמים לרבי יהודה בחוטי שער [ב] שם נ"ז וכאביי [ג] ‹תוקן ע"פ מהדורת נהרדעא› [ד] שם במשנה וכדמפרש לה רבי אבהו שם [ה] ‹לכאורה הפשטות שהוא יותר גדול מטוטפת, ולא מצאתי לשון "ואינו מגיע אלא" רק בשו"ע, וצ"ע› [ו] שם ס"ד במשנה [ז] שם נ"ז במשנה כבול וכדמפרש לה רבי אבהו [ח] הרי"ף שם ‹ורש"י פי' כפה ככובע שתחת השבכה - ב"י› [ט] שם בגמ' ‹עיין באות הסמוך› [י] מברייתא ובאיסטמא לחצר וכו' שבת דף נ"ז ע"ב וכן פי' הרי"ף שם ‹שבת פרק במה אשה אצטמא אין בה משום כלאים, ופי' הר"ן כדברי רבינו. **ויש** מי שנתן טעם לפי שהיא כעין לבד [עיין רש"י], ואי מהא לא איריא, דהלבדים אסורים הם, ולדעת רבינו אסורים מן התורה. **ויש** מי שכתב שהיא כעין נמטא גמדא דנרש, ואכתי לא ניחא אליבא דמאן דסבר דנמטא גמדא לא שרי אלא בהצעה ולא בהעלאה, ואצטמא בהעלאה הוא דשרו לה, **והנכון** כדעת רבינו דאין דרך חמום בכך - ר"י קורקוס› [יא] ‹וכהרי"ף דאינה מטמאה בנגעים מפני שאינו שתי וערב, ודלא כרש"י, ועיין בתוס'›

§ מסכת שבת דף נח. §

אות א' – ב'

הא דעבד ליה רביה, הא דעבד איהו לנפשיה

יוצא העבד בחותם שבצוארו, אבל לא בחותם שבכסותו

סימן דש ס"א - הגה: וכל עבד שמלווה על עבדותו, אסור לצאת בחותם שעשה לו רבו להראות בו שהוא עבדו - אי קאי גם אעבד שלא מל וטבל, עיין בתו"ש ופמ"ג.

ואם הוא של טיט, מותר לצאת בו כשתלוי בצוארו - הנה מתחלה סתם הדבר, ואח"כ ביאר דאם יש בו תרתי למעליותא, דהיינו שהחותם היה של טיט, והוא תלוי בצוארו, מותר לצאת בו, **דלמאי** ניחוש לה, דלשמא יסירנה בידו ויביאנה ד"א בר"ה, בודאי ליכא למיחש, דאית עליה אימתא דרביה, שיאמר שהסירה כדי להראות שהוא בן חורין, **ולשמא** יפסק וישבר החותם מאליו בר"ה, ואתי לאתויי אח"כ לביתו, ג"כ ליכא למיחש, דלמאי יביאנו, דחותם שבור של טיט לא חזי למידי, **ואם** כדי להראות לרבו שהוא כפוף לו ואוחז בידו החותם של עבדות, זה אינו סימן כלל על עבדות, כי אם כשתלוי בצוארו או בכסותו, **אבל** אי אית ביה חדא למעליותא, שהיה תלוי החותם בכסותו, או שהיה החותם של מתכות שהוא חשוב, אסור לצאת בו לר"ה וכדלקמיה, [**ולענין** חצר, עיין בב"ח שמיקל, והא"ר חולק].

אבל לא בכסותו - דילמא מיפסק החותם מאליו, ומירתת מרבו שיאמר שהסירו כדי להראות לכל שהוא בן חורין, ויקפל טליתו כדי שלא יתראה מקום החותם, וישאנו על כתפו, ודמי הטלית על כתפו כמשאוי.

ובשל מתכת בכל ענין אסור (טור) - דכיון שהוא חשוב, וקפיד עליו רבו שלא יאבד, חיישינן דילמא מיפסק ואתי לאתויי ד"א בר"ה.

ואם העבד עשה החותם לעצמו, אפילו בשל טיט, בכל ענין אסור (המגיד) - היינו אפילו כשהוא תלוי על צוארו, **והטעם**, דכיון שהוא עשה לעצמו אינו מירתת מרבו כשיסירנו, וחיישינן דילמא שקיל ליה בידיה ויביאנו ד"א בר"ה.

אות ג'

לא יצא העבד בחותם שבצוארו, ולא בחותם שבכסותו, זה וזה אין מקבלין טומאה

רמב"ם פ"ח מהל' כלים ה"ט - וכל החותמות טהורין, חוץ מחותם של מתכת שבו חותמין בלבד.

אות ד'

ולא בזוג שבצוארו, אבל יוצא הוא בזוג שבכסותו, זה וזה מקבלין טומאה

רמב"ם פ"ח מהל' כלים ה"ח - זוג העשוי לאדם, אם נעשה לקטן, אינו מקבל טומאה אלא בענבול שלו שהרי לקול נעשה; נעשה לגדול, ה"ז תכשיט ומקבל טומאה אף על פי שאין לו ענבול.

אות ה'

ולא תצא בהמה לא בחותם שבצוארה ולא בחותם שבכסותה

סימן שה סי"ב - [א]לא תצא בחותם, בין שהוא בצוארה בין שהוא בכסותה - דאף שהוא ארוג או תפור בכסותה, דליכא למיחש דילמא מיפסק ואתי לאתויי, **אפ"ה** אסור, דגזרו אריג אטו אינו אריג, [מוכח מתוס' ד"ה הב"ע].

אות ו'

בשל מתכת

סימן דש ס"א - ובשל מתכת בכל ענין אסור (טור) - דכיון שהוא חשוב, וקפיד עליו רבו שלא יאבד, חיישינן דילמא מיפסק ואתי לאתויי ד"א בר"ה.

אות ז'

כלי אבנים כלי גללים וכלי אדמה אין מקבלין טומאה לא מדברי תורה ולא מדברי סופרים

רמב"ם פ"א מהל' כלים ה"ו - כלי גללים וכלי אבנים וכלי אדמה לעולם טהורין, ואין מקבלין טומאה מן הטומאות ולא טומאת מדרס, לא מן התורה ולא מדברי סופרים, בין פשוטיהן בין מקבליהן.

אות ז'* [ב]

דמיחא ביה מומחא

סימן שא סכ"ג - עיין בדף סז. אות א'.

באר הגולה

[א] שם נ"ח [ב] (ע"פ השעה"צ)

אין בה משום עטרות כלות ושמואל אמר כבלא דעבדא תנן ומי אמר שמואל הכי והאמר שמואל יוצא העבד בחותם שבצוארו אבל לא בחותם שבכסותו לא קשיא *הא דעבד ליה רביה הא דעבד איהו לנפשיה במאי אוקימתא להא דשמואל דעבד ליה רביה בחותם שבכסותו אמאי לא דילמא מיפסק ומירתת ומיקפל ליה ומחית ליה אכתפיה כדרב יצחק בר יוסף דא"ר יצחק בר יוסף א"ר יוחנן *היוצא בטלית מקופלת ומונחת לו על כתפיו בשבת חייב חטאת וכי הא דא"ל שמואל לרב חיננא בר שילא כולהו רבנן דבי ריש גלותא לא ליפקו בסרבלי חתימי לבר מינך דלא קפדי עליך דבי ריש גלותא: גופא אמר שמואל יוצא העבד בחותם שבצוארו אבל לא בחותם שבכסותו תניא נמי הכי יוצא העבד בחותם שבצוארו אבל לא בחותם שבכסותו ורמינהו לא יצא העבד בחותם שבצוארו ולא בחותם שבכסותו זה וזה אין מקבלין טומאה ולא בזוג שבצוארו אבל יוצא הוא בזוג שבכסותו זה וזה מקבלין טומאה ולא תצא בהמה לא בחותם שבצוארה ולא בחותם שבכסותה ולא בזוג שבכסותה ולא בזוג שבצוארה זה וזה אין מקבלין טומאה לימא הא דעבד ליה רביה הא דעבד איהו לנפשיה לא אידי ואידי דעבד ליה רביה וכאן בשל מתכת וכאן בשל טיט וכדרב נחמן אמר רבה בר אבוה דבר המקפיד עליו רבו אין יוצאין בו דבר שאין מקפיד עליו יוצאין בו ה"נ מסתברא מדקתני זה וזה אין מקבלין טומאה אי אמרת בשלמא של מתכת הני הוא דלא מקבלי טומאה הא כלים דידהו מקבלי טומאה אלא אי אמרת בשל טיט תנן הני הוא דלא מקבלי טומאה הא כלים דידהו מקבלי טומאה והא *תניא כלי אבנים כלי גללים וכלי אדמה אין מקבלין טומאה לא מדברי תורה ולא מדברי סופרים אלא ש"מ של מתכת ש"מ: אמר מר ולא בזוג שבצוארו אבל יוצא הוא בזוג שבכסותו *זוג שבצוארו אמאי לא דילמא מיפסיק ואתא לאיתויי זוג שבכסותו נמי ליחוש דילמא מיפסיק ואתי לאיתויי הכא במאי עסקינן דמיחא ביה מומחא וכדרב הונא בריה דרב יהושע דאמר *רב הונא בריה דרב יהושע כל שהוא ארוג לא גזרו: אמר מר לא תצא בהמה לא בחותם שבצוארה ולא בחותם שבכסותה ולא בזוג שבצוארה ולא בזוג שבכסותה זה וזה אין מקבלין טומאה וזוג דבהמה אין מקבלין טומאה ורמינהו זוג של בהמה טמאה ושל

רש"י

אין בה משום עטרות כלות · דגזרו עליהן שלא תלא בהן מחורבן ואילך משום לער במס' סוטה (דף מט.): **ושמואל אמר** · כבול דמתני' כבלא דעבדא ופליג אדר' אבהו: **חותם שבצוארו** · הוא כבלא דעבדא והיו עושין אותו משל טיט: **דעביד ליה רביה** · אית ליה אימתא ולא שקיל ליה מצוארו להוליכו בידו: **מיפסק** · החותם ונשבר ומירתת מרבו שלא יאמר שהוא נטלו להראות בשוק שהוא בן חורין: **ומקפל ליה** · הטלית על כתפיו כדי שלא יראה מקום החותם ולא יביט שנפל ודמי הטלית על כתפו כמשוי: **חייב חטאת** · דאינו תכשיט אלא בזמן שלובשו דרך מלבוש: **כולהו רבנן לא ליפקו בסרבלי חתימי** · היו עושין חותמות לטליתות שלהן כעין עבדים להראות שהן כפופין לריש גלותא לא ליפקו דאי מפסקי מרתתי ומקפלי להו: **דלא קפדי עלך** · אם תלך בלא חותם: **יוצא העבד בחותם שבצוארו** · ובשל טיט דלא קפיד עליה לאתויי ואי משום דמירתת מאי חורבא נפקא מינה משום אימתא דרביה לא מייתי ליה בידיה דהא לאו הוכחה היא דעבדות אלא כשישנו על צוארו או בכסותו: **וזה וזה אין מקבלין טומאה** · דלאו לנוי עביד שיהא טמא משום תכשיט ואע"ג דבשל מתכת מוקמינן לה להא לקמן מיהו לאו לנוי דיליה הוא אלא לגנאי וכלי תשמיש נמי לא הוי: **זוג** · לנוי עביד: **ולא בזוג שבצוארו אבל יוצא הוא בזוג שבכסותו** · לקמיה מפרש טעמא: **מקבלין טומאה** · שתכשיט הוא: **שבכסותה** · עושים לסוסים מעילין שלא יטנפו: **לא תצא** · כדאמרינן באידך פרקין (ד' נד:) דמתחזי כמאן דאזיל לחינגא: **אין מקבלין טומאה** · דאין תכשיט לבהמה: **לא אידי ואידי דעבד ליה רביה** · דאע"ג דכבול דמתניתין אוקימנא בדעבד איהו לנפשיה התם הוא דאיכא לאוקמיה בסתם חותמות של טיט דאי מיתבר אין מקפיד עליו להביא שבריו לבית אדונו הלכך ליכא לאוקמיה בדעבד ליה רביה דאי עבד ליה רביה לא הוה מיתסר דכל זמן שלא נפסק לא שקיל ליה מצוארו משום אימתא דרביה ואי מיפסק לא קפיד עליה בעליו משום פסידא דליכא פסידא הלכך לא מייתי ליה אבל הך לא איכא לאוקמא בשל טיט כדמסתברא לקמן מסיפא הלכך אפילו עבד ליה רביה נמי אסור דאי מיפסק קפיד עליה משום פסידא ומירתת עבד ומייתי ליה בידיה: **דבר המקפיד עליו רבו** · אם יאבד לא יצא דאי מפסיק מייתי ליה: **מסתברא** · דבשל מתכת קאי מדאיצטריך למיתני אין מקבלין טומאה וטעמא משום דלאו לנוי עבידא: **הני הוא דלא מקבלין טומאה** · משום דלאו כלים נינהו הא שאר כלי מתכות מקבלין: **כלים דידהו** · דמתכות: **אלא אי אמרת** · כלים דידהו כלי העשוי מטיט כזה שאינו מצרפו בכבשן מעשה ידי יוצר דניהוי קרוי כלי חרס אלא כלי אדמה מי מקבל טומאה בתמיה: **כלי גללים** · °לפיעי בקר שעשה מהן כלי: **דמיחא מומחא** · שארגו בבגד ותו לא מיפסיק: **לא גזרו** · לנאת בו ודרב הונא לענין אריג כי האי גוונא נמי איתמר דאשמעינן דלא חיישינן תו לדלמא מיפסק:

תוספות

והאמר שמואל יוצא העבד בחותם כו' · ולא בעי לאוקמי מתניתין בחותם שבכסותו דניחא ליה לאוקמה בדעבד איהו לנפשיה ואיירי מתני' בכל חותמות: **הא** דעבד איהו לנפשיה · קשה לרשב"א אמאי שריא מתני' בדעבד איהו לנפשיה באחר כיון דליכא קפידא דרבו וי"ל דאיכא קצת קפידא אבל לא כל כך כמו בעבד ליה רביה: **במאי** אוקימתא להא דשמואל בדעבד ליה רביה כו' · אבל אי מיירי בדעבד איהו לנפשיה אתי שפיר דבצוארו ליכא למיחש דלמא פסיק ליה בידים כדי שלא יביט הרואין שהוא עבד אבל בכסותו איכא למיחש דלמא מקפל טליתו לכסות החותם ולא ידע דיש בזה חיוב חטאת אבל בדעבד ליה רביה משום אימתא דרביה ירא לקפל והשתא נמי ידע הש"ס לדרב יצחק אלא דלא ידע שיש לחוש דילמא מיפסיק ובתר דמשני מייתי דרב יצחק ונחת לפרושי שיש חיוב חטאת בקיפול: **דילמא** מיפסק ומרתת ומקפל ליה · דניחא ליה טפי שיהיה מקופל משיראה רבו שנפסק לגמרי ויסבור שבמזיד פסקו למרוד בו: **לא** תצא בהמה כו' · דמיחזי כמאן דאזיל לחינגא כדפי' בקונ' דלא מצינן למימר משום דילמא מיפסיק ואתי לאתויי דהא לעיל (דף נד:) מפרש דזוג אסור משום דמיחזי כמאן דאזיל לחינגא ולא קאמר דלמא מיפסק דומיא דחותם: **מאי** שנא זוג שבצוארו דלמא מיפסיק ואתי לאתויי · והא דתנן לקמן (דף סו:) בני מלכים יוצאין בזוגין וכל אדם אלא שדברו חכמים בהווה אומר ר"י דמיירי בזוגין יקרים שיוצאין בהן בני מלכים כגון של כסף ושל זהב דליכא למיחש בהו דילמא מיפסיק דמסתמא תקועין הן יפה בשלשלאות של כסף והכא מיירי בזוג דעלמא דומיא דזוג של בהמה ולמאי דמוקי לה בגמרא באריג בכסותו אתי נמי שפיר: **הב"ע** דמחי · וא"ת כי היכי דזוג איירי במחי הכי נמי איירי חותם שבכסותו במחי ואם כן אמאי אסור וי"ל דזוג מותר לפי שדרך לאורגו בבגד שאין שום בגד שלא יהא ראוי לנוי ותכשיט כזה ולא הטריחוהו לפוסקו מכל בגדים ולגנות הבגד אבל חותם אין דרך לעשותו בכל הבגדים שאינו יפוי הבגד ולכך גזרו חכמים אפילו בארוג בכסותו שיהא צריך לפוסקו אטו היכא שאין ארוג וא"ת אדמפליג בין זוג שבצוארו לזוג שבכסותו ליפלוג בזוג שבכסותו גופיה בין מחי ללא מחי ויש לומר דניחא ליה לאשמעינן דזוג שבצוארו אסור אפילו בחתיכת הבגד שסביב צוארו ואינה יכולה ליפול אלא ע"י חתיכה: **כדרב** הונא כו' · ואע"ג דמילתא דרב הונא אייתי לעיל (דף נז:) גבי חלילה מדקאמר כל שהוא אריג משמע דה"ק בין לענין חלילה בין לענין דלמא מיפסיק לא חיישינן באריג: ***אע"פ** שחברו בדלת וקבעו במסמרים טמא · והא דאמר בהקומץ רבה (מנחות דף כח.) סדין שעשאו וילון טהור מן המדרס לאו משום קביעות גרידא טהור אלא מיירי שעשה שום שינוי מעשה · והא דאמר בנגמר הדין (סנהדרין דף מח:) כפה שנתנתו לספר טהור מן המדרס אף על פי שלא עשה שום שינוי מעשה כיון דנאסר בהנאה ע"י כן חשוב כשינוי מעשה:

עין משפט נר מצוה

יא א ב מיי' פי"ט מהל' שבת הל' יח [ועיין במ"מ] סמג לאוין סה טוש"ע א"ח סי' דש סעיף א' בהג"ה:

יב ג מיי' פ"א מהל' כלים הלכה ט:

יג ד שם הלכה ח:

יד ה מיי' פ"כ מהל' שבת הלכה י סמג לאוין סה טוש"ע א"ח סי' שה סעיף יב:

טו ו מיי' פי"ט מהל' שבת הלכה יח סמג שם טוש"ע א"ח סי' דש סעיף א בהג"ה:

טז ז מיי' פ"א מהל' כלים הלכה ו:

רבינו חננאל

שתי וערב. [אמר] רב הונא טוטפת עניות עושות של מיני צבעונין עשירות עושות אותן של כסף ושל זהב: הא דאמר שמואל יוצא העבד בשבת בחותם שבצוארו אבל לא בחותם שבכסותו הא והא בחותם דעבד ליה רביה ובחותם שבכסותו אמאי לא נפיק חיישינן דלמא מיפסק ומירתת מרביה ומכפל לכסותיה ומנח ליה אכתפיה וכו' יוחנן דאמר היוצא בטלית מקופלת ומונחת לו על כתיפו בשבת חייב חטאת וכדאמרו ליה לרב חנניא בר שילא רבנן כולהו לא ליפקו בסרבלא חתימה פי' דת המלך היתה באותה העת כל הקונה סרבלא מייתי לה גבי מוכס ויהיב ליה מיכסיה ותתים עליה במטבע של אינך כדי לידע שניטל מיכסא וכל טלית שנמצאת בלא חותם אינך נתפש לובשה כגנב המכס הלכך מתיירא כל אדם לצאת בטלית שתלוי עליה חותם זה חיישינן שמא יפסק החותם ומפני פחדו מן המוכס יסירה מעליה ויקפלה וישאנה על כתיפו כמשא לפיכך אסורה לכל אדם לצאת בטלית שיש עליה חותם אבל רב חנינה בר שילא שיש לו נשיאות פנים ואינו חושש מן המוכס מותר לו לצאת בטלית שיש בה חותם שאם יחתך החותם אינו חושש שאינו מתיירא מן המוכס ולא מזולתו ומפני זה הטעם אסר שמואל לצאת העבד בחותם שעשה לו רבו בכסותו. תנ"ה יוצא העבד בחותם שבצוארו אבל לא בחותם שבכסותו איני והא תנינן לא יצא העבד לא בחותם שבצוארו ולא בחותם שבכסותו זה וזה אין מקבלין טומאה כו' ושנינן הא והא דעביד ליה רביה. ולא קשיא*) הא דתני

*) נראה דחסר כאן וכצ"ל ולא קשיא כאן בשל מתכת וכאן בשל טיט אמר מר לא תצא בהמה וכו' זה וזה אין מקבלין טומאה ורמינהו זוג של בהמה טמאה לא קשיא וכו'.

מסורת הש"ס

לקמן קמז.

[כלים פי"ד מ"א פ"ט] מנחות סט:[ושם איתא דבר זה בשם דאמר מר כלי אבנים]

מ"ש זה שבצוארו דלא דילמא כו' כצ"ל רש"ל

[לעיל מ.]

גליון הש"ס

רש"י ד"ה כלי גללים לפיעי בקר. ע"ל דף טז ע"ב ברש"י ד"ה גללים. וע' מנחות סט ע"ב תד"ה כלי גללים:

אין

ושל

ושל דלת טהורה *של דלת ועשאו לבהמה טמאה של בהמה ועשאו לדלת אף על פי שחיברו לדלת וקבעו במסמרים טמא שכל הכלים *יורדין לידי טומאתן במחשבה ואין עולין מידי טומאתן אלא בשינוי מעשה לא קשיא הא דאית ליה עינבל הא דלית ליה עינבל מה נפשך אי מנא הוא אע"פ דלית ליה עינבל אי לאו מנא הוא עינבל משוי ליה מנא אין כדר' שמואל בר נחמני א"ר יונתן *דאמר ר' שמואל בר נחמני אמר ר' יונתן מנין למשמיע קול בכלי מתכות שהוא טמא שנאמר °כל דבר אשר יבא [במדבר לא] באש תעבירו באש אפי' דיבור יבא באש במאי אוקימתא בדלית ליה עינבל אימא מציעתא ולא בזוג שבצוארו אבל יוצא הוא בזוג שבכסותו וזה וזה מקבלין טומאה אי דלית ליה עינבל מי מקבלי טומאה ורמינהו *העושה זגין למכתשת ולעריסה ולמטפחות ספרים ולמטפחות תינוקות יש להם עינבל טמאין אין להם עינבל טהורין ניטלו עינבליהן עדיין טומאתן עליהם ה"מ בתינוק דלקלא עבידי ליה אבל גדול תבשיט הוא ליה אע"ג דלית ליה עינבל: אמר מר ניטלו עינבליהן עדיין טומאתן עליהן למאי חזו אמר אביי הואיל שההדיוט יכול להחזירו מתיב רבא *הזוג והעינבל חיבור וכי תימא הכי קאמר אע"ג דלא מחבר כמאן דמחבר דמי והתניא *מספורת של פרקים ואיזמל של רהיטני חיבור לטומאה ואין חיבור להזאה ואמרינן מה נפשך אי חיבור הוא אפילו להזאה (א) ואי לא חיבור הוא אפילו לטומאה נמי לא ואמר רבה דבר תורה בשעת מלאכה חיבור בין לטומאה בין להזאה שלא בשעת מלאכה אינו חיבור לא לטומאה ולא להזאה וגזרו על טומאה שלא בשעת מלאכה משום טומאה שהיא בשעת מלאכה ועל הזאה שהיא בשעת מלאכה משום הזאה שלא בשעת מלאכה אלא אמר רבא הואיל

רש"י

ושל דלת טהור · דלת מחובר לבית הוא שהוא חבור לקרקע ולאו כלי לקבל טומאה וזוג העשוי לו בטיל לגביה כדאמרי' בריש פרקין דלעיל* כל המחובר לו הרי הוא כמוהו : **של דלת ועשאו לבהמה טמאה** · מכאן ולהבא ואע"פ דלא עבד ביה מעשה אלא שחישב עליו ותלאו ותלייה לאו מעשה היא שכל הכלים יורדים לידי תורת טומאה במחשבה שלו : **של בהמה ועשאו לדלת טמא** · ואפי' מכאן ולהבא יקבל טומאה שאין חיבורו מעשה עד שישנהו מכמות שהיה : **אין עולין מטומאתן** · מתורת טומאה שירדה להן ואע"פ שעדיין לא נטמאו משנמלך עליהן אין עולין מלקבל טומאה אלא בשינוי מעשה : **עינבל** · בטדי"ל שעשוי בתוכו להשמיע קול : **אי מנא הוא** · דתכשיט חשיב ליה : **עינבל משוי ליה מנא** · בתמיה משום העינבל מי האי תכשיט : **אין** · עינבל משוי ליה מנא ולא משום תכשיט אלא משום כלי : **כל דבר שיבא באש** · בכלי מתכות משתעי במעשה מדין : **אימא מציעתא** · זוג דאדם : **מי מקבל טומאה** · אפי' דאדם : **העושה זגין למכתשת** · שמפטמין בה סממנין להקטיר צריך דקיי"ל בכריתות (פ"א ד' ו) שהקול יפה לבשמים: **ולעריסה** · שהתינוק שוכב בתוכה שקורין בירל"ה ותולה בו זגין לקשקש כדי שישמע התינוק ויישן : **ולמטפחות ספרים** · כשנושאין אותן לבית הכנסת שהתינוקות של בית רבן קורין שם מקשקשין הזגין והתינוקות שומעין ובאין : **ולמטפחות תינוקות** · שתולין בצוארן : **ניטלו עינבליהם כו'** · (אם ניטלו קודם שנטמאו תורת טומאה עליהם ומקבלין טומאה כדמפרש טעמא לקמיה מעיקרא כי אין להם עינבל דקתני טהורין (ב) דעדיין לא נגמרה מלאכתן אבל משירדה להם תורת טומאה לא בטל שם כלי מעליהם בנטילת העינבל) ואם ניטל לאחר שנטמאו עדיין טומאתן עליהן דלא הוי ככלי שנשבר ובטל מתורת כלי ליטהר מטומאתו : **הדיוט** · שאין צריך אומן : **הזוג והעינבל חיבור** · כשהן יחד הרי הן כלי אחד נטמא זה נטמא זה הזה על זה טהור זה וכיון דקרי ליה חיבור שמע מינה דכי נתפרדו הוי כלי שניטל מקלתו ואף על גב דהדיוט יכול להחזירו כל כמה דלא אהדריה לאו שלם הוא : **וכי תימא** · דהאי חיבור דקאמר הכי קאמר אפי' מפורדים קרינן ליה חיבור ואתא לאשמעי' דאם נתפרדו משנטמאו לא עלו מטומאתן : **הא תניא** · גבי ההיא : **מספורת של פרקים** · ששני סכינים שלה מתפרדין : **ואיזמל של רהיטני** · פליגה של אומנים תריסים שנותנים האיזמל לתוך בין שני עצים העשוין לכך ולאחר מלאכתו נוטלו ומצניעו : **חיבור לטומאה** · ואם נטמא זה נטמא זה : **שלא בשעת מלאכה** · הואיל ואין צריכין להיות מחוברין הוו להו כשני כלים ואין חיבור ואף על פי שמחוברין דע"כ שלא בשעת מלאכה דומיה דשעת מלאכה קאמר ובשעת מלאכה מחוברין הן אלמא במחוברין עסקינן וגזרו לחומרא על הטומאה דליהוי חיבור ועל הזאה דלא ליהוי חיבור ומשום הכי קתני חיבור לטומאה לעולם ואין חיבור להזאה לעולם : **אלא אמר רבא** · לא תימא הואיל והדיוט יכול להחזיר דודאי (ג) חד מנא הואי כדקתני בברייתא הזוג והעינבל חיבור וכי מיפרדי הוי כלי שניטל מקלתו *ואינו מקבל טומאה העינבל לעצמו אבל הזוג טמא לעצמו דלא בטל ליה מתורת כלי :

תוספות

אין כדר' שמואל כו' · דחשיב ליה כלי תשמיש דאדם משום דבעי ליה לקלא דע"י הזוג ששומע יודע היכן בהמתו עומדת ומולאה ע"י כך °והוי כמקל של בהמה של מתכת דטמאה הואיל ואדם רודה בה וכ"מ לקמן גבי בירית טהורה דמשמיע [קול] בכלי מתכות איתו טמא אלא היכא דבעי ליה לקלא והא דמשני הא דאית ביה עינבל הא דלית ביה עינבל ולא מחלק באית ביה עינבל בין בעי ליה לקלא בין לא בעי אומר ר"י דלא שכיח שיעשו עינבל אלא אם כן בעי ליה לקלא :

כל דבר אשר יבא · ואע"ג דהאי קרא לא לגבי טומאה כתיב אלא לגבי הגעלה מסתברא דהתם אין דיבור מעלה ומוריד ואם איתו ענין להגעלה תנהו לענין טומאה :

מתיב רבא הזוג והעינבל חיבור · פי' בקונטרס מדקרי ליה חיבור ש"מ דכי נתפרדו הוי כלי שניטל מקלתו ואע"ג דהדיוט יכול להחזיר כל כמה דלא אהדרי' לאו שלם הוא וקשה לר"י דהא מעיקרא נמי הוי ידענא דהוי כלי שניטל מקלתו ולהכי פריך למאי חזו ומשני דודאי באפי נפשה לא חזו לא זוג ולא עינבל אלא משום דהדיוט יכול להחזירו ומה שפירש נמי והתניא כו' גבי ההיא מספורת של פרקים לא עיין דההוא דזוג ועינבל משנה היא במסכת פרה (פי"ב משנה ח) וההיא דמספורת בתוספתא דכלים ומפרש הרב פור"ת בשם ר' שמואל הואיל והדיוט יכול להחזירם ואע"ג דהשתא בלא עינבל לא חזי מידי כיון דהדיוט יכול בקל להחזירה כמאן דמיחברי דמי ואם נטמא העינבל נטמא גם הזוג כאילו הן מחוברין נפקא מינה דלכשיתחברו יטמא הזוג את הנוגע בו ומיהו בלא חיבור לא יטמא כי אם העינבל לבדו שנגע בטומאה והכי משמע לישנא דקאמר וכי תימא ה"ק אע"ג דלא מיחברי כמאן דמיחברי דמי משמע דאביי הכי סבירא ליה דמדתלי טעמא בחזרת הדיוט משמע דכבר דלא חזי השתא למידי ואי לאו כמחובר חשיב ליה היאך יקבל טומאה מאחר דלא חזי מידי בלא חזרה: *מתיב רבא הזוג והעינבל חיבור · שאם נטמא זה נטמא זה וה"מ כשמחוברים אבל שלא בשעת חיבור אם נטמא זה לא נטמא זה ולא חיישינן להדיוט יכול להחזיר דהשתא מיהא לאו מחוברין נינהו וממשנה זו אין לנו להוכיח דמיירי בשעת חיבור כדקאמר וכי תימא כו' אבל מתוך ברייתא מוכיח דבשעת חיבור מיירי ומברייתא גרידתא הוה מצי רבא לאותוביה לאביי אלא דניחא ליה לאקשויי מהך דמיירי בזוג ועינבל בהדיא לאביי דאיירי נמי בזוג ועינבל : **(וכי** תימא כו') והתניא מספורת של פרקים ואיזמל של רהיטני. שתי ברייתות הן במסכת כלים* כל אחד בפני עצמה ובריישא קתני בהדיא דכשאינן מחוברין מקבל כל א' טומאה בפני עצמו וגזרו על טומאה שלא בשעת מלאכה שיהא חיבור לטומאה ליטמא זה כשניטמא זה משום דדמי לשעת מלאכה אבל שלא בחיבורין משמע דאפי' גזירה דרבנן ליכא ואם נטמא זה לא נטמא זה דלא חיים למה שהדיוט יכול להחזירו : **(אלא)** אמר רבא הואיל ויכול להקישו · פי' מקבל טומאה הזוג אבל עינבל דאין ראוי להקישו לא ומספורת ואיזמל נמי בלא חיבור ראויין למעין מלאכה ראשונה ומקבלי טומאה כל אחד בפני עצמו כדתני בתוספתא: **אלא** אמר רבא כו' · פירש בקונטרס דטומאה לא פרח הימנו כשנפרד משקיבל הואיל וראוי להקישו והוה ליה ככלי (עץ) שניקב בפחות ממוציא רמון דלא טהר מטומאה ומשמע שרוצה לומר דמכאן ואילך לא מקבל טומאה וקשה לר"י דלמה לא יקבל טומאה כיון דנפחת פחות מכשיעור דהאי כאילו שלם לגמרי ונראה לר"י דודאי גם מקבל טומאה מכאן ולהבא ולקונטרס דחק לפרש כן משום דכשלא היה להם עינבל טהורין ולא מקבלי טומאה אף על גב דראוי להקישו ואינו דומה דכשלא היה בו עינבל מעולם ודאי טהור דכיון שעומד ליתן בו עינבל דהא עביד לקלא והוי גולמי כלי מתכות אבל משנגמר שהיה בו עינבל אף על פי שניטל מקבל טומאה שלא בטל מתורת כלי שהיה עליו קודם לכן והר"ס הביא ראיה מחמת שתפרה ושייר פחות ממוציא רמון דטהורה (חולין קלח·) אע"ג דחמת שלם שנקרע

עין משפט נר מצוה

יז א מיי' פ"ח מהל' כלים הלכה יב :

יח ב מיי' פ"ח מהל' כלים הלכה ז :

יט ג מיי' פ' יב מהל' פרה הלכה ט :

רבינו חננאל

ואין מקבלין טומאה בדלית ליה עינבל והא דתני טמא בזוג שיש לו עינבל פי' עינבל הברזל שבתוך הזוג המקיש בדופני הזוג ומשמיע הקול וכי הא דאמר כו' מנין למשמיע קול בכלי מתכות שטמא שנאמר כל דבר אשר יבא באש אפילו דבור במשמע ואקשינן במאי אוקימנא להא דתני בזוג בהמה אין מקבלין טומאה בדלית לה עינבל אימ' מציעתא אין העבד יוצא בזוג שבצוארו אבל יוצא בזוג שבכסותו וזה וזה מקבלין טומאה ואי לית ליה עינבל מי מקבלי טומאה והתנן העושה זגין למכתשת ול ע ר י ס ה ולמטפחות ספרים ולמטפחת תינוקו' כולן יש להן עינבליהן טמאין אין להן עינבליהן טהורין כו'. ושנינן הא בתינוק דלקלא עבידי אבל גדול כגון העבד דלתכשיט עביד ליה רביה אע"ג דלית ליה עינבל מקבל טומאה ואקשינן ניטלו עינבליהן עדיין טומאתן עליהן אי נטלו עינבליהן למאי חזו ושנינן בזה דכיון דהדיוט יכול להחזירו אע"פ שעדיין לא החזירו כמוחזר דמי. איני והא תנינן מספורת של פרקים ואיזמל של רהיטני כו' וכבר פירשנו למעלה (מח:) ומשני

רש"ל ומהר"מ כתבו דכל הנקדיבורי תוס' הם דיבו' אחד מן מתיב רבא עד סוף ד"ה אלא וכו' כדתני בתוספתא

ר"מ מ"ז

[כס"ג דבבא מציעא]

רב נסים גאון

הזוג והעינבל חיבור. ראוי לידע כי זה הזוג זולתי הזוג הנאמר גבי נזיר ותמצא פי' דבר זה במסכת נזירות בפ' ג' מינין (דף לד) חרצנים אלו החיצונים הזגין אלו הפנימיים דברי ר' יהודה ר' יוסי אומר שלא תטעה בזוג של בהמה החיצון זוג והפנימי

מסורת הש"ס

דף נב:

כלים פכ"ה מ"ט סוכה יג: לעיל נב: קדושין נט. [מנחות סט.]

לקמן סג:

תוספ' דכלים ב"מ פ"א

רש"ל מוחק כ"ז

פרה פי"ב מ"ח

לעיל מח: [תוספ' כלים ב"מ פ"ג]

הגהות הב"ח

(א) גמ' אפי' להזאה נמי ואי לאו חיבור : (ב) רש"י ד"ה ניטלו עינבליה' וכו' ומעיקרא כי אין להם עינבל דקתני טהורין משום דעדיין : (ג) ד"ה אלא אמר וכו' דודאי לאו חד מנא :

גליון הש"ס

תוס' ד"ה אין וכו' הוי כמקל של בהמה לעיל נב ע"ב :

ואימו מקבל טומאה הזוג לעצמו אבל לענין מסרת טומא לא סרחה מיניה משקבלה כצ"ל והשאר נמחק רש"ל :

§ מסכת שבת דף נח: §

אות א'

של דלת ועשאו לבהמה, טמאה; של בהמה ועשאו לדלת, אע"פ שחיברו לדלת וקבעו במסמרים, טמא

רמב"ם פ"ח מהל' כלים הי"ב - זוג של דלת שחישב עליה לבהמה, מקבל טומאה; ושל בהמה שעשאוהו לדלת, אפילו חיברו בקרקע, ואפילו קבעו במסמר, מקבל טומאה כשהיה, עד שישנה בו מעשה בגופו.

אות ב'

העושה זגין למכתשת ולעריסה ולמטפחות ספרים ולמטפחות תינוקות, יש להם עינבל טמאין, אין להם עינבל טהורין; ניטלו עינבליהן, עדיין טומאתן עליהם

רמב"ם פ"ח מהל' כלים ה"ז - כל תכשיטי הבהמה והכלים, כגון הטבעות שעושין לצואר הבהמה ולאזני הכלים, טהורין ואינן מקבלין טומאה בפני עצמן; חוץ מזוג של בהמה וכלים המשמיע קול לאדם; כיצד, העושה זוגין למכתשת ולעריסה למטפחות ספרים ותינוקות, טהורים; עשה להן ענבולין, מקבלים טומאה, הואיל ונעשו להשמיע קול לאדם הרי הן כתכשיטי אדם; ואפילו נטלו ענבוליהן מקבלין טומאה, שהרי הוא ראוי להקישו על החרס.

אות ג'

הזוג והעינבל חיבור

רמב"ם פי"ב מהלכות פרה אדומה ה"ט - הזוג והענבל חיבור לטומאה ולהזאה, ואם הזה על אחד מהן, טהרו שניהן.

§ מסכת שבת דף נט. §

אות א'

יכול כפה סאה וישב עליה, כפה תרקב וישב עליה, יהא טמא, תלמוד לומר: אשר ישב עליו הזב, מי שמיוחד לישיבה, יצא זה שאומרים לו עמוד ונעשה מלאכתנו

רמב"ם פ"ז מהל' מטמאי משכב ומושב ה"ח - **זב שדרס על כלי שלא נעשה למשכב או למושב או למרכב, אע"פ שהוא ראוי למשכב, הואיל ולא נגע בו הרי זה טהור, שהרי אומרים לו עמוד ונעשה מלאכתנו בכלי זה; כיצד כפה סאה וישב עליה, כפה עריבה וישב עליה, או שישב על פרוכת או על קלע של ספינה וכיוצא בהן, הרי אלו טהורים, שנאמר: אשר ישב עליו, המיוחד לישיבה, לא שאומרים לו עמוד ונעשה מלאכתנו, מפני שכלי זה לא נעשה לישיבה.**

אות ב'

ולא בעיר של זהב

סימן שג ס"ד - [א]**לא תצא בעיר של זהב,** [ב]**ופירש"י שהוא תכשיט עגול ומציירין בו כמין עיר, ויש באמצע לשון שמחברים אותו למלבוש** - אינו חבור גמור ויכולין לשלפה, וכיון שהוא תכשיט, חיישינן דילמא שלפא ומחוי, [ג]**ור"ת פי' שהוא כעין עטרה לראש** - והטעם הוא כנ"ל.

ואף שאין דרך לילך בה אלא אשה חשובה, מ"מ חיישינן גם בה דילמא אתיא לאחויי, שחשיב טפי מכלילא דלקמן.

באר הגולה

א שם במשנה | ב ‹במשנה נ"ז.› | ג שם נ"ט

עין משפט נר מצוה

כ א מיי' פ"ו מהל' משכב ומושב הלכה ח:

כא ב מיי' פי"ט מהל' שבת הלכה ו סמג לאוין סה טור וש"ע א"ח סי' שג סעיף ד:

מסורת הש"ס

חגיגה כג: נדה מט:

נטלו עינבלין אחרי טומאתן טמאין דלא כנ"ל רש"ל

[נ"ל דתנן]

[כלים פי"ד מ"ס]

גמרא

הואיל וראוי להקישו על גבי חרס איתמר נמי אמר ר' יוסי בר' חנינא הואיל וראוי להקישו על גבי חרס ר' יוחנן אמר הואיל וראוי לגמע בו מים לתינוק ור' יוחנן לא בעי מעין מלאכה ראשונה *והתניא °וכל כלי אשר ישב עליו וגו' *יכול כפה סאה וישב עליה כפה תרקב וישב עליה יהא טמא תלמוד לומר (א) אשר ישב עליו הזב מי שמיוחד לישיבה יצא זה שאומרים לו עמוד ונעשה מלאכתנו ר' אלעזר אומר במדרסות אומרים עמוד ונעשה מלאכתנו ואין אומרים בטמא מת עמוד ונעשה מלאכתנו ור' יוחנן אמר אף אומר בטמא מת עמוד ונעשה מלאכתנו איפוך קמייתא ומאי חזית דאפכת קמייתא איפוך בתרייתא הא שמעינן ליה לרבי יוחנן דבעי מעין מלאכה ראשונה (*דתניא) *סנדל של בהמה של מתכת טמא למאי חזי אמר רב ראוי לשתות בו מים במלחמה ור' חנינא אמר ראוי לסוך בו שמן במלחמה ור' יוחנן אמר בשעה שבורח מן הקרב מניחו ברגליו ורץ על קוצין ועל הברקנים מאי בין רב לר' חנינא איכא בינייהו דמאיס בין ר' יוחנן לר' חנינא איכא בינייהו דיקיר: °ולא בעיר של זהב: מאי בעיר של זהב רבה בר בר חנה א"ר יוחנן ירושלים דדהבא כדעבד

רש"י

הואיל וראוי להקישו ע"ג חרס · ומשמיע קול כבתחלה ולא בטל ליה ממלאכה ראשונה והוה ליה ככלי שניקב בפחות ממוציא רימון דקיי"ל דלא טיהר מטומאתו משום דראוי למלאכתו והשתא איתרנו כולהו דבהמה טהורה בלא עינבל כדקתני במתני' קמייתא דלאו מנא הוא ובעינבל טמא כדאוקימנן תורה אור בבתרייתא דעינבל משוי לה מנא ודאדם גדול אף בלא עינבל טמא דלתכשיט הוא ולא בעי עינבל והייט דקתני בקמייתא דמקבלין טומאה ודקטנים דלקלא עביד קבולי הוא דלא קביל בלא עינבל כדקתני אין להם עינבל טהורים בשלא היו לו עינבל מעולם דלא גמרה מלאכתן *נטלו עינבלין בין לפני טומאה בין לאחר טומאה טמאים דלא נשתברו כשיעור: ה"ג לא בת"כ וכל הכלי אשר ישב עליו · רישיה דקרא וכל המשכב וגו' יכול כל כלי במשמע ואפי' אין עשוי לישיבה: תרקב · חצי סאה פי' תרי וקב: ת"ל אשר ישב מדלא כתיב גבי משכב אשר שכב וגבי מושב אשר ישב וכתיב ישכב ישב משמע שישכב עליו תמיד וישב עליו תמיד במיוחד לשכיבה ולישיבה וגבי משכב כמי דריש ליה התם הכי ובכל הספרים כתיב והיושב על הכלי אשר ישב עליו וקרא אחר הוא ומפרשים אותו התלמידים מדכתיב היושב על הכלי אשר ישב עליו שתי ישיבות ריבה הכתוב ללמדך דבמיוחד לישיבה קאמר ולא היא דשתי ישיבות דקאמר טובא צריכי כדמפרש התם יושב אע"פ שלא נגע אלא ישב או נתלה ולא נגע טמא דאיצטריך למיכתב גבי זב שטימא כלי בישיבתו ואע"פ שלא נגע ואיצטריך גבי טהור כמי שנטמא גם הוא ביושבו עליו אע"פ שלא נגע ועוד בת"כ לאו אההוא קרא קתני לה: ר' אלעזר אומר במדרסות כו' · בין בתחלת טומאה לענין שאמרנו דאינו מטמא מדרס למיהוי אב הטומאה בין בסוף טומאה כגון ג' על ג' שנטמאו מדרס למיהוי אב הטומאה ונחלקו טהור מן המדרס דאמרינן בו עמוד ונעשה מלאכתנו הראשונה שהיה ראוי לישיבה והרי עתה אינו ראוי לכך הלכך טהור מן המדרס ואע"ג דאית בכל חד שלש על שלש והוי כלי לקבל טומאה מיהו מתורת אב הטומאה טיהר לו: ואין אומרים · לענין אב הטומאה של טומאת מת עמוד ונעשה מלאכתנו כלומר אם נטמא ונשבר ועודהו ראוי למלאכה בעלמא שאין מעין מלאכה ראשונה טמא ולא אמרי' עמוד ונעשה מלאכתנו ראשונה וכיון דלא חזי להכי יהא טהור וכ"ש דבתחלת טומאה אין אומרים עמוד ונעשה מלאכתנו ראשונה דנימא אם אינו מיוחד למת לא יקבל טומאת מת דהא כלי מעשה כתיב: אומר כו' · דאי לא עביד מעין מלאכה ראשונה טהור ועל כרחיך לא איתמר דר' יוחנן אלא לענין שנשבר ולטהרו כדפרישית דליכא לפרושא כי ההיא דמדרסות ולמימרא דכלי שאינו עשוי למת לא יטמא במת דהא כתיב (במדבר יט) והזה על האהל ועל כל הכלים: איפוך קמייתא · דר' יוסי בר' חנינא לר' יוחנן: סנדל של בהמה · שלא ליזוק בפרסותיה באבנים: למאי חזי · אי משום בהמה אין תכשיט לבהמה: מניחו ברגליו · הוא בעצמו אלמא הואיל ולשם סנדל עשאו אי לאו דראוי לנעילה לא הוה מטמא ליה ר' יוחנן: איכא בינייהו דמאיס · לרב לא מטמא דאין ראוי לשתות ורב סיכה לית ליה קסבר אין מוליכין שמן למלחמה לסוך וה"ה בין רב (בין) לר' יוחנן נמי איכא בינייהו דמאיס: בין ר' חנינא וכו' איכא בינייהו דיקיר · כבד ואין ראוי בו לברוח:

תוספות

פחות ממוציא רימון מקבל טומאה ועוד קשה לר"י לפי' הקונטרס דלטומאה שהיתה עליהן שלא תפרח מהני שפיר טעמא דהדיוט יכול להחזירו בלא טעמא דראוי להקישו כדאשכחן בפ' שלשה שאכלו (ברכות נ:) גבי מטה דאפי' מפורקת לא פרחה טומאה מינה אא"כ נגנבה או שאבדה חליה או שחלקוה אחים או שותפים שאין סופן לחברה ולא איצטריך כלל לטעמא דהקשה אלא לענין לקבל טומאה מכאן ולהבא דהאי טעמא הואיל והדיוט יכול להחזירו לא מהני לקבל בה טומאה כדקתני התם החזירוה מקבלת טומאה מכאן ולהבא ולאביי נמי הוה בעי למימר דמשום דהדיוט יכול להחזירו מקבלין שניהן זוג והעינבל טומאה מכאן ולהבא וריצב"א הביא ראיה לפי' הקונט' דתניא בתוספתא דמסכת כלים בפ' רשב"ג העושה זוג למכתשת ולעריסה ולמטפחות תינוקות ניטלו עינבליהן טהורין משמע דזגין טהורין ולפירוש הקונט' ניחא דטהורין דלא מקבלי טומאה מכאן ולהבא אבל לפר"י קשה אמאי טהורין ור"י השיב דכמה ברייתות יש בתוספתא דפליגי אש"ס שלנו: **ורבי** יוחנן אמר הואיל וראוי לגמע בו מים לתינוק· קשה לרשב"א דע"כ בלא ייחדו מיירי מדקאמר הואיל וראוי משמע בראוי בעלמא אפי' בלא ייחוד ועוד דביחדו לכך לא הוה פליג ר' יוסי בר' חנינא ועוד דביחדו אפי' לא היה לו עינבל מעולם נמי מקבל טומאה ועוד אי ביחדו מיירי מאי פריך דר' יוחנן אדר' יוחנן הא התם ע"כ איירי בלא ייחדו דביחדו אפי' במדרסות נמי אין אומרים עמוד ונעשה מלאכתנו ולקמן בס"פ המצניע (דף צה: ושם) גבי ניקב כמוציא זית טהור מלקבל בו זיתים ועדיין כלי הוא לקבל בו רימונים ופי' בקונטרס אם ייחדו לרימונים ואי לאו פי' הקונט' דהתם הוה ניחא וי"ל דאפי' לפירוש הקונטרס הכא חזי טפי ע"י גימוע משום דהואיל דמעיקרא האי כלי גמור וגם עתה הדיוט יכול להחזירו אית לן למימר דע"י דבר מועט שעדיין ראוי לגמוע בו מים חשיב כלי אפי' בלא ייחוד ולמ"ד נמי הואיל וראוי להקישו דבעי מעין מלאכה ראשונה אתי שפיר בכל ענין דאפי' לא בעינן בעלמא ייחוד הכא אתי שפיר דלא מהני גמוע מים משום שעומד עדיין למלאכתו ראשונה להחזיר בו העינבל ואומר לו עמוד ונעשה מלאכתנו וכ"ש דאי בעינן בעלמא ייחוד דאתי טפי שפיר: **ואין** אומרים בטמא מת עמוד ונעשה מלאכתנו · לפירוש הקונט' קשה לר"י למה ליה לאתויי ברייתא דתרקב כיון דלא שייכא למילתיה דר' אלעזר ור' יוחנן אלא נראה לר' יצחק כפירוש ריב"א אומרים במדרסות עמוד מעל תרקב זה ונעשה מלאכתנו שאינו יכול להיות טמא מדרס ע"י שאתה יושב עליו הואיל ואינו מיוחד לכך כדקתני בברייתא ואין אומרים בטמא מת עמוד מגמוע מים בזה הזוג או בזה הסנדל של בהמה ונעשה מלאכתנו ליתן בו העינבל כדי להשמיע הקול וליתן סנדל ברגלי הבהמה אלא טמא טומאת מת על ידי הגימוע אע"פ שאינו מיוחד לכך והוי בר קבולי טומאה דחשיב כלי ע"י גימוע מים ור' יוחנן אמר אף אומר כו' דבעינן שיהא ראוי למלאכתו ראשונה ולא מהני ליה מידי לקבולי טומאה מה שראוי למלאכה אחרת אבל הקשת זוג ע"ג החרס והנחת סנדל של בהמה ברגלו כשבורח מן הקרב הוי מעין מלאכה ראשונה ולהכי הוי בר קבולי טומאה ולא שייך למימר ביה עמוד ונעשה מלאכתנו דהיינו נמי מלאכתו: **סנדל** של בהמה של מתכת · ושל עץ אינו ראוי לכל הני דברים דמפרש בסמוך דדרך הבהמה לקלקלו ורבינו שמואל גרים סנדל של בהמה ושל מתכת ומיירי בסנדל של סיידין דלקמן (ס.): **הואיל** וראוי לשתות בו מים במלחמה. וא"ת והא בזוג שלא היה בו עינבל מעולם לא מטמינן משום דחזי לגמוע והכא חשוב כמו זוג שלא היה בו עינבל מעולם דכיון דנעשה לצורך בהמה אינו מקבל טומאה וי"ל דתחלתו נמי עשוי לשתות בו מים במלחמה או לסוך אלא שעיקרו עומד לבהמה ואומר לו עמוד ונעשה מלאכתנו למאן דבעי מעין במלאכה ראשונה: **בשעה** שבורח מן הקרב מניחו ברגליו. תימה א"כ יטמא מדרס ותניא בתוספתא דכלים פרק כיפה ג' סנדלים הם של אדם טמא מדרס של מתכת ושל בהמה טמא טומאת מת משמע אבל מן המדרס טהור: **ולא** בעיר של זהב. אור"ת דלאו היינו נושקא כדפי' בקונט' דהא אמרי' בפרק בתרא דסוטה (דף מט:) מאי עטרות כלות עיר של זהב משמע דעשוי הוא כעין עטרה ואע"ג דאמרי' התם בפולמוס של טיטוס גזרו על עטרות חתנים וכלות והכא לא אסרו אלא בשבת אור"ת דדוקא לחתנים וכלות גזרו ולא לשאר בני אדם*): מאן

*) [מפני שיש להן שמחה כבן ועי' תוס' גיטין ז. ד"ה עטרות]

הגהות הב"ח

(א) גמ' תלמוד לומר וכל הכלי אשר ישב:

[נשייך במשנה דלעיל נז.]

רבינו חננאל

רבא הואיל וראוי להקישו התינוק ע"ג חרס ולהשמיע קול. ר' יוחנן אמר הואיל וראוי לגמע בו מים לתינוק עדיין תורת כלי עליהן ולפיכך עדיין טומאתו עליהן ואקשינן וכי ר' יוחנן לא בעי (שישא) [שידא] בכלי המשמש מעין מלאכתו [והתניא] והיושב על הכלי אשר ישב עליו הזב יטמא יכול כפה סאה וישב עליה כפה כו' עד ור' יוחנן אמר בטומאת מת עמוד ונעשה מלאכתנו הנה בפי' ר' יוחנן אמר כי אין הכלי מקבל טומאה אלא אם הוא ראוי למלאכתו שנעשה בו ואפיך קמייתא ואימא ר' יוחנן אמר הואיל וראוי להקישו ע"ג חרס משום דשמעינן ליה לר' יוחנן בהדיא דבעי מעין מלאכתו ראשונה דתניא סנדל של מתכת של בהמה טמא ואמרינן למאי חזית [רב] אמר חזי לשתות מים. ר' חנינא אמר ראוי לסוך בו שמן ר' יוחנן [אמר] ראוי להניחו ברגליו כשבורח ורץ על הקוצי' ועל הברקנים הנה שמענו לר' יוחנן דבעי מעין מלאכתו ראשונה כשם שתחלה למנעל הרגל כך באחרונה: מתניתין ולא תצא אשה בעיר של זהב. מאי עיר של זהב. ירושלים דדהבא

רב נסים גאון

עינבל: מאי עיר של זהב אמר רבה בר בר חנה אמר ר' יוחנן ירושלים דדהבא כי דעביד לה (ר' יוחנן) [ר"ע] לרביתהו תמצא במס' נדרים בפרק הנודר מן המבושל (ד' נ) ר' עקיבא איקדשא ליה ברתיה דבר כלבא שבוע שמע אבוהא אדרא הנאה מכל נכסיה אזלא ואיתנסיבא ליה בסיתוא הות גני בי תיבנא הוה מנקיט לה תיבנא מן מזייה אמר לה אי הואי לי רמינא ליך ירושלם דדהבא והזכירו אחר כך שרגיע

עין משפט נר מצוה

כב א ב מיי' פי"ט מהל' שבת הלכה י' טוש"ע א"ח סי' שג סעיף ה:
כג ג מיי' שם הל' כ' סמג לאוין סה:
כד ד טוש"ע א"ח סי' של סעיף לו:
כה ה טוש"ע א"ח סי' שג סעיף ו:
כו ו מיי' שם הלכה ו טוש"ע שם סעיף ח:

תורה אור

כדעבד ליה רבי עקיבא לדביתהו *ת"ר לא תצא אשה בעיר של זהב ואם יצתה חייבת חטאת דברי רבי מאיר וחכמים אומרים לא תצא ואם יצתה פטורה *רבי אליעזר אומר יוצאה אשה בעיר של זהב לכתחלה במאי קמיפלגי ר"מ סבר משוי הוא ורבנן סברי תכשיט הוא דילמא שלפא ומחויא ליה ואתיא לאתויי ור"א סבר מאן דרכה למיפק בעיר של זהב אשה חשובה ואשה חשובה לא משלפא ומחויא כלילא רב אסר ושמואל *שרי דאניסכא כולי עלמא לא פליגי דאסור כי פליגי דארוקתא מר סבר אניסכא עיקר ומר סבר ארוקתא עיקר רב אשי מתני לקולא ‏‎ג‏דארוקתא דכולי עלמא לא פליגי דשרי כי פליגי דאניסכא מר סבר דילמא שלפא ומחויא ואתי לאתויי ומר סבר מאן דרכה למיפק בכלילא אשה חשובה ואשה חשובה לא שלפא ומחויא °א"ל רב שמואל בר בר חנה לרב יוסף בפירוש אמרת לן משמיה דרב כלילא שרי *אמרו ליה לרב אתא גברא רבה אריכא לנהרדעא ומטלע ודרש כלילא שרי אמר מאן גברא רבה אריכא [דאיטלע] לוי ש"מ נח נפשיה דרבי אפס ויתיב ר' חנינא ברישא ולא הוה ליה איניש ללוי למיתב גביה (א) וקאתי להכא ודילמא נח נפשיה דרבי חנינא ור' אפס כדקאי קאי ולא הוה ליה איניש ללוי למיתב גביה וקאתי להכא אם איתא דרבי חנינא שכיב לוי לר' אפס מיכף הוה כייף ליה ותו דרבי חנינא לא סגי דלא מליך דכי הוה קא ניחא נפשיה דרבי אמר חנינא בר' חמא יתיב בראש וכתיב בהו בצדיקים °ותגזר אומר ויקם לך וגו' דרש לוי בנהרדעא כלילא שרי נפיק עשרין וארבע כלילי מכולה נהרדעא דרש רבה בר אבוה במחוזא כלילא שרי ונפקו תמני סרי כלילי מחדא מבואה אמר רב יהודה אמר רב שמואל קטרא שרי איכא דאמרי דארוקתא ואמר רב ספרא מידי דהוה אטלית מוזהבת ואיכא דאמרי ‏‎ג‏דאניסכא ואמר רב ספרא מידי דהוה אאבנט של מלכים א"ל רבינא לרב אשי קטרא עילוי המיינא מאי א"ל ‏‎ד‏תרי המייני קאמרת אמר רב אשי ‏‎ה‏האי רסוקא אי אית ליה מפרחייתא שרי ואי לא אסיר: ולא בקטלא: מאי קטלא מנקטא פארי: נזמים: ‏‎ו‏נזמי האף: ולא בטבעת שאין עליה חותם: הא יש עליה חותם חייבת אלמא לאו תכשיט הוא ורמינהו *תכשיטי נשים טמאים ואלו הן תכשיטי נשים קטלאות נזמים וטבעות וטבעת בין שיש עליה חותם בין שאין עליה חותם ונזמי האף ואמר רבי זירא לא קשיא הא ר' נחמיה הא רבנן *)דתניא *היא של מתכת וחותמה של אלמוג טמאה היא של אלמוג וחותמה של מתכת טהורה ורבי נחמיה מטמא שהיה ר' נחמיה אומר בטבעת הלך אחר חותמה בעול הלך אחר סמלוניו בקולב

*) [בכלים פי"ג מ"ו לא נזכר פלוגתא דר' נחמי' הלכך ספיר גרסי דתניא]

רש"י

כדעבד ליה ר' עקיבא לדביתהו · במסכת נדרים (דף נ·): **כלילא** · על פדחתה היא קושרתו מאזן לאזן יש שכולו טס זהב שקורין לימ"א ויש שעושין ממשי טווי עם הזהב שקורין פריז"ש: **דניסכא** · טס העשוי כולו מניסכא דהיינו זהב או כסף דבר הניתך: **דאסיר** · מגו דחשיב גזירה דילמא שלפא ומחוייא: **דארוקתא** · רצועה שמצויירת בזהב ובאבנים טובות: **אניסכא** · דאית ביה עיקר ומחויא ליה ומר סבר ארוקתא הוא עיקר דידיה ולא חשיב ליה ולא מחויא ליה: **כולי עלמא לא פליגי דשרי** · דארוקתא עיקר: **בפירוש אמרת לן משמיה דרב** · לפני חלייך קודם ששכחת תלמודך: **כלילא שרי** · אלמא דרב אשי עיקר דמוקי פלוגתא בדניסכא אבל בארוקתא מודה רב ואיכא לאוקמי לדידיה בארוקתא: **גברא רבה אריכא ומטלע** · לוי איטלע דאחוי קידה קמיה דרבי* : **נח נפשיה דרבי אפס** · במסכת כתובות בהגושא (קג:) אמרינן דכי שכיב רבי אמר רבי חנינא בר חמא ישב בראש ולא קיבל עליו רבי חנינא שהיה רבי אפס גדול ממנו שתי שנים (ג) ויתיב רבי אפס ברישא ומתוך שהיה רבי חנינא חשוב לא נכנס לבית מדרשו והיה יושב בחוץ ומשום כבודו ישב לו לוי אצלו: **וקאתי להכא** · שלא היה רבי חנינא גדול הימנו לא בתורה ולא בשנים ולא מיכף ליה לוי ובא לכאן: **לוי לרבי אפס מיכף הוה כייף ליה** · שהרי זקן ממנו: **קטרא** · אבנט חשוב יש שעושין אותו טס של זהב ויש שעושין אותו רצועה משבצות זהב ואבנים קבועות בו: **מידי דהוה אטלית מוזהבת** · דהוי תכשיט ושרית ולמישלף ואחויי כמי לא חיישינן שאין דרך להתיר אזורו בשוק ויפלו בגדיו: **אאבנט של מלכים** · שעשוי כולו דניסכא °וכל ישראל בני מלכים ראוים לו: **תרי המייני קאמרת** · הא ודאי משאוי הוא ואסור לשון תלמידי רבינו יצחק(ג) נ"ע [ובתלמידי] רבינו הלוי מצאתי מותר והראשון נראה לי משום דגבי הצלת דליקה מנינן לר' יוסי שמנה עשר כלים והתם חד חגור הוא דמנינן בכל כתבי הקדש (לקמן דף קכ·) ואי שני חגורות שרי לכתחילה נימני התם תרי: **רסוקי** · חתיכת מעיל רחבה: **אי אית ליה מפרחייתא** · רצועות קצרות תלויות בה לקושרה בהם ולהדקה סביבותיו: **שרי** · דמיהדק שפיר וליכא למיחש דילמא משתרי קטרי ונפיל ואתי לאיתויי: **מפרחייתא** · פינדל"א בלע"ז: **מנקטא פארי** (ד) · מוסטניל"א והוא בגד שיש לו שנצים כעין מכנסים ומכנסת בו רצועה רחבה וקושרת סביב צוארה והבגד תלוי על לבה והוא חשוב ומצוייר בזהב וי"מ כמין חלי עגול עשוי כמין כלבוס* (ה) אוחזת בו מפתחי חלוקה והפגם בולט צוארה והיא של זהב לוי"ה: **נזמי האף** · אבל נזמי האוזן מותרין לכתחלה דטריחא לה מילתא למישלף ואחויי מפני שאזניה מכוסות בקישורין: **ולא בטבעת שאין עליה חותם** · קתני מתניתין דאם יצאת פטורה דתכשיט הוא לה ומשום דילמא משלפא ומחויא הוא דמיתסר: **הא יש עליה חותם חייבת חטאת** · דלאו תכשיט הוא והוי משאוי: **נזמים** · נזמי האוזן: **וטבעת בין שיש כו'** · כלומר וטבעת שאמרנו בין שיש עליה כו': **הא רבי נחמיה** · דאמר עיקר טבעת אדעתא דחותם הוא חייבת חטאת דחותם לאשה לאו תכשיט הוא דאין דרך לאשה לחתום ולשלוח שלוחים שאין חותם עשוי אלא לאדם גדול וממונה והא דקתני תכשיט הוא רבנן דאמרי גופה של טבעת עיקר ולדעתה דטבעת נפקא ביה וטבעת ודאי תכשיט הוא: **טמאה** · דטבעת עיקר והוה ליה פשוטי כלי מתכות: **היא של אלמוג וחותמה של מתכת טהורה** · דהוה ליה פשוטי כלי עץ: **הלך אחר סמלוניו** · ואם של מתכות הם טמא: **סמלוניו** · העול שלהם לא היה פגום כשלנו אלא חלק ונוקבים בו שני נקבים וביניהם כעובי עורף השור ותוחבין בהן שתי יתדות והם סימלונין: **בקולב**

תוספות

מאן דרכה למיפק בכלילא אשה חשובה · אומר ר"י דדוקא בכלילא שרי שמואל הכא וכן רבי אליעזר דוקא בעיר של זהב שאין כל הנשים רגילות בהן אלא אשה חשובה אבל שאר תכשיטי נשים אסירי אפי' לאשה חשובה דאין לחלק בין הנשים והביא ראיה מס"פ כירה (לעיל דף מו:) דקאמר עולא מה טעם הואיל ואיכא תורת כלי עליהן ומה דחק לומר כן כיון דחזי לנשים חשובות דאפי' לרבנן דאסרי בעיר של זהב לאשה חשובה מודו בשאר תכשיטים אליבא דשמואל דשרי כלילא אפילו לרבנן:

אאבנט של מלכים · שמלבושם הוא ואין להם אבנט אחר ה"נ שרי האי קמרא לאיתתא דמלבושה היא ולא משלפא ומחויא:

תרי המייני קאמרת · לשון אחד פי' בקונטרס לאיסור ואע"ג דחשיב בפ' כל כתבי (לקמן דף קכ:) בי"ח כלים פונדא ותגור ופי' התם בקונט' דפונדא הוא אזור היינו כגון שיש בגד מפסיק בינתים אבל תרי המייני זה על גב זה אסור ולא דמי לכמה מלבושים שאדם לובש בשביל הקור אבל תרי המייני מה הנאה יש ואין דרך לחגור ומשוי הוא:

מנקטא פארי · פירורי הפת ותכשיט הוא:

נזמי האף · ונזמי האוזן שרו כדפי' בקונטרס ואע"ג דאמר לקמן *הבנות יוצאות בחוטין שבאזניהן ואמר בגמ' דשל מיני צבעונים אסירי דילמא משלפי הואיל ותכשיט ניכהו התם יותר קל °ליטלם מנזמי האוזן:

הא יש עליה חותם חייבת חטאת · אסיפא סמיך *דקתני בהדיא דחייבת חטאת:

רבי נחמיה מטמא · נראה לר"י דברישא מטהר דלא בעי למימר הלך אף אחר חותמה אלא דוקא אחר חותמה שהוא עיקר וכן משמע בהדיא בתוספתא דמסכת כלים *דתניא טבעת של מתכת וחותמה של אלמוג רבי נחמיה מטהר שהיה רבי נחמיה אומר בטבעת הלך אחר חותמה:

רבינו חננאל

כדעבד ר' עקיבא לדביתהו. ת"ר לא תצא אשה בעיר של זהב ואם יצא חייבת חטאת דברי ר' מאיר וחכ"א לא תצא ואם יצאת פטורה. ר' אליעזר אומר יוצאת אשה בעיר של זהב לכתחלה: כלילא רב אסר ושמואל שרי. פי' נסכא חומין מלשון המסכת (כלים פכ"א). רוקתא טלית. וקיי"ל כרב אשי דהוא בתראה דאמר ארוקתא כו' כ"ע לא פליגי דשרי כי פליגא כלילא דאניסכא רב אסר ושמואל שרי וקיי"ל כרב באיסורי ואע"ג דאיכא למימר מעשה רב והא דדרש [לוי] כלילא [שרי] ונפקו כ"ד כלילי מנהרדעא וכן הא דדרש רבה בר אבוה במחוזא כלילא שרי כלילא דאניסכא דרשו דשרי. כיון דלא איתמרא בהדיא לא שרינן לה דדלמא לא שרי אלא דארוקתא: אמר רב ששת קטרא שרי הוא חגור שבמתנים כגון אבנט רחב מדבעא רבינא מרב אשי קטרא עילוי המיינא מאי ואמר לית תרי המייני קאמרת ש"מ דקטרא המיינא הוא והא דרב אשי אתמר בה תרי לישני ולישנא בתראה אניסכא שרי פי' כלילא וקטרא. חתיכות חתיכות של זהב נקובות ובהן מרגלית ומעמידין בחוטין שמכניסין בנקבין. נמצא דאניסכא כגון מלאכת אבנט של מלכים כי כן מלאכתן העשות בחוטין. רוקתא טלית. שנמצא בין כלילא בין קטרא חתיכות של זהב נקובות ומרגלית קבועי' במטלי' שנמצאת מלאכתן כגון מלאכת טלית מוזהבת. אמר רב אשי ריסוקא. פי' חגור של עור אי אית ביה מפרחייתא שרי ותכשיט הוא ואי לא אסור פי' אם יש לו מפרחייתא חתיכות יוצאות ועודפות ממנו לימינו ולשמאלו תכשיט הוא ואי לא אינו מלאכת תכשיט ואסור לצאת בו בשבת כי אינו כלי. קטלא תכשיט בצואר. כגון ענק והיא בלשון ערבי מכנקא. נזמים יש נזמי האף ונזמים שבאזנים: ולא בטבעת שאין עליה חותם הא יש עליה חותם משאוי ואם תצא בו חייבת חטאת. אלמא לאו תכשיט הוא איני והתניא תכשיטי נשים עיר של זהב קטלאות נזמים וטבעת אחת טבעת שיש עליה חותם ואחת טבעת שאין עליה חותם ונזמי האף [טמאים] ומשני ר' זירא בטבעת של אלמוג וחותמה של מתכת ומתניתין [כרבנן] בכלים פרק י"ג דאמרי טהורה. [וכיון] לענין טומאה לאו כלי הוא לענין שבת נמי לאו כלי הוא. ומשוי הוא. הא ברייתא ר' נחמיה היא דמשוי ליה לענין [טומאה] מנא לענין שבת נמי תכשיט הוא התנינן טבעת של מתכת וחותמה של אלמוג [טמאה היא של אלמוג] וחותמה של מתכת טהורה. ור' נחמיה מטמא: סימלוניו פי' רצועות שהן בעול דתנינן בתורת כהנים טיר בא ושיבר העול וקיצץ סימלונין כדכתיב

מסורת הש"ס

[לקמן קלח. תוספי' פ"ה]
עדיות פ"ב מ"ו
[סוכה נג.]
כתובות קג:
איוב כב
[כלים פי"ג מ"ח עי"ש]
לעיל נב: תוספתא דכלי' ב"מ פי"ג כלים חי"ג מ"ו

הגהות הב"ח

(א) גמ' למיתב גבי' וקסוקאתי: (ב) רש"י ד"ה נח נפשיה וכו' שתי שנים ומתלה ויתיב: (ג) ד"ה תרי וכו' ר' יצחק בר יהודה נ"ע: (ד) ד"ה מנקטא פארי. נ"ב ע"ל כדף נו ע"ב בתוס שפירש"י: (ה) בא"ד כמין כלבוס כזה:

גליון הש"ס

גמ' א"ל רב שמואל בר בר חנה לרב יוסף. לקמן קמו ע"ב: רש"י ד"ה אאבנט וכו' וכל ישראל בני מלכים. עיין לקמן דף קיא ע"א: תוס' ד"ה נזמי האף וכו' ליטלם מנזמי האזן. עיין תשו' ב"ח החדשות סי' מ"א:

רב נסים גאון

שהגיע לעושר גדול כמו שאמרו מן ו' מילי איעתר ר' עקיבא ולאחר שהגיעה ידו שילם לה נדרו ועשה לה ירושלם דדהבא ובגמ' דהדין פירקא דבני מערבא אמרי מעשה ברבי עקיבא שעשה לאשתו עיר של זהב חמתה איתתיה דרבן גמליאל וקניאת בה אתת ואמרה קמי בעלה אמר לה מה הוית עבדא לי כמה דהוות עבדא ליה דהוות מזבנא מן קלעיתה דשערה ויהיבא ליה והוא לעי באורייתא : גברא רבא אריכא אתא לנהרדעא ומטלע פירוש והוא צולע על ירכו כדמתרגמינן והוא מטלע והדבר שגרם לו זה מפורש בפ' ג' דתענית (דף כה) לוי גזר תעניתא בעא רחמי ולא אתא מיטרא אמר לפניו רבונו של עולם עלית וישבת למעלה במרום ואי אתה משגיח על בניך ואתא מיטרא ואיטלע אמר ר' אלעזר אל יטיח אדם דברים כלפי למעלה שהרי אדם גדול הטיח דברים כלפי למעלה ואטלע ובמסכת סוכה (דף נג) בפ' החליל קאמרי לוי אחוי קידה קמיה דר' ואטלע ואמרו בפירקה הא והא גרמא ליה אבל מעשה דר' אפס ור' חנינא בר חמא ומה דאמר רבנו הקדוש בצוויו חנינא בר חמא ישב בראש כו' (מעשה כמפורש) [מפורש] בפרק הנושא

§ מסכת שבת דף נט: §

אות א' - ב'

כלילא... ושמואל שרי

דארוקתא דכולי עלמא לא פליגי דשרי, כי פליגי, דאניסכא

סימן שג ס"ה - [א]כלילא, והוא תכשיט שמניחתו על פדחתה מאוזן לאוזן, וקושרתו ברצועות התלויות, מותרת לצאת בו - הטעם, דמאן דרכה למיפק בזה, אשה חשובה, והיא לא שלפא ומחויא - גמ', **וכתבו** הפוסקים, דבשאר תכשיטים שכל הנשים רגילות בהן, אף חשובה אסורה לצאת בהן, דלא פלוג רבנן בתקנתם, [תוס'].

בין שהיא עשויה מחתיכות של זהב חרוזות בחוט, בין שאותן חתיכות קבועות במטלית.

(עיין בב"י שהוכיח דהרי"ף סובר כן, וכן דעת הרמב"ם, וע"כ פסק כן להלכה, אף דהרא"ש והר"ן והטור כתבו בהדיא לאיסור בדאניסכא, והנה בפיר"ח שלפנינו כתוב בהדיא ג"כ לאיסור, ע"ש טעמו, וכן בפירש"י ד"ה כלילא, וגם המעיין בפירוש הרי"ף וברז"ה יראה דאין ראיה כלל ממנו שהוא סובר להתירא, וע"כ יש להסתפק אם יש להקל בחרוזות בחוט, נגד כל הני רבוותא הנ"ל שכתבו בהדיא לאיסור).

אות ג'

קמרא שרי... דאניסכא

רמב"ם פי"ט מהל' שבת ה"ב - ומותר לצאת [ב]באבנט שיש עליו חתיכות קבועות של כסף ושל זהב כמו שהמלכים עושין, מפני שהוא תכשיט, וכל שהוא תכשיט מותר; והוא שלא יהא רפוי, שמא יפול ברה"ר ויבוא להביאו.

אות ד'

תרי המייני קאמרת

סימן שא סל"ו - [ג]מותר לצאת בשבת בשני מלבושים זה ע"ג זה, בין לצרכו [ד]בין לצורך חבירו - אע"ג שאין לו שום הנאה בזה, אפ"ה לא מחזי כמשוי, כיון דדרך מלבוש הוא.

[ה]בין שהם שני חלוקים, [ו]בין שהם שני סרבלים (פי' סרבל כסות העליון), [ז]בין שהם שתי חגורות זו ע"ג זו, ואפי' אין מלבוש מפסיק ביניהם. הגה: [ח]ויש אוסרים שתי חגורות זה על זה אא"כ מלבוש מפסיק ביניהם (א"ז ותוספות ומרדכי פרק במה אשה), וכן ראוי לנהוג - ולא דמי לשני מלבושים שדרך אדם ללבוש אותן מפני הקור, אבל תרי חגורות מה הנאה יש, ואין דרך לחגור, ומשוי הוא, **ומשמע** בפוסקים, דלכו"ע אין איסורו אלא מדרבנן, כיון שעכ"פ דרך לבישה הוא, אלא דאסור משום דמחזי כמשוי.

ע"כ שלא"ף מאנטי"ל שתפור בו המיינא, אם רוצה לחגור חגורה על השלא"ף מאנטי"ל, יתיר המיינו התפור בו, ומ"מ לא הוי משאוי, דבטל הוא לבגד אחרי שתפור בו, וכדלעיל בסכ"ג, **משא"כ** אם יחגור בשניהם, הוי החגורה כמשאוי.

וכ"ש לחגור פאציילק"ע על החגורה, דאין דרך לחגור בכך, דאסור, **והח"א** כתב, דבזה אפילו לדעה ראשונה אסור, דכיון שאין דרך לחגור בזה בחול, מינכר לכל שמערים להוציא, ואפילו בכרמלית אסור, **ובט"ז** נתן עצה, שיחבר ראש הפאציילק"ע בראש החגורה בעניבה, דאז יהיה נראה כחגורה ארוכה, ויחגור גם בהפאציילקע, **ולפי** המבואר, יכול לחגור את הפאציילקע ע"י הפסק מלבוש, דהיינו אם החגורה היא למעלה יחגרנה על המכנסים, **אבל** אסור לקשור את המטפחת סביב הרגל, שאינו דרך מלבוש כלל, אלא יעשה כנ"ל, או יכרוך אותה סביב הצואר בדרך מלבוש.

והיכא שנוהגין לחגור אונטע"ר גארטיל ואיבע"ר גרטי"ל, דהיינו התחתון אין נאה והשני נאה, ועושין כן, שהוא טוב לחגור בשני על הראשון, או שהשני הוא קצר, שרי - פמ"ג, **וכן** בח"א מצדד דאין למחות בזה במדינות שנוהגין כן, [**לכאורה** לפי"ז, קמרא על גבי המינא אמאי אסר בגמרא, נימא דהעליון הוא לנוי, שיש בו חוטי זהב, **אך** אפשר דהתם לא היה המנהג כן לכל].

כתבו האחרונים, דמה שנוהגות קצת נשים לחגור בחגורה, ועוד חוגרין בחגורה על הבגד הרחב מלמטה, ושע"י כך הוגבה בגד הרחב מן הארץ, ועושין כן שלא יתלכלך הבגד בעת שיש טיט ורפש, ג"כ שרי, כיון שצורך הוא לכך.

באר הגולה

[א] **שם כשמואל וכרב אשי דמתני לקולא** ‹כמסקנת גמרא שם, ומשמע דבכל ענין, דלא כרש"י ד"ה כלילא שרי - גר"א. **ומפרש** השו"ע וכל הפוסקים, דרב שמואל בר בר חנה בא לפלוג על מה דאיתא דרב פליג עם שמואל, ואלא דמודה לשמואל דשרי, וא"כ ללישנא דרב אשי דפליגי באניסכא, מודה רב דאפי' אניסכא שרי, **וזה** דלא כרש"י, דמפרש דרב שמואל בר בר חנה בא להביא ראיה דרב ושמואל פליגי באניסכא, אבל בארוקתא מודה, וא"כ לפרש"י הלכתא כרב באיסורי, ואסור בכלילא דאניסכא - דמשק אליעזר. **וכל** זה דלא כהבאר הגולה› [ב] ‹ורבינו פי' אניסכא, שחתיכות נסכא קבועות בו - מגיד משנה› [ג] **טור** [ד] **רוקח** [ה] **ב"י ממה שכתבו התוספות והרא"ש גבי סכינתא קמ"ז ע"ב** [ו] **טור בשם ספר המצות וש"פ** [ז] **ב"י לדעת הרי"ף והרמב"ם** ‹ופי' רש"י תרי המייני קאמרת, הא ודאי משוי הוא ואסור, ורבינו הלוי מצאתי בתלמידיו, מותר, והראשון נראה, עכ"ל. **וכן** נראה שהוא דעת התוספות (ד"ה תרי) והרא"ש לאסור. **וכתבו** ואע"ג דחשיב בפ' כל כתבי בי"ח כלים (קכ.) פונדא וחגור, ופי' רש"י דפונדא הוא אזור, היינו כגון שיש בגד מפסיק בנתיים, אבל תרי המייני זה על גבי זה אסור, ולא דמי לכמה מלבושים שאדם לובש בשביל הקור, אבל תרי המייני מה הנאה יש, ואין דרך לחגור, ומשוי הוא. **והרי"ף** השמיט הא דתרי המייני, וגם הרמב"ם לא הזכירו לאיסור, משמע שהם מפרשים תרי המייני קאמרת, הא ודאי שרי, וכיון ששניהם מסכימים להתיר, הכי נקיטינן - ב"י› [ח] ‹ואין דבריו נראים, דהא רש"י והתוס' והרא"ש וכל הפוסקים כתבו בהדיא לאסור, ואיך נדחה כולם מפני השמטת הרי"ף והרמב"ם. **ומשמע** מדברי התוס' דאף ב' חגורות אינו אסור אלא כששתיהן זו על גב זו, דמה הנאה יש בהן ואין דרך לחגור כך והוי משוי, אבל כשיש בגד מפסיק ביניהם שרי, וכן כתב המרדכי פרק במה אשה בהדיא דשרי, וכן הוא באור זרוע - ד"מ›

ומותר ללבוש שני כובעים זה על זה (מ"ז) - שכן דרכו בחול לשום כובע גדול ע"ג כובע קטן, **וכן שני אנפילאות (אגור)** - על כל רגל דהוי כשני סרבלים.

אות ה'

האי רסוקא, אי אית ליה מפרחייתא שרי, ואי לא אסיר

סימן שג ס"ו - [ט]**רסוקיא, דהיינו חתיכת מעיל רחבה, אם יש בה רצועות קצרות תלויות בה לקושרן בהם ולהדקן סביבותיה, דמהדק, שרי; ואם אין לו רצועות, אסור** - דחיישינן שמא יפול ואתי לאתויי.

אות ה"*

מאי קטלא, מנקטא פארי

סימן שג ס"ז - [יא]**לא תצא בקטלא, דהיינו בגד שיש לו שנצים כעין מכנסים, ומכניסים בו רצועה רחבה וקושרה סביב צוארה, והבגד תלוי על לבה, והוא חשוב ומצוייר בזהב** - משום דילמא שלפא ומחויא, ועיין לעיל במה שכתבנו בס"ב.

אות ו'

נזמי האף

סימן שג ס"ח - [יב]**לא תצא בנזמי האף** - דאף דתכשיט הוא, דילמא שלפא ומחוי ואתיא לאתויי ד"א, [יג]**אבל יוצאה בנזמי האוזן. הגה: מפני שאזניה מכוסות** - בקישורים, דטריחא לה מילתא למישלף ואחויי.

ובמקום שנוהגין לגלות האזנים, אסור לצאת בנזמים שבאוזן, היכא דדרך להוציאם משם.

---

§ מסכת שבת דף ס. §

אות א'

למאי חזיא, אמר רב יוסף הואיל ואשה אוגרת בה שערה

סימן שג ס"ט - ושאינה נקובה, [א]אם מעמדת בה קישוריה - דהיינו קישורי צעיפה, או שסוגרת בה מפתחי חלוקה וכיו"ב, **מותר לצאת בו.**

יש מאחרונים שכתבו, דדוקא כשהמחט אינו עשוי להתקשט בו, ואז מותר מטעם שכיון שהיא משמשת לה לצורך לבישה, הרי היא כבית יד להמלבושים, **אבל** אם עשוי להתקשט בה, כגון שראשה אחד עב ועשוי כעין תכשיט, אסור מדרבנן להעמיד בה הקישורים, דילמא שלפא ומחויא לחברתה - [מ"א וט"ז לפירוש התוס'], **וי"א** דבכל גווני שרי, דכיון דלצניעות עבידא, לא שלפא ומחויא, שלא יתגלה שערה ולבה - [ב"י וכפי' רש"י וא"ר בשם הרבה ראשונים], **וכן** מצדד הגר"א בביאורו, דעיקר טעם ההיתר במעמדת קישוריה, משום דלצניעות עבידא, וע"כ אין למחות ביד הנוהגין להקל בזה, **וכ"ש** מחט שאינה נקובה שלנו שקורין שפילקע, אף שראשה אחד עב, אין עשוי כעין תכשיט כ"כ, ואפשר דלכו"ע שרי, וע"כ בודאי יש לסמוך להקל להעמיד בה הקישורים.

ואם אינה מעמדת בה קישוריה, אסור - לצאת בה כשהיא תחובה בצעיפה או בבגדה, אפילו אם היא מתקשטת בה, כגון שראשה עב ועשוי כעין תכשיט, דאין בו חיובא דאורייתא, אפ"ה אסור מדרבנן, דילמא שלפא ומחויא, **וכ"ש** דאם אינו עשוי כעין תכשיט, דנחשב משא וחייבת חטאת, **ודע** עוד, דבזה שאינו עשוי כעין תכשיט, אפילו אם צריכה לה המחט לאיזה צורך שיהיה, כגון לחלוק בה שערה וכיוצא בהן, מ"מ הרי הוא משוי גמור, שאין אדם יכול לצאת בכל החפצים הצריכים לו כשאינן לא מלבוש ולא תכשיט, [תוס'].

אות ב'

לא יצא האיש בסנדל המסומר

רמב"ם פי"ט מהל' שבת ה"ב - אין יוצאין בסנדל מסומר שסמרו לחזקו, ואפילו ביום טוב גזרו שלא יצא בו.

אות ג'

ולא ביחיד בזמן שאין ברגלו מכה

סימן שא [ב]ס"ז - [ג]ולא יצא במנעל אחד, אם אין לו מכה ברגלו, דלמא מחייכי עליה ואתי לאתויי.

באר הגולה

[ט] שם בגמרא וכפירוש רש"י ע"ש [י] (ע"פ הבאר הגולה) [יא] שם במשנה נ"ז ובגמרא נ"ט וכלשון א' שבפי' רש"י [יב] שם ושם [יג] רש"י שם והתוספות והרא"ש וש"פ [א] הרא"ש וכרב אדא שם ס' [ב] (כצ"ל) [ג] שם ס'

במה אשה פרק ששי שבת ס

מסורת הש"ס

[לעיל טז:]

לקמן קכג.

[גי' הערוך בערך אגד אתגרית]

[לעיל נג:]

עין משפט נר מצוה

כז א מיי' פי"ט מהל' שבת הלכה ה סמג לאוין סה טוש"ע א"ח סי' שג סעיף ט:

כח ב מיי' פי"ט מהל' שבת הלכה ג:

כט ג מיי' שם הלכה טו סמג שם טוש"ע א"ח סי' שא סעיף ו:

בקולב הלך אחר מסמרותיו בסולם הלך אחר שליבותיו בערסי הלך אחר שלשלותיו וחכמים אומרים *הכל הולך אחר המעמיד רבא אמר לצדדים קתני יש עליה חותם תכשיט דאיש אין עליה חותם תכשיט דאשה רב נחמן בר יצחק אמר *טומאה אשבת קרמית טומאה °כלי מעשה אמר רחמנא וכלי הוא שבת משום משוי אמר רחמנא אין עליה חותם תכשיט יש עליה חותם משוי: ולא במחט שאינה נקובה: "למאי חזיא אמר רב יוסף הואיל ואשה *אוגרת בה שערה א"ל אביי ותהוי כבירית טהורה ותשתרי אלא תרגמא רב אדא נרשאה קמיה דרב יוסף הואיל ואשה חולקת בה שערה בשבת למאי חזיא אמר רבא טס של זהב יש לה על ראשה בתול חולקת בה שערה בשבת מניחתה כנגד פדחתה: **מתני'** "לא יצא האיש בסנדל המסומר ולא "ביחיד בזמן שאין ברגלו מכה ולא בתפילין *ולא בקמיע בזמן שאינו מן המומחה °ולא בשריון ולא בקסדא ולא במגפיים ואם יצא אינו חייב חטאת: **גמ'** סנדל המסומר מאי טעמא אמר שמואל שלפי הגזרה היו והיו נחבאין במערה ואמרו הנכנס יכנס והיוצא אל יצא נהפך סנדלו של אחד מהן כסבורין הם אחד מהן יצא וראוהו אויבים ועכשיו באין עליהן דחקו זה בזה והרגו זה את זה יותר ממה שהרגו בהם אויבים רבי אילעאי בן אלעזר אומר במערה היו יושבין ושמעו קול מעל גבי המערה כסבורין היו שבאו עליהם אויבים דחקו זה בזה והרגו זה את זה יותר ממה שהרגו בהן אויבים רמי בר יחזקאל אמר בבהכ"נ היו יושבין ושמעו קול מאחורי בהכ"נ כסבורין היו שבאו עליהם אויבים דחקו זה בזה והרגו זה את זה יותר ממה שהרגו בהן אויבים באותה שעה אמרו אל יצא אדם בסנדל המסומר אי הכי בחול נמי ליתסר מעשה כי הוה בשבת הוה ביום טוב לישתרי אלמה תנן משלחין

רש"י

בקולב. הוא כמין עמוד רחב מלמטה ודק מלמעלה ומיטלטל והחנוני מעמידו לפני חלון חנותו ומסמרין תחובין בו ותולין בהן אבנטים ורצועות למכור: **בערסה.** אישטרייד"א בלע"ז והן מאזנים גדולות לשקול למר ושעוה ונחשת והן של עץ: **הלך אחר שלשלותיו.** שתלוי בהן ואם של מתכת הן טמאות: **המעמיד.** גוף הטבעת מעמיד החותם והעול מעמיד את סמלוניו והקולב את מסמרותיו והסולם את שליבותיו שהרי בהם קבועים והערסה הוא עץ (א) ארוך שהקנה שקורין ייש"א והלשון תחוב בו והשלשלות קבועות בקנה וכולן העץ ארוך מעמידן שהוא פליי"ל שתי כפות המאזנים תלויות בב' ראשין: **רבא אמר.** ברייתא דקתני וטבעת הוי תכשיט בין שיש עליה חותם בין שאין עליה חותם לאו ארישא דאיירי בתכשיטי נשים קיימי תרווייהו אלא חד תכשיט דאיש וחד תכשיט דאשה ולצדדין קתני: **טומאה אשבת קרמית.** הא דקתני וטבעת בין שיש עליה כו' לאו ארישא קאי דקרי ליה תכשיט נשים אלא הכי קאמר וטבעת שאמרו שנטמאת בין שיש עליה חותם דלאו תכשיט הוא מיהא כלי מעשה הוא בין שאין עליה חותם דהוי תכשיט וכי קתני רישא תכשיטי נשים אשאין עליה חותם: **למאי חזיא.** לתכשיט דקתני אינה חייבת חטאת: **אוגרת בה שערה.** היוצא חוץ לקישוריה כורכתו סביב המחט ותוחבת המחט בשבכה מתחתיה שלא יראה שערה: **ותיהוי כבירית.** דתנא מתניתין (לקמן דף סג.) בירית טהורה מלטמא ויוצאין בה והיא כמין אצעדה ששושה לשוקיה מעל בתי שוקיה להדקן שלא יפלו על רגלה: **אסורה.** דלאו תכשיט היא אלא תשמיש לבתי שוקיה והוי (ב) כטבעת הכלים דאמרן טהורות בפרקין דלעיל ויוצאין בה שצריך לה עם בתי שוקיה ולא הוי משאוי ויוצאין דכיון דלצניעותא היא לא שלפא ומחוי והאי מחט כמי לצניעות דשער באשה ערוה ולא מחוייא ואמאי לא תצא לכתחילה: **חולקת.** לכאן ולכאן באמצע ראשה שקורין גריוו"א בלע"ז: **ובשבת למאי חזיא.** הרי בשבת אינה חולקת שערה: **טס של זהב יש לה על ראשה.** האחד והשני עוקץ הוי: **בתול חולקת שערה.** בעוקץ: **ובשבת.** תוחבת העוקץ בשבכה והטס שבראשה השני מונח על פדחתה: **מתני' סנדל המסומר.** של עץ הוא ותוחבין מסמרות (ג) למעלה לחזק התחתון עם העליון *(העץ עם העור שלמעלה הימנו ויש לו שתי פיות ותוחב רגלו בו) ובגמרא מפרש מאי טעמא גזרו ביה: **ולא ביחיד.** ולא בסנדל יחיד: **בזמן שאין ברגלו מכה.** בש"ס ירושלמי מפרש דלא ליתחדיה דטעין ליה לחבריה תותי כנפיה ולשון רבותי דילמא מחייכי עליה ושקיל דשליף ליה וממטי ליה בידי' בשכחת שבת ומיהו בזמן שיש ברגלו מכה שרי ובגמרא בעי בהי מינייהו יהיב ליה: **ולא בתפילין.** כדמפרש טעמא בגמרא (לקמן דף סא:): **ולא בקמיע.** שכותבין וטוענין לרפואה: **שאינו מן המומחה.** אבל בקמיע מומחה שרי דתכשיט הוא לחולה כאחד ממלבושיו: **שריון קסדא ומגפיים.** מפרש בגמרא: **אינו חייב חטאת.** דכולהו מין מלבושין נינהו בחול למלחמה: **גמ' שלפי הגזירה היו.** בני אדם הנשמטים מן הגזירה היו: **הנכנס יכנס.** הרוצה ליכנס יכנס שהנכנס יראה תחלה שאין אדם רואה: **והיוצא אל יצא.** שמא יש אויבים מבחוץ והוא לא ידע ויראוהו ויביט שאנו כאן: **נהפך סנדלו.** שיש לו שתי פיות ויכול לנועלו מב' לדדין אבל ניכר מי הוא לפנים ומי הוא לאחור וכשנעלו זה הפוך נראה הנכנס כאילו הוא יוצא וניכר מקומו בקרקע: **והרגו זה את זה.** בדחיקתן שהיו סנדליהן מסומרין כעין אותם שעושין לרגלי הסוסים ראשיהן עבים: **אל יצא.** האיש בשבת כדמפרש לקמיה דבשבת היה מעשה ומעין המאורע אסרו: **אלמה תנן.** במסכת ביצה: משלחין

תוספות

טומאה אשבת קא רמית. דאפילו בלאו טעמא דהוי תכשיט לאיש היא טמאה מכל כלי מעשה והשתא בין לרבא בין לרב נחמן בר יצחק מוקמי תרווייהו כרבי נחמיה ולא מטמא מטעם תכשיט דאשה אלא מטעם תכשיט דאיש או מטעם דהוי כלי מעשה ולצדדין קתני בין לרבא בין לרב נחמן בר יצחק:

למאי חזיא. פי' בקונטרס למאי חזיא והא משוי הוא וקשה לר"י דאם כן מאי משני הואיל ואשה חולקת בה שערה אטו משום הכי לא הוי משוי והא איגו לא מלבוש ולא תכשיט אלא נראה לפרש למאי חזיא למה היא רגילה לצאת בה בחול אמר רב יוסף כו' ובתר הכי פריך ובשבת למאי חזיא כהי שרגילה לנושאה בשביל שצריכה לחלק בה שערה בשבת תיהוי משוי כיון דאיגו לא מלבוש ולא תכשיט ובקונטרס פי' בסמוך בשבת למאי חזיא והלא בשבת אינה חולקת שערה וקשה לר"י חדא דהא מנא ליה דאסור לחלק בה שיער בשבת ועוד דאמאי פריך והא אסור אפילו יהא מותר תקשה והא משוי הוא:

הואיל ואשה אוגרת בה שערה. נראה לר"י שתוחבת המחט בתוך השבכה ודוחקת את השבכה כדי שלא יפלו שערותיה חוץ לקישוריה והשתא אתי שפיר דהוית כעין בירית שאוחזת בתי שוקיה שלא יפלו ולא כפירוש הקונטרס:

ותיהוי כבירית טהורה ותשתרי. פירש בקונטרס דכי היכי דהתם לא חיישי לדילמא משלפא ומחויא הואיל ולצניעותא עבידא ה"נ לא ניחוש למישלף ואחויי מהאי טעמא וקשה לר"י דהא כבלים אין יוצאין בהן בשבת דחיישינן דילמא משלפא להו משום דהוי תכשיט כמו שאפרש אע"ג דלצניעותא עבידא כמו בירית דהכל ענין אחד אלא שבירית באחת וכבלים בשתים כדאמרינן לקמן (דף סג:) ועוד דלמה לו להזכיר כאן טהרת בירית הוה ליה למימר ותיהוי כבירית ותשתרי ונראה לר"י דה"פ ותהוי כבירית שיוצאין בה לפי שהיא טהורה משום שאינה תכשיט דאינה טי לאשה כיון דאינה כ"א באחת והויא כטבעת הכלים דאינה כ"א לצורך בתי שוקים ה"נ האי מחט שהיא טהורה לפי שאינה אלא כטבעת הכלים תשתרי דאינה תכשיט וא"ת אמאי לא משני השתא כמין טס של זהב יש לה בראשה כדמשני לאידך סוגיא דבסמוך וי"ל דאם היתה אוגרת בה שערה לא היתה מניחתה לעולם כנגד פדחתה ואינה חשובה תכשיט אלא טס וקשה לרשב"א לפירוש זה דכיון דמחט שאוגרת בה שערה היא טהורה היכי קאמר לעיל (דף נב:) אבל לענין טומאה דא ודא אחת היא הרי יש חילוק אפילו בשלימה דאותה שאינה אוגרת בה טמאה ואותה שאוגרת בה טהורה וצריך לומר דלטומאה כמי פריך ותיהוי טהורה כבירית שהיא טהורה גם תשתרי לצאת בה:

ומניחתה כנגד פדחתה. השתא לא היה צריך לומר שחולקת בה שערה כלל אלא האמת מפרש: **ושמעו** קול מעל גבי המערה. קול של סנדל המסומר: (שייך לע"ב) **לא** *בסנדל המסומר ולא *במנעל שאינו תפור. תימה לר"י והא קתני סיפא זה הכלל כל שניאותין בו משלחין אותו ביו"ט ומפרש בגמ' דכל שנאותין בו בחול קאמר וסנדל המסומר ניאותין בו בחול ואמאי אין משלחין אותו בי"ט וי"ל דהחמירו בו לפי שבא תקלה על ידו כי היכי דאסר ליה במתניתין ר' אלעזר בר' שמעון לטלטלו לכסות בו את הכלי או לסמוך בו כרעי המטה אע"פ *שאר כלים שמלאכתן לאיסור שרי לטלטלן לצורך גופן ומקומן וזה הכלל דקתני התם לא קאי אלא אמנעל שאינו תפור ונראה לר"י דאפי' לרבנן דר' אלעזר דשרי לטלטל לצורך גופו ומקומו אסור לשלחו בי"ט אע"ג דשילוח משום שמחת י"ט חשיב כמו לצורך גופו מדשרי' לשלוח דברים שמלאכתן לאיסור כיון שבאת תקלה על ידו ליכא שמחת י"ט:

אין

[צ"ל סנדל]

[צ"ל מנעל]

[לקמן קכד:]

רבינו חננאל

ה' צדיק קצץ עבות רשעים. קולב. יש מי שאומרים ממיני תכשיט הוא להשמיע קול כרורך בנת ומחוקו במסמרים: שליבות ושלשלאות פשוטות הן. רבא אמר הא מתניתא לצדדין קתני אין עליה חותם תכשיט דאשה יש עליה חותם תכשיט דאיש והדין כך הוא. שיהא האיש מותר לצאת בטבעת שיש עליה חותם והאשה בטבעת שאין עליה חותם. מפני שתכשיט הוא להן וכל תכשיט שרי אלא משום גזירת *) דרבא כדבעינן למימר לקמן (סג.) דאמר פעמים שהאשה נותנת לבעלה טבעת שאין עליה חותם להוליכה אצל האומן ומניחת באצבעו עד שמגיע אל האומן. ופעמים שהאיש נותן לאשתו טבעת שיש עליה חותם להניחה בקופסא ומניחתה באצבעתה עד שמגעת לקופסא. לפיכך אסרו אחד האיש ואחד האשה לצאת בין בטבעת שיש עליה חותם בין בטבעת שאין עליה חותם. רב נחמן בר יצחק אמר טומאה אשבת קרמית כו'. ולא במחט שאינה נקובה אוקימנא כדתניא כמין טס של זהב יש לה על ראשה. בתול חולקת בה שערה בשבת מנחת על פדחתה. ותני הוא לה: לא יצא בסנדל מסומר כו'. פ"ם שלפי השמד כו' פשוטה היא.

*) עי' נרשב"א שהמס פ"ד רבינו בזה.

הגהות הב"ח

(א) רש"י ד"ה המעמיד וכו' והערסה הוא עץ הארוך שהקנה: (ב) ד"ה טהורה וכו' והכי הוא כטבעת: (ג) ד"ה סנדל וכו' מסמרות לחזק כצ"ל ותיבת למעלה נמחק:

גליון הש"ס

מתני' ולא בשריון. עי' לקמן סד ע"ב ברש"י ד"ה כל שאסרו:

רש"ל מוחק זה

עין משפט
נר מצוה

ל א טוש"ע א"ח סי' תקכז סעיף ג:
לא ב ג מיי' פ' יט מהל' שבת הלכה כ:

מסורת
הש"ס

*(משלחין *כלים בי"ט בין תפורין בין שאינן תפורין) *אבל לא סנדל המסומר ולא מנעל שאינו תפור (*בי"ט) בשבת מ"ט דאיכא כינופיא בי"ט נמי איכא כינופיא תענית צבור איכא כינופיא ליתסר מעשה כי הוה בכינופיא דאיסורא הכא כינופיא דהתירא הוה ואפילו לר' *חנינא בן עקיבא *דאמר לא אסרו אלא בירדן ובספינה וכמעשה שהיה הני מילי ירדן דשאני משאר נהרות אבל י"ט ושבת כי הדדי נינהו *דתנן אין בין י"ט לשבת אלא אוכל נפש בלבד א"ר יהודה אמר שמואל *לא שנו אלא לחזק אבל לנוי מותר וכמה לנוי ר' יוחנן אמר חמש בזה וחמש בזה ור' חנינא אמר שבע בזה ושבע בזה א"ל ר' יוחנן לרב שמן בר אבא אסברא לך לדידי שתים מכאן ושתים מכאן ואחת בתרסיותיו לר' חנינא ג' מכאן וג' מכאן ואחת בתרסיותיו מיתיבי סנדל הנוטה עושה לו שבע דברי רבי נתן ורבי מתיר בי"ג בשלמא לרבי חנינא הוא דאמר כרבי נתן אלא רבי יוחנן דאמר כמאן הוא דאמר כר' נהוראי דתניא ר' נהוראי אומר ה' מותר ושבע אסור א"ל איפה לרבה בר בר חנה אתון תלמידי רבי יוחנן עבידו כר' יוחנן אנן נעביד כרבי חנינא בעא מיניה רב הונא מרב אשי חמש מהו א"ל אפילו ז' מותר ט' מאי א"ל אפילו ח' אסור בעא מיניה ההוא רצענא מרבי אמי תפרו מבפנים מהו א"ל מותר ולא ידענא מ"ט אמר (א) רב אשי ולא ידע מר מ"ט כיון דתפרו מבפנים הוי ליה מנעל בסנדל גזרו ביה רבנן במנעל לא גזרו ביה רבנן בעא מיניה ר' אבא בר זבדא מר' אבא בר אבינא עשאו כמין *כלבוס מהו א"ל מותר איתמר נמי אמר רבי יוסי בר' חנינא עשאו כמין כלבוס מותר א"ר ששת חיפהו כולו במסמרות כדי שלא תהא קרקע אוכלתו מותר תניא כוותיה דרב ששת *לא יצא האיש בסנדל המסומר ולא יטייל מבית לבית אפילו ממטה למטה אבל מטלטלין אותו לכסות בו את הכלי ולסמוך בו כרעי המטה ור' אלעזר בר' שמעון אוסר נשרו רוב ממסמרותיו ונשתייר בו ד' או ה' מותר ורבי מתיר עד שבע *חיפהו בעור מלמטה וקבע לו מסמרות מלמעלה מותר עשאו (ב) כמין כלבוס או כמין טס או כמין יתד או שחיפהו כולו במסמרות כדי שלא תהא קרקע אוכלתו מותר הא גופה קשיא אמרת נשרו רוב מסמרותיו אע"ג דנשתיירו ביה טובא והדר תני ארבע או חמש אין טפי לא א"ר ששת לא קשיא כאן שנגממו כאן שנעקרו: ארבע או חמש מותר: השתא חמש שרי ארבע מיבעיא א"ר חסדא ארבע מסנדל קטן וחמש מסנדל גדול: ורבי מתיר עד שבע: והתניא רבי מתיר עד שלש עשרה נוטה שאני השתא דאתית להכי לרבי יוחנן נמי לא קשיא נוטה שאני אמר רב מתנה ואמרי לה אמר רב אחדבוי בר מתנה אמר רב מתנה אין הלכה כר' אלעזר בר' שמעון פשיטא *יחיד ורבים הלכה כרבים מהו דתימא מסתברא טעמא דרבי אלעזר ברבי שמעון בהא קמ"ל אמר רבי חייא אי לאו דקרו לי בבלאי שרי איסורי שרינא ביה טובא וכמה בפומבדיתא אמרין עשרין וארבע בסורא אמרין עשרין ותרתין אמר רב נחמן בר יצחק וסימניך עד דאתא מפומבדיתא לסורא חסר תרתי: ולא ביחיד בזמן שאין ברגלו מכה:

אין בין יו"ט לשבת כו'. ואע"פ דבפ' משילין (ביצה דף לז: ושם) ולקמן בפ' כל הכלים (דף קכד: ושם) מוקמינן לה כב"ש דאי כב"ה הא אמרי מתוך שהותרה הבערה לצורך הותרה נמי שלא לצורך מ"מ דמי טפי יו"ט לשבת הואיל ולא שריא שאר דברים אלא מטעם שהותרה לצורך אוכל נפש:

השתא חמש שרינן כו'. בפרק קמא דסוכה (ד' ב: ושם) גבי רבי יהודה מכשיר עד ארבעים וחמשים אמה לא פריך השתא חמשים כו' וכן בריש אע"פ (כתובות דף נז: ושם) גבי אבל חכמים אומרים משהה אדם עם אשתו אפילו שתים ושלש שנים בלא כתובה ונראה לר"י דכל היכא דפשיטא ליה דבעי למימר אפי' טובא לא פריך אבל הכא ליכא לפרושי ד' וה' אפילו טובא דא"כ התירתה סנדל המסומר וכן בפרק בנות כותים (נדה דף לז: ושם) פריך [גבי] וכמה היא קישוייה ר' מאיר אומר אפילו מ' ונ' יום דליכא למימר אפילו טובא דאין סברא שיחשב דם קישוי מיום תחילת עיבורה ומשמע ליה בכל הני דשיעורא בתרא דוקא ולהכי פריך דלימא שיעורא בתרא ולא לימא שיעורא קמא ולקמן בפרק מפנין ד' וה' קופות (דף קכו:) פריך נמי השתא חמש שרי ד' כו' משמע ליה דטפי לא שרינן משום טורח שבת ומשני רב חסדא ד' מאוצר קטן חמש מאוצר גדול ושמואל משני ד' וה' אפילו טובא כדאמרי אינשי דסבר אפילו טובא מצי לפנות ובלבד שלא יגמור את האוצר פי' קרקעית האוצר משום אשווי גומות וכדאמרן התם וא"ת דבפרק אע"פ (כתובות דף ס. ושם) אמרינן תינוק יונק והולך אפילו ד' וה' שנים ולא פריך אף על גב דהוי דוקא מדפריך התם מחבילתו על כתפו ומשני אידי ואידי חד שיעורא וי"ל הא בכחוש הא בבריא והא דאמרינן בפרק הזרוע (חולין דף קלב:) כהן טבח שתים וג' שבתות פטור מן המתנות מכאן ואילך חייב במתנות אומר ר"י דנקט שתים לרבי דאית ליה בהבא על יבמתו (יבמות דף סד:) דבתרי זימני הויא חזקה וג' לרשב"ג*): דעבר

משלחין כלים ביו"ט בין תפורין בין שאינן תפורין אבל לא סנדל המסומר. אלמא לאו בר מנעלי' ביו"ט הוא דהא קתני התם כל שמשלחין בו ביו"ט משלחין אותו: **איכא כינופיא**. שאין עושין מלאכה ונקבצין לבתי כנסיות ולבתי מדרשות כי ההיא מעשה דהוה כינופיא: **דאיסורא**. בעשיית מלאכה: **ואפילו לרבי חנינא בן עקיבא**. בפרק חומר בקדש גבי נושא מי חטאת ואפר חטאת בירדן ובספינה שנמצא כזית מן המת תחוב בקרקעית' של ספינה °ונטמאו וקאמרי רבנן דגזרו שלא יעביר אדם מי חטאת בספינה ולא על הגשר ולא ישוט על פני המים אחד ירדן ואחד שאר נהרות ופליג ר' חנינא ואמר לא אסרו אלא בירדן ובספינה ולא גשר ושאר נהרות דגזירה שגזרו מחמת מאורע אין להם לגזור אלא מעין המאורע: **דשאני משאר נהרות**. ברוחב או בעומק: **אלא לחזק**. שמסמרותיו נעשו לחזק העקב שקורין סול"א עם הפנתא שקורין אינפייל"א אבל לנוי מותר דלא גזרו אלא מעין המאורע והנהו לחזק היו כשהם מסמרים דסנדל: **שתים מכאן**. לצד חילון אחד בראשו לצד האצבעות ואחד לצד עקיבו ושתים מכאן לצד פנימי לעבר בין הרגלים: **תרסיותיו**. רצועותיו: **סנדל הנוטה**. שתחתון שלו אינו שוה שעב מצד זה ודק מצד זה וכשדורס נוטה לצד הדק וצריך להגביהו שיהא שוה לצד שכנגדו: **איפה**. שם חכם ובנו של ר' רחבה דפומבדיתא הוה*: **תפרו מבפנים**. שנתן מנעל של עור לפנים מן הסנדל תפרו פורדרי"ן בלע"ז: **מותר**. שמעתי מרבי יוחנן וטעמא לא ידענא: **מותר**. לקבוע בו מסמרים מבחוץ: **עשאו**. למסמר כמין כלבוס בלע"ז טינפיילו"ן שני ראשין חדין וכפופין ונועץ שני ראשים בעץ כדאמרי' בסוטה (יט:) כלבוס של ברזל מטילין לה לתוך פיה: **מותר**. הואיל ונשתנה משאר מסמרים דלא גזרו אלא מעין המאורע: **חיפהו**. מלמטה: **אבל מטלטלין אותו**. דתורת כלי עליו: **אוסר**. דילמא אתי לנועלו: **נשרו רוב מסמרותיו כו'**. לקמן מפרש לה: **מותר**. הואיל ונשתנה מכמו שהיה דמעין המאורע גזרו: **עשאו**. לראש מסמר רחב כמין טס או שעשאו חד כמין יתד: **אע"ג דישתאר טובא**. ובלבד שיהיו מעוט: **שנגממו**. מלמעלה ורשומו ניכר בתוך העץ אפילו טובא דהא מינכר שאינו כברייתו: **שנעקרו**. לגמרי שאין ניכר שהיה בו יותר ד' או ה' [אין] טפי לא לוי"ה ולשון חבירו איפכא: **נוטה שאני**. שסולן צריכין לו להשוותו ואין אחד מהן לחזק: **השתא דאתית להכי**. לחלק בין נוטה לשאין נוטה: **לרבי יוחנן נמי**. דקפרכת לעיל מינה ואמרי דאמר כמאן איכא נמי לתרוצי לעולם כרבי נתן ונוטה שאני דהתם מתיר עד שבע אבל אין נוטה ה' ותו לא: **מסתברא טעמא**. דאסור לטלטל שמא ינעלנו: **בבלאי שרי איסורי**. דר' חייא מבבל הוה כדאמרינן בסוכה* עלו ר' חייא ובניו ויסדוה: **עד דאתא רבי חייא**. כשעלה מבבל לארץ ישראל ובא דרך סוריא מפומבדיתא: **חסר פרסי**. נפלו שתים ממסמרותיו בדרך: **לסורא חסר**. (תרתי) דומה אגל דומה: הא

*)[ועי' תוס' עירובין ו. ד"ה עד ותוס' יומא כג. ד"ה שתים ותוס' סוכה ב: ד"ה עד ותוס' כתובות נז. ד"ה שתים ודף ס. ד"ה רבי יהושע ותוס' ב"מ ע"ע: ד"ה השתא ותוס' נדה לז: ד"ה ארבעים

רבינו חננאל

ואסיקנא בסנדל מסומר אחד שבת ואחד יו"ט אסור דיו"ט ושבת כי הדדי נינהו: הא דר' חנינא בן עקיבא דאמר לא אסרו אלא בירדן ובספינה. וכמעשה שהיה מפורש ביבמות פרק האשה שהלכה היא ובעלה למדינת הים. מעשה באחד שהיה מעביר מי חטאת ואפר חטאת בירדן ובספינה ונמצאת כזית מת תחוב בקרקעיתה של ספינה. באותה שעה אמרו לא ישא אדם מי חטאת ואפר חטאת ויעבירם בירדן ובספינה [וצריך לעיין] התם כדי שיתברר לו השמועה היטב: קי"ל סנדל המסומר לחזק אסור לנוי מותר כרב יהודה אמר שמואל דהא דייקי אשמעתיה לאוקמה דאמרינן וכמה לנוי דשרי ר' יוחנן אמר ב' מכאן וב' מכאן וא' בתרסיותיו ר' חנינא אמר ג' מיכן ג' מכאן וא' בתרסיותיו וכר' חנינא קיי"ל דר' יוחנן לגבי ר' חנינא תלמיד הוא. והא דאמר ליה איפה לרבה בר בר חנה אתון תלמידי דר' יוחנן (אתון) עבידו כר' יוחנן לאו משום דהלכה כר' יוחנן אלא משום דבאתריה דר' יוחנן ביותר מחמש נהגו בו איסור. ודברים המותרים ואחרים נהגו בהן איסור אי אתה רשאי להתירן בפניהם. *)ור' אמי נמי קם ליה כר' חנינא דשבע מותר והא דקתני ר' מתיר עד י"ג בנוטה הוא. כגון שניטל עקיבו ולדברי הכל. ור' חייא מתיר בה הרבה. בסורא אמרו כ"ב בפומבדיתא אמרי כ"ד. תפרו לסנדל מבפנים שרי משום דהוי ליה מנעל ואסנדל גזרו רבנן אמנעל לא גזרו. כמין כלבוס מותר. אמר רב ששת חיפהו כולו במסמרים כדי שלא יהא קרקע אוכל ממנו מותר תניא כוותיה דרב ששת לא יצא האיש בסנדל מסומר ולא יטייל בו מבית לבית כו': ולא ביחיד בזמן שאין ברגלו מכה. ירושלמי אמר ר' אבא מפני חשד שלא יאמרו איש פלוני נפסק סנדלו ותלאו בבית שחיו:

*) מדברי רבינו נראה שהיה גורס בעי מיניה רב הונא מרב אמי וכו'.

רב נסים גאון

הנושא את האשה בכתובות(קג): ואפי' לר' חנניא בר עקיבא דאמר לא אסרו אלא בירדן וספינה וכמעשה שהיה. זה המעשה עיקרו במעשה חגיגה בפ' חומר בקודש (דף כג) וביבמות בפרק האשה [שהלכה] היא ובעלה למדינת הים שלום בינה לבינה (קטז) מאי מעשה שהיה דאמר רב יהודה אמר רב מעשה באדם אחד שהיה מעביר מי חטאת ואפר חטאת בירדן ובספינה ונמצא כזית מת תחוב בקרקעית' של ספינה באותה שעה אמרו לא ישא אדם מי חטאת ואפר חטאת ויעבירם בירדן ובספינה: ולא ביחיד בזמן שאין ברגלו מכה גרסי. רבני מערבא אמר ר' אבא

ביצה יד:
[כמשנה ליתא]
[תוספ' פרה פ"ח]
יבמות קטז:
חגיגה כג.
לקמן קכד: קלז:
מגילה ז: ביצה כח. לו:
[תוספ' דמגיל' פ"א]
[סנהדרין יז:]
[תוספ' פ"ט ותוספ' יומא פ"ד]
[שם פ"ה]
[ברכות ס. וש"נ]
[דף כ.]

הגהות הב"ח

(א) גמ' אמר ליה רב אשי ולא: (ב) שם מלמעלה מותר עשאו כמין טס כצ"ל ותיבות כמין כלבוס או נמחק:

גליון הש"ס

רש"י ד"ה ואפי' לר"ח בן עקביא וכו' ונטמאו. עי' זבחים כג ע"א תוס' ד"ה מי חטאת:

כוס

§ מסכת שבת דף ס: §

אות א'

משלחין כלים ביום טוב, בין תפורין בין שאינן תפורין

סימן תקטז ס"ג- משלחים כלים - היינו בגדים, **אע"פ שאינם תפורים, שהם ראוים לישען עליהם.**

אות ב' – ג'

אבל לא סנדל המסומר

לא שנו אלא לחזק, אבל לנוי מותר

רמב"ם פי"ט מהל' שבת ה"ב - אין יוצאין בסנדל מסומר שסמרו לחזקו, ואפילו ביום טוב גזרו שלא יצא בו.

§ מסכת שבת דף סא. §

אות א'

באותה שאין בה מכה

סימן שא ס"ז - [א]ולא יצא במנעל אחד, אם אין לו מכה ברגלו, דלמא מחייכי עליה ואתי לאתויי, אבל אם יש לו מכה ברגלו, [ב]יצא באותו שאין בו מכה - הטעם, משום דתו לא מחייכי עליה, דידעי שאי אפשר לו לנעול המנעל בהרגל שבה המכה, דמכתו מוכחת עליו.

(וזהו דעת חייא בר רב שם בגמרא, אבל רב הונא ס"ל שם איפכא, דנפק דוקא באותו שיש בה מכה, ע"ש טעמו, והנה דעת המחבר הוא דעת הר"ח והרי"ף והרמב"ם והרא"ש שפסקו כחייא בר רב, **אבל הרז"ה ותשו'** מהר"ם פסקו כרב הונא, והביא בא"ר בשם מלבושי יו"ט וכן הגר"א בביאורו ראיה לדבריהם מהירושלמי, **וע"כ הסכימו הרבה אחרונים,** דנכון להחמיר שלא לצאת לעולם במנעל אחד, אפילו יש ברגלו מכה, בין על אותה הרגל ובין על הרגל האחרת, ומוטב לילך יחף כשאינו יכול לנעול שניהם, ואף דיש מחמירין שלא לילך יחף בשבת, וכדלקמן בסעיף ט"ז, כאן שא"א בענין אחר מותר, ומ"מ בדידן שאין לנו ר"ה גמורה לדעת הרבה פוסקים, מסתברא בודאי שאין לנו להחמיר יותר מפסק המחבר, כי יש מקילין לגמרי בכרמלית, וכדלקמן בסימן ש"ג סי"ח).

אות ב'

היכי עביד, סיים דימיניה ולא קטר, וסיים דשמאליה וקטר, והדר קטר דימיניה

סימן ב ס"ד - [ג]ינעול מנעל ימין תחלה - שכן מצינו בתורה שהימין חשוב תמיד, לענין בוהן יד ורגל, ולכל הדברים שמקדימים הימין להשמאל. [ד]**וגם** אם נזדמן לו של שמאל, ימתין עד שיביאו לו של ימין.

ולא יקשרנו, ואח"כ ינעול של שמאל ויקשרנו, ויחזור ויקשור של ימין - דלענין קשירה מצינו שהתורה נתנה חשיבות אל השמאל, שקושר עליה תפילה של יד.

[ה]**ובאנפלאות** של לבד, א"צ להקדים שמאל לקשירה.

ואיטר יד שמניח תפילין בימין של כל אדם, ‹וכן איטר רגל - שע"ת›, יקדים ימין גם להקשירה.

כשהוא רוחץ וסך, ימין תחלה, ואם סך כל גופו, ראש תחלה, מפני שהוא מלך על כל האיברים.

הגה: ובמנעלים שלנו שאין להם קשירה, ינעול של ימין תחלה (תוספות פ' במה אשה דף ס"א).

אות ג'

כשהוא חולץ, חולץ של שמאל ואחר כך חולץ של ימין.

סימן ב ס"ה - [ו]כשחולץ מנעליו, חולץ של שמאל תחלה - שזהו כבודה של ימין, [רש"י].

אות ד'

כשהוא רוחץ, רוחץ של ימין ואחר כך רוחץ של שמאל

סימן ד ס"י - [ז]נוטל כלי של מים ביד ימינו, ונותנו ליד שמאלו - כדי שיתגבר ימין שהוא חסד על שמאל שהוא דין, וגם באיטר אזלינן בתר ימין דעלמא, **כדי שיריק מים על ימינו תחילה.**

אות ה'

ולא בתפילין

סימן שא ס"ז - [ח]ולא יצא בתפילין, מפני שצריך להסירם כשיכנס לבית הכסא - ודילמא אתי לאתויי ד' אמות, **ומשמע** דבלאו האי טעמא לא היה אסור לצאת בהם, אף דקיי"ל שבת לאו זמן תפלין, מפני שהם דרך מלבוש, [ט][בגמ' איתא האי טעמא, דמשום זה פטור לכו"ע מחטאת ביצא בהן לרה"ר].

ומשמע דבביתו אין איסור להניח תפלין, ודוקא במניחן שלא לשם מצוה, אבל לשם מצוה אסור, כנ"ל בסימן ל"א ועי"ש במ"ב.

אות ו' - ז' - ח'

לא בקמיע בזמן שאינו מן המומחה

לא תימא עד דמומחה גברא ומומחה קמיע, אלא כיון דמומחה גברא, אף על גב דלא מומחה קמיע

תנו רבנן איזהו קמיע מומחה, כל שריפא ושנה ושלש; אחד קמיע של כתב, ואחד קמיע של עיקרין; אחד חולה שיש בו סכנה ואחד חולה שאין בו סכנה; לא שנכפה אלא שלא יכפה. וקושר ומתיר אפילו ברשות הרבים; ובלבד שלא יקשרנו בשיר ובטבעת ויצא בו ברשות הרבים, משום מראית העין

[י]סימן שא סכ"ה - [יא]אין יוצאין בקמיע שאינו מומחה, ואם הוא מומחה יוצאין בו - ודוקא כשהוא מוציאו דרך מלבוש, דאז שרי משום דתכשיט הוא לחולה כאחד ממלבושיו, **אבל** לא יאחזנו בידו ויעבירנו ד' אמות, גמ' ‹ס"ב›.

באר הגולה

[א] שם ס' [ב] שם ס"א וכחייא בר רב הרי"ף והרא"ש ורמב"ם [ג] שם ס"א [ד] [ארצה"ח] ‹וז"ל: כמו שהקפיד ר' יוחנן לשיטתו על רב שמן בר אבא שהביא לו של ימין› [ה] [ארצה"ח] ‹וז"ל: ממש"כ הלבוש בטעם מש"כ כתפילין כך מנעלים, עפ"י מש"כ במדרש, דבזכות שרוך נעל, זכו בניו לרצועה של תפילין, וא"כ אין לנו רק מנעלים בלבד› [ו] שבת שם [ז] שם ‹בזוהר› פרשת מקץ על פסוק ויכר יוסף את אחיו [ח] שבת ס' וס"א [ט] ‹ולהמ"ב מסתבר, דמטעם זה ליכא איסור כלל› [י] ‹כל ציוני העין משפט שבסעיף זה מוגה ע"פ דפוס מכון ירושלים› [יא] שם ס'

הא יש ברגלו מכה נפיק בהי מינייהו נפיק אמר רב הונא באותה שיש בה מכה אלמא קסבר סנדל לשום צער עביד וחייא בר רב אמר *באותה שאין בה מכה אלמא קסבר לשום תענוג עביד וזו שיש בה מכה מכתה מוכחת עליה ואף רבי יוחנן סבר לה להא דרב הונא דאמר ליה ר' יוחנן לרב שמן בר אבא הב לי מסנאי יהב ליה דימין אמר ליה עשיתו מכה ודילמא כחייא בר רב ס"ל והכי קאמר עשית של שמאל מכה ואזדא רבי יוחנן לטעמיה דאמר ר' יוחנן כתפילין כך מנעלין מה תפילין בשמאל אף מנעלין בשמאל מיתיבי כשהוא נועל נועל של ימין ואחר כך נועל של שמאל אמר רב יוסף השתא דתניא הכי ואמר רבי יוחנן הכי דעבד הכי עבד ודעבד הכי עבד אמר ליה אביי דילמא רבי יוחנן הא מתני' *לא הוה שמיע ליה ואי הוה שמיע ליה הוה הדר ביה ואי נמי שמיע ליה וקסבר אין הלכה כאותה משנה *אמר רב נחמן בר יצחק ירא שמים יוצא ידי שתיהן ומנו מר בריה דרבנא [ג]היכי עביד סיים דימיניה ולא קטר וסיים דשמאליה וקטר והדר קטר דימיניה אמר רב אשי חזינא לרב כהנא דלא קפיד תנו רבנן *כשהוא נועל נועל של ימין ואחר כך נועל של שמאל [ד]כשהוא חולץ חולץ של שמאל ואח"כ חולץ של ימין [ה]כשהוא רוחץ רוחץ של ימין ואח"כ רוחץ של שמאל כשהוא סך סך של ימין ואח"כ של שמאל והרוצה לסוך כל גופו סך ראשו תחילה מפני שהוא מלך על כל איבריו: [ו]ולא בתפילין: אמר רב ספרא לא תימא אליבא דמ"ד *שבת לאו זמן תפילין הוא אלא אפילו למ"ד שבת זמן תפילין הוא לא יצא דילמא אתי לאיתויי ברה"ר ואיכא דמתני לה אסיפא ואם יצא אינו חייב חטאת אמר רב ספרא לא תימא אליבא דמ"ד *שבת זמן תפילין הוא אלא אפילו למ"ד שבת לאו זמן תפילין הוא אינו חייב חטאת מ"ט דרך מלבוש עבידא: [ז]ולא בקמיע בזמן שאינו מן המומחה: אמר רב פפא [ח]לא תימא עד דמומחה גברא ומומחה קמיע אלא כיון דמומחה גברא אף על גב דלא מומחה קמיע דיקא נמי דקתני ולא בקמיע בזמן שאינו מן המומחה ולא קתני בזמן שאינו מומחה ש"מ: [ח]ת"ר *איזהו קמיע מומחה כל שריפא ושנה ושלש אחד קמיע של כתב ואחד קמיע של עיקרין אחד חולה שיש בו סכנה ואחד חולה שאין בו סכנה לא שנכפה אלא שלא יכפה וקושר ומתיר אפילו ברה"ר ובלבד שלא יקשרנו בשיר

סא יש ברגלו מכה. היכא למידק דנפיק ביחיד והשתא בעי תלמודא בהי מרגליו נפיק: סנדל לשם צער עביד. שלא יגעו ביתדות הדרכים וילמטר הילכך כשרואין אותו נועל ויודעין שיש ברגליו מכה אין חושדין אותו שטוען את השני בידו אלא מכירין בו לפי מעשיו שפרסותיו קשות ואינו מצטער ביתדות הדרכים ולא נעלו אלא משום מכה ודיו בזה לבדו וללשון רבותי אי נמי מחטו עלה דלא חזו למכה לא שליף לה דמצטער ביתדות הדרכים מחמת המכה: לשום תענוג עביד. אדם איסטניס ורך ומכירין מתוך מעשיו שנעל נעלו אחת שהוא איסטניס וזו מכתה מוכחת עלה ומבינין שהמכה מונעתו מלנעול ולא חשדי ליה ולענין אחולי נמי לא מחייכי עליה: עשיתו מכה. ורבי יוחנן סבירא ליה דהנועל סנדלים נועל של שמאל תחילה ואח"כ של ימין וקס"ד דהכי קאמר ליה א"כ שאנעול זה שוב לא אנעול של שמאל אחריו והגני יוצא ביחיד ועשית את זו של ימין כאילו היתה בה מכה אלמא קסבר באותה שיש בה מכה נועל: ודילמא כר' חייא סבירא ליה. דאמר באותה שאין בה מכה נועל והכי קאמר ליה א"כ הריני יוצא ביחיד בזו של ימין ועשית את רגלי של שמאל כאילו יש בה מכה דהא לא ביחיד באותה שאין בה מכה: ואזדא ר' יוחנן. דאמר עשית מכה דשמעינן מינה דאי הוה נעיל דימין ברישא תו לא הוה נעיל דשמאל בתריה לטעמיה דאמר דשמאל חשיבא: תפילין בשמאל. כדילפינן במנחות (דף לז.) מעל ידכה מלא יד כהה דהיינו שמאל שהיא כהה לענין תשמיש: הוה הדר ביה. ולא עבדינן כר' יוחנן: אין הלכה. וכרבי יוחנן בעינן למעבד: יוצא ידי שניהם. עביד כתרוייהו: וסיים דשמאליה וקטר. כלומר נעילת ימין קודמת לשמאל כי מתניתא וקשירת שמאל לשל ימין כר' יוחנן: חולץ של שמאל. דזהו כבודו של ימין בכולהו גרסינן של ימין ברישא חוץ מחולץ: לא תימא כו'. בפרק בתרא דעירובין (ד' צה:) מייתינן פלוגתייהו בגמרא: דילמא. שקיל להו מרישא אם בא לפנות וממטי להו ד' אמות: דמומחה גברא ומומחה קמיע. שעשה אדם זה קמיע זו לג' אנשים דנעשה אדם זה מומחה שריפא ג' אנשים והקמיע מומחה שריפא כתב זה ג' אנשים א"נ שכתב אדם זה ג' מיני קמיעים של ג' מיני חלאים לג' אנשים היינו איתמחי גברא בכל קמיעים שיעשה לעולם ומומחה קמיעה שנעשית [קמיע זו] לג' אנשים מחולי זה בין שכתבה רופא זה בין שכתבה רופא אחר נעשה הקמיע מומחה: אלא כיון דאיתמחי גברא. בג' מיני קמיעות לג' בני אדם אע"ג דלא איתמחי קמיע שלא ריפא קמיע זה אדם מעולם: מן המומחה. משמע מאדם מומחה: ולא קתני בזמן שאינו מומחה. דליהוו משמע דקפיד אמומחה קמיע עצמו קמיע אינו אלא לשון קשר ועיקרין של שרשי סממנין נמי קרויין קמיע: ולא שנכפה. כלומר לא תימא דלא יצא אלא מי שבא עליו החולי כבר פעם אחת: נכפה. היינו חולי שאדם נופל מחמתו לארץ ומכהו בראשו במוחו ומפילו: אלא שלא יכפה. שבא ממשפחת נכפין ודואג שלא יכפה:

כשיר

דעבד הכי עבד. פירוש דברייתא לא פליגא ארבי יוחנן ולא ר' יוחנן אברייתא וה"פ כתפילין אע"ג דימין חשובה לענין בהן יד ובהן רגל וכן לענין חליצה יכול לנעול של שמאל תחילה ברייתא נמי קמ"ל דאע"ג דשמאל חשובה לתפילין יכול לנעול של ימין תחילה וא"ת א"כ אמאי הקפיד רבי יוחנן על רב שמן שנתן לו של ימין כיון דיכול לנעול איזה שירצה תחילה ונראה לר"י דה"פ דעבד הכי עבד מי שרוצה לחבב של שמאל משום מצות תפילין הרשות בידו ומי שרוצה לחבב של ימין יותר משום חשיבות של ימין הרשות בידו ורבי יוחנן היה דרכו לחבב כל שעה של שמאל יותר ורב שמן בר אבא (לא) היה יודע מנהגו:

וסיים דשמאליה וקטר. אומר ריב"א דדוקא לענין קשירה הוא דחשיבא של שמאל טפי משום דחשיבות תפילין הוא בקשירה אבל איפכא לא ולהאי טעמא יש לנעול של ימין תחלה במנעלים שאין בהן קשירה:

דילמא מיפסקי ואתי לאתויינהו ד' אמות ברה"ר. קשה לר"י דאפילו לא חיישינן דילמא מיפסקו אסור משום דזימנין דאילטריך לבה"כ ואתי לאתויינהו ד"א ברה"ר דהכי אמר לקמן גבי קמיע ומתוך פי' הקונטרס משמע דלא גרס דילמא מיפסקו ופי' דילמא שקיל להו מראשו אם בא ליפנות והקדוש מקורבי"ל אומר דגרסינן לה שפיר ואילטריך טעמא דמיפסקו לתפילין של יד דאין צריך לחלוץ כשצריך *לבה"כ אלא של ראש משום ש"ן:

עד דמימחי גברא ומימחי קמיע. נראה לר"י שאם כתב לחש אחד בשלש איגרות וריפאו שלשתן ג' בני אדם כל אחד אדם אחד היינו מומחי גברי וכאשר רפאו שלשתן אדם אחד בעיא היא בסמוך אי מימחי גברא או לא ודוקא לאותו לחש הוא מומחה אבל לשאר לחשים לא ודוקא שכתבם הוא אבל אחר לא ואם כל אחת מאיגרות ריפא שלש פעמים אפילו אדם אחד מומחות שלשתן ואין הלחש מומחה כל מקום שהוא אלא דווקא איגרת לבדה שהומחת והיינו מומחה גברא ומומחה קמיע שקמיע זה הומחה שריפא שלש פעמים וכתבו אדם מומחה שכתב שלשה קמיעין והועילו שלשתן:

אע"ג דלא מימחי קמיע. נראה דכל שכן מימחי קמיע ולא גברא שהמחאת קמיע עדיפא מהמחאת הרופא כדמוכח לקמן דבהמחאת קמיע פשיטא ליה דאיתמחי אפילו בחד גברא ובאיתמחי גברא מספקא ליה אי איתמחי בתלת קמיע לחד גברא אי לא:

אע"ג דלא מימחי קמיע. קשה לרשב"א היכי משכחת לה דלאתמחי גברא ולא קמיע כיון שהאיש מומחה לכתוב לחש זה א"כ אגרת זו שכתב ודאי מועיל ואומר ר"י דכ"מ [illegible] מחאתו שכתב ג' קמיעין ולא הועילו אם האומחה הקמיע מועיל אפילו אבד אדם מחאתו: ולא קתני בזמן שאינו מומחה. קשה לרשב"א דילמא לעולם בעינן תרוייהו ואי הוה תני הכי הוה משמע מומחה קמיע ולא גברא וי"ל דאינו מומחה משמע שפיר בין אגברא בין אקמיע דהא לקמן תניא איזהו קמיע מומחה כו' ומוקמינן לה לאמחויי גברא:

כל

עין משפט נר מצוה

לב א מיי' פי"ט מהל' שבת הלכה טו סמג לאוין סה טוש"ע א"ח סי' שא סעיף ז:

לג ב טוש"ע א"ח סי' ב סעיף ד:

לד ג שם סעיף ה:

לה ד טוש"ע א"ח סי' ד סעיף י:

לו ה מיי' פי"ט מהל' שבת הלכה יד סמג לאוין סה טוש"ע א"ח סי' שא סעיף ז:

לז ו ז ח מיי' וסמג שם טוש"ע א"ח שם סעיף כה:

רבינו חננאל

סוגיא כחייא בר רב דאמר נועל הרגל (שאי) [שאין] בה הכאה. כי הרגל שיש בה הכאת המכה מוכחת עליה. *דר' יוחנן קאי כוותיה הלא תראה כיון שהביא לו רב שמן בר אבא הסנדל של ימין והיה ראוי לו [להביא] של שמאל שהדין לנעול השמאל תחלה אמר לו עשיתה השמאל מכה ואמרת בדעתך כיון שהשמאל מוכה אין לה נעילת סנדל לפיכך הבאתה לי של ימין ש"מ דסבר ר' יוחנן כי מי שאין עליה מכה היא שיש בה נעילת סנדל. ומי שיש בה מכה היא נשארת יחיפה. ואזדא ר' יוחנן לטעמיה דאמר כתפילין מה תפילין בשמאל אף מנעל בשמאל. ואסקא רב אשי דזמנין חזינא לרב כהנא דנעל של שמאל תחלה ואח"כ של ימין וזמנין חזינא דנעל של ימין תחלה ואח"כ של שמאל. ולא קפיד וקיי"ל כוותיה דרב אשי דהוא בתרא: ולא בתפילין ואם יצא אינו חייב חטאת. אסיקא לישנא בתרא. אמר רב ספרא לא תימא מתניתין דקתני אם יצא אינו חייב חטאת אליבא דמאן דאמר שבת זמן תפילין היא אלא אפילו למ"ד שבת לאו זמן תפילין הוא חייב חטאת ליכא מ"ט דרך מלבוש עבידן. והוצאה דרך מלבוש אינו חייב ומפורש בפרק אחרון דעירובין: ולא בקמיע בזמן שאינו מן המומחה. אוקמה רב פפא אי אתמחי גברא אע"ג דלא אתמחי קמיעא שרי למיפק ביה בשבת ודייק ממתניתין דקתני בזמן שאינו מן המומחה ולא קתני בזמן שאינו (מן המומחה) [מומחה] הקמיע עצמו.

* נראה מזה כי רבינו סי' לו גי' אחרת בסוגיא דר"י ע"כ ס"ל כחייא בר רב ול"ע.

רב נסים גאון

אבא מפני החשד שלא יהו אומרים איש פלוני נפסק סנדלו ותלאו בבית שחיו: אמר רב ספרא לא תימא אליבא דמאן דאמר שבת לאו זמן תפילין הוא וכו'. משתכח עיקר דילה במס' עירובין בפרק המוצא תפילין (דף צו) דתניא ושמרת את החקה הזאת למועדה מימים ימימה ימים ולא לילות מימים ולא כל הימים פרט לשבתות ולימים טובים דברי ר' יוסי הגלילי ור' עקיבא כר' יוסי הגלילי סבירא ליה דאמר שבת לאו זמן תפילין הוא כמו שאמרה הברייתא דתניא ר' עקיבא אומר יכול יניח אדם תפילין בשבתות וימים טובים ת"ל והיה לך לאות על ידך מי שצריכין אות יצאו שבתות וימים טובים שהן גופן אות וחקרו בתלמוד לידע איזה תנא דקסבר שבת לאו זמן תפילין ונשאו ונתנו בדבר זה הרבה עד שקיימו כי הוא ר' מאיר כדאמרינן בסיפא אלא האי תנא הוא דתניא המוצא תפילין מכניסן זוג זוג אחד איש ואחד אשה כו' עד כאן לא פליגי אלא בחדשות ובישנות אבל באשה לא פליגי דקסברי תפילין מצות עשה שלא הזמן גרמא הוא ונשים חייבות ומכלל דבריהם למדנו שר' מאיר ור' יהודה סברי שבת זמן תפילין הוא ועל דעת מי שסבר שבת לאו זמן תפילין הוא הויא לה מצות עשה שהזמן גרמא לפי שהיא נוהגת בחול בלבד ואלו שחייבו הנשים בה סברו כי חובתה נוהגת בכל עת ואינה מיוחדת בזמן ידוע ובפ' האשה נקנית (קדושין לה) אמרו מאן שמעת ליה דאמר תפילין מצות עשה שלא הזמן גרמא ר' מאיר היא ואמרו עוד ולר' יהודה דאמר ב' כתובין הבאין כאחד מלמדין ותפילין מצות עשה שלא הזמן גרמא מאי איכא למימר זה הברייתא דפליגו בה ר' יוסי הגלילי ור' עקיבא עם הברייתא בתראה דהיא דברי ר' עקיבא אשכחנן הש"ס דמנחות בפ' הקומץ את המנחה (לו) ואשכחנן עוד בגמ' דלא תצא אשה במחט נקובה (לקמן סב) אקשייה אביי לרב יוסף מדברי הברייתא ואותביה רב יוסף התם קסבר ר"מ לילה זמן תפילין ושבת זמן תפילין:

מותיב

מסורת הש"ס

[לעיל יט: וש"נ]

[כריתות לט:]

[מס' ד"א פ"י]

[עירובין צה: מנחות לו:]

[שם ולקמן סב.]

[תוספתא פ"ה]

גליון הש"ס

תוס' ד"ה דילמא מיפסקי וכו' אלא של ראש משום ש"ן. עי' מנחות לו ע"ב תוס' ד"ה אלו תפילין:

כלל ההפרש בין איתמחי גברי לאיתמחי קמיע הוא זה: דאיתמחי גברא לא נקרא אלא ע"י שריפא ג' בני אדם מחולי אחת בשלש איגרות, שהיה כתוב בכולן לחש אחד, ואפילו לכל אחד רק פעם א', ואז נעשה גברא זה מומחה אף לשאר אנשים שיש להם חולי זה, אם יכתוב לחש זה, דהלא נתחזק בשלשה בני אדם שהוא מומחה לרפאות בלחש זה, **אבל** לשאר לחשים לא נעשה מומחה לעולם, דלא איתמחי רק על לחש זה שכבר נתברר המחאתו, [היינו אפי' אם כתב כמה לחשים בכמה אגרות ואיתמחא עלידהן, אפ"ה לא מהני ללחשים אחרים]. **ומומחה** קמיע, כגון שכתב לחש אחד באגרת אחת, וריפא באותה אגרת ג' פעמים, [ואין נ"מ בין שריפא באגרת זו ג' אנשים, או לאיש אחד ג' פעמים, בכל גווני הוי רק איתמחי קמיעא], שעי"ז נעשה אגרת זו מומחה, שכל אדם מחולי זה שישא האגרת הזה יתרפא, **ודוקא** אותה אגרת בעצמה, אבל אם יהיה כתוב הלחש הזה גופא באגרת אחרת, לא מהני, דלא איתחזק הלחש הזה כי אם באגרת הזו, **ואפילו** אם יכתוב אותו גברא בעצמו שכתב האגרת הראשון, גם כן לא מהני, דהלא לא איתמחי גברא בשלש אגרות.

לא שנא [יב]אתמחי גברא ולא קמיע, כגון שכתב לחש אחד בשלש אגרות, ורפאו שלשתם שלשה בני אדם - אבל כתב ג' לחשים לא איתמחי גברא כלל עי"ז, שהרי כל לחש לא הועיל כי אם לאדם אחד, [**ואפי'** לאותן הלחשים גופא שריפא, אין עלידהם שם קמיעא מן המומחה].

שאיתמחי גברא לאותו לחש בכל פעם שיכתבנו - אפילו לאדם אחר, וה"ה דיכול כל אדם מאותה חולי ליקח בעצמו ולישא אותן האגרות הראשונות שכבר כתב מומחה גברא זה, דכיון דגברא נתחזק כמומחה על לחש זה, מאי נ"מ אם יכתבנו מחדש או לישא מה שכתב כבר.

[יג]אבל לא לשאר לחשים, וגם אין הקמיע מומחה אם יכתבנו אחר.

[יד]לא שנא אתמחי קמיע ולא גברא, כגון שכתב לחש אחד באגרת אחת וריפא בו ג' פעמים - אפילו רק לאדם אחד, (ולא אמרינן בזה מזליה דחולה גרם, כמו לקמן לענין תלת קמיע לחד גברא, דיותר יש לתלות בהמחאת הקמיע מבמזליה דחולה).

שאותה אגרת מומחה לכל אדם - פי' שכל אדם שיש לו אותה החולי מותר ליקח בעצמו ולישא אותה אגרת, אף שלא רפאה אלא לאדם אחד, שהרי נתחזקה בהמחאתה ג' פעמים, **אבל** אם יכתוב לחש זה באגרת אחרת, אסורה, ואפילו אם אגרת הראשונה רפאה שלשה בני אדם, דלא נתחזקה רק אותה האגרת, אבל גברא לא איתמחי לאגרת אחרת.

וכ"ש אי איתמחי גברא וקמיע, [טו]כגון שכתב לחש אחד בג' אגרות וכל אחת הועילה לג' אנשים - דאי לא הועילה כל אחת רק לאדם אחד, לא הוי אלא איתמחי גברא ולא הקמיע, וכדלעיל בריש הסעיף, אבל כיון שהועילה כל אגרת פעם אחת לג' אנשים, גם האגרת נתמחאה.

[טז]או לאדם אחד שלשה פעמים - גם בזה הא דצייר ג' פעמים, כדי שיהיה גם איתמחי קמיע וכנ"ל.

איתמחי גברא ללחש זה בכל אגרת שיכתבנו – (אפילו אם כתב כמה לחשים, וכל לחש הועיל כמה פעמים לכמה אנשים, אפ"ה אין נעשה עי"ז מומחה לשאר לחשים אחרים שלא נתחזק בהן עד עתה, זו היא שיטת התוספות והרא"ש, עיין לקמן), **ואתמחו אגרות הללו לכל אדם** – (ואין להקשות מאי נ"מ דאיתמחו האגרות ג"כ, הלא משום איתמחי גברא לבד נמי מותר כל אדם לישא אותן האגרות, וכמ"ש במ"ב, י"ל דנ"מ אם אבד גברא המחאתו, כגון שכתב עוד ג' פעמים הלחש הזה ולא הועיל, דמ"מ מותר לישא אותן האגרות שמכבר, מצד איתמחי קמיע, דהרי רפאה כל אגרת ג' פעמים, והם לא אבדו המחאתן, ט"ז בשם התוס') (ד"ה אע"ג (בתרא)).

הגה: ודוקא שבאו ב' המחאות ביחד - כגון שכתב אגרת וריפא לראובן ג' פעמים, ועוד אגרת לשמעון ג' פעמים, ועוד אגרת וריפא לשמעון עוד ב' פעמים, ועדיין לא איתמחי גברא, לפי שלא ריפא ג' אנשים, וגם לא אתמחי קמיע, ואח"כ ריפא באותה אגרת השלישית גם ללוי, ונמצא שבאו שתי המחאות ביחד, [**הנה** ציור זה יהיה תירוץ למה שכתב בפנים "לאדם אחר שלש פעמים", ומה שכתב בפנים "דכל אחת הועילה לג' אנשים", יהיה בדרך זה, דהיינו שאגרת אחת ריפא ראובן שמעון לוי, ועוד אגרת יהודה יששכר זבולן, ועוד אחרת יששכר זבולן הקודמין, ועדיין לא איתמחי גברא, לפי שלא ריפא באגרת זו עדיין לאיש חדש, וגם לא איתמחי קמיעא, ואח"כ גם לבנימין, ונמצא שבאו שני המחאות ביחד].

אבל אם איתמחי גברא תחלה, ואח"כ עשה קמיע וריפא ג' פעמים, לא תלינן בהמחאת הקמיע, רק בהמחאת הגברא שכבר אתחזק (הג"א וכן משמע מתוס' (ד"ה תלתא) **מהביאור שכתב ב"י)** - ונ"מ, שאם הפסיד הרופא המחאתו, כגון שכתב עוד ג' אגרות ולא הועילו, אז גם הקמיע שנתן מכבר שריפא ג' פעמים אסורה, דעדיין לא נתמחאה, **משא"כ** כשבאו שניהן ביחד, או שבאה המחאת הקמיע תחלה, אז אע"פ שהפסיד הרופא המחאתו, המחאת הקמיע במקומה עומדת.

באר הגולה

יב שם ס"א כרב פפא | יג (תוס' דף ס"א. ד"ה עד, רא"ש שם – מ"י) | יד שם בתוס' (דף ס"א. ד"ה אע"ג, ודף ס"א: ד"ה חד – מ"י) ורא"ש והר"ן
טו שם בגמרא | טז (תוס' שם ע"א ד"ה עד, ושם ע"ב ד"ה חד, הרא"ש שם – מ"י)

[יז]**אבל אם כתב ג' קמיעים** - היינו שלש אגרות אף שהם לחש אחד, **לאדם אחד, ורפאו ג' פעמים, לא איתמחי לא גברא** - דהיינו שאינו יכול לכתוב אגרת אחרת אף בלחש זה, דכיון שלא ריפא בהג' אגרות רק לאדם אחד, אמרינן מזליה דחולה גרים, [גמרא].

(**ואף** דלענין המחאת קמיע, כגון שריפא בקמיע אחת לאדם אחד ג' פעמים, לא תלינן במזליה דחולה זה, **התם** משום דיכול לתלות בקמיע, ובזה עדיף יותר לתלות וכמש"כ למעלה, **משא"כ** הכא דבקמיע א"א לתלות, אלא במזליה דרופא או דחולה, בזה פסק השו"ע דתלינן יותר במזליה דחולה, ולא איתמחי הרופא עדיין), ‹עיין ע"ב רש"י ד"ה מזליה›.

ולא קמיע - דקמיע לא איתמחי רק כשאגרת אחת רפאה ג' פעמים.

וכתב המ"א, דאף החולה בעצמו אסור לצאת בהאגרות שרפאוהו מכבר, כיון שנקראו קמיע שאינו מן המומחה, [יח]**ושארי** אחרונים מפקפקין בזה.

(**והוא** כשיטת התוספות והרא"ש ורי"ו, וחלקו על שיטת רש"י דמפרש, דכשנותן שלשה מיני קמיעים לשלשה בני אדם מחליים אחרים, נעשה הגברא מומחה לכל, שכל קמיע שיתן יועיל, **ולדעת** השו"ע, באופן זה לא נעשה מומחה כלל, ולא נקרא מומחה גברא רק בשריפא שלשתם בלחש אחד, ואינו נעשה מומחה רק לאותו לחש, וכן במומחה קמיע, דלדעת רש"י אם לחש זה ריפא ג' בני אדם מחולי אחד, נעשה לחש זה מומחה, שכל מי שיכתבנו לחולי זה מותר לצאת בו, **ושו"ע** סובר דדוקא אגרת קמיע זו גופא שריפאה לג' בני אדם, אבל אם יכתוב הלחש הזה על קמיע אחרת, לא נקרא קמיע מומחה ואסור לצאת בו, והנה הב"י אף שהביא דהסמ"ג וסמ"ק והתרומה קיימו בשיטת רש"י, תפס לעיקר בשו"ע כהתוספות והרא"ש ורבינו ירוחם שחלקו עליו, והנה מצאתי בפיר"ח שלפנינו בפירוש בעיא דרב פפא, מבואר שמפרש כשיטת רש"י, וכן הביא בחידושי הר"ן בשם רבינו יהונתן בהדיא {עי"ש שהסביר טעם הדבר, ויתורץ בזה קושית התוספות על שיטה זו}, וכן במאירי בהדיא, וכן בהגהת אשר"י סובר כשיטת רש"י וכמו שהביא בדרכי משה, **ומאחר** שר"ח ורש"י ורבינו יהונתן וסמ"ג וסמ"ק והתרומה והמאירי והג"א קיימי בחדא שיטתא להקל, והוא מלתא דרבנן, דאינו חייב חטאת בכל גווני כדאיתא במשנה, נראה דיש לסמוך להקל בעת הצורך, **וגם** הב"י גופא, לו היה לפניו פירוש ר"ח ורבינו יהונתן, לא סתם כן בשו"ע להחמיר).

ומותר לצאת בקמיע מומחה, [יט]לא שנא היא של כתב - ואם הוא מכתבי הקודש, אסור לצאת בה לר"ה, אא"כ מחופה בעור או דבר אחר, דאל"ה חיישינן דילמא יצטרך לפנות, ויסירם מעליו, ואתי לאתויינהו ד"א, **ואם** הוא חולה שיש בו סכנה אי שקיל מיניה, דאז אין צריך להסירם בכל גווני, מותר לצאת, [גמרא] ‹ס"א›.

או של עיקרים - של שרשי סממנין.

בין בחולה שיש בו סכנה, בין בחולה שאין בו סכנה; ולא שנכפה כבר ותולהו לרפואה, אלא אפי' לא אחזו החולי, אלא שהוא ממשפחת נכפין ותולהו שלא יאחזנו, שרי.

וקושרו ומתירו ברשות הרבים, ובלבד שלא יקשרנו בשיר או בטבעת ויצא בו לרשות הרבים, שאז יאמרו שיוצא בו לשם תכשיט, וזה אסור, דלאו תכשיט הוא.

[כ]**סימן שא סכ"ו** - [כא]**נאמן לומר הרופא על עצמו שהוא מומחה** - וה"ה שנאמן על הקמיע לומר שהיא מומחית, דלא חשדינן ליה שיכוין להכשיל.

[כב]**סימן שח סל"ג** - [כג]**קמיע שאינו מומחה, אע"פ שאין יוצאים בו, מטלטלין אותו.**

אע"פ שאין יוצאין בו - היינו לר"ה, אבל לכרמלית שרי, דאף לר"ה ליכא חיוב חטאת, דדרך מלבוש הוא, ולא אסור רק מדרבנן, וממילא בכרמלית שרי, לפי מה שנוהגין האידנא כסברא אחרונה לעיל בסימן ש"ג סי"ח, כ"כ בספר אליהו רבה, וכן צידד ג"כ בספר תו"ש להורות כמהרש"ל שמיקל בכרמלית, **ודלא** כמ"א, **ובספר** שלחן עצי שטים פסק ג"כ, דמותר לצאת לכרמלית בסתם קמיע שלא בדקוהו ולא הועיל, **אבל** בקמיע שאינו מומחה ודאי, אף לכרמלית אסור, **ומה** נקרא קמיע מומחה, נתבאר לעיל בסימן ש"א סכ"ה.

באר הגולה

[יז] **שם בעיא דרב פפא ולא אפשיטא** ‹ולחומרא - ב"י› [יח] ‹ותימה כיון דהשתא דנתרפא שלש פעמים, למה אסור. **והפמ"ג** כתב, דשמא איתרע מזליה השתא. **וקשה**, מאי שנא מהמחאת גברא דלא חיישינן בשום פעם שמא איתרע מזליה אא"כ אבד המחאתו, ולמה גרע מזליה דחולה, הא אנו רואין מזליה דחולה כמעט עדיף מהמחאת גברא, דהא תלינן בדין זה בחולה, לא ברופא. **וי"ל** שהרופא, כל דלא חזינן ביה שינוי, למה נאמר דאיתרע מזליה והמחאתו, אבל החולה, כיון שנחלה חיישינן שמא איתרע מזליה. **ומ"מ** צ"ע מהיכן יצא להמג"א דין זה - לבושי שרד› [יט] **שם בגמרא** [כ] ‹מילואים› [כא] **ירושלמי שם וכתבוהו הרא"ש והר"ן והמרדכי** [כב] ‹מילואים› [כג] **טור בשם הרמב"ם וכתב ה"ה שהוא תוספתא בפרק ה'**

בשיר ובטבעת ויצא בו ברשות הרבים משום מראית העין והתניא איזהו קמיע מומחה כל שריפא ג' בני אדם כאחד לא קשיא הא למחויי גברא הא למחויי קמיעא אמר רב פפא פשיטא לי תלת קמיע לתלת גברי תלתא תלתא זימני איתמחי גברא *ואתמחי קמיע תלתא קמיע לתלתא גברי חד חד זימנא גברא איתמחי קמיעא לא איתמחי חד קמיע לתלתא גברי קמיעא איתמחי גברא לא איתמחי בעי רב פפא תלתא קמיע לחד גברא מאי קמיעא ודאי לא איתמחי גברא איתמחי או לא איתמחי מי אמרינן הא אסי ליה או דילמא *מולא דהאי גברא הוא דקא מקבל כתבא תיקו: איבעיא להו קמיעין יש בהן משום קדושה או דילמא אין בהן משום קדושה למאי הילכתא אילימא לאצולינהו מפני הדליקה ת"ש *הברכות והקמיעין אע"פ שיש בהן אותיות ומענינות הרבה שבתורה אין מצילין אותן מפני הדליקה ונשרפים במקומן אלא לענין גניזה*ת"ש היה ^{י}כתוב על ידות הכלים ועל כרעי המטה *יגוד ויגנזו אלא ליכנס בהן בבית הכסא מאי יש בהן קדושה ואסיר או דילמא אין בהן קדושה ושרי ת"ש ולא בקמיע בזמן שאינו מן המומחה הא מן המומחה נפיק ואי אמרת קמיעין יש בהן משום קדושה זמנין דמיצטריך לבית הכסא ואתי לאיתויינהו ד' אמות ברה"ר הכא במאי עסקינן בקמיע של עיקרין והתניא אחד קמיע של כתב ואחד קמיע של עיקרין אלא הכא במאי עסקינן בחולה שיש בו סכנה והתניא אחד חולה שיש בו סכנה ואחד חולה שאין בו סכנה אלא כיון דמסי אף על גב דנקיט ליה בידיה נמי שפיר דמי

והתניא

רש"י

בשיר. אצעדה: **מפני מראית העין.** דלא מיחזי כמאן דבעי ליה לרפואה אלא לתכשיט ולאו תכשיט הוא אלא מחמת דאגת חולי: **והתניא כל שריפא ג' בני אדם.** ולעיל קתני כל שריפא ושנה ושילש ואפילו אדם אחד: **הא למחויי גברא כו'.** הא דקתני ג' בני אדם משום דסתם ג' בני אדם שלשה מיני חלאים ואיירי בג' מיני קמיעין שאינן דומין זה לזה ולאמחויי גברא שנעשה מומחה בכל קמיעים שיעשה לעולם כדאמרינן בב"ק (דף לז:) נגח שור וחמור וגמל נעשה מועד לכל אבל הקמיע אינו מומחה אם יכתוב רופא אחר אחד מהן: **והא.** דקתני כל שריפא ושנה ושילש מיירי בחולי אחד וכתבו זה הלחש וריפא ג' פעמים או לאדם אחד או לשלשה ולאיתמחויי קמיעא מיירי דנעשה הקמיע לבדו מומחה על יד אדם זה או אם כתבום שלשה רופאים נעשה קמיע של לחש זה מומחה מיד כל אדם: **תלתא קמיעי.** ג' מיני לחש: **תלתא תלתא זימני.** כל לחש ריפא שלשה פעמים ואפילו אדם אחד: **אתמחי גברא.** בכל קמיעות לעולם שהרי הומחה בשלשה מיני קמיעים: **ואתמחי קמיע.** שלשה קמיעין הללו נעשים מומחים מיד כל אדם שהרי ריפא כל אחד ג"פ ואין לומר מזל הרופא גורס דאין הדבר תלוי במזל הרופא אלא בחכמתו ואין לומר נמי (א) החולה גרס שמתרפא על ידי קמיעין שהרי בשלשה אנשים הוחזק: **קמיעא לא אתמחי.** לבא מיד רופא אחר: **חד קמיע לתלתא גברי.** לחולי אחד: **קמיעא איתמחי.** מיד כל אדם: **גברא לא איתמחי.** לקמיע אחר שאינו של לחש [זה] ושל חולי זה: **תלתא קמיעי.** של שלש מיני חולי: **קמיעא ודאי לא איתמחי.** מיד אדם אחר שהרי לא ריפא אלא פעם אחת: **מזליה דהאי גברא.** מלאכו של חולי זה דמקבל קמיעא וא"ת ממתני' דלעיל שמעינן לה דתני כל שריפא ושנה ושילש דמשמע לאדם אחד ואוקימנא דאיתמחי קמיעא ולא אמרינן מזליה הוא לא דמי התם חד קמיעא הוא וליכא למיתלייה במזלא דגברא אלא בקמיע הני ודאי בגברא תלוי או ברופא או במתרפא הלכך מיבעיא לן במאי ניתליה: **לאצולינהו.** בשבת ^סלחצר *המעורבת כשאר כתבי הקדש: **הברכות.** שתקנו חכמים כגון תשעה של ר"ה שיש בהן מלכיות וזכרונות ושופרות: **מענינות.** מפרשיות הרבה שכותבין בהן את מקראות של רפואה: **היה כתוב שם יגוד.** *יקוץ מקום השם ויגנזו: סתם בית הכסא שלהן בשדות: **שיש בו סכנה.** אי שקיל ליה מיניה דשרי למיעל בהן לבית הכסא משום פקוח נפש: **אף על גב דנקיט ליה בידיה.** תכשיטו הוא הלכך אי נמי מייתי ליה ד' אמות בידים לא מחייב:

תוספות

כל שריפא שלשה בני אדם כאחד. נראה לר"י דגרסינן כאחד והכי פירושו מדקתני כאחד אלמא משמע דבג' קמיעים איירי ולעיל קתני כל שריפא ושנה ושילש משמע קמיע אחד ומשני דההוא דלעיל לאמחויי קמיע והך לאמחויי גברא וה"ה אפילו לא נתרפאו יחד אלא הא דנקט כאחד לאשמעינן דבג' קמיעין איירי ולאמחויי גברא:

תלתא קמיעין לג' גברי תלת תלת זימני. פירוש שכתב לחש אחד בג' איגרות וכל אחת הועילה לג' אנשים או לאחד שלש פעמים קשה לרשב"א קמיע ג' היכי איתמחי הלא מיד כשנתרפא האדם שלישי בקמיע ג' [פעם א'] איתמחי גברא וכיון דאתמחי גברא ודאי שאותה האיגרת תועיל מכאן ואילך וי"ל כגון דשני קמיעין הללו ריפאו תלת זימני לתרי גברי וקמיע שלישי לחד מהנך תרי גברי תרי זימני והשתא מימחו כבר תרי קמיעי וגברא וקמיע שלישי אכתי לא איתמחי וחזר וריפא קמיע שלישי אדם שלישי דהשתא בא בבת אחת המחאת גברא והמחאת קמיע:

תלת תלת זימני. הוה מצי למימר חד תלת זימני ואיכך חד זימנא אלא בעי למימר שיהיו שלשה קמיעין מומחין: **חד** קמיע לתלת גברי. נראה לר"י דה"ה לחד גברא תלת זימני דודאי לגבי המחאת גברא הוא דמבעיא ליה בסמוך אי אתמחי בחד גברא מתלת קמיעי אבל לענין המחאת קמיע דעדיף לא קא מיבעיא ליה דפשיטא דתלינן בהמחאת קמיע ולא אמרינן מזליה דהאי גברא הוא דמקבל כתבא והאי דנקט לתלתא גברי משום רבותא דאפילו הכי גברא לא אתמחי: **תלת** קמיע לחד גברא מאי. תימה תיפשוט ליה מדתני לעיל איזהו קמיע מומחה כל שריפא שלשה בני אדם ומוקמינן לה לאמחויי גברא משמע דוקא תלת גברי אבל חד גברא לא מדלא קתני כל שריפא אדם א' בג' קמיעין ובקונטרס פי' בפי' א' מימחי גברא מימחי קמיע שעשה אדם זה קמיע לשלשה אנשים דנעשה אדם זה מומחה שריפא שלשה אנשים והקמיע מומחה שריפא כתב זה ג' אנשים ולהאי פירושא נמי לא מימחי גברא אלא דוקא לאותו לחש וקשה לר"י לפירוש זה דהא אמרינן לקמן חד קמיע לתלתא גברי קמיע איתמחי *גברא לא איתמחי ויש ליישב לשון הקונטרס דה"ק שעשה אדם זה לחש זה בשלשה איגרות לג' אנשים דנעשה אדם זה מומחה שריפא לג' אנשים והלחש מומחה שריפא לחש זה ג' אנשים וגם זה אין נראה לר"י דאם בענין זה נמי קרוי חד קמיע לתלתא גברא הדרא קושיא לדוכתיה ואם הוא קרוי בענין זה תלתא קמיע לתלתא גברי חד חד זימנא הא אמרינן לקמן דגברא איתמחי ולא קמיע לכך נראה לר"י כדפירש וכן פירוש אחר שפי' בקונטרס מיושב מן הראשון: *

הא לאמחויי קמיע. פירש בקונטרס דנעשה הקמיע לבדו מומחה ע"י אדם זה תימה דהוא עצמו פירש בסמוך גבי תלת תלת זימני דכל לחש שריפא ג' פעמים נעשו ג' קמיעות הללו מומחים מיד כל אדם אע"פ שרוצה לומר הקונטרס שרופא אחד כתבם מדפירש ואין לומר שמזל הרופא גרם וכן נראה ודאי עיקר דלא ע"י אדם זה לבד נעשה הקמיע מומחה אלא אף מיד כל אדם דהא אמרינן בסמוך תלתא קמיע לתלתא גברי תלת תלת זימני איתמחי גברא ואיתמחי קמיע והאי תלתא קמיעי לתלתא גברי דקאמר איירי שרופא אחד עשאם דבענין אחר לא איתמחי גברא וא"כ האי דקאמר נמי תלת תלת זימני איירי נמי ברופא אחד כמו רישא וקאמר דאיתמחי קמיע והיינו ע"כ מיד כל אדם דאי מיד רופא זה הא בלאו הכי הוא מומחה בכל קמיעין שבעולם וממה שפירש נמי גבי תלת תלת זימני כל לחש ריפא ג' פעמים ואפילו אדם אחד חזר בו מזה דפירש איתמחי קמיע ואין לומר מזל החולה גרס שמתרפא ע"י קמיעא שהרי בשלשה אנשים הוחזק משמע דלא אמרינן איתמחי קמיע אלא א"כ ריפא ג' אנשים:

איתמחי קמיע. פירש הקונטרס ואין לומר מזל הרופא גרס דאין הדבר תלוי במזל הרופא אלא בחכמתו משמע שרוצה ליתן טעם אמאי איתמחי קמיע במזל הרופא היה לנו לתלות שכבר הומחה שריפא ג' אנשים בג' מיני קמיעים ולא היה לנו לתלות בקמיע ולא ידע רשב"א מה טעם טותן על זה דהא לא איתמחו שאר קמיעין של שאר חולאים אע"ג דהרופא איתמחי בכל קמיעין שבעולם ס"ל אלו ג' קמיעים נמי לתלות ברופא אלא צריך לתרץ כמו שפירשתי ללשון ר"י בענין שיבא המחאת קמיע והמחאת גברא בבת אחת:

והתניא

עין משפט נר מצוה

לח א מיי' וסמג שם טוש"ע א"ח סי' שא סעיף כה:

לט ב מיי' פ"ו מהל' יסודי התורה הלכה ו סמג לאוין ג:

ק"ק דאכתי לא משכחת שיתמחי בקמיע בג' את"ל דגברא אתמחי אפילו בג' קמיעין לחד גברא והיכי קאמר פשיטא לי ומשמע נמי דקאי אקמיע שלישית מדקאמר תלת זימני משמע דהומחו שלשתן וי"ל אע"ג דכבר אתמחי גברא כי ריפא כל אחד ג"פ יש לנו לתלות גם בקמיע דעדיף כל מה שאנו יכולין למימחי קמיע ולא גברא כגון שכתב זה ריפא תלתא זימנא חד גברא ואתמחי גברא ולא קמיע כגון שריפא בג' אגרות לג' אנשים [ת"י]:

גברא לא איתמחי ולהאי פי' היינו דלא איתמחי אפילו ללחש זה כצ"ל [ת"י]

שייך לעיל קודם ד"ה תלתא

רבינו חננאל

וכדתניא איזהו קמיע מומחה כל שריפא ג' בני אדם כאחד. בעי רב פפא תלתא גווני קמיע רפאו לאחד ג' מיני חלאים. כל קמיע ריפא חולי מאי קמיעא ודאי לא אתמחאי גברא מאי מי אמרינן הא מסי ליה ג' זמני או דלמא מזלא דהאי גברא דמקבל קמיעא ועלתה בתיקו. ולא אתמחי לא גברא ולא קמיעא. ירושלמי נאמן אדם לומר קמיעא זו ריפאתי בו ב' וג' פעמים. קמיעין יש בהן משום קדושה ואסור למיעל בהו לבית הכסא אי לא [לגניזה] לא קא מיבעי לן דלא גרעי הקמיעין מן הכלים שאם היה שם כתוב עליהן תנינןהרי זה יגוד ויגנז[כי]קא מיבעיא לן למיעל בהו לבהכ"ס.

מסורת הש"ס

לקמן קטו: וש"נ

ערכין ו. [מס' סופרים פ"ה הי"ג]

[גיר' הערוך יגור]

הגהות הב"ח

(א) רש"י ד"ה ואיתמחי כו' נמי מזל החולה גרס:

לחצר שאינה מעורבת כצ"ל וכ"ה ברש"י שבאלפס

וגי' הערוך יגור בריש"ס פי' יגור אותו במגירה רש"ל

גליון הש"ס

רש"י ד"ה לאצולינהו בשבת לחצר המעורבת. עי' לקמן קטו ע"א ברש"י ד"ה מצילין אותן וצ"ע:

§ מסכת שבת דף סא: §

אות א'

<u>מזלא דהאי גברא הוא דקא מקבל כתבא</u>

סימן שא סכ"ה - [א]אבל אם כתב ג' קמיעים - היינו שלש אגרות אף שהם לחש אחד, **לאדם אחד, ורפאו ג' פעמים, לא איתמחי לא גברא** - דהיינו שאינו יכול לכתוב אגרת אחרת אף בלחש זה, דכיון שלא ריפא בהג' אגרות רק לאדם אחד, אמרינן מזליה דחולה גרים, [גמרא].

(ואף דלענין המחאת קמיע, כגון שריפא בקמיע אחת לאדם אחד ג' פעמים, לא תלינן במזליה דחולה זה, התם משום דיכול לתלות בקמיע, ובזה עדיף יותר לתלות וכמש"כ למעלה, משא"כ הכא דבקמיע א"א לתלות, אלא במזליה דרופא או דחולה, בזה פסק השו"ע דתלינן יותר במזליה דחולה, ולא איתמחי הרופא עדיין), (עיין ע"ב רש"י ד"ה מזליה).

ולא קמיע - דקמיע לא איתמחי רק כשאגרת אחת רפאה ג' פעמים.

וכתב המ"א, דאף החולה בעצמו אסור לצאת בהאגרות שרפאוהו מכבר, כיון שנקראו קמיע שאינו מן המומחה, [ב]**ושארי** אחרונים מפקפקין בזה.

אות ב'

<u>היה כתוב על ידות הכלים ועל כרעי המטה, יגוד ויגנזנו</u>

רמב"ם פ"ו מהל' יסודי התורה ה"ו - כלי שהיה שם כתוב עליו, קוצץ את מקום השם וגונזו, ואפילו היה השם חקוק בכלי מתכות או בכלי זכוכית והתיך הכלי, הרי זה לוקה, אלא חותך את מקומו וגונזו.

באר הגולה

א **שם בעיא דרב פפא ולא אפשיטא** ‹ולחומרא – ב"י› ב ‹ותימה כיון דהשתא דנתרפא שלש פעמים, למה אסור. והפמ"ג כתב, דשמא איתרע מזליה השתא. **וקשה**, מאי שנא מהמחאת גברא דלא חיישינן בשום פעם שמא איתרע מזליה אא"כ אבד המחאתו, ולמה גרע מזליה דחולה, הא אנו רואין מזליה דחולה כמעט עדיף מהמחאת גברא, דהא תלינן בדין זה בחולה, לא ברופא. **וי"ל** שהרופא, כל דלא חזינן ביה שינוי, למה נאמר דאיתרע מזליה והמחאתו, **אבל** החולה, כיון שנחלה חיישינן שמא איתרע מזליה. **ומ"מ** צ"ע מהיכן יצא להמג"א דין זה – לבושי שרד›

§ מסכת שבת דף סב.

אות א'

הכא במאי עסקינן במחופה עור

יו"ד סימן רפב ס"ו - [א]הקמיעין, אם היו מכוסים עור, מותר ליכנס בהם לבה"כ - ‹דעדיף זה הכיסוי מתיק, כיון שהוא תפור בתוכו - לבוש›. **ואם לאו, אסור.**

‹**ויראה** לי דספרים הנדפסים, בין תורה שבכתב בין תורה שבע"פ, וכל ספרי פוסקים ושו"ת וספרי מוסר, אסור להכניסם לבית הכסא אפילו מונחים בתיק, ואפי' קשורים במטפחת, **ולא** דמי לקמיעין שהם תפורין בעור ואין עומדין כלל להפתח, **ועוד** דבקמיעין אסתפקו להו חז"ל בעיקר קדושתן - ערוה"ש›.

אות ב'

הנכנס לבית הכסא, חולץ תפילין ברחוק ד"א ונכנס

סימן מג ס"ה - אם רוצה ליכנס לבית הכסא קבוע לעשות צרכיו, חולצן ברחוק ד"א - נקט "קבוע" משום סיפא, לאשמעינן דאפילו בקבוע מכניס התפילין עמו משום שמירה, **אבל** אה"נ דאפילו באינו קבוע כלל, צריך לחלוץ ברחוק ד"א ממקום שרוצה לפנות, וכדלעיל.

וכן מה דנקט "לעשות צרכיו", ג"כ משום רבותא דסיפא, **אבל** באמת ה"ה להשתין צריך לחלוץ ברחוק ד"א, וכדלעיל בס"א.

הגה: ויש אומרים אפילו בלא צרכיו, וטוב להחמיר (ב"י בשם רבי האי) - המ"א מסיק, דמדינא אסור לכנס לבהכ"ס בתפילין, דלא גרע ממרחץ, **ועיין** בפמ"ג ובמאמ"ר שכתבו, דמדברי הרא"ש לא משמע הכי.

(**ובספר אור זרוע משמע כהרמ"ע, דכתב דמותר לעבור בבית הכסא לפי דרכו, שלא לצורך נקביו, ותפילין בראשו, ומשמע מלשונו שהוא מחלק בין אם הוא עובר או שהוא קובע עצמו להיות שם, ובזה יש ליישב קצת קושית המג"א ממרחץ דחולץ, ואע"ג דלענין ד"ת לא מחלקינן בין מהלך או עומד, לענין זה מחלקינן**).

אות [ב']

שי"ן של תפילין הלכה למשה מסיני

סימן לב סמ"ב - שי"ן של תפילין הלכה למשה מסיני - ואם נתקלקל השי"ן ואינו ניכר, צריך לתקנו מחדש, דומיא דאם נתקלקל ריבוע המבואר בסמוך.

שיעשה בעור הבתים של ראש כמין שי"ן בולטת מקמטי העור - דהיינו שמקמט העור במלקט ע"י כפילה, שכופל מהעור עד שנעשו סעיפי השי"ן. **ולעשותן** ע"י דפוס, דהיינו שעל הדפוס חקוק שי"ן בולטת, ודוחק הדפוס בעור הבית ונעשה תואר שי"ן, עיין בט"ז ומ"א, דמשמע דלכתחילה טוב למנוע מזה, ‹**אע"ג** דהוי חק ירכות, מ"מ כל כמה דאפשר לעשות בלא שום חקיקה עדיף - מחה"ש›, **ובכנה"ג** בשם תשובת הרמ"ע כתב, דזהו יותר הידור, **וכן** המנהג פשוט כהיום לעשותן בדפוס, מפני שעי"ז יש לה תואר שי"ן בחוליותיה וזיונה, יותר משי"ן המקומטת מהעור.

ומשמע באחרונים, דתמונת שיני"ן שלנו שאנו עושין בתפילין די, דלא בעינן דוקא כתב סת"מ ממש, אלא דוגמא, (הוא מהב"ח), **ומנהג** סופרים כהיום באיזה מקומות, להדר ולעשותן בכתב אשורית ממש.

ואם עשה השי"ן בקלף אחר, והדביק בדבק על הבית, פסול.

אחד מימינו ואחד משמאלו; של ימין המניח, של ג' ראשים; ושל שמאל המניח, של ארבע ראשים - ואין חילוק בזה בין איטר לאחר, דבתר ימין ושמאל דעלמא אזלינן.

הגה: מיהו אם היפך, אינו נפסל - אבל אם עשה בשני הצדדים רק שי"ן של שלשה ראשים או ארבע, פסול, וכ"ש אם חיסר לגמרי שי"ן אחד.

סימן לב סנ"ב - יכניס הרצועה תוך המעברתא, ויעשה קשר כמין דלי"ת בשל ראש - ויש שעושין קשר כמ"ם סתומה, שנראה כשני דלתי"ן משני צדדין, רגלו של זה בצד ראשו של זה, **ועיין** בספר תפארת אריה, דאלו העושים קשר של דלי"ת, מכוון יותר לדינא.

וקשר של תפילין הוא הלכה למשה מסיני, ונראה שצריך לעשותו לשמה, ולא יעשהו קטן. **גם** לא יעשה קשר העשוי להשמט אנה ואנה.

וכמין יו"ד [ב]בשל יד, להשלים אותיות שד"י עם השי"ן שבשל ראש.

כתב א"ר, מעשה באחד שראה אחר חליצת התפילין, שהותר הקשר ש"י, והוריתי לחזור ולהניחן ולקרות ק"ש בלי ברכה, דהא מצות תפלין כל היום, עכ"ל, **וטעמו**, דלשיטת רש"י ‹עיין בתוס'› דס"ל דהיו"ד הוא הלמ"מ, לא יצא עדיין ידי המצוה.

באר הגולה

[א] רמב"ם שם ה"ה מברייתא שבת דף ס"א ע"ב וכדמוקי לה שם דס"ב ע"א [ב] ‹ודע דמ"ש רש"י ז"ל ורצועה קטנה מאד תלויה בה ואין בה אלא כפיפה כמין יו"ד, מיירי ביו"ד של יד, דבשל ראש ליכא יו"ד, כמ"ש הוא עצמו בהקומץ - שבת של מי›

במה אשה פרק ששי שבת סב

והתניא רבי אושעיא אומר ובלבד שלא יאחזנו בידו ויעבירנו ארבע אמות ברשות הרבים [אלא] *הכא במאי עסקינן במחופה עור והרי תפילין דמחופה עור ותניא *בהנכנס לבית הכסא חולץ תפילין ברחוק ארבע אמות ונכנס התם משום שי"ן דאמר אביי [ב]*שי"ן של תפילין הלכה למשה מסיני ואמר אביי ד' של תפילין הלכה למשה מסיני ואמר אביי יו"ד של תפילין הלכה למשה מסיני: ולא בשריון ולא בקסדא ולא במגפיים: שריון *זרדא קסדא אמר רב סנוארתא מגפיים אמר רב פזמקי: **מתני'** גלא תצא אשה במחט הנקובה ולא בטבעת שיש עליה חותם ולא בכוליאר ולא *בכובלת ולא בצלוחית של פלייטון °ואם יצתה חייבת חטאת דברי ר' מאיר וחכמים פוטרין בכובלת ובצלוחית של פלייטון: **גמ'** דאמר עולא וחילופיהן באיש אלמא קסבר עולא כל מידי דחזי לאיש לא חזי לאשה ומידי דחזי לאשה לא חזי לאיש מתיב רב יוסף *הרועים יוצאין בשקין ולא הרועים בלבד אמרו האלא כל אדם אלא שדרכן של הרועים לצאת בשקין [אלא] אמר רב יוסף קסבר עולא נשים עם בפני עצמן הן איתיביה אביי [ה]*המוצא תפילין מכניסן זוג זוג אחד האיש ואחד האשה ואי אמרת נשים עם בפני עצמן הן והא מצות עשה שהזמן גרמא הוא *וכל מצות עשה שהזמן גרמא נשים פטורות התם קסבר ר"מ לילה זמן תפילין הוא *ושבת זמן תפילין הוא הוה ליה מצות עשה שלא הזמן גרמא וכל מצות עשה שלא הזמן גרמא נשים חייבות והא הוצאה כלאחר יד היא אמר רבי ירמיה באשה גזברית עסקינן אמר *רבה (בר בר חנה אמר רבי יוחנן) תרצת אשה איש מאי איכא למימר אלא אמר רבא ופעמים שאדם נותן לאשתו טבעת שיש עליה חותם להוליכה לקופסא ומניחתה בידה עד שמגעת לקופסא ופעמים שהאשה נותנת לבעלה טבעת שאין עליה חותם להוליכה אצל אומן לתקן ומניחה בידו עד שמגיע אצל אומן: זולא בכוליאר ולא בכובלת: מאי כוליאר א"ר *מכבנתא כובלת אמר רב חומרתא דפילון וכן אמר רב אסי חומרתא *דפילון ת"ר לא תצא בכובלת ואם יצתה חייבת חטאת דברי ר"מ וחכמים אומרים חלא תצא ואם יצתה פטורה רבי אליעזר אומר יוצאה אשה בכובלת לכתחלה במאי קמיפלגי רבי מאיר סבר משאוי הוא ורבנן סברי תכשיט הוא ודילמא שלפא ומחויא ואתיא לאיתויי ורבי אליעזר סבר מאן דרכה למירמיה אשה שריחה רע לא שלפא ומחויא ולא אתיא לאתויי ארבע אמות ברשות הרבים °והתניא *ר' אליעזר פוטר בכובלת ובצלוחית של פלייטון לא קשיא הא *כי קאי אדרבי מאיר הא כי קאי אדרבנן כי קאי אדרבי מאיר דאמר חייב חטאת אמר ליה פטור כי קאי אדרבנן דאמרי פטור אבל אסור אמר איהו מותר לכתחלה

ומאי

רש"י

שלא יאחזנו. דלא הוי תכשיט שלו אלא דרך מלבוש: **במכוסה עור.** דליכא גנותא אי מעייל לבית הכסא ולא בעי למישקליה: **חולץ תפילין.** ואע"ג דמכוסה עור שהארבע אגרות שהפרשיות כתובות בהן תחובות בדפוסין של עור: **התם משום שי"ן.** שעשויה מעור החיצון עצמו קומט בו ג' קמטין כעין שי"ן משדי והדלי"ת והיו"ד עשויין בקשר שקושר הרצועה (א) אחת לצפון ואחת למזרח כמין ד' ורצועה קטנה אחד תלויה בה ואין בה אלא כפיפה כמין יו"ד וכופלה בעוד העור לח והיא כפופה לעולם: **זרדא.** ברוני"א: **סנוארתא.** כובע עור תחת כובע המתכת: **פזמקי.** אנפלייאות של ברזל במלחמה: **מתני' בכוליאר.** מפרש בגמרא וכן כובלת: **פלייטון.** בלסמ"א משחא דאפרסמא: **חייבת חטאת.** קסבר לאו תכשיט נינהו: **גמ' אמר עולא וחילופיהן באיש.** אטבעת קאי דטבעת שיש עליו חותם אם יצא פטור ואם אין עליו חותם ויצא חייב חטאת: **בשקין.** שמתכסין בהן מפני הגשמים שקין מלבוש שק: **אלא כל אדם.** אלמא אע"ג דלא רגילי ביה מגו דלגבי האי תכשיט לגבי האי נמי תכשיט הוא: **המוצא תפילין.** בשבת בשוק או בדרך: **מכניסן.** לעיר דרך מלבוש: **זוג זוג.** כדרך שהוא לובש בחול אחד בראש ואחד בזרוע וחולצן וחוזר ומניח זוג אחר ומכניסן וכן כולן: **ואחד האשה.** ואע"ג דלאו תכשיט דאשה נינהו מגו דהוו תכשיט לאיש שרי אף לאשה: **לילה זמן תפילין הוא וכן שבת.** הלכך לעולם זמנם הוא ואין להם זמן קבוע שתהא מצותן מצות עשה שהזמן גרמא להפטר נשים מהן הלכך נקט לילה ושבת משום דפלוגתא בתרווייהו ולאו הוי סבירא ליה לרבי מאיר בחד מינייהו דלאו זמן תפילין הוא נמצא זמן קבוע לתפילין והוו להו נשים פטורות: **נשים חייבות.** הלכך תכשיטין הן לה: **והא הוצאה כלאחר יד הוא.** אמתני' קאי והוצאת טבעת שמוציאתה דרך מלבוש באצבע וזה שאינו תכשיט לה אמאי חייבת חטאת הרי לא הוציאה כדרך כל המוציאין שכל המוציא דבר שאינו תכשיט לו מוציאין אותו בידים ולא דרך מלבוש: **גזברית.** ששולחת חותמות תמיד לממונין התחתיה לאמר תנו כך וכך מעות לפלוני והרי חותמה בידה הלכך רגילה היא להניחה באצבעה ומיהו תכשיט לא הוי לדידה דאין דרך נשים בכך ומיהו דרך הוצאתה של זו בכך: **איש מאי איכא למימר.** דקאמר עולא וחילופיהם באיש דמחייב אטבעת שאין עליה חותם והא הוצאה כלאחר יד הוא שאין דרכו להוציא בזו דרך מלבוש: **לקופסא.** אישקרייני"ה בלע"ז כדי להצניעה שם וי"מ שהקופסא חתומה בו וכשפותחה חוזרה וחותמת בה ולא נהירא דאם כן מנחתה באצבעה עד שמחזירתה לבעלה מיבעי ליה: **אצל אומן לתקנה ומניחה באצבעו.** אלמא דרך הוצאה היא: **מכבנתא.** טסקא"ה *ע"ש שמכבנת וקושרת מפתחי החלוק: **חומרתא דפילון.** קשר שקשור בו *סם ששמו פילון וריחו ערב ובלע"ז בלסמ"ו ואשה שריחה רע טוענתו עליה: **ורבנן סברי תכשיט הוא.** הלכך אם יצאת פטורה ומיהו לכתחלה לא תצא דילמא שלפא ומחויא: **למרמיה.** להניח בצוארה כמו שקיל ורמי: **ה"ג ואשה שריחה רע לא שלפא ומחויא.** שגנות הוא לה: **והתניא ר' אליעזר פוטר.** והכא שרי לכתחלה: **הא.** דקתני פוטר: **כי קאי אר' מאיר.** בההיא מתני' לא איירו רבנן אלא ר"מ לחודיה וגבי חיוב דר"מ שייך למיתני רבי אליעזר פוטר ואע"פ שהוא מתיר לכתחלה: **הא כי קאי ארבנן.** במתני' דלעיל דאיירו רבנן בה ואמרו פטור פריש ר' אליעזר בהדיא למילתיה לאיפלוגי עלייהו ואמר יוצאה לכתחלה:

ומאי

תוספות

והתניא ר' אושעיא אומר ובלבד כו'. תימה לר"י דילמא משום מראית העין דוקא הוא אסור מדרבנן כמו קושר בשיר ובטבעת דהשתא ליכא למיגזר דאפילו מייתי לה ליכא איסורא מדאורייתא ואומר ר"י דשלא יאחזנו בידו משמע אפילו בקומצו דליכא מראית העין אלא איסורא דאורייתא איכא ואפילו למ"ד כל דבר שאסרו חכמים משום מראית העין אפילו בחדרי חדרים אסור הכא לא שייך למיגזר דאפילו עומד בשוק ונושאו בקומצו אין כאן מראית העין:

שי"ן של תפילין. ול"ג דלי"ת ויו"ד של תפילין כו' כדמוכח בפ' במה מדליקין (לעיל כח:) גבי הא דתני רב יוסף לא הוכשרו למלאכת שמים כו' ומוקי לה לרצועותיהן ולא פריך דלי"ת של תפילין הלכה למשה מסיני כדפריך גבי שי"ן*:

וחילופיהן באיש. *אור"ת דלחיוב חטאת קאי:

וכל מצות עשה שהזמן גרמא נשים פטורות. פירוש דהוי משוי וליתסר וא"ת והא הוצאה כלאחר יד היא ושריא משום בזיון תפילין וי"ל כיון דמשוי הוא ויכול לבא לידי חיוב חטאת היכא דמוציא בלא שינוי משום בזיון לא שרינן ליה:

אין

עין משפט נר מצוה

מ א מיי' פי"ט מהל' ש"ש הלכה ס טוש"ע י"ד סי' רפב סעיף ו:

מא ב מיי' פ"ד מהל' תפילין הלכה יז סמג עשין כב טוש"ע א"ח סי' מג סעיף ס:

[מא] [ב] [מיי' שם פ"ג הלכ: א' טוש"ע א"ח סי' לב סעיף מב נב]:

מב ג ד מיי' פי"ט מהל' שבת הלכה ד ה סמג לאוין סה טור א"ח סי' שג סעיף ט י וסי' שא סעיף ח ט:

מג ה מיי' שם הלכה יז טוש"ע א"ח סי' שא סעיף כח:

[וע"ע תוס' ברכות ו. ד"ה אלו וכו']

[מג] [ה] [מיי' פי"ט מהל' שבת הלכה כג טוש"ע א"ח סי' שא סעיף מב]:

מד ו מיי' פי"ט שם הלכה ג:

מה ז ח מיי' פי"ט שם הלכה ז סמג שם טוש"ע א"ח סי' שג סעיף יא:

[קידושין כט. ושם נסמן]

נ"א רבא

[רב אלפס פי' מלשון כלולה בשמן מתרגמינן דפילא במשח וכ"א בערוך]

[פי' תוס' לעיל ג. סד"ה בר מהני]

מסורת הש"ס

ברכות כג.

לעיל כח: מנחות לה.

פירוש שריון מעכשות קטנו'

[גיר' הערוך בכובלת]

[תוספת' פ"ו נדרים נה:]

עירובין צו: תוס' דעירובין פ"ח ביצה טו.

[לעיל נח. וש"נ]

[עתוס' ב"ב קנו: ד"ה כבינתי]

[לקמן סה. תוספת' פ"ה ע"ש]

פי' רש"י יומא כה. ד"ה ככולייר

הגהות הב"ח

(א) רש"י ד"ה התם וכו' ברצועה שברא"ש אחת לצפון:

רבינו חננאל

ופשטינא אם מחופין עור (כיון) שפיר דמי והא דתניא לא יכנס אדם בתפילין לבית הכסא קבע אפי' להשתין מים התם משום שי"ן דאמר אביי שי"ן של תפילין הל"מ. ת"ר איזהו קמיע מומחה כל שריפה ושנה ושלש אחד קמיע של כתב ואחד קמיע של עקרין אחד חולה שיש בו סכנה ואחד חולה שאין בו סכנה [ולא] שנכפה אלא שלא יכפה וקושר ומתיר. ואפילו ברה"ר ובלבד שלא יקשרנו בשיר או בטבעת ויוצא בו לרה"ר מפני מראית העין: שירין זרדא: **לא** תצא אשה במחט נקובה. ולא בטבעת שיש עליה חותם. אמר עולא חילופיהן באיש כלומר האיש אסור בטבעת שאין עליה חותם ופטור בטבעת שיש עליה חותם. וכי קאמר עולא וחילופיהן באיש בטבעת בלבד קאמר מותבינן אמאי חייב חטאת והא הוצאה כלאחר יד היא כלומר באצבעה היא מוציאה ואין דרך המוציאין דבר להוציאה דרך מלבוש. ומוקים לה ר' ירמיה באשה גזברית עסקינן שכן דרכה להיות הטבעת באצבעה כדי שתהא חותמת בו כיסים ובתים. הוצאה בכוונה היא להתום בו ולאו משום תכשיט הוא ודחינן תרצת אשה איש בטבעת שאין עליה חותם אמאי חייב חטאת. ואוקמה רבא לעולם באשה שאינה גזברית ומשום הכי חייבת חטאת דפעמים אדם [נותן] טבעת שיש עליה חותם לאשתו להוליכה לקופסא ומנחתת באצבעה עד שמגעת לקופסא שנמצאת הוצאה בכוונה כדרכה. והאשה נמי פעמים שנותנת כו' וקיי"ל טבעת שיש עליה חותם תכשיט לאיש ולא לאשה ושאין עליה חותם תכשיט לאשה ולא לאיש. ובדין הוא להיות כל אחד ואחד מותר במה שהוא תכשיט לו אלא גזרו משום דרבא שכבר פרשנוהו למעלה (ס.): בכולייר. תכשיט שמסבב הראש כולה כדגרסינן ביומא (כה.) הכהנים היו מוקפין ועומדין ככולייר. כובלת חומרתא דפילון. פי' בשמים בלולין כדמתרגם בלולה דפילא. צלוחית של פליימון

ראשית

גליון הש"ס מתני' ואם יצתה חייבת חטאת. עי' לעיל דף יא ע"ב תוס' ד"ה ואם יצא: **גמ'** והתניא ר"א פוטר. עיין לעיל דף ג ע"א תוס' ד"ה בר מהני: **רש"י** ד"ה חומרתי דפילון וכו' סם ששמו פילון. עיין סוטה דף טו ע"א תוס' ד"ה כמין תומר: **תוס'** ד"ה וחילופיהן באיש. אור"ם דאחיוב חטאת קאי. עיין עירובין דף סט ע"א תוס' ד"ה כיון דמזיא:

אות ג' – ד'

לא תצא אשה במחט הנקובה, ולא בטבעת שיש עליה חותם

אמר עולא: וחילופיהן באיש

סימן שג ס"ט - [ג]**לא תצא במחט נקובה** - היינו אפילו כשהיא תחובה בבגדה, דדרך הוצאה היא באשה לכו"ע, **ואם יצאה, חייבת** - דהוי משוי, ואפילו מעמדת בה קישוריה ותוחבת המחט בצעיף, או סוגרת בה מפתחי חלוקה, דאין דרך להעמיד ולסגור בנקובה, ולכן הוי משוי, ודרך הוצאתה כך בחול ליתן מחטים תחובים בצעיפה או בבגדה. **ולענין** איש עיין לעיל בסימן ש"א ס"ח.

סימן שג ס"י - [ד]**לא תצא בטבעת שיש עליה חותם, ואם יצתה, חייבת** - דאין דרך אשה לשאת עליה טבעת שיש עליה חותם, וע"כ לא הוי כתכשיט, **ומ"מ** דרך הוצאה היא בכך על אצבעה, דלפעמים נותן לה הבעל טבעתו בחול להצניע בקופסא, ומניחה באצבעה עד שמוליכתו לשם, [גמרא].

סימן שא ס"ח - [ה]**לא יצא במחט התחובה לו בבגדו** - סעיף זה מיירי אפילו בסתם אדם שאינו אומן, וע"ל בסי"ב, **בין נקובה בין שאינה נקובה** - דמחט לא הוי תכשיט לאיש בכל גווני, ולכן יש איסורא לכולי עלמא.

[ו]**ואם יצא בנקובה, חייב, ובשאינה נקובה, פטור** - ס"ל לדעה זו, דבאיש דינו כמו באשה לקמן בש"ג ס"ט, דנקובה הוי דרך הוצאה לפרקים כשהיא תחובה בבגדה, **אבל** באינה נקובה, [אף דבאיש ג"כ אינו תכשיט], פטור, דלאו דרך הוצאה היא להוציא כשהוא תחוב בבגדו, כי אם בידו.

אבל אם הוציאה בידו, חייב בכל ענין, האיש והאשה, בנקובה ובשאינה נקובה, [דביד דרך הוצאה הוא לכל דבר, ודלא כמי ששגה בזה].

[ז]**וי"א בהפך** - טעמם, דס"ל דבאיש מחט נקובה לאו דרך הוצאה היא כשהיא תחובה בבגדו, שגנאי הוא לו, שיאמרו עליו שהוא חייט, [**ואפי'** אם הוא חייט, פטור אם יוצא תחובה בבגדו, משום דגם הוא אינו יוצא בה בחול כי אם כשהולך במקום שרוצה להודיע שהוא חייט, אבל כל שאינו הולך למקום כזה, אינו רוצה שתהיה המחט תחובה בבגדו שידעו הכל שהוא חייט, ולפעמים גם הוא לגנאי יחשב אותה, **וכ"ז** באיש, אבל באשה לכו"ע דרך הוצאתה היא כן להיות תחובה בבגדה, דכל אשה דרכה ואומנתה לתפור ולתקן בגדי ביתה, וע"כ אינה בושה בדבר], **אבל** באינה נקובה, דרך הוא לפרקים אף בחול כשמוצאה בשוק לתחוב בבגדו, כשיש לו צורך לחצות בו שיניו וכה"ג.

ועיין במ"א שמסיק, דהכל לפי הזמן, אם דרכן לצאת כך בחול ולא הוי תכשיט, הוי דרך הוצאתו בכך וחייב, ואם אין דרך הוצאתו בכך בחול, פטור אבל אסור, משום דאינו תכשיט.

וכתב עוד, דאם רוב העולם אין דרכן להוציא בכך, אע"פ שאנשי מקום אחד מוציאין בכך, פטור אבל אסור, והטעם, משום דבטלה דעתן אצל כל אדם.

(**ולדעה ראשונה, אם צריך לו המחט לחבר שפתי המלבושים זה לזה, יש** לעיין אם מותר לאיש, ועיין לקמן בסימן ש"ג ס"ט, דלענין אשה מותר במחט שאינה נקובה במעמדת קישורים, ועיין שם בטעם המ"א, משום דהוא לצורך הלבישה, וא"כ לכאורה ה"ה באיש, **ואולם** לדעה השניה דס"ל, דבאיש חייב באינה נקובה, אפשר דאין להקל מחמת זה, דשם שאני, דבאשה באינה נקובה לכו"ע פטור, **וכמו** דלא מקילינן מחמת זה באשה לענין נקובה, כן ה"ה באיש לענין שאינו נקוב, דבשניהם יש חיוב חטאת, **ויש לחלק**, דשם אין דרך להעמיד במחט נקובה, משום דמישתליף, משא"כ באינה נקובה י"ל דהוא דרך לבישה, וצ"ע).

(**ויש עוד דעה שלישית, והוא דעת הרא"ש והטור, דבשניהם פטור באיש, והשמיטו המחבר, עיין הטעם בתו"ש, ועיין בב"י שמצדד דדעת רש"י הוא דאיש שוה לאשה בין בנקובה ובין בשאינה נקובה, ובביאור הגר"א מצדד דדעתו הוא כדעת הרא"ש והטור, דבאיש בין נקובה ובין שאינה נקובה פטור אבל אסור, ולפ"ז בנקובה דעת הרי"ף והרמב"ם ורש"י והרא"ש והטור כולם שוים לפטור, ועולה לפ"ז שפיר דלא תקשה מההיא דסי"ב, וכמו שהתעורר ע"ז המ"א גופא בסקי"ט, ומה שתירץ שם אינו מרווח, וכמו שהקשה עליו בספר חמד משה ונהר שלום ובפמ"ג).

באר הגולה

[ג] **שם ס"ב** [ד] **שם ס"ב** [ה] **שם י"א** (לכאורה לפי מה שפירש המ"ב ההלכה, אין זה שייך לדף י"א, אלא לסוגיא דהכא, וכמבואר בעין משפט ובב"י, וצ"ע) [ו] **רש"י** (שפי' וחילופיהן באיש, דמחייב חטאת קאי אטבעת שאין עליה חותם, ולא קאי אמחט, עכ"ל – ב"י) [ז] **הרי"ף והרמב"ם שם** (דעולא קאי בין אמחט בין אטבעת, דאיש היוצא במחט שאינה נקובה, או בטבעת שאין עליה חותם, חייב חטאת, ואם יצא במחט נקובה, או בטבעת שיש עליה חותם, פטור אבל אסור, וכן דעת הרמב"ם – ב"י. (**החלפנו** הב' ציונים בהבאר הגלה, וכן ציינו הגר"א)

סימן שא ס"ט - [ח]**לא יצא בטבעת שאין עליה חותם** - דהוי רק תכשיט לאשה, אבל לאיש הוי משוי, **ומיירי** כ"ז שהוציאו כשהוא מונח על אצבעו, דאי בידו ממש, אפילו יש עליו חותם חייב לכו"ע.

ואם יצא חייב - ומקרי דרך הוצאה על אצבעו, מפני שלפעמים נותנת אשה לבעלה להוליכה לאומן לתקנו, ומניחה באצבעו עד שמגיע לשם, וא"כ אף בחול הוי דרך הוצאה בכך וחייב, גמ'.

(עיין בב"י בשם רבינו ירוחם, והסכים עמו, דכהיום שדרך האנשים לצאת בחול בטבעת שאין עליה חותם, הוא בכלל תכשיט ופטור אבל אסור).

ואם יש עליה חותם, לרש"י ‹ד"ה אמר עולא› **פטור** - פי' פטור אבל אסור מדרבנן, דאף דטבעת שיש עליה חותם הוא תכשיט לאיש, שכן דרכו בחול לחתום בו באגרות, מ"מ אסור, דגזרינן דילמא שליף ומחוי ואתי לאתויי ד"א, וכמו בכל תכשיטי אשה דגזרו משום זה, [גמרא].

ולר"ת ‹תוס' ד"ה וחילופיהן› **ולהרמב"ם מותר** - ס"ל דבאיש לא גזרינן דילמא שליף ומחוי, לפי שאין דרכו בכך, [ט]**דאינו תכשיט אלא לאיש; אבל דבר שהוא תכשיט לאיש ולאשה, אסור גם לאיש** - גם לר"ת ולהרמב"ם, משום דלא פלוג רבנן ואסרוהו גם באיש.

(וע"ל סימן ש"ג) - היינו דשם נתבאר האיך לנהוג בזה בזמנינו, ומשמע שם דאין למחות באיש הנושא אותם, **ובחידושי** רע"א כתב שם, דבעל נפש יחוש לעצמו, שלא לצאת בטבעת כלל, [שאף דמדינא מותר לאיש לצאת בטבעת שיש עליה חותם, נהגו העם שלא לצאת בטבעת].

[י]**סימן שא ס"י** - [יא]**טבעת שקבוע בה אבן, וכן אם כתובים בה אותיות, אין עליה חותם מיקרי, שלא נקרא חותם**

אא"כ חקוקים בה אותיות או צורות - דיכול לחתום בה אגרות, **וה"ה** אם האותיות על הטבעות בולטות, דיבוא אח"כ על השעוה שוקע, ג"כ מקרי טבעת שיש בה חותם, **אלא** דנקט חקוקין משום צורות, דבבולטין, לפעמים בצורות אסור אף בחול להשהותה בביתו, כגון שהיא צורה שלמה של אדם, וכדאיתא ביו"ד, [**ואף** דבשוקע אסור לחתום בה, דיבא על השעוה בולט, ע"כ דסוברין דאעפ"כ תכשיט מקרי, כיון דמותר להשהותה, ויש עליה עכ"פ שם חותם], **ויש** שפירשו, דהאי צורות לא איירי בצורות אדם כלל, או כגון שהיה רק פרצוף מצד אחד, דזה לכו"ע רשאי לעשות, בין בולט ובין שוקע, ומה דנקט חקוקין, אורחא דמלתא נקט.

אות ה'

ולא הרועים בלבד אמרו, אלא כל אדם, אלא שדרכן של הרועים לצאת בשקין

סימן שא סכ"א - [יב]**אין יוצאים בתיבה וקופה ומחצלת** - כגון שרוצה להגן על עצמו מפני הגשמים, והטעם, דכל הני לאו דרך מלבוש הוא, אלא משוי הוא.

אבל יוצאים בשק ויריעה וחמילה (פי' בגדים גסים) - מפני שדרך הרועים לצאת בהם מפני הגשמים, וכיון דחשיב מלבוש להני, לכן מותר גם לכל אדם לצאת בהם, [גמ' דף ס"ב], אפילו שלא מפני הגשמים.

פי' בגדים גסים - כן פירש הרא"ש בנדרים, וכן רש"י בשבת ס"ב פירש נמי מלבוש שק, ומשמע דשק ממש לא, **וצ"ע** בימינו שהרועים נהגו ללבוש שק גופא, איך הדין, **גם** לדבריהם קשה קצת, אמאי קאמר הברייתא לא בתיבה וקופה וכו', יותר היה לה לאשמועינן דבשק ממש לא, **וגם** בשלטי גבורים שעל המרדכי הביא בשם אדרת, והוא הרשב"א, דאפילו שק מותר, וצ"ע.

באר הגולה

ח שם ס"ב וכעולא | ט הירושלמי לדעת הרז"ה ורא"ש וש"פ | י ‹ע"פ הגר"א, וז"ל: כן משמע שם בגמ' באשה גזברית כו'› | יא כל בו | יב תוספתא סוף פ"ו כתבוה הרי"ף ורא"ש שם והרמב"ם

אות ו'

המוצא תפילין מכניסן זוג זוג, אחד האיש ואחד האשה

סימן שא סמ"ב - [יג]המוצא תפילין בשבת בבזיון במקום שאין משתמרין, [יד]אם יש סכנה שגזרו שלא להניח תפילין - והוא ירא ג"כ להוליכן בידו פחות פחות מד"א, וכדלקמיה, דכשיו גישו בו אותי לידי סכנה, **מכסן והולך לו.**

ואם אין סכנה, אם יש בהם רצועות, שבכך ניכר שהם תפילין ולא קמיעות - דאי אין בהן רצועות, אמרינן דשמא קמיעין הן, דטרח אדם לפעמים לעשות קמיע כעין תפלין, ונ"מ שא"צ לשמרן ולהחשיך עליהן כלל, [דללבשן בלא"ה אין יכול, שאין להם רצועות]. **ועיין** במ"א שכתב, דבזמנינו אין מצוי לעשות קמיע כעין תפלין, וע"כ אפילו באלו שאין להם רצועות, צריך עכ"פ לשמרן ולהחשיך עליהן.

והן קשורות שיכול ללבשן - ר"ל שבראש יש קשר של ראש, וכן בשל יד קשר של יד, מתוקן כראוי לפי מדתו, ולא גדול יותר, שיהא יכול ללבשו, **מכניסן זוג זוג דרך לבישה עד שיכניסן כולן** - ר"ל תפלין אחד של יד על היד, וכן אחד של ראש על הראש, מכניס עד מקום המשתמר וחולץ, ואח"כ חוזר ומכניס באופן זה זוג אחר, **ואף** דקי"ל שבת לאו זמן תפלין הוא, מ"מ כדרך שהוא לובש בחול לאו בכלל משוי הוא אלא תכשיט, **ועל** בל תוסיף אינו עובר, כיון דאינו מכוין בלבישתו לשם מצוה.

ואם אינן קשורות, ובשבת הלא אסור לעשות קשר, א"כ לא יוכל להכניסן דרך לבישה זוג זוג, צריך להמתין עד שתחשך ולהביאם, [**וגם** עניבה אין יכול לעשות, דאף דקי"ל דעניבה לאו קשר הוא לענין שבת, אפ"ה לענין תפילין ס"ל לכמה פוסקים, דעניבה פסול, אפי' אם יעשה כעין תמונת הקשר של דל"ת ויו"ד, וממילא הו"ל התפילין משוי אם יעשה שלא כמצותו].

[טו]**כתב** המ"א, דאשה המוצאת תפלין, אסורה להכניסן בשבת אף דרך מלבוש, דכיון דאינה רגילה להניחם בחול, הו"ל משוי לגבה, [טז]**ויש** מאחרונים חולקים עליו, וס"ל דכיון דמדינא דגמרא אין עליהן איסור בזה, רק דלכתחלה אין נכון להניחן, לא מקרי משוי לגבה, **ועיין** בשער המלך שמצא בשיטה כתב יד, דהראב"ד והרשב"א חולקים בזה.

עוד כתב המ"א לשיטתו, דאם יצאה אשה בטלית מצוייצת, היינו טלית של מצוה שאין רגילין ללבשה כי אם לשם מצוה בלבד, חייבת חטאת, דכיון דאין אשה רגילה לילך בטלית כזה, הוי משוי לגבה, **וגם** בזה יש חולקים עליו.

[יז]ואם היו רבים, שלא יספיק ללבשן ולהכניסן זוג זוג, יחשיך עליהם עד הלילה ויביאם - היינו כיון שמבע"י בלא"ה לא יספיק העת להביא כולן, לא ילבש כלל, אלא ימתין שם עד הלילה וישמרם ויביאם.

ואם ירא להחשיך מפני לסטים, מוליכם פחות פחות מד"א, או נותנם לחבירו וחבירו לחבירו עד שמגיע לחצר החיצונה.

באר הגולה

יג ערובין צ"ה יד **שם צ"ו וכר' יהודה כאוקימתא דרבא ותני אבוה דשמואל, הרי"ף והרא"ש ורמב"ם** טו ‹ואע"ג דקי"ל דמותר לצאת בשק, מפני שהרועים רגילים לצאת בהם מקרי מלבוש לכל אדם, שאני נשים שהן עם בפני עצמן - מ"א› טז ‹והן דברים תמוהים, דבעירובין דף צ"ו ע"ב מבואר, דלמאן דס"ל נשים סומכות רשות, אפי' אשה יכולה להכניסן, וא"כ כיון דקי"ל כן, האיך כתב הרב ז"ל דאשה אסורה להכניסן - שער המלך› יז **שם במשנה צ"ה ובגמ' צ"ז וכר"ש**

אות [ו']

פעמים שאדם נותן לאשתו טבעת שיש עליה חותם להוליכה לקופסא, ומניחתה בידה עד שמגעת לקופסא. ופעמים שהאשה נותנת לבעלה טבעת שאין עליה חותם להוליכה אצל אומן לתקן, ומניחה בידו עד שמגיע אצל אומן

רמב"ם פי"ט מהל' שבת ה"ג - טבעת שיש עליה חותם, מתכשיטי האיש היא, ואינה מתכשיטי האשה, ושאין עליה חותם, מתכשיטי אשה ואינה מתכשיטי האיש; לפיכך אשה שיצאת בטבעת שיש עליה חותם, ואיש שיצא בטבעת שאין עליה חותם, חייבין; ומפני מה הן חייבין והרי הוציאו אותן שלא כדרך המוציאין, שאין דרך האיש להוציא באצבעו אלא טבעת הראויה לו, וכן האשה אין דרכה להוציא באצבעה אלא טבעת הראויה לה; מפני שפעמים נותן האיש טבעתו לאשתו להצניעה בבית, ומנחת אותה באצבעה בעת הולכה, וכן האשה נותנת טבעתה לבעלה לתקנה אצל האומן, ומניח אותה באצבעו בעת הולכה עד חנות האומן, ונמצאו שהוציאו אותן כדרך שדרכן להוציאן, ולפיכך חייבין.

אות ז' – ח'

ולא בכוליאר ולא בכובלת לא תצא, ואם יצתה פטורה

סימן שג סי"א - [יח]לא תצא בכולייאר - במשנה איתא דעל כוליאר חייבת חטאת, **והוא תכשיט שקושרת בו מפתחי חלוקה** - פי' דרכו של הכוליאר לכך, [יט]אבל עתה אינה סוגרת בו מפתחי חלוקה, אלא טוענת כך עליה, ומשו"ה חייבת חטאת, דלא חשיב תכשיט אלא משוי, דאינו אלא להראות עושר, **אבל** אם גם עתה סוגרת בו מפתחי חלוקה, מותר לכתחלה, דהוי תכשיט, ולא שייך דילמא שלפא ומחויא, דא"כ תגלה בשרה, (**ואף** לדעת הי"א בס"ט, דבמחט שאינה נקובה היכא שיש עליה שם תכשיט, אף שמעמדת בו קישוריה, אסור, לגבי כוליאר עדיף טפי).

ולא בכובלת, והוא קשר שקשור בה בושם שריחו טוב - ואשה שריחה רע טוענת עליה, [רש"י], ואינה חייבת עליו מפני שהוא תכשיט, **אבל** לכתחלה אסור, דילמא שלפא ואתיא לאתויי, [גמ'].

(ודוקא שיש בה בושם אפי' כל שהוא, ואם אין בה בושם כלל, חייבת על הקשר גופא, ולא אמרינן דהוי תכשיט מפני שקלט הריח – גמ' עמוד ב').

וה"ה שלא תצא בצלוחית של שמן אפרסמון הקבוע על זרועה, [גמ'].

באר הגולה

יח שם ס"ב **יט** [פרישה, וכן כתב הד"מ בשם המרדכי, וכן איתא בסמ"ג, וכן משמע בב"י בהלכה דמחט שאינה נקובה שהסכים לזה, וכן התוס' בבא בתרא קנ"ו: ג"כ סוברים כן]

עין משפט
נר מצוה

מו א טוש"ע א"ח סי' רמא:

מז ב ג מיי' פ"ו מהל' ברכות הלכה יט טוש"ע א"ח סי' קנח סעיף ט:

מח ד מיי' פכ"א מהל' איסורי ביאה הלכה ב' טוש"ע אה"ע סי' כא סעיף א:

ומאי רבי מאיר. היכא אשכחן דאיירי בה רבי מאיר בלא רבנן ופליג רבי אליעזר עליה: כד"א. דרבי אליעזר פוטר והאי פוטר היינו מותר לכתחלה כדאוקימנא: כשיש בה בושם. פלייטון יש בההוא חומרתא העשויה כקמיע דכיון דיש בה בושם תכשיט היא לזו שריחה רע ולמשלף ולאיתויי נמי לא חייש כדאמרן לגנות הוא לה: אבל אין בה בושם. חומרתא לחודא לאו תכשיט הוא וחייבת: זאת אומרת. הא דקתני אין בה בושם חייבת אלמא דקסבר רבי אליעזר המוציא אוכלין בשבת בכלי פחות מכשיעור דלא מיחייב על הוצאת אוכלין פחות מגרוגרת כדלקמן (דף צג:) חייב מיהא על הכלי ולא אמרינן הכלי טפל להן ולא מיחייב עליה שלא נתכוין להוציא אלא משום אוכלין ופלוגתא היא על סתם משנה השנויה בפרק המצניע (לקמן דף צג:) דקתני פטור אף על הכלי: דהא אין בו בושם כפחות מכשיעור דמי. שהכלי קלט את הריח ושיעור הוצאת בשמים בכל שהוא וכיון שאינו כל שהוא הוי ריחה פחות מכשיעור (הוא) וקתני חייבת ולא אמרינן נעשה כלי טפל לריח שבתוכו ואריחא לא מיחייב דפחות מכשיעור הוא: ושאני הכא. ליכא למימר נעשה כלי טפל לריח שאין בו שום ממש ואפילו פחות מכשיעור לא מיקרי אבל פחות מכשיעור בדבר שיש בו ממש נעשה כלי טפל לו ופטור: ראשית שמנים. מובחר שבשמנים: גזר. משום צער חורבן: ואי אמרת. זה פלייטון והאי קרא בתענוג משתעי שלא היו נותנים לב לדברי הנביאים הניבאים על הפורענות ועסוקים בתענוגים: ולטעמיך הא דכתיב. בהאי ענינא השותים במזרקי יין ורבי אמי ורבי אסי פירשו °זהו קנישקנין כלי זכוכית ארוך ולו שני פיות ויין נזרק מזה לזה: שמזרקין. על ידי אומנות כדאמר בהחליל (סוכה דף נג.) מטייל בתמני כסי: הכי נמי דאסור. למשתי השתא בקנישקנין: משתינין. דדייק מסרוחים: לידי עניות. דאמרינן בע"פ (פסחים דף קיא:) שרא דעניותא נביל שמיה ונביל קרי ליה ואוהב מקום מיאוס ומשתין מים לפני מטתו היינו מיאוס: ערום. אורחא דמילתא נקט מתוך שהוא ערום אינו יוצא לחוץ להשתין דטורח הוא לו ללבוש ולצאת: אבל לבראי לית לן בה. שהקילוח ארוך וניתז למרחוק: משא ולא משא. שאינו רוחץ ומשפשף יפה אלא מעט מים כגון רביעית מלומלם: על עסקי תכשיטיה. שאינו רוצה לקנות לה: גבהו. היינו קומה זקופה: ותלכנה נטויות גרון. שהיו הולכות עקב בצד גודל. למעט בהילוכם שהיו מסתכלין בה והיא שוהה בפסיעותיה ודרך נוטין גרון לילך בנחת לפי שאינו רואה לרגליו: ומשקרות עינים דמליין כוחלא. לשון סיקרא: ומרמזן. את הבחורים: סיקור. לשון הבטה: הלוך וטפוף שהיו מהלכות ארוכה בצד קצרה. שתראה צפה על ראש חברתה והוא נוי לה ונשואות היו לפיכך מספר בגנותן: וטפוף. כמו על דאטפת אטפוך (אבות פ"ב מ"ו) והוא ארס של נחש וקרי ליה עכס על שם שאינו מטילו אלא על ידי כעס: בכעוס. נחש כעוסה: תעכסנה. כמו וכעכס אל מוסר אויל (משלי ז): נמקים. כמו המק בשרו (זכריה יד): ללגול. בגדי"ל גלה: נקפים. חבורות לשון המנקף רגלו וניקף סבכי היער (ישעיה י): מתקשטות. היינו שער שסורקות ומפרכסות: מתקשטות. דומה למקשה כעין נוטריקון: פתיגיל. נוטריקון פתח גילה אותו מקום: כי תחת יופי. כי כל אלה יבא לך תחת יפייך: כיבא. קיטור"א ליחה כמו שיחנא וכיבי דקדושין דפלימו (דף פא:): פתהן. כמו פתחיהן: שנשפכו לקיתון. שופכות דם זיבה: יערה. כמו ותער כדה (בראשית כד): כיער. נתמלאו שער ונמאסות לתשמיש: אנשי שחץ. מדברים בלשון גאוה ולעגי שפה: סעדה. תשמיש: פת עמילה. בעולה: שאינה עמילה. בתולה: פת עמילה. ברייליא"ה בלע"ז: גורדלי. לבן היה: יין

תורה אור

ומאי ר' מאיר דתניא *לא תצא אשה במפתח שבידה ואם יצאת חייבת חטאת דברי רבי מאיר רבי אליעזר פוטר *בכובלת ובצלוחית של פלייטון כובלת מאן דכר שמה חסורי מחסרא והכי קתני וכן בכובלת וכן בצלוחית של פלייטון לא תצא ואם יצאה חייבת חטאת דברי רבי מאיר רבי אליעזר פוטר בכובלת ובצלוחית של פלייטון *במה דברים אמורים כשיש בהם בושם אבל אין בהם בושם חייבת אמר רב אדא בר אהבה זאת אומרת המוציא אוכלין פחות מכשיעור בכלי חייב דהא אין בה בושם כפחות מכשיעור בכלי דמי וקתני חייבת רב אשי אמר בעלמא אימא לך פטור ושאני הכא דליתיה לממשא כלל: °וראשית שמנים ימשחו אמר רב יהודה אמר שמואל זה פלייטון מתיב רב יוסף *אף על פלייטון גזר רבי יהודה בן בבא ולא הודו לו ואי אמרת משום תענוג אמאי לא הודו לו אמר ליה אביי ולטעמיך הא דכתיב °השותים במזרקי יין ר' אמי ור' אסי חד אמר קנישקנין וחד אמר שמזרקין כוסותיהן זה לזה הכא נמי דאסיר והא *רבה בר רב הונא איקלע לבי ריש גלותא ושתה בקנישקנין ולא אמר ליה ולא מידי אלא כל מידי דאית ביה תענוג ואית ביה שמחה גזרו רבנן אבל מידי דאית ביה תענוג ולית ביה שמחה לא גזרו רבנן: °השוכבים על מטות שן וסרוחים על ערשותם *אמר רבי יוסי ברבי חנינא מלמד שהיו משתינין מים בפני מטותיהן ערומים מגדף בה ר' אבהו אי הכי היינו דכתיב °לכן עתה יגלו בראש גולים משום דמשתינין מים בפני מטותיהם ערומים יגלו בראש גולים אלא א"ר אבהו אלו בני אדם שהיו אוכלים ושותים זה עם זה ודובקין מטותיהן זו בזו ומחליפין נשותיהן זה עם זה ומסריחין ערסותם בשכבת זרע שאינו שלהן א"ר אבהו ואמרי לה במתניתא תנא ג' דברים מביאין את האדם לידי עניות ואלו הן *המשתין מים בפני מטתו ערום °ומזלזל בנטילת ידים ושאשתו מקללתו בפניו *המשתין מים בפני מטתו ערום אמר רבא לא אמרן אלא דמהדר אפיה לפורייה אבל לבראי לית לן בה ומהדר אפיה לפורייה נמי לא אמרן אלא לארעא אבל במנא לית לן בה °ומזלזל בנטילת ידים אמר רבא לא אמרן אלא דלא משא ידיה כלל אבל משא ולא משא לית לן בה ולאו מלתא היא דאמר רב חסדא °אנא משאי מלא חפני מיא ויהבו לי מלא חפני טיבותא ושאשתו מקללתו בפניו אמר רבא על עסקי תכשיטיה והנ"מ הוא דאית ליה ולא עביד: דרש רבא בריה דרב עילאי מאי *דכתיב °ויאמר ה' יען כי גבהו בנות ציון שהיו מהלכות בקומה זקופה ותלכנה נטויות גרון שהיו מהלכות עקב בצד גודל ומשקרות עינים דהוה מלאן כוחלא לעינייהו ומרמזן הלוך וטפוף שהיו מהלכות ארוכה בצד קצרה °וברגליהן תעכסנה אמר רב יצחק דבי ר' אמי °מלמד שמטילות מור ואפרסמון במנעליהן ומהלכות בשוקי ירושלים וכיון שמגיעות אצל בחורי ישראל בועטות בקרקע ומתיזות עליהם ומכניסות בהן יצר הרע כארס *בכעוס מאי פורענותיהם כדדריש רבה בר עולא °והיה תחת בושם מק יהיה מקום שהיו מתבשמות בו נעשה נמקים °ותחת חגורה נקפה מקום שהיו חגורות בצלצול נעשה נקפים °ותחת מעשה מקשה קרחה מקום שהיו מתקשטות בו נעשה קרחים קרחים °ותחת פתיגיל מחגורת שק פתחים המביאין לידי גילה יהיו למחגורת שק °כי תחת יופי אמר רבא היינו דאמרי אינשי חלופי שופרא כיבא *°(וספח) ה' קדקוד בנות ציון אמר רבי יוסי ברבי חנינא מלמד שפרחה בהן צרעת כתיב הכא ושפח וכתיב התם °לשאת ולספחת וה' פתהן יערה רב ושמואל חד אמר שנשפכו כקיתון וחד אמר שנעשו פתחיהן כיער אמר רב יהודה אמר רב אנשי ירושלים אנשי שחץ היו אדם אומר לחברו במה סעדת היום בפת עמילה או בפת שאינה עמילה ביין גורדלי או ביין

רבינו חננאל

ראשית שמנים כמשמעו ואפילו מאן דפטר לא פטר אלא בשיש בה בושם. אבל אין בה בושם חייבת. קנישקנין כוס שיש בה שתי פיות ושותין ממנה שנים בבת אחת. מסקרות עינים. דהוו מליין כוחלא רמוא. ארס בכעוס. פי' החיה כשתכעוס גוררת ומשלכת. ארס קשה. פי' פת עמילה. אשה בעולה ופת שאינה עמילה בתולה. וכולן על זה הענין: צלצול חגור. כדגרסינן בסוף מנחות (דף קט:):

רב נסים גאון

מותיב רב יוסף אף על פליאטון גזר ר' יהודה בן בבא. עיקר זאת הברייתא בתוספ' סוטה בסוף המסכת בפולמוס האחרון גזרו על תופת חתנים אלו והוריות המוזהבות כו' אף על פליאטון גזר ר' יהודה בן בבא ולא הודו לו:

גליון הש"ס

גמ' ומזלזל בנט"י. עי' סוטה ד ע"ב תוס' ד"ה נעקר: רש"י ד"ה ולטעמיך וכו' זהו קנישקנין. עי' ע"ז דף עב ע"ב ברש"י ד"ה קנישקנין:

מסורת הש"ס

[תוס' פ"ה ע"ש] [לקמן סה.] [תוספתא שם ע"ש] [תוספ' דסוטה פט"ו] [ע"ז עב: ע"ש] קדושין עא: נדה יז. [יומא ע: ע"ש] [עי' ערוך ערך ארס] [צ"ל ושפח]

§ מסכת שבת דף סב: §

אות א'*[כ]

לא תצא אשה במפתח שבידה

סימן שג סי"ז - [כא]יש אוסרים להביא מפתח אפילו בחצר הבית - היינו אפי' בחצר המעורבת, **כי אם בידו, אבל לא בחגורתו, שמא ישכח ויוציאנה לרה"ר** - היינו דבמה שנתיר לו להוציאו בידו לחצר, לא שייך שמא ישכח ויוציאנו גם לר"ה, דא"כ לא יהא רשאי שום כלי לטלטל בבית ובחצר, שמא ישכח ויוציאנו, **אבל** במה שנתיר לו להוציאו דרך מלבוש, דהיינו כשהוא תלוי בחגורתו, מצוי הוא כשאדם הולך במלבושו שוכח והולך לכל מקום שהוא רגיל אף בר"ה ואינו פושטו באמצע, **וזהו** הטעם גופא של הדעה שניה דסי"ח, שס"ל דכל תכשיט שאסרו לצאת בו לר"ה דרך מלבוש, אסור להתקשט בו גם בבית ובחצר.

אות א'

ג' דברים מביאין את האדם לידי עניות... המשתין מים בפני מטתו ערום

סימן רמא ס"א- [כב]אחד מהדברים ששונא הקב"ה, המשתין בפני מטתו ערום - לאו דוקא ערום, אלא ה"ה אם היה לבוש, אלא אורחא דמלתא נקט, מתוך שהוא ערום אינו יוצא לחוץ להשתין, [מג"א בשם רש"י].

מפני שרצון הקב"ה שיהיה האדם מתנהג בדרך נקיות וקדושה, וזה מתנהג עצמו בדרך מיאוס וטינופת, ולא יוכל להשרות שכינתו אצלו.

ומכ"ש אם משתין מים לפני מקומות אחרים שצריכים להתנהג יותר בנקיות, כגון לפני שלחנו וכיוצא בזה, [מהרש"א בשבת ס"ב].

[כג]המשתין לפני מטתו ערום, מביא לידי עניות - קיצור לשון הוא, וכונתו, עוד אחז"ל: המשתין וכו', **דאמרינן** בערבי פסחים קי"א, דשרא דעניותא נבל שמיה, ואוהב לשרות במקום מיאוס, ומשו"ה קרי ליה נבל, שחפץ לנבל את עצמו, ומשתין לפני מטתו היינו מיאוס.

ולא אמרן, אלא דמהדר אפיה לפוריא (פי' למטה), אבל לבראי לית לן בה - שהקלוח הולך וניתז למרחוק, **וממילא** באשה אסור אפילו בכה"ג.

ודמהדר אפיה לפוריא נמי לא אמרן, אלא בארעא, אבל במנא לית לן בה.

אות ב' - ג'

ומזלזל בנטילת ידים

אנא משאי מלא חפני מיא, ויהבו לי מלא חפני טיבותא

סימן קמח ס"ט - [כד]צריך ליזהר בנט"י, שכל המזלזל בנטילת ידים חייב נידוי, [כה]ובא לידי עניות, [כו]ונעקר מן העולם.

[כז]סימן קמח ס"י - [כח]אעפ"י ששיעורם ברביעית, (פירוש רביעית הלוג, דהיינו שיעור ביצה וחצי) - היינו רביעית אחת לשתי ידיו, **ולקמן** בסימן קס"ב ס"ד העתקתי דברי האחרונים, שכתבו דלא יפחות מרביעית לכל יד ויד, דבנוטל בפחות צריך ליזהר בהרבה דברים, ואין הכל בקיאין בהם.

יוסיף ליטול בשפע, דאמר רב חסדא: אנא משאי מלא חפני מיא, ויהבו לי מלא חפני טיבותא - מ"מ לכתחלה טוב יותר שלא יעשה בשביל זה, דהוא ע"מ לקבל פרס, אלא יעשה הכל לכבוד השי"ת, והשכר ממילא יבוא, **ומי** שזהיר בזה ואינו מתעשר, הוא מפני שמעשיו מעכבין.

אות ד'

מלמד שמטילות מור ואפרסמון במנעליהן, ומהלכות בשוקי ירושלים, וכיון שמגיעות אצל בחורי ישראל, בועטות בקרקע ומתיזות עליהם ומכניסות בהן יצר הרע כארס בכעוס

אבה"ע ס"א - [כט]צריך אדם להתרחק מהנשים מאד מאד - {לפי שנפשו של אדם מחמדתן לכן כתב מאוד מאוד, וכ"כ ביו"ד גבי ריבית, ובחו"מ גבי שוחד, אף על גב דאמרו חז"ל מיעוטן בעריות, מ"מ אם רגיל בחטא זה קשה לפרוש יותר משאר עבירות}. **[ל]ואסור לקרוץ בידיו או ברגליו ולרמוז בעיניו לאחת מהעריות. ואסור לשחוק עמה, להקל ראשו כנגדה או להביט ביופיה** - {הר"י כתב דאסור מדאורייתא, שנאמר לא תתורו אחרי עיניכם, והרמב"ם ס"ל מדרבנן, **ובפנויה** לכו"ע מדברי קבלה, (שכן אמר איוב: ברית כרתי לעיני ומה אתבונן על בתולה), **והרהור** אפי' בפנויה אסור מדאורייתא, (שנאמר: ונשמרת מכל דבר רע, ופי' רבותינו ז"ל: שלא יהרהר אדם ביום ויבא לידי טומאה בלילה - לבוש), **[לא]ואפילו להריח בבשמים שעליה אסור.**

באר הגולה

[כ] (ע"פ הגר"א, וז"ל בסי' ש"א סי"א: במפתח שבידה ור"ל על אצבעה. **דאם** היא נושאת את המפתח בידה אין שום חידוש שהוא נחשב משא – דמשק אליעזר. **והגר"א** הכא כתב: ואמר אפי' בחצר כמש"ש בירושלמי, וכסברא שנייה שבסי"ח שהם היש אוסרים שבכאן, שהם הרמב"ן ורשב"א, אבל בידו מותר כמ"ש מ"ו ב' השירים כו', ה"ה בכל הכלים כו') [כא] רבי ירוחם בשם רמב"ן והרשב"א והרב המגיד בשם הרשב"א [כב] נדה י"ז ע"א [כג] שבת ס"ב ע"ב [כד] עדיות פ"ה [כה] שבת ס"ב [כו] סוטה ד' [כז] (פשוט, ואע"ג דלא הביאו העין משפט, זה היה כוונתו באות ג') [כח] שבת ס"ב [כט] רמב"ם [ל] ברייתא באבות דר' נתן [לא] ממימרא דר' יצחק שבת דף ס"ב ע"ב

§ מסכת שבת דף סג, §

אות א'

לא יצא האיש לא בסייף ולא בקשת, ולא בתריס, ולא באלה, ולא ברומח, ואם יצא חייב חטאת

סימן שא ס"ז – (כללי דיני הוצאה: דבר שאינו מלבוש ולא תכשיט, מקרי משוי ואסור מן התורה, ובמזיד חייב כרת ובשוגג חטאת, והיינו אם הוציא אותה כדרך הוצאתה בחול, **ואם** אין דרך הוצאתה כך בחול, מקרי הוצאה כלאחר יד, ופטור אבל אסור מדרבנן, **ודבר** שהוא מלבוש או תכשיט, מותר מן התורה, אלא שיש כמה דברים מה שאסרו חז"ל, יש מהם שאסרו משום דילמא שלפא ומחוי ואתי לאתויינהו ד"א בר"ה, {מיהו יש פלוגתא אם שייך גבי איש שליף ומחוי, כמ"ש ס"ט}, **גם** יש כמה דברים שאסרו משום שהוא רפוי, ודילמא משתליף ממילא ואתי לאתויי, וגם יש שאסרו משום דילמא מחייכי עלה, ואתי למישלף ואתויי, גם יש כמה דברים שאסרו משום מראית העין, ועוד יש כמה דברים שאסרו להאשה, משום שיש כמה דברים החוצצים בטבילה, וחיישינן דילמא מיתרמי לה טבילה של מצוה, שאז היא צריכה להסירם מעליה, ודילמא אתיא אח"כ לאתויי, **וכל** דברים שאינם עשויים למלבוש גמור רק לאצולי טנוף, כגון שמנחת מלמעלה חתיכת בגד על צעיפה שלא יתטנף מפני הגשמים, מקרי משא, **אך** אם הוא מלבוש גמור, אף שהוא עשוי להציל מן הגשמים, מקרי מלבוש ולא משא, **ודע עוד**, **דאף** שהוא תכשיט גמור, אם נושאו בידו, מקרי משוי ודרך הוצאה וחייב עליה).

[א]**כל היוצא בדבר שאינו תכשיט ואינו דרך מלבוש** - דאלו הוציאו דרך מלבוש, הרי לא הוציאו כדרך כל המוציאין, שכל המוציא דבר שאינו תכשיט לו, מוציאין אותו בידים ולא דרך מלבוש, [רש"י בדף ס"ב {עמוד א' ד"ה והא הוצאה}, **והוציאו כדרך שרגילין להוציא אותו דבר** - היינו שלא בשינוי, **חייב** - דע, דכל מקום שנאמר בהלכות שבת חייב, אם עשה במזיד חייב כרת, ובשוגג, דהיינו ששכח שהוא שבת, או שלא ידע שמלאכה זו אסורה, חייב חטאת, **ואם** שכח איזה דבר אצלו והוציאו בשוגג לר"ה, אינו חייב עליה, דמלאכת מחשבת אסרה תורה, דהיינו שמוציאו בכונה, אלא שאינו יודע שהיום שבת, או שמלאכה זו אסורה. **ודיני** ר"ה, עיין לקמן בסימן שמ"ה ס"ז ובמש"כ שם.

וכל תכשיט שהוא רפוי, שאפשר לו בקל ליפול, אסור לצאת בו - דילמא נפיל ואתי לאתויינהו ד' אמות בר"ה, **ואם יצא, פטור.**

ואשה לא תצא בתכשיטים שדרכה לשלפם (פי' להסירם מעליה) ולהראותם - וחיישינן דילמא בתוך כך אתיא לאתויינהו ד' אמות בר"ה. **הגה: ועיין לקמן סימן ש"ג סעיף י"ח, אם אסור אפילו בחצר או בבית.**

[ב]**הלכך לא יצא איש: לא בסייף** - ואפילו אם הוא חגור במתניו, מפני שדרך הוצאה הוא כך בחול, **ולא בקשת ולא בתריס (פי' מגן), ולא** [ג]**באלה** - דומה למקל וראשו עגול כמו כדור, **ולא ברומח, ולא בכלים שאינם תכשיט, ואם יצא חייב חטאת.**

ולא בשריון - מלשון: ושריון קשקשים {שמואל א' י"ז}, **ולא בקסדא** [ד]**(פי' כובע של ברזל), ולא במגפיים (פי' מנעלים של ברזל), ואם יצא פטור, שהם דרך מלבוש** - ומ"מ אסור משום מראית העין, שיחשדוהו הרואים שרוצה להלחם בהם בשבת, [רש"י ס"ד] {עמוד ב' ד"ה כל שאסרו}, **וגם** אפילו בחדרי חדרים אסור, וכמ"ש בסעיף מ"ה ע"ש.

אות ב'

אין בין העולם הזה לימות המשיח אלא שיעבוד גליות בלבד

רמב"ם פי"ב מהל' מלכים ה"ב - אמרו חכמים: אין בין העולם הזה לימות המשיח אלא שיעבוד מלכיות בלבד.

באר הגולה

א ל' הרמב"ם בפי"ט מה"ש ה"ה מתוך דברי הגמ' פ"ו דשבת | ב שבת ס"ג | ג פי' כמו מקל של ברזל באורך אמה וחצי ובראשו כדור, ערוך | ד {ורש"י ס"ב. ד"ה סנוארתא, פי' כובע עור תחת כובע נחושת – פמ"ג}

ביין חרדלי. שחור כלומר לבנה או שחורה: **במסב רחב.** מיסב מטה שמיסב עליה בשעת אכילה ולענין ניאוף אשה שמנה: **קצר.** כחושה: **חבר טוב.** אשה טובת מראה: **דליטמאי מלכתא.** כך שמה: **מתני׳ בולס.** מפרש בגמ׳ קולפא מטק״ה בלע״ז: **וכתתו חרבותם.** ואי תכשיטין נינהו לא יהו בטלין לעתיד: **בירית.** בגמרא מפרש: **טהורה.** אינה מקבלת טומאה: **ויוצאין בה.** דלא שלפא ומחויא שלא ירא‍ה שוקה: **כבלים טמאין.** בגמ׳ מפרש לה: **גמ׳ סרגא בטיהרא.** נר בצהרים מתוך שאינו צריך אינו נאה אבל בזמן הזה שהוא עת מלחמה תכשיטין הן: **ופליגא.** הא דקתני תורה אור בטלין לימות המשיח פליגא דשמואל דלשמואל אין בטלין לימות המשיח: **לא יחדל.** משמע לעולם אלמא יש עניות ועשירות ש״מ נחמות שנתנבאו הנביאים ולא יהיה נוגש עוד (זכריה יד) לא לימות המשיח נתנבאו שהן מן העולם הזה דהא כן חדל לך אביון: **מסייע ליה.** ברייתא דקתני בטלין לימות המשיח לרבי חייא בר אבא: **לא נתנבאו.** דברי נחמות שלהן: **עין לא ראתה.** עין של נביאים לא שלטה לראותו: **בדברי תורה כתיב.** הוי זהיר לחזור על משנתך שתהא מזומנת לך בשעת הדין להביא ראיה כחרב על ירך גבור לנצח במלחמה והוא הודך והדרך: **דליגמר איניש.** לגרוס שמעתא מרביה ואף על גב דלא ידע לכולהו טעמיה: **והדר ליסבר.** טעמיה דהא קשה ליה לרב כהנא ולא הוה ידע להאי טעמא ותלמודיה הוה קים ליה מדהוה בר תמני סרי: **המחדדין.** שואלין ומשיבין ולא לקפח אלא להתחדד: **והדרך.** כמו וחדדך: **ותורך.** ותלמדך (א): **למיימינין.** של תורה שמפשפשין טעמיה בדקדוק וטורחין כימין המיומנת למלאכה: **עושר וכבוד ליכא.** בתמיה כיון דאיכא אורך ימים כ״ש עושר וכבוד: **למשמאילין בה.** שאין יגעים בה כל צרכן אי נמי מיימינין בה עוסקין לשמה משמאילים שלא לשמה: **הנוחין זה לזה.** נושאין ונותנין בה בנחת רוח מתעסקין כדי שילמדו זה מזה: **ידבר עמים תחתינו.** ישפיל וכל שפלות בנחת ל״א הנוחין מנהיגין זה את זה להבנתה של הלכה כמו לך נחה (שמות לב) ידבר תרגום של ינהג: **ומי יאמר לו מה תעשה.** שומר מצות יוכל לומר לו: **המקשיבין.** מלמדים זה את זה ומבינים זה מזה וליסנא דקרא נקט: **בגנים.** בתי מדרשות: **חבירים מקשיבים.** זה לזה להם אני אומר שישמיעוני קולם ואענם: **ברח דודי.** בתריה כתיב: **המדגילים.** מאספין זה את זה ואומרים בא ונלמוד ונבין בין שנינו הואיל ואין לנו רב ללמדנו: **צורתא.** שורש הדבר קלא למדו מרבם: **גדול המלוה.** לפי שאין העני בוש בדבר: **ומטיל בכיס.** מעות ומלאי להשתכר בהן למחצית שכר ואיידי דאיירי רבי אבא אמר ר״ש לקיש נקט כל הני מילי דאגדתא דאמר להו ר׳ אבא משמיה: **חגרהו.** הדבק בו שסופך ליהנות מתלמודו: **אל תדור בשכונתו.** שאינו יודע בדקדוקי מצות ואין חסידותו שלם וסופך ללמוד ממנו: **מונע חסד.** שאינו מניח העניים לבא לפתחו: **למס.** דהיינו כלב מרעהו

אין בין העוה״ז לימות המשיח. אע״ג דהשתא אין ירושלים ואין בהמ״ק ואילו לימות המשיח יהיה הכל בנוי צ״ל דהאי אין בין לאו דוקא* ואילו

ביין חרדלי במסב רחב או במסב קצר בחבר טוב או בחבר רע א״ר חסדא וכולן לזנות אמר רחבה אמר רבי יהודה עצי ירושלים של קינמון היו ובשעה שהיו מסיקין מהן ריחן נודף בכל ארץ ישראל ומשחרבה ירושלים נגנזו ולא נשתייר אלא כשעורה ומשתכח בגנזאי דצימצמאי מלכתא:

מתני׳ לא יצא האיש לא בסייף ולא בקשת ולא *בתרים ולא באלה ולא ברומח ואם יצא חייב חטאת רבי אליעזר אומר תכשיטין הן לו וחכ״א אינן אלא לגנאי שנאמר °וכתתו חרבותם לאתים וחניתותיהם למזמרות *ולא ישא גוי אל גוי חרב ולא ילמדו עוד מלחמה בירית טהורה ויוצאין בה בשבת כבלים טמאים ואין יוצאין בהן בשבת:

גמ׳ *מאי באלה *קולפא: ר׳ אליעזר אומר תכשיטין הן לו: תניא אמרו לו לרבי אליעזר וכי מאחר דתכשיטין הן לו מפני מה הן בטלין לימות המשיח אמר להן לפי שאינן צריכין שנאמר °לא *ישא גוי אל גוי חרב ותהוי לנוי בעלמא אמר אביי מידי דהוה *אשרגא בטיהרא ופליגא דשמואל דאמר שמואל *אין בין העולם הזה לימות המשיח אלא שיעבוד גליות בלבד שנאמר °כי לא יחדל אביון מקרב הארץ מסייע ליה לרבי חייא בר אבא דא״ר חייא בר אבא כל הנביאים לא נתנבאו אלא לימות המשיח אבל לעולם הבא °עין לא ראתה אלהים זולתך ואיכא דאמרי אמרו לו לר׳ אליעזר וכי מאחר דתכשיטין הן לו מפני מה הן בטלין לימות המשיח אמר להן אף לימות המשיח אינן בטלין היינו דשמואל ופליגא דר׳ חייא בר אבא א״ל אביי לרב דימי ואמרי לה לרב אויא ואמרי לה רב יוסף לרב דימי ואמרי לה לרב אויא ואמרי לה אביי לרב יוסף מ״ט דר״א דאמר תכשיטין הן לו דכתיב °חגור חרבך על ירך גבור הודך והדרך א״ל רב כהנא למר בריה *דרב הונא האי בדברי תורה כתיב א״ל *אין מקרא יוצא מידי פשוטו א״ר כהנא כד הוינא בר תמני סרי שנין והוה גמירנא ליה לכוליה הש״ס ולא הוה ידענא דאין מקרא יוצא מידי פשוטו עד השתא מאי קמ״ל דליגמר איניש והדר ליסבר: סימן זרות: א״ר ירמיה א״ר אלעזר שני תלמידי חכמים המחדדין זה לזה בהלכה הקב״ה מצליח להם שנאמר °והדרך צלח אל תקרי והדרך אלא וחדדך ולא עוד אלא שעולין לגדולה שנאמר °צלח רכב יכול אפילו שלא לשמה תלמוד לומר °על דבר אמת יכול אם הגיס דעתו ת״ל °וענוה צדק ואם עושין כן זוכין לתורה שניתנה בימין שנאמר °ותורך נוראות ימינך רב נחמן בר יצחק אמר זוכין לדברים שנאמרו בימינה של תורה דאמר רבא בר רב שילא ואמרי לה אמר רב יוסף בר חמא א״ר ששת מאי דכתיב °אורך ימים בימינה בשמאלה עושר וכבוד אלא בימינה אורך ימים איכא עושר וכבוד ליכא אלא למיימינין בה אורך ימים איכא וכ״ש עושר וכבוד למשמאילים בה עושר וכבוד איכא אורך ימים ליכא א״ר ירמיה אמר ר׳ שמעון בן לקיש שני תלמידי חכמים הנוחין זה לזה בהלכה הקדוש ברוך הוא מקשיב להן שנאמר °אז נדברו יראי ה׳ וגו׳ *אין דיבור אלא נחת שנאמר °ידבר עמים תחתינו *מאי ולחושבי שמו א״ר אמי אפילו חישב לעשות מצוה ונאנס ולא עשאה מעלה עליו הכתוב כאילו עשאה א״ר חיננא בר אידי כל העושה מצוה כמאמרה אין מבשרין אותו בשורות רעות שנאמר °שומר מצוה לא ידע דבר רע א״ר אסי ואיתימא ר׳ חנינא אפילו הקב״ה *גוזר גזירה הוא מבטלה שנאמר °באשר דבר מלך שלטון ומי יאמר לו מה תעשה וסמיך ליה שומר מצוה לא ידע דבר רע אמר רבי אבא אמר רבי שמעון בן לקיש שני תלמידי חכמים המקשיבים זה לזה בהלכה הקדוש ב״ה שומע לקולן שנאמר °היושבת בגנים חברים מקשיבים לקולך השמיעני ואם אין עושין כן גורמין לשכינה שמסתלקת מישראל שנאמר °ברח דודי ודמה וגו׳ אמר רבי אבא א״ר שמעון בן לקיש שני ת״ח *המדגילים זה לזה בהלכה הקדוש ברוך הוא אוהבן שנאמר °ודגלו עלי אהבה אמר רבא והוא דידעי צורתא דשמעתא *והוא דלית להו רבה במתא למיגמר מיניה (*א״ר) אבא א״ר שמעון בן לקיש גדול המלוה יותר מן העושה צדקה *ומטיל בכיס יותר מכולן (*א״ר) אבא אמר ר׳ שמעון בן לקיש אם תלמיד חכם נוקם ונוטר כנחש הוא חגריהו על מתניך אם עם הארץ הוא חסיד אל תדור בשכונתו אמר רב כהנא אמר רבי שמעון בן לקיש ואמרי לה אמר רב אסי אמר (*ריש לקיש) ואמרי לה אמר רבי אבא אמר רבי שמעון בן לקיש כל המגדל כלב רע בתוך ביתו מונע חסד מתוך ביתו שנאמר °למס מרעהו

מט א מיי׳ פי״ט מהל׳ שבת הלכה א סמג לאוין סה טוש״ע א״ח סי׳ ש״א סעיף ז:
נ ב מיי׳ פי״ב מהל׳ מלכים הלכה ב:
נא ג מיי׳ פ״ח מהל׳ תשובה הלכה ז:
[ועי׳ תוס׳ תענית יג: ד״ה מאי שייר ותוס׳ מגילה ח: ד״ה אין בין ומ״ש שם על הגליון]
נב ד מיי׳ פ״י מהל׳ מ״ע הלכה ח טוש״ע י״ד סי׳ רמט סעיף ו:
נג ה מיי׳ פ״ו מהל׳ דעות הלכה א ב:
[פי׳ שבט שמכין בו ורלשו עב]
[במיכה כתיב ישאו] חולין ס:
נד ו מיי׳ פי״א מהל׳ רוצח הלכה ד:
[יבמות יא: כד.]

גליון הש״ס
גמ׳ אלא שעבוד גליות. עי׳ פסחים נ ע״ב

[עי׳ תוס׳ ע״ז כב: ד״ה רגלא וכו׳ שהשינו אפירוש רש״י דהכא]
[צ״ל וא״ר]
[צ״ל וא״ר]

פי׳ מגן
צ״ל לא
[גי׳ הערוך מאי אלה קופל פי׳ דומה למקל וכו׳ וראשו עגול כמו כדור וכו׳ ע״ש]
ברכות לד: לקמן קנא: פסחים סח. סנהדרין צט. גם.
י״ג דרבינא

הגהות הב״ח
(א) רש״י ד״ה ותורך ותלמדך הס״ד ואח״כ מ״ה עושר וכבוד וכו׳ עושר וכבוד הס״ד ואח״כ מ״ס למיימינין בה שמפשפשין כצ״ל ותיבת של תורה נמחק וכ״כ ע״ל בדף פח ע״ב:

מכות יא׳
ברכות ו. קדושין מ. ע״ש
[מ״ק טז: ב״מ פה.]
[סוטה ע״ז שם]
פסחים נג:
[צ״ל ר׳ שמעון בן לקיש]

אות ג'

כל הנביאים לא נתנבאו אלא לימות המשיח, אבל לעולם הבא, עין לא ראתה אלהים זולתך

רמב"ם פ"ח מהל' תשובה ה"ז - וכַמָה כָּמָה דוד והתאוה לחיי העולם הבא, שנאמר: לולא האמנתי לראות בטוב ה' בארץ חיים; כבר הודיעונו החכמים הראשונים, שטובת העולם הבא אין כח באדם להשיגה על בוריה, ואין יודע גדלה ויפיה ועצמה אלא הקדוש ברוך הוא לבדו; ושכל הטובות שמתנבאים בהם הנביאים לישראל, אינן אלא לדברים שבגוף שנהנין בהן ישראל לימות המשיח, בזמן שתשוב הממשלה לישראל, אבל טובת חיי העולם הבא אין לה ערך ודמיון, ולא דמוה הנביאים כדי שלא יפחתו אותה בדמיון, הוא שישעיהו אמר: עין לא ראתה אלהים זולתך יעשה למחכה לו, כלומר הטובה שלא ראתה אותה עין נביא, ולא ראה אותה אלא אלהים, עשה אותה האלהים לאדם שמחכה לו; [ה]אמרו חכמים: כל הנביאים כולן לא ניבאו אלא לימות המשיח, אבל העולם הבא עין לא ראתה אלהים זולתך.

אות ד'

גדול המלוה יותר מן העושה צדקה, ומטיל בכיס יותר מכולן

יו"ד סימן רמט ס"ו - [ו]שמונה מעלות יש בצדקה, זו למעלה מזו: מעלה הגדולה שאין למעלה ממנה, [ז]המחזיק ביד ישראל המך ונותן לו מתנה - דכיון שעדיין לא העני לגמרי, אינו מתבייש, שכן דרך האוהבים לתת מתנה זה לזה, בית יוסף - ש"ך, [והוא דחוק, ובטור כתוב "המתנה", ונראה שנוסחא של טור עיקר, דהא חשיב כאן הדרך המעולה יותר, ונותן לו מתנה הוא דרך שאינה מעולה כל כך, כמ"ש אח"כ, ולפי גירסת הטור אתי שפיר, דה"ק דנתינת המתנה באופן היותר מועיל שיהיה נזכר אח"כ, יהיה קודם שהעני לגמרי, ע"כ אמר "המתנה" בה"א הידיעה – ט"ז].

[ח]או הלואה, או עושה שותפות - והוא עדיף מהמלוה כדאיתא בש"ס ובב"י הטעם, מפני שהמלוה מעות לחבירו בלא ריוח, הלוה בוש שהוא נהנה מחבירו בדבר שאין חבירו נהנה כלל, אבל בעושה שותפות אינו בוש כלל, מאחר ששניהן נהנין - ש"ך, ‹והשו"ע דלא כתב זה, נ"ל דודאי אם עושה זה רק לשם מצות והחזקת בו, פשיטא שאין למעלה הימנו, אבל ידוע שרובם עושים כן לשם פרנסה, ואין זה בגדר צדקה כלל – ערוה"ש›, **או ממציא לו מלאכה כדי לחזק ידו שלא יצטרך לבריות ולא ישאל, ועל זה נאמר: והחזקת בו.**

אות ה'

אם תלמיד חכם נוקם ונוטר כנחש הוא, חגריהו על מתניך, אם עם הארץ הוא חסיד, אל תדור בשכונתו

רמב"ם פ"ו מהל' דעות ה"א - דרך בריתו של אדם להיות נמשך בדעותיו ובמעשיו אחר ריעיו וחביריו ונוהג כמנהג אנשי מדינתו, לפיכך צריך אדם להתחבר לצדיקים ולישב אצל החכמים תמיד כדי שילמוד ממעשיהם, ויתרחק מן הרשעים ההולכים בחשך כדי שלא ילמוד ממעשיהם, הוא ששלמה אומר: הולך את חכמים יחכם, ורועה כסילים ירוע, ואומר: אשרי האיש וגו'.

רמב"ם פ"ו מהל' דעות ה"ב - מצות עשה להדבק בחכמים ותלמידיהם כדי ללמוד ממעשיהם, כענין שנאמר: ובו תדבק, וכי אפשר לאדם להדבק בשכינה, אלא כך אמרו חכמים בפירוש מצוה זו: הדבק בחכמים ותלמידיהם; לפיכך צריך אדם להשתדל שישא בת תלמיד חכם, וישיא בתו לתלמיד חכם, ולאכול ולשתות עם תלמידי חכמים, ולעשות פרקמטיא לתלמיד חכם, ולהתחבר להן בכל מיני חבור, שנאמר: ולדבקה בו; וכן צוו חכמים ואמרו: והוי מתאבק בעפר רגליהם ושותה בצמא את דבריהם.

באר הגולה

[ה] ‹מימרא דרבי חייא בר אבא פרק במה אשה יוצאה (שבת ס"ג). **ודע** דמשמע התם, דהא דרבי חייא בר אבא פליגא אדשמואל דאמר אין בין העוה"ז לימות המשיח אלא שיעבוד מלכיות בלבד, ורבינו כתב כאן הא דרבי חייא בר אבא, ובפרק שאחר זה וגם בפרק י"ב מהלכות מלכים כתב לדשמואל, וצ"ע - כסף משנה›. ‹**וראיתי** לחרב לח"מ שהקשה עוד על רבינו, ממ"ש בהלכות שבת פי"ט כחכמים, דס"ל דאלה ורומח וכיוצא מכלי זיין, היוצא בהם בשבת חייב, ורבנן הוו דלא כשמואל, כדאיתא התם דף ס"ג, ואיך פסק רבינו כשמואל דאין בין העולם הזה לימות המשיח אלא שעבוד מלכיות בלבד – מעשה רוקח› [ו] **טור בשם הרמב"ם** [ז] **גם הסמ"ג האריך לבאר חיוב מצוה זו מן התורה** [ח] **מימרא דר' אבא אמר ר"ל גדול המלוה וכו' שבת דף ס"ג ע"א**

אות ו'

<u>כל המגדל כלב רע בתוך ביתו, מונע חסד מתוך ביתו</u>

רמב"ם פי"א מהל' רוצח ושמירת הנפש - וכן כל מכשול שיש בו סכנת נפשות, מצות עשה להסירו ולהשמר ממנו ולהזהר בדבר יפה יפה, שנ' השמר לך ושמור נפשך; ואם לא הסיר, והניח המכשולות המביאין לידי סכנה, ביטל מצות עשה, ועבר על לא תשים דמים.

[ט] **חו"מ סימן תט ס"ג - אסור לגדל כלב רע** - ‹דכשאינו קשור הוא נושך ומנבח, ואשה שבאה לביתו מפלת מיראתו - לבוש›, **אלא אם כן הוא אסור בשלשלאות של ברזל וקשור בהם** - {דאז טעם שישוך, וגם טעם שמנבח ומפילות הנשים מיראתו, אין כאן, כיון דיודעין שהוא קשור, לא מתיראין ממנו ואינן מפילות - סמ"ע}. **ובעיר הסמוכה לספר, מותר לגדלו; וקושרו ביום ומתירו בלילה. הגה: וי"א דהשתא שאנו שרוין בין העכו"ם ואומות, בכל ענין שרי, ופוק חזי מאי עמא דבר (הגהת אלפסי החדשים). מיהו נראה אם הוא כלב רע, שיש לחוש שיזיק בני אדם, דאסור לגדלו אלא אם כן קשור בשלשלאות של ברזל** - ‹ובמקום שאסור לגדלו קם עליה בארור - ערוה"ש›.

‹וכלב שאינו רע, שאינו מנבח על אדם, מותר לגדלו בכל מקום, וא"צ לקשרו כלל, **ועכשיו** נהגו להקל בגידול כלב שאינו קשור ביום, ויש שלימדו עליהם זכות אם אינו נושך, ונדחו דבריו, **לכן** כל ירא"ש יזהר שיהא קשור בשלשלת של ברזל עד שעה שבני אדם הולכים לישן, אפי' אינו נושך אלא מנבח - הגר"ז ס"ג›.

באר הגולה

ט ‹מילואים›

מרעהו חסד °שכן בלשון יונית קורין לכלב למס רב נחמן בר יצחק אמר אף פורק ממנו יראת שמים שנאמר °ויראת שדי יעזוב ההיא *איתתא דעיילא להחוא ביתא למיפא נבח בה כלבא איתעקר ולדה אמר לה מרי דביתא לא תידחלי דשקילי ניביה ושקילין טופריה אמרה ליה *שקולא טיבותיך ושדיא אחיזרי כבר נד ולד אמר רב הונא מאי דכתיב °שמח בחור בילדותך ויטיבך לבך בימי בחורותיך והלך בדרכי לבך ובמראה עיניך ודע כי על כל אלה יביאך האלהים במשפט עד כאן דברי יצר הרע מכאן ואילך דברי יצר טוב ריש לקיש אמר °עד כאן לדברי תורה מכאן ואילך למעשים טובים: *בירית טהורה: אמר רב יהודה בירית זו אצעדה מתיב רב יוסף בירית טהורה ויוצא בה בשבת ואילו אצעדה טמאה היא ה"ק בירית תחת אצעדה עומדת יתיב רבין ורב הונא °קמיה דרב ירמיה ויתיב רב ירמיה וקא מנמנם ויתיב רבין וקאמר בירית באחת כבלים בשתים א"ל רב הונא אלו ואלו בשתים ומטילין שלשלת ביניהן ונעשו כבלים ושלשלת שבו משויא ליה מנא וכ"ת כרבי שמואל בר נחמני *דאמר רבי שמואל בר נחמני א"ר *יוחנן מניין למשמיע קול בכלי מתכות שהוא טמא שנאמר °כל דבר אשר יבא באש אפילו דיבור במשמע בשלמא התם קא בעו לה לקלא וקעביד מעשה הכא מאי מעשה קעביד הכא נמי קא עביד מעשה דאמר רבה בר בר חנה א"ר יוחנן משפחה אחת היתה בירושלים שהיו פסיעותיהן גסות והיו בתולותיהן נושרות עשו להן כבלים והטילו שלשלת ביניהן שלא יהיו פסיעותיהן גסות ולא היו בתולותיהן נושרות איתער בהו ר' ירמיה אמר להו *יישר וכן א"ר יוחנן כי אתא רב דימי א"ר יוחנן מניין לאריג כל שהוא שהוא טמא מציץ א"ל אביי וציץ אריג הוא והתניא *ציץ °כמין טס של זהב ורוחב שתי אצבעות ומוקף מאוזן לאוזן וכתוב עליו בב' שיטין יו"ד ה"א למעלה וקודש למ"ד למטה ואמר ר' אליעזר בר' יוסי אני ראיתיו בעיר רומי וכתוב קדש לה' בשיטה אחת כי סליק רב דימי לנהרדעא שלח להו *דברים שאמרתי לכם טעות הם בידי ברם כך אמרו משום רבי יוחנן מניין לתכשיט כ"ש שהוא טמא מציץ ומניין לאריג כ"ש שהוא טמא °מאו בגד תנו רבנן °אריג כ"ש טמא ותכשיט כ"ש טמא אריג ותכשיט כ"ש טמא מוסף שק על הבגד שטמא משום אריג אמר רבא אריג כל שהוא טמא מאו בגד תכשיט כל שהוא טמא מציץ אריג ותכשיט כל שהוא טמא °מכל כלי מעשה א"ל ההוא מרבנן לרבא ההוא במדין כתיב א"ל גמר כלי כלי

רש"י

מרעהו. מונע חסד ולע"ג דלא כתיב מונע ממילא משמע שכל תיבה שראשה מ"ס משמשת נטילה היא כמו ויקח מידם (שמות לב) אבדו גוים מארצו (תהלים י): **למיפא.** לאפות עיסה שהשאיל בעה"ב תנורו: **שקילי ניביה.** נטולות ד' שיניו שהוא נושך בהן אותן שקיים קרי ניבין כדאמרינן באלו טרפות (חולין דף נט:) גמל ניבי אית ליה: **שקילי טופריה.** נטולות לפרניו מלשרוט: **שקולא.** נטולה מושלך ומוטלת על הקוצים: **טיבותיך.** טובת הנאה נחמתך כמו מחזיק טוב הגרי"א בלע"ז: **עד כאן.** עד ודע כי על כל אלה וגו': **עד כאן לתורה.** שמח בתלמודך למוד משמחה ומטוב לב והלך בדרכי לבך להבין מה בלבך לפי ראות עיניך: **מכאן ואילך למעשים טובים.** ודע כי על כל אלה על כל מה שלמדת סופך ליתן את הדין אם לא תקיים: **אצעדה.** של זרוע: **ואילו אצעדה טמאה היא.** דכתיב (במדבר לא) במעשה מדין אצעדה וצמיד וגו' וכתיב התחטאו אתם ושביכם: **תחת אצעדה.** שבזרוע עומדת בשוק להחזיק בתי שוקיה שלא יפלו ויראו שוקיה הלכך טהורה דלאו לנוי היא וכלי תשמיש נמי לא הוי אלא כלי המשמש כלי דומיא דטבעות הכלים דאמרינן בפרקין דלעיל דטהורין ויוצאין בהם לצורך לבישה היא ומישלף ואחויי נמי ליכא למיחש דלא מיגליא לשוקה: **בירית באחת.** משוקיה: **ושלשלת משוי להו מנא.** בתמיה דקתני כבלים טמאים: **וכי תימא כדר' שמואל כו':** **משמיע קול בכלי מתכות.** בריש פרקין: **ועשו להן שלשלת כו'.** הלכך שלשלת תשמיש אדם הוא ולאו תשמיש כלי דלא תקבל טומאה ואין יוצאין בהן דילמא שלפא לשלשלת שהיא של זהב ומחויא דכי שקלה לשלשלת לא מיגליא שוקה שהרי בירית במקומה עומדת: **יישר וכן אמר ר' יוחנן.** יפה אמרת וכן שמעתי מר' יוחנן: **מנין.** שהוא דבר מועט ומנלן עם תכשיטי כהן: **יו"ד ה"א מלמעלה קדש למ"ד מלמטה.** כלומר השם שלם בשיטה עליונה וקדש למ"ד בשיטה התחתונה שלא להקדים שאר אותיות למעלה מן השם מאחר ששני שיטין היו ורבינו הלוי שונה *קודש לה' מלמטה והיא היא: **אני ראיתיו ברומי.** שנכנס לאוצר המלך ליטול מה שירלה במס' מעילה (דף יז:) במעשה בן תלמיון: **כי סליק רב דימי לנהרדעא.** חזר בו ממה שאמר ציץ אריג הוא: **מאו בגד.** דכתיב גבי שרצים או בגד או עור או ריבוי הוא: **אריג ותכשיט כל שהוא.** חליו אריג וחליו תכשיט שאינו אריג וכולו הוי כל שהוא כלומר דבר קטן: **מוסיף שק על הבגד.** בדבר זה שהשק טמא משום אריג ולקמיה מפרש ליה: **ההוא במדין כתיב.** גבי טומאת מת ושרץ ממת לא יליף להחמיר דמה למת שכן טומאתו חמורה:

כלי

תוספות

ואילו אצעדה טמאה היא. פ"ה דכתיב במעשה מדין אצעדה וצמיד וגו' וכתיב תתחטאו אתם ושביכם ולא נהירא לע"כ תתחטאו לא אכל השבי קאי דהא בהמות נמי הוו בשבי ולאו בני קבולי טומאה נינהו לכן נ"ל משום דכתיב אצעדה וצמיד וכתיב בתריה ויקח *(מהם) כל כלי מעשה דקאי אכל הכלים שבלקחו וילפינן לקמן כלי כלי משרצים:

בירית תחת אצעדה עומדת. פי' בקונטרס (א) בשוק להחזיק בתי שוקיה שלא יפלו ויראו שוקיה וקשה לפי' זה דא"כ בכבלים אמאי אין יוצאין לאחי דמ"ד השתא דאין חילוק בין בירית לכבלים אלא שזה באחת וזה בשתים לכן נ"ל דאפשר ליטלן בלא גילוי שוקים ומש"ה כבלים אין יוצאין בהן דילמא שלפא ומחויא דתכשיט לנוי הם אבל בירית שהיא באחת לא שלפא ומחויא דאין זה תכשיט דכיון שאין לה אלא באחת גנאי היא לה ומש"ה ניחא דבירית טהורה דלאו תכשיט לנוי הוא וכלי תשמיש נמי לא הוי אלא כלי המשמש כלי דומיא דטבעת הכלי דאמר לעיל דטהור וכן פירש הקונטרס וטעמא דכבלים טמאים משום דתכשיט הם לנוי כדפי': **וכתוב** עליו בשני שיטין יו"ד ה"א מלמעלה וקדש למ"ד למטה. נראה לר"ת שהיה כתוב יו"ד ה"א בסוף שיטה ראשונה וקדש ל' בתחלת שיטה שניה והשתא נקרא יפה ואין לפרש כמשמעו דא"כ אינו נקרא כהלכתו: **מניין** לאריג כל שהוא שהוא טמא ת"ל או בגד. וא"ת והא לעיל בפרק במה מדליקין (דף כו: ושם) לא מרבינן אלא ג' על ג' וי"ל דהתם מיירי בבא מבגד גדול אבלהכא מיירי באריג כל שהוא דמתחלה לא היה דעתו להוסיף עליו ותרוייהו שמעינן מאו בגד דשקולים הם דחשיב כל שהוא אריג מתחלה כמו ג' על ג' מבגד גדול*וא"ת ואכתי בגד כל שהוא למה הוא טמא והא בעינן שיטלטל מלא וריקן דומיא דשק וי"ל *דראוי הוא לכוף ולקפל וליקח בו מרגלית או מחט ואם תאמר א"כ פשוטי כלי עור אמאי טהורין הרי ראויין הם לקפל בו שום דבר כמו הכא וי"ל דמיירי בעור שלוק שהוא קשה: **מניין** לתכשיט כל שהוא טמא. ואם תאמר תיפוק ליה דתכשיט כל שהוא טמא מדכתיב בכלי מדין טבעת ויש לומר דאפשר שהטבעת היא עבה וגדולה מאד ולא הוי כל שהוא: **אריג** ותכשיט. פי' חליו אריג וחליו תכשיט טמא מכאן משמע דמ"מ בעינן שיעור קצת דאל"כ חליו דכ"ש מאי הוי: **ההוא** במדין כתיב. פ"ה ובמדין הויא טומאת מת ושרץ ממת לא יליף להחמיר דמה למת שכן טומאה חמורה ומשני גמר כלי כלי משרץ פירוש מה כלי האמור בשרץ מטמא בשרץ אף כלי האמור כאן מטמא בשרץ וקשה דא"כ הוה ליה למיפרך ההוא בטומאת מת כתיב ועוד כי משני גמר כלי כלי הוה ליה לשנויי גמר בגד ועור לג"ש לכן נ"ל דההוא במדין כתיב בשלל מדין ולא מיירי כך פרשה בטומאה כלל והיכי יליף דאריג ותכשיט כל שהוא טמא מכל כלי מעשה ומשני גמר כלי כלי פי' כי היכי דכלי דכתיב גבי שרצים מיירי לענין טומאה הכי נמי כלי דכתיב גבי מדין לענין טומאה:

מניין

עין משפט נר מצוה

נה א מיי' פ"ט מהל' שבת הלכה ה ומיי' פ"ט מהל' כלים הלכה ד סמג לאוין סה טוש"ע א"ח סי' שג סעיף טו: [נ"ל מאתם]

נו ב מיי' פ"ט מהל' כלי המקדש הלכה א סמג עשין קעג:

נז ג מיי' פ"א מהל' כלים הלכה יא ופכ"ב הלכה א:

רבינו חננאל

בירית זו אצעדה. אוקימנא בשתי ירכות בלא שלשלת נקראת בירית. ואם יש בהן שלשלת נקרא כבלים.הא דתניא ציץ דומה כמין טס של זהב רחב ב' אצבעות ומוקף מאזן לאזן וכתוב עליו בב' שיטין יו"ד ה"א מלמעלה קדש למ"ד מלמטה. א"ר אלעזר בר' יוסי אני הייתי ברומי כו':

רב נסים גאון

אמר ר' אלעזר בר' יוסי אני ראיתיו ברומי וכתוב עליו קודש לה' בשיטה אחת. ותניא כוותיה במס' דיומא בפ' הוציאו לו את הכף (דף נז) אמר ר' אלעזר בר' יוסי אני ראיתיה ברומי והיו עליה כמה טיפי דמים והדבר שגרם לו לצאת לרומי מפורש במס' מעילה בפ' קדשי מזבח (דף יז) שאל ר' מתיה בן חרש את ר' שמעון בן יוחי ברומי מניין לדם שרצים שהוא טמא אמר ליה דאמר קרא וזה לכם הטמא אמרו לו תלמידיו (גור עליו) [חכים ליה] רשב"י אמר להם תלמוד ערוך הוא בפיו של ר' אלעזר בר' יוסי פעם אחת גזרה מלכות הרשעה גזרה על ישראל שלא ישמרו את השבת ושלא ימולו בניהם ושיבעלו נשותיהם כשהן נדות הלך ר' ראובן בן איצטרובולי וספר קומי והלך וישב עמהם אמר להם מי שיש לו אויב רוצה שיעשיר או שיעני אמרו לו יעני אמר להן אם כן לא יעשו מלאכה בשבת כדי שיענו אמרו לו טבות אמר ובטלוה חזר ואמר להן מי שיש לו אויב יכחיש או יבריא אמרו לו יכחיש אמר אם כן ימולו בניהם לח' ימים כדי שיכחישו אמרו טבות אמר ובטלוה חזר ואמר מי שיש לו אויב ירבה או ימעטו אמרו ימעטו אמר להם (לא) אם כן לא יבעלו נשותיהם כשהן נדות ובטלוה הכירו בו שהוא יהודי החזירום אמרו מי ילך ויבטל את הגזירה ילך ר' שמעון בן יוחי שהוא מלומד בנסים וילך עמו ר' אלעזר בר' יוסי וכו' על לבי נוא אשכחתה להוא אגרתא שקלוה וקרעוה והיינו דאמר ר' אלעזר אני ראיתיה ברומי והיו עליה כמה טיפי דמים ובתוספ' מקואות (פרק ד) אמר ר' אלעזר בר' יוסי הלכה זו הוריתי ברומי לטהרה וכשבאתי אצל חברי אמרו לי יפה הוריתה ובמס' נדה בפ' הרואה כתם (דף נח) תניא כותיה אמר ר' אלעזר בר' יוסי הלכה זו כו':

ותניא

מסורת הש"ס

ב"ק פג.

[בילם כט: כתובות נג. בבא קמא פ. ב"מ סג:]

[שם א"ר יונתן]

לעיל כח:

[ע' תוס' לעיל כו. ד"ה אין בו וכו']

[לעיל נג. ברכות מב: עירובין לב: פסחים נג: ב"מ נא. סנהדרין ק. שבועות מ. מה: חולין יז: שם: עו:]

סוכה ה.

[ברכות לז: עירובין פז: קד. יבמות כ: עו. כ"כ קכז. קלא. סנהדרין סא. מכות ח: זבחים לד. מנחות יב: לז. חולין נו. נדה סח.]

הגהות הב"ח

(א) תוס' ד"ה בירית וכו' פי' בקונט' עומדת בשוק:

קודש מלמטה לפי' מלמעלה כנ"ל וכ"כ הרמב"ם בפ"ט מהל' כה"מ וגם גי' הירושלמי פ' טרף בקלפי נוטה כך

גליון הש"ס

גמ' שכן כלי יונית. וכן סוכה לה ע"א וסנהדרין ד ע"ב עט בכתפי שתים וכו': שם ע"ב לדברי תורה. עי' ערכין יא ע"א תוס' ד"ה משמת: שם קמיה דר' ירמיה ויתיב ר"י וקא מנמנם. גיטין יא ע"ב ונדרים כט ע"ב: תוס' ד"ה מנין לאריג. דראוי הוא לכוף. ק"ל ממתני' פ' כ"ז מ"ב דכלים לגוד המרגלית ועי' ברמב"ם ור"ש שם והרי מ"מ הוא בכלל אסור לקפל ולהכות בו מעות כמקדס. ולע"ג:

§ מסכת שבת דף סג: §

אות א'

בירית טהורה

רמב"ם פי"ט מהל' שבת ה"ה - **וכל דבר שהוא תכשיט ואינו נופל ואין דרכה להראותו, הרי זה מותר לצאת בו; לפיכך [א]אצעדה שמניחין אותה בזרוע או בשוק, יוצאין בה בשבת, והוא שתהיה דבוקה לבשר ולא תשמט, וכן כל כיוצא בזה.**

רמב"ם פי"ט מהל' שבת ה"ו - **ולא בכבלים שיוצאין בהן הבנות ברגליהן כדי שלא יפסעו פסיעה גסה שלא יפסידו בתוליהן, כל אלו אסורין לצאת בהן בשבת [ב]שמא יפולו ותביאן בידה.**

רמב"ם פ"ט מהל' כלים ה"ד - **טבעת אחת שמניחין הבנות ברגל א', היא הנקראת בירית, ואינה מקבלת טומאה, מפני שאין עליה צורת כלי תכשיט, אלא כמו טבעת הכלים, או טבעת שקושר בה בין כתפיו; אבל שתי טבעות שמשימות הבנות ברגליהן, ושלשלת מוטלת ביניהן מזו לזו, מקבלין טומאה, מפני שהן תכשיטי הבנות, והן הנקראין כבלים.**

סימן שג סט"ו - **[ג]ובבתי שוקיים שקושרים במשיחה סביב שוקיה** - אפילו אם המשיחה הוא דבר נוי, ג"כ לאו בכלל תכשיט הוא דנימא דשלפא ומחויא, דהוא צורך להמלבוש וכבית יד של הבגד דמי, **וגם** בודאי לא שלפא, שלא יפלו הבתי שוקיים.

בשבולי הלקט ובשארי ראשונים איתא "במשיחה או ברצועה", ובזה ניחא מה שסיים, "ולא חיישינן שמא ישתלשלו", ואמשיחה ורצועה קאי, וכן מוכח בסמ"ק.

אע"פ שאין המשיחה קשורה בהם, ולא חיישינן שמא ישתלשלו למטה.

[ד]**ויוצאה באצעדה שמניחין בזרוע או בשוק** - עיין בבה"ל, דמיירי שמניחה ומהדקה על בשרה, ולא על הכתונת מלמעלה, וע"כ מותר, דלא חיישינן שתשלוף ותחוי, דלא יתגלה זרועה, (שגם זה אינו מדרך צניעות), **וזה** הטעם הוא ג"כ על שוקה.

[ה]**והוא שתהא דבוקה לבשר ולא תשמט** - דאם היא רפויה, חיישינן שמא תפול ואתיא לאתויי.

[ו]**ויש מי שאוסר בשל זרוע** - ס"ל דדוקא בשוק מקילינן מטעם זה, דלא חיישינן שתשלוף ותחוי דלא יתגלה שוקה, ולא בזרוע.

אות ב'

ציץ כמין טס של זהב, ורוחב שתי אצבעות, ומוקף מאוזן לאוזן, וכתוב עליו בשתי שיטין: יו"ד ה"א למעלה וקודש למ"ד למטה. ואמר רבי אליעזר ברבי יוסי: אני ראיתיו בעיר רומי וכתוב קדש לה' בשיטה אחת

רמב"ם פ"ט מהל' כלי המקדש ה"א - **[ז]כיצד מעשה הציץ, עושה טס של זהב רחב שתי אצבעות, ומקיף מאוזן לאוזן, וכותב עליו שני שיטין "קדש לה'", "קדש" מלמטה, "לה'" מלמעלה; ואם כתבו בשיטה אחת כשר, ופעמים כתבוהו בשיטה אחת.**

אות ג'

אריג כל שהוא טמא

רמב"ם פ"א מהל' כלים הי"א - **כל שהוא ארוג, בין מצמר ופשתים בין מקנבוס או ממשי, או משאר דברים הגדלים ביבשה, הוא הנקרא בגד לענין טומאה.**

רמב"ם פכ"ב מהל' כלים ה"א - **בד"א בקרעים מן הבגדים, אבל האורג בגד בפני עצמו כל שהוא, הרי זה מקבל שאר טומאות; חוץ מטומאת מדרס, שאין מקבל אותה אלא הראוי למדרס.**

באר הגולה

[א] ‹ומדברי רש"י נראה, שאצעדה שבזרוע אין יוצאין בה, דילמא משלפא ומחויא, ורבינו סבור דרב יוסף לא בא לברר ולחלק בין זו לזו אלא בדין הטומאה, אבל לענין שבת כדקאי קאי, דאפילו אצעדה שבזרוע מותר, {**מדפריך** ואלו אצעדה טמאה, אבל מיוצאה לא פריך - גר"א}, **וקאמר** הכי, בירית לענין שבת להתיר במקום אצעדה עומדת, שכשם שהאצעדה מותרת בשבת כך הבירית, ולענין טומאה יש בהן חלוק - מגיד משנה› [ב] ‹ונראה מדברי רבינו, שהן נטלים על ידי השלשלת שביניהן, ומתוך כך רפויין. אבל רש"י ז"ל פירש שהשלשלת קבועה בהן, ומפני כן נאסרו, שמא תראה השלשלת ולא תגלה שוקיה, שהרי בירית במקומה עומדת - מגיד משנה› [ג] **טור בשם ר"י וש"פ** ‹נלמד מבירית וכ"ה בהג"מ - גר"א› [ד] **רמב"ם בפרק י"ט ה"ה מהא דרב יוסף אליבא דרב יהודה בפי' בירית דף ס"ג** [ה] ‹רמב"ם שם, ולשיטתו שפי' כבלים משום דרפויים, אבל בירית ואצעדה דבוקים, ולכן מתיר באצעדה ג"כ - גר"א› [ו] **הרב המגיד ממשמעות פי' רש"י שם** ‹רש"י שמפרש משום שלפא, רק בשוק דאינה מגלה שוקיה, **וע"ש** והוא שלא בדקדוק, {מש"כ המחבר ויש מי שאוסר בשל זרוע, דמשמע דבכה"ג דאצעדה של יד, אם הוא בשוק, שרי, **והא** ליתא}, דכה"ג לרש"י אפי' בשוק אסור, ולא שרי אלא על בתי שוקיים, {דאם ישלוף הבירית יפול הבתי שוקיים, **משא"כ** אם הוא על השוק עצמו, אסור, דחיישינן שמא ישלוף בהסתר לבל יראה כרגע, השוק, ומחוי ואתי לאתויי ד"א ברה"ר, **משא"כ** אם הוא על בתי שוקיים, אין באפשרה ללכת ד"א ברה"ר, דהרי יפול הבתי שוקיים - דמשק אליעזר} - גר"א› [ז] ‹בפרק במה אשה יוצאה דף סג; ואיתיה נמי בפרק קמא דסוכה, אלא ששם כתוב: "יו"ד ה"א מלמעלה וקדש למ"ד מלמטה", ורבינו כתב כגירסת פ' במה אשה, {**בספרינו** כתוב בין בשבת בין בסוכה: "יו"ד ה"א למעלה וקדש למ"ד מלמטה", **וצ"ל** דבין להרמב"ם בין להכ"מ היה להם גירסא אחרת בפרק במה אשה}, (**אבל** עיין בלשון ב' של רש"י, בשם רבינו הלוי ע"פ ההגה בצד הגמ'), **ואע"ג** דפליג התם ר' אליעזר בר' יוסי, ואמר: אני ראיתיו ברומי וכתוב עליו "קדש לה'" בשיטה אחת, פסק כת"ק. **ומ"ש**: ואם כתבו בשיטה אחת כשר, נראה דהיינו מדאמר ר"א ברבי יוסי "אני ראיתיו", דאע"ג דהלכה כת"ק, היינו לכתחילה, אבל בדיעבד מיהא הלכה כרבי אליעזר ברבי יוסי, **ומטעם** זה כתב: ופעמים כתבוהו בשיטה אחת, דכיון דעד ראיה הוא ר' אליעזר ברבי יוסי, אמרינן דפעמים כתבוהו כן - כסף משנה›

§ מסכת שבת דף סד. §

אות א׳ - ב׳ - ג׳ - ד׳

מוסף שק על הבגד שטמא משום אריג

מניין לרבות את הקילקלי ואת החבק

יכול שאני מרבה את החבלים ואת המשיחות

מנין לרבות דבר הבא מזנב הסוס ומזנב הפרה

רמב״ם פ״א מהל׳ כלים הי״ב - השק הוא חוטי שיער הגדילין כשלשלת, או הארוגין כבגדים, אחד העשוי מן העזים או מצמר גמלים, או מזנב הסוס והפרה וכיוצא בהן; וא׳ האריג מהן כמו המרצופין, או הגדול כמו חבק של חמור וכיוצא בו; אבל החבלים והמשיחות, השזורין בין מן השיער בין מצמר ופשתים, אינן מקבלין טומאה בפני עצמן.

מסורת הש"ס

עין משפט נר מצוה

נח א ב ג ד מיי' פ"א מהל' כלים הלכה יב :

תורה אור

כלי כלי מהתם : מוסף *שק על הבגד שטמא משום אריג : אטו בגד לאו אריג הוא הכי קאמר מוסף שק על הבגד אף על פי שאינו אריג טמא למאי חזי אמר רבי יוחנן שכן עני קולע שלש נימין ותולה בצואר בתו *תנו רבנן °שק אין לי אלא שק ג'מניין לרבות את הקילקלי ואת החבק ת"ל או שק ד'יכול שאני מרבה את החבלים ואת המשיחות ת"ל שק מה שק טווי ואריג אף כל טווי ואריג הרי הוא אומר במת °וכל כלי עור וכל מעשה עזים וגו' תתחטאו לרבות הקילקלי ואת החבק יכול שאני מרבה את החבלים ואת המשיחות ודין הוא טימא בשרץ וטימא במת מה כשטימא בשרץ לא טימא אלא טווי ואריג אף כשטימא במת לא טימא אלא טווי ואריג הן אם היקל בטמא שרץ שהיא קלה נקיל בטומאת המת שהיא חמורה תלמוד לומר בגד ועור בגד ועור לגזירה שוה נאמר °בגד ועור בשרץ ונאמר °בגד ועור במת מה בגד ועור האמור בשרץ לא טימא אלא טווי ואריג אף בגד ועור האמור במת לא טימא אלא טווי ואריג ומה בגד ועור האמור במת טמא כל מעשה עזים אף בגד ועור האמור בשרץ טמא כל מעשה עזים אין לי אלא דבר הבא מן העזים ה'מניין לרבות דבר הבא מזנב הסוס ומזנב הפרה תלמוד לומר או שק והא אפיקתיה לקילקלי וחבק הני מילי מקמי דליתיה ג"ש השתא דאתי גזירה שוה אייתור ליה ואין לי אלא בשרץ בטומאת מת מניין ודין הוא טימא במת וטימא בשרץ מה כשטימא בשרץ עשה דבר הבא מזנב הסוס ומזנב הפרה כמעשה עזים אף כשטימא במת עשה דבר הבא מזנב הסוס ומזנב הפרה כמעשה עזים הן אם הרבה בטומאת ערב שהיא מרובה נרבה בטומאת שבעה שהיא מועטת תלמוד לומר בגד ועור בגד ועור לגזירה שוה נאמר בגד ועור בשרץ ונאמר בגד ועור במת מה בגד ועור האמור בשרץ עשה דבר הבא מזנב הסוס ומזנב הפרה כמעשה עזים אף בגד ועור האמור במת עשה דבר הבא מזנב הסוס ומזנב הפרה כמעשה עזים ומופנה דאי לאו מופנה איכא למיפרך מה לשרץ שכן מטמא בכעדשה *לאי אפנויי מופני *)מכדי שרץ איתקש לשכבת זרע דכתיב °איש אשר תצא ממנו שכבת זרע וסמיך ליה איש אשר יגע בכל שרץ וכתיב ביה בשכבת זרע וכל בגד וכל עור אשר יהיה עליו שכבת זרע בגד ועור דכתב רחמנא בשרץ למה לי שמע מינה לאפנויי ואכתי מופנה מצד אחד הוא הניחא למאן דאמר *מופנה מצד אחד למידין ואין משיבין אלא למאן דאמר *למידין ומשיבין מאי איכא למימר דמת נמי אפנויי מופנה מכדי מת אתקש לשכבת זרע דכתיב °והנוגע בכל טמא נפש או איש אשר תצא ממנו שכבת זרע וכתיב בשכבת זרע וכל בגד וכל עור בגד ועור דכתב רחמנא במת למה לי ש"מ לאפנויי : °ונקרב את קרבן ה' איש אשר מצא כלי זהב אצעדה וצמיד טבעת עגיל וכומז א"ר אלעזר *עגיל זה דפוס של דדין כומז זה דפוס של בית הרחם אמר רב יוסף אי הכי היינו דמתרגמינן מחוך דבר המביא לידי גיחוך אמר ליה רבה מגופיה דקרא ש"מ כומז כאן מקום זימה : °ויקצוף משה על פקודי החיל אמר רב נחמן אמר רבה בר אבוה אמר להן משה לישראל שמא חזרתם לקלקולכם הראשון אמרו לו לא נפקד ממנו איש אמר להן אם כן כפרה למה אמרו לו אם מידי עבירה יצאנו מידי הרהור לא יצאנו מיד ונקרב את קרבן ה' תנא דבי רבי ישמעאל מפני מה הוצרכו ישראל שבאותו הדור כפרה מפני

*) [ב"ק כה:]

שזנו

(ויקרא יא; במדבר לא; ויקרא יח; במדבר לא; ויקרא כב; שם; במדבר לא; שם)

כלי כלי. בשרלים כתיב כל כלי אשר יעשה מלאכה וגו' ומגופיה דקרא דשרלים לא מלי יליף דאשר יעשה מלאכה לאו כלי תכשיט משמע : **שק.** הוא עשוי מטוה של עזים שאף על פי שאינו אריג אלא קלע קטן עשה מטוה של עזים לתלות בו בתי נפש לצואר בתו ממה שדרכו בכך ותכשיט הוא וה"ק שהוא טמא משום אריג ואע"פ שאינו אריג : **קולע ג' נימין כו'.** ג' חוטין של מטוה של טוה של עזים לבועה : **ותולה בצואר בתו.** וקליעתה זו היא אריגתו מאחר שהוא טווי כדאמרן גבי תיכי חלילא כרים פירקין דקרי להו אריג והא דקאמר אע"פ שאינו אריג כלומר לאו אריג ממש : **אין לי אלא שק.** העשוי ללבוש רועים : **קילקלי.** מסרך של סוס שקורין פייטרא"ל : **חבק.** לינגלא של סרגא ואוכף ועושין אותה מטוה של עזים טווי ואריג : **יכול שאני מרבה החבלים והמשיחות.** לגיא"ל שעושין למדוד וקולעין מן הטוה כמו שנתלשה ואינו טווי ולא דמי לקולע שלש נימין דלעיל דהתם טווי הוא וזו היא אריגתו : **יכול שאני מרבה כו'.** הואיל וכתיב כל : **ודין הוא שלא נרבה.** ולא לריך קרא למעוטי : **הן.** תמיה הוא וכי דברים כוונים הם : **אם היקל בטומאת שרץ שהיא קלה.** כלומר אם היקל לך מלטמא חבלים ומשיחות היקל לך בשרץ שטומאתו קלה טומאת ערב : **נקל.** גם אנחנו בבנין אב זה במת שטומאתו חמורה טומאת ז' : **הששא דאתיא גזירה שוה.** וכי היכי דיליף מת משרץ למעוטי חבלים ומשיחות יליף נמי שרץ ממת לכל מעשה עזים לרבות קילקלי וחבק : **אין לי אלא בשרץ.** דהא שק התם כתיב : **אם ריבה.** לטמא דבר הבא מזנב הסוס בטומאת ערב הוא דריבה : **שהיא מרובה.** שכל המגעות טומאת ערב הן בין דשרץ ונבילה ושכבת זרע מגע הזב ומגע טמא מת : **נרבה אנו בטומאת ז' שכן מועטת היא.** שאינה בכל המגעות אלא במגע המת בלבד : **מופנה.** לריך שתהא גזירה שוה זו מב' תיבות דבגד ועור מופנין למדרש זה שלא יהו לריכין לגופן ומאחר שמופנין ללמוד גזירה שוה ה"ל כמאן דכתיב דרשא בקרא בהדיא ואין משיבין עליה : **דאי לאו מופנה.** אמרינן לגופן באו ולא ילפינן להא מילתא מינייהו : **דאיכא למיפרך כו'.** וה"ה דמלי למימר הכי אגזירה שוה קמייתא ומיהו אסקי לכולה ברייתא ברישא ופריך אהא דסליק מינה ובשינויא דמשנינן בהא מיתרלה נמי קמייתא : **לאי.** באמת : **וכתיב ביה בשכבת זרע.** דבגד ועור טמאים הם בו : **מלד אחד.** הכתובין בשרץ מופנים כדאמרן אבל הכתובין במת אין מופנין : **סניחא למ"ד כו'.** פלוגתא דרבי ישמעאל ורבנן היא במסכת נדה בהמפלת (דף כב:) : **אלא למאן דאמר למידין.** אם אין תשובה : **ומשיבין.** אם יש להשיב : **מאי איכא למימר.** הרי יש להשיב שכן מטמא בכעדשה: והנוגע בכל טמא נפש או איש אשר תצא ממנו שכבת זרע: **דפוס של דדין.** שמונחות בו: **גיחוך.** ליצנות: **לקלקולכם.** של מעשה שטים לזנות את בנות מואב שמא כך עשיתם במדין לכך אתם צריכין קרבן : **לא נפקד.** לא נחסר מדת יהודית :

שזנו

מניין לרבות את הקילקלי והחבק. ואם תאמר והא לא מיטלטל מלא וריקן ואי משום דאפשר לקפלה אם אינו עשוי לכך לאו כלום הוא כדאמר לקמן גבי קב הקיטע דאע"ג דיש לו בית קיבול לראש שוקו אם אינו עשוי לקבל טהור וי"ל דהגי נמי לשם כל צורכן הן עשוין מתחלה אך קשה דלעיל פ' במה מדליקין (דף כז: ושם) מפיק דבר הבא מן העזים דמטמא בשרצים מאו בגד וקילקלי וחבק באין מן העזים ומפיק להן הכא מאו שק וע"ק דהתם מרבה לטוה של עזים לג' על ג' ואינו שק שיעורו בד' ואומר ר"י דתרי גווני טוה של עזים הוו והתם מיירי [בדקה] שעושים ממנה בגדים חשובים ולכך איתרבו לשלשה על שלשה כמו שאר בגדים והכא מיירי בטוה גסה שממנה עושין קילקלי וחבק וחבלים ומשיחות ושק : **שמע** מינה לאפנויי. הקשה ה"ר אליעזר ממיץ כיון דאיתקש שרץ ומת לשכבת זרע א"כ ג"ש דבגד ועור ל"ל דכל מה שיהיה במת ניתן בשכבת זרע וכל מה שיהיה בשכבת זרע ניתן בשרץ וכן להפך דהא קי"ל *דבר הבא מן ההיקש חוזר ומלמד בהיקש חוץ מן הקדשים : **מידי** הרהור מי ילאנו . וא"ת והא אפילו (א) יפת תואר הותרה להם וי"ל דמכל מקום שייך בה איסור כדאמרינן (קדושין דף כב.) וחשקת בה ולא בחברתה :

וכמוך

[זבחים מט:]

רבינו חננאל

קילקלי. מלשון יון הוא והוא עשוי בגד [(גליון)] משיער של עזים והוא קשה עשוי להצניע תחת הכרים והכסתות. חבקים כסוי הכסאות (ת"ל) או בגד או עור או שק אין לי אלא] שק בלבד מנין לרבות הקילקלי וחבק ת"ל או שק פי' מרבינן לה מאו כלומר הוה ליה למימר שק. או דכתב רחמנא למה לי לרבויי קילקלי וחבק. יכול שאני מרבה חבלים ומשיחין שיטמאו ת"ל שק מה שק טווי ואריג אף כל טווי ואריג הרי הוא אמר במת כל מעשה עזים יכול שאני מרבה חבלים ומשיחים דין הוא טימא בשרץ טימא במת כו'. ודחינן ואם היקל בטומאת שרץ שהיא קלה פי' טומאת שרץ קלה היא שהיא טומאת ערב אבל טומאת מת חמורה היא שהיא טומאת שבעה לא נתרבה ת"ל (או) בגד ועור בגד ועור לג"ש נאמר בגד ועור בשרץ ונאמר בגד ועור במת. פי' דין ג"ש ב' פסוקים וכל פסוק ופסוק כתוב מלין שאינן צריכין לפסוק ואין מילין פסין לא נכתבו אלא בתוך פסוקים אלו אלא לדון מהם ג"ש להיות כל דין שמפורש באחד מהן שיהא גם השני כמותו וזהו שכתוב בענייננו בגד ועור בשרץ בגד ועור במת וצריכין להיות אלו בגד ועור מופנים בשני הפסוקים. שאם הן בפסוק אחד יתירין כגון שלמדו טומאת בגד ועור בשרץ משכבת זרע ונמצא בגד ועור האמור בשרץ מופנה כגון זה למידין ואם יש פירכא משיבין ופורכין ואם הן אלו פסוקים בגד ועור יתירין בשרץ ובמת למידין במת מן השרץ זהו מטאין במת דבר הבא מזנב הסום מזנב הפרה כשם שמטמאין בשרץ ואין משיבין ואע"ג דאיכא למפרך ואם ריבה בטומאת שרץ שהיא מרובה. פי' טומאת שרץ (נותנת) [נוהגת] בשמנה שרצים. נרבה טומאת מת שהיא מועטת שאינה אלא במת בלבד ואוקימנא כיון שהן מופנת משני צדדין למידין ואין משיבין. ואלו הדברים הל"מ להדרש בענין הזה מסורת בידי חכמים

רב נסים גאון

הניחא למאן [דאמר] מופנה מצד א' למדין ואין משיבין אלא למאן דאמר למידין ומשיבין מאי איכא למימר. מחלוקת בין ר' ישמעאל ורבנן ועיקר דילה במס' נדה בפרק המפלת (דף כב) אמר רב יהודה אמר שמואל משום ר' כל גזירה שוה שאינה מופנה כל עיקר אין למידין ממנה מופנה מצד אחד לר' ישמעאל למידין ואין משיבין לרבנן למידין ומשיבין : **אמר** להם משה לישראל שמא חזרתם לקלקולכם הראשון אמרו לו לא נפקד ממנו איש. במס' יבמות בפרק הבא על יבמתו (דף סא) אמרו ור' שמעון לא נפקד ממנו איש לעבירה ולדבר זה נתכוונו בהם בתשובה זו :

קסבר

ת"כ פ' שמיני

הגהות הב"ח (א) תוס' ד"ה מידי וכו' אפי' ליקח יפת תואר

[נכרות איתא לאי ומפרש דלשון יון הוא ע"ש]

[נדה כב:]

[לקמן קלא. יבמות ע. עד. נדה כב:]

[מ"ט כלה]

שזנו עיניהם מן הערוה אמר רב ששת *מפני מה מנה הכתוב תכשיטין שבחוץ עם תכשיטין שבפנים לומר לך כל המסתכל באצבע קטנה של אשה כאילו מסתכל במקום התורפה: **מתני'** *יוצאה אשה בחוטי שער בין משלה בין משל חבירתה בין משל בהמה ובטוטפת ובסרביטין בזמן שהן תפורין בכבול ובפאה נכרית לחצר במוך שבאזנה ובמוך שבסנדלה ובמוך שהתקינה לנדתה בפילפל *ובגלגל מלח וכל דבר שניתן לתוך פיה ובלבד שלא תתן לכתחלה בשבת ואם נפל לא תחזיר שן תותבת שן של זהב רבי מתיר וחכמים אוסרים: **גמ'** וצריכא דאי אשמעינן דידה משום דלא מאים אבל חבירתה דמאים אימא לא ואי אשמעינן דחבירתה דבת מינה הוא אבל דבהמה לאו בר מינה הוא אימא לא צריכא תנא ובלבד שלא תצא ילדה בשל זקנה וזקנה בשל ילדה בשלמא זקנה בשל ילדה שבח הוא לה* אלא ילדה בשל זקנה אמאי גנאי הוא לה איידי דתנא זקנה בשל ילדה תנא נמי ילדה בשל זקנה: בכבול ובפאה נכרית לחצר: אמר רב כל שאסרו חכמים לצאת בו לרה"ר אסור לצאת בו לחצר *חוץ מכבול ופאה נכרית רבי ענני בר ששון משמיה *דר' ישמעאל אמר הכל ככבול תנן בכבול ובפאה נכרית לחצר בשלמא לרב ניחא אלא לרבי ענני בר ששון קשיא רבי ענני בר ששון משמיה דמאן קאמר ליה משמיה דר' ישמעאל בר יוסי רבי ישמעאל בר יוסי תנא הוא ופליג ורב מאי שנא הני אמר עולא כדי שלא תתגנה על בעלה כדתניא °והדוה בנדתה זקנים הראשונים אמרו שלא תכחול ולא תפקום ולא תתקשט בבגדי צבעונין עד שבא ר"ע ולימד אם כן אתה מגנה על בעלה ונמצא בעלה מגרשה אלא מה ת"ל והדוה בנדתה בנדתה תהא עד שתבא במים *אמר רב יהודה אמר רב כל מקום שאסרו חכמים מפני מראית העין אפילו בחדרי חדרים אסור *תנן ולא בזוג אע"פ שפקוק ותניא *אידך *פוקק לה זוג בצוארה ומטייל עמה בחצר תנאי היא דתניא

שוטחן

[נ"ל דר' ישמעאל בר' יוסי] — ויקרא טו — תורה אור

רש"י

שזנו. לשון מזון שנהנו במראית העין: **תכשיטין שבחוץ.** טבעת: **תכשיטין שבפנים.** טומז: **לומר לך המסתכל באצבע.** שהיא מקום טבעת כמסתכל במקום טומז שהרי כפרה זו על שנסתכלו בה: **מתני' בחוטי שער.** שקולעת בהן שערה: **בין משלה.** תלושין: **בין משל בהמה.** כגון של סוס: **שהן תפורין.** לסבכה דתו לא שלפא להו לאחוויי: **לחצר.** אכבול ופיאה נכרית קאי דאסרו לעיל למיפק בה לרה"ר ואיצטריך לאשמעינן דלחצר מותר וכבול דסיפא דמתני' לא איפלגו בה אמוראי דלכולי עלמא כיפה של צמר: **פיאה נכרית.** קליעת שער תלושה ומוברתה על שערה עם קליעתה שתראה בעלת שער: **במוך שבאזנה.** שנותנת לבלוע ליחה של צואת האוזן: **שבסנדלה.** לתענוג: **לנדתה.** באותו מקום שיבלע בו הדם ולא יטנף בגדיה: **פלפל.** פלפל ארוך נותנת אשה בפיה שריחה רע: **גלגל מלח.** כמו גרגיר מלח לרפואת חולי שינים: **שנתנה לתוך פיה.** מבעוד יום: **שן תותבת.** נותנת בלחייה ממקום אחר והיא של זהב: **רבי מתיר.** לצאת בה: **וחכמים אוסרין.** דכיון דמשונה משאר השינים דילמא מחייכי עלה ושקלה לה מהתם וממטי לה בידה ובגמרא אמרינן דשל זהב נקט דווקא ל"א שן תותבת שן של אדם היתה ואהיתירא דלעיל קאי ולאו אפלוגתא דרבי ורבנן והכי קאמר בפלפל ובגלגל מלח ושן תותבת שן של זהב רבי מתיר כו': **גמ' דלא מאים.** וליכא למימר דמשלפא ליה משום דמחכו עלה וממטי ליה בידיה: **דבת מינה הוא.** ולא מינכר ולא מחייכי עלה: **ובלבד שלא תצא זקנה.** בחוטי שער של ילדה וילדה בשל זקנה דלבנות על שחורות או שחורות על לבנות מאים ואתי למישלף: **כל שאסרו חכמים.** בריש פרקין חוטי צמר ופשתן טוטפת ושאר השנויים במשנה שאסור לצאת בהן לרה"ר: **אסור לצאת לחצר.** ואף על גב דשרי לטלטוליהו דתורת כלי עליהן כדאמרן הרי הן ככל הכלים הניטלים בחצר מיהו דרך מלבוש אסור דמרגלא ליה ונפקא ביה לרה"ר: **חוץ מכבול ופיאה.** שמותר לחצר כדתנן במתניתין וטעמא מפרש לקמיה: **הכל ככבול.** כל האסורים לא נאסרו אלא לרה"ר אבל לחצר מותרים ככבול: **בשלמא לרב ניחא.** מדנקט הני ושבקינהו לאינך דמיתני בהדייהו לאיסורא ברישא דמתניתין מכלל דכולהו אף לחצר באיסורייהו קיימי: **כדי שלא תתגנה.** התירו לה קצת קישוטים הנאים: **כדתניא.** דחשו רבנן להכי: **בנדתה.** היו דורשין הראשונים כמשמעו כדבר המנדה ומרחיקה מבעלה: **שלא תכחול.** עיניה: **ולא תפקום.** *שרק על פניה טינפא"ל בלע"ז והוא אדום: **תהא בנדתה.** בטומאתה: **עד שתבא במים.** לטבול ואע"פ שעברו ז' שלה ופסק מעיינה: **כל שאסרו חכמים משום מראית העין.** שלא יחשדוהו באיסור כגון שריון וקסדא ומגפיים או לא יקשור גמלים זה בזה דמיחזי כאזיל לחינגא: **ולא בזוג אע"פ שהוא פקוק.** ואינו מוליד קול לא תצא בהמה בו וטעמא פרישנא בפ' במה בהמה (לעיל דף נד:) משום דמיחזי כאזיל לחינגא: **ותניא.** בברייתא דבחצר דליכא מראית העין מותר:

שוטחן

תוספות

ובמוך שהתקינה לנדתה. פ"ה באותו מקום שיבלע בו הדם ולא יטנפו בגדיה ול"נ דא"כ אצולי טינוף הוא ומשוי הוא כדאמר בפ"ק (דף יא:) דכל אצולי טינוף לא חשיב ומשוי הוא לכן נ"ל שלא יפול על בשרה ותייבש עליה ונמצא מצטערת:

ובלבד שלא תתן לכתחלה בשבת. פירש הר"ר פורת גזירה משום שחיקת סממנים כיון דלרפואה הוא ול"נ דא"כ אם נפל אמאי לא תחזיר האמר בפרק בתרא דעירובין (דף קב: ושם) מחזירין רטיה במקדש אבל לא במדינה וע"כ לא אסרינן להחזיר הרטיה אלא משום שמא ימרח והכא לא שייך מירוח דאין שייך מירוח אלא בדבר לח כגון רטיה אבל בפלפלין ובגלגלא לא שייך מירוח לכן נ"ל ובלבד שלא תתן לכתחלה מפני שנראה כמערמת להוציאה ולפירוש זה כל הנך דלעיל מוך שבאזנה ושבסנדלה אסורין לתת לכתחלה וא"ת א"כ היכי שרו לקמן פורפת על האבן או על האגוז והא נראה כמערמת וי"ל דהתם ניכר הדבר והכל יודעין דלכך צריכה וליכא שום חששא אבל בדבר שהיא נותנת בתוך פיה אינם יודעין למה היא נותנת:

ובלבד שלא תצא זקנה בשל ילדה וילדה בשל זקנה. כך היא עיקר הגירסא והשתא פריך שפיר בשלמא זקנה בשל ילדה שבח הוא לה פירוש ומשום הכי איצטריך לאשמעינן שלא תצא דאפילו הכי מחכו עלה אלא ילדה בשל זקנה אמאי גנאי הוא לה פירוש אמאי איצטריך לאשמעינן דלא תצא פשיטא דכיון דגנאי הוא לה ודאי מחכו עלה ושקלה להו וכיון דתנא זקנה בשל ילדה אסור כל שכן ילדה בשל זקנה ודוחק הוא לומר זו וא"צ לומר זו קתני ואית דגרסי איפכא ובלבד שלא תצא ילדה בשל זקנה וזקנה בשל ילדה ואינו מיושב דא"כ אמאי פריך ילדה בשל זקנה אמאי שהרי כך הוא דרך הש"ס לשנות הפשוט תחלה והרב פורת מיישב גירסא זו וה"פ אלא ילדה בשל זקנה אמאי איצטריך גנאי הוא לה דלעולם לא תצא בהן אפילו בחול:

רבי ענני ברבי ששון אמר הכל ככבול. ונראה דהלכה כרבי ענני *מדאמר מילתיה משמיה דרבי ישמעאל בר' יוסי ור' ישמעאל תנא הוא ופליג ועוד דבשל סופרים הלך אחר המיקל ור' ענני דמתיר °בחצר היינו אפילו בחצר שאינה מעורבת דבחצר מעורבת ליכא שום חדוש אם כן נשים מותרות להתקשט בבית ובחצר בטבעות ובתכשיטין ואנו שאין לנו רה"ר גמור דכל רה"ר שלנו כרמלית היא שהרי אין מבואות שלנו רחבות י"ו אמה ולא ס' ריבוא בוקעים בו הרי הוא כחצר שאינה מעורבת ומותרות נשים שלנו להתקשט בטבעות ובתכשיטים כפר"ת והקשה ר"י דאפילו אי רה"ר שלנו חשיב ככרמלית היכי שרו כמו חצר והאמר לקמן פרק כל כתבי (דף קכ.) גבי דליקה דמותר להציל בחצר שאינה מעורבת ולא בכרמלית ואומר רבינו ברוך כיון דלדידהו הוו להו רה"ר גמורה לא מדמו כרמלית לחצר שאינה מעורבת ואסרינן כרמלית משום רה"ר אבל אנו שאין לנו רה"ר כלל °אין להחמיר בכרמלית כ"כ וה"ר שמשון מצא כתוב בססרביטו שר שלום דדבר שהוא רגילות להראות זו לזו אסור וכשאינם רגילות מותרות ונשי דידן אינן מראות תכשיטיהן וטבעותיהן ומש"ה מותרות לצאת בהן וסוף דבר אמרו הקדמונים דמוטב יהו שוגגות ואל יהו מזידות:

אמר

עין משפט נר מצוה

נט א מיי' פכ"א מהל' איסורי ביאה הלכה כ סמג לאוין קכו טוש"ע אה"ע סי' כא סעיף א:

ס ב מיי' פי"ט מהל' שבת הלכה ט סמג לאוין סה טוש"ע א"ח סי' שג סעיף יד:

סא ג מיי' שם הלכה יב טוש"ע שם סעיף טו:

סב ד מיי' שם הלכה ט טוש"ע שם סעיף יד:

סג ה מיי' שם הלכה ח טוש"ע שם סעיף יח:

סד ו מיי' פי"א מהל' איסורי ביאה הלכ' יט סמג לאוין קיא טוש"ע י"ד סימן קצה סעיף ט:

סה ז מיי' פ"ד שם הלכה ג ופי"א הלכה טז סמג שם טוש"ע שם סעי' א וסי' קצו סעי' א:

רבינו חננאל

מתני' יוצאה אשה בחוטי שיער כו'. אמר [רב] כל שאסרו חכמים לצאת בו לרה"ר אסור לצאת בו אפילו לחצר חוץ מכבול ופאה נכרית כדי שלא תתגנה על בעלה. והלכתא כותיה דרב ואע"ג דאמרינן ר' ישמעאל ב"ר יוסי תנא הוא ופליג לית הלכתא כוותיה. אמר רב יהודה אמר רב כל מקום שאסרו חכמים מפני מראית העין אפי' בחדרי חדרים אסור. ואקשינן עליה תנן בפרקין דקמי דין תנן לא בזוג אע"פ שהוא פקוק ותניא פוקקין לה זוג ומטיילתא בחצר. ומשני תנאי היא דתניא מי שנשרו כליו

[עי' תוס' במנחות לו: ד"ה אי]

גליון הש"ס

תוס' ד"ה ר' ענני כו' אין להחמיר בכרמלית. עי' כתובות דף ז ע"א תוס' ד"ה מתוך:

מסורת הש"ס

כריתות כד.

[לעיל מ:]

[גיר' הערוך ובנרנר וכן איתא במשנה שבמשניות]

בס"י הגיר' ואתיא לאחוויי

[עי' תוס' מנחות לו: ד"ה אי קסבר]

לקמן קמו: ביצה ט. ע"ז יב:

לעיל נד:

לעיל נג:

פי' לקמן לד: רש"י ד"ה וכן הפוקקת וכמ"ש תוס' ד"ה פוקקת

§ מסכת שבת דף סד: §

אות א'

מפני מה מנה הכתוב תכשיטין שבחוץ עם תכשיטין שבפנים, לומר לך: כל המסתכל באצבע קטנה של אשה, כאילו מסתכל במקום התורפה

אבה"ע סימן כא ס"א - [א]**והמסתכל אפילו באצבע קטנה של אשה ונתכוין ליהנות ממנה, כאילו נסתכל בבית התורף (פי' ערוה) שלה.**

אות ב'

יוצאה אשה בחוטי שער, בין משלה, בין משל חבירתה, בין משל בהמה

סימן שג סי"ד - [ב]**יוצאת בחוטי שער** - שמהדקתן על ראשה, **ואין** זה פאה נכרית, המבואר לקמן בסי"ח דאסורה לצאת בה לר"ה, **דהתם** יש בה משום תכשיט, אבל הכא הוא רק חוטין בעלמא.

[**ולא** דמי לחוטי צמר ופשתן דאסרינן בס"א, דהתם הטעם משום חציצה, והכא לא שייך חציצה, דשער ע"ג שער לא חייצי, גמ' ‹נ"ז›].

בין שהם עשויים משערה או משער חברתה, ואפילו משער בהמה - ולא אמרינן דמאיס ואתי למשלפא, [גמרא].

אות ב'* [ג]

ובמוך שהתקינה לנדתה

סימן שא סי"ג - [ד]**לא יצא הזב בכיס שעושה להצילו מזיבתו שלא יטנף בה** - דדרך הוצאה הוא לאיש זה בחול, [גמרא. ולהרמב"ם דפסק במשאצ"ל דחייב, גם בזה חייב], ואעפ"כ לא מקרי זה בשם מלבוש, דהוא עשוי רק להצילו מטינוף, וכל אצולי מטנוף משוי הוא, **אם** לא שהוא מלבוש גמור, וכדלקמן בסי"ד.

וה"ה אם קושר מטלית בפתילה של כובע כדי לקנח בו עיניו, אסור.

וכן אשה נדה שקושרת בגד לפניה שלא תתלכלך בדם נדותה, [ה]**אסורה לצאת בו, אם לא יהא סינר עשוי כעין מלבוש** - מלפניה ומלאחריה, כעין מכנסים בלא שולים, דכיון דדרך מלבוש הוא מותר בכל גווני, וכדלקמן בסי"ד, **אבל** כשהיא לפניה לבד, או שהיא מאחריה בלבד, וקושרתו ברצועות לפניה, בכה"ג לא מקרי מלבוש ואסור.

אבל אם קושרתו כדי שלא יכאב לה הדם ולא תצטער - היינו שלא יפול על בשרה ויתייבש עליה ונמצא מצערה, **מותר לצאת בו** - דכיון שכונתה בשביל צער, אפילו נצלת עי"ז מטינוף ג"כ, דרך מלבוש הוא, כשאר מלבושים שהם עשויים להגנת הגוף ומותר.

(אבל בלא קשירה לא מתקיים, ובסימן ש"ג סט"ו מבואר ‹מובא בדף ס"ה›, דבמוך שהתקינה לנדתה באותו מקום, שרי אף בלא קשירה, דשם מתקיים, **אבל** הכא לא מתקיים בלא קשירה, כיון שאינו תלוי רק לפניה).

אות ג'

בפילפל, ובגלגל מלח, וכל דבר שניתן לתוך פיה; ובלבד שלא תתן לכתחלה בשבת, ואם נפל לא תחזיר

סימן שג סט"ו - [ו]**ובפלפל** - לריח הפה, **ובגרגיר מלח** - לחולי השינים, **ובכל בושם שתתן לתוך פיה; ובלבד שלא תתנם לכתחלה בשבת** - דבכל רפואה גזרו משום שחיקת סממנים, **א"נ** משום דמחזי כאלו מערמת להוציא, **משא"כ** במוך הנ"ל מוכחא מילתא דצריכה לכך, ולא מתחזי כמערמת להוציא, ואפי' לכתחלה מותר, **והאי** "ובלבד" לא קאי אלא אדסמיך ליה, מה שנותנת לתוך פיה, אבל ארישא לענין מוך לא.

ואם נפל, לא תחזיר - הטעם, משום דמחזי כאלו מערמת להוציא וכנ"ל, **וי"א** דעיקר הטעם הוא רק משום דזה דומה כנתינה לכתחלה, ויש לגזור גם בזה משום שחיקת סממנים, **ולפי** טעם זה אין לאסור להחזיר כי אם בנפלה ע"ג קרקע, ולא בנפלה ע"ג כלי, כמבואר לקמן בסימן שכ"ח סכ"ה, לגבי רטיה שנפלה עי"ש, וכן משמע דעת הגר"א בביאורו, [**ובזמנינו** דלכמה פוסקים אין לנו רה"ר, נראה דיש לסמוך אטעם שני].

אות ד'

ובלבד שלא תצא ילדה בשל זקנה, וזקנה בשל ילדה

סימן שג סי"ד - [ז]**ובלבד שלא תצא זקנה בשל ילדה, ולא ילדה בשל זקנה** - הטעם בכל זה, משום דמחייכא עלה ואתיא לשלופי ולאתויי.

אות ה'

כל שאסרו חכמים לצאת בו לרשות הרבים, אסור לצאת בו לחצר, חוץ מכבול ופאה נכרית. רבי ענני בר ששון משמיה דרבי ישמעאל אמר: הכל ככבול

סימן שג סי"ח - (ביאור טעמי חלוקי הדעות בקצרה: דהנה ממתניתין מוכח, דכל התכשיטין אסורין אפילו בחצר, חוץ מכבול ופאה נכרית דמותרת בחצר, כדי שלא תתגנה על בעלה, ור' ענני בר ששון משמיה דר' ישמעאל בר' יוסי פליג, וס"ל דכולם מותרים בחצר

באר הגולה

א מימרא דרב ששת שבת דף ס"ד ע"ב ב שם ס"ד במשנה ג ‹ע"פ הבאר הגולה› ד שם ‹י"א› ה שם ס"ד לפי' התוס' שם ‹נלמד מזב, שאמרו שם דאצולי טינוף הוא, דלא כפירש"י שם ס"ד ב', ועיין תוס' שם - גר"א› ו שם ס"ד ז שם בברייתא

ככבול, **ופסק הרמב"ם ועוד הרבה ראשונים כרב**, דס"ל כתנא דמתני', **אך** בזה גופא יש חלוקי דעות, דהרמב"ם וסייעתו ס"ל, דדוקא בחצר שאינה מעורבת, דדמיא לר"ה, אבל בחצר מעורבת וכ"ש בבית, לא אסרו כלל להתקשט, וזהו דעה ראשונה הנזכר בשו"ע, **ודעת הרמב"ן** וסייעתו, דאפי' בחצר מעורבת אסור וה"ה בבית, וזהו דעת הי"א הראשון, **ודעת** התוס', דהלכה כר' ענני בר ששון, דכל התכשיטין שרי בחצר אף שאינה מעורבת, וזהו דעת הי"א השני, ויתר ביאור דברי המחבר ביארתי במ"ב).

[ח] **כל שאסרו חכמים לצאת בו לרשות הרבים, אסור לצאת בו לחצר שאינה מעורבת** - היינו מבית לחצר, וה"ה שלא להתקשט בהן בחצר גופא כשאינה מעורבת, משום דדמיא לר"ה, **אבל** להוציא לחצר המעורבת שרי, וכ"ש בבית.

חוץ מכבול - היינו כיפה של צמר שבס"ג, וה"ה איצטמא הכתוב שם, [והוא ברייתא נ"ז: ע"ש], **ופאה נכרית, דהיינו קליעת שער** - תלוש, **שקלעה בתוך שערה** - שצוברתה על שערה מלמעלה כדי שתראה בעלת שער, [רש"י, **ולשון** השו"ע "שקלעה בתוך שערה", הוא לאו דוקא]. **והטעם** שהתירו תכשיטים אלו, כדי שלא תתגנה על בעלה אם לא תתקשט כלל.

ועיין בביאור הגר"א שמצדד כדעה ראשונה.

[ט] **וי"א דכל שאסרו לצאת בו, אפילו להתקשט בו בבית אסור, וכ"ש לצאת בו לחצר המעורבת, חוץ מכבול ופאה נכרית** דמותר בכל חצר, [דלשיטה זו, במקום שאסור יש לאסור בכל גווני, משום שאדם רגיל לילך כך לרה"ר, ושיירו רק מקצת אלו המלבושים כדי שלא תתגנה, א"כ יש להתיר באלו אף בחצר שאינה מעורבת, וכן משמע מביאור הגר"א, דלדידהו איירי הגמ' בכל חצר].

[י] **וי"א שהכל מותר לצאת בו בחצר, אפילו אינה מעורבת.**

[יא] **והאידנא, נשי דידן נהגו לצאת בכל תכשיטין** - היינו אפי' בר"ה שלנו, [**דבתוך** העירוב דהוי כחצר המעורבת, בודאי יש לסמוך אדעה ראשונה דהיא דעה סתמית], **ואח"כ** חוזר המחבר לבאר אודות המנהג הזה.

[יב] **ויש שאמרו דמדינא אסורות** - דאפילו אם נתיר בחצר שאינה מעורבת, הלא ר"ה שלנו, אפילו אם נאמר דאין עליו דין ר"ה, מחמת שאין ששים רבוא בוקעין בו בכל יום כדגלי מדבר, **הלא** לא גריעא עכ"פ מכרמלית שבזמן הש"ס, ולא מצינו בגמרא שום דעה שמתיר בכרמלית, **אלא שכיון שלא ישמעו, מוטב שיהיו שוגגות ואל יהיו מזידות.**

[יג] **ויש שלימדו עליהם זכות, לומר שהן נוהגות כן ע"פ סברא אחרונה שכתבתי, שלא אסרו לצאת בתכשיטין לחצר שאינה מעורבת, והשתא דלית לן רשות הרבים גמור, הוה כל רשות הרבים שלנו כרמלית, ודינו כחצר שאינה מעורבת, ומותר** - דכיון דהשתא לית לן ר"ה כלל לכמה פוסקים, וליכא למגזר אטו ר"ה, דמיא האי כרמלית שלנו לענין זה לחצר שאינה מעורבת ושריא, **זהו** ביאור דברי השו"ע להמעיין בב"י, אף שהלשון דחוק קצת.

(הנה המחבר בסימן שמ"ה ס"ז סתם שם כדעה הראשונה, דגם בזה"ז איכא ר"ה, **וע"כ** דהכא משמיה די"א הוא דכתב כן, וליה לא ס"ל, ויש לעיין לשיטה זו, למה אין תוקעין שופר בר"ה בשבת בזמנינו, כיון דליכא ר"ה ולא שייך שמא יעבירנו ד"א).

הגה: וי"א עוד טעם להתיר, דעכשיו שכיחי תכשיטין וילאין בהם אף בחול, וליכא למיחש דילמא שלפא ומחויא, כמו בימיהם שלא היו רגילים לצאת בהן רק בשבת ולא הוי שכיחי (תוס' פרק במה אשה והגהות אלפסי פרק במה אשה).

[יד] **ומיהו טבעת שיש עליה חותם לאשה, ושאין עליה חותם לאיש, דתנן בה חייב חטאת, אף בכרמלית אסור אפילו לדידן** - וה"ה דאפילו בחצר אסור, **והוא הדין לכל מאי דאתמר ביה חיוב חטאת** - ר"ל דהתם כשנושא כשהוא לבוש אין בו משום משא, ולית ביה רק איסור דרבנן אפילו בר"ה גמור, משום דילמא שלפא ומחוי, ולכך הקילו בשלנו, משא"כ בזה.

[טו] **ויש מי שאומר שבזמן הזה שנהגו האנשים לצאת בטבעת שאין עליה חותם, הרי זה להם כתכשיט, ושרי** - ובחי' רע"א כתב, דאף שאין למחות בזה, שיש לו על מי לסמוך, מ"מ בעל נפש יחוש לעצמו שלא לצאת בטבעת כלל, והיינו חוץ לעירוב.

ולפי זה אפשר דכיון שנהגו עכשיו הנשים לצאת בטבעת שיש עליה חותם, הרי הוא להן כתכשיט, ושרי - היינו לפי מה שכתב בתחלה ע"פ סברא אחרונה דבתכשיט מותרת.

[טז] **ומ"מ צריך להזהיר לנשים שלא תצאנה אלא במחטים שהן צריכות להעמיד קישוריהן ולא יותר, כי בזה שאין להן תועלת בו ישמעו לנו** - ר"ל אפילו לכל הסברות המקילין, היינו רק בדבר שהוא תכשיט, ולא בדבר שאינו תכשיט, **ולפיכך** מה שהתיר בס"ט מחט להעמדת הקישורים, לא יהיו יותר מחטין בצעיפה מכדי הצורך להעמדת הקישורים, דמחט שאינה מעמדת הקישורים אינה תכשיט כלל, וכמו שביארנו שם בס"ט.

(משמע דאין סומכין על היתרים הללו כ"כ, ורק שלא למחות להן משום דמוטב שיהיו שוגגין וכו'). ‹מובא בשם החזו"א, שהורה להקל

באר הגולה

ח שם ס"ד וכרב הרי"ף והרמב"ם | ט בית יוסף ממשמעות רשב"א שהביא המגיד והמרדכי בשם ר"י | י טור והתוס' בשם ר"ת שם ס"ד | יא תוספות שם בשם רבינו שר שלום | יב שם בתוספות והרא"ש והר"ן שם | יג טור בשם בעל התרומות וסמ"ג וסמ"ק ושם בתוספות בשם רבינו ברוך | יד שם בבעל התרומות | טו הר"ן ע"פ סברת ר"ת והביאו הב"י בסימן ש"א | טז מהר"י אבוהב

לנשים לצאת בתכשיטים, כי הרמ"א שהוסיף עוד טעם להתיר, מגלה לנו שכן ההלכה למעשה, ושכן המנהג כדברי המקילין שבמחבר - פסקי תשובות. **ועיין** בערוה"ש סכ"ב שמביא עוד טעם להיתר›.

אות ו'

אם כן אתה מגנה על בעלה, ונמצא בעלה מגרשה

יו"ד סימן קצה ס"ט - [יז]בקושי התירו לה להתקשט בימי נדותה, אלא כדי שלא תתגנה על בעלה - ‹עיין באר הגולה, ובאבות דרבי נתן: כל המנבלת עצמה בימי נדתה, רוח חכמים נוחה הימנה, וכל המתקשטת עצמה בימי נדתה אין רוח חכמים נוחה הימנה. **ומשמע** דאף לר' עקיבא, מדקאמר אין רוח כו' - גר"א›.

אות ז'

בנדתה תהא עד שתבא במים

יו"ד סימן קצה ס"א - [יח]חייב אדם לפרוש מאשתו בימי טומאתה עד שתספור ותטבול. (ואפילו שהתה זמן ארוך ולא טבלה, תמיד היא בנדתה עד שתטבול) - כלומר אף בימי לבונה כל דין נדה יש לה, עכ"ל הטור - ש"ך.

יו"ד סימן קצז ס"א - [יט]אין הנדה והזבה והיולדת עולות מטומאתן בלא טבילה, שאפילו אחר כמה שנים חייב כרת הבא על אחת מהן, אלא אם כן טבלו כראוי – [בלא חציצה], **במקום הראוי** – [היינו שיש שם מ' סאין – ט"ז].

באר הגולה

יז ברייתא משמיה דר"ע שבת דף ס"ד ע"ב יח תוספות שבת דף י"ג, והרא"ש בפסקיו בפרק ה' דכתובות, וכ"כ הרשב"א, ושכן הוא דעת הר"א ודעת כל הגאונים, וכ"כ הרמב"ם בפי"א מהא"ב הי"ח, וסמ"ג וסה"ת מהא דשבת דף ס"ד ע"ב בנדתה תהא עד שתבא במים יט לשון הרמב"ם פ"ד מהא"ב ה"ג מברייתא שבת דף ס"ד בשם ר"ע

§ מסכת שבת דף סה. §

אות א' - ב' - ג' - ד'

ובמוך שבאזנה. תני רמי בר יחזקאל: והוא שקשור באזנה

ובמוך שבסנדלה. תני רמי בר יחזקאל: והוא שקשור לה בסנדלה

ובמוך שהתקינה לנדתה... אע"פ שאינו קשור לה, כיון דמאיס לא אתיא לאיתויי

עשתה לה בית יד... מותר

סימן שג סט"ו - [א]ובמוך הקשור [ג]ומהודק באזנה - והוא עשוי לבלוע ליחה של צואת האזן.

הקשור ומהודק - דאל"ה חיישינן דילמא נפיל ואתי לאתויי.

ובמוך שבסנדלה - לתענוג, **הקשור בסנדלה** - וגם בזה הא דבעינן קשר, משום דילמא נפיל ואתי לאתויי, **ומשמע** מלשון השו"ע, דבזה לא בעינן מהודק, וכ"כ בתו"ש, [**אף** דברי"ף איתא בהדיא בזה דבעינן גם מהודק, מ"מ נראה דאין להחמיר, דלדעת רש"י לא בעינן מהודק כלל גם במוך שבאזנה, וכמ"ש הגר"א, וגם ברמב"ם לא נזכר מהודק, **ואח"כ** מצאתי בפירושו על המשנה, שכתב בהדיא, דבין באזנו ובין בעקיבו בעינן קשר מהדק, וע"כ צ"ע]. **[ו]ובסנדל ומנעל הסתומים מכל צד, אפילו אינו קשור מותר** - לאפוקי פנטינ"ש שלנו, יש חששא באינו קשור, דילמא נפיל ואתי לאתויי.

‹ומותר ליתן המוך גם בשבת, כמ"ש לקמן במ"ב›. **ודעת** כמה אחרונים, דה"ה דמותר ליתן תבן לכתחלה בשבת במנעלים שלנו הסתומים מכל צד, **ונכון** להחמיר בזה אם לא בעת הצורך.

[ד]ובמוך שהתקינה לנדתה. הגה: שלא יפול דם עליה ויתלכלך (ב"י בשם הפוסקים) - אבל אם אינה עושה אלא בשביל אצולי טנוף, להציל בגדיה שלא יטנפו, אסור, וכמ"ש סימן ש"א סי"ג.

[ה]אפי' אינו קשור, דכיון שהוא מאוס לא חיישינן דלמא שקלה ליה, אפילו יש לו בית יד - להמוך שלה, דיכולה לאחוז להמוך בבית יד, קמ"ל דאפ"ה מאיס למשקליה, [רש"י], ואפילו אם יפול לא שקלתיה כלל, [גמרא].

אות ה' - ו'

שן של זהב... וחכמים אוסרין

לא שנו אלא של זהב, אבל בשל כסף דברי הכל מותר

סימן שג סי"ב - [י]אם חסר אחת משיניה ומשימה אחר במקומו, אם הוא של זהב, לא תצא בו, [י]דכיון שמשונה במראה משאר שינים, דלמא מבזו לה ושקלה ליה וממטיא; [יא]אבל של כסף שדומה לשאר שינים, מותר, [יב]וכ"ש שן דאדם.

אות ז'

יוצאה בסלע שעל הצינית

סימן שא סכ"ח - [י]מי שיש לו מכה בפיסת רגלו, וקושר עליה מטבע להגין שלא ינגף ברגלו, וגם הוא מרפא, מותר לצאת בו - ודוקא בשקשר את המטבע לפיסת רגלו מבע"י באיזה סמרטוט, דלא חשיב ובטיל, **אבל** אם קשר אז בדבר שהוא חשוב, אסור לצאת בשבת, וכנ"ל בסכ"ב.

[יא]הוא מלשון הטור, ומשמע מזה דבדבר שאינו מרפא, אלא שעושה כדי שלא ינגף ברגלו, אסור, ואזיל לטעמיה בסכ"ב עי"ש, **[יב]אבל** בא"ר הביא בשם כמה פוסקים, דאפילו אם אינו מרפא, אלא שעושה כדי להגין מצער, ג"כ מותר לצאת בו, וכ"כ בתו"ש בשם מהרש"ק, **ועיין** לעיל בסעיף כ"ב מה שכתבנו בשם הגר"א, דדעת הרמב"ם הוא ג"כ הכי, **וע"כ** אם חתך אצבעו בשבת, וכורך חתיכת בגד עליה שלא ישרט בבגדיו, מותר לצאת בו, [דאפי' דבר חשוב מותר כיון שמועיל שלא ישרט, **אך** י"א דאינו מותר לצאת בהן כי אם בשיצא בהן שעה א' מבע"י], **מיהו** יותר טוב שיכרוך על המקום הזה באיזה סמרטוט, דבזה מצדד הפמ"ג דלכו"ע שרי לצאת בו, דלא חשיב ובטיל לגבי המכה, [ויש להקל בזה אף שלא יצא בו שעה א' מבע"י], **מיהו** בכל גווני צריך לרחוץ מקודם הדם שבאצבעו, כדי שלא יצטבע עי"ז.

באר הגולה

[א] שם ס"ד במשנה ובגמ' ס"ה **[ב]** ‹רא"ש. **וצ"ל** דמפרש דלא כפרש"י, דלרש"י לב' הפירושים א"צ מהודק - גר"א. {**דלפרש"י** בלשון ראשון, ר' יוחנן יצא בלא קשור, ופריך עליו מרמי בר יחזקאל, ומשני הא דתני רמי והוא שקשור, מיירי בלא מהדק, ור' יוחנן מיירי במהדק, וס"ל לר' יוחנן דמהדק מהני כמו קשור, וא"כ חכמים דפליגי על ר' יוחנן, היינו דס"ל דמהדק לא הוי כקשור, אבל קשור מהני לכו"ע אפי' בלא מהדק, **וללשון** שני דרש"י, דר' יוחנן היה קשור, ופריך הגמ', דכיון דקשור תו הוי מצי לילך גם לרה"ר, ואמאי לא יצא רק לבהמ"ד שהיה סמוך לביתו, ומשני הגמ', דרמי בר יחזקאל מיירי במהדק, ובזה הוא דמהני קשור, אבל ר' יוחנן לא היה מהדק ולא מהני קשור, וא"כ חביריו דחולקין עליו, ע"כ דס"ל דרמי בר יחזקאל מיירי ג"כ בלא מהדק, ומהני קשור, לכן פליגי עליו אמאי לא הלך ברה"ר, וא"כ כיון דלית הלכתא כר' יוחנן נגד חביריו, הלא הלכתא דמהני קשור אף בלא מהדק - דמשק אליעזר}. **אלא** שמפרש והתני רמי כו', ואמאי חלוקין עליו - גר"א. דהרא"ש ס"ל כלשון שני דרש"י, דר' יוחנן היה בקשור, ונפיק גם לרה"ר, וחביריו דפליגי ס"ל דלא מהני קשור, וע"ז פריך הגמ' על חביריו, אמאי פליגי על ר' יוחנן הא תני רמי בר יחזקאל והוא שקשור, ומשני הא דמהדק, דחביריו ס"ל דהא דמתיר רמי בר יחזקאל בקשור היינו דוקא במהדק, אבל גבי ר' יוחנן לא היה מהדק, וא"כ כיון דהלכתא כחביריו, שפיר פסק הרא"ש דבעינן תרתי קשור ומהדק - דמשק אליעזר› **[ג] טור בשם סמ"ג וש"פ לפי' הב"י שם** **[ד] שם ס"ד במשנה** **[ה] שם בגמרא ס"ה** **[ו] שם ס"ד וכחכמים** **[ז]** ‹כלשון רבותיו של רש"י - גר"א› **[ח] שם בגמרא** **[ט] הרא"ש שם** **[י] שבת ס"ה** **[יא]** ‹בגמ' מסיק כולהו מעלי, ופי' רש"י (ד"ה כולהו) "בהדדי", משמע חיסר אחד אין מעלה כלל - פמ"ג› **[יב]** ‹דלא משמע הכי בשבת דף ס"ה. דפריך אילימא דכל מידי דאקושא מעלי לה, ליעבד לה חספא וכו' ודו"ק - א"ר. **ולא** הקשה איך שרי לצאת - פמ"ג›

במה אשה פרק ששי שבת סה

*שוטחן בחמה אבל לא כנגד העם רבי *אליעזר ורבי שמעון אוסרין: [א]ובמוך שבאזנה: תני רמי בר יחזקאל והוא שקשור באזנה: [ב]ובמוך שבסנדלה: תני רמי בר יחזקאל והוא שקשור לה בסנדלה: ובמוך שהתקינה לה לנדתה: סבר רמי בר חמא למימר והוא שקשורה לה בין ירכותיה אמר רבא [ג]אע"פ שאינו קשור לה כיון דמאים לא אתיא לאיתויי בעא מיניה רבי ירמיה מרבי אבא עשתה לה בית יד מהו א"ל [ד]מותר איתמר [נמי] אמר רב נחמן בר אושעיא א"ר יוחנן עשתה לה בית יד מותר רבי יוחנן נפיק בהו לבי מדרשא וחלוקין עליו חבריו רבי ינאי נפיק בהו לכרמלית וחלוקין עליו כל דורו והתני רמי בר יחזקאל והוא שקשור לה באזנה לא קשיא הא דמיהדק הא דלא מיהדק: בפלפל ובגלגל מלח: פלפל לריח הפה גלגל מלח *לדורשיני: וכל דבר שנותנת לתוך פיה: זנגבילא אי נמי דרצונא:

שן תותבת שן של זהב רבי מתיר [ה]וחכמים אוסרין: א"ר זירא [ו]לא שנו אלא של זהב אבל בשל כסף דברי הכל מותר תניא נמי הכי בשל כסף ד"ה מותר של זהב רבי מתיר וחכמים אוסרין אמר אביי רבי ור' אליעזר ור' שמעון בן אלעזר כולהו סבירא להו דכל מידי דמיגניא ביה לא אתיא לאחויי רבי הא דאמרן ר' אליעזר *דתניא ר' אליעזר פוטר בכובלת ובצלוחית של פלייטון ר' שמעון בן אלעזר דתניא *כלל אמר רבי שמעון בן אלעזר כל שהוא למטה מן הסבכה יוצאה בו למעלה מן הסבכה אינה יוצאה בו:

מתני' [ז]יוצאה בסלע שעל הצינית [ח]הבנות קטנות יוצאות בחוטין ואפי' בקיסמין שבאזניהם [ט]ערביות יוצאות רעולות ומדיות פרופות וכל אדם אלא שדברו חכמים בהוה פורפת על האבן ועל האגוז ועל המטבע ובלבד שלא תפרוף לכתחלה בשבת: **גמ'** מאי צינית בת ארעא ומאי שנא סלע אילימא כל מידי דאקושא מעלי לה ליעבד לה חספא אלא משום שוכתא ליעבד לה טסא אלא משום צורתא ליעבד לה פולסא אמר אביי שמע מינה כולהו מעלין לה: הבנות יוצאות בחוטין: אבוה דשמואל לא שביק להו לבנתיה דנפקי בחוטין ולא שביק להו גניאן גבי הדדי *ועביד להו מקואות ביומי ניסן [י]ומפצי ביומי תשרי לא שביק להו יוצאות בחוטין והאנן תנן הבנות יוצאות בחוטין בנתיה דאבוה דשמואל [כ]דצבעונין הוו לא שביק להו גניאן גבי הדדי לימא מסייע ליה לרב הונא *דאמר ר"ה [ל]נשים המסוללות זו בזו פסולות

רש"י

שוטחן בחמה · מי שנשרו כליו בדרך *במי גשמים: **אבל לא כנגד העם** · שלא יאמרו כבסן בשבת האי תנא סבר דמידי דמשום מראית העין מותר בחדרים: **אוסרין** · כרב: **עשתה לו בית יד** · למוך שבאותו מקום מהו למיסריה דילמא שקלה וממטא לה בידים דלא מאיס לאוחזה בבית יד שלה: **עשתה לה בית יד מותר** · דלא אמרינן לא מאיס אלא אפילו בבית יד מאיס: **רבי יוחנן נפיק ביה לבי מדרשא** · במוך שבאזנו שהיה זקן והיתה לו צנת האוזן מרובה: **וחלוקין עליו חבריו** · מפני שלא היה קשור באזנו והוא יוצא בו לרה"ר: **הא דמיהדק** · דר' יוחנן היה תוחב באזנו יפה ומהדק ולא בעי קשירה ודרמי בר יחזקאל בדלא מיהדק ל"א מתלמידי רבינו הלוי דרבי יוחנן קשור הוה ובית מדרשו סמוך לביתו הוה ולא היתה רה"ר מפסקת: **והא תני רמי והוא שקשור כו'** · וכי קשור מיהא אפילו לרה"ר מותר ואמאי קאמר לבי מדרשו ולא קאמר לרשות הרבים ומשני דר' יוחנן קשור ולא מיהדק הקשר ולשון ראשון מיושב מזה: **לדורשיני** · לחולי השינים: **זנגבילא** · גינזירו: **דרצונא** · קנמון: **לא שנו** · דחכמים אוסרין אלא של זהב שמשונה במראה משאר שינים ודילמא מבזו לה ושקלה לה בידה וממטיא: **אבל של כסף** · שדומה לשאר השינים דברי הכל מותר לשון רבותי ולי נראה טעמא דשל זהב משום דחשיבא ואתי' לאחוויי לכך אסור אבל של כסף לא חשיבא ולא אתי' לאחוויי וללשון רבותי קשיא לי הא דאמר אביי רבי ור"ש בן אלעזר כו' ואי טעמא דרבנן משום דחייכי עלה הוא מאי שנא רבי [א] דקחשיב ליה רבנן נמי להו לאחוויי חיישי ויש לתרץ דרבנן מיסר קאסרי מכל מקום ורבי מתיר דקסבר לא חייכו עלה ולא שלפא להו ומיהו ה"ל למיחש דלמא שלפא לה משום אחווי אלא לא שלפא משום דאי מחוי לה גנותא היא: **רבי הא דאמרן** · דלא חייש דילמא שלפא: **פוטר בכובלת** · ואוקימנא דהאי פוטר מותר לכתחילה הוא ואמר טעמא מאן דרכה למיפק בכובלת אשה שריחה רע ולא שלפא ומחויא גנתה: **למטה מן הסבכה** · כגון כיפה של צמר: **יוצאה בה** · דלא חיישינן דילמא שלפא ומחוויא דמיגלי שערה ומגניא בה שהשבכה נוי הוא לשער: **מתני' סלע** · מטבע הוא: **צינית** · מפרש בגמ': **הבנות קטנות** · שמנקבות אזניהם ואין עושין נזמים עד שיגדלו ונותנין חוטין או קסמים באזניהם שלא יסתמו אזניהם לוי"ה: **ואפילו** · רבותא קאמר דאע"ג דלאו תכשיט נוי הוא אורחא בהכי ולא משאוי הוא ויש מפרשין חוטין שקולעת בהן שערה דאסרינן לגדולה בריש פרקין התם משום דשכיחא בהו טבילה אבל קטנות דלא שכיחא בהו טבילה שרי ולשון ראשון הגון מזה חדא דקטנות נמי לריכות טבילה לטומאת מגע משום טהרות ואף נדות נמי שכיחות בהו כדתנית (נדה דף לב:) מעשה שהיה והטבילוה קודם לאמה ועוד מדקתני אפי' בקיסמין איכא למישמע דחוטין נמי אאזנים קיימי דאי חוטי הראש לא שייך למיתני אפי' בקסמין: **ערביות** · נשים ישראליות שבערב: **יוצאות רעולות** · דרך ערביות להיות מעוטפות ראשן ופניהם חוץ מן העינים וקרי לה בלשון ערבי רעולות היינו הרעלות דכתיב גבי תכשיטי נשים בספר ישעיה (ג): **מדיות** · נשים ישראליות שבמדי: **פרופות** · שמעטפות בטלית ותולה הרלועה בשפתה האחת כנגד לוארה ובשפתה השנית כורכת אבן או אגוז וקושרת הרלועה בכרך ואין הטלית נופל מעליה: **פורפת** · כמו קרסים דמתרגמינן פורפין כל המחבר בגד לחבירו קרי פריפה: **ובלבד שלא תפרוף לכתחלה בשבת** · ובגמ' פריך והאמרת רישא פורפת: **גמ' בת ארעא** · מכה שהיא תחת פרסת הרגל וקושר בה סלע לרפואה: **דאקושא** · שהיא קשה ומגינה על המכה מקולים ויתדות דרכים: **שוכתא** · ליחלוחית היוצא מן הכסף ובלע"ז רוי"ל ויפה למכה שוכתא כמו דשתך טפי דהלו מליאות (ב"מ דף כו:) ומשתכין כנחשת דתענית (דף ח.): **ליעבד טסא** · דכספא טיבעא למה לי אלא משום לורתא דטיבעא מעליא למכה ולאו שוכתא: **ליעבד פולסא** · עגול של עץ ויצור עליו: **אמר אביי ש"מ** · ממתני' דנקט סלע: **כולהו בהדדי מעלו לה** · ולהכי נקט סלע דאיתנהו לכולהו אקושא ושוכתא וצורתא: **לא שביק להו לבנתיה כו'** · מפרש לקמן טעמא דכולהו: **גניאן גבי הדדי** · לישן זו אצל זו בעודן בתולות: **מקואות ביומי ניסן** · של מים מכונסין או סמוך לנהר וממשיך לתוכן מי הנהר וטובלות שם: **ומפצי ביומי תשרי** · שטובלות בפרת ומפצי הטיט שלא יהא חלילה טוחנות המפץ תחת רגליהן: **דצבעונין** · וחייש למישלף ואחווי: **המסוללות** · מתחככות משום תאות תשמיש:

תוספות

אמר רב כל מקום שאסרו חכמים כו' · י"מ דאין הלכה כרב [מ]מדתני בחולין (דף מא.) אין שוחטין לתוך גומא ברשות הרבים שלא יחקה האפיקורסים ובחצר מותר ומיהו אין זה ראיה דבחצר מותר דאף הרואה אותו אומר לנקר חצרו הוא צריך אבל בעלמא שאם יראה אדם הרואה יחשדע אפילו בחדרי חדרים אסור:

ליעבד לה פולסא · פ"ה חתיכה של עץ ויצור עליה צורה ולפירושו (ב) ניחא מה שמקשים דבעלמא אמר* מאי אסימון פולסא ופ"ה התם היינו דבר שאין עליו צורה וקשה דהכא משמע דפולסא הוא דבר שיש עליו צורה ולפירש"י ניחא דפירש ליעבד פולסא בלא צורה ויצור עליו הצורה אבל לפיר"ת קשה דפירש אסימון הוי של מתכת ויש עליו צורה אבל אינה חשובה ואינה יוצאה אם כן הכא מאי איריא סלע אפילו אסימון ושמא י"ל דצורת סלע צריך:

ומפצי ביומי תשרי · פ"ה מפני הטיט שלא יהיה חלילה וטוחנות המפץ תחת רגליהן ורבינו תם פירש שהיו עושות מפצי זקופות שלא יראו אותן העולם ויתביישו מהם ולא יטבלו היטב*:

עין משפט נר מצוה

סו א ב ג ד מיי' פי"ט מהל' שבת הלכה יא סמג לאוין סה טוש"ע א"ח סי' שג סעיף טו:

סז ה ו מיי' שם הל' ז טוש"ע שם סעי' יב:

ביצה ט. [לקמן קמו:]

סח ז מיי' שם הלכה יג סמג שם טוש"ע א"ח סימן שא סעיף כח:

[ב"מ מז:]

סט ח מיי' שם הלכה יב סמג שם טוש"ע א"ח סימן שג סעיף כ:

ע ט מיי' שם טוש"ע שם סעיף כא:

עא י מיי' פ"א מהל' מקואות הלכה יא טוש"ע י"ד סימן קצח סעיף לג לד:

עב כ מיי' פי"ט מהל' שבת הל' י' סמג לאוין סה טוש"ע א"ח סימן שג סעיף כ:

עג ל מיי' פכ"א מהל' איסורי ביאה הלכה ח סמג לאוין קכו טוש"ע אה"ע סי' כ סעיף ב:

[וע"ע תוס' נדה סו: ד"ה אשה]

[לעיל מ:]

רבינו חננאל

שוטחן בחמה אבל לא כנגד העם ור' אליעזר ורבי שמעון אוסרין ואית דאמר כר' אליעזר ורבי שמעון: במוך שבאזנה תני רמי [בר יחזקאל] והוא שקשור באזנה · ובמוך שבסנדלה והוא שקשור בעקבה · במוך שהתקינה לנדתה והוא שקשור בירכותיה ורבא אמר אע"פ שאינו קשור כיון דמאים לה לא אתיא לאחווייה · אמר רבא עשתה לה בית יד מותר · פי' בית יד שעושה לידה שתכסה אותה כדי שתבדוק מוך לנדתה ולא תגע בו ולא תטנף בו . והא דאמר במוך שבאזנה ותני רמי בר יחזקאל והוא שקשור באזנה אוקמה במהדק ואי לא מהדק אסור: ושן תותבת של כסף דברי הכל מותר: ר' שמתיר בשל זהב ור' אליעזר שמתיר בצלוחית של פליטון ור' שמעון בן אלעזר שמתיר בכל שהוא למטה מן הסבכה אלו כולן סבירא להו כל מידי דגנאי הוא לא אתא לאחווייה והני שיטה נינהו ולית הלכתא כחד מינייהו: מתני' יוצאין בסלע שעל הצינית סילעיא שיש עליה צורת מטבע ומעלא לצינית שהוא מכה תחת התל · ציניתא בת ארעא · הבנות יוצאות בחוטין אפילו בקסמים שבאזניהן · בנתיה דאבוה דשמואל תלתא גווני צבעונים הוו הופי דידהו ולא שביק להו למיפק בהו סבר דילמא שלפא ומחויא לחברתה

מסורת הש"ס

[עיין תוספות לקמן קמו: ד"ה מי שנשרו ותוספות ביצה ט. ד"ה מי · שהשיגו על פרש"י דהכא אבל לקמן קמו: במשנה וביצה ט. עולה פירושו כפירוש תוספות וביצה ע' פרש"י כדהכא]

[ג"י' הערוך ערך דר ה' לדור שיני ע"ש]

[לעיל סב· תוספתא פ"ה ע"ש]

[נדרים מ:] בכורות נב: נדה סז.

יבמות עו.

הגהות הב"ח

(א) רש"י ד"ה אבל של כסף וכו' ומאי שנא רבי דקא שרי ליה משום דלא אתיא לאחווי רבנן נמי: (ב) תוס' ד"ה ליעביד וכו' ולפירושו נ"ב וכתוס' פ' בכל מערבין דף לא ע"ב כתבו בענין אחר ע"ש בד"ה שפדאו:

גליון הש"ס תוס' ד"ה אמר רב וכו' מדתני בחולין · ראיה זו כתבו תוספות בחולין בשם ירושלמי:

אות ח'

הבנות קטנות יוצאות בחוטין, ואפילו בקיסמין שבאזניהם

סימן שג ס"כ - "הבנות קטנות שנוקבים אזניהם כדי לתת בהם נזמים כשיגדלו, וכדי שלא יסתמו הנקבים נותנים בהם קסמים, מותר לצאת בהם - דאורחא בהכי ולאו משוי הוא, [רש"י]. **וה"ה אם נותנים חוטים באותם נקבים, שמותר לצאת בהם אם אינם צבועים.**

אות ט'

ערביות יוצאות רעולות

סימן שג סכ"א - "יוצאת אשה רעולה, והוא שמעטפת כל ראשה "חוץ מהפנים - בערוך וברש"י איתא "חוץ מהעיניים", **וקמ"ל** דגם זה דרך מלבוש הוא.

אות י'

ומפצי ביומי תשרי

יו"ד סימן קצח סל"ג - לא תטבול במקום שיש בקרקעיתו טיט, משום חציצה - [הטור כ' ע"ז, ולא נהירא, וטעמו משום הקושיא שהקשה הרא"ש שהביא ב"י, דמ"ש ממתני', דהמטביל המטה במים, אע"פ שרגליה שוקעות בטיט, טהורה, מפני שהמים מקדימין, והביא ב"י בשם הר"ן תירוץ אחד, דשאני רגלי אדם, שיש יותר חשש בין אצבעותיו דנדבק שם - ט"ז].

אלא אם כן תתן עליו זמורות וכיוצא בהם, דבר שאינו מקבל שום טומאה - [וה"ה לדידן בנסרים, כמו שכתבתי בסמוך - ט"ז].

ואם טבלה, י"א שלא עלתה לה טבילה (ראב"ד ורש"י, אבל רוב הפוסקים מתירין) - ואע"ג דלעיל סי"ד פסק, דאינו חוצץ אלא טיט היון ויוצרים ודרכים, ושאר כל הטיט כשהוא לח אינו חוצץ, שהרי הוא נמחה במים, **י"ל** דהכא נמי מיירי במקוה שיש טיט עבה כמו טיט היון, וכ"כ ב"י לדעת רש"י, **ואפשר** ע"ז סמכו עכשיו וטובלין במקום שיש טיט, משום דסתם טיט אינו כמו טיט היון, **וגם** רוב הפוסקים מתירים לטבול בנמל, דהיינו במקום טיט, כדאיתא בטור ופוסקים - ש"ך, (דמפרשי הסוגיא כפירוש ר"ת, דלא תטבול בנמל, מפני שרוב בני אדם מצויין שם והיא בושה, וכסל"ד - מחה"ש).

(**ומ"מ** צריכה להגביה רגליה בשעת טבילה, כדמשמע בש"ך בסעיף ל' - דגמ"ר, **וכתב** דמה"ט אם יש מקוה אחרת, אין לטבול במקוה שיש רפש וטיט, אף שאינו כמו טיט היון, כיון שעכ"פ צריכה בשעת טבילה להזדקר, לקפוץ באויר בעודה תחת המים, קרוב לודאי שאין הנשים נזהרות בזה - פת"ש).

יו"ד סימן קצח סל"ד - "לא תטבול במקום שיש חשש שיראוה בני אדם, מפני שמתוך כך ממהרת לטבול ואינה מדקדקת בטבילה; ומיהו בדיעבד, עלתה לה טבילה - (שאם היא יודעת בעצמה שטבלה כהוגן, טבילתה כשרה בדיעבד, ולא חיישינן דילמא אגב בעיתותא לא טבלה שפיר ולאו אדעתה - ב"י).

אות כ'

דצבעונין הוו

סימן שג ס"כ - "אבל אם הם צבועים, אסור - דחשובין הן, ודילמא שלפא ומחויא, **ועיין** במ"א שמצדד לומר, דאפילו בצבעונין אין לאסור כי אם בבתולה שדרכה להיות אזניה מגולות, **אבל** בנשואה שדרכה להיות אזניה מכוסות בקישורין, אין דרכה להיות שלפא ומחויא, דטריחא לה מילתא, וכמו לענין נזמים לעיל בס"ח.

(עיין במג"א שכתב: אע"ג דנזמים מותר כמ"ש ס"ח, שאני חוטין דקל יותר ליטלם, תוס' (נ"ט: ד"ה נזמי) ולפי מש"כ שם בהג"ה, י"ל דהכא מיירי בבתולה דוקא, עכ"ל, והנה א"כ לפ"ז משמע, דבנשואה יש להקל אפילו בחוטין, ודעת התוס' דבחוטין שקל להסירם יש לאסור אפילו בנשואה, **ועיין** בפמ"ג שנשאר בצ"ע, אי נתפוס כהתוספות או כהמ"א. והנה דברי התוס' לכאורה מוקשים מאד, אחרי דבתחלת דבריהם כתבו בעצמם, אבל נזמי האוזן שרי כדפירש בקונטרס, אלמא דגם הם מודים לסברת רש"י, שכתב דמפני שאזניה מכוסות בקישורים טריחא מילתא למישלף ואחוי, ומה זה דקמסיימי שאני חוטין דקל יותר ליטלם, מה נ"מ בזה, מזה נשמע דטעם נזמי האוזן דשרי מפני שמהודק וקשה להסירם, וזהו דלא כפירש"י, **אבל** באמת הנכון, שלפניהם היה הגירסא ברש"י, טעם לנזמי האוזן דמותר מפני שהוא מהודק, וניחא דברי התוס' בפשיטות, וכן איתא בהדיא בסמ"ג, טעם לנזמי האוזן דמותר בשם רבינו שלמה, [דידוע בכל מקום בסמ"ג שהוא על רש"י], משום דמהודקין היטב, וכן ברבינו ירוחם איתא ג"כ טעם לנזמי האוזן דמותר מפני שיש טורח לשלפן, **וא"כ** לפ"ז בחוטין צבועין דקל ליטלם מעל האוזן, חיישינן דילמא שליף ומחוי, ואין חילוק בין בתולות לנשואות, וא"כ לפ"ז להשלשה רבוותא הנ"ל, והם התוספות והסמ"ג ורי"ו, אין להקל אפילו בנשואה לצאת בחוטין צבעונים).

ועיין בביאור הלכה שביארתי, דלדעת כמה ראשונים גם בנשואה אסור בחוטין צבועין, (**דטעם** לנזמי האוזן דמותר, מפני שהוא מהודק, שיש טורח לשלפן, וא"כ לפי"ז בחוטין צבועין דקל ליטלם מעל האוזן, חיישינן דילמא שליף ומחוי).

באר הגולה

יג שם ס"ה במשנה וכפירוש רש"י | יד שם במשנה | טו כן הוא בטור שלפנינו, אבל ברש"י ובערוך: חוץ מהעיניים | טז (עיין תוס' ד"ה ומפצי) | יז שם מהא דאבוה דשמואל

אות ל'

נשים המסוללות זו בזו פסולות לכהונה

אבה"ע סימן כ ס"ב - נשים המסוללות (פי' המשחקות ומתחככות) זו בזו, אסור, [יח]ממעשה ארץ מצרים שהוזהרנו עליו. וראוי להכותן מכת מרדות, הואיל ועשו איסור - ‹דלאו שבכללות הוא - לבוש›. ‹**אבל** אינה נאסרת לבעלה, ולא נפסלה לכהן - באה"ט›, ‹דמבואר בפרק הערל (יבמות עו.) שאין הלכה כרב הונא דאמר נשים המסוללות זו בזו פסולות לכהונה - ב"י›. **ויש לאיש להקפיד על אשתו מדבר זה, ומונע הנשים הידועות בכך מלהכנס לה ומלצאת היא אליהן.**

באר הגולה

יח ‹ת"כ שם: או כמעשה ארץ מצרים, יכול לא יבנה בנינים ולא יטע נטיעות כמותן, ת"ל ובחוקותיהם לא תלכו, לא אמרתי אלא בחקים החקוקים להם ולאבותיהם ולאבות אבותיהם, ומה היו עושין, האיש נושא לאיש והאשה לאשה כו' - גר"א›. ‹**וקשה**, אמאי לא הביא הבאר הגולה או הגר"א המקור מאבוה דשמואל›

פסולות לכהונה לא סבר כי היכי דלא לילפן גופא נוכראה ועביד להו מקוה ביומי ניסן מסייע ליה לדב דאמר רב מטרא במערבא סהדא רבה פרת סבר שלא ירבו הנוטפין על הזוחלין ופליגא דשמואל דאמר שמואל נהרא מכיפיה מיברך ופליגא דידיה אדידיה דאמר שמואל אין המים מטהרין בזוחלין אלא פרת ביומי תשרי בלבד: פורפת על האבן כו׳: והאמרת רישא פורפת אמר אביי סיפא אתאן למטבע בעי אביי אשה מהו שתערים ותפרוף על האגוז להוציא לבנה קטן בשבת תיבעי למ״ד [*] (א) מערימין תיבעי למאן דאמר אין מערימין תיבעי למאן דאמר מערימין בדליקה התם הוא דאי לא שרית ליה אתי לכבויי אבל הכא אי לא שרית ליה לא אתי לאפוקי או דלמא אפילו למאן דאמר אין מערימין בדליקה התם דרך הוצאה בכך אבל הכא אין דרך הוצאה בכך אימא שפיר דמי תיקו:

מתני׳ הקיטע יוצא בקב שלו דברי ר׳ מאיר ורבי

רש״י

פסולות לכהונה · לכהן גדול דלא הויא בתולה שלימה דאע״ג דכהן גדול ביומיה לא הוה אזיל ודרך זוית חשיב ליה לאו אורח ארעא: **דלא נילפן גופא נוכראה** · ויתאוו לשכב עם איש: **מטרא במערבא** · בארץ ישראל: **סהדא רבה פרת** · פרת מעיד בדבר שהוא יורד מארץ ישראל לבבל וגדל ממי הגשמים ויודעין בני בבל שירדו גשמים בהרי ארץ ישראל ושמחים על אחיהם ואבוה דשמואל נמי כרב סבירא ליה דאמר פרת גדל ומימיו מתברכין ע״י גשמים: **וסבר שמא ירבו נוטפים** · הייט גשמים על הזוחלין הטובעין ותנן במסכת מקואות (פ״ה מ״ה) הזוחלין כמעין והנוטפין כמקוה ושניט בת״כ אך מעין ובור מקוה מים יכול מילא על כתפו ועשה מקוה בתחילה יהא טהור ת״ל מעין מה מעיין בידי שמים אף מקוה בידי שמים אי מה מעיין מטהר בזוחלין אף מקוה מטהר בזוחלין תלמוד לומר אך מעיין המעיין מטהר בזוחלין ומקוה מטהר באשבורן ומהו אשבורן דקוו וקיימי לאפוקי שאם הטביל בו כלים דרך זחילתו כשהן נמשכין ויורדים למקוה לא עלתה להם טבילה דבור ומקוה כתיב דקוו וקיימי אבל טבעין מטהרין כמו שהן זוחלין ונמשכין מגבוה לנמוך כדרך כל הנהרות הלכך ביומי ניסן שהנהרות גדילים ממי הגשמים של ימי החורף ומהפשרת השלגים חיים שמא ירבו הנוטפין על הזוחלין שניתוספו בנהר(ב) מן הגשמים על הזוחלים החיים ובטלו הזוחלין החיים בטפים ואין תורת מעיין עליהן לטהר בזוחלין אלא באשבורן ועביד להו מקוואות דקוו וקיימי ואני קבלתי מרבינו הלוי משום דספק זיבות נינהו וזבה טעונה מים חיים ואי אפשר להעמיד שמועתו משום דאמרינן* אומר בזב מבזבה שהזב טעון מים חיים וזבה אינה טעונה מים חיים וחזרתי ובדקתי לפרשה וכן נראה בעיני כמו שפירשתי ורובא דעלמא מפרשים טטפין כשאובין ולאו מילתא היא דתנן הנוטפין כמקוה: דהוו להו שאובין ל״ג: **מכיפיה מיברך** · משפתו וממקורו ומסלעו סלע מתרגמינן כיפה מכיפיה מיברך ולא ממי הגשמים: **ופליגא דידיה אדידיה** · דשמואל אשמואל: **אין המים מטהרין בזוחלין** · אין מטהרין אדם וכלים המטבלין בהן דרך זחילה וצריך להמשיכן למקוה ולטבול במקוה: **אלא פרת ביומי תשרי** · שחדלו הגשמים ורבו הזוחלין עליהם ויש תורת מעיין על נהרות המושכין אלמא סבירא ליה שגדילין ממי הגשמים ואני שמעתי בבכורות מטהרין בזוחלין שהטטפין שבתוכן מטהרין ברבוי הזוחלין ויתבטלו הנוטפין בהן להיות זב וזבה טובלין בהן בשביל הזוחלין: **וסא אמרת רישא פורפת** · והייא ודאי לכתחלה קאמר בשבת דאי מבעוד יום ולאשמועינן דיוצאה בו בשבת הא תנא רישא מדיות פרופות: **סיפא** · דקתני לא תפרוף: **אתאן למטבע** · דלאו בר טלטול הוא אבל אבן שהקצה לכך ראוי לטלטול: **להוציא לבנה הקטן** · לאוכלו: **תיבעי למאן דאמר** · פלוגתא בכל כתבי הקדש (לקמן דף קכ:) לובש כל מה שיכול ללבוש דברי רבי מאיר ואפילו עשרה חלוקים זה על זה רבי יוסי אומר שמונה עשרה כלים כדרך שהוא לובש בחול: **דרך הוצאה בכך** · כגון מוכרי כסות מוליאין אותו דרך מלבוש: **מתני׳ הקיטע** · שנקטעה רגלו: **יוצא בקב שלו** · דמנעל דידיה הוא:

תוספות

פסולות לכהונה · פי׳ לכהונה גדולה דלאו בתולה שלימה היא ואע״ג דכהן גדול בימי *שמואל לא הוה היה מחמיר וי״מ משום זונה ופסולות אף לכהן הדיוט וכן משמע בפ׳ הערל (יבמות עו׳) דקאמר התם לית הלכתא [לא כרבה ולא] כאבא (עד דקאמר) [וקאמר] ואפילו לרבי אלעזר דאמר פנוי הבא על הפנויה שלא לשם אישות עשאה זונה כו׳ משמע דטעמא משום זונה:

סהדא רבה פרת · פי׳ הקונטרס פרת מעיד (ג) שהוא יורד מא״י לבבל וגדל ממי גשמים ולא נהירא שהרי בבל במזרח א״י קאי וכל הנהרות יורדים ממזרח למערב לכך פר״ת שהיו מכירים שירדו הגשמים לא״י ע״י שחוזר פרת לאחוריו על ידי גדילתו בא״י מתוך הגשמים:

שמא ירבו הנוטפים · פירוש מי גשמים על מי נהרות שהיו זוחלין והוו להו מקוה ואמרינן דאין מקוה מטהר בזוחלין כ״א באשבורן דתנן במסכת מקוואות (פ״ה מ״ה) הזוחלין כמעין והנוטפין כמקוה ותניא בת״כ יכול מילא מים על כתיפו ועשאו מקוה בתחלה יהא טהור תלמוד לומר מעיין מה מעיין בידי שמים אף מקוה בידי שמים אי מה מעיין מטהר בזוחלין אף מקוה מטהר בזוחלין פי׳ אף בזוחלין וכ״ש באשבורן תלמוד לומר אך מעיין מעיין מטהר בזוחלין ומקוה באשבורן ומהו אשבורן דקוו וקיימי ויש מפרשים שלא היה רוצה להטבילן בהן משום דהוו להו ספק זבות וזב וזבה טעונים מים חיים ושמא ירבו הנוטפין והוו להו מכונסין ולא נהירא חדא דמ״מ עביד להו מקוואות והא בעינן מים חיים ועוד (דבת״כ) [דבתוספתא פ״ג דזבים] קאמר תומר בזב מבזבה שהזב טעון מים חיים והזבה אינה טעונה מים חיים וא״ת ולשמואל דאמר אין המים מטהרין בזוחלין אלא פרת ביומי תשרי זב דבעי מים חיים איך יטבול ביומי ניסן וי״ל במעיין מכוסה שאין מי גשמים יורדין בתוכו וא״ת אמאי חיישינן שמא ירבו הנוטפים לימא קמא קמא בטיל כדאמר בפ״ה דמסכת ע״ז (דף עג.) המערה יין נסך לבור אפילו כל היום כולו כשר דאמרינן קמא קמא בטיל וי״ל דלא מהני טעמא דקמא קמא בטיל כיון שהאיסור רבה מכשיעור והיא דיין נסך דקאמר קמא קמא בטיל הייט קודם שרבה האיסור עד כדי נתינת טעם בהיתר:

דאמר שמואל נהרא מכיפיה מיתבריך · פי׳ ממקומו ומסלעו סלע מתרגם כיפיה מנביעתו מיתבריך ולא ממי גשמים וא״ת והא קא חזינן שמתמת הגשמים הם גדילים וי״ל כדאמר במסכת תענית (דף כה:) שאין לך טפח יורד מלמעלה שאין טפחיים עולים כנגדו מלמטה ואור״ת דהילכתא כוותיה דשמואל ומייתי ראיה מפרק בתרא דבכורות (דף נה:) דתניא רבי מאיר אומר לא פרת שמו אלא יובל שמו ולמה נקרא שמו פרת שמימיו פרין ורבין ולאו דוקא נקט פרת דה״ה לכל נהרות והא דנקט פרת משום שהוא גדול מכל נהרות ולפי שהוא מא״י וקאמר התם מסייע ליה לשמואל דאמר נהרא מכיפיה מיתבריך ועל זה אנו סומכין לטבול בנהרות אפילו אם גדלו מאד:

הקיטע יוצא בקב שלו · פ״ה קיטע שנקטעה רגלו עושה כמין דפוס רגל וחוקק בו מעט לשום ראש שוקו בתוכו ואינו [ס״א והוא] נסמך עליו ומש״ה יוצא בקב שלו דמנעל דידיה הוא ור׳ יוסי אוסר דלאו תכשיט הוא ואינו מנעל והוי משוי והקשה רבינו תם דבמסכת יומא (דף עח: ושם) משמע דלכ״ע מנעל הוא ואסור לנעול בו ביוה״כ ולענין שבת בהא הוא דפליגי דרבי יוסי גזר דילמא מיפסיק ואתי לאתויי ורבי מאיר לא גזר וי״ל דה״נ בהא פליגי דטעמא דר׳ יוסי דכיון דלא הוי של עור לא מיהדק ואיכא למיחש דילמא מיפסיק ואתי לאתויי אך קשה מהא דאמר בגמרא חלצה בסנדל כו׳ חליצתו כשרה ואמר שמואל ר״מ הוא משמע דלר׳ יוסי חליצתו פסולה ואמאי כיון דמנעל הוא וי״ל דהתי כמי בהא תליא דכיון דלענין שבת גזר דילמא מיפסיק אינו ראוי להלך בו ודמי לקטן שחלץ במנעל גדול דחליצתו פסולה כדאיתא בפ׳ מצות חליצה (יבמות קג:) משום דנעלו כתיב נעלו הראוי לו וא״ת היכי גזרי דילמא נפיל ואתי לאתויי הלא אין לו אלא רגל אחד ואי נפיל לא יזוז ממקומו ואומר ר״י דמיירי שנושא בידו מקל ועיקר הליכתו היא בסמיכת המקל והשתא אי נמי מיפסיק יוכל להלך מכאן יש להתיר למי שכווצו גידי שוקיו ללכת במקלו בשבת והרב פור״ת פי׳ דקיטע יש לו סמך שקושר בכרעו ומגיע לארץ והשוק כפופה לאחוריה ובראש השוק במקום הרגל עושה לו קב(ד) להראות כמו שיש לו רגל ובהא פליגי ר׳ יוסי סבר כיון שאינו נסמך עליו אלא תלוי באויר חיישינן דילמא נפיל ור״מ לא חייש ולפי זה אין ראיה להתיר לקיטע לצאת במקלו אמנם יש להתיר מסיפא דמתניתין דאינו אוסר אלא סמוכות שלו לפי ששוקיו תלויין באויר ודילמא נפיל ואתי לאתויי (אבל הכסא) והספסלים שבידו אינו אוסר ואינהו הוו דומיא דמקל וק״ק לפי זה אמאי מטמא ליה רבא משום מדרס כיון שאינו נסמך עליו ושמא כשהוא יושב פעמים הוא נסמך עליו ולכך עושה לו בית קבול כתיתין שלא יוזק בקשר הענן שהוא יושב:

סנדל

רבינו חננאל

לחברתה ולא הוה שביק להו דנגייו גבי הדדי סבר דלא לילפו גופא נוכראה (ואמר רב הונא נשים המסוללות זו בזו פסולות לכהונה) והוה עביד לבנתי׳ מקוה (ביום) [ביומי] ניסן ולא היה מניחן לטבול בפרת מפני שרוב מי פרת בניסן מי מטר הן כרב דאמר מטרא במערבא סהדא רבה פרת · כלומר כיון שתראה כי רבו מי פרת עדות היא שהגשמה ארץ המערב וסבר אבוה דשמואל שמא ירבו נוטפין שהן מי גשמים הנוטפין מן הגגות ונעשו שאובין על מי הפרת שהן זוחלין כדתני במקוואות בפ׳ ה׳ הזוחלין כמעין והנוטפין כמקוה העיד ר׳ (יצחק) [צדוק] על הזוחלין שרבו על הנוטפין שמכשירין ושאמר שמואל נהרא מכיפיה מתברך כלומר הנהר הגדול מן הסלע שיוצא ממנו משום נרבת מליאתו ולא ממי המטר פליגא על אבוה דשמואל ועל רב ועוד דברי שמואל סותרין זה את זה בכאן אמר כי מי המטר אינם ממלאים הנהר אלא מכיפיה מיבריך ועוד אמר אין המים מטהרין בזוחלין אלא פרת ביומי תשרי בלבד מכלל דבשאר החדשים זולתי תשרי כנוטפין הם דגשמים רבו עליהן ומפני ביומי תשרי היה מסתירו לבנותיו במפצי מפני בני אדם שעל הנהר וטובלת בפרת כי דברי הכל בתשרי זוחלין הן ולמה המחזי דלית להו טהרה במקוה : **פורפת** על האבן ועל האגוז ועל המטבע כו׳ · פי׳ נותנת אבן או אגוז או מטבע בקצה הסדין כמין קרס בלולאות שלא ישמט הסדין מעליה כדי שתהא מתעטפת באותו סדין ונותנת זה שעשאתו כמין קרס · נשים מדיות מנהגן לצאת בענין הזה פרופות · ובלבד שלא תפרוף בתחלה בשבת על המטבע · והנשים הערביות מנהגן לצאת רעולות ופי׳ רעולות בירושלמי בליכריאה והן כמו כסוי פנים כדכתיב (ישעיה ג) השרות והרעלות · וי״א זוג ללמרך שבמקומות הללו כך היה מנהגם ומותר להם וכל אדם מותר בכך אלא שדברו חכמים בהווה : **בעי** אביי אשה מהו שתערים ותפרוף באגוז להוציא לבנה קטן בשבת ועלתה בתיקו : [מתני׳] הקיטע יוצא בקב שלו דברי רבי מאיר ורבי

רב נסים גאון

קסבר שמא ירבו הנוטפין על הזוחלין · עיקר דילה בתורת כהנים אי מה מעין מטהר בזוחלין אף מקוה מטהר בזוחלין תלמוד לומר אך המעין מטהר בזוחלין והמקוה מטהר באשבורן ובמסכת מקואות (פרק ה משנה ה) הזוחלין כמעין והנוטפין כמקוה העיד רבי צדוק על הזוחלין שרבו על הנוטפין שהן כשרים ותישתכח בפרק ז׳ דעדיות הנוטפין שרבו על הזוחלין אינן כשירים :

תיבעי למאן דאמר (מוליקין) [מערימין] בדליקה תיבעי למאן דאמר אין מערימין · עיקר דיליה בפרק כל כתבי הקודש (דף קכ) דתנן לובש כל שהוא יכול ללבוש ועוטף כל מה שהוא יכול להתעטף רבי יוסי אומר י״ח כלי מכלל דתנא קמא סבר מותר ללבוש ולהציל אפילו יותר מי״ח כלי ואף על פי שהוא מערים בכך :

סמיכות

עין משפט נר מצוה

[ת״ל אבוה דשמואל]

עד א ב מיי׳ פ״ט מהל׳ מקואות הלכה יג סמג עשין רמח טוש״ע י״ד סי׳ רא סעיף ג :

עה ג ד מיי׳ פי״ט מהל׳ שבת הלכה יב סמג לאוין סה טוש״ע א״ח סי׳ שג סעיף כג :

עו ה מיי׳ שם טוש״ע שם סעיף כג :

[*] למאי דפסק הב״י סימן של״ד והר״ן דהתם מיירי לחצר המעורבת קשה לפרש כן סוגיא · ואין ענין כלל לכך דהכא ולפענ״ד דכוונת הסוגיא למאי דפליגי בתוספתא פי״ד מצילין מפני הדליקה כו׳ יומין ולאח״כ יציל כו׳ ואין מערימין בכך ר״ל מערימין · מהרב הג׳ ר׳ בנימין קארנגאלד ז״ל

מסורת הש״ס

נדרים מ: בכורות נה: ע״ש

יומא עח: [יבמות קג:]

[בתוספתא מגילה פ״א ותוספתא דזבים פ״ג]

[עי׳ רש״י ברכות נז. ד״ה קטע]

הגהות הב״ח

(א) גמ׳ תיבעי למ״ד מערימין בדליקה תיבעי למ״ד אין מערימין בדליקה תיבעי: (ב) רש״י ד״ה וסבר שמא וכו׳ שניתוספו בנהר מי הגשמים : (ג) תוספות ד״ה סהדא וכו׳ מעיד בדבר שהוא: (ד) תוס׳ ד״ה הקיטע וכו׳ עושה לו קב כמין סנדל להראות כמו שיש :

§ מסכת שבת דף סה: §

אות א׳ - ב׳

ועביד להו מקוה ביומי ניסן

סבר שלא ירבו הנוטפין על הזוחלין

יו״ד רא ס״ב - [א]**מי מעיין מטהרין** [ב]**אף בזוחלין (פי׳ זוחלין נמשכים והולכים ואינן מכונסים); מי גשמים אין מטהרין אלא באשבורן (פי׳ מקום עמוק שמתכנסים בו המים ונקרא אשבורן), (אבל על ידי זחילה פסולין מן התורה אם הם לחוד בלא מעיין).** [ג]**היו הזוחלין מן המעיין מתערבים עם הנוטפים שהם מי גשמים, הרי הכל כמעיין לכל דבר; ואם רבו הנוטפים על הזוחלין, וכן אם רבו מי גשמים על מי הנהר, אינם מטהרים בזוחלין אלא באשבורן.** [ד]**לפיכך צריך להקיף מפץ (פי׳ כעין מחלת) וכיוצא בו באותו הנהר המעורב, עד שיקוו המים ויטבול בהם. הגה: וכן נכון להורות ולהחמיר (מהרי״ק ות״ה שם ושאר אחרונים כתבו ויש להחמיר כשטת הר״ש ורא״ש וסייעתם;** [ה]**אבל יש מתירים לטבול בנהרות כל השנה, אף בשעת הגשמים והפשרת שלגים ורבו הנוטפים על הזוחלין, משום דעיקר גידול הנהר הוא ממקום מקורו (טור בשם ר״ת וב״י בשם רש״י וסה״ת וסמ״ג); וכן נהגו ברוב המקומות במקום שאין מקוה, ואין למחות ביד הנוהגין להקל, כי יש להם על מי שיסמוכו (מהרי״ק ובת״ה שם ומהרי״ו).**

אות ג׳ - ד׳

פורפת על האבן

סיפא אתאן למטבע

סימן שג סכ״ב - [ו]**פורפת (פי׳ קושרת) בשבת על האגוז ועל האבן** - והיינו שמתעטפת בטלית שיש בראשה האחד רצועה, וקושרת אבן או אגוז בראשה השני, וכורכת הרצועה באבן או באגוז שלא יפול הטלית מעליה, [רש״י], **ולא** מחזי כמי שמתכוונת להוציא האבן או האגוז, דנודע לכל שהיא צריכה לכך, **משא״כ** בגרגיר מלח דבסט״ו, שאין הכל יודעים שהיא צריכה לכך, ולכן יש אומרים שם דמשו״ה אסור, [מ״א ותוס׳ שבת בשם התוס׳] ‹ס״ד: ד״ה ובלבד שלא תתן›.

[ז]**שיחדתו לכך** - מבעוד יום, דאל״ה גם האבן מוקצה כמו מטבע, **ויוצאת בו** - וכתבו האחרונים, דמיירי כשהאבן עגולה, דאורחא בהכי לפרוף עליו, לכך מהני בה יחוד אפילו רק לשבת אחת, **אבל** אם אינה עגולה, לא מהני בה יחוד לשבת אחת, כמ״ש סימן ש״ח סכ״ב, אא״כ יחדה לכך לעולם, **וזה** מהני אפילו במטבע וכדלקמיה.

אבל על המטבע אסור לפרוף בשבת, דלאו בר טלטול הוא

ולא מהני ביה יחוד - היינו לשבת אחת, אבל אם יחדה מע״ש לענין זה לעולם, גם במטבע מהני, דשוב אזיל מיניה איסור טלטול.

[ח]**ואם פרפה עליו מע״ש, מותר לצאת בו בשבת** - דמעשה מועיל לבטל מינה שם מוקצה, [**ואע״פ** שהסירה מהבגד, מותרת לפרוף בשבת, כיון שפירפה פעם אחת מערב שבת, דמעשה מועיל ונעשה המטבע כמו כלי או מלבוש].

אות ה׳

אשה מהו שתערים ותפרוף על האגוז כו׳

סימן שג סכ״ג - [ט]**אם היתה צריכה להוציא אגוז לבנה, ופרפה עליו כדי להוציאו, אם לרשות הרבים, אסור** - מדרבנן לעשות כן, אף שהוא דרך מלבוש ואין דרך הוצאה בכך, מפני שנראה כמערמת להוציא בשבת, [גמ׳ שם], **ואם לכרמלית, מותר** - ודע, דאלו שתי הסעיפים, אף דמיירי באשה, ה״ה באיש.

אות ה״* [י]

תוס׳ ד״ה הקיטע. בא״ד: מכאן יש להתיר למי שכוולו גידי שוקיו ללכת במקלו בשבת

סימן שא סי״ז - [יא]**חיגר שאינו יכול לילך בלא מקל, מותר לילך בו אפי׳ אינו קשור בו** - דכיון דאינו יכול לילך כלל בלא מקל, הו״ל כמנעל דידיה.

‹**ואם** יש מסמר בראש המקל, שעושה גומא בהליכתו, והוי פסיק רישא דלא ניחא ליה, צ״ע אם מותר לילך בו, יע״ש בפמ״ג שמצדד להיתר בזה›.

באר הגולה

[א] משנה סוף פ״ק דמקואות [ב] טור וכ״כ התוס׳ שבת דף ס״ה ע״ב, וכן נראה מדברי הרמב״ם בפ״ט מהלכות מקואות וש״פ, וטעמא דמלתא, משום דמעיין נקרא בכל ענין בין בזוחלין בין באשבורן, אבל מקוה אינו נקרא אלא באשבורן, כדכתיב יקוו המים אל מקום אחד, וכהאי גוונא מפרשי׳ מקוה דכתיב בקרא [ג] לשון הרמב״ם פ״ט דין י״ג מהא דאבוה דשמואל עביד מקואות לבנתיה וכו׳ שבת שם ע״א, והא דתנן במשנה ה׳ פ״ה דמקואות, העיד רבי צדוק על הזוחלין שרבו על הנוטפים וכו׳, הוא להכשירן לזבים ולמצורעים דבעינן מים חיים, אבל לענין אשבורן מהני אפי׳ מחצה על מחצה, כ״מ וב״י בשם הראב״ד בספר בעלי הנפש [ד] שם מהא דאבוה דשמואל שם וכפי׳ הרמב״ם ‹ונראה שרבינו מפרש דאף ביומי תשרי איכא למיחש שירבו נוטפין על הזוחלין, וביומי ניסן שהנהרות גדלים הרבה, היה ממשיך למקואות מים מהנהר, וביומי תשרי שנתמעטו מי הנהר ואינם נמשכים למקואות, היה מקיף מקום מהנהר במחיצת מפצים כדי שיהיו המים נקוים ולא יהיו זוחלים, ורבינו כתב תיקון היקף המפצים ללמדנו שאפי׳ כשא״א לעשות מקואות חוץ לנהר אפשר לעשותם בתוכו - כסף משנה›. ‹**ומתוך** דבריו למדנו פירוש מחודש במאי דעביד אבוה דשמואל לבנתיה מפצי ביומי תשרי, מצורף לפי׳ שפירשו המפרשים דמשום צניעות הוה עביד להו, שנראה מדבריו בפרק א׳ מהלכות מקואות שגם הוא ז״ל היה מפרש כן - ב״י› [ה] ‹עיין תוס׳ דשבת שם ד״ה דאמר - גר״א› [ו] שם במשנה [ז] שם בגמרא ובפי׳ רש״י שם [ח] רמב״ם בפי״ט הי״ב לנוסח הטור וב״י בשם ספרי הרמב״ם החדשים ‹ומשמע ודאי דכל שפרפה מבעוד יום על המטבע, יוצאה בו, ולא היה צריך רבינו ללמדו מדברי הרמב״ם - ב״י› [ט] שם בגמ׳ בעיא ולא נפשטה, ותיקו דאורייתא לחומרא, ומדרבנן לקולא, הרי״ף והרא״ש [י] ‹ע״פ הבאר הגולה› [יא] תוס׳ שם וכ״כ הרא״ש והר״ן והמרדכי וש״פ

אבל אם אפשר לו לילך זולתו, ואינו נוטלו אלא להחזיק עצמו, אסור - וכן זקן ההולך בביתו בלא מקל, וכשיוצא לחוץ נשען על מקלו מחמת תשות כחו, ואינו נוטלו אלא להחזיק עצמו, אע"פ שגופו מתנענע, אסור, דהוי המקל אצלו כמשוי, כיון דבביתו הולך בלי מקל, (ולפי"ז יש בזה איסורא דאורייתא כשהולך כך בר"ה), **אבל** אם הזקן כ"כ דא"א לו לילך כלל בלי מקל, מותר.

וכשאדם הולך במקום שיש חשש שיפול, מחמת שירדו גשמים והמקום משופע, או שהולך בחורף על המים הנגלדים שקורין איי"ז, ומפחד שמא יפול, מותר ג"כ לצאת במקל, דדמי לחיגר, כ"כ הט"ז, **ואליהו** רבא כתב עליו דאין דבריו מוכרחים, וגם בעוד אחרונים ראיתי שדעתם שאין להתיר בזה, רק במקום שיש עירוב.

ואפילו הוא מקל תפארת שנושאו לכבוד, אסור, דאף שהוא תכשיט, לא הותר לישא תכשיט בידו, וע"כ מה שנהגו החשובים לצאת במקל שבידם, אסורים לצאת בהם בשבת חוץ לעירוב, **אבל** תוך העירוב מותר אם נושאו לכבוד, או שיש בו צורך קצת, **אבל** בלא צורך כלל איכא זילותא דשבת.

(וחולה שעמד מחליו, דינו כחיגר) - היינו דתלוי ג"כ אם יכול לילך בלי מקל.

[יב]**סימן שא סי"ח - "סומא, אסור לו לצאת במקל"** - היינו חוץ לעירוב, והטעם דעצם הליכתו אפשר לו לילך בלי מקל, ואינו נוטלו אלא ליישר פסיעותיו.

---

§ מסכת שבת דף סו. §

אות א'

הקיטע יוצא בקב שלו... ורבי יוסי אוסר

סימן שא סט"ו - [א]אין הקיטע יוצא בקב שלו, דהיינו שעושה כמין דפוס של רגל וחוקק בו מעט לשום ראש שוקו בתוכו, [ב]ואינו עושה זה להלך בו, [ג]שעל כל פנים צריך הוא למקלו, אלא כוונתו כדי שלא יראה חסר רגל אלא נכה רגל, כיון דאינו צורך הילוכו, אסור - [ד]היינו דעל כן חיישינן דילמא משתליף מרגלו ואתי לאתויי ד"א.

אות ב'

סמוכות שלו... ויוצאין בהן בשבת. כסא וסמוכות שלו... ואין יוצאין בהן בשבת

סימן שא סט"ז - קיטע שאינו יכול לילך כלל על שוקיו, אלא יושב על [ה]כסא, וכשנעקר ממקומו נסמך על ידיו ועל שוקיו ונדחף לפניו, ועושה סמוכות של עור או עץ לראשי שוקיו או רגליו התלוים, וכשהוא נשען על ידיו ועוקר עצמו נשען גם על רגליו קצת, אין יוצאים בהם בשבת, דאיידי דתלוים ולא מנחי ארעא, זמנין דמשתלפי;

[ו]**אבל בכסא וספסלים הקטנים שבידיו** - היינו שנשען עליהם בעת שנדחף לפניו, **מותר לצאת** - דהוא דומיא דחיגר עם מקל בסי"ז.

קטע בשתי רגליו ומהלך על שוקיו ועל ארכבותיו, ועושה [ז]סמוכות של עור לשוקיו, יוצא בהם בשבת - דלא שייך כאן דילמא משתלפי.

הגה: וכן מותר לצאת במנעל של עץ שהרגל נכנס בו, וליכא למיחש שיפול (ר' ירוחם) - (ר"ל אע"ג דבגמרא משמע, דבשל עץ גזרינן דילמא משתמיט מרגלו מפני שאין מהודק, היינו בזמנם שהיה קשור העיקר בשוק, ולא היה הרגל נכנס בו, משא"כ בשלנו).

היינו אע"ג שאין בו עור כלל, אפ"ה מקרי מנעל, **ועיין** בביאור הגר"א ובפמ"ג שהקשו מהא דלקמן סימן תרי"ד ס"ב, דמשמע דדוקא במחופה עור מלמעלה, אבל של עץ לבד לא חשיב מנעל, **ועי"ש** בביאור הגר"א מה שתירץ בזה ליישב דעת השו"ע, לחלק בין שבת ליוהכ"פ, **אבל** מ"מ לדינא משמע דמצדד כהרמב"ן, דשל עץ לבד לא חשיב מנעל אף לענין שבת. (ולענין סנדל של שעם, לפי הרבינו ירוחם בודאי מותר לצאת בו לכו"ע, אפילו למאן דאוסרים בשל עץ).

וכן בפנטני"ש דמשתלפי במהרה וממילא (רשב"א) - היינו מה שקורין בלשוננו פאנטאפי"ל, דאע"ג דמשתלפי במהרה וממילא, היינו ע"י חליצה בידים ובלא התרת קשר, מ"מ כיון דמחופה עור הוא מהודק קצת, ולא חיישינן דילמא יפלו ואתי לאתויי.

‹המשך ההלכות מול עמוד ב'›

באר הגולה

יב ‹מילואים› | יג **ביצה כ"ה** | א **שם ס"ה וכרבי יוסי** | ב **כן ביארו רבינו ירוחם** ‹זהו פי' הרב פורת שם ס"ה ב' בתוס' ד"ה הקיטע - גר"א. **דלפר"י** שם הלא גם השוק הוא למטה לארץ ודורך בה מעט - דמשק אליעזר› | ג ‹זהו לפי ר"י שם, ור' ירוחם הרכיב הפירושים - גר"א. **דס"ל** דאף דלפי' רב פורת אין הכרע לפרש שהולך במקל, מ"מ כיון דהתוס' מביאים ראיה מטיפא דשרי להלוך במקל, א"כ גם לפי הרב פורת מיירי ג"כ במקל, והרב פורת תפס בהולך בסמך, וה"ה בהולך במקל - דמשק אליעזר› | ד ‹ודלא כרש"י שפי' דלאו תכשיט הוא ואינו מנעל והוי משוי - ב"י› ‹**וכן** העתיק תוס' ד"ה הקיטע פירש"י› | ה **שם במשנה ס"ו וכפי פירוש רש"י** | ו **תוספות** ‹ד"ה הקיטע› **והרא"ש ורי"ו, וכן משמע מדברי רש"י שם** | ז **שם במשנה וכפי פירוש רש"י**

במה אשה פרק ששי שבת סו

ורבי יוסי אוסר ואם יש לו בית קיבול כתיתין טמא סמוכות שלו טמאין מדרס ויוצאין בהן בשבת ונכנסין בהן בעזרה כסא וסמוכות שלו טמאין מדרס ואין יוצאין בהן בשבת ואין נכנסין בהן בעזרה *לוקטמין טהורין ואין יוצאין בהן: **גמ׳** אמר ליה רבא לרב נחמן *היכי תנן אמר ליה לא ידענא *הילכתא מאי אמר ליה לא ידענא איתמר אמר שמואל אין הקיטע וכן אמר רב הונא אין הקיטע אמר רב יוסף הואיל ואמר שמואל אין הקיטע ואמר רב הונא אין הקיטע אנן נמי ניתני אין הקיטע מתקיף לה רבא בר שירא לא שמיע להו הא דמתני ליה רב חנן בר רבא לחייא בר רב קמיה דרב בקיטונא דבי רב אין הקיטע יוצא בקב שלו דברי ר׳ מאיר ור׳ יוסי מתיר ומחוי ליה רב איפוך אמר רב נחמן בר יצחק וסימנא סמך סמך(א) ואף שמואל הדר ביה דתנן *חליצה בסנדל שאינו שלו בסנדל של עץ או של שמאל בימין חליצה כשרה ואמרינן מאן תנא אמר שמואל ר״מ היא דתנן הקיטע יוצא בקב שלו דברי ר״מ ר׳ יוסי אוסר ואף רב הונא הדר ביה דתניא *סנדל של סיידין טמא מדרס ואשה חולצת בו ויוצאין בו בשבת דברי ר״ע ולא הודו לו [א]והתניא הודו לו אמר רב הונא מאן הודו לו ר׳ מאיר ומאן לא הודו לו ר׳ יוסי (*אמר רב יוסף) מאן לא הודו לו ר׳ יוחנן בן נורי *דתנן [ב]*כוורת של קש ושפופרת של קנים ר״ע מטמא ור׳ יוחנן בן נורי מטהר אמר מר סנדל של סיידין טמא מדרס הא לאו להילוכא עבדי אמר רב אחא בר רב עולא שכן הסייד מטייל בו עד שמגיע לביתו: ואם יש לו בית קיבול כתיתין טמא: אמר אביי טמא טומאת מת ואין טמא מדרס רבא אמר אף טמא מדרס אמר רבא מנא אמינא לה *דתנן עגלה של קטן טמאה מדרס ואביי אמר התם סמיך עילויה הכא לא סמיך עילויה אמר אביי מנא אמינא לה דתניא מקל של זקנים טהור מכלום ורבא התם לתרוצי

רש״י

ור׳ יוסי אוסר · דלאו תכשיט הוא: **ואם יש לו בית קבול כתיתין** · שנחקק בו כדי קיבול כתיתין של בגדים רכין ומוכן להניח ראש שוקו עליהן: **טמא** · מקבל טומאת מגע אבל אם אין לו אלא בית קבול ראש שוקו ואינו מניח שם כתיתין לאו בית קבול לטומאה(ב) והוה ליה כפשוטי כלי עץ ודומיא דשק בעינן שקבול שלו עשוי לטלטל על ידו מה שנותנין לתוכו *אבל שוקו אינו מיטלטל ע״ג הכלי: **סמוכות שלו** · סמוכות של קיטע יש קיטע בשתי רגליו מהלך על שוקיו ועל ארכובותיו ועושה סמוכות של עור לשוקיו: **טמאין מדרס** · אם זב הוא דהא לסמיכת גופו עביד ומדרס הזב עושה אב הטומאה: **ויוצאין בהן בשבת** · דתכשיט דידיה הוא: **ונכנסין בהן לעזרה** · דאע״ג דתנן (ברכות דף נד·) לא יכנס אדם להר הבית במנעלו הני לאו מנעל נינהו דלאו בראש רגלו הן: **כסא** · יש קיטע שיבשו וכווצו גידי שוקיו ואפי׳ על ארכובותיו אינו יכול לילך ועושין כמין כסא נמוך ויושב עליו וכשהוא מהלך נסמך על ידיו בספסלים קטנים ועוקר גופו מן הארץ ונדחף לפניו וחוזר ונח על אחוריו והכסא קשור לו מאחוריו: **סמוכות** · של אותו קיטע עושה לה סמוכות של עור או של עץ לראשי שוקיו או רגליו התלויין וכשהוא נשען על ידיו ועוקר עצמו נשען גם על רגליו קצת: **ואין יוצאין בהן בשבת** · רבותינו אומרים מפני שאינם צריכין לו כל כך ולא נהירא לי טעמא ואיכא למימר דאיידי דתלו ולא מנחי אארעא זימנין דמשתלפי: **ואין נכנסין בהן בעזרה** · דמנעל נינהו: **לוקטמין** · טלמשק״א נעשין לשחוק להבעית תינוקות: **טהורים** · מלקבל טומאה דאינו לא כלי תשמיש ולא תכשיט: **גמ׳ היכי תנן** · הקיטע יוצא ורבי יוסי אוסר או אין הקיטע יוצא ורבי יוסי מתיר: בר שירא: **קיטונא** · חדר קטן של בית המדרש: **סמך סמך** · ר׳ יוסי אוסר שתי תיבות שיש בהן סמך סמך זו אצל זו: **או של שמאל בימין** · סנדל של שמאל נעל בימין וחלצה דחליצה בימין הוא דגמר רגל רגל ממצורע: **מאן תנא** · דסנדל של עץ חשיב נעלו: **סנדל של סיידין** · מוכרי סיד וכשמתעסקין בו טעלין אותו ושל עץ הוא מפני שהסיד שורף את העור: ואמר רב הונא גרסי׳: **מאן הודו לו ר׳ מאיר** · דאמר הקיטע יוצא בקב שלו: **ור׳ יוחנן בן נורי מטהר** · דלאו אורחא לעשות מקש אלא מקנים ומנעל נמי לאו אורחיה מעץ אלא מעור זה לשון רבותי ולי נראה סנדל של סיידין של קש הוא ור׳ יוחנן בן נורי מטהר בכלי קש דלאו עץ נינהו ור׳ עקיבא כעץ חשיב להו דקשין הן: **קש** · זנבות השבלים: **ואין טמא מדרס** · דלא מסתמיך עליה הא דנקט טומאת מת ה״ה לכל טומאת מגע אלא משום דאמר אין טמא מדרס שהוא אב הטומאה נקט נמי טומאת מת והכי קאמר נעשה אב הטומאה ע״י מת דכלי עץ שיש לו בית קבול הוא ומקבל כל טומאת מגע ואהל ועל ידי כל הטומאות הוא נעשה ראשון ועל ידי מת שהוא אבי אבות הטומאה נעשה אב הטומאה ואין נעשה אב הטומאה ע״י מדרס דקסבר לאו לסמיכה עבידי אלא לתכשיט ואומרים לו עמוד ונעשה מלאכתנו: **עגלה של קטן** · לאחוז בה ולטלטלו עליה: **טמאה מדרס** · הואיל ופעמים שיושב עליה והאי נמי זימנין דמסתמיך עליה: **טהור מכלום** · לא מדרס ולא שאר טומאה לא מטמא מדרס משום דלאו לסמיכה עביד שעל רגלו מהלך ואע״ג דמיסתמיך עליה לפרקים ושאר טומאה נמי לא דפשוטי כלי עץ הוא אלמא אע״ג דזימנין דמסתמיך עליה הואיל ועיקר עשייתה אינה לכך אינה טמאה מדרס ואין לומר משום דפשוט הוא יהא טהור ממדרס דלא הוזכרה טהרת פשוטי כלי עץ אלא לטומאת מגע ואהל דטעמא משום דאיתקש לשק הוא וגבי מת ושרצים הויא היקישא: לתרוצי

תוספות

סנדל של סיידין · פ״ה מוכרי הסיד וכשמתעסקין בסיד טעלין אותו ושל עץ הוא מפני שהסיד שורף את העור זה לשון רבותי ול״נ סנדל סיידין של קש הוא וכפי׳ זה נראה דהכי תניא בתוספתא סנדל של קש ר׳ עקיבא מטמא כו׳:

טמא מדרס ולא הודו לו · וא״ת ואמאי לא הודו לו ומי גרע מכופת שאור שיחדו לישיבה דקיי״ל* דטמא מדרס דגבי מדרס לא בעינן דומיא דשק דכל דבר המיוחד למדרס טמא מדרס וי״ל דללשון שפירש רש״י של קש הוא ניחא דכיון דלאו בר קיימא הוא אינו טמא ולא דמי לכופת שאור שהוא בר קיימא והכי אשכחן במשניות* דקתני גבי האלון והאגוז ורימון שחקקום תינוקות למוד בהן עפר שמקבלין טומאה ואילו גבי לפת ואתרוג שחקקו קתני שאינן מקבלין טומאה לפי שאינן מתקיימין וללשון שפירש שסנדל הוי של עץ קשה שהרי ראוי הוא להתקיים כיון שהוא של עץ וטמא י״ל דהיינו טעמא דמטהר סנדל דלא חשיב עביד להילוכא מה שמטייל בו הואיל ואין רגילות לעשות מנעל להילוך כמותו דכוותה בשפופרת כיון שאין רגילות לעשותה מקנים לא חשיבה כלי ולא דמי לכופה שרגילות לעשות לישיבה כמותה: **כוורת** הקש ושפופרת של קנים ר״ע מטמא · ואם תאמר והיכי מטמא (*לענין טמא מת) כיון דלא חזי לישיבה לא מטמא מדרס ולענין טומאת מת הא לא כתיב בפרשה אלא כלי עץ ועור ובגד ושק וי״ל דקש נמי חשיב של עץ כדאמר (ברכות דף מ·) פרי שאכל אדם הראשון חטה היתה א״נ הך טומאה דרבנן היא: **ורבי** יוחנן מטהר · לפירוש אחרון שפי׳ בקונטרס דסנדל של קש הוא מדמי שפיר כוורת לסנדל של סיידין ולאידך פירושא שפי׳ דסנדל של עץ הוא נ״ל דמייתי הכי דכי היכי דר׳ יוחנן מטהר בכוורת של קש לפי שאין רגילות לעשותה מקש הכי נמי במנעל של סיידין לפי שאין רגילות לעשות מנעל של עץ מטהר: **והא** לאו להילוכא עביד · הקשה הר״ר אליעזר ממיץ לרשב״א מאי פריך והלא מקצת מלאכתו הוא מהלך בו ולכך הוא נעשה ותירץ לו דסנדל של סיידין לאו לנעול עשוי אלא אחד מכלי אומנתו של סיידין הוא ועשוי כעין סנדל ויכול לתת רגלו בתוכו לנועלו אך אין עשוי רק לטוח בו את הבית ופעמים שנועל בו ומטייל בו עד שיגיע לביתו ולהכי פריך והא לאו להילוכא כו׳ ור״י פירש הואיל ואין עשוי כלל לנעילה רק לשמור מנעליו שלא ישרפו בסיד לאו להילוכא עביד ומכל מקום משני לו שכן הסייד כו׳:

רבא אמר אף טמא טומאת מדרס · פי׳ הרב פור״ת הא דלא קתני ברישא דמתניתין ואם יש לו בית קיבול כתיתין טמא מדרס כדקתני בסיפא משום דהוה משמע אבל אם אין לו בית קיבול טהור מן המדרס אבל טמא טומאת מת ולא היא דהא פשוטי כלי עץ הוא ולהכי תנא טמא סתמא דבכה״ג טמא הא אין לו בית קיבול כתיתין טהור לגמרי וא״ת למה לי בית קיבול כתיתין תיפוק ליה דכל הטמא מדרס טמא טומאת מת* וי״ל דבית קיבול כתיתין עושין אותו ראוי למדרס:

עגלה של קטן · פ״ה עגלה שהקטן יושב עליה ול״ע דא״כ מאי קמ״ל פשיטא דאין לך מיוחד למדרס גדול מזה לכך נ״ל דהיינו עגלה שעושין לקטן להתלמד להלך טמאה מדרס דנשען עליה:

קישורי

עין משפט נר מצוה

עז א מיי׳ פי״ט מהל׳ שבת הלכה טו סמג לאוין סה טוש״ע א״ח סימן שא סעיף טו:

עח ב שם סעיף טו:

עט ג מיי׳ פכ״ה מהל׳ כלים הלכה יח:

[חולין קכט·]

פ ד ה שם הלכה יט:

פא ו שם הלכה טז

פב ז שם הלכה יז:

[כלים פי״ז מט״ו]

יבמות קא.

גמ׳ ליתא

[כפי״ז דכלים מי״ז תנן מחצלת הקש ושפופרת הקש ר״ע מטמא ור״י בן נורי מטהר וע״ש בפי׳ הר״ש ד״ה ר״ע ולכאורה נראה שצ״ל דתניא טורת וכו׳]

רבינו חננאל

ורבי יוסי אוסר וכדאוקמוה*) ומתני בה סימנא סמך סמך כלומר ר׳ יוסי אוסר (סבר) [דר״ע סברי] הקב של קיטע (אינו) חשוב כסנדל ואסור לצאת בו ביוה״כ והיינו טעמא דר׳ יוסי דאסר בשבת גזרה דלמא משתמיט ואתי לאתויי ד׳ אמות ברה״ר (כו׳) ושמואל נמי ורב יוסף (לפנינו הג׳ רב הונא) הדרו ואוקמוה למתני׳ הקטע יוצא דברי ר״מ: סנדל של סיידין פי׳ הסייד כשהוא סד קרקעית הבית בסיד נועל סנדלו של עץ ברגלו כדי שלא יהא הסיד אוכל ברגלו: בית קבול כתיתין · פי׳ חקוק בתוך הקב חקיקה להיות

*) סוגא בא״ז כשם רבינו

רב נסים גאון

סמיכות שלו אין נכנסין בהן לעזרה׳ מחמת מה שנאמרה בפ׳ הרואה מקום במסכת ברכות (דף נד) ולא יכנס בה להר הבית במקל

מסורת הש״ס

[במשנה שבמשניות אית׳ אנקטמין ובערוך כתב כדה כא]

הגהות הב״ח

(א) גמרא וסימנא סמך סמך· נ״ב עי׳ בפ׳ ח׳ שרצים דף קי ע״א במ״ש התוספו׳ בד״ה סיסאי: (ב) רש״י ד״ה טמא מקבל וכו׳ לטומאה הוא והוה וכו׳ דדומיא דשק:

עדיות פ״ב מ״ח תוספתא דכלים ב״ב פ״ד [ע״ש]

[נ״ל רב יוסף אמר] שם

ביצה כג: תוספתא דכלים ב״ב פ״ד

הגהות הגר״א

[א] גמ׳ והתניא· נ״ב והתנן · מתני׳ בעדיות: [ב] שם (כוורת של קש ושפופרת של קנים) תא״מ ונ״ב מחצלת הקש ושפופרת הקש ועיין בפי״ז דכלים:

גליון הש״ס

גמ׳ אמר רב יוסף מאן לא הודו לו · ברמב״ן במלחמות רפ״ח דיומא גרס כאן רבא אמר: רש״י ד״ה טמא וכו׳ אבל שוקו אינו מיטלטל · עיין לקמן דף פא ע״א תוס׳ ד״ה יתפי פותחות:

עין משפט נר מצוה

פג א ב ג מיי' פי"ט מהל' שבת הלכה טו סמג לאוין סה טוש"ע א"ח סימן שא סעיף כ:
פד ד מיי' פכ"א מהל' שבת הל' לא סמג לאוין סה טוש"ע א"ח סי' שכח סעיף מ וסעי' מג:
פה ה מיי' שם הל' כג טוש"ע שם סעי' מא:
[ערך אנקטמין]
פו ו מיי' פכ"א שם הלכה לא:
[וע"ע תוספות מנחות לא: ד"ה שידה]
[פרמאי פי' חתיכה של בגד שקושרין לזקנים על פיהם למען רירם מפני ששפתותיהן מתרפטות ערוך ערך אנקטמין וע"ע בערוך ערך פרמא]
פז ח ט מיי' פי"ט שם הלכה יד סמג שם טוש"ע א"ח סימן שג סעיף כד:
[פי' שמחברין איבריו כמו ויחבר תרגומו ולפוף ערוך]

לתרוצי סוגיא · לתקן פסיעותיו ולזקוף קומה מפני שרגליו ושוקיו רותתות ולא לסמיכת כל גופו: אני שונה אשה חולצת בהן · אלמא נעל קרינא ביה: חמרא דאכפא · חמור הגישא בכתפים הליצנים עושין אותו ונראה כמי שרוכב עליו ובמקומו נקרא ארדפיס"א: קישורי · אשקצ"ש שמהלכין בהם במקום טיט וקשיא לי נהי דטהרין מטומאת מגע דפשוטי כלי עץ נינהו אבל מן המדרס למה טהורין: פרמי · טלמוסא הנקשרת על הפרצוף להבעית הבנים קטנים: מתני' בקשרים · מפרש בגמרא: בזגין · אישקליט"ש של זהב לטי: גמ' אדא מרי · כך שמו: קשרי פואה · גרנצ"א קושרים בקשרים ותולין בצואר לרפואה ולא ידעתי לאיזה חולי: מוקמי · מעמידין החולי שלא יגדל: ס' · קשרים: מסו · מתרפאין: נגרי · פסיעות: נפל פותא בבירא · נפל רפואת הפואה בבור דאין אדם נזהר בכל אלו: מאי איריא בנים · לרב יהודה פריך אי קישורין דמתני' לרפואת חולי נינהו מאי איריא בנים: געגועין · ברמור"ש מגעגע עליו ואינו יכול ליפרד ממנו ורפואה זו לא שייכא בנקבות שאין האב מחבבן כל כך מתחילתן שיהיו מגעגעין עליו: תפילין · שיד ימינו קושרתו לשמאלו זהו סימן לגירסא: סכנתא · שמגעגע יותר מדאי: סחופי כסא · כוס שיש בו הבל כגון שעירו ממנו מים חמין וכופהו על הטיבור למי שחש במעיו ואוחז הכוס את הבשר ומושך אליו את המעיים ומושיבן במקומן: לסוך · בכפות ידיו ורגליו: דרב הונא מבי רב · שהיה בא מבי רב שהוא רבו וכן רב מבי ר' חייא ור' חייא מבי רבי: מבסמי · שכורין שהיו משקין את התלמידים ואלו מפני שחשובין הן היו עושין להן דבר להפג את יינן: לגוייתא דידייהו · תוכי ידיהם דהיינו כף: דלייל · שהולך ונעשה גלול כל שעה מתוס הבשר: שיעא דדנא · מגופת החבית: דלייל האי שיעא · מחמת המים: ליחנק · מי שנפרקה חוליא של מפרקת צוארו(ג) וטפלת בגרונו תולין אותו בראשו שיהא צוארו נפשט ודומה לחניקה: לפופי · לכורכו בבגדים וקושרו בחגורה רחבה ומתיישבין פרקי אבריו שהן רכין ונשמטין בחבלי הלידה וקורין אנמלטויי"ר בלע"ז: מתני בנים · שתי שמועות דאיירי בקטנים היה שונה בשם רבי (*אבא) בר הונא משמיה דרב חמא בר גוריא: בן · חדא שמעתא דאיירי בקטן מתני בשמיה: תרוייהו · געגועין ולפופי: כל מנייני · כל לחישות ומפני שכופלין אותן יש ג' פעמים ויש יותר קרי להו מנייני: בשמא דאמא · פלוני בן פלונית: דמיפרשי · כל לחשים שמפורש מניין כמה פעמים שיאמרו ויכפלו אותו: כדמפרשי · כופלין אותו כפי מניינו ודלא מיפרשי בהם סתם כפילתן ארבעין וחד זימנין: אבן תקומה · אבן שנשאות אותה נשים עוברות שלא יפילו וקורין לה קוטא"ה בלע"ז: במשקל · שום דבר ששקלוהו כנגדה:

קישורי · פי' הקונטרס אשקצ"ש והקשה בקונטרס ור"י תירץ דכיון שאינס עשויים אלא ללכת דרך העברה בטיט *אינו טמא מדרס ובערוך* פירש דקישורי היינו אשקצ"ש שעושין הליצני והן גבוהין מאד ואינן אלא לרקד עליהן ולא להילוך עבידי*:

*לתרוצי סוגיא עבידא הכא לסמוך עילויה הוא דעבידא וסמיך עליה(א): טמאין מדרס ואין יוצאין בהן בשבת ואין נכנסין בהן לעזרה: תני תנא קמיה דר' יוחנן נכנסין בהן לעזרה א"ל אני שונה אשה חולצת בו ואת אמרת נכנסין תני אין נכנסין בהן לעזרה: לוקטמין טהורה: מאי לוקטמין אמר ר' אבהו *חמרא דאכפא *רבא בר פפא אמר קשירי בני רבא בר רב הונא אמר *פרמי: מתני' הבנים יוצאין בקשרים ובני מלכים בזוגין וכל אדם אלא שדברו חכמים בהווה: גמ' מאי קשרים אמר אדא מרי אמר רב נחמן בר ברוך אמר רב אשי בר אבין אמר רב יהודה קשורי פואה אמר אביי *אמרה לי אם תלתא מוקמי חמשה מסו שבעה אפילו לכשפים מעלי אמר רב אחא בר יעקב והוא דלא חזי ליה שמשא וסיהרא ולא חזי מיטרא ולא שמיע ליה קול ברזלא וקל תרנגולתא וקל ניגרי אמר רב נחמן בר יצחק *נפל פותא בבירא מאי איריא בנים אפי' בנות נמי מאי איריא קטנים אפי' גדולים נמי אלא מאי קשרים כי הא דאמר אבין בר הונא א"ר חמא בר גוריא בן שיש (ג) געגועין על אביו נוטל רצועה ממנעל של ימין וקושר לו בשמאלו אמר רב נחמן בר יצחק וסימניך תפילין וחילופא סכנתא אמר אבין בר הונא אמר רב חמא בר גוריא סחופי כסא אטיבורי בשבתא שפיר דמי ואמר אבין בר הונא אמר רב חמא בר גוריא מותר לסוך שמן ומלח בשבת כי הא דרב הונא מבי רב ורב מבי ר' חייא ור' חייא מבי רבי כי הוו מיבסמי מייתי משחא ומילחא ושייפי להו לגויתא דידיהו וגוייתא דכרעייהו ואמרי כי היכי דציל הא מישחא ליציל חמריה דפלניא בר פלניתא ואי לא מייתי שיעא דדנא ושרי ליה במיא ואמר כי היכי דליציל האי שיעא ליציל חמריה דפלניא בר פלניתא ואמר אבין בר הונא אמר רב חמא בר גוריא מותר לחנק בשבת ואמר אבין בר הונא אמר רב חמא בר גוריא *לפופי ינוקא בשבתא שפיר דמי רב פפא מתני בנים רב זביד מתני בן רב פפא מתני בנים ותרוייהו מתני להו באבין בר הונא רב זביד מתני בן קמייתא מתני באבין בר הונא והאי מתני לה ברבה בר בר חנה דאמר *רבה בר בר חנה לפופי ינוקא בשבתא שפיר דמי אמר אביי אמרה לי אם כל מנייני בשמא דאימא וכל קטרי בשמאלא ואמר אביי אמרה לי אם כל מנייני דמפרשי כדמפרשי ודלא מפרשי ארבעין וחד זימני ת"ר יוצאין באבן תקומה בשבת משום ר"מ אמרו אף במשקל אבן תקומה ולא שהפילה אלא שמא תפיל ולא שעיברה אלא שמא תתעבר ותפיל אמר רב יימר בר שלמיא משמיה דאביי והוא דאיכוון ואיתקל בעי אביי משקל דמשקל מאי תיקו ואמר אביי אמרה לי אם לאשתא בת יומא לישקול זוזא חיוורא ולייזיל למלחתא וליתקול מתקליה מילחא ולצייריה בחללא דבי צואר בנירא ברקא ואי לא ליתוב אפרשת דרכים וכי חזי שומשמנא גמלא דדרי מידי לישקליה ולישדייה בגובתא דנחשא וליסתמיה באברא וליחתמי בשיתין גושפנקי ולברזוליה ולידריה ולימא ליה טוענך עלי וטעונאי עלך אמר ליה רב אחא בריה דרב הונא לרב אשי ודילמא איניש אשכחיה ואיפסק ביה אלא לימא ליה טעונאי וטעונך עלך ואי לא לישקול כוזא חדתא ולייזיל לנהרא ולימא ליה נהרא נהרא אוזפן כוזא דמיא לאורחא דאיקלע לי ולהדר שב זימני על רישיה ולשדיין לאחוריה ולימא ליה נהרא נהרא שקול מיא דיהבת לי דאורחא דאיקלע לי ביומיה אתא וביומיה אזל אמר רב הונא לאשתא

ולא שהפילה · ולא תאמר שלא התירו לצאת בה אלא לאשה שעלולה להפיל עוברה שהפילה כבר עובר אחר: ולא שעיברה · שידוע לה שהיא מעוברת: והוא דאיכוון ותקל · שנמלא החפץ מאליו למשקל האבן ולא שחיסרו ממנו או הוסיפו עליו לכוונו: בת יומא · שאחזתו בכל יום: זוזא חיוורא · צרוף וחדש: למלחתא · למקום שריפת המים שעושין נגרים על שפת הים להמשיך מים לבריכות רחבות העשויות לכך וכשנתמלאו סותם החריצין והשמש שורף את המים שמלוחין הן ונעשה מלח: בחללא דבי צוארו · תחת גרונו כנגד מפתחי חלוקו לשון רבינו הלוי: נירא ברקא · נימא של שער: פרשת דרכים · מקום ששני הדרכים מתפרשים: שומשמנא גמלא · נמלה גדולה*: דדרי מידי · שטוען כלום: ניסקליה · לשומשמנא: בגובתא דנחשא · כמין קנה של נחשת: וליסתמיה באברא · יסתום פיה בעופרת: גושפנקי · חותמות ולאו דוקא שיתין נקט ולאו דוקא חותמות של טרה אלא סתימות הרבה זו על זו שטוח על העופרת ושוב זפת ושוב טיט: וליברזוליה · יכנענע: ולידריה · ישאנו: ולימא ליה · לשומשמנא: טוענך עלי · מה שהיית טוען אשאנו: וטעונאי · החולי שלי: איניש אשכחיה ואיפסק ביה · חולי כזה שזה עושה וכי אמר ליה טעונך עלי זהו חולי של חברו: כוזא חדתא · כלי חרס קטן חדש: אוזפן · הלוני: ולישדריה ז' זימני ארישיה · יקיפנו סביבות ראשו: לאשתא

מסורת הש"ס

[תרגום של וכמישור וכתרגומא ועי' בערוך ערך פרן]
כו' ספר"מ רפרם וכ"ה כרי"ף
[קדושין לה: וש"נ]
[ברכות נו.]
[לקמן קמו: ע"ש]
[נ"ל אבין]
בלשון ארמית אומר נכל דבר גדול גמלא · פרמב"ם בפי' המשנה כלאים פ"ג מ"ב

הגהות הב"ח

(א) גמ' כסא וסמוכות שלו טמאין מדרס: (ב) שם בן שיש לו געגועין: (ג) רש"י ד"ה ליחנק וכו' צוארו·נ"ב ס"א או נפלה לו ערלת הגרון וטפל בגרונו וכו':

גליון הש"ס

תוס' ד"ה קישורי וכו' אינו טמא מדרס · עיין מנחות דף לא ע"א תוספות ד"ה שידה:

רבינו חננאל

הכתיתין ומנלא חזבת מרגלו ובין מתקבצין באותה החקיקה ולא יהו מצערין אותו בארכובותיו אמר אביי טמא טומאת מת מפני שיש בו בית קבול והוי כלי · רבא אמר אף טמא מדרס כמו עגלה של קטן יוצאין בהן בשבת כי אינם (משא וכלים הם) [משתמשים] תני תנא קמיה דרבי יוחנן נכנסין בהן לעזרה כלומר אינם סנדל כי אסור אדם ליכנס בסנדל בעזרה כדתנן (ברכות נד·) לא יכנס אדם להר הבית במקל ובמנעלו כו' א"ל אני שונה אשה חולצת בסנדל של עץ ואתה שנה נכנסין תני אין נכנסין: לוקטמין חמרא דאכפי · גידם מי שידיו קצוצות עושין לו יד של עץ ונקרא חמרא דאכפי: פרמי פי' פרמו יש מי שאומרים חתיכה של בגד שקושרין לזקנים*) ששפתותיהן מתרפטות: קשרים קשרי פואה משום רפואה · בן שיש לו געגועין על אביו יש מי שאומרים כי כשיגדל עצב הבן במיתת אביו נוטל רצועה ממנעל אביו הימין וקושרה בשמאל הבן ואומרים שמשקיט לבו ואם יחליף אומרים שהוא סכנה וסימניך תפילין והן שעל היד השמאל: סחופי כסא אטיבורא · פי' אם בולט טיבורו של אדם בחוץ ממעיו או אם ניקב מניחין שם [כוס] קטן על טיבורו כדי שלא יבלוט ויתבקע ומניחין אותו עד שיתרפא הא דשרו לבסומא לסוך מלח ושמן לכרעייהו פשוטה היא פי' לחנק פי' לפופי ינוקא · אבן תקומה פי' אומרים כי יש אבן ידועה כשהיא תלויה על אשה הרה אינה מפלת וגם המשקל שכנגד אותו האבן מועלת ומותר לצאת בהן בשבת אבל

*) עי' בגליון בשם הערוך וכ"ה בלה"ז בשם רבינו ·

רב נסים גאון

ובמנעלו: רב פפא מתני בנים תרוייהו · כלומר שהיה שונה השמועה הראשונה בן שיש לו געגועין על אביו וזו האחרת לפופי משום אבין בר הונא אמר רב חמא בר גוריא והיה רב זביד שוה עמו בשמועה ראשונה בן שיש לו געגועין על אביו וחולק עליו בשמועה שניה לפופי ינוקא והיה רב זביד אומרה משם רבה בר בר חנה אמר רבי יוחנן ולפי שהיתה השמועה הראשונה בן שיש לו געגועין על אביו והשניה לפופי ינוקא ואמר על שניהם מתני בנים זה הוא פירושם והוזקקתי לכותבו הנה מפני שראיתיו קשה לתלמידים ובארתיו כדי שיתגלה לכל: סליק פרק במה אשה

ויש מחמירים ואוסרים (מגור) - היינו בפנטני"ש, ומטעם דילמא משתליף, **והט"ז** כתב דלא חיישינן לזה, דהא אין דרך לילך יחף בר"ה, [ובמקום שדרך איזה אנשים לילך יחף, משמע דגם הט"ז מודה, דלהיש מחמירין יש להחמיר]. **והתו"ש** מפקפק קצת בדבריו, ע"ש, **ונראה** דבמקום רפש בודאי אין להקל, **אך** לכו"ע אם שכח ויצא בהן לר"ה, א"צ להסירן, [משום כבוד הבריות], אלא מהלך בהן עד שמגיע לביתו, וכן הדין בכל הני שאסורין משום דאתי לאתויי.

ולא ילך אדם יחף בשבת במקום שאין דרך לילך יחף - ובד"מ משמע, דאפילו במקום שדרכם לילך יחף בחול, בשבת ילבש מנעלים, כדי שיזכור שהוא שבת, **ובב"ח** איתא דגם יש בזה משום עונג שבת, וה"ה דביו"ט צריך ליזהר בזה, דעונג שבת ויו"ט שוין, **ועיין** סימן ב', דגם בחול מדת צניעות הוא שלא לילך יחף.

ולא יצא אדם בשבת כמו שהוא יוצא בחול, בלתי דבר אחר שיזכור ע"י שהוא שבת ולא יבא לחללו (כל בו).

אות ג'

סנדל של סיידין טמא מדרס

רמב"ם פכ"ה מהל' כלים הי"ח - סנדל של סיידין, והוא סנדל של עץ, מתטמא במדרס, מפני שהסייד פעמים מטייל בו עד שמגיע לביתו.

אות ד' - ה'

ואם יש לו בית קיבול כתיתין טמא

אף טמא מדרס

רמב"ם פכ"ה מהל' כלים הי"ט - קב של קיטע שיש בו בית קיבול כתיתין, מתטמא בשאר טומאות מפני בית קיבולו, ומתטמא במדרס שהרי נשען עליו.

אות ו'

עגלה של קטן טמאה מדרס

רמב"ם פכ"ה מהל' כלים הט"ז - עגלה של קטן מתטמאה במדרס, שהרי נשען עליה.

אות ז'

מקל של זקנים טהור מכלום

רמב"ם פכ"ה מהל' כלים הי"ז - מקל של זקנים טהור מכלום, שאינו אלא לסייע.

§ מסכת שבת דף סו: §

אות א' - ב' - ג'

חמרא דאכפא קשירי פרמי

סימן שא ס"כ - אין יוצאים [א]באנקטמין, [ב]והוא כמין חמור שעושים הליצנים, ונראה כרוכב עליו, והוא נושאו והולך ברגליו; [ג]ולא בקשרים, והם עצים גבוהים שיש בהם מושב לכף הרגל והולכים בהם בטיט; [ד]ולא בפרמי, והם כמין צורת פרצוף שנותנים על הפנים להפחיד התינוקות - ובכל זה הטעם מפני שאין זה דרך מלבוש, **ואם** הוציא בזה, וכן בקב הקיטע הנ"ל, פטור, מפני שלא הוציא כדרך המוציאין.

אות ג'* [ה]

הבנים יוצאין בקשרים

סימן שא סכ"ד - [ו]יוצאים במיני עשבים שקושרים אותם בקשרים ותולין אותם לרפואה - דהוא ג"כ בכלל קמיע מומחה, כדאיתא לקמן בסכ"ה, דאחד קמיע של כתב ואחד קמיע של עיקרין, ותכשיט הוא לחולה כאחד ממלבושיו, [רש"י ‹דף ס. במשנה›, **ועיין** לקמן בסכ"ה מתי נקרא קמיע מומחה.

אות ד'

סחופי כסא אטיבורי בשבתא שפיר דמי

סימן שכח ס"מ - [ז]החושש במעיו, מותר ליתן עליהם כוס שעירו ממנו חמין - דהיינו שכופהו על הטבור למי שחש במעיו, ואוחז הכוס את הבשר, ומושך אליו את המעים ומושיבן במקומן, רש"י.

אע"פ שעדיין יש בו הבל - הוא מלשון הטור, וכוונתו, דלא נימא כמו דאסרו לרחוץ בחמין, כמו כן כל חמים אסור לגופו, לפיכך אשמעינן דמותר, **וכעין** דאיתא בברייתא שבת: מיחם אדם אלונתית ומניח על בני מעיו בשבת, והעתיקו הטור והרמ"א לעיל בסי' שכ"ו, [**או** אפשר דהרבותא הוא, דלא נימא דההבל הוא כמו ענין רפואה, ונגזר משום שחיקת סממנים]. **וה"ה** שמותר ליתן בגדים חמים למי שחש בבטנו ובמעיו, או חרסים או לבנים חמים.

באר הגולה

[א] שבת ס"ו במשנה [ב] לפירוש ר' אבהו שם בגמ' [ג] לפי' רבא בר פפא שם וכפירוש רש"י [ד] לפי' רבא בר רב הונא שם [ה] ‹ע"פ הבאר הגולה והב"י› [ו] **שם ס"ו במשנה** ‹משנה שם: הבנים יוצאים בקשרים, ופירשו בגמרא קשרים, קישורי פאה, ופריך אי הכי מאי איריא בנים אפילו בנות נמי, מאי איריא קטנים אפילו גדולים נמי. וזהו שכתב רבינו סתם יוצאים ולא חילק - ב"י› [ז] **שם ס"ו**

סימן שכח סמ"ג - [ח]מותר לכפות כוס חם על הטבור ולהעלותו - כתב הח"א, דהוא החולי שקוראין הייב מוטער, הוא הנזכר לעיל בסעיף מ', וחזר ושנאו כאן, שהוא מלשון הרמב"ם שכלל הכל בטעם אחד.

[ט]ולהעלות אזנים - גידי האזנים פעמים שיורדין למטה ומתפרקין האזנים, **בין ביד בין בכלי; [י]ולהעלות אונקלי, דהיינו תנוך שכנגד הלב שנכפף לצד פנים** - ומעכב את הנשימה, **[יא]שכל אחד מאלו אין עושים בסמנים כדי שנחוש לשחיקה, ויש לו צער מהם** - דאל"ה היה אסור עכ"פ משום עובדא דחול.

אות ה'

מותר לסוך שמן ומלח בשבת

סימן שכח סמ"א - [יב]מי שנשתכר, שרפואתו לסוך כפות ידיו ורגליו בשמן (ומלח) - מעורבין יחד, **מותר לסוכם בשבת** - דמה שמפקח שכרותו ממנו אין זה רפואה.

מותר לשאוף טאבא"ק בנחיריו, בין שעושה כן לפי שעלול במיחוש הראש, ובין להפיג השכרות, **דכיון** שנתפשט שאיפת הטאבא"ק לגדולים ולקטנים משום תענוג, או משום ריח, לא מוכחא מילתא דעביד לרפואה.

אות ו' – ז'

מותר לחנק בשבת

לפופי ינוקא בשבתא שפיר דמי

רמב"ם פכ"א מהל' שבת הל"א - אין מקיאין את האוכל בשבת, בד"א בסם, שמא ישחק סמנין, אבל להכניס ידו לתוך פיו ולהקיא, מותר; ואסור לדחוק כריסו של תינוק כדי להוציא הרעי שלו, שמא יבא להשקותו סמנין המשלשלין; ומותר לכפות כוס על הטבור בשבת כדי להעלותו; וכן מותר ליחנק; וללפף את הקטן; ולהעלות אזנים בין ביד בין בכלי; ולהעלות אנקלי, שכל אלו וכיוצא בהן אין עושין אותן בסמנין, כדי לחוש לשחיקה, ויש לו צער מהן.

אות ח' – ט'

יוצאין באבן תקומה בשבת

אף במשקל אבן תקומה; ולא שהפילה, אלא שמא תפיל; ולא שעיברה, אלא שמא תתעבר ותפיל

סימן שג סכ"ד - [יג]יוצאה באבן תקומה, (פי' הערוך: אבן ידועה שכשהיא על אשה לא תפיל) - היינו מה שאנו קורין שטערי"ן שו"ס, שנושאין נשים מעוברות - ט"ז, **ובביאור** מהרש"ל על הסמ"ג כתב המעתיק, שמצא שהוא אבן חצץ, וחלל בתוכו, ואבן קטן בתוך החלל, כעינבל בזוג, וכן נברא, והביאו בא"ר.

ובמשקל ששקלו כנגדו - המנהג ששוקלין איזה דבר כנגד האבן תקומה, שהוא ג"כ מועיל, **ואיתא** בש"ס: והוא דאיכוון ותקל, דהיינו שנמצא החפץ מאליו מכוון למשקל האבן, ולא חיסרו ממנו או הוסיפו עליו לכוונו, אז יש לו סגולה זו, **שלא תפיל** - והטעם בכל זה להתיר, משום דהוא כקמיע מומחה.

ואפילו לא נתעברה עדיין - אלא שחוששת שמא תתעבר ותפיל, [**ואפי'** אם לא הפילה עד עתה שום עובר, שם בגמ' ורש"י ע"ש].

---

§ מסכת שבת דף סז. §

אות א'

באריג בכסותו

סימן שא סכ"ג - [א]הבנים יוצאים בזגין (פי' כמין פעמונים קטנים) [ב]הארוגים להם בכסותם - ולכן לא חיישינן דילמא מיפסק ואתי לאתויי, [שבת נ"ח ע"א, והיינו אפי' בבנים גדולים, לפי מה דמסיק הגמרא בדף ס"ז דמיירי בארוג בכסותו]. **ואפילו** אם הם זגין של זהב שאינו עשוי אלא לבני מלכים, ג"כ לא חיישינן דילמא מחייכי עליה ואתי לאתויי בידו, כיון שהוא ארוג, [גמרא, וגם בשל זהב מיירי שם, כדפרש רש"י במשנה, וגם בתוספות נ"ח. ד"ה מאי שנא].

אבל אם אינם ארוגים, לא - ואפילו הם קשורים להכסות, וכ"ש בזוג שבצוארו דאסור לצאת, [גמרא נ"ח], דחיישינן דילמא מיפסק מהכסות או מצוארו ואתי לאתויי, [ומטעם זה אסור אפי' בבני מלכים], **וכ"ש** אם הם של זהב, דחיישינן דילמא מחייכי עליה להחזיקו כיוהרא, [רש"י], דאינו עשוי אלא לעשירים, ואתי ליטלן ולאתויי ביד.

באר הגולה

ח אגב שיטפא מילי דרמב"ם חוזר ושנאו כאן ונתבאר בסעיף מ' | ט ע"ז כ"ח, ופירוש רש"י גידי האוזן שפעמים יורדים למטה ומתפרקים הלחיים | י שם כ"ט | יא רמב"ם בפרק כ"א שם | יב שם | יג שם ס"ו | א שבת ס"ו | ב שם ס"ז כרבא. שם בשלטי גבורים כתב: והוא שתפרן במלבוש ב' תכיפות, דהויא כאלו ארגו, וכתב טעם ע"ז עיין שם

במה אשה פרק ששי שבת סז

עין משפט נר מצוה

פח א מיי׳ פי״ט מהל׳ שבת הלכה יח סמג לאוין סה טוש״ע א״ח סימן שא סעיף כג:

פט ב ג מיי׳ שם הלכה יג טוש״ע שם סעיף כו:

צ ד מיי׳ פי״י מהלכות טומאת צרעת הלכה ח וסמג עשין רלה:

מסורת הש״ס

[כמנהג גרס שיבי פי׳ תתיכה קטנה] [גירס׳ הערוך סורבי פי׳ קברים ע״ש בערך סבר א׳]

[פי׳ תוספות שבועות טו: ד״ה אסור]

[גירס׳ הערוך לכיבא בערך כב ג]

לקמן קיח. קכה. [ב״מ קיג:]

[גירס׳ ירושלמי דברי רבי יוסי ר׳ מאיר אוסר אף בחול]

חולין עז:

מו״ק ה. [סוטה לב:] חולין עח. נדה סו.

[גירסת הערוך לאדרא]

תורה אור

לאשתא תילתא לייתי שבעה סילוי משבעה דיקלי ושבעה *ציבי משבעה כשורי ושבעה סיכי משבעה גשורי ושבעה קטימי משבעה תנורי ושבעה עפרי משבעה *סנרי ושבעה כופרי משבעה ארבי ושבעה בוני כמוני ושבעה ביני מדיקנא דכלבא סבא ולצייריגהו בחללא דבי צוארא בנירא ברקא א״ר יוחנן לאשתא צמירתא לישקל סכינא דכולא פרזלא וליזל להיכא דאיכא וורדינא וליקטר ביה נירא ברקא יומא קמא ליחרוק ביה פורתא °ולימא °וירא מלאך ה׳ אליו וגו׳ למחר ליחרוק ביה פורתא ולימא °ויאמר משה אסורה נא ואראה למחר ליחרוק ביה פורתא *ולימא° וירא ה׳ כי סר לראות וגו׳ א״ל רב אחא בריה דרבא לרב אשי ולימא °ויאמר אל תקרב הלום וגו׳ אלא ליומא קמא לימא וירא מלאך ה׳ אליו וגו׳ ויאמר משה וגו׳ ולמחר לימא וירא ה׳ כי סר לראות ולמחר ויאמר (ה׳) אל תקרב הלום וכי פסק ליה ליתתיה ולפסקי ולימא הכי הסנה הסנה לאו משום דהגביהת מכל אילני אשרי הקב״ה שכינתיה עלך אלא משום דמייכת מכל אילני אשרי קודשא בריך הוא שכינתיה עלך וכי היכי דחמיתיה אשתא לחנניה מישאל ועזריה ועריקת מן קדמוהי כן תחמיניה אשתא לפלוני בר פלונית ותיערוק מנקדמוהי לסימטא לימא הכי בז בזייה מס מסייא כס כסייה שרלאי ואמרלאי אלין מלאכי דאישתלחו מארעא דסדום ולאסאה שחינא כאיבין בזך בזך בזביזך מסמסיך כמון כמיך עיניך ביך עינך ביך אתריך בך זרעיך כקלוט וכפרדה דלא פרה ולא רביא כך לא תפרה ולא תרבה בגופיה דפלוני בר פלונית *לכיפה לימא הכי חרב שלופה וקלע נטושה לא שמיה יוכב חולין מכאובין לשידא לימא הכי הוית דפקיק דפקיק הוית ליטא תבור ומשומת בר טיט בר טמא בר טינא כשמגז מריגז ואיסטמאי לשידא דבית הכסא לימא הכי אקרקפי דארי ואאוסי דגורייתא אשכחתון לשידאי בר שיריקא פנדא במישרא דכרתי חבטיה בלועא דחמרא חטרתיה: ובני מלכים בזגין: מאן תנא א״ר אושעיא רבי שמעון היא דאמר *כל ישראל בני מלכים הם רבא אמר *באריג בכסותו ודברי הכל:

מתני׳ [י]יוצאין בביצת החרגול ובשן שועל ובמסמר מן הצלוב משום רפואה *דברי ר״מ וחכמים אוסרין אף בחול משום דרכי האמורי: **גמ׳** יוצאין בביצת החרגול דעבדי לשיחלא ובשן של שועל דעבדי לשינתא דחייא למאן דניים דמיתא למאן דלא ניים: ובמסמר מן הצלוב: דעבדי לזירפא: משום רפואה דברי רבי מאיר: *אביי ורבא דאמרי תרוייהו °כל דבר שיש בו משום רפואה אין בו משום דרכי האמורי *הא אין בו משום רפואה יש בו משום דרכי האמורי והתניא אילן שמשיר פירותיו סוקרו (וצובע אותו) בסיקרא וטוענו באבנים בשלמא טוענו באבנים כי היכי דליכחוש חיליה אלא סוקרו בסיקרא מאי רפואה קעביד כי היכי דליחזייה אינשי וליבעו עליה רחמי כדתניא °וטמא טמא יקרא *צריך להודיע צערו לרבים ורבים יבקשו עליו רחמים אמר רבינא כמאן תלינן כובסי בדיקלא כי האי תנא תני תנא בפרק *אמוראי קמיה דר׳ חייא בר אבין א״ל °כולהו אית בהו משום דרכי האמורי לבר מהני מי שיש לו עצם בגרונו מביא מאותו המין ומניח ליה על קדקדו ולימא הכי חד חד נחית בלע בלע נחית חד חד אין בו משום דרכי האמורי *לאדרא לימא הכי נגעצתא כמחט נגעלתא כתרים *שייא שייא האומר

תוספות

בני מלכים יוצאין בזגין מאן תנא ר״ש היא כו׳ · פי׳ הקונטרס וליכא למיחש דילמא מחייכי בהו ואתו לאתויי וא״ת מכל מקום ליחוש דילמא איפסיק ואתי לאתויי כדאמרינן לעיל גבי עבד דלא יצא בחותם שבצוארו וי״ל דהכא מיירי בתלוים בשלשלת דלא מיפסקי וריב״א פירש דבירושלמי מוקי לה בקטנים דאפילו אי פסיק ומייתי לה ליכא איסור והכי איתא בירושלמי ר׳ זעירא אומר בזוג שבצוארו ומהו כל אדם דקתני במתניתין בין קטנים עשירים בין קטנים עניים מתניתין פליגא עליה דרבי זעירא ולא בזוג שבצוארו כאן בגדולים כאן בקטנים פירוש ההוא דלא יצא בזוג שבצוארו בגדולים דלמא מיפסיק ואתי לאתויי והא דשרי הכא בקטנים דליכא למיחש כדפי׳ מ״מ יש לדקדק אמאי נקט בני מלכים כיון דליכא חששא אי מייתי להו קטן בידים וי״ל דאי לאו בני מלכים הוו מחייכו עליה בני מלכים כל שעה ואי אפשר שלא ישמע אביו מעולם ויטלם אביו בידו ואתו לאתויי אבל אי בני מלכים לא מחייכי אם כן אפילו אי מיפסיק ליכא למיחש דילמא מייתי להו אבוה דלא שכיח שיהא אביו בלדו בשעה שיפסוק:

הדרן עלך במה אשה

רש״י

לאשתא תילתא · שאחת שלישית שבאה מג׳ ימים לג׳ ימים: **סילוי** · ענבים(א) קטנים: **ושבעה ציבי** · קסמים: **כשורי** · קורות: **ושבעה סיכי** · יתידות קייבל״ש בלע״ז: **משבעה גשורי** · גשרים: **ז׳ סינרי** · לטר הדלת תור האסקופה שציר הדלת סובב בו: **כופרי** · זפת שזופתין הספינות: **ארבי** · ספינות: **ושבעה בוני**(ב) **כמוני** · גרעיני כמון ל״א בוני כמון גרסי׳ מלא אגרוף: **ושבעה ביני מדיקנא דכלבא סבא** · שבעה נימי מזקן כלב זקן: **אשתא צמירתא** · חולי שמחממת וקודחת את הגוף: **וורדיני** · סנה: **ליחרוק** · אושקרני״ר כמו דמיבלע חירקייא דאטו טריפות (חולין דף נט:): **ויאמר משה** · משום סיפיה מדוע לא יבער הסנה: **כי סר** · שיסור החולי: **אל תקרב הלום** · שלא יקרב זה החולי אליו: **ליתתיה ולפסקיה** · סמוך לקרקע ליתתיה ישפיל: **דמייכת** · שאתה שפילה: **דחמיתא אשתא** · שראית האש: **לסימטא** · שחין קרו״ג בלע״ז: **בזביזך מסמסייך כסכסייך** · שמות המלאכים על שם שקורעים וממסמסים ומכסכסים אותו בו לשון בזעה: **מארעא דסדום** · כך הוא הלחש ולא מסדום באו: **בזך בזיך** · אין לו משמעות אלא כך הוא הלחש: **עיניך ביך** · מראיך ביך שלא תאדים יותר: **אתריך ביך** · שלא תרחיב: **כקלוט** · שנקלט זרעו בשריירי בטנו שלא יוליד: **לכיפה** · אונפול״ש אבעבועות כך לשון רבי יצחק ברבי מנחם נ״ע ולשון רבותי לכיפה למי שכופהו שד: **לימא הכי** · לחש בעלמא הוא: **הוית דפקיק דפקיק הוית** · לחש הוא: **ליט תבור ומשומת** · מקולל ונשבר ומשומת יהא שד זה ששמו בר טיט בר טינא: **לשידא דבית הכסא** · אם הזיק לימא לחש זה: **אקרקפי דארי** · בראש הארי זכר: **ואאוסי דגורייתא** · ובחוטם לביאה נקבה: **אשכחתא לשידאי בר שריקאי פנדאי** · כך שמו: **במישרא דכרתי חבטיה** · בערוגת כרשין הפלתיו: **בלועא דחמרא חטרתיה** · בלחי החמור הלקיתיו: **מאן תנא** · דקתני וכל אדם ואפילו עני שבישראל: **רבי שמעון** · בפרק שמונה שרצים: **בני מלכים** · הלכך לעני נמי חזיא ולא גנותא דידיה דליתחזיא כיוהרא ושליף אי נמי דמגו דחידוש הוא שליף ומחוי: **באריג בכסותו** · דלא שליף ליה ומחוי: **מתני׳ דרכי האמורי** · ניחוש הוא וכתיב ובחוקותיהם לא תלכו (ויקרא יח): **גמ׳ לשיחלא** · לכאב האוזן ותולין באוזן: **לשינתא** · יש שעושה כדי שיישן ויש כדי שלא יישן: **דחייא** · של שן שועל חי: **לזירפא** · נפח מכה דכל פרזלא זריף והאי מסי לזירפא: **יש בו משום רפואה** · שנראית רפואתו כגון שתיית סם ותחבושת מכה ופרכינן הא אין בו כו׳ כגון לחש שאין ניכר שיהא מרפא יש בו משום דרכי האמורי בתמיה: **דליכחוש חיליה** · שעל ידי שהוא שמן וכחו רב פירותיו נושרין: **דליחזיוה אינשי** · ולסימנא עבדי ליה לאודעי דמשיר פירותיו: **טמא טמא** · הוא עצמו אומר טמא רחקו מעלי: **כובסי** · אשכול תמרים וסימן הוא שמשיר פירותיו: **בפרק אמוראי** · בפרק אחד* ששנוי בתוספתא דמסכת שבת בהלכות דרכי האמורי: **א״ל** · רבי חייא לתנא: **כולהו אית בהו** · כל השטיות שם אל תטעה לומר באחד מהן אין בו משום דרכי האמורי אלא בכולן אתה שונה יש בו לבר מהני ב׳ אלו שאפרש לך: מי שיש לו עצם וכו׳ ולחש דנעלתה כמחט אלו ב׳ לבדם אין בהם: **חד חד נחית** · לחש הוא: **לאדרא** · עצם של דג שישב לאדם בושט: **שייא שייא** · לחש הוא רד רד: האומר

הגהות הב״ח

(א) רש״י ד״ה סילוי ענבים קטנים: (ב) ד״ה ושבעה מיני כמונה גרעיני:

רבינו חננאל

אבל משקל דמשקל עלתה בתיקו · וכל [תיקו] דאיסורא [לחומרא] ואין יוצאין בה בשבת בני מלכים בזוגים אוקמה (רב) [רבא] בזוג ארוג בכסות ולדברי הכל כי האי גוונא שרי פר׳ שיח לא פצע האוזן פי׳ זירפא [ענביתא] (עכיבתא) אביי ורבא דאמרי תרווייהו כל שהוא משום רפואה אין בו משום דרכי האמורי: ירושלמי רבי אבהו בשם רבי יוחנן כל שמרפא אין בו משום דרכי האמורי

[מלת הא ליתא בחולין ומשמע שם דהכל מדברי אביי ורבא וכו׳ ועי׳ בפירש״י דהכא ד״ה יש בו וכו׳ ופרכינן הא אין בו וכו׳]

עי׳ בערוך ערך אמורי

[גירס׳ הערוך שה שה פי׳ המם כמם]

פ״ז ופ״ח

גליון הש״ס

גמרא ולימא וירא מלאך · עיין שבועות דף טו ע״ב

הגהות: שם אביי ורבא דאמרי תרווייהו כל דבר שיש בו משום רפואה · עיין בב״מ דף כז ע״ב תוספות ד״ה כים ואגרני: שם כולהו אית בהו משום דרכי האמורי · עיין תשובת רשב״א סימן תי״ג בארוכה: הוספות ד״ה אסור ופסחים דף קיא ע״א תוספות ד״ה נפתח:

וכתבו בתוס' בשם הריב"א, דאפי' בנים קטנים שאינם עשירים, [ובדידהו ליכא למיחש דלמא יופסק ואתי לאתויי, דהרי הוא קטן והאיסור לא ספינן להו בידים], **אסורים** לצאת בזוג של זהב שאינו ארוג בכסות, או התלוי בצוארו, דחיישינן דילמא מחייכי עלייהו, וא"א שלא ישמע אביהם ויטלם, ובתוך כך אתי לטלטלם ד"א בר"ה, והביאם המ"א וא"ר.

הגה: ולא מהני מה דמחובר לכסות, רק בדבר שדרכו להיות מחובר שם - דהיינו כגון זוג, שהדרך היה בזמניהם להיות בכל הבגדים לנוי, לכך שרי באריג, שלא גזרו אטו אינו אריג, כיון שהוא נוי לבגד לא הטריחו חז"ל להפסיד אותו ולהתגנות, [תוס' ‹דף נ"ח. ד"ה הב"ע›.

(**וע"כ מותר לצאת בכיסין התפורים בהבגד, וכן בקאפטו"ר שתלוי בבגד, שמכסה ראשו בשעת הגשמים**).

אבל אם חיבר שם דבר שאין דרכו בכך, אסור (הגהות מיימוני וב"י בשם תשובת רשב"א ומרדכי פרק במה אשה) - היינו דגזרו מחובר אטו אינו מחובר, [כן משמע בתוס' שם]. **ועיין** במרדכי שם שסיים, דאפשר דבכלל משוי הוא, וחיוב חטאת נמי יש בזה, דאינו בטל לגבי הבגד כיון שאין דרכו בכך, **וכן** משמע בתשובת הרשב"א שהובא בב"י, שכל דבר שאין צורך להבגד, ואין תשמיש להבגד, אינו בטל לגבי הבגד, והרי הוא כאלו מוציאן לבדו בלא הבגד, וחייב.

ואותן עגולים ירוקים שגזרה המלכות שכל יהודי ישא אחד מהן בכסותו, מותר לצאת בהן אפילו אינו תפור בכסותו רק מחובר שם קצת (א"ז) - דחשיב מלבוש כיון שדרך לצאת בו כל ימי השבוע, **ולא** חיישינן דילמא יתבייש ושקיל ליה ואתי לאתויי, שאימת מלכות עליו, **גם** לא חיישינן דילמא מיפסק ואתי לאתויי, כמו בזגים שאינן ארוגים, שאין זה חשוב.

וכן מותר לצאת במטפחת שמקנחין בו האף, שקורין פצולי"ט, אם מחובר לכסות - כאן בעינן שיהיה מבע"י תפור היטב להכסות, או עכ"פ שיהיה תפור בשני תכיפות, [ג][מ"א בשם באר שבע], דאז הוי כמו אריג יחד, וכנ"ל בריש הסעיף, דאל"ה חיישינן דילמא מיפסק ואתי לאתויי, כמו בזגים.

ואע"ג דהוא דבר שאינו לא מלבוש ולא תכשיט, מ"מ לא חשיב כמשוי, דדרך היה בזמניהם לתפור כן להכסות, הלכך בטל הוא לגבי בגד, **ולפי"ז** בזמנינו שאין דרך להיות הפאציילע"ט תפור בהבגד, לא בטיל הוא לגבי בגד, ואסור, וכ"כ בספר זכרו תורת משה, ובספר מטה אשר.

ויש שכתבו, לפי שהפאצילע"ט הוא דבר שאינו חשוב, בטל הוא לגבי הכסות כשתפור בו. **ודוקא** לכסות, אבל אם תפרו לחגורה אינו מועיל, דאינו בטל לגבי חגורה, אא"כ יתפרנו בראש החגורה ויחגור עצמו בו. **וקשירה** בעלמא להכסות או להחגור, אפילו קשרו מבע"י בקשר של קיימא, ג"כ אסור לצאת בו, כיון שאינו חוגר עצמו בהפאציילע"ט.

ומי שרוצה להיות הפאציילע"ט עמו, ולא תפרו להכסות מבע"י, אין לו היתר שיעשה עתה ממנו כעין חגורה לחגור בו, כיון שיש לו חגורה בלא"ה, וחגורה ע"ג חגורה אסור, כדלקמן בסעיף ל"ו, **אלא** יחבר ראש הפאציילע"ט בראש החגורה בעניבה, ויהיה כחגורה ארוכה, ויחגור עצמו בו כל זמן שהולך ברחוב - ט"ז וש"א, **ויש** מאחרונים שמפקפקין בזה, וסוברין דקשר שאינו של קיימא לא מהני לזה, וע"כ לכתחלה טוב לעשות עצה זו גופא מע"ש, ויקשרנו בקשר של קיימא להחגורה בראש, דיחשב כחגורה ארוכה לחגור בה בשבת.

וכן דמותר לצאת בזגין הארוגין, דוקא שאין בהם ענבל ואין משמיעין קול (הגהות אלפסי סוף פרק במה אשה) - (וה"ה אם הזוג הוא פקוק, והנה במג"א מסיק, דדוקא היכא דבעי לקלא, כגון לקטנים, אבל גדולים מותרים לצאת אף בשיש לו עינבל ומשמיע קול, כיון דלא בעי לקלא, ועיין בסימן ש"ה דשם מסתפק המ"א, דאפשר דקול זוג משתמע ככלי שיר, ובכלי המיוחד לשיר הלא מסיק בשל"ח דאסור, וכן בא"ר מפקפק בדברי המ"א, ע"ש, וגם הגר"א משמע שמסכים לדברי הרמ"א, ע"ש).

אות ב' - ג'

יוצאין בביצת החרגול, ובשן שועל, ובמסמר מן הצלוב משום רפואה

כל דבר שיש בו משום רפואה, אין בו משום דרכי האמורי

סימן שא סכ"ז - [ד]יוצאין בביצת החרגול - הוא חגב, **ובשן של שועל, ובמסמר הצלוב** - ועיין בגמרא למאי עבדי כל דברים אלו, **בין בחול בין בשבת** - ובזמנם היו אלו דברים איתמחו לרפואה, ויש להם דין קמיע מומחה, ושרי לצאת בהן כשהן תלויין עליו, **ואין בו משום דרכי האמורי, [ה]וכן בכל דבר שהוא משום רפואה.**

אבל אם עושה מעשה ואין ניכר בו שהוא משום רפואה - היינו שאין ניכר שיהיה לרפואה, **אסור משום דרכי האמורי** - והא דמותר בדברים הנ"ל, כיון שיאמרו היודעים שהוא לרפואה מצד הסגולה, הוי כניכר.

באר הגולה

ג ‹וכ"כ הבאר הגולה לעיל› ד בבבלי ס"ז וכר"מ לגירסא שגורסין ברישא ר"מ ‹עיין בהג"ה בצד הגמ'› ה שם כאביי ורבא

אבל [ו]**כל לחש מותר** - ואפילו אי עדיין לא אתמחי, ואין אנו יודעין שמרפאין, אפ"ה מותר בחול, דכיון דידעינן שיש לחשים שמרפאים, אמרינן שמא גם בזה ירפא, והוי קצת כמו ניכר, כיון שרגילות שהלחשים ירפאו, [ז]**ולא אסרו אלא באותם שבדקן ואינם מועילים** - שידענו שאינן מועילים.

[ח]**ויש מי שחושש בכל קמיע שאינו מומחה משום דרכי האמורי** - הקשה בביאור הגר"א, הא תנן דאין יוצאין בקמיע שאינו מומחה, משמע הא בחול שפיר דמי, ועיין בלבושי שרד שנדחק ליישב, **ואם** החולי הוא דבר שיש בו חשש סכנה, נראה דלכו"ע שרי בכל גווני.

(**במהרי"ל** בלקוטים שבסוף הספר איתא וז"ל, אמר לנו מהרי"ל, כל הרפואות שבכל התלמוד אסור לנסות אותם, משום דאין אדם יכול לעמוד על עיקרן, וכי לא יעלו בידם ילעגו וילגלגו על דברי חכמים, **מלבד** הא דאיתא בשבת ס"פ במה אשה, מי שיש לו עצם בגרונו, מביא מאותו מין, ר"ל מאותו מין עצם, ויניחו לו על קדקדו, ויאמר הכי: חד חד נחית בלע בלע נחית חד חד, והלחש הזה בדוק ומנוסה, לכן אותו לבד מתירו ולא שום א' יותר, עכ"ל. **וראיתי** בספר שושני לקט שכתב, ומחמת שמצאתי שינוי נוסחאות, לכן אודיעך הנוסחא אחרת במפעלות וז"ל: מי שנכנס עצם בצווארו או דבר אחר, יקח כלי עם מים קרים מן באר, ותשים רגלך השמאלית בתוך המים, ואיש אחר ילחוש באזנך "חד חד נחית בלע בלע נחית בלע נחית חד חד", וצריך להניח מאותו מין על קדקדו, ויאמר לחש הנזכר ג"פ, ואחרי הלחש הנזכר יאמר "יזר יזר בלע בלע יזר יזר", עכ"ל. **אמר** המסדר, עיין בגמ' שם: לאדרא, פירש"י עצם של דג, נימא "נגעצתא כמחט" כו', ושם דף ס"ו ע"ב אמר אביי כו', ודלא מפרשי, ארבעין וחד זימני בת"ש יו"ד סימן של"ו ס"א).

אות ד'

צריך להודיע צערו לרבים, ורבים יבקשו עליו רחמים

רמב"ם פ"י מהל' טומאת צרעת ה"ח - המצורעת אינה פורעת ואינה פורמת ולא עוטה על שפם, אבל יושבת היא מחוץ לעיר ומודיעה לאחרים שהיא טמאה; ולא המצורעים בלבד, אלא כל המטמאים את האדם, חייבין להודיע לכל שהן טמאין, [ט]**כדי שיפרשו מהן, שנאמר: וטמא טמא יקרא, הטמא מודיע שהוא טמא.**

באר הגולה

[ו] הרא"ש [ז] הר"ן שם והרשב"א שכן נראה מהתוספתא [ח] שם בשם רבינו יונה [ט] וזהו מרמב"ם זה מבואר, דמה שמודיע שהוא טמא הוי כדי שיפרשו ממנו, ולא משום שיבקשו עליו רחמים, וצ"ע אמאי מביאו העין משפט הכא

עין משפט נר מצוה

צא א מיי' פי"א מהל' ע"ז הלכה ד סמג לאוין נח טוש"ע יו"ד סימן קעט סעיף ג:

א ב מיי' פ"ז מהלכות שגגות הלכה כ:

ב ג שם הלכה ג:

תורה אור

האומר גד גדי וסנוק לא אשכי ובושכי יש בו משום דרכי האמורי ר' יהודה אומר גד אינו אלא לשון ע"ז שנאמר °העורכים לגד שלחן (ישעיה סה) הוא בשמה והיא בשמו יש בו משום דרכי האמורי *דונו דני יש בו משום דרכי האמורי ר' יהודה אומר אין דן אלא לשון ע"ז שנאמר °הנשבעים באשמת שומרון (עמוס ח) ואמרו חי אלהיך דן האומר *לעורב צרח ולעורבתא שריקי והחזירי לי זנביך לטובה יש בו משום דרכי האמורי *האומר שחטו תרנגול זה שקרא ערבית ותרנגולת שקראה גברית יש בו משום דרכי האמורי אשתה ואותיר אשתה ואותיר יש בו משום דרכי האמורי *המבקעת ביצים בכותל (והטח) בפני האפרוחים יש בו משום דרכי האמורי והמגים בפני אפרוחים יש בו משום דרכי האמורי המרקדת והמונה שבעים ואחד אפרוחין בשביל שלא ימותו יש בו משום דרכי האמורי המרקדת לכותח והמשתקת לעדשים והמצווחת לגריסין יש בו משום דרכי האמורי המשתנת בפני קדירתה בשביל שתתבשל מהרה יש בו משום דרכי האמורי אבל נותנין קיסם של תות ושברי זכוכית בקדירה בשביל שתתבשל מהרה וחכמים אוסרין(א) בשברי זכוכית מפני הסכנה תנו רבנן *נותנין בול של מלח לתוך הנר בשביל שתאיר ותדליק ונותנין טיט וחרסית תחת הנר בשביל שתמתין ותדליק אמר רב זוטרא האי מאן דמיכסי שרגא דמשחא ומגלי נפטא קעבר משום בל תשחית חמרא וחיי לפום רבנן אין בו משום דרכי האמורי מעשה ברבי עקיבא שעשה משתה לבנו ועל כל כוס וכוס שהביא אמר חמרא וחיי לפום רבנן חיי וחמרא לפום רבנן ולפום תלמידיהון:

הדרן עלך במה אשה

כלל *גדול אמרו בשבת [ג]כל השוכח עיקר שבת ועשה מלאכות הרבה בשבתות הרבה אינו חייב אלא חטאת אחת היודע עיקר שבת ועשה מלאכות הרבה בשבתות הרבה חייב על כל שבת ושבת [ג]היודע שהוא שבת ועשה מלאכות הרבה בשבתות הרבה חייב על כל אב

רש"י

האומר גד גדי · התמזל מזלי: וסנוק לא · עיף אל תהי': אשכי ובושכי · יום ולילה: יש בו משום דרכי האמורי · וכן בכולן עד סוף פירקא גרסינן הרי זה מדרכי האמורי וה"ג בתוספ': הוא בשמה והיא בשמו · הוא ואשתו מחליפין שמותיהן זה בזה בלילה משום ניחוש: דוני דני · התחזקו חביותי: דן · אינו חק האמורי אלא ע"ז ממש וחייב משום קורא בשם עבודת גלולים: האומר לעורב צרח · כשהוא קורא אומר לו כן מפני שהוא מבשר בשורות ונותן לו נחש זה: שקרא ערבית · איחר יותר משאר חביריו ול"א שקרא כעורב: שקראה גברית · כתרנגול כמו קרא גברא (יומא דף כ:): אשתה ואותיר · כדי שתהא ברכה מצויה בייני: המבקעת ביצים בכותל · ואית דגרסי בילים (ב)מקבעת לאחר שיצאו האפרוחים מחזרת(ג) הקליפות במקל וקובעתן בכותל לפניהם וזהו לנחש שלא ימותו: המרקדת לכותח · כשעושה כותח מרקדת לפניו והוא ניחוש שיתחזק: המשתקת לעדשים · כשטוחנת בקדרה משתקת את כל העומדים כדי שיתבשלו ולגריסין מצווחת: ה"ג אבל נותנין קיסם של תות · מורייי"ל וחזק הוא כתומך ומועיל לבשל ואין זה לנחש: ה"ג אבל אסרו חכמים בשברי זכוכית · אע"פ שמשום דרכי האמורי אין בו אסרו חכמים מפני הסכנה שלא יבלעו: בול של מלח · מלא אגרוף מלח בשביל שתאיר ותדליק שאין זה ניחוש אלא מסייע ממש שהמלח טולל את השמן וימשך אחר הפתילה: טיט וחרסית · מצננין את השמן ואינו דולק מהר: דמכסי שרגא דמשחא · שעושה לו כיסוי למעלה ממהר לידלק: נפטא · כשמגלין אותו האור הולך ונמשך אליו ומבעיר: חמרא וחיי · כשמוזגין ונותנין כוס אומר כן לברכה בעלמא:

הדרן עלך במה אשה

כלל גדול · בגמרא מפרש אמאי קרי ליה גדול: השוכח עיקר שבת · כסבור אין שבת בתורה: אינו חייב אלא חטאת אחת · בגמרא (לקמן דף סט:) יליף לה שמירה אחת לשבתות הרבה ושמירה לכל שבת ושבת ומסתברא דכי כתיב שמירה אחת לשבתות הרבה כי האי גוונא כתיב דכולא חדא שגגה היא וקרבן אשוגג קאתי: היודע עיקר שבת · שיש שבת בתורה ונאסרו בה מלאכות: ועשה מלאכות הרבה בשבתות הרבה · על ידי שגגת שבת ששכח ששבת היום מדקתני סיפא היודע שהוא שבת מכלל דרישא בדלאו יודע שהוא שבת ועשה מלאכות הרבה בשבתות הרבה בענין זה ולא נודע לו בינתים שחטא: חייב על כל שבת ושבת · חטאת אחת לכל שבת ואע"פ שלא נודע לו בינתים והעלם אחד הוא אמרינן ימים שבינתים הויין ידיעה לחלק שא"א שלא שמע בינתים שאותו היום היא שבת אלא שלא נזכר לו במלאכות שנעשו בו ושגגה קמייתא משום שבת הוא דהואי והא אתיידע ליה ביני ביני הלכך כל חדא שבת חדא שגגה היא ומיהו על הרבה מלאכות שבכל שבת לא מיחייב אלא חדא דכולה שבת חדא שגגה דהא לא שגג אמלאכות דיודע הוא שהמלאכות אסורות אלא אשבת הוא דשגג: היודע שהוא שבת ועשה מלאכות הרבה · שלא ידע שהמלאכות הללו אסורות ועשאם כמה פעמים בכמה שבתות חייב על כל אב מלאכה חטאת אחת ואף על פי שחזר וכפלה בכמה שבתות כולה חדא שגגה היא דהא לא נודע לו בינתים ולענין שגגת שבת הוא דאיכא למימר ימים שבינתים הויין ידיעה לחלק אבל לענין שגגת מלאכות לא אמרו הכי דמשום הפסק ימים אין לו לדעת אלא אם כן ישב ועסק לפני חכמים בהלכות שבת ומיהו בחטאת אחת לא מיפטר על כל שבת דשגגה לאו בשבת הויא אלא במלאכות ושגגות טובא הוו לשבת אחת ובגמרא (לקמן דף ע:) יליף פעמים שהוא חייב על כל אחת ואחת ופעמים שאינו חייב אלא אחת על כל שבת ומסתברא דחיובא בזדון שבת ושגגת מלאכות דאיכא שגגות טובא ופטורא בשגגת שבת וזדון מלאכות דחדא שגגה היא: אב

תוספות

כלל גדול · כל היודע עיקר שבת חייב על כל שבת ושבת כו' · פי' בקונטרס אע"פ שלא נודע לו בינתים אמרינן ימים שבינתים הויין ידיעה לחלק שאי אפשר שלא שמע בינתים שאותו יום שבת היה אלא שלא נזכר במלאכות וקשה לה"ר אליעזר דאמר בגמרא (לקמן דף עא·) קצר וטחן כגרוגרת בשגגת שבת וזדון מלאכות וחזר וקצר וטחן כגרוגרת בזדון שבת ושגגת מלאכות קצירה גוררת קצירה וטחינה גוררת טחינה פירוש ואינו חייב אלא אחת ובשבת אחת איירי דבשתי שבתות היה חייב שתים דימים שבינתים הויין ידיעה לחלק אלמא אע"פ שנודע לו קודם קצירה אחרונה שאותו יום שבת הוא דהא בזדון שבת קצר וטחן אפי' הכי לא הויא ידיעה ותשיב העלם אחד כיון שלא נודע לו שחטא שהרי סבור שהמלאכה מותר' וטעמא משום דכתיב או הודע אליו חטאתו שיהיה לו ידיעת חטא ועוד הקשה ריב"ם דבגמרא מפקינן לה מקרא ואי כדפי' בקונטרס שאי אפשר שלא נודע לו למה לן קרא ועוד קשה לר"י דתנן בפרק אמרו לו (כריתות דף טז·) א"ר עקיבא שאלתי את ר' אליעזר העושה מלאכות הרבה בשבתות הרבה מעין מלאכה כו' אמר ליה חייב על כל אחת ואחת ק"ו מנדה כו' ופליגי התם אמוראי בגמרא היכי בעי מיניה וקאמר בסוף שמעתא ולרב חסדא דאמר שגגת שבת וזדון מלאכות הוא דבעא מיניה אי ימים שבינתים הויין ידיעה לחלק או לא כדה מאי ימים שבינתים איכא ומשני שבא עליה וטבלה וראתה וחזר ובא עליה והתם אפילו איחרה כמה שנים ולא טבלה חשיב הכל העלם אחד אלא כשטבלה ימי היתר שבינתים אע"פ דלא ידע כמי שידע דמי ה"נ גבי שבת אע"פ שלא שמע ימי היתר שבינתים הויין ידיעה לחלק דגזרת הכתוב היא שתהא שמירה לכל שבת ותימה דהתם יליף רבי אליעזר שבת מנדה ואדרבה בשבת כתיב קרא ובנדה לא כתיב ונראה לר"י דהא דנפקא לן מקרא בגמרא היינו כרבי אליעזר ברבי שמעון דהתם דאמר לא כך שאלו רבי עקיבא לרבי אליעזר אלא הבא על הנדה והשיב לו רבי אליעזר דחייב על כל אחת ואחת ק"ו משבת: וגבי

רבינו חננאל

(כפסא) ת"ר נותנין בול של מלח לתוך הנר כדי שתאיר ותדליק · טיט וחרסית תחת הנר כדי שתמתין ותדליק · חמרא חייא לפום רבנן ותלמידיהון:

הדרן עלך במה אשה יוצאה

כלל גדול אמרו בשבתי' אסיקנא

מסורת הש"ס

פסחים ג:

[תוספתא פ"ח]

[שם פ"ז]

[בערוך ערך קבע איתא מקבעת ופי' כדאיתא כרש"י]

[תוספתא פי"ב]

כריתות טז:

הגהות הב"ח

(א) גמרא שתתבשל מהרה אבל אסרו חכמים בשברי זכוכית:

(ב) רש"י ד"ה המבקעת וכו' ואית דגרסי מקבעת כצ"ל ותיבת בילים נמחק:

(ג) בא"ד לאפרוחים מחזרת הקליפות:

§ מסכת שבת דף סז: §

אות א'

האומר: שחטו תרנגול זה שקרא ערבית, ותרנגולת שקראה גברית, יש בו משום דרכי האמורי

יו"ד סימן קעט ס"ג - [א]וכן האומר: שחוט תרנגול שקרא כעורב, ותרנגולת זו שקראה כתרנגול, אסור. הגה: וי"א אם אינו אומר הטעם למה מצוה לשחוט התרנגולת, אלא אומר סתם שחטו תרנגולת זו, מותר לשחטה כשקראה כתרנגול (ב"י בשם הר"ן) - [לפי זה נראה דגם בהנך דלעיל יש היתר כל שאינו אומר בפירוש שהוא עושה משום הכי, אלא די"ל דשאני הכא כיון שיש שינוי טבע לפניו, ויש מקצת חרדה על האדם, הותר לו לעשות בלי אמירה, משא"כ בהנך דלעיל שאין בהם שנוי טבע, כנ"ל – ט"ז]. וכן הוא המנהג - ועכשיו ראיתי המנהג שאומרים בפירוש שחטו התרנגולת שקראה כתרנגול, ושוחטין אותה, ונראה דס"ל כהגהת רמ"ד שהביא ב"י, וכדעת מהרי"ל בתשובה, ע"ש - ש"ך. ‹וז"ל הב"י: ומהגהת הרמ"ד שמצאתי על הרמב"ם בדין זה נראה, שהיה גורס בגמרא ובתוספתא "מותר ואין בו משום דרכי האמורי", ואפשר שעל אותה גירסא סמכו העולם›. ‹ויש עוד הרבה דברים, וכללו של דבר, כל דבר שהתועלת או הנזק נגלה לעינים, בין מדרך רפואה או בדרך סגולה, אין בו משום ניחוש או דרכי האמורי, אבל מה שאינו נגלה, יש בו משום דרכי האמורי ואסור – חכ"א›.

אות ב'

כל השוכח עיקר שבת, ועשה מלאכות הרבה בשבתות הרבה, אינו חייב אלא חטאת א'. היודע עיקר שבת, ועשה מלאכות הרבה בשבתות הרבה, חייב על כל שבת ושבת

רמב"ם פ"ז מהל' שגגות ה"ב - כלל גדול אמרו בשבת: כל השוכח עיקר שבת, ושכח שנצטוו ישראל על השבת, או שנשבה והוא קטן לבין העכו"ם, או נתגייר [ב]קטן והוא בין העכו"ם, אף על פי שעשה מלאכות הרבה בשבתות הרבה, אינו חייב אלא חטאת אחת, שהכל שגגה אחת היא; וכן חייב חטאת אחת על כל חלב שאכל, וחטאת אחת על דם שאכל, וכן כל כיוצא בזה בעבירות אלו. וכל היודע עיקר שבת, אבל שכח שהיום שבת, ודימה שהוא חול, אף על פי שעשה בו מלאכות הרבה, חייב חטאת אחת על היום כולו, וכן חטאת על כל שבת ושבת ששגג בו.

אות ג'

היודע שהוא שבת, ועשה מלאכות הרבה בשבתות הרבה, חייב על כל אב מלאכה ומלאכה

רמב"ם פ"ז מהל' שגגות ה"ג - כל היודע שהיום שבת, ושגג במלאכות ולא ידע שמלאכות אלו אסורות, או שידע שהן אסורות ולא ידע שחייבין עליהן כרת, ועשה מלאכות הרבה, חייב חטאת על כל אב מלאכה ומלאכה, אפילו עשה הארבעים חסר אחת בהעלם אחת, מביא ל"ט חטאות.

באר הגולה

א שבת דף ס"ז ע"ב

ב ‹ויש לתמוה על מ"ש רבינו שנתגייר קטן, דאפילו גדול נמי אפשר שלא ידע מצות שבת. וי"ל משום דאם נתגייר גדול, ודאי שהודיעוהו מצות שבת, אבל גר קטן שמטבילין אותו ע"ד ב"ד, א"צ להודיעו – כסף משנה›

§ מסכת שבת דף סח. §

אות א'

העושה מלאכות הרבה מעין מלאכה אחת, אינו חייב אלא חטאת אחת

רמב"ם פ"ז מהל' שגגות ה"ז - עשה מלאכות הרבה מעין מלאכה אחת, כגון שזרע והבריך והרכיב בהעלם אחת, אינו חייב אלא חטאת אחת, וכבר נתבאר בהלכות שבת, האבות והתולדות, והמלאכות שהן מעין אבות.

רמב"ם פ"ז מהל' שבת ה"ט - העושה מלאכות הרבה מעין מלאכה אחת בהעלם אחד, אינו חייב אלא חטאת אחת, כיצד הרי שזרע ונטע והבריך והרכיב וזמר בהעלם אחד, אינו חייב אלא חטאת אחת, שכולן אב אחד הן, וכן כל כיוצא בזה.

כלל גדול פרק שביעי שבת סח

אב מלאכה ומלאכה* "העושה מלאכות הרבה מעין מלאכה אחת אינו חייב אלא חטאת אחת: **גמ'** מ"ט תנא כלל גדול אילימא משום דקבעי למיתני עוד כלל אחר תנא כלל גדול וגבי שביעית נמי משום דקבעי למיתני עוד כלל אחר תנא כלל גדול והא גבי מעשר דקתני(א) כלל אחר ולא תני כלל גדול א"ר יוסי בר אבין שבת ושביעית דאית בהו אבות ותולדות תנא גדול מעשר דלית בה אבות ותולדות לא תנא כלל גדול ולבר קפרא דתני כלל גדול במעשר מאי אבות ומאי תולדות איכא אלא לאו היינו טעמא גדול עונשו של שבת יותר משל שביעית דאילו שבת איתא בין בתלוש בין במחובר ואילו שביעית בתלוש ליתא במחובר איתא וגדול עונשה של שביעית יותר מן המעשר דאילו שביעית איתא בין במאכל אדם בין במאכל בהמה ואילו מעשר במאכל אדם איתא במאכל בהמה ליתא ולבר קפרא דתני כלל גדול במעשר גדול עונשו של מעשר יותר משל פיאה דאילו מעשר איתא בתאנה וירק ואילו פיאה ליתא בתאנה וירק *דתנן כלל אמרו בפיאה כל שהוא אוכל ונשמר וגידולו מן הארץ ולקיטתו כאחת ומכניסו לקיום חייב בפיאה אוכל למעוטי ספיחי סטים וקוצה ונשמר למעוטי הפקר וגידולו מן הארץ למעוטי כמיהין ופטריות ולקיטתו כאחת °למעוטי תאנה ומכניסו לקיום למעוטי ירק ואילו גבי מעשר תנן* כלל אמרו במעשר כל שהוא אוכל ונשמר וגידולו מן הארץ חייב במעשר ואילו לקיטתו כאחת ומכניסו לקיום לא תנן: רב ושמואל דאמרי תרוייהו מתניתין בתינוק שנשבה לבין הנכרים וגר שנתגייר לבין הנכרים אבל הכיר ולבסוף שכח חייב על כל שבת ושבת תנן השוכח עיקר שבת לאו מכלל דהויא ליה ידיעה מעיקרא לא מאי כל השוכח עיקר שבת דהיתה שכוח ממנו עיקרה של שבת אבל הכיר ולבסוף שכח מאי חייב על כל שבת ושבת אדתני היודע עיקר שבת ועשה מלאכות הרבה בשבתות הרבה חייב על כל שבת ושבת ליתני הכיר ולבסוף שכח וכ"ש הא מאי היודע עיקר שבת מי שהיה יודע עיקרה של שבת ושכחה אבל

רש"י

אב מלאכה דנקט לאו למעוטי תולדות דה"ה לתולדות ובלבד שיהו תולדות דשני אבות אלא למעוטי היכא דהוו ב' תולדות דאב אחד או אב ותולדה שלו דאינו חייב אלא אחת כדקתני סיפא העושה מלאכות הרבה מעין מלאכה אחת שתי תולדות של אב אחד אינו חייב אלא חטאת אחת דהרי הוא כעושה וחוזר ועושה בהעלם אחד ואין חילוק חטאות בהעלם אחד אלא בגופי עבירה שאינן דומין או בחילוק שבתות לענין שגגת שבת: **גמ' עוד כלל אחר** · לקמן בפירקין (דף עה:) ולא כלל בו אלא ב' דברים כל הכשר להצניע וכל שאינו כשר להצניע וכאן כלל יותר ומשום הכי קרי להו גדול: **וגבי שביעית** · בפרק *(בנות שוח): **גבי מעשר** · בפ"ק דמסכת מעשרות: **אית ביה אבות** · ארבעים חסר אחת שהוצרכו למשכן ותולדות הדומות לכל אחת הויא תולדות דידיה אבות דשביעית זריעה וקצירה וזמירה ובצירה דכתיבן תולדות שאר עבודות שבשדה וכרם כדאמרינן במועד קטן בפ"ק (דף ג.): **ולבר קפרא דתנא** · בתוספתא דידיה במעשר מאי אבות כו': **אלא לאו היינו טעמא** · משום אבות ותולדות אלא דבר שנאמר בו כלל ועונשו גדול מדבר אחר שנאמר בו כלל תני ביה כלל גדול: **שבת איתא** · לאיסור דידה בין בדבר שהיה תלוש מבעוד יום כגון טוחן ולש בין בדבר שמחובר מקודם היום: **ואילו שביעית** · בדבר שהיה מחובר מקודם שביעית איתא אבל בדבר שהיה תלוש לפני שביעית ליתא: **שביעית** · נמי איתיה במאכל בהמה דכתיב ולבהמתך ולחיה וגו' (ויקרא כה) מעשר ליתיה במאכל בהמה דמדאורייתא דגן תירוש ויצהר כתיב ורבנן תקון פירות האילן וירק דמאכל אדם כדקתני כל שהוא אוכל כו': **איתיה בתאנה וירק** · מדרבנן: **כל שהוא אוכל כו'** · דגבי פיאה קציר כתיב מה קציר מיוחד שיש בו כל אלו: **למעוטי ספיחי סטים וקוצה** · שעומדים לצבע להכי נקט ספיחים דאין דרך ללוקטן בשנה שנזרעים אלא לסוף ד' וה' שנים שהשרשין מתפשטין בארץ ומשביחין ושורש שלהן עיקר והא דנקט הני ולא נקט שאר מינים שאינן ראוין לאכילה משום דאיידי דגבי שביעית תני להו דיש להן שביעית נקט הכא דבפיאה ומעשר ליתנהו לשון רבינו הלוי · סטים וויש"ד בלע"ז קוצ' וורנצ"א: **ומכניסו לקיום למעוטי ירק** · כגון לפת וקפלוטות: **ואילו מכניסו לקיום ולקיטתו כאחד לא תנן** · דכי תקון רבנן אדידהו לא פלוג בפירות האילן ובירק בין מין למין: **מתניתין** · דפטור בחד חטאת: **בתינוק שנשבה** · ולא ידע שבת מעולם: **אבל הכיר ולבסוף שכח** · הוה ליה כשוכח שהיום שבת ויודע עיקר שבת וחייב על כל שבת ושבת: **שהיתה שכוחה ממנו** · מעולם: **לתני הכיר ולבסוף שכח** · דחייב ואע"ג דליכא למימר ימים שבינתים הווין ידיעה לחלק וכ"ש הא דאיכא למימר שימים שבינתים הווין ליה ידיעה לחלק: אבל

תוספות

וגבי שביעית נמי כו'· הכי תנן בשביעית (פ"ז מ"א) כלל גדול אמרו כל שהוא מאכל אדם ומאכל בהמה וממין הצובעין ואינו מתקיים בארץ פירות שכלה לחיה יש לו שביעית ולדמיו שביעית יש לו ביעור ולדמיו ביעור ועוד כלל אחר אמרו דקתני כל שאינו מאכל אדם ומאכל בהמה וכו' ומתקיים בארץ יש לו שביעית ולדמיו שביעית ואין לו ולדמיו ביעור דכלל הראשון גדול דיש לו ביעור ואחרון אין לו ביעור ואע"ג דקתני התם בבבא אחריתא כלל גדול אמרו בשביעית ולא קתני בתריה כלל אחר כיון דקתני כלל קטן קמיה שייך למתני בתריה כלל גדול: **והא** גבי מעשר דקתני עוד כלל אחר אמרו כו' · תימה למה ישנה בראשון כלל גדול כיון דאינו גדול מן השני וצ"ע:

דאית ביה אבות ותולדות · ואפילו לרבא דאמר במועד קטן (דף ב:) גבי שביעית אבות אסר רחמנא תולדות לא אסר רחמנא מ"מ מדרבנן מיהא אית ביה אבות ותולדות וא"ת במעשר איכא נמי אבות ותולדות דמדאורייתא דגן ותירוש ויצהר ומדרבנן כל מילי וי"ל דלא שייך להזכיר אבות ותולדות במילי דלית ביה איסור מלאכות וא"ת ובכלל אחר דשבת ושביעית ליתני נמי כלל גדול מהאי טעמא ויש לומר דלא צריך למיתני דאכלל גדול קמא קאי והכי קאמר עוד כלל גדול אחר אמרו:

גדול עונשו של שבת משל שביעית· לפירוש הקונטרס דמפרש בתלוש שנתלש קודם שבת וקודם שביעית משמע שרולה לפרש שביעית במחובר איתא היינו במחובר ערב שביעית ונתלש בשביעית ומיירי באיסור פירות שביעית לאכילה וקשה לר"י דלפי' לא הוה ליה למימר אלא גדול עונשו של שבת ושביעית משל מעשר דאיתנהו במאכל בהמה מה שאין כן במעשר ולמה ליה למימר כלל גדול עונשה של שבת משל שביעית אלא נראה לר"י דבמידי דאכילה דלא שייכא לענין שבת לא שייך למימר גדול שבת לא משביעית ולא ממעשר ולהכי לא קאמר גדול שבת ושביעית ממעשר אלא קאמר גדול שבת משביעית דאיסור מלאכות איתנהו בין בתלוש בין במחובר ואילו איסור מלאכות דשביעית במחובר איתא בתלוש ליתא וכן משמע בירושלמי דקתני שהשבת חלה על הכל ושביעית לא חלה אלא על עבודת הארץ בלבד:

ולבר קפרא דתני כלל גדול במעשר כו'· נראה לרשב"א דאחרים לא שנו כלל גדול במעשר לפי שאינו גדול מפאה אלא מדרבנן אבל כלל גדול דשבת גדול משביעית מדאורייתא וכן של שביעית משל מעשר: **ואילו** פאה ליתא בתאנה וירק· לאו דוקא תאנה דהא רוב אילנות אין לקיטתן כאחד ואינן רק ה' אילנות דחשיב בפ"ק דפאה (מ"ה) דחייב בפאה אלא נקט תאנה משום דנלקטת כמה פעמים כדאמרינן בחזקת הבתים (ב"ב דף כח:) אבל ג' פירי בחד יומא כגון תאנה כו' ואומר ר"ת דמדאורייתא לא מיחייב בפאה אלא בדגן ותירוש ויצהר דסתם קציר דכתיב גבי פאה הוא דגן וכתיב כי תחבוט זיתך כי תבצור כרמך והא דדריש בת"כ יכול שאני מרבה קישואין ודלועין שיהיו חייבים בפאה ת"ל ובקוצרכם את קציר ארצכם מה קציר שהוא אוכל ונשמר כו' אסמכתא היא דהתם נמי דריש מעשר ירק מקרא אע"ג דהוי מדרבנן ומה שלא תקנו פאה בירק ובתאנה ודדמי לה כמו שתקנו מעשר מהן אומר ר"ת משום דאין לקיטתן כאחד דבר מועט הוא פאה דידיה ויש הפסד לעניים בה יותר מן הריוח שמתבטלין לפי שאין יודעים זמן לקיטתן ודבר שאין מכניסו לקיום נמי לא חשיב ויפסידו יותר ממה שירויחו במקום אחר: **ספיחי** סטים וקוצה· הא דלא קאמר סתם למעוטי מידי דלאו אוכל אלא נקט הני אומר ר"י משום דקלא הם ראויים לאכילה וקמ"ל דאפילו הכי אין פאה נוהגת בהן וכן מצא רשב"ס בתשובת רש"י והא דנקט ספיחים משום דשמא סטים וקוצה עצמם אינם ראוים כלל לאכילת אדם ולא הוה חידוש או שמא הן אוכל גמור ולא ממעטינן: **גר** שנתגייר בין הנכרים· בפני ג' ולא הודיעוהו מצות שבת דאי נתגייר ביני לבין עצמו לא הוי גר כדאמרינן בהחולץ (יבמות דף מז:): אבל

עין משפט נר מצוה

ג א מיי' שם הלכה ז ופ"ז מהלכות שבת הלכה ט:

רבינו חננאל

תנא כלל גדול הכא משום חומרא דשבת גדולה מכלל שביעית דאילו איסורא דשבת חלה בין בתלוש ובין במחובר ואיסורא דשביעית אינה אלא מן המחובר לקרקע ותוב איסורא דשביעית גדולה מאיסורא דמעשר שהשביעית חלה באוכלי אדם ובאוכלי בהמה והמעשר אינו חל [אלא] על אוכלי אדם בלבד לפיכך קתני כלל גדול בשביעית ולבר קפרא משום דעונש של מעשרות גדול מעונשה של פאה לפיכך תני כלל גדול במעשר· ותנא דידן שבת ושביעית דחומרא דאורייתא תני כלל גדול· אבל מעשר כגון ירק וכיוצא בו דחומרא דרבנן הוא לא קתני כלל גדול·

רב נסים גאון

פרק ז אמרו גדול עונשה של שבת יותר משל שביעית דאילו שבת איתא בין בתלוש ובין במחובר· ודבר זה מפורסם וברור כי אפילו המוציא מרשות לרשות בשבת חייב חטאת והרבה מן המלאכות שאינן במחובר והן ידועות ואין אנו צריכין למנותן ואילו שביעית במחובר איתא בתלוש ליתא ועיקר דילה בתורת כהנים הזרע והזומר בכלל היו ולמה יצאו להקיש אליהן מה זרע וזומר מיוחדין שהן עבודה בארץ ובאילן אף אין לי אלא דבר שהיא עבודה בארץ ובאילן. ועיקר דילה בפרק משקין בית השלחין (מועד קטן דף ג) וגדול עונשה של שביעית יותר משל מעשר דאילו שביעית איתא בין במאכל אדם בין במאכל בהמה ועיקרה בתורה דכתיב (ויקרא כה) ולבהמתך ולחיה אשר בארצך ובמשנה (שביעית פ' ז') כלל גדול אמרו בשביעית כל שהוא מאכל אדם ומאכל בהמה וממין הצובעים ואינו מתקיים בארץ יש לו שביעית ולדמיו שביעית: **ואילו** מעשר במאכל אדם איתיה במאכל בהמה ליתיה· עיקר דבר זה הוא כתוב בתורה (דברים יד) עשר תעשר את כל תבואת זרעך וסמיך ליה ואכלת דבר שהוא אכל ובמשנה (מעשרות פרק א) כל שהוא אכל:

מסורת הש"ס

[כריתות טז:]

[צ"ל שביעי]

פאה פ"א מ"ד פסחים נו: נדה נ:

מעשרות פ"א מ"א נדה נ:

הגהות הב"ח

(א) גמ' מעשר דקתני עוד כלל אחר:

גליון הש"ס

גמ' למעוטי תאנה· עיין ר"ה דף טו ע"ב תוס' ד"ה נהגו העם:

אבל לא שכחה מאי *חייב על כל מלאכה ומלאכה אדתני היודע שהוא שבת ועשה מלאכות הרבה בשבתות הרבה חייב על כל מלאכה ומלאכה ליתני היודע עיקר שבת וכל שכן הא אלא מתניתין כשהכיר ולבסוף שכח ודרב ושמואל נמי כהכיר ולבסוף שכח דמי והכי איתמר רב ושמואל דאמרי תרוייהו *אפילו תינוק שנשבה בין הנכרים וגר שנתגייר לבין הנכרים כהכיר ולבסוף שכח דמי וחייב ורבי יוחנן ורבי שמעון בן לקיש דאמרי תרוייהו דוקא הכיר ולבסוף שכח אבל תינוק שנשבה בין הנכרים וגר שנתגייר לבין הנכרים פטור מיתיבי כלל גדול אמרו בשבת כל השוכח עיקר שבת ועשה מלאכות הרבה בשבתות הרבה אינו חייב אלא אחת כיצד תינוק שנשבה לבין הנכרים וגר שנתגייר בין הנכרים ועשה מלאכות הרבה בשבתות הרבה אינו חייב אלא חטאת אחת וחייב על הדם אחת ועל החלב אחת ועל ע"ז אחת ומונבז פוטר וכך היה מונבז דן לפני רבי עקיבא הואיל ומזיד קרוי חוטא ושוגג קרוי חוטא מה מזיד שהיתה לו ידיעה אף שוגג שהיתה לו ידיעה אמר לו ר' עקיבא הריני מוסיף על דבריך אי מה מזיד שהיתה הידיעה בשעת מעשה אף שוגג שהיתה לו ידיעה בשעת מעשה אמר לו הן וכל שכן שהוספת אמר לו לדבריך אין זה קרוי שוגג אלא מזיד קתני מיהא כיצד תינוק בשלמא לרב ושמואל ניחא אלא לרבי יוחנן ולרבי שמעון בן לקיש קשיא אמרי לך רבי יוחנן וריש לקיש לא מי איכא מונבז דפטר אנן דאמרינן כמונבז מאי טעמא דמונבז דכתיב °תורה אחת יהיה לכם [במדבר טו] לעושה בשגגה וסמיך ליה והנפש אשר תעשה ביד רמה הקיש שוגג למזיד מה מזיד שהיתה לו ידיעה אף שוגג שהיתה לו ידיעה ורבנן האי תורה אחת מאי עבדי ליה מיבעי להו *לכדמקרי ליה ר' יהושע בן לוי לבריה תורה אחת יהיה לכם לעושה בשגגה וכתיב וכי

רש"י

אבל לא שכחה · לעיקר שבת אלא ששכח שהיום שבת מאי : חייב על כל אב מלאכה · דע"כ אי הוה סבירא ליה דאינו חייב אלא אחת לכל שבת ושבת הוה ליה(א) למיכרך ולמיתני הכי מי שידע עיקר שבת ושכחה וכן היודע עיקר שבת ועשה מלאכות הרבה בשבתות הרבה חייב על כל שבת ושבת : ליתני היודע עיקר שבת · דהוה שגגת שבת וזדון מלאכות הרבה חייב על כל מלאכה אע"ג דבכל שבת ליכא אלא חדא שגגה וכ"ש שגגת מלאכות וזדון שבת דאיכא שגגות הרבה : כהכיר ולבסוף שכח דמי · ומתניתין איצטריך למיתני הכיר ולבסוף שכח דלא תימא חייב על כל שבת ושבת : פטור · דקסברי רבי יוחנן ור"ל אומר מותר אנוס הוא ולא שגגה היא : וחייב על הדם · שאכל כל ימיו אחת וכן על כל דבר כרת שבתורה : מזיד קרוי חוטא · דכתיב (ויקרא ה) בשבועת העדות נפש כי תחטא ושמעה וגומר ולא כתיב ביה ונעלם : הריני מוסיף על דבריך · כלומר אם כך באת לדרוש ג"ש ללמד שוגג ממזיד בא והוסיף גם אני על דבריך עוד וכה תראה אם יעמדו דבריך : אף שוגג שהיתה לו ידיעה בשעת מעשה · תחייבהו גם בזו חטאת : כ"ש שהוספת · על דברי והרי אתה מסייעני וגם בזו אני אומר שהוא חייב ולקמן מפרש במאי שגג : קתני מיהא · רישא תינוק שנשבה לבין הנכרים חייב : בשלמא לרב ושמואל ניחא · דאינהו נמי מחייבי ואיכא לאוקמי דהוא הדין להכיר ולבסוף שכח כי מתניתין וברייתא דקתני תינוק היא גופא איצטריך לאשמעינן פלוגתא דמונבז ורבנן : מאי טעמא דמונבז · אבגין אב ודאי לא סמיך למיעבד שוגג דומיא דמזיד דהאי שוגג חילוף דמזיד וליכא לדמוייהו דהאי חייב והאי פטור : הקיש שוגג · לענין חטאת למזיד לענין כרת ואף על גב דלא דמי ע"כ הקישן הכתוב : ורבנן · הך היקשא בעיא לכדרבי יהושע ב"ל : תורה אחת יהיה לכם · גבי קרבן ע"ז כתיב בפרשת שלח לך אנשים : וכי

תוספות

אבל לא שכחה מאי חייב על כל מלאכה ומלאכה · תימה לר"י מנא ליה למידק הכי אימא דלא שכחה נמי אינו חייב על כל מלאכה ומלאכה אלא על כל שבת ושבת כמו בהכיר ולבסוף שכח ותנא הכיר ולבסוף שכח וכ"ש הא כדפרי' ומה שפי' בקונטרס דדייק דחייב על כל מלאכה ומלאכה מדלא כייל להו אהדדי מי שידע עיקר שבת ושכחה והיודע עיקר שבת חייב על כל שבת ושבת דהוה משמע דוקא על כל שבת ושבת ולא על כל מלאכה אין נראה לר"י דא"כ היכי פריך לעיל לתני הכיר ולבסוף שכח וכל שכן הא דמשמע דהא לא איצטריך למיתני והא נמי איצטריך לאשמעינן דאינו חייב על כל מלאכה ומלאכה ונראה לר"י דלעיל דקאמר ליתני הכיר ולבסוף שכח וכ"ש הא לא בעי למימר דלא ליתני' כלל במשנה אלא ה"פ מדקתני חייב על כל שבת ושבת ולא קתני אינו חייב אלא על כל שבת דהוה משמע ולא על כל מלאכה ומלאכה משמע דעיקר מתניתין חיובא אתא לאשמעינן דחייב על כל שבת ושבת ולא פטורא דאינו חייב על כל מלאכה ואם כן ליתני הכיר ולבסוף שכח דהוי רבותא טפי וכ"ש האי דחייב על כל שבת ולא הוה צריך למתנייה בהאי בבא אלא ה"ל למיתני בתר הכי בבבא אחריתי היודע עיקר שבת אינו חייב אלא על כל שבת ושבת לאשמעינן דאינו חייב על כל מלאכה והשתא דייק שפיר אבל לא שכחה מאי חייב על כל מלאכה ומלאכה מדלא תני בבבא אחריתי דאינו חייב אלא על כל שבת ושבת* :

ליתני היודע עיקר שבת וכ"ש הא · תימה לר"י לרבה דאמר בכריתות בסוף פרק אמרו לו (דף טז:) דבזדון שבת ושגגת מלאכות לא מיחייב אכל שבת ושבת ודייק ממתניתין דהכא דלא קתני חייב על כל אב מלאכה ומלאכה של כל שבת ושבת ולדידיה היכי פריך הכא ליתני היודע עיקר שבת הא לא מצי למיתני הכי דאם כן הוה משמע דלא מיחייב היודע עיקר שבת אכל שבת ושבת ותירץ דהכי פריך דליתני היודע עיקר שבת דחייב אכל אב מלאכה של כל שבת ושבת ורשב"א מפרש דאי הוה תני בהדיא היודע עיקר שבת חייב על כל אב מלאכה ליכא למידק דלא מיחייב אכל שבת מדלא קתני חייב על כל אב מלאכה של כל שבת דלא צריך למיתני' דמרישא שמעינן ליה דקתני בהכיר ולבסוף שכח דחייב על כל שבת ושבת כ"ש יודע עיקר שבת כדאמר לעיל : וכ"ש האי · ה"נ לא בעי למימר דלא לתני' כלל במשנה דאם כן הוה אמינא דחייב נמי על כל שבת ושבת ואינו כן לרבה דכריתות אלא ליתני בבא אחריתי היודע שהוא שבת אינו חייב על כל שבת :

כי הכיר ולבסוף שכח דמי · פירש בקונטרס דלהכי לא תנא במתניתין שכח מעיקרו דהיינו תינוק שנשבה דלא תימא דהכיר ולבסוף שכח חייב על כל שבת וקשה לר"י דמ"מ ליתנייה וליתני נמי בתר הכי הכיר ולבסוף שכח אינו חייב אלא אחת דכה"ג פריך לעיל ליתני הכיר ולבסוף שכח וכ"ש הא כדפרישית ונראה לר"י דודאי אי הוה תני חייב חטאת דהוה אתי לאשמעינן חיובא הוה שייך למיפרך דליתני תינוק שנשבה דהוי רבותא טפי אבל השתא דקתני אינו חייב אלא אחת דפטורה אתא לאשמעינן נקט הכיר ולבסוף שכח דהוי רבותא טפי ומיהו קשה לר"י דמ"מ ליתני תינוק שנשבה דלא נטעה לומר דפטור כרבי יוחנן ור"ל לקיש והדר ליתני הכיר ולבסוף שכח :

אבל תינוק שנשבה פטור · פירש בקונטרס דקסברי אומר מותר אנוס הוא ואין נראה דטעמייהו כמונבז כדאמר בסמוך וטעמא דמונבז מפרש לקמן דיליף מקרא והא דאמר בפ"ב דמכות (דף ז:) גבי גלות בשגגה פרט למזיד ומפרש (אביי) [נ"ל רבא] פרט לאומר מותר ופריך ליה (רבא) [נ"ל אביי] אומר מותר אנוס הוא לאו דוקא קאמר אנוס דבכל מקום מחייבין ליה אלא לגבי גלות דוקא ממעט (אביי) [נ"ל רבא] אומר מותר משום דטובא בשגגה כתיב התם דהא בפירקין(ג) מחייבי אומר מותר בע"ז ובחלב אע"ג דכתיב בהן בשגגה (ורבא) [נ"ל ואביי] פריך ליה אומר מותר אנס הוא ולא הוה ליה למיתני בברייתא בשגגה פרט למזיד אלא פרט לאנוס דיותר דמי וקרוב לאנוס מלמזיד : וחייב על הדם אחת · אע"ג דמילתא דפשיטא היא דאכל מה שאכל דם אינו חייב אלא אחת כיון שאין בדם חילוק איסור כמו שיש בשבת חילוק מלאכות וכל אדם נמי בלא תינוק שנשבה אכל דם ודם אינו חייב אלא אחת אלא אומר ר"י דמיירי דאפי' אכלן בכמה תמחויין דלר"י (לקמן דף עא·) אדם אחר חייב על כל תמחוי אפי' בהעלם אחד ובתינוק שנשבה אינו חייב אלא אחד אך קשה לרשב"א דמאי איצטריך תו לאשמעינן ולמתני ועל החלב אחד :

כל שכן שהוספת · כדפירש בקונטרס דאף בזו מחייב ומחייב נמי כי ליכא ידיעה בשעת מעשה דהא רבי יוחנן וריש לקיש סברי כמונבז ומחייבי הכיר ולבסוף שכח ותניא נמי לקמן שגג בזה ובזה זהו שוגג האמור בתורה ומוקמינן לה כמונבז והיינו טעמא משום דסברא הוא דלא איתקש שוגג למזיד לאפוקי ליה ממשמעות שגגה דאדרבה שוגג משמע דלית ליה ידיעה בשעת מעשה ולא אתא היקשא אלא לחייב נמי כי אית ליה ידיעה בשעת מעשה ומיהו קשה לר"י דהא פטרי מהיקשא תינוק שנשבה מהאי טעמא נמי יפטור הכיר ולבסוף שכח : מה

שהוא שבת חייב על כל מלאכה אם כן מציעתא משמע דמיירי ביודע עיקר שבת ולא שכחה כדמשמע ליגנא ומשמע דוקא לא שכחה אבל שכחה אינו חייב על כל שבת דאי חייב ליתני הכיר ולבסוף שכחה בהדיא וכל שכן יודע עיקר שבת ולא שכחה כדפרי' לעיל [תוספות ישנים] :

עין משפט נר מצוה

ד א מיי' פ"ב מהלכות שגגות הלכה ו ופ"ז הלכה ב סמג עשין ריג :

רבינו חננאל

מתני' לדברי הכל בהכיר ולבסוף שכח אינו חייב אלא חטאת אחת ורב ושמואל הוסיפו אפילו קטן שנשבה לבין עו"ג כהכיר ולבסוף שכח דמי וחייב חטאת ורבי יוחנן וריש לקיש אמרי קטן שנשבה בין עו"ג פטור ואותיבנא עלייהו מהא דתניא השוכח עיקר שבת ועשה מלאכות הרבה בשבתות הרבה אינו חייב אלא חטאת אחת וחייב על ע"ז אחת · פירוש אם עבד ע"ז הרבה דינו כדין שבת וכן כל מצוה ומצוה אינו חייב אלא בכל מצות אחת ומונבז פוטר בכל ומשני רבי יוחנן וריש לקיש אנן דאמרינן כמונבז דסבר כיון דלא הויא ידיעה ליה בתחלה בעיקר שבת אף על גב דבתר דעביד מלאכות הרבה בשבתות הרבה אתיידע ליה איסורא דשבת לא מחייב וכי אמרו רבי יוחנן ור"ל דאנן כמונבז סבירא לן בהאי לחוד דפטר קטן שנשבה בין הנכרים אבל בהאי דבעי ידיעת למונבז בשעת מעשה שידע

נר"י דפי' דדייק מדלא קתני לה בבא אחריתי ולא שיפרש אינו חייב על כל מלאכה לא נתיישב לי דהא לא איצטריך למיתני בבא אחריתא דמסיפא שמעינן מדקתני היודע שהוא שבת חייב על כל מלאכה ומשמע הא שכחה אינו חייב על כל מלאכה ועוד מאי פריך בסמוך ליתני היודע עיקר שבת וכ"ש הא אמאי הוי צריך למיתני היודע עיקר שבת שהוא חייב על כל מלאכה והא שמעינן לה מדלא תני בבא אחריתי כדפרי' והיה נ"ל דלעיל פריך ליתני הכיר ולבסוף שכח בהדיא וכ"ש היודע עיקר שבת ולא הוי צריך כלל למיתני דחייב על כל שבת דשמעינן מכ"ש דהכיר ולבסוף שכח שאינו חייב על כל מלאכה מדקתני בסיפא היודע שהוא שבת כו' משמע דהיודע עיקר שבת ושכח אינו חייב על כל מלאכה אבל השתא דמתני ליודע עיקר שבת היינו הכיר ולבסוף שכח פריך שפיר אבל לא שכחה מאי חייב על כל מלאכה דאי אינו חייב כמו בשכחה א"כ אמאי נקט היודע עיקר שבת דמשמע טפי דאיירי בלא שכחה ה"ל למיתני בהדיא הכיר ולבסוף שכח דהוי משמע רבותא טפי אלא ודאי בלא שכחה חייב על כל מלאכה והוי בכלל בבא דסיפא להכי ליכא למיטעי כמאי דנקט האי ליגנא דהיודע עיקר שבת ולא נקט הכיר ולבסוף שכח בהדיא אימא סיפא היודע שהוא שבת וכו' בשלמא אי הוי תני בהדיא היודע עיקר שבת ולא שכחה בסיפא הוי ידעינן ליה מכ"ש דסיפא א"ש כדפרישית אבל השתא דהיודע עיקר שבת ולא שכחה לא שמעינן מסיפא אלא דרכה משמע דוקא יודע

מסורת הש"ס

ומקי' אחת שהיא כנס בין שגגת שבת וזדון מלאכה בין כזדון שבת ושגגת מלאכה כפי' רב נתמן לרב חייא ושנה שהיא אחת כהכיר ולבסוף שכח [תו"י]

יבמות ט: הוריות ח:

הגהות הב"ח

(א) רש"י ד"ה חייב על וכו' ה"ל למיתני כצ"ל ותיבת למיכרך נמחק : (ב) תוס' ד"ה אבל תינוק וכו' דהא בפירקין · נ"ב בסוף דף ע"ב :

רב נסים גאון

ורבנן כדמקרי ליה ר' יהושע בן לוי לבריה תורה אחת יהיה לכם לעושה בשגגה והנפש אשר תעשה ביד רמה הוקשה כל התורה כולה לע"ז דע שפרשת (במדבר טו) וכי תשגו ולא תעשו ואם נפש אחת תחטא בשגגה שממנה אלו הפסוקים אמרו רבותינו ז"ל כי היא מיוחדת בע"ז ותמצא פירוש זה בספרי בע"ז הכתוב מדבר אתה אומר בע"ז או אינו אלא באחת מן המצות האמורות בתורה ת"ל והיה אם מעיני העדה נעשתה ייחד הכתוב מצוה זו בפני עצמה ואיזו זו ע"ז וכו' ובמסכת הוריות בפ' הורה כהן משיח (דף ח) אמרו דכולי עלמא הני קראי בע"ז הוא דכתיבי מנא לן אמר רבא ואיתימא ר' יהושע בן לוי ואמרי לה כדי וכי תשגו ולא תעשו את כל המצות האלה איזו היא מצוה שהיא שקולה כנגד כל המצות כולן הוי אומר זו ע"ז תנא דבית ר' ישמעאל קרא*) את כל אשר דבר ה' אליכם ביד משה איזו היא מצוה

*) אשר דבר ס' אל משה את כל אשר צוה ס' אליכם ביד משה כצ"ל

§ מסכת שבת דף סח: §

אות א'

אפילו תינוק שנשבה בין הנכרים, וגר שנתגייר לבין הנכרים, כהכיר ולבסוף שכח דמי, וחייב

רמב"ם פ"ב מהל' שגגות ה"ו - [א]כל המחוייב חטאת קבועה על שגגתו, ועשה בשגגה, ונודע לו אחר שחטא, אף על פי שלא היתה לו ידיעה בתחלה שזה חטא הוא, הרי זה חייב חטאת, כיצד תינוק שנשבה לבין העכו"ם וגדל, והוא אינו יודע מה הם ישראל ולא דתם, ועשה מלאכה בשבת ואכל חלב ודם וכיוצא בהן, כשיודע לו שהוא ישראל ומצווה על כל אלו, חייב להביא חטאת על כל עבירה ועבירה, וכן כל כיוצא בזה.

רמב"ם פ"ז מהל' שגגות ה"ב - כלל גדול אמרו בשבת: כל השוכח עיקר שבת, ושכח שנצטוו ישראל על השבת, או שנשבה והוא קטן לבין העכו"ם, או נתגייר [ב]קטן והוא בין העכו"ם, אף על פי שעשה מלאכות הרבה בשבתות הרבה, אינו חייב אלא חטאת אחת, שהכל שגגה אחת היא; וכן חייב חטאת אחת על כל חלב שאכל, וחטאת אחת על דם שאכל, וכן כל כיוצא בזה בעבירות אלו.

באר הגולה

[א] ‹ופסק כרב ושמואל, והטעם, משום דבגמרא אותבינן על ר"י ור"ל מברייתא, ושני אמרי לך ר"י ור"ל לאו מי איכא מונבז דפטר, אנן דאמרינן כמונבז, **ומשמע** ליה ז"ל, דאין לפרש דר"י ור"ל סברי דהלכה כמונבז, אלא ודאי לא באו לומר אלא דאיכא מאן דסבר הכי, אבל לענין הלכה כרבנן ס"ל. **ועי"ל** דכי אמרו ר"י ור"ל האי מימרא, לא הוה שמיע להו פלוגתא דמונבז ורבנן, והוו אמרי הכי מסברא, וכי אותיבו עלייהו מברייתא דמונבז ורבנן, דחקו עצמם לומר אנן דאמרינן כמונבז, כי היכי דלא ליסלקו בתיובתא, אבל לענין הלכה בתר דשמעו ברייתא דפלוגתא דמונבז ורבנן, ודאי דלימרו הלכה כרבנן, **ואע"ג** דאמרינן התם, ורבנן שגגה במאי, ר' יוחנן אמר כיון ששגג בכרת וכו', ור"ל אמר עד שישגוג בלאו וכרת, דמשמע דהוו ידעי פלוגתא דמונבז ורבנן, **י"ל** דהאי בתר דשמעו ברייתא דפלוגתא דמונבז ורבנן כי אותיבו עלייהו מינה, אבל מעיקרא לא הוה שמיע להו, ומזה קצת ראיה לומר, דלענין דינא ס"ל דהלכה כרבנן, מדאיפליגו בפירושא דמילתייהו - כסף משנה›

[ב] ‹ויש לתמוה על מ"ש רבינו שנתגייר קטן, דאפילו גדול נמי אפשר שלא ידע מצות שבת. **וי"ל** משום דאם נתגייר גדול, ודאי שהודיעוהו מצות שבת, אבל גר קטן שמטבילין אותו ע"ד ב"ד, א"צ להודיעו - כסף משנה›

§ מסכת שבת דף סט. §

אות א'

<u>מה להלן דבר שחייבים על זדונו כרת ושגגתו חטאת, אף כל דבר שחייבין על זדונו כרת ועל שגגתו חטאת</u>

רמב"ם פ"א מהל' שגגות ה"ב - וכל עבירה שחייבין על זדונה כרת, חייבין על שגגתה חטאת; חוץ משלש עבירות, מגדף, ומבטל מילה, וקרבן פסח; הפסח והמילה מפני שהן מצות עשה, וחטאת אין מביאין אלא על שגגת לא תעשה, שנאמר: אחת מכל מצות ה' אשר לא תעשינה; והמגדף מפני שאין בו מעשה, ונאמר: לעושה בשגגה, יצא מגדף שאין בו מעשה.

אות ב' – ג'

<u>שגגת קרבן לא שמה שגגה</u>

<u>כיון ששגג בכרת, אף על פי שהזיד בלאו</u>

רמב"ם פ"ב מהל' שגגות ה"ב - עבר עבירה ויודע שהיא בלא תעשה, אבל אינו יודע שחייבין עליה כרת, הרי זו שגגה ומביא חטאת; אבל אם ידע שהיא בכרת, ושגג בקרבן ולא ידע אם חייבין עליה קרבן אם לאו, הרי זה מזיד, ששגגת קרבן אינה שגגה [א]בעבירות אלו שחייבין עליהן כרת.

אות ד'

<u>שאם עשאן כולן בהעלם אחד, חייב על כל אחת ואחת</u>

רמב"ם פ"ב מהל' שגגות ה"ב - [ב]עבר עבירה ויודע שהיא בלא תעשה, אבל אינו יודע שחייבין עליה כרת, הרי זו שגגה ומביא חטאת.

רמב"ם פ"ז מהל' שגגות ה"ג - כל היודע שהיום שבת, ושגג במלאכות ולא ידע שמלאכות אלו אסורות, או שידע שהן אסורות ולא ידע שחייבין עליהן כרת, ועשה מלאכות הרבה, חייב חטאת על כל אב מלאכה ומלאכה, אפילו עשה הארבעים חסר אחת בהעלם אחת, מביא שלשים ותשע חטאות.

באר הגולה

א ‹כתב כן לאפוקי שבועת בטוי לשעבר שהיא בלאו, ושגגת קרבן שם הוי שגגה, כדכתב רבינו בהלכות שבועות, (מובא בעמוד ב') - לחם משנה›
ב ‹אינו מובן השייכות דיש ברמב"ם זה להגמ' שמציין עליו, וצ"ע›

מסורת הש"ס

עין משפט נר מצוה

ה א מיי' פ"א מהלכות שגגות הלכה ב:
ו ב ג מיי' פ"ב מהלכות שגגות הלכה ב סמג עשין רג:
ז ד מיי' שם ופ"ז ה"ג:

וכי תשגו ולא תעשו את כל המצות האלה ובתיב °והנפש אשר תעשה ביד רמה *הוקשו כולם לע"ז ׳מה להלן דבר שחייבים על זדונו כרת ושגגתו חטאת אף כל דבר שחייבין על זדונו כרת ועל שגגתו חטאת ואלא מונבז שגגה במאי כגון ששגג בקרבן ורבנן ׳שגגת קרבן לא שמה שגגה ודבנן שגגה במאי רבי יוחנן אמר ׳כיון ששגג בכרת אף על פי שהזיד בלאו וריש לקיש אמר עד שישגוג בלאו וכרת אמר רבא מאי טעמא דרשב"ל אמר קרא °אשר לא תעשינה (בשגגה) ואשם עד שישגוג בלאו וכרת שבה ורבי יוחנן האי קרא דרשב"ל מאי עביד ליה מיבעי ליה *לכדתניא °מעם הארץ פרט למומר רבי שמעון בן אלעזר אומר משום רבי שמעון אשר לא תעשינה (בשגגה) ואשם *השב מידיעתו מביא קרבן על שגגתו לא שב מידיעתו אינו מביא קרבן על שגגתו: תנן *אבות מלאכות ארבעים חסר אחת והוינן בה *מנינא למה לי ואמר ר' יוחנן ׳שאם עשאן כולן בהעלם אחד חייב על כל אחת ואחת היכי משכחת לה בזדון שבת ושגגת מלאכות בשלמא לרבי יוחנן דאמר כיון ששגג בכרת אע"פ שהזיד בלאו משכחת לה כגון דידע לה לשבת בלאו אלא לר"ש ב"ל דאמר עד שישגוג בלאו ובכרת דידע ליה לשבת במאי *דידעה *)בתחומין *ואליבא דר"ע מאן תנא להא דתנו רבנן שגג בזה ובזה זהו שוגג האמור בתורה הזיד בזה ובזה זו היא מזיד האמור בתורה שגג בשבת והזיד במלאכות או ששגג במלאכות והזיד בשבת או שאמר יודע אני שמלאכה זו אסורה אבל איני יודע שחייבין עליה קרבן או לא חייב כמאן כמונבז אמר אביי הכל מודים בשבועת ביטוי שאין חייבין עליה קרבן עד שישגוג בלאו שבה הכל מודים מאן ר' יוחנן פשיטא כי קא"ר יוחנן היכא דאיכא כרת אבל הכא דליכא כרת לא סד"א *הואיל וחייב קרבן חידוש הוא דבכל התורה כולה לא אשכחן לאו דמייתי עליה קרבן והכא מייתי כי שגג בקרבן נמי ליחייב קמ"ל

*) [לקמן ע: עי' קנג: סנהדרין סו׳]

וכי תשגו ולא תעשו את כל המצות האלה · וילפינן בהוריות (דף ח׳) זו ע"ז שהיא שקולה ככל המצות וכתיב תורה אחת לכל התורה במשמע: הוקשו · קרבנות של שגגות של כל עבירות לשל ע"ז מה ע"ז קרבן שלה אינו בא אלא על עבירה גמורה שחייב על זדונו כרת דסמיך ליה והנפש אשר תעשה ביד רמה ונכרתה: אף כל התורה · אין מביאין חטאת אלא על דבר שזדונו כרת: ואלא מונבז · דאמר לעיל דמי שהיתה לו ידיעה בשעת מעשה חייב חטאת: דשגג במאי · הא גבי חטאת שגגה כתיב: דשגג בקרבן · דיודע שחייב על זדונו כרת אבל אינו יודע שחייב עליה חטאת: לא שמה שגגה · עד ששגג בעבירה עצמה: ורבנן · דבעו שגגה בעבירה עצמה שגגה במאי קאמרי שגגה בכולה מילתא בלאו וכרת או בכרת לחודיה: כיון ששגג בכרת אע"ג שהזיד בלאו · שאין הקרבן על הכרת הוא בא כדאמרן לעושה בשגגה וסמיך ליה והנפש אשר תעשה וגו': לא תעשינה · הייגו לאו: מנינא למה לי · ליתני אבות מלאכות הזורע והחורש כו' למה לי למיתנא ארבעים חסר אחת ליתניגהו ואנן ידעינן דמ' חסר אחת איכא: שאם עשאן כולן כו' · וסימנא בעלמא אשמעינן לידע כמה חטאות חייב על חילול שבת אחת: היכי משכחת לה · דמיחייב ע"כ לא משכחת לה אלא בזדון שבת דיודע שהוא שבת ושגגת מלאכות דאינו יודע שהמלאכות הללו אסורות דאי בזדון מלאכות ושגגת שבת דיודע שהן אסורות בשבת אבל שכח שהיום שבת הא תנן דאינו חייב אלא אחת לכל שבת וזדון שבת לא הוי אא"כ יודע אחת מהלכותיה דאי לא ידע בחדא מינייהו אין שבת חלוק לו משאר ימים וזה ששגג בכולן אין כאן זדון שבת: בשלמא לר' יוחנן · דאמר שגגת כרת שמה שגגה: משכחת לה · זדון שבת בלאוין ושגגת מלאכות בכריתות דיודע לה לשבת שהוזהר על הלאוין או של כולן או של אחת מהן: דידע לה לשבת במאי · הלא בכולן שגג כסבור שכל ל"ט מלאכות מותרות: בתחומין · דאין בקרבן: ואליבא דר' עקיבא · דאמר במסכת סוטה (א) תחומין דאורייתא ניגהו דתנן בו ביום דרש רבי עקיבא ומדותם מחוץ לעיר כו': זהו שוגג האמור בתורה · כלומר היכא דשגג בשבת ובמלאכות אין כאן לא דין ולא דיין לקנתר ואין לך שוגג כזה: הזיד בזה ובזה · אין לך מזיד כזה: שגג באחת מהן · אף זה שוגג וחייבים עליה קרבן: שבועת ביטוי · שאוכל ולא אוכל שאכלתי ולא אכלתי חייב עליה קרבן וכתיב ביה ונעלם דהייגו שוגג הכל מודים בשוגג שלה דאם נשבע שלא אוכל ואכל אינו חייב אלא אם כן שכח שבועתו כשאכל דהשתא שגג בלאו שבה: הכל מודים מאן רבי יוחנן · כלומר על כרחין אביי לאו אפלוגתא דמונבז ורבנן קאי דלישמעינן דמודה מונבז בהא (דהא) *שגגת קרבן לא הויא שגגה דמהיכא תיתי והא ק"ו היא השתא בכל התורה כולה דליכא חידוש בקרבן דידהו אמר מונבז דמיחייב בשגגת קרבן הכא דחידוש הוא דאין בה כרת ומביא קרבן עליה לא כ"ש אלא לרבנן קאמר ואפלוגתא דר"י ור"ל קאי ומאן הכל מודים ר"י דאף על גב דבעלמא קאמר אף על פי שהזיד בלאו הכא בעינן שישגוג בלאו: פשיטא · כיון דאליבא דרבנן איפליג דאמרי שגגת קרבן לאו שגגה היא אי בלאו שלה הזיד במאי שגג דע"כ לא קאמר ר"י בעלמא אלא במקום כרת דשגג בכרת: סלקא דעתך אמינא · בשבועת ביטוי נמי קאי רבי יוחנן במילתיה דאף על פי שהזיד בלאו ודקשיא לך במאי שגג שגג בקרבן דהואיל וחידוש מודו ביה רבנן: קמ"ל

מה ע"ז שחייבים על זדונו כרת. וא"ת מ"מ הקישא דשוגג למזיד למה לי דאפילו לא הוי כתיב התם קרא דוהנפש אשר תעשה ביד רמה ילפינן שפיר מע"ז שחייב על זדונה כרת כו' וי"ל דלית לן לאקושה לע"ז אלא במאי דכתיב בההיא פרשה כדמשמע מתוך פירוש הקונטרס ולהכי אצטריך לאתויי הכא והנפש אשר תעשה תדע דהא לא ילפינן מע"ז דניבעי על זדונו סקילה כע"ז משום דלא כתיב סקילה בההיא פרשה אלא כרת והא דממעטינן בריש פרק בתרא דמכות (דף יג:) פסח ומילה מקרבן אע"פ שיש בהן כרת משום דמה ע"ז דאמר רחמנא לא תעביד והני קום עשה ניגהו הייגו נמי משום דכתיב והנפש אשר תעשה ביד רמה *דמשמע מה שלויתי שלא לעשות וא"ת רבנן דהכא ר' עקיבא ור' עקיבא אית ליה בפ"ק דכריתות (דף ז:) דהאי קרא דמגדף במברך את השם כתיב וי"ל דלישנא דנקט הכא הוקשה כל התורה כולה לע"ז נקט אליבא דרבנן דרבי עקיבא אבל לר"ע אית לן למימר דהוקשה כל התורה כולה למברך את השם וא"ת ולמונבז האי דרשא דר' יהושע בן לוי מנא ליה ואומר ר"י דנפקא ליה כדדריש רבי בפ"ק דיבמות (דף ט׳) ובפ"ב דהוריות (דף ח׳) נאמר כאן ונודעה החטאת אשר חטאו עליה ונאמ' ואשה אל אחותה לא תקח לצרור לגלות ערותה עליה: אלא למונבז שגגה במאי. לא מצי למימר ששגג בלאו והזיד בקרבן דאין סברא לחייב בהזיד בקרבן דלא שב מידיעתו הוא וליכא נמי למימר שגג בלאו וקרבן דסברא הוא דכיון דמקיש למזיד אפי' מזיד בכל דבר ושוגג רק בדבר אחד דהייגו בקרבן יש לנו לחייבו(א) ומיהו היכא דאיכא סקילה בעינן שיהא שוגג גם בסקילה דאי הוה מזיד בסקילה אין לחייבו בקרבן דכיון דאינו שב מסקילה פשיטא שאפילו היה יודע שחייב גם קרבן שלא היה שב ולא שב מידיעתו הוא ולא"ג דבהזיד בכרת חשיב ליה שב מידיעתו לקרבן הייגו משום דכרת אפשר בתשובה וקרבן לא אפשר בתשובה ועוד דגבי כרת שייך שפיר למימר אם היה יודע שחייב כרת עם הקרבן היה שב: כגון ששגג בכרת אע"פ שהזיד בלאו · וטעמא דר' יוחנן משום דלא כתיב לאו בהיקשא דר' יהושע ולא כתיב אלא כרת בההיא עניגא ולהכי בעי מ"ט דריש לקיש ולא בעי מ"ט דר' יוחנן ול"ל דרבי יוחנן מיירי אליבא דרבנן דאית להו היקשא דרבי יהושע בן לוי *אבל לרבי דנפקא ליה מג"ש דעליה מודה רבי יוחנן דבעי עד שישגוג בלאו וכרת דהא כתיב לאו בההוא קרא ואשה אל אחותה לא תקח וגו': אמר קרא אשר לא תעשינה בשגגה · קשה לר"י מנא ליה לריש לקיש דרבנן דרשי הכי ובעו שגגת לאו וליכא למימר דמשמע ליה למדרש קרא הכי דהא ע"כ סבירא ליה דאין סברא לדרוש כן דהא איהו סבר כמונבז כדאמר לעיל ומונבז לא בעי שגגת לאו אלא שגגת קרבן גרידא דבהדיא תניא לקמן או שאמר יודע אני שמלאכה זו אסורה אבל איני יודע אם חייבים עליה קרבן אם לאו חייב ולא קאמר קרבן ומלקות אם לאו: דידע לה בתחומין · לא מצי למימר דידע לה בדאיסי דבההוא כמי חייב חטאת כדפירשתי בפרק קמא (דף ו: בד"ה הא קמ"ל) תימה לר"י דאמאי לא קאמר דידע לה לשבת בעשה דכתיב וביום השביעי תשבות וגו' (שמות כג) וכתיב נמי ושמרתם את השבת (שם לא): עד שישגוג בלאו שבה · כגון נשבע שלא יאכל ואכל ובשעת אכילה שכח איסור שבועה וקרינן ביה האדם דבשעת שבועה שנשבע היה יודע היטב איסור שבועה אלא שבשעת אכילה היה סבור דמותר לעבור על שבועתו ורש"י פירש דבשעת אכילה שכח שנשבע ואין נראה דאין זה קרוי שגג בלאו שבה במה שאינו זוכר שנשבע: הא

רבינו חננאל

שהיא מעשה שבת ויודע שהעושה מלאכה זו חייב עליה לאו וכרת וכי לא שגג אלא בקרבן בלבד וסבר כל כי האי גוונא הוא דחייב חטאת וזולתי כן פטור · וכדתניא אמר אני יודע שמלאכה זו אסורה אבל איני יודע אם חייבין עליה קרבן אם לאו חייב דאוקימנא כמונבז. בהאי סברא בתרא דמונבז רבי יוחנן ור"ל לא סבירא להו כוותיה · וקא מפרש ר' יוחנן כטעמא דרבנן כיון ששגג בכרת אע"פ שהזיד בלאו חייב חטאת · ור"ל אמר אינו חייב חטאת עד שישגוג בלאו וכרת ומותיבנן על ר"ל הא דתנן אבות מלאכות ארבעים חסר אחת והוינן בה מנינא למה לי ואמר ר' יוחנן אם עשאן כולם בהעלם אחד חייב על כל אחת ואחת ואוקימנא בזדון שבת ושגגת מלאכות בשלמא לר' יוחנן כגון שהזיד בלאו פי' ידע שהיא היום שבת וידע שהעושה מלאכה (חייב כרת) [עובר בלאו] אמרי' כיון ששגג [בכרת] אף על פי שהזיד בלאו שגגה היא וחייב חטאת אלא לריש לקיש דאמר עד שישגוג בלאו וכרת זדון שבת היכי משכחת ליה ומשני כגון דידע לשבת בתחומין אסרת אין השבת אסור אלא בתחומין כדכתיב אל יצא איש ממקומו וגו' וכרבי עקיבא · דסבר תחומין דאורייתא כדמפרש בסוטה פ' ה' ואף על גב דדחי התם ואמרינן (עירובין ס:*) לית דחש להא דרבי עקיבא: אמר אביי הכל מודים בשבועת ביטוי שאין חייבין עליה קרבן עד שישגוג בלאו שבה · מאן הכל מודים רבי יוחנן דסבר עד שישגוג בכרת והאי כיון דלית בה כרת בעי שגגה בלאו ואמרינן פשיטא מהו דתימא הואיל וחדוש הוא דלא אשכחן בכל התורה לאו שאין בה כרת שמייתי קרבן והכא בשבועת ביטוי מייתי קרבן אע"פ שאין בה כרת הוה אמינא כי שגג בקרבן (נמי) בלבד [נמי] מחייב קמ"ל דלא מחייב רבי יוחנן עד שישגוג בלאו שבה. קיי"ל דכל לאו שבתורה שחייבין עליו מלקות בלבד ואין בו כרת אינו חייב עליו חטאת וכי אינו חייב חטאת אלא על דבר

* ע"ש דלא מיירי כלל מדין תחומין דאורייתא · אכן מ"מ יש ללמוד מהתם דגם כדין תחומין דאוריי' לא קיי"ל כר"ע ועיין תוס' שם ד"ה לית ודו"ק.

רב נסים גאון

מצוה שהיא בדברו של הקב"ה וצוה על ידי משה הוי אומר זו ע"ז: דידע להו בתחומים ואליבא דרבי עקיבא כמה דאמר ר' עקיבא במסכת סוטה בפ' כשם שהמים בודקין אותה (דף כו) בו ביום דרש רבי עקיבא ומדותם מחוץ לעיר ומקרא אחד אומר מקיר העיר והוצה אלף אמה אי אפשר לומר אלף אמה שכבר נאמר אלפים אמה ואי אפשר לומר אלפים שכבר נאמר אלף ולמה נאמר אלפים אלא אלף אמה מגרש ואלפים אמה תחום שבת ר' אלעזר בנו של ר' יוסי הגלילי אלף אמה מגרש ואלפים שדות וכרמים ואמרו בגמרא במאי

הגהות הב"ח

(א) רש"י ד"ה ואליבא דרבי עקיבא דאמר במסכת סוטה: כצ"ל ותיבת בלבד ...

גליון הש"ס

תוס' ד"ה מה ע"ז וכו' דמשמע מה שלויתי שלא לעשות · עיין ... תוס' ד"ה ... לאו: ... שם ד"ה כגון ששגג וכו' ... אבל לרבי דנפקא ליה מגז"ש · עיין בחידושי הר"ן שבועות דף ס ע"א ובתי' הרמב"ן שם:

(א) דהא ודאי ליכא למימר דשגג בכרת דא"כ היינו רבנן ועוד כיון דמקיש שוגג למזיד בכרת אית לן למימר דמכרת אית ליה ידיעה בשעת מעשה ועוד דשגגת לאו אפילו לרבנן לא חיישינן (תוספות ישנים):
(ב) לא מצי למימר דידע לי' בלאו דמחמר למ"ד בפר' בתרא דאין בו חטאת דכיון דסבור דעצמו מותר בכל המלאכות כ"ש שסבור שאינו מוזהר על בהמתו ולא מצי למימר דידע ליה בהבערה אליבא דרבי יוסי דלא קתני במתניתין וליכא למימר דידע לה בתולדה דכיון דלא ידע אבות כ"ש תולדות וליכא למימר דידע לה בסקילה דאם כן לא שב מידיעתו הוא ואין סברא לומר כגון שטעה בשיעורין כגון דסבר דלא מיחייב אלא בכותב ס' אמות כרשות הרבים או בכותב ג' תפירות וכותב ג' אותיות דלא שכיח שיטעה ויאמר מדעתו שיעור שאינו (ת"י):

קמ"ל מותיבי "איזהו *שגגת שבועת ביטוי לשעבר שאם אמר יודע אני ששבועה זו אסורה אבל איני יודע אם חייבין עליה קרבן או לא חייב הא מני מונבז היא (לישנא אחרינא מני אילימא מונבז פשיטא השתא בבל התורה דלאו חידוש הוא אמר(א) שגגת קרבן שמה שגגה הכא דחידוש הוא לא כ"ש אלא לאו רבנן היא ותיובתא דאביי תיובתא): ואמר אביי הכל מודים בתרומה שאין חייבין עליה חומש עד שישגוג בלאו שבה הכל מודים מאן רבי יוחנן פשיטא כי אמר רבי יוחנן היכא דאיכא כרת היכא דליכא כרת לא מהו דתימא מיתה במקום כרת עומדת וכי שגג במיתה נמי ליחייב קמ"ל רבא אמר *מיתה במקום כרת עומדת וחומש במקום קרבן קאי: אמר רב הונא היה מהלך *(בדרך או) במדבר ואינו יודע אימתי שבת מונה ששה ימים ומשמר יום אחד חייא בר רב אומר משמר יום אחד ומונה ששה במאי קמיפלגי מר סבר כברייתו של עולם ומר סבר כאדם הראשון מיתיבי היה מהלך בדרך ואינו יודע אימתי שבת משמר יום אחד לששה מאי לאו מונה ששה ומשמר יום אחד לא משמר יום אחד ומונה ששה אי הכי משמר יום אחד לששה משמר יום אחד ומונה ששה מיבעי ליה ועוד תניא היה מהלך בדרך או במדבר ואינו יודע אימתי שבת מונה ששה ומשמר יום אחד תיובתא *(דר' חייא) בר רב תיובתא אמר רבא בכל יום ויום עושה לו כדי פרנסתו [בר מההוא יומא] וההוא יומא לימות *דעביד מאתמול שתי פרנסות ודילמא מאתמול שבת הואי אלא כל יום ויום עושה לו פרנסתו אפילו ההוא יומא וההוא יומא במאי מינכר ליה בקידושא ואבדלתא אמר רבא אם היה מכיר *מקצת היום שיצא בו עושה מלאכה כל היום כולו פשיטא מהו דתימא כיון דשבת לא נפיק במעלי שבתא [נמי] לא נפיק והאי אי נמי בחמשה בשבתא נפיק לישתרי ליה למיעבד מלאכה תרי יומי קא משמע לן זימנין דמשכח שיירתא ומקרי ונפיק: היודע עיקר שבת: מנהני מילי אמר רב נחמן אמר רבה בר אבוה תרי קראי כתיבי °ושמרו בני ישראל את השבת וכתי' °ואת שבתותי תשמורו הא כיצד ושמרו בני ישראל את השבת שמירה אחת לשבתות הרבה ואת שבתותי תשמורו שמירה אחת לכל שבת ושבת מתקיף לה רב נחמן בר יצחק אדרבה איפכא מסתברא ושמרו בני ישראל את השבת שמירה אחת לכל שבת ושבת ואת שבתותי תשמורו שמירה אחת לשבתות הרבה: היודע שהוא שבת: מאי

ויקרא יט

°) שמות לא

קמ"ל · אביי דמודה רבי יוחנן בה דבעינן שגגת לאו דאי הזיד בלאו תו ליכא שגגה דבהא נמי פליגי רבנן אמונבז ואמרי דאין שגגת קרבן שגגה: **איזהו שבועת ביטוי לשעבר** · בשלמא להבא כגון שלא אוכל משכחת לה כגון שנתעלמה השבועה ואכל אלא לשעבר כגון שאכלתי ולא אכל אין כאן שוגג דאי כסבור שאכל בשעה שנשבע איט חייב קרבן דתניא בשבועות (פ"ג דף כו·) האדם בשבועה פרט לאנוס כלומר האדם בשבועה שיהא אדם בשעת שבועה שתהא דעתו עליו בשעת שבועה ופרשינן לה התם לאפוקי כי האי גוונא ומהשתא לא משכחת שגגה אלא דקרבן: **אמר יודע אני שאני נשבע לשקר** · ונזהרתי על כך: **אבל איני יודע כו'** · דאי בנתעלמה ממנו אזהרת שבועה אין לך אונס בשעת שבועה כזה: **חייב** · אלמא מודו ביה רבנן דמיחייב אשגגת קרבן: **הא מני מונבז היא** · דאמר נמי בעלמא שמה שגגה אבל לרבנן דפליגי עליה לית להו ביטוי לשעבר דסברי כר' ישמעאל דאמר בשבועות איט חייב אלא על העתיד לבא (שם דף כה·) יש גורסין הא מני(ג) מונבז פשיטא השתא בכל התורה אמר מונבז שגגת קרבן שמה שגגה הכא לחידוש הוא לא כ"ש אלא לאו רבנן תיובתא דאביי תיובתא ולא נהירא לי דמאי פשיטותא הא איצטריך לאשמעינן דחלוקה שגגה זו משאר שגגות דאיט בכל התורה למונבז בין ששגג בקרבן בין ששגג בלאו וכרת שמה שגגה וכאן בלשעבר אם שגג בלאו שבה לאו שגגה היא דכתיב האדם בשבועה: **הכל מודים בתרומה** · זר שאכל תרומה בשוגג משלם חומש על שגגתו דכתיב (ויקרא כב) ואיש כי יאכל קדש בשגגה אבל מזיד אין מוסיף חומש וחייב מיתה בידי שמים דכתיב (שם) ומתו בו כי יחללוהו וסמיך ליה וכל זר לא יאכל קדש: **בלאו שבה** · כסבור חולין ואין כאן לאו: **פשיטא** · דכתיב בתרומה: **במקום כרת** · דשאר עבירות: **וחומש** · דשגגה תרומה במקום קרבן דשגגת שאר עבירות ולרבי יוחנן מיחייב חומש אשגגת מיתה: **מונה ו'** · מיום ששם אל לבו שכחתו ומשמר השביעי: **משמר יום אחד ומונה ו'** · וכל יום ששם אל לבו איט משמר דשמא עשה מלאכה אבל יום האחרית משמר ולקמן מפרש דבהך דאיט משמר לא עביד נמי מלאכה אלא כדי פרנסת היום: **כברייתו של עולם** · ימי חול כמנו תחלה: **כאדם הראשון** · שנברא בע"ש ויום ראשון למניט שבת היה: **יום אחד לששה** · משמע לו' שעברו: **הסוא יומא לימות** · בתמיה: **הילמא מאתמול שבת הוה** · ונמצא מחלל שבת שלא לפקוח נפש: **בקידושא ואבדלתא** · לזכרון בעלמא שיהא לו שם יום חלוק משאר ימים ולא תשתכח שבת ממנו: **אם היה מכיר מקצת יום שיצא בו** · לא שזכר איזה יום בשבת היה אלא זכור שהיום יום שלישי ליציאתו או רביעי ליציאתו ומתוך כך ידע שמונה ליציאתו עושה מלאכה כל יום ח' וכן לעולם ודאי זהו יום שיצא בו וקים ליה דבשבת לא יצא שהרי בישוב לא שכח את השבת: **במעלי שבתא נמי לא נפיק** · דאין דרך לצאת מפני כבוד השבת ועל כן כל יום ח' וט' ליציאתו ליתסרו דליכא לספוקינהו בשבת: **מנא הני מילי** · שיש מחלל בשבתות הרבה וחייב אחת על כולן ויש מחללן וחייב על כל שבת: **הכי גרסינן הא כיצד ושמרו בני ישראל את השבת שמירה אחת לשבתות הרבה ואת שבתותי תשמורו שמירה לכל שבת ושבת** · דקרא קמא חדא שבת הוא דחשיב משמע שאיט מקפיד אלא על האחת והכא כתיב את שבתותי אכולהו קפיד ולא מסרן אלא לחכמים להודיען מסברא האי בשכח עיקר שבת דחדא שגגה היא והאי בשוכח שהיום שבת אבל יודע עיקר שבת דאיכא למימר ימים שבינתים [הויין] ידיעה לחלק: **איפכא מסתברא** · ושמרו בני ישראל את השבת משמע שמירה אחת לשבת אחת ואת שבתותי תשמורו ב' שבתות ואיט מזהיר אלא על שמירה אחת ובין רב נחמן ובין רב נחמן בר יצחק לא פליגי אלא במשמעותא מאי דיליף מר מהאי קרא יליף מר מאידך: מאי

הא מני מונבז היא · פירש בקונטרס אבל לרבנן דפליגי אמונבז לא אשכחן שגגת שבועת ביטוי לשעבר וסברי כרבי ישמעאל דאמר בשבועות דאיט חייב אלא על העתיד לבא והקשה ה"ר אליעזר לרביט שמואל דהא רבנן דמונבז רבי עקיבא ור"ע מחייב בהדיא על לשעבר בשבועות *[פ"ג וכלשון אחר שפי' בקונטרס מוכח בשבועות] בפ"ג (דף כו:) דאמר בעא מיניה רבא מרב נחמן איזהו שגגת ביטוי לשעבר אמר ליה כגון דאמר יודע אני ששבועה זו אסורה אבל איני יודע אם חייבין עליה קרבן אם לאו ופריך ליה כמאן כמונבז ומשני אפילו תימא רבנן אע"ג דבכל התורה כולה לית להו שגגה בקרבן כו' ומה שהקשה בקונטרס מאי פשיטא הא קמ"ל אף על גב דבעלמא (ג)אי שגגה הכא לאו שגגה היא משום דהאדם בשבועה בעינן לאו פירכא היא דאי משום הא איצטריך ליתני בהדיא האדם בשבועה פרט לאנוס אלא משמע דשגגת קרבן אתא לאשמעינן ששמה שגגה ומיהו קשה דבלאו הך ברייתא הוה מצי למיפרך לאביי ממתניתין דשבועות דמחייב ר"ע שבועת ביטוי לשעבר ולא משכחת לה אלא אם כן הזיד בלאו על כן נראה כפירוש רביט שמואל שהשיב(ד) לרבנן דשגגת קרבן לאו שמה שגגה משכחת שגגת שבועת ביטוי לשעבר כגון שיודע ששבועה זו אסורה אבל איט יודע שיש בה לאו אבל סבור שיש בה איסור עשה וחשיב שפיר האדם בשבועה בענין זה וכן מוכח בשבועות (שם) דמהאדם בשבועה לא ממעט אלא כסבור בשעת שבועה שבאמת נשבע כגון תלמידי דרב דמר משתבע דהכי אמר רב ט' הלכך הא מני מונבז הוא דלרבנן הוה ליה למיתני ואיט יודע אם חייבין עליה לאו והאי דשבועות דבעא מיניה רבא מרב נחמן פליגא אדאביי: **עושה** כדי פרנסתו · אבל להלך יכול כל מה שירצה רק ביום שמשמר דאי לאו הכי לא יגיע לעולם ליישוב והא דקאמר במאי מינכר משום דאין זה היכר שבת במה שיושב ואיט הולך אי נמי אפי' ביום שמשמר הולך כמו שרוצה והשתא לא מינכר אלא בקידושא · הרב פור"ת:

אס

[שתי תיבות הללו ליתא בהריף והרא"ש והסמג"ס :כטור וש"ע]

רבינו חננאל

שזדונו חייב כרת בשגגתו חייב חטאת ולאתויי המביאין על הודן בשגגה ומותבינן עליה דר' יוחנן איזהו שבועת ביטוי לשעבר אמר אני יודע ששבועה זו אסורה אבל איני יודע אם חייבין עליה קרבן אם לאו חייב ודחי ר' יוחנן הא למונבז היא ואנא דאמרי כרבנן מירא שמעינן דרבי יוחנן פליג עליה דמונבז בהא תו אמר אביי הכל מודים והוא ר' יוחנן בזר שאכל תרומה שאין חייבין עליה חומש עד שישגוג [בלאו] שבה מ"ט כיון דתרומה יש בה מיתה שנאמר ומתו בו כי יחללוהו אבל כרת לית בה עד שישגוג בלאו שבה דקיי"ל שגגת דכרת היא שגגה וכל מאן דלית ליה כרת בעינן שגגה בלאו שבה ואע"ג דתרומה עון מיתה היא שגגת דמיתה אינה חשובה כשגגה דכרת אלא בעינן שגגה בלאו שבה ודחה רבא להא דאביי ואמר לעולם מיתה במקום כרת עומדת וכשם שבשאר מצות אם שגג בכרת אע"פ שהזיד בלאו לר' יוחנן מביא קרבן הכי נמי לענין תרומה אם שגג במיתה אע"פ שהזיד בלאו מוסיף וחומש שחומש במקום קרבן הוא וקיי"ל כרבא. וקטייתא נמי דאמר אביי בשבועת ביטוי עד שישגוג בלאו שבה אבל שגגת קרבן לאו שמה שגגה לרבנן [אוקמינה] להא מתניתא בשבועות פר' ב' אפילו תימא רבנן בשגגת קרבן בשבועת ביטוי מחייבי דעד כאן לא פליגי רבנן עליה דמונבז אלא בעלמא אבל בשבועת ביטוי דהוא חידוש דלא אשכחן מזיד קאי בלאו בשוגג מייתי קרבן והכא בשבועת ביטוי

מזיד קאי בלאו ושוגג מייתי קרבן שגגת קרבן נמי הוא שגגה וחייב חטאת: הא דאמר רב הונא היה מהלך במדבר ואינו יודע מתי שבת כו' *) קיי"ל כרבא דאמר חושש בכל יום שמא היום שבת הוא [illegible] עושה כדי פרנסתו בכל יום · [illegible]

*) מן קיי"ל כרבא עד סוף הענין הכא נל"ז כשם רבינו.

רב נסים גאון

[illegible]

§ מסכת שבת דף סט: §

אות א'

איזהו שגגת שבועת ביטוי לשעבר, שאם אמר יודע אני ששבועה זו אסורה, אבל איני יודע אם חייבין עליה קרבן או לא, חייב

רמב"ם פ"ג מהל' שבועות ה"ז - אם כן אי זהו שגגת שבועת בטוי שחייבין עליה קרבן עולה ויורד לשעבר, כגון שנשבע שלא אכל והוא יודע שאכל, ושבועת שקר זו שנשבע אסורה, [א]אבל לא ידע שחייבין עליה קרבן, זו היא השגגה שחייבין עליה קרבן עולה ויורד בשבועת בטוי לשעבר.

אות ב'

מיתה במקום כרת עומדת

רמב"ם פ"י מהל' תרומות ה"א - זר שאכל תרומה בשגגה, משלם קרן וחומש, אף על פי שיודע שהיא תרומה ושהוא מוזהר עליה, אבל לא ידע אם חייב עליה מיתה אם לאו, הרי זו שגגה ומשלם קרן וחומש.

אות ג' – ד'

היה מהלך (בדרך או) במדבר, ואינו יודע אימתי שבת, מונה ששה ימים ומשמר יום אחד

כל יום ויום עושה לו פרנסתו, אפילו ההוא יומא

סימן שדמ ס"א - [ב]ההולך במדבר ואינו יודע מתי הוא שבת, מונה שבעה ימים מיום שנתן אל לבו שכחתו - רצה לומר מיום שנפל בלבו הספק מתי הוא שבת, ואותו היום גופא הוא יום א' למנין ששת ימי החול.

וה"ה אם נשבה בין הערו"ג, ונשכח יום שבת ממנו, **אך** לפעמים בזה יכול לברר מחשבונותם, באיזה יום חל שבת שלנו.

ומקדש השביעי בקידוש והבדלה - דהיינו שעושה קידוש על הפת והיין כדין, ותקנו חכמים זה לזכרון, שלא תשתכח תורת שבת ממנו, [רש"י ור"ן. **ובזה** מתרץ האיך התירו לו לברך ברכת קידוש, והלא עכ"פ מידי ספיקא לא נפקא].

ואם אין לו, יקדש ע"י התפלה, דהא התפלה הוא מתפלל של שבת ביום זה, ויוצא בזה מדאורייתא אפילו אם היום הוא באמת שבת, **וגם** יבדיל בתפלה, שאומר "אתה חוננתנו", ויוצא בזה על פי הדחק מצות הבדלה.

[ג]ואם יש לו ממה להתפרנס - דהיינו מכספו שיש לו, או שיכול למכור איזה חפץ, או שיכול להשיג בהקפה מבני השיירא עד שיגיע למקום ישוב, או במתנה מאצלם, [**ופשוט** דבכל טצדקי דאית ליה שלא יצטרך לחלל שבתות, וכן לעבור שאר עבירות, מחוייב לעשות].

אסור לו לעשות מלאכה כלל - אפילו בכל ששת הימים, דהא כל יום הוא ספק שבת, **ואע"ג** דרוב הימים הוא ימי חול, זה מקרי קבוע, דהא יום שבת מנכר לכל הוא.

היינו אפילו אין לו כי אם לחם בעלמא, שוב אסור לעשות מלאכה אצל בני השיירא להשתכר בשביל תבשיל, דהלא אין כאן פקוח נפש.

עד שיכלה מה שיש לו, ואז יעשה מלאכה בכל יום, אפילו ביום שמקדש בו, כדי פרנסתו [ד]מצומצמת - אַכָּל יום נמי קאי, שאינו רשאי להשתכר ממלאכה יותר, **ואפילו** ביום הששי שלו, כדי להכין על יום השביעי שלו שלא יצטרך לעשות בו מלאכה, ג"כ אסור, דשמא היום הוא יום שבת ולמחר יהיה יום חול, ואיך יחלל בדבר שאינו נוגע לפקו"נ, [רש"י], **אבל** כדי פרנסה מותר, שנוגע לפקו"נ, שאם לא יעשה מלאכה ימות במדבר ברעב.

ובדיעבד אם הרויח ביום אחד יותר מכדי פרנסתו, אסור לו למחר לעשות מלאכה עד שיכלה מה שיש לו.

(**כתב** בתוספת שבת, דאם יכול להתענות יום אחד בלי סכנה, אסור לו לעשות מלאכה באותו יום, דאין כאן פקו"נ, **ועיין** בספר בגדי ישע שחולק עליו, וסובר דאין צריך לסגף עצמו בתענית, כדי שיוכל למהר לצאת מן המדבר).

(**לכאורה** למה לא הרשוהו שירויח ביום אחד או בשני ימים הרבה יותר מכדי פרנסתו, כדי שיוכל לשבות אח"כ ד' וה' ימים ממלאכה, **שעי"ז** קרוב שיקיים מצות שבת כדין תורה, **משא"כ** עתה שהוא עושה בכל יום ויום, בודאי יתחלל שבת במלאכה דאורייתא, **י"ל** דעתה כשהוא עושה כדי פרנסתו, אין זה מקרי חילול שבת, דנוגע לו בכל יום לפקוח נפש, **וע"כ** זה עדיף יותר, משיעשה יום או יומים יותר מפרנסתו, ויחלל שבת בספק ברצונו).

(**ונוכל** ללמוד מזה לענין איש הצבא, שהוצרך לו מטעם הממשלה הרוממה לעשות איזו מלאכה דאורייתא, ויוכל לעשות זה בעש"ק, **ובודאי** מחוייב לעשות כן כדי שלא יצטרך למחר לחלל שבת, **אך** שלא היה לו פנאי בכל היום עד ביה"ש, **שמוטב לו לעשות המלאכה למחר, אף שאז הוא יום שבת בודאי, שאז הוא מוכרח לזה, ואין עליו איסור, משא"כ עתה הוא מחלל שבת ברצונו בספק, ויש לדחות, דבענינננו הוא שני ימים, משא"כ הכא דהוא יום אחד, מה נ"מ בין תחלת המעל"ע של**

באר הגולה

[א] ‹עיין תוס' וז"ל: וכלשון אחר שפי' בקונטרס מוכח בשבועות בפ"ג (דף כו:) דאמר בעא מיניה רבא מרב נחמן איזהו שגגת ביטוי לשעבר, אמר ליה כגון דאמר יודע אני ששבועה זו אסורה אבל איני יודע אם חייבין עליה קרבן אם לאו, ופריך ליה כמאן כמונבז, ומשני אפילו תימא רבנן, אע"ג דבכל התורה כולה לית להו שגגה בקרבן כו'. וכן מביא הכסף משנה גמ' זה› [ב] **שבת ס"ט מימרא ובריייתא** [ג] **שם ממשמעות הגמרא** [ד] **הר"ן שם**

שבת לאמצע המעל"ע, מוטב יותר שיקדים, דאפשר שינצל עי"ז מחילול שבת, וצ"ע).

(וה"ה אם שכח באיזה חודש עומד, או מנין הימים של חודש, בניסן סיון תשרי, ויצוייר זה בימים שאין הלבנה נראית וכדומה, דזה ג"כ א"א לידע ולהכיר הימים טובים, ואינו יודע מתי חל המועדות, **צריך** לנהוג מספק בקדושה, עד שידע שיצאו הימים טובים).

[ה]**ומותר לילך בו בכל יום** - אפי' כמה פרסאות, שאם ישאר במדבר לעולם, יחלל שבת וימות בארץ גזרה, **אפי' ביום שמקדש בו** - כדי למהר לצאת מן המדבר, **אבל** שארי איסורים, אפי' אינו רק שבות דרבנן, אסור לעשות ביום השביעי שלו - [ו]מ"א, **ובא"ר** מיקל בשבות אפי' ביום הז' שלו, כיון דהוא רק ספיקא דרבנן.

(ולענין תפלין, נלענ"ד דחייב להניח בו, דהא רוב הימים הם ימי חול, וצריך למיזל בתר רובא, ומה שעושה קידוש הוא רק לזכרון בעלמא, ומה שאסור במלאכה בכל יום, אפשר משום דעשאוהו רבנן כקבוע, **ואפילו** אם נאמר דיום זה של שבת הוא בכלל קבוע גמור מדאורייתא, והוי כמחצה על מחצה, מ"מ מידי ספיקא דאורייתא לא נפקא, **ואפילו** לדעת המ"א, דס"ל דיום שביעי אסור אצלו אפילו בעניני שבותין, כמו ביו"ט שני, זהו רק לחומרא אבל לא להקל, **ועוד** יש סברא לחייבו, דהלא פטור דשבת הוא מפני שהם עצמם אות, וא"כ זה שעושה בו מלאכה לפרנסתו, אין בו היכר, **אך** מ"מ לא ברירא סברא זו כל כך, **אך** מפני טעם הראשון יש לחייבו, **ואך** בעת התפלה של שבת לא יניח התפלין, כדי שלא יהיה תרתי דסתרי).

אות ה'

אם היה מכיר מקצת היום שיצא בו, עושה מלאכה כל היום כולו

סימן שדמ ס"ב - [ז]**היה יודע מנין יום שיצא בו, כגון שיודע שהיום יום רביעי או יום חמישי ליציאתו, אבל אינו יודע באיזה יום יצא** - וע"כ אסור לעשות תיכף מלאכה, דשמא יצא ביום ג' וד', והיום יום שבת, וכן ביום ששי ושביעי, דשמא יצא ביום א' וב', **מותר לעשות מלאכה כל מה שירצה ביום שמיני ליציאתו** - וכן בלילו, **שביום כזה יצא מביתו, דבודאי לא יצא בשבת; וכן ביום ט"ו וביום כ"ב, וכן לעולם** - אבל ביום ט' אסור, דהגם דאין דרך לצאת מביתו בע"ש, דילמא מיקלע ליה שיירא ונפק בע"ש, וא"כ יום ט' ליציאתו הוא שבת.

וכתבו האחרונים, דאם יכול לעשות מלאכה באותו יום שיספיק לו להתפרנס מזה כל השבוע, אסור לעשות מלאכה כל השבוע.

באר הגולה

ה **שם וכ"כ תוס'** ‹ד"ה עושה› **והרא"ש בתירוץ שני** ו ‹והתוס' והרא"ש כתבו כדי למהר לצאת מן המדבר, משמע דשאר איסור דרבנן אחור לו לנוווזות, ואע"ג דקי"ל ספקא דרבנן לקולא, דכיון דחל עליו שבת אסור בכל, כמו בי"ט שני דהוי נמי ספיקא ואיסור שבות – מ"א. ‹**ולא** משני דמינכר במלאכה דרבנן, עיין תוס' שבת, דאין זה היכר, דמלאכה לית ליה, משא"כ בהילוך וודאי מינכר, (לפי תירוץ שני של תוס' הנ"ל), דדרך השיירא לצאת ולילך ולמהר בכל מה דאפשר, ובששה ימים הולכין – פמ"ג› ז **מימרא דרבא שם**

כלל גדול פרק שביעי שבת ע

מסורת הש"ס

תורה אור

מאי שנא רישא ומאי שנא סיפא אמר רב ספרא כאן מידעת שבת הוא פורש וכאן מידיעת מלאכה הוא פורש א"ל רב נחמן כלום פריש משבת אלא משום מלאכות וכלום פריש ממלאכות אלא משום שבת אלא אמר רב נחמן קרבן דחייב רחמנא אמאי אשגגה התם חדא שגגה הכא טובא שגגות הויין: חייב על כל מלאכה ומלאכה: חילוק מלאכות מנלן אמר שמואל אמר קרא °מחלליה מות יומת התורה רבתה מיתות הרבה על חילול אחד האי במזיד כתיב אם אינו ענין למזיד דכתיב °כל העושה (א) מלאכה יומת תנהו ענין לשוגג ומאי יומת בממון ותיפוק ליה חילוק מלאכות מהיכא דנפקא ליה לר' נתן דתניא ר' נתן אומר °לא תבערו אש בכל מושבותיכם ביום השבת מה ת"ל לפי שנאמר °ויקהל משה את כל עדת בני ישראל אלה הדברים וגו' ששת ימים תעשה מלאכה *דברים הדברים אלה הדברים אלו שלשים ותשע מלאכות שנאמרו למשה בסיני יכול עשאן כולן בהעלם אחד אינו חייב אלא אחת ת"ל °בחריש ובקציר תשבות ועדיין אני אומר *על חרישה ועל הקצירה חייב שתים ועל כולן אינו חייב אלא אחת ת"ל לא תבערו אש הבערה בכלל היתה ולמה יצאת להקיש אליה ולומר לך מה הבערה שהיא אב מלאכה וחייבין עליה בפני עצמה אף כל שהוא אב מלאכה חייבין עליה בפני עצמה שמואל סבר לה כרבי יוסי דאמר הבערה ללאו יצאת *דתניא הבערה ללאו יצאת דברי רבי יוסי ר' נתן אומר *לחלק יצאת ותיפוק ליה לחלוק מלאכות מהיכא דנפקא ליה לר' יוסי *דתניא רבי יוסי אומר °ועשה מאחת מהנה פעמים שחייבים אחת על כולן ופעמים שחייבין על כל אחת ואחת אמר ר' יוסי בר' חנינא מ"ט דר' יוסי אחת מאחת הנה מהנה אחת שהיא הנה הנה שהיא אחת שמעון מאחת
שם

מאי שנא רישא. דשגגת שבת וזדון מלאכות לא מיחייב אלא אחת לכל שבת וסיפא לזדון שבת ושגגת מלאכות חייב על כל מלאכה ומלאכה: **כאן מידיעת שבת הוא פורש.** רישא כי אמרו ליה שבת הוא פורש מן המלאכה ומכיר שחטא ועל כך הוא מביא קרבן הלכך שגגת שבת היא ועל השבת הוא צריך להביא: **כאן מידיעת מלאכות הוא פורש.** כי אמרי ליה שבת הוא לא פריש דהא כמי ידע וכי אמרי ליה מלאכה חשובה היא זו פריש הלכך על מנין המלאכות יביא: **כלום פריש משבת אלא משום.** דכי אודעיה שבת הוא הכיר שחטא על המלאכות וכלום פריש ממלאכה כלומר ע"י ידיעת המלאכות אלא משום שבת דכי אמרו ליה מלאכות הן הכיר שחילל שבת: **חילוק מלאכות.** שגופי מלאכות מתחלקים לחטאות ואע"פ שבהעלם אחד: **מות יומת.** מיתות הרבה: **בממון.** לאפושי קרבנות: **מה ת"ל.** והלא כבר נאמר לא תעשה כל מלאכה: **דברים.** משמע תרי ה' לרבות חד הרי שלשה אלה בגמטריא ל"ו הרי ל"ט: **ת"ל בחריש ובקציר תשבות.** כלומר בלאו לא תבערו הוה לן למילף מהאי אם לא שיש להשיב: **ועדיין אני אומר על חריש וקציר חייב שתים.** אם עשאן בהעלם אחד שהרי הוציאם מן הכלל לחלקן לשתים ומשמע אזהרה לקציר לעצמה ואזהרה לחריש לעצמה: **ועל כולן אחת.** דבחדא מלאכה כייליהו וחד לאו ובדבר שהיה בכלל ויצא מן הכלל ללמד לא ללמד כו' לא דייניק ליה דהוי ליה כלל בלא תעשה ופרט בעשה ואין דנין אותו בכלל ופרט אי נמי הוי חריש וקציר שני כתובין הבאין כאחד ואין מלמדין דהוה ליה למיכתב חד: **ת"ל לא תבערו כו'.** וחריש וקציר לדרשה אחרינא אי כר' עקיבא דדריש ליה בעלמא (ר"ה דף ט.) לענין תוספת שביעית אי כרבי ישמעאל למנין שבת מה חריש רשות אף קציר רשות ללמד על קציר העומר שדוחה שבת: **בכלל היתה.** דלא תעשה כל מלאכה: **להקיש אליה.** כל שאר המלאכות שנכללו עמה בכלל שזו מדה בתורה כל דבר שהיה בכלל ויצא מן הכלל ללמד לא ללמד על עצמו יצא כו': **ללאו.** שאין חייבין עליה כרת וסקילה כשאר מלאכות אלא מה שאמור בה: **לחלק.** כדאמרן מה הבערה מיוחדת: **ועשה מאחת מהנה.** האמור לענין חטאות הוה ליה למכתב ועשה אחת ולישתוק אייתר ליה שאר' מ"ם דמאחת וכל תיבת מהנה לדרשה ודרוש הכי פעמים שכל מעשה עבירותיו תשוב אחת ופעמים שהוא קרוי הנה לשון רבים: **וא"ר יוסי ברבי חנינא מ"ט דרבי יוסי.** כלומר מאי דריש ביה דאכתי מ' דמהנה ומ' דמאחת למאי אתא: **אחת מאחת.** אחת הוה ליה למכתב וכתיב מאחת וכנמי הנה ה"ל למכתב (הנה)[למדרש פעמים שהוא הנה]וכתב מהנה ודרוש אחת והנה בלא מ"ם הכי פעמים אחת שהוא הנה שבת [אחת] לבדו הוא מחלל ויש כאן חטאות הרבה דאזלי בתר מלאכות ופעמים הנה שהיא אחת מלאכות הרבה עשה ואינו חייב אלא אחת דבהנך תרי גווני איכא למשמע ועשה אחת וחייב הנה ואיכא למימר נמי הכי ועשה אחת הנה *עשייתו הוי אחת אע"פ שהן הנה [וחייב א'] ומ"ס יתירה [דרוש הכי] לרבות שהכותב שם משמעון דאע"ג שנתכוון לעשות תיבה גדולה הואיל ושתי אותיות הראשונות שם במקום אחר הן חייב והייט מאחת מקצת המלאכה ולא כולה יביא חטאת:
מהגה

אם אינו ענין למזיד דהא כתיב כו'. ואם תאמר ולימא אם אינו ענין למזיד משום דאמו בתרי קטלא קטלת ליה וי"ל דאי לאו קרא אחרינא דמייתי הוה מוקמינן ליה להאי קרא במזיד ומות יומת דברה תורה כלשון בני אדם אבל השתא דלא איצטריך למזיד מוקמי ליה ע"כ בשוגג ולחייב קרבן על כל א': **יכול** שאם עשאן כולם בהעלם אחד כו'. תימה א"כ מגיינא דקרא דברים הדברים אלה הדברים למה לי כיון דלא אתא אלא לחלק ויש לומר דצריך למנייגא לפי שיש מלאכות שאינן חשובות ואיצטריך מניינא לאשמעינן דכולהו הויין מלאכות להתחייב עליהן ומיהו ממתניתין דמ' מלאכות דייק שפיר דבהעלם אחד חייב על כל אחת דלא הוה צריך למניינא כיון דמני כולהו בהדיא ומיהו קשה לר"י דלקמן בהזורק (דף צז:) משמע דהאי מניינא אתיא לחלק דאמר התם למימרא דמחייב רבי אתולדה במקום אב והתניא רבי אומר דברים הדברים אלה הדברים כו' ופי' בקונטרס התם דהכי פריך הואיל ומניינא לא אתא אלא לחילוק חטאות ואי ס"ד דמחייב אתולדה במקום אב טובא ה"ל למיתני ולפי מה שפירשנו דמניינא לא אתא אלא לאשמעינן דכולהו חשובות מלאכות להתחייב עליהם לא הוה פריך מידי ונראה לר"י דגרס הכא כמו במכילתא דתניא התם רבי נתן אומר לא תבערו אש למה נאמר לפי שנאמר ויקהל משה שומע אני שלא יהא חייב עד שיעבור ל"ט מלאכות תלמוד לומר בחריש ובקציר וכו' והשתא אי לאו לא תבערו ה"א דמניינא אתא למימר שאינו חייב על אחת או שתים עד שיעבור כל ל"ט וכיון דכתיב לא תבערו דילפינן מיניה דחייב על כל אחת בפני עצמה אם כן מניינא אתא למימר דהל"ט דווקא הוא דחייב על כל אחת ואחת אבל אתולדה במקום אב לא והשתא מוכח שפיר בהזורק דרבי לא מחייב אתולדה במקום אב ואתי נמי שפיר להאי גירסא דקתני לפי שנאמר דברים הדברים וגו' יכול כו' דמשמע דמתוך קרא דהדברים הוא דמשמע ליה דאינו חייב עד שיעבור כולן וכן בפ"ק דפסחים (דף ה:) לפי שנאמר לא יראה לך יכול יטמין ויקבל פקודות מן הנכרים אבל לגירסת הספרים מאי קאמר לפי שנאמר בלאו קרא נמי הוה. אמרינן הכי כל כמה דלא נפקא לן חילוק מלאכות משום מקום: **על** חרישה וקצירה חייב שתים. וא"ת מנא ליה דחייב שתים נימא דלא מיחייב אתרוייהו אלא אחת וי"ל משום דכתיב בחריש ובקציר דמשמע תרי מילי מדלא כתב בחריש וקציר: **ועל** כולן אינו חייב אלא אחת. פירש בקונט' משום דהוי ליה כלל בלא תעשה ופרט בעשה וקשה דכללא נמי כתיב בעשה וביום השביעי תשבות ועוד דגבי כלל ופרט דוקא הוא דאמרינן בפרק קמא דמו"ק (דף ג.) דלא דיינינן כשאין הכלל בלשון הפרט אבל לגבי דבר שהוא יצא מן הכלל לא אשכחן בשום מקום ועוד דבמועד קטן איכא למ"ד דנין ונראה כפי' אחרון שפי' בקונט' דלא ילפינן מחריש וקציר משום דהוו שני כתובים הבאים כאחד וכה"ג אמרינן בפרק ד' מיתות (סנהדרין סז:) אוב וידעוני בכלל כל המכשפים היו כו' ופריך וליהוי אוב וידעוני שני כתובים הבאין כא' ואם תאמר והיכי יליף מלא תבערו כל שכן דהוי ג' כתובים הבאין כאחד ואין מלמדין לכ"ע וכ"ת דחריש וקציר אתא לכדדרשינן בריש מו"ק (ד' ד.) מה חריש רשות כו' אם כן היכי הוה בעי למילף מיניה מעיקרא הא לא אתי להכי ואומר ר"י דלא הוו ג' כתובים מדלא כתבינהו או כולהו בלאו או כולהו בעשה ולהכי ילפינן מהבערה ומהשתא אייתר ליה חריש וקציר לכדדרשינן במו"ק: **הבערה** ללאו יצאת. וא"ת *והא איצטריך למיכתב לא תבערו משום סיפיה דקרא דכתיב בכל מושבותיכם דדרשינן מינה ביבמות (דף ו:) ובסנהדרין (דף לה:) דאין רציחה דוחה שבת וי"ל דהוה מצי למיכתב בלישנא אחריתי ולא לכתוב לא תבערו ומשום דדרשינן בפ"ק (דף כ.) אבל אתה מבעיר ס' לא הוה צריך למיכתב לא תבערו: **מאי** טעמא דר' יוסי. פי' בקונט' כלומר דאכתי מ"ם דמאחת ומהנה למה לי ולשון מאי טעמא אינו משמע כן ונראה לר"י דה"פ מ"ע דר' יוסי הא איצטריך קרא לשם משמעון ולאבות ולתולדות ומנא ליה דחייב על כל אחת ואחת ומפרש דמאחת שם משמעון מהנה לאבות ותולדות ומ"מ מדסמכינהו להדדי דרשינן אחת שהיא הנה והנה שהיא אחת:
שם
ד"ה מה לי ותוס' מנחות נב: ד"ה אם כן

רבינו חננאל

מאי שנא בהיודע עיקר שבת דחייב על כל שבת ושבת וביודע שהיא שבת דחייב על כל מלאכה ומלאכה ופריק רב חסרא כאן מידיעת שבתות הוא פורש כו' פי' היודע עיקר שבת ואינו יודע שהיום שבת הוא כיון שאמרו לו היום שבת היא מיד פורש נמצאת שגגתו על השבת לפי' אינו חייב אלא אחת על כל שבת ושבת אבל היודע שהיא שבת ושגג ועשה מלאכות הרבה וכיון שאומרים לו הלא מלאכה היא זו מיד פורש נמצאת שגגתו על המלאכות לפיכך חייב על כל מלאכה ומלאכה ודחה רב נחמן ואמר כלום פורש מן השבת אלא משום מלאכות כו' אלא אמר רב נחמן קרבן [דחייב רחמנא] אמאי אשגגה הוא השתא כיון דכי אמרו ליה שבת היא היום מיד פורש מכל מלאכה נמצאת בידו שגגה אחת שהיא שגגת שבת לפיכך אינו חייב אלא חטאת אחת אבל המזיד בשבת ושגג במלאכות אם מודיעים לו שהיא מלאכה פורש ממנה ועושה מלאכה אחרת ועוד מודיעין אותו ופורש ממנה ומתעסק באחרת הלכך כיון שצריך להודיעו על כל מלאכה ומלאכה נמצאו שגגותיו מרובים לפיכך חייב כנגד שגגותיו: העושה מלאכו' הרבה בשבת אחת בשגגה מנלן דחייב על כל מלאכה ומלאכה ופשט שמואל מדכתיב כל העושה בו מלאכה יומת דילפינן מיניה קטלא למזיד וכתיב קרא אחרינא מחלליה מות יומת דלא צריך ליה לקטלא דהא ילפינן ליה פשטנא לשוגג וכתיב מות יומת מיתות הרבה נמצאו בחילול שבת אחת מיתות הרבה ומאי נינהו חטאות והכי קאמר יומת בממון כלומר יתן חטאות הרבה ור' נתן פשט ליה מלא תבערו אש הבערה בכלל היתה למה יצאת לחלק ולומר כשם שחייבין על הבערה בפני עצמה כך חייבין בכל אחת ואחת בפני עצמה אחר שפירש בחריש ובקציר שביתה וכתב רחמנא אלה הדברים מדהוה למכתב (דאמר אלה) [ויאמר אליהם] הדברים אשר צוה ה' לעשות וכת' והוסיף אלה הדברים אלה בגימטריא ל"ו ועוד מדהוה למכתב דברים אלה שהן אלה ל"ו ודברים תרי הרי ל"ח והוסיף ה' בהדברים למדנו ממנו עוד אחת הרי ארבעים חסר אחת ור' יוסי מדכתיב ועשה מאחת מהנה דריש ועשה מאחת פעמים שהוא חייב אחת על כולן והוא היודע עיקר שבת מהנה פעמים שחייב על כל אחת ואחת כיצד זדון שבת ושגגת מלאכות ושמואל הא דר' נתן סבר לה

[סך קושיא מאי קאי גם למ"ד הבערה לחלק יצאת ועי' תוס' יבמות ו: ד"ה טעמא וכו' ובסנהדרין לה: ד"ה מושבות וכו' מבואר דבריהם היטב. ועי' תוס' לעיל כ. ד"ה למברי ותוספות לקמן קו.]

לקמן צו: וש"נ

מכילתא פרשת ויקהל

יבמות ו: לג: סנהדרין לה: ודף סב. [כריתות כ:]

לקמן קג: סנהדרין סב. [כריתות ג.]

הגהות הב"ח
(א) גמ' כל העושה בו מלאכה:

עשייתו הנה ומ"ס יתירה לרבות כו' נ"ב כ"ל ולצ"ל אלא רש"י לא נקט לשון פסוק ועשה אחת הנה ומפ' כמ"ש רש"י לפניו ועיין לקמן קג: משמע גם כן כמ"ש לפניו

עין משפט נר מצוה

יב א מיי' פ"ז מהלכות שגגות הלכה ד

[עי' לקמן ע. ד"ה מה לי לבצל כו' כתב דשמואל כר"ש פליג]

[פמ"ש לקמן עב: על הגליון]

מסורת הש"ס

[סנהדרין סב. שבועות יט. כו. כריתות טז.]

[לקמן עג. וש"נ]

[לעיל סט. וש"נ]

שם משמעון הנה אבות מהנה תולדות אחת שהיא הנה זדון שבת ושגגת מלאכות הנה שהיא אחת שגגת שבת וזדון מלאכות ושמואל אחת שהיא הנה והנה שהיא אחת לא משמע ליה: בעא מיניה רבא מרב נחמן *העלם זה וזה בידו מהו א"ל הרי העלם שבת בידו ואינו חייב אלא אחת אדרבה הרי העלם מלאכות בידו וחייב על כל אחת ואחת אלא אמר רב אשי חזינן אי משום שבת קא פריש הרי העלם שבת בידו ואינו חייב אלא אחת ואי משום מלאכה קפריש הרי העלם מלאכות בידו וחייב על כל אחת ואחת א"ל רבינא לרב אשי כלום פריש משבת אלא משום מלאכות כלום פריש ממלאכות אלא משום שבת *אלא לא שנא תנן *אבות מלאכות ארבעים חסר אחת והוינן בה מנינא למה לי ואמר ר' יוחנן שאם עשאן כולן בהעלם אחד חייב על כל אחת ואחת אי אמרת בשלמא העלם זה וזה בידו חייב על כל אחת ואחת שפיר אלא אי אמרת העלם שבת בידו אינו חייב אלא אחת היכי משכחת לה בזדון שבת ושגגת מלאכות הניחא אי סבר ליה כרבי יוחנן דאמר כיון ששגג בכרת אע"פ שהזיד בלאו משכחת לה דידע ליה שבת בלאו אלא אי סבר לה כרבי שמעון בן לקיש דאמר עד שישגוג בלאו וכרת דידע ליה שבת במאי *דידע לה בתחומין ואליבא דרבי עקיבא: *אמר רבא קצר וטחן כגרוגרת בשגגת שבת וזדון מלאכות וחזר וקצר וטחן כגרוגרת בזדון שבת ושגגת מלאכות ונודע לו על קצירה וטחינה של שגגת שבת וזדון מלאכות וחזר ונודע לו על קצירה ועל טחינה של זדון שבת ושגגת מלאכות
קצירה

משנה לרבות תולדות. כלומר היוצאות מהן מן האבות: **אחת שהיא הנה.** דאמרן פעמים שחייב על כל אחת ואחת מאי היא כגון שעשאן בזדון שבת ושגגת מלאכות דאיכא שגגות טובא והנה שהיא אחת דאמרן פעמים שחייב אחת על כולן מאי היא כגון שגגת שבת וזדון מלאכות דיודע שהמלאכות אסורות בשבת אבל שכח ששבת היום: **לא משמע ליה.** דמיבעיא ליה כוליה לשם משמעון ולתולדות: **זה וזה.** שבת ומלאכות: **מהו.** חייב אחת על כולן או על כל אחת ואחת וקמבעיא ליה הא דתני לעיל (דף סט.) שגג בזה ובזה זהו שוגג האמור בתורה מהו לחיובי חדא או לאחיובי אכולהו ומתני' דהשוכח עיקר שבת דאינו חייב אלא אחת לא שמעינן ליה דהשוכח עיקר שבת חדא שגגה היא וכי מיבעיא לן ביודע עיקר שבת אבל מלאכות הללו אינו יודע שאסורות ועוד נעלם ממנו שהיום שבת דאיכא למיתלי שגגה אכל מלאכה ומלאכה הואיל ויודע עיקר שבת ואיכא למתלי אהעלם שבת וחדא שגגה היא: **אי משום שבת קא פריש.** זה שפירש מן העבירה ובא להתכפר אי משום שבת היתה שאמרו לו שבת היום ופירש אישתכח דמשום העלם שבת היה עושה: וה"נ ואי משום מלאכות הללו קא פריש שאמרו לו מלאכה היא זו ופירש הרי העלם מלאכה בידו וזיל בתר מלאכות: **כלום פריש משבת אלא משום מלאכות.** כשאמרו לו שבת היום הבין שהמלאכות הללו אסורות דאי לא אסורות למה הוזקקו לומר שבת היום: **אלא לא שנא.** ואינו חייב אלא אחת: **מנין לכולן.** היינו העלם זה וזה בידו דהא לא ידע שבת במידי כיון דכל הלכותיה נעלמות ממנו אין חילוק היום משאר ימים: **אלא אי כו' היכי משכחת לה.** דניחייב איניש אכל חדא ע"כ בזדון שבת ושגגת מלאכות הוא דמשכחת לה והכא מאי זדון שבת איכא: **הניחא לר' יוחנן כו'.** משכחת ליה שלא נעלמו ממנו אלא הכריתות ויודע הלאוין והיינו זדון שבת: **כגרוגרת.** שיעור הוא לכל איסורי מלאכות של שבת באוכלים: **קצר.** כגרוגרת וטחן כגרוגרת בשגגת שבת וזדון מלאכות דלא מיחייב אלא חדא: **וחזר וקצר.** כגרוגרת וטחן כגרוגרת בזדון שבת ושגגת מלאכות דמיחייב תרתי ולא נודע לו בינתים שחטא: **ונודע לו.** אחרי כן על הקצירה ועל הטחינה כלומר או על זו או על זו וכ"ש על שתיהן: **(יעל) שגגת שבת וזדון מלאכות.** והפריש חטאת וחטאת זו מכפרת על שתיהן דהא חדא הוא דמיחייב עליה:
קצירה

שם משמעון. הא לישנא לא הוה צריך למימר כיון דאליבא דר' יוסי קאי דסבר בפ' הבונה (לקמן ד' קג:) דאפי' שריטה אחת על שני נסרים או שני שריטות על נסר אחד חייב אלא ניחא ליה למנקט לישנא דמתני' דהבונה (שם) א"ר יהודה מצינו שם קטן משם גדול שם משמעון:

לא משמע ליה. שמואל דלא כר' נתן ודלא כר' יוסי ול"ל דמקבלה קים ליה לשמואל הכי*:

העלם זה וזה בידו מהו. אומר ר"י דאפי' לא ידע לשבת בשום מלאכה חשיב ליה העלם זה וזה כדמוכח בסמוך דקאמר ר"י אי אמרת בשלמא העלם זה וזה בידו חייב כו' אלמא אע"ג דלא ידע לשבת במידי חשוב העלם זה וזה וצריך לחלק בין זה לשוכח עיקר שבת דהכא אינו שכוח כל כך דכי מדכרו ליה מדכר אבל שכח עיקר שבת היינו כעין תינוק שנשבה לבין הנכרים:

אמר ליה הרי העלם שבת בידו כו'. בשבועות בפ"ב (ד' יט.) בעא מיניה רבא מרב נחמן העלם זה וזה בידו מהו א"ל הרי העלם טומאה בידו וחייב והתם בפ"ג (דף כו.) נמי השיבו הרי העלם שבועה בידו וחייב התם שפיר דמהדר ליה לחומרא והא דמהדר ליה הכא לפוטרו משום דקסבר שגגת שבת עיקר דעיקר המלוה היא משום שבת:

חזינן אי משום שבת קא פריש כו'. פי' בקונטרס שאמרו לו שבת היום ופירש וקשה דשמא כי הוו אמרי ליה נמי מלאכה היא היה פורש אפי' לא יזכירוהו שבת אלא נראה לר"י דה"פ אי משום שבת קא פריש שאומר בעצמו דאי הוו מודעי ליה אשבת לבד היה פורש ואי הוו מודעי ליה אמלאכות לא היה פורש א"כ העלם שבת עיקר שהוא היה שכוח יותר ואי משום מלאכות פריש דסיילינן ליה ואמר דאי הוו מודעי ליה אמלאכות לא הוה צריך לאודועיה אשבת ואי הוו מודעי ליה אשבת הוה צריך לאודועיה אמלאכות הרי העלם מלאכות עיקר וחייב על כל אחת ואחת אבל כששניהם שכוחות בשוה מזה לא פשט כלום ולא בא רב אשי אלא לפשוט מקצת הבעיא כלומר לפעמים נוכל להבחין איזו העלמה עיקר ול"ג מה שכתוב בספרים ואי כי מודעי ליה אשבת אכתי צריך לאודועיה אמלאכות העלם מלאכות בידו כו' דלפי מה שפי' ר"י אכתי הוה צריך לפרושי וכי מודעת ליה אמלאכות לא הוה צריך לאודועיה אשבת אלא גרסי' ואי משום מלאכות קא פריש כו' וקאמר רבינא כלום פריש משבת אלא משום מלאכות כו' כלומר כיון ששניהם שכוחים במה שזה שכוח יותר מזה לא נפקא מיניה מידי אלא לא שנא ותרווייהו תבעי ורשב"א מקיים גירסת הספרים ומפרש דרב אשי בא לפשוט דהעלם זה וזה (א) חייב אי משום שבת קפריש שהשבת שכוחה יותר העלם שבת בידו ואי כי מודעת ליה אשבת אכתי צריך לאודועי אמלאכות אפילו אי כי נמי מודעת ליה אמלאכות צריך לאודועיה אשבת דהוי העלם זה וזה חשיב כהעלם מלאכות וחייב וכן מוכח מדנקט לעיל אי משום שבת קא פריש והכא נקט אי כי מודעת ליה אשבת כו' והא דקאמר כלום פריש ממלאכות אלא משום שבת ה"פ אלא משום שבת והאי שגגת שבת עיקר ולא מיחייב אלא חדא דבענין אחר לא הוה פריך מידי כיון דבשניהן שוה חייב על כל אחת:

נודע לו על הקצירה ועל הטחינה של שגגת שבת וזדון מלאכות. פי' רבינו שמואל שנודע לו והפריש קרבן וקודם שנתכפר חזר ונודע לו על הקצירה וטחינה של שגגת מלאכות אבל אם לא נודע לו עד אחר הכפרה אין נגררין וצריכין שתי חטאות דלכ"ע כפרה מחלקת ודווקא הפריש קרבן אבל אם לא הפריש קרבן וחזר ונודע לו על קצירה וטחינה של *שגגת מלאכות יביא איזה שירצה דבו תליא מילתא אם ירצה יפריש חטאת אחת על שגגת שבת ונגררין של שגגת מלאכות עמה או אם ירצה יפריש ב' קרבנות על הקצירה וטחינה של שגגת מלאכות ויגררו עמהן של שגגת שבת כדאמר רבא בסמוך אכל שני זיתי חלב בהעלם אחד ונודע לו על אחד מהן כו' הביא קרבן על הראשון כו' אלמא אע"ג דנודע לו על הראשון תחלה הואיל ועדיין לא הפריש קרבן עליו אינו גורר האמצעי עמו כדי להתחייב קרבן על השלישי אלא אם ירצה יביא קרבן על האמצעי ויתכפרו כולן וא"ת דהשתא משמע דסבר רבא דאין הפרשות מחלקות מדנגררות של שגגת מלאכות עם של שגגת שבת והיינו כר"ל ורבא גופיה לא פסיק כוותיה בהחולץ (יבמות לו.) אלא בג' מקומות ומיהו מתוך פי' ר"ח שפירש דהלכתא כרבה רבו של אביי משמע דגרס רבה וכן משמע שמזכירו לפני אביי וכן בסמוך דקאמר מילתא דפשיטא לה לרבא ואביי ואפי' גרסי' רבא י"ל דלא איירי ביבמות אלא בדברים הנוהגים בזמן הזה מיהו תימה לר"י לקמן דמיבעיא לן אי פליגי בהפרשות מחלקות או לא תפשוט דבהפרשות פליגי דאי בידיעות פליגי אבל הפרשות מחלקות לכ"ע א"כ רבה ואביי דסברי הכא דאין הפרשות מחלקות כמאן וי"ל דאיכא למדחי דהכא מיירי שלא הפריש עד אחר שחזר ונודע לו גם על שגגת מלאכות והא דנקט ונודע לו על שגגת שבת היינו כלומר שלבסוף הפריש על שגגת שבת:
נגררה

הגהות הב"ח
(א) תוס' ד"ה חזינן וכו' לפשוט דהעלם זה וזה בידו חייב:

זי' ... שגגת שבת ... נודע לו קצירה של זדון שבת [ר"ם] וע"ש

רבינו חננאל

כר' יוסי דאמר הבערה ללאו יצאת ולא לחלק ודרשה דר' יוסי אחת שהיא הנה והנה שהיא אחת לא משמע ליה: בעא מיניה (רבה) [רבא] מר' נחמן העלם שגגת שבת ושגגת מלאכות כשגגת שבת דיינינן ליה וחייב אחת על כל שבת ושבת או כשגגת מלאכות דיינינן ליה וחייב על כל מלאכה ומלאכה בכריתות תנן המחלל את השבת שהיא אחת מל"ו כריתות ואקשינן הדא מחייב מ' חסר אחת הוין חיובי שבת ואוקמה ר' יוחנן בשגגת שבת וזדון מלאכות (מהדא לא פליג) דלא מחייב אלא חדא. ומקשינן וליתני זדון שבת ושגגת מלאכות דחייב על כל אחת ואחת ושנינן הא קמ"ל דאפי' שגגת שבת וזדון מלאכו' מהדא לא פליט' ופשט ליה רב נחמן לרבא [הרי העלם שבת בידו ואינו חייב אלא אחת וא"ל אדרבה] הרי העלם מלאכה בידו וחייב על כל מלאכה ואתא רב אשי ואמר הדא מלתא בעא בירור אי משום שבת לא מחייב אלא הדא כרב נחמן ואי כי מודעת כי שבת הוא היום עדיין צריך לאודועי הכי החורש הוא חייב. ושביק ליה להרישה והדר לזריעה. תוב צריך לאודיעה. כי גם הזריעה חייב עליה. וכן הקוצר ושאר מלאכות כל אחת ואחת חייב עליה על כל אחת ואחת בפני עצמה ובכל אחת ואחת צריך ידיעה בפני עצמה. הרי שגגת (שבת) [מלאכות]. וחייב על כל מלאכה ולא אמרינן מפני שנוספה על שגגת מלאכות שגגת שבת פקעה לה שגגת מלאכות א' לא' במקומה עומדת. ואי לא מסתברא דודאי זדון מלאכות ושגגת שבת הוא כרבא עבדין דאיסורא דספיקא דאורייתא היא. וכל איסורא דספיקא דאורייתא לחומרא עבדינן ואתא רבינא ותהייא להא דרב אשי ואמר כלום פריש משבת (א' לא') [אלא] משום מלאכות כו' ומסתברא כדרבינא כר"נ והכי קיימא בזדון שבת ושגגת מלאכות כגון שסבור כי היום הוא שבת וגם היה יודע שהמלאכות אסורות ונעלם ממנו איסור מלאכות עכשיו או שידע איסור מלאכות בלאו ונעלם ממנו איסורא דכרת. שנמצאת ידיעת שבת בידו והעלם על כל מלאכה ומלאכה וזהו שחייב על כל מלאכה ומלאכה אבל השוכח עיקר שבת ועיקר איסור מלאכות ולא מהניא לך כהודעת ליה עיקר שבת ועדיין צריכת לאודועיה איסור מלאכות דאי לא מודעת ליה איסור מלאכות מי ידע דאסירן דלפרוש הלכך ידיעת שבת תליא בידיעת איסור מלאכות ואיסור מלאכות תליין משום שבת וכיון שאפשר שתודיעו (א' לא') איסור שבת ואיסור מלאכות כאחת נמצאת כאילו שגגה אחת היא ואינו חייב אלא אחת כרב נחמן וקשינן על רב נחמן מדר' יוחנן דאמר אם עשאן כולם בהעלם אחת חייב על כל אחת ואחת. בשלמא אי אמרת העלם זה וזה בידו חייב על כל אחת ואחת היינו דמשכחת לה הכי אלא אי אמרת כל כי האי גוונא לא מחייב אלא חדא היכי משכחת לה דחייב על כל אחת ואחת ואם תאמר בזדון שבת ושגגת מלאכות הניחא אליבא דר' יוחנן משכחת לה זדון שבת [כו'] ומשני ר' נחמן דידע לה שהוא אסור בתחומין ואליבא דר' עקיבא כדאמרינן לעיל (סט.) שנמצאת זדון בתחומין וכי הדין בעיא דרבא העלם זה וזה בידו. גרסינן בשבועות (יט.) בענין ידיעות הטומאה ואסיקנא להו כהא: אמר (רבא) [רבה] קצר וטחן כגרוגרת בשגגת שבת וזדון מלאכות ואע"ג דשני אבות נינהו לא מחייב אלא הדא

§ מסכת שבת דף ע: §

אות א'

העלם זה וזה בידו מהו... אלא, לא שנא

רמב"ם פ"ז מהל' שגגות ה"ד - שכח שהיום שבת, ושגג אף במלאכות ולא ידע שמלאכות אלו אסורות, אינו חייב אלא חטאת אחת.

§ מסכת שבת דף עא. §

אות א'

קצירה גוררת קצירה וטחינה גוררת טחינה; אבל נודע לו על קצירה של זדון שבת ושגגת מלאכות, קצירה גוררת קצירה וטחינה שעמה, וטחינה שכנגדה במקומה עומדת

רמב"ם פ"ז מהל' שגגות ה"י - מי שקצר וטחן כגרוגרת בשגגת שבת וזדון מלאכות, שאינו חייב אלא חטאת אחת, וחזר וקצר וטחן כגרוגרת בזדון שבת ושגגת מלאכות, שהוא חייב על כל מלאכה ומלאכה, ונודע לו על קצירה של שגגת שבת וזדון מלאכות, קצירה גוררת קצירה וטחינה גוררת טחינה, וכאילו עשה ארבעתן בשגגת שבת וזדון מלאכות, שאינו חייב אלא חטאת אחת, וכיון שהקריב חטאת זו, נתכפר לו על הכל, וכשידעם אחר כן אינו צריך להביא חטאת אחרת. **אבל** אם נודע לו תחילה על קצירה של זדון שבת ושגגת מלאכות והקריב חטאת, נתכפר לו על זו הקצירה שנודע לו עליה, ועל הקצירה והטחינה של שגגת שבת וזדון מלאכות, מפני ששניהן כמלאכה אחת, ונגררה קצירה וטחינה עם הקצירה, ותשאר הטחינה של זדון שבת, עד שיודע לו עליה ויביא חטאת שנייה.

אות ב'

הביא קרבן על ראשון, ראשון ושני מתכפרין, שלישי אינו מתכפר; הביא קרבן על השלישי, שלישי ושני מתכפרין, ראשון אינו מתכפר; הביא קרבן על האמצעי, נתכפרו כולן

רמב"ם פ"ו מהל' שגגות הי"א - [א]אכל שני זיתי חלב בהעלם אחת, [ב]ונודע לו על אחת מהן, וחזר ואכל כזית אחר בהעלמו של שני, והביא חטאת על הראשון, ראשון ושני מתכפרין, אבל שלישי לא נתכפר, אלא כשיודע לו עליו יביא חטאת אחרת; הביא חטאת על השלישי, שלישי ושני מתכפרין, ששניהם בהעלם אחת, וראשון לא נתכפר בחטאת זו; הביא חטאת על האמצעי, שלשתן מתכפרין, מפני שהראשון והשלישי בהעלמו של אמצעי, וכשיודע לו על הראשון ועל השלישי, אין צריך להביא חטאת אחרת.

אות ג'

קצר וטחן חצי גרוגרת בשגגת שבת וזדון מלאכות, וחזר וקצר וטחן חצי גרוגרת בזדון שבת ושגגת מלאכות מהו

רמב"ם פ"ז מהל' שגגות ה"י - קצר כחצי גרוגרת בשגגת שבת וזדון מלאכות, וחזר וקצר כחצי גרוגרת בזדון שבת ושגגת מלאכות, הרי אלו מצטרפין, [ג]קצירה גוררת קצירה, וכן כל כיוצא בזה בשאר מלאכות.

‹המשך ההלכות מול עמוד ב'›

באר הגולה

א ‹אמרינן התם בגמ': אמר רבא הביא קרבן על ראשון, ראשון ושני מתכפרים שלישי אינו מתכפר וכו', אביי אמר אפילו הביא קרבן על אחד מהם, נתכפרו כלם, בתר דשמעה מאביי סברה, א"ה טחינה נמי תגרר לטחינה, גרירא אית ליה גרירא דגרירא לית ליה. **ומשמע** דהדר ביה רבא לגבי אביי, ואמר אפילו הביא קרבן על אחד מהם נתכפרו כולם, וכן פירש"י, **וא"כ** יש לתמוה על רבינו, שפסק כההיא דאכל שני זיתי חלב בהעלם אחת כדהוה אמר רבא, שאם הביא חטאת על הראשון, ראשון ושני מתכפרים שלישי אינו מתכפר, וכיון דאמרינן דהדר ביה רבא לגבי אביי, הו"ל למפסק שאפילו הביא קרבן על אחד מהם נתכפרו כלם. **ועוד** קשה ששני פסקים אלו סותרים זה את זה, שאם אתה אומר בדין של קצירה גוררת קצירה וטחינה שעמה, צריך אתה לומר בדין זה שאפי' הביא קרבן על אחד מהם נתכפרו כלם, והיאך לא פסק רבינו כן, וה"ז כמזכי שטרא לבי תרי. **ולתרץ** זה י"ל, היכי קאמר בתר דשמעה מאביי סברה, הו"ל למימר הדר ביה רבא מההיא, ולכן סובר רבינו שאין לפרש דהדר ביה רבא, אלא ה"ק כששמע רבא שאביי סובר כמה גדול כח גרירא לדעתו, שאפילו הביא קרבן על אחד מהם נתכפרו כלם, סבר דמהניא גרירא לקצירה וטחינה שעמה, אבל לא חשיב כח גרירא כ"כ שיועיל באוכל שני זיתי חלב, שאפילו הביא קרבן על אחד מהם נתכפרו כלם. **וטעם** יש בדבר לחלק בין גרירא זו לגרירא זו, שבענין קצירה וטחינה, שפיר שייך ביה למימר גרירא, דכיון דבשגגת שבת נעשו שתיהם, הו"ל כדבר אחד, **אבל** אוכל שני זיתי חלב בהעלם אחת, ההעלם אינו מצוי שיעלם ממנו שהחלב אסור, אבל ההעלם הראוי הרגיל וההוה הוא שיעלם ממנו שזה חלב, ויסבור שהוא שומן, וא"כ כשאכל כזית חלב זה וסבור שהוא שומן, ואח"כ אכל כזית חלב זה וסבור שהוא שומן, הרי הם כשני דברים, ואף על פי שמתכפרים שניהם בקרבן אחד, מ"מ לא חשיבי כ"כ כדבר אחד, לשיתכפר בקרבנו של ראשון השלישי שלא היה בהעלמו, אף על פי שהיה בהעלמו של שני – כסף משנה פ"ז ה"י› ב ‹ויש לתמוה על רבינו שלעיל בסמוך {עיין בעמוד ב' אות א', ושם ברש"י} פסק באוכל כזית חלב וכזית חלב בהעלם אחת, ונודע לו על הראשון וחזר ונודע לו על השני, מביא שתי חטאות, שהידיעות מחלקות, והיינו כרבי יוחנן, וכאן כתב אכל שני זיתי חלב בהעלם אחת, ונודע על אחד מהם וחזר ואכל כזית אחר בהעלמו של שני, והביא חטאת על הראשון, ראשון ושני מתכפרים, אלמא שאינו חייב על שניהם אלא חטאת אחת, אף על פי שנודע על הראשון, וזה הפך מה שקדם, **ובפרק** שאחר זה, גבי מי שקצר וטחן בשגגת שבת וזדון מלאכות, דבריו כיוצא מ"ש כאן גבי אכל שני זיתי חלב בהעלם אחת, שידיעות אינם מחלקות. **וי"ל** שסובר רבינו, דהא דאמר רבי יוחנן באוכל כזית חלב וכזית חלב בהעלם אחת שהידיעות מחלקות, דוקא כשנודע לו על הראשון וחזר ונודע לו על השני, קודם שיביא קרבן כלל, אבל אם כשנודע לו על הראשון הביא קרבן קודם שיודע לו השני, נתכפר לו על השני, ואע"פ שיודע לו אח"כ על השני, אינו צריך להביא קרבן אחר, כיון שבשעה שהקריב קרבן ראשון עדיין לא נודע מקרבן שני, והיינו ההיא דאביי ורבא באכל שני זיתי חלב בהעלם אחת, שאם הביא קרבן על הראשון, ראשון ושני מתכפרים, וכן ההיא דקצירה וטחינה. **ולישנא** דגמרא ולישנא דרבינו דייק כן, דבההיא דרבי יוחנן נקטו, וחזר ונודע לו על השני, ובההיא דאביי ורבא לא נקטו בגמרא וחזר ונודע, **ומאי** דנקט רבא בקצר וטחן וחזר ונודע, מפרש דחזר ונודע אחר שהביא קרבן, אבל אם היה נודע על השני קודם שיקריב קרבן, היה חייב שתים, ובההיא סלקי דרבי יוחנן ורבא תרווייהו כהלכתא, ולא תיקשי לן הלכתא אהלכתא כדקשיא לפירש"י והתוספות – כסף משנה› ג ‹מ"ש קצירה גוררת קצירה איני יודע לכוין הלשון, דלאו מטעם גרירה להתכפר, אלא לצרף שיעור שלם הוא דאמרינן – ראש יוסף›

מסורת הש״ס

[עמ״ש לקמן עב: על הגליון]

כריתות יג:

שם יב:

שם טו:

עין משפט נר מצוה

יג א מיי׳ פ״ז מהל׳ שגגות הלכה י:

יד ב מיי׳ פ״ז מהלכות שגגות הלכה יא:

טו ג מיי׳ פ״ז מהלכות שגגות הלכה י:

טז ד מיי׳ פ״ו מהלכות שגגות הלכה ח סמג עשין ריג:

יז ה מיי׳ שם הלכה ד:

יח ו שם הלכה ז ופ״ד מהלכות מאכלות אסורות הלכה ט סמג שם:

יט ז מיי׳ פ״ו מהלכות שגגות הלכה א:

*קצירה גוררת קצירה וטחינה גוררת טחינה אבל נודע לו על קצירה של זדון שבת ושגגת מלאכות קצירה גוררת קצירה וטחינה שעמה וטחינה שכנגדה במקומה עומדת אביי אמר טחינה נמי גוררת טחינה שם טחינה אחת היא ומי אית ליה לרבא גרירה והא איתמר אכל שני זיתי חלב בהעלם אחד ונודע לו על אחת מהן וחזר ואכל כזית בהעלמו של שני °אמר רבא *הביא קרבן על ראשון ראשון ושני מתכפרין ג׳ אינו מתכפר הביא קרבן על השלישי שלישי ושני מתכפרין ראשון אינו מתכפר הביא קרבן על האמצעי נתכפרו כולן אביי אמר אפילו הביא קרבן על אחד מהן נתכפרו כולן בתר דשמעה מאביי סברה אי הכי טחינה נמי תגרר לטחינה גרירה אית ליה גרירה דגרירה לית ליה °מילתא דפשיטא להו לאביי ורבא (א)מבעיא לר׳ זירא דבעי רבי זירא מרבי אסי ואמרי לה בעא מיניה רבי ירמיה מרבי זירא קצר וטחן חצי גרוגרת בשגגת שבת וזדון מלאכות וחזר וקצר וטחן חצי גרוגרת בזדון שבת ושגגת מלאכות מהו שיצטרפו אמר ליה חלוקין לחטאות ולא מצטרפין וכל היכא דחלוקין לחטאות לא מצטרפי *והתנן אכל חלב וחלב בהעלם אחד אינו חייב אלא אחת אכל °חלב ודם ונותר ופגול בהעלם אחד חייב על כל אחת ואחת זו חומר במינין הרבה ממין אחד וזו חומר במין אחד ממינין הרבה שאם אכל חצי זית וחזר ואכל חצי זית ממין אחד חייב משני מינין פטור *והוינן בה ממין אחד חייב צריכא למימר ואמר ריש לקיש משום בר תוטני הכא במאי עסקינן כגון שאכלו בשני תמחויין ורבי יהושע היא *דאמר תמחויין מחלקין מהו דתימא אמר רבי יהושע בין לקולא בין לחומרא קא משמע לן דלקולא לא אמר לחומרא קאמר והא הכא דחלוקין לחטאות וקא מצטרפי אמר ליה מר ארישא מתני לה וקשיא ליה אנן אסיפא מתנינן לה ולא קשיא לן משני מינין פטור צריכה למימר ואמר ריש לקיש משום בר תוטני לעולם ממין אחד ואמאי קרי ליה שני מינין שאכלו בשני תמחויין ור׳ יהושע היא דאמר תמחויין מחלקין והא קא משמע לן דאמר רבי יהושע בין לקולא בין לחומרא מדסיפא מין אחד ושני תמחויין

מכלל

קצירה גוררת קצירה. שניה בכפרתה וטחינה גוררת את הטחינה השניה ונתכפרו כולן דקיימא לן אכל שני זיתי חלב בהעלם אחד אינו חייב אלא אחת וזה שעשה שתי קצירות בהעלם אחד שלא נודע לו בין קצירה לקצירה שחטא ואע״פ שהעלמה של שניה חלוק קצת משל ראשונה סוף סוף העלם אחד הוא דלא נודע לו חטאו בינתים וידיעות [חטא] הוא דמחלקת הלכך חטאת זו שבאה על הקצירה וטחינה ראשונה אתרווייהו קיימא ונתכפרו עם הקצירה כל קצירות שעליו שנעשו בהעלם אחד ועם הטחינה נתכפרו כל הטחינות שעליו כשעשאן בהעלם אחד: **אבל נודע לו על הקצירה.** אחרונה שבזדון שבת ושגגת מלאכות והפריש עליה קרבן הואיל ובקרבן זה לא שייכא טחינה שעמה דהא אכל חדא מיחייב אי הוה מתידעי ליה תרווייהו: **קצירה גוררת קצירה.** ראשונה: **וטחינה שעמה.** של ראשונה: **וטחינה.** אחרונה. שכנגדה של ראשונה: **במקומה עומדת.** וכי מתידע ליה מיחייב עלה: **קצירה גוררת קצירה.** כמשפט דשני זיתי חלב בהעלם אחד כן וטחינה שעם קצירה ראשונה הייתו משום גרירה דאף על גב דעיקר קרבן לאו משום קצירה דבהדה אתא הואיל ואיכפר ליה בהדי קצירה בתרייתא גררה לטחינה שעמה בהדה שהרי שתיהן היו תלויות בקרבן אחד ואין כפרה לזו בלא זו: **וטחינה שכנגדה עומדת במקומה.** דגרירה לגרירה לא אמרינן לאיכפורי טחינה אחרונה עם טחינה ראשונה משום שני זיתי חלב בהעלם אחד דהא קמייתא גופה בגרירה היא דמיכפרה: **שם טחינה אחת היא.** ואע״ג דקמייתא גופא בגרירה אתיא אמרינן גרירה לגרירה: **ומי אית ליה לרבא גרירה.** לטחינה שעמה קפריך דמגררה עם הקצירה ואע״ג דקרבן לאו אההיא קצירה איפריש דאיך כולהו לאו גרירה איכא דקצירה וקצירה בהעלם אחד לאו גרירה היא דכל שם עבירה הנכפל כמה פעמים בהעלם אחד אין בו אלא חטאת אחת: **ראשון ושני מתכפרין.** שהרי בהעלמו היה: **שלישי אין מתכפר.** ולא אמרינן הואיל והשני מתכפר עם הראשון שבהעלמו ליגרריה לשלישי עמו בכפרתו ואע״ג דלא שייך בהדי ראשון: **הביא קרבן כו׳.** שכשהפרישו הזכיר בו שם אותו זית: **הביא קרבן על האמצעי נתכפרו כולם.** ואין זה גרירה אלא כולם בהעלם של זה היו: **אביי אמר כו׳.** דאית ליה גרירה: **בתר דשמעיה.** רבא מאביי דאמר אפילו הביא קרבן על אחד מהם נתכפרו כולם דאית ליה גרירה הדר ביה איהו ואמר להדיא דלעיל דמיכפרא טחינה שעמה בגרירה: **אי הכי.** דכאביי סבירא ליה דאמר גרירה: **טחינה.** שעמה דאיכפרה בגרירה תגרור נמי לטחינה שכנגדה משום שני זיתי חלב בהעלם אחד: **גרירה דגרירה.** כי הך דטחינה קמייתא לא איכפרה אלא בגרירה דלא עליה ולא על קצירה שעמה בא הקרבן אלא דאגריר בהדי קצירה הלכך לא הדרה גרירה לבתרייתא משום שם טחינה: **מילתא דפשיטא להו.** דזדון שבת ושגגת מלאכות וזדון מלאכות ושגגת שבת אין חלוקין לחטאות כדקאמרי דזה מתכפר בקרבנו של זה ולא אמרינן כשני העלמות נינהו וניחייב חד אזדון שבת ושגגת מלאכות וחד אשגגת שבת וזדון מלאכות ואע״ג דחד גופה דעבירה היא מספקא ליה כו׳: **קצר וטחן.** קצר או טחן: **חזר וקצר כו׳.** ולא נודע לו בינתים על חטאו: **מהו שיצטרפו.** קצירה וקצירה לכשיעור ויתחייב מי הוי העלם אחד ומצטרפי או דילמא כשני העלמות נינהו ולא מצטרפין: **חלוקין לחטאות.** אי הוי כשיעור לכל חד אין אחד מהן מתכפר בקרבן הבא על חברו הלכך לא מצטרפי: הכי גרסינן וכל היכא דחלוקין לחטאות לא מצטרפי והא תנן כו׳: **חלב וחלב.** שני זיתים והפסיק ביניהם יותר מכדי אכילת פרס דהוו להו שתי אכילות: **שאם אכל חצי זית וחזר ואכל חצי זית.** בתוך העלם וכגון שלא שהה מתחילתו של ראשון עד סוף גמר אכילת אחרון יותר מכדי אכילת פרס ממין אחד מצטרפין: **צריכא למימר.** הא חדא אכילה היא דבשתי אכילות ליכא למאן דאמר חייב: **תוטני.** שם חכם: **שני תמחויין.** שני מיני תבשיל אחד צלי ואחד שלוק: **ורבי יהושע היא.** בכריתות דאמר תמחויין מחלקין לאוכל שני זיתים בהעלם אחד בשני תמחויין לחייבו שתי חטאות ואילטריכא לאשמעינן דלענין חצי שיעור מצטרפי דמהו דתימא בין לקולא כי הכא בין לחומרא כגון שיעור שלם אמר רבי יהושע דחלוקין הן וגבי שני חצאי שיעור פטור והיינו קולא וגבי שני זיתים שלימים חייב שתים והיינו חומרא: **ארישא מתני.** להא דריש לקיש: **אסיפא מתנינן לה.** ולא איתמר הכי:

מכלל

גרירה דגרירה לית ליה. ומה שגוררת קצירה וטחינה (ב) שעמה לא חשיב גרירה דגרירה כדפי׳ בקונט׳ דמה שגוררת קצירה לקצירה לא חשיב גרירה כיון דהוי בהעלם אחד אבל טחינה(ג) שכנגדה חשיבא גרירה משום דקצירה של זדון שבת אינה גוררת טחינה של שגגת שבת אלא על ידי הקצירה שעמה היא גוררת *שעיקר קרבן אינה בשבילה ולר״י נראה דקצירה חשיבא גרירה מדקאמר קצירה גוררת קצירה אבל הכא דטחינה לא חשיבא גרירה דגרירה שאינו יכול לכפר על הקצירה אא״כ תתכפר הטחינה עמה ואע״ג דשני זיתי חלב בהעלם אחד לא חשיבא גרירה מ״מ קצירה וקצירה שאני שהאחת בשגגת שבת והאחת בזדון שבת וטעמא דמאן דאמר בסמוך דקצירה וקצירה אין מצטרפין הייט משום דלית ליה גרירה וקשה לרשב״א לפי זה הוה מצי למצוא פלוגתייהו דאביי ורבא אפילו בשלשה קצירות כגון שקצר בשגגת שבת וזדון מלאכות וחזר וקצר בזדון שבת ושגגת מלאכות ונודע לו הראשונה וחזר וקצר בשגגת שבת וזדון מלאכות דלרבא הביא קרבן על הראשון שני נתכפר שלישי לא נתכפר ולאביי גם שלישי נתכפר: **ממין** אחד חייב פשיטא. הוה מצי לשנויי דאתא מני רבן גמליאל היא כדאמרינן בסמוך: **אנן** אסיפא מתנינן לה. אפילו ארישא הוה מצי לשנויי כגון שאכלו בשני תמחויין ולאפוקי מרבי יהושע דאמר תמחויין מחלקין אפילו לקולא אלא דניחא ליה לאוקמי כר׳ יהושע: **משני** מינין פשיטא. אף על גב דלענין מלקות מצטרפין כדאמרינן בפרק בתרא דמס׳ ע״ז (דף סו.) ובמס׳ מעילה (דף יז:) לענין קרבן פשיטא ליה דאין מצטרפין:

מכלל

רבינו חננאל

דהא תהוייהו בשגגת שבת וחזר וקצר וטחן כגרוגרת בזדון שבת ושגגת מלאכות דחייב על כל אחת ואחת ונודע לו על קצירה של שגגת שבת וזדון מלאכות דלא מחייב עלה ואמחינה דבתרה אלא חדא. קצירה [הראשונה] גוררת (הראשונה) קצירה וכיון שמביא חטאת על קציר׳ של שגגת (חטאת) [שבת] נתכפר לו קצירה שהיא בזדון שבת. וכן כיון שנתכפרה הטחינה הראשונה שהיא מכלל הקצירה שכשתיהן חטאת אחת הוא חייב. גררה נמי הטחינה הראשונה את הטחינה השניה ונתכפר בשלה. אבל אם נודע לו בקצירה שהיא בזדון שבת ושגגת מלאכות שהוא חייב בקצירה חטאת אחת ובטחינה חטאת אחרת (מביא) [והביא] בקצירה זו שנודע לו בה. קצירה זו גוררת הקצירה הראשונ׳ ששתיהן קצירה ומעין מלאכה אחת הן והטחינה הראשונה נגררת בכלל הקצירה הראשונה שהקצירה הראשונה והטחינה הראשונה אינו חייב בהן אלא אחת. וכיון שנתכפר מקצתה נתכפר כולה. נמצאו שנתכפר בקצירה וטחינה שהיא בשגגת שבת וזדון מלאכות בקרבן שהביא על הקצירה שהיא בזדון שבת ושגגת מלאכות והטחינה שעמה עומדת במקומה. לכשתוודע לו מביא עליה חטאת. (אמר) אביי [אמר] גם הטחינה הראשונ׳ גוררת הטחינ׳ השני׳ שהטחינ׳ אחת היא. ומקשי׳ ומי אית ליה לרבה גרירה. והא אתמר אכל שני זיתי חלב בהעלם אחת ונודע לו על אחת וחזר (ונודע לו על אחת וחזר) ואכל (שני זיתי)כזית א׳ בהעלמו של שני. אמר רבא הביא קרבן על הראשון ראשון ושני מתכפרין שהרי הם בהעלם אחת שלישי אינו מתכפר שהרי לא היה בהעלמו של ראשון ואע״פ שהיה בהעלמו של שני ואין השני גוררו לכפרה. וכן אם הפריש קרבן על השלישי שלישי ושני מתכפרין. ראשון אין מתכפר שהרי לא היה בהעלמו של שלישי. הביא קרבן על האמצעי נתכפרו כולן שהרי כולן היו בהעלמו של אמצעי אבל גרירה לא אית ליה. ושנינן רבא כי אמר לה להא שמעתא לא (הוא׳)[אית] ליה גרירה. כיון דשמע להא דאמר אביי אפילו הפריש קרבן על אחד מהן כולן מתכפרין מ״מ כולהו בני בקתא דהדדי נינהו וגררי להדדי סברה ואמר איהו נמי גרירה ואקשינן אי הכי (דרבא) [דרבה] כאביי סבירא ליה טחינה נמי דשגגת שבת תגרור לטחינה דזדון שבת ושנינן קסבר רבה טחינה דשגגת שבת כיון דהיא עצמה גרירא היא לכפרה לא גררה אחריתא וקיי״ל כרבה ואביי תלמידיה הוא והלכתא כרבה. והא שמעתא דפשיטא ליה לרבה ולאביי דקצירה דזדון שבת מצטרפת ונגררת עם קצירה דשגגת שבת ואע״פ שחלוקין לחטאות מיבעיא ליה לר׳ זירא. דבעי ר׳ זירא קצר וטחן חצי גרוגרת בשגגת שבת וזדון מלאכות ששתיהן חטאת הן וחזר וטחן חצי גרוגרת בזדון שבת ושגגת מלאכות שחייב שתים. מהו שיצטרפו שני חצאי גרוגרות והנה קצר וטחן כגרוגרת להתחייב חטאת אי לא. ואמרו ליה חלוקין לחטאות הן דזדון מלאכות ושגגת שבת חייב אחת על כולן. וזדון שבת ושגגת מלאכות חייב על כל אחת ואחת וכיון שחלוקין לחטאות שהעושה מלאכות הרבה אינו חייב אלא אחת וזה חייב על כל מלאכה ומלאכה חטאת לא מצטרפי דהא שגגת שבת וזדון מלאכות פטור הוא דהא אינו חייב אלא אחת בכולן. ואקשינן איני והא תנן בכריתות פרק ג׳ אכל חלב וחלב בהעלם אחת אינו חייב אלא אחת אכל חלב ודם (מותר) [ונותר] כו׳. והוינן בה ממין אחד צריכא למימר ואמר ר״ל משום בר (תיפיני) [תוטיני] הכא במאי עסקינן כגון שאכלו בב׳ תמחויין ור׳ יהושע היא דאמר תמחויין מחלקין. כלומר אם אכל חלב וחלב בב׳ תמחויין חייב ב׳ חטאות ולא תימא דר׳ יהושע סבר (דאפי׳) [דאכל] חלב כשני חצאי זיתים בהעלם אחד בב׳ תמחויין תמחויין מחלקין ופטור. אלא לחומרא אמרינן לקולא לא אמרינן. והוא כגון דאכל כזית בב׳ תמחויין לפוטרו לא והנה אכל ב׳ זיתי חלב בתמחוי אחד בהעלם אחד חייב אחת כשגגת שבת וזדון מלאכות בב׳ תמחויין חייב שתים כזדון שבת ושגגת מלאכות ר׳ יהושע מאי היא דתנן בכריתות בפ׳ ג׳ א״ר יהושע שמעתי שהאוכל מזבח אחד בה׳ תמחויין בהעלם אחת חייב על כל אחת משום מעילה׳ ואמרינן התם היכי דמי בה׳ תמחויין ואמר שמואל (פעמא) *)

*) חסר כאן וצ״ל ואמר שמואל כאותה שנינו חמשה דברים בעולה מצטרפין הבשר והחלב והיין והסולת והשמן.

רב נסים גאון

הכא כגון שאכלו בשני תמחויין מחלקין אצל קול*) ר׳ יהושע במס׳ כריתות בפרק אמרו לו אכלת חלב (דף טו) אמר ר׳ יהושע שמעתי באוכל מזבח אחד בחמשה תמחויין בהעלם אחד שהוא חייב על כל

*) פירושו בערבי מאמר

הגהות הב״ח

(א) גמרא דפשיטא להו לאביי ורבא מבעיא ליה לר׳ זירא וכו׳ דבעי מיניה ר׳ זירא מר׳ אסי: (ב) תוס׳ ד״ה גרירה וכו׳ ומה שגוררת קצירה וטחינה שעמה: (ג) בא״ד אבל טחינה שעמה השניה:

גליון הש״ס

גמ׳ אמר רבא הביא קרבן על ראשון. עי׳ מנחות דף ס ע״ב ובתוספות ד״ה כולהו מלוין: שם מילתא דפשיטא להו לאביי ורבא. עי׳ שבועות דף יט ע״ב תוס׳ ד״ה אי נעלם: שם אכל חלב וחלב. עי׳ לקמן דף עב ע״ב תוס׳ ד״ה מתעסק:

מכלל דרישא מין אחד ותמחוי אחד צריכא למימר אמר רב הונא הכא במאי עסקינן כגון שהיתה לו ידיעה בינתיים ורבן גמליאל היא *דאמר אין ידיעה לחצי שיעור: איתמר אכל שני זיתי חלב בהעלם אחד ונודע לו על הראשון וחזר ונודע לו על השני ר' יוחנן אמר °חייב שתים וריש לקיש אמר אינו חייב אלא אחת *רבי יוחנן אמר חייב °על חטאתו והביא *וריש לקיש אמר פטור °מחטאתו ונסלח לו וריש לקיש הכתיב על חטאתו והביא ההוא לאחר כפרה ולרבי יוחנן נמי הכתיב מחטאתו ונסלח לו הכא במאי עסקינן °כגון שאכל כזית ומחצה ונודע לו על כזית וחזר ואכל כחצי זית אחר בהעלמו של שני מהו דתימא ליצטרפו קמ"ל א"ל רבינא לרב אשי דאיתידע ליה קודם הפרשה פליגי ובהא פליגי דמר סבר °ידיעות מחלקות ומר סבר הפרשות מחלקות אבל לאחר הפרשה מודי ליה ריש לקיש לר' יוחנן דחייב שתים או דילמא דאיתידע ליה לאחר הפרשה פליגי ובהא פליגי דמר סבר הפרשות מחלקות ומר סבר כפרות מחלקות אבל קודם הפרשה מודי ליה ר' יוחנן לריש לקיש דאינו חייב אלא אחת או דילמא בין בזו ובין בזו מחלוקת א"ל מסתברא בין בזו ובין בזו מחלוקת דאי סלקא דעתך קודם הפרשה פליגי אבל לאחר הפרשה מודה ליה ריש לקיש לר' יוחנן דחייב שתים אדמוקים ליה קרא לאחר כפרה לוקמיה לאחר הפרשה ואי אחר הפרשה פליגי אבל קודם הפרשה מודה ליה רבי יוחנן לריש לקיש דאינו חייב אלא אחת אדמוקי ליה קרא בכזית ומחצה לוקמיה קודם הפרשה ודילמא ספוקי מספקא ליה (א) ואם תימצי לומר קודם הפרשה פליגי בה רבי יוחנן היכי מוקי ליה לקרא בכזית ומחצה ואם תימצי לומר לאחר הפרשה פליגי ריש לקיש היכי מוקי ליה לקרא בלאחר כפרה: אמר עולא למאן דאמר אשם ודאי לא בעיא ידיעה בתחילה

בעל

רש"י

מכלל דרישא. דקאמר חייב: **מין אחד ותמחוי אחד.** בתמיה: **שהיתה לו ידיעה.** בין שני חצאי שיעור ואיצטריך לאשמעינן דלא מצטרפו דס"ד אמינא הואיל ובשיעורין שלמים חלוקין לחטאות הכא נמי לא ליצטרפו קמ"ל דהתם הוא ידיעה אבל ידיעת חצי שיעור לאו ידיעה היא: **רבן גמליאל היא דאמר.** לקמן בפרק הבונה אין ידיעה לחצי שיעור: **וחזר ונודע לו.** לקמן בעי ליה אי קודם שהפריש קרבן על ידיעה ראשונה וקסבר ידיעות מחלקות לחטאות ואע"פ שלא היתה ידיעה בין אכילה לאכילה אי לאחר הפרשה וקסבר הפרשות מחלקות והא דאביי ורבא דאמרי לעיל ונודע לו על אחת מהן וחזר ואכל כו' אלמא דחדא הוא דמיחייב אי סבירא להו פלוגתא דר' יוחנן וריש לקיש בקודם הפרשה איכהו דאמור כריש לקיש אי נמי סבירא להו דלאחר הפרשה פליגי ואינהו דאמור קודם הפרשה נודע על השני ודברי הכל אין חלוקין לחטאות: **על חטאתו והביא.** והביא קרבנו שעירת עזים תמימה נקבה על חטאתו אשר חטא (ויקרא ד) משמע על כל חטאת וחטאת יביא: **מחטאתו ונסלח לו.** אפי' לא הביא אלא על מקצת חטאתו ונסלח לו כולו: **קמ"ל.** כיון (ג) דהאי חצי זית עם זית קמא שייך בתר ידיעה קמייתא [ו]הוה כאילו נודע לו על הכל דהא אי הוה מייתי קרבן הוה מיכפר בהדיה [דזית] בלא שום ידיעה דפחות מכשיעור לא חשיב אבל כזית לא מיכפר בלא ידיעה הלכך כי לא איתידע ליה בהדיה אלא זה אחר זה הוו ידיעות מחלקות: **דאיתידע ליה.** על השני קודם שהפריש קרבן על ידיעה הראשונה פליגי: **אדמוקים לאחר כפרה.** כי פרכינן לעיל לריש לקיש הא כתיב על חטאתו והביא ואוקימנא שיטתיה דתלמודא בלאחר כפרה לוקמא בלאחר הפרשה אבל השתא דאוקימנא בלאחר כפרה ש"מ דפשיטא לבני הישיבה שסדרו הגמ' דלאחר הפרשה נמי פטר ריש לקיש: **הכי גרסינן בספרים ישנים ודילמא ספוקי מספקא**

תוספות

מכלל דרישא מין אחד ותמחוי אחד כו'. לעיל לא בעי למיפרך מכלל דסיפא משני מינין ושני תמחויין צריכא למימר שלא חש להאריך כיון דלא קאי הכי: **מאן** דאמר אשם ודאי לא בעי ידיעה בתחלה. פי' בקונטרס דהיכא פלוגתא דר' עקיבא ורבי טרפון בפרק דם שחיטה בכריתות (דף כב:) וליתא דהא תנן התם דדוקא במעילה מרובה קאמר ר"ע שמביא שתי אשמות משום דטוב לו שיביא שתי אשמות משיביא אשם אחד ויתנה שאם לא יוודע לו תהא מעילתו נדבה אבל במעילה מועטת מודה ר"ע שמביא אשם אחד ויתנה ונוח לו שיתן מעילה מועטת על הספק משיביא שתי אשמות וקאמרינן בגמ' מדברי שניהם נלמד [א] אשם ודאי לא בעי ידיעה בתחלה ואם תאמר רבי טרפון דקאמר מה לזה מביא שתי אשמות משמע דעלה טובה קמ"ל אדרבה כיון דבמעילה מרובה פליגי אם כן טוב לו שיביא שתי אשמות כדאמר ר' עקיבא משיביא אשם אחד ומעילתו ויתנה כדפרישית יש לומר דר' טרפון לאו עלה טובה קאמר אלא לעולם אינו יוצא מידי עבירה בשתי אשמות אלא שיביא אשם ומעילתו ויתנה ואם תאמר ולרבי עקיבא אמאי מביא שתי אשמות במרובה ובמעוטה אשם ומעילה יביא לעולם אשם אחד ויתנה וכשיודע לו יביא מעילתו ויש לומר משום דאמר *המביא אשמו [תוספתא פ"ק] עד שלא הביא מעילתו לא יצא:

לנו ואם"ל קאמר אם תמצא לומר קודם הפרשה פליגי רבי יוחנן היכי מוקי ליה לקרא בכזית ומחצה אם"ל אחר הפרשה פליגי ר"ל היכי מוקי ליה לקרא בלאחר כפרה. והכי פירושא ודילמא לבני תלמודא נמי מספקא להו פלוגתא דר"י ור"ל במאי כי היכי דמספקא ליה לדידי אי בקודם אי בלאחר אי בתרווייהו וכי פריך בעל התלמוד לרבי יוחנן נמי והא כתיב מחטאתו ונסלח לו ומשני ליה בכזית ומחצה בלשון אם"ל פריך ליה ומשני ליה והכי קאמר אי הוה פשיטא לן דלאחר הפרשה הוא דמחייב [ר"י הרתי] אבל בקודם הפרשה מודה [לר"ל] לא הוה קשיא לן מידי דאוקימנא מחטאתו ונסלח לו בקודם הפרשה אבל השתא קשיא לן אם"ל בהך בעיא דרבינא דבקודם הפרשה נמי פליגי ואמר ר' יוחנן חייב שתים ר' יוחנן היכי מוקי לקרא דמחטאתו ונסלח לו ושני ליה בכזית ומחצה והכי קמשני אפי' אם"ל דקודם הפרשה לחודא פליגי אי נמי בתרווייהו פליגי איכא לאוקמא בכזית ומחצה ולר"ל נמי כי פריך ליה תלמודא הכתיב על חטאתו והביא ושני ליה בעל התלמוד בלאחר כפרה לעולם ספוקי מספקא ליה במאי פליגי כלדידי ובאם"ל פריך ומשני והכי קאמר אם"ל בלאחר הפרשה נמי פליגי דבלאחר הפרשה פטר ליה בחד קרבן דהשתא ליכא לאוקמא לקרא דמחייב בלאחר הפרשה ר"ל היאך מוקי ליה להאי קרא כלומר במאי מוקי ליה ושני ליה אפילו אם תמצא לומר בלאחר הפרשה פליגי איכא לאוקמי בלאחר כפרה. ורוב התלמידים שגו בשיטה זו ודימו דהאי דהיכי מוקי לה לקרא בכזית ומחצה ותברו היכי מוקי ליה לקרא בלאחר כפרה לשון קושיא הוא ולפרושי כמו מ"ט והארכו לשבש את הספרים ולמחוק הוי"ו ואם"ל (ג) קמא ולהגיה קאמרינן ולהגיה על קודם לאחר ועל לאחר קודם ואין שיטת התלמוד כפי סוגייתם: **למ"ד אשם ודאי לא בעי ידיעה.** פלוגתא דר"ט ור"ע היא בכריתות בפ' דם שחיטה (דף כב:) ר"ע מחייב על ספק מעילות אשם תלוי ופי' הין לפניו שתי חתיכות א' של קדש וא' של חולין ואכל אחת מהן ואינו יודע איזו אכל מביא אשם תלוי ומודה ר"ע שאינו מביא את מעילתו כלומר אינו משלם קרן וחומש עד שיודע לו ויביא עמה אשם מעילות ודאי כי היכי דאשם תלוי דשאר עבירות דספק כרת אינו מכפר כפרה גמורה וכשיודע לו דודאי חטא מביא חטאת אף זה כשיודע לו יחזור ויביא אשם ודאי ר"ט אומר מה לזה מביא שתי אשמות ולא דמי לאשם תלוי דספק חטאת °דהתם ספיקו איל ודאי נקבה הלכך כי מתידע ליה בעי לאתויי נקבה אבל זה ששניהם מין אחד כדאמר התם שממין שמביא על הודע מביא על לא הודע שזה איל וזה איל יביא קרן וחומש ויביא איל ויאמר אם ודאי מעלתי זו מעילתי וזו אשמי ואם ספק שלא עתיד ספיקי להודע לי אשם זה יהיה אשם תלוי והקדש זה לנדבה ולכי מתידע ליה לא בעי לאתויי אשם אחריתא אלמא לא בעי ידיעה בתחילה באשם ודאי קודם הבאת כפרתו דהא לא איתידע ליה כי אתיי' ומכפר עליה: **אשם ודאי.** כל אשמות קרוין אשם ודאי חוץ מאשם תלוי שהוא בא על לא הודע והן שלשה הבאין על חטא אשם מעילות אשם גזילות אשם שפחה חרופה:

בעל

רבינו חננאל (המשך)

הובו במה שכבר נתחייב בו ור"ל דריש מחטאתו ונסלח כל שהוא בהעלם אחד חטאת אחד הוא ומחטאתו ונסלח קרינן ביה · ור' יוחנן האי קרא דר"ל דריש ביה תני מניין אם אכל כזית ומחצה ונודע לו על כזית ולא נודע לו על מחצה · וחזר ואכל זית אחד בהעלמו של שני מהו דתימא לצטרף עם חצי זית הראשון ויתחייב קמ"ל מחטאתו אם כבר נתכפר מקצת מחטאתו פטור בנשאר ור"ל האי על חטאתו והביא מיבעי ליה כשנודע לו על כזית אחד וכפר עליו · ולאחר שנתכפר לו [נודע לו] על כזית השני פנן זה טורח ר"ל דצריך קרבן והא דרב [אשי] ודרבינא לא מוכחא בהדיא בסאי פליגי מידו סוגיא דשמעתא לדברי הכל לאחר כפרה דראשון נודע לו השני צריך חטאת שניה והא סברא דרבה ואביי בברירה פלינא אתרווייהו דהא אוקימנא דלתרוויהו לר' יוחנן ולר"ל כשנודע לו לאחר שנתכפר על הראשון צריך חטאת שניה ורבה אמר אכל ב' זיתי חלב בהעלם אחד ונודע לו על אחד מהן וחזר ואכל כזית אחד בהעלמו של שני הביא קרבן על הראשון ראשון ושני מתכפר (הוה) [אלמא] ודאי אם נודע לו על השני אחר שנתכפר על הראשון אינו חייב על השני קרבן אחר שכבר נתכפר בגרירה עם הראשון ואביי עדיפא מדרבא וקי"ל כוותייהו דאינון בתראי: **אמר** עולא לדברי האומר אשם ודאי לא בעי ידיעה בתחלה

רב נסים גאון

אחד ואחד ובגמרא גרסי היכי דמי ה' תמחויין אמר שמואל כאותה ששנינו חמשה דברים בעולה מצטרפין הבשר והחלב והיין והסלת והשמן חוקיה אמר כגון שאכל מה' אברים ר"ל אמר אפילו תימא באבר אחד משכחת לה בכתף ר' יצחק אמר כגון שאכלה בה' מיני קדירה ר' יוחנן אמר כגון שאכלה בה' טעמים: **ורבן** גמליאל הוא דאמר אין ידיעה לחצי שיעור. בפרק הבונה (לקמן דף קה) הכותב ב' אותיות בב' העלמות אחת בשחרית ואחת בין הערבים רבן גמליאל מחייב וחכמים פוטרים ובגמ' גרסי במאי קא מיפלגי רבן גמליאל סבר אין ידיעה לחצי שיעור: **אמר** עולא למאן דאמר אשם ודאי לא בעי ידיעה בתחלה משכחת לה בכמה כריתות בפרק דם שחיטה (דף כב) אמר ר' טרפון ומה לזה מביא ב' אשמות אמר לו ר' עקיבא הואיל ובאין דבריך במעילה כו' ובגמ' גרסי אמר רבא מדברי שניהם נלמוד אשם ודאי לא בעי ידיעה בתחלה ומכלל זו המימרא נלמוד כי מי שחולק על ר"ע ור' טרפון בדבר הזה סובר שאשם ודאי בעי ידיעה בתחלה וזה האשם נידון כחטאת מה חטאת בעינן ידיעה בתחלה אף אשם ודאי נמי בעי ידיעה בתחלה:

ואלא

אות ד׳

אכל חלב וחלב בהעלם אחד, אינו חייב אלא אחת

רמב"ם פ"ו מהל' שגגות ה"א - דין שגגת המאכלות כדין שגגת הבעילות, לפיכך אם אכל אכילות הרבה משם אחד בהעלם אחת, אף על פי שיש ביניהן ימים רבים, אינו חייב אלא חטאת אחת; כיצד, אכל חלב היום ואכל חלב למחר וחלב למחר בהעלם אחת, אף על פי שהן בשלשה תמחויין, אינו חייב אלא אחת; אבל אם אכל כזית חלב ונודע לו, וחזר ואכל כזית חלב ונודע לו, חייב על כל אכילה ואכילה, שהידיעות מחלקות השגגות.

אות ה׳

אכל חלב ודם ונותר ופגול בהעלם אחד, חייב על כל אחת ואחת

רמב"ם פ"ו מהל' שגגות ה"ד - האוכל מאכלות הרבה משמות הרבה בהעלם אחת, חייב על כל שם ושם, כיצד כגון שאכל חלב ודם ונותר ופיגול כזית מכל אחד ואחד בהעלם אחת, מביא ארבע חטאות, וכן כל כיוצא באלו.

אות ו׳

אכל חצי זית, וחזר ואכל חצי זית... משני מינין פטור

רמב"ם פ"ו מהל' שגגות ה"ז - אכל כחצי זית חלב וכחצי זית דם בהעלם אחת, אינו חייב קרבן, כשם שאין האיסורין מצטרפין למלקות כמו שביארנו בהלכות מאכלות אסורות, כך אין מצטרפין לקרבן.

רמב"ם פ"ד מהל' מאכלות אסורות הט"ז - כל איסורין שבתורה אין מצטרפין זה עם זה, חוץ מאיסורי נזיר כמו שיתבאר שם; לפיכך הלוקח מעט חלב ומעט דם ומעט בשר בהמה טמאה ומעט בשר נבלה ומעט בשר דג טמא ומעט בשר עוף טמא, וכיוצא באלו משאר האיסורין, וצירף מן הכל כזית ואכלו, אינו לוקה, ודינו כדין אוכל חצי שיעור.

אות ז׳

אכל חצי זית, וחזר ואכל חצי זית ממין אחד, חייב... כגון שאכלו בשני תמחויין

רמב"ם פ"ו מהל' שגגות ה"א - אכל כחצי זית חלב וחזר ואכל כחצי זית חלב בהעלם אחת, אע"פ שהן שני תמחויין ואע"פ שהפסיק ביניהן, הרי אלו מצטרפין ומביא חטאת, שאין התמחויין מחלקין; והוא שלא ישהה ביניהן יותר מכדי אכילת שלש ביצים כמו שביארנו בהלכות מאכלות אסורות, שכשם שמצטרף השיעור למזיד למלקות, כך מצטרף השיעור לשוגג לקרבן.

---

§ מסכת שבת דף ע: §

אות א׳

אכל שני זיתי חלב בהעלם אחד ונודע לו על הראשון, וחזר ונודע לו על השני... חייב שתים

רמב"ם פ"ו מהל' שגגות ה"ט - האוכל כזית חלב וכזית חלב בהעלם אחת, ונודע לו על הראשון וחזר ונודע לו על השני, מביא שתי חטאות, [א]שהידיעות מחלקות ואף על פי שעדיין לא הפריש הקרבן; אבל אם נודע לו על שניהן כאחת, מביא חטאת אחת, וכן יראה לי שהוא הדין בבעילות.

אות ב׳

כגון שאכל כזית ומחצה, ונודע לו על כזית, וחזר ואכל כחצי זית אחר בהעלמו של שני

רמב"ם פ"ו מהל' שגגות ה"י - אכל כזית ומחצה בהעלם אחת, ונודע לו על כזית, וחזר ואכל חצי זית בהעלמו של שני, אינו חייב אלא חטאת אחת, שאין חצי זית האחרון מצטרף לראשון אף על פי שהוא בהעלמו, [ב]שהרי נודע לו על מקצת העלמה ראשונה.

אות ג׳

ידיעות מחלקות

רמב"ם פ"ה מהל' שגגות ה"א - הבא על ערוה ביאות הרבה בהעלם אחת, אע"פ שהיה בין בעילה ובעילה ימים הרבה, הואיל ולא נודע לו בינתיים, והרי היא גוף אחד, הרי הכל שגגה אחת, ואינו חייב אלא חטאת אחת; אבל אם שגג בה ואח"כ נודע לו, וחזר ושגג בה עצמה ובעלה ואחר כך נודע לו, וחזר ושגג בה עצמה ובעלה, חייב על כל בעילה ובעילה, [ג]שהידיעות מחלקות השגגות.

באר הגולה

א ‹פלוגתא דר"י ור"ל ופסק כר"י. **וכתב** רבינו שידיעות מחלקות, כרב אשי דאמר בתרווייהו פליגי, ואף על פי שבגמ' דחו הכרע דרב אשי, לא שבקינן מאי דפשיטא לרב אשי משום דילמא דקאמר גמרא בדרך דחייה – כסף משנה› ב ‹דמה ששייר הוי פחות מכזית ולאו בר קרבן הוא, וכיון שנודע לו על זית קמא הוי כאילו נודע לו על הכל, וכן כתב שם רש"י ז"ל בגמרא, וזה נראה כוונת רבינו ז"ל, אע"פ שסתם דבריו ואמר שנודע לו על מקצת העלמה ראשונה – לחם משנה›
ג ‹לכאורה הוי האי ידיעות מחלקות ענין אחר ממאי דאיירינן בה הכא, ובזה גם ר"ל מודה, וצ"ע›

רמב״ם פ״ו מהל׳ שגגות ה״א - דין שגגת המאכלות כדין שגגת הבעילות, לפיכך אם אכל אכילות הרבה משם אחד בהעלם אחת, אף על פי שיש ביניהן ימים רבים, אינו חייב אלא חטאת אחת; כיצד, אכל חלב היום ואכל חלב למחר וחלב למחר בהעלם אחת, אף על פי שהן בשלשה תמחויין, אינו חייב אלא אחת; אבל אם אכל כזית חלב ונודע לו, וחזר ואכל כזית חלב ונודע לו, חייב על כל אכילה ואכילה, [ד]שהידיעות מחלקות השגגות.

רמב״ם פ״ו מהל׳ שגגות ה״ט - האוכל כזית חלב וכזית חלב בהעלם אחת, ונודע לו על הראשון וחזר ונודע לו על השני, מביא שתי חטאות, [ה]שהידיעות מחלקות ואע״פ שעדיין לא הפריש הקרבן; אבל אם נודע לו על שניהן כאחת, מביא חטאת אחת, וכן יראה לי שהוא הדין בבעילות.

---

§ מסכת שבת דף עב. §

אות א׳ - ב׳ - ג׳

מעשה דלאחר הפרשה לא קאמינא

בעל חמש בעילות בשפחה חרופה, חייב על כל אחת ואחת

במעשה דלאחר הפרשה קאמרת

רמב״ם פ״ט מהל׳ שגגות ה״ו - בעל שפחה והפריש אשמו, וחזר ובעלה אחר שהפריש אשמו, חייב על כל אחת ואחת, שההפרשה מחלקת, ונמצא כמי שהקריב ואחר כך בעל; וכן אם בעל חמש בעילות בהעלם אחת בשפחה אחת, [א]ונודע לו על אחת מהן והפריש אשמו, ואחר כך נודע על השנייה, מפריש אשם אחר, אף על פי שבהעלם אחת היו כלן, הואיל ולא נודע לו אלא אחר שהפריש, נמצא כבועל אחר שהפריש, שדין השוגג והמזיד בשפחה אחד הוא.

באר הגולה

[ד] ‹לכאורה הוי האי ידיעות מחלקות ענין אחר ממאי דאיירינן בה הכא, ובזה גם ר״ל מודה, וצ״ע› [ה] ‹פלוגתא דר״י ור״ל ופסק כר״י. **וכתב** רבינו שידיעות מחלקות, כרב אשי דאמר בתרווייהו פליגי, ואף על פי שבגמ׳ דחו הכרע דרב אשי, לא שבקינן מאי דפשיטא לרב אשי משום דילמא דקאמר גמרא בדרך דחייה – כסף משנה› [א] ‹קשה דבפרק כלל גדול אמרו: הכל מודים בשפחה חרופה דחייב על כל אחת ואחת, כרב המנונא, ודרב המנונא אמרו שם לעיל: מתקיף לה רב המנונא אלא מעתה בעל וחזר ובעל הפריש קרבן, ואמר המתינו לי עד שאבעול, ה״נ דאינו חייב אלא אחת, אמר ליה מעשה דלאחר הפרשה קאמרת, מעשה דלאחר הפרשה לא קאמינא, **משמע** דרב המנונא לא איירי אלא במעשה דלאחר הפרשה, כגון שהפריש בין ביאה לביאה, אבל אם הפריש אחר כל המעשים בין ידיעה לידיעה, אין לנו, ואיך כתב רבינו ז״ל, דאפילו אחר כל המעשים, אם הפריש בין ידיעה לידיעה חייב על כל אחת ואחת. **וי״ל** דכי אמרו התם דבעינן מעשה לאחר הפרשה, היינו למ״ד לא בעינן גבי אשם ודאי ידיעה בתחילה, דאע״ג דקי״ל בעלמא הפרשות מחלקות גבי חטאות, היינו משום דאיכא נמי בהדי כפרות ידיעות חשובות שגורמות כפרה, **אבל** הכא דליכא אלא הפרשה לחודא, לא מהניא, כדכתבו שם התוס׳ ז״ל, **אבל** למ״ד דבעינן גבי אשם ודאי ידיעה מתחלה, דהידיעות חשובות, ודאי דמהני הפרשה אחר כל המעשים בין ידיעה לידיעה, **ומאי** דאמרו שם הכל מודים, דרב המנונא, היינו אפילו למ״ד אשם ודאי לא בעי ידיעה בתחלה, דעל דא מתקיף רב המנונא התם, **אבל** למ״ד אשם ודאי בעי ידיעה בתחילה, וכדפסק רבינו ז״ל בפרק זה, ודאי דהפרשות עם ידיעות מחלקות, **אבל** ידיעות לבד אמרינן התם דהוי מחלוקת ר״י ור״ל, ולר״י דקי״ל כוותיה, מחלקות אפילו הידיעות לבד, ואע״ג דרבינו ז״ל פסק כן דהידיעות מחלקות לבד [בחטאות], **היינו** משום דסובר דאידחיא סוגיא דפרק כלל גדול מקמי סוגיא דפ׳ ב׳ מחוסרי כפרה, כדכתבתי בפרק ו׳, דלסוגיא דכריתות משמע דבשפחה חרופה אין ידיעות מחלקות לכו״ע, אע״ג דבעינן ידיעה בתחלה, משום דכיון דרבתה תורה קרבן אחד לביאות הרבה, משמע בין שוגג בין מזיד, ידיעות אינן מחלקות, **אבל** הפרשות עם ידיעות ודאי מחלקות לכל הסוגיות, ולכך פסק רבינו ז״ל דהפרשות מחלקות אחר כל המעשים – לחם משנה›

כלל גדול פרק שביעי שבת עב

כג א ב ג מיי' פ"ט מהלכות שגגות הלכה ו:

בעל חמש בעילות בשפחה חרופה *אינו חייב אלא אחת מתקיף לה רב המנונא אלא מעתה בעל (א) וחזר ובעל והפריש קרבן ואמר המתינו לי עד שאבעול הכי נמי דאינו חייב אלא אחת א"ל מעשה דלאחר הפרשה קאמרת °מעשה דלאחר הפרשה לא קאמינא כי אתא רב דימי אמר למאן דאמר אשם ודאי בעי ידיעה בתחלה °בעל חמש בעילות בשפחה חרופה חייב על כל אחת ואחת אמר ליה אביי הרי חטאת דבעינן ידיעה בתחלה ופליגי ר' יוחנן ורבי שמעון בן לקיש אישתיק אמר ליה דלמא °במעשה דלאחר הפרשה קאמרת וכדרב המנונא א"ל אין כי אתא רבין אמר הכל מודים בשפחה חרופה והכל מודים בשפחה חרופה ומחלוקת בשפחה חרופה הכל מודים בשפחה חרופה דאינו חייב אלא אחת כדעולא והכל מודים בשפחה חרופה דחייב על כל אחת ואחת כרב המנונא ומחלוקת בשפחה חרופה למ"ד אשם ודאי בעי ידיעה בתחלה מחלוקת דרבי יוחנן ורבי שמעון בן לקיש: איתמר

נתכון

רש"י

בעל ה' בעילות בשפחה חרופה. בשוגג ונודע לו בין כל אחת ואחת אינו חייב אלא אחת להכי נקט שפחה חרופה משום דמביא קרבן אחד על עבירות הרבה כדתנן בכריתות (דף ט:) ה' מביאין קרבן אחד על עבירות הרבה הבא על השפחה ביאות הרבה וכו' וכי תנן מתני' דנפטר בקרבן אחד הני מילי במזיד שהוא מן המביאים על המזיד כשוגג דכתיב (ויקרא יט) בקורת תהיה ומלקות בשוגג ליכא וגבי מזיד רבי קרא דנפטר בקרבן אחד על ביאות הרבה כדיליף התם וכ"ש על ביאות שוגג הרבה בהעלם אחד אבל שוגג ונודע לו בין ביאה לביאה למאן דבעי ידיעה בתחלה באשם ודאי חשיב הוא לחלק לאשמות כהבאת כפרה המחלקת לעושה מזיד וצריך להביא על כל אחת ואחת אליבא דר' יוחנן דאמר לעיל באוכל שני זיתי חלב בהעלם אחד ונודע לו בשתי ידיעות שמביא חטאת על כל אחת ואחת דחשיבא ליה חילוק ידיעה כאילו הביא קרבן בין ידיעה לידיעה הכא נמי חשיב חילוק ידיעה כאילו הביא קרבן בין ביאה לביאה ואשמעינן עולא דלמאן דלא בעי ידיעה באשם בתחלה אינה חשובה לחלק בינתים ואינו חייב אלא אחת דכיון דלא חשיבא ליה ידיעה לא מחלקת והאי מילתא דעולא נקט לה הכא משום דרב דימי דאיירי עלה ופרכינן עלה מפלוגתא דרבי יוחנן ור"ש לקיש: **המתינו**. שלא תקריבוהו עד שאבעול עוד: **כי אתא רב דימי**. לא פליג אדעולא אלא מר אמר חדא ומר אמר חדא: **חייב על כל אחת ואחת**. קס"ד השתא לרב דימי הא דתנן הבא על השפחה ביאות הרבה אינו חייב אלא אחת הני מילי מזיד אי נמי שוגג בהעלם אחד אבל שוגג ונודע לו בינתים למאן דחשיבא ליה ידיעה באשם מחלקת ואפילו לר"ש לקיש: **והרי חטאת דבעי ידיעה בתחלה**. שאם הביא חטאתו קודם שנודע לו החטא אינה מכפרת דכתיב (ויקרא ד) או הודע אליו והביא: **ופליגי ר' יוחנן ור"ש לקיש**. וקאמר ר"ש לקיש דאין ידיעות מחלקות להתחייב בשתים על שני זיתי חלב בהעלם אחד אלמא לא חשיבא ליה חילוק ידיעה כחילוק כפרה וגבי שפחה חרופה בידיעות שבין ביאה לביאה לאו כהבאת קרבן חשיבי לחלק וכי היכי דבמזיד דידיה מביא אחת על כולן הכא נמי מביא אחת על כולן ולא דמי לידיעות שבין אכילת חלב לאכילת חלב שמחלקות לדברי הכל דהתם חיובי אשגגות הוא וכיון שיש ידיעה בינתים הויין ליה שתי שגגות: **אמר ליה אביי דילמא**. הא דפשטת דלמאן דבעי ידיעה חייב ואפילו לר"ש לקיש: **במעשה דלאחר הפרשה קאמרת**. וכאתקפתא דרב המנונא דלעיל אבל בידיעה דקודם אפילו לר"ע פלוגתא דרבי יוחנן ור"ש לקיש היא לרבי יוחנן דחשיבא ליה ידיעה לחלק באכילת חלב אפילו שתי אכילות שנאכלו בהעלם אחד ה"נ מחלקת ור"ש לקיש דאמר התם לא מחלקת ה"נ אפי' דבין ביאה לביאה לא מחלקת דבין ביאה לביאה דהכא כשתי אכילות דחלב בהעלם אחד ונודע לו על כל אחד ואחד לבהו דמיא: **הכל מודים**. ר' יוחנן ור"ש לקיש בשפחה חרופה דיש חילוק: **והכל מודים**. בה דאין חילוק: **ומחלוקת**. שניהם בה דלר' יוחנן יש חילוק ולר"ש לקיש אין חילוק וכולהו מפרש להו: **כדעולא**. למאן דלא בעי ידיעה בתחלה דאפי' ר' יוחנן מודה דלר' טרפון לא חשיבא ידיעה לחלק וכי א"ר יוחנן ידיעות מחלקות ואפילו בין שתים הנעשות בהעלם אחד ה"מ בחטאת דחשיב ידיעה דילה: **והכל מודים**. ואפילו ר"ל דיש חילוק ואפילו לרבי טרפון כגון בביאה שלאחר הפרשה כדרב המנונא: **ומחלוקת**. דרבי יוחנן ור"ל בשפחה חרופה ואליבא דמאן דחשיבא ליה ידיעה דאשם לר' יוחנן דאמר ידיעת חטאת הואיל וחשיבא היא מחלקת אפי' חטאת דהעלם אחד הכא נמי מחלקת בין דהעלם אחד בין דשתי העלמות ולר"ל דאמר ידיעה דחטאת אף על גב דחשיבא לא מחלקת עבירות דהעלם אחד הכא אפילו דשתי העלמות לא מחלקת וכדפרישית:

נתכון

תוספות

בעל חמש בעילות בשפחה חרופה אינו חייב אלא אחת. אבל למאן דבעי ידיעה בתחלה הוי פלוגתא דרבי יוחנן ור"ש לקיש דלר' יוחנן כיון שהיא ידיעה (ג) שהיא גורמת כפרה מחלקת אפילו ידיעות של אחר הבעילות כ"ש ידיעות שבין ביאה לביאה דמחלקות ור"ל דסבר דידיעות לא מחלקות הכא בשפחה חרופה אפילו ידיעות שבין ביאה לביאה אין מחלקות אע"ג דגבי חלב מודה ר"ל דידיעות שבין אכילה לאכילה מחלקות לא דמי דהתם בשגגה תלה רחמנא וידיעות מחלקות אשגגות אבל בשפחה חרופה שמביא על הזדון כשגגה אין הידיעה חשובה לחלק אבל למאן דלא בעי ידיעה בתחלה אפילו רבי יוחנן מודה כיון שאין הידיעה גורמת כפרה דלא חשיבא לחלק אפי' בין ביאה לביאה כל שכן אחר כל המעשים וא"ת היכא אי איכא אשם תלוי בשפחה חרופה אתי שפיר למאן דלא בעי ידיעה דאינו חייב אלא אחת שאין הידיעה גורמת כפרה שיכול להביא אשם ולהתנות כמו במעילה אבל אי לית בה אשם תלוי דהא לא אשכחן בשום מקום בשפחה חרופה אשם תלוי אמאי אינו חייב אלא אחת ליחייב שתים דהא צריך ידיעה אחת לכל הפחות דאם לא נודע לו לא היה יכול להביא שום קרבן והרי אותה ידיעה גורמת כפרה ויש לומר דאפי' אין אשם תלוי בשפחה חרופה יכול להביא אשם על תנאי ולהתנות בשלמים ואפילו למאן דאמר אין מביאין קדשים לבית הפסול דהשתא ממעט ליה מאכילתו מ"מ לא חשיב גורם כפרה כיון דאם עבר והתנה מה שעשה עשוי והא דנקט עולא שפחה חרופה ולא נקט מילתיה במעילה דגבי מעילה הוא דתנן דאשם ודאי לא בעי ידיעה משום דאתא לאשמעינן דאפי' בין מעשה למעשה לא חשיבא ידיעה לחלק אבל במעילה פשיטא דמחלקת כמו בחטאת °וכן משמע בפרק ד' מחוסרי כפרה (כריתות דף ט.) דאמר בעא מיניה ר' חייא מירגלאה מר' יוחנן הבא על ה' שפחות בהעלם אחד מהו א"ל חייב על כל אחת ואחת ומ"ש מה' העלמות בשפחה אחת אמר ליה התם אין גופים מוחלקין הכא גופים מוחלקין והיינו למאן דלא בעי ידיעה אלמא דלא מחלקות אפי' ידיעות שבין ביאה לביאה וא"ת ספרים דגרסי במילתיה דעולא ונודע לו בין כל אחת ואחת והיינו כדפרישית וא"ת תפשוט מדעולא דלר' יוחנן ידיעות מחלקות וי"ל דעולא אליבא דר"ל קאמר:

מתקיף לה רב המנונא אלא מעתה בעל והפריש קרבן כו'. תימה מאי פריך רב המנונא דאי קסבר דהפרשה מחלקת בין ביאה לביאה כשבעל במזיד בשוגג נמי יש לחלק והיכי מדמה ליה לידיעה שאין מחלקת במזיד ואי קסבר דאין הפרשה מחלקת במזיד הכי נמי דלא מחלקת בשוגג ונראה לר"י דהכי פריך כיון דלא מחלקת בין ידיעות שבין מעשים לידיעות שלאחר מעשים אלא מעתה הפרשות נמי דאין מחלקות לר"ל לאחר כל המעשים את"ל דבהפרשות פליגי ואפי' לר' יוחנן איכא למימר דהכא מודה דאין הפרשות מחלקות דדוקא גבי חטאת קאמר דמחלקות משום דאיכא נמי בהדי הפרשות ידיעות חשובות שגורמות כפרה אבל הכא דליכא אלא הפרשה לחודא אפי' רבי יוחנן מודה דלא מחלקת אחר כל המעשים ה"נ דלא מחלקת בין ביאה לביאה והא ודאי סברא היא דמחלקת ואין מתכפר בקרבן שכבר הפריש עבירה שאחר הפרשה אמר ליה מעשה דלאחר הפרשה לא קאמינא פי' איני משוה בין מעשה למעשה לאחר כל המעשים: **כי** אתא רב דימי אמר למ"ד בעי ידיעה כו'. השתא ס"ד דמיירי בידיעה וקאמר דאפי' לר"ש לקיש מחלקת כיון דגורמת כפרה ואפילו לאחר כל המעשים ולהכי פריך והרי חטאת כו' ומסיק דלאחר הפרשה קאמר ואומר ר"י דרב דימי פליג אדעולא מדנקט למ"ד בעי ידיעה משמע אבל למאן דלא בעי ידיעה לא שמשוה אותו להפרשה דלאחר כל המעשים ואין לתמוה על סברא דרב דימי דה"נ עולה מכפרת אעשה דלאחר הפרשה אף על גב דבעיא היא בפרק קמא דזבחים (דף ו:) ולא איפשיט דדחי ליה הש"ס בסוף הסוגיא דתויא בעלמא הוא א"נ התם בעי אליבא דעולא דאמר הכא דאין קרבן מכפר אעבירה דאחר הפרשה דילמא עולה דדורון היא מכפרת א"נ אין רוצה לפשוט התם מדברי האמוראים אלא ממשנה או מברייתא כדאשכחן בפרק [אין בין המודר (נדרים דף לה:)*] ורשב"א מפרש דהאי דנקט למאן דבעי ידיעה רבותא נקט דאפי' לדידיה לא מיחייב לר"ל על כל אחת אלא במעשה דלאחר הפרשה ולא פליג אעולא:

נתכון

רבינו חננאל

בעל ה' בעילות שפחה חרופה אינו חייב אלא אחת עיקר זה בברייתא בשנה פרק ד' מחוסרי כפרה (כריתות ט) אלו שביאין קרבן על עבירות הרבה ועל הזדון כשגגה וחד מינייהו הבא על שפחה חרופה ואמרינן עלה תני תנא קמיה דר' אלעזר וכפר עליו הכהן באיל האשם מלמד שמביא קרבן אחד על עבירות הרבה באיל האשם ונסלח לו מלמד שמביא על הזדון כשגגה ואקשינן והא עיקר קרבן במזיד כתיב · דכתיב בקרת תהיה פי' מלקות ואין מלקות אלא במזיד ובמקום שהיא חייבת מלקות הוא חייב קרבן ושנינן אימא מלמד שמביא קרבן על השגגה כזדון והתם פליגי אית דאמר דכד בעיל שפחה חרופה בשגגה בעי ידיעה בתחלה כדבעי לענין חטאת דעלמא וכדמפרשינן השוכח עיקר שבת מכלל דהוי ליה ידיעה ואית מאן דאמר כיון דמזיד ושוגג כי הדדי מייתי אשם שוגג שלא היתה לו ידיעה בתחלה מייתי אשם וקאמר עולא למ"ד לא בעי ידיעה בתחלה סבר דהא לא דמיא הא שגגה לשגגת חטאת דעלמא וכשם שבזדון מביא קרבן אחד על בעילות הרבה הכי נמי שוגג אם בעל כמה בעילות בכמה העלמות או שהן בזדון ומהן בשגגה אינו מביא אלא קרבן אחד · ואתקיף עליה רב המנונא אלא מעתה בעל ונודע לו וכיון שנודע לו עמד והפריש קרבן ואמר המתינו לא תקריבוהו עד שאבעול ובעל הכי נמי דאינו חייב בבעילה אחרונה קרבן אחר ודחי עולא ואמר מעשה דלאחר הפרשה קאמרת כלומר בעילה דלאחר הפרשה לא קאמינא שמתכפר בקרבן ראשון. כי אתא רב דימי אמר לדברי האומר אשם ודאי בעי ידיעה בתחלה וכי כמו חטאת דעלמא (אינו) [אילו] בעל הני חמש בעילות בשפחה כגון שבעל בשפחה חרופה שוגג ה' בעילות ונודע לו על הראשונה והפריש קרבן וחזר ונודע לו על השניה ואח"כ על השלישית ואח"כ על הרביעית ועדיין לא הקריבו ונודע לו ה' פעמים כי האי גוונא חייב ה' אשמות ולא תימא כיון דשוגג ומזיד בשפחה חרופה דינם שוה ידיעתו בכל אחת ואחת לא מהניא דהא אילו היו אלו ה' בעילות כולן במזיד מתחלה עד סוף אינו חייב בהן [אלא אחת] אלא כשם דמהניא ידיעה לגבי חטאת לחייב על כל ידיעה וידיעה הכי [נמי] מהניא גבי אשמות אמר ליה אביי והא חטאת דלדברי הכל בעינן ידיעה בתחלה ועשה כמה עבירות בהעלם א' שהוא חייב על כל אחת ואחת · דלמא (בידיעה ולאחר) [במעשה דלאחר] הפרשה קאמרת כדרב המנונא דאוקימנא בבעילה דלאחר הפרשה א"ל רב דימי אין כי אתא רבין אמר הכל מודין בשפחה חרופה שאינו חייב אלא אחת כדעולא · פי' הכל מודין הוא ר' יוחנן דמחייב על כל ידיעה חטאת בשפחה חרופה מודה דכיון דשוגג כמזיד הוא לא דמיא ידיעתו כידיעת חטאת וכדעולא · הכל מודין בשפחה חרופה דחייב על כל אחת ואחת אפילו ר"ש לקיש מודה שאם בעל והפריש עליה קרבן וחזר ובעל שאינו מתכפר בקרבן שהפריש על הראשונה אלא חייב קרבן אחר וכ"ש ר' יוחנן ולא גמרינן הפרשה דלאחר מעשה מקמי ידיעה דקמי מעשה דאיכא למימר בהפרשה דמקמי מעשה מודה ר"ל דהא בעידן דמפריש האי קרבן לא הוה עליה זיקת עבירה אחרת · והאי קרבן הוה לו לאותה עבירה בלבד לפיכך אם אח"כ עבר עבירה ... עליה אבל האי דהוו עליה ה' עבירות בהעלם אחד · ואילו נודע לו על כולן כאחד אין חייב אלא קרבן אחד כך אפילו אם נודע לו על אחת מהן והפריש עליה קרבן ואח"כ נודע לו על ... שעדיין לא נקרבה החטאת שהפריש מתכפרין כולן בזו החטאת שהפריש מ"מ כולהו בני בקתא דהדדי נינהו וכולהו אית להו דרב המנונא ומחלוקת בשפחה חרופה למ"ד אשם ודאי בעי ידיעה ובפלוגתא

הגהות הב"ח

גליון הש"ס

[ועי' תוספות יומא דף יט: ד"ה מי איכא וקידושין כב: ד"ה לאמר וב"ק טו: ד"ה כייש וב"מ דף יז: ד"ה מן]

עין משפט נר מצוה

כד א מיי' פ"ב מהלכות שגגות הלכה ז :

כה ב מיי' פ"א מהלכו' שבת הלכה ח ופ"ז מהלכות שגגות הל' יא :

מסורת הש"ס

*נתכוין *להגביה את התלוש וחתך את המחובר פטור לחתוך את התלוש וחתך את המחובר *רבא אמר [ב]פטור אביי אמר חייב רבא אמר פטור דהא לא נתכוון לחתיכה דאיסורא אביי אמר חייב דהא קמיכוין לחתיכה בעלמא אמר רבא מנא אמינא לה *דתניא חומר שבת משאר מצות וחומר שאר מצות משבת חומר שבת משאר מצות שהשבת עשה שתים בהעלם אחד חייב על כל אחת ואחת מה שאין כן בשאר מצות וחומר שאר מצות משבת שבשאר מצות שגג בלא מתכוין חייב מה שאין כן בשבת: אמר מר חומר שבת משאר מצות שהשבת עשה שתים בהעלם אחד חייב על כל אחת ואחת מה שאין כן בשאר מצות היכי דמי אילימא דעבד קצירה וטחינה דכוותה גבי שאר מצות אכל חלב ודם הכא תרתי מיחייב והכא תרתי מיחייב אלא שאר מצות דלא מיחייב אלא חדא היכי דמי דאכל חלב וחלב דכוותה גבי שבת דעבד קצירה וקצירה הכא חדא מיחייב והכא חדא מיחייב לעולם דעבד קצירה וטחינה ומאי מה שאין כן בשאר מצות אע"ז וכדרבי אמי *דא"ר אמי זיבח וקיטר וניסך בהעלמה אחת אינו חייב אלא אחת במאי אוקימתא בע"ז אימא סיפא חומר בשאר מצות שבשאר מצות שגג בלא מתכוין חייב מה שאין כן בשבת *האי שגג בלא מתכוין דע"ז היכי דמי אילימא כסבור בית הכנסת הוא והשתחוה לה הרי לבו לשמים ואלא [°]דחזי אנדרטא וסגיד לה היכי דמי אי דקבלה עליה באלוה מזיד הוא ואי דלא קבלה עליה באלוה לאו כלום הוא אלא מאהבה ומיראה הניחא לאביי *דאמר חייב אלא לרבא דאמר פטור מאי איכא למימר אלא באומר מותר משא"כ בשבת דפטור לגמרי ע"כ לא בעא מיני' רבא מרב נחמן אלא אי לחיובי חדא אי לחיובי תרתי אבל מפטרי לגמרי לא

אלא

רש"י

נתכוין להגביה את התלוש. כגון דנפל סכין בערוגת הירק ונתכוין להגביהו: וחתך את המחובר פטור. דכתיב אשר חטא בה ודרשינן בכריתות פרט למתעסק בדבר אחר ועשה דבר זה ושוגג היכי דמי כגון שנתכוין לכך אבל שגג דסבר שאין היום שבת או סבר שמלאכה זו מותרת וזה מתעסק בהגבהה היה ולא בחתיכה: דהא לא איכוין לחתיכה דאיסורא. בשגגת שבת או בשגגת מלאכות אלא מתעסק בחתיכת היתר הוה שיודע שהוא שבת ויודע שחתיכת מחובר אסור: משא"כ בשאר מצות. כולה מפרש לה ואזיל: שגג בלא מתכוין. לקמן מפרש לה: חלב ודם. דומיא דטחינה וקצירה שהן שני גופין: אלא גבי שאר מצות היכי דמי. דפטור: כגון חלב וחלב. בהעלם אחד: דרבי אמי. במסכת סנהדרין בפרק ד' מיתות יליף למילתיה מקרא דאין חילוק חטאות לעכו"ם: והשתחוה לה. והיינו שגג שהיא ע"ז בלא מתכוין שלא נתכוון להשתחוות לע"ז: הרי לבו לשמים. ומה חיוב יש כאן אפי' ידע שהוא בית ע"ז והשתחוה בו לשמים אין חיוב כאן: אנדרטא. צורת המלך שעושין לכבוד המלך והשתחוה לה ולא לשם אלהות: מאהבה ומיראה. מאהבת אדם או מיראת אדם השתחוה לע"ז וקרי ליה שוגג בלא מתכוין כלומר שגג בהכי דסבור כיון דאין מתכוין לבו לאלהות מותר: אלא באומר מותר. כגון גר שנתגייר בין העכו"ם כסבור שאין ע"ז בתורה וקרי ליה שגג בלא מתכוין: דפטור לגמרי. בתמיה: עד כאן לא קבעי מיניה רבא מרב נחמן. העלם זה וזה בידו מהו לעיל בפירקין (דף ע:) דהיינו אומר מותר דאמר אין שבת בתורה היינו העלם זה וזה:

דסבור

תוספות

נתכוין להגביה את התלוש. פירש בקונטרס כגון סכין מוטל בערוגת ירק ונתכוין להגביה וחתך את המחובר א"כ הא דפליגי בנתכוין לחתוך את התלוש וחתך את המחובר היינו לחתוך תלוש(א) וחתך מחובר אחר אבל לחתוך מחובר זה וחתך מחובר אחר משמע דחייב לכ"ע וקשה לר"ת דבסוף פ' ספק אכל (כריתות יט:) אמר שמואל המתעסק בחלבים ועריות חייב שכן נהנה בשבת פטור דמלאכת מחשבת אסרה תורה ומוכח התם דאפילו בנתכוין ללקוט תאנה זו וליקט תאנה אחרת פטר שמואל ולקמן בפרק הזורק (דף צז:) פטר *(ב)רבא נתכוין לזרוק ארבע וזרק שמנה כי לא אמר כל מקום שתרצה תנוח וכל שכן בנתכוין לזרוק בצד זה וזרק בצד אחר דלא נעשה כלל רצונו או נתכוין לחתוך מחובר זה וחתך מחובר אחר דפטור ונראה לר"ת דהכא מיירי בנתכוין לחתוך תלוש ונמצא שהוא מחובר וחותך מה שהיה מתכוין אלא שלא היה יודע שהיה מחובר ופליגי אביי ורבא בקרא דאשר חטא בה דמוקי ליה רבי אליעזר בפרק ספק אכל (שם יט:) פרט למתעסק והכי איתא התם בהדיא דקאמר עלה לרבא משכחת לה שנתכוין לחתוך את התלוש וחתך את המחובר לאביי שנתכוין להגביה את התלוש כו' ושמואל דפטר מטעם מלאכת מחשבת היינו בנתכוין לחתוך מחובר זה וחתך מחובר אחר דלא נעשה מחשבתו והשתא אתי שפיר דקאמר(ג) לקמן דמפרש שגג בלא מתכוין דשאר מצות היכי דמי כגון דסבור שומן הוא ואכלו דהייט ממש דומיא דשבת לפר"ת:

הניחא לאביי דאמר חייב. פי' הניחא לאביי בהא דמשכחת גבי ע"ז שגג בלא מתכוין אבל מ"מ גם לאביי לא מיתוקמא ברייתא שפיר בהכי דהא אם חלל שבת מאהבה ומיראה נמי חייב ולהכי איצטריך בסמוך לאוקמא אליבא דאביי שגג בלא מתכוין ה"ד דסבור רוק הוא ובלעו:

עד כאן לא בעא מיניה רבא מרב נחמן כו'. וא"ת אמאי לא מייתי מתני' דהשוכח עיקר שבת דאינו חייב אלא אחת ולא הוי פטור לגמרי וי"ל דניחא ליה לאתויי מרבא דמספקא ליה בהעלם זה וזה דדילמא אפי' תרתי מיחייב דכי אוקי הכא באומר מותר היינו בנתעלמה ממנו לפי שעה דהיינו דומיא דהעלם זה וזה בידו כדפי' לעיל דאם לא נודע לו מעולם איסור ע"ז אינו ישראל כלל כיון שמודה בע"ז דדוחק להעמיד בתינוק שנשבה לבין העכו"ם:

רבא אמר פטור. ואם תאמר והא אמר בפרק בן סורר ומורה (סנהדרין דף עד.) דע"ז וגילוי עריות ושפיכות דמים יהרג ואל יעבור אם כן אפילו לא מקבל ליה חייב ואין לומר דרבא לטעמיה דאמר במס' ע"ז בפרק ר' ישמעאל (דף כז.) דאפילו בע"ז בצינעא וחי בהם ולא שימות בהם והא דקאמר רבא בפ"ב דכתובות (דף יט.) גבי עדים שאמרו להם חתמו שקר כו' שאין לך דבר שעומד בפני פיקוח נפש אלא ע"ז וגילוי עריות ושפיכות דמים ה"פ אפילו מאן דמחמיר לא מחמיר אלא בע"ז ג"ע ושפיכות דמים דאם כן דטעמא דרבא דפטר הוי משום הכי מאי מייתי אביי בפ' ד' מיתות (סנהדרין סא:) מכמה ברייתות לימא דאתיא כמ"ד בפרק בן סורר (שם עד.) יהרג ואל יעבור דפלוגתא דתנאי היא וי"ל דסבר רבא דאפי' למ"ד דחייב למסור את עצמו אם לא מסר עצמו לא מיחייב מיתה בבית דין וקשה לרשב"א דאמר רבא במסכת ע"ז* הכל היו בכלל לא תעבדם כשפרט לך הכתוב וחי בהם יצא אונס משמע דלא מפיק אלא אונס מיתה אבל שאר אונסין הוו בכלל לא תעבדם וחייב *)והכא פטור אפי' מאהבה דליכא אונס מיתה וי"מ דההיא דאמר יהרג ואל יעבור היינו בפסח אע"ג דלא מקבל עליה לאלוה אבל הכא במפרש דקעביד מאהבה ומיראה או נמי אפילו בפסח ובע"ז שהכל אין עובדין אותה אלא מאהבה ומיראה דומיא דהמן דמייתי עלה התם להם אי אתה משתחוה אבל אתה משתחוה לאדם כמותך יכול אפי' נעבד כהמן ת"ל לא תעבדם [וקאמר רבא כהמן ולא כהמן דאילו התם מיראה והכא לאו מיראה] ומההיא גופא נמי יש לדקדק דחייב אע"ג דלא קבל עליה באלוה דמשמע דאסר נעבד כהמן דומיא דאדם שכמותך דקרי והיינו בלא קיבלו עליו באלוה ועוד דאמר בפרק ד' מיתות (סנהדרין דף ס:) הפוער עצמו לפעור זו היא עבודתו אע"ג דקא מכוין לבזוייה הזורק אבן למרקולים זו היא עבודתו אע"ג דקא מכוין למירגמיה אלמא דחייב אע"פ שאין מקבל עליו באלוה ומיהו יש לפרש אע"ג דקא מכוין לעובדה דרך בזיון וברגימה זו והא דלא דחי ראיות דאביי בעובד מאהבה ומיראה סתם משום דסתם עובד מדעתו דמי וא"ת ולמאי דפטר רבא אמאי לא השתחוה מרדכי להמן וי"ל כדאמרינן במדרש ששתי טרות היו על לבו ועוד משום קידוש השם כדאשכחן בירושלמי במסכת שביעית בפ"ד כגון פפוס ולוליטס אחיו שנתנו להם מים בזכוכית צבועה ולא קבלו מהם*:

באומר מותר. והא דממעטינן בפ"ב דמכות (דף ז: ושם) בשגגה פרט לאומר מותר שאני גבי גלות דשגגה בשגגה כתיבי התם ולהכי נמי אמר בסוף פ"ב דב"ק (דף כו: ושם) היתה אבן מונחת לו בחיקו ולא הכיר בה מעולם לענין גלות פטור מבשגגה לענין שבת פטור משום דבעינן מלאכת' מחשבת והשתא תיפוק ליה דגבי שבת נמי כתיב בשגגה אלא ודאי דוקא גבי גלות ממעטינן משום דכתיבי בשגגה טובא:

אלא

*) וי"א דבאומר אלי אתה מודה רבא דחייב אפילו מאהבה ומיראה דהיינו קבל עליו באלוה כיון דקאמר אלי אתה אע"פ שאומר באונס ה"ם במס' ע"ז הא בכלל לא תעבדם כשאמר אלי אתה אבל מקטיר דאונס לא הוי בכלל לא תעבדם ומיהו בהנהו דמייתי אביי ה"מ לאוקמי באלי אתה והר"א ממיץ מפרש דע"ז שכבר עבדוהו פ"א לשם ע"ז חייב בה אפי' מאהבה ומיראה [ת"י]

רבינו חננאל

ובפלוגתא דר' יוחנן ור"ל פשוטה היא: אתמר נתכוין להגביה את התלוש וחתך את המחובר לכולי עלמא לא מחייב קרבן דהא לא אתכוין למלתא דאית בה איסורא אלא להגביה בעלום נתכוין אע"פ שחותך את המחובר לא קרינן ביה נפש כי תחטא בשגגה ולא הוי חוטא בשגגת אלא מתכוין למעשה מביא לידי חטא. והוא אינו יודע שהוא חוטא · אבל אם נתכוון לחתוך את התלוש שהוא מותר ונזדמן לו מחובר ותתכו רבה אמר פטור דס"ל שאינו קורא ביה נפש כי תחטא בשגגה אלא בזמן שמתכוון לדבר אסור כשיקרא שגגה באיסורו וזה לא נתכוון אלא לחתיכת תלוש אביי אמר חייב דהוא מכוון לחתיכה בעלמא ויש בחתיכה איסור · וסבר אביי שאין צריך להתכוון במעשיו לדבר שהוא באיסורו אלא כל מעשה שיש במינו איסור אף על פי שלא נתכוון לדבר שיש בה איסור כיון שנזדמן לו דבר איסור הריני קורא בו כי תחטא בשגגה · וכך לענין נתכוון לזרוק שתים וזרק ד' לרבה פטור דהא לא נתכוון לדבר האיסור בשגגת איסורו אע"פ שמתכוון למקצתו דסבר ליה צריך להתכוון לכל האיסור בשגגת איסורו ולאביי חייב דהא נתכוון לזריקה ונזדמנה לו זריקה אסורהואמ'(רבא) [רבה] מנא אמינא לה דפטור דתניא חומר בשבת משאר מצות שהשבת עושה שתים בהעלם אחת חייב שתים מה שאין כן בשאר מצות · חומר בשאר מצות ששאר מצות שגג בלא מתכוון חייב משא"כ בשבת ואוקימנא דשגג בלא מתכוין בשבת דפטור [בריה"ג דנתכוין להתוך את התלוש וכו'] ודוק' הא מתניתא כרבה דאמר נתכוון לחתוך את התלוש ותתך את המחובר פטור דהא לא נתכוון לחתיכה (דאיסור דא)[לאיסורא]. ושקלו וטרו בהא דתנן עשה בהעלם אחד שתים בשבת חייב שתים ובשאר מצות כי האי גוונא אינו חייב אלא אחת היכי דמי [אילימא] קצר וטחן בשבת כיוצא בו בשאר מצות אכל חלב ודם הכא שתים מחייב והכא שתים מחייב · אלא קצר וחזר וקצר בהעלם אחד כיוצא בו בשאר מצות אכל חלב וחזר ואכל חלב בהעלם אחד הכא חדא מחייב והכא חדא מחייב ודחינן מאי שאר מצות דקתני ע"ז · והכי קתני חומר בשבת שאם קצר וטחן בהעלם אחד בזדון שבת ושגגת מלאכות חייב שתים מה שאין כן בע"ז כי(אם) בע"ז אם זיבח וקיטר וניסך בהעלם אחד אינו חייב אלא אחת וכדר' (יוסי) [אמי] ודחינן לא מיתוקמא מתניתין בע"ז דקתני סיפא שגג בלא מתכוון בשאר מצות חייב משא"כ בשבת · שגג בלא מתכוון בע"ז היכי משכחת לה אי נימא דחזא ע"ז וסבר כי היא בית הכנסת והשתחוה [לה] כי האי גוונא פטור הוא דהא לבו לשמים · ואלא דחזא אנדרטא וסגיד לה · אי דקבלת עילויה באלוה מזיד הוא ואי לא קבלה עילויה באלוה כיון דבשוגג השתחות כנגד האי אנדרטא לא מחייב דהא לא עביד מידי אלא כגון שהשתחוה לע"ז מאהבה · שראה צורת ע"ז ואהבה או אדם שהעמיד עצמו ע"ז כהמן והשתחוה לו מאהבה בשגגת אלהים אחרים פי' שנעלם ממנו שמשתחוה לע"ז מאהבה חייב או שנעלם ממנו כי אלו העבירות בע"ז מחייב · וזה פי' מאהבה או מיראה או מיראה נמי כגון מי שנתיירא מן הע"ז והשתחוה לו בשגגת אלהים אחרים או בשגגת עבירות דלא הוה ידע כי האי גוונא חייב אי אמרת כי האי גוונא שגג בלא מתכוין בע"ז חייב ניחא לאביי דמחייב דגרסינן בסנהדרין פרק ארבע מיתות דאתמר העובד ע"ז מאהבה ומיראה כגון המשתחוה מאהבתו לו או מיראתו ממנו לאדם הנעבד כהמן בשוגג. שלא היה יודע כי העובד מאהבה או מיראה חייב [אביי אמר חייב] דהא פלחה לע"ז רבא אמר פטור דהא לא קבלה עליו באלוה · הניחא לאביי אלא לרבא

רב נסים גאון

ואלא מאהבה ומיראה הניחא לאביי דאמר חייב אלא למאן דאמר פטור מאי איכא למימר · ופלוגתא דאביי ורבא משכחת במס' סנהדרין בפרק ד' מיתות (דף סא) איתמר העובד ע"ז מאהבה ומיראה אביי אמר חייב ורבא אמר פטור אביי אמר חייב דהא פלחה רבא אמר פטור דלא קבלה עליה באלוה אי קיבלה עליה אין ואי לא לא :

מסורת הש"ס

כריתות יט.

[לפמ"ש תוס' לעיל עג: ד"ה גוזה וכ"כ עוד לעיל עג: ד"ה יודע ולמ"ש הרא"ש ... רבא ... אביי ... רבא ... דוכתי ... לגרוס אביי אמר וכו' או דל"ל רבה אמר פטור וכו' אמר רבה מנא אמינא לה וכו' וע"ע פסחים מה. על הגליון]

סנהדרין סב. [וע"ש בנ"ל רבי זכאי]

שם סא: [כריתות ג.]

שם

[דף עד:]

[ועי' תוספות סנהדרין סא: ד"ה רבא אמר]

הגהות הב"ח

(א) תוס' ד"ה נתכוין וכו' לחתוך תלוש זה ונתק: (ב) בא"ד סבורר ספר רב אשי נתכוין וכו': (ג) בא"ד והשתא אתי שפיר לקמן כצ"ל ותיבת דקאמר נמחק:

גליון הש"ס

גמ' דחזי אנדרטא. עי' מס' ע"ז דף מ ע"ב תוד"ה ובאנדרטי:

§ מסכת שבת דף עב: §

אות א'

נתכוין להגביה את התלוש וחתך את המחובר, פטור

רמב"ם פ"ב מהל' שגגות ה"ז - השוגג בלא כוונה בעריות או במאכלות אסורות, חייב חטאת, בשבת פטור מחטאת; כיצד, היה מתעסק עם אשה ובעלה בלא כוונה לבעילה, והרי היא ערוה עליו; דימה שזה שבפיו רוק הוא, ובלעו בלא כוונה לשם אכילה בעולם, והרי הוא חלב, הרי זה חייב חטאת; [א]נתכוון להגביה את התלוש, וחתך את המחובר בלא כוונה לחתיכתו, פטור, מלאכת מחשבת אסרה תורה, כמו שביארנו במקומו.

אות ב'

לחתוך את התלוש וחתך את המחובר... פטור

רמב"ם פ"א מהל' שבת ה"ח - כל המתכוין לעשות מלאכה, ונעשית לו מלאכה אחרת שלא נתכוין לה, פטור עליה, לפי שלא נעשית מחשבתו; כיצד זרק אבן או חץ בחבירו או בבהמה כדי להרגן, והלך ועקר אילן בהליכתו, ולא הרג, הרי זה פטור; ק"ו אם נתכוין לאיסור קל ונעשה איסור חמור, כגון שנתכוין לזרוק בכרמלית, ועברה האבן לרה"ר שהוא פטור, וכן כל כיוצא בזה; נתכוין לעשות דבר המותר, ועשה דבר אחר, כגון שנתכוין לחתוך את התלוש וחתך את המחובר, אינו חייב כלום, וכן כל כיוצא בזה.

רמב"ם פ"ז מהל' שגגות הי"א - המתכוין לחתוך את התלוש וחתך את המחובר, אף על פי שנתכוין לחתיכה, הואיל ולא עשה מחשבתו, פטור מן החטאת, שזה כמתעסק, ולא אסרה תורה אלא מלאכת מחשבת, כמו שביארנו כמה פעמים.

באר הגולה

א ‹שם ובפ' כלל גדול: נתכוון להגביה את התלוש וחתך את המחובר, פטור, מ"ט דהא לא איכוון לשום חתיכה, לחתוך את התלוש וחתך את המחבור, אביי אמר חייב, דהא איכוון לשום חתיכה, רבא אמר פטור, דהא לא איכוון לחתיכה דאיסורא, וידוע דהלכה כרבא, וכ"פ רבינו בספ"ז, **וא"כ** צ"ל דמאי דנקט הכא רבינו נתכוון להגביה את התלוש, לאו לדיוקא נקטיה, אלא להיותו דבר פשוט לפיטור, וסמך על מה שיכתוב בספ"ז, וזה שאמר כמו שביארנו במקומו – כסף משנה›

§ מסכת שבת דף עג. §

אות א'

דסבור רוק הוא ובלעו

רמב"ם פ"ב מהל' שגגות ה"ז - השוגג בלא כוונה בעריות או במאכלות אסורות, חייב חטאת, בשבת פטור מחטאת; כיצד, היה מתעסק עם אשה ובעלה בלא כוונה לבעילה, והרי היא ערוה עליו; דימה שזה שבפיו רוק הוא, ובלעו בלא כוונה לשם אכילה בעולם, והרי הוא חלב, הרי זה חייב חטאת; נתכוון להגביה את התלוש, וחתך את המחובר בלא כוונה לחתיכתו, פטור, מלאכת מחשבת אסרה תורה, כמו שביארנו במקומו.

אות ב'

כסבור רשות היחיד ונמצאת רשות הרבים... פטור

רמב"ם פ"א מהל' שבת ה"ח - כל המתכוין לעשות מלאכה, ונעשית לו מלאכה אחרת שלא נתכוין לה, פטור עליה, לפי שלא נעשית מחשבתו; כיצד זרק אבן או חץ בחבירו או בבהמה כדי להרגן, והלך ועקר אילן בהליכתו, ולא הרג, הרי זה פטור; ק"ו אם נתכוין לאיסור קל ונעשה איסור חמור, כגון שנתכוין לזרוק בכרמלית, ועברה האבן לרה"ר שהוא פטור, וכן כל כיוצא בזה.

אות ג'

אבות מלאכות ארבעים חסר אחת: הזורע וכו'

רמב"ם פ"ז מהל' שבת ה"א - מלאכות שחייבין עליהן סקילה וכרת במזיד, או קרבן חטאת בשגגה, מהן אבות ומהן תולדות, ומנין כל אבות מלאכות ארבעים חסר אחת, ואלו הן: החרישה, והזריעה, והקצירה, והעימור, והדישה, והזריה, והברירה, והטחינה, וההרקדה, והלישה, והאפיה, והגזיזה, והלבון, והנפוץ, והצביעה, והטויה, ועשיית הנירין, והנסכת המסכה, והאריגה, [א]והבציעה, והקשירה, וההתרה, והתפירה, והקריעה, והבנין, והסתירה, וההכאה בפטיש, והצידה, והשחיטה, וההפשטה, וההעבדה, ומחיקת העור, וחתוכו, והכתיבה, והמחיקה, והשרטוט, וההבערה, והכיבוי, וההוצאה מרשות לרשות.

באר הגולה

א <דע שיש נוסח אחר "והפציעה", אכן מדברי הסמ"ג נראה שהגירסא היא "הבציעה" כגירסתינו – מעשה רוקח>

כלל גדול פרק שביעי שבת עג

אלא לאו רישא בעכו"ם וסיפא בשאר מצות ושגג בלא מתכוין בשאר מצות ה"ד דסבור דשומן הוא ואכלו משא"כ בשבת דפטור דנתכוון לחתוך את התלוש והתך את המחובר פטור ואביי שגג בלא מתכוין ה"ד *דסבור רוק הוא ובלעו משא"כ בשבת דפטור דנתכוון להגביה את התלוש וחתך את המחובר פטור אבל נתכוון לחתוך את התלוש וחתך את המחובר חייב: איתמר *נתכוון לזרוק שתים וזרק ארבע *רבא אמר פטור אביי אמר חייב רבא אמר פטור (א)דלא קמיכוין לזריקה דארבע אביי אמר חייב דהא קמיכוין לזריקה בעלמא כסבור רשות היחיד ונמצאת רשות הרבים רבא אמר [ב]פטור ואביי אמר חייב רבא אמר פטור דהא לא מיכוין לזריקה דאיסורא ואביי אמר חייב דהא קא מיכוין לזריקה בעלמא וצריכא דאי אשמעינן קמייתא בההוא קאמר רבא דהא לא קמיכוין לחתיכה דאיסורא אבל נתכוון לזרוק שתים וזרק ארבע דארבע בלא תרתי לא(ג) מיזרקא ליה אימא מודה ליה לאביי ואי אשמעינן בהא בהא קאמר רבא דהא לא קמיכוין לזריקה דארבע אבל כסבור רה"י ונמצא רה"ר דמכוין לזריקה דארבע אימא מודי ליה לאביי צריכא *תנן אבות מלאכות ארבעים חסר אחת והוינן בה מנינא למה לי וא"ר יוחנן שאם עשאן כולם בהעלם אחד חייב על כל אחת ואחת בשלמא לאביי דאמר כי האי גוונא חייב משכחת לה דידע דאסורא(ג) שבת וידע לה איסור מלאכות וקא טעה בשיעורין אלא לרבא דאמר פטור היכי משכחת לה בזדון שבת ושגגת מלאכות הניחא אי סבר לה כר' יוחנן דאמר כיון ששגג בכרת אע"פ שהזיד בלאו משכחת לה דידע לה לשבת בלאו אלא אי סבר לה כרשב"ל דאמר עד שישגוג בלאו וכרת דידע לה לשבת במאי *דידע לה בתחומין ואליבא דר"ע:

מתני' (א) אבות *[ג]מלאכות ארבעים חסר אחת הזורע והחורש והקוצר והמעמר והדש והזורה הבורר הטוחן והמרקד והלש והאופה הגוזז את הצמר המלבנו והמנפצו והצובעו והטווה *והמיסך והעושה שתי בתי נירין והאורג שני חוטין והפוצע שני חוטין הקושר והמתיר *והתופר שתי תפירות הקורע על מנת לתפור [שתי תפירות] הצד צבי השוחטו והמפשיטו המולחו והמעבד את עורו והממחקו והמחתכו הכותב שתי אותיות והמוחק על מנת לכתוב שתי אותיות הבונה והסותר המכבה והמבעיר המכה בפטיש *המוציא מרשות לרשות הרי אלו אבות מלאכות ארבעים חסר אחת:

גמ'

א) ס"א אלו אבות

רש"י

דסבור שומן הוא ואכלו. והייט דשגג דסבור שומן הוא ולא נתכוין לאכול חלב וחייב ואף על פי דמתעסק הוא לרבא דהא לא מתכוין לאכילת איסור חייב דאמר שמואל בכריתות (פ"ד דף יט:) בחלבי' ועריות מתעסק חייב שכן נהנה אבל בשבת פטור דלא נהגה והייט סייעתא לדידיה דאמר נתכוין לחתוך את התלוש וחתך את המחובר פטור: **ואביי.** אמר לך לעולם כי האי גוונא אף בשבת חייב דלאו מתעסק הוא והיכי דמי מתעסק דשאר מצות חייב קסבר רוק הוא שהיה חלב נימוח ובלעו דלא איכוין לאכילה דרוק לאו בר אכילה הוא אלא בליעה דכתיב (איוב ז) עד בלעי רוקי ועלתה בידו אכילה דהא לא איכוין לאכילה ודכוותייהו דשבת דפטור נתכוין להגביה ועלתה בידו חתיכה: **דהא לא איכוין לזריקה דאיסור.** ויהא שוגג בשבת או במלאכה אבל זה איט שוגג לא בשבת ולא במלאכות אלא מתעסק בדבר אחד של היתר ועלתה בידו איסור: **וצריכא.** לאיפלוגי בכולהו אף על גב דדמי להדדי: **דארבע בלא תרתי לא מזדריק.** וזה שנתכוין לשתים וזרק ארבע נעשית מחשבתו דהא יש בכלל ד' שתים הלכך לאו מתעסק הוא: **דלא איכוין לזריקה דארבע.** ובליר מהני לא שם זריקה עלה: **אבל כסבור רה"י הוא וכו'.** דנתכוין לזריקה גמורה: **משכחת לה.** להאי שנשתכחה תורת כל הלכות שבת ממט ואפילו הכי חשיבא ליה כזדון שבת ושגגת מלאכות לחיוביה אכל חדא כגון דידע ליה לשבת באיסורין וטעה בשיעורין שנתכוין לפחות מכשיעור ועשה כשיעור דלכולן יש שיעור: **אלא לרבא דאמר פטור היכי משכחת לה.** דמיחייב שום אדם על כל מלאכה ומלאכה שבהעלם אחד על כרחך בזדון שבת ושגגת מלאכות הוא דבעית לאשכוחיה והא דאיעלימו כולהו מיניה מאי זדון שבת איכא במה ניכר לו שבת משאר ימים: **מתני' הזורה.** ברחת לרוח: **הבורר.** פסולת בידיו: **המרקד.** בנפה ובגמ' פריך הני כולהו חדא היא דלהפרים פסולת מתוך אוכל נעשות שלשתן: **האופה.** לא הוה במשכן דלא שייך אלא בפת ופת לא שייכא במלאכת המשכן אבל כולהו קמייתא הואי בסממנין של צבע תכלת וארגמן ותולעת שני ובגמרא פריך דשביק תנא מבשל דהוי בסממנים ונקט אופה ושיעורן של אלו כגרוגרת חוץ מחורש דבכל שהוא לקמן בפרק הבונה (דף קג.): **הגוזז צמר.** וכל שאר מלאכות שייכי בצמר של מלאכת המשכן: **המלבנו.** מכבסו בנהר: **המנפצו.** קרפי"ר בלע"ז: **המיסך.** אורדי"ר: **בתי נירין.** ליל"ש שנתן שני חוטין בתוך הבית ניר ובגוזז ובמלבן וכולהו איך מפרש שיעורן לקמן בפרק האורג: **הפוצע.** מנתק פעמים שיש בשני חוטין יותר מדאי ומנתק מהן ומקלישן לצורך והני כולהו ממיסך ואילך עד קושר ומתיר שייכי ביריעות ולקמן מפרש מאי קושר ומאי מתיר איכא: **והתופר וקורע.** ביריעות הוא: **על מנת לתפור.** פעמים שהנקב עגול ואיט יכול לתופרו יפה אא"כ קורעו כדמפרש בגמרא אבל קורע שלא לתפור לא הוי במשכן: **הצד את הצבי.** וכל מלאכה שרו עהגת בתחשים למשכן בעורותיהן: **המולחו.** לעור: **ממחקו.** מגרר שערו: **מחתכו.** מקלעו ומחתכו לרצועות וסנדלים: **כותב ומוחק.** לקמן (דף קג:) מפרש למאי מיבעיא למשכן שכן רושמין על קרשי המשכן לידע איזה בן זוגו וכותב אות בזו ואות בזו ומוחק פעמים שטעה: **מכבה ומבעיר.** באש שתחת הדוד של סממנין: **מכה בפטיש.** הוא גמר כל מלאכה שכן אומן מכה בקורנס על הסדן להחליקו בגמר מלאכה ומתניתין נמי לא מיחייב ליה אלא בגמר מלאכה:

גמרא

תוספות

אלא לאו רישא בע"ז וסיפא בשאר מצות. תימה לר"י דלוקמא סלה בשאר מצות ומאי מה שאין כן בשאר מצות כגון שחט וזרק בחוץ דאיט חייב אלא אחת כדאמר אביי בפרק אחד דיני ממונות (סנהדרין לד:) שם תעשה עשאן הכתוב עשיה אחת ור' אבהו נמי דפליג מודה דלרבי ישמעאל בשחיטה וזריקה ולר' עקיבא בהעלאה וזריקה דאיט חייב אלא אחת דמחד קרא נפקי ושגג בלא מתכוין כגון שנתכוין לשחוט בהמת חולין והיה צריך לשל חולין ונמלאת(ד) של קדשים דכוותה בשבת נתכוין לחתוך תלוש ונמלא מחובר ולא היה צריך אלא לתלוש דפטור דמלאכת מחשבת בעינן וי"ל דלא מלינן לפרושי הכי דמשמע דפטור בשבת לפי ששגג בלא מתכוין דכה"ג אפילו נתכוין למחובר זה ונמלא מחובר אחר פטור דאין זה מלאכת מחשבת וליכא לאוקמי נמי דמיירי כשנעשה מחשבתו כגון שהיה צריך לחתוך מה שחתך אלא שהיה סבור שהוא תלוש ונמלא שהוא מחובר הא ליכא למימר דכה"ג אם פטור לענין שבת מאשר חטא בה פטור נמי לענין חוץ ומיהו עוד קשה דלוקמא טולה בשאר מצות כגון(ה) כרבע לזכר ורבע את הזכר והבא על הבהמה והביא בהמה עליו דבין לאביי ובין לר' אבהו לר' עקיבא איט חייב אלא אחת והשתא שגג בלא מתכוין מיתוקם שפיר דמיפטר בשבת מאשר חטא בה וכגון שנעשית מחשבתו וגבי עריות לא מיפטר שכן נהנה:

העושה שני בתי נירין. לריך לפרש למה פירש כאן ובאורג* ובפולע ובתופר ובכותב שיעור טפי מבשאר:

הקושר והמתיר. ל"ע אי מיחייב במתיר שלא על מנת לקשור אי לא ומדלא תני ליה כדתני מוחק ע"מ לכתוב אין לדקדק דהכי נמי לא קתני סותר ע"מ לבנות ובפ' במה מדליקין (לעיל לא:) אמרינן בהדיא דבעינן סותר ע"מ לבנות ולפי מה שפירש רש"י בגמרא (דף עד:) דאי מתרמי ליה תרי קיטרי בהדי הדדי בשני חוטין זה אצל זה שרי חד ומניח חד משמע דמיחייב בלא על מנת לקשור ולשון קטר לא משמע כפירושו אבל ר"ת פירש וכן משמע בירושלמי כשנפסק חוט בשני מקומות ונקשר מתירין ב' הקשרים ומשליכין לחוץ האמלעי וחוזרין וקושרין שתי הראשים זה בזה ואין בו אלא קשר א' ולפי זה משמע דבעי מתיר ע"מ לקשור והא דלא תני ליה במתיר ובסותר פירשתי בפרק ב' (דף לא:) ד"ה וסותר:

מכדי

עין משפט נר מצוה

כו א מיי' פ"ב מהלכות שגגות הלכה ז:

כז ב מיי' פ"א מהלכות שבת הלכה ח:

כח ג מיי' פ"ז מהלכות שבת הלכה א סמג לאוין סה:

רבינו חננאל

דאמר פטור מאי איכא למימר ואמרינן לא משכחת שגג בלא מתכוין לע"ז אלא באומר מותר. פי' כגון מי שנעלם ממנו עבודת אלהים אחרים ששכח הכל לגמרי שנמצא בידו העלם אלהים אחרים והעלם עבירות ואומר שמותר. וכי האי גוונא בע"ז (אחרינא) חייב בשבת פטור לגמרי ואקשי' ומי איכא למימר דפטור לגמרי דהא עד כאן לא בעא מיניה רבא מרב נחמן העלם זה וזה בידו. פי' העלם שבת והעלם מלאכות בידו מהו אלא לחיובי חדא או תרתי אבל למפטריה לגמרי לא והדרנו לפרק פירוק אחר משום דקשיא דלא מיתוקמא סיפא דהא מתניתין בע"ז אוקמי הכי רישא בע"ז דקתני עשה שתים בהעלם א' בשבת חייב ב' משא"כ בע"ז שאם זיבח וקיטר וניסך בהעלם א' אינו חייב אלא אחת כר' אמי אבל סיפא דקתני בשאר מצות שגג בלא מתכוין חייב משא"כ בשבת דפטור. בשאר מצות דלאו ע"ז היא והיכי דמי כגון שהי' סבור שהוא שומן ואכלו ונמצא חלב. כגון זה בשאר מצות הוא דחייב. אבל בשבת כי האי גוונא נתכוון לחתוך בתלוש וחתכו ונמצא דמחובר לקרקע פטור ודחי אביי ואמר לא כי האי גוונא (לע"ז) לעולם אימא לך חייב והיכי דמי שגג בלא מתכוין דבשאר מצות חייב ובשבת פטור. כגון שנתכוון בבליעה דרוק ובלעת ונמצא חלב שאע"פ שלא נתכוין לאכילה דחייב בשאר מצות ובשבת כה"ג דנתכוין להגביה דבר תלוש והגביהו ונמצא שחתכו מן המחובר [פטור] אבל אם נתכוין לחתיכה בעלמא חייב. (כגון) [וכ"ש] בשאר מצות אם נתכוין לאכילה בעלמא [חייב] וכדר' נחמן דאמר המתעסק בחלבין ובעריות אע"פ שלא נתכוון חייב שכבר נהנה. והמתעסק בשבת פטור. מלאכת מחשבת אסרה תורה. ור' יוחנן התם בפרק ארבע מיתות כדתני תנא הדא מתניתין קשיה דהאה ואמר לית פרק תני לברא. דכל מתניתין דלא מיתוקמא רישא וסיפא בחד טעמא לאו מתנית' תרצתא היא. ר' יוחנן לטעמיה דאמר בסוף פרק המפקיד מאן דמתרגם לי חבית אליבא דחד תנא מובילנא מאניה בתריה לבי מסותא: **נתכוון** לזרוק ב' וזרק ד' אמות (רבא) [רבה] אמר (חייב) [פטור] אביי אמר (פטור) [חייב] פשוט' היא ומקשינן (לרבא) [לרבה] מתנית' דקתני ארבעים חסר אחת ואמר ר' יוחנן עלה שאם עשאן כולם בהעלם אחד חייב על כל אחת ואחת ולא משכחת כהאי גוונא דחייב בכולן אלא בזדון שבת ושגגת מלאכות בשלמא לאביי דאמר כי האי גוונא חייב [כו'] [וקא טעה] בשיעורין כגון זריקת ב' אמות וזריקת ד' וכיוצא בהן אלא (לרבא) [לרבה] דאמר כל כה"ג פטור היכי משכחת [לה] בזדון [שבת] ושגגת מלאכה הניחא אליבא דר' יוחנן דאמר כיון ששגג בכרת אע"פ שהזיד בלאו משכחת לה דידע דאיסור השבת בלאו אלא לר"ל דאמר עד שישגג בלאו וכרת היכי משכחת לה ושנינן דידע לה בתחומין ואליבא דר' עקיבא כמו שאמרנו למעלה. דאביי אליבא דר' יוחנן פשוטה היא אלא אפילו לריש לקיש כיון דסבר אביי כשנתכוון למקצת האיסור בשגגת איסורו ונזדמן לו כל האיסור חייב כגון המתכוון לזרוק ב' אמות שהן מקצת איסורו כי האיסור ד' אמות ונתכוון לזרוק שתים מתוך ארבע (תיזורק) [ונזדמן] לו שורק ד' חייב. מוקים לה אליבא דר"ל בסביר את השבת באיסור מלאכות ויודע (בשיעורן) [בכולן] ושגג בלאו שבשיעור: **אבות** מלאכות ארבעים חסר אחת למה

מסורת הש"ס

[כ"ק כו: ע"ש]

[לעיל סט. ע:]

לעיל ז: מט: סט. ע: לקמן לו: כ"ק ב. [כריתות ב:]

[פי' מותח חוטי השתי]

[לקמן קה.]

לעיל ב: [שבועות ה:]

[שם ע:]

[עמ"ש נויל עג: על אגליון]

[מ"ע שם כ"ע, לגי לא]

הגהות הב"ח

(א) גמ' רבא אמר פטור דהא לא קמיכוין: (ב) שם תרתי לא מיזדרקא ליה: (ג) שם משכח' לה דידע לאיסורא דשבת וידע לה לאיסור מלאכות: (ד) תוס' ד"ה אלא וכו' לשל חולין ונמלאת אחרת והיא של קדשים וכו' תלוש זה ונמלא מחובר אחר ולא: (ה) בא"ד בשאר מצות כגון רבע על הזכור והביא עליו זכור והבא על הבהמה. נ"ב עי' פרק ד' מיתות דנ"ד:

גמ' מנינא למה לי *א"ר יוחנן *שאם עשאן כולם בהעלם אחד חייב על כל אחת ואחת: הזורע והחורש: מכדי מכרב כרבי ברישא ליתני חורש והדר ליתני זורע *תנא בארץ ישראל קאי דזרעי ברישא והדר כרבי תנא "הזורע והזומר והנוטע והמבריך והמרכיב כולן מלאכה אחת הן מאי קמ"ל *[הא קמ"ל] העושה מלאכות הרבה מעין מלאכה אחת אינו חייב אלא אחת. א"ר *אחא א"ר חייא בר אשי א"ר אמי "זומר חייב משום נוטע והנוטע והמבריך והמרכיב חייב משום זורע משום זורע אין משום נוטע לא אימא אף משום זורע אמר *רב כהנא "זומר וצריך לעצים חייב שתים אחת משום קוצר ואחת משום נוטע א"ר יוסף האי מאן דקטל אספסתא חייב שתים אחת משום קוצר ואחת משום נוטע אמר אביי האי מאן דקניב סילקא חייב שתים אחת משום קוצר ואחת משום (א) זורע: והחורש: תנא "החורש והחופר והחורץ כולן מלאכה אחת הן אמר רב ששת "היתה לו גבשושית ונטלה בבית חייב משום בונה בשדה חייב משום חורש *אמר רבא היתה לו גומא וטממה בבית חייב משום בונה בשדה(ג) משום חורש *אמר רבי אבא "החופר גומא בשבת ואינו צריך אלא לעפרה פטור עליה ואפילו לרבי יהודה דאמר *מלאכה שאינה צריכה לגופה חייב עליה ה"מ מתקן האי מקלקל הוא: והקוצר: תנא "הקוצר הבוצר *והגודר והמסיק והאורה כולן מלאכה אחת הן אמר רב פפא האי מאן דשדא פיסא לדיקלא ואתר תמרי חייב שתים אחת משום תולש ואחת משום מפרק רב אשי אמר אין דרך תלישה בכך ואין דרך פריקה בכך: והמעמר: אמר *רבא האי מאן דכניף מילחא ממלחתא חייב משום מעמר אביי אמר *אין עימור אלא בגידולי קרקע: והדש: תנא הדש והמנפץ *והמנפט כולן מלאכה אחת הן: הזורה הבורר והטוחן והמרקד: *היינו זורה היינו בורר היינו מרקד אביי ורבא דאמרי תרוייהו כל מילתא דהויא במשכן אע"ג

רש"י

גמ' מנינא למה לי. ליתני אבות מלאכות הזורע והחורש כו' ולמה חזינא לי ארבעין *ניתנו: **שאם עשאן כו'.** וכא להודיעך שלא נתעלמו כל הלכות שבת ממנו(ג) חייב כמה חטאות עליו: **מכרב כרבי.** תרשין *בפ"י. קשה היא ואין יכול לכסות בלא חרישה ולאשמועינן דהא נמי חרישה היא: **כולן מלאכה אחת הן.** דזומר נמי לצמוחי אילנא הוא ונפקא מינה דאי עבד ליה כולן בהדי זורע לא מיחייב אלא חדא דהשתא מלאכות הרבה ט' זורע אב מלאכה וטעם נמי אב מלאכה הוא דהייתו זורע אלא שזה בזרעים וזה באילנות וכן מבריך ומרכיב אבל זומר תולדה: **זומר חייב.** משום תולדת נוטע דלצמוחי עביד: **ונוטע.** גופיה וכן מבריך ומרכיב: **חייב משום זורע.** כלומר איהו נמי זורע הן אלא שזה בזרעים וזה באילנות: **משום נוטע לא.** אמבריך ומרכיב קאי: **אימא אף משום זורע.** דהך זריעה באילנות הוא עביד ליה בהדי זורע מיחייב חדא ותו לא: **זומר.** להצמיח הגפן: **וצריך לעצים.** להסקה משום דצריך להם הויא תולדה דקוצר דצריך נמי לקצור: **דקטל אספסתא.** שחת וקוצרין אותו ג' פעמים בחדש וחוזר וצומח: **דקניב סילקא.** חותך תרדין מן המחובר וחוזרין וגדלין: **החופר.** עושה חריצין בקרקע: **מלאכה אחת הן.** אינו חייב אלא אחת דכולהו לרפויי ארעא עבידי: **גבשושית.** תל קטן: **בבית.** שייך בנין שמתכוין להשוות קרקעיתו: **משום חורש.** דמרפי ארעא: **גומא וטממה.** במפר הייתו חורש שהעפר שמילאה בו הוי רפוי וטוב לזריעה והשוה לקרקע להיות נזרע עם השדה: **אלא לעפרה.** לכסות צואה: **פטור עליה.** ואין כאן משום בנין בבית דקלקול הוא ולזריעה נמי לא חזיא אבל אם היה צריך לה חייב משום בונה: **לרבי יהודה.** בפרק המצניע (לקמן צג:) גבי מוציא את המת במטה: **מתקן.** כמו מוציא את המת לקוברו דאינו לריך לגופה דהוצאה ולא למת אלא לפנות ביתו והוצאה הצריכה לגופה כגון שהוא צריך לתקן זה במקום אחר: **מקלקל הוא.** את ביתו: **גודר.** בתמרים: **ומוסק.** בזיתים: **אורה.** בתאנים: **דשדא פיסא לדיקלא.** זרק פיסת רגבים לדקל: **ואתר תמרי.** הסיר התמרים: **תולש.** תולדה דקוצר: **מפרק.** תולדה דדש שמפרק תבואה משבליה לשון פורק מן האמור דישקא"ר בלע"ז רבינו לוי וגם בתשובת רבינו משולם הגאון מצאתי כן ואף זה מפרק התמרים מן המכבדות: **אין דרך תלישה ופריקה בכך.** על ידי זריקה אלא או ביד או בכלי ותולש כלאחר יד הוא ופטור: **דכניף מלחא ממלחתא.** שצבר מלח ממשרפות מים דמתרגמינן חרילי ימא (יהושע יא) שממשיך לתוכו מים מן הים והחמה שורפתן והן נעשין מלח ואותו חריץ קרי מילחתא: **משום מעמר.** שאף הוא כמאסף בשבלין הוא: **המנפץ.** פשתן בגבעולין: **והמנפט.** צמר גפן בקשת כדרך האומנין וצמר גפן גידולי קרקע הוא להכי קרי ניפוט דיליה תולדה דדש שמפרק גרעינין ממנו ולא קרי ליה תולדת מנפץ דצמר: **ה"ג היינו זורה היינו בורר היינו מרקד. היינו.** כמו הי ניהו כלומר דמפליג להו תנא דמתניתין לתלת והלא כולן מלאכה אחת הן דמפריש אוכל מן הפסולת:

תוספות

מכדי מכרב כרבי ברישא והדר ט'. לא שייך למידק הכי בהא דקתני המכבה ברישא והדר המבעיר דהכא כל סידורא דפת נקט כסדר לבד מחרישה: **משום** זורע. אין להוכיח מכאן דלריך להתרות אתולדה משום אב דהא לא קאמר שצריך להתרותו משום זורע אלא דאם התרה בו משום זורע דחייב אבל אם התרה בו משום תולין (לקמן קלח.) משמע קצת דלריך להתרות אתולדה משום אב דקאמר משמר משום מאי מתרינן ביה (שיהא חייב) רבה אמר משום בונה רבי זירא אמר משום מרקד וגם זה יש לדחות דהכי פירושו משום מאי מתרינן ביה שיהא חייב רבה אמר משום בונה אבל אם התרה בו משום מרקד פטור כיון דמתרהו משום דבר שאינו דומה לו הוא סבר שהוא מלעיג בו ופטור אבל אם התרה בו סתם אל תעשה חייב ונראה שגם ר"ת רולה לפרש כן ועוד ראיה דבריש בבא קמא (דף ב.) קאמר ולר' אליעזר דמחייב אתולדה במקום אב אמאי קרי ליה אב ואמאי קרי ליה תולדה ולא משני דלהכי קרי ליה אב דלריך להתרות אתולדה [משום] אב*:

זומר ולריך לעצים חייב שתים. והא דאמר בפ' זה בורר (סנהדרין דף כו.) תו חזיוה להאות גברא דהוה קא כסח אמר להו כהן ומזיד הוא ומהדרו ליה יכול לומר לעגל בית הבד אני לריך אף על גב דהוא אמר חייב משום נוטע התם מיירי בכה"ג שאין האילן מיתקן בכך אלא מקלקל:

ולריך לעצים. נראה דאפילו לר' יהודה דמחייב מלאכה שאינה לריכה לגופה בענין לעצים דלא מיקרי בענין זה *מידי דהוה אקורע על מנת לתפור ומוחק על מנת לכתוב וכדאמר רבי יוחנן לקמן בפ' תולין (דף קמח.) אחד כבשים ואחד שלקות שסחטן לגופן מותר למימיהן חייב חטאת ואמאי שרי לגופן ליהוי כמלאכה שאינה לריכה לגופה אלא טעמא לפי שאין דרך דישה בכך:

ואחת משום מפרק. אין נראה לר"י כמו שמפרש רש"י שמפרק האילן ממשאו מן הפירות שעליו אלא כמו שפירש רבינו שמואל שיש על התמרים קליפה העליונה וכשהוא מכה בתמרים מפרק את הקליפה מן התמרים והוי כמו דש שמפרק את התבואה מן השבולת:

מפרק - פירש"י דהוה תולדה דדש וקשה לר"ת דבשילהי המלגיע (לקמן נה.) אמר דחולב חייב משום מפרק ואי הוה תולדה דדש הא אמר לקמן* גבי הפולע חלזון דלרבנן אין דישה אלא בגידולי קרקע ואין לומר דדוקא חלזון שהוא דג פטרי רבנן דלא הוי גידולי קרקע אבל בחולב מחייבי דבהמה חשיבא גידולי קרקע כדמוכח בריש בכל מערבין (עירובין דף כז:) דהא [ע"כ טעמא דרבנן משום] דילפינן להו מסממנין שבמשכן דאין דישה אלא בגידולי קרקע *לגבי דבר הגדל ממש מן הקרקע לא חשיבא בהמה גידולי קרקע כדאמרינן בהשוכר את הפועלים (ב"מ פט:) מה דיש מיוחד שהוא גידולי קרקע ופועל אוכל בו אף כל כו' יצא החולב והמגבן כו' ודוחק לומר דברייתא דהמלגיע אתיא כר"י דפליג לקמן אדרבנן ונראה לר"ת דמפרק חייב משום ממחק דכשחולב ממחק את הדד ומחליקו ואין נראה לר"י דבפרק חבית (לקמן קמד:) אמרינן חולב אדם לתוך הקדרה אבל לא לתוך הקערה ולר"ת מה לי לתוך הקדרה מה לי לתוך הקערה ולפירוש הקונטרס א"ש דמעיקרא כשהיה בדדין חשיב אוכל וכשחולב לתוך הקדרה (דהשתא) כמי הוי אוכל ולא דמי לדש שנשתנה ונראה דלפירוש הקונטרס הלכה כרבי יהודה דהאמר בפרק אע"פ (כתובות ס.) *)אמר רבי מריטס גונח יונק חלב בשבת מ"ט מפריק כלאחר יד הוא ובמקום לער לא גזרו רבנן ופסיק התם רב יוסף הלכתא כרבי מריטס ואין נראה לומר דאף לרבנן אסור מדרבנן דמיחזי כמפרק ואף על גב דלא שרי אלא מדרבנן לא שרי אלא משום דהויא תרתי כלאחר יד ובמקום לער: [ועי' תוס' כתובות ס. ד"ה מפרק והתוס' יבמות קיד. ד"ה וקסבר]

*) נ"ל תני

רבינו חננאל

למה לי למיתנא מנינא [ט'] חסר אחת אסו עד האידנא מי לא ידעינן מניינו ומשני ר' יוחנן שאם עשאןכולם בהעלם אחד חייב על כל אחת ואחת. (ת"ש) [תנא] הזורע והזומר והנוטע והמבריך והמרכיב כולן מלאכה אחת הן (קס"ד) [קמ"ל] כי העושה מלאכות הרבה מעין מלאכה אחת אינו חייב אלא חטאת אחת שמעי' מינה שאלו השניים במשנתנו חשובין אבות והשאר הן תולדות וכל העושה אב ותולדתו אינו חייב אלא אחת. והעושה ב' אבות או ב' תולדות דלאו אב אחד [חייב] שתים. ומיפרשא בגמ' דהורק דר' אלעזר מחייב בגמ' דכריתות אתולדה במקום אב דידיה תרתי ולית הלכתא כוותיה. ואסיק' מדוקיא דמתני' דמאן דעביד כל מלאכות שבעולם ואפילו אלף מלאכות אינו חייב יותר מארבעים חסר אחת חטאות שהכל נכללים בכלל אבות ובתולדותיהן הללו: ירושלמי כל דבר שהוא משביח הפרי חייב משום זורע. המבריך. המרכיב. והמקרסם. המזרד. המפסל. המזהם. המפרק. המעשן. המתלע. הקוסם. הסך. המשקה. המנקב. והעושה בתים. חייב משום זורע: אמרינן משמיה דרב הזומר חייב משום נוטע והנוטע והמבריך והמרכיב חייב משום זורע. שמעינן מינה מדמוקים המבריך והמרכיב משום נוטע ואף משום זורע דיש תולדה לתולדה. וכולן נכללין בכלל אב אחד. הנוטע וולד הוא של זורע. כי הנוטע נועץ יחור של אילן בארץ ומתגדל כגון המפיל הזרע לארץ וצומח והזומר המקום שזומר באילן מתגדל המקום ההוא ומוסיף פירות ונמצא כנוטע לפיכך אמרינן בזומר חייב (שתים) משום נוטע ואם הוא זומר וצריך לעצים ונמצא כשזומר חייב משום נוטע כמו שאמרנו ובנטילתו העצים נמצא כקוצר. לפיכך בזומר וצריך לעצים חייב שתים. משום נוטע ומשום קוצר וכן מאן דקטיל אספסתא ומאן דקניב סילקא כולן דרך אחת הן וחייב שתים. בזמן שיש שיעור קצירה ושיעור זריעה. פי' המבריך התופר בארץ ומבריך היחור ושומנו לעפר ומוציא ראש היחור במקום רחוק. החורש החורץ. החופר כולן מלאכה אחת הן. אסיקנא כל אלו משום חרישה. כל שהוא ליפות הקרקע בשדה חייב משום חורש וכל שהן בבית להשוות חייב משום בונה. אבל להשוות קרקע השדה חייב משום חורש.

[ועי' תוס' לקמן נו: ד"ה ולר"א דמחייב וככ"ק ב. ד"ה ולר"א]

רב נסים גאון ואפילו לר' יהודה דאמר מלאכה שאינה צריכה לגופה חייב עליה הני מילי מתקן והאי מקלקל הוא כבר פירשנו בפרק א' עיקר דבריו של ר' יהודה אבל מקלקל הוא והוזו ישנינו במשנת בפרק ר' אליעזר אומר האורג (לקמן דף קה) וכל המקלקלין פטורין:

עין משפט נר מצוה

כב א מיי' פ"ז מהלכות שבת הלכה ח ופ"ו מהלכות שגגות הלכה ג:
ל ב מיי' פ"ח מהל' שבת הלכה ג ו' הלכה ט:
לא ג מיי' פ"ח מהלכות שבת הלכה ג:
לב ד מיי' פ"ח מהלכות שבת הלכה ד:
לג ה מיי' פ"ח מהלכות שבת הלכה ג:
לד ו מיי' פ"ח מהלכות שבת הלכה ה:
לה ז מיי' פ"ח מהלכות שבת הלכה יז:
לו ח מיי' פ"ח מהלכות שבת הלכה ד:
לז ט מיי' פ"ח שם:
לח י מיי' פ"ח מהלכות שבת הלכה:

§ מסכת שבת דף עג: §

אות א'

שאם עשאן כולם בהעלם אחד, חייב על כל אחת ואחת

רמב"ם פ"ז מהל' שבת ה"ח - כיצד הרי שחרש וזרע וקצר בשבת בהעלם אחד, חייב שלש חטאות; ואפילו עשה הארבעים חסר אחת בשגגה, כגון ששכח שאלו המלאכות אסורות לעשות בשבת, חייב על כל מלאכה ומלאכה חטאת אחת.

רמב"ם פ"ז מהל' שגגות ה"ג - וכל היודע שהיום שבת, ושגג במלאכות, ולא ידע שמלאכות אלו אסורות, או שידע שהן אסורות, ולא ידע שחייבין עליהן כרת, ועשה מלאכות הרבה, חייב חטאת על כל אב מלאכה ומלאכה, אפילו עשה הארבעים חסר אחת בהעלם אחת, מביא שלשים ותשע חטאות.

אות ב'

הזורע והזומר והנוטע והמבריך והמרכיב כולן מלאכה אחת הן

רמב"ם פ"ז מהל' שבת ה"ג - וכן אחד הזורע זרעים או הנוטע אילנות או המבריך אילנות או המרכיב או הזומר, כל אלו אב אחד הן מאבות מלאכות וענין אחד הוא, שכל אחת מהן לצמח דבר הוא מתכוין.

רמב"ם פ"ז מהל' שבת ה"ט - העושה מלאכות הרבה מעין מלאכה אחת בהעלם אחד, אינו חייב אלא חטאת אחת; כיצד, הרי שזרע ונטע והבריך והרכיב וזמר בהעלם אחד, אינו חייב אלא חטאת אחת, שכולן אב אחד הן, וכן כל כיוצא בזה.

אות ג'

זומר חייב משום נוטע

רמב"ם פ"ח מהל' שבת ה"ב - הזורע כל שהוא חייב, הזומר את האילן כדי שיצמח, הרי זה מעין זורע.

אות ד'

זומר וצריך לעצים חייב שתים, אחת משום קוצר ואחת משום נוטע

רמב"ם פ"ח מהל' שבת ה"ד - כל זרע שקצירתו מצמחת אותו ומגדלתו, כגון אספסתא וסלקא, הקוצרו בשגגה חייב שתי חטאות, אחת מפני שהוא קוצר, ואחת מפני שהוא נוטע; וכן הזומר והוא צריך לעצים, חייב משום קוצר ומשום נוטע.

אות ה'

החורש והחופר והחורץ כולן מלאכה אחת הן

רמב"ם פ"ז מהל' שגגות ה"ב - כל אלו המלאכות וכל שהוא מענינם, הם הנקראין אבות מלאכות, כיצד הוא ענינן, אחד החורש או החופר או העושה חריץ, הרי זה אב מלאכה, שכל אחת ואחת מהן חפירה בקרקע, וענין אחד הוא.

אות ו'

היתה לו גבשושית ונטלה... בשדה חייב משום חורש

רמב"ם פ"ח מהל' שבת ה"א - וכן המשוה פני השדה כגון שהשפיל התל ורדדו או מילא הגיא, חייב משום חורש, ושיעורו כל שהוא, וכן כל המשוה גומות שיעורו כל שהוא.

אות ז'

החופר גומא בשבת ואינו צריך אלא לעפרה, פטור עליה

רמב"ם פ"א מהל' שבת הי"ז - חפר גומה ואינו צריך אלא לעפרה, [א]הרי זה מקלקל ופטור, אף על פי שעשה מלאכה, הואיל וכוונתו לקלקל פטור.

אות ח'

הקוצר הבוצר והגודר והמסיק והאורה, כולן מלאכה אחת

רמב"ם פ"ז מהל' שבת ה"ד - וכן אחד הקוצר תבואה או קטנית או הבוצר ענבים או הגודר תמרים או המוסק זיתים או האורה תאנים, כל אלו אב מלאכה אחת הן, שכל אחת מהן לעקור דבר מגידוליו מתכוון, ועל דרך זו שאר האבות.

באר הגולה

[א] וטעם הקלקול הוא לר' יהודה כדאיתא התם. ומכאן שאם היתה הגומא במקום שאין בו קלקול, אע"פ שאינו צריך לה, חייב עליה לדעת רבינו ז"ל שפסק כר"י, וזה פשוט – מגיד משנה›

אות ט'

אין עימור אלא בגידולי קרקע

סימן שמ ס"ט - [ב]**אסור לקבץ מלח ממשרפות המלח** - שיש מקומות שממשיך לתוכן מים מן הים, והחמה שורפתן והן נעשין מלח, **שדומה למעמר** - דמלאכת מעמר הוא לאסוף השבולין, וגם הוא כעין זה, ולכך אסור מדרבנן, **אבל** עימור גופא ליכא, דאין עימור אלא בגידולי קרקע.

ודוקא במקום המשרפות, ששם הוא מקום גידולו של המלח, דומיא דשבלין שבשדה, **אבל** אם נתפזר במקום אחר, מותר לקבצן למקום אחד.

וכן אסור לקבץ כל דבר ממקום גידולו - היינו פירות וירקות ועצים ועשבים וכל דבר הגדל מן הקרקע, **ובזה** חיובא נמי איכא כשמקבצן במקום גידולן, דזהו מלאכת מעמר גופא, **והאי** דנקט המחבר בלשון "אסור", להורות לנו דשלא במקום גידולן, כגון שנתפזרו פירות בבית, אפילו איסורא נמי ליכא, כשמקבצן יחד.

ושומרי גנות ופרדסים צריכין ליזהר מאד בזה, אפי' בפירות שנשרו מבעוד יום, שלא לאספן בשבת, אפילו מעט, כי יש בזה חיוב חטאת, דשיעור עימור הוא שיעור קטן מאד, **וכמו** שכתב הרמב"ם: המעמר אוכלין: אם לאכילה, שיעורו כגרוגרת; ואם לבהמה, שיעורו כמלא פי הגדי; ואם להסקה, שיעורו כדי לבשל ביצה.

אות י'

היינו זורה היינו בורר היינו מרקד, אביי ורבא דאמרי תרוייהו: כל מילתא דהויא במשכן, אע"ג דאיכא דדמיא לה, חשיב לה

רמב"ם פ"ח מהל' שבת הי"א - הזורה או הבורר כגרוגרת חייב, והמחבץ הרי הוא תולדת בורר, וכן הבורר שמרים מתוך המשקין הרי זה תולדת בורר או תולדת מרקד וחייב; שהזורה והבורר והמרקד דומין ענייניהם זה לזה, ומפני מה מנו אותן בשלשה, מפני שכל מלאכה שהיתה במשכן מונין אותה בפני עצמה.

---

§ מסכת שבת דף עד. §

אות א' - ב'

בורר ואוכל ביד בורר ומניח ביד; בקנון ובתמחוי לא יברור, ואם בירר פטור אבל אסור; ובנפה ובכברה לא יברור, ואם בירר חייב חטאת

בורר ואוכל אוכל מתוך הפסולת, בורר ומניח אוכל מתוך הפסולת

סימן שיט ס"א - הנה בורר הוא אחד מל"ט אבות מלאכות של שבת, וחייבין עליה ג"כ חטאת בשוגג ומיתה במזיד, כמו על שאר מלאכות, ובעו"ה הרבה אנשים נכשלין באיסור בורר, וע"כ אראה לבאר אותה בעז"ה בכל פרטיה, ואקדים לזה הסימן הקדמה קצרה, והוא: **אין** חל איסור בורר מן התורה כי אם באחד משלשה אופנים, שאז דרך ברירה היא כן בחול, **א)** אם בורר פסולת מן האוכל, אפילו בורר בידו ודעתו לאכול מיד, ג"כ חייב, שזהו דרך ברירה בחול לברור הפסולת מן האוכל, **ב)** אם הוא בורר בכלי שדרך לברור בה, כגון בנפה וכברה, חייב אפילו הוא בורר האוכל מן הפסולת ודעתו לאכול מיד, שכן דרך הבורר בכלי, פעמים הוא בורר האוכל מן הפסולת, כגון שנקבי הכברה דקין והאוכל הוא גס, ופעמים הוא להיפוך, **ואם** הוא בורר בכלי שאין דרך לברור בה, פטור אבל אסור וכדלקמיה, **ג)** אפילו אם הוא בורר אוכל מן הפסולת ובידו, אך שדעתו לאכול לאחר זמן, חייב, **ואינו** מותר לברור כי אם באופן שיזהר בכל ג' אופנים, דהיינו שיברור האוכל מן הפסולת, וגם שהברירה יהיה בידו ולא בכלי, וגם שיהיה דעתו לאכול מיד, שאז לאו דרך ברירה היא אלא דרך אכילה היא - אלו עיקרי הכללים שבסימן זה, ויתר הפרטים נבאר אי"ה בסימן הבא.

[א]**הבורר אוכל מתוך פסולת, או שהיו לפניו שני מיני אוכלים ובורר מין ממין אחר, בנפה ובכברה, חייב** - שזהו דרך ברירתו, ואפילו היה בדעתו לאכול לאלתר.

מין ממין אחר - (לענין חיובא דנפה וכברה, אין חילוק בין אם בירר אותו המין שהיה רוצה לאכול, והמין השני נשאר על מקומו, או להיפוך, וכן כשדעתו לאכול שניהם לאלתר, **אבל** לענין התירא כשבירר בידו, אינו מותר רק כשבירר אותו המין שרוצה לאכול ולא להיפוך, כי זה המין חשוב כאוכל והשני חשוב כפסולת).

(**עיין בפמ"ג שכתב, דבדיעבד אם בירר, י"ל דאסור לאותה שבת, דנהנה ממלאכת שבת, אולם לפי מה שכתב הגר"א לעיל בסימן שי"ח ס"א, (דפסק כדעת ר"מ, דבשוגג מותר לו ולאחרים מיד), אין להחמיר בשאר מלאכות בשוגג לענין דיעבד).**

בקנון ובתמחוי, פטור אבל אסור - דהוי בורר כלאחר יד, דעיקר ברירה אינו אלא בנפה וכברה, [רש"י].

באר הגולה

ב שם ע"ג, ואיסורא איכא אף לאביי דפליג שם כיון דאינה גדולי קרקע, ב"י א שבת ע"ד והרמב"ם

כלל גדול פרק שביעי שבת עד

עין משפט נר מצוה

לט א ב מיי' פ"ח מהל' שבת הלכה יב סמג לאוין סה טוש"ע או"ח סימן שיט סעיף א:
מ ג מיי' שם הלכה יג טוש"ע שם סעיף ד:
מא ד מיי' שם הלכה יב טוש"ע שם סעיף א ב:
מב ה מיי' שם הלכה יג טוש"ע שם סעיף ג:
מג ו מיי' שם טוש"ע שם סעיף ה:

מסורת הש"ס

[נדרים נה: ועי' כרין פסח דקרי לאביי נחמני ועי' פירש"י גיטין לד:]

אע"ג דאיכא דדמיא לה חשיב לה וליחשב נמי כותש אמר אביי שכן עני אוכל פתו בלא כתישה רבא אמר הא מני רבי היא דאמר אבות מלאכות ארבעים חסר אחת ואי חשיב כותש הויא ליה ארבעים וליפוק חדא מהנך ולעייל כותש אלא מחוורתא כדאביי: ת"ר היו לפניו מיני אוכלין בורר ואוכל בורר ומניח ולא יברור ואם בירר חייב חטאת מאי קאמר אמר עולא הכי קאמר בורר ואוכל לבו ביום ובורר ומניח לבו ביום ולמחר לא יברור ואם בירר חייב חטאת מתקיף לה רב חסדא וכי מותר לאפות לבו ביום וכי מותר לבשל לבו ביום אלא אמר רב חסדא בורר ואוכל פחות מכשיעור בורר ומניח פחות מכשיעור וכשיעור לא יברור ואם בירר חייב חטאת מתקיף לה רב יוסף וכי מותר לאפות פחות מכשיעור אלא אמר רב יוסף בורר ואוכל ביד בורר ומניח ביד בקנון ובתמחוי לא יברור ואם בירר פטור אבל אסור ובנפה ובכברה לא יברור ואם בירר חייב חטאת מתקיף לה רב המנונא מידי קנון ותמחוי קתני אלא אמר רב המנונא בורר ואוכל אוכל מתוך הפסולת בורר ומניח אוכל מתוך הפסולת פסולת מתוך אוכל לא יברור ואם בירר חייב חטאת מתקיף לה אביי מידי אוכל מתוך פסולת קתני אלא אמר אביי בורר ואוכל לאלתר ובורר ומניח לאלתר ולבו ביום לא יברור ואם בירר נעשה כבורר לאוצר וחייב חטאת אמרוה רבנן קמיה דרבא אמר להו שפיר אמר נחמני היו לפניו שני מיני אוכלין ובירר ואכל ובירר והניח רב אשי מתני פטור רבי ירמיה מדיפתי מתני חייב רב אשי מתני פטור והא תני חייב לא קשיא הא בקנון ותמחוי הא בנפה וכברה כי אתא רב דימי אמר שבתא דרב ביבי הואי ואיקלעו רבי אמי ור' אסי שדא קמייהו כלכלה דפירי ולא ידענא אי משום דסבר אוכל מתוך פסולת אסור אי משום עין יפה הוא דמכוין חזקיה אמר הבורר תורמוסים מתוך פסולת שלהן חייב לימא קסבר חזקיה אוכל מתוך פסולת אסור שאני תורמוסים

דשלקי

רש"י

אע"ג דאיכא. אחריתי בהדה דדמיא לה חשבינהו לתרווייהו באבות ואע"ג דחדא נינהו: וליחשב נמי כותש. חטין במכתשת להסיר קליפתן דהואי במקדש בסממנין אלא לאו משום דדמיא לדש לא חשיב לה דהא נמי מיפרקה מלבוש היא: שכן עני אוכל פתו בלא כתישה. לכך אע"ג דהואי במקדש ואב מלאכה היא כיון דתנא ליה דש לא תנא לה וזורה ובורר ומרקד סידורא דפת נינהו וכיון דהוו במקדש והכא אתחיל בסידורא דפת תנינהו כדאמרינן גבי אופה דה"ל למתני מבשל ולא אופה דלא הוה במקדש אלא משום סדורא דפת נקט ואתא אוקי ואופה בפת כמבשל בסממנין אבל כתישה עשירים הוא דלתתי וכתשי לעשות סלת נקיה אבל עניים לא טרחי הלכך לא תנא לה ומיהו ודאי אב מלאכה היא ובכלל דש היא: רבי היא. דיליף לקמן בפרק הזורק (דף צז:) דברים הדברים אלה הדברים למנייהא: וליפוק חדא מהנך. או זורה או בורר או מרקד דהוו חדא ליפוק מינייהו חדא וליתני הך דהכי עדיף למיתני תרתי מהא ותרתי מהא מלמיתני ולמיכפל תלתא זימני בחדא ואיכא חדא דלא כפיל ביה מידי: היו לפניו מיני אוכלין גרסי' ול"צ שני: ולא יברור. לקמיה פריך מאי קאמר ברישא תנא בורר והדר תנא לא יברור: ולמחר. לצורך מחר: וכי מותר לאפות ולבשל לבו ביום. וה"נ אב מלאכה היא כיון דלאחרת ולמחר חייב חטאת: פחות מכשיעור. פחות מכגרוגרת: וכי מותר לאפות פחות מכשיעור. נהי דחיוב חטאת ליכא איסורא מיהא איכא דקיימא לן חצי שיעור אסור מן התורה בפרק בתרא דיומא (דף עד.) והיכי קתני בורר לכתחלה: בקנון. כלי עץ שעושין כעין ליטר רחב מלאחריו וקצר מלפניו וכעין מטבע עושים אותו והבורר בו קטנית נותן קטנית במקום הרחב ומנענעו והקטנית מפני שהוא עגול מתגלגל ויורד דרך פיו הקצר והפסולת נשאר בכלי: פטור אבל אסור. מותר לכתחלה לא הוי דדמי לברירה וחייב חטאת לא הוי דכלאחר יד הוא דעיקר ברירה בנפה וכברה אבל ביד לא דמי לבורר כלל: מידי קנון ותמחוי קתני. ה"ה נמי דפריך מידי נפה וכברה קתני אלא חדא מינייהו נקט: אוכל מתוך הפסולת. לא דרך ברירה היא: ובורר ומניח לאלתר. לאכול לאלתר שאין זה דרך בוררין: לאוצר. להצניע: נחמני. אביי: והניחא. לעיל חייב ואי בבורר מניח לאלתר מותר לכתחלה הוא ופטור אבל אסור ליכא: שבתא דרב ביבי הואי. הגיע יומו להיות עומד ומשמש על התלמידים: ושדא קמייהו. ולא רצה לברור האוכל מתוך העלין ולתת לפני כל אחד ואחד אלא שמתן והם נוטלים ואוכלים ובשעות זה נפרש האוכל מאליו: הבורר תורמוסין. לאחר ששלקן הוא בורר אוכל מתוך הקליפה:

תוספות

אע"ג דאיכא דדמיא לה חשיב (א). והא דלא חשיב שובט ומדקדק לפי *שהם לגמרי בכלל מיסך ואורג ולא חשיב נמי מנפץ אע"ג שבמשכן היו מנפצין פשתן לעשות יריעות ושאר דברים משום דהייט דש ממש אלא שזה בתבואה וזה בפשתן אבל זורה ובורר ומרקד הם שלשה דברים:

שכן עני אוכל פתו בלא כתישה. וא"ת מ"מ ליחשיב כתישת סממנין דהוה במשכן ואע"ג דעני אוכל פתו בלא כתישה לענין סממנים מלאכה חשובה היא ואומר ר"י דלאו דוקא אוכל פתו אלא ה"ה דעני צובע בסממנים בלא כתישה וא"ת מרקד נמי לא ליתני שכן עני אוכל פתו בעיסה בלוסה כדאמר בסוף פרקין ויש לומר דרוב עניים אין אוכלין בלא הרקדה אלא שלמנין אלה מצטרפין הסובין דקרינן ביה מלחם הארץ כיון דיש עניים שאוכלים בעיסה בלוסה ור"ת פירש בע"א ולא נתיישב לר"י:

היו לפניו שני מיני אוכלין גרסי'. וכן פירש ר"ח דבאוכל מתוך אוכל שייכא ברירה שבורר אותו שאינו חפץ לאכול מתוך אותו שרוצה לאכול דאותו שאינו חפץ בו חשיב פסולת לגבי אותו שחפץ לאכול וכן משמע בירושלמי דגרס הבורר אוכלים מתוך אוכלים חזקיה אמר ט':

בורר ומניח. פי' לצורך אחרים:

וכי מותר לאפות פחות מכשיעור. והמתרץ ס"ד דפחות מכשיעור האי דרך אכילה:

מתקיף לה רב המנונא מידי קנון ותמחוי קתני. פי' הקונט' דה"נ הוה מצי למיפרך מידי נפה וכברה קתני וקשה לר"י מאי קמשני רב המנונא לדידיה נמי תקשה מידי [אוכל] מתוך פסולת קתני ועוד בסמוך פירש הקונטרס והתניא חייב דהייט הך דהכא ומשני דבנפה וכברה מיירי והיכי משני הכא מידי נפה וכברה קתני ונראה לרבינו יצחק דדוקא מקנון ותמחוי פריך וה"פ מידי קנון ותמחוי קתני כיון דנחת לפרושי דיני ברירה דביד מותר ובנפה וכברה חייב חטאת לא היה לו להניח מלשנות קנון ותמחוי דפטור אבל אסור:

בורר ואוכל אוכל מתוך פסולת. משמע דאוכל מתוך פסולת אין דרך ברירה בכך וקשה דבריש פרק תולין (לקמן קלח.) אמרי' מה דרכו(ב) של בורר בורר אוכל מתוך פסולת וי"ל דהתם בפסולת מרובה על האוכל הוי אוכל מתוך פסולת דרך ברירה דהתם במשמר איירי וקשה לרשב"א דתנן בפ"ק דבילה (דף יד:) הבורר קטניות בי"ט ב"ש אומרים בורר אוכל ואוכל וב"ה אומרים בורר כדרכו ואמר בגמרא בד"א כשהאוכל מרובה על הפסולת אבל פסולת מרובה על האוכל ד"ה נוטל את האוכל ומניח את הפסולת ואי בפסולת מרובה על האוכל הוי אוכל מתוך פסולת דרך ברירה היכי שרי לב"ש הא איהו אסרי לברר כדרכו וצ"ע שם:

והתניא חייב. פי' בקונטרס דהיינו ברייתא דלעיל וקשה לר"י דלמאי דמוקמינן לה בנפה וכברה משמע דוקא לבו ביום אסור אבל לאלתר אפי' בנפה וכברה שרי ובפ"ק דבילה (גם זה שם.) משמע דבנפה וכברה אסור בכל ענין דתנן ב"ה אומרים בורר כדרכו בקנון ובתמחוי אבל לא בנפה ובכברה ולא מפליג בין לאלתר לבו ביום ועוד לכאורה לעולא דלעיל הוי בורר לבו ביום כמו לאלתר לאביי וא"כ שרי לעולא בנפהוכברה אפי' לבו ביום ונראה לר"י דברישא דלעיל איירי בבורר ביד והכא דמוקי לה בנפה וכברה בברייתא אחריתי היא ואפי' לאלתר חייב חטאת וכן משמע מתוך פירוש ר"ח דפירש שיש ג' דינין בבורר לאלתר דביד מותר לכתחלה בקנון ובתמחוי פטור אבל אסור בנפה וכברה חייב חטאת:

ולא ידענא אי משום דקסבר אוכל מתוך פסולת אסור. פי' לא ידענא מה שלא בירר תחלה קודם שהביאם לפניהן אבל אין לפרש מה שלא בירר בשעה שהגיח לפניהם דא"כ מאי קאמר אי משום דקסבר אוכל מתוך פסולת אסור דהא לכ"ע שרינן אוכל מתוך פסולת לאלתר:

הא

הגהות הב"ח

(א) תוס' ד"ה אע"ג וכו' חשיב לה והא דלא חשיב. כ"ב עיין לקמן בפ' הזורק דף צו ומביאו לעיל: (ב) ד"ה בורר וכו' דרכו של בורר נוטל אוכל ומניח פסולת:

גליון הש"ס

תוס' ד"ה אע"ג וכו' לפי שהם לגמרי בכלל מיסך. עי' לקמן דף עה ע"ב ברש"י ד"ה שובט:

רבינו חננאל

חייב משום בונה ובשורת משום חורש וקיי"ל בהני כולה כרבה. (א"ר אבא הוחפר גומא ואין צריך). פי' גבשושית תל של עפר שהיתה לו ונטלה בבית חייב משום בונה כו'. [אמר ר' אבא החופר גומא ואין צריך] לחפור חפירה אלא לעפר בעלמא בלבד הוא צריך. נטילת העפר אינה מלאכה משום חפירה אינו חייב שהרי לא נתכוין לחפירה. ואפילו לר' יהודה דאמר מלאכה שאינה צריכה לגופה חייב עליה ה"מ במתקן אבל האי דחופר מקלקל הוא בין בבית (א) בין בשדה. וכי האי מילתא אמרו בהכל חייבין בראיה (חגיגה י') שהן כהררי התלויין בשערה. מקרא מעט והלכות מרובות: ת"ר הקוצר הבוצר הגודר האורה כולן מלאכה אחת הן. פי' פיסה צרור של אדמה ולענין הלכה מאן דשרא פיסא לדיקלא ואתר תמרי קיי"ל כרב אשי דאמר אין דרך תלישה ולא דרך פריקה בכך. הא דאמר רבה מאן דכניף מילחא ממלחתא חייב משום מעמר קי"ל כאביי דאמר אין עימור אלא בגידולי קרקע ואינו חייב אלא (כשמעמר) [כשמעביר] ד' אמות ברה"ר. הרש (תנא) [הוא] המפרק הפסולת המעורבת באוכל ומכינתו לברירת או כברה [בוריה] או בהרקדה. המנפץ נופץ עפרורית מן האוכל וכן המנפס מולל שבלים נמצא זורה והבורר והמרקד כולן מעבירין פסולת המעורבת באוכל ואינה מעורבת (ואינה) כגון קליפת שצריכה פירוק או כגון עפרורית שצריך ניפוץ אלא מעורבת בלבד. וכן אם נטל בידו אדם תבוא' בתיבנא ובפסולת שיש בה ונפח בה ברוח פיו ובירר השוב הוא כזורה. פי' בורר נוטל פסולת מבין האוכל ומשליכ' או נוטל האוכל ומניח הפסולת. מרקד שמטיל את האוכל והפסולת בכברה ונשארת האוכל ואם האוכל דק והפסולת עבה כמין תבן יוצא האוכל ונשארת הפסולת בכברה. וכיון דאסיק' כי הזורה והבורר והמרקד כולן מעין מלאכה אחת הן מפריש הפסולת מן האוכל ומשום דהוו במשכן הוו להו תלתא וחייב על כל אחת ואחת. ואקשינן ונחשב נמי כותש שהוא מסיר קליפת החיטין מעליהן לטחון אותם להוציא סולת כגון כותש לעשות דייסא או טיסני והנה גם זה מפריש פסולת מן האוכל הוא ומשני אביי שכן עני אוכל פתו בלא כתישה כלומר כל בני אדם טוחנין בריחיים שלהן סלת הנה דרך העניים לברור ולטחון ולעשות עיסה בלופה ואין אוכלין סלת לפיכך אין צריכין כתישה ואע"פ דכתישה מלאכה היא דהא לגבי יו"ם גרסי' (ביצה יד.) אין כותשין במכתשת אע"פ שמותר ביו"ט אוכל נפש וכ"ש בשבת אמר אביי האי דלא חשיב לה בהדי אבות משום דלא חשיבא שלא כל אדם אוכל בכתישה כמו שאמרנו לפיכך אינה אלא כתולדות דמיא רבא אמר אמאי לא חשיב לכותש בהדייהו משום דמתניתין ר' (חייא) [היא] דאמר קבלה היא בידינו אבות מלאכות [ארבעים] חסר אחת כנגד ג) עבודות המשכן ור' מ' חסר אחת שנה וכבר פירשנו להא דר' בבמה טומנין (מט:) כי המלאכות חללו מן המשכן למרתן ואי חשיב כותש בהדייהו הוי להו מ' שלמות ור' מ' חסר אחת שנה לפי' לא תנא כותש בהדייהו ואקשינן וליפוק חדא מינייהו וניעול כותש ואסיק' אלא מחוורתא כדאביי: ת"ר היו לפניו ב' מיני אוכלין בורר ואוכל בורר ומניח ולא יברור ואם בירר חייב חטאת ומת' מאי קאמר [א'] עולא הכי קאמר בורר ואוכל בו ביום כו' ודחאת רב חסדא ואמר וכי מותר לאפות ולבשל בו ביום כו' ופרשה אביי בורר ואוכל לאלתר בורר ומניח לאלתר ג) שלא לאלתר לא יברור ואם בירר נעשה כבורר לאוצר וחייב חטאת וקיי"ל כוותיה דאמר רבה שפיר אמר נחמני ולאלתר דאמר אביי כל זמן שיושב על השולחן ואוכל דגרסינן בתלמוד דא"י בירר אוכלין מתוך אוכלין חזקיה אמר חייב ר' יוחנן אמר פטור מתניתא פליגא על חזקיה דאמר בורר ואוכל בורר ומניח על השולחן רבין בר חייא אמר תפתר כשהיו אורחין אוכלין ראשונה ראשונה היו לפניו ב' מיני אוכלין בורר ואוכל בורר ומניח רב אשי [מתני פטור ר"ם] מתני חייב ואוקימנא להא דרב אשי בבורר בנפה או בכברה חייב חטאת בקנון ובתמחוי פטור וכל פטורי דשבת פטור אבל אסור נינהו וקיי"ל כרב אשי דבתראה הוא והא דאמר חזקיה הבורר תורמוסין מתוך פסולת שלהן חייב הלכתא היא דהא

מקשינן

א) עי' תוס' פסחים מ"ז ע"ב ד"ה כתישה. ב) עי' בגמ' כאן ולעיל מ"ט ע"ב בתוס' וצ"ע. ג) מכאן ועד סוף הענין הובא בה"ג בשם רבינו.

פירש"י, קנון הוא כלי עץ שעושין כעין צנור, רחב מצד אחד וקצר מצד אחד, והבורר קטניות נותן אותם בצד הרחב, ומנענע אותם והם מתגלגלים ויורדים דרך פיו הקצר, והפסולת שאינם עגולים נשארים בכלי, **ותמחוי** היא קערה גדולה.

(**ואפילו** בירר בהן רק חצי שיעור גרוגרת, ג"כ אסור, גזירה אטו חצי שיעור דנפה וכברה, דיש בזה איסור תורה, דקי"ל חצי שיעור אסור מן התורה).

[ב] ואם בירר בידו כדי לאכול לאלתר, מותר - היינו דוקא האוכל מן הפסולת, **ולהיפך** בכל גווני חייב, וכדלקמן בסעיף ד' וה'.

(**ואפילו** בירר רק כדי להאכיל לבהמה ועופות לאלתר, ג"כ שרי).

(**והנה** מדלא העתיק המחבר שיטת התוספות ‹ד"ה בורר›, דס"ל דאוכל מן הפסולת הוא דוקא כשאוכל מרובה על הפסולת, הא אם הפסולת מרובה, דרך לברור האוכל, ובכלל ברירה הוא, משמע דלא סבירא ליה כן, וכן משמע לקמן בס"ד בהג"ה).

הגה: וכל מה שבורר לצורך אותה סעודה שמיסב בה מיד, מקרי לאלתר (המגיד ור' ירוחם וב"י וטור ורא"ש) - ר"ל אפילו יאריך זמן הסעודה כמה שעות, מקרי לאלתר כיון שהברירה היא סמוך לסעודה.

ואם כונתו כדי שישתייר גם אחר סעודה, או על סעודה אחרת, חייב חטאת, **אך** אם ממילא נשתייר מברירתו עד לאחר הסעודה, אין בכך כלום, כיון שכבר בירר בהיתר, [**ואם** בירר לאותה סעודה, ואח"כ נמלך לעזבה לסעודה אחרת, אף דחיוב חטאת אין בזה, דקדמה מעשה למחשבה, מ"מ לא אריך למעבד הכי - פמ"ג, **וצריך** ראיה לדבריו].

ואפילו אחרים אוכלים עמו, שרי (תוספות פ' כלל גדול) - ר"ל דאחד יכול לברור בעד כל בני הסעודה, ואין בזה משום בורר, דדרך אכילה היא, **ואפילו** אינו אוכל בעצמו כלל עמהם ג"כ שרי, והאי "עמו" שכתב רמ"א לאו דוקא הוא.

ולכן מותר לברור הירק שקורין שלאטי"ן מן העלין המעופשין שבו, כל מה שצריך לאכול באותה סעודה (ב"י סי' שכ"א) - ודוקא באופן זה דהוי אוכל מן הפסולת, אבל לא להיפך, ליטול העלין המעופשין מן הטובים, דהוי בורר פסולת מן האוכל וחייב, **ואפילו** אם אין העלין הללו פסולת גמור, שראויין לאכילה ע"י הדחק, אפ"ה יש איסור לבררם מדרבנן, דמחזי כבורר פסולת מן האוכלין.

(**באופן** ברירה זו יש חילוק, **דאם** הם עלים מופרדים, יבור לו הטובים ויניח המעופשים, **אבל** אם הם קלחים, כגון חזרת, שהעלים שמבחוץ הם המעופשים, אז יסיר מוצא המעופשות, דהו"ל כמסיר הקליפה לאכול התוך, דזהו לאו דרך ברירה, רק לתקן המאכל).

וה"ה כשמונח לפניו קטניות או שאר פירות, ויש בהם מתולעים ומעופשים, וכן פירות שנפלו לארץ ונתערבו בעפר וצרורות, **יזהר** שלא יברור בידו רק מה שצריך לאותה סעודה שרוצה לאכול תיכף ולא יותר, דאז חייב, **וגם** יזהר שיברור דוקא האוכל מן הפסולת ולא להיפוך.

אות ג'

פסולת מתוך אוכל לא יברור, ואם בירר חייב חטאת

סימן שיט ס"ד - [ג] הבורר פסולת מתוך אוכל, אפילו בידו אחת, חייב - אף דלקמן בס"ז איתא, דלנפח בידו אחת מותר, התם לאו דרך ברירה הוא בזה, משא"כ בסתם ברירה לא מיקרי שום שינוי ע"י מה שבירר בידו אחת, **ויש** דלא גרסי כלל תיבת "אחת", ועיקר רבותא הוא דאפילו בידו, דבאוכל מתוך פסולת מקילינן בזה היכא שכונתו לאכול לאלתר, הכא חייב.

הגה: ואפילו האוכל מרובה ויש יותר טורח בברירת האוכל, אפ"ה לא יברר הפסולת אפי' כדי לאכול לאלתר (ב"י) - ר"ל דביו"ט בכה"ג צריך לברור הפסולת, קמ"ל דשאני התם דמשום שמחת יו"ט הוא כדי למעט בטרחא, אבל הכא דרך ברירה הוא.

(**ויש** להסתפק אם שם בורר מונח דוקא כשבורר מקודם ומכין לאכול לאלתר, **אבל** אם בעת האכילה גופא שאוחז בידו ורוצה לאכול מוציא הפסולת ומשליכו, **לא** שייך בורר, אף שעושה דבר זה קודם האכילה, דזהו דרך מאכל, **או** דילמא לא שנא, **אלא** צריך להשליכו אחר שיאכל דוקא, **או** שישליך מן האוכל עמו, **ומצאתי** בספר ברכי יוסף שכתב, שנחלקו בדבר מהר"י אבולעפיא ומהרי"ט צהלון, שמהרי"א מיקל, ומהריט"ץ אוסר, **ומטעם** זה אוסר להשליך הזבוב מן הכוס אא"כ ישפוך ג"כ קצת משקה עמה, והתיר רק מטעם אחר, **וכתב** הברכי יוסף, דמסתימת הפוסקים שלא חילקו בזה, משמע דפסולת מתוך אוכל אפילו באופן זה חייב, **ובינותי** בספרים ומצאתי שהראשונים פליגי בסברא זו, **אמנם** מדברי השו"ע לקמן סט"ז משמע דס"ל כמהריט"ץ, דלא התיר שם במים שיש בהם תולעים לסנן לתוך פיו ע"י מפה, רק מטעם דמה שמעכב בשעת שתיה את הפסולת שלא יכנס לתוך פיו, אין זה מעין מלאכה ומותר, ומדלא קאמר סתם דבשעת שתיה גופא אין שייך בורר, אלא ודאי דס"ל כמהריט"ץ דלא שנא).

(**וראיתי** בס' מאמ"ר שכתב על סעיף זה, וז"ל: מכאן נראה ברור, דמה שנוהגין בסעודות גדולות וכיוצא, לקרוע הדג מגבו ולהסיר השדרה שבאמצע, דיש ליזהר בשבת מלעשות כן, דהו"ל בורר פסולת מתוך אוכל דחייב אפי' בלאלתר, **אלא** יניח השדרה שם ולא ישליכנה לחוץ, **וכן** יזהר כל אדם שלא להשליך עצמות הבשר לחוץ, אלא בדרך אכילה, דהיינו עצם שיש עליו קצת בשר יאחז בו לאכול ממנו, ולהשליכו אח"כ מידו, [מלשון זה משמע דאף בעת האכילה גופא צריך ליזהר שלא להפריש העצמות מן הבשר ולהשליכו לחוץ, רק אחר שכבר

באר הגולה

[ב] תוס' ‹ד"ה והתניא› וכ"כ ר"ח והרמב"ם [ג] רמב"ם

קלף הבשר ואכל יכול להשליכו, אבל לא בריא דבר זה וכמש"כ למעלה), ואותו שאין עליו בשר אל יגע בו, אלא יאכל הבשר והעצמות ישארו בקערה, ואח"כ ישליכם אם ירצה, עכ"ל. והנה אין העולם נזהרין כלל לדקדק בזה, דהיינו לא מיבעיא בעת האכילה גופא, דבזה אפשר שלא נוכל למחות בידם, דיש להם על מי לסמוך וכנ"ל, **אלא** אף קודם האכילה, וכגון האנשים ונשים שמכינים המאכל להביא להשלחן, ג"כ אין נזהרין כלל וקולפין העצמות מעל הבשר מקודם, וא"כ נכשלין באיסור חיוב חטאת, **ואמרתי** לחפש עליהם זכות, דהיינו לא מיבעיא אם העצמות רכיכי וראויים ג"כ לאכילה, דמצוי הוא דאף לאחר שמפרידם חוזר ואוכלם, דבודאי אין שם פסולת עלייהו כלל, **אלא** אפילו אם הם קשים, והוא משום כיון דהעצמות והבשר הם בחבור אחד, שייך בעניננו מה שהביא המ"א בשם היש"ש, לענין לוזים ובטנים שנשתברו ועדיין הם בקליפתן, דאף לענין בורר מין אחד הוא ואין שם פסולת עליו, ובאיזה הענין שמתקן האוכל מתוך השומר, תקון אוכל בעלמא הוא ואין שם מלאכה עליו, ע"כ, **ואף** הכא נמי תיקון אוכל בעלמא הוא ואין שם מלאכה עליו, אפי' כשקולף וחולץ העצמות מעל הבשר, ובלבד שיהיה לאלתר, וכמו שם לענין קולף שומים ובצלים, אף דגם שם הקליפה הוא פסולת, אפ"ה קי"ל בס"ס שכ"א, דהיכא דקולף כדי לאכול לאלתר דמותר, וע"כ משום דלאלתר אין שם פסולת על הקליפה, אלא תיקון אוכלא בעלמא, ואין דומה לפסולת דעלמא שהוא פסולת גמור שהוא נפרד מן האוכל, משא"כ זה שהוא מחובר ביחד עם האוכל, וה"נ בעניננו היכא דכונתו לאכול לאלתר, אמרינן דתיקון אוכל בעלמא הוא ואין שם פסולת עלייהו, כיון דעדיין לא נפרדו ומחוברים ביחד).

(**היוצא** מכל הנ"ל, דבעת האכילה גופא, המקיל וקולף העצמות מן הבשר בודאי לא נוכל למחות בידו, **ואפילו** לתקן קודם אכילה באופן זה, ג"כ לדעת הרמ"א והמהרש"ל, דרך אוכלא הוא אם כונתו לאכול הבשר לאלתר, **ויש** לצרף לזה ג"כ דעת איזה מן הראשונים שהובאו בברכי יוסף, שסוברין דלאלתר מותר אף פסולת מתוך אוכל, ואף דרבים המה האוסרים, ולכן לא פסק בשו"ע כוותייהו, מ"מ בענין זה דבלא"ה יש הרבה סברות להקל וכנ"ל, לא נוכל למחות ביד הנוהגין להקל, **אבל** לתקן דבר זה אלאחר זמן כמו שנוהגין בסעודות גדולות, יש ליזהר מאד, וכמו שהבאנו לעיל בשם המאמר מרדכי, ודומיא דלקלוף שומים ובצלים, דאסור אלאחר זמן, וכדאיתא בסוף סימן שכ"א ע"ש, **וכ"ז** בעצמות שיש עליהם בשר, אבל אותם העצמות שאין עליהם בשר כלל, יש ליזהר שלא לבררם ולהשליכם מעל הקערה קודם האכילה, דהו"ל פסולת מתוך אוכל דשייך בו ברירה אפילו בלאלתר, אלא יטול הבשר, והעצמות ישארו בקערה, וכמש"כ למעלה בשם מאמ"ר, **ואם** קשה לו לדקדק בזה, ימצוץ בפיו מעט כל עצם קודם שמשליכו לחוץ, דשוב אין שם פסולת עליו, כנ"ל).

(**והנה** מה שנוהגין הרבה אנשים, שמכינין מאכל בש"ק בשחרית הנעשה מרגלי בהמה, להניחו על סעודה ג', יש מהם שנכשלים בכמה איסורים עי"ז, ע"כ מוכרח אנכי לבארם כדי שידעו לעשות בדרך היתר:

א) שדרכן לקלוף שומים ובצלים ולחתכן דק דק ולהניח בתוכן, ויש בזה ב' איסורים, אחד על הקילוף, כיון דהוא אלאחר זמן חייב משום בורר, וע"כ הרוצה ליתן שומים ובצלים אלאחר זמן, לא יקלפנו, **ואיסור** שני על החיתוך שמחתכו דק דק, דיש בזה משום טוחן, וכדלקמן בסימן שכ"א סי"ב ע"ש, דלאחר זמן לכו"ע חייב משום טוחן, **ויש** הרבה שמחמירין בזה אפילו בלאלתר, עיי"ש במשנה ברורה, ולפי"ז אפילו האנשים שמכינין אותו המאכל לאכלו לאלתר, ג"כ צריכין ליזהר שלא יחתכו הבצלים דק דק, **ב)** אם הרוטב חם שהיד סולדת בו בשעה שנותן הבצלים והשומים לתוכן, יש בזה גם משום מבשל אם הוא בכלי ראשון, **ואפילו** אם הוא בכלי שני יש מחמירין בזה, ובפרט אם היד נכוית בו, דבודאי יש ליזהר בזה מאד, וכמו שכתבנו לעיל בסימן שי"ח סעיף ה' עי"ש במ"ב, **ודבר** זה מצוי מאד אצל האנשים האוכלין את המאכל הזה כשהוא חם בבקר, וגם מערבין בתוכו חומץ ופירורי פת יבש, וע"כ צריכין ליזהר מזה מאד אפילו בכלי שני, כשהרוטב חם שהיד נכוית בו, **ומהנכון** ליזהר אפילו אם הוא יסל"ב, שלא ליתן אז שום דבר לתוכן, **ג)** שבוררין העצמות מן הבשר ומשליכין אותן לחוץ, ויש לדון בזה משום בורר לכו"ע, כיון דהוא אלאחר זמן, **אם** לא שימצוץ כל עצם קצת בפה קודם שיזרקנו, ואז אין שם בורר עליו, **ואולי** יש לומר דעצם שיש בו מוח נחשב כמין אחד עם הבשר, ואין בו משום ברירה, **אבל** לא מסתברא, דלא עדיף מבשר צלי ומבושל דכתבנו לעיל דמקרי שני מינים, וע"כ הנכון לעשות כמ"ש).

אות ד'

בורר ואוכל לאלתר, ובורר ומניח לאלתר; ולבו ביום לא יברור, ואם בירר נעשה כבורר לאוצר, וחייב חטאת

סימן שיט ס"א- עיין לעיל אות א' ב'.

סימן שיט ס"ב - [ד]הבורר אוכל מתוך הפסולת - דפסולת מתוך האוכל אפי' לאלתר חייב וכדלקמיה, **בידו** - וה"ה בקנון ותמחוי, **להניחו אפילו לבו ביום, נעשה כבורר לאוצר וחייב** - דרוב עניני ברירה הוא אלאחר זמן, ואז הדרך לברור בכל דבר אפילו בידו, וכ"ש באיזה כלי, **דלאלתר** דרך מאכל הוא, לברור האוכל מן הפסולת בעת האכילה, אלא דאם הוא בורר בנפה וכברה, או שהוא בורר הפסולת מן האוכל, דמינכר מלתא דלשם ברירה הוא, אפי' לאלתר חייב.

ע"כ יש ליזהר במה שנוהגין העולם, להכין הבצלים בחומץ לאיזה תיקון מאכל לסעודה ג', ובוררין העלין הטובים מן הכמושים והמתולעים, שלא יעשו זה רק סמוך לסעודה, וגם יזהר שלא יברור הכמושים מן הטובים, דזה הוי פסולת מן האוכל, **ובשלטי** גבורים כתב, דנהג להכין זה מע"ש, דקשה ליזהר בעניני הברירה בזה, **והנה** המחמיר ועושה כן תע"ב, ומ"מ אין למחות ביד המקילין ומכינין בשבת, דיכול לסמוך על הרמ"א הנ"ל בס"א בהג"ה, אך שיזהר בכל מה שכתבנו.

באר הגולה

ד שם אוקימתא דאביי

אות ה׳

היו לפניו שני מיני אוכלין, ובירר ואכל, ובירר והניח וכו׳

סימן שיט ס״ג - ה׳היו לפניו שני מיני אוכלים מעורבים, בורר אחד מאחד ומניח (הסני כדי) לאכול מיד - ר״ל דאותו שרוצה לאכול עתה חשוב כאוכל, והשני חשוב פסולת, וא״כ צריך לברור זה שרוצה לאכול מיד דחשוב כאוכל, ולהניח השני בקערה, **אבל** איפכא לא, דהוי פסולת מתוך אוכל, דקיי״ל דאסור לברור אפי׳ כשרוצה לאכול המין השני לאלתר.

(יש גדולים שאינם סוברין כן, שכתבו דבשני מיני אוכלים אע״פ שלא אכל מה שבירר, אלא מה שהיה בורר בידו הניחו לבו ביום או למחרת, ואכל המין הנשאר, שרי, דלא אסרינן זה אלא בבורר פסולת גמור מתוך אוכל, משא״כ הכא דהוי ב׳ מיני אוכלים, וכל שבורר כדי לאכול לאלתר שרי, **אמנם** למעשה אין לזוז מדברי התה״ד והרמ״א שמקורן הוא מדברי הרא״ש, {ודברי התוס׳ בד״ה היו וכו׳ שכתבו שבורר אותו שאינו חפץ וכו׳, יש להסתפק אי כונתם בלאלתר, או אפילו בלאחר זמן, ופליגי אדעת הרמב״ם והסמ״ג ויתר הפוסקים דס״ל דפסולת מתוך אוכל לאלתר חייב} , ונוגע בענין איסור דאורייתא).

(סעיף זה מיותר הוא, דכבר כתב דין זה בס״א, ולא נקטיה אלא משום סיפא, דאם בירר והניח לאחר זמן, דדין זה עדיין לא נזכר, כי בס״ב לא מיירי אלא באוכל ופסולת, ולא בשני מיני אוכלין).

(הנה בספר ישועות יעקב הקשה בעיקר מלאכת בורר, אפילו בורר פסולת מתוך אוכל אמאי חייב, הרי הוא מלאכה שאין צריך לגופה, דהרי אינו צריך להפסולת כלל, אלא שבוררו כדי לדחות הנזק מעליו, והרי הוא כמוציא את המת לקוברו, ותירץ דענין מלאכת בורר הוא, שהפסולת אינו ראוי לאכילה, וגם האוכל אין ראוי כ״כ לאכילה עם הפסולת שבתוכו, גלל כן הוא מפריד הפסולת מן האוכל, וא״כ המלאכה אינה נקראת על ברירת הפסולת, רק דמתקן האוכל שיהיה ראוי לאכילה, וזהו מלאכה הצריכה לגוף האוכל, דמשוי ליה אוכל גמור, **ולפי״ז** דוקא פסולת מתוך אוכל דאין ראוי לאכילה כלל מתחלה, ומשוי ליה אוכל ע״י הברירה הזאת, **אבל** בשני מיני אוכלין, כשמפריד האוכל השני מחמת שאינו רוצה לאכלו, חשוב משאצ״ל, כיון דאוכל זה שרוצה לאכול כעת ראוי לאכילה אף אם לא נפרד האוכל השני, ופרידתו הוא רק מחמת שכעת אין נפשו חשקה בו, הוי משאצ״ל, עכ״ל, **וא״כ** לפי דבריו יהיו דברי הרמב״ם הנזכר בשו״ע ס״א, לשיטתו דמלאכה שאצ״ל חייב, **אבל** לדידן דפסקינן דמלאכה שאצ״ל פטור, לא יהיה חייב לפי״ז בבורר אותו שאין חפץ לאכול אפילו בכלי, ורק אם בורר אותו שחפץ לאכול לאלתר ובכלי, או בידו ולאחר זמן, **וקשה**, דלפי דבריו אמאי העתיק הרא״ש ויתר הפוסקים, דס״ל דמשאצ״ל פטור, את הדין דאותו שאינו חפץ לאכול מקרי פסולת, וע״כ צ״ל דס״ל דגם בשני מיני אוכלים המעורבים, מתיפה כל מין ע״י ברירת חבירו ממנו, וע״כ מיקרי מלאכה הצריכה לגופה).

(הנה הפמ״ג מסתפק, דאם בירר מין אחד מחבירו ודעתו להניח שניהם לאלאחר זמן, אם שייך בזה ברירה, דהי אוכל והי פסולת, ע״ש, ולענ״ד נראה פשוט מלשון הרמב״ם, דס״ל דהברירה מה שבורר מין אחד מחבירו, ועי״ז הוא כל מין בפני עצמו, זהו עצם המלאכה, אלא דאם דעתו לאכול תיכף והוא בידו, הוי דרך מאכל, **וא״כ** ק״ו הדבר, ומה היכא שהניח מין אחד על מקומו שייך שם ברירה, וכ״ש בזה שלקח כל מין ומין ובירר לעצמו דחייב, והנה הפמ״ג, אהא דאיתא שם דשרי לסנן החלמון מן החלבון ע״י מסננת, שהוא דומה לנפה וכברה, אף דמקרי ב׳ מינים, והטעם, משום דאין מסנן החלמון כדי לאכול, כי אם ליפות מראה החרדל, ומזה הוכיח שם דה״ה דמותר לברור שני מיני אוכלים אחד מחבירו אף ע״י נפה וכברה, היכא דאין רוצה לאכלם עתה, **ולענ״ד** לא דמי כלל, דהתם תרוייהו אינם עומדים לאכילה לעולם, דהחלבון נתערב בפסולת החרדל, ואין רוצה לאכלה, והחלמון יורד למטה לגוון ולא לאכילה, ולפיכך אין שייך ע״ז שם בורר, שאין מתקנם ע״י ברירתו לאכילה לעולם, **אבל** כשבורר שני מיני אוכלים כל אחד מחבירו כדי לאכול כל מין בפני עצמו לאחר זמן, הרי שפיר מתקן שניהם ע״י ברירתו, ובורר גמור הוא וכמו שכתבנו).

הגה: ושני מיני דגים מיקרי שני מיני אוכלים, ואסור לברור אחד מחבירו, אלא בידו כדי לאכלן מיד - ר״ל שיברור אותו שרוצה לאכול מיד, ולא יברור אותו שרוצה להניח לסעודה האחרת, **אע״פ שהחתיכות גדולות וכל אחת נכרת בפני עצמה** - ר״ל דמ״מ שייך בזה ברירה, כיון שאין מסודרות כל מין בפני עצמו, אלא מעורבין ביחד.

אבל כל שהוא מין אחד, אע״פ שבורר חתיכות גדולות מתוך קטנות, לא מיקרי ברירה - אם לא שקצת מהם אינם טובים כ״כ כמו חתיכות האחרים, כגון שנקדחו מכח הבישול איזה חתיכות דגים, ורוצה לברור אותן שלא נקדחו, או שאיזה חתיכות דגים הוי מדג חי, ואיזה מדג מת, ורוצה לברור אלו מאלו, בכל זה אפילו במין אחד שייך ברירה, וצריך לברור זה שרוצה לאכול עכשיו, ודמי ממש לעלין מעופשין בס״א.

ואפילו היו שני מינים ובורר משניהם ביחד הגדולות מתוך הקטנות או להיפך, שרי, הואיל ואינו בורר מין אחד מתוך חבירו (תרומת הדשן).

ותפוחים חמוצים ומתוקים, מסתפק הפמ״ג אי מקרי מין אחד אם לא, **ואם** מחמת חמיצותו אין ראוי לאכול, הוה בודאי דומה לפסולת, ויש בזה משום איסור ברירה, **ואפי׳** נאכלים ע״י הדחק, יש בזה איסור מדרבנן, ודמי לעלין מעופשין הנ״ל בס״א.

באר הגולה

ה רמב״ם ו ‹לפי משמעות התוס׳, הא דלא גרס רש״י שני, היינו משום דסבר דבאוכל מתוך אוכל לא שייך ברירה, והאי מיני אוכלין דקתני, היינו שהיה לפניו אחד מכל מיני אוכלין שיש בהן פסולת, שזה הוא עיקר ברירה דהוי במלאכת המשכן - פני יהושע. **וע״ש** דשייך לדחות דכוונת רש״י הוא באופן אחר›

והנה הט"ז מחמיר אפילו במין אחד, שלא יברור אלא אותו שרוצה לאכול עתה, או שיקח סתם מן הבא בידו להניח לסעודה אחרת לא דרך ברירה, **אבל** הרבה אחרונים חלקו עליו, והסכימו עם הרמ"א שפסק כתה"ד.

בשר צלי ומבושל מקרי ב' מינים לענין זה, וכ"ש בשר של מיני עופות מחולקין, **וע"כ** צריכין ליזהר בסעודות גדולות שמונחים כמה מיני עופות יחד, ובוררין להניח למו"ש, שיבררו אלו שרוצין לאכול עכשיו ולא להיפוך.

כתבו האחרונים, דה"ה בכל דבר כשהם שני מינים, כגון כלים ובגדים, שייך ברירה, וע"כ צריך לברור זה המין שרוצה ליטול עכשיו, והשאר ישארו על מקומם, ולא להיפוך, **ואפשר** דאם תלוים כמה בגדים על הכותל, ומחפש אחר בגדו שרוצה עכשיו ללבשו, ועי"ז מוכרח לסלק מתחלה כל שאר הבגדים, לא הוי בכלל בורר, **וכן** אם מונחים בקערה כמה מינים יחד זע"ז, והמין שרוצה לאכול מונח למטה, ומסלק אלו שמונחין למעלה כדי שיוכל להגיע להמין שלמטה וליטלו, לא הוי בכלל בורר.

(**וכדמשמע** לשון הרמב"ם והשו"ע, דקאמר: היו לפניו וכו' מעורבים, משמע אבל אינן מעורבים לא שייך שם בורר במה שמסלק מין אחד מחבירו, **ואפילו** אם תרצה לדחוק ולומר, דבמה שאינו מסודר כל מין בפני עצמו הוא בכלל מעורבין, ושייך בזה שם ברירה, מ"מ נראה דאין להחמיר בזה רק כשמסלקו מלמעלה ודעתו בבירתו כדי להניחו לאחר זמן, דאז אם הוא בכלל ברירה, נוכל לומר דמקרי מלאכה וגם מלאכה הצריכה לגופה, כיון דבהסרתו מכינו אלאח"כ, לא שנא אם מכינו על יום זה או על יום אחר, **אבל** אם אינו חושב אודותו כלל, רק שרוצה להסירו כדי להגיע למין שלמטה ממנו, זה לא הוי בכלל בורר כלל, ודומיא דמה דפסק השו"ע לעיל סי' שט"ז ס"ז, לענין צידת נחש, דאם מתעסק שלא ישכנו, מותר, והוא אפי' להרמב"ם דס"ל דמשאצ"ל חייב, וכמ"ש המפרשים הטעם, כיון שאינו רוצה בעצם הצידה, רק כדי להפרידו מעליו, לא הוי בכלל מלאכה דאורייתא, וה"נ בענינינו, דרוצה לסלקו רק כדי להגיע למין שלמטה ממנו, **ולענין** פסולת מתוך אוכל שאני, שמתיפה האוכל ע"י ברירתו, משא"כ בזה שאינו מתיפה המין שלמטה עי"ז, ורק משום עצם הברירה שבורר כל מין מחבירו, וזה לא שייך בזה, וכמ"ש ראיה מצידת נחש, **ואף** אם נאמר דהיא עכ"פ מלאכה שאצ"ל, ויש עכ"פ איסור מדרבנן, מ"מ נראה דבענינינו אין להחמיר בזה, דהתה"ד גופא מצדד מתחלה להקל אפילו כשנתערבו יחד היטב, והוא רוצה לבררו כדי להניחו לאחר זמן, ומשום דלא שייך שם בורר היכא דכל מין ניכר בפני עצמו, ולא החמיר בזה לבסוף רק מטעם חשש חיוב, ע"ש, **וכיון** דבירירנו בענינינו דלית בזה חיובא בכל גווני, נראה דאין להחמיר בדבר).

ואם בירר והניח לאחר זמן אפי' לבו ביום, כגון שבירר שחרית לאכול בין הערבים, חייב - וה"ה אם היה זמן מופלג מסעודת בין הערבים, (כ"כ בתוספת שבת ועוד אחרונים, **ויש** אחרונים והמ"א מכללם, שהעתיקו דלענין שני מיני אוכלים נשתנה הדין מן בורר אוכל מפסולת, ולא נקרא לבו ביום כי אם מסעודה לסעודה, **הא** אחר שאכל הסעודה ומכין לסעודה האחרת, אף שהוא עדיין זמן מופלג לה, מ"מ בכלל לאלתר הוא, **ויש** ליזהר בזה דנוגע באיסור דאורייתא).

אות ו'

הבורר תורמוסים מתוך פסולת שלהן חייב

סימן שיט ס"ה - 'הבורר תורמוסין מתוך פסולת שלהם, חייב, מפני שהפסולת שלהם ממתקת אותם כשישלקו אותו עמהם - ומבלעדי זה התורמוס מר מאד, וחשיב כפסולת, והפסולת אינו מר כ"כ, **ונמצא כבורר פסולת מתוך אוכל, וחייב.**

באר הגולה

ז שבת מימרא דחזקיה וכפירוש הרמב"ם

דשלקי ליה שבעא זימני ואי לא שקלי (א) ליה מסרח וכפסולת מתוך אוכל דמי: והטוחן: א"ר פפא "האי מאן דפרים סילקא חייב משום טוחן אמר רב מנשה "האי מאן דסלית סילתי חייב משום טוחן אמר רב אשי אי קפיד אמשחתא חייב משום מחתך: והלש והאופה: אמר רב פפא שבק תנא דידן בישול סממנין דהוה במשכן ונקט אופה תנא דידן סידורא דפת נקט אמר רב אחא בר רב עוירא *האי מאן 'דשדא סיכתא לאתונא חייב משום מבשל פשיטא מהו דתימא לשחורי מנא קא מיכוין קמ"ל דמירפא רפי והדר קמיט אמר רבה בר רב הונא "האי מאן דארתח כופרא חייב משום מבשל פשיטא מהו דתימא כיון דהדר ואיקשא אימא לא קמ"ל אמר רבא "האי מאן דעבד חביתא חייב משום שבע חטאות תנורא חייב משום שמונה חטאות אמר אביי האי מאן דעבד *חלתא חייב אחת עשרה חטאות ואי חיטיה לפומיה חייב שלש עשרה חטאות: הגוזז את הצמר והמלבנו: אמר רבה בר בר חנה א"ר יוחנן הטווה צמר שעל גבי בהמה בשבת חייב שלש חטאות אחת משום גוזז ואחת משום מנפץ ואחת משום טווה רב כהנא אמר 'אין דרך גזיזה בכך ואין דרך מנפץ בכך ואין דרך טווי בכך ולא והתניא משמיה דרבי נחמיה *שטוף בעזים וטוו בעזים אלמא טויה על גבי בהמה שמה טויה חכמה יתירה שאני תנו רבנן *התולש את הכנף והקוטמו והמורטו חייב שלש חטאות (*וא"ר) שמעון בן לקיש "'תולש חייב משום גוזז "קוטם חייב משום מחתך "ממרט חייב משום ממחק: 'הקושר והמתיר: קשירה במשכן היכא הוא אמר רבא (ג) שכן קושרין ביתדות אהלים *(קושרים) ההוא קושר על מנת להתיר הוא אלא אמר אביי שכן אורגי יריעות שנפסקה להן נימא קושרים אותה א"ל רבא תרצת קושר מתיר מאי איכא למימר וכי תימא "דאי מתרמי ליה תרי(ג) חוטי קיטרי בהדי הדדי שרי חד וקטר חד "השתא לפני מלך בשר ודם אין עושין כן לפני ממ"ה הקב"ה עושין אלא אמר רבא ואיתימא רבי עילאי שכן צדי חלזון קושרין ומתירין: 'והתופר שתי תפירות: והא לא קיימא אמר רבה בר בר חנה א"ר יוחנן והוא שקשרן: 'הקורע על מנת לתפור: קריעה במשכן מי הוה רבה ורבי זירא דאמרי תרוייהו שכן

רש"י

דשלקי ליה שבעא זימנין. למתקן: ואי לא שקלי ליה נאוכל מתוך הפסולת מתוך שהוא רך וימוק ע"י שנשלק הרבה: מסרח. והלכך אוכל נמי כל זמן שמעורב בו האי כפסולת ומיהו אוכל הוא ומתמירין עליה למיהוי ההוא דשקיל כפסולת מתוך אוכל ול"נ הבורר תורמסין מתוך פסולת שלהן משלקן פעם אחת ממרקין ומערין אותן המים ובורר המתולעות שלהן כמו שעושין לפולין וכן בכל פעם ופעם וזה בורר האוכל ומניח הפסולת ואי לא שלקי ליה מסרח גרסינן הלכך משלקים פעמים ושלש חשיב ליה פסולת האוכל ואי שביק להו הכי דלא הדר שליק להו מסרחי וכשהוא טולן מתוך שאר מינין גרועין המעורבין בהן כפסולת מתוך אוכל דמי דהנהו שאר מינין לא מסרחי דגמר להו בישולייהו פעם ראשונה ושניה ורביעו הלוי גרים ואי שקלי ליה מסרח כשטעו נימוח בין אלבעותיו ונמאס הלכך ההוא דשקיל הוי כפסולת והנשאר הוי אוכל עד שחוזר וטעמו: דפריס סילקא. במ"ס גרסינן ולא בסמ"ך כדפירש בהטור והרוטב (חולין דף קכ:) מאי קיפה פירמא מינלי"ר בלע"ז מחתכו הדק: דסלית סילתי. עלים דקים להבעיר אש: ואי קפיד אמשחתא. לחותכן במדה: מחתך. הטור מקלעו במדה: ונקט אופה. דלא שייך במלאכת המשכן כלל: סדורא דפת. שהתחיל בו נקט ואופה במקום בשול דסממנין הוא דהוא בישול דפת: דשדא סיכתא. שהשליך יתד לח לתנור חם ליבשו שיתקשה: לשרורי. לחזק ואין כאן בישול: דמרפי רפי. ע"י חום האור והמים שבתוכו יוצאין ולאחר שיצאו מימיו קמיט מתקשה וכי רפי ברישא הוי בישולו: דארתח כופרא. שהתיך זפת: דעבד אקושי. חוזר ומתקשה: חביתא. של חרס: שבע חטאות. טוחן הרגבים ושוחקן הדק הוי טוחן ובורר הצרורות הגסות מתוכן הרי שתים ומרקידן בנפה ומגבל הטיט דהיינו לש וממרח הטיט כשעושה הגולם שיהא חלק הרי ממחק ומבעיר את האור בכבשן ומצרפו בתוכו הרי מבשל חיובא דתופר ליכא דהא"ט לריך אלא לעפרה: תנור חייב שמנה. דלאחר שצרפו בכבשן הוא טח עליו טפילה שיהא עב ותומו מתקיים והוא גמר מלאכתו ואמרינן לקמן (דף עה:) כל מידי דהוי גמר מלאכה חייב משום מכה בפטיש אבל גבי חבית ליכא משום מכה בפטיש דמאליה נגמרה מלאכתו בתנור: חלתא. סורת של קנים: חייב י"א. זומר הקנים והוא לריך להם חייב משום קולר ומשום נוטע אספם יחד הרי זה מעמר בירר יפות הרי זה בורר החליקן הרי זה ממחק עשאן דקות מאחת שתים או שלש הרי זה טוחן חתכן במדה הרי זה מחתך הסיך השתי הרי זה מיסך ארג אחת למעלה ואחת למטה כדי להעמידו הרי עושה שתי בתי נירין(ד) ארג הרי זה אורג חתך לאחר אריגתה כדי להשוותם הרי זה מכה בפטיש כדאמרינן לקמן [עה:] האי מאן דשקיל אקופי מגלימי חייב משום מכה בפטיש הרי י"א: ואי חייטיה לפומיה. לעשות לה שפה הוסיף כאן תופר וקושר שלריך לקשור לאחר התפירה ומשום בונה ליכא לחוביה לא בחבית ולא בתנור ולא בכוורת דאין בנין בכלים מפשיט ליכא למימר בקנים דאין הפשטה אלא בעור וי"מ שקודח נקבים בעץ שתוחבין בו ראשי הקנים של שתי ומחייב ליה משום טוחן ולא נהירא לי דהאיה שאינה מלאכה שאינה לריכה לגופה היא וטוב לי לפרש שעושה אותן דקות והוי כמאן דסלית סילתי: שטוף בעזים וטוו בעזים. קרא קדריש טוו את העזים (שמות לה) בגופן של עזים משמע: חכמה יתירה. כדכתיב וכל אשה חכמת לב אבל להדיוט אין דרכו בכך והוי כלאחר יד: התולש את הכנף. נולה גדולה מן כנף העוף: והקוטמו. לאחר שתלשו חותך ראשו שהוא דק וראוי להניחו בכר וכסת: והמורטו. לגד זכבו שהוא קשה מורט שערו מכאן ומכאן ומשליך הקנה ונותן השיער בכר וכסת: משום מחתך. דקפיד לחתוך עד מקום שהוא ראוי וגם מן הקנה אורג כובעים ועושה כובעים מכנפי עוף בלא שיער: משום ממחק. דתנן גבי עור הממחקו: ביתדות אהלים. טעלים יתידות בקרקע כדכתיב יתדות המשכן וקושרין היריעות בהן במיתריהם: קושר ע"מ להתיר הוא. וכי האי גוונא פטריק ליה לקמן דתנן כל קשר שאינו של קיימא אין חייבין עליו: בהדי הדדי. בשני חוטין זה אצל זה: שרי חד. לאחר אריגתן מתיר האחד מפני שבולטין ונראין: וקטר חד. כלומר מניח כמו שהוא: השתא כו' (ס) אין עושין. שכשמתירו נראה הנקב בירעה שחוטיה היו כפולין ששה והיו גסין ומתחלה היו זריזין בכך וכי מתרמו להו תרי קיטרי קושרין האחד ומתקן החוט השני מלמטה ולמעלה ומספקן בתוט ארוך וקושרין למעלה ולמטה ואין שם שנים קשרים סמוכין: צדי חלזון. לצבוע התכלת בדמו והוא כמין דג קטן ועולה אחת לשבעים שנה: קושרין ומתירין. שכל רשתות עשויות קשרים קשרים והן קשרי קיימא ופעמים שלריך ליטול חוטין מרשת זו ולהוסיף על זו מתיר מכאן וקושר מכאן: והא לא קיימא. הכי וכיון דלא קיימא לאו מלאכה היא: שקשרן. שקשר שני ראשי החוט: דרנא

תוספות

האי מאן דפריס סילקא. דוקא בסילקא שייך טחינה אבל שאר אוכלין שרי*: מהו דתימא לשרורי מנא קא מכוין. ה"פ ואין בו בשול כלל קמ"ל דנהי דלשרורי מנא קא מכוין בשול מיהא יש בו דמירפא רפי והדר קמיט וחייב אבל אין לפרש קמ"ל דלא אמרי' לשרורי מנא קא מכוין דבפרק אין מעמידין (ע"ז לח.) אמרי' גבי האי נכרי דשדא סיכתא לאתונא אי קבר בה ישראל קרא מעיקרא שפיר דמי ופריך פשיטא ומשני מהו דתימא לבשולי מנא קא מכוין קמ"ל לשרורי מנא קא מכוין: חביתא. ותנורא וחלתא. פי' רש"י דמשום בונה לא מיחייב דאין בנין בכלים ואין נראה דדוקא במחזיר מטה ומטרה של חוליות אמרי' *דאין בנין בכלים אבל כשעושה לגמרי כל הכלי מיחייב משום בונה דאמרינן בריש הבונה (לקמן ד' קב:) האי מאן דעייל שופתא בקופינא דמרא חייב משום בונה ול"ע דלא ליחייב משום מכה בפטיש יותר מבונה כמו שמפרש דלא ליקשי ממנפח בכלי זכוכית דסוף פרקין*: חכמה יתירה שאני. והעושים אותם בטלה דעתם אצל כל אדם כדאמרינן בהמצניע (לקמן ד' צב:) גבי אנשי הוצל: שכן צדי חלזון כו'. בריש אלו קשרים (לקמן קיא:) פירש בקונט' קושרין ומתירין פעמים קושרין את המכמורת ופעמים מתירין אותם: שכן

עין משפט נר מצוה

[ועי' בתוס' לקמן קיד: ד"ה אלא לקיבתא ירק כו' ע"ש]

מד א מיי' פ"ז מהלכות שבת הלכה ה ופ"ח הלכה טו ופכ"א הלכה יח סמג לאוין סה טוש"ע או"ח סי' שכא סעיף יב:

מה ב מיי' שם פ"ח הלכה טו:

מו ג ד מיי' פ"ט מהל' שבת הלכה ו סמג שם:

מז ה מיי' פ"י מהלכות שבת הלכה יג:

מח ו ז מיי' פ"ט מהל' שבת הלכה ז:

[לעיל מו. עי' תוס' שם ד"ה דחוליות]

מט ח מיי' פ"א מהל' שבת הלכה ז:

נ ט שם הלכה ו:

נא י מיי' פ"י שם הל' א סמג שם טוש"ע או"ח סימן שיז סעיף א:

נב כ מיי' שם הל"ט:

נג ל מיי' שם הלכה י:

[פי' הערוך ע"ז באריכות תמצא בערך חלתא ע"ש דקחשיב חייב משום בונה ולא קחשיב זה שכי רש"י הכא כד"ה חייב משום ממחק עיי"ש ובזה תבין דעת וסברת תוס' ד"ה חביתא]

רבינו חננאל

מקשינן ופרקינן לפרושי שמעתיה דאמרינן לימא כסבר חזקיה אוכל מתוך פסולת אסור. ושנינן שאני תורמסין דשלקי להו ז' ומני כו' שמעינן מינה דאוכל מתוך הפסולת ולאתי תורמסין שרי וכדאביי דשרי לאלתר כי היכי דלא תקשי חדא אחברתה וכבר פירשנוהו השמועה סלקא כאביי וכרב אשי וכחזקיה שמעינן מדברי שלשתן כי בורר ואוכל ביד בורר ומניח ביד שרי ולא כל היכא דבעי שרי אלא ברירת אוכל מתוך פסולת אבל פסולת מתוך אוכל לא והאוכל מתוך פסול' דשרי [היינו] לברור ולאכול או לברור ולהניח כדי לאוכלו לאלתר על השולחן כמו שפירשנו אבל להניח שלא לאלתר לא וזה שאמרנו כי מותר לברור ולאכול ולברור ולהניח ולאוכלו לאלתר שרי ה"מ ביד אבל בקנון ובתמחוי לא ואם בירר פטור אבל אסור ובנפה ובכברה דברי הכל אסור ואם בירר נעשה כמי שבירר לאוצר בשגג חייב חטאת ואע"פ דגרסינן (גיטין כו כח) לענין מי שאבד לו גט אם מצאו לאלתר כשר ואמרינן היכי דמי לאלתר י"א כל שלא עבר [אדם] שם ואחרים אומרים כל שלא שהה אדם שם הכא כיון דאשכחינן מפורש בתלמוד א"י כוותיה עבדינן ומסקינן לשמעתיה שיעור מה שמיסב על השולחן באותה סעודה בלבד וכענין הזה גרסינן בגמרא בירו"ש פרק א' (בילה יג:) תנן התם המקלף שעורין מקלף אחת אחת על יד ואוכל. ואם קילף ונתן לתוך חיקו חייב. א"ר אלעזר וכן לשבת. והוא רב מקלפי ליה כסי כסי ור' חייא מקלפי ליה כסי כסי אלא אי אתמר אסיפא איתמר המולל מלילות של חיטין (למחר) מנפח על יד על יד ואוכל ואם נפח ונתן לתוך ידו חייב. א"ר אלעזר וכן לשבת. מ"ס דמלאכת מחשבת אסרה תורה והאי לאו מלאכת מחשבת היא. ולא קא מכוון בתלאכה אלא לאכילה בלבד ולפי' א' כיצד מנפח ואסיק' א"ר אלעזר מנפח בידו אחת ובכל כחו. הטוחן אמר רב פפא האי מאן דפריס סילקא. פי' כעין כתישה ולא כעין חיתוך חייב משום טוחן וכן מאן דסלית סילתי פי' עצי דקלים שעושין שיבי שיבי כעין נימין וכשמפרק הציצין הללו יוצא בינית כמין קסח דק לפי' (המנפץ) חייב משום טוחן ואי קפיד אמשחתא כלומר אם מתכוין לחתוך אלו סילתי זרת זרת ארוך כל אחד ואחד חייב משום מחתך. הלש והאופה אמר רב פפא שבק בישול סממנים ונקט אפיה ולא חשיב בורייא. ואי טלתא *) ואשכחן בירושלמי דאמר הכי את חמי אפיה תולדת בישול הוא ואת אמרת הכן אלא כיון דתני סדר עיסה תנינתא בהדייהו: התוא רשחק (סלח) חפף (מלא) (פלפלין) חייב משום טוחן. ואי מאן דגבל גירנבסן עפר קילורין מלגמא סממנין חייב משום לש. מאן דשרא סיכתא לאתונא חייב משום מבשל פי' תנותן יתידות לחים בכבשן כדי לייבשן לנעצם בספינות וכיוצא בהן. פי' לשרורי לחזק ויש מי שאומרים סיכתא הן גלל בהמה דקיקן אם השליכן לכבשן מה שחייב משום מבעיר הרי חייב. ועוד חייב משום מבשל. וזה שנצרך לומר כן דלא תימא אין המפחר כלי חרס מבשל מפני שמחזיק הכלי. אשמעי' דמירפה

*) לפנינו בגמ' מסרש בהדיא הטעם משום דסידורא דפת נקט וכמש"כ בירושלמי ואולי דלפני רבינו לא היה זה בנוסחת הגמ'.

מסורת הש"ס

[פסחים עד: יומא מ.]

הגהות הב"ח

(א) גמ' שבעה זמני ואי (לא שקלי) תא"מ ור"ל פ"א לא שלקי וס"א ואי שקלי: (ב) שם אמר רבה שכן קושרים ביתדו' אהלים ההוא כצ"ל ותיבת קושרין נמחק: (ג) שם דאי מיתרמו ליה תרי קיטרי כצ"ל ותיבת חוטי נמחק: (ד) רש"י ד"ה חייב וכו' עושה שתי בתי נירין. ר"ב ולקמן ר"פ האורג פי' רש"י דהך לאו נירין ממש כו' ע"ש בדף קה ע"א: (ס) ד"ה השתא כו' שכשמתירו נראה כצ"ל ותיבות אין עושין נמחק:

רב נסים גאון

שכן צדי חלזון קושרין ומתירין. וזה חלזון היו צובעין בדמו תכלת ומשכחת לה במנחות בפרק התכלת (דף מד) תנו רבנן חלזון זה גופו דומה לים ובירייתו דומה לדג ועולה פעם אחת לע' שנה ובדמו צובעין תכלת לפיכך דמיו יקרים ואמרו עוד (שם מב) אמר ליה אביי לרב שמואל בר יהודה הא תכילתא היכא צבעיתו אמר ליה מייתינן דם חלזון וסמנין כו':

גליון הש"ס

גמ' האי מאן דפריס סילקא חייב. עי' לקמן דף קכח ע"א בתוס' ד"ה אלא יקטום: שם תולש חייב משום גוזז. עי' לקמן דף קז ע"ב ובחידושי הרשב"א שם: שם דאי מתרמי ליה תרי חוטי. עי' לעיל דף עג ע"א תוס' ד"ה הקושר: שם השתא לפני מלך וכו'. פסחים דף עה ע"ב יומא דף מו ע"א:

§ מסכת שבת דף עד: §

אות א'

האי מאן דפרים סילקא חייב משום טוחן

סימן שכא סי"ב - [א]המחתך הירק - תלוש, **דק דק, חייב משום טוחן** - ומדסתם, משמע דאפי' בירקות שראוי לאכלן חיין, ג"כ ס"ל דיש טחינה באוכלין.

(**בגמרא איתא:** אר"פ האי מאן דפריס סילקא חייב משום טוחן, ופירש רש"י, פריס מחתכו דק דק, וכ"כ התוספות ‹דף קיד: ד"ה אלא› דמיירי בחתיכות קטנות כעין טחינה, **אבל** בחתיכות גדולות קצת, אין דרך הטחינה בכך, **אבל** לענין איסור יש ליזהר מאד בזה, דכבר כתב בספר יראים, דשיעור דקותן לא נודע לנו, **וכן** משמע בב"י, דהצריך לענין היתר אישלאנד"א, שיעשה חתיכות גדולות במקצת, וגם יהיה סמוך לסעודה).

הגה: וה"ה דאסור לחתוך גרוגרות וחרובים לפני זקנים (ב"י בשם תוספתא) - שאין יכולין ללעסו אם לא יחתכנו דק דק, **ולא** אזלינן בתר רובא דעלמא כדלעיל בס"ט לענין בשר צלי, **דכיון** שהוא גידולי קרקע חמור יותר, דעיקר טחינה בגידולי קרקע הוא.

(עיין במ"א שכתב, דמשמע דלפני מי שיכול ללעסו כך שרי, **ולענ"ד** אין דבריו מוכרחין, דנקט לפני זקנים משום אורחא דמילתא, שהם אינם יכולין לאכול אם לא יחתכום דק דק, **אבל** לעולם בדבר שהוא משום גדולי קרקע, שייך בו טחינה בכל גווני).

(ודע דאפילו לדעת המ"א, שמתיר לחתוך לפני מי שיכול ללעסו כך, היינו דוקא בגרוגרות וחרובין שאין לו צורך לחתוך, **אבל** מה שחותכין ירק דק דק שקורין מזרי"ע וכדומה, בעינן דוקא באותה סעודה גם לדידיה).

ודוקא פירות וכדומה לזה אסור, אבל מותר לפרר לחם לפני התרנגולים, דהואיל וכבר נטחן אין לחוש, דאין טוחן אחר טוחן (הגהות מיימוני פרק כ"א ור"ן פרק כלל גדול וסמ"ג) - היינו אפי' להכין להם שיאכלו לאחר זמן, (**ואפי'** בסכין מותר, אם לא בכלי המיוחדת לכתישה, כגון לכתוש מצה במכתשת, אסור כמו גבינה על רי"ב אייזי"ן, **וכתב** בספר תוס' ירושלים, דאפי' ליתן מים עם הלחם ג"כ שרי, ובלבד שלא יגבלם עם המים).

וכ"ז לא מיירי אלא בחותך ומניח, אבל אם לאכלו מיד, הכל שרי, מידי דהוי אבורר לאכול מיד דשרי (תשובת הרשב"א והר"ן פרק כלל גדול), כדלעיל סי' שי"ט - הטעם, דלא שייך שם טחינה כשמחתך בסכין אלא בטוחן להניח, **אבל** כדי לאכול מיד ודאי דשרי, שהרי לא אסרו על האדם לאכול מאכלו בחתיכות גדולות או קטנות, א"כ הוי דרך אכילתו בכך.

ולפי"ז לפרר תפוחי אדמה וירקות לפני התרנגולים דק דק, כמו שנוהגין לפני בהמה ועופות גדולות, אסור, אא"כ נזהר שיהיה דבר זה סמוך לאכילתם ממש. **וה"ה** אם מכין הירק דק דק לפני התרנגולין שיאכלו מיד, ג"כ שרי, הואיל ומזונותן עליך, **וה"ה** דא' יכול לחתוך לצורך אחרים והם יאכלו מיד, וכדאמרינן לעיל אצל בורר.

ועכ"פ אסור לעשות עד יציאת בהכ"נ, דבעינן סמוך לסעודה ממש, כמ"ש לענין בורר, **והחותכים** הבצלים והצנון דק דק שעה או שתים קודם הסעודה, קרוב הדבר לומר שחייב חטאת, והבצלים אסורים באכילה, **וגם** דאז אסור משום בורר.

וההיתר שזכר בהג"ה, היינו כשחותכו בסכין, אבל כשחותכו בכלי המיוחד לכך, נראה דאסור בכל גוונא כשחותכו דק דק, דגם בבורר גופא, אם בכלי המיוחד לברירה בכל גוונא חייב, **ולפי"ז** מסתברא, דיש ליזהר במה שנוהגין לחתוך בצלים דק דק עם דג מלוח וכיוצא, שלא יחתכם בכלי שקורין האק מעסער, דאפשר דחשיב ככלי המיוחד, רק בסכין בעלמא, **וגם** בלא"ה אסור משום עובדא דחול.

(**ולכאורה** הלא בבורר לא התירו כי אם ביד ולא בכלי, דאז חשיב בורר בכל גווני, וא"כ היה לנו לאסור בעניננו כשמחתך בכלי, כי אם במפרר ביד, **והטעם** כתב הפמ"ג, דכמו בבורר דרך אכילה הוא כשבורר בידו לאכול לאלתר, ה"נ בעניננו דרך אכילה הוא אפילו כשמחתך בסכין לאכול לאלתר, דדרך אכילה הוא בסכין).

ויש מפקפקין על היתר זה, ומטעם זה כתבו כמה אחרונים ג"כ, דנכון להתנהג כמו שכתב הב"י, שאף מי שמכוין לאכול מיד, ג"כ יזהר לחתוך לחתיכות גדולות קצת, **ובפרט** לפני בהמה בודאי יש ליזהר בזה, וכדלקמן בסי' שכ"ד ס"ז, דאין לטרוח בדבר שראוי לאכול בלא זה, **ומ"מ** הנוהגין לחתוך הבצלים והצנון דק דק, ‹כדי לאכול מיד›, אין למחות בידם דיש להם על מי שיסמוכו.

המפרר חתיכת עץ שנרקב ועושה ממנו פולווער, וכן המפרר צרור עפר, חייב משום טוחן, **וכן** הנוסר עצים ליהנות בנסורת שלהן, או השף לשון של מתכת, שקורין פיילי"ן בל"א, חייב משישוף בכל שהוא.

והמחתך עצים דק [להבעיר האש], ועושה אותן קטנים, אם דקדק מהן כדי לבשל כגרוגרת מביצה, חייב, רמב"ם ‹עיין באות הסמוך›, [**ומיירי** בשאינו מקפיד על המדה, דאל"ה יחשוב הרמב"ם דחייב גם משום מחתך, כדאמר שם בגמ', וכדמוכח ברש"י ובפי' המשנה שלו, **אלא** דהרמב"ם משמיענו דבר חדש, דיש חילוק בין נוסר למחתך בענין שיעורא, דבנוסר אפילו כל שהוא חשוב, משא"כ במחתך שהוא כדי לבשל, צריך שיהא כדי לבשל בהן איזה דבר, כמו לענין הוצאה], **וכן** אם הוא חותך לחתיכות גדולות, והוא מקפיד על המדה לחתכה בכוונה בזה המקום, כדרך שנוהגין חוטבי עצים, חייב משום מלאכת מחתך.

באר הגולה

[א] שבת ע"ד וכפי' הרשב"ם הביאו הגה"מ בפכ"א הי"ח וסמ"ג והר"ן **ומרדכי שם** ‹וכתבו התוס' דוקא בסילקא שייך טחינה, אבל שאר אוכלין שרי. והר"ר יוסף כתב בשם רבינו שמואל, דלחם מותר לפרר מאחר שכבר נטחן, ורא"מ כתב דאסור לפרר פירות לפירורין דקין, ע"כ - הגה"מ›

[ב]סימן שכא ס"ט - [ג]מותר לחתוך בשר מבושל או צלי, **דק דק בסכין** - דאין טחינה אלא בגידולי קרקע, **ואפי'** להפוסקים דסבירא להו דבהמה נמי מקרי גידולי קרקע, לפי שהיא ניזונת מן הקרקע, **מ"מ** אין לאסור בזה, דבלא"ה יש פוסקים דס"ל דאין שייך טחינה באוכלין, וע"כ מותר לחתוך, אפי' דעתו להניחו לאחר זמן. **ואפילו** מי שאינו יכול ללעוס מחמת שהוא קשה, וע"י חתיכתו מתקנו לאכילה, ג"כ שרי לחותכו, דאזלינן בתר רובא דעלמא.

הגה: אבל אסור לחתוך דק דק בשר חי לפני העופות - (רק בשר חי כשר, דמפני חשיבותו אינו עומד לחיות ולכלבים, כי אם לעופות, ולהם אינו ראוי כי אם כשמחתכן דק דק, **אבל** בשר נבלה רובו עומד לאכילת כלבים, ולהם אין צריך דק דק, ואזלינן בתר רובא, ולא שייך טחינה – סי' שכ"ד ס"ז), **דהואיל ואינן יכולין לאכלו בלא חיתוך, קמשוי לה אוכל (תה"ד)** - דאיכא למימר, דטעם הפוסקים דס"ל דאין טחינה באוכלין, היינו משום דאין צריך טחינה, דאי בעי אכיל ליה כמות שהוא שלם, **משא"כ** בזה דאין יכולין לאכלו כלל בלי חיתוך, החיתוך משוי ליה אוכל, ושייך בו טחינה, **ומיירי** בחותך ומניח שיאכלו העופות לאחר שעה, **אבל** בחותך לפניהם שיאכלו מיד, לד"ה שרי, וכדלקמיה בסי"ב בהג"ה.

(**ואם** יכולין לאכלו על פי הדחק בלי חתוך, צ"ע קצת).

אבל אסור וכו' - ויש מקילין בזה.

(וע"ל סי' שכ"ד ס"ז) - והיינו דשם מבואר, דשווי אוכלא שרי בשבת, ומיירי בשאין חותך דק דק.

אות ב'

<u>האי מאן דסלית סילתי חייב משום טוחן</u>

רמב"ם פ"ח מהל' שבת הט"ו - הטוחן כגרוגרת חייב, וכל השוחק תבלין וסמנין במכתשת הרי זה טוחן וחייב; המחתך ירק תלוש הרי זה תולדת טוחן, וכן הנוסר עצים ליהנות בנסורת שלהן, או השף לשון של מתכת חייב משישוף כל שהוא; אבל המחתך עצים אינו חייב עד שידקדק מהן כדי לבשל [ד]כגרוגרת מביצה.

אות ג' – ד'

<u>האי מאן דשדא סיכתא לאתונא חייב משום מבשל</u>

<u>האי מאן דארתח כופרא חייב משום מבשל</u>

רמב"ם פ"ט מהל' שבת ה"ו - המתיך אחד ממיני מתכות כל שהוא, או המחמם את המתכת עד שתעשה גחלת, הרי זה תולדת מבשל; וכן הממסס את הדונג או את החלב או את הזפת והכופר והגפרית וכיוצא בהם, הרי זה תולדת מבשל וחייב; וכן המבשל כלי אדמה עד שיעשו חרס, חייב משום מבשל; כללו של דבר, בין שריפה גוף קשה באש, או שהקשה גוף רך, הרי זה חייב משום מבשל.

אחד המבשל את המאכל או את הסממנין, או המחמם את המים, {ר"ל אף דמים ראוי לשתיה בלא בישול, וה"ה חלב, מ"מ חייב כיון דמשתבח ע"י הבישול}, **ואחד** האופה את הפת, הכל ענין א' הוא, דאפיה הוא מענין בישול, אלא שאפיה הוא בפת, ובישול הוא בשארי דברים. **המתיך** אחד ממיני מתכות כל שהוא, או המחמם את המתכות עד שתעשה גחלת, הרי זה תולדת מבשל, {שהרי בחימומו הוא מרככו שיהא ראוי לתקנו ולעשות ממנו כלי, והרי הוא מרפה דבר הקשה}, **וכן** הממסס את הדונג {שעוה} או את החלב, או את הזפת והכופר והגפרית וכיוצא בהן, הרי זה תולדת מבשל וחייב, **וכן** המבשל כלי אדמה עד שיעשו חרס, חייב משום מבשל, {דקודם שמתחזק הכלי ונצרף בהכבשן ונעשה חרס כראוי, מתבשל בה טיט של הכלי}, **וכן** הנותן חתיכת עץ בתנור כדי שיתייבש, וידוע שמתחלה הוא מתרפה ויוצא ממנו הלחלוחית, חייב משום מבשל, **כללו** של דבר, בין שרפה גוף קשה באש, או שהקשה גוף רך, [ר"ל כיון שהקשה מסתמא מתרפה תחלה, וחייב על הרפוי], הרי זה חייב משום מבשל - רמב"ם, **וע"כ** יש ליזהר מאד, שלא להניח עצים לחים על התנור ליבשן אחר שקיעת החמה, דהוא חשש דאורייתא - מ"ב סימן שי"ח ס"א.

אות ה'

<u>האי מאן דעבד חביתא חייב וכו'</u>

רמב"ם פ"י מהל' שבת הי"ג - העושה אהל קבוע, הרי זה תולדת בונה וחייב; וכן [ה]העושה כלי אדמה, כגון תנור וחבית קודם שישרפו, הרי זה תולדת בונה וחייב.

באר הגולה

[ב] ‹ע"פ הבאר הגולה› [ג] **תוספות שם ע"ד** ‹ד"ה האי מאן, שכתבו דוקא בסילקא שייך טחינה, אבל שאר אוכלין שרי, **וי"ל** כוונתם דסברי כהרמ"ך, דדוקא באינו נאכל כמו שהוא חי שייך טחינה, אבל ירק הנאכל חי לא שייך טחינה, ע"כ כתב סילקא, והיינו דסילקא אינו נאכל כמו שהוא חי – מנחת חינוך. **ולכוארה** זהו כוונת העין משפט במה דהביא דברי תוס', כמ"ש המ"ב, דההיתר תלוי על שיטה זו, דס"ל דבלא"ה אין שייך טחינה באוכלין› [ד] ‹דיש חילוק בין נוסר למחתך בענין שיעורא, דבנוסר אפילו כל שהוא חשוב, משא"כ במחתך שהוא כדי לבשל, צריך שיהא כדי לבשל בהן איזה דבר, כמו לענין הוצאה - שעה"צ סי' שכא סי"ב אות נ'› [ה] ‹פ' כלל גדול (שם ע"ד:) אמר אביי האי מאן דעביד חביתא, חייב ז' חטאות, תנורא חייב ח' חטאות, ואחד מהם הוא בונה. וכן פירשו הגאונים ז"ל, וכן הוא בירושלמי. **והענין** שאע"פ שאמרו אין בנין בכלים, זהו בכלים שנתפרקו להחזירן, כמו שנתבאר פרק כ"ב. אבל העושה כלי מתחלתו, אין לך בנין גדול מזה, ואין נקרא זה בנין בכלים, שהרי אינו כלי, אלא עושה כלי. והשמועות מוכיחות כן כמ"ש הגאונים ז"ל ועיקר – מגיד משנה. **עיין** ברש"י ותוס'›

אות ו' – ז'

הטווה צמר שעל גבי בהמה בשבת... אין דרך גזיזה בכך

תולש חייב משום גוזז

רמב"ם פ"ט מהל' שבת ה"ז - התולש כנף מן העוף, הרי זה תולדת גוזז; הטווה את הצמר מן החי, פטור, שאין דרך גזיזה בכך, ואין דרך נפוץ בכך, ואין דרך טויה בכך.

ועתה נבאר במקצת דין מלאכת הגזיזה; **א)** הגוזז צמר או שער בין מן הבהמה בין מן החיה, חייב, **וכמה** שעורו לחיוב, כדי לטוות ממנו חוט שארכו קרוב לארבעה טפחים להרמב"ם, **ולרש"י** מחצית מזה.

ב) החיוב של גזיזה הוא בין כשגוזז מן החי בין כשגוזז מן המת, אפילו מן השלח שלהן, היינו עור כשנפשט מן הבהמה, **ודוקא** גוזז חיובו בכל גווני, אבל תולש מן החי פטור, דאין דרך לתלוש משום דכאיב לה, אלא לגזוז, [**ופטור** גם משום עוקר דבר מגידולו, דהוא כלאחר יד, ועכ"פ מדרבנן אסור], **אבל** התולש ביד מן המתה, דרך לתלוש כמו לגזוז וחייב, **וע"כ** אותן בני אדם המלובשין בעורות של בהמה וחיה, צריכין ליזהר שלא יתלשו מן השער שלהן בשבת, **ובספר** חסידים אוסר ליקח הכנים מן העורות.

וכל זה בבהמה וחיה, אבל בעופות דרכן להסיר הנוצות ע"י תלישה כמו בבהמה ע"י גזיזה, ולפיכך תולש כנף מן העוף, בין מחיים בין לאחר מיתה, חייב, דתלישתן זו היא גיזתן, [שבת ע"ד].

ג) הטוה צמר מן החי, פטור בין מן הטויה בין מן הגזיזה, [ואף מן הנפוץ], שאין דרך טויה וגזיזה בכך, [**הרמב"ם** משמע דפטור ‹מן הגזיזה› אף כשטוה בכלי, **אבל** מדברי הרא"ש משמע, דדוקא כשטוה ביד, ומשום דאין דרך לתלוש ביד] - משנה ברורה סימן שמ ס"א.

אות ח'

קוטם חייב משום מחתך

רמב"ם פי"א מהל' שבת ה"ז - המחתך מן העור כדי לעשות קמיע, חייב, והוא שיתכוין למדת ארכו ומדת רחבו, ויחתוך בכונה שהיא מלאכה; אבל אם חתך דרך הפסד, או בלא כונה למדתו, אלא כמתעסק או כמשחק, הרי זה פטור; הקוטם את הכנף, הרי זה תולדת מחתך וחייב.

אות ט'

ממרט חייב משום ממחק

רמב"ם פי"א מהל' שבת ה"ו - המורט נוצה מן האברה, הרי זה תולדת 'מוחק וחייב.

אות י'

הקושר והמתיר

סימן שיז ס"א - עיין בדף קי"א: דשם מקומו.

אות כ'

והתופר שתי תפירות

רמב"ם פ"י מהל' שבת ה"ט - התופר שתי תפירות חייב, והוא שקשר ראשי החוט מכאן ומכאן כדי שתעמוד התפירה ולא תשמט; אבל אם תפר יתר על שתי תפירות, אע"פ שלא קשר חייב, שהרי מתקיימת התפירה; והמותח חוט של תפירה בשבת חייב, מפני שהוא מצרכי התפירה.

אות ל'

הקורע על מנת לתפור

רמב"ם פ"י מהל' שבת ה"י - הקורע כדי לתפור שתי תפירות, 'על מנת לתפור שתי תפירות, חייב; אבל הקורע להפסידה פטור, מפני שהוא מקלקל; הקורע בחמתו או על מת שהוא חייב לקרוע עליו, חייב, מפני שמיישב את דעתו בדבר זה וינוח יצרו, והואיל וחמתו שוככת בדבר זה הרי הוא כמתקן וחייב; והפותח בית הצואר בשבת חייב.

באר הגולה

ו ‹הגירסא במשנה ובירושלמי היא "המוחקו" במקום "הממחקו"› ז ‹וצ"ב בכפל לשונו, ובמנ"ח (מ' ל"ב מלאכת קורע סק"א) ביאר, דכוונתו, דמלבד מה דבעינן שיקרע ע"מ לתפור, איכא נמי שיעור במלאכת קורע, דבעינן נמי שיקרע שיעור של כדי לתפור ב' תפירות›

§ מסכת שבת דף עה. §

אות א'

המותח חוט של תפירה בשבת חייב חטאת

סימן שמ ס"ז - [א]חוט של תפירה שנפתח, אסור למתחו, משום תופר - היינו שנתפרדו שתי חתיכות הבגד זו מזו במקצת, וחוטי התפירות נמשכין, ורוצה למתוח ראש החוט כדי להדק ולחבר.

והעושה כן חייב חטאת, גמרא, והוא שעשה הקשר לבסוף, אפי' אינו של קיימא, **אבל** בלא קשר כלל פטור, [**ועיין** בא"ר דמצדד דמ"מ אסור מדרבנן, **והפמ"ג** מצדד דלפעמים חייב אף בלא קשר, כגון שיש עוד תפירות מלבד אלו שנתפרדו, ולכך חייב אף במתח שתי תפירות, דמתחברות עם אלו], **ואם** יתפרדו ג' תפירות ומתחן, חייב אף בלא קשר.

ואגב נבאר קצת דין תופר: התופר שתי תפירות חייב, והוא שקשר ראשי החוט מכאן ומכאן כדי שלא תשמוט, ואפי' לא היה של קיימא, **ואם** היה של קיימא, חייב גם משום קושר.

וכ"ז לענין חיובא, אבל לענין איסורא, יש אומרים דאסור ואפי' לא עשה קשר כלל, **וע"כ** אותן האנשים שתוחבין הקרייז עם הבגד במחט בשתי תכיפות, לאו שפיר עבדי.

ואם עשה ג' תפירות, חייב אף בלא קשר, שהרי מתקיימת התפירה.

אות ב'

והלומד דבר אחד מן המגוש חייב מיתה

יו"ד סימן קעט סי"ט - [ב]הלומד מן האמגושי, אפילו דברי תורה, חייב מיתה - ולפענ"ד נראה עיקר בש"ס דשבת, דמותר ללמוד מאמגושי מכשף דברי תורה וענייני כישוף להבין ולהורות, וכן מוכח ברש"י ובתוספות שם, ונראה לי דגם שמואל מודה לזה, דלא כב"י, **ודוקא** ממין עובד כוכבים הלומד ממנו אפי' ד"ת חייב מיתה, **והב"ח** נדחק, וכתב דסתם מכשף מין הוא, ואסור ללמוד ממנו להבין ולהורות, אלא אא"כ ידוע שאינו מין כו', ולפענ"ד נראה כמו שכתבתי - ש"ך.

אות ג'

מנין שמצוה על האדם לחשב תקופות ומזלות

סמ"ג עשין מז - צוה הקב"ה לחשב [את] התקופות והמזלות ומולדות הלבנה, כדדרשינן במסכת שבת בפרק כלל גדול (עה.) מזה המקרא (דברים ד, ו) ושמרתם ועשיתם כי היא חכמתם ובינתכם לעיני העמים, איזוהי חכמה ובינה שהוא לעיני העמים, זו היא חישוב תקופות ומזלות. לפי שבישול התבואות והפירות אחר תקופות החמה הם הולכים, ועוד כי על ידי חישוב התקופות ומולדות יודע מתי יצטרך לעבר החדש ולעבר השנה, כמו שנאמר (דברים טז, א) שמור את חדש האביב, שיהא הפסח בחדש האביב (ר"ה כא, א), וכתיב (שמות לד, כב) וחג האסיף תקופת השנה, שיהא החג בזמן האסיף (ע"פ סנהדרין יג.), ותקופת השנה היא לחשבון החמה, כמו שנאמר (תהילים יט, א) מקצה השמים מוצאו ותקופתו על קצותם ואין נסתר מחמתו.

אות ד'

הצד צבי וכו'

סימן שטז ס"ה - [ג]צבי שנכנס לתוך הבית - מאליו, **ונעל אחד בפניו** - היינו שסתם הדלת, ואפילו בלא מנעול, כיון שאין הצבי יכול לברוח, **חייב** - וכ"ש אם הכניסו לבית ונעל בפניו דחייב.

אות ה'

פציעה בכלל דישה

רמב"ם פ"ח מהל' שבת ה"ז - הדש כגרוגרת חייב, ואין דישה אלא בגדולי קרקע, והמפרק הרי הוא תולדת הדש; החולב את הבהמה חייב משום מפרק, וכן החובל בחי שיש לו עור, [ד]חייב משום מפרק; והוא שיהיה צריך לדם שיצא מן החבורה, אבל אם נתכוון להזיק בלבד פטור מפני שהוא מקלקל; [ה]ואינו חייב עד שיהיה בדם או בחלב שהוציא כגרוגרת. השגת הראב"ד: ואינו חייב עד שיהיה בדם או בחלב שיוציא כגרוגרת. א"א [ו]וכי המשקין שיעורן כגרוגרת, והלא חלב כדי גמיעה, ושאר המשקין שיעורן חלוקין.

רמב"ם פכ"א מהל' שבת הי"ב - מפרק חייב משום דש.

אות ו'

אין דישה אלא לגדולי קרקע

רמב"ם פ"ח מהל' שבת ה"ז - הדש כגרוגרת חייב, ואין דישה אלא בגדולי קרקע.

(המשך ההלכות מול עמוד ב')

באר הגולה

[א] שבת ע"ה [ב] **שבת דף ע"ה. ופליגי רב ושמואל, חד אמר מכשף, וחד אמר גדופי הכופר בעיקר, ומסקנת הגמ' שם דרב אמר גדופי, דאמר רב הלמד וכו' חייב מיתה. וגם את זה לא ידעתי, שלא העמיד הרב המחבר דין זה לעיל בהל' ע"ז** [ג] **שבת ק"ו במשנה** [ד] (מש"כ שהוא מפני שהוא מפרק והיא תולדה דדש, הוא מסברתו ז"ל, וכמו שכתבתי למעלה, שאע"פ שאין דישה אלא בגידולי קרקע, זהו דוקא למעט חלזון וכיוצא בו, ר"ל דגים הגדלים בים שאינם נקראים גידולי קרקע, אבל בהמה חיה ועוף קרויים הם גידולי קרקע. **זה** דעת רבינו ז"ל, וחלקו עליו, ורש"י פי' {דף ק"ז. במשנה} שהחיוב בחבלה הוא מפני שהוא צובע. ויש מי שפירש שהוא מפני נטילת נשמה שבאותו מקום. **ולדברי** שניהם אין צריך כגרוגרת, אלא בפחות מכאן חייב - מגיד משנה) [ה] (כיון שדעת רבינו שהחובל הוא משום מפרק, ודאי שיעורו כגרוגרת, וכמו שנזכר למעלה ששעור הדש כגרוגרת - מגיד משנה) [ו] (ואין זו השגה, דהתם לענין הוצאה מרשות לרשות, ומה ענין זה לענין הוצאת דם או חלב ממקום חבורם בחי, והטעם ששיעורן כגרוגרת, משום דחשיבי אוכל, דהא חזו ללפת בהם את הפת - כסף משנה)

כלל גדול פרק שביעי שבת עה

תורה אור

שכן יריעה שנפל בה דרנא קורעין בה ותופרין אותה אמר רב זוטרא בר טוביה אמר רב *המותח חוט של תפירה בשבת חייב חטאת והלומד דבר אחד מן המגוש חייב מיתה והיודע לחשב תקופות ומזלות ואינו חושב אסור לספר הימנו *מגושתא רב ושמואל חד אמר חרשי וחד אמר גדופי תסתיים דרב דאמר גדופי דאמר רב זוטרא בר טוביה אמר רב הלומד דבר אחד מן המגוש חייב מיתה דאי ס"ד חרשי הכתיב *°לא תלמד לעשות אבל אתה למד להבין ולהורות תסתיים אר"ש בן פזי א"ר יהושע בן לוי משום בר קפרא כל היודע לחשב בתקופות ומזלות ואינו חושב עליו הכתוב אומר °ואת פועל ה' לא יביטו ומעשה ידיו לא ראו א"ר שמואל בר נחמני א"ר *יוחנן מנין שמצוה על האדם לחשב תקופות ומזלות שנאמר °ושמרתם ועשיתם כי היא חכמתכם ובינתכם לעיני העמים איזו חכמה ובינה שהיא לעיני העמים הוי אומר זה חישוב תקופות ומזלות: הצד צבי וכו': ת"ר *הצד חלזון והפוצעו אינו חייב אלא אחת רבי יהודה אומר חייב שתים שהיה ר' יהודה אומר פציעה בכלל דישה אמרו לו אין פציעה בכלל דישה אמר רבא מ"ט דרבנן קסברי אין דישה אלא לגדולי קרקע ולחייב נמי משום נטילת נשמה אמר רבי יוחנן שפצעו מת רבא אמר אפילו תימא שפצעו חי מתעסק הוא אצל נטילת נשמה והא אביי ורבא דאמרי תרוייהו מודה *ר"ש בפסיק רישא ולא ימות (א) שאני הכא דכמה דאית ביה נשמה טפי ניחא ליה כי היכי *)דליציל ציבעיה: והשוחטו: שוחט משום מאי חייב רב אמר משום צובע ושמואל אמר משום נטילת נשמה

משום

רש"י

דרנא. תולעת ומנקב בו נקב קטן ועגול וצריך לקרוע למטה ולמעלה את הנקב שלא תהא התפירה עשויה קמטין קמטין: **המותח חוט של תפירה.** בגד התפור ועומד והניח החוט ארוך ונתפרדו שתי חתיכות הבגד זו מזו במקצת וחוטי התפירות נמשכין ומותח את ראשי החוט להדק ולחבר זו היא תפירתו וחייב: **והלומד דבר אחד מן המגוש.** מין הממשיכו לע"ז אפי' דבר תורה אסור ללמוד ממנו: **והיודע כו'.** הני תלת שמעתתא שמעינהו (*מר) זוטרא מרב כי הדדי וגרסינהו: **אמגושא.** דאמרינן בכל דוכתא רב ושמואל פליגי ביה: **חד אמר חרשי.** מכשף: **וחד אמר גדופי.** מין האדוק בע"ז ומגדף תמיד את השם ומסית אנשים לע"ז: **דאי סלקא דעתך חרשי.** וטעמא משום דכתיב לא ימצא בך וגו' וקא חשיב מכשף: **והא כתיב.** לעיל מיניה לא תלמד לעשות כדי שתעשה: **להבין.** שתוכל לעמוד בהן ואם יעשה נביא שקר לפניך שתבין שהוא מכשף: **תסתיים דגדופי הוא.** הלכך כל דבריו דברי ע"ז והסתלק מעליו שלא ישיאך: **לעיני העמים.** שחכמה הניכרת היא שמראה להם סימן לדבריו בהילוך החמה והמזלו' שמעידין כדבריו שאומר שנה זו גשומה והיא כן שנה זו שחונה והיא כן שכל העיתים לפי מהלך החמה במזלותיה ומולדותיה במזל תלוי הכל לפי השעה המתחלת לשמש בכניסת החמה למזל: **הפוצעו.** דוחקו בידיו שיצא דמו: **אינו חייב אלא אחת.** משום צידה אבל אפציעה ליכא חיוב: **בכלל דישה.** שמפרק דמו הימנו כמפרק תבואה מקשין שלה: **מתעסק הוא אצל נטילת נשמה.** כלומר לגבי נטילת נשמה הוי מתעסק בדבר אחר ולא הויא מלאכת מחשבת שאינו מתכוין שימות: **טפי ניחא ליה.** שדם החי טוב מדם המת וכיון דכל עצמו מתכוין וטורח לשומרו שלא ימות בידו אפי' מת אין כאן אלא מתעסק וכי מודה ר' שמעון במידי דלא איכפת ליה אי מיתרמי ומיהו איכווני לא מיכוין: **דליציל ליבעיה גרסינן.** שתהא מראית צבעו צלולה: **שוחט משום מאי מיחייב.** שחיטה במלאכת המשכן היכא ומאי עבידת' אי משורות אילים מאדמים למה לי בהו שחיטה בחניקה נמי סגי:

תוספות

שכן יריעה שנפל בה דרנא כו'. תימה לר"י דבריש האורג אמרי' קורע על מנת לתפור שתי תפירות היכי משכחת לה ומשני דעבידא כליסתא ואומר ר"י דבמשכן היו אומנים ביותר והיו נזהרים שלא היו עושים כליסתא והתם לא קאמר שנפל בה דרנא דנקט דשכיח טפי ועוד דהתם בעי לאשכוחי קורע על מנת לתפור שתי תפירות והא לא ויריעה שנפל בה דרנא צריך לקורעה מתחלתה ועד סופה ויש בה כמה תפירות ואע"ג דהשתא לא משכח' במשכן על מנת לתפור שתי תפירות והא לא סברא הוא דבשתי תפירות הוי דבר חשוב: **אמגושא.** פי' בערוך דפליגי בהא דאמר רב פפא בהלו מגלחין (מו"ק יח.) פרעה אמגושי היה דכתיב הנה יוצא המימה חד אמר לעשות כשפים היה יוצא וחד אמר גדופי שהיה עושה עצמו ע"ז שהיה אומר לי יאורי ואני עשיתני ואין נראה לר"י דפליגי רב ושמואל במאי דאמר רב פפא אלא פליגי אאמגושא שנזכר בשום מקום במשנה או בברייתא: **הצד** חלזון. למאן דמוקי לה בשפצעו חי אתי שפיר הא דנקט הצד חלזון דדרך לפוצעו מיד אחר צידה כל זמן שהוא חי וקמ"ל דאע"פ שפצעו חי לא מיחייב משום נטילת נשמה ואפילו למאן דמוקי לה כשפצעו מת קמ"ל דלא מיחייב בצידה שלו משום נטילת נשמה דאף על גב דאמרי' בפרק שמונה שרצים (לקמן דף קז:) השולה דג מן הים כיון שיבש בו כו' הכא שאני חלזון דדרכו לפרכס ולקרב מיתתו וי"ע דבירושלמי משמע דצד חלזון לא מיחייב משום צידה: **ולחייב** נמי משום נטילת נשמה. ואפי' לרבי יהודה דאמר מקלקל בחבורה פטור פריך שפיר דהיכא דאיכא תקון קצת חייב כדאמרי' בפסחים (דף עג.) בסוף אלו דברים והכא נמי במה שממיתו יש תקון קצת שאינו מפרכס לכאן ולכאן ונוח ליטול ממנו הדם ולמאי דמסיק דכמה דאית ביה נשמה טפי ניחא ליה אתי שפיר נמי לרבי יהודה דהשתא ליכא תיקון כלל ומיהו שמעתין אתיא אפי' לר"ש דמחייב מקלקל בחבורה מדמשני מתעסק הוא אצל נטילת נשמה ולא קאמר מקלקל הוא: **מתעסק** הוא אצל נטילת נשמה. האי מתעסק לאו דוקא דהא מתעסק בחבורה חייב לר"ש דאמר בס"פ ספק אכל (כריתות יט:) הכה לתינוקות הואיל ומקלקל בחבורה חייב מתעסק נמי חייב וטעמא כדיליף בהאורג (לקמן קו.) מדאיצטריך למישרי מילה מכלל דמקלקל בחבורה חייב ולא חיישינן למלאכת מחשבת דמקלקל דעלמא לא מיפטר אלא משום מלאכת מחשבת כדאמר בספ"ק דחגיגה (דף י:) ומתעסק דהכא היינו דבר שאין מתכוין כיון דאין מתכוין כלל למלאכה מותר אפי' בחבורה אע"פ דלא בעי מלאכת מחשבת כמו כל איסורים שבתורה דלא שייך בהו מלאכת מחשבת ושרו אין מתכוין כדאמר מוכרי כסות מוכרין כדרכן ובלבד שלא יתכוין בחמה מפני החמה כו' (כלאים פ"ט משנה ה) וכן מוכח בפ"ק דכתובות (ד' ה:) דאמר את"ל דם תבורי מיחבר לדם הוא צריך או להנאת עצמו הוא צריך ואת"ל להנאת עצמו הוא צריך הלכה כרבי יהודה או הלכה כר"ש פירוש בדבר שאין מתכוין ואת"ל הלכה כר' יהודה בדבר שאין מתכוין במקלקל הלכה כמאן משמע דאי הלכה כר"ש בדבר שאין מתכוין תו ליכא לספוקי במקלקל דאפי' מקלקל בחבורה חייב כיון דאין מתכוין מותר: **טפי** ניחא ליה כי היכי דליציל ליבעי'. פי' אע"ג דהוי פסיק רישיה דמודה ר"ש הכא מיפטר משום דאי מלאכה שאינה צריכה לגופה דאפי' במקלקל פטר ר"ש במלאכה שאינה צריכה לגופה כדאמר בפרק הנחנקין (סנהדרין פד:) מאן שמעת ליה דאמר מקלקל בחבורה חייב ר"ש הא אמר מלאכה שאינה צריכה לגופה פטור עליה וכי מודה ר"ש בפסיק רישיה ה"מ במידי דניחא ליה אי מתרמי דהוי צריכה לגופה אבל במידי דלא איכפת ליה לא מודה ורש"י פי' דהא דמודה ר"ש בפסיק רישיה היינו במאי דלא איכפת ליה אי מתרמי וליתא דהא מזרד זרדין בארעא דחבריה פטר ר"ש בפ' הבונה (לקמן קג.) והתם לא איכפת ליה אי מתרמי אלא כדפי' ותימה דבספ"ק דחגיגה (דף י:) משמע דהא דפטר ר"ש מלאכה שאינה צריכה לגופה היינו משום דבעי מלאכת מחשבת וא"כ בחבורה דלא בעי מלאכת מחשבת ליחייב בה מלאכה שאינה צריכה לגופה: **כי** היכי דליציל ליבעיה. קשה לר"י דמ"מ על נטילת הדם ליחייב משום נטילת נשמה ונראה כלשון אחר שפי' בקונט' בריש שמונה שרצים (לקמן קז.) דחובל בהן חייב משום דהוי תולדה דשוחט וחייב משום נטילת נשמה ונטילת הדם היינו נטילת נשמה כדכתיב כי הדם הוא הנפש ולכך ח' שרצים שיש להם עור חייב בנצרר הדם אע"פ שלא יצא דכיון שנצרר סופו לצאת אלא שהעור מעכבו ושאר שרצים שאין להם עור אינו חייב עד שיצא מהם דם אבל בנצרר הדם ולא יצא לא מיחייב דכיון שלא יצא לא סופו לחזור דאם היה סופו לצאת היה יוצא מיד שאין העור מעכבו והשיב לו ר"ת דדם חלזון הראוי לצביעה מיפקד פקיד ולא מיחייב על אותו הדם משום נטילת נשמה ועל דם אחר היוצא עמו נמי לא מיחייב דלא ניחא ליה כי היכי דליציל ליבעיה אבל אין לפרש דנטילת נשמה היינו שמחליש אותו דבר שחובל בו דגבי דם בתולים מה צריך לחלישות האשה וגבי מילה מה צריך לחלישות התינוק אלא לנטילת הדם קרי נטילת נשמה כדפי': **שוחט** משום מאי מחייב. לאו אשוחט דמתני' קאי דההוא פשיטא דלא הוי אלא משום נטילת נשמה דלצבע תנן בהדיא במתני' אלא אשוחט דעלמא קאי:

אין

*) [נ"ל דליצלה פי' דלא ניחא ליה דתיפוק נשמה דכל כמה דאית ביה נשמה טפי מגלא צבעיה שצבעו מתעלה יפה ויאה צבעו יפה וכה"א כי אז הלית. ערוך]

עין משפט נר מצוה

נד א מיי' שם הלכה ט סמג שם טור שו"ע או"ח סימן ש"מ סעיף ו:

נה ב שו"ע יו"ד סימן קעט סעיף יט:

נו ג סמג עשין מו:

נז ד מיי' פ"י מהלכות שבת הלכה יט סמג לאוין סה טוש"ע או"ח סימן שטו סעיף ה:

נח ה מיי' פ"ח מהלכות שבת הלכה ז ופכ"א הלכה יב:

נט ו מיי' שם פ"ח הלכה ז:

ס ז מיי' פ"א מהלכות שבת הלכה ו טוש"ע או"ח סימן שלו סעיף א:

סא ח מיי' פי"א מהל' שבת הלכה א:

מסורת הש"ס

[צ"ל רב]

פ"א אמגושא

[ר"ה כד: ע"ז ית. מג: סנהד' סח.]

[צ"ל יונתן]

[תוספתא פ"ט ע"ש]

לקמן קו. קיא: קיז. קכ: קנג. קמג. [כ"ט לג.] כתובות ו: בכורות כה. סוכה לג:

הגהות הב"ח

(א) גמ' שאני הכא. נ"ב עמ"ש דף קו:

רבינו חננאל

רפת כשהן. טיט ומתבשלין ואחר כך מתחוקין כשיצפרש (מתחפרו) [ויתפחרו] · וכן מאן דארתח כופרא· אף על גב דהדר אקיש מבשל הוא · אמר רבה מאן דעבד חביתא חייב ז' חטאות פי' כגון שהיתה לו גבשושית ונטלת וייפה הקרקע חייב משום חורש · שחק חייב משום טוחן ניקהו מן הצרורות חייב משום בורר וכשמתחך (טמנו) [היינו] מחתך · ועיקר מלאכה א) (בנין מלאכה) וגמר מלאכה והשואתה חייב משום מכה בפטיש הרי שבע ב) בתנור עוד מוסיף אחד שצריך להחליק את תוכו ולשוף אותו נחלים וחייב משום ממחק · מאן דעבד חלתא חייב י"א חטאות. חתך קנה נעשה זומר וצרידלעצים חייב משום קוצר ומשום נוטע כינס הקנים חייב משום מעמר דקדק הקנים חייב משום טוחן· חתכם כשיעור כגון אמה אמה חייב משום מחתך · קילפם חייב משום דש· השליך קליפתן וקנין שאין ראויין למלאכה חייב משום בורר. הטיל שתיו חייב משום מיסך וכשמטיל הערב עושה שתי בתי נירין וכשמכה אותן כדי לקרבן זה לזה (ולהדחיק אריג ג) זה כל זמן שעושה (ארבעת) [ארעי'] הכוורת וכשכופף הקנים למעלה לאריגה (והן) קירותיה בונה הוא תמר מלאכה שישברקרומיות היוצאת משום מכה בפטיש הרי אלו י"א מלאכות ואם כפף פיה למטה וחפרה (כשיבינו החיים) [כשמותח החוט] חייב משום פוזי כרב דאמר המותח חוט של תפירה בשבת חייב (משום) חטאת וכשתופר חייב משום תופר הרי אלו י"ג חטאות: ירושלמי ההיא איתתא כד משתייא בקיבה משום מיסכת כד יהבה קירוטה משום עושה בתין · כד מקימה לון משום בונה· כד מתיי' משום אורגת כד מקטעא בנימא משום מחתכת · כד נמרה מלאכתה משום מכה בפטיש · אונים של דיסקיא [קושר ומתיר] נעשה כנועל ופותח וכן החלות של תמרים קושר ומתיר · א"ר יוחנן השוחה צמר מעל גבי בהמה בשבת חייב ג' חטאות משום גוזז ומנפץ וטווה · ודחה רב כהנא ואמר אין דרך גזיזה ולא דרך ניפוץ ולא דרך טויה בכך · ואקשינן על רב כהנא והתניא משום נחמיה ששף בעזים · אלמא שספורו בעזים וטוות מעליהן בלא גזיזה ותריק' חכמה יתירה שאני דכתיב וכל הנשים אשר נשא לבן אותנה בחכמה טוו את העזים · ואע"ג דרב כהנא לגבי רב תלמיד הוה כיון (דיש) דאשכחן בתלמוד א"י דקיימי כוותיה דגרסינן התולש כנף מן העוף חייב משום גוזז המורטו חייב משום מוחק הקוטמה חייב משום מכה בפטיש ודחינן לא דמיא תולש כנף עוף לתולש שער בהמה דעוף שאין לו גזיזה תלישתה היא גזיזתה ברם בהמה אינו חייב עד שיגזז תדע שהוא כן דתני תלש סן המתה חייב תלישתה זו היא גזיזתה סן החיה פטור ותנו סדתנן (לקמן קו:) התולש צפרניו זו בזו או בשיניו וכן שערו וכן שפמו וכן זקנו ר' אליעזר מחייב חטאת וחכמים אומרים משום שבות כלומר אין דרך נטילת שיער בשיניים וכיון דקיימי חכמים כרב כהנא קיי"ל כוותיה: אמגושתא · פי' בלשון ערבי זמזמה. מגוש בלשון יון מכשף · גידופי כופר בעיקר: הצד צבי השוחטו כו' · ת"ר הצד חלזון והפוצעו אינו חייב אלא אחת ר' יהודה אומר חייב שתים שפציעה בכלל דישה ורבנן סברי אין דישה אלא בגידולי קרקע ואקשינן לרבנן ליחייב משום צידה ומשום נטילת נשמה ופריק ר' יוחנן שפצעו מת רבא אמר אפילו תימא שפצעו חי · מתעסק אצל נטילת נשמה וקיי"ל המתעסק [בחלבים ובעריות] חייב משום דנהנה המתעסק בשבת פטור מלאכת מחשבת אסרה תורה דלא קא ניחא לנטילת נשמה דניחא

א) אולי צ"ל ועל עיקר מלאכת התכית חייב משום בונה וגמר מלאכה וכו'. ב) לפי מה דהגיה רבינו אין כאן רק שש חטאות ואולי דחסר בדברי רבינו וצ"ל וכשמלקט אח"כ בכבשן חייב משום מבשל וכ"ה ברש"י. ג) אולי צ"ל חייב משום אורג. וזה כל זמן וכו'.

רב נסים גאון שכן קרש שנפל בו דרנא. פי' דרנא תולעת ובסוף פרק אלו טריפות (חולין דף סז) משכחת ואת נבלתם תשקצו לרבות את הדרנין של בהמה: **רבא** אמר אפילו תימא שפצעו חי מתעסק הוא אצל נטילת

משום צובע אין משום נטילת נשמה לא אימא אף משום צובע אמר רב מילתא דאמרי אימא בה מילתא דלא ליתו דרי בתראי ולידכו עלי צובע במאי ניחא ליה ניחא דליתווס בית השחיטה דמא כי היכי דליחזוה אינשי וליתו ליזבנו מיניה: והמולחו והמעבדו: "היינו מולח והיינו מעבד ר' יוחנן ור"ל דאמרי תרוייהו אפיק חד מינייהו ועייל [א] שירטוט אמר רבה בר רב הונא האי מאן דמלח בישרא חייב משום מעבד רבא אמר אין עיבוד באוכלין אמר רב אשי ואפילו רבה בר רב הונא לא אמר אלא דקא בעי ליה לאורחא אבל לביתא לא משוי איניש מיכליה עץ: והממחקו והמחתכו: אמר רבי אחא בר חנינא [ב] השף בין העמודים בשבת חייב משום ממחק אמר רבי חייא בר אבא ג' דברים סח לי רב *אשי משמיה דרבי יהושע בן לוי המגרר ראשי כלונסות בשבת חייב משום מחתך הממרח רטיה בשבת חייב משום ממחק והמסתת את האבן בשבת חייב משום מכה בפטיש אמר ר' שמעון (א) בן קיסמא אמר רבי שמעון בן לקיש הצר צורה בכלי והמנפח בכלי זכוכית חייב משום מכה בפטיש א"ר יהודה האי מאן דשקיל אקופי מגלימי חייב משום מכה בפטיש והני מילי דקפיד עלייהו: והכותב שתי אותיות: ת"ר *כתב אות אחת גדולה ויש במקומה לכתוב שתים פטור מחק אות גדולה ויש במקומה לכתוב שתים חייב אמר רבי מנחם בר' יוסי וזה חומר במוחק מבכותב: הבונה והסותר המכבה והמבעיר והמכה בפטיש: רבה ור' זירא דאמרי תרוייהו כל מידי דאית ביה גמר מלאכה חייב משום מכה בפטיש: אלו אבות מלאכות: *אלו לאפוקי מדר"א דמחייב על תולדה במקום אב: חסר אחת: לאפוקי מדר' יהודה *דתניא ר' יהודה מוסיף את השובט והמדקדק אמרו לו [ג] שובט הרי הוא בכלל מיסך מדקדק הרי הוא בכלל אורג:

מתני' ועוד כלל אחר אמרו כל הכשר להצניע ומצניעין כמוהו והוציאו בשבת חייב חטאת עליו וכל שאינו כשר להצניע ואין מצניעין כמוהו והוציאו בשבת אינו חייב אלא המצניעו:

גמ' כל הכשר להצניע לאפוקי מאי רב פפא אמר לאפוקי דם נדה מר עוקבא אמר לאפוקי עצי אשרה מאן דאמר דם נדה כ"ש עצי אשרה מאן דאמר עצי אשרה אבל דם נדה מצנע ליה לשונרא ואידך כיון דחלשא לא מצנע ליה אמר רבי יוסי בר חנינא האי דלא כר"ש דאי כר"ש האמר *לא אמרו כל השיעורין הללו אלא למצניעיהן: וכל שאינו כשר להצניע: אמר

רש"י

משום צובע. שצובע את הבשר של בית השחיטה ולקמן מפרש אמאי מיכוין לצובעו ולביעה הואי במשכן אב מלאכה: **משום נטילת נשמה.** דנטילת נשמה הואי במשכן באילים מאדמים ותחש וחלזון*: **אף משום לביעה.** ונפקא מינה לחיוביה תרתי: **מילתא דאמרי אימא כו'.** דבר תימה אמרתי להזכיר לביעה בשחיטה לריך אני לומר בו דבר טעם דלא ליתו דרי בתראי השומעים וליחכו עלי: **לובע בשר במאי ניחא ליה.** להאי שוחט בלביעת הבשר הייט חוכא ואני אומר בו טעם: **ניחא ליה דלתווס בית השחיטה בדמא.** שיהא לבוע בדם: **כי היכי דניחזוייה אינשי.** שנשחטה היום וניתו ונזבנו: **היינו מולח היינו מעבד.** אלמא מליחה לאו לורך עיבוד הוא: **ועייל שירטוט.** לפי שדרך הרלענין כשהוא בא לחתכו משרטטו תחלה כפי מה שהוא רולה להאריך ולהרחיב ולקלר החיתוך ואחר כך מעביר הסכין דרך השירטוט וכן בעורות המשכן כשחתכום: **דקבעי ליה לאורחא.** שמולחה הרבה: **השף בין העמודים.** כגון עמודי אכסדראות שעשוים חלונות חלונות וסמכין בחלונות בין עמוד לעמוד והשף שם בקרקעית הבנין שנשענין עליו כדי שיהא חלק חייב משום ממחק: **המגרר ראשי כלונסות.** שיהו ראשיהן שוין וחדין: **ממרח רטיה.** מחליק התחבושת על המכה: **מסתת את האבן.** לאחר שנעקרה מן ההר ונחלבה מחליקה: **משום מכה בפטיש.** שהוא גמר מלאכה: **הלר (ב) בכלי לורה.** בכלי שעומד לכך לנאותו: **מנפח בכלי זכוכית.** כשהותך נעשה על ידי נפוח: **דשקיל אקופי.** ראשי חוטין התלויין ביריעה במקום קשורין כשניתק בה חוט וקשרוהו וכן קשין וקסמים דקין שנארגו בה בלא מתכוין ונוטלין אותם ממנה לאחר אריגה גמר מלאכה הוא וחייב משום מכה בפטיש: **כתב אות אחת גדולה כו' פטור.** שבקרשי המשכן שתים היו כותבים אחת בזו ואחת בזו כדי לזווגן כשסותרים אותן: **מחק אות אחת כו' חייב.** שאין מלאכת מחיקה חשובה אלא ע"מ לכתוב והרי יש מקום לשתי אותיות: **אמר רבי מנחם ברבי יוסי.** הא קמ"ל מאן תנא קמא ר' מנחם ברבי יוסי: **לאפוקי מדרבי אליעזר.** דהא אמרן דלא נמנו כאן אלא להודיענו מנין חטאות של העלם אחד ותנא הרי אלו למעוטי שאם עשה תולדותיהם עמהן דאינו מביא עליהן חטאת ודלא כרבי אליעזר דמחייב אתולדה עם האב בכריתות: **שובט.** משוה השתי בכרכר שקורין ריו"ל: **מדקדק.** כשמותח חוט הערב מכה בכרכר עליו במקומות מקומות ליישבו שלא יהא מתוח יותר מדאי שהמתיחה מעכבתו מהתחבר יפה עם האריג: **שובט הרי הוא בכלל מיסך.** דהיינו מיסך ממש שמסדר חוטי השתי: **הרי הוא אורג.** דהיינו אורג ממש ולא דמי לזורה ובורר ומרקד דזה בקשין וזה בצרורות וזה בקמח: **מתני' כל הכשר להצניע.** שהוא מין העשוי לצורך האדם: **ומצניעין כמוהו.** כמות זה כלומר שיש בו שיעור הראוי להצניעו: **אין חייב אלא מצניעו.** אם נעשה חביב לאדם א' והצניעו חייב על הוצאתו אם חזר והוציאו אבל אדם אחר אינו חייב עליו דלגביה לאו מלאכה הוא: **גמ' מ"ד דם נדה.** אינו כשר להצניע כ"ש עצי אשרה דאיסורי הנאה נינהו ומאיסי וצריך לאבדן: **כיון דחלשא.** המאכיל דם האדם לחתול נעשה חלש אותו אדם: **הא.** דתנא כל הכשר להצניע ויש בו שיעור שרוב ב"א עשוין להצניע כשיעור הזה חייב כל אדם על הוצאתו ואפילו אדם עשיר שאין שיעור זה חשוב לו: **דלא כר' שמעון.** לקמן בהמוציא אמר

תוספות

אין עיבוד באוכלין. אין להתיר מכאן מליחת אוכלין דאסור מדרבנן מליחה בפרק שמונה שרצים (לקמן דף קח:) ואפילו בי"ט אסור בפ"ק דבילה (דף יא.): **השף** בין העמודים בשבת חייב. פירש ר"ח *דשף העור על העמוד כדי להחליקו וכן משמע בירושלמי ורש"י פירש ששף קרקעית שבין עמודי חלונות ולא נהירא: **והמסתת** את האבן ס' חייב משום מכה בפטיש. אבל משום מחתך וממחק לא מיחייב דמיירי שכבר היא מרובעת ומתוקנת אלא שמייפה אותה ועושה בה שירטוטין ויפוי כעין שעושין עכשיו נוסתתי האבנים. ר"י וכן ריב"א: **הרי** אלו לאפוקי מדרבי אליעזר דמחייב אתולדה במקום אב. וא"ת מרישא שמעינן לה דתנן העושה מלאכות הרבה מעין מלאכה אחת אינו חייב אלא אחת וי"מ דה"ק מעין מלאכה אחת הייט שתי תולדות מאב א' אבל האב ותולדה דידיה מיחייב תרתי קמ"ל: **חסר** אחת לאפוקי מדר' יהודה. תימה דממניינא דרישא שמעינן לה וליכא למימר תנא ושייר °דהא אלו קתני ומיהו הא ליכא לאקשויי דהא מאלו דרישא שמעינן לאפוקי מדר' אליעזר דאיכא למימר דנקט ברישא אלו אבות משום דקאי אדקתני לעיל חייב על כל אב מלאכה וי"ל דממניינא דרישא לא שמעינן לאפוקי מדרבי יהודה דאיכא למימר דלא חשיב אלא מלאכות חשובות אבל שובט ומדקדק אע"ג דמלאכות הן לא קתני להו משום דאינם מבוררות כל כך וכה"ג משני בפ"ק דקדושין (דף טז:) גבי אלו מעניקין להן דבר שיש לו קצבה קתני דבר שאין לו קצבה לא קתני*: **לאפוקי** עצי אשרה. דלא כרבי יהודה דאמר בפרק רבי עקיבא (לקמן דף צ.) אף המוציא משמשי ע"ז כל שהוא חייב אלא כת"ק דפליג עליה כן פירש בקונט' התם וקשה לרשב"א הא דקאמר הכא מ"ד דם נדה כ"ש עצי אשרה מנא ליה דילמא סבר כרבי יהודה ומחייב בעצי אשרה שמצניעין אותן לשריפה: **הא** דלא כר' שמעון. פירש בקונטרס הא דתנן כל הכשר כו' שרוב בני אדם עשויים להצניע כשיעור הזה חייב כל אדם על הוצאתו אפילו אדם עשיר שאין שיעור זה חשוב לו משמע מדבריו דלא מחייב ר' שמעון אלא בסתם בני אדם שרגילין להצניעו שאותו שיעור חשוב להן ואפילו לא הצניעו הוא ולקמן פי' לא נאמרו שיעורים שבמשנה אלא למצניעין אותו קודם לכן וחזר המצניע והוציאו משמע דוקא בהצניעו חייב ולומר ר"י דיש ליישב פירושו דמה שמצריך

אות ז'

מודה רבי שמעון בפסיק רישא ולא ימות

סימן שלז ס"א - 'דבר שאין מתכוין, מותר - ז"ל הרמב"ם: דברים המותרים לעשותן בשבת, ובשעת עשייתן אפשר שתיעשה בגללן מלאכה אחרת, ואפשר שלא תיעשה, אם לא נתכוון לאותה מלאכה מותר, וכן כוונת המחבר, **והוא שלא יהא פסיק רישיה** - פי', שבודאי תיעשה המלאכה האחרת. (וכל דאנן סהדי דלא ניחא ליה בזה, כלומר שאינו מעלה ומוריד, הוה כמלאכה שאצל"ג, ולשיטת הערוך [בתוס' ק"ג] מותר אפי' לכתחלה, ע"ש, **אבל** רש"י כתב להדיא [ע"ה. ד"ה טפי], דר"ש מודה במידי דלא איכפת ליה אי מתרמי או לא, אא"כ רוצה דוקא ההיפך שלא תיעשה מלאכה זו, ע"ש {ובתוס'} – ערוה"ש סי' רמב. (**ועיין** רש"י דף ק"ג. ד"ה בארעא, ובגליון הש"ס). (**באמת** אפילו רק היכא שאין נהנה כלל בהפעולה שנעשה על ידו, ואין לו שום נ"מ בזה, נקרא ג"כ פ"ר דלא ניחא ליה, כיון דהוא אין מכוין להפעולה, כן הוכיחו התוס' בשבת ע"ה ד"ה טפי, מהא דשבת ק"ג בגמרא דקעביד בארעא דחבריה – בה"ל סי' שכ ד"ה דלא ניחא ליה).

אות ח' – ט'

והשוחטו   **נטילת נשמה**

רמב"ם פי"א מהל' שבת ה"א - השוחט חייב, ולא שוחט בלבד אלא כל הנוטל נשמה לאחד מכל מיני חיה ובהמה ועוף ודג ושרץ, בין בשחיטה בין בנחירה או בהכאה, חייב; החונק את החי עד שימות, הרי זה תולדת שוחט.

---

§ מסכת שבת דף עה: §

אות א' – ב' – ג'

היינו מולח והיינו מעבד

רבא אמר: אין עיבוד באוכלין

והממחקו

רמב"ם פי"א מהל' שבת ה"ה - ואחד המעבד ואחד המולח, שהמליחה מין עיבוד היא; ואין עיבוד באוכלין; וכן המוחק מן העור כדי לעשות קמיע, חייב, ואיזה הוא מוחק, זה המעביר שיער או הצמר מעל העור אחר מיתה עד שיחליק פני העור.

סימן שכא ס"ה - [א]אסור למלוח בשר מבושל או ביצה מבושלת, להניחה - דהא דמתירין לעיל בביצה למלחה, היינו לצורך אותה סעודה, **אבל** למלוח הבשר וביצה כדי להניח לאחר זמן, דמי לעיבוד וכבישה.

והנה דעת המ"א וט"ז, דאפילו דעתו לאכול ביומו, אם הוא לצורך סעודה אחרת, יש ליזהר בזה, והיינו כשהסעודה אחרת נמשך זמן רב אחר סעודה ראשונה, **אבל** הא"ר מצדד, דאין לאסור רק אם בדעתו להניח לאחר שבת, **וכן** משמע מהגר"א, (הוא ממה שכתב מקור לדין זה דלהניחו, משום דמליחה דשם ע"ה ע"ב מיירי בכה"ג, והרי שם מוכח בגמרא דמימרא דרבה בר ר"ה דיש מליחה באוכלין {ונקטינן כוותיה לענין איסורא, כמ"ש הגר"א מקודם בשם התוספות ד"ה אין} מיירי שמלחה לזמן רב, שבאופן זה מצוי שמולח הרבה, אבל לא מסעודה לסעודה, וכ"כ בפיר"ח בהדיא, דרבה בר ר"ה מיירי דוקא כשכוונתו לצאת בו לדרך או לאכלו אחר כמה ימים, אבל לאכלו ביומו לא, ע"ש), **ובפרט** אם העת חם, והוא עושה כן כדי שלא יסריח, בודאי יש להקל לצורך סעודה אחרת, דגם הט"ז מתיר בזה.

בשר או דג חי, אסור למולחו בשבת כדי שלא יסריח, ואפילו במקום הפסד אסור, **ואפילו** רוצה למלחו כדי לאכלו אחר מליחתו חי, אסור, דאע"ג דאין עיבוד באוכלין מדאורייתא, מ"מ אסור, דמתחזי כעיבוד, שהמלח מכשיר האוכל ומתקנו.

אבל מותר להדיח הבשר כדי לאכלו אח"כ חי, ואין זה מקרי תיקון, שאין התיקון בגוף הבשר, אלא שמדיחו משום דם בעין שעליו.

ומ"מ נראה, דאסור להדיח הבשר שלא נמלח, כשחל יום ג' להיות בשבת, וכדי שלא יאסר אח"כ בבישול, **כיון** שאין רוצה לאכול היום, וגם אין דרך לאכול חי, ניכר שעושה לצורך חול, **ואפי'** ע"י א"י אסור להדיח, שאין כאן הפסד כ"כ אם לא ידיחנו, שיוכל לאכול צלי, כ"כ המג"א, **ומיירי** ביחיד בביתו, אבל בקצב המוכר לאחרים, בודאי יש הפסד בזה, ויכול לעשות ע"י א"י, **וכן** באווזות פטומות, שיפסיד השומן אם יצלם, גם להמ"א מותר ע"י א"י, אפי' יחיד בביתו, **ואפי'** בבשר בהמה, הסכימו הרבה אחרונים, דיש להקל להדיח ע"י א"י, ודלא כמ"א, **ועיין** בא"ר ובתשו' נו"ב שכתבו, דאם אי אפשר ע"י א"י, מותר גם ע"י ישראל, **אך** אם מונח הבשר בכלי, טוב שירחוץ ידיו עליו, עד שיהיה שרוי הבשר במים.

אות [ב']

שירטוט

רמב"ם פ"ז מהל' שבת ה"א - מלאכות שחייבין עליהן סקילה וכרת במזיד או קרבן חטאת בשגגה, מהן אבות ומהן תולדות, ומנין כל אבות מלאכות ארבעים חסר אחת, ואלו הן... והכתיבה, והמחיקה, והשרטוט וכו'.

רמב"ם פי"א מהל' שבת הי"ז - המשרטט כדי לכתוב שתי אותיות תחת אותו שירטוט, חייב; חרשי העצים שמעבירין חוט של סקרא על גבי הקורה כדי שינסור

באר הגולה

ז מסקנא דגמרא שבת כ"ב ובכמה דוכתי

א שבלי הלקט סי' פ"ח בשם הגאונים (עיין בסמוך בבה"ל)

בשוה, הרי זה תולדת משרטט, וכן הגבלים שעושים כן באבנים כדי שיפצל האבן בשוה; ואחד המשרטט בצבע או בלא צבע, הרי זה חייב.

אות [ג']

השף בין העמודים בשבת חייב משום ממחק

רמב"ם פי"א מהל' שבת ה"ו - [ג]וכן השף בידו על העור המתוח בין העמודים, חייב משום מוחק.

אות ד'

המגרר ראשי כלונסות בשבת חייב משום מחתך

רמב"ם פי"א מהל' שבת ה"ז - וכן המגרד ראשי כלונסות של ארז, חייב משום מחתך.

אות ה'

הממרח רטיה בשבת חייב משום ממחק

סימן שכח סכ"ו - [ג]מגלה קצת רטייה ומקנח פי המכה, וחוזר ומגלה קצתה השניה ומקנחה, ורטייה עצמה לא יקנח מפני שהוא ממרח – (מלשון זה משמע, דאינו מסירה לגמרי, דאי יסירנה לא יהא רשאי אח"כ להחזירה, וזהו סייעתא לדעת המחמירים דלעיל, ואולי איירינן בזה, כשאין לו חפץ להניח עליו הרטיה, אם לא ע"ג קרקע, ויהיה אסור אח"כ להחזיר, לכך מגלה מקצת הרטיה ומקנח, ודוחק).

אות ו'

והמסתת את האבן בשבת חייב משום מכה בפטיש

רמב"ם פ"י מהל' שבת הי"ח - המסתת את האבן כל שהוא, חייב משום מכה בפטיש; המצדד את האבן ביסוד הבנין ותקנה בידו והושיבה במקום הראוי לה, חייב משום מכה בפטיש. הלוקט יבולת שעל גבי בגדים בידו, כגון אלו היבולות שבכלי צמר, חייב משום מכה בפטיש; והוא שיקפיד עליהן, אבל אם הסירן דרך עסק, הרי זה פטור.

אות ז'

הצר צורה בכלי, והמנפח בכלי זכוכית חייב וכו'

רמב"ם פ"י מהל' שבת הט"ז - המכה בפטיש הכאה אחת, חייב; וכל העושה דבר שהוא גמר מלאכה, הרי זה תולדת מכה בפטיש וחייב; כיצד, המנפח בכלי זכוכית, והצר בכלי צורה אפילו מקצת הצורה, והמגרד כל שהוא, והעושה נקב כל שהוא, בין בעץ בין בבנין בין במתכת בין בכלים, הרי זה תולדת מכה בפטיש וחייב; וכל פתח שאינו עשוי להכניס ולהוציא, אין חייבין על עשייתו.

אות ח'

האי מאן דשקיל אקופי מגלימי חייב משום מכה בפטיש, והני מילי דקפיד עלייהו

סימן שב ס"ב - [ד]הלוקט יבולות שע"ג בגדים, [ה]כגון אלו היבולות שבכלי הצמר הנשארים בהם מן האריגה - לשון יבלת, שפירושו גבשושית, וה"ה קשין וקסמין דקין שנארגו בבגד בלי מתכוין, דינן כיבלת, [רש"י וטור], **חייב משום מכה בפטיש** - כל העושה דבר שעי"ז נגמר המלאכה, חייב משום מכה בפטיש, שכן דרך האומן להכות בפטיש על הכלי אחר שנגמרה להשוות עקמימותה.

(**הפמ"ג** נסתפק, אי דוקא כשלוקט כל היבלות שיש שם, או אפילו ביבלת אחד חייב, אף שנשאר שם עוד, ונ"ל להביא ראיה ממה דאיתא בגמרא פרק הבונה, הצר בכלי צורה כל שהוא חייב, והחיוב הוא משום מכה בפטיש, כמבואר בפרק כלל גדול דף ע"ה:, וכן הוא ברמב"ם פרק י"ד, וז"ל: הצר אפילו מקצת הצורה חייב, הרי מבואר דחיוב מכה בפטיש הוא אפי' בעושה רק מקצת מהגמר מלאכה, כיון שהוא מהפעולות הנעשים בגמר הכלי, וזה פשוט דאין לפרש דהכונה שעושה מקצת האחרון מהצורה שנגמר תיקון הכלי עי"ז, דהא איתא שם בגמרא ר"ש אומר עד שיצור את כולה, א"כ לת"ק על מקצת הראשון ג"כ חייב, אח"כ מצאתי שכן כתוב במאירי על האי ענינא דצר צורה בשם גדולי המפרשים).

כתבו האחרונים, דה"ה דאסור להסיר השלל שקורין שטריגיוואנע, שעושין החייטים בתחלת התפירה כדי לחבר החתוכים, **ואפשר** דחיוב נמי יש בזה, שדרך האומנין להסיר בעת גמר מלאכה.

והוא שיקפיד עליהם - פירוש שמסירם בכונה כדי ליפות הבגד, ולא כמתעסק, **אע"פ** שלא היה נמנע מללבשו אם לא היה מסירם, חייב, משום דהך דהכא הוי מלאכה טפי מהאי דסעיף א', ולכן אינו פטור אלא במתעסק, [**ומ"מ** בעיקר הדין לא נוכל לברר, כי באו"ז ובריו"ו ראיתי שהעתיקו לענין זה ג"כ כהטור, דתלוי באם היה נמנע מללבשו מחמת זה].

[ו]**אבל אם הסירם דרך עסק, פטור** - בספר הזכרונות כתב, דאיסור יש בזה.

כתב הרמב"ם: המנער טלית חדשה שחורה כדי לנאותה, ולהסיר הצהוב הלבן הנתלה בה כדרך שהאומנין עושין, חייב משום מכה בפטיש,

---

באר הגולה

ב ‹ופירש רש"י, כגון עמודי אכסדראות וכו', והשף שם בקרקעית הבנין שנשענין עליו כדי שיהא חלק, חייב, ע"כ. **והתוספות** שם כתבו בשם ר"ח, דשף העור על העמוד כדי להחליקו, וכן משמע בירושלמי, ורש"י פי' וכו' ולא נחירא, ע"כ. **אפשר** דכוונתם משום דבשמעתין בדיני עור איירי, וכמ"ש ר"ח ז"ל, **אף** דלדידיה גם כן שפירש שף העור וכו', לא הוה ליה לומר בין העמודים, אלא על וכו', ולהכי רבינו נייד מפירושים אלו, וק"ל – מעשה רוקח› ג עירובין שם ד שם ע"ה ה ל' הרמב"ם בפ"י הי"ח ו שם לפירושו בגמ'

ואם אינו מקפיד מותר, עכ"ד, **ופירוש** מקפיד לענין זה, ג"כ כל שכוונתו כדי ליפות, וכמו לענין יבלת.

אות ט' – י'

והכותב שתי אותיות

כתב אות אחת גדולה ויש במקומה לכתוב שתים, פטור, מחק אות גדולה ויש במקומה לכתוב שתים, חייב

סימן שמ ס"ג - [ז]המוחק דיו שעל הקלף - בזמנם היו רגילין לכתוב על הקלף, **וה"ה** כל כיוצא בזה, ואפילו על עצים יש כתיבה ומחיקה, שכן היה במשכן בקרשים כדי לזווגן.

המוחק דיו - וכ"ש אם הוא מוחק ב' אותיות שנכתבו שלא כהוגן, ע"מ לכתוב ב' אותיות אחרות במקומן, דחייב, דזהו עיקר אב מלאכה דמוחק.

או שעוה שעל הפנקס - היינו שדרכן היה לטוח דפי פנקסיהן בשעוה כדי לרשום עליו, ואם נפל איזה טשטוש שעוה על הדף, ומחק השעוה העליונה כדי שיוכל לרשום על השעוה כדרכו.

אם יש במקומו כדי לכתוב ב' אותיות, חייב - משום מוחק, והוא שכוונתו בעת המחיקה שיהא ראוי אימת שירצה לכתוב ב' אותיות, ולא בעינן שיתכוין לכתוב בשבת, **וכן** בסותר ע"מ לבנות וקורע ע"מ לתפור, [וה"ה בכל מקלקל ע"מ לתקן].

ועל פחות מכן ג"כ יש איסור, אלא דנפקא מינה לענין חיוב חטאת.

(**כתב** הפמ"ג, דכמו דאמרינן בגמרא דאם הגיה אות אחת להשלים הספר חייב, משום דשם חשיבא אפילו אות אחת, ה"ה אם מחק אות מקולקל כדי לכתוב אחרת במקומה, ובזה יושלם הספר, חייב משום מוחק, **וא"כ** לפי"ז מה שכתב המחבר, דבעינן שיהיה במקום מחיקת הדיו כדי לכתוב ב' אותיות דוקא, ע"כ מיירי דהדיו נפל שלא במקום האותיות, ולפיכך בעינן שיהיה המקום ראוי לכתוב עליו שתי אותיות, **אבל** אם נפל דיו על איזה אות ונתקלקל, ומוחק כדי לכתוב אחרת במקומה כתיקונה, חייב משום מוחק באות זה לבד).

נפל דיו או שאר דבר לח על ספר, אל ילחכנו בלשונו, ואל ירחצנו במים, מפני שמוחק, [**אף** דהוא עדיין לח, שייך ג"כ גביה מחיקה, ולא הוי ככיסוי בעלמא מלמעלה].

(**הפמ"ג** מצדד, דאם בהמחיקה לבד היה שום תיקון, כגון שהיה כתוב שם איזה ענין שהיה הוא חייב לחברו, או חברו לו, וכה"ג, ונצטרך עתה למחקו, חייב משום המחיקה לבד, אע"פ שלא היה ע"מ לכתוב, **ודוקא** במוחק טשטוש וכדומה, בעינן שיהיה כונתו ע"מ לכתוב ב' אותיות, או כשאותו הכתב לא היה מעלה ולא מוריד, **משא"כ** בזה שהמחיקה גופא הוא תיקון).

ועיין בב"ח, דה"ה דיש ליזהר כשנופל דיו על האותיות או שנטף שעוה, שלא למחוק הטשטוש, דע"י מחיקתו מנכר האותיות, והוי כמוחק ע"מ לכתוב וחייב, **ואפילו** אם היה הטשטוש על אות אחד יש ליזהר, דיש איסור עכ"פ, והביאו הע"ש וט"ז והא"ר, **גם** במ"א משמע דהוא סובר, דבשעוה שעל ספר יש בו משום מחיקה, וה"ה בנטיפת חלב, (**וסברת** הב"ח וכל הנ"ל הוא, כיון דמכל מקום הכתב לעת עתה מטושטש ע"י השעוה, וע"י הסרתו יתגלה הכתב, הוי בכלל מוחק ע"מ לכתוב, **ואף** דגבי תפילין ס"ל, דע"י נטיפת שעוה שלמעלה לא נתבטל האותיות שתחת השעוה, שיפסל אח"כ משום שלא כסדרן, מ"מ לענין שבת, כיון דמתחלה לא היו יכולים לקרותו, ועכשיו כשמסיר השעוה מתקן האותיות שיהיו יכולים לקראו, הוא בכלל מוחק ע"מ לתקן).

ואם נמצא כן באמצע הקריאה, אף דאסור לסלק השעוה והחלב, מ"מ אין להוציא אחרת עבור זה, ויקרא אותו התיבה בעל פה, פמ"ג וכ"כ בח"א, **ובדה"ח** כתב, דאם נמצא כן בין גברא לגברא, יש להוציא אחרת אם אין האותיות נכרין.

(**ובתשו'** שבות יעקב פליג ע"ז, דהסרת השעוה מהקלף אינו בכלל מוחק, כי אם בכלל ממחק, כשממרחו בידו או בצפרניו על הקלף והנייר, **וע"כ** כתב, דאם הוא רוצה להסיר השעוה מן הקלף בענין שלא יגע בשעוה בידו או בצפרניו, כגון שנתייבש השעוה ויכול להסירו כלאחר יד, להקפיל הגויל של הספר באותו מקום ועי"כ תפול השעוה מאליו, שרי לעשות כן, מ"מ למעשה אין להורות להקל נגד הב"ח וכל הני רבוותא הנ"ל שסוברים כמותו).

(**ודע**, דדברי השבות יעקב הוא דוקא לענין שעוה, אבל לענין דיו שנתדבק על איזה אות, גם הוא מודה דיש בזה משום מוחק, דבזה לא הוי הדיו ככיסוי מלמעלה, דהלא נתבטל האות מתחלה עי"ז, וע"י מחיקתו את הדיו נתהוה אות מחדש, **אך** לפי"ז יהיה חיובו משום כותב, ומהב"ח משמע קצת דחיובו הוא משום מוחק, וכן איתא בעו"ש ובא"ר, וצ"ע).

(**ועיין** בזה בחידושי רע"א, שדעתו כהשבות יעקב בעצם הדין, דאין מוחק לענין שעוה, **ומ"מ** הסכים לדינא ג"כ לכל הני רבוותא, דאין לסלק השעוה מעל אותיות הספר בשבת, משום מתקן מנא, דמתקן בזה את הספר).

(**והפמ"ג** מצדד לומר, דבמקום האותיות אין בו משום מוחק ולא כותב, דכתב התחתון ממילא איתא, אלא איסור טלטול בשעוה יש, **ומ"מ** לא מלאו לבו להורות כן למעשה, דכתב: דלגרור שעוה משני אותיות ע"י עו"ג צ"ע, **ואות** אחד התיר לגרור ע"י עו"ג).

(והנה לפי מה שברר בחידושי רע"א, דדבק דינו כמו דיו, לפי"ז כשנדבקו הדפין להדדי בדבק במקום האותיות, יש בזה איסור דאורייתא שלא לפרקן מהדדי לכו"ע, **ואפילו** אם תדחוק ותאמר דבאותיות שיקלף הדבק מהם, גם להגרע"א כמו שעוה דמי, עכ"פ להב"ח וסייעתו יש בזה איסור דאורייתא).

באר הגולה

[ז] ברייתא שבת ע"ה

אסור ליתן שעוה על הספר לסימן במקום שרוצה לעיין בה למחר, מפני חשש מירוח.

הגה: אסור לשבר עוגה שכתב עליה כמין אותיות - ויש מחמירין אפילו בציורים, **אע"פ שאינו מכוין רק לאכילה, דהוי מוחק (מרדכי פרק כלל גדול)** - ואף דאינו ע"מ לכתוב, איסורא דרבנן מיהו איכא, ואף שאינו מכוין למחוק, פ"ר הוא ואסור אף בדרבנן.

ומותר ליתנו לתינוק.

ודוקא כשכותבין על העוגות אותיות מדבר אחר, אבל כשהכתיבה היא מהעוגה עצמה, בדפוס או בידים, שרי, דאין שם כתיבה עליה, וממילא לא שייך בזה מחיקה.

וכן אם כתב האותיות בדבש המעורב במים, או שאר מי פירות, ג"כ אין להחמיר.

ועיין בספר דגול מרבבה שמצדד להקל בעיקר הדין הזה, **ויש** לסמוך עליו כשאינו שובר במקום האותיות בידו, רק בפיו דרך אכילה.

וספר שכתוב עליו בראשי חודי דפיו אותיות או תיבות, יש אוסרין לפתחו ולנעלו בשבת, דע"י הפתיחה שובר האותיות והוי כמוחק, וכן כשנועלו הוי ככותב, **אבל** דעת הרמ"א בתשובה להקל בזה, וכן דעת הרבה אחרונים, וטעמם, דכיון דעשוי לנעול ולפתוח תמיד, ליכא ביה משום מחיקה וכתיבה, והוי כדלת הנסגר ונפתח תמיד, דאין בו משום בנין וסתירה, **וכן** המנהג, **ומ"מ** נכון להחמיר כשיש לו ספר אחר, [**ולכתחילה** בודאי טוב יותר לצאת ידי הכל, שלא לעשות אותיות על חודי הדפין].

אות כ'

כל מידי דאית ביה גמר מלאכה חייב משום מכה בפטיש

רמב"ם פ"י מהל' שבת הט"ז - המכה בפטיש הכאה אחת, חייב; וכל העושה דבר שהוא גמר מלאכה, הרי זה תולדת מכה בפטיש וחייב.

רמב"ם פכ"ג מהל' שבת ה"ד - כל דבר שהוא גמר מלאכה, חייב עליו משום מכה בפטיש, ומפני זה הגורר כל שהוא או המתקן כלי באיזה דבר שיתקן, חייב.

אות ל'

לאפוקי מדרבי אליעזר, דמחייב על תולדה במקום אב

רמב"ם פ"ז מהל' שבת ה"ז - אחד העושה אב מאבות מלאכות או תולדה מן התולדות, במזיד חייב כרת, ואם באו עדים נסקל, בשוגג חייב חטאת קבועה; אם כן מה הפרש יש בין האבות והתולדות, אין ביניהן הפרש אלא לענין הקרבן בלבד, שהעושה בשוגג אם עשה אבות הרבה בהעלם אחד, חייב חטאת על כל אב ואב, ואם עשה אב ותולדותיו בהעלם אחד, אינו חייב אלא חטאת אחת.

רמב"ם פ"ז מהל' שגגות ה"ה - העושה אב ותולדותיו בהעלם אחת, אינו חייב אלא חטאת אחת, וא"צ לומר העושה תולדות הרבה של אב אחד, שאינו חייב אלא חטאת אחת.

אות [ל']

שובט הרי הוא בכלל מיסך, מדקדק הרי הוא בכלל אורג

רמב"ם פ"ט מהל' שבת הי"ח - המיסך חייב, והיא מלאכה מאבות מלאכות; והשובט על החוטין עד שיפרקו ויתקנם הרי זה [ח]תולדת מיסך; וכמה שיעורו, משיתקן רוחב שתי אצבעות.

רמב"ם פ"ט מהל' שבת הי"ט - המדקדק את החוטין ומפרידן בעת האריגה, הרי זה [ט]תולדת אורג.

אות מ' – נ'

כל הכשר להצניע, ומצניעין כמוהו וכו'

לאפוקי דם נדה

רמב"ם פי"ח מהל' שבת הכ"ב - דבר שאין דרך בני אדם להצניעו, ואינו ראוי להצניע, כגון דם הנדה, אם הצניעו אחד והוציאו, חייב; ושאר האדם פטורין עליו, שאין חייבין אלא על הוצאת דבר הכשר להצניע ומצניעין כמוהו.

---

§ מסכת שבת דף עו. §

אות א' – ב' – [ג']

המוציא תבן כמלא פי פרה, עצה כמלא פי גמל וכו'

חייב, אכילה על ידי הדחק שמה אכילה

אין מצטרפין לחמור שבהן, אבל מצטרפין לקל שבהן

רמב"ם פי"ח מהל' שבת ה"ג - תבן תבואה כמלא פי פרה, תבן קטניות כמלא פי גמל; ואם הוציא תבן קטניות להאכילו לפרה, כמלא פי פרה, שהאכילה על ידי הדחק שמה אכילה; עמיר כמלא פי טלה; עשבים כמלא פי גדי; עלי שום ועלי בצלים, אם היו לחים כגרוגרת, מפני שהן אוכלי אדם, ויבשים כמלא פי גדי; ואין מצטרפין זה עם זה לחמור שבהן, אבל מצטרפין לקל שבהן, כיצד הוציא תבן תבואה וקטנית, אם יש בשניהם כמלא פי פרה, פטור, כמלא פי גמל, חייב, וכן כל כיוצא בזה לענין השבת.

באר הגולה

ח (ורש"י כתב: דהיינו מיסך ממש) | ט (ורש"י כתב: דהיינו אורג ממש)

כלל גדול פרק שביעי שבת עו

מסורת הש"ס

עין משפט נר מצוה

עב א ב מיי' פי"ח מהל' שבת הל' ג:
[עב] [ג] [מיי' שם]:

רש"י

א"ר אלעזר הא. דקתני מתניתין דאינו כשר להצניע והצניעו *אחר הוא מתחייב על הוצאתו וכל אדם פטורין דלא כר' שמעון בן אלעזר:
מתני' עצה. מפרש בגמרא: **כמלא פי גמל.** כפיש שיעורא מפי פרה אבל כמלא פי פרה לא מיחייב דהא לא חזו לפרה:
עמיר. קשין של שבלין: **פי טלה.** כפיש מפי גדי הלכך עמיר דלא חזי לגדי לא מיחייב כמלא פי גדי עד דאיכא מלא פי טלה אבל עשבים הואיל וחזו בין לטלה בין לגדי מיחייב אפי' כמלא פי גדי: **לחין.** הראויין לאדם כגרוגרת דזה שיעור לכל מאכל אדם לשבת אבל כמלא פי גדי לא דלחים לא חזו לגדי:
גמ' המוציא תבן כמלא פי פרה. והוליאו להאכילו לגמל שפי גמל גדול מפי פרה: **דהא חזי לפי פרה.** הלכך שיעור חשוב הוא ולכל מי שיוליאנו לא פקע שיעוריה בהכי: **דחייב.** דהאיכא שיעורא דחזי לפרה הלכך כשר להצניע הוא ומצניעין כמוהו: **עצה.** לא חזיא לפרה אלא ע"י הדחק אלא לגמל הוא דחזי וזה הוציאו לפרה: **רבי יוחנן אמר פטור.** דהא לגמל דחזי ליה ליכא שיעורא ואי משום דלצורך פרה הוציאו ולגבה איכא שיעור אכילה ע"י הדחק לאו אכילה היא הלכך לא משערי' ליה בפרה: **אין מצטרפין לחמור שבהם.** מי ששיעורו גדול הוי קל ואינו מצטרף להשלים שיעורו של חמור דהא לא חשיב כי היכא אבל החשוב משלים את הקל לכשיעור תבן מצטרף עם עצה להשלי' פי גמל ועצה אין מצטרף עם התבן להשלים מלא פי פרה: **מי מצטרפין.** אפילו להשלים חמור את הקל: **ג' על ג'.** לטומאת מדרס הזב ליעשות אב הטומאה: **הבגד והשק מצטרפין.** שהבגד משלים שיעור השק שק עשוי מטלה של עזים: **ואמר ר' שמעון מה טעם.** מצטרפין: **הואיל וראויין ליטמא מושב.** אם לירף מששים יחד לטלאי מרדעת של חמור כשיעורו לענין מושב הזב אם קלע מששים מהן ותקופפה על טפח ליסב עליו מיטמא ליה אב הטומאה במושב הזב דתניא[ה] המקלע מכולן טפח על טפח טמא מושב ואמרינן טעמא בפ"ק דסוכה הואיל וראוי לטלות על גבי חמור שאינו מקפיד אם הוא משני מינין:

גמרא

א"ר אלעזר הא דלא כר"ש בן אלעזר *דתניא כלל אמר ר' שמעון בן אלעזר כל שאינו כשר להצניע ואין מצניעין כמוהו והוכשר לזה והצניעו ובא אחר והוציאו נתחייב זה במחשבה של זה: **מתני'** *המוציא תבן כמלא פי פרה עצה כמלא פי גמל עמיר כמלא פי טלה עשבים כמלא פי גדי עלי שום ועלי בצלים לחים כגרוגרת יבשים כמלא פי גדי ואין מצטרפין זה עם זה מפני שלא שוו בשיעוריהן: **גמ'** מאי עצה אמר רב יהודה תבן של מיני קטנית כי אתא רב דימי אמר המוציא תבן כמלא פי פרה לגמל ר' יוחנן אמר חייב ר"ש בן לקיש אמר פטור באורתא א"ר יוחנן הכי לצפרא הדר ביה אמר רב יוסף שפיר עבד דהדר דהא לא חזי לגמל א"ל אביי אדרבה כדמעיקרא מסתברא דהא חזי לפרה אלא כי אתא רבין אמר המוציא תבן כמלא פי פרה לגמל דכולי עלמא לא פליגי דחייב כי פליגי במוציא עצה כמלא פי פרה לפרה *ואיפכא איתמר ר' יוחנן אמר פטור *ריש לקיש אמר חייב ר' יוחנן אמר פטור אכילה על ידי הדחק לא שמה אכילה *ריש לקיש אמר *חייב אכילה *ע"י הדחק שמה אכילה: עמיר כמלא פי טלה: והתניא כגרוגרת אידי ואידי חד שיעורא הוא: עלי שום ועלי בצלים לחים כגרוגרת ויבשים כמלא פי הגדי ואין מצטרפין זה עם זה מפני שלא שוו בשיעוריהן: אמר ר' יוסי בר חנינא [ב]אין מצטרפין לחמור שבהן אבל מצטרפין לקל שבהן וכל דלא שוו בשיעורייהו מי מצטרפין והתנן *הבגד ג' על ג' והשק ד' על ד' והעור ה' על ה' מפץ ו' על ו' *ותני עלה הבגד והשק השק והעור העור והמפץ מצטרפין זה עם זה ואמר ר"ש מה טעם מפני שראויין ליטמא מושב טעמא דראויין ליטמא מושב אבל אין ראוי ליטמא מושב לא אמר רבא

הבא

תוספות

שמצריך לקמן הצנעה הייט לאדם עשיר שאין דרכו להצניע ומכל מקום פירוש מילתיה דר"ש צריך לפרש כמו שפירש כאן דאי מיירי במצניעין לאותו דבר עצמו שמפורש במשנה כמו שפירש התם אם כן כולהו הוה מצי למימר בכל שהוא בכדי שיפת קילור כדתנן בפ' המצניע (לקמן צ:) דלרפואה בכל שהוא ואתיא כר"ש מדלא קאמר התם בגמ' הא דלא כר"ש כי היכי דקאמר (דף צא.) הא דלא כר"ש בן אלעזר ומהתם נמי יש לדקדק דלר' שמעון סתם בני אדם שרגילין להצניעו מיחייבי אפי' לא הצניעו מדקתני המצניע לזרע כו' וכל אדם אין חייבין עליו אלא כשיעורו משמע בלא הצנעה וכר"ש נמי אתיא כדפי' ואין לפרש דבעשיר שאין דרכו להצניע לא מיחייב לר"ש אפי' בהצניעו דהא אמר בהמוציא יין בד"א במוציא אבל במצניע כל שהוא ר"ש אומר בד"א במצניע כו' ומפרש מצניע דרבנן בתלמיד שאמר לו כו' דבר שאינו חשוב לכל אי אצנעיה רביה אין אי לא לא ודומיא דהכי כראה דהוי מצניע דר"ש דתליא מילתא באותו שהצניעו היינו בעשיר קשה לרשב"א דמהאי טעמא דקאמר הכא מתני' דלא כר"ש משום דמתני' סתמא קתני דחייב משמע שכל בני אדם חייבין עליו אפי' אותן שאין חשוב להן שיעור זה מהאי טעמא נמי הוה ליה למימר בההיא דפרק המצניע דהויא דלא כר"ש ושמא י"ל דהכא דנקט לפרושי הוה ליה לפרושי טפי: **אכילה** ע"י הדחק לא שמה אכילה. והא דאמר בפ' כילד הרגל (ב"ק דף יט.) אכילה ע"י הדחק שמה אכילה ה"מ לענין ניזקין דלא חשבינן ליה משונה אבל לאחשובה לענין שבת לא חשיבא אכילה: **אידי** ואידי חד שיעורא הוא. והא דנקט במתני' כמלא פי טלה ולא נקט כגרוגרת לאשמעי' דמשום אכילת טלה נתנו בו חכמים שיעור זה דאי נקט כגרוגרת לא הוה ידעינן למה נתנו בו חכמים שיעור זה: **מפני** שלא שוו בשיעוריהם. אבל אותם ששוו כגון עמיר ועלי שום ועלי בצלים לחים מצטרפין וכן חמור לקל כגון תבן לעצה למלא פי גמל ואפי' לא יהא תבן ראוי לגמל שמא אגב העצה הוא ראוי: **הבגד** והשק השק והעור כו'. דוקא בכה"ג הבגד והשק השק והעור אבל הבגד והעור והשק והמפץ אין מצטרפין שאין ראויין להתחבר יחד והמחברן בטלה דעתו ואין טמאים מדרס. ר"י: **ואמר** ר"ש מה טעם כו'. תימה לר"י דמה צריך להאי טעמא דהא כיון דמצטרפין זה עם זה א"כ ראוי לחברן וחזו למדרס וכיון דחזו למדרס פשיטא דמצטרפין לטומאת מדרס דהא אפי' כופת שאור שיחדה לישיבה טמאה מדרס כדאמרינן בהעור והרוטב (חולין קכט.) והכא בטומאת מדרס איירי מדקאמר הבגד שלשה על שלשה דלענין טומאת מת אפי' ג' על ג' כדפרישית לעיל ואור"י דודאי הא דקתני הבגד שלשה על שלשה לא מיירי אלא למדרס אבל סיפא דשק ואור ומפץ מיירי נמי בטומאת מת והכי איתא במס' כלים בפכ"ז הבגד שלשה על שלשה [למדרס ומשום ג' על ג'] לטומאת מת השק ד' על ד' העור ה' על ה' המפץ ו' על ו' שוו בין למדרס בין לטמאת מת אלא שהש"ס מביאה בקוצר כמו שרגיל בכמה מקומות ועל טומאת מת קאמר מה טעם מצטרפין בשלא יחדו למדרס ולא צריך האי טעמא אליקוף דעור ומפץ *דמפץ לא מטמא במת אלא כשטמא בזב דהייטו כשיחדו למדרס ומק"ו דפכין קטנים כדאמרינן בפ' ר' עקיבא (לקמן פד:): **הואיל** וראויין ליטמא מושב. פי' בקונטרס אם קילע משניס ולירף יחד לטלאי מרדעת החמור והויא דהמקלע מכולם טפח על טפח דמעילה הייט שבין כולם יש טפח ואין נראה לר"י דמה צריך להביא ראיה שראויין להצטרף בלאו טעמא דמושב נמי שמעינן ממתני' דהכא שראויין להצטרף יחד באותו סדר כמו ששטיים בגד בשק ושק בעור ועור במפץ דדוקא נקט לפי שאלו ראויין להצטרף יחד ונראה לר"י כמו שפי' ריב"א דהואיל וראויין ליטמא מושב הייט הואיל ושוו שיעוריהן לענין מושב וכמו שפירש בקונטרס בפ"ק דסוכה (דף יז:) דהמקלע מכולן הייט מאיזה מהן שיקלע יהא טמא ואע"ג שכאן אין שיעורן שוה מצטרפין הואיל ולענין מושב שיעורן שוה והא דקאמר ה"נ חזו לדוגמא הייט נמי דשיעורן שוה לדוגמא כדתנן בפרק המצניע דלדוגמא כל שהוא הלכך מצטרפין אפי' לענין דבר דלא שוו שיעורייהו וה"ה דהוי מצי למינקט הכא ולזרע ולרפואה דהוו נמי בכל שהוא אלא דלא כל דברים שייך בהו זרע ורפואה אבל דוגמא שייכא בכל דבר והא דקאמר בסוכה המקלע מכולן כו' הואיל וראוי לטלות על גבי חמורו לשון הואיל וראוי לאו דוקא דדוקא אם עשה מהן טלאי ויתחן לכך טמא בטפח על טפח וכן מוכח לקמן בפ' א"ר עקיבא (דף צ:) הואיל וראויין למתק הקדרה דהוה ליה למימר הואיל וממתקין דהא מיירי שנפלו לתוך הקדרה. ר"י: **תוספתא*** המקלע למשכב אין פחות משלשה על שלשה למושב טפח ולמעמד כל שהוא:

חמשת

רבינו חננאל

ומנקה הבגד ודומה למנקב דתנינן בכמה מקומות ואם נשארו כגון אלו בבגד ובעל הבגד קפיד עלייהו ושקיל להו בשבת חייב משום מכה בפטיש. פי' כל דבר שהוא גמר מלאכה נקרא מכה בפטיש: **המוחק** אות אחת גדולה שיש במקומה שיעור לכתוב ב' אותיות חייב והכותב אות אחת גדולה שיש במקומה שיעור לכתוב ב' אותיות פטור. זה חומר במוחק מבכותב. אלו אבות מלאכות לאפוקי מדר' אלעזר דמחייב אתולדה במקום אב כמו שכבר פרשנוהו למעלה (דף עג:) דמאן דעבד ב' אבות או ב' תולדות משני אבות או אב ותולדה דאב (אחר) [אחר] בהעלם אחד חייב בזה אחד ובזה אחד. ואי עביד אב ותולדתו לא מיחייב אלא חדא. ועוד חזר ושנה מ' חסר אחת לאפוקי' מר' יהודה דאמר שובט ומדקדק מאבות מלאכות הן. אמרו לו שובט הרי הוא בכלל מיסך סדקרק בכלל אורג*) פי' יש לאורגין עץ או עצם שראשו חד ותקרא כדבר ודומה למחט של סקאין. וכך שמו בלשון יון כדבר. מעבירו על השתי כשהוא מותח לפניו לארינה ושובט בו החוטין ומקרב המבדילין בין ב' החוטין העליונים והתחתונים ומדנחים להתפרק העליונים מן התחתונים ונפתח נפש המסכת לידות בתוכם חוט הערב ואין לה אב אלא הרי הוא בכלל מיסך והמדקדק הוא המדקדק על חוט הערב כדי להדחק ולהלחץ עם חבירו והוא בכלל אריגה: ועוד כלל אחר אמרו כל הכשר להצניע ומצניעין כמוהו והוציאו בשבת חייב עליו חטאת. כל הכשר להצניע רב מתנה אמר למעוטי דם נדה שאין חייבין בהוצאתו' וכ"ש איסורי הנאה. ועצי אשרה שאין חייבין בהוצאתו. מר עוקבא אמר לאפוקי עצי אשרה אבל דם נדה חייב כו' וזה ששנינו ומצניעין כמוהו א"ר יוסי ב"ר חנינא דלא כר' שמעון דאי ר' שמעון האמר דברים הללו לא נאמרו אלא למצניעיהן. והכין סבירא ליה לר' שמעון לענין המוציא יין כדי מזיגת הכוס חלב כדי גמיעה כו' דכולן שיעורן ברביעית ושיעורן הללו כדי גמיעה וכדי ליתן על הכתית כו'. לא נאמרו אלא למצניעיהן כלומר אם הצניע בחול [פחות] משיעורן הללו אע"פ שהוציאו בשבת פטור ורבנן סבירא להו אם הצניעו ארם בחול כל שהוא אע"פ שאין כשר להצניע והוציאו בשבת חייב דהא (אשביח) [אחשביה] בהצנעתו. וזה ששנינו כל שאין כשר להצניע ואין מצניעין כמוהו והוציאו בשבת אין חייב אלא המצניעו אבל מי לא שהצניע בחול אם הוציאו בשיעורין הללו חייב. ואם לא פטור. וזהו כמו דתנן מצניע לזרע לדוגמא ולרפואה והוציאו בשבת חייב עליו כל שהוא. ושאר כל אדם אין חייבין עליו אלא כשיעורו נמצא ר' שמעון מיקל מדברי חכמים ור' שמעון בן אלעזר מחמיר מדבריהם. דקאמר כל שאינו כשר להצניע ואין מצניעין כמוהו והוכשר לזה והצניעו ובא אחד והוציאו נתחייב המוציאו ממחשבת המצניעו ואע"פ שאינו כשר להצניעו ואין מצניעין כמוהו חייב עליו. ורבנן אמרי אינו חייב בפחות מכשיעור אלא המצניעו. תמו הכללות. ובאנו לפרש שיעורי הוצאה: **המוציא** תבן כמלוא פי פרה. עצה תבן הקטנית וקשה ממנו שיעורו כמלוא פי גמל. עמיר כמלוא פי טלה. עשבים כמלוא פי גדי ולענין המוציא תבן כמלוא פי פרה לגמל (הלכה) כו"ע לא פליגי דחייב שזה הוא שיעור הוצאתו ולא אכפת לן [אי] לגמל נתכוין להוציאו או לפרה אלא כי פליגי ר' יוחנן ור' אושעי' במוציא עצה כמלוא פי פרה לפרה. ועיקר הדבר שאין העצה מאכל פרה ואין שיעור כמלוא פי גמל שהוא יותר ממלוא פי פרה. ועכשיו שנתכוון לפרה איפלגו ר' אושעי' סבר אכילה ע"י הדחק שמה אכילה אע"פ שאין פרה אוכלת אותו כדרכה אלא כיון שאוכלת אותו ע"י הדחק וישנו מלא פיה והוציאו לה חייב עליו(ור') [ור"י] סבר אכילה שע"י הדחק לאו שמה אכילה (וזה)ופטור: לענין הא דתנן אין מצטרפין זה עם זה מפני שלא שוו בשיעוריהן א"ר יוסי ב"ר חנינא אין מצטרפין לחמור שבהן אבל מצטרפין לקל שבהן אם הוציא עמיר ועשבים אם יש בין שניהם כמלוא פי טלה מצטרפין כי החמור משלים לקל חייב אבל אם אין בהם כמלוא פי טלה פטור שאין מצטרפין כי אין הקל משלים להמור וכן עשבים משלימין לתבן ואין התבן משלים לעשבים וקשינן היאך תאמר בהני דלא שוו בשיעוריהן להדדי דמצטרפין והלא הבגד והשק והעור לענין טומאה שלא שוו בשיעוריהן אע"ג דתנן הבגד והשק מצטרפין והשק והעור מצטרפין והעור והמפץ מצטרפין דקתני סיפא. א"ר שמעון מה טעם הואיל וראויין ליטמא מושב דיקת מיניה טעמא דראויין ליטמא מושב הא אי לא הוו ראויין ליטמא מושב לא הוו מצטרפין משום שלא שוו בשיעוריהן להדדי. וא"כ היכי קאמר ר' יוסי בר' חנינא מצטרפין לקל שבהן והכין הוה ראוי שלא יצטרפו כל עיקר. ופריק רבא לר' יוסי ב"ר חנינא ואמר הכי נמי ראויין לדוגמא כשם שהבגד והשק אף על פי שאין בהן כשיעור ולא בזה כשיעור כיון שאלו מתחברין יש בעיניהם כשיעור השק שהוא הקל ואפשר לחברן זה בזה ולישב עליהן וראויין ליטמא מושב. כן התבן והעצה אפשר להוציא מזה כמעט ומזה כמעט להראותן דוגמא לקונה לומר מאלו אני מוכר ולתבן חשובין בחיבורין ויש צורך להוציא כסדר הזה משום כן מצטרפין לקל שבהן אבל אוכלין שיעורן כולן כגרוגרת לפיכך מצטרפין וע"ז אבל קליפותן ועוקציהן וסובן ומורסנן אין מצטרפין עמהן.

*) עי' ערוך ערך שבט א' וע' דוך:

ר'

הגהות הב"ח

(א) רש"י ד"ה הואיל וכו' דתניא.

לקמן צ. כלים פכ"ז מ"ב

גליון הש"ס

גמ' ואיפכא איתמר. כעין זה נדה דף לג ע"א: שם ר"ל אמר חייב. בכסף משנה פי"ח מהלכות שבת הלכה ג הגירסא ר' אושעיא: תוס' ד"ה ואמר ר"ש וכו' דמפץ לא מטמא במת. עי' שכיד מ"ו דכלים וכר"ש שם:

[בכסף משנה הגירסא רבי אושעיא אמר חייב ור' יוחנן פטור וכו']

כלים כ"ב ס"ב

עין משפט נר מצוה

עג א מיי' פי"ח מהל' שבת הלכה א:
עג [א] מיי' פ"ז מהל' בכורים הלכה טו והלכה יח טוש"ע יו"ד סימן שכד סעיף א ג:
א ב ג מיי' פי"ח מהל' שבת הלכה ב:

ה"נ חזיא לדוגמא: **מתני'** *המוציא אוכלים כגרוגרת חייב ומצטרפין זה עם זה מפני ששוו בשיעוריהן חוץ מקליפתן וגרעיניהן ועוקציהן וסובן ומורסנן ר' יהודה אומר חוץ מקליפי עדשין שמתבשלות עמהן: **גמ'** וסובן ומורסנן לא מצטרפין והתנן[*] *חמשת רבעים קמח ועוד חייבין בחלה הן וסובן ומורסנן אמר אביי שכן עני אוכל פתו בעיסה בלוסה: רבי יהודה אומר חוץ מקליפי עדשים המתבשלות עמהן: עדשים אין פולין לא והתניא ר' יהודה אומר חוץ מקליפי פולין ועדשים לא קשיא הא בחדתי הא בעתיקי עתיקי מ"ט לא אמר ר' אבהו מפני שנראין כזובין בקערה:

הדרן עלך כלל גדול

***המוציא** *יין כדי מזיגת הכוס חלב כדי *גמיעה דבש כדי ליתן על הכתית *שמן כדי לסוך אבר קטן מים כדי לשוף בהם את הקילור *ושאר כל המשקין ברביעית וכל השופכין ברביעית ר"ש אומר כולן ברביעית ולא *נאמרו *כל השיעורין הללו אלא למצניעיהן: **גמ'** תנא *כדי מזיגת כוס יפה ומאי כוס יפה כוס של ברכה *אמר רב נחמן אמר רבה בר אבוה כוס של ברכה צריך שיהא בו רובע רביעית כדי שימזגנו ויעמוד על רביעית אמר רבא אף אנן נמי תנינא

רש"י

סלא נמי חזי. ביחד: **לדוגמא**. מי שיש לו למכור טבר מכולן ונותן לפני חנותו להראות שיש לו למכור מכולן וניחא ליה שיהו מחוברין יחד לאיידי דזוטרי כל חד וחד הרות מפוזרתו: **מתני' אוכלים כו'**. למאכל אדם: **ומצטרפין**. כל אוכלי אדם זה עם זה: **חוץ מקליפיהן**. שאינן אוכל ואין משלימין השיעור: **ועוקציהן**. זנב הפרי דהוא עץ בעלמא: **וסובן**. קליפת חטין הנשרת מחמת כתישה: **ומורסנן**. הנשאר בנפה: **ר' יהודה אומר**. כל הקליפין אין מצטרפין כדאמרן חוץ מקליפי עדשים שמצטרפות אותן: **שמתבשלות עמהן**. לאפוקי קליפה חיצונה שהן גלולות בתוכה כשהן גדלות בגורן: **גמ' בלוסה**. מעורבת בסובנה ובמורסנה הלכך לחם הארץ קרינן ביה ומיהו לענין שבת מידי דחשיב בעינן וסתמייהו דהני לאו אוכל נינהו: **פולין חדשי**. קליפתן מצטרפין: **כזובין**. לפי שהן שחורות:

הדרן עלך כלל גדול

המוציא יין. חי: **כדי מזיגת הכוס**. כשיעור שנותנין יין חי לתוך כוס להוסיף עליו מים כהלכתו ולמזוג אותו בהן ובגמרא מפרש באיזה כוס משערו: **כתית**. שבגבי הסוסים והגמלים מחמת המשאות רדוי"ש בלע"ז והכי אמר בהמפקיד בבבא מציעא (דף לח.) דבש והדבש למאי חזי לכתותא דגמלי אבל רבותי פירשו כתית מכה שעל גב היד ושע"ג הרגל: **לשוף**. לשפשף ולהמחות בהן: **קילור**. שטוחנין על העין לודיי"א בלע"ז: **ברביעית**. בילה ומחצה רביעית הלוג: **שופכים**. מים סרוחים ובגמרא מפרש למאי חזו: **כולן ברביעית**. אף היין והחלב והדבש: **ולא נאמרו**. שיעורין שבמשנה אלא למצניעיהן לבד וחזר המצניע והוציאו חייב אבל שאר כל אדם שהוציאו אינו חייב וסבירא לי' לר"ש דמצניע עצמו בעי שיעורא זוטא ובבליר מהא שיעורא לא מיחייב כדאמרינן בפרקין דלעיל (דף עה:) דלית ליה לר"ש כל שאין כשר להצניע ואין מצניעים כמוהו שיתחייב עליו מצניעו: **גמ' תנא**. בתוספתא המוציא יין כדי מזיגת כוס יפה פירוש לכוס דמתני': **כוס של ברכה**. ברכת המזון שהצריכו חכמים ליפותו כדאמרי' בברכות (דף נא.) עיטור ועיטוף הדחה ושטיפה חי ומלא: אמר רב נחמן גרסי' ולא גרסי' דאמר: **שיעור כוס של ברכה צריך שיהא בו**. יין חי רובע של רביעית הלוג: **כדי שימזגנו**. במים שלשה חלקים מים ואחד יין: **ויעמוד על רביעי'**. הלוג:

תוספות

חמשת רבעים קמח ועוד גרסי' כדפרי' בפ"ק (דף טו.):

הדרן עלך כלל גדול

המוציא יין. חלב כדי גמיעה · הקשה רבינו אפריס דתניא בשלהי המצניע (לקמן צה.) החולב והמחבץ והמגבן כגרוגרת ואין חילוק בין מוציא לחולב דהא לקמן בפירקין *אמרי' דהמעבד עור שיעורו כמוציא עור ותירץ ר"י דסתם חלב לגמיאה דנפיש מגרוגרת והתם מיירי בחולב לגבינה דאחשוביה אחשביה וכן מוכח דכדי גמיאה נפיש מגרוגרת דבפ' בתרא דיומא (פ.) גבי שותה ביוה"כ איכא למחייב ברביעית ואיכא למ"ד בכדי גמיאה ובעירובין (דף פג:) משמע דתשע סעודות יש בקב ובפרק חלון (שם פ:) משמע שיש י"ח גרוגרות בשתי סעודות ואי כדי גמיאה פחות מגרוגרת א"כ הוו יותר מדאי חלוקים זה מזה ומיהו(א) כגרוגרת דהמצניע (לקמן צה.) איירי ביבש אפשר שבתחלה היה יותר מכדי גמיאה ולפי זה צריך לפרש דסתם חלב הוי לגבינה והא דמיחייב הכא בכדי גמיאה היינו במפרש בהדיא לשתיה אבל אי סתם חלב הוי לאכול ולשתות ולא לגבינה אפי' היה מפרש בהדיא לגבינה היה חייב אכדי גמיאה דזוטרא הואיל וסתמו לכך כדאמרינן לעיל המוציא תבן כמלא פי פרה לגמל חייב דהא חזי לפרה וי"מ דכשחלב ככר בעין מיחייב בכדי גמיאה אבל חולב לא מיחייב אלא כגרוגרת דאין אדם טורח לחלוב בפחות מגרוגרת דכה"ג אמרי' לקמן (דף עט.) דאין אדם טורח לגבל טיט לעשות פי כור ומיהו אומר ר"י דלא דמי דהתם אין המים חשובין מחמת שראוי לגבל בהן את הטיט כמו הטיט עצמו שהוא מגובל כבר אבל הכא כשחולב להוציא מן הדד בכדי גמיאה יש לו להיות חשוב כמו במקום אחר*: **כדי** גמיעה. פי' הר"ר פור"ת מלא לוגמא ולא משמע כן במסכת יומא בפרק בתרא (דף פ.):

צריך שיהא בו רובע רביעית. רביעית דהכא הייתו רביעית הלוג כדפי' הקונט' ועוד יש לדקדק דהייתו רביעית דפרק ג' מינין (נזיר לח.) הם רביעית הלוג מדפריך ותו ליכא והאיכא רביעית נוטלין לידים ובמסכת ידים (פ"א מ"א) משמע בהדיא דהוי רביעית הלוג ועוד דבערבי פסחים (פסחים קח:) משמע דכוס הוי רביעית של תורה ומתוך חשבון דמקוה משמע דהייתו רביעית הלוג והא דקאמר התם קיסתא דמורייסא הות בציפורי והות כמין לוגא דמקדשא ובה משערין רביעית של פסח לאו בכולה משערין דהיינו כל הלוג אלא כלומר ברובע של אותה מדה משערין רביעית של פסח: **כדי** שימזגנו ויעמוד על רביעית. משמע דכוס של ברכה טעון מזיגה וכן בפ' שלשה שאכלו (ברכות נ:) א"ר יוסי בר חנינא מודים חכמים לר"א בכוס של ברכה שאין מברכין עליו עד שיתן לתוכו מים ותימה דבסוף פר' שלשה שאכלו (שם דף נא.) אמרו עשרה דברים נאמרו בכוס של ברכה הדחה ושטיפה חי ומלא אלמא חי בעינן ומיהו התם פירש בקונטרס דלא שיהא חי כשמברכין בו לאפוקי שלא ימזגו ויתנו בכוס של ברכה ור"ת מפרש דחי דקאמר היינו מזוג ולא מזוג למיקרי חי כדאמרי' בפ' בן סורר (סנהדרין ע.) עד שיאכל תרטימר בשר וישתה יין חי ומוקי לה התם במזוג ולא מזוג ובברכת הארץ מוסיף מים עד שיהא מזוג כראוי כדאמר בפ' שלשה שאכלו (ברכות נא.) שמוסיף בברכת הארץ ולא כמו שפירש שם בקונטרס שמוסיף יין בברכת הארץ ובני נרבונא מפרשים דחי קאי אכוס שצריך שיהא שלם ואתי שפיר דכל אותן דברים דחשיב התם הוו כולהו בכוס ולא ביין וכה"ג בפרק בתרא דמכות (דף טז:) ריסק ט' נמלים ואחד חי דהייתו שלם דאפי' מת חשיב בריה כדאמר בסוף פ' גיד הנשה (חולין דף קב:)*: **ויעמוד** על רביעית. ואע"ג דאמרינן בערבי פסחים (דף קז.) המקדש אם טעם מלא לוגמא יצא ומלא לוגמא הוי טפי מרביעית כדמוכח בפ' בתרא דיומא (דף פ.) יש לומר דמלא לוגמא דהתם לאו דוקא אלא כדי שיסלקו לצד אחד ויראה כמלא לוגמא כדמפרש ביומא אהגהו דהתם ועוד יש לומר דדוקא מקדש:

אף אנן נמי תנינא. דכוס של ברכה טעון רביעית דמסתמא יין שיעורו לכשימזגנו ויעמוד על רביעית כמו שאר משקין דקתני סיפא דהוו ברביעית וקתני כדי מזיגת כוס יפה משמע דכוס של ברכה לכשימזוג בעינן שיהא רביעית כמו בהולאה אבל הא דבעינן יין רובע רביעית לא שמעינן ממתני' אלא ממילא ידעינן דהא מזיגה הויא על חד תלת והא דלא נקט במתני' כדי מזיגת רביעית מילתא אגב אורחיה קמ"ל דכוס של ברכה ברביעית ועוד משום דמהאי טעמא דחזי לכוס של ברכה חשיב ומיחייב בפחות מרביעית לפי שיכול להוסיף עליו מים ושאר משקין לא מיחייב בפחות מרביעית אע"פ שיכול להוסיף עליהן כדמסיק ודקאמרת מים בכד ומצטרפין לגבי שבת מידי דחשיב בעינן:
דלאמר

מסורת הש"ס

חלה פ"ב מ"ו ע"ש פסחי' מח: עדיות פ"א מ"ב

[עירובין כט:]

[נזיר לח.]

[לעיל עה:]

[עירובין כט:]

[וע"ע תוספות ברכות נ: ד"ה מודים]

הגהות הב"ח

(א) תוס' ד"ה המוציא וכו' ומיהו אי כגרוגרת דהמצניע:

גליון הש"ס

מתני' שמן כדי לסוך. עי' ס"ב מ"ב דכלים בר"ש שם:

[דף עט.]

[ג"י הערוך ערך גס ד' גמיאה]

כדי איתא אמרו

[ועי' תוס' פסחים סה. ד"ה כאולג]

רבינו חננאל

ר' יהודה אומר חוץ מקליפי עדשים שהן מתבשלין עמהן ולפיכך מצטרפות · והא דתנן חוץ מקליפיהן ר' יהודה אומר חוץ מקליפי עדשים חוץ מחוץ תמצא מיעוט ממיעוט ולרבות הוא כמה שפירשנו למעלה: ושניא חלה דסובן ומורסנן הין מצטרפין לקמח להוציא מכולן חלה · שכן עני אוכל פתו מעיסה בלוסה שיש בה סובין ומורסן וזו היא עיסתו ואמר רחמנא ראשית עריסותיכ' אבל להוצאת שבת אין סובן ומורסנן מצטרפין וכן פולים אם חדשים הן הרי מנהג לבשל בקליפיהן. וקאמר ר' יהודה בברייתא שאף הן מצטרפות עם הפולין·אבל אם הם ישני' ונשתחרו נראין כזבובים בקערה ורגילין בני אדם לקלפן קודם בישול והלכך אין קליפיהן מצטרפות עמהן:

הדרן עלך כלל גדול

פ"ח המוציא יין כדי מזיגת הכוס · תנא כדי מזיגת הכוס יפה · ומאי כוס יפה כוס של ברכה · והתם אמרינן אמר רב יהודה אמר שמואל כוסות הללו צריך שיהא בהן כדי מזיגת כוס יפה · ומותבינן ד' כוסות הללו צריך שיהא בהן כדי רביעית ופרקינן אידי ואידי חד שיעורא הוא והאי דקאמר צריך שיהא בארבעתן רביעית *) בכל אחת רובע רביעית [illegible] · אמר רב נחמן אמר רבה בר אבוה כוס של ברכה צריך שיהא בו רובע רביעית כדי שימזגנו ויעמוד על רביעית · ואמר רבה אף אנן נמי [illegible]

*) נראה דחסר איזה תיבות וצ"ל שיהא בהן כדי רביעית היינו שיהא בארבעתן וכו'.

רב נסים גאון

פ"ח המוציא יין. אמר רב נחמן אמר רבה בר אבוה כוס של ברכה צריך שיהא בו רובע רביעית כדי שימזגנו ויעמוד על רביעית · משתכח פירושה בפרק ערבי פסחים (דף קח) אמר רב יהודה אמר שמואל ד' כוסות הללו צריך שיהא בהן כדי מזיגת כוס יפה ואותבי' לשמואל מברייתא דקתני בה ד' כוסות הללו צריך שיהא בהן כדי רביעית ופרקינן מאי כדי מזיגת כוס יפה דאמר שמואל בהאי שיעורא ואמרו עוד (שם דף קט) אמר רב יצחק קיסטא דמוריסא דהוות בטבריא היא הוות כמין דמקדשא ובה משערין רביעית של פסח ומינן את למד כוס של ברכה רביעית במסכת נזירות בפרק ג' מינים אסורין (דף לח) אמרו אמר ר' אלעזר עשר רביעיות נקיט רב כהנא בידיה ה' טומאתא וה' הורותא ה' טומאתא נזיר ועושה פסח שהורו למקדש ומתים סימן נזיר רביעית יין לנזיר עושה פסח דאמר רב יהודה אמר שמואל ד' כוסות הללו צריך שיהא בהן כדי רביעית שהורו השותה רביעית יין אל יורה במקדש שהשותה רביעית יין ונכנס למקדש חייב מתים דתניא מניין לרביעית דם היוצאה משני מתים שהיא מטמאה באהל שנא' (ויקרא כא) ועל כל נפשות מת לא יבא והמש הורותא חלה נזיר מצורע (שנפלו) [שנפסלו] בשבת סימן חלה רביעית שמן לחלת נזיר רביעית שמן לנזיר מצורע רביעית שמן לנזיר מצורע ושנפסלו דתנן ושאר כל משקין שמאין פוסלין את התיה לרביעית שבת דתנן ושאר כל המשקין ברביעית וכל השופכין ברביעית:

§ מסכת שבת דף עו: §

אות א'

המוציא אוכלים כגרוגרת חייב, ומצטרפין זה עם זה מפני ששוו בשיעוריהן; חוץ מקליפתן, וגרעיניהן וכו'

רמב"ם פי"ח מהל' שבת ה"א - המוציא דבר מרשות היחיד לרשות הרבים, או מרה"ר לרה"י, אינו חייב עד שיוציא ממנו שיעור שמועיל כלום; ואלו הן שיעורי ההוצאה: המוציא אוכלי אדם כגרוגרת, ומצטרפין זה עם זה, והוא שיהיה כגרוגרת מן האוכל עצמו, חוץ מן הקליפים והגרעינין והעוקצין והסובין והמורסן.

אות [א']

חמשת רבעים קמח [א]ועוד חייבין בחלה, הן וסובן ומורסנן

יו"ד סימן שכד ס"א - אין חייב בחלה אלא חמשת מיני תבואה - שהן חטין ושעורים וכוסמין ושבולת שועל ושיפון, כדמפרש ואזיל, **ואין חייב אלא חמשת רבעים. ומדה שמחזיק מ"ג ביצים** - כמנין חל"ה, **וחומש ביצה** - ולרמז חומש יש ה' בסוף תיבת חלה, שהרי אי אפשר לכתוב ה' במנין מ"ג אלא בתיבת חלה, שהרי מיד כשתקח בידך מנין ה' נשאר בידך מנין ל"ח והרי חלה - ש"ך, ‹**דאות** ה"י במנין מ"ג א"א רק בחלה, ולכן כשתזכור המספר של חלה ממילא תזכור על הה"י דא"א בלא ה"י, וזהו כוונת הש"ך - ערוה"ש›, **ממלאים אותו קמח, ואותו קמח הוא שיעור חלה** - [זו דעת רשב"א, וחולק על הרא"ש, דס"ל משערינן לפי התבואה, כמו עומר של מן, ממילא בקמח הוא צריך יותר, וע"כ כתב שיש למדוד בקמח בגודש, ורשב"א כתב, דא"כ א"א לנו לדעת כמה ניתוסף במן אחר שנטחן ברחיים, אלא ודאי אין משערינן אלא בקמח, וע"כ אין צריך גודש - ט"ז].

וכשממלאים המדה קמח, תהיה מחוקה ולא גדושה. והיאך ישערו לדעת שהיא מחזקת מ"ג ביצים וחומש, נתבאר בטור או"ח - וע"פ אותו השיעור שערתי, והוא ג' קווארט פחות מעט, וכן נהגו, וכ"כ מהרי"ו בדיני פסח, דשיעור חלה הוא כלי שמחזיק מעט פחות מג' זיידלי"ך, וזייד"ל הוא קווארט. ‹**ואנחנו** מורים ובאים, על ג' קווארט בשוה הוי שיעור חלה, ואף שהוא פחות מעט, מי יוכל לשער המעט, ולכן יש ליזהר או ללוש הרבה פחות מג' קווארט, ואז פטורה, או ללוש ג' שלימים - ערוה"ש. **(ועיין במ"ב סי' תנ"ו).**

‹**עיין** בספר צל"ח שכ', שנתברר לו ע"פ המדידה, שהביצות המצויות בינינו הביצה שלימה שלנו הוא רק חצי ביצה מהביצות שבהם שיעורי התורה, **ולכן** היה מזהיר שעל מדה שמחזקת מ"ג ביצים שלנו יקח החלה בלא ברכה, **עד** שיהיה כמדת פ"ו ביצים שלנו אז יברכו, ע"ש, **וכמדומה** שגם בהנהגות הגר"א זצ"ל ראיתי שכתב כן. ‹**ועכ"פ** על ג' קווארט קמח וודאי דיש לברך, וכן המנהג הפשוט בכל תפוצות ישראל, ואין לפקפק בזה כלל. **וטוב** יותר לשער במדת אגודל - ערוה"ש.

ומשקל חמשת רבעים קמח הוא תק"כ דרה"ם מקמח חטים שבמצרים. הגה: כלי המחזיק עשר אצבעות על עשר אצבעות, ברום שלש אצבעות ותשיעית אצבע בקרוב, הוא שיעור החלה. וכן מדה שיש בה ז' אצבעות פחות ב' תשיעיות אצבע (על ז' פחות ב' תשיעיות אצבע), ברום ז' אצבעות פחות ב' תשיעיות אצבע, הוא העומר - והוא החלה, **וכל האצבעות אלו הם רוחב גודל של יד** - כ' העט"ז צ"ע באלו המדות, אם ר"ל מרובעות או עגולות כו', **והדבר** פשוט שהוא מרובעות, שהרי הוא מהרמב"ם פ"ו מהל' בכורים שלמדו מרביעית של תורה של פסח, שהוא במרובע, וכמו שנתבאר שם בדברי הפוסקים - ש"ך.

יו"ד סימן שכד ס"ג - חמש רבעים הללו, השאור והסובין והמורסן מצטרפין להשלים, אם לשן בלא הרקדה, אבל אם ריקד והפריש מורסן מתוכם, וחזר ועירבן עמו, אינו מצטרף - דעריסותיכם אמר רחמנא, ואין זה דרך עריסה לערב בו מורסן וסובין לאחר שהפרישן מן הקמח - ש"ך.

אות ב' - ג'

יין כדי מזיגת הכוס, חלב כדי גמיעה וכו'

אמר רב נחמן אמר רבה בר אבוה: כוס של ברכה צריך שיהא בו רובע רביעית, כדי שימזגנו ויעמוד על רביעית

רמב"ם פי"ח מהל' שבת ה"ב - יין כדי רובע רביעית, ואם היה קרוש בכזית; חלב בהמה טהורה, כדי גמיאה; וחלב טמאה, כדי לכחול עין אחת; חלב אשה ולובן ביצה, כדי ליתן במשיפה; שמן, כדי לסוך אצבע קטנה של רגל קטן בן יומו; טל, כדי לשוף את הקילורית; וקילור, כדי לשוף במים; [ב]ומים כדי לרחוץ פני מדוכה; דבש כדי ליתן על ראש הכתית; דם ושאר כל המשקין וכל השופכין, כדי רביעית. השגת הראב"ד (בקלת כת"י) וקילור כדי לשוף במים ומים כדי לרחוץ. א"א: ירושלמי (פ"ח ה"א) ומים כדי לרחוץ.

באר הגולה

א ‹וכן הגרסא בהלכות וכן הגרסא בכל הספרים, ורש"י ז"ל (בפסחים דף מ"ח: ע"ש) הוא שמחקו, והתוס' ז"ל כתבו בפרק כלל גדול ובפרק אלו עוברין דבכל הספרים כתוב במסכת חלה ועוד, וא"כ סתם מתניתין כר' יוסי דעדיות - מלאכת שלמה מס' חלה. **והלכה** כחכמים דלא בעינן "ועוד" - רע"ב מס' עדיות›

ב ‹כל הבבא הזאת היא בירושלמי, וסמך עליו רבינו, ואע"פ שאין נוסחאות הגמרא הבבלית כן, וכבר השיגו עליו למה לא כתב כדי לשוף את הקילור, שכך הוא בגמרא שלנו. **ונ"ל** שהוא פוסק כאביי, דאמר בגמ' שלנו שלא שיערו במים כדי לשוף את הקילור, אלא במי גליל שהן ידועים שמועילין לעין, {נ"ב ורש"י ז"ל פירש בענין אחר, שהיו עניים - מרכבת המשנה}, אבל לא בשאר מים. ואע"ג דרבא פליג עליה, הירושלמי מכריע, זהו דעתו ז"ל - מגיד משנה›

§ מסכת שבת דף עז. §

אות א'

יבש בכזית

רמב"ם פי"ח מהל' שבת ה"ב - יין כדי רובע רביעית, ואם היה קרוש, בכזית.

אות [א']

דם נבלה בית שמאי מטהרין

רמב"ם פ"א מהל' שאר אבות הטומאה ה"ד - ודם הנבילה [א]אינו מטמא כנבילה, אלא הרי הוא כמשקין טמאים שאינו מטמא לא אדם ולא כלים מן התורה.

באר הגולה

א ‹פסק הרמב"ם כעדות דרבי יהושע וריב"ב {העיד רבי יהושע ורבי יהושע בן בתירא על דם נבילות שהוא טהור - עדיות פ"ח מ"א}, כיון דמתני בעדיות לבסוף, ועוד שהם רבים נגד ר' יהודה שהעיד דב"ה מטמאין - ערוך לנר מס' כריתות דף כ"א›

מסורת הש"ס

עין משפט נר מצוה

ב א מיי' פ"א מהלכות שבת הלכה ג:
ב [א] מיי' פ"א מהלכות שאר אבות הטומאה הלכה ד:

תנינא המוציא יין כדי מזיגת כוס ותני עלה כדי מזיגת כוס יפה וקתני סיפא ושאר כל המשקין ברביעית ורבא לטעמיה *דאמר רבא כל חמרא דלא דרי על חד תלת מיא לאו חמרא הוא אמר אביי שתי תשובות בדבר חדא דתנן *והמזוג שני חלקי מים ואחד יין מן היין השירוני ועוד מים בכד ומצטרפין א"ל רבא הא דקאמרת שני חלקי מים ואחד יין מן היין השירוני לחוד דרפי א"נ התם משום חזותא אבל לטעמא בעי טפי ודקאמרת מים מכד ומצטרפין לענין שבת מידי דחשיב בעינן והא נמי הא חשיב תנא **יבש בכזית דברי רבי נתן אמר רב יוסף רבי נתן ורבי יוסי ברבי יהודה אמרו דבר אחד רבי נתן הא דאמרן ורבי יוסי ברבי יהודה *דתניא רבי יהודה אומר *ששה דברים מקולי בית שמאי ומחומרי ב"ה דם נבלה ב"ש [א] מטהרין וב"ה מטמאין א"ר יוסי ברבי יהודה אף כשטמאו ב"ה לא טמאו אלא בדם שיש בו רביעית הואיל ויכול לקרוש ולעמוד על כזית אמר אביי דילמא לא היא עד כאן לא קאמר רבי נתן הכא דבעי רביעית אלא ביין דקליש אבל בדם דסמיך כזית לא בעי רביעית אי נמי עד כאן לא קאמר רבי יוסי בר' יהודה התם דכזית סגי ליה ברביעי' אלא בדם דסמיך אבל יין דקליש כזית הוי יותר מרביעית וכי מפיק פחות מכזית ליחייב: חלב כדי גמיעה: איבעיא להו כדי גמיאה או כדי גמיעה א"ר נחמן בר יצחק °הגמיאיני נא מעט מים מכדך איבעי' להו

גראינין

[מנחות קד. עדיות פ"ה מ"א] [בראשית כד]

רש"י

פגינא. ממתניתין נמי שמעינן דזהו שיעורו מדקתני בשאר משקין רביעית שמעינן מיניה דאין הוצאה במשקה הראוי לשתייה בפחות מרביעית הלכך על כרחיך כי שיעורו ביין כדי מזיגת כוס של ברכה שיעור הראויה לשתיית רביעית נקט והיינו רובע רביעית דכי יהיב על חד תלת מיא כדרך המזיגות הראויות לשתייה יעמוד על רביעית יש טועים בשמועה זו לומר [רובע] רביעית רובע הלוג ויעמוד על רביעית על לוג שהוא רביעית הקב וטעות הוא בידם ורבותינו לא אמרו כן וראי' יש לדבר במס' נזיר (דף לח.) י' רביעיות הן חמש סומקתא כלומר שנאמרו ביין ודם וה' חיוורתא שנאמרו בשאר משקין וחשיב להא הוצאת שבת דשאר משקין גבי חיורתא ועל כרחיך הנהו כולהו ברביעית הלוג נינהו דקא חשיב בהדייהו רביעית שמן לנזיר דהוא חצי שיעורה של שמן התודה במנחות וחצי לוג שמן לתודה ילפינן במנחות (דף פח:): שתי תשובות בדבר. דלא מצי למילף ממתניתין: חדא. דחמרא לא דרי מיא אלא על חד תרין במס' נדה (פ"ב דף יט.) חמשה מראה דמי' טמאין הן וחד מינייהו כמזוג ומפרש במשנה וכמזוג שאמרתי לך בשני חלקי מים ואחד יין: מן היין השירוני. שגדל בשרון שם מדינה הוא: ועוד מים בכד ומצטרפין. אי טעמא דמתני' יין משום דלכי מזיג ליה ויראה לשתייה יהא בו רביעית השתא מיהא כי מפיק ליה עדיין לא נמזג ואין כאן שיעור מים שעודן בכד היאך מצטרפין לחייבו אלא על כרחך טעמא לאו משום דליתחזי לשתייה לרביעית כשאר משקין הוא אלא הכי שיעוריה ואע"ג דכי מזיג ליה לא הוי רביעית: דרפי. רך: א"נ התם משום חזותא. נקט ליה והכי נמי דדרי על חד תלת בטעמא מראית דם לא הוי אלא בשני חלקים מים ואחד יין ואי יהיב ביה טפי דם הדומה לו כדם ירוק הוא וטהור: הא חשיב. דחזי לגרופי ביה מיא: יבש. יין קרוש: בכזית. דמעיקרא הוה ביה רביעית ובקרוש רביעית שלימה בעינן דלאו בר מזיגה: ר' יהודה אומר ו' דברים מקולי כו'. לאו דאיכא הני ותו לא דהאכי טובא איכא אלא כשנכנסו לכרם ביבנה והעידו כל אחד ואחד על אותו שבידו במס' עדיות העיד ר' יהודה על אלו: ב"ש מטהרין. דאינו כבשר לטמא בנבלה בכזית ולא תורת משקין לטומאה קלה. לי נראה דהאי דב"ש מטהרין מטומאת נבלות לחודא קאמר שלא יטמא אדם אבל טומאה קלה יש בו: על כזית. שהוא שיעור נבלה לטמא אדם והיינו אמרו דבר אחד שכזית היבש כשנימוח הוי רביעית: עד כאן לא קאמר ר' נתן הכא. דכזית יבש בעי רביעית דלא ובציר מרביעית לא ליכא כזית יבש כדקאמר דכזית קרוש הויא ביה רביעית: אלא ביין דקליש. וכשהוא לח רב נפחו וכשמתייבש נמלק לשיעור קטן: אבל דם. כשהוא לח הוי סמיך עב וקרוב להיות קרוש וכשיבש אינו נמלק לשיעור קטן אלא מעט וכזית יבש לא בעי רביעית לח ודם נבילות מטמא בפחות מרביעית:

גראינן

[ב"ק נו: עירובין כט:] [נדה יט.] [תוספתא פ"ט] [עי' רש"י בר' יהודה ליתא במסכת עדיות ולכך שפיר גרסינן דהכא]

תוספות

דאמר רבא כל חמרא דלא דרי על חד תלת מיא כו'. והא דאמרי' בפ' אחד דיני ממונות (סנהדרין לז.) גבי סנהדרין אל יחסר המזג אם הולרך אחד מהם ללאת אם יש כ"ג יולא כו' דהיינו שליש מסנהדרין משמע דמזיגה על חד תרין אומר ריב"א דרבא דוקא הי' מוזג כמשפט המזיגה על חד תלת כדאמר בהזהב (ב"מ ס.) אמר רבא מזיגה דידי מידע ידיעא ובכילד מעברין (עירובין כד.) דמי האי מזיגה למזיגה דרבא בריה דרב יוסף בר חמא אבל שאר העולם האוהבים יין חזק אין מוזגין אלא על חד תרין ואין נראה לר"י דא"כ מאי פריך אביי לוקי מתני' דנדה במזיגת שאר בני אדם אלא נראה לר"י דקרא דאל יחסר המזג ביין השירוני משום דליכא לאוקמי לקרא בסתם מזיגה דהוי רביע דרביע סנהדרין למאי חזו אבל שליש חזו לדיני נפשות ומיהו לההוא לישנא דהתם משום חזותא דלא מחלק בין יין השירוני קשה ויש לפרש משום חזותא כדי שלא יפסיד המראה דרך למוזגו על חד תרין ולא יותר*: חדא דתנן והמזוג שני חלקי מים. וא"ת לאביי דסתם מזוג על חד תרין אדרבה תקשה אמאי איצטריך לפרש שני חלקי מים הוה ליה למימר כמזוג סתם וי"ל דס"ד דאגב אורחיה קמ"ל דהכי הוי כל מזוג: ועוד מים בכד ומצטרפין. אע"כ טעמא לאו משום דלכי מזיג ליה הוה רביעית וחזי לשתייה כשאר משקין אלא הכי שיעורא אע"ג דלכי מזיג ליה לא הוי רביעית כדפירש בקונטרס אלא משום דיין חשוב הוא וראוי להכניסו לכוס של ברכה ואע"פ שאינו ראוי לכוס של ברכה בלא מים מ"מ הוי כמו מים שמכניסן לשוף בהן את הקילור אע"פ שאינן ראויין בלא קילור ואביי לא פליג אלא בהא דלא מצריך רביעית מזוג אבל רובע רביעית יין חי צריך לכוס של ברכה כדמשמע בערבי פסחים (דף קח:) דאמר רב יהודה אמר שמואל ד' כוסות הללו צריך שיהא בהן כדי מזיגת כוס יפה מיתיבי ד' כוסות הללו צריך שיהא בהם כדי רביעית אידי ואידי חד שיעורא הוא כדי מזיגת כוס יפה לכל אחד ואחד היינו כדי רביעית משמע דרביעית דברייתא היינו לכל ארבע כוסות דהוי לכל חד רובע רביעית שהוא מזיגת כוס יפה והא דקתני התם בסיפא דברייתא אחד חי ואחד מזוג ה"פ אחד ישתה אותו רובע רביעית כמו שהוא חי ואחד ימזגנו וישתה ומיהו קשה לר"י דבסמוך קאמר אביי ע"כ לא קאמר ר' נתן הכא דכזית בעי רביעי' כו' משמע דסבירא ליה לאביי דכוס של ברכה בעי רביעית יין חי ולפי מה שפירש בקונטרס בסמוך דביין קרוש בעי רביעית משום דאינו ראוי למזיגת כוס מלינן למימר דלעולם סבר אביי דאפי' ביין מזוג לא בעי רביעית אבל קשה לר"י לפי' הקונטרס דאי כזית יבש לא חזי למזיגה למה חשוב מטעם שהיה בו רביעית מתחלה מאי שנא מגרוגרת שלמקה דריש המלניע (לקמן צא.) ונראה לר"י דרב יוסף ואביי סבירא להו דכוס של ברכה בעי רביעית יין חי כדמשמע בסמוך וברייתא דערבי פסחים דקתני שיהא בהן כדי רביעית היינו לכל אחד ומה ששנה במתניתין יין באנפיה נפשיה אע"ג דהוי ברביעית כשאר משקין היינו משום דלא נטעה בדרבא לומר דחשיב בכדי שראוי למזוג ולעמוד על רביעית והא דלא תנא בהדיא המוציא יין חי ברביעית משום דניחא ליה למינקט כדי מזיגת הכוס דמשום ההוא טעמיה דראוי להכניסו לכוס של ברכה הוא דמיחייב בהוצאת רביעית אבל אי מיפסל מכוס של ברכה על ידי פגימה או שנגע בו נכרי לא מיחייב ברביעית משום דראוי לשתיית ישראל או נכרי משום דלא מצנעי ליה כשיעור זוטר כולי האי הואיל ולא חזי אלא ע"י מזיגה ובעיא תקון ולא חשיב כשאר משקין שראויין בלא מים ולגיבול טיט נמי לא מצנעי ליה כמו קלף דלא חשיב כשיעור קשר מוכסין אע"פ שחשוב יותר מנייר משום דלא מצנעי ליה להכי: הואיל ויכול לקרוש ולעמוד על כזית. משמע דדם חשיב כבשר ותימה א"כ אמאי צריך קרא בפ' בהמה המקשה (חולין עב.) ובריש סנהדרין (דף ד.) לרביעית דם מן המת דמטמא באהל תיפוק ליה דהוי כבשר משום שיכול לקרוש ואומר ר"י דגבי מת בעי קרא לרביעית דם משום דבריש דם הנדה (נדה נה:) אמרינן דבטומאת מת בעינן אין גזעו מחליף דומיא דעצם ואפילו בשר כוס מטהרינן אי לאו דאין גזעו מחליף הוא ודם גזעו מחליף דנעשה במקומו ללקה ועוד י"ל דהאי תנא דהכא לא מטמא דם נבלות משום שיכול לקרוש אלא אית ליה שום דרשה דדם נבילות טמא והאי טעמא דיכול לקרוש איצטריך שלא יטמא הדם אלא ברביעית ולא בפחות שאז יש בו שיעור בשר אבל בלאו קרא מודו כ"ע דלא הוי כבשר ולהכי איכא תנא בפרק המנחות והנסכים [מנחות קג: וע"ש קד: ד"ה הואיל] דאמר שהעידו על דם נבלות שהוא טהור וכן משמע בכל מקום דדם לא הוי בכלל בשר נבלה דבפרק כל שעה (פסחים ד' כב.) מפיק דגיד וחלב מותר בהנאה משום דכשהותר' נבלה היא וחלבה וגידה הותרו וכי פריך התם והרי דם כו' לא משני כשהותרה נבלה היא ודמה הותרה ובמעילה (דף יז.) נמי בפרק קדשי מזבח מפיק דם השרץ מוזה לכם הטמא משום דלא הויא בכלל שרץ:

דרבי

[ועי' תוס' עירובין כט: ד"ה כל ותוס' ב"מ ס. ד"ה רבא ותוס' ב"ב נו: ד"ה כל ותוספות סנהדרין יד: ד"ה אל יחסר]

רבינו חננאל

תנינא המוציא יין כדי מזיגת הכוס. וקתני סיפא ושאר כל המשקין ברביעית. רבא לטעמי' דאמר כל חמרא דלא דרי על חד תלתא מיא לאו חמרא הוא. שמשיל לכוס רובע רביעית יין ושלשה רבעי רביעית שאם ימזגנו כראוי לו יהיה רביעית חייב. דדמי כמאן דאפיק רביעית. ואקשינן אמר אביי שתי תשובות בדבר חדא דתנן במס' נדה במזוג ב' חלקי מים ואחד יין מן היין השירוני דאלמא כוס מזוג שהוא רביעית צריך שיהא בו שליש רביעית יין. ועוד בין כך ובין כך אי מחייבת ליה למוציא [רובע] רביעית משום שאם ימזגן יהא רביעית היאך יצטרפו לו המים והרי הן בכד ואין בו מהן כלום. א"ל רבא דקא מקשת ב' חלקי מים ואחד יין ההוא הא מפרש מן היין השירוני דרפי חמריה. ועוד איכא למימר לאו משום דהכין חזי שיעור מזיגת אלא התם בעינן מראית דמים טמאים משום חזותא הוא. ואי לא נפיש חמריה פאכת טומק. אע"ג דדארי מיא טפי. ודקא מתמהת ואמרת מים בכד ומצטרפין לא מצטרפינן בהדי יין מים*) אלא מאי דחשיב לסימוני מים שבכד אפילו למהר ועומד. אם מוצי כוס ההוא כדי מזיגת כוס יפה והדיבין עליו שכשר להצניעו ומצניעין כמותו: תנא יין יבש בכזית דברי ר' נתן. פי' והאי יין יבש כתחיא דתניא (נזיר דף מט) ר' אלעזר ב"ר צדוק אומר לול קטן היה בין כבש למזבח למערבו של כבש. אחד לשבעים שנה פרחי כהונה יורדין לשם ומלקטין משם יין קרוש שהוא דומה לעיגולי דבילה. ובאין ושורפין אותו בקדושה שנאמר הסך נסך שכר לה'. וקסבר ר' נתן יין יבש

[...]א מטעו כזית חייב. אמר רב יוסף ר' נתן ור' יוסי ב"ר יהודה אמרי דבר אחד. ר' נתן הא דאמרן. ר' יוסי ב"ר יהודה מאי היא. דתניא ר' יהודה אומר ששה דברים מקולי ב"ש ומחומרי ב"ה. [...]לה ב"ש מטהרין. וב"ה מטמאין. אמר ר' יוסי ב"ר יהודה אף כשטמאו ב"ה לא טמאו אלא בדם שיש בו רביעית הואיל ויכול לקרוש ולעמוד על כזית. וקאמר רב יוסף דקסבר ר' נתן דכזית יין יבש [...]לא מרביעית ורביעית יין לכשיקרוש יהא בו כזית. ואתיא דר"נ כר' שמעון. ובני א"י מתנו בתרי' [בירושלמי בפירקין פ"א] רבנן דקיסרין ר' יוסי ב"ר אבין בש"ר יוחנן אתיא דר' נתן כר' שמשון [...]ר ר' יוסי ב"ר יהודה [דמתניתן דכולן ברביעית] דרביעית דם לכשיקרוש יהא בו כזית וכפשוטו של דברים. והא מילתא מיפרשא במס' דהמנחות והנסכין. דא' רב ביבי אריב"ל מעשה בפרות של בית רבי [...]שיעור חכמים דמה ברביעית וכן הלכה. דקא עבדין בה מעשה. ואע"ג דמותיב ר' יצחק בר ביסנא העיד ר' יהושע ור' יהושע בן בתירה על דם שהוא טהור וא"ר יהושע בן בתירה מעשה והיו נוהרין [...]אריות בפרשא של מלך והיו עולי רגלים בוקעין עד רכובותיהן בדם ולא אמרו להן דבר. אישתיק. ומאן דמטהרין לדם נבילות סבר הדם משקה ניהו ולאו נבילה הוא. ומאן דטמא סבר כיון דהדר [...]לה. הא אמרינן עלה מאי הוי עלה. אמר רב יוסף מוריאנא דבי נשיאת מני ר' יהודה שאורי לדר כשמעתיה דב"ה מטמאין. וא"ר יוסי ב"ר יהודה כשטימאו ב"ה לא טימאו אלא ברביעית הואיל ויכולה [...]לעמוד על כזית. א"ל אביי לרב יוסף אמאי תימא דר' נתן ור' יוסי ב"ר יהודה אמרו דבר אחד. דילמא עד כאן לא קאמר ר' נתן הכא דכזית יין מרביעית יין אלא ביין דקליש שאם תקרש הרביעית יהא

*) בלשון מגומגם ונראה דצ"ל אלא מאן דעומד לגימוגי מים שבכד אפילו למהר חשיב לענין שבת ולהכי אם מוליא כוס שיש כדי מזיגת כוס יפה חייבין עליו וכו'.

ג אבג מיי' פי"ח מהל' שבת הלכה ג:

גראינין או גרעינין אמר רבא בר עולא °ונגרע מערכך איבעיא להו *אוממות או עוממות אמר רב יצחק בר אבדימי °ארזים לא עממוהו בגן אלהים איבעיא להו *מאמצין תנן או מעמצין א"ר חייא בר אבא אמר רבי יוחנן °ועוצם עיניו מראות ברע ת"ר *המוציא חלב של בהמה כדי גמיאה חלב של אשה ולובן של ביצה כדי ליתן במשיפא(א) של קילור [קילור] כדי לשוף במים בעי רב אשי כדי שיפה או כדי אחיזה ושיפה תיקו: דבש כדי ליתן על הכתית: תנא כדי ליתן על פי כתית בעי רב אשי על כתית אפומא דכולה כתית או דילמא ג*אמורשא קמא דכתית לאפוקי (ב) הודרנא דלא תיקו: אמר רב יהודה אמר רב כל מה שברא הקב"ה בעולמו לא ברא דבר אחד לבטלה ברא שבלול לכתית ברא זבוב לצירעה יתוש לנחש ונחש לחפפית וסממית לעקרב (ג)היכי עביד ליה מייתי חדא אוכמא וחדא חיורא ושלקי להו ושייפי ליה ת"ר חמשה אימות הן אימת חלש על גבור אימת מפגיע על ארי אימת יתוש על הפיל אימת סממית על העקרב אימת סנונית על הנשר אימת *כילבית על לויתן א"ר יהודה אמר רב מאי קרא °המבליג שוד על עז: (ד) רבי זירא אשכח לרב יהודה דהוה קאי אפיתחא דבי חמוה וחזייה דהוה בדיחא דעתיה ואי בעי מיניה כל חללי עלמא הוה אמר ליה א"ל מ"ט עיזי מסגן ברישא והדר אימרי א"ל כברייתו של עולם דברישא חשוכא והדר נהורא מ"ט הני מכסיין והני מגליין הני דמכסינן מינייהו מכסיין והני דלא מכסינן מינייהו מגליין מ"ט גמלא זוטר גנובתיה משום דאכל *כיסי מ"ט תורא אריכא גנובתיה משום דדייר באגמי ובעי לכרכושי בקי מ"ט קרנא דקמצא רכיכא משום דדיירא בחילפי ואי קשיא נדיא ומתעוורא דאמר שמואל האי מאן דבעי דליסמיה לקמצא לשלופינהו לקרני' מ"ט האי תימרא דתרנגולתא מדלי לעילא דדיירי אדפי ואי עייל קטרא מתעוורא *דשא דרך שם דרגא דרך גג מתכוליתא מתי תכלה דא ביתא בא ואיתיב בה ביקתא בי עקתא כופתא כוף ותיב לבני בני הוצא חציצה חצבא שחוצב מים מן הנהר כוזה כזה שוטיתא שטותא משיכלא מאשי כולה משכילתא °משיא כלתא *אסיתא חסירתא בוכנה בוא ואבנה לבושה לא בושה גלימא שנעשה בו כגלם גולתא גלי ואיתיב פוריא שפרין ורבין עליה בור זינקא בור זה נקי סודרא סוד ה' ליראיו אפדנא אפיתחא דין ת"ר *שלשה כל זמן שמזקינין מוסיפין גבורה ואלו הן דג ונחש וחזיר: שמן כדי לסוך אבר קטן: אמרי דבי ר' ינאי שמן כדי לסוך אבר קטן של קטן בן יומו מיתיבי שמן כדי לסוך אבר קטן וקטן בן יומו מאי לאו אבר קטן דגדול ואבר גדול של קטן בן יומו אמרי לך דבי ר' ינאי לא ה"ק שמן כדי לסוך אבר קטן של קטן בן יומו לימא כתנאי שמן כדי לסוך אבר קטן וקטן בן יומו דברי ר' שמעון בן אלעזר ר' נתן אומר כדי לסוך אבר קטן מאי לאו בהא קמיפלגי דר"ש בן אלעזר סבר אבר קטן של קטן ור' נתן סבר אבר קטן דגדול או אבר גדול דקטן אבל אבר קטן של קטן בן יומו לא לא דכולי עלמא אבר קטן דקטן בן יומו לא וליתא

רש"י

גראינין. מתניתין דפרקין דלעיל חוץ מקליפתן וגרעיניהן: **ונגרע.** והגרעינין זורקין ונגרעין מתוך האוכל: **אוממות.** גבי גחלים מייתינן ליה בכילד צולין (ה) גחלים יכול עוממות ת"ל אש אי אש יכול שלהבת כו': **עממוהו.** לא החשיכו מראיתו להיות הם נאים ממנו: **מאמצין.** לקמן גבי עינים של מת בפ' שואל (דף קנא:): **במשיפה של קילור.** שרגילין לשופו בחלב של אשה: **כדי לשוף במים.** לשני עינים: **כדי שיפה או כדי אחיזה ושיפה.** מה שנדבק באצבעותיו לבד מה שנותן בעיניו: **אפומא דכולה כתית.** וכל מכה קרויה פה: **מורשא קמא.** עליון של מכה: **שבלול.** לימל"א (ו): **לכתית.** מניחה (לכתית) עליו: **זבוב לצירעה.** למי שעקצו צירעה כותש זבוב ומניחה עליו: **לחפפית.** מין שרץ: **סממית.** איירא"ניא"ה בלע"ז: **לעקרב.** עקיצת עקרב כותש סממית ומניחה עליו: **ושייף.** ומושח: **מפגיע.** חיה קטנה וקולה גדול ושומע ויראה שתהא בריה גדולה ובורח: **יתוש.** נכנס לפיל בחוטמו וכן סממית לעקרב נכנס לו באזנו: **סנונית.** ארונדיי"לא נכנסת תחת כנפי הנשר ומעכבו מפרישת כנפיו: **כילבית.** שרץ קטן ונכנס לדג גדול באזנו*: **המבליג שוד על עז.** המחזיק שדוד על הגבור: **כל חללי עלמא.** פירוש דברים הנעשים בכל חלל העולם: **מסגיין ברישא עדרא.** מהלכות בראש העדר: **ברישא חשוכא.** שהם עזים שחורות שהם רחלות לבנות: **מכסיין.** בזנב: **והני מגליין.** העזים אין להם אליה: **הני דמכסינן מינייהו.** רחלים שאנחנו מתכסין מצמרן גם הן מכוסות: **דאכלה כיסי.** קוצים לפיכך זנבו קצר כדי שלא ידבקו בה הקוצים: **ובעי לכרכושי בקי.** להבריח היתושין: **קמצא.** ארבה ול"נ קמצא [נמלה]: **חילפי.** ערבה: **ואי קשיא נדיא ומתעוורא.** ואם היתה קשה תנוד ותעקר כשתכה בעלים: **ומתעוורא.** יסתמו עיניה שמראות עיניה תלויה בה כדשמואל: **תימרא דתרנגולתא מידליא לעילא.** ריס של עין התחתון כשעולם עיניו עולה למעלה מן העליון ובשאר כל בריה העליון שוכב על התחתון: **משום דדייר אדפי.** שעולה בלילות על הקרשים והקורות צריך שיעלה התחתון על העליון מפני העשן שלא יכנס בעיניו: **מתכוליתא.** דבר שמטבילין בו כגון כותח או שאר ליפתן: **מתי תכלה דא.** לכשיכלה מה נאכל ול"נ מתי תכלה דא לפי שאינו כלה עד זמן ארוך שאינו נאכל אלא מעט מעט: **ביתא בא ואיתיב.** שדרך לישב בבית: **בקתא.** בית צר וקטן: **בי עקתא.** בית צר: **כופתא.** מכתשת ל"א מדה לחטין ול"נ כמין גולם עץ עשוי לישיבה כמו כופת שאור שיחדה לישיבה דתניא בפסחים (דף מה:): **כוף תיב.** כפוף אותו ושב עליו: **לבני לבני.** מתקיים לדורות הרבה: **הוצא.** גדר קוצים או לולבים: **חציצה.** אינו דבר קיימא אלא חציצה בעלמא: **כוזא.** כלי חרס קטן: **כזה.** כלומר דבר מועט וקל כמו זהו מהו חשוב למלאותו לי מיינך במתנה: **שוטיתא.** בד של הדס שמרקדין בו לפני כלה: **שטותא.** נראה המרקד כשוטה: **משיכלא.** ספל גדול שהכל רוחצים ידיהם ורגליהם ממנו: **מאשי כולה.** רוחץ את הכל: **משכילתא.** ספל קטן ונאה: **משיא כלתא.** מיוחד לחשובים כמו כלה ואשה חשובה לרחוץ ממנו: **אסיתא.** מורטי"ר: **חסירתא.** שחסר החקיקה מבפנים: **בוכנא.** עלי שכותשין בו: **לבושא.** חלוק עליון שקורין שרוק: **לא בושה.** למנוע הבושה שמכסה כל החלוקים התחתונים הקרועים ורעים: **כגולם.** שאין לו חיתוך אברים: **גולתא.** מקטורין נאה: **גלי ותיב.** כשהוא יושב מגלה עצמו שלא ישב עליו שלא ילכלכנו ולא ישופנו בקרקע וישיר שערו ויקרע ויבלה: **בור זינקא.** בור שיבשו מימיו קורין כן: **נקי.** חסר מימיו: **סודרא.** דרך תלמידי חכמים לעטוף סודר: **אפדנא.** טרקלין של מלכים: **אפתחא.** אל פתח זה יבאו הכל אם למשפט אם לשרת המלך: **אבר קטן.** אחד מפרקי אצבע קטנה: **דגדול.** של אדם גדול והאי קטן דאבר קאי אי נמי אבר גדול של קטן והאי קטן אגברא קאי ולא אאבר: **לא אבר קטן.** וקטן אכולה מילתא קאי אבר קטן של גוף קטן: **דרבי שמעון כו'.** והכי קאמר כדי לסוך בו אבר קטן וקטן יהא הגוף בן יומו ורבי נתן סבר חד קטן אמרינן או האבר או הגוף אבל תרי קוטני לא: ה"ג דכולי עלמא אבר קטן של קטן בן יומו לא: וליתא

תוספות

דרבי שמעון בן אלעזר סבר אבר קטן של קטן בן יומו כו'. תימה דאדרבה איפכא מסתברא דר' נתן דקאמר אבר קטן משמע טפי של קטן בן יומו מרשב"א דאמר אבר קטן וקטן בן יומו דהא לעיל פריך אדבי ינאי דמפרש אבר קטן דמתניתין אבר קטן של קטן בן יומו דהוי כלישנא דר' נתן מברייתא דקתני בה כלישנא דרשב"א ויש לומר דלמאי דמשני הוי סברא איפכא ונקט הכא כדמסיק לעיל ואית ספרים דגרסי איפכא ואין נראה דהא מסיק דלרשב"א אבר קטן של קטן בן יומו ולמאי דגרס איפכא לא הוי כמסקנא לא לפי דמייתי השתא ולא לפי מה שדוחה לא דכולי עלמא כו':

[גי' הערוך ערך כס ג' כיסי פי' עשבים שיש בהן קוצים ביותר]

רבינו חננאל

יהא בה כוית. אבל דם דסמיך שהוא עבה כשיקרוש רביעית יהא בה [יותר מכוית]. אי נמי עד כאן לא קאמר ר' יוסי ב"ר יהודה שרביעי' דם לכשתקרוש יהא בה רביעית אלא בדם דסמיך. אבל יין דקליש אין כוית יבש בא אלא מתרבת רביעיות. והלכך לר' יוסי ב"ר יהודה אם הוציא פחות מכוית יבש חייב דאפשר הוי כוס רביעית: כתית הוא הנקרא בלשון ישמעאל דומל. ולא נודע לנו על הכתית כולה להוציא סביבין. או על פיו להוציא מורשא שלו שהיו נבחן כולן והוא נופו. שבלול אמרו הוא דביש שנקרא חבלילו. חפיפית בל' ישמעאל וקובה והוא דבר שמתכנס על העור מן הטינוף. מפגיע היה קטנה שהיא מהלכת בין רגלי הארי וצועקת בקול גדול ומבהלת הארי ונקראת אל פרת אך. סנונית שנקרא בלשון ישמעאל אלכם נאף"מ ורחלות מיכסיאן באליה ועיזי מיגליאן. א"ל רחלות גוזות צמר ואנן מכסין מהן אבל עזים לא מכסין. כסי קוצים קוצים. דרגא סולם. מסיכלא. ספל קטן של מים. שמן כדי לסוך אבר קטן של תינוק בן יומו. והא דתניא כדי לסוך אבר קטן וקטן בן יומו לא פירושא ב' מיכות אבר קטן וקטן נמי בן יומו. אלא אבר קטן. והקטן ההוא בן יומו:

הגהות הב"ח

(א) גמ' ולובן של ביצה כדי ליתן במשיפא קילור כדי כצ"ל וסיב' של נמחק: (ב) שם דכתית לאפוקי סדר הודרנא: (ג) שם וסממית לעקרב ונחש לחפפית היכי עביד: (ד) שם שוד על עז אמר ר' זירא אשכחיה לרב יהודה: (ה) רש"י ד"ה אוממות וכו' בכילד צולין ולקח מלא מחתה גחלי אש גחלים יכול עוממות: (ו) ד"ה שבלול לימצא. נ"ב שקורין שנעק בל"א:

רב נסים גאון

(שייך לקמן דף עח ע"ב) **אסור** לשהות שטר פרוע א"ב משכחת לה במסכתא דכתובות בפ' האשה שנתארמלה (דף יט) אמר ר' יהושע בן לוי אסור לאדם שישהה שטר פרוע בתוך ביתו שנא' (איוב יא) ואל תשכן באהליך עולה וכן עוד תמצא בזה הפר' עיקר הדברים במודה בשטר שכתבו אמר רב הונא אמר רב מודה שכתבו אינו צריך לקיימו אמר ליה רב נחמן גנבא גנובי למה לך אי סבירא לך כר' מאיר אימא כר' מאיר אמר ליה ומר היכי סבירא ליה אמר ליה כי אתו לקמן אמרי' להו קיימו שטרייכו ונחתו לדינא והלכתא כרב נחמן שצריך לקיימו. בכותבין שובר קמיפלגי משכחת לה בפרק גט פשוט (בבא בתרא דף קעא) דקעביד ר' חנינא בר (פאפי) [פפי] כר' יוחנן וריש לקיש דקאמרי כותבין שובר וכן כי אתא רבין אמר ר' אלעא כותבין שובר וכן הלכת ומישתכח עוד בפרק האשה שנתארמלה (כתובות דף טז) אמר ר' אבהו כותבין שובר ובפרק הכותב (נט) לאשתו (שם דף פט) אמרו במקום דלא אפשר ודאי כותבין שובר:

גליון הש"ס גמ' משיא כלתא. עי' רש"י ע"ז דף נא ע"ב ד"ה דסחיפא:

§ מסכת שבת דף עז: §

אות א' - ב' - ג'

המוציא חלב של בהמה, כדי גמיאה; חלב של אשה ולובן של ביצה, כדי ליתן במשיפא של קילור; [קילור], כדי לשוף במים

אמורשא קמא דכתית, לאפוקי הודרנא דלא הכי קאמר: שמן כדי לסוך אבר קטן של קטן בן יומו

רמב"ם פי"ח מהל' שבת ה"ב - חלב בהמה טהורה, כדי גמיאה; וחלב טמאה, כדי לכחול עין אחת; חלב אשה ולובן ביצה, כדי ליתן במשיפה; שמן, כדי לסוך אצבע קטנה של רגל קטן בן יומו; [א]טל, כדי לשוף את הקילורית; וקילור, כדי לשוף במים; ומים, כדי לרחוץ פני מדוכה; דבש, כדי ליתן [ב]על ראש הכתית; דם ושאר כל המשקין וכל השופכין, כדי רביעית. **השגת הראב"ד** (בקצת כת"י) וקילור כדי לשוף במים, ומים כדי לרחוץ. **א"א:** ירושלמי (פ"ח ה"א) ומים כדי לרחוץ.

באר הגולה

א ‹כל הבבא הזאת היא בירושלמי, וסמך עליו רבינו, ואע"פ שאין נוסחאות הגמרא הבבלית כן, וכבר השיגו עליו למה לא כתב {מים} כדי לשוף את הקילור, שכך הוא בגמרא שלנו. **ונ"ל** שהוא פוסק כאביי, דאמר בגמ' שלנו שלא שיערו במים כדי לשוף את הקילור, אלא במי גליל שהן ידועים שמועילין לעין, {נ"ב ורש"י ז"ל פי' בענין אחר, שהיו עניים - מרכבת המשנה}, אבל לא בשאר מים. ואע"ג דרבא פליג עליה, הירושלמי מכריע, זהו דעתו ז"ל - מגיד משנה› ב ‹משמע דהיינו אפומא דכולה כתית. ואין לדקדק אמאי פסק רבינו לקולא באיסור תורה, משום דהכא לענין מלקות קיימינן, ואין לנו לחייבו כי אם בראיה גמורה - מעשה רוקח›

§ מסכת שבת דף עה. §

אות א׳ – ב׳

<u>דם וכל מיני משקין ברביעית</u>

<u>במוציא שופכין לרשות הרבים, ששיעורן ברביעית</u>

רמב״ם פי״ח מהל׳ שבת ה״ב - דם ושאר כל המשקין וכל השופכין, כדי רביעית.

אות ג׳

<u>המוציא חבל, כדי לעשות אוזן לקופה; גמי, כדי לעשות תלאי לנפה ולכברה</u>

רמב״ם פי״ח מהל׳ שבת הי״ב - המוציא חבל, כדי לעשות אזן לקופה; גמי, כדי לעשות תלאי לנפה ולכברה.

המוציא יין פרק שמיני שבת עח

וליתא דרבי ינאי והכא בהא קמיפלגי ר"ש בן אלעזר סבר אבר קטן דגדול ואבר גדול דקטן בן יומו כי הדדי נינהו ורבי נתן סבר אבר קטן דגדול אין אבר גדול דקטן בן יומו לא מאי הוי עלה תא שמע דתניא רבי שמעון בן אלעזר אומר שמן כדי לסוך אבר קטן של קטן בן יומו: מים כדי לשוף בהן את הקילור: אמר אביי מכדי כל מילתא דשכיחא ולא שכיחא אזול רבנן בתר דשכיחא לקולא שכיחא ושכיחא אזול רבנן בתר דשכיחא לחומרא יין שתייתו שכיחא רפואתו לא שכיחא אזול רבנן בתר שתייתו דשכיחא לקולא חלב אכילתו שכיחא רפואתו לא שכיחא אזול רבנן בתר אכילתו לקולא דבש אכילתו שכיחא רפואתו שכיחא אזול רבנן בתר רפואתו לחומרא אלא מים מכדי שתייתו שכיחא רפואתו לא שכיחא מאי טעמא אזול רבנן בתר רפואתו לחומרא *אמר אביי *בגלילא שנו רבא אמר אפי' תימא בשאר מקומות כדשמואל דאמר שמואל כל שקייני מסו ומטללי לבר ממיא דמסו ולא מטללי: [לעיל עז. נדה כב. ב"ב כה.] [פסחים מ.] ושאר כל המשקין ברביעית: תנו רבנן *דם וכל מיני משקין ברביעית רבי שמעון בן אלעזר אומר דם כדי לכחול בעין אחת °שכן כוחלין לברקית ומאי נינהו דמא דתרנגולת ברא רשב"ג אומר דם כדי לכחול בו עין אחת שכן כוחלין *) ליארוד ומאי נינהו דמא דכרושתינא וסימניך גוא לגוא ברא לברא בד"א במוציא אבל במצניע כל שהוא חייב רבי שמעון אומר בד"א במצניע אבל במוציא אינו חייב אלא ברביעית *ומודים חכמים לר"ש [לקמן צ:] במוציא שופכין לרה"ר ששיעורן ברביעית: אמר מר בד"א במוציא אבל במצניע כל שהוא אטו מצניע לאו מוציא הוא אמר אביי הכא במאי עסקינן בתלמיד שאמר לו רבו לך ופנה לי המקום לסעודה הלך ופנה לו דבר חשוב לכל חייב עילויה דבר שאינו חשוב לכל אי אצנעי' רביה מיחייב עילויה ואי לא לא מיחייב: אמר מר מודים חכמים לר"ש ²במוציא שופכין לרה"ר ששיעורן ברביעית: שופכין למאי חזו אמר רבי ירמיה לגבל בהן את הטיט והתניא *טיט כדי לעשות בהן פי כור לא קשיא הא דמיגבל הא דלא מיגבל לפי שאין אדם טורח לגבל טיט לעשות פי כור: **מתני'** ³המוציא חבל כדי לעשות אוזן לקופה גמי כדי לעשות תלאי לנפה ולכברה רבי יהודה אומר *כדי ליטול ממנו מדת מנעל לקטן נייר כדי לכתוב עליו קשר מוכסין והמוציא קשר מוכסין חייב נייר

*) [גי' הערוך ליירוד פי' שעלתה קרמית על גב עינו]

רש"י

וליתא לדרבי ינאי. ור' שמעון בן אלעזר או או קתני או אבר קטן של גדול או להפך וסלה חד שיעורא הוא: **פ"ש כו'.** ודרבי ינאי תנאי היא: **מכדי כל מילתא דשכיחא ולא שכיחא.** כל ששיערו חכמים לענין שבת והוא ראוי לשני דברים חדא שכיחא וחדא לא שכיחא אזול רבנן בשיעורן בתר דשכיחא ואפילו היא קולא ששיעורה גדול אמרינן סתמיה להא עביד ולא אמרי' הואיל וחזי כמי למילתא אחריתי ששיעורה קטן ניזיל בתרה לחומרא ואע"פ דלא שכיחא: **שכיחא ושכיחא.** והיכא דשכיחי תרוייהו אזלינן לחומרא ומשערינן בשיעורא זוטא: **רפואתו לא שכיחא.** כגון לשוף בו קילור ואע"ג דחזי לה דאיכא דעביד בחלב אשה ואיכא דעביד במיא וחסין על היין שדמיו יקרים הלכך אזול בתר שתייתו ושיערוהו בכדי מזיגת כוס ואע"ג דלקולא שיש כאן שיעור גדול וכן חלב כמי חזי לאכילה ולשוף קילור ומיהו לא שכיחא שהרי אף המים ראויין לכך ויש עושין ממים הלכך אזול רבנן בתר אכילתו ושיעורו בכדי גמיאה ואע"ג דקולא היא: **דבש רפואתו נמי שכיחא** · שאין משקה אחר ראוי לכתית: **לחומרא.** הואיל ותרוייהו שכיחן לחומרא בעינן לשעוריה: **רפואתו לא שכיחא.** שהרי שאר משקין ראויין לכך ויש שפין קילור בשאר משקין ושתייתו שכיחא שרוב שתיית מים הם שאין אדם שותה יין לכל צמאו כי אם לסעודתו: **בגלילא שנו.** שהן עניים ומקפידין בדבר מועט וחסין על יין וחלב לשוף (א) קילור ואין שפין אלא במים והלכך רפואתו נמי שכיחא ובעינן למיזל לחומרא: **כל שקייני.** כל משקין ששפין בהן קילור: **מסו.** החולי: **ומטללי.** מסככין על העין ומוכעין מראיתו עד שיכלה מראיתו לגמרי מפני שהן עבין וגגלדין כמין דבק שקורין גלווייר: **בר ממיא.** דעדיפי מכולהו דמסו ולא מטללי שנבלעין מיד או ניגבין מהר ולא נגלדין על גב העין: **שכן כוחלין לברקית.** מיילא שבולטת בעין: **ומאי נינהו.** מאיזה דם כוחלין אותו: **ליארוד.** תבלול ובתוספתא ראיתי לחורור והן טיפות דקות של לובן הטלדות בעין כדתנן בבכורות גבי מומין (דף לח:): **דמא דכרושתינא.** עטלף שקורין טלפא: **גוא.** כרושתינא מצוי בתוך הייסוב שהוא ליארוד שהוא שוקע בתוך העין: **לברא.** דמא דתרנגולת ברא לברקית שהיא בולטת: **בד"א.** דבעינן שיעורא במוציא לר"ה: **אבל מצניע.** והוציאו חייב בכל שהוא לקמיה פריך אטו מצניע לאו מוציא הוא: **ר' שמעון אומר בד"א.** דמיחייב בשיעורא זוטא כי האי במצניע. בשיעור הזה וחזר והוציאו: **אבל במוציא.** אדם שלא הצניעו והוציאו אינו חייב אלא ברביעית: **במוציא שופכין.** אדם שלא הצניעו אינו חייב אלא ברביעית דבליר מהכי לא חזו כדלקמן לגבל טיט: **אטו מצניע לאו מוציא הוא.** הלא אין מתחייב אלא על ידי הוצאה: **אמר אביי הכא בתלמיד.** כגון שולי דנגרי שאומר לו רבו לך ופנה לי המקום: **דבר שחשוב לכל מיחייב עליה.** ואף על גב דלא אצנעיה רביה לצרכו: **דבר שאינו חשוב לכל כו'.** והכי קאמרי בד"א דבעינן שעורא דחשיב במוציא כלומר בדבר שאין לך ליגך בו אלא אחר הולאתו של זה שהמחשבה תלויה בזה שהוציא אבל במצניע בדבר שיש לך ליגך אחר מחשבה של מצניע כגון המצניע כל שהוא חייב זה המוציאו ורשב"א אמרה ואזיל לטעמיה דאמר בפרקין דלעיל דבדבר שאין מצניעין כמוהו והוכשר לזה והצניעו נתחייב זה במחשבתו של זה וה"ה דמצי לאוקמי במצניע גופיה ולמימר הכי בד"א במוציא בדבר שלא הוצנע ואין לך ליגך בו אלא אחר הולאתו של זה אבל אם היה זה מצניע דבר זה מתחילה וחזר והוציאו חייב אלא משום דשמעי' לי' דאמר נתחייב זה במחשבה של זה אוקמא אביי אפי' באחר שהוציאו וכ"ש אם הוציאו הוא עצמו: **פי כור.** נקב שנותנין בו המפוח ושיעורא זוטא הוא ומרביעית חזי לגבל טובא וכיון דהולאת טיט חשיבא בכדי פי כור בעינן נמי לשעוריה בהכך (ב)דעבדי לטיט בכדי ניבול פי כור: **דמיגבל.** כבר חשוב בכדי פי כור אבל זה שעדיין לא נגבל אינו נשער בכך לפי שאין אדם טורח לגבל שיעור מועט כזה ואם בא לגבל מגבל יותר ועושה בו דברים אחרים: **מתני' אזן לקופה.** לאוחזה בה: **תלאי.** לתלותו בו: **מדת מנעל.** להראותו לאומן כמדה זו אני צריך: **נייר.** מעשבים עושים אותו: **קשר של מוכסין.** יש לך אדם שנותן המכס לראש הנהר במקום אחד או מוחל לו במתנה והוא מוסר לו חותם להראות למוכס שמחל לו המכס ודרכו לכתוב בו שתי אותיות והן גדולות משתי אותיות שלנו:

תוספות

שכן כוחלין ליארוד. אין נראה לר"י לפרש דהיינו תבלול דבתוספתא קתני בהך מילתא גופא שכוחלים לחורור ובבכורות (דף לח:) חשיב תבלול וחורור אלמא תבלול לאו היינו חורור: **דם** וכל מיני משקין ברביעית. בתוספתא גרס ושאר מיני משקין וכן נראה דהא כל מיני משקין איכא ברביעית דיין ושמן ודבש ומים שיעורן כדתנן במתני': **אטו** מצניע לאו מוציא הוא. פירש בקונט' דהוה מצי למימר הכ"ע כשהצניעו והוציאו אלא דניחא ליה לישנויי בשלא הוציאו המצניע עצמו משום דאתיא כרשב"א וקשה דמנלן דאתיא כרשב"א אדרבה כרשב"ג אתיא דמיירי לבסוף ועוד דאמאי נקט בתלמיד שא"ל רבו אפילו אדם בעלמא נמי ודוחק לומר דלא מחייב רבי שמעון במחשבתו של זה אלא תלמיד במחשבתו של רבו לכך נראה דה"פ אטו מצניע לאו מוציא הוא דמדלא קתני אבל המצניע בכל שהוא דהוה משמע דהמצניע הוא המוציא כדדייק לעיל אינו חייב אלא המצניעו מתניתין דלא כרשב"א אלא קתני במצניע משמע אפילו אחר הצניעו חייב המוציא ולהכי קשיא ליה אטו מצניע לאו מוציא הוא דהא שום תנא לא מחייב אא"כ הוציאו המצניע אלא רשב"א לבדו ומתניתין דכלל גדול (לעיל עה:) דהמצניע דלא כוותיה ומשני בתלמיד שאמר לו רבו דכה"ג כ"ע מודו שהתלמיד עושה הכל לדעת רבו: **שופכין** למאי חזו. דוקא אבריייתא קא בעי וכן משמע לקמן (דף עט.) דאמר והא טיט דמקמי דליגבליה תנא מודים חכמים לרבי שמעון במוציא שופכין כו' והוינן בה שופכין למאי חזו משמע דבמתני' אתי שפיר ונרא' לר"י דהיינו טעמא משום דשופכין דמתניתין איכא למימר דחזו לכמה דברים לרחוץ בהם כוסות וקערות דלא מאיסי כולי האי אלא שאינן ראויין לשתיה אבל הכא דומיא דדם קתני דמאיסי טובא ולכך בעי למאי חזו:

עין משפט נר מצוה

ד א ב מיי' פי"ח מהל' שבת הלכה כ:
ה ג שם הלכה יג:

רבינו חננאל

אמר אביי מכדי לענין שיעור הוצאה כל דבר שיש בו ב' צרכים. ב' מדות' אחת מצויה ואחת שאינה מצויה הלכו חכמים בשיעור הוצאתו אחר ההנאה המצויה. אע"ג שהיא מרובה מן האחרת ונמצאת לקולא ואם שתיהן מצויות הלכו להחמיר. חלב שתייתו שכיחא ורפואתו לא שכיחא אזל רבנן בתר שתייתו לקולא. יין שתייתו שכיח' ורפואתו לא שכיחא אזול רבנן נמי בתר שתייתו לקולא. דבש אכילתו שכיחא ורפואתו שכיחא אזול רבנן אחר רפואתו לחומרא. ושאלו את אביי מים מכדי שתייתו שכיחא ורפואתו לא שכיחא מ"ט אזול רבנן בתר רפואתו ואמרו כדי לשוף בהן את הקילור. ואהדר אביי בגלילא שנו. כלומר מי גליל שהן ידועין שמועילין לעין בקילור שהן כמי דקלים שהן ידועין שמועילין לירוקה. אבל מים דעלמא ברביעית. רבא אמר אפי' תימא מים שבשאר מקומו' שיעורן כדי לשוף בהן את הקילור כדשמואל דאמר שמואל טלוה שקייני מעלו וסעדי בר מן מיא דמעלו וגרדי. וכן תורף הדברים שאין המים סועדין כמיני מאכל. אלא עיקר שתייתן כעין רפואה היא. לפיכך שיעורן כרפואה: דם ברביעית ודם של דוכיפת דא תרנגולא ברא. או של עטלף כדי לכחול עין אחת ברקית. כאותה ששנינו השוכר את החמו' והבריק'.[ליארוד] דוורוור שמלבין שחור שבעין כרושתינא. תרנגולא דביתא וי"א אלכפאש ודמה מועיל לכאב שבתוך עין. ודם הוכיפת מועיל לכאב שמחוץ לעין: **תנא** כמה דברים אמורים במוציא שהוציא דבר שלא קדם והצניעו. שהוא צריך לשיעורין הללו. אבל הצניע דבר בחול לצורכו והוציאו בשבת חייב עליו בכל שהוא. ר"ש אומר כל השיעורין הללו לא נאמרו אלא למצניעיהן שאם הצניע בחול בשיעורין הללו והוציאו בשבת חייב. אבל אם הוציא כלום מן כל אלו בין יין בין חלב בין דבש ובין מים שלא קדם והצניעו אינו חייב אלא על רביעית. ואקשי' אמר מר ר' שמעון אומר בד"א במצניע. אבל במוציא אינו חייב אלא ברביעי'. ואמרינן וכי מאחר שהצניעו לצרכו היאך אינו חייב אלא על הוצאתו*). פי' בכל שהוא. והיאך צריך שיעור. פי' המוציא יין כו'. ואוקימנא לדר' שמעון בתלמיד שאמר לו רבו לך ופנה לי מקום לסעודה והלך ופינה כל מה שהיה [...]הצניעו ובא רבו בשבת והוציא כל מה שהצניע לו תלמידו. אם הוציא הרב דבר שהוא חשוב לכל כשיעורין הללו הרי הוא חייב. ואם הוציא הרב דבר שאינו חשוב לכל ופיחת מן השיעורין הללו [...]א בעצמו הצניען חייב עליו בכל שהוא. אבל תלמידו הצניעו ופיחת הוא מן השיעורין הללו מוציאו פטור ואם הוציא מן המשקין מה שלא הוצנע אינו חייב אלא ברביעית שנמצאו דברי ר"ש שאמר לא [...] כל השיעורין הללו אלא למצניעיהן למי שהצניעם לו. (שמשו) ויש שמפרשין שמועה זו פי' אחר דהכין קאמר ר"ש לא נאמרו כל השיעורין הללו אלא לענין הצנעה. ולא סלקא. ויש שגורסין שיטה זו [...] ארישא דברייתא. בד"א במוציא אבל במצניע כל שהוא. ומקשי' הכי אטו מוציא לאו מצניע הוא. ומפרקי' פירוק דאביי ואנחנא לא קא סלקא לנא הכי וכלישנא דפרישנא דווקא. פי כוש קורין אותו בל[...] [...] ריש פילכא ובלשון ישמעאל פלכה. שעושין על פי הכוש כמו כדור אצל הצינורה כדי שיכבד הכוש ויסוב ויש עושים אותו מן העצם ויש עושין אותו מן העץ. ויש שעושין אותו מן הטיט. ומקשי' כי מכדי [...] שיעור מים כדי לעשות פי כוש למה הוצרכו שיעור שופכין רביעית כדי לגבל בה את הטיט. והלא טיט של פי כוש מתגבל בפחות מרביעית. והשבנו אם המים מגובל ועומד סגי בזה השיעור. ואם צריך לגבלו אין אדם טורח לגבל טיט לעשות פי כוש: **מתני'** נייר כדי לכתוב עליו קשר מוכסין [ט'].

*) ונראה דצ"ל הוצאתו כו' בכל שהוא יהא חייב והאיך צריך שיעור המסורש במשנה המוציא יין וכו'.

מסורת הש"ס

[גי' הערוך בגלילא שנו פי' מי גליל שהן ידועין כי מועילין לעין בקילור כמו מי דקלים (לקמן דף קי.) שהם ידועים שמועילין להדקה בערך גליל ועי' תוס' לעיל מו. ד"ה בגלילא. וכן בתוס' חגיגה כה. ד"ה בגלילא]

[לקמן עט. פ:]

[לקמן פ.]

הגהות הב"ח

(א) רש"י ד"ה בגלילא שנו וכו' לשוף בו קילור כ"כ ע"ל כדף מז כמ"ש בתוס' בד"ה בגלילא:
(ב) ד"ה פי כור וכו' בהכך מילי דעבדי לטיט:

גליון הש"ס

גמ' שכן כוחלין לברקית. עי' בכורות דף לח ע"ב תוס' ד"ה וסימנך:

ו א מיי' פי"ח מהלכות שבת הלכה י':

ז ב ג ד שם הלכה טו:

נייר מחוק כדי לכרוך על צלוחית קטנה של פלייטון עור כדי לעשות קמיע* (דוכסוסטוס כדי לכתוב מזוזה) קלף כדי לכתוב עליו *פרשה קטנה שבתפילין שהיא שמע ישראל דיו כדי לכתוב ב' אותיות כחול כדי לכחול עין אחת דבק כדי ליתן בראש השפשף זפת וגפרית כדי לעשות נקב שעוה כדי ליתן על פי נקב קטן חרסית כדי לעשות פי כור של צורפי זהב רבי יהודה אומר כדי לעשות פיטפוט סובין כדי ליתן על פי כור של צורפי זהב סיד כדי לסוד קטנה שבבנות *ר' יהודה אומר כדי לעשות כלכל רבי נחמיה אומר כדי לסוד אונדפי: **גמ'** חבל נמי ליחייב כדי לעשות תלאי לנפה ולכברה כיון דהדריק במנא לא עבדי אינשי תנו רבנן הוצין כדי לעשות אוזן לסל כפיפה מצרית סיב אחרים אומרים כדי ליתן על פי משפך קטן לסנן את היין *רבב כדי לסוך תחת *אספגין קטנה וכמה שיעורה כסלע והתניא כגרוגרת אידי ואידי חד שיעורא הוא מוכין כדי לעשות כדור קטנה וכמה שיעורו כאגוז: נייר כדי לכתוב עליו קשר מוכסין: תנא *כמה קשר מוכסין [ב]שתי אותיות (של קשר מוכסין) ורמינהו המוציא נייר חלק אם יש בו כדי לכתוב שתי אותיות חייב ואם לאו פטור אמר רב ששת מאי שתי אותיות שתי אותיות של קשר מוכסין רבא אמר שתי אותיות דידן ובית אחיזה דהיינו קשר מוכסין מיתיבי [ג]המוציא נייר מחוק *ושטר פרוע אם יש בלובן שלו כדי לכתוב שתי אותיות או בכולו כדי לכרוך ע"פ צלוחית קטנה של פלייטון חייב ואם לאו פטור בשלמא לרב ששת דאמר מאי שתי אותיות שתי אותיות של קשר מוכסין שפיר אלא לרבא דאמר שתי אותיות דידן ובית אחיזה דהיינו קשר מוכסין הכא בית אחיזה לא צריך קשיא תנו רבנן *המוציא קשר מוכסין עד שלא הראהו [א] למוכס חייב משהראהו למוכס פטור רבי יהודה אומר [ד]אף משהראהו למוכס חייב מפני שצריך לו מאי בינייהו אמר אביי איכא בינייהו רהיטי מוכסא רבא אמר מוכס גדול ומוכס קטן איכא בינייהו רב אשי אמר חד מוכס איכא בינייהו מפני שצריך לו להראות למוכס שני דא"ל חזי גברא דמוכס אנא: ת"ר המוציא שטר חוב עד שלא פרעו חייב משפרעו פטור רבי יהודה אומר אף משפרעו חייב מפני שצריך לו מאי בינייהו אמר רב יוסף *אסור לשהות שטר פרוע איכא בינייהו [כתובות יט:] [ה]רבנן סברי אסור לשהות שטר פרוע ורבי יהודה סבר מותר לשהות שטר פרוע אביי [ב"מ ז.] אמר דכולי עלמא אסור לשהות שטר פרוע והכא *במודה בשטר שכתבו שצריך לקיימו קמיפלגי תנא קמא סבר מודה בשטר שכתבו צריך לקיימו ורבי יהודה סבר מודה בשטר שכתבו אין צריך לקיימו ומאי עד שלא פרעו ומשפרעו

עד

רש"י

נייר מחוק. שוב אינו ראוי לכתוב לפיכך צריך שיעור גדול לכרוך ע"פ צלוחית: **קלף כדי לכתוב פרשה קטנה.** דאיידי דדמיו יקרים לא עבדי מיניה קשרי מוכסין אלא תפילין ומזוזות ולא מיחייב בשיעורא זוטא: **דיו לכתוב שתי אותיות.** לרושם על שתי חוליות של כלי או על קרשים לזווגן: **כדי לכחול עין אחת.** לקמן פריך עין אחת הא לא כחלי: **דבק.** גליד: **כדי ליתן בראש השפשף.** בגמרא מפרש לה: **כדי לעשות נקב קטן.** כלי שנותנין בו כסף חי סותם פיו בזפת או בגפרית ונוקב בחוך הסתימה נקב דק להוציא בו: **חרסית.** לבינה כתושה: **לעשות פי כור.** שהמפוח נכנס בו: **פטפוט.** רגל למקום מושב הכור שהיו מושיבין על כן העשוי לכך כגון טרפייד לשפות הקדירה: **סובין כדי ליתן ע"פ כור של צורפי זהב.** במקום שאין פחמין צורפין זהב באש של סובין: **לסוד קטנה שבבנות.** טופלות סיד להשיר את השיער: **גמ' חבל נמי ליחייב.** בשיעורא זוטא דחזי נמי לתלאי דנפה וכברה: **דהדריק.** כעין חרקי מתוך שהוא קשה פוגם את העץ: **הוצא.** של לולבי דקל: **כפיפה מצרית.** של העשוי מלולבי דקל: **סיב.** ודילי"ת שגדל סביב הדקל כעין מלבוש וכורך סביבותיו ועולה: **על פי משפך.** אונטודויי"ר: **לסנן את היין.** שמעכב הפסולת והקמחים מליכנס לפי הכלי: **רבב.** שומן או שמן: **אספוגין.** רקיק שנותנין בתנור וטחין תחתיו אליה: **וכמה שיעורא.** של איספוגין: **כדור.** פלוט"א: **נייר חלק.** שלא נכתב בו מעולם: **שתי אותיות.** קס"ד שתי אותיות דידן דזוטרן: **קשר של מוכסין.** לא בעי גליון לבית אחיזה שאוחזו כולו בכפו פשוט ורואה: **בלובן.** גליון: **הכא בית אחיזה לא צריך.** שיכול לאוחזו במקום המחק והשטר במקום הכתב: **משהראהו למוכס.** ורואה שמחל לו ראש הנהר את המכס שוב אין צריך לו ולא חזי למידי: **מאי בינייהו.** כלומר במאי פליגי ולמאי קאמר רבי יהודה דצריך לו: **רהיטי מוכסא.** קורא"ש שרצין אחר העוברים להעליל עליהם שלא נתנו המכס ומורח לעוברים לחזור למוכס ומלגיע החותם להראות לאלו ולת"ק לא מלגע ליה להכי דכי רהטי בתריה הדר לגבי מוכס: **מוכס קטן.** פעמים שיש מוכס גדול שטורח לו לעמוד על הנהר כל היום וממנה מוכס קטן וזה מתחלה אינו מראה החותם של מלך אלא לגדול ולרבי יהודה צריך לו שהרי הקטן ימכענו מלעבור ולת"ק אין צריך לו שהגדול מוסר לו סימן דברים ואומר לקטן ועובר: **למוכס שני.** של מעבר אחר ולא לפוטרו מן המכס אלא להראות שהוא נאמן וחשוב ואינו מבריח עצמו מן המכס כדי שלא יעליל עליו לאחר זמן: **משפרעו.** (לוה) פטור לקמיה מפרש להו: **מאי בינייהו.** כלומר מאי פלוגתייהו ומה טעם נותנין לדבריהם: **אסור לשהות שטר פרוע.** משום שנא' (איוב יא) אל תשכן באהליך עולה הלכך מלוה לא משהי ליה לגור ע"פ צלוחיתו משום איסור ולוה נמי לא משהי ליה שמא יבא לידי מלוה ויחזור ויתבענו: **מותר.** הלכך כי הוציאו מלוה חייב דצריך לו לכרוך ע"פ צלוחית: **במודה בשטר שכתבו.** הלוה מודה שכתבו צריך לקיימו ולומר לא פרעתי וכל כמה דלא אמר הכי לאו שטרא הוא אי לאו משכח סהדי להכיר החתימה דמאן קא משוי ליה שטרא לוה דאמר כתבתיו לוה כמי הא קאמר פרעתי הפה שאסר הוא הפה שהתיר הלכך משפרעו כלומר משיאמר פרעתי פטור דלא צריך ליה ור' יהודה סבר אין צריך לקיימו דכיון דמודה שכתבו ולוה בו הרי הוא כאלו קיימוהו חותמיו וגובה בו כ"ז שמוליאו:

עד

תוספות

רבב. פירש בקונטרס שומן או שמן וע"כ אינו שמן דשמן כתנו בו חכמים שיעור אחר במתני': **תחת** איספוגין קטנה. ואע"ג דבפ' כל שעה (פסחים ל:) אמרינן אין טשין את התנור באליה ואם טש כל הפת כולה אסורה הא אמר התם בההיא פרקא *דכעין תורא שרי: **והמוציא** קשר מוכסין חייב. אלטריך לאשמועינן אפילו כתב על הקלף אע"ג דקתני בסמוך דשיעור קלף כדי לכתוב עליו פרשה קטנה שבתפילין: **ובית** אחיזה. בשעת כתיבה צריך בית אחיזה וקשר מוכסין נ"ל דיכול לכותבו בלא אחיזה ובקונטרס פי' בשעה שרואה בו (*) בעי' אחיזה:

ת"ק סבר מודה בשטר שכתבו צריך לקיימו. ומשום הכי כי אמר לוה פרעתי פטור דאין השטר ראוי לגבות בו ומיירי שיודע שלא יוכל כלל למצוא עדי קיום וא"ת כי לא פרע נמי אמאי חייב מה תועלת יש בשטר כיון שאינו יכול לקיימו שאם יטעון הלוה פרעתי או מזוייף יפטור ואם יודה זה אינו מכח השטר וי"ל דמועיל לו השטר דמתוך כך נזכר הלוה שלוה ממנו אי נמי (א) לטרוף ממשעבדי אם יודה הלוה שאינו מזוייף וא"ת ומשפרעו אמאי פטור המוליא נהי דלא חזי לגבות חובו הא ראוי הוא לצור ע"פ צלוחיתו ואע"ג דאסור להשהות שטר פרוע הכא היאך טוליאנו מידו כיון שהוא עומד וצווח שאינו פרוע (ב) וי"ל דמיירי כגון שאמר אין לי עדים ואין לי ראיה ולא אמצא קיום ואפילו מצא אחרי כן אינו מועיל ולכך אסור להשהותו שמא לבסוף יקיימנו ויגבה בו שלא כדין ואי לא הוה טענינן ללקוחות וליתומין מזוייף הוה אתי שפיר דאסור להשהותו אך פירשתי בבבא קמא ובבבא מציעא ובגיטין דטענינן ללקוחות וליתומין פרוע ומזוייף ושם הארכתי ואם תאמר ואמאי לא קאמר איפכא דת"ק סבר אין צריך לקיימו ומשפרעו הוי כמשמעו שפרעו ממש ולכך פטור דאסור להשהות שטר פרוע שמא יגבה בו פעם אחרת שכשיטעון הלוה האמת שפרעו לא יהא המלוה צריך לקיימו ויגבה שנית ור' יהודה סבר צריך לקיימו ואף משפרעו חייב דצריך הוא לצור על פי צלוחיתו ואין אסור להשהותו דמיירי כגון בידוע שלא ימצא עדי קיום ולא יוכל לגבות שנית דכשיטעון הלוה האמת שפרע יצטרך המלוה לקיימו וים לומר דאף לר' יהודה הוה אסור להשהותו שמא יקיימנו באקראי בעלמא ויגבה בו שלא כדין:

ר"ש"י גרים דכולי עלמא מודה בשטר שכתבו צריך לקיימו. וכן נראה דהכי קי"ל דהית ליה לרב נחמן הכי בפרק שני דכתובות (דף יט:) וקיימא לן כוותיה בדיני:

ת"ק

רבינו חננאל

ותנא כמה קשר מוכסין ב' אותיות לא שנו אלא באותו קשר [מוכסין] שהן סכידין אותו באותו פרק שכותבין בו ב' אותיות בכתב יוני שהן גדולות מאותיות שלנו אם יש בנייר החלק שיעור ב' אותיות הללו חייב עליו ואם לאו פטור. ורמינהי המוציא נייר חלק אם יש בו כדי לכתוב ב' אותיות חייב ואם לאו פטור. מדקאמר ב' אותיות סתם אסיקנן אדעתין ב' אותיות דילן דזוטרן מן ב' אותיות של קשר מוכסין וקא מחייב עליה. ומן ההיא קשייתא פטור. אמר רב ששת ב' אותיו' דתנינא בהא ברייתא שנייה נמי דקשר מוכסין. רבא אמר ב' אותיות דילן ובית אחיזה. הכי אמר רבא לא תימא אם מוכיל הנייר ב' אותיות חייב עליו אלא אימא הכי אם אפשר לכתוב עליו ב' אותיות ואי אפשר עד שיהא בו בית אחיזה כדי לכתוב למעלה הימנו ונמצא מקום ב' אותיות ובית אחיזה כשיעור קשר מוכסין: מיתיבי המוציא נייר מחוק ושטר פרוע אם יש בלובן שלו כדי לכתוב ב' אותיות או בכולן כדי לכרוך על פי צלוחית קטנה של פליישון חייב ואם לאו פטור. לרב ששת דאמר בב' אותיות של קשר מוכסין שפיר דהוה ליה כמתני' ופירושה אלא לרבא דאמר צריך שיהא הנייר החלק כולו כשיעור ב' אותיות של קשר מוכסין והוא שיעור ב' אותיות דילן ובית אחיזה. והא הכא דשטר גדול הוא שיש בו לבן ויש בו בית אחיזה ומקום הלובן שלו ב' אותיות שלנו. ולא צריך מקום ב' אותיות של קשר מוכסין. קשיא: הא דתנן המוציא קשר מוכסין חייב. אוקימנא בברייתא עד שלא הראהו למוכס מפני שהוא צריך לו. אבל אם הראהו למוכס ואינו צריך לו פטור. ור' יהודה פליג ואמר אף משהראהו למוכס חייב מפני שהוא צריך לו. ובעינן למידע במאי פלוגתייהו ומאי בינייהו אמר אביי (דאשו) [רהוטי] מוכסא איכא בינייהו בזמן שיש כמה רצין לפני המוכס מחפשין מי נתן המכס ונטל הקשר ומי שלא נתן קאמר ר' יהודה חושש הוא שמא ישיגוהו רצי המכס בזמן שאין עמו קשר לפיכך צריך לו לדחותם. אע"פ שהראהו לגדול. אבל היכא דליכא רהוטי מכסא קאמר אביי אפילו ר' יהודה מודי דפטור. רבא אמר מוכס גדול ומוכס קטן איכא בינייהו ומימריה קרוב למימרא דאביי. ומסבירא ליה שאם אין שם מוכס קטן משהראהו למוכס לא פליג ר' יהודה דפטור. רב אשי אמר לעולם פליגי ולא מילתא איכא בינייהו אלא לב' אפי' היכא דליכא רהוטי א"א שני מוכסין צריך ליה לקשר דכד אתי מוכסא שני מחווי ליה למוכס דקדים מוכס שני וא"ל חזי דגברא דמכס אנא ורגילנא לשלוטי מכסא שיהא לו פנים אצלו. או דמאחר ליה ולא דחיק ליה: המוציא שטר חוב שהוא עליו עד שלא פרעו כגון שנגנב מן המלוה או שנפל מן המלוה ומצאו המלוה בשבת עד שלא פרעו והעבירו ד' אמות ברה"ר כו' לא פליגי שהוא חייב. כי פליגי כגון שהוציאו לוה אחר שפרעו. רבנן סברי פטור משום דלית ליה צורך ביה. ור' יהודה סבר עדיין צריך לו ואע"ג שפרעו וחייב. מאי בינייהו דפליגי ביה. אמר רב יוסף לשהות שטר פרוע איכא בינייהו. ת"ק סבר אסור. וכיון שהמלוה אסור לשהותו אין הלוה צריך לשטר ואם הוציאו פטור. דהוה ליה כמתעסק. ור' יהודה סבר מותר לאדם לשהות שטר פרוע בתוך ביתו. והרי הלוה חושש מן השטר ויש לו צורך בהוצאתו וחייב. אביי אמר דכולי עלמא אסור לשהות שטר פרוע. והכא במודה בשטר שכתבו קא מיפלגי. ת"ק סבר צריך לקיימו. ור' יהודה סבר אין צריך לקיימו. ועיקר הדא שמעתתא בהאשה שנתארמלה ובכמה דוכתי

הגהות הב"ח

(א) תוס' ד"ה ת"ק סבר וכו' א"נ לטרוף ממשעבדי כ"ב דלא הייתי לקונות דלא טיכל לאתויי שטרל דסייר שנפל ואמנו ד"מ:
(ב) בא"ד עומד וצווח שאינו פרוע ואלו לא הוה טענינן ללקוחות וליתומים מזוייף ופרעתי הוה אתי שפיר וכו' ושם הארכתי ו"ל דמיירי כגון שאמר אין לי וכו' שלא כדין ואם תאמר ואמאי לא קאמר כו"ל:

גליון הש"ס

גמ' רבנן סברי אסור לשהות. ק"ל הא חזי ליה למחוק השטר ויהיה מותר להשהותו לצור ע"פ צלוחיתו ול"ע:

§ מסכת שבת דף עח: §

אות א'

רבב, כדי לסוך תחת אספגין קטנה, וכמה שיעורה, כסלע

רמב"ם פי"ח מהל' שבת ה"י - רבב, כדי למשוח תחת רקיק כסלע.

אות ב' - ג' - ד'

כמה קשר מוכסין, שתי אותיות

המוציא נייר מחוק ושטר פרוע, אם יש בלובן שלו כדי לכתוב שתי אותיות, או בכולו כדי לכרוך על פי צלוחית קטנה של פלייטון, חייב; ואם לאו, פטור

אף משהראהו למוכס חייב

רמב"ם פי"ח מהל' שבת הט"ו - נייר כדי לכתוב עליו שתי אותיות של קשר מוכסין, שהן גדולות מאותיות שלנו; המוציא קשר מוכסין חייב, אע"פ שכבר הראהו למוכס ונפטר בו, [א]שהרי ראיה היא לעולם. המוציא שטר פרוע ונייר מחוק, כדי לכרוך על פי צלוחית קטנה של פלייטון; ואם יש בלובן שלו כדי לכתוב שתי אותיות של קשר מוכסין, חייב.

באר הגולה

[א] ‹רבינו פסק כאוקימתא דרב אשי אליבא דר' יהודה - ישועות מלכו. **והיינו** דהוא ראיה לשאר בני אדם שהוא אדם נאמן ומשלם המכס - הערות הגרי"ש אלישיב. **ונמצא** לפי"ז שהרמב"ם חולק על פי' רש"י›

§ מסכת שבת דף עט. §

אות א'

המעבדו בכמה, אמר ליה: לא שנא

רמב"ם פי"א מהל' שבת ה"ה - המפשיט מן העור כדי לעשות קמיע, חייב, וכן המעבד מן העור כדי לעשות קמיע, חייב.

אות ב'

שלשה עורות הן, מצה וחיפה ודיפתרא וכו'

רמב"ם פי"ח מהל' שבת הי"ד - המוציא עור שלא נתעבד כלל אלא עדיין [א]הוא רך, שיעורו כדי לצור משקולת קטנה שמשקלה שקל; היה מלוח ועדיין לא נעשה בקמח ולא בעפצה, שיעורו כדי לעשות קמיע; היה עשוי בקמח ועדיין לא נתעבד בעפצה, שיעורו כדי לכתוב עליו את הגט; [ב]נגמר עיבודו, שיעורו חמשה על חמשה.

אות ג'

הבגד והשק והעור, כשיעור לטומאה כך שיעור להוצאה

רמב"ם פי"ח מהל' שבת הי"ג - המוציא מן הבגד או מן השק או מן העור, כשיעורן לטומאה כך שיעורן להוצאה, הבגד שלשה על שלשה, השק ארבעה על ארבעה, העור חמשה על חמשה.

אות ד'

ההוא בקורטובלא

רמב"ם פי"ח מהל' שבת הי"ד - עיין לעיל אות ב'.

באר הגולה

א ‹ורש"י פי' לח, ומדלא העירו המפרשים בזה, מסתמא דהיינו הך›

ב ‹זהו קרטבלא הנזכר בגמרא. **אבל** רש"י ז"ל פירש קרטבלא שבשלוהו ברותחין ומתקשה לישב עליו, עכ"ל – מגיד משנה›

עד שיאמר לוה פרעתי ולא פרעתי רבא אמר דכולי עלמא מודה בשטר שכתבו שצריך לקיימו והכא בכותבין שובר קמיפלגי תנא קמא סבר כותבין שובר *ורבי יהודה סבר אין כותבין שובר רב אשי אמר מפני שצריך להראותו לבעל חוב שני דאמר ליד' חזי גברא דפרע אנא: עור כדי לעשות כו': בעא מיניה רבא מרב נחמן המוציא עור בכמה א"ל כדתנן עור כדי לעשות קמיע [*המעבדו בכמה א"ל לא שנא] לעבדו בכמה א"ל לא שנא ומנא תימרא כדתנן *המלבן והמנפץ והצובע והטווה שיעורו כמלא רוחב הסיט כפול והאורג ב' חוטין שיעורו כמלא רוחב הסיט (כפול) אלמא כיון דלטוייה קאי שיעורא כטווי ה"נ כיון דלעבדו קאי שיעורו כמעובד ושלא לעבדו בכמה אמר ליה לא שנא ולא שני בין מעובד לשאינו מעובד איתיביה המוציא *סממנין שרוין כדי לצבוע בהן דוגמא לאירא ואילו בסממנין שאינן שרוין תנן *קליפי אגוזים וקליפי רמונין סטים ופואה כדי לצבוע בהן בגד קטן [לפי] סבכה הא איתמר עלה *אמר רב נחמן אמר רבה בר אבוה לפי שאין אדם טורח לשרות סמנין לצבוע בהן דוגמא לאירא והרי זרעוני גינה דמקמי דזרעינהו תנן *זרעוני גינה פחות מכגרוגרת רבי יהודה בן בתירא אומר חמשה ואילו בתר דזרעינהו תנן *זבל וחול הדק כדי לזבל בו קלח של כרוב דברי רבי עקיבא וחכמים אומרים כדי לזבל כרישא הא איתמר עלה *אמר רב פפא הא דזריע הא דלא זריע לפי שאין אדם טורח להוציא נימא אחת לזריעה והרי טיט דמקמי דליגבליה תניא *מודים חכמים לרבי שמעון במוציא שופכין לרה"ר ששיעורן ברביעית והוינן [בה] שופכין למאי חזו וא"ר ירמיה לגבל בהן את הטיט ואילו בתר דגבליה תניא *טיט כדי לעשות בהן פי כור התם נמי כדאמרן לפי שאין אדם טורח (א) (בהן) לגבל את הטיט לעשות בו פי כור ת"ש *דאמר רבי חייא בר אמי משמיה דעולא [ב]שלשה עורות הן מצה וחיפה ודיפתרא מצה כמשמעו דלא מליח ודלא קמיח ודלא עפיץ וכמה שיעורו תני רב שמואל בר רב יהודה *כדי לצור בו משקולת קטנה וכמה אמר אביי ריבעא דריבעא דפומבדיתא חיפה דמליח ולא קמיח ולא עפיץ וכמה שיעורו כדתנן עור כדי לעשות קמיע דיפתרא דמליח וקמיח ולא עפיץ וכמה שיעורו כדי לכתוב עליו את הגט קתני מיהת כדי לצור בו משקולת קטנה ואמר אביי ריבעא דריבעא דפומבדיתא התם בבישולא והתנן *הבגד שלשה על שלשה למדרס השק ד' על ד' העור ה' על ה' מפץ ו' על ו' בין למת ותאני עלה [י]הבגד והשק והעור כשיעור לטומאה כך שיעור להוצאה ההוא [י]בקורטובלא:

קלף

רש"י

עד שיאמר פרעתי ולא פרעתי. כלומר עד שלא אמר פרעתי חייב משאמר פרעתי פטור דבטל ליה: **דכולי עלמא צריך לקיימו.** והכא בפרעו ולא פרעו ממש קאמר ובשטר מקוייס ודכולי עלמא אסור לשהות שטר פרוע: **והכא בכותבין שובר קא מיפלגי.** יש גורסין ת"ק סבר אין כותבין שובר על שטר פרוע שאתה מצריכו לשמור שוברו מן העכברים אלא מחזיר לו ושורפו ואסור להשהותו ורבי יהודה סבר כותבין שובר ועל ידי שובר מותר לשהות שטר פרוע לצור ע"פ צלוחיתו ולא היא חדא דכיון דאסור לשהות שטר פרוע אפי' על ידי שובר נמי אסור להשהותו שמא יאבד השובר וזה חוזר וגובה בו ועוד לרבי יהודה אין כותבין שובר שמעינן ליה בבבא בתרא (דף קע:) דתנן מי שפרע מקצת חובו ר' יהודה אומר יחלוף רבי יוסי אומר יכתוב שובר וה"ג ת"ק סבר כותבים שובר והכי קאמר משפרעו לוה והוציאו מלוה בשבת פטור שאינו צריך לו ואי אמרת כיון דראוי לצור ע"פ צלוחיתו הוא דבעי אהדורי ללוה לא משהי ליה שמא יבא לידי מלוה ויחזור ויתבעט ואי נמי לא מהדר ליה מלוה לא איכפת ליה ללוה דמלוה כתב ליה ללוה שובר עילויה ורבי יהודה סבר אין כותבין שובר הלכך צריך הוא המלוה דבעי אהדורי (ג) ואי לא מהדר ליה חוזר ותובעו לו מה שפרעו דלא סגי ליה בשובר דצריך לשומרו מן העכברים: **רב אשי אמר.** פלוגתייהו כשהוציאו לוה הוא ומה הוא צריך לו דקאמר ודאי לא לצור דמשום סתימת פי צלוחית לא משהי ליה שמא יבא ליד המלוה אלא משהי ליה להראותו לשאר בעלי חובות ולהתהלל שהוא פורע חובותיו: **המוציא עור בכמה.** משום דבעי למיבעי מיניה הנך בעיי אחרנייתא בעא מיניה הא ואף על גב דמתני' היא: **לעבד.** עור העומד לעבדו ועדיין לא עבדו בכמה שיעור הוצאתו: **המלבן.** צמר: **סיט.** כדי הפרש אצבע מהאמה: **כפול.** שני סיטין: **אלמא.** כיון דמנפץ ומלבן לטווייה קאי שיעוריה כטוויה: **שלא לעבדו.** אינו עומד לעבד: **דוגמא.** כלומר מעט כעין שמראין לדוגמא לומר רוצה אתה בזה: **לאירא.** והוא כשיעור הצריך לאירא של גרדי לסתום פי קנה שפקעית הערב נתונה בו: **קליפי אגוזים.** קליפה לחה שעל קליפי האגוז: **סטים.** ויסודא: **פואה.** וורנכל"א: **פי סבכה.** קופ"א נותנין בגד באמצעיתה והאי שיעורא נפיש: **שאין אדם טורח כו'.** ואם בא לשרותה שורה כדי פי סבכה אבל עור טורח אדם לעבד כדי קמיע ומעובד נמי פחות מכדי קמיע לא חשיב: **חמשה.** גרעינין: **ואילו בתר דזרעינהו תנן.** דקלח אחד חשוב: **כרישא.** קפלוט: **הא איתמר עלה.** לקמן בפרק רבי עקיבא מתרץ לה רב פפא הכי: **נימא.** גרעינין: **מצה כמשמעו.** שאין לה שום תיקון: **קמיח.** משהין אותו בקמח ומים: **עפיץ.** מתקנין אותו בשחיקת עפצים כמו שעושין כאן בשחיקת קליפת ארז שקורין טנ"א: **וכמה שיעורו.** להוצאת שבת: **רבעא דרבעא דפומבדיתא.** רובע ליטרא של פומבדיתא דרך הסוחרים לצור משקולת של עופרת כדי שלא תפחת לפי שהמתכת נשחקת תמיד ונפחת מאליו: **קמיע.** בציר שיעוריה מכדי לצור משקולת: **לכתוב גט.** ותנן (גיטין דף פה:) גופו של גט הרי את מותרת לכל אדם ושמו ושמה והעדים והזמן ושיעור זה קטן מכולן: **וקתני מיהת כו'.** אלמא שיעור דאין מעובד נפיש: **בבישולא.** לא כמו שהופשט קרי בשולא לשון בשול שהוא לח דהכתי לא חזי לעיבוד אבל יבש חזי לעיבוד וכיון דחזי לעיבוד הוי כמעובד: **שלשה על שלשה לטומאת מדרס.** אבל למגע שלש על שלש והן אצבעות: **כך שיעור להוצאת שבת.** אלמא שאין מעובד חמשה טפחים בעינן ומתניתין מוקי במעובד: **בקורטבלא.** מבשלו ברותחין ומתקשה לישב עליו ולכסות דלובקאות שקורין פוסדטוויי"ל ומטות ולעשותו שולחן:

דוכסוסטוס

תוספות

ת"ק סבר כותבין שובר. ומיירי שכבר יש לו שובר ולכך משפרע פטור דאין זקוק להחזיר השטר ומתוך פירוש הקונטרס משמע שעדיין לא נכתב השובר וקשה דהרי צריך להחזירו ללוה שלא יצטרך לכתוב שובר: **חזי** דגברא דפרע אנא. כרב אשי תניא בתוספתא דמכילתין *ר' יהודה אומר אף המוציא שטר פרוע כל שהוא חייב מפני שמשמרו לבעל חוב ולשאר אמוראי קשה לרשב"א:

אלמא כיון דלטווייה קאי. הוה ליה למינקט כיון דלאריגה קאי (ג) שהוא רחוק יותר אלא שמא לאו כולהו קיימי לאריגה:

כדי לכתוב עליו את הגט. סבירא ליה כרבי אליעזר דאמר עדי מסירה כרתי דלר' מאיר אין כותבין על הדפתרא דתנן בגטין (דף כא:) אין כותבין על נייר מחוק ועל הדפתרא וחכמים מכשירין ואמר בגמ' מאן חכמים ר' אליעזר ובחנם פי' בקונטרס דשיעור גט קטן מכולן דהא אשכחן דקלף כדי לכתוב עליו פרשה קטנה שבתפילין ונייר דנגרע טפי שיעורו לכתוב עליו קשר מוכסין וטעמא דקלף שהוא חשוב אין מצניעין אותו לקשר מוכסין וכן יש לפרש כאן: **וקתני** מיהא כדי לצור ואמר אביי. קשה לר"י דלא הוה ליה לאתויי מילתא דאביי הכא:

קלף

רבינו חננאל

דוכתי נמי איכא. והכין הוא ראובן שתבע את שמעון במנה והוציא עליו שטר. אמר שמעון שטר זה כתבתיו לו על עצמי אלא שפרעתיו אם יכול ראובן המלוה לקיים את השטר בחותמיו כולי עלמא לא פליגי שחייב שמעון בממון דאמר רב פפא האי מאן דמפיק שטרא אחבריה וא"ל שטרא פריעא הוא לאו כל כמיניה. אבל אם אין ראובן המלוה יכול לקיימו בחותמיו ואין נודע כי נכתב באמת אלא מדברי שמעון. מר סבר אם מודה לוה בשטר שכתבו צריך המלוה לקיימו בו ואם לא יקיימו ואמר לוה כתבתיו ופרעתיו. הפה שאסר הוא הפה שהתיר ומר סבר כיון שהודה לוה שכתבו הרי נתקיים בכך ואין המלוה צריך לקיימו. ואם יאמר לוה כתבתיו ופרעתיו אומרי' לו הבא ראיה או תן זה הממון והילכך צריך לקיימו עכשיו וקאם' אביי ת"ק סבר מודה בשטר שכתבו צריך לקיימו ולא איכפת ליה ללוה אע"ג דשטרא ביד מלוה וצריך מלוה לקיימו. והילכך לוה פטור על הוצאתו דמתעסק הוא. ור' יהודה סבר מודה בשטר שכתבו אין צריך לקיימו. וצריך ליה לוה וחייב על הוצאתו: רבא אמר דכ"ע מודו בשטר שכתבו צריך לקיימו. והכא בכותבין שובר קא מיפלגי. ועיקרא הא בגמ' דגט פשוט במתני' מי שפרע מקצת חובו ר' יהודה אומר יחליף ר' יוסי אומר יכתוב שובר ואמרינן עלה אמר רב הונא אמר רב אין הלכה לא כר' יהודה ולא כר' יוסי אלא ב"ד מקרעין את השטר וכותבין לו שטר אחר מזמן ראשון. ודבר זה בין בפריעת מקצת בין בפריעת השטר כולו אם אמר המלוה אבד שטרי דקאמרינן (שם) אמר ר"ח בריה דרב יהושע אפי' למ"ד כותבין שובר ה"מ אפלגא אבל אכולית שטרא לא כתבינן. ולא היא אפי' אכולי שטרא נמי כתבינן. ופלוגתא היא דרב ושמואל אמרי אין כותבין שובר. ור' יוחנן ור"ל אמרי כותבין שובר והלכתא כותבין שובר. השתא הכא לענין לוה שהוציא את השטר בשבת אחר שפרעו קאמר רבא בכותבין שובר פלוגתייהו. ת"ק דסבר פטור קסבר כותבין שובר דאסיק אדעתי' [שמא יאמר] שלא פרעו אלא [מבקש ממנו] שובר. וכיון שיש בידו שובר לא צריך ליה. ור' יהודה סבר אין כותבין שובר והאי פרע ליה ועדיין שטר שליט קיים. והלכך צריך ליה *)ולא עליה מיניה תורבא. וכולהו הני סבארי אידחו במימרא דרב אשי וקאמר כ"ע כותבין שובר והכא צריך ליה לוה לשטרא דאיבעי למיזק מן איניש אחרינא מחוי ליה וא"ל חזי דגברא דפרע אנא. ומהכא מחייב ליה ר' יהודה: **בעא** מיניה רבא מרב נחמן עור שיעורו בכמה א"ל תנינא עור כדי לעשות בו קמיע ולא שנא מעובד (שלא לעבדו) שראוי לקמיע. ולא שנא שלא מעובד לעבדו ול"ש שאינו מעובד שלא לעבדו. ומנא תימרא דלא שנא לן בין מעובד בין שאינו מעובד דקאי לעבוד דהא המלבן והמנפס שהוא עומד לטויה שיעורו כשיעור טויה. ואיתיביה רבא תלת תיובתא לרב נחמן דאמר לא שנא לן בין מעובד לשאינו מעובד. ראשונה סממנין שהרי השרויין שיעורן כדי לצבוע בהן (דאמא לאמא) [דוגמא לאירא]. ושאינן שרויין שיעורן גדול מזה. כדי לצבוע בהן בגד קטן פי סבכא דאלמא טובא איכא בין שרויין בין שאינן שרויין ופריק רב נחמן התם שני בין שרויין ובין שאינן שרויין. דהא איתמר עלה. אמר רב נחמן אמר רבה בר אבוה לפי שאין אדם טורח לשרות סממנים לצבוע בהן (רינמא לאינא) [דוגמא לאירא]. והילכך אין דרך המוציא להוציא סממנין לשרות לצבוע. אבל שרויין מוציא אדם שיעור זה. אבל הכא עור מעובד ושאינו מעובד כצמר מנופץ וכטווית דמי. שנית איתיביה זרעוני גינה בזמן שאינן זרועין שיעור הוצאתו שנים ובזמן שהן זרועין שיעור המוציא להן זבל כדי לזבל כרישה אחת דאלמא שני בין זרועין לשאינן זרועין. ופריק בהא נמי שאני זרעוני גינה דאמר רב פפא לפי שאין אדם טורח להוציא נימא אחת לזריעה ושרה הוא לזבל כרישה אחת אבל עור לא שני לן בין מעובד לשאינו מעובד. שלישית שופכין ששיעורן ברביעית כדי לגבל טיט. אבל טיט מגובל כדי לעשות פי כוש. ופרקי' ההיא תניא בראמיר בה שאין אדם טורח. אבל טיט [שיעורו] לעשות פי כוש. אבל הכא בעור לא שנא. תא שמע דאמר רב חייא בר אמי משמיה דעולא ג' עורות הן וקא יהיב תלתא שיעורי וחד מנהון מצה דלא מליח ודלא קמיח ודלא נפיץ. וזהו שאינו מעובד. ושיעורו ריבעא דריבעא דפומבדיתא. והוא כדי לצור משקולת קטנה. (בני) [פי'] רבינו האי גאון זצ"ל צוררין משקל של אבן כדי שלא יחסר. אלמא פליג על רב נחמן דאמר לא שנא בין מעובד לשאינו מעובד. ופרקי' בישלה שאני. ופירושה בישלה העור שנתעבד כמה שהוא בלא מלח ובישל ונפסד כשמלבישין אותו על משקל או של זולתו יבש וקשה מאד (וזה שהכנת) [ודרך חנוני] לצרור משקולת ולעשות ממנו כלים לשמן שנקראין בכל אחד לאביי ושיעור קטן שלו הוא המפורש. וקא מפרקינן לרב נחמן שאם לא בישל העור ולא ופסד. ועדיין ראוי הוא לעיבוד שיעורו כמעובד כדי לעשות קמיע. אבל מליח וקמיח סגי בפחות מן הלין. תרי שיעורי בין לצור משקולת ובין עשיית קמיע. והכין נמי הא דתנן העור המליח חמשה

על

*) לוני ז"ל ולא ישליכנו למקום ספקר דנפיק מיניה תורבא.

עין משפט נר מצוה

ח א מיי' פי"א מהלכות שבת הלכה ה:
ט ב מיי' פי"ח מהלכות שבת הלכה יד:
י ג שם הלכה יג:
[פ"ס]
יא ד שם הלכה יד:

מסורת השש"ס

[ב"ב קע:]
לקמן פט:
[לקמן צ.]
שם
לקמן פ: צ:
[לקמן צ.]
לעיל עח.
שם
לקמן פ:
גיטין כב. ע"ש
לעיל עו. ע"ש
סוכה יז: כלים פכ"ח מ"ב

הגהות הב"ח

(א) גמ' אדם טורח לגבל כצ"ל ותיבת בהן נמחק: (ב) רש"י ד"ה והכא בכותבין שובר וכו' דבעי אהדורי דאי לא מהדר ליה חוזר ותובעו לוה מה שפרעו: (ג) תוס' ד"ה אלמא וכו' דלאריגה קאי ב"ב צ"ל דהתוס' היו גורסים והאורג וכו' רוחב הסיט כפול:

גליון הש"ס

גמ' כדי לצור בו משקולת קטנה. עיין בב"ב סט ע"א תוס' ד"ה ולא בגל:

עין משפט נר מצוה

יב א מיי' פ"ח מהלכות שבת הלכה טו:

[כל"ל יו. ד"ה בגויל מתנו דבלשון מדי קורין וכו']

יג ב ג מיי' פ"א מהלכות תפילין הלכה ח סמג עשין כב טור שו"ע או"ח סימן לב סעיף ז:

יד ד מיי' שם הלכה ט סמג עשין כח טוש"ע יו"ד סימן רעא סעיף ג:

טו ה מיי' פ"ט מהלכות תפילין הלכה א סמג שם טוש"ע יו"ד סי' רצ:

טז ו מיי' פ"א שם הלכה ט סמג עשין כג טור שו"ע יו"ד סימן רפח סעיף ו:

קלף כדי לכתוב עליו פרשה קטנה: ורמינהו קלף ודוכסוסטוס כדי לכתוב עליו מזוזה מאי מזוזה מזוזה שבתפילין וקרי להו לתפילין מזוזה אין והתניא *רצועות תפילין עם התפילין מטמאות את הידים בפני עצמן אין מטמאות את הידים רבי שמעון בן יהודה אומר משום ר"ש *הנוגע ברצועה טהור עד שיגע בקציצה רבי זכאי משמו אומר טהור עד שיגע במזוזה עצמה והא מדקתני סיפא קלף כדי לכתוב עליו פרשה קטנה שבתפילין שהיא שמע ישראל מכלל דרישא במזוזה עצמה עסקינן *הכי קתני קלף ודוכסוסטוס שיעורן בכמה *דוכסוסטוס כדי לכתוב עליו מזוזה קלף כדי לכתוב עליו פרשה קטנה שבתפילין שהיא שמע ישראל: אמר רב דוכסוסטוס הרי היא בקלף מה קלף כותבין עליו תפילין אף דוכסוסטוס כותבין עליו תפילין תנן קלף כדי לכתוב (א) פרשה קטנה שבתפילין שהיא שמע ישראל (קלף אין דוכסוסטוס לא) למצוה ת"ש *הלכה למשה מסיני תפילין על הקלף ומזוזה על דוכסוסטוס קלף במקום בשר דוכסוסטוס במקום שיער למצו' והתניא שינה פסול אמזוזה והתניא שינה בזה ובזה פסול אידי ואידי אמזוזה והא דכתבינהו אקלף במקום שיער אי נמי אדוכסוסטוס במקום בשר ואיבעית אימא שינה בזה ובזה תנאי היא דתניא שינה בזה ובזה פסול רבי אחא מכשיר משום רבי אחי בר חנינא ואמרי לה משום רבי יעקב בר' חנינא רב פפא אמר רב דאמר כתנא דבי מנשה דתנא דבי מנשה כתבה על הנייר ועל המטלית פסולה על הקלף ועל הגויל ועל דוכסוסטוס כשרה כתבה מאי אילימא מזוזה אקלף מי כתבינן אלא לאו תפילין וליטעמיך תפילין אגויל מי כתבינן [אלא] כי תניא ההיא בס"ת לימא מסייע ליה כיוצא בו *תפילין שבלו וספר תורה שבלה אין עושין מהן מזוזה לפי שאין מורידין מקדושה חמורה לקדושה קלה טעמא דאין מורידין הא מורידין עושין דכתיבא אמאי לאו דכתיבא אדוכסוסטוס לא דכתיבא על הקלף ומזוזה אקלף מי כתבינן אין והתניא כתבה על הקלף על הנייר ועל המטלית פסולה *אמר רבי שמעון בן אלעזר רבי מאיר היה כותבה על הקלף מפני שמשתמרת השתא דאתית להכי נמי לרב לא תימא דוכסוסטוס הרי הוא כקלף אלא אימא קלף הרי הוא כדוכסוסטוס מה דוכסוסטוס כותבין עליו מזוזה אף קלף כותבין עליו מזוזה: דיו כדי לכתוב:

תנא

רש"י

דוכסוסטוס. קלף שניטלה קליפתו העליונה: מזוזה. שמע והיה אם שמוע: שבתפילין. דהתם ד' אגרות לד' פרשיות ושיער בחד מינייהו דהיינו שמע קטנה שבהם: מטמאות את הידים. לענין תרומה כדאמרן בי"ח דבר בפ"ק (דף יד.): קציצה. הוא הדפוס של עור שתחוב לד' בתים כמין בית יד של עור והאיגרות בתוכן: במזוזה. הן האיגרות שהן בתוך הבתים: והא מדקתני סיפא. דההיא דלעיל קלף כדי לכתוב כו' מכלל דרישא כו' וקשיא רישא אסיפא: שיעורן. של כל אחד בכמה: כדי לכתוב עליו מזוזה. אדוכסוסטוס קאי דלא חזי לתפילין וסיפא פריש קלף כדי לכתוב פרשה קטנה שבתפילין: קלף אין דוכסוסטוס לא. הוי בשיעורא זוטא כי האי אלא בכדי לכתוב ב' פרשיות דמזוזה ואי דוכסוסטוס חזי לתפילין הוה ליה לשעוריה כשיעור זוטא דתפילין: למצוה. מצוה מן המובחר קלף בעינן וסתמא דכל אינש מצוה מעלייתא עביד הלכך לא מצנע דוכסוסטוס לתפילין וה"ל אין מצניעין כמוהו: למזוזה. אם כתבה על הקלף: הא דכתב אקלף אפי' במקום שיער. וכ"ש במקום בשר דהילכתא מזוזה במקום שיער והא דכתבה אדוכסוסטוס במקום בשר: רבי אחי מכשיר. ורב מוקי לדר' אחי אתפילין דכתבן על דוכסוסטוס ואמר כוותיה: נייר. של עשבים: גויל. מעובד בעפצים: מסייע ליה. לרב: כיוצא בו. רישא דברייתא תפילין של יד עושין אותן של ראש ואותן של ראש אין עושין אותן של יד לפי שאין מורידין כו': ס"ת שבלה. אין מחתכין ממנה יריעה שפרשיות שמע והיה אם שמוע בתוכה לקובען במזוזה: דכתיבי. הנך תפילין אמאי: לאו דכתיבי אדוכסוסטוס. שהוא כשר למזוזה הלכך הא מורידין עושין: השתא דאתית להכי. דמזוזה אקלף כשרה: לא תימא. במילתיה דרב דוכסוסטוס הרי הוא כו':

ב'

תוספות

קלף ודוכסוסטוס כו'. גויל הוא עור שלם אלא שהסירו השיער והיינו דאמר בריש בבא בתרא (דף ג.) גויל אבני דלא משפיין אלמא שאינו מתוקן קרי גויל וכשחולקין אותו לשנים אותו שכלפי שיער קרוי קלף וכלפי בשר הוא דוכסוסטוס ואומר ר"ת דבלשון *יון קורין לבשר סוסטוס ודוך פי' מקום כמו דוך פלן לכך קרי ליה דוכסוסטוס כלומר מקום בשר וקלפים שלנו יש להן דין קלף וכותבין עליהן ס"ת תפילין ומזוזות לצד בשר ודלא כאומר שקלפים שלנו הם דוכסוסטוס לפי שמגררין האומנין המתקנים אותן קליפתן העליונה ונשאר הדוכסוסטוס דא"כ היאך כותבין עליהם תפילין דמסקינן הכא דתפילין דוקא על הקלף וי"מ דקלף ודוכסוסטוס אינם מעופצים וקשה דא"כ פסול לכתוב עליהן ס"ת (ב)ותפילין ומזוזות דבעינן ספר ולהכי פסיל במסכת מגילה (דף יט. ושם) לכתוב מגילה על הדפתרא משום דנקראת ספר ולקמן משמע דכשרין וא"ת קלפים שלנו דלא עפיצן היכי מיתכשרי ואומר ר"ת דתיקון שלנו חשיב כעיפוץ וכן משמע בהקומץ רבה (מנחות לה.) דקאמר קרע הבא בב' (ג)יתפור בג' אל יתפור ותניא אידך בשלש יתפור בד' אל יתפור ולא פליגי הא דעפיצן הא דלא עפיצן אלמא ס"ת כשר בלא עפיץ והיינו בתיקון טוב כשלנו ובפ"ק דגיטין (דף יא.) גבי שטר והא בעינן דבר שאינו יכול להזדייף ומשני דעפיצן משמע דאי לא עפיצן יכול להזדייף ופסול ואנן סהדי דשלנו אינו יכול להזדייף אלמא חשוב כעפיצן: והא מדקתני סיפא כו'. הוה מצי למיפרך ברייתא גופא רישא לסיפא ומשמע דלמתני' מהדר לפרוכי ואומר ר"י דכן מצינו בהמפקיד (ב"מ דף לז.) גבי ורמי גזל אגזל כו' דברי רבי טרפון ממאי דמתני' ר' טרפון היא מדקתני עלה דההיא כו' והוה מצי למיפרך הנהו תרתי אהדדי ופריך אמתניתין דהמפקיד: תנן קלף כדי לכתוב עליו כו'. אין לפרש דהכי פריך מדנקט קלף מכלל דדוכסוסטוס לא דא"כ לעיל דמשני מאי מזוזה מזוזה שבתפילין אכתי תקשה ליה מתניתין דקתני קלף ומשמע ולא דוכסוסטוס וברייתא נותנת שיעור לדוכסוסטוס כקלף אלא הכא סמך אברייתא דלעיל: אידי ואידי אמזוזה הא דכתבה כו'. וא"ת אמאי לא קאמר אידי ואידי אתפילין קלף במקום שיער ודוכסוסטוס במקום בשר וי"ל דניחא ליה לקיומי לשינויא קמא דשני אמזוזה וה"ה דה"מ למימר אידי ואידי אתפילין: ורבי אחאי מכשיר. וא"ת ואי סבר רב כרבי אחאי לימא נמי קלף הרי הוא כדוכסוסטוס וי"ל רב מפרש דרבי אחאי לא מפרשה אלא אתפילין: אלא לאו אתפילין. והא דקתני כתבה לשון נקבה היינו מזוזה שבתפילין: תפילין אגויל מי כתבינן. וא"ת הא דתנן בפ"ק דמגילה (ד' ח:) אין בין ספרים לתפילין ומזוזות אלא שהספרים נכתבים בכל לשון ותפילין ומזוזות אין נכתבות אלא בלשון אשורית אמאי לא קתני נמי שתפילין ומזוזות אין נכתבין על הגויל ואומר ר"י דלא קתני לה משום דלא מיפסלי בגויל מחד טעמא אלא משום שזה דינו בקלף וזה בדוכסוסטוס אבל הא דנכתבים אשורית הוי מחד טעמא כדדרשינן התם בגמרא והיו בהווייתן יהו ועוד דאפי' עצמן אינן שוין שזה על הקלף וזה על הדוכסוסטוס ומיהו קשה דהוה מצי למיתני שהספרים נכתבים על הנייר שאינו מחוק דדוקא על נייר מחוק פסול ס"ת במסכת סופרים אבל תפילין אין נכתבים אלא על העור כדמוכח בריש פרק שמונה שרצים (לקמן קח.) ול"ע בירושלמי בפ"ק דמגילה ואם תאמר נייר שאינו מחוק נמי ליפסיל בספר תורה כדפסלינן מגילה דסוטה *משום דכתיב בספר ונראה דנייר נמי דקתני במגילה [דסוטה] היינו במחוק ואף על גב דלא פריש כדאשכחן הכא גבי ספר תורה דקתני נייר סתם ומיירי במחוק כדאמרינן במסכת סופרים: הא מורידין עושין. אע"ג דפרשת והיה אם שמוע רחוק מפרשת שמע עושין דקאמר היינו שאם פרשת שמע כתובה בסוף העמוד יכתוב אחריה והיה אם שמוע בגליון או אם היה פרשת והיה אם שמוע בראש העמוד יכתוב למעלה בגליון פרשת שמע: השתא דאתית להכי כו'. אומר ר"י דמילתיה דרב סתמא נשנית בבית המדרש דקלף ודוכסוסטוס שוים והיה סבור בתחילה דלענין תפילין קאמר ולא מצי קאי עד דמסיק השתא דלענין מזוזה קאמר והא דתניא לעיל שינה בזה ובזה פסול אידי ואידי אתפילין וסוגיא דהקומץ אזלא כפי מסקנא דשמעתין:

אות

רבינו חננאל

על חמשה. ותניא אידך העור בשיעורו לטומאה כך שיעורו להוצאה. דאמרי צריך שיעור גדול. ופריק התם בקורטובלא. והוא בלשון ישמעאל ספארה: קלף כדי לכתוב עליו פרשה קטנה שבתפילין שהיא שמע ישראל. ורמינהי קלף ודוכסוסטו' כדי לכתוב עליו מזוזה. דאלמא בענין זו בעינן שיעור ב' פרשיות. ופרקי' מאי מזוזה דאמר הכא מזוזה שבתפילין דקארי לה לתפילין מזוזה וסיעתא ר' זכאי אומר משמו אף עם הקציצה טהור עד שיגע למזוזה עצמה. ומקשי' הא מדקתני סיפא קלף כדי לכתוב עליו פרשה קטנה שבתפילין. דאלמא רישא לאו בתפילין ומתרצינן להאמר רב דוכסוסטוס הרי הוא כקלף. מה קלף כותבין עליו תפילין אף דוכסוסטוס כותבין עליו תפילין. מנהגא מייתי מגילתא ומעברא בתמרי וקמחא דשערי ומתח ליה עד דיביש וקליפליה עד דהוי תרין פיסקי ויזהר שלא ינקב וקאי קלף לחודי' ומעבר ליה לקלף דהוא אפא דמגילתא מכלפי בשר. תוב בעפצא לשמה וכות' פרשיות על מקום בשר*) מנהגא הכין הוא וקאמר רב כי היכי דכותבין תפלין על הקלף דהוא אפא דמגילתא הכין נמי כותבין תפילין על דוכסוסטוס דאי קליף מקלף אם כתב על זה כשר ואם כתב על זה כשר. ומותבינן ליה הל"מ תפילין על קלף. מזוזה על דוכסוסטוס. קלף במקום בשר. דוכסוסטוס במקום שיער. ומפרק רב שאם כתב על דוכסוסטוס יצא. מיהא על הקלף מצוה. ומותבי' שינה בזה ובזה פסל ופרקי' בשבת לענין מזוזה ובמנורות לענין תפילין. ואפא דמגילתא דהוא ניסא דמיקרי קלף הוא מקום שיער בודאי. ומן נואי דיליה כתבינהו דאמרי' במזוזה כותבין על דוכסוסטוס במקום שיער לאו במקום[שער] ממש. דאי ס"ד אפא דמגילתא היא הרי זה בהדיא הל"מ תפילין על הקלף והרי יצא מקום השיער גופו בכלל קלף. אלא ש"מ מאי מקום שיער הוא מקום שנקלף הקלף משום שנמצא כנגד מקום שיער. נמצא קלף עומד לבדו ומקום שיער העיקר בו אין כותב שם כלום לתפילין אלא מן אפיה אחרנייתא ודוכסוסטוס עומד לבדו והמקום שהיה דבוק על בשר הבהמה בו אין כותב עליו מזוזה מאותן הפנים האחרות. והא שמעתא דרב דקאמר דוכסוסטוס הרי הוא כקלף וקא מפרשא לאכשורי תפילין על הדוכסוסטוס דקא מותבינן ליה לרב שינה בזה ובזה פסל. וקא מיפרקא חד פירוקא אידי ואידי במזוזה. ועוד מיפרקא שינה בזה ובזה פסל תנאי היא וקא קאי רב כיחידאה. ורב פפא קא מוקי ליה לרב כתנא דבי מנשה. דתניא כתבה על הנייר ועל המטלית ועל הקלף ועל הגויל ועל דוכסוסטוס כשרה. וליכא לאוקמה במזוזה שאין מזוזה נכתבה על הקלף והילכך כתפילין היא. ואי משום דאית בה גויל ותפילין לא מכתבן על גויל כי קתני גויל לענין ס"ת. ואתינן נמי לסיועיה דרב דאמר כותבין תפילין על דוכסוסטוס. מדתניא תפילין שבלו אין עושין מהן מזוזה. לפי שאין מורידין מקדושה חמורה לקדושה קלה. ודייקי' מדקא יהיב טעמא לפי שאין מורידין דאלמא אי לאו הכי היו עושין מן התפילין. מזוזה. ואמרינן דכיון דמזוזה אין נכתבת על הקלף שמעינן דהני תפילין אדוכסוסטוס הוה כתבין. [ואי לאו] קדושה חמורה היו נעשות מזוזה. והדר פרכינן דלא הויא הא סיעתא לרב. דהא ר"מ היה כותב מזוזה על הקלף ותפילין שבלו על הקלף היו. אי לאו קדושה חמורה הוה מעבדן מזוזה. השתא דאייתית להכי ההוא דאוקמה רב פפא נמי לרב לתנא דבי מנשה. ואוקימנא בתפילין משום דמזוזה אין נכתבת על הקלף. והרי היא נכתבת על הקלף. לרב נמי עיקר שמעתיה תרצה הכין דוכסוסטוס וקלף לענין מזוזה שוין נכתבת על זה ועל זה. אבל תפילין אין נכתבים על דוכסוסטוס וכן הלכה. וכן מנהג: דיו כדי לכתוב

ב'

*) עיין ערוך ערך דכסוסטוס

מסורת הש"ס

תוספתא דידים פרק ב

[שם]

ס"א אלא

מנחות לב.

[עי' תוס' מנחות לא: ד"ה רבי]

[סוטה יז:]

הגהות הב"ח

(א) גמ' קלף כדי לכתוב עליו פרשה וכו' שמע ישראל (קלף אין דוכסוסטוס לא) תא"מ ונ"ב זו ס"א גירסת רש"י ונפ"י ליתא וכדמוכח בתוספות:

(ב) תוס' ד"ה קלף כו' לכתוב עליהן ס"ת דבעינן ספר כנ"ל ותיבת ותפילין ומזוזות נמחק:

(ג) בא"ד בהקומץ רבה דקאמר קרע הבא בב' שיפין יתפור:

§ מסכת שבת דף עט: §

אות א'

<u>דוכסוסטוס, כדי לכתוב עליו מזוזה; קלף, כדי לכתוב עליו פרשה קטנה שבתפילין, שהיא שמע ישראל</u>

רמב"ם פ"ח מהל' שבת הט"ו - המוציא קלף מעובד, כדי לכתוב עליו פרשת שמע עד ובשעריך; דוכסוסטוס, כדי לכתוב עליו מזוזה.

אות ב' – ג'

<u>הלכה למשה מסיני תפילין על הקלף, ומזוזה על דוכסוסטוס; קלף במקום בשר, דוכסוסטוס במקום שיער שינה בזה ובזה פסול</u>

סימן לב ס"ז - [א]הלכה למשה מסיני, תפילין על הקלף, ולא על הדוכסוסטוס ולא על הגויל – (גויל הוא העור שלא נחלק, ולא הוסר ממנו רק השער ותקנו שם, ומצד הבשר לא הוסר כלום).

כותבין על הקלף במקום בשר; ואם שינה, פסול – (קאי אכולם, ואפילו אם כתב קוצו של יו"ד שלא על הקלף במקום בשר, כגון שבמקום אחד לא העביר מהדוכסוסטוס, פסול). (ויזהר מאוד שלא יטעה לכתוב לצד השיער, דמעכב בדיעבד, וסימנו להכיר אחר העיבוד איזה צד הוא סמוך לבשר, רואים לאיזה צד שהקלף מתכויץ כשמלחלחין אותו, הוא מקום הסמוך לבשר, ומ"מ אין לפסול תפילין ישנים מחמת סימן זה, דאע"פ שאחר הבחינה נראה שנכתבו לצד השער, אנו מעמידים להסופר שכתבם על חזקתו חזקת בקי ומומחה, ובודאי כדין כתבם, גם סמכינן על המרדכי דמכשיר אם נכתבו לצד השער).

[ב]מהו קלף ומהו דוכסוסטוס: העור בשעת עיבודו חולקין אותו לשנים, וחלק החיצון שהוא לצד השער נקרא קלף, והפנימי הדבוק לבשר נקרא דוכסוסטוס; ולפי"ז כי אמרינן כותבין על הקלף במקום בשר, היינו במקום היותר קרוב לבשר, דהיינו במקום חבורו כשהוא דבוק לדוכסוסטוס.

[ג]וקלפים שלנו שאין חולקים אותם, יש להם דין קלף וכותבים עליהם לצד בשר, [ד]שמה שמגררים קליפתו העליונה שבמקום שער, אינו אלא כדי מה שצריך לתקנו ולהחליקו, ואפילו אם היו חולקים העור לשנים היה צריך לגרר ממנו כך – (ואם גרד יותר מזה, עיין בנשמת אדם, דעתו דלא מיקרי תו קלף, ובחתם סופר משמע שמקיל בזה).

ומצד הבשר גוררים הרבה עד שאין נשאר אלא הקלף בלבד – (וסימנו לידע שנגרר כל הדוכסוסטוס, מקובל בפי הסופרים: כל מקום שהוא נמצא בקלף הוא ניכר לכל כי הוא חלק, ושאר קלף אינו חלק כ"כ, ואותו מקום החלק יכול לקלוף ולהפריש בסכין או במחט).

(ובדיעבד אם לא גרד כל כך, עיין במחה"ש שדעתו להחמיר, וכן בתשובת משכנות יעקב, ובנשמת אדם כתב, דאין לפסול התפילין מטעם זה בדיעבד, כיון דעכ"פ נגרר מן העור הקליפה הדקה הסמוך לבשר, דעליה בודאי חל שם דוכסוסטוס, ואף דאין למחות ביד המקיל בדיעבד, דיש לו על מי לסמוך, מה מאד ראוי להזהיר להסופרים, שיזהרו בזה עכ"פ לכתחלה, שלא ישאירו על הקלף קודם שיכתבו עליו שום קרום וקליפה דקה במקום הכתיבה, ואפילו קליפה דקה כחוט השערה, דזה הוי הכל חשש דוכסוסטוס).

אות ד'

<u>כתבה על הנייר ועל המטלית פסולה, על הקלף ועל הגויל ועל דוכסוסטוס כשרה... בספר תורה</u>

יו"ד סימן רעא ס"ג - [ה]כותבין ס"ת על הגויל, והוא העור שלא נחלק, וכותבין בו במקום שער. ואם כתב ס"ת על [ו]הקלף, כשר, והוא שיהיה כתוב בצד הפנימי שכלפי הבשר. הגה: וקלפים שלנו הם יותר מובחרים [ז]מגויל, וכותבין עליהם לכתחלה לצד בשר. ואין כותבין עכשיו על הגויל (ר"י מינץ סי' ט"ו). ואם שינה וכתב על קלפים שלנו במקום שער, פסול (א"ז הלכות תפילין). מיהו יש מקילין בזה (טור וע"פ עב"י).

אות ה'

<u>כיוצא בו תפילין שבלו וספר תורה שבלה, אין עושין מהן מזוזה, לפי שאין מורידין מקדושה חמורה לקדושה קלה</u>

יו"ד סימן רצ ס"א - [ח]ספר תורה או תפילין שבלו, אין עושין מהם מזוזה - ‹ואין לומר הא גם בלא"ה א"א, שהרי בתורה שני הפרשיות רחוקים זה מזה, ואם תעשה מהם מזוזה, בהכרח צריך לתפרם, וכבר כתבנו בסי' רפ"ח דבשני עורות פסול אף כשתפרן›, **כגון** שנכתב פ' "שמע" בס"ת בסוף הדף, לא יוסיף לכתוב למטה בגליון פ' "והיה אם שמוע", דאע"ג דהשתא נכתבו כסדרן וכהלכתם, מ"מ אין מורידין מקדושה חמורה לקדושה קלה - ש"ך. ‹**ומתפילין**, היינו משל יד שנכתבים

באר הגולה

[א] שבת ע"ט ומנחות ל"ב [ב] לפי' התוס' והמרדכי בשם רש"י ‹ד"ה דוכסוסטוס, דמבואר מינינה דלא כשיטת הרמב"ם וסיעתו דמפרשים איפכא, דחלק הדבוק לבשר נקרא קלף, והחלק שלצד השער הוא הנקרא דוכסוסטוס›, והר"ן בשם הערוך ורא"ש בה"ת והרמב"ם [ג] תוספת וכל הני רבוותא [ד] ב"י [ה] ברייתא שבת דף ע"ט: וכדעת הר"ן שמצוה מן המובחר בגויל, ואין מתירין לכתחלה אלא בגויל, ושכ"כ ר"ח [ו] שם בברייתא. פי' עור הנחלק לשנים, חלק חיצון לצד השער נקרא קלף, והחלק הפנימי לצד הבשר נקרא דוכסוסטוס ‹כדעת הרמב"ם, שכתב דעל דוכסוסטוס אף בדיעבד פסול, וטעמו מירושלמי שלא הזכיר דוכסוסטוס – גר"א› [ז] פי' מפני שהוא נגרד ומתוקן מב' הצדדין, והם יותר נאים וקלים [ח] ברייתא מנחות דף ל"ב ע"א

מעור אחד, ואף דבמזוזה "והיה אם שמע" תחת "שמע", ובתפילין הם זה בצד זה, אך כבר נתבאר שם דבשני עמודים כשרה - ערוה"ש›.

[ט]ואין כותבין אותה על גליוני ספר תורה, לפי שאין מורידין מקדושה חמורה לקדושה קלה - ‹דגליוני הס"ת יש בהם קדושה כבס"ת עצמה. **ונלע"ד** דלאו אדלעיל קאי אס"ת שבלה, כדמשמע לכאורה מריהטת דבריהם, אלא מילתא באפי נפשה היא, ואס"ת שלימה קאי, דבשבת [קט"ז א] אמרינן, דקדושת הגליונים הם רק כשהס"ת בשלימות, ואגב חכתב קדשי הגליונים, אבל כשבלה הס"ת בטלה לה קדושת הגליונים, ולמעשה יש להתיישב בזה - ערוה"ש›.

אות ו'

<u>אלא אימא: קלף הרי הוא כדוכסוסטוס, מה דוכסוסטוס כותבין עליו מזוזה, אף קלף כותבין עליו מזוזה</u>

יו"ד סימן רפח ס"ו - [י]כתבה על הקלף או על הגויל, כשרה. [יא]לא אמרו דוכסוסט אלא למצוה. (וקלפים שלנו כסריס לכל) (מרדכי הל' קטנות) - ‹דאצלינו אין חולקין העורות, דאין אנו בקיאין בחלוקת העורות, אלא שגורדין העור מצד השיער קליפתו העליונה, באופן שאפילו אם היו מחלקין אותה לשנים היו ג"כ גורדין אותה, אמנם מצד הבשר גורדים הרבה עד שאין נשאר אלא הקלף בלבד - ערוה"ש. **היינו** דאף שמצוה בדוכסוסטוס, הא בלא"ה אין כותבים עליו בזה"ז, שאין אנו בקיאים לעשותה, ומגררין את הכל עד שאין נשאר כי אם קלף בלבד›.

---

§ מסכת שבת דף פ. §

אות א' – ב' – ג'

<u>שתי אותיות בדיו, שתי אותיות בקולמוס, שתי אותיות בקלמרין; בעי רבא: אות אחת בדיו, אות אחת בקולמוס, אות אחת בקלמרין מהו, תיקו</u>

<u>הוציא שתי אותיות, וכתבן כשהוא מהלך, חייב, כתיבתן זו היא הנחתן</u>

<u>הוציא אות אחת וכתבה, וחזר והוציא אות אחת וכתבה, פטור, מאי טעמא, בעידנא דאפקה לבתרייתא חסר ליה לשיעורא דקמייתא</u>

רמב"ם פי"ח מהל' שבת ה"ט - המוציא דיו על הקולמוס, שיעורו כדי לכתוב ממנו שתי אותיות; אבל אם הוציא הדיו בפני עצמו או בקסת, [א]צריך שיהיה בו יתר על זה, כדי שיעלה ממנו על הקולמוס כדי לכתוב שתי אותיות. היה בקסת כדי אות אחת, ובקולמוס כדי אות אחת, או בדיו לבדו כדי אות אחת, ובקולמוס כדי אות אחת, הרי זה ספק. הוציא שתי אותיות וכתבן כשהוא מהלך, חייב, כתיבתן זו היא הנחתן. הוציא אות אחת וכתבה, וחזר והוציא אות שניה וכתבה, פטור, שכבר חסרה האות הראשונה.

אות ד' – ה'

<u>הוציא חצי גרוגרת אחת והניחה, וחזר והוציא חצי גרוגרת אחת והניחה, ראשונה נעשה כמי שקלטה כלב או שנשרפה ופטור; ואמאי הא מנחה, הכי קאמר: ואם קדם והגביה ראשונה קודם הנחת שנייה, נעשית ראשונה כמי שנקלטה או שנשרפה ופטור</u>

<u>הוציא חצי גרוגרת והניחה, וחזר והוציא חצי גרוגרת והעבירה דרך עליה, חייב וכו'</u>

רמב"ם פי"ח מהל' שבת הכ"ג - המוציא חצי שיעור פטור, וכן כל העושה מלאכה מן המלאכות חצי שיעור, פטור. הוציא חצי שיעור והניחו, וחזר והוציא החצי האחר, חייב; ואם קדם והגביה החצי הראשון קודם הנחת החצי השני, נעשה כמי שנשרף ופטור. הוציא חצי שיעור והניחו, וחזר והוציא חצי אחר והעבירו על הראשון בתוך שלשה, חייב, שהמעביר כמי שהניח על גבי משהו; אבל אם זרקו אינו חייב עד שינוח שם על גבי משהו.

אות ו' – ז'

<u>הוציא חצי גרוגרת, וחזר והוציא חצי גרוגרת... בהעלם אחד לרשות אחד חייב, לשתי רשויות פטור</u>

<u>והוא שיש חיוב חטאת ביניהם, אבל כרמלית לא</u>

רמב"ם פי"ח מהל' שבת הכ"ד - [ב]הוציא חצי שיעור וחזר והוציא חצי שיעור בהעלם אחד לרשות אחת, חייב; לשתי רשויות, אם יש ביניהן רשות שחייבין עליה, פטור; היתה ביניהן כרמלית, הרי הן כרשות אחת וחייב חטאת.

‹המשך ההלכות מול עמוד ב'›

באר הגולה

ט הרמב"ם

י לשון הרמב"ם שם פ"א ה"ט, וכ"כ הרי"ף וכרשב"א משמיה דרבי מאיר בברייתא שבת דף ע"ט ע"ב, ו"היה כותבה" דקתני, היינו לפעמים, [כשלא היה מזדמן לו דוכסוסטוס]

יא ברייתות שם שבת ומנחות

א ‹ויש לרש"י ז"ל בזה פי' אחר שלא כדרך רבינו - מגיד משנה›. ‹**כוונתו** דרש"י פי' שם ד"כל היכא דמפיק ליה שיעורו כשתי אותיות", ושלא כדברי רבינו דצריך שיהיה בו יותר - ציוני מהר"נ›. ‹**אף** דבתוספתא דמייתי מכילתין דף פ' מתנייא סתמא, ומשמע דשיעורא שוה, **מ"מ** בירושלמי איתיה להדיא הכי, "הוציא דיו, אם בקולמוס כדי לכתוב שתי אותיות, אם בכלי צריך יותר", וכיון דמצינן לפרושי נמי הכי הברייתא דלא תפלוג אירושלמי, הכי עדיף טפי, ומה גם דלקולא הוא - מעשי רוקח›

ב ‹רבינו פסק כר' יוסי, משום הנך אמוראי, ופסק כרבה להחמיר, משום דאביי ורבא תלמידיו הוו, זהו דעתו ז"ל - מגיד משנה›

גמרא

תנא ישתי אותיות בדיו (*ושתי) אותיות בקולמוס שתי אותיות בקלמרין בעי רבא אות אחת בדיו אות אחת בקולמוס אות אחת בקלמרין מהו תיקו אמר רבא בהוציא שתי אותיות וכתבן כשהוא מהלך חייב כתיבתן זו היא הנחתן ואמר רבא גהוציא אות אחת וכתבה וחזר והוציא אות אחת וכתבה פטור מאי טעמא בעידנא דאפקא לבתרייתא חסר ליה לשיעורא דקמייתא ואמר רבא דהוציא חצי גרוגרת אחת והניחה וחזר והוציא חצי גרוגרת אחת והניחה ראשונה נעשה כמי שקלטה [כלב] או שנשרפה ופטור ואמאי הא מנחה הכי קאמר ואם קדם והגביה ראשונה קודם הנחת שנייה נעשית ראשונה כמי שנקלטה(א) או שנשרפה ופטור ואמר רבא הוציא חצי גרוגרת והניחה וחזר והוציא חצי גרוגרת והעבירה דרך עליה חייב ואמאי הא לא נח כגון שהעבירה תוך שלשה *והאמר רבא תוך שלשה לרבנן צריך הנחה על גבי משהו לא קשיא כאן בזורק כאן במעביר *תנו רבנן הוציא חצי גרוגרת וחזר והוציא חצי גרוגרת בהעלם אחד חייב בשתי העלמות פטור רבי יוסי אומר בהעלם אחד לרשות אחד חייב לשתי רשויות (ב) פטור *אמר רבה והוא שיש חיוב חטאת ביניהם אבל כרמלית לא אביי אמר אפילו כרמלית אבל פיסלא לא ורבא אמר אפילו פיסלא ואזדא רבא לטעמיה דאמר רבא רשות שבת כרשות גיטין דמיא: חכחול כדי לכחול עין אחת: עין אחת הא לא כחלי אמר רב הונא שכן צנועות כוחלות עין אחת מיתיבי רבי שמעון בן אלעזר אומר כחול אם לרפואה כדי לכחול עין אחת אם לקשט בב' עינים תרגמא הילל בריה דר' שמואל בר נחמני כי תניא ההוא (ג) בעירניות: (כשעוה כדי ליתן ע"פ נקב קטן: תנא כדי ליתן ע"פ נקב קטן של יין): דבק כדי ליתן בראש השפשף: תנא כדי ליתן בראש שפשף שבראש קנה של ציידין: זפת וגפרית כדי לעשות כו': תנא כדי לעשות נקב קטן: חרסית כדי לעשות פי כור כו': למימרא דשיעורא דרבי יהודה נפיש *הא קיי"ל דשיעורא דרבנן נפיש דתנן *רבי יהודה אומר כדי ליטול הימנו מדת מנעל לקטן אימא כדי לסוד פיטפוט כירה קטנה: (סובין כדי ליתן על פי כור של צורפי זהב):

רש"י

ב' אותיות בדיו · דיו יבש: שתי אותיות בקולמוס · כלומר כל היכא דמפיק ליה שיעורו כשתי אותיות: קלמרין · קסת הסופר: אות אחת בדיו אות אחת בקולמוס · מי מצטרפי או לא ואי אמרת תיפוק ליה משום קולמוס לא מחייב עליה משום שהוא טפל לפחות מכשיעור דתנן לקמן (דף צג:) המוציא אוכלין פחות מכשיעור בכלי פטור אף על הכלי מפני שהכלי טפילה לו: כשהוא מהלך · שלא עמד לפוש דתהוי הנחת גופו הנחה (ד) אפילו הכי חייב דעיקר הנחת דיו על הכתב הוא: חזר והוציא · בהעלם אחד: חסר (ה) שיעור דקמייתא · כשמתייבשה נחסר השיעור ולכי גמרה הוצאה דבעינן לצרופה אין כאן שיעור ב' אותיות: ואמאי הא מנחה · וכיון דבהעלם אחד (ו) מצטרפי לכי גמרה הוצאה: כמי שקלטה כלב · דתנן לקמן (דף קב.) הזורק וקלטה כלב פטור דלא הויא הנחה מכחו והכא נמי כי גמרה הוצאה בטלה להנחה קמייתא והוית כמאן דליתא: לרבנן · דפליגי לקמן בהזורק* ולית להו קלוטה כמו שהונחה אפילו עברה סמוך לקרקע לא מיחייב עד שתנוח על גבי משהו מקום כל שהוא ולא בעינן מקום ד' הואיל ובתוך ג' הוא מ"מ הנחה כל דהו בעינן: מעביר · לא צריך הנחה דהא מנחה בידו דידו סמוכה לקרקע: לשתי רשויות · ששתיהן ר"ה אלא שיש הפסק ביניהם: והוא שיש חיוב חטאת ביניהם · שמופסקות ברה"ר אבל אם היה כרמלית מפסיקן כגון קרפף יותר מבית סאתים או בקעה וב' בתים פתוחים אחד לרה"ר זה ואחד לזה והוציא חצי גרוגרת מבית זה לרשות זה וחצי גרוגרת מבית זה לרשות זה שהיא פתוחה לה חייב דכיון דלא מפסיק לה רה"י חדא רשותא הוא: פיסלא · עץ שוכב לרחבו של רה"ר וממלא כל רחבו והוציא חצי גרוגרת מביתו מכאן וחצי גרוגרת מכאן:

בית
רה"ר
רה"י או כרמלית או פיסלא
רה"ר
בית

כרשות גיטין דמי · ולענין גיטין פיסלא רשות לנפשיה הוא כדאמרן בהזורק (גיטין דף עז:) ההוא גברא דזרק גיטא לדביתהו בחצירו איגנדר גיטא ונפל בפיסלא ואוקי התם שהשאיל לה מקום בחצירו חד מקום מושאל איכא תרי מקומות לא מושאל איכא: הא לא כחלי · אלא שתי עינים: צנועות · שהולכות מעוטפות ואין מגלות אלא עין אחד לראות וכוחלות אותו: בעירניות · בנות כפרים* אינן צריכות צניעות כל כך שאין שחוק וקלות ראש מצוי שם ועמה מועטין ואינן מכסין פניהם וכוחלות ב' עיניהם: שפשף שבראש קנה של ציידין · מושיבין נסר קטן בראש קנה ונותנין עליו דבק והעוף יושב עליה ונדבק בו וצריך ליתן שם הרבה כדי שיהא העוף נדבק בו: של יין · למעוטי שמן ודבש שהיין זב דרך נקב קטן יותר משמן ודבש: לסוד · לטוח בקעים שבו:

שיער

תוספות

אות אחת בקולמוס ואות אחת בקלמרין · אע"פ ששני קולמוסים מצטרפי כה"ג שמא לא מצטרפי: והעבירה דרך עליה · מפרש הרב פורת דה"ה אפי' שלא דרך עליה אם העבירה תוך שלשה לקרקע מצטרף דהא אמרינן בסמוך בהעלם אחד חייב אפילו לשתי רשויות ואפילו רבי יוסי לא בעי אלא רשות אחת אבל עליה לא בעי ונקט דרך עליה דאפי' גבוה מן הקרקע ג' טפחים חייב כיון דהוי תוך ג' לחצי גרוגרת המונחת ע"ג קרקע*: והא אמר רבא תוך שלשה לרבנן צריך הנחה ע"ג משהו · תימה לר"י דתנן לקמן בריש הזורק (דף צו:) הזורק מרה"י לרה"י ורה"ר באמצע ר' עקיבא מחייב וחכמים פוטרין ותני עלה בגמרא [צז.] תוך ג' לד"ה חייב אלמא לכ"ע לא בעינן הנחה ע"ג משהו תוך ג' ותירץ דרבא סבר כרבי יהודה דהמוצא תפילין (עירובין צז:) גבי היה קורא על ראש הגג ס' רבי יהודה אומר אפילו אינו מסולק מן הארץ אלא מלא החוט גוללו אצלו וטעמא דאפילו אין אוגדו בידו ליכא איסור אם מביאו אצלו דבעי הנחה ע"ג משהו כדאמר התם בגמרא וא"ת ומאי פריך התם לימא רבא כתנאי אמרה לשמעתיה דע"כ כתנאי אמרה דתנא דברייתא דהזורק לא סבר כוותיה וי"ל דהכי פריך לימא כתנאי דמתניתין דהתם אמרה לשמעתיה דבהא לא קפיד אם תנא דברייתא פליג עליה אלא דלא ליפלגו עליה רבנן דמתניתין דהתם מיהו תימה לר"י דלקמן בהזורק (דף צז:) תנא מרה"י לרשות הרבים ועבר ד' אמות ברה"ר ר' יהודה מחייב וחכמים פוטרין ומסיק לעולם רבי יהודה חדא הוא דמחייב וחכמים פוטרין לגמרי ומשכחת לה דאמר עד דנפקא לרה"ר תגוח דרבי יהודה סבר אמרי' קלוטה כמי שהונחה דמיא אלמא לא בעינן לרבי יהודה הנחה ע"ג משהו ונראה לר"י דהתם מיירי במתגלגל ברה"ר ועדיף משאר קלוטה באויר והוי כמונח לרבי יהודה והא דקשה ממתני' דהתם* דקתני זרק לתוך ארבע אמות ונתגלגל חוץ לארבע כו' שם [בד"ה אחזתו] נפרש בעז"ה: בהעלם אחד לרשות אחד חייב · הקשה רבינו תם דאמר בהבונה (לקמן קד:) כתב אות אחת בטבריא ואות אחת בציפורי חייב ונראה לו כגירסת ר"ח מרשות אחת חייב מב' רשויות פטור דבעי' עקירה ממקום אחד ור"י אומר דודאי גבי כתיבה אית לן למימר מחוסר קריבה לאו כמחוסר מעשה דמי אבל הוצאה לא הויא עד דמייתי תרווייהו לרשות אחד: אבל פיסלא לא · בגיטין בפרק הזורק (דף עז:) משמע דאית ביה ד' אמות על ד' אמות ואינו גבוה י' א"כ גבוה י' ואינו רחב ד' ואומר ריב"א דללישנא קמא צריך לפרש הכא שהוא רשות הרבים כגון שרבים מכתפין עליו דאי כרמלית האמר אביי אפילו כרמלית ורבא דאמר אפילו פיסלא סבר אף על פי שהוא רשות הרבים כיון דלענין גיטין חשוב מקום בפני עצמו הכי נמי מחלק רשויות ולר"י נראה אפילו פיסלא שהוא כרמלית ושני ליה לאביי בין כרמלית המיטלטלת לשאינה מיטלטלת: מיתיבי רשב"א אומר · לרב הונא פריך דאי לאו רב הונא הוה מוקמי מתני' לרפואה: אם לרפואה · פי' רבינו שמואל אם לרפואה הצניעו זה חייבין עליו כל העולם כדי לכחול עין אחת דלרשב"א אית ליה* דנתחייב זה במחשבתו של זה ואם לקשט כלומר אם לא הצניעו לרפואה אלא לקשט כדי שתי עינים דסתמו עומד לקישוט ואין נראה לר"י דלעיל תנא דם כדי לכחול עין אחת בר"א במוציא אבל במצניע בכל שהוא אלמא במצניע חייב בפחות מלכחול בו עין אחת ונראה לר"י דה"פ אם לרפואה שאותו כחול ראוי לרפואה שיעורו כדי לכחול עין אחת אפי' לא הצניעו לכך אי נמי אם לרפואה שבאותו מקום עושין אותו לרפואה ואם לקשט שעושין אותו לקישוט ואין רגילין לעשות ממנו רפואה כדי לכחול שתי עינים: חרסית כדי לעשות פי כור · אע"ג דאמר לעיל (דף עט.) אין אדם טורח לגבל טיט כדי לעשות בו פי כור חרסית חשיב טפי מטיט דמלגיעין אותו לעשות פי כור של צורפי זהב אי נמי הכא מיירי במגובל:

המוציא

עין משפט נר מצוה

יז א ב ג מיי' פי"ח מהל' שבת הלכה ט:
יח ד ה שם הלכה כג:
יט ו ז שם הלכה כד:
כ ח ט שם הלכה י:
כא י שם הלכה יא:

[ועי' תוס' פסחים סה: ד"ה נגררין]

רבינו חננאל

ב' אותיות דיו הוא שכותבין בו. ועוד הכלי שמניחין בו את הדיו גם הוא נקרא דיו. דתנא ב' אותיות שאמרו ב' אותיות בקלף ב' אותיות בקולמוס · ב' אותיות בקלמרין. ואיכא למידק אי דאיכא בקולמוס בכדי ב' אותיו' מכוונות סגיא אבל אי איתיה לדיו בכלי בין בי דיותא ובין קלמרין צריך למיהוי יתר מב' אותיות. דיכול למיכתב מינייהו ב' אותיות משו' שא"א שיצא כולו בקולמ' שהדיו [נשאר] בדיו שהוא כלי או בקולמוס או בקלמרין וס"ש צריך שיעור בדיו שכותבין בה. וליחייב על הדיו שהוא בית הדיו. או על הקולמוס. או על הקלמרין. ותשובה כיון שלהוציא דיו לכתוב בו הוא מתכוין עליו הוא חייב. ואינו חייב על הכלי שהוא בו מפני שהכלי טפילה לו. דתנן המוציא אוכלין פחות מכשיעור בכלי פטור אף על הכלי שהכלי טפילה לו. ותניא עליה המוציא אוכלין כשיעור בכלי פטור על הכלי וחייב על האוכלין קלמרין אשר כך היא ששנינו בסדר טהרות. קלמרין ופירוש [בלשון ישמעאל] מחברא. ותנן קלמרין של יוסף הכהן היתה נקובה מצידה: כתיבתן הנחתן. אע"ג דבעיא בהוצאה עקירה מרשות זה והנחה ברשות אחרת ע"ג מקום ד' כי היכי דהתם אמרינן ידו של אדם חשובה לו כד' [על ד'] הכי נמי הכא כתיבתו הנחתו. והיכא דהוציא חצי גרוגרת שהוא חצי שיעור הוצאה והנחה וחזר והוציא חצי גרוגרת אחרת אם הניח את החצי השני קרוב לראשון או שהעביר דרך עליו של ראשון בקרוב ג' טפחים חייב. וזו היא שמעתא דרבא משום דהאי חצי גרוגרת וההיא חצי גרוגרת מצטרפין לחיובו. ואף על פי שלא הניחו דהתם דצריך לנוח בזורק. אבל הכא במעביר אין צריך הנחה. אבל אם קדם והגביה את החצי הראשון קודם הנחת החצי השני ודוקא ברחוק יתר מג' מן ההיא חצי ראשון כדי שלא יהא מעביר עליו. נעשה הראשון כמו שנקלט או שנשרף ופטור: ת"ר הוציא חצי גרוגרת והניח ברה"ר וחזר והוציא חצי גרוגרת בהעלם אחד חייב. ב' העלמות פטור. ר' יוסי אמר בהעלם א' מרשות אחד חייב. מב' רשויות פטור. ואיכא דטעו (בגירסא)[בגירסא] דהא ברייתא וגרסי ברשות אחד חייב בב' רשויות פטור. ומסתמא לפום כן שמעתא. (ואי איכא דשטף וא' ב' לרשות אחת לב' רשויות*) טעות גדולה היא. דילמא הכי קסברי אם הכנים מרה"ר לרשות אחת חייב. לב' רשויות פטור. והכי קאמר אי אפיק מרה"י בהעלם חצי שיעור לרה"ר וחזר והוציא באיתו העלם חצי שיעור אחר לרה"ר. אם מחדא רשותא אפקינן לתרווייהון מצטרפין וחייב. ואם מן ב' רשויות אפקינן פטור. אמר (רבא) [רבה] והוא שיש חיוב חטאת ביניהם. אבל כרמלית לא כי פרשינן בפרק יציאות השבת שמוציא מרה"י לרה"ר חייב. אבל המוציא מכרמלית לרה"ר פטור. וקאמר רבה אי הנך ב' רשויות היחיד שהוציא חצי שיעור מזו וחצי שיעור מזו מרחקין מן הדדי ויש ביניהם רה"ר. והמוציא והמכנים מזו לזו יש בו חיוב חטאת. הרי נחלקו ועליהם קאמר ר' יוסי מב' רשויות פטור. אבל יש ביניהם כרמלית דלית בה חיוב חטאת כחדא רשותא דמיין. ואם הוציא מזו חצי שיעור וחזר והוציאו מזו חצי שיעור חייב: אביי אמר אפילו יש ביניהן כרמלית דאע"ג דלית בה חיוב חטאת אסור להוציא מזו לזו שמרשות [לרשות] הן. ואם הוציא מזו חצי שיעור ומזו חצי שיעור פטור. אבל אם יש ביניהן פיסלא דלא חשיב למיהוה כרמלית אלא מקום פטור הוא הרי הוא כרשות אחת. ואם הוציא מזו חצי שיעור ומזו חצי שיעור חייב רבא אמר אפילו איכא פיסלא ביניהן. כיון שהוא חולק רשות לעצמו אע"ג דלא כרמלית הוא דכרשות הוא קאי כיון שאסור להוציא אליו כלום מרה"י כב' רשויות דמיין. ואם הוציא מזו חצי

*) לשון זה מקולקל הכנס וצריך תיקון

רב נסים גאון

ואזדא רבא לטעמיה דאמר רבא רשות שבת כרשות גיטין דמיא׳ ותמצא עיקר דילה במס' גיטין בפרק הזורק (דף עט) אמר רב חסדא רשויות חלוקות בגיטין ומיקמי הכי (שם דף עז) אמרו תניא גברא דזרק לה

מסורת הש"ס

[נ"ל ושתי]

[לעיל עו:]

הגהות הב"ח

(א) גמ' נעשית ראשונה כמי שקלטה כלב או שנשרפה: (ב) שם לשתי רשויות פטור ...

גליון הש"ס

גמ' בשתי העלמות פטור. עי' לקמן דף קה ע"ב: שם ר"י בהעלם א' מרשות אחד חייב ... רש"י ד"ה והוא שיש חיוב חטאת וכו' כגון קרפף יותר מבית סאתים. עי' לעיל דף ז ...

כב א ב ג מיי' שם הלכה יא:

כג ד ה מיי' שם הלכה ד ופ"ע הלכה ה:

תורה אור

ת"ר **המוציא שיער כדי לגבל בו את הטיט [*טיט] לעשות פי כור של צורפי זהב: סיד כדי לסוד: תנא כדי לסוד אצבע קטנה שבבנות אמר רב יהודה אמר רב *בנות ישראל שהגיעו לפירקן ולא הגיעו [לשנים] בנות עניים טופלות אותן בסיד בנות עשירים טופלות אותן בסולת בנות מלכים טופלות אותן בשמן המור שנאמר °ששה חדשים בשמן המור *מאי שמן המור רב הונא בר חייא אמר *סטכת רב ירמיה בר אבא אמר שמן זית שלא הביאה שליש תניא רבי יהודה אומר אנפיקנון שמן זית שלא הביאה שליש ולמה סכין אותו שמשיר את השיער ומעדן הבשר *רב ביבי הויא ליה ברתא טפלה אבר אבר שקל בה ד' מאות זוזי הוה ההוא נכרי בשבבותיה הויא ליה ברתא טפלה בחד זימנא ומתה אמר קטל *רב ביבי לברתי' אמר רב נחמן רב ביבי דשתי שיכרא בעיין בנתיה טפלא אנן דלא שתינן שיכרא לא בעיין בנתן טפלא: ר' יהודה אומר כדי לסוד כלכול: מאי כלכול ומאי אנדיפי *אמר רב צידעא ובת צידעא למימרא דשיעורא דר' יהודה נפיש *הא קיי"ל דשיעורא דרבנן נפיש זוטא מדרבנן ונפיש מדרבי נחמיה מיתיבי *א"ר נראין דברי רבי יהודה בחבוט ודברי רבי נחמיה בביצת (*הסיד ואי ס"ד צידעא ובת צידעא אידי ואידי חבוט אלא אמר רבי יצחק אמרי דבי רבי אמי אאנדיפא מתקיף לה רב כהנא וכי אדם עושה מעותיו אנפרות אלא אמר רב כהנא שנתות כדתנן *שנתות היו בהין עד כאן לפר עד כאן לאיל עד כאן לכבש ואיבעית אימא מאי אנדיפא אפותא וכי הא דההוא בר גליל [דאיקלע לבבל] דאמרו ליה קום דרוש לנו במעשה מרכבה (א)אמר להו אדרוש לכו כדדרש רבי נחמיה לחבריה ונפקא ערעיתא מן כותל ומחתיה באנדיפי ומית ואמרו ליה מן דיליה דא ליה: **מתני'** אדמה כחותם המרצופין דברי רבי עקיבא וחכמים אומרים כחותם האיגרות *זבל וחול הדק כדי לזבל קלח של כרוב דברי רבי עקיבא וחכ"א כדי לזבל כרישא °חול הגס כדי ליתן על מלא כף סיד *קנה כדי לעשות קולמוס ואם היה עבה או מרוסס כדי לבשל בו ביצה קלה שבביצים טרופה ונתונה באילפס: **גמ'** על מלא כף סיד תנא כדי ליתן על פי כף של סיידין מאן תנא דחול מעלי ליה לסיד אמר רב חסדא רבי יהודה היא *דתניא לא יסוד אדם את ביתו בסיד אא"כ עירב בו תבן או חול ר"י אומר תבן מותר חול אסור מפני שהוא טרכסיד רבא אמר אפילו תימא רבנן קילקולו זהו תיקונו: קנה כדי לעשות קולמוס: תנא *קולמוס המגיע לקשרי אצבעותיו בעי רב אשי קשר העליון או קשר התחתון תיקו: ואם היה עבה כו': תנא טרופה בשמן ונתונה באילפס אמר ליה מר בריה דרבינא לבריה מי שמיע לך ביצה קלה מאי היא אמר ליה ביעתא *דצילצלא מאי טעמא משום דזוטרא אימא דציפרתא אישתיק אמר ליה מידי שמיע לך בהא *[אמר ליה הכי] אמר רב ששת ביצת תרנגולת (ג) ומאי קרו לה ביצה קלה שיערו חכמים אין לך ביצה קלה לבשל יותר מביצת תרנגולת ומאי שנא כל שיעורי שבת כגרוגרת והכא כביצה אמר ליה הכי אמר רב נחמן °כגרוגרת מביצה קלה:

*) [גי' הערוך הציר פירוש שהוא עב כאבני גיר וע"ש בערך גר י"ב]

מתני'

המוציא שיער כדי לגבל בו את הטיט טיט כדי לעשות פי כור כן גרס בתוספתא וכן גרס רש"י ולהך גירסא שיער כדי לגבל בו את הטיט כשיעור טיט העשוי מרביעית שופכין אבל לספרים דגרסי שיער כדי לגבל בו טיט לעשות פי כור של צורפי זהב קשה דאמר לעיל אין אדם טורח לגבל טיט כדי לעשות פי כור ויש לפרש דמיירי בטיט שהוא מגובל כבר ואחר הגיבול טתקן בו שיער כדי לתקנו:

שהגיעו לפירקן ולא הגיעו · פירוש בסמוך לפירקן שקרובות להגדיל ומוסות כדי ליפות וללבן עלמן כדאמרינן בפרק אע"פ (כתובות דף נט:) הרוצה ללבן את בתו ישקנה חלב ויאכילנה אפרוחין סמוך לפירקה: שייך לקמן פא·

למימרא דשיעורא דר' יהודה נפיש· ואע"ג דאשכחן תרווד שהוא גדול הרבה כדאמר בנזיר בפרק כ"ג (דף נ:) גבי מלא תרווד רקב כמה שיעורו חזקיה אמר מלא פיסת יד ור' יוחנן אמר מלא חפניו התם ודאי מיירי בתרווד גדול כדתנן במסכת כלים בפ' י"ז (משנה יב) שאמר מידה גסה מלא תרווד רקב כמלא תרווד גדול של רופאים אבל הכא להוצאת שבת מידי דחשיב בעינן ותרווד קטן חשוב הוא הרבה (א"כ) *חף סלקא דעתך שהוא חף גל שהוא גדול ומשני בחפי פותחת שהן קטנים:

חפי

שיער · יפה לטיט: ה"ג טיט כדי לעשות פי כור של צורפי זהב · **אצבע קטנה** · דרכן לסוד את כל הגוף להאדים: **שהגיעו לפרקן ולא הגיעו** · שהביאו שתי שערות ולא באו לכלל שנים הראויות לכך ומתביישות בדבר: **טופלות** · מושחות: **אנפיקנון** · דתנן במנחות (דף פה:) אין מביאין אנפיקנון הוא שמן זית שלא הביא שליש: **ולמה סכין אותו** · היינו שמן המור: **טפלה** · בסיד: **שקל בה ד' מאות זוזי** · שנתייפה וקפצו עליה המהוגנין לה ונתנו *(לה) ממון: השכר משחיר ומרבה שיער: **כלכול לידעא** · טיכפל"א וסדין אותה להשכיב השיער: **בת לידעא** · למטה הימנה להסיר שיער דק והוא אנדיפי: **למימרא דשיעורא דר' יהודה נפיש** · בתמיה והא קיימא לן גבי גמי דשיעורה דרבי יהודה זוטא ומחמיר בשיעורי שבת: **ומשני נפיש מדר' נחמיה וזוטר מדרבנן** · דאמרי לסוד אצבע קטנה: **בחבוט** · סיד הנימוח במים הרבה דהוא עשוי לסוד כלכול: **ודברי רבי נחמיה בבילת הסיד** · הנגבל במים ועשוי בילים מוטנ"ם בלע"ז הוא עשוי לסוד אנדיפי: ואי ס"ד אנדיפי כמי *שיעור הוא כגון בת לידעא: **אידי ואידי** · כלכול ואנדיפי תרווייהו בסיד חבוט וכמוח סדין אותו: **אנדיפא** · כלי חרס ולו שני דדין אחד למעלה ואחד למטה וכשרוצה למלאותו סותם את הדד התחתון ולשון אנדיפי שתי פיות כדתניא (עירובין דף קד·) מעלין בדיופי ובתוספתא גרס באנדיפי: **אנפרות** · הפסד לשום יין בכלי סתום בסיד והיין ממחה הסיד ויוצא: **שנתות** · סימנים כלי חרס גדול ויש בו בליטות בליטות כמין אגוזים קטנים עד כאן לסאה עד כאן לסאתים וסדין אותו בסיד כדי שיהיו לבנות וניכרות: **כדתנן** · במנחות שנתות היו בהין: **עד כאן לפר** · חצי ההין: **עד כאן לאיל** · שלישית ההין: **עד כאן לכבש** · רביעית ההין דכתיב חצי ההין יהיה לפר וגו' כן לשון מורי הזקן מפי אביו ששמע מר' שמעון ורבותי מפרשים אנדיפא כל הגוף ומתוך שאינו עשוי להשכיב השיער אלא להאדים בעי סיד עב: **אנפרות** · שאינו סך בו בתו לאחר שקנאו *דחיים שמא תמות כי ברתיה דההוא נכרי: **שנתות** · כלומר אבר אבר יטפלנה ואי אפשר בלשון זה ולא נאמר שיטת הש"ס כן להזכיר אבר אבר בלשון שנתות ויצטרך להביא פירוש לפירושו שנתות היו בהין: **אפותא** · פדחת שלא במקום שיער ולהאדים: **ערעיתא** · לירעה: **באנדיפי** · פדחתו: **מן דיליה דא ליה** · מידו היתה זאת לו שלא היה לו לדרוש במרכבה: **מתני'** **אדמה** · ארזיל"א: **מרצופין** · שקין העשוין מקליפת עץ גדול שטוענין בהן פרקמטיא בספינות ותוחמין אותם: **כחותם האיגרות** · שחותמין אותם שלא *יקרב איש בהן אלא מי שנשתלחו לו ושיעורא דרבנן זוטר: **כרישא** · קפלוט ושיעוריה זוטר משל כרוב: **על מלא כף סיד** · בגמרא מפרש כף של סיידין טרוא"ל בלע"ז: **מרוסס** · סדוק סדקין הרבה כמו והכה הבית הגדול רסיסים (עמוס ו): **ביצה קלה** · בגמרא מפרש לה: **גמ'** **לא יסוד אדם את ביתו בסיד** · לאחר חורבן משום אבילות של ירושלים: **תבן או חול** · שלא יהא לבן כל צרכו: **טרכסיד** · סיד חזק ומתקשה יותר משאם לא עירב בו: **קילקולו זהו תיקונו** · דאי לאו דמקלקל ליה ומשחירו לא היה משתרי הלכך ע"כ הא דקשיא ליה מעליותא היא לגביה ומשערינן ביה ורבותי מפרשין קילקולו טבן זה תיקונו לענין חוזק ולא נהירא לי דקילקולו זהו תקונו משמע דשם הקלקול מתקנו ולהאי לישנא אין שם הקלקול מתקנו ולמה הוזכר קילקול כאן הכי הוי [ליה] לתרוצי נהי דלאשחורי משחיר אחוזקי מחזיק: **קשר עליון** · של אמצע היד או קשר התחתון של אמצע האצבע: **טרופה בשמן** · שממהרת לבשלה: **דצילצלא** · עוף קטן: **כל שיעורי שבת** · באוכלין וכל אוכלין וקלירתן וטחינתן כגרוגרת: **כגרוגרת** · מבילת תרנגולת שהיא ממהרת לבשל ולא כבילה שלימה שעורו:

רבינו חננאל

שיעור וסוו חצי שיעור פטור. רבא לטעמיה דאמר רבא רשות שבת כרשות הגיטין. ועיקר הא שמעתא בגיטין בחוורק ההוא נברא דורק לגיטא לדביתהו הוה קיימא בחצר ואזל גיטא ונח בפיסלא. אמר רב יוסף אי הואי ארבע אמות על ארבע אמות פלוג ליה רשותא לנפשי' ואי לא חדא רשותא היא. וקסבר רבא חדא רשותא בשבת מיפלגא בפיסלא כי היכי דמפלגא לענין גיטין. ופי' פיסלא מקום כגון עמוד גבוה עשרה ורחב ד': **כחול** כדי לכחול עין אחת וא"ר הונא שכן צנועות כוחלות עין אחת. הכין פירושא שכוחלת עין אחת ומכסה את העין האחרת ויוצאה לשוק ותראה באחת מעיניה. ורב הונא הוא דמתנינן לאו רב הונא וההיא דר' שמעון בן אלעזר אם לתכשים ב' עינים. אוקימנא בעניות שאינן רגילות לצאת. (רגילות לצאת) לשוק (ואם שם שוק לצאת אליו): **חרסית** כדי לעשות פי כור של צורפי זהב ר' יהודה אומר כדי לעשות פיטפוט פירוש פיטפוט גבשוש. או בנין בארץ ששופתין עליו את הקדירה. וג' פיטפוטין הן. ויש שסומכין פטפוט לכותל ומניחין עליו את הקדיר' וסומכין אותו לכותל. ומקשי' כי מכדי בשיעור' דשבת קא חזינן דר' יהודה קא מחייב וטעם מן שיעורי דרבנן דהא לענין נמי לרבנן לא מחייב אלא בכדי לעשות תלאי לנפה ולכברה. ור' יהודה מחייב אפילו על מה שנוטלין ממנו. מדת מנעל לקטן. ומוקמינן לה להא פטפוט לכירה קטנה קאמר והוא בציר מן פי הכור של צורפי זהב: **אמר** רב יהודה אמר רב בנות שהגיעו לפרקן ולא הגיעו [לשנים]. שהגיעו לשנים שהאשה בוגרת ולא בגרת ולא נדלה בשר מה עושין להן. עניות טופלין אותן בסיד. טפילה זו בלשון ישמעאל טלא מה את העור בשרה בסיד. ומה צורך לכך כדי שיסתתמו נקבים קטנים. בטיית אל מסאם. ותומות שיער שבעור וכיוצא בהן ויכנס הבל לפנים ולא יצא ויחם קרבה ותגבור ותגדל בשר. ואם בת עשירים היא טופלין אותן בסולת. והמלכים יש להם סממנים אחרי' כגון שמן המור. וכיוצא בו. טפית. קורין אותו סמנת. ויש שקורין אותו סמקת. והוא בלשון ארמית שמנא דמורא. ובל' ישמעאל לבן אל נאמן. וריחו טוב. ולא מן הרמונים הוא אלא כך נקרא וממימי שרף הוא והוא הנקרא עוד בל' ארמית מירא. והוא תרגם מר דרור ומי ששופל את הבת את כל בשרה פעם אחת כל הבל שלה נכנס לפנים והיא מתחממת ומתה כדרך שחשיב את הצוי. ולענין חלוקת ר' יהודה ור' נחמיה בשיעור סיד, שר' יהודה אומר כדי לסך כלכול.ור' נחמיה אומר כדי לסך אנדיפי.באנו לפרש תחלה כל של צירעא ואנדיפי בלשון ישמעאל וצדעא.והוא מקום שקצוע הפנים מן הצד מן סוף שיער של [בנות] עד סוף [הפנים] סדין אותו בסיד ונקרא כלכול. ופדים מצידו מקום אחד דק כמו הוא ונקרא בת צירעא. ואקשינן על זאת למימרא דשיעורא דר' יהודה נפיש. והתנן ר' יהודה אומר כדי ליטול ממנו מדת מנעל לקטן. ופרקינן שכך נראה כן בנמי דשיעורא דר' יהודה מעיט משיעורא דרבנן ולא נראה לכן טעם לר' נחמיה דאיכא למימר שיעורא זוטר מדרבנן. ונפיש מדר' נחמיה ואותיבנן. א"ר נראין דברי ר' יהודה בחבוט. ודברי ר' נחמיה בביצת הגיר. הגיר הוא הסיד הלבן הנשרף הנקרא אספיראג. וכן כתיב כאבני גיר מנופצות. וכענין כתב שנראה לכל צד בגירא הביצר שלו הן האבנים המפולת השרופות. והחבוט הוא הרק. ונקרא אל מרתות בלשון ישמעאל שחובטין אותו במקלות. אם אתה אומר כלכול ואנדיפי. צירעא ובת צירעא שניהן לא יעשו אלא מן החבוט ובטל פירוש זה. ובאנו לפירושא זו. לאנדיפי אמר יצחק דבי ר' אמי אנדיפא. מתקיף לה רב כהנא וכי אדם עושה מעותיו אנפרות אנדיפא זה אומרין כן פתרונות שלא עלו על דעתנו ואין נודע בלשוננו אנדיפא. וט"ם בטל התפתרון הזה. אלא אמר רב כהנא מאי אנדיפי (שבתות) [שנתות] שהוא משים סמנים בכלים ולמדות ומצייר בתוכן בביצת הגיר רושם האוי יבמפיהן בשל אספירגבמת והן שיעור הוצאת הסיד. לר' נחמיה ולשום הכין נראין דברי ר' יהודה בחבוט. ודברי ר' נחמיה בביצת הגיר. ואי [בעית] אימא מאי אנדיפא דקאמר יצחק דבי ר' אמי אפותא שהוא פדחת בלשון הכמים מצח בלשון תורה. כההוא גלילאה דאמר להו משום הבריה דנפקא פרעתיה והיא הצרעה טסיני דבורים ומהיתות על אנדיפיה. וקרו עליה מן דיליה דא ליה משלו זאת לו*): מאן תנא דחול מעלי לסיד אמר רב חסדא ר' יהודה. וברייתא בסוף נמ' דחוקת הבתים לענין אבל שעל בית המקדש דקאמר ר' יהודה

*) עיין ערוך ערך אנדיפי

רב נסים גאון

גיטא לדביתהו הוה קיימא בחצר ואזל גיטא נפל בפיסלא אמר רב יוסף חזינן אי הוי ד' אמות ארבע אמות פלג לה רשותא לנפשה כו' וסבר רבא כי דין רשויות של גיטין הוא וכמו שאם יש בזה הפסל ד' אמות על ד' אמות או שיש בגובהו י' טפחים עשה רשות לעצמו ונבדל מכלל החצר כמו כן הוא מבדיל בין ב' רשויות לענין שבת ובזה הפרק (שם דף עט) אמר עוד רבא ג' מדות בגיטין להודיע אותנו באלו השלש מדות חלוקת דין העיטין מדין השבת ולענין רשויות שוו יחד ואין ביניהן חלוקה בדבר זה וגם נזכרה זו השמועה של רבא עם זו הברייתא בפרק חזקת הבתים (ב"ב דף נה): הא דתניא לא יסוד אדם

הגהות הב"ח (א) גמ' במעשה מרכבה דרש להו ואמר להו: (ב) שם ביצת תרנגולת ואמאי

גליון הש"ס מתני' חול הגס כדי ליתן פי' לקמן דף ג ע"א תוס' ד"ה כורי:

אות ח' - ט'

כחול כדי לכחול עין אחת

שעוה כדי ליתן על פי נקב קטן

רמב"ם פי"ח מהל' שבת ה"י - המוציא כוחל בין לרפואה בין לתכשיט, כדי לכחול עין אחת; ובמקום שאין דרכן להתקשט אלא בכחילת שתי עינים, והוציאו להתקשט, עד שיוציא כדי לכחול שתי עינים. זפת וגפרית כדי לעשות נקב; שעוה כדי ליתן על פי נקב קטן; דבק כדי ליתן בראש [ג]השבשבת; רבב כדי למשוח תחת רקיק כסלע.

השגת הראב"ד: מוציא כוחל בין לרפואה בין לתכשיט כדי לכחול עין אחת ובמקום שאין דרכן להתקשט. א"א דבר זה כתב במקום עירניות האמור בגמ' (שבת פ) ולא נהיר, [ד]אבל עירניות שאינן צנועות ולעולם מתקשטות שתי עינים.

אות י'

חרסית כדי לעשות פי כור כו'

רמב"ם פי"ח מהל' שבת הי"א - חרסית, כדי לעשות פי כור של צורפי זהב.

---

§ מסכת שבת דף פ: §

אות א' - ב' - ג'

המוציא שיער, כדי לגבל בו את הטיט. [טיט] לעשות פי כור של צורפי זהב. סיד כדי לסוד, תנא: כדי לסוד אצבע קטנה שבבנות

אדמה... כחותם האיגרות

זבל וחול הדק... כדי לזבל כרישא

רמב"ם פי"ח מהל' שבת הי"א - המוציא אדמה, כדי לעשות חותם האיגרת; טיט, כדי לעשות פי כור; זבל או חול דק, כדי לזבל כרישה; חול גס, כדי לערב עם מלא כף של סיידין; חרסית כדי לעשות פי כור של צורפי זהב; שיער, כדי לגבל טיט [א]לעשות פי כור של צורפי זהב; סיד, כדי לסוד אצבע קטנה שבבנות.

אות ג' - ד'

תנא: קולמוס המגיע לקשרי אצבעותיו

כגרוגרת מביצה קלה

רמב"ם פי"ח מהל' שבת ה"ד - המוציא עצים, כדי לבשל כגרוגרת מביצת התרנגולים, טרופה בשמן ונתונה באלפס. המוציא קנה, כדי לעשות קולמוס המגיע [ב]לראשי אצבעותיו; ואם היה עבה או מרוסס, שיעורו כעצים.

רמב"ם פ"ט מהל' שבת ה"ה - [ג]הניח בשר על גבי גחלים, אם נצלה בו כגרוגרת, אפי' בשנים ושלשה מקומות, חייב; לא נצלה בו כגרוגרת, אבל נתבשל כולו חצי בישול, חייב; נתבשל חצי בישול מצד אחד, פטור, עד שיהפך בו ויתבשל חצי בישול משני צדדיו.

באר הגולה

[ג] ‹וז"ל רבינו בפי' משניות: דבק הוא דבר עשוי בידי אדם, כל הנוגע בו ידבק בו, ושבשבת הוא הגמי שבראשיה נותנין הדבק, קושרין אותה בקנה ומכניסן אותה בקיני העופות ומוציאין האפרוחים, ע"כ. **ורש"י** פי' בע"א ע"ש - ביאור חדש מספיק› [ד] ‹כונת דבריו ז"ל, דלפירושו עירניות שאינם צנועות, אם כן אינו תלוי במקומות, ונפקא מינה שאלו שאינם צנועות הכוחלות בעינים, אינם חייבות כי אם בהוציאם כדי לכחול ב' עינים, אפי' שהם במקום שאינם מתקשטות אלא עין אחד, אם הוצאת הכחול היינו להתקשט לאלו שאינם צנועות, אינם חייבים עד שיהיה שיעור כחול שתי עינים, ולהכי כתב הראב"ד ז"ל, ולעולם מתקשטות ב' עינים - פרי האדמה› [א] ‹כגירסת תוס' ד"ה המוציא› [ב] ‹וכיון דהוא איבעיא דלא אפשיטא, ממילא מספק אינו חייב חטאת אא"כ הוציאו כשיעור המגיע לקשר עליון, שהוא של אמצע היד, וכן פסק הרמב"ם - תוס' רעק"א› [ג] ‹השייכות לסוגייתינו אינו מובן›

§ מסכת שבת דף פא. §

אות א'

עצם, כדי לעשות תרווד

רמב"ם פי"ח מהל' שבת הי"ב - עצם, כדי לעשות תרווד; זכוכית, כדי לגרוד בה ראש הכרכר, או עד שיפצע שתי נימין כאחת.

אות ב' – ג'

רבי אלעזר כו'

וכמה שיעורו, תניא, רבי אלעזר בן יעקב אומר: משקל עשרה זוז

רמב"ם פי"ח מהל' שבת הי"א - צרור אבן, כדי לזרוק בבהמה ותרגיש, והוא משקל עשרה זוזים.

אות ד'

נמנו וגמרו: מלא היד

סימן שיב ס"א - עיין לקמן אות ז'.

אות ה'

אבל לא את הפאייס

סימן שיב ס"ד - [א]לא יטלטל רגב אדמה לקנח בו, מפני שאינה ראויה לקינוח לפי שהיא נפרכת - ר"ל וע"כ איסור טלטול בדוכתיה קאי, [כן משמע ברש"י וטור, **ומרי"ף** ורמב"ם משמע קצת, דהאיסור הוא מפני שקרובה להתפרך, ר"ל ונמצא דיש בזה חשש טחינה], (**עיין במאירי, דאם הוא רגב קשה כאבנים שאינה עשויה להתפרך, מותר**).

אות ו'

אסור למשמש בצרור בשבת כדרך שממשמש בחול

סימן שיב ס"ז - [ב]היה צריך לנקביו ואינו יכול לפנות, שרפואתו למשמש בפי הטבעת, שממשמש שם בצרור והנקב נפתח, לא ימשמש בשבת כדרך שממשמש בחול, [ג]דהיינו שאוחז הצרור בכל היד, משום השרת נימין - דהוא בכלל תולש, ואע"ג דאינו מכוין לזה, פסיק רישא הוא ע"י המשמוש, [מ"א בשם התוס', **ולשיטת** הערוך ע"כ דהגמרא סבר דהוא פסיק רישא וניחא לה, או דהוא יסבור כפי' הר"ח שהובא בתוס' והרא"ש], (וכדלקמן).

אלא ממשמש כלאחר יד, דהיינו שיאחז הצרור בב' אצבעותיו, וממשמש - בנחת.

לא ימשמש בצרור של הקינוח להחליקו שלא ישרט בשרו, כדרך שהוא עושה בחול, משום ממחק, אלא כלאחר יד, [ד](ר"ח), [**ומ"א** הביא בשם ר"ח משום כתישה, ואינו מובן אלא כהמאירי דלעיל, דברגב קשה שאינה עשויה להתפרך מותר, וע"י משמוש הצרור להחליקו יכול להתפרר].

[ה]סימן שיב ס"ח - [ו]למשמש בברזא - פי' של עץ, **בפי הטבעת** - וה"ה בפתילה שקורין צעפי"ל, שמכניסין בפי הטבעת, וכמו שמבואר בסוף סימן שכ"ח, **דינה כצרור, שלא יאחזנה אלא בב' אצבעותיו.**

[ז]ואסור לצאת בברזא, אפילו תחובה כולה בגוף - שכיון שמכניסה תדיר כדי לחזור ולהוציאה, אינה בטלה אצל הגוף, והרי זה כמוציא בפיו ומרפקו דאסור מד"ס, **אבל** דבר הבלוע בגוף מותר לצאת בו, כגון לבלוע מרגלית או זהב ולצאת בו לר"ה, [מ"א, **ונראה** ממ"א ד"תדיר" לאו דוקא הוא, אלא העיקר תלוי אם הוא דבר שדרכו להוציא אח"כ, ורק במרגלית התיר שאין דרכו להוציא בעצמו כלל אח"כ].

[ח]סימן שכח סמ"ט - [ט]אסור לשום פתילה - העשויה מחלב או בורית או מנייר ושארי דברים, **בפי הטבעת, כדרך שנוהגים לעשות למי שהוא עצור** - וטעם איסורן, משום דאיידי דממשמש שם כמה פעמים להכניס ולהוציא, קרוב לודאי שישיר השער שם, וכמו בצרור לעיל בסימן שי"ב, (**ויש לעיין מ"ט אסור גבי פתילה, הא אינו מכוין להשרת נימין, דאם אמרו בגמרא גבי צרור דאסור, ומשום דהוי פסיק רישא להשרת נימין, נימא אנן מדנפשין גם גבי פתילה כן, צרור שאני דקשה הוא, משא"כ בפתילה דהוא דבר רך, ועדיין צ"ע**).

אלא אם כן ישים אותה בשינוי, שיאחזנה בשתי אצבעותיו, ויניחנה בנחת - ולא יבוא עי"ז לידי השרת נימין.

וכ"ש דאסור לשום קריסטי"ר אף שהוכנה מאתמול, ובזה אסור אפילו ע"י שינוי, גזירה משום שחיקת סממנים, **אם** לא בחולה אף שאין בו סכנה, וכמ"ש בסעיף י"ז, דאז מותר ע"י שינוי, **ויזהר** שלא יבוא לידי מלאכה דאורייתא, גם לא יערב מים ושמן כדרך שעושין, אלא ישפוך הכל לתוך הכלי, **וטוב** לעשות הכל ע"י א"י אם אפשר.

כתב הח"א, דכ"ז אם היה הפתילה עשויה מע"ש, אבל לעשות בשבת הפתילה הנ"ל, ואפילו הוא עושה אותה מנייר, שכורך אותו ומקשה אותו, יש בו איסור דאורייתא משום מכה בפטיש, **אם** לא לחולה שיש בו סכנה, **אבל** מה שעושין מחתיכת לפת מותר, כיון שהוא מאכל בהמה אין בו משום תיקון כלי.

באר הגולה

[א] **שם וכרב יהודה** [ב] **שבת פ"א מימרא דרבא** [ג] **שם בפירש"י** [ד] ‹אמר רבא אסור למשמש בצרור וכו', פי' ר"ח שממשמש צרור כדי להחליקו שלא יסרט בשרו ומשום כתישה› [ה] ‹מילואים› [ו] **טור בשם תשו' הר"ם מרוטנבורג** [ז] **שם** [ח] ‹ע"פ הב"י והגר"א› [ט] **ב"י**

מתני' **עצם** כדי לעשות תרווד רבי יהודה אומר כדי לעשות ממנו חף זכוכית כדי לגרור בו ראש *הכרכר צרור או אבן כדי לזרוק בעוף רבי אלעזר בר יעקב אומר כדי לזרוק בבהמה: **גמ'** למימרא דשיעורא דר' יהודה נפיש הא קיימא לן *דשיעורא דרבנן נפיש אמר עולא חפי פותחת: תנו רבנן חפי פותחת טהורין קבען בפותחת טמאין ושל גל אף על פי שחיברן בדלת וקבען במסמרים טהורין שכל המחובר לקרקע הרי הוא כקרקע: זכוכית כדי לגרור בו: תנא *סכוכית כדי לפצוע בה שני נימין כאחת: צרור או אבן כדי לזרוק בעוף רבי אלעזר כו': אמר רבי יעקב אמר רבי יוחנן והוא שמרגשת בה וכמה שיעורו תניא רבי אלעזר בן יעקב אומר משקל עשרה זוז: זונין על לבי מדרשא אמר להו רבותי אבנים של בית הכסא שיעורן בכמה אמרו לו כזית כאגוז וכביצה אמר להו וכי טורטני יכנים נמנו וגמרו מלא היד תניא *רבי יוסי אומר כזית כאגוז וכביצה (* ר"ש ברבי יוסי אומר משום אביו מלא היד: ת"ר (בשבת) *ג' אבנים מקורזלות מותר להכנים לבית הכסא וכמה שיעורן ר"מ אומר כאגוז רבי יהודה אומר כביצה *אמר רפרם בר פפא אמר רב חסדא כמחלוקת כאן כך מחלוקת באתרוג התם מתני' הכא ברייתא אלא כמחלוקת באתרוג כך מחלוקת כאן אמר רב יהודה אבל לא את הפאיים מאי פאיים אמר רבי זירא כרשיני בבלייתא *אמר רבא אסור למשמש בצרור בשבת כדרך שממשמש בחול מתקיף לה מר זוטרא ליסתכן כלאחר יד אמר רבי ינאי אם יש מקום קבוע לבית הכסא מלא היד אם לאו כהכרע מדוכה קטנה של בשמים אמר רב ששת אם יש עליה עד מותר מיתיבי **עשרה דברים מביאין את האדם לידי תחתוניות ואלו הן האוכל עלי קנים ועלי גפנים ולולבי גפנים ומוריגי בהמה בלא מלח ושדרו של דג ודג מליח שלא בישל כל צורכו והשותה שמרי יין והמקנח בסיד ובחרסית (*בצרור שקינח בו חברו ויש אומרים אף התולה עצמו בבית הכסא* לא קשיא הא בלח הא ביבש ואיבעית אימא כאן מצד אחד וכאן מב' צדדין ואיבעית אימא הא דידיה הא דחבריה א"ל אביי לרב יוסף ירדו עליה גשמים ונשתשטשו מהו א"ל אם היה רישומו ניכר מותר בעא מיניה רבה בר רב שילא מרב

רש"י

מתני' **תרווד** · כף קולייר: **חף** · קס"ד דפותחת של *חף עצמה ושיעורה נפיש מתרווד: **כרכר** · עץ יש לאורגין וראשו חד: **כדי לזרוק בבהמה** · דלא טרח איניש למשקל צרור משום עוף להבריחו דבקלא בעלמא דרמי ליה אזיל ליה: **גמ'** והא קיי"ל דשיעורא דרבנן נפיש · גבי לעשות תלאי: **חפי פותחת** · שינים הקבועים בה ולא היא עצמה ועושים אותם מעצם: **חפי פותחת טהורין** · דכל זמן שלא חברן בה אינן ראויין לכלום: **טמאין** · דכלי עצם ככלי מתכות ופשוטיהן טמאין בהכל שוחטין (חולין דף כה:) ולאו משום דמחובר לפותחת וכל המחובר לטהור טהור פותחת יש לה בית קיבול ומקבל מפתח: **ושל גל** · ואם הפותחת הזאת אינה של כלים כגון של שידה ומגדל אלא של גל כמו *מרוקי גלי כגון דלתות שערי החצר אע"פ שחברן בפותחת הואיל וחבור זה בדלת היא ודלת בנין מחובר לקרקע טהורין: **סכוכית** · זכוכית ועל שם שסוכין(א)קרי סכוכית ועל שם שהיא זכה קרי זכוכית: **והוא שמרגשת** · הבהמה בצרור זה בהכאתו: **שיעורן בכמה** · להתחייב עליהן אי נמי לטלטלן בחצר ולהכניסן לבית הכסא ואידי ואידי חד שיעורא הוא דבמידי דחזי להו מיחייב על הוצאתו: **כזית כאגוז כביצה** · שלש מכניסין לקינוח ומקנח זו אחר זו אחת כזית ואחת כאגוז ואחת כביצה בתחלה מקנח פי הרעי (ג)בקטנה להסיר רעי הנדבק שם שהגדולה *פוחסת ומלכלך סביבותיו: **טורטני** · מאזנים יכנים לשם לשקול: **מלא היד** · בין שלשתן או אפילו הן ד' וה' ובין כולן מלא היד: **מקורזלות** · (*)ביקועו' שיהיו ראויות לקינוח: **מותר להכניסם** · בתוך ד' אמות או בחצר דלא ליתסר לטלטוליהו: **כאגוז** · כל אחת ואחת: **התם מתני'** · פלוגתא דאתרוג מתני' היא במסכת סוכה והיא סדורה בפי התלמידים: **והכא ברייתא** · ויש הרבה תלמידים שלא שנאוה והוא תולה הידועה בשאינה ידועה: **כך מחלוקת כאן** · ולסימנא בעלמא אמרה דלא תשכח לגירסא דברייתא ואם תשכחנה הזכר ממשנתך דאתרוג: **אבל לא הפאיים** · כמו שקל פיסת רגב (סנהדרין דף סד·) שקורין גליסט"א דהואיל ומיפרכה לא חזי לקינוח ואסורה לטלטל: **כרשיני בבלייתא** · הכי מיקרו משום שבבל ארץ לחה היא והמחרישה מעלה רגבים: **למשמש** · הצריך ליפנות ואינו יכול ליפנות אמרינן לקמן בפירקין דממשמש בצרור בנקב והוא נפתח וקא סלקא דעתך דקאמר ובשבת אסור למשמש כלל כדרך שממשמשים בחול: **ליסתכן** · דאמר מר (תמיד פ"א דף כז:) עמוד החוזר מביא אדם לידי הדרוקן: **ומשני כלאחר יד** · האי כדרך דקאמר רבא כדרך הממשמש בחול בלא שינוי משום השרת נימין אבל כלאחר יד כגון אוחז צרור בב' אצבעותיו שפיר דמי: **אם יש מקום קבוע לבה"כ** · שאם ישתיירו לו ערבית יקנח בהם שחרית מכינים שם מלא יד: **כהכרע** · כשיעור המכריע לאגוז נפיש מכזית וזוטר מכביצה: **מדוכה קטנה** · *מלאכתה לאיסור אסור לטלטל: **ואם יש עליה עד** · קנוח המעיד שעשויה לכך מותר לטלטלה לקינוח: **תחתוניות** · פיג"ש: **לולבי גפנים** · אותן פילולין הגדלין בגפן וקורין וודיל"ש: **מוריגי בהמה** · כל בשר שיש בבהמה העשוי כמורג שהוא פגום וחרוקה כמורג חרוץ חדש כלומר כל מקום שאין הבשר חלק כגון קליפת הלשון וכגון האיך שיש בו כמין קולין וכפגימות וכבית הכוסות: **שקינח בו חבירו** · אסיד ואחרסית נמי קאי: **סמוס** · שאינו יושב אלמא קינח בו חבירו לא חזי לקינוח ורב ששת אמר לעיל אם יש עליה עד מותר: **לח** · לא חזי יבש חזי: **מלד אחד** · באותו לד שקינח בו חבירו לא חזי לקינוח אבל בלד שני חזי: **דידיה** · שהיה קינוח שעליה שלו: **ונשתשטשו** · אותו עד: **מהו** · מי בטיל לייחוד דידהו או לא: **אי רשומו ניכר מותר** · דכיון דמאיס לא חזי לבשמים ולא מיבטל ליה מבית הכסא:

(*) מקורזלות בקורס"ש בלע"ז שיהיו חדודות וראויות לקינוח כצ"ל רש"ל

תוספות

חפי פותחת טהורין · פי' בקונטרס שינים של עצם ונותנין אותם בפותחת (ג) לפתוח וקודם שלא נקבעו אין ראוין לכלום וקבען בפותחת טמאין דכלי עצם כמתכות ופשוטיהם טמאים כדאמר בהכל שוחטין (חולין דף כה:) ולאו משום דמחובר לפותחת והמחובר לטהור טהור פותחת יש לה בית קיבול דמקבלת מפתח ומה שפירש דפשוטי כלי עצם טמאים כדאמר בהכל שוחטין לא דק דהתם לא איירי אלא בגולמי כלי עצם *אבל פשוטי כלי עצם הא תנן ומייתי לה בפ"ק (דף טז:) כלי עץ כלי עור כלי עצם כלי זכוכית פשוטיהן טהורין ומה שפירש דחפין הן של עצם קשה לר"י דגבי כלי מתכות מיתניא בתוספתא דכלים ועוד דאי בשלא נקבעו אין ראויין לכלום אם כן פשיטא דטהורין ומה שפי' שפותחת יש לה בית קיבול לקבל המפתח הא לא חשיב בית קיבול שאין המפתח עשוי לטלטל ע"י אותו בית קיבול כמו הקיטע יוצא בקב שלו (לעיל דף סו·) דטהור כשאין בו בית קיבול כתיתין דפי' בקונט' דמה שמניח ראש שוקו בתוכו לא חשיב בית קיבול שאין השוק מיטלטל על ידו ועוד דפי' דפותחת גורמת טומאה לחף אדרבה תנן במס' כלים בפי"ג (משנה ו) פותחת של עץ וחפין של מתכת טמאה פותחת של מתכת וחפין שלה של עץ טהורה אלמא בתר חפין אזלינן ואע"ג דמשמע דאתיא כרבי נחמיה דלא אזיל בתר מעמיד אלא בתר תשמיש דהיינו חותם בברייתא דשמעתי' נמי נראה לר"י דאתיא כוותיה דקתני סיפא דהכא טבעת של מתכת וחותם של אלמג ר' נחמיה מטהר ונראה לר"י דבחפין של מתכת איירי ואע"פ שלא נקבעו ראוין הם קצת ליתנם בפותחת ואפילו הכי טהורין דגולמי כלי מתכות טהורין קבען בפותחת טמאין שנגמרה מלאכתן וכן משמע בסמוך דטעמא משום גמר מלאכה דקתני ושל גל אע"פ שחברן לדלת כו' דמשמע מה שקבען לדלת יש לו לגרום טומאה אלא כיון שאין להם פותחת (ד)[וחף] קבוע בגל טהור:

אסור למשמש בצרור · פירש בקונטרס הצריך לפנות ואינו יכול אסור משום השרת נימין וא"ת והא רבא בדבר שאין מתכוין סבר כר"ש בספ"ב דביצה (דף כג·) וכה"ג פריך לקמן לרבי יוחנן דאסר משום השרת נימין ויש לומר דהכא במשמוש לצרור הוי פסיק רישיה:

ואם לאו כהכרע · ונראה לר"ת כגירסת ר"ח ואם לאו כהכרע מדוכה קטנה של בשמים והכרע פי' רגל כמו כרעי המטה וכן מפרש בירושלמי כמלא רגל מדוכה קטנה של בשמים: (*)**אמר** רב ששת אם יש עליה עד מותר · מילתא באפי נפשה היא פירוש מותר לקנח בה אפילו גדולה יותר מכביצה או אם יש הרבה ממלא היד מותר ליטול כולן דכיון דיש עליהן עד הוכנו כולן:

(*) רש"ל וב"ח ומהר"מ כתבו דזהו דיבור אחד עם דיבור שלמעלה

מהו

עין משפט נר מצוה

כד א מיי' פי"ח מהל' שבת הלכה יב:
כה ב ג שם הלכה יא:
כו ד מיי' פכ"ו שם הל' ד סמג לאוין סה טור שו"ע או"ח סימן שיב סעיף א:
כז ה מיי' שם טוש"ע שם סעיף ד:
כח ו מיי' שם הל' ס' טור ושו"ע שם ס"ז:
כט ז מיי' שם טוש"ע שם סעיף א:
ל ח מיי' שם הל' ד טוש"ע שם סעיף כ:

רבינו חננאל

אם עירב חול בסיד הוא פרכסיד ואסור · וקסבר דהא מתני' דחול גם כדי ליתן על מלא כף סיד. ר' יהודה היא (רב פפא) [רבא] אמר אפי' תימא רבנן. קלקולו זהו תקונו אית ביה ב' פירושים חד לענין שעריה דסיד. האי ברייתא (לאו) לענין שחרירותית. וקסברי רבנן דסיד שעירב בו חול. אע"פ שהוא מתחזק כן הלך יופיו ומותר בגולה. והכא משו"ה קאמרי חול גם כדי ליתן על מלא כף סיד. ופירוש שני כיון דלא שרי למיסר *ביה בגולה עד שיערב בו חול (הוה ליה) הקלקול דקא מקלקל הוא התקון והלכך משערינן חול גם כדי ליתן על מלוא כף סיד דחשיב ליה כדי שיהא מותר לסוד בו: צוצלא עוף ממין התורי'. ובלשון חכמים ריציפי. וקורין אותה אל פאכתי': [חף] *)דתני הכא וחפים דתניא [בברייתא] שיניים [הוא עשויין] מחתיכה של עץ וקורין בלשון פרסי דנר אנגאת מין נודעים בבבל. חפים בנגר שהן תלויין ועומדין כקבועים בתוך העץ שהוא בית הנגר ונקרא אל קפי' ובעץ שהוא הנגר נקבים סבנים להן כשמתקנין נגדן נופלין ונכנסין להן ואלה הן של גל ובהן נסגר והמפתח יש בו חפין בולטין מכוונין כנגדן מכניסין אותו בחלל שבנגר והחפין מעלין את החפין של גל והוא נפתח ואף שחברן בדלת טהורין לעולם [מפני] שהן מחוברים לקרקע. ושבמפתח טהורין עד שיקבעו בפותחת ואז הוויין מכלל הכלי: זוז וזוזין (מצריך) כולן אחד הן. והן כששאל זונין כמה שיעור אבנים מקורזלות [שרשאי להעבירן] בכרמלית יותר מד' אמות ומקנח בהן. ואמרו לו כזית. כאגוז. כביצה. אמר להן (וממטמני) [וכי טורטני] יכנים. פירוש היש לן מאזנים שישקל השיעור הזה נמנו וגמרו הכל מותר עד (אלא) [מלא] היד. וכן א"ר ישמעאל ב"ר יוסי משמי' אביו וכן הלכה. אבל פלוגתא דר"מ ור' יהודה דפליגין הכא כי היכי דפליגי באתרוג עיקר תרוייהו. (וכדמנו תמרו) [כדנמנו וגמרו] פיים דקא מפרש ליה (קרי שני נבליאתא) [כרשיני בבלייתא] שהוא אדמה שהוא קרוב להתפרך ולהתכתת ואינ' אבנים ולא לבנים שרופו' דקריין אגורי: **אמר** רבא לא ימשמש בצרורות בשבת כדי להחליקן שלא ישרטו את בשרו ונמצא בא לידי כתישה או פתיתה. ולא יעשה כדרך שהוא [עושה] ממשמש בחול. מתקיף לה מר זוטרא והיאך יסתכן אלא כלאחר יד. ויש מפרשין כדי להכך ולנקות את עצמו כדרך שהוא ממשמש בחול. ואף לא יסתכן בשבי שם פינוף אלא מתחכך ומתנקה כלאחר יד · שמוצא שינוי מן החול. ופירוש' דברי ר' ינאי אם יש מקום קבוע לבית הכסא שנפנה בו מטלטל לשם שלש אבנים מקורזלות כל אחד מלא היד לקנח בהן. ואע"פ שיש מקום שנופלין עד בית הכסא הקבוע אמות הרבה. אבל אין מקום קבוע אלא אם יש בידו אבנים סובב בבקעה לראות אנה ישב אין לו לשאת אלא בהכרע מדוכה קטנה של בשמים. והיינו שמעין פירושא הכרע מדוכה קטנה דאינה של בוכנא שדורכין בו והוא מקנה שמעבירין אותו במדוכה לשחוק בו. וראינו בתלמוד ארץ ישראל מלא רגל מדוכה קטנה של בושם: **אמר** רב ששת אם יש עליה עד מותר. פירשו רבינו עד כגון סמרטוט או פקולין כדתנן התם ממשמשת בב' עדים. והן הן תיקוניה ועוותיה. והכי קאמר אע"פ [שקינח] בה כבר הרי הוא מותר ליטלה ולהתקנח בה: **מותיבי** עשרה דברים מביאין את האדם לידי תחתוניות ואחת מהן המקנח בצרור שקינח בו חבירו. ופריק כמה פירוקין. אם לח הוא לא יקנח בו שמביאו לידי תחתוניות ואם יבש מותר. איבעית אימא אם קינח בו חבירו מצד א' מקנח הוא מצד אחר. ואם קנח חבירו משני צדדין חושש. אבע"א אפי' צרור שהוא קינח בו כבר גם עכשיו חוזר ומקנח ביה. ואם חבירו קינח בו בא והוא לידי תחתוניות: **א"ל** אביי לרב יוסף

*) עיין ערוך ערך חף א'.

רב נסים גאון

את ביתו בסיד אלא אם כן עירב בו חול וכו' הדבר שגרם איסור דבר זה הוא מה שאירע לישראל בבית שני מחמת מישום הרשע ועיקר דיליה הוא בתוספתא סוטה בפולמוס של מישום על עטרות כלות וכו' ושלא יסוד אדם את ביתו בסיד ובביצת הסיד עירב בו חול או תבן הרי זה מותר ר' יהודה אומר עירב בו חול הרי זה פרכסיד ואסור עירב בו תבן הרי זה מותר:

סליק המוציא יין

אות ז'

אם יש מקום קבוע לבית הכסא, מלא היד; אם לאו, כהכרע מדוכה קטנה של בשמים

סימן שיב ס"א - [י]**משום כבוד הבריות התירו לטלטל אבנים לקנח** - וה"ה צרורות או שאר דבר כה"ג דלאו בר טלטול הוא, [יא]**ואפי' להעלותם לגג עמו דהוי טרחא יתירה, מותר.**

[יב]**ומי שיש לו מקום מיוחד לבית הכסא** - פי' שהמקום קבוע לו לבהכ"ס, **יכול להכניס עמו אבנים לקנח מלא היד** - דכיון שקבוע לו לכנוס שם תמיד, א"כ אפילו אם ישתיירו לו אבנים ערבית, יוכל לקנח בהם שחרית, **וע"כ** התירו לו להכניס מלא היד, ואפילו ד' וה' אבנים, רש"י, ולא הוי טלטול שלא לצורך, [**ואפי'** אם היו האבנים גדולות יותר מכביצה, כיון שבין כולם אין יותר ממלא היד, דכי טורטני יכניס לשם]. **ואף** דאותו המקום אינו מיוחד לו לעצמו, ואפשר שיקחו אחרים את האבנים לקנח, **לית** לן בה, דמה לי הוא מה לי אחר, ואפשר ג"כ שיצטרך לו אח"כ בעצמו, ולהכי שרי.

וכתב המ"א בשם הפוסקים, דהא דמתירין בבהכ"ס קבוע להכניס שם אבנים בשבת, היינו דוקא בשאינו מיוחד לו לעצמו, אלא נכנסין גם אחרים שם, דלא היה לו להכין מע"ש, דחשש שמא יטלוהו אחרים, ובפרט אם הוא בבהכ"ס שבשדה, דטרחא הוא להכין מע"ש דרחוקה היא, **אבל** אם היה סמוך לו לביתו, וגם מיוחד לו לעצמו, דאין נכנסים אחרים לשם ואפילו מבני ביתו, אין להתיר להכניס שם אבנים כלל, דהיה לו להכין מאתמול, **והא"ר** מצדד להקל בזה בכל גווני, וכדעת הלבוש, והטעם, משום דלא מסיק אינש אדעתיה להכין שם אבנים מע"ש.

ואם אין לו מקום קבוע - היינו שהולך פעם למקום זה, ופעם הולך למקום אחר, **מכניס עמו כשיעור בוכנא קטנה** - דאסור להכניס יותר ממה שצריך לו ודאי לפעם אחד, דהיינו כשיעור בוכנא קטנה, דאם יכניס יותר וישתייר, נמצא שטלטל תחלה שלא לצורך, [**ואף** דיכול להועיל בזה לאחרים, אין מתירין בשביל זה לבד לכתחילה, **וגם** דהא אחרים יכולין להביא לעצמן].

ברי"ף ורא"ש איתא: כשיעור ראש בוכנא קטנה שדכין בו את הבושם, וכן משמע בטור.

אות ז'* [יג]

אמר רב ששת: אם יש עליה עד מותר

סימן שיב ס"א - [יד]**ואם ניכר באבן שקנחו בו** - היינו מע"ש, **מותר להכניסו אפי' הוא גדול הרבה, או אפי' הם הרבה ממלא היד, מותר ליטול כולן, דכיון שקנחו בהן הוכנו לכך** - ומיירי כשלא יחדן מע"ש בפירוש לכך, דאם יחדן, [ובדבר שדרכו בכך לפעמים, די ביחוד לשבת אחת, לדעה ראשונה לעיל סי' ש"ח סכ"ב, דהיא העיקרית], אפילו לא קינח בהן מעולם מותר להכניסן כמה שירצה, [**דכראש** בוכנא מותר אפי' היה עליהן שם מוקצה, וכמ"ש בריש הסימן].

וה"ה נייר חלק שמקפיד עליו, דיש בו משום מוקצה, [דאם סתמא, אין בו משום מוקצה, דהא עומד לכסות פי הפך], ג"כ מהני יחוד מע"ש, דעי"ז הוסר מעליו שם מוקצה, ומותר להכניס לבהכ"ס כמה שירצה, **ואם** לא יחדן, אינו מותר להכניס לבהכ"ס שאינו קבוע רק כפי צרכו לפעם זה בלבד, [כמו שהתירו באבנים כראש בוכנא בכל גווני]. **ואסור** לקרוע הנייר בשבת, וכמבואר לקמן בסימן ש"מ סי"ג ע"ש במ"ב.

משמע מלשון "ואם ניכר", דאם אינו ניכר, אף שידוע שקינח בו, אסור ליקח ממנו מלא היד אם אין לו מקום קבוע, **ויש** מקילין בזה, דכיון שידוע שקינח בו, הוי כניכר, [א"ר, **ומגמ'** לא משמע כן, ואפשר דהוא מיירי רק באבנים קטנים].

הגה: יש אומרים דוקא בחצר מותר לטלטל אבנים (רש"י ס"פ המוציא יין ור' ירוחם). וי"א דאפילו מכרמלית לרה"י נמי שרי, דהא נמי אינו רק איסור דרבנן, ומשום כבוד הבריות התירוהו (תוספות פרק לולב הגזול והגהות מרדכי פרק הזורק) - (ואף שיש בזה שני איסורין דרבנן, טלטול מוקצה וגם מכרמלית לרה"י, אפ"ה כבוד הבריות דוחה אותן).

וכן עיקר, [**עיין** בא"ר שכתב, דמ"מ אין להקל בזה כשיש לו ביהכ"ס לעצמו שאין אחר נכנס לשם, **ואף** שדעתו לעיל להקל כשהוא רק משום טלטול מוקצה בלבד, בזה חמיר טפי], **ור"ה** דידן, אף שלהרבה פוסקים דינו ככרמלית, מ"מ אין להקל.

באר הגולה

[י] שבת פ"א [יא] **שם בעיא ונפשטא** [יב] **שם כר' ינאי** ‹ודלא כפי' רש"י› [יג] ‹ע"פ הבאר הגולה› [יד] **שם כרב ששת וכמו שפי' התוס'** **והרי"ף והרא"ש** ‹ופי' רש"י... אם יש עליה עד. כלומר קינוח המעיד שעשויה לכך מותר לטלטלה לקינוח. **והר"ן** כתב שאין פי' רש"י מחוור מכמה טעמים, ואחד מהם דבלאו עד נמי מאי טעמא לא שריא, דהא כל כלי שמלאכתו לאיסור מותר לטלטלו לצורך גופו ולצורך מקומו, **אלא** ודאי כולה חדא מילתא היא וה"ק, ואם לאו כהכרע מדוכה קטנה של בשמים, כלומר שאם אין לו מקום קבוע לבית הכסא, לא התירו לו מלא היד אלא אבן אחת כהכרע מדוכה קטנה של בשמים, כלומר כמשקלה, והכי מוכח האי פירושא בירושלמי, ורב ששת אמר בתר הכי, דאפילו אבן גדולה כל שיש עליה עד מותר לטלטלה, שמוכנת היא לכך, וכ"כ התוס' - ב"י›

אות ח'

ירדו עליה גשמים ונשטשטשו מהו, אמר ליה: אם היה רישומן ניכר מותר

סימן שיב ס"ב - אם ירדו גשמים על האבנים [טו]**ונטבעו** - היינו שהכניסן מתחלה לקנח בהן, [כן משמע ברמב"ם דעל אלו אבנים קאי, וכן משמע לשון הגמ'], ואח"כ ירדו עליהן גשמים ונטבעו בקרקע או בטיט, **אם רישומן ניכר** - היינו שניכרין למעלה מן הקרקע, ולא נטבעו בקרקע לגמרי, **מותר ליטלן כדי לקנח,** [טז]**ואין בזה משום סותר** - ר"ל אפילו אם היה זה באיזה רצפה שבחצר, והו"א דיש בזה חשש סתירה, שסותר הרצפה בזה שנוטל האבן, **ולא משום טוחן** - דהו"א דטוחן בנטילתו את העפר שסביבו, קמ"ל דשרי.

באר הגולה

טו **שם בעיא ונפשטא וכפי' הרי"ף וכ"כ הרמב"ם** ‹פירש"י דקאי אמדוכה קטנה של בשמים, דאמר רב ששת אם יש עליה עד מותר, אם נטשטש אותו עד מהו. מי בטיל לייחוד דידיה או לא. **אבל** הרי"ף פי', כלומר אם ירדו גשמים על האבנים המקורזלות האלו ונטבעו בקרקע מהו, מי חיישינן שיהא כסותר או כטוחן או לא, אמר ליה אם היה רישומו ניכר מותר, וכדבריו כתב הרמב"ם - ב"י› טז **הרי"ף**

עין משפט נר מצוה

לא א מיי' פכ"ו שם טוש"ע שם סעיף א:
לב ב מיי' פכ"א מהל' שבת הלכה ג סמג לאוין סה טור ושו"ע או"ח סימן שיב סעיף ט:
[לב] [ב] מיי' שם פ"ח הלכה א ופרק י הלכה יג:
לג ג שם סעיף ג:
לד ד מיי' פ"ח שם הלכה ג:
לה ה שם הלכה ד:
לו ו מיי' שם הל' ב' טוש"ע או"ח סימן שיב סעיף ד:

חסדא *מהו להעלותם אחריו לגג א"ל *גדול כבוד הבריות שדוחה את לא תעשה שבתורה יתיב מרימר וקאמר לה להא שמעתא איתיביה רבינא למרימר *ר' אליעזר אומר נוטל אדם קיסם משלפניו לחצות בו שיניו וחכמים אומרים לא יטול אלא מן האבוס של בהמה הכי השתא התם אדם קובע מקום לסעודה הכא אדם קובע מקום לבית הכסא אמר רב הונא אסור לפנות בשדה ניר בשבת מאי טעמא אילימא משום דוושא אפילו בחול נמי ואלא משום עשבים והאמר ריש לקיש צרור שעלו בו עשבים מותר לקנח בה והתולש ממנה בשבת חייב חטאת אלא דילמא נקיט מעילאי ושדא לתתאי ומיחייב משום דרבה *דאמר רבה [ג] היתה לו גומא וטממה בבית חייב משום בונה בשדה חייב משום חורש גופא אמר ר"ל צרור שעלו בו עשבים מותר לקנח בה והתולש ממנה בשבת חייב חטאת אמר רב פפי ש"מ מדר"ל האי פרפיסא שרי לטלטולי מתקיף לה רב כהנא אם אמרו לצורך יאמרו שלא לצורך אמר אביי פרפיסא הואיל ואתא לידן *לימא ביה מילתא היה מונח על גבי קרקע והניחו על גבי יתידות מיחייב משום תוליש היה מונח על גבי יתידות והניחו על גבי קרקע חייב משום נוטע א"ר יוחנן אסור לקנח בחרס בשבת מאי טעמא אילימא משום סכנה אפילו בחול נמי ואלא משום כשפים אפי' בחול נמי לא ואלא משום השרת נימין דבר שאין מתכוין הוא אמר להו רב נתן בר אושעיא גברא רבה אמר מילתא נימא בה טעמא לא מיבעיא בחול דאסור אבל בשבת הואיל ואיכא תורת כלי עליו שפיר דמי קמ"ל רבא מתני לה משום השרת נימין וקשיא ליה דר' יוחנן אדר' יוחנן מי א"ר יוחנן אסור לקנח בחרס בשבת אלמא דבר שאין מתכוין אסור והאמר *ר' יוחנן הלכה כסתם משנה °ותנן *נזיר חופף ומפספס אבל לא סורק אלא מחוורתא כדרב נתן בר אושעיא מאי כשפים כי הא *דרב חסדא ורבה בר רב הונא הוו קא אזלי בארבא אמרה להו ההיא מטרוניתא אותבן בהדייכו ולא אותבוה אמרה איהי מילתא אסרתה לארבא אמרו אינהו מילתא שריוהא אמרה להו מאי איעביד לכו
דלא

מהו להעלותם אחריו לגג · אם עלה שם לפנות מי חיישינן לטירחא יתירתא או לא: שדוחה את לא תעשה · דכתיב (דברים כב) והתעלמת מהם פעמים לזקן ואינו לפי כבודו והכא נמי טלטול דרבנן הוא ודלא תסור אסמכוה רבנן ובמקום כבוד הבריות נדחה: משלפניו · קסמין המוטלין על גבי קרקע ולא אמרינן מוקצין נינהו: לחצות · ליטול הבשר שבין השינים ולחצות ביניהן: מן האבוס. שהוא מוכן אלמא העמידו דבריהם במקום כבוד הבריות שפעמים שנראה מבחוץ וגנאי הוא לו: התם אדם קובע לסעודה. והיה לו להכין שם מאתמול: הכא אדם קובע לבה"כ. בתמיה פעמים שמוצא אדם שם והולך למקום אחר בית הכסא לא היה מצוי להם בבתיהן שהיו דרין בבתיהן בעלייה מפני דוחק בתים: בשדה ניר. חרישה ראשונה ועומד לזריעה: משום דוושא. ובשדה חבירו מפני שדש את נירו ומתקשה (את) החרישה: משום עשבים. שמחמת לחלוחית הניר עשבים עולין על הצרור וכשהוא מקנח בו נתלשים: מותר לקנח. דאינו מתכוין לתלוש ומותר דהלכה כר"ש: והתולש ממנו. במתכוין חייב דמקום גידולו הוא (א)אע"פ שהוא צרור ואינו עפר: נקיט מעילאי. ממקום גבשושית: ושדי לתתאי. למקום גומא ומשוה החרישה והוי תולדה דחורש: בבית. שייך בנין וזה שמשוה גומות בנין הרצפה הוא ובשדה מתקן החרישה: פדריס נקיט. דאמר מותר לקנח בו ולא אמרינן צרור זה העשבים שעלו מלחלוחית הקרקע הן יונקין וכשמגביהן הרי הוא כעוקרן מגידוליהן: האי פרפיסא. עציץ נקוב שזרעו בו ובתשובת הגאונים מצאתי שעושין חותלות מכפות תמרים וממלאין אותם עפר וזבל בהמה וכ"ב או ט"ו יום לפני ר"ה עושין כל אחד ואחד לשם כל קטן וקטנה שבבית וזורעים לתוכן פול המצרי או קיטנית וקורין לו פורפיסא ובערב ר"ה נוטל כל אחד שלו ומחזירו סביבות ראשו שבעה פעמים ואומר זה תחת זה וזה חליפתי וזה תמורתי ומשליכו לנהר: שרי לטלטולי. ולא אמרינן תולש הוא: לצורך. קינוח כבוד הבריות: חייב משום תולש. דאינו נהנה שוב מריח הקרקע ול"נ דהאי °חייב לאו דווקא אלא אסור משום דדמי לתולש דאי חייב ממש קאמר לצורך היכי שרי רבנן איסור כרת וסקילה משום קינוח ודומה לו במסכת סנהדרין (דף פב·) הבא על הכותית חייב משום נשג"ז דלאו מדאורייתא היא אלא מדרבנן: משום סכנה. שלא ינתק בו שיני הכרכשתא שהיא תלויה בהן: משום כשפים. כדלקמן בשמעתין: השרת נימין. שמשיר את השיער מפני שהוא חדוד: דבר שאין מתכוין הוא. ושמעינן ליה לר' יוחנן דאמר דבר שאינו מתכוין מותר לקמן בשמעתין: לא מיבעיא בחול. שאין איסור טלטול בצרורות דאסור לקנח בחרס משום כשפים שהרי יכול לקנח בצרור: אבל בשבת הואיל ואיכא תורת כלי עליו. לחתות בו אור או לחשוף מים מגבא אימא שפיר דמי דמוטב שיקנח בו מלטלטל צרור: קמ"ל. דלא אי משום סכנה אי משום כשפים: חופף. מחליק שערו: ומפספס. קרפיר: אבל לא סורק. במסרק דודאי משיר שיער ומודה ר' שמעון בפסיק רישיה ולא ימות אבל חופף ומפספס פעמים שאינו משיר וכשמשיר דבר שאין מתכוין מותר: מטרוניתא. נכרית היתה: אמרה מילתא. דכשפים ואסרתה לארבא ולא זזה ממקומה: אמרי אינהו מילתא. על ידי שם טהרה(ב):

מהו להעלותם לגג - פי' בקונט' מי חיישינן לטרחא יתירתא וקשה לר"י א"כ הא דפריך (ג) דאסור ליטול קיסם משלפניו תיקשי לכולה שמעתין דשרי לטלטל אבנים מקורזלות ונראה לר"י דהכא מבעיא ליה משום דבית הכסא קרוב על הגג ויכול להכין שם מע"ש ומהדר ליה דאפ"ה שרי ולהכי פריך ליה (ד) דאסור לטלטל קיסם משלפניו לפי שהיה יכול להזמין מאתמול אבל אכולה שמעתא לא מצי פריך שדרכן היה לפנות בשדה ובית הכסא רחוק ולא אטרחוה רבנן להכנים שם מע"ש וגם אם יזמינם שמא יקחם אחר:

וחכמים אומרים לא יטול אלא מן האבוס כו' · נראה לר"י דלאו דוקא מן האבוס אלא מן הראוי לאבוס דליכא למימר דכשאינו באבוס אסור דבטל אגב קרקע דהא תנן בהמביא כדי יין (ביצה דף לג:) וחכמים אומרים מגבב משלפניו ומדליק אלמא לאו בטל הוא והא דלא שרו בקיסם לחצות שיניו אלא להדליק משום דסברי לא ניתנו עצים אלא להסקה אבל בדבר הראוי לאבוס בהמה שרי אפי' לחצות שיניו ור"א דאמר התם נוטל אדם קיסם משלפניו לחצות שיניו ומגבב מן החצר ומדליק סבר דמה שבבית מוכן לכל מה שירצה אפי' לחצות שיניו אבל שבחצר אינו מוכן אלא להסקה:

והניחו ע"ג יתדות מיחייב משום תולש · האי מיחייב מכת מרדות מדרבנן כדפירש בקונטרס מדשרי ריש לקיש וקשה לר"י דאמרי' בפ"ק דגיטין (דף ז:) א"ר *יוחנן עציץ נקוב המונח ע"ג יתדות באנו למחלוקת ר"י ורבנן דלר"י פטור מן המעשר כדמפליג בין ספינה גוששת לשאינה גוששת ולרבנן חייב אמר רבא דילמא לא היא ע"כ לא קאמרי רבנן אלא דספינה דלא מפסיק אויר אבל עציץ דמיפסיק אוירא אפילו רבנן מודו הא בשמעתין חשבינן ליה כמחובר מדאורייתא אפי' הניחו על גבי יתדות ולא מיחייב משום תולש אלא מדרבנן ונראה לר"י דשמעתין לא סברא דהויא דרבא דהתם*:

והאמר ר' יוחנן הלכה כסתם משנה כו' · וא"ת והא בהגוזל קמא (ב"ק קב·) ובפ"ק דמס' ע"ז (דף ז·) אמר בתרי מסכתות אין סדר למשנה והכא סתם בנזיר ופלוגתא בפרק שני דביצה* (דף כג:) ר' יהודה אומר כל הכלים אין נגררין חוץ מן העגלה שכובשת ואין הלכה כסתם דשמא סתם ואח"כ מחלוקת היא ואין לומר דלר' יוחנן אפי' סתם ואח"כ מחלוקת הלכה כסתם דהא מסקינן בהחולץ (יבמות מב:) אליבא דר' יוחנן דרמי לך לא תש לקמחיה סתם ואח"כ מחלוקת היא ואין הלכה כסתם ותירץ רבינו שמואל מוורדון דבמחלוקת ואח"כ סתם בחדא מסכת לכ"ע הלכה כסתם כדפריש בפ"ק דמס' ע"ז (דף ז·) בהא דפסיק כר"י דכל המשנה ידו על התחתונה פשיטא דמחלוקת ואח"כ סתם הוא אבל בתרי מסכתות כל אמוראי סברי דאין הלכה כסתם ור' יוחנן אית ליה דאפי' בתרי מסכתות הלכה כסתם או סתם במתני' ומחלוקת בברייתא דמסתמא סתם לבסוף ואין לנו לומר שסתם רבי קודם ושוב חזר ממה שפסק ואמוראי נינהו אליבא דרבי יוחנן כדאמר באלו טרפות (חולין דף מג·):

הדרן עלך המוציא יין

רבינו חננאל

ירדו עליהן גשמים ונשששו מהן · כך שמעתי פירושו שאם נראו לו אבנים מקורזלות דבוק עם הקרקע מורידה גשמים · וזהו משמוש · דתניא התם נששש ואין עושין פירות מי חיישינן שמא יהא(כסות) [כבוסה]או בטוחן ואמרו אם היה רישומן ניכר של אבנים מותר לו ליטלן ולקנח בהן: וכי שרא רב חסדא להעלותו אחריו לגג דקאמר גדול כבוד הבריות: איתיביה רבינא למרימר והב"א אינו נוטל קיסם לחצות בו שיניו · אלא מן האבוס של בהמה: מאי טעמא מפני שהוא מוכן · הכא נמי לא יטול אבנים לקינוח · אלא מרשות שנפנה בו · ולא יעלה לגג · א"ל מרימר הכי השתא · אדם קובע מקום לסעודה · ומאי דליתיה התם לאו מוכן הוא · אבל בית הכסא לא הוה רגילין דקבעין ליה מקום · והלכך מן כל היכא דשקיל מוכן הוא: אמר רב הונא אסור לפנות בשדה ניר בשבת · פירוש נירה · חרישה · כדכתיב נירו לכם ניר · ותניא נדשנה קרע שנתים · מ"ש אי משום (רושה) [דושא] שלא יזיק את בעל השדה · אפי' בחול אסירי · אי משום עשבים הא אמר ר"ל מותר לקנח בו · אלא משום דשקיל מן מוליא ושדי בי ניצא · ומיחייב משום דרבה: אמר *) רב פפי שמע מינה מדר"ל האי פרפיסא שרי לטלטלה בשבת · פי' פרפיסא פיים גדול · כהאי דאמרינן (אהורן) [לעיל] מאי פיים א"ר זירא (קרשינן) [כרשיני] בבליתא דורעין עליו זרעונים בשמים וזולתו וצומחין ודומה לצרור שעלו בו עשבים · ולשון (פרסי) [פר] דהכא מלשון פרסי בכנפי יונה · אף הזרע הצומח עליו נקרא פר וזהו פרפיסא · וכיון דקא אמר ר"ל מותר לקנח בו קא שמעת מינה רב פפא דשרי לטלטלה: מתקיף לה רב כהנא אם אמר לצורך יאמרו שלא לצורך · הא קאמר ר"ל מותר לקנח אבל לטלטולי שלא לצורך לא שרי · והלכך לא צריכנן לדרב פפא: אמר אביי האי פרפיסא הואיל ואתא לידן נימא ביה מילתא. היה מונח ע"ג קרקע והניח על גבי יתדות חייב משום תולש כי כשזורעין אותו עושין לו מקום כמו כן או כמו שוליים שיושב עליו שיעור שניה ע"ג קרקע ואפשר שהוא משרש שם ומתחבר לקרקע

*) עיין ערוך ערך פרפס.

מסורת הש"ס

[לקמן פד: ע"ש וש"נ]
ביצה לג. ע"ש תוספתא דביצה ע"ב
לעיל עג: ע"ש
[לעיל מו. וש"נ]
לעיל כ: נזיר מב.
חולין קה:
[וע"ע תוס' סוכה לו: ד"ה בשבת שלשה]
[שם איתא ר' זירא]
[עי' תוס' גיטין ז: ד"ה דילמא]
[וע"ע תוס' עירובין לג: ד"ה לא תימא וכו' תמצא על נכון]

הגהות הב"ח

(א) רש"י ד"ה והתולש ממנו וכו' גידולו הוא (ואע"פ וכו' עפר) תא"מ וכ"כ ס"א ליתו: (ב) ד"ה אמרי אינהו וכו' שם טהרה. כ"ב וכפ' כל הבשר בחולין דף קה דתה רש"י ס"י זה: (ג) תוס' ד"ה מהו וכו' הא דפריך מהא דאסור ליטול: (ד) בא"ד ולהכי פריך ליה מהא דאסור:

גליון הש"ס

גמ' ותנן נזיר חופף. עי' ס"ע מ"ז דכלאים: בר"ש שם: רש"י ד"ה חייב משום תולש וכו'. חייב לאו דוקא אלא אסור וכדמצי לעיל דף מ ע"ב מאי חייב מכת מרדות:

§ מסכת שבת דף פא:

אות א'

מהו להעלותם אחריו לגג

סימן שי"ב ס"א - [א]משום כבוד הבריות התירו לטלטל אבנים לקנח - וה"ה צרורות או שאר דבר כה"ג דלאו בר טלטול הוא, [ב]**ואפי' להעלותם לגג עמו דהוי טרחא יתירה, מותר.**

אות ב'

אסור לפנות בשדה ניר בשבת

סימן שי"ב ס"ט - [ג]אסור לפנות בשדה ניר בשבת - היא שדה שנחרשת ועומדת לזריעה, [רש"י], **שמא יבא לאשווי גומות** - דמצוי בה אז ע"י החרישה רגבים וגומות, וע"כ חיישינן שמא בעת שיפנה ישכח, ויטול מהרגבים שלפניו וישליך למקום הגומות, **ואמרינן:** היתה לו גומה וטממה, גבשושית ונטלה, בבית חייב משום בונה, שמתקן הבית בכך, **בשדה** חייב משום חורש, שהרי השוה בזה את פני הקרקע ויהיה טוב לזריעה.

(עיין בט"ז שכתב, דניר הוא חרישה ראשונה ועומד לזריעה, והוא מפי' רש"י שם בגמ', ומשמע דבסתם שדה שלא נחרש עדיין, או בחרישה שניה שלאחר הזריעה, לא חיישינן לאשווי גומות, **ואף** דעצם איסור אשווי גומות שייך בכל גווני, מ"מ לא גזרו שמא יבא להשוות גומות רק בשדה ניר, והטעם כמ"ש במ"ב, דבחרישה ראשונה מצוי בה רגבים).

[ד]**ואם היה שדה חבירו, אפילו בחול אסור, מפני שדש נירו ומקלקל** – (עיין בפמ"ג, דבשדה חבירו אסור גם בחרישה שניה שלאחר הזריעה, ובב"ק דף פ"א ע"ב משמע, דתלוי בירידת הטל, ע"ש).

אות [ב']

היתה לו גומא וטממה, בבית חייב משום בונה, בשדה חייב משום חורש

רמב"ם פ"ח מהלכות שבת ה"א - וכן המשוה פני השדה, כגון שהשפיל התל ורדדו, או מילא הגיא, חייב משום חורש, ושיעורו כל שהוא, וכן כל המשוה גומות שיעורו כל שהוא.

רמב"ם פ"י מהלכות שבת הי"ב - הבונה כל שהוא חייב, המשוה פני הקרקע בבית, כגון שהשפיל תל או מילא גיא, הרי זה בונה וחייב.

אות ג'

אמר ריש לקיש: צרור שעלו בו עשבים, מותר לקנח בה

סימן שי"ב ס"ג - [ה]צרור שעלו בו עשבים, מותר לקנח בו - מדסתם משמע, דאפילו מונח על הארץ מותר ליטלו, **ואף** דיש בזה עכ"פ לכו"ע איסור תלישה מדרבנן, דמחזי כתולש, **הכא** משום כבוד הבריות לא גזרו, **ועיין** במה שנכתוב לקמן בסימן של"ו ס"ה וס"ח במ"ב ובה"ל.

ולא חיישינן שמא יתלשו, [ו]דאף אם יתלשו ליכא איסורא, דדבר שאין מתכוין הוא - ר"ל דאף דבהתלישה יש בו איסורא דאורייתא לכו"ע, וכדלקמן בסימן של"ו ס"ה, **אפ"ה** לא חיישינן שיהיה נתלש, כיון שאינו מתכוין לזה, ולאו פסיק רישא הוא.

אות ד'

והתולש ממנה בשבת חייב חטאת

רמב"ם פ"ח מהלכות שבת ה"ג - הקוצר כגרוגרת חייב, ותולש תולדת קוצר הוא, וכל העוקר דבר מגידוליו חייב משום קוצר; לפיכך צרור שעלו בו עשבים, וכשות שעלה בסנה, ועשבים שצמחו על גב החבית, התולש מהן חייב, שזה הוא מקום גידולן; אבל התולש מעציץ שאינו נקוב, פטור, מפני שאין זה מקום גידולו; ועציץ נקוב בכדי שורש קטן, הרי הוא כארץ, והתולש ממנו חייב.

אות ה'

היה מונח על גבי קרקע והניחו על גבי יתדות, מיחייב משום תולש; היה מונח על גבי יתידות והניחו על גבי קרקע, חייב משום נוטע

רמב"ם פ"ח מהלכות שבת ה"ד - [ז]גבשושית של עפר שעלו בה עשבים, הגביהה מעל הארץ והניחה על גבי יתדות, [ח]חייב משום תולש; היתה על גבי יתדות והניחה על הארץ, חייב משום זורע.

באר הגולה

[א] שבת פ"א [ב] שם בעיא ונפשטא [ג] שם מימרא דרב הונא [ד] שם בגמרא [ה] שם כריש לקיש [ו] רש"י שם דהלכה כר' שמעון [ז] ‹פי' המוציא (שבת פ"א:) פרפיסא היה מונח ע"ג קרקע והניחו ע"ג יתדות, חייב משום תולש, היה מונח ע"ג יתדות והניחו על גבי קרקע, חייב משום נוטע, ע"כ, ופי' רבינו פרפיסא גבשושית – מגיד משנה› [ח] ‹פי', דוקא בגבשושית של עפר, שכשהיא מונחת ע"ג עפר בטילה היא להעפר, וגדילה מלחלוחית העפר, ולכן כי מיעט יניקתה, חייב, **אבל** צרור שעלו בו עשבים, כי מונח ע"ג קרקע שרי לטלטלו ולקנח בו (שם פ"א ע"ב), דהעשבים מלחלוחית הצרור רבי, והצרור הוא דבר אחר מהעפר ומובדל ממנו, ומה שנתלש ממנו העשבים, זה הוי דבר שאינו מתכוין, **ופרפיסא** דסבר לומר (שם) דשרי לטלטולי, היינו שמונח ע"ג יתדות, אבל צרור אפילו מונח ע"ג קרקע – אור שמח›

[ט]סימן שלו ס"ח - [י]עציץ (פי' חצי כד שזורעים שם עשבים) (ערוך) אפילו אינו נקוב, יש ליזהר מליטלו מעל גבי קרקע ולהניחו על גבי יתדות, או איפכא, בין שהוא של עץ בין של חרס.

אפי' אינו נקוב - דגם בזה יש חשש תלישה מדרבנן מפני שמפסיק יניקתו מעט, ואיפכא משום זורע, **וכ"ש** אם העציץ הוא נקוב דצריך ליזהר בזה.

[**ואף** דבנקובה לא הוי אלא מדרבנן, כיון שאינו מפסיק דבר בין העציץ להקרקע, ואפ"ה סתם המחבר להחמיר גם בעציץ שאינו נקוב, ולא הוי גזירה לגזירה, **משום** דיש דעות בין הראשונים להחמיר בעץ אפי' באינו נקוב דכנקוב דמיא, וי"א להיפוך דבחרס צריך להחמיר, ולחומרא חשש המחבר לשני הפירושים].

ע"ג יתידות - אף שאינו מפסיק שום דבר בין העציץ להקרקע, **וכ"ש** אם מעמידו ע"ג עצים או ע"ג בגדים, דיש בזה איסורא, **ואם** הוא עושה כן בעציץ נקוב, יש בזה תלישה ונטיעה מן התורה.

וע"כ יש ליזהר מאד בכלי עם עשבי בושם שרגיל להיות בבית, שלא ליטלו מן הקרקע ולהניחו ע"ג השלחן, או להיפך, [**ואף** לענין טלטול מפקפק קצת בפמ"ג, ‹והספק הוא מפני העפר שבו שמוקצה הוא - פסקי תשובות›.

(ומ"מ נראה דכד של תבואה שעומד ע"ג קרקע, אפילו אם הוא נקוב, מותר להגביהו ולהניחו ע"ג השלחן, שהרי לא נתכוין בהעמדתו שם לשם זריעה, וגם לא התחילו כלל לצמוח, **אך** כ"ז אם מונחים שם רק זה יום או יומים, דודאי לא התחילו הגרעינים לצמוח, אבל אם מונחים שם כמה ימים, דקרוב לומר שיש בשולי הכד איזה גרעינים שהתחילו לצמוח ע"י הנקב שבכד שהריח מן הקרקע, ויש להם יניקה מן הקרקע, וכשיגביה הכד מן הארץ מפסיק לחיותייהו, ואע"ג דאין מכוין לזה, פסיק רישא הוא, **וכן** לענין להגביה הכד מן השלחן ולהעמידו ע"ג קרקע, אין נכון רק אם דעתו שיעמוד שם יום או יומים, אבל אם יעמוד שם כמה ימים, והמקום ההוא הוא מקום לח {דאל"ה אין חוששין שיצמח לבסוף} נראה דאסור, דלבסוף בודאי יצמחו הגרעינים וימשכו חיותייהו מן הקרקע, ונחשב בעמידתו כזורע).

הגה: יחור של אילן שנפשח מערב שבת מן האילן - (היינו שאינו יכול לחיות עוד הענף, אע"ג שעדיין מחובר הוא בקליפתו), **ובו פירות, מותר לתלוש הפירות ממנו בשבת (רבינו ירוחם)** - (ומ"מ יש ליזהר בזה, דאין העולם בקיאין בכך, ואין להתיר כי אם כשנפרד לגמרי מהאילן).

אות ו'

לא מיבעיא בחול דאסור, אבל בשבת הואיל ואיכא תורת כלי עליו שפיר דמי, קמ"ל

סימן שיב ס"ד - [יא]אסור לקנח בחרס אפילו בחול, משום סכנה, שלא ינתק שיני הכרכשתא, (פי' המעים התלוים בפי טבעת) - (והא דלא נקט הטעם שלא ישלטו בו כשפים, וכדלעיל בסי' ג', **משום** דבסעיף זה כלול נמי הדין לענין שבת, ולענין שבת עיקר הטעם דאין מקנח בחרס הוא משום סכנה, [יב]**דמשום** זה איתא בגמר' דעדיף יותר לקנח בצרור אף שהוא מוקצה, מלקנח בחרס אף שיש עליו תורת כלי).

---

§ מסכת שבת דף פב. §

אות א' - ב'

היו לפניו צרור וחרס

היו לפניו צרור ועשבים

סימן שיב ס"ה - [א]היו לפניו בשבת צרור ואזני חרס חלקים, דכיון דחלקים הם ליכא משום סכנה, מקנח באוזן החרס שהוא ראוי לכסות בו פי הכלי - ואף דעדיין יש בזה חשש כשפים, וכדלעיל בסימן ג', **מ"מ** לא התירו משום זה לקנח בצרור שהוא מוקצה, כיון שיש לו חרס לקנח שאין בו משום מוקצה, וכדמפרש, **ובפרט** לפי מה שכתב רמ"א שם, דהאידנא לא חיישינן בזה לכשפים, **ובאינם** חלקים דיש חשש סכנה בדבר, [גמרא], מוטב יותר לקנח בצרור אף שהוא מוקצה.

[ב]**צרור ועשבים, יקנח בעשבים אם הם לחים** - דלא הוי מוקצה, **אבל ביבשים אין מקנחין, [ג]מפני שהם חדים ומחתכין את הבשר** - אלא יקנח בצרור אף דהוא מוקצה, [כן משמע בגמרא].

איתא בגמרא: מותר לפנות אחורי הגדר דשדה חבירו, ומותר ליטול צרור לקנח אפילו בשבת, והיינו מן השדה, **אבל** לא יטול מן הגדר, אפילו בגדר עב דאין עושה נקב, דנראה כסותר.

‹המשך ההלכות מול עמוד ב'›

באר הגולה

[ט] ‹ע"פ הבאר הגולה› [י] **מדברי הגהות אשירי שכתב על פירוש רש"י בהא דפרפיסא שם פ"א:** ‹ד"ה חייב משום תולש› [יא] **שם** [יב] ‹דבאזני חרס דליכא סכנה יקנח בחרס, ואע"פ דאיכא חששא דכשפים, ולא יקנח בצרור בשבת דאסור לטלטלו, והכי איתא להדיא בגמרא ובפי' רש"י, **אלא** דמש"כ רש"י (פא: ד"ה קמ"ל) בסוף לשונו, דבשבת קמ"ל דבחרס לא אי משום סכנה אי משום כשפים. קשה קצת, דהא לא אסר בשבת אלא בחרס שאינו מאזני כלים דאיכא בהו סכנה, אבל באזני חרס שרי ולא חיישינן לכשפיה כדפרישית, **וצ"ל** דלרווחא דמילתא נקט רש"י הכי, כלומר דבחרס שאינו מאזני כלים אית ביה תרתי משום כשפים ומשום סכנה, וכיון דאית ביה נמי משום סכנה אסור בחרס ושרי בצרור - ב"ח› [א] **שם פ"ב וכרב הונא הרי"ף והרא"ש והרמב"ם** [ב] **שם פלוגתא דאמוראי ופסק הרא"ש כמ"ד בעשבים וכ"פ הרמב"ם** [ג] ‹צ"ע דבסי' ג' כתב טעם מפני שהמקנח בדבר שהאור שולט בו שיניו נושרות, וכן הוא בגמ' - מ"א›

מסורת הש"ס

עין משפט נר מצוה

לז א ב מיי' פכ"ו מהל' שבת הלכה ס טוש"ע או"ח סימן שיב סעיף ס :
[לז] [ב] טוש"ע או"ח סימן ג' סעיף יא :
לח ג מיי' פ"ד מהלכות דעות הלכה כ :
לט ד מיי' פ"ח מהל' שבת הלכה י :
א ה מיי' פ"ח מהלכות ע"ז הלכה ס טוש"ע יו"ד סימן קמג סעיף א :

דלא מקנחינן בחספא. שאוכל לעשות לכם כשפים : **ולא קטיל לכו כינא אמנייכו.** ואין אתם הורגין כינה בבגדיכם : **ולא אכיל לכו ירקא מכישא דאסר גינאה .** אין אתם מוליאין שום וכרישא ובלל מאגודה שאוגדין הגננים ואוכלים אלא אתם מתירין האגודה תחילה ש"מ כל האי קשה לכשפים : **מותיב לי במילי דעלמא·** מושיבני לפניו בדברי חכם שאינו תורה : **לא ליתיב בהדיא·** במהרה ובחוזק לפי שנפתח הנקב בחוזקה וניתקין שיני הכרכשא ויולאת : **ולא ליטרח טפי.** פריימבר"א בלע"ז : **מקנח בצרור .** בשבת אע"פ דלאו בר טלטול הוא בעלמא : **ואינו מקנח בחרס .** משום סכנה : **מקנח בחרס·** שיש תורת כלי עליה : **באוגני כלים .** שהם חלקים ואין מקרעין את הבשר : **ואינו מקנח בעשבים .** שהעשבים לחים וחותכין את הבשר ורבותינו מפרשים משום תלישה ואיני יודע מהו דאי בעשבים מחוברין מי איכא מאן דשרי וכמדומה אני דמוקמי לה במחוברין ומקנח בהן בחיבורן : **ואינו מקנח בצרור.** דלאו בר טלטול הוא הלכך מקנח בעשבים כשהן במחובר ולא יזיזם ומשום שימוש במחובר לא מיתסר כדאמרי' בעירובין בפרק ג' (דף לד:) דלא אסרו אלא באילן ובקנים (ג) עוזרדין לפי שהן קשין : **שיניו נשרות .** שיני הפה מכרכשא : **לחין .** אין אור שולט בו : **רוח רעה .** ריח הפה שהזבל מרקב במעיים ויולא ריח דרך פיו : **רוח זוהמא .** כל גופו מסריח בזיעה מסרחת שהריח נבלע בבשרו ובאבריו והוה בו לזיעה מזוהמת : **ואינו יכול לפנות .** שאין הנקב נפתח : **יסתלק לצדדין .** כשבדק עצמו בזוית זו יסתלק לזוית אחרת ויבדוק : **טייעא .** ישמעאל : **הנכנס לסעודת קבע .** וגנאי הוא לו אם יצטרך לעמוד מן הסעודה ולפנות : **י' פעמים .** ימתין בין פעם לפעם ויבדוק עצמו : **ואמרי לה ד' פעמים של י' י' .** דהכי עדיף טפי שהילוך מרובה מוריד הזבל לנקביו : **מתני' בין פצים לחברו .** כשמסדרין פלימין ועמודים וקורות ועושין סואר של קורות על הארץ ויש חלל בין זה לזה סומכן מתחתיו שלא יתעקם : **זכר לדבר·** דחרס חשיב בחתיית אור : **לחשוף .** לדלות וחבירו חשפי שובל (ישעיה מז) חשפי מים שעל האסיבה שתלטרכי לעבור הגשמים ושריעת נהרות : **מגבא .** גומא שמים נקבלין בתוכה : **גמ'** (ג) **מסתברא שיעורא דרבי יוסי נפיש ומקרא שיעורא דר' מאיר נפיש.** אתקפתא היא כלומר לפי דבריהם נראה שרבי מאיר מחמיר דאמר לחתות בו אור ולא פי' שיעורא וחרס פורתא חזי לחדא גחלת ואילו לקבל רביעית מים נפיש שיעורא וכי מעיינת בקרא לחשוף מים זוטר דאי ס"ד לחשוף מים נפיש לייט לה שלא יותר בה אפילו כלי קטן והדר אמר כלי גדול וכי דרך המקללים כן : **אמר אביי מתני'.** דקאמר רבי מאיר לחתות אור מיקידה גדולה קאמר שאפילו גחלת קטנה אינו ראוי לחתות בה אלא בחרס גדול מפני שהוא נכוה : **שפיר קאמר ר' יוסי .** דמדלייט לה בה ש"מ דחזי : **אפילו מידי דלא חשיב·** כגון לחשוף מים לא לישתכח בה ולעולם לא חשיב שיעורא אלא לחתות אור :

תורה אור

דלא מקנח לכו בחספא ולא קטיל לכו כינא אמנייכו ולא שליף לכו ירקא ואכיל לכו מכישא דאסיר גינאה : אמר ליה רב הונא לרבה בריה מאי טעמא לא שכיחת קמיה דרב חסדא דמחדדן שמעתיה אמר ליה מאי איזיל לגביה דכי אזילנא לגביה מותיב לי במילי דעלמא א"ל מאן דעייל לבית הכסא לא ליתיב בהדיא ולא *ליטרח טפי דהאי כרכשתא אתלת שיני יתיב דילמא משתמטא שיני דכרכשתא ואתי לידי סכנה א"ל הוא עסיק בחיי דברייתא ואת אמרת במילי דעלמא כ"ש זיל לגביה *היו לפניו צרור וחרס רב הונא אמר מקנח בצרור ואין מקנח בחרס ורב חסדא אמר מקנח בחרס ואין מקנח בצרור מיתיבי היו לפניו צרור וחרס מקנח בחרס ואין מקנח בצרור תיובתא דרב הונא *תרגמא רפרם בר פפא קמיה דרב חסדא אליבא דרב הונא באוגני כלים : [ג]היו לפניו צרור ועשבים רב חסדא ורב המנונא חד אמר מקנח בצרור ואין מקנח בעשבים וחד אמר מקנח בעשבים ואין מקנח בצרור מיתיבי *[ג] המקנח בדבר שהאור שולטת בו שיניו התחתונות נושרות לא קשיא הא בלחין הא ביבשין הנצרך לפנות *ואינו נפנה רב חסדא ורבינא חד אמר רוח רעה שולטת בו וחד אמר רוח זוהמא שולטת בו תניא כמאן דאמר רוח זוהמא שולטת בו *דתניא [ד]הנצרך לנקביו ואוכל דומה לתנור שהסיקוהו על גב אפרו וזו היא תחלת רוח זוהמא הוצרך ליפנות ואינו יכול ליפנות אמר רב חסדא יעמוד וישב יעמוד וישב רב חנן מנהרדעא אמר יסתלק לצדדין רב המנונא אמר ימשמש בצרור באותו מקום ורבנן אמרי יסיח דעתו אמר ליה רב אחא בריה דרבא לרב אשי כל שכן דכי מסח דעתיה לא מפני אמר ליה יסיח דעתו מדברים אחרים אמר רב ירמיה מדיפתי לדידי חזי לי ההוא טייעא דקם ויתיב וקם ויתיב עד דשפך כקדרה *ת"ר הנכנס לסעודת קבע יהלך [ה]' פעמים של ארבע[ארבע]אמות ואמרי לה ד' פעמים של עשר אמות ונפנה ונכנס וישב במקומו : **מתני'** **חרס כדי ליתן בין פצים לחברו דברי רבי יהודה רבי מאיר אומר כדי לחתות בו את האור רבי יוסי אומר [ו]כדי לקבל בו רביעית אמר רבי מאיר אף על פי שאין ראיה לדבר זכר לדבר °לא ימצא במכיתתו חרש לחתות אש מיקוד אמר ליה רבי יוסי *משם ראיה °ולחשוף מים מגבא(א) : **גמ'** (איבעיא להו שיעורא דרבי מאיר נפיש או שיעורא דרבי יוסי נפיש) מסתברא שיעורא דרבי יוסי נפיש ומקרא שיעורא דרבי מאיר נפיש דאי סלקא דעתך שיעורא דרבי יוסי נפיש לייט לה במנא זוטרא והדר לייט לה במנא רבה אמר אביי [מתני' נמי] לחתות אש מיקידה גדולה : רבי יוסי אומר משם ראיה : שפיר קאמר ליה רבי יוסי לרבי מאיר ורבי מאיר לא מיבעיא קאמר לא מיבעיא מידי דחשיב לאינשי דלא לישתכח ליה אלא אפילו מידי דלא חשיב לאינשי לא לישתכח ליה :

הדרן עלך המוציא יין

אמר רבי עקיבא *מניין לעבודה זרה שמטמאה במשא *כנדה שנאמר °תזרם כמו דוה צא תאמר לו מה נדה מטמאה במשא אף עבודה זרה מטמאה במשא : **גמ'** תנן התם *[ז]מי שהיה (ד) ביתו סמוך לעבודה זרה ונפל אסור לבנותו כיצד יעשה כונס לתוך שלו ד' אמות ובונה

היה

אמר **רבי עקיבא מניין לעבודה זרה כו'** . משום דבעי למיתני בהדייהו מניין שמרחילין את המילה כייל להו להנך דדמיין לה : **במשא.** אדם הנושאה : **תזרם כמו דוה וגו'** . בעבודה זרה משתעי : **גמ'** **כותלו סמוך לעבודה זרה.** שהיה אותו כותל מחילה אף לבית עבודה זרה : **אסור לבנותו.** דקמהני לעבודה זרה :

הדרן עלך המוציא יין

אמר רבי עקיבא מניין לע"ז כו' · פי' בקונטרס דנקט לה הכא משום דבעי למיתני מנין שמרחילין את הקטן ואין נראה דא"כ בההוא הוה ליה להתחיל ועוד דהוה ליה למתנייה בפרק רבי אליעזר דמילה אלא נראה אגב דתנא לעיל בסוף המוציא קראי דאסמכתא גבי חרס נקט נמי הני קראי דאסמכתא וקרא דתזרם כו' הוא סמוך לההיא קראי דאייתי לעיל לא ימלא במכיתתו חרש וגו' :

אסור לבנותו . אפילו למ"ד בפרק קמא דמס' ע"ז (דף יג·) נהנה אסור מהנה מותר ה"מ לגבי מכס שאין נראה כל כך לע"ז כוונתו אלא שטוען כדי שיניחוהו לעבור אבל הכא נראה כאילו בונה לה בית* ר"י :

כונס לתוך שלו ד"א . במסכת ע"ז פריך עלה והא שביק רווחא לעבודה זרה ומשני לה אבניו

[גי' הערוך לימרח פי' לא יעלים עצמו מלצאת]

[לעיל נב: וש"נ]

[ועי' תוספות ע"ז יג. ד"ה אבל מכנה]

[כרב אלפס איתא הנצרך לפנות ואכל רב חסדא ורבינא וכו' ע"ש]

[נותנין חרס בין הנסרים כדי שיכנס בהן הרוח וייבשו מפני שלחין הן. ערוך ערך פלם]

רש"ל מ"ז

רבינו חננאל

לקרקע . וכיון שמניחו ע"ג יתדות הרי הוא מעבירו ממקו' שמתחבר ומתחייב משום תולש . אבל אם זרעו מעיקרא להגיחו ע"ג יתדות בזמן שמניחו על גבי קרקע הרי הכינו במקום שמתחבר לקרקע ונמצא חייב משום נוטע. ולענין חרס מיסברא שיעורא ר' יהודה [זוטר] ור"מ נפיש מיניה ודר' יוסי נפיש מיניה אבל מן קראי שיעורא דר"מ נפיש ראי ס"ד שיעורא דר' יוסי נפיש דהוא כדי לקבל רביעית לייט להו תחלה שלא ימצא דבר קטן שהוא כדי לחתות אש מיקוד והדר לייט שלא ימצא דבר גדול כדי לקבל רביעית ומקשינן היכי אמרת דמקרא דשיעורא דר"מ נפיש מדר' יוסי והלא דבר ידוע שיש לחתות אש בחרס קטנה שאין בה כדי לקבל רביעית . ופרקיה אביי להאי קושיא לא תימא לחתות אש כדי להדליק סמנה במקום אחד אלא לחתות אש מיקידה גדולה כדי להתחמם כנגדה.ומקשי' אי מחשב (קא' השבת) [לענין שבת מאי דחשיב] מקראי ושיעורא דר' מאיר נפיש שפיר קאמר ליה ר' יוסי משם ראיה . דהא חשיב חרס לחשוף מים · ומפרקינן לדר"מ דאמר ולחשוף מים לא חשיבותא היא ולא חשיב אלא לחתות אש . ולא מיבעיא קאמר דלא מיבעיא מידי דחשיב דלא שבקינא אלא מאי דלא חשיב נמי לא שבקינא . ולעולם שיעור הוצאה מאי דחשיב הוא : סליק פרק שמיני

פרק ט אמר ר' עקיבא מניין לע"ז שהיא מטמאה המשא כנדה שנאמר תזרם כמו דוה . אגב דתניא אסמכתא מן קראי בסוף המוציא יין לענין שיעור חרס אדכר נמי (הנשאה) [הני משניות] . אסמכתא ראשונה

ברכות כג:

ב"ב כ: ביצה לט.

[לעיל כט: וש"נ]

ע"ז מז:

הגהות הב"ח

(א) במשנה חרס כדי וכו' ולחשוף מים מגבא הוא סוף המשנה ואח"כ מתחיל גמרא מסברא שיעורא דר' יוסי נפיש:

(ב) רש"י ד"ה ואינו מקנח וכו' ובקנים ועוזרדין ופרישין קשין .

נ"ב לשון משנה כריש כלאים וריש מעשרות הפרישין והעוזרדין : (ג) ד"ה מסברא שיעורא דר' יוסי :

(ד) גמ' מי שהיה כותלו סמוך לאשרה:

עין משפט
נר מצוה

ב א מיי' פ"ח מהלכות משכב ומושב הל"ד:

[וע"ע תוס' ע"ז מז: ד"ה אבניו]

ג ב מיי' פ"ז מהלכות שאר אבות הטומאות הלכה ג:

ד ג שם הלכה ג:

היה שלו ושל ע"ז נידון מחצה על מחצה אבניו ועציו ועפריו מטמאים כשרץ שנאמר °שקץ תשקצנו וגו' רבי עקיבא אומר כנדה (דברי' ז) שנאמר °תזרם כמו דוה מה נדה מטמאה (ישעי' ל) במשא אף ע"ז מטמאה במשא אמר רבה תזרם דאמר קרא נכרינהו מינך כזר צא תאמר לו הכנס אל תאמר לו ואמר רבה במשא דכ"ע לא פליגי דמטמאה דהא אתקש לנדה כי פליגי באבן מסמא רבי עקיבא סבר כנדה מה נדה מטמאה באבן מסמא אף ע"ז מטמאה באבן מסמא ורבנן סברי כשרץ מה שרץ לא מטמא באבן מסמא אף ע"ז לא מטמאה באבן מסמא ולר' עקיבא למאי הלכתא איתקש לשרץ למשמשי' ולרבנן למאי הלכתא איתקש לנדה למשא ולוקשה רחמנא לנבלה אין הכי נמי °אלא מה נדה אינה לאברין °אף ע"ז אינה לאברין ואלא הא דבעי רב חמא בר גוריא ע"ז ישנה לאברין או אינה לאברין תיפשוט ליה מהא דלרבנן אינה לאברין רב חמא בר גוריא אליבא דרבי עקיבא בעי לה ור"א אמר באבן מסמא דכ"ע לא פליגי *דלא מטמאה כי פליגי במשא רבי עקיבא סבר כנדה מה נדה מטמאה במשא אף ע"ז מטמא' במשא ורבנן °סברי כשרץ מה שרץ לא מטמאה במשא אף ע"ז לא מטמאה במשא ור"ע למאי הלכתא איתקש לשרץ למשמשי' ורבנן למאי הלכתא איתקש לנדה מה נדה אינה לאברים אף ע"ז אינה לאברים ורבי

רש"י

פיה שלו ושל ע"ז. שהיה חצי מקום הכותל של ע"ז: **נדון מחצה על מחצה.** המחצה שלו נחשבת בארבע אמות של כניסה לפי שחייבוהו חכמים להרחיק משלו ארבע אמות וליכנס טלו בתוך שלו: **שקץ תשקצנו.** לשון שקץ כשרץ שאינו מטמא במשא: **נדה מטמאה במשא.** תורה אור אדם הנושאה דאיתקש לזב והדוה בנדתה והזב את זובו וגו' (ויקרא טו) חב מטמא במשא דכתיב (שם) וכל הנוגע בכל אשר יהיה תחתיו יטמא עד הערב והנושא אותם וגו' אף הזב במשמע אותם: **באבן מסמא.** אבן ששמוה על גבי יתידות וכלים תחתיה כדכתיב (דניאל ו) והיתית אבן חדא ושמת על פום גובא ונדה או זב יושבין עליה אע"פ שלא הכבידו על הכלים טמאים הכלים דכתיב כל אשר יהיה תחתיו: **למשמשין.** שאין הכלים המשמשין מטמאים לא במשא ולא באבן מסמא: **למשא.** אבל לא לאבן מסמא דלהכי אהני היקשא דשרץ: **ולוקשה לנבלה.** דאית בה משא ולית בה אבן מסמא והכי עדיף דתו לא צריך לאקושה לשרץ למעוטי מאבן מסמא: **אינה לאברים.** אם נחתך אבר ממנה מטמא במשא ובאהל משום תורת אבר מן החי אבל לא משום תורת אבר מן הנדה ונפקא מינה דלא מטמא באבן מסמא: **אף ע"ז אינה לאברים.** כגון ע"ז של חוליות אבר אבר ממנה אינו מטמא כלל משום ע"ז: **דבעי רב חמא.** לקמן (דף פג:): **אליבא דרבי עקיבא בעי לה.** דאקשה לנדה (*למשא) מי אמרינן להא נמי איתקש או דילמא לחומרא מקשינן לקולא לא מקשינן: **דלא מטמאה.** דהא איתקש לשרץ ובשרץ כתיב מגע ולא כתיב משא: **למשמשים.** תירוצא היא:

תוספות

אבניו ועציו ועפריו מטמאים כשרץ. ואפי' למ"ד בפ"ג דמסכת ע"ז (דף מח:) ע"ז שנשתברה מאליה מותרת הא מוקי לה בירושלמי כגון שהשתחוה לכל אבן ואבן ולכל עץ ועץ ולכל עפר ועפר דהוי ע"ז שלימה*: **אמר** רבה במשא כ"ע לא פליגי דמטמאה דהא איתקש לנדה. קשה לר"ת מ"ט דרבנן אי אית להו הא דאמר בסוף שמעתין (דף פג:) טומאה דע"ז דרבנן היא ולקולא מקשינן א"כ אמאי מטמאה במשא נימא דהיקשא דנדה דאינה לאיברים והיקשא דשרץ דלא מטמאה במשא ואי סברי רבנן דלחומרא מקשינן אימא אהני היקשא דנדה לטמויי באבן מסמא ודשרץ לטמויי בכעדשה ולר' עקיבא נמי אי לחומרא מקיש אמאי אילטריך למימר דהיקשא דשרץ למשמשיה לימא לטמויי בכעדשה ואי לקולא מקיש לא תטמא אפילו במשא והיקשא דנדה דאינה לאברים והיקשא דשרץ דלא מטמא במשא וכן לר' אלעזר אליבא דר' עקיבא ונראה לר"ת דגרסי' לעיל בספרים אמר רבה תזרם דאמר *קרא נכרינהו מינך כזר לא, תאמר לו הכנס אל תאמר לו פירוש כיון דכתיב כבר בריש' וטמאתם את צפוי פסילי כספך וגו' ל"ל תו למימר תזרם כמו דוה אלא לומר שמאד יש להרחיק ואתא למימר אע"ג דשאר קראי נדרשות לקולא משום דטומאת ע"ז דרבנן מנדה ילפינן לחומרא מש"ה קאמר רבה לכ"ע מטמא במשא דאית להו דרשא דתזרם ולרבנן נמי הוית מטמא באבן מסמא כנדה אי לאו דממעטין מדאיתקש לשרץ:

באבן מסמא. פי' בקונטרס אבן מונחת על גבי יתידות ונדה יושבת עליה וכלים תחת האבן וטמא מוכל אשר יהיה תחתיו וקשה דבת"כ מפיק אבן מסמא מוכל המשכב וקרא דכל אשר יהיה תחתיו מוקמינן בפרק בנות כותים (נדה לב:) לעליונו של זב ובת"כ מוקי לה במרכב ועוד דאי מוכל אשר יהיה תחתיו נפקא א"כ אפי' כלים שאין ראוי למשכב ומושב ובת"כ מוכח בהדיא דכלים שאין ראויין למשכב ומושב אין להם אפי' טומאה קלה ועוד אמאי נקט אבן אפי' דף ע"ג יתידות נמי ומפרש ר"ת דאבן מסמא היינו אבן גדולה שהיא כבידה ואין הכלים מרגישים כובד הזב והנדה מחמת כובד האבן ומסמא היינו משא גדולה *שצריכה שימה כדכתיב והיתית אבן חדא ושמת על פום *גובא אך קשה דבת"כ מרבה אבן מסמא מוכל המשכב משמע דמרבה מטעם משכב ומושב ובכל הש"ס משמע דהוי מטעם משא דבמתני' קרי ליה משא ובפ' בתרא דנדה (דף סט:) תנן הזב והזבה מטמאין במשא ומפרש בגמרא מאי משא אבן מסמא וברייש דם הנדה [נדה נה:] ממעט מדוה מאבן מסמא מוהנושא אותם ובתוספתא דכלים תניא אין טומאה לכלי חרס אלא מאוירו ובהיסט הזב ע"ג אבן מסמא והיסט [היינו] משא כדאמר בהעור והרוטב (חולין דף קכד:) אמו טמא לאו היסט הוא משמע ע"ג אבן מסמא שהכלים ע"ג האבן דלא שייך כלל למשכב ומושב ועוד דמדרס כלי חרס טהור וי"ל דהא דמרבה בת"כ אבן מסמא מטעם משכב ומושב היינו כשהזב ע"ג האבן והכלים תחתיה אבל כשיד הטהור או רגלו תחת האבן הוי מטעם משא שהטהור נושא את הטמא או כשאלבעו של זב תחת האבן והכלים עליה טמא מטעם היסט דהיינו משא הזב והיינו היסיט הזב ע"ג אבן מסמא דתוספתא וא"ת בריש דם הנדה (נדה דף נה:) דממעט דם הנדה ממשכב ומושב מהיא יושבת מאי פריך תו אי מה היא מטמאה באבן מסמא אף מדוה נמי מטמאה באבן מסמא כיון דכבר מיעט מאשר היא יושבת מדוה ממשכב ומושב היכי סלקא דעתך תו למימר דמטמא באבן מסמא ואור"י דאבן מסמא נפקא לה משום דרשה דלא מטמא אלא אוכלין ומשקין להכי אילטריך התם למעוטי מדוה אף מאבן מסמא שהיא טומאה קלה: **ורבנן** סברי כשרץ כו' וא"ת אמאי אילטריך שרץ למעוטי אבן מסמא תיפוק ליה מדאיתקש למת (לקמן דף פג:) וי"ל דכיון דגלי לן קרא דנכרינהו מינך כזר דאית לן לאקשויי לנדה לחומרא לא הוה ממעטי ממת אבן מסמא בע"ז כיון דאילטריך היקשא דמת לשיעור כזית א"כ לכדאמר בפרק נגמר הדין (סנהדרין דף מז:) מה ע"ז במחובר לא מיתסרא אף קבר במחובר לא מיתסר: **ולרבי** עקיבא למאי הלכתא איתקש לשרץ כו'. תימה לר"י מאי קמיבעיא ליה הא אילטריך לאפוקי שלא יטמא באהל המת דמנדה דילמא לא ילפינן שום קולא דהא בעי רב חמא בר גוריא בסמוך אי ישנה לאברים אע"ג דנדה אינה לאברים ויש לומר דלענין דליכא בע"ז חומרא דמת שפיר ילפינן מנדה ולא"ג דהיקשא דנדה לחומרא קולא נמי אית לן למילף והא דמספקא ליה לענין אברים משום דלא דמי דאברי נדה אין אדם יכול להחזירם ואברי ע"ז מיהא אומן יכול להחזירם א"נ הא דקאמר למאי הלכתא וכן הא דקא משני למשמשין היינו את"ל דילפינן קולא מנדה: **למשמשיה.** פירש בקונטרס שאין כלים המשמשין לע"ז מטמאין לא במשא ולא באבן מסמא משמע דאי לאו דאיתקש לשרץ הוו מטמו לע"ז באבן מסמא ותימה דלרבנן דהיקשא דשרץ לא אתא למשמשיה מנלן דמשמשין לא מטמו במשא כמו ע"ז עלמה דלקמן קאמר רב אשי אליבא דרבה משמשין בין הן שהסיטו אחרים שהסיטו אותן טהורין ונראה לר"י דאי לאו דאיתקש משמשין לשרץ לא הוה מטמינן להו כלל ורבנן דמטמו למשמשיה מדכתיב שקץ תשקצנו כי חרם הוא משמע כל דבר שהוא חרם פירש שאסור בהנאה הוי כשרץ ומשמשין אסור בהנאה ובזה לא יתיישב פי' הקונטרס דמכי חרם הוא לא משמע למעוטי משמשין דלא מטמו במשא דאין שום יתור לכך אבל הא דמשמשיה טמא משמע שפיר: **ולוקשה** רחמנא לנבלה. אמאי דהוקשה למת ליכא למיפרך דלוקשה לנבלה דהא אילטריך למת לכדדרשינן בנגמר הדין ובקונט' פי' דהכי פריך ולוקשה לנבלה משום דאז לא הוה צריך לאקושה לשרץ: **ורבי** אלעזר אמר כו'. פי' רבינו שמואל דבמילתיה דר' אלעזר ל"ג ור"ע למאי הלכתא איתקש לשרץ למשמשיה דהא אילטריך למעוטה מאבן מסמא כדאמר דכ"ע לא פליגי דלא מטמא באבן מסמא דהא איתקש לשרץ ויש ספרים דל"ג דהא איתקש לשרץ ולפי זה מצינן למימר דטעמא דר' אלעזר דכ"ע לא פליגי דלא מטמא באבן מסמא לאו משום דאיתקש לשרץ אלא בלא שום יתור לא מחמרינן טלי האי לטמאות באבן מסמא ולפי זה גרסי' שפיר ור"ע למאי הלכתא כו' והא דפריך בתר הכי ולוקשה רחמנא לנבלה לא פריך לוקשה לנבלה ותו לא צריך לאקושה לשרץ דהשתא נמי לא צריך לאקושי משום הכי לשרץ אלא הכי פריך דהוה ליה טפי לאקושה לנבלה דדמיא ממש לנבלה אבל לנדה לא דמיא דנדה מטמאה באבן מסמא משא"כ בע"ז:

מיתיבי

דלא מטמאה דהא איתקש לשרץ כי פליגי כצ"ל רש"ל ועי' רש"י ותוספות ד"ה ור"א

דאמר קרא נ"ל נכרינהו כצ"ל רש"ל ומ"כ דלפני תוס' לא היה כתוב האי מימרא דרבה ולכן לא פרשי' תוס' לעיל ואמר רבה

על פום גובא שצריכה שימה ולאתויי אך קשה כצ"ל רש"ל

שצריכה שימה והשתא א"ש הא דמייתי בפרק בתרא דנדה והיתית אבן כו'

רבינו חננאל

ראשונה אליבא דר"ע ושארא טלהו לדברי הכל ובהא איפלינו רבה ור' אלעזר אליבא דר"ע ורבנן, רבה סבר דלרבנן לא מטמיא ע"ז באבן מסמא. ופי' אבן מסמא כגון *) אבן (שומא) [שומה] על מושב ועל האבן ע"ז וניטלה ע"ז וניטלה האבן. ובא אדם וישב על אותו מושב והאי היא דכתיב והיושב על הכלי אשר ישב עליו הזב. ותני עלה אפי' ישב על עשרה מצעות זה ע"ג זה אפילו ע"ג אבן מסמא. דאע"ג דהוא בזב אמורה נדה נמי ומושב נדה מטמא באבן מסמא. דאמר רבה דסבר ר' עקיבא ע"ז כנדה. אבל לענין משא סבר רבה דאפילו רבנן מודו שהיא מטמאה במשא. ור' אלעזר סבר באבן מסמא כולי עלמא לא פליגי שאין ע"ז מטמא ובמשא הוא

רב נסים גאון

פ"ט כי פליגי באבן מסמא כו'. *)עיקר דילה בתורת כהנים והיושב על הכלי אשר ישב עליו הזב אין לי אלא בזמן שהוא יושב עליו ונגע בו מנין לעשרה מושבות זה על גבי זה ואפילו על גבי אבן מסמא ת"ל והיושב וכיוצא בו אמרו בנדה ובועלה יכול היא והוא לא יטמאו טומאה חמורה כו' ומנין לי' מושבות זה על גבי זה ואפילו על אבן מסמא ת"ל וכל המשכב ובמסכת נדה בפרק דם הנדה (דף נה) אמרו או מה היא מטמאה באבן מסמא אף דמה נמי מטמא באבן מסמא אמר קרא (ויקרא טו) אתם אתם מיעטא הוא ובתוספתא טהרות אמרו זוב הזב ורוקו ושכבת זרעו ומימי רגליו ורביעית מן המת ודם נדה כיוצא במרכב הומר במרכב מבהן והומר בהן מבמרכב שהן שוה מגען למשאן לטמא אדם ולטמא בגדים מה שאין במרכב הומר במרכב שהמרכב תחת אבן מטמא מה שאין כן בהן ובמשנה נמי בתחילת הסדר יש כזה הענין ובפרק תינוקת (דף סט) שנינו הזב והזבה והנדה והיולדת והמצורע שמתו מטמאין במשא עד שימוק הבשר ובתלמוד אמרו מאי במשא ממש אמו כל מת מי לא מטמא במשא. אלא מה במשא באבן מסמא דכתיב (דניאל ו) והיתית אבן חדא ושמת על פום גבא. מה שרץ לא מטמא באבן מסמא אף ע"ז לא מטמא באבן מסמא ודע שהשרץ הזכיר בו הכתוב נגיעה כדכתיב (ויקרא יא) ונגע בנבלתם ומפרש ליה רבנן במגע הן מטמאין ואינן מטמאין במשא והראיל ואינו מטמא אלא בנגיעה בלבד כמו כן אינו מטמא על גבי אבן מסמא שהרי לא נגע

*) עיין ערוך ערך אבן מסמא.

[ד]**סימן שיב ס"ו - [ה]מקנחין בשבת בעשבים לחים אפי' הם מחוברים, ובלבד שלא יזיזם** - היינו שלא ישמוט אותם ממקום חיבורם, משום תלישה, **ומשום משתמש במחובר ליכא, [ו]דלא אמרו אלא באילן אבל לא בירק.**

אות [ב']

המקנח בדבר שהאור שולטת בו, שיניו התחתונות נושרות

סימן ג סי"א - [ז]לא יקנח בחרס, משום כשפים - ואפילו היא חלקה ואינה מקרע הבשר, דאם אינה חלקה ויש בה חדודים קטנים, יש בזה ג"כ מפני הסכנה, שלא ינתק שיני הכרכשתא.

ולא בעשבים יבשים, שהמקנח בדבר שהאור שולט בו, שיניו התחתונות נושרות; [ח]ולא בצרור שקנח בו חבירו, מפני שמביא את האדם לידי תחתוניות - אבל אם קנח הוא עצמו בו, או שיבש, או שקנח מצד אחר, לית לן בה.

הגה: ועכשיו שבתי כסאות שלנו אינן בשדה, נהגו לקנח (בחרס) - דלא שכיחי כשפים, ודוקא אם הוא חלק.

(וכן נהגו לקנח) בדבר שהאור שולט בו, ואינו מזיק, ופוק חזי מאי עמא דבר - אפשר דוקא לענין שאר דברים, אבל לענין עשבים יבשים, גם להגה"ה יש להחמיר, דהם מחתכים את הבשר.

אות ג'

הנצרך לנקביו ואוכל, דומה לתנור שהסיקוהו על גב אפרו, וזו היא תחלת רוח זוהמא

רמב"ם פ"ד מהל' דעות ה"ב - ולא יאכל עד שיבדוק עצמו יפה יפה שמא יהיה צריך לנקביו.

אות ד'

חרס... כדי לקבל בו רביעית

רמב"ם פי"ח מהל' שבת [ט]הי"א - חרס, כדי לקבל בו רביעית.

אות ה'

מי שהיה ביתו סמוך לעבודה זרה ונפל, אסור לבנותו. כיצד יעשה, כונס לתוך שלו ארבע אמות ובונה; היה שלו ושל עבודה זרה, נידון מחצה על מחצה

יו"ד סימן קמג ס"א - מי שהיה ביתו סמוך לבית עבודת כוכבים, ונפל, אסור לבנותו - ‹כתב הש"ך משמע מדברי הט"ו, שאפי' אין הבית עצמו נעבד, אסור לבנות כותל להבית, כיון שמהנה לאליל, וכן משמע בש"ס וברש"י, **דלא** כהב"ח שמתיר אם הבית עצמו אינו נעבד רק שהעמידו בו עבודת כוכבים, דלא נקרא מהנה לעבודת כוכבים בבנין הכותל, ואין דבריו נראין כלל, עכ"ל - באה"ט›. **כיצד יעשה, כונס לתוך שלו, ובונה; ואותו הריוח ממלאו קוצים או צואה, כדי שלא ירחיב בבית עבודת כוכבים. היה הכותל שלו ושל עבודת כוכבים, ידון מחצה למחצה** - ‹וחלקו עולה לו, שאם היה עביו של כותל ב' אמות, מונה האמה שלו וכונס עוד ג' אמות לתוך שלו, רש"י והר"ן. - באה"ט›. **שלו מותר בהנאה, ושל עבודת כוכבים (אסור; ואם אינו מכיר) (טור) הכל אסור בהנאה, אבניו ועציו ואפרו** - וכתבו התוספות ואפילו למ"ד אין עובדין לשברים, מיירי הכא שהיתה עבודת כוכבים של ישראל, או של עובד כוכבים וישראל השתחוה לה, **ובירושלמי** מוקי לה כגון שהשתחוה לכל אבן, עכ"ל - באה"ט›. **(מיהו מותר למכור להם חלקו בכל מקום שהוא) (ר"ן פ' כל הצלמים).**

---

§ מסכת שבת דף פב: §

אות א'

אלא מה נדה אינה לאברין

רמב"ם פ"ח מהל' מטמאי משכב ומושב ה"ד - זב שהכניס ידו או רגלו לאויר כלי חרס, הואיל ולא נגע בו מתוכו ולא הנידו, הרי זה טהור, שאין הנדה וכיוצא בה מטמאין לאיברים. השגת הראב"ד: ה"ז טהור שאין הנדה וכו'. א"א [א]זה אינו מחוור אצלי, כי מאחר שאויר מטמא [ב]במגע, למה אין התנור טמא; ומה שאמר שאין הנדה מטמאה לאיברים, לא על זו הדרך נאמר, אלא שהמשכב והמושב שפשטה הנדה ידה או רגלה עליה, אינו טמא, אלא אם נגעה בו או נסמכה רוב כחה עליו.

באר הגולה

[ד] ‹ע"פ הבאר הגולה› [ה] **ב"י ממשמעות פירש"י שם וכר' ירוחם** ‹ומשמע מדברי רש"י, שאפילו אם העשבים מחוברים יכול לקנח בהם בעודם מחוברים ולא יזיזם, ומשום שימוש במחובר ליכא, כדאמרינן בפרק ג' דעירובין (לד:) דלא אסרו אלא באילן אבל לא בירק, וכן כתב רבינו ירוחם - ב"י› [ו] **עירובין ל"ד** [ז] **שבת פ"ב חולין ק"ה** [ח] **ברכות ס"ב** [ט] ‹כצ"ל› [א] ‹ואין בזה השגה על רבינו, שפירושים שונים הם, ורש"י מפרש פירוש שלישי - כסף משנה› [ב] ‹והרמב"ם ז"ל ס"ל, דטומאת אויר אין זה מדין מגע, שנוגע באוירו, רק דין מיוחד דכל שהטומאה באוירו נטמא הכלי, ובעינן שיהא כל הטומאה באוירו, וכיון דנדה וכיוצא בה אינן לאברים, דאין אבר מהם טומאה בפ"ע, בהכניס ידו או רגלו לאויר כלי חרס אינו נטמא - מקדש דוד›

אות ב'

אף עבודה זרה אינה לאברין

רמב"ם פ"ו מהל' שאר אבות הטומאה ה"ג - **קצץ אבר ממנה, אפילו היה כמרדע, הרי זה טהור; שע"ז אינה מטמאה לאיברים, אלא הצורה כולה כשהיא שלימה, שנאמר: תזרם כמו דוה, מה דוה אינה מטמאה לאיברים, אף ע"ז אינה מטמאה לאיברים; כקולי אבות הטומאות דנו בה, מפני שטומאתה מדבריהם, עשאוה כשרץ שאינו מטמא במשא, וכמת שאינו מטמא אלא בכזית, וכנדה שאינה מטמאה לאיברים.**

אות ג'

כשרץ, מה שרץ לא מטמא במשא, אף ע"ז וכו'

רמב"ם פ"ו מהל' שאר אבות הטומאה ה"ב - **ע"ז עצמה מטמאה אדם וכלים במגע, וכלי חרס באויר, ואינה מטמאה במשא, כשרץ, שנאמר: שקץ תשקצנו; ושיעורה כזית, לא תהיה זו חמורה מן המת, אבל אם היתה הצורה פחותה מכזית, טהורה.**

---

§ מסכת שבת דף פג. §

אות א'

ומשמשיה כשרץ

רמב"ם פ"ו מהל' שאר אבות הטומאה ה"ה - **כל משמשי ע"ז כשרץ, מטמאין אדם וכלים במגע, וכלי חרס באויר, ואינן מטמאין במשא; ושיעור טומאתן בכזית, [א]ואפילו קצץ ממשמשיה כזית מן הכלי, מטמא כשרץ, זו חומר במשמשיה יותר מע"ז עצמה.**

אות ב'

הזב בכף מאזנים ואוכלין ומשקין בכף שנייה, כרע הזב, טמאין; כרעו הן, טהורין

רמב"ם פ"ח מהל' מטמאי משכב ומושב ה"ו - **הזב בכף מאזנים, וכלי העשוי למשכב או למרכב בכף שניה כנגדו, כרע הזב, הרי הן ככלים שנגע בהן שהרי הסיטן; כרעו הן, טמאין משום משכב ונעשו אב, שהרי נשאו הזב וכאילו עמד עליהן. היה בכף שניה שאר הכלים או אוכלין ומשקין או אדם, [ב]בין שכרעו הן בין שכרע הזב, כולן ראשון לטומאה.**

באר הגולה

א ‹מאחר ששיעורה כזית יש לנו לומר כן, דסתם כלי גדול מכזית - כסף משנה› ב ‹הרי להדיא, דכשהכלים או האוכלין או המשקין הסיטו את הזב, טמאין כמו הזב שהסיט אותם, דלא כמשא שבכל הטומאות. **אבל** בשבת [פ"ג א] הביא הש"ס משנה זו בגירסא אחרת, שאומר שם כדתנן: הזב בכף מאזנים ואוכלין ומשקין בכף שנייה, כרע הזב טמאין, כרעו הן טהורין. ופירש"י דתנן: כל שהזב נישא עליו טהור וכו', הרי להדיא דאין היסט בכלים ואוכלין ומשקין זולת האדם. ולכן הביא רש"י מכל שהזב נישא עליו, דפשיטא ליה דהיסט ומשא שוין הן. **ומדברי** התוס' שם נראה שלא היה לפניהם בבא זו במשנה כלל ע"ש. **מיהו** עכ"פ זהו שאמרנו דהוה פלוגתא דרבוותא, דלהרמב"ם והר"ש והר"ב יש בהם היסט, ולרש"י ותוס' אין בהם היסט - ערוה"ש›

ורבי עקיבא למאי הלכתא איתקש לנדה למשא לוקשיה לנבלה אין הכי נמי אלא מה נדה אינה לאברין אף ע"ז אינה לאברין אלא הא דבעי רב חמא בר גוריא ע"ז ישנה לאברים או אינה לאברים תיפשוט ליה מהא בין לרבנן בין לרבי עקיבא דאינה לאברים רב חמא בר גוריא כרבה מתני ובעי לה אליבא דרבי עקיבא מיתיבי ע"ז כשרץ *ומשמשיה כשרץ רבי עקיבא אומר ע"ז כנדה ומשמשיה כשרץ בשלמא לרבי אלעזר ניחא אלא לרבה קשיא °אמר לך רבה מי אלימא ממתני' דקתני עציו ואבניו ועפריו מטמאין כשרץ ואוקימנא מאי כשרץ דלא מטמא באבן מסמא ה"נ דלא מטמא באבן מסמא מיתיבי נכרי ונכרית ע"ז ומשמשיה הן ולא היסטן רבי עקיבא אומר הן והיסטן בשלמא לרבי אלעזר ניחא אלא לרבה קשיא אמר לך רבה ולימעמיך נכרי ונכרית נמי הן ולא היסטן *והתניא °דבר אל בני ישראל וגו' בני ישראל מטמאין בזיבה *ואין נכרים מטמאין בזיבה אבל גזרו עליהן שיהו כזבין לכל דבריהן אלא רבה מתרץ לטעמיה נכרי ונכרית הן והיסטן ואבן מסמא שלהן ע"ז היא והיסטה אבל לא אבן מסמא שלה רבי עקיבא אומר ע"ז היא והיסטה ואבן מסמא שלה ורבי אלעזר מתרץ לטעמיה נכרי ונכרית הן והיסטן ואבן מסמא שלהן ע"ז היא ולא היסטה ורבי עקיבא אומר ע"ז היא והיסטה מתקיף לה רב אשי מאי הן אלא אמר רב אשי הכי קאמר נכרי ונכרית בין הן שהסיטו את אחרים ובין אחרים שהסיטו אותן טמאים ע"ז שהסיטה אחרים טהורין אחרים שהסיטו אותה טמאים משמשיה בין הן שהסיטו את אחרים ובין אחרים שהסיטו אותן טהורים רבי עקיבא אומר נכרי ונכרית וע"ז בין הן שהסיטו את אחרים ובין אחרים שהסיטו אותן טמאים משמשיה בין הן שהסיטו אחרים ובין אחרים שהסיטו אותן טהורין ע"ז בשלמא אחרים שהסיטו אותה משכחת לה אלא היא שהסיטה את אחרים היכי משכחת לה אמר רמי בריה דרב ייבא *כדתנן *הזב בכף מאזנים ואוכלין ומשקין בכף שנייה כרע הזב טמאין כרעו

רש"י

ור' עקיבא למאי הלכתא איתקש לנדה למשא. לתודה לוקשה לנבלה: **כרבה מתני לה.** דאמר לעיל דר"ע לאבן מסמא נמי אקשה לנדה ולא מצי לאקשה לנבלה: **ובעי לה אליבא דר' עקיבא.** מי מקיש נמי לענין נדה דאינה לאברים או לא: **ניחא.** דקתני לרבנן כשרץ אלמא לא מטמיא במשא: **מתני'.** דמסכת ע"ז אבניו ועציו כו': **ה"ג נכרי ונכרית וע"ז ומשמשיה כו'.** ול"ג מגע נכרי ונכרית שגזרו חכמים עליהן טומאת זבין: **הן ולא היסטן.** קס"ד היסטן משמע שהוסטו דהיינו משא ולא כשאר היסיטות שבהש"ס דמשמעו שהסטא הסיט האחרים: **בשלמא לר"א ניחא.** דקתני ולא היסטן דמשמע דלא מטמא במשא ולקמן פריך מאי הן אי הן טמאין קאמר פשיטא השתא היסטן טמא הם מיבעיא הכי איבעי ליה למתני מגען ולא היסטן: **לכל דבריהם**(א). אלמא מטמאו במשא דאי לא מטמאו אלא במגע מאי כזבין לימא כטמאי מתים: **אלא.** הא משבשתא היא ובעי לתרולי ורבה מתרץ לטעמיה ורבי אלעזר לטעמיה: **ואבן מסמא שלהן** גרסי' גבי נכרי ונכרית בין בתרלתא דרבה בין בדר' אלעזר והכי אמרינן בפרק בתרא דמסכת נדה (דף סט:) נכרי ונכרים מטמאין באבן מסמא: **ר' אלעזר מפרק לטעמיה כו' ע"ז היא ולא היסטה.** ולא משאה שאינה מטמאה במשא: **מתקיף לה רב אשי מאי הן.** אי רבה ורבי אלעזר היסט דברייתא לשון משא משמע להו שהסיטו אחרים דהיינו משא מאי הן והיסטן הן ולא היסטן דקתני בין לר' עקיבא בין לרבנן אי למימרא דהן עצמן טמאים פשיטא דאי טהורים הם היסטן מנא להו הכי איבעיא לאיפלוגי ע"ז אין היסטה טמא ר' עקיבא אומר היסטה טמא: **אלא אמר רב אשי הכי קאמר נכרי ונכרית בין הן שהסיטו אחרים.** והיינו היסטן דקתני בה ככל היסט שבמשנה: **בין אחרים שהסיטו אותן.** דהיינו משא וזהו הן דקתני בברייתא והכי משמע הן והיסטן לישנא דברייתא משא שהזכירו חכמים בנכרי ונכרית בין הן שהוסטו על ידי אדם בין היסטן כלומר מה שהסיטו הן טמאין דתורת זבין עליהם דזב שהוסט ע"י אדם או הסיט את האדם ואת כל דבר טמאוהו דתנן (זבין פ"ה משנה ב) כל הנישא על גבי זב טמא והיינו היסט וילפינן לה במסכת נדה (ד' לג:) מוכל הנוגע בכל אשר יהיה תחתיו ומוקמי' לקרא התם ע"כ דה"ק וכל הנוגע בכל אשר יהיה הזב תחתיו דהיינו נישא על גבי הזב: **ע"ז שהסיטה את אחרים טהורים.** דאיתקש לשרץ להכי שלא תטמא לא בהיסט ולא באבן מסמא ואליבא דרבה קמתרץ לה רב אשי: **אחרים שהסיטוה טמאים.** דהיינו משא ומודו רבנן דמטמאה במשא דאיתקש לנדה: **רבי עקיבא אומר.** ע"ז נמי כנכרי ונכרית בין שהסיטה בין שהוסטה וה"ה לאבן מסמא דאיתקש לנדה והכי תני רב אשי לברייתא אליבא דרבה נכרי ונכרית הן המשא שלהן והיסטן ע"ז היא המשא שלה ולא היסטה משמשיה לא הן ולא היסטן ר' עקיבא אומר נכרי ונכרית ע"ז הן והיסטן משמשיה לא הן ולא היסטן וממילא לר' אלעזר מתרץ לה רב אשי הכי נכרי ונכרית הן והיסטן ע"ז ומשמשיה לא הן ולא היסטן ר' עקיבא אומר נכרי ונכרית הן והיסטן ע"ז היא ולא היסטה דבמשא מטמיא ולא באבן מסמא דהוא דומיא דהיסט משמשין לא הן ולא היסטן כך נראה לי סוגיא זו ולא פירשו רבותינו כן והם פירשו מאי הן דאתקפתא דרב אשי אדרבי עקיבא קאי ולא קשיא ליה אלא דתני לה בלשון רבים והכי קשיא ליה כיון דר"ע אע"ז לחודה קאי אמאי תנא הן והיסטן היא והיסטה איבעיא ליה למיתני ולא נהירא לי דקשיא לי טובא בגווה חדא דלא אתקפתא היא דכיון דאמרן דמתני' מחסרתא היא ואוסופי מוספינן עלה שפיר מיתני בה [הן] לר"ע בין לרבה דקאמר ר"ע אכולהו קאי וקאמר *הן והיסטן לר' אלעזר נמי קאי אכולהו דהכי קאמר ר' עקיבא ע"ז לענין היסט דהיינו משא כנכרי ונכרית וכולן הן והיסטן והכי קתני רבי עקיבא אומר נכרי ונכרית ע"ז הן והיסטן ועוד מ"ש דלא מיפלגי בין הסיטו להוסטו אלא בתרלתא דרב אשי ומאי דוחקיה לפלוגי בהו אי לאו דהן דברייתא משמע ליה שהוסטו והיסטן משמע שהסיטו ועוד דסוף סוף בתירוצא דרב אשי לא מיתרלא אתקפתיה דאי הן משום מגע משמשיה קאמר [לא] הן ולא היסטן הוא ואילו רבי עקיבא הן והיסטן קאמר ואי אנכרי ונכרית הכא נמי ה"מ לתרולי כלישנא קמא ומאי אתקפתיה: **היכי משכחת לה.** שהתפך יסיט אדם או חפץ אחר: **כרע הזב טמאין.** שהרי הסיטן זב והיסטו של זב כי האי גוונא כתיב בין בכלים בין באדם בין באוכלין ומשקין בכלים כתיב וכלי חרש אשר יגע בו הזב ותניא בת"כ יכול יטמאנו מאחוריו נאמר כאן בו ונאמר להלן אשר תבושל בו מה להלן מאוירו אף כאן מאוירו א"כ למה נאמר אשר יגע בו פשיטא מי גרע משאר טומאות שמטמאין כלי חרם מאוירן כיון דכתיב גבי שרצים ל"ל למכתבי' הכא אלא להביא מגעו שהוא כסטו ואפי' מאחוריו ואיזהו זה היסטו וגבי אדם נמי וכל אשר יגע בו הזב ואי משום מגע הא כתיב טגע בבשר הזב אלא להביא מגעו שהוא כסטו ואפי' מאחוריו ואיזהו זה היסטו וגבי אוכלין ומשקין תנא וכל כלי עץ ישטף במים אמר ר' שמעון ומה בא זה ללמדו אם ללמד שיטמא הזב כלי שטף במגע והלא כבר נאמר הנוגע בבשר הזב יכבס בגדיו אם הטגע בו יכבס בגדיו שהן כלי שטף במגע הוא עצמו לא יטמא כלי שטף במגע אלא למה נאמר וכל כלי עץ וגו' להביא אוכלין ומשקין וכלים הניטלין ע"ג הזב דבסיפיה דקרא דאשר יגע בו הזב כתיב דאוקמינן דמשתעי בהיסט והיינו דתנן כל הנישא על גבי הזב טמא:

תוספות

מיתיבי ע"ז כשרץ ומשמשיה כשרץ. *מברייתא אלים ליה למיפרך ממתני' משום דקתני בה משמשיה משמע דע"ז דומיא דמשמשיה דלא מטמו במשא: **ומשמשיה** בין הן שהסיטו כו'. בסטייא קמא לא מדכר משמשיה משום דהוי בכלל הן ולא היסטן דברייתא אבל רב אשי הוצרך לפרש דמשמשיה לא הן ולא היסטן ולא הוי בכלל הא דקתני בברייתא הן ולא היסטן:

ורבי עקיבא. הרב פור"ת לא גרים משמשיה במילתיה דר"ע דלא פליג במשמשיה ארבנן:

הזב בכף מאזנים כו'. במס' זבים (פ"ד משנה ה) גרסינן הזב בכף מאזנים ומשכב ומושב בכף שנייה כרע הזב טהורין פי' ממדרס ומ"מ טמאין כדין היסט הזב כרעו הן טמאים פי' ממדרס כיון שהזב למעלה הרי נשען עליהן וגירסת הקונט' מיושב יותר אך לא נמצא כן אם לא שברייתא היא בשום מקום:

רבינו חננאל

דפליגי. רבנן סברי לא מטמאה במשא. ור"ע סבר מטמאה במשא. והלכה כרבנן ואליבא דר' אלעזר דרבא משני בשינויא דחיקי וטומאת ע"ז דרבנן היא. ולענין הא דמספקינן בין אליבא [דרבא] בין אליבא דר' אלעזר. דלר' עקיבא האי הא איתקש ע"ז לשקץ דכתיב שקץ תשקצנו משום משמשיה קשיא למקצת תלמידים כי סברי משמשי ע"ז אפי' אליבא דר' עקיבא בשקץ היכי קתני לענין בית ע"ז אבניו ועציו ועפריו מטמאין כשרץ. ר"ע אומר כנדה. דאהדרינן דהאי בית היא גופיה ע"ז דתנן בתורת (כתריא) [במשנה] ג' בתים הן. בית שבנה מתחלה לע"ז הרי זה אסור. ואמרינן עלה אמר רב המשתחוה לבית לא אסרו ומותבינן לרבה דאמר במשא כולי עלמא לא פליגי דאף רבנן מודו [דמטמא] קשיא ע"ז כשרץ. ורחי *) (ומותבינן נמי מגע נכרי ונכרית ע"ז ומשמשיה הן [ולא היסטן]. ופרקינן דאמר לדרבה ולימעמיך דקאמ' נכרי ונכרי' ולא היסטן ר"ע אומר הן והיסטן. ופי' היסט נדנוד. שאם אמרה הא ברייתא אין נכרי ונכרית נשל אדם קנה או קיסם ונדנד את הבגד אומרין שהסיטן. ומי מטמאין בהיסט הלא גזרה היא שנשא כלום כבר הסיטן. ויש מסים שלא במשא. וכוון עליהן שיהו כזבין מטמאין לכל. שכן המשנה הזו ע"ז מטמא במגע ואין מטמא בהיסט דבריהן והרי הזב מטמא בהיסט הרי נוגע באמת שאינה מטמא במשא כמו מגע נכרי אלא רבה מפרש טעמיה דרבי אלעזר דנכרי ונכרי' כי הנשאת מסיטה לפי שהוא מתנד' מתרץ לטעמיה. רבה מוקים לה בכותי כדפרשינן לעילא. ור"ע אומר הן והיסטן [ואבן מסמא שלהן ופליגתא] באבן מסמא אבל לענין כל המסים ע"ז מטמא והנשא בכלל מסים. בשלמא ע"ז ומסלק היסט מן פלוגתא ולר' אלעזר במשא פליגי ניחא הא ברייתא אלא דר' אלעזר מסלק פלוגתא מן נכרי ונכרית לענין בסים. ומוקי לה לפלוגתא לענין ע"ז ומשמשיה בלחוד). מתקיף לה רב אשי מאי הן דמשמע דברייתא הן ולא היסטן ר' עקיבא אומר הן והיסטן בלשון רבים על מגע נכרי ונכרית וע"ז. והאי תירוצא דאמרינן לרבה היא ולא אבן מסמא. ר"ע אומר היא ואבן מסמא. לית בה לענין ע"ז פלוגתא בהסים כל עיקר. וקאי מפיק לה לברייתא מן פשטא כלל. אבל ר' אלעזר קא מתרץ הן אבל לא הסיטן לרבנן ולר' עקיבא הן והסיטן על ע"ז ומפיק להו נכרי ונכרית בראיה ברורה דהא אמורה כי היכן דאף רבה מפקינן שהרי גזרו עליהן שהן כזבין לכל דבריהן. והא גזירה לענין תרומה ששורפין אותה על מגע גוי והסיטן כדמפרש בתורת כהנים. אבל חולין לא גזרו בהן טומאת נכרי. והכין לישנא דגמרא איצטרכינן למיכתבא משום דמשמש ואית בה דפליגי רבה מתרץ לטעמיה נכרי ונכרית הן והיסטן ואבן מסמא שלהן ע"ז היא והיסטה אבל לא אבן מסמא שלה. ר"ע אומר היא ואבן מסמא שלהם ר' אלעזר מתרץ לטעמיה נכרי ונכרית הן והיסטן אבל לא אבן מסמא שלהן. ע"ז היא אבל לא היסטה. ר' עקיבא אומר ע"ז היא והיסטה ומשמשיה הן ולא היסטן. מתקיף לה רב אשי מאי הן והא אתקפתא דרב אשי על מימרא דרבה היא בלחוד. דאילו ר' אלעזר הא קא מתרץ אבל לא היסטן. ור' עקיבא אומר הן והיסטן לענין ע"ז וליכא אתקפתא עליה. ומשום הכין מתרץ רב אשי אליבא דרבה ולא קא מתרץ אליבא דר' אלעזר ולא מכלל דסבר לה כרבה ולא סבר לה כר' אלעזר אלא משום דתרצתא דר' אלעזר תרצא וסומא. ודרבה צריכה עדיין תרצתא. ולא שריא רב אשי תיובתא. אלא תריץ לה תירוצא דחיקא. ולעולם אימא לך דכר' אלעזר סבירא ליה והכין קא מתרץ רב אשי אליבא דרבה האי דקאמרו מאי הן אבל לא היסטן. ר' עקיבא אומר הן והיסטן דאפלגו לענין ע"ז אמר לך רבה הכי קאמר ע"ז ומשמשיה הן אבל לא היסטן שהיסטו הן את אחרים. ר"ע אומר הן והיסטן. אפי' שהיסטו הן את אחרים. ולאו הכין שאילנן. ע"ז שהסיטה היא את אחרים היכי משכחת לה. ופריש רמי בר ייבא כגון שהיתה היא בכף מאזנים ואחרים בכף מאזנים וכרעה ע"ז ותלה נתתא משום יוקרא מכחת שמכרעת

*) דברי רבינו אלו מהולי' כנגה ועיין בסוף המסכתא.

עין משפט נר מצוה

ה א מיי' פ"ו מהלכות שאר אבות הטומאות הלכה ס:

ו ב מיי' פ"ח מהלכות משכב ומושב הלכה ו סמג עשין רמג:

מסורת הש"ס

נדה לד.

[פי' תוס' ב"ב כ. ד"ה ונכרי]

[לעמ"ש תוס' ד"ה הזב כו' אם לא שברייתא היא כו' ל"ל כרסניא]

הגהות הב"ח

(א) רש"י ד"ה לכל דבריהם. נ"ב ע"ל דף פו ע"ב:

הן והיסטן ולאבן מסמא כצ"ל

גליון הש"ס

גמ' אמר לך רבה מי אלימא ממתני'. לעיל ד' יב ע"א עירובין דף סט ע"ב תוס' ד"ה מיתיבי וכו' מברייתא אלים ליה. עי' לעיל דף יב ע"א תוס' ד"ה מי אלימא:

כרעו הן טהורין כמאן אולא הא דתניא *כל הטמאות המסיטות טהורות חוץ מהיסטו של זב *שלא מצינו לו חבר בכל התורה כולה לימא דלא כרבי עקיבא דאי כרבי עקיבא איכא נמי ע"ז אפילו תימא ר' עקיבא תנא זב וכל דדמי ליה *בעי רב חמא בר גוריא ע"ז ישנה לאברים או אינה לאברים היכא דהדיוט יכול להחזירה לא תיבעי לך דכמאן דמחברת דמי כי תיבעי לך היכא דאין הדיוט יכול להחזירה מאי כיון דאין הדיוט יכול להחזירה כמאן דמתברא דמי או דילמא הא לא מחסרה ואיכא דבעי לה להך גיסא היכא דאין הדיוט יכול להחזירה לא תיבעי לך דכמאן דמתברא דמי כי תבעי לך היכא דהדיוט יכול להחזירה מאי כיון דהדיוט יכול להחזירה כמאן דמחברא דמי או דילמא השתא מיהא קשלפה ושריא תיקו בעי רב אחדבוי בר אמי ע"ז פחותה מכזית מהו מתקיף לה רב יוסף למאי אילימא לענין איסורא לא יהא אלא זבוב בעל עקרון דתניא °וישימו (*להן) בעל ברית לאלהים זה זבוב בעל עקרון *מלמד שכל אחד ואחד עשה דמות יראתו ומניחה בתוך כיסו כיון שזוכרה מוציאה מתוך כיסו ומחבקה ומנשקה אלא לענין טומאה מאי כיון דאיתקיש לשרץ מה שרץ בכעדשה אף ע"ז נמי בכעדשה או דילמא הא איתקיש למת מה מת בכזית אף ע"ז בכזית אמר רב אויא ואיתימא רבה בר עולא ת"ש דתניא ע"ז פחותה מכזית אין בה טומאה כל עיקר שנאמר °וישלך את עפרה (אל) קבר בני העם מה מת בכזית אף ע"ז בכזית ורבנן למאי הלכתא איתקש לשרץ דלא מטמא במשא לנדה דאינה לאברין למת דלא מטמא בכעדשה אימא לחומרא למאי הלכתא אקשה רחמנא לשרץ לטמויי בכעדשה לנדה לטמויי באבן מסמא אקשה רחמנא למת לטמויי באהל טומאת עבודה זרה דרבנן היא וקולא וחומרא לקולא מקשינן לחומרא לא מקשינן: **מתני'** מנין לספינה שהיא טהורה שנאמר °דרך אניה בלב ים:

גמ' פשיטא אניה בלב ים היא הא קמ"ל כים מה ים טהור אף ספינה טהורה תניא חנניה אומר נלמדה משק *מה שק מיטלטל מלא וריקן אף כל מיטלטל מלא וריקן לאפוקי ספינה דאינה מיטלטלת מלא וריקן מאי בינייהו איכא בינייהו ספינה של חרס מאן דאמר אניה בלב ים הא נמי בלב ים היא למ"ד כשק הנך (היא) דכתיבי גבי שק דאי מיטלטלת מלא וריקן אין אי לא לא אבל ספינה של חרס אע"ג דאינה מיטלטלת מלא וריקן אי נמי ספינת הירדן למ"ד אניה בלב ים היא הא נמי אניה בלב ים היא למ"ד מיטלטלת מלא וריקן הא נמי מיטלטלת מלא וריקן דא"ר חנינא בן עקביא מפני מה אמרו ספינת הירדן טמאה מפני שטוענים אותה ביבשה ומורידין אותה למים א"ר יהודה אמר רב *לעולם אל ימנע אדם את עצמו מבית המדרש ואפי' שעה אחת שהרי כמה שנים נשנית משנה זו בבית המדרש ולא נתגלה טעמה עד שבא רבי חנינא בן עקביא ופירשה אמר רבי יונתן לעולם אל ימנע אדם את עצמו מבית המדרש ומדברי תורה ואפי' בשעת מיתה שנא' °זאת התורה אדם כי ימות באהל אפי' בשעת מיתה תהא עוסק בתורה *אמר ר"ל אין דברי תורה מתקיימין אלא במי שממית עצמו עליה שנאמר זאת התורה אדם כי ימות באהל אמר רבא

ולחנניה

רש"י

כרעו הן. ונשאו הן את הזב: **מסורין.** דתנן כל שהזב נישא עליו טהור חוץ מן הראוי למשכב ומושב האדם אבל כל שאר כלים ואוכלים אין מיטמאין מחמת משכב ומושב כדתניא (לעיל דף נט:) מי שמיוחד לישיבה יצא זה שאומרים עמוד ונעשה מלאכתנו ולמהוי אפילו ראשון לטומאה מחמת משא הזב נמי לא *דכי כתיב משא הזב באדם כתיב והנשא אותם וגו' והא דאמר לעיל נכרי ונכרית וע"ז שהסיטום אחרים טמאים באדם קאמרינן: **כל הטמאו' המסיטות.** אחרים כגון בכף מאזנים או אדם טמא מת שהסיט את חברו טהורין: **שלא מצינו לו.** בשאר טומאות שבתורה אלא בזב: **וכל דדמי ליה.** דאתי מריבויא דזב וע"ז מנדה גמרי דהיינו זב: **ישנה לאברים.** כגון של חוליות ישנה לטומאתה אבר אבר או לא: **דהדיוט יכול להחזירה.** שאין צריך אומן לכך: **פחותה מכזית.** והיא שלמה: **לענין איסור.** ליאסר בהנאה: **ומחבקה ומנשקה.** והוא לשון ברית אהבה וחבה אלמא אדוקים בה וע"ז היא: **הא איתקש למת.** כדלקמן *אל קבר בני העם: **ורבנן למאי הלכתא כו'.** אתקפתא היא לרבנן דאמרי אינה מטמאה במשא למאי הלכתא אמרו אליבייהו דאיתקש לנדה דאינה לאברים ולשרץ דלא מטמינן במשא למת דאינה מטמאה בכעדשה כולהו לקולא: **אימא.** כולהו לחומרא: **דרבנן.** דכל הנך היקשות דברי קבלה נינהו ואסמכתא בעלמא ושקץ תשקצנו לאו לשון שרץ ממש הוא אלא עיקר קרא לכנות לה שם לגנאי אתא: **מתני' שהיא טהורה.** שאינה מקבלת טומאה: **בלב ים.** הרי היא כים: **גמ' פשיטא אניה בלב ים היא.** לאו פירכא היא אלא פירוש למתני': **נלמדה משק.** שהרי כלי עץ היא והוקשה לשק לענין טומאה: **אף כו'.** וזו אינה מיטלטל' מלאה דגדולה היא: **ספינה של חרס.** דלא איתקש לשק: **אי נמי ספינת הירדן.** איכא בינייהו שהיא קטנה ומיטלטלת מלאה וריקניה לפי שהנהר קטן: **הא נמי בלב ים.** ד"ה לאו דוקא וכל הנהרות נמי טהורין הן: **נשנית משנה זו.** של מסכת כלים דתני בה ספינת הירדן טמאה ולא נתגלה הטעם למה:

תוספות

ע"ז ישנה לאיברים כו'. בשל חוליות מבעיא ליה אבל ע"ז שנשתברה פשיטא ליה דלא מטמאה ולא משום היקישא דנדה פשיטא ליה בנשתברה דדמיא לגמרי לנדה שאין אדם יכול להחזירה דא"כ אמאי קאמר לעיל דמבעיא ליה אליבא דר' עקיבא אליבא דרבנן נמי מצי למיבעי דהא דנפקא להו דע"ז אינה לאיברים מנדה הני מילי כשנשתברה לגמרי אלא ודאי בלא נדה פשיטא ליה דנשתברה טהורה: **כי** תבעי לך היכא דאין הדיוט כו' לענין טומאה מבעיא ליה כדפי' הקונט' ולעיל נמי מייתי אפלוגתא דרבי עקיבא ורבנן אבל לענין איסורא דאורייתא לא שייך למילף מנדה ואע"ג דאסור בהנאה בטומאה דרבנן מיבעיא ליה אי פרכה אי לאו משמע דבהדיוט יכול להחזירה פשיטא דאסירה אפילו לגיסנא בתרא מדבעי לענין טומאה בהדיוט יכול להחזירה דאי איסור הנאה דאורייתא שרי כ"ש דלא מטמא °וקשה לר"י דבפרק ג' דמסכת ע"ז (ד' מט:) פליגי רב ושמואל בע"ז שנשתברה מאליה דרב אמר צריכה לבטל כל קיסם וקיסם ושמואל אמר אין ע"ז צריכה לבטל אלא דרך גדילתה ובעי לאוקמא פלוגתייהו בשברי שברים ומסיק דבע"ז של חוליות עסקינן והדיוט יכול להחזירה קא מיפלגי דרב סבר כיון דהדיוט יכול להחזירה כו' לא בטלה משמע דבאין הדיוט יכול להחזירה אפי' רב מודה דשריא ונראה לר"י דהתם פליגי בחוליות קטנים דכשמתפרקין הוו כעין שברי שברים דקאמר התם מעיקרא אבל הכא מיירי בחוליות גדולות דאפי' שמואל מודה דאסירי בהנאה אפי' אין הדיוט יכול להחזירה: **וישימו** להם בעל ברית וגו'. האי קרא בשופטים כתיב וקשה לר"י למה לא הביא קרא דמלכים (ב א)*זבוב בעל עקרון ולמה ליה לאתויי ברייתא וי"ל דאי מהתם ה"א זבוב גדול היה אלא שהיה לו דמות זבוב לכך מייתי מהכא שהיה קטן כשאר זבובים כדקתני ומניחה בתוך כיסו ודרש לה מדכתיב בעל ברית משמע שכרתו להן ברית להיות כל שעה אצלם ומסברא קאמר זה זבוב בעל עקרון:

מה מת בכזית אף ע"ז בכזית. תימה [לר"י] לרבי עקיבא אי ישנה לאברים נוקי האי היקישא לקולא דבעי כזית אאברים אבל ע"ז שלימה אפילו אין בה כזית דומיא דמת כשהוא שלם דמטמא אפילו אין בו כזית כדאמר בנזיר בפרק כ"ג (דף נ:) ויש לומר דבמת אפי' אבר שלם שאין בו כזית טמא כדאמרינן נמי התם א"כ כך לי אבר אחד כמו כולה ואם תאמר אכתי מלי לאוקמא היקישא בחוליא אחת שכנגדה במת לא חשיב אבר וי"ל דההיא אפילו כזית לא מטמא דכשברי שברים חשיבא: **נלמדה** משק. דספינה אינה מיוחדת למדרס אף על פי שכל שעה יושבין בה בני אדם מכל מקום עיקרן עשויות לפרגמטיא ואומר בה עמוד ונעשה מלאכתנו דאי ספינה מיוחדת למדרס לא הוה ילפינן משק כדאמרינן בריש אלו מומין (בכורות לח.) דמדרסות לא איתקש לשק*: **לאפוקי** ספינה שאינה מיטלטלת מליאה. ומה שמיטלטלת בים לא חשיב ליה טלטול כיון דעיקר הילוכה מחמת המים:

עין משפט נר מצוה

ז א מיי' פ"א מהלכות משכב ומושב הלכה א ב:
ח ב מיי' פ"ו מהלכות שאר אבות הטומאות הלכה ד:
ט ג שם הלכה ג ה:
י ד שם הלכה א:
יא ה ו מיי' פרק י"א מהלכות כלים הלכה א:
יב ח מיי' פ"ג מהלכות ת"ת הלכה יב טוש"ע יו"ד סימן רמו סעיף כא:
[לעיל פב:]

רבינו חננאל

שמכרעת סלקין אחרים בכף מאזנים אחרת תמצאת כנושא אותן וניסוטין מכחה כדתנן בזב. כמאן אולא הא דתניא כל הטומאות המסיטות אחרי' טהורין חוץ מן הזב. שלא מצינו לו בכל התורה כולה ניחא דלא כר"ע. דאי ר"ע הא אף ע"ז שהסיטה את אחרים טמאין. ודחינן אפילו תימא ר"ע תנא זב וכל דדמי ליה. נמצא דברי רב אשי דפלוגתא דרבה ור' אלעזר בתרצתא דהא מתנית' דר' אלעזר סבר בהיסט שהסיטו אחרים את ע"ז פלוגתא דרבנן ודר' עקיבא. אבל הסיטה היא את אחרים טהורין. ורבה סבר בהיסט שהסיטה ע"ז את אחרים פלוגתייהו. אבל אם הסיטוה אחרים טמאין. ובעיא דרמי בר חמא הא אמרינן כרבה בעי לה ואליבא דר"ע. אבל לרבה לרבנן אינה לאברים. ולר' אלעזר בין אליבא דרבנן ובין אליבא דר' עקיבא אינה לאברים. וכן הלכה. ובעיא דרב אחדבוי בר אמי ע"ז פחותה מכזית לענין איסורא פשטא דאסורא דהא זבוב בעל ע"ז עקרון אסור. אבל לענין טומאה אין בה טומאה של כלום דלהכין איתקש למת ואיתקש לנדה שאינה לאברים. ואיתקש לשרץ שאינה מטמא במשא ולא מצית למימר לחומרא לשרץ כעדשה ולנדה לאבן מסמא. ולמת לאהל משום דטומאת ע"ז דרבנן היא. וכי איכא חומרא וקולא לקולא היא דמקשינן: [מתני'] מנין לספינה שהיא טהורה כו'. פי' שאינה מקבלת טומאה. רבנן דמתני' משום מדמי לה ספינה לים מה הים אין מקבל טומאה אף הספינה אינה מקבלת טומאה. וחנניה מספיק לה למילתא דספינה שאין מקבלת טומאה מן השק דכתיב מכל כלי עץ או בגד או עור או שק מה שק מטלטל מלא וריקן מקבל טומאה לאפוקי ספינה שאינה מטלטלת מלא וריקן. לפיכך אינה מקבלת טומאה. מאי בינייהו איכא בינייהו ספינה של חרס לרבנן [שמדמין] אותה לים אף ספינה של חרס טהורה. ולחנניה שהוא [למד] לטהרת ספינה משק ספינה של חרס [מקבלת] טומאה דא' לן עץ ובגד ועור ושק דכתיבי בעניינא גמרינן להו משק נמצא משק מלמד עליו. אלו הדברים שכתובין בפרשה. וכן מלמד שאין מקבלין טומאה אלא מה שהוא מטלטל מלא וריקן כגון שק אבל כלי חרס אינו כתוב עם השק. לפיכך אין השק מלמד עליו. ראע"פ שאינו מטלטל מלא וריקן מקבל טומאה. אי נמי איכא בין רבנן שלמידין מן הים ובין חנניה שהוא למד מן השק.(ספות) [לענין ספינת] הירדן לרבנן טהורה ולחנניה טמאה מפני שהיא מטלטלת מליאות וריקנית כר' חנניה בן עקביה: אמר (רבה) [רבא]

רב נסים גאון

כמאן אולא כל הטמאות המסיטות טהורות חוץ מהיסטו של זב שלא מצינו בכל התורה כולה עיקר דילה בתורת כהנים וכלי חרש אשר יגע בו הזב ישבר אין לי אלא כלי חרס מנין לרבות כלי כו' ומאחר שלמדנו שאין מטמאין אותו אלא מאוירו מה ת"ל אשר יגע בו מגע שהוא ככולו הוי אומר זה היסטו ואמרו וכל אשר יגע בו הזב-זה הוא היסטו של זב הרי למדנו מיכן שכל מה שיסיטנו הזב טמא וזבה ונדה ויולדת וכל דדמי לזב טומאתן כטומאת הזב ומזה העיקר אמרו במשנה (זבין פ"ד מ"ו) הזב בכף מאזנים ואוכלין ומשקין בכף שנייה וכו' ובאדם לא פרש בין הטהור המסיט את הזב ובין הזב המסיט את הטהור כמו ששנינו (שם פ"ה) המסיט את הזב או שהזב מסיט בו מטמא אוכלין כו' ובתוספתא (זבין פ"ד) אמרו בין שהזב מכריען מטמא אחד כו' ותנן נמי (שם פ"ג מ"ח) עלו באילן שכוחו רע ובטובה שכוחה רע טמא

מסורת הש"ס

[זבחים לז. מנחות לח. בכורות כח. נדה מב. ועי' תוס' בכורות כח. ד"ה שלא]
[נ"ל להם]
[לקמן קכב: חגיגה כו: מנחות נו: בכורות נה.]
[ברכות סג: גיטין נז:]
במדבר יט
[ועי' תוס' מנחות נח. ד"ה שידה]

§ מסכת שבת דף פג: §

אות א'

כל הטמאות המסיטות טהורות, חוץ מהיסטו של זב שלא מצינו לו חבר בכל התורה כולה

רמב"ם פ"ח מהל' מטמאי משכב ומושב ה"א - כבר ביארנו בתחלת ספר זה, שאם הסיט האדם את הטומאה שהיא מטמאה במשא, נטמא משום נושא; אבל אם הסיטה הטומאה את האדם, לא נטמא.

רמב"ם פ"ח מהל' מטמאי משכב ומושב ה"א - אין בכל אבות הטומאות כולן טומאה, שאם תסיט את האדם הטהור או את הכלי הטהור, תטמא אותן; אלא הזב או חביריו בלבד, וזו היא הטומאה היתירה בזב שלא מצינו כמותה בכל התורה, שאם הסיט את הטהורין טמאין; כיצד היתה קורה מוטלת על ראש הגדר, ואדם טהור או כלים אפילו כלי חרס על קצתה, והניד הזב את הקצה השני, הואיל ונתנדנדו מחמת הזב, ה"ז כמי שנגע בהן וטמאין ונעשו ראשון לטומאה דין תורה; ואין צ"ל שאם נשא הזב את האדם או את הכלים, שטמאן; ואחד זב וזבה נדה ויולדת בכל הדברים האלו. הנה למדת שהאדם הטהור שהסיט את הזב, נטמא משום נושא זב; והזב שהסיט את הטהור, בין אדם בין כלים אפילו כלי חרס, טמאין, מפני שהנדת הזב לאחרים כאילו נגע בהן.

אות ב'

השתא מיהא קשלפה ושריא

רמב"ם פ"ו מהל' שאר אבות הטומאה ה"ד - נתפרקה ע"ז, אף על פי שההדיוט יכול להחזירה, והרי כל איבריה קיימים, אינה מטמאה.

אות ג'

עבודה זרה פחותה מכזית אין בה טומאה כל עיקר

רמב"ם פ"ו מהל' שאר אבות הטומאה ה"ב - ע"ז עצמה מטמאה אדם וכלים במגע, וכלי חרס באויר, ואינה מטמאה במשא, כשרץ, שנאמר: שקץ תשקצנו; ושיעורה כזית, לא תהיה זו חמורה מן המת, אבל אם היתה הצורה פחותה מכזית, טהורה.

רמב"ם פ"ו מהל' שאר אבות הטומאה ה"ה - כל משמשי ע"ז כשרץ, מטמאין אדם וכלים במגע, וכלי חרס באויר, ואינן מטמאין במשא; ושיעור טומאתן בכזית, ואפילו קצץ ממשמשיה כזית מן הכלי, מטמא כשרץ, זו חומר במשמשיה יותר מע"ז עצמה.

אות ד'

טומאת עבודה זרה דרבנן היא, וקולא וחומרא, לקולא מקשינן, לחומרא לא מקשינן

רמב"ם פ"ו מהל' שאר אבות הטומאה ה"א - טומאת ע"ז מדברי סופרים, ויש לה רמז בתורה, הסירו את אלהי הנכר אשר בתוככם והטהרו והחליפו שמלותיכם, וארבעה אבות הטומאות יש בה: ע"ז עצמה, ומשמשיה, ותקרובת שלה, ויין שנתנסך לה, וטומאת כולן מדבריהן.

אות ה' – ו' – ז'

מנין לספינה שהיא טהורה, שנאמר דרך אניה בלב ים

ספינה של חרס... הא נמי בלב ים היא

[א]אבל ספינה של חרס אע"ג דאינה מיטלטלת מלא וריקן

רמב"ם פי"ח מהל' כלים ה"ט - ספינה של חרס אע"פ שהיא מקבלת, אינה מקבלת טומאה, [ב]שאין הספינה בכלל הכלים האמורין בתורה, בין היא של חרס בין היא של עץ בין גדולה בין קטנה.

אות ח'

אין דברי תורה מתקיימין אלא במי שממית עצמו עליה, שנאמר זאת התורה אדם כי ימות באהל

יו"ד סימן רמו סכ"א - [ג]אין דברי התורה מתקיימים במי שמתרפה עצמו עליהם, ולא בלומדים מתוך עידון ומתוך אכילה ושתייה, אלא במי שממית עצמו עליה ומצער גופו תמיד, ולא יתן שינה לעיניו ותנומה לעפעפיו - ‹אא"כ יודע שאם לא יישן כראוי לא יוכל ללמוד, ועל זה נאמר בכל דרכיך דעהו – ערוה"ש›.

באר הגולה

א ‹מציין העין משפט על שיטת חנניא, אע"ג דהרמב"ם לא פסק כוותיה, ופוסק איפכא ממשמעות הני מילים, וצ"ע› ב ‹מבואר דבלאו קרא ד"דרך אניה" ס"ל נמי לתנא דמתני' דספינה אינה מקבלת טומאה מה"ת, משום דלא הוי בכלל כלים דכתיבי בקרא לענין טומאה, דספינה הוי כבית ולא מקבלת טומאה משום כלי קיבול, אלא דאסמכוהו אקרא ד"דרך אניה בלב ים", לומר מה ים טהור אף ספינה טהורה – פני שלמה (מחבר של הקשו"ע)› ג **מימרא דר"ל שבת דף פ"ג ע"ב וברכות דף ס"ג ע"ב**

§ מסכת שבת דף פד. §

אות א'

שלש עגלות הן וכו'

רמב"ם פכ"ז מהל' כלים ה"ג - **שלש עגלות הן: העשויה כקתדרה טמאה מדרס, כמטה טמאה טמא מת, ושל אבנים טהורה מכלום.**

אות ב'

שלש תיבות הן וכו'

רמב"ם פכ"ה מהל' כלים הט"ו - **תיבה שפתחה מלמעלה טהורה מן המדרס, שאינה ראויה לישב עליה, ומקבלת שאר טומאות; פתחה מצידה, טמאה במדרס ובשאר טומאות.**

רמב"ם פכ"ז מהל' כלים ה"ו - **תיבה שנפחתה מצדה, מתטמאה במדרס ובשאר טומאות, מפני שראויה אף לישיבה והכל יושבין עליה; נפחתה מלמעלה, טהורה מן המדרס שהרי אינה ראויה לישיבה, ומתטמאה בשאר טומאות שעדיין היא מקבלת; נפחתה מלמטה, טהורה מכל טומאות, אף על פי שאפשר לישב עליה בכסא, מפני שעיקר מעשיה לקבלה וכבר בטל העיקר.**

אות ג'

והבאה במדה טהורה מכלום

רמב"ם פכ"ז מהל' כלים ה"א - **שלש תיבות הן: תיבה שנפחתה מצדה טמאה מדרס, מלמעלה טמאה טמא מת, והבאה במדה טהורה מכלום.**

רמב"ם פ"ג מהל' כלים ה"ג - **השידה והתיבה והמגדל של זכוכית הבאים במדה, טהורין.**

רמב"ם פ"ו מהל' טומאת מת ה"ב - **וכן כלי עץ העשוי לנחת, כגון התיבה והמגדל והכוורת שהן מחזיקין ארבעים סאה בלח ויהיה להם שולים, אינן מקבלין טומאה כלל לא מדברי תורה ולא מד"ס, ואלו הן הנקראין כלי עץ הבא במדה.**

אות ד'

מדרס כלי חרס טהור

רמב"ם פ"א מהל' כלים ה"ח - **פשוטי כלי חרס כגון מנורה וכסא ושולחן של חרס וכיוצא בהן, אין מקבלין טומאה מן הטומאות ולא טומאת מדרס, לא מן התורה ולא מדברי סופרים, שנאמר: אשר יפול מהם אל תוכו יטמא, כל שיש לו תוך בכלי חרס מקבל טומאה, ושאין לו תוך טהור.**

רמב"ם פי"ח מהל' כלים ה"א - **כלי חרס אינו מקבל טומאה עד שיהיה מקבל ועשוי לקבלה; אבל אם לא היה לו בית קיבול, או שהיה מקבל ולא נעשה לקבלה, אינו מקבל טומאה כלל לא מן התורה ולא מדברי סופרים.**

אות ה'

מפץ במת מנין

רמב"ם פ"א מהל' כלים הי"ג - **כל הכלים העשויין מן הגומא ומן הערבה ומן הקנים ומכפות תמרים ומן העלים והשריגין וקליפי אילנות ומן החלף, כגון הכפיפות והטרסקלין והמחצלות והמפצות, הכל בכלל כלי העץ, שהכל גדל מן הארץ כעץ.**

רמב"ם פכ"ג מהל' כלים ה"א - **המפץ הוא המחצלת שאורגין אותה מן החבלים ומן הסוף ומן הגומא וכיוצא בהן, ואין המפץ בכלל כלים האמורין בתורה, ואעפ"כ מתטמא הוא במדרס דין תורה, שהרי ריבה הכתוב כל המשכב, וזה ראוי למשכב ועשוי לו; וכן מתטמא במת ובשאר טומאות [א]מדבריהן ככל פשוטי כלי עץ כמו שביארנו, וזה כלל גדול, שכל המתטמא במדרס מתטמא בשאר טומאות.**

באר הגולה

א «ולכאורה משמע מדבריהן, דכל המטמא מדרס טמא טומאת מת מדרבנן, **ולא** נהירא לומר כן, דהא זהו משנה בנדה [מ"ט א] דכל המטמא מדרס מטמא במת. ואמרינן בגמרא ויש שמטמא מת ואינו מטמא מדרס, כגון כפה סאה וישב עליה, דאמרינן ליה עמוד ונעשה מלאכתינו, וזה הוא דאורייתא, א"כ גם כל המטמא מדרס מטמא מת ג"כ דאורייתא. **אך** כוונתו דוודאי יש שמטמאים טומאת מת גם מן התורה, אך זהו כשהם כלי קיבול, **ואי** קשיא דא"כ למה צריך לומר מטעם טומאת מדרס, **די"ל** כגון שאינן מכלים שחשבן תורה, כגון העשויים מחבלים ומן הסוף והגומא, ואם יש להם קצת קיבול וראויים למדרס מטמאין גם טומאת מת מן התורה. **והרמב"ם** כוונתו על הפשוטים, דלא עדיפי מפשוטי כלי עץ דאינן אלא מדרבנן. **והא** דבשבת [פ"ד א] מוכח, דמפץ גופה מטמא במת מן התורה, מק"ו. **הרמב"ם** ס"ל דהק"ו שבמפץ הוי אסמכתא בעלמא, דבאמת יש לפרוך על הק"ו כמ"ש התוס' שם, דכלי חרס המוקף צמיד פתיל יוכיח, שטמא בזב וטהור במת – ערוה"ש»

ולחנניא טילטול על ידי שוורים שמיה טילטול (א)(אין) *דתנן *שלש עגלות הן עשויה כקתידרא טמאה מדרס כמטה טמאה טמא מת של אבנים טהורה מכלום ואמר ר' יוחנן ואם יש בה בית קבול רמונים טמאה טמא מת *שלש תיבות הן תיבה *שפתחה מצדה טמאה מדרס מלמעלה טמאה טמא מת והבאה במדה טהורה מכלום *ת"ר מדרס כלי חרס טהור ר' יוסי אומר אף הספינה מאי קאמר אמר רב זביד הכי קאמר מדרס כלי חרס טהור ומגעו טמא וספינה של חרס טמאה כחנניא ר' יוסי אומר אף הספינה טהורה כתנא דידן מתקיף לה רב פפא מאי אף (ב) אלא אמר רב פפא הכי קאמר מדרס כלי חרס טהור ומגעו טמא ושל עץ בין מדרסו ובין מגעו טמא וספינת הירדן טהורה כתנא דידן ר' יוסי אומר אף הספינה טמאה כחנניא *ומדרס כלי חרס מנלן דטהור אמר חזקיה דאמר קרא *ואיש אשר יגע במשכבו (ויקרא טו) מקיש משכבו לו מה הוא אית ליה טהרה במקוה אף משכבו נמי אית ליה טהרה במקוה דבי ר' ישמעאל תנא *כמשכב נדתה (שם) יהיה לה מקיש משכבה לה מה היא אית לה טהרה במקוה אף משכבה נמי אית לה טהרה במקוה לאפוקי כלי חרס *דלית ליה טהרה במקוה מתיב ר' אילעא *מפץ במת מנין ודין

רש"י

ולחנניא. דאמר ספינה המיטלטלת מלאה אפילו אינה מיטלטלת אלא על ידי שוורים מרוב גודלה הוי טילטול וטמאה: **כקתידרא.** קלרה ומוקפת משלש לצדדין: **טמאה מדרס.** שלישיבה מיוחדת היא: **כמטה.** שהיא ארוכה ומתחתיה מקבלת כמטה של עור שאין בה שום נקב: **טמאה טומאת מת.** כלומר מקבלת שאר טומאות כולן חוץ מטומאת מדרס דכלי הוא לקבל טומאה ולישיבה אינה מיוחדת שטוענין בה פרגמטיא ואומר לו עמוד ונעשה מלאכתנו והא דנקט טמא מת משום דאב הטומאה הוא והכי קאמר אב הטומאה הוא על ידי מת ולא על ידי זב: **ושל אבנים.** העשויה להוליך בה אבנים: **טהורה מכלום.** אינה מקבלת שום טומאה לפי שפרוצה מתחתיה נקבים גדולים ולא כלי הוא דכל הכלים שיעורן כרמונים: **ואמר רבי יוחנן כו'.** אלמא אף על גב דשל עץ איתקש לשק דבעינן מיטלטל מלא וריקן וזו אינה מיטלטלת אלא על ידי שוורים קאמר טמאה טמא מת: **תיבה שפתחה מלדה טמאה מדרס.** לפי שמשמשת שכיבה עם מלאכתה שמשתמשין בה דרך פתחה ואין צריך לומר לשוכב עליה עמוד ונעשה מלאכתנו: **מלמעלה.** פתחה כאותן שלנו: **טמאה טמא מת.** כלומר נעשה אב הטומאה על ידי מת כשאר כל הכלים הראויין לקבל טומאה שאם האהיל אהל המת עליהן נעשין אב הטומאה ולענין שאר טומאות הויין ראשון לטומאה ככל הכלים ולא שמעינן ממתניתין אלא דכלי הוא לטומאה ומדרס לא הויא דאינה מיוחדת לשכיבה דצריך לומר לו עמוד יש מקשין הבל על משנה זו הא דאמר רבי יוחנן בפרק במה אשה (לעיל דף נט:) אף אומר בטומאת מת עמוד ונעשה מלאכתנו והבל הוא בפיהם דכי איתמר ההיא לענין כלי שנשבר ועודנו ראוי למלאכה ולא מעין מלאכה ראשונה וקאמר רבי יוחנן דטהור מטומאתו ראשונה ואומר בו עמוד ונעשה מלאכתנו הראשונה והרי הוא אינו ראוי אבל לומר שתהא מיוחדת למת ולא למלאכה אחרת לא תהא זאת בישראל דהא כתיב (במדבר יט) כל אשר באהל יטמא וכל כלי פתוח וגו' וכל טמא מת שבתלמוד הנזכר אצל מדרס הוא הדין לטמא שרץ או לטומאת נבלה ולא הוזכר מת אלא משום דעל ידי מת נעשה אב הטומאה [כמו] על ידי מדרס שלא בא ללמדנו אלא לומר שהוא כלי מקבל כל טומאה חוץ מטומאת מדרס אם ישב עליו זב אינו נעשה אב הטומאה: **הבאה במדה.** תיבה גדולה שאינה מיטלטלת ויש לה חלון מלמעלה להשתמש בתוכה: **טהורה מכלום.** למדרס לא חזיא הואיל וחלולה מלמעלה אינה משמשת שכיבה עם מלאכתה ולשאר טומאות לא חזיא דאינה מטלטלת מליאה ולא איתפרש מה לשון באה במדה ולי נראה על שם אנשי מדות כלומר שצריכה למוד ארכה ורחבה: **מדרס כלי חרס טהור.** שאם ישב עליו הזב ולא נגע באוירו טהור ואינו מטמא משום מדרס ולקמיה יליף לה מקרא: **מאי קאמר.** מה ענין ספינה אצל מדרס ספינה טהורה אף מטומאת מגע ולמדרס לא חזיא: **ומגעו טמא.** אם נגע הזב בתוכו: **וספינה של חרס טמאה.** במגעה: **כחנניא.** דיליף טמאה משק וחרס לא איתקש לשק: **כתנא דידן.** דיליף מבלב ים והא נמי בלב ים היא: **מאי אף ספינה.** על כרחיך טהורה ממגע קאמר ומאי אף הא לא טיהר תנא קמא כלי ממגע דנימא אף זו כיוצא בו: **וספינת הירדן טהורה כתנא דידן.** דיליף מבלב ים לא שנא גדולה לא שנא קטנה והוא הדין נמי דמצי לתרוצי וספינה של חרס טהורה בתר דמפכינן דתנא קמא לרבי יוסי אלא משום דשכיחא טפי של עץ משל חרס: **משכבו.** הוא והמשכב הוזכר כאן: **כלי חרס אין לו טהרה במקוה.** דכתיב *ישבר אין לו טהרה אלא שבירתו: **מפץ.** של קנים: **במת מניין.** שהוא טמא לפי שמצינו שפשוטי כלי עץ טהורין מטומאת מגע שרץ מניין שכלי הראוי למשכב ומושב מקבל טומאת מגע במת:

תוספות

על ידי שוורים שמיה טילטול. נראה לר"י אפילו בים בה מ' סאה תימה לר' יצחק אמאי נקט חנניא הא רבנן נמי לא פליגי בהא דמה שמטהרין ספינת הירדן היינו משום דלרך אניה בלב ים (משלי ל) ולאו משום דלא שמיה טילטול ועוד דנראה דספינת הירדן מיטלטלת אפילו על ידי בני אדם דאי אינה מיטלטלת אלא על ידי שוורים אם כן ממתניתין דכלים דתנן ספינת הירדן טמאה הוי מצי לאוכוחי דלחנניה שמיה טילטול:

ואמר רבי יוחנן אם יש בה בית קיבול רימונים כו'. מהא דקתני במטה טמאה טמא מת לא מצי לאתויי ראייה דאיכא למימר שמיטלטלת על ידי בני אדם:

שלש תיבות הן. קשה לר"י דאמאי מייתי לה דאי משום דהיא סיפא דההיא דג' עגלות הן אם כן הוה ליה לאתויי ההיא דג' עריבות שהן בינתים:

הבאה במדה טהורה מכלום. אפתחה למעלה קאי דפתחה מצידה דחזיא למדרס לא בעי מיטלטל מלא וריקן כדאמרי' בבכורות (דף לח.):

אלא אמר רב פפא ה"ק כו' ושל עץ בין מדרסו בין מגעו טמא. תימה לרבינו תם דלמה לו להגיה של עץ וספינת הירדן לא הוה ליה אלא לאפוכי סיפא קמא דלת"ק ספינה של חרס טהורה כתנא דידן ולר' יוסי אף הספינה טמאה כחנניה ואף דרבי יוסי אמגע דקאמר ת"ק דטמא על כן נראה לרבינו תם כגי' ר"ח דגרסינן במילתיה דרב זביד וספינה של חרס טהורה כתנא דידן ורבי יוסי אומר אף הספינה טמאה כחנניא כמו מגע [דכלי חרס] ופריך מאי אף דהשתא לא קאי אעיקר מילתיה דת"ק אלא אדקדוק דבריו דדייקינן הא מגעו טמא אלא א"ר פפא ה"ק כו' וספינה של חרס טמאה כחנניא ר' יוסי אומר אף הספינה טהורה כתנא דידן כמו מדרס כלי חרס דקתני תנא קמא בהדיא דטהור:

מה הוא דאית ליה טהרה במקוה. לאו דוקא נקט מקוה דהא זב בעי מים חיים אלא משום דבעי למינקט מקוה גבי משכב ומושב ולענין מים חיים לא מצרכי' שיהא טעון במשכב ומושב כזב דלא בעינן אלא דדמי ליה פורתא דאית ליה טהרה:

לאפוקי כלי חרס דלית ליה טהרה במקוה. תימה דהא כופת שאור שיחדה לישיבה טמאה מדרס כדאמרינן בהעור והרוטב (חולין דף קכט.) אע"ג דלית ליה טהרה במקוה ואומר רבינו תם דיש במינו בגידולי קרקע טהרה במקוה כגון כלי עץ:

מפץ במת מניין. פירש בקונטרס דמיירי במפץ של עץ ואין נראה לרבינו תם דהא פשוטי כלי עץ יש להם טהרה במקוה כדמוכח בפרק קמא דסוכה (דף טז.) *דאמר מטה מיטהרת איברים ומוקי לה בפשוטי כלי עץ כגון ארוכה ושתי כרעים ואומר ר"ת דהכא במפץ של סיפה ושל גמי דאין לו שום טומאה אלא מדרבנן לבד מטומאת מדרס כדפירש לעיל בפרק במה אשה (דף סו.) והא דפשוטי כלי עץ אית להו טהרה במקוה אומר ר"י דנפקא לן מדכתיב (במדבר לא) וכל כלי עץ תתחטאו דמשמע אפילו פשוטי דומיא דכלי מתכות דכתיבי התם אף על גב דכתיב וכל מעשה עזים ליכא למילף מה מעשה עזים מיטלטל מלא וריקן אף כלי עץ דלא שייך למילף הכי אלא משק כדכתיב (בראשית מב) ויהי הם מריקים שקיהם ולהכי נקט נמי בכל דוכתא מה שק מיטלטל מלא וריקן כו' ולא נקט מה בגד מיטלטל מלא וריקן אף על גב דבבגד נמי כתיב גבי שק או בגד או עור או שק:

מה

עין משפט נר מצוה

יג א מיי' פכ"ז מהלכות כלים הלכה ג:
יד ב שם הלכה א ופכ"ה הלכה טו ופרק כו הלכה ו:
טו ג מיי' פכ"ז שם ופ"ג שם הלכה ג ופ"ו מהלכות טומאת מת הלכה ב:
טז ד מיי' פ"א מהלכות כלים הלכה ח ופי"ח הלכה א:
יז ה מיי' שם פ"א הלכה יג ופכ"ג הלכה א:

מסורת הש"ס

כלים פי"ט וסכ"ד מ"ב
ג"ז שם מ"ד
בכורות לח. [תוספתא כלים פ"ב]
[עירובין קד:]
ב"ק כה:
[עי' פירש"י עירובין קד: ד"ה דאין לו טהרה]

הגהות הב"ח

(א) גמ' ד"ה ע"י שוורים שמיה טילטול דתנן כצ"ל ותיבת אין נמחק: (ב) שם מאי אף ספינה אלא:

גליון הש"ס

גמ' ומדרס כלי חרס מנלן דטהור. עי' רש"י עירובין דף קד ע"א ד"ה לא ובכורות דף לח ע"א רש"י ד"ה אין מדרס וצ"ע:

רבינו חננאל

ולחנניה טילטול ע"י שוורין שמיה טילטול. פי' הא דקא מטלטל מלא וריקן אפי' על ידי שוורין: שלש עגלות הנה העשוית כקתידרא טמאה מדרס מפני שאדם סומך עליה כדאמרינן בי"ם לענין עגלה של קטן. לפיכך אם דרס טמא עליה. ויש ביניהן דבר חוצץ [או] (ו)נפל עלית מכחו אע"פ שלא נגע בה טמאה. העשויה כמטה טמאה טמא מת. אבל עגלה של אבנים טהורה מכלום ואינה מקבלת טומאה. והיאך היא עגלה של אבנים. עצים מסובכין שתי וערב ועשויין כחלונות חלונות מניחין שם אבנים ומושכין אותן. א"ר יוחנן ואם יש בה בית קיבול רמונים טמאה. פי' כגון שאותן החלונו' רחוקות ואין הרמונים נופלים משם: שלש תיבו' הן שפתחה מצדה טמאת מדרס וזו שנקראת בבבל כואנה מפני שיושבין למעל' ממנה. פתחה מלמעלה טמאה טמא מת. והוא הנקרא בבבל צנדוק. הבאת במדה טהורה מכלום. העשויה למוד בהכביל: ת"ר מדרס כלי חרס טהור. ר' יוסי אמר אף הספינה. אתא רב זביד לפרושה מדרס כלי חרס טהור ומגעו טמא. וספינה בין במגע בין במדרס טהורה כרבנן ור' יוסי ספינה של חרס טמאה כחנניה ולא [כתנא] קמא דקא מתקיף לה רב פפא מאי אף דאלמא אטהורה קאי ר' יוסי ולא אטומאה אלא אמר רב פפא ת"ק סבר מדרס כלי חרס טהור. אבל ספינה של טמאת כחנניה ור' יוסי סבר אף הספינה טהורה כרבנן. ומדרס כלי חרס ס"ל דטהור הוא. אמר חזקיה דאמר קרא ואיש אשר יגע במשכבו. מקיש משכבו לו מה הוא דאית ליה טהרה במקוה אף משכבו נמי דבר שיש לו טהרה במקוה הוא טמא מדרס. אבל דבר שאין לו טהרה במקוה אינו מיטמא במדרס. ודבי ר' ישמעאל תנא כמשכב נדתה יהיה לה כענין הזה: מותיב ר' (אלעזר) [אילעא] מפץ במת מניין

רב נסים גאון

אלא אם כן יהיה ההיסט במקום בית הסתרים אז יהיה דינו משונה כמפורש במס' נדה בפרק יוצא דופן (דף מג) אמר ר"ש לקיש קנה בקומטו של זב והסיט בו את הטהור טהור והסיט בו את הזב טמא מאי טעמא דאמר קרא (ויקרא טו) וכל אשר יגע בו הזב וידיו לא שטף במים זה הסיטו של זב שלא מצינו בכל התורה כולה ואפקיה רחמנא בלשון נגיעה לטימרא דהיסט ונגיעה כידו מה התם מבראי אף הכא מבראי ובתורת כהנים אמרו מה ידיו בנראה פרט לבית הסתרים אף כל בשרו בנראה פרט לבית הסתרים דאלמא כי מגיד טהור לזב במקום בית הסתרים טהור הוא ובמס' ע"ז בפרק ר' ישמעאל אומר ג' אבנים זו בצד זו (דף ס) אמרו אמר רב אשי כל שבזב טמא בגבי עושה יין נסך וכל שבזב טהור בנוי אינו עושה יין נסך מיכן אמר ר"ש *) קנה של זב כו' ובבבא קמא בפרק כיצד הרגל (דף יז) אמרו עוד אמר רבא כל שבזב טמא בנזקים משלם נזק שלם כו': אמר רבא ולחנניה טילטול על ידי שוורים שמיה טילטול דתנן ג' עגלות הן העשויה כקתדרא טמאה מדרס כמטה טמאה טמא מת כו' זו המשנה במס' כלים בפרק ג' תריסים וגם בו יש המשנה האחרת ג' תיבות הן וראוי לנו לבאר כי אע"פ שהמת הוא חמור מכל הטמאות וקשה מהן כמו ששנינו במשנה (כלים פ"א מ"ד) חמור מכולם המת שהוא מטמא באהל מה שאין כן כולם מטמאין אינו מטמא משכב ומושב כמו שהוא בתורת כהנים הזב מטמא משכב ומושב לא המת מה אם הזב שאינו מטמא טומאת ז' מטמא משכב ומושב מת שהוא מטמא טומאת ז' אינו דין שיטמא משכב ומושב ת"ל הזב לא המת ר"ש אומר אשר ישכב עליו ואשר ישב עליו את שיש לו שכיבה וישיבה מטמא משכב ומושב ואין זב שמת מטמא במשא עד שימוק הבשר מדברי סופרים וטמא מת נידון כמת אינו עושה משכב ומושב (לדבריהם) הזב ולא טמא מת כו' ובתוספתא (כלים פ"א) חומר בבועל נדה כר תחתון כעליון מה שאין כן בטמא מת ואמרו במשנה ובתוספתא במס' זבין חומר בזב מבמת שהזב עושה משכב ומושב מתחתיו כו' מת שאין המת מטמא מת ששכב על י' מצעות אינו מטמא אלא העליון ששכב עליו והיינו טהורין לפי שלא יעשה משכב ומושב והעליון טמא בנגיעה ולפיכך היו החכמים קורים לכל דבר שאינו טמא כדין משכב ומושב טמאה טמא מת ולכל דבר שהוא נעשה משכב ומושב וזו קורין אותו בשם מדרס בלשון קצרה ולכן כל דבר שהוא מטמא מדרס הוא טמא במגע דהיינו טמא מת לפי הכינוי שכינו לו לכל דבר שאינו ראוי למשכב ומושב הוא טמא טמא מת כדין הנגיעה ואינו מיטמא מדרס וכדבר הזה אמרה המשנה בפרק בא סימן התחתון (נדה מט) כל המיטמא מדרס מיטמא טמא מת ויש שהוא מיטמא טמא מת וגו' ואמרו בתלמוד (שם) כל המטמא מדרס מטמא טמא מת כל דחזי ליה למדרס מחזא מדרס לאיתויי סאה ותרקב דתניא והיושב על הכלי יכול כפה סאה או תרקב וישב עליו יהא טמא ת"ל אשר ישב עליו הזב כל שמיוחד לישיבה יצא זה [שאומרים לו] עמוד ונעשה מלאכתנו ובתוספתא (שם דכלים פ"ג) עריסת בנות טמאה טמא מת ועגלה שטוענין עליה כלים הרי זו טמאת טמא מת היתה משמשת שכיבה וישיבה הרי זו טמאה מדרס ומאלו העיקרים יתברר לך פירוש טומאת מדרס וטמא מת ולפיכך היתה התיבה שפתחה מצידה שהיא ראויה למושב טמאת מדרס ושפתחה מלמעלה שאינה ראויה למושב טמאה טמא מת במגע ולא טומאת מושב הבין זה ושמור אותו בלבך כי הוא עיקר גדול: יצא כלי חרש ראין כו' דלית ליה טהרה במקוה כמו שכתוב בתורה (ויקרא יא) ואותו

*) עיין סיטיב כה. ג' שם ד"ה כל דפ"כ הא דנקט טסור לא קאי אקנה בקומטו של זב ודברי רבינו צ"ע.

עין משפט
נר מצוה

יח א מיי' שם פי"ג ופכ"ג הלכה א:
יט ב מיי' פ"ד מהלכות כלאים הלכה ט סמג לאוין רעט:

ודין הוא ומה פכין קטנים שטהורין בזב טמאים במת *מפץ שטמא בזב אינו דין שיהא טמא במת ואמאי הא לית ליה טהרה במקוה א"ל ר' חנינא שאני התם הואיל ואיכא במינו א"ל *רחמנא ליצלן מהאי דעתא אדרבה רחמנא ליצלן מדעתא דידך וטעמא מאי תרי קראי כתיבי כתיב °ואיש אשר יגע במשכבו (ויקרא טו) וכתיב וכל המשכב אשר ישכב עליו הזב יטמא הא כיצד יש במינו אע"ג דלית ליה טהרה במקוה אין במינו מקיש משכבו לו רבא אמר מדרס כלי חרס טהור מהכא(א) °וכל כלי פתוח אשר אין צמיד פתיל עליו (במדבר יט) *הא יש צמיד פתיל עליו טהור הוא מי לא עסקינן דיהדינהו לאשתו נדה וקאמר רחמנא טהור: **מתני'** *מנין לערוגה שהיא ששה על ששה טפחים שזורעין בתוכה חמשה זרעונין *ד' על ד' רוחות הערוגה ואחת באמצע שנא' °כי כארץ תוציא צמחה וכגנה זרועיה תצמיח (ישעיה סא) זרעה לא נאמר אלא זרועיה: **גמ'** מאי משמע אמר רב יהודה כי כארץ תוציא צמחה תוציא חד צמחה חד הרי תרי זרועיה תרי הא ארבע תצמיח חד הא חמשה
וקים

רש"י

ודין הוא ומה פכין קטנים. של חרס שטהורין בזב שאינן מטמאין על ידו בשום טומאה דלמדרס לא חזו דאין עשויין לישיבה ועוד שהן של חרס ובמגע לא לטמאו דאין מטמאות אלא מאוירן ואין יכול להכניס אצבעו לתוכן מפני שפיהן צר ובהיסט לא דאפקיה רחמנא בלשון נגיעה דכל שאינו מטמא במגע אינו מטמא בהיסט ובהעור והרוטב (חולין קכד:) אמר נמי הכי לגבי טומאת משא את שבא לכלל מגע בא לכלל משא אע"פ שאפשר ליגע בחוט השערה ותניא בת"כ דשיער הזב מטמא הנ"מ כלי הראוי לנגיעת בשרו ולהכי אפקיה רחמנא בלשון נגיעת בשר כדכתיב (ויקרא טו) והנוגע בבשר הזב: **טמאין במת.** באהל המת דכתיב (במדבר יט) וכל כלי פתוח: **מפץ שטמא בזב.** דהא חזי למשכב וכתיב וכל המשכב וגו' ומהכא נפקא לן בעלמא (נדה דף מט:) דכל המטמא במדרס מטמא טומאת מת ואפילו פשוטי כלי עץ: **ואמאי.** טמא בזב טומאת מדרס: **והא לית ליה טהרה במקוה.** דכי כתיב טבילה בפרשת שרצים ובפרשת מדין כתיבא והנך כלים דכתיבי התם ילפינן להו טבילה אבל פשוטי כלי עץ שלא נכתבו שם לענין טומאה לא ילפינן להו טבילה ולית להו טהרה במקוה דהא לא כתיבא בהו כי היכי דאוכל ומשקה אין להם טהרה במקוה לפי שלא למדנו להם טבילה בתורה: **שאני התם דאיכא במינו.** יש בכלי עץ שיש להן טהרה במקוה כגון מקבלים: **רחמנא ליצלן מהאי דעתא.** דכיון דלדידיה ליכא טהרה במקוה לא שאני מכלי חרס: **וטעמא מאי.** היכא כתיבא דמשום דאיכא במינו אע"ג דבדידיה ליכא [מיטמא נימא] הואיל ואקשיה לזב עצמו בעי דתיהוי ליה טהרה לדידיה: **כתיב משכבו.** מקיש משכבו לו: **וכתיב וכל המשכב.** אע"ג דלא דמי לזב דהא לא כתיב משכבו: **וכל כלי פתוח.** כלי חרס קאמר שהטומאה נכנסת לו דרך פתחו: **מי לא עסקינן.** מי לא משמע במקרא דאפי' ייחדו לאותו כלי לאשתו נדה לישב עליו כל ימיה אמר קרא דמציל על מה שבתוכו באהל המת ואי טמא מדרס היכי מציל והא כל דבר טומאה אין חוצץ בפני הטומאה אלא ש"מ דאין מדרס בכלי חרס הלכך כלי חרס המוקף צמיד פתיל טהור מכלל טומאה ובהיסט נמי לא מטמיא ליה כדפרישית לעיל דכל שלא בא לכלל מגע לא בא לכלל משא לפיכך מציל על מה שבתוכו: **מתני' שזורעין בתוכה ה' זרעונין.** ולא הוי עירבוב שיש בה כדי להפריש ביניהם הפרש הראוי: **ד' מד' רוחות הערוגה.** ממלא את כל הרוח עד סמוך לקרן: **ואחת באמצע.** גרעין אחד (כזה)

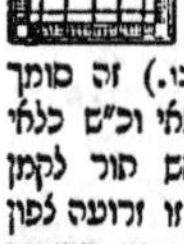

ואע"פ שכל אלו הקרנות סמוכין זה לזה ואין ביניהם הרחקה ג' טפחים ויונקים זה מזה אין כאן בית מיחוש דגבי כלאים היכרא הוא דבעינן דלא להוי עירבוב דהא אכלאים קפיד קרא אבל ליניקה לא חיישינן אפילו בכלאי הכרם דאורייתא כדתנן (ב"ב דף כו.) זה סומך לגדר מכאן וזה סומך לגדר מכאן ואע"ג דינקו מהתאי וכ"ש כלאי זרעים דרבנן דלא חיישינן ליניקה כדתנן גבי ראש תור לקמן בשמעתין וגבי ב' שורות והרי יש כאן היכר גדול רוח זו זרועה לפון ודרום וזו זרועה מזרח ומערב אבל בין זרע האמצעי לזרעוני הרוחות צריך הרחקה כדי יניקה דאין שם היכר ואי הוו מקרבי הוי עירבוב והמפרש ד' גרעינין בד' הרוחות טועה דאי ההרחקה משום יניקה ט' זרעונין יש לזרוע בו ד' בד' הקרנות ואחד בכל רוח ורוח ואחד באמצע הערוגה ויש בין כל אחד ואחד ג' טפחים כשיעור יניקה טפח ומחצה לכל אחד הלכך לכל הרוח הוא ממלא עד סמוך לקרן ואפילו אין בין זרע שברוח זו לזרע שברוח זו ג' טפחים לא איכפת לן דלענין כלאים היכר בעלמא הוא דבעינן כדפרישית: **זרועיה.** ובגמ' מפרש היכי משמע ה' זרעונים בו' טפחים: **גמ' תוציא חד צמחה חד זרועיה תרי תצמיח חד.** וששה טפחים דליכא למילף מקרא
קים

תוספות

מה פכין קטנים שטהורין בזב. תימה דמאלה ותיקב ותיבה שפתחה למעלה יכול לעשות ק"ו דלא מטמא מדרס מטמא במת מפץ שמטמא מדרס אינו דין שיטמא במת וי"ל ומה להנך שכן נעשין אב הטומאה מה שאין כן במפץ דכיון שאין לו טהרה במקוה אינו נעשה אב הטומאה כדמוכח בפרק בתרא דעירובין (דף קד:) אבל קשה דמפכים גדולים מצי למיעבד ק"ו דלא מטמו מדרס כדאמר הכא דמדרס כלי חרס טהור ומטמא במת וי"ל דטפי ניחא ליה למיעבד ק"ו מפכים קטנים שטהורין מכל טומאת הזב לגמרי וקשה דמעיקרא הזב מנלן דלא מיטמו פכין קטנים דנהי דבשיער הזב לא מיטמו הייתו משום דבעיא ראוי לנגיעת בשר כדפירש בקונטרס דמבשר הזב נפקא טומאת שיער אבל רוקו דכתיב בהדיא וכי ירוק הזב בטהור פשיטא דלא בעיא ראוי לנגיעת בשר וא"ת והיכי עביד ק"ו מפכין קטנים מה לפכין קטנים שכן מטמאין מאוירן תאמר במפץ כו' וליכא למימר דעביד ק"ו הכי מה זב הקל שאין מטמא פכין קטנים מטמא מפץ מת החמור למטמא פכין קטנים אינו דין שיטמא מפץ דמה [לזב שכן] מטמא במשכב ומושב (ב) ויש לומר דאיכא למימר שאר כלים יוכיחו שאין מטמאין מאוירן ומטמאין במת אף אני אביא מפץ מה לשאר כלים שכן נעשין אב הטומאה פכין קטנים יוכיחו*:

שטהורים בזב. שאינו יכול ליגע בתוכם לפי שפיהם צר ובהיסט נמי לא מטמו כדפירש בקונטרס דאת שאינו בא לכלל מגע אינו בא לכלל היסט וא"ת א"כ כלי חרס המוקף צמיד פתיל לא יטמא בהיסט ובפ"ק דנדה (דף ה:) אמר שאינו ניטול במעת לעת שבנדה ובפ' הניזקין (גיטין דף סא:) נמי פריך וליחוש שמא תסיטם אשתו נדה ואור"ת דצמיד פתיל חשיב בא לכלל מגע לפי שעומד ליפתח ולא דמי לקולית נבלה דאמ' בהעור והרוטב (חולין קכו:) מחוסר נקב כמחוסר מעשה דמי ואע"פ שחישב עליה לנוקבה אין טומאה במשא דהתם סתמא אינה עומדת לנקיבה אלא ע"י מחשבה אבל מוקף צמיד פתיל סתמו עומד ליפתח:

מפץ שטמא בזב אינו דין שיטמא במת. מק"ו דהכא קי"ל בכל דוכתא *דכל המטמא מדרס מטמא טמא מת וא"ת כלי חרס המוקף צמיד פתיל יוכיח שטמא בזב דמטמא בהיסט כדפרישית לעיל וטהור במת ואומר ר"ת דלא שייך למימר יוכיח מצמיד פתיל דמה שהוא בהיסט הזב היינו משום דהוי כאילו נגע הזב בתוכו כדאמרי' איזהו מגע שהוא ככולו הוי אומר זה היסטו ובמת אם היה כזית ממנו בתוכו היה טמא: **והא** לית ליה טהרה במקוה. תימה דבסוף כילד הרגל (ב"ק דף כה:) קאמר עלה דמפץ דהכא וקא מייתי לה בין לטומאת ערב בין לטומאת ז' מה שייך להזכיר טומאת ערב וז' כיון דאין לו טהרה לעולם וי"ל דהאי ק"ו אהני נמי לפשוטי כלי עץ המיוחדים למדרס דטמאים במת ומייתי הא לטומאת ז' אי נמי ברייתא איירי בכל מפלים בין במפץ עץ בין במפץ שיפה וגמי ובמפץ עץ קאמר התם דמייתי ליה לטומאת שבעה דאית ליה טהרה במקוה: **מי** לא עסקינן דייחדינהו לאשתו נדה. פי' בקונטרס ואי מיטמא מדרס היכי מציל והלא כל דבר טמא אינו חוצץ בפני הטומאה אלא ש"מ דלא מיטמא מדרס הלכך כלי חרס המוקף צמיד פתיל טהור מכל טומאה ובהיסט נמי לא מטמא דכ"ד שלא בא לכלל מגע אינו בא לכלל משא ואין נראה דודאי מטמא בהיסט כלי חרס מוקף צמיד פתיל כדמוכח בנדה (ה:) ובגיטין (סא:) כדפירשתי לעיל ומפרש ר"ת דמדכתיב וכל כלי דייק דמי לא עסקינן דיחדינהו לאשתו נדה דכל טומאות הבאות לדרך גב יש לנו לטהרו מדכתיב וכל הילכך אפילו ייחד להו לישיבה טהורים אבל בהיסט מטמו דטומאה הבאה דרך תוך הוא דחשבינן כאילו נגע בפנים כדאמרינן איזהו מגעו שהוא ככולו הוי אומר זה היסטו ור"י מפרש דלא בעי למימר דמיירי קרא בכל ענין אפי' ישבה עליהם אשתו נדה או היסיטן אלא אם ייחד כלי חרס לאשתו נדה טהור דאין כלי חרס מטמא מדרס דאי (ייחד) טמא לא יציל בצמיד פתיל אע"ג דלא ישבה עליו דאע"פ שבמת אינו מקבל טומאה מגבו כיון דבמדרס יכול לקבל טומאה אין לו לחוץ באהל המת ומסופק ר"י בכך: **מניין** לערוגה שהיא ו' על ו'. י"א דערוגה ו' נפקא לן מדכתיב לחייו כערוגת הבושם (שיר ה) ומשמע לחייו לשון לוחות והם היו ו' על ו' מכלל דערוגה נמי כן היא: **ארבע** על ארבע רוחות הערוגה. באמצע הרוח כדמוכח בגמרא לפי מה שאפרש בעז"ה ומה שפירש הקונטרס דכלאי זרעים דרבנן אינו נראה לר"י דהא אמרי' בפ' כל הבשר (חולין קטו.) כלאי זרעים ליתסרו דהא תיעבתי לך הוא ואין נראה לומר דלהרכבה האילן קרי כלאי זרעים משום דבספ"ק דקידושין (דף לט.) מפיק הרכבת האילן משדך לא תזרע כלאים ועוד דהתם בקידושין אמר אההיא מילתא גופא בהמתך לא תרביע כלאים שדך לא תזרע כלאים מה בהמתך בהרבעה אף שדך בהרכבה ומה בהמתך טוג בין בארץ בין בחו"ל אף שדך טוג בין בארץ בין בחו"ל ופריך ולא הא כתיב שדך ומשני ההוא למעוטי זרעים שבחו"ל(*ובפ' המביא) משמע דבא"י אסירי מדאורייתא ואפי' לר' יאשיה דאמר אינו חייב עד שיזרע חטה ושעורה וחרצן במפולת יד היינו להתחייב משום כלאי הכרם דלא תזרע כרמך אבל אלאו דלא תזרע שדך מודה דחייב:
וקים

רבינו חננאל

שהוא טמא. עיקר הדבר הזה שלא נאמר במת אלא כל בגד וכל כלי עור וכל מעשה עזים והמפץ שהוא כמין מחצלת שעשויה מן החילף ומן כיוצא בו לא נאמר בה. ואף לא נאמר מפץ בשרץ כי כן כתיב בו מכל כלי עץ או בגד או עור או שק. ומן מתני' כבר גמרינן שהמפץ טמא. דתנן שלשה מפצין הן העשוי לשכיבת טמא מדרס. של צבעים טמא מת ושל נתות טהור מכלום. *) ואפילו דגיתות קאמרינן. דשמואל עביד לה לבנתיה מפצות ביומי תשרי וצריכין למידע מהיכא ילפינן טומאה למפץ במת ובשרץ. ואימירן הני ברייתא בגמ' דבאיזו צד הרגל מועדת לענין דרשת דיו לבא מן הדין להיות כנדון. **) השתא כיון דמפץ לאו כלי עץ הוא ולא בגד ולא עור ולא שק ולא מעשה עזים: **ובזב** קא דרשינן ליה טומאה דלית ליה טהרה במקוה וקא מטמא מדרס קא מותיב מיניה ר' אלעא למאן דאע"ג דליתיה מהני מידאני עשוי דבר שאין לו טהרה במקוה אין מטמא מדרס. א"ל ר' חנינא הואיל למשכב הוא. ובמחצלת של קנים ויש במינו. פי' כגון שטומאתו מתוך שהוא משכב ויש במין מפצות חשיבו לית ליה טהרה במקוה. דברים שהן ממיני בגד או עור או שק שיש להן טהרה במקוה דהא ליכא טהרה במקוה אלא עליהן הוא אומר כל המשכב אשר ישכב עליו. אבל כלי חרס לדברים הללו. ומתרתו במיעוט אין במינו דבר שיש לו טהרה במקוה. ועליהן הוא אומר שיעורו כדתנן מפץ ששה בשכבו. מקיש משכבו לו. ולא היו הדברים ברורים על ששת. ותניא בתוספתא לר' אילעא משום הכי קאמר ליה לר' חנינא רחמנא ליצלן מן מפץ שבלה כל זמן שטניחין האי דעתא עד דפריש ליה טעמא דתרין קראי כתיבי אותו על הכסא האשה היושבת רבה אמר מדרס כלי חרס דטהורה מהכא וכל כלי פתוח אשר אין צמיד פתיל עליו טמא הוא הא יש צמיד פתיל טהור. (וכאן דפתים) אע"ג דחזיוה לאשתו נדה לטיונה ולמיסמך עליה טהור הוא: **מתני'** מניין לערוגה שהיא ששה על ששה טפחים שזורעין בתוכה ה' זרעונים ד' על ד' רוחות ערוגה ואחת

*) טעות גלויה לעין ובמתקנים לנכון תבוא עליהם ברכה. וצ"ל ועל דגיתות קאמרינן דשמואל עביד וכו' וכוונתו בזה דלא"כ היה אסור לעמוד ע"ג מפלי בשעת טבילה משום גזירת מרחצאות ועיין בר"ן בפ"ב דשבועות שדחה באמת פירש"י מחמת קושיא זו אמנם לפי דעת רבינו א"ש: **) דברי רבינו הם מבוללי כנגם:

מסורת הש"ס

[כתובות מט:] [ב"ק סה:]
[חולין כה.]
כלאים פ"ג מ"א פסחים לט:
[קידושין לט:]
וי"ג ובפ' מעשר בהמה משמע בהדיא דאסור מדאורי' והוא בבכורות נד.

הגהות הב"ח

(א) גמ' מהכא דכתיב וכל כלי: (ב) תוס' ד"ה מה פכין וכו' דמה לזב שכן מטמא משכב ומושב תאמר במת שאין מטמא משכב ומושב וי"ל דאיכא:

רב נסים גאון

ואיתו תשבורו ואמרו רבותינו ז"ל מלמד שאין לו טהרה אלא שבירה: **פכין** קטנים שטהורין בזב טמאים במת ממה שאסרה התורה בענין הזב (ויקרא טו) וכלי חרש אשר יגע בו הזב ישבר ולא אסרה כל כלי חרש למדנו שפכין קטנים טהורין בזב ואמרו במת (במדבר יט) וכל כלי פתוח אפילו כל שהוא וכבר פירשנו בברכות הרי למדנו שפכין קטנים טמאין:

§ מסכת שבת דף פד: §

אות א'

מפץ שטמא בזב, אינו דין שיהא טמא במת

רמב"ם פ"א מהל' כלים ה"ג - כל הכלים העשויין מן הגומא ומן הערבה ומן הקנים ומכפות תמרים ומן העלים והשריגין וקליפי אילנות ומן החלף, כגון הכפיפות והטרסקלין והמחצלות והמפצות, הכל בכלל כלי העץ, שהכל גדל מן הארץ כעץ.

רמב"ם פכ"ג מהל' כלים ה"א - המפץ הוא המחצלת שאורגין אותה מן החבלים ומן הסוף ומן הגומא וכיוצא בהן, ואין המפץ בכלל כלים האמורין בתורה, ואעפ"כ מתטמא הוא במדרס דין תורה, שהרי ריבה הכתוב כל המשכב, וזה ראוי למשכב ועשוי לו; וכן מתטמא במת ובשאר טומאות [א]מדבריהן ככל פשוטי כלי עץ כמו שביארנו, וזה כלל גדול, שכל המתטמא במדרס מתטמא בשאר טומאות.

אות ב'

מנין לערוגה, שהיא ששה על ששה טפחים, שזורעין בתוכה חמשה זרעונין, ד' על ד' רוחות הערוגה, ואחת באמצע

רמב"ם פ"ד מהל' כלאים ה"ט - מיני ירקות שאין דרך בני אדם לזרוע מהם אלא מעט מעט, כמו שבארנו, מותר לזרוע מהם אפילו חמשה מינין בתוך ערוגה אחת שהיא ששה טפחים על ששה טפחים, והוא שיזרע ארבעה מינין בארבע רוחות הערוגה ואחד באמצע, [ב]וירחיק בין מין ומין כמו טפח ומחצה כדי שלא יינקו זה מזה; אבל יותר על חמשה מינין לא יזרע אף על פי שמרחיק ביניהם, לפי שמינין הרבה בערוגה כזו הרי הן כנטועין בערבוביא. השגת הראב"ד: מיני ירקות שאין דרך בני אדם וכו' וירחיק בין כל מין ומין כמו טפח ומחצה כדי שלא יינקו זה מזה. א"א זה השיעור לא מצא כי אם [ג]לרב רבו בפירוש ערוגה במסכת שבת, [ד]ולא ידעתי מאין היא לו.

באר הגולה

[א] ‹ולכאורה משמע מדבריהן, דכל המטמא מדרס טמא טומאת מת מדרבנן, **ולא** נהירא לומר כן, דהא זהו משנה בנדה [מ"ט א] דכל המטמא מדרס מטמא במת. ואמרינן בגמרא ויש שמטמא מת ואינו מטמא מדרס, כגון כפה סאה וישב עליה, דאמרינן ליה עמוד ונעשה מלאכתינו, וזה הוא דאורייתא, א"כ גם כל המטמא מדרס מטמא מת ג"כ דאורייתא. **אך** כוונתו דוודאי יש שמטמאים טומאת מת גם מן התורה, אך זהו כשהם כלי קיבול, **ואי** קשיא דא"כ למה צריך לומר מטעם טומאת מדרס, **די"ל** כגון שאינן מכלים שחשבן תורה, כגון העשויים מחבלים ומן הסוף והגומא, ואם יש להם קצת קיבול וראויים למדרס מטמאין גם טומאת מת מן התורה. **והרמב"ם** כוונתו על הפשוטים, דלא עדיפי מפשוטי כלי עץ דאינן אלא מדרבנן. **והא** דבשבת [פ"ד א] מוכח, דמפץ גופה מטמא במת מן התורה, מק"ו. **הרמב"ם** ס"ל דהק"ו שבמפץ הוי אסמכתא בעלמא, דבאמת יש לפרוך על הק"ו כמ"ש התוס' שם, דכלי חרס המוקף צמיד פתיל יוכיח, שטמא בזב וטהור במת - ערוה"ש›

[ב] ‹דהיינו שמניח בכל קרן טפח וחצי חומש פחות משהו, כדי שיהא אלכסונו טפח ומחצה, שיהא רחוק כל מין מחברו טפח ומחצה, ובאמצע הערוגה זורע גרעין אחד, נמצא גם הוא רחוק טפח ומחצה - דרך אמונה› [ג] ‹שו"ת ר"י מגאש סימן כ"ו› [ד] ‹טעמו מפני שהוא ז"ל מפרש כדברי רש"י, שצריך להרחיק בין זרע לזרע ג' טפחים, וטעם זה משום דאמרינן בפרק ר"ע גבי ערוגה שהיא ששה על ששה טפחים, שזורעין בתוכה ה' זרעונין, דקים להו דחמשה בשיתא לא ינקי אהדדי, **והכריח** רבינו שמשון כדברי רבינו, דלא בעי להרחיק אלא טפח ומחצה, **ואע"פ** שכל זרע מתפשט יניקתו טפח ומחצה, וא"כ היה ראוי להרחיק בין זרע לזרע שלשה טפחים, **י"ל** שלא חששו אלא שלא יינק מין זה מהמין האחר עצמו, אבל לעירוב יניקות לא חששו, והיינו דקאמר לא ינקי מהדדי, ולא אמר לא ינקי אהדדי, דלא חשו אלא שלא יינק זרע זה מהזרע האחר עצמו, וכ"כ רבינו שלא יינקו זה מזה, ולא כתב זה עם זה - כסף משנה›

§ מסכת שבת דף פה. §

אות א'

ערוגה בחורבה שנינו

רמב"ם פ"ד מהל' כלאים ה"י - **בד"א בערוגה שהיא בחורבה [א]ואין שם זרע חוצה לה; אבל ערוגה בין ערוגות אסור לזרוע בה חמשה מינין, שאם יזרע בכל רוח מערוגה זו ובכל רוח מערוגותיה שסביבותיה יראה הכל כמעורב; [ב]ואם הטה עלין שבערוגה זו לכאן ועלין שבערוגה שבצדה מכאן עד שיראו מובדלים, מותר; [ג]וכן אם עשה תלם בין כל ערוגה וערוגה, מותר.**

באר הגולה

א ‹ויש לתמוה על רבינו, שגם פה גם בפירוש המשנה לא הזכיר ממלא את הקרנות, **וכתב** הר"י קורקוס אולי הוא מפרש שהמקשה היה סבור שאינו זורע בכל צד אלא גרעין אחד, וא"כ יש ריחוק רב, ולמה לא יזרע את הערוגות שחוצה לה, ומשני בממלא כל הקרנות, פי' שאינו מניח אלא שיעור הרחקה כמו שביארנו, והדר פריך מאי דוחקיה דרב לאוקומי בממלא, עד שהוצרך להעמידה בערוגה בחורבה, לוקמה בערוגה בין הערוגות כי אורחא, ובמניח קרנות בלא זריעה באופן שלא יתערבו עם זרע הערוגות שחוצה לה ויזרע מבחוץ, ומשני גזירה וכו', וזו היא שיטת ר"ת. **ואפשר** עוד, שסובר רבינו שכשאמר גזירה שמא ימלא וכו', ה"ק לאו בממלא דוקא, אלא אפילו בלא ממלא גזרינן שמא ימלא - כסף משנה› ב ‹שם נאמר בגמרא לדעת שמואל, {ומפרש כתוס' ד"ה והא קא מיערבבו, בנוטה שער ערוגה זו לתוכה וזו לתוכה, ודלא כרש"י}, וסובר רבינו דרב לא פליג בהא, דמתני' היא בפ"ג דכלאים, נוטע אדם קישות ודלעת בתוך גומא אחת, ובלבד שתהא זו נוטה לצד זו וכו', ולא פליגי רב ושמואל אלא בפירושה דמתניתין, **ולא** כדפירש רש"י דפליגי - כסף משנה› ג ‹פלוגתא שם, ופסק כרב אשי, ואע"ג דתנן שורה של קשואין ושורה של דלועין ושורה של פול המצרי אסור, אקשו מיניה לרב אשי, ושני, שאני התם דאיכא שראכן, ופירש רש"י זמורותיהן ארוכות ומתערבות הרבה מלמעלה - כסף משנה›

אמר רבי עקיבא פרק תשיעי שבת פה

וקים להו לרבנן דחמשא בשיתא לא ינקי מהדדי ומנלן דהא דקים להו לרבנן (דחמשא בשיתא) מילתא היא דא"ר חייא בר אבא א"ר יוחנן מאי דכתיב °לא תסיג גבול רעך [אשר גבלו ראשונים] גבול שגבלו ראשונים לא תסיג מאי גבלו ראשונים אמר רבי שמואל בר נחמני אמר רבי *יונתן (מאי) דכתיב °אלה בני שעיר החורי יושבי הארץ אטו כולי עלמא יושבי רקיע נינהו אלא שהיו בקיאין בישובה של ארץ שהיו אומרים מלא קנה זה לזית מלא קנה זה לגפנים מלא קנה זה לתאנים וחורי שמריחים את הארץ וחוי אמר רב פפא שהיו טועמין את הארץ כחויא רב אחא בר יעקב אמר חורי שנעשו בני חורין מנכסיהן אמר רב אסי ערוגה תוכה ו' חוץ מגבוליה תניא נמי הכי ערוגה תוכה ששה גבוליה בכמה *כדתנן רבי יהודה אומר רוחב כמלא רוחב פרסה א"ר זירא ואיתימא רבי חנינא בר פפא מ"ט דר' יהודה דכתיב °והשקית ברגלך כגן הירק מה רגל טפח אף גבול נמי טפח אמר רב *ערוגה בחורבה שנינו והאיכא מקום קרנות אמרי בי רב משמיה דרב בממלא את הקרנות וליזרע מאבראי ולא לימלי מגואי גזירה

רש"י

קים להו לרבנן דסתם ערוגה הנזרעת בה ה' זרעונין קד היא מדתה דחמשה זרעונין בשיתא טפחים לא ינקי אמלעי ושבורות מהדדי דשיעור יניקת כל זרע טפח ומחלה עם מקום הזרע הרי מן הזרע הנזרע (סמוך לגבולה) [בגבול הערוגה] כנגד האמלעי ועד האמלעי ג"ט ומאלו השנים אנו למדים דסבר תנא דידן שיניקת הזרע טפח ומחלה מדלא קבע מקום לזרע הנזרע אלל הגבול *להושיבו אלל הקרן אלא אפי' אם בא לזורעו כנגד אמלעיתה זורעו אלמא בהרחקת ג' טפחים סגי ואע"ג דלענין כלאים היכרא בעלמא בעינן ולא חיישינן ליניקה כדתנן לקמן בשמעתין גבי ראש תור וגבי ב' שורות מיהו הפרש זרעוני ערוגה דלא להוי ערבוב ליכא היכרא בבליר משיעור יניקה דגבי ראש תור ושתי שורות דלקמן איכא היכרא הלכך כי רמיז לן קרא ה' זרעונין בערוגה בשל ו' טפחים קאמר: **ומנא לן דהא דקים להו לרבנן.** בשיעור יניקה מילתא היא למיסמך עלה ולומר בקיאין הן החכמים בעבודת אדמה לידע כמה יונקים שלא תתמה לומר מי הודיע לבריות שיעור יניקה ואיך יוכלו לעמוד על כן: **גבול רעך.** ליטע סמוך למילר להכחיש קרקעו כשיעור אשר גבלו הראשונים ומי הם ראשונים אמוריים וחויים שהיו בקיאים בכך כדאשכחן בבני שעיר: **מלא קנה זה.** קנה המדה שבו מודדין הקרקע: **לזיתים.** ראוי לגדל זיתים וזה לתאנה והיו יודעין להפריש את הארץ בין קנה לקנה בריחה וטעמה היכן לזיתים והיכן הוא לתאנים וממילא דבקיאים היו בשיעור יניקה: **שמריחין.** סרס את התיבה ודורשה: **וחוי.** למה נקרא חוי: **שטועמין את הארץ.** לאיזה דבר ראויה: **כחויא.** כנחש שמאכלו עפר: **שנעשו בני חורים מנכסיהם.** שנטרדו מנחלתם ולא הולרכו לעבוד אדמתן כדכתיב ובני עשו יירשום (דברים ב): **אמר רב אסי ערוגה.** שאמרו לריכה להיות ו' חוץ מגבוליה שהיו מניחין בערוגה קרקע חלק סביבות הזריעה למקום דישה כשהוא משקה הזרעים מהלך בגבולין ואשמעינן רב אסי דלא תימא ו' עם הגבולין וכשהגיח טפח חלק לכאן וטפח חלק לכאן לא תהא ערוגה מקום יניקתה אלא ארבע ואין הפרש בין אמלעי לשכנגדו אלא הגבול אלא טפחיים: **בכמה.** כמה רחבן להיות ערוגה כהלכתה ותהא עליה תורת הערוגה לכל דבריה כדלקמן להתיר ראש תור ירק הנכנס לה והיוצא ממנה דכי ליתא כשיעורא לא חשיב למיהוי לה קולי שדה: **פרסה.** פרסת רגל: **והשקית ברגלך.** להטעין על כתפך מים ולהלך ברגלך סביבותיה להשקותה למ"ל למכתב רגלך לומר שבמקום מהלכו להשקותה כשיעור רגל הוא: **אמר רב ערוגה בחורבה שנינו.** במשנתנו להתיר בה ה' זרעונין אבל לא שסביבותיה ערוגות שהרי לא פירשו לך אלא הפרש זרעונין שבתוכה ואם תזרע ערוגות סביבותיה לא תוכל להרחיק בין אותן שבתוכה ולזרוע אותן שבשורות הערוגה סמוך לגבול להרחיקה מן האמלעי כשיעורו לפי שאתה מקריבו אלל זרע הנזרע בחברתה אלל גבולה שאין ביניהן אלא שני טפחים של גבולי הערוגה ואנן ג' בעינן: **והא איכא מקום קרנות.** מאי דוחקיה דלא לאוקמיה בערוגה בין הערוגות מוקפת מכל לד ג' ערוגות שהן ח' כזה* ולזרוע באמלע וכן בכולן ה' זרעונין והא איכא בכל ערוגה מקום קרנות זויותיה ואתה יכול להמשיך זרע גרעין שתזרע בלד גבולן של זו לצפון ושל זו לדרום של זו למזרח ושל זו למערב ולזרוע אותן גרעינין אלל הקרנות ואינך לריך להמשיכן מכנגד אותן שבחבירו מבפנים אלא הפרש טפח ואמאי אמר רב בערוגה שבחורבה שנינו: **בממלא את הקרנות.** רב מוקי מתניתין בממלא את כל הרוח של ערוגה לצפון מן המזרח למערב וכן רוח דרומי אבל המזרחי והמערבי זורע מעט ויניח הפרש מכאן ומכאן (כזה)

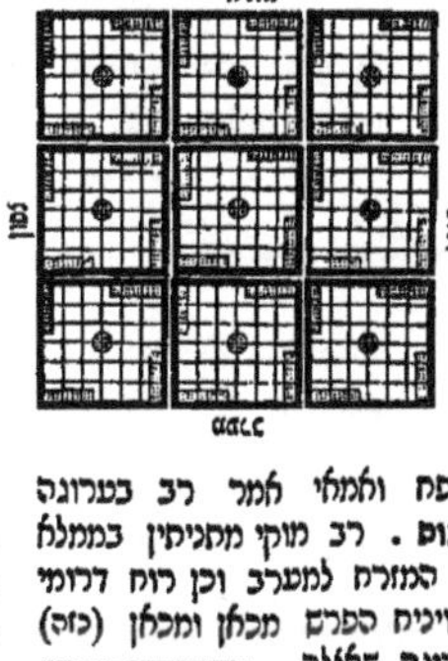

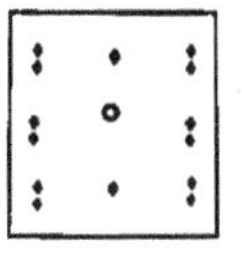

הלכך אי אתה יכול לזרוע עוד בערוגה שאללה לצפון ושאללה לדרום מפני עירבוב של ב' הערוגות: **וליזרע מאבראי.** ויקיפנה ערוגות מכל לד ואת הקרנות שבתוכה לא ימלא (א) ומאי דוחקיה דרב לאוקמיה בערוגה שבחורבה שאין שם אלא היא:

גזירה

תוספות

וקים להו לרבנן דחמשה בשיתא לא ינקי. ואומר ר"ת דמכל מקום אילטריך קרא דאי לאו קרא ה"א אע"ג דלא ינקי איכא עירבוב ואסור קמ"ל קרא דבכה"ג ליכא עירבוב ובקרא לחודיה נמי לא סגי דלא הוה ידעינן חמשה בכמה שרי קרא אבל השתא דקים להו לרבנן דחמשה בשיתא לא ינקי אית לן לאוקמי קרא בשיתא וא"ת אכתי ינקי מהדדי דאין כאן ג' טפחים בין זרע לזרע דחסר מקום הזרעים שכל הערוגה איננה רק ששה טפחים ואומר ר"ת דלא קשה מידי דאמות של כלאים שוחקות הן כדמוכח בריש עירובין (דף ג:) ואומר ר"י דאה"נ גמירי דחמשה בשיתא לא ינקי עם מקום הזרעים וא"ת יזרעו ט' מינין בערוגה ד' בד' קרנות וד' באמלע כל רוח ואחד באמלע דכל אחד רחוק מחבירו ג' טפחים וי"ל דבכולי האי הוי עירבוב ועוד דאז לא היה יכול לזרוע אלא גרעין אחד מכל מין ומין אבל בחמשה זרעונים יכול לזרוע מארבע מינים הרבה לכל רוח ומיהו קשה לר"י דמנלן לאוקמי קרא בערוגה ו' על ו' אפילו פחות נמי רק שיש באלכסונה ו' ויזרע ד' לד' קרנות ואחת באמלע דהשתא נמי לא ינקי מהדדי וי"ל דסברא דבענין זה אסור פן לא ידקדק לזרוע ממש בסוף הקרן ויש לחוש ליניקה אבל השתא אין לריך לדקדק אלא בגרעין האמלעית ומהאי טעמא נמי אתי שפיר שאין זורעין ט' בערוגה אבל קשה לרשב"א דלוקי בערוגה ה' על ה' דהשתא יש באלכסונה (ו') [ז] דכל אמתא בריבוע אמתא ותרי חומשי באלכסונה ויכול לזרוע בקרנות בלא דקדוק ותירץ לו ר"י דאין להעמיד המקרא בענין זה שאינו שיעור לא ליניקה ולא לשום דבר:

לא תסיג גבול רעך. וא"ת א"כ הזורע כלאים ילקה שתים משום לא תזרע ומשום לא תסיג גבול ובפרק אותו ואת בנו (חולין פב:) אמר הזורע כלאים [כלאים] לוקה שתים משמע דבחד כלאים אינו לוקה אלא אחת °וי"ל דלא לקי אהאי לאו משום דקרא נמי איירי בהסגת גבול ממש דאין לוקין בלאו דניתן להשבון ועוד דהוי לאו שבכללות:

חוי. אור"ת דלאו היינו חוי דשבעה עממין שהרי אינו דורש כלום למה שמם כן אלא בני שעיר גופיה איקרו חוי כדכתיב בת לבעון החוי (בראשית לו):

גבוליה בכמה. פירש בקונטרס דנפקא מינה לענין ראש תור והא דקאמר בסמוך דאין ראש תור בערוגה היינו מערוגה לערוגה ור"י אומר דנפקא מינה למקח וממכר אם מכר לו ערוגה וגבוליה:

דתנן רבי יהודה אומר כו'. אף על גב דרבי יהודה לא מיירי מידי בגבול אלא בהפסק שבין עבודת ירק לירק אחר כדאיתא בפ"ג דכלאים (משנה ג) דתנן היתה שדהו זרועה ירק ומבקש ליטע שם ירק אחר *ר' שמעון אומר עד שיהא התלם מפולש ר' יהודה אומר רוחב כמלא רוחב פרסה נראה להש"ס דכי היכי דחשיב הפסק לענין כלאים חשיב נמי להיות גבול לערוגה:

אמר רב ערוגה בחורבה שנינו. פירש ר"ת דקס"ד שאינו ממלא כל הרוח אלא זורע באמלע כל רוח טפח וג' חומשין ומניח מכל לד לד קרנות טפחיים וחומש חרב דהשתא זרעוני רוח זה רחוקין מזרעוני רוח האחרת כשיעור אלכסון של טפחיים וחומש על טפחיים וחומש דהוי ג"ט ויותר שני חומשי חומש ופריך והא איכא מקום קרנות שיכול לעשות שם ערוגות אע"פ שלא ירחיק אלא שיעור ב' הגבולים דהשתא איכא טובא בין זרע הפנימית שבאמלע הרוחות ובין זרע החילונה של לד הקרן דהא איכא ב' גבולין ומקום חרב שהוא ב' טפחים וחומש בכל קרן (ב) ומשני בממלא את הקרנות של מזרח ומערב וברוח לפון ודרום גרעין לכל רוח כאשר תלייר (ג) דבאותה ערוגה איכא הרחקה ג' (כזה) ואם באת לסבבה בערוגות (אפילו) במקום קרנות לא יהיו ג' טפחים בין זרעוני ערוגה אמלעי לזרעוני ערוגה שבקרנות שאין הפרש ביניהם אלא שיעור שני גבולין אע"פ שיוכל עדיין לזרוע גרעין אחד בכל קרן החילונים לא מסיק דגזרינן שמא לא ידקדק וימלא קרנות הכי נמי גזרינן בחילונות שמא ימלא:

וליזרע מאבראי. וליזרע ערוגות לגד קרנות האמלעי כדפרישית ולא ימלא הקרנות דהכי עדיף טפי שיכול להרבות בערוגות:

גזירה

כ א מיי' שם הלכה י:

רבינו חננאל

באמצע כו'. עיקרה דמילתא דקים להו לרבנן דה' זרעונים בו' טפחים לא ינקי להדדי וכל דקים להו לרבנן מילתא היא. ואיכא יושבי הארץ שבקיאין בישיבתה של ארץ דברירין להון אלין מילוי ופליקא דתני ששה דערוגה הן מקום זרעונים ואיכא סביבידהן גבול שמו ופירש במתני' היה לו גובל טפח וזורע לתוכה י"ג זרעונין. ומפרש' הכא רב אשי דהא ערוגה ו' על ו' חוץ מגבולה. ועיקר דהא מילתא דלא מפסק למהוה בין ירק לירק טפח אחד דהאי הוה מפיק בין ירק לירק טפח אחד. אפילו ערוגה שהיא ה' על ה' הוה אשר למזרע ה' על ד' רוחותיה וד' באמצע משום דהויא כ"ה טפחים. י"ב מהן הן נ ז ר ע י ן. ודאיצטריכין למימר הכין. דחזינן מרב סעדיה גאון מחסיא דאיסתברא ליה כמן הכין ולאו כי דאיסתברא ליה בהאי אלא קים להו לרבנן דה' זרעונים כל אחד אין פחות מטפח על טפח בו' על ו' לא ינקי מהדדי. והיכי דמי כל ווית טפח ומחצה על טפח ומחצה חרב. ובכל רוח ג"ט אורך רק ברוחב טפח ובאמצע [מין] אחד טפח על טפח דמשכחת בין כל אחד ואחד טפח ומחצה באורך. וכן צורתו*) למראית עין. ודבר זה (סמן) [בזמן] שהורעתים החמשה נזרעין כולן בתוך הערוגה שהיא ו' על ו' שנמצא הזרעונים גופן של ד' רוחות אוכלין בהן ג' ג' טפחי' באמצע נשארו ג' טפחים. א' ומחצה מיכן וא' ומחצה מיכן ונמצא ד' הקרנות פנויין ולא אפשר למיהוי טפי מן הכי ב מן שארבעה הקרנות פנויין והוא (איכיר) שיעת ו' על ו' והזרעונין בתוכן. אבל אם הזרעונין חוץ לששה אפשר שיהא בה ט' זרעונין שבין כל א' לחבירו טפח ומחצה וד' הקרנות פנויין כי היכי דאיתא בערוגה

*) סליור על זה נמלא בסוף המסכת

נ"ל ר' ישמעאל

הגהות הב"ח

(א) רש"י ד"ה וליזרע מאבראי וכו' לא ימלא כזה:

(ב) תוס' ד"ה אמר רב וכו' ב' טפחים וחומש בכל קרן כזה:

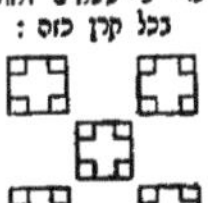

(ג) בא"ד גרעין לכל רוח כאשר תלייר כזה:

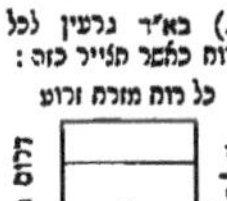

מסורת הש"ס

רש"ל להושיבו

י"ג גם כאן יוחנן

כלאי' פ"ג מ"ג

גליון הש"ס

תוס' ד"ה לא תסיג וכו' וי"ל דלא לקי אהאי לאו. עי' יומא דף לו ע"ב בתוס' ד"ה לאו דגזילה:

"גזירה שמא ימלא את הקרנות ולא יהא אלא ראש תור ירק מי לא תנן *היה ראש תור ירק נכנס לתוך שדה אחר מותר מפני שנראה סוף שדה אין ראש תור בערוגה ושמואל אמר ערוגה בין הערוגות שנינו והא קא מיתערבי בהדדי בנוטה שורה לכאן ושורה לכאן אמר עולא בעו במערבא הפקיע תלם אחד על פני כולה מהו אמר רב ששת בא ערבוב וביטל את השורה רב אסי אמר אין עירובו *מבטל את השורה איתיביה רבינא לרב אשי *הנוטע שתי שורות של קישואין שתי שורות של דילועין שתי שורות של פול המצרי מותר שורה אחת של קישואין ושורה אחת של דילועין ושורה אחת של פול המצרי אסור שאני הכא דאיכא *שראבא אמר רב כהנא א"ר יוחנן הרוצה למלאות כל גינתו ירק עושה ערוגה ששה על ששה ועוגל בה חמשה וממלא קרנותיה כל מה שירצה והא איכא דביני וביני אמרי דבי רבי ינאי במחריב בין הבינים רב אשי אמר אם היו זרועין שתי זורען ערב זורען שתי איתיביה רבינא לרב אשי *עבודת ירק בירק אחר ששה טפחים ורואין אותם כטבלא

רש"י

גזירה שמא ימלא. ואחר כך יזרע בחברתה אצל הגבול מתוכה כאשר זרע האמצעית ולא ישים ללבו עירבוב של שתי הערוגות: **ולא יהא אלא ראש תור.** כלומר אפילו מילא אותו ואחר כך זרע גרעין אחד בחברתה ואין הפרש כשיעור בינו לבין זרע שבזו מה בכך לא יהא כדון אלא כראש תור ירק הנמשך ובא משדה זו לשדה זו שנראה יפה שאינו מזו שנכנס לה אלא מזו שיוצא ממנה ואיכא היכירא ולניקה לא חיישינן ראש תור קרי ליה לפי שכן דרך לסוף השדה להיות מתקצרת החרישה ולימשך באלכסון כראש תור (כזה) ▽ : **אין ראש תור בערוגה.** אין תורת היתר ראש תור מערוגה לערוגה אלא משדה גדולה לתוך ערוגה או מערוגה לתוך שדה גדולה או משדה גדולה לתוך שדה גדולה אבל שתי ערוגות לא הוי היכר אלא דומה כאילו הן אחת דלא חשיבא כל חדא באפיה נפשה: **והא קא** (א)**מערבי בהדדי.** העלין של ערוגה זו בעלין של חברתה מלמעלה שאין ביניהן אלא שני טפחים של גבולין: **בנוטה שורה לכאן ושורה לכאן.** ממשיך של רוח זו בלד קרן מזרחית לפונית ושל רוח זו ללד מערבית דרומית וכן כולן להרחיקן שלא יהיו זה כנגד זה כמו שפי' גבי אתקפתא דלעיל דמקום קרנות ולא גזר שמואל שמא ימלא את הקרנות כך נראית שיטה זו בעיני ולא פירשו רבותי כן שהם פירשו קרנות אלו גבולין ויש לי גמגומים בה הרבה גם בכל הש"ס לא שמעתי קרנות אלא זויות ומצאתי לי סמך ביסודו של רבי שמעון הזקן אחי אמי מפי רבינו גרשום אבי הגולה ותשובת רבינו יצחק בן יהודה שהושיבה בג' פנים לא ישרו בעיני: **הפקיע.** לשון קריעה שקורע הקרקע כמו מבלאי מכנסי הכהנים היו מפקיעין (סוכה דף נא:): **תלם.** מענה שורה: **על פני כולה.** שהעביר מזרע שבלפון לזרע שבדרום דרך האמצעי וזרעו מאחד המינין או ממין ששי מהו מי מבטל תורת שורה הלכות ערוגה בשביל תלם אחד או לא: **בא עירבוב וביטל את השורה.** ואסור: **שתי שורות של קישואים.** ואצלן שתי שורות של דלועין ואצלן ב' שורות של פול המצרי ולא בערוגה אלא בשדה גדולה: **מותר.** דשתי שורות חשיבי למיהוי שדה לנפשייהו ואי היכירא דכל מין ומין מילתא באנפי נפשיה: **שורה אחת.** מכל אחד הוי עירבוב [דלא חשיבא כל חד שדה לנפשה אלמא תלם אחד הוי עירבוב]: **דאיכא שראבא.** זמורותיהן ארוכות ומתערבות הרבה מלמעלה ונראה עירובן במקומות הרבה: **כל גנתו ירק.** של הרבה מינין: **עושה.** כל ערוגותיה מרובעות ו': **ועוגל.** בכל ערוגה ה' וזורע בעוגל מין אחד ויש היכר הרבה לדבר ואין צריך להרחיב (ב)בין ערוגה לחברתה וזורע חלי טפח הסובב את כל ערוגה וערוגה משאר מינין לפי שכל אחד ואחד נראה מקומו חלוק לעצמו: **והאיכא דביני וביני.** הן גבולי הערוגה שאמרנו למעלה ערוגה ו' חוץ מגבולין ואותן גבולין כשזורעם מחברים את היקף ריבוע הערוגות והוי עירבוב שהרי הם של שני מינין: **במחריב בין הביניים.** ואינו זורען ולמלאות דקאמר ר' יוחנן לאו דוקא למלאות כל הגנה קאמר אלא שיהיו כל ערוגותיה מליאות ולעולם חוץ מגבוליהן: **אם היו.** ריבוע הערוגות זרועין שתי זורע בין הביניים ערב: **עבודת ירק בירק אחר.** כמה שיעור עבודתו להרחיק חבירו ממנו כדי עבודתו: **ו' טפחים.** לה' זרעונין כמו ששנינו:

כטבלא

תוספות

גזירה שמא ימלא כו' ולא יהא אלא ראש תור. ואפילו ימלא את הקרנות אין כאן עירבוב דהא קרנות אמצעות הולכות כנגד ריבוע הערוגות שסביבותיה והוי כעין ראש תור דשרי אע"ג דאין הרחקה ג' טפחים כיון שיש בהן היכר. אין ראש תור בערוגה לפי שקטנה היא וליכא היכירא:

ושמואל (ג) אמר ערוגה בין ערוגות שנינו. ולגד הקרנות דאפי' מלא הקרנות אין בכך כלום דסבר דיש ראש תור בערוגה: **והא** קא מיערבבו אהדדי. שעליהן שלמעלה מעורבבים יחד ואע"ג דאיכא ראש תור מלמטה אסור כיון דמערבי למעלה העלין דאוירא מבלבל דאפי' לא ינקי מהדדי אסור כדאמרינן (כלאים פ"ז משנה ד) המסכך גפנו ע"ג תבואתו קידש משום דאוירא מבלבל אבל בערוגה אחת ידיעה וליכא עירבוב וכולי האי אין סברא להתיר משום ראש תור: (ד) בנוטה שורה לכאן ושורה לכאן בנוטה שער ערוגה זו לתוכה וזו לתוכה כדתנן במס' (כלאים פ"ד מ"ט) ומייתי לה בב"ב (פב:) מעשה בצלמון כו' והיה הופך שער שורה לכאן ועוד תנן בפ"ג דכלאים (משנה ה) נוטע אדם קישות ודלעת בתוך גומא ובלבד שתהא זו נוטה לצד זו וזו לצד זו: **אמר** עולא בעו במערבא הפקיע תלם אחד על פני כולה מהו. פי' העמיק תלם א' על פני סביבותיה לד' רוחותיה מהו דבלא העמיק בין לרב בין לשמואל אסור לעשות ערוגות סביבותיה אבל כשחפר והעמיק כשיעור תלם דהיינו טפח בעי אי הוי היכירא כמו בשדה דהוי היכירא כדתנן בכלאים (פ"ג משנה ג) היתה שדהו זרועה ירק כו' *רשב"א עד שיהיה התלם מפולש ולעיל הבאתיה א"ר ששת בא עירבוב וביטל את השורה פירוש מבטל הפסק התלם ולא הוי היכירא ותלם היינו שורה ובני ארץ ישראל קרו ליה תלם ובני בבל קרו ליה שורה רב אשי אמר אין עירבוב מבטל השורה: **איתיביה** הנוטע שתי שורות כו' מותר. דשתי שורות של דלועין מפסיקין בין קישואין לפול המצרי דקישואין ודלועין לא הוי כלאים דמיכברי כדתנן בסיפא דהך ולעיל הבאתיה נוטע אדם קישות ודלעת בתוך גומא ובלבד כו' וכן דלועין ופול המצרי מיכברי אבל קישואין ופול המצרי הוי כלאים אבל שורה של קישואין כו' אסור דשורה אחת של דלועין לא מפסקה בין קישואין לפול המצרי וכי היכי דקישואין ופול המצרי מבטלין שורה של דלועין שבאמצע ה"נ עירבוב זרעוני הערוגות מבטל תלם שהפקיע ומשני שאני התם דאיכא שראבא שהן גדולים וגסים והכא בזרעונים דקין דלא מבטלי עומק התלם ומפסיק: **אמר** ר' יוחנן הרוצה למלאות כל גינתו ירק עושה בה ערוגה ו' על ו' ועוגל כו'. פירוש עושה ערוגה מרובעת ו' על ו' ובתוכה מרובע עוד ה' על ה' ויהיה הפסק בין האמצעי לחיצון חצי טפח מכל לד ועוגל בה בתוך הריבוע הפנימי ה' על ה' וימלא העוגל במין אחד ובקרנות ריבוע הפנימי יזרע מין א' בכל קרן וקרן (כזה)

והשתא הוי בריבוע הפנימי ה' מינין ואע"פ שבין זרע שבתוך העגול לזרע שבקרנות אין הפסק רק משהו אין לחוש דעוגל הוי היכירא בלבד שיהא ג' טפחים בין זרע קרן זה לקרן זה וכן יכול לעשות ערוגות בכל סביבותיה בענין זה דהשתא יש ג"ט בין ערוגה לערוגה דריבוע החיצון חצי טפח חרב וכן לאחרת הרי טפח וב' גבולין שהיו ב' טפחים הרי ג"ט וא"ת מאי איריא ששה אפי' ה' על ה' נמי ועוגל בה ארבע כיון דעוגל חשיב היכירא ויש לומר דעוגל ה' חשיב היכירא אבל ד' לא: **והא** איכא ביני וביני. ס"ד דממלא כל הקרנות וזורע בקרנות ריבוע החיצון עד הגבול והרי אין הפסק בין ערוגה זו לאחרת אלא שני טפחים של שני הגבולים ומשני במחריב בין הביניים שמניח חצי טפח הסובב ריבוע הפנימי הכל חרב ואינו ממלא אלא קרנות של ריבוע הפנימי דהשתא יש הרחקה שלש טפחים אי נמי דידע לה שפיר דמניח חצי טפח חרב אלא דפריך אמאי דקאמר למלאות כל גינתו דהשתא אינו ממלא כל גינתו ומשני במחריב כו' ור' יוחנן דקאמר למלאות כל גינתו ירק לבד מן הביניים קאמר איתיביה רבינא לרב אשי עבודת ירק בירק אחר ששה טפחים פי' ערוגה שהתירו בה חמשה זרעונים דהיינו עבודת ירק בירק אחר רואין אותה כטבלא מרובעת הוא דשרי אף על גב דאיכא תערובת ענפים ועלין מלמעלה הא לאו הכי אסור דלא שרי עירבוב אלא בערוגה כהלכתא אבל עוגל ה' אסור דלא חשיב תנא היכרא ומשני דלא בא תנא להחמיר אלא להקל להתיר ראש תור ירק הנכנס לה והיוצא ממנה דבמרובעת שרי אבל בעגולה אין ראש תור ניכר והא דאמר לעיל אין ראש תור ירק לערוגה מערוגה לערוגה קאמר אבל משדה גדולה לערוגה יש ראש תור כן עיקר פי' השמועה ולפי' הקונט' והא איכא מקום קרנות לשון מקום קרנות לא משמע כפירושו וגם מה דמדמה לראש תור וכל הסוגיא מיושבת כפי' ר"ת ומה שפירש"י והא איכא מקום קרנות ויכול להמשיך של זו לצפון ושל זו לדרום ואין צריך להמשיכו מכנגד אותו שבחברתה אלא טפח לא דקדק דא"כ אינם מרוחקין אלא כמו שעולה האלכסון של טפחיים על טפח ואינו עולה אפי' לשני טפחים ושני חומשים שאלכסון של טפח על טפחיים פחות מאלכסון של טפח על טפח (כזה):

מכין

עין משפט נר מצוה

כא א מיי' שם הלי"א:
כב ב ג שם הלכה י:
כג ד ה שם הלכה טו:

רבינו חננאל

ומן תכין כי אמרו בתלמוד א"י כהנא בשם ריש לקיש כולהן חוץ לששה אקשו עליה. א"כ ליתני ט' וכן היא. הרי אלו ט' זרעונין סביבי ערוגה ו' על ו' בזמן שהן חוץ לששה ואף זה פתרון תואי אבל אם זרעונים בתוך ששה הן אם אינו מחריב את הארבעת הקרנות אלא מניח טפח ומחצה וזורע טפח אפשר דהוו ח' זרעונים שכולן בתוך ערוגה שהיא ו' על ו' ולא תקינו רבנן הכין אלא תקינו ו' בלחוד: **אמר** רב ערוגה בחורבה שנינו. ואקשינן עליה דהאי דתקינו רבנן ה' זרעונים לתוך ו' ואע"ג דאפשר לעשות ח' לא תקינו אלא ה' בלבד. אלא מפני שתקנו להחריב את ד' הקרנות תקנוהו ה' כדי שיהא יכול לעשו' ערוגות אחרות בכנפי זויות ערוגה ו כגון אלו ואי בחורבה הא איכא קרנות ולמה לי למשבק פנויין ואתינן לפרוקי בממלא את הקרנות לערוגות ערוגות כהני דפרשינן לעילא. ואע"ג (דהוכר)[דבחורבה]הוא. ומקשי'וליזרעולא(ליצלי) [לימלי] ופי' אי חרבה היא ליזרע ח' זרעונין בערוגה שלא יהו קרנות פנויות ולא יזרע כנגדן באלכסון ערוגות ופרקי' האי דגזרו בחרבה שיהו קרנות של ערוגה פנויות שמא ימלא כנגדן ערוגות. ומקשינן ואי הוי בקרנות זרע נמי אפשר דזרע ערוגה בסמוך לה והויא קרן בראש תור דשרי להכניסו לשדה אחרת. מי לא תנן היה ראש תור ירק נכנס לתוך שדה אחרת מותר מפני שנראה כסוף שדה. ופרקי' אין ראש תור בחרבה כי שרי ראש תור מן שדה גדולה שהוא (מופים) [מוכח] דסוף שדה הוא. אבל ערוגה בחורבה לית לה ראש תור מותר כי האי משום דלא מוכח ושמואל אמר ערוגה בין הערוגות שנינו. פירוש בין בחורבה ובין בשדה ואקשינן ליה כי מכדי היא בין הערוגות הא קא מיערבו זרעים בהדדי. ומפרקינן בנוטע שורה לכאן ושורה לכאן. ואפרש תרין פירושי חד מנהון שמענות משום רבינו סעדיה גאון דסמיך בערוגה אחרת לכל מין מן [אותן]מינין דהויין שורה לכאן ממין אחר ולא דמי ופירוש' דהוה אמרין ליה רבואתא דילמ' לענין בנוטע שורה לכאן ושורה לכאן אע"פ שהן מינין [אחרים]דקאמר שמואל כיון שהוא עושה בערוג' זו שורה ואינו ערבוביא וכנגדו בערוגה אחרת שורה ואינה עירבוב. וזו נוטה לכאן וזו נוטה לכאן היכרא רבה הוא שהן ב' שורות ורובה דמילי כלאים תלינן בטראית העין דהא מחיצה אפילו כמחיצת שבת כגון קנים וחבלים מתרת לענין כלאים אף על גב דליכא בינייהו הרחקה משום דאיכא היכרא במחיצה. והכין קאמר שמואל איכא היכרא בב' שורות אחת נוטה לכאן ואחת נוטה לכאןונודע שב' שורות הן.

ותנן נוטע אדם קישות ודלעת בתוך גומא אחת ובלבד שלא תהא [זה] נוטה אצל זה ולא זו נוטה אצל זו. ובריית בתוספתא. מותר אדם לעשות בתוך שדהו תלמיות קטנות של טפח טפח וליתן לתוכן ג' מינין א' מיכן ואחד מיכן ואחד באמצע. מותר אדם לעשות בתוך שדהו ערוגות קטנות של ו' ו' טפחים וליתן בתוכו ה' ה' מינין ארבעה על ד' רוחות ערוגה ואחת באמצע. ומותר אדם לעשות בתוך שדהו גומא קטנה שהיא עמוקה טפח וליתן לתוכה ד' מינין והופכן לארבע רוחותיה.ומותר אדם לעשות בתוך שדהו תלם להיות נוטע קשואין ודלועין אבטיחים ומלפפונות והופכן אלו לצד זה ואלו לצד זה.לפום כן קאמר שמואל נוטע שורה לכאן ושורה לכאן: **אמר** עולא בעין במערבא הפקיע תלם אחד על פני כולה מהו איפרש בה כמה פירושי ולא קא מיסתברין. והכין קא חזיינא דעל מימרא דשמואל קאי דקאמר בערוגה בין הערוגות שנינו שנוטע

ורחש

מסורת הש"ס

כלאים פ"ג מ"ג

מבטל את השורה וביטל השורה את הערוגה רש"ל

[נ"ל שרבא פי' גאון פליג רתכין כלאים וזורעין ונכנסין אלו כאלו ערוך ערך שדך ב]

תוספתא פ"ב דכלאים

הגהות הב"ח

(א) רש"י ד"ה והא קא מיתערבי בהדדי: (ב) ד"ה ועוגל כו' וא"צ להרחיק בין ערוגה: (ג) תוס' ד"ה וליזרע מלכלאי וד"ה גזירה וד"ה ושמואל הכל דבור א': (ד) ד"ה בנוטה שורה וד"ה אמר עולא וד"ה איתיביה וד"ה א"ר יוחנן וד"ה הא איכא הכל דיבור אחד:

§ מסכת שבת דף פה: §

אות א'

גזירה שמא ימלא את הקרנות

רמב"ם פ"ד מהל' כלאים הי"א - ואסור לזרוע חוץ לערוגה בלא תלם ובלא נטייה, ואפילו כנגד הקרנות של ערוגה שאין בהן זרע, גזירה שמא יזרע ארבעת המינין בארבע זויות ערוגה, ויזרע מינין אחרים חוצה לה כנגד הזויות, ונמצא הכל כמעורב.

אות ב' - ג'

בנוטה שורה לכאן ושורה לכאן

אין עירובו מבטל את השורה

רמב"ם פ"ד מהל' כלאים ה"י - בד"א בערוגה שהיא בחורבה ואין שם זרע חוצה לה אבל ערוגה בין ערוגות אסור לזרוע בה חמשה מינין, שאם יזרע בכל רוח מערוגה זו ובכל רוח מערוגותיה שסביבותיה יראה הכל כמעורב; [א]ואם הטה עלין שבערוגה זו לכאן ועלין שבערוגה שבצדה מכאן עד שיראו מובדלים, מותר; [ב]וכן אם עשה תלם בין כל ערוגה וערוגה, מותר.

אות ד' - ה'

הרוצה למלאות כל גינתו ירק עושה ערוגה ששה על ששה, ועוגל בה חמשה, וממלא קרנותיה כל מה שירצה

אם היו זרועין שתי, זורען ערב; ערב, זורען שתי

רמב"ם פ"ד מהל' כלאים הט"ו - הרוצה למלאות כל גנתו מיני ירקות רבים ולא ירחיק ביניהם, עושה כל הגנה ערוגות מרובעות אפילו ששה על ששה, [ג]ועושה בכל ערוגה חמשה עיגולין, ארבעה בארבע רוחותיה ואחד באמצע, וזורע מין בכל עיגול, וזורע ארבעה מינים אחרים בארבעה קרנות ערוגה, נמצאו תשעה מינין בכל ערוגה, והן נראין מובדלין זה מזה, ואינו מפסיד אלא מה שבין העיגולין בלבד, שהוא מניחו חרב כדי שיראו העיגולין מובדלין מן הקרנות ומובדלין זה מזה; ואם רצה שלא יפסיד כלום, אם היו העיגולין זרועים שתי, זורע מה שביניהן ערב, ואם היו זרועין ערב, זורע מה שביניהן שתי, כדי שיראו מובדלין. השגת הראב"ד: הרוצה למלאות כל גנתו מיני ירק הרבה וכו'. א"א איני יודע לאיזה חשבון יעלה המעשה, שאם יהיה העיגול רוחב שני טפחים ומחצה, נמצא [ד]שאין הפרש בין עוגל לעוגל אלא טפח, [ה]ואין לאמצעי שם מקום אלא טפח; ואם היו טפחים טפחים, הרי ברוחות [ו]יכול לעשות ג' על ג' והם שלש שורות חוץ מן הקרנות; וכ"ש אם הם טפח ומחצה טפח ומחצה, שהם יותר ויותר. אלא חמשה עיגולין שאמרו חמשה באורך הערוגה ברוחב כל טפח וטפח, שהם כ"ה עיגולין, וזהו שאמרו למלאות כל גנתו; ומה שאמר אם ירצה שלא יפסיד כלום, אם היו העיגולין זרועים שתי זורע מה שביניהם ערב, לא יתכן לעיגולין שתי וערב, [ז]ולא נאמר אותה המימרא על הבינים, אבל היא מימרא בפני עצמה, להתיר זרעים הרבה בערוגה, וכך פירש רבו בהלכות ערוגה במסכת שבת.

באר הגולה

א ‹שם נאמר בגמרא לדעת שמואל, {ומפרש כתוס' ד"ה והא קא מיערבבו, בנוטה שער ערוגה זו לתוכה וזו לתוכה, ודלא כרש"י}, וסובר רבינו דרב לא פליג בהא, דמתני' היא בפ"ג דכלאים, נוטע אדם קישות ודלעת בתוך גומא אחת, ובלבד שתהא זו נוטה לצד זו וכו', ולא פליגי רב ושמואל אלא בפירושה דמתניתין, **ולא** כדפירש רש"י דפליגי - כסף משנה› ב ‹פלוגתא שם, ופסק כרב אשי, ואע"ג דתנן שורה של קשואין ושורה של דלועין ושורה של פול המצרי אסור, אקשו מיניה לרב אשי, ושני, שאני התם דאיכא שראכן, ופירש רש"י זמורותיהן ארוכות ומתערבות הרבה מלמעלה - כסף משנה› ג ‹הנה רש"י ותוספות מפרשים, דהא דקא"ר יוחנן ועוגל בה חמשה וכו', היינו שעושה עגולה אחת גדולה של ה' על ה', והיא מלאה כל הזרע ממין אחד. **ורבנו** מפרש באופן אחר - מרכבת המשנה› ד ‹לא ידעתי מה קשה לו שאין הפרש בין עוגל לעוגל אלא טפח, שאע"פ שאין בין זרע לזרע כלום אין אנו חוששים, מאחר שהם נראים מובדלים זה מזה, וכמו שכתב רבינו בס"פ זה - כסף משנה› ה ‹מה איכפת לן שאין שם מקום אלא טפח, שאם מפני שאינו שוה לשאר העיגולים, מה בכך - כסף משנה› ו ‹כלומר והרי כאן ט' מינים חוץ מהקרנות, כלומר ואמאי לא אמר ועוגל בה ט', **וי"ל** דמילתא מציעתא נקט, שאין דרך להרבות כ"כ מינים בשיעור מועט, שנמצא כל מין ומין אין בו שיעור לגומא, **א"נ** י"ל דלא שרא כולי האי משום דמיחזי כערבוביא - כסף משנה› ז ‹אומר אני כי הפירוש היותר פשוט הוא שאינה מימרא בפני עצמה, שהרי רש"י כך פירשה, וכן נראה מדברי התוס' - כסף משנה›

§ מסכת שבת דף פו. §

אות א'

מנין שמרחיצין את המילה ביום השלישי שחל להיות בשבת

סימן של"א ס"ט - [א]בזמן חכמי הגמרא אם לא היו רוחצים את הולד לפני המילה ולאחר המילה וביום שלישי למילה במים חמין, היה מסוכן; לפיכך נזקקו לכתוב משפטו כשחל להיות בשבת; והאידנא לא נהגו ברחיצה כלל - דנשתנו הטבעים, **ודינו לרחוץ בשבת אם רצו, כדין רחיצת כל אדם.**

הגה: ובמדינות אלו נוהגים לרחצו לפני המילה בחמין שהוחמו מאתמול, ולאחר המילה במוצאי שבת - כלומר דבמקומותינו אף כי אין הולד מסוכן כ"כ כמו בימיהם, אכן עכ"פ צורך גדול יש בדבר, לפיכך על רחיצה שקודם המילה, הניחו על דינא דגמרא, שמותר לרחצו בחמין שהוחמו מאתמול, [דלצוות לא"י להחם היום, אף בזמן הגמרא אסור], **ולאחר** המילה, אין קפידא אם ימתינו עד מו"ש.

ויזהר שלא ישרה סדין במים, דשרייתו היא כיבוסו, **וע"י** א"י אפשר שיש להקל, **וגם** יזהר מסחיטות הסדין.

ואם נשפך החמין, יכול לומר לא"י להביא מים שהוחמו בשביל א"י, **אבל** לא יאמר לא"י להחם לכתחלה.

וכן אם היה יום ג' למילתו בשבת, ורואים שיש צורך לרחצו, מכינים חמין מבע"י ורוחצים אותו בשבת - משמע דאם לא הכינו, אסור להחם ע"י א"י, דאין מחזיקין אותו בסתמא לחולה, רק למצטער קצת, **אך** אם הרופא אומר שצריך, בודאי אין להחמיר בזה.

תינוק שהיה חולה ונתרפא, אוסר התשב"ץ למולו ביום ה', דשמא יצטרכו לחלל שבת עליו ביום ג' למילתו, **אבל** הש"ך ביו"ד והמ"א מתירין, וכן הסכים הא"ר להתיר, ואין מחמיצין את המצוה.

וכ"ז מן הסתם, אבל אם רואים שיש לחוש לסכנה אם לא ירחצו אותו אחר המילה, בודאי מותר לרחצו ולחלל עליו שבת - והיינו אפילו להחם בעצמו, **מידי דהוי אשאר חולה שיש בו סכנה.**

אות ב'

מנין שקושרין לשון של זהורית בראש שעיר המשתלח

רמב"ם פ"ג מהל' עבודת יוה"כ ה"ד - וקושר לשון זהורית משקל שתי סלעים בראש שעיר המשתלח, ומעמידו כנגד בית שלוחו, ולנשחט כנגד בית שחיטתו, ושוחט את פר החטאת אשר לו, ואת השעיר שעלה עליו הגורל לשם.

אות ג'

מנין לסיכה שהיא כשתייה ביום הכפורים

סימן תריד ס"א - אסור לסוך אפילו מקצת גופו, ואפילו אינו אלא להעביר הזוהמא - ר"ל דאף שהוא שלא לשם תענוג, אסור. **אבל אם הוא חולה, אפילו אין בו סכנה, או שיש לו חטטין בראשו, מותר** - והיינו דוקא במקום שנוהגין לסוך בחול אפילו איש בריא, **אבל** במקום שאין נוהגין לסוך בחול איש בריא, אסור לסוך ע"ג חטטין, בין ביו"ט ובין בשבת, דמוכח דהוא משום רפואה.

אות ד'

פולטת שכבת זרע ביום השלישי טהורה

רמב"ם פ"ה מהל' שאר אבות הטומאה הי"א - האשה שפלטה שכבת זרע, אם פלטה אותה [ב]בתוך שלש עונות, הרי היא טמאה כרואה קרי; לפיכך סותרת יום אחד אם היתה זבה, כאיש שראה קרי; ומטמאה בכל שהוא, אע"פ שלא יצאת לחוץ, אלא נעקרה והגיעה לבין השיניים, נטמאה, שהרי שכבת זרע כדמה, מה דמה מטמא בפנים, אף שכבת זרע שתפלוט תטמא אותה בפנים.

רמב"ם פ"ה מהל' שאר אבות הטומאה הי"ב - שכבת זרע עצמה שנפלטה בתוך השלש עונות, מטמאה אחרים שנגעו בה, כדרך שטימאה האשה שפלטה אותה; ואם פלטה אחר שלש עונות, הרי האשה טהורה, וכן שכבת זרע שנפלטה טהורה, שכבר נפסדה צורתה.

אות ה'

ישראל קדושים הן ואין משמשין מטותיהן ביום

סימן רמ סי"א - וכן אסור לשמש ביום - דאין זה דרך צניעות, **אלא אם כן הוא בית אפל. הגה: ותלמיד חכם מאפיל בטליתו ושרי** - שהוא צנוע בדרכיו ולא יבוא להסתכל, ע"כ מותר ע"י האפלת טלית, **אבל** מ"מ אין להקל בדבר זה אלא לצורך גדול, דהיינו כשיצרו מתגבר עליו, [**ומחכמ"א** משמע, דכשיצרו מתגבר עליו ויכול לבא ח"ו לידי חטא, מותר ע"י האפלת טלית לכל אדם].

אבה"ע סימן כה ס"ה - וכן אסור לשמש מטתו ביום, שעזות פנים היא לו - ‹ואם היה ת"ח ומאפיל בטליתו, שרי, ולא הותר זה רק לצורך גדול שלא יבא לידי הוצאת זרע לבטלה – ערוה"ש›.

(ועיין במורה חיים סי' ר"מ סעיף י"א וסי' שט"ו סעיף א').

באר הגולה

[א] דברי עצמו [ב] ‹שרבינו גורס: אבל חכמים אומרים ג' עונות, [עיין בהג' הגר"א], **וצ"ל** לפי שיטה זו, דחכמים ס"ל כשיטת ראב"ע דבה' בהשכמה עביד פרישה, וא"כ היה ג' עונות לפרישה (יום ה', ליל ו', ויום ו'), אמנם בזה מחולקים, דלראב"ע תלוי הענין בב' ימים, ולחכמים תלוי הענין בג' עונות – כסף משנה›

כטבלא מרובעת כטבלא הוא דשרי הא לאו הכי אסור התם לאקולי בה קולא אחרינא להתיר ראש תור היוצא הימנה:

מתני' מנין לפולטת שכבת זרע ביום השלישי (*שתהא) טמאה שנא' °היו נכונים לשלשת ימים **מנין שמרחיצין את המילה ביום השלישי שחל להיות בשבת שנאמר °ויהי ביום השלישי בהיותם כואבים *מנין שקושרין לשון של זהורית בראש שעיר המשתלח שנאמר °אם יהיו חטאיכם כשנים כשלג ילבינו מנין *לסיכה שהיא כשתיה ביוה"כ אע"פ שאין ראיה לדבר זכר לדבר שנא' °ותבא כמים בקרבו וכשמן בעצמותיו:

גמ' רישא דלא כר' אלעזר בן עזריה סיפא כר"א בן עזריה דאי כרבי אלעזר בן עזריה טהורה שמענא ליה מאן דלא מוקי כתנאי תנא רישא טהורה ומוקי לה לכולה כר"א בן עזריה ומאן דמוקים כתנאי רישא רבנן וסיפא כר' אלעזר בן עזריה ת"ר *פולטת שכבת זרע ביום השלישי טהורה דברי רבי אלעזר בן עזריה רבי ישמעאל אומר פעמים שהן ד' עונות פעמים שהן ה' עונות פעמים שהן ו' עונות ר' עקיבא אומר לעולם ה' *ואם יצאתה מקצת עונה ראשונה נותנין לה מקצת עונה ששית אמרוה רבנן קמיה דרב פפא ואמרי לה רב פפא לרבא בשלמא ר' אלעזר בן עזריה כרבנן דאמרי בה' עביד פרישה ור' ישמעאל כר' יוסי דאמר בד' עביד פרישה אלא רבי עקיבא כמאן לעולם כר' יוסי כדאמר רב אדא בר אהבה *משה בהשכמה עלה ובהשכמה ירד בהשכמה עלה דכתיב °וישכם משה בבקר ויעל אל הר סיני בהשכמה ירד דכתיב °לך רד ועלית אתה ואהרן עמך מקיש ירידה לעלייה מה עלייה בהשכמה אף ירידה בהשכמה למה ליה למימרא להו והא אמר *רב הונא °ישראל קדושים הן ואין משמשין מטותיהן ביום *הא אמר רבא אם היה בית אפל מותר ואמר רבא ואיתימא רב פפא תלמיד חכם מאפיל בטליתו ומותר והא

רש"י

כטבלא מרובעת. אלמא עגולה לאו ערוגה היא: הכא. דבעי מרובעת לאחשובה שדה קאמר להתיר ראש תור ולית ליה לר' יוחנן הא דאמר לעיל אין ראש תור בערוגה אי נמי אית ליה מערוגה לערוגה אבל משדה לערוגה יש ראש תור: **מתני' שפיא טמאה.** דיום השלישי אכתי לא מסריחה שכבת זרע וראויה לקלוט ולהיות ולד שלם הימנה וקרינן שכבת זרע הראוי להזריע: **לג' ימים.** דהקפיד הכתוב על טומאת קרי במתן תורה *וקס"ד עם יום הפרישה קאמר דבד' בשבת פירשו מנשותיהן וקבלו תורה בשבת שהוא רביעי לאותם ששימשו מטותיה' ברביעי לפני הפרישה וטבלו לילי שבת ולא חש הכתוב אם יפלוטו בשבת דמסרח ולאו שכבת זרע הראוי להזריע אבל אם פלטו ע"ש בשלישי טמאות לכך הפרישן שלשה ימים: **מנין שמרחיצין.** דאף ביום ג' מסוכן הוא: **כמים בקרבו וכשמן בעצמותיו.** מקיש סיכה לשתיה: **גמ' רישא.** דמתני': **דלא כר' אלעזר בן עזריה.** דאילו לדידי' שמעינן ליה פולטת ביום השלישי טהורה לקמן בברייתא: **וסיפא.** דקתני מרחיצין את המילה כו' ר' אלעזר בן עזריה דהוא אמר לה לקמן בפרק ר' אליעזר: **מאן דלא מוקי כתנאי.** דדחיק ומוקי מתניתין בתרי טעמי או משבש לה ומפרש לה דלא לאוקמי כתנאי משבש לה ואמר משבשתא היא ותני בה טהורה: **ומאן דמוקי לה כתנאי.** דניחא ליה לאוקומי כתנאי מלמימר משבשתא היא ומלאוקמי בתרי טעמי מוקי נמי להאי כתנאי ופלוגתא היא בהמפקיד (ב"מ מא.) גבי חבית דאמר ר' יוחנן מאן דמתרגם לי חבית אליבא דחד תנא מובילנא ליה מאני לבי מסותא ומוקי רישא ר' ישמעאל וסיפא רבי עקיבא ואי הוה בעי הוה מצי לאוקמי בתרי טעמי ובחד תנא ואיכא דמוקי לה התם בחד תנא ומוקי סיפא בשגגתה במקום שאינו מקומה: **ביום השלישי.** כגון ששמשה בה' ופלטה שכבת זרע בשבת ל"ש שמשה תחילת ליל חמישי דאישתהי ד' עונות שלמות ליל ה' וה' וליל ו' וו' ל"ש שמשה יום ה' עם חשיכה דלא אישתהי אלא מקצת ה' וליל ו' וו' דליכא אלא ב' עונות שלמות. העונה או יום או לילה: **ר' ישמעאל אומר פעמים שהן כו'.** בא לחלוק ולומר דפולטת בג' לשימושה טמאה אבל פולטת בד' טהורה ומודיעך לך דמקצת היום ככולו דלא הקפידה תורה אלא במנין של הימים ולא במנין העונות: **ופעמים שהם ד' עונות.** שלמות שאם שמשה ד' בשבת עם חשיכה פליטתה טמאה עד תחלת שבת: **פעמים שהם ה' עונות.** כגון שמשה בתחלת היום של ד': **פעמים שהם ו'.** כגון שמשה בתחלת ליל ד' בין השמשות: **נותנין לה מקצת עונה ו'.** להשלים ה' וכל הפולטת בתוך ה' עונות שלמות טמאה: **אמרוה.** להא אתקפתא דלקמיה: **בשלמא כו'.** פלוגתא דרבנן ור' יוסי בברייתא ומייתי לה בהאי פירקא לקמן דלרבנן בה' בשבת פרשו ולר' יוסי בד' ולכ"ע בשבת ניתנו עשרת הדברות וכיון דבשבת נתנו ע"כ בליל שבת טבלו ולא שחרית כדמתרץ לקמן שלא יהו הללו טובלין והללו מהלכין לקבל תורה הלכך בשלמא ר' אלעזר כרבנן דאמרי בחמשה בשבת עבוד פרישה ויש שלא פרשו אלא עם חשיכה ומדטבלו ליל שבת ולא חשו שמא תפלטנה עוד ש"מ דפולטת בג' טהורה ומקצת היום של חמישי ככולו: **ור' ישמעאל.** דאומר בג' טמאה בד' טהורה קסבר בד' עבוד פריסה כר' יוסי דהוה ליל שבת רביעי ומיהו יש שלא פירשו עד סמוך לחשיכה וליכא אלא ד' עונות ליל ה' וה' ליל ו' וו' ואפילו הכי מטבלו פליטתן טהורה דלא הקפידה תורה אלא בימים: **אלא רבי עקיבא.** דאמר כל ה' עונות טמאה אם תפלוט כמאן ומהיכא למד דלעונות קפיד קרא הא ימים כתיב וקיימא לן מקצת היום ככולו: **לעולם.** ר' עקיבא כר' יוסי וכדרב אדא דאמר משה כל עליותיו בהשכמה עלה וכל ירידותיו בהשכמה הלכך ירידה דכתיב וירד משה מן ההר אל העם ויקדש את העם דהיינו פרישה בהשכמת רביעי היתה ומדהוזקק להפרישן בהשכמה ש"מ עד ה' עונות שלמות קפיד קרא: **ופרכינן למה ליה למימרא להו.** שחרית בלאו הכי נמי לא הוו משמשי: **דקאמר רב הונא.** דאין משמשין ביום דכתיב (משלי יט) בוזה דרכיו ימות דבעי לניעותא שלא יסתכלו: **תלמיד חכם.** שהוא צנוע ולא יסתכל סגי ליה במאפיל בטליתו: והא

תוספות

מנין לפולטת כו' שנא' היו נכונים לשלשת ימים. אע"פ שבאותה שעה עדיין לא ניתנה תורה מ"מ מסתמא הקפידה תורה על דבר שעתיד להיות טומאה אחר מתן תורה ואע"ג דלא הקפידה על זבין ומצורעין ובועלי נדות היינו משום טעמא דתניא בפרק מי שמתו (ברכות כב.) כתיב והודעתם לבניך ולבני בניך וכתיב יום אשר עמדת לפני ה' אלהיך בחורב מה להלן באימה וביראה וברתת ובזיע כו' מכאן אמרו זבין ומצורעים ובועלי נדות מותרין לקרות בתורה בנביאים ולשנות במשנה ובש"ס בהלכות ובאגדות ובעלי קריין אסורין פירוש דבעל קרי אינו באימה וביראה דמחמת קלות ראש הוא בא:

אע"פ שאין ראייה לדבר זכר לדבר שנאמר ותבא כמים וגו'. ומיהו ראיה גמורה לא הוי משום דקרא לא מישתעי בשתיה אלא ברחילה משום דמשמע מים דומיא דשמן מה שמן מאברא' אף מים מאבראי וקשה לר"י דבפרק בתרא דיומא (דף עו:) קאמר דרחילה איקרי עינוי מכלן ת"ר זוטרא מהכא ותבא כמים בקרבו וגו' מים דומיא דשמן מה שמן מאבראי כו' ופריך והא האי תנא איפכא נסיב לה דתנן מנין לסיכה כו' ומאי פריך הא תנא דמתני' קאמר שאין ראיה לדבר אלא זכר לדבר משום דמים דומיא דשמן כדפרישי' ואומר ר"י דפריך הכי דאי חשיבא ראיה גמורה דרחילה כסיכה כדקאמרת לא הוה ליה להאי תנא למעבד מינה אפי' זכר בעלמא קשה לרשב"א דאמאי מייתי האי קרא שאינו אלא זכר בעלמא הוה ליה לאיתויי קרא דלחם חמודות לא אכלתי ובשר ויין לא בא אל פי וסוך לא סכתי (דניאל י) דהוי דרשה גמורה ומיניה נפקא לן בפרק בתרא דיומא (שם) דסיכה איקרי עינוי:

תני רישא טהורה ומוקי לה כו'. אומר ר"י דמשום הכי איט מגיה למיתני טהורה כדי לאוקמי כולה כרבי אלעזר *אלא בלאו הכי איכא דתני טהורה ואיכא דתני טמאה הלכך מאן דלא מוקי כתנאי ניח לו לשנות כאותן ששונין טהורה ומאן דמוקי כתנאי לא קפיד לשנות טמאה וא"ת אכתי הויא מתני' כתנאי דרישא דמתני' רבי עקיבא קתני לה וסיפא דקתני פולטת טהורה היינו דלא כר"ע דפליג בסמוך אר' אלעזר בן עזריה וי"ל דלא קפיד לאוקמי כתנאי אלא בתרי בבי דסמוכות זו אחר זו אבל אההיא דריש פירקין המרוחקות מההיא דפולטת לא קפיד וא"ת למאן דתני טהורה טפי הוה ליה למנקט במתני' קרא דוקדשתם היום ומחר (שמות יט) דמשמע כרבי אלעזר בן עזריה ואומר ר"י דניחא ליה לאתויי היו נכונים לשלשת ימים דמוכח דמשום פליטת זרע הקפיד דכתיב ביה אל תגשו אל אשה:

פעמים שהן ד' כו'. במלתא דרבי אלעזר בן עזריה ה"מ נמי לשנות בענין זה פעמים שהן שתים פעמים שהן ג' כו' אלא להכי נקט ר' ישמעאל משום דסבר ברביעי עבוד פרישה כרבי עקיבא ובעונות לא בעי למתלי כמו שתולה רבי עקיבא:

בהשכמה עלה. אליבא דרבי עקיבא איירי:

ישראל קדושים הן כו'. ובלאו הכי היו פורשין דאמר *בוזה דרכיו ימות זה המשמש מטתו ביום ועוד דקראן קדושים ואתם תהיו לי ממלכת כהנים וגוי קדוש:

וליטבלו

עין משפט נר מצוה

כד א מיי' פ"ב מהלכות מילה הלכה ח טור שו"ע או"ח סימן שלא סעיף ט:

כה ב מיי' פ"ג מהלכות שביתת יום הכפורים הלכה ד:

כו ג מיי' פ"ג מהלכות שביתת עשור הלכה ט טוש"ע או"ח סימן תריד סעיף א:

כז ד מיי' פ"ה מהלכות שאר אבות הטומאות הל' יא יב סמג עשין רל:

כח ה מיי' פכ"א מהל' איסורי ביאה הלכה יו"ד טוש"ע או"ח סי' ר"מ סעיף יא וטור ושו"ע אה"ע סימן כה סעיף ה:

רבינו חננאל

שורה לכאן ושורה לכאן כדפרישנא לעילא ועלה בענבמערבא ואם הפקיע מ צ ד הערוגה תלם אחד על פני כולה ושבקיה ולא זרעיה ומהנתרין זרע בערוגה אחרת ערבוב ולא זרע שורה כדאמר שמואל ב' שורות שורה אחת (שנוטעה) [שנוטה] לכאן ושורה (שנוטעה) [שנוטה] לכאן מהנתרו' בשורה שבור והפקעת תלם אחד מצדה ופשטה רב ששת לאיסורא ואמר בא ערבוב (תפל) [וביטל] את השורה אע"פ שהפסיק תלם א'. כיון שורע ערבוב הרי זו שהיא נטועה שורה כאילו אף היא נטועה ערבוב ולא מרגיא שורה אלא כנגד שורה שזו נוטה לכאן וזו נוטה לכאן. דודאי היכרא. אבל הכא כיון דהדא ערבוב בטילה לה שורה דאידך ובערבוב דמיא. והוא תלם שהפקיעו אם אין בו כדי עבודה לא מהני ואסור. ואתא רב אשי ושריא. ואעפ"כ אין ערבוב מבטל את השורה אלא שורה של זו. והפקעת תלם בזו מתירין אותה: **איתיבי'** רבינא לרב אשי הנוטע שתי שורות של דילועין שתי שורות של קישואין שתי שורות של פול המצרי מותר. שורה אחת של קישואין. שורה אחת של דלועין. שורה אחת של פול המצרי אסור. דאלמא אם ב' שורות הן שהיא נוטה אחת לכאן ואחת לכאן מוכחא מילתא שהן מובדלות זו מזו ומותר. אבל אם יש שורה בשדה זו. ואין בשדה זו שורה שכנגדה אלא עירבוביא היא ואסור. וצריך להרחיק כדי עבודה. ופריק רב אשי (שאתנן) [שאני] קשואין ודלועין ופול המצרי דאית להו שראכי אבל (דאר) (מינייהו) [שאר המינים] אע"פ שזה נוטע שורה וזה הפקיע תלם אחד מותר. ופי' שראכי עלין רחבין שאוחזין בארץ והוותן כדאמרינן לענין תני חדא אסור להלך ע"ג עשבים בשבת ותניא אידך מותר אי תימא הא והא בימות הגשמים ולא קשיא הא דאיכא שראכי והא דליכא שראכי. ואי תימא הא והא דאיכא שראכי ולא קשיא הא [דסיים] מסאני והא דלא [דסיים] מסאני. אבל בזו מן הצי אין עירבוב שבזו מבטל שורה שבזו: **אמר** רב כהנא אמר ר' יוחנן הרוצה שימלא את גנתו ירק עושה ערוגה ששה טפחים ועוגל בה חמשה ונמצא ממלא את גנתו ירק בן צורת מרובעת זה ו' על ו' שיש בה ה' עגולין. אקשינן על ר' יוחנן והא איכא בין הביניים. ופרקינן אמרי דבי ר' ינאי במחריב בין הביניים שמרחיק מה שהוא צריך להרחיק בין כל ירק וירק אלא שנשבר מה שבין העגול למרובע. והרבה הוא נשבר בזאת ולא קא מעיין ר' יוחנן להרחיק את הקרנות כדי שיזרע כנגדן כי אותה הערוגה דהוי ששה על ששה אין בה זריעה אלא י"ג טפחים מכלל ל"ו טפחים והעגילו כך ה' עגולים אע"פ שהוא מניח בין ירק לירק כדי צורתו הרי הוא נשבר הרבה: **רב** אשי אמר אם היה זורע שתי וזורע את האחר ערב. כגון זה. זרע בזה שתי ובזה ערב כי היכי דליהוי היכרא ואין צריך להרחיק אלא מעט: **איתיביה** רבינא לרב אשי עבודת ירק בירק שנכנס לתוך שרש ירק אחר ואין אותה כטבלא מרובעת. והכי קא מקשי כטבלה מרובעת הוא דשרי הא לא מטתה אחד שתי ואחד ערב לא. ופריק רב אשי האי דקאמר כטבלא מרובעת לאו לאחמרי אלא לאקולי בה קלא אחרינא להתיר ראש תור הנכנס לה וראש תור היוצא ממנה: **מתני'** מנין לפולטת שכבת זרע ביום השלישי שהיא טמאה כו'. ותנן התם השלשה שכבת זרע ביום שלישי טהורה דברי ר' אלעזר בן עזריה. והיא מתניתין דהכא דלא כר' אלעזר בן עזריה. ואקשינן איתא סיפא. מנין שמרחיצין את הקטן ביום שלישי שחל להיות בשבת. ותנן לקמן בהא מסכתא רבי אלעזר בן עזריה אומר מרחיצין את הקטן ביום שלישי שחל להיות בשבת ופריקנן למאן דמוקים כתנאי [תני תאני טמאה ורישא רבנן וסיפא ר' אלעזר בן עזריה דלא מוקים

רב נסים גאון סיפא כר' אלעזר בן עזריה הוא וזה ששנינו מניין שמרחיצין את הקטן ביום השלישי ודבר זה אמור משום ר' אלעזר בן עזריה בפרק ר' אליעזר אומר אם לא הביא כלי:

עין משפט נר מצוה

כט א מיי' פ"ה מהלכות שאר אבות הטומאות הלכה יג:
ל ב ג מיי' שם הלכ"ו:

גמרא

והא טבולי יום נינהו אביי בר רבין ורב חנינא בר אבין דאמרי תרווייהו ניתנה תורה לטבול יום יתיב מרימר וקאמר לה להא שמעת' א"ל רבינא למרימר ניתנה קאמרת או ראויה קאמרת אמר ליה ראויה קאמינא וליטבלו ביני שימשי וליקבלו תורה ביני שימשי אמר רבי יצחק °לא מראש בסתר דברתי (א) וליטבלו בצפרא דשבתא וליקבלו תורה בצפרא דשבתא א"ר יצחק שלא יהא הללו הולכין לקבל תורה והללו הולכין לטבילה א"ר חייא ברבי אבא א"ר יוחנן זו דברי ר' ישמעאל ור' עקיבא אבל חכמים אומרים (א) שש עונות שלמות בעינן אמר רב חסדא מחלוקת שפירשה מן האשה *אבל פירשה מן האיש טמאה כל זמן שהיא לחה מתיב רב ששת °וכל בגד וכל עור אשר יהיה עליו שכבת זרע פרט לשכבת זרע שהיא סרוחה מאי לאו שפירשה מן האיש לא שפירשה מהאשה בעי רב פפא *שכבת זרע של ישראל במעי כותית מהו ישראל דדאיגי במצות חביל גופייהו עכו"ם דלא דאיגי במצות לא או דילמא *כיון דאכלין שקצים ורמשים חביל גופייהו ואם תמצי לומר *כיון דאכלי שקצים ורמשים חביל גופייהו במעי בהמה מהו אשה (היא) דאית לה פרוזדור מסרחת אבל בהמה דלית לה פרוזדור לא או דילמא ל"ש תיקו: ת"ר *בששי בחדש ניתנו עשרת הדברות לישראל °רבי יוסי אומר בשבעה בו אמר רבא דכולי עלמא בר"ח אתו למדבר סיני כתיב הכא °ביום הזה באו מדבר סיני וכתיב התם °החדש הזה לכם ראש חדשים *מה להלן ר"ח אף כאן ר"ח ודכולי עלמא בשבת ניתנה תורה לישראל כתיב הכא °זכור את יום השבת לקדשו וכתיב התם °ויאמר משה אל העם זכור את היום הזה מה להלן בעצומו של יום אף כאן בעצומו של יום כי פליגי בקביעא דירחא רבי יוסי סבר בחד בשבא איקבע ירחא ובחד בשבא לא אמר להו ולא מידי משום חולשא דאורחא בתרי בשבא אמר להו °ואתם תהיו לי ממלכת כהנים בתלתא

רש"י

ולא טבולי יום נינהו. כיון דלכולהו שמעינן דבלילי שבת טבלו הוו להו טבולי יום כשקבלו תורה שלא היה להם הערב שמש אחר הטבילה וכיון דהכי הוא איכא למימר דמבע"י טבלו שם ואפ"ה פליטתן טהורה ובצרי להו חדא עונה אליבא דכולהו: ראויה קאמינא. ראויה ליתנן לטבולי יום וקסברי הני תנאי לא הקפידה תורה על טבולי יום דלא כתיב הערב שמש אלא לענין קדשים הלכך *כל ג' ימים האמורים לענין פרישה הוזקקו להיות *)קודם טבילה ומיהו לא ניתנה לטבולי יום לפי שטבלו מבעו"י ולא פלטו ואם היו פולטות יחזרו ויטבלו משתחשך אבל לא הוצרכו לכך: וליטבלו בי שמשי וליקבלו תורה בי שמשי. לילי שבת קרי בי שמשא בכל דוכתא מפני שבין השמשות שלו חלוק מכל ימים והוצרך להזכירו בכמה מקומות והכי פריך לר' עקיבא דאמר הקפידה תורה על מנין העונות ולא הקפידה אלא על חמש למה לא קבלוה בלילה מדהמתין עד הבקר איכא למימר שהקפידה על פליטת הלילה ואיכא ו' עונות: לא בסתר דברתי. במקום ארץ חשך ולילה חשך הוא: ליטבלו בשבתא בצפרא. ולמה הוצרך (ג) לירד בהשכמה דיום א' פרשו עם חשכה בד' ויטבלו בשבת שחרית ואם פלטו לאחר טבילה טהורין דהא עברו ה' עונות שלמות ואם פלטו לילי שבת וטמאו לא איכפת לן וטובלין שחרית דהא בעל קרי טובל ביומו ולא אמרת ניתנה תורה לטבולי יום ויש ספרים דגרסינן ביה תרי לישני וגרסינן הכי לרבי אלעזר ליטבלו ביממא דחמשא לר' ישמעאל ליטבלו בליליא דחמשא לרבי עקיבא ליטבלו ביממא דארבעה ואומר אני שהוא שיבוש והגורסו טעה ולא ידע לפרש מהו שאמר ר' ישמעאל פעמים שהן ה' עונות כו': אבל חכמים אומרים ו' עונות שלמות. סברי להו כר' יוסי דאמר בארבעה עביד פרישה ובהשכמה כר' עקיבא ולית להו שטבלו בלילי שבת אלא סבירא להו דאותן שטבלו לילי שבת ופלטו לאחר טבילה הוצרכו לטבול בשבת שחרית ולפיכך נתעכבה שכינה מליתן עד הבקר ולא משום לא בסתר דברתי לחודיה: שפירשה מן האשה. כגון פולטת שכבת זרע שקבלה מזכר הוא דאמר ר' אלעזר בן עזריה דבתרי יומי מסרחת מפני שמתחממת בגופה: אבל פירשה מן האיש. על הבגד מטמאה לעולם: כל זמן שהיא לחה. ומיהו משיבשה לא מטמיא דתו לא חזיא להזריע: מאי לאו שפירשה מן האיש. על הבגד ומטמא לה לאחר מסרחת דלא קתני פרט לכשיבשה: של ישראל במעי כותית מהו. מי מסרחת בג' ימים כישראלית ואי פלטה ליה בתר ג' טהור הנוגע בטיפה או לא ולהכי נקט שכבת זרע של ישראל דאילו דכותי אמרינן במסכת נדה קריו טהור בפ' בנות כותים (נדה דף לד): דדייגי במצות. לקיים מצות וחרדים כדבר ומתוך דאגה מתחממין כדכתיב (תהלים לט) חם לבי בקרבי: חביל. חם: דאית לה פרוזדור. בשר טחלי בית הרחם בולט מן השינים ולחוץ ובית הרחם הוי מן השינים ולפנים: בהמה לית לה פרוזדור. לפיכך לא שלים בה אויר בגופה ומתחממת: בו' בחדש כו'. דהא כתיב ויכסהו הענן ששת ימים ויקרא אל משה ביום השביעי סבירא להו כר' יוסי הגלילי דאמר בפ"ק דיומא (דף ד.) זה היה מעשה אחר עשרת הדברות ור' יוסי סבירא ליה דמשה וכל ישראל עומדים לקבל עשרת הדברות ולא בא הכתוב אלא לחלק כבוד למשה: כתיב הכא. הזה הזה לגזירה שוה: מה להלן. זכור את היום הזה בעצמו של יום הזכירה דיציאת מצרים נאמר להו כדכתיב הזה אף כאן בעצמו של יום הזכירה דשבת נאמר לכן זכור את יום וגו': בקביעא דירחא. באיזה יום אוקבע החדש: משום חולשא דאורחא גרסינן: בתרי בשבא אמר להו ואתם תהיו לי. ומשה עלה ויקרא אליו כל הענין עד אלה הדברים אשר תדבר וגו' הדברים האלה נאמרו לו למחרת ביאתם כדאמרינן כל עליותיו בהשכמה היו ואפי' למאן דלית ליה בהשכמה ירד דלא אקיש אית ליה בהשכמה עלה דהא בהדיא כתיב קרא: בתלתא

*) נ"ל רק קודם טבילה ולא קודם טהרה [פרי]

תוספות

וליטבלו ביני שימשי וליקבלו תורה ביני שימשי. פירש בקונטרס דלר' עקיבא פריך ור"י אומר דאדר' אלעזר בן עזריה ור' ישמעאל נמי פריך דילפי מהכא דאעונות קפיד קרא דאי אימים לקבלו תורה בי שימשי:

וליטבלו בצפרא דשבתא. הא ודאי לא פריך אלא לר' עקיבא דס"ל דאעונות קפיד קרא דנימא דילמא בעינן שש עונות וכי תימא אם היו פולטות בסוף ליל שבת מתי יטבלו ליטבלו בצפרא דשבתא אבל לר"א ורבי ישמעאל לא פריך דניחא דילמא קפיד רחמנא אעונות דפעמים היא קולא כגון אם שימשה בתחילת הלילה דאי קפדינן אעונות משעברו ה' עונות טהורה והשתא דקפיד אימים אינה טהורה עד יום רביעי ומיהו מצינן למימר דפריך דילמא קפיד אעונות ואימים אתרווייהו לחומרא כששימשה בתחילת הלילה ניזיל בתר יומי וכי שימשה בסוף היום ניזיל בתר עונות:

אמר ר' יצחק שלא יהא הללו הולכים לקבל תורה. וא"ת א"כ מה צריך רבי יצחק לדרשה דלא מרחם בסתר דברתי ויש לומר דאיצטריך דאי לאו הכי ליטבלו בתחילת לילי השבת ומחצות לילה ואילך יקבלו תורה אבל ביום אם היו מאחרים עד שיטבלו כלם היו מתבטלין מת"ת:

אבל פירשה מן האיש טמאה כל זמן שהיא לחה. הקשה ר"ת דמתני' היא דתנן בפרק דם הנדה (נדה נד:) הזוב והניע והרוק ושכבת זרע מטמאין לחין ואין מטמאין יבישין ומיהו לא קשה כולי האי דאיכא למימר מטמאין לחין תוך ג' ור"ת מפרש דהכא בזכר שנרבע ופלט זרע דומיא דאשה והתם ברואה קרי וכן פי' ר"ח:

וכתיב התם החדש הזה לכם. תימה דבפרק קמא דפסחים (דף ו:) פריך אהאי קרא גופיה ממאי דבריש ירחא קאי וי"ל דהתם בריש ירחא קאי דאמרי' במדרש (מכילתא) שהראהו הקב"ה למשה באצבע ובפסחים לא פריך אלא דבעי למילף מינה הא דאמר רשב"ג שדורשין לפני הפסח בהלכות הפסח שתי שבתות שהרי נביא עומד בר"ח ומזהיר על הפסח וממאי דנביא בריש ירחא קאי וכהי דברחם חדש אמר ליה הקב"ה דילמא משה כשאמר לישראל בארבע' בירחא או בחמשה הוה קאי ומסיק דיליף מדבר ממדבר דבההוא דבאחד לחדש השני אמירת משה לישראל היתה בו ביום כדכתיב באחד לחדש השני ויתילדו על משפחותם וגו' וא"ת דאמאי לא יליף הכא מדבר ממדבר כדיליף התם דהכא נמי כתיב מדבר באו מדבר סיני וי"ל דטפי ניחא ליה למילף הזה הזה ולא מדבר ממדבר:

בתלתא אמר להו מצות הגבלה. לכ"ע הגבלה קדמה לפרישה דתלתא ויאמר כתיבי וסברא הוא דכל אחד נאמר ביומו בקמא כתיב ואתם תהיו לי וגו' ובבתרא כתיב מצות פרישה ומצות הגבלה ובאמצעי לא כתב ביה מידי שיעשה משה שליחות לישראל ואית לן למיסדי מצות הגבלה אההיא אמירה ולא אמצות פרישה שהרי תיכף אחר אמירה אחרונה כתיבא מצות פרישה:

היום

רבינו חננאל

מוקים כתנאי. תני רישא טהורה וטולה ר' אלעזר בן עזריה היא ועד השתא איכא [תנאי] דתני טמאה ואיכא תנאי דתני טהורה. ואיכא רבנן דמפרשי כבירמאה רב מוקים לה כתנאי. ור' יוחנן לא מוקים לה כתנאי. ומן דלא מוקים ליה כתנאי דטורח כמה דיכיל למוקמי מתני' אליבא דחד תנא מיפלגא מאני' בתרי לבי מסותא. ואמר רב פפא מוקמינן לה מתניתין כתרי תלתא טעמי. ולא מוקמינן בתרי תלתא תנאי. וכי דפרשינן בפירקין קמאי: תנן התם הפולטת ש"ז ביום השלישי טהורה דברי ר' אלעזר בן עזריה. טעמיה דר' אלעזר בן עזריה אפילו ב' עונות שלימות ומשהו והעונה יום או לילה. וקא מיתני בפירוש דר' אלעזר בן עזריה טעמיה יש שם יום וכל שהוא והיא טהורה. כיצד שמשה את ביתה ע"ש קודם לשקיעת החמה ועברו ב' עונות לילי שבת ויום שבת ופלטה במ"ש לאחר שקיעת החמה והרי הוא יום שלישי נמצא יום וכל שהוא והיא טהורה. ויש ב' ימים חסר משהו והיא טמאה. כיצד שמשה את ביתה ע"ש לאחר שקיעת החמה ופלטה באחד בשבת קודם לשקיעת החמה הרי יש כאן ב' ימים חסר משהו והיא טמאה. לפי שאינו יום שלישי עד שתשקע החמה ליכנס יום ב' בשבת. ר' ישמעאל אומר פעמים שהן ד' עונות פעמים שהן ה' פעמים שהן ו' פעמים שהן שש. טעמיה דר' ישמעאל שהוא עושה מקצת עונה כבולה וקסבר אין יום שלישי (אחר) [טהורה] פחות מד' עונות שהן ב' ימים שלימים. דקאמר ר' אלעזר בן עזריה ב' עונות שלימו' ומשהו קאמר ר' ישמעאל צריך עונה שלימה לפניהן ועונה שלימה לאחריהן. דקסבר יש פולטת ביום ג' והיא טמאה. כי הא מתני' דאמרינן רישא דלא כר' אלעזר בן עזריה ואלין ד' עונות לר' ישמעאל בעי להו מכלל ג' ימים ולא סגי דהוויין ב' ימים ובעי תחלתן וסופן הנץ החמה ושקיעה. ואי הוה תשמש מן קמי הנץ החמה או שקיעתה אפילו בי"א שעות ומחצה לא מיחשיב. והיכי דמי פעמים שהן ד' וספק כגון ששמשה בסוף לילי אחד בשבת ופלטה בסוף לילי שלישי בשבת הרי כאן ד' שלימות. שמתחלתן וסופן הנץ ושקיעת מכלל ג' ימים. והיכי דמי פעמים שהן חמש כגון ששמשה בתחלת לילי אחד בשבת ופלטה בסוף לילי [שלישי] שבת. אם אתה חושב ד' של יום אחד ויום שני הרי הן משני ימים בלבד לפיכך לא מיחשיב ליה אלא אחד מן יום אחד בשבת ושתים של שני ואחת ללילי שלישי. והיכי דמי פעמים. שהן ששי כגון ששמשה במקצת יום שבת אחר. הנץ החמה ופלטה בסוף לילי של... מיחשיב יום שבת כל העיקר דלא הוה ליה הנץ החמה ומן יום אחד ויום שני לא מיחשיב אלא (שלשה) [חמש] ולילי שלישי הרי שש. והכין נמי אם שמשה בתחלת לילי אחד בשבת ופלטה בסוף יום שלשה קודם... החמה אין כאן ד' עונות שלמות מכלל שלשה ימים כדפרישנא לעילא דלא מיחשיב משלישי אלא אחד. והדי בן שש. יום אחד ויום שני ויום שלישי. ר"ע אומר לעולם חמש. טעמיה דר"ע דשקיל מן חבא להא... שאם יצאת מקצת עונה ראשונה משלימין לה מקצת עונה ששית ומצריך שפלטה אחר ששים שעות מן התשמיש שהן שיעור ב' ימים ומחצה: אמרוה רבנן קמיה דרב פפא ואמרי לה רב פפא לרבא (קמיה ד... בשלמא ר' אלעזר בן עזריה כרבנן דאמרי בחמשה עבד להו משה לישראל פרישה נמצא לישראל פרישה לילי ששי ויום ששי ומשוו מחמישי ומלילי שבת. לפיכך אם שמשה ביום חמישי קודם שקיעת החמה... בלילי שבת אחר שקיעת החמה טהורה. ר"ע כר' יוסי דאמר בארבעה עבד להו משה פרישה כגון דאפרשינהו בתר הוא שעתא מיום רביעי משכחת ח' עונות בתר הוא שעתא מלילי שבת. כרא"ר עקיבא א... מקצת עונה ראשונה משלימין לו מקצת עונה ששית. אלא ר' ישמעאל דקמצריך ד' עונות שלימות שמתחלת מתחלת יום או תחלת לילה מתוך ג' ימים כמאן לא כרבנן ולא כר' יוסי. מודרבנן מרחק טובא... יוסי נמי דהא יומא דארבעה שיצא מקצתו לא מיני למחשביה עונה כי דחשיב ליה ר"ע וארבעי דבידית חמישי ושש אינון בלחוד ובעאי להו מכלל ג' ימים כמאן קאי ופרקינן לעולם כר' יוסי קאי ר' ישמעא... רב אדא בר אבא משה בהשכמה עלה ובהשכמות ירד ואלמא סבר דעבד להו פרישה ביום רביעי בהשכמה קודם הנץ החמה והוה להו חמש עונות מכלל ג' ימים. כדפרשינן לר' ישמעאל בענין פעמים ח'... שמעתא ומקשינן בין לר' ישמעאל ובין לר"ע למה ליה למשה רבינו למעבר פרישה לישראל ביממא דארבעה והאמר רב הונא ישראל קדושים הן ואין משמשין ממותידהן ביום. ופרקינן איצטריך למשה לאפרושינ...

רבא

הגהות הב"ח

הגהות הגר"א

גליון הש"ס

<ההלכות מול דף פ"ט>

תורה אור

בתלתא אמר להו מצות הגבלה בארבעה עבוד פרישה ורבנן סברי בתרי בשבא איקבע ירחא בתרי בשבא לא אמר להו ולא מידי משום חולשא דאורחא בתלתא אמר להו ואתם תהיו לי בארבעה אמר להו מצות הגבלה בה' עבוד פרישה מיתיבי °וקדשתם היום ומחר קשיא לר' יוסי אמר לך ר' יוסי יום אחד הוסיף משה מדעתו דתניא *ג' דברים עשה משה מדעתו והסכים הקב"ה עמו הוסיף יום אחד מדעתו ופירש מן האשה ושבר את הלוחות הוסיף יום אחד מדעתו מאי דריש היום ומחר היום כמחר מה למחר לילו עמו אף היום לילו עמו ולילה דהאידנא נפקא ליה ש"מ תרי יומי לבר מהאידנא ומנלן דהסכים הקב"ה על ידו דלא שריא שכינה עד צפרא דשבתא ופירש מן האשה מאי דריש נשא קל וחומר בעצמו אמר ומה ישראל שלא דברה שכינה עמהן אלא שעה אחת וקבע להן זמן אמרה תורה °והיו נכונים וגו' אל תגשו אני שכל שעה ושעה שכינה מדברת עמי ואינו קובע לי זמן על אחת כמה וכמה ומנלן דהסכים הקב"ה על ידו דכתיב °לך אמור להם שובו לכם לאהליכם וכתיב בתריה ואתה פה עמוד עמדי ואית דאמרי °פה אל פה אדבר בו שבר את הלוחות מאי דריש אמר ומה פסח שהוא אחד מתרי"ג מצות אמרה תורה °וכל בן נכר לא יאכל בו התורה כולה [כאן] וישראל מומרים על אחת כמה וכמה ומנלן דהסכים הקב"ה על ידו שנאמר °אשר שברת *ואמר ר"ל °יישר כחך ששיברת ת"ש °והיו נכונים ליום השלישי קשיא לר' יוסי הא אמרינן יום אחד הוסיף משה מדעתו ת"ש שלישי שלישי בחדש ושלישי בשבת קשיא לרבנן אמרי לך רבנן הא מני ר' יוסי היא שלישי למאי לכדתניא °וישב משה את דברי העם אל ה' וכתיב ויגד משה את דברי העם אל ה' מה אמר לו הקב"ה למשה ומה אמר להם משה לישראל ומה אמרו ישראל למשה ומה השיב משה לפני הגבורה זו מצות הגבלה דברי ר' יוסי בר יהודה רבי אומר בתחילה פירש עונשה דכתיב וישב משה דברים שמשבבין דעתו של אדם ולבסוף פירש מתן שכרה דכתיב ויגד משה דברים *שמושכין לבו של אדם כאגדה ואיכא דאמרי בתחילה פירש מתן שכרה דכתיב וישב משה דברים שמשיבין דעתו של אדם ולבסוף פירש עונשה דכתיב ויגד משה דברים שקשין לאדם *כגידין תא שמע ששי ששי בחודש ששי בשבת קשיא לרבנן הא נמי רבי יוסי היא ששי למאי רבא אמר לחנייתן

רש"י

בתלתא אמר להו מצות הגבלה. שהדברים שנאמרו לו בשני ירד לערב ואמרן לישראל כדכתיב ויבא משה ויקרא לזקני העם וגו' ולמחרת השכים ועלה וישב משה את דברי העם וגו' כדאמר כל עליותיו בהשכמה היו ובו ביום נאמר לו הנה אנכי בא אליך בעב וגו' ומצות הגבלתם דהשמרו לכם עלות בהר אע"פ שהיא כתובה אחר וקדשתם היום ומחר שהיא מצות פרישה קודם לכן נאמרה דכתיב בההיא עלייה שעלה בשלישי להשיב להקב"ה דברי העם דנעשה (ונשמע) הנה אנכי בא אליך וסיפא דקרא ויגד משה את דברי העם וגו' וכי מה דברי העם יש כאן אלא מצות הגבלה נאמר לו בו ביום ולקמן תניא לה הכי ולערב אמרה לישראל ולמחרת בד' השכים ועלה והגיד שקבלו עליהם מצות הגבלה ונאמרה לו מצות פרישה וקדשתם היום ומחר ואע"פ שיש עוד ג' ימים עד יום שבת האמרינן לקמן לר"י דמשה הוסיף יום אחד מדעתו: **היום ומחר**. משמע בה' נאמר לו לפרוש ה' וו': **אמר לך ר' יוסי**. לעולם ברביעי נאמר לו לפרוש ד' וה' והוא הוסיף יום אחד והסכים הקב"ה לדעתו: **ופירש מן האשה**. לגמרי לאחר מתן תורה מיד משפירש עם חביריו שוב לא חזר לתשמיש: **אף היום**. צריך להיות לילו עמו והא לא אפשר: **וקבע להם זמן**. אימתי ידבר עמהם: **אמרה תורה והיו נכונים וגו'**. (א)פירשו מנשותיהן: **ולא קבע לי זמן**. לדבורו שאוכל לפרוש קודם לכן: **לאהליכם**. להתיר נשותיכם לתשמיש שאסרתי לכם: **בן נכר**. מומר שנתנכרו מעשיו לאביו שבשמים: **התורה כולה**. תלויה בלוחות הללו וישראל מומרים על אחת כמה וכמה שאינם כדי לה: **אשר**. אישור שאישרו ושיבחו על שבירתן: ה"ג והיו נכונים ליום השלישי ול"ג והיו נכונים לשלשת ימים: **הא אמרן יום אחד הוסיף**. והאי קרא דוהיו נכונים ליום השלישי קודשא בריך הוא אמר ליה (ב) ומשה אמר להן היו נכונים לשלשת ימים ולא אמר ליום השלישי אלא פירשו ג' ימים וקרא דכתיב ויהי ביום השלישי בהיות הבקר שלישי לימים שלמים שלילן עמהם קאמר: **ת"ש**. דתניא בברייתא הכי שלישי בחדש היה שלישי בשבת היה ולקמן בעי שלישי קמא למאי ע"כ במילתא דשלישי קמיירי וקאמר עלה שלישי זה שלישי בחדש: **קשיא לרבנן**. דשמעינן בחד בשבא איקבע ירחא א"כ על כרחך בתרי בשבת אמר ואתם תהיו בתלתא הגבלה בארבעה פרישה ובשביעי נתנה תורה דהא לכ"ע בשבת נתנה תורה: **לכדתניא כו'**. והכי קאמר יום שלישי לדברים שהתחיל משה להמשיך לבם של ישראל ולפרש עונשן ומתן שכרן ואותו יום היה שלישי בחדש שלישי בשבת ורבי יוסי קאמר לה: **וישב ויגד וכי מה אמר הקב"ה למשה**. בין וישב משה דנעשה (ונשמע) לויגד משה שאמר להן לישראל ומה אמרו ישראל למשה על כך שהוצרך משה להגיד למקום והלא לא נאמר בינתים אלא הנה אנכי בא וגו': **זו מצות הגבלה**. שאע"פ שכתובה אחר מצות פרישה בשלישי נאמרה לו והוצרך להשיב שקבלו עליהן: **עונשם**. של תורה: **מסבבין**. כמו וילך שובב (ישעיה נז) שמונעין מלקבל שאם יקבלו יענשו הדברים הללו מסבבין את לבם מן המקום ואף על פי כן קיבלו עליהן: **כגידין**. ירק מר: **ששי ששי בחדש כו'**. לקמיה בעי ששי קמא למאי דהכא ליכא למימר ששי לאותן דברים דבשלמא שלישי דברייתא לעיל איכא למימר דאיירי בהו דהא כל ג' ימים היה משה מדבר באותן הדברים דעל כרחיך ויגד משה בד' כתיב דברים שקבלו בג': **קשיא לרבנן**. דמשמע דבחד בשבא איקבע ירחא:

תוספות

היום כמחר. אין זו דרשה גמורה אלא משמע דהיום ממש דלאו הכי אין זה מדעתו: **ומה** ישראל כו'. וא"ת מאי קאמר (*דהוסיף) מדעתו דאורייתא הוא דק"ו ניתן לידרש וי"ל דלא הוי ק"ו גמור דשאני התם משום עשרת הדברות:

וקבע להם זמן. תימה לר"י דהיא הטעות דמשום שקבע להם זמן וידעו שבאותו יום ודאי תדבר שכינה עמהם הוצרכו לפרוש אבל הוא מספק למה יפרוש וי"ל דלהם נמי איכא ספיקא שמא לא תפלוט והכי עביד ק"ו ומה ישראל שקבע להן זמן וא"כ לא היו צריכים לפרוש משום קרי דביום אחד היה די אפ"ה משום חשש פליטה שהיא קלה הוזקקו לפרוש אני שלא קבע לי זמן ויש חשש קרי שהוא חמור לא כ"ש שיש לי לפרוש:

ואתה פה עמוד עמדי. וא"ת מנלן דפירש משה מדעתו קודם ושוב הסכים הקב"ה על ידו שמא זה הוא צווי גמור שצוה לו לפרוש ותירץ ר"ת דאם איתא דמחמת צווי הקב"ה פירש ולא מדעתו היאך היה מתרעם אהרן ומרים דכתיב ותדבר מרים ואהרן במשה אלא ודאי מתחלה פירש ממנה לגמרי משה מדעתו ואע"ג דהסכים הקב"ה על ידו מ"מ נתרעמו עליו לפי שאילו לא פירש מדעתו לא היה הקב"ה מסכים דבדרך *שאדם הולך בה מוליכין אותו שהרי לאהרן ומרים לא אמר לפרוש אע"ג שגם עמהם היה מדבר ומיהו קשה דמשמע במדרש שלא ידעו זמן גדול שפירש ממנה גבי אלדד ומידד שהיו מתנבאים שאמרה מרים אשרי נשותיהן של אלו שנתמנו בעליהן פרנסין על הציבור אמרה צפורה אוי להם לנשותיהם של אלו שמיום שנתייחדה שכינה עם אחיך פירש ממני מיד ותדבר מרים ואהרן במשה משמע שלא ידעו קודם לכן וכי לא ידעו הא דכתיב ואתה פה עמוד עמדי ואור"ת דודאי ידעו אבל היו סבורין שפירש ע"פ הדבור עד שאמרה להם צפורה שמדעתו פירש ממנה מתחלה:

ומה פסח כו'. אין זה ק"ו *גמור דהם מומר אסור בפסח שהוא קרבן מ"מ לא היה לו למנוע מליתן להם התורה ולהחזירם בתשובה:

קשיא לרבנן. פי' למה שפירש רבא לעיל דבקביעא דירחא פליגי:

רבינו חננאל

רבא אם היה בית אפל מותר. ואמר רבה (ואיתמר)[ואיתימא]רב פפא ת"ח המאפל בטליתו מותר ומקשינן כי מכדי פרישה עבידא אליבא דר' יוסי ור' ישמעאל ור"ע מארבעה ואליבא דר' אלעזר בן עזריה ורבנן מן חמשה. ולכולהו כל אשה ששמשה קודם הפרשה אם פלטה שכבת זרע בלילי שבת טהורה היא תישרי שכינה מליליא דשבתא אמאי איתאחרא עד לצפרא. ופרקינן א"ר יצחק לא מראש בסתר דברתי כן עלתה במחשבה למהוה ביממא והדר אקשינן. אם כן למה לי דעבד פרישה אליבא דר' ישמעאל ור"ע מצפרא ארבעה לר"ע תשמש כולא יומא דארבעה. והרי חמש עונות עד צפרא דשבתא ולר' ישמעאל תשמש עד צפרא דחמשא דהא איכא עד צפרא דשבתא ד' עונות כהלכתן מכלל ג' ימים. ופרקינן א"ר יצחק א"כ יאמרו הללו הולכין לבית הטבילה והללו הולכין לקבל התורה. ואילין שאומרים עליהן הולכין לבית הטבילה אינון נשים שפלטו שכבת זרע בלילי שבת שאילו לא פירשו ביום רביעי הות מיטמא מיניה שפולטת וצריכ' למיטבל לצפרא דשבתא. ואיכא בהא מילתא טגיא ולא שפיר שהללו ילכו לקבל תורה והללו ילכו לבית הטבילה. ואיכא מן דגרסי בהדין קושיא דלעילא נמי. ולר' אלעזר בן עזריה תשמש ביממא דחמשה. ולא צריכה מילתא להכין דר' אלעזר בן עזריה לא איכפת ליה (שמשה) אם [תשמש]בחמש' עד קרוב לשקיעת החמה אם לאו ולא צריך אלא משהו מן חמשה ולולי יומא דמעלי[שבתא]ומשהו מן שבתא דהוא יום שלישי ומקשינן והא טבולי יום נינהו. ומפרקינן ראויה תורה להינתן לטבולי יום. ואיכא דמקדמי וגרסי ליה להאי קושיא ולהאי פירוקא מבתר אוקימתא דמילי דר' ישמעאל ור' עקיבא כר' יוסי ואיכא דגרסי ליה הכא ואית ליה תרין אנפי חד דהויא קושיא על ר"ע דאמר במקצת יומא(דחמש')[דארבעה] עבד להו פרישה וכל אשה שפלטה ש"ז בלילי שבת עד שמשלימין כשיעור הזה מה שיצא מיום חמישי טמאה היא. וכיון שאפשר על דעתא דר"ע שיש אשה שפולט' וטמאה בלילי שבת הרי היא צריכה הערב שמש וכל נשים שהיה להן כן טבולי יום אינון. ועוד אית ליה להאי קושיא אנפא אחרינא כי אמרי' לר' ישמעאל ור"ע למה לי למיעבד להו פרישה דמטיא עד בי שמשא. ליעביד להו פרישה דלא טמיא אלא עד צפרא דשבתא. ופרקינן א"ר יצחק יאמרו הללו הולכין לבית הטבילה והללו הולכין לקבל תורה. ואקשינן למה ליה לר' יצחק לפרוקי כי הדרין פירוקא והא טבולי יום נינהו או הות פרישתן עד צפרא דשבתא ואהדרינן אעפ"כ ראויין הוו לקבל התורה והלכך צריכינן לפרוקא דר' יצחק ואע"ג דהאי דקאמרי' והא טבולי יום נינהו משנינן אביי בר אבין ורב חנניא בר אבין תרווייהו דניתנת תורה לטבולי יום מוכחא מלתא דעל נשי קאי ולא בגברי אימיר. הוא כי דסדרתא לשמעתא מפרש בתלמוד א"י שמעתא. א"ר יוחנן טבולי יום קבלו ישראל את התורה. הדא דאת אמר בנשים אבל אנשים כבר פתרו מ"מ וקדשתם היום ומחר א"ר חייא בר אבא א"ר יוחנן זו דברי ר' ישמעאל ור"ע אבל חכ"א ג' עונות שלימות בעינן וכן הלכה. ושכבת זרע שפרשה מלאיש כ"ז שהיא [לחה] טמאה ואפי' פלט אותה [טימים הרבה]. וכי תניא פרס לש"ז שהסריחה דפרשה מן האשה אבל בפרשה מן האיש טמאה כל זמן שהיא ליחה והיכי דמי אפי' הבא על הזכור אם פלט הזוכר את שכבת זרעו כ"ז שהיא ליחה טמאה ותנא לן טרקא מיבעיא ליה לרב פפא ש"ז במעי בהמה מהו וקא מספקא משום דלית לה פרוזדור. דאלמא פרוזדור דאשה הוא דטהרה ואם פלטתה אחר ג' עונות שלימות טהורה ובהמה דלית לה פרוזדור מספקא מלתא משום דלא איפשיטא ועבדינן לחומרא אבל זכר דלית ליה פרוזדור לא טהרוהא ש"ז במעיו ופשיטא דטמאה. ובמעי נכרית אף אינון חביל גופייהו כישראלי' כד פלטה לה אחר ג' טהורה. ת"ר בששה לחודש נתנו עשר דברות לישראל ר' יוסי אומר בשבעה בו אמר רבה דכ"ע בר"ח סיון באו מדבר סיני וביום שבת נתנו עשר דברות ובקביעא דסיון פליגי רבנן סברי בתרי בשבא אקבע סיון דהויא שתא ושבת ששה בו ור' יוסי סבר בחד בשבא אקבע ושבת שבעה בו רבנן דסברי בתרין בשבא הוה קביעה ומפורש בתורה דההוא יומא שהנו במדבר סיני ויחן שם ישראל נגד ההר ומשה עלה אל האלהים ואמר ליה למימר לישראל אתם ראיתם וגו' וקאמרי' רבנן דההוא יומא לא אמר להו משה לישראל מידי משום חולשא דאורחא ומרחיה בשלישי אמר להו האי מימרא ויבא משה. וגו' ברביעי עבד להו הגבלה דקאמר והגבלת את העם וגו' ואע"ג דכתיבה בתר הפרשה קבלה היא דהיא הות תחלה. בחמישי

עבד

מסורת הש"ס

יבמות סב. [עי' אדר"נ פ"ב תשיב עוד אחד]

ב"ב יד: יבמות סב. מנחות לט:

[חגיגה יד.]

הגהות הב"ח

(א) רש"י ד"ה אמרה תורה וכו' יפרשו מנשותיהן: (ב) ד"ה הא אמרן וכו' א"ל ומשה אמר להן:

גליון הש"ס

גמ' ואמר ר"ל יישר.

תורה אור

לחנייתן רב אחא בר יעקב אמר למסען וקמיפלגי בשבת דמרה דכתיב °כאשר צוך ה' אלהיך *ואמר רב יהודה אמר רב כאשר צוך במרה מר סבר אשבת איפקוד אתחומין לא איפקוד ומר סבר אתחומין נמי איפקוד ת"ש ניסן שבו יצאו ישראל ממצרים בארבעה עשר שחטו פסחיהם ובחמשה עשר יצאו ולערב לקו בכורות לערב ס"ד אלא (א)מבערב לקו בכורות ואותו היום חמישי בשבת היה מדחמיסר בניסן חמשה בשבת ריש ירחא דאייר שבתא וריש ירחא דסיון חד בשבת קשיא לרבנן אמרי לך רבנן אייר דההיא שתא עבורי עברוה תא שמע דלא עברוה ניסן שבו יצאו ישראל ממצרים בארבעה עשר שחטו פסחידם בחמשה עשר יצאו ולערב לקו בכורות לערב ס"ד אלא אימא מבערב לקו בכורות ואותו היום חמישי בשבת היה השלים ניסן ואירע אייר להיות בשבת חסר אייר ואירע סיון להיות באחד בשבת קשיא לרבנן הא מני ר' יוסי היא אמר רב פפא ת"ש °ויסעו מאלים ויבואו כל עדת בני ישראל וגו' בחמשה עשר יום לחדש השני ואותו היום שבת היה דכתיב °ובקר וראיתם את כבוד ה' וכתיב °ששת ימים תלקטוהו ומדחמיסר באייר שבתא ריש ירחא דסיון חד בשבת קשיא לרבנן אמרי לך רבנן אייר דההיא שתא עבורי עברוה א"ל רב (ב)חביבי מחוזנאה לרב אשי ת"ש °ויהי בחדש הראשון בשנה השנית באחד לחדש הוקם המשכן תנא אותו יום נטל עשר עטרות ראשון למעשה בראשית ראשון לנשיאים ראשון לכהונה ראשון לעבודה ראשון לירידת האש ראשון לאכילת קדשים ראשון לשכון (ג)שכינה ראשון לברך את ישראל ראשון לאיסור הבמות ראשון לחדשים ומדריש ירחא דניסן דהאי שתא חד בשבת דאשתקד [בד'] בשבת דתניא אחרים אומרים *אין בין עצרת לעצרת ואין בין ר"ה לר"ה (ד) אלא ד' ימים בלבד ואם היתה שנה מעוברת ה' הוה ליה ריש ירחא דאייר מעלי שבתא וריש ירחא דסיון שבתא קשיא בין לרבי יוסי בין לרבנן לר' יוסי שבעה חסרין עבוד לרבנן

דברים ה | שמות טז | שם | שם | שם מ

לחנייתן. שהרי בר"ח חנו והכי קאמר ששי לחנייתן הוא הששי בחדש הוא ששי בשבת: **למסען.** אף למסען שביום שבאו למדבר סיני נסעו מרפידים: **וקא מיפלגי.** רב אחא ורבא במצות שבת שנאמר להם במרה אם נצטוו על התחומין בו ביום או לא דכתיב בדברות האחרונות שמור את יום השבת לקדשו כאשר צוך ש"מ קודם הדברות נצטוו בה: **ואר"י במרה.** דכתיב שם שם לו חק ומשפט (שמות טו): **אתחומין לא איפקוד.** הלכך כשנסעו מרפידים נסעו בשבת שלא הוזהרו (ה)לילך יותר מאלפים אמה: **לערב.** לערב משמע לערב הבא: **ריש ירחא דאייר שבתא.** שהרי ניסן מלא הוא לעולם (ו) א) וריש ירחא דסיון בחד בשבתא: **השלים ניסן.** נתמלא בשלשים יום לשון שלם *חיסר אייר שהרי אייר חסר כסדרן ומתרמי סיון בחד בשבתא: **ואותו היום שבת היה שנא' ובקר וראיתם וגו'.** שנתרעמו בו ביום על המן כדכתיב וילונו על משה וגו' להמית את כל הקהל הזה ברעב והבטיחם להוריד להם מן למחר וע"כ בחד בשבת ירד להם מן תחלה שנאמר ששת ימים תלקטוהו וביום השביעי לירידתו שבת לא יהיה בו: **ריש ירחא דסיון חד בשבת.** כשתשלים לאייר עד ט"ו ויום ט"ו ר"ח סיון: **עשר עטרות.** ראשון לעשרה דברים: **ראשון לבריאת עולם.** שאחד בשבת היה: **ראשון לנשיאים.** להקרבת נשיאים לחנוכת הבית: **ראשון לכהונה.** אותו היום שמיני למילואים ועבודה באהרן ובניו ועד עכשיו היה בבכורות: **ראשון לעבודה.** לסדר עבודת ציבור תמידין ושאר קרבנות של תרומת הלשכה: **לירידת אש.** ותצא אש מלפני ה' ותאכל על המזבח וגו' (ויקרא ט): **לאכילת קדשים.** במחילה ועד עכשיו היו נאכלים בכל מקום: **לשכון.** בישראל שכינה שרתה שם כדכתיב ושכנתי בתוכם מכלל דעד השתא לא (ז) שרתה: **לברך.** ברכת כהנים כדכתיב וישא אהרן את ידיו וגו': **לאיסור הבמות.** מעכשיו נאסרו שהוא ראוי לפתח אהל מועד כדכתיב ואל פתח אהל מועד לא הביאו: **דהאי שתא.** שנה השנית ליציאתם הוקם המשכן: **ד' ימים.** כשאתה קובע כל החדשים כסדרן אחד מלא ואחד חסר הוו ארבעה ימים בין תחלת שנה לתחלת שנה אחרת שמנין חדשי לבנה כסדרן שנ"ד ימים כולן שבועין חוץ מארבעה ימים: **ואם היתה שנה מעוברת ה'.** דקסבר שני האדרים עבדינן חסרים ופסח דחוי יום אחד לקמן: **ז' חסרים עבוד.** ולא היו אלא ג' בין פסח לפסח הלכך דאישתקד בה' בשבא וליכא ליה דאחרים דאמרי אין מעברין ואין מחסרין שום חדש לצורך אלא לעולם אחד מלא ואחד חסר: לרבנן

כאשר צוך במרה. ואם תאמר מנא ליה דבמרה איפקוד אשבת דילמא כאשר צוך בפרשת מן דאשכחן דיני שבת כתובין שם את אשר תאפו אפו וגו' וי"ל משום דבכיבוד אב ואם נמי כתיב כאשר צוך ומסתמא כי היכי דהאי כאשר צוך במרה הכי נמי האי וכן מוכח בפרק ד' מיתות (סנהדרין דף נו:) דאיתמר מילתיה דר' יהודה אתרווייהו וא"ת וכיון דבמרה איפקוד אשבת היכי אמרינן בפ' כל כתבי (לקמן קיח:) אלמלי שמרו ישראל שבת ראשונה לא שלטה בהן אומה ולשון שנאמר ויהי ביום השביעי יצאו מן העם ללקוט וגו' וכתיב בתריה ויבא עמלק אמאי קרי להאי שבת ראשונה כיון דבמרה נצטוו והא לא היתה שבת ראשונה דמעיקרא כתיב ויסעו מאילם ויבאו וגו' ואמרינן בסמוך דאותו היום שבת היה ועוד מקשים דמשמע מתוך הפסוקים שתי שבתות היו קודם ראשונה כשנסעו מאילם ואחר אותו שבת ירד להם המן וכתיב ויהי ביום הששי לקטו לחם משנה וגו' ויניחו אותו עד הבקר וגו' [ויאמר משה אכלוהו היום וגו' ששת ימים תלקטוהו וגו' ויהי ביום השביעי יצאו מן העם ללקוט וגו'] משמע שבשבת שלישית שאחר מרה היא:

ואמר רב יהודה כאשר צוך במרה. האי קרא במשנה תורה כתיב וליכא למימר (ח)כאשר צוך במתן תורה שהרי משה לא היה מספר אלא על הסדר ובכולהו לא כתיב כאשר צוך:

אתחומין לא איפקוד. אין נ"ל דאתיא כר' עקיבא דאמר *תחומין דאורייתא דהא משמע לכ"ע דבסיני לכל הפחות איפקוד אתחומין דלאו דוקא נקט תחומין אלא כלומר הוצאה שהיו מוליכין עמהן כל אשר להן ומר סבר אהוצאה לא איפקוד ומר סבר איפקוד ואע"ג דבפרשת מן כתיב אל יצא איש ממקומו ודרשינן מיניה הוצאה בספ"ק דעירובין (דף יז:) איכא למימר שאחר מתן תורה נאמר אחר שנעשה המשכן [כמו] שאמר הקב"ה להניח לצנצנת לפני העדות ומשום דשייכי למילי דמן כתבינהו התם ולמאן דאמר איפקוד אע"פ שבמרה נאמר כתביה התם כדפרישית:

ואותו יום חמישי בשבת היה ט'. ואם כן ברביעי שחטו פסחיהם ונמצא בשבת שעברה לקחו פסחיהן שאז היה בעשור לחדש ועל כן קורין אותו שבת הגדול לפי שנעשה בו נס גדול כדאמרינן במדרש (שמות רבה פ' כא) כשלקחו פסחיהם באותה שבת נתקבצו בכורות אומות העולם אצל ישראל ושאלום למה היו עושין כך אמרו להן זבח פסח לה' שיהרוג בכורי מצרים הלכו אצל אבותיהם ואל פרעה לבקש ממנו שישלחו ישראל ולא רצו ועשו בכורות מלחמה והרגו מהן הרבה הה"ד למכה מצרים בבכוריהם:

וכתיב ששת ימים תלקטוהו. תימה היכי מייתי ראיה מהאי קרא דבשבת היה והלא זה הפסוק נכתב אחר שירד כבר מן שבוע כשהגידו נשיאי העדה למשה שלקטו לחם משנה דכתיב ויאמר משה אכלוהו היום וגו' ששת ימים תלקטוהו והמן כבר ירד מיום ראשון שעבר ואור"י דאע"ג דלא נאמר עד אח"כ מ"מ מוכח שפיר דמשה שכח לומר להם והיה אומר היה לי לומר לכם מה שאמר הקב"ה כשנתן את המן שתלקטוהו ששת ימים וא"כ אחד בשבת היה:

עשר עטרות נטל אותו היום. הא דלא חשיב ראשון להקמת המשכן משום דאמרינן במדרש (ויקרא רבה פ' שמיני) שכל ז' ימי המלואים היה משה מעמיד המשכן ומפרקו אי נמי משום דעליה דהקמת המשכן קאי דה"ק אותו היום של הקמת המשכן נטל עשר עטרות אחרות:

ראשון לאכילת קדשים. ובת"כ במקום אכילת קדשים קתני שחיטתן בצפון: ב)

לרבנן ח' חסירין עבוד. אומר ר' יצחק דלא הוי נ"ל ח' חסירין עבוד אלא ז' חסירין ואייר דההיא שתא עבורי עברוה כדאמר לעיל אלא משום דלר"י איצטריך למימר דשבעה חסירין עבוד דהא תניא לעיל דאותו יום ה' בשבת היה נקט נמי לרבנן שמנה:

עבד להו פרישה שלא ינשו אל אשה שלא תפלטו שכבת זרע בשעת [מתן תורה] ותטמא והא פרישנן דר' אלעזר בן עזריא הכין סברי ואף הלכתא דאמרה ר' יוחנן ג' עונות שלימות מעת לעת סלקא לפום הכין ושמעו דברות בצפרא דשבתא דהוא ו' בחודש ר' יוסי דסבר בחד בשבא הוה קבועי אמר לך בחד בשבא לא אמר להו ולא מידי משום חולשא דאורחא. בתרין אמר להו ואתם תהיו לי ממלכת כהנים וגו' בתלתא הגבלה בארבע פרישה וסלקא לר' ישמעאל ור' עקיבא כדפרישנא לעילא ומקשי' אי ר' יוסי דאמר מן צפרא דארבעה עבוד פרישה קרא דכתי' לך אל העם וקדשתם היום ומחר דאלמא היום חמשה ולמחר מעלי דשבתא שמעו דברות. ופריק' אמר לך ר' יוסי בארבעה הוא דאמר ליה רחמנא וקדשתם היום ומחר ודרש משה דלאו היום האידנא דהוא יומא דארבעה אלא הכי קאמר ב' ימים דדמי להדדי כי ביום השלישי ירד ה' רצריך למהוי היום כמחר תרוייהו לילותיה' עמהם וה"ק יום ומחר שלו ואינון מתחלת חמישי ומנ"ל דהסכימה דעתו לדעת המקום והסכים הקב"ה ע"י דהא לא שראי שכינה עד שבתא ולרבנן היום ומחר חמשה ומעלי ולא צריכי לילו עמו אבל קרא דאמר להו משה לישראל היו נכונים לשלשת ימים לית מוכח ולא קשי לא למר ולא למר. ת"ש שלישי שלישי לחודש שלישי בשבת אלמא ריש ירחא בחד בשבא ופרקי הא מני ר' יוסי היא: ואיבעיא לן האי שלישי דאמר ר' יוסי הוא שלישי לשבת ולחודש ולמאי אצטריך ליה והי יומא ניהו ופירוש כיון דבשני אמר להו ואתם תהיו לי בשלישי וגו' וישב משה והוא יום הגבלה לר' יוסי ב"ר יהודה ולרבי הוא יום שהודיען עונשן ומתן שכרן שמשבבין לבו של אדם דאמר שהודיען עונשה פי' ששוברין לבו של אדם ונפיק מן כי שבבים יהיה עגלי שומרון. ומן ל' ארמי נמי ידוע הוא. שקשין כנידין דקא' דל רגש פרשוהו רבנן בלשון ארמית הרזוקלאלי והוא בטיית הגמלי ואיתא ביום הכפורים לענין מן כורע נד. ת"ש ששי. ששי בחודש ששי בשבת הא נמי רבי יוסי והאי ששי למאי (דקאמר ביה) [קארי ליה] הכי רבה אמר ששי לחנייתן דאלמא בשבת במסען היו ולא היו מצווין על התחומין באותה שעה. רב אחא בר יעקב אמר אף ביום חנייתן היה מסען והוא חד בשב' ומצווין היו על התחומין. ת"ש ניסן שיצא בו ישראל ממצרים ביום חמישי הוה דמשכחת אייר בו' וסיון בחד בשבא. אמרי לך רבנן אייר דההיא שתא עבורי עברוה וסיון בתרין בשבא. ת"ש דלא עברוה דתניא יום ט"ו בניסן יום חמישי השלים ניסן אירע אייר להיות בשבת חיסר אייר אירע סיון להיות באחד בשבת הא מני ר' יוסי היא. אמר רב פפא ת"ש בחמשה עשר יום לחודש השני אותו היום ע"ש היה ומדט"ו באייר בשבתא ריש ירחא דסיון בחד בשבא ופרקי דעיבורי עברוה לאייר וריש ירח סיון תרין בשבתא א"ל רב חבי מחוזנאה לרב אשי ת"ש ויהי בחודש הראשון בשנה השנית באחד לחודש הוקם המשכן ותניא אותו היום נטל עשר עטרות ראשון למעשה בראשית אלמא חד בשבא היה ומדר"ח ניסן שנה שנית חד בשבת ר"ח ניסן דראשונה ארבע בשבת דתניא אחרים אומרים אין בין עצרת לעצרת ואין בין ראש השנה לראש השנה אלא ד' ימים בלבד ואם היתה שנה מעוברת חמשה וכיון דר"ח ניסן ארבעה ר"ח סיון שבת. וקשיא בין לרבנן דאמרי תרין בשבא ובין לר' יוסי דאמר חד בשבא ופרקינן לרבנן ח' חסרין עבוד לר' יוסי ז' חסרין עבוד דכי אמרו אחרים אין בין עצרת לעצרת ד' ימים בזמן שחודשי השנה כסדרן אחד

סנהדרין מ:

יש שכתבו מזה דיבור חדש וגרס' חיסר אייר עשאו חסר כסדרן רש"ל

[סוטה ל:]

ערכין ט: סוכה נד: ר"ה ו: כ. [תוספתא ערכין פ"א]

הגהות הב"ח

(א) גמ' אלא אימא מבערב: (ב) שם א"ל רב אסי מחוזנאה: (ג) שם ראשון לשכון בישראל ראשון לברכת כהנים ראשון לאיסור הבמו': (ד) שם ואין בין ר"ה לר"ה ואין בין פסח לפסח אלא ד' ימים: (ה) רש"י ד"ה אתחומין וכו' שלא הוזהרו שלא לילך: (ו) ד"ה ריש ירחא וכו' לעולם הס"ד ואח"כ מ"ה וריש ירחא דסיון כחד בשבתא הס"ד. ואח"כ מ"ה השלים וכו' ואח"כ ד"ה חיסר אייר עשאו חסר כסדרן הס"ד והשאר נמחק: (ז) ד"ה לשכון וכו' לא שכן הס"ד: (ח) תוס' ד"ה ואמר ר' יהודה וכו' וליכא למימר. נ"ב וברש"י מס' סנהדרין דף ט מסכי תירוץ אחר ע"ז ע"ש:

א) יש שכתבו דהך וריש ירחא הוא דבור חדש וכצ"ל וריש ירחא דסיון חד בשבתא שהרי אייר חסר [מו"י]: ב) דבור זה שייך לקמן דף פ"ח כפה

אמר רבי עקיבא פרק תשיעי שבת פח

מסורת הש"ס | **רבינו חננאל**

גמרא

לרבנן ח' חסרים עבוד ת"ש דתניא בסדר עולם ניסן שבו יצאו ישראל ממצרים בארבעה עשר שחטו פסחיהן בחמשה עשר יצאו ואותו היום ע"ש היה ומדריש ירחא דניסן ערב שבת ריש ירחא דאייר חד בשבא וסיון בתרי בשבא קשיא לר' יוסי אמר לך ר' יוסי הא מני רבנן היא ת"ש רבי יוסי אומר בשני עלה משה וירד בשלישי עלה וירד בד' ירד ושוב לא עלה ומאחר שלא עלה מהיכן ירד אלא ברביעי עלה וירד °בחמישי בנה מזבח והקריב עליו קרבן בששי לא היה לו פנאי מאי לאו משום תורה לא משום טורח שבת דרש ההוא גלילאה עליה דרב חסדא בריך רחמנא דיהב אוריאן תליתאי לעם תליתאי על ידי תליתאי ביום תליתאי בירחא תליתאי כמאן כרבנן: (שמות יט) °ויתיצבו בתחתית ההר *א"ר אבדימי בר חמא בר חסא מלמד שכפה הקב"ה עליהם את ההר כגיגית ואמר להם אם אתם מקבלים התורה מוטב ואם לאו שם תהא קבורתכם א"ר אחא בר יעקב מכאן מודעא רבה לאורייתא אמר רבא (א) אעפ"כ הדור קבלוה בימי אחשורוש (אסתר ט) דכתיב °קימו וקבלו היהודים *קיימו מה שקיבלו כבר *אמר חזקיה מאי דכתיב (תהלים עו) °משמים השמעת דין ארץ יראה ושקטה אם יראה למה שקטה ואם שקטה למה יראה אלא בתחילה יראה ולבסוף שקטה ולמה יראה כדריש לקיש דאמר *ריש לקיש מאי (בראשית א) דכתיב °ויהי ערב ויהי בקר יום הששי ה' יתירה למה לי מלמד שהתנה הקב"ה עם מעשה בראשית ואמר להם אם ישראל מקבלים התורה אתם מתקיימין ואם לאו אני מחזיר אתכם לתוהו ובוהו: דרש ר' סימאי °בשעה שהקדימו ישראל נעשה לנשמע באו ששים ריבוא של מלאכי השרת לכל אחד ואחד מישראל קשרו לו שני כתרים אחד כנגד נעשה ואחד כנגד נשמע וכיון שחטאו ישראל ירדו מאה ועשרים ריבוא מלאכי חבלה ופירקום שנאמר (שמות לג) °ויתנצלו בני ישראל את עדים מהר חורב א"ר חמא בר' חנינא בחורב טענו בחורב פרקו בחורב טענו כדאמרן בחורב פרקו דכתיב ויתנצלו בני ישראל וגו' א"ר יוחנן וכולן זכה משה ונטלן דסמיך ליה ומשה יקח את האהל אמר ר"ל עתיד הקב"ה להחזירן לנו שנאמר (ישעיה לה) °ופדויי ה' ישובון ובאו ציון ברנה ושמחת עולם על ראשם שמחה שמעולם על ראשם אמר רבי אלעזר *בשעה שהקדימו ישראל נעשה לנשמע יצתה בת קול ואמרה להן מי גילה לבני רז זה שמלאכי השרת משתמשין בו דכתיב (תהלים קג) °ברכו ה' מלאכיו גבורי כח עושי דברו לשמוע בקול דברו ברישא עושי והדר לשמוע א"ר חמא *ברבי חנינא מ"ד (שיר השירים ב) °כתפוח בעצי היער וגו' למה נמשלו ישראל לתפוח לומר לך מה תפוח זה פריו קודם לעליו אף ישראל הקדימו נעשה לנשמע ההוא צדוקי דחזייה לרבא דקא מעיין בשמעתא ויתבה אצבעתא דידיה תותי כרעא וקא מייץ בהו וקא מבען אצבעתיה דמא *א"ל עמא פזיזא דקדמיתו פומייכו לאודנייכו אכתי בפחזותייכו קיימיתו ברישא איבעי' לכו למשמיי אי מציתו קבליתו ואי לא לא קבליתו א"ל אנן דסגינן

*) יש נוסחאות בר חנינא

רש"י

לרבנן ח' חסרים עבוד. ולא היו בין פסח דאשתקד לפסח דהאידנא אלא ב' ימים וכמלא דאשתקד בע"ש: בשני עלה משה. ושמע ואתם תהיו לי וירד והגיד: בג' עלה. ושמע הגבלה וירד והגיד: בד' ירד. להפרישם: ושוב לא עלה. עד קבלת הדברות שעלו כולם: ומאחר שלא עלה מהיכן ירד. דקאמר' בד' ירד ולא אמרת עלה וירד אלא אימא בד' עלה וירד ושוב לא עלה: ובחמישי בנה מזבח. כדכתיב ויבן מזבח תחת ההר: מאי לאו משום תורה. לא היה לו פנאי לעלות שקבלו כולן יחד את הדברות: עליה דרב חסדא. לפני רב חסדא לפי שרב חסדא יושב והדרשן עומד קאמר עליה דדומה כמו שהעומד למעלה מן היושב: אוריאן תליתאי. תורה נביאים וכתובים: לעם תליתאי. כהנים לוים וישראלים: על יד תליתאי. משה תליתאי לבטן מרים אהרן ומשה: ביום תליתאי. לפרישה: בתחתית ההר. תחת ההר ממש: גיגית. קובא שמטילין בה שכר: מודעא רבה. שאם יזמינם לדין למה לא קיימתם מה שקבלתם עליכם יש להם תשובה שקבלוה באונס: בימי אחשורוש. מאהבת הנס שנעשה להם: דין. תורה: בתחילה. קודם שאמרו ישראל נעשה ונשמע: יראה. שמא לא יקבלוה ויחזור העולם לתהו ובהו כדר"ל: ולבסוף. כשקבלוה: יום הששי. מאי שנא דכתיב ה' ביום גמר מעשה בראשית: מלמד שהתנה כו'. הששי משמע הששי המיוחד במקום אחר כדאמרי' בעלמא (חולין דף נח.) הירך המיומנת אף כאן ויהי ערב ויהי בקר של גמר בראשית תלוי ביום הששי והוא ו' בסיון שנתנה בו תורה מריבוי דה' דריש ביה נמי הא: שני כתרים. מזיו שכינה: מאה ועשרים. [כל א' וא' נטל כתר]: טענו. הכתרים והכי משמע את עדים [אשר היו להם] מהר חורב: בחורב פרקו. דמשמע נמי ויתנצלו את עדים מהר חורב: ומשה יקח. אותו עדי לשון אחר את האהל לשון בהלו נרו (איוב כט) והוא היה קירון עור פניו: עושי דברו לשמוע. מוכנין לעשות קודם שישמעו ולא כדרך שאר עבדים ששומעים תחילה את הדבר לידע אם יכולין לקבלן עליהם אם לאו: פריו קודם לעליו. כך דרכו וחלוק משאר אילנות חנטת פירותיו קודם לעליו: אצבעתא דידיה. אצבעות ידיו: וקא מייץ בהו. היה ממעכן ברגליו ואינו מבין מתוך טירדא: עמא פזיזא. נמהר: דקדמיתו פומייכו לאודנייכו. קודם ששמעתם אותה היאך היא קשה ואם תוכלו לעמוד בה קבלתם עליכם לקיימה:

דסגינן

תוספות

כפה עליהן הר כגיגית. ואע"פ שכבר הקדימו נעשה לנשמע שמא יהיו חוזרים כשיראו האש הגדולה *שיצאתה נשמתן והא דאמר בפ"ק דמס' ע"ז (דף ג:) כלום כפית עלינו הר כגיגית דמשמע דאם היה כפה עליהן לא היה להן תשובה והכא אמר דמודעא רבה לאורייתא היינו על מה שלא קבלוה אבל מה שלא קיימוה איכא תשובה:

מודעא רבה לאורייתא. והא דאמר בנדרים (דף כה.) שכרת משה ברית עם ישראל על התורה והמצות והשביעם על כך ובפ' אלו נאמרין (סוטה לז:)(ב)שקבלו את כל התורה בהר גריזים ובהר עיבל אור"ת דע"פ הדיבור היה והרי כבעל כרחם אבל בימי אחשורוש קבלו מדעתם מאהבת הנס ומה שכרת עמהן ברית יהושע לעבוד את ה' התם לא קבלו אלא שלא לעבוד ע"ז כדכתיב (יהושע כד) חלילה לנו מעזוב את ה' וכן משמע טוליה עניינא:

אמר רבא הדר קבלוה בימי אחשורוש. תימה לר"י דבמגילה (דף ז.) גבי אסתר ברוח הקודש נאמרה אמר רב יהודה אמר שמואל אי הואי התם ה"א להו דידי עדיפא מדידהו קיימו וקבלו היהודים קיימו למעלה מה שקבלו למטה ואמר רבא כולהו אית להו פירכא לבר משמואל דלית ליה פירכא והשתא דשמואל נמי אית ליה פירכא דרבא גופיה מוקי האי קרא לדרשה אחריתי ובפ"ק דחגיגה (דף י.) גבי היתר נדרים פורחין באויר קאמר כולהו אית להו פירכא וחשיב פירכא הא דצריך קרא לדרשה אחריתי ואי גרסינן התם רבה אתא שפיר אי נמי ה"ק במגילה כולהו אית להו פירכא שאר תנאים מוקשים בסברתם כדאמר התם אבל שמואל אינו מוקשה כל כך אלא דאיצטריך קרא לדרשה אחריתי*:

שני כתרים. של הוד היו לפיכך כשנטל משה קרן עור פניו:

ירדו ק"כ ריבוא. מדכתיב ויתנצלו דריש תרי זימני ויש ספרים שכתוב בהן בהדיא וינצלו לא נאמר אלא ויתנצלו *ואע"ג דגדולה מדה טובה ממדת פורענות הכא נמי גדולה היא שמלאך טוב היה קושר שני כתרים ומלאך חבלה לא היה בו כח כי אם להסיר אחד:

פריו קודם לעליו. הקשה ר"ת שהרי אנו רואים שגדל כשאר אילנות ומפרש דתפוח היינו אתרוג וריח אפך כתפוחים מתרגמינן *כריחא דאתרוגא ואתרוג פריו קודם לעליו שדר באילן משנה לשנה ואחר שנה נושרין עליו של אשתקד ובאין עלין אחרים הוי פריו קודם לאותם עלים אך תימה שמביא קרא כתפוח בעצי היער דבהאי קרא לא נמשלו ישראל לתפוח אלא הקב"ה כדכתיב כן דודי בין הבנים וקרא דריח אפך כתפוחים (שיר ז) הוה ליה לאתויי טפי:

ולא

רבינו חננאל

אחד מלא ואחד חסר דהוו ו' שלמין וששה חסרין והוו יומי דשתא שנ"ד דנאכלין ש"נ מנהון בשבועי ומשתיירין ד' אבל כדהוו בה ז' חסרין הוו להו יומי שנ"ג וכד אזלין שביעי משתיירי מינה ג' והלכך כד הוי ראש ניסן דשנייה יום אחד בשבת והוה בראשונה ז' חסרין הוי ניסן בראשונה בחמשה וסיון בחד בשבא כר' יוסי ואי הוי בשנה ראשונה שמנה חסרין והוו יומא שנ"ב משתיירי מינה תרין וכד הוי ראש ניסן שנייה בחד בשבא הוי ראש ניסן שנה ראשונה במעלי שבתא וראש סיון תרין בשבא כרבנן. ותנן אין פוחתין מארבעת חדשים המעוברין בשנה וכד הויין ד' מעוברין הוו ח' מחוסרין ואפי' למאן דפריש ולא נראה לחכמים לחסר יתר על שמונה: ת"ש רבי יוסי אומר בשני עלה וירד. פי' שני לחנייתן במדבר סיני ובשלישי עלה וירד וברביעי כי תרצתא עלה וירד ובחמישי בנה מזבח והקריב עליו קרבן בששי לא היה לו פנאי ודאי לאו דהוא יום שבת ונתנה בו תורה. וסייעתא לרבנן ודחי ר' יוסי לא אלא הוא דע"ש ומשום טרחא דשבת לא היה לו פנאי: דרש ההוא גלילאה עלי' דרב חסדא בריך רחמנא דיהב אוריין תליתאי ע"י תליתאי לעם תליתאי ביום תליתאי בירח תליתאי ואית רבנן דמרותין וגרסין כמאן כרבנן וסייעתא דרבנן מן ביום תליתאי יום ג' לפרישה. דאלמא בחמשה עביד להו פרישא כמאן כרבנן ותרין בשבא הוה ר"ח סיון ובששה בו נתנה תורה ומפרשא פלוגתא נמי בגמ' דשבעת ימים. צליחתא בלשון ישמעאל א' שקיקה. פתילת הוורד שעושין מצמר נפנצבוע כעין וורד וקורין אותו וורד וכן אמרו (כתובות עב) לענין יצאת וראשה פרועה וטווה בשוק בטווה וורד כנגד פניה. ובלשון פרס נקרא גולנון נודע בבבל:

רב נסים גאון

דרש ההוא גלילאה עלי' דרב חסדא בריך רחמנא דיהב אוריין תליתאי. פי' תורה נביאי' וכתובי'. ביום תליתאי. פי' ביום שלישי לפרישה כרבנן דאמר בחמישי עבד ליה פרישה. ע"י תליתאי ע"י משה שהוא שלישי אהרן ומרים ומשה. לעם תליתאי כהנים לוים וישראל. בירח תליתאי בחודש השלישי ניסן אייר סיון ובסיון ניתנה התורה ותוספה הוגדה בדבר זה אותותיה משולשים כלומר שהתורה נקרית אמת שנאמר (משלי כג) אמת קנה ואל תמכור ומספר אמת ג' אותיות וישראל בני אבות ג' אברהם יצחק ויעקב משבט שלישי ראובן שמעון לוי ומן לוי נולד משה שעל ידו ניתנה תורה לוי יש בו ג' אותיות ונצפן ג' ירחים כדכתיב (שמות ב) ותצפנהו ג' ירחים ובזה אמרו אמר ר' לוי הא למדתה שכל מעשה אותו היום היה משולש וכגון זה עוד יש במדרש ילמדנו (תנחומא פרשה יתרו) הלא כתבתי לך שלישים אמר ר' יהושע בן נחמיה הן תורה שאותיותיה משולשות אלף בית גימל והכל היה משולש תורה משולשת תורה נביאים וכתובים משנה משולשת תלמוד הלכות ואגדות תפלה משולשת ערב ובקר וצהרים קדושה משולשת קדוש קדוש קדוש ישראל משולשים כהנים לוים וישראלים ומשה אותיותיו משולשים משבט

הגהות הב"ח

(א) גמ' אמר רבה אעפ"כ: (ב) תוס' ד"ה מודעא וכו' ובפרק אלו נאמרין אמרו שקבלו:

גליון הש"ס

גמ' בחמישי בנה מזבח. עיין חגיגה דף ו ע"א בתוס' ד"ה ישנה לפני הדיבור: שם בשעה שהקדימו כו'. ע' תשב"ץ ח"ג סימן ש"ד: תוס' ד"ה ירדו וכו' ואף על גב דגדולה מדה טובה יומא דף עו ע"א: שם ד"ה פריו כריחא דאתרוגא. עיין תענית דף כט ע"ב תד"ה של תפוחים:

עין משפט
נר מצוה

כ"א עוב

לא א מיי' פ"ה מהלכות דעות הלכה יג :

[במדרש רבה איכה ד"ה זכו מירים]

[בקרא כתיב מלכי ועמ"ש הסוגיא רות פ' יתרו]

[בסוכה איתא תנחום]

מסורת הש"ס

גיטין לו: · [שם אי' רבא] · ג"ז שם ויומא כג. · [סנהדרין לד.] · [יומא פב. ע"ש] · כלים פכ"ב מ"ד · [לעיל ג. פסחים קיז.] · [חגיגה יב:] · [חגיגה יד. זבחים קטז.] · [סוכה ה.]

דסגינן בשלימותא כתיב בן °תומת ישרים תנחם הנך אינשי דסגן בעלילותא כתיב בהו °וסלף בוגדים ישדם : א"ר שמואל בר נחמני א"ר יונתן מאי דכתיב °לבבתני אחותי כלה לבבתני באחת מעיניך בתחילה באחת מעיניך לכשתעשי בשתי עיניך *אמר עולא עלובה כלה מזנה בתוך חופתה אמר רב מרי ברה דבת שמואל מאי קרא °עד שהמלך במסיבו נרדי וגו' אמר *רב ועדיין חביבותא היא גבן דכתי' נתן ולא כתב הסריח *ת"ר (א) *עלובין ואינן עולבין שומעין חרפתן ואינן משיבין עושין מאהבה ושמחין ביסורין עליהן הכתוב אומר °ואוהביו כצאת השמש בגבורתו א"ר יוחנן מאי דכתיב °ה' יתן אומר המבשרות צבא רב כל דיבור ודיבור שיצא מפי הגבורה נחלק לשבעים לשונות תני דבי ר' ישמעאל °וכפטיש יפוצץ סלע *מה פטיש זה נחלק לכמה ניצוצות אף כל דיבור ודיבור שיצא מפי הקב"ה נחלק לשבעים לשונות אמר רב חננאל בר פפא מ"ד °שמעו כי נגידים אדבר למה נמשלו דברי תורה כנגיד לומר לך מה נגיד זה יש בו להמית ולהחיות אף ד"ת יש בם להמית ולהחיות היינו דאמר *רבא למיימינין בה סמא דחיי למשמאילים בה סמא דמותא ד"א נגידים כל דיבור ודיבור שיצא מפי הקב"ה קושרים לו שני כתרים : א"ר יהושע בן לוי מ"ד °צרור המור דודי לי בין שדי ילין אמרה כנסת ישראל לפני הקב"ה רבש"ע אף על פי שמיצר ומימר לי דודי בין שדי ילין °אשכול הכופר דודי לי בכרמי עין גדי מי שהכל שלו מכפר לי על עון גדי שכרמתי לי מאי משמע דהאי כרמי לישנא דמכניש הוא אמר מר זוטרא בריה דרב נחמן כדתנן *כסא של כובס שכורמים עליו את הכלים : וא"ר יהושע בן לוי מאי דכתיב °לחייו כערוגת הבושם כל דיבור ודיבור שיצא מפי הקב"ה נתמלא כל העולם כולו בשמים וכיון שמדיבור ראשון נתמלא דיבור שני להיכן הלך הוציא הקב"ה הרוח מאוצרותיו והיה מעביר ראשון ראשון שנאמר °שפתותיו שושנים נוטפות מור עובר *אל תקרי שושנים אלא ששונים : ואריב"ל כל דיבור ודיבור שיצא מפי הקב"ה יצתה נשמתן של ישראל שנאמר °נפשי יצאה בדברו ומאחר שמדיבור ראשון יצתה נשמתן דיבור שני היאך קיבלו הוריד *טל שעתיד להחיות בו מתים והחיה אותם שנאמר °גשם נדבות תניף אלהים נחלתך ונלאה אתה כוננתה ואמר ר' יהושע בן לוי כל דיבור ודיבור שיצא מפי הקב"ה חזרו ישראל לאחוריהן י"ב מיל והיו מלאכי השרת מדדין אותן שנאמר *°מלאכי צבאות ידודון ידודון אל תיקרי ידודון אלא ידדון : ואריב"ל בשעה שעלה משה למרום אמרו מלאכי השרת לפני הקב"ה רבש"ע מה לילוד אשה בינינו אמר להן לקבל תורה בא אמרו לפניו חמודה גנוזה שגנוזה לך תשע מאות ושבעים וארבעה דורות *קודם שנברא העולם אתה מבקש ליתנה לבשר ודם °מה אנוש כי תזכרנו ובן אדם כי תפקדנו ה' אדונינו מה אדיר שמך בכל הארץ אשר תנה הודך על השמים אמר לו הקב"ה למשה החזיר להן תשובה אמר לפניו רבש"ע מתיירא אני שמא ישרפוני בהבל שבפיהם אמר לו אחוז בכסא כבודי וחזור להן תשובה שנאמר *°מאחז פני כסא פרשז עליו עננו ואמר ר' *נחום מלמד שפירש שדי מזיו שכינתו ועננו עליו אמר לפניו רבונו של עולם תורה שאתה נותן לי מה כתיב בה °אנכי ה' אלהיך אשר הוצאתיך מארץ מצרים אמר להן למצרים ירדתם לפרעה השתעבדתם תורה למה תהא לכם שוב מה כתיב בה לא יהיה לך אלהים אחרים בין עמים אתם שרויין שעובדין ע"ז

תורה אור: משלי יא · שם · שיר ד · שם א · שופטים ה · תהלים סח · ירמיה כג · משלי ח · שיר א · שם · שם ה · שם · שם · תהלים סח · שם · שם ח · איוב כו · שמות כ

רש"י

דסגינן בשלימותא. התהלכנו עמו בתום לב כדרך העושים מאהבה וסמכנו עליו שלא יטעננו בדבר שלא נוכל לעמוד בו : **בתחלה.** בקבלה שקבלתם אחת הוא אצלכם ולבסוף כשקיימתם שתים יש : **לבבתני.** קרבתני : **עלובה.** חצופה דעולבנא לישנא דחולפא היא והכי אמר במס' גיטין : **מזנה בתוך חופתה.** כישראל כשעמדו בסיני ועשו העגל : **במסיבו.** בחופתו : **נתן.** עזב ריחו הטוב לאחרים : **ועדיין חביבותא היא גבן.** אע"פ שהמקרא מספר בגנותנו הראה לנו לשון חבה מדלא כתיב הסריח : **הנעלבים ואינם עולבים.** אחרים באין עליהם בחוצפה ולא הן על אחרים : **עושין מאהבת המקום ושמחים ביסורים.** על עליבה הבאה עליהם : **צבא רב.** כל האומות : **מה פטיש.** מתחלק הסלע על ידו לכמה ניצוצות : **למיימינין.** (ב) עסוקים בכל כחם וטרודים לדעת סודה כאדם המשתמש ביד ימינו שהיא עיקר : **קושרים לו שני כתרים.** לדבור שהיה בו ממש ונראה כדכתיב רואים את הקולות (שמות כ) : **אע"פ שמיצר ומימר לי דודי.** בעגל שאמר הורד עדיך : **בין שדי ילין.** אמר מיד לעשות לו משכן להיות מלומלמת שכינתו בין שני הבדים שנראי' במקדש ראשון כשני שדים דוחקין ובולטין בפרוכת שכנגד הפתח : **עין גדי.** עון עגל שהוא מין בהמה לשון אחר לשון עכו"ם העורכים לגד שלחן (ישעיה סה) : **שכרמתי.** שאספתי להתאוות אלהות הרבה כדכתיב אלה אלהיך ישראל (שמות לב) : **שכורמים עליו.** שמאספין עליו את הבגדים והוא דף ארוכה ומנוקבת נקבים הרבה ומניח המוגמר תחתיה והכלים מתגמרין מדרך הנקבים לישנא דמיכנש גרסינן : **מעביר ראשון.** (ג) לגן עדן : **מור עובר.** על שהעבירן : **גשם נדבות.** גבי מתן תורה כתיב בספר תהלים : **י"ב מיל.** זו היא מדת מחניהם והיו הקרובים לדיבור חוזרין מפחד הקול עד קצה המחנה : **מדדין אותן.** מסייעין אותן להתקרב מעט מעט שהיו חלשים כאשה המדדה את בנה בתחלת הילוכו : **ידודון.** משמע הם עצמם ידודון : **ידדון.** מדדין אחרים : **תתקע"ד דורות.** (ד) באלפים שנה שקדמה תורה לעולם היו עתידין דורות הללו להבראות שנאמר (תהלים קה) דבר צוה לאלף דור וראה הקב"ה שאין העולם מתקיים בלא תורה כל כך והעבירן ולא בראן ונתנה לכ"ו דורות. הרי שחסרו תתקע"ד מאלף : **מה אדיר שמך.** אדיר הוא הרבה בארץ ואין ראוי לך ליתן הודך שם כי אם על השמים : **פירש שדי מזיו.** נוטריקון של פרשז :
קנאה

תוספות

ולא כתיב הסריח. לשון מגונה לא היה לו לכתוב אלא כלומר ולא כתב *ערב ריחו דהוה משמע הסריח אלא כתב נתן לשון חביבות : **מה** פטיש זה מתחלק לכמה ניצוצות. הקשה רבינו שמואל והא קרא משמע דהפטיש מפוצץ את הסלע מדלא כתיב והפטיש יפוצצנו סלע וכן אנו רואין שהפטיש מפוצץ סלעים וליכא למיגרס מה סלע מתחלק לכמה ניצוצות דהא דיבור דהיינו תורה נמשלה לפטיש ולא לסלע ובקונטרס פי' מה פטיש מתחלק הסלע על ידו ואינו מיושב שהדיבור הוא עצמו מתחלק ואינו דמיון גמור ואומר ר"ת דקרא איירי באבן המפוצץ ברזל דאמר *במדרש חזית מעשה באחד שקנה סנפירין ובא לבודקה נתנה על הסדן והכה עליה בקורנס נחלק הפטיש ונשבר הסדן וסנפירין לא זז ממקומו הה"ד וכפטיש יפוצץ סלע ואף על גב דלא כתיב יפוצצנו סלע הרבה פסוקים יש כענין זה אבנים שחקו מים (איוב יד) פי' שחקו אותן מים ואתו שפיר דאמר בפ"ק דקידושין (דף ל:) תנא דבי רבי ישמעאל בני אם פגע בך מנוול זה משכהו לביהמ"ד ואם אבן הוא נמוח שנא' אבנים שחקו מים פירוש שחקו אותם מים ואם ברזל הוא מתפוצץ פירוש אם יצר הרע מתחזק עליו כברזל מתפוצץ שנאמר וכפטיש יפוצץ סלע ואף על פי דהתם מדמה יצה"ר לפטיש וכאן מדמה ד"ת לפטיש אין לחוש *דמקרא אחד יוצא לכמה טעמים :
תורה

רב נסים גאון

לוי שאותיותיו משולשין מזרע אברהם יצחק ויעקב אבות שלשה בחודש משלש ניסן אייר סיון בסיני שאותיותיו משולשים לשלשה ימים נתקדשו שנאמר (שמות יט) והיו נכונים ליום השלישי : **אמרו** לפניו רבונו של עולם חמדה שגנוזה לפניך תשע מאות ושבעים וארבעה דורות קודם שנברא העולם · הא מילתא נפקא להו לרבנן (ב"ר פכ"ח) מהאי קרא דכתיב (תהלים קה) זכר לעולם בריתו דבר צוה לאלף דור שלפי שמצאו מן יצירת אדם הראשון ועד נתינת התורה כ"ו דור וזה פרטן י' דורות מאדם עד נח וי' מנח עד אברהם ומאברהם עד משה ו' דורות אברהם יצחק יעקב לוי קהת עמרם עד משה ועל ידו ניתנה התורה וכבר שלמו כ"ו דורות ידעו כי התורה היתה גנוזה תתקע"ד דורות וכיון שעברו עלית מימות העולם כ"ו דורות שהן השלמת אלף דור ניתנה התורה כדי שיתקיים דבר צוה לאלף דור :

הגהות הב"ח

(א) גמ' תנו רבנן הנעלבין : (ב) רש"י ד"ה למיימינין נ"ב עי' לעיל דף סג ע"א : (ג) ד"ה מעביר ראשון לג"ע : (ד) ד"ה תתקע"ד דורות · נ"ב ועיין בחגיגה פרק אין דורשין יג ע"א דף יד :

גליון הש"ס

רש"י ד"ה תתקע"ד דורות וכו' וראה הקב"ה שאין העולם מתקיים. במדרש רבה בראשית פ"א איתא ראה הקב"ה שסיו רשעים מתנה לכ"ו דורות והתתקע"ד שתלן בכל דור ודור והן עזי פנים שבדורות: תוס' ד"ה מה פטיש בסה"ד דמקרא אחד יוצא לכמה טעמים . עי' בהרא"ם פ' וארא בפסוק ט' :

עבודת גלולים שוב מה כתיב בה זכור את יום השבת לקדשו כלום אתם עושים מלאכה שאתם צריכין שבות שוב מה כתיב בה לא תשא משא ומתן יש ביניכם שוב מה כתיב בה כבד את אביך ואת אמך אב ואם יש לכם שוב מה כתיב בה לא תרצח לא תנאף לא תגנוב °קנאה יש ביניכם יצר הרע יש ביניכם מיד הודו לו להקב"ה שנאמר °ה' אדונינו מה אדיר שמך וגו' ואילו תנה הודך על השמים לא כתיב מיד כל אחד ואחד נעשה לו אוהב ומסר לו דבר שנאמר °עלית למרום שבית שבי לקחת מתנות באדם בשכר שקראוך אדם לקחת מתנות אף מלאך המות מסר לו דבר שנאמר °ויתן את הקטורת ויכפר על העם ואומר ויעמוד בין המתים ובין החיים וגו' אי לאו דאמר ליה מי הוה ידע: וא"ר יהושע בן לוי בשעה שירד משה מלפני הקב"ה בא שטן ואמר לפניו רבונו של עולם תורה היכן היא אמר לו נתתיה לארץ הלך אצל ארץ אמר לה תורה היכן היא אמרה לו °אלהים הבין דרכה וגו' הלך אצל ים ואמר לו אין עמדי הלך אצל תהום א"ל אין בי שנאמר °תהום אמר לא בי היא וים אמר אין עמדי אבדון ומות אמרו באזנינו שמענו שמעה חזר ואמר לפני הקב"ה רבש"ע חיפשתי בכל הארץ ולא מצאתיה אמר לו לך אצל בן עמרם הלך אצל משה אמר לו תורה שנתן לך הקב"ה היכן היא אמר לו וכי מה אני שנתן לי הקב"ה תורה א"ל הקב"ה למשה בדאי אתה אמר לפניו רבונו של עולם חמודה גנוזה יש לך שאתה משתעשע בה בכל יום אני אחזיק טובה לעצמי אמר לו הקב"ה למשה הואיל ומיעטת עצמך תקרא על שמך שנאמר °זכרו תורת משה עבדי וגו': וא"ר יהושע בן לוי *בשעה שעלה משה למרום מצאו להקב"ה שהיה קושר כתרים לאותיות אמר לו משה אין שלום בעירך אמר לפניו °כלום *יש עבד שנותן שלום לרבו א"ל היה לך לעזרני מיד אמר לו °ועתה יגדל נא כח ה' כאשר דברת *(אמר) ר' יהושע בן לוי מ"ד °וירא העם כי בושש משה אל תקרי בושש אלא באו שש בשעה שעלה משה למרום אמר להן לישראל לסוף ארבעים יום בתחלת שש אני בא לסוף מ' יום בא שטן ועירבב את העולם אמר להן משה רבכם היכן הוא אמרו לו עלה למרום אמר להן באו שש ולא השגיחו עליו מת ולא השגיחו עליו הראה להן דמות מטתו והיינו דקאמרי ליה לאהרן °כי זה משה האיש וגו': א"ל ההוא מרבנן לרב כהנא מי שמיע לך מאי הר סיני א"ל הר שנעשו בו נסים לישראל הר ניסאי מיבעי ליה אלא הר שנעשה סימן טוב לישראל הר סימנאי מיבעי ליה א"ל מ"ט לא שכיחת קמיה דרב פפא ורב הונא בריה דרב יהושע דמעייני באגדתא דרב חסדא ורבה ברי' דרב הונא דאמרי תרווייהו מאי הר סיני הר שירדה שנאה לעכו"ם עליו והיינו דאמר ר' יוסי בר' חנינא ה' שמות יש לו מדבר צין שנצטוו ישראל עליו מדבר קדש שנתקדשו ישראל עליו מדבר קדמות שנתנה קדומה עליו מדבר פארן שפרו

(תהלים ח; שם סח; במדבר יז; איוב כח; שם; מלאכי ג; במדבר יד; שמות לב; שם)

רש"י

קנאה יש ביניכם. שאתם באים על ידה לידי רציחה: **מסר לו.** למדו: **כאדם בשכר.** שחרפוך וקראוך אדם עכר מאדמה לשון שפלות: **מסר לו סודו.** להקטיר מחתות קטורת בשעת מגפה ולעמוד בין המתים ובין החיים: **ואי לאו דאמר ליה.** מלאך המות: **מנא ידע.** הלא בתורה לא נכתב: **בדאי אתה.** תורה אור בתמיה: **קושר כתרים.** כגון הנך דאמרי' בפרק הבונה (דף קד.) תגא דקוף לגבי רי"ש וכן שעטנ"ז ג"ץ שצריכין כל אות ג' זיונים כדאמרינן (במנחות דף כט:) ראש הזיי"ן נמתח לימין ולשמאל בגגו מעט וכן ראש הטי"ן השמאלי וכן כל ראשי שבע אותיות הללו בכל מקום שהן: **אין שלום.** אין דרך ליתן שלום: **בעירך.** במקומך: **לעזרני.** לומר תצלח מלאכתך: **מיד.** בעליה אחרת אמר לו יגדל נא כח ה': **בא השטן.** הוא יצר הרע המחטיא את האדם הוא העולה ומסטין [והאומר] דהוא מדת הדין אין הגון בעיני: **כשעלה משה.** להר אמר להם לסוף מ' יום אני בא בתוך שש שעות הם סבורים שאותו יום שעלה בו מן המנין הוה והוא אמר להם מ' יום שלימים יום ולילו עמו ויום עלייתו אין לילו עמו שהרי בז' בסיון עלה נמלא יום מ' בי"ז בתמוז היה בי"ז בא שטן ועירבב את העולם והראה דמות חשך ואפילה דמות ענן וערפל וערבוביא לומר ודאי מת משה שהרי באו כבר שש ולא בא ואי אפשר לומר שלא טעו אלא ביום המעונן בין קודם חצות לאחר חצות שהרי לא ירד משה עד יום המחרת שנאמר וישכימו ממחרת וגו': **באו שש.** שקבע לכם: **שנאה לעכו"ם.** שלא קבלו בו תורה:

תוספות

תורה היכן היא. וא"ת וכי שטן לא היה יודע מתן תורה וי"ל דאמרינן במדרש לפניו ילך דבר שטרדו הקב"ה למלאך המות בשעת מתן תורה שלא יקטרג לומר אומה שעתידה לחטוא לסוף מ' יום בעגל אתה נותן להם התורה והוא שטן והוא מלאך המות כדאמרי' בפ"ק דב"ב (דף טז.) ואמרי' נמי בסנהדרין (דף כו:) תושי' שניתנה בחשאי מפני השטן:

לסוף מ' יום אני בא. פירש בקונטרס דאותו יום שעלה בו אינו מן המנין והוא היה אומר להם מ' יום שלימים יום ולילו עמו ויום עלייתו אין לילו עמו שהרי ז' בסיון עלה נמלא יום מ' היה בי"ז בתמוז ואין נראה לר"י בן רבינו מאיר דבהדיא משמע בפ"ק דיומא (דף ד:) דיום עלייה מן המנין דקאמר התם בשלמא לר"ע משכחת להו דבי"ז בתמוז נשתברו הלוחות כ"ד דסיון ושיתסר דתמוז מלו להו מ' יומין ובשיבסר בתמוז נחת אלמא חשיב יום עלייה ואיכא מ' יום ומ' לילה כשתחשוב לילה שאחר היום ועוד אם לא תחשוב יום עלייה לא ישלמו מ' ימים אחרונים עד אחר יום הכפורים ושלמו ביוה"כ שאז א"ל הקב"ה למשה סלחתי כדברך גם מה שפרש"י בפרשת כי תשא שבי"ז בתמוז עלה קשה לר"י שאז לא תמצא שעלמו מ' ימים אחרונים ביום הכפורים*:

מדבר צין. קשה לר"י דע"כ מדבר צין לאו היינו מדבר פארן דמדבר צין בתחילת דרומה של ארץ ישראל כדכתיב באלה מסעי והיה לכם פאת נגב(א) ממדבר צין על ידי אדום וכתיב ונסב לכם הגבול מנגב וגו' והיו תוצאותיו מנגב לקדש ברנע וקדש ברנע הייט פארן דכתיב בשילוח מרגלים וישלח אותם משה ממדבר פארן ובספר (יהושע יד) כתיב שאמר כלב בשלוח אותי משה מקדש ברנע לרגל את הארץ וכן באלה הדברים כתיב ונבא עד קדש ברנע ומפרש מיד שלוח מרגלים ועוד דכמה מסעות היו ממדבר פארן עד מדבר צין דבסוף בהעלותך כתיב ואחר נסעו העם מחצרות ויחנו במדבר פארן ובאלה מסעי כתיב ויסעו העם מחצרות ויחנו ברתמה א"כ רתמה הייט פארן וחשיב כמה מסעות עד מדבר צין וכן בין פארן לסיני מהלך י"א יום דכתיב אחד עשר יום מחורב דרך הר שעיר עד קדש ברנע א"כ מדבר צין ופארן וסיני לאו הכל אחד ואור"י דהכל מדב' אחד וגדול היה דע"כ סיני הייט פארן דכתי' הופיע מהר פארן ובפרק שור שנגח ד' וה' (ב"ק דף לח.) דרשינן מפארן הופיע ממונן לישראל גבי שור של ישראל שנגח שור של עובד כוכבים פטור ול"ג בריש מסכת ע"ז (דף ב:) מאי בעי בשעיר ומאי בעי בפארן *דהוה משמע דפארן היא אומה אחרת כמו שעיר אלא גרס מאי בעי בשעיר ומאי בעי בתימן וסיני נמי הייט מדבר צין דכתיב מדבר צין היא קדש וסיני איקרי קדש דכתיב בספר (תהלים כט) קול ה' יחיל מדבר יחיל ה' מדבר קדש ׳משמע דהייט בשעת מתן תורה ומיהו קשה לר"י דהא מדבר קדמות היה מזרחה של ארץ ישראל כדכתיב (דברים ב) ואשלח מלאכים ממדבר קדמות אל סיחון מלך חשבון וגו' שהיתה במזרח של א"י דכתיב (שם ד) בעבר הירדן מזרחה שמש ומדבר צין ופארן הייט בדרומה כמו שמשמע בפסוקים שהבאתי ואיך יתכן דמדבר קדמות הייט מדבר סיני:

גליון הש"ס

גמ' קנאה יש ביניכם. עי' ברש"י בחומש בראשית א כ"ו וברא"ם שם: שם מיד הודו לו להקב"ה. עי' תורת חיים סנהדרין דף עא ד"ה ולמה נכתבו: שם כלום יש עבד שנותן שלום. עי' מהרש"א בח"א רפ"ד דברכות. וקושייתו ותירוצו בתוס' ב"ק עג ע"ב ד"ה כדי:

[וע"ע תוספות בבא קמא עג: ד"ה כדי]

מנחות כט:

[עי' תוספות בבא קמא עג: ד"ה כדי]

[ועי' תוס' ע"ז ב: ד"ה מאי בעי]

הגהות הב"ח

(א) תוס' ד"ה מדבר וכו' פאת נגב מדבר צין:

הכלין

עין משפט נר מצוה

לב א מיי' פי"ח מהלכו' שבת הלכה ד:
לג ב שם הלכה ה:
לד ג שם הלכה ח:

שפרו ורבו עליה ישראל מדבר סיני שירדה שנאה לעכו"ם עליו ומה שמו חורב שמו ופליגא דר' אבהו דא"ר אבהו הר סיני שמו ולמה נקרא הר חורב שירדה חורבה לעכו"ם עליו: מנין שקושרין לשון של זהורית וכו': כשנים כשני מיבעי ליה א"ר יצחק אמר להם הקב"ה לישראל אם יהיו חטאיכם כשנים הללו שסדורות ובאות מששת ימי בראשית ועד עכשיו כשלג ילבינו: דרש רבא מאי דכתיב °לכו נא ונוכחה יאמר ה' לכו נא בואו נא מיבעי ליה יאמר ה' אמר ה' מיבעי ליה לעתיד לבא יאמר להם הקב"ה לישראל לכו נא אצל אבותיכם ויוכיחו אתכם ויאמרו לפניו רבש"ע אצל מי נלך אצל אברהם שאמרת לו °ידוע תדע ולא בקש רחמים עלינו אצל יצחק שבירך את עשו °והיה כאשר תריד ולא בקש רחמים עלינו אצל יעקב שאמרת לו °אנכי ארד עמך מצרימה ולא בקש רחמים עלינו אצל מי נלך עכשיו יאמר ה' אמר להן הקב"ה הואיל ותליתם עצמכם בי אם יהיו חטאיכם כשנים כשלג ילבינו: א"ר שמואל בר נחמני א"ר יונתן מ"ד °כי אתה אבינו כי אברהם לא ידענו וישראל לא יכירנו אתה ה' אבינו גואלנו מעולם שמך לעתיד לבא יאמר לו הקב"ה לאברהם בניך חטאו לי אמר לפניו רבש"ע ימחו על קדושת שמך אמר אימר ליה ליעקב דהוה ליה צער גידול בנים אפשר דבעי רחמי עלייהו אמר ליה בניך חטאו אמר לפניו רבש"ע ימחו על קדושת שמך אמר לא בסבי טעמא ולא בדרדקי עצה אמר לו ליצחק בניך חטאו לי אמר לפניו רבש"ע בני ולא בניך בשעה שהקדימו לפניך נעשה לנשמע קראת להם °בני בכורי עכשיו בני ולא בניך ועוד כמה חטאו כמה שנותיו של אדם שבעים שנה דל עשרין דלא ענשת עלייהו פשו להו חמשין דל כ"ה דלילותא פשו להו כ"ה דל תרתי סרי ופלגא דצלויי ומיכל ודבית הכסא פשו להו תרתי סרי ופלגא אם אתה סובל את כולם מוטב ואם לאו פלגא עלי ופלגא עליך ואת"ל כולם עלי הא קריבית נפשי קמך פתחו ואמרו (כי) אתה אבינו אמר להם יצחק עד שאתם מקלסין לי קלסו להקב"ה ומחוי להו יצחק הקב"ה בעינייהו מיד נשאו עיניהם למרום ואומרים °אתה ה' אבינו גואלנו מעולם שמך א"ר חייא בר אבא א"ר יוחנן ראוי היה יעקב אבינו לירד למצרים בשלשלאות של ברזל אלא שזכותו גרמה לו דכתיב °בחבלי אדם אמשכם בעבותות אהבה ואהיה להם כמרימי עול על לחיהם ואט אליו אוכיל: **מתני'** *המוציא עצים כדי לבשל ביצה קלה תבלין כדי לתבל ביצה קלה ומצטרפין זה עם זה *קליפי אגוזין קליפי רמונים איסטיס ופואה כדי לצבוע בהן בגד קטן פי סבכה מי רגלים נתר ובורית *קמוליא ואשלג כדי לכבס בגד קטן פי סבכה רבי יהודה אומר כדי להעביר את הכתם: **גמ'** תנינא חדא זימנא *קנה כדי לעשות קולמוס אם היה עב או מרוסס כדי לבשל ביצה קלה שבביצים טרופה ונתונה באילפס מהו דתימא התם הוא דלא חזי למידי אבל עצים דחזו לכבא דאקלידא אפילו כל שהוא קמ"ל: תבלין כדי לתבל ביצה קלה: ורמינהו *תבלין שנים וג' שמות ממין אחד או משלשה מינין (ושם אחד) אסורין ומצטרפין זה עם זה ואמר חזקיה במיני

רש"י

שפרו ורבו. דכל אחד נתעברה אשתו זכר במלות שובו לכם לאהליכם °ולא ידענא היכא רמיזא: **כשני מיבעי ליה.** דומיא דכשלג דלא כתיב כשלגים: **ארד עמך אעלך גם עלה.** כאן רמז ד' גליות גם רידויא הוא: **יאמר ה'.** אתה אמור התוכחה ובך אנו תולין: **ימחו.** הואיל שחטאו ויתקדש שמך בעולם כשתעשה דין בעוברין על דבריך: **קראת להם בני בכורי ישראל.** שהיה גלוי לפניך שהן עתידין לומר לפניך בסיני נעשה ונשמע לקבל עולך מאהבה כבנים: **דל עשרין דלא ענשת להו.** שכן מלינו בדור המדבר שלא ענש הקב"ה אלא מכ' שנה ומעלה דכתיב (במדבר יד) במדבר הזה יפלו פגריכם וגו' מבן כ' שנה ומעלה אשר הלינותם עלי: **כי אתה אבינו.** כנגד יצחק אמרו והוא אמר להם הראו כנגד הקב"ה שהוא אביכם: **בשלשלאות של ברזל.** כדרך כל הגולים שהרי ע"פ גזרת גלות ירד לשם: **בחבלי אדם.** בשביל חיבת האדם משכתים למצרים בחבלים ולא בשלשלאות: **כמרימי עול על לחייהם.** כאדם הסובל ומסייע לבהמתו להרים עולה *מעל צוארה בלוחין ובמקלות: **ואט אליו אוכיל.** הטיתי לכם כח להכיל את עבודת הפרך: **מתני' ביצה קלה.** כבר מפורש* שזה בילת תרנגולת שהיא קלה לבשל ולא בשיעור כל בילה שיעורו אלא כגרוגרת מבילה קלה: **ומצטרפין.** כל מיני תבלין זה עם זה: **קליפי אגוזים.** הגדילה ע"ג הקליפה בעודן לחין: **סטים.** *קרוג: **פואה.** *וורנלא: **פי סבכה.** בראש הסבכה שעשאה בקליעה טתן מעט בגד: **נתר.** מין אדמה שקורין ניטר"א: **קמוליא ואשלג.** בגמרא מפרש להו: **את הכתם.** של דם נדה שאלו הסמנין מעבירין על הכתם של דם נדה בבגד לטהרו: **גמ' עבה.** הוא דקולמוס מרוסס לא חזי למידי אלא להסקה: **כבא דאקלידא.** שן של מפתח: **ורמינהו.** אמתני' דקתני תבלין מצטרפין שני מינין לכשיעור: **ב' וג' שמות.** פלפל לבן שחור וארוך או אפילו מן ג' מינין והם (שם אחד) של איסור אסור אם תיבלו בהן את הקדירה: **ומצטרפין.** לתבלה אם אין בכל אחד כדי לתבל ונצטרפו ותיבלו: **ואמר חזקיה.** הא דקתני מצטרפין:

תוספות

תבלין שנים ושלשה שמות והן מין אחד. פירש רש"י כמו פלפל ארוך פלפל לבן פלפל שחור ולפי' הא דקתני בסיפא ר"ש אומר ב' שמות ממין אחד או שני מינין משם אחד אין מצטרפין משכחת לה שני מינין משם אחד כעין שמביא לקמן (דף צ.) תרי גווני אהלא אבל תימה וכי בשביל שיש להם שם אחד יש להן להצטרף יותר מה מועיל השם לגרום הצירוף כיון שהם שני מינין ואין טעמם בשוה ומפרש ר"ת דג' עניני איסור כגון של ערלה או של כלאי הכרם ושל אשירה ושל עיר הנדחת קרי ג' שמות *כדאמרינן שלא השם המביאו לידי מכות מביאו לידי תשלומים ובפרק המקבל (ב"מ קיא.) עובר בכל השמות הללו וכן משמע בהדיא בירושלמי בריש פ"ב דמסכת ערלה דקתני התרומה ותרומת מעשר ותרומ' (א) של דמאי והחלה והבכורים עולין באחד ומאה ומצטרפין זה עם זה וקאמר עלה בגמרא לרבי שמעון נצרכה אע"ג דאמר ר"ש אין שני שמות מצטרפין הכא מודה שכולם שם תרומה*:

אסורין ומצטרפין. לכאורה נראה מדתני אסורים ותנא נמי מצטרפין דאסורין היינו לאסור את הקדרה ומצטרפין למלקות ואף על גב דלענין חיוב חטאת אמרי' בפ' כלל גדול (לעיל עה.) דחלב (ב) ופיגול ונותר אין מצטרפין למלקות מצטרפין ובפרק בתרא דע"ז (דף סו.) דפליגי אביי ורבא דאביי סבר בתר טעמא אזלינן וקאמר אביי מנא אמינא לה דתנן תבלין ב' וג' שמות כו' אא"ב דבתר טעמא אזלינן כולהו חד טעמא ניהו אלא אי בתר שמא אזלינן האי שמא לחוד והאי שמא לחוד ורבא אמר הא מני ר"מ היא דאמר כל איסורין שבתורה מצטרפין זה עם זה שנאמר לא תאכל כל תועבה כל שתיעבתי לך הרי הוא בבל תאכל משמע דלאביי אתיא אפי' אליבא דרבנן דר"מ אע"ג דע"כ פליגי עליה לכל הפחות לענין מלקות סבר אביי דלא פליגי אלא בב' מינין אבל בב' איסורין ומין אחד לא והא דאמר ריש לקיש בפרק התערובות (זבחים עח.) הפיגול והנותר והטמא שבללן זה בזה ואכלן פטור אי אפשר שלא ירבה מין על חבירו ויבטלנו ולמלקות איירי דבטמא לא שייך ביה חטאת ועוד מדקאמר התם ש"מ התראת ספק לא שמה התראה ומדמבטלין זה את זה היה משמע דשני איסורין לרבנן דר"מ אין מצטרפין ל"ל דאע"פ שמבטלין זה את זה כשבללן מצטרפין הן למלקות וכן מוכח במעילה בפרק קדשי מזבח (דף יז:) דתנן הפיגול והנותר והטמא (ג) אין מצטרפין וקאמר בגמרא לא שנו אלא לטומאת ידים אבל לאכילה מצטרפין והא דאיצטריך (ד) לאתויי קרא דלאכילה מצטרפין מלא יאכל כי קדש הם כל שבקודש פסול בא הכתוב ליתן לא תעשה על אכילתו פירוש מדנאמרו בלאו אחד מצטרפין לא איצטריך אלא לר"ש דאמר ב' שמות אין מצטרפין ובקודש מודה משום קרא דרבי אליעזר אבל לרבנן אפילו בעלמא מצטרפין והא דתנן בפ' קדשי מזבח (מעילה כח.) הערלה וכלאי הכרם מצטרפין אתיא שפיר כרבנן אליבא דאביי ומיהו לפי זה מצטרפין דרישא לא הוי פירושא כמו אין מצטרפין (ה)דרבי שמעון דלירוף דרבי שמעון הייט לאיסור דאי למלקות הא אית ליה כל שהוא למכות ור"ת מפרש דאסורי' ומצטרפין הכל מיירי להצטרף לאסור את הקדירה ולא למלקות א"נ אסורין בנתינת טעם אם נפלו בקדירה ומצטרפין לאסור בתערובת יבש בלא נתינת טעם והשתא הוי מצטרפין (ו) כמו אין מצטרפין דסיפא דרבי שמעון: [ע' תוס' ע"ז סח: ד"ה ר"ש. ותוס' מעילה יח: ד"ס תני]:

[פי' תוס' ע"ז סו. ד"ה תבלין וכו' וכם מין א']

הגהות הב"ח

(א) תוס' ד"ה תבלין וכו' ותרומת מעשר ותרומת מעשר של דמאי והחלה: (ב) ד"ה אסורין וכו' דחלב ודם ופיגול: (ג) בא"ד דתנן הפיגול והנותר אין מצטרפין כצ"ל ותיבת והטמא נמחק: (ד) בא"ד והא דאיצטריך ר' אליעזר לאתויי קרא: (ה) בא"ד ומיהו לפי זה וכו' כמו אין מצטרפין דסיפא דר"ש: (ו) בא"ד והשתא הוי מצטרפין דרישא כמו אין מצטרפין:

פי' עשב שרותין כו להוליא הזוהמא [וגי' ס"א קמוניא ועי' סנהדרין מט: ונדה סב.]

מסורת הש"ס

ישעיה א
בראשית טו
בראשית כז
בראשית מו
ישעיה סג
שמות ד
ישעיה סג
הושע יא
ביצה לט.
לעיל עט.
לעיל פ:
ע"ז סו. ערלה פ"ב מ"י

[נ"ל עי]
[לעיל פ:]
לבע כמו תכלת
עשב שקורים בו אדום

גליון הש"ס

רש"י ד"ה שפרו ורבו לא ידענא. עי' ברכות כט ע"ב ברש"י ד"ה מאן שמעת ליה: תוס' ד"ה תבלין וכו' כדאמרי' שלא השם המביאו לידי מכות. מכות דף ד ע"א:

§ מסכת שבת דף פו: §

אות א'

<u>אבל פירשה מן האיש טמאה כל זמן שהיא לחה</u>

רמב"ם פ"ה מהל' שאר אבות הטומאה הי"ג - וכמה היא עונה, יום או לילה, [א]ואין העונה שנבעלה בה מן המנין; כיצד נבעלה בליל השבת, שלש עונות שלה: יום השבת, וליל אחד בשבת, ואחד בשבת, אם פלטה בתוך זמן זה טמאה; פלטה מליל שני והלאה טהורה. והאיש שפירשה ממנו שכבת זרע, אפילו לאחר כמה עונות, הרי זו טמאה כל זמן שהיא לחה; [ב]והפורש ממנו טמא.

אות ב' - ג'

<u>שכבת זרע של ישראל במעי נכרית מהו</u>

<u>במעי בהמה מהו</u>

רמב"ם פ"ה מהל' שאר אבות הטומאה הט"ז - נכרית שפלטה שכבת זרע של ישראל בתוך השלש עונות, וכן הבהמה שפלטה שכבת זרע של ישראל בתוך זמן זה, הרי אותה הנפלטת טמאה; פלטתו לאחר זמן זה, הרי היא ספק נסרחה או עדיין לא נסרחה.

---

§ מסכת שבת דף פח: §

אות א'

<u>עלובין ואינן עולבין, שומעין חרפתן ואינן משיבין, עושין מאהבה ושמחין ביסורין, עליהן הכתוב אומר ואהביו כצאת השמש בגברתו</u>

רמב"ם פ"ה מהל' דעות הי"ג - משאו ומתנו של תלמיד חכם באמת ובאמונה, אומר על לאו לאו ועל הן הן, מדקדק על עצמו בחשבון, ונותן ומוותר לאחרים כשיקח מהן ולא ידקדק עליהן, ונותן דמי המקח לאלתר; ואינו נעשה לא ערב ולא קבלן ולא יבא בהרשאה, (אינו) מחייב עצמו בדברי מקח וממכר במקום שלא חייבה אותו תורה, כדי שיעמוד בדבורו ולא ישנהו; ואם נתחייבו לו אחרים בדין, מאריך ומוחל להן ומלוה וחונן, ולא ירד לתוך אומנות חבירו, ולא יצר לאדם לעולם בחייו; כללו של דבר: יהיה מן הנרדפים ולא מן הרודפים, מן הנעלבים ולא מן העולבים, ואדם שעושה כל המעשים האלו וכיוצא בהן, עליו הכתוב אומר: ויאמר לי עבדי אתה ישראל אשר בך אתפאר.

---

§ מסכת שבת דף פט: §

אות א'

<u>המוציא עצים, כדי לבשל ביצה קלה</u>

רמב"ם פי"ח מהל' שבת ה"ד - המוציא עצים, כדי לבשל כגרוגרת מביצת התרנגולים טרופה בשמן ונתונה באלפס. המוציא קנה, כדי לעשות קולמוס המגיע לראשי אצבעותיו; ואם היה עבה או מרוסס, שיעורו כעצים.

אות ב'

<u>תבלין, כדי לתבל ביצה קלה, ומצטרפין זה עם זה</u>

רמב"ם פי"ח מהל' שבת ה"ה - המוציא תבלין, כדי לתבל ביצה, ומצטרפין זה עם זה.

אות ג'

<u>קליפי אגוזין, קליפי רמונים, איסטיס ופואה וכו'</u>

רמב"ם פי"ח מהל' שבת ה"ח - המוציא קליפי אגוזין וקליפי רמונים אסטיס ופואה ושאר הצבעין, כדי לצבוע בהן בגד קטן, [ג]כסבכה שמניחין הבנות על ראשיהן; וכן המוציא מי רגלים בן ארבעים יום או נתר אלכסנדריא או בורית קימוניא ואשלג, ושאר כל המנקין, כדי לכבס בהן בגד קטן כסבכה.

באר הגולה

א ‹דחכמים אומרים... עונות שלמות בעינן, ודלא כר"ע, דהגם דמונה ג"כ לעונות, אבל ס"ל דאם חסר מקצת עונה, דיכול להשלים אותה› ב ‹מיירי בזכר שנרבע ופלט ש"ז, ובהא שייך לומר שהפולט טמא אפילו פלט אחר כמה עונות - כסף משנה› ב ‹משנה שם דף פ"ט ופי' רבינו שם: סבכה, כובע הראש שעושין כמין ציץ על המצח או על הראש, ע"כ. ורש"י ז"ל פירש פי סבכה, בראש הסבכה שעשאה בקליעה נותן מעט בגד, ע"כ. נראה דאינו מפרש כפי' רבינו, וכן נראה דהוא גריס פי שבכה, ורבינו גריס סבכה. שוב מצאתי נוסח אחר גם בדברי רבינו כאן, פי סבכה - מעשה רקח›

§ מסכת שבת דף צ. §

אות א'

מי רגלים

רמב"ם פי"ח מהל' שבת ה"ח - וכן המוציא מי רגלים [א]בן ארבעים יום, או נתר אלכסנדריא או בורית קימוניא ואשלג ושאר כל המנקין, כדי לכבס בהן בגד קטן כסבכה.

אות ב' – ג'

פלפלת כל שהוא ועטרן כל שהוא; מיני בשמים ומיני מתכות כל שהן; מאבני המזבח ומעפר המזבח, מקק ספרים ומקק מטפחותיהם כל שהוא, שמצניעין אותן לגונזן

המוציא ריח רע, כל שהוא

רמב"ם פי"ח מהל' שבת ה"ה - פלפל כל שהוא, עיטרן כל שהוא, ריח טוב כל שהוא, ריח רע כל שהוא, מיני בשמים כל שהן, ארגמן טוב כל שהוא; בתולת הורד אחת; מיני מתכות הקשים כגון נחשת וברזל, כל שהן; מעפר המזבח ומאבני המזבח וממקק ספרים וממקק מטפחותיהן, כל שהן, מפני שמצניעין אותם לגניזה.

אות ד'

האומר הרי עלי ברזל... לא יפחות מאמה על אמה

רמב"ם פ"ב מהל' ערכין ה"ט - הרי עלי ברזל, לא יפחות מאמה על אמה לכלה עורב שהיה למעלה בגג ההיכל, כמו שיתבאר במקומו.

אות ה'

המוציא קופת הרוכלין, אע"פ שיש בה מינין הרבה, אינו חייב אלא חטאת אחת

רמב"ם פי"ח מהל' שבת הכ"ח - המוציא קופת הרוכלים, אף על פי שיש בה מינין הרבה, [ב]ואפילו הוציאן בתוך כפו, אינו חייב אלא אחת, שם הוצאה אחד הוא.

אות ו'

זרעוני גינה, פחות מכגרוגרת

רמב"ם פי"ח מהל' שבת ה"ו - המוציא זרעוני גינה שאינן נאכלין לאדם, שיעורן פחות מכגרוגרת; [ג]מזרע קשואין שנים, ומזרע הדלועין שנים, מזרע פול המצרי שנים.

באר הגולה

[א] ‹ובגמרא (דף צ') תנא מי רגלים בן ארבעים יום – מגיד משנה. ועיין תוס'. **וז"ל** הערוך לנר נדה דף ס"ג: לענין כתם הביא הרמב"ם שלשה ימים, ובהל' שבת כתב, וכן המוציא מי רגלים בן מ' יום, {והבינו כמו בני מ' יום, ע"ש בתוס', דהולך על המי רגלים, לא על הילד}, וצ"ל כתירץ בתרא של התוס' כאן (מס' נדה דף ס"ג. ד"ה תנא), דלענין שבת דאיירי לענין כיבוס, צריך שיהיו בן מ' יום, אבל להעביר הכתם סגי מג' ימים ואילך›

[ב] ‹עיין בתוספות ד"ה המוציא וכו', {ובתירוץ הר"י שם}, וסובר רבנו דלפי מה דקיי"ל אגד כלי שמיה אגד, ואגד יד לאו שמיה אגד, אין כאן רבותא היכא שהוציא קופת הרוכלין בכלי, שהרי אין חיוב ההוצאה עד שהוציא כל הכלי, דאז נגמר הוצאת כל המינים בבת אחת, **אלא** אפילו הוציא בכפו, דסד"א שתכף כשהושיט מקצת ידו נגמר הוצאת מין אחד, וכל מה שמושיט והולך יהיו המינים מחלקין כמו תמחויין, קמ"ל דאפ"ה פטור, דשם הוצאה אחת היא, **ועל** כרחך רבא דס"ל אגד כלי וכו', מפרש מתניתין בהוציאן בכפו – מרכבת המשנה›

[ג] ‹ורבינו ז"ל אינו פוסק כרבי יהודה, וסובר דהך סיפא דזרע קישואין וכו' דברי ת"ק היא, והלכה כמותו – מגיד משנה›

במיני מתיקה שנו הואיל וראויין למתק קדירה טעמא דחזו למתק את הקדירה הא לאו הכי לא הכי נמי חזו למתק: קליפי אגוזין וקליפי רמונים סטים ופואה כדי לצבוע בגד קטן: ורמינהי *המוציא סמנים שרויין כדי לצבוע בהן דוגמא לאירא (הא איתמר עלה) אמר רב נחמן אמר רבה בר אבוה לפי שאין אדם טורח לשרות סממנים לצבוע בהן דוגמא לאירא: *מי רגלים: תנא מי רגלים עד בן(א) מ' יום: נתר: *תנא נתר אלכסנדרית ולא נתר אנפנטרין: בורית: אמר רב יהודה זה חול והתניא הבורית והחול אלא מאי בורית כבריתא מיתיבי הוסיפו עליהן החלביצין והלעינון והבורית והאהל ואי ס"ד כבריתא כבריתא מי איתא בשביעית (*והתנן) *זה הכלל כל שיש לו עיקר יש לו שביעית ושאין לו עיקר אין לו שביעית אלא מאי בורית אהלא והתניא והבורית ואהלא (אלא) תרי גווני אהלא: קימוליא: אמר רב יהודה שלוף דוץ: אשלג *אמר שמואל שאילתינהו לכל נחותי ימא ואמרו לי שונאנה *שמיה ומשתכח בנוקבא דמרגניתא ומפקי ליה ברמצא דפרזלא: **מתני'** ^ב^פלפלת כל שהוא ועטרן כל שהוא מיני בשמים ומיני מתכות כל שהן מאבני המזבח ומעפר המזבח מקק ספרים ומקק מטפחותיהם כל שהוא שמצניעין אותן לגונזן *רבי יהודה אומר אף המוציא משמשי ע"ז כל שהוא שנאמר °ולא ידבק בידך מאומה מן החרם: **גמ'** פלפלת כל שהוא למאי חזיא לריח הפה: עיטרן כל שהוא: למאי חזיא לצילחתא: מיני בשמים כל שהן: ת"ר ^ג^המוציא ריח רע כל שהוא שמן טוב כל שהוא ארגמן כל שהוא *ובתולת הוורד אחת: מיני מתכות כל שהן: למאי חזו תניא רבי שמעון בן אלעזר אומר שכן ראוי לעשות ממנה דרבן קטן *ת"ר האומר הרי עלי ברזל אחרים אומרים ^ד^לא יפחות מאמה על אמה למאי חזיא אמר רב יוסף לכלייא עורב ואיכא דאמרי אחרים אומרים לא יפחות מכלייא עורב וכמה אמר רב יוסף אמה על אמה *נחשת לא יפחות ממעה כסף *תניא רבי אליעזר אומר לא יפחות מצינורא קטנה של נחשת למאי חזיא אמר אביי *שמחטטין בה את הפתילות ומקנחין הנרות: מקק ספרים ומקק מטפחת: א"ר יהודה מקק דסיפרי תכך דשיראי ואילא דעינבי ופה דתאני והה דרימוני כולהו סכנתא ההוא תלמידא דהוה יתיב קמיה דר' יוחנן הוה קאכיל תאיני אמר ליה רבי קוצין יש בתאנים א"ל קטליה פה לדין: **מתני'** ^ה^המוציא קופת הרוכלין אף על פי שיש בה מינין הרבה אינו חייב אלא חטאת אחת *^ו^זרעוני גינה פחות מכגרוגרת ר' יהודה בן בתירה אומר חמשה

זרע

דברים יג

תורה אור

רש"י

במיני מתיקה. עסקינן שטלן מיני מתיקה קדירה אבל מין אחר אין מלטרף ומתניתין לא מפליג: **דוגמא לאירא.** מעט למר שהוא כמין דוגמא שמראה הלבע לבע"ה כזה תחפוץ או כזה והוא כדי ליתן באירא של קנה של גרדי ושיעורה מועט: **לשרות.** ומתני' בשאינן שרויין והבא לשרות אינו טורח פחות מכדי בגד קטן: **אנפטרין.** מקום: **הוסיפו עליהם.** לענין שביעית: **החלביצין.** לטרו"ן: **והלעונין.** לענה: **כבריס'.** גפרית: **שיש לו עיקר.** שנשרש בארץ ולפי דעתי תורניסא דגרסינן במס' ע"ז* דבר שאין לו שורש (ב) הוא כמו זה ולא כמו שמפרשין אותו פיוכ"א: **שלוף דוץ.** לא איתפרש אבל כך שמו: **ברמצא דפרזלא.** פוריידורא של ברזל: **מתני' פלפלת כל שהוא.** ואינו פלפל שלנו ובגמרא מפרש כל שהוא למאי חזי: **מיני בשמים כל שהן.** לריח טוב: **מיני מתכות כל שהוא.** ראוי לדרבן קטן: שמלניעין אותו לרפואה ל"ג: **מקק ספרים.** אכילת תולעת אוכלת הספרים ומרקבן ושמו מקק: **שמלניעין אותן לגונזן.** שכל דבר קדש טעון גניזה: **מאומה.** אלמא אחשביה קרא לאיסורא והא דתנן (לעיל דף עה:) כל שאינו כשר להלניע כו' ואוקימנא למעוטי עלי אשירה דלא כר' יהודה: **גמ' לצלחא.** כאב חצי הראש: **ריח רע.** שמעשנין בהן חולין ותינוקות כגון חלטית להבריח מעליו מזיקין: **ארגמן.** לבע שלובעין בו ארגמן וטעמא לא איתפרש ול"נ שגם הוא ראוי להריח: **בתולת הוורד.** עלה של וורד בחור אחת: **מיני מתכות כל שהוא.** מתני' היא: **הרי עלי ברזל.** לבדק הבית: **לכליא עורב.** טבלאות של אמה (ג) היו עושין והן חדין כסכין סביבותיהם ומסמרין חדין בכולן ומחפין בהן גגו של היכל למנוע את העורבים מליֵשב: **ממעה כסף.** נחשת שוה מעה כסף: **לנורא.** מזלג קטן (ד)[כעין] שטוין בו זהב ולבדק הבית למאי חזי: **שמוחטין בו פתילות** ומקנבין* ראשיהן לעדויי חושכן מוקיי"ר בלע"ז: **מקק דסיפרי תכך דשיראי.** כל אלו תולעין הן שבכל מין ומין וחלוקין בשמותיהם תכך איילא פה הה: **כולהו סכנתא.** לאוכלן: **קוצים יש בתאנים.** היה תולעת יושב ונוקב בגרונו ודומה שהוא קוץ: **קטליה פה לדין.** הרגו פה לדין: **מתני' רוכלין.** מוכרי בשמים לקישוטי נשים ויש להן קופות קטנות ללרורות בשמים: **אינו חייב אלא חטאת אחת.** דכולה חדא הולאה היא: **פחות מכגרוגרת.** דאע"ג דכל האוכלין שיעורן כגרוגרת הני כיון דלזריעה קיימי בפחות מכגרוגרת נמי מיחייב:

זרע

תוספות

הואיל וראויין למתק הקדירה. הוא"ל וממתיקין הוה ליה למימר כדפי' בסוף כלל גדול (דף עו: וסם) וא"ת היכי מיירי אי בנותן טעם אפילו שאר מינין נמי ואי אין בהם נותן טעם אפי' מיני מתיקה נמי לא וי"ל דאפילו ביש בהן נותן טעם שרי בשאר מינין דנותן טעם לפגם הוא. ר"י:

מי רגלים בן מ' יום. אין גירסא זו נכונה דמשמע של קטן בן מ' יום ובנדה פרק האשה (דף סג.) גבי ז' סממנין מעבירין קתני כל הני דהכא ומי רגלים וקא בעי התם בגמרא* דילד או מזקן ואית דגרסי של מ' יום ואין נראה דהתם נמי תניא ומי רגלים שהחמיצו וכמה חימוצן שלשה ימים ונראה כספרים דגרסי עד מ' יום דמג' ימים עד מ' מעבירין אותם על הכתם אבל תוך ג' ולאחר מ' אין מעבירין: **בורית** זה החול. ואע"ג דבפ' המוליא(לעיל פ:)יהיב בחול שיעורא אחרינא כדי ליתן על פי כף של סיד אומר רבינו מאיר דהתם מיירי בחול שנותנין בסיד אבל הכא איירי בחול שמלבנין בו את הבגדים ולספרים דגרסי הכא בורית זה אהלא אתי שפיר: **תרי** גווני אהלא. ולעיל דלא שני תרי גווני חול (או לגירסא אחרת תרי גוונא אהלא) משום דקים ליה דליכא בהו תרי גוונין ויש ספרים דגרסי לעיל מאי בורית אהלא ולפי זה אתי שפיר דה"ק לעולם כדאמר מעיקרא דבורית זה אהלא ותרי גווני אהלא:

לא יפחות ממעה כסף. תימה לר"י דלא יפחות מפרוטה הוה ליה למימר כי היכי דתניא בפרק בתרא דמנחות (דף קז:) הרי עלי זהב לא יפחות מדינר זהב כסף לא יפחות מדינר כסף:

מכליא עורב. בערוך בערך כל פי' דבמקדש ראשון מפני רוב קדושה שהיתה בו לא הוה צריך כליא עורב וליתא דבפ"ק דמועד קטן (דף ט.) מוכח בהדיא שהיה במקדש ראשון כליא *עורב:

המוציא קופת הרוכלין אע"פ שיש בה מינין הרבה אינו חייב אלא אחת. תימה דמאי קמ"ל פשיטא דאפילו בהוליא וחזר והוליא אינו חייב אלא אחת כמו בקלר וחזר וקלר כ"ש בבת אחת ואפילו רב יוסף דמחייב אליבא דר' אליעזר בקלר וחזר וקלר בפרק אמרו לו (יומא דף טו.) בהולאה אחת פשיטא דפטור ותירץ ר"ת דמיירי כגון שנודע לו על מין זה ונתכפר וחזר ונודע לו על מין אחר אפ"ה פטור דהוי הכל כמו דבר אחד ואע"ג דבפרק המלניע (לקמן נג:) תניא ואם היה כלי לריך לו חייב אף על הכלי ומוקי לה רב אשי ששגג בזה ובזה ונודע לו וחזר ונודע לו ובפלוגתא דרבי יוחנן ור"ל דוקא בכלי ואוכלים שבתוכו מחלקין ידיעות אבל באוכלין שבתוך הכלי אפילו כפרות אין מחלקות ור"י מלא בירושלמי אינו הוליא והוליא כלום הוא חייב אלא אחת לא נצרכה אלא לר"א שלא תאמר מינים הרבה יעשו כהעלמות הרבה ויהא חייב על כל אחת ואחת קמ"ל פי' דס"ד דמינים מחלקין כדא"ר יהושע תמחויין מחלקין* ומיהו ה"ל להזכיר ר' יהושע:

אס

עין משפט נר מצוה

לה א מיי' פי"ח מהל' שבת הלכה ח:
לו ב ג שם הלכה ה:
לז ד מיי' פ"ב מהלכות ערכין הלכה ט:
לח ה מיי' פי"ח מהל' שבת הלכה כח:
לט ו שם הלכה ז·

[דף סג.] · לעיל עט. · ע"ז יד. נדה סב. · רש"ל מ"ז ועי' מהרש"א

רב נסים גאון

האומר הרי עלי ברזל לא יפחות מאמה על אמה למאי חזי אמר רב יוסף לכלה עורב · תמצאנו במסכת מדות בפרק ד' ההיכל מאה על מאה על רום מאה האוטם ו' אמות ונובהו ארבעים אמה אמה כיור ואמתים [בית] דילפה אמה תיקרה ואמה מעזיבה וג' אמות מעקה ואמה כלה עורב ר' יהודה אומר לא היה כלה עורב עולה מן המדה אלא ד' אמות (עולה) היה מעקה וכבר זה במנחות (דף קז) בפרק הרי עלי עשרון:

[ובערכין ו. ד"ה כגון כו' כתבו ישוב נכון ע"ש וכ"כ במנחות קז. ד"ה כלי']

מנחות קז. ע"ש

הגהות הב"ח

(א) גמ' מי רגלים עד מ' יום כצ"ל ותיבת בן נמחק: (ב) רש"י ד"ה שיש לו עיקר וכו' שאין לו עיקר הוא כמו: (ג) ד"ה לכליא עורב של אמה על אמה הי': (ד) ד"ה לנורא מזלג קטן הס"ד ואח"כ מ"ה שמוחטין בו פתילות ומקנחין ראשיהן כצ"ל ותיבות שטוין בו זהב לבדק הבית למאי חזי נמחק:

מסורת הש"ס

ע"ז יד. ותרי גוונא מורניתי' נינהו · נדה סב. ע"ש · [צ"ל והתניא] · נדה סב. · [ג"י הערוך ערך שלג שלגא ובנדה סב. איתא אשלגא] · [פי' תוס' לקמן נד. ד"ה את המת] · [פי' סוגן פתוס ורבינו האי גאון היה שונה פתילת הוורד שעושין מגמל גפן לבוע כמין וורד וקורין אותו וורד ערוך ע' ערך בתול] · [מנחות קז:] · [שם קו. ושם איתא ר"א בן יעקב] · [ג"י הערוך שמחטטין ועי' ביצה לב:] · לעיל עט.

ומיהו היה לו להזכיר ר' יהושע אלא ר"ל ר"א דמחייב אתולדה במקום אב רש"ל

זרע קישואין שנים זרע דילועין שנים זרע פול המצרי שנים (א)חגב חי טהור כל שהוא מת כגרוגרת צפורת כרמים בין חיה בין מתה כל שהוא שמצניעין אותה לרפואה ר' יהודה אומר אף המוציא חגב חי טמא כל שהוא שמצניעין אותו לקטן לשחוק בו: **גמ'** ורמינהי *זבל ותיל הדק כדי לזבל קלח של כרוב דברי ר"ע וחכמים אומרים כדי לזבל כרישא *אמר רב פפא הא דזריע הא דלא זריע לפי שאין אדם טורח להוציא נימא אחת לזריעה: זרע קישואין: ת"ר *המוציא גרעינין אם לנטיעה שתים אם לאכילה כמלא פי חזיר וכמה מלא פי חזיר אחת אם להסיק כדי לבשל ביצה קלה אם לחשבון שתים אחרים אומרים חמש ת"ר המוציא שני נימין מזנב הסוס ומזנב הפרה חייב שמצניעין אותן לנישבין מקשה של חזיר אחת צורי דקל שתים תורי דקל אחת: ציפורת כרמים בין חיה בין מתה כל שהוא: מאי ציפורת כרמים אמר רב פליא ביארי אמר אביי ומשתכח בדיקלא דחד נבארא ועבדי לה לחוכמא אכיל ליה לפלגא דימיני' ופלגא דשמאליה רמי לה בגובתא דנחשא וחתים לה בשיתין גושפנקי ותלי לה באיברא דשמאלא וסימניך °לב חכם לימינו ולב כסיל לשמאלו וחכים כמה דבעי וגמר כמה דבעי ואכיל ליה לאידך פלגא דאי לא מיעקר תלמודו: ר' יהודה אומר אף המוציא כו': ותנא קמא סבר לא מאי טעמא דילמא אכיל ליה °אי הכי טהור נמי דהא רב כהנא הוה קאים קמיה דרב והוה קמעבר שושיבא אפומיה אמר ליה שקליה דלא לימרו מיכל קאכיל ליה וקעבר משום °בל תשקצו את נפשותיכם אלא דילמא מיית ואכיל ליה ורבי יהודה אי מיית קטן מיספד ספיד ליה:

הדרן עלך אמר רבי עקיבא

המצניע [1]לזרע ולדוגמא ולרפואה והוציאו בשבת חייב בכל שהוא וכל אדם אין חייב עליו אלא כשיעורו חזר והכניסו אינו חייב אלא כשיעורו: **גמ'** למה ליה למיתני המצניע ליתני המוציא לזרע ולדוגמא ולרפואה חייב בכל שהוא אמר אביי הכא במאי עסקינן [2]כגון שהצניעו ושכח למה הצניעו והשתא קא מפיק ליה סתמא מהו

רש"י

זרע קישואין. חשוב הוא וחייב בשני גרגרין: **המוציא חגב חי** (ג) **כל שהוא.** שמצניעין אותו לקטן לשחק בו כדמפרש רבי יהודה בסיפא דמתני': **מת.** הרי הוא כשאר אוכלין וחייב בכגרוגרת: **ציפורת כרמים.** לקמיה מפרש מאי היא ומאי רפואתו: **שמצניעים אותו לקטן כו'.** ות"ק מהאי טעמא נמי מחייב ליה בחגב טהור ומיהו אטמא פליג דלא מצנעי ליה לשחק דילמא אכיל ליה כדלקמן: **גמ' כדי לזבל.** אלמא זרע הבא מגרעין אחד חשיב: **הא דזריע.** מאחר שהן זרועין חשיב כל אחד ואחד ואדם טורח לזבל אחד מהם אבל דלא זריע אין אדם טורח לזרוע גרגיר אחד: **המוציא גרעינין.** גרעיני תמרה: **ביצה קלה.** כגרוגרת מבילה שהיא קלה לבשל וחו של תרנגולת: **לחשבון.** כמו שנותנים לסימן עדות (ג) לכל דיבר פשוט: **אחרים אומרים ה'.** דעד ד' כללות חשיב איניש ולא מיכשי ואין צריך לתת סימן אבל חמש מיכשי ומותיב סימנא לכולהו: **נישבין.** לצוד עופות ובלע"ז ליצ"ש: **מקשה של חזיר.** נימין קשין שבשדרה של חזיר: **אחת.** דחזיא לאושכפי לתת בראש המשיחה של תפירה: **צורי דקלים.** נצרים קלופים לעשות סלים: **שתים.** לשתי בתי נירין: **תורי דקל.** דקין מצורי והן מן הסיב הגדל סביבותיו °ולא ידעתי למאי *חזי: **פיילי ביירי.** כך שמו: **ומשתכח בדיקלא דחד נבארא.** בדקל בחור שלא נכרך עדיין אלא בסיב א' שגדל סביבותיו וכורתו: **לחוכמא.** לפתוח הלב: **גובתא.** קנה: **שיתין.** לאו דוקא אלא מכסהו כסויין הרבה כגון זפת ושעוה על גבה ואדמה: **גושפנקי.** חותמות: **ותלי ליה באיברא דשמאלי.** בזרוע השמאלי: **וסימן לב כסיל.** כגון זה שצריך לפקח לב לשמאלו: **ואכיל לאידך פלגא.** בתר דאחכים: **ואי לא.** אכיל ליה אלא שדי ליה: **מיעקר תלמודו.** וחכמתו שלמד על ידו נעקר ממנו: **ות"ק סבר.** חגב טמא לא מצנעי' ליה לקטן לשחק: **דילמא אכיל.** ואפי' למאן דאמר קטן אוכל נבלות אין ב"ד מצווין עליו להפרישו מודה הוא דלא יהבינן ליה בידים דתניא (יבמות דף קד.) לא תאכלום לא תאכילום להזהיר גדולים על הקטנים: **אי הכי טהור.** חי נמי דילמא אכיל ליה ואי משום דאין בו איסור אבר מן החי דחגב אין טעון שחיטה אית ביה מיהא *משום בל תשקצו במסכת מכות (דף טז:) כדרב כהנא כו': **שושיבא.** מין חגב טהור: **אלא.** לאו משום דחיים דילמא אכיל לי' חי אלא דילמא מיית ואכיל לי' וקאכיל טמא אבל טהור ש"ד: **מיספד ספיד ליה.** תינוק ולאו אורחיה למיכליה:

הדרן עלך א"ר עקיבא

המצניע בכל שהוא. דהא אחשביה: **אלא כשיעורו.** בכל אחד שיעור המפורש לו בזרעונין חמשה זרע קישואין או דילועין או פול המצרי שנים ובשאר דברים כגון יין או אוכלין או גמי כשיעור המפורש בכלל גדול ובהמוציא: **חזר והכניסו.** זה שהצניע פחות מכשיעור והוציאו אם חזר ונמלך שלא לזורעו והכניסו: (ד) **אינו חייב.** בהכנסה זו אלא אם כן יש בו שיעור שלם דכיון דנמלך עליו שלא לזורעו ביטל מחשבתו והרי הוא ככל אדם: **גמ' ליתני המוציא זרע בכל שהוא חייב.** ואף על גב דלא אצנעיה מעיקרא להכי דהא דבעינן שיעורא הייט טעמא כדאמרן שאין אדם טורח להוציא נימא אחת לזריעה הלכך מוציא סתם פטור עד שיהא בו שיעור אבל זה שהוציא נימא אחת לזריעה בהדיא גלי דעתיה דטרח ואחשביה: **אמר אביי.** ודאי מוציא לזריעה חייב ואף על גב דלא אצנעיה מעיקרא ומתניתין דבעי מצניע במוציא סתם קאמר כגון לטלטלו מבית לבית דלאו חייב אלא משום דאחשביה בהצנעתו ואם תאמר כבר שנו בכלל גדול (עה:) (ה) כל שאינו כשר להצניע אינו חייב אלא מצניע הא מצניע חייב הכא במאי עסקינן דאיצטריך למתנייה כגון שהצניעו האי מצניע לזרע או לדוגמא ושכח למה מצניעו והשתא מפיק ליה סתמא לטלטלו מבית לבית:

תוספות

אם לנטיעה שתים. פי' אותם שהם ראויים לנטיעה אי נמי כלומר במקום שרגילין לנוטען והוי סתמא לנטוע דאי במוציא ממש לנטיעה הא אמר בריש פ' המצניע (לקמן צא.) מחייב היה ר' מאיר במוציא חטה א' לזריעה: **שמצניעין** אותו לחזיר. פירוש שראוי ליתן לעובד כוכבים או למכור לו אבל ישראל אסור לגדל חזיר:

דלא לימרו מיכל קא אכיל ליה ועבר משום בל תשקצו. אומר רשב"א דמשמע מכאן דחגב טהור אין טעון שחיטה מדלא קאמר דלא לימרו דקאכיל ליה בלא שחיטה ועוד דת"ק קאמר בסמוך בחגב חי טמא דילמא מיית ואכיל ליה ובטהור לא חייש והיינו משום דמותר בלא שחיטה ובתוספתא דמסכת תרומות* [פ"ט] תניא אוכל אדם חגבים בין חיין בין שחוטין ואע"ג דאסור לאכול חי משום בל תשקצו מ"מ מותר לחתוך ממנו אבר ולאוכלו על ידי רחילה ואין בו משום אבר מן החי ורש"י הביאו באלו טרפות (חולין דף סו.) מה"ג דמפיק חגבים אין טעונין שחיטה מדכתיב ואת כל נפש החיה הרומשת במים אלו דגים ואת כל נפש השורצת אלו חגבים מדכתיב חגבים אחר דגים משמע דאין טעונין שחיטה כדגים ואפילו עוף הוה פטרינן ליה בולא כלום אי לאו דהוקש לבהמה כדאמר בהשוחט (שם כז:) א):

ועובר משום בל תשקצו. משמע דשושיבא שרי ואומר ר"ת דבפ"ב דמס' ע"ז (דף לז.) גבי איל קמצא דמפרש רב פפא דהיינו שושיבא ורב חייא בר אשי אמר משמיה דעולא סוסבל וקאמר התם דבראשו ארוך היינו שושיבא כ"ע לא פליגי דאסור ל"ג דאסור אלא גרס כ"ע לא פליגי דשרי דהכא משמע דשושיבא שרי ולית ביה אלא משום בל תשקצו וסתם מתניתין דפרק אלו טריפות (חולין דף סה:) שרי ראשו ארוך לכך נראה לר"ת דגרס כ"ע לא פליגי דשרי ב):

הדרן עלך א"ר עקיבא

המצניע וכל אדם אין חייבין עליו אלא כשיעורו. תימה לר"י דאמאי איצטריך למיתני ליה הא תנא ליה חדא זימנא בפרק כלל גדול (לעיל דף עה:) (ו)ושאינו כשר להצניע אינו חייב אלא המצניע*: מתקיף

רבינו חננאל

וכי תנן זרע קישואין שנים וזרע דלועין שנים זרע פול המצרי שנים רמינן עלה למה לי שנים במעה אחת ליחייב דהא לענין זבל ותיל הדק כדי לזבל כרישה אחת אמר רב פפא כד זריע מזבל אפילו בחטה אחת לפיכך חייב על זבל שיש בו שיעור לזבל אחת אבל לזרוע בתחלה אין אדם טורח להוציא נימה אחת לזריעה: *) אירא ונקרא עירא בלשון ארמי (אירא) [אורדא] והוא כמין מוך התיכה קטנה מן הצמר או מן הפשתן או מן צמר של נפנים שאורגין אותן בתוך מטפחות (סבג כמו)[של] מילת נקראת בל"ישמעאל כמל והרבה צובעין אותן. צורי דקל ותורי דקל. (כול שמענן) צורי דקל. תוצין שחולקין אותן לשנים וג' וארבעה וקולעין אותן או שמלפפין אותן ועושין אותן כמין חבל. תורי דקל קליפי חריות והיינו ריתא.**) (דהות הים רב תנא בו) ויש שפירשוהו נבארא שהוא ליף בלשון ישמעאל ולא דמי כי נבארא סיב נקרא. צפורת כרמים מטיני חגבים רבנן סברי חגב חי [טהור] כל שהוא מפני שמצניעין אותו לקטן לשחק בו כדכתיב התשחק בו כצפור ותקשרנו לנערותיך אבל חגב מת כאוכלין דמי ושיעורו כגרוגרות ודווקא טהור ור' יהודה סבר אף טמא חי כל שהוא ואמרינן ת"ק מ"ט לא אמר חגב חי טמא כל שהוא אמר לך ת"ק לא רגילי אינשי להצניע חגב טמא לקטן לשחק בו דלמא אתי למכליה ואקשי' חגב חי טהור נמי לא ליהבו ליה לקטן דלמא אתי למכליה כשהוא חי ואית ביה משום בל תשקצו דהא רב קאמר ליה לרב כהנא לא תעבר שושיבא אפומך דלא לימרו קא אכיל ליה וקא עבר משום בל תשקצו ושושיבא הוא איל קמצא וכבר העידו על איל קמצא דהוא דכן אמרי לך רבנן לא רגיל פתם קטן למיכל דבר חי והאי דלא יהבי ליה לקטן חגב חי טמא לשחק בו לאו דלמא אכיל ליה כשהוא חי אלא דילמא מאית ואכיל ליה ור' יהודה סבר סתם קטן כשהוא משחק בחגב חי או מאית בין טהור הוא בין טמא הוא קשי ליה ומיספד ספיד ליה אבל מיכל לא אכיל ליה:

הדרן עלך אמר ר"ע

פ"י המצניע. כבר מפורש בפירקא קמא כל שאינו כשר להצניע ואין מצניעין כמוהו אם הוציאו בשבת אין חייב עליו אלא המצניעו והשתא אתא ופריש המצניע כלום בהול שאינו כשיעור הוצאה לזרע או לדוגמא או לרפואה והוציאו בשבת חייב עליו בכל שהוא ואלמלא שהצניעו לא היה חייב עליו ואחרים שלא הצניעוהו אין חייבים עליו אלא כשיעורו. למה לי למיתנא המצניע לזרע ליתני המוציא לזרע פי' הכי קאמר אמאי לא תנן המוציא לזרע או לדוגמא או לרפואה מה שהצניעו לכך חייב עליו כל שהוא. ומ"ש אורכה למחשבה באצנעת ולא אורכה בהוצאה יאהדרינן. אמר אביי הכא במאי עסקינן כגון שהצניעו ושכחו למה הצניעו וקא מפיק ליה בסתמא פי' אמרינן דלא אכפת לן מאי קא מכוין בשעת הוצאה בין קא מכוין להוציאו לאותו דבר שהצניעו לו ובין אפקיה בסתמא כיון דמעיקרא הצניעו לאחד מג' דברים הללו או כיוצא בהן אע"פ ששכח למה הצניעו והוציאו בסתם חייב:

*) דברי רבינו אלו עד תי' והרכה זוכעין אותו שייך (עיי"ש על הא דתניא שם המוציא שרוין כדי לצבוע בהן דוגמא לאירא. **) נראה דצ"ל דהוי תגר רב הונא ביה וכיון רבינו לדעת הס"ס דמגילה (כו ע"ב) ר"ס הוס אמר ריתא כו' ע"ש ועי' בערוך ערך תר התשיעי ותבין לתקן ולכוון את דברי רבינו ז"ל.

רב נסים גאון

זרע פול המצרי שנים פול המצרי הוא אל לוביה בלשון ישמעאל והן דמות פולים קטנים ביותר ובאמצעיתן שחור תמצא דבר זה מפורש בתלמוד (ירושלמי כלאים פ"א) כלאים פול המצרי כד דהוא רטיב אינון צווחין ליה לובי כד דהוא נגיב אינון צווחין ליה פול המצרי: דהא רב כהנא הוה קאי קמיה דרב והוה קא מעבר שושיבא אפומיה שושיבא הוא ממיני ארבה וביאור דבר זה במסכת ע"ז בפרק אין מעמידין (דף לז) מאי איל קמצא רב פפא אמר שושיבא:

סליק פרק אמר רבי עקיבא

מסורת הש"ס

[לעיל עט:] [לעיל עט.] [תוספתא פ"ט] [ובערוך ערך חר כתב דהוי לתפור פי' דלעת ע"ש] קהלת י ויקרא יא מסום כל תשקצו הוא וכל דבר מיאוס איש כו' משום כל תשקצו כמס' מכות וט' כצ"ל

עין משפט נר מצוה

מ א מיי' פי"ח מהלכות שבת הלכה יח:
מא ב שם הלכה ז:
מב ג שם הלכה יג:
א ד ה מיי' שם הלכה כ כא:

הגהות הב"ח

(א) גמ' פול המצרי שנים המוציא חגב: (ב) רש"י ד"ה המוציא חגב חי טהור כל שהוא: (ג) ד"ה לחשבון וכו' לסימן לכל כצ"ל ותיבת עדות נמחק:

א)[וע"ע תוס' ע"ז לז. ד"ה נעולם ותוס' חולין סו. ד"ה כמאי] ב) [כחולין סה: כתבו וכן מלא בספר ישן ובע"ז לז: ד"ה בראשו כתבו וגי' זו נמצאת בפי' ר"ח]

פרק י (ד) רש"י ד"ה חזר והכניסו וד"ה אינו חייב הד"א: (ה) ד"ה אמר אביי וכו' בכלל גדול וכל שאינו כשר להצניע ואין מצניעין כמוהו אינו חייב כצ"ל והד"א עם ד"ה מהו דתימא וד"ה נטלה וד"ה קמ"ל דכל: (ו) תוס' ד"ה המצניע וכו' בפ' כלל גדול וכל שאין כשר להצניע ואין מצניעין כמוהו אינו חייב:

גליון הש"ס גמ' אי הכי טהור נמי. עי' משנה למלך פרק י"ז הלכה כו מהל' מ"א: רש"י ד"ה תורי כו' ול"י כו'. עי' ברכות דף כח ע"ב ברש"י ד"ה מאן שמעת ליה:

§ מסכת שבת דף צ: §

אות א'

חגב חי טהור, כל שהוא. מת, כגרוגרת; צפורת כרמים בין חיה בין מתה, כל שהוא, שמצניעין אותה לרפואה

רמב"ם פי"ח מהל' שבת הי"ח - המוציא חגב חי כל שהוא, ומת כגרוגרת; צפורת כרמים בין חיה בין מתה, כל שהוא, מפני שמצניעין אותה לרפואה, וכן כל כיוצא בה.

אות ב'

המוציא גרעינין: אם לנטיעה שתים; אם לאכילה כמלא פי חזיר, וכמה מלא פי חזיר אחת; אם להסיק כדי לבשל ביצה קלה; אם לחשבון שתים

רמב"ם פי"ח מהל' שבת ה"ז - המוציא גרעינין, [א]אם לאכילה חמש, ואם להסקה הרי הן כעצים, ואם לחשבון שתים, ואם לזריעה שתים.

אות ג'

המוציא שני נימין מזנב הסוס ומזנב הפרה, חייב, שמצניעין אותן לנישבין; מקשה של חזיר, אחת; צורי דקל, שתים; תורי דקל, אחת

רמב"ם פי"ח מהל' שבת הי"ג - המוציא שתי נימין מזנב הסוס ומזנב הפרה, חייב; הוציא אחת מן הקשה שבחזיר, חייב; נצרי דקל והן חוטי העץ, שתים; [ב]חורי דקל והן קליפי החריות, אחת.

אות ד' – ה'

המצניע לזרע ולדוגמא ולרפואה והוציאו בשבת, חייב בכל שהוא; וכל אדם אין חייב עליו אלא כשיעורו. חזר והכניסו, אינו חייב אלא כשיעורו

כגון שהצניעו, ושכח למה הצניעו, והשתא קא מפיק ליה סתמא

רמב"ם פי"ח מהל' שבת ה"כ - במה דברים אמורים שאינו חייב אלא על הוצאת כשיעור, בשהוציא סתם; אבל המוציא לזרע או לרפואה או להראות ממנו דוגמא ולכל כיוצא בזה, חייב בכל שהוא.

רמב"ם פי"ח מהל' שבת הכ"א - המצניע דבר לזריעה או לרפואה או לדוגמא, ושכח למה הצניעו, והוציאו סתם, חייב עליו בכל שהוא, שעל דעת מחשבה ראשונה הוציא; ושאר האדם אין חייבין עליו אלא בשיעורו; זרק זה שהוציא כבר לתוך האוצר, אף על פי שמקומו ניכר, כבר בטלה מחשבתו הראשונה, לפיכך אם חזר והכניסו, אינו חייב עד שיכניס כשיעור.

באר הגולה

א ‹ואין גרסתו כגרסת קצת ספרים שגורסין, אם לאכילה כמלא פי חזיר, וכמה מלא פי חזיר אחת – מגיד משנה› ב ‹הרמב"ם גורס חורי דקל – קרבן העדה. **לשון** בית הבחירה: חורי דקל, והם קלפי החריות, אחת, ולא נתפרש לאיזה דבר הוא ראוי, **וי"מ** עץ כמין חוט ארוך דק מאותם שביארנו בצורי דקל, והוא מן הסיב הגדל סביבותיו, והוא ראוי להכות את הבהמה, ומתוך לחותו אינו משתבר›

§ מסכת שבת דף צא. §

אות א׳ – ב׳

<u>הוציא חצי גרוגרת לזריעה, ותפחה, ונמלך עליה לאכילה...</u>

<u>כיון דאילו אישתיק ולא חשיב עליה מיחייב</u>

<u>אמחשבה דזריעה</u>

<u>השתא נמי מיחייב</u>

רמב״ם פי״ח מהל׳ שבת הכ״ו - הוציא פחות מכגרוגרת לזריעה, וקודם הנחה חזר וחשב עליה לאכילה, פטור; ואם תפחה קודם הנחה ונעשת כגרוגרת [א]קודם שימלך עליה לאכילה, חייב, שאפילו לא חישב היה מתחייב על מחשבת ההוצאה.

אות ג׳

<u>הוציא כגרוגרת לאכילה וצמקה, ונמלך עליה לזריעה... בתר</u>

<u>השתא אזלינן, ומיחייב</u>

רמב״ם פי״ח מהל׳ שבת הכ״ו - המוציא כגרוגרת לאכילה, וצמקה קודם הנחה, וחשב עליה לזריעה או לרפואה שאינו צריך שיעור, הרי זה חייב כמחשבתו של עת הנחה.

אות ד׳

<u>הוציא כגרוגרת לאכילה, וצמקה וחזרה ותפחה, מהו, יש</u>

<u>דיחוי לענין שבת, או אין דיחוי לענין שבת, תיקו</u>

רמב״ם פי״ח מהל׳ שבת הכ״ו - הוציא כגרוגרת לאכילה, וצמקה וחזרה ותפחה קודם הנחה, הרי זה ספק אם נדחה או לא נדחה.

אות ה׳

<u>זרק כזית תרומה לבית טמא מהו</u>

רמב״ם פי״ח מהל׳ שבת הכ״ז - זרק כזית [ב]אוכלין לבית טמא, והשלים כזית זה לאוכלים שהיו שם ונעשה הכל כביצה, הרי זה ספק אם נתחייב על כזית מפני שהשלים השיעור לענין טומאה, או לא נתחייב.

באר הגולה

א ‹לפי שכך לשון הבעיא מורה, דקאמרה ותפחה ונמלך עליה, ומוכרח הוא – מגיד משנה› ‹**דסובר** רבנו דחישב לאכילה ואח"כ תפחה פטור, כיון דבשעה שחישב לאכילה (שאין מחשבה לחצי שיעור כמ"ש המל"מ הכ"א) הו"ל כאלו חישב לעשות דבר המותר ונעשה דבר האסור, דפטור, עיין פ"א ה"ח, ואע"ג שמתחלה חישב לזריעה ועשה עקירה במחשבת איסור, הרי עשה ההנחה במחשבת היתר, אלא שמאליו תפחה ונעשה כשיעור, הילכך פטור – מרכבת המשנה› ב ‹ואני תמה, למה כתב רבינו אוכלין סתם, ולא כתב אוכלי תרומה כלשון הבעיא, ומשמע דלא מספקא להו אלא תרומה, דאילו חולין כיון שאין טומאתן אוסרתן, אינה חשובה כלום, וכן ראיתי לבעלי התוס' (ד"ה כגון) והרמב"ן והרשב"א ז"ל שפירשו דדוקא תרומה – מגיד משנה›

מהו דתימא בטולי בטלה מחשבתו קמ"ל כל העושה על דעת ראשונה הוא עושה אמר רב יהודה אמר שמואל מחייב היה רבי מאיר אף במוציא חטה אחת לזריעה פשיטא כל שהוא תנן מהו דתימא כל שהוא לאפוקי מגרוגרת ולעולם °עד דאיכא כזית קמ"ל מתקיף לה רב יצחק בריה דרב יהודה אלא מעתה חישב להוציא כל ביתו הכי נמי דלא מיחייב עד דמפיק לכוליה התם בטלה דעתו אצל כל אדם: וכל אדם אין חייבין עליו אלא כשיעורו: מתניתין דלא כרבי שמעון בן אלעזר *דתניא כלל א"ר שמעון בן אלעזר כל שאינו כשר להצניע ואין מצניעין כמוהו והוכשר לזה והצניעו ובא אחר והוציא נתחייב זה במחשבתו של זה אמר רבא אמר רב נחמן הוציא כגרוגרת לאכילה ונמלך עליה לזריעה אי נמי לזריעה ונמלך עליה לאכילה חייב פשיטא זיל הכא איכא שיעורא וזיל הכא איכא שיעורא מהו דתימא בעינן עקירה והנחה בחדא מחשבה והא ליכא קמ"ל בעי רבא הוציא חצי גרוגרת לזריעה °ותפחה ונמלך עליה לאכילה מהו את"ל התם הוא דמיחייב דזיל הכא איכא שיעורא וזיל הכא איכא שיעורא הכא כיון דבעידנא דאפקה לא הוה ביה שיעור אכילה לא מיחייב או דילמא כיון דאילו אישתיק ולא חשיב עליה מיחייב אמחשבה דזריעה השתא נמי מיחייב ואת"ל [א]כיון דאילו אישתיק ולא חשיב עליה מיחייב אמחשבה דזריעה [ב]השתא נמי מיחייב הוציא כגרוגרת לאכילה °וצמקה ונמלך עליה לזריעה מהו הכא ודאי כי אישתיק אמחשבה קמייתא לא מיחייב או דילמא בתר השתא אזלינן ומיחייב ואת"ל [ג]בתר השתא אזלינן ומיחייב הוציא כגרוגרת לאכילה וצמקה וחזרה ותפחה מהו יש דיחוי לענין שבת או אין דיחוי לענין שבת [ד]תיקו: בעא מיניה רבא מרב נחמן [ה]זרק כזית תרומה לבית טמא מהו למאי אי לענין שבת כגרוגרת בעינן אי לענין טומאה כביצה אוכלין בעינן לעולם לענין שבת °וכגון דאיכא פחות מכביצה אוכלין והאי משלימו לביצה מאי מדמצטרף לענין טומאה מיחייב נמי לענין שבת או דילמא כל לענין שבת כגרוגרת בעינן א"ל תניתוה אבא שאול אומר שתי הלחם ולחם הפנים שיעורן כגרוגרת ואמאי לימא מדלענין

יוצא

רש"י

מהו דתימא. כיון דשכח בשעת הוצאה שלא היה זכור בהצנעתו: בטלה לו מחשבתו. ואין כאן לא חשיבות מחשבת הצנעה ולא מחשבת הוצאה: קמ"ל. דכל העושה סתם על דעת הראשונה עושה ובחשיבותיה קמא קאי: כל שהוא תנן. וסתם משנה רבי מאיר: לאפוקי מגרוגרת. דשאר אוכלין: אלא מעתה. דמתני' בדעתיה תלינן כדקאמרת משום דעל דעת ראשונה מחשבת ליה שיעורא: חישב להוציא כל ביתו. בהוצאה אחת דלא אחשבה אלא אם כן הוציא כולה כאחד: הכי נמי. דכי אפקא פורתא פורתא לא מיחייב: בטלה דעתו. ושיעורא דחשיב לאינשי חשיב: וכל אדם אין חייבין אלא כשיעורו. ואע"פ שהוכשר לזה והצניעו: כגרוגרת. איכא שיעורא לאכילה ולהוצאה וכ"ש לזריעה דשיעורא בכל שהוא: ותפחה. ועמדה על גרוגרת קודם הנחה: ונמלך עליה לאוכלה. והניחה מהו: קמ"ל. בההיא אע"ג דעקירה והנחה לאו בחדא מחשבה הואי מיחייב: התם הוא דזיל הכא כו'. בשעת מחשבה ראשונה היה בו כשיעור למחשבתו ושיעור (א) למחשבה שניה הלכך מיצטרפי עקירה והנחה: אבל הכא בעידנא דאפקה לא הוה בה שיעור. למחשבה שניה של הנחה ולא מצטרפי הנחה לעקירה: כיון דאילו אשתיק. בכך שניה אית בה שיעור לזריעה ומיחייב: השתא נמי מיחייב. הואיל ויש שיעור למחשבה אחרונה ובשיעור זה איכא שיעורא למחשבה ראשונה ויותר: לא מיחייב. דהא בשעת הנחה ליכא שיעור למחשבה קמייתא: בתר השתא. בתר מחשבה דהשתא אזלינן לענין הנחה: יש דיחוי. מה שחסרה בינתים אינו הנחה בההיא שעתא לא מיחייב (ב) מי אמרינן תורת דיחוי דנדחה לו מחיוב חטאת ובטלה לה עקירה וכי הדר תפחה והניחה הוי הנחה בלא עקירה: אי לענין טומאה. דמיבעיא לך אם נטמא לטמא טומאת אוכלין או לאו כביצה בעינן: והאי משלימו. שנחה אצלו והשלימו וע"י הנחה זו נטמאו: מאי. מדחשיב קך זריקה לענין טומאה חשיב נמי לענין שבת כאלו הוא כגרוגרת ומיחייב או לא:

שיעורן

תוספות

מתקיף לה רב יצחק. פירש בקונטרס דפריך לאביי וקשה דלאמי גמר ליה עד הכא ואומר הרב פור"ת בשם רבינו שמואל דאדרב יהודה אבוה פריך וה"פ כיון דאמרת דמוציא חטה אחת לזריעה חייב אע"פ שאין רגילות משום דבתר מחשבתו אזלינן ה"נ כשחישב להוציא כל ביתו ניזיל בתר מחשבתו ולא נחייבנו בפחות כיון דפחות מיכן אינו חשוב בעיניו ומשני התם בטלה דעתו אצל כל אדם דאין אדם שלא יהא חשוב בעיניו פחות מכן אבל הכא יש בני אדם שחשובה להם חטה אחת לזריעה:

או דילמא בתר השתא אזלינן. משמע דאי בתר השתא אזלינן ליכא למיבעיא מידי מדקאמר את"ל בתר השתא אזלינן הוציא גרוגרת לאכילה ולמקה וחזרה ותפחה מהו ולא מיבעיא ליה אקמייתא ואמאי אכתי תיבעי ליה אי הוה דיחוי אצל שבת או לא כדבעי בסמוך דהא מיד כשצמקה נדחית וי"ל דדוקא היא דבסמוך חשיב ליה דיחוי שנדחית בין משיעור ראשון בין משיעור אחרון אבל הכא דמשיעור אחרון מיהא לא נדחית לא חשיב ליה דיחוי:

אי לענין טומאה כביצה אוכלין בעינן. °משמע דלא מקבל אוכל טומאה בפחות מכביצה ומה שהביא *רש"י מת"כ דאוכל מקבל טומאה בכל שהוא דתניא מכל האוכל (ג) שמטמא בכל שהוא יכול יהא מטמא אחרים ת"ל אשר יאכל אוכל הנאכל בבת אחת הוי אומר זה ביצת תרנגולת אומר ר"ת דאסמכתא היא דה"נ מעשר ירק מרבינן בת"כ מוכל מעשר הארץ ולא הוי אלא אסמכתא בעלמא והא דפריך בפרק כל שעה (פסחים ד' לג:) למ"ד משקין מיבלע בליעי מהא דתנן טמא מת שסחט זיתים וענבים כביצה מכוונת טהורים ואי מיבלע בליעי אמאי טהורים ומוקי לה בענבים שלא הוכשרו לאימת קא מיתכשרי לכי סחיט להו וכי סחיט להו בציר ליה שיעוריה אתי שפיר גם לפי' הקונטרס דאע"ג דמקבל טומאה בכל שהוא מ"מ בציר ליה שיעורא מלקבל הכשר לפירוש הרב פור"ת דמפרש בשם רש"י בפ' תבית (לקמן קמה.) דאין אוכל מקבל הכשר בפחות מכביצה וטעמא משום דמאשר יאכל נפקא לן לטמא אחרים בכביצה והא כתב אשר יבא עליו מים וכן בפרק אלו עוברין (פסחים מה.) גבי בצק שבסידקי עריבה דמפרש אביי כגון דאיכא פחות מכביצה אוכלין ונגעו בהאי בצק בפסח דאיסורו חשבו מצטרף אע"ג דבלא צירוף פחות מכביצה הוה מצי לאוקמי דנגע שרץ בכזית שבסידקי עריבה בפסח דאיסורו חשבו מקבל טומאה בשאר ימות השנה אי קפיד אין *אי לא לא אלא דלענין קבלת טומאה עצמה לא נפקא לן מינה מידי דבלאו הכי אסורה משום חמץ להכי נקט לענין לטמא אחרים ומייתי רבינו תם ראיה דאין אוכל מקבל טומאה פחות מכביצה דתניא בפרק אלו עוברין (שם מד.) המקפה של תרומה והשום והשמן של חולין ונגע טבול יום במקצתן פסל את כולן מקפה של חולין ושום ושמן של תרומה ונגע טבול יום במקצתן לא פסל אלא מקום מגעו והוינן בה מקום מגעו אמאי פסל והא לא הוי כביצה ורש"י ל"ג הכי אלא גרים והא בטל ברובא ומפרש דהכי פריך מקום מגעו אמאי פסול והא בטל שום ושמן אגב מקפה דהא משום הכי קתני ברישא פסל את כולן ואין נראה למחוק הספרים ועוד נהי דבטלי ברישא להחמיר להקל לא אמרינן דבטלי ועוד דלא שייך למימר דבטלי השום והשמן כיון שהן בעין מדקתני לא פסל אלא מקום מגעו ועוד (*דתניא בתוספתא) בד"א בזמן שהיא גוש בקערה משמע שהן בעין ואין להאריך ורש"י חזר בו בכריתות (דף כא.) וגבי פרה מיטמא טומאת אוכלין (חולין דף פב.) והא דאמר בפ"ק דחולין (דף כד:) התורה העידה על כלי חרס אפילו מלא חרדל לאו דוקא חרדל אלא כלומר מלא ביצים ומשום דבחרדל איכא טובא ראשון ושני כו' ומקבל טומאה מדרבנן נקט ליה *):

אי לענין שבת כגרוגרת בעינן. הוה מצי למיפרך אמאי נקט זרק ואמאי נקט תרומה ולבית טמא: כגון דאיכא פחות מכביצה אוכלים כו'. תור"י דלהכי נקט זרק דהשתא בהדי הדדי קא אתיין דלא מחייב לענין שבת עד דנח כדאמר בפרק המוציא (לעיל דף פ.) תוך ג' לרבנן בעיא הנחה על גבי משהו אבל מכנים מכי אתי תוך ג' איכא איסור שבת ואיסור טומאה ליכא עד דמצטרף ולא

אתון

*) [וע"ע תוס' פסחים לג. ד"ה לאימת ותוס' [נדה] יז: ד"ה אפילו]

עין משפט נר מצוה

ב א מיי' פי"ח מהל' שבת הלכה כו:
ג ב מיי' שם:
ד ג מיי' שם:
ה ד מיי' שם הל' כו:
ו ה מיי' שם:

רבינו חננאל

ולא תימא בטולי מבטלא למחשבתו אלא כל העושה על דעת מחשבתו ראשונה הוא עושה אמר רב יהודה אמר שמואל מחייב היה רבי מאיר אף במוציא חטה אחת לזריעה פי' הני מילי לענין המצניע אפילו הצניע חטה אחת והוציאה [חייב] וההיא דתנן באידך פרקין זרעוני גינה פחות מגרוגרת ותנן זרע קישואין ודלועין ופול המצרי שנים שיעורין דעלמא דלאו למצניעין שאין אדם מוציא חטה אחת לזריעה אבל המצניע אפי' אחת חייב עליה וכל אדם שהוציאו סתם בשלא הצניעו אינו חייב עליו אלא כשיעור אע"פ [שהצניע הראשון] ואינו מתחייב במחשבת הראשון ומתניתין דלא כרבי שמעון בן אלעזר אבל אם הוציאו השני מדעת המצניע הראשון חייב ואם הוציא כגרוגרת שהוא כשיעור הוצאה [לאכילה] ומעיקרא היתה מחשבתו לאכילה ונמלך עליה לזריעה או לזריעה ונמלך עליה לאכילה חייב ולא אמרינן צריך שתהא עקירה והנחה בחדא מחשבה ובעיי דרבא לא איפשטו. הוציא חצי גרוגרת לזריעה ותפחה והיא כגרוגרת ונמלך עליה לאכילה בעידנא דעקירה הוה מחייב אמחשבתו ושיעור למחשבתו הואי ובעידנא דהנחה נמי שיעורא היא למחשבתו שבאותה שעה ואילו אשתיק ולא חשיב עליה מחייב אמחשב' דזריעה השתא נמי מחייב הוציא כגרוגרת לאכילה והיתה כשיעור בשעת עקירה וכשצמקה וחסרה נמלך עליה לזריעה דמחייב עליה נמי בשעת הנחה ובתר השתא אזלינן ומחייב אבל אם הוציא כגרוגרת לאכילה וצמקה וחזרה ותפחה ועדיין מחשבתו כדהות אע"פ דבעת עקירה יש בה כשיעור כיון שחסרה בין כך וכך מספקא לן יש דחוי אצל שבת או אין דחוי אצל שבת וקיימא בתיקו. ועקר דהא מלתא דבעלה עקירה והנחה במחשבה דאיסורא דקאמרינן (לעיל ד' ח' ב') אמר רב ספרא א"ר אמי א"ר יוחנן המפנה חפצים מזוית לזוית ונמלך עליהן [והוציאן] פטור שלא היתה עקירה משעה ראשונה לכך ומפרשא נמי בגמ' דואלו נערות. בעא מיניה רבא מרב נחמן זרק כזית תרומה לבית טמא מהו (ורמי) כגון שורק מהה"ר לרה"י אי נמי מרשו' היחיד לרה"ר ורשות הרבים באמצע [ושאלינן] למאי קא בעי רבא הא בעיי אי לענין שבת כגרונרת בעינן שאם הוציא אוכלין פחות מכגרונרת פטור אי לענין טומאה כביצה אוכלין בעינן שאם טמא תרומה פחות מכביצה פטור האי כזית לענין מאי קא מיבעי ליה לרבא ואהדרינן לעולם לענין שבת וכגון שורק לאותו בית טמא תרומה פחות מכביצה ואיתא התם וזרק עכשיו כזית שהוא משלימו להווא דאיתיה התם לכביצה מאי מדמצטרף לענין טומאה קא מחייב עליה נמי לענין שבת ואי לאו דקא מצטרף לענין טומאה ומחייב עליה לא איחייב עליה לענין שבת ומשום דקא מחשב ליה מחייב כי האי דטף הזרק יש אוכל אכילה אחת וחייב עליה ארבע חטאות ואשם טמא שאכל חלב והוא נותר מן המוקדשין ביוה"כ ר"מ אומר אם היתה שבת והוציא חייב אמרו לו אינו השם ואמרינן עלה אמאי הא אין דרך הוצאה בכך ומהדרינן כיון דאחשביה מחייב הכא נמי הכין או דלמא כל לענין שבת כגרונרת בעינן א"ל ר"נ תנינא אבא שאול אמר שתי הלחם

רב נסים גאון

פ"י למאי אי לענין שבת כגרוגרת בעינן אי לענין טומאה כביצה אוכלין בעינן. אימא כגרוגרת להוצאת שבת הא אמור בכמה מקומות במשנה (דף עו) המוציא אוכלין כגרוגרת והרבה כוה ואסמכתא דילה מקרא דכתיב (דברים ח) ארץ חטה ושעורה וגפן ותאנה ורמון ואמרו תאנה כגרוגרת להוצאת שבת וכביצה לענין טומאת אוכלין בתורת כהנים [פ' שמיני] אוכל יטמא מלמד שהוא מיטמא בכל שהוא* ת"ל אשר יאכל הא אינו מיטמא אלא בכביצה ובפרק יום הכפורים (יומא פ) תניא ר' אומר כל איסורין שבתורה בכזית חוץ מטומאת אוכלין כו' וטומאת אוכלין מנלן דאמר ר' אבהו אמר ר' אלעזר אמר קרא (ויקרא יא) מכל האוכל אשר יאכל אוכל שאתה יכול לאוכלו בבת אחת ושיערו חכמים שאין בית הבליעה מחזיק יותר מביצת תרנגולת והזכרנו דבר זה בכריתות (ופי אל) משנה במסכת מעילה בפרק קדשי מזבח (דף יז) שנינו כל האוכלין מצטרפין לפסול את הגויה בכחצי פרס ומזון ב' סעודות לעירוב וכביצה לטמא טומאת אוכלין וכגרוגרת להוצאת שבת וככותבת ליום הכפורים:

*) יכול יטמא לאחרים בכ"ש

חתם

מסורת הש"ס

לעיל עו. זבחים מז.

הגהות הב"ח

(א) רש"י ד"ה התם וכו' ושיעור למחשבתו שניה: (ב) ד"ה יש דיחוי וכו' לא מיחייב חטאת מי: (ג) תוס' ד"ה אי לענין וכו' דתניא מכל האוכל מלמד שמיטמא בכל שהוא:

גליון הש"ס

גמ' עד דאיכא כזית. עיין עירובין דף ס ע"ב תד"ה אגב: שם ותפחה ונמלך עליה. עי' מנחות דף נד ע"א תד"ה דמעיקרא: שם וצמקה ונמלך. עיין לעיל עז ע"א תד"ה ועוד: שם וכגון דאיכא פחות מכבי' אוכלין. עיין משנה למלך פ"ד ה"א מהל' טו"א: תוס' ד"ה אי לענין. משמע דלאמקבל אוכל טומאה עי' זבחים דף לא. תד"ה א"ל:

נ"ל אי לא קפיד אלא רוצה בקיומו לא אלא כו' רש"ל

[נ"ל דתני בסיפא שכרי הוא שם במשנה ולדרכ' בתוס' ס"ג דטבול יום ליתא וכ"ה ג"כ בתוס' פסחים שם ד"ה ס"ג רש"י]

עין משפט נר מצוה

ז א ב מיי' פי"ד מהל' שבת הלכה יד:

ח ג ד מיי' פי"ב מהל' שבת הלכה יא:

ט ה מיי' פ"ג מהל' גניבה הל' ב טוש"ע ח"מ סי' שנא:

י ו מיי' פי"ג מהל' שבת הלכה יא:

רבינו חננאל

ולחם הפנים שיעורן כגרוגרת וקא דייק מינה רב נחמן דהא מפיק מן המקדש בשבת שתי הלחם ולחם הפנים אע"ג דמפסיל לענין יוצא בכזית לא קא מחייב לענין שבת בשבת עד דהוי כגרוגרת ואם איתא דכיון דאחשביה מיחייב ואע"ג דפחות משיעור הוא מחייב בשבת על כזית בהוצאת שתי הלחם ולחם הפנים ואהדר ליה רבא תהי השתא התם מדאפקיה חוץ לחומת עזרה איפסיל ליה ביוצא ועדיין לא מחייב ליה לענין שבת כל עיקר עד דמפיק ליה לרה"ר אבל הכא לענין האי בעיא דהוא זרק כזית תרומה לבית טמא להשלים אוכל לכביצה שבת וטומאה בהדי הדדי קא אתיין ולא איפשים: חזר והכניסו אינו חייב אלא כשיעור מידעם דאחשביה והצניעו ואפקיה לצורך ואע"ג דלית ביה כשיעור הוצאה מחייב עליה כד מפיק ליה בשבת אי לא איכוין ליה כשיעור צורכיה וחזר והכניסן בחול אם חזר אח"כ לשבת אחרת והוציאו סתם לא מחייב עליה עד דהוי ביה כשיעור הוצאה אע"ג דאיהו שיעור והכניסו בתורת מצניע אבל אם הכניסו סתם כגון שזרקו לאוצר ניכר שישנו (בו) [מקומו] ניכר שהוא לא אמרינן כיון שהוא מכיר את מקומו במלתיה קאי חייב על הוצאתו אלא בטולה בטלה להודא הצנעה קמייתא הייתה בכל מידעם דלא מחייב עליה אלא בשיעור: מתני' המוציא אוכלין ונתנן על האסקופה אם האסקופה שנתן עליה רה"ר [חייב] ואם רשות היחיד פטור הא אם חזר והוציאן פטור לרה"ר חייב [אבל אם האסקופה] כרמלית היא רה"ד עומדת לפניה אם נח האוכלין בכרמלית וחזר ועקרן מכרמלית והוציאן לרה"ר פטור [אבל אם לא נחו בכרמלית אע"פ שעברו מרה"י לרה"י דרך כרמלית חייב ואשמעינן מתניתין דלא כבן עזאי דתניא המוציא מחנות לפלטיא דרך סטיו חייב ובן עזאי פוטר וחוקי האסקופה מפרשין בגמ' דיציאות השבת היכי הויא רה"ד והיכי הויא רה"י והיכי הויא כרמלית. קופה שהיא מליאה פירות ונתנה על האסקופה החיצונה אע"פ שרוב פירות מבחוץ פטור עד שיוציא את כל הקופה סבר חזקיה בקופה של

תוספות

אתון בהדי הדדי ודוקא נקט כזית תרומה דאיכא איסור לאוכלו בטומאה אבל פחות מכזית לא וכן כזית חולין כיון דאין איסור לאוכלו בטומאה לא שייך לומר מיגו דמצטרף לענין טומאה מצטרף לענין שבת וא"ת מ"ש כזית תרומה מאי זית דהא בתרומה טמאה ליכא אלא עשה כדמוכח בהערל (יבמות דף עג:) דהאוכלה בטומאת עצמה אינו לוקה ואלי זית נמי הא קי"ל כר' יוחנן דחצי שיעור אסור מן התורה (יומא עד.) וי"ל דמ"מ כזית חמיר טפי שהרי זית הוא שיעור ללקות עליו בכל מקום ודוקא לבית טמא אבל לבית טהור לא אע"ג דחשיב ללקות עליו זר האוכלו מש"ה לא חשיב בפחות מגרוגרת כיון דאיסור זרות לא בא ע"י הוצאה זו:

פחות מכביצה אוכלין. ה"ה דה"מ למימר דאיכא כביצה אוכלין שאין הם צריכין לצירוף וכזית לבד צריך לצירופן א"כ אור"י דנקט דוקא פחות מכביצה אבל כביצה אפשר דאין מצטרף כיון שקודם צירוף כבר מטמא דילמא שבע לה טומאה דבעיא היא בהקומץ רבה (מנחות כד.) גבי עשרון שחלקו ונטמא אחד מהן והניחו בכלי ונגע טבול יום בטמא מהו מי אמר שבע לה טומאה ולא נטמא הטהור אע"ג דאם היו שניהם טהורים ונגע טבול יום באחד מהן שניהם טמאין דכלי מצרף מה שבתוכו לקדש השתא דשבע לה טומאה לא מצטריף או דילמא לא אמרי' שבע לה טומאה ומשום דהתם מספקא לן נקט פחות מכביצה:

קס"ד בצררי קשיא לחזקיה. ואלימא ליה ממתני' משום דהתם קופת הרוכלים אית ביה צררי וכ"מ מדקתני ובה מינין הרבה ומשני באורנסי ובה מינין הרבה אורחא דמילתא נקט וכל המינין ארוכים:

רש"י

שיעורן כגרוגרת. אם הוציאן לרה"ר בשבת: ואמאי לימא. בכזית מיחייב דהא חשיבה הוצאה לענין איפסולי ביוצא דאי אכליה הוא עובר בלאו דכל שבקודש פסול בא הכתוב ליתן לא תעשה על אכילתו ואכילה בכזית: חוץ לחומת עזרה. להיקף החיל שלפני עזרת נשים או לעזרת נשים שהיא בחיל: בהדי הדדי אתיין. דעד דאתנח ונצטרף עם השאר *(לא קבל טומאתו מן האויר דהא) לא הוי ביה שיעור: פשיטא. כיון דלא זרעיה בטליה ממחשבה קמייתא והוה ליה ככל אדם: אמר אביי. במתניתין בשלא נמלך עליו בפירוש אלא שזרקו לאוצר עם פירותיו וזהו ביטול מחשבה מדלא אצנעיה לחודיה ולמיתנייה איצטריך כגון שמקומו ניכר שלא נתערב יפה עם השאר והרי הוא ניכר ביניהם: מ"ד כיון דמקומו ניכר במילתא קמייתא קאי. דהוה ליה כמאן דאצנעיה לחודיה: ה"ג קמ"ל מדזרקיה לאוצר בטולי בטליה:

מתני' על האסקופה. בגמרא מוקי לה באסקופה כרמלית: מלאכתו בבת אחת. עקירה ממקום חיוב והנחה במקום חיוב (א) [והכא] הוה ליה עקירה ממקום חיוב והנחה במקום פטור והדר עקריה ממקום פטור ואנחיה במקום חיוב: עד שיוציא. כלומר אלא אם כן הוציא ברשותה כל הקופה ובגמ' מפרש לה: **גמ'** אי נימא איסקופה רה"ר. כגון גבוהה ט' ורחב ארבעה (ב) ורבים מכתפין עליו דחזיא לרבים לכתופי כדאמר בפ"ק (דף ח.): רשות היחיד. גבוהה י' ורחבה ד' כי חזר והוציאה ליחייב דאיכא עקירה מרה"י והנחה ברה"ר: אלא אסקופה כרמלית. מג' ועד ט' [ולא ט' בכלל] ואינה מקורה ורחבה ד': הא לא נח מיחייב. ואע"ג דהעבירו דרך כרמלית ולא אמר מהלך כעומד דמי ואיכא הנחת גופו דהוי כהנחת חפץ: מחנות. רה"י: פלטיא. רה"ר: סטיו. מקום מוקף איצטבאות לישב והוא כרמלית דלא בקעיה ביה רבים להדיא: קישואין ודילועין. שהן ארוכין ועדיין יש מהם בפנים וכל מה דאגיד לגואי כל דהו לאו הוצאה היא: אבל מליאה חרדל. שהרי יש ממנו כולו בחוץ אע"פ שעל ידי הכלי הוא נאגד לגד פנים חייב דאגד כלי לא שמיה אגד לומר לא יצא כולו ועדיין אגדו בידו בפנים זהו לשון הש"ס לענין שבת כל כמה דלא נפיק ליה כוליה קרי ליה אגוד דאגודו שייך לגבי רשות קמא: בד"א. דעד שיוציא את כל הקופה: במליאה קישואין. שהן ממלאין בארכן את כל רוחב הקופה וכל כמה דלא נפק כולה קופה לא נפיק אינהו (ג): ר' יוחנן מתרץ לטעמיה. תרתי קתני מתני' לא זו אף זו דסיפא [מוכחא] דקתני כל הקופה ולא קתני כל הפירות והכי קאמר אף על פי שרוב הפירות מבחוץ או אפילו כל הפירות מבחוץ נמי פטור עד שיוציא כל הקופה: רוכלין. מוכרי בשמים: קס"ד בצררי. שהיה בה צרור של בשמים שתוקין דכי אפקה למקצת קופה נפיק בההיא פורתא כמה צרורות כולן וקתני פטור אלמא אגד כלי שמיה אגד: באורנסי. אגודות שרשין ארוכין או קנה או קילופה של קנמון שהן ארוכין: הגונב כיס בשבת חייב. בתשלומין ואע"פ שנדון בנפשו שכבר נתחייב בגניבה בשעה שהגביה הכיס בבית הבעלים: היה מגרר ויוצא. שלא קנאה בהגבהה אלא בהוצאה מבית הבעלים: פטור. מתשלומין: שהרי איסור שבת כו'. ובכתובות פריך אי דאפקיה לרה"ר איסור גניבה ליכא דרשות הרבים לאו מקום קנייה היא ומוקי לה בלדי רה"ר אי נמי שצירף ידו למטה מג' וקבלה: קדים ליה איסור גניבה לאיסור שבת. דכיון שהוציאו מקצתו קנה כל המעות שמבחוץ שיכול להוציאו דרך פיו ולענין שבת מפטר דאגידי גבי רשות היחיד על ידי הכלי: דרך שוליו. וכיון דלא מצי למשקל לא קני בהגבהתו: הא איכא מקום חלמה. מקום התפירה שיכול לקרוע ולהוציא. חלמה שולדורא כמו בהעור והרוטב (חולין קכג.) שאני עור דחלים:

גמרא

יוצא בכזית לענין שבת נמי בכזית הכי השתא התם מדאפקיה חוץ לחומת העזרה איפסיל ליה ביוצא אשבת לא מיחייב עד דמפיק ליה לרה"ר הכא שבת וטומאה בהדי הדדי קאתיין: חזר והכניסו אינו חייב אלא כשיעורו: פשיטא אמר אביי הכא במאי עסקינן כגון שזרקו לאוצר ומקומו ניכר מהו דתימא כיון דמקומו ניכר במילתיה קמייתא קאי קמ"ל מדזרקיה לאוצר בטולי בטליה:

מתני' המוציא אוכלין ונתנן על האסקופה בין שחזר והוציאן בין שהוציאן אחר פטור מפני שלא עשה מלאכתו בבת אחת קופה שהיא מליאה פירות ונתנה על אסקופה החיצונה אע"פ שרוב פירות מבחוץ פטור עד שיוציא את כל הקופה:

גמ' האי אסקופה מאי אילימא אסקופ' רה"ר פטור הא קא מפיק מרה"י לרה"ר אלא אסקופה רה"י בין שחזר והוציאן בין שהוציאן אחר פטור הא קא מפיק מרה"י לרה"ר אלא אסקופה כרמלית והא קמ"ל טעמא דנח בכרמלית הא לא נח בכרמלית מיחייב מתני' דלא כבן עזאי דתניא *המוציא מחנות לפלטיא דרך סטיו חייב ובן עזאי פוטר: קופה שהיא מליאה כו': אמר חזקיה לא שנו אלא בקופה מליאה קישואין ודלועין אבל מליאה חרדל חייב אלמא קסבר אגד כלי לא שמיה אגד ור' יוחנן אמר אפי' מליאה חרדל פטור אלמא קסבר אגד כלי שמיה אגד א"ר זירא מתני' דלא כחזקיה דיקא ודלא כר' יוחנן דיקא דלא כר' יוחנן דיקא דקתני עד שיוציא את כל הקופה טעמא דכל הקופה הא כל הפירות פטור אלמא קסבר אגד כלי שמיה אגד כרבי יוחנן לא דיקא דקתני אע"פ שרוב פירות בחוץ טעמא דרוב פירות הא כל פירות אע"ג דאגידא קופה מגואי חייב אלמא קסבר אגד כלי לא שמיה אגד ואלא קשיא חזקיה מתרץ לטעמי' ור' יוחנן מתרץ לטעמיה חזקיה מתרץ לטעמיה עד שיוציא את כל הקופה בד"א בקופה מליאה קישואין ודלועין אבל מליאה חרדל נעשה כמי שהוציא את כל הקופה וחייב ר"י מתרץ לטעמיה אע"פ שרוב פירות בחוץ ולא רוב פירות בלבד אלא אפילו כל פירות פטור עד שיוציא את כל הקופה מיתיבי *המוציא קופת הרוכלין ונתנה על אסקופה החיצונה אע"פ שרוב מינין בחוץ פטור עד שיוציא את כל הקופה קס"ד בצררי קשיא לחזקיה אמר לך חזקיה הכא במאי עסקינן באורנסי מתיב רב ביבי בר אביי *הגונב כיס בשבת חייב שכבר נתחייב בגניבה קודם שיבא לידי איסור שבת היה מגרר ויוצא פטור שהרי איסור גניבה ואיסור שבת באין כאחד ואי סלקא דעתך אגד כלי שמיה אגד קדים ליה איסור גניבה לאיסור שבת אי דאפקיה דרך פיו הכי נמי הכא במאי עסקינן דאפקיה דרך שוליו והאיכא מקום חלמה

דאי

מפקע

קישואין ושל דלועין מתני' שעדיין מקצת כל קישות וכל דלעת בפנים ולא נתקם מבפנים לחוץ אבל קופה שהיא מלאה פירות אחרים כגון אגוזים ושקדים ותאנים ורמונים וכיוצא בהן וכ"ש חרדל כיון שיש מן הפירות טפן מה שיצא כולן לחוץ יש בו שיעור גרוגרת חייב ואע"פ שהן בתוך הכלי ומקצת הכלי עדיין בפנים ויכול למושכו לפנים ולהכניסו וממילא מה שהוא בחוץ נמשך עם הקופה ונכנס אע"פ שלא נגע בו אלמא קסבר חזקיה אגד כלי לאו שמיה אגד ואית ליה למידק מן מתניתין הדין א"ר זירא דתנן אע"פ שרוב פירות מבחוץ פטור רובה של קישות ורובה של דלעת אבל אם הקישות כולה או הגרוגרת כולה בחוץ חייב ואע"פ שהוא בתוך הכלי ומקצת הכלי בפנים ור' יוחנן סבר אפילו קופה מליאה חרדל ויצא רובה לחוץ כיון שהוא מפורצת ואית ליה גדפאי אינד כלי שמיה אינד ועדיין אגודה היא לפנים ופטור עד שתנתק כולה לחוץ ודייק מן

רב נסים גאון

התם מדאפקיה חוץ לחומת העזרה איפסיל ליה ביוצא. עיקר זה בתורת כהנים שכל היוצא מן הקדשים חוץ למחיצתו נפסל וישרף באש כמו שנאמר בפירוש פסוק (ויקרא ז) והבשר אשר יגע בכל טמא לא יאכל באש ישרף אין לי מעון שריפה אלא הטמא והנותר ומנין לנשחטה בלילה ושנשפך דמה חוץ לקלעים הלן והיוצא ת"ל לא יאכל כי קודש הוא כל שהוא קודש [פסול] טעון שריפה הבשר לרבות בשר הפנימי שהוא מותר והלא דין הוא הואיל והטמא פסול והיוצא פסול מה הטמא אם נטמא מקצתו כולו פסול אף היוצא אם יצא מקצתו יהא כולו פסול ת"ל והבשר לרבות בשר הפנימי שהוא מותר מיכן אמרו אבר שיצא מקצתו חוץ לחומה בפסחים חותך עד שמגיע לעצם וקולף עד לפרק ומתירו מן הפרק ובמקדשין גורד כל מקום שהוא יוצא שאין בהם [משום] שבירת העצם ובפרק כיצד צולין את הפסח (פסחים דף פב) שנינו הפסח שיצא או שנטמא ישרף מיד ואמרו בתלמוד בשלמא נטמא דכתיב והבשר אשר יגע בכל טמא אלא יוצא מנלן אלא כל שפסולו בקודש בשריפה הלכתא גמירי לה:

המוציא

מסורת הש"ס

רש"ל מ"ז ולוי מוכח ד"ל דקאי אקבלת טומאה לטמא אחרים ועי' במהרש"א

עיל ס:

ל"ל המוציא קופת הרוכלין ובה מינין הרבה ונתנה וכו' רש"ל

ב"ק פו. סנהדרין עב. כתובות לא. [תוספ' דב"ק פ"ט]

הגהות הב"ח

(א) רש"י ד"ה מלאכתו וכו' במקום חיוב אבל הכא הוו ליה: (ב) ד"ה אי נימא וכו' ארבעה. נ"ב עיין בפ"ק דף ח' פ"א פי' ר"י דלא כפי' רש"י אלא בין רחב בין קצר: (ג) ד"ה במלאה קישואין וכו' אינהו טלנו סס"ד

גליון הש"ס

גמ' אלמא קסבר אגד כלי שמיה אגד. ע' פסחים דף פה ע"ב תוד"ה כנגדרין: שם אי דאפקיה דרך פיו. ע' בסה"מ פ"א דב"מ סימן כב:

§ מסכת שבת דף צא: §

אות א'*

<u>**רש"י ד"ה אי נימא: כגון גבוהה ט' ורחב ארבעה**</u>

סימן שמה ס"י - ואם הוא גבוה ט' טפחים מצומצמים ורבים מכתפים עליו, הוי רה"ר - דבשיעור זה דרך בני אדם בר"ה לכתף עליו, דאינו לא גבוה ולא נמוך, **אבל** בפחות מט' שאינו ראוי לכתף עליו, לא מהני לשוייה ר"ה אפילו אם רבים מכתפין עליו.

ודוקא ט' טפחים מצוצמים, אבל יותר מט' לא הוי ר"ה, אפי' רחב ד' על ד'.

ורבים מכתפים - אבל כשאין מכתפין עליו, אע"ג דראוי לכתף עליו, לא הוי ר"ה, ואפילו רחב ארבעה.

אפילו אינו רחב ארבעה - ואע"ג דבעלמא לא הוי מקום חשוב בפחות מארבעה, כאן דדרך רבים לכתף עליו, אף בפחות מד' משוי ליה ר"ה, [וכדעת רמב"ם ורש"י ‹דף ח. ועיין בהג' הב"ח›, דלא כהראב"ד, וכן הסכים הגר"א].

אות א' - ב'

<u>**המוציא אוכלין ונתנן על האסקופה, בין שחזר והוציאן, בין שהוציאן אחר, פטור, מפני שלא עשה מלאכתו בבת אחת אלא אסקופה כרמלית**</u>

רמב"ם פי"ד מהל' שבת הי"ד - המוציא חפץ מרה"ר לכרמלית והניחו שם, וחזר ועקרו מכרמלית והכניסו לרה"י; או שהוציאו מרה"י לכרמלית והניחו שם, וחזר ועקרו מכרמלית והוציאו לרה"ר, הרי זה פטור.

אות ג' - ד'

<u>**קופה שהיא מלאה כו'**</u>

<u>**אפילו מליאה חרדל פטור**</u>

רמב"ם פי"ב מהל' שבת הי"א - המוציא מקצת החפץ מרשות משתי רשויות אלו לרשות שניה, פטור, עד שיוציא את כל החפץ כולו מרשות זו לרשות זו; קופה שהיא מלאה חפצים אפילו מלאה חרדל והוציא רובה מרשות זו לרשות זו, פטור עד שיוציא את כל הקופה, וכן כל הדומה לזה, שהכלי משים כל שיש בו כחפץ אחד.

אות ה'

<u>**הגונב כיס בשבת חייב, שכבר נתחייב בגניבה קודם שיבא לידי איסור שבת**</u>

חו"מ סימן שנא ס"א - יש גנב שפטור מלשלם, ואיזה זה שבא עם התשלומין חיוב מיתה, כגון הגונב כיס בשבת ולא הגביהו ברשות הבעלים אלא היה מגררו ומוציאו מרשות הבעלים לרשות הרבים ואבדו שם, הגה: אבל אם אבדו אחר כך חייב - ‹צ"ע מנ"ל הא, ובטור ליתא כן אלא גבי מחתרת, משום דמיד שיוצא ממחתרת תו לא מיחייב מיתה, אבל הכא י"ל כיון דעדיין עומד בחיוב המיתה דשבת, פטור כשאבדו, ש"ך - באה"ט›, **וכל שכן אם עדיין הוא בעין שחייב להחזירו (טור והמ"מ פ"ג דגניבה בשם י"מ ורמ"ה והרמב"ן ז"ל). וי"א שאם אינו בעין בכל ענין פטור מלשלם (המגיד פרק ג' דגניבה ובשם רש"י והרמב"ם)** - ‹טעמייהו דמיד שהוציא הכיס חייב במיתה, ולא פקע מיניה האיסור, ותו לא חל עליו חיוב ממון כיון דקלב"מ, סמ"ע - באה"ט›, **הרי זה פטור מתשלומין, שאיסור שבת ואיסור גניבה והיזק באים כאחד. אבל אם גנב כיס בשבת והגביהו שם ברשות היחיד, ואחר כך הוציאו לרשות הרבים והשליכו לנהר, חייב לשלם, שהרי נתחייב באיסור גניבה קודם שיתחייב באיסור סקילה; וכן כל כיוצא בזה.**

אות ו'

<u>**היה מגרר ויוצא פטור, שהרי איסור גניבה ואיסור שבת באין כאחד**</u>

רמב"ם פי"ג מהל' שבת הי"א - ואם משך החפץ וגררו על הארץ מתחלת ארבע לסוף ארבע, חייב, שהמגלגל עוקר הוא.

§ מסכת שבת דף צב. §

אות א' – ב'

ביד חייב

התם למעלה מג', הכא למטה מג'

רמב"ם פי"ג מהל' שבת ה"ו - בד"א כשהיתה ידו למעלה משלשה, אבל היתה ידו בתוך שלשה סמוך לארץ, הרי זה כמי שהניח בארץ וחייב.

אות ג'

המוציא בין בימינו בין בשמאלו, בתוך חיקו או על כתיפיו, חייב, שכן משא בני קהת

רמב"ם פי"ב מהל' שבת הי"ב - המוציא בין בימינו בין בשמאלו בין בתוך חיקו, או שיצא במעות צרורין לו בסדינו, חייב, מפני שהוציא כדרך המוציאין; וכן המוציא על כתיפו חייב, [א]אע"פ שהמשאוי למעלה מי' טפחים ברשות הרבים, שכן היה משא בני קהת במשכן למעלה מעשרה, שנאמר: בכתף ישאו, וכל המלאכות ממשכן לומדין אותן.

אות ד'

כלאחר ידו, ברגלו, בפיו, ובמרפקו, באזנו, ובשערו, ובפונדתו ופיה למטה, בין פונדתו לחלוקו, ובשפת חלוקו, במנעלו, בסנדלו, פטור, שלא הוציא כדרך המוציאין

רמב"ם פי"ב מהל' שבת הי"ג - אבל המוציא לאחר ידו, ברגלו, בפיו, ובמרפקו, באזנו, ובשערו, ובכיס שתפור בבגדו ופי הכיס למטה, בין בגד לבגד, [ב]בפי בגדו, במנעלו ובסנדלו, פטור, שלא הוציא כדרך המוציאין.

אות ה'

המוציא משוי על ראשו פטור

רמב"ם פי"ב מהל' שבת הי"ד - [ג]המוציא משאוי על ראשו, אם היה משאוי כבד, כגון שק מלא או תיבה ומגדל וכיוצא בהן, שהוא משים על ראשו ותופש בידו, חייב, שכן דרך המוציאין, ונמצא כמוציא על כתיפו או בידו; אבל אם לקח חפץ קל, כגון שהניח בגד או ספר או סכין על ראשו והוציאו, [ד]והוא אינו אוחז בידו, הרי זה פטור, שלא הוציא כדרך המוציאין, שאין דרך רוב העולם להוציא החפצין מונחין על ראשיהם.

באר הגולה

[א] ‹פירש"י ז"ל מעבירו בידו באויר, ואינו מניחו על כתפו, וגבוה מעשרה מן הארץ, דאי במניח על כתפו מתני' היא, ומאי הוה משמע לן, ע"כ דבריו. **ורבינו** ז"ל פי' שדברי ר"א הם להשמיענו שמתני' אינה דוקא בשאין כתפו למעלה מעשרה. **ולענין** הדין דעתם שוה - מגיד משנה› [ב] ‹בשפת חלוקו, פירש הר"ב השפה התחתונה וכו', וכן פרש"י והרמב"ם. **ונ"ל** דלא אתו לאפוקי השפה העליונה, אלא אורחא דמלתא נקטי, שכן דרך החלוק לעשות פיו התחתון בענין שיכול לקבל בו, **והרמב"ם** בחבורו פי"ב מהל' שבת העתיק משנתינו וכתב בפי בגדו - תוס' יו"ט. ‹**וא"כ** שפת חלוקו לאו דוקא בסוף - תפארת ישראל› [ג] ‹ראה רבינו לחלק בין משאוי כבד התפוס ביד, שהוא דרך הוצאתו, למשאוי קל שאינו תפוס ביד, ואינו דרך הוצאתו אלא לבני הוצל, ובאותו פטר ר"ח בדוקא. וכן פירש"י ז"ל, אנשי הוצל היו נושאין כדי מים ויין על ראשם ואין אוחזים אותם בידם, עכ"ל - מגיד משנה› [ד] ‹אין פירוש ו"אינו אוחז בידו" דומה ל"תופש בידו" שאמר קודם, דהתם הוא תופש בידו למשאוי שהיה על ראשו, אבל הכא כוונתו לומר המשאוי בראשו, ואינו כדרך המוציאים שמוציאים אותו בידו ולא בראשו, **אבל** אין כוונה לומר שאינו תופס בידו לחפץ שהוא בראשו, דא"כ הוא משמע דכשהוא תופש בידו למשאוי אפילו שהוא דבר קל והוא בראשו חייב, דא"כ היה לו לרבינו לחלק הכל בדבר קל, ועוד דכל שהוא בראשו שלא כדרך הוצאה הוא, שכ"כ למטה שאין דרך רוב העולם להוציא חפצים וכו', אלא עיקר הדברים כמו שפירשתי, וכ"נ מדברי רש"י ז"ל שם בגמ' - לחם משנה›

גמרא

תורה אור

דאי בעי מפקע ליה ושקיל בנסכא וכיון דאיכא שנצין מפיק ליה עד פומיה ושרי ושקיל ושנצין אגידי מגואי דליכא שנצין ואיבעית אימא דאית ליה ומכרכי עילויה וכן אמר רבא לא שנו אלא בקופה מלאה קישואין ודלועין אבל מלאה חרדל חייב אלמא קסבר אגד כלי לא שמיה אגד אביי אמר אפילו מלאה חרדל פטור אלמא קסבר אגד כלי שמיה אגד קם אביי בשיטתיה דרבא קם רבא בשיטתיה דאביי ורמי דאביי אדאביי ורמי דרבא אדרבא דאיתמר המוציא פירות לרה"ר אביי אמר ביד חייב בכלי פטור ורבא אמר ביד פטור בכלי חייב איפוך "ביד חייב והתנן *פשט בעל הבית את ידו לחוץ ונטל העני מתוכה או שנתן לתוכה והכניס שניהן פטורין "התם למעלה מג' הכא למטה מג': **מתני'** "המוציא בין בימינו בין בשמאלו בתוך חיקו או על כתיפיו חייב שכן משא בני קהת "כלאחר ידו ברגלו בפיו *ובמרפקו באזנו ובשערו ובפונדתו ופיה למטה בין פונדתו לחלוקו *ובשפת חלוקו במנעלו בסנדלו פטור שלא הוציא כדרך המוציאין: **גמ'** אמר ר"א *המוציא משאוי למעלה מעשרה טפחים חייב שכן משא בני קהת מנלן דכתיב °על המשכן ועל המזבח סביב *מקיש מזבח למשכן מה משכן י' אמות אף מזבח י' אמות ומשכן גופיה מנלן דכתיב °עשר אמות אורך הקרש וכתיב °ויפרוש את האהל על המשכן *ואמר רב משה רבינו פרשו מכאן אתה למד גובהן של לויים עשר אמות וגמירי דכל טונא דמידלי במוטות תילתא מלעיל ותרי תילתי מלתחת אישתכח דהוה מידלי טובא ואיבעית אימא מארון *דאמר מר ארון תשעה *וכפורת טפח הרי כאן י' וגמירי דכל טונא דמידלי במוטות תילתא מלעיל ותרי תילתי מלרע אישתכח דלמעלה מי' הוה קאי וליגמר ממשה דילמא משה שאני *דאמר מר אין השכינה שורה אלא על חכם גבור ועשיר ובעל קומה אמר רב משום רבי חייא המוציא משאוי בשבת על ראשו חייב חטאת שכן אנשי הוצל עושין כן ואנשי הוצל *רובא דעלמא אלא אי איתמר הכי איתמר אמר רב משום רבי חייא אחד מבני הוצל שהוציא משוי על ראשו בשבת חייב שכן בני עירו עושין כן ותיבטל דעתו אצל כל אדם אלא אי איתמר הכי איתמר "המוציא משוי על ראשו פטור

ואת"ל

(במדבר ד) (שמות כו) (שם מ)

רש"י

מפקע. קורע: בנסכא. שהן חתיכות ארוכות וכל זמן שמקלתן בפנים לא קנה: ופרכינן וכיון דאיכא שנצין. רלועות שקורין אשמולד"ץ: מפיק ליה עד פומיה ושקיל. וכיון דמלי למשקליניהו קני ולענין שבת לא מיחייב עד דמפיק להו לשנצין דעל ידו הוא אגוד לרה"י שהרי לא ילאו: ומכרכי עילויה. שאין יכול להוליאו (ג) בלא שנצין: קם אביי בשיטתיה כו'. שניהם חזרו בדבריהם והחליפו: ביד חייב. משילאו הפירות ואע"פ שגופו ברשות היחיד ולא אמרינן אגד גופו שמיה אגד: בכלי פטור. כל זמן שיש מקלת הכלי בביתו: ביד פטור. דאגד גופו שמיה אגד דידו בתר גופו גרירא בכלי חייב וקשיא אתרוייהו למה שהחליפו שיטתן: הכא למעלה מג'. וטעמא משום דלא נח ולא משום אגד גופה: והכא למטה מג'. דליכא למיפטרי משום הנחה דכמונח דמי: **מתני'** שכן משא בני קהת. בכתף ישאו (במדבר ז) וימין ושמאל וחיק אורח ארעא ובשם רבינו ילחק בר יהודה מלאתי שאמר בשם רב האי שמפורש בהש"ס ירושלמי ופקודת אלעזר בן אהרן הכהן שמן המאור וקטורת הסמים ומנחת התמיד ושמן המשחה [שמן] אחד בימין [ושמן] אחד בשמאל והקטורת בחיקו והתבינין בכתף: מרפקו. איישיל"א: פונדתו. אזור חלול: ופיה למטה. אין דרך הולאה בכך אבל פיה למעלה דרך הולאה: שפת חלוקו. שפה התחתונה: **גמ'** המוציא משאוי למעלה מי'. מעבירו באויר בידו ואינו על כתפו וגבוה מן הארץ [עשרה] קאמר דאי במונח על כתפו מתניתין היא והא דתנן (לקמן דף ק:) הזורק ד' אמות בכותל למעלה מעשרה כזורק באויר אלמא אין למעלה מעשרה רשות הרבים דווקא זורק אבל מעביר חייב דיליף מבני קהת במשכן: אשר על המשכן וגו'. בקלעי החלר משתעי: אף מזבח. גובהו י' אמות והולרך לסובבו בקלעים של י' אמות רחב ומה אני מקיים וג' אמות קומתו (שמות כז) משפת סובב ולמעלה ומה אני מקיים וקומה ה' דקלעים משפת מזבח ולמעלה כך מפורש בזבחים (דף נט:) שהיו הקלעים ט"ו אמות: מכאן אתה למד. דקס"ד שאר הלוים נמי גביהי כמשה: תלתא מלעיל. וכיון דמזבח י' אמות והוא נושא בכתף כדכתיב (במדבר ז) ולבני קהת לא נתן (עגלות) וגו' והלוים י' אמות כי מדלו ליה תילתא למעלה מראשיהן או מכתיפו נמלא גבוה מן הארץ קרוב לשליש של י' אמות דהוו סובא טפי יותר מי' טפחים: ואיבעית אימא. לא גביהי לוים ולאו ממזבח גמרינן דשמא לוים לא גביהי אלא ז' אמות ואין משאן דמזבח גבוה מן הארץ אלא ב' או ג' טפחים ומארון גמר לה ר' אלעזר: אשתכח דלמעלה מי' קאי. טובא אפילו אין גובהן של לוים אלא ג' אמות כמוט הרי י"ח טפחים וארון אינו תלוי למטה מכתפותיהן אלא ו' טפחים וב' שלישי טפח אישתכח דגבוה י' ויותר: וליגמר ממשה. שפרש המשכן ונמלא דגובהן של לוים עשר אמות ונילף מלוים נושאי המזבח: דאמר מר. במסכת נדרים: אנשי הולל. היו נושאין כדי מים ויין על ראשיהן ואין אוחזין אותם בידים:

מתני'

תוספות

דאי בעי מפקע ליה. נראה לר"י שכיסין שלהם לא היו תפורות בחוזק כמו שלנו ולהכי פריך ממקום התפירה ולא ממקום אחר: ורמי דאביי אדאביי. °קיס ליה להש"ס דהך מילתא דמייתי איתמר בתר דהדור בהו: **התם** למעלה מג'. ונהי דלאו שמיה אגד הנחה ליכא כדפירש בקונטרס הקשה ה"ר אלחנן לרבה דמוקי מתני' בריש מכילתין (דף ד.) כר"ע דאמר קלוטה כמי שהונחה דמיא בהך בבא דמייתי הכא אמאי שניהם פטורין והלא למעלה מג' לר' עקיבא כמו למטה מג' לרבנן וי"ל דרבה סבר אגד גוף שמיה אגד ור"י מפרש התם למעלה מג' ולית לן למימר דשמיה אגד כדאמר בפ"ק (דף ג.) דידו בתר גופו גריר הכא למטה מג' דלאו שמיה אגד: **לאחר** ידו ברגלו. ולספרים דגרס כלאחר ידו י"ל דברגלו הוי פירוש כלאחר ידו ומיהו גירסא קמא ניחא טפי דהכי תניא בברייתא בגמרא:

במרפקו. (ג) הוא שקורין"א קוד"א ולא כמו שפירש בקונטרס איישיל"ש מדתנן באהלות (פ"א מ"ח) רמ"ח אברים באדם שלשים בפיסת היד ו' בכל אצבע שנים בקנה שנים במרפק אחד בזרוע (ד) שנים בכתף כו' משמע דמרפק הוא למטה מן הזרוע וכן בפרק האומר משקלי (ערכין יט:) ידי ורגלי עלי ממלא חבית מים ומכניס ביד עד העציל וברגל עד הארכובה ולעציל קרי ליה במתניתין דהתם במרפקו ותרגום של אצילי ידי מרפקי ידיה (יחזקאל יג) משמע דעציל היינו קוד"א שהוא ביד כנגד ארכובה ברגל ובפ"ב דזבחים (דף יח:) לא יחגרו ביזע שאין חוגרין לא למטה ממתניהם ולא למעלה מאציליהם אלא כנגד אצילי ידיהם ואי אצילי היינו איסיל"ש היאך יחגרו למעלה מהם ועוד א"כ כנגד אציליהן היאך חוגרים אדרבה שם היא מקום זיעה אלא ודאי היינו קוד"א וכן יש להוכיח מכאן דלא כמפרש דמקום תפילין הוי בקנה למטה ממרפק דבכל מקום אמרינן תפילין בזרוע ובמס' אהלות (פ"א מח) משמע דזרוע הוא למעלה ממרפק ועוד דבפ' האומר משקלי (שם ד' יט:) פריך וביד עד העציל והכתיב והיה לאות על ידך ותנא זה קיבורית ומשני דאורייתא קיבורית כולה פירוש קרויה יד בנדרים הלך אחר לשון בני אדם משמע דמקום תפילין למעלה מן העציל*): **המוציא** בפיו כו'. והא דתנן בהמרו לו (כריתות ד' יג:) אם היתה שבת והוליאו בפיו חייב ה"מ אוכלים שדרכן להוליאן בפיו בשעת אכילה: **אישתכח** דלמעלה מי' הוה קאי. דמכתף אדם עד לארץ שלש אמות כדאמר בתרגום מגלת אסתר פרשנדתא אזטליב על תלת אמין וכן כלהו וראשיהם (ס) היו קטועים ומקוה דאמר (יומא לא.) דהוי כל גופו עולה בהן אפילו ראש באמה על אמה ברום ג' אמות דכשיכנס במים יעלו המים למעלה מראשו וכוכין דאמר בסוף המוכר פירות (ב"ב דף ק:*) דאורכן ארבע אמות היינו עם ראש וצואר ועובי הארון עם מה שמשקעין ארון בתוך הכוך טפח או טפחיים וגבי היזק ראיה דהצריך ארבע אמות בריש בבא בתרא (דף ג:) משום צואר וראש ובקל יגביה עצמו שיוכל לראות לכך צריך ארבע אמות והא דאמרינן במי שהוציאוהו (עירובין דף מח:) דמקומו של אדם ארבע אמות היינו כשפושט ידו למעלה מראשו*:

ואת"ל

עין משפט נר מצוה

יא א ב מיי' פי"ג מהל' שבת הלכה ז:

יב ג מיי' פי"ב שם הלכה יב:

יג ד שם הלכה יג:

יד ה שם הלכה יד:

רבינו חננאל

מתניתין כדר' זירא עד שיוציא את כל הקופה הא אם הוציא כל הפירות פטור והוקיה מתרץ לה למתני' כטעמיה ור' יוחנן מתרץ לה כטעמיה ופתרינן לחזקיה תפרשא קופת הרוכלין ונתנה על האסקופה החיצונה אע"פ שרוב מינין מבחוץ פטור עד שיוציא את כל הקופה קס"ד דאית בקופת הרוכלים חפצים קטנים כגון תוליות ומתלויות או כיוצא בהן דצריכין בצרוי וקאמר אע"פ שרובי הצרורות מבחוץ פטור מפני שאגד כלי [שמיה] אגד עד שיוציא כל הקופה ופריקנא אמר לך חזקיה לית בה בהאי קופה צררי דדמי לאגוזים ותאנים ולחרדל אלא הני מינין דאית בה אורנסי וכיוצא בהן שהן דומין לקישואין ולדלועין שכל אחד מהן נותר ממנו כלום בפנים ובלשון ארמי שנודע עכשיו בינותינו אין אנן יודעין[מהו]אורנסי אלא עצים או קנים שעושין אותן לכרוך עליהן צמר או פשתן והאשה נושאת אותן בידה וטושכת מהן ותויא מינית הופי לפילכא ונמצאו אלו הרי בה בקופת הרוכלים ויש להן ארך כקישואין ודלועין מתיבי רב ביבי בר אביי הגונב כיס בשבת חייב שכבר נתחייב בגנבה (ואבדה) קודם שבא לידי איסור שבת היה מגרר ויוצא מגרר ויוצא פטור שאיסור שבת ואיסור גניבה באין כאחד.ועיקר הא מלתא שכל המתחייב בנפשו פטור מן התשלומין אבל אם נתחייב בתשלומין קודם שיתחייב בנפשו לא מיפטר. וכי אמר ר'אבין (כתובות לא) הזורק חץ מתחלת ארבע לסוף ארבע וקרע שיראין בהליכתו פטור שעקירה צורך הנחה היא אותיב שם רב ביבי בר אביי כי הא תשובה דקא מותיב מהא מתניתא הגונב כיס בשבת ופריקי ליה וה"נ קא מותיב ליה למאן דאמר אגד כלי שמיה אגד מהא מתניתא וקאמר ליה (את) [אם] אמרת מעות המונחים בכיס ופירות המונחים בקופה אע"פ שהוציא מקצתכים ומקצת הקופה וכבר יצאו מעות הרבה ופירות הרבה לחוץ כיון שאגודים בכיס ומקצת הכים בפנים פטור והכא קתני היה מגרר ויוצא מגרר ויוצא פטור שהרי איסור שבת ואיסור גנבה באין כאחד ואי הוה אגד כלי שמיה אגד היה זה מתחייב בגניבה קודם שיבוא לידי איסור שבת דמן כד מפיק פורתא מן הכלי לחוץ נתחייב בגניבה דאי בעי שרי ושקיל ולדבריך עדיין לא בא לידי איסור שבת שהרי לא הוציא את כל הכים וכיון שהוא בא לכלל איסור שבת בהוצאת

[illegible] הכים שהרי הגנבה והשבת באין כאחד תיובתא דר' יוחנן ופרקינן אמר לך ר' יוחנן אי אפקי לכים דרך פיו הכי נמי דמחייב שהרי נתחייב בגנבה קודם שיבוא לידי איסור שבת הוא מתניתין לא אתאמרא אלא

[illegible] לכים דרך שוליו דלא מצי למשקל מיניה מידעם עד דמפיק ליה לכוליה ובהכין גנבה ואיסור שבת באין כאחד והדר אקשינן ליה לר' יוחנן והא איכא חלאמא שהוא המקום התפור בשולי הכים ראי

[illegible] מפקע ליה ודחיק או בפתח דוכתא מן חלאמא דרך שוליו של כים ושקל מיניה ופריק ר' יוחנן שאם מעות יש בכים דמצי למעבד הכי ודאי מחייב בגנבה קודם שיבא לידי איסור שבת ולא בהכין עסיק' בהא

[illegible] אי לאמת (הא ברייתא בכי הא דאית ביה שבא) דלא מצי למשקל מיניה מקצת עד מפיק ליה לכוליה ולא מחייב בגנבה קודם שיבא לידי איסור שבת והדר מקשינן והאיכא שנציא ומפרקינן ברליכא ואי בעית אימא

רב נסים גאון

[illegible] בין בימינו בין בשמאלו בתוך חיקו ועל כתיפו חייב שכן משא בני קהת. בגמ' דבני מערבא מפרש [illegible] פקודת אלעזר בן אהרן הכהן שמן המאור וגו' שמן המאור בימינו וקטורת הסמים בשמאלו ומנחת [illegible] של יום תלויה בזרועו שמן המשחה איכן היה נתון ר' אבין בש"ר אלעזר כמין צלוחית קטנה היתה [illegible] באפונדתו: מה משכן עשר אף מזבח עשר אמות בפרק סבוי (עירובין דף ג) אמרו איבעית אימא [illegible] קלעים חמש עשרה אמה לכתף בגובהה הוא דכתי' גבוהה והא כתי' וקומת חמש אמות ההוא משפת [illegible] ולמעלה כדי שלא יהא כהן עומד ועבודה בידו והעם רואין אותו מבחוץ נתבאר כבר שהמזבח יש [illegible] אמות ובמסכת זבחים בפרק קדשי קדשים (דף נט) אמר ר' יהודה לטעמיה דאמר מזבח דמשה [illegible] הוה דתניא ה' אמות אורך וה' אמות רוחב רבוע יהיה דברים ככתבן דברי ר' יוסי ר' יהודה

אומר נאמר כאן רבוע ונאמר להלן רבוע מה להלן מאמצעיתו הוא מודד אף כאן מאמצעיתו הוא מודד כולה ור' יוסי כי נמיר גזירה שוה בגובהה נמיר דתניא ושלש אמות קומתו דברים ככתבן דברי ר' יהודה ר' יוסי אומר נאמר כאן רבוע ונאמר להלן רבוע מה להלן במזבח הזהב רבוע גובהו כשנים ברחבו אף כאן גובהו כשנים ברחבו הא מה אני מקיים וקומה חמש אמות משפת סובב ולמעלה: דאמר מר אין השכינה שורה אלא על חכם גבור ועשיר. עיקר דיליה במסכת נדרים בפרק אין בין מודר הנאה מחברו (דף לח) א"ר יוחנן אין הקב"ה משרה שכינתו אלא על חכם גבור ועשיר ועניו וכולן ממשה דכתיב (שמות מ) ויפרוש את האהל על המשכן ואמר מר משה פרשו וכתיב (שמות כו) עשר אמות אורך הקרש אימא דאריך וקטין אלא מן הדין קרא דכתיב (דברים ט) ואתפש בשני הלוחות ותניא אורכן ו' ורחבן ו' ועביין ג' עשיר דכתיב

מסורת הש"ס

[illegible]

הגהות הב"ח

[illegible]

גליון הש"ס

[illegible]

[ועי' תוס' עירובין מח:]

[וע"ע תוס' פסחים קט: ד"ה כרוס] *) [וע"ע תוס' מנחות לז. ד"ה קיבורת ותוס' חולין קו: ד"ה אמר רב ותוס' ערכין יט. ד"ה מרפיקו ותוס' נדה ל: ד"ה שני]

ואת"ל אנשי הוצל עושין כן בטלה דעתן אצל כל אדם: **מתני׳** "המתכוין להוציא לפניו ובא לו לאחריו פטור לאחריו ובא לו לפניו חייב באמת אמרו האשה החוגרת בסינר בין מלפניה ובין מלאחריה חייבת שכן ראוי להיות חוזר רבי יהודה אומר אף מקבלי פתקין: **גמ׳** מאי שנא לפניו ובא לו לאחריו דפטור דלא אתעביד מחשבתו לאחריו ובא לו לפניו נמי הא לא אתעביד מחשבתו א"ר אלעזר *תברא מי ששנה זו לא שנה זו אמר רבא ומאי קושיא דילמא לפניו ובא לו לאחריו היינו טעמא דפטור "דנתכוון לשמירה מעולה ועלתה בידו שמירה פחותה לאחריו ובא לו לפניו היינו טעמא דחייב דנתכוון לשמירה פחותה ועלתה בידו שמירה מעולה אלא מאי קושיא דיוקא דמתני׳ קשיא המתכוין להוציא לפניו ובא לו לאחריו פטור הא לאחריו ובא לו לאחריו חייב אימא סיפא לאחריו ובא לו לפניו הוא דחייב הא לאחריו ובא לו לאחריו פטור א"ר אלעזר תברא מי ששנה זו לא שנה זו אמר רב אשי מאי קושיא דילמא לא מיבעיא קאמר לא מיבעיא לאחריו ובא לו לאחריו דחייב דאיתעבידא מחשבתו אלא אפילו לאחריו ובא לו לפניו איצטריכא ליה סלקא דעתך אמינא הואיל ולא איתעביד מחשבתו לא ליחייב קמ"ל דנתכוון לשמירה פחותה ועלתה בידו שמירה מעולה דחייב *ולאחריו ובא לו לאחריו תנאי היא דתניא [א] *"המוציא מעות בפונדתו ופיה למעלה חייב פיה למטה רבי יהודה מחייב וחכמים פוטרין אמר להן ר׳ יהודה אי אתם מודים בלאחריו ובא לו לאחריו שהוא חייב ואמרו לו ואי אתה מודה כלאחר ידו ורגלו שהוא פטור אמר ר׳ יהודה אני אמרתי דבר אחד והן אמרו דבר אחד אני לא מצאתי תשובה לדבריהם והן לא מצאו תשובה לדברי מדקאמר להו אי אתם מודין לאו מכלל דפטרי רבנן וליטעמיך דקאמרי ליה אי אתה מודה מכלל דמחייב רבי יהודה והתניא לאחר ידו ורגלו ד"ה פטור אלא לאחריו ובא לו לאחריו ד"ה חייב לאחר ידו ורגלו דברי הכל פטור כי פליגי בפונדתו ופיה למטה מר מדמי ליה לאחריו ובא לו לאחריו ומר מדמי ליה לאחר ידו ורגלו: "באמת אמרו האשה כו׳: [תנא *כל באמת הלכה היא: רבי יהודה אומר אף מקבלי פתקין]: תנא*) שכן לבלרי מלכות עושין כן: **מתני׳** המוציא ככר לרשות הרבים חייב "הוציאוהו שנים פטורין "לא יכול אחד להוציאו והוציאוהו שנים חייבין ור׳ שמעון פוטר: **גמ׳** אמר רב יהודה אמר רב ואמרי לה אמר אביי ואמרי לה במתניתא תנא זה יכול וזה יכול רבי מאיר מחייב ור׳ יהודה ור׳ שמעון פוטרים זה אינו יכול וזה אינו יכול רבי יהודה ור׳ מאיר מחייבים ורבי שמעון פוטר "זה יכול וזה אינו יכול דברי הכל חייב תניא נמי הכי המוציא ככר לרשות הרבים חייב הוציאו שנים רבי מאיר מחייב ורבי יהודה אומר אם לא יכול אחד להוציאו והוציאו שנים חייבין ואם לאו פטורים ורבי שמעון פוטר מנא הני מילי *דתנו רבנן °בעשותה העושה את כולה ולא העושה את מקצתה כיצד שנים שהיו אוחזין *במלגז ולוגזין בכרכר ושובטין בקולמוס וכותבין בקנה והוציאו לרשות הרבים יכול יהו חייבין תלמוד לומר בעשותה העושה את כולה ולא העושה מקצתה בעיגול

*) [בערוך ערך לבלר פירש לבלר סופרי מלכות חוגרין בסינר ותולין פיתקין כמתניתן פעמים שבאין לפנים ופעמים שבאין לאחור]

רש"י

מתני׳ המתכוין להוציא לפניו. כגון שצרר מעות בסדינו כדי שיהיו תלוין לפניו ובא לו לאחריו: **פטור.** דלא נתקיימה מחשבתו וה"ל כמתעסק ולא מתכוין: **לאחריו ובא לו לפניו חייב.** בגמ׳ מפרש טעמא: **סינר.** כעין מכנסיים קטנים וחוגרת אותו לצניעות ואם תלתה בו שום דבר להוציא ובא לו לצד אחר חייבת: **שכן ראוי להיות חוזר.** דרכו להיות חוזר סביבותיה ומתחלתה ידעה שסופו להתהפך: **ר׳ יהודה אומר אף מקבלי פתקין.** של מלך למוסרם לרצים אף הם חייבים בהוצאתן אפילו לא נתקיימה מחשבתן כגון הוציאן על מנת לתתן לרץ זה ונתנו לזה כך לשון רבותי ולבי מגמגם: **גמ׳ מי ששנה זו לא שנה זו.** ת"ק פטר בתרוייהו ותנא בתרא מחייב בתרוייהו: **ועלתה בידו שמירה פחותה.** ואכן סהדי דלא ניחא ליה אבל סיפא כל שכן דניחא ליה: **דיוקא דמתני׳ קשיא.** דיוקא (א) דמצינן למידק ממתני׳: **לאחריו ובא לו לפניו הוא דחייב.** דעלתה בידו שמירה מעולה: **וחכמים פוטרין.** שאין דרך הוצאה בכך: **אני אמרתי דבר אחד.** אי אתם מודים כו׳: **והם אמרו דבר א׳.** אי אתה מודה כו׳: **מכלל דמחייב רבי יהודה.** בתמיה הא ודאי דברי הכל פטור דלא מפקי אינשי הכי: **לאחריו ובא לו לאחריו דברי הכל חייב.** דיש מוציאין כן בשמירה פחותה: **לאחר ידו דברי הכל פטור.** דאין מוציאין כן: **מר מדמי לה לאחריו.** דשמירה פחותה היא ומר מדמי לה לאחר ידו דלא דמי למוציא לאחריו דהתם משתמרים הן מן הגנבים אבל אלו נופלין מאליהן ואין מוציאין כן: **שכן לבלרי מלכות עושין כן.** בדעתו למוסרן לזה ואין מוציאו ודבר המלך נחוץ ומוצא אחר ומוסרו לו: **מתני׳ הוציאו** (ג) **שנים פטורין.** כדילפינן בעשותה יחיד ולא שנים: **חייבים.** וטעמא מפרש בגמרא: **גמ׳ זה יכול.** להוציאו לבדו וזה יכול להוציאו לבדו והוציאו שניהם: **ר"מ מחייב.** דלא דריש בעשותה להכי אלא לפטור יחיד שעשה בהוראת ב"ד כדלקמן: **ור׳ יהודה פוטר.** דלאו אורחיה בהכי וסתם מתני׳ ר׳ יהודה היא: **זה אינו יכול וזה אינו יכול.** דאורחייהו להוציא בשנים בהא סבירא ליה לרבי יהודה כרבי מאיר דחייב ורבי שמעון פוטר דיליף מקראי כדלקמן: **זה יכול וזה אינו יכול.** והוציאו שניהן דברי הכל חייב ולקמן מפרש הי מינייהו חייב: ה"ג הוציאוהו שנים ר׳ מאיר מחייב ול"ג פטור: **ר׳ יהודה אומר אם לא יכול אחד.** כלומר כל אחד ואחד: **ואם לאו.** אלא זה יכול וזה יכול פטור וממילא דבכי האי גוונא ר׳ מאיר מחייב: **מלגז.** פורק"א בת ג׳ שיניים ומהפכין בה תבואה בגורן והוא מעמר דהוא אב מלאכה: **ולוגזין.** מאספין השבלין: **בכרכר ושובטין.** דהוא מיסך כדאמר בפרק כלל גדול (לעיל דף עה) שובט הרי הוא בכלל מיסך: **בקנה והוציאו כו׳.** וכל הנך זה יכול וזה יכול נינהו:

תוספות

ואת"ל אנשי הוצל עושין כן בטלה דעתן אצל כל אדם. משמע דעל אהרא נמי אמר דבטלה דעתן וכן בריש בכל מערבין (עירובין דף כח.) פריך ובבל הוי רובא דעלמא והתניא כו׳ וכן בפר הכי (ג) פריך ופרסאי הוי רובא דעלמא וקשה דבפ׳ חבית (לקמן קמד:) גבי של בית מנשיא היו סוחטים ברמונים (ד) ופריך בית מנשיא הוי רובא דעלמא ומשני אין דהתנן המקיים קוצים בכרם כו׳ שכן בערביא מקיימין קוצים לגמליהן ופריך מי דמי ערביא אהרא הוא הכא בטלה דעתו אצל כל אדם וי"ל דהתם חשוב מנהג ערביא דלכל העולם נמי אם היה להם רוב גמלים הוו נמי מקיימי אבל בית מנשיא דחד גברא בטלה דעתו אע"ג דלכל העולם אם היה להם רמונים הרבה היו סוחטין:

רבי יהודה אומר אף מקבלי פיתקין. מפרש רבינו שמואל שיש אדם ממונה למלך שנושא פיתקין של מלך לידע מנין גבוריו וחייליו ובית אוצרותיו ונושאין אותן בכיסיהן התלויין באחוריהן ואותן כיסין חוזרין פעמים לפניהן ופעמים לאחוריהן והוי ממש דומיא דסינר דלעיל שהוא חוזר ות"ק דר׳ יהודה לא חשיב ליה חוזר והא דמייתי בגמרא תנא שכן לבלרי מלכות עושין כן כלומר שחוזר דבענין זה מיירי רישא (דברייתא) [דמתני׳]:

תברא מי ששנה זו כו׳. ת"ק ה"ל למינקט לאחריו ובא לו לפניו פטור ולתנא בתרא דמחייב הוה לו למינקט לפניו ובא לו לאחריו דהאי רבותא טפי אלא דהשתא לא ידע °שיש בזה שום חילוק:

הא לאחריו ובא לאחריו פטור. לעיל (דף נח:) גבי חזקיה משני כעסה ובפ"ק דקדושין (דף ה׳) גבי נתנה היא ואמרה היא ובכמה דוכתי לא משני:

זה אינו יכול וזה אינו יכול ר"מ ורבי יהודה מחייבין. מה שהקשה ריב"א אמאי לא אמרינן חטאת אחד אמר רחמנא ולא שנים ושלשה כדאמר גבי כופר מפורש בפרק ד׳ וה׳ (ב"ק דף מ. ד"ה כופר):

רב נסים גאון

§ מסכת שבת דף צב: §

אות א׳ – ב׳

המתכוין להוציא לפניו, ובא לו לאחריו פטור; לאחריו ובא לו לפניו חייב

לפניו ובא לו לאחריו היינו טעמא דפטור, דנתכוון לשמירה מעולה ועלתה בידו שמירה פחותה; לאחריו ובא לו לפניו, היינו טעמא דחייב, דנתכוון לשמירה פחותה ועלתה בידו שמירה מעולה

רמב״ם פ״א מהל׳ שבת הי״ב - כל המתכוין לעשות מלאכה ונעשית ביותר על כוונתו, חייב, בפחות מכוונתו, פטור; כיצד, הרי שנתכוין להוציא משא לאחריו ובא לו לפניו, חייב, שהרי נתכוין לשמירה פחותה ונעשית שמירה מעולה; אבל אם נתכוין להוציא לפניו ובא לו לאחריו, פטור, שהרי נתכוין להוציא בשמירה מעולה והוציא בשמירה פחותה, וכן כל כיוצא בזה. השגת הראב״ד: כל המתכוין לעשות מלאכה ונעשית ביתר על כוונתו חייב בפחות מכוונתו פטור. [א]א״א אין לשונו יפה בזה, אבל היה לו לומר המתכוין לעשות מלאכה מעולה ועשאה פחותה, פטור; אבל פחות מכוונתו, הרי שכתב שם משמעון חייב, והוא פחות מכוונתו, אלא שלא קלקל מעשיו.

אות ג׳

באמת אמרו האשה כו׳

רמב״ם פ״א מהל׳ שבת הי״ג - היה חגור בסינר, והשליך המשא בין בשרו וחלוקו, בין שבא זה המשא שדרכו להוציאו בדרך הזאת לפניו, בין שבא לאחריו, חייב, שכן דרכו להיות חוזר.

אות ד׳

הוציאוהו שנים פטורין

רמב״ם פ״א מהל׳ שבת הט״ו - כל מלאכה שהיחיד יכול לעשות אותה לבדו, ועשו אותה שנים בשותפות, בין שעשה זה מקצתה וזה מקצתה, כגון שעקר זה החפץ מרשות זו, והניחו השני ברשות אחרת; בין שעשו אותה שניהם כאחד מתחלה ועד סוף, כגון שאחזו שניהם בקולמוס וכתבו, או אחזו ככר והוציאוהו מרשות לרשות, הרי אלו פטורין.

אות ה׳ – ו׳

לא יכול אחד להוציאו והוציאוהו שנים, חייבין

זה יכול וזה אינו יכול, דברי הכל חייב

רמב״ם פ״א מהל׳ שבת הט״ז - ואם אין אחד מהן יכול לעשותה לבדו עד שיצטרפו, כגון שנים שאחזו קורה והוציאוה לרשות הרבים, הואיל ואין כח באחד מהן לעשותה לבדו, ועשו אותה בשותפות מתחלה ועד סוף, שניהן חייבין, ושיעור אחד לשניהן; היה כח באחד להוציא קורה זו לבדו, והשני אינו יכול להוציאה לבדו, ונשתתפו שניהם והוציאוה, זה הראשון שיכול חייב, והשני מסייע הוא, ומסייע אינו חייב כלום, וכן כל כיוצא בזה.

באר הגולה

[א] ‹ואני רואהו בכאן חפץ להשיג, שדקדוק לשון רבינו באמרו "ונעשית", הוא שלא נעשית בדרך כוונתו אלא בשנוי. וכשהשנוי הוא יותר על הכונה חייב, וכשהוא פחות פטור. ושם משמעון לא נשתנית מחשבתו כלל, אלא שלא נגמרה, ולא היה לו אפשר לכתוב שמעון אם לא יכתוב שם תחלה, וכ״ש שכבר ביאר רבינו כל זה בביאור שהזכיר בדינים – מגיד משנה›

§ מסכת שבת דף צג. §

אות א׳ – ב׳

זה שיכול, דאי זה שאינו יכול, מאי קא עביד

מסייע אין בו ממש

רמב״ם פ״א מהל׳ שבת הט״ז - היה כח באחד להוציא קורה זו לבדו, והשני אינו יכול להוציאה לבדו, ונשתתפו שניהם והוציאוה, זה הראשון שיכול חייב, והשני מסייע הוא, ומסייע אינו חייב כלום, וכן כל כיוצא בזה.

אות ג׳

היה יושב על גבי המטה, וארבע טליות תחת רגלי המטה, טמאות, מפני שאינה יכולה לעמוד על שלש

רמב״ם פ״ז מהל׳ מטמאי משכב ומושב ה״ה - היה יושב על גבי המטה, וד׳ משכבות תחת ארבע רגלי המטה, כולן טמאות, מפני שאינה יכולה לעמוד על שלש.

אות ד׳

היה רוכב על גבי בהמה, וארבע טליות תחת רגלי הבהמה, טהורות, מפני שיכולה לעמוד על שלש

רמב״ם פ״ז מהל׳ מטמאי משכב ומושב ה״ו - היה רוכב על גבי בהמה, וד׳ משכבות תחת ארבע רגליה, כולן טהורות, מפני שהבהמה יכולה לעמוד על שלש, ונמצאת הרביעית מסייע, ומסייע אין בו ממש; והואיל וכל אחת ראויה להיות מסייע, ואין אנו יודעים אי זו יד ואי זו רגל היא שלא היתה נשענת עליה, הרי לא הוחזקה טומאה באחת מהן, ולפיכך כולן טהורות; לפיכך אם היה משכב אחד תחת שתי ידי הבהמה, או תחת שתי רגליה, או תחת ידה ורגלה, הרי זה טמא, שהרי ודאי נישא הזב על משכב זה, שאין הבהמה יכולה לעמוד על שתים.

אות ה׳

זב שהיה מוטל על חמשה ספסלין, או על חמש פונדאות, לאורכן טמאים, לרחבן טהורין; ישן, ספק מתהפך עליהן טמאין

רמב״ם פ״ז מהל׳ מטמאי משכב ומושב ה״ד - זב שהיה מוטל על חמשה ספסלין שהן מונחין לאורכן, טמאים, שהרי נישא רובו על כל אחד מהן; היו מונחין לרוחבן, טהורין, שהרי לא נישא רובו על כל אחד מהן; ואם ישן עליהם, בין כך ובין כך טמאים, שמא נתהפך עליהם ונמצא רובו על כל אחד.

בעיגול של דבילה והוציאו לרשות הרבים בקורה והוציאו לרה"ר רבי יהודה אומר אם לא יכול אחד להוציאו והוציאוהו שנים חייבין ואם לאו פטורין ר"ש אומר אע"פ שלא יכול אחד להוציאו והוציאוהו שנים פטורים לכך נאמר בעשותה יחיד שעשאה חייב שנים שעשאוה פטורין במאי קמיפלגי בהאי קרא °ואם נפש אחת תחטא בשגגה מעם הארץ בעשותה ר"ש סבר תלתא מיעוטי כתיבי נפש תחטא אחת תחטא בעשותה תחטא חד למעוטי זה עוקר וזה מניח וחד למעוטי זה יכול וזה יכול וחד למעוטי זה אינו יכול וזה אינו יכול ורבי יהודה חד למעוטי זה עוקר וזה מניח וחד למעוטי זה יכול וזה יכול וחד למעוטי יחיד שעשאה בהוראת ב"ד *ור"ש *יחיד שעשאה בהוראת ב"ד חייב ור"מ מי כתיב נפש תחטא אחת תחטא בעשותה תחטא תרי מעוטי כתיבי חד למעוטי זה עוקר וזה מניח וחד למעוטי יחיד שעשאה בהוראת ב"ד: אמר מר זה יכול וזה אינו יכול דברי הכל חייב הי מנייהו מיחייב אמר רב חסדא *זה שיכול דאי זה שאינו יכול מאי קא עביד אמר ליה רב המנונא *דקא מסייע בהדיה אמר ליה *מסייע אין בו ממש אמר רב זביד משמיה דרבא אף אנן נמי תנינא *היה יושב על גבי המטה וארבע טליות תחת רגלי המטה טמאות מפני שאינה יכולה לעמוד על שלש ור' שמעון מטהר *היה רוכב על גבי בהמה וד' טליות תחת רגלי הבהמה טהורות מפני שיכולה לעמוד על ג' ואמאי הא קמסייע בהדי הדדי לאו משום דאמרינן מסייע אין בו ממש אמר רב יהודה מדיסקרתא לעולם אימא לך מסייע יש בו ממש ושאני הבא דעקרה לה לגמרי וכיון דזימנין עקרה הא וזימנין עקרה הא ליהוי כזב המתהפך מי לא תנן *זב שהיה מוטל על ה' ספסלין או על ה' פונדאות לאורכן טמאים לרחבן טהורין ישן ספק מתהפך עליהן טמאין אלא לאו משום דאמרינן מסייע אין בו ממש אמר רב פפי משמיה דרבא אף אנן נמי תנינא רבי

(ויקרא ד)

רש"י

עיגול וקורה גדולים הן ואין אחד יכול להוציאו: **ואם לאו** · שיכול אחד להוציאו: **נפש חטאה** · משמע נפש ולא נפשות: **חד למעוטי זה עוקר.** מרשות הרבים: **וזה מניח** · ברשות היחיד דכל כמה דלא כתיב אלא חד מיעוט מסתברא דהאי הוא דממעט דהאי קעביד פלגא והאי פלגא וליכא חד דמסייע בכולהו: **וחד** · יתורא למעוטי אף על פי דעבדי כי הדדי דהאי עביד כולה והאי עביד כולה ומיהו זה יכול וזה יכול הוא דממעיט דלאו אורחיה למעבדה בתרי: **וחד** · יתורא למעוטי נמי זה אינו יכול וזה אינו יכול דאף על גב דאורחייהו למיעבד בתרי מעטינהו: **יחיד שעשה בהוראת ב"ד** · הורו ב"ד שחלב מותר והלך היחיד ועשה על פיהם דאנוס הוא ורבי שמעון לטעמיה דאמר בהוריות יחיד שעשה בהוראת ב"ד חייב: **תרי מיעוטי כתיבי** · נפש אחת חד מיעוטא הוא דאורחיה דקרא לאישתעי הכי: **זה שיכול** · דאיהו עבדה לכולה: **אין בו ממש** · מי שאינו אלא מסייע בדבר ואם בא לעשותו לבדו אינו יכול אין בו ממש ולא חשיב מידי ולא מיפטר אידך: **אף אנן נמי תנינא** · דמסייע אין בו ממש: **היה** · זב יושב על גבי מטה: **וד' טליות** · טליתות: **שאינה יכולה לעמוד על ג'** · וכיון דזה אינו יכול וזה אינו יכול כל אחד ואחד סלי מעשה עביד וגבי מדרס הזב בעינן שינשא רובו עליו בת"כ: **ור' שמעון מטהר** · ר' שמעון לטעמיה דאמר זה אינו יכול וזה אינו יכול נמי אינו אלא כמסייע ופטור (א)*(ל"א דבעי שיעור זיבה לזה ושיעור זיבה לזה כלומר רובו של זב מכביד על כל אחד ואחד ואפילו מסייע לא הוי): **מפני שיכולה לעמוד על ג'** · הלכך כל אחד ואחד הוי רביעי ואינו אלא מסייע וסתמא כר' יהודה דזה יכול וזה יכול קרי מסייע: **דעקרה ליה לגמרי** · עוקרת הרגל מן הארץ ואפי' מסייע לא הוי: ופרכינן ולאו טעמא משום דעקרה ליה כיון דזימנין דעקרה האי וזימנין עקרה האי ובכל ג' איכא לספוקי שמא הכבידה עליהן ולא עקרתן לטמינהו מספק כזב (ג) המתהפך על ה' פונדאות דמטמינן ליה מספק: **פונדאות.** כמין חריטין כיסים ארוכים וטוענין בהן מעות ובלעז בריד"ש ורואין לשמש שכיבה עם מלאכתן שיושב עליהם והם מלאות מעות ופותח פיהם ונוטל ואין צריך לומר לו עמוד ונעשה מלאכתנו: **לאורכן** · כגון שהיה שוכב על מעיו או פרקדן ואורכו מוטל על (ג) אורכן: טמאים גרסינן במשנה דטהרות דיש לומר בכל אחת מהן שנישא רובו עליו פעמים על זו ופעמים על זו: **לרחבן טהורין** · לפי שארכו מוטל על רחבן ואין רובו נישא על אחת מהן: **ישן** · לו עליהן לרחבן: **ספק נתהפך** · על ארכו ונמצא כולו נשען על אחת מהן: **טמאים** · דכל חדא איכא למימר על זו נתהפך אלמא מטמינן מספק והכא נמי אי משום עקירה הוא ניטמינהו מספיקא אלא לאו טעמא משום דכולהו הוו כל חדא וחדא מסייע ואין בו ממש כן נראה בעיני משנה זו ורבותי גורסין לאורכן טהורין ופירשו טעמא דלאורכן טהורין משום דאמרי שמא ביניהן שכב ולא עליהם וקשיא לי א"כ לקולא תלינן ואמאי תני סיפא ספק נתהפך טמאים:

תוספות

תלתא מיעוטי כתיבי · והא דנקט בעשותה בברייתא טפי מהאך משום שהוא מיעוט אחרון שבפסוק ובהא פליגי ולא ידע ר"י דלאמאי נקט במילתיה דר' שמעון יחיד שעשאה חייב כו' ולא נקט ליתנא דלעיל העושה את כולה ולא העושה את מקצתה ושמא ליתנא דשנים שעשאוה פטורין משמע ספי אפי' זה אינו יכול וזה אינו יכול:

חד למעוטי זה עוקר וזה מניח · וזה כתב אות אחת ובא חבירו וכתב אות שניה לא איצטריך קרא אלא אהוצאה דה"א אהכנסה ואהוצאה הוא דקפיד רחמנא וליחייב אפי' בלא הנחה:

ח"ג ורבי שמעון יחיד שעשאה בהוראת ב"ד לא צריך קרא ול"צ ר"ש לטעמיה דאמר יחיד שעשאה בהוראת ב"ד חייב כדפירש בקונטרס דהא תנן בהדיא בפ"ק דהוריות (ד' ג·) הלך ועשה על פיהן בין הביאו כפרתן בין לא כו' ר' שמעון פוטר ומפרש טעמא תולה בב"ד אנוס הוא:

אמר מר זה יכול וזה אינו יכול · נראה לר"י דהאי אינו יכול הייט אפי' בעל כח הרבה אלא שהוא נושא הקורה בענין זה בכי האי גוונא שאלמלא אחר לא היה יכול לנושאה לבדו כגון באצבע או תופסה בענין זה שאינו יכול לנושאה לבדו דמה לנו לכחו כיון דהשתא מיהא אינו יכול לנושאה: **הי** מינייהו מיחייב · לא בעי למימר שיהא פטור אותו שיכול וליחייב שאינו יכול דאין זה סברה אלא קאמר דליתחייב נמי אפילו שאינו יכול כמו לר' יהודה ור"מ דאמרי לעיל זה אינו יכול וזה אינו יכול חייב:

אמר רב זביד משמיה דרבא אף אנן נמי תנינא · פירוש דמסייע אין בו ממש קשה לר"י דהכא אית ליה לרב זביד דמסייע אין בו ממש וכן רב אשי בסמוך ובפ"ב דבילה (דף כב.) אמרינן אמימר כחל עינא על יד נכרי בשבת א"ל רב אשי מאי דעתיך כו' ואמר רב כהנא חולה שאין בו סכנה אומר לנכרי ועושה הא מסייע בהדיה דקא עמיץ ופתח א"ל איכא רב זביד דקאי כוותך ושני ליה מסייע אין בו ממש משמע דרב זביד ורב אשי סוברים דיש בו ממש ואין לומר דהא דאמר הכא אין בו ממש לא שיפטר לגמרי אלא דאין בו חיוב חטאת דהא מייתי רב אשי דעבודתו כשרה משמע דאפי' פסולא דרבנן ליכא א"כ לענין שבת נמי מכלן שיש בו איסורא דרבנן ומיהו לרב אשי איכא למימר דבתר דשמעה מאמימר סברה אלא לרב זביד קשה דהיא גופיה קאמר משמיה דרבא דאין בו ממש ואמימר היה הרבה אחר רבא ואפי' אחר רב פפא שהיה תלמידו של רבא ושמא בתר מעשה דאמימר שמעה רב זביד משמיה דרבא ולא *מרבא עצמו ועוד אור"י דהכי פריך התם והא קא מסייע בהדיה דקא עמיץ ופתח ואע"ג דמסייע אין בו ממש בעלמא הא אית לן למימר דאסרו משום שחיקת סממנין ומשני דאין בו ממש אפילו לענין זה: **ור"ש** מטהר · פי' בקונטרס דר"ש לטעמיה דפטר זה אינו יכול [ואינו] וזה אינו יכול נראה לרשב"א דשאני התם דגלי רחמנא דאיכא קרא לפטור ונראה דטעמא משום דבעי שיהיה רוב הזב נישא על כל אחד וכן משמע במסכת זבים פ"ד (משנה ה) דתנן הזב בכף מאזנים ומשכב ומושב כנגדו כרע הזב טהורין כרעו הן טמאין ר"ש אומר ביחיד טמאין פי' כשאין אלא משכב אחד או מושב אחד במרובין טהורין שאין כ"א נושא רובו:

היה רוכב ע"ג בהמה · בעומדת איירי דאי במהלכת כל שעה עוקרת רגל אחת ועומדת על ג' וקמא מה שתחתיהן שאינה יכולה לעמוד על שתים: **מפני** שיכולה לעמוד על ג' · וה"ל כל רגל אינו יכול והג' אחרים יכולין: **וכיון** דזימנין עקרה הא וזימנין הא ליהוי כזב המתהפך · ואפילו בזה"ל טמא: **לאורכן** טמאין · כן גרים הקונטרס ופי' דטמאין משום דאיכא למימר דכל אחד נשא רובו עליו פעמים על זה ופעמים על זה ולרוחבן טהורין שאין רובו נישא על כל אחד מהן ולפי זה אתיא כר"ש דבעי שיהא רוב הזב נישא עליו ור"י אומר דמצי למימר דאתיא אפילו כרבנן וטעמא דטהרות משום דה"ל כל אחד מסייע שאין בו ממש ומהך רישא הוה מצי למיפרך דמטמאין לאורכן מספיקא אלא ניחא ליה למיפרך מסיפא דמפרש בה טעמא אמאי טמאין:

עין משפט נר מצוה

יט א ב מיי' פ"א מהל' שבת הלכה טז:
כ ג מיי' פ"ז מהל' משכב ומושב הלכה ט:
כא ד שם הלכה ו:
כב ה שם הלכה ד:

רבינו חננאל

ימרוק אלא יערב בסוף פי' שבת [דף קמ:] א"ר עקיבא מודה אני בזה שנכנסים בחוקתן ואמרינן עלה בחוקת מי ר' אילא אמר בחוקת ירושי' חוזו ואזי זירוז אמר בחוקת ירושי' תבן כי סליק ר' זירא קם בשמעתיה דר' (אלעזר) [אילא] קם רבא בשמעתא דר' זירא א"ר זירא שמע מינה אוירא דא"י מחכים פי' משום דהוא הדר למימרא דר' אילא דמן א"י ורבא דמן בבל קם במימרא קמא דר' זירא דהוה אמר בבבל: **בין** כיסוי ובין בשמאלו ובחיקו ועל כתפו וכו' ארבע דתנן חייב שכן משא בני קהת הוה אמרינן דבהוראתא שכן הוה אלעזר בן אהרן נושא שמן המאור וקטורת הסמים ומנחת התמיד ושמן המשחה ואשכחינן בתלמוד א"י שמן המאור בימינו וקטורת הסמים בשמאלו ומנחת התמיד תלויה בזרועו ושמן המשחה ר' אבין בשם ר' אלעזר כמין צלוחית קטנה היתה תלויה באפונדתו: א"ר אלעזר המוציא משאוי למעלה מעשרה טפחים חייב שכן משא בני קהת ומנ"ל דמשא בני קהת למעלה מעשרה טפחים דאשכחינן דמזבח עשר אמות היה נוטלו וקא פרסו לוים פריסא עליה וכו' ופרשו עליו כסוי עור תחש ושמו את בדיו ללוים שקומתן עשר אמות ואי לאו הכין לא יכלין למפרס פריסא אמזבח ומנ"ל דמזבח גובהו עשר אמות דאיתקש למשכן דכתיב ואת קלעי החצר ואת מסך [פתח] שער (המזבח) [החצר] אשר על המשכן ועל המזבח סביב מקיש מזבח למשכן מה משכן עשר אמות דכתיב עשר אמות אורך הקרש אף מזבח עשר אמות ואשכחן במשה רבינו שהיתה קומתו עשר אמות דכתיב ויפרש את האהל על המשכן ואמר רב משה פירשו והא מלתא דטבחתה דמזבח עשר אמות אע"ג דכתיב ושלש אמות קומתו מפרשא בגמרא דקדשים בפרק קדשי קדשים והכין אמרי' שם ר' יהודה לטעמיה דאמר מזבח משה גדול היה דתניא ה' אמות אורך וה' אמות רוחב רבוע היה המזבח וגו' דברים ככתבן דברי רבי יוסי ר' יהודה [אומר] נאמר כאן רבוע ונאמר להלן רבוע מה להלן מאמצעיתו הוא מודד אף כאן מאמצעיתו הוא מודד ואמרינן הו' יוסי כי גמיר גזירה שוה בגבוהא גמירי דתניא ושלש אמות קומתו דברים ככתבן דברי ר' יהודה ר' יוסי אומר נאמר כאן רבוע ונאמר להלן במזבח הזהב רבוע מה להלן גובהו כשנים ברחבו אף כאן גובהו כשנים ברחבו א"ל רבי יהודה והלא כבר נאמר

ארך החצר מאה באמה ורחב חמשים בחמשים וקומה חמש אמות אפשר כהן עומד ע"ג מזבח ועבודה בידו וכל העם רואין אותו מבחוץ א"ל ר' יוסי ואתה אי אתה אומר כן גבוה והלא כבר נאמר אשר על המשכן ועל המזבח סביב מה משכן עשר אמות אף מזבח עשר אמות ואומר קלעים חמש עשרה אמה אל הכתף ומה ת"ל וחמש אמות קומתו משפת מזבח ולמעלה ומה ת"ל ושלש אמות קומתו משפת סובב ולמעלה ור' יהודה כי גמיר ג"ש ברוחבה לר' יהודה נמי קא מיתחזי כהן נמי דכהן מיתחזי עבודה בידו מי מתחזיא וכיון שקומת הלוים עשר אמות והוא נשוי למעלה מ"ש משום דשבעה שכן בתים לבוים קבועות בסוף שליש העליון של מזבח וגמירי דכל טענא דטולי במטות תילתא מלעיל והוי תילתא מלתות ומשכחת תילתיה עילאה לעיל מן כתפיהן דהוא ג' אמות (ושליש) [ושתא] מכתפי לוי ולמטה הויא

רב נסים גאון

זב שהיה מוטל על ה' ספסלין או על ה' פונדאות לאורכן טמאין לרחבן טהורין. פירוש דבר זה מצוי בתוספתא (זבים פרק ד) זב שהיה מוטל על ד' כסאות לרחבן טהורות שאין אחד מהן נושא רובו ומשכבות לה בתורה

מסורת הש"ס

נ"ל ור' שמעון לטעמי' דאמר יחיד וכו' רש"ל
[נ"ל והא קא]
[ביצה כב.] רש"ל מ"ו
זבין פ"ד מ"ו
ג"ו שם
שם מ"ד

הגהות הב"ח

(א) רש"י ד"ה ור' שמעון וכו' כמסייע ופטור (נ"א דבעי וכו' לא הוי) תא"מ ונ"ב ס"א נמחק כלו' נ"א כי אינו מפירש"י אלא מפי' התוס': (ב) ד"ה ופרכינן וכו' כזב המתהפך על: (ג) ד"ה לארכן וכו' מוטל על רחבן וכו"ד:

גליון הש"ס

תוס' ד"ה אמר רב זביד וכו' ולא מרבא עצמו. עיין חולין קיז ע"ב בתוס' ד"ה לא דרכים:

רבי יוסי אומר *הסוס מטמא על ידיו החמור על רגליו שמשענת הסוס על ידיו וחמור על רגליו ואמאי הא קא מסייע בהדי הדדי לאו משום דאמרינן מסייע אין בו ממש אמר רב אשי אף אנן נמי תנינא *ר' אליעזר אומר רגלו אחת על הכלי ורגלו אחת על הרצפה רגלו אחת על האבן ורגלו אחת על הרצפה רואין כל שאילו ינטל הכלי ותינטל האבן יכול לעמוד על רגלו אחת עבודתו כשרה ואם לאו עבודתו פסולה ואמאי הא קא מסייע בהדדי הדדי לאו משום דאמרינן מסייע אין בו ממש אמר רבינא אף אנן נמי תנינא *קיבל בימין ושמאל מסייעתו עבודתו כשרה ואמאי הא קא מסייע בהדי הדדי לאו משום דאמרינן מסייע אין בו ממש ש"מ: אמר מר זה יכול וזה יכול ר"מ מחייב איבעיא להו בעינן שיעור לזה ושיעור לזה או דילמא שיעור אחד לכולם רב חסדא ורב המנונא חד אמר שיעור לזה ושיעור לזה וחד אמר שיעור אחד לכולן אמר רב פפא משמיה דרבא אף אנן נמי תנינא היה יושב על גבי מטה וארבע טליות תחת ארבע רגלי המטה טמאות מפני שאין יכולה לעמוד על שלש ואמאי ליבעי שיעור זיבה לזה ושיעור זיבה לזה לאו משום דאמרינן שיעור אחד לכולן אמר רב נחמן בר יצחק אף אנן נמי תנינא *צבי שנכנס לביר ונעל אחד בפניו חייב נעלו שנים פטורין לא יכול אחד לנעול ונעלו שנים חייבים ואמאי ליבעי שיעור צידה לזה ושיעור צידה לזה לאו משום דאמרינן שיעור אחד לכולם אמר רבינא אף אנן נמי תנינא *השותפין שגנבו וטבחו חייבין ואמאי ליבעי שיעור טביחה לזה ושיעור טביחה לזה לאו משום דאמרינן שיעור אחד לכולם ואמר רב אשי אף אנן נמי תנינא שנים שהוציאו קנה של גרדי חייבין ואמאי ליבעי שיעור הוצאה לזה ושיעור הוצאה לזה לאו משום דאמרי' שיעור א' לכולם א"ל רב אחא בריה דרבא לרב אשי דילמא דאית ביה כדי לבשל ביצה קלה לזה וביצה קלה לזה א"כ לישמעינן קנה דעלמא מ"ש דגרדי ודילמא דאית בי' כדי לארוג מפה לזה וכדי לארוג מפה לזה אלא מהא ליכא למשמע מינה תני תנא קמיה דרב נחמן שנים שהוציאו קנה של גרדי פטורין ורבי שמעון מחייב *כלפי לייא אלא אימא חייבין ור"ש פוטר: **מתני'** *המוציא אוכלין פחות מכשיעור בכלי פטור אף על הכלי שהכלי טפלה לו *)את החי במטה פטור אף על המטה שהמטה טפלה לו *את המת במטה חייב וכן כזית מן המת וכזית מן הנבלה וכעדשה מן השרץ חייב *ורבי שמעון פוטר: **גמ'** ת"ר המוציא אוכלין כשיעור אם בכלי חייב על האוכלין ופטור על הכלי ואם היה כלי צריך לו חייב אף על הכלי שמע מינה אוכל שני זיתי חלב בהעלם אחד חייב שתים אמר רב ששת הכא במאי עסקינן כגון ששגג

*) לקמן קמא: עירובין לו:

רש"י

הסום מטמא בידיו · אם הזב רוכב עליו וטלית תחת אחת מידיו של סוס טמאה אבל תחת רגליו טהורה שאין משענתו על רגליו והא דתנן לעיל ד' טליות תחת רגלי הבהמה טהורות לא כרבי יוסי: **כהן העומד** · על גבי כלי או אבן או שום דבר החוצץ בינו לבין הרצפה ועבד עבודתו פסולה דכתיב ושרת ככל אחיו הלוים העומדים שתהא עמידתו כשאר אחיו ותנא דבי ר' ישמעאל הואיל ורצפה מקודשת וכלי שרת מקודשין כו' בזבחים: שמאל פסולה לעבודה כדאמר בפ"ק דחולין (דף כב·) כל מקום שנאמר אצבע וכהונה אינו אלא ימין: **שיעור לזה** · גרוגרת אם אוכל הוא: **שיעור זיבה** · שיכביד רובו עליו וצריך להיות כאן ד' זבים: **נעל אחד בפניו** · זו היא צידתו: **נעלו שנים פטורין** · ור' יהודה הוא דפטר בשניהם יכולין: **שיעור** · צידת צבי לכל אחד ואחד אלא שמע מינה שיעור אחד לכולן ומדר' יהודה נשמע לר' מאיר בשניהן יכולים דבהא לא פליגי: **חייבין לשלם** · תשלומי ד' וה': **קנה גרדי** · אורחא למילתא והוא העולה ויורד בשתי: **קנה דעלמא** · שאינו עומד אלא להסקה דהוי שיעורו כעלים דאינו האי שיעורו כדי אריגה: **כלפי לייא** · כלפי היכא נהפך דבר זה הא רבי שמעון הוא דפטר שנים שהוליאוהו: **מתני' את החי במטה** · וחי לא מיחייב על הולאתו דהוא מקיל עלמו ונושא עלמו: **וכן כזית מן המת** · חייב אם הוליא דהואיל ומטמא הולאה חשובה היא להציל עלמו מן הטומאה: **ור' שמעון פוטר.** אפילו במת שלם דהוי מלאכה שאינה לריכה לגופה וכל מלאכה שאינה לריכה (לגופה) אלא לסלקה מעליו הוי מלאכה שאינה לריכה לגופה דברלונו לא באה לו ולא היה לריך לה הלכך לאו מלאכת מחשבת היא לר' שמעון: **גמ' ופטור על הכלי** · שהיא טפילה לאוכל: **ואם היה לריך לכלי** · להשתמש בו תשמיש אחר מקום שמוליאו שם: **חייב** · על כל אחד ואחד כי היכי דמיחייב ליה תרתי אתרתי הולאות בהעלם אחד:

תוספות

שמשענת הסוס על ידיו · הכי תנן לה במס' זבים פ"ד (מ"ז) היה רוכב על גבי בהמה וארבע טליות תחת רגלי בהמה טהורות מפני שיכולה לעמוד על שלש היתה טלית אחת תחת שתי ידים תחת שתי רגלים תחת יד ורגל טמאה רבי יוסי אומר הסוס מטמא בידיו כו' ונראה לר"י דרבי יוסי לא פליג אלא ארישא אבל אסיפא דקתני תחת שתי רגלים טמאה לא פליג דאף על גב דמשענת הסוס על ידיו דבר פשוט הוא דבלא שתי רגליו לא היה יכול לעמוד קשה לר"י מה ראה רב פפי להביא מסיפא ולא מייתי מרישא ממילתייהו דרבנן כדאייתי לעיל ואומר ר"י דמשום דרישא איכא לדחויי כדבעי למימר לעיל שאני הכא דעקרה לגמרי אבל אר' יוסי ליכא למידחי דטעמיה משום דעקרה דא"כ לא יטמא הסוס אפילו בידיו דפשיטא נמי דעקרה להו: **ויכול** לעמוד על רגלו אחת עבודתו כשרה ואם לאו פסולה · *מהכא ליכא למיפשט דמין במינו חולץ דאבן הוא ממין הרלפה ומין בשאינו מינו (א) חוצץ דכלי אינו ממין הרלפה ובעיא הוא בפ' הוליאו לו (יומא דף נח·) בהגיה סיב בתוך המזרק וקיבל בו את הדם דודאי סיב מבטל ליה אבל כלי ואבן לא מבטל ליה דאבן נתקלים בה ההולכים שם: **אמר** מר זה יכול וזה יכול רבי מאיר מחייב איבעיא להו כו' · תימה לר"ח דאמאי בעי לה אליבא דרבי מאיר ומאי למיבעי בזה אינו יכול וזה אינו יכול אליבא דר"י דקיימא מתני' כוותיה ונראה דגירסא זו טעות וגרסי' אמר מר זה אינו יכול וזה אינו יכול ואומר ר"י דאין למחוק הספרים משום זה דהא דלא נקט זה אינו יכול כו' משום דאין רגילות באין יכול שלא יהא בו שיעור לכל א' ועל גי' ר"ח קשה לר"י דמאן דבעי שיעור לזה ולזה אטו מי לא שמיע ליה מתני' דמייתי בסמוך לא יכול אחד לנעול ונעלו שנים חייבין אבל לגיר' הספרים דפליגי בזה יכול וזה יכול איכא למימר דבאין יכול מודו כולהו דשיעור אחד לכולן ומאן דמייתי סייעתא מגבי שנכנס לבית אין נראה לו לחלק בין שניהם יכולין לאין יכולין ומיהו °לגי' ר"ח איכא למימר דמאן דבעי שיעור לכל אחד יאמר דלגבי שנכנס לאו דוקא אחד אלא כלומר שנים: **ואמאי** ליבעי שיעור טביחה כו' · אבל מגנבו דרישא לא מצי למיפרך דהתם לא בעי שיעור דתשלומי כפל נוהג °בכל דבר ובכל שהוא: **דילמא** דאית ביה כדי לארוג מפה לזה כו' · והא דלא נקט קנה דעלמא לאשמעינן דאע"ג דאין רגילות לארוג שתי מפות בקנה אחד אם יש שיעור לארוג מפה לזה ולזה חייב: **אלא** אימא חייבין ור' שמעון פוטר · ובקנה כבד דה"ל זה אינו יכול וזה אינו יכול: *)**ששגג** על האוכלין והזיד על הכלי · וחייב על הכלי היינו סקילה כפי' רש"י ורבינו שמואל קשה לו לאוקמי ברייתא בחיוב סקילה דבכל דוכתא איירי בחיוב חטאת והגיה הגירסא כגון ששגג על הכלים והזיד על האוכלין ולא התרו בו דליכא באוכלין לא סקילה ולא חטאת ועל הכלי חייב חטאת ואין נראה לר"י לא פי' הקונטרס ולא פי' רשב"ם דכשהזיד באחד אינו חייב חטאת על השני ששגג בו דלא שב מידיעתו הוא כיון שהזיד באחד מהן ונראה דהשתא דמוקי בהזיד בכלי איירי הכל לענין סקילה וה"פ דברייתא המוליא אוכלין כשיעור בכלי חייב סקילה על האוכלין כגון שהתרו בו על האוכלין ופטור על הכלי אם התרו בו משום כלי ואם היה לריך לכלי חייב סקילה אף אם התרו בו משום כלי ופריך והא אף על הכלי קתני משמע דחייב שתים: ובפלוגתא

עין משפט נר מצוה

כג א ב מיי' פ"ס מהל' ביאת המקדש הל' יח:

כד ג מיי' פ"א מהל' שבת הלכה טז:

כה ד מיי' פ"ב מהל' גניבה הל' יד סמג עשין עא:

כו ה מיי' פי"ח מהל' שבת הלכה כח:

כז ו מיי' שם הל' יח:

רבינו חננאל

קומתם עשר אמות צא מהם שש אמות ושני שלישי אמה שארהמזבח נשתייר ג' אמות ושליש שהן כ"ז טפחים והיינו דקא אשתכח דקא מידלי טובא ואי [בעית] אימא מארון דאמר מר ארון וכפורת טפח ובדים למעל' משליש העליון נשתייר מכתפי לוים ועד סוף ארון פחות מו' טפחים ואפילו אין אנו למדין לגובהן של לוים שהוא עשר אמות אלא אמרינן קומתו מן כתיפו למטה ג' אמות שהן י"ח טפחים צא מהן ו' טפחים ושני שלישים לשני שלישי ארון שלמטה נמצא המשוי למעלה מי"א טפחים ושליש ומקשינן למה לי דקא יליף לקומות הלוים מן קומת מזבח דאתי בהקישא ובגזירה שוה כדמפרש לעילא. נגמר מן משה רבינו דאמ' רב משה רבינו פירש את האהל והוא על ראש עשר אמות ומפרקינן דלמא שאני משה דאמר מר אין השכינה שורה אלא על חכם תבור ועשיר ואיכא למימר שאין שאר הלוים כמותו לכך אצטריכנן למילף לשאר לוים. המוציא משוי על ראשו פטור כלישנא בתרא דאפילו אחד מבני הוצל: המתכוין להוציא לפניו ובא לו לאחריו פטור שנתכוין לשמירה מעולה ועלתה בידו שמירה פחותה לאחריו ובא לפניו שנתכוין לשמירה פחותה ועלתה בידו שמירה מעולה כדרכה ולאו כדסליק ארעתא דר' אלעזר דמי ששנה זו לא שנה זו [ודיוקא דקא קשיא] דמדתנן לפניו ובא לאחריו פטור דייקינן שאם נתכוין לאחוריו ובא לאחריו חייב ומדתנן סיפא לאחוריו ובא לפניו חייב איכא למידק לאחריו ובא לאחריו פטור ואסתברא ליה לר' אלעזר מי ששנה זו לא שנה זו האי נמי לא קם אלא כרב אשי דלא מיבעיא קאמר לא מיבעיא לאחריו ובא לאחריו [דחייב דאיתעבדא מחשבתו אלא אפילו לאחריו ובא לו לפניו דלא איתעבדא מחשבתו גם כן חייב ומסקינן לאחריו ובא לאחריו] דברי הכל היא וכי פליגי רבי יהודה ורבנן בפונדתו ופיה למטה מר מדמי לה לאחריו ובא לאחריו דלאו שמירה מעולה היא וחייב ומר מדמי לאחר ידו פטור והלכתא כרבנן. ואשה החוגרת בסינר ומהפכת ביה סידקים אפילו נתכוונת לפניה וחזרה לאחריה חייבת שכן ראוי להיות חוזר וקי"ל כל באמת הל"מ' ולבלרי מלכות חוגרין בסינר ותולין פתקין במתגידם פעמים שבאין לאחור ואי אכפת להון [חייב]: ולענין שנים שהוציאו כבר דתנן פטורים ואם לא יכול אחד להוציא והוציאו שנים חייבים ור' שמעון פוטר איתא בעסק שנים שהוציאו תלתא גווני כל אחד ואחד יכול לבדו להוציא אלא שהוציאוהו שנים ר' מאיר מחייב וחכמים פוטרים זה אינו יכול וזה אינו יכול והשתתפו שניהם יכולין ר' מאיר ור' יהודה מחייבין ור' שמעון פוטר אחוי יכול אחד אינו יכול דברי הכל חייב. ותלמודא דשנים שעשו פטורין בעשותה בעשותה את כולה ולא בעושה מקצתה הא כיצד בזמן שכל אחד מהן יכול כגון לזוז במלגו ושביסה בכרכר וכתיבה בקולמוס במנהגא בעלמא שכל אחד ואחד יכול ואם עשו שנים פטורין אבל כגון הוצאת עיגול של דבילה דטועני יקירא הוא או קורת דטועני יקירא הוא דכל חד באפי נפשיה לא מצי בית ושניהם מצי בית ר' יהודה מחייב ור' שמעון פוטר וקא מיפלגי בהאי קרא ואם נפש אחת תחטא בשגגה בעשותה. ר"ש סבר תלתא מיעוטא כתיבי נפש אחת בעשותה חד למעוטי זה עוקר וזה מניח כגון פשט העני את ידו לפנים ונתן בעה"ב לתוכה והוציא וחד למעוטי זה יכול וזה אינו יכול ור' יהודה סבר זה אינו יכול וזה אינו יכול לא איתמעט ומיעוטא שלישי לאפוקי יחיד ששעה בהוראת ב"ד

מסורת הש"ס

זבין פ"ד מ"ז [ע"ש הגירסא מהופך ועי' תוי"ט]

זבחים כד.

[תוספתא דזבחים פ"א]

לקמן קו:

ב"ק עח. [ע"ש ומנוס ליישב] ב"מ ח. ע"ש

[עי' פירש"י בפסחים ה: ועמ"ש רש"י לקמן קכז.]

[לעיל סג:]

[עתוס' לקמן לד. ד"ה את]

[עי' תוס' לקמן לד. ד"ה ר"ש]

שייך לדף צד.

הגהות הגר"א

[א] גמ' הסוס מטמא על ידיו החמור כו'. נ"ל להיפך (וכמ"ש במתני' דזבים ועי' בא"ר שם):

הגהות הב"ח

(א) תוס' ד"ה ויכול וכו' ומין בשאינו מינו דחוצץ דכלי שאינו מין הרצפה הוא דבעיא היא:

רב נסים גאון

בת"כ [סוף פ' מצורע] אשר ישב עליו עד שינשא רובו עליו: **המוציא** אוכלים פחות מכשיעור בכלי פטור אף על הכלי שהכלי טפלה לו. בגמ' דבני מערבא גרסי הא דאת אמר בצריכין לכלים כגון אלין תותיא אבל אם אינן צריכין

גליון הש"ס

תוס' ד"ה אמר מר. ומיהו לגי' ר"ח. ק"ל הא ע"כ גם לגרסי' נ"ל כן דהא"כ יקשה למאן דפסק מד' טליות דתחת רגלי המטה וא"כ ס"ל דאין למלק בוס בין ז"י וזיי לזה ז"י אם א"י א"כ מאי פסיק כדכך דמיון שבת לטומאה וממפיפין דתכין אמאי לא פשיט בפשיטותא יותר ממתני' דמסכתין ומדין שבת עלמו מהא דלא יכול אחד לנעול ונעלו שנים אע"כ דמסכתא י"ל דנכנסו שנים וא"כ מה מקשה הר"י על גירסת הר"ח הא גם לשיטתו צ"ל כן דיש לאוקמה בנכנסו שנים וצ"ע: תוס' ד"ה ואמאי ליבעי וכו' וככל דבר וככל שהוא. עיין בב"ק דף סג. ע"א תוס' ד"ה דבר שאין מסוים וצע"ג:

§ מסכת שבת דף צג: §

אות א' – ב'

<u>רגלו אחת על הכלי ורגלו אחת על הרצפה, רגלו אחת על האבן ורגלו אחת על הרצפה, רואין: כל שאילו ינטל הכלי ותינטל האבן יכול לעמוד על רגלו אחת, עבודתו כשרה; ואם לאו עבודתו פסולה</u>

<u>קיבל בימין ושמאל מסייעתו, עבודתו כשרה</u>

רמב"ם פ"ה מהל' ביאת המקדש הי"ח - רגלו אחת על הכלי ורגלו אחת על הרצפה, רגלו אחת על האבן ורגלו אחת על הרצפה, רואין: כל שאילו ינטל הכלי או האבן יכול לעמוד על רגלו אחת, עבודתו כשירה; ואם לאו עבודתו פסולה. קבל בימין ושמאל מסייעתו, עבודתו כשירה, שהמסייע אין משגיחין עליו.

אות ג'

<u>שיעור אחד לכולן</u>

רמב"ם פ"א מהל' שבת הט"ז - ואם אין אחד מהן יכול לעשותה לבדו עד שיצטרפו, כגון שנים שאחזו קורה והוציאוה לרשות הרבים, הואיל ואין כח באחד מהן לעשותה לבדו, ועשו אותה בשותפות מתחלה ועד סוף, שניהן חייבין; ושיעור אחד לשניהן.

אות ד'

<u>השותפין שגנבו וטבחו חייבין</u>

רמב"ם פ"ב מהל' גניבה הי"ד - שותפין שגנבו, אם טבח אחד מהן או מכר מדעת חבירו, משלמין תשלומי ארבעה וחמשה; ואם עשה שלא מדעת חבירו, פטורין מתשלומי ארבעה וחמשה, וחייבין בכפל.

אות ה'

<u>המוציא אוכלין פחות מכשיעור בכלי, פטור אף על הכלי, שהכלי טפלה לו; את החי במטה, פטור אף על המטה, שהמטה טפלה לו</u>

רמב"ם פי"ח מהל' שבת הכ"ח - המוציא פחות מכשיעור, אע"פ שהוציאו בכלי, פטור, שהכלי טפילה לו, ואין כוונתו להוצאת הכלי אלא להוצאת מה שבתוכו, והרי אין בו כשיעור; לפיכך אם הוציא אדם חי שאינו כפות במטה, פטור אף על המטה, שהמטה טפילה לו, וכן כל כיוצא בזה.

אות ו'

<u>כזית מן המת, וכזית מן הנבלה, וכעדשה מן השרץ, חייב</u>

רמב"ם פי"ח מהל' שבת הי"ח - המת והנבלה והשרץ, כשיעור טומאתן כך שיעור הוצאתן, מת ונבלה כזית, ושרץ כעדשה.

§ מסכת שבת דף צד. §

אות א'

המוציא בהמה חיה ועוף לרה"ר, בין חיין ובין שחוטין, חייב

רמב"ם פי"ח מהל' שבת הט"ז - המוציא בהמה חיה ועוף, אף על פי שהן חיים, חייב.

אות ב'

מתיר בסוס, מפני שהוא עושה בו מלאכה שאין חייבין עליו חטאת

רמב"ם פ"כ מהל' שבת ה"ד - ומותר למכור להם סוס, שאין הסוס עומד אלא לרכיבת אדם, לא למשאוי, והחי נושא את עצמו.

[א]סימן שה סכ"ב - [ב]מי שיש לו נער אינו יהודי, ורוכב על הבהמה בשבת כשמוליכה להשקותה, א"צ למונעו,

שהחי נושא את עצמו - ר"ל דאין חל ע"ז שם משא, שיהיה צריך למנעו מפני שביתת בהמתו, **ואף** דמאי דאמרינן חי נושא את עצמו היינו רק מדאורייתא, אבל מדרבנן אסור, וע"כ אסור לאדם לישא תינוק בשבת, **לא** גזרו שבות זה בבהמה.

אבל צריך למונעו שלא יתן עליה בגדיו ולא שום דבר - אבל באוכף ליכא קפידא, דבטל לגבי הרוכב.

ואם נשאר איזה דבר עליה מע"ש, והיא רוצה מעצמה לצאת לחוץ, בעליה צריך למנעה שלא לצאת, מפני מצות שביתת בהמה, **אבל** אם אין עליה שום דבר, אפילו אם היא רוצה לצאת חוץ לתחום, אין מחויב למנעה מזה, **ורק** להוציאה בידים חוץ לתחומה אסור, [אפי' אם לגבי המוציא לא היה זה חוץ לתחום].

אות ג'

ומודה רבי נתן בכפות

רמב"ם פי"ח מהל' שבת הט"ז - אבל אדם חי אינו משאוי, ואם היה כפות או חולה, המוציא אותו חייב.

באר הגולה

[א] ‹ע"פ הגר"א וז"ל: צ"ד א' וערש"י ד"ה מתיר כו'› [ב] טור ומרדכי בפ"ק דשבת

המצניע פרק עשירי שבת צד

ששגג על האוכלין והזיד על הכלי מתקיף לה רב אשי והא אף על הכלי קתני אלא א"ר אשי כגון ששגג בזה ובזה °ונודע לו וחזר ונודע לו ובפלוגתא *דרבי יוחנן ור"ש בן לקיש: את החי במטה פטור אף על המטה: לימא מתני' רבי נתן היא ולא רבנן דתניא **המוציא בהמה חיה ועוף לרה"ר בין חיין ובין שחוטין חייב רבי נתן אומר על שחוטין חייב ועל חיין פטור *שהחי נושא את עצמו אמר רבא אפילו תימא רבנן ע"כ לא פליגי רבנן עליה דרבי נתן אלא בבהמה חיה ועוף דמשרבטי נפשייהו אבל אדם חי דנושא את עצמו אפילו רבנן מודו א"ל רב אדא בר אהבה לרבא והא דתנן *בן בתירא מתיר בסוס ותניא בן בתירא ^ג^מתיר בסוס מפני שהוא עושה בו מלאכה שאין חייבין עליו חטאת ואמר רבי יוחנן בן בתירא ורבי נתן אמרו דבר אחד ואי אמרת דלא פליגי רבנן עליה דר' נתן אלא בבהמה חיה ועוף משום דמשרבטי נפשייהו מאי איריא בן בתירא ורבי נתן והאמרת אפילו רבנן מודו כי א"ר יוחנן בסוס המיוחד לעופות ומי איכא סוס המיוחד לעופות אין איכא (*דבי וייאדן א"ר יוחנן ^י^מודה ר' נתן בכפות א"ל רב אדא בר מתנה לאביי והא הני פרסאי דכמאן דכפיתי דמו וא"ר יוחנן בן בתירא ור' נתן אמרו דבר אחד התם *רמות רוחא הוא דנקיט להו דההוא פרדשכא דרתח מלכא עילויה ורהיט תלתא פרסי בכרעיה: את המת במטה חייב וכן כזית מן המת וכו': *אמר רבה בב"ח א"ר יוחנן וא"ר יוסף אמר רשב"ל פוטר היה ר"ש אף

*)[נערוך' ויידן גרס דבויידן וע"ש מ"ש בשם רב האי גאון]

ששגג על האוכלין והזיד על הכלי. ומאי חייב דקתני מיתה: והא אף קתני. משמע שני חיובין שוין: בפלוגתא דר"י ור"ל. דאיפלוגי בידיעות מחלקות בפ' כלל גדול (לעיל דף עא:) איפלוגי נמי רב ששת ורב אשי הכא רב ששת דלא מוקי לה הכי קסבר דאין ידיעות מחלקות ורב אשי סבר ידיעות מחלקות:

דמשרבטי נפשייהו. משמטים כלפי מטה ומכבידין עצמן להשמט מיד הנושאן: מתיר בסוס. למוכרו לנכרי מפני שמלאכת הסוס אם היה אדם עושה אותה אין חייב עליה חטאת דלרכיבה עומד והחי נושא את עצמו והא דאסרו למכור בהמה גסה לנכרי משום שאלה ומשום שכירות אסור וסוס אי נמי דמושיל ומוגר לאו איסורא דאורייתא איכא שאין זו מלאכה אלא הסוס וגבי אזהרת שביתת בהמה מלאכה כתיב': ואמר רבי יוחנן גרסינן: דבי וייאדן. של ציידי עופות שטוענין על הסוס עופות כשהן חיין כגון נץ ומינו לצוד שאר עופות *ולא משרבטי נפשייהו דלא קשירי והשתא נמי האי נושא את עצמו ומשום הכי א"ר יוחנן בן בתירא ורבי נתן אמרו דבר אחד: בכפות. בין עוף בין אדם: כמאן דכפיתי דמו. שרוכבים מעוטפין בבגדים רחבים וגם הם עצמן מעונגין מהלך על הארץ: ואמר רבי יוחנן גרסינן: בן בתירא ור' נתן אמרו דבר אחד. והא אמרת מודה ר' נתן בכפות *ואי משום דאוקמינן בסוס המיוחד לעופות משום רבנן אוקמינן דפליגי עליה ולמימר דאילו באדם שניהם שוין לפטור ואי בכפות מודה רבי נתן היכי מתוקמא דבן בתירא כר' נתן משום דחי נושא את עצמו הא בן בתירא מתיר אפילו למכור לפרסיים דכמאן דכפיתי דמו וכל האומות קרי להו נכרים דסבר דכפות נושא את עצמו: רמות רוחא. גסות: הא דלא מסגו בכרעייהו גסות הוא: פרדשכא. סרדיוט:

ובפלוגתא דר' יוחנן ור"ל. פי' חייב שתי חטאות לרבי יוחנן כשנודע לו וחזר ונודע לו דידיעות מחלקות ולר"ל אחד (א) שנתכפר נודע לו על אחד ופי' הקונטרס אין נראה לר"י דנהי דלית ליה לרב ששת ידיעות מחלקות מ"מ יעמיד בנודע לו על האחד בשכבר כיפר דכפרה לכ"ע מחלקת:

שהחי נושא את עצמו. תימה לר"י למה פטור דאי משום שהחי מיקל עצמו והלא אפילו במשא קל יותר חייב ואי משום דשנים שעשאו פטורין הא הוי זה יכול וזה אינו יכול שאין הנישא יכול לישא עצמו בלא הנושא והנושא יש בו כח לנושאו אפילו היה מת ואומר ר"י דממשכן גמרינן שלא היו נושאין דבר חי שהתחשים והאילים היו הולכים ברגליהם והחלזון (ב) מיד היו פוצעין אותו טרם ימות דכמה דאית ביה נשמה טפי ניחא ליה כי היכי דליליל ליבעיה*: אבל אדם חי נושא את עצמו. תימה דבריש נוטל (לקמן דף קמא:) משמע דפליגי נמי באדם דקאמר גבי תינוק רבא כרבי נתן סבירא ליה ואומר רשב"א דקטן כבהמה דמי דמשרביט נפשיה אך קשה לן דבפרק מפנין (שם דף קכח:) תניא מדדין בהמה חיה ועוף בחצר אבל לא ברה"ר והאשה מדדה את בנה ברה"ר ופירש התם בקונטרס דבהמה ברה"ר לא שמא יגביהנה מן הארץ וסתמא כרבנן דר' נתן דמחייבי אבל בנה אי נמי מגבה ליה הא באדם מודו רבנן דחי נושא את עצמו [ושמא ההוא דבפרק נוטל איירי בתינוק בן יומו]: בסוס המיוחד לעופות. ובן בתירא מתיר בסוס בכל הסוסים קאמר ורבנן אוסרין בכל הסוסים משום סוס המיוחד לעופות דלא חילקו חכמים בסוסים: סוסא דבי וייאדן. פר"ח שכן ציידי עופות מניחין עליהן עופות שלהן שצדין בהן עופות אחרים אבל אין לפרש בעופות הגילודין דהגי כפותין נינהו ואמר

בסמוך דמודה רבי נתן בכפות: והא הני פרסאי. ואיהו לא מפליג למכור לסוס נכרי: *את המת במטה חייב. נראה לר"י דמהכא קים לן בכל דוכתא דאית ליה לר' יהודה מלאכה שאינה צריכה לגופה חייב עליה דמסתמא ת"ק דר"ש הייתו רבי יהודה כי ההיא דלעיל זה אינו יכול וזה אינו יכול דת"ק דר"ש היינו ר' יהודה כדמוכח בגמ' ורשב"א אומר דיש להביא מדתנן לעיל (דף ג.) ר' יהודה אומר אף המוליא משמשי ע"ז דהוי מלאכה שאינה צריכה לגופה: *רבי שמעון פוטר. נראה לר"י דמלאכה שאינה צריכה לגופה קרי כשעושה מלאכה ואין צריך לאותו עורך כעין שהיו צריכין לה במשכן אלא לענין אחר כי הצורך שהיתה מלאכה נעשית בשבילו במשכן הוא גוף (איסור) המלאכה ושורשו ולפי זה אתי כולהו שפיר הוצאת המת אין צריך למת ובמשכן היו צריכין לחפצים שהוציאו צד נחש שלא ישכנו אינו צריך לנחש ובמשכן היו צריכין לתחש וחלזון ומפיס מורסא להוציא ליחה המזיקתו ואין עומד להכניס אויר ולהוציא ליחה תמיד אע"פ שנעשה פתח גמור שהרי ראוי (הוא) להכניס ולהוציא אם היה צריך מ"מ לא דמי לפתחים שבמשכן שהיו עומדין להכניס ולהוציא אבל לעשות לה פה דמיא למשכן וחייב והריגת המזיקין אין צריך להם ובמשכן היו צריכין לעורות אילים המאדמים וחופר גומא ואינו צריך אלא לעפרה ובמשכן היו צריכין לגומא לנעוץ בה או לדבר אחר וזב בכים שלא יטנפו כליו הוי אינה צריכה לגופה שאינו צריך לכים עצמו ואפילו למנות ראיותיו או נקיים או לקיים דצריך הכים מ"מ אין צריך להוצאה זו דה"נ סגי ליה אי יתיב בחד דוכתא ומכבה גחלת שלא יזוקו בה רבים וכחם על הנר ועל השמן או על הפתילה המהובהבת כבר אין צריכין לגופן שבמשכן לא היה כיבוי אלא לעשות פחמין בכיבוי זה ומתקנין על יד כיבוי זה שיהו ראויין למלאכת הצורפין וכיבוי כדי שלא יקדיחו הסממנין בבישולן לא היה במשכן כי זהירים היו שלא להרבות אש יותר מדאי וכן סותר ע"מ לבנות נמי לא מחייב ר' שמעון דבעי שתהא צריכה לגופה אלא כגון שסותר ע"מ לתקן יותר ממה שהיה בתחלה כגון שהבנין האחרון טוב מן הראשון כדמוכח במשתין א) דחם על הגר וכן קורע על (ג) מתו או שובר כלים למירמי אימתא אאינשי דביתיה אין צריכין לגופה דבמשכן היתה קריעה לצורך תיקון דבר ב) הנקרע ואע"ג דבהולאה לא בעי רבי שמעון שיהא לגמרי כמו שהיה במשכן (ד) דלא בעי מר לעשות לו טס או ס"ת להגיה אע"פ שבמשכן הולאה הגדבה היתה כדי לתקנה לעשות ממנה משכן וכלים במקלקלים כגון מכבה וסותר וקורע מסתברא דצריך שיהא על מנת לתקן כמו במשכן ולא חשיבי המקלקלים צריכות לגופה עד דהוי לגופו ולגופה והא דלא קרי לה לגופו ולגופה כיון דבעו תרוייהו בכלל לגופה היא אבל לגבי מר וס"ת כיון דלא בעי אלא לגופו דהא לא בעי במר לעשות בו טס ג) וס"ת כדי להגיה בו לא הוי בכלל לגופה ולפי שצריכות לגופה הוי כעין דהוי במשכן כמו שפיר' הוצרך להשמיענו במר דלא בעינן לעשות לו טס כמו שהיה במשכן ורש"י דפירש דברצונו לא היתה באה לו ולא היה צריך לה שאינה אלא לסלקה מעליו כמו צד נחש שלא ישכנו או מכבה גחלת שלא יזוקו בו רבים דברצונו שלא היה בעולם וכן בפרק במה מדליקין (לעיל דף לא:) פירש כחס על הפתילה המהובהבת כבר דאינה צריכה לגופה משום דאין צריך לכיבוי זה ואם לא הובערה מעולם הוה ניחא ליה דהואיל וחס עליה כי אית בה טפי הוה ניחא ליה בה קשה מסותר על מנת לבנות כמו בתחלה וקורע בחמתו למירמי אימתא אאינשי דביתיה דהתם צריך למלאכה ורולה הוא שיהא בעולם ואין לומר דלא ניחא ליה שילטרך למירמי אימתא *אם כן מפיס מורסא לעשות לה פה יהא פטור דברצונו היה שלא היה מורסא מעולם וכן קורע יריעה שנפל בה דרנא על מנת לתפור דברצונו לא היה נופל בה וכן תופר בגד קרוע ברצונו שלא היה קרוע אלא צריך לפרש כדפירשתי*: (שייך לע"ב) גדול כבוד הבריות שדוחה את לא תעשה שבתורה. קשה לר"ת דגבי טלטול דהוי איסורא דרבנן לא שרינן משום כבוד הבריות אלא ע"י ככר או תינוק כדאמר בפרק במה מדליקין (לעיל דף ל:) ובפרק כירה (שם דף מג:) °ויש לומר דשאני טלטול דאפשר על ידי ככר או תינוק לכך לא התיר בענין אחר:

אהכי

א) [לעיל לא:] ב) הנקרע ומיתקן בכך ואע"ג כו' כצ"ל ג) וס"ת אלא כדי לקרות בו כ"ה בש"א

עין משפט נר מצוה

כח א מיי' פי"ח מהל' שגגות הלכה טו:

כט ב מיי' פ"ב שם הלכה ד:

ל ג מיי' פי"ח שם הלכ' טו:

רבינו חננאל

ופטור מן הקרבן והיכי דמי כגון האי דתנן נשאת ע"פ ב"ד תצא ופטורה מן הקרבן שלא ע"פ ב"ד תצא והייבת בקרבן ור' שמעון אמר לך יחיד שעשה בהוראת ב"ד לא צריך קרא למעופיה ור' מאיר דקא מחייב זה יכול וזה יכול אמר לך תרין מיעוטי אינון ואם נפש אחת תחטא בשגגה אתת לאו מיעוטא הוא אלא נפש תחטא בעשותה חד לזה עוקר וזה מניח וחד ליחיד שעשה בהוראת בית דין ובזמן שאחד יכול ואחד אינו יכול הוציאו (שניהם פטורין)(ר"ה חייב].אמר רב חסרא היכול הוא דחייב ואידך שאינו יכול לא קא עביד מידי אלא מסייע הוא ומסייע אין בו ממש ואיתמייע רב חסרא בכמה סייעתא ופש"ן סימן רב זביד משמיה דרבא סייעיה מהא דתני בזב היה רוכב ע"ג בהמה ור' טליות תחת ד' רגלי בהמה טהורות מפני שהיא יכולה לעמוד על שלש דחשבת כל חדא מסייעת ומסייע אין בו ממש(וכי)אמר רב יהודה שדסקרתא לעולם אימא לך מסייע יש בו ממש ושאני בהמה דכי עקרא חדא רגל משיא בדעתא למעקר כולהי נטפיה אהדרו ליה לאו זמנין עקרא הא וזמנין עקרא הא וכיון דאפילו בעי למעקר כולי גופה ומתחלה עקרא חדא זמנין עקרא הא וזמנין דעקרא הא ולאו חדא בעינא הוא דעקרא או רוח אית ביה ממש במסייע ורוח האי וב דרכיב על האי בהמה כזב המתהפך על ה' ספסלין לארכן ויש ספק מתהפך עליהן טמאין דכל רגל מסייעת הוא ספק הא מתעקרא וספק הא מתעקרא לא אמרינן מסייע אין בו ממש.ורב פפי משמיה דרבא מייע מהא ר' יוסי אמר הסוס מטמא [על ידיו] וחמור מטמא ברגליו שמשענת הסוס על [ידיו] וחמור על(תליו) ואמאי הא קא מסייעת ברגליו בהדי ידים וידים בהדי רגלים לאו משום דאמרי'מסייע אין בו ממש ודרב אשי ורבינא בריר ומפרשן בתוספתא ובכל הזבחים שקבל דמן: ושמעתתא דבתרא קא גרסין לה' אמר מר זה יכול וזה יכול ר' מאיר מחייב איבעיא להו בעינן שיעור לזה ושיעור לזה או דלמא שיעור אחד לכולן ואגרגא חויינא דהא מעותא היא דלא בעו כי האי בעיא אליבא דרבי מאיר דלאו הלכתא כוותי'ולא אמרי אמוראי (פשט"ש) [פמנ"ש] סימן. אף אנן תנינא אלא אהא קאי האי בעיא זה אינו יכול וזה אינו יכול ר' מאיר ור' יהודה מחייבין ור' שמעון פוטר ובהא הלכה כר' מאיר ור' יהודה והא קאמרינן באין צדין [דף כו] בהדיא רבי יהודה ור"ש הלכה כר' יהודה וכיון דהלכתא זה אינו יכול וזה אינו יכול חייבין עלה בעינן מי צריכנן שיעור לכל חד וחד או חד שיעור לשניהן וסליקא הלכה שיעור אחד לשניהן ופשטה דמתניתין לא יכול אחד להוציאו והוציאו שנים חייבין דאלמא כל אחד נותן בפני עצמן אינו יכול אבל שניהן בהדי הדדי יכולין ואעפ"כ חייבין ולא מצית מימר על זה יכול וזה אינו יכול קאי ולאו אליבא דר' מאיר קאי בעי אלא אליבא דרבנן דפטורין קאמר מי פטרי רבנן אע"פ שהוציאו שניהן שני שיעורין או דלמא אם הוציאו שניהן שיעור אחד פטורי ואם הוציאו שני שיעורין

[לעיל עא:]

[תוספתא פ"ט]

[לקמן קמא: יומא סו: עירובין קג.]

[פי' רש"ג ורש"א] ע"ז יד: בכורות נ. [פסחיי נג.]

נ"ל ואי בכפות מודה ר' נתן עד סה"ד ואח"כ שייך ואי משום וכו' עד לפטור וכן הגיה הב"ח וכ"ה בכת"י [פ"ז ע"א]

כדפו"י הגי' אמר רבא כו' ור' יוסף אמר ריש לקיש

[שייך לעיל במשנה לג:]

[ג"ו שייך שם]

הגהות הב"ח

(א) תוס' ד"ה ובפלוגתא וכו' ולר"ל אחר שנתכפר על אחד חזר ונודע לו על אחר: (ב) ד"ה שהחי וכו' והחלזון. נ"ב ע"ל בדף עה ע"א: (ג) ד"ה ר"ש וכו' וכן קורע בחמתו או שובר כצ"ל ונ"ב פי' בפ' האורג קה ע"ב: (ד) בא"ד דהא לא בעי גבי מר לעשות בו טס:

גיר' הגי' א"נ

[ועי' תוס' חגיגה י: ד"ה מלאכת]

רב נסים גאון

צריכין לכלים חייב אף על הכלי: ובפלוגתא דר' יוחנן וריש לקיש. עיקר דיליה בפרק כלל גדול (דף עא):

גליון הש"ס גמ' ונודע לו וחזר ונודע לו. עי' לעיל דף ז ע"א תד"ה סמוכיא: תום' ד"ה גדול וי"ל דשאני טלטול דאפשר ע"י ככר. ק"ל הא מבואר לעיל דף מג ע"א דבליכא ככר דשרי טלטול מן הצד רק מטעם דאדם נבול על מתו ואי לא שרית ליה אתי לכבויי ולא שרינן מטעם כבוד הבריות וצ"ע ועי' סוכה דף לו ע"ב בתוס' שם:

עין משפט נר מצוה

לא א מיי' פס"ו מהל' שבת הלכה כב וכלים הלכה כב סמג לאוין סה טוש"ע א"ח סי' ש"ח סעיף ג:

לב ב ג מיי' פ"י מהל' טומאת צרעת הלכה ב סמג לאוין שמ:

לג ד ה ו ז מיי' פ"ט מהל' שבת הלכה ח סמג לאוין סה טוש"ע א"ח סי' שמ סעיף א:

לד ח מיי' פי"ב מהל' ע"ז הלכה י סמג לאוין ס טוש"ע שם וטוש"ע יו"ד סי' קפב סעיף ו:

לה י כ מיי' פ"ט מהל' שבת הלכה ט סמג לאוין סה טוש"ע א"ח סי' שכח סעיף לא:

תורה אור

אף במוציא את המת לקוברו אמר רבא ומודה ר' שמעון במר לחפור בו וספר תורה לקרות בו דחייב פשיטא דאי הא נמי מלאכה שאינה צריכה לגופה היא אלא מלאכה שצריכה לגופה לרבי שמעון היכי משכחת לה מהו דתימא עד דאיכא לגופו ולגופה כגון מר לעשות לו טס ולחפור ספר תורה להגיה ולקרות בו קא משמע לן "ההוא שכבא דהוה בדרוקרא °שרא רב נחמן בר יצחק לאפוקיה לכרמלית א"ל רבי יוחנן אחוה דמר בריה דרבנא לרב נחמן בר יצחק כמאן כר"ש אימר דפטר ר"ש מחיוב חטאת איסורא דרבנן מיהא איכא א"ל האלהים דעיילת ביה את ואפילו לר' יהודה (שרי) דמי קאמינא לרה"ר לכרמלית קאמינא *גדול כבוד הבריות שדוחה את לא תעשה שבתורה *תנן התם ˙התולש סימני טומאה והכוה המחיה עובר בלא תעשה איתמר אחת משתים חייב °אחת משלש רב נחמן אמר חייב רב ששת אמר פטור רב נחמן אמר חייב אהני מעשיו דאי משתקלא חדא אחריתי אזלה לה טומאה רב ששת ˙אמר פטור השתא מיהת הא איתא לטומאה אמר רב ששת מנא אמינא לה דתנן וכן כזית מן המת וכזית מן הנבילה חייב הא חצי זית פטור והתניא חצי זית חייב מאי לאו הא דתניא חייב דאפיק חצי זית מכזית והא דתנן פטור דאפיק חצי זית מכזית ומחצה ורב נחמן אידי ואידי חייב והא דתנן פטור דאפיק חצי זית ממת גדול:

מתני' ˙הנוטל צפרניו זו בזו או בשיניו וכן שערו וכן שפמו וכן זקנו וכן הגודלת וכן הכוחלת וכן הפוקסת רבי אליעזר מחייב וחכמים אוסרין משום שבות:

גמ' אמר ר"א ˙מחלוקת ביד אבל בכלי (א) חייב פשיטא זו בזו תנן מהו דתימא רבנן בכלי נמי פטרי והא דקתני זו בזו להודיעך כחו דר' אליעזר קא משמע לן ואמר רבי אלעזר ˙מחלוקת לעצמו אבל לחבירו דברי הכל פטור פשיטא צפרניו תנן מהו דתימא רבי אליעזר לחבירו נמי מחייב והא דקתני צפרניו להודיעך כחן דרבנן קמ"ל: וכן שערו כו': תנא *הנוטל מלא *פי הזוג חייב וכמה מלא פי הזוג אמר רב יהודה שתים והתניא ולקרחה שתים אימא וכן לקרחה שתים תניא נמי הכי *˙הנוטל מלא פי הזוג בשבת חייב וכמה מלא פי הזוג שתים רבי אליעזר אומר אחת ˙ומודים חכמים לר"א במלקט לבנות מתוך שחורות שאפילו אחת חייב ˙ודבר זה אף בחול אסור משום שנאמר °לא ילבש גבר שמלת אשה ˙תניא *ר"ש בן אלעזר אומר צפורן שפירש רובה וציצין שפירשו רובן ביד מותר בכלי חייב חטאת מי איכא מידי דבכלי חייב חטאת וביד מותר לכתחלה הכי קאמר פירשו רובן ביד מותר בכלי פטור אבל אסור לא פירשו רובן ביד פטור אבל אסור בכלי חייב חטאת אמר רב יהודה הלכה כרבי שמעון בן אלעזר אמר רבה בר בר חנה אמר רבי יוחנן ˙והוא שפירשו כלפי מעלה ומצערות אותו: וכן הגודלת כו': גודלת כוחלת ופוקסת משום מאי מחייבא אמר רבי אבין א"ר יוסי בר' חנינא גודלת משום אורגת כוחלת משום כותבת פוקסת משום טווה אמרו רבנן קמיה דרבי אבהו וכי דרך אריגה בכך וכי דרך כתיבה בכך וכי דרך טויה בכך אלא א"ר אבהו לדידי מפרשא לי מיניה דר' יוסי בר' חנינא כוחלת

רש"י

אף במוציא את המת לקוברו. ולא תימא לא פטר אלא במניחו לחוץ דאין צורך לא לגופו של מוציא ולא לגופה של הוצאה דאפילו הוא צורך המת פטור: מר לחפור בו. שהוא צורך המוציא: מר לעשות לו טס ולחפור. מרה שנרצף פיו וצריך להושיב עליו כמין טס דק שיהא ראוי לחפור: להגיה ולקרות: לאפוקיה לכרמלית. שהיה מוטל בבזיון או בדליקה או בחמה ולאו משום טלטול מניח עליו ככר או תינוק: לא תעשה. לאו דלא תסור כי הכא: התולש סימני טומאה. שתי שערות לבנות שהבהרת מטמאה בהן: והכוה את המחיה. מחית בשר חי והוא סימן טומאה בשאת והכוה זה לבטלה משום מחיה ולטהרה: עובר בלא תעשה. השמר בנגע הצרעת (דברים כד): אחת מב'. שלא היו בה אלא שתי שערות ותלש האחד: חייב. דשקלא לטומאה שאין מטמאה בפחות מב' דהכי ילפינן לה בת"כ שיער שנים וחייב מלקות: מאי לאו הא דתני חייב דאפיק חצי זית מכזית. דשקליה ובצריה לשיעורא: והא דתני פטור דאפיק חצי זית מכזית ומחצה. דאף על גב דמצמצם לשיעור לאו מילתא היא ולא אמרינן אהני דאי שקיל מיניה פורתא תו ליתא לשיעורא: ממת גדול. דלא אהני מידי:

מתני' וכן שערו. תולש שער ראשו בידיו: וכן הגודלת. שערה: וכן הכוחלת. עיניה: וכן הפוקסת. יש מרבותי אומרים מתקנת שערה במסרק או בידי' ויש שמפרשין טחה כמין בצק על פניה וכשנוטלו מאדים הבשר*: רבי אליעזר מחייב. בכולם חטאת וחכמים אוסרין משום שבות וטעמא דרבי אליעזר מפרש בגמרא משום מאי מיחייב:

גמ' מחלוקת ביד. בהא שנוטלן בידו ולא בכלי הוא דפטרי רבנן שאין דרך גזיזה בכך בחול: מהו דתימא בכלי נמי פטרי רבנן. דאין כאן משום גוזז דלא שייך אלא בצמר בהמה: מחלוקת לעצמו. בהא הוא דמחייב ר' אליעזר שיכול לאמן ידו לעצמו לתקנו בלא כלי: אבל לחברו. אין יכול לאמן את ידו ליטול יפה בלי כלי: פשיטא צפרניו תנן. של עצמו: הנוטל מלא פי הזוג. מלא ראש המספרים: חייב. בשבת לרבנן בכלי לר' אליעזר אף ביד וזהו שיעורו: וכן תניא. בההיא ברייתא בסיפא ולקרחה שהזהירה תורה לא תשימו קרחה (דברים יד) שתים הוי קרחה מכלל דפי הזוג לאו ב' שערות נינהו: תניא נמי הכי. כרב יהודה דאמר שתים: רבי אליעזר אומר. באחת הוא חייב ולא בעינן מלא פי הזוג: אחת חייב. שבאחת הוא מקפיד שלא יהא נראה כזקן: שמלת אשה. ודרך הנשים להקפיד על כך ולהתנאות: ציצין. כמין רצועות דקות הפורשות מעור האצבע סביב הצפורן: שפירשו רובן. קרובין ליתלש: מי איכא מידי כו'. כיון דבכלי חייב חטאת ביד איכא שבות גזירה אטו כלי: כלפי מעלה. לצד הצפורן התחילו לפרוש דקא מצערו ליה טפי: משום כותבת. שמוליכה מכחול סביב העין כאדם המוליך קולמוס סביב האות: טווה. שמתקנת שערה בין אצבעותיה ופושטתו כשאר נכרך ולשון השני עושה מאותו בצק כמין חוט: לעלמה

תוספות

אהני מעשיו דאי משתקלא חדא כו'. באחת מארבע דאי משתקלא חדא אחריתי נמי לא אזלא לה טומאה כ"ע מודו דפטור דהוי כמו חצי זית ממת גדול: והא דתנן פטור דאפיק חצי זית ממת גדול. וה"ה דהוה מצי לאוקמיה כגון דליכא אלא חצי זית בלבד אלא דניחא ליה לשנויי בחצי זית ממת גדול דהוי רבותא טפי דאי ליכא אלא חצי זית מן הכל פשיטא דפטור ודווקא חצי זית אבל כזית ממת גדול חייב אע"ג דאי משתקלה זית אחר לא אזלא טומאה מ"מ אהני מעשיו דמשתתו לא גריר בתר המת וכשיוליאו המת מן הבית וישאר כזית זה יטמא כל הבית ונמלא שעשה בהוצאה זו הוא גורם טהרה: ממת גדול. לאו דווקא גדול אלא כלומר מב' זיתים או ג': אבל בכלי ד"ה חייב. היינו מרבי יהודה דמחייב במלאכה שאינה צריכה לגופה וא"ת ודילמא רבנן כר"ש סבירא להו ומנא ליה דמחייב בכלי וי"ל דא"כ ליפלגי בכלי להודיעך כחן דרבנן והא דקאמר מהו דתימא רבנן בכלי נמי פטרי היינו פירושו דס"ל כר"ש וכדפרישית אבל רש"י פירש דפטרי משום דלא שייכא גזיזה אלא בצמר ואין נראה לר"י דבהא ליכא למיטעי דבכל בעלי חיים שייכא גזיזה כדאמר לעיל התולש כנף חייב משום גוזז: והוא שפירשו כלפי מעלה. פירש בקונטרס כנגד ראשי אצבעותיו שהן למעלה כשמגביה ידיו ור"ת מפרש שכלפי גוף קרי כלפי מעלה כדאשכחן בפ"ב דנדה (דף יג:) דקאמר מן העטרה ולמעלה והתם היינו לצד הגוף*): פוקסת. מה שפירש בקונטרס פוקסת היינו סורקת ביד או במסרק אין נראה דבגמרא משמע דהוי כעין טוויה וסריקה אינה כעין טוויה כלל ועוד דא"כ היה שונה סורקת כדתנן (נזיר דף מב.) נזיר חופף ומפספס אבל לא סורק א): וכי דרך אריגה בכך. ואף על גב דקולע כימין חשיבא אריגה כדאמרינן בפרק במה אשה (ג) (לעיל ד' סד.) הכא בשער לא חשיבא אריגה כמו בבגד ועוד דהכא אין סופה להתקיים שעומדת לסתירה: החולב

*) [ועי' תוס' מנחות יא. ד"ה מלמטה]

א) [ועיע תוס' כתובות ד' ד"ה ופוקסת ועי' תוס' מו"ק ט: ד"ה ופוקסת מכוחל היטב]

רבינו חננאל

מחייבין הדא דלאו הכי קאמר לא בבעיא ולא בתשובה ועוד דאיפשטא לן בזה יכול וזה יכול שאע"פשמוציא כמה שיעורין פטורין הלכך ליכא לאוקמא אלא בענין זה אינו יכול וזה אינו יכול ואמרי' דשיעור אחד לכולן וחייבין בו. אמר רב פפא משמיה דרבא אף אנן נמי תנינא היה יושב ע"ג מטה וד' טליות תחת רגלי מטה טמאות מפני שאינה יכולה לעמוד על ג' ואמאי ליבעי שיעור לזה ושיעור לזה פי' שיעור רובו של זב דתנן זב שהיה מוטל על ה' ספסלין לרוחבו טהורין ותני עלה מפני שאין רובו על אחד מהן והכי קאמר הני ד' טליות כל חדא אין רובו עליה ואמאי טמאות אלא לאו משום דשיעור אחד לכולן אמר רב נחמן אף אנן נמי תנינא צבי שנכנס לבית ונעל אחד בפניו חייב נעלו השנים פטורין לא יכול אחד לנעלו ונעלו שנים חייבים ור' שמעון פטור אמאי חייבין ניבעי שיעור צידה לזה ושיעור צידה לזה לאו משום דאמרינן שיעור אחד לכולן ומן הא נמי גמרינן דהא שמעתא לענין זה אינו יכול וזה אינו יכול אמירא חדא מדמפרש לא יכול א' להוציאו והוציאוהו שנים חייבים ועוד מדר"ש פטור (יפטור) בהא אמר רבינא אף אנן נמי תנינא השותפין שגנבו חייבין עיקר דילה [כב"ק עח] השותפין שגנבו וטבחו פטורין והתניא השותפין שגנבו חייבין אר"נ לא קשיא כאן בשותף שגנב מחבירו כאן בשותף שגנב מעלמא. איתיביה רבא לרב נחמן יכול שותף שגנב מחבירו ושותפין שגנבו יהו חייבין ת"ל וטבחו או מכרו מכרו כלו טבחו כלו אלא אמר רב נחמן לא קשיא כאן בשותף שטבחו לדעת חבירו כאן בשותף שטבחו שלא בדעת חבירו: ואמאי ניבעי טביחה לזה וטביחה לזה והיכי מחייבי שנים בטביחה אחת אלא לאו משום דאמרינן שיעור אחד לכולן אמר רב אשי אף אנן נמי תנינא שנים שהוציאו קנה של גרדי חייבין אע"פ [דהוא לא] שמעינן מינה דשיעור אחד לכולןאו צריכי שיעור לכל אחד ואחד מפני שקנה של גרדי יש בו כשני שיעורין וכבר שמענו מן הנך מתניתא דאמרי' שיעור אחד לכולן אלא דגמרינן דלענין זה אינו יכול קיימינן דהיא פלוגתא דר' שמעון ורבנן והא כי תנא תנא קמיה דרב נחמן שנים שהוציאו קנה של גרדי פטורין ור' שמעון מחייב תמה ר"נ ואמר כלפי לייא היכי אמרת הכי הא תנן מתניתין והוציאוהו שנים חייבין ור' שמעון פוטר תרצה להא ברייתא נמי בהבין הלכך מאי דברים אמר מר שניהם יכולין ר' מאיר מחייב ואמר עלה איבעיא להו מציתא

מסורת הש"ס

[פירובין מא: מגילה ג: לעיל פא: ברכות יט: מנחות לז:]

עיין לעיל סד: רש"י ד"ה ולא פוקסת

מכות כ: פ"ש *צ"ל פי הזוג בשבת חייב [תוספתא פ"י]

הגהות הב"ח

(א) גמ' אבל בכלי ד"ה חייב: (ב) תוס' ד"ה וכי דרך וכו' בפ' במה אשה ...

גליון הש"ס

גמ' שרא ר"נ בר יצחק לאפוקיה לכרמלית. עי' סוכה לו ע"ב ...

רב נסים גאון

גדול כבוד הבריות שדוחה את לא תעשה שבתורה וזה הדבר מיוחד בלאו דלא תסור כמו שפירשו בברכות (דף יט) בפרק מי שמתו ומשכחת לה עוד בסוף פרק הקומץ (דף לז) במסכת מנחות: התולש סימני טומאה והכוה את המחיה עובר בלא תעשה. עיקר זה הוא מה שהזהיר הכתוב (דברים כד) השמר בנגע הצרעת ואמרו רבותינו ז"ל בפירוש שזה הלשון הוא במקום לא תעשה ובכל מקום שכתוב כמותו לא בא לומר אלא שלא תעשה אותו דבר כמו שאמר (עירובין דף צו) אמר ר' אבין אמר ר' אילעאי כל מקום שנאמר השמר פן ואל אינו אלא לא תעשה והזהיר הקב"ה את המצורע שלא יחתוך מה שנראה בבשרו מסימני צרעת ומי שעובר על כך עובר בלא תעשה ומכאן אמר המשנה התולש סימני טומאה והכוה את המחיה עובר בלא תעשה ומשכחת לה בספרי השמר בנגע זה שיער לבן הצרעת זו המכוה ולפיכך הוצרכנו שיתיר לנו המילה בעת שתתראה בערלה צרעת כמו שאמרו בפרק ר' אליעזר אומר אם לא הביא כלי (דף קלב) תנו רבנן מילה דוחה את הצרעת כו' תנו רבנן יטול ערלתו ואע"פ שיש שם בהרת ומה אני מקיים השמר בנגע הצרעת בשאר מקומות חוץ מן המילה כו' ת"ל בשר ואע"פ שיש שם בהרת וכפ' ואלו הן הלוקין (מכות כב) אמרו מתקיף לה ר' אבהו וליחשוב נמי קוצץ בהרתו ואזהרתיה השמר בנגע

§ מסכת שבת דף צד: §

אות א'

ההוא שכבא דהוה בדרוקרא, שרא רב נחמן בר יצחק לאפוקיה לכרמלית

סימן שיא ס"ב [א]**מת שהסריח בבית, ונמצא מתבזה בין החיים והם מתבזים ממנו; הגה: וי"א דאפילו לא הסריח עדיין, אלא שקרוב להסריח; מותר להוציאו לכרמלית** - דגדול כבוד הבריות שדוחה לא תעשה דדבריהם, [גמרא].

ואם היה להם מקום לצאת בו, אין מוציאין אותו, אלא מניחים אותו במקומו ויוצאים הם - הוא דעת הרמב"ם, וטעמו, דס"ל דעיקר ההיתר מפני כבוד החיים, שהחיים מתבזים ג"כ ע"י שהמת נסרח ונתבזה, ולכך ביש להם מקום לצאת משם, דתו ליכא כבוד החיים, אין מוציאין אותו, **לבד** ממת שבא בספינה האמור בסוף הסעיף, שם הוא בזיון גדול למת כשהא"י מתאספין סביבותיו, וחששו לכבודו, **משא"כ** הכא ליכא בזיון כ"כ למת, כיון שמונח במקום שאין רואין, ועוד כיון שכבר הסריח, [מ"א. **אבל** בביאור הגר"א איתא דהאי דינא דספינה הוא רק לפי' רש"י [ב]‹ד"ה לאפוקיה›, ולפי"ז ע"כ דחוזר בו הב"י ממה שכתב בראש הסעיף].

ודע, דלדעת היש אומרים הנ"ל, שמקילין בקרוב להסריח, אפילו יש להם מקום לצאת, מותר להוציאו מפני שלא יסריח.

[ג]**וי"א שלא התירו להוציאו לכרמלית אלא ע"י ככר או תינוק** - דהוצאה דא"א לתקוני שרי, אבל טלטול דאפשר לתקוני ע"י ככר, מתקינים, [תוספות צ"ד. ‹ד"ה גדול› והר"ן].

[ד]**ויש מי שאומר שכל שמוציאו לכרמלית, מוטב להוציא שלא בככר ותינוק, כדי למעט בהוצאה.**

עיין בא"ר שהכריע כדעה הראשונה, משום שהרבה פוסקים סוברין כמותה, **ומ"מ** נ"ל כשאין לו ככר ותינוק, מותר להוציא אף בלא ככר ותינוק, דאף לדעה הראשונה אין הכרע שהוא לעיכובא.

[ה]**ויש מי שמתיר להוציאו אף לרשות הרבים** - טעמו, דהו"ל מלאכה שא"צ לגופה, דהא אין צריך למת, ולית ביה רק איסור דרבנן לר"ש דקיי"ל כוותיה, ובמת לא גזרו מפני כבוד הבריות, **ע"י תינוק, אבל לא ע"י ככר** - דוקא כשהתינוק הוא גדול קצת, דשייך בו חי נושא את עצמו, ולית ביה בעלמא רק איסור דרבנן, ובמת לא גזרו, **משא"כ** בקטן ביותר, הוא שוה לככר, וחייב על הוצאתם גופא, [**ודע**, דבכל הסימן היכא שנזכר תינוק, מותר אפי' קטן ביותר, דלא גרע מככר דמותר].

אבל הדעה ראשונה ס"ל, דלא התירו אלא כרמלית דלית לה עיקר בדאורייתא, **משא"כ** בזה דשם מלאכה עליה אלא שאין צריך לגופה, לא התירו אף במת, [בין ע"י תינוק בין שלא ע"י תינוק]. **ועיין** בט"ז וכן בא"ר דהלכה כדעה ראשונה, משום דהרבה פוסקים סוברין כמותה, **ובפרט** דמלאכה שא"צ לגופה ג"כ לא ברירא דהוא פטור עליה, דיש שפוסקין כרבי יהודה דמחייב עליה, עיין בסוף סי' של"ד.

[ו]**וה"ה אם הוא בבזיון אחר, כגון שהיה בספינה והיו הא"י מתאספים שם; וכן כל כיו"ב.**

הגה: וה"ה דמותרים לומר לא"י לטלטלו, כמו ע"י ככר ותינוק (מרדכי וב"י בשם שבולי לקט) - ר"ל כמו שהתירו בישראל ע"י ככר ותינוק, התירו ע"י א"י אף בלי ככר ותינוק.

וממילא משמע קצת מלשון זה, דדוקא לכרמלית, אבל לר"ה דאסור לרוב פוסקים ע"י ישראל אף ע"י ככר ותינוק, אפילו ע"י א"י אסור, וכ"כ במ"א, **ובא"ר** מצדד בשם כמה פוסקים, שסוברין להקל גם בר"ה, [**ונראה** דברה"ר שלנו יש להקל ע"י א"י, ונוכל לצרף לזה גם דעת הרמב"ן, שמתיר אפי' ע"י ישראל לרה"ר, משום דהוי מלאכה שא"צ לגופה, **ונהי** דבזה לא קימ"ל כוותיה, עכ"פ ע"י א"י וברה"ר שלנו יש להקל].

ואסור לטלטל מת ע"י ככר ותינוק לצורך כהנים - שיהיו יכולים להיות בבתיהם שהיו תחת גג אחד עם המת, **או דבר אחר** - דלא הותר טלטול המת ע"י ככר או תינוק אלא לצורך המת.

וכתבו האחרונים, דטלטול מן הצד, דהיינו להפכו ממטה למטה, שרי לצורך כהנים, אפילו שלא ע"י ככר ותינוק, **דהרי** הוא טלטול מן הצד לצורך מקומו, דשרי, וכדלקמן בס"ה.

ומ"מ בין בזה, וכן במה שמתיר הרמ"א ע"י א"י, הוא דוקא אם הקרובין רוצין, דמשום בזיון המת ליכא בזה, דמה לו כשמטהרין אותו בבית זה או בבית אחר, **אבל** אין יכולין לכופן להוציאו מן הבית שמת שם, {אם לא במקום שהמנהג לשאתו מיד במקום שמטהרין אותו, יכול לכופן}, **ואפילו** היה בהכ"נ תחת גג אחד עם המת, והכהנים מעוכבין עי"ז לילך לבהכ"נ דהוא מצוה, משום דזהו כבוד הקרובים, שיטהרו ויעשו צרכי המת בביתם, **אם** לא בנפל דליכא משום כבוד, י"א דיכולין לכופן להוציא מן הבית בשביל הכהנים, ועל פי האופנים המבוארים למעלה.

אבל ע"י א"י יש מתירין, (טור י"ד סי' שע"ב ותשו' מהרי"ל), (וכן ראיתי נוהגים לצורך מצוה או חתונה) - דשבות לצורך מצוה שרי, וכדלעיל בסי' ש"ז ס"ה, **ועי"ש** דלצורך גדול חשוב ג"כ כצורך מצוה, ולהכי שרינן הכא ע"י א"י לצורך כהנים, וכן משמע מהגר"א.

באר הגולה

[א] רמב"ם [ב] ‹דהטעם משום בזיון המת, ולאו דוקא אם מניח בחמה, אלא ה"ה בכל בזיון שיוכל המת לבוא, **אבל** לפי' הרמב"ם, דמפרש משום כבוד החיים, אין היתר רק בכבר נסרח דאין החיים יכולין לעמוד אצלו – דמשק אליעזר› [ג] טור וכ"כ רש"י צ"ד: ‹ד"ה לאפוקיה› [ד] טור בשם הרמב"ן, וכתב בספר תורת האדם שכן נראה מדברי הרמב"ם [ה] שם בשם הרמב"ן [ו] מרדכי בפ"ג דשבת

אות ב' - ג'

<u>**התולש סימני טומאה והכוה המחיה, עובר בלא תעשה אחת משלש... אמר פטור, השתא מיהת הא איתא לטומאה**</u>

רמב"ם פ"י מהל' טומאת צרעת ה"א - התולש סימני טומאה בין כולן בין מקצתן, או הכוה את המחיה כולה או מקצתה, או הקוצץ הנגע כולו מבשרו או מן הבגד או מן הבית, בין קודם שיבא לכהן בין בתוך הסגר או בתוך החלט או אחר הפיטור, הרי זה עובר בלא תעשה, שנאמר: השמר בנגע הצרעת לשמור מאד ולעשות ככל אשר יורו אתכם הכהנים הלוים כאשר צויתים תשמרו, שלא יתלוש או שיקוץ; אבל אינו לוקה עד שיועילו מעשיו, ואם לא הועילו אינו לוקה, כיצד, היתה בו בהרת ובה שלש שערות לבנות, ותלש אחת, כוה מקצת המחיה ונשאר ממנה כעדשה, אינו לוקה, שהרי הוא טמא כשהיה, וכן כל כיוצא בזה, ומכין אותו מכת מרדות.

אות ד', ה', ו', ז', ח'

<u>**הנוטל צפרניו זו בזו, או בשיניו, וכן שערו, וכן שפמו, וכן זקנו**</u>

<u>**מחלוקת ביד, אבל בכלי חייב**</u>

<u>**מחלוקת לעצמו, אבל לחבירו דברי הכל פטור**</u>

<u>**הנוטל מלא פי הזוג בשבת חייב, וכמה מלא פי הזוג, שתים**</u>

<u>**ומודים חכמים לרבי אליעזר במלקט לבנות מתוך שחורות, שאפילו אחת חייב**</u>

סימן שמ ס"א - [ז]אסור ליטול שערו או צפרניו, בין ביד בין בכלי - וה"ה בשניו, **בין לעצמו [ח]בין לאחרים** - ואף דהמחבר השוה יד לכלי, הוא רק לאיסורא, דבכולן יש איסור, **אבל** לענין חיובא יש חילוק ביניהן, דביד פטור בכל גווני, שאין דרך גזיזה בכך בחול, [ט]**ובכלי** חייב בכל גווני, דהו"ל תולדה דגוזז, [גמרא ופוסקים].

(והמ"א כתב, דלמ"ד דמשאצ"ל פטור, מיירי בשצריך לשערן, **אלא** דקשה על דבריו, דלפי"ז אמאי פסק דבמלקט לבנות מתוך שחורות אפילו באחת חייב, הא מ"מ א"צ להשער גופא, דאף אם נימא דמיירי שצריך להשערה האחת שליקט, הא בעצמה בלבד לית בה שיעורא לחיוב, וכי משום דעושה תועלת היפוי בליקוט השערה האחת יושלם בזה השיעור של ב' שערות הצריך לגופן, **ונראה** דמטעם קושיא זו נייד הגר"א מדברי המ"א, וציין על הדין דמלקט שחורות וכו': סתם כדעת הרמב"ם דהלכה כר"י במלאכה שאצ"ל, וכן בתשו' ח"צ דחה המ"א בב' ידים, והנה הריב"ש כתב דמלאכת הגזיזה חשיבא מלאכה לכו"ע, אפילו אין צריך להשער, דגזיזה היתה במשכן שלא לצורך הצמר והשער, רק לצורך העור, כגון בעורות תחשים, וע"כ חייב כל שהוא לצורך גופן אע"פ שאינו צריך לשער, ומלאכה הצריכה לגופה היא).

[י]**וחייב על שתי שערות** - דוקא בכלי, **ושער** אחד יש בו איסורא דאורייתא, כמו כל חצי שיעור של כל האיסורים, **וכן** הדין בכל מלאכות שבת, לא בעינן בהו שיעור לענין איסור אלא לענין חיוב חטאת.

ולענין נטילת צפרנים, כתב הא"ר דאפילו על צפורן אחד חייב.

ואשה ששכחה ליטול הצפרנים מע"ש, ואירע טבילתה בליל שבת, מסיק המ"א שתאמר לעו"ג ליטול ביד, דהוי שבות דשבות במקום מצוה, **ואם** א"א ביד, מותר על ידו אפילו בכלי, (דבזה מקרי מלאכה שאצ"ל, שאין כונה שלה להתנאות בזה, רק לצורך טבילה), **ואם** אין עו"ג, נראה שיש לסמוך בשעת הדחק על הנקור שתנקר תחת הצפורן, ובלבד שתעיין היטב שלא יהיה בו שום טינוף, (ונ"ל דבצפרני רגליה בודאי טוב יותר להתיר ע"י נקור, מלהתיר ע"י א"י, עיין בפת"ש ביו"ד סי' קצ"ח בשם מהר"ר דניאל זצ"ל), (וז"ל: אפשר אפי' יודעת שלא היה נקי א"צ טבילה אחרת, שברגלים אין דרכן של הנשים להקפיד).

[יא]**ומלקט לבנות מתוך שחורות, אפי' באחת חייב** - והטעם, משום דאפילו באחת מקפיד שלא יהיה נראה כזקן, לכך חשיבא מלאכה, **ובתוספתא** איתא, דה"ה במלקט שחורות מתוך לבנות.

(**כתב הכלבו**, דבזה אפילו ביד חייב, **ועיין** בא"ר הטעם, **דדרך** ללקט בחול ביד).

(יש לעיין, אם דוקא כשהיה רק שער אחת, שבזה מועיל לקוטו להתיפות, ע"כ חשיבא מלאכה, משא"כ כשנשאר עוד הרבה, **או** אפשר דמ"מ מתיפה קצת).

ודבר זה אפי' בחול אסור, משום: לא ילבש גבר שמלת אשה - שדרך הנשים להקפיד ע"ז להתנאות.

הגה: וע"ל סוף סימן ש"ג דין סריקה וחפיפה.

באר הגולה

[ז] שבת צ"ד [ח] שם בגמרא [ט] (החותך בכלי בין לו בין לאחר חייב, וביד פטור, כן משמע מפירוש רש"י - מ"א. **דלכאורה** ס"ד מאי דאמר אבל לחבירו ד"ה פטור, ר"ל אפי' בכלי דמודו רבנן דחייב, מ"מ לחברו פטור, **דאי** אמרינן מה שאמר אבל לחברו דברי הכל פטור, ר"ל ביד דמחייב רבי אליעזר, היינו לעצמו, אבל לחברו מודה רבי אליעזר דפטור, א"כ דברי רבי אלעזר שאמר אבל לחברו כו', נאמרים שלא אליבא דהלכתא, דהא קי"ל כרבנן, **אלא** ע"כ דקאי מה שאמר אבל לחבירו פטור, אפילו בכלי, וא"כ דבריו אמורים גם אליבא דהלכתא, דהא בכלי מודו רבנן דחייב. **ע"ז** כתב מ"א דליתא, דבכלי אפי' לחברו חייב, וא"כ לדידן דקי"ל כרבנן אין חילוק בין לו ובין לאחר, דביד אפילו לעצמו פטור, ובכלי אפילו לחברו חייב. **ונ"מ** לענין חתיכת צפורנים לאשה לצורך טבילה, כמש"כ מ"א אחר זה. **ועל** זה הביא ראיה מדברי רש"י שכתב וז"ל, מחלוקת לעצמו, בהא מחייב רבי אליעזר, שיכול לאמן ידו לעצמו לתקנו בלא כלי, אבל לחברו אינו יכול לאמן ידו ליטול יפה בלא כלי, עכ"ל. **הרי** מבואר להדיא כדברי מ"א - מחה"ש) [י] ברייתא שם וכת"ק, **נלע"ד שצריך לפרש דאנטול בכלי קאי, וכ"כ הרי"ף והרא"ש והרמב"ם פ"ט ה"ח והטור וש"פ, ומ"ש הר"ן בשם ר"ח שהוא מסכים לדברי רבי אליעזר, דחה הרב ב"י וע"ש** [יא] שם בגמרא

ועתה נבאר במקצת דין מלאכת הגזיזה; **א)** הגוזז צמר או שער בין מן הבהמה בין מן החיה, חייב, **וכמה** שעורו לחיוב, כדי לטוות ממנו חוט שארכו קרוב לארבעה טפחים להרמב"ם, **ולרש"י** מחצית מזה.

ב) החיוב של גזיזה הוא בין כשגוזז מן החי בין כשגוזז מן המת, אפילו מן השלח שלהן, היינו עור כשנפשט מן הבהמה, **ודוקא** גוזז חיובו בכל גווני, אבל תולש מן החי פטור, דאין דרך לתלוש משום דכאיב לה, אלא לגזוז, [**ופטור** גם משום עוקר דבר מגידולו, דהוא כלאחר יד, ועכ"פ מדרבנן אסור], **אבל** התולש ביד מן המתה, דרך לתלוש כמו לגזוז וחייב, **וע"כ** אותן בני אדם המלובשין בעורות של בהמה וחיה, צריכין ליזהר שלא יתלשו מן השער שלהן בשבת, **ובספר** חסידים אוסר ליקח הכנים מן העורות.

וכל זה בבהמה וחיה, אבל בעופות דרכן להסיר הנוצות ע"י תלישה כמו בבהמה ע"י גזיזה, ולפיכך תולש כנף מן העוף, בין מחיים בין לאחר מיתה, חייב, דתלישתן זו היא גיזתן, [שבת ע"ד].

ג) הטוה צמר מן החי, פטור בין מן הטויה בין מן הגזיזה, [ואף מן הנפוץ], שאין דרך טויה וגזיזה בכך, [**הרמב"ם** משמע דפטור ‹מן הגזיזה› אף כשטוה בכלי, **אבל** מדברי הרא"ש משמע, דדוקא כשטוה ביד, ומשום דאין דרך לתלוש ביד].

אות ט'

ודבר זה אף בחול אסור

יו"ד סימן קפב ס"ו - [יב]**אסור (לאיש) ללקט אפילו שער אחד לבן מתוך השחורות, משום לא ילבש גבר,** [יג]**וכן אסור לאיש לצבוע (שערות לבנות שיהיו) שחורות, אפילו שערה אחת** – [שזהו נוי אשה, אבל איפכא שהיו שחורות וצבע אותם לבנות, שרי אפי' לכתחלה, כ"כ ב"י, ובטור יש כאן טעות סופר – ט"ז].

וכן אסור לאיש להסתכל במראה. (ועיין לעיל סימן קנ"ו) - ‹גם זה רק היכי דאין מסתכלים רק הנשים, אבל במקום דגם אנשים מסתכלים, ליכא איסור, רק החברים נמנעים מזה, וכההיא דסעיף א', תשובת גנת וורדים – רעק"א›.

אות י' - כ'

תניא, רבי שמעון בן אלעזר אומר: צפורן שפירש רובה, וציצין שפרשו רובן... ביד מותר, בכלי פטור אבל אסור; לא פירשו רובן, ביד פטור אבל אסור, בכלי חייב חטאת והוא שפרשו כלפי מעלה, ומצערות אותו

סימן שכח סל"א - [יד]**צפורן שפרשה, וציצין, שהן כמין רצועות דקות שפרשו מעור האצבע סביב הצפורן, אם פרשו רובן** - בציפורן היינו רוב ציפורן, **ובציצין** כתב הפמ"ג, איני יודע רוב זה מאין מתחיל, **ואפשר** דהיינו כל שדרך בני אדם לקלוף שם, אם נקלף הרוב ממנו, [טו]**כלפי מעלה, ומצערות אותו, להסירן ביד מותר** - דכיון שפירשו רובן, קרובין לינתק וכתלושין דמיא, [רש"י], הלכך במקום צערא לא גזרו רבנן, כשהוא מסירו ע"י שינוי, דהיינו בידו, **וצריך** ליזהר שלא יוציא דם, **בכלי, פטור אבל אסור.**

לא פרשו רובן, ביד, פטור אבל אסור - ה"ה דאפילו לא פרשו כלל, פטור ביד, דאין דרך לתלוש ביד, [גמרא שם כחכמים], ונקטיה לאשמועינן דאפילו בזה אסור.

בכלי, חייב חטאת - דהוא תולדה דגוזז.

[טז]**ופירש"י כלפי מעלה: כלפי ראשי אצבעותיו;** [יז]**ור"ת פי' דהיינו כלפי הגוף; וצריך לחוש לשני הפרושים** - ולכן אפילו פירשו רובן אסור ליטלן אפילו ביד.

באר הגולה

[יב] ברייתא שבת דף צ"ד ע"ב מכות דף כ' ע"ב. יש לתמוה על המחבר דנקט לשון איסורא גרידא, דהא בב"י פסק כהרמב"ם דחייב משום לא ילבש גבר ולוקה, והשיג על השגות הראב"ד ודחה סברתו, אלא שצ"ל שאסור, ר"ל מן התורה ולוקה, ומ"מ היה לו לפרש [יג] טור בשם הרמב"ם בסוף הל' עבודת כוכבים שם ה"י וכגירסת הב"י שם [יד] שם צ"ד ברייתא [טו] שם בגמ' [טז] שם ‹וכמו שמביאו התוס' ד"ה והוא› [יז] שם

§ מסכת שבת דף צה. §

אות א'

כוחלת משום צובעת

סימן שג סכ"ה - [א]אסור לאשה שתעביר בשבת סרק על פניה - הוא צבע אדום, **ובתוספתא** איתא, שלא תקנח פניה בבגד שיש בו סרק, **ומשמע** אע"ג דלא מתכוונת לצביעה, פסיק רישא הוא, **משום צובע** - וטעם הדבר, כיון דאשה דרכה בכך ליפות את עצמה ע"י צביעת פנים, מחזי שפיר כצובע.

אבל איש שאין דרכו בכך, לא מקרי צובע, כמ"ש סוף סימן ש"כ, דמותר לאכול תותים ושאר פירות הצובעים, אע"ג דצובע פניו וידיו בעת האכילה, **ומ"מ** אפילו העברת סרק על פני אשה ג"כ אינו אלא דרבנן, דאין צביעה מדאורייתא על עור האדם.

(**וא"ר** שהביא דיש מהראשונים שפסקו דהלכה כרבי אליעזר, דפוקסת וה"ה גודלת וכוחלת חייבת חטאת, **ועוד** כתב אח"כ דזה לעצמה, אבל לחברתה לכו"ע חייבת, וציין ע"ז ש"ס פרק המצניע, ודעתו דרבי שמעון בן אלעזר שם שיטתו כרבנן, **ולענ"ד** שגג בזה, דשם אליבא דר"א קאמר, כדמוכח שם בסוף דבריו, וכן איתא בתוספתא בהדיא דהוא משמיה דר' אליעזר, **והטעם** בזה כמו שפי' רש"י, דלעצמה פטורה שאינה יכולה לבנות יפה).

[**ומ"מ** נראה, דגם אשה מותרת לאכול תותים ושאר פירות הצובעים, דדוקא בסרק על פניה שהוא דרך צביעתה לנוי, **משא"כ** באכילת תותים שהפ"ר הוא רק לשפתיה, שבזה גם באשה יראה דאין דרך צביעתה בכך, דלא מצינו בהפוסקים שם שחילקו בזה בין אשה לאיש].

ומטעם זה אסורה [ב]לכחול בשבת - עיניהם, **ומטעם זה אסורה [ג]לטוח על פניה בצק, דכשנוטלתו מאדים הבשר.**

ויש שנוהגין דבר איסור, להחליק שערותיהם בחלב מהותך ומעורב במיני בשמים, שקורין בלשוננו פומאד"ה, **וחוששני** להם מחטאת, דנראה שיש בזה משום ממרח, וראוי להזהיר בני ביתו ע"ז.

אות ב'

גודלת ופוקסת משום בונה

סימן שג סכ"ו - [ד]אסור לקלוע האשה שערה בשבת - מדרבנן, [רמב"ם וסיעתו, ולהפוסקים דפוסקים כר' אליעזר יהיה בזה חיוב ג"כ, משום דדמי לבנין, וכדדרשינן על הפסוק: ויבן ה' אלהים את הצלע, מלמד שקילעה הקב"ה לחוה והביאה אל האדם, ושכן בכרכי הים קורין לקלעיתא בניתא, [גמרא], **אבל** הקולע נימין בתלוש, חייב משום אורג, כמ"ש הרמב"ם, **והכא** בשער לא חשיב אריגה משום דהוא מחובר בראשו, ועוד דאין סופה להתקיים, שעומדת לסתירה, [**ואיני** יודע, אם מה דאינו מתקיים, היינו תמיד, אבל ליום השבת מתקיים, וזהו כשיטת רש"י ‹במשנה דף ק"ב›, **או** דצריך שלא יתקיים אפי' ליום השבת, וזהו כשיטת הרמב"ם].

והנה כ"ז במחובר, והקולעת שער פאה נכרית, שקורין פארוק, אף דאין בזה משום בונה, אסור עכ"פ משום אורג, **דאף** אם נימא דאין סופה להתקיים, עכ"פ מדרבנן מיהו אסור, **ומ"מ** נראה דאין כדאי למחות במקום שלא ישמעו לנו.

[ה]ולא להתיר קליעתה - דדמי לסותר, [**ובקליעה** תלושה יש איסור לסותרה, משום דדמי לתולדת פוצע].

[ו]אבל יכולה לחלוק שערה. הגה: ויש אוסרים לחלוק שערה, דהיינו לעשות השייטי"ל - משום חשש תלישה, **והדעה** ראשונה דמקלת ס"ל, כיון דאינה מתכוונת לזה, ולאו פסיק רישא הוא. **וכן נהגו לאסור לעשות ע"י כלי, אבל באצבע בעלמא נהגו להקל.**

אות [ב']

אשה לא תעביר סרק על פניה, מפני שצובעת

סימן שג סכ"ה - עיין לעיל אות א'.

אות [ג']

החולב והמחבץ והמגבן כגרוגרת

רמב"ם פ"ז מהל' שבת ה"ו - וכן הלוקח חלב ונתן בו קיבה כדי לחבצו, הרי זה חייב משום תולדת בורר, שהרי הפריש הקום מן החלב; ואם גבנו ועשהו גבינה, חייב משום בונה, שכל המקבץ חלק אל חלק ודבק הכל עד שיעשו גוף אחד, הרי זה דומה לבנין.

רמב"ם [ז]פ"ח מהל' שבת ה"ז - הדש כגרוגרת חייב, ואין דישה אלא בגדולי קרקע; והמפרק הרי הוא תולדת הדש, [ח]החולב את הבהמה חייב משום מפרק. וכן החובל בחי שיש לו עור, חייב משום מפרק, והוא שיהיה צריך לדם שיצא מן החבורה; אבל אם נתכוון להזיק בלבד פטור מפני שהוא מקלקל; ואינו חייב עד שיהיה בדם או בחלב שהוציא כגרוגרת. השגת הראב"ד: ואינו חייב עד שיהיה בדם או בחלב שיוציא כגרוגרת. [ט]א"א וכי המשקין שיעורן כגרוגרת, והלא חלב כדי גמיעה, ושאר המשקין שיעורן חלוקין.

באר הגולה

[א] **שם צ"ה** [ב] **שם צ"ד במשנה** [ג] **רש"י בפי' המשנה בשם י"מ** ‹והגמ' דידן איתא משום טוויה ובונה, **אבל** בירושלמי איתא משום צובע, **וטעם** דלא כתב הגר"א דהירושלמי פליג על גמ' דידן, משום די"ל דהירושלמי נותן טעם לאחר שיטול הבצק, והגמ' נותנת טעם אף אם לא יטול, משום טוויה או בונה – דמשק אליעזר› [ד] **שם במשנה** [ה] **תוספות נ"ז והרא"ש שם** [ו] **תוספות ס' והרא"ש והר"ן שם** [ז] ‹כצ"ל ע"פ מהדורת נהרדעא› [ח] ‹אע"פ שאמרו שאין דישה אלא בגידולי קרקע, בהמה נקראת גידולי קרקע – מגיד משנה› [ט] ‹ואין זו השגה, דהתם לענין הוצאה מרשות לרשות, ומה ענין זה לענין הוצאת דם או חלב ממקום חבורם בחי, והטעם ששיעורן כגרוגרת, משום דחשיבי אוכל, דהא חזו ללפת בהם את הפת – כסף משנה›

גמרא

*כוחלת משום צובעת [ג]גודלת ופוקסת משום בונה וכי דרך בנין בכך אין *כדדרש רבי שמעון בן מנסיא °ויבן ה' אלהים את הצלע מלמד שקילעה הקב"ה לחוה והביאה אצל אדם שכן בכרכי הים קורין לקליעתא בניתא תניא *ר"ש בן אלעזר אומר גודלת כוחלת ופוקסת לעצמה פטורה לחברתה חייבת וכן היה רבי שמעון בן אלעזר אומר משום רבי אליעזר [ג]אשה לא תעביר *סרק על פניה מפני שצובעת תנו רבנן [ג]*החולב והמחבץ °והמגבן כגרוגרת המכבד והמרבץ והרודה חלות דבש שגג בשבת חייב חטאת הזיד ביום טוב לוקה ארבעים דברי ר' אליעזר וחכ"א אחד זה ואחד זה אינו אלא משום שבות רב נחמן בר גוריא איקלע לנהרדעא בעו מיניה חולב משום מאי מיחייב אמר להו משום חולב מחבץ משום מאי מיחייב אמר להו משום מחבץ *מגבן משום מאי חייב אמר להו משום מגבן אמרו ליה רבך *קטיל קני באגמא הוה אתא שאיל בי מדרשא אמרו ליה חולב חייב משום מפרק מחבץ חייב משום בורר מגבן חייב משום בונה המכבד המרבץ והרודה חלות דבש שגג בשבת חייב חטאת הזיד ביו"ט לוקה ארבעים דברי רבי אליעזר *א"ר אלעזר °מ"ט דר' אליעזר דכתיב °ויטבול אותה ביערת הדבש וכי מה ענין יער אצל דבש אלא לומר לך מה יער התולש ממנו בשבת חייב חטאת אף חלות דבש הרודה ממנו בשבת חייב חטאת אמימר שרא זילחא במחוזא אמר טעמא מאי אמור רבנן דילמא אתי לאשויי גומות הכא ליכא גומות רבא (א) תוספאה אשכחיה לרבינא דקא מצטער מהבלא ואמרי לה מר קשישא ברי' דרבא אשכחיה לרב אשי דקא מצטער מהבלא א"ל לא סבר לה מר להא דתניא הרוצה לרבץ את ביתו בשבת מביא עריבה מלאה מים ורוחץ פניו בזוית זו ידיו בזוית זו רגליו בזוית זו ונמצא הבית מתרבץ מאליו א"ל *לאו אדעתאי תנא אשה חכמה מרבצת ביתה בשבת *והאידנא דסבירא לן כר' שמעון שרי אפי' לכתחלה:

מתני' *התולש מעציץ נקוב חייב ושאינו נקוב פטור ור"ש פוטר בזה ובזה:

גמ' רמי ליה אביי לרבא ואמרי לה רבי חייא בר רב לרב תנן רבי שמעון פוטר בזה ובזה אלמא נקוב לר"ש כשאינו נקוב משוי ליה ורמינהו ר"ש אומר אין בין נקוב לשאינו נקוב אלא

רש"י

לעצמה פטורה · שאינה יכולה לבנות יפה ואין דרך בנין אלא אשה לחברתה שרואה ועושה: וכן · מילתא אחריתי דשבת לאיסורא: סרק · לבע אדום הוא הבא בקגים שקורין עיפוני"ן: המחבץ · המעמיד החלב בקיבה ול"נ מחבץ עושה כמין כלי גמי ונותן הקפוי בתוכו ומי החלב שהן נסיובי נוטפין ולועזין אותן אנקייד"ש: המכבד · את הבית: והמרבץ · במים להרבין את האבק שלא יעלה: חייב חטאת · לקמיה מפרש טעמא דהרודה חלות דבש חייב משום תולש (מחבץ חייב משום בורר) ומכבד ומרבץ משום בונה: אחד זה ואחד זה · אחד שבת ואחד יו"ט: משום שבות · דילמא כי כניס ליה מתמלאין הגומות שבבית מאליהן והוי בנין: קטיל קני באגמא · חותך קנים מן האגם הוה לא ידע לפרש משנה: מפרק · כמו מפרק משאוי שפורק אוכל ממקום שנתכסה בו והוי תולדת דש ואית דאמרי תולדה דקוצר ולא היא דלאו מחובר הוא אלא פקיד ועקיר וקאי בעטיני הדד כתבואה בקשיה ולשון מפרק נמי לא שייך למימר אלא לשון תולש: בורר · אוכל מתוך פסולת: זילחא · לרבץ הבית ורצפת אבנים היתה °בכל העיר: מהבלא · שהיה אבק עולה ומרבה הבל: לאו אדעתאי · לא הייתי זכור ורבותי פירשו לא סבירא לי: אשה חכמה · אשת ת"ח או בת ת"ח שמעה מאביה: מרבצת ביתה · רוחצת קיתוניות בזוית זו וכוסות בזוית זו: כרבי שמעון · דדבר שאין מתכוין מותר והמרבץ אינו מתכוין להדביק עפר בגומא ולהשוות הבית אלא שלא יעלה אבק:

מתני' התולש מעציץ נקוב חייב · דהוי כמחובר דיונק מן הקרקע ע"י הנקב שמריח לחלוחית הקרקע ואפילו הנקב כדופנו: אלא

תוספות

החולב משום דש הוא · כדפי' בקונט' ואתיא ברייתא כר' יהודה דאמר יש דישה שלא בגידולי קרקע כדפרי' לעיל בפ' כלל גדול (לעיל דף עג:) וכן נראה לר"י דודאי כרבי יהודה אתיא דהא אסרי חכמים ליבון משום שבות ולר"ש שרי לקמן אפילו לכתחלה:

המכבד והמרבץ · תימה דע"כ מיירי דלא הוי פסיק רישיה שישוה הגומות דאי פסיק רישיה היכי שרי לקמן ר"ש לכתחילה הא מודה ר"ש בפסיק רישיה ולא ימות וכיון דלא הוי פסיק רישיה אמאי מחייב ר' אליעזר חטאת האמר בפ' אמר להם הממונה (יומא ד' לד:) גבי צירוף עששיות דדבר דאין מתכוין מותר לר' יהודה מן התורה דלא הוי מלאכת מחשבת וי"ל דבהא פליגי דר' אליעזר סבר דהוי פסיק רישיה ורבנן סברי דלא הוי והא דאמר והאידנא דסבירא לן כר' שמעון שרי לכתחלה אע"ג דאפשר דסבר ר"ש דהוי פסיק רישיה מכל מקום הש"ס סבר כרבנן דלא הוי פסיק רישיה הילכך שרי לכתחלה כיון דקיימא לן כר"ש [עי' תוספות סנהדרין סה. ד"ה ור"ש]:

והרודה חלות דבש · תימה לר"י אמאי לוקה בי"ט ולרבי אליעזר ורבנן נמי לא פליגי אלא משום דלא חשבי לה מלאכה והא תנן בפ"ק דמגילה (דף ז:) אין בין יו"ט לשבת אלא אוכל נפש בלבד ר' יהודה אומר אף מכשירי אוכל נפש וקאמר בגמ' מ"ט דת"ק אמר קרא הוא לבדו יעשה לכם הוא ולא מכשירין ורבי יהודה כתיב הוא וכתיב לכם כאן במכשירין שאפשר לעשותן מעי"ט וכאן במכשירין שא"א כו' מכלל דאוכל נפש שרי רבי יהודה אפי' באפשר ורבנן נמי משמע דלא פליגי אלא במכשירין ולא באוכל נפש ועוד דהך ברייתא כר' יהודה כדפרישית ועוד דבפ' תולין (לקמן דף קלז:) אמרינן דר' אליעזר סבר כרבי יהודה ועדיפא מדרבי יהודה ושרי אפילו אפשר לעשותן מעי"ט וליכא למימר דמיירי ברודה לצורך חול דמכ"מ תקשי למאן דאית ליה הואיל ואי מקלעי ליה אורחין בפרק אלו עוברין (פסחים ד' מו:) ועוד דרבי אליעזר גופיה אית ליה התם* הואיל ואור"י דאיכא לאוקמי ברודה סמוך לחשיכה דלא חזי תו לאורחין אי נמי בדבש שהדבים או אסור בהנאה דלא חזי לאכילה ומיהו תימה לר"י כיון דמותר לגבן בי"ט מן התורה אפילו באפשר (ג) אפילו לא יהא מותר מדרבנן אלא בדלא אפשר אם כן נפל ביתו בי"ט יהא מותר לבנותו בי"ט דמתוך שהותר בנין לצורך דמגבן הוי משום בונה כדאמר בסמוך הותר נמי שלא לצורך ובלבד שיהא צורך היום לאכול בתוכו שלא יכנו שרב ושמש וי"ל דאסור מדרבנן דהוי עובדא דחול כי היכי דאסורין טחינה והרקדה ביו"ט*:

שרא זילחא במחוזא · תימה דבשילהי תמיד נשחט (פס ד' סה.) תנן כמעשהו בחול כך מעשהו בשבת אלא שהכהנים מדיחים את העזרה שלא ברצון חכמים ומפרש בגמ'* דשלא ברצון חכמים היינו שלא ברצון ר' אליעזר דאי רבנן שבות הוא ואין שבות במקדש דתניא המכבד והמרבץ כו' ומדמוקי מתני' כר"א משמע דמחייב מדאורייתא אפי' בעזרה דאיכא רצפה והכא משמע דברצפה ליכא אשויי גומות וי"ל דבההיא איכא אשויי גומות טפי שהיו מתמלאות הגומות שבין רובד לרובד א"נ בעזרה נמי לא אסור לר"א אלא משום שבות אטו היכא דליכא רצפה דאיכא חיוב חטאת לר"א וחמיר האי שבות וטובא אפילו במקדש וכמה שבות אשכחן במקדש (ג) בפ' בתרא דעירובין (דף קב:) אבל לרבנן לא חמיר האי שבות כיון דאפי' בלא רצפה לא הוי לדידהו אלא איסורא דרבנן הלכך איט נוהג במקדש:

והאידנא דקי"ל כר"ש שרי אפי' לכתחלה · בה"ג שרי כיבוד מהאי טעמא אפי' בדהולין ואין נראה לר"י דבפרק כל הכלים (לקמן דף קכד:) אמר ר' *אליעזר אף מכבדות של תמרה מותר לטלטלן ופריך אי מחמה לגל בהא לימא ר' *אליעזר אפי' בשל תמרה משמע דפשיטא ליה דליכא מאן דשרי אפי' לרבי שמעון משום דהוי מלאכתו לאיסור ואי שרי לכבד הוי מלאכתו להיתר אלא ודאי כיבוד אסור לטלי עלמא מפני שמזיז עפר ממקומו ולא שרינן הכא לרבי שמעון אלא דווקא ריבוץ:

ורמינהו רבי שמעון אומר אין בין נקוב כו' · תימה מאי קפריך והא בהך ברייתא נמי קתני כמו במתני' דלכל מילי נקוב כשאינו נקוב בר מלענין הכשר זרעים בלבד ואי קשיא ליה מ"ש שבת מהכשר זרעים אם כן בלא משנה תקשי ליה ברייתא גופה מ"ש להכשר זרעים חשיב נקוב כמחובר ולענין שאר דברים חשוב כתלוש ואומר ר"ת דהכי פריך כיון דלענין שבת חשיב נקוב כשאינו נקוב אף על גב דהוי לקולא ופטור וכן לענין כלאים (פ"ז מ"ח) כ"ש לענין הכשר זרעים אית לן לאחשוביה נקוב כשאינו נקוב דהוי לחומרא ובברייתא קתני דנקוב הוי כמחובר לענין הכשר זרעים שאינו מכשיר והכי פירושא דברייתא אין בין נקוב לשאינו

אות ג' – ד'

המכבד, והמרבץ, והרודה חלות דבש

אחד זה ואחד זה אינו אלא משום שבות

סימן שכא סי"ג - [י]אסור לרדות חלות דבש מהכוורת, (פי' הקן שהדבורים עושים בו הדבש), מפני שדומה לתולש - אפי' לא ירצה לברור הדבש מן השעוה, דזהו בכלל מפרק, אלא יקח החלות עצמם מן הכורת, **כי** מקום גידול הדבש הוא בכורת, וחשבוהו חכמים כמחובר.

הגה: ודוקא אם דבוקין בכוורת (המגיד), אבל אם נתלשו מבעוד יום - שהחלות נתלשו ממקום חבורן בכורת, ומונחין כך בתוכה, ולא שייך תו עליהן שם מחובר, ע"כ יכול לרדותן מהכורת, כדי לאכול הדבש הדבוק על גבם מסביב.

אבל מ"מ אסור לרסקן ולהוציא הדבש מן השעוה, דזהו בכלל מפרק, דדמי למוציא התבואה מקשיה, **ואפילו** יצא הדבש מעצמו, אסור עד לערב, גזירה שמא ירסק בידים.

או שנתרסקו מבעוד יום והדבש לף בכוורת - היינו שריסקן להחלות, (ריסוק יפה דוקא, שאינו מחוסר דיכה), ועדיין הם מחוברים בהכורת, אלא שהדבש זב מהם בשבת ע"י ריסוקן, **מותר לרדותו בשבת (ב"י)** - דמותר ליקח זה הדבש הצף, דתו אין שייך להכורת, **אבל** אסור לרדות החלות גופא, כיון שעדיין מחוברים הם בכורת.

(**ודע, דאם יודע שהדבש הזה צף מבע"י, אפילו לא ריסקן להחלות כלל, מותר ליקח אותו הדבש**).

סימן שלז ס"ב - [יא]אסור לכבד הבית - דמזיז עפר ממקומו, [ואינו מבואר אם הכוונה משום טלטול עפר שאין מן המוכן, או משום עשיית גומא ע"י החפירה, ויראה דתרווייהו איתנהו], **גם** משוה הגומות בכיבודו, שמתמלאין הגומות שבבית מהעפר, והוי בנין, **ואע"ג** דאינו מתכוין לאשויי גומות, אפ"ה אסור דפסיק רישא הוא, [רש"י דף קכ"ד: ד"ה של תמרה], **ויש** אומרים דחיישינן שמא מתוך טרדתו לכבד וליפות הקרקע, ישכח וישוה הגומות במתכוין. (**והאיסור בזה הוא משום שבות** {ברייתא שם בדף צ"ה}, **ואי מכוין בזה לאשויי גומות, משמע** בתוס' ‹ד"ה המכבד› **דיש בזה חיוב חטאת**), [**וגם** לרש"י אינו אלא משום שבות, אפילו באינו רצוף, דהא בברייתא כיבוד דומיא דריבוץ קתני, וריבוץ משמע פשטיות הסוגיא דמיירי באינו רצוף, וגם בזה אינו רק משום שבות, וטעם הדבר אפשר, דהוא סובר כדעת הרמב"ן, (דהוא רק בנין כלאחר יד, כל זמן שלא נעשה בידים ממש).

[יב]אלא אם כן הקרקע מרוצף - בין באבנים ובין בקרשים.

[יג]ויש מתירין אפי' אינו מרוצף - דס"ל דגם בזה אינו ודאי שישוה גומות, ולא גרע מריבוץ דשרי בס"א, **וגם** למזיז עפר ממקומו ג"כ לא חייש, שכשאדם מכבד את הבית אינו מכבד אלא עפר תיחוח, ובזה ליכא משום חופר גומא, [**ולאיסור** מוקצה של טלטול עפר ג"כ לא חייש, דהו"ל טלטול מן הצד ע"י דבר אחר לצורך שבת].

הגה: [יד]ויש מחמירין אפי' במרוצף (טור בשם ר"י, ומרדכי ריש פרק כל הכלים, ור' ירוחם וסמ"ג וסה"ת) - בין באבנים ובין בקרשים, **וכן נוהגין ואין לשנות** - דס"ל דבאין מרוצף הוי פ"ר, וגזרינן מרוצף אטו אינו מרוצף.

(**והנה אם כל בתי העיר או עכ"פ רובם מרוצפים באבנים או בלבנים, וכ"ש אם הם מכוסים בקרשים, אפשר דמותר לכבד, דלא גזרו על רובה מפני מיעוטה, ולא על עיר זו מפני עיר אחרת, וגם רש"י סובר כן ורמז לזה בדף צ"ה ע"א ד"ה זילחא, אולם יש עוד סברא אחרת בסה"ת שם, דבין הרובדים, היינו בין השורות שבין אבן לאבן, יש חשש דאשויי גומות אף במרוצפין, וסברא זו נזכרת ג"כ לחד תירוצא בתוס' צ"ה ד"ה שרא זילחא לענין הדחה, אך לא נזכר בדבריהם לענין כיבוד, ולפ"ז כשבתי העיר כולם או רובם מרוצפים בקרשים, אין להחמיר במרוצפים, ובפרט אם נתכבד מע"ש, יש לצרף לזה ג"כ סברת הראב"ד המובא בב"י, דס"ל דאפילו באינו מרוצף לאו פ"ר הוא**).

מיהו ע"י עכו"ם מותר (רבינו ירוחם) - היינו אפילו בשאינו מרוצף, דהא הוא אינו מתכוין רק לכבד הבית, **ואף** דהוא פ"ר לענין הגומות, מותר ע"י א"י, דבאמירה לא"י לא קפדינן כולי האי.

וכן ע"י בגד או מטלית או כנף אווז הקלים ואינו משוה גומות (אגור) - ר"ל דכיון שהם קלים, אינו נוטל בהם רק האבק שלמעלה, ולא אתי לאשויי גומות, וע"כ מותר אפילו אינו מרוצף, **ומוכח** מזה, שאם רוצה לכבד בהם היטב את כל העפרוריות הנמצאות בארץ, שאסור.

ואפילו יש בבית קליפי אגוזים וכיוצא בהם מדברים האסורים בטלטול, אפ"ה מותר לכבד, דהו"ל לדידיה כגרף של רעי.

(**המ"א הביא בשם רש"ל, שמחמיר בכנף אווז, וסברתו, דע"י זה יכול ג"כ לבוא לאשויי גומות כמו ע"י שאר מכבדת, ובבאור הגר"א משמע עוד שמפקפק על כל ההיתר זה אפי' ע"י בגד, שכתב דמדברי רש"י** {בדף קכ"ד: ד"ה של מילות} משמע דאסור, **ומ"מ** מסתברא דבמרוצף יש להקל

באר הגולה

י **שם צ"ה ברייתא וכחכמים** **יא** **טור בשם הרמב"ם** ‹**וכתב** הרב המגיד שכן דעת רש"י (ד"ה כרבי שמעון) והתוס' (צה. ד"ה והאידנא) שאין הכיבוד בכלל היתר הא דרבי שמעון – ב"י› **יב** ‹ואין אסור לכבד אלא כשאינו מרוצף, אבל במרוצף שרי לד"ה, כיון דלית ביה משום אשויי גומות, וכדחזינן דאמימר שרי זילחא במחוזא, ולא גזר מרוצף אטו שאינו מרוצף – ב"י› **יג** **שם בשם בה"ג, וכ"כ התוס' בדף צ"ה** ‹ד"ה והאידנא› **בשמו, וכ"פ הרי"ף בפרק כל הכלים, וכתב הר"ן שכתב בתשובה, דהא דתנן בפרק ב' דביצה דחכמים אוסרים לכבד בין המטות, ר' יהודה היא ולא קיימא לן כוותיה** **יד** ‹משום דבמרוצף נמי איכא משום אשויי גומות בין הרובדין, או גזירה אטו מקום שאינו רצוף, כדאמרינן בפרק במה מדליקין (כט:) גזירה עיליתא דשישא אטו עיליתא דעלמא, **והא** דאמימר לא גזר אטו מקום שאינו מרוצף, היינו טעמא שהיתה כל העיר רצופה, ולא גזרינן אטו עיר אחרת – ב"י›

בכל זה, דבלא"ה הרבה פוסקים מקילין במרוצף אפילו במכבדת ממש, **ואף** בשאינו מרוצף מי שנוהג להקל כוותיה דהרמ"א בודאי אין למחות בידו, דנוכל לצרף בזה דעת הראשונים שסוברין דכיבוד אינו פ"ר).

כתב בספר כלכלת שבת, דה"ה במה שקורין בארש"ט הרכים, דינו ג"כ ככנף אווז, (**ובאמת** עיקר ההיתר דבגד או כנף אווז ג"כ אינו היתר ברור, דכמה פוסקים פקפקו ע"ז, **וע"כ** נלענ"ד דאין להתיר אלא באותו שפרט הרמ"א, ומשום דהוי שינוי גדול ג"כ, שאין דרכו לכבד בזה בחול, משא"כ בבארש"ט שדרכו לכבד בזה בימות החול ג"כ, והוי זילותא דשבת, **אך** אם הבית היה מרוצף יש לסמוך ע"ז, דכמה ראשונים סוברין דאפילו במכבדת ממש מותר לכבד במרוצף).

ואסור לכבד הבגדים ע"י מכבדות העשויים מקסמים, שלא ישתברו קסמיהם (הגהות אלפסי פרק הזורק) - היינו אפילו באופן שמצד הכיבוד בעצמם אין בהם איסור, כגון בבגד ישן שאין מקפיד עליו וכדומה, וכמבואר לעיל בסי' ש"ב ס"א בהג"ה, **ולפי"ז** ה"ה שאסור בהם לכבד את השלחן, אע"פ שכיבוד השלחן מותר מצד עצמו.

וה"ה שאסור לכבד הבית, אפילו במרוצף למאן דשרי, במכבדות העשויות מענפי אילן יבשים שאינם נכפפים, דבודאי נשברים כשמכבדין בהם, [**ולעיל** איירי רק במכבדת של תמרה, שהם נכפפים ואינם משתברין].

וטעם כ"ז, דהוי כמו סותר כלי, **ואף** שמקלקל פטור, מ"מ אסור לכתחלה, [**אף** שהוא ג"כ פ"ר דלא ניחא ליה].

(**ויש** שמפקפקין בזה, דלאו פסיק רישא הוא, **ומ"מ** נראה שאין כדאי להקל בזה, דמחזי כעובדא דחול וכמזלזל באיסור שבת).

(**היוצא** מכל זה, דאם כל בתי העיר או עכ"פ רובם מרוצפים בקרשים, ובפרט אם נתכבד הבית ג"כ מע"ש, ורוצה עתה לכבד הבית בענפי תמרה הרכים, או במה שאנו קורין בארש"ט, בודאי אין להחמיר, **ובענפי** האילן שבזמנינו, אין ההיתר ברור כ"כ, משום חשש שבירת הקיסמים וכמש"כ הרמ"א, **ומ"מ** מי שמיקל בזה אין למחות בידו, דכמה אחרונים מפקפקין ע"ז וכנ"ל).

(**מותר** לו לנפח בפיו את האבק והעפר, **ונראה** דאפילו באינה מרוצפת, משום דלאו פ"ר הוא לאשויי גומות, **ואפשר** עוד, דאפילו לנפח בכלי באויר ג"כ שרי).

אות ה'

חולב חייב משום מפרק

סימן שה ס"כ - כתב הרמב"ם: החולב לתוך כלי חייב, [משום מפרק דהוא תולדה דדש]. **לתוך** אוכל פטור, [דמשקה הבא לאוכל כאוכל דמי], **ומ"מ** איסורא יש, דכל פטורי דשבת פטור אבל אסור.

[טו] **מותר לומר לאינו יהודי לחלוב בהמתו בשבת, משום צער בעלי חיים שהחלב מצערה,** [טז] **והחלב אסור בו ביום** - משום משקין שזבו מפירות העומדים לסחיטה, דקי"ל בסימן ש"כ ס"א דאסורין, והא נמי להא דמיא, **ואפילו** חולב לתוך אוכל אסור, כיון דהבהמה אינה ראויה לאכילה, הוי מוקצה.

[יז] **וי"א שצריך לקנותו מן האינו יהודי בדבר מועט** - (היינו אפילו בתפוח וכיו"ב, ואפילו אינו שוה פרוטה), **שלא יהא נראה כחולב לצורך ישראל** - ס"ל דאמירה לחלוב לא הותר כלל כי אם כשהא"י חולב לצורך עצמו, והישראל קונה אחר השבת ממנו בדבר מועט.

והעולם נוהגין כסברא הראשונה, דמשום צער בע"ח שרי אמירה לא"י לחלוב, בין לא"י מן השוק, ובין להשפחות שנשכרות לכל השנה למלאכתו, ואין למחות בידם, **ומ"מ** טוב שיחלוב הא"י לתוך אוכל, דהו"ל שבות דשבות.

וה"ה דמותר משום צער בע"ח, לומר לעו"ג להמרות האווזות שהורגלו כבר בהמראה, ואין יכולין שוב לאכול בעצמן, **אבל** אין מותר רק פעם אחת ביום, דשוב ליכא צער בע"ח - תשו' רמ"א, **ומשמע** שם דאי ליכא א"י, שרי ההמראה ע"י ישראל, ואע"ג דאסרינן לקמן בסימן שכ"ד ס"ט, להמרות האווזות בשבת, הכא שאין יכולין לאכול בעצמן, מותר משום צער בע"ח, **וטוב** לעשות ע"י קטן.

אות ו'

מחבץ חייב משום בורר

סימן שיט סי"ז - [יח] **המחבץ (פי' שמוציא חמאה מן החלב), תולדת בורר הוא** - ומכלל זה המעמיד חלב במקום חם כדי שתעשה גבינה, **וכן** הלוקח חלב ונותן בו קיבה או שאר מיני חימוץ כדי לחבצו, **או** העושה כמין כלי גמי ונותן הקום בתוכו ומי החלב נוטפין, [רש"י], **כ"ז** בכלל מחבץ דהוא תולדה דבורר, ואסור אפילו ע"י א"י.

וכן הקולט שומן הצף על פני החלב שקורין סמעטענע, גם זה הוא בכלל בורר, ע"כ יזהר שכשיגיע סמוך לחלב, יניח קצת עם החלב, ואז שרי, וכמ"ש סי"ד, **וה"ה** להיפוך, שיטול קצת מן החלב עם השומן הזה, אבל ליקח השומן בצמצום אסור, אפילו דעתו לאכול לאלתר, שהרי הוא לוקח בכך.

וכ"ז דוקא כשצריך לאכול בשבת, דאל"כ הוי כמכין משבת לחול, **ואם** א"צ לו רק שחושש שיפסד ויתקלקל, מותר לעשות ע"י א"י כשאינו בורר בצמצום וכנ"ל, דההכנה לחול הוא איסור מדברי סופרים, ומותר ע"י א"י במקום פסידא, וכמ"ש סימן ש"ז ס"ה.

והלוקח הקום ועושה גבינה, חייב משום בונה, שכל המקבץ חלק חלק אל חלק ודבק הכל עד שיעשה גוף אחד, דומה לבנין.

באר הגולה

[טו] רא"ש והמרדכי שם וש"פ [טז] טור וכל בו בשם הגהות הר"פ [יז] שם בשם רבי יונה ור' מאיר מרוטנבורג והגהות מרדכי דקידושין בשם התוספות [יח] רמב"ם פרק ח' הי"א, וכתב הרב המגיד פכ"א הי"ז שהוא מהתוספתא

לפיכך אע"פ שנותנים שומשמים ואגוזים לדבש - ר"ל אע"פ שמותר ליתן, **לא יחבצם בידו** - ר"ל לא יקבצם בידו להפריד אותם מן הדבש, **(ע"ל סי' ש"מ סעיף י"א).**

משמע מזה דהאיסור הוא משום בורר, ולפי"ז אם דעתו לאכול לאלתר, שרי לחבוץ בידו, **ועיין** במ"א שהביא מהתוספתא ראיה, דאיסורו הוא משום לש, ולפי"ז אפי' דעתו לאכול לאלתר אסור, (**והרמב"ם** שהעתיק דין זה, אזיל לשיטתו דפסק כר' יוסי בר' יהודה, דנותנין מים למורסן, דעל נתינת מים אין איסור משום לש, ובלבד שלא יגבל, **אבל** לדעת הפוסקים דפוסקים כרבי, דנתינת מים לתוך הקמח אסור, גם הנתינת שומשמין ואגוזים לדבש אסור משום לש, **וא"כ** לדעת הי"א המובא לקמן בסי' שכ"א ושכ"ד, גם בהנתינה יש איסור, כנלענ"ד).

ודע, דבתוספתא איתא: אבל מחבץ הוא מעשה קדירה ואוכל, ור"ל להפריד בכף מאכל עבה מן הרוטב, דמותר, משום דדרך אכילה הוא בכך.

נהגו שלא ליתן שמרים במשקה בשבת כדי להעמידם, אע"פ שראוי לשתותו בשבת, **והמ"א** כתב דזהו תולדת בורר, דעי"ז יורדין גם שמרי המשקה עצמו בשולי הכלי, והוא דומיא דמחבץ, שע"י הקיבה שנותנים בו מתפרד הקום מן החלב.

הגה: הרוקק ברוח בשבת והרוח מפזר הרוק, חייב משום זורה - וזורה את התבואה ברחת לרוח, הוא אחד מל"ט אבות מלאכות, **(מהרי"ל בשם א"ז וירושלמי פרק כלל גדול).**

ולא ראינו מי שחושש לזה, כיון דאינו מתכוין לכך, וכ"ש דאין זה דרך זורה - חידושי רעק"א.

(בתשו' ר' עקיבא איגר נסתפק, בשופך מים מועטים מצלוחית דרך חלון, והרוח מפזר הטיפות, א' פונה לכאן וא' פונה לכאן, אי חייב משום זורה, **והעלה** לצדד הרבה להקל, מדהשמיטוהו הפוסקים הירושלמי, ש"מ דלא ס"ל כן, אלא דמלאכת זורה הוא כעין בורר, דמברר פסולת מתוך אוכל, אבל בכולו פסולת אינו חייב משום זורה, **ואף** לדעת הרמ"א יש לצדד, דהוא דוקא ברוק, דכמו דאין דישה ומעמר אלא בגידולי קרקע, כן אין זורה אלא בגידולי קרקע, **ואדם** נקרא גידולי קרקע, אבל לא במים דלא הוי גידולי קרקע, **ועוד** דלא ניחא ליה, **ופסיק** רישא דלא ניחא ליה יש מתירים, ע"ש, **ובספר** אלפי מנשה פירש, דכונת הירושלמי, דהוא במעביר ארבע אמות ברשות הרבים ע"י הרוח, **והוא** על דרך דוגמא, פי' דכמו בזורה אף דהרוח הוא מסייעתו אפילו הכי חייב, כן ברוקק דהעברתו ע"י הרוח ג"כ חייב, והוא נכון).

אות ז'

מגבן חייב משום בונה

רמב"ם פ"י מהל' שבת הי"ג - וכן המגבן את הגבינה, הרי זה תולדת בונה, ואינו חייב עד שיגבן כגרוגרת.

אות ח'

אמימר שרא זילחא במחוזא, אמר טעמא מאי אמור רבנן דילמא אתי לאשויי גומות, הכא ליכא גומות

סימן שלז ס"ב - [יט]**עיין לעיל אות ג' ד'.**

אות ט'

והאידנא דסבירא לן כרבי שמעון שרי אפילו לכתחלה

סימן שלז ס"א - אקדים לסימן זה הקדמה קצרה, והיא: חורש הוא אחד מל"ט אבות מלאכות, וכיון שכונת החורש לרפויי ארעא, דאז טוב לזריעה, וגם כוונתו להשוות הגומות וליפותו, כדי שיהיה המקום שוה, **ולכן** החופר בשדה או שעשה חריץ, או שהיה שם תל קטן והשפילו, או שהיה שם מקום נמוך והשוה אותו, וכן כל המשוה גומות במקום הראוי לזריעה, חייב משום חורש, וכן כל מה שעושה ליפות הקרקע הוא תולדת חורש, וחייב בכל שהוא, **ואם** היה זה בבית, חייב משום בונה, שמתקן הבנין עי"ז.

[כ]**דבר שאין מתכוין, מותר** - זה לשון הרמב"ם: דברים המותרים לעשותן בשבת, ובשעת עשייתן אפשר שתיעשה בגללן מלאכה אחרת, ואפשר שלא תיעשה, אם לא נתכוון לאותה מלאכה מותר, וכן כוונת המחבר, **והוא שלא יהא פסיק רישיה** - פירוש, שבודאי תיעשה המלאכה האחרת.

[כא]**הלכך גורר אדם מטה כסא וספסל** - פי' כיון דדבר שאינו מתכוין מותר, הלכך גורר, דאע"ג דבגרירתו מצוי שיעשו חריצים בקרקע, ואיכא בזה משום חשש חופר, דהוא תולדה דחורש, אפ"ה לאו פסיק רישא הוא, אפילו בקרקע שאינה מרוצפת, דאפשר שפיר שלא תחרוץ בקרקע.

[**וחופר** גמור לית בזה, דאינו חופר כדרכו במרא וחצינא, אלא כלאחר יד, ובפרט כשגורר בבית ולא בשדה, דמקלקל הוא ע"י החריצים, ומדרבנן הוא דאסור, **ומ"מ** דע, דהא דקי"ל דבר שאינו מתכוין מותר, הוא אפי' במקום דבמתכוין איכא איסור דאורייתא].

באר הגולה

[יט] <וז"ל הב"י: ואין אסור לכבד אלא כשאינו מרוצף, אבל במרוצף שרי לד"ה, כיון דלית ביה משום אשויי גומות, וכדחזינן דאמימר שרי זילחא במחוזא, ולא גזר מרוצף אטו שאינו מרוצף, וזה דעת הרמב"ם, **וכתב** הרב המגיד שכן דעת רש"י (ד"ה כרבי שמעון) והתוס' (צה. ד"ה והאידנא) שאין הכיבוד בכלל היתר הא דרבי שמעון, ומשמע מדבריו דעד כאן לא אסרו אלא בשאינו מרוצף, אבל במרוצף שרי. **אבל** רבינו כתב שר"י אסר הכיבוד בכל מקום, משום דבמרוצף נמי איכא משום אשויי גומות בין הרובדין, או גזירה אטו מקום שאינו רצוף, כדאמרינן בפרק במה מדליקין (כט:) גזירה עיליתא דשישא אטו עיליתא דעלמא, והא דאמימר לא גזר אטו מקום שאינו מרוצף, היינו טעמא שהיתה כל העיר רצופה, ולא גזרינן אטו עיר אחרת - ב"י>
[כ] **מסקנא דגמרא שבת כ"ב ובכמה דוכתי**
[כא] שם

בין גדולים - דמיטרח ליה לישאם על כתפו, **בין קטנים** - דיכול ליקחם על כתפו, אפ"ה מותר לו לגררם על הארץ, **ובלבד שלא יתכוין לעשות חריץ.**

כתב המג"א, דגדולים ביותר אסור לגרור על הארץ, דפסיק רישא הוא, דבודאי יעשה חריץ, **ואפילו** מרוצף בקרקע של שיש אסור לגרור, דגזרינן מרוצף אטו אינו מרוצף, [**ומסתברא** דאם כל העיר מרוצף באבנים או בקרשים, יש להקל בזה, **ואפי'** אם נחמיר לקמן בכיבוד, הכא קיל טפי, דאפי' באינו מרוצף לית בזה גררא דאורייתא מכמה אנפי, אחד, דהחריץ שיעשה הוא בזה רק חופר כלאחר יד, ועוד דהוא מקלקל ע"י הגומות שנעשים בבית ולא מתקן, **ועל** כולם הלא אינו מכוין לזה, והוא רק פסיק רישא דלא ניחא ליה, וגם בזה לכו"ע הוא רק איסור דרבנן, **ומבואר** לעיל בסי' שט"ז ס"ג בהג"ה, דדעת הרמ"א שם מוכח דס"ל בעלמא דאם הוא תרי דרבנן, מותר בפסיק רישא דלא ניחא ליה].

[כב]**ומותר לרבץ הבית** - להזות מים על קרקע הבית כדי שלא יעלה האבק, **כיון שאינו מתכוין להשוות גומות, אלא שלא יעלה האבק** - ואע"ג דכמה פעמים מתמלאים הגומות בעפר ובאבק, לאו פסיק רישא הוא.

ואפילו בקרקע שאינה מרוצפת מותר, גמרא.

אות י'

התולש מעציץ נקוב חייב, ושאינו נקוב פטור

סימן שלו ס"ז - [כג]**אסור לתלוש אפילו מעציץ שאינו נקוב** - וה"ה שאסור להשקות הזרעים שבתוך העציץ, **ואפי'** אם העציץ הוא מונח בעליה, ג"כ יש איסור בכל זה.

אבל מעציץ נקוב חיובא נמי יש בזה, לפי שיונק מן הקרקע ע"י הנקב, שמריח לחלוחית הקרקע דרך שם, **ואפילו** אם היה הנקב קטן כ"כ שהוא בכדי שיצא ממנו שרש קטן, שהוא פחות מכזית, [כן משמע מהגמרא, וכ"כ המאירי], **ואפילו** אם היה הנקב בדופן העציץ, [רש"י], כיון שהוא כנגד מה שטמון מן הגזע בעפר, [ולאפוקי אם הנקב בדופנו למעלה מהגזע], **וכ"ש** אם הוא בשוליו נגד השרש.

(**ודע** דבחו"מ מובא מחלוקת, די"א דבעציץ עץ אפי' אינה נקובה כנקובה דמיא, משום דעץ מתלחלח ויונק מהקרקע, ולא בעינן נקובה רק גבי כלי חרס, וי"א דאדרבה בחרס לא בעינן נקובה, משום דדמיא לעפר, משא"כ בעץ).

באר הגולה

כב מסקנא דגמרא שבת צ"ה | כג משנה שם צ"ה דפטור אבל אסור, ככל פטורי דשבת חוץ מג', ציינתיו בסי' שכ"ח סוף סעיף כ"ח

תורה אור

אלא להכשיר זרעים בלבד א"ל לכל מילי רבי שמעון כתלוש משוי ליה ושאני לענין טומאה דהתורה ריבתה טהרה אצל זרעים שנאמר °על כל זרע זרוע אשר יזרע (ויקרא יא) בעא מיניה ההוא סבא מרבי זירא שורש כנגד נקב מה לי א"ר שמעון אישתיק ולא אמר ליה ולא מידי זימנא חדא אשכחיה דיתיב וקאמר ומודה ר"ש שאם ניקב בכדי טהרתו א"ל השתא שורש כנגד נקב בעאי מינך ולא אמרת לי ולא מידי °ניקב בכדי טהרתו מיבעיא אמר אביי ואי איתמר להא דרבי זירא הכי הוא דאיתמר ומודה רבי שמעון שאם ניקב למטה מרביעית *אמר רבא *חמש מדות בכלי חרס ניקב כמוציא משקה טהור מלטמא גיסטרא ועדיין כלי הוא לקדש בו מי חטאת ניקב בכונס משקה טהור מלקדש בו מי חטאת ועדיין כלי הוא להכשיר בו זרעים ניקב כשורש קטן טהור מלהכשיר בו זרעים ועדיין כלי הוא לקבל בו זיתים ניקב כמוציא זיתים טהור מלקבל בו זיתים ועדיין כלי *הוא לקבל בו רימונים *ניקב כמוציא רימונים טהור מכלום ואם הוקף צמיד פתיל עד שיפחת רובו אמר רב אסי שמעתי כלי חרס שיעורו כמוציא רימון אמר ליה רבא שמא לא שמעת אלא במוקף צמיד פתיל והא רבא הוא דאמר מוקף צמיד פתיל עד שיפחת רובו לא קשיא הא

אלא להכשיר זרעים · הזרועים בתוכו עציץ נקוב אינו מקבל הכשר לטומאה ושאינו נקוב מקבל הכשר דתלוש הוא והא רבי שמעון קאמר ליה וה"נ ר"ש אומר אין בו נקוב כו' דאילו לרבנן איכא טובא דהא מיחייבי אנקוב משום שבת ופטרי אשאינו נקוב : **לכל מילי** · לשבת ולקנות במשיכה ולא בכסף ולפרוזבול שאינו נכתב אלא על הקרקע : **אשר יזרע** · כדרך שאדם מוליא לזריעה למעוטי מחובר כל דהו להכי אהני זריעות יתירי דקרא ומיהו שאינו נקוב תלוש גמור הוא : **מה לי אמר רבי שמעון** · מי מודה דהא במחובר הוא אלא שורש ואי תלשו לי' בשבת מיחייב : **זימנין** · פעם אחרת : **שאם ניקב** · העציץ בכדי טהרתו ושאם נטמא נטהר בשבירה זו והיינו כמוציא זית דתנן במסכת כלים (פ"ג מ"א) כלי חרס העשוי לאוכלין שיעורו כזיתים ומודה ר' שמעון בהא דחשיב מחובר כל הזרעים שבתוכו דתו לא הוי כלי : **ניקב בכדי טהרתו מיבעיא** · דהוה לן לספוקי ביה בהנך דלאו כנגד הנקב ואת פשטת להו דכולהו מחובר נינהו : **אי אתמר לדרבי זירא** · דמודה ר"ש בשום נקב : **הכי הוא דאיתמר** · שאם ניקב למטה מרביעית שאינו מחזיק רביעית מן הנקב ולמטה דבציר מהכי לאו כלי הוא : **חמש מדות** גרסי' : **כמוציא משקה** · נקב דק מאד שמשקה יוצא בו : **טהור מלטמא גיסטרא** · כלומר אם כלי שלם הוא אינו נטהר בכך אבל אם היה שבר כלי והיה ראוי להשתמש בו דמקבל טומאה משנשבר כדתנן הן וקרקרותיהן ודופנותיהן יושבין שלא מסומכין כו' באלו טרפות (חולין דף כד:) וניקב שוב כמוציא משקה אינו טמא עוד משום תורת גיסטרא : **גיסטרא** · שבר כלי ולקמיה מפרש טעמא דאין שבר כלי חשוב להגיעו משניקב ולומר הבא גיסטרא (א) אחר ונניח תחתיו לקבל טיף טיף הנוטף מזה אבל אם היה כלי שלם וניקב מעט אין מאבדין אותו אלא אומר הבא גיסטרא אחר ונניח תחתיו: **ועדיין כלי הוא לקדש בו מי חטאת** · כלומר אם כלי שלם היה וניקב כמוציא משקה עדיין כל תורת כלי עליו ואפי' לקדש בו מי חטאת באפר פרה דבעינן כלי ראוי דכתיב (במדבר יט) מים חיים אל כלי וכ"ש שמקבל טומאה : **ניקב בכונס משקה** · שאם מושיבו על המים נכנס בתוכו דהיינו נקב רחב קצת: **טהור מלקדש בו מי חטאת** · טהור לאו דוקא אלא כמו טהר יומא (ברכות דף ב.) כלומר בטל לו מתורת כלי לענין מי חטאת : **ועדיין כלי הוא לענין הכשר זרעים** · הזרועים בתוכו דכתלושין נינהו ואפילו לרבנן שאין נקב זה ראוי להריח לתחתית הקרקע : **ניקב כשורש קטן** . הוי טפי מבכונס משקה : **טהור מלהכשיר זרעים** . לרבנן דהוי עציץ נקוב : **ועדיין כלי הוא לקבל בו זיתים** · שהוא שיעור לטומאה בכל כלי חרס העשוי לאוכלין סתם כל זמן שלא יחדו לרימונים ומקבל עדיין טומאה: **טהור מלקבל בו זיתים** · כלומר מלקבל עוד טומאה משום תורת סתם כלי חרס שהרי שיעורן כזיתים ואם היתה עליו טומאה נטהר ממנה : **ועדיין כלי הוא לקבל בו רימונים** · °שאם יחדו שוב לרימונים מקבל טומאה מכאן ולהבא או אם היה מיוחד לרימונים מתחילה לא נטהר : **טהור מכלום** · משום כלי אלא א"כ מגיעו לגיסטרא יטמא בתורת גיסטרא: **ואם היה מוקף צמיד פתיל** · והוא באהל המת אין טומאה נכנסת בו דרך נקב ומציל על כל מה שבתוכו : **עד שיפחת רובו** . דכל כלי פתוח כתיב (שם) דרך פתח נכנסת לו טומאה ולא דרך נקביו : **אלא במוקף צמיד פתיל** · שאם ניקב כמוציא רימון אינו מציל:

ברברבי

לשאינו נקוב דלכל מילי נקוב ושאינו נקוב שוין ואזלינן לחומרא דבמקום דהוי תלוש חומרא חשבינן תרווייהו כתלוש ואי הוי מחובר חומרא כמו שבת וכלאים חשבינן תרווייהו כמחובר אלא בהכשר זרעים דלא החמירו לאחשובי נקוב כתלוש כשאינו נקוב אלא אוקמוה אדיניה ליחשב כמחובר וצ"ל לפי זה דאין תורמין לר"ש מן הנקוב על פירות הגדלים בקרקע כמו באינו נקוב דאזלינן לחומרא ור"י פי' דהכי פריך ר"ש אומר אין בין נקוב לשאינו נקוב אלא הכשר זרעים בלבד וכיון דגבי הכשר זרעים חשוב נקוב כמחובר אע"ג דהוי להקל שאינו מקבל הכשר ש"מ מדאורייתא חשוב כמחובר דאי מדאורייתא חשוב כתלוש היכי הוה מטהרינן להו מדרבנן כשנגעה בהן טומאה כיון דקיבלו הכשר מן התורה ואם כן הא דקתני ברישא דברייתא אין בין נקוב לשאינו נקוב פ"כ לעשות שניהם כמחוברים ולא לעשות שניהם כתלושין כיון דנקוב חשיב מחובר מדאורייתא ובכל מילי נקוב ואינו נקוב כמחוברים חוץ מהכשר זרעים בלבד דאחמיר רבנן לטמויי כשאינו נקוב והשתא משני שפיר שאני לענין טומאה כו' דהתם הוא דכתב רחמנא בהדיא דחשיב נקוב כמחובר אבל לכל מילי חשיב כתלוש ולהכי פטר במתני' אבל קשה נאלו הפירושים דקאמר אלמא נקוב לר"ש כשאינו נקוב משוי ליה משמע דבעי לאיתויי מברייתא דלא משוי נקוב כשאינו נקוב וזה אינו ויש לפרש דה"ק אלמא נקוב לר"ש כשאינו נקוב משוי ליה ורמינהו כו' דאדרבה שאינו נקוב כנקוב משוי ליה ועוד פר"י דה"ק אין בין נקוב לשאינו נקוב לענין מעשר ופאה וכלאים דכיון דכתיב בהו שדך וכרמך וכן במעשר כתיב היוצא השדה שנה שנה חשיבי תלוש בין נקוב בין שאינו נקוב ואין בו חילוק אלא לענין הכשר זרעים וכל דדמי ליה כגון שבת שאינן תלוים בדבר שהוא חשוב שדה אלא בתלוש ומחובר ובההוא לא הוי נקוב כשאינו נקוב ולפי זה אתי שפיר הא דקאמר אלמא נקוב לר"ש כשאינו נקוב משוי ליה ורמינהו דלא משוי נקוב כשאינו נקוב :

ומודה ר"ש שאם ניקב בכדי טהרתו · פי' כמוציא זית דסתמו של כלי חרס לאוכלין ושיעורן כמוציא זית ונראה לר"י דהיינו טעמא דמודה משום דבטל אגב קרקע כשניקב בכדי טהרתו ודוקא בניקב כמוציא זית אבל בכלי המיוחד למשקין אע"פ שטהרתו בכונס משקה לא אמרי' דבטל דאפי' לרבנן לא חשבי ליה כמחובר בכונס משקה אלא כשורש קטן כדאמר בסמוך :

טהור מלקדש בו מי חטאת · וכ"ש דטהור מלקבל טומאה אם היה מיוחד למשקין : **טהור** מלהכשיר בו זרעים · משמע דכלי חרס בעי נקיבה ולא כפי' הקונט' בפ"ק דגיטין (דף ז:) שפירש דספינה של חרס דכיון שהיא של עפר חשובה כנקובה ועת לקצר : **ניקב** כמוציא רימון טהור מכלום · תימה לר"י היכי קאמר דטהור מכלום והלא אם יחדו לגיסטרא מקבל טומאה כדפי' בקונט' וכפירושו ודאי כן הוא שהרי אפילו אם נשברו בשברים דקים מקבלים השברים טומאה בתורת גיסטרא כשנשאר בשברים שיעור המפורש במסכת כלים (פ"ב משנה ב) ומייתי לה בפ' אלו טריפות (חולין נד:) הדקים שבכלי חרס הן וקרקרותיהן ודופנותיהן יושבין שלא מסומכין שיעורן בכדי סיכת קטן עד לוג ומלוג עד סאה ברביעית כו' ועוד קשה לרשב"א דהוה מצי למימר שש מדות בכלי חרס וי"ל דכשנשבר לגמרי השברים ראויין לגיסטרא אבל כשהכלי שלם אלא שניקב כמוציא רימון אין ראוי לגיסטרא ואפי' יחדו בטלה דעתו אצל כל אדם אבל מתוך פי' הקונט' משמע דכשניקב כמוציא רימון ראוי הוא לגיסטרא דפירש טהור מכלום משום כלי אא"כ מגיעו משום גיסטרא ולפירושו הא דלא נקט ו' מדות דלא מיירי אלא כשיכול להשתמש כדרכו וניקב כמוציא רימון אין ראוי אלא אם כן מטהו על צידו : **שמא** לא שמעת אלא במוקף צמיד פתיל · תימה לר"י דילמא במיוחד לרימונים שמע ואצטריך לאפוקי מדר"א דאמר בסמוך ניקב כמוציא זית אין לו טומאה כו' וי"ל דמשמע דבסתם כלי חרס איירי בלא יחוד וליכא למימר דלענין הכשר זרעים שמע כמ"ד בסמוך שיעורו כמוציא רימון לפירש הקונט' דפירש דלענין הכשר זרעים פליגי דא"כ אמאי נקט כלי חרס אפי' כלי עץ נמי ועוד דרבא סבירא ליה דלענין הכשר זרעים שיעורו כשורש קטן:

הא

עין משפט נר מצוה

מה א מיי' פי"ט מהל' כלים הלכה ג :

רבינו חננאל

שהמלכים צדין בהן עופות וקורין אותו כאו האחד העוסק [בהן] קורין אותו בלשון פרסי כאויאר ובזמן שהוא יותר מאחד קוראין להן כואיארן ויש להן סוסים מיוחדין לכך לשאת את העופות הדורסין ונקראין כאוי ואמרינן א"ר יוחנן הלכה כבן בתירא א"ר יוחנן ואדם כפות מודה רבי נתן שאינו יכול לשאת את עצמו והמוציאו בשבת חייב א"ל רב אדא בר מתנא לאביי והא הני פרסאי דכפיתי דמו שאת רואה אותן שאינן יכולין להלוך על רגליהן ואינן יוצאין ובאין אלא רכובין והסוס נושא אותן ובן בתירא מתיר למכרן לנכרים וסבר ליה שהוא עושה מלאכה שאין חייבין עליה חטאת ראלמא אף הכפות בן בתירא פוטר עליו וא"ר יהודה בן בתירא ור' נתן אמרו דבר אחד והא א"ר יוחנן מודה ר' נתן בכפות ופריק ליה אביי דהנך פרסאי יש בהו כח להלך ואף הן נושאין את עצמן וממאי דנקיטא להו רמות רוחא מענגין את עצמן מלהלך כענין דכתיב אשר לא נסתה כף רגלה וגו' מהתענג ומרוך וכי בעי למרהט מצי דהא ההוא פרשכא ואיתו פקיד המלך דרתח מלכא עלויה ורהיט תלתא פרסי בכרעיה אבל חולה ודאי ככפות דמי ומחייב ר' נתן על הוצאתו כההיא דגמרא דב' שעירי יוה"כ דתניא עתי אפי' בשבת ואמרי' למאי הלכתא אמר רב ששת שאם חלה מרכיבו [על כתיפו] כמאן דלא כר' נתן דאי כר' נתן האמר חי נושא את עצמו אפי' תימא ר' נתן כיון שחלה ככפות דמי וא"ר יוחנן מודה ר' נתן בכפות: וכן כזית מן המת וכזית מן הנבלה וכעדשה מן השרץ חייב ור' שמעון פוטר. א"ר אבא א"ר יוחנן ורב יוסף אמר ר"ל פוטר היה ר' שמעון אף במוציא את המת לקוברו ומעמיה דר' שמעון דהוצאת המת לקוברו מלאכה שאינה צריכה לגופה היא וכל מלאכה שאינה צריכה לגופה פטור עליה. ואשכחן דרבא ס"ל כר' שמעון בהא מלתא ואף סבירא ליה כר' נתן כההוא קמייתא דתני בריש פירקא נוטל אדם את בנו והאבן בידו דאמרינן עלה אמר רבא הוציא תינוק וכיס תלוי לו בצוארו חייב וליחייב משום תינוק רבא כר' נתן סבירא ליה דאמר חי נושא את עצמו וליבטל כיס לגבי תינוק מי לא תנן ואת החי במטה פטור אף על המטה שהמטה טפלה לו מטה לגבי חי מבטל לה כיס לגבי תינוק לא מבטיל ליה. הוציא תינוק מת וכיס תלוי לו בצוארו פטור וליחייב משום תינוק רבה כר' שמעון סבירא ליה [דאמר] כל מלאכה שאינה צריכה לגופה פטור עליה ומדקדקי רבנן בההיא דקא מפטר המוציא את מת דהני מילי דהיכא דלית ליה ריחא דאי אית ליה ריחא נמצאת הוצאתו מלאכה שצריכה לגופה ותניא בפ' א"ר עקיבא בטופית המוציא ריח רע כל שהוא ואית לה להא מלתא סייעתא בתלמוד א"י ומלתא דמוכחא היא. אמר רבה ומודה ר' שמעון במרא לחפור בו וס"ת לקרות בו דאי מפיק להו חייב ודייקינן בה מאי אצטריך רבה לא שמעינן

מסורת הש"ס

[עי' תוס' ב"ב קנח. ד"ה איפמר קטן]

חמש מדות

[עי' תוס' פיגוכין ל: ד"ה כל וכד"ס פישון]

הגהות הב"ח

(א) רש"י ד"ה גיסטרא וכו' הבא גיסטרא ונניח כצ"ל ותיבת אחר נמחק :

גליון הש"ס

גמ' ניקב בכדי טהרתו מיבעיא. ע' כתובות נג ע"א תד"ה ותיבעי: רש"י ד"ה ועדיין כלי הוא לקבל בו רמונים שאם יחדו. עיין לעיל דף נט ע"א תד"ה ור' יוחנן ובעירו' ד ע"ב תד"ה כל כלי ובפ"ב מ"ב דכלים בר"ש שם :

רב נסים גאון

בנגע הצרעת : **אמר** רבא ה' מדות בכלי חרש כו' משכחת לה בתורת כהנים כל אשר בתוכו יטמא כמה שיעורו של נקב בכלי חרש בכונס משקה ובכלי שטף במוציא זיתים ובמסכת כלים פרק ג' שיעור כלי חרס לטהר העשוי לאוכלין שיעורו כזיתים העשוי למשקין כמשקין כו' הלפס והקדירה שיעורן כזיתים כו' ובפרק ד' שנינו וכן גיסטרא שנתרועעה ואינה מקבלת משקין אע"פ שמקבלת אוכלין טהורה שאין שירין לשירין אי זו היא גיסטרא כל שניטלו אזניה והיו בה חדודין יוצאין ובתוספתא בפ' ג' נסדקה למטה מאזניה אע"פ שאזניה קיימות הרי זו כגיסטרא ואם מתחילה עשאה בלא אזנים נידונת כחבית וכן עוד אמרו אם היתה גיסטרא הרי זו טהורה שלא אמרו שירים לשירים אלא שירים לכלים ובפ' ו' כיצד בודקין כלי חרס לידע אם ניקב בכונס משקה אם לאו מביא עריבה מליאת מים ונותן את הקדירה לתוכה אם כינסה בידוע שבכונס משקה ואם לאו בידוע שבמוציא משקה כו' ומשכחת לה בגמ' במסכת נידה בפרק בא סימן התחתון (דף מט) ושנינו בו כל כלי חרס מכניס ומוציא ויש שהוא מוציא ואינו מכניס ותני עלה מכניס פסול למי חטאת לפי שאמרה תורה במי חטאת (במדבר יט) ונתן עליו מים חיים אל כלי ואם ניקב בכונס משקה יצא מתורת כלי כאלו הראיות ובמשנה במסכת פרה בפרק ה' מפני שאין ממלאין ואין מקדשין ואין מזין מי חטאת אלא בכלי ולזה אמרו ניקב בכונס משקה פסול למי חטאת ומשום גיסטרא דאמר רב אשי שונין כלי חרס שיעורו בכונס משקה לא אמרו מוציא משקה אלא לענין גיסטרא בלבד מאי טעמא אמר מר זוטרא בריה דרב נחמן לפי שאין אומרין הבא גיסטרא לגיסטרא ובפרק כל הבשר (חולין דף קז) אמר רבא כלי שניקב בכונס משקה אין נוטלין ממנו לידים :

ולר'

§ מסכת שבת דף צה: §

אות א'

אמר רבא, חמש מדות בכלי חרס וכו'

רמב"ם פי"ט מהל' כלים ה"ב - חמש מדות בכלי חרס:

ניקב במוציא משקה, טהור מלהתטמא משום גסטרא, ועדיין הוא חשוב כלי לקדש בו מי חטאת; ניקב בכונס משקה, אינו ראוי לקדש בו מי חטאת, ועדיין כלי הוא חשוב [א]להכשיר הזרעים במשקין התלושין בו כמו שביארנו; ניקב כשורש קטן, אין המים שבתוכו מכשירין את הזרעים, והרי הן כמו שאינן בכלי, ועדיין כלי הוא חשוב לקבל בו זיתים ומקבל טומאה; ניקב במוציא זיתים, טהור, והרי הוא ככלי גללים ואבנים שאין מקבלין טומאה; [ב]ועדיין כלי הוא חשוב להציל בצמיד פתיל, עד שיפחת רובו, כמו שביארנו בטומאת מת.

באר הגולה

[א] ‹מדברי רבינו נראה שאין מפרש כפי' רש"י לענין עציץ נקוב, ובכ"מ הבין שדברי רבינו הם כפרש"י, וזה תימה - ישועות מלכו›

[ב] ‹אך הרמב"ם מוציא הך דרמונים, משום דפסק כדמסקינן בסוף פרקין, דאין מועיל בכלי חרס יחוד לרמונים - שפת אמת›

§ מסכת שבת דף צו. §

אות א'

שונין: כלי חרס שיעורו בכונס משקה, ולא אמרו מוציא משקה אלא לענין גיסטרא בלבד

רמב"ם פי"ט מהל' כלים ה"א - כמה שיעור השבר שישבר כלי חרס ויטהר מטומאתו אם היה טמא, או לא יקבל טומאה אם היה טהור: העשוי לאוכלין, משינקב במוציא זיתים; [א]והעשוי למשקין, משינקב מכניס במשקין, כשמניחין אותו על המשקה יכנס המשקה לכלי בנקב; העשוי לכך ולכך, מטילין אותו לחומרו והרי הוא מקבל טומאה עד שינקב במוציא זית. ולא אמרו במוציא משקה אלא בגסטרא בלבד, [ב]לפי שהיא עשויה לקבל המשקין הנוזלים מן הכלים, ואם הוציאה משקין ה"ז בטל תשמישה.

אות ב'

הזורק מרשות היחיד לרשות הרבים, מרשות הרבים לרשות היחיד, חייב

סימן שמו ס"א - [ג]מן התורה אין חייב אלא במוציא ומכניס וזורק ומושיט, מרה"י לרה"ר, או מרה"ר לרשות היחיד - מושיט, היינו שגופו עומד ברשות אחד, ומושיט בידו החפץ לרשות אחר, **ועיין** בסי' שמ"ז במ"ב, לענין מושיט מרה"י לרה"י דרך ר"ה.

אות ג'

שתי גזוזטראות זו כנגד זו ברשות הרבים, המושיט והזורק מזו לזו פטור

רמב"ם פי"ג מהל' שבת הי"ט - בד"א כשהיו שתי רשויות היחיד באורך רה"ר, כמו שהעגלות מהלכות ברה"ר זו אחר זו, אבל אם היו שתי הרשויות בשני צדי רה"ר, אף המושיט מרה"י זו לרשות היחיד שכנגדה פטור.

אות ד'

היו שתיהן בדיוטא אחת, המושיט חייב, והזורק פטור

רמב"ם פי"ג מהל' שבת הי"ח - המושיט מרה"י לרה"י ורה"ר באמצע, חייב, ואפילו הושיט למעלה מאויר רה"ר, שכן היתה עבודת הלוים במשכן, מושיטין את הקרשים מעגלה לעגלה ורה"ר בין שתי העגלות, וכל עגלה ועגלה רה"י היא.

המושיט מרה"י לרה"י דרך ר"ה בדיוטא אחד, ר"ל ששני רה"י עומדים בצד אחד לאורך ר"ה, ור"ה מפסיק בין שני רה"י, אפי' למעלה מי"ד שהוא מקום פטור, חייב, **בשני** דיוטות, דהיינו ששני רה"י עומדים זה כנגד זה, פטור, והיינו אפי' למטה מי"ד, ע"ש בגמ' הטעם - מ"ב סוף סימן שמז.

באר הגולה

א ‹כן למד הר"ן כאן הגמ' "שונין כלי חרס שיעורו בכונס משקה", דלא כרש"י, וז"ל: י"מ בעשוי למשקין, וי"מ אפי' בסתמא למשקין קאי› ב ‹ובס"פ המצניע אמרינן לא אמרו מוציא משקה אלא לגסטרא בלבד, לפי שאין אומרים הבא גיסטרה לגיסטרה. וזהו גם כוונת הרמב"ם - ערוה"ש› ג **שבת ו' וצ"ו**

מסורת הש"ס

גמרא

הא ברברבי והא בזוטרי *אמר רב אסי *שונין כלי חרס שיעורו בכונס משקה ולא אמרו מוציא משקה אלא לענין גיסטרא בלבד מאי טעמא אמר מר זוטרא בריה דרב נחמן לפי שאין אומרים הבא גיסטרא לגיסטרא אמר עולא פליגי בה תרי אמוראי במערבא רבי יוסי בר' אבין ור' יוסי בר זבדא חד אמר כמוציא רמון וחד אמר כשורש קטן וסימניך *אחד המרבה ואחד הממעיט אמר רב חיננא בר כהנא משמיה דרבי אליעזר כלי חרס שיעורו כמוציא זיתים ומר קשישא בריה דרבה מסיים בה משמיה דרבי אליעזר והרי הן ככלי גללים וכלי אבנים וכלי אדמה שאין מקבלין טומאה לא מדברי תורה ולא מדברי סופרים ולענין צמיד פתיל עד שיפחת רובו:

הדרן עלך המצניע

הזורק מרשות היחיד לרשות הרבים מרשות הרבים לרשות היחיד חייב *מרשות היחיד לרשות היחיד ורשות הרבים באמצע רבי עקיבא מחייב וחכמים פוטרין כיצד שתי גזוזטראות זו כנגד זו ברשות הרבים המושיט והזורק מזו לזו פטור היו שתיהן בדיוטא אחת המושיט חייב והזורק פטור שכך היתה עבודת הלוים שתי עגלות זו אחר זו ברשות הרבים מושיטין הקרשים מזו לזו אבל לא זורקין:

גמ'

רש"י

ברברבי. גדולו: זוטרי. כמוליא רמון בטל ליה מכלי: שונין. התנאים שונין ברייתא: כלי חרס. דשיעור הראשון האמור בו לבטלו במקוה משום כלי: ככונס משקה. הוא דמבטל ליה מיהא מתורת מי חטאת ולא אמרו נקב מוציא משקה חשוב נקב לכלום אלא לגיסטרא דהתם ודאי אי נקבה הכי כמוציא משקה משדא שדי ליה: שאין אומרים הבא גיסטרא. אחרת לגיסטרא זו להניח תחתיה לקבל הטיפין אבל כלי שלם חסין עליו ומשום נקב פורתא לא שדו ליה ומניחין גיסטרא תחתיו: פליגי בה. בהכשר זרעים: וסימן. דלא תיטעי למימר חד אמר כמוליא זית: אחד המרבה ואחד הממעיט ובלבד שיכוין כו'. ברייתא היא (מנחות קי.) והיא לך לסימן שאחד מן האמוראים ריבה לשער בגדול שבשלשתן ואחד ממעט לשער בקטן שבשלשתן ולא בבינוני כונס משקה ומוליא משקה ליכא למיטעי בהן לענין זרעים: שיעורו כמוליא זיתים. ליטהר מטומאה: הרי הוא ככלי גללים. שניקב כמוליא זית ואפילו יחדוס לרמונים והא דתנן כלי בעלי בתים שיעורן ברמונים גבי כלי עץ תנינן לה במסכת כלים (פ' יז מ"א):

הדרן עלך המצניע

הזורק רבי עקיבא מחייב. טעמא מפרש בגמרא: כיצד שתי גזוזטראות כו'. רבנן קאמרי להו: גזוזטראות. זיזין היוצאין מן הכותל ומניחין עליהן נסרים להלך: זו כנגד זו. בשני לידי רה"ר והן רה"י שגבוהות י' ורחבות ד': פטור. שלא מלינו זריקה והושטה במלאכת המשכן מרה"י לרשות היחיד ורחב רה"ר מפסיק ביניהן שלא היתה עבודת הלוים כך להושיט קרשים מעגלה לעגלה שבצדה אלא לעגלה שלפניה (ושלאחריה) שארבע עגלות היו לבני מררי שהיו נושאין קרשי המשכן והן הולכין שתים כאחד זו בצד זו כדאמרינן בגמ' וכשהיו פורקין את המשכן לטעון על העגלות היו מעמידין העגלות כדרך הליכתן שתים זו אצל זו סמוך למשכן ושתים זו אצל זו לפניהם דרך הליכתן לאורך רה"ר שהיו רוצים להלך אחר עמוד הענן ההולך לפניהם ופורקי המשכן היו מושיטין הקרשים לאותן שעל שתי העגלות הסמוכות למשכן והן מושיטין לאותן שלפניהם אבל מעגלה לעגלה שבצדה לא היו צריכין להושיט שהרי שתיהן סמוכות לפורקי המשכן: היו שתיהן בדיוטא אחת. כלומר בעלייה אחת באורך רה"ר על פני הבית ויש הפסק רה"ר ביניהם: הזורק פטור. הואיל ולמעלה מי' ולא מלינו זריקה מרה"י לרה"י דרך רה"ר במשכן לא באורך ולא ברוחב: והמושיט חייב. שמלינו הושטה כיוצא בה למעלה מי' במשכן מרה"י לרה"י וקנה אורך רשות הרבים מפסיק ביניהם: שכך היתה עבודת הלוים. ומפרש ואזיל כיצד מלינו כזו בעבודתן שבשתי עגלות זו אחר זו ברשות הרבים פורקי משכן מושיטין לאותן שעל העגלות שאצלן והן מושיטין לאלו שלפניהם אבל לא זורקין שאין אותן קרשים נזרקות מפני כובדן:

תוספות

הא ברברבי והא בזוטרי. פי' בקונטרס רברבי גדולו זוטרי כמוליא רמון וקשה לר"י דאין זו שיעור ומה קרי רברבי ומה קרי זוטרי לידע איזה הוא כמוליא רמון ונראה לר"י דברברבי כמוליא רמון ובזוטרי שמוליא רמון הוא יותר מרוב סגי ברוב והא דקאמר עד(א) שתיפחת רובו לא קאי אשיעור דמוליא רמון אלא אשיעור דמוליא זית:

*ולענין צמיד פתיל עד שיפחת רובו. פירש רש"י דאין טומאה נכנסת דרך נקב דכל כלי פתוח כתיב דדרך פתחו נכנסת ולא דרך נקב *ומקשינן דתנן בפ"י דמסכת כלים (מ"ב) ואלו מצילין בצמיד פתיל כו' ומצילין בין מפיהם בין מצידיהם משמע דצריך שיהא מוקף צמיד פתיל כשניקב מצידו ועוד דתנן בתר הכי ובמה מקיפין בסיד ובחרסית כו' ובכל דבר שהוא מתמרח ואין מקיפין לא בבעץ ולא בעופרת מפני שהוא פתיל ואינו צמיד משמע דבנקב כל שהוא נכנסת טומאה ועוד דתנן התם ומייתי לה בהגוזל קמא (ב"ק קה.) חבית שניקבה וסתמוה שמרים הצילוה פקקה בזמורה עד שימרח מן הצדדים היו שתים עד שימרח מן הצדדין ובין זמורה לחבירתה* ואומר ר"י דאינם קושיות לפירוש הקונט' דודאי בפתח נכנסת טומאה אפילו דרך נקב קטן ובעינן עד שיסתם לגמרי כל הפתח ולהכי צריך מירוח והא דבין מפיהם בין מצדיהן לא איירי שניקבו כשבר מן הצד אלא נעשה לצורך פתח והא דהגוזל דחבית שניקבה איירי כשנפחתה רובה או כמוליא רמון דחשיב כפתח ובעי סתימה מעליא וריב"א הקשה מהא דתנן במסכת כלים (פ"ט משנה ח) נקב העשוי לאוכלין שיעורן כזיתים העשוי למשקין שיעורן כמשקין העשוי לכך ולכך מטילין אותו לחומרא בצמיד פתיל ובכונס משקה פירוש כיון שעשוי למשקים ולאוכלים ויש בו נקב כונס משקה אינו מציל בצמיד פתיל על מה שבתוכו דגזרו אטו ההוא דמיוחד למשקין לחודייהו ולענין קבלת טומאה הוי כלי כיון שמיוחד לאוכלין ובנקב כי האי (ג) נכנסה טומאה ותירץ ר"י דהא דבעי הכא נפחת רובו או כמוליא רמון היינו דוקא בניקב במקום שנשאר עוד שיעור כלי מן הנקב ולמטה כשיעור המפורש בההיא דמייתי באלו טריפות (חולין נה.) אבל ניקב למטה במקום שאין נשאר למטה מן הנקב כשיעור כלי הוי שיעור לאוכלים בכזית ולמשקין בכונס משקה כי ההוא דמסכת כלים (פ"ט משנה ח) ור"ת מפרש במתניתין הכי עד שיפחת רובו מועיל צמיד פתיל אם הנקבים נסתמים אבל בנפחת רובו או במוליא רמון שוב אין מועלת סתימה אלא הוי כאוכלין שנגבלו בטיט שאין ניצולין כדאמרינן בריש זבחים (דף ג:) דכיון שנפחת רובו בטלו להו מתורת כלי והא דחבית שנקבה וסתמוה שמרים מיירי בשלא נפחתה כשיעור וסתמו שמרים כל הנקב והא דבעי רבא התם (בב"ק שם) סתם אגף חליה מהו ה"פ אגף חליה וסתמוה שמרים חליה מאי מי הוי סתימה מעליא או לא ומייתי מפקקה בזמורה דלא חשיבא סתימה בלא מירוח בין זמורה לחבירתה הכא נמי לא חשיבא סתימה אגף חליה וסתמוה שמרים חליה ומשני התם לא קאי הכא קאי:

פליגי בה תרי אמוראי. פי' בקונטרס *דלענין הכשר זרעים פליגי ואומר ר"ת דבמסכת עוקצין (פ"ב משנה י) תנן דהכשר זרעים כשורש קטן אלא אמר ר"ת דלענין מוקף צמיד פתיל פליגי: שיעורן כמוליא זיתים. ה"ג ברוב ספרים וכפי' ר"ח ורש"י ואת"ת מתני' היא במס' כלים (פ"ג מ"א) העשוי לאוכלין שיעורו כזיתים וי"ל דאיצטריך ליה לאשמעינן דלא מהני בה יחוד לרמונים ולאפוקי מדרבא ולהכי מסיים בהו לפרושה הרי הן ככלי אבנים שהם טהורין בכל ענין:

הדרן עלך המצניע

הזורק. כיצד שתי גזוזטראות כו'. תימה לרבה דמוקי פלוגתא דרבי עקיבא ורבנן (לעיל ד' ד.) בקלוטה ופליגי למטה מעשרה לא אתי שפיר כיצד דהא לא קאי אדלעיל דהכא איירי בגזוזטראות למעלה מעשרה דומיא דעגלות ואפילו ר' עקיבא נמי מודה התם ולמאן דמוקי פלוגתייהו למעלה מעשרה אתי שפיר ומיהו יש בירושלמי איכא דתני כיצד ואיכא דלא תני כיצד ומפרש התם דההוא אמורא דמוקי לה למטה מעשרה לא תני כיצד:

עין משפט נר מצוה

ט א מיי' פי"ט מהל' כלים הלכה א:
א ב מיי' פי"ב מהלכות שבת הלכה י סמג לאוין סה טוש"ע א"ח סי' שמו סעיף א:
ב ג מיי' פי"ג שם הלכה יט:
ג ד שם הלכה יח:

רבינו חננאל

הא מלתא וכבר פשטא דאי אסרת מרא לחפור בה ומ"ת לקרות בו מלאכה שאינה צריכה לגופה היא היכי משכחת לה לר' שמעון מלאכה שהיא צריכה לגופה ומהדרינן מרו דתימא לית ליה לרבי שמעון משצ"ל עד דאיכא לגופה כגון מר לעשות לו פס ומ"ת להגיהו קמ"ל רבא דלא צריך (האי כולה) [כה"ג] אלא אפי' מר לחפור בו ומ"ת לקרות בו מודה בו ר"ש [דחייב] והוצאת המת דקא פטר בה ר' שמעון דוקא מקרבן חטאת אבל מ"מ (לכתחלה) (הכי) אסור דקי"ל כל פטורי שבת פטור אבל אסור לבר מן הנך תלת ולא שרי לכתחלה אלא היכא דכבודו לאפוקי מרה"י לרשות הרבים או לעיליה מרשות הרבים לרה"י (אסור) [מותר] כדקא מפרשינן מעשה דההוא שבבא דשכיב בריה הוא וקאמר ליה רב נחמן בר יצחק לרב יותני אחוה דמר בריה דרבנא האלקים דעיילת ביה את ודרית ליה וקא מפרש לא תימא דכר' שמעון קא אמינא ולאו כר' יהודה אלא אפילו לר' יהודה דאמר מלאכה שאינה צריכה לגופה חייב עליה הכא לכרמלי' קאמינ' דלית ביה חיובא אע"ג דאיכא בשאר מילי איסורא [דרבנן] מרה"י או מרה"ר לכרמלית הכא שאני במקום כבוד הבריות שדוחה את לא תעשה והאי ל"ת לאו דלא תסור כדמפורש במנחות סוף פ' הקומץ: פלוגתא דר"ש ור' יהודה בחדיא לא אשכחן היכא פליגי אלא מדוקייהו (במתניתין) [שמעינן הכא] דאמרינן (לקמן כהורג) הקורע בחמתו ועל מתו וכל המקלקלין פטור שניית מתו חמתו אחמתו קשיא. חמתו אחמתו נמי לא קשיא הא רבי יהודה דאמר מלאכה שאינה צריכה לגופה חייב עליה הא ר' שמעון דאמר מלאכה שאינה צריכה לגופה פטור עליה ותוב הא דתנן (לקמן קז.) ועל עקרב שלא תשך כו' ואמרי' איכא דמתני לה אהא הצד נחש בשבת ואם שלא ישכנו פטור ואם לרפואה חייב מאן תנא אמר רב יהודה א"ר [רבי] שמעון היא דאמר מלאכ' שאינה צריכה לגופה פטור עליה ובן אמר שמואל כל פטורי שבת פטור אבל אסור בר מהני תלת דפטור ומותר והוא מינייהו הצד נחש בשבת וממאי דפטור מותר הא דתנן ועל עקרב שלא תשך ש"מ כי פליגי במתניתין במלאכה שאינה צריכה לגופה פליגי

וקשיא רשמואל [ארשמואל] דאמר שמואל *) הכא (א') דפטרו [מותר] ומוקי למעמיה סכופן קערה על גבי הנר אלמא שמואל במלאכה שאינה צריכה לגופה כר"ש ס"ל והא קי"ל דשמואל במלאכ[illegible] כר' יהודה ס"ל. מיהו [איכא למימר] היכא דאית בית היזק לרבים כגון נחלת של מתכת וכגון עקרב שלא תישך כגון תני בלחוד פליגי שמואל על ר' יהודה אבל במלאכה שאינה צריכה לגו[illegible] ס"ל: תנן התם בפ"ו דנגעים התולש סימני טומאה והכוה את המחיה עובר בלא תעשה פי' שיער לבן שהפך בשאת והכוה את המחיה להעבירו עובר בלא תעשה עיקרה השמר בנגע ה[illegible] [illegible]

עין משפט
נר מצוה

ד א מיי' פי"ב מהלכות שבת הלכה ח סמג לאוין סה:

ה ב מיי' פ"ז שם הל' ז:

גמ'

גמ' מכדי זריקה תולדה דהוצאה היא *הוצאה *גופה היכא כתיבא א"ר יוחנן דאמר קרא °ויצו משה ויעבירו קול במחנה משה היכן הוה יתיב במחנה לויה ומחנה לויה רה"ר הואי וקאמר להו לישראל לא תפיקו ותיתו מרה"י דידכו לרה"ר וממאי דבשבת קאי דילמא בחול קאי ומשום דשלימא לה (א) מלאכה כדכתיב °והמלאכה היתה דים וגו' גמר העברה העברה מיוה"כ כתיב הכא ויעבירו קול במחנה וכתיב התם °והעברת שופר תרועה מה להלן ביום אסור אף כאן ביום אסור אשכחן הוצאה הכנסה מנלן סברא היא מכדי מרשות לרשות הוא מה לי אפוקי ומה לי עיולי מידי הוצאה אב הכנסה תולדה ומכדי אהא מיחייב ואהא מיחייב אמאי קרי לה האי אב ואמאי קרי לה האי תולדה [1]נפקא מינה דאי עביד שתי אבות בהדי הדדי אי נמי שתי תולדות בהדי הדדי מיחייב תרתי ואי עביד אב ותולדה דידיה לא מיחייב אלא חדא *ולר"א דמחייב אתולדה במקום אב אמאי קרו לה אב ואמאי קרו לה תולדה הך דהואי במשכן חשיבא קרי לה אב הך דלא הואי במשכן חשיבא לא קרי לה אב אי נמי הך דכתיבא קרי אב והאי דלא כתיבא קרי תולדה והא דתנן *הזורק ד' אמות בכותל למעלה מי' טפחים כזורק באויר למטה מי' טפחים כזורק בארץ והזורק בארץ ד' אמות חייב זרק ד' אמות ברה"ר מנלן דמיחייב אמר ר' יאשיה שכן אורגי יריעות זורקין מחטיהן זה לזה אורגין מחטין למה להו אלא שכן תופרי יריעות זורקין מחטיהן זה לזה ודילמא גבי הדדי הוו יתבי מטו הדדי במחטין דילמא בתוך ארבע הוו יתבי אלא אמר רב חסדא שכן אורג יריעות זורקין בוכיאר ביריעה והלא אוגדו בידו בניסכא בתרא והא במקום פטור קאזלא אלא שכן אורגי יריעות זורקין בוכיאר *לשואליהן ודילמא גבי הדדי הוו יתבי מטו הדדי בחפת ודילמא שלחופי הוו משלחפי ותו מי שאילי מהדדי והתניא *לודא °איש איש ממלאכתו אשר המה עושים ממלאכתו הוא עושה ואינו עושה ממלאכת חבירו ותו מעביר ד' אמות ברה"ר מנלן דמחייב אלא כל ד' אמות ברה"ר גמרא גמירי לה: אמר רב יהודה אמר שמואל מקושש מעביר ארבע אמות ברה"ר הוה במתניתא תנא תולש הוה רב אחא ברבי יעקב אמר מעמר הוה למאי נפקא מינה לכדרב *דאמר רב מצאתי מגלת סתרים בי ר' חייא וכתוב ביה איסי בן יהודה אומר אבות מלאכות ארבעים חסר אחת (ואם עשאן כולם בהעלם אחת) ואינו חייב אלא אחת אחת ותו לא והתנן *אבות מלאכות ארבעים חסר אחת והוינן בה מניינא למה לי וא"ר יוחנן שאם עשאן כולם בהעלם א' חייב על כל אחת ואחת אימא אינו חייב על אחת מהם רב יהודה פשיטא ליה דהמעביר חייב ומתני' פשיטא ליה דהתולש חייב ורב אחא בר יעקב פשיטא ליה דמעמר חייב מ"ס הא מיהת לא מספקא ומ"ס הא מיהת לא מספקא: ת"ר מקושש זה צלפחד וכן הוא אומר °ויהיו בני ישראל במדבר וימצאו איש וגו' ולהלן הוא אומר °אבינו מת במדבר מה להלן צלפחד אף כאן צלפחד דברי ר' עקיבא אמר לו ר' יהודה בן בתירא עקיבא בין כך ובין כך אתה עתיד ליתן את הדין אם כדבריך התורה כיסתו ואתה מגלה אותו ואם לאו אתה מוציא לעז על אותו צדיק

ואלא

תורה אור: שמות לו; שם; ויקרא כה; שמות לו; במדבר טו; שם כז

רש"י

גמ' מכדי זריקה תולדה דהוצאה. על כרחיך תולדה היא דלא נמנית באבות מלאכות ותולדה דהוצאה היא שאין לך לתתה תולדת אב אחר דמעין הוצאה היא האמורה באבות מלאכות: מחנה לויה ר"ה היא. שהיו הכל מצויין אצל משה רבינו: מרה"י דידכו. מאהליכם: דשלימא ליה עבידתיה. שהיה הנדבה כדי להשלים: סברא היא. להיות הכנסה תולדת הוצאה שהיא מעין לה כשאר תולדות שהיא מעין מלאכות: מכדי אהאי מיחייב ואהאי מיחייב. כדתנן (לעיל פ"א ב.) פשט העני ידו לפנים: נפקא מינה. דכל אבות מלאכות: שתי אבות. דלא דמיין ושתי תולדות דשתי אבות: ולר"א כו'. במסכת כריתות בפרק אמרו לו: והא דתנן. בפירקין: בכותל. כדמוקי לה בדבילה שמינה ונדבקת: כזורק באויר. ופטור דלא נח ברשות הרבים דאין רה"ר למעלה מעשרה וברה"י נמי לא נח שאינו מקום מסוים שיהא רחבו ד' שהרי לא נח בראש הכותל אלא בפניו: כזורק בארץ. דאויר רה"ר הוא וחייב וכיון דאויר רה"ר הוא ונח בכל דהו מיחייב ורשותא לנפשיה לא הוי לא כרמלית ולא מקום פטור הואיל ובפניו נח ולא נח בראשו שיהא מקום מסוים: תופרי יריעות. מעשה רוקם: גבי הדדי. בתוך אמה אחת ואין צריכין לזרוק אלא להושיט: מטו אהדדי במחטין. כשמותחין את החוט מכין זה את זה במחט: בוכיאר. כלי שקנה של ערב נתון בו שזורקין בין שני דופני היריעה: והלא אגדו בידו. חוט של ערב הוא אוחז והקנה נכרך בחוט ואינו נשמט ממנו: בניסכא בתרא. בחוט האחרון של קנה שהקנה נשמט מהחוט והבוכיאר נופל: ניסכא. זריקה אחרונה של חוט לשון המיסך: והא במקום פטור אזלא. בין דופני היריעה ואין זה רשות הרבים אלא מקום פטור דאין רחב ד': לשואליהן. אורגי יריעה אחרת ויש לו לזה שנים: ה"ג ודילמא שואליהן גביהן הוו יתבין: מטו אהדדי בחפת. אי גבייהו הוו יתבי מגיעין ידו של זה בשל זה בשפת היריעה כשמותחין חוט הערב: בחפת. כמו חפת חלוקו (יומא ד' עז:): שלחופי הוו משלחפי. לעולם גבי הדדי הוו יתבי אלא שאין מכוונים אלא זה נמשך לפנים וזה לאחור: ואין עושה ממלאכת חבירו'. שכולם מוכנים בכלי אומנותם ולא הוצרכו לישאול: מעביר ד' אמות הוה. לא הלמן ולא עימרן אלא העבירן ד' אמות לכך נהרג: מעמר. תלושין ומפוזרין היו ועמרן כדאמרן (לעיל ד' עג:) האי מאן דכניף מלחא חייב משום מעמר: מגילת סתרים. שהסתירום לפי שאין כותבין הלכות: ואינו חייב אלא אחת. על כרחיך לענין שוגג קאמר ולחטאת דבמזיד תרי קטלי לא מקטלי ולהכי פריך והא אנן תנן כו': ואינו חייב על אחת מהן. מיתה יש בהן אחת שאינו נהרג עליה ולא פירש איזו היא והשתא לרב יהודה אין זו העברה שהרי נהרג מקושש עליה ולמתניתא אין תולש בלאותו ספק:

ואלא

תוספות

הוצאה גופה היכא כתיבא. ואע"ג שהיתה במשכן כדאמר *הם הורידו קרשים מעגלה כו' מכל מקום אי לאו דכתיב לא הוה מחייבי עלה לפי שמלאכה גרועה היא כדפי' לעיל (דף ב.): וממאי דבשבת קאי. ר"ח ל"ג כל זה עד אשכחן הוצאה דהא אפילו בחול קאי נפקא ליה שפיר דהוצאה מלאכה הוא דהא רחמנא קרייה מלאכה כדכתיב ואיש ואשה אל יעשו עוד מלאכה לתרומת הקדש וכתיב ויכלא העם מהביא אלמא קרי להוצאה מלאכה וכן דריש בהדיא בירושלמי:

הכנסה מנלן סברא הוא כו'. וא"ת מה צריך להאי סברא כיון דהוות במשכן כדאמר *הם העלו קרשים לעגלה כו' דהא בסמוך משמע גבי זריקה דאם היתה במשכן הוה אתי ליה שפיר וי"ל דבזריקה נמי איכא סברא מה לי ע"י הולכה מה לי ע"י זריקה דאי לאו סברא לא הוה מחשבינן לה תולדה דהוצאה ואי לא הוות נמי במשכן לא הוה מחייבינן עלה מסברא לפי שמלאכה גרועה היא:

ולרבי אליעזר דמחייב אתולדה במקום אב אמאי קרי לה אב כו'. הוה מצי למימר דנפקא מינה לענין התראה כדפי' בפ' כלל גדול (לעיל עג:) ואיכא למימר דהיינו דקמשני הך דהוות במשכן חשיבא כו'. אית דגרסי הך דהוות במשכן חשיבא קרי לה אב והך דלא הוות במשכן חשיבא קרי לה תולדה ולפי זה יש מלאכות דהוו במשכן כגון מכבש ומשקה זרעים דלא חשיבי ולא הוו אבות וכן אי גרסינן דהוות במשכן וחשיבא קרי לה אב אבל אי גרסי' הך דהוות במשכן חשיבא וקרי לה אב הך דלאהוות במשכן לא חשיבא וקרי לה תולדה לפי זה התולדות לא היו במשכן:

אי נמי הך דכתיבא קרי לה אב. הך ליכא לא איצטריך אלא משום הוצאה: ודילמא שלחופי הוו משלחפי. הכי נמי הוה מצי למיפרך דילמא תוך ארבע אמות הוו יתבי:

רבינו חננאל

משום בונה טוחלת משום כותבת פוקסת מכרועא אלנושרי ובלשון ערבית תגער אל אצרג. פוקסת משום צובעת ומדמפרשי רבנן טעמיה דר' אליעזר ש"מ הלכתא כוותיה ויש מי שחולק ואומר הלכה כחכמים דאמרי משום שבות ומ"ד כר' אליעזר טפי עדיף דאיסורא דאורייתא היא ולחומרא עבדינן וכן נמי לענין החולב והמחבץ והמכבד והמרבץ והרודה חלות דבש שוגג בשבת חייב חטאת במזיד ביו"ט לוקה מ' דברי ר' אליעזר וחכמים אומרים א' [זה] ואחד [זה חייב] משום שבות ומדמפרשי אליבא דר' אליעזר ואומר חולב משום מפרק מחבץ משום בורר מגבן משום בונה ש"מ טניא דהא שמעתיה כר' אליעזר ויש מי שחולק גם על זה ויש מרבנן דמדקדקי דאמרי כי החולב והמחבץ והמגבן כגרוגרת דברי הכל היא ומסתייעא מהא דגרסינן בפרק אע"פ תניא ר' מרינוס אומר גונח יונק חלב בשבת מ"ט יונק מפרק כלאחר יד הוא ובמקום סכנה לא גזרו רבנן א"ר יוסף הלכה כר' מרינוס ולא שמעינן דאית ליה האי סברא דחולב אסור משום מפרק אלא אליבא דר' אליעזר ורבי מרינוס לא התיר אלא היונק מכלל שהחולב אסור ובסוף פרק חרש שנשא פקחת אסיקנא דיונק מפרק כלאחר יד הוא: שבת דאיסור סקילה גזרו רבנן י"ט דאיסור לאו הוא לא גזרו רבנן וסבירא להו דבהחולב ובמחבץ שהוציא החמאה ובמגבן דברי הכל אסור לא פליגי רבנן עליה דר' אליעזר אלא במכבד ומרבץ ורודה חלות דבש ובהני הלכתא כרבנן וסתיא כוותייהו דהא לא אימנעו מלרבץ אלא משום דחיישינן משום אשויי גומות ואסיקנא והאידנא דסבירא לן כרבי שמעון [דפטר] במלאכה שאינה צריכה לגופה ובדבר שאין מתכוין שרי אפי' לכתחלה לענין כיבוד נמי שרי ואפי' בדהוצי כר' שמעון: הלכתא מחלב בהמה אפי' למאן דסבר דשרי משום שבות אסור וכ"ש למ"ד משום מפרק אסור דמלאכה היא והא דאמר רב חסדא מדברי רבנן נלמד חולב אדם עז להוך הקדרה אבל [לא] לתוך הקערה כבר פרשה מו' רב יהודאי גאון זצ"ל דבי"ט הוא וכבר פירשנו בפרק חבית:

מתני' התולש מעציץ נקוב חייב משאינו נקוב פטור ר' שמעון פוטר בזה ובזה ורמי ליה אביי לרבא תנן ר' שמעון פוטר בזה ובזה אלמא לר' שמעון לכל מילי נקוב כשאינו נקוב משוי ליה והתנן ר' שמעון [אומר] אין בין נקוב לשאינו נקוב אלא להכשיר זרעים בלבד ופריק רבא לעולם ר' שמעון לכל מילי נקוב כשאינו נקוב משוי לה ואיכא דגרסי כתלוש משוי והדבר אחד הוא פי' כיון דפטור ר' שמעון אפילו בתולש מעציץ נקוב דייקינן מינה דסבר כל מאי דזרע ביה כתלוש דמי ואע"פ שהוא נקוב כשאינו נקוב חשוב והא דשני ביניהון לענין הכשר זרעים דתני בסוף (פ"ב) דעוקצים עציץ נקוב אינו מכשיר את הזרעים ושאינו נקוב מכשיר את הזרעים וקא מודה בה ר"ש דאלמא זרעים שהן בעציץ שאינו נקוב כתלושין דמי ומים הניתנין עליהן הרי הן בכי יותן ומכשירין אבל עציץ נקוב זרעים שיש בו כמחוברים דמו וכל מים הניתנין בהן אין מכשירין אותן והכא בשבת חשיב הנקוב כשאינו נקוב לפטור והכא כזרעים משני בין נקוב לשאינו נקוב קשיין אהדדי ומשני הכשר זרעים שאני שהתורה רבתה להן טהרה וכי יותן מים על זרע*) זרוע אשר יזרע טהור הוא פי' כל זרע שאינו ראוי עכשיו לזריעה טהור הוא אין המים מכשירין אותן והא כיון שהוא מחובר כמי שאינו ראוי לזריעה הוא וא"ת א"ה אפי' שאינו נקוב נמי שאני התם כיון דאינו נקוב לאו זריעה הוא דכל זריעה שאינה בארץ לאו זריעה הוא והאי דאמר לכל מילי כגון התוא דתנן בכלאים פרק (ז) עציץ נקוב מקדש בכרם ושאינו נקוב אינו מקדש ר"ש אומר זה וזה אסורין ואין מקדשין ולענין כלאים נמי איכא למימר דפליג ר"ש אבל רבנן דבר ברור הוא משנה שלמה בדמאי פרק (ה) שעציץ נקוב הרי הוא כארץ תרם מן הארץ על עציץ נקוב ומן עציץ נקוב על הארץ תרומתו תרומה כו' והלכתא כרבנן שהתולש מעציץ נקוב חייב וגרסינן בסוף פרק חרש שנשא פקחת לא יאמר אדם לתינוק הבא לי קסם אלא מניחו תולש מניחו וזורק אמר אביי תולש מעציץ שאינו נקוב וזורק בכרמלית מדרבנן וגרסי' נמי במנחות (ד' ע) אמר רב טובי בר קיסנא אמר שמואל הזורע כלאים בעציץ שאינו נקוב אסור אמר אביי מאי קמ"ל בשלמא אי אשמעינן לוקה מכת מרדות מדרבנן שפיר אלא האי דקאמר אסור

*) בקרא דוכי יותן מים לא כתיב כלל אשר יזרע טהור הוא ולכן נראה דצ"ל על כל זרע זרוע אשר יזרע פי' זרע שראוי עכשיו לזריעה אבל כ' זרע שאינו ראוי וכו' כצ"ל.

רב נסים גאון

פי' ולר' אליעזר דמחייב על תולדה במקום אב קול *) ר' אליעזר במסכת (כריתות דף טז) וכבר פירשנו דבריו בפרק כלל גדול ועיקרן בתורת כהנים בפרשת כהן משיח בסדר ויקרא:

*) פירושו כלשון ערבי מאמר ר' אליעזר

ואלא

מסורת הש"ס

[גי' רבינו האי הוצאה מנלן דהוות מלאכה]

ב"ק ב. לעיל עה. כריתות טז:

לעיל ז: ק.

[בערך שול גרים סמוך שוליהן פי' מסרתיהן] [בילקוט איתא לוי]

לעיל ו:

בס"א ל"ג [שם וב"ג]

הגהות הב"ח

(א) גמ' דשלימא לה עבידתא כדכתיב והמלאכה:

§ מסכת שבת דף צו: §

אות א'

הוצאה גופה היכא כתיבא

רמב"ם פי"ב מהל' שבת ה"ח - [א]הוצאה מרשות לרשות מלאכה מאבות מלאכות היא, ואע"פ שדבר זה עם כל גופי תורה מפי משה מסיני נאמרו, הרי הוא אומר בתורה: איש ואשה אל יעשו עוד מלאכה לתרומת הקדש ויכלא העם מהביא, [ב]הא למדת שההבאה מלאכה קורא אותה; וכן למדו מפי השמועה שהמעביר ברה"ר מתחלת ארבע לסוף ארבע, הרי הוא כמוציא מרשות לרשות וחייב.

אות ב'

נפקא מינה דאי עביד שתי אבות בהדי הדדי, אי נמי שתי תולדות בהדי הדדי, מיחייב תרתי; ואי עביד אב ותולדה דידיה, לא מיחייב אלא חדא

רמב"ם פ"ז מהל' שבת ה"ז - אחד העושה אב מאבות מלאכות או תולדה מן התולדות, במזיד חייב כרת, ואם באו עדים נסקל, בשוגג חייב חטאת קבועה; אם כן מה הפרש יש בין האבות והתולדות, אין ביניהן הפרש אלא לענין הקרבן בלבד, שהעושה בשוגג, אם עשה אבות הרבה בהעלם אחד, חייב חטאת על כל אב ואב; ואם עשה אב ותולדותיו בהעלם אחד, אינו חייב אלא חטאת אחת.

באר הגולה

א ‹וכתב הרב המגיד וז"ל: וכתב רבינו האי ז"ל דלא גרסינן "היכא כתיבה" וכו'. **ועיין** להלח"מ מה שפי' בב' אופנים, והוא דוחק גדול, ומ"מ הוכרח לפרש כן לפי שלא היה לשון הרשב"א מודפס בזמנו, אבל אילו היה רואה לשון הרשב"א מ"ש בשם רבינו האי, היה מודה דט"ס יש בלשון הרה"מ, **והילך** לשון הרשב"א: "הוצאה גופא היכא כתיבה" לא הו"ל למימר, אלא "הוצאה גופא במשכן היכי הואי", כדבעינן פרק כלל גדול "קשירה במשכן היכי הואי", אלא משום דהוצאה מלאכה גרועה וכו', ומשו"ה איכא דגריס "וממאי דבשבת קאי" וכו', גמרי העברה העברה, דאי לא, לא מחייבינן עלה אע"ג דהוה במשכן, **אלא** מיהו רב האי גאון ז"ל כתב דלא גרסינן ליה וטעותא הוא, דמעיקרא לא אסתפקא להו אלא מנ"ל דהויא מלאכה, ומהדרינן משום דכתיב: אל יעשו עוד מלאכה ויכלא העם מהביא, דאלמא הבאה דהיינו הוצאה קרויה מלאכה, והוא הנכון. **הרי** דמאי דכתב רב האי דהוא טעותא, היינו מאי דהוו גרסי "וממאי דבשבת הוי", וכ"כ התוס' ז"ל, וא"כ מוכרח דט"ס נפל בדברי הרה"מ – יצחק ירנן› ב ‹הרי מבואר דהרמב"ם מפרש כפי' ר"ה גאון, דילפינן מקרא רק דהוצאה חשיבא מלאכה – אבן האזל›

§ מסכת שבת דף צז. §

אות א׳ – ב׳ – ג׳

תוך שלשה דברי הכל חייב

למעלה מעשרה אינו אלא משום שבות

משלשה ועד עשרה... וחכמים פוטרין

רמב"ם פי"ג מהל׳ שבת הט"ז - הזורק מרה"י לרה"י ורה"ר באמצע, אע"פ שעבר החפץ באויר רה"ר, [א]פטור, והוא שיעבור למעלה מג׳ טפחים; אבל אם עבר בפחות מג׳ סמוך לארץ [ב]ונח על גבי משהו, אע"פ שנעקר או נתגלגל ויצא החפץ לרה"י האחרת, הרי הוא כמי שנשאר עומד ברה"ר, ולפיכך חייב.

אות ד׳ – ה׳

שני בתים בשני צדי רשות הרבים... אסור לזרוק מזה לזה

כגון דמידלי חד ומתתי חד, דזימנין נפל ואתי לאתויי

סימן שנג ס"א - [ג]שני בתים בשני צדי רה"ר והם של אדם אחד, או של שנים ועירבו - דבלא ערבו, הלא אסור לטלטל מרשות לרשות, אפילו בלא הפסק רשות הרבים בינתים כלל.

(כתב המ"א: צ"ע, הא אין יכולין לערב יחד אא"כ יש פתח ביניהם שיכולין לטלטל יחד בלי זריקה, ובקרבן נתנאל וכן במאמ"ר תירצו בפשיטות, דמיירי כשהיה כמין גשר בחד צד מבית זה לבית זה, שיכולין לטלטל מזה לזה).

אם שניהם שוים, מותר לזרוק מזה לזה - ר"ל דכיון שהם שוים, אין צריך לאמן ידיו לזריקה שלא יפול החפץ למטה, [גמרא], **ודוקא** למעלה מי׳, דהוי מרה"י לרשות היחיד דרך מקום פטור, **אבל** למטה מי׳ אסור.

[ד]ואם אחד גבוה מחבירו, אסור לזרוק מזה לזה - דכיון שגבוה מחבירו צריך לצמצם ידו בזריקה, וחיישינן שמא לא יכוין כ"כ ויפול לארץ, ואתי לאתויי, [גמרא].

[ה]אלא א"כ הם כלי חרס וכיוצא בהם שאם יפלו ישברו.

[ו]במה דברים אמורים, ברשות הרבים עוברת ביניהם, אבל אם היתה כרמלית עוברת ביניהם, מותר בכל גוונא - היינו אפילו אחד גבוה מחבירו, **אבל** פשוט דדוקא בשערבו.

דכיון דאיסור כרמלית אינה אלא מדרבנן, לא גזרינן שמא יפול, דהוי גזירה לגזירה, (**ואם** הוא למטה מעשרה לענין כרמלית, עיין בסוף סימן שמ"ט במ"ב ובבה"ל, דשייך ג"כ לענינגו).

אות ו׳

מרה"ר לרה"ר ורה"י באמצע... וחכמים פוטרין

רמב"ם פי"ג מהל׳ שבת הט"ז - וכן הזורק מרה"ר לרה"ר ורה"י באמצע, פטור; ואם עבר החפץ בפחות מג׳ סמוך לארץ ונח ע"ג משהו, אע"פ שחזר ונתגלגל ויצא לרה"ר השניה, הרי הוא כמי שנשאר עומד ברה"י, ולפיכך חייב.

באר הגולה

[א] ‹לכאורה ציון העין משפט "אינו אלא משום שבות", מדייק מלשון "פטור", דאסור מדרבנן› [ב] ‹ושם דף ק. אמר רבא תוך ג׳ לרבנן צריך הנחה על גבי משהו. ופירש"י ז"ל דרב חלקיה סובר בתוך ג׳ אפי׳ בלא הנחה כלל הרי הוא כמונח וחייב, ופליגא דרבא, ופסק ר"ח ז"ל כרב חלקיה משום דתניא כוותיה, ולזה הסכים הרמב"ן ז"ל, ויש פוסקים כרבא, דהכי משמע סוגיין דהתם, וזה דעת רבינו ז"ל – מגיד משנה› [ג] **שבת צ"ז עירובין פ"ה** [ד] **שם וכרב** [ה] **הרמב"ם** [ו] **ה"ה שם בשם הרשב"א**

הזורק פרק אחד עשר שבת צז

ואלא הא גמיר גזירה שוה . וא"כ לא כסתו התורה דהוה ליה כמפורש ומשני רבי יהודה בן בתירא לא גמרה ואין אדם דן ג"ש מעלמו : **ואלא** . לרבי יהודה : **מסיכן הוה** . באיזו חטא מת דכתיב כי בחטאו מת : **מויעפילו** . ויעפילו לעלות וגו' שלא הרשיע כ"כ כחילול שבת : **שפנה מלרעתו** . קדם ונתרפא : **והנה ידו מלורעת** . היינו לוקה בגופו : **ויוליאה והנה ידו** . אחר היליאה מלורעת כשלג ובמדה טובה כתיב מחיקו והנה שבה : **נס בתוך נס** . לאחר שחזר ונעשה מטה בלען ולא כשהוא תנין דלא כתיב ויבלע תנין אהרן : **ולא ילפינן זורק ממושיט** . שהיה בעבודת הלוים למעלה מעשרה תורה אור

ואלא הא גמר גזירה שוה *ג"ש לא גמר אלא מהיכא הוה °מויעפילו הוה כיוצא בדבר אתה אומר °ויחר אף ה' בם וילך מלמד שאף אהרן נצטרע דברי רבי עקיבא אמר לו רבי יהודה בן בתירא עקיבא בין כך ובין כך אתה עתיד ליתן את הדין אם כדבריך התורה כסתו ואתה מגלה אותו ואם לאו אתה מוציא לעז על אותו צדיק ואלא הכתיב בם ההוא בנזיפה בעלמא תניא כמאן דאמר אף אהרן נצטרע דכתיב °ויפן אהרן אל מרים והנה מצורעת תנא שפנה מצרעתו אמר ריש לקיש *החושד בכשרים לוקה בגופו דכתיב °והן לא יאמינו לי וגו' וגליא קמי קוב"ה דמהימני ישראל אמר לו הן מאמינים בני מאמינים ואתה אין סופך להאמין הן מאמינים דכתיב °ויאמן העם בני מאמינים °והאמין בי"י אתה אין סופך להאמין שנאמר °יען לא האמנתם בי וגו' ממאי דלקה דכתיב °ויאמר ה' לו עוד הבא נא ידך בחיקך וגו' : אמר רבא ואיתימא רבי יוסי בר' חנינא מדה טובה ממהרת לבא ממדת פורענות דאילו במדת פורענות כתיב °ויוציאה והנה ידו מצורעת כשלג ואילו במדה טובה כתיב ויוציאה מחיקו והנה שבה כבשרו מחיקו הוא דשבה כבשרו °ויבלע מטה אהרן את מטותם א"ר אלעזר *נס בתוך נס: מרה"י לרה"י כו': *בעי רבה למטה מעשרה פליגי ובהא פליגי דמ"ס אמרינן *קלוטה כמה שהונחה ומר סבר לא אמרינן קלוטה כמה שהונחה אבל למעלה מעשרה דברי הכל פטור ולא ילפינן זורק ממושיט או דילמא למעלה מעשרה פליגי ובהא פליגי דמר סבר ילפינן זורק ממושיט ומר סבר לא ילפינן זורק ממושיט אבל למטה מי' דברי הכל חייב מאי טעמא קלוטה כמה שהונחה דמיא אמר רב יוסף הא מילתא איבעיא ליה לרב חסדא ופשטה ניהליה רב המנונא מהא מרה"י לרה"י ועובר ברשות הרבים עצמה ר' עקיבא מחייב וחכמים פוטרים מדקאמר ברשות הרבים עצמה פשיטא למטה מעשרה פליגי ובמאי אילימא במעביר (א) למטה מעשרה הוא דמחייב למעלה מי' לא מחייב °והאמר ר' *אלעזר המוציא משוי למעלה מעשרה חייב שכן משא בני קהת אלא לאו בזורק ולמטה מעשרה הוא דמחייב למעלה מעשרה לא מחייב ש"מ בקלוטה כמה שהונחה פליגי ש"מ ופליגא דר' אלעזר דאמר ר"א מחייב היה ר' עקיבא אפילו למעלה מי' והאי דקתני רה"ר עצמה להודיעך כחן דרבנן ופליגא דרב חלקיה בר טובי דאמר רב חלקיה בר טובי *תוך שלשה דברי הכל חייב למעלה מעשרה דברי הכל פטור מג' ועד י' באנו למחלוקת ר' עקיבא ורבנן תניא נמי הכי בתוך ג' דברי הכל חייב למעלה מי' אינו אלא משום °שבות ואם היו רשויות שלו מותר מג' ועד עשרה ר"ע מחייב °וחכמים פוטרין אמר מר אם היו רשויות שלו מותר לימא תהוי תיובתיה דרב דאיתמר *שני בתים בשני צדי רה"ר רבה בר רב הונא אמר רב °אסור לזרוק מזה לזה ושמואל אמר מותר לזרוק מזה לזה ולאו *מי אוקימנא להדיא °כגון דמידלי חד ומתתי חד דזימנין נפל ואתי לאתויי אמר ליה רב חסדא לרב המנונא ואמרי לה רב המנונא לרב חסדא מנא הא מילתא דאמור רבנן כל פחות מג' *כלבוד דמי אמר ליה לפי שאי אפשר לה לרשות הרבים שתילקט במלקט וברהיטני אי הכי ג' נמי ותו הא דתנן *המשלשל דפנות מלמעלה למטה אם הן גבוהין מן הארץ שלשה טפחים פסולה הא פחות מג' כשרה (ב) התם היינו טעמא משום דהויא לה מחיצה שהגדיים בוקעין בה תינח למטה למעלה מאי איכא למימר אלא כל פחות משלשה כלבוד דמי הלכתא גמירי לה *ת"ר מרה"ר לרה"ר ורה"י באמצע רבי מחייב °וחכמים פוטרין רב ושמואל דאמרי תרוייהו לא חייב רבי אלא ברה"י מקורה דאמרינן ביתא כמאן דמליא דמי אבל שאינו מקורה לא אמר רב *תנא אמר רב יהודה אמר שמואל מחייב היה רבי שתים אחת משום הוצאה ואחת משום הכנסה יתיב רב תנא וקא קשיא ליה למימרא

גזירה שוה לא גמיר · ואם תאמר וליגמר מר' עקיבא שהוא קבלה מרבו ואור"ת שהיה להם בקבלה מנין ג"ש שבכל התורה וזו היתה יתירה על החשבון לפיכך לא קיבלה : למימרא

מרשות היחיד לרשות היחיד ורשות הרבים באמצע וסיפא דקתני הזורק פטור והמושיט חייב דברי הכל היא : **או דילמא למעלה מי' פליגי** . ומשום הכי פליגי ופטרי רבנן דאין כאן אויר רה"ר וזורק ממושיט לא ילפינן ורבי עקיבא יליף וסיפא רבנן קאמרי לה : **ועובר גרסינן מרה"י לרה"י ועובר ברשות הרבים עצמה** . ולא גרסינן ברישא הזורק : **והא אמר ר' אלעזר**. בהמלניע ויליף ממשא בני קהת דארון : **אלא לאו בזורק** . מיירי מתניתא כי מתניתין וקתני בברייתא עצמה ובהא הוא דמחייב ר' עקיבא משום דנקלטה באוירו של רה"ר : **למעלה מעשרה**. דיליף זורק ממושיט: **ופליגא דרב חלקיה** . הא דר' אלעזר: **תוך שלשה דברי הכל חייב** . ואע"ג דלא נח מודו דכמונח דמי : **פטור** . דלא ילפינן זורק ממושיט : **באנו למחלוקת** . ובקלוטה כמה שהונחה : **משום שבות** . שזרק מרשותו לרשות חבירו ולאו משום הפסק רה"ר דהוא הדין נמי אם היתה אצלו עד שיערבו: **ואם היו** . שתיהן הרשויות שלו מותר לכתחילה : **אסור לזרוק מזה לזה** . ואפילו הן שלו דאי משלו לשל חבירו לא הוה שרי שמואל: **ולאו מי אוקימנא** . בעירובין : **דמדלי חד ומתתי חד** . דמתוך כך צריך לאמן ידו מגבוה לנמוך או מנמוך לגבוה טריד בה ודילמא לא זריק על הגג ונופל לרה"ר ואתי לאתויי ולהכי נקט ואתי לאתויי דאילו משום נפילת רה"ר ליכא חיוב חטאת דמתעסק הוא אלא הואיל דלא נתכוון לזרוק לרה"ר : **כלבוד דמי** . דרשות שאינו גבוה ג' בטל אגל רה"ר : **אמר ליה** . סברא היא : **לפי שאי אפשר** . להחליק רה"ר מגבשושית כאילו נלקטו במלקט ורהיטני פלי"נה בלע"ז והן בשני גווני כלים של עץ וברזל חד כעוץ בתוכו ובהן משוה פני רוחב הקרש ומחליקה הלכך גבשושיות כמי רה"ר: **אמר ליה** . אי מסברא אפילו ג' נמי: **המשלשל**. מתחיל לארוג דופני הסוכה בערב כלפי מעלה ומשלשל ובא כלפי מטה : **משלשל** . מוריד : **אם גבוהות מן הארץ ג' טפחים פסולה הא פחות מג' כשרה**. דאמרינן לבוד כמי שנכפף עליהן ונשלמו עד למטה הכא לאו טעמא דתילקט הוא נראה לי דהכי גרסינן מאי איכא למימר: **התם משום דהויא לה מחילה שהגדיים בוקעין בה** . ובפחות משלשה ליכא בקיעת גדיים : **תינח למטה למעלה מאי איכא למימר** . למעלה היכא דאמרינן לבוד למעלה בכמה דוכתין כגון מקיפין ג' חבלים לעירובין (דף טז:) וכגון שהרחיק את הסיכוך מן הדפנות ג' טפחים פסולה (סוכה דף יז:) : **כמאן דמלי** . מתוך שהוא חושך ומלא הבלא : **אבל שאינו מקורה** . כגון חלר : **וקא קשיא ליה** . בהא דאגמריה רביה : דברים

רבינו חננאל

מאי קמ"ל דהוי זריעה מדרבנן תנינא משאינו נקוב על הנקוב תרומה ויחזור ויתרום כו' דייקינן לר' שמעון דפטר תתולש מעציץ נקוב דבעא מיניה ההוא סבא מר' זירא אם היה שורש הזרע כנגד הנקב מה לי אמר ר' שמעון בזה אשתיק ר' זירא ומנין אשכחית דיתיב וקאמר ומודה ר' שמעון שאם נקוב בכדי טהרתו פי' במוציא רימון שהתולש ממנו חייב א"ל שורש כנגד הנקב בעינא מינך ולא פשטתה לי לפטורה ניקב בכדי טהרתו מיבעיא. אמר אביי אם איתא לדר' זירא הכי אתמר ומודה ר' שמעון שאם נקב למטה מרביעית פי' הכי קאמר אביי שפיר עבד ר' זירא דלא אהדר ליה להדוא סבא דאי אתמר הכי אתמר מודה ר' שמעון שאם ניקב העציץ בארעיתו או קרוב לארעיתו במקום שלא נשאר בו כדי לקבל רביעית דכיון דלית ביה כדי לקבל רביעית בטל מתורת כלי דכי מנקיב עציץ בתהוא דוכתא ודאי שרשי הזרעים שיש בו מגיעין לארץ והרי הן כזרועים בארץ והתולש מהן חייב אבל ניקב העציץ מצדו ונשאר בו כדי לקבל רביעית עדיין כלי הוא ואע"פ שהשורש כנגד אותו הנקב איכא למימר שאינו מגיע לארץ ואע"פ שאין דבר חוצץ בינו לבינה עדיין מיבעי אליבא דר' שמעון. אמר רבא ה' מדות בכלי חרס עיקרא כל כלי שנשבר נטהר מיהו לא מחשיב שבור אלא עד שיפסל ממה שהוכן לשמש כגון כלי חרס שהוכן לקיבול משקין מקבל טומאה עד שניקב שיעור הכנסת משקין או הוצאת משקין וכן כלי חרס שהוכן לאוכלין אע"פ שניקב בכונס משקה מקבל טומאה עד שנקב שיעור הוצאת זיתים . כדתנן שיעור כלי חרס לטהר העשוי לאוכלין שיעורו בזיתים עשוי למשקין שיעורו במשקין עשוי לאוכלין ולמשקין מטילין אותו לחומרו בזיתים ולענין רימונים חלוקת אמוראים היא אבל במשנה לא מצינו בכלי חרס שיעור ברימונים ולא הגיעה אלא עד זיתים ולענין כלי עץ או כלי עור או כיוצא בו הא דתנן כל כלי בעלי בתים שיעורו

כריסונים השתא הני חמש מדות דאמר רבא הדא דניקב במוציא משקה טהור מלטמא גסטרא ועדיין כלי הוא לקדש בו מי חטאת משום דגסטרא כלי גדול הוא דמחתין ביה כדים וחצובים והכי דמיא דמקבל מאי דראיב מינהון ומינטר עיקר גם גסטרא להא מלתא הוכן פעמים שהחבית או חצבא גדולה נשברה לראשה וניטלו אזניה ומכנים אותה ולשומו תחת מטה ותותי מצבי כמו כן ונקראת גיסטרא וכר מינקיב ניסטרא במוציא משקה בטלה מן הדבר שהוכנה לו וליכא כלי חרס דמטהר במוציא משקה בר מגיסטרא בלחוד לפי שאין אומרים הבא גסטרא לגסטרא. פי' אם ניקבה חצבא במוציא משקה אי' הבא גיסטרא והנח תחתיה כדי שיקבל מה שיזוב ממנו אבל אם הגיסטרא גופו מוציא משקה אין אומרים הבא גיסטרא לגיסטרא שיקבל מה שיזוב ממנה לקבל ואע"פ שניקב במוציא משקה ותנן גיסטרא שנתרועעה ואינה מקבלת משקין אע"פ שמקבלת אוכלין טהורה שאין שיריים לשיריים פי' שאין שירים לשירים הוא שפירשנו למעלה שהגיסטרא עיקרה : שירי חבית או חצבא שנטלו אוניה וכלי הוא לקדש מי חטאת ועיקרא ההוא דתנן אין ממלאין ואין מקדשין ואין מזין מי חטאת אלא בכלי אשמעינן הכא דגסטרא שנתרועעה ומוציאה משקין תורת כלי עליה וכשרה למי חטאת : שנייה. ניקב בכונס משקה פסול מלקדש בו מי חטאת ועדיין כלי הוא להכשיר בו זרעים כדתנן בנדה פרק ששי כיוצא בו כל כלי חרס שמכניס מוציא ויש מוציא ואינו מכניס ואמרינן עלה מכנים פסול למי חטאת וטהור משום גסטרא דאמר רב אסי שונין כלי החרס שיעורו בכונס משקה לא אמור במוציא משקה אלא לענין גסטרא בלבד ואמרינן ת"ר כיצד בודקין כלי חרס לידע אם ניקב בכתם משקה אם לאו מביא עריבה מליאה מים ונותן קדירה לתוכה אם כנסה בידוע שבכונס משקה ואם לאו בידוע שבמוציא משקה ר' יהודה אומר כופף אוני קדירה לתוך עריבה ומציף עליה מים אם כנסה בידוע שבכונס משקה ואם לאו בידוע שבמוציא משקה או שופתה ע"ג האור אם האור מעמידה בידוע שבמוציא משקה ואם לאו בידוע שבכונס משקה ר' יוסי אומר אף לא שופתה על האור מפני שהאור מעמידה אלא מעמידה ע"ג הרמץ אם רמץ מעמידה בידוע שבמוציא משקה ואם לאו בידוע שבכונס משקה היתה יורדת טפה אחר טפה בידוע שבכונס משקה מאי איכא בין ת"ק לר' יהודה אמר עולא כינוס ע"י הדחק איכא בינייהו אשמעינן אע"פ שרחב הנקב והוסיף על כדי הוצאת משקה והגיע להכנסת משקה עדיין אותו עציץ כשאינו נקוב דמי ומכשיר את הזרעים כדפרשינן לעילא : שלישית. ניקב בשורש קטן טיהר מלהכשיר זרעים ועדיין כלי הוא לקבל בו זיתים בהא אשמעינן רבה דלא כר' שמעון דאמר אם ניקב למטה מרביעית וקאמר אפילו ניקב בשורש קטן דאפשר דמתחברין אותו זרעים שיש בו לקרקע ודומה לעציץ נקוב וטהור מלהכשיר זרעים אם לא הגיע הנקב לכדי הוצאת זיתים עדיין כלי הוא ומקבל טומאה . רביעית ניקב במוציא זיתים . אמר רבא אם הוכן מעיקרא זה הכלי לקבל רימונים אע"פ שניקב במוציא זיתים עדיין טמא הוא אבל אם מעיקרא לא הוכן אלא לקבל זיתים כיון שניקב במוציא זיתים טהור והא מלתא פליגי בה רבה סבר דכלי חרס ברבי שיעורו במוציא זיתים לפום דמפרש ליה [לדרב אסי] [ורב אסי] נמי אמר הכין שמעתי וחד מהרי אמוראי דמערבא חד סבר במוציא רימון וחד סבר בשורש קטן וסימניך אחד המרבה ואחד הממעיט ורב חנניא בר שלמיא משום ר' אליעזר תני כל כלי חרס בין קטן בין גדול אם ניקב במוציא זיתים טהור ומר קשישא מסיים בה דר' אליעזר כל כלי חרס שניקב במוציא זיתים הרי הן ככלי גללים וכלי אבנים וכלי אדמה שאין מקבלין טומאה לא מדברי תורה ולא מדברי סופרים והלכתא תכין ובהכין סלקא שמעתתא ולא סליק דצריך כלי חרס במוציא רימון וליתא לדרבא. חמישית ולענין צמיד פתיל עד שיפחת רובה : פרק יא הזורק מרה"ר לרה"י או מרה"י לרה"ר חייב . אמרינן זריקה תולדה דהוצאה היא והוצאה גופה מייתי לה ר' יוחנן דהיא מלאכה מהא ויצו משה ויעבירו קול במחנה וגו' משה היה יתיב במחנה לויה

עין משפט נר מצוה

ו א ב ג מיי' פי"ג מהל' שבת הלכה טז סמג לאוין סה:

ז ד ה מיי' פט"ו שם הל' ח סמג שם טוש"ע א"ח סי' שנג סעיף א:

ח ו מיי' פי"ג שם הלכה טז:

מסורת הש"ס

[מכות יד: זו"ע] [יומא יט: פ"ש] ברכות נח במדבר כ [פסחים קיח: חולין קכז.] [גיטין עט. ב"ק ע:] עירובין פה: [שם] [ע' סוכה ו:] שם טו: סוכה טו. לעיל ד:

הגהות הב"ח

(א) גמ' ובמאי אילימא במעביר. נ"ב פי' ופליגי בכמונח תפן דמי: (ב) שם הא פחות משלשה כשרה מאי איכא למימר התם היינו:

גליון הש"ס

גמ' והאמר ר"א המוציא משוי. עיין עירובין דף לג ע"ב תוס' ד"ה והא:

למימרא דמחייב רבי אתולדה במקום אב והתניא רבי אומר *דברים הדברים אלה הדברים אלו ל"ט מלאכות שנאמרו למשה בסיני אמר ליה רב יוסף מר אהא מתני לה וקשיא ליה דרבי אדרבי אנן אדרבי יהודה מתנינן ולא קשיא לן דתניא מרה"י לרשות הרבים ועבר ארבע אמות ברה"ר רבי יהודה מחייב וחכמים פוטרין אמר רב יהודה אמר שמואל מחייב היה רבי יהודה שתים אחת משום הוצאה ואחת משום העברה דאי ס"ד חדא הוא דמחייב מכלל דרבנן פטרי לגמרי הא אפיק לה מרה"י לרה"ר ממאי דילמא לעולם אימא לך ר' יהודה חדא הוא דמחייב ורבנן פטרי לגמרי והיכי משכחת לה כגון דאמר עד דנפקא ליה לרה"ר תנוח ובהא קמיפלגי דר' יהודה סבר אמרינן קלוטה כמה שהונחה ואיתעבידא ליה מחשבתו ורבנן סברי לא אמרינן קלוטה כמה שהונחה ולא איתעבידא ליה מחשבתו אבל אתולדה במקום אב לא מחייב רבי יהודה לא ס"ד דתניא רבי יהודה *מוסיף אף השובט והמדקדק [א]אמרו לו שובט הרי הוא בכלל מיסך מדקדק הרי הוא בכלל אורג מאי לאו דעבדינהו לתרווייהו בהדי הדדי וש"מ מחייב היה רבי יהודה אתולדה במקום אב (א) ממאי דילמא לעולם דעבדה להא לחודה והא לחודה ורבי יהודה אתולדה במקום אב לא מחייב ובהא קמיפלגי דר' יהודה סבר הני אבות נינהו [ב]ורבנן סברי הני תולדות נינהו תדע דקתני רבי יהודה מוסיף אי אמרת בשלמא אבות מאי מוסיף מוסיף אבות אלא אי אמרת תולדות מאי מוסיף איתמר נמי רבה ורב יוסף דאמרי תרווייהו לא חייב רבי יהודה אלא אחת א"ל רבינא לרב אשי ולמאי דסליק אדעתין מעיקרא דמחייב היה ר' יהודה שתים אי להכא קבעי לה להכא לא קבעי לה אי להכא קבעי לה להכא לא קבעי לה אמר ליה *באומר כל מקום שתרצה תנוח: [ג]פשיטא נתכוון לזרוק שמנה וזרק ארבע הרי כתב שם משמעון *נתכוון לזרוק ארבע וזרק שמנה מהו מי אמרינן הא אפיק ליה או דילמא היכא דבעי הא לא נח ולאו היינו דאמר ליה רבינא לרב אשי [ד]וא"ל באומר כל מקום שתרצה תנוח ודקאמרת הרי כתב שם משמעון מי דמי התם כמה דלא כתיב שם לא מכתיב ליה שמעון הכא כמה דלא זריק ארבע לא מיזדרקי ליה תמני: תנו רבנן [ה]הזורק מרשות הרבים לרה"ר ורשות היחיד באמצע ד' אמות חייב

פחות

רש"י

דברים הדברים אלה הדברים. גבי שבת דכתיב ויקהל אלה הדברים אשר צוה וגו' דברים משמע תרין ה"א מרבי חד הא תלת אלה בגימטריא תלתין ושש אלו ל"ט כו' ומכיינא למה לי על כרחיך לדעת כמה חטאות אדם מתחייב בהעלם אחד על השבת ואי מחייב אתולדה במקום אב בהעלם אחד הוו להו טובא: **אמר ליה רב יוסף.** לרב חנא: **מר מתני לה.** להא דרב יהודה אמר שמואל מחייב היה רבי שתים אהא דרבי: **וקשיא ליה דרבי אדרבי.** רב יהודה לאו אהא אמרה אלא אדר' יהודה מתני לה ולא קשיא ליה דלא אשכחן בעלמא דפטר ר"י אתולדה במקום אב: **מרה"י לרה"ר ועבר ד' אמות ברה"ר.** קודם שנחה דאיכא תרתי הוצאה וזריקה ארבע אמות: **ה"ג ואחת משום העברה.** ורבנן פטרי אהעברה משום דלא סבירא להו קלוטה כמה שהונחה ודאי כמי שהונחה משילאה בפתח וחזרה ונעקרה ונחה לסוף ד' אבל חייב הוא משום הוצאה: **ואיתעביד ליה מחשבתו.** שנחה ביציאתה מיד הלכך חייב משום הוצאה אבל משום העברה לא מחייב ואע"ג דחשיב ליה כמה שהונחה ונעקרה והונחה משום דהוית תולדה במקום אב: **אף השובט.** עם שאר אבות מלאכות להא דאמרן דלכך נמנו שאם עשאן בהעלם א' חייב על כל א' וא': **שובט.** מכרכר בכרכר: **ומדקדק.** לאחר שמתח החוט של ערב מכה בכרכר בב' וג' מקומות וי"מ מדקדק משוה האריגה כשיש ב' חוטין כרוכין זה עם זה ומובדלים מן השאר משוה אותן בכרכר או במחט: **מאי לאו דעבדינהו לכולהו.** שובט ומדקדק בהדי שאר מלאכות דהא מוסיף קתני ומיסך ואורג נמנו עם אבות מלאכות ואלה תולדותיה' כדקתני שובט בכלל מיסך: **מאי מוסיף.** הרי לא נמנו אלא אבות: **ולמאי דסלק אדעתא כו'.** נהי נמי דמיחייב אתולדה במקום אב הכא לאו תרתי איכא דאי להכא לסוף ד' בעי לה דתנוח הכא לא מיחייב אהעברת ד' דלא עבר מתחלת ד' (מר"ה והעביר) לסוף ד' ברה"ר אלא אהוצאה לחודיה הוא דמיחייב והוצאה איכא הוא דעבד: **ואי להכא.** אצל היציאה קבעי לה דתנוח הכא לסוף ד' לא בעי לה דתנוח וליתא לזריקה ד' ולא מיחייב לה דבעינן עקירה מתחלת ד' ברה"ר והנחה לסוף ד' ברה"ר והכא עם יציאת הפתח הא לא נח והעביר לסוף ד' דניחייב אתרווייהו ומיהו אהוצאה הוא דמתחייב דנתקיימה מחשבתו דהא נח ברה"ר: **באומר כל מקום שתרצה תנוח.** וכיון דלא איכפת ליה הויא ליה קיום מחשבה בתרווייהו: **הרי כתב שם משמעון.** דתנן לקמן בפ' הבונה (לקמן דף קג) דחייב בב' אותיות ואף על פי שנתכוון למלאכה גדולה: **ולאו היינו דבעי מיניה כו' ואמר ליה באומר כו'.** הא לא אמר הכי לא מיחייב אלא אם כן נחה במקום מחשבתו הכי נמי בתרווייהו מיפטר לא שנא נתכוון לזרוק שמונה וזרק ארבע לא שנא לזרוק ארבע וזרק שמונה פטור: **ה"ג ודקאמרת הרי כתב שם משמעון.** ולנתכוין לזרוק שמונה וזרק ד' דפשיטא ליה לחיובא קא מותיב מי דמי התם כל כמה דלא כתב שם לא מכתב שמעון הלכך כי כתב שם בכוונה כתבי' והא עבד ליה מלאכה דיש שם אדם בב' אותיות הללו: **הכא כל כמה דלא זריק ד'.** שתנוח לסוף ד' לא מזדרק ליה תמניא בתמיה הלכך כי נח לסוף ד' לא נתקיימה מחשבתו ולא דמי לשם משמעון לשון אחר ה"ג אמר מר הרי כתב שם משמעון מי דמי כו' והיא היא: **מרה"ר לרה"ר ורה"י באמצע ד"א חייב.** אם עבר ברה"ר ד"א ואפי' ע"י צירוף חייב:

פחות

תוספות

למימרא דמחייב רבי אתולדה במקום אב והתניא כו'. הקשה ה"ר פור"ת מנא ליה דמחייב אתולדה במקום אב דילמא הא דמחייב שתים היינו כשנודע לו וחזר ונודע לו ובפלוגתא דר' יוחנן ור"ל *דמחייב אפילו בהוצאה והוצאה בהעלם אחת ואור"י דאם כן לא היה רב יהודה משמיענו שום חידוש שחייב שתים ועל כרחיך אתא לאשמעינן דרבי מחייב אתולדה במקום אב: **לא** ס"ד דתניא ר' יהודה מוסיף כו'. לפי מאי דקס"ד דטעמא דרבי יהודה משום דמחייב אתולדה במקום אב אמאי נקט טפי שובט ומדקדק איכא למימר דס"ד דרבנן נמי מחייב אתולדה במקום אב ולא פליגי אלא בשובט ומדקדק ואמרי דלאו היינו תולדה אלא היינו ממש מיסך ואורג אי נמי לא מחייבי רבנן אתולדה במקום אב ולדבריו דרבי יהודה קאמרי: **מאי** לאו דעבדינהו לתרווייהו בהדי הדדי. אין הלשון מיושב דמשמע דלמסקנא לא קאי הכי וזה אינו דלמסקנא נמי דמפ' דר' יהודה חשיב להן אבות איירי נמי דעבדינהו לתרווייהו בהדי הדדי דאי בדעבד האי לחודיה והאי לחודיה כדגרסינן בכמה ספרים בהא לא הוה פליגי רבנן עליה דתיפוק ליה דמשום תולדה הוו מחייבי ואומר ר"י דאין למחוק ושפיר גרסינן ליה וה"פ לעולם דעבדה האי לחודיה והאי לחודיה ופליגי במזיד ולענין התראה דלרבי יהודה צריך להתרותו משום שובט ומדקדק ולרבנן משום מיסך ואורג וה"ה דהוה מצי למידחי דעבדינהו לתרווייהו בהדי הדדי ורבי יהודה סבר הני אבות נינהו אלא דניחא ליה לדחויי דעביד האי לחודיה והאי לחודיה דהשתא ע"כ טעמא דר"י לאו משום דמחייב אתולדה במקום אב אלא משום דאבות נינהו: **הרי** כתב שם משמעון. קך פשיטותא לא קיימא כדמסיק ורבינא נמי דפריך לרב אשי אמילתא דר"י אי להכי קבעי לה להכא לא קבעי לה סבר דלא דמי לכתב שם משמעון דאי דמי לא הוי פריך מידי דהא כי קא בעי דתנוח בסוף ד' כשנחה בתחלת רה"ר ע"י קליטה הרי כתב שם משמעון וכי אזלה תו ד"א ליחייב עלייהו דנעשית מחשבתו ראשונה ולהכי קאמר הש"ס לאו היינו דאמר ליה רבינא לרב אשי דלא הוה ליה לאיתויי מילתיה דרבינא אלא שרוצה לסתור לו אף מה שהיה פשוט לו הרי כתב שם משמעון: **הכי** גרסינן ודקאמרת הרי כתב שם משמעון מי דמי התם כו'. ולא גרסי' ולמאי והרי כתב שם משמעון אתי נמי שפיר אלא שהוא קושיא ולספרים דגרסינן אמר מר פריך לפי מאי דס"ד מעיקרא:

הגיאה

עין משפט נר מצוה

ט א ב מיי' פ"ט מהל' שבת הלכה ז ויט:

י ג ד מיי' פי"ג שם הלכה כא:

[לעיל עא:]

יא ה מיי' שם הל' טו:

רבינו חננאל

מחנה לויה רה"ר היא וקאמר להעמשה לישראל לא תפיקו מבתיכון דהוא רה"י ותיתו לרה"ר והאי דנרסי' בתרה וממאי דבשבת הוה קאי ומשני דגמיר העברה העברה שמיע לן מרבוותא דליתא מעיקרא דשמעתא ונירסי דלאו בקיאין אינון קשיא להון ושפלה הדין נירסא וסוגיא דמשה רבינו בחול הוה קאי במחנה לוית דהוא רה"ר וקאמר לישראל לא תיתי מידי דשלים ליה צורכיה כדכתיב מרבים העם להביא מדי העבודה וגו' ומש"ה ויצו משה ויעבירו קול במחנה וגו' וכתיב והמלאכה היתה דים לכל: ומנלן דהוצאה מרשות לרשות מלאכה היא דדייקנן מדלא אמרה תורה איש ואשה אל יביאו עוד לתרומת הקודש אלא אל יעשו עוד מלאכה קאמרה תורה ולא הוו עבדי מידי אחרינא אלא מפקי ומייתי ש"מ דהבאה קרי לה מלאכה וכיון דאמר להו אל יעשו עוד מלאכה קבילו כדכתיב ויכלא העם מהביא וכיון דהבאה מבתיהון ליתן לגזברים במחנה לויה בחול איקראי מלאכה וקי"ל דכל מלאכה אסור' בשבת איברירה לה מלתא דהוצאה והכנסה נמי מלאכה היא כשם שנמנעו העם מלהוציא ולהביא וליתן לגזברים כך נמנעו הגזברין מלקבל מהן ולהכניס ללשכה ומפורש נמי בירושל' ביציאות השבת שההוצאת קרויה מלאכה: ולר' אליעזר מחייב אתולדה במקום אב והעושה אב ותולדה דידיה מחייב תרתי כאשר הוא מפורש בכריתות וכיון דאהוצאה ואהכנסה מחייב ואזריקה מחייב אמאי קרי להאי אב ולהאי תולדה ופשוטה היא וכבר פירשנוה למעלה: ואמרי' אשכחן הוצאה וזריקה נמי מרשות לרשות דחייב: הזורק ד' אמות ברה"ר מנלן דחייב א"ר יאשיה שכן אורגי יריעות זורקין מחטיהן זה לזה משום דבורה"ר היתה מלאכת המשכן נעשית ואקשינן אורגין מחטין למה להו ותרצינן שכן תופרי יריעות זורקין מחטין ואקשינן תוב ומנלן שהתופרין הללו היו זורקין מחטיהן ארבע אמות ברה"ר שמא זה בצד זה היו יושבין ומשלימין מחט זה לזה ואפילו תימא לא היו זה בצד זה [מ"מ מנ"ל] דד' אמות היו ביניהן דלמא פחות מד' אמות הוו. ונדחת זו דרבי יאשיה ופירק רב חסדא שכן אורגי יריעות זורקין בוכיאן בירועה ויש שגורסין בוכיאר פי' בוכיאר הקנה שהחוט של ערב תלוי בו שזורקו האורג בתוך היריעה לרחבה להיארג אותו החוט בכלל היריעה ושמעינן מרבותינו הגאונים כי בבבל קורין אותו אל נאוכה ויש מי שאומר אל מכנף ואקשינן עליה והלא איגדו בידו וקי"ל דכל הזורק דבר ואגדו בידו אינו חייב דהא לא יצא מידו כדמפורש בהמצניע וכדגרסי' סוף הדין פרקא לענין לכתא ומתנא ובמתניתין דסוף עירובין דף צ"ט הקורא בס"ת על האסקופה הכא נמי עיקר החוט של ערב אצל האורג והוא משמו על הבוכיאן ואורג בו והוא נמתח מאצל האורג ובזה אין חייבין עליו ושנינן בניסכא בתרא פי' החוט של ערב שבסוף שאין אינדו ביד האורג ואקשינן תוב והא אותו מקום שהבוכיאן נזרק בו והוא נפש המסכת מקום פטור הוא ואינו רה"ר ואנן בעינן ד' אמות ברה"ר ונדחה גם הבוכיאן הנזרק ושנינן אלא שכן אורגי יריעות זורקין בוכיאר לשוליהן פי' כגון שוליא דנגרי והוא כגון תלמיד המשרת ללמוד מלאכה נקרא שולא והחינן ודלמא שוליהן גביהן הוו יתבי ולא מרחיקי ד' אמות מהן ושנינן אלא שכן אורגי יריעות זורקין בוכיאר זה לזה דליכא למימר כי האורגין גבי הדדי הוו יתבי דא"כ מסו הדדי בחפא פי' מגיעין זה לזה בפרקן שמכסכת בו על היריעה ואקשינן תוב וא' ודלמא שלהופי הוו משלחפי כלומר לא היו יושבין זה כנגד זה אלא זה אחורי זה כדגרסי' בפרק המוכר פירות לחבירו בענין כרובין כנס היו עומדין ואתקיף רב אשי ודלמא שלהופי הוו משלחפי או שמא באלכסון או זה ירידתו תחותה לצפון חוה למערב ובהיות כן יתכן להיות קרובין זה לזה ועוד וכי שואלין היו זה מזה והתני לודא איש איש ממלאכתו אשר המה עושים ממלאכתו היה עושה ולא היה עושה ממלאכת חבירו ועמדו הקושיות הללו בלא פירוק ואקשי תוב ארבעית וזרק [בר"ה מנ"ל] מכלל דמעביר פשיטא לן מנא לן דמעביר ד' אמות ברה"ר חייב אלא מעביר גמרא נמירי לה וזורק נמי גמרא נמירי לה: מגלה סתרים שהיה כתוב בה אבות מלאכות מ' חסר אחת ואם עשאן כולן בהעלם אחת אינו חייב על אחת מהן כלומר אינו חייב אלא ל"ח חטאות שיש אחת בהן שהוא פטור עליה ונמצא ספק בכולן ואמר שמואל מקשש מעביר ד' אמות ברה"ר הוה פי' כיון שנסקל נתברר כי המעביר ד' אמות ברשות הרבים אינו מן הספיקות אלא ודאי חייב: בסתניתא תנא תולש היה והוא הקוצר רב אחא אמר מעמר היה כל אחד מאלו אסורים וו היא הברירה בלא ספק [דחייב] ור' עקיבא שאמר מקשש זה צלפחד גרדו דבריו. ופירשו דלא נמר ספי רבו נ"ש זו אלא הוא לעצמו דן זה וקיי"ל אדם דן ק"ו מעצמו ואין אדם דן נ"ש מעצמו ומוצאת אתה למי דכל נ"ש דלא נמרא הוא ליכא למיסמך עלה. ור' עקיבא כיון דלא רצת נמרא בידיה לפיכך נירותו ולא קבלה ממנו. ואף לא עמד שאתרן נצטרע ואי משום דכתיב ויחר אף ה' בם בנניפה בעלמא: נתברר לנו מפסקא קמא דמתניתין כי הזורק מרה"ר לרה"ר או מרה"י לנוח ברה"ר

מסורת הש"ס

לעיל ע. עד. מכילתא פר' ויקהל

לעיל עה:

[ב"ק טו:]

[שם]

הגהות הב"ח

(א) גמרא אתולדה במקום אב (ממאי) דילמא וכו' והכא קא מיפלגי תא"מ ונ"ב ס"ל לעולם אימא לך רבי יהודה אתולדה במקום אב לא מחייב והכא קא מיפלגי:

§ מסכת שבת דף צז: §

אות א׳ – ב׳

אמרו לו שובט הרי הוא בכלל מיסך, מדקדק הרי הוא בכלל אורג

ורבנן סברי הני תולדות נינהו

רמב״ם פ״ט מהל׳ שבת [א]הי״ז - דרך האורגין שמותחין החוטין תחלה באורך היריעה וברחבה, ושנים אוחזין זה מכאן וזה מכאן, ואחד שובט בשבט על החוטין ומתקן אותן זה בצד זה, עד שתעשה כולה שתי בלא ערב; ומתיחת החוטין כדרך האורגין היא הנסכת המסכה, וזה המותח נקרא מיסך, וכשכופלין אותה ומתחיל להכניס הערב בשתי, נקרא אורג.

[ב]רמב״ם פ״ט מהל׳ שבת הי״ח - המיסך חייב והיא מלאכה מאבות מלאכות, והשובט על החוטין עד שיפרקו ויתקנם, הרי זה תולדת מיסך וכמה שיעורו משיתקן רוחב שתי אצבעות; וכן האורג שני חוטין ברוחב שתי אצבעות חייב, בין שארגן בתחלה בין שהיה מקצת הבגד ארוג וארג על הארוג, שיעורו שני חוטין; ואם ארג חוט אחד והשלים בו הבגד, חייב; ארג בשפת היריעה שני חוטין ברוחב שלשה בתי נירין, חייב, הא למה זה דומה לאורג צלצול קטן ברוחב שלשה בתי נירין.

רמב״ם פ״ט מהל׳ שבת הי״ט - המדקדק את החוטין ומפרידן בעת האריגה, הרי זה תולדת אורג; וכן הקולע את הנימין הרי זה תולדת אורג, ושיעורו משיעשה קליעה באורך שתי אצבעות.

אות ג׳ – ד׳

פשיטא נתכוון לזרוק שמנה וזרק ארבע

ואמר ליה באומר כל מקום שתרצה תנוח

רמב״ם פי״ג מהל׳ שבת הכ״א - המתכוין לזרוק שמונה אמות ברה״ר, ונח החפץ בסוף ארבע, חייב, שהרי נעשה כשיעור המלאכה ונעשית מחשבתו, [ג]שהדבר ידוע שאין זה החפץ מגיע לסוף שמונה עד שיעבור על כל מקום ומקום מכל השמונה; אבל אם נתכוין לזרוק ארבע, ונח החפץ בסוף שמונה פטור, לפי שנח במקום שלא חשב שתעבור בו וכ״ש שתנוח; לפיכך אם חשב בעת זריקה שינוח החפץ בכל מקום שירצה, חייב.

אות ה׳

הזורק מרה״ר לרה״ר ורה״י באמצע, ד׳ אמות חייב, פחות מד׳ אמות פטור

רמב״ם פי״ג מהל׳ שבת [ד]הי״ז - המעביר ארבע אמות ברה״ר זו עם רה״ר השניה, חייב, מפני שארבע אמות בשתי רשויות הרבים מצטרפים, מפני שלא נח החפץ ברשות שביניהן.

הזורק מר״ה לר״ה ורה״י באמצע, או מרה״י לרה״י ור״ה באמצע, פטור, **ואם** הלך החפץ שתי אמות בר״ה זה, ושתי אמות בר״ה שמעבר השני, הרי זה חייב, שהרשויות מצטרפות, [גמרא] - מ״ב סוף סימן שמז.

באר הגולה

[א] ‹מתוקן ע״פ מהדורת נהרדעא› [ב] ‹לכאורה הלכה זו יותר שייך לציון העין השפט› [ג] ‹ויש שם גרסאות חלוקות, וכן בפ׳ כיצד הרגל (ב״ק כ״ו:) ולפי גי׳ רש״י ז״ל, אפילו נתכוין לזרוק שמנה וזרק ארבע, אם לא חשב בעת הזריקה שינוח החפץ בכ״מ שירצה, פטור, זה דעת רבינו האי גאון ז״ל וקצת הגאונים. **וגירסת** הספרים ושיטת הגמרא כדברי רבינו – מגיד משנה. ‹**דגריס** אמר מר הרי כתב שם משמעון, מי דמי התם כל כמה דלא כתב שם לא מכתיב שמעון, ומשני ה״נ כל כמה דלא זריק ליה ארבע לא מזדרקא ליה תמניא. **ומפרש** הרשב״א, דבמאי דקאמר ולאו היינו דא״ל רבינא לרב אשי, אינו סותר הפשיטות הראשון, דנתכוון לזרוק ח׳ וזרק ד׳ חייב, אלא דהדר בעל הש״ס לדקדק אמר מר וכו׳, ופריך מי דמי וכו׳, פי׳ דהתם אי אפשר לכתוב שמעון עד שיכתוב שם וינוח, ואח״כ יגמור כל התיבה שמעון, משא״כ הכא שהרי אפשר לזרוק ח׳ אף על פי שלא ינוח בסוף ד׳. **ומשני** ה״נ וכו׳, פי׳ דנהי דאפשר לזרוק ח׳ שלא ינוח בסוף ד׳, מ״מ אי אפשר מיהות לזרוק ח׳ שלא יעבור בסוף ד׳. עד כאן גרסת הרשב״א ופירושו, **ולפי״ז** נתקיים הפשיטות, ונתבאר לשון רבנו, שהדבר ידוע וכו׳ עד שיעבור וכו׳, ולא חשב שתעבור בו וכ״ש שתנוח וכו׳ – מרכבת משנה› [ד] ‹לכאורה כצ״ל, דהלכה ט״ז אינו שייך לכאן›

§ מסכת שבת דף צח. §

אות א׳

המעביר ארבע אמות ברשות הרבים מקורה, פטור

סימן שמה ס"ז - [א]איזהו רה"ר, רחובות ושווקים הרחבים ט"ז אמה - דילפינן מדגלי מדבר, שמקום הילוך העגלות היה מחזיק ט"ז אמה, וע"כ אם היה פחות מזה השיעור, אינו ר"ה מן התורה, אלא כרמלית. **ודרכים** שעוברין מעיר לעיר, הוי ג"כ ר"ה, משום דשכיחי בם רבים, [וגם הוא בדוקא אם הם רחבים ט"ז אמה].

ואינם מקורים - דדגלי מדבר לא היו מקורים.

סימן שמה סי"ד - איזה הוא כרמלית... [ב]ורה"ר שהיא מקורה - דאינו דומה לדגלי מדבר שלא היה מקורה מלמעלה.

באר הגולה

א שם צ"ט | ב שבת ז׳

פחות מארבע אמות פטור מאי קמ"ל הא קא משמע לן רשויות מצטרפות (א) ודלא אמרינן קלוטה כמה שהונחה: *אמר רב שמואל בר יהודה אמר רב אבא אמר רב הונא אמר רב *המעביר ד' אמות בר"ה מקורה פטור לפי שאינו דומה לדגלי מדבר איני והא עגלות דמקורות הוין *ואמר רב משום רבי חייא *עגלות תחתיהן וביניהן וצדיהן רה"ר כי קאמר רב בדראתא מכדי אורכא דעגלה כמה הואי חמש אמין פותיא דקרש כמה הואי אמתא ופלגא כמה מותיב תלתא פשא ליה פלגא דאמתא כי שדי ליה מר ביני וביני כלבוד דמי מי סברת קרשים אפותייהו הוה מנח להו אחודן מנח להו סוף סוף סומכא דקרש כמה הוי אמתא כמה הוה מותיב ארבעה פשא לה אמתא כי שדי לה מר ביני וביני כלבוד דמי הניחא למ"ד קרשים מלמטן עוביין אמה מלמעלן כלין והולכין עד כאצבע שפיר אלא למ"ד כשם שמלמטן עוביין אמה כך מלמעלה עוביין אמה מאי איכא למימר א"ר כהנא *באטבעי אטבעי היכא מנח להו אגבא דעגלה עגלה גופא מקורה הואי אמר

רש"י

פחות מארבע פטור. דמשום הולכה לא מיחייב דלא אמרינן קלוטה כמה שהונחה: **רשויות.** השוות: **מצטרפות.** רשות הרבים זו עם רשות הרבים זו ודלא כר' יוסי דאמר בפרק המוציא יין (לעיל פ:) אף בהעלם אחד לרשות אחד חייב לשתי רשויות פטור ועוד קא משמע לן דלא אמרינן קלוטה כמה שהונחה: **מקורה.** מכוסה: **והא עגלות.** דמשכן: **דמקורות הוו.** בקרשים הסדורין עליהן רחבן לאורך העגלה ואורכן לרחבן על ראש דפנותיה וקא סלקא דעתך על פני כל אורך העגלות היו מסודרות: **וביניהן.** בין עגלה לעגלה שבצדה ואף על פי שראשי הקרשים יוצאים לכאן ולכאן שתי אמות ומחצה לכל רוח וראשי קרשים של עגלה זו מגיעין לראשי קרשים של זו שבצדה שהרי חמש אמות היו בין עגלה לעגלה כדלקמן ורחב עגלה חמש אמות החלל שתי אמות ומחצה ובין הדפנות והאופנים ועובי האופנים שתי אמות ומחצה וי' אמות אורך הקרש וכשאורכה נתון על דופני עגלה לרחבה נמלאו ב' אמות ומחצה בולטין מכל צד ונמלא ריוח שבין ב' העגלות מקורה בראשי קרשים: **ולדיהן.** ריוח שבין דופן עגלה לאופן ועובי האופן: **כי קאמר רב.** תחתיהן רה"ר: **בדראתא.** בריוח שבין שורות הסדר שהיה סודר קרש על קרש סדר אחד ומניחו ריוח וסודר סדר אחר ומניחו ריוח: **ה' אמות.** כדלקמן: **כמה מותיב.** כמה סדרים יכול להושיב על אורך דופנותיה תלתא ותו לא ומחזיקות ד' אמות וחצי פש ליה ריוח פלגא דאמתא: **שדי ליה מר ביני וביני.** כשאתה מחלק לריוח שבין הסדרים אין בכל ריוח אלא רביע אמה דהואי טפח ומחצה דה"ל לבוד והויא מקורה: **אחודן מנח להו.** דאיכא רווחא טפי: **סומכא.** עובי: **אמתא.** כדמפרש לקמן עוביין אמה: **כמה מותיב.** כמה סדרים הוא מסדר: **ארבעה.** דעל כרחיך כל מה שיכול לסדר על פני אורך העגלה הוא מסדר ואינו מגביה להושיב זו על זו שהרי י"ב קרשים היו לעגלה אחת שמ"ח קרשים היו כ' קרשים לצפון ועשרים לדרום ושש למערב ושנים למקצועות וכיון דרחבן אמה וחצי ומושב אודן קצר אם אתה מסדר זו על זו הרבה הן נופלות הלכך כמה הוא מותיב ארבע דחמשה בחמשה לא יתבי דאי אפשר לדוחקן ולצמצם להושיב ה' בתוך ה' אמות ועוד מפני בליטת הטבעות: **כי שדי מר ביני וביני.** לחלקה לאמה זו ג' רווחים שבין ארבע סדרים כלבוד דמי שאין כאן ריוח אלא שני טפחים: **הניחא.** הא דאמרת שהריוח הזה רשות הרבים הוא למ"ד שעובי הקרשים כלה והולך עד כאצבע איכא למימר דאיכא רווחא טפי בין ד' סדרים: **אלא למ"ד כו'.** פלוגתא לקמן בשמעתין: **אמר רב כהנא באטבעי.** בריוח שבין לדי הקרשים שהטבעות קבועות בהם קאמר רב דהוי רשות הרבים כלומר אי אפשר לסדר בה ארבע סדרים כדקאמרת לפי שטבעות קבועין בקרשים כדכתיב (שמות כו) ואת טבעותיהם תעשה זהב שהיה תוחב הבריחים לתוכן לפי שהן גבוהות וכשיושבות על האדנים שאינם אלא אמה מנענעות לפנים או לאחור אלא שהבריחים מחברים את כולם והבריח התיכון מחבר כל ג' הרוחות ומחזיקין זה את זה ואותן טבעות זקופין היו ולא שוכבין והיו רחבין ואי אפשר להן לעמוד זה כנגד זה באותו ריוח לפיכך מושיב שתים זו אצל זו בראש העגלה האחת ופונה לד הטבעות של חיצונה לחוץ ושל פנימית לפנים ואין צריך להניח ריוח ביניהן וכן בראש העגלה השני וכל *אחת הריוח באמצע בין לדי הטבעות כך פירשו רבותי וכך היו גורסין אמר רב כהנא באטבעי אטבעי היכא מנח להו אגבא דעגלה ועגלה גופה מקורה הואי אמר שמואל ביתדות ומפרש אטבעי כמו טבעי ופרכינן הנך רווחא דאטבעי היכא מנח להו אגבא דעגלה כדפרישית והתינח לדיהן וביניהן רשות הרבים אלא תחתיהן היכי הוי רשות הרבים הא עגלה גופה מקורה הואי דקא סלקא דעתך שהיו עשויות כעלייה מלמטה כאותן שלנו שטוענין בהן חול ועפר לבנין:

תוספות

הניחא למ"ד קרשים מלמטה עוביין אמה וכלין והולכין עד כאצבע. הקשה הרב פור"ת ולדידיה מי ניחא והלא כיון שהולכין וכלין עד כאצבע יכולין לסדר ששה סדרים או יותר שיתנו חודו של זה כנגד עביו של זה ויחזיקו ששה סדרים שלש אמות ושלש אצבעות וישארו י"א טפחים לאויר וכי שדית להו ביני וביני כלבוד דמי ותירץ דגנאי הוא להשים לד העב העומד סמוך לקרקע אלא הקצר שהיה למעלה מקום שהיריעות פרוסות עליהן ודמי להא דאמרינן מעלין בקדש ואין מורידין ור"ת תירץ דכמו שהיו פורקין אותן מן המשכן כך היו מניחים על העגלה שהיתה אצל דופן המשכן כי כך היו עושין בלא טורח אבל להופכן היה טורח גדול ורבינו יצחק אומר דשמא מחציין ולמעלה היו כלין והולכין והשתא אי אפשר לסדר יותר וא"ת מכלן דילפינן ממה שאינו מקורה נילף מן המקורה שבו ויהא המעביר ד' אמות ברשות הרבים מקורה חייב וי"ל דמן האויר יש לנו ללמוד שדומה יותר רשות הרבים ור"י אומר דמהכא לא ילפינן רשות הרבים אלא ממחנה לויה כדאמר לעיל ומהכא לא ילפינן אלא שיעור רשות הרבים דהוי י"ו אמה ומכל מקום אי לאו דתחתיהן וביניהן ולידיהן רשות הרבים לא הוה ילפינן מינייהו שיעור רה"ר:

אטבעי היכא מנח להו אגבא דעגלה עגלה מקורה היא. פירש רש"י דסלקא דעתך שהעגלה היתה מקורה ותימה למה היה סבר לומר כן ועוד דבכל הספרים גרסינן אטבעי היכא מנח להו אגבא דעגלה מה לו להזכיר אטבעי בהך אתקפתא לא הוה ליה למימר אלא הא עגלה מקורה היא ועוד דגרסינן לעיל בדראתא ובכל ספרים גרסי' בדרא תתא ולפי גירסתם נמי אין הלשון משמע בין השורות כמו שפיר' ונראה לר"ת כמו שפי' ר"ח בדרא תתא פי' בשורה ראשונה שעדיין לא הניח על העגלה אלא קרשים התחתיים בלבד שאינה מקורה כולה שיש ריוח בין השורות כדמפרש ואזיל אבל כשמסדר שורה שניה ושלישית נסתם האויר שבין השורות שלא היו יכולים להיות מכוונים ולהשימן זה על זה בשוה ממש אלא כל אחד היה בולט לחוץ עד שנסתם כל האויר כמו באריח על גבי לבינה ופריך אורכא דעגלה כמה הוי כו' כלומר אפילו בשורה ראשונה לא היה תחתיהן רשות הרבים כדמפרש ואזיל ומשני אמר רב כהנא באטבעי אע"ג דלא קאמר אלא הדר ביה דודאי כשים קרשים על העגלה אפילו דרא תתאה לא הוו רשות הרבים תחתיה אלא כי קאמר דהוי רשות הרבים באטבעי שאין על העגלה אלא אטבעי גרידא פי' אטבעי שני עלים נקובים בשני ראשיהן נקובין כעין טבעות לכך קרי להו אטבעי ותוחבין אותן על הקונדיסין העומדין בשני צדי העגלה לרחבה לפניה ולאחריה כדי שלא יפלו הקרשים ולפי שלא נזכר אמורא לעיל אין דרך הש"ס לומר אלא ופריך אטבעי היכא מנחא להו אגבא דעגלה פירוש אחר שנתנו הקרשים על העגלה נותנין עליהן אטבעי טבעות ומסגרות כדפרישית לפניה ולאחריה כדי שיאחזו הקרשים ואו כבר עגלה מקורה היא ולא גרסינן עגלה גופה אלא עגלה מקורה היא ומשני אמר שמואל ביתידות פירוש אטבעי דקאמר רב כהנא לא אותן עלים נקובים המשימין לרוחב העגלה כדפי' אלא ביתידות פירוש שני עלים ארוכים שכמו כן טוקבין אותן בשני ראשיהן ונותנין על הקונדיסין לאורך העגלה ועל אותן עלים נותנין הקרשים כדי שיהו גבוהים למעלה מן האופנים ועשויין כמו אטבעי של רוחב העגלה שלאחר הטעינה ולפי שמואל איכו כ"א מפרש דברי רב כהנא לא קאמר אלא אבל ר"ח מפרש דהדר ביה משינויא דרב כהנא ואין נראה מדלא קאמר אלא ועוד היאך היה טועה רב כהנא דהא אין רגילות להניח אטבעי עד לאחר טעינה:

דל

מסורת הש"ס

לעיל ה.

[לקמן לט.]

הגהות הב"ח

(א) גמרא מצטרפות ולא אמרינן:

[נ"ל הערוך בע' אטבא פי' אטבי הם המסגרות שמשימין למעלה בעגלות סביב כשהיא טעונה]

גליון הש"ס

גמ' עגלות תחתיהן וביניהן. עי' עירובין ו ע"א תוד"ה כיצד מערבין:

נ"ל אמת

עין משפט נר מצוה

יב א מיי' פי"ד מהל' שבת הלכה א סמג לאוין סה טוש"ע א"ח סי' שמה סעיף ז ויד:

רבינו חננאל

ברשות הרבים ונעשית מחשבתו חייב ופסקא תניגא במתניתין הזורק מרה"י לרה"י אחרת ורה"ר באמצע ר' עקיבא מחייב וחכמים פוטרין ולענין בעיא דרבא למטה מעשרה פליגי פשיטא לן דמושים למעלה מעשרה ברה"ר ונח ברה"ר חייב וכן מושיט מרה"י לרה"י והיינו מעביר ד' אמות ברה"ר וכמוציא משוי על כתיפו דמי שהרי למעלה מעשרה הוא וכן היה משא בני קהת ומלאכה היא אלא מיהו מושיט מרה"י לרה"ר אע"פ שלא הגיע ברה"ר עד ד' אמות חייב כיון דנח ברה"ר שהרי הוא מוציא מרשות לרשות אבל המגביה חפץ ברה"ר והעבירו ברשות הרבים ולא הכניסו ולא הוציאו מרשות לרשות אם העבירו ד' אמות חייב ואם לאו פטור. אלו כולן פשוטות הן ובעיא דרבה נמי פשוטה היא מדתניא מרה"י לרה"י ועובר ברה"ר עצמה ר' עקיבא מחייב וחכמים פוטרין ודייקינן מדקתני ברה"ר עצמה פשיטא דלמטה מי' פליגי ולא מיתוקמא במעביר כגון מוציא ומושיט דהני אפילו למעלה מי' חייב אלא לאו בזורק ולמטה מי' [הוא] דחייב ר"ע אבל למעלה מעשרה אפילו ר' עקיבא פוטר והכא בהא קא מיפלגי ר' עקיבא סבר אמרי' קלוטה באויר כמה שהונחה דמי ורבנן סברי לא אמרינן קלוטה באויר כמה שהונחה דמי ור' אלעזר פליג וסבירא ליה דרבנן פטרי אפי' למטה מי' ור' עקיבא מחייב אפילו למעלה מעשרה טפחים והאי דקתני ברה"ר עצמה להודיעך כחן דרבנן דהלכתא כוותיהו. והא דאמר רב חלקי' בר טובי תוך שלשה דברי הכל חייב למעלה מי' דברי הכל פטור מחטאת ואינו אסור אלא משום שבות מג' ועד י' ר"ע מחייב וחכמים פוטרין ותניא נמי הכי פליגא אתרוייהו אדר' אלעזר דסבר אפי' (למטה) [למעלה] מי' פליגי ולרב המנונא דסבר למטה מי' פליגי בי' כולהו האי אמרת מג' ועד י' בלבד הוא דפליגי ותניא כוותיה וסתיין דשמעתין אסור לזורק מרה"י לרה"י ורה"ר באמצע בתוך ג' לדברי הכל ואם זרק חייב חטאת ואע"ג דאמר רבא לקמן (ד' ק') בתוך ג' לרבנן צריך הנחה ע"ג משהו ובהמוציא יין (ד' פ') אוקימנן בזורק מכלל שאם לא נח אפילו ע"ג משהו לא מחייבי רבנן הא *) דרב חלקיה בר טובי עריפא דתניא כוותיה בתריא מג' ועד י' פטור אבל אסור כרבנן למעלה מעשרה אם אין אותן ב' רשויות שלו אסור לזורק מזו לזו משום שבות ואם הם ב' דיוטאות שלו זו כנגד זו ורה"ר ביניהם (משות) מותר לזורק מזו לזו ואם היתה דיוטא אחת למעלה ואחת למטה שהזורק צריך להעקים ולזורק אסור משום גזירה גזרינן לזרוק דלמא נפלה ברה"ר עצמה ואתי לעיולא מרה"ר לרה"י ותרגומא נמי להא דרב דאמר ב' בתים שלו בשתי צדי רה"ר אסור לזורק מזו לזו דמידלי חד ומיתתי חד כדפרשינא והלכתא כוותיה דרב ובלבד דלמעלה מעשרה נפלו ואסיקנא כל פחות מג' טפחים כלבוד דמי בין למעלה כגון הרחקת סכך מן הדפנות וכיוצא בה ובין למטה הלכתא גמירי לה. ת"ר הזורק מרה"ר לרה"ר ורה"י באמצע ר' מחייב וחכמים פוטרין פי' כגון שורק מרה"ר ונתכוון לנוח ברה"ר אחר ולא נתכוון כדי שינוח ברה"י וגם לא נח ברה"י אלא עברה בלבד העברה ברה"י ונח ברה"ר שנתכוון כדי שינוח בו ואין מקום שורק עד מקום שנח ד' אמות דכיון שאין ביניהם ד' אמות פטרי רבנן ורבי סבר קלוטה באויר כמו שהונחה בקרקע דמו. רב ושמואל דאמרי תרווייהו לא חייב רבי אלא בזמן שעברה ברה"י מקורה דסבר ביתיה כמאן דמליא דמי וכאלו נחה ברה"י ונמצא מכנים ומוציא מרשות לרשות ואע"ג דלית תמן ד' אמות חייב ומפרשא בגיטין בהזורק גט. אבל הזורק דרך רה"י שאינו מקורה לא מחייב ר' ולא אמרינן קלוטה כמו שהונחה: אמר רב יהודה אמר שמואל מחייב היה רבי שתים אחת משום הכנסה ואחת משום הוצאה. ודחי' לה להא הכי והא הכנסה תולדה דהוצאה היא כדתנן בחשבון אבות מלאכות המוציא מרשות לרשות ואע"ג דאוקימנא בתחלת מסכתא זאת תנא כל עקירת חפץ ממקומו הוצאה קרי לה מיהו חדא אב וחדא תולדה. וא"ת מחייב ר' שתים ונמצא מחייב אתולדה במקום אב דידיה והא תניא ר' אומר דברים הדברים אלה הדברים ל"ט מלאכות שנאמרו לו למשה מסיני וכל מאן דאית ליה חילוק מלאכות והללו הן אבות והשאר תולדות ואוקימנא דאינו מחייב אתולדה במקום אב דידיה אלא על האב ועל אתולדה דידיה לא מחייב אלא חדא וא"ל רב יוסף לרב חסדא מר הא שמעתא דרב יהודה אמר שמואל אדר' מתני לה וקשיא ליה. רב יהודה אמר שמואל לא קתני לה אדר' כלל אלא אדר' יהודה מתני לה דתניא הזורק מרה"י לרה"ר ועובר ד' אמות ברה"ר ר' יהודה מחייב וחכמים פוטרין אמר רב יהודה אמר שמואל מחייב היה ר' יהודה שתים אחת משום הוצאה מרשות לרשות ואחת משום מעביר ד' אמות ברה"ר ודחינן ממאי דלמא ר' יהודה חדא הוא מחייב כגון דאם' עד דנפקא לרה"ר תנוח ובהא פליגי ר' יהודה סבר כיון דנפקא לרה"ר קלטתה רה"ר כאילו נחה שם ונעשה מחשבתו ולפיכך חייב. ורבנן סברי לא אמרי' קלוטה כמי שהונחה וכיון שלא נעשה מחשבתו פטור לגמרי דקיי"ל לענין שבת מלאכת מחשבת אסרה תורה אבל אתולדה במקום אב אפילו ר' יהודה לא מחייב ובהני סלקא שמעתין ואע"ג דטרח למפשט מהא דתניא ר' יהודה מוסיף אף השובט והמדקדק מכלל דהני תולדות נינהו דר' יהודה מחייב אתולדה במקום אב דחויא היא ואסיקנא הני לר' יהודה אבות נינהו ומוסיף להו בהני אבות ואוקמוה רבה ורב יוסף דלא הוה מחייב רבי יהודה אלא אחת וא"ל רבינא לרבא למאי דסליק אדעתין מעיקרא דמחייב ר' יהודה שתים אי האי זורק דעתו שתנוח עם יציאתה לרה"ר ואין דעתו להעבירה ד"א ברה"ר אע"ג דסבר קלוטה כמי שהונחה בהעברה לא מחייב דהא לא נתכוון להעבירה ד"א ברה"ר דהא לא מחייב אלא על מחשבתו כר' יוחנן דאמר המפנה חפצים מזוית לזוית ונמלך עליהן והוציאו לרה"ר פטור שלא היתה עקירה משעה ראשונה לכך. ושני ליה רבא לרבינא באומר הריני זורק ובדעתי כ"מ שתנוח בו הנא רצוני דכל היכא דנח אמרינן הרי נעשית מחשבתו: פשיטא נתכוון לזרוק ח"א וזרק ד' הרי כתב שם משמעון וחייב. ואקשינן מי דמי התם כמה דלא כתב שם לא מכתב ליה שמעון וכאלו מתחלה כך היתה מחשבתו כתוב שם ואחריו עון והנה נעשית מחשבתו ולפיכך חייב אבל זורק מי לא יכול לזרוק ח"ת בבת אחת כי לא נייח ביניהן כלל ונדחית' נתכוון לזרוק ד' אמות וזרק ח' חייב אם אמר

*) עיין תוס' לעיל ד' פ' ד"ה וכא ולהלן ד' ק' ד"ה אלמא מ"ב נזה.

תורה אור

אמר שמואל ביתדות ת"ר קרשים מלמטן עוביין אמה ומלמעלן כלין והולכין עד כאצבע שנאמר יהיו תמים על ראשו ולהלן הוא אומר תמו נכרתו דברי רבי יהודה רבי נחמיה אומר כשם שמלמטן עוביין אמה כך מלמעלן עוביין אמה שנאמר יחדיו והכתיב תמים ההוא דליתו שלמין ולא ליתו דניסרא ואידך נמי הכתיב יחדיו ההוא דלא לישלחופינהו מהדדי בשלמא למ"ד כשם שמלמטן עוביין אמה כך מלמעלן עוביין אמה היינו דכתיב ולירכתי המשכן ימה תעשה ששה קרשים ושני קרשים תעשה למקצעות דאתי פותיא דהני ממלי ליה לסומכא דהני אלא למ"ד מלמטן עוביין אמה מלמעלן כלין והולכין עד כאצבע האי עייל והאי נפיק דשפי להו כי טורין*: והבריח התיכון בתוך הקרשים תנא בנס היה עומד ואת המשכן תעשה עשר יריעות אורך היריעה האחת שמנה ועשרים באמה שדי אורכייהו לפותיא דמשכן כמה הויא עשרין ותמני דל עשר לאיגרא פשא להו ט' להאי גיסא וט' להאי גיסא לר' יהודה מיגליא אמה דאדנים לר' נחמיה מיגליא אמה דקרשים שדי פותייהו לאורכא דמשכן כמה הויא ארבעין דל תלתין לאיגרא פשא להו י' לר' יהודה מכסיא אמה דאדנים לר' נחמיה מיגליא אמה דאדנים ועשית יריעות עזים לאהל וגו' אורך היריעה האחת שלשים באמה וגו' שדי אורכייהו לפותיא דמשכן כמה הויא תלתין דל עשר לאיגרא פשא להו עשר להאי גיסא ועשר להאי גיסא לר' יהודה מיכסיא אמה דאדנים לר' נחמיה מיגליא אמה דאדנים תניא נמי הכי והאמה מזה והאמה מזה בעודף לכסות אמה של אדנים דברי ר' יהודה ר' נחמיה אומר לכסות אמה של קרשים שדי פותייהו לאורכיה דמשכן כמה הויא מ' וארבע דל תלתין לאיגרא פשא להו ארבע סרי דל תרתי לכפלא דכתיב וכפלת את היריעה הששית אל מול פני האהל פשא להו תרתי סרי בשלמא לר' יהודה היינו דכתיב חצי היריעה העודפת תסרח אלא לר' נחמיה מאי תסרח תסרח מחברותיה תנא דבי ר' ישמעאל למה משכן דומה לאשה שמהלכת בשוק ושפוליה מהלכין אחריה ת"ר חרוצים היו קרשים וחלולים היו האדנים ונראין

אמר שמואל ביתדות · לא היו מקורות מלמטה אלא יתדות היו וריוח ביניהן כעין אותן שלנו העשויות להביא עלים · ולי נראה פי' דאטבי כמו אטבא דספרי האמור במנחות (ד' נג.) והוא גלוא"ן בלע"ז שמבקע מקל אחד בראשו ותשך בו דפי הקונטרס והכי קאמר רב כהנא באטבי לא היה טתן ריוח בין כל סדרא וסדרא כדקאמרת דמתוך שהסדר גבוה ג' קרשים כל אחד רחבו אמה וחצי ומושבו קצר שאוא אמה של עובי ותו לא הרי הן נופלות זו על זו אלא מושיב שתי שורות של שלש שנים זו אצל זו כמין אטבי ששתי ננעות האטבא סמוכות זו לזו כן מושיב לראש העגלה האחת ומחזיקות זו את זו וכמלא מקום מושב הסדר ב' אמות וכן עושה לראש השני ואמת הריוח באמצע ופרכינן היכא מנח להו לקרשים אגבה דעגלה והא עגלה גופה מקורה הואי ותיהא לידיהן וביניהן ט' כדפרי' וללשון רבותי אין לשון הגירסא נראה כפירושן ולמה הוזכרו אותן טבעות כאן לשלחופינהו לקרשים שבשני סדרים הפנימית שלא יהו טבעותיהן מכוונין זו כנגד זו: **ולהלן הוא אומר תמו נכרתו** · מה תמו הנאמר להלן לשון כלייה אף תמים האמור כאן לשון כלייה: **שנא' יחדיו** · כולן שוות: **דלא לייתי דניסרא** · קרש אחד מב' חתיכות: **דלא לישלחופינהו** · אחד לפנים ואחד לחוץ אלא מושיב הקרשים מכוונין זה אצל זה שיעמדו הקרשים מכוונים עוביה של זו כנגד עוביה של זו: **ואתי פותיא דהני וממלא סומכא דהני** · שכשהושיב ששה קרשים למערב נמלא רחבן תשע אמות והמשכן רחבו י' נמלא חסר הכותל חצי אמה לצפון וחצי אמה לדרום ומביא שני קרשים אחד למקצוע זה ואחד למקצוע זה ומושיבן אצל השש ורוחב הקרש אמה וחצי נמלא חצי האמה ממלא ומותם חסרון הקיר מערבי והאמה מכסה עביו של קרש הדרומי החיצון נמלאו הזויות שוין מבחוץ שני חודי הקרשים סמוכין יחד וכן לצפון: **האי עייל והאי נפיק** · דכיון דקרש אחד שבדרום ושבצפון למעלה כלה בעביו וקרש ההוא טתן במקצוע רחב אמה וחצי נמלא רחב הקרש של מקצוע בולט ויולא לדרום מלמעלה חוץ מעביו של דרומי וכן לצפון: **דשפי להו** · לרוחב ב' קרשים שבמקצוע ומקצרן למעלה מרחבן שלא יהיו בולטין: **כי טורים** · ההרים הללו שהן משופעין [מב' לדדים]: **בנס היה עומד** · שאחר שהקרשים כולן נתונין באדנים לצפון למערב ולדרום היה טתנו ומבריח לשלשת הרוחות ואין לך אומן יכול לעשות כן ובנס היה נכפף מאליו: **דל עשר לאיגרא** · לרחב חלל המשכן שהוא י' אמות: **לרבי יהודה** · דאמר למעלה כלין עוביין של קרשים לכאצבע אין ממעטין ביריעות וכשפורשן לרחב המשכן טופלות תשע אמות לצפון ומכסין ט' אמות לקרשים מבחוץ ואמה של אדנים מגולה שהאדנים גבהן אמה וחלולין הם והקרשים חרולין למטה באמלע חצי אמה רחב בגובה אמה ונשאר חצי אמה לכאן וחצי אמה לכאן והן שתי ידות לקרש האחד ומחסר מן הידות מבחוץ ומשני לידיהן לרכוב על עובי דופני האדן כשטוען שתי הידות בשני אדנים כדי שיהיו הקרשים תכופות ומשולבות אשה אל אחותה ולא יהא עובי האדן מפסיק ביניהן: **לרבי נחמיה** · דאמר אף מלמעלה עוביין אמה ממעט עובי הקרשים הדרומיות והצפוניות אמה לכאן ואמה לכאן באורך היריעות ואינן טופלות אלא ח' אמות לכל לד: **מיגליא אמה מן הקרשים** · חוץ לאדנים ואמה דאדנים: **שדי פותייהו לאורכא דמשכן** · לאחר שחברו ה' יריעות לבד וכל אחת ד' אמות רחב הרי כ' אמות וכנגדן במחברת השנית שהיא של ה' יריעות הרי מ' ל' מהן הוויין גג למשכן לאורכו ועשר העודפות: **לרבי יהודה** דאמר אין עובי קרשים שבמערב ממעט בהו נמלא הוי"ד אמות כולן תלויות ומכוסות כל י' אמות של אורך הקרש הרי אף האדנים של לד מערבי מכוסין: **ועשית יריעות עזים** · אלו יריעות עליונות הפרוסות על יריעות התחתונות העליונות קרויות אהל כלומר לגג ומכסה והתחתונות קרויות משכן עלמו שהן לנוי תכלת וארגמן ותולעת שני: **מיכסיא אמה דאדנים** · שנשארה מגולה מן התחתונות יכסוה העליונות: **לרבי נחמיה מיגליא אמה דאדנים** · ועודפה של יריעה זו הולך לכסות אמה דקרשים שלא כסוה התחתונות: **בעודף** · שיריעות האהל עודפות על יריעות המשכן ב' אמות יהיה סרוח על כיסוי התחתונות לכסות מה שלא כיסוהו: **ארבעים וארבע** · די"א יריעות היו: **תרתי דכפלא** · שהיתה נוטה רוחב חצי יריעה על רוח מזרחית שלא היו שם קרשים שהוא פתח למשכן ואין שם אלא מסך פרוס כמו וילון כדכתיב ועשית מסך לפתח האהל וגו': **בשלמא לרבי יהודה** · דאמר עובי הקרשים לא ממעט ביריעות היינו דכתיב חצי היריעה העודפת בעליונות יותר מן התחתונות תסרח על אחורי המשכן סרוח על כל אורך הקרשים והאדנים של מערב ונגררות בארץ: **מאי תסרח** · אמה אחת נגררת ותו לא שהרי עובי הקרשים מיעט בה אמה: **מחברותיה** · חלי היריעה סרוחה מחברותיה אמה ממנה לכסות האדנים ואמה נגררת: **ושיפוליה** · שולי בגדיה כך היתה יריעה של אחריו נגררת בארץ: **חרולים היו קרשים** · כמו שפירשתי חצי אמה באמלע רחבן מלמטה בגובה אמה ונשארין הידות לכאן ולכאן וגם הם חרולים מבחוץ כשיעור עובי דופן האדן ברחב ובגובה אמה עד הארץ לרכוב על האדן שיהו משולבות קרש *על קרש ולא יפסיק עובי שני האדנים ביניהם: **וחלולים היו האדנים** · שבאותו חלל היו תוקעין ידות הקרשים:

דל עשר לאיגרא · בסוף שמעתא אמר דרוחב המשכן י' אמות וקשה לר"י דמנא ליה להש"ס הא דילמא המשכן היה רוחבו י"א אמה והקרשים נאמר שלא היה עוביין אלא חצי אמה ושני קרשים למקצעות המשכן היו סותמות אמה אויר מכאן ואמה אויר מכאן וחצי אמה העודפת ברוחב הקרש כנגד עובי הקרשים שבצד צפון ודרום ומאי חזית למימר איפכא שחצי אמה לכאן וחצי אמה [לכאן] הוא למלאות חסרון הכותל ואמה עובי להיות כנגד עובי הקרש הדרומי והצפוני ואומר ר"י דמבית עולמים ילפינן לה שהיה אורכו ששים אמה ורחבו עשרים ה"נ במשכן רחבו שליש ארכו: **תנא** בנס היה עומד · אומר ר"י דהכא דקאמר שבריח התיכון היה מסבב ג' רוחות פליגא אברייתא דמלאכת המשכן דהתם אמר שלא היה נס אלא היו שם חמשה שנים למעלה אחד מתחיל מתחילת אורך המשכן עד חציו והשני מתחיל משם ואילך עד סוף הרוח וכן למטה היו שני בריחים כזה הענין אבל האמצעי היה הולך מרוח מזרח עד רוח מערב והיינו מן הקצה אל הקצה ולא היה מקיף כל שלש רוחות:

שתי

רבינו חנאל

אמר כל מקום שתרצה תנוח וכבר פרשנוה בבבא קמא בפרק כיצד הרגל בסופו דקתני התם בפירושא אם אמר כל מקום שתרצה תנוח אין ואי לא לא מחייב. ת"ר הזורק מרה"ר לרה"ר ורה"י באמצע ד' אמות חייב פחות מד' אמות פטור פי' אם יש ממקום שזרק עד שנח בב' הצדדין שהן רה"ר ד' אמות חייב כגון שיש רה"ר בצד זה ב' אמות ובצד אחר ב' אמות אחרות רה"ר שנמצא מעביר ד' אמות ברה"ר וקמ"ל רשויות מצטרפו' אע"ג דרה"י חולק בין ב' רשויות הרבים ולא אמרינן קלוטה כמו שהונחה כלומר קלטתן רה"י טרם תנוח ד' אמות אלא כיון שבזריקה אחת הלך החפץ ד' אמות ברה"ר אע"פ שהן אמות מקוטעות ואינן ארבעתן רצופות ביחד חייב. אמר*) משמיה דרב המעביר ד' אמות ברה"ר מקורה פטור דהא כל מלאכת דשבת מן המשכן גמרינן להו (ולמה) [ולכן] הוא פטור לפי שאינו דומה לדגלי מדבר ואקשינן איני והא עגלות שהיו טוענות קרשי המשכן מקורות היו בזמן שהקרשים עליהן ואמר רב משמיה דרבי חייא עגלות תחתיהן וביניהן וצדיהן רה"ר הן ופרקי' כי אמר רב לפי שאינן דומה לדגלי מדבר בדרא קמא פי' בזמן שלא הניח על העגלות קרשים אלא התחתונים בלבד שאינה מקורה כולה אבל כשיניחו עליה שניים ושלישים ותהא כולה מקורה לא אמר רב ואקשי' מכדי אורך העגלה כמה היא ה' אמות רוחב כל קרש אמה וחצי כמה קרשים טוען בעגלה שלש שאינה מחזקת יותר כי ארכה ה' אמות ורחב ג' קרשים כל קרש אמה וחצי ארבע אמות וחצי נמצאת חצי אמה עודפת העגלה על הקרשים והן ג' טפחים כי שרית בין קרש לקרש זה העודף כלבוד דמי ואפי' בדרא תתאה עגלה כולה מקורה היא ודחי רב מי סברת קרשים כרחבם היה מטעינם על העגלה אחודן הוה מנח להן ואקשי' תו סוף סוף עובי כל קרש אמה היא כשמסדרן עלה עגלה נותן [ד'] קרשים על העגלה נמצאת עודף בעגלת אמה שהיא ו' טפחים כשתחלקם בין הקרשים יבא ביניהם פחות מג' טפחים שהרי בין ד' קרשים רוצה לחלקם וקיי"ל כל פחות מג' טפחים כלבוד דמי ומכל פנים העגלה אפילו בדרא תתא מקורה היא הניחא למ"ד כדבעינן למימר לקמן קרשים מלמטה עוביין אמה מלמעלה כלין והולכין עד כאצבע פי' תחת הנגר משפע ואוכל בקודש ועולה עד שנמצאת ראש הקרש עוביה אצבע ותחתיה הקרש עביה אמה משכחת לה דמשלבי קרשים מלמטה זו עם זו ומתרפקין ועולין עד שנמצא למעלה ביניהן קרוב לאמה וכיון שיש בין ב' הקרשים אמה ודאי אינן מקורות אלא למ"ד כשם שמלמטה עוביין אמה כך מלמעלה עוביין אמה היכי משכחת לה עגלה שאינה מקורה ופריק רב כהנא תמצא עגלה שאינה מקורה בזמן שאין על העגלה קרשים אלא אטבי בלבד פירוש עגלה זו עשויה ב' קורות ארוכות וב' קצרות בראשיהן כגון מלבנות המטה. והאמצע מגולה ומניחין באמצעה לרחבה קורה יוצאה חוץ לעגלה ב' אמות ומחצה מזה הצד וב' אמות ומחצה מן הצד האחר ומכניסין האופנים בראשי הקורה היוצאות חוץ לעגלה ומטעינין ע"ג העגלה הקרשים תחתיים שניים ושלישים ועוד בארבעת מקצועי העגלה ד' עצים ארוכים קבועים ועומדים כמין כנפי המטה וראשיהן משופעין ואחרי שמטעינין העגלה מביאין ד' קרשים רחבין כשיעור טפחים ונקראין אטבי שנים מהן ארוכים כאורך העגלה וב' מהן ארוכין כשיעור רוחב העגלה נקובים כל אחד נקב בראשו ב' נקבים בכל אחד ואחד ומכנים אלו הקרשים נקביה בראשי העצים השמדים כמין כנפי הארוכין לאורך העגלה והקצרים לרוחב העגלה ונמצאו אלו העצים הנקראים אטבי כמין מסגרות ונמצאו העצים העומדין בארבעת מקצועי העגלה כמין קירום מחזיקין הקרשים שלא ישמטו לא לארכן ולא לרחבן והן כמין מסגרות שסוגרין בעד הקרשים מכל הצד ואלמלא האטבי היו הקרשים דוחין העצים ונופלין ויש מי שעושין אטבי הללו מן ברזל כענין שפרשנו וכיון שפירק רב כהנא באטבי הקשו עליו וכי תמצא עגלה מגולה ואטבי עליה והלא אטבי לא נעשו אלא להנתן על גבי עגלה מטענת ובעת שהיא מטענת מקורת היא ונדחה רב כהנא ותירצמא שמואל ביתידות פי' יתידות שנים שלשה רחבות כמו טפח אגודות בעגלה שנמצא בין יתד ליתד כמו אמה ונמצאת העגלה כולו מגולה היא כולה. והצרך שמואל להעמידה ביתידות משום דתני ר' חייא תחתיהן ואי אפשר להיות לעגלה תחת והוא אינה מקורה אלא ביתידות שיש ריוח הרבה ביניהן דליכא למימר בהן כלבוד דמי והוא כדבעינן למימר לקמן כי שיעור ב' עגלות מהלכות זו בצד זו בט"ו אמה ושכן למדנו דרך רשות הרבים ט"ז אמה אלו ט"ו אמה ואמה יתירה למקום בן לוי כו'. ת"ר קרשים מלמטה עוביין אמה מלמעלן כלין והולכין עד כו' ר' יהודה דרש יהיו תמים על ראשו מלשון כלוי כדכתיב תמו נכרתו והאי דכתיב יחדיו בעינן דליהוי משולבים כאחד כשמחוברין דומין כאלו אחד הן ולא להוון משתלפי מהדדי ור' נחמיה דייק יחדיו שיהו שוין סופן עד ראשן והא דכתיב תמים דמיתי שלמים ולא מיתי דניסרא בשלמא למ"ד כשם שמלמטן עוביין אמה כך מלמעלן עוביין

*) [רב שמואל בר יהודה אמר ר' אבא אמר רב הונא].

[גירס' הערוך פריו לשון פרשני הוא דבר שרחב ומתקצר והולך למעלה]

גליון הש"ס

גמ' שדי פותייהו. ע"ל דף כח ע"א תוס' ד"ה וא"ן קרשים:

ז"ל אל קרש

הזורק פרק אחד עשר שבת צט

ונראין קרסין בלולאות ככוכבים ברקיע ת"ר יריעות התחתונות של תכלת ושל ארגמן ושל תולעת שני ושל שש ועליונות של מעשה עזים וגדולה חכמה שנאמרה בעליונות יותר ממה שנאמרה בתחתונות דאילו בתחתונות כתיב °וכל אשה חכמת לב בידיה טוו ואילו בעליונות כתיב °וכל הנשים אשר נשא לבן אותנה בחכמה טוו את העזים *ותניא משום ר' נחמיה שטוף בעזים וטווי מן העזים: שתי גזוזטראות כו': *אמר רב משום רבי חייא עגלות תחתיהן וביניהן וצידיהן רה"ר אמר אביי בין עגלה לעגלה כמלא ארך עגלה וכמה ארך עגלה ה' אמות ל"ל בד' ופלגא סגי כי היכי דלא לידחקו קרשים אמר רבא צידי עגלה כמלא רחב עגלה וכמה רחב עגלה שתי אמות ומחצה למה לי באמתא ופלגא סגיא כי היכי דלא לידדו קרשים אלא דקי"ל **דרך רה"ר שש עשרה אמה אנן דגמרינן לה ממשכן דמשכן חמיסרי הואי אמתא יתירא הואי דהוה קאי בן לוי דכי משתלפי קרשים הוה נקיט להו: **מתני'** חולית הבור והסלע שהן גבוהין עשרה ורחבן ארבעה הנוטל מהן והנותן על גבן חייב פחות מכן פטור: **גמ'** למה לי למיתני חולית הבור והסלע ליתני הבור והסלע מסייע ליה לרבי יוחנן דאמר ר' יוחנן *בור וחוליתה מצטרפין לעשרה תניא נמי הכי בור ברה"ר עמוקה י' ורחבה ארבעה אין ממלאין הימנה בשבת

תורה אור: שמות לה; שם

רש"י

ונראין קרסין בלולאות. מילתא אחריתי היא שתי מחברות היו היריעות כל אחת ואחת ה' יריעות תפורות זו עם זו במחט על פני כל ארכן ובאמצע היה מחבר בקרסים מחברת עם מחברת שהיו לולאות בשפת חיצונה של כל מחברת באמצע המשכן אלו כנגד אלו כדכתיב מקבילות הלולאות וגו' (שמות כו): **נשא לבן**. יתירות חכמה משמע: **בין עגלה לעגלה**. שבלדה ה' אמות כמלא אורך העגלה: **למה לי**. אורך העגלה ה' אמות: **בארבע ופלגא סגי**. שאם מסדרן על רחבן אינו מסדר על ה' אמות יותר מג' והרי בארבע ומחצה יכול לסדרן ואי מסדרן בתודן יותר מד' לא יסדר מפני הפסקת מקום הבריחים שבאמצע הסדרים ובפלגא אמה נמי תסגי ליה: **דלא לידחקו**. אם בא לסדרן על רחבן: **לדי עגלה**. חלל שבין דפנות לאופנים ועובי הדופן ועובי האופן: **כמלא רחב עגלה**. שני הלדדים כמלא רחב חללה דהיינו אמה ורביע לכל לד: **למה לי**. רחבה תרתי ופלגא אם מפני שאם יצטרך להושיב מן הקרשים לתוכה יכנים: **באמתא ופלגא סגי**. ויש ליכנס בה על חודן: **כי היכי דלא לידדו קרשים**. שלא יהיו הקרשים המוטלים לאורכן על דופנותיה לרחבן מדדין ונוטין לכאן ולכאן שאם מושבות הקרשים קלר מתוך שהן ארוכות ויולאות לחוץ הרבה יכבד אחד מן הראשין כשהן מדדין בהליכתן ויפלו: **חמיסרי הויין**. שתי העגלות ההולכות זו בלד זו רחב כל אחת ה' אמות הרי י' וה' אמות ריוח שבין עגלה לעגלה הרי ט"ו ואם תאמר יותר מעשרים הן שהרי הקרשים אורכן י' אמות והן מוטלות על גבי דופני עגלה לרחבה כמלא אורך הקרשים הרי כ' אמה לבד מה שלריך למשוך קרשי כל עגלה ועגלה ללד החיצון של עגלה שלא יגיעו ראשי הקרשים זו בזו ומעכבין את הילוך העגלות אין זה תשובה שהקרשים למעלה מעשרה הן שהעגלה גבוה י' ולגבי רה"ר לית לן למיחשב אלא מקום העגלות וריוח שביניהן שהוא למטה מי' דכל למעלה מי' לאו רה"ר היא הלכך לא חשיב ליה: **אמתא יתירתא הואי**. עוד לריך להיות ברחב הדרך עודף אמה שתתן חלי אמה לכאן וחלי אמה לכאן לשני לדדין החילונות של ב' עגלות: **דקאי בן לוי דאי משתלפי**. זו מזו ליפול לתוך אויר שביניהם: **הוה נקיט להו**. נכנס לבין האויר אמה שביניהם ועומד בחלי אמה שיש בין העגלה ללדדין ומתקן את הסדר זו על זו שלא תפול העליונה וכל הדרך הוא מהלך אחורי העגלה וכשרואה אותן משתלפות הוא תוך האויר רץ לתוך (א) בליטות הקרשי' שבלדדין עד שמגיע לאמת האויר שביניהם ודוחק עצמו לעמוד בחלי אמה עד שיחזיר הנשלפת למקומה ועל סדרה: **מתני' חולית הבור**. קרקע חפירת הבור נותנין סביבותיו להקיף כמין חומה כמו שאנו נותנין היקף עצים או אבן סביב פי הבור: **גמ' למה לי למתני חולית הבור והסלע**. פשיטא לן דסלע נקט לענין גובהה ובור לענין עומק שנוטל מתוכו ומוליא לרשות הרבים דאי לענין גובהה כגון למוריד מחוליא למטה וכגון דרחבה ארבע למה לי למיתניא כלל הא תנא ליה סלע אלא ודאי למוליא מתוך אוגני בור נקט לה וכיון דהכי הוא חוליא למה לי ליתני הבור לעומק והסלע לגובה: **מצטרפין לעשרה**. לשויה הבור רה"י ואם הוליא מתוך אוגן חוליא חייב:

תוספות

שתי גזוזטראות כו'. מיירי שסתום למטה בשום דבר ואין גדיים בוקעים תחתיהם או שיש מחילות. למעלה מן הגזוזטרא דתו לא חיישינן לבקיעת גדיים וכן עגלות היו רה"י אע"פ שתחתיהם רה"ר לפי שיש מגוף העגלה עד למעלה מן הקרשים הרבה יותר מעשרה: **בין** עגלה לעגלה כמלא אורך עגלה. לסימנא בעלמא נקטיה ואגב אורחא קמ"ל דאורך עגלה חמש אמות: **כי** היכי דלא לידחקו קרשים. פרש"י אם באו לסדרן על רוחבן וקשה דהא מסיק לעיל דמנח להו אחודן אלא נרא' לפרש דלא לידחקו קרשים (ב) אע"ג דדי היה בארבע וחלי לטבעות שהן זו כנגד זו והיו שם אטבעי כדמפרש שהן גלוח"ש מכל מקום מפני כובדן משתרבבים ודוחקין זה לזה אם לא שיש ריוח גדול ביניהם ורחוקין*: **למה** לי באמתא ופלגא סגי. לשיטת רש"י שמתי עגלות היו מפורקות זו מזו ויש הפסק ביניהם ה' אמות וכל אחת טעונה לבד משוי של קרשים קשה דהיאך יכולין קרשים שכל כך כבדין שאורכן עשר אמות ורוחבן אמה וחלי ועוביין אמה לעמוד על ב' אמות ומחלה רוחב ועוד דפריך באמתא ופלגא סגי איך יכול כ"כ כובד גדול לעמוד באמתא ופלגא וכל שכן למ"ד כלין והולכין עד כאלבע שלא היו יכולין לעמוד ועוד היאך היו יכולים שתי עגלות להלך זו בלד זו בט"ו אמות א"כ היו הקרשים נוקשין זה בזה ועוד שלריך לומר לפירושו שהקרשים היו נוטים על האהלים או על החלרות מלמעלה מי' מכל לד ב' אמות ומחלה כמו שפי' בקונטרס בעלמו שהרי אורך שני הקרשים הוא כ' אמה ורה"ר אינו רוחב כי אם ט"ז אמה ועוד מנלן דשתי עגלות היו הולכות זו בלד זו למילף שיהא רה"ר ט"ז אמה שמא היו הולכות כולן זו אחר זו והיה רה"ר קטן או ארבעתן יחד והיה רה"ר גדול הרבה ונראה לר"ת שמתי עגלות היו מחוברות יחד שהיה שם עץ ארוך ט"ו אמה והיו בה ארבע אופנים כמו לשתי עגלות ושתי תיקוני דפנות כמו לשתי עגלות ובין עגלה לעגלה כמו אורך עגלה פירוש בין דופן עגלה זו לדופן עגלה זו ה' אמות ולידי העגלה כמלא רוחב העגלה מכל לד ולד דבין דופן העגלה עם האופן שתי אמות ומחלה ולא כפירוש הקונטרס שפי' אמה ורביע לכל לד ורוחב שתי העגלות עם לידיהן ט"ו אמה ומדופן עגלה זו החיצון לדופן עגלה זו החיצון י' אמות באורך הקרש והיה משכיב הקרש על שתי דופני העגלות ושתי עגלות אחרות לפניהן שאם היו הולכות זו אלל זו היו נוקשות זו בזו וזו אחר זו היו הולכות יפה והשתא פריך שפיר באמתא ופלגא סגי דהואיל ועל שתי העגלות היה משכיבן הוה ס"ד דלא לידדו ומשני דאפילו הכי מידדו:

אמתא יתירא הואי. בלד העגלה דהוי קאי בה בן לוי ולריך לו אמה דגברא באמתא יתיב כדאמר בפ"ק דסוכה (ד' ז:) גבי סוכה העשויה ככבשן ואע"פ שפעמים היה הולך מלד זה ופעמים מלד זה מ"מ היה די לו באמה אחת שמאיזה לד שהיה רולה ליכנס היה מטה העגלה ללד אחר והיה נכנס בין האהל לעגלה ומתקנם אף על פי שהיה רחוק מן הקרשים שתי אמות ומחלה כשיעור לד העגלה מכל מקום היה יכול להושיט ידו שם ולתקן או על ידי מקל או על ידי שום דבר: **מסייע** ליה לר' יוחנן דאמר בור וחולייתה מלטרפין לעשרה. וא"ת ומה לריך למתני' לאשמעינן הא תניא חדא זימנא בפרק בתרא דעירובין (ד' נט:) בור ברה"ר וחולייתו גבוהה י' טפחים חלון שעל גביו ממלאין ממנו בשבת ומוקי רבי יוחנן בגמרא בסמוכה לה וקא משמע לן דבור וחולייתה מלטרפין לעשרה ויש לומר דדרך תנא להשמיענו בקולר אע"ג שכבר השמיענו במקום אחר כדאמרינן בריש ברכות (דף ב.) מילתא אגב אורחיה קמ"ל דהעריב שמשו אוכל בתרומה אע"ג דמשנה שלימה היא במס' נגעים (פי"ד מ"ג) העריב שמשו אוכל בתרומה וכהנה רבות בהש"ס אי נמי מיתורא דמתניתין שמעינן דמלטרפין לארבעה ולהשתמש על גבה מיירי משום דמנח עליה מידי ומשתמש כדאמרינן בפרק חלון (עירובין דף עח:) ומיירי כשהחוליא גבוה עשרה דאיכא גבוה י' לא מיחייב נוטל ונותן על גבה והשתא אתי שפיר הא דקתני במתניתין גבוהין עשרה והא דנקט נמי על גבן ואי מתניתין להצטרף לעשרה קאמר ואין החוליא גבוה עשרה לא אתי שפיר הא דקתני גבוה עשרה והנותן על גבן נמי אינו חייב כשמניח על גב החוליא כשאינה גבוה עשרה: אלא

עין משפט נר מצוה

יג א מיי' פי"ד מהל' שבת הלכה א סמג לאוין סה טוש"ע א"ח סי' שמה סעיף ז:

יד ב מיי' פט"ו שם הלכה ט סמג שם טוש"ע א"ח סי' שנד סעיף א:

רבינו חננאל

עוביין אמה היינו דכתיב ולירכתי המשכן ימה תעשה ששה קרשים ושני קרשים תעשה למקוצעות המשכן בירכתים דל פלגא [דאמתא] לחללה בהאי גיסא ופלגא [דאמתא] לחללה בהאי גיסא דאישתייר מעשר אמות חללו של משכן כי חללו של עשר אמות והן ששה קרשים ט' אמות נשארה אמה תשלום עשר אמות למלאות עשר אמה אורך של משכן ואמתא טומכא דקרש מהאי גיסא ואמתא מאידך גיסא היינו דאתיא פותיא דב' קרשים שבמקצועות ממלא לטומכא דהני קרשים ולחללה דאמתא כדאמרן פירוש המשכן עשר אמות חללו כשמעמיד ברוח מערבית ו' קרשים כל קרש רחבו אמה וחצי הרי ט' אמות נשאר מלחלל אמה נמצא פתוח חצי אמה מיכן וחצי אמה מכאן היה מביא ב' קרשים כל קרש רחבו אמה וחצי ומעמידה במקצועות נמצא כל אחד תופס חצי אמה החלל וממלא אמה עובי הקרש האחרון העומד בקצה הצפון שהוא סוף לעשרים קרשים וכן כיוצא בו בקצה הדרום נמצאו מכוונים תמים מלמטן ותמים מלמעלן אין אחד מהם עודף ויוצא על חבירו אלא למ"ד כלין והולכין עד כאצבע האי מעייל והאי נפיק כי אע"פ שהן מכוונים מלמטן כנגד עביו של קרש הסמוך להן מן הצפון והקרש הסמוך להן מן הדרום. אבל מלמעלן מקום אשר כלו מכלפי עוביו ועומד על כאצבע נמצא כל אחד מב' קרשים הללו של מקצועות המשכן יוצא אמה חסר אצבע מקרשי צפון ודרום ופריק ר"י [כי טורין] דשפי להו כי טידי בלשון ערבי בניקא שעושין בבגדים והיא רחבה מלמטה ומשפיע ומיצר מלמעלן ובלע"ז גיירי כך באלו ב' קרשי המקצועות היית תחתיתו רחב אמה וחצי והיה הנגד אוכל ועולה כשיפוע עד שיכלה למעלה עד כאצבע כדי שישוו לקרשי צפון ודרום מבחוץ ולא יהיה קרש יוצא וקרש נכנס: והבריח התיכון בתוך הקרשים משלש רוחות ואין עץ אחד מבריח ג' רוחות אלא במעשה נס: כתיב אורך היריעה האחת שמנה ועשרים באמה רחב חללו של משכן עשר אמות כשתכסה היריעה על המשכן והוא המשכן עומד מכסה החלל עשר אמות נמצאו עודפות ט' אמות מזה הצד הצפוני משולשלת על הקרשים וכן בצד הדרומי כיוצא בו לר' יהודה שאמר כי הקרשים למעלה עוביין אצבע בלבד נמצא גג המשכן עשר אמות וט' אמות מצד צפון כיסה הקרש נשארו האדנים מגולין וב' אצבעות מן הקרשים כי כל קרש ארכו (ר') [י'] אמות אמה ממנו ידות מובלעות בארן אבל לר' נחמיה שאמר כי ראשי הקרשים נמי עוביין אמה נמצא חלל המשכן וראשי הקרשים מתכסין מן היריעה י"ב אמה נשארו מכ"ח אמה ט"ז אמה ח' אמות מכסות מקרש שבצפון י"ח אמה בקרש שבדרום נמצא מכל קרש בשני הצדדין אמה מגולה והארן הנה זה החשבון לרחב המשכן ועוד כתיב ואת המשכן תעשה עשר ירידעות כל יריעה רחבה ד' אמות הרי עשר יריעות מ' אמה והמשכן ארכו ל' כשתכסה המשכן ל' אמה נשארו י' אמות שמשתפעות ויורדות בקרשים אחורי המשכן ונתכסו לר' יהודה הקרשים והאדנים עד קרוב לקרקע אצבע אחת ולר' נחמיה נתכסו הקרשים ונשארו האדנים מגולין ועשו יריעות עזים לאהל על המשכן עשתי עשרה יריעות אורך כל היריעה ל' אמה ורחבה ד' אמות נמצאו אלו י"א יריעות בעת שהן מחוברות ל' אמה במ"ד אמות כשמטיל אורך היריעות שהיא ל' אמה לרחבן של משכן מכסה חללו עשר אמות נשארו אמות משתפעות ויורדות ע"ג הקרשים בצפון וכיוצא בהן בדרום. לר' יהודה מיכסיא דאדנים לא נשארו מגולה מן הארן אלא אצבע לר' נחמיה מיכסיא אמה הקרשים ונשארו האדנים מגולין. תניא נמי הכי כו' רוחב י"א יריעה מ"ד אמות כשתטיל ל' מהם לאורכן של משכן ושתים כפילת היריעה אל מול פני האהל הרי ל"ב אמה נשתיירו י"ב אמה משתפעות ויורדות אחורי המשכן לר' יהודה נתכסו הקרשים והאדנים ונשארו ב' אמות מוטלות על הארץ והיינו דכתיב חצי היריעה העודפת תסרח על אחורי המשכן אלא לר' נחמיה הגג ל' ושתי אמות הכפילה ואמה עובי הקרש הרי ל"ג אמות נשארו י"א י' אמות לקרש ולאדנים נשארה אמה אחת ואנן בעינן שתהיה חצי היריעה עודפת ופריק מאי תסרח תסרח מחברותיה שחברותיה לא כיסו האדנים וכשאתה מחשב אמה של אדנים וזו שעל הארץ הנה חצי היריעה ותנא דבי ר' ישמעאל על זה דותסרח העודף *) פי' שטוף וטווה מן העזים כשהן חיים העזים שטופים כדאמרינן (חולין דף קלז) השוטף את רחליו ומעל גבי העזים

*) נראה דחסר וכל"ל למה המשכן דומה לאשה שמהלכת בשוק ושיפוליה מהלכין אחריה.

רב נסים גאון

ואלא דקיימא לן דרך רשות הרבים ט"ז אמה ומשתכח עיקר דילה במשנה בפרק המוכר פירות בבבא בתרא (דף ק) דרך היחיד ד' אמות ודרך הרבים ט"ז אמה ודרך המלך אין לה שיעור הויא

מסורת הש"ס

לעיל עד.

[לעיל נח.]

[כ"ב נט:]

עירובין עח. [נט:]

הגהות הב"ח

(א) רש"י ד"ה סוס נקיט וכו' רץ לתוך בליטות: (ב) תוס' ד"ה כי היכי וכו' נראה לפרש דלא לידחקו קרשים לטבעות שהן זו כנגד זו והיו שם אטבעי כדפי' שהן גלוח"ש [illegible] ודוחקין זה לזה [illegible] כצ"ל:

‹ההלכות מול עמוד ב'›

אלא אם כן עשו לה מחיצה גבוה י' טפחים ואין שותין הימנה בשבת אא"כ הכנים לה ראשו ורובו ובור וחוליתה מצטרפין לעשר' בעא מיניה רב מרדכי *מרבא עמוד ברה"ר גבוה י' ורחב ד' °וזרק ונח על גביו מהו מי אמרינן הרי עקירה באיסור הרי הנחה באיסור או דילמא כיון דממקום פטור קאתיא לא א"ל מתניתין היא אתא שייליה לרב יוסף א"ל מתניתין היא אתא שייליה לאביי א"ל מתני' היא אמר להו *כולכו ברוקא דהדדי תפיתו א"ל ואת לא תסברא והתנן הנוטל מהן (א) ונותן על גבן חייב א"ל דילמא מתני' במחט מחט נמי א"א דלא מדליא פורתא דאית ליה מורשא א"נ דרמיא בחריצה אמר רב מישא בעי רבי יוחנן כותל ברה"ר גבוה י' ואינו רחב ארבע ומוקף לכרמלית ועשאו רה"י וזרק ונח על גביו מהו מי אמרינן כיון דאינו רחב ד' מקום פטור הוא או דילמא כיון דעשאו רה"י כמאן דמלי דמיא אמר עולא *קל וחומר לאחרים עושה מחיצה לעצמו לא כ"ש איתמר נמי א"ר חייא בר אשי אמר רב וכן א"ר יצחק א"ר יוחנן כותל ברה"ר גבוה י' ואינו רחב ארבע ומוקף לכרמלית ועשאו רה"י הזורק ונח על גביו חייב לאחרים עושה מחיצה לעצמו לא כ"ש בעי רבי יוחנן בור תשעה ועקר ממנו חוליא והשלימה לעשרה מהו עקירת חפץ ועשיית מחיצה בהדי הדדי קאתו ומיחייב או לא מיחייב °ואם תימצי לומר [ב]כיון דלא הוי מחיצה עשרה מעיקרא לא מיחייב בור י' ונתן לתוכה חוליא ומיעטה מהו הנחת חפץ וסילוק מחיצה בהדי הדדי קאתו *מיחייב או [ג]לא מיחייב תיפשוט ליה מדידיה דתנן *הזורק ארבע אמות בכותל למעלה מעשרה טפחים כזורק באויר למטה מעשרה כזורק בארץ והזורק בארץ ארבע אמות חייב *והוינן בה והא לא נח ואמר רבי יוחנן בדבילה שמנה שנינו ואמאי הא קא ממעט מארבע אמות התם לא מבטל ליה הכא מבטל ליה בעי רבא זרק דף ונח על גבי יתידות מהו מאי קמיבעיא ליה הנחת חפץ ועשיית מחיצה בהדי הדדי קאתו היינו דרבי יוחנן כי קמיבעיא ליה לרבא כגון דזרק דף וחפץ על גביו מאי כיון דבהדי הדדי קאתו [ד]כהנחת חפץ ועשיית מחיצה דמי או דילמא כיון דלא אפשר דלא מידלא פורתא והדר נייח כעשיית מחיצה והנחת חפץ דמי תיקו *אמר רבא [ה]פשיטא לי מים על גבי מים היינו הנחתן אגוז על גבי מים לאו

רש"י

מחילה י'. שיהא הממלא עומד לפנים מן המחילה וממלא: ואין שותין הימנה. לעמוד על שפתה ולשאוב בכלי ולהכניס ראשו לחללה ולשתות כדתנן *לא יעמוד אדם ברה"ר וישתה ברה"י שמא ימשוך הכלי אצלו: אלא אם כן הכניס ראשו ורובו. למקום שהוא שותה: הרי עקירה באיסור. מרה"ר: הרי הנחה באיסור. ברה"י: ממקום פטור קאתיא. שאי אפשר שלא הגביה תחילה למעלה מן העמוד שהוא מקום פטור שאינו אויר רה"ר ואויר רה"י נמי לא הוי דכי אמרינן רה"י עולה עד לרקיע ה"מ כנגד רה"י אבל האי מקמי דלימטי לאויר עמוד אגבהיה למעלה מעשרה: מתניתין היא. הנוטל מהן והנותן על גבן חייב: ברוקא דהדדי תפיתו. כולכם רוק אחד אתם רוקקים: ואת לא תסברא. דמתני' היא: במחט. דאינה גבוהה: דאית לה. לסלע מורשא כמוך מי' וכיון דכולה גבוהה י' בר מההיא מורשא ואיהו לא הוי מקום חשוב הוי ליה חורי רשות היחיד: אי נמי דרמיא. מחט בחריץ שבסלע שבראשו ולא נפל מלמעלה מי' אלא לתוך י': מוקף לכרמלית. בכותל זה הקיפו בקעה שהיתה כרמלית ועל ידו נעשית רה"י כגון שהוקף לדירה או לא הקיפו בו °אלא בית סאתים: וזרק. מרה"ר ונח על ראשו מהו: או דילמא כיון. דכותל זה עשאה לכרמלית זו רה"י: כמאן דמלי דמיא. והוי אלל ראשו כארעא סמיכתא כל החלל: לאחרים. כל החלל עשאו רה"י: לעצמו לא כל שכן. ראש הכותל: ועקר ממנה חוליא. והניחו ברה"ר מי מיחייב אע"ג דמקמי עקירה לאו רה"י הוה בשעת עקירה מיהא רה"י הוה: וסילוק מחילה. בהנחה זו נסתלקה מחילת הבור שנתמעטה מעשרה מי מהני האי מיעוטא למיפטריה או לא: בדבילה שמינה. שנדבק בפני הכותל: ואמאי. מיחייב הא מתני' ד' אמות קתני ואפילו מלומלמות וכי נח בפני הכותל נתמעט הזריקה מד' אמות כדי מקום הדבילה וקתני חייב כיון דמעיקרא ד' אמות הוה: התם לא מיבטיל ליה. דבילה הלכך לאו מיעוט הוא: על גבי יתידות. דקות שהיו גבוהות י' ואין רחבות ד' ודף זה רחב ד' עשאו רשות היחיד: מהו. להתחייב בזריקה זו: וחפץ על גביו. ואם תימצי לומר הוא אם תימצי לומר כר' יוחנן דהנחת חפץ ועשיית מחילה בהדי הדדי לא מיחייב הכא ודאי אדף לא מיחייב מיהו אחפץ מהו לחיובי: דלא אפשר דלא מידלי. החפץ מעל הדף בשעת הנחת הדף והדר נייח: כעשיית מחילה. ברישא והדר הנחת החפץ דמי חייב דבשעת הנחתו כבר נעשה דף רה"י: היינו הנחתן. ואם נטל מקלתן והוציא הוה עקירה: לאו

תוספות

אלא אם כן עשו לה מחילה גבוה י' טפחים. אבל פסין לא מהני אלא בבאר מים חיים או בור הרבים כדתנן בפרק עושין פסין (עירובין דף כב:) אבל בור היחיד עושין לו מחילה כו' ודווקא עמוק י' ורוחב ארבע דהוי רה"י אבל פחות מיכן דהוי כרמלית לא החמירו כל כך ומשתרי שפיר בפסין.

או דילמא כיון דממקום פטור קא אתיא לא. ואם תאמר ומאי קמיבעיא ליה תיפשוט מדתניא בפ"ק (דף ו.) המוליא מחנות לפלטיא דרך סטיו חייב ואחד המושיט ואחד הזורק חייב ואמרינן לעיל (דף צב:) המוליא משוי למעלה מעשרה חייב ומפרש הרב פור"ת דדוקא כשפסק כחו במקום פטור קמיבעיא ליה כגון שזרק למעלה מי' כנגד אויר רה"ר וירד האבן באלכסון ונחה על העמוד דירידה זו אינו מכחו הראשון אלא כח כחו היא וכיון דממקום פטור קא אתיא יש הפסק בין עקירה ראשונה להנחה אבל אם זרק ממש כנגד העמוד שלא הלכה באלכסון כלל אלא הלכה מכחו עד העמוד ודאי חייב ודווקא בזורק מבעיא ליה כדפי' אבל מוליא ומכנים פשיטא ליה דחייב והא דמייתי ראיה מהנוטל והנותן ע"ג חייב הייט משום דמשמע ליה דמיירי בכל ענין בין בזורק בין במושיט כדתניא ברישא הזורק פטור והמושיט חייב והשתא לא דמי למוליא מחנות לפלטיא דרך סטיו דהתם מכחו בא לרה"ר:

ומוקף לכרמלית ועשאו רה"י. אומר ר"י דמשמע דדוקא מוקף לכרמלית דכיון דמוקף לכרמלית אין כ"כ סברא שיעשה רה"י מטעם דלאחרים עושה מחילה אבל מוקפת לרה"ר ועשאו רה"י פשיטא דלעלמו נמי מהני ומשום חורי רה"י ליכא לחיוביה כמו רמיא בחרילא דלעיל דלא ניחא תשמישתיה לבני רה"י כולי האי על הכותל:

לאחרים עושה מחילה כו'. גבי חוליא דבור לא שייך למימר הכי ליחייב המשתמש מרה"ר על גבה כיון שאין החוליא עלמו גבוה י':

ואמאי והא קא ממעט מארבע אמות. פירש בקונטרס דמשמע ליה דמיירי אפילו בד' אמות מלומלמות שעובי הדבילה ממעט מד' אמות וקשה לר"י דבענין זה אין נראה שיתחייב כיון שאיגודו בפנים כמו מוליא חלי קופה לרה"ר דאינו חייב עד שיוליאנה כולה לחוץ דאטו אם זרק אדם רומח וכל דבר ארוך כל שהוא יתחייב כיון שראשו אחד יצא חוץ לד' אמות ואם בזורק ד' אמות הכי גמירי לה שיתחייב בכה"ג א"כ היכי פשיט מינה ועוד דאמאי משמע ליה טפי בהאי דזרק ארבע אמות בכותל דהוו מלומלמות משאר ארבע אמות השנויות בכל הש"ס ונראה לר"י דמיירי הכא שזרק חוץ לארבע אמות כמו בכל מקום והכי פריך והא קא ממעט מד' אמות שמקום הדבילה נתבטלה מתורת רשות הרבים שבטל לכותל והרי הוא ככותל עב ולא הוי עוד על גביו רשות הרבים ואם זרק מחט או קוץ ד' אמות ונח על הדבילה או נתקע בתוכו היה פטור דהרי מקום הדבילה נתמעט מדין רשות הרבים ואפ"ה חייב הואיל ובתחילת הזריקה עד קודם הנחה היה שם רה"ר עליו והנחה ומיעוט רה"ר בהדי הדדי קא אתו והכא נמי הוה לן למימר הנחה וסילוק מחילה בהדי הדדי קאתו ומשני התם לא מבטלי ולהכי לא מבטל רה"ר:

זרק דף כו' הנחת חפץ ועשיית מחילה כו'. וא"ת אפילו ליכא בקיעת גדיים היכי חשוב לשוייה תחתיו רה"י מ"מ מטרסקל ועמוד ברה"ר גבוה י' ורחב ד' ואין בעיקרו ד' דאמרינן (לקמן דף קא.) זרק ונח על גביו חייב משמע דוקא על גביו אבל תחתיו לא ואומר ר"י כגון שיש שתי מחילות של יתידות ובשלישית אמרינן פי תקרת דף יורד וסותם:

עין משפט נר מצוה

טו א ב מיי' פי"ד מהל' שבת הלכה ג וכ' סמג לאוין סה טוש"ע א"ח סי' שמה סעיף ג:
טז ג מיי' שם הל' כ:
יז ד שם הלכה כא:
יח ה מיי' פי"ג מהל' שבת הלכה ד ופ"ח מהל' טומאת אוכלין הלכה ג:

רבינו חננאל

בלי נזיזה היו טוח אותן כראמרי' (לעיל ד' ע"ד) הטוח מע"ג בהמה בשרת וסויה בענין הוא צריכת חכמה יתירה: שתי גוזוטראות שתיהן רה"י וזן כל אחת רשות לעצמה ורה"ר ביניהן. המושיט והזורק מזו לזו בתוך י"ם לדברי חכמים פטור אבל אסור וזה על עיקר משנתנו ששנינו מרה"י לרה"י ורה"ר באמצע ר' עקיבא מחייב וחכמים פוטרין אבל המושיט[והזורק] למעל' מעשרה אם היו שתיהן שלו ואין אחת גבוה מן האחרת אלא שתיהן מכוונות זו כנגד זו כבר פירשתי למעלה שמותר להושיט ולזרוק מזו לזו ואם אינן שתיהן שלו אסור להושיט ולזרוק מזו לזו משום [דלא ערבו] ואם חדא מידליא וחדא מיתתא אסור משום גזירה ואם היו הגוזוטראות הללו עומדות למעלה מעשרה ברה"ר מכוונות להיותן דיוטא אחת ורשות אחת כיצד שמרכיבין נסר מזו לזו ע"ג רה"ר רחבה ד' טפחים כדי להיותן דיוטא אחת ורשות אחת אם עשה כן מבע"י הדי הן כרשות אחת ומותר לטלטל מזו לזו ע"ג הנסר המתוח מזו לזו ע"ג רה"ר ותנן בעירובין (דף עח) חריץ שהוא עמוק י' ורחב ד' ונתן עליו נסר שרחב ד' טפחים וכן ב' גזוזטראות זו כנגד זו מערבין אחת ואין מערבין שתים פחות מד' מערבין שנים ואין מערבין אחד השתא אם הגוזוטראות הללו הן למעלה מעשרה וניתן עליהן נסר רחב ד"ט מבעוד יום מותר לטלטל מזו לזו שנעשו שתיהן רשות אחת אבל אם קדש [היום] ולא הוברו אסור להושיט מזו לזו בין נסר בין ולאתי נסר אסור להושיט אחר שקידש היום והמושיט חייב תוא שכך היו עגלות במדבר היו ב' עגלות זו בצד זו ברה"ר והיו [מושיטין] קרשים ומציבין קרש על ב' עגלות ראשו (זה על זה) [האחד על זו וראשו השני על זו] כנסר שפירשנו ענינו למעלה וזה היו שתיהן בדיוטא אחת המושיט מזו לזו חייב שכן היה דרך הלוים שהיו מושיטין הקרשים מזו לזו זו היא מלאכתן ולפיכך העושה כן בשבת חייב: ירושל' ולא היו זורקין תני בר קפרא כדי שלא לנהוג בזיון בקדשים לפיכך הזורק מזו לזו פטור אבל אסור. וראוי לעמוד בפירוש זה להזהר בו כי עמוק הוא ועלה אמר רב משום ר' חייא עגלות תחתיהן וביניהן וצידיהן רה"ר. אמר אביי בין

מסורת הש"ס

[עירובין צט. לעיל יא.]
[נ"ל מרבה]
[נדה מב. ע"ש פרש"י]
כנ"ל
[לקמן ק:ו"ש]
[לעיל ב: וש"נ]
לעיל ה:

הגהות הב"ח

(א) גמ' הנוטל מהן והנותן על גבן:

גליון הש"ס

גמ' בעא מיניה רב מרדכי מרבא וזרק ונח על גביו. ע' תוספות ד"ה פחות מג': ד"ה כיון דלא הוי מחיצה. ע' לעיל ח ע"א תד"ס רחבה שם. רש"י ד"ה מוקף לכרמלי' וכו' אלא בית סאתים. עיין לעיל ז ע"א ונ"ע:

פירוש

וצידיהן רה"ר. אמר אביי בין עגלה לעגלה כמלוא רחב עגלה וכמה אורך עגלה ה' אמות ואקשינן אמאי כיון דב' קרשים מניחין בעגלה בדרא תתאה ועל גבה מניחין אחרים ועולין וכל קרש רחבו אמה וחצי די לעגלה ארכה ד' אמות וחצי כדי שיעור הנחת ג' קרשים ופרקינן הרויח להן חצי אמה כי היכי דלא נידחקו קרשים. אמר רבא וצירי עגלות ב' אמות ומחצה כמלא רחב עגלה ואקשינן למה לי כוליה האי הלא אורך הקרשים מוטלין לרוחב עגלה קצה הקרש בעגלה זו וב' אמות ומחצה וקצתו השני של קרש זה מוטל על העגלה אחרת ב' אמות ומחצה ובין ב' העגלות ה' אמות אמצעיים הקרש תלוי ביניהן אילו אמה אחת ומחצה מן הקצה שלו מכאן בעגלה ומן הקצה השני היו למה ה' אמות בפחות מהכי סגי ושנינן לי היכי דלא לידרו קרשים פי' אם הן שתי אמות ומחצה מיכן ושתי אמות ומחצה מיכן מוטלין בעגלה אשר שישבם וירד הקרש ולא יכון נמצא שיעור רוחב העגלה ב' אמות ומחצה וצידה ב' אמות ומחצה כשיעור עגלה וכן בצידה השני נמצא שיעור העגלה וב' צדדיה ז' אמות ומחצה וכשהיו מהלכים במדבר קרשי המשכן היו מוטלין מעגלה זו לעגלה זו והיו הקרשים מוטלין רוחב הקרשים לאורך העגלות נמצא שיעור העגלות כשמונות קרשי המשכן וטהלכות מתפשטות בדרך ט"ו אמה (זו זו) תחתיהן וביניהן וצידיהן. ואקשינן אלא הא דקיי"ל דרך רה"ר ט"ז אמה וכדתנן בפרק המוכר פירות לחבירו ובפרק הכונס צאן לדיר תמרינן לה ממשכן מהלך העגלות העגלות הנה אינם אלא ט"ו אמה ושנינן הוה תמן בעגלות אמתא אחריתי פלגא דאמתא מהאי גיסא ופלגא דאמתא דהאי גיסא דהוה קאי בן לוי התם למחוי דאי משלפי קרשים נקים להו ומהדר אמבעי למקומן. וכן בגזוזטראות שמכוונות להיות דיוטא אחת ומושיטין נסרים מזו לזו המושיט חייב והזורק פטור שכך היתה עבודת הלוים: מתני' חולית הבור.פי' העפר היוצא מן הבור מניחין אותן כביביו כדי שיהא לו כמעקה ואם הוציא גבוה י' ורחבה ד' הרי היא כרה"י. וכן סלע כיוצא בה ואם נטל מרה"ר ונתן על גבו או נטל מעל גבו ונתן ברה"י חייב ואם אינה גבוהה י' או נבוהה י' ואינה כרה"י העוקר ממנה ומניח ברה"ר פטור וזה מפורש ביציאות השבת בארבע רשויות לשבת נדר ברה"ר גבוהה י' ורחב ד' זו היא רה"י גמורה אבל מקום שיש לו רחב ד' ואינה גבוהה י' אם [אין] גבוהה מן הארץ ג' טפחים הא קיי"ל דכל פחות משלשה דארעא כארעא קאי ואם גבוהה ג' ורחב ד' ולא הגיע לעשרה כרמלית וכמקום פטור הוא ואינו לא כרה"ר ולא כרה"י ואסור להוציא מרה"י אליו אבל [אינו] רחב ארבעה מותר לכאן ולכאן ובלבד שלא יחליף דהא תניא אדם עומד על האסקופה נוטל מן העני ונותן לו נוטל מבעה"ב ונותן לו ואמרינן האי אסקופה

§ מסכת שבת דף צט. §

אות א'

דרך רשות הרבים שש עשרה אמה

סימן שמה ס"ז - [א]איזהו רה"ר, רחובות ושווקים הרחבים ט"ז אמה - דילפינן מדגלי מדבר, שמקום הילוך העגלות היה מחזיק ט"ז אמה, וע"כ אם היה פחות מזה השיעור, אינו ר"ה מן התורה, אלא כרמלית. **ודרכים** שעוברין מעיר לעיר, הוי ג"כ ר"ה, משום דשכיחי בם רבים, [וגם הוא בדוקא אם הם רחבים ט"ז אמה].

אות ב'

בור וחוליתה מצטרפין לעשרה

סימן שנד ס"א - [ב]בור ברשות הרבים וחוליא סביבו - היינו קרקע סביבות הבור, נותן סביבותיו להקיף כמין חומה, **אם עומד** - היינו הבור עצמה, **בתוך ד' טפחים לרשות היחיד, מותר למלאות ממנו מרשות היחיד** - פי' מאותו צד שהוא סמוך לרה"י, בין שהוא עומד בין הכותל לבור, ומוציא המים מהבור ומניחו ברה"י שאצלו, **ובין** שהוא עומד בבית ומשלשל הדלי לבור דרך חלון הבית, וחוזר ומכניסו לבית, **והטעם** בכל זה, דמוציא מרה"י לרה"י דרך מקום פטור, דכיון שהוא הפסק פחות מד"ט בין הבור להכותל, לא דרסי בה רבים כלל, וע"כ הוי מקום פטור.

[**דאם** הבור עצמה רחוק ד"ט מן הכותל, אך שהחוליא ממעט השיעור, לפעמים יהיה אסור, כגון אם החוליא אינה גבוה ג"ט מן הארץ, דבטל לגבי קרקע והוי רה"ר].

אפילו אין החוליא גבוה עשרה - ר"ל כי אם בצירוף הבור, אפ"ה הוי רה"י, דבור וחוליתו מצטרפין לעשרה, [גמרא]. **וה"ה** אם לא היה חוליא כלל, והיה הבור בעצמו עמוק י' טפחים.

---

§ מסכת שבת דף צט: §

אות א'

קל וחומר, לאחרים עושה מחיצה, לעצמו לא כל שכן

סימן שמה ס"ג - [א]כתלים המקיפים רה"י - ר"ל שע"י הכתלים נעשה החלל שבפנים רה"י, **על גביהם רה"י אפילו אינם רחבים ד'** - ר"ל שעובי הכתלים אין רוחב עובין ד"ט כשיעור רה"י, אפ"ה יש שם רה"י גם על עובין מלמעלה, **והטעם**, דכיון שהם עושין על ידי היקף שלהם את החלל שבתוכן רה"י, ק"ו שהם עצמן יהיו רה"י, [גמרא, **ומיירי** שהחלל שבתוכן היה רוחב ד' על ד' לבד המחיצות, דאם אינו רחב רק בצירוף המחיצות, תלוי על מחלוקת הפוסקים המובא לעיל].

אות ב'

בור תשעה, ועקר ממנה חוליא והשלימה לעשרה... כיון דלא הוי מחיצה עשרה מעיקרא לא מיחייב

רמב"ם פי"ד מהל' שבת ה"כ - בור תשעה ברה"ר ועקר חוליה מקרקעיתו והשלימו לעשרה, אע"פ שעקירת החפץ ועשיית המחיצה באין כאחת, [ב]פטור, מפני שלא היתה המחיצה עשרה בתחלה.

אות ג'

בור עשרה ונתן לתוכה חוליא ומיעטה... לא מיחייב

רמב"ם פי"ד מהל' שבת ה"כ - היה הבור עשרה והשליך לו חוליה ומעטו מעשרה, פטור, שהרי הנחת החפץ וסילוק המחיצה באין כאחת.

אות ד'

דזרק דף וחפץ על גביו... כהנחת חפץ ועשיית מחיצה דמי

רמב"ם פי"ד מהל' שבת הכ"א - הזורק דף ונח על גבי יתדות ברה"ר, ונעשה רה"י, אפילו היה כלי על גבי הדף, [ג]פטור, שהרי עשיית המחיצה עם נוחת הכלי באין כאחת.

אות ה'

פשיטא לי: מים על גבי מים, היינו הנחתן וכו'

רמב"ם פי"ג מהל' שבת ה"ד - היה עומד באחת משתי רשויות ופשט ידו לרשות שניה, ונטל משם מים מעל גבי גומא מלאה מים והוציאן, חייב, שהמים כולן כאילו הן מונחין על הארץ; אבל אם היה כלי צף על גבי מים ופירות בתוך הכלי, ופשט ידו ולקח מן הפירות והוציא, [ד]פטור, שהרי לא נחו הפירות על גבי הארץ, ונמצא שלא עקר מעל גבי מקום ארבעה; ואצ"ל אם היו הפירות צפין על פני המים והוציאם, שהוא פטור; וכן אם היה שמן צף על פני המים, וקלט מן השמן והוציאו, פטור.

רמב"ם פ"ח מהל' טומאת אוכלין ה"ג - שמן שצף ע"ג יין, ונגע טבול יום בשמן, לא פסל אלא השמן.

באר הגולה

א שם צ"ט | ב משנה בעירובין צ"ט וכאוקימתא דרב הונא | א שם צ"ט בעיא ונפשטא | ב «כאת"ל» | ג «וכבר כתבתי שרבינו כותב פטור באלו הספקות, וכ"ש בזו שאביי פוטר – מגיד משנה» | ד «שרבינו כותב פטור במה שנשאר בתיקו – מגיד משנה»

§ מסכת שבת דף ק. §

אות א'

<u>בור ברשות הרבים עמוקה עשרה ורחבה שמנה, וזרק לתוכה מחצלת, חייב; חילקה במחצלת, פטור</u>

רמב"ם פי"ד מהל' שבת הכ"ב - בור שהוא עמוק עשרה ורחב שמנה ברה"ר, וזרק מחצלת מרה"ר [א]וחילקה הבור ברוחבו לשנים, פטור, שהרי עם הנחת הכלי בטלו המחיצות, ונעשה כל מקום מהן פחות מארבעה על ארבעה.

אות ב'

<u>בור ברשות הרבים עמוקה עשרה ורחבה ארבעה מלאה מים וזרק לתוכה, חייב; מלאה פירות וזרק לתוכה, פטור</u>

רמב"ם פי"ד מהל' שבת הכ"ג - בור ברה"ר עמוק עשרה ורחב ארבעה מלא מים, וזרק לתוכו חפץ ונח [ב]על גבי המים, חייב, שאין המים מבטלין המחיצות; היה מלא פירות וזרק לתוכו, פטור, שהרי מיעטו הפירות את שיעורו.

[ג]סימן שמה סי"א - גומא ברה"ר... ואם היא עמוקה עשרה, הוי רה"י - ואפילו מלאה מים או שאר דברים שאדם מסתכל בהם ורואה מה שבתוך המחיצות, **אבל** אם מלאה פירות, לא הוי רה"י, כיון דאין המחיצות נכרות, ואפי' דעתו לפנותן, ופטור הזורק לתוכו מר"ה, [**ודוקא** מלאה, אבל אם מונח שם מאתמול מעט פירות, לא נתבטל הבור משיעורו עי"ז, תוס' לחד תרוצא], **ומ"מ** איסורא יש בזה, כיון דהפירות הוא דבר שיכול ליטלו משם בשבת, לא נתבטל לגמרי הבור משמו.

ולרשב"א, דוקא פירות טבלים או שאר דבר שאסור לטלטל, מבטל המחיצות, [**אבל** שארי פירות, אפי' בטלו בפירוש לא מהני, דבטלה דעתו אצל כל אדם].

והוא שתהא רחבה ארבעה - ואם לאו הוי מקום פטור, ואפילו עמוקה כ' אמה.

אות ג'

<u>הזורק ד' אמות בכותל, למעלה מי' טפחים, כזורק באויר</u>

סימן שמה סי"ב - [ד]רשות הרבים אינה תופסת אלא עד עשרה - וע"כ הזורק בר"ה דבילה שמינה ונדבק בכותל, למטה מעשרה חייב, למעלה מעשרה פטור, [גמרא, **ומ"מ** נראה דלכתחילה יש איסורא בזה בכל גווני, דדלמא יפול על הארץ].

אבל למעלה מעשרה הוי מקום פטור - ר"ל דאפילו שם כרמלית אין חל על האויר שלמעלה מעשרה, [**ונ"מ** לאם הולך באויר רה"ר על הקורה התקוע מכותל לכותל, וחפציו בידו]. **אמנם** אם ועץ קנה בר"ה ובראשו כלי שגבוה יו"ד טפחים ורחב ד', אע"ג שתחתיה ר"ה, מ"מ הכלי הוא רה"י.

אות ד'

<u>בדבילה שמינה שנינו</u>

רמב"ם פי"ד מהל' שבת הי"ח - נעץ קנה ברה"ר ובראשו טרסקל, וזרק ונח על גביו, פטור, שאין רשות הרבים אלא עד עשרה. הזורק ארבע אמות ברה"ר ונח החפץ בכותל, כגון שזרק חלב או בצק ונדבק בכותל, אם נדבק למעלה מעשרה טפחים, כזורק באויר, שלמעלה מעשרה ברה"ר מקום פטור הוא; נדבק למטה מעשרה טפחים, כזורק בארץ וחייב. זרק למעלה מעשרה ונח בחור כל שהוא, פטור.

אות ה'

<u>אין חוקקין להשלים</u>

סימן שמה ס"י - [ה]ומי' ולמעלה, אם הוא רחב ארבעה - היינו ד' על ד', **הוי רה"י; ואם לאו, הוי מקום פטור, אפי' אם יש בו מקום כדי לחוק להשלימו לארבעה** - היינו כגון שהיה העמוד סמוך לכותל ממש, אפ"ה לא אמרינן חוקקין להשלים, וממילא הוי מקום פטור, ומותר להוציא ממנו לרה"י ולר"ה.

אות ו'

<u>תל המתלקט עשרה מתוך ארבע, וזרק ונח על גביו חייב</u>

רמב"ם פי"ד מהל' שבת הט"ז - תל המתלקט גובה עשרה טפחים מתוך אורך ארבע אמות, הרי הוא רה"י, ואם זרק מרה"ר ונח על גביו, חייב.

באר הגולה

[א] ‹והיינו טעמא דרבינו לא חש להזכיר הרישא, משום דמלתא דפשיטא היא, ופסק כאביי דהוא בתרא - מעשה רקח› [ב] ‹קשה טובא, דזה הוי היפך ממ"ש רבינו לעיל פי"ג ה"ד, וז"ל: וא"צ לומר אם היו הפירות צפין על פני המים והוציאם שהוא פטור, עכ"ל, הרי דע"ג המים לאו הנחה הוא, ורש"י בש"ס הרגיש בזה, ופי' שזרק אבן או מים דאבן נח למטה על הקרקע, ומים חשיבי כמונחים ע"ג קרקע, אך רבינו שכתב ונח ע"ג המים קשה טובא, **ותירצנו** עם החכם השלם מהרי"א ז"ל, דברשות היחיד אע"ג דבעינן עקירה מע"ג מקום ד', הנחה ע"ג מקום כל שהוא הויא הנחה, וא"כ ה"נ בהאי דינא דאנן קיימין שהוא הנחה, אפי' ע"ג המים הנחה כל שהוא הוי הנחה, לא כן בדינא דלעיל דקאי בעקירה, לא חשיב הנחה לענין עקירה - יצחק ירנן. ‹**וכן** מבואר מרש"י, שאינו מבאר את הסוגיא לענין הנחה המחייבת, אלא לענין עקירה משם אם חשוב הוא כעוקר חפץ שהוא נח בשעת עקירה, משום דודאי אם עקר אגוז ממקום מסויים והניח על גבי מים, הוה הנחה וחייב›

[ג] ‹מילואים› [ד] **משנה שם ק' ובגמרא ז' כפירש"י שם** ‹דף ז:› [ה] **שם בגמרא ז'**

הזורק פרק אחד עשר שבת ק

לאו היינו הנחתן בעי רבא *אגוז בכלי וכלי צף על גבי מים מהו מי אמרינן בתר אגוז אזלינן והא נייח או דילמא בתר כלי אזלינן והא לא נייח תיקו שמן על גבי יין מחלוקת ר' יוחנן בן נורי ורבנן דתנן *שמן שצף על גבי יין ונגע טבול יום בשמן לא פסל אלא שמן ר' יוחנן בן נורי אומר שניהם חיבור זה לזה אמר אביי *בור ברה"ר עמוקה עשרה ורחבה שמנה וזרק לתוכה מחצלת חייב °חילקה במחצלת פטור לאביי דפשיטא ליה דמחצלת מבטלא מחיצה כל שכן חוליא דמבטלא מחיצה לרבי יוחנן דמיבעיא ליה חוליא מחצלת פשיטא דלא מבטלא מחיצת' ואמר אביי ג'בור ברה"ר עמוקה עשרה ורחבה ארבעה מלאה מים וזרק לתוכה חייב מלאה פירות וזרק לתוכה פטור מ"ט מים לא מבטלי מחיצתא פירות מבטלי מחיצתא תניא נמי הכי הזורק מן הים לאיסרטיא ומן האיסרטיא לים פטור ר"ש אומר אם יש במקום שזרק עמוק עשרה ורחב ארבעה חייב: **מתני'** *ג'הזורק ארבע אמות בכותל למעלה מעשרה טפחים כזורק באויר למטה מעשרה טפחים כזורק בארץ הזורק בארץ ארבע אמות חייב: **גמ'** *והא לא נח א"ר יוחנן ו'בדבילה שמינה שנינו א"ר יהודה אמר רב א"ר חייא *זרק למעלה מעשרה והלכה ונחה בחור כל שהוא באנו למחלוקת ר' מאיר ורבנן לר"מ דאמר *חוקקין להשלים מיחייב לרבנן דאמרי ז'אין חוקקין להשלים לא מיחייב תניא נמי הכי זרק למעלה מעשרה והלכה ונחה בחור כל שהוא ר"מ מחייב וחכמים פוטרין א"ר יהודה אמר רב תל י'המתלקט עשרה מתוך ארבע וזרק ונח על גביו חייב תנ"ה י'מבוי ששוה לתוכו ונעשה מדרון לרה"ר או שוה לרה"ר ונעשה מדרון לתוכו אותו מבוי אינו צריך לא לחי ולא קורה רבי חנינא בן גמליאל אומר תל המתלקט עשרה מתוך ארבע וזרק ונח על גביו חייב: **מתני'** י"זרק לתוך ד' אמות ונתגלגל חוץ לד' אמות פטור חוץ לד' אמות ונתגלגל לתוך ד' אמות חייב: **גמ'** והא לא נח אמר ר' יוחנן °והוא שנח על גבי משהו תניא נמי הכי זרק חוץ לד' אמות ודחפתו הרוח והכניסתו ואע"פ שחזרה והוציאתו פטור אחזתו הרוח משהו אף על פי שחזרה והכניסתו חייב *אמר רבא י'תוך ג' לרבנן צריך הנחה על גבי משהו יתיב מרימר וקאמר לה להא שמעתא אמר ליה רבינא למרימר
לאו

[עירובין צח:]

רש"י

לאו היינו הנחתן · ואם נטלו משם לאו עקירה היא: **שמן על גבי יין** · לענין שבת מחלוקת ר' יוחנן בן נורי ורבנן: **דתנן שמן** · של תרומה: **שצף על גבי יין** · של תרומה משום הכי נקט טבול יום משום דפוסל ואינו מטמא הלכך לא פסל אלא שמן בלבד דלאו חיבור הוא למיהוי כחד ואילו הוה טמא הוה מטמא ליה לשמן ושמן פסל ליה ליין: **שניהם חיבור** · דהוי כחד ונפסל אף היין ולענין שבת נמי לרבנן הוה ליה כאגוז על גבי מים ולרבי יוחנן הוה ליה כמים על גבי מים: **וזרק לתוכה מחצלת** · משום סיפא נקט ליה דבעי למימר חלקה במחצלת פטור לאשמעי' דהנחת חפץ וסילוק מחיצה בהדדי פטור והכא סילוק מחיצה דזיל הכא ליכא ארבעה וזיל הכא ליכא ד' דבצר ליה עובי מקום מחצלת: **כל שכן חוליא** · דסילוק מחיצה ודאי הוא דמבטיל לה: **לרבי יוחנן** (א) **מחצלת פשיטא ליה דלא מבטלה** · דאי נמי אמרינן סילוק מחיצה והנחת חפץ כי הדדי פטור הכא חייב דלא מבטל ליה הלכך לאו סילוק מחיצה היא: **וזרק לתוכה** · מרה"ר מידי דנייחא כגון אבן או מים: **חייב** · ולא אמרינן כיון דמלא הוא לא הוי רה"י דמבטל להו מחיצות: **מלאה פירות** · פטור דבטיל מחיצות כאילו מלאוה עפר: **תניא נמי הכי** · דמים לא מבטלי מחיצה: **מן הים לאיסרטיא** · מכרמלית לרה"ר פטור: **איסרטיא** · הוא סרטיא: **ר"ש אומר אם יש** · בים במקום שזרק גומא מיוחדת לבדה עמוקה עשרה ורחבה ד' רה"י לעצמה היא ולא הוי כשאר ים אף על גב דים נמי עמוק הוא וממילא שמעינן מדר"ש דמים לא מבטלי מחיצה: **גמ' רבי מאיר ורבנן** · דאיפליגו בחוקקים להשלים בפ"ק דיומא (דף יא:) ובעירובין (ד' יא:) לר"מ דאמר חוקקין להשלים במקו' שיש כדי לחוק הכא חייב דרואין החור כאלו הוא ארבע: **תל המתלקט** · שהוא מדרון והולך ומתלקט מעט מעט עד שמגביה י' מתוך ד"א הרי הוא כאלו זקוף כולו והוי רה"י במקום גובהו ואם זרק מרה"ר ונח על גביו חייב ודוקא נקט מתוך ד' אמות דאי מתוך ה' הרי הוא כשאר רשות הרבים דניחא תשמישתיה להילוך: **ונעשה מדרון לרה"ר** · שהיה קרקע המבוי גבוה מקרקע רה"ר והולך לשפע אצל פתחו לצד רה"ר או שהיה שוה לרה"ר ונעשה מדרון לתוכה שהיה רה"ר גבוה מקרקע המבוי וכניסת המבוי נמי מן הפתח ולפנים גבוה כקרקע רה"ר ברחב אמה או חצי אמה ואח"כ הוא נעשה מדרון לצד דופן האמצעי: **אותו מבוי אינו צריך לחי** · דאותו גובה שבצד הפתח הוה ליה מחיצה אף על פי שהוא משפע והולך: **מתני' זרק תוך לד"א ונתגלגל כו' חייב** · לא שנפל לארץ דא"כ לא צריכא למימר אלא שהרוח גלגלתהו מן האויר לתוך ד' אמות: **גמ' והא לא נח** · חוץ לד' ואמאי אזלינן בתרה: **שנח ע"ג משהו** · שעמד קצת ואח"כ נתגלגל והוא הדין אם אחזתו הרוח באויר ועכבתו מעט ואחר כך הכניסתו דחשיב נמי הנחה אם בתוך ג' הוא: **ודחפתו הרוח** · בעודו באויר: **אחזתו משהו** · הרוח עכבתו במקומו מעט: **לרבנן** · דפליגי עליה דר"ע *בזורק מרה"י לרה"י ורה"ר באמצע דלית להו קלוטה כמי שהונחה לא תימא בתוך ג' מודו אלא אפילו תוך ג' נמי צריך שיטוח ואם עבר רה"ר כולה פטור ונפקא מינה נמי לזורק ד' אמות וכשבא לנוח והגיע לתוך ג' נזכר שגגתו עד שלא נח פטור כדאמרינן במתני' (דף קב·) עד שתהא תחלתו וסופו שגגה ולא אמרינן על שלא נזכר הוה ליה מונח :
לאו

תוספות

פירות מבטלי מחיצתא · וא"ת ומ"ש מדבילה שמינה דאמרינן לעיל דלא מבטלי ואביי דהכא אית ליה שינויא דבדבילה שמינה שנו כדאמר בפ"ק (דף ז:) זימנין משני ליה בכותל דלית ביה חור ובדבילה שמינה כו' וי"ל דדבילה אינה עומדת כל כך להתבטל שם בכותל כמו שרגילין לבטל פירות בבור כעין תבואה אי נמי דבילה דבר מועט הוא ולא מבטלא אבל בור מלא פירות או חציו מבטל רה"י וה"ה דגרעין אחד או דבר מועט לא מבטל רה"י וא"ת היכי ממעטי הני פירות והא אמר בפרק חלון (עירובין עח:) כל דבר הניטל בשבת אינו ממעט ואפי' אי איירי הכא בטבל שאין ניטל בשבת מ"מ כיון דניטל מן התורה הזורק לתוכו אמאי פטור ואומר ר"י דמן התורה ממעט כל דבר ואפילו הניטל ומדרבנן הוא דגזרו דדבר הניטל אינו ממעט ולהכי לא קאמר מותר לזרוק בתוכו אלא קאמר הזורק לתוכו פטור משמע דאיסורא דרבנן איכא ואפילו בתרין שבין שתי חצרות אמרו דדבר הניטל אינו ממעט אע"ג דהוי לקולא דלא אסרי אהדדי אבל ק"ק דבפרק חלון (שם) מייתי על בית שמילאוהו תבן דהוי לענין אהל דאורייתא :

והלכה ונחה בחור כל שהוא כו'· בחור מפולש איירי והאי חוקקין להשלים היינו לשוייה מקום ד' כדפי' בפ"ק (דף ז:): **והא** לא נח· וא"ת מאי פריך והתניא לעיל (ד' צז·) תוך ג' ד"ה חייב אע"ג דלא נח ואין נראה לומר דאתוך ד' אמות קאי אמאי פטור הא לא נח וא"כ כשנח אחר כך חוץ לארבע יתחייב דהא [מתניתין] נמי הכי משמע דאחוץ לד' אמות פריך אמאי חייב וי"ל דפריך לרבא דאמר תוך שלשה לרבנן בעי הנחה ע"ג משהו :

אחזתו הרוח משהו כו' · פי' שעיכבתו ע"ג קרקע או אפי' באויר כדפי' בקונט' דחשיבה אחיזת הרוח כמונח על גבי משהו ונראה דע"ג קרקע (ג) אפי' לר' יהודה דהיינו רבנן דקאמר רבא דצריך הנח' מודה (ג) *)דלא בעינן כדפי' לעיל (דף פ·) ומיהו ק"ק דבסמוך מסקינן איפכא דמתגלגל כיון דאין סופו לנוח לאו כמונח דמי אבל האי כיון דסופו לנוח כמונח דמי וחזר ר"י לפרש דודאי רבי יהודה סבר כר"ע דקלוטה כמו שהונחה (ד) היכא דבעי שתנוח שם כי ההוא דפירקין אבל בההוא דפרק בתרא דעירובין (ד' צז:) היה קורא בספר דלא בעי שתפול שם בעי ר' יהודה הנחה על גבי משהו ורבא קאמר דרבנן דר"ע לית להו קלוטה כמו שהונחה דמיא בשום מקום אפי' רצונו שתנוח שם אפילו תוך ג' ולא ס"ל כברייתא דלעיל דקתני תוך ג' ד"ה חייב אלא סבר כברייתא דהכא דקתני אחזתו הרוח משהו ומתניתין נמי משמע דאיירי בנח משהו כדאוקי ר' יוחנן דומיא דרישא דקתני תוך ד' אמות פטור דאיירי בשנח דאי לאו הכי אמאי מיפטר ורב חלקיה בר טוביה דאמר לעיל תוך שלשה ד"ה חייב מוקי מתניתין בדלא נח ורישא דקתני פטור מיירי כגון שפסק כחו ומחמת הרוח נתגלגל חוץ לארבע :

*) דלא בעינן הנחה כדפי' לעיל דיש חילוק בין מתגלגל ובין אינו מתגלגל כנ"ל

עין משפט נר מצוה

יט א מיי' פי"ד מהל' שבת הלכה כב :

כ ב שם הלכה כג

כא ג מיי' שם הל' יח סמג לאוין סה טוש"ע א"ח סי' שמה סעיף יב :

כב ד מיי' שם :

כג ה מיי' שם הלכה י וסמג לאוין סה טוש"ע שם סעיף יוד :

כד ו מיי' שם הל' טז :

כה ז מיי' פי"ז שם הל' ד טוש"ע א"ח סי' שסג סעיף לו :

כו ח ט מיי' פי"ג שם הלכה כב :

כז י מיי' שם הל' טז [וע"ש בכ"מ] :

רבינו חננאל

אסקופה מאי היא ואוקימנא [באסקופת] כרמלית ואקשינן עלה סוף סוף איסורא דרבנן איכא ושנינן דלית בה ד' על ד' וכר' יוחנן דאמר מקום שאין בו ד' על ד' מותר לבני רה"ר ולבני רה"י לכתף עליו ובלבד שלא יחליפו השתא דתנינן בחולית הבור והסלע פחות מכאן פטור אם הן פחות בגובה ואין פחות ברוחב הוא פטור אבל אסור ואם פחות ברוחב פטור ומותר בלבד שלא יחליף ודייקינן למה ליה למיתנא חולית הבור והסלע מסייעא ליה לר' יוחנן דאמר בור וחוליתו מצטרפין לעשרה והא דר' יוחנן בהמוצא תפלין (ד' צט) בענין בור ברשות הרבים וחולייתו גבוהה י' טפחים והיכי דמי כגון תל ברה"ר וחקק בו עד ארעית (כנגד) רה"ר מקצתו עשאו ביד ומקצתו עשאו חוליא על הבור וארעית הבור עם רה"ר שוה לו והבור עצמו גבוהה מרה"ר וחולייתו למעלה ממנו אם גבוה הבור וחולייתו שניהם יחדיו עשרה טפחים הרי הן מצטרפין ולמעלה מן החוליא רשות אחרת: ונרסינן בירושל' דקדוק אחד א"ר יוחנן (העומד) [העמוד] והחלול מצטרפין לארבעה והוא שהיה (העומד)[העמוד] רובה על החלל והחלל והוא פתיחת הבור (והעומד) [והעמוד] הוא רחב החוליא העומדת שהיא שפת הבור אם נמצא מן השפה אל השפה ד' טפחים אע"פ שיש חלל באמצע הרי הוא רה"י כמו שפירשנו: **בעא** רב מרדכי מרבה עמוד ברה"ר גבוה י' ורחב ד' וזרק ונח על גביו מהו בעיא זו עיקרא כי רה"ר תופשות עד עשרה ומי' ולמעלה מקום פטור הוא לפיכך אם הגביה אדם חפץ מרה"ר ולא הגביה יותר מי' טפחים אלא לאלתר שהגיע לעשרה הניחו ע"ג העמוד חייב אבל זרקו למעלה מי' מעקם כשהוא ברה"ר ויש במחשבתו שאם יפול ינוח ברה"י אלא שבזריקתו יצא ברה"ר למקום פטור שהוא האויר ואח"כ חזר ונפל ונח ברה"י מי אמרינן הרי עקירה ברה"ר והנחה ברה"י ועביד עקירה והנחה נכנס למקום פטור חייב או דלמא כיון דממקום פטור הוא דקא אתיא פטור ופשטו ליה רבה ורב יוסף ואביי מתניתין היא הלא תראה חולית הבור והסלע שגבוהין י' ורחבין ד' מכוונין הנותן על גביו חייב וכן הנוטל מעל גבו חייב ואי אפשר הנותן והנושא שאין מגביה משהו וימצא יוצא למעלה מעשרה ואח"כ יורד ונח בחוליא או לסלע וכן הנוטל מעל גבו ומניח ברה"ר ואעפ"כ חייב ואקשינן עלייהו ודלמא מתניתין בדבר דק כמו מחט דאפשר למשקליה ולאתנוייה בלא הגבהה השיבו לו מהם נמי אי אפשר דלא מידלא פורתא והני מילי דחיות הן ושניא הא שמעתא מרב חסדא דיציאות השבת כדבעינן לפרושי לקמן. א"ר מיאשא בעו ר' יוחנן כותל ברה"ר גבוה עשרה ואינו רוחב ד' ומוקף כרמלית ועשאו רה"י וזרק ונח על גביו מהו פי' כגון שהיה הכותל מחיצה בין רה"ר לכרמלית אח"כ בנה כותל בכרמלית שכנגדו ועשה הכרמלית ההיא רה"י מי אמרינן הרי הכותל זה בחזקתו וכיון שאין בו רחב ד' מקום פטור הוא או דלמא כיון שעשאו [רה"י] כמאן דמליא שאר ד"ם דמי ופשטינן כשהיה כותל לכרמלית מקום פטור היה והשתא דהוה כותל רה"י כיון שנח עליו כמאן דנח ברה"י דמי שאם זה הכותל הוא שעושה הכרמלית ההוא רה"י כ"ש שיעשה הכותל ההוא רה"י וכן אמר עולא ק"ו לאחרים נעשה מחיצה לעצמו לא כ"ש וסלקא בהאי טעמא: בעי ר' יוחנן בור ברה"ר עמוקה ט' ועקר חוליא ממנו שיש בה טפח ובעקירת החוליא נגמר הבור רה"י כדתניא חריץ עמוק עשרה ורחב ד' זו היא רה"י גמורה והניח החוליא ההוא ברה"ר מאי מי אמרינן עקירת הפץ זו ועשיית מחיצה בהדי הדדי קא אתינן וחייב או לא ופשיטא אם תמצי לומר כיון דבשעת עקירה לא מרה"י עקר ובעקירתו הוא רשות רה"י לא מחייב אבל זו הבעיא השנית אם הבור עמוק עשרה שהוא רה"י גמורה ועקר חוליא מרה"ר ונתנה לתוכה ובנתינת החוליא לתוכו נתמעט הבור מעשרה מי אמרינן כיון דבשעת התחלת הנחה רה"י גמורה הוא מיחייב או דלמא כיון שבהנחת החוליא נסתלקה המחיצה ונתמעט הבור פטור*) ואקשינן והא לא נח וא"ר יוחנן בדבילה שמינה שנו הלא כיון שעמד ברחוק ד' אמות מצומצמות מן הכותל וזרק בכותל דבילה שמינה ונדבקה בכותל הרי מיעטה הדבילה הד' אמות שבינו ובין הכותל וכ"ש הוא חייב הכא נמי כיון שנתמעטה הבור י' אע"פ שמיעטו החוליא והא חייב ופרקינן שאני התם דדבילה לא מבטל לה הדעתו לנוטלה לפיכך לא מטמעא אבל החוליא בטולי מבטל לה לגבי בור ויש לומר

*) נראה דחסר כאן כד' רבינו ז"ל ותפשוט ליה מדידיה דתנן הזורק וכו' למטה מי' טפחים כזורק בארץ

מסורת הש"ס

לעיל דף נו

ג"ז שם עירובין דף עח: [טבול יום פ"ב מ"ה]

לעיל ז: צו:

[לעיל ז: ולע:]

ג"ז שם

ג"ז שם וש"נ

הגהות הב"ח

(א) רש"י ד"ה לר' יוחנן וכו' דמבטל לה התם כו' לר' יוחנן דמיבעיא ליה חוליא מחללת פשיטא ליה כצ"ל: (ב) תוס' ד"ה אחזתו וכו' ונראה דע"ג קרקע. נ"ב פי' במתגלגל ואפילו לא אחזתו הרוח: (ג) בא"ד דלא בעינן כדפרי' לעיל. נ"ב כפי' המגלגל יין דף פ: (ד) בא"ד כמו שהונחה דמיא היכא וכו' כי ההוא דפירקין. נ"ב עי"ב:

גליון הש"ס

גמ' חילקה במחצלת. עיין בחידושי הרשב"א לעיל דף ח ע"א ד"ה רחבה שם: [לעיל צו:]

אות ז'

מבוי ששוה לתוכו ונעשה מדרון לרה"ר, או שוה לרה"ר ונעשה מדרון לתוכו, אותו מבוי א"צ לא לחי ולא קורה

סימן שסג סל"ו - [ו]מבוי ששוה מתוכו, ומדרון (פי' מקום משופע) לרשות הרבים - שהיה קרקע המבוי גבוה מקרקע ר"ה, והוצרך לשפע אצל פתחו לצד ר"ה, [רש"י].

או ששוה לרשות הרבים ומדרון לתוכו - שהיה ר"ה גבוה מקרקע המבוי, וכניסת המבוי נמי מן הפתח ולפנים גבוה כקרקע ר"ה ברוחב אמה או חצי אמה, ואח"כ הוא נעשה מדרון לצד דופן האמצעי, [שם].

[ז]אם הולך ומתלקט מעט מעט עד שמגביה י' מתוך ד' אמות - ר"ל שאם השיפוע ארכה ד' אמות, אז כבר הוגבה הקרקע למעלה עשרה טפחים, **הרי הוא כאלו זקוף כולו וא"צ שום תיקון**, דאותו גובה שבצד הפתח הו"ל מחיצה, אע"פ שהוא משפע והולך, וזהו שמסיים רמ"א "ובזה התל" וכו', **(ובזה, התל הוי כמחיצה) (ב"י).**[ס]

אבל אם מתלקט י' מתוך ה' אמות, כמאן דליתא דמיא, וכשאר קרקע דמיא, דניחא תשמישתיה להילוך, [רש"י כתב זה לענין תל המתלקט ברשות הרבים, והוא הדין לענין זה].

ואם כל העיר מוקפת תל, ואח"כ בנו בה בתים, אסור, דלא הוי מוקף לדירה, וכמש"כ סימן שנ"ח ס"ב, **וע"ש** ס"ח דאפילו בנה מחיצות גבוה יו"ד על התל לא מהני, **ואם** התל היה פחות מיו"ד טפחים, והשלים עד יו"ד טפחים, מהני, דזה ההיקף הוי מוקף לדירה, דנעשה אחר שנבנה העיר, **וע"כ** יכול לתקן אפילו אם היה התל סביב העיר כולו, דהיינו שיפחות מהתל בשטח יותר מעשר אמות ברוחב, עד שלא יהיה בגובה עשרה טפחים, דבזה חשוב כפרצה, ואח"כ ישלים זה השיעור, ובזה מהני, וכדלעיל בסימן שנ"ח ס"ב ע"ש.

ואם יש סביב העיר חריץ עמוק יו"ד טפחים ורוחב ד' טפחים, דהוי כמחיצה, ונסתם החריץ ע"י עפר וצרורות, אם אין הסתימה עולה ביותר מעשר אמות, הרי הוא כפתח ואינו אוסר, **אבל** אם הוא יותר מעשר אמות, הרי הוא כפרצה.

אות ח' – ט'

זרק לתוך ד' אמות ונתגלגל חוץ לד' אמות, פטור; חוץ לד' אמות ונתגלגל לתוך ד' אמות, חייב

והוא שנח על גבי משהו

רמב"ם פי"ג מהל' שבת הכ"ב - [ט]זרק לתוך ארבע אמות ונתגלגל חוץ לארבע אמות, פטור. זרק חוץ לארבע אמות ונתגלגל לתוך ארבע אמות, [י]אם נח על גבי משהו חוץ לארבע אמות ואחר כך נתגלגל ונכנס לתוך ארבע אמות, חייב; ואם לא נח כלל, הרי זה פטור.

באר הגולה

ו שבת ק' ז ‹הא דקתני מבוי ששוה לתוכו ונעשה מדרון לרשות הרבים וכו'. במתלקט עשרה מתוך ארבע היא, וכההיא דמסיים ר' חנינא בן גמליאל, ובהדיא קתני בה בתוספתא: מבוי ששוה לרה"י ועשוי מדרון לרה"ר, אם יש גובה י' טפחים בתוך ד' אמות א"צ לחי וקורה וכו', שוה לרה"ר ועשוי מדרון לרה"י, אם יש גובה י' טפחים בתוך ד' אמות א"צ לחי וקורה כו', תל ברה"ר ר' חנינא בן גמליאל אומר אם יש גובה י' טפחים בתוך ד' אמות, נטל הימנו ונתן על גביו חייב, וזו היא הברייתא עצמה שהביאו כאן בגמרא, אלא שדרך בעלי הגמ' לקצר בלשון הברייתות בהרבה מקומות ולשנות בלשון, ובלבד שתהא הכוונה קיימת – רשב"א›

ח **וכל אמות דעירובין באמה ששה, אלא לפעמים שוחקות ולפעמים עצבות באופן שיהיה לחומרא** ט ‹וכתב הרשב"א ז"ל, הא דתני זרק תוך ארבע ונתגלגל חוץ לארבע, מסתברא שהוא בזורק לתומו על דעת שתנוח באי זה מקום שירצה, דאי לא אלא שנתכוין לזרוק בדוקא תוך ארבע, פשיטא, ומאי איריא נתגלגל, הו"ל נתכוין לזרוק ב' וזרק ארבע פטור, **וכיון** שכן, רישא נמי כיון דבכה"ג הוא, דוקא כשנח משהו תוך ארבע וחזר ונתגלגל, הא לאו הכי אמאי פטור הא נח מכחו חוץ לארבע, וכן פירשו בתוספות, דדוקא בשנח תוך ארבע. ולפי זה ה"ה דהוה מצי לאקשויי ארישא, אמאי והא לא נח, ולוקמה בשנח על גבי משהו, אלא שהוא נוח לו לחזור אחר פטור, כנ"ל, ע"כ דבריו. **אבל** הרב ברצלוני כתב, פטור מ"ט, שלא היתה מחשבתו חוץ לד' אמות, ע"כ – מגיד משנה› ‹**ודעת** רבנו דלא כדעת הרשב"א, מדלא חילק ברישא בין נח או לא, אלא דברישא סובר רבנו דאפילו לא נח פטור, אפילו באומר בכל מקום שתרצה תנוח, כיון דמכח זריקתו נפל תוך ד', אלא שמעצמו נתגלגל במקום מדרון או מחמת הרוח, הילכך פטור, ובסיפא אע"פ שמכח זריקתו עברה ד', היכא דלא נחה כלל פטור, והיכא דנחה ע"ג משהו חייב, והיינו דוקא תוך ג' כנ"ל הט"ז – מרכבת המשנה› י ‹לכאורה משמע דהרמב"ם לא ס"ל כרש"י אלא כהריטב"א, וז"ל: ומיהו לר' יוחנן אתיא כשאחזתו הרוח על גבי משהו, ולא שאחזתו באויר, ותימה על רש"י ז"ל שפי' שאחזתו הרוח באויר, וא"כ פליגא קצת אדר' יוחנן דבעי הנחה על גבי משהו, ולא אמרינן תניא כותיה אלא דבעינן שנח משהו קודם שתתגלגל›

אות י׳

<u>תוך שלשה לרבנן צריך הנחה על גבי משהו</u>

רמב״ם פי״ג מהל׳ שבת הט״ז - הזורק מרה״י לרה״י ורה״ר באמצע, אע״פ שעבר החפץ באויר רה״ר, פטור, והוא שיעבור למעלה משלשה טפחים; אבל אם עבר בפחות משלשה סמוך לארץ ונח על גבי משהו, אף על פי שנעקר או נתגלגל ויצא החפץ לרה״י האחרת, הרי הוא כמי שנשאר עומד ברה״ר, ולפיכך חייב. וכן הזורק מרה״ר לרה״ר ורה״י באמצע, פטור, ואם עבר החפץ בפחות משלשה סמוך לארץ ונח על גבי משהו, אף על פי שחזר ונתגלגל ויצא לרה״ר השניה, הרי הוא כמי שנשאר עומד ברה״י, ולפיכך חייב.

עין משפט נר מצוה

בח א מיי׳ פי״ד מהל׳ שבת הל׳ ד ופ״ה סמג לאוין סה טוש״ע א״ח סי׳ שמה סעיף יד:

כט ב ג מיי׳ שם הל׳ כד:

ל ד מיי׳ פ״ג מהלכות עירובין הלכה כה:

לא ה ו מיי׳ פי״ד מהל׳ שבת הלכה כ ופט״ו הלכה כ סמג שם טוש״ע א״ח סי׳ שנה סעיף יח ומי׳ שנה סעיף א:

לב [ז] [מיי׳ פט״ו שם הלכה יט סמג שם טוש״ע א״ח ר״ס סי׳ שנה]

לאו היינו מתני׳ וא״ר יוחנן והוא שנח [א] ע״ג משהו א״ל מתגלגל קאמרת מתגלגל אין סופו לנוח אבל האי כיון דסופו לנוח אע״ג דלא נח כמאן דנח דמי קמ״ל: **מתני׳** הזורק בים ארבע אמות פטור אם היה רקק מים ורשות הרבים מהלכת בו הזורק לתוכו ד׳ אמות חייב וכמה הוא רקק מים פחות מעשרה טפחים רקק מים ורשות הרבים מהלכת בו הזורק בתוכו ד׳ אמות חייב: **גמ׳** א״ל ההוא מרבנן לרבא בשלמא הילוך הילוך תרי זימני הא קמ״ל הילוך ע״י הדחק שמיה הילוך תשמיש ע״י הדחק לא שמיה תשמיש אלא רקק רקק תרי זימני למה לי חד בימות החמה וחד בימות הגשמים וצריכי דאי תנא חדא ה״א ה״מ בימות החמה דעבידי אינשי דמסגי לאקורי נפשייהו אבל בימות הגשמים לא ואי אשמעינן בימות הגשמים דכיון דמיטנפי לא איכפת להו אבל בימות החמה לא אביי אמר איצטריך סד״א ה״מ היכא דלא הוי ד׳ אמות אבל היכא דהוי ד׳ אמות אקופי מקפי ליה רב אשי אמר איצטריך ס״ד אמינא ה״מ היכא דהוה ד׳ אבל היכא דלא הואי ארבעה מיפסעי פסעי ליה ואזדא רב אשי לטעמיה דאמר רב אשי האי מאן דזריק ונח אגודא דגמלא מיחייב שהרי רבים בוקעין בו: **מתני׳** הזורק מן הים ליבשה ומן היבשה לים ומן הים לספינה ומן הספינה לים ומן הספינה לחבירתה פטור ספינות קשורות זו בזו מטלטלין מזו לזו אם אינן קשורות אע״פ שמוקפות אין מטלטלין מזו לזו: **גמ׳** איתמר ספינה רב הונא אמר מוציאין הימנה זיז כל שהוא וממלא רב חסדא ורבה בר רב הונא אמרי עושה מקום ארבעה וממלא רב הונא אמר מוציא הימנה זיז כל שהוא וממלא קסבר כרמלית מארעא משחינן ואוירא מקום פטור הוא ובדין הוא דזיז נמי לא ליבעי אלא כי היכי דליהוי ליה היכרא רב חסדא ורבה בר רב הונא אמרי עושה מקום ארבעה וממלא קסברי כרמלית משפת מיא משחינן *מיא ארעא סמיכתא אי לא עביד מקום ארבעה קא מטלטל מכרמלית לרה״י א״ל רב נחמן לרבה בר אבוה ולרב הונא דאמר מוציא הימנה זיז כל שהוא וממלא זימנין דליכא עשרה וקא מטלטל מכרמלית לרה״י אמר ליה גמרינן דאין ספינה מהלכת בפחות מעשרה והא מורשא אית לה אמר רב ספרא גשושי אזלי קמה א״ל רב נחמן בר יצחק לרב חייא בר אבין לרב חסדא ולרבה בר רב הונא דאמרי עושה מקום ארבעה וממלא שופכין דידיה היכי שדי להו וכ״ת דשדי להו באותו מקום מאיסי ליה [ו] דשדי להו ארפגא דספינה והא איכא כחו *כחו בכרמלית לא גזרו ומנא תימרא דתניא ספינה אין מטלטלין לא מתוכה לים ולא מן הים לתוכה רבי

רש״י

לאו היינו מתניתין · דקתני חוץ לארבע אמות ונתגלגל כו׳ חייב ואמר רבי יוחנן והא שנח הא לא נח לא מדלא אוקמא רבי יוחנן כגון שבא לתוך ג׳: **מתגלגל קאמרת** · דבר שהרוח מגלגלו באויר וזמנין עד שלא נח נימא כמונח דמי דהא סופו לנוח וכבר בא לתוך ג׳: **מתני׳ וכמה הוא רקק מים** · כמה עומקו דנימא אכתי רה״ר הוא ולא נעשה כרמלית · רקק גרבילא: **גמ׳ הילוך הילוך** · דנקט תרי זימני רשות הרבים מהלכת בו חד למימרא דאי אין רגילין להלך בו פטור וכי רגילין להלך בו חייב ואע״ג דהילוך ע״י הדחק הוא וחד לאשמעינן דדוקא הילוך ע״י הדחק שמיה הילוך אבל תשמיש לרבים ע״י הדחק כגון גומא תשעה ברה״ר אע״ג דחזיא לאצנועי ביה כומתא וסודרא לא הוי תשמיש למיהוי ההוא גומא רה״ר כעמוד ט׳ שהרבים מכתפין עליו דאמרינן בפ״ק דהוי רה״ר: **אלא רקק תרי זימני למה לי** · לאשמעינן הילוך על ידי הדחק אחריתא: **דלא הוי ד׳ אמות** · רחב דלא טריחא להו מילתא לעבור בתוכו וטח לעבור מלהקיף ולילך לראשו שהוא כלה שם: **אבל היכא כו׳** · הדר תניא זימנא אחריתי לאיתויי הא: **ה״מ** · דהוי ר״ה: **היכא דהוי רחבו ד׳ אמות** · דלאו אורחיה למפסעי אלא עברי בגויה: **אגודא דגמלא** · על דף שבגשר המוטל לרוחב הגשר כשאר הדפים ומובדל מחבירו: **חייב** · ואע״ג דאיכא דמיפסעו פסעי ולא מנחי כרעייהו עלה איכא טובא דעברי עליה: **מתני׳ מן הים ליבשה** · מכרמלית לר״ה: **מן הים לספינה** · מכרמלית לרה״י: **מטלטלין מזו לזו** · ובגמרא פריך פשיטא: **שמוקפות** · סמוכות זו לזו כמו אין מקיפין שתי חביות (ביצה דף לב:): **אין מטלטלין מזו לזו** · דמהפסק כרמלית מיפרשי מהדדי ואנן מוקמינן לה בגמרא שהספינות של שני בני אדם וע״י עירוב מטלטל מזו לזו הלכך כי מיפרשי ומפסקה כרמלית בטל עירוב: **גמ׳ ספינה** · המפרש בספינה בים: **מוציא זיז כל שהוא** · מדופני הספינה על המים להיכר בעלמא כדמפרש ואזיל: **וממלא** · מן הים ומכנים לספינה: **מקום ארבעה** · חלל ד׳ מוקף מחיצות קטנות ומחילה תלויה מתרת במים: **כרמלית מארעא משחינן** · י׳ של אויר שנתנו חכמים לאיסור כרמלית כדאמרינן בפ״ק (דף ז׳) ותופסת עד י׳ מקרקעית הים משחינן להו ואוירא שהוא למעלה מי׳ ואפילו הן מים הוי מקום פטור הלכך בהיתירא קא שקיל לכתחלה: **דליהוי ליה היכרא** · לכרמלית גמורה: **ארעא סמיכתא היא** · וכל המים כרמלית הן: **סמיכתא** · עבה: **זימנין דליכא** · במים עמוקה עשרה ואי כמי מארעא משחינן כולה כרמלית היא: **גמירי אין ספינה מהלכת כו׳** · דכל היכא דתניא ספינה ולא תני עריבה גדולה היא: **והא מורשא אית לה גרסי׳** · ראש הספינה הולך ומגביה מן המים ואפילו (א) היו המים פחותין מי׳ אין נוגעת שם ואם ממלא כנגד אותו מקום מטלטל מכרמלית לרה״י: **גשושי אזלי קמה** · בני אדם ממשמשים בכלונסות את עומק המים ואין מניחין לילך הספינה אלא במקום עמוק שמא תמהר לילך ותשכון לארץ במקום מושבה: **עושה לה מקום ד׳** · אלמא כל המים כרמלית הן: **שופכין דידיה** · מים רעים כגון רחילת כוסות וקערות: **מאיסי ליה** · המים שימלא שוב דרך אותו מקום: **דשדי להו** · בכ״מ שירלו על דופני הספינה והן יורדין לים: **והא איכא כחו** · כהי דלא זריק להדיא לים מיהו מכחו הן באין לים: עמוקה

תוספות

עושה מקום ארבעה וממלא · פירש בקונטרס עושה מחילות קטנות ואין נראה לר״ת ולר״י דהא תנן בפרק כילד משתתפים (עירובין דף פז:) גזוזטרא שהיא למעלה מן המים אין ממלאין ממנה מים בשבת אא״כ עשו לה מחילה גבוה י׳ כו׳ אלא עושה מקום (ג) היינו שיהיה הזיז רחב ארבע טפחים כדי שלא יהיו המחילות עשויות לפחות מארבע ולמאן דשרי הכא בזיז כל שהוא לא תקשי דמוקי התם כשאין המים עמוקים י׳ אי נמי התם גזרינן שמא יעלה הים שירטון כדגזרינן בפרק קמא דעירובין (דף ח׳) אבל ספינה לעולם אין מהלכת בפחות מי׳ ולא שייך למגזר:

גמירי דאין ספינה מהלכת למטה מי׳ · והא דקאמר בפרק מי שהוציאוהו (עירובין דף מג·) במהלכת ברקק התם מיירי בספינה קטנה אבל הכא בספינות גדולות שטוענין אותן ביותר ונשקעות הרבה במים ואין מהלכות בפחות מי׳ ומיהא צ״ל דאף הכלי שדולה בו ונשקע במים הוי למעלה מי׳ דאי לאו הכי היאך ממלא:

ודילמא מורשא אית לה · פירש ר״ח דילמא יש מורשא לקרקע שסמוך לספינה שהקרקע גבוה שם ואם יוליא דרך שם יהיה למטה מעשרה במקום מילואו כיון שהקרקע גבוה שם אבל רש״י דמפרש מורשא דספינה לא יתכן לשון ודילמא דגרסינן בכל הספרים וגרסינן והא מורשא אית לה:

כחו בכרמלית לא גזרו רבנן · והכי נמי משני בפרק חולין (לקמן דף קמא·) גבי האי מאן דסחי במיא כו׳ · וק׳ לר״י דבפרק כילד משתתפין (עירובין דף פח·) אמרי׳ גבי גזוזטרא שהיא למעלה מן המים לא שנו אלא למלאות אבל לשפוך אסור משום שהמים נדחין מכחו חוץ לארבע אמות אלמא כחו בכרמלית אסור ויש לומר דגזוזטרא פעמים שהיא סמוכה למקום שרה״ר מהלכת וגזרו כחו בכרמלית משום כחו ברשות הרבים אבל בספינה דלעולם האי כחו בכרמלית לא גזרו:

רבינו חננאל

לומר דסמעשא בבור ופטור וזו איבעיא לא אפשטא: **בעי** רבא זרק דף ע״ג יתידות כגון פרסקל בראש קנה דנעשה רה״י ואמרינן מאי קא מיבעיא ליה הנחת חפץ ועשיית מחיצה בהדי הדדי היינו בעיא דר׳ יוחנן דאיבעיא ולא אפשיטא אלא כי קא מיבעיא ליה לרבא כגון שזרק דף ויש על גביו חפץ ונח הדף על גבי יתידות והחפץ על גביו מי אמרינן אפי׳ זה כהנחת חפץ ובהנחתו נעשית מחיצה דמי או דלמא כיון דלא אפשר שלא מידלא החפץ מעט ואח״כ יפול על הדף נמצא שנעשה מחיצה ואח״כ נותן החפץ עליו וחייב ועלתה בתיקו: **אמר** רבא פשיטא לי זרק מים על גבי מים או שעקר מים מרה״י והניחן על גבי מים ברה״ר חייב וזו היא הנחתן זרק או שהניח אגוז על גביהן וצף על גביהן לאו הנחה היא ופטור ואגוז בכלי וכלי ע״ג המים לא אפשיטא שמן על גבי מים פלוגתא דרבי יוחנן בן נורי ורבנן: **אמר** אביי בור ברה״ר עמוק עשרה ורחב ח׳ זרק לתוכה מחצלת חייב דעדיין חדא רשותא היא אבל נתכוון לחלקה במחצלת הויין להו ב׳ בורות עמוקין עשרה ואין בכל אחד רחב ד׳ שהרי מיעטן המחצלת מלהיות בכל אחד ד׳ ויצאו מתורת רה״י והרי הן מקום פטור והא דאביי פליגא אדר׳ יוחנן דהא ר׳ יוחנן בעי ליה הוליא מבטלא מחיצתא או לא וכיון דהוליא מיבעיא ליה מחצלת פשיטא ליה דודאי לא מבטלא מחיצתא ועדיין רה״י היא ולאביי דפשיטא ליה דמבטלא מחיצתא כ״ש הוליא דודאי מיבטלא מלתא דמיבעיא ליה לר׳ יוחנן פשיטא ליה לאביי ומים בבור לא מטעטי לה ולא מבטלי מחיצות אבל פירות (שביכר השומן) [שבכירה ושמין] בבור אם נתכוון למעל׳ פטור דפירי מבטלי מחיצתא וה״מ דבטלינהו גבי בור אבל אי אצנעינהו לפירי בבור למהדר ולמיכל מינייהו לבתר הכי לא ממעטי בבור: **מתני׳** הזורק ד׳ אמות בכותל אם נתכוון לזרוק למעלה מעשרה טפחים בכותל הרי הוא כזורק באויר והזורק באויר פטור ואם נתכוון למטה מי׳ טפחים בכותל הרי הוא כזורק בארץ והזורק בארץ ד׳ אמות חייב ואקשינן עלה הזורק למטה מי׳ טפחים חייב והא לא נח ואוקמא ר׳ יוחנן בזורק דבילה שמנה שיש בה לחלוחית ונדבקת בכותל חייב שהרי נגמרת מחשבתו כאשר ניסותה זו היא הנחתה הא דאמר ר׳ חייא זרק למעלה מי׳ טפחים בכותל והלכה תחת בחור שהוא מחלוקת ר׳ מאיר ורבנן. פירוש כגון שהיה זה החור עצמו כגבוה י׳ טפחים ומקרקעית החור ולמטה עשרה טפחים מכוונים ואלו היה בחור ד׳ על ד׳ דברי הכל כרה״י וחייב הזורק מרה״ר לתוכו ושנעשית בחור דלית ביה ד׳ על ד׳ דר׳ מאיר סבר כל כי האי נותא חוקקין להשלים וכיון שיש בעובי הכותל לחוק ולהשלימו להיות היה ד׳ על ד׳ רואין בכותל הלב כאלו חקוק הוא ויש בו ד׳ על ד׳ וחייב וחכ״א אם יש בחור הזה ד׳ על ד׳ [חייב] אבל לחוק ולהשלים אין חוקקין כי האי גוונא חקיקה בלבו אלא הרי הוא כנגד גבוה י׳ טפחים ואינו רחב ד׳ שהזורק לתוכו פטור והא דר׳ מאיר וחכמים מפורש בפרק א׳ דעירובין כיפה ר׳ מאיר מחייב במזוזה וחכמים פוטרין ושוין שאם יש ברגליה עשרה שחייבת אמר אביי הכל מודין אין ברגליה שלשה ולא כלום יש ברגליה ג׳ ואינה רחבה ד׳ ולא כלום הוא כי פליגי היכא דרחבה ד׳ ויש בה לחוק ולהשלימה לעשרה דר״מ סבר חוקקין להשלים וחכמים סברי אין חוקקין להשלים וזה הוא (ביומ״כ) [בסוכה] פרק א׳ דחוקקין להשלים ומפורש נמי בפרק המוצא תפלין בעניין מפתח שהוא למעלה מעשרה. אמר אביי ש״מ מהא מתניתא תלת וחדא מינייהו חוקקין להשלים: **ירושלמי** אם יש חור בכותל מחלוקת ר׳ מאיר וחכמים על דעתיה דר׳ מאיר יש בו ד׳ על ד׳ בין אין בו את רואה את הכותל כגמום על דעתיהו דרבנן אין את רואה את הכותל כנסום אלא כסתום. והך דרב חסדא דיציאות השבת דאמר נעץ קנה ברה״י וזרק ונח על גביו חייב אפי׳ גבוה מאה אמה שרה״י עולה עד לרקיע לא דמיא להא לא ליבעיא דמרדכי ולא להא דר׳ חייא דהני בעמוד עומד ברה״ר וחלק רשות לעצמו בגובהו וכותל שהוא ברה״ר ונח בחור שהוא למעלה מי׳ טפחים אבל דרב חסדא בעמוד ברה״י ועקר אדם חפץ מרה״ר וזורק ברה״י למעלה ונח ע״ג עמוד שהוא ברה״י אפילו ע״ג ק׳ אמה חייב שכבר זרק מרה״ר לרה״י וקא אמרי בה אמר אביי ברה״י כ״ע לא פליגי כדרב חסדא והאי חור אם היה בתוך י׳ לא חשיב לא כרה״ר ולא כרה״י דאתמר חורי רה״ר אביי אמר כרה״ר דמו רבא אמר לא כרה״ר דמו והאי דתנן למטה מי׳ טפחים כזורק בארץ דקא מוקי לה ר׳ יוחנן בדבילה שמנה איתיביה רבא לאביי מינה וא״ל אי ס״ד חורי רה״ר כרה״ר למה לי לאוקמה בדבילה שמנה לוקמה בחור. זמנין משני ליה אביי שאני צרור וחפץ דעבידי דהדרי זמנין משני ליה בכותל דלית ביה חור ממאי מדקתני רישא למעלה מי׳ טפחים כזורק באויר ואי ס״ד בכותל דאית ביה חור אמאי כזורק באויר לוקמא דנח בחור וכי תימא דלית ביה ד׳ והא רב יהודה אמר רב א״ר חייא זרק למעלה מי׳ ונח בחור כל שהוא באנו למחלוקת ר״מ ורבנן אלא לאו ש״מ בכותל דלית ביה חור ואע״ג דאביי פריק לנפשיה הלכתא כרבא: **אמר** רב יהודה אמר רב תל המתלקט י׳ מתוך ד׳ אמות וזרק ונח על גביו חייב · פי׳ אדם שעומד ברה״ר ועקר מרה״ר והניחו בתל זה כיון דקיי״ל גדר ברה״ר גבוה י׳ רחבו ד׳ א׳ הוא רה״י נמצא האי תל נמי רה״י הוא והיכא דמי מתלקט כגון שצירו אחד עומד בנירור י׳ טפחים מן הארץ כנדר והצד שכנגדו משופע במורון וכמין כבש שמתוך ד׳ אמות בשיפוע המדרגה גובה ועולה י׳ טפחים כגון זה ד׳ אמות י׳ טפחים הציור. אם נח החפץ הזורק על גובהו של תל זה שהוא גבוה י׳ טפחים

מסורת הש״ס

[עי׳ תוס׳ עירובין עח: ד״ה שבת]

[לעיל ח:]

[גיטין ח.]

[לקמן קמא.]

הגהות הב״ח

(א) רש״י ד״ה והא מורשא וכו׳ ואפילו היו המים כן פחותין: (ב) תוס׳ ד״ה עושה וכו׳ עושה מקום ארבעה היינו:

הגהות הגר״א

[א] גמרא והוא שנח ע״ג משהו. נ״ב צ״ל והוא שנח משהו:

גליון הש״ס

תוס׳ ד״ה גמירי ומיהו צ״ל. עיין מג״א סימן למה סק״ג ביאור להמשך דברי תוספות אלו:

§ מסכת שבת דף ק: §

אות א'

הזורק בים ארבע אמות פטור

סימן שמה סי"ד - [א]איזה הוא כרמלית, מקום שאין הלוך לרבים, כגון ים - וה"ה נהר, ואע"ג דמיא לא מבטלי מחיצתא, כמו שכתבנו בסי"א, **י"ל** דכל חריץ שאינו משופע כדי שיתלקט גבוה י"ט מתוך ד"א, לא הוי רה"י, ומצוי הוא שאצל שפתו אינו עמוק כ"כ תיכף - כ"כ המ"א.

ובמאירי נזכר הטעם, משום דהמחיצות רחוקות זו מזו מאוד, אינן מצטרפות לעשות מה שביניהן רה"י, ולפי"ז אפילו אם אצל שפתו הוא עמוק, ג"כ אינו רה"י מן התורה מטעם זה, {**ונהר**, אע"ג דשתי מחיצות אינם רחוקות זו מזו, כיון דאידך השנים הם רחוקות זו מזו כמה פרסאות, אינם מצטרפות לאלו השנים}, **ואפילו** לפי דברי המ"א, מדרבנן כרמלית הוי בכל ענין.

(**ועיין** מ"א שהביא בשם רא"ם, דאם יש בתוך הים גומא עמוקה יו"ד טפחים, הוי רה"י מן התורה, {**ומשמע** דפסק כר"ש בשבת דף ק', והמעיין בחידושי הרשב"א יראה דאין דבר זה ברור כלל}, **וסיים המ"א**, דמ"מ מדרבנן יש ע"ז דין כרמלית, כקרפף שלא הוקף לדירה, **ועיין** בפמ"ג, דבענינו אפילו הוא פחות משתי סאה נמי הוי כרמלית).

ואם היה רקק מים בר"ה ור"ה מהלכת בו, אם אינה עמוקה עשרה טפחים, אע"פ שאינה רחבה [ב]ד' טפחים, ועי"ז רוב מדלגין עליה ואין מהלכין בתוכה, אעפ"כ הוי ר"ה, [ג]{**וה"ה** אם היה דף מונח על הרקק, ובני אדם עוברים עליה, הוי ר"ה}, **וברש"י** דף ק' משמע קצת, דלא הוי ר"ה אלא א"כ הרבה בני אדם עוברים בתוכה, [מ"א בשם הרמב"ם], **ואם** הרקק עמוקה י' ורחבה ד"ט, הוי כרמלית כמו ים - רמב"ם, **ועיין** בפמ"ג דמסתפק לומר, דרק לחומרא הוי ככרמלית, שלא להוציא מתוכה לרה"י, אבל מן התורה רה"י הוא, [**ובמאירי** משמע דמן התורה לא הוי רה"י, משום דבאגם אין המחיצות נכרות].

ובקעה - מקום שדות שאין מוקף מחיצות, **ואצטוונית (פירוש אצטוונית, מקום שלפני החנויות שיושבים שם הסוחרים).**

אות ב' – ג'

אם היה רקק מים ורה"ר מהלכת בו, הזורק לתוכו ארבע אמות חייב. וכמה הוא רקק מים, פחות מעשרה טפחים איצטריך, סד"א הני מילי היכא דלא הוי ארבע אמות, אבל היכא דהוי ארבע אמות אקופי מקפי ליה וכו'

רמב"ם פי"ד מהל' שבת הכ"ד - רקק מים שהוא עובר ברה"ר ורבים מהלכין בו, אם אין בעומקו עשרה טפחים הרי הוא כרה"ר, [ד]בין שהיה רחב אפילו ארבע אמות בין שלא היה ברוחבו ארבעה טפחים, שהרי רוב העם מדלגין עליו ואין מהלכין בתוכו, הואיל ואין בעומקו עשרה הרי הוא ר"ה; ואם יש בעומקו עשרה או יתר הרי הוא ככרמלית כשאר הימים, והוא שיש ברוחבו ארבעה טפחים או יתר על כן, שאין כרמלית פחותה מארבעה.

אות ד'

ספינות קשורות זו בזו, מטלטלין מזו לזו; אם אינן קשורות, אע"פ שמוקפות, אין מטלטלין מזו לזו

רמב"ם פ"ג מהל' שבת הכ"ה - וכן שתי ספינות שהיו קשורות זו בזו ועירבו, ונפסקו, אסור לטלטל מזו לזו, [ה]ואפילו היו מוקפות מחיצה; חזרו ונקשרו בשוגג, חזרו להתירן.

[ו]סימן שנה ס"א - שני ספינות זו אצל זו, אסור לטלטל מזו לזו אלא א"כ קשורות זו בזו - [ז]דכשאינן קשורות, אע"פ שהן סמוכות זו לזו, מ"מ עשויות להתרחק זו מזו, ונמצא כרמלית מפסקת ביניהן, [לבוש וא"ר וח"א], **וחיישינן** דילמא נפיל ואתי לאתויי מכרמלית לרה"י, ‹**אע"ג** דלעיל גבי ב' בתים (סי' שנג ס"א) לא גזרינן דילמא אתי

באר הגולה

א **ברייתא שם ו'** ב ‹עיין ברש"י, ועיין בהערה לקמן בסמוך› ג ‹ומ"ש ה"ה דף המונח עליו, לכאורה מפרש כן מ"ש שם אגודא דגמלא, ורש"י פירש לרוחב הגשר, יע"ש, ומ"מ אמת הוא, דף שאין ברחבו דע"ד ומונח על רקק וחריץ לעבור שם, הוה רה"ר, כמו עמוד גבוה ט' ואין רחבו דע"ד דרבים מכתפים א"צ דע"ד, ה"ה זה – פמ"ג› ד ‹משנה (שם ק':) וסוגיא דגמרא בשתי אוקימתות כדברי רבינו ז"ל והדברים פשוטים שם – מגיד משנה›. ‹**נ"ב** בשני אוקימתות, היינו דאביי ורב אשי המפורש בדברי רבינו – דבש תמר›. ‹**וצ"ל** דהעין משפט כיוון לציין גם אוקימתא דרב אשי›. ‹**בגירסתנו** רב אשי אמר וכו' סד"א ה"מ וכו' אבל היכא דלא הוה ארבעה וכו', דהיינו טפחים, וכפי' רבנו, **ולפי** הנראה דרש"י היה גורס ארבע, דלהכי מפרש אמות. **ופירוש** רבנו מרווח, דהיינו דקאמר היכא דלא הוה ד' מפסעו פסעו ליה, דהיינו שרוב העם מדלגין עליו ואין מהלכין בתוכו, דשיעור הילוך אדם ד' טפחים – מרכבת המשנה› ה ‹כמ"ש רבנו בפי' המשנה: מוקפות הוא שיקיף ביניהם כלום מחיצה מיריעות וכיוצא בהן, עכ"ל. **פי'** ואין ההיקף מחובר וקשור. **מוקפות** דגבי ספינות לדרך רבנו דלא כפי' רש"י סמוכים, אלא שהאויר שבין הספינות מוקף בשתי יריעות, שנמצא כשזורק מספינה לספינה זורק דרך רה"י ומקום מוקף, ואפ"ה אסורים הואיל שנפסקו ואינו יכול להשתמש מזו לזו דרך פתח, אלא ע"י זריקת משך – מרכבת המשנה› ו ‹מילואים› ז ‹ביאור דבריו נ"ל, דהנה במשנה דשבת [ק':] תנן ספינות קשורות זו בזו מטלטלין מזו לזו, אם אינם קשורות אע"פ שמוקפות, אין מטלטלין מזו לזו, ומסיק בגמ' דלענין עירוב הוא, דכשהם קשורים מהני עירוב, ואם נפסקו נאסרו, דבטל העירוב, דזהו כשהספינות אינם של אדם אחד, **והרמב"ם** כתב דין זה לענין עירוב בספ"ג מעירובין, ע"ש, ומשמע דכשהם של אדם אחד אין נ"מ כלל בדין זה, וא"כ אין דין זה שייך כלל בכאן, [וזהו דעה שניה במ"ב בשם המ"א], **ולזה** בא רבינו הרמ"א לבאר דאפילו אם הם של אדם אחד, אסור לטלטל מזו לזו אם אינם קשורות, אע"ג דמרה"י לרה"י קא מטלטל, והטעם דשמא יפול החפץ אל המים ומטלטל מרה"י לכרמלית ואתי לאתויי, [תוס' שם ק"א: ד"ה פשיטא, ודעה א' במ"ב בטעם שני], וגם לפי שעשויין להתרחק זה מזה ואויר כרמלית מפסיק ביניהם [דעה א' במ"ב בטעם ראשון מא"ר בשם רי"ו ועה"ק] – ערוה"ש›

לאתויי, הכא בספינות דלא קביעי איכא למיגזר טפי דילמא נפיל - תוס' שבת דף ק"א: ד"ה פשיטא. ‹ותמוה מאד דאי חיישינן דלמא נפל, אין חילוק בין למעלה מי' ובין למטה, **וע"כ** מדשרינן [להלן] למעלה מי', לא חיישינן דלמא נפל, ומ"מ למטה מי' אסור, משום דקמטלטל מרה"י לכרמלית, ואף שאין עושה הנחה בכרמלית, אסור - חזו"א, **ומטעם** זה, אפי' שתי הספינות הם של אדם אחד, ג"כ אסור, **ויש** מתירין אם הם של אדם אחד, דלא חיישינן דילמא נפיל וכו', ורק בשהם של שני בני אדם אסורין כשאינן קשורות זו בזו, דכיון שעשויין לנוד ולהתרחק זו מזו, לא מהני עירוב שיערבו ביניהן. ‹דלא מהני עירוב כל שרשות כרמלית מפסיק, אבל של אדם א' י"ל דשרי אפי' מפורדות, דלא גזרו בכרמלית כלל אף מושיט - פמ"ג›.

איתא בגמרא, דקשורות חשוב אפילו ע"י חוט, ובלבד שיהא חוט חזק שיוכל להעמידן שלא יתפרדו זו מזו, **וצריך** שלא יהא ביניהם ד' טפחים, [כדי שלא יהא כרמלית מפסיק בינידהם].

(**איתא בגמ', דאם נפסקו נאסרו, ופי' בתוס', דהאי נפסקו היינו גם בשבת, ולא אמרינן בזה הואיל והותרה הותרה, ע"ש הטעם, אך הרא"ש הביא, דדוקא כשנפסקו בחול, ונראה שאין להקל אחרי שהרבה מחמירין. חזרו ונתקשרו, בין שוגגין בין מזידין, חזרו להיתירן הראשון**).

או אא"כ הם גבוהים מן המים י' - דאז מותר אפילו אינם קשורות, משום דקמטלטל מרה"י לרה"י דרך אויר מקום פטור, **ואע"ג** דמושיט אסור בדיוטא אחת אפילו למעלה מי', **הכא** איירי בשתי דיוטות זה כנגד זה, דאפילו למטה מי' הוא רק איסור דרבנן, ולמעלה שרי לגמרי להושיט, **או** דאיירי בזורק, [**ובמ"א** תירץ, משום דכאן בספינה למטה הוא רק כרמלית, ולכך לא גזרו כלל למעלה, **והא"ר** השיג עליו].

ולריכים לערב ביחד אם הם של שני בני אדם (מרדכי פרק הזורק) - קאי גם על ההיתר דגבוהים עשרה, אף כשאינם קשורות, ‹ושייך לערב כיון דלא מפסיק כ"א אויר מקום פטור - פמ"ג›, **ובספר** בית מאיר חולק ע"ז, ודעתו דכשאינם קשורות, מכיון שעומדים להתפרד, אף אם הם גבוהים עשרה, אם הם של שני בני אדם אסורים בטלטול מזה לזה, ואין עירוב מועיל בהם.

(**כתב המ"א, דלמ"ד דשרי להחליף דרך מקום פטור ברשויות דרבנן, מותר בכאן למעלה מיו"ד אפילו לא עירבו, ולמעשה אין לסמוך ע"ז, חדא דרבים מאחרונים סברי, דאין מותר אף לדעה זו אלא בשנח באמצע, והכא הלא איירי בלא נח, ועוד בספר נהר שלום מפקפק על העיקר סברא לגמרי, וסובר דאינו תלוי כלל זה בזה, דהיכא דהאיסור הוא משום חסרון עירוב, אין נ"מ כלל מה שמפסיק באמצע מקום פטור, דלא עדיף זה מאלו הוי שתי רשויות סמוכות זו לזו לגמרי**).

אות ה' – ו'

עושה מקום ארבעה וממלא

כרמלית משפת מיא משחינן, מיא ארעא סמיכתא

סימן שמה סי"ח - [ח]**גדר כרמלית** - ר"ל כלל דין כרמלית, **שלא יהא פחות מארבעה על ארבעה, ואינה תופסת אלא עד עשרה** - דאקילו בה מקולי ר"ה ומקולי רה"י, מקולי ר"ה, דאינה תופסת אלא עד עשרה טפחים, וכדלעיל בסי"ב, ולא הוי כרה"י דעולה עד לרקיע, כדלעיל בס"ה, **ומקולי** רה"י, דלא יהא פחות מד"ט על ד' טפחים, וכדלעיל בס"ב, דאם העמוד מחזיק פחות מזה, הוי מקום פטור, וכדלקמיה בסי"ט.

ולמעלה מעשרה הוי מקום פטור - ר"ל שאם העמוד היה רחב ד' על ד', ופחות מעשרה בגובה, שיש עליו דין כרמלית, וקלט מן האויר שעליו למעלה מעשרה, מותר להוציא לר"ה או לרה"י, דהרי קלט ממקום פטור, **וכן** אם נעץ קנה בראש העמוד, ועי"ז נעשה גבוה למעלה מעשרה, הוי נמי מקום פטור, ומותר ליקח מר"ה ומרה"י ולהניח עליו, [**ולא** הוי כרה"י, דקימ"ל דאם נעץ קנה ע"ג עמוד גבוה י', יש עליה דין רה"י עד לרקיע, דהכא אקילו בה רבנן].

[ט]**וימים ונחלים ממיא משחינן** - ר"ל שאין מודדין העשרה טפחים מקרקעית הים, אלא משפת המים ולמעלה.

הלכך הנוטל מהם מעל פני המים, עד עשרה באויר, הוי כרמלית - ואסור לטלטלן שם ד' אמות, וכן להוציאן משם לרה"י ולר"ה, **למעלה מעשרה באויר, הוי מקום פטור** - ר"ל שאם רוצה לטלטל המים שנטל מעל פני המים, ולהוליכו ד"א באויר למעלה מיו"ד, מותר, דהרי הוא מוליך במקום פטור.

הגה: בור העומד בכרמלית - ר"ל וגם רחב פחות מד' על ד', **אפי' עמוק מאה אמה, הוי כרמלית, אלא אם כן הוא רחב ארבעה על ארבעה** - דאז הוי רה"י, **דאין מקום פטור בכרמלית, כמו שנתבאר בסמוך** - והטעם, משום דהוא בטל לגבי הכרמלית שהוא עומד בו, וכדלקמיה בהג"ה בדעה הראשונה, **דאלו** היה עומד בר"ה, היה נחשב מקום פטור כשאין בו ד' על ד', וכלקמיה בסי"ט.

והא דקי"ל דגדר כרמלית, שלא יהא פחות מד' על ד', ע"כ איירי לדעת הג"ה זו, היכא דהעמוד עומד בר"ה, **דאלו** היה עומד בכרמלית, אפילו הוא פחות מד' על ד' ג"כ שם כרמלית עליה, דמצא מין את מינו ובטל לגביה.

אפילו עמוק מאה אמה - [וכ"ז לענין עמקות, אבל לענין גובה, כגון עמוד שהוא יותר מי' טפחים, ורוחב פחות מד' על ד', שעומד בכרמלית, אפי' לדעה ראשונה שלקמיה בהג"ה, ג"כ אינה תופסת אלא עד י', **דלא** שייך שם לומר מצא מין את מינו ולבטולי לגביה, דגם הכרמלית גופא אינו תופס אוירו אלא עד י', וכ"כ בספר תוס' שבת].

סימן שנה ס"א - [י]**וכן ההולך בספינה אינו יכול למלאות** - דהמים כרמלית הם והספינה רה"י, **אא"כ יעשה לה דף ארבעה על ארבעה** - טפחים, **ועושה בו נקב וממלא דרך שם,**

באר הגולה

[ח] שבת ז' [ט] שם ק' וכרב חסדא ורבה הרי"ף ורא"ש ורמב"ם [י] שבת ק' וכר' חסדא ורבה בר רב הונא

[יא]ואינו צריך לעשות לו מחיצות, אלא אמרינן כוף הצדדים וגוד אחית מחיצתא, שהקילו בספינה מפני שאינו יכול לעשות שם מה שיעשה בבית - פי' שבגזוזטרא הנזכר מקודם, צריך דוקא מחיצות י' טפחים, והקולא, דאמרינן גוד אחית מחיצתא עד מיא, **אבל** בספינה מקילינן עוד, דא"צ מחיצות כלל, אלא אמרינן כוף הצדדים כאילו היה שם מחיצות, ואח"כ אמרינן גוד אחית עד מיא.

(**ובספר** א"ר הכריע לעיקר בשם כמה פוסקים, דגם בזה צריך לעשות מחיצות, **ומ"מ** נראה דהנוהג כדעת השו"ע אין למחות בידו).

[יב]והני מילי כשהוא בתוך י"ט - ר"ל שגובה דופן הספינה הבולט מעל המים היה פחות מעשרה טפחים, **אבל** עומק הספינה בפנימה היה גובה יו"ד טפחים, דהויא רה"י, וע"כ צריך לעשות מבחוץ דף של ארבעה על ארבעה כמ"ש, **דאם** אין עמוק י' טפחים גם בפנימה של הספינה, הלא הוי כרמלית, ומותר לטלטל מתוכה לים, ומים לתוכה, בלי שום תקון.

אבל אם דופני הספינה גבוהים עשרה מעל המים - ונמצא כשהוא ממלא, ע"כ צריך להגביה קצת המים למעלה מדופני הספינה, שהיא יותר מי', דהוי מקום פטור, וא"כ הוא מטלטל מכרמלית לרה"י דרך מקום פטור, **[יג]מוציא זיז כל שהוא** - חוץ לספינה, **ועושה בו נקב וממלא דרך שם, שהרי דרך אויר מקום פטור הוא ממלא** - וע"כ הקילו חכמים, **וסגי בהיכר זיז** - משום היכר בעלמא.

והאחרונים הסכימו, דבזיז א"צ לעשות נקב, כיון שאינו אלא להיכר בעלמא, ויכול למלאות אפילו שלא במקום הזיז, [הגר"ז, **וכדמות** ראיה לזה מקושית הגמרא שבת ק: לרבה בר רב הונא ולרב חסדא שופכין דידיה היכי שדי להו וכו', ע"ש, משמע דלרב הונא ניחא ששופכן שלא במקום הזיז]. (**וכ"ש אם יש לו דף ד' על ד' שעשהו למלאות** דרך בו, אין לך היכר גדול מזה, לענין שיהיה יכול למלאות מן הים אפילו שלא על ידו).

(**ואפילו** למאן דאוסר בסימן שמ"ו סוף ס"א, הכא כיון דאיכא זיז כל שהוא הוי היכר ושרי - מ"א, **ובביאור** הגר"א חולק, ודעתו דזה קאי רק להמתירין שם, וכן הגאון רע"א הקשה על המ"א).

(**ואף** דלעיל גבי גזוזטרא, שהוא ג"כ למעלה מי' טפחים, מצרכינן דוקא מחיצות גבוה י', ולא מקילינן לומר דרך אויר מקום פטור הוא ממלא, **הכא** בספינה הקילו, ושם אמרינן גזירה אטו גזוזטרא שאין גבוה י"ט).

אות [ז']

דשדי להו אדפנא דספינה

סימן שנה ס"א - [יד]ומימיו יכול לשפוך על דופני הספינה והם יורדים לים - ר"ל דאין מחוייב לשפוך שופכיו, דהיינו מי רחיצות כוסות וקערות וכה"ג, [רש"י], בתוך הדף של ארבע על ארבע שעשהו למלאות המים דרך בו, אלא יכול לשפוך על דופני וכו', **ובזה** אין חילוק בין אם דופן הספינה גבוה י' טפחים מעל המים או לא, **דכיון דלא זרק להו להדיא לים אלא מכחו הם באים, כחו בכרמלית לא גזרו** - ואפילו לא היה לו דף מיוחד של ארבע על ארבע, וגם לא עשה זיז כלל, אפ"ה שרי לשפוך שופכיו על דופן הספינה ממש, כיון דאין כאן אלא כחו, **וה"ה** דיכול להניח עצמות וקליפין על ראש הדופן בעביו, והם נופלין לים, [**וה"ה** להשתין ולעשות צרכיו על דופן הספינה].

ודוקא על דופן, דאם שופך קצת רחוק מן הדופן, הוי זורק מרה"י לכרמלית ממש, **אבל** זהו דוקא בשאין הדופן גבוה י' מעל המים, דאם יש בו גבוה י', ואינו רוצה לשפוך על הדופן, כגון שהם סרוחים והריח יכנס לתוך הספינה, ורוצה לשפוך מרחוק לכותל, שרי, **אך** בלבד שיעשה עכ"פ זיז להיכר.

הגה: ועיין לקמן סוף סימן שנ"ז - דשם כתב, דלא בכל כרמלית כחו מותר, ע"ש.

באר הגולה

[יא] **הרמב"ם וכן כתב ה"ה שם בשם רב האי והר"ן** (ופירש"י מקום ד', חלל ד' מוקף מחיצות, ומחיצה תלויה מתרת במים, וכן כתב שם הרא"ש, **אבל** הרמב"ם בפרק ט"ו לא הזכיר מחיצות, וממה שכתב הרב המגיד שם והר"ן בפרק הזורק בשם רבינו האי, מתבאר דלא בעינן מחיצות, אלא אמרינן כוף הצדדין וגוד אחית מחיצות כאילו הם על שפת הים, והכל רשות היחיד, ואע"פ שבכצוצרה שעל גבי מים צריך מחיצה י', בספינה הקילו מפני שאינו יכול לעשות שם מה שיעשה בביתו - ב"י) [יב] **רמב"ם שם** [יג] (כמו לרב הונא למעלה מעשרה מארעא - גר"א. **ורש"י** שם ק"א. לא הזכר ענין של זיז, ע"ש וצ"ע אם מסכים לזה) [יד] **שבת ק'**

§ מסכת שבת דף קא. §

אות א'

עמוקה עשרה ואין גבוהה עשרה, מטלטלין מתוכה לים וכו'

סימן שנה ס"א - [א]והני מילי כשהוא בתוך י"ט - ר"ל שגובה דופן הספינה הבולט מעל המים היה פחות מעשרה טפחים, **אבל** עומק הספינה בפנימה היה גובה י"ו טפחים, דהויא רה"י, וע"כ צריך לעשות מבחוץ דף של ארבעה על ארבעה כמ"ש, **דאם** אין עמוק י' טפחים גם בפנימה של הספינה, הלא הוי כרמלית, ומותר לטלטל מתוכה לים, ומים לתוכה, בלי שום תקון.

אבל אם דופני הספינה גבוהים עשרה מעל המים - ונמצא כשהוא ממלא, ע"כ צריך להגביה קצת המים למעלה מדופני הספינה, שהיא יותר מי', דהוי מקום פטור, וא"כ הוא מטלטל מכרמלית לרה"י דרך מקום פטור, **[ב]מוציא זיז כל שהוא** - חוץ לספינה, **ועושה בו נקב וממלא דרך שם, שהרי דרך אויר מקום פטור הוא ממלא** - וע"כ הקילו חכמים, **וסגי בהיכר זיז** - משום היכר בעלמא.

והאחרונים הסכימו, דבזיז א"צ לעשות נקב, כיון שאינו אלא להיכר בעלמא, ויכול למלאות אפי' שלא במקום הזיז, [הגר"ז, **וכדמות** ראיה לזה מקושית הגמ' שבת ק: לרבה בר רב הונא ולרב חסדא שופכין דידיה היכי שדי להו וכו', ע"ש, משמע דלרב הונא ניחא ששופכן שלא במקום הזיז]. **(וכ"ש אם יש לו דף ד' על ד' שעשהו למלאות דרך בו, אין לך היכר גדול מזה, לענין שיהיה יכול למלאות מן הים אפילו שלא על ידו).**

(ואפילו למאן דאוסר בסימן שמ"ו סוף ס"א, הכא כיון דאיכא זיז כל שהוא הוי היכר ושרי – מ"א, ובביאור הגר"א חולק, ודעתו דזה קאי רק להמתירין שם, וכן הגאון רע"א הקשה על המ"א).

(ואף דלעיל גבי גזוזטרא, שהוא ג"כ למעלה מי' טפחים, מצרכינן דוקא מחיצות גבוה י', ולא מקילינן לומר דרך אויר מקום פטור הוא ממלא, הכא בספינה הקילו, ושם אמרינן גזירה אטו גזוזטרא שאין גבוה י"ט).

[ג]ומימיו יכול לשפוך על דופני הספינה והם יורדים לים - ר"ל דאין מחוייב לשפוך שופכיו, דהיינו מי רחיצות כוסות וקערות וכה"ג, [רש"י], בתוך הדף של ארבע על ארבע שעשהו למלאות המים דרך בו, אלא יכול לשפוך על דופני וכו', **ובזה** אין חילוק בין אם דופן הספינה גבוה י' טפחים מעל המים או לא, **דכיון דלא זרק להו להדיא לים אלא מכחו הם באים, כחו בכרמלית לא גזרו** - ואפילו לא היה לו דף מיוחד של ארבע על ארבע, וגם לא עשה זיז כלל, אפ"ה שרי לשפוך שופכיו על דופן הספינה ממש, כיון דאין כאן אלא כחו, **וה"ה** דיכול להניח עצמות וקליפין על ראש הדופן בעביו, והם נופלין לים, [**וה"ה** להשתין ולעשות צרכיו על דופן הספינה].

ודוקא על דופן, דאם שופך קצת רחוק מן הדופן, הוי זורק מרה"י לכרמלית ממש, **אבל** זהו דוקא בשאין הדופן גבוה י' מעל המים, דאם יש בו גבוה י', ואינו רוצה לשפוך על הדופן, כגון שהם סרוחים והריח יכנס לתוך הספינה, ורוצה לשפוך מרחוק לכותל, שרי, **אך** בלבד שיעשה עכ"פ זיז להיכר.

אות ב'

הני ביצאתא דמישן אין מטלטלין בהן אלא בארבעה

סימן שסו ס"ב - הגה: בתים שבספינה - ששייכים לאנשים מיוחדים, **לריכים עירוב** - דלא גרע מיושבי אוהלים וכו' שצריכין ע"ח, שאף כאן הבתים קבועים להם לכל משך נסיעתם על הים, **ועי"ז** יהיה מותר לטלטל מבית לבית, ומבתים לספינה, ובלא עירוב אסור בכל זה, **אע"פ שיש לספינה מחילות** - של י' טפחים, ודינה כרה"י.

ועיין במ"א וא"ר, דדוקא כשיש בה איזה בתים השייכים לישראלים, אבל אם אין בספינה רק בית אחד, ושארי אנשים שוכנים בספינה עצמה, א"צ עירוב כלל, ומותר להוציא מן הבית לספינה, (**ובאמת** לכאורה מנ"ל זה, דכיון דס"ס שוכנים הרבה אנשים בספינה, ושייכא למיגזר שלא יוציא מביתו לספינה, אטו הוצאה מרה"י לר"ה, כמו בדרים בבתים, **ואפשר** דהטעם הוא, דאין לגזור בספינה יותר מבחצר, ובחצר הלא ידוע דלא מקרי חצר רק כשיש לו עכ"פ ב' בתים פתוחים לתוכו, וע"כ לא גזרינן גם בספינה רק באופן זה).

אבל בספינה עצמה מותר לטלטל בכולה כמו בחצר, **וכן** אותם ספינות שאין להם בתים, אלא שרויים בספינה, הרי הם כשרויים בחצר אחת, שמותרים לטלטל בכולה בלי עירוב.

[ד]ואם אין לספינה מחילות - של עשרה טפחים, ומודדין מקרקעיתה, ואע"פ שיש איזה טפחים במים, **אסור לטלטל בספינה רק בארבע אמות (ב"י בשם שבולי לקט)** - דהויא כרמלית, **ובאופן** זה מותר לטלטל מן הים לתוכה, ומתוכה לתוך הים, דמותר לטלטל מכרמלית לכרמלית, **ועיין לקמן סוף סי' שפ"ב, וסי' ת"ה ס"ז.**

כתב מ"א, דאם יש בתים בספינה, והספינה עצמה אין לה מחיצות של י"ט, אסור להוציא מן הבתים לספינה, דמרה"י לכרמלית קמפיק.

(כתב מג"א, אמרינן בגמ' שם לענין ביצייתא דמיישן, לפי פי' רש"י שם שהוא ספינות קטנות הרחבות מלמעלה וקצרות מלמטה עד כחודו של סכין, דאפ"ה הוי רה"י אם יש להם מחיצות של י"ט דאמרינן גוד אחית מחיצתא, {וזהו לפי מסקנת אביי שם שהביא ראיה דלא כר"ה עי"ש בגמ'}, ובאגודה כתב, אם אין רחבה ד"ט בתוך גובה ג"ט, אז הוי כים ואין מטלטלין בה אלא בד"א, ומותר לטלטל מתוכה לים, ולא אבין טעם האגודה כלל, וראיתי במחה"ש שכתב טעמו, משום שס"ל כהתוס' {בד"ה

‹המשך ההלכות מול עמוד ב'›

באר הגולה

א רמב"ם שם | ב ‹כמו לרב הונא למעלה מעשרה מארעא - גר"א. **ורש"י** לא הזכר ענין של זיז, ע"ש וצ"ע אם מסכים לזה› | ג שבת ק'

ד ‹ולכאורה ס"ל להעין משפט, דמוכח מהכא, דאף דאין הלכה כרב הונא, עכ"פ היכא דליכא מחיצות אין מטלטלין אלא בד'›

עין משפט נר מצוה

לב א מיי' פט"ז מהל' שבת הלכה כ סמג לאוין סה טוש"ע א"ח סי' שנה סעיף א :

לג ב טוש"ע א"ח סי' שסו סעיף כ בהג"ה:

לד ג מיי' פ"ד מהל' שבת הלכה יח :

לה ד מיי' שם הל' טו:

ר' יהודה אומר עמוקה עשרה *ואין גבוהה עשרה מטלטלין מתוכה לים אבל לא מן הים לתוכה מ"ש מן הים לתוכה דלא דקא מטלטלין מכרמלית לרה"י מתוכה לים נמי קמטלטל מרשות היחיד לכרמלית אלא לאו אהודה וש"מ *כחו בכרמלית לא גזרו ש"מ אמר רב הונא הני *ביצאתא דמישן אין מטלטלין בהן אלא בארבעה ולא אמרן אלא שאין בפחות משלשה ארבעה אבל יש בפחות מג' ארבעה לית לן בה ואי מלינהו קני ואורבני לית לן בה מתקיף לה רב נחמן ולימא גוד אחית מחיצתא מי לא *תניא ר' יוסי בר' יהודה אומר נעץ קנה ברה"ר ובראשו טרסקל וזרק ונח על גביו חייב אלמא אמרינן גוד אחית מחיצתא ה"נ נימא גוד אחית מחיצתא מתקיף לה רב יוסף ולא שמיעא להו להא דאמר רב יהודה אמר רב ומטו בה משום רבי חייא ותני עלה וחכמים פוטרין אמר ליה אביי ואת לא תסברא והתניא עמוד ברה"ר גבוה עשרה ורחב ד' ואין בעיקרו ד' ויש בקצר שלו ג' וזרק ונח על גביו חייב אלמא אמרינן גוד אחית מחיצתא הכא נמי גוד אחית מחיצתא מידי איריא התם הויא ליה מחיצה שהגדיים בוקעין בה הכא הויא לה מחיצה שאין הגדיים בוקעין בה א"ל רב אחא בריה דרב אחא לרב אשי גבי ספינה נמי הא איכא בקיעת דגים א"ל בקיעת דגים לא שמיה בקיעה ומנא תימרא *דבעא מיניה רבי טבלא *מרבין מחיצה תלויה מהו שתתיר בחורבה וא"ל אין מחיצה תלויה מתרת

אלא

רש"י

עמוקה · הספינה : עשרה · לתוכה דהוה רשות היחיד : ואין גבוה · שפתה י' מן המים כגון שמשוקעת במים מכובד משאה : מטלטלים מתוכה לים · דרך דופנותיה כגון שופכין כדמפרש ואזיל דכחו בכרמלית לא גזרו : אבל לא מן הים לתוכה · דאין תשמיש מן הים לתוכה דרך דפנות שאם ימלא וישליך על הדפנות ירדו לקרקעית הספינה ולהכי נקט עמוקה י' דאי אינה עמוקה י' היא גופה כרמלית ומטלטל להדיא אף מן הים לתוכה ואין גבוהה נמי (א) י' דוקא נקט דאי גבוהה י' מותר לטלטל מן הים לתוכה דמכרמלית לרה"י דרך מקום פטור קא מטלטל דצריך להגביה את ידו למעלה מי' ואע"ג דברשות דאורייתא מרה"ר לרה"י מיחייב בכה"ג (לעיל דף ה·) כרמלית מיהא דרבנן היא ולא גזור : אלא לאו אהודה · שופך שופכים על חודה והן יורדין דרך דפנותיה לים : ביצאתא · ספינות קטנות וקצרות מלמטה עד כחודו של סכין שקורין קוייט"י : אין מטלטלין בתוכן · דלאו רה"י נינהו שאין ברחבן ארבע מלמטה לפיכך אין מחיצותיהן מחיצות : ולא אמרן אלא · בשקצה שלהן גבוה שלש שאין רחב ד' למטה בעוד שלא הגביה ג' מקרקעיתו ואפי' יש ברחבו י' גובה לא משתרי דכיון דתחתונות לאו מחיצה נינהו הוה ליה תלויה : אבל יש בפחות מג' גובה רוחב ד' · שעד שלא הגביהו ג' הרחיבו ד' הרי הן כמי שקרקעיתן עולה עד כאן ומחיצותיהן מחיצות: אורבני · ערבה דקה : ואי מלינהו · עד מקום רחבן הרי הן כשרות לטלטל אם יש משפת רוחבן ולמעלה י' : ולימא גוד אחית · מכנגד מדת רחבן העליון ולמטה כאילו הן יורדות עד הקרקע מבחוץ: טרסקל · אין עמוק י' ואנו מודדים לו גובה י' שמדת הקנה עולה לו בגובהו והקנה אין רחב ארבעה אלא שאנו אומרים במחיצות הטרסקל גוד אחית וכאילו מקיפות את הקנה והוו להו היקף המחיצות מן הקרקע ולמעלה לשוייה ראשו רה"י ואם זרק מרה"ר ונח על גביו חייב : ומטו בה · יש שמטין בדבר להכריע ולומר שר' חייא אמר : וחכמים פוטרין · אלמא לא אמרי' גוד אחית להתיר מחילה תלויה : ואם לא תיסברא · דאמרי' כה"ג : ואין בעיקרו · רחב ד' : ויש בקצר שלו ג' · אותו קצר של עיקרו שאינו רחב ד' יש בו גובה ג' והיינו רבותא דליכא למימר לבוד ממקום שכלה רחבו לקרקע אפ"ה הוי רה"י : דאמרי' גוד אחית מחילה · סביב מחילותיה מכנגד רחבה ולמטה כאילו הוא כולו שוה : ה"ג · בביליאתא דמישן נמי נימא גוד אחית : מידי איריא התם כו' · כולה אביי אמר לה לרב יוסף דהא דמייתי ראיה (ב) וחכמים פוטרים כלום ראי' היא לכאן הא דטרסקל דקפטרי רבנן : משום דהויא מחילה שהגדיים בוקעין בה · מלמטה בארץ תחת מחילות הטרסקל שהם פשוטות להלן מן הקנה לכל צד ובקיעת גדיים מעכבת מלמימר גוד אחית שהרי עוברין תחתיה אבל בספינה ליכא בקיעת גדיים שאין לך עובר תחתיהן וכן בעמוד אין דרך להתחכך בו ולעבור תחת שיפועו שאינו אלא מעט : בקיעת דגים לא שמה בקיעה · לפי שאינן נראין : בחורבה · שדרך להיות בה מחילות שנפלו תחתיהן וקיימות מלמעלה ותלויות : מהו שתתיר · לטלטל בחורבה שלא תהא כפרוצה לרה"ר :

אלא

תוספות

רבי יהודה אומר עמוקה י' ואין גבוהה י' מטלטלין מתוכה לים · וא"ת היכי מייתי סייעתא מדרבי יהודה כיון דרבנן פליגי עליה ואור"י דבהא לא פליגי אלא בעמוקה י' וגבוה י' דרבנן סברי דמכרמלית לרה"י דרך מקום פטור אסור אע"ג דרשויות דרבנן ור' יהודה שרי אבל בעמוקה י' ואינה גבוהה י' לטלטל מתוכה לים לא פליגי עליה רבנן והכי איתא בתוספתא[פי"א] דספינה שהיא גבוהה י' ועמוקה י' אין מטלטלין מתוכה לים ולא מן הים לתוכה ר' יהודה אומר אם עמוקה י' ואין גבוהה י' כו' וה"ק ר' יהודה דעמוקה י' וגבוהה י' לא מבעי' דמותר לטלטל טלטול גמור הואיל ודרך מקום פטור קא מטלטל אלא גם באינה גבוהה י' יש תקנה לטלטל כגון ע"י כחו כדמפרש הש"ס וקשה לר"י דהשתא לרבי יהודה שרי טלטול דרך מקום פטור ברשויות דרבנן ואפילו רבנן לא פליגי אלא בשאינו עושה הנחה במקום פטור ובפרק כילד משתתפין (עירובין דף פז:) פריך לזעירי דאמר אסור להחליף דרך מקום פטור מכרמלית לרה"י ולזעירי קשיא פלוגתא דרשב"ג ורבנן דפליגי בהא ומשני לה והשתא הא תנאי דהכא דלא כוותיה וי"ל דמ"מ הני תנאי דהתם כיון דמצי לאוקמי כוותי' מוקים להו : עמוקה י' ואין גבוהה י' · מהכא אין להקשות למ"ד לעיל מארעא משחינן דהכא מיירי בדליכא זיז כל שהוא להיכרא :

הני ביליאתא דמישן · לפירש"י דמפרש שהן קצרות מלמטה קשה דכי היכי דבטיל מדין רה"י משום דלית בהו ד' ה"נ ליבטיל מדין כרמלית כדאמר בפ"ק (דף ז·) דאין כרמלית פחותה מד' ואקילו בה רבנן מקולי רה"י דאי הוי מקום ד' (ג) כרמלית ואי לא מקום פטור ועוד מאי פריך לימא גוד אחית מחילה מה מועיל שיהא המחילות מבחוץ כיון שמבפנים אין שם ריוח מקום ד' ולא ניחא תשמיש ודופן הספינה שבקצר מבטל גוד אחית כמו חלוקה במחללת דלעיל ועוד למה לי מלינהו קני ואורבני אע"ג דלא מלאן כיון דיכול למלאות חשיב רה"י כדאמר בפרק חלון (עירובין דף עח·) משום דאי בעי מנח עליה מידי ומשתמש גבי מלאו כולו ביתדות ונראה כפר"ח דביליאתא הם ספינות קטנות העשויות להלך באגמים ועל שם שמהלכות על בלעי המים קרי להו ביליאתא ויש להם דפנות וקרקעית העשויות נסרים נסרים ויש חלל בין הנסרים והמים נכנסין שם ויושבין בה כמו במים והיא עשויה כך שאפילו תתהפך אינה נטבעת לעולם וקאמר רב הונא כיון שהיא פרולה דינה ככרמלית ואין מטלטלין בה אלא בד' ולא אמרו אלא בזמן שאין בין נסר לנסר חלל פחות מג' אבל אם יש בין נסר לנסר חלל פחות מג' כלבוד דמי ואע"ג שהמים נכנסין בה לא חיישינן ונראה דל"ג שאין בפחות מג' ד' ואי מילא כל החלל קני ואורבני מותר לטלטל בכולה :

מתקיף לה רב נחמן · למה לך כולי האי לימא גוד אחית מחילתא מי לא תניא רבי יוסי ברבי יהודה אומר וכו' אלמא רואין כאילו דופני הטרסקל יורדין עד עיקרו של קנה ה"נ רואין כאילו דופני הספינה עקומין ומסבבין הנסרים וכמלאו הנסרים מחוברין : וזרק ונח על גביו חייב · למאי דס"ד השתא דאין חילוק בין מחילה דמים לשאר מחילות וס"ד נמי דלא פליגי רבנן עליה דרבי יוסי ברבי יהודה לא מצי לאקשויי אמאי הא תנן בפ' כילד משתתפין (עירובין דף פז:) גזוזטרא שהיא למעלה מן המים אין ממלאין הימנה אא"כ עשו לה מחילה י' מה צריך מחילה י' בלא מחילה י' תסגי כמו בטרסקל דדוקא על גביו חשיב ליה ר' יוסי ברבי יהודה רה"י אבל למטה לא דלהכי לא אמרי גוד אחית אי נמי הא דבעינן גבי גזוזטרא מחילה י' היינו לטלטל אבל לזרוק לא בעי מחילה י' כמו בטרסקל והכא הכי פריך לימא גוד אחית כשאין שם מחילה י' למיהוי רה"י להתחייב ה"נ בספינה שיש שם מחילה י' אית לן למימר גוד אחית אף לטלטל : ויש בקצר שלו ג' · פי' בקונט' גבוה ג' מן הארץ וקשה דאם הוא דק הרבה כמו קנה הוי כמו טרסקל ומבטלי בקיעת גדיים גוד אחית ונראה לר"י דהאי בקצר שלו ג' היינו שיש בעובי הקצר ג' דכיון שיש בעובי הקצר ג' ולמעלה רחב ד' שייך ביה גוד אחית : ומנא תימרא דבעא מיניה ר' טבלא כו' · וא"ת אמאי לא פשיט עפי ממתני' דכילד משתתפין (שם פז:) גזוזטרא שהיא למעלה מן המים וכו' דמשתרי במחילה דלמעלה ואור"י דאי ממתניתין ה"א דה"ה אף בשאר מחילות שאינן של מים מתרת מחילה תלויה ולהכי מייתי מרבי טבלא דמפרש הטעם קל הוא שהקילו חכמים במים :

פשיטא

רבינו חננאל

אע"פ שמצר אחר עולין בו ררין רשיעור ד' אמות חייב ואפילו מכל סביביו משפע ועולה כיון שגבהו עשרה ושיפועו ד' אמות כרה"י דמיגבהו כגון והומפרש בגמ' זבחים (ד' סג).אמר רמי בר אבא כל כבשי כבשים נ"א ומחצה *) לאמה חוץ מכבשו של מזבח ג' אמות ומחצה ואצבע ושליש אצבע אבל אם אין התל עולה לטבה עשרה אלא מתוך שיפועו יתר מד' אמות לא מחשב כרה"י ומפורש בגמ' עירובין פרק עושין פסין בעא מיניה רחבה מרבה תל המתלקט י' מתוך ד' אמות ורבים בוקעין בו חייבין עליו משום רה"ר אי לא אליבא דרבנן לא תבעי לך השתא ומה התם דניחא תשמישתיה הא אמור רבנן דלא אתו רבים מבטלי מחיצתא הכא דלא ניחא תשמישה לא כל שכן כי תיבעי לך אליבא דר' יהודה ואע"ג דפשיט רבה אליבא דר' יהודה ואפילו במעלות בית [חרון] לאו הלכתא כר' יהודה **) (והא דרבי) דאמר אם היתה דרך הרבים מפסקתה יסלקנה לצדדין וחכ"א אין צריך דעיקר דשמעתא מעלות ומורדות שבא"י אין חייבין עליהן משום רה"ר לפי שאינן כרגלי מדבר ותנן נמי הציע להר סבליעו וחזור למדרתו . אמר רבא ל"ש אלא בהר המתלקט י' מתוך ד' אמות אבל הר המתלקט י' מתוך ה' מודדו מדידה יפה רב הונא מתני לה לקולא לא שנו אלא בהר המתלקט י' מתוך ה' אבל הר המתלקט עשרה מתוך ד' אמות אומדו והולך לו' וזרק לתוך ד' אמות ונתגלגל חוץ לד' אמות פטור מ"ט שלא היתה מחשבתו חוץ לד' אמות וזרק חוץ לד' אמות וחזר לתוך ד' אמות חייב והוא שנח בתוך לד' אמות ע"ג משהו ואחר שנח התם חזר . וה כבר פירשנוהו למעלה בפלוגתא דרבי עקיבא ורבנן דתנן הזורק מרה"י לרה"י ורה"ר באמצע ר' עקיבא מחייב וחכמים פוטרין דרבנן סברי אע"פ שזורק בתוך ג' ברה"ר שהן כלבוד צריך הנחה ע"ג משהו אבל קלוטה לאו כמי שהונחה דמיא והתם בזורק מרה"י לרה"י ורה"ר באמצע ואע"ג דלא עבר ד' אמות ברה"ר אם נח ברה"ר ע"ג משהו וכן בזורק ברה"ר והעביר בוריקתו מתחלת ד' לסוף ד' אם נח ע"ג משהו חייב ואם לאו פטור אבל המעביר מתחלת ד' לסוף ד' אם כשיעור בבת אחת העביר אם נחה ע"ג חייב ואם לאו פטור דאמרינן לענין המוציא מחנות דרך סטיו משום דר' יוחנן מידי דהוה המעביר חפץ ברה"ר לאו אע"ג דכמה דנקיט ליה ואויל פטור כי מנח ליה חייב ואע"ג דהמעביר מחנות לפלטיא דרך סטיו האי נמנא סלקא מיהו לענין מעביר שצריך הנחה הכין הוא והא דאמר רבא היציא חצי גרוגרת והניחה וחזר והוציא חצי גרוגרת והעבירה דרך עליה חייב כלומר נצטרפת זו עם זו ונעשו כגרוגרת ואקשינן והא ושנינן כגון דהעבירה למטה מג' דהוא כלבודי איני והאמר רבא תוך ג' לרבנן צריך הנחה ע"ג משהו ופרקינן כי קאמר רבא בזורק הכא במעביר ולענין דבר שאינו בידו ונתגלגל מרה"י מידו ויצא לרה"ר נתה ברה"ר ע"ג משהו דתנן בענין הקורא בספר על האסקופה ונתגלגל מידו ר' יהודה אומר אפילו אינו מסולק מן הקרקע אלא כמלא חוט גוללו אצלו ואמרינן עלה אלא הא דאמר רבא תוך ג' לרבנן צריך הנחה הו ליימא כתנאי א"ל לשמעתיה . אלא כולה ר' יהודה היא והכי קתני הגיע לי' טפחים הופכו על הכתב בר"א בכותל משופע אבל בכותל שאינו משופע אפילו למטה מג' גוללו אצלו דברי ר' יהודה שרי'

*) נפנינו שם סגי' ג' אמות נאמה . **) נראה דצ"ל כהא דאמר אם סיתה כו' אלא כחכמים דס"ל דא"צ דעיקר דשמעתא וכו' .

מסורת הש"ס

[לקמן קמא.]

[כ"ע שנ.]

עי' דף ה. עירובין לג:

עירובין יב. ודף טז: ודף מה. ודף פו:

הגהות הב"ח

(א) רש"י ד"ה אבל לא וכו' ואין גבוה נמי דוקא: (ב) ד"ה מידי איריא וכו' דמייתי ראיה מדתני וחכמים כצ"ל והד"א: (ג) תוס' ד"ה הני וכו' דלאו מקום ד' הוי כרמלית:

גליון הש"ס

גמ' ויש בקצר שלו ג'. עי' עירובין דף לג ע"א תוס' ד"ה וכולהו:

רב נסים גאון

הויא לה מחיצה שהגדיים בוקעין בה · עיקר דילה במסכת כלאים פרק ד' מחיצת הקנים אם אין בין קנה לחברו ג' טפחים כדי שיכנס הגדי הרי זו מחיצה ובתוספתא בפרק ג' כל שהוא פחות מג' צריך שלא יהא בין קנה לחברו ג' טפחים כדי שלא יכנס הגדי דלאלך *) עלי אן כל מחיצה שהגדיים בוקעין בה אינה מחיצה ומשכחת לה בפרק אחד מן עירובין (דף יד) :

*) פירושו בערבי הנה מוכח מזה

לא

עין משפט נר מצוה

לו א מיי' פט"ו מהל' שבת הלכה יג:

לז ב מיי' פ"ג מהל' עירובין הלכה כס סמג עשין א:

לח ג ד מיי' פט"ז מהל' שבת הל' כב טוש"ע א"ח סי' שסב סעיף ג:

לט ה מיי' פי"ג מהל' טומאת מת הלכה ו:

מסורת הש"ס

[פיוה לה: סוכה לט: חולין נג.]

עירובין פ"ה.

אהלות פ"ח מ"ה [ע"ש]

פסחים יד: יפ: ועמ' נזיר נג: חולין נ.] רש"ל מ"ז

אלא במים קל הוא שהקילו חכמים במים ואמאי הא איכא בקיעת דגים אלא ש"מ בקיעת דגים לא שמה בקיעה: ספינות קשורות כו': פשיטא אמר רבא לא נצרכא אלא להתיר ביצית שביניהן א"ל רב ספרא *משה שפיר קאמרת מטלטלין מזו לזו תנן אלא אמר רב ספרא לא נצרכה אלא לערב ולטלטל מזו לזו וכדתניא [ב]ספינות קשורות זו בזו מערבין ומטלטלין מזו לזו נפסקו נאסרו חזרו ונקשרו בין שוגגין ובין מזידין בין אנוסין בין מוטעין חזרו להיתרן הראשון [ג]וכן מחצלות הפרוסות (לר"ה) מערבין ומטלטלין מזו לזו נגללו נאסרו חזרו ונפרשו בין שוגגין בין מזידין בין אנוסין ובין מוטעין חזרו להיתרן הראשון *[ד]שכל מחיצה שנעשה בשבת בין בשוגג בין במזיד שמה מחיצה איני והאמר רב נחמן לא שנו אלא לזרוק אבל לטלטל אסור כי איתמר דרב נחמן אמזיד איתמר אמר שמואל ואפילו קשורות בחוט הסרבל היכי דמי אי דיכול להעמידן פשיטא אי דאין יכול להעמידן אמאי לעולם דיכול להעמידן ושמואל לאפוקי מדנפשי' קאתי דתנן *[ה]קשרה בדבר המעמידה מביא לה טומאה בדבר שאין מעמידה אין מביא לה טומאה ואמר שמואל והוא שקשורה בשלשלת של ברזל לענין טומאה הוא דכתיב °בחלל *חרב חרב הרי הוא כחלל אין [במדבר יט] אבל לענין שבת כיון דיכול להעמידה (היכר בעלמא הוא) אפילו בחוט הסרבל:

מתני'

רש"י

אלא במים · כגון גזוזטרא שהיא למעלה מן הים דתנן בעירובין (דף פז:) דעושה מחיצה תלויה סביב וממלא וכן בור שבין שתי חצרות וחלקו במחיצה תלויה מלמעלה ממלא זה מכאן וזה מכאן ואף על פי שלא עירבו (שם דף פו:): הא איכא בקיעת דגים · גבי גזוזטרא כך נראה שיטה זו בעיני ועל מה שפירשו רבותי תמהתי [שהם פירשו] דהאי מידי איריא התם משום דהוה ליה מחיצה שהגדיים בוקעים בה רב יוסף קא מהדר ליה לאביי הכי מידי איריא הך דעמוד לדהכא התם משום דהוי מחיצה שהגדיים בוקעין בה וצריכה לגוד אחית הלכך אמרינן בה גוד אחית אבל גבי ספינה דליכא בקיעת גדיים לא אמרינן גוד אחית ותמהתי אם אמרו רבותי כן דלאו אפשר לאומרו דהא בפ"ק דעירובין בתרי דוכתי (דף יד: ודף פז:) אמרינן בקיעת גדיים לעכבי גוד אחית דלא לימרייה במחיצה תלויה והכא היכי אמרינן דמהני גבי גוד אחית ועוד מאי דוחקיה דרב יוסף לשנויי הכי נימא ליה הא מני רבי יוסי ברבי יהודה היא ואביי גופיה מאי מותיב ליה ואת לא תסברא הא ודאי רבי יוסי ברבי יהודה היא דהא חזינן דחכמים פוטרים גבי טרסקל אלא ע"כ האי מידי איריא מסקנא דמילתיה דאביי היא ולמימר דרבנן קאמרי לה דלא דמיא לטרסקל אלא לספינה: פשיטא · דמטלטלין: לא נצרכא · מטלטלין דמתני' אלא לטלטל מזו לזו דרך בילית קטנה שבין שתי הגדולות ואע"פ שאינה קשורה ניתרת ע"י קשירת שתים החיצונות ולא חיישינן דילמא מישתקלא מבינייהו וקא מטלטל דרך אויר כרמלית: בילית · היינו ביליאתא דלעיל: משה · כלומר רבינו בדורו כמשה בדורו: שפיר קאמרת · בתמיה: מזו לזו תנן · משמע שאין אחרת מפסקת ליכנס בה המטלטל הזה: לערב · הא אשמועינן במתניתין דאפילו שתי הספינות לשני בני אדם שצריכין לערב מערבין ומטלטלין: נפסקו · בטל העירוב מפני שנפרדות: שוגגין · שגגת שבת או שגגת מלאכות: מוטעין · מתעסקין בדבר אחר לקושרו ונקשר זה: מחצלות הפרוסות · ועשו מחיצות הרבה ושבתו יחידים בהן זה בזו וזה בזו: לא שנו · דשמה מחיצה: אלא לזרוק · לחייב הזורק מתוכה לרה"ר או להפך: אבל לטלטל · להיות מותר לטלטל בתוכה אסור מדבריהם: אמזיד איתמר · ומשום קנסא ודקתני מתני' חזרו להיתרן הראשון אשוגגין ואנוסין ואמוטעין קאי וכי קתני מזידין אשמה מחיצה קאי ולזרוק כרב נחמן: בחוט הסרבל · שקושרין בו את בית הצואר שקורין מונטי"ל: להעמידן · שלא יתפרדו: לאפוקי מדנפשיה · ממילתא דאמר בעלמא דבעינן שלשלאות של ברזל ואשמועינן הכא דלא בעינן כי התם: קשרה · לספינה: בדבר המעמידה מביא לה טומאה · אם היה ראשו אחד קשור באהל המת מביא טומאה לכלים שבספינה ולספינה עצמה כגון ספינת הירדן שמקבלת טומאה כדאמרינן (לעיל דף פג:): ואמר שמואל והוא שקשרה בשלשלת של ברזל · האי קשרה בדבר המעמידה שלשלת של ברזל הוא כדמפרש טעמא ואזיל כלומר קשרה בדבר שרגילין להעמידה בו דהיינו שלשלת מביא טומאה שמטמאה את הספינה *להיות אב הטומאה: בדבר שאינו מעמידה · כלומר שאינו רגיל להעמיד בה כגון מידי דלאו מתכות אין מביא לה טומאה דאינו ספינה לא מיטמאה מחמת אותו כלי להיות אב הטומאה אלא ראשון לטומאה ואינה מטמאה כלים שבתוכה ואשמועינן שמואל הכא דהאי קשורות דמתניתין אף על גב דדבר המעמידה בעינן כל שהוא מעמידה לענין שבת כשר ולא דמי למעמידה דהתם:

מתניתין

תוספות

פשיטא אמר רבא לא נצרכא כו' · השתא ס"ד דמיירי בשתי הספינות של אדם אחד ולהכי פריך פשיטא וכשאינן קשורות אין מטלטלין דגזירה שמא יפול החפץ אל המים ומטלטל מרה"י לכרמלית ואתי לאתויי אע"ג דלעיל גבי ב' בתים (דף צז:) לא גזרינן דילמא אתי לאתויי הכא בספינות דלא קביעי איכא למיגזר טפי דילמא נפיל ומסיק לא נצרכא אלא לערב ולטלטל וקמ"ל דעירוב מהני בספינות אע"פ שאין קבועות שם דס"ד כיון שאין עתידות להיות שם לא יהנה עירוב קמ"ל דמהני ועוד מפרש ר"י דמעיקרא נמי הוה איירי בספינות של שני בני אדם וע"י עירוב קאמר דמטלטלין מזו לזו ואפ"ה פריך פשיטא דמהני עירוב ולהכי כשאין קשורות אין מטלטלין דלא מהני התם עירוב ומסיק לא נצרכא אלא לערב ולטלטל ואפילו נפסקו כיון דחזרו ונתקשרו וכדתניא ט': נפסקו נאסרו · ולא דמי לעירב דרך הפתח ונסתם דאמר רב הונא ורב יהודה בספ"ק דעירובין (דף יז:) דשבת הואיל והותרה הותרה דהכא כיון דנפסקו הוי כאילו הוי רה"ר ביניהם ואם עירבו ג' בתים (ביניהם) ונפל האמצעי ונעשה רה"ר פשיטא דלא אמרינן הואיל והותרה הותרה: כי איתמר דרב נחמן אמזיד איתמר · והא דקתני חזרו להיתרן הראשון אף במזיד לא לגמרי חזרו להיתרן הראשון לטלטל אלא דהוו רה"י דאורייתא ומיהו אספינות לא ח"ש דבלא חזרו ונתקשרו הוי רה"י דאורייתא ור"ת מפרש דחזרו להיתרן הראשון אפילו אמזידין ור"י אומר דבמזיד לא הוי מחיצה אלא לזרוק ולא לטלטל היינו שע"י המחיצה נעשה רה"י אבל ספינות דבלאו הכי הוו רה"י כי קשרו אפילו מזיד שרי לטלטל ומחצלות הפרוסות ברה"י איירי שיש מחצלות מפסיקות בין שתי חצרות נתגלגלו נאסרו שהרי הן כחצר אחת והם עירבו שנים חזרו ונפרשו חזרו להיתירן הראשון ומטלטלי אלו לכאן ואלו לכאן והא דקאמר שכל מחיצה הנעשה בשבת שמה מחיצה טעמא קא יהיב למילתיה דאפילו היכא דע"י המחיצה נעשה רה"י הויא מחיצה או לזרוק או לטלטל כ"ש מחיצה זו שאינה עשויה אלא להתיר עירוב כבתחלה דהויא מחיצה ומסיפא דקתני שכל מחיצה הנעשית בשבת כו' פריך לר"נ והויא דכל גגות (עירובין דף צג:) כותל שבין שתי חצרות שנפל ואיכא דשרי התם לטלטל עד עיקר מחיצה לא דמי להכא דהתם איירי שלא היה אלא בית אחד בחצר זה ואחד בחצר זה אבל הכא כשיש רבים כאן וכאן אמרינן נתגלגלו נאסרו וע"ע בשמעתא דדיורין (א) הבאין בשבת (עירובין שם) דאמר שבת הואיל והותרה הותרה:

קשרה בדבר המעמידה מביא לה טומאה · פי' בקונטרס כגון שראשו אחד באהל המת ולא יתכן חדא דמאי קאמר לאפוקי מדשמואל מה שייכא הא לדשמואל דהתם הוא משום חרב הרי הוא כחלל ולא משום קשירה ועוד אמאי קתני קשרה אפילו השלשלת מונחת על הספינה בלא קשירה טמאה ועוד דלישמעינן בהדיא דחרב הרי הוא כחלל ולשון הבאת טומאה נמי לא שייך בכה"ג ונראה לרבינו שמואל דלא גרסינן מביא לה את הטומאה אלא מביאה את הטומאה ומשנה היא בפ"ח דאהלות (משנה ה) ורישא דהך בבא קתני אלו לא מביאין ולא חוצצין הזרעים והעוף הפורח וטלית המנפנפת וספינה שהיא שטה על פני המים פירוש שאם יש מתחתיה מת מצד אחד וטהרה מצד אחר אינה מביאה טומאה מצד זה לצד אחר דלא חשיבי אהל כיון שמתנענעים תמיד וקתני דאם קשרה בדבר המעמידה מביאה את הטומאה ומפרש שמואל והוא שקשרה בשלשלאות של ברזל ולאו דוקא נקט של ברזל אלא כלומר שקשורה בחוזק עד שאינה מתנענעת וזזה ממקומה וכן דרך כשרוצה להזכיר דבר חזק מזכיר ברזל כמו אפילו מחיצה של ברזל אינה מפסקת (סוטה דף לח:) וכמו נכסי צאן ברזל (ב"ק דף פט·) לפי שהן באחריותו וקיים כברזל ול"ג לענין טומאה הוא דכתיב בחלל חרב הרי הוא כחלל ושיבוש הוא אלא משום דנקט שלשלאות של ברזל טעו לומר דטעמא משום דחרב הרי הוא כחלל אלא גרסינן ה"מ לענין טומאה דבעינן אהל שיהא נח לגמרי אבל גבי שבת שהטעם הוא משום רשות אחת בחוט הסרבל סגי:

קיפא

רבינו חננאל

יהודה אמר אפי' אינו מסולק מן הארץ אלא מלא החוט גוללו אצלו מ"ט בעינן הנחה ע"ג משהו. ור' יוחנן (אמר) [דאמר] להא שמעתא אמתניתין [הא מיירי] שאם זרק למקום מדרון שאין דרכו לנוח שם אם נח במקום מחשבתו ואח"כ נתגלגל חייב ואם לא נח פטור אבל רבא כי קאמר בזורק למקום שוה שסוף החפץ לנוח שם סד"א אם לא איתרמי ליה לנוח אלא נזדמן לו שיתגלגל משם כאלו נח דמי קמ"ל: רקק מים ורה"ר מהלכת בו דקתני לה תרי זימני תלתא טעמי דאיתמרו בה איתנון. חדא בין בימות החמה בין בימות הגשמים וחדא אע"ג דנפיש (פותיה) לא תימא דאקופי מקפי ליה. וחדא אע"ג דלא הוי התוא רקק ד' טפחים לא תימא כיון דמעט הוא לא מסגי ליה אינשי בגווה מפסע הוא דפסעי ליה קמ"ל אע"פ שהוא פחות מד' הזורק לתוכו חייב ודמי לטרא דגמלא: הזורק מן הים לספינה ומן הספינה לים פטור אבל אסור שהים עצמו כרמלית הוא וספינה פעמים שהיא כרמלית ופעמים שהוא [רה"י ופעמים שהיא] מקום פטור וגרסינן בעירובין פרק כל גגות איתמר ספינה רב אמר מותר לטלטל בכולה מ"ט כיון דאית לה מחיצה רה"י היא ושמואל אמר אין מטלטלין אלא בד' אמות מחיצות הללו להבריח מים הם עשוים והלכתא כוותיה דרב. השתא היכא דאיתא רה"י אין מטלטלין מתוכה לים ולא מים לתוכה ואם הכניס או אם הוציא פטורין וכן היכא דהויא כרמלית דקיי"ל אין מטלטלין מכרמלית לכרמלית וזימנין דמותבי עירובא אבל היכא דהוי מקום פטור מטלטלין מיניה לרה"י ומיניה לכרמלית ולא חיישינן ובלבד שלא יחליף ומשום הכי אמרינן אין כרמלית פחות מד'. אמר רב ששת ותופסת עד עשרה ופירשנו דעד עשרה הויא כרמלית למעלה מי' לא ואקילו בה רבנן מקולי רה"ר ומקולי רה"י. מקולי רה"י דאי איכא ד' דעד ד' הויא כרמלית ואי לא לא הויא כרמלית ומקולי רה"ר דעד עשרה הוא דהויא כרמלית למעלה מעשרה מקום פטור הוא והיכא דצריכא לעולי מיא מן הים לספינה רב הונא אמר מוציא זיז כל שהוא וממלא ומעייל לית לספינה קסבר כרמלית מארעיתא דימא ור דנהרא הוא [ומשוינן] טותם. ותופסת עד עשרה טפחים ומן כד מטי לי' טפחים שלימא כרמלית והוות ליה מקום פטור ובדין הוא דדין נמי לא ליבעי והא דאצריכו ליה זיז כי היכא דלהוי היכירא רב חסדא ורבה בר רב הונא אמרי עושה מקום ד' וממלא קסברי כרמלית משפת מיא משחינן ומיא ארעא סמיכתא היא וצריך לעשות מקום ד' הוץ לספינה כדי שיהא מקום פטור שמעלה המים מן הים או מן הנהר שהן כרמלית לאותו מקום שהוא מקום פטור ומשם מעייל להן לספינה פי' מקום זה כגון תיבה פחותה או סל פחותה וגרסי' בירושלמי ואם הוציא מן הים לספינה הרי הוציא מכרמלית לרה"י ואקשינן לרב הונא דאמר מוציא זיז כל שהוא וממלא מן הים לספינה ומנין דליכא י' מארעית נהרא לשפת מיא וקא מטלטל מכרמלית לרה"י ומשני גמירי אין ספינה מהלכת במים שיש בהן פחות מעשרה. ומקשינן ודלמא מורשא איכא. פי' מורשא כמו הפירה שיש בקרקעית הים ליחוש דלמא האי ספינה קיימא בההוא מורשא וסביביר מקום שממלא משם אין בו מקרקעית הים שפת המים י' טפחים וכיון דליתא י' טפחים אותו המים הן כרמלית וקמטלטל מכרמלית לרה"י ופריש רב ספרא נשושי אולי קטת. כלומר כיון שמגעת הספינה במקום שהמים מעטין מתייראין שמא תשב הספינה בקרקעית הים או שמא תהיה שם סלע ותעבור עליו ותשבר ולפיכך מהלכין בני אדם ספנים מגששין ורואין המים אם הן מי ברכים או פחות או יותר וכיוצא בהם ואם יראו

אפי'

רב נסים גאון

לא נצרכה אלא להתיר ביצית שביניהם · ביצית היא דוגית כדגרסי' בפ' המוכר את הספינה (בבא בתרא ד' עג) אמר רבא ביצית ודוגית חדא מלתא היא ר' נתן דבבלאה הוה קרי ליה ביצית כדאמרי אינשי ביציאתא דמישאן סומכוס דבר ארעא דישראל הוה קרי ליה דוגית כדכתיב (עמוס ד) ואחריתכן בסירות דוגה ומתרגמ' ובנתכון בדוגית ציאדין:

הגהות הב"ח

(א) תוס' ד"ה כי איתמר וכו' וע"ע בשמעתא דדיורין. נ"ב ספ"ק דעירובין דף יז ע"א:

להיות אב הטומאה והספינה את הכלים שבתוכה דחרב ס"ה כחלל והוי הכי אבות הטומאה כצ"ל רש"ל

הני} דמקשו על פירש"י, וסברי דבזה לא שייך לומר גוד אחית, ופירשו פי' אחר בדברי ר"ה, וגם המ"א בעצמו כתב אח"כ שהתוס' חולקין, ולא נהירין דברי שניהם, דאף דהתוס' סוברין דלא שייך בזה גוד אחית, הלא מטעם אחר לדבריהם דינא הכי, דהא כתבו בקושיא השלישית: ועוד למה לי מלינהו קני ואורבני, אע"ג דלא מלינהו כיון דיכול למלאות חשוב רה"י וכו', עי"ש, **ומחוורתא** שדברי האגודה נובעין מדברי האו"ז, שכתב דהלכה כר"ה, אבל גם עליו יפלא ממסקנת הגמרא, **ואולי** שהוא סובר כפי' רבותיו של רש"י, דמה דאמר הגמ' מידי איריא וכו', הוא לדחות דברי אביי, **אבל** באמת כבר דחה רש"י זה בשתי ידים, וכן בר"ח מפרש שם כרש"י, דהאי מידי איריא הוא מסוף דברי אביי, ע"ש, **ובאמת** אין לדחות דברי רש"י מהלכה, שבערוך הביא לשני הביאורים על ביצייתא דמישן, דרש"י ודר"ח, ובמאירי הביא לפי' רש"י לבד, ופסק ג"כ דלא כר"ה, וכן בחי' הר"ן והריטב"א מפרשים בביצייתא דמישן כרש"י, ובתוס' פירשו על ביצייתא דמישן שהוא ספינה שיש לה דפנות, וקרקעות העשויות נסרים, וחלל בין הנסרים, והמים נכנסין בה ויושבין כמו במים, אפ"ה הוי רה"י, אפילו יש בין נסר לנסר רוחב ג"ט, שאנו רואין כאלו דופני הספינה עקומין ומסבבין כל הספינה, ונמצאו הנסרים מחוברין, עי"ש, ונראה ששניהם נכונים לדינא).

אות ג'

נעץ קנה ברשות הרבים ובראשו טרסקל, וזרק ונח על גביו... וחכמים פוטרין

רמב"ם פי"ד מהל' שבת הי"ח - נעץ קנה ברה"ר ובראשו טרסקל וזרק ונח על גביו, פטור, שאין רשות הרבים אלא עד עשרה. השגת הראב"ד: ה"א ואפי' עד עשרה בזה פטור, דרשות היחיד לא הוי, דלא אמרינן גוד אחית מחיצתא, דהויא לה מחילה שהגדיים בוקעין בה, ורשות הרבים נמי לא הוי, אלא כרמלית הוי, דאין ראוי לכתף עליו.

אות ד'

עמוד ברשות הרבים גבוה עשרה ורחב ארבעה ואין בעיקרו ארבעה ויש בקצר שלו שלשה, וזרק ונח על גביו, חייב

רמב"ם פי"ד מהל' שבת הט"ז - עמוד ברה"ר גבוה י' ורחב ארבעה, ואין בעיקרו ארבעה, ויש בגובה הקצר שלו שלשה, הרי הוא רה"י, ואם זרק מרה"ר ונח על גביו חייב.

---

§ מסכת שבת דף קא: §

אות א'

אלא במים, קל הוא שהקילו חכמים במים

רמב"ם פט"ו מהל' שבת הי"ג - והיאך מעמידין את המחיצה במים, אם היתה למעלה מן המים, צריך שיהיה טפח מן המחיצה יורד בתוך המים; ואם היתה המחיצה כולה בתוך המים, צריך שיהיה טפח ממנה יוצא למעלה מן המים, כדי שיהיו המים שבחצר מובדלין; ואע"פ שאין המחיצה מגעת עד הקרקע, הואיל ויש בה עשרה טפחים הרי זו מותרת; ולא התירו מחיצה תלויה אלא במים בלבד, שאיסור טלטול במים מדבריהם, והקלו במחיצה שאינה אלא כדי לעשות היכר.

אות ב'

ספינות קשורות זו בזו, מערבין ומטלטלין מזו לזו; נפסקו נאסרו; חזרו ונקשרו, בין שוגגין, ובין מזידין וכו'

רמב"ם פ"ג מהל' שבת הכ"ה - וכן ב' ספינות שהיו קשורות זו בזו ועירבו, ונפסקו, אסור לטלטל מזו לזו, ואפילו היו מוקפות מחיצה; חזרו ונקשרו בשוגג, חזרו להתירן.

אות ג' – ד

וכן מחצלות הפרוסות, מערבין ומטלטלין מזו לזו; נגללו נאסרו; חזרו ונפרשו, בין שוגגין בין מזידין בין אנוסין ובין מוטעין, חזרו להיתרן הראשון

שכל מחיצה שנעשה בשבת, בין בשוגג בין במזיד, שמה מחיצה

סימן שסב ס"ג - [א]מחיצה העומדת מאליה, דהיינו שלא נעשית לשם מחיצה, כשרה - ואפילו לא סמכו עליה מע"ש.

[ב]**מחיצה שנעשית בשבת, כשרה** - ואפילו לא נעשית ג"כ לשם מחיצה, **והני מילי שנעשית בשבת בשוגג** - היינו שלא ידע שהיום שבת, או שהיה שגגת מלאכה, **אבל במזיד, הויא מחיצה להחמיר, לחייב הזורק מרשות הרבים לתוכה, אבל לא להתיר לטלטל בתוכה** - משום קנס, ואסור גם לכל אדם לטלטל ע"י זו המחיצה באותו שבת, [**ועיין** בפמ"ג שמסתפק, אם גם

באר הגולה

[ה] ‹ואני אומר שלא נתכוין רבינו לחלק בדין בין אם הטרסקל תוך י' או למעלה, שא"כ היה לו לכתוב נעץ קנה גבוה יותר מעשרה, אלא נתינת טעם כתב, למה אין דין קנה זה כשהוא ברה"ר כרה"ר, כמו שהוא כרה"י בהיותו שם, כנזכר למעלה, ואמר שאין אויר רה"ר עולה עד לרקיע אלא עד י', וכיון שאין האויר תופס אלא עד י', בדין הוא שכל דבר גבוה יותר מג' יחלוק בו רשות, בין תוך י' בין למעלה מעשרה – מגיד משנה› [א] **שם ט"ו** [ב] **שם כ"ה ושבת ק"א**

לעושה המחיצה מותר לשבת הבאה, או לדידיה אסור לעולם, וכנ"ל בסי' שי"ח, **אכן** לדעת הגר"א דפסק כהתוס', בודאי גם לו מותר לשבת הבאה].

ואם צוה ראובן לשמעון לעשות מחיצה כדי לטלטל בה, או שידע ששמעון עושה בשבילו, והיה ניחא ליה שתעשה כדי שיוכל לטלטל בה, **משמע** מלשון הרמב"ם דשוב אסור לראובן לטלטל בה, אף ששמעון עשאה בשגגה, דלדידיה נחשב כמזיד.

[ז]וה"מ שלא היה שם מחיצה תחלה - וה"ה כשהיתה ונסתרה קודם שבת, **אבל היתה שם והסירה** - לרבותא נקט, וכ"ש כשהוסרה ממילא, **וחזרה ונעשית, אפי' במזיד, חזרה להתירה הראשון.**

כגון שנים או שלשה שהקיפו במחצלאות סביבותיהם ברה"ר - ר"ל בחול, ותקנו אותם באופן שלא ינידם הרוח, ועי"ז נעשה שם רה"י, **והבדילו גם ביניהם במחצלאות ועירבו יחד** - דאף שהמחצלת מפסיק ביניהם, אפ"ה כיון שיכולין להשתמש זה עם זה דרך המחצלת, דינו כאלו יש כותל ופתח או חלון ביניהם, שהרשות בידן לערב יחד, **מותרים לטלטל מזה לזה. נגללו המחצלאות** - שסביבותיהן ונתבטלו המחיצות, **נאסרו, חזרו ונתפרסו, אפי' במזיד, חזרו להיתרן הראשון.**

היה יכול לצייר בפשיטות, באיש אחד שהיה לו מחיצה גמורה, שעל ידה היה המקום רה"י, והסירה בשבת וחזרה ועשאה, **אלא** בא לאשמועינן בשנים ושלשה אנשים, דאפילו העירוב שביניהן לא נתבטל, ומותרין לטלטל מזה לזה כשחזרו ונפרסו המחצלאות.

ודעת רוב הפוסקים, [ד][רש"י ותוס' והרא"ש, וכן ג"כ משמעות הרי"ף והרמב"ם, כמ"ש בב"י, ודעת הר"ן בשם ר"ת, שממנו נובע דברי השו"ע, יחידאה בזה], דבמחיצה שנעשה על ידה בשבת רה"י, לא אמרינן דחוזר להתירו הראשון כשנעשה במזיד, **רק** אם בלא"ה היה אותו המקום רה"י, שהיה מוקף מחיצות, ועשה מחיצה באמצע שעל ידה נתחלקו הדיורין, וערבו כל א' בפני עצמה, וכשנפלה אותה מחיצה נאסרו לטלטל, מפני שאוסרין זה על זה, אז אם חזר ועשאה אפילו במזיד, אף דבעשיתו עבר על איסור תורה, מ"מ חוזר להתירו הראשון, כיון שבלא"ה הוא ג"כ רה"י, ואינה באה רק לחלק הדיורין, **וגם** בזה דוקא כשכבר היתה שם המחיצה אלא שנפלה, אבל אם לא היתה שם מחיצה ועשאה בשבת, אף שהוא רק לחלק דיורין, אסור.

אות ה'

קשרה בדבר המעמידה, מביא לה טומאה

רמב"ם פ"ג מהל' טומאת מת ה"ו - [ה]קשר את הספינה בדבר שהוא יכול להעמידה, כבש כנף הטלית באבן, הרי זו מביאה את הטומאה.

§ מסכת שבת דף קב. §

אות א'

זה הכלל: כל חייבי חטאות אינן חייבין עד שתהא וכו'

רמב"ם פ"א מהל' שבת הי"ט - כל העושה מלאכה בשבת מקצתה בשגגה ומקצתה בזדון, בין שהזיד ולבסוף שגג בין ששגג ולבסוף הזיד, פטור; עד שיעשה שיעור המלאכה כולה מתחלה ועד סוף בזדון, ואחר כך יהיה חייב כרת, ואם יהיה בעדים והתראה חייב סקילה; או שיעשה שיעור מלאכה כולה בשגגה מתחלה ועד סוף, ואחר כך יהיה חייב חטאת קבועה.

רמב"ם פ"ב מהל' שגגות ה"א - אין אדם חייב חטאת על שגגתו עד שיהיה שוגג מתחילה ועד סוף, אבל אם שגג בתחלה והזיד בסוף, או הזיד בתחלה ושגג בסוף, פטור מקרבן חטאת; כיצד, כגון שהוציא חפץ מרשות לרשות בשבת, עקר בזדון והניח בשגגה, או שעקר בשגגה והניח בזדון, פטור, עד שיעקור בשגגה ויניח בשגגה, וכן כל כיוצ"ב.

אות ב'

לכתא ומתנא אוגדו בידו הוא

רמב"ם פי"ג מהל' שבת הי"ד - הזורק חפץ מרשות לרשות והיה קשור בחבל ואגדו בידו, אם יכול למשוך החפץ אצלו, פטור, [א]שהרי אין כאן הנחה גמורה, ונמצא כמי שעקר ולא הניח.

אות ג' – ד'

שתי אמות בשוגג, שתי אמות במזיד, שתי אמות בשוגג... פטור אי בזורק שוגג הוא

רמב"ם פ"ו מהל' שבת ה"ח - אכל כחצי זית ונודע לו, וחזר ושכח ואכל כחצי זית אחר בהעלם שני, פטור, שהרי נודע לו בינתיים ויש ידיעה לחצי שיעור; וכן אם כתב אות אחת בשבת בשגגה ונודע לו, וחזר ושכח וכתב אות שנייה סמוכה לה בהעלם שני, פטור מקרבן חטאת, וכן כל כיוצא בזה; וכן אם הוציא ב' אמות בשוגג וב' אמות במזיד וב' אמות בשוגג: אם בזריקה חייב, לא מפני שאין ידיעה לחצי שיעור, אלא מפני שאין בידו להחזירה, לפיכך לא הועילה לו הידיעה שבינתיים; ואם בהעברה פטור, שיש ידיעה לחצי שיעור כמו שביארנו.

‹המשך ההלכות מול עמוד ב'›

באר הגולה

[ג] מהא דספינות קשורות ונגללו בשבת ק"א **וכפירוש התוספות** דלרש"י בשום אופן אינו חוזר במזיד להיתירו הראשון, ודלא כתוס'›

[ד] ‹מה שהביא מרש"י, דלמא ר"ל לענין נקודה הראשון, דלא חזר להיתירו הראשון,

[ה] ‹עיין פי' תוס'›

[א] ‹אין להקשות דמטעם זה ג"כ אין כאן עקירה, דכיון דנעקר מידו לענין עקירה איקרי עקירה – לחם משנה. **אבל** לכאורה כן פי' רש"י: דאין כאן זריקה›

הזורק פרק אחד עשר שבת קב

מתני' הזורק ונזכר מאחר שיצתה מידו קלטה אחר קלטה כלב או שנשרפה פטור זרק לעשות חבורה בין באדם ובין בבהמה ונזכר עד שלא נעשית חבורה פטור *זה הכלל כל חייבי חטאות אינן חייבין עד שתהא תחלתן וסופן שגגה תחלתן שגגה וסופן זדון תחילתן זדון וסופן שגגה פטורין עד שתהא תחילתן וסופן שגגה: גמ' הא נחה חייב והלא נזכר ותנן כל חייבי חטאות אינן חייבין עד שתהא תחלתן וסופן שגגה אמר רב כהנא סיפא אתאן ללכתא ומתנא ילכתא ומתנא אוגדו בידו הוא כגון שנתכוין לעשות חבורה הא נמי תנינא הזורק לעשות חבורה בין באדם בין בבהמה ונזכר עד שלא נעשית חבורה פטור אלא אמר רבא במעביר והא זה הכלל דקתני אזריקה קתני אלא אמר רבא תרתי קתני הזורק ונזכר מאחר שיצתה מידו אי נמי לא נזכר וקלטה אחר או קלטה כלב או שנשרפה פטור רב אשי אמר חסורי מחסרא והכי קתני הזורק ונזכר מאחר שיצתה מידו קלטה אחר או קלטה כלב או שנשרפה פטור הא נחה חייב בד"א שחזר ושכח אבל לא חזר ושכח פטור שכל חייבי חטאות אינן חייבין עד שתהא תחלתן וסופן שגגה: זה הכלל כל חייבי חטאות כו': איתמר שתי אמות בשוגג שתי אמות במזיד שתי אמות בשוגג רבה אמר פטור רבא אמר חייב רבה אמר פטור אפילו לרבן גמליאל *דאמר אין ידיעה לחצי שיעור התם הוא דכי קא גמר שיעורא בשוגג קא גמר אבל הכא דבמזיד לא ובמאי אי בזורק שוגג הוא אלא במעביר *רבה אמר חייב ואפילו לרבנן דאמרי יש ידיעה לחצי שיעור התם הוא דבידו אבל הכא דאין בידו לא ובמאי אי במעביר הרי בידו ואלא בזורק *אמר *רבה זרק ונחה בפי הכלב או בפי הכבשן חייב והאנן תנן קלטה אחר או קלטה הכלב או שנשרפה פטור התם דלא מכוין הכא דקא מכוין אמר רב ביבי בר אביי אף אנן נמי תנינא *יש אוכל אכילה אחת וחייב עליה ד' חטאות ואשם אחד הטמא שאכל חלב והוא נותר מן המוקדשין ביוה"כ רבי מאיר אומר אף אם היתה שבת והוציאו [בפיו] חייב אמרו לו אינו מן השם ואמאי הא אין דרך הוצאה בכך אלא כיון דקא מיכוין מחשבתו משויא ליה מקום הכא נמי כיון דקא מיכוין מחשבתו משויא ליה מקום:

הדרן עלך הזורק

רש"י

מתני' הזורק. בשוגג: ונזכר. שהוא שבת: מאחר שיצתה. האבן מידו וקודם שתנוח: קלטה אחר. קס"ד לאחר שנזכר זה קלטה אחר הוו להו שנים שעשאוה וכגון (א) שנעקר ממקומו וקבלה או שקלטה כלב בפיו דלא הויא הנחה דבעינן מקום ד' פטור: גמ' ופרכינן הא נחה. לסוף ד' ברה"ר חייב ואע"ג דנזכר בין עקירה להנחה והא קתני סיפא זה הכלל כו': סיפא. דקתני עד שתהא תחלתן וסופן שגגה: אתאן ללכתא ומיתנא. לכתא עץ קטן שכפול ראשו וצריך לחמורים נושאים דרדורים של יין מאוחדין אותו בשני עקלים שהדרדורים תלויין בהן משני צידי החמור ומחברים בו הדרדורים שיחזיק זה את זה: ומתנא. חבל כלומר לא מיתוקמא סיפא אלא בזורק לכתא הקשור בחבל קטן כדרכו ואוחז החבל בידו וכשנזכר היה בידו לאחוז החבל ולעכב זריקת הלכתא שלא תנוח הלכך תחילתו שוגג וסופו מזיד ופטור אבל זרק צרור ואפן שכשנזכר אין בידו לעכבו כוליה שוגג הוא ונזכר דקתני ברישא אשמעינן רבותא דאף על גב דנזכר לא מיפטר מחטאת אא"כ קלטה אחר או כלב: ופרכינן לכתא ומתנא אוגדו בידו. ואפילו כוליה מילתא שוגג לא מיחייב דאין כאן זריקה: כגון שנתכוין לעשות חבורה. בתחלתו בשגגת שבת ונזכר עד שלא נעשית החבורה ולעולם בלכתא ומיתנא וכגון שנתכוין לעשות חבורה כו' דהאי משום זכירה הוא דמיפטר שהיה בידו להחזיר כמלא סופו זדון הא לא נזכר חייב ואע"ג דאגדו בידו דחיוביה לאו משום זריקה הוא אלא משום חבורה: הא בהדיא קתני לה. במתניתין וזה הכלל ע"כ למילתא אחריתי אתא: אלא אמר רבא. זה הכלל למעביר ארבע אמות ברה"ר ונזכר קודם שהעבירו ד' אמות אתא שהיה בידו לעמוד במקום שנזכר אבל זורק לא מיפטר בזכירה: והא כי קתני זה הכלל אזריקה קתני לה. דאיירי לעיל מיניה בזורק לעשות חבורה ואי סתם זורק לא מיפטר בזכירה היכי מתני גבי זה הכלל: אלא אמר רבא. רישא מילי מילי קתני לה ותרתי קתני הזורק ונזכר אי נמי לא נזכר וקלטה אחר כו' והדר תני כללא לאתויי מעביר: חסורי מחסרא וכו'. ולעולם חדא קתני: שחזר ושכח. קודם שתנוח דהוה ליה תחילתו וסופו שגגה ואשמעינן נזכר דתנא בה לרבותא דאע"ג דהואי ידיעה בינתיים מיחייב דאין ידיעה לחצי שיעור דהייט *כאין בידו להחזיר: ה"ג שכל חייבי חטאות כו': איתמר ב' אמות בשוגג ב' אמות במזיד ב' אמות בשוגג רבה אמר פטור רבא אמר חייב. שתי אמות במזיד שנזכר לאחר שתי אמות ראשונות וחזר ושכח בב' האחרונות: דר"ג. לקמן בפרק הבונה: התם דכי גמר שיעורא בשוגג גמר. הכותב ב' אותיות בב' העלמות דמחייב בה ר"ג באות השניה נגמר השיעור ואף הוא בשוגג אבל הכא בשתי אמצעיות שהן במזיד נגמר השיעור כדמפרש ואזיל לה במעביר ושתי אמצעיות מזיד: שוגג הוא. שהרי אין בידו לעכבה וכיון שחזר ושכח חייב דלא נגמרה מלאכה עד שעת הנחה שהיא לסוף ובשוגג: אלא במעביר. וכיון דבידו לעמוד בסוף ב' אמות האמצעיות אשתכח דגמר שיעורא במזיד: התם הוא דבידו. שלא לחזור ולכתוב השניה הלכך כי חזר ושכח הויא לה שגגה אחריתי ולא גמרה לקמייתא: אבל הכא אין בידו. להחזיר כשנזכר כדמפרש ואזיל בזורק הלכך כולה חדא שגגה היא ומר אמר חדא ומר אמר חדא ולא פליגי: בפי הכבשן. ונשרפה בשלהבת: הכא דקא מיכוין. מחשבתו משויא ליה מקום דהא אחשביה: אכילה אחת. זית אחד: ד' חטאות. משום חלב משום נותר משום אכילת יוה"כ משום טומאת הגוף ואכל קדש: ואשם מעילות. דאפילו הוא כהן גבי אימורים זר הוא: אף אם היתה שבת כו'. ומשום יוה"כ לא מיחייב בהוצאה דקסבר אין עירוב והוצאה ליוה"כ: אינו מן השם. אין חטאת זו משום אכילה אלא משום הוצאה: ואמאי. מיחייב משום הוצאה לדברי הכל הא אין דרך להוציא בפה: מחשבתו. שצריך לאוכלה בהליכתו ואחשבה להוצאה זו בפיו: הדרן עלך הזורק

תוספות

סיפא אתאן ללכתא ומיתנא. אבל רישא מיירי בלא לכתא ומיתנא והא דנקט נזכר לאשמעינן דאפילו בנזכר דוקא קלטה כלב או נשרפה פטור משום דלא נחה הא נחה חייב: אלא אמר רבא במעביר. וה"ה אפילו בלא נזכר פטור כיון שקלטה כלב או נשרפה והוא דלחבורה איירי בלכתא ומיתנא ואין ר"י יודע למה הוצרך להשמיעט ההיא דחבורה מה לי חבורה מה לי מעביר וכן לרבא דקאמר תרתי קתני אמאי תנא ההיא דחבורה כיון דתנא הזורק ונזכר פטור ה"ה בחבורה דמ"ש: רב אשי אמר חסורי מחסרא כו'. אין זה נוגע חסורי מחסרא דמשנה כמו שהיא שנויה יש לפרש כן אלא כדי לפרשה קאמר בלשון חסורי מחסרא:

ובמאי אי בזורק שוגג הוא. אע"ג דכי גמר שיעוריה במזיד גמר מ"מ כיון דבתחילת זריקה הוי שוגג ואין יכול להחזירה ובהנחה נמי שוגג הוא חשיב כאילו מתחלה ועד סוף הויא חדא שגגה:

אמר רבא זרק בפי כלב. ל"צ ונחה בפי כלב דנחה משמע מעלמה כדא"ר יוחנן בפ"ק (לעיל דף ה:) זרק חפץ ונח לתוך ידו של חבירו חייב ומסיק דקמ"ל אף על גב דלא אחשביה לידיה והכא מסיק דקא מכוין ומחשבתו משויא ליה מקום:

רבי מאיר אומר אם היתה שבת והוציאו בפיו כו'. פי' בקונטרס דלהכי נקט אם היתה שבת דמשום יוה"כ לא מיחייב דאין עירוב והוצאה ליוה"כ ולא הויא מסקנא הכי בפרק אמרו לו (כריתות דף יד:) דנדחו דברי רפרם שהיה מפרש כן ומסיק דנקט שבת כדי להרבות בחטאות ולחייבו אף משום שבת [ויוה"כ]:

והוציאו בפיו חייב. כולהו בהדי הדדי קא אתו *דבליעתו הויא הנחה אע"פ שמהלך כדאמרינן (לעיל דף פ:) כתיבתן זו היא הנחתן ואע"ג דפיו למעלה מי' ואינו רחב ד' בטל הוא אגב רה"ר ולא דמי לטוכיאר ביריעה דאמר בריש פרקין (לעיל דף צז:) דבמקום פטור קא אזיל דהתם מקום קביעות הוה טפי ודמי לטרסקל דאמר בפ"ק (דף ה.) דלמטה מי' הוי רה"ר והכא אפילו למעלה מי' בטל אגב רשות הרבים ועוד דמעביר למעלה מי' כלמטה *וחשיב מונח ברשות הרבים:

הדרן עלך הזורק

עין משפט נר מצוה

מ א מיי' פ"א מהל' שבת הלכה יט ופ"ב מהל' שגגות הלכה א סמג עשין ריג:
מא ב מיי' פי"ג מהל' שבת הלכה יד סמג לאוין סה:
מב ג ד מיי' פ"ו מהל' שגגות הלכה ח:
מג ה ו מיי' פי"ג מהל' שבת הלכה יג:
מד ז מיי' פ"ו מהל' שגגות הלכה ד:

רבינו חננאל

מקום נמוך פחות מי' ומקום גבוה י' טפחים אין מעבירין אותה אלא מחזירין אותה לדרך אחרת. תוב מקשו להני דאמרי עושה מקום ד' כמו שאמרנו כמו תיבה פחותה או סל פחותה וכיוצא בהן וממלא ואע"ג דליכא משפת מיא י' טפחים שופכין דספינה להיכי שדי להו כלומר שופכין שצריך לשופכן כגון מי רגלים וכיוצא בהן היכא שפיך להו וכי תימא באותו מקום (שעשהו ד' הוא ממלא אלא המים) [שעשהו למלא בו המים] הוא שופך שופכין לשם הא קא מימאסו ליה מיא. ומשני שדי להו ברופן של ספינה שהיא מכלל רה"י ואע"ג דשותתין ואזלי מדפני ונחתני לים. כל כי האי גוונא כחו בכרמלית לא גזרו רבנן; וגרסינן בפרק ר' אליעזר דתולין אמר רב יהודה האי מאן דמחי במיא דנהרא בשבתא ניגנוב נפשיה וניפסק דאי לא קמסיק מיא מכרמלית לרה"י והוא הספינה סוף סוף כי נחית למיסחי קא דחי להו למיא ונמצא מטלטל בכרמלית ושנינן שכוחו בכרמלי' לא גזרו רבנן ומנא תימרא דכחו בכרמלית לא גזרו רבנן דתניא ספינה שבים ר' יהודה אומר עמוקה י' ואינה גבוהה י' מטלטלין מתוכה לים אבל לא מן הים לתוכה ואוקימנא להאי דתני מטלטלין מתוכה לים על חודה של ספינה שהן דפני הספינה וש"מ כחו בכרמלית לא גזרו רבנן פי' עמוקה י' ואינה גבוהה י' כגון שנשתקעו מחיצותיה בים וכשאתה מודד עמוקה של ספינה מבפנים הויא י' טפחים ופעמים יותר אבל משפת הים ולמעלה עד שפת הספינה כיון שנשתקעו מקצת מחיצותיה בים לא הוי גבוהה י' ונמצאת הספינה רה"י והים כרמלית לפיכך הוצאה מן הספינה דרך כחו לא גזרו רבנן אבל להכניס דלא אפשר דרך כחו לא שרו: ירושלמי א"ר אבין למה מן הים לתוכה אסור מפני הסכנה אמר רב הונא הני ביציאתא דמישן אין מטלטלין בהן אלא בד' אמות. פי' ביציאתא ספינות קטנות העשויות לתשמיש הגדולות כי כשבאות להיכנס בנמל מהלכות לפניה ורואין הקלו המים אם לאו ואם רואין כי קלו המים משליכין העוגין בים שהן ברזלים [גדולים] ומעמידין אותה שם ועוד עשויות לצאת בהם בני הספינה ליבשה וליכנס בהן ולטעון ולפרק האנתיקי שבה ומתוך שהן קלות ומהלכות על ביצת המים לפיכך הם נקראות ביצייתא: מישן. שם מקום וגרסינן בהמוכר את הספינה מכר את ביציית סימכוס אומר מכר את הדוגית ואמר רבא הביצית ודוגית חדא מלתא היא ומפני שמישן הוא מקום אגמי מים עושין ביציית להלך בהן באגמים ויש להן דפנות שהן מחיצותיה וקרקעיתה עשויה נסרים נסרים וביניהם חלל ומי הים והנהר נכנסין בה. והיושבים בה כמו בתוך המים יושבין ועושין אותה כך שאפי' אם תתהפך על פניה אינה נטבעת לעולם. ואמר רב הונא כיון שהיא פרוצה ככרמלית דינה ואין מטלטלין בה בשבת אלא בארבע ולא אמרו אלא בזמן שאין בה נסר לנסר חלל פחות מג' טפחים. אבל יש בין נסר לנסר חלל פחות מג' טפחים כיון דכל פחות מג' כלבוד דמי רואין אלו הנסרים כאלו מחוברין איש אל אחיו הן ואע"פ שהמים נכנסין בה לא חיישינן וכרה"י היא ומותר לטלטל בכולה וכן אם היו נסרין פחות מג' ויש בין זה לזה יותר מג' או ג' ומילא את החלל שבין הנסרים קני ואורבני מותר לטלטל בכולה ואתקף עליה רב

רב נסים גאון

אפי' לרבן גמליאל דאמר אין ידיעה לחצי שיעור. בסוף פ' הבונה (דף קה) חלק רבן גמליאל עם החכמים בכותב ב' אותיות בב' העלמות ובגמ' גרסי' במאי קמיפלגי רבן גמליאל סבר אין ידיעה לחצי שיעור וכבר פירשנו אותה בפרק כלל גדול (דף קג): אמר רב ביבי בר אביי אף אנן נמי תנינא יש אוכל אכילה אחת וחייב עליה ד' חטאות ואשם אחד ומשכחת לה במסכת כריתות בפרק אמרו לו אכלת חלב (דף יג) פי' ד' חטאות בנוי על עיקר המשנה שבתחלת זו המסכת' ל"ו כריתות בתורה ואלו הן טמא שאכל את הקודש והאוכל חלב ודם ונותר ופיגול והאוכל והעושה מלאכה ביום הכפורים כו' ואמרו על אלו חייבין על זדונן כרת ועל שגגתן חטאת ימי שאכל חלב והוא נותר מן המוקדשים ביום הכפורים חייב חטאת משום טמא שאכל את הקודש וחטאת [חלב וחטאת משום אוכל נותר וחטאת] משום אוכל ביום הכפורים הרי ד' חטאות וחייב אשם מעילות כמש"כ (ויקרא ה) נפש כי תמעול מעל בה' וחטאה בשגגה וכדתנן (מעילה דף יח) הנהנה שוה פרוטה מן ההקדש מעל ואילו היה טהור ואכל את הקודש בשגגה נתחייב אשם מעילות:

סליק פרק הזורק

מסורת הש"ס

לעיל ד.
[ועיין תוס' לעיל ד: ד"ה אלא א"ר יוסף ותוס' עירובין צט: ד"ה זרק ונח]
לעיל עא. לקמן קה.
[נ"ל רבא]
עירובין צט.
כריתות יג: שבועות כד: יבמות לד.
[נ"ל שאין]

הגהות הב"ח

(א) רש"י ד"ה קלטה אחר וכו' וכגון. נ"ב ע"ל בדף ה סוף ע"א:

גליון הש"ס

תוס' ד"ה והוציאו וכו' דבליעתו כו' הנחה. ע"ל יא ע"א תד"ה לא יעמוד: באר"ד ותשיב מונח. כר"ס ע"ל דף ו ע"א תד"ה כתס:

עין משפט נר מצוה

א א מיי' פ"י מהל' שבת הלכה יב סמג לאוין סה:
ב ב מיי' שם הל' יח:
ג ד מיי' שם הלכה יג:
ד ה מיי' שם הל' יח:
ה ו מיי' שם הלכה יד והלכה טו ופכ"ג הלכה א:
ו ז מיי' שם פ"י הלכה יג:

מתני'

הבונה כמה יבנה ויהא חייב *הבונה כל שהוא והמסתת והמכה בפטיש ובמעצד (א) *הקודח כל שהוא חייב זה הכלל כל העושה מלאכה ומלאכתו מתקיימת בשבת חייב (וכן) רשב"ג אומר אף המכה בקורנס על הסדן בשעת מלאכה חייב מפני שהוא כמתקן מלאכה:

גמ' כל שהוא למאי חזיא א"ר ירמיה שכן עני חופר גומא להצניע בה פרוטותיו דכוותה גבי משכן שכן תופרי יריעות חופרין גומא להצניע בה מחטיהן אביי אמר כיון דמשתכי לא עבדי הכי אלא שכן עני עושה פיטפוטי כירה קטנה לשפות עליה קדירה קטנה דכוותה גבי משכן מבשלי סמנין לצבוע יריעות שחסרה מלאכתן עושין פיטפוטי כירה קטנה לשפות עליה יורה קטנה רב אחא בר יעקב אמר *אין עניות במקום עשירות אלא שכן בעה"ב שיש לו נקב בבירתו וסותמו דכוותה גבי משכן שכן קרש שנפלה בו דרנא מטיף לתוכה אבר וסותמו אמר שמואל המצדד את האבן חייב מיתיבי אחד נותן את האבן ואחד נותן את הטיט הנותן את הטיט חייב [א] וליטעמיך אימא סיפא רבי יוסי אומר ואפילו העלה והניח על גבי דימוס של אבנים חייב אלא תלתא בנייני הוו תתא מציעא ועילא תתא בעי צדודי ועפרא מציעא בעי נמי טינא עילאי בהנחה בעלמא: והמסתת: מסתת משום מאי מיחייב רב אמר משום בונה ושמואל אמר משום מכה בפטיש העושה נקב בלול של תרנגולים רב אמר משום בונה ושמואל אמר משום מכה בפטיש עייל שופתא בקופינא דמרא רב אמר משום בונה ושמואל אמר משום מכה בפטיש וצריכא דאי אשמעינן קמייתא בההיא קאמר רב משום דדרך בנין בכך אבל עושה נקב בלול של תרנגולים דאין דרך בנין בכך אימא מודה ליה לשמואל ואי אשמעינן בהא בהא קאמר רב משום דדמי לבנין *דעבדיה לאוירא אבל שופתא בקופינא דמרא דאין דרך בנין בכך אימא מודה ליה לשמואל ואי אשמעינן בהא בהא קאמר שמואל אבל בהנך תרתי אימא מודה ליה לרב צריכא בעא מיניה רב נתן בר אושעיא מרבי יוחנן מסתת משום מאי מיחייב אחוי ליה בידיה משום מכה בפטיש והאנן תנן המסתת והמכה בפטיש אימא המסתת המכה בפטיש ת"ש

הקודח

רש"י

הבונה. שאמרו באבות מלאכות כמה יבנה כו': **מסתת.** מרבע את האבן ומתקנה הכל לפי המקום שיש מקומות שרגילין להחליק ויש מקומות שרגילין לחרוץ בה חריצים חריצים בארץ אשכנז: **המכה בפטיש.** גם הוא באבות מלאכות והוא בלע"ז פי"ק שמפוצץ בו את האבן מן הסלע לאחר שחצב את האבן סביב ומבדיל מן ההר קצת הוא מכה בפטיש מכה גדולה והיא מתפרקת ונופלת וזהו גמר מלאכה של חוצבי אבן וכל הגומר בשבת מלאכה תולדת מכה בפטיש היא: **מעצד.** אף הוא כמו קורנס גדול של ברזל לבנין של ברזל*: **וקודח.** נוקב עץ או אבן בכותל: **כל שהוא.** אכולהו קאי אמסתת ומכה בפטיש ובמעצד והקודח: **כל העושה מלאכה ומלאכתו מתקיימת.** שיש מתקיימת כיוצא בו [ואין מוסיף עליה]: **בשבת.** אעושה מלאכה קאי: **על הסדן.** בלע"ז אינקלומ"א: **קורנס.** מרטי"ל: **מפני שהוא כמתקן מלאכה.** ואע"פ שאינו מכה על הפעולה אלא על הסדן ובגמרא מפרש מאי מתקן: **גמ' דמשתכי.** מעלין חלודה המחטין רוא"ל: **פטפוטי.** רגלי כירה כמין כלי ברזל שקורין טרפיי"ד מעמידין הכירה של חרס: **מבשלי סממנים לצבוע שחסרה מלאכתן.** שלמלמו למר לביעתן וחסרה למלאכתן והוצרכו לחזור ולבשל סמנין ולצבוע מעט: יורה קטנה גרסינן הכא: **אין עניות במקום עשירות.** לא עשו דבר בצמצום אלא הכל מתחלתן דייס והותר: **בבירתו.** בירה כלה שהוא אוכל ושוכב מקפיד על חור קטן שבה אם מגונה הוא וסותמו בטיט: **דרנא.** תולעת: **המצדד את האבן.** מושיבה ומצדדה עד שמתיישבת בקרקעית יסוד הבנין יפה מתוך שהוא מצדדה הוא מכינה תחתיה ומושיבה בארץ חייב ואפילו לא נתן טיט האי בונה כל שהוא דיש מקיימין כן בלא טיט: **הנותן את הטיט חייב.** אבל הנותן האבן פטור: **דימוס.** שורת אבני חומה אלמא בהגבהה בעלמא חייב ואפילו לא צידד ועדיפא הא מדשמואל: **אלא.** לאו קושיא תלתא בנייני הוי: **תתא.** יסוד החומה התחתית שמושיבין אבנים על הארץ בלא טיט בצדודי ועפר כל עצמו אינו אלא לצדד את האבן שתשב בשוה ולא תטה לכאן ולכאן ויהא עפר סביב לה לסומכה ובההוא אמר שמואל מילתיה וברייתא במיצעא כל הבנין כולו שמן היסוד עד שורה העליונה בעי נמי טינא עם הצידוד: **עילאי.** דימוס העליון שאין על גביו עוד דימוס אינו חושש אם נוטה האבן לצד אחד הלכך בהגבהה בעלמא סגי והיא מילתא דרבי יוסי: **משום מאי.** איזו תולדה מן האבות הוא: **מכה בפטיש.** גמר מלאכה הוא שהמקום שחרץ חריץ זה לא יחרוץ עוד: **לול של תרנגולין.** של עץ הוא ועתוס ומנקבו שילא הריח של צואה ולא יזיק להו: **משום מכה בפטיש.** שהיא גמר מלאכת הלול וכל מידי דהוא גמר מלאכה חייב משום מכה בפטיש כדאמרי' בפ' כלל גדול (דף עה:): **עייל שופתא בקופינא דמרא.** *שופתא יתד קטן שתוחבין בתוך בית יד של מרא בהיותו בנקב הברזל להדקו שלא יצא שקורין קאייב"ל: **קופינא.** הוא חור שבראש המר: **מרא.** בלע"ז פוסי"ר: **משום.** דרך בנין בכך: **ואי אשמעינן בהא.** בעושה נקב בלול: **דדמי לבנין.** שאף בבנין הבתים עושין נקבים לאויר כדקאמר ועבדי לאוירא חורים וחלונות: **ואי איתמר בהא.** בשופתא: **בהא קאמר שמואל.** דלאי אתרו ביה משום בונה לא מיחייב דלאו בנין הוא: **אחוי בידיה.** מכה באגרופו על כפו כמכה בפטיש: **אימא המסתת המכה בפטיש.** וה"ק המסתת שהוא חייב משום מכה בפטיש חייב בכ"ש:

הקודח

תוספות

הבונה: צריך ליתן טעם אמאי תני בונה אחר זריקה והולכה*: **מכה בפטיש.** פי' בקונטרס שמפוצץ בו את הסלע לאחר שחצבה ואין נראה לר"י דבמשכן לא הוה בנין אבנים ולא שביק תנא גמר מלאכה דכלים דהוה במשכן ונקט מכה בפטיש דאבן דלא הוה במשכן אלא נראה לר"י דהאי מכה בפטיש היינו מכוש אחרון שמכה על הכלי בשעת גמר מלאכה:

כל שהוא למאי חזי. דוקא הכא איצטריך לפרושי דהוה דכוותיה במשכן משום דלא חשיב בנין כל שהוא אבל מוציא עיטרן ופלפלת כל שהוא סברא הוא דמיחייב: **הכי** גרסינן המצדד את האבן חייב. ול"ג משום מכה בפטיש דבמסקנא מוקי לה בתתאה דלא שייך שם מכה בפטיש ועוד דהכא קאי בבונה:

וליטעמיך אימא סיפא אפילו העלה ע"ג דימוס כו'. ול"ג ר' יוסי אומר אפילו העלה דאי גרסינן ליה מאי קאמר וליטעמיך הא פליגי רבנן עליה ובתוספתא נמי ל"ג ליה: **העושה** נקב בלול. קשה לרב דאמר משום בונה אמאי הפסיק מכה בפטיש בין מסתת לקודח דהוו תרווייהו משום בונה ולשמואל נמי ליתני תרווייהו בהדי הדדי: **האי** מאן דעייל שופתא בקופינא רב אמר חייב משום בונה. ואע"ג דקי"ל *אין בנין בכלים אור"י דהיינו דווקא בהחזרת (ג) בתי תריסין או במנורה של חוליות אבל בנין גמור מיחייב בכלים *כמו בקרקע כדאמרי' בס"פ כירה (לעיל דף מז:) גבי מטה של טרסיים אם תקע חייב חטאת ומחזיר קני מנורה חייב חטאת וקרן עגולה ואין חילוק בין כלים לקרקע אלא במקום שאין חיזוק ואומנות דבכלי לא חשיב בנין ובקרקע חשיב בנין ובפ' בכל מערבין (עירובין דף לה.) גבי נתנו במגדל דמוקי לה רבה ורב יוסף במגדל של עץ דמ"מ כלי הוא ואין בנין בכלים ומ"מ אהל הוא התם מיירי במנעול (ג) וקטיר במיתנא כדמסיק אביי לבסוף ולא הוצרכו לפרש משום דפשיטא דבהכי איירי דבע"א יש סתירה ובנין בכלים וכן משמע מדמוקי אביי במנעול וקטיר במיתנא דהוי כמו חותמות שבכלים הא לאו הכי אסור ובריש סוגיא דפריך ואמאי הוא במקום אחד ועירובו במקום אחר הוא אע"ג דסתם מגדל של עץ הוא דהוי כלי כדמוכח בכמה דוכתי מעיקרא הוה סבר דאיירי שאי אפשר לקחת העירוב אלא על ידי סתירה גמורה: **לול** של תרנגולין. דלא חשיב ליה שמואל בונה אומר ר"י משום דלא חשיב להאי פתח עשוי להכניס ולהוציא: [ועי' לקמן קמו:]: **אבל** בהנך תרתי אימא מודה כו'. ומקמייתא ובתרייתא נמי לא ידעינן מילתא בשלמא

רבינו חננאל

נחמן למה לך כולי האי לימא נוד אחית מחיצתא פי' ראה בלבך כאלו את התוך כמין קלף מן המחיצות שהן דפני הביצית (ומציעו) [ומעמיד] בקרקעיתא ונמצאו הגסרין כולן כאלו מחוברות הקמי לא תניא ר' יוסי בר יהודה אומר נעץ קנה ברה"ר והניח בראשו טרסקל רחב ד"ט וזרק מרה"ר ונח על גביו חייב. אלמא אמרי' נוד אחית מחיצתא ורואין כאלו דפני הטרסקל יורדין עד עיקרו של קנה וכאילו יש בעיקרו ד' טפחים הכא נמי נימא כאלו דפני הספינה עקומין ומסבבין הגסרים ודחי רב יוסף להא דרב נחמן ואמר ליה משם ר' חייא אסור וחכמים פוטרין אלמא רבנן סברי לא אמרינן נוד אחית מחיצתא והולכין על ר' יוסי ב"ר יהודה ודחי אביי להא דרב יוסף בשתי דחיות חדא הא אינו והתניא עמוד ברה"ר גבוה י' ורחב ד' ואין בעיקרו ד' ויש בקצה שלו ג' וזרק ונח ע"ג חייב אלמא אמרינן נוד אחית מחיצתא כלומר רואין בראיית הלב כאילו הרחב שעל ראשו מגיע עד עיקרו ועוד אפי' רבנן דפליגי עליה דר' יוסי ברבי יהודה התם בקנה שנעץ והניח בטרסקל בראשו דלא אמרינן נוד אחית מחיצתא התם טעמא מאי דכיון שהגדיים בוקעין בעיקר הקנה ועוברין תחת הטרסקל מוכחא מלתא דלית ליה מחיצתא כלל אבל בספינה כיון שאין הגדיים בוקעין באותו חלל שבין הגסרים אפי' רבנן מודו דכי האי גונא אמרינן נוד אחית מחיצתא. ולא מצא רב יוסף תשובה בשתיהן והשיב רב אחא כלפי אביי ספינה נמי הא איכא בקיעת דנים וכשם שאין אומרין בקנה שיש בראשו טרסקל נוד אחית מחיצתא מפני הגדיים שבוקעין בו כך הספינה אין אומרים נוד אחית מחיצתא מפני הדגים שבוקעין בו כדגרסינן בעירובין פרק ראשון אמר רבא עשה לחי למבוי והגביהו מן הקרקע ג' או שהפליט מן הכותל ג' לא עשה כלום דהויא לה מחיצ' שהגדיים בוקעין בה ודחה רב אשי להא דרב אחא וא"ל בקיעת דנים לאו שמה בקיעה דהא מחיצה תלויה מתרת בטים כרב ואע"פ שהגדיים בוקעין בה אלמא בקיעת דנים לאו שמה בקיעה ואין מחיצה שהגדיים בוקעין בה [illegible]

[illegible]

*) [illegible]

**) [illegible]

אות ה' – ו'

זרק ונחה בפי הכלב או בפי הכבשן, חייב קלטה אחר, או קלטה הכלב, או שנשרפה, פטור

רמב"ם פי"ג מהל' שבת הי"ג - הזורק חפץ מרשות לרשות, או מתחלת ד' לסוף ד' ברה"ר, וקודם שינוח קלטו אחר בידו או קלטו כלב או נשרף, פטור, מפני שאין זו הנחה שנתכוין לה; לפיכך אם נתכוין בשעת זריקה לכך, חייב.

אות ז'

יש אוכל אכילה אחת וחייב עליה ארבע חטאות ואשם אחד, הטמא שאכל חלב, והוא נותר מן המוקדשין, ביוה"כ

רמב"ם פ"ו מהל' שגגות ה"ד - וכל האוכל כזית א' שנתקבצו בו שמות הרבה בהעלם אחת, אם נתקבצו באיסור מוסיף או באיסור כולל או באיסור בת אחת, חייב על כל שם ושם; לפיכך הטמא שאכל כזית חלב ונותר ביוה"כ, מביא ד' חטאות ואשם: חטאת א' משום טמא שאכל קודש; וא' משום אוכל חלב; וא' משום אוכל נותר; וא' משום יוה"כ, והוא שיצטרף אוכל אחר עם כזית זה עד שישלימו לככותבת; ומביא אשם ודאי למעילה, שהרי נהנה מן ההקדש בשגגה.

---

§ מסכת שבת דף קב: §

אות א'

הבונה כל שהוא

רמב"ם פ"י מהל' שבת הי"ב - הבונה כל שהוא חייב, המשוה פני הקרקע בבית, כגון שהשפיל תל או מילא גיא, הרי זה בונה וחייב.

אות ב'

המצדד את האבן חייב

רמב"ם פ"י מהל' שבת הי"ח - המצדד את האבן ביסוד הבנין ותקנה בידו והושיבה במקום הראוי לה, חייב משום [א]מכה בפטיש.

אות ג' – ד'

א' נותן את האבן וא' נותן את הטיט, הנותן את הטיט חייב תלתא בנייני הוו, תתא מציעא ועילא, תתא בעי צדודי ועפרא, מציעא בעי נמי טינא, עילאי בהנחה בעלמא

רמב"ם פ"י מהל' שבת הי"ב - א' נתן את האבן ואחד נתן את הטיט, הנותן את הטיט חייב; ובנדבך העליון אפילו העלה את האבן והניחה על גבי הטיט חייב, שהרי אין מניחין עליה טיט אחר; והבונה על גבי כלים פטור.

אות ה'

מסתת משום מאי מיחייב... משום מכה בפטיש

רמב"ם פ"י מהל' שבת הי"ח - המסתת את האבן כל שהוא, חייב [ב]משום מכה בפטיש.

אות ו'

העושה נקב בלול של תרנגולים, רב אמר: משום בונה, ושמואל אמר: משום מכה בפטיש

רמב"ם פ"י מהל' שבת הי"ד - [ג]העושה נקב כל שהוא בלול של תרנגולים כדי שיכנס להן האורה, חייב משום בונה.

רמב"ם פ"י מהל' שבת הט"ו - והעושה נקב כל שהוא בין בעץ בין בבנין בין במתכת בין בכלים, הרי זה תולדת מכה בפטיש וחייב; וכל פתח שאינו עשוי להכניס ולהוציא, אין חייבין על עשייתו.

רמב"ם פכ"ג מהל' שבת ה"א - העושה נקב שהוא עשוי להכניס ולהוציא, כגון נקב שבלול התרנגולין שהוא עשוי להכניס האורה ולהוציא ההבל, ה"ז חייב משום מכה בפטיש; לפיכך גזרו על כל נקב אפי' היה עשוי להוציא בלבד או להכניס בלבד, שמא יבוא לעשות נקב שחייבין עליו.

אות ז'

עייל שופתא בקופינא דמרא... משום בונה

רמב"ם פ"י מהל' שבת הי"ג - המכניס יד הקרדום בתוך העין שלו, [ד]הרי זה תולדת בונה, וכן כל כיוצא בו; וכן התוקע עץ בעץ, בין שתקע במסמר בין שתקע בעץ עצמו עד שנתאחד, הרי זה תולדת בונה וחייב.

באר הגולה

[א] ‹ודלא כרש"י, ועיין בתוס'› [ב] ‹גם זה במחלוקת דרב ושמואל בפ' הבונה, ופסק דלא כרב, אף על גב דהלכתא כרב באיסורי, משום דר' יוחנן ס"ל התם {בזה} כוותיה דשמואל – לחם משנה› [ג] ‹כתב ה"ה שפסק כרב. ויש לתמוה שלקמן בסמוך (הט"ו עיין לקמן) כתב העושה נקב בין בעץ בין בבנין ה"ז תולדת מכה בפטיש, ובר"פ כ"ג (עיין לקמן) כתב העושה נקב שהוא עשוי להכניס האורה והוציא ההבל, ה"ז חייב משום מכה בפטיש – כסף משנה. ‹**ונראה** שהוא ז"ל מפרש דמ"ש רב חייב משום בונה, כלומר אפי' משום בונה, וה"ה משום מכה בפטיש דהוי גמר מלאכה, אלא שהוא מוסיף ואומר שחייב משום בונה, דלדידיה אתי מתני' דהקודח כל שהו כפשטה – לחם משנה› [ד] ‹ופסק רבינו כרב באיסורי – מגיד משנה›

§ מסכת שבת דף קג. §

אות א׳ – ב׳

זה הכלל **המכה בקורנס על הסדן כו׳**

רמב״ם פ״י מהל׳ שבת הט״ז - המכה בפטיש הכאה אחת חייב, וכל העושה דבר שהוא גמר מלאכה, הרי זה תולדות מכה בפטיש וחייב; כיצד, המנפח בכלי זכוכית, והצר בכלי צורה, אפילו מקצת הצורה, והמגרד כל שהוא, והעושה נקב כל שהוא בין בעץ בין בבנין בין במתכת בין בכלים, הרי זה תולדת מכה בפטיש וחייב; וכל פתח שאינו עשוי להכניס ולהוציא, אין חייבין על עשייתו.

רמב״ם פכ״ג מהל׳ שבת ה״ד - כל דבר שהוא גמר מלאכה חייב עליו משום מכה בפטיש, ומפני זה הגורר כל שהוא, או המתקן כלי באיזה דבר שיתקן, חייב.

אות ג׳

החורש כל שהוא, המנכש והמקרסם והמזרד וכו׳

רמב״ם פ״ח מהל׳ שבת ה״א - החורש כל שהוא חייב, המנכש בעיקרי האילנות, והמקרסם עשבים, או המזרד את השריגים, כדי ליפות את הקרקע, הרי זה תולדת חורש, ומשיעשה כל שהוא חייב.

אות ד׳ – ה׳

המלקט עצים, אם לתקן כל שהן, אם להיסק וכו׳

התולש עולשין, והמזרד זרדים, אם לאכילה כגרוגרת, אם לבהמה כמלא פי הגדי, אם להיסק כדי לבשל ביצה קלה

רמב״ם פ״ח מהל׳ שבת ה״ה - התולש עולשין והמזרד זרדין, אם לאכילה שיעורו כגרוגרת, ואם לבהמה שיעורו כמלוא פי גדי, ואם להסקה שיעורו כדי לבשל ביצה; המעמר אוכלין, אם לאכילה שיעורו כגרוגרת, ואם עמר לבהמה שיעורו כמלוא פי גדי, ואם להסקה שיעורו כדי לבשל ביצה; וביצה האמורה בכל מקום היא ביצה בינונית של תרנגולין, וכל מקום שנאמר כדי לבשל ביצה, הוא כדי לבשל כגרוגרת מביצה, וגרוגרת אחד משלשה בביצה; ואין עמור אלא בגדולי קרקע. השגת הראב״ד: וגרוגרת אחד משלשה בביצה. א״א קרוב הוא ואינו מכוון.

אות ו׳

הכותב שתי אותיות

רמב״ם פי״א מהל׳ שבת ה״ט - הכותב שתי אותיות, חייב.

אות ז׳

משם אחד

רמב״ם פי״א מהל׳ שבת ה״י - הכותב אות כפולה פעמים והוא שם אחד, כמו דד תת גג רר שש סס חח, חייב; והכותב בכל כתב ובכל לשון חייב, [א]ואפילו משני סימניות.

אות ח׳

רושם

רמב״ם פי״א מהל׳ שבת הי״ז - [ב]רושם תולדת כותב הוא, כיצד, הרושם רשמים וצורות בכותל ובשׁשׁר וכיוצא בהן, כדרך שהציירין רושמים, הרי זה חייב משום כותב; וכן המוחק את הרשום לתקן, הרי זה תולדת מוחק וחייב.

אות ט׳ – י׳ – כ׳

אשמאל אמאי

ותהוי שמאל דידיה כימין דכולי עלמא

בשולט בשתי ידיו

רמב״ם פי״א מהל׳ שבת הי״ד - הכותב בשמאלו או לאחר ידו ברגלו בפיו ובמרפקו, פטור; איטר שכתב בימינו שהיא לו כשמאל כל אדם, פטור, ואם כתב בשמאלו חייב; והשולט בשתי ידיו בשוה, וכתב בין בימינו בין בשמאלו, חייב.

אות ל׳

יכול עד שיכתוב כל השם, ועד שיארוג כל הבגד וכו׳

רמב״ם פ״א מהל׳ שבת הי״ד - כל המתכוין לעשות מלאכה בשבת, והתחיל בה ועשה כשיעור, חייב, אע״פ שלא השלים כל המלאכה שנתכוין להשלימה; כיצד, הרי שנתכוין לכתוב אגרת או שטר בשבת, אין אומרים לא יתחייב זה עד שישלים חפצו ויכתוב [ג]כל השטר או כל האגרת, אלא משיכתוב שתי אותיות יתחייב; וכן אם נתכוין לארוג בגד שלם, משיארוג שני חוטין יתחייב, ואע״פ שכוונתו להשלים, הואיל ועשה כשיעור בכוונה חייב, וכן כל כיוצא בזה.

באר הגולה

[א] ‹ופי׳ רבינו האי, שני סימניות, שאינן אותיות ידועות בכתב, שהן נקראות סימנין בעלמא, כגון נוני״ן הפוכים דכתיבי גבי ויהי בנסוע הארון כדמפורש פרק כל כתבי (שם קט״ו:) **אבל** רש״י ז״ל פירש האחת בדיו והשנית בסקרא, ודחה הרשב״א ז״ל פירוש זה – מגיד משנה› [ב] ‹פי׳ רבינו בפירוש המשנה, שדעת ר״י היא שהרושם הוא אב בפני עצמו, וכתיבת שתי אותיות בלבד הוא משום רושם, לפי שכך היו עושין במשכן. ואין הלכה כמותו, אלא תולדת הכותב הוא, והאריך בזה שם, **ורש״י** ז״ל פי׳ פירוש אחר – מגיד משנה› [ג] ‹והא ההו״א בברייתא הוא רק עד שיכתוב כל השם›

תורה אור

הקודח כל שהוא חייב בשלמא לרב מיחזי כמאן דחר חורתא לבניינא אלא לשמואל לאו גמר מלאכה הוא הכא במאי עסקינן דבזעיה ברמצא דפרזלא ושבקיה בגוויה דהיינו גמר מלאכה: *זה הכלל: זה הכלל לאתויי מאי לאתויי *דחק קפיזא בקבא: רשב"ג אומר המכה בקורנס על הסדן כו': מאי קעביד רבה ורב יוסף דאמרי תרוייהו מפני שמאמן את ידו קשו בה בני רחבה אלא מעתה חזא אומנתא בשבתא וגמר הכי נמי דמיחייב אלא אביי ורבא דאמרי תרוייהו שכן מרדדי טסי משכן עושין כן תניא נמי הכי *רשב"ג אומר אף המכה בקורנס על הסדן בשעת מלאכה חייב שכן מרדדי טסי משכן עושין כן: **מתני'** החורש כל שהוא המנכש והמקרסם והמזרד כל שהוא חייב המלקט עצים אם לתקן כל שהן אם להיסק כדי לבשל ביצה קלה המלקט עשבים אם לתקן כל שהוא אם לבהמה כמלא פי הגדי: **גמ'** למאי חזי חזי *לביזרא דקרא דכוותה גבי משכן שכן ראוי לקלח אחד של סמנין: המנכש והמקרסם והמזרד: ת"ר התולש עולשין והמזרד זרדים אם לאבילה כגרוגרת אם לבהמה כמלא פי הגדי אם להיסק כדי לבשל ביצה קלה אם לייפות את הקרקע כל שהן אטו כולהו לא ליפות את הקרקע נינהו רבה ורב יוסף דאמרי תרוייהו באגם שנו אביי אמר אפילו תימא בשדה דלאו אגם וכגון דלא קמיכוין והא *אביי ורבא דאמרי תרוייהו מודה רבי שמעון בפסיק רישיה ולא ימות לא צריכא דקעביד בארעא דחבריה: **מתני'** הכותב שתי אותיות בין בימינו בין בשמאלו בין משם אחד בין משתי שמות בין משתי (א) סמניות בכל לשון חייב אמר רבי יוסי לא חייבו שתי אותיות אלא משום רושם שכך כותבין על קרשי המשכן לידע איזו בן זוגו א"ר יהודה מצינו שם קטן משם גדול שם משמעון ומשמואל נח מנחור דן מדניאל גד מגדיאל: **גמ'** בשלמא אימין ליחייב משום דדרך כתיבה בכך אלא אשמאל אמאי הא אין דרך כתיבה בכך א"ר ירמיה באטר יד שנו ותהוי שמאל דידיה כימין דכ"ע ואשמאל ליחייב אימין לא ליחייב אלא אמר אביי *בשולט בשתי ידיו רב יעקב *בריה דבת יעקב אמר הא מני ר' יוסי היא דאמר לא חייבו שתי אותיות אלא משום רושם והא מדסיפא ר' יוסי היא רישא לאו ר' יוסי *כולה רבי יוסי היא: א"ר יהודה מצינו: אלא ר' יהודה שתי אותיות והן שני שמות הוא דמחייב שתי אותיות והן שם אחד לא מחייב והתניא ויקרא ד ועשה אחת יכול עד שיכתוב כל השם ועד שיארוג כל הבגד ועד שיעשה כל הנפה ת"ל מאחת אי מאחת יכול אפילו לא כתב אלא אות אחת ולא ארג אלא חוט אחד ולא עשה אלא בית אחד בנפה ת"ל

רש"י

הקודח. וכל הקודח ע"מ למלאות הוא לתקוע בו יתד ושלא למלאות קרי נוקב: **בשלמא לרב.** דאמר נקב הוי בנין האי נמי בנין הוה כל שהוא ואע"פ שימלאנו הרי הועיל לבנין שקודח החור: **חר חורתא.** קדח חור: **אלא לשמואל.** דאמר נוקב לאו בונה הוא בשלמא נקב דלול איכא למימר מכה בפטיש אבל זה שעומד לסתום לאו גמר מלאכה הוא: **דבזעיה ברמצא דפרזלא.** במסמר ארוך של ברזל: **ושבקיה בגוויה.** לתלות* בה: **דחק קפיזא בקבא.** בגולם גדול הראוי לחוק בו קב חקק שלש לוגין ואע"פ שעתיד להוסיף יש שמקיימין כן: **שמאמן ידיו.** מרגילם ומפוגם להכאה הראויה למלאכה מכה גדולה או מכה קטנה: **מרדדי טסי משכן.** לציפוי קרשים: **עושין כן.** מכין ג' על הטס ואחת על הסדן להחליק הקורנס שלא יבקע הטס שהוא דק ובעלי מטבע במקומו ראיתי עושין כן: **מתני' מקרסם.** קוצץ ענפים יבשים מן אילן לתקנו: **מזרד.** זרדין לחין חדשים של שנה זו ופעמים שהן מרובין ומכחישים האילן ומתייבשין וקוצצין אותם ממנו: **אם לתקן.** את האילן או את הקרקע וקצצו מן המחובר: **ביצה קלה.** כגרוגרת מבילת תרנגולת *שקלה היא לבשל מכל הביצים: **גמ' לביזרא דקרא.** לזרוע בתוכה כימת של דלעת ואע"ג דשנינו (לעיל דף צ:) לענין הוצאת זרע דלועין שנים שאין אדם טורח בכימא אחת ה"מ הוצאה דכי מפיק תרתי מפיק כי הדדי שאינו זורע אחת לבדה אבל לענין חרישה כל גומא וגומא באפי נפשה עביד לה: **עולשין.** עשב שקורין קרישפ"ל: **זרדין.** מין קנים הם ובעודן רכים זורדין אותם למאכל אדם נתקשו מעט ראויין למאכל בהמה יבשו עומדין להסקה: **אטו כולהו לא ליפות את קרקע נינהו.** הרי הקרקע מתייפה מאליו: **באגם.** שאין צריך ליפות: **בארעא דחבריה.** °דלא איכפת ליה ליפות: **מתני' בין משם אחד.** שתיהן אלפין: **משתי שמות.** אלף בית: **משתי סמניות.** אחת בדיו ואחת בסיקרא: **בכל לשון.** של כל כתבים וגופן של כל אומה ואומה: **משום רושם.** סימן שהיו עושים בקרשי המשכן מפני שמפרקין אותו ולכשיקימוהו לא יחלפו סדר הקרשים ואתא ר' יוסי למימר דאפי' לא כתב אלא רשם שני רשימות בעלמא לסימן חייב: **מצינו שם קטן כו'.** הא אתא לאשמועינן רבי יהודה דאע"ג שלא נגמר מלאכתו שנתכוין לכתוב תיבה גדולה וכתב מקצת ואותו מקצת הויא תיבה המתקיימת במקום אחר חייב: **גמ' הא מני רבי יוסי היא.** דלא בעי כתיבה אלא רושם בעלמא ובשמאלו רושם מיהא הוה: **והן שני שמות.** כגון הנך דנקט במתני' שאינן שוות: **הא ב' אותיות והן שם אחד.** כגון שש משך או תת מתתנן או חח מחחים לא מיחייב מדלא נקט רבי יהודה חד מהנך: **אחת.** כולה במשמע: **כל השם.** התיבה קרוי שם: **בית אחד בנפה.** לאחר שהסיך נירים של שתי עושה בארגת ערב נירא אחד מלמטה ואחד ממעלה והן קרוין בתים והם עוכבין את השתי כדרך רכיבתו ועומד הארוג ובית אחד אי מתקיים ומשום דלאו חוטין נינהו קרי להו בית כמו בתי נירין שאין לה בתי נירין אחרים:

תוספות

בשלמא לרב מיחזי כמאן דחר חורתא לבניינא. אע"ג דלא דמי לעושה נקב בלול של תרנגולין דהתם עשוי להכניס ולהוציא מ"מ מטעם בנין כל דהו מיחייב כמו מעייל שופתא בקופינא דמרא ומסתת אלא לשמואל דמשום בנין כל דהו לא מיחייב אמאי חייב הא אין כאן גמר מלאכה:

אם לבהמה כמלא פי הגדי ואם להיסק. פירוש שאינם ראויין לאכילה דאי לאו הכי מיחייב אשיעורא זוטא כדאמר לעיל (דף עו.) המוציא תבן כמלא פי פרה לגמל חייב:

באגם שנו. ומתני' דלא שייך לאוקמי באגם אומר ר"ת דאיירי באילן יבש שאינו נותן כלום:

לא צריכא דעביד בארעא דחבריה. פי' בערוך (ערך סבר) דבפסיק רישיה דלא ניחא ליה כגון דקעביד בארעא דחבריה וכגון באחר שאינו אוהבו והקוצץ בהרת בשעת מילה שאין לו הנאה מותר לכתחילה ואפילו איסור דרבנן ליכא והתיר ר' חביב ספקיהו בפשתן להסיר הפקק ולמשוך ממנו יין בשבת אע"פ שא"א שלא יסחוט כשמסיר הפקק והוי פסיק רישיה כיון דאינו נהנה בסחיטה זאת שהיין נופל לארץ מותר ואינו נראה דהא *מפיס מורסא להוציא ממנו ליחה היה אסור אי לאו משום צערא דגופא אע"פ שאינו נהנה כלל בבנין הפתח ואינו מתכוין כלל לבנין הפתח אלא לנקיבה בעלמא וכן הביא רשב"א ממחט של יד ליטול בה את הקוץ דמוקי לה בהנחנקין (סנהדרין דף פד:) כר"ש דאמר מלאכה שאינה צריכה לגופה פטור עליה ומשום צערא שרי ואע"פ שאינו נהנה בחבורה היה אסור אי לאו משום צערא דגופא והא דקאמר לא צריכא דעביד בארעא דחבריה היינו דלא מיחייב חטאת אבל איסורא איכא והא דקאמר בשילהי כל התדיר (זבחים דף צא:) המתנדב יין מביאו ומזלפו על גבי האישים ופריך והא קא מכבה ומוקי לה כר"ש דאמר דבר שאין מתכוין מותר מיירי דלא הוי פסיק רישיה שמזלפו בטיפות דקות א"נ על גבי האיברים אפשר שלא יכבה האש ובפרק לולב הגזול (סוכה דף לג:) גבי אין ממעטין בי"ט משום ר"א בר"ש אמרו ממעטין ופריך והא קא מתקן מנא ומשני כגון שליקטן לאכילה ודבר שאין מתכוין מותר ופריך והא אביי ורבא דאמרי תרוייהו מודה ר"ש בפסיק רישיה ולא ימות ומשני לא צריכא דאית ליה הושענא אחריתי משמע כפי' הערוך דכשאינו נהנה מותר אע"ג דהוי פסיק רישיה וליכא למימר כיון דאית ליה הושענא יתירתא אינו מתקן כלום דא"כ אמאי קאמר התם דסבר לה כאבוה דאמר דבר שאינו מתכוין מותר מיהו י"ל דאותו תיקון מועט כמו מיעוט ענבים דלא אסיר אלא מדרבנן לא גזרו חכמים כשאינו *נהנה:

בארעא דחבריה. פי' דהויא מלאכה שא"צ לגופה:

בגלטורי

עין משפט נר מצוה

ז א ב מיי' פ"י מהל' שבת הלכה טז וסמ"ג הלכה ד סמג לאוין סה:
ח ג מיי' פ"ח מהל' שבת הלכה א:
ט ד ה מיי' שם הלכה ב:
י ו מיי' פ"א מהל' שבת הלכה ט סמג לאוין סה:
יא ז מיי' שם הלכה י:
יב ח שם הלכה יז:
יג ט י כ שם הלכה יד:
יד ל מיי' פ"א מהל' שבת הלכה יד:

רבינו חננאל

חסורי מחסרא והכי קתני הזורק ונזכר לאחר שיצאת מידו וקלטה אחר או כלב או נשרפה פטור הא נחה חייב אימתי בזמן שחזר ושכח אבל לא חזר ושכח פטור שכל חייבי חטאות אין חייבין עד שתהא תחילתן וסופן שגגה פלוגתא דרבה ורבא בשתי אמות בשוגג וב' אמות במזיד וב' אמות בזורק ולא איפרשא בהדי' אי בזורק במעביר היא ודברי הכל בפלוגתא דרבן גמליאל וחכמים פליגי דתנן הכותב ב' אותיות בב' העלמות אחת בשחרית ואחת בין הערבים רבן גמליאל מחייב וחכמים פוטרין דאלו התם כתב אות אחת שהוא חצי שיעור ואמרינן בכלל גדול אמר רבינא כגון שהיתה לו ידיעה בנתיים ורבן גמליאל הוא דאמר אין ידיעה לחצי שיעור אבל הכא אע"פ דהגיד' אמות בשוגג בב' העלמות הן לא דמיא להתם אלא הכא אם מעביר הוא שהעביר שש אמות בבת אחת עלה אמר רבה פטור כגון שהעביר אמתים בשוגג ולאחר נזכר והעביר אמתים אחרות במזיד ולאחר שכח והעביר אמתים אחרות בשגגה אמר רבא כגון זה אפילו דמאן דמחייב התם כגון שכתב אות אחת בשגגה ולא כתב כלום נזכר ושכח וחזר וכתב אות אחרת בהא מחייב רבן גמליאל דכי נגמר שיעורא (דחייבא) [דהיינו] ב' אותיות בשוגג נגמר אבל הכא דאינון שתי אמות ג' פעמים ב' אמצעיות שהן גמר ד' אמות שיעור החיוב במזיד הוה שנמצאת ידיעה מפסקת ורבה דפטר לא פטר אלא במעביר דקאמר אבל הכא כי קא נגמר שיעורא במזיד בינייהו קא נגמר ואילו זורק כיון שהיתה תחלת הזריקה בשוגג אע"פ שנודע לו לאחר שיצאת מידו כיון שאין בידו להחזיר לא חשיב מזיד ואם זורק הוא עליה אמר רבא חייב כגון שזרק שש אמות בבת אחת בתחלה היה שכח וכשהגיע החפץ לב' אמות נזכר וכשהגיע בסוף ב' אמות האחרונות חזר ושכח אמר לך רבא כגון זה חייב ואפי' לרבנן דפטרי התם דאלו התם לענין הכותב ב' אותיות בב' העלמות היה בידו שלא לכתוב אות [השניה] (וכיון)[והלכך אף]שחזר ושכח את השניה[אינה] מצטרפת עם הראשונה אבל הכא כיון שזרק ויש בכח זריקתו ללכת שש אמות כיון שאין בידו להחזיר את הזורק וארבע מהן בשוגג [היה] אע"פ שיש ביניהן שתים שאינן בשוגג הרי הארבע מצטרפות וחייב עליהן. ורבא לא מחייב אלא בזורק והא קא' התם הוא דבידו אבל הכא לאו בידו ואילו מעביר בידו (ב') הוא. ואיתה לרבה דפטור במעביר ואיתה לדרבא דמחייב בזורק אמר רבא זרק ונחה בפי הכלב או בפי הכבשן חייב ואוקימנא כגון שכך היתה מחשבתו מעיקרא לנוח בפי הכלב או בפי הכבשן ומתני' דקתני קלטה אחר או כלב או שנשרפה פטור בדלא איכוון לכך ומשום דלא נעשית מחשבתו הוא דפטור ואע"ג דבעינן עקירה והנחה במקום ד' ופי הכלב אין בו ד' כיון דאחשביה הוי ליה כאלו אית ביה ד' ומסייע ליה לרב ביבי מהא דתנן בכריתות פרק אמרו לו שנים אכלת חלב [יש] אוכל אכילה אחת וחייב כו' קתני סיפא שאם הוציא ואכלו חייב ואע"פ שלא הניחו ע"ג מקום ד' אלא כיון שהוא עקרו והניחו בתוך פיו חייב ואקשינן והא אין דרך חיוב הוצאה בכך כלומר אין דרך החיוב אלא בעקירה ממקום ד' והנחה במקום ד' אלא כיון דאחשביה לאנוחיה בפיו מחשבתו משוי לפיו כאלו מקום ד' על ד' הוא ה"נ כיון דאחשביה לפי כלב או לפי הכבשן מחשבתו משויא ליה מקום ולא פליגי רבנן עליה דר"מ שחייב אלא כך אמרו לו אינו [מן] השם כלומר מן חמנין ו' חטאות אאכילה אבל הוצאה לאו משום אכילה חייב אלא משום הוצאה ובהמוציא תפילין (ד' צט) נמי אמרינן דכיון דאחשביה משויא ליה מקום: הדרן עלך הזורק

פ"ב הבונה כל שהוא חייב וכו'. הוצרכנו בזאת לב' דברים. אחד להודיע מה צורך לבנין כל שהוא. שני לראות מה בנין כל שהוא היה במשכן. ופירשוהו רבי ירמיה ואביי ורב אחא כל אחד דרך ידיעה ופשוטה הוא אמר שמואל המצדד את האבן חייב משום מכה בפטיש פי' מצדד מיישב האבן בקרקע כדי לבנות עליה ואסיקנא תלתא בניינא הוו תתאה צדידי ועפרא שכן דרך הבנאין באבני היסוד מצדדין האבנים ומושיבן אותן על העפר. וזהו שאמר שמואל. מציעאה בעי טינא עילאה בורגה בעלמא והני תלתי הספתת והעושה נקב בלול ודמעייל שופתא בקופינא דמרא רב מחייב לתו משום בונה ואם בנה בנין וסותת או בנה בנין או עשה נקב בלול או עייל שופתא בקופינא דמרא בהעלם אחד אינו חייב על הבונה ועשה אחד מאלו אלא חטאת אחת שלא

מסורת הש"ס

[נ"ל לתלות]
חולין כה. ע"ש
[תוספ' פי"ב]
[כדאיתא לעיל ס:]
[*גיר' הערוך לבורא דקרא פי' גומא של דלעת]

הגהות הגר"א

[א] תוס' ד"ה ל"צ כו' מיירי דלא הוי פ"ר כו'. נ"ב וכ"כ רש"י שם ע"ש:

לעיל עה. לקמן קיא: קח. קכ: קלג. קמג. כתובות ו. בכורות כה. סוכה לג: [כ"ה לו']

הגהות הב"ח

(א) במשנה משתי סממניות בכל:

[בכורות מה.]
[נ"ל בריה ועי' רש"י עירובין [illegible]]
[דוגמתו נמצא בחולין לד. עוד שם בחולין קד: ע"ש ועוד בכריתות כג. ע"ש ותוס' נדה יט: ע"ש ולא נמצא פי' על זה רק בחולין קד: פרש"י ד"ה כל האומר דבר בשם אומרו והתנא שכח ולא הזכיר שמו בתחילה וחזר והזכיר שמו עכ"ל]

גליון הש"ס רש"י ד"ה בארעא דחבריה לא איכפת ליה. ע"ל דף עה ע"א רש"י ד"ה עפי ובתוס' שם ועי"ק:

תורה אור

ת"ל אחת הא כיצד אינו חייב עד שיכתוב שם קטן משם גדול שם משמעון ומשמואל נח מנחור דן מדניאל גד מגדיאל *רבי יהודה אומר אפילו לא כתב אלא שתי אותיות והן שם אחד חייב כגון שש תת רר גג חח א"ר יוסי וכי משום כותב הוא חייב והלא אינו חייב אלא משום רושם שכן רושמין על קרשי המשכן לידע איזו היא בן זוגו לפיכך שרט שריטה אחת על שני נסרין או שתי שריטות על נסר אחד חייב רבי שמעון אומר °ועשה אחת יכול עד שיכתוב את כל השם עד שיארוג כל הבגד עד שיעשה את כל הנפה ת"ל מאחת אי מאחת יכול אפילו לא כתב אלא אות אחת ואפילו לא ארג אלא חוט אחד ואפילו לא עשה אלא בית אחד בנפה ת"ל אחת הא כיצד אינו חייב עד שיעשה מלאכה שביוצא בה מתקיימת ר' יוסי אומר *ועשה אחת ועשה הנה פעמים שחייב אחת על כולן ופעמים שחייב על כל אחת ואחת קתני מיהא רבי יהודה אומר אפילו לא כתב אלא שתי אותיות והן שם אחד חייב לא קשיא הא דידיה הא דרביה דתניא רבי יהודה אומר משום רבן גמליאל אפילו לא כתב אלא ב' אותיות והן שם אחד חייב כגון שש תת רר גג חח ור"ש היינו ת"ק וכ"ת אלף אלף °דאאורך איכא בינייהו דת"ק סבר אלף אלף דאאורך לא מיחייב ור"ש סבר כיון דאיתיה בגלטורי בעלמא חייב למימרא דר"ש לחומרא והתניא *הקודח כל שהוא חייב המגרר כל שהוא המעבד כל שהוא הצר בכלי צורה כל שהוא רש"א עד שיקדח את כולו עד שיגרור את כולו עד שיעבד את כולו עד שיצור כולו אלא ר"ש הא אתא לאשמעינן עד שיכתוב את השם כולו ומי מצית אמרת הכי והתניא רש"א ועשה אחת יכול עד שיכתוב את השם כולו ת"ל מאחת תריץ ואימא הכי יכול עד שיכתוב את הפסוק כולו ת"ל מאחת ר' יוסי אומר ועשה אחת ועשה הנה פעמים שחייב אחת על כולן ופעמים שחייב על כל אחת ואחת *א"ר יוסי בר' חנינא מ"ט דר' יוסי אחת מאחת הנה מהנה אחת שהיא הנה והנה שהיא אחת אחת שמעון מאחת שם משמעון הנה אבות 'מהנה תולדות אחת שהיא הנה זדון שבת ושגגת מלאכות הנה שהיא אחת שגגת שבת וזדון מלאכות: א"ר יהודה מצינו שם קטן משם גדול: מי דמי מ"ם דשם סתום מ"ם דשמעון פתוח אמר רב חסדא זאת אומרת סתום ועשאו פתוח כשר מיתיבי °וכתבתם שתהא כתיבה תמה *שלא יכתוב אלפין עיינין עיינין אלפין ביתין כפין כפין ביתין גמין צדין צדין גמין דלתין רישין רישין דלתין היהין חיתין חיתין היהין ווין יודין יודין ווין זיינין נונין נונין זיינין טיתין פיפין פיפין טיתין כפופין פשוטין פשוטין כפופין מימין סמכין סמכין מימין סתומין פתוחין פתוחין סתומין °פרשה פתוחה לא יעשנה סתומה סתומה לא יעשנה פתוחה *כתבה כשירה או שכתב את השירה כיוצא בה או שכתב שלא בדיו או שכתב את האזכרות בזהב הרי אלו יגנזו הוא דאמר כי האי תנא דתניא *רבי יהודה בן בתירה אומר נאמר בשני ונסכיה בששי ונסכיה בשביעי כמשפטם הרי מ"ם יו"ד מ"ם מים מכאן רמז לניסוך מים מן התורה ומדפתוח ועשאו סתום כשר סתום נמי ועשאו פתוח כשר מי דמי פתוח ועשאו סתום

עלויי

רש"י

ת"ל אחת. שתהא מלאכה שלימה במקום אחד: שם משמעון. ולגבי בגד נמי שני חוטין ובנפה שני בתין שמקיימין (א) כך לפי שאין אדם אורג בגד ביום אחד ועושה נפה בבת אחת ומתחיל ועושה כדי קיום שלא יהא נסתר מאליו: אפילו לא כתב. מתיבה גדולה: אלא ב' אותיות של שם אחד כגון שם תם. והן מתיבות גדולות כגון שם משכבר משכך ששמם תת מתתרלו תתנו וכ"ש אם נתכוין לקטנה תחילה: בכיוצא בה מתקיימת. ולקמיה פריך היינו ת"ק: ר' יוסי אומר. מפרש למילתיה לקמן: היינו ת"ק. שם תת: וכ"ת אלף אלף דאאורך. שהם שתי אותיות מתיבה גדולה אבל לא מליט שהיא תיבה קטנה בכל המקרא: כיון דאיתא בגלטורי. קמיעות וכתבים של מכשפות ושל שמות קורין בלשון לטי"ן של מינין קלוטרוס ורגילין סופרין לכתוב בהן תיבות של שתי אותיות ואינם תיבות במקום אחר: המגרר. כלונסות או קלפים דהויא תולדה דממחק: הקודח כל שהוא. קלא הנקב ואע"פ שלא עבר עובי העץ לראות בעבר השני: כל שהוא. מן הגורה: את כולו. כל מה שנתכוין לגרר או לעבד מתחלה בבת אחת: כל השם. כל התיבה: מ"ט דר' יוסי. היכי דריש ליה: אחת מאחת. אחת ה"ל למכתב ולשתוק וכתב מ"ס יתירה [ומהנה יתירא]: הנה מהנה א"נ הנה הוה ליה למכתב וכתב מהנה מ"ס יתירה ומאחת יתירה הלכך למדרשינהו לכולהו כתבינהו ודרוש אחת הנה בלא מ"ס הכי אחת שהיא הנה הנה שהיא אחת לתרי גווני איכא למידרש משמעותייהו ועשה עבירה אחת והיא לו הנה חייב חטאות הרבה אי נמי ועשה אחת עשייתו חשובהלו כאחת ואע"פ שהנה היו משמע שהרבה עבירות עשה והיינו הנה שהיא אחת הלכך תרווייהו דריש ביה פעמים שהיא כן ופעמים שהיא כן כדמפרש לקמיה: אחת שמעון. כלומר דריש מ"ס יתירה אחת הוי משמע דאינו חייב עד שיכתוב כל התיבה שנתכוין לכתוב: מאחת שם משמעון. כתב מאחת למימר דאפילו לא כתב אלא מקצתה ובלבד שתהא מקויימת (ג) במקום אחר דומיא דאחת דרישיה דקרא: הנה נמי משמע אבות כתב מהנה לרבויי תולדות: אחת שהיא הנה. דאמרן לעיל ה"ד כגון שעשאן בזדון שבת ושגגת מלאכות ואע"ג דכולן אינן אלא חילול שבת אחת מיחייב לכל מלאכה ומלאכה דגופי מלאכות מחלקין הואיל ואיכא שגגה טובא: הנה. שהיא אחת שגגת שבת וזדון מלאכות. שאף על פי שהן גופי מלאכות הרבה אינו חייב אלא אחת דחדא שגגה היא: מי דמי כו'. זה שנתכוין לכתוב שם משמעון מ"ס פתוחה כתב והיכי קרי ליה מתקיימת במקום אחר והא לא הויא: וכתבתם. דתפילין ומזוזה: תמה. שלם כהלכתה: אלפין עיינין. יש שכותבין כן מפני שדומין בקריאתן: ביתין כפין. דומין בכתיבתן: גמין צדין. דומין בכתיבתן אלא שזה למעלה וזה למטה: זיינין נונין. פשוטין: כפופין. כף פה צדי נון: פשוטין. הכפולות שלהן פשוטות: מימין סמכין. מ"ס סתומה שדומה לסמך: סתומין. מ"ס סתומה: פתוחין. מ"ס פתוחה: כתבה. לספר תורה: כשירה. בדילוגין אריח ולבינה: מכאן רמז כו'. כלומר מ"ס דונסכיהם דריש ליה בפתוחה [שמע מינה] בפתוח ועשאו סתום דכשר ומדפתוח ועשאו סתום כשר הוא הדין נמי סתום ועשאו פתוח כגון שם משמעון וכשר להתקיים במקום שם:

עלויי

תוספות

בגלטורי בעלמא חייב. *פירוש א"א שכותבין בקמיע וכן פירש ר"ח ויש מפרשים א"א היינו אמן אמן (סלה) שכותבין בקמיעין וליתא דהיינו נוטריקון וחייב אפילו באחד ורבנן דפטרי במתני' *פטרי אפילו בב' וג': א"א דאאורך איכא בינייהו. לאו דוקא דהא ת"ק פטר אפי' שתי אותיות משם אחד עד שיכתוב שם משמעון אלא משום ר"ש נקטיה דאפי' בהא מיחייב: המעבד כל שהוא. לאו דוקא כל שהוא אלא כשיעור המפורש בהמוציא (לעיל דף עט:) ולא נקט כל שהוא אלא לאפוקי מדר"ש דאמר עד שיעובד כל העור: תריץ הכי יכול עד שיכתוב כל הפסוק כו'. וא"ת ומ"ש אריגה מהני דהכא לא מחייב ר"ש עד שיתקן את כולו וי"ל דבאריג שעושה דבר חדש שאינו בעולם מחייב שפיר בשני בתי נירין אבל עיבוד שאינו אלא תיקון העור בעלמא וכן גורר וצר צורה בעי ר"ש עד שיתקן את כולו: טיתין פיפין. מכאן נראה לר"ת שצריך לכוף ראש הטית לתוכה דדמי כעין פ': בשביעי כמשפטם גרסינן. כדמוכח בפרק קמא דתענית (דף ג:) וכן הוא במסורת הגדולה ודלא כרש"י *דגרס בשמיני בס"פ לולב וערבה (סוכה דף מז:):

גרועי

עין משפט נר מצוה

[שני פרושים האלה כתובים בערוך ערך אא]
טו א ב מיי' פי"א מהל' שבת הלכה י:
[לקמן קד:]
טז ג מיי' פי' מהל' שבת הלכה טז:
יז ד מיי' פי"א מהל' שבת הלכה ה:
יח ה מיי' פ"י שם הלכה טז:
יט ו מיי' פ"ז שם הלכה ז:
כ ז מיי' פ"א מהל' תפילין הלכה יט סמג עשין כב טוש"ע א"ח סי' לו סעיף ד וטוש"ע י"ד סי' רעד סעיף ג:
כא ח מיי' וסמג שם טוש"ע א"ח סי' לו סעיף א וטוש"ע י"ד סי' רעד סעיף ה:
כב ט מיי' פ"ז שם הל' יא ופ"ח הלכה א ב סמג עשין כה טוש"ע י"ד סי' רעה סעיף א:
כג י מיי' שם טוש"ע שם סעיף ג:
כד כ ל מיי' פ"א שם הלכה ה סמג שם טוש"ע א"ח סי' לב סעיף ג וטוש"ע י"ד סי' רעא סעיף ו וסי' רעו סעי' ה:

מסורת הש"ס

[לעיל ע. סנהדרין סב. כריתות ג. ע"ש]
[לפנינו ברש"י דסוכה מז. ד"ה רב אשי ליתא בזה"ל בכולהו כתיב כמשפטם וכו' ובקרבנות שמיני כתיב במספרם כמשפט וכו']
[לעיל ע. סנהדרין סב. ע"ש]
[מנחות לא: וע"ש תוס' ד"ה עשאה כשירה]

הגהות הב"ח

(א) רש"י ד"ה שם משמעון וכו' בתין שמתקיימין כך: (ג) ד"ה מאחת וכו' שתהא מתקיימת במקום:

רבינו חננאל

שלא עשה אלא אב ותולדותיה והעושה אב ותולדותיה אינו חייב אלא אחת ושמואל מחייב להני תלת משום מכה בפטיש ואי עביד בנין וחד מהנך חייב תרתי. חד משום בונה וחד משום מכה בפטיש דלאו תולדה דבונה נינהו ובהא פליג רב סבר*) כיון שהמסתת אבני גזיל הוא ואינון אבני דלא משפרין ומשוי להו גזית כדכתיב כל אלה אבני יקרות במדת גזית מגוררות במגירה והויא כמכה אבן בפטיש להשוות עקמו (מיהו) [וכן] נקב בלול נמי כיון דמשום אויר הוא לבנין דמו ותולדת בנין הוא ושמואל סבר נקב לפתוח פה בכלי דמי שהוא סוף מלאכה וכן מכניס ידי הקורדום (בעשהו) אע"פ שכלי הוא רב סבר דיש בנין בכלים ושמואל סבר אין בנין בכלים תרסנן בכלל גדול משום דרבי יהושע כן כי המסתת חייב משום מכה בפטיש כשמואל ומותבינן לשמואל מהא דתניא הקודח כל שהוא חייב בשלמא לרב דאמר משום בונה היינו דחייב הקודח דמחזי כמי שעושה חור בכותל כדי לבנות שם בנין ותולדת בנין הוא. אלא לשמואל דמחייב הנוקב משום מכה בפטיש שהוא גמר מלאכ' מאי [גמר] מלאכה איכא בקודח והלא הנוקב צריך לקבוע באותו [הנקב] מסמר נמצאת קביעת המסמר הוא הגמר מלאכה ומשני כגון שקדח ברימצא פי' במקדח והגיח המקדח במקום שקדח במסמר קבוע באותו העץ שקדח כדי לחזקו שזהו גמר מלאכתו ואשכחן סוגיא דשמעתא בענין המחזיר מטה של פרסיים בשבת (לעיל ד' מז) כרב דסבר עיולי שופתא בקופינא והוא יד הקורדום בנקבו שהוא כהחזרת מלבנות המטה ורב ושמואל דאמרי תרווייהו [התם] המחזיר מטה של פרסיים בשבת חייב חטאת ומותבינן [מהא] המחזיר קנה מנורה בשבת חייב חטאת קנה של ציידין לא יחזיר ואם החזיר פטור. ר' חימאי אמר המרכיב קרן עגולה חייב קרן פשוטה פטור ופרקינן הוא דאמר כי האי תנא מלבנות המטה וכרעי המטה ולוחים של סקבס לא יחזיר ואם החזיר פטור אבל אסור לא יתקע ואם תקע חייב רשב"א אם היה רפוי מותר ופשיטא לרבנן בתראי דהני כולהו משום בונה אינון. ומשום הכי מתרינן במן דעביד להו דאמרינן בי רב חמא הואי ההוא מטה גוליתא דהוו מהדרי ליה בשבתא. א"ל ההוא מרבנן לרב חמא מ"ט שריין דמשום בנין מן הצד הוא ונהי דאיסורא דאורייתא ליכא איסורא מדרבנן [מיהא] איכא א"ל אנא כרבן שמעון ב"ג סבירי לי דאמר אם היה רפוי מותר וגרסינן בירושלמי קנה מנורה למה הוא חייב. ר' אבהו בש"ר יוחנן ורב התנא תרווייהו אמרו משום בונה וקי"ל בהני כולהו כרב פי' חק קפיוא בקבא כגון שחקק חריץ בקב מקום שהוא מדת קפיוא ונמצא שעשה כמין השנתות שהיו סימנין בהן: המכה בקורנס על הסדן בשעת גמר מלאכה חייב. אמר רבה ורב יוסף מפני שמאמן את ידיו וסברי בני רחבה דהאי מאמן מלמד את ידיו אומנות הכאה היא ונדחת ופשוט אביי ורבא שכן מרדדי פסי משכן עושין כן ותניא נמי הכי ופי' מאמן דאמר רבה ורב יוסף מרגיל את ידיו לאותה מלאכה היא שכן מנהג מרקעי פחים כשמניחין הפח על הסדן מכין תחלה בקורנס על הסדן כשמתחיל במלאכה ולרשב"ג מלאכה גמורה היא ולא דמי לנוטל מגל לקצור ולא קצר ולנוטל קורנס לרדד ולא רידד אלא אותה הכאה מלאכה חשובה (ליתא) [היא] החורש כל שהוא ראויה לעשות גומא לדלעת ובמשכן היו חורשים לקלח אחד של סממנים והמנכש והמלקט עצים קשיא לן מכדי המתקן קרקע בכל שהוא חייב למה לי למיתנא לבהמה כמלוא פי גדי ולהיסק כדי לבשל ביצה קלה אמו בהני לאו מייפה קרקע הוא למה לי שיעורא ומשני רבה ורב יוסף באגם שאין הקרקע מתייפה בליקוט עצים ולא בניכוש לפיכך צריכין שיעור [להתחייב] אביי אמר היכא צריך שיעור בשדה דלא קא מכוין ליפותה ואע"ג דהוא מתייפה אינו חייב אלא בשיעור דקא מכוין ליה אם לבהמה אם להיסק ואקשינן עליה איני והא אביי ורבא דאמרינן תרווייהו מודה ר' שמעון בפסיק רישיה ולא ימות כלומר אפילו ר' שמעון דסבר דבר שאין מתכוין מותר כי האי גוונא דודאי לא אפשר לתלוש מן הקרקע אלא שהקרקע מתייפה מתלישתו ורצונו בכך מחייב ומשני בתולש מן הקרקע שאינו שלו שאין רצונו ליפוי הקרקע כלל לפיכך אינו מתחייב אלא במחשבתו שמתכוין לה: הכותב ב' אותיות בין בימינו בין בשמאלו חייב והא אין דרך כתיבה בכך. ואוקמה ר' ירמיה באיטר שהוא דרכו לכתוב שנמצא שמאלו במקום ימין ואקשינן תוב אי הכי אימינו לא ליחייב דהא כל איטר שמאלו במקום ימינו ונמצא הימין של איטר כי הוא שמאלו ואין דרך כתיבה בכך ונדחת זה. ואוקמה אביי בשולט בב' ידיו דתרווייהו מיומנות הן שנמצא כותב בשתיהן ודרך כתיבה בשתיהן אבל מי שאינו שולט אלא בידו אחת לא מיחייב משום כותב בשבת אלא בזמן שהכותב בידו המיומנת אבל אם כתב בידו אחרת לא מיחייב שאין דרך כתיבה בכך לפיכך איטר שאין שולט אלא בשמאל שמאל דידיה כימין דעלמא היא וחייב עלה ואם כתב בימינו אין דרך כתיבה בכך ולאידך מיחייב עליה. ור' יעקב ברא דבת יעקב אוקמה למתני' כר"י ומשום רושם הוא ומחייב לפיכך חייב הרושם בין בימינו בין בשמאלו שאינו כותב אלא רושם ואקשינן היכא יכלת

*) נראה דסבר הלכ' כר' [illegible]

§ מסכת שבת דף קג: §

אות א' - ב'

רבי יהודה אומר: אפילו לא כתב אלא שתי אותיות והן שם אחד, חייב, כגון: שש, תת, רר, גג, חח

אל"ף אל"ף דאאזרך לא מיחייב

רמב"ם פי"א מהל' שבת ה"י - **הכותב אות כפולה פעמים והוא שם אחד, [א]כמו דד תת גג רר שש סס חח, חייב; והכותב בכל כתב ובכל לשון חייב, ואפילו משני סימניות.**

אות ג'

הקודח כל שהוא חייב; המגרר כל שהוא

רמב"ם פ"י מהל' שבת הט"ז - **המכה בפטיש הכאה אחת חייב, וכל העושה דבר שהוא גמר מלאכה, הרי זה תולדת מכה בפטיש וחייב; כיצד המנפח בכלי זכוכית, והצר בכלי צורה, אפילו מקצת הצורה, [ב]והמגרד כל שהוא, והעושה נקב כל שהוא בין בעץ בין בבנין בין במתכת בין בכלים, הרי זה תולדת מכה בפטיש וחייב; וכל פתח שאינו עשוי להכניס ולהוציא, אין חייבין על עשייתו.**

אות ד'

המעבד כל שהוא

רמב"ם פי"א מהל' שבת ה"ה - **המפשיט מן העור כדי לעשות קמיע חייב, וכן המעבד מן העור [ג]כדי לעשות קמיע חייב.**

אות ה'

הצר בכלי צורה כל שהוא

רמב"ם פ"י מהל' שבת הט"ז - **עיין אות ג'.**

אות ו'

מהנה תולדות

רמב"ם פ"ז מהל' שבת ה"ז - **אחד העושה אב מאבות מלאכות או תולדה מן התולדות, במזיד חייב כרת, ואם באו עדים נסקל, בשוגג חייב חטאת קבועה; אם כן מה הפרש יש בין האבות והתולדות, אין ביניהן הפרש אלא לענין הקרבן בלבד, שהעושה בשוגג, אם עשה אבות הרבה בהעלם אחד, חייב חטאת על כל אב ואב, ואם עשה אב ותולדותיו בהעלם אחד, אינו חייב אלא חטאת אחת.**

אות ז'

וכתבתם שתהא כתיבה תמה

סימן לב ס"ד - **הגה: [ד]ויכתוב כתיבה תמה** - דהיינו שלא יכתוב ביתי"ן כפי"ן, כפי"ן ביתי"ן, זייני"ן נוני"ן, נוני"ן זייני"ן, וכל כיוצא בזה.

שלא יחסר אפילו קוצו של יו"ד - היינו עוקץ שמאל של יוד, וכ"ש אם חסר רגל ימין דפסול.

ויהא מתוייג כהלכתו (טור א"ח) - באותיות שעטנ"ז ג"ץ, וזה הוא רק לכתחלה, דבדיעבד כשר לרוב הפוסקים אם לא תייג.

ולכתחלה יכתוב כתיבה גסה קצת, שלא יהיו נמחקים מהרה. וכן מצוה ליפותן מבחוץ ומבפנים (דברי מרדכי).

יו"ד סימן רעד ס"ג - **[ה]יכתוב כתיבה נאה ומיושרת, [ו]תמה. ואם כתב אלף למד ביחד, כזה** ‹במקור מופיע שרטוט›, **[ז]אינו כשר.**

אות ח'

שלא יכתוב אלפין עיינין, עיינין אלפין וכו'

סימן לו ס"א - **צריך לדקדק בכתיבת האותיות, שלא תשתנה צורת שום אחת מהן** - אפי' אם שינוי הצורה היה רק במקצת האות, כגון שחסר הראש של האל"ף, או קוץ היו"ד, או שנגעו יוד"י האל"ף בגג האל"ף וכדומה, **ואפילו** אם התינוק יקראהו לאות לא מהני, כיון שאנו יודעין שאין צורתה עליה כראוי.

וה"ה אם נשתנה האות מצורתה אחר הכתיבה, ע"י נקב או קרע או טשטוש, דפסול.

באר הגולה

[א] ‹במשנה וסוגיא שם בגמרא (שם ק"ג:) וכר' יהודה. ונראה מדברי רבינו שאינו חייב אלא כשהן שם אחד, ר"ל שיש להם כוונה, כגון אלו גג דד שכתב, אבל אא דאאזרך וכיוצא בהן שאינן מלה, אינו חייב, וכן נראה מן הגמ' - מגיד משנה› [ב] ‹ורש"י כתב דהוי תולדה דממחק› [ג] ‹עיין תוס' ד"ה המעבד כל שהוא› [ד] ‹שבת ק"ג: - גר"א› [ה] **ברייתא שבת דף קל"ג ע"ב** [ו] **ברייתא שם דף ק"ג: אע"ג דוכתבתם גבי תפילין ומזוזות כתיב, ילפינן ספרים מינייהו** [ז] **הרא"ש בתשובה**

ולא תדמה לאחרת - ראיתי בספר מעשה רקח שהביא לדינא בשם תשובת מהראנ"ח שכתב, דאפילו אם רק מקצת האות נדמה לאות אחר, פסול, **ומדברי** הגר"א לא משמע כן, וכן כתב הפר"ח.

הגה: ולכתחלה יכתוב בכתיבה תמה - ר"ל כתיבה תמה ושלימה בתמונת האותיות, **כמבואר בטור ובשאר פוסקים, והוא ידוע אצל הסופרים** - כפי מה שלמדוהו מהתלמוד וקבלת הראשונים, וע"פ הסוד, וכמבואר בב"י בסימן זה.

מיהו אם שינה בצורת הכתב, אינו פסול - היינו שלא כתב תמונת האותיות המוזכרים בספרים, אבל תמונת האות מיהו צריך, כמש"כ המחבר שלא תשתנה וכו', **וכ"ש** שלא ישנהו לאות אחר, כגון מדל"ת לרי"ש או מבי"ת לכ"ף וכדומה, **והכוונה** כמש"כ הנוב"י, דדבר שאין לו שורש בגמרא, אין לפסול האות עבור זה.

וכדי שידע הקורא איך לכתוב לכתחילה, וגם איזה פרט יש לו שורש והוא מעיקר תמונת האותיות שיהיה זה לעיכובא אפילו בדיעבד, לכן התחזקתי בעזה"י ועשיתי ע"ז קונטרס מיוחד בסוף סימן זה, והעתקתיו מהב"י ופמ"ג ושארי אחרונים, תמונת כל האותיות למעשה, וקראתיו בשם "משנת סופרים", וכללתי בו גם קיצור כללי דיני הקפת גויל, וחק תוכות ושלא כסדרן, מבעל פמ"ג ושארי אחרונים.

יו"ד סימן רעד ס"ה - צריך שלא תפסל צורת שום אות עד שאינה נקראת או דומה לאות אחרת, בין בעיקר הכתיבה, בין בקרע, בין בנקב שניקב בה, בין בטשטוש. (ויכול ליטול דיו מן אות הכתוב כשצריך לדיו (הגהות מיימוני) או שרולה לגלול הספר) - ‹כלומר כדי שיתייבש מהר - ערוה"ש› **(הרא"ש).**

אות ט'

<u>פרשה פתוחה לא יעשנה סתומה, סתומה לא יעשנה פתוחה</u>

יו"ד סימן רעה ס"א - [ח]פרשה פתוחה שעשאה סתומה, או סתומה שעשאה פתוחה, יגנז. הגה: [ט]וי"א דמותר לתקנו, כמו בשאר טעיות (הרא"ש והרשב"א וריב"ש). וכן נהגו הסופרים לתקנו, אם אפשר לו למחוק שלא יפגע בשם, כי אין לו לחתוך השם ולעשות נקבים ביריעה (הרא"ש).

אות י'

<u>כתבה כשירה, או שכתב את השירה כיוצא בה</u>

יו"ד סימן רעה ס"ג - [י]כתב השירה כשאר הכתב, או שכתב שאר הכתב כשירה, פסול. [יא]ודוקא שכתב השירה כשאר הכתב בלא פיזור, אבל אם שינה בפיזור ממה שנהגו, לא פסל, ובלבד שיהא [יב]אריח על גבי לבינה.

אות כ' - ל'

<u>או שכתב שלא בדיו</u>

<u>או שכתב את האזכרות בזהב, הרי אלו יגנזו</u>

סימן לב ס"ג - [יג]יכתבם בדיו שחור, [יד]בין שיש בו מי עפצים בין שלא במי עפצים.

(עיין לקמן בסי' תרצ"א, וביו"ד סימן רע"א, שכתב השו"ע, דאם כתב במי עפצים וקנקנתום כשר, כתב הפמ"ג, מדלא הזכיר גומא, משמע דאף אם לא הטיל בהן גומא כשר, ועיין עוד בדבריו שמסתפק לדינא, אם דוקא ע"י שניהן ביחד, כיון דאין בהן גומא, או אפילו בכל אחד יכול לעשות דיו, כיון שהוא שחור, והגר"א בביאורו פוסק, דממי עפצים בלבד, או מקנקנתום בלבד, פסול אפילו דיעבד, דלא מיקרי דיו כי אם משני מינים ביחד, מי עפצים וגומא, או מי עפצים וקנקנתום, ומגומא וקנקנתום יחד, בלי תערובת מי עפצים או עשן עצים ושמנים, לא ברירא לי דעת הגר"א בזה, והגאון מהר"מ בנעט מחמיר בזה לכתחלה, ובקנקנתום לבד או בגומא לבד, מחמיר אפילו בדיעבד כדעת הגר"א, ובתשובת משכנות יעקב מחמיר, אפילו במי עפצים וקנקנתום יחד בלי תערובת גומא, והגם דבדיעבד בודאי אין להחמיר ולפסול במי עפצים וקנקנתום יחד נגד פסק השו"ע, עכ"פ לכתחלה בודאי יש ליזהר כדבריו, שאם הוא עושה דיו ממי עפצים, אפילו אם הוא מערבו עם קנקנתום, לא יעשהו בלתי תערובת גומא, וה"ה דממי עפצים וגומא בלחוד נמי שפיר דמי, גם כתב שם בתשובה, דלכתחלה יש לדקדק לעשותו ע"י בישול, הואיל דאפשר).

באר הגולה

[ח] ברייתא שבת דף ק"ג: ומשמע דלית להו תקנה, כדעת הרמב"ם, ומטעם שכתב הרא"ש, שתיקונם רחוק, והביאו הטור [ט] ‹דמ"ש יגנז, מפני שאסור למעט את הכתב לכתחלה - גר"א› [י] ברייתא שבת דף ק"ג: וכדעת הרמב"ם דפסול ואין לו תקנה, כמ"ש בריש הסי' [יא] טור [יב] פירוש אריח חצי לבינה [יג] שבת ק"ג [יד] רמב"ם והגה"מ שם והרא"ש

בדיו שחור - ‹ועיין ברמב"ם שכתב, דההלמ"מ דנאמר שיהיו כותבין בדיו, לא נאמר רק למעט שאר מיני צבעונין, כגון האדום והירוק וכיוצא בהן, משמע דבכל דבר שיעשה ממנו מראה שחור כדיו, כשר, ורק שיהיה מתקיים, ‹וא"צ דיו ממש כמשמעות המחבר›, **ואם** היה המראה דומה למראה הכחול, שקורין בל"א 'בלאה', נלענ"ד שיש להחמיר בזה, דאף דמהרמב"ם משמע, דהלכה לא נאמר רק שיהיה מראה שחור, ובירורנו לקמן, דהרצועות שיש עליה גם כן הלמ"מ דצריכה להיות שחור, די בשחרות שהיא ככחול, שאני הכא, שכיון שהיתה ההלכה שיכתוב בדיו, אף דדיו לאו דוקא להרמב"ם, וה"ה כל מראה שחור, אבל עכ"פ שיהיה מראיתה שחור כמו דיו, **וכ"ש** לפירוש הרא"ש וש"פ, דסוברים שדיו ממש בעינן, מראה כחול בודאי איננו בכלל דיו, **אך** צל"ע קצת, דא"כ אם היה מראית הדיו דומה למראית העורב, ג"כ איננו בכלל דיו, וכדמוכח בנדה, דמראית הדיו שחור יותר ממראית העורב, **ואפי'** אם טבעו להיות נשחר לגמרי אחר הכתיבה, יש לעיין בזה טובא אי כשר בדיעבד, דהלא ההלכה נאמר שיהיו כותבין בדיו, ולא נאמר שיהיה כתוב הסת"מ בדיו, ולשון השו"ע ג"כ משמע, דבעת הכתיבה יהיה הדיו שחור, **ויש** לפרש עוד דכוונת השו"ע, כל שהוא שחור, אפילו ממי עפצים וקנקנתום, ודלא כר"ת וכמו שביאר בב"י, ‹וא"כ אינו חולק על הרמב"ם›, וצ"ע).

הגה: ולכתחלה יחמיר לכתוב בדיו העשויה מעשן עצים או שמנים שרויים במי עפצים, (מהרי"ל) וכמו שיתבאר ביו"ד סי' רע"א - פי' ולא יטיל לתוכו קומא, או קנקנתום, שקורין בל"א קופער וואסער, כי לכתחלה בעינן כתב שיוכל להמחק, וע"י קומא או קנקנתום הכתב עומד ואין נמחק, (**א"נ** י"ל **דבא הרמ"א** להוסיף, דלכתחלה יחמיר כדברי רבינו תם, דדוקא בא מן העץ).

וזהו הכל למצוה מן המובחר בלבד, אבל לדינא גם הרמ"א מודה, דמותר לעשות ממי עפצים וקומא וקנקנתום, **וכן** נוהגין לעשות כהיום, ע"י תערובות שלשתן וע"י בישול, דהכי עדיף טפי, **ועיין** במ"א שכתב, דבימיו לא ראה ג"כ לאחד מן הגדולים, שנהג לעשות בדיו העשוי מעשן עצים ושמנים, **אך** אפשר דהיו עושין מדיו של קוצים, כמו שסיים בשם מהרי"ל, **וכן** פסק בס' גט מקושר ובס' ברכי יוסף לעשות כמנהגינו עכשיו, דהדיו העשוי מעשן עצים ושמנים מתקלקל ונמחק בנקל, ע"כ אין נוהגין בו עכשיו.

ודיו העשוי ממי עפצים בלבד בלא קומא, שקורין בל"א גומא, או מקנקנתום בלבד, פסול אפילו דיעבד, כן כתב הגר"א בביאורו.

דיו אין צריך לעשות לשמה. **מותר** לכתוב תפילין ומזוזות בדיו הנעשה מסתם יינם.

[טו]**כתב אפי' אות אחת** - לאו דוקא, דה"ה מקצת האות, כגון קוצו של יוד, **בשאר מיני צבעונים** - שאינם שחור, כגון האדום והירוק וכיוצא בהם, **או בזהב, הרי אלו פסולין.**

(**ואם** הוא אות ראשון, או שכתבו כולו כך, ורוצה אח"כ בתו"מ להעביר קולמוס כסדרן עליהן בדיו, צ"ע אם מהני – פמ"ג, **והחתם** סופר פסק דמספק פסול, דהוא בכלל דיו ע"ג סיקרא, והדין עם הא"ר ‹דפסול›, דלא כהפמ"ג שמפקפק בזה).

[טז]**אם זרק עפרות זהב על האותיות, מעביר הזהב וישאר כתב התחתון וכשר** - ואע"ג דכל זמן שאין מעביר פסול, דכתב העליון מבטל כתב התחתון, לא מיקרי ע"י ההעברה כתיבה שלא כסדרן, כיון שאין כותב כי אם מעביר, ונשאר כתב התחתון ממילא.

(**הפרישה** כתב בשם ריב"ש, דיש לחוש משום כתב מנומר, אם יש הרבה אותיות כן בכמה דפין, וכ"כ הל"ח, **והא"ר** השיג עליהם, דהריב"ש לא קאי כלל כשזרק זהב על הדיו, דבזה לא שייך ענין מנומר, כיון דכתב דלמטה קיים, אלא הריב"ש קאי על עיקר הדין, אם כתב בזהב או בצבעונים עצמן, וגררן וכתבן בדיו, דבזה שייך ענין מנומר).

(**והיכא** דלא שייך תקנתא דמעביר, כגון אם זרק שאר מיני צבעונין על הדיו, אף אם ירצה אח"כ להעביר בדיו על הצבעונין והזהב, פסק הע"ת והא"ר דלא מהני).

אבל אם זרק הזהב על אות מאזכרות, אין לו תקנה, לפי שאסור להעביר הזהב, משום דהוי כמוחק את השם –

(אבל מוחק ממש לא הוי, דנשאר כתב התחתון, **ומשמע** מכאן אפילו זרק זהב שלא בקדושת השם, אסור למחוק, דלא כמו שכתב הש"ך).

(**אין** לו תקנה משמע, אפילו רוצה לחפות בדיו מלמעלה פסול, כן מביאין א"ר וע"ת דלעיל ראיה, והפמ"ג דוחה, **ובאמת** לענ"ד יש לעיין בזה, אם יש בזה אפילו ספק פסול, כמו דיש בדיו ע"ג צבע, אחרי דכתב התחתון וגם העליון הוא כתב דיו).

‹המשך בעמוד הבא›

באר הגולה

טו **שם בגמרא** **טז** **ב"י לפי הנמוקי יוסף** ‹וז"ל: כתב את האזכרות בזהב, כלומר שזרק זהב על כתב השמות שנכתבו בדיו, אפילו הכי פסול, דס"ל כתב העליון כתב ומבטל התחתון, עכ"ל›

<המשך מעמוד הקודם>

יו"ד סימן רעא ס"ו - [יז]ספר תורה צריך שיכתבנו בדיו [יח]העשוי מעשן השמנים שרוי במי עפצים. (ולכתחלה טוב ליזהר שלא לעשות הדיו כי אם מדברים הבאים מן העץ (כן משמע בזוהר פ' תרומה). [יט]ואם כתבו במי עפצא וקנקנתום, כשר. [כ]אבל לא בשאר מיני צבעונים, כגון האדום והירוק וכיוצא בהם, שאם כתב אפילו אות אחת בשאר מיני צבעונים [כא]או בזהב, פסול. הגה: וכן אסור לכתוב שום שם מספר עשרים וארבע ספרים, שלא בדיו (ר' ירוחם בשם אבן ירחי). ויש אומרים דלא בעינן דיו רק בס"ת (במרדכי).

יו"ד סימן רעו ס"ה - [כב]כתב האזכרות בדיו וזרק עליהם זהב, פסול.

באר הגולה

[יז] ברייתא שבת דף ק"ג ע"ב [יח] רמב"ם [יט] שם וכן כתב הרא"ש [כ] שם ושהלכה למשה מסיני מיעטה אותם [כא] מברייתא שם בשבת, ואזכרות דנקט ה"ה אותיות אחרות, אלא משום דסד"א שלרוב מעלתן ראויות ליכתב בזהב, קמ"ל, וכן משמע במס' סופרים [כב] ברייתא שבת דף ק"ג: וכפי' הנ"י, וה"ה לכל התורה וכמ"ש לעיל סי' רע"א סעיף ו'

הבונה פרק שנים עשר שבת קד

עלויי קא מעלי ליה דאמר רב חסדא *מ"ם וסמ"ך שבלוחות בנס היו עומדין אלא סתום ועשאו פתוח גרועי קא מגרע ליה דאמר ר' ירמיה ואיתימא ר' חייא בר אבא *מנצפך צופים אמרום ותיסברא והכתיב °אלה המצות *שאין הנביא רשאי לחדש דבר מעתה אלא מיהוה הואי מידע לא הוה ידעין הי באמצע תיבה הי בסוף תיבה ואתו צופים תקנינהו *ואכתי אלה המצות שאין הנביא רשאי לחדש דבר מעתה אלא שכחום וחזרו ויסדום גופא א"ר חסדא מ"ם וסמ"ך שבלוחות בנס היו עומדין ואמר רב חסדא כתב שבלוחות נקרא מבפנים ונקרא מבחוץ כגון נבוב בובן (*רהב בהר) סרו ורס: אמרי ליה רבנן לריב"ל אתו דרדקי האידנא לבי מדרשא ואמרו מילי דאפילו בימי יהושע בן נו"ן לא איתמר כוותייהו אל"ף בי"ת אלף בינה גימ"ל דל"ת גמול דלים מ"ט פשוטה כרעיה דגימ"ל לגבי דל"ת שכן דרכו של גומל חסדים לרוץ אחר דלים ומ"ט פשוטה כרעיה דדל"ת לגבי גימ"ל דלימציה ליה נפשיה ומ"ט מהדר אפיה דדל"ת מגימ"ל דליתן ליה בצינעה כי היכי דלא ליכסיף מיניה ה"ו זה שמו של הקב"ה ז"ח ט"י כ"ל ואם אתה עושה כן הקב"ה זן אותך וחן אותך ומטיב לך ונותן לך ירושה וקושר לך כתר לעוה"ב מ"ם פתוחה מ"ם סתומה מאמר פתוח מאמר סתום נו"ן כפופה נו"ן פשוטה נאמן כפוף נאמן פשוט ס"ע סמוך עניים ל"א *סימנין עשה בתורה וקנה אותה פ' כפופה פ' פשוטה פה פתוח פה סתום צד"י כפופה וצד"י פשוטה צדיק כפוף צדיק פשוט היינו נאמן כפוף נאמן פשוט הוסיף לך הכתוב כפיפה על כפיפתו מכאן שנתנה התורה במנוד ראש קו"ף קדוש רי"ש רשע מאי טעמא מהדר אפיה דקו"ף מרי"ש אמר הקב"ה אין אני יכול להסתכל ברשע ומאי טעמא מהדרה תגיה דקו"ף לגבי רי"ש אמר הקב"ה אם תוזר בו אני קושר לו כתר כמותי ומ"ט כרעיה דקו"ף תלויה *דאי הדר ביה ליעייל וליעול בהך מסייע ליה לריש לקיש *) דאמר ר"ל מ"ד °אם ללצים הוא יליץ ולענוים יתן חן בא ליטמא פותחין לו בא ליטהר מסייעים אותו שי"ן שקר תי"ו אמת מאי טעמא שקר מקרבן מיליה אמת מרחקא מיליה שיקרא שכיח קושטא לא שכיח ומ"ט שיקרא אחדא כרעיה קאי ואמת מלבן לבוניה קושטא קאי שיקרא לא קאי א"ת ב"ש אותי תעב אתאוה לו ב"ש בי לא חשק שמי יחול עליו ג"ר גופו טימא ארחם עליו ד"ק דלתותי נעל קרניו לא אגדע עד כאן מדת רשעים אבל מדת צדיקים א"ת ב"ש אם אתה בוש ג"ר ד"ק אם אתה עושה כן גור בדוק ה"ץ ו"ף חציצה הוי בינך לאף ז"ע ח"ס ט"ן ואין אתה מזדעזע מן השטן י"ם כ"ל אמר [שר של] גיהנם לפני הקב"ה רבונו של עולם לים כל אמר הקב"ה אח"ס בט"ע גי"ף אני חס עליהם מפני שבעטו בגי"ף דכ"ץ דכים הם בנים הם צדיקים הם הל"ק אין לך חלק בהן ומרז"ן ש"ת אמר גיהנם לפניו רבונו של עולם מרי זניני מזרעו של שת א"ל א"ל ב"ם ג"ן ד"ם להיכן אוליכן(א) לגן הדם ה"ע ו"ף אמר גיהנם לפני הקב"ה רבונו של עולם עיף אנכי ז"ץ ח"ק הללו זרעו של יצחק ט"ר י"ש כ"ת טר יש לי כיתות כיתות של עובדי כוכבים שאני נותן לך:

מתני'

*) יומא לח: ע"ז נה. מנחות כט:

רש"י

עלויי קא מעלי ליה · שהיתה מם סתומה בלוחות אבל מם פתוחה לא היתה בלוחות כדמפרש מנצפך צופים אמרום וכיון דאמר רב חסדא מם וסמך שבלוחות בנס היו עומדים לא אפשר לאוקומיה אלא בסתומה דהואיל והכתב היה נראה משני עבריהם היה לה ליפול אם לא שבנס היה עומד אבל פתוחה אין בה נס ע"כ מנצפך דרבי ירמיה דאמר צופים אמרום בפתוחים קאמר יש שמקשין סוגיא זו על סוגיא דאמר במגילה דרמינן הא דר' ירמיה אהא דרב חסדא אלמא תרוייהו בסתומין ואין זו קושיא שכן דרך הש"ס המקשן מהפך הסברא כאן כדי שיקשה ובמקום אחר מהפכו לפי הקושיא ואי הוה בעי התם לתרוצי כי איתמר דרב חסדא בסתומין ודר' ירמיה בפתוחין הוה מתרץ ליה אלא תירוצא מעליא שני ליה התם וה"נ : מיסוס הוס · תרוייהו ולא (ב) ידעי הי באמצע תיבה כו' : ונקרא מבחוץ · האותיות הפוכות והתיבה הפוכה ולא אשמועינן אלא שהיה החקק נוקב את כל הלוח ולפיכך היו מם וסמך בנס : נבוב כבר סרו · לא היו בלוחות אלא תיבה בעלמא נקט : אלף בינה · למוד תורה : מ"ט פשיט כרעיה דגימ"ל לגבי דלי"ת · ולא לגבי בי"ת : מ"ט פשיט כרעיה דדלי"ת לגבי גימ"ל · ולא לגבי ה"א שמושכה קצת לצד גימ"ל : דלימציה ליה · עני נפשיה ולא יטריחנו לבעל הבית לרוץ אחריו : ה"ו · כמו אני והו (סוכה דף מה.) שמות הם : ומטיב לך · היינו טי"ת : ירושה · היינו יו"ד : כתר · היינו כף : לעולם הבא · היינו למד : מאמר פתוח ומאמר סתום · יש דברים שנתן רשות לדורשן ויש שאתה מצווה לסותמן כגון מעשה מרכבה : נאמן כפוף · אדם כשר צריך להיות כפוף ועניו וסופו להיות פשוט וזקוף לעולם הבא : סימנים · של סדר שמועות דתנא או אמורא בגירס' דלא תשכח אחת מהן כגון אלו שבש"ס : פה פתוח · בשעת המכנסים פזר* : פה סתום · בשעת המפזרים כנס *אם יש גדול ממך : במנוד ראש · ברתת וענוה יתירה : מ"ט מהדר אפיה דקו"ף מרי"ש · ליטנא דמעליא הוא שאחוריו של רי"ש לגבי הקו"ף שאין הקב"ה רוצה להסתכל בפני רשע : תגא דקו"ף · כמין זיי"ן שעושין בסופו של גג קו"ף : כרעיה דקו"ף תליא · שאינה נדבקת עם גגה : ליעול בהך · יקיף תחת רגלי הקו"ף ויכנס בפתח של ימין : מסייעין אותו · ומכינין לו פתח : הוא יליץ · מעצמו יליץ לא יסייעוהו ולא ימנעוהו : ואם לענוים · ולמדה טובה הוא נמשך : יתן חן · יסייעוהו מן השמים : מקרבן מיליה · אותיותיו קרובות שלשתן קרובות כסדרן של אלפא ביתא : אמת מרחקן מיליה · זו בתחילת אל"ף בית וזו באמצע וזו בסוף : אחד כרעא · כל אות ואות שבו עומדת על רגל אחד : אמת מלבן לבוני · מושכבין תחתיה אותיותי' כמין לבינה דאל"ף הרי יש לה ב' רגלים ומושבה טוב ורגל השני רחב : אתאוה לו · בתמיה וכן כולן : ע"כ מדת הרשעים · כן הוא נדרש אלא רשעים : אם את בוש · מלחטוא : גר דק גור בדוק · נפשך תהא ברורה תחת כסאי ודוק שמים : לים כל · גיהנם קרוי ים כל לפי שהרוב הולכים שם : אמר שר של גיהנם · לים שלי תן את כל העולם ואפי' ישראל : אמר ליה אח"ס בט"ע גי"ף · אלפא ביתא היא אלא א"ת ב"ש וכולן סדורות בספר יצירה : אני אחוס עליהם על שבעטו בגיף · בניאוף : דכ"ץ · נוטריקון דכים כנים צדיקים : אין לך · גיהנם חלק בהן בישראל : ומרזן שת · ואומר שר של גיהנם זוכני מזרעו של שת · כל העובדי כוכבים וישראל : אל בם · אמר לו הקב"ה לא יהא לך חלק בהם : ג"ן ד"ם . אמר הקב"ה אוליכם לגן הדם לגן עדן : ה"ע ו"ף · הגני עף ברעב : ז"ץ ח"ק · הללו זרעו של יצחק הם ולא אתנם לך : ט"ר י"ש כ"ת · שמור לי והמתן יש לי כתות אחרות :

מתני'

תוספות

גרועי קא מגרע ליה דאמר רבי חייא בר אבא מנצפך צופים אמרום . וא"ת דהכא משמע דבפתוחה קאמר דצופים אמרום ובפ"ק דמגילה (דף ג:) פריך עלה דר' חייא בר אבא מאלה המצות שאין נביא רשאי לחדש דבר ועוד האמר רב חסדא מם וסמך שבלוחות בנס היו עומדים משמע דר' חייא בסתומה איירי ואור"י דהכי קאמר התם ועוד האמר רב חסדא ועוד אי רבי חייא בר אבא בסתומה איירי תקשה נמי דרב חסדא אלא ודאי בפתוחה איירי והא דנקט מנצפך ולא נקט להו כסדר אלפא ביתא משום דמנצפך משמע מן צופים* : נבוב בוכן בהר רהב · תימה דאמאי נקט להו כיון דלא הוה בלוחות : א"ל לר' יהושע בן לוי אתו דרדקי כו' · בירושלמי *ובבראשית רבה (פ' א) קאמר דר' אליעזר ור' יהושע הוו מאותן דרדקי וחולק על הש"ס שלנו והא דאמר בפרקי דר' אליעזר שלא למד ר' *אליעזר תורה אלא עד שהיה גדול היינו שלא עסק עד שנעשה גדול : אית דגרסי בא ליטמא פותחין לו · כלומר יש לו פתחים ליכנס בא ליטהר מסייעין אותו שפותחין לו פתח ליכנס והיינו דומיא דלעיל דשביק ליה פתח ליכנס ולהנהו דגרסי בא ליטמא פותחין לו צריך לומר דמסייעין אותו הוי טפי מפותחין :

נתכוין

רבינו חננאל

למימר דמתני' ר' יוסי היא והא איכא בתר הכין מימרא דר' יוסי דאלמא רישא לאו ר' יוסי היא. ומוקים לה לכולהו כר' יוסי . א"ר יהודה מצינו שם קטן משם גדול שם משמעון ונח מנחור שהן שתי אותיות מב' שמות . פי' ב' אותיות מב' שמות כגון שם משמעון שי"ן מ"ם והן ב' אותיות וב' שמות כדאמרן שי"ן מ"ם נח מנחור נ"ן ח"ת והן כיוצא בהן אבל ב' אותיות שהן שם אחד כגון גג שוה חח גימ"ל והן ב' אותיו' בשם אחד. כיוצא בו דר הה חח סס רר שש תת ולישנא דרבנן ממ צץ אלו ב' אותיות שהן שם אחד שהן דד הה חח הא הא חית חית וכיוצא בהן . ואקשינן וכי ר' יהודה הכותב ב' אותיות והן ב' שמות כדאמרן הוא דמחייב אבל ב' אותיות והן שם אחד לא מחייב והתניא ועשה אחת יכול שאינו חייב עד שיכתוב את כל השם ת"ל מאחת אפי' מקצת (מאחת) אי מאחת ואפי' מקצתה יכול אפילו לא כתב מן התיבה אלא אות אחת יהא חייב ת"ל אחת הא כיצד אינו חייב עד שיכתוב שם קטן משם גדול שי"ן מ"ם משמעון ושמואל ונח מנחור ודן מדניאל ר' יהודה אומר אפילו לא כתב אלא ב' אותיות והן שם אחד כגון שש רר גג חח הה הגה ת"ק שנה סתם שם משמעון ונח מנחור וכולהו ש"מ דכיוצא באלו ב' אותיות שהן ב' שמות הוא דמחייב ת"ק אבל ב' אותיות שהן שם אחד לא ופליג ר' יהודה עליה בהדיא וקתני כי הכותב ב' אותיות והן שם אחד חייב . קשיא דר' יהודה אדר' יהודה ופרקי' הוא דקתני ר' יהודה במתני' כי הכותב ב' אותיות מב' שמות הוא שהוא חייב כגון שם משמעון וכיוצא בו דידיה הוא . כלומר סברא דידיה שמעה ממאן דליתיה רביה וסברא ולא תנא לה משמיה לפום דפליג על רביה והא דקתני כי חייב אפילו כותב ב' אותיות משם אחד כגון שש תת משם רבן גמליאל רביה שנאה. ואקשינן נמי אליבא דר' שמעון דתני סתם עד שיעשה מלאכה שכיוצא בה מתקיימת. והלא תנא [קמא]לא חייב את אחת ולא חוט אחד בבגד ולא בית אחד בנפה והלא שם משמעון ונח מנחור כיוצא בהן מתקיימת וכן בבגד וכן בנפה. תמצא דברי ר' שמעון כת"ק. מה בא ר' שמעון לאשמעינן וכי תימא ב' אותיות שהן שם אחד איכא בינייהו דת"ק לא מחייב ור' שמעון מחייב אי הכי היינו ר' יהודה דהוא נמי ת"ק דר"ש ומחייב כי האי גוונא ולתרווייהו (תני) [קרי] להו ת"ק וכי תימא אין הכי נמי מיהו ר' יהודה אינו מחייב אלא בב' אותיות שהן מלה ידועה כגון שש שהוא מלשון ששה ותת שהוא מלשון נתינה ושש שהוא מלשון ששון . אבל אל"ף אל"ף או בי"ת שאין מהן מלה [בלתי] ידועה כלל אם נתכוין לכתוב אאורך וכתב א"א ר' יהודה לא מחייב בהני כיון דלא משכחת מינייהו שם ולא מלה ידועה ור"ש אמר לך כיון דאיכא בכתיבא כה"ג בגלפורי ומתקיימין כשאר כתיבה (שהיא) מלאכה מתקיימת אני קורא בה וחייב. פי' גלפורי קמיעין שכותבין בהן אותיות כגון אא יי וכיוצא בהן*) . ואקשינן תוב וכי ר' יהודה בה מיקל ור' שמעון מחמיר והוא מחייב והא שמעינן ליה לר' שמעון דמקיל בכי האי גוונא דתניא והקודח ר' שמעון אומר עד שיקדח את כולו כו' הנה ר' שמעון מיקל ולא מחייב אלא במאן דעביד כולה מלאכה וכן אינו מחייב אלא עד שיכתוב את כל השם . ואיך אתה אומר כי מחייב ר"ש א"א דאאורך ודחינן לה הכי וכי מצית אמרת דלא מחייב ר"ש אלא עד שיכתוב את כל השם כולו והתניא ר"ש אומר ועשה אחת יכול עד שיכתוב כל השם כולו ת"ל מאחת כו' . והנה אפילו לא כתב אלא מקצת השם חייב ומתרצינן להא מתניתא הכי יכול עד שיכתוב כל הפסוק כולו שנתכוון לכתובו או אפילו נתכוון לכתוב אגרת אינו חייב עד שיכתוב כל מה שנתכוון לו ת"ל מאחת . אפילו מקצת מן האגרת או מקצת מן הפסוק חייב ולעולם מלה שלימה הא דר' יוסי דאמר משום רושם פשוטה היא ומקום שנתכוון להשום ולא לכתוב חייב ואפילו אינו דבר ידועה ברשימה במה בין בימינו בין בשמאלו חייב : ירושלמי (ה"ג) א"ר אמי והקמות את המשכן כמשפטו וכי יש משפט לעצים אלא [אי זהו] קרש שזכה לינתן בצפון ינתן בצפון לעולם וכן בדרום לפיכך היו רושמין עליהן שלא יחלפו.דבי רב הושעיא ורבי בר פזי הוו עיילין שאלין בשלמא דנשיא בכל יום והוו [אילין] דבי רב הושעיא עיילין תפקין כו' תרתין זרעין [הוון] בצפורי בולבטיא ופגניא הוון בולבטיא עיילין ונפקין ושאלין בשלמא דנשיא בכל יום עללין קדמותי ונפקין קדמוי והוון פגניא עללין תפקין בתריהון אולין פגניא והכין באורייתא ואתי למיעל קדמוי דבולבטיא אשתאלת לרבנן על ר' יוחנן ודרשה בי מדרשא (תגיא) [דבי בנייה] אפילו ממזר ת"ח וכהן גדול

*) עיין בערוך ערך אא.

מסורת הש"ס

מגילה ג:

ג"ז שם

[שם ויומא פ. תמורה טז:]

יומא פ.

[ג"ל בהר רהב]

[פי' עירובין נד: אין תורה נקנית וכו']

מנחות כט: [ע"ש]

[ברכות סג.]

[שם]

הגהות הב"ח

(א) גמ' להיכן אוליכם לגן : (ב) רש"י ד"ה מיסוס וכו' תרוייהו ולא הוו ידעי :

רב נסים גאון

פי"ב הבונה כמה יבנה . אמרו ליה לר' יהושע בן לוי אתו דרדקי לבי מדרשא ואמרו מילי דאפי' בימי יהושע בן נון לא איתמר כוותייהו בתחלת בראשית דר'אושעיא אמרו מעשה היה ביום סגריר ולא נכנסו חכמים לבית הועד והיו שם תינוקות אמרו באו ונעשה כצופים כו' ויש אומרים ר"א ור' יהושע ור"ע היו קראו עליהן גם במעלליו יתנכר נער ומשכחת לה בגמ' דבני מערבא בפ' מגילה נקראת (הל' ט) : הארוך

מתני' הכותב שתי אותיות בהעלם אחד חייב [א]כתב בדיו בסם בסיקרא בקומוס ובקנקנתום ובכל דבר שהוא רושם [ג]על שני כותלי זויות ועל שני לוחי פינקס והן נהגין זה עם זה חייב [ו]הכותב על בשרו חייב המסרט על בשרו ר' אליעזר מחייב חטאת *וחכמים פוטרין [ח]כתב במשקין במי פירות באבק דרכים באבק הסופרים ובכל דבר שאינו מתקיים פטור [י]לאחר ידו ברגלו בפיו ובמרפיקו [י]כתב אות אחת סמוך לכתב וכתב על גבי כתב נתכוון לכתוב חי"ת וכתב ב' זיינין אחת בארץ ואחת בקורה כתב על ב' כותלי הבית על שני דפי פנקס ואין נהגין זה עם זה פטור כתב אות אחת נוטריקון ר' יהושע בן בתירא מחייב [נ]וחכמים פוטרין: גמ' דיו *דיותא סם סמא סקרא אמר רבה בר בר חנה סקרתא שמה קומוס קומא קנקנתום אמר רבה בר בר חנה אמר שמואל חרתא דאושכפי: ובכל דבר שהוא רושם: לאתויי מאי לאתויי הא דתני *רבי חנניא כתבו במי טריא [ס]ואפצא כשר תני ר' חייא [ע]כתבו באבק בשחור ובשיחור כשר: המסרט על בשרו: תניא *אמר להן רבי אליעזר לחכמים והלא בן סטדא הוציא כשפים ממצרים בסריטה שעל בשרו אמרו לו שוטה היה *ואין מביאין ראיה מן השוטים: כתב אות אחת סמוך לכתב: מאן תנא אמר רבא בר רב הונא דלא כר' אליעזר דאי ר' אליעזר *האמר אחת על האריג חייב: כתב על גבי כתב: מאן תנא א"ר חסדא דלא כר' יהודה דתניא *הרי שהיה צריך לכתוב את השם ונתכוון לכתוב יהודה וטעה ולא הטיל בו דלת מעביר עליו קולמוס ומקדשו דברי ר' יהודה וחכמים אומרים [ס]אין השם מן המובחר תנא [ל]כתב אות אחת והשלימה לספר [ס]ארג חוט אחד והשלימה לבגד חייב מאן תנא אמר *רבא בר רב הונא ר' אליעזר היא דאמר *אחת על האריג חייב רב אשי אמר אפילו תימא רבנן להשלים שאני [ס]א"ר אמי [נ]כתב אות אחת בטבריא ואחת בציפורי חייב כתיבה היא אלא שמחוסר קריבה והתנן כתב על שני כותלי הבית ועל שני דפי פנקס ואין נהגין זה עם זה פטור התם מחוסר מעשה דקריבה הכא לא מחוסר מעשה דקריבה תנא הגיה אות אחת חייב השתא כתב אות אחת פטור הגיה אות אחת חייב אמר רב ששת הכא במאי עסקינן [ס]כגון שנטלו לגגו של חי"ת ועשאו שני זיינין רבא אמר כגון *שנטלו לתגו של דל"ת ועשאו רי"ש תנא נתכוין לכתוב אות אחת

ועלו

מתני' על שני כותלי זויות · אחת במזרח ואחת בצפון סמוכות זו לזו במקצוע: על שני לוחי פנקס · פנקס של חנוונים כעין אותן של סוחרים שיש להם לוחים הרבה חקוקין וטוחין בשעוה: על שני לוחי פנקס · רבותא אשמועינן דאע"ג דלאו אלוח אחד הם אם נהגין וקרין זה עם זה שכתובין על שני שפתי הלווחין סמוכים זה לזה חייב: הכותב על בשרו · בדיו: המסרט · במכתב או בסיד: במשקין · כמו מי תותים שמשחירין: או במי פירות · כל פירות: באבק דרכים · בטיט לשון אחר באבק דרכים באלבעו שרשם כמו אותיות בעפר נגוב: באבק הסופרי' · עפרורית של קסת הסופר: לאחר ידו · בגב ידו שאחז הקולמוס באלבעותיו והפך ידו וכתב: במרפיקו (א) · אילי ידיו: כתב אות אחת סמוך לכתב · אלל אות הכתובה זיוג אות להשלימה לשתים: כתב ע"ג הכתב · העביר הקולמוס על אותיות הכתובים כבר וחדשם: נתכוין לכתוב חי"ת · ודילג הקולמוס ולא נראה הגג של חי"ת אלא שני הרגלים ונראה כשני זיינין: על שני כותלי הבית · שאינו במקצוע: על שני דפי פנקס · שעשוי עמודים כמגילה וכתב אות בעמוד זה ואות בזה ואינו יכול לקרבן אלא אם כן יחתוך הפסק שביניהם וה"ה לכותלי הבית רחוקין זה מזה ותנא ברישא שני כותלי הבית דסתמא אין נהגין זה עם זה והדר תנא שני דפי פנקס וה"ה לכותלי הבית ולא זו אף זו קתני: כתב אות אחת על שם נוטריקון · שעשה סימן נקודה עליה לומר שלהבין בה תיבה שלימה כתבה: גמ' סמא · אורפימינ"ט: סקרתא · מיני"א לבע אדום שצובעין בה תריסין: קומא · גומא שרף אילן: חרתא דאושכפי · ארמינ"ט: כתבו · לגט: במי טריא · י"א מין פרי וי"א מי גשמים: אפצא · מי עפצים גל"ש: באבר · בעופרת ומשחיר כשהוא משפשף עופרת על הקלף: בשחור · פיחם: שיחור · אדרמינ"ט: הוציא כשפים · שלא היה יכול להוציאן כתובים שהיו החרטומין בודקין כל היוצאים שלא יוציאו כשפים ללמדם לבני מדינה אחרת: שוטה היה · שטות היה בו לעשות מה שאין דרך בני אדם עושים ומסר נפשו על הדבר: א' על האריג · חוט א' ארג על קצת אריג: וטעה ולא הטיל בו דלת · ונמצא שם נכתב במקומו אבל לא בכוונה: מעביר עליו קולמוס · לכוונת שם על כל אותיותיו כאלו הוא כותבו: והשלימה לספר · אות אחרונה של אחת מכ"ד ספרים: מחוסר מעשה דקריבה · אינו מקרבן אלא על ידי קלילה המפסיק ביניהן וכי קאמר רב אמי כגון כתב אחת על שפת לוח זו בטבריה ואחת על שפת לוח זו בצפורי ואתה יכול לקרבן שלא במעשה אלא קריבה בעלמא: ועשאו שני זיינין · והספר לכך נצריך: רבא אמר כגון שנטלו לתגא דדלית · דלא הוי אלא הגהת אות אחת ובדבר מועט חייב הואיל וזהו תיקון הספר *דאסור לאדם לשהות ספר שאינו מוגה משום אל תשכן באהליך עולה (איוב יא) והוה ליה ככתב אות אחת והשלימה לספר דאמרן לעיל דחייב ואפי' לרבנן:

נתכוין לכתוב ח' וכתב שני זיינין · וא"ת מאי איריא נתכוין לכתוב ח' דלא נעשית מחשבתו אפילו נתכוין לכתוב ז' אחד וכתב שני זיינין פטור כמו נתכוין לזרוק ב' וזרק ד' (לעיל דף עג·) וכן קשה אברייתא דמייתי בגמרא נתכוין לכתוב אות אחת ועלו בידו שתים חייב אמאי חייב מ"ש מנתכוין לזרוק שתים וזרק ד' וי"ל דמיירי כגון שהיה צריך לכתוב שתי אותיות איזה שתי אותיות שיהיו דהשתא נתכוון לדבר איסור וגם נעשית מחשבתו ואפילו הכי פטור כדמפרש בגמ' משום דבעי זווגי וא"ת נמי איריא נתכוין לכתוב חי"ת אפי' נתכוון לכתוב שני זיינין וכתב בלא זיון פטור וי"ל דנקט נתכוין לכתוב ח' לרבותא דדוקא כתב שני זיינין דבעי זיון פטור אבל כתב שתי אותיות אחרות דלא בעו זיון חייב ואע"ג דהשתא מיהא לאחת הוא דמתכוין: שיחור · פירש רש"י אדרמנ"ט ואין נראה דאמאי הוה קרי ליה רבי חייא בל"א ולא נקט ליה בלשון *מתני': בן סטדא · אור"ת דהאי בן סטדא דאמרינן הכא דהוה בימי פפוס בן יהודה דהוה בימי רבי עקיבא כדמוכח בפרק בתרא דברכות (דף סא:): אמר רב חסדא דלא כר' יהודה · וא"ת רב אחא בריבי יעקב דקאמר אההיא דקאמר רב חסדא בפ' שני דגיטין (דף כ·) גט שכתבו שלא לשמה והעביר עליו קולמוס לשמה באנו למחלוקת ר' יהודה ורבנן דתניא נתכוין לכתוב כו' ודחי רב אחא בר יעקב דלמא לא היא ע"כ לא קאמרי (ב) התם גבי תורה אלא משום זה אלי ואנוהו אבל גבי גט נודו א"כ מתני' דהכא כמאן אתיא וי"ל דדוקא בגט שהיה כתוב שלא לשמה הוי כתב עליון כתב לכולי עלמא שהאחרון מתקן יותר מן הראשון שעושהו לשמה אבל כשאין כתב העליון מתקן כלום לכ"ע לא הוי כתב ובהכי מיירי מתני' ואתיא ככ"ע ורב חסדא דקאמר הכא דמתני' אתיא דלא כר"י לטעמיה דקאמר התם גבי גט באנו למחלוקת ר"י ורבנן ומשמע ליה דמתני' דהכא בכל ענין איירי אפי' כשמתקן בכתב האחרון אבל לרב אחא בר יעקב ע"כ מתני' לא איירי בכל ענין דבגט לא מצי איירי: התם מחוסר מעשה · בפרק כל המנחות באות מצה (מנחות דף נז·) בהגיה בשר על גבי גחלים וכללה בו כגרוגרת בשני מקומות איכא מאן דמחייב ואיכא מאן דפטר מאן דמחייב סבר דלא דמי לכתב על שני כותלי הבית שאין מזיק שם חסרון קריבה כמו כאן:

והתגיה

רבינו חננאל
ע"ה ממזר ת"ח קודם. ולא תימא הני מילי לפדות ולהחיות ולכסות הא לישיבה לא אלא אפי' לישיבה. ת"ח קודם מ"ם יקרה היא מפנינים מכ"ג שנכנס לפני ולפנים. וקיי"ל כת"ק דמתני' דאפילו ר' יוסי דקי"ל נמוקו עמו. הא (דאינך)(מדאמר)[ר'] יוסי ב"ר חנינא מ"ט דר' דדריש ועשה אחת ועשה הנה ומפרש אחת שמעון מאחת שם משמעון שמעינן מיניה דמודי ר' יוסי כי הכותב שם משמעון חייב משום כתב וגרסי' נמי בתזורק מלתא פשיטא. פשיטא נתכוון לזרוק ח' וזרק ד' תרי כתב שם משמעון וכן נמי בכיצד הרגל וכבר פירשנוה התם. אמר מר א"ר יהודה מצינו שם קטן משם גדול שם משמעון ומשמואל מי דמי מ"ם דשמעון פתוח ומ"ם דשם סתום וכאשר יכתוב שם כזה אינו נקרא שם. ופריק רב חסדא זאת אומרת סתום ועשאו פתוח כשר. ומותבינן עלה וכתבתם על מזוזות ביתך פי' וכתבתם כתב תם. שלא יקרא אלפין עיינין ביתין כפין כלומר שלא תהא צורת בית בלא תגין כמו כ"ף כו' קתני מיתת כו' ולא אותיות פתוחות סתומות ולא סתומות פתוחות כלומר אם יכתוב במזוזה אות שלימה פתוחה סתומה תיגנו מכלל שהיא פסולה. ופרקינן מתני' דמחייב הכותב שם משמעון ופריק רב חסדא ואת אומרת סתום ועשאו פתוח כשר. ר' יהודה בן בתירה היא דדריש סימן לימי החג דרמיזו קראי כלומר ונסכיהם כתוב ס"ם יתירה. ובטולהו כתיב ונסכת והכא כתיב ונסכיה יו"ד יתירה וכן בכולהו כתיב כמשפט והכא כמשפטם והרי ונסכיהם ונסכיה כמשפטם מי"ם ומצאנו נמי סתום באמצע תיבה כדכתיב למרבה המשרה ומדפתוח ועשאו סתום כשר כך סתום ועשאו פתוח כשר. ואקשינן בשלמא פתוח ועשאו סתום דעלויי עיילית דכל אות שהיתה כתובה בלוחות חשובה היא ומעולה מן האותיות שנתוספו אח"כ ובלוחות לא היה מ"ם אלא פתוחה כרב חסדא דאמר רב חסדא מ"ם וסמ"ך שבלוחות בנס היו עומדין פי' מ"ם סתום מכל צד הוא סתום כמו סמ"ך וכיון שהיו האותיות כולן בלוחות חרוצות הרוחות מפולשות הרי (כים) [אות] האמצעי כגון הלובן שלהן אם יש במה להיסמך בהן עומד הלבן בלוח אבל מ"ם וסמ"ך שאין להן במה להיסמך בנס עומד הלבן שבתוכם. שאילו נפל הלבן היה נראה מקומו נקב ואין בו צורת האות. לפיכך הס"ם סתום כיון שהיתה חרות בלוחות יש בו עילוי אלא הס"ם הפתוח גרוע הוא וכיון שעשה הסתום פתוח גרועי גרעי שהפתוחין מחודשין ולא היו בלוחות. וא"ה ירמיה ואיתימא ר' חייא בר אבא מנצפ"ך צופים אמרום. יפריק לעולם מהוה הוו בלוחות הפתוחות והסתומות שאין נביא יכול לחדש דבר וכך היו מתוקנין להיות הפתוחות בראש התיבה ובאמצעה והסתומות בסוף התיבה ורוב העם מן הסופרים ההדיוטים שכחום. והיו כותבין הסתומין בין באמצע תיבה בין בסוף תיבה וכן הפתוחות עד שחזרו ב"ד ותקנום להם כאשר היו מסורין מיוסדין בידיהן וכיון שהיתה ירכתי הכתב מפולשות מצד זה לצד זה קיימא דרב חסדא שהיה נראה מאחוריו הפוך כדרך הנקרא כתב שע"ג זכוכית מאחוריו: כתב אות אחת סמוך לכתב כגון שהיה כתוב נו"ן וכתב תחתיו חי"ת אף על פי כי נמצא נח והנה שם כתוב פטור הוא ודלא כר' אליעזר דאמר האורג חוט אחד על האריג חייב. אבל אם היתה מזוזה חסרה אות או ספר היה חסר אות והשלימו אע"פ שלא כתב אלא אות אחת חייב ואפילו לרבנן דקי"ל להשלים שאני מי טריא בגם מטין שהיה ידוע באותה העת קומא שרף דגרסינן בפרק הראשון כל השרפין יפין לדיו ושרף קטף מן המובחר אבר ועופרת שיחור כלי ברזל שמשרטו. שחור בלשון ישמעאל אל סכאם ואל סודאי. מעשה בבן סטיא שהוציא כשפים ממצרים בשריטה על בשרו אמרו לו שוטה הוא ואין מביאין ראיה מן השוטים. כתב ע"ג כתב פטור אוקמה רב חסדא דלא כר' יהודה דאי ר' יהודה הא כתיבה מעליא היא דאמר מעביר עליו קולמוס ומקדשו: ירושלמי תני עדים שאין יודעין לחתום. אמר ר"ש לקיש רושם להם בסיקרא והן חותמין בדיו או רושם להם בדיו וחותמין בסיקרא א"ל ר' יוחנן וכי מפני שאנו עוסקין בהלכות שבת נתיר אשת איש אלא מקרעין להן נייר חלק ומרדיב להן הקרע. א"ר חייא בר אבא אילין בני מדינהא ערימין סגין כדבעי כתבין לחבריה כתיב ליה במי מילין ומשדר לחבריה והוא שפיך עליה דיו שאין בו עפץ וקליט מקום יכתב עשה כן בשבת מהו ר' יוחנן ור"ל דאמרי תרווייהו דיו ע"ג סיקרא או סיקרא ע"ג דיו חייב ר' יצחק אמר חייב שתים אחת משום כותב ואחת משום מוחק. א"ר אמי כתב אות אחת בטבריא ואות אחת בצפורי חייב כתיבה היא אלא שמחוסרת קריבה וזה ששמענו פירוש זה כגון שכתב בקרקע של טבריא שי"ן ובקרקע כנגדו בצפורי [ס"ם] חייב. מ"ם כתיבה שהרי כתב ב' אותיות והן שם אלא שמחוסרת קריבה כלומר אין שם חסר דבר במלאכה אלא אילו האריך הס"ם עד שיקרבנו לשי"ן הרי נתברר הדבר אע"פ שגם עתה המכוון זה האות כנגד זה האות קורא השם הנכתב מחוסר קריבה הוא ואקשינן והתנן על ב' דפי פנקס ואין נהגין זה עם זה פטור. ופרקי' התם לגבי הפנקס מחוסר מעשה קריבה כלומר צריך מעשה לקרב דפי הפנקס שהוא מעשה אחר זולת מעשה הכתיבה. ואם לא קריבה ולא כלום הוא. שאין שם ב' אותיות · ואם תאמר גם זה

צריך

מסורת הש"ס
ס"א ור' יהושע פוטר
מגילה יח: גיטין יט.
ג"ו שם בגיטין
[תוספתא פי"ב]
[חולין מט: נדה לג:]
[לקמן קה. וש"נ]
גיטין כ. נד: [מס' סופרים פ"ה הלכה ג]
בכ"י רבה וכ"ה בחדושי הר"ן לקמן קה. [כריתות יט:]
[ע' תוס' מנחות כט: ד"ה דתעליה]
[כתובות יט:]

הגהות הב"ח
(א) רש"י ד"ה מרפקו. נ"ב ע"ל בר"פ המלניע דף לב ע"א וכמ"ש התוס': (ב) תוס' ד"ה אמר רב חסדא וכו' ע"כ לא קאמרי רבנן התם:

גליון הש"ס גמ' א"ר אמי כתב אות אחת בטבריא. עיין לעיל דף ס ע"ב תוס' ד"ה נטעלם אחד: תוס' ד"ה בן סטדא · ע' י' בסה"ד קמנ ע"ד. ועיין תוס' חגיגה דף ד' ע"ב ד"ה הוא שכיח.

§ מסכת שבת דף קד: §

אות א'

<u>כתב בדיו, בסם, בסיקרא, בקומוס, ובקנקנתום, ובכל דבר שהוא רושם</u>

רמב"ם פי"א מהל' שבת הט"ז - אין הכותב חייב עד שיכתוב בדבר הרושם ועומד, כגון דיו ושחור וסקרא וקומוס וקלקנתוס וכיוצא בהם; ויכתוב על דבר שמתקיים הכתב עליו, כגון עור וקלף ונייר ועץ וכיוצא בהם. אבל הכותב בדבר שאין רישומו עומד, כגון משקין ומי פירות; או שכתב בדיו וכיוצא בו על עלי ירקות ועל כל דבר שאינו עומד, פטור; אינו חייב עד שיכתוב בדבר העומד על דבר העומד; וכן אין המוחק חייב עד שימחוק כתב העומד מעל דבר העומד.

אות ב'

<u>על שני כותלי זויות, ועל שני לווחי פינקס והן נהגין זה עם זה, חייב</u>

רמב"ם פי"א מהל' שבת הי"א - הכותב אות אחת בארץ ואות אחת בקורה, שהרי אין נהגין זה עם זה, או שכתב שתי אותיות בשני דפי פנקס ואינן נהגין זה עם זה, פטור; כתבן בשני כתלי זוית או בשני דפי פנקס והן נהגין זה עם זה, חייב.

אות ג' – ד'

<u>הכותב על בשרו חייב</u>

<u>המסרט על בשרו... וחכמים פוטרין</u>

רמב"ם פי"א מהל' שבת הט"ז - הכותב על בשרו חייב, מפני שהוא עור, אף על פי שחמימות בשרו מעברת הכתב לאחר זמן, הרי זה דומה לכתב שנמחק; אבל המשרט על בשרו צורת כתב, פטור. הקורע על העור כתבנית כתב, חייב משום כותב; הרושם על העור כתבנית כתב, פטור.

אות ה'

<u>כתב במשקין, במי פירות, באבק דרכים, באבק הסופרים, ובכל דבר שאינו מתקיים, פטור</u>

סימן שמ ס"ד - [א]יש ליזהר שלא לכתוב באצבעו במשקין על השלחן - ר"ל שטבל אצבעו [וכן מוכח במשנה שם, ע"ש], באיזה משקה וכתב בו על השלחן, וה"ה על נייר וקלף וכיוצא בזה, [**רש"י** פי' כגון מי תותים שמשחירין, משמע דבמיא בעלמא לא חשיב כתב כלל אפי' מדרבנן, לבד ממי גשמים, שיש בהן חיוב חטאת ללשון אחד של רש"י, **ובתפארת** ישראל ראיתי שכתב, דבמים נמי אסור, **ולא** ידעתי מנין לו, **וחלון** זכוכית שאסרו לרשום עליה בימי הקור שאני, דמנכר הכתב יותר].

אף דחיוב חטאת ליכא, דבעינן שיכתוב דוקא בדיו, או בשאר דבר כיוצא בזה שרישומו מתקיים, **אפ"ה** מדרבנן אסור אף באינו מתקיים.

וכתבו האחרונים, דאפילו אם כתב בהמשקין על דבר שאינו מתקיים, כגון על עלה ירקות וכיו"ב, אפ"ה מדרבנן אסור.

או באפר - ששרט באצבעו כמין אותיות באפר נגוב, [רש"י], וה"ה בחול, **וכן** אסור לרשום כמין אותיות על החלון זכוכית בימי הקור, שהם לחים מן הקור.

ואם רשם כמין אותיות בדברים הקרושין, כגון בדם וחלב שנקרש, משמע בתוספתא דחייב, [**ובפרישה** איתא, דבשומן הנקרש הוא רק איסורא דרבנן].

אבל מותר לרשום באויר כמין אותיות - כדי לרמז לחבירו איזה דבר, ולא אמרינן דמאמן ידיו בכתיבה עי"ז.

וה"ה דמותר [ב]לראות אומנות בשבת אע"ג שמלמדה, **ונראה** דהיינו דוקא באקראי, שנזדמן לו לראות, **וגם** זה יש לו ליזהר שלא ידבר אז מאומה עם הער"ג בזה, **אבל** לילך בשבת בכוון לבית הער"ג בשביל זה, אסור משום "ממצוא חפצך".

וה"ה אם מוליך באצבעו על דף נגוב כעין צורת אותיות, ג"כ שרי, כיון דאין רישומו ניכר כלל, ולא דמי למשקין ואפר.

ואגב נבאר פה מן הגמ' והפוסקים עיקרי דיני כותב ומוחק, בדבר שיש בו חיוב חטאת, ובדבר שהוא פטור ואסור, כי השו"ע קיצר בזה, **ונ"מ** איזה דבר הוא דאורייתא או שפטור ואסור מדרבנן, ע"י א"י במקום מצוה, דקי"ל דאיסור דאורייתא אין מתירין ע"י א"י אפי' במקום מצוה.

א) אין הכותב חייב עד שיכתוב בדבר הרושם ועומד, כגון דיו, ושחור {היינו פחם}, וסקרא {צבע אדום}, וקומוס {שרף אילן}, ומי עפצים, וקנקנתום, וכלי עופרת, וכל כיוצא בהם שהוא דבר המתקיים, (**כתב** במי טריא, ופירש"י שם בלשון א', דהוא מין פרי, ובלשון שני פי', שהוא מי גשמים, **או** באבר, והיינו במיא דאברא [ג]וכדמסיק בגיטין י"ט, או בשיחור, בקליפי אגוזים, בקליפי רמונים, והיינו שכתב במי שרייתן דהם דברים שצובעין בהן, כל הני מקרי שכותב בדבר המתקיים וחייב חטאת, **דלענין** חיוב שבת לא בעינן שיכתוב במה שיתקיים הכתב לעולם, **אלא** דמקיימי קצת עד שדרכן של בני אדם לכתוב בהן דברים שאין עשויין לקיימן לעולם אלא זמן אחד, כספרי הזכרונות וכיוצא בהן, לענין שבת

באר הגולה

א תרומת הדשן סימן ס"ג בשם אור זרוע ב ‹כן הוא להדיא בגמרא שבת דף ק"ג ע"א – מחזה"ש› ג ‹ורש"י דפי' משפשף עופרת על הקלף, תמוה, דהוא כנגד מסקנת הגמ' דגיטין, ואפשר דס"ל לרש"י כדעת הרי"ף והרמב"ם {עיין לקמן אות י'}, וצ"ע – שפת אמת›

מלאכת מחשבת היא, ולא בעינן שיתקיים לעולם כדיו), **אבל** הכותב בדבר שאין רשומו עומד, כגון במשקין ומי פירות, פטור.

וכן אינו חייב עד שיכתוב על דבר שמתקיים הכתב עליו, כגון על עור וקלף ונייר ועץ וכיוצא בהם, (**כתב** על העלין של זית וחרוב ודלעת, או שכתב בדם הקרוש וחלב הקרוש, והיינו ע"י שריטה, **חייב, ודע עוד,** דאם כתב אותיות על אוכלין ג"כ חייב, דמקרי על דבר המתקיים), **אבל** הכותב בדיו וכיוצא בו על עלי ירקות, ועל כל דבר שאינו עומד, פטור, דאינו חייב עד שיכתוב בדבר העומד על דבר העומד.

(הנה רש"י במשנה, דכתבן על שני לוחי פנקס, כתב שהן טוחין בשעוה, משמע דשעוה מקרי דבר המתקיים, וכן מסתברא, דלא גריעא שעוה מחלב הקרוש, דאיתא בתוספתא דחייב הכותב עליו, **ולקמן** בסימן תקמ"ה ס"ז איתא, דבלוחות של שעוה הוי דבר שאינו מתקיים, וכתב שם הג"א, דאף בשבת פטור).

וכן אין המוחק חייב, עד שימחוק כתב העומד מע"ג דבר העומד, [לשון הרמב"ם, ונראה לי [ד]שמקורו הוא מדף ע"ה: בגמרא].

וכ"ז לענין חיוב חטאת, אבל איסור דרבנן יש, אפילו כתב בדבר שאינו עומד על דבר שאינו עומד, וכן לענין מחיקה.

ב) הכותב על בשרו בדיו חייב, מפני שהוא עור, אע"פ שחמימות בשרו מעברת הכתב לאחר זמן, הרי זה דומה לכתב שנמחק, [הוא לשון הרמב"ם, **ומשמע** מזה דאם כתב על מיני בע"ח שאין להם עור, פטור, **ואולי** טעמו של הרמב"ם, דבהני בע"ח כיון שאין להם עור, חמימות הבשר מעברת תיכף את הכתב, והוי ככותב על דבר שאינו מתקיים, וגריעא מכותב על האוכלין דחייב].

אבל המשרט על בשרו צורת כתב, פטור, שאין דרך כתיבה בכך.

הקורע על העור כתבנית כתב, חייב משום כותב, הרושם על העור כתבנית כתב, פטור, **ובתוספתא** שלנו איתא להיפך, דבקורע פטור וברושם חייב, וכבר נתחבטו בזה הראשונים.

ג) הכותב כתב על גבי כתב, דהיינו שהעביר קולמוס על אותיות הכתובים כבר וחידשם, פטור, דהא לא אהני מידי, **וה"מ** שהיה דיו ע"ג דיו או סיקרא על גבי סיקרא, **אבל** אם העביר דיו ע"ג סיקרא, חייב שתים, אחת משום כותב, שעכשיו הוא כתב הגון יותר מבראשונה, וא' משום מוחק, שמוחק בכתיבתו את ב' אותיות התחתונות, **ואם** העביר סיקרא ע"ג דיו, פטור, דמקלקל הוא.

ד) אין הכותב חייב חטאת עד שיכתוב שתי אותיות, **אבל** אם כתב אות אחת, אפילו היתה גדולה כשתים, פטור מחטאת, **ומ"מ** איסור דאורייתא איכא אפילו באות א'.

ואות אחת שאמרנו דפטור, הוא אפילו היתה סמוכה לכתב שהיה כתוב מקודם, כיון דבשבת לא כתב אלא אות אחת, **אבל** אם בזה האות השלים את הספר, חייב, דאהני מעשיו טובא, (**ודע דאף דרש"י בד"ה והשלימה לספר פי' אות אחרונה של אחת מכ"ד ספרים, נראה דלאו** בדוקא הוא, דה"ה אם היה חסר בהספר איזה אות באמצעו, דעי"ז איננו ספר שלם, והוא תקנו, דחייב, דעל ידו נשלם הספר, וכן מוכח ברש"י בד"ה רבא אמר, **ובגמרא איתא עוד אוקימתא,** כגון שנטלו לגגו של ד' ועשאו רי"ש, כגון שעי"ז הוגה הספר לגמרי, שלא היה בו עוד טעות אחר אלא זה).

הכותב אות אחת, ונקד עליה לסימן, אע"פ שקורים ממנה עי"ז תיבה שלמה, פטור, כיצד, כגון שכתב אות מ', והכל קורין אותה "מעשר", או שכתבה במקום מנין, שהרי היא כמו שכתב "ארבעים", אפ"ה פטור.

[ה]**המגיה** אות אחת ועשה אותה שתים, כגון שחלק גג החי"ת ונעשה שני זייני"ן, והוא צריך לזה, [רש"י], חייב, וכן כל כיוצא בזה.

התכוין לכתוב חי"ת וכתב שני זייני"ן, או שהתכוין לכתוב מ' ועלה בידו כ' ו', ע"י שדילג הקולמוס ולא נמשך האות כראוי, וכל כיוצא בזה, הרי זה פטור, שהרי לא נתכוין אלא לאות אחת.

ה) שתי אותיות שאמרנו לחיוב, הוא אפילו אם לא נעשה תיבה עי"ז, כגון אל"ף גימ"ל, וכיוצא בזה, [בסתמא דמתניתין הכותב ב' אותיות חייב, ולא חלקו בזה].

ואפילו אם היו שתיהן שוות משם אחד, כגון "תת" "גג" "חח" "דד" וכדומה, ג"כ חייב, (**העתקנו לשון הרמב"ם, כגון שנעשה עי"ז איזה תיבה, ואם היו שוות וגם לא נעשה תיבה עי"ז, כגון אל"ף, בי"ת בי"ת וכדומה, מלשון הרמב"ם משמע דפטור, אבל דעת רש"י** {דף ק"ג. ד"ה בין משם אחד}, **ורי"ו והרע"ב, דאפילו על אל"ף ואל"ף חייב, וכן משמע מדעת הרי"ף והרא"ש, דהעתיקו המתניתין דאמרה: בין משם אחד בין מב' שמות בסתמא, ולא העתיקו ע"ז הברייתא דר' יהודה משום ר"ג, ע"ש בגמרא, משמע דס"ל דגם על אל"ף אל"ף חייב. והמעיין היטב בדעת רש"י בכל הסוגיא, יראה דס"ל דתנאי דברייתא לא פליגי אמתניתין כלל, וכולהו ס"ל דאם מתכוין מתחלה לכתוב ב' אלפי"ן וכדומה, חייב, ומה דאמרי דפטור, היינו דוקא כשנתכוין לכתוב מתחלה תיבה גדולה, בזה ס"ל דאף דגילתה התורה אחת מאחת, דאפילו אם כתב מקצתו חייב, עכ"פ בעינן שיהא באותה המקצת איזה תיבה, כמו שהיה דעתו מתחלה, ולכך פטור על אל"ף אל"ף דאאזר"ך, שאין בזה תיבה כלל, ומקרי לא נתקיימה מחשבתו, ור"ש דפוטר עד שיכתוב את כל השם, נמי מיירי בכה"ג, וכמו שמוכח מרש"י בד"ה את כולו, אבל אם מתחלה נתכוין לכתוב רק ב' אותיות, לכו"ע חייב ואפילו באל"ף אל"ף, ואפילו לר"ש).**

ואפי' אם היה דעתו מתחלה לכתוב יותר, כגון "תתנו" או "גגות", וכתב רק שתי אותיות אלו מהן, אעפ"כ חייב.

[ו]**לפי** מה שנפסק דאין הזיונין של אותיות שעטנ"ז ג"ץ מעכב, **א"כ** אם כותב שתי אותיות בלי זיונין, אפילו בס"ת תפילין ומזוזות, ג"כ חייב, וכ"ש בכתב בעלמא דמקרי כתב וחייב, וכן נוהגין בגיטין שכותבין בלי

באר הגולה

ד «שם כתוב: וזה חומר במוחק מבכותב, משמע דאין כאן עוד חומרות» ה «עיין לקמן אות ס'» ו «עיין לקמן אות ס'»

זיונין, אלמא דהוי כתב גמור אפי' בלי זיונין, **גם** דמלאכת כתיבה הוא מדאורייתא בכל כתב ובכל לשון.

וכתב הרמב"ם, דאפילו משני סימניות חייב, והיינו כגון שעשה הסימנים המורים על המספר.

ו) שתי אותיות שאמרנו לחיוב, הוא אפילו אם כתבן בשני דפי פנקס והן נהגין זה עם זה, דהיינו שכתבן בשפתיהן שיוכל לקרותן כאחת, [רש"י, **וס"ל** דאם כתבן באמצע פטור, הואיל דמחוסר מעשה קציצה לקרבן, [ז] **ומהרמב"ם** משמע דחייב בכל גווני].

ואפילו אם כתבן בשני כותלי זוית מבפנים, חייב, הואיל שהיו זו כנגד זו ויכול לקרותן כאחת. (**ובענין נהגין זה עם זה יש להסתפק, אם כתב אות אחת, ואח"כ כתב אות אחרת למעלה על גבה, אם זה מקרי שתי אותיות, אחרי דאין נהגין זה עם זה**).

ואפילו לקח גויל וכיוצא בזה, וכתב על שפתו אות אחת במדינה זו, והלך באותו היום וכתב אות שניה במדינה אחרת ובמגילה אחרת על שפתה, [היינו לפי' רש"י הנ"ל], חייב, שבזמן שמקרבן נהגין זה עם זה, ואין מחוסר מעשה לקריבתן.

אבל אם כתב אות אחת בארץ ואות אחת בקורה, או שכתב על ב' כותלי הבית והיו רחוקין זה מזה, או על שני דפי פנקס באופן שאין נהגין זה עם זה, [היינו באמצע שחסר קציצה לקרבן], פטור, [ח] [**והרמב"ם** מחייב בזה בכל גווני].

ז) הכותב בשמאל, או לאחר ידו, דהיינו בגב ידו, שאחז הקולמוס באצבעותיו והפך ידו וכתב, ברגלו, בפיו, ובמרפקו, דהיינו באצילי ידיו, פטור, מפני שאין דרך כתיבה בכך, **ומ"מ** איסורא יש אפי' ברגלו וכה"ג.

איטר שכתב בימינו, שהיא לו כשמאל כל אדם, פטור, **ואם** כתב בשמאלו חייב, **והשולט** בשתי ידיו בשוה, וכתב בין בימינו בין בשמאלו, חייב.

קטן אוחז בקולמוס וגדול אוחז בידו וכותב, חייב, שהוא העיקר במלאכה והקטן לאו כלום עביד, **גדול** אוחז בקולמוס וקטן אוחז בידו וכותב, פטור, דבזה הגדול לא עביד כלום, **ואם** האוחז בקולמוס נתכוין לסייעו, תליא החיוב בהאוחז בקולמוס.

הכותב ע"מ לקלקל העור, חייב, שאין חיובו על מקום הכתב אלא על הכתב, **אבל** המוחק על מנת לקלקל פטור.

ח) הרושם רשמים וצורות בכותל בשטר וכיוצא בהן, כדרך שהציירים רושמים, הרי זה תולדת כותב וחייב משום כותב, וכן המוחק את הרשום כדי לתקן, הרי זה תולדת מוחק וחייב. (**לשון הרמב"ם, ומקורו הוא מירושלמי: הצר צורה, הראשון חייב משום כותב, והשני חייב משום צובע, וביאורו: שראשון רשם את הצורה באבר וכה"ג, והשני העביר הצבע עליו, ולכך הראשון חייב רק משום כותב, עבור הרושם תמונה שעשה, והשני שהעביר הצבע במקום הרשום, אינו רק צובע בעלמא, ומירושלמי הזה מבואר דאף בצורה אחת חייב**).

ואם עושה צורה בכלי צורה, היינו שהכלי עומד לכך לנאותה, אפי' עושה מקצתה, חייב משום מכה בפטיש, שהיא גמר מלאכתה של הכלי, (**שעשה הצורה בבת אחת, ולכך לא שייך בזה כותב, דענין אחר הוא, והא דלא מחייב הרמב"ם בכלי משום צובע, אפשר דלא איירי כשצר בצבע, אלא שחקק צורה בכלי כדרך שעושין בכלי כסף**).

אסור לחבר אותיות של כסף לפרוכת וכיוצא בו, דהוא כעין כותב, וכן אסור להסיר ממנו, דהוא כעין מוחק.

ועתה נבאר קצת מעניני מחיקה ושרטוט: המוחק כתב ע"מ לכתוב במקום המחק שתי אותיות, חייב, ואפילו אות אחת, אם היא גדולה ויש במקומה כדי לכתוב שתים, חייב.

והמוחק ע"מ לתקן, אפי' שלא ע"מ לכתוב, כגון שהיו אותיות יתירות בתורה ומחקן, ג"כ חייב.

כתב הח"א, דכל המלאכות חוץ מכותב, חייב בין בימינו בין בשמאלו, **אך** ברגלו בפיו ומרפקו, משמע שם דפטור ואסור.

המשרטט נייר וקלף וכיוצא בו, כדי לכתוב שתי אותיות תחת אותו שרטוט, חייב, **וכן** כשרוצה לחתוך עור או שאר דברים, ומשרטטו תחלה כדי שיכוין חתוכו, גם זה הוא בכלל משרטט, [כן איתא ברש"י (דף ע"ה: ד"ה ועייל) דזהו משרטט, וכן משמע בירושלמי, **ומהרמב"ם** משמע דהוא תולדה דמשרטט, **ומסתברא** דרש"י מודה להרמב"ם בשרטוט דכתיבה דגם זה הוא בכלל משרטט, דאף שבמשכן היה בעור כדי לחתך אחר זה, ה"ה כל שרטוט שעושה כדי לכוון עי"ז הפעולה שיעשה אח"כ].

וה"ה חרשי עצים, שמעבירין חוט של סקרא ע"ג הקורה כדי שינסור בשוה, או הגבלים שעושין כן באבנים כדי שיפצל האבן בשוה, כ"ז הוא בכלל משרטט, **ואחד** המשרטט בצבע או בלא צבע, הרי זה חייב.

סימן שמ ס"ה - [ט] מותר לרשום בצפורן על הספר, כמו שרושמין לסימן, שאין זה דבר המתקיים - ודוקא רשימה כעין קו בעלמא, לזכרון שיש בזה איזה ט"ס, ומשום דלא חשיב כתב כלל בלא"ה, **אבל** לעשות כמין אות, ודאי אסור אפילו באות אחת.

ודוקא בקלף הקשה, דבזמנם היו כותבין על הקלף, **אבל** על הנייר אסור, דמתקיים הוא.

ודוקא בצפורן, אבל אם רושם באיזה כלי שעושה רשימה עמוקה יותר, אף על קלף ועץ אסור, דמנכר היטב ומתקיים, [דהלא ר' יוסי בודאי מודה ג"כ להמשנה, דאם כתב בדבר שאינו מתקיים או על דבר שאין מתקיים פטור, וא"כ למה מחייב בשורט שריטות בנסר, והלא עץ קשה הוא כמו קלף, אלא דמיירי בשרט בכלי דמתקיים השריטה יותר].

מותר לרשום - ויש מחמירין, (דהנה האמת הוא כמו שמצדד הא"ר לומר, דהטור ס"ל שאין הלכה כר' יוסי, וא"כ רושם שריטות בעלמא אינו בכלל כותב כלל, ואסור רק מדרבנן, ולכך בדבר שאין מתקיים מותר

באר הגולה

ז (עיין לקמן אות נ') ח (עיין לקמן אות נ') ט טור

לגמרי, אכן הד"מ הביא בשם האור זרוע לאיסור, דחשש לדעת ר' יוסי דרושם חייב כמו כותב, וא"כ בדבר שאינו מתקיים אסור מדרבנן, וכתב בכנה"ג, דראוי לירא שמים להחמיר בזה, וכן פסק הב"ח דלא כהטור והמחבר, וכתב דאסור לרשום בצפורן אף רושם אחד, והביאו המ"א).

(עיין בפמ"ג שכתב: ומ"מ כשעושה בצפורן רושם על טעות בספר, יראה דאסור, דמגיה מתקן בכך, וחוששני לחטאת, ודוקא לרשום לזכרון וכדומה י"ל דשרי, עכ"ל, ואולי כוונת הפמ"ג, כשמוחק האות ע"י רשימת צפרנו, ודוחק).

אות ו'

לאחר ידו, ברגלו, בפיו, ובמרפיקו

רמב"ם פי"א מהל' שבת הי"ד - הכותב בשמאלו או לאחר ידו ברגלו בפיו ובמרפקו, פטור; איטר שכתב בימינו שהיא לו כשמאל כל אדם, פטור, ואם כתב בשמאלו, חייב; והשולט בשתי ידיו בשוה, וכתב בין בימינו בין בשמאלו, חייב. קטן אוחז בקולמוס, וגדול אוחז בידו וכותב, חייב; גדול אוחז בקולמוס, וקטן אוחז בידו וכותב, פטור.

אות ז'

כתב אות אחת סמוך לכתב, וכתב על גבי כתב, נתכוון לכתוב חי"ת וכתב שתי זייני"ן, אחת בארץ ואחת בקורה, כתב על שני כותלי הבית, על שני דפי פנקס ואין נהגין זה עם זה, פטור

רמב"ם פי"א מהל' שבת הי"א - הכותב אות אחת סמוך לכתב, או כתב על גבי כתב; והמתכוין לכתוב חית וכתב שני זינין, וכן כל כיוצא בזה בשאר אותיות; הכותב אות אחת בארץ ואות אחת בקורה, שהרי אין נהגין זה עם זה, או שכתב שתי אותיות בשני דפי פנקס ואינן נהגין זה עם זה, פטור; כתבן בשני כתלי זוית, או בשני דפי פנקס והן נהגין זה עם זה, חייב.

אות ח'

כתב אות אחת נוטריקון... וחכמים פוטרין

רמב"ם פי"א מהל' שבת הי"ג - הכותב אות אחת אע"פ שקורים ממנה תיבה שלימה, פטור; כיצד, כגון שכתב מ', והכל קורין אותה מעשר, או שכתבה במקום מנין, שהרי היא כמו שכתב ארבעים, הרי זה פטור; המגיה אות אחת ועשה אותה שתים, כגון שחלק גג החית ונעשית שני זינין, חייב, וכן כל כיוצא בזה.

אות ט'

ואפצא, כשר

אבה"ע סימן קכה ס"ג - כותבין אותו במי עפצים; והוא שלא יהיה הקלף מעופץ, מפני שאין מי עפצים ניכר בו; ואם כתב, אינו גט, וכן כל כיוצא בו.

אות י'

כתבו באבר, בשחור, ובשיחור, כשר

אבה"ע סימן קכה ס"ב - כתבו בדיעבד באבר, בשחור, בשיחור, כשר. (פי' אבר, עופרת, ושחור הוא כלי של ברזל שרושמין בו, ושיחור הוא הפחם, ערוך). הגה: [יא] יש אומרים הא דבאבר כשר, היינו חתוכי אבר מעורבים במים (הטור והרא"ש); אבל אם כתב באבר עצמו, פסול, ויש לחוש לזה. ולכתחלה נוהגין לכתבו בדיו טובה כמו שכותבין ספרים (סדר גיטין), ואין לשנות. ויש מחמירין עוד לומר, דהסופר יקרא כל אות תחלה קודם שיכתוב, כמו בספרים (ג"ז שם).

אות כ'

אין השם מן המובחר

יו"ד סימן רעו [יב] ס"ב - אע"פ שאומר בתחלת הספר שכותבו לשם קדושת ס"ת, בכל פעם שכותב שם מהשמות שאינם נמחקים, צריך לומר שכותב לשם קדושת השם; [יג] ואם לא עשה כן, פסול. (כן נראה מרא"ש וכ"כ סמ"ג וסה"ת).

באר הגולה

[י] <גירסת רש"י וכן הוא בגמ' גיטין דף י"ט.> [יא] <בפרק ב' דגיטין (יט) איתמר עדים שאין יודעין לחתום, אמר רב מקרעין להם וכו', ושמואל אמר באבר, באבר סלקא דעתך, והתני רבי חייא כתבו באבר בשחור ובשיחור כשר, לא קשיא הא באברא, הא במיא דאברא. **וזה** נראה שהיה דעת הרא"ש, שכתב לדשמואל ומאי דאקשו עליה מברייתא ומאי דשני הא באברא הא במיא דאברא. **אבל** הרי"ף השמיט להא דשמואל, וכתב הברייתא סתם כתבו באבר כשר, ולא חילק בין אברא למיא דאברא, משמע דסבירא ליה דרב פליג עליה דשמואל בפירוש הברייתא, וס"ל דכתבו באבר כשר לא שנא באברא לא שנא במיא דאברא, וקיימא לן כרב באיסורי. **וכן** נראה שהוא דעת הרמב"ם, שכתב בפרק ד' (ה"א) כתבו באבר כשר, ולא חילק בין אברא למיא דאברא - ב"י> [יב] <כ"כ העין משפט במס' גיטין, וכן מסתברא, דסי"ב, וגם הב"י שעליו שחזכיר העין משפט, אין לה שייכות לכאן> [יג] <בפרק הניזקין (גיטין נד:) בעובדא דההוא דאתא קמי דרבי אמי, אמר ליה ס"ת שכתבתי לפלוני אזכרות שלו לא כתבתים לשמן, אמרינן שכל ס"ת שאין אזכרות שלו כתובים לשמן אינו שוה כלום, ומסיק התם דאין לו תקנה בהעברת קולמוס על האזכרות לשמן - ב"י>

אות ל'

כתב אות אחת והשלימה לספר

רמב"ם פ"א מהל' שבת ה"ט - כתב אות אחת והשלים בה את הספר, חייב.

אות מ'

ארג חוט אחד והשלימה לבגד, חייב

רמב"ם פ"א מהל' שבת ה"ח - וכן האורג שני חוטין ברוחב שתי אצבעות, חייב, בין שארגן בתחלה, בין שהיה מקצת הבגד ארוג וארג על הארוג, שיעורו שני חוטין; ואם ארג חוט אחד והשלים בו הבגד, חייב.

אות נ'

כתב אות אחת בטבריא ואחת בציפורי, חייב, כתיבה היא אלא שמחוסר קריבה

רמב"ם פ"א מהל' שבת הי"ב - [יד]לקח גויל וכיוצא בו וכתב עליו אות אחת במדינה זו, והלך באותו היום וכתב אות שניה במדינה אחרת במגילה אחרת, חייב, שבזמן שמקרבן נהגין זה עם זה, ואינן מחוסרין מעשה לקריבתן.

אות ס'

כגון שנטלו לגגו של חי"ת ועשאו שני זיינין

רמב"ם פ"א מהל' שבת הי"ג - [טו]המגיה אות אחת ועשה אותה שתים, כגון שחלק גג החית ונעשית שני זינין, חייב, וכן כל כיוצא בזה.

באר הגולה

[יד] ‹ונ"ל פירושו לדעת רבינו, שאפי' כל האותיות הם באמצע המגלות, אתה יכול לקרבן בלא קציצה, שהרי הגויל וכיוצא בו דבר הנכרך הוא, ואתה יכול לקרב האותיות שיהיו נהגות. **אבל** רש"י ז"ל פי', כגון אות אחת על שפת לוח זו בטבריא, ואות אחת על שפת לוח זה בצפורי, ואתה יכול לקרבן שלא במעשה, עכ"ל - מגיד משנה›

[טו] ‹ובעיקר מחלוקותם של רבינו והרא"ש בזיון אותיות שעטנ"ז ג"ץ אי הויא לכתחילה או לעיכובא, הכריח הרב שלטי הגבורים ז"ל מסוגיא דפ' הבונה דף ק"ד דהויא לעיכובא כהרא"ש, דאמרינן התם נתכוון לכתוב אות אחת ועלו בידו שתים, חייב, והתנן פטור, ל"ק הא דבעי זיוני הא דלא בעי זיוני, ועיי"ש לרש"י והתוס' ז"ל שם ובמשנה, **והמבואר** מדבריהם לפי סוגיית הש"ס הוא, דכל היכא דלא זיין אותיות דבעו לזיוני, לא חשיבי אותיות כלל, ואם כן מבואר דזיון האותיות הוי לעיכובא, וכ"כ העטרת זהב ז"ל בסימן ל"ו, וזה נראה שהכריחו להרא"ש ז"ל לפסול היכא שלא תייג - ימי שלמה.

מה שקשה על שיטת הרמב"ם וסיעתו דזיון אינו מעכב, מהא דאמרינן האי דבעי זיוני, ואם איתא דבדיעבד כשר אמאי אינו חייב משום שבת, **לענ"ד** אדרבא משם קצת סיוע, מדלא קאמר הא באותיות הצריכים זיון וכו', דהוי משמע דהך ברייתא מיירי באותיות דשעטנ"ז ג"ץ, ואידך ברייתא מיירי משארי אותיות, וקאמר האי דבעי זיוני, **משמע** יותר דבא לומר דתרווייהו באותיות שעטנ"ז ג"ץ, אלא דהא היכא דבעי לזיוני, דרוצה לכתוב בדיוק ובהכשר ולזיין אותיות הצריכין זיון, מש"ה בעוד שלא עשה הזיון, לא נגמרה מלאכתו, והא דלא בעי זיון, היינו דאינו רוצה לזיינם, **ומ"ש** בתוס' שם דגם אם רוצה לכתוב ב' זיינין אינו חייב בעוד שלא זיינם, י"ל היינו ג"כ בכה"ג דרוצה לזיינם, וכיון שכן, ניחא ההיא דנטלו לגגו דח' דמיירי באינו רוצה לזיינם - רעק"א›

‹נראה דיש לחלק בזיינין בין ס"ת לשאר ספרים, דבס"ת דבעינן תגין, הוא דפטור כשלא זיינן, אבל בשאר ספרים דלא בעינן זיון, כשכתב שני זיינין לחוד סגי וחייב, והיינו דרב ששת דקאמר שנטלו לגגו של חית ועשאו שני זיינין, דס"ל דלא כפי' רש"י דמיירי בס"ת, אלא בשאר ספרים, ובלא זיון חייב כיון דלא בעינן זיון, **ומאי** דלא מוקי הכי תלמודא, דניחא ליה לאוקמי תרתי מתנייתא דמיירי בס"ת, אבל אה"נ דאפי' בזיינין בשאינו ס"ת, דאפי' בלא תגין דחייב, ובהא מיירי רב ששת, **ומשו"ה** בהל' י"ג שכתב ההיא דרב ששת, לא חלק בין בעי זיוני בין לא בעי זיוני, דההיא לא מיירי בס"ת - קהלת יעקב›

§ מסכת שבת דף קה. §

אות א׳ – ב׳

וחכמים פוטרין

יש ידיעה לחצי שיעור

רמב"ם פ"ו מהל׳ שגגות ה"ח - אכל כחצי זית ונודע לו, וחזר ושכח ואכל כחצי זית אחר בהעלם שני, פטור, שהרי נודע לו בינתיים, ויש ידיעה לחצי שיעור; וכן אם כתב אות אחת בשבת בשגגה ונודע לו, וחזר ושכח וכתב אות שנייה סמוכה לה בהעלם שני, פטור מקרבן חטאת, וכן כל כיוצא בזה.

אות ג׳

וחכמים אומרים: בין בתחילה בין בסוף שיעורו שני חוטין

רמב"ם פי"א מהל׳ שבת הי"ח - וכן האורג שני חוטין ברוחב שתי אצבעות, חייב, בין שארגן בתחלה, בין שהיה מקצת הבגד ארוג וארג על הארוג, שיעורו שני חוטין; ואם ארג חוט אחד והשלים בו הבגד, חייב.

אות ד׳

העושה שתי בתי נירין בנירין בקירוס בנפה בכברה ובסל, חייב

רמב"ם פ"ט מהל׳ שבת הט"ז - העושה שני בתי נירין חייב; העושה נפה או כברה או סל או סבכה, או שסרג מטה בחבלים, הרי זה תולדת עושה נירין, ומשיעשה שני בתים כאחד מכל אלו, חייב; וכן כל העושה שני בתים בדבר שעושין אותו בתים בתים כגון אלו, חייב.

אות ה׳

והתופר שתי תפירות

רמב"ם פ"י מהל׳ שבת ה"ט - התופר שתי תפירות חייב, והוא שקשר ראשי החוט מכאן ומכאן כדי שתעמוד התפירה ולא תשמט; אבל אם תפר יתר על שתי תפירות, אע"פ שלא קשר חייב, שהרי מתקיימת התפירה. והמותח חוט של תפירה בשבת חייב, מפני שהוא מצרכי התפירה.

אות ו׳

והקורע על מנת לתפור שתי תפירות

רמב"ם פ"י מהל׳ שבת ה"י - הקורע [א]כדי לתפור שתי תפירות, על מנת לתפור שתי תפירות, חייב; אבל הקורע להפסידה פטור, מפני שהוא מקלקל.

אות ז׳

ובשפה שני חוטין ברוחב שלשה בתי נירין, חייב

רמב"ם פ"ט מהל׳ שבת הי"ח - ארג בשפת היריעה שני חוטין ברוחב שלשה בתי נירין, חייב, הא למה זה דומה, לאורג צלצול קטן ברוחב שלשה בתי נירין.

באר הגולה

[א] ‹עיין במנחת חינוך מצוה לב כד, שביאר היטיב כפילות הלשון, ש"כדי" הוא לשיעור מקום הקרע, ו"על מנת" הוא לכוונת הקריעה, שהיא הכרחית לצורך התפירה›

ועלו בידו שתים חייב והתנן פטור לא קשיא הא דבעי זיוני הא דלא בעי זיוני: כתב אות אחת נוטריקון רבי יהושע בן בתירה מחייב וחכמים פוטרין: א"ר יוחנן משום ר' יוסי בן זימרא מנין ללשון נוטריקון מן התורה שנא' °כי א"ב המו"ן גוים נתתיך אב נתתיך לאומות בחור נתתיך באומות המון חביב נתתיך באומות מלך נתתיך לאומות ותיק נתתיך באומות נאמן נתתיך לאומות ר' יוחנן דידיה אמר °אנכי נוטריקון אנא נפשי כתיבת יהבית רבנן אמרי אמירה נעימה כתיבה יהיבה איכא דאמרי אנכי למפרע יהיבה כתיבה נאמנין אמריה דבי רבי נתן אמרי °כי יר"ט הדרך לנגדי *יראה ראתה נטתה דבי רבי ישמעאל תנא *°כרמ"ל כר מלא רב אחא בר יעקב אמר °והוא קללני קללה נמרצ"ת נוטריקון נואף הוא מואבי הוא רוצח הוא צורר הוא תועבה הוא ר"נ בר יצחק אמר °מה נדבר ומה נצטד"ק נכונים אנחנו צדיקים אנחנו טהורים אנחנו דכים אנחנו °קדושים אנחנו: **מתני'** *הכותב ב' אותיות בשתי העלמות אחת שחרית ואחת בין הערבים ר"ג מחייב *וחכמים פוטרין: **גמ'** במאי קמיפלגי ר"ג סבר *אין ידיעה לחצי שיעור ורבנן סברי *יש ידיעה לחצי שיעור:

הדרן עלך הבונה

רבי *אליעזר אומר האורג שלשה חוטין בתחילה ואחת על האריג חייב *וחכ"א בין בתחילה בין בסוף שיעורו ב' חוטין *העושה שתי בתי נירין בנירין (ב) בקירוס בנפה בכברה ובסל חייב *והתופר ב' תפירות *והקורע ע"מ לתפור ב' תפירות: **גמ'** כי אתא רבי יצחק תני שתים והאנן תנן ג' לא קשיא הא באלימי הא בקטיני °אמרי לה להאי גיסא ואמרי לה להאי גיסא אמרי לה להאי גיסא אלימי תלתא לא סתרי תרי סתרי קטיני תרי נמי לא סתרי ואמרי לה להאי גיסא קטיני תלתא ידיעי תרי לא ידיעי אלימי תרי נמי ידיעי תניא האורג ג' חוטין בתחילה ואחד על האריג חייב וחכמים אומרים בין בתחילה בין בסוף שיעורן (ג) ב' חוטין ובשפה ב' חוטין ברוחב ג' בתי נירין הא למה זה דומה לאורג צלצול קטן ב' חוטין ברוחב ג' בתי נירין והאורג (ד) ג' חוטין בתחילה ואחד על האריג חייב סתמא כר"א תניא אידך *האורג ב' חוטין על הגס ועל האימרא חייב ר"א אומר אפילו אחד *ובשפה שני חוטין ברוחב שלשה בתי נירין חייב הא למה זה דומה לאורג צלצול קטן שני חוטין על רוחב ג' בתי נירין והאורג ב' חוטין על הגס ועל האימרא חייב סתמא כרבנן: העושה ב' בתי נירין כו': מאי [בנירין] אמר אביי תרתי בבתי (ה) נירא וחדא בנירא: בקירוס: מאי בקירוס אמר רב מצוביתא: והתופר ב' תפירות: הא תנינא באבות מלאכות והתופר ב' תפירות משום דקבעי למיתנא סיפא והקורע ע"מ לתפור ב' תפירות קתני נמי התופר והקורע הא נמי תנינא באבות מלאכות אלא משום דקבעי למיתני סיפא הקורע בחמתו ועל מתו משום הכי קתני [התופר שתי תפירות]: והקורע ע"מ לתפור שתי תפירות: היכי משכחת לה דעבודה

רש"י

ועלו בידו שתים · הייט נמי מתכוין לכתוב ח' וכתב שני זיינין הא · דתנן פטור: **דבעי זיוני** · שעדיין צריכות ראשי הזיינין לזיינן בתגין שלהן שהזיינין צריכות ג' זיונין ימין ושמאל ולמעלה כדאמרינן במנחות (דף כט:): **מלך נסיך** · נשיא אלהים אתה (בראשית כג): **אנכי** · מדלא אמר אני: **אנא נפשי** · אני בעצמי: **אמירה** · שהיא נעימה: **כרמל** · גבי מנחת העומר כתיב גרש כרמל שמביאה כשהיא לחה בעוד שהזרע נפוח והכר של קש מלא הימט: **מתני'** **אחת שחרית ואחת בין הערבים** · כיון דהו"ל שהות בינתים כדי לידע הוה ליה כשתי העלמות: **גמ'** **יש ידיעה לחצי שיעור** · לחלק כדי שלא יצטרף עמו חצי האחר:

הדרן עלך הבונה

רבי אליעזר · *אתא לפרושי שיעור אורג שמנו באבות מלאכות (לעיל דף עג·) דתנן התם שני חוטין: **בתחילה** · אם זו תחלת אריגתו של בגד: **ואחת על האריג** · אם מוסיף הוא על האריג שיעורו באחת דמצטרף עם השאר: **בתי נירין** · שנתן ב' חוטין של שתי בנירה שקורין ליצ"ש: **בנירין ובקירוס** · מפרש בגמרא: **בנפה ובכברה** · הנך לאו נירין ממש אלא משרשר ומרכיב חוט א' [של ערב] בשתי מלמטה ואחד מלמעלה ומעמיד השתי בהן כתקט: **גמ' כי אתא ר' יצחק תני** · מתני' הכי ר"א אומר האורג ב' חוטין בתחלה ולא פליג ר"א ארבנן אלא באחד על האריג: **להאי גיסא** · אלימי ג' ולא ב' משום דשנים סתרי דמתוך עוביין אינן נדבקים יפה זה בזה וקטיני בשנים מיחייב: **ואמרי ליה להאי גיסא** · אלימי שנים חייב: **ידיעי** · דבר הנראה הוא אבל קטיני בשנים פטור: **ובשפה ב' חוטין ברוחב ג' בתי נירין** · יש שאורגין סביב [הבגד] השפה באורך הבגד כולו מין אחר של [שתי] ורוחב ברוחב הבגד כשיעור שלשה בתי נירין והאורג בו שני חוטין (ו) חייב: **למה זה דומה** · כלומר להכי מחייבי באריג קצר כי האי ולא אמרי כמלא רוחב הסיט כדמשערינן במתני' באורג באמצע הבגד: **דומה לאורג צלצול קטן** · חגורה קצרה שאינה רחבה יותר משלשה בתי נירין: **על הגס** · אריג הרבה: **על האימרא** · תחלת הבגד שאורגין בו ערב ממין אחר לאימרא: **ובשפה** · לאורך השתי כולו עושין אותו: **תרתי בבתי נירא וחדא בנירא** · ב' פעמי' מרכיב לחוט של שתי בבת נירא דהייט שקורין ליצ"א: **ואחת בנירא** · ופעם שלישית מרכיבו על חוט הנירא שקורין ליצ"א המורכב על הקנה: **מצוביתא** · ביריעת גרדין האורגין ברגל הוא וקורין לימיי"ש והיא במקום הקנה העולה ויורד ביריעת אריגת נשים שקורין פריס"א: **הא תנינא ליה באבות מלאכות** · ולמה לי למיהדר ולמתנייה הכא הואיל ולא לפרושי בה מידי אתא בשלמא אורג משום פלוגתא ושתי בתי נירין לאשמועינן בנירין ובקירוס ובנפה ובכברה וסל דלא תנא לה (ז) התם:

תוספות

והתניא פטור · אין נראה לר"י לגרוס והתניא דאמאי לא הוה פריך ממתני' ומיהו איכא למימר דממתני' לא קשיא ליה מדקתני וכתב שני זיינין ולא נקט ב' אותיות אחרות דלא בעי זיוני משמע דמשום זיון פטור ליה אבל מברייתא דקתני סתמא פריך שפיר אבל קשה דאי ברייתא היא הא דפריך מינה אמאי נקט נתכוין לכתוב אות אחת ועלו בידו שתים אפי' נתכוין לאותן שתים שכתב וכתבן בלא זיון פטור כיון דמוקמי לה כדבעי זיוני דהא בברייתא לא קתני וכתב שני זיינין דטכל לומר דאתי לאשמועינן הא כתב שתי אותיות אחרות דלא בעי זיון חייב כדפירשתי(א) במתניתין לכך נראה דממתני' פריך וגרסינן והתנן:

רבן גמליאל סבר אין ידיעה לחצי שיעור · נראה דטעם *דרשב"ג משום דכתיב או הודע אליו חטאתו ידיעת חטאת הוא דשמה ידיעה אבל ידיעה דלאו חטאת לאו שמה ידיעה:

ורבנן סברי יש ידיעה לחצי כו' · פירש בקונט' הא דנקט אות אחת שחרית ואחת בין הערבים כיון דהוי שהות בינתים כדי לידע חשיב כשתי העלמות ואין נראה חדא דהוה ליה לפרש שיעור שהות ועוד דאמר לעיל כתב אות אחת בציפורי ואות אחת בטבריא חייב אע"ג דמסתמא יש שהות כדי לידע ונראה דמיירי שידע בינתים ואחת שחרית ואחת ערבית נקט לרבותא דאף על גב דיש עם הידיעה הפסק ושהות גדול בינתים מחייב ר"ג:

הדרן עלך הבונה

האורג · אומר ר"י דס"ג וחכ"א בין בתחלה בין בסוף ול"ג בין באמצע בין בסוף דא"כ הוה משמע בסוף הבגד ממש והתם אפי' רבנן מודו דחייב אפילו באחת כדאמרינן סוף פרק הבונה (לעיל דף קד:) אבל אי לא גרסינן באמצע אתי שפיר דבסוף לאו בסוף ממש קאמר הכל

רבינו חננאל

צריך לתאריך האות האחת ולקרבת לחברתה להיותן נקראות יחדו לא דמי הא להא. דהתם כבר האות כתובה היא. מאי אמרת היא קטנה ורוצה לעשות גדולה. בין קטנה לגדולה לא איכפת לן. לפי' כתיבה [היא] וחייב. תנא הניח אות אחת חייב. ואקשי' השתא כתב אות אחת פטור המניח חייב. ופריק רבא כגון שהיה ספר שהיה חסר לרי"ש. ובא להגיהו שנטל [לגגו] של דל"ת ועשאו רי"ש והשלימו לספר דקי"ל כתב אות אחת להשלים דברי הכל חייב. וי"א(כיון)[כגון] שנטלו לתגו של דל"ת מחקו וכתבו רי"ש ודברי אביי פשוטין: תנא נתכוון לכתוב אות אחת ועלתה בידו ב' חייב. והתניא פטור ושנינן בדבעי זיונא. פי' כגון צריך לכתוב ט"ת ומדי רהטו לא הדביק בו (לצלם האחרון ונמצא כאילו פו) איבעי זיונא כדי שיתראו צורת האותיות פטור שעדיין אינה כתובה. ואם לאו חייב. ודוקא שצריך (פו) בענין שכתבו: נוטריקון הוא לשון יון. וסופרי המלכים והשרים שלהם יש להן כתב שקוראין אותו נוטריק' ואומר המלך לסופר כתוב מופס והמלך מסדר לפניו בפיו והסופר כותב מפיו מילי שמשמשת כמה ובשיטה אחת כותב מגלה וזהו נוטריקו: יש מי שאוכל חצי זית חלב בשגגה ונודע לו וחזר ונעלם ממנו ואכל חצי זית אחרת רבן גמליאל אומר אין ידיעה לחצי שיעור וכאילו השיעור כולו בשגגה אכלו חייב חטאת וחכמים פוטרין:

הדרן עלך הבונה

פי"ג רבי אליעזר אומר האורג ג' חוטין בתחלה ואחד על האריג חייב. בכלל גדול תנן סתמא. האורג ב' חוטין ולא שנינן בין בתחלה בין בראש הבגד ובין בסופו ע"ג אריג שהוא ארוג מאתמול. וכן הלכה כחכמים ור' אליעזר פליג דסבר פחות מג' חוטין אין מתקיימין אלא נסתרין. הלכך אי בתחלה התחיל באריג צריך ג' חוטין שתהא מלאכה מתקיימת ואם יש חוט אחד ערב ארוג בשתי אם ארג ב' חוטין על גביו חייב. ואם לאו פטור ואם יש ב' חוטין ערב ארוגין בשתי וארג אחד עליהן חייב. וכן אם היו אלף

עין משפט נר מצוה

לט א ב מיי' פי"ז מהל' שגגות הלכה ח:
א ג מיי' פי"ט מהל' שבת הל' יח סמג לאוין סה:
ב ד מיי' שם הל' טו:
ג ה מיי' פ"י שם הל' כ:
ד ו שם הלכה י:
ה ז מיי' פי"ט שם הל' יח:

מסורת הש"ס (גליון)

[עי' תוס' לעיל ...] · מנחות סו:ע"ש · [שם] · כריתות יב: · שם ודף יז. לעיל עג.:קכ.] · לעיל קד: כריתות יז. יט: · [לעיל עג.]

הגהות הב"ח

(א) תוס' ד"ה והתניא וכו' חייב כדפירש במתניתין · (ב) במשנה שתי בתי נירין בנירין · (ג) גמ' בין בסוף שיעור שני חוטין · (ד) שם שלשה בתי נירין והאורג · (ה) שם תרתי בבתי נירא וחדא · (ו) רש"י ד"ה ובשפה וכו' ב' חוטין חייב · (ז) ד"ה הא תנינא וכו' תנא לה התם:

שהן חייב. [הא בקטיני] פי' חוטין דקין אלימי חוטין עבין אמרי לה להאי גיסא ג' בקטיני שהן דקיקי כי השנים כאחד דומה מפני שאין מראין רחב ובאלימי שנים כי רחבן ניכר ואמרי לה להאי גיסא ג' באלימי שהן קשין ולא חלמי להדדי כי השנים מהן אין נכבשין ואין מתאלצין זה עם זה ובקטיני שנים כי דבק הן ונאחזין זה בזה וחלמי הדדי. והרי פירש במשנה אחרונה כי שיעור רחב ב' חוטין הארוגין מלא הסיט ויש כי היריעה הנארגת רחבה היא וארג ב' חוטין במקצת רחבה (ואם) [אם] הוא שיעור מה שארג ברחב היריעה מלא סיט חייב ואם היא פחות פטור. ואם זו היריעה הנארגת רחבה כולה פחות מסיט אם היה אפי' ג' בתי נירין בלבד כמו צלצול קטן אם ארג בו ב' חוטין שנמצאת אריגתו מן השפה אל השפה אע"פ שאינו מלא הסיט חייב ולא עוד אלא שאם ארג מאצל שפת הבגד האחת שהוא קרועה אל השפה שיעור ג' בתי נירין חייב אע"פ שאינן רחב מלא הסיט שדומה לארג צלצול קטן. וצלצול זה כמו אבנט הוא. אבל אם בתוך הבגד שלא מאצל השפה ארג ב' חוטין או יותר אם ישנם ברחב מלא הסיט חייב ואם לאו פטור. אבל האורג ב' חוטין ברוחב כל שהן אע"פ שאינן בג' בתי נירין על הגס שהוא מקום מעוקם כמין גמא יוונית חוט אחד לכאן וחוט אחד לכאן צבוע שנמצא עמו סימן או על האימרא שהוא ... שראו בלשון ישמעאל והוא מלשון המובות אפוד מצרים דמתרגמינן האמרת חמבת שנמצא זה כמו כותב וחייב: העושה ב' בתי נירין. פי' מכניס הוטי השתי בנירין שיעלה זה ויורד זה. ויבא הערב ויחזור השתי יעלה התחתון וירד העליון ויבא הערב. קירוס. הוא מצובייתא. פי' מסכת אורגין אותה מן הסיב או מן הוטי צמר ומכידצא בקן והסגנן בקן: הקורע;

גליון הש"ס גמ' קדושים אנחנו. ע"ע במדרש במדבר רבה ר"פ מסעי על פסוק נחית כצאן עמך: שם א"ל להאי גיסא. פסחים קח ע"א ב"ב מב ע"ב:

עין משפט
נר מצוה

ו א מיי' פ"א מהל' שבת הל' יז סמג לאוין סה:
ז ב מיי' שם הלכה יח: [פ"ט]
יח ג מיי' פ"ט שם הל' י סמג לאוין סה:
יט ד מיי' שם הל' יד:
י ה שם הלכה יג:
יא ו שם הלכה טו:
יב ז שם הלכה ז:
יג ח שם הלכה יח:
יד ט מיי' פ"י שם הל' יז:
טו י טוש"ע י"ד סימן שמ סעיף לה:
טז כ מיי' פ"ט מהל' אבל הלכה יא סמג עשין ב טוש"ע י"ד סי' שם סעיף ז:
יז ל מ מיי' שם ופי"ב הלכה יב טוש"ע שם סעיף ז:
יח נ מיי' פ"ט שם הל' יא טוש"ע שם סעי' ה:
יט ס מיי' פ"י מהלכות שבת הלכה י ופ"ח הלכה ח ופי"ב הלכה א:
כ ע פ מיי' פ"ב מהל' דעות הלכה ג ופ"ו מהלכות מלכים הלכה י סמג לאוין רכט:
כא צ ק מיי' פי"ב מהל' אבל הל' ב סמג עשין ב [כרי"ף פ"ג דמ"ק דף רלג. וברא"ש שם סי' נט]:

רבינו חננאל

הקורע על מתו פטור. ואקשינן וכי מקלקל הוא . והתניא הקורע על מתו ובאבלו אע"פ שחילל שבת יצא ידי קריעה . וכיון שיצא ידי קריעה נמצאת מלאכתו מתקיימת . ובשבת כי האי גוונא חייב . ופריק מתני' בקורע על מת דעלמא דכיון דלא מיחייב בקריעה מקלקל הוא ופטור . וברייתא בקורע על מתו שלו שחייב לקרוע עליו . איני והא בין בזו ובין בזו על מתו קתני ופרקי' מתו דמתני' קרובו שאינו חייב לקרוע עליו מתו דברייתא במי שחייב לקרוע עליו . ואם תאמר זה המת שקרע עליו חכם או כשר או היה עומד עליו בשעת יציאת נשמה הקורע בכל אלה אינו חשוב כמקלקל אלא חייב . ואינו פטור אלא הקורע על מי שאין עליו לא חובה ולא מצות לקרוע וקשה לן דתנן במתני' הקורע בחמתו פטור . ובברייתא תנינן הקורע בחמתו חילל השבת מכלל דחייב ושנינן מתני' ר' שמעון היא דאמר מלאכה שאינה צריכה לגופה פטור עליה. ברייתא ר' יהודה דאמר חייב עליה ודאינו לרבותינו שפירשו הכי. היכא שמעינן לר' שמעון דשרי מלאכה שאינה צריכה לגופה מיהא דתנינן את החי במטה פטור אף על המטה שהמטה טפילה לו את המת במטה חייב וכן כזית מן המת וכזית מן הנבילה וכעדשה מן השרץ לר' שמעון פטור ואוקימנא א"ר יוחנן פוטר היה ר"ש אפי' במוציא המת לקוברו ואע"ג דמת לקוברו קאי ואית למימר מלאכה שצריכה לגופה היא . כיון דלאו מידי דמיבעי ליה לטיפליה ולא איתהנו מינית מלופה שאינה צריכה לגופה [היא] ושרי ר"ש בכה"ג והיכא שמעינן לר' יהודה דאמר [דאמרינן] (לעיל מג) בדבר שאין מתכוין סבר לה כר"ש במלאכה שאינה צריכה לגופה סבר לה כר' יהודה [וגרסינן] (כתובות ה) מהו לבעול בתחלה בשבת דאמרינן במקלקל הלכה כר' יהודה או כר"ש . ותוב כופין קערה ע"ג הנר בשביל שלא תאחוז בקורה כו' א"ר יהודה מעשה בא לפני ריב"ז בערב ואמר חושש אני לו מחטאת . והא דאמרי בכל מקום ר' יהודה היא דאמר מלאכה שאינה צריכה לגופה חייב עליה לא אשכחן לה עיקר אלא מהא . ומאי דקא מפלגי ת"ק ור' יהודה בהא מתני' במלאכה שאינה צריכה לגופה דאמרי' (לקמן ד' קז.) איכא דמתני לה אתא הצד נחש בשבת ומתעסק שלא ישכנו פטור ואם לרפואה חייב מאן תנא א"ר יהודה ר' שמעון היא דאמר מלאכה שאינה צריכה לגופה פטור עליה. אבל הוכחא בהדיא דפליגי עלה בלשון הזה לא אשכחן אלא מהאי דיוקא דאמר יוכא שנית מתו אלא אחמתו קשיא אחמתו נמי לא קשיא הא ר' יהודה הא ר' שמעון כדמפרש : ומקשינן אימור דשמעת ליה לר' יהודה מלאכה שאינה צריכה לגופה חייב עליה במתקן דאע"ג דלא קא מכוין כיון דמסילא לא הויא מלאכה דניחא ליה חייב במקלקל מי שמעת ליה ופרקי' הקורע בבגדיו בחמתו נמי מתקן הוא דכד קניפה דעתיה בכעסיה מתרווח בקריעת בגדיו ינמצא עושה נחת רוח ליצרו . ואקשינן וכי האי גוונא מי מיחייב והתניא הקורע בגדיו בחמתו וכן המשבר כליו וכן המפזר מעותיו בחמתו יהא בעיניך כעובד ע"ז שכך היא אומנות של יצה"ר היום אומר לו עשה כך ולמחר אומר לו עבוד ע"ז כו' ופרקינן לא עבוד בכעסיה הכי אלא מראה עצמו כועס להטיל אימ'

תוספות

הכל חולצין עליו · אומר רשב"א דאפי' אינו רבו חייב כדאמרינן במו"ק (דף כה·) מי תני רבו שמת חכם שמת תני והא דאמר בשילהי פרק אלו מציאות (ב"מ לג·) רבא קרע עליה דההוא גברא דאסבריה זוהמא ליסטרון היינו קרע שאינו מתאחה כדין תלמיד לרב כדתני בפרק אלו מגלחין (מו"ק דף כו·) :

דתניא ר"ש בן אלעזר אומר העומד על המת כו' · משמע ליה להש"ס דמיירי אפי' באינו כשר :

הא ר' יהודה והא ר"ש. פי' בקונט' דבהאי שיטה נמי משני דלא קשה מתו אמתו והא דלא קאמר אלא משום דלא הוזכר אמורא לעיל וקשה לר"י דע"כ תרוייהו במת דידיה איירי ולא במת דעלמא כדקתני בברייתא דלעיל דיצא ידי קריעה וא"כ הויא מלאכה שצריכה לגופה כיון שהיא צורך מצוה כדמוכח לקמן ונראה לר"י דלא מתרץ אלא חמתו אחמתו אבל בעל מתו לא פליגי דבמת דעלמא פטור דמקלקל הוא ובמת דידיה דאיכא מצוה חשיב מתקן אע"ג דלקמן משמע דלצורך מצוה לא חשיב ר"ש תיקון דהא יליף ממילה והבערת בת כהן דמקלקל בחבורה ובהבערה חייב התם מקלקל הוא לגמרי שאינו צורך אחר אלא מה שהוא צורך מצוה אבל גבי קריעה אבל הוי תיקון הבגד על ידי קריעה שיוכל ללובשו בכל שעה *)ואית (ו) בו חימום ועוד כמו שמחלק לקמן ר"ת דהתם התיקון בא לבסוף שבשעת חבורה והבערה אינה באה הכשר מצוה עד הגמר אבל הכא בשעת קריעה בא התיקון ולא חשיב קלקול :

לא צריכא דקעביד למירמא אימתא כו' · השתא הוה מצי לאוקמי תרווייהו כר' יהודה ומתני' דלא עבד למירמא אימתא דבלא"ה מוקמינן לקמן כר' יהודה דאמר מקלקל בחבורה פטור אלא דניחא ליה לאוקמי מתני' בדעביד למירמא אימתא דאי בחמתו (ז) פשיטא דפטור :

שרגש עליהן הר כו' · משום דלא אשכחן דכתיב ביה ויבכו אותו שלשים יום כמו במשה ואהרן. ע"כ תוספות שאנץ. רש"ל :

תוך

גמרא

דעבדה כי כיסתא : **מתני'** הקורע בחמתו ועל מתו וכל המקלקלין פטורין והמקלקל ע"מ לתקן שיעורו כמתקן *שיעור המלבן והמנפץ והצובע והטווה כמלא רחב הסיט כפול והאורג שני חוטין שיעורו כמלא הסיט : **גמ'** ורמינהו הקורע בחמתו ובאבלו ועל מתו חייב ואע"פ שמחלל את השבת יצא ידי קריעה לא קשיא הא במת דידיה הא במת דעלמא והא מתו קתני לעולם במת דידיה ובהנך דלאו בני אבילות נינהו ואי חכם הוא חיובי מיחייב *דתניא חכם שמת הכל קרוביו הכל קרוביו ס"ד אלא אימא הכל כקרוביו הכל קורעין עליו הכל חולצין עליו הכל מברין עליו ברחבה לא צריכא דלאו חכם הוא ואי אדם כשר הוא חיובי מיחייב דתניא *מפני מה מתים בניו ובנותיו של אדם כשהן קטנים כדי שיבכה ויתאבל על אדם כשר כדי שיבכה ערבונא שקלי מיניה אלא מפני שלא בכה והתאבל על אדם כשר שכל הבוכה על אדם כשר מוחלין לו על כל עונותיו בשביל כבוד שעשה (א) לא צריכא דלאו אדם כשר הוא ואי דקאי בשעת יציאת נשמה חיובי מיחייב דתניא *ר"ש בן אלעזר אומר העומד על המת בשעת יציאת נשמה חייב לקרוע הא למה זה דומה לס"ת שנשרפה לא צריכא דלא קאי בשעת יציאת נשמה תינח מתו אלא חמתו אחמתו קשיא חמתו אחמתו נמי לא קשיא הא ר' יהודה הא ר"ש הא ר' יהודה דאמר *מלאכה שאין צריכה לגופה חייב עליה הא ר"ש דאמר *מלאכה שאין צריכה לגופה פטור עליה אימר דשמעת ליה לר' יהודה במתקן במקלקל מי שמעת ליה א"ר אבין האי נמי מתקן הוא דקעביד נחת רוח ליצרו וכהאי גוונא מי שרי והתניא *ר"ש בן אלעזר אומר משום חילפא בר אגרא שאמר משום ר' יוחנן בן נורי המקרע בגדיו בחמתו והמשבר כליו בחמתו והמפזר מעותיו בחמתו יהא בעיניך כעובד ע"ז *שכך אומנתו של יצה"ר היום אומר לו עשה כך ולמחר אומר לו עשה כך עד שאומר לו עבוד ע"ז והולך ועובד א"ר אבין מאי קראה לא יהיה בך אל זר ולא תשתחוה לאל נכר איזהו אל זר שיש בגופו של אדם הוי אומר זה יצר הרע לא צריכא דקא עביד למירמא אימתא אאינשי ביתיה כי הא דרב יהודה שליף מצבייתא רב אחא בר יעקב תבר מאני תבירי רב ששת רמי לה לאמתיה מוניני ארישא רבי אבא תבר נכתמא אמר ר"ש בן פזי א"ר יהושע בן לוי משום בר קפרא *כל המוריד דמעות על אדם כשר הקב"ה סופרן ומניחן בבית גנזיו שנאמר נודי ספרתה אתה שימה דמעתי בנאדך הלא בספרתך א"ר *יהודה אמר רב כל המתעצל בהספדו של חכם ראוי לקוברו בחייו שנאמר ויקברו אותו בגבול נחלתו בתמנת סרח אשר בהר אפרים מצפון להר געש מלמד שרגש עליהן הר להורגן א"ר חייא בר אבא א"ר יוחנן כל המתעצל בהספדו של חכם אינו מאריך ימים מדה כנגד מדה שנאמר בסאסאה בשלחה תריבנה *איתיביה ר' חייא בר אבא לר' יוחנן ויעבדו העם את ה' כל ימי יהושע וכל ימי הזקנים אשר האריכו ימים אחרי יהושע א"ל בבלאי ימים האריכו שנים לא האריכו אלא מעתה למען ירבו ימיכם וימי בניכם ימים ולא שנים *ברכה שאני וא"ר חייא בר אבא א"ר יוחנן אחד מהאחין שמת ידאגו

רש"י

דעבדה להבגד : **כי כיסתא** · הולכת ומתקפלת שאין הבגד שוה ובולט בבגד כמין כיס וצריך לקרוע הבגד למטה ומולל לפניו (ג) והתפירה מתיישבת : **מתני' סיט כפול** · מפרש בגמרא סיט הוא הפסק שבין אגבע לאמה כמו שאדם יכול להרחיבו ואם טוה וליבן וניפץ וצבע שהן כולן אבות מלאכות חוץ מ' ארוך כשיעור הזה חייב : **האורג ב' חוטין שיעורו**. ברוחב הבגד כמלא הסיט שאע"פ שלא ארגו על פני כל רוחב הבגד חייב : **גמ'** נראה בעיני דהכי גרסי' ורמינהו הקורע בחמתו ובאבלו ועל מתו חייב ואע"פ כו' ולמאי דגרס הקורע בחמתו ובאבלו ועל מתו אע"פ כו' לא ידענא מאי יצא ידי הקריעה שייך למימר אבחמתו ואמאי נקט בחמתו : **יצא ידי הקריעה** · שאדם חייב לקרוע על מתו : **הא במת דידיה** · ברייתא דקתני חייב במת דידיה שחייב לקרוע עליו הלכך קריעה דידיה לאו קלקול הוא אלא תקון : **והא מתו** · כמי קתני במתני': **לעול' במת דידיה** · שמוטל עליו לקוברו ומיהו בהנך דלאו בני אבלו' נינהו שאינן מאותן האמורים בפרשת כהנים (ויקרא כא) אביו ואמו בנו ובתו ואחיו ואחותו : ופרכינן ואי חכם הוא זה שמת חיובי מיחייב נמי לקרוע וכיון דמיחייב מתקן הוא ואמאי פטור : **חולצין** · יוצאים לפניו חלוצי כתף חלוקו קרוע עד שכתיפו חלולה ערומה : **מברין עליו ברחבה** · שהיו מברין האבלין ברחבה סעודה ראשונה שאבל אוכל אינו אוכל משלו ואסור דקאמר ליה רחמנא ליחזקאל (כד) לחם אנשים לא תאכל : **ערבונא שקלי** · קודם שימות נטלו משכונו : **לס"ת שנשרף** · הרואה ס"ת שנשרף חייב לקרוע כדאמרינן במו"ק (דף כו.) במגילה ששרף יהויקים דכתיב לא פחדו ולא קרעו בגדים (ג) אף נשמת ישראל הניטלת דומה לו שאין לך ריק בישראל שאין בו תורה ומצות : **הא ר' יהודה כו'** · ומתו אמתו הכי נמי הוה מצי לתרוצי אלא מעיקרא אהדר לאוקמינהו כחד תנא ולא מתוקמא אלא כר' יהודה דהא מלאכה שאינה צריכה לגופה היא כמוציא את המת (ד) לקוברו : **נחת רוח ליצרו** · שמשכך את חמתו : **מי שרי והא קעבר כו'** · אלמא לאו מתקן הוא שמלמד ומרגיל את יצרו לבא עליו : **בך** · משמע בקרבך שלא יהא בך תשתחוה לאל נכר לבסוף : **שליף מצבייתא** · מן הבגד בחמתו להראותם שהוא כועס ויגורו מלפניו : **מוניני** · ציר של דגים קטנים : **נכתמא** · כיסוי הכד : **נודי ספרתה אתה** · לשון לנוד לו (איוב ב): **ויקברו אותו** · ביהושע כתיב : **שרגש** (ס) **עליהן הר להורגן** · שלא הספידו כראוי : **מדה כנגד מדה** · הוא לא נתאבל על שנתקצרו ימי החכם אף לחייו לא יחושו מן השמים : **בבלאי** · למבבל סליק : **ימים האריכו** · שכלו ימיהם בטוב דחשיב אריכות ימים כדאמרי' בסדר יומא (דף עא·) כי אורך ימים ושנות חיים יוספו וכי יש לך שנים של חיים ושנים שאינם של חיים אמר רבי אלעזר אלו שנותיו של אדם שמתהפכות עליו מרעה לטובה :

ידאגו

מסורת הש"ס

הגהות הב"ח

גליון הש"ס

רב נסים גאון

פי"ג ר' אליעזר אומר האורג . חמתו אחמתו לא קשיא הא ר' יהודה הא ר' שמעון הא ר' יהודה דאמר מלאכה שאינה צריכה לגופה חייב עליה הא ר' שמעון דאמר פטור עליה . כבר פירשנו בפרק ראשון אבל דבריהם מתני' ר' יהודה היא דאמר מקלקל בחבורה פטור וברייתא ר' שמעון דאמר מקלקל בחבורה חייב ולא אשכחית עיקר פלוגתא ולא ידעינן לה אבל אדוננו האיי גאון כתב בפירוש זה הפרק כזה הענין והא מילתא דמקלקל בחבורה דקאמרינן פלוגתא דר' יהודה ור' שמעון היא עדיין לא ידעי' פלוגתייהו היכא ניחי ומתניתא דמפרש בה ר' יהודה ור' שמעון במקלקל בחבורה לא שמיע לנא אלא מגמ' ידעינן דפלוגתא

*) עי' תוי"ט ד"ה הקורע על מתו וכו' דמקיים נוסחא ישנה ואין בו חימום . פי' שע"י הקריעה נסתלק חימומו ע"ש ודלא כרש"ל שהגיה ואית בו חימום

§ מסכת שבת דף קה: §

אות א'

וכל המקלקלין פטורין

רמב"ם פ"א מהל' שבת הי"ז - כל המקלקלין פטורין, כיצד, הרי שחבל בחבירו או בבהמה דרך השחתה, וכן אם קרע בגדים או שרפן או שבר כלים דרך השחתה, הרי זה פטור; חפר גומה וא"צ אלא לעפרה, הרי זה מקלקל ופטור, אע"פ שעשה מלאכה, הואיל וכוונתו לקלקל, פטור.

אות ב'

והמקלקל על מנת לתקן שיעורו כמתקן

רמב"ם פ"א מהל' שבת הי"ח - כל המקלקל על מנת לתקן חייב, כיצד, הרי שסתר כדי לבנות במקומו, או שמחק כדי לכתוב במקום שמחק, או שחפר גומה כדי לבנות בתוכה יסודות, וכל כיוצא בזה, חייב; ושיעורן כשיעור המתקן.

אות ג'

שיעור המלבן

רמב"ם פ"ט מהל' שבת ה"י - המלבן את הצמר או את הפשתן או את השני, וכן כל כיוצא בהן ממה שדרכו להתלבן, חייב; וכמה שיעורו, כדי לטוות ממנו חוט אחד אורכו כמלוא רוחב הסיט כפול, שהוא אורך ד' טפחים.

אות ד'

והמנפץ

רמב"ם פ"ט מהל' שבת [א]הי"ב - המנפץ את הצמר או את הפשתן או את השני וכיוצא בהן, חייב; וכמה שיעורו, כדי לטוות ממנו חוט אחד ארכו ארבעה טפחים.

אות ה'

והצובע

רמב"ם פ"ט מהל' שבת הי"ג - הצובע חוט שארכו ארבעה טפחים, או דבר שאפשר לטוות ממנו חוט כזה, חייב.

אות ו'

והטווה

רמב"ם פ"א מהל' שבת הט"ו - הטווה אורך ארבעה טפחים מכל דבר הנטוה, חייב, אחד הטווה את הצמר או את הפשתן או את הנוצה או את השער או את הגידין, וכן כל כיוצא בהן.

אות ז'

כמלא רחב הסיט כפול

רמב"ם פ"ט מהל' שבת ה"ז - הגוזז צמר או שיער, בין מן הבהמה בין מן החיה, בין מן החי בין מן המת, אפילו מן השלח שלהן, חייב; כמה שיעורו, כדי לטוות ממנו חוט שארכו כרוחב הסיט כפול, וכמה רוחב הסיט, כדי למתוח מן בוהן של יד עד האצבע הראשונה כשיפתח ביניהן בכל כחו, [ב]והוא קרוב לשני שלישי זרת.

אות ח'

והאורג שני חוטין שיעורו כמלא הסיט

רמב"ם פ"ט מהל' שבת הי"ח - וכן האורג שני חוטין [ג]ברוחב שתי אצבעות, חייב.

אות ט'

הקורע בחמתו ובאבלו ועל מתו חייב

רמב"ם פ"י מהל' שבת ה"י - הקורע כדי לתפור שתי תפירות, על מנת לתפור שתי תפירות, חייב; אבל הקורע להפסידה פטור, מפני שהוא מקלקל; הקורע

באר הגולה

א ‹תוקן ע"פ מהדורת נהרדעא› ב ‹ר"ל שהוא קרוב מאוד לשני טפחים, שהרי אח"כ בהלכה י' וי"ד כתב סתם, דשיעור סיט כפול הוא ד' טפחים, ולא הזכיר כלל שהוא קרוב לד' טפחים. **וא"כ** מוכח לכאורה שהזרת הוא ג' טפחים, **אבל** כבר כתב הרהמ"ג ז"ל שזה א"א בשום אופן, דאם הסיט הוא ב' טפחים, ע"כ שהזרת אינו ג"ט, שהרי אנו רואים בחוש שאין הזרת עודף שליש על הסיט, **ומש"כ** הרמב"ם ז"ל שהסיט קרוב לב' שלישי זרת, מפרש הרהמ"ג ז"ל, דכוונתו על זרת האמור בכתוב, ולא אזרת הנמדד ביד, וז"ל: והזרת הוא ג"ט, לפי שהאמה היא בת ו' טפחים, ויש בה שני זרתות, במדת הזרת האמור בכתוב, ולא המשוער ביד, שהמשוער ביד מלא הסיט יותר הוא משני שלישים במורגש, ונמצא שרוחב הסיט כפול הוא ד' טפחים. {ורש"י ז"ל פי' סיט שהוא הפסק בין אצבע לאמה כמה שאדם יכול להרחיבן}, עכ"ל, **ודבריו** ז"ל מוכרחים מאוד א"א לנטות מהן בשום אופן, וכל אדם כשינסה יראה זה בחוש, כשיעשה בידו אחת זרת, ובידו השנית סיט, ויקרבם זה לזה, יראה שעודף הזרת על הסיט הוא לכל היותר שתות, ולא שליש בשום אופן, וזהו בכל סוגי אנשים ובכל סוג ידים בין גדולים בין קטנים, ומוכרח דזרת האמור בתורה הוא אמנם זרת של ג' טפחים, אבל אין זה זרת של היד, אלא הם טפחיים ומחצה, שהרי הזרת אינו עודף כלל על הסיט יותר מזה - שיעורין של תורה. ‹**אבל** הלחם משנה כתב וז"ל: דעתו לומר קרוב לד"ט, שהרי למעלה כתב קרוב לשני שלישי זרת, ע"כ. **וכן** פסק המ"ב בסי' ש"מ סק"ה וז"ל: וכמה שעורו לחיוב, כדי לטוות ממנו חוט שארכו קרוב לארבעה טפחים להרמב"ם, ולרש"י מחצית מזה› ג ‹ופירש רבינו ז"ל שתי אצבעות, מפני שלא אמרו כמלא רחב הסיט, אלא כמלא הסיט. {**מבורר** מדבריו, דכמלא הסיט הוי רוחב בין אצבע לאמה, וכמלא רוחב הסיט הוי בין גודל לאמה - קהלת יעקב}. **ואין** נראה כן מדברי רש"י, וז"ל בדף ק"ה. ד"ה למה זה דומה: להכי מיחייב באריגה כי האי, ולא אמרינן כמלא רוחב הסיט כדמשערינן במתני' באורג באמצע הבגד - מגיד משנה›

בחמתו או על מת שהוא חייב לקרוע עליו, חייב, מפני שמיישב את דעתו בדבר זה, וינוח יצרו, והואיל וחמתו שוככת בדבר זה, הרי הוא כמתקן וחייב.

אות י'

ואף על פי שמחלל את השבת יצא ידי קריעה

יו"ד סימן שמ סכ"ח - הקורע בשבת על מתו, אף על פי שחלל שבת - ‹דאין זה מקלקל, כיון דחייב בקריעה הוי תקון - ערוה"ש. **וגם** הוי צריכה לגופה, עיין תוס', ודלא כרש"י›, **יצא ידי קריעה.**

אות כ'

חכם שמת הכל כקרוביו

יו"ד סימן שמ ס"ז - על חכם ועל תלמיד חכם ששואלין אותו דבר הלכה בכל מקום ואומרה, קורעין עליו אפי' לאחר קבורה, ביום שמועה, אם הוא תוך ל' יום. וקורע עליו בשעת הספדו - אם לא קרע בשעת שמועה, **וכתב** הב"ח, מיהו דוקא כשהספדו תוך ל', אבל לאחר ל' אין קורעין אפי' בשעת הספד - ש"ך.

(לא קרע ביום שמועה, וכבר עבר זמן הספדו, ולא קרע, שוב אינו קורע) - ‹אפילו הוא תוך ל', דשעת חמום של ת"ח אינו אלא או בשעת שמועה או בשעת ההספד, דאז מתעורר החימום - ערוה"ש›.

אות ל' – מ'

ואי אדם כשר הוא חיובי מיחייב

שכל הבוכה על אדם כשר, מוחלין לו על כל עונותיו, בשביל כבוד שעשה

יו"ד סימן שמ ס"ו - על אדם כשר, שאינו חשוד על שום עבירה ולא על שום ביטול מצוה, ולא סני שומעניה, אע"פ שאינו גדול בתורה, ואע"פ שלא עמד בשעת יציאת נשמה, חייב לקרוע עליו - והב"ח כתב, דלהר"ר יונה אדם כזה לא נקרא אדם כשר, ואינו נקרא אדם כשר לקרוע עליו אף שלא בשעת יציאת נשמה, אלא כשנוהג מנהג כשרים, לחזור אחר מצות ג"ח, ‹בשמהדר אחר מצות, וטורח להשיג מצות גמילות חסדים - ערוה"ש›, וכ"נ דעת הרמב"ן, והכי נקטינן ע"כ - ש"ך.

והוא שעומד שם בין מיתה לקבורה - מל' זה משמע קצת, שאינו חייב לקרוע אלא בפניו. **ול"נ** כהרא"ש והטור, דאפי' עומד בביתו חייב לקרוע, אפי' אינו עומד עליו, כשידע בין מיתה לקבורה, כ"כ הב"ח, ועיין שם שהאריך, **ול"נ** גם דעת המחבר כן, שהרי כתב באו"ח סי' תקמ"ז ס"ו, ועל אדם כשר אינו קורע אא"כ ידע בין מיתה לקבורה, ע"ש, **מיהו** האידנא נהגו להקל בכל ענין - ש"ך.

‹**עיין** בס' תפל"מ, שכ' דצ"ע אי אשה כשרה ג"כ דינא הכי, כיון דאינו תלוי בתורה, או י"ל דצ"ל בעל תורה אלא שאינו גדול, משא"כ אשה - פת"ש›.

ות"ח פטורים מקריעה זו - ‹ודעת הראב"ד והרא"ש גבי כי נח נפשיה דרב ספרא דסבור רבנן דלא למיקרע עליה כו', נראה להדיא דת"ח חייבים, ע"ש - ש"ך›.

הגה: וי"א דאין חייב לקרוע על אדם כשר, אלא אם כן עומד עליו בשעת יציאת נשמה; אבל חייב לבכות ולהתאבל עליו; וכן נהגו להקל - ‹וגם עתה לא נהגו בקריעות אלו - ערוה"ש›.

אות נ'

העומד על המת בשעת יציאת נשמה חייב לקרוע

יו"ד סימן שמ ס"ה - העומד בשעת יציאת נשמה של איש או אשה מישראל, חייב לקרוע (טור בשם רמב"ן, וכ"ז אף לדעת רש"י) - ‹דהנשמה נקראת נרו של הקב"ה, וכשרואין שנכבית, דעד כה קיימה תורתו ומצותיו, ועכשיו נפסק המעיין, צריך לקרוע - ערוה"ש›.

[**בטור** בשם הרמב"ן הכריע כן, דלא כפירש"י ‹על הרי"ף שם במו"ק› הטעם, דדומה לס"ת שנשרף, היינו שעדיין היה יכול ללמוד, וא"כ לא היה צריך לקרוע על אשה, **דקשה** על זה, היאך יקרע על העתיד, **אלא** הטעם, דדמיון בעלמא הוא לס"ת שנשרף, שהוא הפסד גדול וחרדה רבה, וע"כ קורעין גם על אשה, **וכתב** רש"ל, שלפי פרש"י משמע דקורעין על קטן, **אבל** בפרק האורג פירש"י ומהרא"ם והרא"ש, שאין לך ריק בישראל שאין בו תורה ומצות, וא"כ מש"ה קורעין נמי על אשה, ‹דהא אשה איתא במצות, וגם בתורה איתא, שהרי צריכה ללמוד מעשה המצות שהיא חייבת - ב"י›, **ולא על קטן**, וכנ"ל, עכ"ל, **וכתב** מו"ח ז"ל, מיהו בקטן שלומד מקרא, צריך לקרוע לכו"ע, עכ"ל – ט"ז].

או אשה - וכן תינוק קטן, **מיהו** לא נהגו לקרוע על הקטן, וכ"כ מהרש"ל, **מיהו** בקטן שלומד מקרא, צריך לקרוע לכל הפירושים - ש"ך.

‹**ובספר** ערך לחם כתב בשם הרדב"ז, שקורעין אפי' על הקטן, אבל לא על הקטנה. **וכתב** עוד בשם הנ"ל, עמד בשעת יציאת נשמה בשבת, פטר מלקרוע במו"ש - באה"ט›. (**ועיין** בספר תפל"מ שכתב, דחייב לקרוע במוצאי שבת, [וראיה מפרק האורג דף ק"ה: ‹ולא אמרינן כיון שנדחה נדחה, דאל"כ מאי פריך חיובי מחייב, הא התם בשבת איירי›, **ומשם** מוכח נמי דגם על הקטנה קורעין, דלא כהרדב"ז, ע"ש ודוק], **אך** כתב דהיינו דוקא כל זמן שלא נקבר, אבל אי לא קרע עד אחר קבורה, פטור, **ועיין** בתשו' חת"ס, שאין דעתו כן, וכתב דתלמוד ערוך הוא, דכיון שלא קרע בזמנו, שוב אינו קורע, אא"כ איכא חימום חדש, **והוא** במו"ק כ"ה, כי נח נפשיה דרב ספרא, לא קרעו רבנן כו', סבור מה דהוה הוה, א"ל אביי תנינא חכם כל זמן שעוסקין בהספדו וכו', מבואר מזה דאדם אחר שאינו חכם, מה דהוה הוה, וכיון שלא קרע בשעת יציאת נשמה, שוב לא יקרע, והוא פשוט - פת"ש).

(**ועיין** עוד ברדב"ז שם, שכתב דמי שהיה עם המת, אפילו החזיר פניו בשעת יציאת נשמה, חייב לקרוע, כיון שיכול לראות, **וכל** מי שאין יכול לראות, אע"פ שהוא בבית אחד עם המת, אינו חייב לקרוע - פת"ש).

ואפי' אם לפעמים עשה עבירה לתיאבון - ‹וראיה מאבשלום שאביו בכה עליו - גר"א›, (**ואפי'** היא עבירה חמורה שהיו חייבים עליה מיתת ב"ד, אם לא עשה להכעיס רק לתיאבון, קורעים עליו, אם לא

שהמיר דת, תפל"מ - פת"ש), **או שמניח לעשות מצוה בשביל טורח** - ‹כיון שאינו עושה משום כפירה או להכעיס, עדיין נר אלהים מקרי, שעוסק בשאר מצות - לבוש›, ‹דמ"מ ישראל כשר הוא - ערוה"ש›.

הגה: אבל רגיל לעשות עבירה - אף לתיאבון, **אין מתאבלין** - ואין קורעין **עליו, וכ"ש על מומר לעבודת כוכבים** - ‹וכ"ש על נהפך לישמעאל - ערוה"ש›.

וי"א שמומר שנהרג בידי עכו"ס, מתאבלין עליו - דחזקה שהרהר בתשובה, עכ"ל עט"ז, ולא דק, דא"כ כ"ש נהרג ע"פ ב"ד, **והטעם** הוא בהג' אשר"י וא"ז, דכיון שנהרג הו"ל כפרה, והיינו כדאיתא בש"ס, דכיון דשלא כדין מקטל הו"ל כפרה - ש"ך. **וכן מומר קטן שהמיר עם אביו או אמו, דהוי כאנוס. וי"א דאין מתאבלין, וכן עיקר.**

משמע דאף במומר שנהרג בידי עובד כוכבים, עיקר דאין להתאבל עליו, וכ"כ בעט"ז, וי"א דאין מתאבלים עליהם וכן עיקר, עכ"ל, **וצ"ע**, שבד"מ לא הביא אלא הגהת אשר"י והא"ז, שכתבו דמתאבלים עליו, ולא הביא שום חולק, **ולפעד"נ** שא"א לחלוק על זה, והוא שנ"ל שיצאה להם כן מש"ס פרק נגמר הדין, דמומר שנהרג בידי עובד כוכבים, כיון דלא מיקטל כדין, הוי ליה מיתתו כפרה ומתאבלים עליו, עיין שם, **וכ"מ** מדברי הר"מ שהביא הרא"ש בפרק אלו מגלחין, ע"ש - ש"ך.

הפורשים מדרכי צבור, אע"פ שאין מתאבלין עליהם, מתאבלין על בניהם. וע"ל סי' שמ"ה – [רבינו גרשון ישב על בנו שהמיר דתו י"ד יום, דק"ו לשכינה י"ד יום – ט"ז]. ‹ע"ל סי' שמה ס"ו בלבוש›.

אות ס'

האי נמי מתקן הוא, דקעביד נחת רוח ליצרו

רמב"ם פ"י מהל' שבת ה"י - הקורע כדי לתפור שתי תפירות, על מנת לתפור שתי תפירות, חייב; אבל הקורע להפסידה פטור, מפני שהוא מקלקל; הקורע בחמתו או על מת שהוא חייב לקרוע עליו, חייב, מפני שמיישב את דעתו בדבר זה, וינוח יצרו, והואיל וחמתו שוככת בדבר זה, הרי הוא כמתקן וחייב.

רמב"ם פ"ח מהל' שבת ה"ח - בד"א בחובל בבהמה וחיה ועוף וכיוצא בהם, אבל החובל בחבירו אע"פ שנתכוון להזיק, חייב, מפני נחת רוחו, שהרי נתקררה דעתו ושככה חמתו, והרי הוא כמתקן, ואע"פ שאינו צריך לדם שהוציא ממנו חייב. השגת הראב"ד: אבל החובל בחבירו אע"פ שנתכוון להזיק חייב מפני נחת רוחו. א"א כמה נפלאים דבריו ומתמיהין אסופותיו, [ד] שהרי אפילו קריעת בגדיו אם לא להטיל אימה על אנשי ביתו קראוהו עובד ע"ז (שבת קה) וכ"ש חובל בחבירו (ואפילו) לנקימה.

רמב"ם פי"ב מהל' שבת ה"א - המבעיר כל שהוא חייב, והוא שיהא צריך לאפר, אבל אם הבעיר דרך השחתה פטור מפני שהוא מקלקל; והמבעיר גדישו של חבירו או השורף דירתו, חייב אף על פי שהוא משחית, מפני שכוונתו להנקם משונאו, והרי נתקררה דעתו ושככה חמתו, ונעשה כקורע על מתו או בחמתו שהוא חייב, וכחובל בחבירו בשעת מריבה, שכל אלו מתקנים הן אצל יצרן הרע. השגת הראב"ד: והמבעיר גדישו של חבירו וכו' שכל אלו מתקנין הן אצל יצרן הרע. א"א כל זה הבל ורעות רוח.

אות ע' – פ'

כעובד עבודה זרה

דקא עביד למירמא אימתא אאינשי ביתיה

רמב"ם פ"ב מהל' דעות ה"ג - וכן הכעס מדה רעה היא עד למאד, וראוי לאדם שיתרחק ממנה עד הקצה האחר, וילמד עצמו שלא יכעוס ואפילו על דבר שראוי לכעוס עליו; ואם רצה להטיל אימה על בניו ובני ביתו, או על הציבור אם היה פרנס ורצה לכעוס עליהן כדי שיחזרו למוטב, יראה עצמו בפניהם שהוא כועס כדי לייסרם, ותהיה דעתו מיושבת בינו לבין עצמו, כאדם שהוא מדמה כועס בשעת כעסו והוא אינו כועס; אמרו חכמים הראשונים, כל הכועס כאילו עובד עבודת כוכבים, ואמרו שכל הכועס, אם חכם הוא חכמתו מסתלקת ממנו, ואם נביא הוא נבואתו מסתלקת ממנו, ובעלי כעס אין חייהם חיים; לפיכך צוו להתרחק מן הכעס עד שינהיג עצמו שלא ירגיש אפילו לדברים המכעיסים, וזו היא הדרך הטובה, ודרך הצדיקים הן עלובין ואינן עולבין שומעים חרפתם ואינם משיבין עושין מאהבה ושמחים ביסורים, ועליהם הכתוב אומר: ואוהביו כצאת השמש בגבורתו.

רמב"ם פ"ו מהל' מלכים ה"י - [ה] ולא האילנות בלבד, אלא כל המשבר כלים, וקורע בגדים, והורס בנין, וסותם מעין, ומאבד מאכלות דרך השחתה, עובר בלא תשחית, ואינו לוקה אלא מכת מרדות מדבריהם.

באר הגולה

[ד] ‹שהוא פוסק כר' יהודה במלאכה שאינה צריכה לגופה שהוא חייב עליה, כל שהוא עושה הדבר דרך נקמה וכעס, הרי זה נקרא מתקן אצל יצרו וחייב. **ומ"ש**: וכה"ג מי שרי, לא רצו להקשות על הדין שאמרו שהוא מתקן אצל יצרו, אלא לומר ובחול נמי מי שרי, כלומר שהיה להם לומר בברייתא ודבר זה אף בחול אסור, כנ"ל לדעת רבינו. **אבל** רש"י ז"ל והמפרשים האחרונים פירשו, שהוא מקשה על התירוץ, לומר דכיון דלא שרי לאו מתקן הוא, ותירצו דברייתא דמחייב בגוונא דשרי הוא בדוקא, וכגון דקא עביד למירמא אימתא אאינשי ביתיה, וזה דעת ההשגות - מגיד משנה› [ה] ‹שבת פרק רבי אלעזר דאורג (דף ק"ה:) המקרע בגדיו בחמתו והמשבר כליו בחמתו והמפזר מעותיו בחמתו, יהא בעיניך כעובד ע"ז, שכך אומנותו של יצר הרע, היום אומר לו עשה כך וכו', עד שאומר לו עבוד ע"ז ועובד - כסף משנה›. ‹**צ"ע** דהתם משום חמתו הוא, דקא ממשיך יצריה ושומע לו - הג' עמק המלך›

אות צ' - ק

כל המוריד דמעות על אדם כשר, הקב"ה סופרן וכו'

כל המתעצל בהספדו של חכם, אינו מאריך ימים וכו'

רמב"ם פי"ב מהל' אבל ה"ב - כל המתעצל בהספדו של חכם אינו מאריך ימים; [ו]וכל המתעצל בהספד אדם כשר, ראוי ליקבר בחייו; וכל המוריד דמעות על אדם כשר, הרי שכרו שמור על כך אצל הקדוש ברוך הוא.

---

§ מסכת שבת דף קו. §

אות א'

אחד מבני חבורה שמת, תדאג כל החבורה כולה

יו"ד סימן שצד ס"ה - [א]**אחד מהחבורה שמת, תדאג כל החבורה** - (שמדת הדין מתוח כנגד כל החבורה - לבוש).

אות ב' - ג'

כל המקלקלין פטורין

חובל בצריך לכלבו, מבעיר בצריך לאפרו

רמב"ם פ"א מהל' שבת הי"ז - כל המקלקלין פטורין, כיצד, הרי שחבל בחבירו או בבהמה דרך השחתה, וכן אם קרע בגדים או שרפן, או שבר כלים דרך השחתה, הרי זה פטור; [ב]חפר גומה וא"צ אלא לעפרה, ה"ז מקלקל ופטור, אע"פ שעשה מלאכה, הואיל וכוונתו לקלקל, פטור.

רמב"ם פ"ח מהל' שבת ה"ז - וכן החובל בחי שיש לו עור, חייב משום מפרק, והוא שיהיה צריך לדם שיצא מן החבורה; אבל אם נתכוון להזיק בלבד, פטור, מפני שהוא מקלקל.

רמב"ם פ"י מהל' שבת ה"י - הקורע כדי לתפור שתי תפירות, על מנת לתפור שתי תפירות, חייב; אבל הקורע להפסידה פטור, מפני שהוא מקלקל.

רמב"ם פי"ב מהל' שבת ה"א - [ג]**המבעיר כל שהוא חייב,** והוא שיהא צריך לאפר; אבל אם הבעיר דרך השחתה, פטור, מפני שהוא מקלקל.

אות ד'

מחוי פשוט

רמב"ם פ"ט מהל' שבת ה"ז - הגוזז צמר או שיער בין מן הבהמה בין מן החיה, בין מן החי בין מן המת, אפילו מן השלח שלהן, חייב; כמה שיעורו, כדי לטוות ממנו חוט שארכו כרוחב הסיט כפול, וכמה רוחב הסיט, כדי למתוח מן בוהן של יד עד האצבע הראשונה כשיפתח ביניהן [ד]בכל כחו, והוא קרוב לשני שלישי זרת.

אות ה'

וחכ"א צפור למגדל וצבי לגינה ולחצר ולביברין חייב

רמב"ם פ"י מהל' שבת הי"ט - הצד דבר שדרך מינו לצוד אותן, חייב, כגון חיה ועופות ודגים; והוא שיצוד אותן למקום שאינו מחוסר צידה, כיצד, כגון שרדף אחרי צבי עד שהכניסו לבית או לגינה או לחצר ונעל בפניו, או שהפריח את העוף עד שהכניסו למגדל ונעל בפניו, או ששלה דג מן הים בתוך ספל של מים, הרי זה חייב; אבל אם הפריח [ה]צפור לבית ונעל בפניו, או שהבריח דג ועקרו מן הים לבריכה של מים, או שרדף אחר צבי עד שנכנס לטרקלין רחב ונעל בפניו, הרי זה פטור, שאין זו צידה גמורה, שאם יבא לקחתו צריך לרדוף אחריו ולצוד אותו משם; לפיכך הצד ארי, אינו חייב עד שיכניסנו לכיפה שלו שהוא נאסר בה.

סימן שטז ס"א - עיין עמוד ב'.

באר הגולה

[ו] ‹נראה דגריס כגירסת הרי"ף והרא"ש, דגרסי בתרי מימרי קמאי 'כשר', ובמימרא בתרא 'חכם', **ואע"ג** דהא דראוי לקוברו בחייו למדוהו מיהושע, ויהושע היה חכם, **מ"מ** נלמד ג"כ לאדם כשר, דאי תימא יהושע דוקא, א"כ לא תלמוד אלא רב מפורסם כיהושע, ולא שאר חכמים, אלא ודאי דלא נלמוד אלא הדומיא ליהושע בענין הכשרות, שיהיה אדם כשר לבד - לחם משנה› [א] **מימרא דר' חייא בר אבא וכו' שבת דף קו.** [ב] ‹ה"מ בבית, אבל בשדה חייב, דהא פסק כר' יהודה דאמר מלאכה שאינה צריכה לגופה חייב - כסף משנה› [ג] ‹כתב הרמ"ך, כל זה לדעת ר"ש, אבל לדעת ר"י הא איצטריך הבערה גבי בת כהן, וכיון שכן הבערה הרי היא ככל המלאכות, שאם הקלקול יותר מהנאתן פטור, ובודאי המבעיר קורה אחת משום האפר, מקלקל, ויש שמפרשים כפירושו, ואין נראים דבריהם, עכ"ל - כסף משנה› ‹**ודרך** הרמ"ך כדרך התוספות, ודרך רבנו כפרש"י - מרכבת המשנה› [ד] ‹ובגמ' רב יוסף מחוי כפוף, ר' חייא בר אמי מחוי פשוט. ורבינו פי' מלא הסיט רוחב שבין גודל לאצבע, ופי' כפוף, שאינו פושט אצבעותיו ככל הצריך, אלא כפוף, ופי' פשוט, שהוא פושטן. **ופסק** כן רבינו, שאין לחייב אלא בראיה ברורה. **ורש"י** ז"ל פי' סיט, שהוא הפסק בין אצבע לאמה כמה שאדם יכול להרחיבן, ע"כ. ובגמרא פי' רב יוסף אחוי האי הסיט כפול דמתניתין, כפול ממש בריוח קצר שבין אצבע לאמה משער שתי פעמים. מחוי פשוט, שבין גודל לאצבע פעם אחת, והוא כפול דמתני', שיש בזה כפלים כאותן שבין אמה לאצבע, עכ"ל - מגיד משנה›

[ה] ‹בפרק האורג (דף ק"ז ב) אמרינן בגמרא דדוקא בצפור דרור, אבל בשאר צפור לא, ויש תימה על רבינו איך לא הזכירו - לחם משנה›

ידאגו כל האחין כולן *אחד מבני חבורה שמת תדאג כל החבורה כולה אמרי לה דמת גדול ואמרי לה דמת קטן: וכל המקלקלין פטורין: *תני ר' אבהו קמיה דר' יוחנן *כל המקלקלין פטורין חוץ מחובל ומבעיר א"ל **פוק תני לברא חובל ומבעיר אינה משנה ואם ת"ל משנה *חובל בצריך לכלבו מבעיר בצריך לאפרו והאנן תנן כל המקלקלין פטורין מתניתין *רבי יהודה ברייתא רבי שמעון מ"ט דר' שמעון מדאיצטריך קרא למישרא מילה הא חובל בעלמא חייב ומדאסר רחמנא הבערה גבי בת כהן שמע מינה מבעיר בעלמא חייב ורבי יהודה התם מתקן הוא כדרב אשי דאמר רב אשי מה לי לתקן מילה מה לי לתקן כלי *מה לי לבשל פתילה מה לי לבשל סמנין: שיעור המלבן כו': רב יוסף מחוי *כפול רב חייא בר אמי *מחוי פשוט:

מתני' *ר' יהודה אומר הצד צפור למגדל וצבי לבית חייב *וחכ"א צפור למגדל וצבי

רש"י

ידאגו. ייראו מן המיתה: דמת גדול. יש לדאוג הואיל ושלמה מדת הדין ברא"ש הבית: ואמרי לה דמת קטן. שבקלקלה מתחילין מן הקטן*: חוץ מחובל באדם דמקלקל הוא והחובל בחברו בשבת פטור (א) מלשלם מפני שנדון בנפשו: ומבעיר. את הגדיש מקלקל הוא וחייב כדתנן (שם דף לד:) והוא שהדליק את הגדיש פטור מן תשלומין מפני שנדון בנפשו: אינה משנה. דהא מקלקל הוא פטור: בצריך. לדם היוצא מן החבלה לכלבו ואם מקלקל הוא אצל נחבל מתקן הוא אצל הכלב: והא תנן כל המקלקלין פטורין. ואפי' חובל ומבעיר וקשיין אהדדי ולרבי אבהו פריך: מתני' ר' יהודה. דאית ליה מקלקל בחבורה פטור ולא איתפרש היכא ול"נ מתני' ר' יהודה היא דאמר מלאכה שאינה צריכה לגופה חייב עליה הלכך חיובא דחובל בצריך לכלבו ומבעיר בצריך לאפרו משכחת לה דאע"פ דמקלקל הוא אצל מלאכה עצמה מתקן הוא אצל אחרים ולר' יהודה כי האי גוונא מלאכה הוא משום תקון אחרים אבל מקלקל ואינו מתקן פטור ואע"ג דרישא דמתני' אוקימנא כר"ש דקתני קורע על מתו פטור סיפא ר"י: וברייתא ר"ש היא. דאמר מלאכה שאינה צריכה לגופה פטור עליה הלכך אין לך חובל ומבעיר שאין מקלקל ואפי' מבעיר עצים (ב) לקדרתו מקלקל הוא אצל עצים ומה שהוא מתקן אצל אחרים לר"ש לא חשיב דהא מלאכה שאינה צריכה לגופה היא אלא משום דמקלקל בחבלה ובהבערה חייב כדיליף לקמיה: מדאיצטריך קרא. וביום השמיני ביום יתירא ואפי' בשבת ומילה חובל הוא מכלל דשאר מקלקלין בחבורה חייב: ומדאסר רחמנא הבערה דבת כהן. בשבת (*לקמן בפרק ר' אליעזר): מה לי מתקן כלי. הא נמי מתקן גברא הוא ויש מלאכה בתיקון זה: בישול פתילה. שהוא מדליק פתילה של אבר ונותנה לתוך פיה* והלך בישול הוא זה וחייב על הבישול שאינו מקלקל האבר בבישולו אלא מתקן וצורף: סמנין. של מלאכת המשכן: רב יוסף מחוי. האי הסיט כפול דמתני' כפול ממש ברווח שבין אצבע לאמה משער שני פעמים: מחוי פשוט. ברווח שבין גודל לאצבע פעם אחד הוא כפול דמתניתא שיש בו כפלים כאותו שבין אמה לאצבע:

מתני' הצד לפור. עד שהכניסו למגדל משטי"ר בלע"ז חייב דזו היא צידתו אבל אם הכניסו לבית אינו ניצוד בכך שיוצא לו דרך חלונות: ולבי

תוספות

חוץ מחובל ומבעיר א"ל פוק תני לברא כו'. פי' רבינו שמואל דר' אבהו סבר כר"ש דאמר מקלקל בחבורה חייב ור' יוחנן סבר לה כר' יהודה דאמר מקלקל בחבורה ובהבערה פטור וצריך לכלבו ולאפרו לא חשיב מקלקל וחייב אפי' לר' יהודה וכן משמע בסמוך מתוך פי' רש"י וקשה דא"כ אמאי א"ל פוק תני לברא דאטו משום דס"ל כר' יהודה מאן דתנא כר"ש משתקינן ליה דהכי נמי פריך בפ"ק דחולין (טו.) ע"כ נראה דר' אבהו ור' יוחנן אליבא דר"ש פליגי דר' אבהו סבר דחובל ומבעיר אע"פ שאינו צריך לכלבו ולאפרו חייב לר' שמעון דגמר ממילה והבערת בת כהן ור' יוחנן סבר דר"ש נמי לא מחייב אא"כ איכא קצת תיקון כגון דצריך לכלבו ולאפרו דמילה והבערה איכא קצת תיקון שהוא צורך מצוה אבל לר' יהודה אפי' צריך לאפרו ולכלבו פטור דאין זה תיקון חשוב דאין דרך לחבול בחבירו כדי ליתן לכלבו או לשרוף גדיש בשביל האפר אע"ג דכל שוחט מקלקל הוא כדאמרי' בפ"ק דחולין (דף ח.) סכין של ע"ז מותר לשחוט בה מודה ר' יהודה לענין שבת דחייב דדוקא לענין ע"ז חשוב מקלקל דכתיב ולא ידבק בידך מאומה מן החרם ולא חשיב ליה הנאה כיון דקלקולו יתר על תקונו ור"ת מפרש דהא דחשיב לר' יהודה מקלקל בצריך לכלבו ואפרו לפי שאין התיקון בא בתוכה שעה אלא לאחר מכאן דלאחר שנעשית חבורה בא הדם ולאחר שכלתה ההבערה בא האפר אבל בשוחט בשעת הקלקול בא לו התיקון שמוציאה מידי אבר מן החי וקורע למירמא אימתא אאינשי דביתיה חשוב ליה לר"י נמי תיקון לפי שבשעת הקלקול בא לו התיקון וכן בהריגת המזיקין (לקמן קכא:) חייב לר' יהודה דבא התיקון בשעת הקלקול ולר"ש פטור משום דהוית מלאכה שאינה צריכה לגופה וקורע ע"מ לתפור ומוחק ע"מ לכתוב דמיחייב לכ"ע אע"ג שבשעת הקלקול אינו בא התיקון היינו משום שהקלקול גורם תיקון יותר טוב לבסוף ותיקון גמור הוא שהרי אינו יכול לעשות התיקון אלא ע"י הקלקול:

בחובל וצריך לכלבו כו'. וא"ת ור' אבהו דמחייב אפי' באין צריך לכלבו כיון דאין צריך כלל הויא מלאכה שאינה צריכה לגופה דאע"ג דמחייב ר"ש מקלקל בחבורה מ"מ בעי צריכה לגופה כדאמרי' בריש הנחנקין (סנהדרין פד:) מאן שמעת ליה דאמר מקלקל בחבורה חייב ר"ש האמר מלאכה שאינה צריכה לגופה פטור עליה וכן משמע בפרק כלל גדול (לעיל דף עה.) גבי חלזון ובפרק כל כתבי (לקמן דף קכא:) ובס"פ ספק אכל (כריתות דף כ:) וי"ל דאפי' במקלקל גמור משכחת לה דהוית צריכה לגופה כגון חובל ומבעיר באיסורי הנאה שסבר שיכול ליתן לכלבו ולבשל בו קדירה ור' אבהו אע"ג דלא חשיב צורך מלוה תיקון מ"מ צריכה לגופה חשיב וא"ת צריך לכלבו ולאפרו היכי חשיב צריכה לגופה מ"ש מחופר גומא ואינו צריך אלא לעפרה* וי"ל דלא דמי דהכא הוא צריך לנטילת נשמה כדי לתת לכלבו דהיינו הדם כי הדם הוא הנפש ומבעיר נמי צריך להבערה כדי לעשות אפר כמו מבעיר כדי לבשל קדרה אבל חופר הגומא נעשית מאליה ואינו נהנה ממנה כלום*:

מדאצטריך קרא למישרי מילה כו'. וא"ת למה לי למילף ממילה נילף טלה מילתא מהבערת בת כהן דלא דחי שבת דבהבערה איכא נטילת נשמה וחובל נמי לא מחייב אלא משום נטילת נשמה וי"ל דלענין מקלקל בחבורה ליכא למילף מהבערה דהתם התיקון בא בשעת הקלקול אבל לענין מקלקל בהבערה יליף שפיר דלאחר הבערה בא התיקון כדפי' אי נמי אי לאו דילפינן ממילה דמקלקל בחבורה חייב ה"א דרציחה דוחה את השבת דלאו מלאכה היא ולאומעטה משום דמקלקל בהבערה חייב:

דאמר רב אשי מה לי לתקן מילה מה לי לתקן כלי. לאו משום דסבר כר' יהודה אלא מפרש הוא אליבא דר' יהודה: **מה לי** לבשל פתילה מה לי לבשל סמנין. אין לפרש כמו שבישול סממנין מתקנן להיות יותר חשובים כך פתילה חשובה יותר ע"י בישול דאי היינו טעמא דר' יהודה שאר מיתות ב"ד דלא דחו שבת מנלן כיון דלא שייך בהו תיקון דהבערה לא אסרה תורה אלא משום תיקון פתילה ועוד שריפת בת כהן גופה מנלן דלא דחינן היכא דתיקן הפתילה מאתמול ואומר ר"י דה"פ מה לי בישול פתילה לצורך שריפת בת כהן מה לי בישול סממנין לצורך צביעה בגד דכי היכי דבישול סממנין לצורך צביעה חשוב תיקון ה"נ בישול פתילה לצורך שריפה ומהכא נפקא לן שפיר דכל שאר מיתות ב"ד חשוב תיקון משום מצוה דאי לאו שריפה עצמה חשיבא תיקון משום בישול פתילה לא הוה אסורה אע"פ שמתקנת בכך דכיון שאינה אלא משום שריפה לא הוה חשיב תיקון ולא מיחייב וכן מוליא מרא לחפור לקבור בו מת לר"ש כמו מוליא כיס לקבל בו זיבה בפ"ק (דף יא.) וא"ת בשלמא לר' יהודה שפיר שמעינן דהבערה ללאו יצאת או לחלק מדלא כתב לא תעשה מלאכה בכל מושבותיכם וכתב הבערה ש"מ ללאו יצאת או לחלק כדפרישית בפרק כלל גדול (לעיל דף ע.) [ד"ה הבערה] אלא לר"ש דאיצטריך למיכתב הבערה לחייב מקלקל בהבערה מנא ליה דילאת ללאו או לחלק וליכא למימר דנפקא ליה לחלק מחתת מחגה כדמפיק ליה ר' יוסי דהא בפרק הבונה (לקמן דף קג:) פליג ר"ש בהדיה אר' יוסי ודריש ליה לדרשה אחריתי וי"ל דנפקא ליה לחלק מהיכא דנפקא ליה לשמואל בפרק כלל גדול (לעיל דף ע.) והשתא אתי שפיר הא דהוה קשה *שמואל דאמר כמאן לא כר' נתן ולא כר' יוסי דהשתא כר"ש ס"ל ובפ"ק דיבמות (דף ו:) קאמר דאיצטריך קרא למיסר הבערת בת כהן משום דהוה סלקא דעתך למישרי מק"ו וחומר מעבודה דדחיא שבת היינו כר' יהודה דחשיב ליה תיקון אבל לר' שמעון איצטריך קרא בהבערה לחייב כל מקלקל בהבערה הך פלוגתא דמקלקל בחבורה מפרש רש"י דנפקא לן מפלוגתא שאינה צריכה לגופה משמע דלא בעי לר' שמעון צריך לכלבו ולאפרו ולפי זה צריך למימר דר' אבהו כר"ש ור' יוחנן כר' יהודה ואין נראה כדפי' לעיל וי"ל דהך פלוגתא דמקלקל בחבורה קבלה היתה בידם: ואין

עין משפט נר מצוה

כב א מיי' פ"ח מהל' אבל הל' יג סמג שם טוש"ע יו"ד סי' שלד סעיף ה:

כג ב ג מיי' פ"ח מהל' שבת הל' ז ופ"ח הלכה ז ופ"י הלכה י ופי"ב הלכה א סמג לאוין סה:

כד ד מיי' פ"ט מהל' שבת הלכה ז:

כה ה מיי' פ"י מהל' שבת הלכה יט סמג לאוין סה טוש"ע א"ח סי' שיו סעיף א:

רבינו חננאל

אאינשי ביתיה ואית מן רבנן דטעו ותמהו והכי מקשינן וכי האי גוונא מי מחייב. והא כשבר ע"ז חשיב אמו עובד ע"ז והעושה דברים מכוערים מותר ושניות לקושיא ונרסי מסבריקן וכי האי גוונא מי שרי והתניא ר' שמעון בן אלעזר וכו' *) ואהדרינן להו ואיסורא מי הוי קשיא לכ"ד מתקן וחייב הוא ולא מיתחסף בו איסורא אודינא. אלא לישנא דיקא הכי הוא והכ"ג [מי] מיחייב דכיון דאמר [ר' אבין] מתקן הוא משום דעביד נחת ליצרו ומשום הכי מחייב ר' יהודה על מלאכה שאינה צריכה לגופה. אקשינן עליה האי תיקונא הוא אדרבה האי קלקולא רבה הוא משום דמגרה יצרו בעצמו ומקלקל הוא. ולא שמעינן לר' יהודה במקלקל דמחייב גדחת ר' אבין ובטיל פירוקיה לגמרי ואוקימנא לא מחייב ר' יהודה בהא אלא משום דקא עביד למירמא אימתא אאינשי ביתיה וקא מחוי דבוחסתיה עביד וקא מכוין לתקוני לאינשי ביתיה וכרב יהודה דהוא שליף מצבייתא כר' דכל כי האי גוונא תיקונא היא ולא קלקולא אלא מיהו מלאכה שאינה צריכה לגופה היא וכל מאן דעביד הכי בשבת לר' יהודה חייב לר' שמעון פטור ומתני' כר' שמעון: פיס' כל המקלקלין פטורין. תני מתמא וברייתא כר' אבהו דמחייב חובל ומבעיר. ואע"ג דאמר ר' יוחנן אינה משנה אלא החובל בצריך לכלבו והמבעיר בצריך לאפרו דלא מקלקלין נינהו מיהו איצטרכינן לברר היכא אסירא וחובל והמבעיר שלא לצורך חייב ואהדרנן מתניתין ר' יהודה דאמר מקלקל בחבורה פטור וברייתא ר' שמעון דאמר מקלקל בחבורה חייב ואל תתמה דרישא דמתניתין כרבי שמעון במלאכה שאינה צריכה לגופה וסיפא כר' יהודה במקלקל בחבורה [דבהא] סבר לה כמר ובהא סבר לה כמר ומילתא דמקלקל בחבורה דקאמרי פלוגתא דר' יהודה ור' שמעון היא לא בריהא לן עיקר פלוגתייהו דא היכי נינהו ואתניתא דספרשא במקלקל בחבורה ר' יהודה פוטר ור' שמעון מחייב. לא שמיע לן אלא מגמרא בלחוד הוא דשמעינן ליה. ובעושה חבורה ומתקן כ"ע לא פליגי דמחייב כי פליגי בעושה חבורה ומקלקל דר' יהודה פוטר וסתם מתניתין כוותיה ור' שמעון אסרי ונרסינן באלו דברים בפסח א"ל רב הונא בר חיננא לרבה כי אזלת לקמיה דר' זריקא בעי מיניה למאן דסבר מקלקל

*) נראה דט"ס יש כאן וצריך תיקון.

מסורת הש"ס

[גרסת סא.] — ב"ק לד: — [שם ויבמות ו: סנהדרין סב.] — [לעיל יב. סג: וש"נ] — [יבמות ו: פ"ש] — [גירי' הערוך בשרש"שנער" כף ובערך שם ועי' ברמב"ם ובמגיד ומתוס' מנחות לה: ד"ה וכמה וכו'] — [יבמות ו: סנהדרין לה:] — סנהדרין נג. — [לעיל פג:] — [וע"ע תוס' סנהדרין סד: ד"ה מאן שמעת] — [עי' תוס' לעיל ע: ד"ה לא מצינו]

הגהות הב"ח

(א) רש"י ד"ה חוץ מחובל וכו' פטור מכולן מפני [וכן ג' רש"ל]: (ב) ד"ה וברייתא וכו' מבעיר עלים כאור לקדרתו:

גליון הש"ס

גמ' פוק תני לברא. עירובין ... ע"א ... ע"ב יומא ... ע"ב יבמות ... ע"ב סנהד' סב ע"א:

רב נסים גאון

דפלוגתא דר' יהודה ור' שמעון היא: מדאצטריך קרא למישרא מילה. עיקר הילה בתורת כהנים וביום השמיני ימול ואפי' בשבת ומה אני מקיים מחלליה מות יומת בשאר מלאכות חוץ ממילה או מקיים אני מחלליה אף במילה ומה אני מקיים ימול חוץ מן השבת ת"ל וביום ואפי' בשבת ובפרק ר' אליעזר (דף קלג) אמרו עוד עד כאן לא פליגי אלא במכשירי מילה אבל מילה עצמה דברי הכל דחיא מנא לן תאמרו בדבר זה כמה פעמים והעיקר הוא מה שאמר ר' יוחנן כי דבריו שוין עם הברייתא ועליהן אנו סומכין ת"ל והוצרך הכתוב לומר וביום להתיר המילה בשבת שהיא מצוה הודיע אותנו שחבורה בעלמא חוץ מן המילה אסור לעשותה וחייב עליה בשבת ומדאסר רחמנא הבערה גבי בת כהן מכלל דמבעיר בעלמא חייב כבר ידעת כי ד' מיתות נמסרו לבית דין סקילה שריפה הרג וחנק וכי בת כהן שזינתה מיתתה בשריפה היא אחת מן הנשרפין כדכתיב (ויקרא כא) ובת איש כהן כי תחל לזנות וגו' באש תשרף ובמסכת סנהדרין בפרק ד' מיתות (דף נב) זכרו היאך מצות שריפה ואמרו מצות שריפה דנשרפין, היו משקעין אותן בזבל עד ארכובותיו ונותנין סודרין קשה לתוך רכה וכורך על צוארו זה מושך אצלו וזה מושך אצלו עד שפותח את פיו ומדליק את הפתילה וזורקה לתוך פיו ופירשו בתלמוד מאי פתילה אמר רב מתנה פתילה של אבר ועל פי זה נאמרה כאן מה לי לבשל פתילה מאי לי לבשל סממנין כלומר פתילה של אבר שתישרף בה בת כהן שזינתה והזהיר הקב"ה את ב"ד שלא ישרפו המתחייב שריפה ביום שבת כמה שנאמר (שמות לה) לא תבערו

עין משפט
נר מצוה

כו א ב ג ד מיי' פ"י מהל' שבת הלכה כ סמג שם טוש"ע שם סעיף א :
כז ה מיי' שם הל' כא טוש"ע שם סעיף ג:
כח ו מיי' שם הלכה כד טוש"ע שם :
כט ז מיי' וסמג שם טוש"ע שם סעיף ג:
ל ח מיי' שם הלכה כג סמג שם טוש"ע שם סעיף ה :
לא ט מיי' שם הל' יט : [נ"ל אבל צדין חיה ועוף מן הביברין וכ"א במשנה דביצה]
לב י מיי' שם הל' כג סמג שם טוש"ע שם סעיף ו :

וצבי (א) לגינה ולחצר ולביברין [חייב] *רשב"ג אומר לא כל הביברין שוין זה הכלל מחוסר צידה פטור שאינו מחוסר צידה חייב :

גמ' *תנן התם אין צדין דגים מן הביברין בי"ט ואין נותנין לפניהם מזונות אבל צדין *חיה ועוף ונותנין לפניהם מזונות ורמינהו *ביברין של חיות ושל עופות ושל דגים אין צדין מהם ביום טוב ואין נותנין לפניהם מזונות קשיא חיה אחיה קשיא עופות אעופות בשלמא חיה אחיה לא קשיא הא רבי יהודה הא רבנן אלא עופות אעופות קשיא וכי תימא עופות אעופות נמי לא קשיא הא (ב) ביבר מקורה הא ביבר שאינו מקורה והא בית דמקורה הוא ובין לרבי יהודה ובין לרבנן צפור למגדל אין לבית לא אמר רבה בר רב הונא *הכא בצפור דרור עסקינן לפי שאינה מקבלת מרות דתנא דבי ר' ישמעאל למה נקרא שמה צפור דרור מפני שדרה בבית כבשדה השתא דאתית להכי חיה אחיה נמי לא קשיא הא בביבר גדול הא בביבר קטן היכי דמי ביבר גדול היכי דמי ביבר קטן אמר רב אשי [ב]כל היכא דרהיט בתריה ומטי לה בחד *)שיחייא ביבר קטן ואידך ביבר גדול אי נמי [ג]כל היכא דנפיל טולא דכתלים אהדדי ביבר קטן ואידך ביבר גדול ואי נמי כל היכא דליכא עוקצי ביבר קטן ואידך ביבר גדול : רשב"ג אומר וכו' : *אמר רב יוסף אמר רב יהודה אמר שמואל [ד]הלכה כרבן שמעון בן גמליאל *אמר ליה אביי הלכה מכלל דפליגי א"ל (א)מאי נפקא לך מינה א"ל גמרא גמור זמורתא תהא *ת"ר [ה]הצד צבי סומא וישן חייב חיגר וזקן [ו]וחולה פטור א"ל אביי לרב יוסף מ"ש הני ומ"ש הני הני עבידי לרבויי הני לא עבידי לרבויי והתניא *חולה חייב אמר רב ששת לא קשיא הא בחולה מחמת אישתא הא בחולה מחמת *אובצנא ת"ר הצד חגבין גזין צרעין ויתושין בשבת חייב דברי רבי מאיר וחכמים אומרים [ז]כל שבמינו ניצוד חייב וכל *שאין במינו ניצוד פטור תניא אידך הצד חגבים בשעת הטל פטור בשעת השרב חייב אלעזר בן מהבאי אומר אם היו מקלחות ובאות פטור איבעיא להו אלעזר בן מהבאי ארישא קאי או אסיפא קאי ת"ש *הצד חגבין בשעת הטל פטור בשעת השרב חייב אלעזר בן מהבאי אומר אפילו בשעת השרב אם היו מקלחות ובאות פטור :

מתני' [ח]*צבי שנכנס לבית ונעל אחד בפניו חייב נעלו שנים פטורין [ט]לא יכול אחד לנעול ונעלו שנים חייבין ור"ש פוטר :

גמ' א"ר ירמיה בר אבא אמר שמואל [י]הצד ארי בשבת אינו חייב עד שיכניסנו לגורזקי שלו :

מתני' [כ]ישב האחד על הפתח ולא מילאהו ישב השני ומילאהו השני חייב ישב הראשון על הפתח ומילאהו ובא השני וישב בצידו אף על פי שעמד הראשון והלך לו הראשון חייב והשני פטור הא למה זה דומה לנועל את ביתו לשומרו ונמצא צבי שמור בתוכו : גמ'

*) [נ"י הסגיך שיהיא כגון ריצה אחת ואינו צריך לפום ריהי]

רש"י

ולצבי · ניצוד משהכניסו לביתו וננעל בפניו אבל אם הכניסו לגינה או לחצר אין זו צידה : שמחוסר צידה · שקשה לתופסו שם כדמפרש בגמ' : גמ' ביברין · קרפיפות מוקפין : אין צדין מהן בי"ט · אלמא לאו ניצוד ועומד קא חשיב ליה ש"מ המכניסו לביבר אין זו צידתו : ואין נותנין לפניהן מזונות · כיון דהן מוקצה לא מצי למטרח עלייהו : הא רבי יהודה · ההיא דאין צדין רבי יהודה היא דבמתניתין לא חשיב לה צידה עד שיכניסו לבית : עופות אעופות קשיא · דהא בין לר' יהודה בין לרבנן צפור למגדל קאמרי : ביבר מקורה · הוי ניצוד : בצפור דרור · מתני' דקתני צפור לבית לא בצפור דרור עסקינן שדרכה לדור בבית כבשדה ומשמטת מזווית לזוית : השתא דאתית להכי · לאוקמינהו לתרווייהו כרבנן : חיה אחיה נמי · מוקמי כרבנן : והא ביבר קטן · מתניתין דהכא : והא · מתניתין דביצה בביבר גדול : שיחייא · מרוצה שהוא שוחה לאחוז בה : עוקצי · פיאות להשמט בהן : ואידך · כל מי שאינו כן : מכלל דפליגי · והא אוקימנא דרבנן נמי בביבר קטן אמרי : מאי נפקא לך מינה · כ"ש כיון דלא פליגי עליה הלכתא כוותיה : ומורתא תהא · אומר השמועה בזמירה בעלמא בלא צורך : סומא וישן עבידי לרבויי · לישמט כשמרגישין יד אדם : אובצנא · עייפות שאינו יכול לזוז ממקומו נצוד ועומד הוא : הגזין · (ג)מין חגב טהור הוא ונאכלין : במינו ניצוד · כגון חגבים והגזין : שאין במינו ניצוד · צירעין ויתושין שאינן לצורך : חגבים בשעת הטל · עיניהם מתעוורות והרי הן ניצודין ועומדין : מקלחות · הרבה ביחד שהן מזומנות ליקח : ארישא קאי · דאף בשעת הטל אם מקלחות ובאות שרי ואי לא אסור : מתני' צבי שנכנס · מאליו : ונעל אחד בפניו · זו היא צידתו : נעלו שנים פטורים · דהוי להו שנים שעשאוה : לא יכול אחד לנעול · אורחיה הוא לנעול בשנים והרי לכל אחד מלאכה דבלא איהו לא מתעבדא: ורבי שמעון פוטר · לטעמיה דדריש קראי למיפטר זה אינו יכול וזה אינו יכול בפרק המצניע (לעיל צב:) : גמ' הצד ארי · אפילו תופסו אין זו צידתו שכשכועס משחית והולך : עד שיכניסנו לגורזקי שלו · בית משמר העשוי לו כמין תיבה : מתני' השני חייב · שהוא צדו : הא (ד) למה · שני זה דומה לאחר שנצוד ע"י הראשון : לנועל את ביתו לשומרו · ולא לצוד : ונמצא צבי · שהוא ניצוד כבר שמור בתוכו וכן (ה) אע"פ שעמד הראשון אין זה אלא כשומרו לצבי שהיה לו מאתמול :

תוספות

ואין נותנין לפניהם מזונות · אין לפרש דטעמא משום דדגים מיתזני שפיר במים להכי לא טרחינן דחשיבי כאין מזונותיהם עליך חדא דלאו מילתא דפסיקא היא דלדגים מצויין מזונות ולא לחיה ועוד דבסמוך בעי לאוקמי הא דקתני אין צדין חיה ועוף ואין נותנין לפניהם מזונות בביבר שאינו מקורה וכי בשביל שאינו מקורה מצויין להם מזונות ורש"י דפירש כיון דאין צדין מוקצין נינהו להכי אין נותנין לפניהם מזונות ואין טורחין בשבילם אין נראה כלל דהא תנן לקמן בפ' בתרא (דף קנה:) נותנים מים לפני אווזים ותרנגולים ולפני יוני הרדסיאות אע"ג דמוקצין הן בשבת ונראה לר"י כל היכא דהוי כניצוד ועומד מדאורייתא כגון אווזין ותרנגולין ויוני הרדסיאות ואע"ג דמדרבנן אסור לצודן כדתנן בפרק שמונה שרצים (לקמן דף קז·) חיה ועוף שברשותו הצדן פטור משמע אבל אסור כיון דמדאורייתא כניצוד ועומד נותנין לפניהם מזונות וכן חיה ועוף שבביברין מקורין דחשיב טפי מזונותיהם עליך אבל כאן שמן התורה אין ניצודין לא חשיב מזונותיהן עליך והוי כאותן שהן כל שעה בשדה כמו יוני שובך ויוני עלייה ואתי שפיר לפי זה ההיא דריש אין צדין (ביצה דף כד·) דקתני התם במתניתין רשב"ג אומר זה הכלל המחוסר צידה אסור כו' וקאמר בגמרא היכי דמי מחוסר צידה כגון דאמר הבא מצודה ונצודנו אמר ליה אביי לרב יוסף והרי אווזים ותרנגולים דאמר הבא מצודה ונצודנו ואמר הלך אווזים ותרנגולים ויוני הרדסיאות פטור והשתא קשה מאי פריך והא פטור משמע אבל אסור ובמתניתין קתני נמי רשב"ג אומר מחוסר צידה אסור ולמאי דפי' הכא אתי שפיר דרשב"ג קאי ארישא דקתני אין צדין ואין נותנין לפניהם מזונות וקא אסר רשב"ג במחוסר צידה אף ליתן מזונות וא"כ מחוסר צידה דאורייתא חשיב ליה ולהכי פריך שפיר :

הלכה מכלל דפליגי · אע"ג דר' יהודה פליג מ"מ פריך אביי שפיר דאי לאפוקי מדרבי יהודה אתא לימא אין הלכה כרבי יהודה הכא אתי שפיר דלא קבעי היכי דמי מחוסר צידה דהא כבר פי' דהיכא דליכא עוקצי ביבר גדול ומסתמא דהיינו מחוסר צידה דרשב"ג אבל בריש אין צדין (ביצה דף כד·) קשה אמאי קבעי ה"ד מחוסר צידה הואיל וכבר פי' ביבר גדול וביבר קטן לרבנן ונראה לריב"א משום דהתם קתני במילתייהו חיה ועוף ועלה קאי רשב"ג וקבעי ה"ד מחוסר צידה בעופות אבל אחיה לא קבעי דזה כבר פירש וכן משמע דכל הנהו דמייתי עלה לא מיירי אלא בעופות אבל הכא לא איירו רבנן בעופות אלא בחיה גרידא :

*היכא דנפלי טולא דכתלים · היה להם שיעור הכתלים שוה והיו יודעין שיעורן :

למה זה דומה לנועל ביתו לשומרו ונמצא צבי שמור בתוכו · ואם תאמר מאי אולמא הך מהך ונראה לריב"א דס"ד דהא וישב בצידו ליתסר משום דמיחזי דלהוסיף שמירה לצבי הוא בא : וממאי

רבינו חננאל

בחבורה פטור שוחט שלא לשמו ושלא לאוכליו כו' וכולא שמעתא דקא מפרש לית בהדא חדא מאי תיקן ולא מפרש מ"ד המקלקל בחבורה פטור מאן הוא אלא מתניתין בהדיא היא כל המקלקלין פטורין בין חובל דמקלקל בחבורה בין דחד מיניה (וקרא) [וקאמר] ר"ש ור' יהודה היא *דשמעינן פלוגתייהו וגרסינן בבתולה נשאת אם תמצא לומר דם חבורי מחבר שהבועל בתחלה הוא עושה חבורה הא אמרינן אם תמצא לומר הלכה כר' יהודה דאמר שאין מתכוין אסור מי הואי האי בועל בשבת מקלקל בהאי חבורה אי לא . ואם תימצא לומר מקלקל הוא במקלקל הלכה כר' יהודה או כר' שמעון והכין פירושא הלכה כר' יהודה דאמר מקלקל בחבורה פטור או הלכה כר' שמעון דאמר חייב דאי אמרת הלכה כר' שמעון דאמר מקלקל בחבורה חייב או הלכה כר' יהודה דאמר דבר שאין מתכוין אסור אילו היה כך אסור לבעול בתחלה בשבת וחזינן דמפרש (בספינה) לעולם רב כר' יהודה סבירא ליה דאמר דבר שאין מתכוין אסור. אלא מיתו מקלקל בחבורה הוא ושרי לר' יהודה ואמרי' מ"ט דר' שמעון דאמר חובל ומבעיר אע"פ שמקלקלין חייבין מדאצטריך קרא למישרא מילה בשבת תמרינן דמקלקל בחבורה בעלמא בשבת חייב ואקשינן מילה מתקן הוא כדרב אשי דאמר מה לי לתקן מילה מה לי לתקן כלי מה לי לבשל פתילה מה לי לבשל סממנין ולא גמרי' מינה למקלקלין ומקלקל לא אשכחנן דאיתמר : שיעור המלבן צמר כמלא רוחב הסיט כפול וכן המנפץ צמר וכן הצובע וכן הטווה רב יוסף מחוי [כפוף] מעיקר הגודל עד ראש אצבע כשהן דבוקות זו בזו רב חייא בר אמי מחוי פשוט מראש גודל עד ראש אצבע כשהן פשוטות דאעפ"כ אינן רוות ותנן ר' יהודה אומ' הצד צפור למגדל כו' פי' מגדל זה של עץ הוא שחשוב ככלוב גדול או פתח שער המגדל ועשה תחבולות עד שנכנס הצפור לתוכו וסגר עליו חייב כי כסגרו המגדל נגמרה הצידה וגם אם הולך אחר צבי והחזירו מיכן ומיכן עד שנכנס לבית חייב כי כיון שנכנס לבית והוא סגר עליו הרי צידו חייב אבל אם

* מלהדפיס יש כאן ואולי צ"ל ומהא הוא דשמעינן פלוגתייהו .

מסורת הש"ס

[ביצה כג:] [שם כל הענין פ"ג] [תוספתא דביצה פ"ג] [ביצה כד.] ברכות לג: [לעיל מ: לקמן קיג. קכו. ביצה כד. עירובין. סא: ע"ז לג: פסחים ק.ר"ה לד: לה. יבמות לא.קח.נדה נט. סנהדרין ל:] [גירי' אובצנא עייפות] [לקמן קז: ביצה לו:] [תוספתא פ"ג]

(א) לקמן קיג. עירובין ס: ביצה כד: ע"ש לג.

הגהות הב"ח

(א) גמ' וצבי לבית ולגינה ולחצר:(ב) שם הא בביבר מקורה הא בביבר : (ג) רש"י ד"ה הגזין מין חגב טהור . נ"ב וצ"ע מ"ש דבכורות דשם משמע דהוא מין שרץ טמא שוב מצאתי קושיא זו בספר פרי חדש סי' פ"א: (ד) ד"ה הא שני זה למה דומה: (ה) ד"ה ונמצא וכו' כתוכן כך אע"פ:

גליון הש"ס

רש"י ד"ה הגזין מין חגב טהור. עי' בכורות ז ע"ב וכמ"ש פ"א הלכה כא מהל' מאכלות אסורות :

רב נסים גאון

תבערו אש בכל מושבותיכם ביום השבת על פי מה שנתפרש פסוק זה כי בבית דין הוא מדבר כמו שנא' בראש מסכת יבמות (דף ו) מושבות מה תלמוד מכדי שבת חובת הגוף היא וחובת הגוף נוהגת בארץ ובחוצה לארץ מושבות דכתב רחמנא למה לי משום ר' ישמעאל אמר תלמיד אחד לפי שנא' (דברים כא) וכי יהיה באיש חטא משפט מות והומת שומע אני בין בחול בין בשבת ומה אני מקיים (שמות לא) מחלליה מות יומת בשאר מלאכות חוץ ממיתת בית דין ת"ל לא תבערו אש בכל מושבותיכם מה מושבות האמורות להלן בבית דין אף כאן בב"ד ואמר רחמנא לא תבערו אש ועיקר זו הברייתא בסוף מכילתא דר' ישמעאל ואמרו עוד בתלמוד ותיהוי נמי ר' יוסי איסור דאמר ר' יוסי הבערה ללאו יצאת הבערה דעלמא הבערה דבית דין בישול פתילה היא ואמר רב אשי מה לי בישול פתילה מה לי בישול סממנין מיכן למדנו דאמר רחמנא הבערה דבת כהן בשבת ונתחייבו מיכן שהמבעיר בעלמא חייב : רבן גמליאל אומר לא כל הביברין שוין זה הכלל כל מחוסר צידה פטור ושאינו מחוסר צידה חייב. במסכת יום טוב בפרק אין צדין (דף כד) גרסי היכי דמי מחוסר צידה אמר רב יהודה אמר רב יוסף אמר שמואל כגון דאמרי הבא מצודה ונצודנו ולא יעלה על דעתך שמה שאמרו שם רבן שמעון בן גמליאל אומר לא כל הביברין שוין זה הכלל כל המחוסר צידה אסור ושאינו מחוסר צידה מותר דוחה מה שאמרנו כן אלא השני דברים מעיקר אחד הם והואי כי מה שעומד בביבר והוא עדיין מחוסר צידה פטור מן החטא' כשהוא שגג כי מלאכת הצידה לא נגמרה ואם בעומדו בתוך נשלמה בו הצידה ואינו מחוסר צידה חייב חטאת לפי שעשה מלאכה גמורה ועל זה העיקר שפירשנו נמצא כל מה שהוא עומד והוא מחוסר צידה אסור ליקח ממנו ביום טוב כי לא נגמרה

§ מסכת שבת דף קו: §

אות א' - ב' - ג' - ד'

הכא בצפור דרור עסקינן

כל היכא דרהיט בתריה, ומטי לה בחד שיחייא, ביבר קטן

כל היכא דנפיל טולא דכתלים אהדדי, ביבר קטן

הלכה כרבן שמעון בן גמליאל

סימן שטז ס"א - [א]הצד צפור [ב]דרור למגדל - של עץ, ונעשה ככלוב גדול, **והיינו** שפתח שער המגדול, ועשה תחבולות עד שנכנס הצפור לתוכו, וסגר עליו, **שהוא ניצוד בו** - ואפילו לא תפסו עדיין בידו, חייב, כי בסגרו המגדול נגמרה הצידה, **אבל** במה שהכניסו לבית, אפילו הבית קטן וגם חלונותיו סתומין, עדיין אינו נצוד, שטבעו של הצפור דרור שאינו מקבל מרות, ודר בבית כבשדה, שנשמט מזוית לזוית ואינם יכולים לתפסו, ולכן אינו נקרא צידה מדאורייתא.

(**עיין** בפמ"ג, דצפור דרור הם הקטנים ביותר הדרים בענפי אילן, ומשוררים, ומרוב קוטנה של הצפור נשמטת מזוית לזוית וקשה לתופסה, **אבל** תורים ובני יונה הם בכלל שאר צפרים שזכר המחבר).

ושאר צפרים, וצבי, לבית או לביבר - קרפיפות המוקפים לגדלם שם, **לצדדין** קתני, דבצפרים וכן בשאר עופות אינו חייב עד שיהיה הביבר והבית מקורה, וגם חלונותיו סתומין, שהוא יכול לברוח דרך שם, **ובצבי** ושאר חיות חייב אפילו אינו מקורה, וגם חלונותיו פתוחין.

שהם נצודים בו, חייב - לאפוקי אם הבית והביבר גדול, שאין יכולין לתפסו בשחיה אחת, היינו בריצה אחת, אלא צריך להנפש קודם שיגיעו, לא מקרי צידה דאורייתא, אף שהוא מקורה, וממילא הצודהו שם בבית או בביבר חייב, **ועיין** לקמן בסי"ב במ"ב.

(**ושיעור** מה "דמטיא לה בשחיה אחת", ושיעור ד"אם צ"ל הבא מצודה ונצודנו" ‹ביצה כ"ד, ומיירי שם בעופות›, **כבר כתבו הפוסקים**, דאידי ואידי חד שיעורא הוא, **וע"כ** אפילו בעופות שייך שיעור זה).

השולה דג מן הים לתוך ספל של מים, חייב דהוי צידה, **אבל** אם עקרו והבריחו לתוך בריכת מים, לא הוי צידה, שגם שם נשמט לחורין ולסדקין, **ועיין** לקמן בס"ח במ"ב בסופו. **הצד** ארי אינו חייב, עד שיכניסנו לכיפה שלו שהוא נאסר בה, [רמב"ם].

ואם אינו נצוד בו, פטור אבל אסור - על כל הסעיף קאי, וע"כ צפור דרור שנכנס לבית דרך הפתח או החלון, אע"ג שאינו ניצוד שם, מ"מ אסור לסגור הפתח והחלון, **ובזמן** הקור שיש צער צינה, או צער אחר, כתב הח"א דמותר לנעול, אם אין כונתו רק להציל מן הקור, ואינו רוצה כלל בצידת הצפור, כיון דאין בו צידה דאורייתא, אע"ג דהוי פסיק רישיה בדרבנן, **אבל** בשאר חיה ועוף דשייך בו צידה דאורייתא בבית, אסור, אע"ג שאינו מכוין כלל, דהוי פסיק רישיה.

(ודע עוד, דבגמ' איתא: דאם איכא בביבר או בבית עוקצי, {פיאות להשמט, רש"י}, הוא בכלל ביבר גדול, וכתב שם ר"ח, דהני אוקימתא כולהו הילכתא נינהו, וכן העתיקם הרי"ו, **וצריך** טעמא על הרמב"ם שהשמיט זה, ואולי ס"ל להרמב"ם, דשיעורא דשמואל {בביצה כ"ד} ‹ברשב"ג› ד"הבא מצודה ונצודנו", אין להשוותו רק עם הני תרי שיעורי קמייתא, דתלוי בהביבר לפי גדלו וקטנו, **משא"כ** לפי סברא דעוקצי, דינא הוא דאפילו אם הביבר קטן, שאין צריך להביא מצודה עבורו, ג"כ הוא בכלל מחוסר צידה עדיין, וכיון דהגמרא מביא מימרא דשמואל באחרונה, ש"מ דלית הלכתא כהאי לישנא, **א"נ** דנכלל במה שכתב הרמב"ם בהלכות יו"ט, שאין זו צידה גמורה וכו', צריך לרדוף וכו', וה"נ בזה).

(**עוד** אמרתי להביא פה מה שיש לכאורה להסתפק בענינינו, אם הכניס עוף לבית והדלת פתוחה או החלון פתוח, או ביבר שאינו מקורה, אפשר דליכא אפי' איסור דרבנן, **דדוקא** היכא דהדלת נעולה, דהחיה והעוף ניצודין עכ"פ במקצת, רק צריך עוד לרדיפה והשתדלות, משא"כ היכא דפתוח, עדיין לא נצודה כלום, **ובתוספתא** תניא: הצד צבי לחצר שיש לה ב' פתחים, פטור, ומשמע אבל אסור, ככל פטורי דשבת דקי"ל בהו לאיסור).

אות ה' - ו'

הצד צבי סומא וישן, חייב; חיגר וזקן וחולה, פטור

סימן שטז ס"ב - [ג]צד צבי ישן או סומא, חייב - דהני דרכן להשמט כשמרגישין יד אדם, [גמ'], וע"כ כשצדו הוי צידה ממש, **וה"ה** שאר מינים, כ"כ הא"ר, (**וצע"ק** ממה דאיתא בגמ', דחגבים בשעת הטל פטור, ופי' רש"י משום שאז עיניהם מתעוורות, והרי הם כניצודין ועומדין, **וע"כ** דיש מינים שכשהם סומין לא עבידי לרבויי).

חיגר או חולה או זקן, פטור - שאין יכולין להשמט, ואפי' אם החיגר יכול להלך קצת, עכ"פ הרי יכול להגיעו בשחיה אחת, ע"כ חשיבי כניצודין ועומדין. **וה"ה** קטן, וקטן מקרי קודם שיכול לרוץ, כ"כ המאירי.

אבל אסור, וע"כ כשמוצא לפעמים ארנבת חולה מונחת על הדרך, אע"פ שאינה יכולה לזוז ממקומה, אסור ליקח אותה, דהוי צידה מדרבנן, **וי"א** דחייב, ועיין בבה"ל, **ובלא"ה** אסור ליקח אותה משום מוקצה.

(**ובגמרא** מקשה: והתניא חולה חייב, ומשני: לא קשיא כאן בחולה מחמת אשתא, כאן בחולה מחמת אובצנא {עייפות}, **ועיין** בט"ז דרוצה לצדד, דהמחבר יסבור כרש"י, דדוקא בחולה מחמת אובצנא, היינו שאינו יכול לזוז ממקומו מחמת עייפות, אז חשיב כניצוד, אבל בחולה מחמת אשתא חייב, **ובאמת** מדסתם המחבר משמע דאיירי בסתם חולה, וס"ל כהר"ח, דהברייתא דפוטרת איירי מחמת אשתא, וכן כתב הגר"א, וממילא מחמת אובצנא חייב, **אך** אפשר דלהר"ח ג"כ, אם אינו יכול לזוז ממקומו מחמת עייפות, ס"ל כרש"י דחשיב כניצוד, והוא איירי בשאינו עיף כ"כ, **ובב"י** משמע דהר"ח איירי בכל גווני, ואיני יודע טעמו למה עדיף מחיגר וזקן).

באר הגולה

א שבת ק"ו שם במשנה | ב שם בגמרא | ג שם בברייתא

(ודע דנסתפקתי, לרש"י דס"ל בהדיא דעייפות כזה חשיב כניצוד, וע"כ פטור הצודהו אח"כ, **איך** הדין אם רדף אחר איזה חיה ועוף כדי לצודו, עד שעשהו עיף שאינו יכול לזוז ממקומו, **או** שהכהו באיזה דבר עד שנעשה חיגר, אם חייב עבור זה גם משום צידה, אף שלא תפסו בידו, **או** אפשר אין דרך צידה בכך, דדרך צידה לטלה אחר שצדה, או להכניסה למקום משומר).

הגה: המשסה כלב אחר חיה בשבת, הוי צידה - היינו, אם לא עשה בעצמו מעשה כלל, רק במה ששיסה את הכלב, והכלב תפסו, הוי רק צידה מדרבנן, **ואם** עשה בעצמו ג"כ מעשה לזה, כגון שברח הצבי מן הכלב והיה עיף ויגע, והיה הוא רודף אחריו, והשיגו הכלב עי"ז, הוי צידה גמורה, **ואפילו** אם רק עמד בפניו והבהילו עד שהגיע הכלב ותפסו, הוי ג"כ תולדה דצידה ומיחייב, שכן דרך הציידים.

(ועיין במ"א שכתב, דכונת הרמ"א הוא רק לאיסורא בעלמא, מפני שלא עשה מעשה, **והאחרונים** תמהו עליו, דלא מצינו בסימן זה שיכתבו הפוסקים דהוי צידה, והכונה יהיה לאיסורא, אלא ודאי דהכונה לחיובא, **אך** הוא מיירי היכא דעושה מעשה, אך הרמ"א קיצר בזה).

(**ואם** תפסו הכלב בלא הסיוע שלו, ואח"כ לקח הוא מיד הכלב, לכאורה ג"כ פטור מחטאת, דכבר ניצוד ועומד ע"י הכלב, דומיא דמאי דאיתא בתוספתא, דאם צדו אחד ונתנו לחבירו, השני פטור).

וי"א אף בחול אסור לצוד בכלבים, משום מושב לצים (א"ז) - ואינו זוכה לשמחת לויתן.

אות ז'

כל שבמינו ניצוד, חייב; וכל שאין במינו ניצוד, פטור

סימן שטז ס"ג - [ד]**כל שבמינו נצוד, חייב עליו; אין במינו נצוד, פטור אבל אסור** - ואפילו אם הוא צדן לאיזה צורך, ג"כ לא חשיב צידה, [תוס' ור"י וריטב"א ושאר פוסקים], (ודלא כרש"י ע"ש).

הלכך, זבובים אע"פ שאין במינן נצוד, אסור לצודן - ודבורים, משמע בב"י דהוא בכלל דבר שבמינו ניצוד, אבל שאר פוסקים פליגי עליה, וכן משמע מהגר"א, **וחגבים** טהורים, לדעת רש"י הוא דבר שבמינו ניצוד, והרמב"ם אין סובר כן, **ודגים** הוא בכלל דבר שבמינו ניצוד.

[ה]**הגה: ולכן יש ליזהר שלא לסגור תיבה קטנה, או לסתום כלים שזבובים בו בשבת, דהוי פסיק רישיה שילודו שם (בה"ת ומרדכי ואגור)** - אלא יתן סכין או שום דבר אחר בין הכיסוי לחתיבה, בענין שיוכלו לצאת משם, **וכן** אם יש חור קטן בתיבה, אף שאינו נראה להדיא להזבובים, אפילו הכי מותר, דתו לא הוי פסיק רישיה.

ויש מקילין במקום שאם יפתח הכלי ליטלם משם, יברחו - הוא דעת הטור, דס"ל דאע"ג דבש"ס איתא להדיא גבי כוורת דבורים, דאם מכסה אותו באופן שאין בו נקב, אסור משום פס"ר, וכדלקמן בס"ד, **מ"מ** זבובים שאני, דלא מקרי צידה כלל, דלרוב קטנותן מצוי שכשפותח הכלי בורחין הכל משם, **משא"כ** בכוורת דבורים שהיא מלאה מהם, והם גדולים קצת, א"א שלא יתפוס א' מהם, ולכך חשיב צידה עי"ז.

והב"ח פסק להחמיר כדעה הראשונה, וכן המ"א כתב דכן עיקר, **וע"כ** יש לראות להפריח הזבובים.

ועיין בט"ז שהכריע, דמכיון שהפריח הזבובים שראה בעיניו, תו אין צריך לעיין ולדקדק אולי יש שם עוד איזה זבובים, כיון דזה לא הוי אלא ספק פסיק רישיה במילתא דרבנן, דהוא דבר שאין במינו ניצוד, אין להחמיר כל כך, (**ובפרט אם יש בהתיבה אוכלים**, לפי מה שכתב הפמ"ג, דבתיבה שיש אוכלין ומשקין דבודאי לא ניחא ליה הזבובים דשם, שיטנפו את האוכלין, והוא פ"ר דלא ניחא ליה, יש לצדד יותר להתיר, בודאי אין להחמיר אם הפריח הזבובים שראה אותם).

(הנה הט"ז חידש כאן דבר חדש בענין פסיק רישא, והוא, דכשם דהיכא דמספקא לן אם יעשה האיסור או לא, אמרינן דבר שאינו מתכוין מותר לר"ש, כגון בגרירת מטה כסא וספסל, דספק הוא אם יעשה חריץ ע"י הגרירה, **כמו** כן ה"ה היכא דמספקא לן אם יש איסור בהמעשה שעושה, והוא אינו מתכוין להאיסור, נמי מותר לר"ש, ולכן מותר בנעילת התיבה, דשמא אין בה עתה זבובים, **ולולא** דבריו הסברא להיפוך, דאם האיסור יעשה בודאי ע"י המעשה, היינו הנעילה, אך ספק הוא אם יש כאן איסור, היינו דבר הניצוד, הו"ל ספיקא דאורייתא, **ושם** בגרירא שאני, דמספקא לן על דבר אחר, היינו החריץ הנסבב ע"י פעולתו, ולכך מותר דבר שאינו מתכוין, דאפשר שלא יעשה החריץ, **משא"כ** בענינינו דספק הוא על עצם הנעילה אם יש בזה מעשה צידה, הוי כשאר ספיקא דאורייתא, **ובענינינו** לענין זבובים אין נ"מ בזה, דהכא בלא"ה אינו אלא איסור דרבנן, דהו"ל דבר שאין במינו ניצוד, וא"כ הוא ספיקא דרבנן, ונ"מ בעלמא היכא דהוא ספיקא דאורייתא, כגון שרוצה לנעול הדלת, ומספקא ליה אם יש שם צבי וכדומה שנכנס מתחלה לתוכו, אפשר דהוא בכלל ספיקא דאורייתא, אף שאינו מכוין להצידה, **אכן** מצאתי ראיה לדברי הט"ז).

שלא לסגור תיבה קטנה - אבל תיבה גדולה סבירא ליה לרמ"א דלכו"ע שרי, דאפילו אם היה אדם עומד בתוכה, לא היה יכול לתפסה בחד שחיה, וגם הוא דבר שאין במינו ניצוד, [**ר"ל** משום דהוי תרי דרבנן, מש"ה מותר באינו מכוין, אע"ג דהוי פסיק רישא].

אות ח'

צבי שנכנס לבית ונעל אחד בפניו, חייב וכו'

סימן שטז ס"ה - [ו]**צבי שנכנס לתוך הבית** - מאליו, **ונעל אחד בפניו** - היינו שסתם הדלת, ואפילו בלא מנעול, כיון שאין הצבי יכול לברוח, **חייב** - וכ"ש אם הכניסו לבית ונעל בפניו דחייב.

(מיירי שהבית אינו גדול, דמטא ליה בחד שחיה, וכנ"ל בס"א, דאל"ה פטור אבל אסור, **ולפי"ז** יש ליזהר מאד, באם קנה עוף קודם השבת, ועדיין לא הורגל העוף בהבית, ואירע שנכנס בשבת לתוך הכלוב

באר הגולה

ד שם בברייתא וכחכמים וכ"כ רמב"ם | ה נלע"ד דמקום הגה זו שייך לאחר הס"ד, כי מדין המחצלת וכו' למדו דין זה | ו שבת ק"ו במשנה

שלו {הוא מקום המיוחד לסגור בו העופות} שלא לסתום את דלת הכלוב, דבזה נחשב צידה גמורה, ששם המקום קצר ומטא ליה בחד שחיה, משא"כ כשהוא בבית). (ודוקא כשידע בעת הנעילה שצבי בתוכו, אבל אם אח"כ נודע לו שיש שם צבי, פטור, דזה דומה לנתכוין להגביה תלוש וחתך מחובר, דאנוס הוא, ואפילו אם נתכוין אח"כ שלא לפתוח הדלת עד הערב משום הצבי, ג"כ אין איסור בדבר, וה"ה בישב על הפתח ולא ידע שצבי בתוכו, ואח"כ נודע לו שיש שם צבי, מותר לו לישב ולשמור עד שתחשך, מפני שקדמה צידה למחשבה).

נעלו שנים, פטורים - דכתיב: ואם נפש אחת תחטא בשגגה מעם הארץ בעשותה וגו', ודרשינן "בעשותה", העושה את כולה ולא העושה את מקצתה, וא"כ כיון שכל אחד בפני עצמו יכול לנעלו, הרי כל אחד אינו עושה אלא מקצתו. **אין אחד יכול לנעול, ונעלו שנים, חייבים** - דאורחיה הוא לנעול בשנים, והרי לכל אחד מלאכה, דבלאו איהו לא מתעבדא, רש"י, (ואפילו אם היה בעל כח גדול, אלא שעושה באופן שהוא לבדו לא היה יכול לעשותו, כגון שעושה באצבע אחת, שצריך לסיועת האחר, נמי מקרי אינו יכול וחייב).

ואם אחד יכול לעשות בעצמו, והשני אינו יכול, ועשוהו שניהם, זה שיכול חייב, דמסייע אין בו ממש, והוי כאלו עשה הכל לבד, וזה שאינו יכול, פטור אבל אסור.

הגה: ואם הפתח כבר מגופף - פי' סתום באופן שאין הצבי יכול לברוח, **מותר לנעלה במנעול** - דהמנעול רק שמירה הוא ולא צידה, דכבר ניצוד ועומד, **וכן** כשהיה הצבי קשור בבית, מותר להגיף את הדלת, **ואפילו** אם ניתר הצבי אח"כ, א"צ לפתוח הדלת כדי שיצא, כיון דבהיתר סתם הדלת.

אות ט'

הצד ארי בשבת אינו חייב עד שיכניסנו לגורזקי שלו

רמב"ם פ"י מהל' שבת הי"ט - אבל אם הפריח צפור לבית ונעל בפניו, או שהבריח דג ועקרו מן הים לבריכה של מים, או שרדף אחר צבי עד שנכנס לטרקלין רחב ונעל בפניו, הרי זה פטור, שאין זו צידה גמורה, שאם יבא לקחתו צריך לרדוף אחריו ולצוד אותו משם; לפיכך הצד ארי, אינו חייב עד שיכניסנו לכיפה שלו שהוא נאסר בה.

אות י'

ישב האחד על הפתח ולא מילאהו וכו'

סימן שטז ס"ו - [ז]ישב אחד על הפתח ומלאו, יכול השני לישב בצדו - ואפילו אם כונתו בשביל הצבי, שרי, כיון דכבר נצוד ע"י הראשון. **ואפי' אם עמד הראשון והלך לו, השני פטור [ח]ומותר; והראשון, חייב** - ומיירי שבעת שהלך הראשון לא זז השני ממקומו כלל, וכגון שהליכתו היתה לתוך הבית, **או** שהשני ישב בתוך חלל הפתח מבפנים להבית, והראשון ישב בתוך חלל הפתח לחוץ, ונמצא כשהלך הראשון נשאר הוא על מקומו, **וע"כ** מותר לו לכתחלה לישב עד שתחשך, אף שהוא מתכוין בשביל הצבי, כיון דאינו עושה מעשה מחדש, אלא הוא שומר להצבי שכבר ניצוד, **דאם** היה להיפך, שהשני ישב מבחוץ והראשון מבפנים, א"כ היה צריך השני לקום ממקומו בעת שהלך הראשון לחוץ, וממילא נתבטלה צידת הצבי, וכשחוזר השני לישב על מקומו למלא את הפתח, הרי הוא חייב משום צידה, (תוס' יו"ט).

(וכן סוברים רוב האחרונים וכמעט כולם [ט](ודלא כהמ"א שכתב, דהיכא שכבר ניצוד פעם א', תו לא שייך בו צידה), [י](ומרש"י אין ראיה, כמ"ש החמד משה). **ולפי"ז אם קנה עוף מחדש קודם השבת, ועדיין לא הורגל העוף בהבית, ואירע שנפתח הדלת, אסור לסגרו אח"כ, דנחשב עי"ז צידה גמורה, ויש בזה חיוב חטאת, ואפילו אם מכוין בסגירתו הדלת לשמור ביתו לבד, פס"ר הוא, וכ"ש אם מתכוין לשמור העוף שלא יצא מן הבית, ודוקא כשהבית קצר, דמטא ליה בחד שחיה, אבל אם הבית גדול, או שהעוף כבר מורגל בבית, ובא הוא מעצמו לערב למקומו, דאין בצידתו לכו"ע רק איסור דרבנן, וכדלקמן בסי"ב, י"ל כה"ג לא גזרו על סגירת הדלת, אחרי שכבר ניצוד קצת פעם א', ובאמת א"א ליזהר בזה כלל, ע"כ כדי להנצל מחילול שבת, ראוי ליזהר כשקונה עוף מחדש קודם השבת, והבית קצר דמטא ליה בחד שחיה, יהיה קשור אצלו עד אחר השבת).**

(**נסתפקתי**, בישב על הפתח בשגגת שבת או שגגת מלאכה {דבמזיד מבואר לקמן בשי"ח ס"א, דאסור לו לעולם ליהנות מזה} **ואח"כ נודע** לו, אם מותר לו לישב עד שתחשך, דמאי דהוה הוה ולא יתקן האיסור במה שיסתלק, **אכן** מדברי הרמב"ן ובפרט מדברי הרשב"א, שכתב בהדיא טעם ההיתר לישב ולשמור עד שתחשך, מפני שלא עבר איסור דאורייתא במה שישב מתחלה, משמע דבענינינו אסור לישב כשנודע לו).

ישב אחד על הפתח ולא מלאהו, וישב השני ומלאהו, השני חייב, שעל ידו נעשה הצידה.

אסור לנעול את ביתו כדי לשמור כלי ביתו, אם יודע שיש צבי בתוכה, אע"פ שאין מתכוין לצידת הצבי, דהוי פסיק רישיה ואסור מן התורה, וכ"ש אם מתכוין בשביל שניהם.

נכנסה לו צפור תחת כנפי כסותו, אף דכבר ניצוד ועומד הוא, מ"מ אסור לו ליקח בידו משום מוקצה דבע"ח, אלא יושב ומשמרו עד שתחשך, [גמ'], או אם יש לו בית הולך ומניחו שם.

מותר לפתוח את הבית בפני הצבי, או לפרוק אותו ממצודתו, ובלבד שלא יטלטלנו.

באר הגולה

[ז] שם במשנה [ח] שם בגמ' ק"ז [ט] ‹דהא רש"י כתב דאין זה אלא כשומרו לצבי שהיה לו מאתמול – מ"א, ‹**משמע** מלשון זה דהיתר ישיבת השני היא כיון שכבר היה ניצד פעם אחת, אע"פ שבשעת ישיבת השני כלתה שמירת הראשון, ולכן כתב רש"י שהיה לו מאתמול, דאי לא, הו"ל לרש"י לומר כיון שעכשיו בשעת ישיבת השני הוא ניצד ע"י הראשון – מחה"ש› [י] ‹דכוונתו לפרש הא דקאמר "הא למה זה דומה", וקשה ליה קושיית התוס' מאי אולמיה האי מהאי, לכן פי' דקמ"ל דאף שניצוד בשבת, והו"א דאסור לשומרו, לזה קאמר דה"ז דומה לאם היה ניצוד מע"ש, שודאי מותר לשומרו בשבת כל שלא ניתר ממצודתו – חמד משה›

§ מסכת שבת דף קז. §

אות א'

נכנסה לו צפור תחת כנפיו, יושב ומשמרו עד שתחשך

רמב"ם פ"י מהל' שבת הכ"ג - נכנסה לו צפור תחת כנפיו, יושב ומשמרה עד שתחשך ומותר.

נכנסה לו צפור תחת כנפי כסותו, אף דכבר ניצוד ועומד הוא, מ"מ אסור לו ליקח בידו משום מוקצה דבע"ח, אלא יושב ומשמרו עד שתחשך, [גמ'], או אם יש לו בית הולך ומניחו שם - מ"ב סי' שטז ס"ק כ"ה.

אות ב'

לא פטור ומותר

סימן שטז ס"ו - [א]ישב אחד על הפתח ומלאו, יכול השני לישב בצדו - ואפילו אם כונתו בשביל הצבי, שרי, כיון דכבר נצוד ע"י הראשון.

ואפי' אם עמד הראשון והלך לו, השני פטור [ב]ומותר; והראשון, חייב - ומיירי שבעת שהלך הראשון לא זז השני ממקומו כלל, וכגון שהליכתו היתה לתוך הבית, **או** שהשני ישב בתוך חלל הפתח מבפנים להבית, והראשון ישב בתוך חלל הפתח לחוץ, ונמצא כשהלך הראשון נשאר הוא על מקומו, **וע"כ** מותר לו לכתחלה לישב עד שתחשך, אף שהוא מתכוין בשביל הצבי, כיון דאינו עושה מעשה מחדש, אלא הוא שומר להצבי שכבר ניצוד, **דאם** היה להיפוך, שהשני ישב מבחוץ והראשון מבפנים, א"כ היה צריך השני לקום ממקומו בעת שהלך הראשון לחוץ, וממילא נתבטלה צידת הצבי, וכשחוזר השני לישב על מקומו למלא את הפתח, הרי הוא חייב משום צידה, (**תוס'** יו"ט, וכן סוברים רוב האחרונים וכמעט כולם {ודלא כהמ"א שכתב, דהיכא שכבר ניצוד פעם אחת, תו לא שייך בו צידה}, [ג][ומרש"י אין ראיה, כמ"ש החמד משה].

אות ג'

כל פטורי דשבת פטור אבל אסור

רמב"ם פ"א מהל' שבת ה"ג - וכל מקום שנאמר שהעושה דבר זה פטור, הרי זה פטור מן הכרת ומן הסקילה ומן הקרבן, אבל אסור לעשות אותו דבר בשבת, ואיסורו מדברי סופרים הרחקה מן המלאכה, והעושה אותו בזדון, מכין אותו מכת מרדות; וכן כל מקום שנאמר: אין עושין כך וכך, או: אסור לעשות כך וכך בשבת, העושה אותו דבר בזדון, מכין אותו מכת מרדות.

אות ד'

המפיס מורסא בשבת, אם לעשות לה פה חייב, אם להוציא ממנה לחה פטור, וממאי דפטור ומותר וכו'

סימן שכח סכ"ח - [ד]המפיס שחין בשבת - היינו שמבקע אותה, **כדי להרחיב פי המכה, כדרך שהרופאים עושים, שהם מתכוונים ברפואה להרחיב פי המכה, הרי זה חייב משום מכה בפטיש, שזו היא מלאכת הרופא** – (לכאורה היינו בכלי, דביד אין דרכה בכך. ומ"מ אין בו משום גוזז משום תלישת העור, דאפשר דמיירי דלא חיסר מהעור, רק שקלף העור לצד מעלה, וי"א משום דהוא כצפורן שפירשה רובא, דתו לא יניק מהגוף).

ואם הפיסה כדי להוציא ממנה הליחה שבה - ואינו חושש אם תחזור ותסתום מיד, [רש"י], **הרי זה [ה]מותר** – (וממה דלעיל עוסק בכלי, יהיה משמע דההיתר הוא ג"כ בכלי, **אבל** ממ"א משמע, דמשום צערא לא הוי שרינן שבות כדרכו, ומה שאנו מתירין, הוא רק ביד).

ואע"ג דממילא נעשה פתח, מלאכה שאין צריך לגופה היא, והוי דרבנן, ובמקום צער לא גזרו, **ואפילו** למ"ד דמשאצ"ל חייב, ג"כ יש לומר דכשעושה רק להוציא הליחה, אינה גמר מלאכה, וא"א לבוא לידי חיוב מכה בפטיש. **ואפילו** אם יש דם ג"כ שמה עם הליחה, מותר, דאותו הדם והליחה שכנוס שם אין בו משום חבורה, **ורק** יזהר שלא ידחוק המכה להוציא דם מחדש, וטוב לעשות ע"י א"י. **ואסור** לחוך שחין, שע"י החיכוך מוציא דם שנבלע בבשר.

מותר ליטול הקוץ במחט, ובלבד שיזהר שלא יוציא דם, דעביד חבורה, ואף דהוא מקלקל, מ"מ אסור הוא לכו"ע, מ"א, **ואף** דיש משום צער, כיון דאפשר להוציא הקוץ בלי הוצאת דם, אין לעבור איסורא בכדי, [**הוספנו** זה כדי להציל המ"א מקושיית החמד משה, שהקשה עליו מתוס' בשבת ק"ז. דמשמע שם דאפי' אי היה ודאי חביל ג"כ לא אסרו לפי המסקנא, **אמנם** דעת המ"א דדוקא היכא דא"א להוציא הקוץ בלי חבלה, כגון שנתחב בעומקו, דאז הוא דומיא דמפיס מורסא, **אבל** היכא דאפשר אסור].

ואותן שיש להן נקב בזרוע שקורין אפטור"א, אם נסתם הנקב קצת, צ"ע אם מותר ליתן בתוכו קטניות שיהיה פתוח, דהכא ודאי כונתו שישאר פתוח, או דילמא כיון שהיה פתוח כבר שרי, **וה"ה** בנקב שבמכה שכבר נפתח ונסתם קצת, ג"כ צ"ע בכה"ג אם מותר לפתוח עוד בשבת, **ומלשון** השו"ע משמע, דאפילו יש בו נקב ובא להרחיבו, אסור.

ומותר לקנחה ולהוציא ליחה שבתוכה, ואם יודע שמוציא דם [המובלע בו] כשמקנחה [היטב ודוחק הבשר], לא יקנחה בשבת, דפסיק רישא הוא, [**ואינו** מותר משום משאצ"ל במקום צער, דהכא אין כ"כ צער אם לא יקנח, או דיכול לעשות הקינוח בלי הוצאת דם, **ואם** ע"י קינוחו לא יצא כי אם הדם הכנוס בו, שרי].

באר הגולה

[א] שם במשנה [ב] שם בגמרא ק"ז [ג] (ע"ל דף ק"ו: אות י') [ד] מ"ה פ"ב דעדיות ולשון רמב"ם [ה] שם כמפרש לה שמואל שבת ק"ז

גמ' אמר רבי אבא אמר רב חייא בר אשי אמר רב [א]נכנסה לו צפור תחת כנפיו יושב ומשמרו עד שתחשך מתיב רב נחמן בר יצחק ישב הראשון על הפתח ומלאהו ובא השני וישב בצדו אף על פי שעמד הראשון והלך לו הראשון חייב והשני פטור מאי לאו פטור אבל אסור [ב]לא פטור ומותר הכי נמי מסתברא מדקתני סיפא למה זה דומה לנועל את ביתו לשומרו ונמצא צבי שמור בתוכו מכלל דפטור ומותר ש"מ איכא דאמרי אמר רב נחמן בר יצחק אף אנן נמי תנינא אע"פ שעמד הראשון והלך לו הראשון חייב והשני פטור מאי לאו פטור ומותר לא פטור אבל אסור הא מדקתני סיפא הא למה זה דומה לנועל את ביתו לשומרו ונמצא צבי שמור בתוכו מכלל דפטור ומותר ש"מ *אמר שמואל [ג]כל פטורי דשבת פטור אבל אסור לבר מהני תלת דפטור ומותר חדא הא וממאי דפטור ומותר דקתני סיפא למה זה דומה לנועל את ביתו לשומרו ונמצא צבי שמור בתוכו ואידך *[ד]המפיס מורסא בשבת אם לעשות לה פה חייב אם להוציא ממנה לחה פטור וממאי דפטור ומותר דתנן *מחט של יד ליטול בה את הקוץ ואידך [ה]הצד נחש בשבת אם מתעסק בו שלא ישכנו פטור אם לרפואה חייב וממאי דפטור ומותר דתנן *כופין קערה על הנר בשביל שלא תאחוז בקורה ועל צואה של קטן ועל עקרב שלא (א) תישך:

הדרן עלך האורג

שמנה [ו]שרצים האמורים בתורה הצדן והחובל בהן חייב ושאר שקצים ורמשים החובל בהן פטור הצדן לצורך חייב שלא לצורך פטור [ז]חיה ועוף שברשותו הצדן פטור והחובל בהן חייב: **גמ'** מדקתני החובל (ב) בהן חייב מכלל דאית להו עור מאן תנא אמר שמואל רבי יוחנן בן נורי היא *דתנן רבי יוחנן בן נורי אומר שמנה שרצים יש להן עורות רבה בר רב הונא אמר רב אפילו תימא רבנן עד כאן לא פליגי רבנן עליה דרבי יוחנן בן נורי אלא לענין טומאה דכתיב °אלה הטמאים לכם *[ח]לרבות שעורותיהן כבשרן אבל לענין שבת אפילו רבנן מודו ולענין שבת לא פליגי והתניא הצד אחד משמנה שרצים האמורים בתורה החובל בהן חייב דברי ר' יוחנן בן נורי וחכמים אומרים אין עור אלא למה

°ויקרא יא

רש"י

גמ' תחת כנפיו. תחת כנפי כסותו ואין יכול לצאת שנכנע בפניו מאליו: **יושב ומשמרו.** כן ואינו צריך לפתוח לו חלון דאינו אלא שומר: **לנועל את ביתו.** דכל אדם עושין כן: **המפיס.** מבקע מורסא קיטור"א: **אם לעשות לה פה.** בתוספתא* תני הכי אם לקולפה ולעשות לה פה כדרך שרופאים של עכשיו עושין דמתקן לה פתח: **חייב.** משום בונה פתח או משום מתקן כלי מה לי לתקן מכה מה לי לתקן כלי: **ואם להוציא לחה.** של עכשיו ואינו חושש אם תחזור ותסתום מיד: **פטור.** ומותר דאין כאן תיקון ורבנן נמי לא גזור בה שבות משום צערא: **ומחט של יד.** ניטלת בשבת: **ליטול בה את הקוץ.** והיינו דומיא דלחה דמצער ליה ואינו חושש אם יסתם מיד וקאמר ניטלת לכתחילה מחט של יד היא מחט שתופרין בה בגדים ומשום דקתני בהדה ושל שק לפתוח בה את הדלת קרי לה להאי מחט של יד: **קערה.** של חרס: **כופין.** לכתחילה ולא שיכבה את הנר ואשמעינן דכלי ניטל להצלת דבר שאינו ניטל בשבת: **על עקרב שלא תשוך.** ואע"ג דממילא מתליד:

הדרן עלך האורג

שמנה שרצים. החולד והעכבר וגו' (ויקרא יא): **הצדן.** חייב שבמינו ניצוד: **והחובל בהן חייב.** דיש להן עור כדמפרש בגמרא והויא ליה חבורה שאינה חוזרת והויא ליה תולדה דשוחט. לוי"ה. ל"א כיון דיש להן עור נצבע העור בדם הנצרר בו (ג)דחייב משום צובע: **ושאר שקצים ורמשים.** כגון תולעת ונחשים ועקרבים: **החובל בהן פטור.** דאין להם עור: **שלא לצורך פטור.** דאין במינו ניצוד והויא מלאכה שאינה צריכה לגופה ור' שמעון היא כדמוקי לה בגמ': **חיה ועוף שברשותו.** פטור אם לצדן שהרי ניצודין ועומדין: **והחובל בהן חייב.** דיש להן עור: **גמ' שמונה שרצים יש להן עורות.** ופליג אדרבנן דאמרי בהעור והרוטב האנקה והכח והלטאה והחומט עורותיהן מטמאין כבשרן אלמא הני ארבעה לית להו עור: **אלה הטמאים.** בתר והאנקה והכח כתיב ודרשינן ה' יתירה דהטמאים לרבות שעורותיהן כבשרן וכתיב אלה למעוטי הנך דקרא קמא החולד והעכבר והצב: **אפילו רבנן מודו.** דיש להן עור למה

תוספות

וממאי דפטור ומותר דתנן מחט של יד ליטול בה את הקוץ. למאי דמסיק בריש פ' הנחנקין (סנהדרין דף פה.) דאתיא כר"ש אתי שפיר דמיירי אפילו ודאי חביל ומשום שאינה צריכה לגופה שרי אבל לפי מאי דפריך התם והא דתנן מחט של יד ליטול בה את הקוץ ליחוש דילמא חביל לא פשיט הכא מיניה שפיר דבמפיס מורסא דודאי עושה פתח שמא יהא אסור ואומר ר"י דאפילו למאי דס"ד התם פשיט שפיר דמסתבר דככולי עלמא אתיא אפילו כר' יהודה וכיון דרבי יהודה דאסר בעלמא דבר שאין מתכוין אפילו אינו פסיק רישיה שרי הכא משום צערא דגופא לר"ש נמי במפיס מורסא דהוי מלאכה שאינה צריכה לגופה שרי לכתחילה מהאי טעמא:

הדרן עלך האורג

שמנה שרצים החובל בהן חייב. לשון ספי' הקונטר' משום נטילת נשמה עיקר כדפי' בפרק כלל גדול (לעיל דף עה.): **הצדן** לצורך חייב. וא"ת מ"ש דאיצטריך הכא למיתני טפי הצדן לצורך חייב בכל חיובי דשבת נמי לא מחייב ר"ש אלא לצורך ואומר ר"י דלהכי תנא ליה הכא לאשמעינן דבשאר שקצים ורמשים שאין להן עור צריך שיתכוין לשום צורך דסתמיה לאו לצורך קיימי אבל בשמונה שרצים דרישא דיש להם עור סתמייהו ניצודין לצורך עורן להכי תני לדן בהדי חובל דמחייב נמי משום עור: **שלא** לצורך פטור. פירש רש"י דאין במינו ניצוד ואינו נראה דהא מאן דפטר אין במינו ניצוד פוטר אפילו לצורך אלא יש לפרש דאפילו במינו ניצוד פטור משום דהויא מלאכה שאינה צריכה לגופה ור"ת מחקו מן הפירושים: **אמר** שמואל ר' יוחנן בן נורי היא דאמר שמונה שרצים יש להם עור. תימה לר"י דע"כ לא פליגי רבנן עליה דרבי יוחנן אלא לענין טומאה אבל בשבת דילמא מודו ליה דהא עור של עגל הרך אי כבשר לענין טומאה והחובל בו בשבת חייב וכן עור של עוף מסתמא הוי כבשר שרך הוא ותנן חיה ועוף שברשותו החובל בהן חייב וי"ל דעור של עגל הרך ושל עוף אע"ג דחשיב עור הוי כבשר לענין טומאה משום דרכיכין וראוין לאכילה אבל עור ח' שרצים סבר שמואל דטעמא דרבנן דחשיבי ליה כבשר משום דאזלי בתר גישתא כדמפרש בהעור והרוטב (חולין דף קכב:) ולא משום רכיכות דלא רכיך כולי האי וכיון דלית להו ממשות עור החובל בהן פטור כמו בשאר שקצים ורמשים: **ע"ב** לא פליגי רבנן אלא לענין טומאה דכתיב אלה הטמאים. וא"ת והא מסקינן (שם) דבגישתא קמיפלגי ופי' בקונט' התם דרבנן לא דרשי הטמאים ואיכא למימר דרב דהכא לטעמיה דתני התם תנשמת ולא אזיל בתר גישתא ומיהו בלאו הכי א"א לומר התם כדפי' הקונטרס דהאי איצטריך למימר התם רב תנא הוא ופליג והא ע"כ ברייתא דדריש הטמאים קיימא כרב ע"כ נראה דרבנן דמתני' דהתם נמי אית להו דרשה דהטמאים אבל לית להו (ד) למינהו הפסיק הענין וכתב הטמאים לרבות ואלה למעט ומוקמינן ריבויא אהנהו ארבע דלית להו גישתא האנקה והכח והלטאה והחומט ורב מרבה כל הנהו דכתיב בתר למינהו וגם תנשמת בכלל וקצת קשה דאמרינן לקמן מאן ת"ק רבי יהודה דאזיל בתר גישתא והא רבנן נמי אזלו בתר גישתא ואפילו הכי דרשי הטמאים וה"נ נימא לרבי יהודה וא"כ נמי נימא עד כאן לא פליג רבי יהודה אלא לענין טומאה דכתיב הטמאים אבל לענין שבת מודה:

רבינו חננאל

טרד לצבי עד שנכנס לגינה או לחצר או לביבר בשבת. הרי זו אינה צידה ופטור והכ"א אפי' טרדו לגינה או לחצר או לביבר וכלאו שם הרי זו צידה וחייב ורמינן מתניתין אהדדי תנא (בצילה דף כג) אבל צדין חיה מן הביברין בי"ט כי חיה שהיא בביבר זו (צידה בביבר) צידתה. וכשנוטלה מן הביבר אינו חשוב כצידה ותניא ביברין של חיה [ושל עופות] אין צדין מהן ביום טוב שמעינן מינה כי חיה שבביבר לאו כצודה דמיא ועכשיו הוא צד אותה ואוקימנא למתני' כחכמים דאמרי הצד חיה לביבר חייב ומשום הכי צדין אותה ביום טוב וברייתא כר' יהודה אלא עופות אעופות קשיא דמתניתין שריא למיצד עוף מן הביברין וברייתא אסורת וכי תימא כי שריא מתניתין מביבר מקורה וברייתאכי אסרה מביבר שאינו מקורה והא בית דמקורה הוא ור' יהודה ורבנן מודו כי הכלא צפור בתוכו בשבת אינו חייב דלא דמו לצד ולאו הוא צד אלא בזמן שצדו למגדל וכל מאן דפטר על זה בשבת אסיר למיצד מיניה בי"ט וכל מאן דמחייב עליה בשבת שרי למיצד מיניה בי"ט וכ"ע על צפור למגדל מחייב. בשבת על צפור לבית לא מחייב והכין קשיא היכי שריא מתני' עוף מן הביבר בי"ט ובשבת פטור עלית או היכי אפטר בשבת ובי"ט אוסר אמר רבה בר הונא הכא בצפור דרור עסקינן כו' פי' כי קתני בשבת הצד צפור לבית פטור בצפור דרור ואפי' כד מיבחשה לא תבשת נפשה בצידה לפי שאינה מקבלת מרות אבל צפור אחרת דלא רגילה בבית מאלתר שיסגו' עליה בית מקורה מקבלת מרות וכצודה דמיא וחייב עליה בשבת וכיון שחייב עליה בשבת שרי לצודה בי"ט. השתא דאתית להכי לענין עוף ואוקימתה זו *)ששנויה בשבת בביבר שאינו מקורה והשנויה בי"ט בביבר מקורה ונקטינן מהדדי חיה אחיה [נמי כי אקשי] לן ואוקימתיה חדא לר' יהודה וחדא לרבנן לא צריכין להכין אלא מתני' דקתני צדין חיה מן הביברין בביבר קטן וברייתא דתני אין צדין בביבר גדול היכי דמי ביבר קטן ופירשנו בה ג' פירושי וכולן קיימין ואתו הדין פירוקא קרוב לדר' שמעון בן גמליאל דאמר לא כל הביברין שוין אלא כל ביבר המחוסר צידה וצריך למיצדיה בתר הכין פטור עליו בשבת ואסור לצוד ממנו ביו"ט וכל ביבר שאינו מחוסר צידה חייב עליו בשבת וצדין ממנו בי"ט והלכתא כר' שמעון בן גמליאל ומפורש בי"ט היכי דמי מחוסר צידה ואסיקנא שבאות לכלובן ולא בעיין לרבויי פי' [...] שאורב להן בדרך שהצייד אורב לצודו כדכתיב יארוב במסתר כו' ירבת ישוח ומצפיר להן סיכן ומיכן והכין הצד צבי פתי סומא וישן חייב משום רבויי חיגר או זקן או חולה מחמת ארצנא פטור דלא בעי רבויי ועבין גוין והן סמני דבורים צירעין ויתושין כל שבמינו ניצוד הצדן בשבת חייב וכל שאין במינו ניצוד הצדן בשבת פטור והנבים ודאי יש במינו ניצד בשעת הטל אין יכולות לפרוח שאין בהן כח ואין צריכין צידה אלא ניטלת ביד ובשעת השרב אם מלקחות ובאות כמים העשכין או כרבר חידוי

*) דברי רבינו צריך ביאור לכאורה דהא מתניתין דא"ג והברייתא הכל ביו"ט מיירי וע"ז קא מתרץ הא בביבר מקורה וכו' וצ"ע.

הגהות הב"ח

(א) גמ' ועל עקרב שלא ישוך. נ"ב וצ"ע מגמ' דברכות ס' אין עומדין ריש דף לג אבל מלאתי בתוס' לעיל דף ג ד"ס בר מהני תלת דכאן אין כטעם משום סכנה רק מכח מלאכה: (ב) שם והחובל בהן: (ג) רש"י ד"ה והחובל וכו' וחייב משום: (ד) תוס' ד"ה ע"כ וכו' אבל לית להו דלמינהו הפסיק:

דאין צריך לגופיה א"כ בזה אין חילוק בין נחש לעקרב ודו"ק והוא אמת גמור ת"ל:

עין משפט נר מצוה

לג א מיי' פ"י מהלכות שבת הלכה כג סמג לאוין סה:
לד ב מיי' שם טוש"ע א"ח סי' שכ"ח סעי' ו:
לה ג מיי' פ"א מהל' שבת הל' ג סמג שם:
לו ד מיי' פ"י שם הל' יז סמג שם טוש"ע א"ח סי' שכח סעיף כח:
לז ה מיי' שם הל' כה וסמג שם טוש"ע א"ח סי' שטז סעיף ז:
א ו מיי' שם הלכה כא ופ"ח שם הלכה ט סמג שם וטוש"ע שם סעיף ח:
ב ז מיי' שם פ"י הל' כד טוש"ע שם סעי' יב:
ג ח מיי' פ"ד מהלכות אבות הטומאות הל' ח סמג עשין רנט:

מסורת הש"ס

עדיות פ"ח | לעיל ג. | לקמן ע"ב כתובות ו: עדיות פ"ב מ"ה | לקמן קכב: סנהדרין פד: [עדיות פ"ב מ"ה] | לעיל מג. ודף קכא. | חולין קכב. | [חולין קכב: תוספתא חולין פ"ח]

רב נסים גאון

נגמרה בו הצידה ולכך הוא בשבת פטור לפי שלא עשה מלאכה שהרי מחוסר צידה עדיין ומי שלוקח ממנו ביום טוב עובר על מה שכתוב (במדבר כח) כל מלאכת עבודה לא תעשו מפני שאי אפשר ליקח מה שיש בתוך הביבר אלא בעשיית צידה ולכן אמרו אסור ואם היה אותו ביבר אינו מחוסר צידה מי שרודף אחרי ציד עד שהגיעו לתוכו בשבת חייב כי עשה מלאכה ומה שהוא עומד בתוכו ביום טוב כבר נגמרה בו הצידה ומותר ליטול ולאכול ממנו לפי שמה שהוא לוקח כבר ניצוד ונגמרה בו מלאכה ולא עשה ביום טוב מלאכת עבודה ולפיכך אמרו בי"ט ושאינו מחוסר צידה מותר ואמרו בתוספתא דשבת (פרק יג) הצד יתי עליה ויוני שובך וציפורים שקיננו בטפיחין או בבירה וכל שמחוסר צידה חייב לפי שעשה מלאכה האווזין והתרנגולין ויוני הרדסיות וכל דבר שאין מחוסר צידה פטור מפני שלקח ממה שנגמרה בו הצידה ולא עשה ביום השבת מלאכה ולפיכך הוא פטור כמו שפירשנו נתבאר לך עכשיו כי השני דברים שוין וכי דבר שחייב עליו בשבת מפני שנגמרה מלאכתו מותר לקחת ממנו ביום טוב ובדבר שפטור עליו בשבת מפני שלא נגמרה מלאכתו אסור ליטול ממנו ביום טוב שהרי מחוסר עשייה והרי עשה עבודה ביום טוב וכמו כן עוד התוספתא שוה למשנה ועיקר זה כי צד בשבת לביבר שאינו מחוסר צידה חייב והצד ממנו פטור והצד בשבת לביבר המחוסר צידה פטור והצד ממנו חייב ודברי המשנה הן אמורין בהצד לביבר ודברי התוספתא הן בהצד ממנו ואין ביניהן חלוקה בדין ושמור דבר זה שביארתי לך: **סליק פרק האורג**

פ"ד שמונה שרצים. והחכמים אומרים לענין טומאה אין עור למה שמנו חכמים. משכחת לה בתורת כהנים הטמאים לרבות עורותיהן יכול עורות כולן ת"ל אלה אלו עורות הטמאים עוד

ורטיה מותר ליתן על האפטור"א, כמ"ש סכ"ז, **ובס'** ראב"ן משמע, דאסור ליתן עליה רטיה, אבל מותר להחליף חתיכת בגד אחר על המקום ההוא, שאם לא יחליף יסריח, וגדול כבוד הבריות, וגם יש לו צער מזה.

אות ה'

הצד נחש בשבת, אם מתעסק בו שלא ישכנו פטור, אם לרפואה חייב, וממאי דפטור ומותר וכו'

סימן שטז ס"ז - [ו]הצד נחשים בשבת, או שאר רמשים המזיקים, אם לרפואה, חייב - דמקרי דבר שבמינו ניצוד, **ואם בשביל שלא ישכנו, מותר** - היינו אפי' במקום שאין רגילין הנחשים להמית, ואין רצין אחריו אלא עומדין במקומן, דבזה אסור לילך להרגן וכדלקמן בס"י, אפ"ה לצודן שרי, דהיינו שכופה עליהם כלי או שקושר אותן, [**ועיין** בספר נהר שלום שכתב, דלהכניסם בתוך כלי כדרך שאר צידה אין נכון, כדי שלא יבואו לחשדו שהוא צדם לצרכו], **והטעם**, דהא הוי מלאכה שאין צריך לגופה, דהא אינו צריך לצוד אלא שלא ישכנו, ואם היה יודע שיעמוד ולא יזיקנו, לא היה צד, וקי"ל דמלאכה שאינו צריך לגופה פטור אבל אסור מדרבנן, והכא משום הזיקא אפילו איסור דרבנן ליכא, **ואפי'** להרמב"ם דמחייב בעלמא במלאכה שא"צ לגופה, מודה בזה, וכתבו דטעמא, משום דס"ל דזה לא מיקרי מלאכה כלל, והוי כמתעסק בעלמא, כיון שאין רצונו בעצם הצידה כלל, ואדרבה כונתו להבריח אותו מעליו.

(ונ"ל דבמקומות שדרכן להמית, כגון נחש בא"י ועקרב בחדייב, אפשר אפי' הוא היה מתכוין בצידתו לרפואה, ג"כ פטור, כיון דמצוה לבערו מן העולם כדי שלא יהרוג בני אדם, וכדלקמן בס"י, דומה למה דאמרינן ביומא פ"ד, בתינוק הטובע בנהר, פורש מצודה ומעלהו, ואע"ג דקמכוין למיתצד דגים, **ויש** לדחות, דהכא קמיכוין רק לרפואה ולא לתועלת שניהם, א"כ דומה למה דאמרינן בפסחים כ"ה, לא אפשר וקמיכוין אסור, אף דעצם הפעולה הוא מצוה במקום שרגילין להמית אדם, מ"מ גרע במה שהוסיף בכונתו, ועיין).

אות ו'

שמנה שרצים האמורים בתורה, הצדן והחובל וכו'

סימן שטז ס"ח - [ז]שמונה שרצים האמורים בתורה, הצדן חייב, והחובל בהם, אע"פ שלא יצא מהם דם, אלא נצרר תחת העור, חייב; ושאר שרצים, אינו חייב החובל בהם אא"כ יצא מהם דם.

והצדן לצורך, חייב; [ח]שלא לצורך - כגון לשחק, [דזהו ג"כ בכלל שלא לצורך], וכה"ג, **או סתם, פטור אבל אסור** - משום דהו"ל משאצ"ל. **[ט]ולהרמב"ם חייב** - אפילו שלא לצורך, כל שנתכוין למלאכה, דס"ל מלאכה שאצ"ל חייב עליה, **ורוב** הפוסקים פוסקים כדעה הראשונה דפטור מחטאת, משום דבעינן מלאכת מחשבת, ואסור מדרבנן. ‹כל הסעיף הובא עם כל דברי המ"ב והבה"ל בעמוד ב'.›

אות ז'

חיה ועוף שברשותו, הצדן פטור, והחובל בהן חייב

סימן שטז סי"ב - [י]חיה ועוף שברשותו - כולל כל מיני בע"ח שהרגילן בבית ונעשו בני תרבות, **[יא]מותר לצודן** - היינו אפילו בחוץ, **והטעם**, כיון שהם בני תרבות והורגלו בבית, וממילא יחזרו לביתם בערב, ונוח לתפסן, לכן אף כשיצאו מן הבית הרי הן כניצודין ועומדין, ולא שייך בהם צידה. [**כן** מוכח בביצה כ"ד בתירוץ דרב מרי, ובר"ן ושאר פוסקים, דמטעם זה לא מקרי צידה, **אכן** ברא"ש נזכר התרוץ ראשון, דתלוי במזונותן עליך].

ובלבד שלא יטלם בידו, שכל בע"ח הם מוקצים, אלא רודף אותם עד שיכנסו למקום צר ונועל בפניהם.

[יב]והוא שלא ימרודו; אבל אם הם מורדים, אסור לתפסם [יג]אפילו בחצר, אם החצר גדול שאם לא גדלו בין בני אדם היו צריכים מצודה - היינו שעכשיו שנתגדלו בין אנשים אין צריכין להם מצודה, כי יבואו מעצמן לביתם לערב, **ומ"מ** כיון שמרדו ואין נוח לתפסם, והחצר גדול, מחזי כעין צידה, ואסור על כל פנים מדרבנן.

אבל אם החצר קטן, דבלא"ה אין צריכין להם מצודה, אפילו איסור דרבנן ליכא, [**ולגבי** עוף בעינן שיהיה ג"כ מקורה].

אסור לתפסם – (לאו דוקא לתפסם, דהא אפי' לא מרדו אסור לתפסם, דמוקצים, אלא ר"ל לצודן להכניסן למקום צר שנצודים בו ועומדים בו ומוכנים לתפסם, **ועי"ל** דהאי לתפסם, ר"ל לדדותם בצוארם ובצדדיהם שלא בהגבהה מן הארץ, דשרינן לעיל בסי' ש"ח סל"ט).

הגה: [יד]וי"א דאסור לצוד חיה ועוף שברשותו - היינו כשהם בחוץ, או בפנים בבית גדול שיש בו שיעור צידה, דהיינו שלא יכול להשיג בשחיה אחת, וכנ"ל בריש הסימן, (וכונת הרמ"א להחמיר אפי'

באר הגולה

[ו] מ"ה בפ"ב דעדיות וכדמפרש לה שמואל בשבת ק"ז [ז] שם בשבת במשנה [ח] שם בתוספות [ט] שם בפ"י הכ"א, וכ' הר"ן דלטעמיה אזיל, דפסק בפ"א דמלאכה שאצ"ל חייב, ודלא כר"ש [י] שם ק"ז במשנה [יא] בגמרא שם לעיל מיניה ‹ז"ל הב"י: כל פטורי שבת פטור אבל אסור, בר מהנך תלת, וכ"כ בהגהות, ע"כ. **נראה** שמפרש, דמאי דקאמר ההגהות וכל פטורי שבת פטור אבל אסור בר מהנך תלת, שהנך תלת הוו חיה ועוף וכו', וליתא – כנה"ג. ‹**פשיטא** מילתא דרבנא ב"י דייק טפי בהא, ואינהו דלא דקו, ואשתמיט להו סוגיא דשלהי האורג, התם איתיה להדיא, דהצד צבי שנצוד כבר, הוא מהנך תלת מילי, וכן צפור שנכנסה תחת כנפיו יושב ומשמרה עד שתחשך, וכולה חדא מילתא דלפי שנעשתה ברשותו, תו לא חייב עלה משום צידה. **והכי** נמי חיה ועוף שברשותו, לא שנא, דהא טעמא דפטור על צידתן משום דניצודין ועומדין הן, א"כ שוב לא שייך בהן צידה אפילו מוסיף בשמירתן, זה פשוט – מו"ק. ‹**אע"ג** דכל פטורי דשבת פטור אבל אסור, כאן ע"כ מותר, כמ"ש בביצה כ"ד א', {עיין בדמשק אליעזר}, ומ"ש במתני' דשבת פטור, משום דתני ברישא חייב – גר"א› [יב] **הרב המגיד בשם הירושלמי וכ"כ הרשב"א** [יג] **שם בהגהות בשם רבי ברוך** [יד] ‹כנ"ל דכל פטורי דשבת פטור אבל אסור, וי"ט שאני משום שמחת י"ט התירו – גר"א›

באווזין ותרנגולין), **ואם נדון פטור (הגהות אלפסי)** - ופסקו האחרונים כהי"א הזה.

ולפי"ז יש ליזהר שלא להכניס העופות בשבת מן הבית {כשהוא גדול ומחוסר צידה שם} למקום הכלוב שלהם, ששם המקום צר ומקרי צידה גמורה, (**ואפילו אם היו העופות בתוך הכלוב, ונפתח הכלוב, יש ליזהר שלא יסגירנו, כיון שהוא מכוין בזה לצודם שלא יצאו חוצה, אבל מותר להאכיל להעופות אשר בלול ביום ש"ק ע"י א"י, ואם הא"י בעצמו יסגור, לית לן בה, ונראה דדוקא שהבית גדול, או שהלול עומד בחצר, דאם הבית קטן, מותר לסגור הלול, ואפילו אם הבית גדול, יוכל ג"כ להאכילם בענין שלא יפתח הלול לגמרי שיוכלו לברוח**).

ואם יצאו העופות לחוץ וחושש שלא יגנבו אותן, אף דאסור לתפסן בעצמו בידים, מ"מ אם תינוקות קטנים צדין אותם, א"צ למחות בידן, **גם** דמותר לומר לא"י שיצוד אותן, דהוי שבות דשבות, כ"כ הח"א, **וכתב** עוד, דמותר לעמוד בפני העוף שלא יברח, כדי שממילא יחזור לבית, **גם** הביא המ"א בשם האגודה, דמותר לדחות העוף מאחריו שיכנס לבית, אם הבית גדול שאין יכול להשיגו שם בשחיה אחת, דאין כאן צידה גמורה.

ואם הוא מתכוין להכניסם לכלוב רק כדי שלא יעשו היזיקות בבית, אפשר שיש להקל, (**הטעם, דזה הוי מלשאצ"ל, דרוב הפוסקים ס"ל כר"ש, ולא נשאר לנו רק האיסור דרבנן שיש בזה, וגם הלא הוא דבר שאינו מחוסר צידה, דהוא ג"כ רק מדרבנן, כיון דהוי תרי דרבנן אפשר שיש להקל במקום הפסד, ודומיא דמה דפסק המשאת בנימין** {בשם האגודה, הביאו גם המ"א}, **דאם חושש שלא יגנבו ואיכא הפסד, מקילינן דחיית התרנגולת לבית, שהיא צידה כלאחר יד, במקום דיהיה האיסור צידה רק מדרבנן, כגון שהורגלה לבוא לביתה**).

ובח"א כתב, דאם דרכו של אותו העוף שאין נשמט מן היד, כמו שיש מן התרנגולות שתיכף היא יושבת כשרוצין לתפסה, ואין צריך לרדוף אחריה, **דבהו** אין איסור צידה כלל לכו"ע אם הורגלה כבר בבית, ומותר להכניסה ע"י דחיה או לרדפה אף לבית קטן או לכלוב שלה, וכן יש להקל.

ואם היו עופות חדשים שלא הורגלו בבית, יש בזה איסור בכל גוונא, ואפילו אם נכנסו בעצמן לכלוב, אסור לנעול הדלת של הכלוב בפניהם, (**כי שם אם יכניסם לכלוב שהוא מקום צר, כדי לשמרם שלא יצא לחוץ, הוא איסור צידה דאורייתא, לפי מה שכתבו האחרונים, דבהו שייך צידה דאורייתא, וא"כ אף כשיכניסם רק בשביל שלא יזיקו, דהוא בכלל משאצ"ל, יש בזה עכ"פ איסור דרבנן לרוב הפוסקים**).

אבל פרה וסוס - פירוש דבפרה וסוס שהם מיני בהמות, לא שייך צידה כלל אפילו מדרבנן, אפילו קנה אותם מחדש ועדיין לא הורגלו לבוא לביתו, **כי** אין עשויין להשמט מתחת ידי אדם, ומותר לתפוס אותן ולסגור אותן במקום צר, **וכל שכן שאר חיה ועוף** - שברשותו, שעשויין להשמט מידי אדם, אף שאין צריכין מצודה לתפסן, כי יבואו מעצמן לביתן לערב, מ"מ יש בו איסור צידה דרבנן, **שמרדו, אם נדון חייב חטאת, וכן עיקר (המגיד)** - אפילו פרה וסוס חייב חטאת עבור צידתן, אפילו נתגדלו מתחלה בביתו, **והוא** שמרדו הפרה והסוס לגמרי וברחו מרשותו, עד שצריך לבקש מצודה או איזה תחבולות לתפסו, וגם אינן באים לערב לביתו, [**דאל"כ** אינו חייב חטאת רק איסורא בעלמא].

ושאר חיה ועוף וכו', מיירי ג"כ שמרדו וברחו ואינן חוזרין לביתו בערב, אלא לנין בשדה כאווזא ובר אווזא שלנין על המים וקשה לתפסן בלי מצודה ותחבולה, **וגם** המחבר מודה דבזה חייב חטאת הצודה אותן.

וכתבו האחרונים, דמזה נלמוד דה"ה אם קנה אווזין ותרנגולין מחדש, ועדיין אינן רגילין כלל בביתו, ואם יצאו לא יחזרו עוד לבית, אלא תנקר באשפה, הצדן חייב, **ואם** יצאו מן הבית אסור לצודן אפי' ע"י א"י, **ונראה** דאם הבית גדול, דלא מטא ליה בחד שחיה, מותר ע"י א"י להכניסן בתוכו, אם חושש שיבוא לידי פסידא, **ואם** תינוקות קטנים רודפין אותם להחזירן לתוך הבית הזה, ג"כ אין מוחין בידן.

(**ודע עוד, דאם קנה עוף מחדש, ועדיין לא הורגלה לצאת ולבוא להבית, כי לא הניחוה לצאת חוצה, ואם תצא מן הבית לא תדע לחזור לעצמה, רק בתוך הבית הורגלה לבוא לכלובה לערב, נ"ל פשוט דבתוך הבית יש לה דין חיה ועוף שברשותו, ואין בה צידה דאורייתא, אבל אם יקרה שתצא לחוץ, דינה כמו שאר עופות חדשים שלא הורגלו לבוא לביתן**).

(**אם** קנה עוף מחדש אצל אחד בעירו במקום קרוב, אין בה צידה דאורייתא למי ומי שיצודה כשהיא בחוץ, דאף שלא הורגלה לבוא לביתה החדש, עכ"פ הורגלה לבוא לכלובה הישן אם יניחוה, וכנצודה ועומדת דמיא, **ותדע**, דאטו דין המשנה דחיה ועוף שברשותו פטור, איירי דוקא כשצדן הבעה"ב ולא אחר, והא ודאי ליתא, אלא ודאי כיון שהחיה ועוף הוא ברשות איזה אדם, הויא כנצודה, ושוב אין בה צידה דאורייתא לכל, **וכתבתי** זה לעורר לב המעיין, ועדיין אינו ברור למעשה).

חתול, דינה כשאר חיה ואסור לתפשה בשבת (הגהות אלפסי) - ר"ל דאין דינה כבהמה, אלא כחיה ועוף, ויש בה כל פרטי דיני איסור צידה כמו בהם וכנ"ל.

אות ח'

לרבות שעורותיהן כבשרן

רמב"ם פ"ד מהל' שאר אבות הטומאה ה"ח - עצמות השרץ וגידיו וציפורניו, טהורין; ועור החולד והעכבר והצב והתנשמת, טהור, אע"פ שהוא לח ועדיין לא עיבדו ולא הלך בו; אבל עור האנקה והכח והלטאה והחומט כבשרן ומטמא בכעדשה; ואם עיבדן או שהלך בהן כדי עבודה, טהורין; וכמה היא כדי עבודה, כדי הילוך ד' מילין.

עין משפט
נר מצוה

ד א מיי' פ"ח מהל' שבת הלכה ט סמג לאוין סה טוש"ע א"ח סי' שטז סעיף ח:
ה ב מיי' פי"א שם הל' ג סמג שם טור א"ח סימן שטו:
ו ג ד מיי' פי' שם הלכה כד ופי"א שם הל' ג סמג שם טוש"ע א"ח סי' שטו סעיף ט:
ז ה (מיי' פ"י שם הל' כא) סמג שם טוש"ע שם סעיף ח:
ח ו ז ח מיי' פי"א שם הלכה א:
ט ט י מיי' פ"ח מהל' שבת הלכה ג טוש"ע א"ח סי' שלו סעיף ס:

אמר אביי אין עור חלוק מבשר כו'. מסקנא דפירכא היא מאביי דודאי אליבא דאביי פליגי לענין שבת אבל לאחי דמפרש רבא ורב אדא לא פליגי מידי לענין שבת ותימה הוא כיון דלא קיימא שיטיה דאביי היכי פריך מינה: **הצד** את הפרעוש כו' ר"י פוטר. משמע דפטור אבל אסור ואומר ר"י בשם הרב פורת דאפ"ה אם עוקץ האדם מותר ליקחנו ולהשליכו מעליו דמשום צער שרי אבל אם הוא באותו ענין על האדם שאינו ירא שיעקצנו כגון על סרבלו מבחוץ אסור ליטלו אבל יכול להפילו מעליו: **ויש** ספרים דגרסי מ"ט מחייב רבי אליעזר לאו משום דפרה ורבה ושיבוש הוא דהא אפילו בכינה מחייב רבי אליעזר ופרעוש נקט לרבותא דרבי יהושע דאפילו פרעוש פוטר ושיבוש נמי דמשני לא משמע דגרים ליה ור"ת נמי מחקו מספרו: **כיון** שיבש בו כסלע. בנילוד ועומד במים מיירי מדלא מחייב ליה עד שיבש כסלע:

למה שמנו חכמים אדרבה למה שמנו חכמים אין להם עור ואמר אביי הכי קאמר אין עור חלוק מבשר אלא למה שלא מנו חכמים אמר ליה רבא הא למה שמנו חכמים קאמר אלא אמר רבא הכי קאמר אין עור מטמא כבשר אלא למה שמנו חכמים מכלל דרבי יוחנן בן נורי הנך נמי דלא מנו חכמים מטמאין והא קתני ר' יוחנן בן נורי אומר ח' שרצים יש להן עורות ולא מטמאין (א)[אמר רב]אדא בר מתנה תריץ הכי וחכמים אומרים לענין טומאה אין עור למה שמנו חכמים ואכתי לענין שבת לא פליגי והתניא הצד אחד מח' שרצים האמורים בתורה *החובל בהן חייב בשרצים שיש להן עורות ואיזו היא חבורה שאינה חוזרת *נצרר הדם אע"פ שלא יצא רבי יוחנן בן נורי אומר ח' שרצים יש להן עורות אמר רב אשי מאן ת"ק רבי יהודה דאזיל בתר גישתא *דתנן ר' יהודה אומר הלטאה כחולדה אבל רבנן דפליגי עליה דרבי יוחנן לענין טומאה לענין שבת מודו ליה אי הכי האי דברי רבי יוחנן בן נורי דברי רבי יוחנן ומחלוקתו מיבעי ליה תני דברי רבי יוחנן בן נורי ומחלוקתו בעא מיניה לוי מרבי מנין לחבורה שאינה חוזרת דכתיב °היהפוך כושי עורו ונמר חברבורותיו מאי חברבורותיו אילימא דקאי ריקמי ריקמי האי ונמר חברבורותיו נמר גווניו מבעי ליה אלא ככושי מה עורו דכושי אינה חוזרת אף חבורה אינה חוזרת: ושאר שקצים כו': הא הורגן חייב מאן תנא א"ר ירמיה ר"א היא *דתניא ר"א אומר ההורג כינה בשבת כהורג גמל בשבת מתקיף לה רב יוסף עד כאן לא פליגי רבנן עליה דרבי אליעזר אלא בכינה דאינה פרה ורבה [ג]אבל שאר שקצים ורמשים דפרין ורבין לא פליגי ושניהם לא למדוה אלא מאילים רבי אליעזר סבר כאילים מה אילים שיש בהן נטילת נשמה אף כל שיש בו נטילת נשמה ורבנן סברי כאילים מה אילים דפרין ורבין אף כל דפרה ורבה א"ל אביי וכינה אין פרה ורבה *והאמר מר יושב הקב"ה וזן מקרני ראמים ועד ביצי כינים מינא הוא דמיקרי ביצי כינים והתניא טפויי וביצי כינים מינא הוא דמיקרי ביצי כינים °והרי פרעוש דפרה ורבה ותניא הצד פרעוש בשבת רבי אליעזר מחייב [י]ורבי יהושע פוטר אמר רב אשי צידה אהריגה קרמית עד כאן לא פליגי רבי אליעזר ור' יהושע אלא דמר סבר *דבר שאין במינו ניצוד חייב ומר סבר פטור [י]אבל לענין הריגה אפילו רבי יהושע מודה: [י]הצדן לצורך חייב וכו': מאן תנא אמר רב יהודה אמר רב *ר' שמעון היא דאמר מלאכה שאין צריכה לגופה פטור עליה איכא דמתני לה אהא *המפיס מורסא בשבת אם לעשות לה פה חייב אם להוציא ממנה לחה פטור מאן תנא אמר רב יהודה אמר רב ר' שמעון היא דאמר מלאכה שאין צריכה לגופה פטור עליה ואיכא דמתני לה אהא *הצד נחש בשבת אם מתעסק בו שלא ישכנו פטור אם לרפואה חייב מאן תנא אמר רב יהודה אמר רב רבי שמעון היא דאמר מלאכה שאינה צריכה לגופה פטור עליה אמר *שמואל [י]השולה דג מן *הים כיון שיבש בו כסלע חייב א"ר יוסי בר אבין ובין סנפיריו אמר רב אשי [י]לא תימא יבש ממש אלא אפילו דעבד רירי אמר מר בר המדורי °אמר שמואל *)[ח]הושיט ידו למעי בהמה ודלדל עובר שבמעיה חייב מאי טעמא אמר רבא בר המדורי אסברא לי לאו אמר רב ששת °האי מאן דתלש כשותא מהיזמי והיגי מיחייב משום עוקר דבר מגידולו הכא נמי מיחייב משום עוקר דבר מגידולו אמר אביי [י]האי מאן דתלש פיטרא

*) [עי' תוס' ע"ז כו. ד"ה סבר]

למה שמנו חכמים. בשחיטת חולין אלו שעורותיהן כבשרן והא ודאי מתניתא היא אדרבה למה שמנו חכמים אין להם עור דהא עורותיהן כבשרן קאמרי: **ואמר אביי הכי קאמר אין עור חלוק מבשר.** אלא לאותן ד' שלא מנו חכמים חולד ועכבר וצב ותנשמת אבל האנקה והכח והלטאה והחומט אין עורן חלוק מבשרן ולא הוי חבורה ומ"מ קשיא לרב: **א"ל רבא והא למה שמנו קאמר.** ולא טעי תנא בין מנו ללא מנו: **אין עור מטמא כבשר כו'.** והכי קאמרי ליה דקאמרת לענין שבת יש להן עור אבל לענין טומאה עורותיהן כבשרן דאיתנו והטמאים אין עור מטמא כבשר אלא לאותן ארבעה שמנו: **מכלל דרבי יוחנן כו'.** בתמיה והא קתני התם גבי טומאה דכל ח' שרצים לרבי יוחנן בן נורי יש להן עורות: **פריך הכי.** הכי מברייתא אלא ותני אין עור למה שמנו חכמים ומיהו לרב לא תקשי דהכי קאמרי ליה לענין שבת מודינא לך דהחובל בהן חייב אבל לענין טומאה פליגא דאין עור לאותן ד' שמנו: **בשרצים שיש להן עורות.** לאותן ד' שלא מנו: **נצרר הדם.** נאסף ונקשר במקום אחד שוב אינו חוזר ונבלע: **מאן ת"ק.** דהך מתניתא דאמר בשרצים שיש להן עורות דמשמע דיש מהן דפטור: **רבי יהודה היא.** דלענין טומאה לא יליף מאלה הטמאים אלא ההוא דאית ליה גישתא שעורו עב ויש לו עור ממש אינו כבשר ושאינו עב הוי כבשר והלטאה משום דעורה עב משוי ליה כחולדה בהעור והרוטב הלכך לענין שבת נמי לאו עור הוא בשלש מהן אנקה וכח וחומט אבל לרבנן דהעור והרוטב שמנו הלטאה בהך שעורותיהן כבשרן אלמא דטעמייהו לאו משום עור ולאו עור אלא משום דרשה דקרא לענין טומאה הוא דפליגי משום קרא אבל לענין שבת מודו דודאי עור הן: **דברי ר' יוחנן בן נורי.** דקתני בההיא ברייתא דלעיל לענין שבת כיון דלא איפלגו רבנן עליה אלא לענין טומאה דברי ר' יוחנן בן נורי ומחלוקתו מיבעי ליה: **מנין לחבורה שאינה חוזרת.** ולמילף דההיא דחוזרת לאו חבורה היא כגון הנך דאין להן עור שנצרר בו הדם חבורתו חוזרת לקדמותה או מכה קטנה שלא נצרר הדם: **אילימא דקאי ריקמי ריקמי.** ונמר ממש אמר קרא שהוא מנומר בגוונים: **אלא ככושי כו'.** והאי נמר לשון תמורה היהפוך כושי עורו ונמר חברבורותיו כלומר וימיר חבורת עורו לחזור לקדמותו שלא יתקשה העור במקום המכה: **גמל.** משום דגדול הוא נקט ליה: **מאילים.** אילים מאדמים שנשחטו למלאכת המשכן בשביל עורותיהן: **והא אמר מר.** במסכתא קמייתא דמס' ע"ז: **ביצי כינים.** קס"ד כינים קטנים כשיוצאין מביציהן: **הטפויין.** מין הטפויין וביצי כינים מתניתא היא ולא ידענא היכא תניא: **הצד פרעוש.** ממקום שאינו נילוד ועומד כגון מעל גבי קרקע או מבגדיו מבחוץ: **להוציא ממנה לחה.** מלאכה שאינה צריכה לגופה היא שהפתח היא המלאכה וזה אין צריך (ב) להיות כאן פתח מעכשיו: **הצד נחש.** כמי הצידה היא המלאכה וזה אינו צריך לצידה אלא שלא תשכנו ואם יודע שתעמוד ולא תזיקנו לא היה צד: **השולה דג.** שהיה נילוד ועומד מבעוד יום: **כסלע.** כרוחב סלע: **חייב.** משום נטילת נשמה דתו לא חיי: **עביד רירי.** שטוגנין בו וחוטו הרירין *נמשך מן האצבע: **דלדל.** עקר שהפילתו על ידי דלדול זה: **בר המדורי אסברא לי.** טעמא דהא מילתא: **כשותא.** הומלון וגדל מתוך ההיזמי מריח הקרקע שההיזמי יונק ממנו: **מיחייב.** ואף על פי שאינו מחובר לקרקע כדאמרינן בעלמא (עירובין דף כח: (ג)) מאוירא רבי: פיטרא

מסורת הש"ס: חולין מו: · שם קכב. · לעיל קו: וש"נ · [לעיל קה: וש"נ] · לעיל ע"א · כתובות ו: · [עדיות פ"ב מ"ה] · [נמשך עם האצבע כצ"ל]

הגהות הב"ח
(א) גמ' ולא מטמאין אלא אמר רב אדא בר מתנה: (ב) רש"י ד"ה להוציא ממנה וכו' צריך לו להיות: (ג) ד"ה מחייב וכו' כדאמרי' בעלמא עירובין כח ע"ב. נ"ב עיין דהמסקנא היא דמארעא קא רבי והערוך גם הוא פי' הכא על פי המסקנא דהתם עיין ערך כשות:

רבינו חננאל

(הירוי) שהן באות כמו נופלות למקום אחד ואין בהן כח לילך לכאן ולכאן פטור עליהן כאלעזר בן מהבאי ואם מפורחות הן לדעתן חייב: **צבי** שנכנס לבית. עיקר דבר בעשותה אחת אחד שעשה חייב ב' שעשאו פטורין ומפרש בהמצניע בענין המוציא ככר: אין צידת ארי אלא בהכנסתו (לגרזנקי) [לגורזקי] שלו פי' לכלובו: **ישב** אחד על הפתח כו' אסיקנא שאם היה צבי רץ כדרכו ונתכוון אדם לנעול בפני עצמו ונעל בפניו ובפני הצבי פטור: **נכנסה** צפור תחת כנפיו יושב ומשמרה עד שתחשך ומתני' ובא השני וישב בצדו אע"פ שעמד הראשון והלך לו השני מותר לישב ולשמור עד שתחשך: **אמר** שמואל כל פטורי שבת פטור אבל אסור לבד מהני תלת דפטור ומותר ואלו הן כו' ומפרש (לעיל ג) אע"ג דעביד בהו מעשה איכא אחריני טובא פטור (אף דלא) [אם לא] עביד בהו מעשה:

הדרן עלך האורג

שמונה שרצים האמורין בתורה הצדן והחובל בהן חייב. ודאי זו המפורשות במשנתנו הצדן לצורך חייב שלא לצורך פטור אפי' בח' שרצים היא דאי הוה שנו ח' שרצים לענין צידה והוה מיחייב הצדן בין לצורך ובין שלא לצורך ושאר שרצים ורמשים צדן לצורך [חייב] ושלא לצורך פטור (הוה) מפרש בגמ' טעמא דמילתא ופי' החובל העושה חבורה וכיון דמפרש כי חבורה זו אינה חוזרת שטעינן מינה כי עור הוא שאם נעשית בו חבורה ועשה מקומו צלקת וכיוצא בהו ומדקאמר בשמונה שרצים החובל בהן חייב מכלל שיש להן עור ומוקים לה שמואל כר' יוחנן בן נורי דאמר ח' שרצים יש להן עורות אבל רבנן לא דתנן בהעור והרוטב אלו שעורותיהן כבשרן ומנו האנקה והכח והלטאה והחומט*) ודקתני נמי והתנשמת דאלמא לית להו עורות דכל מאי דאית ליה עור לא מיטמא עורו טומאת נבלות וכד מיעבד טהור ותני שרצים עורותיהן כבשרן ור' יוחנן בן נורי פליג בשאר ח' ואוקמה שמואל להא מתניתין כוותיה ורב אמר אפי' תימא רבנן לאו משום דאין להן (לעכבר ולצב ולחולדה) **)עורות טמאו רבנן למשביינהו אלא מדרבינהו קרא אלה הטמאים לכם ודרשי אלה הטמאים לרבות עורותיהן כבשרן אבל לענין חובל בשבת מודו רבנן בח' שרצים שיש להן עורות ואקשי' עלה דרב ולא פליגי והתניא הצד אחד מח' שרצים והחובל בהן חייב דברי ר' יוחנן בן נורי וחכ"א אין עור אלא למה שמנו חכמים ואתמהינן אדרבה למה שמנו חכמים אין להן עור כי עורותיהן כבשרן הוא ופריק ר' אלעא הכי קתני וחכ"א אין עור מטמא כבשר אלא מה שמנו חכמים ואמרו אלו שעורותיהן כבשרן ודייקינן מדקתני חכמים דהני ששנין במשנה ואלו שעורותיהן כבשרן הוא דעורן טמא כבשרן והנשארין לא מכלל דר' יוחנן בן נורי דפליג עליהן סבר דאפי' הנשארין מטמאו והא ח' שרצים יש להן עורות קתני דאלמא כולן לא מטמא עורן ונדחת דתריץ רב אדא הכי וחכ"א לענין טומאה אין עור למה שמנו חכמים כלומר אין להן עור אלא כבשר הוא חשוב. ור' יוחנן בן נורי פליג ואמר יש להן עורות ואקשי' וכי לענין טומאה פליגי לענין שבת לא פליגי והתניא הצד אחד משמונה שרצים והחובל בהן חייב בשרצים שיש להן עור ואי זו היא חבורה כל שאינה חוזרת

*) אולי צ"ל וכך תני נמי תנשמת ועי' בחולין דף קכ"ב ע"ב. **) נראה דצ"ל והאנקה והכח והלטאה והחומט.

רב נסים גאון

האנקה והכח והלטאה והחומט ר' יהודה אומר הלטאה כחולדה ר' יוחנן בן נורי אומר ח' שרצים יש להן עורות ומשכחת לה עוד במסכת חולין בפרק העור והרוטב (דף קכב) אלו שעורותיהן כבשרן עור האדם ועור החזיר של ישוב ר' יוסי אומר אף עור חזיר הבר עור חטרת גמל הרכה ועור הראש של עגל הרך ועור בית הפרסות ועור בית הבושת ועור השליל ועור שתחת האליה ועור האנקה והכח והלטאה והחומט ר' יהודה אומר הלטאה כחולדה הרי אלו שמנו אותם חכמים מטמאין עורן כבשרן ואין להן עור שהוא חלוק מבשרן לענין טומאה: **מלאכה** שאינה צריכה לגופה דפליגי בה ר' יהודה ור' שמעון כבר כתבנוה בפרק יציאות השבת: **אמר** רב ששת האי מאן דעקר כשותא מהיגי והיזמי חייב משום עוקר דבר מגידוליו. משתכחה בפרק בכל מערבין (עירובין דף כח) ר' זירא כי הוה חליש מגירסיה הוה אזיל ויתיב אפיתחא דבי ר' יהודה בר אמי אמר כי חלפי רבנן איקום מקמייהו ואקביל אגרא נפק אתא ינוקא אמר ליה מאי אגמרך רבך בכשות אמר ליה כשות בורא פרי האדמה כשות נמי מארעא קא רביא דהא קא יזיק דקטלינן להו להיזמא ומיתא כשותא ובפרק ר"א אומר תולין את המשמרת (דף קלט) אמרו מכריז רב (סמא ומן כשותא) [האי מאן] דבעי למיזרע כשותא בברסא ניזרע: **מאן** דתליש פיטורא׳ הן פטריות שהזכירו

גליון הש"ס גמ' והרי פרעוש. עי' בר"ן פ"ק דמסכתין ס ע"ב: שם אמר שמואל הושיט ידו למעי בהמה. עי' בכורות כה ע"א תוס' ד"ה דהוי ליה: רש"י ד"ה הטפויין כו' ולא ידענא. עי' ברכות כט ע"ב ד"ה מאן שמעת ליה וש"נ:

§ מסכת שבת דף קז: §

אות א'

החובל בהן חייב, בשרצים שיש להן עורות; ואיזו היא חבורה שאינה חוזרת, נצרר הדם אע"פ שלא יצא

סימן שטז ס"ח - [א]**שמונה שרצים האמורים בתורה, הצדן חייב** - דהנה מתחלה ביאר המחבר דין צידה בחיה ועוף, דבאותן המינים סתמייהו ניצודין לצורך, **ועכשיו** ביאר המחבר דין צידת שרצים, דבהו יש חילוק, דבאותן המינים שיש להן עורות, והוא הח' שרצים האמורים בתורה: החולד והעכבר והצב וגו', יש צידה, דמסתמא צדן ג"כ לצורך זה, **אם** לא שכונתו היתה בהדיא שלא לצורך, ופטור משום דהו"ל מלאכה שא"צ לגופה, **אבל** שאר שרצים אין להן עורות, וסתמייהו ניצודין שלא לצורך, אם לא שכונתו היה בהדיא לאיזה צורך, ואז הוא חייב אם הוא דבר שבמינו ניצוד.

(**הוא טעם התוס', ויש עוד טעם אחר בר"ן והובא במ"א, דהח'** שרצים אין דרכן להזיק, וסתמייהו ניצודין לאיזה צורך, **משא"כ** בשאר שרצים דדרכן להזיק, וסתמייהו ניצודין כדי שלא יזיקו, והוי מלאכה שאצ"ל ופטור, **והנה** לפי דבריו, **אם ימצא בשאר שרצים איזה מין שאין דרכו** להזיק, יהיה ג"כ חייב כמו בהח' שרצים, וכן כתב הפמ"ג).

והחובל בהם, אע"פ שלא יצא מהם דם, אלא נצרר תחת העור, חייב - טעם לחיוב חבלה, הוא מפני נטילת נשמה שבאותו מקום, כי הדם הוא הנפש, **וע"כ** אפילו יצא הדם כל שהוא, או נצרר הדם כל שהוא, חייב, דנצרר היינו שנאסף ונקבץ במקום אחד, ושוב אינו חוזר ונבלע בהבשר, [רש"י שבת ק"ז ע"ב].

(**דעת הרמב"ם**, דחובל חייב משום מפרק שהוא תולדה דדש, **דדמים** שמפרק מתחת העור כמפרק תבואה מקשיה דמי, ואע"פ שלא יצאו לחוץ, מ"מ נעקרו ממקום חבורם, **ולפי"ז** בעינן שיצא דם כשיעור גרוגרת ממקום למקום לענין חיוב חטאת, כמו בדש, **גם** אם חבל בשרו לאחר מיתה ויצא דם, חייב, **ולצד** דחיובא דחובל הוא מחמת נטילת נשמה שבאותו מקום שחבל, כי הדם הוא הנפש, א"כ לא בעינן שיעורא, ורוב הפוסקים הסכימו לזה, **ומ"מ** פעמים שחייב אף משום צובע, כגון שנצטבע העור כשיעור צביעה ע"י הדם שנתקבץ תחתיו מן החבלה, ויש לו איזה צורך בצביעה זו).

נקט חבלה בשרצים, משום דבהו יש שרצים שאין להם עור, ואינו חייב עד שיצא הדם, כמו שמסיים המחבר, **אבל** כ"ש דיש חיוב חבלה בבהמה חיה ועוף, שכולם יש להם עור, וחייב אפילו בנצרר, [כן מוכח בשבת דף ק"ח].

וכ"ז מיירי כשצריך לדם החבלה לכלבו או לאיזה ענין, או לבשר שנצרר בו הדם להאכיל לכלבו עם דמו, **דאל"ה** הוא בכלל מקלקל ופטור,

ויש מן הפוסקים שסוברין, דלפיכך חייב בנצרר הדם, דאין זה בכלל קלקול אלא תקון, שדרך העולם להכותם כדי להחלישם שיהא נוח להכבש - [המאירי].

(**ודע עוד**, דלכאורה לפי מה דפסק המחבר לקמיה, דהצדן שלא לצורך פטור, א"כ ע"כ דס"ל מלאכה שאצ"ל פטור, א"כ אמאי מחייב בחובל, הא הוי מלאכה שאצ"ל, **ואפשר** דס"ל להמחבר, דסתם חבלה הוי מלאכה הצריכה לגופה, וכמו שכתב המ"א בשם רש"ל, (דאם דעתו היה שיצא ממנו דם כדי שיחלשו ויתגבר הוא עליו, הוי צריכה לגופה - שם בסי' רע"ח ובמחה"ש שם), **א"נ כיון דמיירי המחבר בשצריך לדם החבלה לאיזה ענין, כי היכי דלא להוי בכלל מקלקל, וכמש"כ במ"ב, א"כ הוא בכלל מלאכה הצריכה לגופה, וכ"ש ליש מן הפוסקים שהעתקתי במ"ב, והוא המאירי, בודאי הוא בכלל מלאכה הצריכה לגופה לסברתו, כמו שכתב בהדיא שם, ע"ש).**

ואם עשה חבלה באדם דרך נקמה, או בבהמה חיה ועוף של חבירו באופן זה, ויצא הדם או נצרר, דעת הרמב"ם שחייב בזה בכל גווני, כי איננו בכלל מקלקל, **והטעם**, מפני שמיישב את דעתו בדבר זה וינוח יצרו, והואיל וחמתו שוככת בדבר זה הרי הוא כמתקן וחייב, וה"ה בקורע בחמתו, **והראב"ד** פוטר ע"ש, [ותלוי זה בדין מלשאצ"ל אם חייב או פטור, והרמב"ם לשיטתו דס"ל מלשאצ"ל חייב]. **ולכו"ע** איסור יש בזה, דכל המקלקלין בכל מלאכות שבת אף שפטורין מחטאת, מ"מ אסורין, (היינו אפילו אם היה מקלקל וגם מלאכה שאצ"ל), **וע"כ** יזהר מאד שלא להכות שום חי בשבת הכאה שיכול לבוא לידי חבורה, כי עכ"פ איסור יש בדבר לכו"ע, והעולם נכשלין בזה.

וכן אסור לחוך שחין, שע"י החיכוך מוציא דם שנבלע בבשר, וא"כ עושה חבורה, **ואם** הוא מקיז דם לאדם לרפואה כשאין בו סכנה, או בבהמה, חייב לכו"ע, דהוא בכלל מתקן, וגם הוא מלאכה הצריכה לגופה, דהא רוצה עתה בחבלה זו כדי להתרפאות, **ולפי** זה הוצאת השן הוא מלאכה דאורייתא, דהוא בכלל חובל לרפואה, כ"כ מ"א והפמ"ג והח"א, **ובמאמר** מרדכי משמע, דהוצאת השן רק איסור יש בו ולא חיוב חטאת, דחבלת הדם הנעשה עי"ז א"צ לגופה, וכן משמע מהגר"ז.

(**ונראה** דמה שכתב המ"א: ונ"ל דחובל לרפואה והוא הקזת דם חייב לכו"ע, ור"ל דהוא בכלל מתקן אף להראב"ד, וגם דהוא בכלל מלאכה הצריכה לגופה, כיון שהוא צריך להתרפאות ע"י חבלה זו, וכמו שביאר הפמ"ג, **היינו** לשיטת רוב הפוסקים דחיוב חובל הוא מפני נטילת נשמה, **וע"כ** לא איכפת לן במה שדם החבלה ניתז לארץ ויוצא לאיבוד, **וכמו** שחייב בשוחט משום נטילת נשמה לכו"ע אף שהדם יוצא לאיבוד, משום שעיקר כונתו לשחטה בצואר, וזו המלאכה צריך לה לגופה, **משא"כ** לדעת הרמב"ם דחיוב חובל אינו משום נטילת נשמה, רק משום מפרק הדם ממקומו וחשיב כדש, א"כ בענינו הוא בכלל מלאכה שאין צריך לגופה, כיון שאין צריך להדם).

באר הגולה

א שם בשבת במשנה

ושאר שרצים, אינו חייב החובל בהם אא"כ יצא מהם דם - הטעם, דקי"ל חבורה החוזרת לא שמה חבורה, [פי' המשנה להרמב"ם, וכן משמע מרש"י שם ד"ה מנין], וע"כ שאר שרצים שעורן רך ממש כבשר, במהרה נצרר בו הדם וישוב אח"כ לקדמותו, לפיכך אינו חייב עד שיצא דם, **משא"כ** ח' שרצים שאין עורן רך, אין נצרר בו הדם עד שנתהוה חבורה גמורה שאין חוזרת לקדמותו, ויש לחייבו אף בנצרר משום נטילת נשמה שבאותו מקום.

אות ב'

אבל שאר שקצים ורמשים דפרין ורבין לא פליגי

רמב"ם פי"א מהל' שבת ה"ב - רמשים שהן פרין ורבין מזכר ונקבה, או נהוין מן העפר כמו [ב]הפרעושין, ההורג אותן חייב כהורג בהמה וחיה; אבל רמשים שהויתן מן הגללים ומן הפירות שהבאישו וכיוצא בהן, כגון תולעים של בשר ותולעים שבתוך הקטניות, ההורגן פטור.

טור סימן שטז - אסור לצוד פרעוש, ודוקא מעל הארץ או מעל בגדיו; אבל אם הוא על בשרו ועוקצו, מותר לצוד ואסור להורגו; אבל כינה מותר להורגה... וה"ר יוסף פירש שהשחור הוא כינה, ולבן הוא פרעוש; ור"ת פירש איפכא, ונהגו כר"ת.

אות ג' – ד'

הצד פרעוש בשבת... ורבי יהושע פוטר

אבל לענין הריגה אפילו רבי יהושע מודה

סימן שטז ס"ט - פרעוש, הנקרא ברגו"ת בלשון ערב - היינו השחורה הקופצת, [ג]**אסור לצודו** - אף דהוא דבר שאין במינו ניצוד, עכ"פ אסור מדרבנן, וכנ"ל בס"ג, **ואיצטריך** לאשמעינן לאפוקי מדעת איזה מן הפוסקים, דסברי דאף זו היא בכלל מאכולת, שמותר לצודה ולהרגה. **ואם** הוא ספק לו בלילה אם הוא כנה או פרעוש, מותר לצודה ואסור להורגה, [דהוא חשש דאורייתא, **ואף** דהוא מלשאצ"ל, אפשר משום דעיקרו הוא מדאורייתא, **ומ"מ** בראש שאין מצוי שם פרעושים, יש לעיין בזה], **ומותר** לפלות הבגדים מפרעושים בשבת, אך יזהר שלא יטלם בידו, דהוא בכלל צידה, רק יפילם מעליו.

[ד]**אא"כ הוא על בשרו ועוקצו** - היינו דמשום צערא דעקיצה לא גזרו רבנן על איסור צידה, ומותר לצודו ולהשליכו, וזהו שכתב "עוקצו", מ"א וכ"כ הגר"א, דהאי "עוקצו" דוקא הוא, **ויש** מקילין גם כשהוא על חלוקו מבפנים, ליטלו בידו ולהשליכו, פן יבא לידי עקיצה, [ט"ז, **ועיין** בא"ר שמצדד לפסוק כהט"ז באם הוא על בשרו, דמצוי לבוא לידי עקיצה, **ולענין** על בגדיו מלפנים, הביא בשם ספר יראים, דירא שמים יפרוש, והצדן לא הפסיד, **והנה** באמת יש בזה פלוגתא דרבוותא, דיש מחמירין אפי' על בשרו כל זמן שאינו עוקצו, ע"כ מן הנכון להחמיר לכתחילה, ואין למחות ביד המקילין], **ואם** אפשר לו להפילו לארץ בלי נטילה ביד, בודאי נכון להחמיר בזה.

[ה]**ואסור להרגו** - הטעם דמחלקינן בין פרעוש לכנה הוא, דכל מלאכות דשבת ממשכן ילפינן להן, וילפינן מיתת כל בע"ח לחיוב משחיטת אילים מאדמים, שהיו במשכן בשביל עורותיהן, [גמ'], **ולאו** דוקא ע"י שחיטה, דה"ה ע"י הכאה וחניקה או נחירה וכל כי האי גוונא, כיון שבא עי"ז נטילת נשמה חייב, **ואמרינן** מה אילים מאדמים שפרים ורבים, אף כל שפרים ורבים, לאפוקי כנה דאינה באה מזכר ונקבה, אלא באה מן הזיעה, לא חשיבא בריה, **אבל** פרעוש אע"פ שגם היא אינה פרה ורבה, מ"מ כיון שהוייתה מן העפר, יש בה חיות כאלו נברא מזכר ונקבה, וחייב עליה משום נטילת נשמה, (וי"א דגם פרעוש פרה ורבה).

(ומה שכתב בלשון אסור, ולא קאמר דההורגו חייב, משום דכונת המחבר הוא דאפי' באופן דעוקצו, ורוצה להרגו משום זה כדי שלא יעקצנו עוד, אפ"ה אסור, **ובאופן** זה בודאי אינו צריך לגופו של הפרעוש, והו"ל מלאכה שאצ"ל, ולרוב הפוסקים פטור מחטאת, אבל מ"מ איסורא יש לכו"ע, **ולא** דמי לצידה דמקילינן בעוקצו, היינו לפי שאין במינו ניצוד, וליכא איסור דאורייתא כלל בזה, **משא"כ** בהריגה, דכשצריך לגופה חייב, לכך לא מקילינן משום צערא בעלמא, אפילו כשאינו צריך לה).

הגה: ואף לא ימללנו בידו - להתיש כחן שלא יחזרו אליו, **שמא יהרגנו, אלא יטלנו בידו ויזרקנו (ר' ירוחם).**

ועיין בא"ר, (דמצדד להקל במלילה, והיינו כשעוקצו, דאל"ה אסור ללקחו בידו משום צידה, וגם יזהר שלא ימללנו בדוחק, דיבוא לידי הריגה, מ"מ למעשה נראה שאין להקל בזה, אחרי דדעת רש"י ‹דף י"ב. ד"ה מולל, דמבואר דמה דאסור להרוג מדאורייתא לכו"ע אסור למלול› והתוס' והרא"ש ורבינו ירוחם בהדיא להחמיר בזה, וגם הרמ"א הביא זה לפסק הלכה).

(ובספר ח"א ראיתי שהחמיר ביותר מזה, דהיינו אם ספק לו אם כנה או פרעוש, אל ימללנה, ויש לעיין בזה).

[ו]**אבל כנה, מותר להרגה** - בכל מקום שמוצאה, בין על בשרו או על בגדיו, דרך מקרה, והטעם כנ"ל, **אבל** רמשים שהן פרים ורבים מזכר ונקבה, [וה"ה מביצי זכר ונקבה, כן מוכח בשבת ק"ז:], או שהוייתן מן העפר, כמו הפרעושים, ההורגן חייב.

ורמשים שהוייתן מן הגללים ומן הפירות שהבאישו וכיו"ב, כגון תולעים של בשר, והתולעים שבתוך הקטניות, ההורגן פטור, ואסור מדרבנן, (ומה שמותר לענין כינה, אפשר משום שנתהוה מזיעה, או משום צערא ומאיסותא התירו לגמרי), **ודוקא** התולעים שנתהוו מן הפירות אחר שנתלשו, ובבה"ל בררתי דדוקא כשנתהוו אחר שנתעפשו, **אבל** אותן הגדלים בפירות במחובר, יש בהן איסור דאורייתא להרגן, דמקרי שרץ גמור.

באר הגולה

ב ‹הא דאמרינן והרי פרעוש דפרה ורבה, לאו דוקא, אלא פי' דהוי כמו פרה ורבה, שאינו נעשה מזיעה, והן הן דברי הר"ן - לחם משנה› ג **שבת ק"ז בברייתא וכר' יהושע** ד **שם בתוספות** ‹ד"ה הצד› ה **טור מהא דרב אשי שם** ו **שם** ‹י"ב› **בברייתא וכבית הלל**

(היוצא מדברינו, דאף אלו המינים שתחלת ברייתם לא הוי מזכר ונקבה, כגון אלו הנולדים בזרעים ובפירות בין בתלוש ובין במחובר, אעפ"כ יש בכחם לפרות ולרבות, וההורגם חייב, ולא נתמעט אלא כינה הנולדת מן הזיעה, (דמותר), או הנתהוה מן הגללים ומן הפירות אחר שהבאישו, (דפטור אבל אסור).

[ז]**והמפלה בגדיו מכנים, לא יהרגם** - דכיון שמצויים שם פרעושים, גזרינן שמא יהרוג ג"כ פרעושים.

(**כתב** בא"ר, שהרבה ראשונים מתירין בזה, וע"ז סמכו העולם להקל, ומ"מ סיים דירא שמים יש לו להחמיר כדעת הרא"ש והטור).

ומ"מ מותר לזרקן במים, דהריגה גופא אינו אלא גזירה, ולא גזרו בזה, **אבל** בפרעושים דיש בהן חשש דאורייתא, אסור גם בזה, דהוא כמו הריגה ממש.

אלא מוללן בידו וזורקן; [ח]אבל המפלה ראשו, מותר להרגם - דבראש אינו מצוי פרעושים, ולא שייך לגזור בשבילם, **וכתב** הט"ז, דה"ה במפלה על בשרו ג"כ מותר להרגם, דשם ג"כ אינו מצוי שיחפש אחר פרעושים, ולא גזרו בזה כי אם במפלה את בגדיו.

לא יקח אדם הכנים מעורות שועלים וכדומה, משום שהוא מנתק מן הצמר, והוי פסיק רישיה.

אות ה'

הצדן לצורך חייב

סימן שטז ס"ח - והצדן לצורך, חייב; שלא לצורך - כגון לשחק, [דזהו ג"כ בכלל שלא לצורך], וכה"ג, [ט]**או סתם, פטור אבל אסור** - משום דהוה ליה מלאכה שאין צריך לגופה.

(**לכאורה** לפי מה שכתב המ"א הטעם בשם הר"ן, המעיין בר"ן יראה שמחלק, דבח' שרצים שאין דרכן להזיק, ע"כ סתמייהו ניצודין לאיזה צורך, **משא"כ** בשאר סתמייהו ניצודין שלא לצרכן, רק כדי שלא יזיקו, והוה משאצ"ל, ע"ש, **א"כ** היה צריך להיות מותר לכתחלה מטעם זה, דומיא דמה שהקיל המחבר בס"ז לענין רמשים המזיקים, ואמאי כתב דפטור אבל אסור, **ואפשר** לומר דמש"כ המחבר בס"ז רמשים המזיקים, היינו דוקא דומיא דנחשים ועקרבים שנשיכתן קשה מאד, ולכך התירו חז"ל האיסור דמלאכה שאצ"ל, משא"כ בזה, **ולא** דמי לפרעוש דבס"ט דג"כ נשיכתו קלה, אבל מ"מ הלא עומד על בשרו ועוקצו, משא"כ הכא, **אם** לא דהשרץ רץ אחריו להזיקו, דבזה בודאי מותר לצודו, ואפשר אפילו להורגו וכדלקמן בס"י, **ועיין** מה שכתבתי לקמיה עוד ישוב ע"ז).

[י]**ולהרמב"ם חייב** - אפילו שלא לצורך, כל שנתכוין למלאכה, דס"ל מלאכה שאינו צריך לגופה חייב עליה, **ורוב** הפוסקים פוסקים כדעה הראשונה דפטור מחטאת, משום דבעינן מלאכת מחשבת, ואסור מדרבנן.

(**לכאורה** לפי מה שכתב המ"א הטעם בשם הר"ן וכנ"ל, קשה אמאי כתב השו"ע דלהרמב"ם חייב, הלא גם הוא מודה בהא דס"ז דהוא מותר לכתחלה, ומטעם דזה הוי בכלל מתעסק בעלמא, כיון שכונתו רק להבריח אותו מעליו שלא יזיקנו, **וא"כ** בעניננו דסתם שרצים ניצודין כדי שלא יזיקו, היה צריך להיות מותר לכתחלה, **אמנם** לאחר העיון נ"ל שאינה קושיא כלל, דהא כל טעם הרמב"ם שמתיר בהא דסעיף ז', אף דבעלמא ס"ל מלאכה שאינה צריכה לגופה חייב, הוא משום דהוי בכלל מתעסק בעלמא להנצל מנשיכתו, וזה שייך רק כשמכוין בעת הצידה בשביל זה, **משא"כ** כשצודן סתמא או אפילו שלא לצורך, הואיל ומ"מ נתכוין לצוד, לא יתבטל שם צידה בשביל דסתמייהו דהני שרצים ניצודין בשביל שלא יזיקו, **גם** בדברינו יוסר הקושיא שהקשינו לעיל על השו"ע, אמאי כתב דפטור אבל אסור, והא מתחלה כתב בס"ז, דבשביל שלא ישכנו מותר, וה"נ דכוותיה, **אבל** לפי דברינו ניחא, דלא הקילו רק כשנתכוין בשביל שלא ישכנו, אבל לא כשנתכוין לצוד, אף דצידה שלא לצורך היתה, הוי מלאכה שאינה צריכה לגופה ואסור עכ"פ מדרבנן).

הצד דגים מן הנהר, אפי' נתנו תיכף בתוך ספל של מים שלא ימות, חייב משום צידה, **ואם** הניחו עד שמת, חייב גם משום נטילת נשמה, **ולאו** דוקא מת, אלא אפי' אם הניחו עד שיבש כרוחב סלע בין סנפיריו, ועדיין הוא מפרכס, והחזירו בתוך המים, חייב ג"כ משום נטילת נשמה, דשוב אינו יכול לחיות, **ואמרינן** בגמר', דלאו דוקא יבש ממש, אלא כשזב ריר משם ונמשך האצבע שם כשמניחו עליו, [**ואם** העלה אותו מן הספל של מים שהוא נצוד ועומד שם, והניחו עד שנתיבש כבסלע, חייב משום נטילת נשמה לבד], **וא"כ** צריך ליזהר שלא יצוה לא"י ליטול דג מן החבית של מים ולהניחו ביבשה, אע"פ שירא שמא ימות ויפסדו המים, דלא מקילינן איסור דאורייתא ע"י א"י במקום הפסד, **אם** לא שיצוהו ליתן אותו תיכף בתוך בריכה אחרת של מים, וטלטול בע"ח שהוא איסור דרבנן מקילינן ע"י א"י בזה, (דכיון דטלטול כלאחר יד שרי בישראל, לצורך היתר שלא יסריח המים, שרי בעכו"ם כדרכו - פמ"ג. עיין סי' רע"ו ס"ג).

אות ו' - ז' - ח'

השולה דג מן הים, כיון שיבש בו כסלע חייב. אמר רבי יוסי בר אבין: ובין סנפיריו

לא תימא יבש ממש, אלא אפילו דעבד רירי

הושיט ידו למעי בהמה ודלדל עובר שבמעיה, חייב

רמב"ם פי"א מהל' שבת ה"א - השוחט חייב, ולא שוחט בלבד, אלא כל הנוטל נשמה לאחד מכל מיני חיה ובהמה ועוף ודג ושרץ, בין בשחיטה בין בנחירה או בהכאה, חייב; החונק את החי עד שימות, הרי זה תולדת שוחט, לפיכך אם העלה דג [יא]מספל של מים והניחו עד שמת, חייב משום חונק; ולא עד שימות, אלא כיון שיבש בו

באר הגולה

[ז] שם בברייתא וכתנא קמא [ח] טור [ט] שם בתוספות (עמוד א' ד"ה הצדן) [י] שם בפ"י הכ"א, וכ' הר"ן דלטעמיה אזיל, דפסק בפ"א דמלאכה שאינה צריכה לגופה חייב, ודלא כר"ש [יא] (ונראה שאין רבינו גורס מן הים - מגיד משנה)

כסלע בין סנפיריו, חייב, שעוד אינו יכול לחיות. [יג]הושיט ידו למעי הבהמה ודלדל עובר שבמעיה, חייב.

אות ט' – י'

האי מאן דתלש כשותא מהיזמי והיגי, מיחייב משום עוקר דבר מגידולו

האי מאן דתלש פיטרא מאונא דחצבא, מיחייב משום עוקר דבר מגידולו

סימן שלו ס"ה - "עשבים שעלו על אוזן הכלי מלחות הכלי - כמו שמצוי בדלי ששואבין בו תמיד, שגדלין בו כמין פטריות, **חשובים כמחוברים לקרקע, והתולשן חייב.**

וה"ה התולש כישות מהיזמי והיגי, פי' קוצים, אע"פ שגם הכישות אינה מחוברת לקרקע, אפ"ה חייב משום עוקר דבר מגידולו, גמרא, דהוא תולדת קוצר.

ולא דמי לעציץ שאינו נקוב, דהתולש ממנו פטור משוח דאינו מחובר בקרקע עולם, **דשאני** התם דאין דרך זריעה שם, משא"כ הכא דעיקר גידולן כן.

---

§ מסכת שבת דף קח. §

אות א'

כותבין תפילין על גבי עור של עוף טהור

סימן לב סי"ב - [א]יהיה הקלף מעור בהמה וחיה ועוף הטהורים – (עוף משובח, ואחריו חיה, ואחריו בהמה, ושליל יותר טוב, שעדיין לא יצא לאויר העולם).

(וטהורה שנולדה מטמאה, עיין בתשובת יד אליהו שהאריך והעלה להחמיר, **אבל** טמאה שנולדה מטהורה, מתיר לכתוב עליה סת"מ. ועור של איסור הנאה עיין בפמ"ג).

אפילו מנבילה וטריפה שלהם – (ואפילו נתנבלה ע"י אחרים, כגון נחורות ועקורות, תוספות שבת ק"ח).

אבל לא מעור בהמה וחיה ועוף הטמאים, דכתיב: למען תהיה תורת ה' בפיך, ממין המותר לפיך – (ואפילו שאר ספרים שאינם תנ"ך, שיש בהם שמות שאינם נמחקים, אסור לכתוב על עור בהמה טמאה, **ואם** הם כתובים רק ברמז לסימן השם, י"ל דשרי לכתוב, וה"ה ספרי הש"ס ופוסקים כה"ג שרי).

ולא מעור דג אפילו הוא טהור, משום דנפיש זוהמיה.

יו"ד סימן רעא ס"א - [ב]אין כותבין ס"ת על עור בהמה, חיה ועוף הטמאים; [ג]ולא על עור דג, אפילו טהור. [ד]אבל כותבין על עור בהמה, חיה [ה]ועוף הטהורים, ואפילו עור נבילות וטריפות שלהן.

אות ב'

כל נקב שהדיו עוברת עליו אינו נקב

סימן לב סי"ג - [ו]יהיה הקלף שלם, שלא יהא בו נקבים שאין הדיו עובר עליו - «אלא» קטן כל כך, עד שכשמעביר עליו בקולמוס נסתם הנקב בדיו, ואין הנקב נרגש בקולמוס, כותבין עליו, אע"פ שנפל מעט דיו במקום ההוא, ונראה נקב דק כנגד השמש, כשר, **[ז]דהיינו שלא תהא האות נראית בו חלוקה לשתים** - שאם ניקב כ"כ שאין הדיו עובר עליו, פסול, שהאות נראית חלוקה לשתים על ידו, **ואפילו** אם הנקב באמצע עובי האות, בגגו או בירכו, ודיו מקיפה מכל צד, פסול, **ואפי'** אם עד מקום הנקב יש צורת אות.

וכ"ז קודם כתיבה, אבל אם לאחר כתיבה נחלק האות לשתים ע"י נקב, רואין אם יש בו צורת האות עד מקום הנקב, כשר, (**ואם** הנקב שנעשה לאחר הכתיבה, הוא רק באמצע עובי האות, **אפשר** דיש לצדד להקל כהט"ז, **אפילו** אם אין בו שיור אות עד המקום ההוא, כיון דלא נשתנה צורת האות עי"ז, **ומחדושי** רע"א שנשאר בצ"ע על הט"ז, נראה שמספקפק בזה להחמיר, **ולפי** ביאור הלבו"ש בהט"ז נוכל לומר בפשיטות, דגם הט"ז יודה בזה להחמיר, ולא מיירי הט"ז רק אם יש בו שיור אות עד המקום ההוא, לכן דין זה צ"ע).

באר הגולה

[יב] «ופי' הרמב"ן ז"ל שהוא חייב משום נטילת נשמה, {ולא משום עוקר דבר מגידולו, כמ"ש בגמ'}, ועל דרך זה פירש הסוגיא שעל מימרא זו, וכן עיקר, וזהו דעת רבינו – מגיד משנה. **וז"ל** הרשב"א: דליכא משום עוקר דבר מגדולו אלא בגדולי קרקע, לפי שהוא תולדת קוצר, ואין קצירה אלא בגידולי קרקע... **וה"ק** אע"ג דהאי עובר לית ליה בדידיה נשמה, כיון דגידולו תלוי בנשמת אמו, העוקרו חייב משום נוטל נשמתו ממנו, **דלאו** מי אמר רב ששת בגדולי קרקע, דמאן דתליש כשותא מהיזמי, שיניקתו תלויה בהיזמי, ומיחייב משום עוקר דבר מגדולו דהוא תולדה דקוצר, **הכי** נמי בבעלי חיים מיחייב משום עוקר דבר מגדולו, דהוא משום נטילת נשמה, דומיא דחובל שהוא משום נטילת נשמה מאבר אחד, **וסירכא** דלישנא נקט» [יג] שבת ק"ז וק"ח [א] שבת ק"ח [ב] ברייתא שבת דף ק"ח. [ג] שם בעיא דמר בריה דרבינא וכו' ולא נפשטא [ד] שם בברייתא [ה] מימרא דרב הונא שם [ו] שם וחולין ק"כ [ז] הר"י אכסנדרי

תורה אור

פיטרא מאונא דחצבא מיחייב משום עוקר דבר מגידולו מתיב רב אושעיא *התולש מעציץ נקוב חייב ושאינו נקוב פטור התם לאו היינו רביתיה הכא היינו רביתיה: חיה ועוף כו': אמר רב הונא *כותבין תפילין על גבי עור של עוף טהור אמר רב יוסף מאי קמ"ל דאית ליה עור תנינא החובל בהן חייב א"ל אביי טובא קמ"ל דאי ממתניתין הוה אמינא כיון דאית ביה ניקבי ניקבי לא קמ"ל *כדאמרי במערבא כל נקב שהדיו עוברת עליו אינו נקב מיתיבי רבי זירא °בכנפיו (ויקרא א) להכשיר את העור ואי ס"ד עור הוא היכי מרבי ליה קרא א"ל אביי עור הוא ורחמנא רבייה איכא דאמרי א"ר זירא אף אנן נמי תנינא בכנפיו לרבות את העור אי אמ"ת בשלמא עור הוא היינו דאיצטריך קרא לרבוייה אלא אי אמרת לאו עור הוא אמאי איצטריך קרא לרבוייה אמר ליה אביי לעולם אימא לך לאו עור הוא ואיצטריך סד"א כיון דאית ביה פירצי פירצי מאים קמ"ל בעא מיניה מר בריה דרבינא מרב נחמן בר יצחק מהו לכתוב תפילין על גבי עור של דג טהור א"ל אם יבא אליהו ויאמר מאי אם יבא אליהו ויאמר אילימא אי דאית ליה עור אי דלית ליה עור הא חזינן דאית ליה עור ועוד התנן *עצמות הדג ועורו מצילין באהל המת אלא אם יבא אליהו ויאמר אי פסקא זוהמא מיניה אי לא פסקא זוהמא מיניה: שמואל וקרנא הוו יתבי אגודא דנהר מלכא חזינהו למיא דקא דלו ועכירי א"ל שמואל לקרנא גברא רבה קאתי ממערבא וחייש במעיה וקא דלו מיא לאקבולי אפיה קמיה זיל תהי ליה אקנקניה אזל אשכחיה לרב א"ל מניין שאין כותבין תפילין אלא על גבי עור בהמה טהורה א"ל דכתיב *°למען תהיה תורת ה' בפיך (שמות יג) מן המותר בפיך *מניין לדם שהוא אדום שנאמר °ויראו מואב מנגד את המים אדומים כדם (מ"ב ג) *מניין למילה שבאותו מקום נאמר כאן ערלתו ונאמר להלן ערלתו מה להלן דבר שעושה פרי אף כאן דבר שעושה פרי אימא לבו דכתיב °ומלתם את ערלת לבבכם (דברים י) אימא אזנו דכתיב °הנה ערלה אזנם (ירמיה ו) דנין ערלתו תמה מערלתו תמה ואין דנין ערלתו תמה מערלת שאינה תמה א"ל *מאי שמך קרנא א"ל יהא רעוא דתיפוק ליה קרנא בעיניה לסוף עייליה שמואל לביתיה אוכליה נהמא דשערי וכסא דהרסנא ואשקייה שיכרא ולא אחוי ליה בית הכסא כי היכי דלישתלשל לייט רב ואמר מאן דמצערן לא לוקמוה ליה בני וכן הוה: כתנאי מניין למילה שבאותו מקום נאמר כאן ערלתו ונאמר להלן ערלתו מה להלן דבר שעושה פרי אף כאן דבר שעושה פרי דברי ר' יאשיה ר' נתן אומר אינו צריך הרי הוא אומר °וערל זכר אשר לא ימול את בשר ערלתו (בראשית יז) מקום שניכר בין זכרות לנקבות *ת"ר כותבין תפילין על גבי עור בהמה טהורה ועל גבי עור חיה טהורה ועל גבי עור נבלות וטרפות שלהן ונכרכות בשערן ונתפרות בגידן והלכה למשה מסיני א) שהתפילין נכרכות בשערן ונתפרות בגידן אבל אין כותבין לא על גבי עור בהמה טמאה ולא על גבי עור חיה טמאה ואינו צריך לומר על גבי עור נבלה וטרפה שלהן ואין נכרכין בשערן ואין נתפרות בגידן וזו שאילה שאל *ביתוסי אחד את ר' יהושע הגרסי מניין שאין כותבין תפילין על עור בהמה טמאה דכתיב °למען תהיה תורת ה' בפיך (שמות יג) מדבר המותר בפיך אלא מעתה על גבי עור נבלות וטרפות אל יכתבו א"ל אמשול לך משל למה"ד לשני בני אדם שנתחייבו הריגה למלכות אחד הרגו מלך ואחד הרגו איספקליטור ב) איזה מהן משובח הוי אומר זה שהרגו מלך אלא מעתה יאכלו אמר ליה התורה אמרה °לא תאכלו כל נבלה (דברים יד) ואת אמרת יאכלו א"ל קאלוס: **מתני'** אין עושין הילמי בשבת
אבל

א) לעיל כח: ב) [שר הטבחים ת"י רב ספקלטוריא. ערוך]

רש"י

פיטרא. פטריות בולי"ן: מאונא דחצבא. פעמים שהוא גדל בשפת הדלי ממים: ושאינו נקוב פטור. משום דלא מחובר בקרקע עולם הוא: לאו היינו רביתיה. דאין דרך זריעה שם אבל אלו שאמרנו הוא עיקר גידולן: נקבי נקבי. מקום מושב טלה: לא ניכתוב. דרחמנא אמר *וכתבתם כתיבה תמה שלימה ולא מופסקת: בכנפיו. בעולת העוף משתעי שיסטעו בעוד כנפיו בו *ומקטיר כנפיו כל כנפי הגוף בלע"ז טולה הוא הדקה שהיא בבשר כמין למר שאין לה שרשים קשים: להכשיר את העור. לימדך הכתוב שאינו לריך הפשט כעולת בהמה שפסל בה את העור: פירלי. היינו נקבי: מאי אם יבא אליהו ויאמר. היתר ואיסור אין תלוי בו דלא בשמים היא: והתנן עצמות הדג ועורו מצילין באהל המת. לפי שאין מקבלין טומאה כדתניא בת"כ עור יכול עורות שבים כו' ועצמות הדג נמי דכלי עצם דמקבלים טומאה מכל מעשה עזים ילפינן לה להביא דבר הבא מן העזים מן הקרנים ומן הטלפים* אבל דגים לא וכל שאינו מקבל טומאה חוצץ בפני הטומאה ומשנה זו במס' כלים: דלו דלו. גליהן מגביהן: לאקבולי אפיה. לעשות מחילה סביביו כשהוא נפנה על דופני הספינה שלא יראה גילויו. ע"א לקנח: ועכירי. ענין לער משום לערו שאף הוא עכור ומפני שלא היה רוח מנשבת וראה המים נעשין גלין הבין שלכבוד אדם גדול הוא והנהר היה משוך מא"י לבבל: תהי. הריח בו בקנקנו אם יין הוא או החמיץ כמו בת תיהא דאמר גבי יין נסך (ע"ז ד' סו:) כלומר בדקהו אם חכם הוא אם לאו: מנין לדם שהוא אדום. דגבי נדה דם כתיב ותנן (נדה דף יט.) ה' דמים טמאים באשה וכולן משום דמראיתן אדומה אף על גב דשחור תנא בהו אמרינן שחור אדום הוא אלא שלקה: ונאמר להלן ערלתו. גבי נטיעה (ויקרא יט): תמה. באותיותיה ערלתו: ואין דנין ערלתו מערלה. דאין זו אמירה תמה שאינו מפורש בתוך התיבה ערלת מה: תיפוק קרנא בעיניה. הבין בו שלנסותו בא: אוכליה נהמא דשערי. כדי לשלשל דרופא היה שמואל: ולא אחוי ליה בית הכסא. שמתוך כך מתהפך ומתבלבל הזבל במעיו ומתמוגג כולו: ונכרכות. האיגרות: בשערן. של אלו ואחר כך מכניסן בדפוסי הקציצה שלהן: אספקלטור. שר הטבחים בלשון יוני: זה שהרגו מלך. ואלו לקו ע"י בורלן: קאלוס. משובח טעם זה: **מתני'** הילמי. שלמוייר"א:
אבל

תוספות

ואי ס"ד עור הוא היכי מרבי ליה קרא. תימה לר"י הא אפילו טולה שבכנפים מרבה קרא וי"ל דבהמה נמי אשכחן שהיה קרב שיער שבזקן תיישים ולמר שבראש רחלים כדאמרינן בזבחים (דף פה:) ובחולין (דף כ.) דלא קפיד קרא אלא אהפשט עור וה"נ אע"פ שהעולה קריבה אי עור הוא לריך הפשט:

ר"ח ל"ג וקדלו מיא לאקבולי אפיה אלא הכי גרס חזנהו שמואל למיא דקדלו ועכירי אמר שמואל גברא רבה קאתי וחש במעיה פי' שמע שמואל שמועה שאדם גדול היה בא בספינה וידע שמואל שישתה מן הנהר אותו אדם גדול ומתוך כך יחוש במעיו לפי שהמים היו עכורים מחמת הרוח שהיה מבלבלם ולפי ששמואל היה רופא מומחה א"ל לקרנא זיל תהי ליה בקנקניה פי' תראה אם הוא חכם וראוי לכבדו אביאנו לביתי ואעשה לו רפואה ואכבדנו לפי מה שראוי לו: מניין לדם שהוא אדום. וכל אותן ד' מינין דמרבינן* מדמיה דמיה יש בהן לד אדמומית:

איזה מהן חשוב אותו שהרגו מלך. וא"ת תיכח מתו מאליהן נחורות ועקורות מאי איכא למימר וי"ל כיון דמתו שרי א"כ מן המותר בפיך לאו דוקא אלא ממין המותר בפיך קאמר: אין עושין הילמי בשבת. הלכה כרבנן דבפרק קמא דעירובין (דף יד:) אמר אין הלכה כר' יוסי לא בהילמי ולא בלחיין ואמר נמי התם פוק חזי מאי עמא דבר ופי' בקונטרס וכבר נהגו העם בלחי משהו וכיון דאין הלכה כר' יוסי בלחיים כ"ש בהילמי דאפילו רב הונא בר חנינא דפליג התם בלחיים מודה בהילמי ושרי לעשות מי מלח בשבת ליתן על עופות לצויין ואם נותן מלח על העופות ואח"כ נותן משקין עליהם שרי אפילו לרבי יוסי שהשמנונית ממתיק המלח כמו שמן:
עלין

עין משפט נר מצוה

י א מיי' פ"א מהלכות תפילין הלכה י ופ"א מהל' כלים הל' ד סמג עשין כב כה טוש"ע א"ח סי' לב סעיף יב וטוש"ע י"ד סי' רעא סעיף א [וברא"ש בהל' ס"ת הלכה ב]:

יא ב מיי' פ"א מהל' תפילין הל' כ טוש"ע א"ח סי' לב סעי' יג:

יב ג מיי' פ"ו מהל' מעשה קרבנות הל' כא סמג עשין קפ:

יג ד מיי' פ"ו מהל' טומאת מת הלכה א:

יד ה מיי' פ"א מהל' תפילין הל' י סמג עשין כב וכה טוש"ע א"ח סי' לב סעיף יב וטוש"ע י"ד סי' רעא סעיף א [וברא"ש בהלכות ס"ת הלכה ב]:

טו ו מיי' פ"ה מהל' איסורי ביאה הל' ו [טוש"ע י"ד סי' קפח סעי' א]:

טז ז מיי' פ"א מהל' תפילין הלכה י סמג עשין כב וכה טוש"ע א"ח סי' לב סעיף יב וטוש"ע י"ד סי' רעא סעיף א [ובאלפסי בהל' תפילין דף עה: וברא"ש שם הלכה ד]:

יז ח מיי' פ"ג שם הלכה א ח סמג שם טוש"ע א"ח סי' לב סעיף מד:

יח ט מיי' שם הלכה א וע' טוש"ע שם סעיף מט:

מסורת הש"ס

[מנחות נד.] · לעיל נה. [צ"ל ומקטיר] · חולין קיט: · [חולין כח:] · [כלים פ"י מ"א] · [נדה יט.] · [לעיל כח: מכות יח. נדה יט. תוספ' ספ"ז] · [ב"ב ספ"ט] · מסכת סופרים פ"א הל' א וכו' כשינוי לשון קצת · מסכת סופרים פ"א הלכה ג · שמות יג · דברים יד

רבינו חננאל

נצרר הדם אע"פ שלא יצא. ר' יוחנן בן נורי אומר ח' שרצים יש להן עורות מדקתני בהא מתניתא בשרצים שיש להן עורות. אלמא דרבנן הוא דאית להו חלוקת במקצת שמונה שרצים ומקצתן אבל ר' יוחנן בן נורי אכולה מחייב ומחייב דהבא בשבת כוותיה וקשיא לרב ופריק רב אשי אליבא דרב ואמר ת"ק דמפליג בין מקצת שרצים למקצתן לאו חכמים אינון אלא ר' יהודה דאזיל בתר גישתא דתנן רבי יהודה אומר חלמאה כחולדה אבל רבנן דפליגי התם על ר' יוחנן בן נורי לענין טומאה פליגי. אבל לענין שבת מודו ליה. ואקשינן אי הכי הא ברייתא דתניא הצד א' מח' שרצים האמורין בתורה והחובל בהן חייב דברי ר' יוחנן בן נורי דברי ר' יוחנן בן נורי ומחלוקתו הוה ליה למיתנא דמשמע אפי' רבנן דפליגי עליה לענין טומאה הכא מודו ליה ופרקי' תני דברי רבי יוחנן בן נורי ומחלוקתו פירוש חבורה מלשון חברבורות. כגון יחת מתחתתים יגל מגלגל. מכלת מכלכול וכיוצא בהן ודייקינן מדקתני החובל בהן פטור. מכלל שההורגן חייב. ומוקים לה ר' ירמיה כר' אלעזר דאמר ההורג כינה בשבת כהורג גמל בשבת ודחי רב יוסף ואמר אפי' תימא רבנן מחייבי ליה דלא פטרי רבנן אלא כגון כינה דאינה פרה ורבה אבל שקצים ורמשים דפרו ורבו מחייבי ההורגן ושניהן דרשו מאילים האמורים במעשה המשכן ועורות אילים שהורגים אותן ליטול עורותיהן כדפרישנן דכל מלאכה ממעשה המשכן גמרי להו. והריגת מזיקין מפרשינן לה בכל כתבי הקדש. ואקשי ליה אביי לרב יוסף שהקב"ה זן ביצי כינים והתניא השפויין וביצי כינים אלמא יש ביצים לכינים והן בלשון ארמית נכי ובלשון ישמעאל ציבאן ופרעושים ודאי יש להן ביצים ולא פטר ר' יהושע*) את ההורגן ולא פטר את הצדן ואמר מר יהודה רב גאון זצ"ל דהוא מרבנן קשישי ראשונים דהוו מימנעי מלצוד פרעוש בשבת ואפי' על בשרם ולא מנעון למשקל כינים כדמפרש בריש מס' דא: פיסקא הצדן לצורך חייב ושלא לצורך פטור כו' המפיס מורסא בשבת והצד נחש בשבת אע"ג דאוקמינהו רב לר"ש דאמר מלאכה שאינה צריכה לגופה פטור עליה קי"ל כשמואל דאמר בהו דאינן פטור ומותר: אמר שמואל [השולה] דג מן הים. אם הוציאו מן הים ולא שהה כדי יציאת נפש עד שהחזירו לים פטור שהרי לא עקר דבר מגידולו תם לא הרגו ולא העתיקו ממקום היותו לגמרי אבל אם הניחו ביבשה עד שיבש בו כסלע להלוחית המים חייב א"ר יוסי בר אבין ולא אמרו שיבש אלא בין סנפירין של דג ששם חייו.וכיון שיבש שם כאילו מת וזו השמועה של ר' יוסי בר' אבין מפורש בתענית פ' סדר תענית האלו רב אשי אמר לא תימא יבש ממש אלא אפי' (דבריריה) [דעבד רירי] פי' דרירי של דג יוצא מתוך פיו הגה נטה לטות ואינו חוזר בחיותו וכמת הוא חשוב והשולה אותו חייב.הא דאמר שמואל הכנים ידו למעי בהמה והדלדל עובר שבמעיה חייב ואסיקנא חיוביה משום עוקר דבר מגידולו כדרב ששת דמאן דתלש [כשותא] מהיזמי והיגי [חייב] ומפרש בפ' בכל מערבין דקטלין לה להיזמתא ויבשה כשותא: ואקשי' אביי האי מאן דתלש פיטורא מאונא דחצבא חייב משום עוקר דבר מגידולו. פי' פיטורא זה מטיני כמהין ופטריות ומפורש בגמ' ברכות פ' כיצד מברכין אמר אביי מירבא קא רבו מן ארעא ומינק מן אירא ועיקר שלהן מן הקרקע ולא מיתסר בהן גידולי הארץ והבין נמי להעוקר פטריות מן אונא דחצבא אע"פ שהוא כלי חרס יוצא ונגדל ומאוירא ינקי. וכמה דאית לפיטורא במקום גידולו אית ביה כח דיניק מן אוירא. והעוקר לא יניק מאוירא: מותיב רבה אושעיא תולש מעציץ נקוב חייב ומשאינו נקוב פטור דאלמא פיטורא באונא דחצבא כעשב בעציץ [שאינו] נקוב דמי ופרקינן התם לאו היינו רביתיה. הכא היינו רביתיה.

*) ט"ס יש כאן ונראה דצ"ל ולא פטר ר"י אלא את הצדן אבל לא את ההורגן.

רב נסים גאון

שהזכירו במסכת ברכות (דף מ) על כמהין ופטריות אומר שהכל נהיה בדברו והקשינו וכמהין ופטריות לאו מגידולי קרקע נינהו והתניא כו' ופריק אביי מרבי מארעא קא רבי מינק מאוירא קא יניק:
מעלה

אות ג'

לרבות את העור

רמב"ם פ"ו מהל' מעשה הקרבנות [ח]הכ"ב - ושסע אותו בכנפיו, בידו בלא סכין; ואינו צריך להבדיל שנאמר: לא יבדיל, ואם הבדיל כשר; וסופגו במלח וזורקו על גבי האישים.

אות ד'

עצמות הדג ועורו מצילין באהל המת

רמב"ם פ"ו מהל' טומאת מת ה"א - עצמות הדג ועורו, העושה מהן כלים אינן מקבלין טומאה כלל, לא מדברי תורה ולא מדברי סופרים; וכן ירוקה שעל פני המים וכיוצא בה, שכל מה שבים טהור, כמו שיתבאר בהלכות כלים; לפיכך העושה אהל מעור הדג או מצמר שגדל בים, אין עצמו של אהל זה מקבל טומאה, אף על פי שמביא את הטומאה לכל אשר יהיה תחתיו כשאר אהלים.

אות ה'

אם יבא אליהו ויאמר אי פסקא זוהמא מיניה, אי לא פסקא זוהמא מיניה

סימן לב סי"ב - עיין אות א'.

יו"ד סימן רעא ס"א - עיין אות א'.

אות ו'

מנין לדם שהוא אדום

יו"ד סימן קפח ס"א - כל מראה אדום, בין אם היא כהה הרבה, או עמוק, טמאים, וכן כל מראה שחור - מן התורה אינם טמאים אלא ה' מיני מראות, וחכמים החמירו שלא לטעות בין דם לדם, ואסרו כל מראה הנוטה לאדמימות, והכשירו כל מראה שאין לספקו באדמימות כלל - ש"ך.

(**ועיין** בסד"ט בשם מצאתי כתוב, שדם הנוטה לצבע ברוין, שהוא כעין קליפת ערמונים, וכמו משקה הקאו"י, שהוא טהור, ואין צ"ל בכתם, לפי שהוא אינו נוטה לאדמימות - פת"ש), (**אבל** בית מאיר ותשו' בית שלמה ולחם ושמלה חולקים ומחמירים, משום שמראה חום מורכב מאדום ושחור, **והערוך** השלחן כתב: וחלילה להחמיר).

אות ז'

כותבין תפילין על גבי עור בהמה טהורה, ועל גבי עור חיה טהורה, ועל גבי עור נבלות וטרפות שלהן

סימן לב סי"ב - עיין אות א'.

יו"ד סימן רעא ס"א - עיין אות א'.

אות ח'

ונכרכות בשערן

סימן לב סמ"ד - [ט]והלכה למשה מסיני שיכרוך עליה שער בהמה או חיה הטהורים - לכן אם לא כרך השיער עליה פסול, אף שכרך עליה קלף.

הגה: ונוהגין לכרוך שער על הפרשה, ואחר כך כורכין עליו קלף כשר, וחוזרים וכורכים עליו שער (אגור) - כי י"א שיכרוך השער על גוף הפרשה, ואח"כ יכרוך הקלף למעלה, וי"א להיפך, לכך נוהגין לקיים דברי שניהם, **ועיין** בביאור הגר"א שכתב, דמדינא אין קפידא איזו קודם.

[י]ונהגו שיהיה שער זה של עגל - כדי שיזכור מעשה עגל ולא יחטא, וגם כדי לכפר על עון זה, **וכתב** הא"ר, דמזה הטעם טוב לעשות כל תיקון תפילין מעור עגל, ולאפוקי מאותן שעושין הרצועות מעור תייש.

[יא]ואם לא מצא של עגל, כורך בשל פרה או של שור, ורוחץ השער היטב בתחלה עד שיהא נקי. [יב]קצת שער זה צריך שיראה חוץ לבתים - י"א שיהיה אצל הבית שמונח בו פרשת "קדש", וי"א אצל "והיה אם שמוע", **וטוב** שיצא מפרשת "והיה אם שמוע" בצד הפונה לפרשת "קדש".

עיין במ"א ועיין בחידושי רע"א שהסכים, ששער היוצא יהיה פחות מאורך שעורה.

באר הגולה

ח (לכאורה כצ"ל) | ט שבת כ"ח וק"ח | י שמושא רבא ורמב"ם | יא הר"י אכסנדרני | יב זוהר פ' פקודי

אות ט׳

ונתפרות בגידן

סימן לב סמ״ט - יגהלכה למשה מסיני שיהיו תפילין נתפרים בגידי בהמה וחיה טהורים - אפילו מנבילות וטריפות שלהם, **ולוקחין** מהעקב שהם לבנים, **ואם** הם קשים מרככים באבנים עד שיעשו כפשתן, וטווין אותם ושוזרין אותם, **ודעת** המ״א דבעינן בזה הטוייה לשמה, **והא״ר** ופמ״ג מפקפקין בזה.

ידוטוב לתפור בגידי שור - ואם אין לו, יקח מגידי בהמה דקה, אבל מטמאה אפי׳ בדיעבד פסול, **וצ״ע** אם מותר לתפור בגיד הנשה.

באר הגולה

יג שבת כ״ח וק״ח יד שימושא רבא ונ״י וספר התרומה

עין משפט
נר מצוה

יט א ב מיי' פכ"ב מהל' שבת הלכה י סמג לאוין סה טוש"ע א"ח סי' שכא סעיף ב:
כ ג ד מיי' שם טוש"ע שם סעיף ג:
כא ה ו מיי' פכ"א מהל' שבת הלכה כה סמג שם טוש"ע א"ח סי' שכח סעיף כ:
כב ז ח מיי' שם טוש"ע שם סעיף כא:
כג ט טוש"ע א"ח סי' ד סעיף ג:
כד י שם סעיף ד:
כה כ מיי' פב"א מהל' איסורי ביאה הל' כג טוש"ע אה"ע סי' כג סעיף ד:
כו ל טוש"ע א"ח סי' ד סעיף ד:

אבל ¹עושה הוא את מי המלח וטובל בהן פתו ונותן לתוך התבשיל *א"ר יוסי והלא הוא הילמי בין מרובה ובין מועט ואלו הן מי מלח המותרין נותן שמן לכתחלה לתוך המים או לתוך המלח: **גמ'** מאי קאמר א"ר יהודה אמר שמואל ה"ק אין עושין מי מלח מרובין אבל עושה הוא מי מלח מועטין: א"ר יוסי והלא הוא הילמי בין מרובין בין מועטין: איבעיא להו רבי יוסי לאסור או להתיר אמר רב יהודה להתיר מדלא קתני רבי יוסי אוסר א"ל רבה הא מדקתני סיפא ואלו הן מי מלח המותרין מכלל דר' יוסי לאסור אלא אמר רבה לאסור וכן אמר רבי יוחנן לאסור תניא נמי הכי אין עושין מי מלח מרובין לתת לתוך הכבשין שבתוך גיסטרא אבל עושה הוא מי מלח מועטין ואוכל בהן פתו ונותן לתוך התבשיל א"ר יוסי וכי מפני שהללו מרובין והללו מועטין הללו אסורין והללו מותרין יאמרו מלאכה מרובה אסורה מלאכה מועטת מותרת אלא אלו ואלו אסורין הן ואלו הן מי מלח המותרין נותן שמן ומלח או שמן ומים ובלבד שלא יתן מים ומלח לכתחלה: (עזין צנון ואתרוג סימן): תני רבי יהודה בר חביבא ²אין עושין מי מלח עזין מאי מי מלח עזין רבה ורב יוסף בר אבא דאמרי תרווייהו כל שהביצה צפה בהן וכמה אמר אביי תרי תילתי מילחא ותילתא מיא למאי עבדי לה א"ר אבהו למורייסא תני רבי יהודה בר חביבא אין מולחין צנון וביצה בשבת רב חזקיה משמיה דאביי אמר ³צנון אסור וביצה מותרת אמר רב נחמן מריש הוה מלחנא פוגלא אמינא אפסודי קא מפסידנא ליה דאמר שמואל פוגלא חורפי מעלי כיון דשמענא להא דכי אתא עולא ואמר במערבא מלחי *כישרי כישרי ⁴ממלח לא מלחנא טבולי ודאי מטבילנא תני ר' יהודה בר חביבא אתרוג צנון וביצה אילמלא קליפתן החיצונה אינן יוצאין מבני מעיים לעולם כי אתא רב דימי אמר מעולם לא טבע גברא בימא דסדום אמר רב יוסף הפוכה סדום והפוכה מילה גברא הוא דלא טבע כשורא טבע אמר ליה אביי לא מיבעיא קאמר לא מבעיא כשורא דאפילו בכל מימות שבעולם לא טבע אלא אפילו גברא דטבע בכל מימות שבעולם בימא דסדום לא טבע למאי נפקא מינה כי הא דרבין הוה שקיל ואזיל אחוריה דרבי ירמיה אגודא דימא דסדום אמר ליה מהו למימשי מהני מיא בשבת א"ל שפיר דמי מהו למימץ ולמיפתח אמר ליה זו לא שמעתי כיוצא בה שמעתי דאמר ר' זירא זימנין א"ל משמיה דרב מתנה וזימנין אמר לה משמיה דמר עוקבא ותרווייהו משמיה דאבוה דשמואל ולוי אמרין חד אמר ⁵יין בתוך העין אסור על גב העין מותר וחד אמר ⁶רוק תפל [אפילו] על גב העין אסור תסתיים דאבוה דשמואל הוא דאמר יין בתוך העין אסור על גב העין מותר מדאמר שמואל שורה אדם פיתו ביין ונותנו על גב העין בשבת דשמיעא ליה ממאן לאו דשמיעא ליה מאבוה וליטעמיך הא דאמר שמואל רוק תפל אפי' ע"ג העין אסור דשמיעא ליה ממאן אילימא דשמיעא ליה מאבוה אלא לוי ולא חדא אמר אלא חדא שמיעא ליה מאבוה וחדא שמיעא ליה מלוי ולא ידעינן הי מאבוה הי מלוי אמר מר עוקבא אמר שמואל ⁷שורה אדם קילורין מע"ש ⁰ונותן על גב עיניו בשבת ואינו חושש בר ליואי הוי קאי קמיה דמר עוקבא חזייה דהוה מייץ ופתח אמר ליה ⁸כולי האי ודאי לא שרא מר שמואל שלח ליה רבי ינאי למר עוקבא לישדר לן מר מהנך קילורין דמר שמואל שלח ליה שדורי משדרנא לך דלא תימא צר עין אנא אלא הכי אמר שמואל טובה טיפת צונן שחרית ורחיצת ידים ורגלים בחמין ערבית מכל קילורין שבעולם תניא נמי הכי אמר רבי מונא משום רבי יהודה טובה טיפת צונן שחרית ורחיצת *ידים ורגלים ערבית מכל קילורין שבעולם הוא היה אומר א)⁹יד לעין ב)תיקצץ יד לחוטם תיקצץ יד לפה תיקצץ יד לאוזן תיקצץ ¹יד לחסודה תיקצץ ²יד לאמה תיקצץ ³יד לפי טבעת תיקצץ יד לגיגית

א) מסכת כלה ב) [עי' תוס' נדה יג: ד"ה דינא]

אבל עושה כו'. מפרש בגמ': **והלא הוא הילמי בין רב בין מעט.** ואם המרובים אסורים אף המועטים אסורים ואם אלו מותרים אף אלו מותרין ובגמרא מפרש דלחומרא א"ר יוסי דכולן לאיסור מפני שהוא כמעבד מתקן את האוכל הנתון לתוכו כדי שיתקיים: **ואלו הן המותרין נותן שמן לתוך מים בתחלה.** קודם שיתן המלח יתן שמן לתוך המלח בתחלה קודם שיתן המים דהשמן מעכב שאין המלח מתערב יפה עם המים ומתיש את כחו מהיות מי מלח עזין אבל לא יתן מים ומלח תחילה אפילו יתן שמן לבסוף דכשעה שנותן מים ומלח יחד הוא נראה כמעבד: **גמ' מאי קאמר.** מאי הילמי ומאי מי מלח: **לאסור או להתיר.** האי דקאמר שניהן שוין לאיסור או להיתר: **כבשין.** ירק שכובש להתקיים: **גיסטרא.** כלי שבור של חרס ואינו ראוי לכל תשמיש כשלם ומקצין אותו לכך: **שהביצה צפה בהם.** כח המלח מעכבת מלשקוע: **למורייסא.** של דגים: **אין מולחין צנון וביצה.** ג' וד' חתיכות יחד שהמלח מעבדן ונעשין קשין והוי תיקון: **מריש הוה מלחנא פוגלא.** בשבתא: **פוגלא.** צנון: **כשרי.** תלין גבוהים עיגול על עיגול: **מימלח לא מלחנא.** שתים יחד: **טבולי.** בשעת אכילה מטבילנא ואכילנא: **קליפה חיצונה.** דביצה היא החלבון אלא איידי דתני בהדי אתרוג וצנון קליפה נקט בה נמי לשון קליפה: **אין יוצאין מבני מעים.** שמתקשרין ומתקשין ונעצרין: **לא טבע גברא בימא דסדום.** מפני שהמים מלוחין וכח מליחתן מעכבו מלטבוע: **והפוכה מילה.** דברים האמורים בה הפוכין: **כשורא טבע.** בתמיה: **מהו למימשי מאני מיא גרסינן.** מי אסור משום רפואה דגזור רבנן בכל רפואות בשבת משום שחיקת סממנין ואלו מרפאות את העין: **שפיר דמי.** דלאו מוכחא מילתא דלרפואה עביד אף על פי שמרפאין שרי דטעמא דרפואה דאסירא ליתא אלא גזירה שמא ישחוק סממנין דדמי לטוחנה שהוא אב מלאכה: **מהו למימץ ולמפתח.** לשון אין מעמצין את המת (לקמן דף קנא:) עוצם עיניו כשהוא רוחץ מהן בשבת מהו שיסגיר ויפתח עיניו כדי שיכנס מהן לעין: **כיוצא בו שמעתי.** דהיכא דמוכחא מילתא דלרפואה עביד אסור ומימץ ומפתח נמי מוכחא מילתא והא אסהדותא דרב דימי דאמר לא טבע גברא בימא דסדום נפקא לן מינה הא כיון דמליחי טובא מסו ואסר למימץ ולמפתח: **זימנין א"ל וכו'.** שקבל משניהם: **ותרווייהו.** רב מתנה ומר עוקבא: **משמיה דאבוה דשמואל ולוי אמרי.** תרתי מילי אמור חדא משמיה דאבוה דשמואל וחדא משמיה דלוי: **חד אמר.** או אבוה דשמואל או לוי: **יין בתוך העין.** דעמיץ ופתח אסור דמוכחא מילתא: **על גב העין מותר.** דאמרי לרחילה בעלמא עבדי: **רוק תפל.** שלא טעם כלום משניעור משנתו: **אפילו על גב העין אסור.** דמוכחא מילתא דלרפואה דאילו לרחילה מאיס להכי נקט רוק תפל לפי שהוא חזק ומרפא: **וליטעמיך כו'.** א"כ לוי ולא חדא אמר בתמיה והא חדא משמיה אתמר כדאמרן: **שורה.** במים: **קילורין.** לוזי"א בלע"ז: **ונותן ע"ג עיניו.** דלדידיה כיון דאצרכוה לשרותה מע"ש איכא היכרא וליכא למיגזר ומאן דחזיהו סבר דרחילה בעלמא היא דכסבר שהוא יין: **כולי האי ודאי לא שרא.** דמוכחא מילתא: **מר עוקבא הוה** שכיח גבי מר שמואל ואב ב"ד היה בימיו כדאמרינן לעיל (דף נה. ובמועד קטן דף טז:): **טיפת צונן.** לתת בעיניו: **ורחילת ידים ורגלים בחמין ערבית.** נמי מאירה העינים: **סוף היה אומר.** ר' מונא: **יד לעין.** שחרית קודם שיטול ידיו: **תיקצץ.** נוח לו שתקצץ שרוח רעה שורה על היד ומסמאתו וכן כולן: **לחסודה.** ריבדא דכוסילתא פלימא"ה בלע"ז: **לפי טבעת.** נקב הרעי שעגול כטבעת: **תיקצץ.** ולא תגע שוב בעין או באוזן קודם נטילה: לגיגית

מסורת הש"ס
עירובין יד:
[ס"א כישי כישי פירוש חתיכות חתיכו' ערוך ערך כשר]
[נ"ל רחיצת ידים ורגלים בחמין ערוך ערך קלר]

גליון הש"ס
גמ' ונותן על גב עיניו. עי' לעיל דף יח ע"א הד"ה ומתרפאת:

רבינו חננאל

מפרשי רבנן עשב בעציץ שאינו נקוב כתלוש דמי כדמפרש בסוף המצניע והאי פטורא באונא דהצבא לאו כתלוש דמי הלכך התם לאו עוקר דבר מגידולו (דהוא רביתיה) והכא עוקר דבר מגידולו: והלכתא כדרב הונא שכותבין תפלין על עוף טהור ואע"ג דאית ביה ניקבי כיון שהדיו עובר עליו כשר ואע"ג דדחו אביי לסייעדיה מן ושסע אותו בכנפיו לרבות את העור וקאמר לעולם אימא לך לאו עור הוא ואיצטריך כו' דיחוי בעלמא הוא דדחי ומתניתין החובל בהן חייב: בעא מר בריה דרב מרב נחמן מהו לכתוב תפלין על עור של דג טהור. אסיקנא אם יבא אליהו ויאמר פסקה זוהמא מיניה בשעובדין אותו ואי לא לא. (פי') דשמואל וקרנא דהוו יתבי וחזו למיא דדלו ועכירי כו' הוה שמיע ליה לשמואל דגברא רבה אתי ממערבא בההוא יומא וכיון דחזא למיא דעכירי. אמר בדעתיה אי אפשר דלא שתי מינייהו והוה בריר להו דכל מאן דשתי מתגהו מיא בעידן דעכירי חייש במעיה. יעל' זה אמר גברא רבה דקא אתי חייש במעיה. תהי בקנקניה. פי' כגון טעום יין שבזה הקנקן טלשון קרנא הוה תהי בחמרא (כתובות ד' קה) כלומר חזי גמריה וכיון דחזא דהוא רב גדול צוה שמואל את קרנא ועייליה לביתיה ואכלי' אכל דמשלשל ולא אודעיה מקום בית הכסא דאיכון לאיסרי מן חשש דבמעיה וכיון דאיצער רב ולא ידע דלאסייה הוא דעבד הכי למייה לא לקיים ליה ברא למאן דמצערן לצעריה ולא איקיים ליה לשמואל ברא אלא בנתא וכיון דאיתידע ליה לרב דלאסוית הוא דעביד ליה הכי ולטותיה איתקיימא בשמואל חש דלא תחלש דעתיה ואדבריה על נפשיה כדמפרש בב"ק פרק מרובה (דף פ') והיינו מעשה (דיסוריה) [דסוגיין] ולמייה נמי לקרנא תפקא ליה[קרן] של בשר בעינו. פי' קאלום בלשון יון טוב כלומר הודה לדבריו. וא"ל שב מה שאמרת. והלכה כת"ק דמתני': מתני' אין עושין הילמי בשבת אבל עושה הוא מי מלח. וכי תימא *)היכי דמפרשא בברייתא אין עושין מי מלח מרובין לתת לתוך הכבשין שבתוך הגסטרא. אבל עושה הוא מי מלח מועטים (וטובל) [ואוכל] בהן פתו ונותן לתוך התבשיל וכן הלכה ואע"ג דר' יוסי אוסר מי מלח אין הלכה כמותו דגרסי' בתחלת עירובין אמר רב יהודה אמר שמואל אין הלכה כרבי יוסי לא בהלמי ולא בלחיים: ירושלמי כל מי שנותנין לתוכה ביצה ושוקעת זו היא מי מלח אינה שוקעת הילמי תני ר' יהודה בר חביבא אין עושין מי מלח עזין והן שהביצה צפה בהן והלכתא כוותיה. ואם הביצה שוקעת בהן מותרין וכיון דאמר הביצה צפה בהן הזכיר לא טבע בימא דסדום כלומר כל מים מלוחים עזין צפה בהן: למימלח פוגלא אסיר למבולי במילחא שרי: יין לתוך העין אסור ע"ג העין מותר. כשמואל דאמר שורה אדם פתו ביין ונותן ע"ג העין ואינו חושש. רוק תפל אפילו ע"ג העין אסור. וכן קילורין שהוא שרן מע"ש אי מי סדום ע"ג העין שרי אבל מיפתח ומימץ עיינא בין בסמטנא וקילורי בין במיא דסדום כדאמר ליה מר עוקבא לבר לואי כוליה לא שרא מר שמואל. פי' חסודה בלשון ערבי אל מוצגא:

*) נראה דצ"ל היכי פירושא דמילתא הכי מפרשא בברייתא וכו'.

תניא

§ מסכת שבת דף קח: §

אות א' – ב'

עושה הוא את מי המלח, וטובל בהן פתו, ונותן לתוך התבשיל

אין עושין מי מלח עזין

סימן שכא ס"ב - [א]אין עושין מי מלח - וה"ה אם נותן יין וחומץ ושאר משקין במלח, **הרבה ביחד לתת לתוך הכבשים** - ירק שכובשין אותו כדי להתקיים, **משום דדמי לעיבוד** - שכיון שנותן מי המלח כדי להתקיים, דמי לעיבוד העור שהמלח מקיימו, **ואע"ג** דקי"ל אין עיבוד באוכלין מדאורייתא, מ"מ מדרבנן מיהו אסור.

וכתב בספר תו"ש, דוקא אם כונתו לתת לתוך הכבשים, אבל אם אין כונתו לזה, והיינו שדעתו לחלקם לתוך התבשילין, אפילו הרבה מותר, **אבל** א"ר אוסר, וכן משמע במאירי, שכתב דרק במעט התירו, מפני שניכר שאין עושה רק לצורך שעה, **משא"כ** בהרבה, יסברו שעושה לצורך חול.

[ב]**ואם** נותן שמן להמים קודם שנותן המלח לתוכו, או בהמלח קודם שנותן המים לתוכו, יש מקילין בזה, משום שהשמן מחליש את כח המלח מלהיות עז, ואין עליו שם מי מלח.

ואם נותן שמן לתוך מי המלח לבסוף להטעים, אסור, משום דבשעה שהוא נותן מים ומלח יחד, הוא נראה כמעבד, [רש"י].

אבל יכול לעשות ממנו מעט לתת לתוך התבשיל - או לטבול בהן פתו, [גמרא], וכן מותר לשפוך על נתחי עוף ודג צלוי.

ובין אם הוא עושה לצורך סעודה זו, או לצורך אחרת, **אבל** אסור לעשות לצורך חול.

[ג]ואם נתן לתוכו שני שלישי מלח, אסור לעשות ממנו אפילו מעט - מפני שנראה כעושה מורייס לכבוש בו דגים, שכן דרך לעשות מורייס.

כתב א"ר בשם מהר"ש, שמותר להוסיף חומץ במורייס אחר שכבר נתיבשה.

אות ג' – ד'

צנון אסור, וביצה מותרת

ממלח לא מלחנא, טבולי ודאי מטבילנא

סימן שכא ס"ג - [ד]אסור למלוח חתיכות צנון [ה]ד' או ה' ביחד, [ו]מפני שנראה ככובש כבשים, והכובש אסור מפני שהוא כמבשל - אע"ג דבודאי אין בו חיוב, שאינו תולדת האור, מ"מ אסור מדרבנן, זה הטעם הוא מרמב"ם.

וה"ה כל דבר שצריך מליחה, כגון בצלים ושומים ואוגערקעס חיין, ובהדיא כתב הרמב"ם צנון וכיוצא בו, **ומ"מ** נראה דדבר שאין דרכו לכבוש, שרי.

ורש"י נתן טעם, שע"י המלח מתקשים, והוי תיקון, ודמי למעבד.

‹**והמחבר** תפס בס"ב כפירש"י, וכאן כפי' הרמב"ם, ולא ידענא למה – תוס' שבת›.

ד' או ה' ביחד - דכשכל חתיכה מונחת לבדה, אין בזה משום כובש כבשים, וגם לא מיחזי כמעבד, **אבל** כשמולחם ביחד, אפילו דעתו לאכלם תיכף, ולא להשהותם במלחם עד שיצא מרירותם מהזיעה כדרכם, ג"כ אסור.

[ז]אלא מטבל כל אחת לבדה, ואוכלה - תיכף, ולאו דוקא תיכף ממש, אלא שעה מועטת, שיזיע קצת לא הרבה.

ומנהגנו שחותכין בשבת צנון דק דק ונותנין אותו בקערה, ומולחין אותו, ושופכין עליו חומץ, ואוכלין אותו, ולכאורה הא דמיא זה להרבה חתיכות דאסור מדינא, אפילו אם אוכל מיד, ואין היתר אלא דרך טיבול כל אחת בפני עצמה, **ונראה** דכיון דאין מניחין אותו כלל להזיע, אלא שופכין שם החומץ וגם מינים אחרים, לא דמי לעיבוד, **וכ"ש** אם שופכין שם שמן תיכף, שהשמן מחליש כח המלח.

ואם משהה אותם במלחם עד שיזיעו כדרכם, אפילו מולח או מטבל חתיכת צנון חדא, אסור מדינא, כן העלה הט"ז, וכן בא"ר כתב, דלמלוח צנון אסור אפי' חתיכה אחת, **ובמ"א** בשם הב"ח כתב ג"כ, דנהוג עלמא שלא למלחן כלל, ‹להשהותן כלל במלח, דיש אוסרים אפילו שעה מועטת אפילו חתיכה אחת לבדה – הגר"ז›, אלא מטבל כל אחד במלח ואוכל. **ובקצת** מקומות עושין ירק שקורין שלאטי"ן, ומולחין הירק בפני עצמו תחלה, ומשהין אותו כך, ומסננין המים שיוצאין ממנו, ואח"כ

באר הגולה

[א] שבת ק"ח במשנה וכת"ק וכדמפרש לה **שמואל שם בגמ'** [ב] ‹כתב עולת שבת דבש"ס מבואר, דאם נותן שמן לכתחילה לתוך המים או לתוך המלח, מותר אפילו במרובין, דכשם דלר"י דאוסר אפילו מי מלח מועטים, התיר בנותן שמן לכתחלה וכו', ה"ה לרבנן דאוסרין במרובה, ג"כ מתירין בענין הזה בנותן שמן לכתחלה, דמאי שנא, ולא ידעתי למה השמיטו השו"ע ע"כ. **ולענ"ד** יפה כיון השו"ע, כי נ"ל דרבנן פליגי אר' יוסי, ואסרו אף בשמן לכתחילה – א"ר› [ג] **שם** [ד] **שם** [ה] ‹ז"ל הב"ח: וקשה, דמשמע ליה לרש"י דדוקא טבולי בשעת אכילה הוא דשרי, אבל למלוח אפילו רק שתים ביחד ולאכלן זו אחר זו הוא דאסור, כיון דהשנייה לא נמלחה בשעה שאוכלה אלא קודם שאכל הראשונה נמלחה, וא"כ למה פי' תחלה אין מולחין ג' או ד' חתיכות יחד, דמשמע אבל שתים יחד מותר, משום דאין סברא דהשניה מתעבדת ונעשה קשה מיד בשעה שאוכל החתיכה הראשונה, וא"כ דברי הרב סותרים תוך כדי דיבור, **ויש** ליישב, דס"ל לרש"י דמדינא ודאי אין לאסור אלא ג' ביחד, וכ"ש ד' או יותר, ורב נחמן דאמר מיטבל טבילנא בשעת אכילה אבל שתים ביחד אסור, מחמיר על נפשו היה, דאל"כ אלא דינא הכי הוא, דאפי' שתים יחד תני בברייתא דאין מולחין, קשה מאי אתא רב נחמן לאשמועינן דהיה טובל במלח בשעת אכילה, הא פשיטא כיון דאינו נאכל בלא מלח דמותר לטבלו במלח, אלא בע"כ אתי לאשמועינן דלא היה מולח שתים ביחד אלא כל חדא וחדא היה טובל בשעת אכילה, דאע"ג דמדינא שתים ביחד מותר למלוח, הוא היה מחמיר, אלמא דמדינא אין איסור למלוח ביחד אלא ג' – ב"ח› [ו] **רמב"ם** [ז] **שם בגמ'**

מערבין אותו עם שמן זית וחומץ, וזה איסור גמור, ודמי טפי לעיבוד, כיון שהוא ממתין עד שיקבל המלח היטב.

וכתב הט"ז, דמטעם השו"ע יש ללמוד, דאסור לשפוך יין ושאר משקים לכלי שיש בו חומץ, כדי שגם זה יהיה חומץ, דדומה לכובש כבשים, דהא מתכוין שאותו המעט ששופך שם, יהיה נכבש ויעשה חומץ, **וביד** אהרן כתב, דאסור משום דמחזי כעובדא דחול, **ואם** עושה זאת כדי להחליש כח החומץ בלבד, פשוט דשרי לכו"ע.

וליתן אוגערקעס ויין בתוך הכבושים שיתחמץ, ג"כ פשוט דאסור לכו"ע.

[ח]**אבל ביצים, מותר למלחן** - מפני שאין דרך לעשות מהן כבשים, וגם אין המלח מועיל להם כ"כ.

[ט]**סימן שכא ס"ד** - [י]**יש מי שכתב שמותר לטבול כמה חתיכות צנון אחת אחת לבדה** - דבזה אין נראה ככובש כבשים, **ולהניחם יחד לפניו** - והיינו שיהיו מוכנים לפניו לאכול, **אבל** יזהר שלא יהיו נוגעות זו בזו, **כדי לאכלם מיד זו אחר זו** - היינו שלא ישהה אותם זמן ארוך, אפילו באותה סעודה עצמה, כגון מתחלת הסעודה עד סופה, כדי שיזיעו הרבה, שזה דומה לעיבוד, **אבל** אם הן משתהין שעה מועטת, ומזיעין קצת, אין בכך כלום.

וכ"ז לדעת השו"ע, אבל המנהג שלא להשהות כלל במלח, אלא מטבל ואוכל במלח.

[יא]**סימן שכא ס"ו** - [יב]**אין למלוח ביחד הרבה פולים ועדשים שנתבשלו בקליפתן** - דהמליחה מועילה להם, (הוי כצנון - מ"א), והוי ככבישה ועיבוד.

אות ה' – ו'

יין בתוך העין אסור, על גב העין מותר

רוק תפל, [אפילו] על גב העין אסור

סימן שכח ס"כ - [יג]**אין נותנין יין לתוך העין** - דכל מילי דהוא לרפואה, גזרו רבנן משום שחיקת סממנים. **וליתנו על גביו,** [יד]**אם פותח וסוגר העין** - כדי שיכנס לתוכו, דאז מוכחא מלתא דלרפואה עושה, **אסור; ואם אינו פותח וסוגר, מותר** - דאמרינן לרחיצה בעלמא הוא דעביד, רש"י, **והאידנא** שאין דרך לרחוץ ביין, אסור.

[טו]**ורוק תפל** - כל שלא טעם כלום משניעור, שהוא חזק, **אפילו על גביו אסור, דמוכחא מלתא דלרפואה עביד** - דאי לרחיצה מאוס הוא.

ואם רוחץ פיו במים, ואח"כ מעבירו על עיניו, שרי, אף שמעורב בו רוק, דאמרינן לרחיצה עביד.

ואם לא יכול לפתוח עיניו, יכול ללחלחן ברוק תפל, דאין זה רפואה.

אות ז' – ח'

שורה אדם קילורין מערב שבת ונותן על גב עיניו בשבת ואינו חושש

חזייה דהוה מייץ ופתח, אמר ליה: כולי האי ודאי לא שרא מר שמואל

סימן שכח סכ"א - [טז]**שורה אדם קילורין בערב שבת ונותן על גב העין, שאינו נראה אלא** [יז]**כרוחץ** - ודוקא בקילור צלול שאז נראה כרוחץ, אבל בעבה אסור, שמא ימרח, **והוא דלא עמיץ ופתח.**

[יח]**ולא חיישינן משום שחיקת סממנים, דכיון שלא התירו לו לשרותן אלא מע"ש איכא היכרא** - ר"ל דהוא היודע דלרפואה קעביד, אעפ"כ לדידיה איכא הכירא מדמצריך לשרותו מע"ש, [רש"י], **וצ"ל** דהא דלא חששו בס"כ משום הוא עצמו, שאני התם, דכיון שדרך לרחוץ ביין לתענוג בעלמא, לכך ליכא משום חשש כלל, **אבל** הכא שאין עושים כן אלא לרפואה, צריך הכירא.

אות ט'

יד לעין תיקצץ, יד לחוטם תיקצץ, יד לפה תיקצץ, יד לאוזן תיקצץ

סימן ד ס"ג - [יט]**לא יגע בידו קודם נטילה לפה, ולא לחוטם ולא לאזנים ולא לעינים** - ויש ליזהר אפילו ע"ג עיניו מבחוץ, אם אפשר לו.

מפני שהרוח רעה השורה על הידים, יוכל להזיק לאלו האיברים.

באר הגולה

[ח] **שם כחזקיה משמיה דאביי** [ט] (ע"פ הגר"א וז"ל: מדקאמר מימלח לא מלחנא טבולי ודאי מטבילנא, ורש"י כתב בתחלה ד' או ה', משמע דטבולי מותר אף בכה"ג) [י] **תה"ד ובשם א"ז וכן כתבו משמו בהגהות, ושהביא ראיה מהירושלמי** (וכתוב בתה"ד, יראה דשרי לטבול כמה חתיכות צנון אחת אחת לבדה, ולהניחם יחד לפניו כדי לאכלם מיד זו אחר זו, והכי משמע לשון רש"י (קח: ד"ה מימלח) ולשון ספר התרומה, שעיקר הקפידא שנמלח שתים ושלש ביחד, **והא** דקאמר רש"י (ד"ה טיבולי) אבל מטבילין בשעת אכילה, דמשמע דלא שרי להטבילו אלא בשעה שבא לאכול החתיכה, **י"ל** דר"ל בשעת אכילה לאפוקי אם היה רוצה לשהות זמן ארוך, כגון מתחלת הסעודה עד לאחר גמר הסעודה, דהיינו כעין כשורי כשורי דבני מערבא כדאיתא התם, אבל כדי לאכלן מיד זו אחר זו אין קפידא, וכן כתוב באור זרוע, מותר לטבול הצנון במלח להניח שעה קטנה בשבת - ב"י) [יא] (ע"פ המ"א) [יב] **טור בשם הרב ר"פ** [יג] **שבת ק"ח** [יד] **טור מהא דקילורין דלקמן, ומדברי רש"י שם** (פי' רש"י, יין בתוך העין, דעמיץ ופתח, אסור, דמוכחא מילתא. וכתב רבינו שאם פותח וסוגר אפילו על גב העין אסור, דהכי אמרינן בגמרא גבי קילורין דבסמוך, וכן משמע מדפי' רש"י יין בתוך העין דעמיץ ופתח אסור, אלמא דכל היכא דעמיץ ופתח תוך העין מיקרי - ב"י) [טו] **שם בגמרא** [טז] **שם** [יז] **שם** [יח] **טור ושם בפרש"י** [יט] **שם ק"ח**

אות י'

יד לחסודה תיקצץ

סימן ד ס"ד - [כ]אפילו מי שנטל ידיו לא ימשמש בפי הטבעת תמיד, מפני שמביאתו לידי תחתוניות; [כא]לא יגע במקום הקזה, שמשמוש היד מזיק לחבורה.

וקודם נטילה, יש אוסרין מליגע בפי הטבעת אפילו במקרה, וכן לאמה במקום הנקב, אפילו אם הוא נשוי, וכן כה"ג במקום נקב הקזה, כי אז יוכל הרוח רעה להזיק לכל נקב שבגוף.

אות כ'

יד לאמה תיקצץ

אבה"ע סימן כג ס"ד - אסור לאדם שאינו נשוי לשלוח ידו במבושיו - ‹ר"ל בביצים, גר"א. היינו אפילו בביצים, ציץ אליעזר›, **כדי שלא יבא לידי הרהור; ואפילו מתחת טבורו לא יכניס ידו, שמא יבא לידי הרהור** - [עיין במה שכתבתי ביו"ד סי' קפ"ב, דזה לא הוי אלא תוספת קדושה, אבל לא עיקרא דדינא, דאם לא כן מה התפאר רבינו הקדוש עצמו שלא הכניס ידו למטה מאבניטו, ושעל כן נקרא רבינו הקדוש – ט"ז], **ואם השתין מים, לא יאחוז באמה וישתין; ואם היה נשוי מותר** - {משמע אפילו אין אשתו עמו **מותר** - ב"ש}, ‹וט"ז ומ"א באו"ח סי' ג' לא כ"כ, ע"ש – באה"ט›, ‹**ודעת** הטור, דאף נשוי אינו מותר אלא לאחוז מעטרה ולמטה לצד הארץ – ערוה"ש›, **ובין נשוי ובין שאינו נשוי לא יושיט ידו לאמה כלל, אלא בשעה שהוא צריך לנקביו. (ועיין באו"ח סימן ג')** - ‹ולרחוץ האמה עם כל הגוף יחד, שרי כשרוחץ בדרך העברה, אבל להתעכב הרבה ברחיצת האבר אין נכון לעשות כן, דשמא יתחמם, **וגם** כשרוחץ לא יביט בערותו, ומגונה הוא, וכ"ש שלא יסתכל בערות חבירו – ערוה"ש›.

אות ל'

יד לפי טבעת תיקצץ

סימן ד ס"ג- עיין לעיל אות י'.

באר הגולה

[כ] **שם בפרש"י** [כא] **ב"י לדעת רש"י** ‹וז"ל: וטעמו של רש"י שכתב, דיד לאמה ויד לפי טבעת לאו לענין נטילת שחרית נקט להו, דאפילו אם נטל ידיו לא יגע באמה ולא ימשמש תדיר בפי הטבעת, מדלא תני גבי יד מסמא וכו', ההיזק שעושה היד לאמה או לפי הטבעת, **ולפי"ז** יד לחסודה ויד לגיגית נמי לאו לענין נטילת שחרית נקט להו, דאפי' אם נטל ידיו לא יגע בחסודה, דמשמוש היד מזיק לחבורה, ולא יגע בגיגית השכר, מפני שמשמוש היד מפסידו, ומשו"ה לא נזכרו גבי יד מסמא וכו'›

§ מסכת שבת דף קט. §

אות א'

יד לגיגית תיקצץ

סימן ד ס"ה - [א]לא יגע בגיגית שכר, שמשמוש היד מפסיד השכר – (ר"ל אחר נטילה ומשום קלקול השכר, אבל בקודם נטילה לא איירי מאומה, [ב]**אמנם** בב"ח וט"ז וביאור הגר"א הסכימו, דקודם נטילה אסור ליגע בגיגית של שכר, מפני שעי"ז יוכל להכניס רוח רעה לתוך השכר, ומזיק אח"כ להשותים, **ולדבריהם** פשוט דאפילו בדיעבד יש ליזהר מאוד מלשתות השכר הזה, **אמנם** בספר ארה"ח מסיק להקל בדיעבד, וצ"ע למעשה).

ואם נגע במאכל קודם שנטל ידיו, אין לאסור המאכל עי"ז, אבל לכתחילה מאוד יש ליזהר שלא ליגע אז בשום מאכל, **ואם** נגע באוכל, ידיחנו ג"פ, **וכן** אין לשתות עשן טבא"ק קודם נט"י.

אות ב'

עד שירחוץ ידיו שלש פעמים

סימן ד ס"ב - [ג]ידקדק לערות עליהן מים ג' פעמים, להעביר רוח רעה ששורה עליהן - כי חוץ מהטעמים הנזכרים בס"א שצריך ליטול ידיו לתפלה, צריך ליטול גם משום רוח רעה השורה על הידים, **אך** היכא דהנטילה הוא משום רוח רעה לבד, לא היו מתקנים ע"ז ברכה, לכן אנו צריכים גם לטעמים הנ"ל.

ואפי' שופך הרבה בפעם אחד אינו מועיל, כי אין הרוח הולך אלא בג' פעמים, דהיינו פעם אחת על יד ימין, ואח"כ על יד שמאל, עד ג' פעמים בסירוגין.

ובספר מעשה רב כתב, ד' פעמים, ג"פ להעביר רוח רעה, והד' להעביר המים שנטמאו.

צריך להזהיר לנשים, שיזהרו בנט"י ג"פ בסירוגין כמו האנשים, וגם כי הם מתקנות המאכלים, שלא יטמאום בידיהם, **גם** יש ליזהר שהקטנים יטלו ידיהם בשחרית, כי נוגעים במאכל.

ובנגיעת עכו"ם במאכלים בלא נט"י, אין לחוש, דלא מקבלי טומאה.

(**ובדיעבד אפילו לא נטל רק ידו אחת לבד, סר רוח רעה מאותו היד**).

ויטלם לכתחילה עד פרק הזרוע, ואם אין לו מים, די עד קשרי אצבעותיו.

וצריך לפשוט הכפות, כמי שרוצה לקבל דבר, ויגביהם כנגד הראש.

גם טוב להדיח פיו, ובתענית צבור לא ידיח.

אות ג'

עלין אין בהם משום רפואה

סימן שכח סכ"ד - [ד]נותנים עלה על גב מכה בשבת, שאינו אלא כמשמרה, חוץ מעלי גפנים שהם לרפואה - וה"ה שאר עלים הידועים שהם מרפאים.

(**ואין נותנין גמי על המכה, שהוא מרפא**) **(טור)** - עיין בא"ר דמצדד, דאין חילוק בגמי בין לח ליבש, **וברש"י** משמע דגמי יבש מוקצה נמי הוי, **אך** נוכל לומר דהכא מיירי שהכינו לכך מבע"י, ואפ"ה אסור.

אות ג'* [ה]

שריקא טויא שרי

סימן שיח סי"ט - [ו]אסור לטוח שמן ושום על הצלי בעודו כנגד המדורה, אפילו נצלה הצלי מבעוד יום, דמ"מ יתבשל השום והשמן - לאו דוקא כנגד המדורה, דה"ה במעביר את השפוד שתחוב עליו הצלי מהאש, כל זמן שהוא רותח שהיס"ב אסור לטוח עליו, **ואפי'** אם הניח אח"כ על הקערה שהוא כ"ש, ג"כ אסור, דהא כמה פוסקים סוברים דדבר גוש כל זמן שהיס"ב אפילו בכ"ש מבשל, **ומ"מ** בדיעבד אין לאסור כשהוא מונח בכלי שני, דסמכינן על הפוסקים דכלי שני אינו מבשל בכל גווני, [**ואם** טח על הצלי בשומן קודם שהניחו בכלי, אוסר בכחוש עד כדי נטילה, ואם טח בשָמֵן, אוסר עד ששים].

וכ"ז בשום ושמן דהוא דבר חי שלא נתבשל, אבל בשומן שנקפא, מותר לטוח אפילו כנגד המדורה, דאין בו שוב משום בישול כיון שכבר נתבשל, וכמו שכתבנו למעלה בסט"ז, דדבר יבש שכבר נתבשל אין בו שוב משום בישול, [**דאי** אינו נקפא, הוי בכלל דבר לח שנצטנן, ושייך בו בישול].

ומשום נולד ליכא, כיון דנבלע בהבשר ואינו בעין, ובלבד שלא ירסקנו בידים, [**והא"ר** כתב, דלפי מה שמבואר לקמן בסי' ש"כ במ"א, דכמה פוסקים סוברים דמותר לרסק ברד לתוך הכלי, ה"ה הכא דמותר לרסק, **וטוב** להחמיר לכתחילה, דגם שם בשו"ע משמע להחמיר] **רק** יניחנו עליו מעט מעט והוא נימוח מאליו, [והטעם, דבמעט מעט נבלע תיכף, ומותר אפי' להיש מחמירין הנ"ל], **וה"ה** דמותר לטוח מטעם זה בשומן אווז שנקפא, ע"ג מיני קמחים וקטניות, כגון לאקשי"ן ערביזי"ן היר"ז, שנתנום ע"ג קערה אף שהוא רותח, ורק שיניחנו עליו מעט מעט והוא נימוח מאליו וכנ"ל.

באר הגולה

[א] **ב"י לדעת רש"י** ‹עיין לעיל ק"ח: אות י'›

[ב] ‹וכתב ב"י שהכריחו לרש"י, מדלא מפרש גמ' ההיזק בהן, כמו בעין כו', ומזה למד ב"י לחסודה וגיגית, **אבל** קשה לאומרו מפני הפסד שכר תיקצץ, ומפני שמשרה רוח רעה ומזיק לבריות ניחא, וכ"כ ב"ח וט"ז, **וגם** דברי רש"י אין מוכרחין, די"ל במקום דמותר כגון נשוי או מעטרה ולמטה, וכן לאמה פי' במקום הנקב, דקודם נטילה מזיק לכל נקב שבגוף - גר"א›

[ג] **שבת ק"ט**

[ד] סמ"ג **ל"ת ס"ה בשם הירושלמי פרק ו' דשבת**

[ה] ‹ע"פ הב"י והגר"א מפי' רש"י ד"ה שריקא, ובלבד שלא יהא רותח כדי לבשל›

[ו] **כל בו**

שמנה שרצים פרק ארבעה עשר שבת קט

תורה אור

ללגיגית תקציץ יד מסמא יד מחרשת יד מעלה פוליפוס תניא רבי נתן אומר בת חורין היא זו ומקפדת עד שירחוץ ידיו ג' פעמים א"ר יוחנן *פוך מעביר בת (א) מלך ופוסק את הדמעה ומרבה שיער בעפעפים תניא נמי הכי רבי יוסי אומר פוך מעביר בת מלך ופוסק את הדמעה ומרבה שיער בעפעפים ואמר מר עוקבא אמר שמואל עלין אין בהם משום רפואה אמר רב יוסף כוסברתא אין בה משום רפואה אמר רב ששת כשות אין בהן משום רפואה אמר רב יוסף כוסברתא אפילו לדידי קשה לי אמר רב ששת גרגירא *אפילו לדידי מעלי ואמר מר עוקבא אמר שמואל כל מיני כשות שרו לבר מטרוזא אמר רב חסדא שריקא טויא שרי פיעפועי ביעי אסור דביתהו דזעירי עבדא ליה לחייא בר אשי ולא אכל אמרה ליה לרבך עבדי ליה ואכל ואת לא אכלת זעירי לטעמיה דאמר זעירי *נותן אדם יין צלול ומים צלולין לתוך המשמרת בשבת ואינו חושש אלמא כיון דמשתתי הכי לאו מידי קעביד הכא נמי כיון דמיתכיל הכי לאו מידי קעביד ואמר מר עוקבא מי שנגפה ידו או רגלו צומתה ביין ואינו חושש איבעיא להו חלא מאי אמר רב הלל לרב אשי כי הוינא בי רב כהנא אמרי חלא לא אמר רבא והני בני מחוזא כיון דמפנקי אפילו חמרא נמי מסי להו רבינא איקלע לבי רב אשי חזייה דדריכא ליה חמרא אגבא דכרעיה ויתיב קא צמית ליה בחלא אמר ליה לא סבר לה מר להא דאמר רב הילל חלא לא א"ל גב היד וגב הרגל שאני איכא דאמרי חזייה דקא צמית ליה בחמרא אמר ליה לא סבר לה מר להא דאמר רבא הני בני מחוזא כיון דמפנקי אפי' חמרא נמי מסי להו ומר נמי הא מפנק אמר ליה גב היד וגב הרגל שאני *דאמר רב אדא בר מתנה אמר רב גב היד וגב הרגל הרי הן כמכה של חלל ומחללין עליהן את השבת ת"ר רוחצים במי גרר במי חמתן במי עסיא ובמי טבריא אבל לא בים הגדול ולא במי משרה ולא בימה של סדום ורמינהו רוחצים במי טבריא ובים הגדול אבל לא במי משרה ולא בימה של סדום קשיא ים הגדול אים הגדול א"ר יוחנן לא קשיא הא ר"מ הא ר' יהודה *דתנן כל הימים כמקוה שנאמר (בראשית א) ולמקוה המים קרא ימים דברי ר"מ ר' יהודה אומר ים הגדול כמקוה ולא נאמר ימים אלא שיש בו מיני ימים הרבה רבי יוסי אומר כל הימים מטהרין בזוחלין ופסולים לזבים ולמצורעים ולקדש בהן מי חטאת מתקיף לה רב נחמן בר יצחק אימור

א) [וע"ע תוס' לקמן קמז. ד"ה דיעבד ותוס' חולין טו: ד"ה אלא נור]

רש"י

לגיגית. שמטילין בה שכר: פיקלן. דלא תיגע קודם נטילת שחרית: יד. לעין מסמא קודם נטילה: יד. לאוזן מחרשת: יד. לפה או לחוטם: מעלה פוליפוס. ריח החוטם והפה ול"נ דיד לאמה לאו לענין שחרית נקט לה אלא משום דמביא לידי קרי ובמסכת נדה (דף יג:) אמרינן בה תקצץ *משום האי טעמא ומשום דתנית בה נמי לגוזא דתיקלן תנייה נמי גבי הנך וכן יד לפי טבעת למשמש בה תדיר מביאתו לידי תחתוניות: בת חורין היא. הרוח השורה על הידים לפני נטילה: ומקפדת. בנטילתו לנוטלה יפה עד שישפוך מים יפה ג' פעמים על ידיו: פוך. אם נותנו בעיניו: מעביר בת מלך. אם הזיקה לעיניו: עלין. קך שם העשב: אין בהם משום רפואה. באכילתו להאיר העינים דלא מסו: כוסברתא. אלייאנדר"א: אפילו לדידי. דמאור עינים אנא קשה לי לכאב העין אם אוכלנו: גרגירא. אורוג"א: אפילו לדידי. °דמאור עינים אנא מעליא לי: כל מיני כשות שרי. למיכל בשבת כדתנן במתני' כל האוכלים אוכל אדם לרפואה דלא מוכחא מילתא: לבר מטרוזא. שאין אדם אוכל אלא לרפואה ומוכחא מלתא: שריקא טויא. לשרוק ולטוח שמן וביצים מגולגלין על הגלי כשהוא חם משתשכה שרי ובלבד שלא יהא רותח כדי לבשל ולא אמרינן דמי למתקן: פיעפועי ביעי. לטרוף ביצים מגולגלין בקערה: אסור. דמתחזי כמאן דבעי למשדינהו בקדרה: עבדא ליה. שריקא טויא: לרבך. זעירי: משמרת. שמסננין בה שמרים: כיון דמשתתי הכי. שראוי לשתותו כמו שהוא בלא סינון: דמיתכיל הכי. בלא שריקא: שנגפה. שנכשלה ולקתה לשון פן תגוף (תהלים צא) דם מגפתה (מכשירין פ"ו מ"ח): צומתה ביין. לשכך הדם: דמפנקי. מעונגין הן וכל דבר שהוא חזק קצת קשה לבשרן ומומתה: דדריכא ליה חמרא. חמור דרך לו על רגלו: שאני. שמכתו קשה ומסוכן ומחללין עליו את השבת: רוחצין במי גרר. ואע"פ שהן מלוחין קצת דרך לרחוץ בהן בחול ולא מוכחא מילתא דלרפואה היא: אבל לא בים הגדול. לקמן מפרש טעמא: ולא במי משרה. שטורין בו פשתן ואין דרך רחיצה בהן אלא לרפואה דמסו וכן בימה של סדום דמליח טובא ואין רוחצין בה אלא לרפואה ומוכחא מילתא: הא. דקתני רוחצים בים הגדול ר"מ היא דמשוי כל הימים כי הדדי ולא מפליג בין ים הגדול לשאר הימים: והא. דתני אין רוחצין רבי יהודה היא דמפליג בין ים הגדול לשאר ימים: כל הימים כמקוה. לכל תורת מקוה ואין להם תורת מעיין ומה בין מקוה למעיין המעיין כשר לטבילת זב והזאה לפר מצורע דמים חיים הן ולקדש מי חטאת דבכולהו מים חיים כתיב בזב כתיב (ויקרא טו) ורחץ בשרו במים חיים במצורע כתיב (שם יד) אל כלי חרש על מים חיים במי חטאת כתיב (במדבר יט) מים חיים אל כלי ומטהר טמאים הטובלים במימיו כשהן זוחלין ומקלחים שהרי זה דרכו של מעיין כל עצמן זוחלין הן ומקוה שהן מים מכונסין אם הטביל במימיו דרך זחילתן במקום קטפרס אינה טבילה עד שיהא במקום אשבורן שלו קוין ועומדין והכי תניא בת"כ אי מה מעיין מטהר בזוחלין אף מקוה מטהר בזוחלין ת"ל אך (ג) מעיין מטהר בזוחלין והמקוה באשבורן זהו פירוש מטהר בזוחלין בכל מקום ואני לא שמעתיו כן ואין המקוה כשר לטבילת זב ולהזיית מצורע ולקדש מי חטאת וכל הימים כמקוה שהכתוב קראן מקוה: רבי יהודה אומר. לא קרא הכתוב מקוה אלא לים הגדול דביה משתעי קרא במעשה בראשית שם נקוו כל מי בראשית: ולא נאמר ימים. בלשון רבים אלא מפני שמעורבין בו מיני ימים הרבה שכל הנחלים הולכים אל הים: רבי יוסי אומר כל הימים. וים הגדול תורת מעיין מים זוחלין עליהן לענין שהם מטהרין בזוחלין מפני שדרכן להיות נחלים זוחלין עליהן וזה דרכן אבל פסולין הן לתורת מים חיים דהכתוב קראן מקוה:

אימור

תוספות

עלין אין בהם משום רפואה. פי' בקונטרס דבאכילה מיירי ואין נראה לר"י אלא איירי להשים על העין דבהכי איירי כולה סוגיא ועוד אי באכילה מיירי היכי אסר רב ששת גרגירא כיון דמאכל בריאין הוא והתנן כל האוכלים אוכל אדם לרפואה:

(ג) לדידי אפילו כוסברתא קשי לי. קשה לר"י א"כ אמאי איצטריך למימר רב יוסף כוסברתא אין בו משום רפואה כיון דמזקת לעינים כ"ש דלא מרפאה ואומר ר"י דה"ק אין בה משום רפואה כלומר יש שטועין וסבורין שיש בה רפואה ואין בה רפואה אלא מזקת לעינים ויכול להיות שמהגה אותו בשום ענין:

שריקא טויא. פירש ר"ח מים שמסננים ממעי אבטיח ושותים כדי לשלשל ור"ל דמותר לסנן מים שבמעיין כדמסיק כיון דמיתכיל הכי לאו מידי קעביד אבל פעפועי ביעי אסור דלא מיתכיל בלא סינון שפיר והשתא אתי שפיר לפי' ר"ח דשייכא הא מלתא להכא דמיירי ברפואה:

רוחצין במי גרר במי חמתן במי טבריא. והא דתנן בפ' חבית (לקמן דף קמז.) הרוחץ במי מערה במי טבריא ודייק בגמרא דיעבד אין לכתחילה לא התם מיירי ברוחץ בגומא דדמיא למרחץ אבל בנהר מותר לכתחילה כדפרישית לעיל בפרק כירה (לעיל מ: ד"ה והא) ורבינו נסים כתב במגילת סתרים דהא דקתני הרוחץ דיעבד אין לכתחילה לא משום מי מערה אבל במי טבריא אפילו לכתחילה שרי ולא קתני במי טבריא אלא ללמד על מי מערה שהן חמין דומיא דמי טבריא וטעמא משום דמי טבריא מגולין אבל מערה מכוסה היא כדאמר בשור שנגח את הפרה (ב"ק דף נ:) דמערה עבידא דמטללא וכפיש הבלא וחיישינן שמא יזיע ומש"ה לכתחילה לא א):

רבי יוסי אומר כל הימים מטהרין בזוחלין. נראה לריב"א דטעמא משום דכל שעה הולכים ושבים מכאן לכאן והוי כזוחלין הלכך יש להם לטהר בזוחלין כמו שאר נהרות אבל מים חיים אינם שהרי אינם נובעים הלכך מיתכשר טפי מה שהכתוב קראן מקוה היינו לפוסלן ממים חיים:

הא ר"מ והא רבי יהודה. תימה היכי מדמי הא פלוגתא לפלוגתא דלעיל דמיירי ברפואה:

חיויא

עין משפט נר מצוה

כז א טוש"ע א"ח סי' ד סעיף ה:

כח ב שם סעיף ג:

כט ג סמג לאוין סה טוש"ע א"ח סימן שכח סעיף כד:

ל ד ה ו מיי' פכ"א מהל' שבת הלכה כג סמג שם טוש"ע שם סעיף כט:

לא ז מיי' פ"ב שם הל' ה סמג שם טוש"ע שם סעיף ו:

לב ח שם סעיף מד:

לג ט מיי' פ"ט מהלכות מקוואות הלכה יג סמג עשין רמח:

רבינו חננאל

תניא ר' (יוסי) [נתן] אומר בת חורין היא. פי' רוח רעה ששורה על [גב] העין יש לה כבוד ברוחות כבן חורין בבני אדם ואינה עוברת עד ג' פעמים ופוך מעבירה*). אמר שמואל עלין אין בהן משום רפואה. פי' עלי ירק לצנן העין אין בהן משום רפואה ושרי וכן כסברתא וכן כשות אין בהן משום רפואה. ורב יוסף דהוי סגי נהורא הוה אמר אפי' אנא כוסברתא. קשיא לי דאלמא מכאיב העין ורב ששת נמי סגי נהורא הוה ואמ' אפי' לדידי גרגירא מעלי דמשפה גלגל העין. כל מיני קישות מותר להניח ע"ג העין בשבת בר מטרוזה ולא בריר לן יפה מאי היא שריקא טויא גם היא **) ואמרו כי הן מי של מיעי אבטיחים שמסננין אותן במשמרת ושותין אותן לבטן ויפין הן לשילשל. וכן פעפועי ביעי וזעירי דהוה שתי להן למפטיה דאמר נותן אדם מים צלולין ויין צלול לתוך המשמרת בשבת ואינו חושש אלמא כיון דמישתתי הכי לאו מידי קא עבוד הכא נמי בשירקא טויא כיון שנאכל עם האבטיח ועם מעיו אף בזמן דששי להו במשמרת לאו מידי עבוד. ומפורש בגמרא דיוה"כ כי זעירי רביה דרב חייא בר אשי תלמידו דזעירי הוא ***) דהוא נמי תלמידו דרב הוה ניחא לי משום הכא דרב אשי הוה. אמר מר עוקבא מי שנגפה ידו או רגלו צומתה ביין ואינו חושש אבל חומץ לא ואי מפנק אפי' חמרא אסור אא"כ ישנה מכה של חלל שמחללין עליה השבת: מי גרר ומי חמתן המים שלהן חמין הן כמו חמי טבריא.

*) פי' ערוך ערך בת חורין.

**) נראה דחסר איזה תיבות ונ"ל גם היא אינו בריר לן ואמרו וכו'.

***) דברי רבינו אלו מגומגמין ואולי דנפל איזה ט"ס בדבריו וצ"ע.

רב נסים גאון

מעלה פוליפוס. במס' כתובות בפרק המדיר (דף עז) אמרו מאי בעל פוליפוס אמר רב יהודה אמר שמואל ריח הפה: הטעם במתניתא תאנא ריח הפה: אמר רב יוסף כוסברתא אפי' לדילי קשה לי אמר רב ששת גרגירא אפי' לדילי מעלי לי. רב יוסף ורב ששת היו מאורי עינים ואמר רב יוסף בדרך הבא' כי הכוסבר מזיק לעין ואפי' לו שהוא סומא וכמו כן אמר רב ששת כי הגרגיר הוא מועיל אפי' לסומים ותמצא רב יוסף אמר בפרק החובל (ב"ק דף פז) מריש הוה אמינא מאן דאמר לי הלכה כר' יהודה דאמר סומא פטור מהמצות עבידנא יומא טבא לרבנן דהאידנא לא מיפקדנא ועבידנא מצות השתא דשמעתא להא דאמר ר' חנינא גדול המצווה ועושה אדרבה מאן דאמר לי לית הלכתא כר' יהודה עבידנא יומא טבא לרבנן ואיתא נמי בגמ' בפרק האשה (קידושין דף לא) ורב ששת הוי אמרו בכמה מקומות דברים שמוכיחים שהוא סומא בברכות בפרק תפלת השחר (דף ל) כי הא דרב חסדא ורב ששת הוו קא אזלי באורחא קם רב חסדא וקא מצלי תפלת הדרך אמר ליה רב ששת לשמעיה מאי קעביד רב חסדא וכו' ובפרק הרואה מקום (שם נח) רב ששת נפק לאיקבולי מלכא אמר ליה ההוא מינא בר בי רב חצבי לנהרא כגני ליא אמר ליה השתא חזית דאנא ידענא טפי מינך כי אתא מלכא פתח רב ששת קא מבריך ליה למלכא אמר ליה ההוא מינא כי לא חזית מאי מברכת ובפרק ערבי פסחים (דף קטז) דבר שמוכיח על שניהן והוא כשאמר רב אחא בר יעקב סומא פטור מלומר הגדה הקשו עליו איני והאמר רבינא לדידי *) אמר לי רב ששת שאלתינהו לרבנן דבי רב יוסף מאן אמר הגדתא ואמרו לי רב יוסף ואיך תאמר שהסומא פסול לומר הגדה והרי אלו סומין ואמרו הגדתא ובפרק מי שאחזו (גיטין דף סח) אמרו על רב ששת שאמר לשמעיה מאי חזית אמר ליה ציפתא דרשא אמר ליה הדר מינה ובגמ' דבני מערבא בפרק יציאות השבת (הלכה ב) ואיש אסתים מי ימצא זה ר' זעירא דר' זעירא לית אנן צריכין חששין לשמעתא דרב ששת דהוא גברא ספתחה: דביתהו דזעירי אינסיבא ליה לר' חייא בר אשי עבדא ליה ולא אכל אמרה ליה לרבך עבדי ואכל ואת לא אכלת. בפ' יום הכפורים (יומא עז) אמרי דר' חייא בר אשי תלמיד זעירי (לדבריהם) [הוי, דאמר התם] איבעיא להו רבה לגבי תלמידא מהו אמר רב יצחק בר הנא לדידי חזי לי לזעירי דאזל לבי רב חייא בר אשי אמר התוא רב חייא בר אשי הוא דאזל לגבי זעירי רביה: גב היד וגב הרגל הרי הן כמכה של חלל. עיקר זה במסכת ע"ז בפרק אין מעמידין (דף כח) אמר רבה בר בר חנה א"ר יוחנן כל מכה שמחללין עליה את השבת אין מתרפאין ממנה מאי בינייהו גב היד וגב הרגל דאמר רב אדא בר אהבה אמר רב גב היד וגב הרגל הרי הן כמכה של חלל ומחללין עליה את השבת ואמרו ומהיכן מכה של חלל פירש ר' אמי מן שפה ולפנים ובגמרא דבני מערבא כל שהוא מן החלל ולפנים מרפאין אותן בשבת תמן אמרין בשם ר' יוחנן גבות ידים ורגלים סכנה: ר' יוסי אומר כל הימים מטהרין בזוחלין ופסולין לזבים ולמצורעים ולקדש מהן מי חטאת. אלו השלשה (תנאים)(דברים)

אמר

*) הלשון משובש קצת ולפנינו שם הגי' שאלתינהו לרבנן דבי רב יוסף מאן דאמר אגדתא בי רב יוסף אמרו רב ששת וכל"ל כאן.

מסורת הש"ס

[וכן איתא במסכת כלה]

פי' כחול עינים

[עי' יומא יח: למה נקרא שמו ארוגת וכו']

לקמן קלט:

ע"ז כח.

פרה פ"ח מ"ח מקוואות פ"ה משנה ד

הגהות הב"ח

(א) גמ' פוך מעביר בת חורין ופוסק וכו' ר' יוסי וכו' בת חורין ופוסק: (ב) רש"י ד"ה כל הימים וכו' ת"ל אך מעיין מעיין מטהר: (ג) תוס' ד"ה עלין וכו' לרפואה הס"ד ואח"כ מ"ה כוסברתא אפי' לדידי קשה:

גליון הש"ס

רש"י ד"ה אפי' לדידי דמאור עינים. ע' בכתונת אור להגאון בעל פמ"א פ' נח:

איתא בתוספתא: אחד נתן את האור, ואחד נתן את העצים, ואחד נתן את הקדרה, ואחד נתן את המים, ואחד נתן את הבשר, ואחד את התבלין, ובא אחר והגיס, כולם חייבים, **היינו** שהנותן האור חייב משום מבעיר, דכשהוא מוליך גחלת ממקום למקום הוא מתלבה מרוח הליכתו, **והנותן** העצים ג"כ חייב משום מבעיר, **ואידך** כולהו משום מבשל, וגם מגיס נמי מטעם זה, שכל העושה דבר מצרכי בישול הרי זה מבשל, **והנותן** את הקדרה מיירי בחדשה, וחייב משום שמתלבן ומתחזק הקדרה ע"י שנותנה על האש.

אחד נתן את הקדרה, ואחד נתן את המים, ואחד נתן את הבשר, ואחד נתן את התבלין, ואחד נתן את העצים, ואחד הביא את האור, ובא אחר והגיס, שנים האחרונים חייבים, **וכתב** הרב המגיד, דלד"ה כל שאין בבישולו חיוב, כגון במבושלת כל צרכו, אין בהגסתו חיוב, **וב"י** כתב בשם הכלבו, דכשהיא על האש חייב בהגסה אפילו במבושל כל צרכו.

כלי בישול שלנו שקורין סאמאווא"ר, שהוקם מע"ש, אסור ליטול ממנו מים בשבת כשאינו גרוף מן הגחלים, **הטעם**, מפני שהוא עשוי פרקים, הוא מתיירא שמא יתאכל פירוקו והוא מוסיף מים, **ולפי"ז** יש ליזהר כשישב לשתות מן הכלי בישול שלנו קודם שקיעה, ובאמצע קידש עליו היום, שלא לשתות ממנו עוד.

אות ד' – ה' – ו'

<u>מי שנגפה ידו או רגלו צומתה ביין, ואינו חושש</u>

<u>חלא לא</u>

<u>כיון דמפנקי אפילו חמרא נמי מסי להו</u>

סימן שכח סכ"ט - [ז]**מי שנגפה ידו או רגלו** - שנכשלה ולקתה, **ומיירי** שלא היה ע"י ברזל, וגם שלא נגפו היד והרגל על גבן, דא"כ כבר מבואר לעיל, דהוא בכלל מכה שיש בה סכנה, ומחללין עליהן את השבת, **צומתה ביין כדי להעמיד הדם, אבל לא בחומץ, מפני שהוא חזק ויש בו משום רפואה** - וכ"ש ביין שרף.

ואם הוא מעונג - שעור בשרו רך, וכל דבר שהוא חזק קצת קשה לבשרו, וצומת ומרפא, **אף היין לו כמו החומץ ואסור.**

אות ז'

<u>גב היד וגב הרגל הרי הן כמכה של חלל, ומחללין עליהן את השבת</u>

סימן שכח ס"ו - [ח]**מכה שעל גב היד וגב הרגל,** [ט]**וכן מי שבלע עלוקה, וכן מי שנשכו כלב שוטה,** [י]**או אחד מזוחלי עפר הממיתים, אפי' ספק אם ממית אם לאו, הרי הם כמכה של חלל.**

אות ח'

<u>רוחצים במי גרר, במי חמתן, במי עסיא, ובמי טבריא; אבל לא בים הגדול, ולא במי משרה, ולא בימה של סדום</u>

סימן שכח סמ"ד - [יא]**רוחצין במי גרר, ובמי חמתן, ובמי טבריא, ובמים היפים שבים הגדול** - אף שכונתו לרפואה, כיון שרוחצין בו בריאים, מותר, **אך** בזמן שאין דרך לרחוץ בחמי טבריה אלא לרפואה, אסור בשבת, אם שוהא.

אע"פ שהם מלוחים - פי' ומועילים מפני זה קצת לרפאות, **שכן דרך לרחוץ בהם, וליכא הוכחה דלרפואה קא עביד** - ודע, דאפילו יש לו חטטין בראשו, ג"כ מותר.

אבל לא במים הרעים שבים הגדול, ובמי משרה - ששורין שם פשתן, וה"ה בימה של סדום, [גמ'], **שהם מאוסין ואין דרך לרחוץ בהם אלא לרפואה.**

[יב]**ודוקא ששוהה בהם, אבל אם אינו שוהה בהם, מותר, שאינו נראה אלא כמיקר** - ואע"פ שהן עכורין, אמרינן לא מצא מים יפים ולעולם להקר קעביד, ואפילו יש לו חטטין בראשו נמי מותר, **אבל** כששוהה, מוכחא מילתא דלרפואה קעביד, שהרי המים עכורין וסרוחין, ואינו עומד שם בשביל הנאה.

(עיין בא"ר שכתב לענין חמי טבריה, דבמקומות שאין דרך לרחוץ בהן אלא לרפואה, אפילו אם אין מכוין לרפואה, אסור אם שוהא, עכ"ל, **ולפי"ז** נראה דכ"ש במי משרה אסור בודאי באשתהי, אפי' אינו מכוין לרפואה, **ואולי** הא"ר מיירי כשיש לו מיחוש, ולהכי אסור אפילו באינו מכוין, {ועיין לעיל בסעיף ל"ז, דדבר זה תלוי במחלוקת ראשונים, וצ"ע למעשה}, **אבל** בבריא צריך שיהא מכוין לרפואה, דהיינו לחזק מזגו).

באר הגולה

ז שם ק"ט ח שבת ק"ט וע"ז כ"ח ט יומא פ"ד י שבת קכ"א יא שבת ק"ט ברייתא וגמרא יב שם בגמרא וכן כתב רמב"ם ושאר פוסקים

(וברמב"ם כתב, דלהכי אין רוחצין במי משרה, מפני שכל אלו צער הן, וכתיב: וקראת לשבת עונג, **ולפי"ז** בודאי לדידיה, באלו אפילו אינו מתכוין לרפואה, אפי' בבריא אסור, וצ"ע בכל זה).

איתא ברמב"ם: אין רוחצין במים שמשלשלים, היינו מים שמצננים את הגוף ובא לידי שלשול, ולא בטיט שטובעין בו וכו', מפני שכל אלו צער הם, וכתיב: וקראת לשבת עונג, עכ"ל, **וא"כ** אסור לשתות משקה המשלשל, דאין לך צער גדול מזה, ואפילו אם אינו מכוין לרפואה אלא מפני איזה טעם, **דאם** היה מכוין לרפואה, בלא"ה אסור, אם לא כשהוא בא לכלל חולה שאין בו סכנה, דאז מותר.

אות ט'

כל הימים מטהרין בזוחלין, ופסולים לזבים ולמצורעים, ולקדש בהן מי חטאת

רמב"ם פ"ט מהל' מקוואות הי"ב - כל הימים מטהרין בזוחלין, ופסולין לזבים ולמצורעים ולקדש בהן מי חטאת.

אימור דפליגי לענין טומאה וטהרה לענין שבת מי שמעת להו אלא אמר רב נחמן בר יצחק לא קשיא הא דאישתהי הא דלא אישתהי במאי אוקימתא לבתרייתא דלא אישתהי אי דלא אישתהי אפילו במי משרה נמי דהתניא רוחצין במי טבריא ובמי משרה ובימה של סדום ואף על פי שיש לו חטטים בראשו במה דברים אמורים שלא נשתהא אבל נשתהא אסור אלא ים הגדול אים הגדול לא קשיא "הא ביפין שבו הא ברעים שבו מי משרה אמי משרה נמי לא קשיא "הא דאישתהי הא דלא אישתהי: **מתני'** "אין אוכלין *איזביון בשבת לפי שאינו מאכל בריאים אבל אוכל הוא את יועזר ושותה אבוברואה *כל האוכלין אוכל אדם לרפואה וכל המשקין שותה חוץ ממי דקלים וכוס עיקרין מפני שהן לירוקה אבל שותה הוא מי דקלים לצמאו וסך שמן עיקרין שלא לרפואה: **גמ'** אמר רב יוסף אזוב אברתה בר המג איזביון אברתה בר הינג עולא אמר מרוא חיורא עולא איקלע לבי רב שמואל בר יהודה אייתו לקמיה מרוא חיורא אמר היינו אזוב דכתיב באורייתא רב פפי אמר שומשוק א"ר ירמיה מדיפתי כוותיה דרב פפי מסתברא *דתנן מצות אזוב שלשה קלחין ובהן שלשה גבעולין ושומשוק הוא דמשתכחא הכי למאי אבלי ליה לקוקאיני במאי אבלי ליה בשבע תמרי אוכמתא ממאי הויא מקימחא דשערי (במנא) דחליף עליה ארבעין יומין: אבל אוכל הוא את יועזר: מאי יועזר פותנק למאי אכלי לה לארקתא במאי אכלי לה בשבע תמרי חיוורתא ממאי הויא מאומצא גמיא אליבא ריקנא ומבישרא שמנא אליבא ריקנא ומבישרא דתורא אליבא ריקנא מאמגוזא אליבא ריקנא ומגירי דרוביא אליבא ריקנא ומשתי מיא אבתריה ואי לא ליבלע תחלי חיוורתא ואי לא ליתיב בתעניתא וליתי בישרא שמנא ולישדי אגומרי ולימייץ גרמא וליגמע חלא ואיכא דאמרי חלא לא משום דקשי לכבדא ואי לא לייתי גורדא דאסינתא דגרידא מעילאי לתתאי ולא מתתאי לעילאי דילמא נפקא איידי פומיה ולישלקה בשיכרא בי שיבבי ולמחר נסכרינון לנקבין דידיה ולישתי וכי מפני מפני אפשיחה דדקלא: ושותין אבוברואה: מאי אבוברואה חומטריא מאי חומטריא חוטרא יחידאה למאי עבדי לה לגילויא ואי לא ליתי חמשא כלילי וחמשא כוסתא דשיכרא ונישלוקינהו בהדי הדדי עד דקיימא אאנפקא ונישתי אימיה דרב אחדבוי בר אמי עבדה ליה לההוא גברא חד כלילא וחד כוסתא דשיכרא שלקה ואישקיתיה ושגרא תנורא וגרפתיה ואותביתיה לבינתא בגוויה ונפק כהוצא ירקא רב אויא אמר רביעתא דחלבא מעיזא חיורתא רב הונא בר יהודה אמר לייתי אתרוגא חליתא ולחייקיה ולימלייה דובשא ולותבה בי מיללי דנורא וליכליה רבי חנינא אמר מי רגלים בני ארבעים יום *ברזינא לזיבורא רביעאה לעקרבא פלגא ריבעא לגילויא ריבעא אפילו לכשפים מעלו אמר רבי יוחנן אניגרון ואבנגר ותירייקה מעלו בין לגילויא בין לכשפים האי מאן דבלע חויא לוכליה כשותא במילחא ולירהטיה תלתא מילי רב שימי בר אשי חזייה לההוא גברא דבלע חויא אידמי ליה כפרשא אוכליה כשותא במילחא וארהטיה קמיה תלתא מילי ונפק מיניה גובי גובי איכא דאמרי רב שימי בר אשי בלע חויא אתא אליהו אידמי ליה כפרשא אוכליה כשותא במילחא וארהטיה קמיה תלתא מילי ונפק מיניה גובי גובי האי מאן דטרקיה חויא ליתי עוברא דחמרא חיורתא וליקרעיה ולותביה עילויה והני מילי דלא אישתכח טרפה ההוא

בר

אימור דפליגי לענין טומאה וטהרה ומשום קרא: **לענין שבת.** דטעמא משום רפואה הוא מי שמעת להו: **הא דאישתהי.** בגווייהו אסור דמוכחא מלתא דלרפואה קא מכוין: **הא דלא אישתהי.** אלא רחץ ויצא מותר: **בתרייתא.** דקתני רוחצין בדלא אישתהי: **חטטין.** מאלנ"ן: **שלא נשתהי.** בתוך המים דנראה כמיקר בעלמא: **ביפין.** שכן רוחצין בהן בחול לרחילה שאינה לרפואה: **ברעים.** אין רוחצין דמוכחא מלתא דלרפואה ותרוייהו בדאישתהי: **מי המשרה אמי המשרה לא קשיא.** הך דקתני רוחצין במי המשרה אהנך תרתי דלעיל דקתני אבל לא במי המשרה הא דאישתהי הא דלא אשתהי **מתני' איזביון.** מפרש בגמרא שאינו מאכל בריאים ומוכחא מלתא דלרפואה אכיל ליה: **אבל אוכל הוא את יועזר.** שהרבה אוכלין אותו כשהן בריאין: **ממי דקלים.** מפרש בגמרא: **וכוס עיקרין.** משקה שכותשין לתוכו עיקרי ירקות ובשמים ובגמרא מפרש ליה: **מפני שהן לירוקה.** לחולי של ירקון ואינו מאכל בריאים: **לצמאו.** אם אינו חולה: **גמ' אמר רב יוסף אזוב.** דאורייתא שהוכשר להזאה הוא שקורין אברתא בר המג: **איזביון.** דמתניתין הוא שקורין אברתא בר הינג ויש מרבותי מפרשים בר המג שגדל במקום גמי בר הינג שגדל בין ההגים רונל"ן: **עולא אמר.** אזוב דאורייתא הוא מרוא חיורא בלע"ז שלוי"א: **שומשוק.** הוא אזוב דאורייתא: **ג' קלחים.** דאגודה כתיב ואין אגודה פחות מג': **ובהן ג' גבעולין.** בכל קלח ג' גבעולין קנים דקים כעין של קנבוס: **לקוקייני.** תולעים שבבני מעים: **דחליף עליה מ' יומי.** משכטחן: **פותנק.** בלע"ז פולא"ל: **לארקתא.** תולעים שבכבד: **ממאי הוי.** החולי: **מאומצא.** בשר בגחלים: **אליבא ריקנא.** קודם אכילה: **ומגירי דרוביא.** לולבי תילתן כעין לולבי גפנים: **רוביא.** תילתן פינגרי: **ומשתי מיא בתרייהו.** האוכל אחד מאלו קודם אכילה ושותה אחריו מים: **ואי לא.** אי לית ליה פותנק א"נ אכליה ולא איתסי: **תחלי.** שחלי כרישון: **לימוץ גרמא.** יהא מולץ אבר יפה מאותו בשר וימץ שמט בפיו: **גורדא דאסינתא.** קליפה גרודה מן הסנה: **מעילאי לתתאי.** שתהא גרודה מלמעלה למטה: **דלמא נפקא.** התולעים: **איידי פומיה.** דרך פיו: **בי שבבי.** בין השמשות בחשכותא דשמשי. ל"א בי שבבי בבית אחד משכניו שלא יריח הוא הריח שהוא קשה לו: **נסכרינן לנקבים דיליה.** יסתום נחיריו שלא יריח ל"א יסתום נחיריו ונקבי אזניו שלא יצא כח המשקה מגופו: **מפני אפשיחה.** מקום שנפשח הדקל אישברנקי"ר: **חוטרא יחידאה.** עץ הגדל יחידי בלא ענף: **לגילויא.** מי ששתה מים מגולין: **חמשא כלילי.** וורדין: **כוסתא דשיכרא.** כוסות: **עד דקיימי אאנפקא.** שיעמדו על מדה מחזקת אנפק והיא רביעית הלוג כדאמרינן בחזקת הבתים (ב"ב נח:): **ושגרא תנורא.** הסיקה תנור: **וגרפתיה.** מגחלים שילטנן קלת: **ואותבה לבינתא בגויה.** שישב עליה ולא יכוה: **ונפק מיניה.** הקיא הארס שבלע: **הוצא.** עלה של לולב: **אתרוג חליתא.** מתוק: **ולחייקיה.** לגויה יחקוק בתוכו חקק: **וליתבה בי מיללי דנורא.** מניחו ע"ג גחלים לוחשות שיתבשל האתרוג בדבש: **בני מ' יום.** שעברו עליהם מ' יום. ל"א של תינוק בן מ' יום: **ברזינא לזיבורא.** כוס קטן מאד ושמו ברזינא מאותן מי רגלים שותין למי שנשכתו צרעה ומתרפא: **רביעתא לעקרב.** רביעית לוג למי שעקצו עקרב: **פלגא ריבעא לגילויא.** חצי לוג: **רבעא** לוג: **אניגרון ואבנגר ותירייקי.** מים שנשלק בהם בנגרי מין עשב ששמו בנגרי וסתם אניגרון מי שלק תרדין כדאמרינן (ברכות דף לה:) אניגרון מיא דסילקא ותירייקי נרי: **אידמי ליה כפרשא.** תופסו ומייסרו שהפחד והמרוצה והכשות מתישין כחו (א) ומתחמם ומת הנחש בתוכו: **גובי.** חתיכות חתיכות יצא הנחש ממנו גובי טרונצו"ן בלע"ז: **דטרקיה.** נשכו: **עוברא דחמרא חיורתי.** עובר הנמצא במעי חמורה לבנה: **דלא אשתכח טרפה.** האם:

בר

לד א ב מיי' פכ"א מהל' שבת הלכה כא סמג לאוין סה טוש"ע א"ח סי' שכח סעיף מד:

לה ג מיי' שם הלכה כב טוש"ע שם סעיף לז:

רבינו חננאל

ושלשתן מותר לרחוץ בהן אע"פ [שהן] חמין. ואין רוחצין בימה של סדום אבל בים הגדול סבר לה ר' יוחנן פלוגתא. ר' מאיר אסר ור' יהודה שרי ואתקיף רב נחמן בר יצחק עליה עד כאן לא פליגי אלא לענין טומאה וטהרה אי עלתה לטבילה אי לא אבל לענין שבת לא פליגי ומשני אם נשתהה בים הגדול בשבת כדי להתרפאות אסור ואם לא נשתהה מותר ואקשינן במאי אוקימתא להא ברייתא דקתני רוחצין בים הגדול בדלא אישתהי אימא סיפא ולא במי משרה [ואי] לא אישתהי אפי' במי משרה נמי שרי. דתניא רוחצין במי טבריא ובמי משרה וימא של סדום ואע"פ שיש לו חטטין בראשו בד"א בשלא נשתהה (אסור) אבל נשתהה אסור ופרקי' כי אמרי שהיה במי משרה אבל בים הגדול יפים ורעים אמרינן. הא דתניא רוחצין בים הגדול במים יפין שבו דלא מסו. הא דתניא אבל לא בים הגדול ברעים שבו דמסו. מי דקלים. המעין היוצא במערבא מבין אותן ג' שתילים ובירושלמי שונין מי דקרין שדוקרין את המרה. אבוב רועה פי' בלשון ישמעאל אנבוב אל רעאי או עצאה אל רעאי:

רב נסים גאון

אמר בהן הכתוב מים חיים נאמר בזב (ויקרא טו) ורחץ בשרו במים חיים וזה מיוחד בזב בלבד ולא בזבה כמו שיש בתוספתא (זבים פרק ג) חומר בזב מה שאין בזבה שהזב טעון ביאת מים חיים וזבה אינה טעונה ביאת מים חיים והמצורע נאמר בו (ויקרא יד) ושחט את הצפור האחת אל כלי חרש על מים חיים ונאמר בפירוש דבר זה מים חיים ולא מים מלוחין ולא מים פושרין ולא מים מכזבין ולא מים מנטפין וזה מיוחד בהזאתו של מצורע בלבד אבל טבילתו אין צריך מים חיים ובזה נאמר (שם) ורחץ במים אפי' במי מקוה ולא דין הוא ומה אם הזב שאינו טעון הויית מים חיים טעון ביאת מים חיים מצורע שהוא טעון הויית מים חיים אינו דין שיטעון ביאת מים חיים תלמוד לומר ורחץ במים ואפי' במי מקוה וקידוש מי חטאת נאמר בו (במדבר יט) ולקחו לטמא ונאמר בו ונתן עליו מים חיים אל כלי ונאמר בפירוש במי מעין הכתוב מדבר ובפסחים בגמ' דכל שעה (דף לד) נאמר ונתן עליו מים חיים אל כלי שתהא חיותן בכלי מדקאמר ונתן אלמא תלושין נינהו ומדקאמר מים חיים אלמא מחוברים נינהו אלא מעלה ובמס' סוטה בפרק היה מביא את מנחתה (דף טז) אמרו ונתן עליו אלמא אפר ברישא וכתיב מים חיים אל כלי כיצד רצה זה נותן רצה זה נותן ורבנן [אל] כלי דוקא עליו לערבן ואימא עליו דוקא כלי שתהא חיותן בכלי וכו' ובמשנת מקוואות בפרק א' שנינו למעלה מהן מים חיים (שהן מעונין טבילה) [שבהן טבילה לזבים] והזיה למצורעין וכשרין לקדש מהן מי חטאת: לקוקני הם תולעים נקראים בלשון ישמעאל חב אל קרע ותמצא בפ' אלו טריפות (חולין ד' סז):

והלכתא

[במשנה שבמשניות אי' איזוב יון]

ברכות לח. יומא מג.

סוכה יג. פרה פי"א מ"ט

[פי' הערוך אחד מה' ברביעית]

הגהות הב"ח

(א) רש"י ד"ה אידמי וכו' כחו ומתחמם ומת:

§ מסכת שבת דף קט: §

אות א' - ב'

הא ביפין שבו, הא ברעים שבו

הא דאישתהי, הא דלא אישתהי

סימן שכח סמ"ד - [יג]**"רוחצין במי גרר, ובמי חמתן, ובמי טבריא, ובמים היפים שבים הגדול** - אף שכונתו לרפואה, כיון שרוחצין בו בריאים, מותר, **אך** בזמן שאין דרך לרחוץ בחמי טבריה אלא לרפואה, אסור בשבת, אם שוהא.

אע"פ שהם מלוחים - פי' ומועילים מפני זה קצת לרפואות, **שכן דרך לרחוץ בהם, וליכא הוכחה דלרפואה קא עביד** - ודע, דאפילו יש לו חטטין בראשו, ג"כ מותר, הסכמת הפוסקים. [חי' רמב"ן ורשב"א ומאירי וחי' ר"ן, **דלא** כב"ח ומהרש"א בתירוץ ב' שרוצים לאסור בחמי טבריה בדאשתהי ויש לו חטטין בראשו].

אבל לא במים הרעים שבים הגדול, ובמי משרה - ששורין שם פשתן, וה"ה בימה של סדום, [גמ'], **שהם מאוסין ואין דרך לרחוץ בהם אלא לרפואה.**

[יד]**ודוקא ששוהה בהם, אבל אם אינו שוהה בהם, מותר, שאינו נראה אלא כמיקר** - ואע"פ שהן עכורין, אמרינן לא מצא מים יפים ולעולם להקר קעביד, ואפילו יש לו חטטין בראשו נמי מותר, **אבל** כשהשוהה, מוכחא מילתא דלרפואה קעביד, שהרי המים עכורין וסרוחין, ואינו עומד שם בשביל הנאה.

(עיין בא"ר שכתב לענין חמי טבריה, דבמקומות שאין דרך לרחוץ בהן אלא לרפואה, אפילו אם אין מכוין לרפואה, אסור אם שוהא, עכ"ל, **ולפי"ז** נראה דכ"ש במי משרה אסור בודאי באשתהי, אפי' אינו מכוין לרפואה, **ואולי** הא"ר מיירי כשיש לו מיחוש, ולהכי אסור אפילו באינו מכוין, {**ועיין** לעיל בסעיף ל"ז, דדבר זה תלוי במחלוקת ראשונים, וצ"ע למעשה}, **אבל** בבריא צריך שיהא מכוין לרפואה, דהיינו לחזק מזגו).

(**וברמב"ם** כתב, דלהכי אין רוחצין במי משרה, מפני שכל אלו צער הן, וכתיב: וקראת לשבת עונג, **ולפי"ז** בודאי לדידיה, באלו אפילו אינו מתכוין לרפואה, אפי' בבריא אסור, וצ"ע בכל זה).

איתא ברמב"ם: אין רוחצין במים שמשלשלים, היינו מים שמצננים את הגוף ובא לידי שלשול, ולא בטיט שטובעין בו וכו', מפני שכל אלו צער הם, וכתיב: וקראת לשבת עונג, עכ"ל, **וא"כ** אסור לשתות משקה המשלשל, דאין לך צער גדול מזה, ואפילו אם אינו מכוין לרפואה אלא מפני איזה טעם, **דאם** היה מכוין לרפואה, בלא"ה אסור, אם לא כשהוא בא לכלל חולה שאין בו סכנה, דאז מותר.

אות ג'

אין אוכלין איזביון בשבת, לפי שאינו מאכל בריאים... כל האוכלין אוכל אדם לרפואה וכל המשקין שותה

סימן שכח סל"ז - [טו]**"כל אוכלים ומשקים שהם מאכל בריאים, מותר לאכלן ולשתותן, אע"פ שהם קשים לקצת בריאים** - צ"ל "לקצת דברים", וכלומר אע"פ שהדבר הזה מזיק קצת לשאר אברים שבגוף, **ומוכחא מלתא דלרפואה עביד, אפילו הכי שרי** - כגון הטחול, שיפה לשיניים וקשה לבני מעיים, [גמ'], וכה"ג, וא"כ מוכחא מילתא שעושה כן לרפואה לשיניים, דאל"ה לא היה אוכל כיון שהוא מזיק למעיים, אפ"ה שרי, דמ"מ אוכל הוא.

וכל שאינו מאכל ומשקה בריאים, אסור לאכלו ולשתותו לרפואה - ומפני זה אסור לשתות משקה המשלשלין, כגון לענה וכיוצא בו, [משנה שם חורץ ממי דקלים, ע"ש בגמ'], **אם** לא שמצטער וחלה כל גופו ע"ז, או שנפל למשכב, אפילו הוא חולי שאין בו סכנה, שרי, וכדלקמיה בהג"ה.

ודוקא מי שיש לו מיחוש בעלמא, והוא מתחזק והולך כבריא - והיכא דיש לו שום מיחוש, אפילו הוא אוכל ושותה לרעבון ולצמאון, אסור - א"ר, (ודבריו נובעים ממשמעות דברי הטור, ומקורו הוא מרש"י במתניתין, מה שפירש לצמאו, אם אינו חולה, ומשמע דבחולה אף לצמאו אסור), **והטעם**, דכיון דהוא חולה וזה הוא רפואתו, יאמרו שלרפואה עושה זה, (**אמנם** אלולי דבריהם מפשטות המשנה משמע, דלצמאו אף בחולה מותר, כיון שאינו שותה עתה בשביל רפואה רק לצמאו, לא גזרו בזה משום שחיקת סממנים, **והנה** הר"ן שהעתיק כל הרש"י שעל המשנה הזו, השמיט דברים אלו ולא העתיקם, משמע דלא ס"ל כוותיה בזה, **ולענ"ד** דין זה תלוי בפלוגתת ראשונים, וצ"ע למעשה).

[טז]**אבל אם אין לו שום מיחוש, מותר** - דהיינו שאוכל ושותה לרעבונו ולצמאונו, **אבל** אם הוא עושה לרפואה, דהיינו כדי לחזק מזגו, כתב המ"א דאפילו בבריא גמור אסור.

הגה: וכן אם נפל למשכב, שרי (ב"י) - פי' לאכול ולשתות דברים שאין מדרך הבריאים לאכול, **ומסתימת** דברי הרמ"א משמע, שא"צ אפילו שיהיה א"י מושיט לו, אלא מותר לו ליקח בעצמו, **ואע"ג** דפסקינן לעיל סעיף י"ז, כדעה ג', דשבות שיש בו מעשה אסור ע"י ישראל, ואינו מותר כי אם ע"י שינוי, **צ"ל** דשאני התם שמיירי במלאכות דרבנן, או בדברים שמחזי כעין מלאכה, **אבל** הכא דאין בזה משום סרך מלאכה, דהא לבריא מותר, [כל זמן שאינו מתכוין בפירוש לרפואה], ורק למי שיש לו מיחוש גזרו משום שחיקת סממנים, בחולה גמור לא גזרו.

באר הגולה

יג שבת ק"ט ברייתא וגמרא | יד שם בגמרא וכן כתב רמב"ם ושאר פוסקים | טו שבת ק"ט משנה וגמ' | טז טור ממשמעות הגמרא, ולרעבו ולצמאו דנקט (הטור) לאו דוקא, (וזהו שיטת הב"י, ודלא כהמ"א מובא במ"ב)

(וכן משמע ברמב"ן, **אכן** באמת עיקר דברי הרמב"ן וסייעתו שחלקו זאת לג' מדרגות, **אינו מוסכם לכו"ע, ומהש"ס** משמע ג"כ לכאורה להחמיר כוותייהו, דהנה בשבת ק"ט איתא, רבינא אשכחיה לר"א וכו' דצמית ליה בחמרא, א"ל לא סביר לה מר וכו', ושני ליה גב היד וגב הרגל שאני, דאמר וכו' מחללים עליהם את השבת, **ומפשטות** הסוגיא משמע דליכא אלא תרי דרגי, או חולי שאין בו סכנה, או חולי שיש בו סכנה, וכ"כ רש"י, ומכתו מסוכן ומחללים כו', עי"ש, ומסתמא בענין זה הוי כאיב ליה טובא, וגם זה הוא בכלל חולה כמבואר בהג"ה בסעיף י"ז, **ולדברי** הרמב"ן וסייעתו אפי' אם לא היה בזה סכנה, נמי מותר לצמות, דהא אין בזה סרך מלאכה, **ואולי** דלרווחא דמלתא קאמר, דאפי' סכנה יש בזה, אבל אה"נ דאפי' בסתם חולה נמי מותר, **א"נ** דשם לא הוי כאיב ליה טובא עד שיצטער מזה כל גופו, ולכן אי לאו דהיה ע"י אבר זה גופא חשש סכנה היה אסור, **והגם** דדעה זה אינו מוסכם לכמה ראשונים, דאוסרים אא"כ היה בו סכנה, מ"מ לא נוכל למחות ביד המקילין, אחרי שבשו"ע סתם כוותייהו, ומלתא דרבנן הוא).

---

§ מסכת שבת דף קי. §

אות א'

לאיתויי טחול לשינים, וכרשינין לבני מעיים

סימן שכח סל"ז - [א]**כל אוכלים ומשקים שהם מאכל בריאים, מותר לאכלן ולשתותן, אע"פ שהם קשים לקצת בריאים** - צ"ל "לקצת דברים", וכלומר אע"פ שהדבר הזה מזיק קצת לשאר אברים שבגוף, **ומוכחא מלתא דלרפואה עביד, אפילו הכי שרי** - כגון הטחול, שיפה לשיניים וקשה לבני מעיים, [גמ'], וכה"ג, וא"כ מוכחא מילתא שעושה כן לרפואה לשיניים, דאל"ה לא היה אוכל כיון שהוא מזיק למעיים, אפ"ה שרי, דמ"מ אוכל הוא.

וכל שאינו מאכל ומשקה בריאים, אסור לאכלו ולשתותו לרפואה - ומפני זה אסור לשתות משקה המשלשלין, כגון לענה וכיוצא בו, [משנה שם חוץ ממי דקלים, ע"ש בגמ'], **אם** לא שמצטער וחלה כל גופו עי"ז, או שנפל למשכב, אפילו הוא חולי שאין בו סכנה, שרי, וכדלקמיה בהג"ה.

ודוקא מי שיש לו מיחוש בעלמא, והוא מתחזק והולך כבריא - והיכא דיש לו שום מיחוש, אפילו הוא אוכל ושותה לרעבון ולצמאון, אסור - א"ר, (ודבריו נובעים ממשמעות דברי הטור, ומקורו הוא מרש"י במתניתין, מה שפירש לצמאו, אם אינו חולה, ומשמע דבחולה אף לצמאו אסור), **והטעם**, דכיון דהוא חולה וזה הוא רפואתו, יאמרו שלרפואה עושה זה, (**אמנם** אלולי דבריהם מפשטות המשנה משמע, דלצמאו אף בחולה מותר, כיון שאינו שותה עתה בשביל רפואה רק לצמאו, לא גזרו בזה משום שחיקת סממנים, **והנה** הר"ן שהעתיק כל הרש"י שעל המשנה הזו, השמיט דברים אלו ולא העתיקם, משמע דלא ס"ל כוותיה בזה, **ולענ"ד** דין זה תלוי בפלוגתת ראשונים, וצ"ע למעשה).

[ב]**אבל אם אין לו שום מיחוש, מותר** - דהיינו שאוכל ושותה לרעבונו ולצמאונו, **אבל** אם הוא עושה לרפואה, דהיינו כדי לחזק מזגו, כתב המ"א דאפילו בבריא גמור אסור.

הגה: וכן אם נפל למשכב, שרי (צ"י) - פי' לאכול ולשתות דברים שאין מדרך הבריאים לאכול, **ומסתימת** דברי הרמ"א משמע, שא"צ אפילו שיהיה א"י מושיט לו, אלא מותר לו ליקח בעצמו, **ואע"ג** דפסקינן לעיל סעיף י"ז, כדעה ג', דשבות שיש בו מעשה אסור ע"י ישראל, ואינו מותר כי אם ע"י שינוי, **צ"ל** דשאני התם שמיירי במלאכות דרבנן, או בדברים שמחזי כעין מלאכה, **אבל** הכא דאין בזה משום סרך מלאכה, דהא לבריא מותר, [כל זמן שאינו מתכוין בפירוש לרפואה], ורק למי שיש לו מיחוש גזרו משום שחיקת סממנים, בחולה גמור לא גזרו, (וכן משמע ברמב"ן, **אכן** באמת עיקר דברי הרמב"ן וסייעתו שחלקו זאת לג' מדרגות, **אינו מוסכם לכו"ע, ומהש"ס** משמע ג"כ לכאורה להחמיר כוותייהו, דהנה בשבת ק"ט איתא, רבינא אשכחיה לר"א וכו' דצמית ליה בחמרא, א"ל לא סביר לה מר וכו', ושני ליה גב היד וגב הרגל שאני, דאמר וכו' מחללים עליהם את השבת, **ומפשטות** הסוגיא משמע דליכא אלא תרי דרגי, או חולי שאין בו סכנה, או חולי שיש בו סכנה, וכ"כ רש"י, ומכתו מסוכן ומחללים כו' עי"ש, ומסתמא בענין זה הוי כאיב ליה טובא, וגם זה הוא בכלל חולה כמבואר בהג"ה בסעיף י"ז, **ולדברי** הרמב"ן וסייעתו אפי' אם לא היה בזה סכנה, נמי מותר לצמות, דהא אין בזה סרך מלאכה, **ואולי** דלרווחא דמלתא קאמר, דאפי' סכנה יש בזה, אבל אה"נ דאפי' בסתם חולה נמי מותר, **א"נ** דשם לא הוי כאיב ליה טובא עד שיצטער מזה כל גופו, ולכן אי לאו דהיה ע"י אבר זה גופא חשש סכנה היה אסור, **והגם** דדעה זה אינו מוסכם לכמה ראשונים, דאוסרים אא"כ היה בו סכנה, מ"מ לא נוכל למחות ביד המקילין, אחרי שבשו"ע סתם כוותייהו, ומלתא דרבנן הוא).

באר הגולה

א שבת ק"ט משנה וגמ' | ב טור ממשמעות הגמרא, ולרעבו ולצמאו דנקט (הטור) לאו דוקא, (וזהו שיטת הב"י, ודלא כהמ"א מובא במ"ב)

תורה אור

בר קשא דפומבדיתא דטרקיה חויא הוה *תליסר חמרי חוורתא בפומבדיתא קרעינהו לכולהו ואישתכחו טריפה הואי חדא בההוא גיסא דפומבדיתא עד דאזלי מייתי לה אכלה אריה אמר להו אביי דילמא *חויא דרבנן טרקיה דלית ליה אסותא דכתיב (קהלת י) ופורץ גדר ישכנו נחש אמרו ליה אין רבי דכי נח נפשיה דרב גזר רב יצחק בר ביסנא דליכא דלימטייה אסא וגידמי לבי הילולא [כטבלא] ואזל איהו אמטי אסא וגידמי לבי הילולא בטבלא טרקיה חויא ומית האי מאן דכרכיה חויא לינחות למיא ולישחוף דיקולא ארישא ולהדקיה מיניה וכי סליק עילויה לישדיה למיא וליסלוק וליתי האי מאן דמיקני ביה חויא אי איכא חבריה בהדיה לירכביה ארבע גרמידי ואי לא *לישואר נגרא ואי לא ליעבר נהרא ובליליא לותביה לפוריא אארבעה חביתא וניגני בי כוכבי ולייתי ד' שונרי וליסרינהו בארבעה כרעי דפורייה וליתי *שחפי ולישדי התם דכי שמע קלי אכלי ליה האי מאן דרהיט אבתריה לירהיט בי חלתא האי איתתא דחזיא חויא ולא ידעה אי יהיב דעתיה עילוה אי לא יהיב דעתיה עילוה תשלח מאנה ונשדייה קמיה אי מכרך בהו דעתיה עילוה ואי לא לא יהיב דעתיה עילוה מאי תקנתה תשמש קמיה איכא דאמרי כ"ש דתקיף ליה יצריה אלא תשקול ממזיה ומטופרה ותשדי ביה ותימא *דישתנא אנא האי איתתא דעייל בה חויא ליפסעה ולתבוה אתרתי חביתא וליתי בישרא שמנה ולישדי אגומרי וליתי אגנא דתחלי וחמרא ריחתנא ולותבו התם ולטרוקינהו בהדי הדדי ולינקוט צבתא בידה דכי מירח ריחא נפיק ואתי ולישקליה וליקלייה בנורא דאי לא הדר עילוה: כל האוכלין כו': כל האוכלין לאיתויי מאי *לאיתויי טחול לשינים וכרשינין לבני מעיים כל המשקין לאיתויי מאי לאיתויי מי צלפין בחומץ א"ל רבינא לרבא מהו לשתות מי רגלים בשבת א"ל תנינא כל המשקין שותה ומי רגלים לא שתו אינשי: חוץ ממי דקלים: תנא חוץ ממי דקרים מאן דתנא מי דקרים שהם דוקרים את המרה ומאן דאמר מי דקלים שיוצאין מן שני דקלי (א) מאי מי דקלים אמר רבה בר ברונא תרתי תלאי איכא במערבא ונפקא עינא דמיא מבינייהו כסא קמא מרפי אידך משלשל ואידך כי היכי דעיילי הכי נפקי אמר עולא לדידי שתי שיכרא דבבלאי ומעלי מינייהו והוא דלא רגיל ביה ארבעין יומין רב יוסף אמר זיתום *המצרי תילתא שערי ותילתא קורטמי ותילתא מילחא רב פפא אמר תילתא חיטי ותילתא קורטמי ותילתא מילחא (וכמונא) *וסימניך סיסאני ושתי להו בין דבחא לעצרתא דקמיט מרפי ליה ודרפי קמיט ליה: וכוס עקרין: מאי כוס עקרין אמר ר' יוחנן לייתי מתקל זוזא קומא אלכסנדריא ומתקל זוזא גביא גילא ומתקל זוזא כורכמא רישקא ולישחקינהו בהדי הדדי לזבה תלתא בחמרא ולא מיעקרא לירקונא תרין בשיכרא ומיעקר לזבה תלתא בחמרא ולא מיעקרא ואי לא לייתי תלתא

קפיזי

רש"י

בר קשא. ממונה למלך וישראל היה: **דילמא חויא דרבנן**. שעבר על נידוי חכמים ונחש הנושכו על כך אין לו רפואה לפיכך לא נמלא לו רפואה: **אין רבי**. אין רבינו כך היה: **דכי נח נפשיה דרב גזר רב יצחק**. שיהיו ממעטים משמחה אותה שנה ולא יהא אדם מביא אסא וגידמי להילולא בטבלא שהיו רגילים להביא הדס וענפי דקלים לשמוח לפני החתן והכלה וכשמביאים אותן לפניהם מקשקשים לפניהם בשוק בבואם בתופים וזוגין טבלא אשקליט"א וגזר שלא יקשקשו לפניהם עוד: **דכרכיה**. נכרך סביבותיו: **וליסחוף דיקולא**. סל: **ארישיה**. דחויא למעלה מראשו: **וליהדקיה מיניה**. יוריד הסל מעט מעט לצד הנחש ויבדיל בו הנחש מבשרו שיעלה על הסל שאם אוחזו בידו או מנתקו בחזקה יכעוס וישכנו: **וכי סליק**. הנחש על הסל ימהר וישליכנו במים ויברח לו: **דמיקני ביה חויא**. כועס ורודף אחריו ומריח ריח פעמיו ורודפו: **לירכביה ארבע גרמידי**. שיפסקו עקבי פעמיו ולא יוכל להריחם: **לישואר נגרא**. חריץ של מים ידלוג: **ארבע חביתא**. שלא יעלה אליו מהר ולא יריח ריחו: **בי כוכבי**. במקום גלוי שלא יעלה דרך הגג ויפיל עצמו עליו: **שחפי**. ענפים וקסמים וכל דבר המקשקש זה בזה ומשמיע קול כשיעבור עליהן וירגישו החתולים ויאכלוהו: **בי חלתא**. בין החולות שאין נחש יכול לרוץ שם ויחזור לאחוריו: **אי יהיב דעתיה עלה**. לתאות תשמיש: **תשלח מאנה**. תפשוט בגדיה ותשליכם לפניה: **מאי תקנתא**. אי יהיב דעתיה עלה: **תשמש קמיה**. עם בעלה ותתגנה בפניו: **ותשדי ביה**. ותזרק ביה: **דשתנא אנא**. דרך נשים לי ולאו בעלמא הוא: **דעייל בה חויא**. כשהוא תאב לה נכנס כולו בתוכו מקום: **ליפסעה**. יפסקו את רגליה זה מזה: **אתרתי חביתי**. מקצתה על זו ומקצתה על זו כדי שיפתח רחמה: **ונישדי אגומרי**. כי היכי דניסליק ריחא: **אגנא תחלי**. סל מלא שחליים: **ריחתנא**. שיש לו ריח טוב: **וליתבו התם**. על גבי קרקע תחת מושבה: **וליטרוקינהו בהדדי**. היין והשחליים כדי שיעלה הריח: **צבתא**. אטנליי"ש: **דאי לא**. קלי ליה הדר עילוה: **לאיתויי טחול לשינים**. ואע"פ שקשה לבני מעיים: **כרשינין לבני מעיים**. ואע"פ שקשה לשינים כדאמרינן בברכות (דף מד:) סד"א כיון שקשים לאדם לאו אורחיה למיכליה אי לאו לרפואה שיש בהם ומוכחא מילתא וניתסר קמ"ל: **צלפים**. פרי של צלף קפרי"ר: **תלאי**. דקלים נטועות מין תמרים שנקרא בלשון ארמי תאלי: **כסא קמא**. דשתו מהנהו מיא: **מרפי**. זבל שבמעים במקצת: **אידך**. כוס שני: **משלשל**. מאד: **היכי דעיילי**. צלולים: **הכי נפקי**. שמנקין המעיים מן הרעי מראשונים: **והוא דלא רגיל**. למשתי שיכרא כבר עברו מ' יום: **רב יוסף אמר זיתום המצרי**. הוא מי דקרים ועל שם שדוקרים את החולי: **תלתא קורטמי**. כרכום: **סיסני**. כלי שנותנין בו תמרים כדאמרינן בעלמא (ב"מ דף סז:) ואי אגבהינהו בסיסני קננהו וסימניך דלא תחליף שמעתתא שם כלי זה יהא לך סימן שיש בו שני סמכין רב יוסף אמר שערי: **בין דבחא לעצרתא**. בין פסח לעצרת: **דקמיט**. עצור: **קומא אלכסנדריא**. שרף אילנות של אלכסנדריא: **גביא גילא**. אלו"ם בלע"ז: **כורכמא רישקא**. כרכום של גן קרו"ג אורייטנל הגדל בגנים: **לזבה**. הנך תלתא מיני לישקייה בחמרא: **ולא מיעקרא**. אינה נעקרת מלילד לפי שהיין מפיג חוזקן של סמנים ומתרפאה מן החולי: **לירקונא תרי**. מינייהו לישתי בשיכרא וזהו רפואתו: **ומיעקר**. מלהוליד: **לזבה תלתא בחמרא**. הדר נקט ליה משום הנך רפואות דנקט ואזיל: **ואי לא כו'**. כולהו לא מעלי אלא לזבה:

קפיזא

תוספות

חויא דרבנן טרקיה דלית ליה אסותא. אע"ג דגבי בן דמא בן אחותו של ר' ישמעאל בפרק ב' דמס' ע"ז (דף כז:) קאמר שלא עבר על דברי חבירים שנאמר ופורץ גדר ישכנו נחש אע"ג דלא הוה ליה אסותא שהרי מת התם לא היה לו רפואה מזומנת אבל הכא שהרפואה היתה מזומנת ונאבדה ממנו במזל רע קאמר דלית ליה אסותא: **וליתי** אגנא דתחלי. משמע הכא דהנחש אוהב שחליים וכן בשלהי נדרים (דף נא:) דקאמר ליה נואף לבעל לא תיכול מהני תחלי דטעמינהו חויא וא"כ יש בהן משום גילוי (ב) ובפרק ב' דמס' ע"ז (ל: ושם) אמר דשחליים אין בהם משום גילוי וי"ל דהתם לא ממש שחליים קאמר אלא בהנך דאמר התם (מס' ע"ז דף סז.) וכן היו עושין בערבי שבתות בצפורי [נותנין חומץ לתוך גריסין] והיו קורין אותו שחליים אי נמי בשילהי נדרים (דף נא:) איירי דהוה ביה חלא כדמסקינן התם במס' ע"ז (דף ל:) אבל אית בהו חלא מיגרי בהו והכא נמי חמרא מיגרי בהו: **רב** יוסף אמר זיתום המצרי. ר"ת כל הך מילתא מחק מספרו ואומר דל"ג (ג) אלא בריש אלו עוברין (פסחים מב:) ונראה לר"י שמחקה משום דזיתום המצרי מותר לשתות כדתניא בפרק בתרא (דף קמו.) ושוין שבוחשין את השתית ושותין זיתום המצרי ואומר ריב"א דאין צריך למחוק דרב יוסף לא קאי לפרש מי דקרים דמתני' אלא אמילתיה דעולא קאי דאמר שיכרא בבלאי מעלי מינייהו ואומר רב יוסף דזיתום המצרי מעלי מינייהו מיהו משמע כפירוש הקונט' דאמתני' קאי מדלא קאמר בהדיא זיתום המצרי מעלי מינייהו: **סיסאני**. ולא קאמר וסימניך סמך סמך כדאמר בשילהי במה אשה (לעיל סו.) משום דשערי לא כתיב בסמך:

והתניא

לו א טוש"ע א"ח סי' שכח סעיף לז:

רב נסים גאון

והלכתא קוקאני אסירי מנמנם כורא ועיילין ליה באוסיא: **אניגרון** מפרש בברכות פ' כיצד מברכין על הפירות (דף לה) אמר רבא בר שמואל מיא דסילקי: **ותימא** ליה דישתנא אנא. במס' ע"ז בפ' אין מעמידין (ד' כד) אמרו אמר רב אשי כמן קרו פרסאי לנדה דשתנא מהכא כי דרך נשים לי: **כל** האוכלין לאיתויי טחול לשינים וכרישין לבני מעים. בפרק כיצד מברכין על הפירות (דף מד) תנו רבנן טחול יפה לשינים וקשה לבני מעים כרישין יפים לבני מעים וקשים לשינים: **חוץ** ממי דקלים. בגמ'

הגהות הב"ח

(א) גמ' שיוצאין משני דקלים (מאי מי דקלים) תא"מ ונ"ב ס"א אינו: (ב) תוס' ד"ה וליתי וכו' משום גילוי ואע"ג דבפ"ב דע"ז אמר: (ג) ד"ה רב יוסף וכו' ואומר דל"ג לה אלא בריש:

מסורת הש"ס

[ע' רש"י לקמן קיט. ד"ה תריסר עיליתי]

[ע"ז כז:]

[כערך שור גי' הערוך לשוור]

[גירסת הערוך שחפי דקניא פי' קליפות הקנים]

[ע"ז יח. כד:]

[ברכות מד:]

[פסחים מב: ע"ש]

[שם ע"ש ברש"י]

עין משפט
נר מצוה

לז א מיי' פט"ז מהלכות איסורי ביאה הל' יא סמג לאוין קכ טוש"ע אה"ע סי' ה סעיף יב :
לח ב מיי' שם הלכה י' טוש"ע שם סעי' יא:
לט ג מיי' שם טוש"ע שם סעיף יג בהג"ה:

תורה אור

קפיזי שמכי פרסאי ונישלוק בחמרא ונשקייה ונימא לה קום מזוביך ואי לא לותבה אפרשת דרכים ולינקטה כסא דחמרא בידה וליתי איניש מאחורה וליבעתה ולימא לה קום מזוביך ואי לא ליתי בונא דכמונא ובונא דמוריקא ובונא דשבלילתא ונישלוק בחמרא ונשקייה ונימא לה קום מזוביך ואי לא ליתי שיתין שיעי דדנא ולשפיה ולימא לה קום מזוביך ואי לא ליתי *פשטינא ולישלוק בחמרא ולשפיה ונימא לה קום מזוביך ואי לא ליתי חרנוגא דהיגתא רומיתא וליקלי וליסבה בשחקי דכיתנא בקייטא ובשחקי דעמר גופנא בסיתוא ואי לא ליכרי שבע בירי וליקלי בהו שבישתא ילדה דערלה ולינקטה כסא דחמרא בידה ולוקמה מהא ולותבה אהא ולוקמה מהא ולותבה אהא ואכל חדא וחדא לימא לה קום מזוביך ואי לא לייתי סמידא וליסכה מפלגא לתתאי ולימא לה קום מזוביך ואי לא ליתי ביעתא דנעמיתא וליקלי וליסבה בשחקי דכיתנא בקייטא ובשחקי דעמר גופנא בסיתוא ואי לא ליפתח לה חביתא דחמרא לשמה ואי לא לנקיט שערתא דמשתכחת בכפותא דכודנא חיורא אי נקטה חד יומא פסקה תרי יומי ואי נקטה תרי יומי פסקה תלתא יומי ואי נקטה תלתא יומי פסקה לעולם: לירקונא תרין בשיכרא (א) ומעיקר ואי לא לייתי רישא דשיבוטא דמילחא ולישלוק בשיכרא ולישתי ואי לא לייתי *מוניני דקמצי ואי ליכא מוניני דקמצי לייתי *מוניני דנקירי וליעייליה לבי בני ולישפייה ואי ליכא בי בני לוקמיה בין תנורא לגודא אמר רבי יוחנן הרוצה שיחממנו יקנחנו בסדינו רב אחא בר יוסף חש ביה עבד ליה רב כהנא ואיתסי ואי לא ליתי תלתא קפיזי תמרי פרסייתא ותלתא קפיזי דקירא דנישתרופי ותלתא קפיזי אהלא תולענא ולישלוקינהו בשיכרא ולישתי ואי לא ליתי עילא בר חמרא וליגלח מציעתא דרישא ולישביק ליה דמא מאפותיה ולותביה ארישיה וליזהר מעיניה דלא ליסמי להו ואי לא ליתי רישא דברחא דמנח בכיבשא ולישלוק בשיכרא ולישתי ואי לא ליתי דבר אחר חוטרנא וליקרעיה ולותביה אליביה ואי לא ליתי כרתי מכבתותא דמישרי ההוא טייעא דחש ביה אמר ליה לגינאי שקול גלימאי והב לי מישרא דכרתי יהיב ליה ואכלה א"ל אושלן גלימיך ואיגני ביה קלי איכרך גנא ביה כד איחמם וקם נפל פורתא מיניה: לירקונא תרין בשיכרא ומיעקר *ומי שרי והתניא מניין לסירוס באדם שהוא אסור ת"ל °ובארצכם לא תעשו (ויקרא כב) בכם לא תעשו דברי ר' חנינא הני מילי היכא דקא מיכוין הכא מעצמו הוא דאמר ר' יוחנן הרוצה שיסרס תרנגול יטול כרבלתו ומסתרס מאליו והאמר רב אשי רמות רוחא הוא דנקיטא ליה אלא בסרים והאמר ר' חייא בר אבא אמר ר' יוחנן
הכל

והתניא מניין לסירוס (ג)שהוא אסור. וא"ת אפילו לא אסור סירוס תיקשי ליה דליתסר משום פריה ורביה וכ"ת משום דהאי מצי לשנויי כשיש לו בנים הא משמע בסוף הבא על יבמתו (יבמות דף סה:) גבי דביתהו דר' חייא דאי הוה מיפקדה אפריה ורביה לא הוה שתיא סמא דעקרתא אע"ג דהוי לה שתי נקבות ושני זכרים משום בבקר זרע [את] זרעך ולערב אל תנח ידך (קהלת יא) ובאשה לא שייך סירוס אוקי במסקנא לרבי יוחנן בן ברוקה דמחייב בפריה ורביה בעקרה וזקנה ולא מוקי כשיש לה בנים ויש לומר דמסירוס ניחא ליה למפרך משום דאיכא למ"ד בפרק הבא על יבמתו (שם דף סא:)כיון דקיימא פריה ורביה תו לא צריך : **תלמוד** לומר ובארצכם לא תעשו . מכאן קא דריש והא דאמר בחגיגה (דף יד:) שאלו את בן זומא מהו לסרוסי כלבא אמר להו בארצכם לא תעשו כל שבארצכם לא תעשו התם נפקא לן מארץ כדמפרש בשאלתות דרב אחאי* דהא חובת הגוף הוא מה לי בארץ מה לי בחו"ל אלא האי בארץ לכל אשר בארץ אתא והכא מכם דריש כדפי' ומה שמפרש בשאלתות* דהא דאסר לשתות סמא דעקרתא היינו כרבי יהודה דאמר דבר שאין מתכוין אסור ואע"ג דקי"ל כר"ש דשרי היינו דוקא בשבת משום דבעינן מלאכת מחשבת אבל בכל התורה כולה סבירא לן כרבי יהודה ואין נראה לר"י דבכל התורה כולה קי"ל כר"ש דשרי כדמשמע לעיל בפ' המוציא (פא:) דאמרי' דרבי יוחנן סבר כסתם משנה דנזיר חופף ומפספס וכו' והיינו כרבי שמעון דשרי דבר שאינו מתכוין וכן משמע בפרק כל פסולי המוקדשין (בכורות דף לד.) דשמואל סבר כר"ש בכל התורה כולה דדבר שאין מתכוין שרי גבי המקיז דם בבכור דפסק שמואל התם כר"ש דשרי להקיז ופריך עד השתא לא אשמועינן שמואל דדבר שאין מתכוין מותר דאמר רב חייא בר אשי כו' ואי יש חילוק בין שבת לדעלמא איצטריך התם שפיר לפסוק כר"ש אע"ג דכבר אשמעינן דבשבת הלכה כר"ש והכא אתיא אפילו לר' שמעון דפסיק רישיה הוא דודאי יסתרס בשתיי' כוס עיקרין:
להביא

[פרשת אמור סימן קס]
[שם]

קפיזי . כלי מחזיק ג' לוגין : **שמכי** . בצלים : **פרסאי** . גדולים הם : **קום מזוביך**. חדלי מזוביך כמו ויעמוד השמן (מלכים ב ד) : **וליבעתה**. יבעתנה בלי ידיעתה פתאום : **בונא** . מלא אגרוף : **מוריקא** . כרכום : **שבלילתא** . תלתן פנגרי"ג : **שיעי דדנא** . מגופת חבית : **ולשייפיה**. לכשישורו במים : **פשטינא** . עשב שאינו גדל בקומה אלא הולך ופשט על גבי קרקע : **חרנוגא** . מין עשב הוא שגדל אצל ההיגים : **היגתא רומיתא** . מין הגא הוא שנקראת רומי"ת : **וליסבה בשחקי דכיתנא** . יקחו אותו האפר בבלאי בגדי פשתן בקיץ : **דעמר גופנא** . קוטו"ן: **ליכרי שב בירי**. שבעה גומות : **שבישתא דערלה** . זמורות של כרם ילדה : **ולינקטה כסא דחמרא** . יאחוז כוס של יין בידה ותשב על הגומא : **ולוקמה מהא** . מעל גומא זו יושיבוה על זו ועל כל עמידה נימא לה קום מזוביך : **קמחא דסמידא** . קמח סולת:**וליסכה**. ישוכו אותה ממנו : **דנעמיתא** . בת היענה : **ליפתח לה חביתא דחמרא לשמה** . כלומר יין הרבה תשתה תמיד : **שערתא דמשתכחת בכפותא דכודנא חיורתי**. שעורה הנמצאת בגללי פרדה לבנה : **אי נקטה** . לה בידה חד יומא פסקה מזובה תרי יומי אית דגרס נקטה חדא נימא גרעין אחד : **לירקונא** . דאמרן לעיל קומא וגביא גילא וכורכמא תרי בשיכרא ומיעקר : **ואי לא** . דלית ליה אי נמי עביד ולא אהני : **רישא דשיבוטא** . ראש דג ששמו שיבוטא : **דמילחא**.שהוא מלוח : **מוניני דקמצי** . ציר חגבים : **דנקירי** . מין עופות קטנים : **ולישייפיה** . ישפשפוהו בו : **בין תנור לגודא**. בין תנור לכותל במקום חם שיזיע ויצא החולי: **שרוצה שיחממנו** . לזה : **יקנחנו בסדינו** . יעטפנו בסדינו יפה או בסדין של חולה אחר של חולי זה : **עבד ליה רב כהנא** . רפואה זו של סדין : **קירא דנישתרופי** . שעוה הלפה וטפפת מכוורת שנתמלאה ועודפת : **אהלא** . אלויין : **תולענא**. אדום : **עילא בר חמרא**. עייר בן אתונות : **וליגלח** . החולה : **מציעתא דרישא** . אמצעית ראשו : **ולישבוק ליה דמא מאפותיה** . יקיז לעייר ממצחו : **ולותביה ארישיה**. ישפך הדם על התגלחת : **וליזהר מעיניה** . שלא יכנס מדם זה בעיניו : **רישא דברחא**. של איל: **דמנח בכבשא**. כבוש בחומץ או בציר : **דבר אחר חוטרנא** . חזיר טלוא (ב) בחברבורות מנומר: **מכבתותא דמישרי** . מאמצע הערוגה שהם חריפים: **אושלן גלימיך**. השאילני הטלית: **ואיגני בה**.ואישן בה: **קלי**.מעט: **איכרך גנא**. נכרך בה וישן בה: **נפל פורתא פורתא**.קדחה הטלית מחום שריפת החולי שיצא עם הזיעה ונפלה חתיכות דקות:**ומי שרי**. לשתות כוס עיקרין : **לא תעשו** . קרי ביה לא תעשו: **ומסרס מאליו** . ואע"ג דסירוס אסור בידים: **והא אמר רב אשי**. דההוא לאו סירוס הוא אלא רמות רוחא נקיטא ליה לתרנגול ומשיטל הודו הוא מתאבל ואינו משמש אבל בסירוס אפילו ממילא אסור : **אלא בסרים**. הך דשרי למישתי כוס של עיקרין במי שהוא סרים כבר עסקינן:
הכל

מסורת הש"ס

[גירס' ערוך פשישנא פי' עשב שאינו גבה אלא רחב]

פי' ציר של ארבה ערוך [שאין בציר שום ארבה כלומר מנקירי' ערוך ערך מטני]

רב נסים גאון

דבני מערבא (הלכה ג) גרסי ר' בא שאל לרב ירמיה מה ניתני דיקלין או דקרין אמר ליה דקרין שהן דוקרין את התמרה אמר ר' יונה לא מסתברא אלא דקלין שהן יוצאין מבין ב' דקלין ובסוף פ' כיצד מברכין על הפירות (שם) נמי גרסי אית תנאי תאנו מי דקרים ואית תנאי תאנו מי דקלים מאן דאמר מי דקרים שהן דוקרין את התמרה ומאן דאמר מי דקלים שהן יוצאין מבין שני דקלים :

הגהות הב"ח

(א) גמ' בשיכרא ומיעקר ואי לא : (ב) רש"י ד"ה דבר אחר וכו' טלוא. נ"ב טלוא תרגם אונקלוס נקועתא וכן הוא בב"ק דף קיח פ"ב:(ג)תוס' ד"ה והתניא מנין לסירוס באדם שהוא אסור :

§ מסכת שבת דף קי: §

אות א'

ומי שרי

אבה"ע סימן ה סי"ב - [א]המשקה כוס של עיקרין לאדם או לשאר בעלי חיים כדי לסרסו, הרי זה אסור, [ב]ואין לוקין עליו.

{**אפי'** שותה לרפואה ואין מתכוין להיות עקר, כיון דפסיק רישיה הוא, אע"ג דקי"ל פסיק רישיה דלא ניחא ליה בשבת מותר, מ"מ בשאר איסורים אסור, ואפילו אם הוא כבר קיים פו"ר, ואפילו אם הוא סריס, אסור - ב"ש}.

יש לדקדק למה תהיה בהמה חמורה מאשה, ודוחק לחלק דוקא היא מותרת לשתות ע"י עצמה, אבל אין משקין אותה ע"י אחרים, **וגם** דוחק לומר דאשה ג"כ אסורה לשתות אם לא מפני צער לידה, כמו שחילק בב"ח, דהא בטור לא הזכיר צער לידה כלל, **וראיתי** בסמ"ג ל"ת ק"ך, המשקה כוס של עיקרים לאדם כדי לסרסו, בנקיבה מותר, בזכר אסור וה"ה לשאר מינים, **וכתוב** בביאורי מהר"ר אייזיק שטיין על הסמ"ג, בזכר אסור וה"ה לשאר מינים, משום דגזרינן זכר בהמה אטו זכר דאדם, או שמא איסור דאורייתא הוא כמו באדם, עכ"ל, נמצא מ"ש או לשאר ב"ח, היינו הזכרים מן הב"ח - חלקת מחוקק. ‹**ועיין** דף קי"א. אות ג'›.

‹**ובזכרים** דשאר מינין נמי לא אמרן דאסור, אלא בכוס של עקרין שמגיע כח המשקה עד אברי ההולדה ומסרסן, **אבל** ליטול כרבלתו של תרנגול או כיוצא בזה, שמצוי להסתרס על ידי כך, מותר, {עיין סי"ג}, שהרי אינו נוגע כלל באברי תשמיש, וגרמא רחוקה היא זו - לבוש›.

(**כתב** בר"י, ובמקום סכנה מותר לאיש לשתות. **ובהמת** ישראל שחלתה בחולי מסוכן, ולא יש לה תרופה רק בהשקותה כוס עקרין, הרמ"ח בתשו' בית יהודה מתיר לישראל להשקותה, **והרב** המחבר חולק, דאין היתר אלא ע"י אינו יהודי, ע"ש. **ופשוט** דמיירי בבהמה זכר - פת"ש).

(**כתב** בר"י, שתה כוס עיקרין ונסתרס, מותר לבא בקהל. מהר"י הכהן בהגהת זרע אברהם, וכן הסכימו הרב מהר"י נבון בס' קרית מלך רב ובס' יד אהרן, עכ"ל. **ואין** הספרים הללו ת"י, אך כפי הנראה דבר זה במחלוקת שנוי' בין רש"י והתוס', עיין בסוטה דף כ"ו ע"א בפירש"י ד"ה קא משמע לן, ובתוס' שם ד"ה אשת סריס - פת"ש). ‹**אינו** שייך לאיסור דלא יבא בקהל ד', דלא כמו שרוצה לעשות פלוגתא בזה, ומ"ש הפת"ש מרש"י סוטה כ"ו., ע"ש דף כ"ד. בד"ה ושאינה ראויה לילד, ודו"ק - ערוה"ש›.

אות ב'

מניין לסירוס באדם שהוא אסור

אבה"ע סימן ה סי"א - [ג]אסור להפסיד אברי הזרע, בין באדם בין בבהמה חיה ועוף - (כתב בר"י, אפי' דגים אסור לסרס. שאלת יעב"ץ - פת"ש), **אחד טמאים ואחד טהורים, בין בא"י בין בחו"ל. וכל המסרס לוקה מן התורה בכל מקום.**

אות ג'

הרוצה שיסרס תרנגול, יטול כרבלתו, ומסתרס מאליו

אבה"ע סימן ה סי"ג - הגה: אבל מותר ליטול כרבלתו של תרנגול, אף על גב דמסתרס ע"י זה, וכל כיוצא בזה, דלא עביד כלום באברי הזרע (בהגהות אלפסי פ' במה בהמה)

- {הטעם, דאין מסרס אותו, רק ע"י זה מתאבל על שניטל הודו, ועיין פרק כל כתבי, ומותר לקשור את הנקיבה שלא יעלה עליהם זכרים - ב"ש}.

[**בפסקי** מהרא"י כתב בזה, דאין כאן משום צער בעלי חיים, כיון שיש לו ריוח בדבר, ואין זה דומה לההיא שזכרתי בסמוך דע"י מעשה שלו מסתרסת הנקבה ויש איסור, דשם אינו מרויח בדבר אף על גב דמסתרסת ע"י זה וכו', **משמע** מזה דכל שהסירוס ממילא מותר, וכדמסיק כיון שלא מפסיד באיברי הזרע, **ותימה** לי שהרי שם בפ' שמונה שרצים דף ק"י פירש"י בהדיא, דאפילו הסירוס ממילא אסור, וההיא דנטילת כרבלתו, לא נעשה סריס ע"י זה, אלא דרמות רוחיה הוא דנקטיה ליה, פירש רש"י, שהתרנגולת מתאבל על שניטל הודו ואינו משמש, ובפסקי מהרא"י שזכרתי לא יליף מזה רק שאין כאן צער בע"ח, וצ"ע].

באר הגולה

[א] מתבאר מסוגיא דשבת שם דהעמידו רפואה דירקנא וכו' דוקא באשה, וכן איתא בתוספתא פרק ח'

[ב] כיון דלא נגע באיברים

[ג] בת"כ פ"ז יליף לה מן בארצכם לא תעשו, בכל מקום שאתם, ומנין אף באדם, ת"ל בכם

§ מסכת שבת דף קיא. §

אות א'

במחמץ אחר מחמץ שהוא חייב

רמב"ם פי"ב מהל' מעשה הקרבנות הי"ד - כל המנחות הקריבות לגבי המזבח, מצה, וכן שירי המנחות שאוכלין הכהנים, אע"פ שהן מותרין לאכלן בכל מאכל ובדבש, אין אוכלין אותן חמץ, שנא': לא תאפה חמץ חלקם, אפי' חלקם לא יחמיצו; ואם החמיץ שיריה, לוקה; והמחמץ אחר המחמץ חייב, ולוקין על כל עשייה ועשייה שבה.

אות ב'

במסרס אחר מסרס שהוא חייב

אבה"ע סימן ה סי"א - [א]ואפילו מסרס אחר מסרס לוקה – [דכתיב לא תעשו, לשון רבים, כן כתב בפרישה, ותמהני שהרי בפרק שמונה שרצים דף קי"א ילפי לה מדכתיב ומעוך וכתות וכו' – ט"ז]. **כיצד, הרי שבא א' וכרת הגיד, ובא אחר וכרת את הביצים או נתקן, ובא אחר וכרת חוטי ביצים; או שבא אחד ומעך את הגיד, ובא אחר ונתקו, ובא אחר וכרתו, כלם לוקים, ואע"פ שלא סירס אחרון אלא מסורס; בין באדם בין בבהמה, חיה ועוף.**

[ב]והמסרס את הנקבה, בין באדם בין בשאר מינים, פטור אבל אסור – [וכתב המ"מ, מדתנן אין סירוס בנקבות, ולא אמר מותר לסרס הנקבות, ש"מ חיוב הוא דליכא אבל אסורא איכא, ומשו"ה כתב הרמב"ם כאן לשון פטור, **ולא** נראה לי דקדוק זה מגמ', דודאי גם לשון אין סירוס בנקבות מורה על היתר כמו לשון מותר, **אלא** הטעם, כיון שמסרס אותה על ידי מעשה כגון הכאה או בעיטה או שאר דברים הגורם סירוס, ובא על ידי מעשה שלו, אין לומר בו היתר, דאפילו בבהמה אסור משום צער בעלי חיים בלא איסור סירוס, **ובפרישה** נתן טעם לאיסור בנקבה, משום דלא תוהו בראה, וזה אינו, ‹דא"כ› אמאי מותר להשקות הנקבה עיקרים, כמ"ש סעיף שאחר זה, אלא כדפירשתי, **והא** דפטור בנקבה אפילו אם בא על ידי מעשה שלו, נראה הטעם, דבנקבה אין שייך סירוס בהפסד איברי זרע ממש, שאינה בחוץ כמו בזכר, על כן לא הוה הסירוס בידים ממש אפילו אם בא ע"י מעשה שלו, ועיין סעיף י"ב – ט"ז].

‹**וכך** שנו חכמים בתורת כהנים, מנין שאף הנקיבות בסירוס, ת"ל כי משחתם בהם, ע"ש, וכיון דלא נכללו בל"ת דלא תעשו, לפיכך אין בהם מלקות, הגר"א, אבל לאיסור שוין הן, **ויש** שמשמע מדבריהם דבנקיבות אין האיסור רק מדרבנן, עיין מ"מ שהביא דר"י דת"כ, וכן נראה מלשון הרמב"ם, **ובתוס'** מכות פ"ד משמע דיש מלקות גם בנקיבות, וצ"ע – ערוה"ש›.

אות ג'

אלא באשה

אבה"ע סימן ה סי"ב - [ג]ואשה מותרת לשתות עיקרין כדי לסרסה עד שלא תלד – [דכאן שאין בא אלא ע"י שתיה, אין איסור אפילו לכתחילה, דאין כאן צער כלל. **ומו"ח** ז"ל כתב דאין לחלק בין הך דמותר בשתיה, להא דפטור אבל אסור, מכח מעשה, דבתוס' פ' שמונה שרצים כתבו דלא שייך סירוס בנקבה אלא ע"י השקאה, **אלא החילוק הוא**, דההיתר דכאן הוא משום דאית לה צער לידה, וזה שלא בדקדוק, דהתוס' שם בדף קי"א לא כתבו אלא דאין שייך סירוס באשה, ור"ל דאין איסור סירוס בה, וכההיא דר' יהודה שזכר שם, ואין שייך מסרס אחר מסרס אלא במקום שיש איסור לסרס להראשון ע"י, והחילוק דבין צער לידה אינה במשמע מן הפוסקים כלל].

‹**ועיין** בר"י שהביא דמהרש"ל ביש"ש סבר דאינו מותר לאשה אלא ביש לה צער לידה, וכ"ש אם אין בניה הולכים בדרך ישרה, ויראה שלא תרבה זרע כי האי, ע"ש. **וצ"ע** ממשנה ב"ב דף קל"ג ע"ב דלית הלכתא כרשב"ג שם ודוק - פת"ש). ‹**יש** מהפוסקים דס"ל דרק לרפואה או מפני צער לידה, כגון שהיא תמיד מקשה לילד מותרת, ולא באופן אחר, ב"ח ויש"ש, וכן נראה עיקר לדינא, והפוסקים לא הוצרכו להזכיר זה, דודאי באופן אחר אסור לשנות רצונו של הקדוש ברוך הוא – ערוה"ש›.

‹**ועיין** בתשו' חתם סופר שנשאל על דין זה, באשה המצטערת בהריון ולידה, אי שריא לה למישתי כוס עיקרין, דאע"ג דמפורש בכל הפוסקים להיתר, מ"מ בספר עצי ארזים שדא ביה נרגא. **והאריך** שם ליישב קושיית הספר עצי ארזים בזה, ומסיק לדינא דאשה שלא ילדה עדיין ולא קיימה שבת, לא תשתה כוס עיקרין, אם לא להציל מירקון וצער לידה וכדומה, **אבל** אם כבר קיימה שבת כל דהו, שריא אפילו בלא צערה כלל. **אך** לכאורה היינו בפנויה, וא"נ אפילו בנשואה כדביתהו דר"ח, ובימיהם שהי' יכול הבעל לישא אשה על אשתו או לגרשה בע"כ, וא"כ אם הוא מתואבי בנים ורוצה לקיים לערב אל תנח ידך, יכול לישא אחרת או לגרש את זו, **אבל** האידנא דאיכא חרם רבנו גרשום מ"ה, צריכה רשות מבעלה, או תתרצה לקבל גט ממנו. **אמנם** אם הוא אינו רוצה לגרשה, וגם לא ליתן לה רשות, נ"ל דאינה מחוייבת לצער עצמה מפני שעבודה שמשועבדת לבעל, והיינו ביש לה צער גדול לפי ראות עין המורה).

באר הגולה

[א] מימרא דר' יוחנן שבת דף קי"א ע"א [ב] שם בת"כ משמיה דר' יהודה, וכן מבואר שם בשבת, וכתב ה"ה שפירש רבינו חיובא הוא דליכא הא איסורא איכא [ג] שם בשבת ובתוספתא

*הכל מודים *במחמץ אחר מחמץ שהוא חייב שנאמר °לא תאפה חמץ °לא תעשה חמץ ^ב^במסרס אחר מסרס שהוא חייב שנאמר °ומעוך וכתות ונתוק וכרות אם על כרות חייב על נתוק לא כל שכן אלא להביא נותק אחר כורת שהוא חייב ואלא בזקן *והאמר ר' יוחנן הן הן החזירוני לנערותי אלא ^ג^באשה *ולר' יוחנן בן ברוקא דאמר על שניהם הוא אומר °ויברך אותם אלהים ויאמר להם פרו ורבו מאי איכא למימר בזקינה אי נמי בעקרה: **מתני'** *החושש בשיניו לא *יגמע בהן את החומץ אבל מטבל הוא כדרכו ואם נתרפא נתרפא ^ד^החושש במתניו לא יסוך (א) יין וחומץ אבל *סך הוא את השמן ולא שמן וורד *בני מלכים סכין שמן וורד על מכותיהן שכן דרכן לסוך בחול *ר"ש אומר כל ישראל בני מלכים הם: **גמ'** רמי ליה רב אחא אריכא דהוא רב אחא בר פפא לר' אבהו תנן החושש בשיניו לא יגמע בהן את החומץ למימרא דחומץ מעלי לשינים ^ה^והכתיב °כחומץ לשינים וכעשן לעינים לא קשיא הא בקיוהא דפרי הא בחלא ואיבעית אימא הא והא בחלא הא דאיכא מכה הא דליכא מכה איכא מכה מסי ליכא מכה מרפי: לא יגמע בהן את החומץ: *והתניא לא יגמע ופולט אבל מגמע ובולע אמר אביי ^ו^כי תנן נמי מתני' מגמע ופולט תנן רבא אמר אפי' תימא מגמע ובולע כאן לפני טיבול כאן לאחר טיבול וניכא מדלפני טיבול שרי לאחר טיבול נמי שרי דשמעינן ליה לרבא דאית ליה הואיל דאמר רבא ליכא מידי דבשבת שרי וביום הכפורים אסור הואיל דבשבת שרי ביוה"כ נמי שרי הדר ביה רבא מהך ממאי דמהך הדר ביה דילמא מההיא הדר ביה לא ס"ד *דתניא כל חייבי טבילות טובלין כדרכן בין בט' באב בין ביוה"כ: החושש במתניו כו': אמר ר' אבא בר זבדא אמר רב הלכה כר' שמעון למימרא דרב כר' שמעון סבירא ליה *והאמר רב שימי בר חייא משמיה דרב ^ז^האי *מסוכרייא דנזייתא אסור

רש"י

הכל מודים · אע"פ שנחלקו בבטור שאחז דם אי מקיזין או אין מקיזין דהוי מטיל מום בבעל מום ואיכא למאן דשרי להקיזו ולעשות בו מום מודין הם במחמץ מנחה אחר מחמץ שכל עשיותיה של מנחה נאסרו בחימוץ: דכתיב לא תאפה חמץ לא תעשה חמץ. אפייה בכלל היתה ולמה יצאת להקיש אליה מה אפייה מיוחדת שהיא מעשה וחייבין עליה בפני עצמה ט"* והכל מודים שאם לשה הראשון בחימוץ ובא השני וערכה בחימוץ והשלישי אפאה כולם חייבין: כורת · שאינו ניתקן לגמרי אלא חותכן ותלויין בכיס: אלא בזקן · שפסק מלידה: והא אמר ר' יוחנן · בפרק מי שאחזו במסכת גיטין: הן הן החזירוני לנערותי. הרפואות האמורות שם למי שאינו בריא בתשמיש ואמר ר' יוחנן לאחר שזקנתי החזירוני אותן רפואות לנערותי לתשמיש אלמא זקן מוליד: אלא באשה · שאינה מצווה בפריה ורביה כדאמרי' ביבמות פרו ורבו ומלאו את הארץ וכבשוה איש דרכו לכבש ואין דרכה של אשה לכבש: **מתני'** מטבל כדרכו · מאכלו ופתו בחומץ: לא יסוך בהן יין וחומץ · דאין אדם סך אותו אלא לרפואה: אבל לא שמן וורד · לפי שדמיו יקרין ואינו מצוי ומוכחא מילתא דלרפואה עביד: שכן דרכן לסוך בחול · בלא מכה: **גמ'** קיוהא · יין שלא נתבשל כל צרכו בענביו קשה לשינים: ליכא מכה מרפי · לוחת הבשר והשינים נרפים רחוקין זה מזה דשייל"ר מתחלנות: לא יגמע ופולט · דמוכח דלרפואה היא: לפני טיבול · לפני אכילה מותר שדרכן היה לטבול בחומץ בכל יום והרואה אומר זהו טיבולו ולאחר טיבול אסור הכל יודעין שכבר סעד וטבל כל צרכו: וניכא מדלפני טיבול שרי כו' · דאין לך שאסור למקלת השבת ומותר למקלתו דהא שמעינן לרבא בפרק י"ט במסכת ביצה דאמר גבי טבילה הואיל בכי האי גוונא דקתני התם דאין מטבילין כלים בשבת ואדם טובל ואמרינן כלים מ"ט לא אמר רבא מפני שנראה כמתקן כלי אבל אדם נראה כמיקר ואמרי' תינח בשבת דשריא רחיצה ביוה"כ דאסור רחיצה והכל יודעין דטובל הוא ומתקן עצמו מאי איכא למימר הא איכא למיגזר אטו מתקן טור לבי ואמר רבא ליכא מידי דאיסור שבת דבשבת לישתרי וביוה"כ ליתסר והואיל ובשבת לא הוה למיסריה ביוה"כ נמי לא גזור עליה: הכא גרסי' הדר ביה רבא מהא · דקודם טיבול ומוקי מתניתין במגמע ופולט כאביי וזו נאמרה תחלה והדר ביה: דילמא מההיא הדר ביה · וסבר דביום הכפורים אסור לטבול ולא אמרינן הואיל וההיא איתמר ברישא: למימרא דרב · בקולי (נ"א בכולי) שבת סבירא ליה כר' שמעון והא אמר כו': האי מסוכרייא · בגד טורכין בברזא חבית של חרס מפני שאין הנקב שוה: אסור

תוספות

להביא נותק אחר כורת כו'. פירש"י דכורת היינו שכורת בילים ממקום חיבורן ועדיין הם בכיס ונותק הוי שנותקן מן הכיס ומשליכן לארץ קשה לר"י דבפרק על אלו מומין (בכורות דף לט:) קאמר דנתוק וכרות לא הוי מום בגלוי דהא איתנהו פי' איתנהו בכיסם ונראה לר"י דכרות הוי שלא נכרתו לגמרי ממקום חיבורן אלא עדיין מעורים קצת ונתוק היינו שניתקו לגמרי אלא שהם בכיס: **אלא** בזקן · הכא לא שייך למיסר משום מסרס אחר מסרס דזקנה לאו סירוס היא: **בזקנה** ובעקרה. באשה נמי לא שייך בה מסרס אחר מסרס דאין שייך בה סירוס: **כי** תנן נמי מתניתין במגמע ופולט תנן · וסיפא דקתני אבל מטבל הוא כדרכו ה"ה דה"מ למיתני במגמע ובולע אלא אורחא דמילתא נקט: **לא** ס"ד דתניא כל חייבי טבילות טובלין כדרכן · תימה מנא לן דמהא הדר ביה דילמא מטעם דמפרש התם* דאין מטבילין בשבת משום דמיחזי כמתקן כלי ויפרש דאסור לטבול משום גזירה שמא יעבירנו ד' אמות ברה"ר או כשאר טעמי דמפרש התם והני טעמי לא שייכי באדם הלכך מותר ביוה"כ בלא טעמא דהואיל דלכולהו אמוראי לא פריך התם ביוה"כ ליתסר אלא לרבא ואומר ר"י דלא מסתבר להפוכי תרי מילי משום חדא דתרי מילי נינהו חדא מטעם דנראה כמתקן וחדא הא מילתא דאית ליה הואיל ולהכי ניחא ליה טפי למימר דהדר מהך דהכא ויהיו שני דבריו קיימים וא"ת ונוקי הך ברייתא דטובלין כדרכן כמ"ד טבילה בזמנה מצוה ורבא כמ"ד לאו מצוה וי"ל משום דטבילה בזמנה מצוה לא הוה שרינן איסור תיקוני מנא ובפרק כל כתבי הקדש (לקמן דף קכא·) משמע דאפי' למ"ד טבילה בזמנה לאו מצוה טובלין כדרכן כל חייבי טבילות דתניא התם ר' יוסי אומר מן המנחה ולמעלה אינו צריך לטבול משמע דאי בעי טביל אע"ג דסבירא (ג) טבילה בזמנה לאו מצוה וא"ת דתניא בפרק בתרא דיומא (פח·) הזב והזבה ובועל נדה וטמא מת טובלין ביוה"כ טמא מת היכי טביל ומה תועלת לו אותה טבילה הא אין טבילה בלא הזאה והזאה לא דחי יוה"כ כי היכי דלא דחיא שבת כדאמרינן בפסחים פרק אלו דברים (דף סט·) וליכא למימר שתועיל לו טבילה לענין שיוכל להזות למחר דהא תנן בסוף מסכת פרה דהוא עצמו טובל בלילה ומזה ביום משמע שצריך להזות ביום שטבל וי"ל דלעולם אין צריך לטבול ביום הזאה והתם קמ"ל דיכול לטבול בלילה אע"ג דטבילה היא כתחלת הזאה דאין הזאה בלא טבילה והזאה ביום היא א"נ התם איירי בטבילה דלאחר הזאה כדאמר בספרא הקדים טבילה להזאה לא עשה ולא כלום משמע דאיכא נמי טבילה לאחר הזאה: **טובלין** כדרכן בין בט' באב בין כו' · בפ"ק דתענית (דף יג·) פליג עליה ר' חנינא סגן הכהנים ואמר כדי הוא בית אלהינו לאבד עליו טבילה אחת בשנה והלכתא כוותיה כדאמר בירושלמי: **למימרא** דרב כר"ש ס"ל · פי' בקונט' למימרא דרב בכולי שבת כר' שמעון סבירא ליה ולי נראה דאם כן הוה ליה לאקשויי מכולהו דזוזי דרב אסר בפרק קמא (דף יט:) וכמה אמוראין דמחלקין באיסורי שבת כדאמר בפרק מפנין (לקמן קכח·) במוקצה לאכילה סבר לה כר' יהודה במוקצה לטלטול כו' ונראה לר"ת דמשמע ליה דטעמא דר' שמעון במתני' משום דשרי דבר שאין מתכוין ות"ק אסר ליה אפי' לתענוג משום דזימנין לרפואה קעביד ואסר בעלמא דבר שאין מתכוין ור"ש דמקיל בעלמא קסרי נמי הכא בשאין מתכוין לרפואה והשתא אתי שפיר: **האי** מסוכרייתא דנזייתא אסור להדוקה ביומא טבא · פי' סתימת גיגית של שכר אסור להדוקה משום סחיטה כדפירש בקונטרס וכן פירש ר"ח אף על גב דלא אשכחן דהוה חייש לסחיטה אלא גבי מים כדאמר בפרק ואלו קשרים (לקמן דף קיג:) גבי היה מהלך בשבת ופגע באמת המים דאמר לנחות במיא אתי לידי סחיטה ובפרק חבית (לקמן דף קמו·) אמר הרוחץ במי מערה ונסתפג באלונטית לא יביאנה בידו ומפרש בגמרא משום דאתי לידי סחיטה ובפרק שואל (לקמן דף קמח·) וכרים המביא כדי יין (ביצה דף ל·) גבי הני נשי דלא משניין ניפרוס סודרא פירוש על הכד דלמא (ג) מישמיט במיא ואתי לידי סחיטה אבל גבי יין לא גזרינן משום סחיטה כדאמר בפרק תולין (לקמן דף קלט:) מסננין את היין בסודרין וטעמא

מסורת הש"ס

[מנחות נו: פ"ש בכורות לג:] [מנחות נה:]
גיטין ע.
יבמות סה: גיטין מג. קדושין לה.
ביצה יח: ע"ז כח.
[ג"י' הערוך ינמא]
[פי' תוס' לקמן קלד: ד"ה ואין]
[עי' תוס' סו.וש"נ]
ביצה יח:
שם ותענית יג:
כתובות כט. ע"ש כתובות ו. ע"ש [ג"י' הערוך מסוברייא]

עין משפט נר מצוה

מ א מיי' פי"ג מהלכות מעשה קרבנות הל' יד סמג לאוין שג :
מא ב מיי' פט"ז מהל' א"ב הלכה ט י סמג לאוין קג טוש"ע אה"ע סי' ה סעיף יא :
מב ג מיי' שם הלכה ז טוש"ע שם סעיף יב :
מג ד מיי' פכ"א מהל' שבת הלכה כב סמג לאוין סה טוש"ע א"ח סי' שכח סעיף לז :
מד ה מיי' שם הלכה כד סמג שם טוש"ע שם סי' שכח סעיף לג :
מה ו טוש"ע שם סי' שכ סעיף יח :

רבינו חננאל

החושש בשיניו לא ינמע בהן את החומץ איני והא תניא לא ינמע ויפלוט אבל מגמעו ובולע ומשני אביי כי תנן נמי מתני' לא ינמע ויפלוט תנן . רבא אמר אפי' תימא מגמע ובולע והא דתניא שרי לפני טבול כלום' קודם אכילה שרי . מתניתין דאסר לגמע ולבלוע לאחר והוא לאחר אכילה ומסאי דטיבול לשון אכילה הוא דתנן הביאו לפניו מטביל בחזרת עד שמגיע לפרפרת הפת ותוב אבל מטבל במיני תרגימא. ר' יצחק מטבל בירקי . תניא נמי הכי החושש מטבל בבני מעים ומעמא מאי שהחומץ קודם אכילה אינו מרפא אבל לאחר אכילה מרפא . ומפורש בתלמוד א"י מודים חכמים לר' במגמע הומץ של תרומה אחר טיבולו שמשלם קרן וחומש . שהחומץ מיישב את הנפש. ודברי ר' מפורשי ביוה"כ ואקשינן לרבא' והא מדלפני טיבול שרי לאחר טיבול נמי שרי . דשמעינן ליה לרבא דאית ליה הואיל דגרסי' בי"ט פרק [ב'] דתנן [התם] ממבילין כלים מלפני השבת . כ"ע טיהת כלים בשבת לא ס"ם וכל חד אמר מעמא . רבא אמר מפני שנראה כמתקן כלי . ואקשי' אי הכי אדם נמי . ושנינן אדם נראה כמקר ומחוורנן בימות הגשמים ובמים הרעים ג"כ אית ליה אנפא שלא נראה כמתקן כלום ואקשי' התינח בשבת ויוה"כ מי שרי ברחיצה דאמרת נראה כמיקר . אמר רבא הואיל ואישתרי טבילה בשבת אשתרי נמי ביוה"כ הכא נמי לימא רבא הואיל ולפני טיבול שרי לאחר טיבול נמי שרי וקמה קשיא זו על רבא ושנינן הדר ביה רבא ואמר בין לפני טיבול בין לאחר טיבול שרי. ומוקים לה למתני' כדאביי דאמר לא ינמע ויפלוט תנן אבל לגמע ולבלוע שרי . ואקשי' ממאי דהאי דטיבול הדר ביה דלמא מטבילה דיוה"כ הדר ביה ואמר אין טובלין . ושנינן לא דהא תניא בהדיא כל חייבי טבילות טובלין כדרכן בין בט' באב בין ביוה"כ . אלמא אמרי' הואיל והתירה טבילה בשבת התירה נמי ביוה"כ . וכך פירשנו שבועה זו ביום טוב החושש בשיניו לא יסוך יין וחומץ אבל סך הוא שמן ולא שמן וורדים כו'. שמעינן מינה

הגהות הב"ח

(א) במשנה לא יסוך בהן יין: (ב) תום' ד"ה לא ס"ד וכו' אע"ג דסבירא ליה טבילה: (ג) ר"ת הא וכו' על הכד דילמא מיימיש במיא:

דבני מלכים דרגילי בסיכת שמן וורד בחול לא מסי להו בשבת *) והוא חשוב להן . לפיכך בשבת אסור הלכך בני מלכים ושכיח להו ורגילי ביה לא מסי להו ושרי אבל שאר בני אדם דלא שכיח להו ולא רגילי ביה מסי לפיכך אסור . ר"ש אומר כל ישראל בני מלכים . כלומר כל ישראל מותרין בשמן וורד אמר רב הלכה כר"ש. ודייקינן (לרבי) [דרבי] שמעון **) לטעמיה לפיכך שנה כל אדם סך כדרכו ואינו מתכוין לרפואת ואם נתרפא נתרפא ואקשי' למימרא דרב כר' שמעון סבירא ליה דאמר דבר שאין מתכוין מותר . לפיכך פסק הלכה כר' שמעון והאמרי משמיה דרב האי מסוכרייא דנזייתא אסור להדוקא ביומא טבא. פי' כגון
*) נראה דצ"ל אבל שאר בני אדם דלא רגילי בהו והוא חשוב להן לפיכך בשבת אסור וכו' . **) נראה דצ"ל לטעמי' דס"ל דדבר שאינו מתכוין מותר לפיכך וכו' .

רב נסים גאון

והאמר ר' יוחנן הן הן החזירוני לנערותי. עיקר דילה במסכת גיטין בפרק מי שאחזו קורדיקוס (דף ע) אמר אביי מי שאינו בקי בדרך ארץ ליתי תלתא פביזי קרטסי דחדיי ופרוקינהו וניסלוק כל יומא חדא מיניהו וניטוננו בחמרא ונישתי אמר ר' יוחנן הן הן החזירוני לנערותי: ולר' יוחנן בן ברוקא דאמר על שניהם הוא אומר ויברך אותם אלהים. במשנת יבמות (דף סה) בסוף פרק הבא על יבמתו: אם

אות ד'

החושש במתניו לא יסוך יין וחומץ; אבל סך הוא את השמן, ולא שמן וורד; בני מלכים סכין שמן ורד על מכותיהן, שכן דרכן לסוך בחול

סימן שכז ס"א - [ד]**החושש במתניו, לא יסוך שמן וחומץ** - הטעם, דאין דרך לסוך בשתיהן יחד אלא לרפואה, וכל מילי דהוא לרפואה אסרו רבנן גזירה משום שחיקת סממנים, דאסור מן התורה משום טוחן.

ודע דבגירסתנו במשנה, וכן בר"ח ורי"ף ורמב"ם איתא, "יין וחומץ", והיינו אפילו באחד מהן.

אבל סך הוא שמן לבדו - דגם דרך הבריאים לסוך אותו, ולא מינכר שהוא לרפואה, וכן על גבי מכה מותר לסוך בשמן מטעם זה.

אבל לא בשמן ורד, משום דמוכחא מלתא דלרפואה קא עביד - שדמיו יקרין, ואין אדם סך אותו אלא לרפואה, [רש"י], וכל מילי דרפואה אסור, **ואפילו** ע"י א"י אסור אם מתחזק והולך כבריא.

[ה]**ואם הוא מקום שמצוי בו שמן ורד, ודרך בני אדם לסוכו אפי' בלא רפואה, מותר. הגה: ובמקום שאין נוהגין לסוך בשמן כי אם לרפואה, בכל שמן אסור (ב"י)** - ומשו"ה אסור לסוך בשמן במדינותינו הראש שיש בו חטטין, וכן אם יש לו נפח בכל מקום שהוא, אסור לסוך בשמן במדינותינו, **ובחלב** ושומן אסור בכל מקום, משום דניתך ונימס והוי נולד, וכדלעיל בסימן שכ"ו ס"י בהג"ה.

אות ה'

כי תנן נמי מתניתין מגמע ופולט תנן

סימן שכח סל"ב - [ו]**החושש בשיניו, לא יגמע בהם חומץ ויפלוט** - דמוכח מלתא שהוא לרפואה, **ואפילו** לשהות ואח"כ יבלע, אסור.

אבל מגמע ובולע, או מטבל בו כדרכו.

וה"ה יין שרף ג"כ דינו כמו חומץ, **אך** במקום צער גדול אפשר לסמוך ביי"ש, דמותר לשהותו בפיו ולבלוע אחר כך.

וה"ה דאסור ליתן על השן נעגעלי"ך, או שפירטו"ס, וסובין חמין, דכ"ז מוכח שהוא לרפואה, **אם** לא דכאיב ליה טובא שמצטער כל גופו, וכדלעיל בסי"ז, ח"א, **וע"ש** לעיל דע"י ישראל מותר דוקא ע"י שינוי, **אך** הח"א מסיק שם, דאם א"א בשינוי, מותר שלא בשינוי. ‹**וצ"ע** דהא אפי' דאורייתא אפשר לעשות, כדמבואר בס"ג›.

ואסור לומר לא"י לעשות לו איזה דבר לרפואה, ואפילו דבר שהוא רק משום שבות, כיון שהוא רק מיחוש בעלמא, **אך** אם יש לו צער גדול מחמת הכאב, ובעבור זה נחלש כל גופו, מותר לעשות על ידו אפילו מלאכה דאורייתא. ‹צ"ע, דלעיל ס"ג כתב דמחללין אפי' ע"י ישראל›.

[ז]**החושש בגרונו, לא יערענו בשמן** - פי' שישהה השמן בפיו, ואפילו אם יבלע לבסוף, דמוכחא מילתא דלרפואה עביד, וכ"ש אם יפלטנו, **ויש** מתירין כשבולעו לבסוף.

ואפילו אם נותן השמן לתוך אניגרון {הוא מי סלקא} אסור.

אבל בולע הוא שמן ואם נתרפא נתרפא - ויש אוסרין בזה, **ומסיק** המ"א דתלוי הכל לפי המקום והזמן, דאם אין דרך הבריאים לבלוע שם שמן באותו מקום, אסור.

אות ו'

האי מסוכרייא דנזייתא אסור להדוקיה ביומא טבא

סימן שכ סי"ח – (ביאור הענין בקצרה, כי ידוע דעת ר"ת וסייעתו דיש ב' עניני סחיטה, היינו סחיטה ממים איסורו משום ליבון ולא משום דש, כי המים הולכים לאיבוד ולא דמי לדש, **ובשאר** משקין הוא ההיפוך, משום ליבון אין בם דאין מלבנים בם, אלא איסורא הוא משום דש, דומיא דסוחט זיתים וענבים, **אך** דוקא כשצריך למשקין הנסחט, דומיא דדישה, **וע"כ** הכא בענין זה דהחבית הוא של יין, איסורו הוא רק משום דש, וממילא כשהמשקה הנסחט הולך לאיבוד, אין זה בכלל דישה, וזה הוא דעת הרבה מהראשונים, הרשב"א וריב"ש והרב המגיד, **אך** דעת הר"י ועוד כמה ראשונים בסייעתו, דמ"מ אסור מדרבנן, **וכ"ז** היה שייך אם היה מכוין לסחוט, אבל באמת אין מכוין לסחוט, והוא רק פס"ר, ולא ניחא ליה בההיא סחיטה כי הולך לאיבוד, מן התורה בודאי אינו חייב בכל עניני שבת בפסיק רישא דלא ניחא ליה, **ונחלק** הערוך עם יתר הפוסקים לענין איסור דרבנן, דלהערוך שרי לגמרי בפ"ר דלא ניחא ליה, **ולשארי פוסקים אסור**), ‹אפי' בדש מדרבנן, דהמשקה אזיל לאיבוד – פמ"ג›.

חבית שפקקו בפקק של פשתן לסתום [ח]**נקב שבדפנה שמוציאין בו היין** - היינו שכורכין סביבות הברזא חתיכת בגד או נעורת של פשתן, ופוקקים בה הנקב שבדופן החבית, [ט]**יש מי שמתיר** - להסיר אותה בשבת או להחזירה, **אע"פ שא"א שלא יסחוט** - שע"י סתימת הברזא בהנקב או הסרתו, נסחט משקה הבלוע

באר הגולה

[ד] שבת קי"א משנה [ה] שם מימרא דרב וכ"פ הרי"ף ורא"ש ורמב"ם [ו] שם קי"א משנה וכדמפרש לה אביי [ז] ברכות ל"ו ברייתא וכפירוש הרמב"ם [ח] פי' הנקב שסביב הברזא [ט] טור בשם הערוך וכן הסכים רי"ו אהא דשבת קי"א ‹אבל רבי נתן בעל הערוך כתב, שא"א שתהא הך מסוכרייא בדפנה של חבית, דאי הכי אע"ג דהוי פסיק רישיה, כיון שאינו נהנה ביין הנסחט ממנה, בכה"ג לא מודה רבי שמעון, אלא דוקא היכא דהוי פסיק רישיה וניחא ליה, ולפיכך פירש דהאי מסוכרייא, היינו סתימת הנקב של מעלה, ומפני שהמשקה נסחט לתוך הכלי אסור, שהוא נהנה בסחיטתו, אבל ברזי הדפנות שאינו נהנה בסחיטתן, שרי להדוקינהו, כלומר שאין כלי תחתיה לקבל היין הנופל, והוא הולך לאיבוד – ב"י›

בהנעורת, **והוא שלא יהא תחתיו כלי** - דממילא היין הנסחט הולך לאיבוד, כיון שהנקב בדופן החבית בצדה, **דכיון שאינו נהנה בסחיטה זו, הוי פסיק רישא (פי' איסור נמשך בהכרח מדבר מה, כמו המות הנמשך בהכרח מהתזת הראש) דלא ניחא ליה, ומותר** – (הנה בענייננו לא ניחא ליה כלל בהסחיטה, ואדרבה היה רוצה שלא יסחט, כי הולך לאיבוד, **אבל** באמת אפילו רק היכא שאין נהנה כלל בהפעולה שנעשה על ידו, ואין לו שום נ"מ בזה, נקרא ג"כ פ"ר דלא ניחא ליה, כיון דהוא אין מכוין להפעולה).

אבל אם היה תחתיו כלי שנוטף בה טיפת הנטיפה, וכן אם היה הפקיקה בסתימת הנקב שלמעלה, שהיין הנסחט יורד לתוך החבית, **בכל** זה הוא איסור דאורייתא להדק או להסיר הפקיקה, גם לשיטה זה, [דהוא פ"ר דניחא ליה, דקימ"ל דחייב מן התורה].

[י] **וחלקו עליו, ואמרו דאע"ג דלא ניחא ליה, כיון דפסיק רישא הוא, אסור** - מדרבנן, אבל חיובא ליכא בפסיק רישא דלא ניחא ליה לכו"ע, **וכ"ז** הוא לענין שבת דבעינן שיהא מלאכת מחשבת, **אבל** לענין שארי איסורי תורה, דעת הרא"ש דפ"ר דלא ניחא ליה לכו"ע אסור, ואיסורו הוא מן התורה.

והעולם נוהגים היתר בדבר - היינו שמפריזין על המדה יותר מדעה הראשונה, ומקילין אפילו ביש כלי תחתיה, [יא] **ויש ללמד עליהם זכות, דכיון שהברזא ארוכה חוץ לנעורת ואין יד מגעת לנעורת, מותר, מידי דהוי אספוג (פירש הערוך, ספוג הוא על ראש דג אחד גדול שבים, ובשעה שמריס ראשו להסתכל בעולם יורד אותו הספוג על עיניו ואינו רואה כלום, ולולי זה לא היתה ספינה נצולת מפניו) שיש לו בית אחיזה; ולפי שאין טענה זו חזקה, ויש לגמגם בה** - דשאני בית אחיזה של ספוג דמהני, דאין שם אלא קינוח בעלמא, משא"כ כאן שמהדקין הברזא בחוזק תוך הנקב, יש שם ודאי סחיטה, **טוב להנהיגם שלא יהא כלי תחת החבית בשעה שפוקקים הנקב** - וילך הנסחט לאיבוד, ויסמוך על דעה הראשונה דהכא, **ומ"מ** צריך שיהיה ג"כ ברזא ארוכה, שיהיה תרתי לטיבותא, עכ"ל הט"ז, וכ"כ הא"ר ומאמר מרדכי, (דהנה מדברי השו"ע נראה דמסכים ליתר הפוסקים, דפ"ר דלא ניחא ליה הוא אסור מדרבנן, ומ"מ סיים בסוף הסעיף טוב להנהיגם וכו', והניחם על דעתם להקל בענין זה, משום דהברזא ארוכה, כ"כ הט"ז, **והמ"א** כתב, משום דבענינו הלא יש עוד קולא, מה שהמשקה הולך לאיבוד ולא דמי לדש), ‹מגיד משנה ורשב"א וריב"ש, והר"ן כתב דמ"מ אסור מדרבנן – מ"א. **מ"מ** יש להקל, דאיכא ג' צדדי להתיר: **א'**, דעת המגיד משנה והעומדים בשטתו, דאפי' איסור דרבנן ליכא, **גם** להר"ן יש סברא שניה, לסמוך על הערוך והוי פס"ר דלא ניחא ליה, **ועוד** סברא שלישית, דיש לסמוך על הראב"ד, והוי כספוג שיש לו בית אחיזה דאפילו סוחט שרי, דהוי כמריק מכלי – מחה"ש›.

(וע"ל סי' ש"א עוד מדיני סחיטה).

ודע, דכל הסעיף הזה הוא בחבית של יין, כמו שהזכיר השו"ע בראש הסעיף, וה"ה שאר משקין, אבל לא במים, **וטעם** הדבר, דבכל משקין חוץ ממים, דעת כמה ראשונים דאין בהם משום ליבון, ואיסור סחיטתו הוא רק משום מפרק, כמו סוחט זיתים וענבים, ולכן בעינן מן התורה לכו"ע שיהא צריך למשקין היוצאין דומיא דמפרק, ורק מדרבנן ס"ל לדעה אחרונה דאסור, וכמו שכתבתי בביאור הלכה, **אבל** בחבית של מים, איסור סחיטתו הוא משום ליבון הפקיקה, דסוחט הוא תולדה דמלבן, ואסור בכל גווני, **ודעת** הט"ז, דיין לבן דומה למים לענין כבוס, ולדבריו השו"ע לא איירי כאן כי אם ביין אדום שאינו מלבן, ואיסורו הוא רק משום מפרק, ולכך בעינן שיהא ניחא ליה במאי דנפק בסחיטתו.

(**ודע**, שכל דברי הסעיף הזה הוא רק להפוסקים דשאר משקים אין מלבנים, אבל להפוסקים דאין חילוק בין מים לשאר משקין, **ובפרט** יין, דסברת הר"ן דדומה למים לענין כביסה, יהיה מן התורה אסור סתימת המסוכריא משום איסור ליבון, שמתלבנת המסוכריא עי"ז, **ואין** חילוק בין אם המשקה הנסחט הולך לאיבוד או לא, ואין שייך זה הענין כלל לפ"ר דלא ניחא ליה, דזה הוא רק אם נאמר דחיובו משום דישה).

אם נשפך שכר ושאר משקה על המפה שעל השלחן, והוא רוצה לגרור אותם בכף או בסכין כדי לנקות המפה, יזהר שלא יגררם בכח, כדי שלא יבוא לידי סחיטה, ורק יסיר את המשקה הצף מלמעלה, **ואם** המשקים צבועים, יזהר שלא יצטבע שאר מקומות המפה ע"י גרירתו, כבסעיף כ'.

וכ"ש אם נשפך מים על המפה, בודאי יזהר מאד בזה, דסחיטת מים הוא תולדה דמלבן, ט"ז, (**וכונתו** כשגוררו בכח, דאז בודאי בא לידי סחיטת המפה דהוא תולדה דמכבס, ויש בזה איסור תורה משום ליבון המפה, **ובפמ"ג** מסתפק בכונת הט"ז, דאפשר דס"ל דבמים אף שאין בכח אסור לגרור, דבעת הגרירה שרוצה לשפכו לארץ, נתלחלח במפה המקום שהיה יבש מתחלה, ושרייתו הוא כיבוסו, **ומ"מ** נראה דבעת הצורך אין להחמיר שלא בכח, דדעת רוב הפוסקים, דבגד שאין בו לכלוך לא אמרינן שרייתו הוא כיבוסו, וגם שאין מתכוין לכבס).

הסוחט שער או עור, פטור אבל אסור, ולכן הטובל בשבת יזהר שלא יסחוט שערו לנגבם.

באר הגולה

י' תוס' ק"ג ורא"ש שם והמרדכי בשם ר"י וסמ"ג והתרומה

יא בית יוסף ממשמעות דברי הכל בו

עין משפט נר מצוה

כו א מיי' פכ"א מהל' שבת הלכה כב סמג לאוין סה טוש"ע א"ח סי' שכו סעיף א:
א ב מיי' פ"י מהל' שבת הלכה א סמג לאוין סה טוש"ע א"ח סי' שיז סעיף א:
ב ג מיי' שם הלכה ז:
ג ד מיי' שם הלכה ג:
ד ה מיי' שם הל' א ב סמג שם טוש"ע שם:

אסור להדוקיה ביומא טבא בההיא אפילו ר"ש מודה *דאביי ורבא דאמרי תרווייהו מודה ר"ש בפסיק רישיה ולא ימות והאמר *רב חייא בר אשי אמר רב הלכה כר' יהודה ורב חנן בר אמי אמר שמואל הלכה כר"ש ורב חייא בר אבין מתני לה בלא גברי רב אמר הלכה כר' יהודה ושמואל אמר הלכה כר"ש אלא אמר רבא *אני וארי שבחבורה תרגימנא ומנו רבי חייא בר אבין הלכה כר"ש ולאו מטעמיה מאי הלכה כר' שמעון ולאו מטעמיה אילימא הלכה כר"ש דשרי ולאו מטעמיה דאילו ר"ש סבר מסי ורב סבר לא מסי וסבר רב לא מסי והא מדקתני בני מלכים סכין על גבי מכותיהן שמן וורד מכלל דמסי אלא הלכה כר"ש דשרי ולאו מטעמיה דאילו ר"ש סבר אף ע"ג דלא שכיח ישרי ורב סבר "אי שכיח אין ואי לא שכיח לא ובאתרא דרב שכיח משחא דוורדא:

הדרן עלך שמנה שרצים

*ואלו "קשרים שחייבין עליהן קשר הגמלין וקשר הספנין "וכשם שהוא חייב על קישורן כך הוא חייב על היתרן ר"מ אומר כל קשר שהוא יכול להתירו באחת מידיו אין חייבין עליו: **גמ'** מאי קשר הגמלין וקשר הספנין אילימא קטרא דקטרי בזממא וקטרא דקטרי באיסטרידא האי קשר שאינו של קיימא הוא אלא קיטרא דזממא גופיה ודאיסטרידא גופה: ר"מ אומר כל קשר כו': בעי רב אחדבוי *אחוי דמר אחא עניבה לר"מ מהו טעמיה דר"מ משום דיכול להתירו באחת מידיו הוא והא נמי יכול להתירו או דילמא טעמא דר"מ משום דלא מיהדק והא מיהדק תיקו: **מתני'** "יש לך קשרין שאין חייבין עליהן כקשר הגמלין וכקשר הספנין "קושרת אשה מפתח חלוקה וחוטי סבכה ושל פסקיא ורצועות מנעל וסנדל ונודות יין ושמן וקדירה של בשר ראב"י אומר קושרין לפני הבהמה בשביל שלא תצא: **גמ'** הא גופא קשיא אמרת יש קשרין שאין חייבין עליהן כקשר הגמלין וכקשר הספנין חיובא הוא דליכא הא איסורא איכא והדר תני קושרת אשה מפתח חלוקה אפילו לכתחילה הכי קאמר "יש קשרין שאין חייבין עליהן כקשר הגמלין וכקשר הספנין ומאי נינהו קיטרא

תוספות

ומטעמא משום דאין אדם חושש לסוחטו כיון דע"י סחיטה אינו יכול לנקותו מריחו וחזותו גם אין דרך לסחוט בגד לצורך משקה שבו אבל מ"מ אסור לסחוט דכי סחיט ליה מתלבן הבגד קצת והוי מכבס או משום מפרק כמו סוחט זיתים וענבים כדאמרי' בפרק מפנין (לקמן קכח:) אם היתה צריכה שמן חבירתה מביאה לה בשערה ופריך והא אתי לידי סחיטה אלמא יש סחיטה בשמן ובפרק תולין (לקמן דף קמא.) קאמר רבא לא ליהדוק איניש אודרא אפומא דשישא דילמא אתי לידי סחיטה ופי' בקונט' כד של שמן ובפרק חבית (לקמן דף קמג.) ספוג אם יש לו בית אחיזה מקנחין בו ואם לאו אין מקנחין בו משום סחיטה ולהכי אסור להדוקה וא"ת דאמר בפרק בתרא דיומא (דף עז:) ההולך להקביל פני רבו או פני אביו או פני מי שגדול הימנו עובר עד צוארו במים ואינו חושש ואמר נמי בפ"ב דביצה (דף יח.) גבי טבילת כלים בשבת דנדה שאין לה בגדים מערמת וטובלת בבגדיה ולא גזרינן דילמא אתי לידי סחיטה וי"ל דמלוה שאני ואם תאמר היכי שרי התם ליכנס בבגדיה ונדה נמי איך טובלת בבגדיה נימא שרייתו זהו כיבוסו כדאמרי' בזבחים בפרק דם חטאת (דף צד:) וי"ל דדוקא היכא דאיכא טיפת דם או טינוף אמר שרייתו זהו כיבוסו דבהכי מיירי בפ' דם חטאת ומצא ר"י מוגה בספר הישר דלא אמר שרייתו זהו כיבוסו בדבר שאינו כ"א לכלוך כמו סיפוג באלונטית וקינוח ידים במפה והני שהולכין במים עם הבגדים הוי נמי דרך לכלוך ולא דרך נקיון ועל תינוק שלכלך בגדי אמו במי רגלים אין לזרוק עליו מים דשרייתו זהו כיבוסו ושמע ר"י מפי הגשים שהתיר ר"ת [ליטול ידיה] ולקנח ידיה בבגד כיון שהוא דרך לכלוך כדי שתוכל להתפלל ולברך ואין נראה לר"י שהרי היא מתכוונת לטהר הלכלוך ודרך רחיצה וליבון הויא זה הקינוח:

מודה ר"ש בפסיק רישיה · והא דאמר גבי לא ליהדוק איניש אודרא אפומא דשישא דילמא אתי לידי סחיטה ולא הוי פסיק רישיה יש לחלק דהתם מיירי בכיסוי שאינו בולע כ"כ וגם אינו סותמו כל כך בחוזק שאינו חושש רק שיהא מכוסה אבל הכא שהוא בלד הגיגית בולע הרבה וגם מהדקו בחוזק כדי שלא יצא היין והוי פסיק רישיה:

ושלש מחלוקות בדבר · אית ספרים דל"ג ליה:

הדרן עלך שמנה שרצים

ואלו קשרים · עניבה לר"מ מהו · וא"ת אמאי לא פשיט מדתנן לקמן חבל דלי שנפסק לא יהא קושרו אלא עונבו ומוכח' בפ"ק דפסחים (ד' יא.) דהנהו רבנן היינו ר"מ דפריך התם מינה לרבנן שהם ר"מ וי"ל דהתם נמי פריך מספק אם הנהו רבנן הם ר"מ כמו שמסתפק כאן:

אימור

רש"י

אסור להדוקיה · בנקב משום סחיטה ואע"ג דלא קא מכוין לסחוט אלמא לא ס"ל כר"ש בדבר שאין מתכוין: **הלכה כר' יהודה** · בדבר שאין מתכוין לאסור: **בלי גברי** · מתני לה לפלוגתא דרב ושמואל בלא אמוראים האומרים משמם אלא הם עצמם נחלקו בה: **תרגימנא** · דלא תיקשי דרב אדרב: **הלכה כר"ש** · דשרי בשמן וורד: **אבל לא מטעמיה** · דאין הטעם כדבריו: **דאילו ר"ש סבר מסי** · ואפ"ה שרי דאין לך דמותר לזה ואסור לזה: **מכלל דמסי** · אפי' לת"ק דאי לאו דמסי למאי איצטריך ליה: **אע"ג דלא שכיח** · שמן וורד במקומו של זה הסך ממנו ודמיו יקרים והכל יודעין שאינו סכו אלא לרפואה שרי דכל ישראל בני מלכים הם ור' יהודה אוסר דמוכחא מילתא ורב נמי כר"י ס"ל אלא במקומו הוא דשרי דשכיח דסכין שמן וורד ולא מוכחא מילתא:

הדרן עלך שמנה שרצים

ואלו קשרים · המנוין באבות מלאכות דקתני* הקושר והמתיר קשר של קיימא שאינו מתירו לעולם דומיא דקושרי חוטי יריעות הנפסקות: **קשר הגמלין וקשר הספנין** · בגמרא מפרש להו: **כך הוא חייב על היתרן** · כדילפי' בכלל גדול (לעיל דף עד:) מצידי החלזון שנצרכין לפרקים להתיר קשרי רשתות הקיימות כדי לקצרן או להרחיבן: **שיכול להתירו** · דלא הדקיה: **אין חייבין עליו** · ואפי' עשאו לקיימא: **גמ' זממא** · מנקבין לנאקה בחוטמ' ונותנין בה טבעת של רצועה וקושרין אותה ועומדת שם לעולם וכשרוצה לקושרה לבהמה קושר רצועה ארוכה באותה טבעת וקושרין בה ופעמים שמתירה: **קטרא דקטרי בזממא** · זהו קשר הרצועות שקושרין בטבעת: **איסטרידא** · גם הוא כמין טבעת שעושין מן עקל או מן רצועה בנקב שבראש הספינה ואותו קשר מתקיים וכשרוצה להעמידו קושר רצועה באותה טבעת ומעמידה בה וכשרוצה להתיר מתיר הרצועה ונוטלה: **קטרא דקטרי באסטרידא** · קשר רצועה הארוכה: **עניבה** · ומהדקה שפיר לר"מ מהו: **מתני' יש לך קשרין שאין חייבין עליהן** · חטאת כמו שחייבין על קשר הגמלין אלא פטור אבל אסור ובגמרא מפרש הי נינהו: **מפתח חלוקה** · כמו שיש לגלחים כעין לשונות לכאן ולכאן וקושרים של ימין בכתף שמאל ושל שמאל בכתף ימין דכיון דכל יומא שרו ליה לא דמי מידי לקשר של קיימא ומותר לכתחילה: **סבכה** · קוייפ"א: **ושל פסקיא** · אזור רחב וחוטין תלויין בראשו לקושרו בהן וקורין פינדור"ס: **ונודות יין** · של עור שכופפין פיהם וקושרין: **וקדרה של בשר** · פעמים שקושרין בגד לפיה: **קושרין בפני סבסמס** · חבל ברוחב הפתח: **גמ'** קיטרא

רבינו חננאל

מוך*) או כיוצאבו דבר שסותמין בו פי החבית אמר רב אסור לאמץ סתימתו דאתי לידי סחיטה והנה אע"פ שאינו מתכוין לסחיטה אלא לסתימת פי חחבית בלבד כיון שסוחט אסור דלא כר' שמעון. ושנינן בסטובריא דנזייתא אפי' ר' שמעון מודה כיון דאי אפשר ליה דלא לחרוקי' ודאי מתחילה סוחט הוא וכי האיגוונא ר' שמעון מחייב דמודה ר' שמעון בפסיק רישיה ולא ימות וכבר פירשנוהו למעלה. ואכתי רב כר' שמעון סבירא ליה והא בהדיא אמרי' רב הלכה כר' יהודה אמר ושמואל אמר הלכה כר' שמעון. ומשני (רב אמר) הכי אמר רב הלכה כר' שמעון ולאו מטעמיה דאילו ר' שמעון אע"ג דלא שכיח שרי וכו' ואע"ג דהוא דר"ש סלקא בפרק המקבל בשיטה. דגרסי' התם אמר אביי רשב"ג ור' שמעון ור' ישמעאל ור"ע כולהו סבירא להו כל ישראל בני מלכים ולית הלכתא כחד מינייהו ה"מ בהא סברא בלחוד דקם ליה בהדייהו. אבל דבר שאין מתכוין בהדיא קיי"ל דהלכתא כוותיה הלכך אע"ג דשמן[וורד] ע"כ מסי אם סך הוא כדרכו ואינו מתכוין לרפואה אע"ג שמתרפא בין בדוכתא דשכיח שמן וורד בין בדוכתא דלא שכיח שרי. פי' מודה ר' שמעון בפסיק' רישיה ולא ימות כל היכא דעביד מידעם בשבת דאפשר שיבא לידי איסור ולא מיכוון להתוא איסורא שרי למיעבד ההוא עבידתא ולא אסרינן ליה גזירה שלא יבא לידי אותו איסור והוא כגון הגורר מטה כסא וספסל דאפשר לעשות בגרירתו (להן) חריץ ואפשר לגוררן בלא עשיית חריץ אע"פ שנעשה מותר אבל כגון האומר כוונתי לחתוך ראש זה העוף לאכילה לכלב ואין כוונתו להמיתו. כגון זה מודה ר"ש שחייב שאע"פ [שאינו מכוין כיון] שאי אפשר לו לחתוך ראש העוף אלא עד שימיתהו וכן המתקנת בפתג שאין לו עור בית אחיזה עתה אם יאמר להתקנת ואין כוונתו לסחוט נתירהו לו והלא אי אפשר לאדם להתקנת בספוג שאין לו עור בית אחיזה ולא יסחוט כגון זה אומר מי איכא דפסיק רישיה ולא ימות וכן*) מסוברייא דנזייתא פי' נזייתא כדות של יין או של שכר. מסובריא הוא הנקב העשוי להוציא בו יין בזמן שהיין שותת ויוצא אם בא אדם לסתמו ולהדקו ואומר למנוע שפיכות היין אני מתכוין (נתכוונתי) ולא לסחוט הפתח בהא קאמר רב מודה ר' שמעון. וכן לענין נר שהוא אחר הדלת ותניא פותח ונועל ואם כבתה כבתה. ואמרי' (לקמן קכ:) דלייט רב עלה דכיון דהמקום רחוק הוא אי אפשר לפתוח ולנעול אלא אם יכבה. ובענין הזה מודה ר"ש בפסיק רישיה ולא ימות וכבר פרשנו כל דבר שאינו מתכוון מותר הדרן עלך שמונה שרצים

ואלו קשרים שחייבין עליהן קשר הגמלים כו'. קשר גמלים קטרא. אסיקנא קיטרא דזממא גופיה. פי' [עושין] נקבים לחוטמיה דגמל ומחתין ביה יתר וקטרין ביה אפסר קטן והיינו זממא וקשר של קיימא הוא ובתר כן קטרי בההוא אפסר חבל ארוך שמושכין בו הגמל והוא קיטרא דקטרין בזממא איסתדירא הוא אסקריא דספינתא והוא התורן וקטרין ביה חבל והוא קשר של קיימא. והדר קטרי בההוא איסתדירא חבל אחר דעיילה בית ניגדי מושכי הקלע כשבאין להרימו על הספינה כדי שתסע והוא קטרא דקטרי באיסתדירא. בעי רב אחדבוי מדאח"ה פי' (הדהאה) [אחה] שם מקום ידוע שתא דאתא. פי' עניבה כדבעינן למימר לקמן. ואסיקנא האי קטרא דקטרי בזממא ודקטרי באיסתדירא חיובא ליכא איסורא מיהא איכא אבל מפתחי חלוק אע"פ דאית ליה תרתי דשי כי (היכי דאית **) אשתא) למני שרי למיקטרינהו לתרווייהו ולא אמרי' דהדא מנייהו בטולי בטלה אלא תרווייהו שרי למיקטרינהו. פי' פסקיא חגורה כדמתרגמינן (ישעיה ג') ותחת חגורה נקפה [ואתר דהוה אסרן פסקיא]. והוא המיין של נשים: פי' סבכה וקאיה בל' ערבי שרי למקטר בהנהו

*) עיין ערוך ערך סבר ס'.

**) נראה דצ"ל דאיתא השתא למני וכו'.

מסורת הש"ס

[לעיל פה. קג. לקמן קיז: קכ: קל"ג. קמג. סוכה לג: כתובות ו. בכורות כה:] [בינה ע"ו]

[קידושין מח: סנהדרין מח: כ"ג סח.]

[לעיל עג.]

[במשנה שבמשניות וכן בפי' סרב והרמב"ם ליתא אלו]

נ"א דכן אחא פי' שם מקום

§ מסכת שבת דף קיא: §

אות א'

אי שכיח אין, ואי לא שכיח לא

סימן שכ"ז ס"א - [א]החושש במתניו, לא יסוך שמן וחומץ - הטעם, דאין דרך לסוך בשתיהן יחד אלא לרפואה, וכל מילי דהוא לרפואה אסרו רבנן גזירה משום שחיקת סממנים, דאסור מן התורה משום טוחן.

ודע דבגירסתנו במשנה, וכן בר"ח ורי"ף ורמב"ם איתא, "יין וחומץ", והיינו אפילו באחד מהן.

אבל סך הוא שמן לבדו - דגם דרך הבריאים לסוך אותו, ולא מינכר שהוא לרפואה, וכן על גבי מכה מותר לסוך בשמן מטעם זה.

אבל לא בשמן ורד, משום דמוכחא מלתא דלרפואה קא עביד - שדמיו יקרין, ואין אדם סך אותו אלא לרפואה, [רש"י], וכל מילי דרפואה אסור, **ואפילו** ע"י א"י אסור אם מתחזק והולך כבריא.

[ב]ואם הוא מקום שמצוי בו שמן ורד, ודרך בני אדם לסוכו אפי' בלא רפואה, מותר. הגה: ובמקום שאין נוהגין לסוך בשמן כי אם לרפואה, בכל שמן אסור (ב"י) - ומשו"ה אסור לסוך בשמן במדינותינו הראש שיש בו חטטין, וכן אם יש לו נפח בכל מקום שהוא, אסור לסוך בשמן במדינותינו, **ובחלב** ושומן אסור בכל מקום, משום דניתך ונימס והוי נולד, וכדלעיל בסימן שכ"ו ס"י בהג"ה.

אות ב'

ואלו קשרים שחייבין עליהן: קשר הגמלין, וקשר הספנין

סימן שי"ז ס"א - בגמרא אמרינן דיש כאן ג' חלוקות: אחד חייב חטאת, ואחד פטור אבל אסור, ואחד מותר לכתחלה, **ולשיטת** הרי"ף והרמב"ם והמחבר דסתם כותייהו, דינא הכי: דאם הוא קשר של קיימא, כגון שדרכו שיהיה כך לעולם, דהיינו שאינו קוצב זמן בדעתו להתירו, והוא קשר שעשוי להתקיים תמיד, (**ונראה** דקשר שדרכו של העולם לעשותו בקביעות, לא אזלינן בתר מחשבת הקושר לבטל שם קשר ממנו, ומדאורייתא אסור, וכאשר תעיין היטב [ג]בדברי רש"י בכמה מקומות בסוגיא זו דף קי"ב, תמצא כדברינו), **והוא** ג"כ מעשה אומן, חייב חטאת, ונתבאר לקמן בסוף הסעיף בהגה מה הוא מעשה אומן, **ואם** הוא קשר של קיימא ואינו מעשה אומן, מעשה אומן ואינו קשר של קיימא, (מקרי כשהקשר עשוי שלא להתקיים בתמידות, ואפילו אם הוא עשוי באופן חזק, שלא יכול להתירו באחת מידיו), פטור אבל אסור, **אינו** מעשה אומן ואינו קשר של קיימא, מותר לכתחלה.

ודעת [ד]רש"י והרא"ש ושארי פוסקים, דלא תלי כלל בעצם הקשר אם הוא מעשה אומן, אלא דעיקר החילוק הוא: דאם הוא קשר של קיימא, דהיינו שדרכו שישאר כך לעולם וכנ"ל, חייב חטאת, ואפילו אם הוא מעשה הדיוט, **ואם** אין דרכו לקושרו רק לזמן, פטור אבל אסור, דדמי קצת לשל קיימא, ואפילו אם הוא מעשה הדיוט, **ואם** דרכו להתירו באותו יום, מותר לכתחלה, אפילו הוא מעשה אומן, דאין שם קשר עליו, **וי"א** דכל מי שדרכו להתיר בתוך ז' ימים, הוי כמו שדרכו להתיר באותו יום, ומעתה יבוארו דברי המחבר והרב על נכון.

[ה]הקושר קשר של קיימא, והוא מעשה אומן, חייב - ואפילו לא מיהדק שפיר, ויוכל להתירו באחת מידיו, חייב, כיון דלא יהיה ניתר מעצמו.

כגון: קשר הגמלים - שנוקבין לגמל בחוטמו, ונותנין בו טבעת של רצועה, וקושרין אותה ועומדת שם לעולם, וכשרוצה לקושרו, קושר רצועה ארוכה באותה טבעת וקושרין בה, ופעמים שמתירה, ואותו קשר הראשון הוא קשר הגמלים, שהוא קשר של קיימא.

וקשר הספנים - גם הוא כמין טבעת שעושין מן רצועה בנקב שבראש הספינה, ואותו קשר מתקיים תמיד, וכשרוצה להעמידה, קושר רצועה באותה טבעת ומעמידה בה, וכשרוצה להתירה מתיר הרצועה ונוטלה, ואותו קשר הראשון של הטבעת הוא קשר הספנים.

וקשרי רצועות מנעל וסנדל שקושרים הרצענים בשעת עשייתן - היינו הקשר שקושר בתוך המנעל שלא תוכל הרצועה לצאת, והוא קיים לעולם, [רש"י ‹דף קי"ב.›], **וכן כל כיוצא בזה.**

אבל הקושר קשר של קיימא ואינו מעשה אומן, [ו]פטור.

הגה: ויש חולקים שסבירא להו דכל קשר של קיימא - היינו שאין דרכו להתירו לעולם וכנ"ל, **אפילו של הדיוט, חייבין עליו (רש"י ‹דף קי"ב. ד"ה בדרבנן› והרא"ש ור' ירוחם וטור).**

ודעה זו פליגא אמחבר גם בשאינו של קיימא והוא מעשה הדיוט, והיה דעתו שיתקיים הקשר איזה זמן, דלהמחבר מותר, ולדעה זו פטור אבל אסור, דדמי קצת לקשר של קיימא, **וע"ז** קאי הני תרי י"א שהביא הרמ"א, דלדעה הראשונה כל קשר שאינו עשוי להתיר באותו יום עצמו, מקרי של קיימא במקצת, ואסור לכתחלה, **ולדעה** שניה כל שמתירו בתוך שבעה ימים לא מקרי של קיימא כלל, ומותר לכתחלה.

באר הגולה

[א] **שבת קי"א משנה** [ב] **שם מימרא דרב וכ"פ הרי"ף ורא"ש ורמב"ם** [ג] ‹כוונתו על דברי רש"י בד"ה קיטרא דקטרי בזממא, רצועה ארוכה שמכניסין בטבעת, אסור לכתחילה לקושרה שם, 'שפעמים' שמניח שם שבוע או שבועיים. ובד"ה בדרבנן כתב, כשקושרין סביב לרגלים אין קושרין בדוחק, 'שפעמים' שחולצו כשהוא קשור ונועליו כשהוא קשור. ובד"ה במומרתא דיקטרי אינהו, 'שפעמים' שמתקיים שבת או חדש. **דאי** אזלינן בתר דעתו, א"כ יקשה מדוע קשר כזה אסור, הרי הוא לא חושב להשאירו לזמן, דאין לפרש דמדובר שמושב בפי' לזמן, דא"כ למה ליה לרש"י למימר שפעמים שמניחים שם שבוע, אפי' אין דרכו להניח שם שבוע, מ"מ כיון דחשב להשאירו שבוע, הוי קשר לזמן, אלא בהכרח מרש"י דסובר דאזלינן בתר דרך העולם, ולכך כיון שדרך העולם לפעמים להשאירו לזמן, הוי קשר לזמן ואסור – דברי יוסף› [ד] ‹דף קי"ב. ד"ה בדרבנן› [ה] **שבת קי"א: במשנה ובגמרא קי"ב** [ו] **הרי"ף שם וכן כתב הרמב"ם**

וי"א שכל קשר שאינו עשוי להתיר באותו יום עצמו - אלא למחר, **מקרי של קיימא (כל בו והגה"מ)** - אבל אם עשוי להתיר בליל מו"ש, לא מקרי של קיימא כלל, ומותר לכתחלה, **ומיהו** אם קושר בליל ש"ק, ועשוי להתיר ביום שבת עצמו, אע"ג דאין ממש באותו יום, מ"מ י"ל דשרי, דכל פחות מכ"ד שעות, ביומו מקרי.

[י]**ויש מקילין לומר דעד ז' ימים לא מקרי של קיימא (טור ומרדכי) (וע"ל סימן שי"ד ס"י).**

[ח]**וקשר שאינו של קיימא ואינו מעשה אומן, מותר לקשרו לכתחלה** – (כ"ז הוא לשון הרמב"ם, והיינו אפי' אם הוא עשוי לאיזה זמן, ולשיטת הרא"ש דוקא כשאינו של קיימא כלל, וכנ"ל בהג"ה).

(קושרת אשה מפתחי חלוקה אע"פ שיש לו ב' פתחים, ר"ל ויכולה לפושטה וללובשה בדוחק אף אם לא תתיר אח"כ אלא קשר אחד, והו"א דחד קשר בטולי מבטלה ולא תתירנו, וחוטי סבכה אע"פ שהיא רפויה {סבכה נקרא מה שהיא לובשת מלמעלה על השער לכסות} והרבותא היא דהו"א כיון שהוא רפוי, משלף שלפא לה מלמעלה ולא תתיר הקשר, ויהיה ממילא קשר של קיימא, קמ"ל דאשה חסה על שערה שלא תנתק, ומתרת אותו, ורצועות מנעל וסנדל שקושרין אותן על הרגל בשעת מלבוש, ונודות יין ושמן, אע"פ שיש לו ב' אזנים {היינו האזנים שכופלין לתוכו וקושרין, ובאחת מהן יכול להוציא היין, והו"א דחד מינייהו בטולי מבטל ליה ולא יתירנו}, וקדרה של בשר, אע"פ שיכולה להוציא הבשר ולא תתיר הקשר).

הגה: וכן לענין התרתו, דינו כמו לענין קשירתו (טור) - ר"ל דאם הוא קשר שחייבין על קשורו, חייבין על התירו, **וכל** שהוא פטור אבל אסור או מותר לכתחלה, גם בהתירו כן הוא. **וכל** קשר שמותר להתירו, אם אינו יכול להתירו, מותר לנתקו אם הוא לצורך, **ואין** לעשות כן בפני ע"ה, שלא יבא להקל יותר.

(עיין בב"י שכתב: הנה הרא"ש כתב דיראה לו שאינו מחויב במתיר, כי אם במתיר ע"מ לקשור קשר של קיימא, דומיא דציידי חלזון שהיה במשכן, וכתב הב"י ע"ז, דמדרבנן אף להרא"ש אסור בכל גווני, ודע, דהרבה פליגי על הרא"ש בזה, {רש"י בפ' כלל גדול דף ע"ד: בד"ה שרי חד, וכמו שהביאו התוס' בשמו בדף ע"ג ד"ה הקושר}, והנה בעיקר הדין צ"ע לי על דברי הרא"ש, דאף דאם נימא דבעינן בזה דומיא דמשכן, הלא גם בקורע, דאיתא במשנה בהדיא דבעינן ע"מ לתפור, ומשום דבמשכן כן היה כדאיתא בגמרא, ואפ"ה קי"ל דה"ה בקורע ע"מ לתקן, וע"כ הטעם, משום דכיון שיש תיקון ע"י קריעתו, כקורע ע"מ לתפור דמי, א"כ ה"נ בשיש תיקון ע"י התרתו הקשר, כמתיר ע"מ לקשור דמי).

[ט]**כיצד** - אדלעיל קאי, בשל קיימא ואינו מעשה אומן, דפטור אבל אסור, **נפסקה לו רצועה וקשרה, נפסק החבל וקשרו, או שקשר חבל בדלי** - התלוי שם על פי הבאר לשאוב בו מים, [רש"י], **או שקשר רסן בהמה, הרי זה פטור** – (ומה דאיתא לעיל, דקשר הגמלים חייב, מיירי שבעל הגמל עשה הקשר דהוא מעשה אומן, וכאן באדם דעלמא שהוא מעשה הדיוט), **וכן כל כיוצא באלו הקשרים שהם מעשה הדיוט, וכל אדם קושר אותם לקיימא.**

וכל קשר שאינו של קיימא, אם קשרו קשר אומן, הרי זה אסור - היינו אפי' בשעשאו להתיר באותו יום עצמו, אסור לדעה זו כיון שעשהו מעשה אומן.

[י]**ולצורך מצוה, כגון שקושר למדוד אחד משיעורי התורה** - היינו שקושר שני חבלים ביחד כדי שיוכל למדוד בהם שיעור מקוה, **מותר לקשור** [יא]**קשר שאינו של קיימא** - היינו אפילו הוא עשוי לזמן, [כי להרמב"ם בודאי אין חילוק בין יום אחד או לזמן וכנ"ל, **ולהטור** שס"ל בעלמא כהרא"ש, דלזמן יש איסור דרבנן, ס"ל להטור דבזה התירו משום דהוא מילתא דמצוה], **והיינו** אפי' הוא מעשה אומן, דאל"ה אפילו בלא מצוה שרי, **ומיירי** כשא"א בענין אחר, דאל"ה יעשהו מעשה הדיוט, או עניבה לבד, וימדוד בו, ולא יצטרך להתיר איסור דרבנן.

כתב בספר בית מאיר, שמה שהעתיק השו"ע דמותר במקום מצוה, הוא רק דעת הרמב"ם והטור, **אבל** לרש"י והתוספות וברטנורה שם, מצדד דקשר האסור אסור אפילו במקום מצוה, ‹דמפרשים להמתני' בפשוט קשר שאינו של קיימא המותר לכתחילה›, עי"ש.

הגה: וי"א דיש ליזהר שלא להתיר שום קשר שהוא שני קשרים זה על זה, דאין אנו בקיאים איזה מקרי קשר של אומן, דאפילו בשאינו של קיימא אסור לקשרו וה"ה להתירו, וכן נוהגין (הגהות אלפסי) - פי' כיון דלרי"ף ורמב"ם אסור לכתחלה באומן, אפילו כשמתיר בו ביום, ואין אנו בקיאין מהו קשר של אומן, ומסתברא דכל קשר שקושרין אותו הדק היטב הוי של אומן, לכך אנו נזהרים בכל קשר שהוא של שני קשרים, דשני קשרים הוי קשר אמיץ, [**כי** להרא"ש מותר אפי' בקשר אומן אם אינו עשוי להתקיים].

ומש"כ "שום קשר", ר"ל אפילו אותן קשרים המבוארין לקמן בסימן זה דמותר לקשור ולהתיר, היינו דוקא בקשר אחד.

ומ"מ נראה דבמקום צערא אין לחוש ומותר להתירו, דאינו אלא איסור דרבנן ובמקום צער לא גזרו.

באר הגולה

[ז] ‹דהא פי' רש"י קיטרא דקטרי בזממא, שאסור לכתחלה לקושרה שם מפני שפעמים שמניח שבוע או שבועיים. **וגם** כתב גבי בדחומרתא דקטרי אינהו, ופעמים שמתקיים שבת או חודש. **לכן** נראה לי כל שאינו עומד להתקיים שבעה ימים, מיקרי עשוי להתירו בכל יום ושרי, ולמד כן רבינו מדפי' רש"י שאסור לכתחלה לקשרה שם מפני שפעמים שמניח שבוע, וגם כתב ופעמים שמתקיים שבת, אלמא דעומד להתקיים שבת אחת פטור אבל אסור, ובבציר מהכי ליכא איסורא – ב"י› [ח] שם בגמרא [ט] לשון הרמב"ם [י] שבת קנ"ז במשנה [יא] שם בפי' רש"י

והא דבעינן ב' קשרים זה על זה, היינו כשקושר ב' דברים ביחד, אבל אם עשה קשר בראש אחד של חוט או משיחה – (וה"ה בראש של חבל, ובראש החוט של תפירה), **דינו כב' קשרים (סמ"ג)** - דאז מתהדק שפיר ומקרי קשר של אומן.

אות ג'

וכשם שהוא חייב על קישורן, כך הוא חייב על היתרן

רמב"ם פ"י מהל' שבת ה"ז - כל קשר שחייבין על קשרו, כך חייבין על התירו; וכל קשר שהקושר אותו פטור, כך המתיר אותו פטור; וכל קשר שמותר לקשרו, כך מותר להתירו.

אות ד'

קושרת אשה מפתח חלוקה, וחוטי סבכה, ושל פסקיא, ורצועות מנעל וסנדל, ונודות יין ושמן, וקדירה של בשר

רמב"ם פ"י מהל' שבת ה"ג - קושרת אשה מפתחי החלוק אע"פ שיש לו שני פתחים, וחוטי סבכה אע"פ שהוא רפוי בראשה, ורצועות מנעל וסנדל שקושרין אותן על הרגל בשעת מלבוש, ונודות יין ושמן אע"פ שיש לו שתי אזנים, וקדרה של בשר אע"פ שיכולה להוציא הבשר ולא תתיר הקשר; וקושרין דלי במשיחה או באבנט וכיוצא בו, אבל לא בחבל; וקושרין לפני הבהמה או ברגלה בשביל שלא תצא, אע"פ שיש לה שני אסרות.

אות ה'

יש קשרין שאין חייבין עליהן כקשר הגמלין וכקשר הספנין, ומאי ניהו קיטרא דקטרי בזממא; וקיטרא דקטרי באיסטרידא, חיובא הוא דליכא, הא איסורא איכא; ויש שמותרין לכתחילה, ומאי ניהו, קושרת מפתחי חלוקה

סימן שיז ס"א - עיין לעיל אות ב'.

§ מסכת שבת דף קיב. §

אות א' - ב' - ג'

רבי ירמיה הוה קאזיל בתריה דרבי אבהו בכרמלית, איפסיק רצועה דסנדליה, אמר ליה: מאי ניעבד לה, אמר ליה: שקול גמי לח דחזי למאכל בהמה, וכרוך עילויה. אביי הוה קאי קמיה דרב יוסף, איפסיק ליה רצועה, אמר ליה: מאי איעביד ליה, אמר ליה: שבקיה

התם לא מינטר, הכא מינטר

שמע מינה הלכה כרבי יהודה

סימן שח סס"ו - [א]**סנדל שנפסקה רצועה הפנימית, עדיין תורת כלי עליו ומותר לטלטלו** - שהסנדל יש לו שני תרסיות {הוא מקום קביעת הרצועות} אחד מבחוץ, ואחד מבפנים בין שתי רגלים, כשנפסק הפנימי ראוי לתקנו, ואע"פ שתיקונו ניכר וגנאי הוא, מיהו לצד פנים לא מתחזי, ע"כ עדיין שם כלי עליו, [רש"י].

נפסקה החיצונה, בטל מתורת כלי ואסור לטלטלו - דכשנפסק החיצונה אינו הגון לתקנו, ודרך לזורקו לאשפה, ע"כ בטל מינה שם כלי, **ואין** חילוק בין נפסקה בשבת בין נפסקה מבע"י.

וכ"ז בסנדלים שלהם, אבל במנעלים שלנו, אע"פ שנפסקה עדיין חזי ללבישה ותורת כלי עליה, **דדוקא** במנעלים שלהם שהיו פתוחים לגמרי מלמעלה, וצדדיו של עץ או של עור קשה, והרצועה נקשרת ע"ג הרגל, ואם נפסקה לא היה יכול לנועלו, משא"כ בשלנו, [**ואם** נפל שולי המנעל מתחתיו, פשוט דגם בשלנו בטל שם כלי, עיין בגמרא].

[ב]**ואם הוא בכרמלית, מותר לכרוך עליו גמי לח, שהוא מאכל בהמה, לתקנו שלא יפול מרגלו** - ר"ל דבכרמלית אין נשמר, ע"כ התירו לו לכרוך כדי שלא יאבד. ‹תמה על עצמך, אם טלטולו נאסר, {דדרך לזרקו באשפה וכנ"ל}, היאך נתירהו בפסידא מועטת כ"כ – מאירי›.

ובחוט או משיחה, דעת המ"א דאסור, דלמא מבטל ליה התם, והוי קשר של קיימא, **אך** לענוב אותו בעניבה, לכו"ע מותר.

[ג]**ובחצר שהוא נשמר שם, אסור** - משום מוקצה וכנ"ל, אלא יניחו שם, **ואם** רבים שם וגנאי לו לילך בלא מנעל, שרי משום כבוד הבריות, [**ונ"מ** גם במנעלים שלנו וכנ"ל].

אות ד' - ה'

סנדל שנפסקו שתי אזניו או שתי תרסיותיו, או שניטל כל הכף שלו, טהור

או שניטל רוב הכף שלו, טמא

רמב"ם פ"ז מהל' כלים הי"ב - וכן סנדל שהוא טמא מדרס, ונפסקה אחת מאזניו ותיקנה, טמא מדרס; נפסקה שנייה ותיקנה, הרי הוא טהור מן המדרס, שהרי נעשו לו אזנים חדשות, אבל טמא מגע מדרס; לא הספיק לתקן את הראשונה עד שנפסקה השנייה, או שנפסק עקיבו או ניטל חוטמו או נחלק לשנים, טהור.

רמב"ם פ"ז מהל' כלים הי"ג - מנעל שנפחת, אם אינו מקבל רוב הרגל, טהור.

רמב"ם פכ"ד מהל' כלים ה"ד - עור שעשאהו לעקבו ולפרסתו, אם חופה את רוב הרגל מתטמא, ואם לאו טהור.

אות ו'

חלצה של שמאל בימין, חליצתה כשרה

אבה"ע סימן קסט סכ"ב - היה של עץ ומחופה עור, או שבגד פשתן תפור בפנים, או שחלץ במנעל של שמאל בימין, כשרה (טור).

באר הגולה

[א] שם קי"ב בברייתא וכרבי יהודה [ב] שם [ג] שם וכרב יוסף הרי"ף והרא"ש

קיטרא דקיטרי בוממא · רצועה ארוכה שמכניסין בטבעת אסור לכתחילה לקושרה שם מפני שפעמים שמניח שם שבוע או שבועיים וקושר ומתיר ראש האחד שנתון ביחד או בעמוד שאסור בו האנקה והגמל : תרתי דשי · שתי פתחים היינו אותן לשונות והוויין זו למעלה וזו למטה זו לימין וזו לשמאל ואם אינה מתרת אלא האחד יכולה לפושטה וללובשה בדוחק : מהו דתימא חדא מינייהו בטולי מבטיל לה · ותיהוי קשר של קיימא וכיון דלא ידעי הי מינייהו תרווייהו ליתסרו קא משמע לן : פשיטא · דהא כל יומי שריא לה : דרויחא · לא דחקתו ברגלה אלא קשרתו בריוח שיכולה לחוללה מראשה כשהיא קשורה : מהו דתימא מישלף שלפא לה · מראשה הכי והוה לה קשר של קיימא : חייסה על שערה · שמא תוליא בדוחק ותינתק שערה ודפסקיה נמי איכא לשנויי כה"ג מהו דתימא מחתא ליה דרך רגלה ויוצאה קמ"ל דלא עבדה הכי משום לניעותא : בדאושכפי · בקשר שהאושכף עושה כשתוחב הרצועה במנעל קושר קשר מתוכו שלא תוכל לצאת והוא קיים לעולם : בדרבנן · כשקושרים סביב רגלים אין קושרין בדוחק שפעמים שחולצו כשהוא קשור ונועלו כשהוא קשור ומיהו קשר של קיימא לא הוי שבשעת הטיט מתירין אותו וקושרין אותו בדוחק שלא ידבק בטיט וישמט מרגליו : בדבני מחוזא · שהם רחבי לבב ומקפידים על לבושיהן ונעליהן להיות מכוונין וקושרין אותו בדוחק וצריך להתירו ערבית : בדטייעי דקטרי אושכפי · בסנדלים של ישמעאלים סוחרים שהאושכפים קושרים בהן הרצועות בקשר קבוע : בדהומרתא דקטרי אינהו · אלו סנדלים של שאר אנשים שאין רצועות קבועות בהן ע"י אומן אלא הם עצמן קושרין אותם בחומרתא בעלמא וקושרין ומתירין ופעמים שמתקיים שבת או חדש : דנפקי בי תרי · וצריך כל אחד ואחד לקשור לפי רגלו הלכך בכל יום קושרו ומתירו : כה"ג · שאני מתירו עכשיו ונועל בני ושבת היתה : השתא פטור אבל אסור הוא קשיא לי · אמאי אסור : מ"מ · קשיא לך : א"ל משום דבחול נמי · אני מתירו בכל יום וקושרו התינוק לפי רגלו : אי הכי מותר לכתחילה · ומעיקרא סבר דלא רגיל למעבד הכי וקטרא דאושכפי הוה שרגיל להיות קבוע : איפסיק רצועה דסנדליה · ונפל הסנדל מרגלו שע"י הרצועה הוא עומד שהסנדל פתוח מעל גביו וצדדיו של עץ או של עור שלוק וקשה והרצועות נקשרות על גב הרגל ומעמידות אותו: שקול גמי לה דחזי למאכל בהמה. דראוי לטלטול : וכרוך · במקום הרצועה ונועלו עד שתכנס: אביי הוה קאי קמיה דרב יוסף · בחצר: שבקיה · במקום שנפל מרגלך ולא תטלנו בידך להכניסו : ומ"ש מדר' ירמיה · דשרא ליה ר' אבהו לנועלו ע"י גמי : התם · בכרמלית כגון בקעה לא הוה מינטר : והא מנא הוא · ואמאי אסור לטלטלו והא עדיין תורת מנעל עליו : דאי בעינא הפיכנא מימין לשמאל . שהסנדל יש לו שתי תרסיות והן של עור מקום קביעות הרצועות אחת מבחוץ ואחת מבפנים לבין שני רגלים כעין שיש למנעלים שלנו וכשנפסק הפנימי ראוי הוא לתקנו ואע"ג שתיקונו ניכר וגנאי הוא מיהו לגד פנים לא מיתחזי וכשנפסקה חיצונה אינו הגון שוב לתקנו והך דאביי חיצונה איפסיק משום הכי אסריה רב יוסף אפילו לטלטלו וא"ל אביי והא אכתי מנא הוא דהפיכנא ליה לרגל האחרת ונמצאת החיצונה פנימית : א"ל מדקא מתרץ רבי יוחנן · למילתיה דר"י לקמן ומפרש לה : ש"מ הלכה כר"י . דאמר משנפסקה החיצונה לאו מנא הוא : אזניו · שבלפי גב הרגל שאוחז בהן כשנועלו : תרסיותיו · מקום קביעות הרצועות : הכף · סול"א בלע"ז שתחת פרסות הרגל : טהור · דתו לא מתקני ליה וא"כ מתקני ליה חדוש הוא והשתא מיהא בטיל ליה : (ב) טמא · לא פרחה טומאה מעליו דהכתי מנא הוא ואפילו נפסקה החיצונה דאי בעי מפיך ליה מימין לשמאל ונמצאת חיצונה נעשית פנימית : ואמר עולא גרסי': אליבא דמאן · מהכי תנאי א"ר יוחנן דמאי דסבירא ליה לענין טומאה ס"ל לענין טלטול שבת אבל לענין חליצה מודה לבר פלוגתיה : אילימא לרבנן · אשמעינן רבי יוחנן דכי היכי דלענין טומאה משוי ליה מנא לענין שבת נמי מנא הוא אבל לחליצה לאו מנא הוא ואינו כשר לחליצה והא אנן תנן חלצה בסנדל של שמאל בימין שהחליצה ברגל ימיני ואם נעל בו סנדל שמאל וחלצה כשר ואי נפסקה חיצונה דסנדל של שמאל אמאי לא הוה כשר לחלוץ הואיל ובעלמא סנדל הוא משום דחזי להפוכי ה"נ חזי להפוכי : אלא אליבא דר"י · אמרה ר' יוחנן למילתיה ולאשמעינן דבחליצה מודה ר"י דמנא הוא כגון שנפסקה חיצונה של שמאל הופכו לימין וחולץ וכדתנן של שמאל בימין חליצתה כשירה : אימר דאמרינן חליצה כשרה · היכא דלא נפסקו תרסיותיו : דלמילתיה · ברגל העשוי לו מנא הוא : הכא למילתיה לאו מנא הוא : דהא ר"י לענין טומאה ושבת לאו מנא משוי ליה : אימא וכן לחליצה · כדמפרש ואזיל ואשמעינן דכי אמרינן חלצה כו' ואליבא דרבנן לא מצינן לאוקמיה

קיטרא דקטרי בזממא וקיטרא דקטרי באיסטרידא חיובא הוא דליכא הא איסורא איכא ויש שמותרין לכתחילה ומאי נינהו קושרת מפתחי חלוקה : מפתח חלוקה : פשיטא לא צריכא דאית ליה תרי דשי מהו דתימא חדא מינייהו בטולי מבטיל קא משמע לן : וחוטי סבכה : פשיטא לא צריכא דרויחא לה מהו דתימא מישלף שלפא לה קא משמע לן דאשה חסה על שערה ומישרא שריא לה : ורצועות מנעל וסנדל : איתמר התיר רצועות מנעל וסנדל תני חדא חייב חטאת ותניא אידך פטור אבל אסור ותניא אידך מותר לכתחילה קשיא מנעל אמנעל קשיא סנדל אסנדל מנעל אמנעל לא קשיא הא דקתני חייב חטאת בדאושכפי פטור אבל אסור בדרבנן מותר לכתחילה בדבני מחוזא סנדל אסנדל לא קשיא הא דקתני חייב חטאת בדטייעי דקטרי אושכפי פטור אבל אסור בדהומרתא דקטרי אינהו מותר לכתחילה בסנדל דנפקי ביה בי תרי כדרב יהודה דרב יהודה אחוה דרב סלא חסידא הוה ליה ההוא זוגא דסנדלי זמנין דנפיק ביה איהו זימנין נפיק ביה ינוקיה אתא לקמיה דאביי א"ל כה"ג מאי א"ל חייב חטאת א"ל השתא פטור אבל אסור קא קשיא לי חייב חטאת קאמרת לי מאי טעמא א"ל משום דבחול נמי זימנין נפיקנא ביה אנא זימנין נפיק ביה ינוקא א"ל אי הכי מותר לכתחילה *רבי ירמיה הוה קאזיל בתריה דר' אבהו בכרמלית איפסיק (א) רצועה דסנדליה אמר ליה מאי ניעבד לה א"ל שקול גמי לח דחזי למאכל בהמה וכרוך עילויה אביי *הוה קאי קמיה דרב יוסף איפסיק ליה רצועה אמר ליה מאי איעביד ליה א"ל שבקיה מאי שנא מדרבי ירמיה התם לא מינטר הכא מינטר והא מנא הוא דאי בעינא הפיכנא ליה מימין לשמאל א"ל מדקמתרץ רבי יוחנן אליבא דרבי יהודה ש"מ הלכה כרבי יהודה מאי היא *דתניא סנדל שנפסקו שתי אזניו או שתי תרסיותיו או שניטל כל הכף שלו טהור אחת מאזניו או אחת מתרסיותיו או שניטל רוב הכף שלו טמא ר' יהודה אומר נפסקה פנימית טמא החיצונה טהור ואמר עולא ואיתימא רבה בר בר חנה אמר ר' יוחנן כמחלוקת לענין טומאה כך מחלוקת לענין שבת אבל לא לענין חליצה והוינן בה [ר' יוחנן] אליבא דמאן אילימא אליבא דרבנן מדלענין טומאה מנא הוי לענין שבת נמי מנא הוי אבל לא לחליצה דלאו מנא הוא *והתנן חלצה של שמאל בימין חליצתה כשרה ואלא אליבא דרבי יהודה *מדלענין טומאה לאו מנא הוא לענין שבת נמי לאו מנא הוא אבל לא לחליצה דמנא הוא אימר דאמרי' חלצה של שמאל בימין חליצת' כשרה היכא דלמילתי' מנא הוא הכא למילתיה לאו מנא הוא דהא אמר ר' יהודה נפסקה החיצונה טהור אלמא לאו מנא הוא לעולם אליבא דר' יהודה אימא וכן לחליצה והא קמשמע לן דכי אמרינן חלצה של שמאל בשל ימין חליצתה כשרה היכא דלמילתיה

אימור דאמרי' חליצתה כשרה היכא דלמילתיה מנא הוא · והא דלא מוקים לה אליבא דרבנן אבל לא לחליצה משום דלמילתיה דהייט בשמאל לאו מנא הוא הייט טעמא משום דכיון דמנא הוא לדידהו לשבת ולטומאה אף על גב דלמילתיה לאו מנא הוא כשר הוא לחליצה כיון דשל שמאל בימין חליצתה כשרה אבל לר' יהודה דלמילתיה לאו מנא הוא ולמידי אחרינא נמי לאו מנא הוא מסתבר דלאו מנא הוא לחליצה :

סנדל

מסורת הש"ס: גיר' התוס' בחגיגה כג. ד"ה ונפסקה אביי קא אזיל בתר רב יוסף · תוספתא דכלים ב"ב פ"ד · יבמות קא. · [לקמן קכג.]

הגהות הב"ח
(א) גמ' רבי ירמיה כו' איפסיק ליה רצועה :
(ב) רש"י ד"ה טמא לא ז"ל קודם ד"ה טהור דתו לא:

עין משפט נר מצוה
ה א ב ג מיי' פ"י מהל' שבת הלכה ד סמג לאוין סה טוש"ע א"ח סי' שח סעיף טו :
ו ד ה מיי' פ"ז מהלכות כלים הלכה יב יג ופכ"ד הלכה ד :
ז ו מיי' פ"ד מהל' יבום הלכה יט סמג עשין נח טוש"ע אה"ע סי' קסט סעיף כב בהג"ה :

רבינו חננאל
בהנהו חוטי שערה דמשרא הוא דשריא ליה ולא שיפה להו מעוף . רצועות מנעל וסנדל אית בהוא ג' בבי קיטרי דקטרי אושכפי להוא רצועה במנעל עצמו המתירה חייב חטאת . והני רצועות הנמשכות מגופו של מנעל שקושרין אותו על הרגל ועל השוק (אחר שני עלין המנעל) אחר שנועלין הנך מותר לכתחלה לקשרן ולהתירן וזהו דבני מחוזא והן נמי קשר חיצון של רצועות שהוא למעלה מן השוק ומן הרגל . אם מעיקרא קשרן לשום כך הרצען קשר של קיימא שכשנועל ההוא מנעל מכניס רגליו באותן הרצועות ואינו מתירן כל עיקר ההוא נמי המתירן חייב עליו חטאת אבל זה הקשר החיצון שלא קשרו האומן אלא כל אדם קושרו מהיכי דניחא ליה מרווח או צר או כגון מסני רבנן שכל אחד מעמידו על חפצו כד רויח למיסם ולמישלף בניחותא כגון זה המתירו פטור. שהרי מעשה הדיוט הוא אבל אסור להתירו לכתחלה דהוא קא מוקים ליה על חפצו וקשרו כמין קשר של קיימא לפי שאין דעתו להתירו ולשנותו. ומשני רבני מחוזא דעבידין להתירן ולקשרן בכל זמן דכד בעי למרהט שרי ליה וקמיט ליה וכד בעי למסגי בניחותא כי הלוכן דרבנן מרפי ליה כי הא גוונא מותר להתירו לכתחלה . וסנדל כי הלין אנפין אית ביה . סנדל דטייעי כגון קצת האי דקרו ליה השתא תאסומא דעביד ליה לפי סידת אסתורא דכרעיה וקטר ליה קיטרא מעליא . אם התירו חייב חטאת . ודהומרתא פי' מכנפין כולהי רצועות ומעיילין בחומרתא דכד בעי מעייק והדר קטיר סאבראי דהומרתא וכד בעי מרווח כגון האי פטור אבל אסור . וסנדל המוכן לשנים דהומרא דכד בעי האי למסיימיה מרווח ליה וכד בעי אחרינא למסיימיה קמיט ליה ודאי הני לא קטרי קשר של קיימא מעיקרא דניח ליה להתירו וניחא ליה נמי לאידך להתירו הלכך לכתחלה [שרי].הא דר' ירמיה דאיפסיק ליה רצועה דסנדליה וא"ל ר' אבהו שקול גמי לח דחזי למאכל בהמה וכרוך עליה ואתייה. קיי"ל דהאי גמי לח דא"ל כי היכי דאיתכשר להנטל בשבת דהאי כיון דאחזי למאכל בהמה הוה ליה דבר הניטל בשבת. כמו ככר או תינוק ושרי

לאיתויי פחות מד' אמות כר' יצחק דאמר מוליכו פחות פחות מד' אמות. ולא תימא כים בלבד שרו ליה דאדם בהול על ממונו. ואי לא שרית ליה אתי לאתוייה ד' אמות בר"ה אלא כל דבר שצריך לו כדתנן המוציא תפלין מכניסן זוג זוג. ובשעת הסכנה מכסן והולך לו בד"א בסכנת גוים אבל בסכנת לסטין מוליכן פחות פחות מד' אמות וה"מ ברוכתא דלא מינטר. אבל ברוכתא דמינטר לישבקיה ברוכתא כרב יוסף ואע"ג דא"ל אביי אי בעינא אפיכנא ליה. לא חיישינן ליה. יש רבנן דהוו מפרשי אפיכנא ליה מימין לשמאל וכיון דאפיכנא ליה הויא לה רצועה דאיפסיקא (וסדורא דפיש לבראי ומיהדק קליל) ומסתגי ליה ואנן לא קא מתחזי לנא היכי הוי הכין אלא הפוך מקום עקיבו לראשו ואוחזו באצבעותיו ואמר ליה כיון דמסגינא ביה אע"פ בהיפוך כלי הוא ואמאי אסור לטלטוליה ואמר ליה רב יוסף מדמתרץ ר' יוחנן אליבא דר' יהודה דכד מפסיק סנדל אע"ג דאפשר להפוכיה לאו מנא הוא ש"מ דהלכתא כר' יהודה. מאי דר' יהודה דתניא סנדל שנפסקה אחת מאזניו או אחת מתרסיותיו או שניטל כל הכף טמא ב' אזניו או ב' תרסיותיו או שניטל רוב הכף טהור ר' יהודה אומר נפסקה הפנימית טמא החיצונה טהור פי' קסבר ר' יהודה אע"פ שלא נפסקה אלא האוזן החיצונה של סנדל בלבד נפיק ליה מתורת כלי וטהור ות"ק סבר אם נפסק אחת מאזניו או אחת מתרסיותיו עדיין כלי הוא אינו יוצא מתורת כלי עד שיפסקו שתיהן ולר' יהודה כיון שנפסק האוזן החיצונה כבר יצא מתורת כלי וטהור הוא ואע"פ שיכול להפכו לזה הסנדל ברגלו האחרת ולשום האוזן החיצונה פנימית. וקמתרץ ר' יוחנן אליבא דר' יהודה דאמר עולא ואיתימא רבה בר בר חנה אמר ר' יוחנן כמחלוקת לטומאה כך מחלוקת לענין שבת. אבל לא לחליצה פי' כל דהוא כלי לקבל טומאה גם הוא כלי לינטל בשבת וכל שיצא מתורת כלי לענין טומאה אף יצא מתורת כלי לענין שבת ואינו ניטל ומשום הכי אצרכיה רב יוסף למישבקיה ודלא לטלטוליה בשבת. והיכי מתרץ דר' יוחנן אליבא דר' יהודה דקתני ר' יוחנן אבל לא לחליצה והוי בה רבא אליבא דמאן קאמר ר' יוחנן. אבל לא לחליצה אילימא אליבא [דרבנן] דסברי בפסיקת אוזן אחת לא נפיק מתורת כלי ואמר ר' יוחנן כי לא נפיק מתורת כלי אליבא דרבנן לא לענין טומאה ולא לענין שבת. אבל לענין חליצה

עין משפט נר מצוה

ח א מיי׳ פ״ו מהל׳ כלים הלכה יב: ט ב ג מיי׳ פ״ו מהל׳ כלים הלכה ג: י ד ה מיי׳ פ״י מהלכות שבת הל׳ ב סמג לאוין סה טוש״ע א״ח סי׳ שיז סעיף ו:

רבינו חננאל

מסורת הש״ס

דלמילתיה מנא הוא אבל הכא למילתיה לאו מנא הוא ומי א״ר יוחנן הכי והאמר *רבי יוחנן הלכה כסתם משנה *ותנן *סנדל שנפסקה אחת מאזניו ותיקנה טמא מדרס *(נפסקה שניה ותיקנה טהור מלטמא מדרס אבל טמא מגע מדרס) מאי לאו לא שנא פנימית ולא שנא חיצונה לא פנימית דוקא אבל חיצונה מאי טהור אי הכי אדתני נפסקה שניה ותיקנה טהור מן המדרס אבל טמא מגע מדרס ניפלוג (א) בדידה בד״א שנפסקה פנימית אבל חיצונה טהור אמר רב יצחק בן יוסף תהא משנתנו בסנדל שיש לו ארבע אזנים וארבע תרסיותים °שלא לשבור דבריו של ר׳ יוחנן כי אתא רבין אמר רב חנן בר אבא אמר רב הלכה כרבי יהודה ורבי יוחנן אמר אין הלכה כר׳ יהודה ומי א״ר יוחנן הכי והא מדמתריץ ר׳ יוחנן אליבא דר׳ יהודה ש״מ כר׳ יהודה סבירא ליה א)אמוראי נינהו ואליבא דרבי יוחנן *תנן התם ג׳כל כלי בעלי בתים שיעורן כרמונים בעי (ב) (רבי) חזקיה ניקב כמוציא זית וסתמו וחזר וניקב כמוציא זית וסתמו עד שהשלימו למוציא רימון מהו אמר ליה ר׳ יוחנן רבי °שנית לנו סנדל שנפסקה אחת מאזניו ותיקנה טמא מדרס נפסקה שניה ותיקנה טהור מן המדרס אבל טמא מגע מדרס ואמרינן לך מאי שנא ראשונה דהא קיימא שניה נמי (ג) מתקנה ראשונה ואמרת לן עליה פנים חדשות באו לכאן ג׳הכא נמי פנים חדשות באו לכאן *קרי עליה לית דין בר אינש איכא דאמרי כגון דין בר אינש *אמר ר׳ זירא אמר רבא בר זימונא אם ראשונים בני מלאכים אנו בני אנשים ואם ראשונים בני אנשים אנו כחמורים ולא כחמורו של *ר׳ חנינא בן דוסא ושל רבי פנחס בן יאיר אלא כשאר חמורים: ונודות יין ושמן: פשיטא לא צריכא דאית ליה תרתי אוני מהו דתימא חדא מינייהו בטולי מבטל לה קמ״ל: קדירה של בשר: פשיטא לא צריכא דאית לה ב)שלאכא מהו דתימא בטולי מבטל לה קמ״ל: ד׳רבי אליעזר בן יעקב אומר קושרה כו׳: פשיטא ה׳לא צריכא דאית לה תרתי איסרי מהו דתימא

חדא

רש״י

לאוקמיה לדרבי יוחנן ולמימר וכן לחליצה ולאשמעינן דמנא הוא דא״כ מאי אתא לאשמעי׳ ר׳ יוחנן כיון דלמילתיה מנא הוא בהדיא תנן לה מתניתין ומשום דאפכי לא מיפסל דתנן חלצה בשל שמאל בימין חליצתה כשרה והיינו דאמר לעיל דמתרץ רבי יוחנן אליביה דר׳ יהודה: **ומי אמר ר׳ יוחנן הכי.** דהלכה כר׳ יהודה: **טמא מדרס.** אם היה של זב והיה טמא מדרס לא טהר מטומאתו כשנפסקה ועודנו אב הטומאה: **מאי לאו.** אפילו חיצונה ומשום דחזי לאפוכי ולתקנה וה״ה אע״ג דלא תיקנה דע״כ אי כשנפסקה פרחה לה טומאתה תו לא הדרה אלא להכי נקט תקנה משום סיפא לאשמעינן רבותא דאע״ג דתיקנה לראשונה כי הדר נפסקה שניה טהור מן המדרס: **אדתני נפסקה שניה.** אע״פ שתקנה טהור מן המדרס דכיון שנפסקו שתיהן בטיל ליה: **אבל טמא מגע מדרס.** והוי ראשון לטומאה דעדיין כלי הוא *דחזי למילתיה(ד) דהא מיתקנה ראשונה ואף למדרס הוא ראוי אי הוה נטיל ליה זב מכאן ולהבא מיהו מטומאת מדרס קמייתא דהויא עליה טהו׳ כדאמרינן לקמן פנים חדשות באו לכאן וכל תורת מנעל שהיתה עליה בשעת קבלת טומאה ראשונה הלכה לה וכיון דכלי הוא הוי ראשון שהרי נגע בעצמו כשהיה אב הטומא׳ וכל זמן שהוא כלי וראוי לקבל טומאה לא טהר מטומאת המגע: **ניפלוג כו׳.** למה לי למינקט נפסקה שניה דנפסקו שתיהן הא ע״כ הא שניה החיצונה היא ומשום היא לחודה הוה ליה למיתני טהור מן המדרס: **תהא משנתנו.** הך דמדרס: **ד׳ אזנים וד׳ תרסיותים.** והך דנפסק׳ שניה דקתני תרווייהו בחיצונות קאמר וסתמא כרבי יהודה דכיון דנפסקו חיצונות טהור: **שלא לשבר דבריו של רבי יוחנן.** דאמר הלכה כרבי יהודה: **אמוראי נינהו.** רבה בר בר חנה אמרה להאי דלעיל והא רבין אמרה: **כל כלי בעלי בתים.** לגבי כלי עץ תנא לה במסכת כלים: **שיעורן כרימונים.** לטהר מטומאתן אבל פחות מכאן חיים עליה ולא מבטיל ליה: **וחזר וניקב כמוציא זית.** אצל נקב הראשון: **עד שהשלים.** הסתימה למוציא רימון: **הא מתקנה ראשונה.** ולא בטל מתורת מנעל: **פנים חדשות.** משירדה לו טומאת מדרס נתחדשו פנים הללו ואין זו הראשון שכבר נתקלקל בו כדי ביטולו: **לית דין בר אינש.** אלא מלאך: **כגון דין בר אינש.** גברא בעלמא: **חמורו דר׳ פנחס.** מפורש בהכל שוחטין (חולין דף ז׳) ודרבי חנינא במסכת תענית (ד׳ כד׳) ג): **תרתי אוני.** אזנים שכופלים לתוכו ובאחת מהן יכול להוציא היין: **שלאכא.** ברלו״ן: **מהו דתימא מבטל ליה.** לקשר שעל פיה ומוציא מה שבתוכו דרך שלאכא: **תרי איסורי.** שני חבלים קושר ברחב הפתח זה למעלה מזה לישנא אחרינא תרי איסורי שקושרין היום בשני צידי הפתח ולא היתה תלויה בה מאתמול:

הגה״ה מתחילה היה הגירי׳ כך ברש״י. והוה ראשון לטומאה דעדיין כלי הוא לאשתמושי ביה תשמיש אחרינא ומאב הטומאה טהור דלא הוי מיוחד עוד למנעל והוי ראשון שהרי נגע בעצמו כשהיה אב הטומאה. ואח״כ הגיה רש״י בדבריו:

חדא

תוספות

סנדל שנפסקה אחת מאזניו ותיקנה כו׳. פירש בקונטרס דהוא הדין לא תיקנה טמא מדרס דאי כשנפסקה פרחה לה טומאה תו לא הדרה לה והדין עמו דלא מצינו טומאה ישנה (ה) אלא בכלי מתכות ולעיל נמי אמרי׳ ניטלה אחת מאזניו ואחת מתרסיותיו טמא והא דנקט ותיקנה פירש בקונטרס דנקט משום סיפא לאשמעינן דאע״ג דתיקנה כי נפסקה שניה טהור מן המדרס אבל משום דקתני סיפא אבל טמא מגע מדרס לא נקט ותיקנה דאפילו לא תיקנה ונפסקה שניה טמא מגע מדרס כדפי׳ בקונט׳ משום דעדיין כלי הוא לאישתמושי ביה תשמיש אחרינא וקשה דתנן בהדיא בסיפא דהך משנה במסכת כלים בפ׳ כ״ו (משנה ד) לא הספיק לתקן את הראשונה עד שנפסקה שניה טהור ורש״י בעצמו חזר בו והגיה אבל טמא במגע מדרס (ו) דעדיין כלי הוא וחזי למילתיה דהא איתקנה לראשונה והשתא נקט ברישא דוקא ותיקנה דאי לא תיקנה כי נפסקה שניה אינו טמא אפילו מגע מדרס כדקתני סיפא בהדיא ואגב דנקט ברישא ותיקנה נקט נמי בסיפא: **אבל** טמא מגע מדרס. הקשה ה״ר שמעון אמאי טמא מגע מדרס הא שבע לה טומאה ובהקומץ רבה (מנחות כד׳) בעי רבא גבי עשרון שחלקו מי אמרינן שבע לה טומאה או לא וליכא למימר כיון שדרס עליו הזב ברגלו יחף דבא לו מדרס ומגע (ז) מדרס יחד דבבת אחת לא אמרינן שבע לה טומאה כדמוכח בהקומץ רבה (ג״ז שם) א״כ איכא פנים חדשות למגע מדרס כמו למדרס אלא על כרחך אחר שנטלה הראשונה וניתקנה בא לו מגע מדרס כמו שפירש בקונט׳ שנוגע בעצמו ואם כן נימא דשבע לה טומאה ולפי׳ הקונט׳ קמא ניחא דאפילו נפסקו שתי אזניו טמא מגע מדרס ומפרש ה״ר שמעון דלא אמרינן שבע לה טומאה כשהטומאה באה לו מגופו כמו הכא שטומאת מגע באה לו שנוגע בעצמו כדפי׳ בקונטרס ולפירושו אתיא כרבי מאיר דאמר טומאת בית הסתרים מטמא דמה שנוגע בעצמו טומאת בית הסתרים היא וזהו דוחק דבפ׳ בהמה המקשה (חולין דף עג:) ובפ׳ העור והרוטב (שם דף קכט:) פריך בפשיטות טומאת בית הסתרים היא משמע דלא קי״ל כר״מ ובפרק שני דעירובין (דף כד׳) פירש בקונטרס דבשעת פרישתו לאוזן קיבל טומאה מאביו ואין נראה דבפרק בהמה המקשה (חולין דף עג:) אמרינן דבעינן דבאות מבגד גדול ונראה לר״י כשתיקן אוזן ראשונה באה לו לאוזן טומאת מדרס ומגע מדרס יחד והסנדל בטל לאוזן דאי אפשר להיות טומאה לזה בלא זה: **נפלוג** וניתני בדידה בד״א. קשה לר״י אדפריך ניפלוג וניתני בדידה תיקשי ליה גופה (*דברייתא) אמאי טמא מגע מדרס הלא כיון שנפסקה החיצונה בטל לה מתורת כלי ואומר ר״י דהוה בכלל קושיית הש״ס דניפלוג וניתני בדידה וממילא ידעינן דטמא מגע מדרס אינו אמת: **עד** שהשלימו למוציא רמון מהו. והא דתנן במסכת כלים (פי״ז מ״ד) רימונים שאמרו שלשה אחוזים זה בזה לא שהשיעור בשלשה רימונים אלא מפרש מה שאמר למעלה הרימון לא גדול ולא קטן אלא ביטני וקאמר דהיינו ביטני כשלשה האחוזים זה בזה וגדילים יחד אבל הרימונים הגדילים אחד אחד או שנים הם גדולים ואותן שגדילים ארבעה יחד הם קטנים ד): **רבי** שנית לנו סנדל. תימה לה״ר אלחנן אמאי לא מייתי ההיא סייעתא דמטה דמתניה מקמי הך (כלים פי״ח משנה ו) מטה שהיתה טמאה מדרס נשברה ארוכה ותיקנה טמאה מדרס נשברה שניה ותקנה טהורה מן המדרס אבל טמא מגע מדרס אם לא הספיק לתקן את הראשונה כו׳: **לא** צריכא דאית לה שלאכא. לא גרסינן דאית לה תרי שלאכי דלמה צריך לתרי שלאכי כיון שיש לו פתח:

כלל

א) יש גורסין אחר זה ואיבעית אימא ר״י קאמר לה אליבא דר״י וליכא לא ס״ל: ב) [גירס׳ הערוך שלבא פי׳ כגון דדי סכיור שמקלחין המים אע״ג דיכול לארוקי המרק מן השליבה מותר להתירו] ג) [במסכת תענית לא נמצא מחמורו של ר״ח בן דוסא כלום רק מחמורו של רבי יוסי דמן יוקרת נזכר שם בתענית כד. ואולם רש״י דכאן שכתב להדיא ודר״ח אפשר דקא מכוין אהא דאי׳ באבות דר׳ נתן ספ״ח שגנבו דחמורו של רבי חנינא בן דוסא ע״ש מבואר] ד) [וע״ע תוס׳ עירובין ד: ובסוכה ו. ד״ה שיעורן]

החיצונה והיא שאחזת את כף הרגל אבל פנימית לאו טמא עלה והאי דקתני שאם נפסק כל הכף כולו עדיין טמא הוא ואם נפסק רוב הכף שלו טהור דייקינן מדקתני בנפסק רוב הכף שלו ולא קתני שלו בכל

רב נסים גאון

פרק טו אלו קשרים אם ראשונים מלאכים אנו בני אנשים [ואם ראשונים כבני אנשים אנו כחמורים ולא] כחמורו של ר׳ חנינא בן דוסא. משכחת עיקר דילה באבות דר׳ נתן (פרק ח) וזהו המעשה מעשה בחמורו של ר׳ חנינא בן דוסא שנגנבה ליסטים וחבשוה בחצר והניחו לה שעורים תבן ומים ולא היתה אוכלת ולא היתה שותה אמרו מה אנו מניחין זו עד שתמות ותבאש החצר עלינו פתחו לה דלת והוציאוה לחוץ הלכה עד שהגיעה אצל פתחו של ר׳ חנינא בן דוסא שמע בנו קולה והכירה אמר דומה קולה לקול בהמתנו אמר לו בני עמוד לפניה ופתח לה דלת

§ מסכת שבת דף קיב: §

אות א'

סנדל שנפסקה אחת מאזניו ותיקנה, טמא מדרס

רמב"ם פ"ז מהל' כלים הי"ב - וכן סנדל שהוא טמא מדרס, ונפסקה אחת מאזניו ותיקנה, טמא מדרס; נפסקה שנייה ותיקנה, הרי הוא טהור מן המדרס, שהרי נעשו לו אזנים חדשות, אבל טמא מגע מדרס; לא הספיק לתקן את הראשונה עד שנפסקה השנייה, או שנפסק עקיבו או ניטל חוטמו או נחלק לשנים, טהור.

אות ב' - ג'

כל כלי בעלי בתים שיעורן כרמונים

הכא נמי פנים חדשות באו לכאן

רמב"ם פ"ו מהל' כלים ה"ב - כמה שיעור השבר שישבר בכלי עץ או כלי עצם ויהיה טהור, כל כלי בעלי בתים שיעורן כרמונים, כיצד, משינקב הכלי במוציא רמון טהור; והרמון שאמרו בינוני, לא גדול ולא קטן לפי דעת הרואה, ויהיו בכלי שלשה רמונים אחוזים זה בזה; ניקב הכלי במוציא זית, וסתמו, וחזר וניקב במוציא זית, וסתמו, [עד שהשלימו למוציא] רמון, אע"פ שהוא סתום, טהור, שהרי נעשו לו פנים חדשות.

אות ד' - ה'

רבי אליעזר בן יעקב אומר קושרה כו'

לא צריכא, דאית לה תרתי איסרי, מהו דתימא חדא מינייהו בטולי מבטיל, קמ"ל

סימן שיז ס"ו - [א]קושרים חבל בפני הפרה בשביל שלא תצא, [ב]אפי' בב' ראשי הפתח, ולא חיישינן שמא יתיר ראש האחד ויוציאנה דרך שם, ויניח ראש השני קשור - דמסתמא יתיר את שניהם ולא הוי קשר של קיימא, **וה"ה** דמותר לקשור שני חבלים זו למעלה מזו, [ג]ולא אמרינן דמבטל ליה לאחד, דפעמים מתיר את זו ולפעמים זו, **אבל** אם בדעתו לבטל לאחד, אסור, [מ"א].

באר הגולה

א **שם קי"א במשנה** ב **שם בגמרא קי"ב** ‹ורבינו כתב כלשון אחרון (ברש"י) - ב"י› ג ‹וצ"ע אמאי לא פי' המ"א החשש כמו שפי' רש"י, "כשיוציא הבהמה לא יתיר אלא תחתון ויוציאנה בדוחק", ודלמא הפמ"ג מרמז לזה›

§ מסכת שבת דף קיג. §

אות א'

קושרין דלי בפסקיא, אבל לא בחבל

סימן שיז ס"ד - [א]קושרין דלי במשיחה או באבנט וכיוצא בו - דהוא חשיב ואינו מבטלו שם, והוי קשר שאינו של קיימא.

[ב]אבל לא בחבל - אפילו חבל דגרדי דהוא חשיב, ג"כ אסור, דגזרינן אטו חבל דעלמא דאינו חשיב ודרכו לבטלו שם, והוי של קיימא. (נקט חבל סתם, להורות דאפילו חבל דגרדי אסור, וכרבנן דר' יהודה בגמרא קי"ג, **שכן פסק הרמב"ם עי"ש במ"מ, וכן משמע דעת המ"מ גופא, וכן פסק הרי"ו והרע"ב, וראיתי בספר א"ר שכתב דבסה"ת פוסק כר"י, ולא מצאתי שם מזה מאומה, וגם ממרדכי אין ראיה מוכרחת לזה).**

סעיף זה איירי כשקושר דלי לבאר שיהיה לשאוב בו מים, **וה"ה** כשנפסק חבל שעל הדלי גופא, דבמשיחה ואבנט מותר, ובחבל אסור, אם לא בעניבה וכדלקמיה, [גמ']. **ואפילו** אם יחשוב לקשרו שם רק לפי שעה, ג"כ אסור.

וה"מ בדליים הקבועים בבור, [ג]אבל דליים שלנו שאינם קבועים בבור - ר"ל ועתיד לחזור וליטול את הדלי משם, **אינו קשר של קיימא.**

(עיין מ"א שהעתיק בשם [ד]התוס', "שאינו עשוי לעמוד שם זמן מרובה", **והנה משמע לפי"ז, דלדעת הכלבו שהובא בס"א בהג"ה, דיותר מיום א' מקרי של קיימא קצת, ואסור לכתחלה, גם בזה אסור, ומ"מ למעשה אין להחמיר בזה, דלשון "שאינם קבועים בבור" הועתק גם בהרבה ראשונים, ומזה סעד גדול להקל במקום הצורך, דאפילו יותר מיום אחד לא מקרי של קיימא כלל עדיין).**

אות ב'

כל קשר שאינו של קיימא אין חייבין עליו

סימן שיז ס"א - בגמרא אמרינן דיש כאן ג' חלוקות: אחד חייב חטאת, ואחד פטור אבל אסור, ואחד מותר לכתחלה, **ולשיטת** הרי"ף והרמב"ם והמחבר דסתם כותייהו, דינא הכי: דאם הוא קשר של קיימא, כגון שדרכו שיהיה כך לעולם, דהיינו שאינו קוצב זמן בדעתו להתירו, והוא קשר שעשוי להתקיים תמיד, **(ונראה דקשר שדרכו של העולם לעשותו בקביעות, לא אזלינן בתר מחשבת הקושר לבטל שם קשר ממנו, ומדאורייתא אסור, וכאשר תעיין היטב בדברי רש"י בכמה מקומות בסוגיא זו דף קי"ב, תמצא כדברינו), והוא** ג"כ מעשה אומן, חייב חטאת, ונתבאר לקמן בסוף הסעיף בהגה מה הוא מעשה אומן, **ואם** הוא קשר של קיימא ואינו מעשה אומן, מעשה אומן ואינו קשר של קיימא, (**מקרי כשהקשר עשוי שלא להתקיים בתמידות, ואפילו אם הוא עשוי באופן חזק, שלא יכול להתירו באחת מידיו**), פטור אבל אסור, **אינו** מעשה אומן ואינו קשר של קיימא, מותר לכתחלה.

ודעת [ה]רש"י והרא"ש ושארי פוסקים, דלא תלי כלל בעצם הקשר אם הוא מעשה אומן, אלא דעיקר החילוק הוא: דאם הוא קשר של קיימא, דהיינו שדרכו שישאר כך לעולם וכנ"ל, חייב חטאת, ואפילו אם הוא מעשה הדיוט, **ואם** אין דרכו לקושרו רק לזמן, פטור אבל אסור, דדמי קצת לשל קיימא, ואפילו אם הוא מעשה הדיוט, **ואם** דרכו להתירו באותו יום, מותר לכתחלה, אפילו הוא מעשה אומן, דאין שם קשר עליו, **וי"א** דכל מי שדרכו להתיר בתוך ז' ימים, הוי כמו שדרכו להתיר באותו יום, ומעתה יבוארו דברי המחבר והרב על נכון.

‹ודברי השו"ע ושאר כל הסעיף נמצא בדף קי"א: אות ב'›.

אות ג'

עניבה בקשירה לא מיחלפא

סימן שיז ס"ה - [ו]עניבה מותר, דלאו קשר הוא – (ר"ל אפילו מהדקו יפה ודעתו שיתקיים כן תמיד).

הגה: ואפילו אם עשה קשר אחד למטה, נוהגין בו היתר (אגור)

- וכתבו האחרונים, הא דנוהגין היתר בקשר אחד למטה, היינו דוקא כשעשוי להתיר בו ביום, ומשום דע"י עניבה ע"ג קשר עדיין אינו נקרא מעשה אומן, **אבל** אם היא לקיימא על איזה זמן, כגון בלולב וכיוצא בו, אסור לעשות קשר למטה, אלא עניבה בלבד, **ורשאי** לעשות שתי עניבות זה ע"ג זה, וכן יש לנהוג.

באר הגולה

[א] **שם קי"ג במשנה** [ב] **לישנא בתרא דתוס' וכ"כ רמב"ם** ‹לשון הב"י: ורבינו {וז"ל: הטור: קושרין דלי לבור אף בחבל, ולא חיישינן שמא יבטלנו שם ויהיה של קיימא, והיא שיהיה חבל של גרדי, אבל חבל דעלמא לא}, נראה שתופס לישנא קמא דתוס' עיקר, דרבי אבא אמר רבי יוחנן כרבי יהודה, דלא גזר חבל דגרדי אטו חבל דעלמא, וכיון דאמוראי סבירא להו כוותיה, הכי נקיטינן. **אבל** הרמב"ם כתב בפ"י: וקושרין דלי במשיחה או באבנט וכיוצא בו אבל לא בחבל. **ולא** חילק בין של גרדי לחבל דעלמא. וכ"כ שם הרב המגיד, ונתבאר בגמרא שאפילו חבל דגרדי שאינו מבטלו אסור, גזירה אטו חבל דעלמא, ולזה סתם רבינו עכ"ל. **ואע"ג** דרבי אבא אמר רבי יוחנן נחלק בין חבל דגרדי לחבל דעלמא, ופסקה שם הרמב"ם, צ"ל דס"ל כלישנא בתרא דתוס', דמפליג בין קשירת דלי בבור לקשירת פרה ואיבוס, ולעולם כרבנן נקטינן. **ודעת** רבינו ירוחם כדעת הרמב"ם, עכ"ל› [ג] **ה"ה שם בשם רשב"א בשם התוספות** [ד] ‹עיין בבאה"ג, והוא אותו התוס' דלא נמצא כאן› [ה] ‹דף קי"ב. ד"ה בדרבנן› [ו] **שם בברייתא כחכמים, תוספות בעירובין צ"ז והרמב"ם בפ"י ה"ה וש"פ**

גמרא

חדא מינייהו במולי מבטיל קמ"ל אמר רב יוסף אמר רב יהודה אמר שמואל הלכה כרבי אליעזר בן יעקב *א"ל אביי הלכה מכלל דפליגי אמר ליה מאי נפקא לך מינה אמר ליה *גמרא גמור זמורתא תהא:

מתני' *קושרין דלי בפסקיא אבל לא בחבל רבי יהודה מתיר כלל אמר רבי יהודה כל קשר שאינו של קיימא אין חייבין עליו:

גמ' חבל דמאי אי לימא חבל דעלמא רבי יהודה מתיר קשר של קיימא הוא אלא (א) חבל דגרדי למימרא דרבנן סברי גזרינן חבל דגרדי אטו חבל דעלמא ורבי יהודה סבר לא גזרינן ורמינהו *חבל דלי שנפסק לא יהא קושרו אלא עונבו *ורבי יהודה אומר כורך עליו פונדא או פסקיא ובלבד שלא יענבנו קשיא דר' יהודה אדרבי יהודה קשיא דרבנן אדרבנן דרבנן אדרבנן לא קשיא חבל בחבל מיחלף עניבה בקשירה לא מיחלפא דר' יהודה אדרבי יהודה לא קשיא התם לא משום דמיחלפא עניבה בקשירה אלא עניבה גופה קשירה היא א"ר אבא *אמר רב חייא בר אשי אמר רב מביא אדם חבל מתוך ביתו וקושרו בפרה ובאיבוס איתיביה רבי אחא אריכא דהוא רבי אחא בר פפא לרבי אבא חבל שבאיבוס קושרו בפרה ושבפרה קושרו באיבוס ובלבד שלא יביא חבל מתוך ביתו ויקשור בפרה ובאיבוס התם חבל דעלמא הכא חבל דגרדי אמר רב יהודה אמר שמואל *כלי קוואי מותר לטלטלן בשבת בעו מיניה מרב יהודה כובד העליון וכובד התחתון מהו *אין ולאו ורפיא בידיה איתמר אמר רב נחמן אמר שמואל כלי קוואי מותר לטלטלן בשבת אפילו כובד העליון וכובד התחתון אבל לא את העמודים א"ל רבא לרב נחמן מאי שנא עמודים דלא אילימא דקעביד גומות ממילא קא הויין דתנן *הטומן לפת וצנונות תחת הגפן אם מקצת עליו מגולין אינו חושש לא משום כלאים ולא משום שביעית ולא משום מעשר וניטלין בשבת בשדה לא אתי לאשוויי גומות הכא בבית אתי לאשוויי גומות בעא מיניה ר' יוחנן מרבי יהודה בר ליואי כלי קוואי כגון כובד העליון וכובד התחתון מהו לטלטלן בשבת אמר ליה אין מטלטלין מה טעם לפי שאין ניטלין:

מתני' מקפלין את הכלים אפילו ארבעה וחמשה פעמים ומציעין את המטות מלילי שבת לשבת אבל לא משבת למוצאי שבת רבי ישמעאל אומר מקפלין את הכלים ומציעין את המטות מיום הכיפורים לשבת *וחלבי שבת קריבין ביום הכיפורים אבל לא של יוה"כ בשבת ר"ע אומר לא של שבת קריבין ביום הכיפורים ולא של יום הכיפורים קריבין בשבת:

גמ' אמרי דבי רבי ינאי לא שנו אלא באדם אחד אבל בשני בני אדם לא ובאדם אחד נמי לא אמרן אלא בחדשים אבל בישנים לא וחדשים נמי לא אמרן אלא בלבנים אבל בצבועים לא ולא אמרן אלא שאין לו להחליף אבל יש לו להחליף לא *תנא של בית רבן גמליאל לא היו מקפלים כלי לבן שלהן מפני שהיה להן להחליף אמר רב הונא אם יש לו להחליף יחליף ואם אין לו להחליף ישלשל בבגדיו מתקיף לה רב ספרא והא מיתחזי כרמות רוחא כיון דכל יומא לא קעביד והאידנא הוא דקא עביד לא מיתחזי כרמות רוחא °וכבדתו מעשות דרכיך וכבדתו שלא יהא מלבושך של שבת כמלבושך של חול וכי הא *דרבי יוחנן קרי למאניה מכבדותי מעשות דרכיך שלא יהא הילוכך של שבת כהילוכך של חול ממצוא חפצך *חפציך אסורין חפצי שמים מותרין ודבר דבר שלא

רש"י

חדא מינייהו · אחד מן הראשים [ולנ"א] חד מינייהו מבטל ליה כשיוליא הבהמה לא יתיר אלא אחתן ויוליאנה בדוחק: **מכלל דפליגי** · בתמיה ואמאי איפלגו הא דמי נהגך דלעיל: **מתני' קושרין דלי בפסקיא** · ע"ש הבור דפסקיא לא מבטל [ליה] התם: **אבל לא בחבל** · דמבטל ליה התם והוי קשר של קיימא תורה אור שהרי קשור ותלוי שם תמיד: **ורבי יהודה מתיר** · בגמרא מפרש:

גמ' בחבל דגרדי · פליגי דלריך לה ולא מבטל לה: **חבל דלי שנפסק** · באמלעיתו: **לא יהא קושר** · דקשר של קיימא הוא לעולם: **כורך עליו** · מחבר שני ראשי הפיסוק זה על זה וכורך עליהם פונדא אזור חלול או פסיקיא פיישול"א: **ובלבד שלא יענבנו** · לחבל דר"י סבר גזרינן עניבה אטו קשירה ורבנן לא גזרו: **מיחלף** · אינו ניכר בין זה לזה ואי שריון בדגרדי אתי למישרי בדעלמא: **וקושרו בפרה** · ראשו אחד והשני באבוס ולא חיישינן שמא כשיתיר הפרה לא יתיר אלא הקשר שבראשה ויבטל החבל באבוס שיהא מוכן לכך או יתיר שבאבוס ויבטל אותו שבפרה ונמלא האחד של קיימא: **כלי קוואי** · כלי אורגים ואיידי דאיירי בחבל דגרדי נקט לה הכא: **מותר לטלטלן** · לשני הקנים להשמים אחר ואשמעינן דאין גרדי מקפיד עליהם °ולא הוי מלאכתן לאיסור: **כובד העליון והתחתון** · אנשובל"ש: **מהו** · מי אמרינן איידי דיקירי לא חזו שמשייהו לתשמיש אחרינא °והוה ליה דבר שמלאכתו לאיסור: **ורפיא בידיה** · רפויה היתה התשובה בפיו אם לאסור אם להתיר: **העמודים** · טריזו"ש בלע"ז אותם המתקבעת שאורגין בהן הגשים: **דקא עביד גומא** · כשחולצן מן הארץ שהן התוכות בגומא מזיז העפר ועביד גומא מקום העמוד: **מקצת עליו מגולין** · משום ניטלין בשבת נקט לה דאי לא הוי מגולין אין לו במה לאוחזה: **אינו חושש** · לפי שאינה מושרשת: **ולא משום מעשר** · להיות כמילה בנטיעה זו וכשנוטלה יצטרך לחזור ולעשר: **לפי שאין ניטלין** · אף בחול מפני כובדן הלכך כל מלאכתן לכך:

מתני' מקפלין את הכלים · בגדים כשפושטן מקפלין מפני שמתרככין מכיווצם ומתקמטי' כשאין מקופלים: **אפי' ד' וה' פעמים** · כדי לחזור וללובשן בו ביום: **מיוה"כ לשבת** · כגון אם חל יוה"כ להיות בע"ש: **קריבין ביוה"כ** · שחל להיות במוצאי שבת:

גמ' בשני בני אדם · כשמקפלין אותן מפשטין קמטיהן ונראין כמתקנין: **ישנים** · קיפולן מתקנן יותר מן החדשים שהחדשים קשין מאליהן ואין ממהרין לקמוט: **לבועין** · קיפולן מתקנן: **יש לו** · אחרים להחליף היום לא: **כלי לבן שלהן** · רבותא נקט וכל שכן לבועים: **יש לו להחליף יחליף** · מי שיש לו בגדים לבד מאותן שלבש בחול יחליפם בשבת: **ישלשל בבגדיו** · כלפי מטה שירלו ארוכים והוא מדת עשירים היושבים בביתם ואינם לריכים לסלק בגדיהם מן הארץ בשביל מלאכה וכבוד שבת הוא: **מכבדותי** · שמכבדין בעליהן: **שלא יהא הילוכך כו'** · לקמן מפרש להו: **ממצוא חפצך** · כי ההוא דאמרינן בעירובין (דף לח:) לא יטייל אדם לסוף שדהו בשבת לידע מה היא לריכה [אחר השבת]: **חפצי שמים מותרים** · כגון פוסקים לדקה ומשדכין על התינוקות ליארס (לקמן קנ:):

תוספות

כלל אמר ר"י · תימה היכא קאי אי אמילתיה קמייתא התם מתיר לגמרי והכא קתני אין חייבין עליו משמע הא איסורא איכא כדדייק הש"ס לעיל וי"ל דה"ק כל קשר שאינו של קיימא אין חייבין עליו הא של קיימא חייבין עליו ואפי' עניבה לאפוקי מדרבנן דאמרו עניבה לאו היינו קשירה א"נ אמאי דקתני ברישא אין חייבין עליהם קאי רבי יהודה:

התם חבל דעלמא הכא חבל דגרדי · וקמ"ל רב דלא גזרינן חבל דגרדי אטו חבל דעלמא וכר' יהודה א"נ אפי' רבנן מודו דאפי' בחבל דעלמא לא שכיח שיהיה קשר של קיימא כשקושרו בפרה ובאבוס ולהכי לא גזור בחבל דגרדי:

מקפלים כלים כו' · מכאן למדנו דאסור לקפל טליתות של ב"ה לפי שהם צורך מחר:

אבל יש לו להחליף לא · ולנו שיש לנו להחליף אסור ומסתפק ר"י אי קרי יש לו להחליף כשאין לו יפה כזה:

סלה

עין משפט נר מצוה

יא א מיי' וסמג שם טוש"ע שם סעיף ד:
יב ב מיי' שם הלכה ב טוש"ע שם סעיף א:
יג ג מיי' שם הלכה ס טוש"ע שם סעיף ס:
יד ד ה מיי' שם הל' ג טוש"ע שם סעיף ז:
טו ו ז מיי' פכ"ו מהל' שבת הלכה א:
טז ח מיי' פכ"ג מהל' שבת הלכה ז:
יז ט מיי' פכ"ב מהל' שבת [הלכה כב] סמג לאוין סה טוש"ע א"ח סי' שב סעיף ג:
יח י מיי' פ"ל שם הל' ג ופ"ס מהל' דעות הל' ט סמג עשין ל טוש"ע א"ח סי' רסב סעיף ב:
יט כ מיי' פכ"ד שם הלכה א סמג שם ולאוין סה טוש"ע א"ח סי' שו סעיף א:
כ ל מיי' שם הל"ס טוש"ע שם סעיף ו:

רבינו חננאל

כולן אלא קתני כל הכף כולו טמא והאי כף טמא שאם נפסק עדיין טמא הוא ככף של תרסיות קתני והוא שבמקום העקב ומאזן לאזן הוא סביב העקב והאי דקתני הכף שלו שאם נפסק רובו טהור. הכף של סנדל שהוא מן הסנדל נטפו אם ניטל רובו טהור. ואקשי' ומי סבר לה ר' יוחנן כר' יהודה והאמר ר' יוחנן הלכה כסתם משנה. ותנן סנדל שנפסקה אחת מאזניו ותיקנה טמא מדרס. מאי לאו לא שנא פנימית ול"ש חיצונה כיון דמשתריא חדא מינייהו טמא. ודחי' לא נפסקה פנימית שנינן אבל נפסקה חיצונה טהור ואמרי' אי אישתביקא בכללא אפשר לשנויי כדקאמרת. אלא מדקתני סיפא נפסק שניה ותיקנה טהור מן המדרס אבל טמא מגע מדרס דהא פריש בה ומפרש סוף מאי ראית בה ואי דוקא פנימית קתני ארמפרש אם נפסקה אח"כ שניה ותיקנה נפלת בקמייתא וניתני בד"א שנפסקה פנימית אבל נפסקה חיצונה טהור ופרקי' אמר רב יצחק ב"ר יוסף תהא משנתנו בסנדל שיש לו ד' אזנים וד' תרסיותים ובהאי סנדל תנינן נפסקה אחת מאזניו סתם משמע אפי' חיצונית והוא כגון סנדל שיש לו ב' אזנים פנימיות זו מצד זו וב' חיצונות זו מצד זו שאם תפסק אחת מן החיצונות הא קיימא חברתא בדוכתא והיא נמי חיצונית ובהדא פנימית וכנגדה הדא חיצונה סגיא ומשום הכי טומאתו של סנדל בדוכתא קיימא אבל היכא דליכא חיצונה אלא חדא ונפסקה בטל ההוא סנדל מתורת כלי דפניכית לחיזוק בעלמא עבידא. והדך הסנדל אזן אחת חיצונה ואזן אחת פנימית ויש שעושי' שתים שתים אם תפסק האחת תשאר האחרת במקומה ועל זה שנינו נפסקה טמא. כי

אתא רבין אמר משמיה דרב הלכה כר' יהודה ור' יוחנן אמר אין הלכה כר' יהודה ואסיקנא אמוראי נינהו ואליבא דר' יוחנן כלומר יש אמורא שאומר מדמתרץ ר' יוחנן אליבא דר' יהודה ש"מ הלכתא כר' יהודה ויש מי שאומר כי בפירוש א"ר יוחנן אין הלכה כר' יהודה ואע"ג דמספקא לן הי מינייהו דוקא כיון דאשכחנא רב יוסף דעבד עובדא כר' יהודה ורב נמי אמר הלכה כר' יהודה ורב יצחק בר יוסף נמי מתרץ וא' תהא משנתנו בסנדל שיש לו ד' אזנים וד' תרסיותים כדי שלא לשבור דבריו של ר' יוחנן עבדינן כר' יהודה: תנן כל כלי בעלי בתים שיעורן כרימונים בעי חזקיה ניקב כמוציא זית וסתמו וחזר וניקב נקב אחר דהוו נקבים זה בצד זה וכל אחד סותמו קודם שניקב הנקב האחר והוו להו כולהו במוציא רימון מי אמרינן כיון דאית בהו כבולהו שיעור רימון טהור אותו כלי מטומאתו או דלמא כיון דבעידנא דכד ניקב האי ניקבא הנקב הראשון סתום היה וכיון שנסתם כאילו לא ניקב הוא וכיוצא בה בעי בעושין פסין [כ"ד ע"א] פרץ אמה וגדרה פרץ אמה וגדרה עד שהגיע [ליותר מי'] מהו וא"ל ר' יוחנן לא שנית לנו סנדל שנפסקה אחת מאזניו ותיקנה טמא מדרס נפסקה שניה ותיקנה טהור מן המדרס אבל טמא מגע מדרס. פי' כשתפסק אחת מאזניו והוא טמא מדרס עדיין טומאתו עליו שבפסיקת אזן אחת לא יצאת מתורת כלי ועמד ותיקנה כשתפסק השניה אע"פ שהראשונה מתוקנת היתה בשעת שנפסקה השניה בפסיקה שניה טהר מן המדרס שהיה טמא ופרחה אותה הטומאה אבל דומה כאלו נגע באותו ראשון שהיה טמא מדרס ונמצא זה השני טמא מגע מדרס ואליבא דרבנן איזו אזן שנפסקה תולה בין הפנימית בין החיצונית נפסקה שניה אחריה כך דינה אבל אליבא דר' יהודה אם נפסקה החיצונית לאלתר טהור אבל אם נפסקה פנימית תולה הרי היא בטומאתו וכשתפסק החיצונית טהור מן המדרס ולא יכלת לאוקומה הא מתני' אליבא דר' יהודה ור' יוחנן בסנדל שיש לו ב' אזנים דקאמר מ"ש ראשונה אי מיפסקת אינו טהור דהא קיימא שניה אי אמרת חיצונה נפסקה תולה הרי טהור מאלתר ואי אמרת פנימית נפסקת תולה הכי [היכי] מקשי ליה שניה נמי אי מיפסקא לא לטהר דהא קיימא ראשונה ומ"ש [פנימית] [מפנימית] בדקיימא לר' יהודה אלא הכין אליבא

רב נסים גאון

דלת והנה לה שעורים תבן ומים עמד והניח לפניה שעורים תבן ומים והיתה אוכלת ושותה לפיכך אמרו כשם שהצדיקים הראשונים חסידים היו כך בהמתן חסידין ומעשה חמורו של ר' פנחס בן יאיר מפרש בפרק א' מן שחיטת חולין (דף ז) ר' פנחס בן יאיר הוה אזיל לפדיון שבויים כו' איקלע להתוא אושפיזא רמו שערי לחמריה ולא אכלה [illegible] להו עני זה הולך לעשות רצון קונו ואתם מאכילין אותו טבלין ואיתא נמי במסכת דמאי (פרק א) ובמסכת שקלים דבני מערבא (פרק ס): יש לו להחליף יחליף אין לו להחליף ישלשל בבגדיו. בבראשית דר' הושעיא (פרשה יא) משכחת לה ומפרש בתוספתא ויברך אלהים את יום השביעי ברכו בעטיפה ר' הונא אמר צריך להחליף אבין בר חסדאי אמר צריך לשלשל ר' ירמיה ור' זעירא אמרו צריך לשלשל [illegible]

מסורת הש"ס

לעיל מ: קו: [וש"נ] ביצה כד: ע"ז לב: פסחים יח.
פסחים שם [עירובין נו. סוכה לג:]
ב"ק קה: [ב"מ קח.]
[לקמן קמ:]
[לקמן קטו: ב"מ יד: קידושין סט.]
כלאים פ"א מ"ט [לעיל נ: עירובין עז.]
[יומא מו. סוכה מד:]
[תוס' פי"ג]
ב"ק לב: סנהדרין לה:
[לקמן קנ.]

הגהות הב"ח

(א) גמ' אלא בחבל דגרדי:

גליון הש"ס

רש"י ד"ה מהו וכו' והוה ליה דבר שמלאכתו לאיסור. [illegible]

אות ד' – ה'

מביא אדם חבל מתוך ביתו, וקושרו בפרה ובאיבוס

התם חבל דעלמא, הכא חבל דגרדי

סימן שיז ס"ז - 'מטלטלין חבל של גרדי (פי' אורג), לקשרו באבוס ובפרה, ולא חיישינן שמא יתיר ראש הא' ויניח ראש השני קיים - דחבל גרדי חשוב ולא יניחו שם, **אבל חבל דעלמא לא** - דלמא יניח ראש אחד קשור, **אבל** אין הטעם משום מוקצה, דסתם חבל שבבית מוכן הוא לתשמיש.

ולא גזרינן חבל של גרדי אטו חבל דעלמא, כמו שכתב בס"ד, דהכא בפרה אפילו חבל דעלמא לא שכיח דיהא של קיימא, [תוס'].

וה"מ לקשרו באבוס ופרה; ח'אבל אם היה קשור באבוס ורוצה לקשרו בפרה, או אם היה קשור בפרה ורוצה לקשרו באבוס, מותר בכל חבל - דסתמא אותו הקשר שהיה כבר, מניחו להיות קשור, ומתיר ראש השני.

כל קשר שלפעמים נמלך ומבטלו שם לעולם, אע"פ שתחלת עשייתו לא היתה ע"מ להניח שם, אסור מדרבנן, **הלכך** אסור לקשור רצועות המכנסים, שלפעמים נמלך ומבטלו שם לעולם עד שיהיה בלוי, **ועיין** בתחלת הסימן בביאור הלכה מה שכתבנו שם אודות זה, (**שאם דרך של כל העולם לעשותו בקביעות, לא אזלינן בתר דעתו, ומדאורייתא אסור**).

אוכלי בהמה מותר לקשור בהן בשבת, דלא שייך בו קשר של קיימא - רמב"ם, **וכתב** הח"א, דדוקא בגמי לח וכיוצא בו, דכשיתייבש תנתק, **אבל** קש וכיוצא בו, וכן בעלין של לולבין דלא מינתק, דינו כתבן, {עיין בגמרא קי"ב, וקנ"ז ע"ב ע"ש ברש"י} ד"ה בגמי, **ועיין בסימן שכ"ד ס"ד בהג"ה, דמוכח דגם באוכלי בהמה יש קושר ומתיר, וכן משמע מלשון רש"י קנ"ז: ד"ה בגמי, וכן משמע דעת הרמ"ך המובא בכ"מ**).

הפותל חבלים חייב משום קושר, והמפרידן ואינו מכוין לקלקל, חייב משום מתיר - רמב"ם.

אות ו' – ז'

אבל לא את העמודים

כלי קיואי, כגון כובד העליון וכובד התחתון... אין מטלטלין

רמב"ם פכ"ו מהל' שבת ה"א - ט'כל כלי האורג וחבלים וקנים שלו, מותר לטלטלן ככלי שמלאכתו לאיסור; חוץ מכובד העליון וכובד התחתון, לפי שאין ניטלין מפני שהן תקועין; וכן העמודים של אורג אסור לטלטלן, שמא יתקן הגומות שלהן; ושאר כלי האורג מותרין.

אות ח'

ומציעין את המטות מלילי שבת לשבת, אבל לא משבת למוצאי שבת

רמב"ם פכ"ג מהל' שבת ה"ז - ואין מציעין את המטות בשבת כדי לישן עליהן למוצאי שבת, אבל מציעין מלילי שבת לשבת.

מציעין את המטות מלילי שבת לשבת, [היינו כדי לישן עליהם, או כדי להסב עליהם למחר], **ולכתחלה** טוב יותר שיציע מע"ש, **אבל** אין מציעין משבת למו"ש, **ומ"מ** אם המטה עומדת בביתו, והוא דבר מגונה ובזיון לשבת שיעמוד כך, מותר להציע, דמקרי צורך שבת - מ"ב סימן שב ס"ק י"ט.

[**ואיתא** בתוספתא: מציעין עשר מטות, שאם ירצה מסב באחת מהן].

[**כתב** בחידושי רעק"א, שמותר להציע מיו"ט לשבת, אף אם לא הניח עירובי תבשילין - שעה"צ שם].

אות ט'

לא שנו אלא באדם אחד, אבל בשני בני אדם לא

סימן שב ס"ג - 'מקפלים כלים בשבת לצורך שבת - דאם אין מקפלים רגילים שמתקמטים, **ללבשם בו ביום** - ולכן אסור לקפל הטלית, אע"פ שמצות ציצית כל היום ויכול להתעטף בו, מ"מ כיון שאין בדעתו להתעטף בו, אסור, **אם** לא במקום שנהגו להתעטף בטליתות במנחה.

ודוקא באדם (אחד) - אבל לא בשני בני אדם, משום דבשנים מתפשטין הקמטים, ונראה כמתקן מנא, **ואם** מקפל על הספסל, דינו כמקפל בשנים.

ובחדשים שעדיין לא נתכבסו - לפי שכל שלא נתכבסו הם קשים, ואין ממהרין לקמוט, ואין חשוב הקיפול תיקון כ"כ עד שיהיה נראה כמתקן מנא.

באר הגולה

ז מימרא דר' יוחנן ‹רב› **שם קי"ג וכפי' הרמב"ם** ‹פי' רש"י בשמעתין, דסתם חבל אסור משום דמבטל ליה התם, והוי קשר של קיימא, אבל דגרדי כיון דצריך ליה לא מבטל ליה, **אבל** מדברי הרמב"ם שכתב בפרק י', ואם היה חבל גרדי שמותר לטלטלו הרי זה מביא וקושר בפרה ובאיבוס, נראה דטעמא דאסרינן בחבל דעלמא הוא מפני שאסור לטלטלו, **ותמה** עליו הרב המגיד, משום דבגמרא גבי קשירת דלי נראה כדברי רש"י – ב"י. ‹**נמצא** דהבה"ג דייק מלשון "מטלטלין", דהמחבר הולך כפי' הרמב"ם, וכמו שדייק הב"י בלשון הטור, ודלא כהמ"ב› ח **שם בגמרא** ט ‹אבל רש"י ז"ל פי', כלי קיואי מותר לטלטלן דחזו לתשמיש אחר, ואשמעינן דאין גרדי מקפיד עליהן, ולא הוי כלי שמלאכתו לאיסור, עכ"ל, וכובדין נראה שהוא סבור שהם ככלים שמלאכתן לאיסור. **ודברי** רבינו נראין לי עיקר, דהא משמע פרק כל הכלים (דף קכ"ב קכ"ג) בהדיא, דכל דמיוחד לאיסור, אע"פ שאין מקפיד עליו אם משתמשין בו תשמיש אחר, הוי כלי שמלאכתו לאיסור, ואם מקפיד עליו שמא יפחת מדמיו, הוה ליה מוקצה מחמת חסרון כיס, כמו שמבואר – מגיד משנה. ‹**ורש"י** צ"ע, דהרי ודאי מלאכתו לאיסור, דהיינו לאריגה, והגרע"א בגהש"ס ציין לתוס' להלן (דף קכ"ב ב' ודף קכ"ג א') ששם מבואר שהנידון על מוקצה מחמת חסרון כיס, ומצינו כזאת לרש"י לעיל (דף פ"א א') דקרי למדוכה כלי שמלאכתו לאיסור, ולהלן קרי לה מוקצה מחמת חסרון כיס – אילת השחר› י **שם קי"ג**

ולבנים - דצבעונים הקיפול מתקן יותר, **ואין לו להחליף** - אבל אם יש לו להחליף בגד אחר לשבת, [דבבגד חול לא מקרי יש לו להחליף, וראיה מדקאמר שם בגמ', של בית רבן גמליאל לא היו מקפלין וכו', ואם איתא דבגד חול הוא בכלל יש לו להחליף, כו"ע נמי יש להם בגדי חול ג"כ], אע"פ שאין יפה כזה, לא התירו לו לקפלו, **וכ"ש** אם אין דעתו ללבוש כלל בו ביום דאסור וכנ"ל.

ואם חסר אחד מאלו התנאים, אסור.

ומ"מ ביו"ט שחל בע"ש מותר לקפל טליתו כשפושטו, אם היא חדשה ולבנה, אף שאין דעתו ללבשו בו ביום, והיינו כשעשה עירובי תבשילין, דאל"ה הרי אסור לו להכין לצורך מחר, כ"כ בא"ר, **אבל** בחי' רע"א הוכיח, דאף בלא הניח עירובי תבשילין שרי, אם היא סמוכה לשבת.

[יא]ויש מי שאומר דלקפלו שלא כסדר קיפולו הראשון מותר בכל ענין - שאין לקיפול זה שום קיום, ואין כאן מתקן כלל, ולפיכך מותר אפילו אין בו א' מאלו הד' פרטים, ואפי' אין דעתו ללבשו בו ביום.

ונראין דבריו - וכן סתמו האחרונים לדינא, **ומ"מ** מי שרוצה להחמיר על עצמו שלא לקפל כלל, ודאי עדיף, [היינו עד שיושלמו כל הה' פרטים].

אות י'

אם יש לו להחליף, יחליף; ואם אין לו להחליף, ישלשל בבגדיו

סימן רסב ס"ב - **[יב]ישתדל שיהיה לו בגדים נאים לשבת** - כפי יכלתו, דכתיב: וכבדתו, ודרשו חז"ל: שלא יהא מלבושיך של שבת כמלבושיך של חול, **וטוב** שלא ילבש בשבת מכל מה שלבש בחול, אפילו חלוק, **ואם** אפשר לו, טוב שיהיה לו גם טלית אחר לשבת.

ואפילו אם הוא בדרך לבדו, ובבית אינו יהודי, ג"כ ילבוש בגדי שבת, כי אין המלבושים לכבוד הרואים, כי אם לכבוד השבת.

(ולבישת בגד לבן בשבת, אם מחזי כיוהרא לא יעשה, **ובא"ר** הביא ראיה מהגמרא (בשבת דף קמ"ז ע"א), **דרבנן לבשו גלימי אוכמי בשבת, ובביתו רשאי אדם לעשות מה שירצה, לא בפני רבים**).

כתב בספר חסידים: אל יקח אדם ילד בשבת עד שישים תחלה כר בחיקו, כדי שלא יטנף בגדיו.

ואם א"א לו, לפחות ישלשל בגדיו למטה דרך כבוד, (פי' ישלשלם כלפי מטה שיהיו ארוכים כמדת העשירים היושבים בביתם, רש"י שם) - היינו שאינם צריכים לסלק בגדיהם מן הארץ בשביל מלאכה, [רש"י].

אות כ'

ממצוא חפצך, חפציך אסורין

סימן שו ס"א - **[יג]"ממצוא חפצך": חפציך אסורים; [יד]אפי' בדבר שאינו עושה שום מלאכה, כגון: שמעיין נכסיו לראות מה צריך למחר, או לילך לפתח המדינה כדי שימהר לצאת בלילה למרחץ** - (היינו אפילו תוך התחום), **ודוקא** היכא דמינכרא מילתא, כגון שעומד אצל שדהו הצריכה חרישה או קצירה וכיו"ב, דמינכר הדבר שעומד שם לעיין בצרכיה, **וכן** לילך ולהחשיך על פתח המדינה, כיון שדרך שהמרחצאות שם חוץ למדינה סמוך לפתח המדינה, ניכר שלצורך המרחץ מחשיך, **אבל** אם לא מינכר מלתא, הוא בכלל הרהור בעסקיו דמותר.

אות ל'

חפצי שמים מותרין

סימן שו ס"ו - **[טו]חפצי שמים מותר לדבר בהם** - דכתיב: אם תשיב משבת רגלך ממצוא חפצך וגו', ודרשו: חפציך אסורין חפצי שמים מותרין, **כגון: חשבונות של מצוה** - ומותר לחשוב מה שצריך לסעודת מצוה. **ולפסוק צדקה** - לעניים או לבהכ"נ. **ולפקח על עסקי רבים** - לעיין ולחקור, דצרכי רבים הוי כצורך מצוה, ומותר אפילו לילך לבתי טרטיאות שמתכנסין שם הא"י, כדי לפקח בשביל הרבים. **ולשדך התינוק** - צ"ל "התינוקת", **ליארס, וללמדו ספר או אומנות** - דהוא נמי עוסק במצוה, דאם אין לו אומנות עוסק בגזל.

באר הגולה

יא מרדכי שם, ועוד כ' הב"י בשם הכל בו טעם למקום שנהגו היתר, וע"ש (אפשר דקיפול דידן לא דמי לקיפול שלהם, שהיו קפדין מאד לפשט קמטיו ולהניחו תחת המכבש, ולא כן אנחנו עושים, עכ"ל - ב"י) יב שבת קי"ג יג שבת ק"נ יד עירובין ל"ח ול"ט טו שבת ק"נ וכתובות ה'

עין משפט נר מצוה

בא אמיי' פכ"ד שם הלכה ד סמג שם טוש"ע א"ח סי' שו סעיף א:
בב ב מיי' שם הלכה א סמג שם טוש"ע א"ח סי' שו סעיף א:
בג ג (מיי') סמג שם טוש"ע א"ח סי' שא סעיף ג:
בג [ג] [מיי' שם הלכה ד טוש"ע שם סעי' א]:
בד ד טוש"ע שם סעי' א בהג"ה:

רבינו חננאל

דר' יוחנן ואיבא לאוקומה להאי בעיא כי ראשונה לר' יוחנן במגדל שיש לו ד' אזנים וכו' מימרא באזניו החיצונות בלבד דאי מפסקא הדא סמיך על חבירתה והכי קאמר מאי שנא ראשונה דהא קיימא שניה ומקשינן שניה נמי הא מתקנא ראשונה [ודוקא] אי פסקי תרווייהו טהור. וא"ל ר' יוחנן לחזקיה דאמרת לן פנים חדשות באו לכאן כיון דתרוייהו איפסיקו בתר דאיטמי ליה אע"ג דהדא חדא איתקנא התוא [תקנתא] חדש הוא וכמאן דליתיה דמי והכא נמי לענין כל כלי בעלי בתים כיון שנקבן נקבין הרבה עד שהגיע לשיעור תוצאת רמון אע"ג דמיתקני כיון דפנים חדשות אתקינו טהור והכין נמי לענין פרק אמה ונדרה כו' ואמר חזקיה על ר' יוחנן לית לן בר אינש אלא מלאך הוא אימא דאמר כגון דין בר אינש ומאן דליתיה הכי כבהמה הוא כנגד זה: קיטרי נודות יין ושמן אע"ג דאית ליה ב' אוני שרי ליה להתירן לתרווייהו ולא אמרינן דחד מינייהו בטלה וכן קדירה של תבשיל מותר להתירה ואע"ג דאית ליה שלבא. פי' כגון דדי הכיור שמקלחין מים אע"ג דיכול לאורוקי המרק מן השלבא מותר להתירה: קושרין דלי בפיסקיא. שהוא אבנט מפני שאינו קשר קיימא אבל לא בחבל. אוקימנא בחבל הגרדי ומשום גזירה. ור' יהודה מתיר סבר חבל דגרדי אי קטיר ליה בדלי קשר של עראי הוא ולאורתא שרי ליה מן הדלי משום דבעי ליה למלאכתו. לפי' כיון שאינו קשר של קיימא שרי ולא גזרי חבל דגרדי אטו חבל דעלמא ורמינן עלה [מי גזרי רבנן אטו חבל דגרדי] (אינידגרדי רבנן) הא תנן חבל דלי שנפסק לא היה קושרו אלא עונבו. ר' יהודה אומר כורך עליו פונדא וכו' ולא קא גזרו רבנן עניבה אטו קשירה. ושנינן קשירת חבל הגרדי בחבל דעלמא מיחלף לפיכך גזרינן אבל עניבה בקשירה הכירא רבה היא לפיכך לא גזרינן. ור' יהודה נמי דאסר בעניבה לאו משום דגזר עניבה אטו קשירה אלא משום דסבר עניבה קשירה מעולה היא. והאי דאמרי' בלולב הגזול כו' ובפרק המוצא תפילין דר' יהודה סבר עניבה קשירה מעולה היא הכא עיקרה ודרבא נמי תימא בחבל דגרדי דמתה ביה. דלא קטר ליה קשר של קיימא: כלי קיואי הן כלי אומנות. ואורג כגון האבטן והכבר שוורייתו תלוית בו מלמעלה והכבר שפשוטה עליו סלסלה מותר לטלטלו בשבת אבל העמודים התקועין בארץ אע"פ שכשעוקרן אינו מתכוין לעשות גומא והגומא מסילא קא מתגליא אעפ"כ אסור לטלו בשבת גזירה דילמא אתי לאשויי גומות ואע"ג כי הלפת וצנון הטמונים תחת הגפן אם היו מקצת עלין מגולין ניטלין בשבת ולא גזרינן דילמא אתי לאשויי גומות התם שדה ולא איכפת ליה בגומות לפיכך לא גזרינן אבל בית דקפיד בגומא גזרינן דילמא אתי לאשויי גומות. אדם אחד מקפל כלים מלילי שבת לשבת ובשבת מצפרא לפניא ולשבת אחרת אבל שנים אין מקפלין כלי אחד דהוה ליה כמעשה אומן ואחד נמי אינו מקפל אלא כלים חדשים אבל ישנים לא דקיפולן מחזירן כחדשים ונמצאת כי היא מלאכה וצבועים נמי פאכה (צבועים)[ציבעיה] בדלא מקפלן משום הכי כמלאכה היא חשוב וכי אמרינן שמקפל אדם מתחלת יום שבת לסופו בשאין לו בגדים אחרים להחליף אבל יש לו להחליף אינו מקפל: דיבור שאסור בשבת מפורש בפרק שואל אדם מחבירו ודר' זירא אמר רב ואמרינן לה א"ר אבא אמר רב הונא אידחיא לה מודבא והיכא דלא ניחא ליה לאקופי דלא לאפרושי הילוכא ולא ניחא ליה למיעבר במיא דלא ליתוסי מאניה ואתי לידי סחיטה קפיץ ליה לאמת המים ושרי אלא אוקמנא שלא יהא הילוכך של שבת כהילוכך של חול אלא כדי [שניה] ראשונה קודם שתיעקר שניה ולא יהא מנרגע שיהיו פסיעותיו גסות בשבת. פי' רבב כגון קירא והילקופתא הנודע בבבל חלב ונפסא וזפת וכיוצא בהם:

רש"י

שלא יהא דבורך של שבת כדבורך של חול · כגון מקח וממכר וחשבונות: הרהור מותר · להרהר בלבו כך וכך יליאות אני לריך להוליא על שדה זו: אם יכול להניח רגלו ראשונה · שעקר מלד זה להניח לצד זה: קודם שתעקר שניה · שאין רחבה יותר מכדי פסיעה ורגלו אחת לצד זה ושניה לצד זה: מותר · אף לדלג ולעקור את זו קודם שנחה ראשונה: אסור · לקפוץ: ליקף · למקום שהאמה כלה שם: ליעבר · שישים רגלו במים: זימנין דמיתווסן מאניה · ישורו במים: שפיר דמי · לדלג: מהו לפסוע פסיעה גסה · מי עבר משום מעשות דרכיך פסיעה גסה יותר מאמה פסיעה בינונית אמה: קידושא דבי שמשי · השותה מיין של קידוש בלילי שבתות: מהו לאכול אדמה · ארזיל"א בלע"ז מי גזרו בה משום שחיקת סמנים כשאר רפואה או לא: שהיא מלקה · מביא לידי חולי: מבשר אבותיו · שמתו שם בגולה: שקצים ורמשים הא ודאי אתמהויי אתמהו ולא נעשו עפר: אלא כיון דמלקי · גזור בה משום אוכל שקצים ורמשים: קדחו ליה תחלא · נקלטו התחלים באדמה וגדלו במעיו ונגע בלבו ומת: שמלותיך · וכי ערומה היתה אלא שמלות מיוחדות והיינו דשבת: ותרד הגורן והדר ותעש · שם סכה ולבשה שמלות נאות שלא יפגעו בה כשהיא מקושטת ויאמרו זונה היא: שמואל · שהיתה שכינה קוראה לו מתוך ההיכל ולא היה יודע מי קורא לו וכתיב התם ויבן עלי כי ה' קורא לנער ויאמר לו לך שכב והיה אם יקרא אליך ואמרת דבר ה' כי שומע עבדך והוא לא רלה להזכיר השם שמא אין זו שכינה: בני אדם המהוגנין · שבקוצרים לילך עמהם: לישאל בנערה · כל נערות גברואה היה דרכו לישאל מי הן אלא מסתכל בהן היה: שני שבלין לקטה · כשהיא רואה שני שבלין שנפלו מן הקוצרים לוקטתן אבל שלש שוכבות יחד אין לוקטתן דהכי היא מתניתין (פאה פ"ו משנה ה) שני שבלים לקט ג' אינו לקט: עומדות · שבלים עומדות ששכח בועז לוקטת מעומד דשכחת קמה נמי הוי שכחה: נופלות · אותן שנשרו מן הקוצרים לוקטת מיושב ואינה שחה ליטלן משום לניעות: רמז רמז לה · רוח הקדש נזרקה בו: מצד הקוצרים · כל הקוצרים הפסיקו בינו לבינה ולא הושיבה בתוכם או אלו רוח הקדש נזרקה בו ולרמז שמלכות בית דוד היולאת מבניהם עתידה ליחלק דאינו ישבה בתוכם לא היה זה רמז הפסקה בין שניהם: ותאכל ותשבע · לשון עושר הוא דוד שלמה וחזקיה כתיב בהן עושר שהיו מביאים להן כל מלכי ארץ מנחה: אהורייריה · ממונה על הסוסים ופרדות שלו: ותחת כבודו · איידי דאיירי בקרא בפלוגתא דרבי יוחנן ור"א ורבי שמואל בר נחמני נקטיה להאי הכא: ה"ג רבי יוחנן אומר תחת כבודו ולא כבודו ממש רבי יוחנן לטעמיה דר"י קרי למאניה מכבדותי ר"א תחת כבודו ממש ר' שמואל בר נחמני אומר תחת כבודו כשריפת בני אהרן כו' והכי פירושא בין לרבי יוחנן בין לר"א גופן נשרף אלא רבי יוחנן משמע ליה תחת כבודו כמו תחת רגליו לשון תחתית וכבודו הייט בגדיו וה"ק תחת בגדיהם של חיילותיו של סנחריב יקד יקוד ולא בגדיהם נשרפו ור"א משמע ליה תחת לשון חליפין כמו ישלם תחת השור (שמות כא) משום דר"א לא קרי למאני' מכבדותיה לכך ע"כ כבודו הייט גופו וה"ק כבודו ממש ישרף ותחתיו יהא אפר ושריפה כיקוד אש ורבי שמואל משמע ליה תחת כר' יוחנן וכבודו כר"א הלכך קרא כר' יוחנן מידרש ותחת כבודו נשרף ולא כבודו ממש והאי כבודו גופו הוא והלכך כשריפת בני אהרן שריפת נשמה וגוף קיים כדאמרינן בסנהדרין בד' מיתות (ד' נב:):

תוספות

שלא יהא דבורך של שבת כדבורך של חול · פי' בקונטרס כגון מקח וממכר ואין נראה לר"ת דהא כבר נפקא ממלות חפלך אלא אומר ר"ת כדאמר בויקרא רבה (פ' לד) ר"ש בן יוחי הוה ליה אימא סבתא דהות מישתעיא סגיא אמר לה אימא שבתא הוא שתקה משמע שאין כל כך לדבר בשבת כמו בחול ובירושל' אמרי' בטורח התירו בשאלת שלום בשבת: ואפילו

גמרא

*שלא יהא דבורך של שבת כדבורך של חול (א) *דבור אסור הרהור מותר בשלמא כולהו לחוי אלא שלא יהא הילוכך של שבת כהילוכך של חול מאי היא כי הא דאמר רב הונא אמר רב ואמרי ליה אמר ר' אבא אמר רב הונא היה מהלך בשבת ופגע באמת המים אם יכול להניח את רגלו ראשונה קודם שתעקר שניה מותר ואם לאו אסור מתקיף לה רבא היכי ליעביד ליקף קמפיש בהילוכא ליעבר זימנין דמיתווסן מאני מיא ואתי לידי סחיטה אלא *בהא כיון דלא אפשר שפיר דמי אלא כדבעא מיניה ר' מר' ישמעאל בר' יוסי [ג] מהו לפסוע פסיעה גסה בשבת *א"ל וכי בחול מי הותרה שאני אומר *פסיעה גסה נוטלת *אחד מחמש מאות ממאור עיניו של אדם ומהדר ליה בקידושא דבי שמשי בעא מיניה ר' מר' ישמעאל בר' יוסי מהו לאכול אדמה בשבת א"ל וכי בחול מי הותרה שאני אומר אף בחול אסור מפני שהוא מלקה *אמר ר' אמי כל האוכל מעפרה של בבל כאילו אוכל מבשר אבותיו וי"א כאילו אוכל שקצים ורמשים דכתיב °וימח את כל היקום וגו' אמר ריש לקיש *למה נקרא שמה שנער שכל מתי מבול נגערו לשם א"ר יוחנן למה נקרא שמה מצולה שכל *מתי מבול נצטללו לשם [וי"א כאילו אוכל] שקצים ורמשים והא ודאי איתמהויי איתמהו אמרי (ג) כיון דמלקי גזרו ביה רבנן דהא ההוא גברא דאכל *רגישתא ואכל תחלי וקדחו ליה תחליה בליביה ומית °ורחצת וסכת ושמת שמלותיך א"ר אלעזר אלו בגדים של שבת °תן לחכם ויחכם עוד אמר רבי אלעזר רות המואביה ושמואל הרמתי רות דאילו נעמי קאמרה לה ורחצת וסכת ושמת שמלותיך עליך וירדת הגורן ואילו בדידה כתיב ותרד הגורן והדר ותעש ככל אשר צותה חמותה שמואל דאילו עלי קאמר ליה °שכב והיה אם יקרא אליך ואמרת דבר ה' כי שומע עבדך ואילו בדידיה כתיב ויבא ה' ויתיצב ויקרא כפעם בפעם שמואל שמואל ויאמר שמואל דבר כי שומע עבדך ולא אמר דבר ה' °ותלך ותבא ותלקט בשדה אמר רבי אלעזר שהלכה ובאת הלכה ובאת עד שמצאה בני אדם המהוגנין לילך עמהם °ויאמר בועז לנערו הנצב על הקוצרים למי הנערה הזאת וכי דרכו של בועז לשאול בנערה אמר ר' אלעזר דבר חכמה (ג) ראה בה שני שבלין לקטה שלשה שבלין אינה לקטה במתניתא תנא דבר צניעות ראה בה עומדות מעומד נופלות מיושב °וכה תדבקין עם נערותי וכי דרכו של בועז לדבק (ד) עם הנשים א"ר אלעזר כיון דחזא °ותשק ערפה לחמותה ורות דבקה בה אמר שרי לאדבוקי בה °ויאמר לה בועז לעת האוכל גשי הלום א"ר אלעזר רמז רמז לה עתידה מלכות בית דוד לצאת ממך דכתיב ביה הלום שנאמר °ויבא המלך דוד וישב לפני ה' ויאמר מי אנכי אדני ה' ומי ביתי כי הביאתני עד הלום °וטבלת פתך בחומץ א"ר אלעזר מכאן שהחומץ יפה לשרב ר' שמואל בר נחמני אמר רמז רמז לה עתיד בן לצאת ממך שמעשיו קשין כחומץ ומנו מנשה °ותשב מצד הקוצרים א"ר אלעזר מצד הקוצרים ולא בתוך הקוצרים רמז רמז לה שעתידה מלכות בית דוד שתתחלק °ויצבט לה קלי ותאכל אמר רבי אלעזר ותאכל בימי דוד ותשבע בימי שלמה ותותר בימי חזקיה ואיכא דאמרי ותאכל בימי דוד ובימי שלמה ותשבע בימי חזקיה ותותר בימי רבי *דאמר מר אהוריריה דרבי הוה עתיר משבור מלכא במתניתא תנא ותאכל בעולם הזה ותשבע לימות המשיח ותותר לעתיד לבא: °ותחת כבודו יקד יקד כיקוד אש *א"ר יוחנן ותחת כבודו ולא כבודו ממש *ר' יוחנן לטעמיה דר' יוחנן קרי למאניה מכבדותי ר"א אומר *ותחת כבודו תחת כבודו ממש ר' שמואל בר נחמני אמר תחת כבודו כשריפת בני אהרן *מה להלן שריפת נשמה וגוף קיים אף כאן שריפת נשמה וגוף קיים א"ר אחא בר אבא אמר רבי יוחנן

מנין

מסורת הש"ס

[לקמן קכ.] · ברכות מג: תענית י: · [זבחים קיג:] · [שם ע"ש פלוגתא דר"י ור"ל מהוסך] · פי' סיס נקי [ע' פרש"י יבמות קו: ובב"מ מ. ד"ה גרגישתא ובפרש"י כתובות ס: ד"ה גרגישתא] · ב"מ פה. · סנהדרין לד. סנהדרין שם [ב"ק נה:] [סנהדרין לד: וע"ש ומנה לייסב] [סנהדרין נב:]

תורה אור: ויומח · רות ג · ש"א ג · רות ב · שם · שם · רות א · שם ב · ש"ב ז · רות ב · שם · שם · ישעיה י

הגהות הב"ח

(א) גמרא כדיבורך של חול דבר דבור אסור: (ב) שם איתמהויי איתמהו אלא כיון: (ג) שם אמר ר' אלעזר דבר חכמה. נ"ב פירוש דבר הלכה וכן איתא בפרק בתרא דנדה דף סט ע"ב שלשה דברי חכמה ומפרש הלכה: (ד) שם דרכו של בועז (לדבק) תא"מ ונ"ב ס"א לדבר:

רב נסים גאון

ורחצת וסכת ושמת שמלותיך אמר ר' אלעזר אלו כלים של שבת. בגמ' דפיאה גרסי בני מערבא (פרק ח) אמר ר' חנינא צריך אדם שיהא לו שני עיטופין אחד לחול ואחר לשבת מה טעם שנאמר (רות ג) ושמת שמלותיך עליך וכי ערומה היית אלא אלו בגדי שבת כדדרש ר' שמלאי בציבורא בכון חבריא לקיבלוה אמרו ליה ווי לנא כעטיפתנו בחול כך עטיפתנו בשבת אמר להם אעפ"כ אתם צריכין לשנות: מה שריפת בני אהרן שריפת נשמה וגוף קיים. משכחת לה בסנהדרין בפרק ד' מיתות (דף נב) תניא אבא יוסי בן (ראסי) [דוסתאי] אומר ב' חוטין של אש יצאו מבית קדש הקדשים ונחלקו לד' ונכנסו ב' בחוטמו של זה וב' בחוטמו של זה ושרפוה והכתיב (ויקרא י) ותאכל אותם אותם ולא בגדיהם:

§ מסכת שבת דף קיג: §

אות א'

שלא יהא דבורך של שבת כדבורך של חול

סימן שז ס"א - [א]ודבר דבר: שלא יהא דבורך של שבת כדבורך של חול; [ב]הלכך אסור לומר: דבר פלוני אעשה למחר - ודוקא אם הוא דבר שאסור לעשותו בשבת, ואפי' הוא רק איסור דרבנן.

או סחורה פלונית אקנה למחר.

יש שכתבו דאפילו דבר מצוה, כגון כתיבת ס"ת וכה"ג, אסור לומר: אעשה למחר, **אבל** בא"ר וכן במאמר מרדכי וברכי יוסף חולקים עליהם, וסוברים דכל לדבר מצוה שרי, **ומ"מ** נכון לכתחלה להחמיר כשאין צורך לזה בדבורו היום, **ואם** מתיירא שיתרשל בדבר, אז לכו"ע שרי לזרוזי נפשיה, דאמירה לגבוה הוי כנדר.

אסור לעכב האינו יהודי בשבת בשביל החוב, דזהו הכל בכלל "ממצוא חפצך", **אבל** יכול לומר אח"כ בחול לשופט: מדוע לא עכבת הא"י בשבת, כדי שיבין ויעכבנו לשבת הבאה כשיזדמן לו.

אינו יהודי שהיה תפוס אצל השופט בשביל יהודי שהיה חייב לו, יוכל לומר להשופט שיקבל ערבות מאינו יהודי ויניח התפוס, **אבל** לא יאמר לו שיכתוב בערכאות.

ואסור לעכב נכסי ראובן ביד שמעון בשבת.

ובתשובת הב"ח מתיר מי שיש לו חוב אצל האנס, ובשבת נודע לו שהוא ילך מן העיר, ואפשר שלא ישוב עוד, מותר לילך בשבת לקבול עליו אצל השר שיפרענו, דבמקום פסידא לא גזרו.

כתב בא"ר: אם אינו יהודי חייב לו, וירא שמא יסע בשבת, יכול להתראות אליו כדי שיתן בשבילו לחבירו הא"י.

[ג]ואפילו בשיחת דברים בטלים אסור להרבות - היינו שאין בהם זכר לעשיית מלאכה ולעסקים כלל, וגם אין בהם דברי גנאי וקלות ראש, דאל"ה אפילו מעט אסור.

הגה: וכני אדם שסיפור שמועות ודברי חדושים הוא עונג להם, מותר לספרם בשבת כמו בחול - ומ"מ יזהר מלהמשיך הרבה בזה, דאף בדבר שהוא עונג גמור כמו אכילה ושתיה ושינה, מבואר בסימן ר"צ ובב"י בסימן רפ"ח, דאין להמשיך הרבה, **דלאלו** שאינם עוסקים בתורה בימות החול, ניתן שבת עיקרו לד"ת, ואפילו לת"ח היגעים בתורה כל ימות השבוע, ג"כ איתא באחרונים שלא ירבו בו יותר מדאי משום בטול תורה.

מותר לספרם - ולאו משנת חסידים היא, והנשמר מלדבר דברי חול, קדוש יאמר לו, **ואנשי** מעשה נזהרים ביותר מזה, שלא לדבר בשבת אפילו דברים הכרחיים כי אם בלשון הקודש, **ונראה** שטעמם הוא למגדר מלתא, כדי שלא יבואו לשיחה בטלה, כ"כ בא"ר.

אבל מי שאינו מתענג, אסור לאומרם כדי שיתענג בהם חבירו (ת"ה סי' ס"א) - דאין לו לעבור על "ודבר דבר" בשביל חבירו, **ואם** הוא מתענג במה שהם מתענגים, אפשר דיש להקל.

ואסור לספר בשבת איזה דבר שמצטער בו.

איתא בשל"ה, קבלתי: אדם המבקר לחבירו בשבת בשחרית, לא יאמר לו כדרך שאומר בחול "צפרא טבא", רק יאמר לו "שבת טבא" בלשון קודש, או בלשון חול כמנהגנו היום, כדי לקיים "זכור את יום השבת".

אות ב'

דבור אסור, הרהור מותר

סימן שו ס"ח - [ד]הרהור בעסקיו, מותר - דכתיב: ודבר דבר, דבור אסור הרהור מותר, **ומ"מ משום עונג שבת, מצוה שלא יחשוב בהם כלל, [ה]ויהא בעיניו כאילו כל מלאכתו עשויה** - וכדאיתא במכלתא פ' יתרו: ששת ימים תעבוד ועשית כל מלאכתך, וכי אפשר לאדם לעשות כל מלאכתו בששת ימים, אלא שבות כאלו כל מלאכתך עשויה, **ומכ"ש** אם יש לו ע"י ההרהור טרדת הלב ודאגה, דיזהר בזה.

אות ג'

בהא, כיון דלא אפשר שפיר דמי

סימן שא ס"ג - [ו]היה הולך והגיע לאמת המים, יכול לדלגו ולקפוץ עליה - דילוג מקרי שמפסיק רגליו ברחבה, וקפיצה הוא היכי שקופץ שתי רגליו בבת אחת.

אפי' אם היא רחבה שאינו יכול להניח רגלו ראשונה קודם שיעקור שנייה – (מלשון זה משמע, דכ"ש אם האמת המים הוא קצר, דשרי לקפוץ, ולא ידענא טעמו, דהא בס"ב כתב דקפיצה אסור, ואולי דבאמת המים כיון שיכול לפעמים ליפול בתוך האמה, התירו לקפוץ עליו בכל גווני, ודמי זה למה דאמר בגמרא במסקנא, כיון דלא אפשר שפיר דמי, דכולהו בכלל לא אפשר הוא). (עיין לקמן אות ג'-ד' בשעה"צ).

ומוטב שידלג ממה שיקיפנה, מפני שמרבה בהלוך; ואסור לעבור בה, שלא יבא לידי סחיטה - והיכי דא"א בדילוג וקפיצה, מותר לו להקיף, **אבל** לעבור בה אסור, דיש בזה חשש סחיטה, ולא התירו לו אם לא בגוונא דס"ד וס"ו.

באר הגולה

[א] שבת קי"ג [ב] טור [ג] טור בשם הירושלמי ותוספות שם [ד] שם בגמרא (דף ק"נ) [ה] טור ורבי יונה באגרת התשובה דרש ב' ע"פ המכילתא [ו] שבת קי"ג

אות [ג'] – ד'

מהו לפסוע פסיעה גסה בשבת

אמר לו וכי בחול מי הותרה

סימן שא ס"א - [ז]אין לרוץ בשבת [ח]אא"כ הוא לדבר מצוה, כגון לבהכ"נ או כיוצא בו - שנאמר: וכבדתו מעשות דרכיך, ודרשו: שלא יהא הילוכך בשבת כהילוכך בחול, שדרך האדם למהר ולרוץ אחר עסקו, [ט]**ואף** בחול אין לפסוע פסיעה גסה, דנוטלת א' מת"ק ממאור עיניו - מ"א, אלא דבשבת איכא נמי איסורא משום "מעשות דרכיך".

הגה: ואסור לפסוע יותר מאמה בפסיעה אחת - פי' שיהא חצי אמה בין רגל לרגל, וכף רגל אחת הוא ג"כ חצי אמה, **אם אפשר לו בפחות (א"ז והג"א פרק מי שהוציאוהו)** - דבאי אפשר מבואר בס"ג דשרי, **וזהו** באדם בינוני, ששיעור פסיעה בינונית שלו הוא אמה, ואדם הגדול ביותר, כפי שיעור פסיעה שלו, [פשוט, **ונראה** דזה כוונת הש"ס במה שאמר בשבת קי"ג, אם יכול להניח את רגלו, ולא קאמר סתמא, שיעור אמת המים הוא דוקא חצי אמה כשיעור בין רגל לרגל, **אלא** דבאמת תלוי בכל אחד לפי רגל שלו, ובאדם גדול, השיעור דיכול להניח את רגלו וכו' הוא יותר מאמה].

וה"ה שאסור לקפוץ, [רמב"ם ושאר פוסקים. **ועיין** ברש"י שבת קי"ג: ד"ה מותר, משמע דבקפיצה אינו איסור לרב הונא כי אם בשהאמת המים רחב, שא"א לעבור עליו אם לא ע"י קפיצה, וממילא ה"ה לדידן לכאורה בסתם קפיצה יהיה מותר, **אבל** משאר פוסקים לא משמע הכי. **ועיין** בה"ל ‹ס"ג ד"ה אפילו› [י]שכתבנו דאפשר דגם רש"י מודה לאסור].

---

§ מסכת שבת דף קיד. §

אות א' – ב'

גנאי הוא לתלמיד חכם שיצא במנעלים המטולאים לשוק

כל תלמיד חכם שנמצא רבב על בגדו חייב מיתה

רמב"ם פ"ה מהל' דעות ה"ט - מלבוש ת"ח מלבוש נאה ונקי, ואסור לו שימצא בבגדו כתם או שמנונית וכיוצא בהן; ולא ילבש לא מלבוש מלכים כגון בגדי זהב וארגמן שהכל מסתכלין בהן, ולא מלבוש עניים שהוא מבזה את לובשיו, אלא בגדים בינונים נאים; ולא יהא בשרו נראה מתחת מדיו כמו בגדי הפשתן הקלים ביותר שעושים במצרים, ולא יהיו בגדיו סחובין על הארץ כמו בגדי גסי הרוח, אלא עד עקבו, ובית יד שלו עד ראשי אצבעותיו; ולא ישלשל טליתו מפני שנראה כגסות הרוח, אלא בשבת בלבד אם אין לו להחליף; ולא ינעל מנעלים מטולאים טלאי על גבי טלאי בימות החמה, אבל בימות הגשמים מותר אם היה עני.

רמב"ם פ"ה מהל' יסודי התורה הי"א - ויש דברים אחרים שהן בכלל חילול השם, והוא שיעשה אותם אדם גדול בתורה ומפורסם בחסידות דברים שהבריות מרננים אחריו בשבילם, ואע"פ שאינן עבירות, ה"ז חילל את השם.

אות ג'

של בנאין מצד אחד, ושל בור משני צדדין

רמב"ם פ"ג מהל' מקוואות ה"ד - היו זפת או חמר וכיוצא בהן על בגדי תלמידי חכמים, אפילו מצד אחד חוצץ, מפני שמקפידין על מלבושן להיות נקי; על בגדי עמי הארץ, משני צדדין חוצץ, מצד אחד אינו חוצץ.

אות ד'

ולא תהא מרדעת חשובה מבגדו של עם הארץ

רמב"ם פ"ג מהל' מקוואות ה"ג - היו על מטות בעל הבית, חוצצין, על מטות של עני אינן חוצצין; על אוכף בעה"ב חוצץ, ועל זקקין אינו חוצץ; על המרדעת משני צדדין חוצץ.

אות ה'

איזהו תלמיד חכם שמחזירין לו אבידה בטביעות העין, זה המקפיד על חלוקו להופכו

חו"מ סימן רסב סכ"א - המוצא כלי מכלים שצורת כולם שוה, אם כלי חדש הוא, הרי הוא שלו. ואם היה שטבעתו העין, חייב להכריז, שאם יבא תלמיד חכם ויאמר: אע"פ שאיני יכול ליתן בכלי זה סימן יש לי בו טביעות עין, חייב להראותו לו, אם הכירו ואמר: שלי הוא, מחזירין אותו. בד"א, בתלמיד ותיק שאינו משנה בדיבורו כלל, אלא בדברי שלום או במסכתא (פי' אם ישאלוהו על מסכתא אחת אם היא סדורה בידו, יענה לאו דרך ענוה), או בפוריא (פי' אם שאלוהו חבירו: שכבת על מטה זו, יאמר: לא, פן יראו בה קרי ויתגנה, תוס' וכ"כ הרמב"ם), או באושפיזא (פי' כדאמרינן

‹המשך ההלכות מול עמוד ב'›

באר הגולה

[ז] **שבת** קי"ג ‹לכאורה צריך ביאור מה המקור בגמ' לאיסור ריצה, **והנה** יש מחלוקת באיסור ריצה, די"א דאסור רק בפסיעה גסה, **ולפי"ז** י"ל דהאיסור לרוץ נכלל הוא באיסור לפסוע פסיעה גסה, כי כך היא דרך האדם שבשעה שהוא רץ הרי הוא פוסע פסיעה גסה, **ואפי'** לשיטת הפמ"ג, דאף פסיעות קצרות פחות מאמה, כל שהוא בריצה אסור בשבת, י"ל דמהא דנאסר לן לפסוע פסיעה גסה בשבת מחמת דהוי הליכה במרוצה, יש ללמוד דאסור לרוץ בשבת, מבלי לחלק בגודל הפסיעות – פנינת השבת› [ח] **ברכות** ו' [ט] ‹הא דנקט המ"א, ואף בחול אסור פסיעה גסה, לא נרשם הציון במקומו על דברי המחבר אין לרוץ בשבת, אלא היה צריך להרשם על דברי הרמ"א – אג"מ או"ח ח"ה סי"ח. **ולפי"ז** ניחא מה דמציין העין משפט דין הרמ"א על מה שאוסר הגמ' גם בחול› [י] ‹לא נמצא›

ואלו קשרים פרק חמשה עשר שבת קיד

מניין לשנוי בגדים מן התורה שנא' ופשט את בגדיו ולבש בגדים אחרים *ותנא דבי רבי ישמעאל לימדך תורה דרך ארץ בגדים שבישל בהן קדירה לרבו אל ימזוג בהן כוס לרבו *אמר רבי חייא בר אבא אמר רבי יוחנן *גנאי הוא לת"ח שיצא במנעלים המטולאים לשוק והא רבי אחא בר חנינא נפיק אמר רבי אחא בריה דרב נחמן בטלאי על גב טלאי (א) ואמר רבי חייא בר אבא אמר ר' יוחנן כל תלמיד חכם שנמצא רבב על בגדו חייב מיתה שנאמר כל משנאי אהבו מות *אל תקרי משנאי אלא משניאי רבינא אמר רבד איתמר ולא פליגי הא בגלימא הא בלבושא ואמר רבי חייא בר אבא אמר ר' יוחנן מאי דכתיב כאשר הלך עבדי ישעיהו *ערום ויחף ערום בבגדים בלואים ויחף במנעלים המטולאים *תנן התם רבב על המרדע חוצץ רשב"ג אומר עד כאיסר האיטלקי ועל הבגדים מצד אחד אינו חוצץ משני צדדין חוצץ רבי יהודה אומר משום רבי ישמעאל אף מצד אחד חוצץ בעא מיניה רבי שמעון בן לקיש מר' חנינא מרדעת מצד אחד או משני צדדין אמר ליה זו לא שמעתי כיוצא בה שמעתי דתנן* רבי יוסי אומר של בנאין מצד אחד ושל בור משני צדדין ולא תהא מרדעת חשובה מבגדו של עם הארץ מאי בנאין אמר רבי יוחנן אלו תלמידי חכמים שעוסקין בבנינו של עולם כל ימיהן ואמר רבי יוחנן איזהו תלמיד חכם שמחזירין לו אבידה בטביעות העין זה המקפיד על חלוקו להופכו ואמר רבי יוחנן *איזהו ת"ח שממנין אותו פרנס על הציבור *זה ששואלין אותו דבר הלכה בכל מקום ואומר ואפי' במסכת כלה *ואמר רבי יוחנן איזהו ת"ח שבני עירו מצווין לעשות לו מלאכתו זה שמניח חפצו ועוסק בחפצי שמים והנ"מ למיטרח בריפתיה ואמר רבי יוחנן איזהו תלמיד חכם כל ששואלין אותו הלכה בכל מקום ואומרה למאי נפקא מינה למנוייה פרנס על הציבור אי בחדא מסכתא באתריה אי בכוליה תנויה בריש מתיבתא ר' שמעון ב"ל אמר *אלו כלים האוליירין הבאין ממדינת הים למימרא דחיורי נינהו והאמר להו רבי ינאי לבניו בני אל תקברוני לא בכלים לבנים ולא בכלים שחורים לבנים שמא לא אזכה ואהיה כחתן בין אבלים שחורים שמא אזכה ואהיה כאבל בין חתנים אלא בכלים האוליירין הבאין ממדינת הים אלמא סומקי נינהו לא קשיא הא בגלימי הא בלבושי: ר' ישמעאל אומר מקפלין כו': ת"ר עולת שבת בשבתו*) לימד על חלבי שבת שקריבין ביום הכיפורים יכול אף של יוה"כ בשבת ת"ל בשבתו דברי רבי ישמעאל ר' עקיבא אומר עולת שבת בשבתו לימד על *חלבי שבת שקרבים ביו"ט יכול אף ביוה"כ ת"ל בשבתו כשתמצא לומר לדברי רבי ישמעאל נדרים ונדבות קריבין ביו"ט וכי איצטריך קרא ליוה"כ לדברי ר"ע *נדרים ונדבות אין קרבין ביו"ט וכי איצטריך קרא למישרא בי"ט אמר ר' זירא כי

*) [נ"ל בשבת וכ"א בסמוך לקמן במילתיה דרבי עקיבא והרי"ף העתיק ת"ר עולת שבת לימד וכו']

תורה אור: ויקרא ו · משלי ח · ישעיה כ · במדבר כח

רש"י

מניין לשינוי בגדים. שהוא דרך כבוד לפני המקום: **ולבש בגדים אחרים.** והוציא את הדשן הזקיקו הכתוב ללבוש בגדים פחותים בשעת הוצאת הדשן שאינה עבודה חשובה כדי שלא ימאסו בגדיו החשובים שעובד בהן עבודת אכילה ושתיה כגון קיטור וניסוך: **ותנא דבי ר' ישמעאל.** בדרשא דהאי קרא: **בגדים שבישל בהם קדירה לרבו.** דומיא דהוצאת הדשן: **אל ימזוג בהם כוס לרבו.** לפיכך הוזקק ללבוש בגדים פחותים: **רבב.** שומן וחלב: **חייב מיתה.** שצריך להיות חשוב והגון לכבוד תורתו: **משניאי.** שממאסין עצמן בעיני הבריות והבריות אומרים אוי להם ללומדי התורה שהם מאוסים ומגונים נמצא זה משניא את התורה: **רבד איתמר.** שכבת זרע *לשון מרבדים רבדתי ערשי (משלי ז) ריפדתיו וקישטתיו בבשמים מינים המכניסים תאוה ותזקק לי: **בגלימא.** שהוא עליון אפי' רבב: **בלבוש.** שהוא תחתון רבד אין רבב לא: **על המרדעת.** של חמור: **חוצץ.** כל דבר חוצץ לענין טבילה(ב) דקפיד עליה וכל חציצה שמקפיד עליו חוצצת: **תנן התם.** במסכת מקוואות ונקט לה (ג) משום דבעי למימר של בנאים כו' לומר שדרך תלמיד חכם מקפיד על לבושיו: **משני צדדין.** שהיה בו הרבה עד שנבלע בבגד ונראה לצד שני: **מרדעת מצד אחד או מב' צדדין.** לר' ישמעאל דאמר בבגד מצד אחד מרדעת מאי אמר בה: **ר' יוסי אומר של בנאים.** פליג אדר' יהודה ואמר לר' ישמעאל בגד של בנאים דהיינו תלמידי חכמים שמקפידין על לבושיהן מצד אחד ושל בור מב' צדדין: **שמחזירים לו אבדה בטביעות עין.** כיון שאמר אני מכירה אע"פ שאינו נותן בה סימן כדאמר באלו מציאות (ב"מ כג:): **המקפיד על חלוקו להופכו.** לובשו כשהוא הפוך מקפיד עליו והופכו שמקפיד עליו שלא יראו התפירות המגונות ואימרי החלוק: **בכל מקום.** בכל הש"ס ואפי' במסכת כלה דלא רגילי בה אינשי וזה נתן לבו וגרסה מסכת כלה ברייתא היא כלה בלא ברכה אסורה לבעלה כנדה: **ת"ח שבני עירו מצווין לעשות מלאכתו.** כדאמר בפרק ז' דיומא (דף עב:) כתוב א' אומר ועשית לך ארון עץ וכתוב אחד אומר ועשו ארון עצי שטים וגו': **למיטרח בריפתיה.** דבר שאינו יכול לטרוח בו וחייו תלויין בו: **אם יודע להשיב** במסכת שהוא עוסק בה ממנים אותו פרנס באתריה: **ואם בכולי תנויה.** דקאי בהא מסכת ומהדר במסכת אחריתי: **אלו כלים האוליירין.** הא דתנן בנאין מצד אחד היינו כלים של אוליירין בלנים שיש להם אלונטיאות חשובות להתעטף בהם בני אדם חשובים בצאתם מן המרחץ ומקפידים על טינוף מעט ובנאים לשון בי בני (לעיל דף לג:): **למימרא דחיורי נינהו.** מדמקפידין על רבב שעליהם דאילו סומקי לא מינכר בהו טינוף פורתא: **שמא לא אזכה.** ואחשב בין אותן שנדונין בגיהנם שדומין *לשולי קדירה: **גלימי.** סומקי: **חלבי שבת.** כגון אברי תמיד של בין הערבים קריבים במוצאי שבת והוא יום הכפורים: **עולת שבת בשבתו.** משמע למידרש בלא וי"ו ומשמע דעולת שבת קריבה בשבת אחרת לימד על חלבי שבת כו': **יכול אף של יוה"כ בשבת ת"ל בשבתו.** וי"ו מיעוטו הוא בשבתו ולא בשבת אחרת: **שקריבים בי"ט.** שחל להיות במוצאי שבת: **נדרים ונדבות.** פלוגתא היא במסכת ביצה (דף יט.) ור' ישמעאל סבירא ליה כמאן דאמר קריבין הלכך כיון דנדרים ונדבות שיכול להמתין ולשחטן בחול ולהקריבן נשחטים ונקרבין ביום טוב קל וחומר בחלבי שבת שנשחטו כדרכן בזמנן וניתותרו הלכך לא איצטריך קרא עולת שבת בשבתו אלא ליום הכפורים:

תוספות

ואפילו במסכת כלה. פי' בקונט' דלא רגילי בה אינשי והוא נתן לבו לגורסה ובקדושין פי' לגריעותא בפרק האיש מקדש (דף מט:) גבי ע"מ שאני תלמיד (ד) אין אומרים כשמעון בן עזאי וכשמעון בן זומא אלא כל ששואלין אותו דבר הלכה ואפי' במסכת כלה ופי' בקונטרס אפי' במס' כלה שהיא קלה ונראה דהכא משמע (ואומר) דנקט ליה משום חשיבות שיודע אפי' במסכת כלה דלא רגילי בה אינשי ראוי למנותו פרנס אבל התם קתני דבר אחד מתלמודו משמע אפי' לא למד אלא מסכת כלה ואמר הימנה דבר אחד הרי זה חכם ומיהו בפירוש רש"י דקידושין וכן בפי' רבינו חננאל אין כתוב בהן דבר אחד מתלמודו ורבינו יצחק מפרש דהאי מסכת כלה היינו דרשות הסדורות מהלכות החג כדאמרינן בלא יחפור (ב"ב כב.) רב נחמן בר יצחק ריש כלה הוה וקאמר איזהו ת"ח שראוי למנותו על הציבור באתריה כדאמר בסמוך במסכתי' באתריה כגון שיודע להשיב בכל מקום שישאלוהו באותה מסכת אפי' במס' כלה שרגילין בה ראוי למנותו בעירו אבל בציר מהכי אין ראוי למנותו והא דהוצרך לחזור ולהשמיענו בסמוך אי במסכתיה באתריה אע"ג דכבר השמיענו כאן לפי שרוצה לחלק בין מסכת לכוליה הש"ס *והשתא הוי דהכא כי ההוא דקידושין (דף מט:): **הא בלבושא הא בגלימא.** הא דר' ינאי בגלימא כדמשמע בפ' כל היד (נדה דף כ.) גבי שחור כחרת ור' יוחנן אמר אלו כלים האוליירין הבאין ממדינת הים למימרא דאוכמי נינהו והאמר ר' ינאי כו' לא קשיא הא בגלימא הא בפתורי דר' ינאי בגלימא דהיא סומקי דשחורים לא הוו כדמסיק הכא אבל פתורי הוו אוכמי ולבושא חיורי: **חלבי שבת קריבין ביוה"כ.** אומר ר"י דכל היכא דקתני תרי שבי דהוו בהדי הדדי אתיא כאחרים דאמרי אין בין עצרת לעצרת אלא ד' ימים בלבד והכי מפרש הש"ס בפ' בתרא דסוכה (דף נד:): ליתקע

מסורת הש"ס

לקמן קיט. [יומא כג:] · ברכות מג: ע"ש · [כרי"ף פי' דם יבש וכתב הר"ן שהוא מלשון ריבדא דכוסילתא מ"ק כח. ועי' בערוך ערך רבב] · [עי' יומא עז.] · מקוואות פ"ט משנה ה' ו' · [שם במשנה] · תענית י: · קידושין מט: · יומא עב: · נדה כ. · [פסחים לח. ביצה יט. כ: סנהדרין לו.] · [עי' תוס' לעיל כד: ופסחים נט: ד"ה ולא] · [ר"ה יח.]

עין משפט נר מצוה

כה א ב מיי' פ"ה מהל' דעות הלכה ט ופ"ה מהלכות יסודי התורה הלכה יא:
כו ג מיי' פ"ג מהלכות מקוואות הלכה ד סמג עשין רמח:
כז ד מיי' שם הלכה ג:
כח ה טוש"ע חו"מ סי' רסב סעיף כא:
כט ו שו"ע או"ח סימן קלו בהג"ה:
ל ז טוש"ע יו"ד סימן רמג סעיף א ב:
לא ח מיי' פ"א מהל' תמידין ומוספין הלכה ז סמג עשין קפ:
לב ט מיי' פ"א מהלכות חגיגה הלכה ח י:

רבינו חננאל

ת"ח שנמצא רבב על בשרו חשוב ממשנאי התורה שאין ב"א דבקי' בו שלא יתלכלכו מלבושם ממנו. רבד מל' מרבדים רבדתי ערשי. פי' דם יבש כדתנן' בנדה פ' תינוקת ריבדא דכוסילתא. אמר רמי בר אבא האי ריבדא דכוסילתא עד ג' יומין לא חייץ מכאן ואילך חייץ. כל תלמיד שנמצא דם על בגדו מכוער הוא שמא יראה ככתם. וזה הדבר אם הוא בטלית שמתכסה בה העליונה הרי זה מכוער אבל אם הוא שמציע תחתיו (או) [אולי] דם מאכולת הוא אפשר דלא הוה לי' טלית אחרת וגנא בה. כדתניא התם הרגה מאכולת תולה לא הרגה אינה תולה דברי ר' שמעון בן גמליאל. וחכ"א בין הרגה בין לא הרגה תולה. ארשב"ג לדברי אין(סוף)[קץ] לדבריהם אין סוף לדברי אין קץ שאין אשה טהור' לבעלה שאין מטה אלא שיש עליה כמה טיפי דמים לדבריהם אין סוף וכו'. תנן התם במקוואות פ' ט' אלו חוצצין בכלים הזפת והמור כו' עד על המרדעת חוצץ כו' רבב זהו ממיני זפת הא דתניא בסיפא דהא מתניתין ר' יוסי אומר של בנאין מצד א' חוצץ כו' פי' ר' יוחנן בנאין אלו ת"ח שעוסקין בבניינו של עולם וקפדי על רבב שעל בגדיהן לכבסו ולהוציאו כדי שלא יהו מן המשניאין לפיכך אפילו בצד אחד נראה חוצץ ולא עלתה לו טבילה אבל בגדי הבורים אם עבר מצד לצד חוצץ ואם לאו אינו חוצץ וכן הלכה: **וא"ר** יוחנן איזהו ת"ח כל שמחזירין לו אבידה בטביעות עין זה המקפיד על חלוקו להופכו וכן אמרו איזהו ת"ח שממנין אותו פרנס על הצבור זה ששואלין אותו דבר הלכה בכל מקום ואומרה ואיזהו שבני עירו מצווין לעשות מלאכתו מי שמניח חפציו ועוסק בחפצי שמים ר"ל אמר בנאין אלו אוליירין הבאים ממדינת הים. ואקשי' למימר דכלי אוליירין חיורי נינהו שהזפת מצד אחד נודע בהן. והאמר ר' ינאי לבניה אל תקברוני בלבנים ולא בשחורים אלא באוליירין אלמא סומקי נינהו. ושנינן המלבושים לבנים הן כגון מני כשתא. והגלימא כגון מאני דמתעטפי בהון סומקי הוו: ר' (שמעון) [ישמעאל] סבר חלבין שנתותרו ביוה"כ קריבין בשבת אבל שנתותרו מן השבת אין קריבין ביוה"כ. ור' עקיבא סבר לא של שבת קריבין ביוה"כ ולא של יוה"כ בשבת. וגרסינן ביומא בפרק א"ר אלעזר משום בר קפרא. אומר היה ר"מ איברי עולת חול שניתותרו עושה להן מערכה ועודן אפילו בשבת. ואמרינן למאי איצטריך אפילו בשבת הא תנינא והיום חמש. א"ר אחא בר יעקב איצטריך אמינא הני מילי היכא דחל יוה"כ למיהוי אחר השבת דחלבי שבת קריבין ביוה"כ אבל באמצע שבת אימא לא קמ"ל: אמר רבא [האי] מאן [דלא] חש לקמחיה בכל יום תנו

הגהות הב"ח

(א) גמ' בטלאי על גבי טלאי וה"מ בפנתא אבל בגילדא לית לן בה ואמר ר' חייא: (ב) רש"י ד"ה חוצץ וכו' לענין טבילה היכא דקפיד: (ג) ד"ה תנן התם וכו' ונקט לה הכא משום: (ד) תוס' ד"ה ואפילו וכו' שאני תלמיד חכם אין:

רב נסים גאון

גנאי הוא לתלמידי חכמים שיצאו במנעלים המטולאים. במס' ברכות בפרק כיצד מברכין על הפירות (דף מג) תנו רבנן ששה דברים גנאי לתלמיד חכם אל יצא כשהוא מבושם לשוק ואל יצא יחידי בלילה ואל יצא במנעלים המטולאים בשוק [וכו']: **תנן** התם על המרדעת חוצץ. עיקר זאת המשנה בפרק ט' ממס' מקואות אלו חוצצין בכלים הזפת והמור כו' ועל המרדעת חוצץ רבן שמעון בן גמליאל אומר עד

גליון הש"ס תוס' ד"ה ואפילו כו' והשתא הוי דהכא כי ההוא דקידושין. ועי' תשב"ץ ח"א סימן לג:

עין משפט נר מצוה

לג א מיי' פ"ה מהלכות שבת הלכה כא :
לד ב שם הל' יום כ:
לה ג שם הלכה כא :
לו ד מיי' פ"ג מהלכות שביתת עשור הל"ג טוש"ע או"ח סימן תרי"א סעיף ב :

*כי הוינא בבבל הוה אמרי הא דתניא יוה"כ שחל להיות ע"ש לא היו תוקעין ובמוצאי שבת לא היו מבדילין דברי הכל היא כי סליקנא להתם אשכחתיה ליהודה בריה דרבי שמעון בן פזי דיתיב וקאמר ר' עקיבא היא דאי רבי ישמעאל כיון דאמר חלבי שבת קריבין ביום הכיפורים ליתקע כי היכי דליהוי ידעי דחלבי שבת קריבין ביום הכיפורים ואמינא ליה אנא *כהנים זריזין הן אמר ליה מר קשישא בריה דרב חסדא לרב אשי מי אמרינן כהנים זריזין הן והתנן *שלש להבטיל את העם ממלאכה שלש להבדיל בין קודש לחול *כדאמר אביי לשאר עמא דבירושלים הכא נמי לשאר עמא דבירושלים וליתקע כי היכי דלידעי דשרי בקניבת ירק מן המנחה ולמעלה אמר רב יוסף לפי שאין דוחין שבות להתיר ורב שישא בריה דרב אידי אמר שבות קרובה התירו *שבות רחוקה לא התירו ושבות קרובה התירו *והתנן יום טוב שחל להיות ערב שבת תוקעין ולא מבדילין מוצאי שבת מבדילין ולא תוקעין ואמאי ליתקע כי היכי דלידעי דשרי בשחיטה לאלתר אלא מחוורתא כדרב יוסף אמר רבי זירא אמר רב הונא ואמרי לה אמר רבי אבא אמר רב הונא יוה"כ שחל להיות בשבת אסור בקניבת ירק אמר רב מנא תנא (א) מנין ליוה"כ שחל להיות בשבת שאסור בקניבת ירק ת"ל שבתון (שמות לה) שבות למאי אילימא למלאכה והכתיב לא (ויקרא כג) תעשה כל מלאכה אלא לאו אקניבת ירק ש"מ אמר רבי חייא בר אבא אמר רבי יוחנן יוה"כ שחל להיות בשבת מותר בקניבת ירק מיתיבי מנין ליוה"כ שחל להיות בשבת שאסור בקניבת ירק ת"ל שבתון שבות למאי אילימא למלאכה והכתיב לא תעשה כל מלאכה אלא לאו בקניבת ירק לא לעולם למלאכה ולעבור עליה בעשה ול"ת תניא כוותיה דרבי יוחנן יוה"כ שחל להיות בשבת מותר

הדרן עלך ואלו קשרים

תוספות

ליתקע כי היכי דלידעו דחלבי שבת קריבין ביום הכפורים. הך תקיעה בע"ש קאמר כדפירש בקונטרס אבל יוה"כ שחל באחד בשבת לא תקעי במוצאי שבת להודיע שיוה"כ הוא קל דאדרבה מתוך התקיעה יהא נראה שהוא חמור דכל תקיעות שתוקעין בע"ש או עי"ט תוקעין בכניסת חמור ולהכי אמר בסמוך י"ט שחל במוצ"ש מבדילין ולא תוקעין ולא תקעי להודיע דחלבי שבת קריבין בי"ט ומיהו התם דבר ידוע הוא שי"ט קיל הוא משבת והא דפריך עלה בסמוך ואמאי ליתקע כי היכי דלידעי דשרי שחיטה לאלתר אותה תקיעה אינה אלא להודיע שהוא לילה ולא להודיע שי"ט קל הוא משבת והא דלא קאמר הכא ליתקע כי היכי דלידעו דחלבי יוה"כ אין קריבין בשבת דהא כי לא תקעי נמי מחמת שבת ויוה"כ שוין אין קריבין של זה בזה אם כן התקיעה אינה מוכחת שלא יהיו קריבין של יוה"כ בשבת והא נמי לא בעי למיפרך וליבדיל במוצאי שבת דלידעי דחלבי שבת קריבין ביוה"כ דהא אפי' מבדיל בבית הכנס' ברבים אין פרסום בהבדלה כמו בתקיעה :

וליתקע כי היכי דלידעו דשרי בקניבת ירק. ה"ה דהוה מצי למיפרך אליבא דר' ישמעאל ליתקע כי היכי דלידעו שמליעין את המתים מיוה"כ לשבת אלא ניחא ליה למיפרך לכ"ע :

אמר רב יוסף לפי שאין דוחין שבות להתיר. לעיל כי פריך ליתקע כי היכי דלידעו דחלבי שבת קריבין כו' לא הוה מצי לשנויי הכי דאין זו התרה מה שמתירין להקריבם אלא חומרא הוא שיקטירו האימורים ולא יבאו לידי נותר ויש חומרא בדבר שחייבין להקטירם :

אלא לקניבת ירק. נראה לר"י דאסמכתא בעלמא הוא דאי מדאורייתא ביוה"כ נמי ליתסר והא דאמר בפרק כלל גדול (לעיל עג:) האי מאן דקניב סילקא חייב שתים התם מיירי במחובר והכא איירי בתלוש כדפירש בקונטרס ולא דמי להא דאמר בפרק כלל גדול א) האי מאן דפרים סילקא חייב משום טוחן דהתם מיירי כשעושה חתיכות דקות מאד והכא מיירי כשעושה חתיכות גדולות :

לעולם למלאכה. וקניבת ירק דברייתא היינו שעושים דק דק דהוי איסור דאורייתא דדמי לטוחן א"כ במחובר : לעיל **ואמאי** ליתקע כי היכי דלידעו דשרי בשחיטה. לא להודיע די"ט קיל אלא להודיע שהוא לילה וכן אומר ר"י מה שתוקעים במוצאי יוה"כ אינו אלא להודיע שהוא לילה ויאכילו את בניהם שהתענו וגם להכין סעודת מוצאי יוה"כ שהיא כעין י"ט ב) כמו שיסד הפייטן ג) אחר גמר מילוי אכול בדלוי ורצוי ולא כמחזורים שכתוב בהן שהתקיעה זכר ליובל כי למה תוקעין בכל שנה ושנה וכי היה יובל בכל שנה ושנה :

א) [דף עד: וע"ש תוס' ד"ה האי מאן] ב) [ועי' תוס' לקמן קיז: ד"ה אבל לא ס"י] ג) [בפזמון של מנחה ליוה"כ]

רש"י

כי הוינא בבבל. כשלמדתי תורה בבבל קודם שעליתי לא"י : **לא היו תוקעין.** שש תקיעות שתוקעין בע"ש להבטיל ולהבדיל משום דיוה"כ קדוש כשבת ואסור בכל מלאכה: **ובמוצ"ש.** אם חל בו יוה"כ: **לא היו מבדילין.** בתפלה המבדיל בין קדש לקדש כמו שמבדילין בי"ט שחל להיות במוצ"ש : **דברי הכל היא.** לא הוה מסיקנא אדעתאי דתיהוי בפלוגתא דרבי ישמעאל ורבי עקיבא דמתני' : **רבי עקיבא היא.** דחשיב ליה יוה"כ כשבת הלכך לא בעי למתקע להבדיל בין זה לזה להיכרא דלא תקעינן אלא בין יום קל ליום חמור וכי היכי דבשבת לא תקעי להבדיל כהנים מלהקריב חלבי שבת ביוה"כ ביוה"כ נמי לא תקעינן להבדילן מלהקריב חלבי יוה"כ בשבת : **דאי ר' ישמעאל.** כיון דקיל ליה יוה"כ משבת ליתקע להבטיל מהקריב חלבי יוה"כ בשבת ובתקיעה זו ידעו שהוא יום הקל ולכשיחול יוה"כ במוצאי שבת ולא יתקעו ידעו שמותר להקריב בו חלבי שבת : **זריזים הם.** בקיאים הן בכל ואין צריכין סימן דכתיב בהן יורו משפטיך ליעקב (דברים לג) : **ושנן.** במסכת סוכה : **ג' להבטיל כו'.** ומני להו בתקיעות שבמקדש אין פוחתין מכ"א תקיעות במקדש וקס"ד מדתקעי' להו במקדש להיכרא דכהני' תקעי להו : **כדאמר אביי.** בסדר יומא בפרק ג' גבי נברשת שעשתה הילני המלכה על פתחו של היכל בשעה שהחמה זורחת ניצוצות יוצאות הימנה והכל יודעים שזמן ק"ש הגיע ומותבינן ורמינהו הקורא ק"ש עם אנשי משמר לא יצא אלמא לאו בזימנא קריין ואמר אביי הא סימן דנברשת לשאר עמא שיקראו ק"ש בעונתה : **וליתקע.** בין לר"ע בין לרבי ישמעאל לאודועי דקל הוא משבת דיוה"כ שרי בקניבת ירק תלוש לנתק העלין מן הקלחין כדי להשוותם שיהו מוכנים לחתכן ולפרמן דאמרינן לקמן דשרי משום דהוי עינוי שרואה ומזמן ואינו אוכל : **קניבה.** כי ההיא דכלל גדול (לעיל עג:) האי מאן דקניב סילקא אלא דהתם במחובר והכא בתלוש : **לפי שאין דוחין שבות להתיר.** תקיעת שופר שבות הוא וקאמרת דלידחיה להודיע היתר בקניבת ירק אין דוחין שבות להתיר אלא לאסור כגון יו"ט שחל להיות בע"ש תוקעין להבטיל ולהבדיל : **ורב ששת בריה דרב אידי אמר לעולם דוחין שבות להתיר.** אי הוה מיבעי' לן היתרא האידנא אבל השתא דלא מיבעי לן קניבת ירק ביוה"כ שחל להיות בע"ש שהרי בשבת לא יבשלום ולא תהא תקיעה זו אלא להודיענו היתר בשנה אחרת שיחול יה"כ באמצע שבת לא התירו : **שבות קרובה.** כלומר דחיוב שבות התירו לצורך דבר קרוב ולא לצורך דבר רחוק : **תוקעין.** להבטיל את העם ממלאכה המותרת ביו"ט כגון אוכל נפש ולהבדיל בין הקודש ובין החול : **ולא מבדילין.** בתפלה ועל הכוס דלא תקנו לומר הבדלה אלא ביציאת קודש ובכניסת חול ולא בכניסת קדש וביציאת חול דהתם שייך לקדושי יומא וקדוש יום שמקדשין על היין הוי היכירא דיליה : **מוצאי שבת.** ואם חל יו"ט במוצאי שבת מבדילין בתפלה ועל הכוס המבדיל בין קודש לקודש מפני שהקודש חמור יוצא ונכנס קל : **ולא תוקעין.** מבעוד יום להבטיל ולהבדיל דהא היוצא חמור והיום לא עשו שום מלאכה : **ואמאי.** אי ס"ד דוחין שבות להתיר לצורך דבר קרוב יתקע משחשיכה לידע דשרי בשחיטה לאלתר : **אסור בקניבת ירק.** ולא מבעי בשבת דעלמא דאסור משום שבות דקטרח משבת לחול אלא אפילו האידנא דיש כאן עינוי דהא בשאר יוה"כ ששאר שבות אסור זה מותר השתא דחל בשבת לא שרו רבנן : **אמר רב מנא תנא כו' : ת"ל.** בשבת בראשית שבתון שבת קדש ושבתון משמע שבות : **ולמאי.** באיזה קניבה אסר לן קרא : **אילימא במלאכה.** כגון מחובר : **הא כתיב לא תעשה כל מלאכה.** והא תו למה לי : **אלא לאו לקניבת ירק.** בעלמא בתלוש דמידי דלאו מלאכה קאי עליה בעשה דשבתון שבות וכיון דמדאורייתא אסור בכל שבתות השנה הכא לא שרינן ליה משום עגמת נפש למידחי איסור דאורייתא ובשאר יוה"כ שרי לעגמת נפש ואע"ג דכתיב ביה נמי שבתון שבות לאו ממלאכה הוא אלא מכל דבר המעכב מלהתענות מדסמכינן לועניתם הכי דרשינן לה בפרק בתרא דיומא (דף עד.) לרחיצה וסיכה ודומין להם :

נותר

מסורת הש"ס

סוכה נד: / [לעיל כ. וש"נ] / סוכה נג: / יומא לג: / [פסחים מח.] / חולין כו:

הגהות הב"ח

(א) גמ' אמר רב מנא תניא נמי כוי מנין ליוה"כ:

הגהות הגר"א

[א] גמ' דר' יוחנן. נ"ב דרב הונא (ר"ל נגי' סרמנ"ה ומ"מ)

רבינו חננאל

*) השתא הוא בפלוגתא דרבי ישמעאל ור"ע: **אמר** ר' זירא כי הוינן בבבל הוה אמרי' הא דתניא יוה"כ שחל להיות ערב שבת לא היו תוקעין ובמוצ"ש לא היו מבדילין דברי הכל היא. כלומר מפני מה תוקעין בע"ש כדי להבדיל מן המלאכה כיון שע"ש יוה"כ הוא אין שם מלאכה שצריכין תקיעה להבטילן. וכן הבדלה כדי להתיר העם למלאכה וכיון שמוצ"ש יוה"כ אין בו התר מלאכה לפיכך אין צריך להבדלה. וא"ר זירא כי סליקי לתתם ואשכחתיה ליהודה בריה דר"ש בן פזי דאומר הא מתני' ר"ע היא דלא שני ליה בין שבת ליוה"כ דהא לא חלבי שבת קריבין ביוה"כ ולא של יוה"כ בשבת לפיכך לא צריך הכירא בין האי להאי. אלא לר' ישמעאל דשני ליה ליתקע במ"ש ליוה"כ דליהוי הכירא לכהנים להקריב מה שנותר מחלבי שבת וא"ל ר' זירא אפי' לר' ישמעאל ושני ליה בין שבת ליום הכיפורים כהנים זריזין הן ויודעין שחלבי שבת קריבין ביוה"כ לפיכך לא בעי תקיע' ואבדלת' איני דכהנים זריזין הן והתנן ג' להבדיל בין [קודש] לחול ושנינן הא דתנן להבדיל בין קדש לחול אינה שנויה לגבי כהנים אלא לישראל בלבד. כדאמר אביי התם ביומא לענין נברשת של זהב שעשת הילני על פתח ההיכל להודיע עת ק"ש דלאו לכהנים איתעביד אלא לשאר עמא דבירושלים. ואקשי' תוב וליתקע בהדי הבדלה לשאר עמא דנידעו דשרי להו קיטבת ירק מן המנחה ולמעלה. דהא קי"ל דבשבת אסור לקנב ירק ולהניח לערב משום בורר. ואמרינן (לעיל ע"ד) אמר אביי בורר ואוכל לאלתר בורר ומניח לאלתר אבל שלא לאלתר לא יברור. ובסוף אסרוה קשיה דרבה ואמר דשפיר אמר נחמני. אבל ביוה"כ מותר לברור ולקנב מן המנחה ולמעלה ולהניח במוצאי יוה"כ. ומפרק רב יוסף לפי שאין דוחין שבות להתיר. פי' תקיעה אסורה משום שבות. דדרשי כל מלאכת עבודה יצאו תקיעת שופר ורדיית הפת שהן חכמה ואינה מלאכה ולא דחו שבות לא בשבת ולא ביוה"כ בתקיעה להתיר קניבת ירק אי הוה איכא מילתא למישרא משום מלאכ' [הוא] דדחי שבות ותוקעין אבל למישרא קניבת ירק לא דחו שבות ותקעי. רב שישא בריה דרב אידי אמר שבות קרובה התירו שבות רחוקה לא התירו. פי' אפילו תימא דוחין שבות להתיר מידי דאית ליה רשות למיעבדיה בקרובה דוחין שבות (משום) להתירו. אבל מידי דרחיק ולית ליה למיעבדיה בקרובה אין דוחין שבות להתירו. וקניבת ירק ביוה"כ לאלתר אלא מן המנחה ולמעלה. איני והתנן יו"ט שחל להיות ע"ש תוקעין ולא מבדילין. ולאחר שבת מבדילין ולא תוקעין. ואי אמרת רשות קרובה התירו ליתקע במיעל יו"ט שחל להיות לאחר שבת כי היכי דנידעו דשרי לשחיטה לאלתר. ועמדה הקושיא. ונדחית הא דרב שישא. ואסיק' אלא מחוורתא כדר' יוסף. וקשי לן בהא שמעתא הא דאמר רב יהודה בריה דר"ש בן פזי הא מתניתא ר' עקיבא היא דאי ר' ישמעאל הא אמר חלבי שבת קריבין ביוה"כ ליתקע במ"ש ליוה"כ כי היכי דנידעו דחלבי שבת ביוה"כ קריבין. וקשיא לן וכי יש תקיעה במ"ש דאמר ליתקע במ"ש. ויש מן החכמים מפרשין ואמרי' האי גירסא מאן דגרים ליתקע טעותא הוא. אלא הכי קאמר דאי ר' ישמעאל היא ניבדיל כי היכי דלידעו דחלבי שבת קריבין ביוה"כ. וקמפרש בתלמוד א"י דגרסינן ר' זעירא בשם רב חסדא יוה"כ שחל להיות ע"ש אין תוקעין לאחר שבת אין מבדילין. אימא כר"ע ברם כר' ישמעאל מבדיל שכן חלבי שבת קריבין ביוה"כ. א"ר זעירא קשי' ר' מנא אפילו כר' ישמעאל לא יבדיל כלום הוא אלא להתיר דבר שהוא אסור אילו הקטיר חלבי שבת בשבת שמא אינו מותר ופירוקא דר' זירא בתלמודא דילן היינו טעמא דלא מבדילינן משום דכהנים זריזין הן וטעמא דרב שישא בריה דרב אידי נמי איגליא לן

*) לכאורה תמוה דלא ר"י ור"ע לא פליגי רק בחלבי שבת אי קרבין ביוה"כ אבל בחלבי חול ליכא מאן דפליג ועי' תוס' שם ד"ה אבל ובמל"מ בפ"ד מהל' מעשה הקרבנות הלכה ג' ודו"ק.

רב נסים גאון

עד כאיסר האיטלקי : **כדאמר** אביי לשאר עמא דבירושלים. ומשכחת דברי אביי במס' יומא בפרק אמר להן הממונה (דף לז) דתנן הילני אמו עשתה נברשת של זהב על פתח ההיכל. תאנא בשעה שחמה זורחת ניצוצות יוצאות ממנה ויודעין שהגיע זמן קריאת שמע. מיתיבי הקורא קריאת שמע כו' אמר אביי לשאר עמא דבירושלים : סליק פרק אלו קשרים

בערכין: מברך רעהו בקול גדול וגו' קללה תחשב לו, שלא יספר בשבחו שקבלוהו בסבר פנים יפות, בין בני אדם שאינם מהוגנים, שלא יקפצו עליו ויכלו ממונו (תוספות); וכשהוא מקפיד על חלוקו להפכו בענין שלא יראו התפירות המגונות. הגה: ודוקא אם מלאו במקום שתלמידי חכמים מצויין, כגון בבית המדרש, אבל בלא"ה אינו חייב להכריז (טור). וכל ת"ח הוא בחזקת שאינו משנה (כי אם) בדברים הנזכרים לעיל, עד שיצא המולא ראיה שאינו נזהר (הגהות אשירי פ' הנזכר) - ‹צ"ע אם יש בזה"ז ג"כ לת"ח דין זה, מאחר שמצינו שבכמה דברים אין נוהגין בזה"ז דין ת"ח - באה"ט›.

אות ו'

איזהו תלמיד חכם שממנין אותו פרנס על הציבור, זה ששואלין אותו דבר הלכה בכל מקום ואומר וכו'

סימן קלו ס"א - בשבת ויו"ט ויום הכפורים - שקורין הרבה, **קורים אחר הלוי ת"ח הממונין על הציבור, ואחריהם ת"ח הראוים למנותם פרנסים על הציבור, [א](שאולים אותו דבר הלכה בכל מקום ואומר), ואח"כ בני ת"ח שאבותיהם ממונים על הציבור** - שמחוייבין לכבדם בשביל כבוד אבותם, שיש בזה כבוד לאבות. **ואח"כ ראשי כנסיות וכל העם** - ועכשיו נהגו שגדול הצבור הוא המסיים הסדרה.

אות ז'

אל תקברוני לא בכלים לבנים, ולא בכלים שחורים

יו"ד סימן שנב ס"א - אין קוברין המת בתכריכים יקרים, אפילו לנשיא שבישראל - משום תיקון העולם, שהעניים אינם יכולים לעשות כן, ‹ומתביישים לקבור מתיהם בתכריכים פחותים, והיה יציאת המת לפעמים קשה על הקרובים עד שיניחוהו וילכו להם, שכן היה מעשה›, וגם משום גסות הרוח והשחתה, ‹ומעשה גוים - לבוש›. **וכ'** בד"מ והגהת דרישה בשם נ"י, כל העושה תכריכין נאים למת, מכירין בו שהוא מודה בתחיית המתים ותע"ב, עכ"ל, **ומיירי** שהבגד פשתן יהא נאה, וע"כ נהגו קצת לחזור אחר היפה, אבל בחשובים יותר מדאי ודאי אסור. ‹**ורק** לעשיר יעשו מפשתן טוב, ולעני פשתן פשוט - ערוה"ש›.

יו"ד סימן שנב ס"ב - [ב]נהגו לקבור בבגדים לבנים - (לשון הלבוש: בבגדי פשתן לבנים, וכן הוא בטור בשם הרמב"ם, **ושם** ברמב"ם משמע, שגם החוט שתופרין בו יהיה ג"כ של פשתן, ולא של מין אחר, ע"ש. **וז"ל** ילקוט ראובני פ' מקץ: דע שיש סוד גדול בלבישת בגד פשתן, שכל הנפטר שנתלבש בבגדי פשתן, אפי' נפטר בחו"ל, כל קטיגור נהפך לסניגור, **ומעלת** לבישת פשתן בלא לבוש אחרת, ואפי' תינוק שאביו מוחזק שמתו לו בנים הרבה ע"י לילית או רוח רעה, תינוק זה בטוח מכל אלו בסגולת לבישת בגדים אלו, **וסגולת** לבישת בגדי פשתן, שלובש בגד פשתן לבדו ולא מין אחר עמו, אבל נתערב מין אחר אפילו חוט א', פוסל בו כו', עכ"ל - פת"ש). ‹**לבד** הטלית של צמר - ערוה"ש›. ‹**אם** שכחו להלבישו איזה דבר מבגדי המת, יניחו אותו על הארון בקברו - באה"ט›.

אות ח'

עלת שבת בשבתו, לימד על חלבי שבת שקרבים ביו"ט, יכול אף ביוה"כ, ת"ל בשבתו

רמב"ם פ"א מהל' תמידין ומוספין ה"ז - איברים של תמיד דוחין את הטומאה ואין דוחין את השבת, אלא בע"ש בלבד מקטירין איברי תמיד של ע"ש, שהתמיד תחילתו דוחה שבת וסופו אינו דוחה; חלבי שבת קריבין בלילי יו"ט אם חל יו"ט להיות במוצאי שבת, אבל אין קריבין בלילי יוה"כ, שנאמר: עולת שבת בשבתו ולא עולת שבת זו בשבת אחרת, ולא עולת חול ביו"ט.

אות ט'

נדרים ונדבות אין קרבין ביום טוב

רמב"ם פ"א מהל' חגיגה ה"ח - עולת ראיה ושלמי חגיגה אינן דוחין לא את השבת ולא את הטומאה, לפי שאין להן זמן קבוע כקרבנות הצבור, שאם אינו חוגג היום חוגג למחר כמו שביארנו; אבל דוחין את יו"ט, ואע"פ שאין מקריבין ביו"ט נדרים ונדבות, מקריבין עולת ראייה ושלמי חגיגה ושלמי שמחה, שאין אלו נדרים ונדבות אלא חובות.

רמב"ם פ"א מהל' חגיגה ה"י - מותר להקריב בחוש"מ נדרים ונדבות, שנאמר: אלה תעשו לה' במועדיכם לבד מנדריכם ונדבותיכם, מכלל שקרבין ברגל.

---

§ מסכת שבת דף קיד: §

אות א'

יוה"כ שחל להיות ע"ש, לא היו תוקעין, ובמוצ"ש וכו'

רמב"ם פ"ה מהל' שבת הכ"א - יוה"כ שחל להיות בע"ש לא היו תוקעין, חל להיות במוצאי שבת לא תוקעין ולא מבדילין.

באר הגולה

א ‹רש"י שם {גיטין ס.} וכמ"ש בפט"ו דשבת ובפ"ב דקדושין - גר"א› ב ‹לשון הטור: תניא רבי נתן אומר, כסות היורדת עם המת עולה עמו לעתיד לבא, על כן צוה ר' ינאי לבניו, לא תקברוני בכלים לבנים, שמא לא אזכה ואהיה כחתן בין האבלים, ולא בשחורים, שמא אזכה ואהיה כאבל בין החתנים, אלא בכלים צבועין קצת, והאידנא נהגו בלבנים, וכן ראוי לעשות›

אות ב'

שלש להבטיל את העם ממלאכה, שלש להבדיל בין קודש לחול

רמב"ם פ"ה מהל' שבת הי"ח - כל מדינות ועיירות של ישראל תוקעין בהן שש תקיעות בע"ש; ובמקום גבוה היו תוקעין, כדי להשמיע כל אנשי המדינה וכל אנשי המגרש שלה.

רמב"ם פ"ה מהל' שבת הי"ט - תקיעה ראשונה, נמנעו העומדים בשדות מלחרוש ומלעדור ומלעשות מלאכה שבשדה, ואין הקרובין רשאין ליכנס לעיר עד שיבואו רחוקים ויכנסו כולם בבת אחת, ועדיין החנויות פתוחות והתריסין מונחין; התחיל לתקוע שניה, נסתלקו התריסין וננעלו החנויות, ועדיין החמין והקדרות מונחין על גבי כירה; התחיל לתקוע תקיעה שלישית, סלק המסלק והטמין המטמין והדליקו את הנרות, ושוהה כדי לצלות דג קטן, או כדי להדביק פת בתנור, ותוקע ומריע ותוקע ושובת.

רמב"ם פ"ה מהל' שבת ה"כ - תקיעה ראשונה תוקע אותה במנחה, והשלישית קרוב לשקיעת החמה; [א]וכן תוקעין במו"ש אחר צאת הכוכבים להתיר העם למעשיהן.

אות ג'

יום טוב שחל להיות ערב שבת, תוקעין ולא מבדילין; מוצאי שבת, מבדילין ולא תוקעין

רמב"ם פ"ה מהל' שבת הכ"א - יו"ט שחל להיות בע"ש, תוקעין ולא מבדילין; חל להיות לאחר השבת, מבדילין ולא תוקעין.

אות ד'

יום הכפורים שחל להיות בשבת, אסור בקניבת ירק

סימן תריא ס"ב - [ב]והתירו לקנב ירק - יש שפירשו דהאי קניבה, הוא שנותק או מחתך העלים מן הקלחים התלושין, כדי להשוותן שיהיו מוכנים לחתכן בערב, [רש"י], **ואע"ג** דקטרח בשביל ערב שהוא חול, התירו כדי שלא יצטרך לתקן הכל בערב, ותהא נפשו עגומה עליו, [העתקנו בזה פי' הר"ן והמאירי, והסכים לזה הגר"א]. ‹עיין ברש"י›, **ויש** שפירשו, דקניבה הוא הדחת הירק לצורך ערב, ושרי ג"כ מטעם הנ"ל.

‹**ואפילו** בדבר שאינו נאכל כמות שהוא חי, כמו כרבא וקרא, ג"כ שרי לקנב, דכמו שהתירו הכנה לחול משום עגמת נפש, כמו כן התירו מוקצה ג"כ מטעם זה›.

ולפצוע אגוזים - כדי שיהיו מוכנים לצורך סעודת ערב, ולא יצטרך לטרוח בהם לאחר התענית, ‹**ומותר אפי'** לפצוע ולהוציא המאכל›.

מן המנחה ולמעלה - ר"ל מנחה קטנה שהוא סמוך לערב, והוא שעה שדרך בני אדם לתקן מאכלם בחול, ווירר שלאורך לילה הוא עושה, [**ובזה** מתורץ ג"כ מה שיש לדקדק על היתר דפציעת אגוזים, מאחר שאינו לאכול לאלתר, והלא לעיל סי' שכ"א סי"ט בהגה מוכח דאסור, **אכן** לפי הנ"ל ניחא, דכיון דהוא סמוך לערב, הוי כמו שמכין עצמו לאכול לאלתר, **ולפי"ז** פשוט, אם אין לו ירק או אגוזים הרבה, ואינו צריך להשהות עליהם זמן מרובה, בודאי יש לו לאחר הדבר עד סמוך לחשיכה, כדי שיהא סמוך לסעודת ערב].

אבל קודם המנחה אסור, שנראה כמתקן לצורך היום, [מאירי,‹עיין ברש"י›, **ולפי** מה שכתבנו לעיל לענין אגוזים, בלא"ה אסור משום חששא דדש]. ‹ע"ש בסי' שכ"א דהוא משום בורר, וגם בדש לא מהני היתר דלאלתר, עיין סי' שי"ט ס"ו, וצ"ע›.

כשחל בחול - אבל כשחל יוה"כ בשבת לא התירו, [ג]כדי שלא יבא לעשות כן בכל שבתות השנה, להכין ביום לצורך הלילה.

והאידנא נהגו לאסור - לפי שבדורות האחרונים התחילו לקלקל, ולמהר לעשות דברים אלו קודם המנחה, לפיכך בטלו להיתר דקניבת ירק ופציעת אגוזים לגמרי, [משמעות הגמרא].

‹**ודע** עוד דבירושלמי משמע, דכשם שהתירו קניבת ירק, כך התירו לאמר לעכו"ם לבשל אלאחר התענית, וצ"ע שלא העתיקוהו הפוסקים, **ואפשר** משום דלמסקנא גם בקניבת ירק אנו מחמירין, משום דילמא מקדמי, וה"ה מטעם זה גם לענין אמירה לעכו"ם יש לחוש לזה›.

---

§ מסכת שבת דף קטו. §

אות א'

טעונים גניזה

יו"ד סימן רפב ס"ה - אין זורקין כתבי הקדש, ואפילו הלכות ואגדות - ‹שהוא גנאי להן, ונראה שנוהג בהן קלות ראש – לבוש›. ‹**ועיין** בשו"ת באר שבע, שאוסר ג"כ לשרוף כתבי קודש, אע"פ שבלו ונמחקו, ע"ש - פת"ש›.

‹המשך ההלכות מול עמוד ב'›

באר הגולה

[א] ‹זה דקדק רבינו מהמשנה שבפ"ק דחולין (דף כ"ו:) שהובאה פ' אלו קשרין (שבת קי"ד:) ואמרו יו"ט שחל להיות ע"ש תוקעין ולא מבדילין, מוצ"ש מבדילין ולא תוקעין. והקשו שם ונתקע כי היכי דנדעו דשרי בשחיטה לאלתר, ותירצו שהתקיעה שבות ואין דוחין שבות להתיר. **והוציא** רבינו מזה שבמו"ש אחר תוקעין, **והאחרונים** חלקו בזה ואמרו דרישא דההיא: כל מקום שיש תקיעה אין הבדלה, וזהו שמעולם לא דברו מתקיעות מו"ש, **אבל** בכאן היתה הקושיא מפני שראוי לתקוע כדי שידעו שהשחיטה נתרת ויתעסקו בשמחת יום טוב, אבל בשאר מוצאי שבתות מה לנו אם יחדלו ממלאכה, ע"כ דבריהם, וזה דעת הרמב"ן והרשב"א ז"ל – מגיד משנה›

[ב] **שבת קי"ד: פי' לחתוך מן הירק התלוש**

[ג] ‹רבינו מנוח והגר"ז, ודרשת הגמ' הוי אסמכתא בעלמא וכמ"ש התוס', ועיין מה שפי' רש"י›

מותר בקניבת ירק *(ואמר רבי חייא בר אבא אמר רבי יוחנן יום כיפורים שחל להיות בחול) מפצעין באגוזים ומפרכסין ברימונים מן המנחה ולמעלה מפני *עגמת נפש דבי רב יהודה מקנבי כרבא דבי רבה גרדי קארי כיון דחזא דהוו קא מחרפי אמר להו אתא איגרתא ממערבא משמיה דר' יוחנן דאסיר:

הדרן עלך ואלו קשרים

כל כתבי הקדש מצילין אותן מפני הדליקה בין שקורין בהן ובין שאין קורין בהן (א)אע"פ שכתובים בכל לשון *טעונים גניזה ומפני מה אין קורין בהם מפני ביטול בית המדרש: **גמ'** איתמר [ב]היו כתובים תרגום או בכל לשון רב הונא אמר אין מצילין אותן מפני הדליקה ורב חסדא אמר מצילין אותן מפני הדליקה אליבא דמאן דאמר ניתנו לקרות בהן דכולי עלמא לא פליגי דמצילין כי פליגי אליבא דמאן דאמר לא ניתנו לקרות בהן רב הונא אמר אין מצילין דהא לא ניתנו לקרות בהן רב חסדא אמר מצילין משום בזיון כתבי הקדש תנן כל כתבי הקדש מצילין אותן מפני הדליקה בין שקורין בהן בין שאין קורין בהן (ב)אע"פ שכתובין בכל לשון מאי לאו שקורין בהן נביאים ושאין קורין בהן כתובים אע"פ שכתובין בכל לשון דלא ניתנו לקרות בהן וקתני מצילין ותיובתא דרב הונא אמר לך רב הונא ותסברא אימא סיפא טעונין גניזה השתא אצולי מצילינן גניזה מיבעי' אלא רב הונא מתרץ לטעמיה ורב חסדא מתרץ לטעמיה רב הונא מתרץ לטעמיה בין שקורין בהם נביאים ובין שאין קורין בהם כתובים במה דברים אמורים שכתובין בלשון הקדש אבל בכל לשון אין מצילין ואפילו הכי גניזה בעו רב חסדא מתרץ לטעמיה בין שקורין בהן נביאים ובין שאין קורין בהן כתובים אע"פ שכתובין בכל לשון נמי מצילין והכי קאמר ומקק שלהן טעונין גניזה מיתיבי היו כתובים תרגום (ג)ובכל לשון מצילין אותן מפני הדליקה תיובתא דרב הונא אמר לך רב הונא האי תנא סבר ניתנו לקרות בהן ת"ש היו כתובין גיפטית מדית עיברית עילמית יוונית אע"פ שלא ניתנו לקרות בהן מצילין אותן מפני הדליקה תיובתא דרב הונא אמר לך רב הונא תנאי היא דתניא *היו כתובין תרגום ובכל לשון מצילין אותן מפני הדליקה ר' יוסי אומר אין מצילין אותן מפני הדליקה אמר ר' יוסי *מעשה באבא חלפתא שהלך אצל רבן גמליאל בריבי לטבריא ומצאו שהי' יושב על שלחנו של (*יוחנן הנזוף) ובידו ספר איוב תרגום והוא קורא בו אמר לו זכור אני ברבן גמליאל אבי אביך שהיה עומד ע"ג מעלה בהר הבית והביאו לפניו ספר איוב תרגום ואמר לבנאי שקעהו תחת הנדבך אף הוא צוה עליו וגנזו ר' יוסי ברבי יהודה אומר עריבה של טיט כפו עליו אמר רבי שתי תשובות בדבר חדא וכי טיט בהר הבית מנין ועוד וכי מותר לאבדן ביד אלא מניחן במקום התורפה והן *מרקיבין מאליהן מאן תנאי אילימא

רש"י

מותר בקניבת ירק. דשבות לאו איסורא דאורייתא הוא אלא דרבנן והכא משום עגמת נפש שמתקן ואינו אוכל והרי קרוב לעיטי שרי ודווקא מן המנחה ולמעלה שהוא שואף ומצפה לעת אכילה ואיכא עגמת נפש טפי: כיון דחזי דהוי קא מחרפי. מקדימין לפני המנחה דהשתא לאו עגמת נפש הוא: אמר להו. לאינשי ביתיה: אתא איגרתא ממערבא כו'. כי היכי דלקבלו מיניה:

הדרן עלך ואלו קשרים

כל כתבי הקדש. כגון תורה נביאים וכתובים ולא תימא תורה לחוד הוא דשרי למיטרח ולאטולי ולא שאר ספרים: מצילין אותן. כדקתני לקמן למיטי שאינו מפולש וטירחא בעלמא הוא דשרי (ד) בה וחסרון עירוב כדמפרש בגמרא: בין שקורין בהן כגון נביאים שמפטירין בהן בשבת בבית הכנסת: בין שאין קורין בהן. כגון כתובים ורבינו הלוי אמר דאפי' יחידים אין קורין בהן כדקתני טעמא משום ביטול בית המדרש דמשכי לבא ובשבת היו דורשין דרשה לבעלי בתים שעסוקין במלאכה כל ימות החול ובתוך הדרשה היו מורין להן הלכות איסור והיתר וטוב להן לשמוע מלקרות בכתובים: ואע"פ שכתובין בכל לשון. ואיכא למאן דאמר לקמן לא ניתנו לקרות בהן מצילין אותן: טעונין גניזה. אסור להניחן במקום הפקר ובגמרא מתרץ לה ורבותי פירשו דהאי בכל לשון דקאמר אכתובים קאי ולא אנביאים ומדומה אני מפני שמליט יונתן בן עוזיאל שאמרו תרגום הן מפרשין כך ואני אומר אף בנביאים אם אמר יונתן לא כתבו ולא ניתנו ליכתב והכי מפרש במסכת מגילה (דף ט.) ומאן דאסר בכולהו אסר בר מס"ת יוונית משום מעשה דתלמי המלך ולא מפליג התם בין נביאים לכתובים: מפני בטול בית המדרש. שהיה קבוע בשבת כדפרישית לעיל: **גמ'** איתמר היו כתובין תרגום. אכתובים קאמר וה"ה אכל כתבי הקדש קאי: אליבא דמאן דאמר ניתנו לקרות בהן. מותר לקרות בכתבי הקדש הכתובין בכל לשון במסכת מגילה (דף ח:) ואין בין ספרי' לתפילין ומזוזות אלא שהספרים נכתבין בכל לשון: לא ניתנו. (*רבן גמליאל) פליג עלה ואמר אף ספרים לא התירו שיכתבו אלא יוונית: ואע"פ שכתובין בכל לשון. ולא ניתנו לקרות דמדקאמר אף על פי מכלל דלא ניתנו לקרות בהן דאי ניתנו מאי גריעותייהו: אימא סיפא. לדידך דאמרת אע"פ שכתובין בכל לשון אמצילין קאי אימא סיפא על כרחיך מילתא באנפיה נפשיה הוא וטעונין גניזה בחול פשיטא השתא בשבת מצילינן להו גניזה בחול מיבעיא: ואפילו הכי בעו גניזה. ודקתני ואע"פ שכתובין בכל לשון לאו אהצלה קאי אלא אטעונין גניזה והכי קאמר אף על פי שכתובים בכל לשון ובשבת אין מצילין אותן בחול מיהא טעונין גניזה: ומקק שלהם. אם בלו ונעשו רקבון אף המקק רקבובית (ה) של אכילת התולעים טעונין גניזה: עבריות. כתב של עבר הנהר: אבא חלפתא. אבא של רבי יוסי חלפתא שמו: רבן גמליאל בריבי. לא שהיה בנו של רבי אלא אדם גדול קרי בריבי: רבן גמליאל אבי אביך. הוא רבן גמליאל הזקן ורבן גמליאל שהיה בדורו של חלפתא הוא אבי אביו של רבינו הקדוש: גב מעלה בהר הבית. שבהר הבית היו מעלות כשהוא הולך וגבוה כדתנן במסכת מדות (פ"ב מ"ג): נדבך. שורת אבני הבנין: טיט בהר הבית מנין. וכי בטיט היו בונין והלא בטרכסיד היו בונים חול וסיד מעורבין וטיט לא הוי אלא עפר ומים: התורפה. גלוי והפקר: מאן תנאי. דקאמר רב הונא לעיל תנאי היא מאן מהני תנאי קאי כרב חסדא ומאן כרב הונא: אילימא

תוספות

כל כתבי הקדש מצילין אותן מפני הדליקה כו'. אומר ר"ת דעלה האי פירקא איירי כשנפלה דליקה בתוך בית או בתוך חצר דכיון שהאש שם ודאי בהול הוא ואי שרית ליה אתי לכבויי כדמפרש בגמרא אבל נפלה דליקה בבית אחר מותר להציל הכל:

אליבא דמ"ד ניתנו לקרות בהן כ"ע לא פליגי דמצילין. והשתא ספרים שלנו מצילין דניתנו לקרות בהן משום עת לעשות לה' הפרו תורתך, כדאמרינן בהניזקין (גיטין ס.): **לא** ניתנו לקרות בהן. פירש רש"י דהיינו רבן שמעון בן גמליאל דפליג במתניתין בפ"ק דמגילה (דף ח:) דאף ספרים לא התירו שיכתבו אלא יוונית ופירש הרב פור"ת דהיינו טעמא כיון דלא ניתנו ליכתב אסור לקרות בהן משום דדברים שבכתב אסור לאומרן בעל פה וקשה דאין זה אי אתה רשאי לאומרו בע"פ כיון שאינו אומרו בלשון הקדש אלא בשאר לשון כשהן כתובין דהא שרי למימר בעל פה תרגום *כדמתרגם רב יוסף: **עילמית**. יוונית. אומר ר"י דאתיא כרבי יהודה דאסר שאר ספרים לכתוב יוונית ולא התיר אלא בס"ת בלבד אבל רבנן שרו אף בשאר ספרים כדאמר בפ"ק דמגילה (דף ט.): **ובידו** ספר איוב תרגום. משמע שבימי התנאים כבר נעשה תרגום כתובים וכן אמרי' במגילה (דף כא:) (ו) במגילה ובהלל אפילו עשרה קורין ועשרה מתרגמין מה שאין כן בתורה אע"פ שיונתן לא עשאו מ"מ שוב נעשה בימי התנאים ודלא (ז) כאומרים דתרגום של כתובים רב יוסף עשאו*: היו

עין משפט נר מצוה

א א מיי' פ"י מהלכות ס"ת הלכה ג טוש"ע יו"ד סימן רפב סעיף ה:
ב ב מיי' פכ"ג מהלכות שבת הלכה כו סמג לאוין סה טוש"ע או"ח סימן שלד סעיף יב:

רבינו חננאל

סתתם. דגרסי' התם א"ר ישמעאל אתוי דר' ברכיה ויבדיל שכן הוא מותר להדיח כבשים ושלקות. כלומר דברים שאתוריי בשרה וחותריי ביוה"כ ומשני לא מן המנחה ולמעלה מותר להדיח דאלמא שבת דחוקה היא ויבדיל מן המנחה ולמעלה. ושנינן מה נפשך כוס אין כאן נר אין כאן במה מבדילין א"ד אבין בתפלה: וראינו שפירש בה רבינו האיי הגאון נר ישראל יחיה ויפרח לעד. האי קושיא קושיא היא מיהו מהוא מילתא דבערב יוה"כ נמי הוה תקיעה להבטיל העם מן המלאכה ולהבדיל בין קודש לחול ולערבי יו"ט נמי איכא טובא אלא מיהו כד הוי ערב יוה"כ ועיו"ט חול. אלא כד הוי קודש לא תקעינן. ואע"ג דלא סיפרשא בתקיעות שהיו במקדש. דייקינן מהא דתנן בפ' קמא דשחיטת חולין (דף כו:) כל מקום שיש הבדלה אין תוקעין וכל מקום שיש תקיעה אין הבדלה כיצד יו"ט שחל להיות ערב שבת תוקעין אבל לא מבדילין מכלל דביו"ט שאינו ע"ש היו מבדילין אבל לא תוקעין*) מכלל דאי הוה יו"ט בתר חול היו תוקעין וראוי לדעת דהני כולהו שמעתתא אליבא דאחרים. אבל לדילן לא מיתרמי לן יוה"כ סמיך לשבת לא מלפניה ולא מאחריה. ומפרש בגמרא דהלול, דכד מיקלע כפורים בחד בשבא מרחינן ליה. ומקשינן ומי דחינן והתנן חלבי שבת קריבין ביוה"כ. וא"ר זירא כי הוינא בבבל אמרי' הא דתניא יוה"כ שחל להיות ע"ש לא היו תוקעין ובמוצ"ש לא היו מבדילין דברי הכל היא. ופרקי' הדא מתניתא אחרים היא דתניא אחרים אומרים אין בין עצרת לעצרת אין בין ר"ה לר"ה אלא ד' ימים. ואם היתה שנה מעוברת חמשה. וגרסינן בירושל' בתחלת מגילה. א"ר יוסי לית כאן חל להיות בשני חל להיות בשבת דאם חל להיות י"ד בשני צומא רבא בחד בשבא. ואם חל בשבת צומא רבא בעירובתא שמעינן מינה דאע"ג דסתם משנה היא דהויה היא ומשנת יחיד היא ולאו דסמכא היא. וכן כל משנה והלכה שהיא כיוצא בה. וכולן בדין ואודן בה תלוין שהלכה למשה מסיני שלא לקבוע יוה"כ סמוך לשבת בין מלפניה בין מאחריה ולענין קניבת ירק הלכתא יוה"כ שחל להיות בשבת אסור בקניבת ירק ואפילו מן המנחה ולמעלה. ואם חל להיות בחול מפצעין כאגוזים ומפרכין ברמונים ומותר בקניבת ירק מן המנחה ולמעלה אבל [משום] מיגדר [מילתא אסרוהו]: הדרן עלך ואלו קשרים

פרק טז כל כתבי הקדש מצילין אותן מפני הדליקה בין שקורין בהן בין שאין קורין בהן. פירוש קורין בהן בצבור. תורה הפרשה בתורה ואפטרתא בנביאים ושאין קורין בהן בצבור כתובים.

איתמר היו כתובין תרגום ובכל לשון רב הונא אמר אין מצילין. רב חסדא אמר מצילין אותן מפני הדליקה. ובכתבי הקדש שמתורגמין בלשון אחר בין בכתב עברי בין בכתב אחר. ר' יוסי אמר לא ניתנו לקרות בהן דא"ר יוסי מעשה באבא חלפתא שהלך אצל רבן גמליאל לטבריא ומצאו יושב על שולחנו של יוחנן בן הנזוף ובידו ספר איוב תרגום א"ל רבי זכור אני את רבן גמליאל אבי אביך שהיה עומד ע"ג מעלה בהר הבית והביאו לפניו ספר איוב תרגום ואמר לבנאי שקעוהו תחת הנדבך. אף הוא צוה עליו וגנזו ור' נמי הכי קאמר מניחו במקום התורפה והן כלין מאליהן. ולפום הכי תנא ר' יוסי אין מצילין אותן.

*) חסר וצ"ל ומדתנן יוה"כ שחל כמו"ש מבדילין ולא תוקעין.

מסורת הש"ס

(תוספ' פי"ד)
[מס' סופרים פ"ה ה"ט]
[בתוספתא אי' ר' יוחנן בן נזוף]
ס"א מתאבדין

הגהות הב"ח

(א) במשנה ואע"פ שכתובין: (ב) גמ' ואע"פ כו' ואע"פ ס' ולא ניתנו: (ג) שם תרגום ובכל לשון: (ד) רש"י ד"ה מצילין וכו' דשרי בהו וחסרון: (ה) ד"ה ומקק שלהן וכו' רקבובית. נ"ב עי' לעיל דף צ ע"א: (ו) תוס' ד"ה ובידו וכו' ובהלל ובמגילה אפילו עשרה. נ"ב כלומר אבל קודם זה לא נעשה בימי התנאים: (ז) בא"ד ודלא כאומרים. נ"ב ולא גרסי' ועשרה מתרגמין וכמו שפירש"י במגילה אלא כבר נעשה בימי התנאים כמו שמוכח הכא:

גליון הש"ס תוס' ד"ה לא ניתנו. כדמתרגם ר"י. עיין בב"ק דף ג ע"ב בתוס' ד"ה כדמתרגם:

עין משפט
נר מצוה

ג א מיי' שם הלכה כו סמג שם טוש"ע שם:

ד ב מיי' וסמג שם טור שו"ע שם סעיף יד:

ה ג מיי' שם טוש"ע שם סעיף יב:

ו ד מיי' פ"ב מהלכות מגילה הלכה ט סמג עשין ד טוש"ע או"ח סימן תרצא סעיף א:

ז ה ו ז ח מיי' פרק כג מהלכות שבת הלכה כח סמג לאוין סה טור שו"ע או"ח סימן שלד סעיף יב:

אילימא תנא קמא *דרבי יוסי ודילמא בהא קמיפלגי מר סבר ניתנו לקרות בהן ומר סבר לא ניתנו לקרות בהן אלא רבי יוסי ותנא דגיפטית *ת"ר *הברכות *והקמיעין אע"פ שיש בהן אותיות של שם ומעניינות הרבה שבתורה אין מצילין אותן מפני הדליקה אלא נשרפים במקומן [הן ואזכרותיהן] מכאן אמרו כותבי ברכות כשורפי תורה מעשה באחד שהיה כותב בצידן באו והודיעו את רבי ישמעאל והלך רבי ישמעאל לבודקו כשהיה עולה בסולם הרגיש בו נטל טומוס של ברכות ושקען בספל של מים ובלשון הזה אמר לו רבי ישמעאל גדול עונש האחרון מן הראשון בעא מיניה ריש גלותא מרבה בר רב הונא *היו כתובין בסם ובסיקרא בקומוס ובקנקנתום בלשון הקדש מצילין אותן מפני הדליקה או אין מצילין תיבעי למ"ד מצילין תיבעי למ"ד אין מצילין הני מילי היכא דכתיבי תרגום ובכל לשון אבל הכא דכתיבי בלשון הקדש מצילין או דילמא אפי' למ"ד מצילין ה"מ היכא דכתיבי בדיו דמיקיים אבל הכא כיון דלא מיקיים לא א"ל אין מצילין והא רב המנונא תנא מצילין א"ל *אי תניא תניא מאי תניא אמר רב אשי כדתניא *אין בין ספרים למגילה [מגילה ח.] אלא שהספרים נכתבים בכל לשון *ומגילה עד שתהא כתובה אשורית על הספר ובדיו בעא מיניה רב הונא בר חלוב מרב נחמן ס"ת שאין בו ללקט שמונים וחמש אותיות כגון פרשת ויהי בנסוע הארון מצילין אותה מפני הדליקה או אין מצילין א"ל ותיבעי לך פרשת ויהי בנסוע הארון גופה *היכא דחסר פרשת ויהי בנסוע לא קמיבעיא לי דכיון דאית ביה הזכרות אע"ג דלית ביה שמונים וחמש אותיות מצילין כי קא מיבעיא לי ס"ת שאין בו ללקט מאי א"ל *אין מצילין איתיביה *תרגום שכתבו מקרא ומקרא שכתבו תרגום וכתב עברית מצילין מפני הדליקה ואצ"ל תרגום שבעזרא ושבדניאל ושבתורה תרגום שבתורה מאי ניהו °יגר שהדותא ואף על גב דלית בה שמונים וחמש אותיות כי תניא ההיא להשלים איבעיא להו הני שמונים וחמש אותיות מכונסות או מפוזרות רב הונא אמר מכונסות רב חסדא אמר אפילו מפוזרות מיתיבי ס"ת שבלה אם יש בו ללקט שמונים וחמש אותיות כגון פרשת ויהי בנסוע הארון מצילין ואם לאו אין מצילין תיובתא דרב הונא *תרגמה רב חסדא אליבא דרב הונא *בתיבות ת"ר °ויהי בנסוע הארון ויאמר משה פרשה זו עשה לה הקב"ה סימניות מלמעלה ולמטה לומר

שאין

תורה אור

°בראשית לא

°במדבר י

רש"י

אילימא ת"ק. כרב חסדא ור' יוסי כרב הונא: דילמא. טעמא דת"ק משום דקסבר ניתנו לקרות בהן ונהי דר' יוסי קאי כרב הונא מיהו כרב חסדא לא קאי ולא חד דהא רב חסדא אפי' למ"ד לא ניתנו קאמר מצילין: הברכות. מטבע ברכות שטבעו חכמים כגון י"ח ושאר ברכות: ומעניינות הרבה. מפרשיות שהיו כותבין בקמיעין פסוקים ללחש כגון כל המחלה וכגון לא תירא מפחד לילה: נשרפין במקומן. אם נפלה דליקה בשבת: כשורפי תורה. שהרי לא ימלט בשבת: לבודקו. אם אמת היה הדבר: טומוס. קטלוג קונטריסים: היו כותבין. תורה נביאים וכתובים: תיבעי למ"ד. בנכתבים בכל לשון מצילין תיבעי למ"ד אין מצילין: דלא מיקיים. אין מתקיים כדיו: הא רב המנונא תנא. מצילין: מאי תניא. היכא תניא: מדקאמר מגילה בדיו. וקתני דהוא מן הדברים שבין ספרים למגילה ש"מ שאר ספרים נכתבים בסם ובסיקרא: בר חלוב. שם אדם: פ"ה אותיות. זהו שיעור לספר תורה שנמחק או בלה להיות עומד בקדושתו: כגון פרשת ויהי בנסוע הארון. שהוא ספר לעצמו כדלקמן ויש בה פ"ה אותיות: ללקט. שנשארת כאן תיבה ובמקום אחר תיבה: מהו. להצילן: ותיבעי לך לפרשה ויהי בנסוע הארון גופה. שנכתבה לבדה וחסרה אות מהו להצילה: שאין בו כדי ללקוט. ובאותו ליקוט עצמו ליכא אזכרות: תרגום שבתורה. יגר שהדותא ושבנביאים כגון כדנא תימרון להום (ירמיה י) שכתבו מקרא [א"נ] התרגום שבעזרא כתבו מקרא: כתב עברים. אותיות גדולות הן ואין דומות לכתב אשורית אף ע"פ שכתובין בלשון הקדש אלא שכתב האותיות משונות: ואין צריך לומר תרגום שבעזרא ושבדניאל ושבתורה. שכתבו תרגום כהלכתו: להשלים. אם היה בו כדי ללקט ותרגום זו משלימו מצטרף ומצילין בשבילו: תיובתא דרב הונא. דמדקתני ללקט מכלל דמפוזרות נינהו: בתיבות. הא דקתני ללקט דמשמע מפוזרות לא ללקט אות ואות לבד אלא ללקט תיבה שלימה תיבה כאן ותיבה כאן עד פ"ה אותיות וכי פלגינן באותיות המפוזרות: עשה לה סימניות מלמעלה ולמטה. להבדיל' מן הסמוכות לה: למעלה ולמטה. בתחלה ובסוף ויהי בנסוע הארון:

שאין

תוספות

היו כתובים בסם ובסיקרא כו'. משמע דפשיטא ליה שאין קורין בהן דאי קורין בהן פשיטא דמצילין כדאמר לעיל וקשה לרשב"א דבסמוך משמע דפשיטא ליה לריש גלותא גופיה דקורין בהן דקאמר והתניא מצילין והיינו ההוא ברייתא דמייתי שהספרים נכתבים בכל לשון ומגילה עד שתהא כתובה אשורית על הספר ובדיו אבל שאר ספרים נכתבין שלא בדיו ולפי מה שאפרש בסמוך דהך ברייתא איירי לענין הגלה אתי שפיר ולעולם אין קורין בהן:

אבל הכא כיון דלא מקיים לא. אע"ג דבפ"ב דגיטין (דף יט.) קרי להו דבר שמתקיים דתנן בכל כותבין בסם ובדיו ובסקרא ובקומוס ובקנקנתוס ובכל דבר שמתקיים אומר ר"י דהתם קרי ליה מתקיים טפי ממשקין ומי פירות דקתני התם בסיפא דאין כותבין בהן אבל אין מתקיימין כמו דיו אבל קשה לר"י דתנן בפ"ב דסוטה (דף יז:) גבי מגילת סוטה אין כותבין לא בקומוס ולא בקנקנתוס שנאמר ומחה כתב שיכול למחוק אלמא קומוס וקנקנתוס מתקיימין יותר מדיו ואומר ר"י דלעולם אין מתקיימין כמו דיו ואין יכול למחות כמו דיו לפי שנבלעין בקלף:

מגילה עד שתהא כתובה אשורית על הספר ובדיו. משמע דשאר ספרים לא בעי ספר ודיו וקשה דבפ' המוציא יין (לעיל דף עט:) משמע דספר תורה בעי ספר דתני' על הגייר ועל המטלית פסולה ומוקי לה בס"ת וה"ה על הדיפתרא אע"ג דלא חשיב ליה לענין פסול ה"נ לא חשיב ליה לענין כשרות דקתני על הקלף ועל הדוכסוסטוס כשירה ולא קתני דיפתרא ועוד תנן במסכת סופרים (פ"א) אין כותבין לא ע"ג דיפתרא ולא ע"ג נייר מחוק ועוד דמגילה פסולה אדיפתרא כדתנן פ"ב דמגילה (דף יז.) וכן מגילת סוטה פסולה אדיפתרא כדאמר בפ"ב דסוטה (דף יז:) משום דבעיא ספר וכ"ש ס"ת דנקראת כמה פעמים ספר ודיו נמי צריך כדאמר בפרק הבונה (לעיל קג:) כתבה שלא בדיו או שכתב האזכרות בזהב הרי אלו יגנזו ותירץ הרב יוסף דס"ת ודאי בעי ספר ודיו והכא איירי דווקא בשאר ספרים והא דלא קתני אין בין ספרים לס"ת ומגילה משום דס"ת נכתבים בכל לשון להכי לא עריב לה ואכתי קשה לר"י דתנן בפ"ק דמגילה (דף ח:) אין בין ספרים לתפילין ומזוזות אלא שהספרים נכתבין בכל לשון כו' ופריך בגמרא וספרים נכתבין בכל לשון ורמינהו מקרא שכתבו תרגום ותרגום שכתבו מקרא וכתב עברי אינו מטמא את הידים עד שיכתבנו בכתב אשורית על הספר ובדיו ומשני כאן בספרים כאן במגילה ורב אשי משני כי תניא ההיא בשאר ספרים ורבי יהודה היא אלמא בשאר ספרים נמי בעי רבי יהודה ספר ודיו והוא הדין לרבנן דלא אשכחן דפליגי רבנן עליה אלא בכתב אשורית אבל בספר ודיו לא אשכחן דפליגי ועוד קשה דשביק רב אשי התם שינויא קמא דמוקי לה במגילה ומסייע ליה ברייתא דהכא דקתני בהדיא דמגילה בעי שתהא כתובה אשורית וספר ודיו ורב אשי גופיה מייתי לה הכא ונראה לר"י דדוקא לענין הגלה מיתניא הך ברייתא דאין בין ספרים למגילה אלא שהספרים נכתבין בכל לשון ואפי' בלא ספר ודיו חשיבו לענין דמצילין אותו מפני הדליקה אע"ג דלא חזו לקריאה משום דיש בהו אזכרות אבל במגילה אין מצילין אלא א"כ ראויה לקריאה שתהא כתובה אשורית על הספר ובדיו לפי שאין בה הזכרה ולא"ת א"כ תקשה מברייתא דהכא דקאמר לעיל כל היכא דלא ניתנו לקרות בהן אין מצילין וי"ל דהא מסיק לעיל תנאי היא:

מיתיבי ס"ת שבלה אם יש בה כדי ללקט כו'. השתא משמע דמלשון ללקט קא פריך דמשמע אפי' מפוזרות ותימה א"כ אמאי קא בעי מעיקרא מכונסות או אפי' מפוזרות פשיטא דאפי' מפוזרות מדבעא רב הונא ס"ת שאין בו ללקט משמע הא יש בו ללקט מצילין אע"פ שהן מפוזרות:

רבינו חננאל

ושאר תנאי*) (דתנן) [דאמרי] מצילין לא מסיים מן מינהון סבר ניתנו לקרות בהן. ומאן מנהון סבר לא ניתנו לקרות בהן אלא האי תנא דגפטית. דתני אע"פ שלא ניתנו לקרות בהן מצילין אותן. ות"ק דר' יוסי בניתנו לקרות בהן פליג. וקי"ל כרב הונא דרב חסדא לגביה תלמיד הוא. והא דתנינן כל כתבי הקדש מוקים לה רב הונא בתרי בבי. כל כתבי הקדש מצילין אותן מפני הדליקה בין נביאי' שקורין בהן בין כתובים שאין קורין בהן. בר"א בכתבי הקדש הכתובים בלשה"ק [אבל אי הוי] אינו]כתבי הקדש כתובי' בכל לשון אין מצילין אותן מפני הדליקה ואפי' הכי טעונין גניזה והא ברייתא דתניא הברכות והקמיעות אע"פ שיש בהן של שם ומעניינות של תורה הרבה אין מצילין אותן מפני הדליקה ונגנזין במקומן הלכה היא. והלכה כדתנא רב המנונא שאם היו כתובים בסם ובסיקרא מצילין אותן אע"פ שאינו דבר של קיימא. ולענין בעיא דרב הונא בר חלוב מרב נחמן סוגיא דשמעתא. כל ס"ת דאית ביה פיסקא דאית ביה שם אע"ג דאין בו ללקט פ"ה אותיות מצילין אותו. והאי דתניאינר שהדותא מצילין אותו להשלים דאי איכא פ"ה אותיות אע"ג שמהןינר שהדותא מצילין אותו. והלכתא כרב הונא דהני פ"ה אותיות מכונסות ולא מפוזרות. ופי' מכונסות כדתרגמא רב חסדא אליבא דרב הונא בתיבו' אי יכול ללקט פ"ה אותיות מס"ת מתוך תיבות שלימות מצילין אותו כגון דמשכחת בראשית והיא מניה לשש. ויצא מניה לארבע. ואלה מניה לארבע. ויקרא מניה לחמש כולן תיבות שלימות עשרים (וא"ו) [או] פחות או יתר שמנין אותיותיהן פ"ה. אבל אותיות שמתוך תיבות שאינן שלימות אין מצילין כגון ויאמ מכלל ויאמר. אבר מכלל אברם או אברהם וכיוצא בהן. כל שנמצאת תיבה שלימה מונין אותיותיה להעלות לפ"ה אותיות וכל תיבה מקצתה מטושטשת אין אותיותיה המונחות עולות למנין פ"ה. ומשו"ה אמרן ללקט ואע"פ שהתיבות מפוזר' בטעמו' ושקין זה מזה: גליונים של ס"ת. איבעיא אם מצילין אותן ולא איפשיטא. ס"ת שנמחק מקום המחק אין בו קדושה דאמרינן כי קדוש היכא דאיכא כתב. ליכא כתב לא קדוש. ומשום דאית טעותא בנוסחאות בהא שמעתא כתבנא כולה. ת"ש ס"ת שבלה אם יש בו ללקט פ"ה אותיות מצילין אותו ואם לאו אין מצילין אותו. וליפוק ליה משום גליון. בלה שאני כלומר אם מצילין מפני הגליונים לא הוה צריך לדקדוקי בתר פ"ה אותיות. ושנינן בלה שאני מכלל כי אם לא בלה מצילין אותו מפני הגליונין אע"פ שאין בו ללקט פ"ה אותיות. ת"ש ס"ת שנמחק אם יש בו כדי ללקט פ"ה אותיות מצילין אותו ואם לאו אין מצילין אותו. ושנינן נמחק לא קא מיבעיא לן דכי קדוש כי איכא כתב. כי ליכא כתב לא קדוש. כי קא מיבעיא לי גליונות של מעלה ושל מטה ושבין דף לדף ושבין פרשה לפרשה שבתחילת הספר ושבסופו (מ"ש) [סאי].ת"ש גליונין של מעלה ושל מטה שבין דף לדף שבין פרשה לפרשה שבתחלת הספר ושבסופו מטמאין את הידים. ומשנינן דילמא כי חשיבי אגב ס"ת. אבל גליונים דלא מטמו את הידים לאו כוותיה אינון. וכיון דבעיא זו לא איפשיטא מחמרינן בבזיון כתבי קדש. ומצילין אותן הגליונין מפני הדליקה בשבת ותוב מהא דתניא הגליונין וספרי המינין אין מצילין אותן מפני הדליקה. מינו דדחינן ומוקמינן לה גליונין של ספרי מינין. ואקשינן מכלל דספרי מינין גופיהן מצילין. ושנינן הכי ספרי מינין הרי הן כגליונין. כלומר כשם שהגליונין שאין כתיבה עליהן אין להן כבוד ואין מצילין אותן. כך ספרי מינין מכלל שהגליונין של ס"ת מצילין אותן. והני ספרי מינין. ספרי תורה שכתבן מין אינון דקי"ל כר"נ דאמר נקיטינן ס"ת שכתבו מין ישרף. כתבו נכרי יגנז. נמצא ביד מין יגנז. ביד נכרי אמרי לה יגנז ואמרי לה קורין בו. אבל הספרים שחיברו אותן המינין דברי הכל ישרפו. דהא כתבי קדש שכתובין תרגום אפילו בהן

אם

*) נראה מזה דרבינו לא היה גורס אילימא ת"ק דר"י ודילמא בהא קמיפלגי רק היה לו גי' אחרת בזה וצ"ע.

מסורת הש"ס

ג"ל ור' יוסי

[לעיל סא: ע"ש תוספתא פי"ד מ"ס פ"ה הלכה ד]

[תענית יט: מו"ק ד. יומא לא: יבמות קיב: נדרים יט: זבחים סו: נד: מנחות קו: בכורות ז. חולין לג. תמורה לג. נדה כב: וע"ש פרש"י]

פורענות

(ואסור להפוך אותו על פניהם, וכשמלאו כך צריך להפכן) (מהרי"ל) - ‹וכן אסור להעמידו מהופך, שיהיו ראשי האותיות למטה, וכשמוצאו עומד מהופך, מהפכו ומעמידו כדרכו. **ואם** נפל ספר לארץ מחוייב תיכף ומיד להגביהו, אפי' אם לומד יפסיק ומגביהו, ונוהגין להגביהו ולנשקו - ערוה"ש›.

אות ב'

היו כתובים תרגום או בכל לשון, רב הונא אמר אין מצילין אותן מפני הדליקה

סימן שלד סי"ב - [א]**כל כתבי הקדש** - היינו תנ"ך וגמרא וכל הספרים, **מצילין** [ב]**האידנא מפני הדליקה, וקורין בהם, אפי' כתובים בכל לשון** - והא דנקט בלשון "האידנא", משום דרצה לסיים: אפילו כתובים בכל לשון וכו', **וביאור** הדבר, דהנה מצד הדין, תורה שבכתב אין כותבין אלא כתב אשורית, הוא הכתב של ס"ת, ובלשה"ק, ותורה שבע"פ, היינו הש"ס וכל הספרים, אסור לכתוב, אלא קורין אותם בע"פ, **ואם** שינה, הן תורה שבכתב שכתבו שלא כדין בכתבו או בלשונו, או אם כתב שבע"פ, אין קורין בהם, [ג]וגם אין מצילין אותם בשבת מפני הדליקה, דאסור לטלטלם כלל, ‹לכאורה דוקא אי ליכא אזכרות, עיין סי"ג›, **אבל** האידנא דבציר ליבא, כי נתמעט הדעת והזכרון, הותר לכתוב תורה שבע"פ כדי שלא ישתכחו, וגם בכל כתב ולשון, **וגם** תורה שבכתב בכל לשון ובכל כתב, כדי שיבינו כל העם את דברי התורה, כי אין הכל בקיאין בלשון הקודש, וסמכו כל זה על מה דכתיב: עת לעשות לה' הפרו תורתך, **ולכן** קורין בהן, ומצילין אותן מפני הדליקה בשבת.

וספרים שלנו שכתובים בלשונם של כותים ונמצא אצלם, יש להסתפק אם טעונים גניזה, דהא לא שרי לכתוב בלשון אחר ובכתב אחר אלא משום "עת לעשות לה'", ולהם מי התיר.

[ד]**ואפי' כתובים בסם ובסיקרא (פי' מיני צבועים) ובכל דבר** - קאי אכתובים בכל לשון, אבל אם היו כתובים התנ"ך בלשה"ק, לא הותר לקרות בהן אם היו כתובים שלא בדיו, **דמדינא** צריך לכתוב תנ"ך בלשון הקודש ובדיו, ונהי דהותר שאר לשון משום "עת לעשות לה'" כנ"ל, אבל לשנות מדיו לא הותר, דקל להשיג דיו, ‹**ועיין** בא"ר מובא בשעה"צ סי"ג דפליג ע"ז, **וכ"ז** הוא רק לענין לקרות בהם, אבל לענין הצלה מפני הדליקה, וכן לענין גניזה, הוא אפי' אם כתובין בסם וסיקרא, [ה]מפני האזכרות שבהן - פמ"ג›.

---

§ מסכת שבת דף קטו: §

אות א'

הברכות

סימן שלד סי"ב - [א]**וכן מטבע ברכות שטבעו חכמים, מצילין אותם מן הדליקה ומכל מקום התורפה, (פירוש מקום מגולה והפקר)** - שכ"ז הותר לכתוב בזמנינו, ולברך ולהתפלל בם, משום "עת לעשות לה'", וע"כ ממילא צריך להצילם מן הדליקה, וגם טעונים גניזה בחול, שלא יהיו מונחים במקום הפקר, [כן איתא בשו"ע, וכן משמע ברמב"ם דתלוי זה בזה. **ותמיה** לי, הא מוכח בגמרא קט"ו. דאפי' לרב הונא דלא ניתנו לקרות בהן, ג"כ טעונים גניזה, **ואף** דבברייתא סבר רבי דמניחן במקום התורפה וכו', הא קיימ"ל דסתמא במתניתין ומחלוקת בברייתא הלכה כסתם מתניתין, וצ"ע. **ואחד** מחכמי הזמן תירץ, משום דרבי הוא מכריע, ע"ש בגמרא].

אות ב'

והקמיעין... אין מצילין אותן מפני הדליקה, אלא נשרפים במקומן [הן ואזכרותיהן]

סימן שלד סי"ד - [ב]**הקמיעין שיש בהם פסוקים, אין מצילים אותם מפני הדליקה** - טעם דעה הראשונה, דבקמיעין אין שייך בהם טעם ד"עת לעשות לה'" וכו', דאין בזה תורה ללמוד או להתפלל, ע"כ אסור לכתוב אותם.

מיירי בחולה שאין בו סכנה, ובחולה שיש בו סכנה, מציל הקמיע שלו ויוציאה עליו דרך מלבוש.

[ג]**ויש אומרים שמצילים** - ס"ל כיון דאיתיהיב רשות למכתב ברכות, יש נמי רשות למכתב קמיעין.

והלכה כדעה הראשונה, ומ"מ כשיש בהן אזכרות, יש לומר דמצילין.

[**ודע**, דבכל מקום ששנינו דאין מצילין, היינו אף לחצר מעורבת אין מצילין].

אות ג'

היו כתובין בסם ובסיקרא בקומוס ובקנקנתום בלשון הקדש, מצילין אותן מפני הדליקה או אין מצילין

סימן שלד סי"ב - [ד]**כל כתבי הקדש** - היינו תנ"ך וגמרא וכל הספרים, **מצילין** [ה]**האידנא מפני הדליקה, וקורין בהם, אפי' כתובים בכל לשון** - והא דנקט בלשון "האידנא", משום דרצה לסיים: אפילו כתובים בכל לשון וכו', **וביאור** הדבר, דהנה מצד הדין,

---

באר הגולה

[א] שבת קט"ו [ב] תוספות והרא"ש והמרדכי וש"פ [ג] ‹פסקו הפוסקים כרב הונא דאמר אין מצילין - ב"י› [ד] שם בעיא ונפשטא [ה] ‹ע"ש ובמחה"ש, דלפי מסקנת התוס' כאן, פשיטת הגמ' תלוי במחלוקת תנאים, נמצא דליכא פשיטות אליבא דרב הונא, {ודלא כהבה"ג}, ומספק ראוי להחמיר, אי לא משום האזכרות› [א] הרא"ש והמרדכי ור"ן וש"פ [ב] הרשב"א בתשו' [ג] טור [ד] שבת קט"ו [ה] תוס' והרא"ש והמרדכי וש"פ

תורה שבכתב אין כותבין אלא כתב אשורית, הוא הכתב של ס"ת, ובלשה"ק, ותורה שבע"פ, היינו הש"ס וכל הספרים, אסור לכתוב, אלא קורין אותם בע"פ, **ואם** שינה, הן תורה שבכתב שכתבו שלא כדין בכתבו או בלשונו, או אם כתב שבע"פ, אין קורין בהם, וגם אין מצילין אותם בשבת מפני הדליקה, דאסור לטלטלם כלל, ‹לכאורה דוקא אי ליכא אזכרות, עיין סי"ג›, **אבל** האידנא דבציר ליבא, כי נתמעט הדעת והזכרון, הותר לכתוב תורה שבע"פ כדי שלא ישתכחו, וגם בכל כתב ולשון, **וגם** תורה שבכתב בכל לשון ובכל כתב, כדי שיבינו כל העם את דברי התורה, כי אין הכל בקיאין בלשון הקודש, וסמכו כל זה על מה דכתיב: עת לעשות לה' הפרו תורתך, **ולכן** קורין בהן, ומצילין אותן מפני הדליקה בשבת.

וספרים שלנו שכתובים בלשונם של כותים ונמצא אצלם, יש להסתפק אם טעונים גניזה, דהא לא שרי לכתוב בלשון אחר ובכתב אחר אלא משום "עת לעשות לה'", ולהם מי התיר.

[ו]**ואפי' כתובים בסם ובסיקרא (פי' מיני צבעונים) ובכל דבר** - קאי אכתובים בכל לשון, אבל אם היו כתובים התנ"ך בלשה"ק, לא הותר לקרות בהן אם היו כתובים שלא בדיו, **דמדינא** צריך לכתוב תנ"ך בלשון הקודש ובדיו, ונהי דהותר שאר לשון משום "עת לעשות לה'" כנ"ל, אבל לשנות מדיו לא הותר, דקל להשיג דיו, ‹ועיין בא"ר מובא בשעה"צ סי"ג דפליג ע"ז›, **וכ"ז** הוא רק לענין לקרות בהם, אבל לענין הצלה מפני הדליקה, וכן לענין גניזה, הוא אפי' אם כתובין בסם וסיקרא, ‹מפני האזכרות שבהן – פמ"ג›.

אות ד'

ומגילה עד שתהא כתובה אשורית, על הספר ובדיו

סימן תרצא ס"א - אין כותבין המגילה אלא בדיו, על הגויל או על הקלף, כספר תורה - גויל הוא העור שלא נחלק, ולא הוסר ממנו רק השער ותקנו שם, ומצד הבשר לא הוסר כלום. **וקלף**, עיין לעיל בסימן ל"ב ס"ז.

ואם כתבה במי עפצים וקנקנתום, כשרה - עיין בט"ז בשם הכ"מ, דמה שהכשירו במי עפצים, היינו עם גומא, דממי עפצים בלחוד פסול, וכן הסכים הגר"א בביאורו, דמשניהן יחד נקרא דיו, **וכן** קנקנתום דמכשרינן, היינו במי קנקנתום, דאלו קנקנתום לחוד בודאי פסול, **והגר"א** בביאורו פירש, דמה שאמר במי עפצים וקנקנתום, היינו שכתב בשניהם מעורבין יחד.

כתבה בשאר מיני צבעונים, פסולה. וצריכה שירטוט - היינו על כל שיטה ושיטה, **כתורה עצמה** - וע"כ חק תוכות פסול בה, **ודוקא** ברובה, אבל במיעוטה כשר בדיעבד, דלא גרע מהשמיט בסי' תר"צ ס"ג.

ואין העור שלה צריך לעבד לשמה; וי"א שצריך עבוד לשמה - וכן פסק ר' משה מינץ, [**ובדיעבד** יש להתיר, **ואם** אין מגילה אחרת רק זו, אפי' לכתחילה יקרא בה, **וטוב** שלא לברך עליה].

אות ד'*[ז]

תוס' ד"ה מגילה: במגילה אין מצילין אא"כ ראויה לקריאה שתהא כתובה אשורית על הספר ובדיו, לפי שאין בה הזכרה

סימן שלד סי"ג - [ח]**יש מי שאומר דמגלת אסתר, הואיל ואין בה אזכרות** - מפני שניתנה לכתוב בדתי פרס ומדי, לפיכך לא כתבו בה אזכרות, **אם אינה כתובה כמשפטה אשורית על העור ובדיו, אין בה קדושה להצילה מפני הדליקה.**

ובמג"א מסיק דכל זה הוא רק בזמן התלמוד, דאז היה אסור להצילה אא"כ כתובה כהלכתה, כיון שלא ניתן לכתוב וללמוד בה, **אבל** האידנא כיון דמשום "עת לעשות לה'" ניתן ללמוד בה, אפי' כתובה בנייר ובכל לשון, ממילא מצילין אותה מפני הדליקה ג"כ, כמו כל כתבי הקודש, **ורק** לענין אם כתבה בלשון הקודש ושלא בדיו, כי אם בסם וסיקרא, יש נ"מ, דבכל כתבי הקודש אפי' אם היו כתובין בסם וסיקרא, דאין קורין בהן, משום דבקל יכול לקנות דיו כמו סם וסיקרא, ולא שייך בזה משום "עת לעשות", אפ"ה מצילין אותן מפני הדליקה מפני האזכרות שבהן, **משא"כ** במגילה דלית בה אזכרות, אם כתבה בסם וסיקרא, אין קורין בה ואין מצילין אותה מפני הדליקה.

[**אבל** אם כתבה בשאר לשון, אז בין במגילה ובין שאר כתבי הקודש ניתן לקרות בה, ומצילין אותה מפני הדליקה ג"כ, דהואיל שכתובה בלשון אחר, אין קפידא לענין דיו - פמ"ג בביאור דברי מג"א, **ונ"ל** דהיכי דנכתבת או נדפסת על נייר, מסתברא דבזה גם המ"א מודה דקורין בה בכל גווני, הואיל דבלא"ה מקילינן משום "עת לעשות", והוא מיירי רק היכי דנכתבת על קלף].

[**ודע** דהא"ר פליג אעיקר דינא דהמג"א, וס"ל דהאידנא שהתירו משום "עת לעשות", אין נ"מ בין כתיבה בדיו או בסם וסיקרא, ואף לענין מגילה, ובכל גווני ניתן ללמוד בה, ומצילין אותה מן הדליקה].

וכ"ז בכ"ד ספרי קודש, אבל שאר ספרים פשיטא דנכתבים בסם ובסיקרא, בין היכא שכתובים בלשה"ק, ובין כשכתובים בכל לשון.

באר הגולה

ו **שם בעיא ונפשטא** ‹עיין בהערה לעיל, דהפוסקים ס"ל דאליבא דרב הונא לא נפשטא הבעיא› ז ‹ע"פ הגר"א› ח **המרדכי**

אות ה' – ו' – ז' – ח'

היכא דחסר פרשת ויהי בנסע לא קמיבעיא לי, דכיון דאית ביה הזכרות, אע"ג דלית ביה שמונים וחמש אותיות, מצילין

כי קא מיבעיא לי ספר תורה שאין בו ללקט, מאי, אמר ליה: אין מצילין

תרגום שכתבו מקרא, ומקרא שכתבו תרגום, וכתב עברית, מצילין מפני הדליקה

בתיבות

סימן שלד סי"ב - [ט]**וכן תרגום שכתבו עברי, כגון "יגר שהדותא", ו"כדנא תימרון להון"** - ור"ל שהשלים באלו התיבות החשבון של פ"ה אותיות וכדלקמיה, **דעל** אלו התיבות בלבד א"צ להצילם מן הדליקה, אפילו לא העתיקם לעברי, גמרא.

ועברי שכתבו תרגום, או בלשון אחר – (מ"א מצדד דה"ה אם היה כתוב ג"כ בכתב אחר שרי), **שאותו העם בקיאים בו** - אבל אם העם אינם מבינים אותו הלשון, אסור לכתבו ולהצילו, דלא הותר רק משום "עת לעשות לה'".

ודעת הר"ן בשם הראב"ד, דלא הותר לכתוב שאר לשון ולקרות בו כתבי הקודש [דוקא בתנ"ך] כי אם כשאינו בקי בלשון הקודש.

(**ואפילו** מי שבקי בלשה"ק ג"כ צריך להצילו מפני הדליקה, דהא ניתן לקרות בו באותו מקום למי שאינו בקי בלשה"ק).

[י]**וכן ספר תורה שיש בו ללקט פ"ה אותיות מתוך תיבות שלמות** - ר"ל שנמחק כל הספר, ונשאר רק תיבה אחת שלמה כאן ותיבה כאן, עד שבין כולם יש פ"ה אותיות, [רש"י], שעל ידי שיעור זה יש עדיין עליה קצת קדושת ס"ת, משום שכן נמצא בפרשת "ויהי בנסוע", **ולאפוקי** אם אינם נמצאים תיבות שלמות, רק אותיות מפוזרות, לא מהני אף שיש פ"ה אותיות, [גמ'], **וכ"ז** הוא רק לענין הצלה מדליקה, אבל לענין גניזה פשיטא דבעינן, [דלא גרע ממקק דאיתא בגמרא דטעון גניזה], **או שיש בו אזכרה, מצילין אותה.**

תורה שבכתב קודמת להציל לתורה שבע"פ, **ואפילו** תורה שבע"פ מושאלים או מושכרים לו, ואם לא יציל לתורה שבע"פ יצטרך לשלם לבעליהם, אפ"ה תורה שבכתב קודם, **והצלת** המת קודם לספרים.

באר הגולה

ט ברייתא שם | י שם מסקנת הגמרא

§ מסכת שבת דף קטז. §

אות א'

הגליונין של ספר תורה... אין מצילין אותן מפני הדליקה

סימן שלד ס"כ - [א]**הגליונים שלמעלה ושלמטה, ושבין פרשה לפרשה, ושבין דף לדף, ושבתחלת הספר ושבסוף הספר -** [ב]שנחתכו מן הספר, ‹בזה מסתפקו להש"ס אי נחתכו אם ניצולים או לא, [דאי לא נחתכו, תיפוק ליה דניצולים אגב הספר], ולא אפשטא, ולכן מספיקא אין מצילים – מחה"ש›, **או** שנמחק הספר ולא נשתייר בו פ"ה אותיות, דשוב אזל ליה קדושתיה של הקלף שתחתיו, וגם של הגליונים שסביביו, **אין מצילין אותם** - [דאילו מהקלף שתחת הכתב פשיטא ליה להגמ', דכיון שמתחילה לא נתקדש אלא ע"י הכתב, בטל ליה הכתב אזל ליה קדושתיה, ע"ש בגמרא, אלא דאפי' מהגליון בטלה הקדושה].

וכתב מהר"ם, שהיה תקנה בחרם שלא לקצץ גליון ספר, אפילו כדי לכתוב עליו. **ובמשאת** בנימין האריך על הגליונים של הספרים, שהקושרין הספרים חותכין אותן ומשליכין, והטעם, כיון דנהגו כך הו"ל כאלו התנו עליהם מתחלה, וא"כ אין מצילין אותן, ‹ר"ל דבהו אין ספק, אלא ודאי אין מצילים, דודאי לא קדשו – מחה"ש›, **ובאגודה:** המחתך בספרים, בחדשים מותר בישנים אסור, והטעם, דבחדשים כהתנו מתחלה דמי, והזמנה ג"כ לאו מלתא היא, **אבל** בשכבר למדו מהם, אף הגליונים נתקדשו בקדושת הספרים.

אות ב'

הגליונין של מעלה ושל מטה, שבין פרשה לפרשה, שבין דף לדף, שבתחלת הספר שבסוף הספר, מטמאין את הידים

רמב"ם פ"ט מהל' שאר אבות הטומאה ה"ו - וגיליון שבספר שלמעלה ושלמטה, שבתחלה ושבסוף, כשהן מחוברין לספר; וספר שנמחק ונשתייר בו שמנים וחמש אותיות, ומגילה שכתוב בה מן התורה שמנים וחמש אותיות כפרשת ויהי בנסוע הארון, הרי אלו מטמאין את הידים.

אות ג' – ד'

הגליונין וספרי מינין אין מצילין אותן מפני הדליקה וכו' שאם יבאו לידי שאני אשרוף אותם ואת האזכרות שבהן

סימן שלד סכ"א - [ג]**האפיקורסים, דהיינו האדוקים בעבודת כוכבים, וכן מומרים לעבודת כוכבים, שכתבו להם כתבי הקודש, אין מצילים אותם; ואף בחול שורפן עם האזכרות שבהן** - אפילו כתב אשורית על הקלף ובדיו, שכיון שהם אדוקים, בודאי כתבו אותן לשם ע"ג.

ומכאן יש להזהיר על אותן מטבעות של זהב וכסף, שטבעו אותן האדוקין לשם ע"ג, שאסורים לתלותם על הס"ת, וגם אין להחזיק אותם ברשותו, אלא יתיכם מיד, כדי שלא יהיה שום זכרון למעשיהם, **והרב** מו"ה יהודא מילר נסתפק אי מותר להתיכן, שמא אינם מינים לע"ג, **ובתשו'** חות יאיר מתיר להתיך המטבעות של שם בן ד' שנעשים במדינות שווידין, מטעם כי נטבעו להוציאם, והו"ל כאלו נכתבו בפירוש לשם חול.

מה שנוהגין באיזה קהלות, כשמברכין חולה וגובין מעות מכל אחד, ומניחין הכלי עם המעות לתוך ארון הקודש, לא יפה עושין, **ובלא"ה** אסור להשים לתוך ארון הקודש דבר של חול, ע"כ יש למנוע המנהג.

יו"ד סימן רפא ס"א - ס"ת שכתבו אפיקורוס, ישרף.

אות ה'

שאפילו אדם רודף אחריו להורגו, ונחש רץ להכישו, נכנס לבית ע"ז, ואין נכנס לבתיהן של אלו

יו"ד סימן קנז ס"ג - [ד]**מי שנתחייב מיתה, מותר לברוח לבית עבודת כוכבים ולהציל את עצמו** - ‹שיש להם חזק שלכבוד הע"ז אינם מוסרים להמית – חכ"א›. ‹**שאין** זה נהנה מע"ז מחמת שמודה שיש בה ממשות, רק שהם בטעותם ושקרותם אינם רוצים להמיתו משום כבודה, והוא אינו עושה כלום הודאה בה – לבוש›.

(וי"א דבשעת השמד, אסור) (כל בו) - ‹דאף לסברא ראשונה דסי' קנ"ה ס"ב, מ"מ לא גרע משאר איסורים דבשעת הגזירה יהרג ואל יעבור – גר"א›. ‹כיון ששעת השמד הוא, הם יאמרו מפני שמודה בה ומקיים גזירתן יניחוהו, והוי כעובר על דת שעושה רצונם, לבוש›. **(ועי"ל סי' ק"נ).**

אות ה'* [ה]

וכשם שאין מצילין אותן מפני הדליקה, כך אין מצילין אותן לא מן המפולת ולא מן המים ולא מדבר המאבדן

סימן שלד סי"ט - [ו]**כל מה שמותר להציל מפני הדליקה, מותר להציל ממים ומשאר דברים המאבדים.**

באר הגולה

[א] שם בעיא ולא אפשטא ופסקו הרי"ף והרא"ש ורמב"ם לחומרא [ב] ‹כי קמיבעי ליה שלמעלה ולמטה ובין דף לדף, ופי' רש"י ז"ל דקאי אס"ת שנמחק, נהי דמקום הכתב בטלה קדושתו, שלמעלה ולמטה אפשר לא בטלה קדושתן, ופריך ותיפוק ליה משום ההוא, ומקשה אספר שנמחק, נציל אותו משום הגליון, ומשני דגייז ושדי, שנחתך הגליון. **ולכאורה** דחוק לאוקמא הא דס"ת שנמחק דאיירי שנחתכו הגליונות, ועוד כיון דבטלה קדושת הספר עצמו לא ליבטיל קדושת הגליונות. **והיה** אפשר לפרש דמיבעיא ליה בגליונות מספר שלא נמחק, ופריך ותיפוק ליה משום הספר, ומשני דגייז ושדי, והגליונות הם בפני עצמן, ועליהם קמיבעיא ליה, **ונראה** דלא ניחא ליה לרש"י ז"ל לפרש כן, דמילתא דפשיטא היא דהגליון בפני עצמו אין להם קדושה, **אבל** מדברי הרמב"ם ז"ל נראה שפי' כן, וכתב בפשיטות דאין מצילין, משום דאיפשיטא ליה [ודלא כבאה"ג] מהא דבמס' ידים (פ"ג מ"ד) משמע דאין מטמאין את הידים אלא כשהן מחוברין לספר [וכמו שפסק לענין טומאה לקמן אות ב'] – קרן אורה› [ג] ברייתא שם [ד] טור בשם אביו הרא"ש בתשובות [ה] ‹ע"פ הגר"א וז"ל: ירושלמי שם, וכן משמע בגמ' קט"ז א', ופי' תוס' שם ד"ה כך כו' – גר"א›, ‹**מדהוצרך** לאשמעינן דאין מצילין גם מן המים, משמע דיותר מסתבר להציל מן המים, וכמ"ש בתוס' שם, דגבי דליקה איכא למגזר אי שרית להציל אתי לכבויי, משא"כ במים, ע"ש, **וא"כ** בכתבי הקודש דהתירו להציל מדליקה, כ"ש ממים – דמשק אליעזר› [ו] רי"ו

שאין זה מקומה ר' אומר לא מן השם הוא זה אלא מפני שספר חשוב הוא בפני עצמו כמאן אזלא הא דא"ר שמואל בר *נחמן א"ר יונתן °חצבה עמודיה שבעה אלו שבעה ספרי תורה כמאן כר' מאן תנא דפליג עליה דר' רשב"ג הוא דתניא רשב"ג אומר עתידה פרשה זו שתיעקר מכאן ותכתב במקומה ולמה כתבה כאן כדי להפסיק בין פורענות ראשונה לפורענות שנייה פורענות שנייה מאי היא °ויהי העם כמתאוננים פורענות ראשונה °ויסעו מהר ה' וא"ר *חמא בר' חנינא שסרו מאחרי ה' והיכן מקומה אמר רב אשי בדגלים °איבעיא להו הגליונין של ס"ת מצילין אותן מפני הדליקה או [א]אין מצילין אותן מפני הדליקה ת"ש ס"ת שבלה אם יש בו ללקט שמונים וחמש אותיות כגון פרשת ויהי בנסוע הארון מצילין ואם לאו אין מצילין ואמאי תיפוק ליה משום גיליון דידיה בלה שאני ת"ש ס"ת שנמחק אם יש בו ללקט שמונים וחמש אותיות כגון פרשת ויהי בנסוע הארון מצילין ואם לאו אין מצילין ואמאי תיפוק ליה משום גיליון דידיה מקום הכתב לא קמיבעיא לי דכי קדוש אגב כתב הוא דקדוש אזל כתב אזלא לה קדושתיה כי קמיבעיא לי של מעלה ושל מטה שבין פרשה לפרשה שבין דף לדף שבתחלת הספר שבסוף הספר ותיפוק ליה משום ההוא °דגייז ושדי ת"ש *[ב]הגליונין של מעלה ושל מטה שבין פרשה לפרשה שבין דף לדף שבתחלת הספר שבסוף הספר מטמאין את הידים דילמא אגב ס"ת שאני ת"ש [י]הגיליונין וספרי מינין אין מצילין אותן מפני הדליקה אלא נשרפין במקומן הן ואזכרותיהן מאי לאו גליונין דספר תורה לא גליונין דספרי מינין (א) השתא ספרי מינין גופייהו אין מצילין גליוני מבעיא הכי קאמר וספרי מינין הרי הן כגליונים גופא *הגליונים וספרי מינין אין מצילין אותם מפני הדליקה רבי יוסי אומר בחול קודר את האזכרות שבהן וגונזן והשאר שורפן א"ר טרפון *°אקפח את בני [ד]שאם יבאו לידי שאני אשרוף אותם ואת האזכרות שבהן [ה]שאפי' אדם רודף אחריו להורגו ונחש רץ להכישו נכנס לבית ע"ז ואין נכנס לבתיהן של אלו שהללו מכירין וכופרין והללו אין מכירין וכופרין ועליהן הכתוב אומר °[ו]אחר הדלת והמזוזה שמת זכרונך א"ר ישמעאל ק"ו *ומה לעשות שלום בין איש לאשתו אמרה תורה שמי שנכתב בקדושה ימחה על המים הללו שמטילין קנאה ואיבה ותחרות בין ישראל לאביהן שבשמים על אחת כמה וכמה ועליהם אמר דוד °הלא משנאיך ה' אשנא ובתקוממיך אתקוטט תכלית שנאה שנאתים לאויבים היו לי וכשם שאין מצילין אותן מפני הדליקה כך אין מצילין אותן לא מן המפולת ולא מן המים ולא מדבר המאבדן בעי מיניה (ג)יוסף בר חנין מר' אבהו הני ספרי דבי אבידן מצילין אותן מפני הדליקה או אין מצילין *אין ולאו ורפיא בידיה רב °לא אזיל לבי אבידן וכ"ש לבי נצרפי שמואל לבי נצרפי לא אזיל לבי אבידן אזיל אמרו ליה לרבא מ"ט לא אתית לבי אבידן אמר להו דיקלא פלניא איכא באורחא וקשי לי ניעקריה דוכתיה קשי לי מר בר יוסף אמר אנא מינייהו אנא ולא מסתפינא מינייהו זימנא חדא אזיל בעו לסכוניה אימא שלום דביתהו דרבי אליעזר אחתיה דרבן גמליאל הואי הוה ההוא *פילוסופא בשבבותיה דהוה

רש"י

שאין זה מקומה. שאינה ראויה לכאן דלאו בהליכות מסעות משתעי לעיל מיניה אלא בדגלים היתה ראויה ליכתב בפרשת במדבר סיני: לא מן השם הוא זה. לא זה השם של טעמי הסימניות דמקומה הוא דפרשה זו בתחלת מסע שנסעו מהר סיני *איירי כדכתיב לעיל מיניה (ג)ויהי בחדש השני בשנה השנית בעשרים לחדש נעלה הענן וגו': ז' ספרי תורה. דפרשה זו ספר לעצמו נמצא שלמעלה ספר לעצמו [ושלמטה ספר לעצמו] הואיל וזה מקומה נמצא ספר וידבר נחלק לג' ספרים: עתידה פרשה זו. לעתיד שיהו כל הפורעניות בטלין ולא ידאגו לפורענות ויצר הרע בטל: מאחרי ה'. בתוך ג' ימים למסעם התאוו האספסוף תאוה להתרעם על הבשר כדי למרוד בהקב"ה: הגליונין. קלפים חלקים וקס"ד השתא דבכל לדין שיהו חלקים קמיבעיא ליה כגון חלק שלמעלה ושלמטה ושנמחק כתבו ונעשה חלק: בלה שאני. דכיון שבלה אף הגליון בטל וכי מיבעיא ליה שהגליונין קיימים אלא שהכתב הלך: ותיפוק ליה משום גליון דידיה. דהיינו כל הספר תורה: מקום הכתב. שנמחק: לא מבעיא לי. דודאי מיגרע גרע דכי קדיש מעיקרא לאו לשם גליון חלק קדיש אלא אדעתא דכתב וכיון דאזל ליה כתב פקע מקדושתיה: של מעלה ומטה. דמתחלה לשם חלק קדיש והשתא כשנמחק כתב הספר כמי חלק היא: ס"ג ותיפוק ליה משום ההוא דגייז ושדי. והכי פירושא ותיפוק לי' דאע"ג דאין בו כדי ללקט פ"ה אותיות הוה ליה למיתני בברייתא מצילין משום ההוא ריוח של מעלה ומטה אלא לאו פשוט מיניה דאין מצילין ומשני דגייז ושדי שנחתכו הגליונים ולא נשתייר בו אלא מקום הכתב: שבתחלת הספר ושבסוף הספר. שכולן היו כתובין כמגילה כס"ת ואמרי' בב"ב בפ"ק (דף יג:) ראשו כדי לגול עמוד סופו כדי לגול היקף להקיף כל הכרך: מטמא את הידים. אם נגע בו ונגע בתרומה פוסלה דמגזירת י"ח דבר היא (לעיל דף יד.): דילמא אגב ס"ת. שלא נמחק כתב הספר אלא כולו קיים אם נגע בגליונים וכי מבעיא לן בנמחק הספר ואין כאן קדושה אלא משום גליון שמשו בעודו קיים: ספרי מינין. משרתים לע"ז וכתבו להן תורה נביאים כתובים כתב אשורית ולשון הקודש: וספרי המינין גופייהו מצילין. בתמיה: ספרי המינין הרי הן כגליונים. כקלפים חלקים שלא נכתב בהם מעולם: קודר. חותך חתיכות הקלף מקום השם: שאפי' רודף אדם להורגו. על עצמו קאמר: שהללו. נכרים העובדים ע"ז אינן מכירין שהרי בכך גדלו וכך למדום אבותם: ואחר הדלת והמזוזה שמת זכרונך. זכרון הוא בידך ולינה שכחה לך אלא שהשלכת אותי אחרי הדלת: כך אין מצילין אותן. אפי' בחול: דבי אבידן. ספרים שכתבו להם המינין להתווכח עם ישראל ומקום שמתווכחים שם קרי ליה בי אבידן: אין ולא. זימנין אמר ליה אין זימנין א"ל לא: לבי נצרפי. ע"ז וכך שמה: וקשה לי. שמורשן נעשו גבשושית ולדוחם בקש בא: אמרי ליה ניעקריה קשה לי דוכתיה. שתהא שם גומא אי נמי נסיתיו וקשה לי ריחו וכל זה שהיו מתיראין רב ורבא מלכת לבי אבידן שמא מתוך שיתווכחו יעמדו עליהם ויהרגום: מינייהו אנא. מכירי הם: פילוסופא. *מין°:

תוספות

פורענות ראשונה ויסעו וא"ר חנינא שסרו מאחרי השם. °פי' בקונטרס שמאז התחילו לשאול בשר ואומר ר"י דאין נ"ל כן אלא פורענות ראשונה כדאמר במדרש (ילמדנו) ויסעו שנסעו מהר סיני דרך שלשת ימים כתינוק היוצא מבית הספר שבורח לו והולך לו כך היו בורחים מהר סיני דרך שלשת ימים לפי שלמדו הרבה תורה בסיני אמר הקב"ה (ד)נסמוך פורענות לפורענות לאו אלא נפסוק פרשת ויהי בנסוע הארון*: ספרי מינין כו' א"ר טרפון כו'. אומר ר"י דאיירי בנאלא ביד מינין דאי כתבן מין הא אמר בפרק השולח (גיטין דף מה:) נמצא ביד מין יגנז כתבו מין ישרף ודוחק לומר דאתי כר"ט ודלא כרבנן ורבי יוסי:

כך אין מצילין אותן לא מן המים כו'. דלא תימא דוקא מן הדליקה אין מצילין משום דאי שרית ליה אתי לכבויי אלא אפילו היכא דליכא למיגזר מידי אסור לטלטלן ולהוציאן והך סיפא כרבנן דלרבי טרפון לא איצטריך:

פילוסופא. מין כדפי' בקונטרס ורבינו שמע [מיהודי אחד שבא מארץ יון ואמר] דבלשון יון פלוסופוס הוא דוד החכמה ואית דגרסי פילא סבא והוא לשון לצון שחוק כדאמר באיכה רבתי דפלי ביהודאי פירוש ששחק ונתלוצץ:

עין משפט נר מצוה

ח א מיי' פכ"ג מהלכות שבת הלכה כו טוש"ע או"ח סימן שלד סעיף כב:

ט ב מיי' פ"ט מהלכות שאר אבות הטומאות הלכה ו:

י ג ד מיי' פ"ו מהלכות יסודי התורה הלכה ח וס"א מהלכות תפילין הלכה יג טור טו"ע או"ח סימן שלד סעיף כא וטור טו"ע יו"ד סימן רפא סעיף א: [עי' תוי"ט פ"ס דאבות משנה ד]

יא ה טוש"ע יו"ד סימן קנז סעיף ג:

רבינו חננאל

אם מצילין אותן מפני הדליקה אי לא. ספרי מינין מיבעיא. ואלו פ"ה אותיו' כנגד פרשת ויהי בנסוע הארון. ופרשת ויהי בנסוע הארון ספר בפני עצמו הוא. ומקומו בדגלים ולמה נכתב כאן. להפסיק בין פורענו' ראשונה שהיא ויסעו מהר ה' וגו' לפורענות שנייה. שהיא ויהי העם כמתאוננים וגו': ספרי דבי אבידן. חצר ידועה ויש בה ספרי הכמות מכל אומה ויש בה ספרי תור' קדש ונביאים וכתובי' כתובי' בלשה"ק. ומפני שאינו ידוע מי כתבו אי ישראל או זולתן. אמרו על ר' אבהו שהיה הדבר רפיא בידיה להורות עליהן להצילן או לא. וזה [בי] אבידן היו מתקבצין שם חכמי' ונבונים מכל אומה ונושאין ונותנין בדברי חכמה. וכן בי נצרפי. מהו בבי נצרפי היתה שם ע"ז. דגרסי' בע"ז איזו היא אשירה סתם. אמר שמואל כגון דאמרי הני תמרי נהווין לשכרא דבי נצרפי ושתו ליה ביום אידם. אמר אמימר אמרו לי סבי (דשם בריתא) [דפומבדיתא] הלכתא כשמואל והני מילי אלה שהיו באותו זמן (הן) שעד אותה שעה לא טוכסין להן הטוכסוסין שהן עכשיו בידיהן אלא כת"עין היו יש מהן שומרין התורה ויש מהן שאינן שומרין וכולן קוראין אותה ויש מי שהיה קוראה בלשה"ק כיון דאסיקנא קוראין בהן בתורה ובנביאים. אבל בכתובים אין קוראין בהן.

רב נסים גאון

פט"ז כמאן אזל הא דא"ר שמואל בר נחמני חצבה עמודיה שבעה אלו ז' חומשי תורה כמאן כר'. דר' סבר ויהי בנסוע הארון ספר בפני עצמו א"כ על דעת ר' מתחילת ספר וידבר עד ויהי בנסוע הארון ספר בפני עצמו ופרש' ויהי בנסוע הארון ספר בפני עצמו ומן שם עד סוף ספר וידבר ספר בפני עצמו נחלק ספר וידבר לג' ספרים הרי ג' ספרי וידבר עם ד' ספרים הנשארים יהיו הכל ז' ובבראשי' דר' אושעיא בפרשת אלה תולדות יצחק (פרשה סד) תניא כוותיה ויקרא אותה שבעה כנגד ספר וידבר שהוא משלים ז' ספרי תורה והלא ה' הם אלא בר קפרא עבר מן ספר וידבר עד ויהי בנסוע הארון ספר בפני עצמו ויהי בנסוע הארון ספר בפני עצמו מן תמן ועד סופיה דספרא ספר בפני עצמו: בי נצרפי מן בתי ע"ז ומשכחת במסכת עירובין בפרק חלון (דף ס) ובמסכת ע"ז בפרק כל הצלמין (דף מח) אי זו היא אשירה סתם אמר רב כל שכומרין משמרין אותה ואין טועמין מפירותיה ושמואל אמר כגון דאמרי הני תמרי נינהו לשיכרא דבי ניצרופי ושתו ליה ביום אידם:

מסורת הש"ס

[כספי דאיירי לעיל מיניה] [ר"ל נחמני] משלי ט [תענית כט.] במדבר יא סס ידים פ"ג מ"ד פ"ה [תוספתא' פי"ד] [לעיל יז.] [זבחים יג.] ישעיה נז [סוכה נג: נדרים סו: מכות יא.] חולין קמא.] תהלים קלט [לעיל קיג. וש"נ] [פירוש תוזה בכוכבי ערוך] [ובע"ז דף מד: פירש רש"י פילוסופין חכמי האומות]

הגהות הב"ח

(א) גמ' דספרי מינין (השתא ספרי וכו' מבעיא תא"מ) ונ"ב ג"י רש"י וספרי מינין גופייהו מצילין: (ב) שם בעי מיניה רב יוסף: (ג) רש"י ד"ה לא מן השם וכו' כדכתיב לעיל מיניה ויהי בשנה השנית בחדש השני בעשרים בחדש: (ד) תוס' ד"ה פורעניות וכו' אמר הקב"ה לא נסמוך פורענות לפורענות אלא:

גליון הש"ס

גמ' איבעיא להו הגליונין. עי' מגילה דף לב ע"א תוס' ד"ה הלוחות: שם דגייז ושדי. עי' תשובות זכרון יוסף סימן יא ויב: שם אקפח את בני. לעיל דף יז ע"א זבחים דף יג ע"ב: שם לא אזיל לבי אבידן עי' ע"ז דף יז ע"א תוס' ד"ה הרחק: רש"י בד"ה פילוסופא מין. עי' מס' ד"א רבה פ"ס: תוס' ד"ה פורענות פי' בקונטרס. עי' תוי"ט פ"ס מ"ד דאבות:

עין משפט נר מצוה

יב א מיי' פכ"ג מהל' שבת הלכה יט סמג לאוין סה:

יג ב מיי' שם הלכה כח סמג שם טוש"ע או"ח סימן שלד סעיף טו עז:

יד ג מיי' שם הלכה כו טור שו"ע שם סעיף יז יח:

טו ד מיי' פ"א מהלכות ק"פ הלכה עז:

גמרא

דהוה שקיל שמא דלא מקבל שוחדא בעו לאחוכי ביה אעיילא ליה שרגא דדהבא ואזול לקמיה אמרה ליה בעינא דניפלגי לי בנכסי דבי נשי אמר להו פלוגו א"ל כתיב לן במקום ברא ברתא לא תירות א"ל מן יומא דגליתון מארעכון איתנטלית אורייתא דמשה ואיתיהיבת ספרא אחריתי וכתיב ביה ברא וברתא כחדא ירתון למחר הדר עייל ליה איהו חמרא לובא אמר להו שפילית לסיפיה דספרא וכתב ביה אנא לא למיפחת מן אורייתא דמשה אתיתי [*ולא] לאוספי על אורייתא דמשה אתיתי וכתיב ביה במקום ברא ברתא לא תירות אמרה ליה נהור נהוריך כשרגא א"ל רבן גמליאל אתא חמרא ובטש לשרגא: ומפני מה אין קורין כו': אמר רב לא שנו *אלא בזמן בית המדרש אבל שלא בזמן בהמ"ד קורין ושמואל אמר אפילו שלא בזמן בית המדרש אין קורין איני והא נהרדעא אתריה דשמואל הוה ובנהרדעא *פסקי סידרא בכתובים במנחתא דשבתא אלא אי איתמר הכי איתמר אמר רב לא שנו אלא במקום בהמ"ד אבל שלא במקום בהמ"ד קורין ושמואל אמר בין במקום בהמ"ד בין שלא במקום בהמ"ד בזמן בהמ"ד אין קורין שלא בזמן בית המדרש קורין ואזדא שמואל לטעמיה °דבנהרדעא פסקי סידרא דכתובים במנחתא דשבתא רב אשי אמר לעולם כדאמרן מעיקרא ושמואל כרבי נחמיה דתניא *אע"פ שאמרו כתבי הקדש אין קורין בהן אבל שונין בהן ודורשין בהן נצרך לפסוק מביא ורואה בו א"ר נחמיה מפני מה אמרו כתבי הקדש אין קורין בהן כדי שיאמרו בכתבי הקדש אין קורין וכ"ש בשטרי הדיוטות: **מתני'** °מצילין תיק הספר עם הספר ותיק התפילין עם התפילין ואע"פ שיש בתוכן מעות °ולהיכן מצילין אותן למבוי שאינו מפולש בן בתירא אומר אף למפולש: **גמ'** *ת"ר ארבעה עשר שחל להיות בשבת מפשיטין את הפסח עד החזה דברי רבי ישמעאל בנו של רבי יוחנן בן ברוקה וחכ"א °מפשיטין את כולו בשלמא לרבי ישמעאל בנו של ר' יוחנן בן ברוקה דהא איתעביד ליה צורך גבוה אלא לרבנן מ"ט אמר רבה בר בר חנה א"ר יוחנן דאמר קרא °כל פעל ה' למענהו והכא מאי למענהו איכא רב יוסף אמר שלא יסריח רבא אמר *שלא יהו קדשי שמים מוטלין כנבלה מאי בינייהו איכא בינייהו דמנח אפתורא דדהבא אי נמי יומא דאסתנא ורבי ישמעאל בנו של רבי יוחנן בן ברוקה האי *פעל ה' למענהו מאי עביד ליה שלא יוציא את האימורין קודם הפשטת העור מ"ט אמר רב הונא בריה דרב נתן משום נימין אמר רב חסדא אמר מר עוקבא מאי אהדרו ליה חברייא לרבי ישמעאל בנו של רבי יוחנן בן ברוקה הכי קאמרי ליה אם מצילין תיק הספר עם הספר לא נפשיט את הפסח מעורו מי דמי התם טלטול הכא מלאכה אמר רב אשי בתרתי פליגי בטלטול ופליגי במלאכה והכי קאמרי ליה אם מצילין תיק הספר עם הספר לא נטלטל עור אגב בשר

מי

משלי טז

רש"י

דהוה שקיל שמא דלא מקבל שוחדא. היה מוציא עליו שם שאינו מקבל שוחד מבעלי דינין הבאין לפניו והיה מקבלו בסתר: א"ל. פילוספא לר"ג מיומא דגליתון כו': שפילית. כל סוף הדבר הוא תחתית שלו ושייך למימר שפילית לסיפיה: נהור נהוריך כשרגא. יאיר אורך כשרגא רמזה שנתנה לו מנורה בשוחד: אמר לו ר"ג אתא חמרא ובטשא. דחפתו לארץ כלומר אני נלחתי בשוחד*[והכל כדי שישמעו המתאספים שם נבלותו ומי הוא]: בזמן בית המדרש. קודם אכילה היו דורשים: שלא בזמן בית המדרש. לאחר אכילה לא דרשו משום שכרות: פסקי סדרא בכתובים. *[היו רגילים לקרא בבהמ"ד פרשה בכתובים]: במקום בהמ"ד. שהחכם דורש דהיינו בבהמ"ד אבל בעלמא קורין: בין במקום בהמ"ד כו' בזמן בהמ"ד אין קורין. לפי שמבטלו מלילך אצל הדורש אבל שלא בזמן בהמ"ד כגון לאחר אכילה קורין: ושמואל. דאמר לעיל אפילו לאחר אכילה אין קורין: כר' נחמיה. אמרה למילתיה דלית ליה טעמא דאין קורין משום בטול אלא כדי שיאמרו קל וחומר לשטרי הדיוטות ומיהו שמואל הנהיג במקומו כדברי חכמים דמתניתי' דאמרי טעמא (דמתני') משום ביטול תורה הלכך לאחר אכילה דליכא דרשה קורין: שונין בהן. כגון מדרש שה"ש וקהלת: שטרי הדיוטות. כגון של חשבונות או איגרות השלוחות למלא חפץ: גמ' עד החזה. מתחיל מרגליו האחרונים עד החזה שיוכל להוציא אימורים שהקטר חלביו דוחין שבת ותו לא מפשיט מידי עד אורתא דצורך הדיוט הוא: למענהו. לכבודו: שלא יסריח. שהעור מחממו ומסריחו ואין זה כבודו להיות פרס אוכלי שולחנו מגואל: אפתורי דדהבא. שאינו מוטל בבזיון אבל לשמא יסריח חייש רב יוסף ורבא לא חייש עד אורתא: יומא דאסתנא. רוח צפונית שהיא בינונית לא חמה ולא צנה כדאמרינן ביבמות בפרק הערל (דף עב.) ואיזו רוח המסרחת רוח מזרחית בשעת החום כדאמרינן בגיטין (דף לא:) אפילו שכבת זרע שבמעי אשה מסרחת בו דכתיב (הושע יג) יבא קדים רוח ה' ממדבר עולה וגו' יש מפרשין יומא דאסתנא רוח דרומית שהיא צוננת אמת שרוח דרומית צוננת אבל אסתנא על כרחך צפונית היא ונוחה כדאמר בעלמא (עירובין ד' סה.) צריכא שמעתא צילותא כיומא דאסתנא ורוח דרומית היא בלשון ארמי יומא דשותא: קודם הפשטת העור. עד החזה: מ"ט. עור לאימורין מאי קא עביד: משום נימין. של צמר הנדבקין באימורין: חברייא. בני מחלוקתו: אם מצילין. בשבת: תיק עם הספר. ואע"פ שיש בתוכו מעות ומשום כבוד הספר שהוא צורך גבוה עבדינן בהדיה הצלת מעות שהן צורך הדיוט: לא נפשיט את הפסח. בתמיה משום צורך גבוה לא שרי צורך הדיוט בהדיה: התם. תיק ומעות דקמייתי ראיה מיניה טלטול בעלמא הוא: הכא. גבי פלוגתייהו דפסח דאיירי בה השתא מלאכה גמורה דהפשטה מאבות מלאכות היא: בתרתי פליגי. גבי פסח פליגי בטלטולו דאסר רבי ישמעאל לטלטל [הפסח] אחר שהוציא אימוריו אפי' מחמה לצל משום עור דלאו בר טלטול הוא (א)ולא דמי לשלחין דאמרן בבמה טומנין (לעיל מט.) שמטלטלין אותן דהתם עור בהמה גסה דחזי למישטחיה ולמיזגא עליה: והכי קאמרי ליה. תשובה לענין טלטול: לא נטלטל עור אגב בשר. דהוי נמי כבוד שמים דבשר דומיא דספר ומותר לטלטלו מחמה לצל ואגב בשר יטלטלו עור המחובר בו:

תוספות

ושמואל דאמר כר' נחמיה. ולא פליג אדרב דשפיר מודה למתני' דמפרש טעמא מפני ביטול בית המדרש קורין שלא בזמן בית המדרש אלא בא לומר דר' נחמיה פליג עלה דמתני':

וכ"ש בשטרי הדיוטות. פירש בקונטרס איגרות ותימה דנהגו העולם לקרות בכתב ואיגרות השלוחים ממקום למקום ולטלטלן ודאי שרי דהא ראויין לצור ע"פ צלוחית ונראה לר"י דלא קרי שטרי הדיוטות אלא שטרי חובות וכיוצא בהן אבל איגרות שרי דפעמים שיש בהן פקוח נפש ואפי' יודע שאין בו פקוח נפש מתיר ר"ת דלא הוי שטרי הדיוטות כיון שאין צריך למה שכתוב בה לפי שיודע מה שבאיגרות ואם אינו יודע שמא יש בו צורך גדול או פקוח נפש ושרי וכ"מ בירושלמי דקאמר מפני מה אין קורין בכתבי הקדש מפני שטרי הדיוטות שאם אתה אומר לו שהוא מותר אף הוא אומר מה בכך אם אתעסק בשטרותי משמע דווקא כעין חובות ושטרות קאמר וכן פי' רש"י לקמן *גבי גזירה שלא יקרא בשטרי הדיוטות דבשטרי מקח וממכר קאמר וכן הגיה בפי' כתב ידו ומיהו אותן מלחמות הכתובין בלע"ז נראה לרבינו יהודה דאסור לעיין בהן דלא גרע מהא דתניא בפ' שואל (לקמן קמט.) כתב שתחת הצורה והדיוקנאות אסור לקרות בהן בשבת ואפי' בחול לא ידע ר"י מי התיר דהו"ל כמושב לצים:

פליגי בטלטול כו'. פי' אחר שנפשט כל העור פליגי דרבנן שרו לטלטל שעדיין צריך לבשר שלא יתלכלך ור' ישמעאל אסר אבל כשאינו מופשט אלא עד החזה שרי לכ"ע לטלטל כדמוכח בסמוך ואע"ג דר' ישמעאל לא שרי להפשיט אלא עד החזה מ"מ פליגי במופשט כולו כגון שעבר בהפשיט אי נמי בתמידים ומוספים דמותר להפשיטן:

הכא

רבינו חננאל

חזר ופירש מפני מה אין קוראין בכתובים מפני ביטול בהמ"ד ומסייעא לה הא דתני העוסק במקרא מדה שאינה מדה כו'. ובית תלמוד ספי עדיף [מהעוסק] במקרא. אמר רב לא שנו שאין קורין בהן אלא בזמן בית המדרש. פי' בשעה שהחכמים יושבי' במדר' ומתעסקין בתלמוד. אבל שלא בזמן בהמ"ד כגון שכבר עמדו בעלי מדרש ונכנסו לבתיהן קורין. ושמואל [אמר] במקום שיש מדרש קבוע כו'. ואסקה רב אשי הכי לעולם כדקאמרינן מעיקרא. אמר רב אין קורין בזמן בהמ"ד כדאמרן אבל בזמן שלא בהמ"ד קורין. ושמואל אמר בין בזמן בהמ"ד בין שלא בזמן בהמ"ד אין קורין. דסבירא ליה כר' נחמיה וגזירה היא משום שטרי הדיוטות והלכתא כלישנא קמא בזמן בית המדרש אין קורין שלא בזמן בית המדרש קורין: ירושלמי (ה"א) אמר ר' יהושע בן לוי הדא אגדתא הכותבה אין לו חלק. הדורשה מתחרך. השומעה אינו מקבל שכר. מיומוי לא איסתכלית בה אלא חד זמן. ואשכחית כתוב בה קע"ה פרשיו' דיבור אמירה צווי שכתוב בתורה כנגד שנות[של] אהע"ה. שנא' לקחת מתנות באדם. וכתיב האדם הגדול בענקים. קמ"ז מזמורי' שכתוב בתילים כנגד שנות יעקב אבינו ללמד שכל קילוסין שישראל (עושין הללויה) מקלסין להקב"ה כנגד שנותיו של יעקב שנא' ואתה קדוש יושב תהלות ישראל קכ"ג פעמים שישראל עונין הללויה כנגד שני אהרן שנאמר הללויה הללו אל בקדשו לקדושו לאהרן קדוש ה' אפילו כן הוינא מיבעיא בליליא: מצילין תיק הספר עם הספר. אמרי רבנן דהאי תיק קאי לחודיה. ונוטלין ממקו' שהוא עם הספר וכן תיק [של] תפילין: י"ד שחל להיות בשבת ר' ישמעאל בנו של ר' יוחנן בן ברוקא אומר מפשיטין את הפסח עד החזה. סבר כיון דאיתעביד ליה צורך גבוה שיכול להוציא החלבים לא יפשוט יותר מזה. ורבנן סבר תפשוט כולו. וטעמא כל פעל ה' למענהו. מאי למענהו לעשות כבוד לקדשים: פי' יומא דאסתנא יום שמנשבת רוח צפון שאין הבשר מסריח בו. רבא אמר שלא יהו קדשים מוטלין בעורותיהן כנבילה. אבל אם הוא מוטל בשלחן של זהב שהוא דרך כבוד לא יפשיט יותר למטה מן החזה וכו'. וגרסי' בפסחים בפרק תמיד [נשחט] שהיו מפשיטין, דתנן י"ד שחל להיות בשבת מניח ידו על כתף חבירו כו'. ואמרינן עלה. תנא כל אחד נוטל פסחו בעורו ומפשילו לאחוריו. אמר רב עיליש סייח. פי' שהערביים מפשילין כליהן לאחוריהן. ור' ישמעאל בנו של ר' יוחנן בן ברוקא מוקים למענהו שלא יוצא האמורין קודם הפשטת העור כדי שלא ידבק שיער העור בחלבים: אמרו ליה רבנן (אין) [אי] מצילין תיק הספר עם הספר לא נפשוט (עור עם החזה) [את הפסח מעורו]. אמר להן מי דמי. הצלת תיק טלטול בעלמא הפשטת עור מלאכה דקא בעי ליה לעור. אמר רב אשי בתרי פליגי עליה במלאכה ובטלטול. והכי קאמרי ליה תינח הפשטה שהיא מלאכה טלטול מאי דאיגון

מסורת הש"ס

גי' רש"ל

גי' רש"ל

בספרים ישנים איתא אלא

[היינו הסטרה עי' תוס' לעיל כד. ד"ה שאלמלא וכו' וכ"כ תוספות להדיא במגילה כא. ד"ה ואין מפטירין]

[תוספ' פי"ד מ"ס פס"ו הלכה ג ע"ש]

לקמן קנג: מנחות סג.

[תוספ' דפסחי' פ"ד]

[זבחים פה:]

[נ"ל כל פעל]

הגהות הב"ח

(א) רש"י ד"ה בתרתי פליגי וכו' דלאו בר טלטול הוא הס"ד ואח"כ מ"ה והכי קאמרי ליה וכו' ד"ה לא נטלטל וכו' המחובר בו ולא דמי לשלחין וכו'. נ"ב כך קשיא היא אף להכרייא וע"ל בתוס' פ' במה טומנין דף מט בד"ה טומנין בשלחין:

גליון הש"ס גמ' דבנהרדעא פסקי סדרי. ע"ל דף כד ע"א תוס' ד"ה שאלמלא:

§ מסכת שבת דף קטז: §

אות א'

לא שנו אלא בזמן בית המדרש, אבל שלא בזמן בית המדרש קורין

רמב"ם פכ"ג מהל' שבת הי"ט - אף לקרות בכתובים בשבת בשעת בית המדרש אסור, גזירה משום ביטול בית המדרש, שלא יהיה כל אחד יושב בביתו וקורא וימנע מבית המדרש.

[א]סימן רצ ס"ב - [ב]אחר סעודת שחרית קובעים מדרש לקרות [ג]בנביאים ולדרוש בדברי אגדה - דאיתא במדרש: אמרה תורה לפני הקב"ה: רבש"ע כשיכנסו ישראל לארץ, זה רץ לכרמו וזה רץ לשדהו, אני מה תהא עלי, אמר לה: יש לי זוג שאני מזווג לך ושבת שמו, שהם בטלים ממלאכתם ויכולים לעסוק בך.

והעיקר יהיה אז ללמד לרבים את חקי האלהים ואת תורותיו, להורות הלכות שבת והאסור והמותר, **גם** להמשיך לב השומעים באגדה המדריכים את האדם ליראת שמים, **וכדאיתא** בילקוט ר"פ ויקהל: אמר הקב"ה למשה, עשה לך קהלות גדולות ודרוש לפניהם ברבים הלכות שבת וכו', להורות לישראל איסור והיתר וכו', **ולא** כמו שנוהגין עכשיו.

אין להמשיך הדרשה, שיבטל עי"ז סעודה שלישית.

[ד]ואסור לקבוע סעודה באותה שעה - בגמרא איתא: בתלת מילי נחתי בעלי בתים מנכסייהו, וחד מנייהו, דקבעי סעודתא בשבתא בעידן בי מדרשא, **והענין** כדאיתא בירושלמי: לא ניתנו שבתות ויו"ט לישראל אלא כדי לעסוק בהם בתורה, מפני שכל ימות החול הם טרודים במלאכתם, ואין להם פנאי לעסוק בה בקביעות, ובשבת הם פנוים ממלאכה ויכולים לעסוק בה כראוי, **לפיכך** אסור לו לפנות עצמו מדברי תורה ולקבוע סעודתו בשעה שדורשין בבהמ"ד דברי תורה ברבים, אלא יקדים אותה או יאחר אותה, **וזהו** תוכחת מגולה לאותן האנשים שמטיילין בעת ההיא בשוקים וברחובות, כי אפילו סעודת שבת שהיא מצוה, אסור אז מפני בטול תורה, וכ"ש לטייל ולהרבות אז בשיחה בטלה שאסור.

ולאכול בלי קביעות סעודה כמו שרגיל בימות השבוע, נראה שמותר, וכנ"ל בסי' רמ"ט ס"ב לענין ע"ש.

והנה כיון שהטעם שאסרו חז"ל קביעות סעודה אז, הוא מפני שיתבטל עי"ז מתורה וכנ"ל, **ממילא** נשמע דמכ"ש שצריך ליזהר שלא יגרום עי"ז ביטול תלמוד תורה דרבים, כגון מה שמצוי בעו"ה לאיזה אנשים, שמזרזין להעולם בשבת בקיץ, אף שעוד היום גדול, להתפלל מנחה ולקיים הסעודה ג', וגורמים שכל אנשי בהמ"ד יפסיקו מלמודם, **וכבר** אחז"ל: אמר ר' יוסי יהא חלקי ממושיבי בהמ"ד ולא ממעמידי בהמ"ד, [ממונים לעת האוכל לומר הגיע עת לעמוד ולאכול], **אם** לא שלא ישאר זמן להתפלל מנחה ולקיים הסעודה שלישית ביום כדין, אז בודאי נכון לזרז לזה.

הגה: ופועלים ובעלי בתים שאינן עוסקים בתורה כל ימי שבוע, יעסקו יותר בתורה בשבת מת"ח העוסקים בתורה כל ימי השבוע, והת"ח ימשיכו יותר בעונג אכילה ושתייה קצת, דהרי הם מתענגים בלמודם כל ימי השבוע (ב"י סי' רפ"ח בשם ירושלמי).

אות א'* [ה]

וכ"ש בשטרי הדיוטות

סימן שז סי"ג - שטרי הדיוטות, [ו]דהיינו שטרי חובות וחשבונות, ‹אסור לקרותם› - י"א משום "ממצוא חפצך", וי"א משום שמא ימחוק, **ואגרות של [ז]שאלת שלום, אסור לקרותם** - משום דמיחלף בשטרי הדיוטות, [רא"ש].

ואפי' לעיין בהם בלא קריאה, אסור - ‹ואע"ג דמשום ממצוא חפציך, דוקא דבור אסור אבל הרהור מותר›, דא"א כשמעיין שלא ישא ויתן בעניני השטרות, לבוש, **ומיירי** כשיודע מכבר מה כתיב בה, וכדמוכח לקמיה.

סימן שז סי"ד - [ח]לקרות באיגרת השלוחה לו, אם אינו יודע מה כתוב בה, מותר, ולא יקרא בפיו אלא יעיין בה - ‹טעם ההיתר›, דשמא יש בה דבר שהוא צורך הגוף, ואינו דומה לשטרי הדיוטות שהם רק צורך ממונו, [תוס' ושאר פוסקים], **והנה** אף דיש שאוסרים גם באופן זה, כמבואר בב"י, סמך בזה להקל באופן שלא יקרא רק יעיין בלבד, דבעיון בלבד ג"כ יש מתירים בשטרי הדיוטות, [**ואף** דסתם מתחילה להחמיר בעיון, הכא בצירוף שניהם יש להקל].

ואם הובאה בשבילו מחוץ לתחום, טוב ליזהר שלא יגע בה - משום מוקצה, שהובא מחוץ לתחום, {דמלבד זה אין שם מוקצה

באר הגולה

[א] ‹ע"פ הגר"א. **דאיתא** שם לא שנו אלא בזמן בהמ"ד כו', הרי דקובעין בשבת זמן מדרש - דמשק אליעזר› [ב] **מהא דאיתא במדרש תנחומא פרשת ויקהל** ‹ועיין מה שפי' רש"י, דקודם אכילה היו דורשים, **וראיתי** בספר מים חיים שכתב: דמסתבר ש"אכילה" שמתכוין אליה רש"י, היא הסעודה הגדולה והמרכזית של השבת שיש בה חשש שכרות, שהיא הסעודה השלישית, דשעת בית המדרש היתה מאחרי סעודת שחרית קלה, ואחריה היתה הסעודה השלישית נקבעת על היין עד מו"ש, וצ"ע› [ג] ‹לא בכתובים, שם: שקורין בהן היינו נביאים, ושאין קורין בהם היינו כתובים - גר"א. **ועיין** ברש"י במשנה, דנביאים היינו שמפטירין בהם, לא דזהו הדרשה, ודלמא כיון דהותר לקרות בהם משום ההפטרה, הדרשנים השתמשו בו להמשיך לב העם לדבריהם, וצ"ע. **ועוד** כיון דהעיקר להורות לעם את ההלכות האסור והמותר, וכמש"כ רש"י במשנה והטור, אמאי השמיט אותו המחבר, וצ"ע› [ד] **גיטין ל"ח** [ה] ‹כל אלו ההלכות ע"פ הבאר הגולה› [ו] **בפי' רש"י שם וקט"ז** [ז] ‹רש"י קט"ז - גר"א. ע"ש ובתוס'› [ח] **תוס' שם** ‹ד"ה וכ"ש› **ושכן משמע מהירושלמי והמרדכי בפ"ק דשבת וסמ"ג וש"פ**

עליהן אף דאינו כלי, דהלא ראוי לצור על פי צלוחיתו}, [תוס'], אלא יפתחנו הא"י והוא יעיין בה, **ואף** דדבר שהובא מחוץ לתחום קי"ל, דאסור ליהנות ממנה מי שהובא בשבילו, ואף הכא הלא הקריאה והעיון הנאה היא לו, **התם** טעמו משום גזירה, שמא יאמר לא"י שיביא לו מחוץ לתחום, אבל הכא באגרת לא שייך לומר כן, שאינו יודע מי ישלח לו, **וגם** י"ל דלא חשיב הנאה, כיון שאינו נהנה מגופה של מלאכה.

והאחרונים הסכימו דאין בזה משום מוקצה כלל, כדקיי"ל בסימן תקט"ו, דדבר הבא מחוץ לתחום אין בה איסור מוקצה, אפילו למי שהובא בשבילו דאסור ליהנות ממנו, הואיל וראוי לישראל אחר ליהנות ממנה, **ואם** מקפיד על אגרת להשתמש בו, כדרך הסוחרים המניחים אגרת המסחר במקום המוצנע שלא יאבדו, הם מוקצים ואסור לטלטלם.

(**והגר"א** מפקפק מאד על עצם הקריאה או העיון, **היוצא** מדברינו, דעל הנגיעה אין להחמיר כלל, אבל על הקריאה והעיון נכון מאד להחמיר מי שהובא בשבילו, **אם** לא לצורך גדול, דאז יש לסמוך על המקילין).

כ' האחרונים, נהגו שלא לקבל האגרת מיד הא"י המביא בשבת, אלא אומרים לו שיניח ע"ג קרקע או ע"ג שלחן, כי חוששין שמא טרם שיעמוד לפוש יטול הישראל האגרת מידו, ונמצא שהישראל יעשה גמר ההוצאה מרשות לרשות, שהא"י עשה עקירה וישראל הנחה.

ואם האגרת היא חתומה, אומר לא"י: איני יכול לקרותו כל זמן שאינו פתוח, וממילא יבין הא"י ויפתחהו, **ולא** יאמר לא"י בהדיא לפתחו, אם לא לצורך גדול, (ועיין לקמן סימן ש"מ סעיף י"ג).

סימן שז סט"ז - [ט]מליצות ומשלים של שיחת חולין ודברי חשק, כגון ספר עמנואל, וכן ספרי מלחמות, אסור לקרות בהם בשבת - ואין בכלל זה: יוסיפון, וספר יוחסין, ודברי הימים של ר"י כהן, ושבט יהודה, שמהם ילמדו דברי מוסר ויראה, וע"כ אפי' כתובים בלעז שרי.

ואף בחול אסור משום מושב לצים, ועובר משום: אל תפנו אל האלילים, לא תפנו אל מדעתכם - אל אשר אתם עושים מדעת לבבכם.

וכ"ש ההולך לטרטיאות וקרקסיאות, והם מיני שחוק, ושאר מיני תחבולות, וגם בפורים אין מותר רק השחוק שעושים זכר לאחשורוש, **ובעוה"ה** כיום נעשה דבר זה כהפקר אצל איזה אנשים, לילך לבית טרטיאות, והכתוב צוח ואומר: אל תשמח ישראל אל גיל וכו', **וגם** איכא בזה משום מגרי יצה"ר בנפשם, **ואחז"ל:** כל המתלוצץ נופל בגיהנם, שנאמר וגו', ויסורין באין עליו, שנאמר: ועתה אל תתלוצצו פן יחזקו מוסריכם.

ובדברי חשק איכא תו משום מגרה יצר הרע; ומי שחיברן ומי שהעתיקן, וא"צ לומר המדפיסן, מחטיאים את הרבים - וכן מוכרי ספרים הסוחרים בענינים כאלו, וממציאין אותם לקונים לקרות בהם, הם בכלל זה, **ואחז"ל:** גדול המחטיא לאדם יותר מן ההורגו, שההורגו הוא רק בעוה"ז, והמחטיאו הוא גם בעוה"ב.

(**אחז"ל:** כל המחטיא את הרבים אין מספיקין בידו לעשות תשובה, **והעונש** האמור בגמרא על המתלוצץ, שמזונותיו מתמעטין ויסורין באין עליו ונופל בגיהנם, בודאי נאמר גם עליהן, שאפילו מי ששומע ושותק, אמרו שעליו נאמר: זעום ד' יפל שם, וכ"ש מי שהביא לכמה מאות אנשים לכלל זה).

(**בגמר'** (קמ"ט) איתא: אסור להסתכל בדיוקנאות, וכתבו התוס' בשבת והרא"ש, דדוקא בדיוקנא העשויה לשם עבודת כוכבים, אבל לנוי שרי, וכן משמע דעת שארי הפוסקים, **ויש** מחמירין גם בזה, **וכתב** המ"א, דדוקא הסתכלות אסור לדידהו, אבל ראיה בעלמא שרי לכו"ע).

הגה: ונראה לדקדק, הא דאסור לקרות בשיחת חולין וספורי מלחמות, היינו דוקא אם כתובים בלשון לע"ז, אבל בלשון הקודש שרי. (וכנ"ל מלשון שכתבו התוספות פרק כל כתבי (ד"ה וכ"ש)**, וכן נהגו להקל בזה)** - דהלשון בעצמו יש בו קדושה, ולומד ממנו דברי תורה, **ולפי"ז** גם אגרת שלום הכתובה בלה"ק שרי לקרות, דיש ללמוד מתוכו הלשון, וגם כתוב בו כמה פסוקים של תורה.

[י]**אבל** האגודה והט"ז והב"ח ועוד הרבה אחרונים חולקין ע"ז ואוסרין, וכן הוא ג"כ דעת הגר"א, **ולפי"ז** גם באגרת שלום אין נ"מ בין לשון לעז ובין לשה"ק.

אך שטרי חובות וחשבונות, גם להרמ"א אסור אפילו בלה"ק, **ובדברי** חשק שהוא מגרה יצה"ר, לכולי עלמא אסור אפילו בלה"ק.

וכל שאסור לקרותו, אסור אפילו לטלטלו.

וגט מותר לטלטלו אע"פ שכתוב בלשון לעז, דיכול ללמוד ממנו דיני גט, [**ואם** מקפיד לצור ע"פ צלוחיתו, אסור לטלטל].

ולענין קריאת צייטונגי"ן בשבת, אף שבתשובת שבות יעקב מקיל בזה, הרבה אחרונים אוסרין, מפני שיש בהם ידיעה מעניני משא ומתן.

באר הגולה

[ט] **רא"ש שם בשם ר' יונה ותוס' בשם רבינו יהודה קט"ז** [י] (וז"ל התוס': ומיהו אותן מלחמות הכתובים בלע"ז, נראה לר"י דאסור לעיין בהם, דלא גרע מכתב שתחת הצורה וכו', עכ"ל, **ונראה** דצ"ל דלא עדיף, ומזה יליף רמ"א להתיר לשון הקודש, **ואינה** הוכחה, דתוס' נקטו כן למראה מקום על אותן מלחמות, ונתנו בהם סימן שכתובים בלשון לע"ז, אבל הלשון בעצמו אין בו קדושה, שהרי מצינו בפ"ק דשבת דבמרחץ אפי' דברים של חול יכול לספר בלה"ק, ותו דאכתי לא יצאנו מן מושב לצים אע"פ שכתובים בלה"ק שזכרו התוס' במלחמות, דבליצנות אין חילוק בלשון, וכבר חלק מו"ח ז"ל ע"ז, וכן עיקר - ט"ז)

אות ב'

מצילין תיק הספר עם הספר, ותיק התפילין עם התפילין, ואף על פי שיש בתוכן מעות

סימן שלד סט"ו - [יא]מצילים תיק הספר עם הספר, ותיק התפילין עם התפילין, אע"פ שיש בתוכן מעות; [יב]והוא הדין לשאר כתבי הקודש - ולא הצריכוהו לנערם ממנה, דילמא אדהכי והכי נפלה הדליקה על הספר גופא, [גמ'] **ואפילו** לדעה ראשונה דבס"ב, דמתיר להציל מעות לחוד מפני הדליקה, ג"כ ניחא הכא, דקמ"ל דמותר להציל המעות אגב הספר ואפילו לחצר שאינה מעורבת.

סימן שלד סט"ז - [יג]אם הניח תפילין בארנקי (פירוש כיס) מלא מעות, יכול להצילו מפני הדליקה או מפני הגנבים והגזלנים למקום שיכול להציל התפילין - היינו אפילו לחצר שאינה מעורבת.

[יד]ויש מי שאומר דהיינו דוקא כשהניחם שם מערב שבת - היינו לענין שיהיה יכול להציל לחצר שאינה מעורבת, **אבל** להציל לרה"י, מבואר לקמיה בסי"ז, דיש מתירין אפי' ע"י ככר ותינוק, כשמניח עליו בשעת הדליקה.

הנה בט"ז ומ"א כתבו דליכא בזה פלוגתא, [טו]דלכו"ע אסור לכתחלה להניח תפלין אצל מעות בשעת הדליקה כדי להציל המעות, ‹ואינו מועיל›, [טז]**אבל** אם הניח בשבת תפלין אצל מעות, ‹שלא לשם הצלה›, ואח"כ נפלה דליקה, פשיטא דשרי להצילו לכו"ע, וא"צ לנער המעות, ‹**ובע"ש** מותר אפי' להניח לכתחילה לשם הצלה, עיין בערוה"ש›, [יז]**ובביאור** הגר"א הכריע, דהעיקר כהמחבר, דלדעה ראשונה גם לכתחלה מותר להניח תפלין אצל מעות בשעת הדליקה, [**ומשמע** שם דמצדד כן להלכה].

אות ג'

ולהיכן מצילין אותן, למבוי שאינו מפולש

סימן שלד סי"ז - [יח]יש מתירים להציל דסקיא מלאה מעות, על ידי ככר או תינוק, מן הדליקה או מן הגנבים והגזלנים - והיינו שיכול ליתן אפילו לכתחלה בשבת להציל על ידם, אפילו המעות חשוב מהחפץ שמניח אצלו, ולא אמרינן בזה דיהיה בטל לגבי המעות, **ואע"ג** דבעלמא אסור לטלטל דבר המוקצה ע"י דבר היתר המונח עליו, דלא אמרו ככר או תינוק אלא לענין טלטול המת בלבד, הכא משום פסידת הדליקה הקילו בכל זה, **ועיין** ס"ב, דיש מתירין אפילו בלא ככר כלל.

[יט]ודוקא לרה"י, אבל לא לחצר שאינה מעורבת.

[כ]מצילין הספרים אפי' לחצר שאינה מעורבת), ולמבוי (פי' מקום שנכנסים ממנו לחצרות) [כא]שלא נשתתפו בו, [כב]ובלבד שיהיו בו שלשה מחיצות ולחי - אבל בלא לחי הו"ל ככרמלית, ולא הותר אפילו בשביל ספרים.

[**ועיין** בתו"ש שכתב, דלהפוסקים דס"ל דבזה"ז ליכא רה"ר, מותר ‹בכרמלית› להי"א הנ"ל בש"ג סי"ח, **אך** במבוי מפולש, נראה שאין להקל בעניננו, שהוא דרך הוצאה גמורה, אפי' בשביל ספרים].

סימן שלד סי"ח - [כג]כתבו משם גאון, שמותר לומר לאינו יהודי להציל ספרים מן הדליקה אפי' דרך רשות הרבים - דשבות דאמירה לא"י שרי מפני בזיון כתבי הקודש, ואף גמורות ושארי ספרים הוי בכלל זה.

אות ד'

ארבעה עשר שחל להיות בשבת... מפשיטין את כולו

רמב"ם פ"א מהל' קרבן פסח הט"ז - חל ארבעה עשר להיות בשבת, [כד]כמעשהו בחול כך מעשהו בשבת, ורוחצין את העזרה בשבת, שאין איסור שבות במקדש, אפילו בדבר שאינו צורך עבודה, איסור שבות במקדש היתר הוא.

באר הגולה

[יא] משנה שם קט"ז [יב] בעל התרומות וסמ"ג **[יג] שם בבעל התרומה [יד]** סמ"ג שם והמרדכי **[טו]** ‹דהא איתא בגמ' בהדיא, שמדינא היה צריך לנער המעות מתיק התפילין, וכמ"ש ססי' ש"י, אלא דחיישינן דלמא אדהכי והכי נפלה דליקה וישרפו התפילין, אבל אם שק מעות מונח במקום אחר ורוצה להביאו להניח בו תפילין, אם אפשר לנער המעות בדרך צריך לנערו, א"כ כ"ש דאסור להניח כיס התפילין בשק מעות בשעת הדליקה כדי להציל המעות - מ"א› **[טז]** ‹ולכן כתב המרדכי דיש להניחו שם מע"ש - מ"א. דבא למעט שלא להניחם בשבת בשעת הדליקה, אבל מודה דאם הניחן שם קודם הדליקה ואח"כ נפלה דליקה, דמותר להציל המעות אגב התפילין - מחה"ש› **[יז]** ‹דסברא הראשונה ס"ל דדיחוייה בעלמא היא, ומשם ראיה דמותר - גר"א. **אבל** לענין דינא אה"נ דיוכל להביא התיק עם המעות להציל התפילין - דמשק אליעזר› **[יח] טור בשם סמ"ג בשם הירושלמי וכ"פ ש"פ [יט] משנה שם קט"ז** ‹מדאמרינן מצילין תיק כו' דוקא משום ספרים - גר"א› **[כ] כאשר הגהתי כ"ה בטור וכן הוא מוכח שצ"ל כן [כא]** שבה"ל **בשם ר' ישעיה [כב] שם במשנה וגמ' וכת"ק** ‹עיין בהערה בדף קי"ז:› **[כג] שבה"ל שם** ‹כמו שהתירו בלא עירוב - גר"א› **[כד]** ‹כתב הרמב"ם בהל' י"ד: ותולין ומפשיטין את כולו. **והתימה** מהרב מהרר"י קארו ז"ל שכתב, דרבינו ז"ל פסק דלא כר"י בן ברוקא, ולכך כתב מפשיטין את כולו, דא"כ תיקשי דאמאי לא כתב דמן החזה ואילך שקול בברזי, **ואפי'** נאמר דרבינו ז"ל מ"ש {בהל' י"ד} הוא בחול, אבל כשחל להיות בשבת לעולם דאין מפשיטין אלא עד החזה, ופסק כר"י בן ברוקה, ודלא כהרב מוהרר"ק ז"ל, מ"מ קשה דלא פירש רבינו ז"ל כלל בי"ד שחל להיות בשבת, אלא אדרבה סתם {הכא} וכתב כמעשהו בחול כך מעשהו בשבת. **ואולי** יש לתרץ לרבינו ז"ל, שלא אמרו בגמרא כן אלא מפני מאי דאהדרו חברייא לרבי ישמעאל, אבל רבנן לעולם דסברי דהפשט בחול ובשבת שוה, ולדבריו דר' ישמעאל השיבו, {כזה כתבו תוספות בשבת קי"ז. {ד"ה דשקיל (בתרא)} לחד תירוצא}, ופסק כרבנן, ולכך סתם וכתב כמעשהו בחול כך מעשהו בשבת, ואין דעת התוס' ז"ל כן בריש פ' אלו דברים (דף ס"ח), ומ"מ כוונת רבינו ז"ל אפשר דכך היא - לחם משנה›

§ מסכת שבת דף קיז. §

אות א'

אומרים או לחי או קורה

סימן שסג ס"ג - מבוי שיש לו ג' מחיצות ופרוץ בצד רביעי, התירו בלחי, (פי' תרגוס הקרש האחד, לוחא חדא) - ואף דבחצר בעינן דוקא פס רחב ד' טפחים, הכא הקילו חכמים, **והטעם**, שכל שהוא עשוי יותר לדירה ולתשמישי הצנע, צריך מחיצות יותר גמורות, **ולפיכך** החצרות שדרכן של בעלי בתים להשתמש בהן יותר בתשמישי הצנע ולאכול, צריכות מחיצותיהן להיות יותר גמורות, שיהיה שם רה"י עליהן, מהמבואות שאין משתמשין בהן בתשמישי הצנע, ולפיכך די במבוי בלחי.

ועיין לקמן סכ"ו, שזהו דוקא כשאין רחב פתחו יותר מעשר אמות, ועוד פרטים, עי"ש.

שעביו ורחבו כל שהוא - אפילו פחות מאצבע, **שיעמידנו בפתח המבוי, ויהיה גבהו י"ט** - מרווחים ולא מצומצמים, ועשרה טפחים מהני אפילו למבוי שגבוה עשרים אמה.

ומכל דבר שיעשנו כשר, אפילו מבעלי חיים, ובלבד שיקשרנו שם בחבלים לכותלי המבוי ביתדות שיוצאים מן הכתלים בענין שאינו יכול לרבוץ, כדי שלא יתמעט גבהו מי"ט.

(ואפילו קשר שם אדם נמי הוי לחי, א"ז) - ומיירי שלא הודיעו שהעמידו לשם לחי, א"כ בודאי ילך לו, שלא יעמוד שם כל היום, לכן בעינן דוקא קשר, **ויש** מחמירין אפילו בהודיעו, שמא ישכח וילך משם, [**ולפי"ז** דמיירי בהודיעו, ע"כ מיירי שקשר מע"ש, דאסור לעשות מחיצה בשבת].

סימן שסג סי"ד - עוד יש הכשר אחר למבוי הפרוץ ברוח רביעית, בקורה - שעי"ז יהיה היכר שלא יבואו להחליף ולטלטל בר"ה גמורה, וגם שלא יבואו לטלטל ממנו ולחוץ, **שיניחנה על ראש המבוי** - ר"ל בקצה המבוי, ואם העמידו באמצע המבוי, עיין לקמן בסל"ב.

וצריך שיניחנה על כותלי המבוי, אבל אם נעץ ב' יתדות אצל המבוי בחוץ - היינו שתחב שני יתדות בשני הכתלים מזה ומזה לצד ר"ה, **אפי' בסמוך לו, והניחם עליהם** - היינו שהיתדות היו קצרות מאוד, וממילא כשהניח הקורה עליהם, היה סמוך להכתלים בלא שום הפסק בינתים, **פסול** - והטעם, דקורה ע"ג כתלים בעינן, שאין נראית שבא להכשיר המבוי אלא כשהוא תוך חללו של מבוי, שאין דרך שום תקרה ושום קורה לתתה אלא ע"ג הכתלים ולא מבחוץ.

(**בא** רק לאפוקי שלא יניחנה מבחוץ, אבל ה"ה דאפילו בחלל שפיר דמי).

ודוקא קורה, אבל לחי לא בעינן תוך חללו של מבוי, אלא אפילו חוץ לחלל המבוי, וכעין ההיא דסי"ג הנ"ל, **וטעמא** דמלתא, דלחי אפילו עומד בחוץ ניכר שבא להכשיר המבוי, משא"כ בקורה וכנ"ל.

ואם נעץ ב' יתדות בקרקע סמוך לכותלי המבוי מזה ומזה מבחוץ, והניח הקורה עליהן, כשר מטעם לחי, עי"ש וא"ר, [**ואיני** יודע אמאי לא כתבו דהא אית בזה נמי צוה"פ].

מי דמי התם נעשה בסיס לדבר המותר הכא נעשה בסיס לדבר האסור אלא הכי קאמרי ליה אם מצילין תיק של ספר עם הספר ואע"פ שיש בתוכו מעות לא נטלטל עור אגב בשר מי דמי התם נעשה בסיס לדבר האסור ולדבר המותר הכא כולו נעשה בסיס לדבר האסור אלא הכי קאמרי ליה אם מביאין תיק שיש בתוכו מעות מעלמא להציל בו ספר תורה לא נטלטל עור אגב בשר והיא גופה מנלן אילימא דמדהיכא דאית ביה לא שדי להו איתויי נמי מייתינן מי דמי התם אדהכי והכי נפלה דליקה הכא אדהכא והכי לישדינן אלא אמר מר בר רב אשי לעולם כדאמרינן מעיקרא ודקא קשיא לך *הכא טלטול והכא מלאכה כגון דלא קבעי ליה לעור והא *אביי ורבא דאמרי תרווייהו מודה ר"ש בפסיק רישיה ולא ימות דשקיל ליה *בברזי: ולהיכן מצילין אותן וכו': היכי דמי מפולש היכי דמי שאינו מפולש אמר רב חסדא שלש מחיצות ושני לחיין זהו מבוי שאינו מפולש ג' מחיצות ולחי אחד זהו מבוי המפולש ותרוייהו אליבא דרבי אליעזר דתנן *הכשר מבוי ב"ש אומרים לחי וקורה וב"ה *אומרים או לחי או קורה ר' אליעזר אומר שני לחיים א"ל רבה ג' מחיצות ולחי אחד מפולש קרית ליה ועוד לרבנן נציל לתוכו אוכלין ומשקין אלא אמר רבה שתי מחיצות ושני לחיין זהו מבוי שאינו מפולש שתי מחיצות ולחי אחד זהו מבוי המפולש ותרווייהו אליבא דרבי יהודה *דתניא יתר על כן אמר ר' יהודה מי שיש לו שני בתים בשני צדי ר"ה עושה לחי מיכן ולחי מיכן או קורה מיכן וקורה מיכן ונושא ונותן באמצע אמרו לו אין מערבין רה"ר בכך א"ל אביי לדידך נמי לרבנן נציל לתוכו אוכלין ומשקין
אלא

רש"י

(א)מי דמי. תיק הספר נעשה בסיס לדבר המותר דליקה דספר בר טלטול הוא ולדבר האסור כגון מעות: הכא. האי עור נעשה בסיס לדבר שכולו אסור בטילטול שהבשר אסור לטלטלו דלא חזי לאכילה עד אורתא דפסח אינו נאכל אלא בלילה ולאי ורבי ישמעאל לית ליה כבוד שמים בנאכל להדיוט ואפילו הוי עור תורת כלי עליו מיתסר משום דהוי בסיס לאיסור וכ"ש דהוא גופיה לאו בר טלטול הוא: אם מביאין תיק שבתוכו מעות. דהוי בסיס לדבר שכולו אסור ומניח בו ספר להצילו ואינו צריך להשליך המעות כדמפרש ואזיל לא נטלטל עור אגב הבשר: אי נימא דמדהיכא דאית ביה. מעות עם הספר לא שדי להו לא מצריך ליה תנא דידן למשדינהו כדקתני ואע"פ שיש בתוכו מעות: איתויי נמי מייתינן. מעלמא מאחת זוית הבית תיק ובתוכו מעות להניח בתוכו ספר ולהציל: מי דמי. היכא דהספר מונח עם המעות להיכא דהוא בא עכשיו להביאו עם המעות ולתת בו ספר: התם. דספר ומעות בתוכו להכי לא מצרכינן ליה למישדינהו: דילמא אדהכי והכי נפלה דליקה. על הספר: הכא. אדמייתי ליה נישדינהו דרך ביאתו: כדאמרינן מעיקרא. דלא פליגי אלא בהפשטה ומייתי רבנן ראיה מתיק הספר דמתני' דמצילין מעות אגב ספר לצרכי הדיוט אגב לצרכי גבוה הואיל וליכא שהות למשדינהו וה"נ אגב לצרכי גבוה דכל פעל ה' למענהו יפשיטו: ודקשיא לך כו' דלא בעי ליה לעור. אינו צריך לו לעור ואינו מתכוין להפשיטו משום עור ולא דמי להפשט אילים ותחשים דמשכן: והא ר"ש מודה בפסיק רישיה ולא ימות. והכא אע"ג דלא מיכוין מיפשיט הוא: דשקיל ליה בברזי. בחתיכות דקות מפשיטו וחותך דאין דרך הפשטה בכך ולאו מלאכה הוא אלא שבות: שני לחיים. לפתח שאין לו מחילה: זהו מבוי שאינו מפולש. כלומר מבוי הניתר בכל הלכותיו בין בעירוב בין בשאר דברים וכל היתר שאר מבואות יש לו כגון שיתופי מבואות: ותרווייהו. רבנן ובן בתירא סבירא להו כר"א דאמר אין מבוי ואפילו סתום ניתר בלחי א' ואשמעינן בן בתירא דבהצלת כתבי הקדש לא בעינן לחיים כרבי אליעזר: מפולש קרית ליה. נהי נמי דבעי ר' אליעזר לחיים מיהו מפולש לא מיקרי: ועוד לרבנן. דאמרי לשאינו מפולש וקאמרת דהיינו מבוי הניתר בכל הלכותיו: נציל לתוכו אף אוכלין ומשקין. כמו לחצר המעורבת ואמאי פלגינהו מהדדי דגבי ספר קתני למבוי שאינו מפולש וגבי אוכלין קתני להיכן מצילין אותן לחצר המעורבת דמשמע אבל למבוי לא: שתי מחיצות. מכאן ומכאן: שני לחיין. לחי לכל פתח ופתח: אליבא דרבי יהודה. דאמר בשתי מחיצות סגי ושני לחיים ואתא בן בתירא למימר דלגבי ספר מודה ר' יהודה דסגי בחד דג' מחיצות הוו: לדידך נמי. איכא למיפרך כאתקפתא דלעיל: לרבנן. כיון דאמרת דתרווייהו כר' יהודה לרבנן דאמרי לשאינו מפולש ומפרשי ליה לשאינו חסר כלום כר' יהודה דלא בעי אלא שתי מחיצות ושני לחיים אי הכי לרבנן יציל לתוכו אוכלין ומשקין כמו לחצר המעורבת:
אלא

תוספות

הכא נעשה בסיס לדבר האסור. פי' בקונטרס שהבשר אסור לטלטל שהרי אינו ראוי לאכילה עד הלילה ואינו נראה דא"כ היכי קאמר לא נטלטל עור אגב בשר כיון דבשר אסור לטלטל ונראה דלכ"ע בשר מותר לטלטל אע"ג דמאן דשרי *בשר תפל בעלמא לטלטל היינו משום דחזי לכלבים והכא לא חזי לכלבים מ"מ משום בזיון קדשי שמים שרי לכ"ע ובטלטול עור אגב בשר הוא דפליגי והא דקאמר הכא דהוי בסיס לדבר האסור היינו קודם שנשחטה היה בסיס לדבר האסור שכל הבהמה מוקצה היא מטלטול:

מי דמי התם אדהכי והכי נפלה דליקה. וא"ת אמאי לא קאמר התם נעשה בסיס לדבר המותר ולדבר האסור הכא נעשה בסיס לדבר האסור גרידא וי"ל דאין נראה לו לחלק כיון דהשתא סבור שיכול לנער מעות מן הכיס ואפילו הכי א"צ לנער ושרי כל שהוא עושה להצלת ס"ת ה"ה דשרי להביא תיק שיש בו מעות גרידא:

אדהכי והכי לשדינהו. משמע דאי לא מצי למשדי המעות הוה מצי להביא התיק עם המעות להביא בו ס"ת וא"כ כשאינו מופשט אלא עד החזה מותר לכ"ע לטלטל הואיל ולא מצי שדי ליה ולא פליגי אלא כשהופשט לגמרי כדפי' לעיל:

דשקיל ליה בברזי. פירש בקונט' דהוכא שבות בכה"ג וקשה דהוה ליה למיתני בפסחים בפרק אלו דברים (דף סה:) הפשט דדחי שבת בהדי הנהו שבות דקתני התם דדחו שבת ונראה לר"י דליכא אפילו שבות דאינו מפשיט כשיעור חשיבות עור יחד ולא דמי למפיס מורסא דהתם פתח קעביד אך שא"ל לו וכן לד מזיקין מ"מ לד הוא אבל הכא דלא קא עביד הפשט אפי' שבות ליכא:

(*דשקיל ליה בברזי). וא"ת דתני' בסוף תמיד נשחט (פסחים סה:) תנא *חשכה כל אחד ואחד נוטל פסחו בעורו אם כן לאו בברזי היה מופשט ומשמע דבשבת איירי דקאמתני' דהתם קאי דקתני ארבעה עשר שחל בשבת ואיכא למימר דלא קאי אשבת א"נ נוטלו בעורו שנפשט עד החזה ועוד אומר ר"י דאיכא למימר דרבנן לדברי רבי ישמעאל קאמרי לדידן מותר להפשיט לגמרי לדידך אודי לן מיהא דמותר להפשיט בברזי וא"ת לפי זה ה"ל למיחשב התם דחיית הפשט וי"ל דבפלוגתא לא קא מיירי דלר' ישמעאל לא דחי ליה הפשט כלל ואע"ג דחשיב הרכבתו והבאתו מחוץ לתחום דפליגי בה ר"ע ור' אליעזר לא חשיב לה פלוגתא דר"א דשמותי הוא ועוד דמההיא פלוגתא ילפינן דהזאה אינה דוחה להכי קתני לה:

שלש מחיצות ושני לחיים כו'. השתא האי דמפרש לה הכי ומוקי תרווייהו אליבא דר"א ולא בעי למימר שלש מחיצות ולחי א' אינו מפולש ובלא לחי זהו מפולש והוה מפרש אליבא דהלכתא היינו משום דסבר דבלא לחי כלל לא הוה שרי בן בתירא דהוי כרמלית ולא דמי לחצר שאינה מעורבת דסיפא:

ועוד לרבנן נציל לתוכו אוכלין ומשקין. (ואמאי נקט חצר מעורבת) ולדמפלגי בין חצר מעורבת למבוי הוה לן לפלוגי בין מבוי משותף למבוי שאינו משותף דבמשותף יהא מותר להציל לתוכו אוכלין ומשקין ואמאי נקט חצר מעורבת:

אלא אמר רבה כו'. תימה מה תירץ רבה מקושיא דנציל לתוכו אוכלין ומשקין ואומר ר"י דרבה רוצה לומר דרבנן סברי כרבי יהודה דוקא לצורך הצלת כתבי הקדש ולא לצורך אחר ואביי פריך משום דאינו נראה לו סברא שיסברו כר' יהודה לאלאין ומשני אביי ג' מחיצות כו' ולאביי לא סברי רבנן כר"א לאלאין דר"א להצלת כתבי הקדש סגי בלחי אחד כדמסיים ואזיל ואפילו לרבי אליעזר כו':
הא

עין משפט נר מצוה

טז א מיי' פי"ז מהלכות שבת הל' ב סמג עשין ה טוש"ע או"ח סימן שסג סעיף ג וסעיף יד:

מסורת הש"ס

[צ"ל התם]

לעיל עה: קג. קיא: לקמן קכ: קלג. קמג. סוכה לג: [כילה לו.] כתובות ו. בכורות כה.

עירובין יא:

עירובין ו. יב: כב. נט: נב.

לקמן קכח.

[ערוך פי' ברזא נקבים והכי קאמר מאן דבזע לי' לעור כשהוא מפשיטו מוכחא מילתא דלא בעי לעור ואין לו הנאה ממנו ולא דמי לפסיק רישא עכ"ל ולפי פי' זה יתיישב קושית התוס' ד"ה דשקיל הא דתניא בתמיד נשחט תנא חשכה וכו']

רש"ל מ"ז

[מלת חשכה ליתא שם ע"ש]

הגהות הב"ח

(א) רש"י ד"ה (מי דמי וכו' כגון מעות הכא האי וכו' אסור בטלטול) תא"מ ונ"ב ס"א ועיקר מי דמי תיק הספר נעשה בסיס לדבר המותר לטלטלו בלא שום דליקה דספר בר טלטול הוא הכא האי עור נעשה בסיס לדבר האסור בטלטול כו':

רבינו חננאל

דאינון סברי מטלטלין העור ע"ג בשר מקום שחישה כל חד לדוכתיה והוא אסר. ואהדרו ליה אם מטלטלין להציל תיק של ספר אנו לא נטלטל עור אגב בשר ואהדר להו מי דמי תיק נעשה בסיס לס"ת שמותר לטלטלו. עור נעשה בסיס לבשר אסור לטלטלו. אלא הכי קאמרו ליה כו' ודחה ר' ישמעאל מי דמי. התם תיק נעשה בסיס לס"ת שהוא מותר. ולמעות שהן אסורין הכא בבשר כולן אסור. והדר רב אשי ואמר הכי אהדרו ליה אם מביאין מעלמא תיק שיש בו מעות להציל לו ס"ת אנו לא נטלטל עור אגב בשר. והא מנ"ל אי נימא דדייקית מינה מה התיק שיש בו מעות וס"ת אינך מסיר המעות מתוך התיק ומציל הס"ת לברר אלא אתה מציל אפי' המעות כך אם יש מעות בתיק והצרכת להביאו להציל ס"ת אינך מסיר המעות מתוכו דילמא שני התם במקום שכבר הגיעה הדליקה עד הספר ואם יתעסק בהשלכת המעות תאכלם הלהבה. אבל במקום דהדליקה לא הגיעה [עדיין] והולכין להביא תיק להציל הספר. אם יש בתיק מעות אסור לטלטלן עד שישליכם. ושני רב אשי לעולם כדאמרינן מעיקרא. ודקא אמרת התם בתיק טלטול הכא בעור מלאכה כגון דמתכוין לגלות הבשר ואין כוונתו לעור. ואקשינן והא אביי ורבא דאמרי תרווייהו מודה ר"ש דסבר דבר שאינו מתכוין שרי בפסיק רישיה ולא ימות כגון זה אמרינן באומר הפשטים דאינו מתכוין לעור דומה לאומר הנני מתיך ראש זה העוף ואין כוונתי לשוחטו כגון זה ואפי' לר' שמעון שוחט הוא. ואסקי' דשקיל ליה בברזי. פי' ברזי נקבים והכי קאמר מאן דמבזע ליה כשהוא מפשיטו מוכחא מילתא דלא בעי ליה לעור ולא דמי לפסיק רישיה ולא ימות. ולהיכן מצילין אותו למבוי שאינו מפולש וכן הלכה. ולית הלכתא כבן בתירא דאמר אפילו למבוי המפולש והיכי דמי מבוי שאינו מפולש. שמצילין בו כתבי הקדש:
אמקה

אלא אמר רב אשי *שלש מחיצות ולחי אחד זה מבוי שאינו מפולש ג' מחיצות בלא לחי זהו מבוי המפולש ואפילו לרבי אליעזר דאמר בעינן לחיים הני מילי לאוכלין ומשקין אבל לספר תורה בחד לחי סגי:

מתני' מצילין *מזון ג' סעודות הראוי לאדם לאדם הראוי לבהמה לבהמה כיצד נפלה דליקה בלילי שבת מצילין מזון ג' סעודות בשחרית מצילין מזון ב' סעודות במנחה מזון סעודה אחת ר' יוסי אומר לעולם מצילין מזון שלש סעודות:

גמ' מכדי בהיתרא קטרח נציל טפי אמר רבא *מתוך שאדם בהול על ממונו אי שרית ליה אתי לכבויי א"ל אביי אלא הא דתניא *נשברה לו חבית בראש גגו מביא כלי ומניח תחתיה *ובלבד שלא יביא כלי אחר ויקלוט כלי אחר ויצרף התם מאי גזירה איכא ה"נ גזירה שמא יביא כלי דרך רה"ר גופא נשברה לו חבית בראש גגו מביא כלי ומניח תחתיה ובלבד שלא יביא כלי אחר ויקלוט כלי אחר ויצרף נזדמן לו אורחין מביא כלי אחר וקולט כלי אחר ומצרף ולא יקלוט ואחר כך יזמין אלא יזמין ואח"כ יקלוט °ואין מערימין בכך משום רבי יוסי בר יהודה אמרו מערימין לימא בפלוגתא דרבי אליעזר ור' יהושע קמיפלגי דתניא *אותו ואת בנו שנפלו לבור רבי אליעזר אומר מעלה את הראשון על מנת לשוחטו והשני עושה לו פרנסה במקומו בשביל שלא ימות רבי יהושע אומר מעלין את הראשון על מנת לשוחטו ואינו שוחטו ומערים ומעלה את השני רצה זה שוחט רצה זה שוחט ממאי דילמא עד כאן לא קאמר רבי אליעזר התם דאפשר בפרנסה אבל הכא דלא אפשר לא ועד כאן לא קאמר רבי יהושע התם משום דאיכא צער בעלי חיים אבל הכא דליכא צער בעלי חיים לא ת"ר *הציל פת נקיה אין מציל פת *הדראה פת הדראה מציל פת נקיה ומצילין מיום הכפורים לשבת אבל לא משבת ליום הכפורים ואין צריך לומר משבת ליום טוב ולא משבת לשבת הבאה ת"ר *שכח פת בתנור וקידש עליו היום מצילין מזון שלש סעודות ואומר לאחרים בואו והצילו לכם וכשהוא רודה לא ירדה במרדה אלא בסכין איני והא *תנא דבי רבי ישמעאל(א) °לא תעשה כל מלאכה יצא תקיעת שופר ורדיית הפת שהיא חכמה ואינה מלאכה *כמה דאפשר לשנויי משנינן א"ר חסדא *לעולם ישכים אדם להוצאת שבת שנאמר °והיה ביום הששי והכינו את אשר יביאו לאלתר *אמר ר' אבא בשבת חייב אדם לבצוע על שתי ככרות דכתיב לחם משנה *אמר רב אשי חזינא ליה לרב כהנא דנקט תרתי ובצע חדא אמר לקטו כתיב רבי זירא הוה בצע אכולה שירותיה אמר ליה רבינא לרב אשי והא מיחזי כרעבתנותא אמר ליה כיון דכל יומא לא עביד והאידנא הוא דקעביד לא מיחזי כרעבתנותא רבי אמי ורבי אסי כי מיקלע להו ריפתא דעירובא שרו עילויה אמרי הואיל ואיתעביד בה חדא מצוה ליתעביד בה מצוה אחרינא: כיצד נפלה דליקה כו': *ת"ר כמה סעודות חייב אדם לאכול בשבת שלש רבי חידקא אומר ארבע א"ר יוחנן ושניהם מקרא אחד דרשו °ויאמר משה אכלוהו היום כי שבת היום לה' היום לא תמצאוהו בשדה רבי חידקא סבר הני תלתא היום לבר מאורתא ורבנן סברי בהדי דאורתא תנן נפלה דליקה בלילי שבת מצילין

תורה אור: (ויקרא כג) [נ"ל לא תעשה כל מלאכה שמות כ] (שמות יב) (שמות טז)

רש"י

אלא אמר רב אשי כו'. בין רבנן ובין בן בתירא כר' אליעזר סבירא להו דבעי ג' מחיצות וב' לחיים בעלמא והכא לגבי ספר אמרי רבנן מודה ר' אליעזר בלחי אחד ובן בתירא אמר דמודה ר' אליעזר אף בלא לחי: בחד לחי סגי ליה. מילתא דרבנן קא מפרשי: מתני' נפלה דליקה בלילי שבת. קודם אכילה: שחרית. קודם סעודה: לעולם הוא מציל. הואיל ויומא בר הכי הוא ובהיתרא טרח דהא בני טלטול נינהו ולחצר המעורבת ואפי' טובא הוה שרי ליה אי לאו משום גזירה וכדמפרש בגמרא: גמ' מכדי בהיתרא קטרח. חזו לטלטול ולחצר המעורבת: ואי שרית ליה. לאתעולי בהצלה כולי האי מתוך שהוא בהול מינשי ליה שבת ואתי נמי לכבויי: ויקלוט. קילוח הטפל מן האויר: ויצרף. סמוך לגג כעין שאיבה אלא שאינו ראוי לשאוב שהגג חלק והיין אינו בגומא מצרף כלי לגג שיזוב מן הגג לכלי והוא אוחז הכלי בידו: הכא מאי גזירה איכא. כיון דמידי דהתירא הוא אמאי לא יקלוט ויצרף: שמא יביא כלי כו'. מתוך שהוא מחזר על כלים הרבה ישכח ויביא: ולא יקלוט ואח"כ יזמין. אורחים דבשעת קליטה לא מיבעיא ליה: אין מערימין בכך. לזמן אורחים שאינן צריכין לאכול ויותירו: שנפלו לבור. בי"ט ואין שניהם ראוים לשחיטה ביום אחד: ואינו שוחטו. שמואל לו עלילה שמא חברו שמן ממנו: עד כאן לא קאמר ר' אליעזר. דאין מערימין: הציל פת נקיה. לשלש סעודות: לא יציל פת הדראה. פת קיבר שניטל הדרה לפי שאין ערמה כשרה לומר פת הדראה נוחה לי: אבל לא משבת ליום הכפורים. כגון אם חל יוה"כ באחד בשבת דהא לא אכיל עד לאורתא ולאורתא ליטרח ולייתי: ואין צריך לומר משבת לי"ט. דיכול להכין בו ביום: מרדה. כלי שרודין בו הפת ומפרידין אותו מכותל התנור שנדבק בה לא ירדה אותו במרדה שהוא דרך חול: ישכים אדם. בע"ש לטרוח ולזמן הוצאת שבת: והכינו את אשר יביאו לאלתר. בשעת הבאה הכנה והבאה בהשכמה היא דכתיב וילקטו אותו בבקר בבקר (שמות טז): לבצוע. ברכת המוציא: נקיט תרתי. אוחז בידו: לקטו כתיב. דמשמע אחיזה אבל בציעה לא כתיב משנה: בצע לכוליה שירותיה. פרוסה גדולה ודי לו בה לאותה סעודה ולכבוד שבת ונראה כמתאב סעודת שבת להתחזק ולאכול הרבה: כי מקלע לגו. פעמים שהעירוב בביתם ופעמים בבית אחד מאחר בני אדם: שרו ביה. היינו ברכת המוציא שהיא התחלת אכילה. שרו מתחילין: תלתא היום. למנין שלש סעודות בה: לעולם

תוספות

הא דתניא נשברה לו חבית בראש גגו. הקשה הרב פורת אמאי לא פריך ממתניתין דריש חבית (לקמן קמג:) דתנן חבית שנשברה מצילין ממנה מזון שלש סעודות ואומר לאחרים בואו והצילו לכם ובלבד שלא יספוג ותירץ דההיא איכא למימר כגון שהחבית בכרמלית דחיישינן שמא יעביר כלי ד' אמות בכרמלית אבל בהך ברייתא קתני בהדיא בראש גגו ור"י תירץ דהתם מיירי כשנשפך היין לארץ דחיישינן שמא יספוג אומר ה"ר שמואל בשם ר"ת דדוקא נשברה לו חבית אבל נסדקה ועושה טיף טיף מותר להביא כלים לקלוט ולצרף דאינו בהול כל כך להביא כלים דרך רה"ר כמו כשנשברה:

כלי אחר ויקלוט כלי אחר ויצרף. אומר ר"י דזו אף זו קתני לא מבעי לקלוט דמינכר שמציל דאסור אלא אפילו לצרף דלא מינכר כולי האי שהוא מציל אסור:

הציל פת נקיה לא יציל פת הדראה. אומר ר"י כשאפו בי"ט של פסח מצות מסולת נקיה שיש לו די לצורך י"ט אין אופין אחריהן פת של הדראה אלא מתחילה יעשה של הדראה ואחרי כן יעשה הנקיה:

אבל לא משבת ליום הכפורים. פירש בקונטרס למוצאי יוה"כ וא"ת פשיטא דחול גמור הוא ומ"ש משבת למוצאי שבת וי"ל דמצוה לאכול במוצאי יוה"כ כדפי' לעיל(ב) (דף קיד:) ועוד לפי שהתענו מותר יותר אי נמי ליום הכפורים עצמו קאמר ולהאכיל התינוקות:

והתנא דבי רבי ישמעאל כל מלאכת עבודה לא תעשו. וא"ת ואמאי מייתי קרא *דכל מלאכת עבודה דכתיב גבי י"ט הא אפי' בשבת דכתיב לא תעשה מלאכה סתם ולא כתיב עבודה שרי לתקוע ולרדות מן התורה כדמשמע הכא דלשבת מייתי לה ופירש רבינו שמואל דגרס *כל מלאכה לא תעשו ורשב"א מפרש דלעולם מכל מלאכת עבודה אימעיט תקיעה ורדייה ושבת ילפינן מי"ט דאין בין י"ט לשבת אלא אוכל נפש בלבד כדכתיב אך אשר יאכל לכל נפש (שמות יב):

שהיא חכמה ואינה מלאכה. וכיון דמדאורייתא שריא אע"ג דמדרבנן אסירא כדאמר בראש השנה (דף לג:) אין מעכבין את התינוקות מלתקוע הא נשים מעכבין הכא הוה לן למישרי משום ג' סעודות: במנחה

עין משפט נר מצוה

יז א מיי' פי"ז מהל' שבת הלכה ב ופכ"ג הלכ"ז סמג לאוין סה ועשין א טור שו"ע או"ח סימן שלב סעיף יז וסימן שסג סעיף א ג יד:
יח ב מיי' פכ"ג שם הלכ"א וסמג שם טור ושו"ע או"ח סימן שלד סעיף א:
יט ג מיי' פרק כ"ג שם הלכה טז סמג שם טוש"ע או"ח סימן שלה סעיף ג:
כ ד מיי' שם טור שו"ע שם סעיף ג:
כא ה מיי' פ"ב מהלכות יו"ט הלכה ד טור שו"ע או"ח סימן תצח סעיף י:
כב ו מיי' פכ"ג מהלכות שבת הלכה כח טור שו"ע או"ח סימן שלד סעיף ג:
כג ו מיי' שם טור שו"ע שם סעיף ד:
כד ח מיי' פכ"ג שם הל"א סמג שם טור ושו"ע או"ח סימן רנד סעיף ס:
כה ט טוש"ע או"ח סי' רנ סעיף א:
כו י כ מיי' פ"ל שם הלכה ט סמג עשין ל טור שו"ע או"ח סימן רעד סעיף א ב וסימן רפט סעיף א:
כז ל טוש"ע או"ח סימן שלד סעיף ב בהג"ה:
כח מ מיי' וסמג שם טוש"ע או"ח סימן רצא סעיף א:

רבינו חננאל

אסקה רב אשי ג' מחיצות ולחי א' והוא מבוי שאינו מפולש שאין בו שיתוף ולא עירוב וזה להציל כתבי הקדש אבל אוכלין ומשקין אין מצילין אלא לחצר המעורבת דהלכת' כת"ק. והא דאמר רבה ב' מחיצות ולחי אחד זהו מפולש. ב' מחיצות וב' לחיים זהו שאינו מפולש. ואליבא דר' יהודה דאמר מי שיש לו ב' בתים בב' צדי רה"ר עושה לחי מכאן ולחי מכאן או קורה מיכן וקורה מיכן ונושא ונותן באמצע והכי פי' דכד פסיק לה לרה"ר לרחבה מב' צדיה ב' בתים עושה לחי מיכן ולחי מיכן ומערב ונושא ונותן באמצע. והתם איכא פלוגתא דת"ק (וחנינא) [וחנניה] ורב אמר הלכה כת"ק. ושמואל אמר הלכה (כחנינא)[כחנניה]. וקאי במבוי שיש בו ב' מחיצו' בלבד כנגד זו וב' פתחים יש לו זה כנגד זה והאי איכא עליה לחי או קורה מיכן ולחי או קורה מיכן. לר' יהודה דלא מצריך דלת יכול לערב אותו. א"ל אביי א"כ למר נמי כיון שמתערב יצילו לתוכן אוכלין ומשקין. ובא רב אשי ופירק. ופלקא כותיה: מצילין מזון ג' סעודות. ואקשינן מכדי בהיתרא קא טרח דקתני מצילין להיכן מצילין לחצר המעורבת נציל טפי. ופרקי אמר רבה מתוך שאדם בהול על ממונו דאי שרית ליה להציל כל מאי דבעי אתי לכבויי. א"ל אביי ואלא הא דתניא נשברה לו חבית בראש גגו מביא כלי ומניח תחתיה ובלבד שלא יביא כלי אחר ויקלוט כלי אחר ויצרף. התם מ"ט לא יביא כלי אחר ויקלוט כלי אחר ויצרף והא בהיתרא קא טרח. אהדר ליה רבה התם נמי גזרו עליה דאי שרית לאתויי כלי [אחר יביא כלי] דרך רה"ר וכיון שנאסר מלהביא כלי אחר הרי זה מייאש ולא פשים באיסורא. והא דמי שנשברה לו חבית בראש גגו. סלקא דלאו בפלוגתא דר' אליעזר ור' יהושע היא. ולענין פת בתנור הלכתא כי הא דתניא שכח פת בתנור וקדש עליה היום מציל מזון ג' סעודות. ואומר לאחרים בואו והצילו לכם. ולא ירדה בטרדה אלא בסכין. ואע"ג דתנא דבי שמואל כל מלאכת עבודה לא תעשו. יצא תקיעת שופר ורדיית הפת שהיא חכמה ואינה מלאכה. כמה שאפשר לשנויי משנינן: אמר רב חסדא לעולם ישכים אדם להוצאת שבת שנאמר והיה ביום הששי והכינו לאלתר. והלכתא כר' אבא דאמר חייב אדם לבצוע על ב' ככרות בשבת.
ואיתא

מסורת הש"ס

[לקמן קכ.] לקמן קכ: (תוס' סי"ד) [ג"י סערוך בערך רד הרדאה פי' לחם עב ובלע"ז אנדרין] [שם] לקמן קלג: ע"ש ר"ה כט: ע"ש [לקמן קכח: וש"נ] [ברכות לט:] ברכות לט: כתובות סד: שמות טז

הגהות הב"ח

(א) גמ' והא תנא דבי ר' ישמעאל לא תעשו. נ"ב עי' בס' ר"א דמילה דף קלא ע"ב דגורס קרא דכל מלאכת עבודה לא תעשו:
(ב) תוס' ד"ה אבל וכו' כדפי' לעיל. נ"ב בס"פ אלו קשרים ממש וכ"כ התוס' סוף יומא דף פא בד"ה והאמר רב:

גליון הש"ס

גמ' ואין מערימין בכך. מו"ק דף יב ע"ב:

§ מסכת שבת דף קיז: §

אות א'

שלש מחיצות ולחי אחד, זה מבוי שאינו מפולש

סימן שלד סי"ז - [א](מצילין הספרים אפי' לחצר שאינה מעורבת), ולמבוי (פי' מקום שנכנסים ממנו לחצרות) [ב]שלא נשתתפו בו, [ג]ובלבד שיהיו בו שלשה מחיצות ולחי - אבל בלא לחי הו"ל ככרמלית, ולא הותר אפילו בשביל ספרים.

[ועיין בתו"ש שכתב, דלהפוסקים דס"ל דבזה"ז ליכא רה"ר, מותר ‹בכרמלית› להי"א הנ"ל בש"ג סי"ח, **אך** במבוי מפולש, נראה שאין להקל בענינינו, שהוא דרך הוצאה גמורה, אפי' בשביל ספרים].

סימן שסג ס"א - מקום שיש לו ג' מחיצות - היינו כגון מבוי שפתוח לרוח רביעית, או חצר שנפרץ אחד מכתליו, ובין שפתוח לכרמלית או לר"ה, **אסרו חכמים לטלטל בו** - שיעור ד' אמות, וטעם שאסרוהו, דכיון שרוח רביעית פתוח לגמרי, דומה קצת לר"ה, ואי נתיר בזה יבואו לטלטל גם בר"ה. **עד שיעשה שום תיקון ברביעית** - היינו כמבואר לקמן בסעיף ב' וג', לכל אחד כדינו.

(ו**לענין** אי מקרי רה"י מן התורה לחייב הזורק מתוכו לר"ה, יש פלוגתא בזה בין הראשונים, דלדעת הרמב"ם, לא מקרי רה"י מן התורה אלא בד' מחיצות, או עכ"פ בג' מחיצות שלימות, ולחי בכותל ד' דחשיב כמחיצה, וכן מוכח דעת ר"ח, **אכן** לדעת רוב הפוסקים, בשלשה מחיצות, או בשתי מחיצות ולחי, רה"י גמור הוא מן התורה, **ודע**, דאין נ"מ לדעה זו אם שתי המחיצות היו כמין גם, או שתי המחיצות היו זו כנגד זו, דגם בזה מקרי רה"י מן התורה, כיון שיש לו עוד לחי, **אכן** אם ר"ה מהלכת בין המחיצות, לכו"ע לא מהני בזה הלחי לשויה רה"י, כיון דרבים בוקעין בין המחיצות, **ודע עוד**, דיש קצת מן הראשונים דעושין הכרעה בין השיטות, ומובא בט"ז, דהיכא שפתוח המבוי או החצר הזה לר"ה, כיון דזמנין דחקי ביה רבים ועיילי לגויה, אין עליהם מן התורה שם רה"י).

סימן שסג ס"ג - עיין לעיל דף קי"ז.

סימן שסג סי"ד - עיין לעיל דף קי"ז.

אות ב'

מצילין מזון שלש סעודות, הראוי לאדם לאדם כו'

סימן שלד ס"א - [ד]נפלה דליקה בשבת, אם הוא בלילה קודם סעודה, יכול להציל כדי מזון שלש סעודות - ע"ל בסי"א, דלהציל מבית לחצר שלו, י"א דיכול להוציא כל מה שירצה.

(עיין בפמ"ג דמסתפק, דאפשר דיכול הבעה"ב להציל מזון ג' סעודות עבור כל אחד ואחד מבני ביתו, וכן בדין, דלא גרע ממה שמותר להציל כדי להאכיל לבהמה).

הראוי לאדם לאדם, והראוי לבהמה לבהמה – (משום דאסור לאכול קודם שיתן מאכל לבהמתו, ולכך מציל גם לבהמה מזון ג"ס).

ובשחרית, מזון שתי סעודות - [ה]הב"ח כתב, דאם הוא לאחר חצות, אפילו אם עדיין לא אכל, אין מציל כי אם מזון סעודה אחת, **ובפמ"ג** מפקפק בזה. **ובמנחה, מזון סעודה אחת.**

(**ופשוט** דשרי להציל לחם משנה לכל סעודה, ומשקים לצורך כל היום, דכל היום ראוי לשתיה, **אך** יין אינו שרי רק לצורך ג' סעודות).

[ו]ודוקא בני הבית שהדליקה בו לא יצילו יותר, משום דאיכא למיחש שמתוך שטרודים בהצלה ישכחו השבת ויכבו - והנה כאן אסרינן להציל כדי שלא יכבה, וגבי מת מתירין להצילו כדי שלא יכבה, **כתבו** התוספות ‹מ"ד. ד"ה מתוך›, דבמת אדם בהול עליו טפי, ולכך הוצרכו להתיר כדי שלא יכבה במזיד, **אבל** כאן דאין אדם בהול כ"כ, ואפילו אם לא נתיר לו לא יבוא לכבות במזיד, **ואם** נתיר לו, חיישינן שמא מתוך טרדתו ישכח ויכבה את הדליקה.

אבל בתים הקרובים ויראים שתגיע להם הדליקה, יכולים להציל כל מה שירצו - שאינם בהולים כ"כ, **וכתב** הח"א, ואפשר דלפי"ז גם אחרים חוץ מבעה"ב ואשתו ובניו מהבית שהדליקה בו שהם בהולים, אבל אנשים אחרים שאינם בהולים כ"כ, מותר להם להציל בשבילו, **ואפילו** מעות, דאין בו אלא איסור מוקצה, והיינו כדעת היש מתירין שהובא בסמוך, **אבל** אסור לטלטל בשבילו לכרמלית, [**ומה** דאיתא לקמן בס"ט, דאומר לאחרים בואו והצילו לכם, כל אחד מזון ג' סעודות דוקא, **היינו** משום דבעת הצלה הם מצילין כל אחד לעצמן, ולכך שייך גם בהם הטעם שהוא בהול להציל, **משא"כ** כשמצילין לבעה"ב].

באר הגולה

[א] **כאשר הגהתי כ"ה בטור וכן הוא מוכח שצ"ל כן** [ב] **שבה"ל בשם ר' ישעיה** ‹דבן בתירא מתיר אף במפולש, וע"כ בשלא נשתתפו, ורבנן לא פליגי אלא במפולש, **ואע"ג** שבגמ' אמרו ועוד לרבנן כו', {וע"כ דמיירי בערבו, דבאוכלין ומשקין איתא להדיא במשנה דבעי חצר מעורבת}, עתוס' שם ד"ה ועוד - גר"א› [ג] **שם במשנה וגמ' וכת"ק** ‹פי' רש"י ז"ל ותרוייהו כרבי אליעזר, ולפי פירושו קיימ"ל כבן בתירא {ולא מטעמיה}, דכיון דהקילו טפי בהצלת כתבי הקדש מהצלת אוכלין, ורבנן דבעו לגבי אוכלין ג' מחיצות ושתי לחיים כרבי אליעזר, אפ"ה שרו בכתבי הקדש אפי' בלחי אחד, אף אנו נאמר דכיון דקיימ"ל כבית הלל דאפי' אוכלין מצילין למבוי שיש לו ג' מחיצות ולחי אחד, לגבי כתבי הקדש נקל טפי, ואפי' אין לו אלא ג' מחיצות בלחוד בלא לחי נציל, וכן פסק הר"ז הלוי ז"ל, שגם הוא מפרשה כדברי רש"י ז"ל דתרוייהו אליבא דרבי אליעזר, **אבל** אין פירושם מחוור, דא"כ הו"ל לרב אשי למימר ותרוייהו אליבא דרבי אליעזר, כמו שאמר רב חסדא, ורבה נמי דאמר ותרוייהו אליבא דרבי יהודה, **אלא** רב אשי כבית הלל מוקי לה, אלא דכי היכי דלא תיקשי "אי הכי אפילו אוכלין ומשקין נציל", קאמר דבהא אפילו רבי אליעזר מודה בה, ומשום דבעי תנא למיתנייה אפילו לרבי אליעזר, לא מצי למיתני דנציל לתוכו אוכלין ומשקין, והשתא אתיא מתניתין כהלכתא, וכן פסקה הרב אלפסי בהלכותיו, ואף ר"ח ז"ל פסק כן הלכה כת"ק דמתניתין - חי' הרשב"א› [ד] **שבת קי"ז משנה** [ה] ‹פי' רש"י בלילי שבת. קודם אכילה: שחרית. קודם סעודה. **נראה** דכוונתו ליישב מה שקשה, דהו"ל למיתני נפלה דליקה ערבית, כדתני שחרית ומנחה, ומיישב כיון דסעודת ערבית אין לה זמן קבוע, דכל הלילה זמנה, להכי נקט בלילי שבת, לאורויי כל שהוא קודם אכילה אפילו בסוף הלילה, משא"כ שחרית, דוקא קודם סעודה, כלומר זמן סעודה עד סוף שעה ששית, אבל אחר שעה ששית עבר זמנה, ואינו מציל אע"פ שהוא קודם אכילה - ב"ח› [ו] **תוספות** ‹קט"ו. ד"ה כל› **ורא"ש והר"ן בשם ר"ת ושאר פוסקים**

ו"א דלפי מה שמבואר לקמן, דבזה"ז שאנו שרויין בין הא"י ויש חשש סכנת נפשות, דמותר לכבות, ממילא מותרין אפילו באותו בית שהדליקה שם להציל אוכלין כמה שירצו, וה"ה דברים המוקצים, וכמו שהדין בבית השכנים, כיון דאין לגזור שמתוך שיהיה בהול יבוא לכבות, דהרי בזה"ז מותר לכבות, **ואין** זה מוכרח, דאפשר שמתוך בהילתו יבוא לידי שאר מלאכות, להוצאה בר"ה וכדומה, **ומ"מ** אין למחות ביד המקילין, דלדעת הט"ז משמע ג"כ דבהצלת מעות מותר, אם אין עובר עג"ז איסור דאורייתא.

[ז]סימן שלד ס"ה - [ח]מצילין לחולה לזקן ולרעבתן, כבינוני - דלא חלקו חכמים בשיעור ג' סעודות, בין להקל בין להחמיר.

אות ג'

נשברה לו חבית בראש גגו, מביא כלי ומניח תחתיה; ובלבד שלא יביא כלי אחר ויקלוט, כלי אחר ויצרף

סימן שלד ס"ב - [ט]אם נשברה חבית בראש גגו, מביא כלי ומניח תחתיה - וכיון שהוא כלי אחד, אפי' מחזיק מאה סעודות מציל. **ובלבד שלא יביא כלי אחר ויקלוט, לקבל מן הקילוח באויר לאחר שירד מן הגג, ולא יביא כלי אחר ויצרף אותו לראש הגג** - דמתוך שהוא מחזר אחר עוד כלים, חיישינן שישכח שהוא שבת ויביאם ג"כ דרך ר"ה.

וכ"ז מיירי ביותר מג"ס, אבל בג"ס יכול להציל אפי' בכלים הרבה, ואפי' לקלוט ולצרף, **ובאמת** ביותר מג"ס אסור להציל בכלי אחר אף בלי קליטה וצירוף, וכנ"ל בס"א, אלא דאורחא דמלתא נקט, דכן דרך להציל בקילוט וצירוף, כ"כ בספר תו"ש, **ובספר** פמ"ג מצדד להחמיר בקליטה וצירוף אפי' עד ג' סעודות, **דאף** דקי"ל לעיל בס"א דעד ג' סעודות יכול להציל אפי' בכלים הרבה, היינו כשהם מונחים על הארץ, **אבל** ע"י קליטה וצירוף אסור בכל גווני כל שהוא יותר מכלי אחד, [**והביא** ראיה לזה מדברי הרמב"ם, **אבל** מדברי רש"י (ד"ה התם וד"ה שמא) משמע לענ"ד דדעתו כהתוספות שבת, דגריעותא דקילוט וצירוף הוא משום דהוא ע"י כלים הרבה, ולפי"ז מותר עכ"פ עד ג' סעודות].

ואם מציל בכלי אחד, מציל אפי' קולט או מצרף - ומותר אפי' ביותר מג"ס, דכיון דלא התירו כי אם בחד כלי, זכור הוא שהוא שבת, פמ"ג.

אות ד'

נזדמן לו אורחין, מביא כלי אחר וקולט כו'

סימן שלד ס"ג - [י]נזדמנו לו אורחים, מביא כלי אחר וקולט כלי אחר ויצרף; ולא יקלוט ויצרף ואח"כ יזמין האורחים, [יא]ולא יערים לזמן אורחים שאין צריכים לאכול - עיין במ"א שכתב, דלדעת הרמב"ם מותר להערים בזה לכתחלה.

הגה: ומיהו אם עבר ועשה, שקלט ואח"כ זימן אורחים, מותר (רמב"ם והמגיד) - משמע דאם לא זימן אף דיעבד אסור, והיינו רק עד מו"ש מיד, **ואם** היה בשוגג, ששגג בדין או ששכח שהוא שבת, מותר ליהנות מזה אף בשבת אפי' לו, וכ"ש לאחרים.

אות ה'

מעלין את הראשון על מנת לשוחטו, ואינו שוחטו, ומערים ומעלה את השני, רצה זה שוחט, רצה זה שוחט

סימן תצח ס"י - אותו ואת בנו שנפלו לבור, מעלה את הראשון ע"מ לשוחטו, ואינו שוחטו - שמוצא לו עלילה, שמא חבירו שמן ממנו, [רש"י]. **וחוזר ומערים ומעלה את השני** - דבהמות בעלמא שנפלו, בודאי מותר לו להעלותו אע"פ שאינו שוחט מהם, כיון שראויין לשחיטה, ואפשר יצטרך לו בתר הכי, **אבל** אותו ואת בנו שע"כ חדא לא חזיא, ומטלטל שלא לצורך, וע"כ צריך להערים, **והתירו** לו להערים משום צער בעלי חיים, ומשום הפסד ממונו.

רצה זה שוחט, רצה זה שוחט - ומשמע דעכ"פ מחויב לשחוט אחד מהם, **אכן** הרבה פוסקים הביאו בשם הירושלמי, דאם רוצה אח"כ שלא לשחוט אחד מהם, ג"כ הרשות בידו, דעכ"פ העלאה היתה בהיתר, **ומ"מ** כתב בעבודת הקודש להרשב"א, דראוי לחוש ולהחמיר ולשחוט אחד מהם, שלא יהא ניכר ההערמה.

אות ו'

הציל פת נקיה אין מציל פת הדראה; פת הדראה כו'

סימן שלד ס"ג - [יב]הציל פת נקיה, לא יציל פת הדראה, (פי' פת שניטל הדרה, דהיינו פת סובין) - דאין כאן שייכות ערמה, לומר: פת הדראה ניחא לי.

אבל איפכא שרי - מפני שיכול לומר: מחמת בהילותי שכחתי ולקחתי פת הדראה, אבל באמת אני רוצה לאכול פת נקיה, **ואפילו** לכתחלה יכול להציל פת הדראה ואח"כ נקיה.

באר הגולה

ז ‹מילואים› **ח ה"ה שם בשם הירושלמי** **ט ברייתא שם קי"ז** **י שם** **יא שם וכת"ק וכפי' רש"י** ‹ופי' רש"י ואין מערימין בכך, לזמן אורחים שאינם צריכים לאכול ויותירו, **ונראה** מדברי רבינו שהוא מפרש הברייתא כפשטא, דלא איירו כלל בעבר והערים, אלא באי שרי להערים לכתחלה או לא, ופסק כת"ק, **אבל** מדברי הרמב"ם והרב המגיד נראה, {וז"ל הרמב"ם: ולא יקלוט ואח"כ יזמין, אלא יזמין ואח"כ יקלוט, ואם הערים בדבר זה מותר. וז"ל ה"ה: ופסק רבינו כדברי האומר מערימין להקל בשל דבריהם}, שמפרשים דאין מערימין בכך, היינו לומר שאם הערים וקלט קודם שיזמין האורחים מותר, ופסק כרבי יוסי ב"ר יהודה להקל בשל דבריהם – ב"י. ‹**צ"ע** דמהיכא תיתי לאסור בדיעבד, ועוד דאין זו הערמה כיון דהזמין אורחים, **ולכן** נ"ל דהרמב"ם ס"ל, דמותר להערים לכתחלה לזמן אורחים שאין צריך לאכול – מ"א. ‹**ע"כ** פי' להר"מ אף לכתחלה מותר להערים אורחים שאינן צריכין לאכול, כפי' רש"י אין מערימין, ופסק כרבי יוסי בר יהודה דמערימין בשל דבריהם. **ולפי"ז** אף לכתחלה להר"מ מותר להערים להזמין אורחים שאינן צריכין. ומש"כ בדבר "זה", היינו הואיל ומדרבנן הוא. **וקצת** קשה, דכתב ואם הערים, משמע דיעבד – פמ"ג› **יב שם ברייתא**

וה"ה בשר ודגים או שאר שני מינים, אפי' אם הציל כבר מין אחד, יכול לומר: במין השני אני חפץ.

ואפילו הציל הוא פת הרבה, רשאים בני ביתו ג"כ להציל כל אחד מזון ג' סעודות, אף שיכולים לאכול משלו, דלכל חד התירו להציל ג' סעודות, דאפילו יש לו מה יאכל רשאי להציל, **וכן** אפי' מתענה בשבת תענית חלום, רשאי להציל, דלא חלקו חז"ל.

אות ז'

ומצילין מיום הכפורים לשבת, אבל לא משבת ליום הכפורים, ואין צריך לומר משבת ליום טוב, ולא משבת לשבת הבאה

סימן שלד ס"ד - [יג]מצילין מיוה"כ לשבת - דהא ביום השבת לא יוכל להכין.

ואע"ג דלא מקלע לדידן יוה"כ ושבת סמוכים להדדי, כתב השו"ע זה הסעיף לאשמועינן, דאם יוה"כ חל ביום ה', ויודע שלא ימצא לקנות על השבת ביום ו"ו, מצילין.

אבל לא משבת ליוה"כ - וכגון שחל יוה"כ באחד בשבת, דהא לא אכיל עד לאורתא במוצאי יוה"כ, ולאורתא ליטרח וליתי, **ויו"ט** - דהא יוכל להכין ביו"ט גופא, **ולא לשבת הבאה.**

[יד]אבל מיוה"כ למוצאי יוה"כ מצילין מזון סעודה אחת - מפני הסכנה, שיתענו עוד כשלא יזדמן להם מה לאכול, **ומ"מ** בשבת לא רצו להתיר מהאי טעמא למוצאי יוה"כ, דחמירא.

אות ח'

שכח פת בתנור וקידש עליו היום, מצילין מזון שלש סעודות, ואומר לאחרים בואו והצילו לכם; וכשהוא רודה לא ירדה במרדה אלא בסכין

סימן רנד ס"ה - ואם בשוגג, [טו]אם אין לו מה יאכל, מותר לו לרדות ממנו מזון שלש סעודות - ואם בפת אחד שהוציא יש בו כדי ג' סעודות, שוב אסור לרדות, אע"ג דאין לו לכל סעודה ככר שלם ולחם משנה.

והא דלא קנסינן גם בשוגג כמ"ש בס"ח, דלא מחלקינן שם בין שוגג למזיד, דכיון דאין לו פת אחר לאכול, וא"א לקיים מצות ג' סעודות בלא פת, שרי, אבל תבשיל אין חיוב כ"כ לאכול בשבת, **ואה"נ** דאם אין לו דבר אחר לאכול כלל, כי אם אותו התבשיל בלבד שהשהה בשוגג, מותר לו לאכלו, שאסור להתענות בשבת, כמ"ש סימן רפ"ח, **ולפי"ז** דכל ההיתר הוא מפני שאין לו פת אחר לאכול, אפילו בתנורים שלנו שמבואר לקמן בס"ז שאין בהם משום רדייה, ג"כ אסור להסתפק מן הפת יותר מג' סעודות.

ואומר לאחרים שאין להם מה יאכלו: בואו ורדו לכם מזון שלש סעודות - (נראה דהוא עצמו אסור לרדות בשבילם, אף דהם צריכין לג' סעודות, דכי אומרים לו לאדם חטוא כדי שיזכה חברך, עיין שבת דף ד' ע"א, דאמרו זה אף לענין להציל את חבירו מאיסור מלאכה דאורייתא, וק"ו בזה).

וכשהוא רודה, לא ירדה במרדה (פי' ברחת ובמזרה, תרגום מרדה: פאל"ה בלע"ז), אלא בסכין וכיוצא בו, שלא יעשה כדרך שעושה בחול; [טז]ואם א"א לרדות בשינוי, ירדה במרדה - דרדיית הפת לא הוי שבות גמור, אלא משום עובדא דחול אסור, ולכך היכא דא"א לשנות וצורך שבת הוא, התירו.

ואם נתנה בכדי שיקרמו פניה, כיון דלא עבד איסורא, וצורך שבת הוא, רודה כדרכו - (מדברי הפמ"ג משמע, דכונת השו"ע הוא דוקא ג' סעודות, דזה קרוי צורך שבת, **ואין** מוכרח זה בכונת הר"ן לענ"ד, **ועוד** אפשר לומר, דאם רוצה לאכול מפת זה שהוציא, גם זה קרוי צורך שבת, דדוקא לעיל שהדביק באיסור, התנה השו"ע כשאין לו מה יאכל פת אחר, אבל לא בזה).

ובספר א"ר כתב, דיש להחמיר כהפוסקים דס"ל דאפי' נתנה בהיתר, צריך להיות הרדייה דוקא בשינוי, [ונקט הגמ' "שכח", לאשמעינן דאף שהאפיה היה באיסור, ג"כ מהני שינוי].

ושלא לצורך היום, אסור אפילו בשינוי.

הגה: וכל זה בתנור שאינו טוח בטיט (הג"א) - אתחלת הסעיף קאי, **אבל אם הוא טוח בטיט** - מותר ליתן, דלא גזרינן שמא יסתור הטיט ויחתה, ועיין בסעיף ז' האיך יתנהג בענין הרדייה.

(**אף** דבס"א משמע, דלהרמב"ם והוא דעת המחבר שם, דבזה לא מהני טוח, לא רצה הרמ"א להביא דעת החולקים אכל בו, משום דכבר כתב שם בס"א דהכי נהוג כסברא זו, והוא אזיל לשיטתו, אח"כ מצאתי שגם הגר"א רמז לזה).

או שאינו אופה לצורך שבת רק למו"ש, ויש לו זמן לאפותו, מותר, דלא גזרינן בכה"ג שמא יחתה (כל בו) - דאפילו בלא חתוי יהיה נאפה היטב.

ועיין במג"א שכתב, דבתנורים שלנו, כיון דקי"ל לקמיה בס"ז, דמותר לרדות מהם בשבת ולאכול אפי' יש לו הג' סעודות על שבת, חיישינן שמא ימלך לאכול מהפת שבתנור בשבת, ויחתה בגחלים כדי שיתבשל מהרה.

באר הגולה

יג שם | יד ר"ן וממשמעות הגמ' ובשם הירושלמי וה"ה בשם הרשב"א | טו שבת קי"ז | טז הר"ן דפ"ק דשבת

[יז] **סימן רנ"ד ס"ז - [יח] בתנורים שלנו שאין בהם רדייה** - דמלאכת רדייה שייך רק בתנוריהם, שהיו מדבקין הפת בדפני התנור, אבל בתנורים שלנו שמונחת בשולי התנור, לא שייך בהם רדייה.

מותר להוציא יותר משלש סעודות, בסכין או בשום דבר שיתחוב בו - וה"ה דיכול להוציא במקל, דכ"ז הוא דרך שינוי, **ומ"מ לא יוציא ברחת, משום דמחזי כעובדין דחול** - ונראה דע"י א"י מותר להוציא אף ברחת, והוא הכלי שאנו מוציאין בו הפת בחול.

וכתב המ"א, (ומיירי) כשהדביק בהיתר, דבתנורים שלהם היה אסור להוציא כל הפת שאין צריך לו לצורך שבת, וכנ"ל בס"ה, אפילו ע"י שינוי, **משא"כ** בשלנו דלא שייך רדייה, מותר להוציא כל הפת אף שהוא הרבה והרבה יותר מג' סעודות שצריך לו לשבת.

אבל כ"ז כשרוצה לאכול מהם בשבת עכ"פ מקצת מהם, דאל"כ אסור לרדות לצורך חול, ואפי' טלטול בעלמא אסור כשהוא בשביל חול, כמ"ש הפוסקים דאסור להביא יין בשבת לצורך מו"ש, **ונראה** דע"י א"י שרי, **ובספר** א"ר מקיל ע"י עצמו בתנורים שלנו במקום פסידא שיתקלקל הפת, **אך** המ"א לא ניחא ליה בזה, דהרי יכול לאכול מן הפת בשבת.

(וקשה, דמשמע מיניה דאי הדביק באיסור, דהיינו שלא היה שהות כדי קרימת פנים, לא מהני תנורים שלנו אף לענין הוצאה, ואמאי, נהי דאסור להסתפק מהן יותר מג"ס מפני שנאפה באיסור, עכ"פ ההוצאה מתנור יהיה מותר, דהרי לא שייך רדיה בשלנו, וכיון דצריך להוציא לצורך הג"ס, ממילא הטלטול הוא לצורך שבת, ומותר להוציא בשביל זה כל הפת, וכמו שכתב בחמד משה לענין הדביק בהיתר, דאף דאין צריך לאכול מהן אלא מקצת, מותר להוציא כולו, דעל כל אחד נוכל לומר דחזי ליה, **וע"כ** נלענ"ד דכונת המ"א במש"כ "ומיירי", היינו רבינו ירוחם מיירי באופן זה, דהוא ס"ל דבלא"ה אסור לטעום כלל מן הפת, כדין תבשיל ששכח ושיהה באיסור, וכיון שאסור לטעום ממנו, ממילא אסור להוציאו ולטלטלו לצורך חול, **אבל** לפי דעת השו"ע שפוסק כהר"ן והרמב"ם, דאפי' בשהדביק באיסור בשוגג, התירו לו לגבי פת שיאכל ממנו ג"ס, ממילא בתנורים שלנו שאין בהם איסור רדיה, מותר להוציא כל הפת וכנ"ל, **אך** מפני שהוא קצת דוחק בדברי המ"א, וגם הפמ"ג מבארו כפשטיה, לכן העתקתיו במ"ב דדוקא בהדביק בהיתר, **ועכ"פ** נ"ל, דאפי' הדביק באיסור סמוך לחשכה בשוגג, והוא מקום פסידא שיתקלקל הפת, דמותר להוציא כולו, דבלא"ה דעת הא"ר להקל בתנורינו במקום פסידא, אפי' אין בדעתו לאכול כלל, משום זה, אך הוא מיירי בהדביק בהיתר, ואנו נקיל בשהדביק באיסור וכשצריך לאכול ממנו הג"ס).

אות ט'

לעולם ישכים אדם להוצאת שבת

סימן רנ ס"א - [יט] ישכים בבוקר ביום ששי להכין צרכי שבת - דכתיב: והיה ביום הששי והכינו את אשר יביאו וגו', הכנה דומיא דהבאה, והבאת המן הלא היתה לאלתר בבקר, דכתיב: וילקטו אותו בבקר בבקר, אף הכנה על שבת תהיה מיד בבקר.

והיינו מיד אחר ק"ש ותפלה, **אך** אם הוא רגיל ללמוד אחר התפלה איזה שעור קצוב, או שלומד עם רבים, אל יבטלנו, וכמש"כ בסוף סימן רנ"א, **ואם** דרך המקום ההוא למכור בבקר, ולא ימצא לקנות אחר למודו, לא יקבע למודו אלא אחר הקניה, **ואם** רגילין למכור בבוקר השכם קודם התפלה, ולא ימצא לקנות אחר התפלה, יקנה ואח"כ יתפלל, (ואע"פ שיצטרך להתפלל אח"כ ביחידות), **אך** יראה לקרות ק"ש מקודם, כיון שכבר הגיע זמנה, (אם במעט זמן של הקריאה לא יאחר הקנייה), **ואין** זה בכלל מה שאמרו: אסור לעשות חפציו קודם שיתפלל, שזו חפצי שמים היא.

ביום הששי וכו' - והוא יותר טוב משיקנה ביום ה', שהוא מינכר יותר שהוא לכבוד שבת, **אם** לא בדבר שצריך הכנה רבה כמו בשר למלוח וכדומה, יש לקנות ביום ה', **אך** אם הבשר שמוצא ביום ה' הוא כחוש, ויש ספק שימצא ביום ו"ו שמן וטוב, ימתין על יום ו', **ומסתברא** דבימים הקצרים כל מה שיכול להקדים ההכנה ביום ה' עדיף.

וטוב שיאמר על כל דבר שקונה "זהו לכבוד שבת", כי הדבור הוא פועל הרבה בקדושה. **ואע"פ** שהכין בהשכמה, מצוה היא לכתחלה שיוסיף גם בין השמשות, **ורמז** לדבר שנאמר: והיה משנה, כלומר שיכינו שנית.

כתיב בתורה: זכור את יום השבת לקדשו, ודרשו בית שמאי שתהא זוכרו מאחד בשבת, נזדמן לך חלק יפה, תהא מתקנו לשבת, **ואמרו** על שמאי הזקן שכל ימיו היה אוכל לכבוד שבת, היה מוצא בהמה נאה, אומר: זו לשבת, מצא אחרת נאה הימנה, אוכל הראשונה ומניח השניה על שבת, נמצא שהאכילה היא כדי שתשאר היפה של שבת, **אבל** הלל הזקן מדה אחרת היתה בו, שהיה אומר: ברוך אדני יום יום יעמס לנו צרכנו, **והסכימו** הרבה פוסקים, שגם הלל מודה שכדברי בית שמאי עדיפא טפי, אלא שהיה בוטח בה' שבודאי יזמין לו לשבת מנה יפה משאר הימים, וכדי לחזק מדת בטחונו היה נוהג כן, **אבל** בשאר כל אדם שאין בטחונו חזק כ"כ, גם הוא מודה דכשמאי עדיפא טפי, **ופשיטא** בדבר שאינו שכיח לקנות, כשיזדמן לו דבר שלא יהיה נפסד, אזי יניח אותו לשבת.

מצוה לטעום מכל תבשיל בע"ש, כדי לתקנן יפה כהוגן, [**ובשלחן** שלמה משמע דעצם הטעימה היא מצוה]. **ועיין** בספר שלחן שלמה, דהטעימה בשבת מכל מין בודאי היא מצוה, ורמז לזה: טועמיה חיים זכו.

אות י' - כ'

אמר רבי אבא: בשבת חייב אדם לבצוע על שתי ככרות, דכתיב לחם משנה

הוה בצע אכולה שירותיה

באר הגולה

[יז] ‹מילואים› [יח] ר' ירוחם [יט] טור ושבלי הלקט סי' נ"ה מהא דר' חסדא שבת קי"ז

סימן רעד ס"א - [כ]בוצע על שתי ככרות (שלימות) - זכר למן, דכתיב: לקטו לחם משנה, **וגם** ביו"ט צריך לבצוע על שתי ככרות, **וגם** הנשים מחויבות בלחם משנה, שהיו ג"כ בנס המן, **ואם** יוצא בלחם משנה בפת הבאה בכיסנין, ע"ל בסימן קס"ח ס"ז שם במ"ב ובה"ל, ‹לא מצאתי – שונה הלכות›.

ועוגה שנשרפה קצת, ועדיין לא נחתך ממנה, יש אומרים דיוצאין בו לענין לחם משנה, עיין בש"ת.

אם אין לו פת שלמה, אינו מעכב, ויכול לקדש אפילו על כזית פת.

ונכון לנהוג שזה שבוצע יכוין לפטור בברכת "המוציא" כל המסובין, וגם יאמר להמסובין שיכוונו לצאת בברכתו, כדי שכולם יצאו בלחם משנה, **וכשמוציא** אחרים יאמר "ברשות רבותי", אע"פ שהוא הבעה"ב או הגדול, והוא מדרך ענוה.

שאוחז שתיהן בידו - בשעת "המוציא", **ובוצע [כא]התחתונה** - הב"ח תמה, דאין מעבירין על המצות, **והט"ז** תיקן זה, ונהג להניח התחתון קרוב אליו יותר מן העליון, ונמצא שפוגע תחלה בתחתונה, **או** לוקחין העליונה בשעת ברכת "המוציא" ומניחין אותה למטה, ובוצעין עליה.

ובוצע התחתונה - שהרי לא נאמר לחם משנה אלא בלקיטה, **ורש"ל** ושל"ה נהגו לחתוך שניהם, כפי' הרשב"א ‹עיין בהערה בסמוך›, וכן הסכים הגר"א, **ואם** מקפיד על ההוצאה, עושה ג' חלות גדולות וג' קטנות, ובכל סעודה בוצע א' גדולה וא' קטנה, **והעולם** נוהגין כהשו"ע.

הגה: ודוקא בלילי שבת (ד"ע), אבל ביום השבת או בלילי יו"ט, בולע על העליונה (כל בו והגהות מיימוני), והטעם הוא על דרך הקבלה.

וע"ל בסי' קס"ז בהג"ה, שלא יחתוך בככר עד אחר הברכה, כדי שיהיו הככרות שלמות, **והמדקדקים** רגילים לרשום בסכין קודם ברכה.

כתב הפמ"ג, אם אין לו בשבת פת ישראל כי אם פת א"י, מותר לאכול ממנו, ועי"ש עוד.

סימן רעד ס"ב - [כב]מצוה לבצוע בשבת פרוסה גדולה שתספיק לו לכל הסעודה - ולא מחזי כרעבתן, כיון שאינו עושה כן בחול, ודאי כונתו שחביב עליו המצוה ורוצה לאכול הרבה. **(וע"ל סי' קס"ז).**

סימן רפט ס"א - [כג]יהיה שלחנו ערוך ומטה מוצעת יפה - היינו מע"ש, **או** כדי שיישן בה בשבת, או שהוא בחדר שדר שם, ואיכא בזיון אם לא יציע המטות, יש להציע גם בשבת – שונה הלכות, **אבל** בלא"ה אסור.

ומפה פרוסה כמו בסעודת הלילה, [כד]ויברך על היין בפה"ג - יש נוהגין לפתוח מתחלה פסוק "ושמרו בני ישראל" וגו', או "זכור את יום השבת" עד "ויקדשהו", **ויש** מההמון שפותחין מ"על כן ברך" וגו', ושלא כדין הוא, דכל פסוקא דלא פסקיה משה אנן לא פסקינן.

והוא נקרא קידושא רבא - ונקרא בלשון זה, שהוא כמו שקורין סגי נהור, מפני שזה הקידוש אינו כלל דאורייתא, רק שתקנוהו לכבוד שבת, ואסמכוהו אקרא כדאיתא בגמרא.

[כה]ואחר כך יטול ידיו, (וע"ל סי' רע"א סעיף י"ב בהג"ה) - היינו דשם מבואר בהג"ה, דנוטלים לידים קודם קידוש, **ועיין** שם במ"ב, דכמה אחרונים כתבו שם, דטוב יותר לנהוג כדעת המחבר.

[כו]ויבצע על לחם משנה כמו בלילה ויסעוד - כתב ברוקח, אחר שאכלו כל צרכן, יש מזמרים זמירות ושבח להקב"ה, **וטוב** ללמוד תורה במקצת קודם אכילה.

[כז]וגם זה הקידוש צריך שיהיה במקום סעודה, ושלא יטעום קודם לו כלום, כמו בקידוש הלילה - וגם הנשים שייכים בענין זה, דכל מילי דשבת איש ואשה שוין.

[כח]ומיהו לשתות מים בבוקר קודם תפלה מותר, מפני שעדיין לא חל עליו חובת קידוש - דקידוש אין שייך אלא בזמן הסעודה, **ומשום** קודם התפלה, לא שייך במים, וכדלעיל בסימן פ"ט.

‹ומי שהותר לו לאכול ולשתות קודם תפלה, כגון שהוא לרפואה, וכדלעיל סימן פ"ט ס"ג, פשוט דצריך לקדש מתחלה›.

הגה: וע"ל כל דיני קידוש סי' רע"א ער"ב רע"ג.

אות ל'

<u>כי מיקלע להו ריפתא דעירובא שרו עילויה, אמרי הואיל ואיתעביד בה חדא מצוה, ליתעביד בה מצוה אחרינא</u>

סימן שצד ס"ב - הגה: והעירוב א"צ להיות קיים רק בין השמשות, ויוכל לאכלו כשודאי חשיכה (הגהות אשירי ומרדכי), ויש לבצוע עליו בשחרית בשבת (מנהגים) - הטעם, הואיל ואיתעביד ביה חדא מצוה, נעשה בו מצוה אחרת, **ואף** דיכול

באר הגולה

[כ] שבת קי"ז כרב כהנא כפרש"י ‹ברבי זירא, ולא פליג רבי זירא על רב כהנא, ודלא כהרשב"א דלקמן, וממילא הלכה כרב כהנא›, **ורמב"ם בפ"ז מהל' ברכות ה"ג וה"ד** [כא] **כל בו בשם יש נוהגים והב"י בשם גדולים ושכן נכון** [כב] **שם וכרבי זירא לפי פי' רש"י ובברכות ל"ט** ‹והרשב"א כתב בפ' כיצד מברכין שאינו מחוור בעיניו פירוש זה, אלא הכי פירושו, בצע על כל הככרות המונחים לפניו לאכול, וכן פי' רבינו האי וז"ל: אי מברך אינש בשבת אתרתי ובצע חדא כרב כהנא, שפיר דמי, ואי בצע לתרווייהו אפי' לכולא שירותיה {פי' בצע על כל הככרות המונחים לפניו לאכול} כרבי זירא, שפיר דמי – ב"י› [כג] **טור** [כד] **פסחים ק"ו בעובדא דרב אשי** [כה] **רמב"ם** [כו] **שבת קי"ז** [כז] **רמב"ם** [כח] **טור בשם אביו הרא"ש**

לאכלו גם בערבית כנ"ל, מ"מ טוב יותר לבצוע עליו בשחרית, משום דפעמים מקדים לאכול בערבית קודם חשיכה.

אות מ'

כמה סעודות חייב אדם לאכול בשבת, שלש

סימן רצ"א ס"א - [כט]**יהא זהיר מאד לקיים סעודה שלישית** - וכדאיתא בגמרא: חייב אדם לאכול ג' סעודות בשבת, ואסמכוהו אקרא, דכתיב: ויאמר משה אכלוהו היום, כי שבת היום לה', היום לא תמצאוהו בשדה, ותלתא "היום" כתוב בקרא זה, **ואחז"ל**: כל המקיים שלש סעודות בשבת, ניצול משלש פורעניות: מחבלו של משיח, ומדינה של גיהנם, וממלחמת גוג ומגוג, שנאמר וגו'.

ואף לעני העובר ממקום למקום, צריך ליתן לו כל הג' סעודות בשבת, וכדאיתא ביו"ד בסי' ר"נ, **ועיין** לעיל בסימן רמ"ב במ"ב, דאף בשביל סעודה שלישית, כשמשיג באיזה מקום ללוות, צריך ללוות.

[ל]**ואף אם הוא שבע, יכול לקיים אותה בכביצה** - לאו דוקא, אלא מעט יותר מכביצה, דכביצה מקרי עדיין אכילת עראי, כמ"ש סוף סימן רל"ב, ולא חשיב סעודה - מ"א, **וי"א** שאפילו בכזית יוצא ידי הסעודה, **ונכון** להחמיר לכתחלה אם אפשר לו.

[לא]**ואם א"א לו כלל לאכול, אינו חייב לצער את עצמו** - דהסעודה לעונג ניתנה ולא לצער.

[לב]**והחכם עיניו בראשו, שלא ימלא בטנו בסעודת הבוקר, כדי ליתן מקום לסעודה שלישית** - דאל"כ לפעמים היא אכילה גסה ואינה חשובה אכילה.

הגה: ומי שלא אכל בליל שבת, יאכל שלש סעודות ביום השבת (הרא"ש) - וג"כ צריך לקדש בשחרית כל הקידוש של לילה מלבד "ויכלו", אם לא קידש בערבית, וכנ"ל בסימן רע"א ס"ח.

ואם שכח "רצה" בבהמ"ז בסעודה שניה, מצדדים האחרונים שלא לחזור ולברך. (**ועיין** לעיל סי' קפ"ח ס"ז, דפסק שמחוייב לחזור, וצ"ע).

והוא הדין ביו"ט, מי שלא אכל בליל יו"ט, צריך לאכול שתי סעודות למחר ביום, דביו"ט החיוב הוא שתי סעודות, אחת בלילה ואחת ביום, **והוא** הדין שיאמר בשחרית כל הקידוש של יום טוב של לילה, אם לא קידש בלילה.

---

§ מסכת שבת דף קיח. §

אות א*[א]

במנחה, מצילין מזון סעודה אחת

סימן רצ"א ס"ב - [ב]**זמנה, משיגיע זמן המנחה, דהיינו מו' שעות ומחצה ולמעלה, ואם עשאה קודם לכן, לא קיים מצות סעודה שלישית** - ואם התחיל לאכול הסעודה שלישית קודם חצות, ונמשכה הסעודה עד אחר שהגיע זמן מנחה גדולה, יצא, דהא עכ"פ אכלה בזמנה, ולא אזלינן בזה בתר התחלה.

סימן רצ"א ס"ג - [ג]**אם נמשכה סעודת הבוקר עד שהגיע זמן המנחה, יפסיק הסעודה ויברך בהמ"ז** - וכתבו האחרונים, שאח"כ יקום וילך מעט בינתים, **והנשארים** במקומן לא יצאו ידי חובתן, דהוי כסעודה אחת. **ויטול ידיו ויברך ברכת "המוציא" ויסעוד. ונכון הדבר, שאם לא היה עושה כן, מאחר שנמשכה סעודת הבוקר עד אותה שעה, לא היה יכול לאכול אח"כ אלא אכילה גסה** - כי כל זמן האכילה האיצטומכא פתוחה, משא"כ אחר הסעודה, **ולא** חיישינן שגורם ברכה שא"צ, כיון שמוכרח לעשות כן משום סעודה ג' שתהיה כדין, **וזהו** מה שמסיק רמ"א: אבל מי שיודע וכו', כדי לצאת מחשש ברכה שאינה צריכה.

וכתב הב"י, דלא ידרוש ברבים לעשות כן להפסיק סעודתן, כיון שקודם חצות אין רשאין להפסיק, אין הכל בקיאין בזה.

הגה: אבל מי שיודע שאפשר לאכול אחר שיתפלל מנחה עם הצבור - היינו שמשער בנפשו שלא תהיה אז אכילתו אכילה גסה, **לא יעשה סעודה שלישית קודם מנחה** - (ר"ל שלא יחלק סעודת שחרית לשתים, משום חשש ברכה שא"צ, וממילא תדחה עד אחר המנחה, וכמו שכתב הרמ"א בס"ב בהג"ה, דיותר טוב להתפלל מנחה תחלה), **מיהו אם עשאה, יצא.**

ואפילו אם חל יו"ט במו"ש, שאי אפשר לו לאכול סעודה שלישית בסוף היום כנהוג, שהרי ראוי לו להמנע מלקבוע אז סעודה בעיו"ט כמו בע"ש, **מ"מ** אם יודע שיוכל אז לאכול עכ"פ כשיעור ביצה ויותר, וכנ"ל בס"א, (ואפי' אחר שעה עשירית), לא יחלק סעודת שחרית לשתים, דהא י"א דאסור לעשות כן משום ברכה שאינה צריכה.

כתב מ"א בשם ס"ח, מי שיש לו מזון ב' סעודות מצומצמות, ואם יחלקם לג' סעודות לא יהיה לו כל סעודה לשבעה, מוטב שיאכל ב'

באר הגולה

[כט] שבת קי"ח [ל] טור והר"ן בשם בה"ג [לא] רמב"ם [לב] טור [א] (ע"פ הב"י והבאר הגולה והגר"א) [ב] תוס' (ד"ה במנחה) והרא"ש והמרדכי שם והגהות [ג] טור בשם אביו הרא"ש וכן כתב בתשובה (ואע"פ שתוס' (שם) כתבו, שר"י אומר שאין להפסיק באמצע סעודה משום איסור ברכה שאינה צריכה, תירץ הוא ז"ל, דכיון שהוא מפסיק לכבוד שבת, אין כאן משום מרבה בברכות שלא לצורך - ב"י)

כל כתבי פרק ששה עשר שבת קיח

מצילין מזון ג' סעודות מאי לאו דלא אכל לא דאכל שחרית מצילין מזון שתי סעודות מאי לאו דלא אכל לא דאכל במנחה מצילין מזון סעודה אחת מאי לאו דלא אכל לא דאכל והא מדקתני סיפא רבי יוסי אומר לעולם מצילין מזון ג' סעודות מכלל דתנא קמא ג' סבירא ליה אלא מחוורתא מתני' דלא כרבי חידקא והא *דתנן מי [א]שיש לו מזון שתי סעודות לא יטול מן התמחוי מזון ארבע עשרה לא יטול מן הקופה מני לא רבנן ולא רבי חידקא אי רבנן תמסרי הויין אי רבי חידקא שית סרי הויין לעולם רבנן דאמרינן ליה מאי דבעית למיכל באפוקי שבתא אכליה בשבתא לימא רבנן היא ולא ר' חידקא אפי' תימא ר' חידקא דאמרינן ליה מאי דבעית למיכל במעלי שבתא אכליה לאורתא וכולי יומא דמעלי שבתא בתעניתא מותבינן ליה אלא הא מני רבי עקיבא היא דאמר *[ב]עשה שבתך חול ואל תצטרך לבריות *והא דתנן [ג]אין פוחתין לעני העובר ממקום למקום מככר בפונדיון מד' סאין בסלע לן נותנין לו פרנסת לינה ואם שבת נותנין לו מזון ג' סעודות לימא רבנן היא ולא ר' חידקא לעולם ר' חידקא כגון דאיכא סעודה בהדיה דאמרינן ליה הא דאיכא בהדך אכליה וכי אזיל בריקן אזיל דמלווינן ליה סעודה בהדיה מאי פרנסת לינה אמר רב פפא פוריא ובי סדיא: ת"ר [ד]קערות שאכל בהן ערבית מדיחן לאכול בהן שחרית שחרית מדיחן לאכול בהן בצהרים בצהרים מדיחן לאכול בהן במנחה מן המנחה ואילך שוב אינו מדיח אבל כוסות וקיתוניות וצלוחיות מדיח והולך כל היום כולו לפי שאין קבע לשתיה א"ר שמעון בן פזי א"ר יהושע בן לוי משום בר קפרא [ה]כל המקיים שלש סעודות בשבת ניצול משלש פורעניות מחבלו של משיח ומדינה של גיהנם וממלחמת גוג ומגוג מחבלו של משיח כתיב הכא יום וכתיב התם °הנה אנכי שולח לכם את אליה הנביא לפני בוא יום וגו' מדינה של גיהנם כתיב הכא יום וכתיב התם °יום עברה היום ההוא ממלחמת גוג ומגוג כתיב הכא יום וכתיב התם °ביום בא גוג א"ר יוחנן משום רבי יוסי כל המענג את השבת נותנין לו נחלה בלי מצרים שנאמר °אז תתענג על ה' והרכבתיך על במתי ארץ והאכלתיך נחלת

תורה אור: מלאכי ג | צפניה א | יחזקאל לח | ישעיה נח

רש"י

לעולם מצילין מזון ג' סעודות. מדלא אמר ארבע לית ליה דרבי חידקא: **מכלל דתנא קמא שלש סעודות סבירא ליה.** דהאי לא איפליגו אלא דת"ק סבר מה שעבר כבר לא יציל ולרבי יוסי יציל: **תמחוי.** קערה גדולה היא וגובין בה גבאים מאכל מבעלי בתים ומחלקין לעניים ב' סעודות ליום מיום ליום: **לא יטול.** כיון דיש לו כמלא גוזל לעניים: **קופה.** מעות הן לפרנס עניים בני טובים דזיל להו מילתא דתמחוי ומחלקין מע"ש לע"ש: **י"ד סעודות לא יטול מן הקופה.** שהרי יכול להמתין לע"ש הבאה אבל כשיש לו מזון י"ב יטול שהרי לא תחלק עוד עד שיגיע ע"ש והרי לשבעה ימי שבת צריכין י"ד סעודות: **אכליה בשבתא.** שהרי תאכלנה סמוך לערב ולא תצטרך לאכול בלילה ואף על גב דאמרינן לקמן לעולם יסדר אדם שלחנו במוצאי שבת ה"מ למאן דאפשר ליה: **בתעניתא מותבינן ליה.** בתמיה: **אלא הא מני ר' עקיבא היא.** ולענין סעודת שבת במאן דאפשר ליה איכא למימר כרבנן ואיכא למימר כרבי חידקא ומיהו האי דצריך לבריות יעשה שבתו חול ולא יטיל על אחרים כבוד שבתותיו: **אין פוחתין לעני העובר ממקום למקום.** שאינו לן בלילה אלא: **מככר.** הלקוח בפונדיון כשהשער ד' סאין בסלע והפונדיון אחד מי"ב בדינר דהוא אחד ממ"ח בסלע ושיערו לו חכמים ככר זו לשתי סעודות היום והלילה: **לן נותנין לו פרנסת לינה.** לקמן מפרש מאי היא שהרי סעודה של לילה בכלל ככר היא וככר זו משערינן בעירובין (דף פב:) למזון שתי סעודות לעירובי תחומין: **ואם שבת.** אצלם בשבת: **מאי פרנסת לינה.** הא קבל ליה סעודת הלילה: **בי סדיא.** לבדין פולמר"א להניח תחת מראשותיו: **שוב אינו מדיחן.** דאין הדחה זו אלא לחול: **חבלו של משיח.** כדאמרי' בכתובות (דף קיא.) דור שבן דוד בא בו קטיגוריא בתלמידי חכמים שנאמר ועוד בה עשיריה וגו' חבלי לשון חבלי יולדה (הושע יג): **בלי מצרים.** כלומר אין לה קץ: **אז תתענג.** בתר וקראת לשבת עונג כתיב: נחלת

תוספות

במנחה מצילין מזון סעודה אחת. מכאן משמע דזמן אכילה שלישית בשבת היא מן המנחה ולמעלה דלא כאותם שמחלקין סעודת שחרית ומברכין בינתים ומיהו מהא דאמרינן בפסחים בפ"ק (דף יג.) י"ד שחל להיות בשבת משייר מזון שתי סעודות אין ראיה מדאין משיירין מזון ג' סעודות שאין לעשות ב' סעודות שחרית דהא כיון שאוכל הכל שחרית חשיב כסעודה אחת ועוד אומר ר"י שיש כאן איסור ברכה שאינה צריכה כדאי' בפ' בא לו (יומא דף ע.) גבי ובעשור שבחומש הפקודים דקאמר וניתי ס"ת אחרינא ונקרי א"ר שמעון בן לקיש מפני ברכה שאינה צריכה: **מככר** בפונדיון כו'. הייט כר' יוחנן בן ברוקא דחשיב ככר בפונדיון מד' סאין בסלע שתי סעודות דעירוב ופליג התם (עירובין דף פב:) ארבי מאיר ורבי יהודה שאומרים התם שיעור אחר:

והא דתנן אין פוחתין כו' לימא רבנן היא ולא רבי חידקא. אומר ר"י דאין לפרש שבת נותנין לו מזון ג' סעודות דהייט כשבא שם בע"ש לעת האוכל דמסתמא ישבות שם שאין רגילות כל כך ללכת ערב שבת ובשביל שבת נותנים לו סעודה אחת יותר ממה שנותנין לו בשאר ימים דא"כ היכי ניחא לרבנן והלא מן הכל אין לו כי אם ד' סעודות אחת שהביא עמו דמלוינן בהדיה ושלשה שנתנו לו וכשיאכל אחת בערב שבת לא ישארו בידו רק ג' סעודות ואותן יאכל בשבת וא"כ תיקשי נמי לרבנן וכי אזיל ריקן אזיל כדפריך בסמוך ומיהו איכא למימר דבסמוך לרבנן נמי פריך אבל קשה דכי משני דמלוינן ליה סעודה בהדיה לא תירץ כלום לר' חידקא דאין לו לשבת כ"א שלש סעודות ולר' חידקא צריך ד' ונראה לר"י דכשבא בע"ש לעת האוכל נותנין לו מזון ב' סעודות כמו בשאר ימים ואם בא לשבות שם מוסיפין לו עוד ג' סעודות וקאמר לימא רבנן היא ולא רבי חידקא דלרבנן ניחא שיש בידו ה' סעודות בתחילת שבת ואותה שהביא עמו יאכל בע"ש ומאותן ה' סעודות יאכל ג' בשבת ואחת במוצאי שבת ואחת יוליך עמו אלא לרבי חידקא כשיאכל ד' בשבת ואחת להוליך עמו למחר א"כ מה יאכל במוצאי שבת וליכא למימר דאמרינן ליה מה דהוה לך למיכל באפוקי שבתא אכול בשבתא כדאמרי' לעיל דהתם אמרינן ליה כדי שלא יהא ניזון מן הצדקה אבל הכא ככר הוא ניזון ולהכי נוטל כל צרכו ומשני דאיכא סעודה בהדיה המתרץ היה סבור שהיה פשוט למקשה שהסעודה שיוליך עמו נותנין לו באחד בשבת אע"פ שבשאר ימים נותנין לו סעודה שיוליך עמו עם אחרות בע"ש אין נותנין לו אותה עד שילך לפי שאינו הולך מיד עד אחר השבת ולכך היה סבור שהמקשה לא היה יודע שהביא סעודה עמו ואין לו בתחלת השבת אלא ד' להכי משני ליה דאיכא סעודה בהדיה והמקשה משיב דפשיטא ליה דאיכא סעודה בהדיה אך קשה ליה כיון דמתרלת דאכיל לכולהו וכי אזיל בריקן אזיל שכמו שהביא עמו לכאן כן ישאנה עמו בצאתו מכאן ומשני דמלוינן ליה כו':

דמלוינן סעודה בהדיה. וא"ת א"כ אמאי נותנים לו ג' סעודות כיון שמביא אחת עמו יתנו לו אחת ויאכל אחת והאחת יוליך עמו וי"ל דאין מחלקין תמחוי בלילה אלא ביום בזמן הסעודה ולכך נותנין לו שנים שיאכל אחת מיד ואחת בלילה במקום שיהיה ואחת להוליך עמו למחר: **לפי** שאין קבע לשתיה. מכאן יש ללמוד בלילה כשרוצה להתענות למחר לאחר אכילה אע"פ שאינו יכול לאכול אם לא התנה לפי שמסתמא כשבירך סילק דעתו מלאכול מלשתות ודאי לא סילק דעתו כדקאמר הכא דאין קבע לשתיה והיכא דלא שכיח יין אע"ג דסילק דעתו מן היין מ"מ ממים לא סילק דעתו ומיהו אומר ר"י דשמא דוקא בימיהם שהיו קובעין עצמן לשתיה אחר אכילה אמרו דאין קבע לשתיה אבל לדידן לא וריב"א פירש במסכת תענית (דף יב.) שאף לאחר שישן מותר לשתות על פי הירושלמי ואין ר"י רוצה להקל כל כך כיון שלא נזכר בהדיא בש"ס שלנו [עיין תוספות תענית יב: ד"ה נים]: רוכס

עין משפט נר מצוה

ל א מיי' פ"ט מהלכות מתנות עניים הלכה יג סמג עשין קסב טור שו"ע יו"ד סימן רנג סעיף א ב:

לא ב מיי' פ"ל מהלכות שבת הלכה ז סמג עשין ל טוש"ע או"ח סי' רמב:

לב ג מיי' פ"ז מהלכות מ"ע הלכה ח סמג עשין קסב טוש"ע יו"ד סימן רנ סעיף ד:

לג ד מיי' פכ"ג מהלכות שבת הלכה ז סמג לאוין סה טוש"ע או"ח סימן שכג סעיף ו:

לד ה מיי' פ"ל שם הלכה ט סמג עשין ל טוש"ע או"ח סימן רצא סעיף א:

רבינו חננאל

ואיתא בפ' כיצד מברכין. ת"ר כמה סעודות חייב אדם לוכל בשבת ג'. פי' א' בלילה וב' ביום. וכן הלכה. ולפיכך שנינו שמציל מזון ג' סעודו' ומתני' מחוורתא דלא כר' חידקא: **כלי** מאכל אינו מדיח אלא מה שצריך לוכל בו בשבת. לפי זמן סעודותיו אבל כלי שתיה כל היום. שאין קבע לשתיה:

מסורת הש"ס

פאה פ"ח מ"ז | פסחי' קיב. קיג. | פאה פ"ח מ"ז כ"כ ט.

סעודות לשבעה, **ומ"מ** אם נמשכה סעודת הבקר עד אחר חצות, יחלקנה לשנים וכמ"ש בסעיף זה, דהא מ"מ ישבע כשאוכל שנית, **אבל** לכתחלה אין להמתין עד אחר חצות משום זה, דמבטל במקצת עונג שבת.

[**אבל** לא יחלק הסעודה לשנים קודם חצות, כדי לצאת עכ"פ דעת איזה פוסקים דס"ל, דאף בזה מקיים סעודה ג', **דהוא** חומרא דאתי לידי קולא, דלפסק השו"ע דאינו יוצא קודם חצות, ממילא היא ברכה שא"צ].

אות א'

מי שיש לו מזון שתי סעודות לא יטול מן התמחוי, מזון ארבע עשרה לא יטול מן הקופה

יו"ד סימן רנ"ג ס"א - מי שיש לו מזון שתי סעודות, לא יטול מהתמחוי; מזון י"ד סעודות, לא יטול מהקופה - כך היה דרכם לחלק תמחוי בכל יום, [קערה גדולה היא, וגובין בה גבאין מאכל מבעלי בתים, ומחלקים לעניים ב' סעודות ליום, מיום ליום, ועיין סי' רנ"ו - ט"ז], וקופה מע"ש לע"ש, ולפיכך מי שיש לו מזון יום א', לא יטול מהתמחוי, ומי שיש לו מזון י"ד סעודות לא יטול מהקופה, **וכתב** הסמ"ק, דדין קופה ותמחוי אינו נוהג בימינו, עכ"ל, **ונראה** דר"ל כל דיני קופה ע"פ מה שיתבאר לקמן סי' רנ"ו, אבל ודאי דכל קהל מישראל יש להם קופה של צדקה, וכמ"ש הרמב"ם והמחבר לקמן ר"ס רנ"ו - ש"ך.

[**בפרק כל כתבי פרכינן מני, אי רבנן חמסרי הויין, פי' דבשבת צריך ג' סעודות, ואי רבי חידקא דס"ל ד' סעודות בשבת, שיתסרי הויין, ומשני הא מני ר"ע היא, דאמר עשה שבתך חול ואל תצטרך לבריות, ופי' רש"י, דלענין שבת במאן דאפשר ליה, אי כרבנן אי כרבי חדקא, ומיהו האי דצריך לבריות, יעשה שבתו חול ולא יטיל על אחרים כבוד שבתותיו, עכ"ל, ובפרישה הביא זה בשם פי' הר"ש, דאמרינן עשה שבתך חול וכו', וכתב ע"ז דזהו דוקא לרבי חדקא, אבל לרבנן לא קשה מידי, ולא עיין בסוגיא שהבאתי, דאף לרבנן אמרינן כן, ואין להקשות ממ"ש ס"ס ר"נ, דאמרינן שבת נותנים לו מזון שלש סעודות, תירצו התוס' ע"ז, דבשביל סעודת שבת אין לו להתחיל ליטול, אבל אם כבר נטל, נוטל גם כדי לסעודות שבת – ט"ז**].

נהפוך הוא, שהוא לא עיין בסוגיא, רק בדברי הב"ח שמעתיק כן הסוגיא בקצרה, אבל המעיין בשבת דף קי"ח, מבואר שם להדיא כדברי הפרישה, דלרבנן בלא"ה לא קשה מידי, דמאי דבעי למיכל באפוקי שבת אוכל בשבת, וכמ"ש הפרישה, וכ"כ הרמב"ם בפי' המשנה דסוף פאה להדיא - נקה"כ. ‹**כוונת** הט"ז שכתב שלא עיין הפרישה בהסוגיא, שהוא בפרש"י דהסוגיא, ולא קשה עליו השגת נקה"כ, דמפרש"י ודאי מוכרח כהט"ז – אג"מ יו"ד ח"א סי' קמ"ו›.

ואם יש לו ר' זוז ואינו נושא ונותן בהם - ‹דכך שיערו חכמים, דמאתים זוז מספיקים לשנה אחת לכסות ולמזונות לו ולבני ביתו›, **או שיש לו חמשים זוז והוא נושא ונותן בהם** - ‹דחמשין דעבדין, טבין כמאתן דלא עבדין – ערוה"ש›, **לא יטול צדקה.**

ואם יש לו ר' זוז חסר דינר ואינו נושא ונותן בהם, אפילו נותנים לו אלף זוז בבת אחת, הרי זה יטול.

הגה: ומי שהולך מביתו ונוסע מעיר לעיר לקבץ, כל הדרך שהיה בדעתו ליסע כשהלך מביתו, נקרא פעם אחת, ואפילו נתנו לו ר' זוז בעיר אחת, יכול לקבל יותר; ומכאן ואילך אסור - (עיין בתשובת הרדב"ז שכתב, עוד איכא טעמא אחרינא, דלא אמרינן מי שיש לו ר' זוז לא יטול מן הצדקה, אלא מקופה של צדקה, או מהיחידים בתורת צדקה, שהרי בעל הבית הנותן לעני זה לא יתן לעני אחר, ונמצא גוזל את העניים, **אבל** בנ"ד שהכל יודעים שיש לו יותר ממאתים זוז, והוא מחזר משום פרנסת אשתו ובניו, נותנים לו בתורת מתנה ולא בתורת צדקה, **ולכן** צריך להזהיר את גבאי צדקה שלא יתנו להם מקופה של צדקה, שנמצאו גוזלים שאר העניים, **ואם** אין לו מאתים זוז, ורצו הגבאים ליתן לו אפילו מתנה מרובה, מותר, ומ"מ צריך לדקדק בדבר, שלא ידחקו את שאר העניים אשר בעיר, עכ"ד - פת"ש).

ואם יש לו הרבה והוא עליו בחוב - ר"ל שחייב לאחרים, **או שממושכן לכתובת אשתו** - פי' רבינו שמשון אפי' נשואה, וכתב הב"ח דהיינו לומר שהבעל ייחד לאשתו נשואה קודם חופה כלים ותכשיטין, ושמום כך וכך וכתב שויים בכתובתה - ש"ך, [פי' שעשה ע"ז אפותיקי לכתובת אשתו – ט"ז], **הרי זה יטול** - ‹וממושכן לאו דוקא, שהרי ממילא הוו כמושכנים כיון שאין יכול לאכלן, **וט"ז** וש"ך פי' דווקא כשייחדן לאפותיקי לכתובת אשתו, דכן משמע לשון ממושכנין, וצ"ל הטעם, דאל"כ הרי יכול להוציאן, וצ"ע, אבל בחוב א"צ לזה, דכן מבואר מלשון הטור ושו"ע - ערוה"ש›.

ואם יש לו בית וכלי בית הרבה, ואין לו ר' זוז, הרי זה יטול, וא"צ למכור כלי ביתו ואפי' הם של כסף וזהב; בד"א, בכלי אכילה ושתיה ומלבוש ומצעות וכיוצא בהן, אבל מגרדה - ‹שמגרדין בה בבית המרחץ – ב"י›, **או עלי שהם של כסף, מוכרם, ולא יטול מהצדקה** – [עלי פי' כלי שכותשין בו חטין, ומ"מ אין נקרא כלי אכילה, שאין מקרבין העלי לפניו בשעת אכילה – ט"ז].

ובטור כתב דה"ה מנורה ושולחן של כסף צריך למכור, ועיין בדרישה וב"ח כתבו טעם לדבריו, **וכתב** הב"ח שכן עיקר, דשלחן ומנורה וכיוצא בהן שאין גופו ממש נהנה מהן, מחייבין אותו למכור - ש"ך.

[**והקשה ב"י, דבגמר' איתא דרב זביד משני הכי ואתותב, משום דיכול לומר לא מיקביל עלי כשאינו של כסף, ותירצו רבותי, דבגמר' לא מיירי משלחן ממש, אלא ממפה הפרוסה על השלחן, ואין נראה בעיני, אלא נ"ל דיש חילוק בין שלחן שלהם לשלחן שלנו, דבזמן התלמוד היה לפני כל אחד שלחן קטן בפני עצמו, והוה השלחן כמו כלי אכילה שמיוחד לו, דגם גבי כלי אכילה נראה דהיינו שמיוחד לו, אבל מה שמשתמש עם בני ביתו הוא כלי גדול, ודאי אין לשייר לו של כסף בשביל בני ביתו, דאפי' גבי סידור ב"ח אמרינן לו ולא לאשתו ובניו, אלא ודאי מה שמיוחד לו קאמר, וה"ה גבי שלחן המיוחד לו, אבל עכשיו**

ששלחן אחד לכל המסובין, ודאי חייב למכור אם הוא של כסף, ומש"ה לא זכר גם הרמב"ם את השלחן בהדי כלי אכילה שמשיירין לו, כנ"ל ברור ונכון – ט"ז].

ועוד כתבו הרא"ש וטור ושאר פוסקים בשם ר"ת, דאם לאחר שכבר נטל נזדמנו לו כלים הללו, פי' כגון שנפלו לו בירושה או במציאה, אין מחייבין אותו למכור - ש"ך. «והרא"ה כתב בהיפך, דבכלים שהיה רגיל כבר לשמש, לא ימכור, אבל מה שנפלו לו בירושה אחר הגביה, ימכור – רע"א».

ועוד כתב רש"י ומביאו הרא"ש, דאם לאחר שנטל נודע שעשיר היה, והיה לו ר' זוז, ב"ד באים וגובין ממנו מה שנטל, ואם אין לו כדי לשלם, מוכר כלי תשמישו היקרים ומשתמש בפחותים, ואע"פ שממון שאין לו תובעים הוא, משום קנס גובים ממנו, עכ"ל, **וכתב** הב"ח דנראה הבא להורות כפירש"י אין מהנדזין אותו - ש"ך.

והא דאין מחייבים אותו למכור כלי תשמישו של כסף וזהב, דוקא כל זמן שאינו צריך ליטול מהקופה, אלא נוטל בסתר מיחידים; אבל אם בא ליטול מהקופה של צדקה, לא יתנו לו עד שימכור כליו.

הגה: וכן במקום דאיכא תקנה שלא ליתן צדקה למי שיש לו דבר קצוב, אין חושבין לו בית דירה וכלי תשמישיו.

וכל מי שהוא עשיר, אסור ליתן לבניו, אע"פ שהם גדולים, אם הם סמוכים על שולחן אביהם - «כלומר דאם הבן עני, אע"פ שיש לו אב עשיר, מותר ליתן לו צדקה, אך אם הוא סמוך על שולחן אביו, וקי"ל דמציאתו לאביו, והוה כאלו נותנין לאביו והרי הוא עשיר - ערוה"ש».

וכל זה דרך צדקה, אבל דרך דורון וכבוד יכול לקבל אדם, כדאמרינן הרוצה ליהנות יהנה כאלישע - «ונראה דממעות צדקה אין לו ליקח אף דרך דורון, דלמה יקפח העניים בנטלו מצדקה שלהם, דהבעה"ב כשיתן לו דרך דורון מהצדקה שלו, ינכה לשארי עניים. **וקמ"ל** שרשאי ליקח מאחרים אף כשיש לו הרבה, ולזה הביא ראיה מאלישע, אע"פ שמסתמא היה עשיר, דאין הנבואה שורה אלא על חכם גבור ועשיר ובעל קומה – ערוה"ש».

יו"ד סימן רנג ס"ב - יש אומרים שלא נאמרו השיעורים הללו אלא בימיהם - «שהיה להם קופה ותמחוי, והיו מחזקין מעשר עני בכל שנה, והיו נוטלין לקט שכחה ופאה, לפיכך שיערו שמי שיש לו ר' זוז לא יטול, לפי שיכול לעבור בהן שנה, ולשנה הבאה יהיה לו במה שיהיה». **אבל בזמן הזה** - «שאין כל זה», **יכול ליטול עד שיהיה לו קרן כדי שיתפרנס הוא ובני ביתו מהריוח, ודברים של טעם הם** - «ואפשר כי בימיהם היתה ההוצאה מעוטה, ואפשר להתפרנס בריוח של נ' זוז, אבל האידנא א"א, והכל לפי המקום והשעה – טור».

אות ב'

עשה שבתך חול, ואל תצטרך לבריות

סימן רמב ס"א - הנה עיקר מצות עונג שבת נתפרש לנו על ידי הנביאים, וכמו שנאמר: וקראת לשבת עונג, **ויש** פוסקים שס"ל דעיקרו הוא מן התורה, שהשבת הוא בכלל מקראי קודש, שנאמר: וביום השביעי שבת שבתון מקרא קודש וגו', ומקרא קודש פירשו חז"ל בספרא, דהיינו לקדשו ולכבדו בכסות נקיה, ולענגו בעונג אכילה ושתיה, [רמב"ן, **ועיין** בספר החינוך ובב"י, דלדידהו הוא מד"ס, ואפי' לדידהו צריך ליזהר מאד בזה, שחמורים דברי סופרים יותר מד"ת, ושכרו מפורש בקבלה: אז תתענג על ד' וגו'].

והפליגו חז"ל מאד במצוה זו, ואמרו: דכל המענג את השבת נותנין לו נחלה בלי מצרים, וניצול משעבוד מלכיות, וזוכה עבור זה לעשירות, ועי"ש עוד כמה מאמרים בענין זה.

והנה בגדר מצוה זו יש ג' מאמרי חז"ל בזה: **א)** הא דאמרו דצריך לענגו בדגים גדולים וראשי שומין ותבשיל של תרדין, שזה היה מאכל חשוב בזמניהם, וכן בכל מקום ומקום לפי מנהגו יענגוהו במאכלים ומשקים החשובים להם עונג, **ולפי** שמן הסתם רוב בני אדם עיקר עונגם בבשר ויין ומגדנות, לכך איתא בסימן ר"נ ס"ב, דירבה בבשר ויין ומגדנות כפי יכלתו, **ב)** הא דאמרו דאפילו דבר מועט שעשאו לכבוד שבת קיים מצות עונג שבת, ואפי' כסא דהרסנא, היינו דגים קטנים מטוגנין בשמנן, **ג)** הא דאמר ר"ע: עשה שבתך חול ואל תצטרך לבריות.

וחילוק כל אלו המאמרים הוא באופן זה: דהיינו למאן דאפשר ליה, צריך לכבדו כפי יכלתו, **ומי** שהשעה דחוקה לו ביותר, היינו שאין לו רק מזון ב' סעודות לשבת, בזה אמר ר"ע: עשה שבתך חול ואל תצטרך לבריות, ואינו מחויב לא בג' סעודות ולא בכסא דהרסנא, **ומי** שיש לו ממון כדי לקנות מזה מזון ג' סעודות ויותר מזה קצת, מחויב להוציא אותן על שבת כדי שיקיים ג' סעודות וכסא דהרסנא, **וה"ה** מי שאין לו כלום והוא מוטל הכל על הצדקה, הרי הגבאים מחויבים ליתן לו ג' סעודות וכסא דהרסנא עכ"פ, ובאדם נכבד הכל לפי כבודו, וכמו שנתבאר ביו"ד בסי' רנ"ג, **ולא** אמרינן בזה: עשה שבתך חול ואל תצטרך לבריות, דלא אמרינן הכי אלא במי שעדיין לא נצטרך ליטול, אבל מי שכבר בא לידי מדה זו לפשוט ידו וליטול, נותנים לו הכל כנ"ל, **ובמקומות** שנוהגין הגבאים לקבוע לעניים רק שתי סעודות ולא הסעודה ג', לאו שפיר עבדי, ועכ"פ בימות הקיץ בודאי יזהרו בזה.

[א]**אפי' מי שצריך לאחרים** - «כלומר שיש לו מעט משלו, אבל אינו יכול להתפרנס מן הריוח – עולת תמיד», **אם יש לו מעט משלו, צריך לזרז עצמו לכבד את השבת** - בא השו"ע לומר, דאם יש לו גם מעט משלו, צריך לדחוק עצמו לכבד ולענג שבת כראוי, כיון דאפשר לו ויש בידו להוציא ע"ז, ולא סגי בכסא דהרסנא לחוד, ולזה סיים דיצמצם בשאר ימים מהוצאותיו, כדי שיהא נשאר לו זה לכבוד שבת, [אבל לא שיטיל על אחרים הוצאות כבוד שבתותיו לענגו כראוי, כיון דיכול להסתפק במעט].

באר הגולה

א טור מדברי רש"י בפי' הפרקי אבות פ"ה משנה כ' אהא דשבת קי"ח

וטוב ליזהר שלא יפחות משני תבשילין, **גם** טוב שיאכל בכל סעודה מג' סעודות דגים, אם לא שאין נאותים לו לפי טבעו או ששונאן, ושבת לעונג ניתן ולא לצער, וכדלקמן בסי' רפ"ח.

אם מוכרי הדגים מייקרין השער, נכון לתקן שלא יקנו דגים איזה שבתות עד שיעמוד השער על מקומו, **והנה** בבה"ט הביא, דלא יעשו תקנה רק אם הוסיפו המקח יותר על שליש מכמו שהיה מקדם, **אבל** בא"ר ובפמ"ג כתבו, דאף פחות משליש יוקר יש לעשות תקנה משום עניים, **עוד** כתב שם, דאין בזה משום בטול מצות עונג, דיש לענג **ה**שבת במאכלים אחרים. **אם** תקנו לאסור לאכול דגים כמה שבתות, ואחד קנה מקודם, מותר.

ולא [ב]אמרו: עשה שבתך חול ואל תצטרך לבריות, אלא למי שהשעה דחוקה לו ביותר – (היינו דמתחלה קס"ד דמה שאמרו: עשה שבתך חול, מיירי באנשים שאינם דחוקים כ"כ, ואפ"ה הזהירו שלא יפזר על עונג שבת כדי שלא יבוא עי"ז לבסוף להצטרך לבריות, וא"כ ה"נ בענינינו טוב יותר שיצמצם ולא יפזר על עונג שבת המעט שיש לו, כדי שלא יתדלדל ביותר, ולזה ביאר ואמר, דהתם מיירי למי שהשעה דחוקה לו ביותר, היינו שאין מגיע לו מממונו כי אם ב' סעודות על שבת, ולזה אמרו דמוטב שיעשה שבתו חול כדי שלא יצטרך לבריות, **אבל** בענינינו שיש לו מעט משלו לפזר על שבת, צריך לענג שבת במה שיש לו, ויבטח בה' שיתן לו אחרים עבור זה, דהוצאת שבתות ויום טוב הוא חוץ ממזונות הקצובין לו לאדם מר"ה, וכמו שאחז"ל).

למי שהשעה דחוקה לו ביותר - ומיירי כשאין לו משכונות ללות עליהם, ובלא משכון אין יכול להשיג, **דאל"ה** צריך ללות כדי שלא לבטל מצות עונג שבת, וכמו שאחז"ל שאומר הקב"ה: בני לוו עלי ואני פורע, [ויבטח בד' שהוא יעזרנו לשלם לו, **ובעטרת** זקנים משמע דלא ילוה אא"כ הוא משער שיהיה לו במה לפרוע, וכנראה דהכל לפי הענין].

ועיין בט"ז ותוספות שבת ושארי אחרונים שכתבו, דאף מי שהשעה דחוקה לו ביותר, דהוא פטור מדינא מסעודה ג' וכסא דהרסנא, **מ"מ** נכון מאד שיראה להשתדל להיות עכ"פ מן הכת האמצעית, דהיינו בקיום ג' סעודות וכסא דהרסנא.

על כן צריך לצמצם בשאר ימים כדי לכבד השבת - דבמזונות של שבת ויו"ט אם מוסיף מוסיפין לו, וכמו שאחז"ל: כל מזונותיו של אדם קצובין לו מר"ה ועד ר"ה, ויש ליזהר שלא יוסיף בהן פן לא קצבו לו כ"כ, [**ובעו"ה** יש אנשים שמהפכין הסדר, ובאין עי"ז לידי גזל וחילול השם], **חוץ** מהוצאות שבת ויו"ט, והוצאות בניו לת"ת, שאם מוסיף מוסיפין לו - טור.

לוין ברבית לצורך סעודת שבת או סעודת מצוה, והיינו מא"י או מישראל בדרך היתר, [ודלא כמה שראיתי לאחד שהתיר רבית דרבנן].

אם שלחו לו דבר מאכל שיאכלנו בשבת, לא יאכלנו בחול, כ"כ בס"ח, **ועיין** לקמן בסימן תרצ"ד ס"ב, דדעת השו"ע שם, דהעני יכול לשנות במגבת פורים למה שירצה, אף דגבוהו לצורך פורים, **אכן** גם שם יש מחמירין בזה, עיין בטור שם.

(**ואם** יש לו רק מעט מעות, ובא שכיר לתבוע עבור פעולתו שגמר לו היום, {**דאם** גמרו מאתמול אין עליו רק איסור ד"בל תשהה", והוא כשאר בע"ח דעלמא, אך בתלמיד חכם יש לעיין}, **נראה** דצריך ליתנם להפועל כדי לקיים מה שכתוב: ביומו תתן שכרו ולא תבא עליו השמש, אף שעי"ז לא ישאר לו במה לענג השבת, **או** שיפייסנו שיתרצה להמתין עד אחר השבת, **דחיוב** תשלומי שכיר בזמנו הוא מדאורייתא, וזה הוי רק מדברי קבלה, **ואפילו** להפוסקים דזה ג"כ הוי מדאורייתא, שם הוי עשה ולא תעשה, ולא אתי עשה ודחי לא תעשה ועשה, וזה לא מיקרי כ"תבעו ואין לו" דאינו עובר בבל תלין, וכן דברינו הוא דוקא אם כבר הביא הפעולה לבית בעה"ב וקבל ממנו, דאל"ה יש לבעה"ב עצה אחרת שלא לקבל ממנו, ואז אינו עובר, אפילו אם אמר לו הפועל: בא וטול החפץ ממני ואיני רוצה לעכבו תחת השכירות).

[ג]מתקנת עזרא שיהיו מכבסים בגדים בחמישי בשבת, מפני כבוד השבת - היינו כדי שיהיו לבנים לשבת, **אבל** לא בע"ש, כדי שיהיו פנוים להתעסק בצרכי שבת, **ולפי** זה צריך ליזהר שלא לילך בחלוק אחד כמה שבתות, כדי שלא לעבור על תקנות עזרא.

הגה: נוהגין ללוש כדי שיעור חלה בבית - היינו מלבד שהלישה והאפיה הוא מכלל כבוד שבת ויו"ט, כמו שמסיים לבסוף, **עוד** יש בזה טעם, כדי לקיים מצות חלה, לפי שאיבדה את אדם הראשון שהיה חלתו של עולם שנברא בע"ש.

לעשות מהם לחמים לבלוע עליהם בשבת ויו"ט (סמך ממרדכי ריש מסכת ר"ה), והוא מכבוד שבת ויו"ט, ואין לשנות – (ויש לזה רמז בכתוב: והיה ביום הששי והכינו את אשר יביאו את אשר תאפו אפו וגו', משמע דיש לאפות בע"ש להכין לשבת, גם בזמן הגמרא היה מנהג קבוע לזה כמו שהביא המ"א, **ובעו"ה** היום התחילו איזה נשים להשבית המנהג ההוא, ולוקחין מן האופה, ולאו שפיר עבדי, דמקטינים בזה כבוד שבת).

ועיין באחרונים, דאפי' הנוהגין לאכול פת פלטר של א"י בחול, מ"מ בשבת ויו"ט נכון ליזהר שלא לאכול כי אם מפת ישראל מפני כבוד השבת ויו"ט, [ולפי"ז אפי' בתוך הסעודה נכון ליזהר], **ופשוט** דאם הוא אנוס שאין לו על מה לקדש כי אם על פת של אינם יהודים, כמו שמצוי לאנשי חיל העברים, יכול לקדש עליו.

יש שכתבו שבמקצת מקומות נהגו לאכול מוליתא, שקורין פשטיד"א, בליל שבת, זכר למן שהיה מכוסה למעלה ולמטה - בטל, ואף זה מכוסה הבשר בין דפי העיסה, **ולא ראיתי לחוש לזה** - ובמקומותינו המנהג לאכלן.

באר הגולה

ב פסחים קי"ב וקי"ג | ג בבא קמא דף פ"ב

(לכאורה מנהג זה תמוה לרבים, דמה ראו לעשות בשבת זכרון למן שלא ירד בו כלל, והתוספות כתבו, דמשום שלא ירד המן יש לעשות זכר לו, והוא דחוק, גם לפי"ז היה להם לעשות פשטידא גם ביו"ט, והרמ"א לענין לחמים קאמר בשבת ויו"ט, ולענין זה קאמר רק בליל שבת, משמע דוקא קאמר, ומה נמרצו אמרי יושר של התורת חיים שכתב טעם הגון לזה, והוא לפי דשבת בראשית הוא דוגמת שבת שלעתיד לבא שהוא יום שכולו שבת, ולכן אנו עושים כמה דברים בשבת זה דוגמתו, היינו לאכול בשר ודגים נגד סעודת שור הבר ולויתן, ומקדשין על היין נגד היין המשומר בענביו לצדיקים לעתיד לבא, וכבר אמרו חז"ל דעל שם זה נקרא "שחקים", שבו שוחקים מן לצדיקים לעתיד לבא, ולכך שפיר יש לעשות בשבת זכר למן ההוא).

אות ג'

אין פותחין לעני העובר ממקום למקום מככר בפונדיון מארבע סאין בסלע; לן נותנין לו פרנסת לינה; ואם שבת נותנין לו מזון שלש סעודות

יו"ד סימן רנ ס"ד - אין פותחין לעני העובר ממקום למקום, מככר בפונדיון, (הרמב"ם פירש ממשקל הפונדיון הוא מ' גרעיני שעורה), מד' סאין בסלע; ואם לן, נותנין לו [ד]מצע לישן עליו, וכסת ליתן מראשותיו; ושמן וקטניות. ואם שבת, נותנין לו מזון ג' סעודות, ושמן וקטנית, ודג וירק. ואם מכירין אותו, נותנין לו לפי כבודו.

‹ופשוט הוא דאם זה העני העובר ממקום למקום נצרך גם לנדבה לפרנסת ביתו או להשיא בתו וכיוצא בזה, דנותנין לו גם נדבות קטנות, וכן המנהג. וכמה ימים יכול העני להיות בעיר שיצטרכו ליתן לו סעודות, אינו מבואר, ועכשיו מרגלא בפומי דאינשי, שיש רשות לעני העובר להיות ג' ימים בעיר, ושיתנו לו לאכול כל הג' ימים, ולא ידעתי מקורו – ערוה"ש.

אות ד'

קערות שאכל בהן ערבית מדיחן לאכול בהן שחרית; שחרית מדיחן לאכול בהן בצהרים; בצהרים וכו'... מן המנחה ואילך שוב אינו מדיח; אבל כוסות וקיתוניות וצלוחיות מדיח והולך כל היום כולו, לפי שאין קבע לשתיה

סימן שכג ס"ו - [ה]מדיחים כלים לצורך היום, כגון שנשאר לו עדיין סעודה לאכול - היינו אפי' בליל שבת מותר להדיח לצורך מחר, או לצורך סעודה שלישית, [גמ']. **ואם** יודע שלא יצטרך עוד לאלו הכלים, אסור להדיחן משום טורח, **רק** הכא איירינן בסתמא.

אפי' י' כוסות וא"צ אלא לא', רשאי להדיח כולן, דהואיל וראוי לו כל אחד, הותרו כולן, וה"ה שמציעין י' מטות.

אבל לאחר סעודה שלישית אין מדיחין - ואם יודע שיצטרך להן, כגון שרוצה לאכול עוד פעם אחת, אפי' לאחר סעודה ג' ג"כ מותר, **רק** הכא איירינן בסתמא.

וכלי שתיה מדיחין כל היום, שכל היום ראוי לשתיה - ואם ברור לו שלא ישתה עוד, שוב אסור להדיח הכוס.

אות ה'

כל המקיים שלש סעודות בשבת ניצול משלש פורעניות: מחבלו של משיח, ומדינה של גיהנם, וממלחמת גוג ומגוג

סימן רצא ס"א - [ו]יהא זהיר מאד לקיים סעודה שלישית - וכדאיתא בגמרא: חייב אדם לאכול ג' סעודות בשבת, ואסמכוהו אקרא, דכתיב: ויאמר משה אכלוהו היום, כי שבת היום לה', היום לא תמצאוהו בשדה, ותלתא "היום" כתוב בקרא זה, **ואחז"ל**: כל המקיים שלש סעודות בשבת, ניצול משלש פורעניות: מחבלו של משיח, ומדינה של גיהנם, וממלחמת גוג ומגוג, שנאמר וגו'.

ואף לעני העובר ממקום למקום, צריך ליתן לו כל הג' סעודות בשבת, וכדאיתא ביו"ד בסי' ר"נ, **ועיין** לעיל בסימן רמ"ב במ"ב, דאף בשביל סעודה שלישית, כשמשיג באיזה מקום ללוות, צריך ללוות.

[ז]ואף אם הוא שבע, יכול לקיים אותה בכביצה - לאו דוקא, אלא מעט יותר מכביצה, דכביצה מקרי עדיין אכילת עראי, כמ"ש סוף סימן רל"ב, ולא חשיב סעודה - מ"א, **וי"א** שאפילו בכזית יוצא ידי הסעודה, **ונכון** להחמיר לכתחלה אם אפשר לו.

[ח]ואם א"א לו כלל לאכול, אינו חייב לצער את עצמו - דהסעודה לעונג ניתנה ולא לצער.

[ט]והחכם עיניו בראשו, שלא ימלא בטנו בסעודת הבוקר, כדי ליתן מקום לסעודה שלישית - דאל"כ לפעמים היא אכילה גסה ואינה חשובה אכילה.

הגה: ומי שלא אכל בליל שבת, יאכל שלש סעודות ביום השבת (הרא"ש) - וג"כ צריך לקדש בשחרית כל הקידוש של לילה מלבד "ויכלו", אם לא קידש בערבית, וכנ"ל בסימן רע"א ס"ח.

ואם שכח "רצה" בבהמ"ז בסעודה שניה, מצדדים האחרונים שלא לחזור ולברך. ‹ועיין לעיל סי' קפ"ח ס"ז, דפסק שמחוייב לחזור, וצ"ע›.

והוא הדין ביו"ט, מי שלא אכל בליל יו"ט, צריך לאכול שתי סעודות למחר ביום, דביו"ט החיוב הוא שתי סעודות, אחת בלילה ואחת ביום, **והוא** הדין שיאמר בשחרית כל הקידוש של יום טוב של לילה, אם לא קידש בלילה.

באר הגולה

[ד] שבת דף קי"ח ע"א [ה] שבת קי"ח בברייתא [ו] שבת קי"ח [ז] טור והר"ן בשם בה"ג [ח] רמב"ם [ט] טור

עין משפט נר מצוה

[בראשית רבה פרשה סב]

לה א מיי' פ"ל מהל' שבת הלכה ז סמג עשין ל טור ש"ע או"ח סימן רמב:

לו ב מיי' פ"ז מהלכות תפלה הלכה יב טור ש"ע או"ח סימן נא סעיף ח:

לז ג מיי' פ"ג מהלכות תפילה הלכה א' סמג עשין יט טוש"ע או"ח סימן פט סעיף א וסימן רלג סעיף א [ועי' ב"י כאן וכפ"ה דברכות דף ט. וכן ברא"ש כאן ושם סי' ה']:

לח ד טור ש"ע או"ח סימן רסא סעיף ב וסימן רצג סעיף א:

לט ה מיי' פכ"א מהל' איסורי ביאה הלכה כג טוש"ע אה"ע סימן כג סעיף ז בהגה:

מ ו ז טוש"ע או"ח סימן כ סעיף א ו:

[ברכות נה.]

מא ח טוש"ע יו"ד סי' רמו סעיף כו בהג"ה:

[פרק היה קורא הלכה י] [ועי' תוס' ברכות לג: ד"ה כל]

רב נסים גאון

אמר ר' יוסי יהא חלקי עם מכניסי שבת בטבריא ועם מוציאי שבתות בציפורי. לפי שטבריא היתה נמוכה והחמה שוקעת שם בעוד יומם והיו יושביה מקבלין עליהן השבת משקיעת החמה אצלם ושקיעתה לשם קודם שקיעתה במקומות הגבוהין ומי שמקבל עליו הכנסת השבת מאותה השעה הרי עשה סייג לעצמו והוא משובח ומעולה מן היושבים במקומות הגבוהין ובהרים וכנגדן מוציאי שבת בציפורי שהיא גבוהה מפני ומאהרין לשם פני המזרח להכסיף ושוהין ומאדימין והיו מקבלין עליהן שימור השבת עד שמכסיפין פני המזרח התחתון והעליון ולפיכך הן משובחים בזה הענין יותר מאנשי טבריא ובמסכת ראש השנה בפרק יו"ט של ראש השנה (דף לא) משכחת וטבריא עמוקה מכולן שנאמר (ישעיה כט) ושפלת מארץ תדברי ובמסכת מגילה בפרק מגילה נקראת (דף ו) ילמה נקראת שמה ציפורי אמר רב פפא שיושבת בראש ההר כצפור והרי נתברר לך מיכן כי טבריא נמוכה וציפורי גבוהה:

גליון הש"ס

גמ' יהא חלקי ממכניסי שבת בטבריא. ברבינו יונה פ"ח דברכות דף

תוספות

רובם של צדיקים מתים בחולי מעיים. פי' בקונטרס למרק עונותיהם ור"י אומר כי יש במדרש *למרק אכילה מן המעיים להיות נקיים וטהורים כמלאכי השרת: **אימא** ה' בעילות בעלתי ושניתי. ובירושלמי משני דיבמות היו ולא רצה לקיים בהן מצות עונה אלא רק כדי לקיים מצות יבום דהיינו ביאה ראשונה: **אילו** היו אומרים לי חברי עלה לדוכן. °לא ידע ר"י מה איסור יש בזר העולה לדוכן אם לא משום ברכה לבטלה של כהנים אמרה תורה לברך את ישראל: **עיון** תפלה. פי' בכוונת הלב וכן ההיא דאלו דברים שאוכל מפירותיהן בעולם הזה (לקמן דף קכז.) דחשיב עיון תפלה אבל הא דאמר בברכות (דף לב: וגה.) המעיין בתפלתו סוף בא לידי כאב לב ההוא עיון דמצפה מתי יעשה הקב"ה בקשתו שסבור שתפלתו מקובלת כדמייתי עלה תוחלת ממושכה מחלה לב וכן ההיא *דאמר ר"י שלשה דברים מזכירין עוונותיו של אדם קיר נטוי ועיון תפלה [ומוסר דין לשמים על חבירו] והא דאמר בפרק גט פשוט (ב"ב קסד:) שלשה דברים אין אדם ניצול מהם בכל יום לשון הרע והרהור עבירה ועיון תפלה אין לפרש שמצפה מתי תיעשה בקשתו שהרבה בני אדם ניצולים מזה אלא הוה כי ההוא דשמעתין כלומר שאינו מתכוין בתפלה שאי אפשר ליזהר כדאמרינן בירושלמי* מחזיקנא טיבו לרישא דכי מטא למודים מנפשיה כרע*:

בתליסר

תורה אור

נחלת יעקב אביך וגו' לא כאברהם שכתוב בו °קום התהלך בארץ לארכה וגו' ולא כיצחק שכתוב בו °כי לך ולזרעך אתן את כל הארצות האל אלא כיעקב שכתוב בו °ופרצת ימה וקדמה וצפונה ונגבה ר"נ בר יצחק אמר ניצול משעבוד גליות כתיב הכא והרכבתיך על במתי ארץ וכתיב התם °ואתה על במותימו תדרוך אמר רב יהודה אמר רב כל המענג את השבת נותנין לו משאלות לבו שנאמר °והתענג על ה' ויתן לך משאלות לבך עונג זה איני יודע מהו כשהוא אומר וקראת לשבת עונג °הוי אומר זה עונג שבת במה מענגו רב יהודה בריה דרב שמואל בר שילת משמי' דרב אמר בתבשיל של תרדין(א) ודגים גדולים וראשי שומין רב חייא בר אשי אמר רב אפי' דבר מועט ולכבוד שבת עשאו הרי זה עונג מאי היא א"ר פפא כסא דהרסנא אמר ר' חייא בר אבא א"ר יוחנן כל המשמר שבת כהלכתו אפי' עובד ע"ז [כדור] אנוש מוחלין לו שנאמר °אשרי אנוש יעשה זאת וגו' מחללו אל תקרי מחללו אלא מחול לו אמר רב יהודה אמר רב אלמלי שמרו ישראל שבת *ראשונה לא שלטה בהן אומה ולשון שנאמר °ויהי ביום השביעי יצאו מן העם ללקוט וכתיב בתריה ויבא עמלק אמר רבי יוחנן משום רבי שמעון בן יוחי *אלמלי משמרין ישראל שתי שבתות כהלכתן מיד נגאלים שנא' °כה אמר ה' לסריסים אשר ישמרו את שבתותי וכתיב בתריה והביאותים אל הר קדשי וגו' אמר ר' יוסי *יהא חלקי מאוכלי שלש סעודות בשבת א"ר יוסי °יהא חלקי מגומרי הלל בכל יום איני והאמר מר הקורא הלל בכל יום הרי זה מחרף ומגדף כי קאמרינן בפסוקי דזמרא א"ר יוסי יהא חלקי ממתפללים עם דמדומי חמה *א"ר חייא בר אבא א"ר יוחנן °מצוה להתפלל עם דמדומי חמה א"ר זירא מאי קרא °ייראוך עם שמש ולפני ירח דור דורים וא"ר יוסי יהא חלקי ממתי בחולי מעיים דאמר מר *רובן של צדיקים מתים בחולי מעיים וא"ר יוסי יהא חלקי ממתי בדרך מצוה וא"ר יוסי °יהא חלקי ממכניסי שבת בטבריא וממוציאי שבת בצפורי וא"ר יוסי יהא חלקי ממושיבי בהמ"ד ולא ממעמידי בהמ"ד וא"ר יוסי יהא חלקי מגבאי צדקה ולא ממחלקי צדקה *וא"ר יוסי יהא חלקי ממי שחושדין אותו ואין בו אמר רב פפא לדידי חשדן ולא הוה בי א"ר יוסי חמש בעילות בעלתי ונטעתי חמשה ארזים בישראל ומאן אינון ר' ישמעאל ברבי יוסי ור' *אלעזר בר"י ור' חלפתא בר"י ור' אבטילס בר"י ורבי מנחם בר' יוסי והאיכא ורדימס היינו מנחם ואמאי קרי ליה ורדימס *שפניו דומין לוורד למימרא דרבי יוסי מצות עונה לא קיים אלא אימא חמש בעילות בעלתי ושניתי *אמר רבי יוסי מימי לא קריתי לאשתי אשתי ולשורי שורי אלא לאשתי ביתי ולשורי שדי אמר ר' יוסי °מימי לא נסתכלתי במילה שלי איני והאמרו ליה לרבי מאי טעמא קראו לך רבינו הקדוש אמר להו מימי לא נסתכלתי במילה שלי ברבי מילתא אחריתי הוה ביה שלא הכנים ידו תחת אבנטו וא"ר יוסי °מימי לא ראו קורות ביתי אימרי חלוקי וא"ר יוסי מימי לא עברתי על דברי חברי יודע אני בעצמי שאיני כהן אם אומרים לי חבירי עלה לדוכן אני עולה *וא"ר יוסי מימי לא אמרתי דבר וחזרתי לאחורי אמר רב נחמן *) תיתי לי דקיימית ג' סעודות בשבת אמר רב יהודה תיתי לי דקיימית עיון תפלה אמר רב הונא בריה דרב יהושע °תיתי לי דלא סגינא ד' אמות בגילוי הראש אמר רב ששת תיתי לי דקיימית מצות תפילין ואמר ר"נ תיתי לי דקיימית מצות ציצית אמר ליה רב יוסף לרב יוסף בריה דרבה אבוך במאי זהיר טפי אמר ליה בציצית יומא חד הוה קא סליק בדרגא איפסיק ליה חוטא ולא נחית ולא נחית כמה דלא רמיה ואמר אביי תיתי לי דכי °חזינא צורבא מרבנן דשלים מסכתיה עבידנא

*) [לקמן ריש קיט. וע"ל רש"י תיתי לי ישלם שכרי ובבכורות ל. ועי' תוס' בבכורות ב: ד"ה שמא]

רש"י

נחלת יעקב. ולא נחלת אברהם ויצחק: לארכה ולרחבה. ארץ זו ולא יותר: ופרצת ימה. ואין לה: בתבשיל של תרדין. חשוב הוא: ראשי שומין. חשובים היו להן: כסא דהרסנא. דגים קטנים מטוגנים בשמן קרביהן ובקמח: דור אנוש. התחילו לעבוד ע"ז דכתיב (בראשית ד) אז הוחל לקרוא וגו': במתי. בתר ההיא פרשתא: הרי זה מחרף ומגדף. שנביאים הראשונים תיקנו לומר בפרקים לשבח ולהודיה כדאמרינן בערבי פסחים (דף קיז.) וזה הקוראה תמיד בלא עתה אינו אלא כמזמר שיר ומתלוצץ: פסוקי דזמרא. שני מזמורים של הילולים הללו את ה' מן השמים הללו אל בקדשו: דמדומי חמה. כשהיא אדומה שחרית אחרי הנץ מיד היא אדומה וערבית סמוך לשקיעתה: עם שמש. עם זריחתה: ולפני ירח. קודם אור הירח בעוד השמש לא שקעה: ממתי בחולי מעיים. שמתייסרין ביסורין ומתמרקין עונותיהן: ממכניסי שבת בטבריא. מפני שהיא עמוקה ומחשכת מבעוד יום וסבורין שחשכה וממוציאי שבת בצפורי שיושבת בראש ההר ובעוד כשהחמה שוקעת נראית שם אור גדול ומאחרין לצאת: ממושיבי בית המדרש. חכמים מאספי תלמידים בכל יום לבא: ממעמידי. ממונים לעת האוכל לומר הגיע עת לעמוד ולאכול: ממחלקי. לעניים לדקה דאמרינן בבבא בתרא פ"ק (דף ח:) לדקה גבית בשנים ומתחלקת בשלשה והמחלקים אותה עליהם לבדוק לפי הצריך לכל אחד ואחד ופעמים שקרובין דעתם לרחם על זה ולחלוק יותר מן הצורך שאומדין אותו בהרווחה ואומדין את חברו בצמצום: בעלתי ושניתי. כדי שיהיו זכרים דאמר מר הרוצה שיהיו בניו זכרים יבעול וישנה (עירובין דף ק:): לא קריתי לאשתי אשתי. שאף שיחת חולין שלי יש ללמוד הימנה חכמה: אשתי ביתי. שהיא עיקר של בית: ולשורי שדי. שהוא עיקר של שדה דכתיב ורב תבואות בכח שור (משלי יד): לא נסתכלתי כו'. מרוב צניעות: והא אמרו לו כו'. וא"כ לרבי יוסי נמי הוה ליה למיקרייה רבינו הקדוש: תחת אבנטו. מן האבנט ולמטה: לא ראו קורות כו'. (ג)כשפושט חלוקו [פושטו] כמו שהוא לובשו דרך ראשו ומכסה את עצמו תחלה משום צניעות בסדינו מתחת ויושב במטתו: לא אמרתי דבר וחזרתי לאחורי. שאם בא מי שאמרתי עליו דבר ושאל אם אמרתי כן עליו לא חזרתי בי לאמר אינו כדבריו לפי שמתחלה אמת אמרתי וקסבר כל מילתא דמתאמרא באפי מרה לית בה משום לישנא בישא וכן מפרש במסכת ערכין (דף טו:): דקיימתי מצות תפילין. שלא הלך ארבע אמות בלא תפילין וכן לענין ציצית: עד דרמיה. שתקנה וזה לשון תלייה ציצית כדאמרינן בעלמא (תענית ד' כג.) לא רמי תוטי: דשלים מסכתיה. שגרסה:

עבידנא

מסורת הש"ס

[צ"ל פ"ז פ"ב תוס' ד"ה כאשר]

[עי' תוס' נדה יג: ד"ה עד שיכנו]

[עי' תוס' בכורות ב: ד"ה שמא וכו']

ברכות כט:

[כתובות קג:]

מו"ק יח:

כדפי' אליעזר

[סוטה לו:]

גיטין נב:

ערכין טו:

[פ"ש כרש"י]

הגהות הב"ח

(א) גמ' בתבשיל של תרדין. נ"ב בעירובין ראש ד' ס"ס אמר רב חסדא תבשיל של תרדין יפה ללב וטוב לעיניים וכל שכן לבני מעים ואמר אביי והוא דיתיב אבי תפי וכו' ובפ"ב מרובה דף פ"ב ע"א חמשה דברים נאמרו בשום מסביע ומחמין ומצהיל פנים ומרבה הזרע והורג כינים שבבני מעים ומכניס אהבה ומוציא קנאה ועפ' כיצד מעברין ריש דף נו פירש"י לשבח ולא לגנאי וע"ש: (ג) רש"י ד"ה לא ראו קורות כו' כשפושט חלוקו. נ"ב ס"ל לא היה פושטו מרוב צניעות שכשפושטו כו':

מג ע"א כתב ד"ה שבטבריא היו מגמרים הכלים בע"ש מפני כבוד שבת שירימו ריח טוב ובציפורי היו מגמרים במ"ש והיו עושין כן לכבוד שבת שהיו מלוין הצער שיש להם מהנפש יתירה שהיה להם בשבת ועתה בפרידה השבת צריכין למוגמר להריח ריח טוב עיין שם. וכעין זה כ' בהגודה. והר"י מיגאש בתשובה סימן מ"ה כ' יהא חלקי וכו' היינו עם אותם שבתחלת שבת המה בטבריא ובהפוקי יומא הם בציפורי כי טבריא וציפורי סוך תחום אחד ומקדמי ומאחרי שבת: תוס' ד"ה אילו וכו' לא ידע ר"י. וכזה לקמן קנא ע"ב תוס' ד"ה קמ"ל. וקלא ע"א תוס' ד"ה מי שברת ובכתובות דף נג ע"א תוס' ד"ה תימה:

§ מסכת שבת דף קיח: §

אות א'

הוי אומר זה עונג שבת

סימן רמב ס"א - הנה עיקר מצות עונג שבת נתפרש לנו על ידי הנביאים, וכמו שנאמר: וקראת לשבת עונג, **ויש** פוסקים שס"ל דעיקרו הוא מן התורה, שהשבת הוא בכלל מקראי קודש, שנאמר: וביום השביעי שבת שבתון מקרא קודש וגו', ומקרא קודש פירשו חז"ל בספרא, דהיינו לקדשו ולכבדו בכסות נקיה, ולענגו בעונג אכילה ושתיה, [רמב"ן, **ועיין** בספר החינוך ובב"י, דלדידהו הוא מד"ס, ואפי' לדידהו צריך ליזהר מאד בזה, שחמורים דברי סופרים יותר מד"ת, ושכרו מפורש בקבלה: אז תתענג על ד' וגו'].

והפליגו חז"ל מאד במצוה זו, ואמרו: דכל המענג את השבת נותנין לו נחלה בלי מצרים, וניצול משעבוד מלכיות, וזוכה עבור זה לעשירות, ועי"ש עוד כמה מאמרים בענין זה.

והנה בגדר מצוה זו יש ג' מאמרי חז"ל בזה: **א)** הא דאמרו דצריך לענגו בדגים גדולים וראשי שומין ותבשיל של תרדין, שזה היה מאכל חשוב בזמניהם, וכן בכל מקום ומקום לפי מנהגו יענגוהו במאכלים ומשקים החשובים להם עונג, **ולפי** שמן הסתם רוב בני אדם עיקר עונגם בבשר ויין ומגדנות, לכך איתא בסימן ר"נ ס"ב, דירבה בבשר ויין ומגדנות כפי יכלתו, **ב)** הא דאמרו דאפילו דבר מועט שעשאו לכבוד שבת קיים מצות עונג שבת, ואפי' כסא דהרסנא, היינו דגים קטנים מטוגנין בשמן, **ג)** הא דאמר ר"ע: עשה שבתך חול ואל תצטרך לבריות.

וחילוק כל אלו המאמרים הוא באופן זה: דהיינו למאן דאפשר ליה, צריך לכבדו כפי יכלתו, **ומי** שהשעה דחוקה לו ביותר, היינו שאין לו רק מזון ב' סעודות לשבת, בזה אמר ר"ע: עשה שבתך חול ואל תצטרך לבריות, ואינו מחויב לא בג' סעודות ולא בכסא דהרסנא, **ומי** שיש לו ממון כדי לקנות מזה מזון ג' סעודות ויותר מזה קצת, מחויב להוציא אותן על שבת כדי שיקיים ג' סעודות וכסא דהרסנא, **וה"ה** מי שאין לו כלום והוא מוטל הכל על הצדקה, הרי הגבאים מחויבים ליתן לו ג' סעודות וכסא דהרסנא עכ"פ, ובאדם נכבד הכל לפי כבודו, וכמו שנתבאר ביו"ד בסי' רנ"ג, **ולא** אמרינן בזה: עשה שבתך חול ואל תצטרך לבריות, דלא אמרינן הכי אלא במי שעדיין לא נצטרך ליטול, אבל מי שכבר בא לידי מדה זו לפשוט ידו וליטול, נותנים לו הכל כנ"ל, **ובמקומות** שנוהגין הגבאים לקבוע לעניים רק שתי סעודות ולא הסעודה ג', לאו שפיר עבדי, ועכ"פ בימות הקיץ בודאי יזהרו בזה.

[א]**אפי' מי שצריך לאחרים** - ‹כלומר שיש לו מעט משלו, אבל אינו יכול להתפרנס מן הריוח - עולת תמיד›, **אם יש לו מעט משלו, צריך לזרז עצמו לכבד את השבת** - בא השו"ע לומר, דאם יש לו גם מעט משלו, צריך לדחוק עצמו לכבד ולענג שבת כראוי, כיון דאפשר לו ויש בידו להוציא ע"ז, ולא סגי בכסא דהרסנא לחוד, ולזה סיים דיצמצם בשאר ימים מהוצאותיו, כדי שיהא נשאר לו זה לכבוד שבת, [**אבל** לא שיטיל על אחרים הוצאות כבוד שבתותיו לענגו כראוי, כיון דיכול להסתפק במעט].

וטוב ליזהר שלא יפחות משני תבשילין, **גם** טוב שיאכל בכל סעודה מג' סעודות דגים, אם לא שאין נאותים לו לפי טבעו או ששונאן, ושבת לעונג ניתן ולא לצער, וכדלקמן בסי' רפ"ח.

אם מוכרי הדגים מייקרין השער, נכון לתקן שלא יקנו דגים איזה שבתות עד שיעמוד השער על מקומו, **והנה** בבה"ט הביא, דלא יעשו תקנה רק אם הוסיפו המקח יותר על שליש מכמו שהיה מקדם, **אבל** בא"ר ובפמ"ג כתבו, דאף פחות משליש יוקר יש לעשות תקנה משום עניים, **עוד** כתב שם, דאין בזה משום בטול מצות עונג, דיש לענג השבת במאכלים אחרים. **אם** תקנו לאסור לאכול דגים כמה שבתות, ואחד קנה מקודם, מותר.

[ב]**סימן רנ ס"ב** - [ג]**ירבה בבשר ויין ומגדנות כפי יכלתו** - עיין לעיל בסימן רמ"ב, שם מבואר כל הפרטים בזה.

אות ב'

יהא חלקי מגומרי הלל בכל יום

טור או"ח סימן נא - ברוך שאמר וכו' צריך לאומרו בניגון ובנעימה, כי הוא שיר נאה ונחמד; וכתב בספר היכלות שיש בו פ"ז תיבות, וסי' ראשו כתם פז, וכן הוא נוסח אשכנזים. ונתקנה ברכה זו משום הא דאיתא בפרק כל כתבי, יהא חלקי עם גומרי הלל בכל יום, ומסקינן כי קאמר בפסוקי דזמרה, [ד]**ומאי ניהו תהלה לדוד עד כל הנשמה תהלל יה; ותו גרסינן בפ"ק דברכות (ד ב) א"ר אלעזר כל האומר תהלה לדוד בכל יום ג"פ מובטח לו שהוא בן העוה"ב; וכן דרש ר' שמלאי, לעולם יסדר אדם שבחו של מקום ואחרי כן יתפלל; לכן תקנו לאומרם קודם תפלה, וקבעו ברכה זו לפניהם, ואחת לאחריהם והיא ישתבח.**

סימן נא ס"ח - אין אומרים הזמירות במרוצה, כי אם בנחת - שלא ידלג שום תיבה ולא יבליעם, אלא יוציא מפיו כאלו מונה מעות.

וכתב ר"י חסיד, מי שאינו מלובש היטב, יתפלל בביתו בחורף בנחת, **וצ"ע** מלקמן סימן נ"ב, ואפשר דר"ל, שמחמת הקור אינו יכול לכוין גם בתפלת י"ח כראוי.

באר הגולה

א טור מדברי רש"י בפי' הפרקי אבות פ"ה משנה כ' אהא דשבת קי"ח ב ‹מילואים› ג מדברי הרמב"ם ד ‹ורש"י פי', שני מזמורים של הילולים הללו את ה' מן השמים הללו אל בקדשו›

אות ג'

מצוה להתפלל עם דמדומי חמה

סימן פט ס"א - זמן תפלת השחר, מצוותה שיתחיל עם הנץ החמה, כדכתיב: ייראוך עם שמש - היא השעה שהחמה מתחלת לזרוח בראשי ההרים, **וראוי** ונכון ליזהר בזה לכתחלה אף בימי הסליחות, וכן בחורף כשמשכימים ובאים לבהכ"נ בבוקר השכם, ימתינו מלהתפלל עד הנץ, **אך** כשמשכים לצאת לדרך, וכה"ג שאר דחק ואונס, דמותר להקדים כדלקמן בס"ח, עכ"פ ימתינו מלברך על התפילין, עד שיכיר את חבירו הרגיל עמו קצת ברחוק ד' אמות, דמקודם אסור לברך עליהן.

כתב בפמ"ג, דבחג השבועות שניעורין כל הלילה, מותר להתפלל קודם הנץ, דכשילכו לביתם בהשכמה, טורח הוא להתקבץ שנית, **ומ"מ** יש ליזהר שלא לקרות ק"ש כ"כ בהשכמה, דהיינו קודם שיראה את חבירו ברחוק ד' אמות ויכירנו, דזה אסור לכתחלה, וכדלעיל בסימן נ"ח.

ואם התפלל משעלה עמוד השחר והאיר פני המזרח, יצא - בדיעבד, ואפילו שלא בשעת הדחק, **ובשעת** הדחק כגון במשכים לצאת לדרך, וכה"ג שאר דחק ואונס, אפילו לכתחילה, וכדלקמן בס"ח.

עה"ש - הוא מה שמתחיל השחר להבריק במקצתו מעט מעט, (והוא מה שמתחיל האור להתנוצץ בפאת המזרח, קודם הנץ החמה כשיעור שעה וחומש שעה, **ולא** כמו שטועין איזה אנשים, **שעמוד השחר הוא כוכבא דצפרא, דהוא זמן הרבה קודם).**

האיר פני מזרח - ובעינן שיאיר פני כל המזרח, ולא סגי במה שהבריק השחר כנקודה בלבד, **וכתב** בחידושי רע"א, דאף שהכוכבים נראין עדיין ברקיע, מ"מ יום הוא.

ומשמע מדברי המחבר, דקודם האיר פני מזרח, אף דעלה עמוד השחר, (דהוא כשיעור שעה וחומש שעה קודם הנץ החמה) אפי' בדיעבד לא יצא, וכן הסכימו הרבה אחרונים, **דלא** כמ"א, (**דדעתו, דמשעלה עה"ש יצא בדיעבד, דיום הוא, ובפמ"ג מפקפק בזה, אף דבעצם הדין משמע דס"ל כדבריו, דמן התורה יום הוא אף קודם שהאיר פני המזרח לכל דבר, כיון שעלה השחר, ומפני זה בשעת הדחק מותר לכתחלה תיכף משעלה עה"ש, עכ"פ שלא בשעת הדחק מצדד להוכיח מדברי הרמב"ם לענין תפלה, דאף בדיעבד לא יצא משעלה עה"ש, ולדינא בודאי יש לחוש לכל הני רבוותא בכל דבר שמצותו ביום, אם עשהו קודם שהאיר המזרח לחזור ולעשותו לאחר שהאיר, אמנם בתפלה אפשר דיש לחלק בזה, והוא דשלא בשעת הדחק לכאורה יש להחמיר בזה אף בדיעבד, וכהפמ"ג הנ"ל, דלא סגי כשהבריק השחר כנקודה, אלא עד שיאיר כל המזרח, אבל בשעת הדחק, אם התפלל קודם שהאיר המזרח, אפשר דיש לסמוך בזה בדיעבד על המ"א והפר"ח והפמ"ג הנ"ל,** שלא לחזור ולהתפלל משום חשש ברכה לבטלה, וצ"ע, **ולכתחלה בודאי יש ליזהר בזה מאד, אפילו בשעת הדחק).**

ודע, דדברי השו"ע אינם אמורים רק לענין חובת מצות תפלה בלבד, דיצא בה אחר שהאיר המזרח, דבזה כבר הגיע זמנה, דניתקנה כנגד התמיד, ושחיטות התמיד היה תיכף משהאיר המזרח, **אבל** לענין ק"ש שקודם התפלה לא איירי המחבר בסימן זה, ועיין לעיל בסימן נ"ח במ"ב, דלא יצא בזה ידי חובת ק"ש אף דיעבד, אם רגיל לעשות כן, עד שיכיר את חבירו הרגיל עמו קצת ברחוק ד"א, וזה מאוחר מזמן דהאיר המזרח, **ובפרט** כשרוצה אז להניח תפילין ולברך עליהן, דבודאי אין לברך עד שיגיע הזמן דמשיכיר הנ"ל, (**ואם מניחן מקודם, יניח בלא ברכה, וכשיגיע הזמן ימשמש ויברך).**

(**והפר"ח חולק על השו"ע, וס"ל דמשהאיר הוא זמנה לכתחלה, רק לוותיקין הוא קודם הנץ, ואין נ"מ בכ"ז לדינא לדידן, שכל אחד מישראל נוהג וזהיר לכתחלה לסמוך גאולה לתפלה, איך יכול לכתחלה להתפלל תיכף משיאיר היום, הא צריך לקרות ק"ש וברכותיה, ובדידהו בעינן דוקא עד שיכיר את חבירו ברחוק ד"א, אך לאחר הזמן הזה, אפשר דאין למחות ביד הנוהגין להקל, אך למצוה מן המובחר, לכו"ע אין להתפלל י"ח קודם הנץ).**

סימן רלג ס"א - [ה] ועכשיו שנהגו להתפלל תפלת מנחה עד הלילה - ר"ל עד ביה"ש שהוא ספק לילה, **אין להתפלל תפלת ערבית קודם שקיעת החמה** - ר"ל סוף שקיעה, שהוא לדעת המחבר בסי' רס"א זמן מועט קודם צאת הכוכבים, **ואע"ג** דגם אז אין להתפלל עד צאת הכוכבים ממש, דמקודם לכן הוי רק ספק לילה, וכדלקמן בסימן רל"ה, בהאי פורתא לא דק.

ואם בדיעבד התפלל תפלת ערבית מפלג המנחה ולמעלה, יצא.

אבל קודם פלג אפילו בדיעבד לא יצא, **ולעיל** מתבאר דיש דעות בפוסקים אימת הוא פלג המנחה, וע"כ יש לסמוך להקל שלא לחזור ולהתפלל אף אם התפלל שעה ורביע קודם שקיעת החמה, [א"ר, ודלא כמ"א, **ונ"ל** דאפי' המ"א מודה בזמנינו, דנוהגין שלא לעשות מלאכה אחר שקיעת החמה, דחוששין לדעת הגר"א והרבה מהראשונים, דס"ל דתיכף אחר שקיעה הוא ביהש"מ, ולדבריהם בודאי פלג המנחה הוא קודם השקיעה שעה ורביע, **א"כ** בודאי אין לחזור ולהתפלל בדיעבד].

ובשעת הדחק, יכול להתפלל תפלת ערבית מפלג המנחה ולמעלה - ר"ל דאף אם דרכו תמיד להתפלל מנחה אחר פלג, מ"מ יכול להתפלל תפלת ערבית ג"כ בזמן הזה, **ומ"מ** אין להקל בזה רק אם עכ"פ באותו היום התפלל מנחה קודם פלג, **אבל** אם באותו היום גופא התפלל מנחה אחר פלג, שוב אסור לו להתפלל ערבית קודם הלילה, דהוי תרתי דסתרי באותו יום גופא, **וכ"ז** אם מתפלל ביחידי,

---

באר הגולה

ה «וכמ"ש בגמ' ברכות דף כ"ט: אביי בר אבין ורבי חנינא בר אבין דאמרי תרווייהו כל כו', מצוה להתפלל עם דמדומי חמה, ואע"ג דלייטי עלה במערבא, ה"מ מאן דמאחר טפי, אבל קודם ביאת השמש במעט שפיר דמי – גר"א»

אבל צבור שהתפללו מנחה, וכשילכו לביתם יהיה טורח לקבצם שנית לתפלת ערב, ויתבטל תפלת הצבור לגמרי, הקילו האחרונים שמותר להתפלל ערבית סמוך למנחה, ועיין לקמן בסימן רל"ה ס"א.

הגה: ולדידן במדינות אלו שנוהגין להתפלל ערבית מפלג המנחה, אין לו להתפלל מנחה אחר כך - ר"ל אפילו ביום אחר לא יתפלל מנחה אחר פלג, כיון דתמיד מחזיק אותו זמן לזמן תפלת הערב, **אפילו** אם בדעתו באותו היום להתפלל מעריב אחר צה"כ.

ובדיעבד או בשעת הדחק, יוצא אם מתפלל מנחה עד הלילה - ר"ל דכיון שהוא שעת הדחק, מותר לו לכתחלה להתפלל מנחה בשעה שנהג עד היום להתפלל מעריב, **וכבר** כתבתי דיש לו ליזהר שלא להתפלל אז מעריב רק אחר צה"כ, **אם** לא שהוא בצבור ויהיה טורח לקבצם שנית כשילכו כל אחד לביתו.

דהיינו עד צאת הכוכבים - לאו דוקא, דערך רבע שעה קודם צאת הכוכבים בודאי בין השמשות הוא לכו"ע, ואין להתפלל באותו זמן, **אלא** ר"ל סמוך לזה, וכן איתא בד"מ ברל"ב.

ודע דאף שמהמחבר והרמ"א משמע, דלדידן דנוהגים להתפלל מעריב אחר צה"כ, מותר להתפלל מנחה אפי' אחר שקיעה עד סמוך לצה"כ, **יש** פוסקים רבים שחולקים בזה, ודעתם שתפלת המנחה הוא רק קודם שקיעת החמה, **ולכן** לכתחלה צריך כל אדם ליזהר להתפלל קודם שקיעת החמה דוקא, דהיינו שיגמור תפלתו בעוד שלא נתכסה השמש מעינינו, **ומוטב** להתפלל בזמנה ביחידות מלהתפלל אח"כ בצבור, **ובדיעבד** יוכל לסמוך על דעת המקילים להתפלל אחר שקיעה עד רבע שעה קודם צה"כ, אך כל מה שיכול להקדים מחויב להקדים, כדי שלא יכנס בספק בין השמשות, [**ונ"ל** עוד, דאפי' לדעת הגר"א והגאונים, דסברי דתיכף אחר השקיעה הוא ביהש"מ, **מ"מ** נוכל לומר דבשעת הדחק סומכין על דעת ר' יוסי, דס"ל דאז עדיין יום ודאי עד שנראה שהכסיף העליון והשוה לתחתון, **ולא** גרע ממאי דאמרו בברכות, כדאי הוא רשב"י לסמוך עליו בשעת הדחק, וכ"ש בענינינו].

אכן אם כבר נראו כוכבים, כבר עבר זמן מנחה בודאי, דזהו סימן ללילה, כמבואר כ"ז בסי' רצ"ג, [**אפי'** שני כוכבים, שהוא ביהש"מ, **ובעו"ה** ראיתי אנשים שהורגלו להתפלל מנחה זמן הרבה אחר השקיעה, עד ממש שהכסיף העליון והשוה לתחתון, דזהו ודאי שלא כדין].

אך כ"ז בדיעבד ושעת הדחק גדול, אבל לכתחלה בודאי אין לאחר זמן המנחה עד אחר שקיעה, וכ"ש שיש ליזהר מאד שלא לאחר עד סמוך לצה"כ, **וכבר** אחז"ל [ברכות דף כ"ט:] במערבא לייטי אמאן דמצלי עם דמדומי חמה, דלמא מטרפא ליה שעתא.

(**ובספר סדר זמנים כתב, לענין דיעבד כשמתפלל אחר שקיעה, שיתפלל על תנאי, אם הוא עדיין יום, יהיה נחשב לתפלת המנחה, והתפלה שיתפלל אחר צה"כ יהיה לשם ערבית, ואם עכשיו הוא לילה, יהיה תפלה** זאת עולה לו לשם תפלת ערבית, והשניה שיתפלל אח"כ יהיה לתשלומין בשביל מנחה, דחובה קודמת לתשלומין, וכדלעיל בסימן ק"ח).

אות ד'

יהא חלקי ממכניסי שבת בטבריא וממוציאי שבת בצפורי

סימן רסא ס"ב - י"א שצריך להוסיף מחול על הקודש - בין בכניסתו ובין ביציאתו, ואין על הזמן הזה לא לאו ולא כרת, כי אם מצות עשה מן התורה, **וילפינן** מדכתיב ביוה"כ "ועניתם את נפשותיכם בתשעה לחודש בערב, מערב עד ערב תשבתו שבתכם", ואמרינן: יכול בט' מתענין, ת"ל "בערב", אי "בערב" יכול משתחשך, ת"ל "בתשעה", הא כיצד מתחיל ומתענה מבעוד יום כדי להוסיף מחול על הקודש, וגם ביציאתו מוסיף מדכתיב "מערב עד ערב", **ומדכתיב** "תשבתו שבתכם", ילפינן דכל מקום שנאמר "שבות" כמו שבת ויו"ט, גם כן צריך להוסיף ולשבות ממלאכה, (**וי"א** דהוא מדרבנן).

וזמן תוספת הוא ע"כ קודם בין השמשות, דבבה"ש הוא ספק שמא הוא לילה וחייב עליה אשם תלוי, ולא צריך קרא לאוסופי.

סימן רצג ס"א - 'מאחרין תפלת ערבית, כדי להוסיף מחול על הקודש - היינו אף דמן הדין סגי במה שיתעכב מלעשות מלאכה עד הזמן המבואר בס"ב, **מ"מ** לכתחלה ראוי ונכון וכן מנהג כל ישראל, לאחר את התפלה, כדי שיתוסף יותר מחול על הקודש.

המנהג לזמר קודם מעריב המזמור "אלהים יחננו" ועוד מזמורים כנזכר בסידורים, **ואם** יחול ט' באב במוצאי שבת, אין מזמרין, דאז אין זמן חנינה, **וכן** כשיחול יו"ט במו"ש, ג"כ אין המנהג לזמר, כתב הפמ"ג דאפשר משום דאין אומרים תחנה בשבת ויו"ט, משא"כ בכל שבת יוכל לאמרו משחשכה קודם מעריב, **ועיין** לעיל בסימן מ"ט בשם חות יאיר, דתהילים מותר המורגל בו לומר בעל פה, **ומה** טוב ויפה המנהג הזה, א', כדי ללוות שבת שנקראת "כלה מלכתא" בשירות ותשבחות, וכדאיתא במדרש, **ועוד**, כי ע"ז נתאחר המעריב ונתוסף מחול על הקודש, **וגם** כדי שלא יבואו לדבר בדברים בטלים, אח"כ מצאתי בכנסת הגדולה כעין מה שכתבתי.

[ז]סימן רסז ס"ב - [ח]מקדימין להתפלל ערבית יותר מבימות החול - משום דהוי נהיגי עלמא לקבל עליהם שבת מכי פתח הש"ץ "ברכו", וכדלעיל בסימן רס"א ס"ד, לכך מהנכון להקדים להתפלל ערבית כדי להקדים הקבלת שבת, **וה"ה** דיכול לקבל עליו שבת קודם תפלת ערבית.

[ט]ומפלג המנחה יכול להדליק ולקבל שבת בתפלת ערבית - אבל קודם פלג המנחה אין יכול להדליק ולקבל שבת, **ואפילו** אם בדיעבד התפלל תפלת שבת, צריך לחזור ולהתפלל.

ופלג המנחה, י"א דהוא שעה ורביע קודם הלילה, וי"א דהוא שעה ורביע קודם השקיעה, **ועיין** לעיל בסימן רס"ג ס"ד ובמש"כ שם במ"ב.

באר הגולה

[ו] מהא דר' יוסי שבת קי"ח | [ז] (מילואים) | [ח] שם מהא דר' יוסי שבת קי"ח | [ט] שם בשם תוס' והרא"ש מהא דרב צלי של שבת בע"ש ברכות כ"ז

משמע מדברי המ"א, דאפילו הנוהגין להתפלל מעריב בזמנה, מותרים להתפלל בליל שבת מבע"י, ובלבד שיהיה מפלג המנחה ואילך, דכיון דמצותה להוסיף מחול על הקודש, וכבר קבל שבת עליו, יכול לסמוך על דעת הסוברים דהוי כלילה לענין תפלה, **אך** הנוהג כן יזהר עכ"פ בע"ש להתפלל מנחה קודם פלג המנחה, כדי שלא יהיה תרתי דסתרי אהדדי, **היינו** דלדעת ר' יהודה בגמרא, זמן מנחה נמשך רק עד פלג המנחה, ומשם ואילך הוא זמן תפלת ערבית, ולדעת רבנן, זמן מנחה הוא עד סוף היום, וזמן מעריב הוא בערב.

וי"א דבצבור יש להקל להתפלל מעריב מבע"י, אף אם התפלל מנחה אחר פלג המנחה, (**הוא מדה"ח**, שכתב דבצבור יש להקל, מטעם כיון דבשאר מקומות נוהגין להקל בזה גם בחול, **מטעם שטרחא לאספם פעמים ולקבצם**, עכ"פ יש להם לסמוך על האי טעמא בערב שבת, עכ"ל), **ונ"ל** שאין לסמוך על זה, (**משום דכל האחרונים לא הזכירו קולא זו, וטעמם הוא, כיון דאנן נהיגין בשאר ימות החול להתפלל בזמנה כדין, משום שאין לקולא זו מקור מן הש"ס**, ‹ועיין מש"כ לעיל סימן רל"ג ס"א במ"ב›, **איך נסמוך על קולא זו בשבת**), **רק** כשהוא מתפלל מעריב עכ"פ בין השמשות ובשעת הדחק, אבל לא כשהוא עדיין ודאי יום, **וק"ש** יחזור ויקרא כשהוא ודאי לילה.

ולאכול מיד - הטעם, דכיון דקבל עליו שבת והוסיף מחול על הקודש, נחשב כשבת לענין זה דיכול לקדש ולאכול מיד, ויוכל לגמור סעודתו מבע"י, **ויש** חולקין וסוברין, שיזהר למשוך סעודתו עד הלילה, ויאכל כזית בלילה, **וטעמם**, דכיון דהג' סעודות ילפינן ממה דכתיב: אכלוהו היום כי שבת היום לה' וגו', בעינן שיקיים אותם ביום שבת עצמו, **ולכתחלה** נכון לחוש לדבריהם.

ואם לאחר שהתפלל מעריב אין עד הלילה חצי שעה, יש ליזהר שלא להתחיל לאכול, אלא ימתין עד הערב ויחזור ויקרא ק"ש בלא הברכות, ואח"כ יאכל, הואיל ולהרבה פוסקים לא יצא ידי חובת ק"ש קודם הלילה, **מיהו** הנוהג להקל בזה אין למחות בידו, דיש לו על מי לסמוך, **וכ"ז** לענין היתר אכילה, אבל לענין ק"ש גופא דהוא דאורייתא, אין לסמוך, ויזהר לקרותה בלילה לצאת ידי חובת ק"ש.

(וע"ל סי' רל"ג כיצד משערין שיעור פלג המנחה).

אות ה'

<u>מימי לא נסתכלתי במילה שלי</u>

אבה"ע סימן כג ס"ז - **[י]חסידים הראשונים וגדולי החכמים התפאר אחד מהם שלא נסתכל במילה שלו, ומהם [יא]מי שהתפאר שלא התבונן מעולם בצורת אשתו, מפני שלבו פונה מדברי הבאי (פי' הושאל לשון זה של הבאי לדברי** **הבל) לדברי האמת, שהם אוחזות לבב הקדושים** - ‹כמ"ש באהבתה כו' - גר"א›.

אות ו' – ז'

<u>מימי לא ראו קורות ביתי אימרי חלוקי</u>

<u>תיתי לי דלא סגינא ארבע אמות בגילוי הראש</u>

סימן ב ס"א - **[יב]לא ילבש חלוקו מיושב (טור)** - דאז בהכרח יתגלה גופו, **אלא יקח חלוקו ויכניס בו [ראשו] וזרועותיו בעודנו שוכב, ונמצא כשיקום שהוא מכוסה** - ר"ל כשיקום ויצא מתחת כסוי סדינו, שהיה מונח שם ערום כשפשט חלוקו, יהיה עתה תיכף מכוסה, כי יפול חלוקו על כל גופו מעצמו.

שהאדם צריך להתנהג בצניעות ובושה לפני הקב"ה, ואפילו כשהוא לילה ובחדרי חדרים, הלא מלא כל הארץ כבודו, וכחשיכה וכאורה לפניו יתברך.

(**ובפמ"ג** נסתפק בישן בכילה שאין גבוה עשרה, אי נוהג דין זה, דהוי כמכוסה, **ובספר ארצות החיים מסיק לאיסור**).

וכן צריך ליזהר תמיד מחמת טעם זה, שלא במקום הכרח, מלגלות מבשרו ואפילו מעט, כל מה שדרכו להיות מכוסה בבגדים לעולם, **אבל** רשאי לגלות ידו עד קוב"דו, וצוארו עד החזה.

ע"כ האנפלאות יראה ללבשם או לפשטם ג"כ תחת הסדין, שלא לגלות רגליו, שדרכן להיות מכוסות לעולם במדינות אלו, שאין הולכין יחף אפילו בקיץ, וכן כל כיוצא בזה, **אם** לא שאי אפשר בענין אחר.

וכן בבית המרחץ שדרכן של בני אדם לילך שם ערומים, וא"א בענין אחר, אין בזה משום פריצות, **וכן** כשרוחץ בנהר הדין כן, רק יזהר לפשוט וללבוש סמוך לנהר כל מה שאפשר, בכדי שלא ילך בגילוי הגוף שלא לצורך, **ואפילו** ערותו א"צ לכסות בירידתו לנהר, ולא עוד אלא שהמכסה נראה כאלו בוש בדבר, וכאלו כופר בבריתו של אברהם אבינו, **אך** בעלייתו מן הנהר שפניו כלפי העם, ישחה או ישים ידו כנגד ערותו לכסותה, ובלבד שלא יגע בה.

איתא בש"ס: חלוק של ת"ח, כל שאין בשרו נראית מתחתיו, והאידנא אין נזהרין בזה, משום שהולכין הכל בבתי שוקיים, ואין הבשר נראית.

סימן ב ס"ו - **אסור לילך בקומה זקופה** - שדוחק רגלי השכינה כביכול, ע"כ כתבו האחרונים, דאסור אפילו פחות מד"א, **ופשוט** דאפילו עומד במקומו ואינו הולך כלל.

ולא ילך ד' אמות בגילוי הראש (מפני כבוד השכינה) - אפילו בבית שיש בו תקרה, וכ"ש תחת אויר השמים דיש ליזהר לכו"ע, **ומידת** חסידות אפילו פחות מד"א, ואפילו בעת השינה בלילה.

באר הגולה

[י] גם זה לשון הרמב"ם שם ממימרא דרבי יוסי שבת דף קי"ח ע"ב [יא] ברייתא מעשה וכו' שבת דף נ"ג ע"ב [יב] מגמרא דשבת קי"ח ‹ואע"ג דרבי יוסי לא איירי אלא בעת שפושט חלוקו, יליף מיניה רבינו לעת שלובשו, דכיון דמשום צניעות הוא מאי שנא - ב"י›

[יג] **ויש** שמצדדין לומר, דאפילו ד"א אינו אסור מדינא, רק להצנועין במעשיהן, [רש"ל]. [יד] **אבל** כבר כתב הט"ז, דבזמנינו איסור גמור מדינא להיות בגילוי הראש, ואפילו יושב בביתו, ע"ש הטעם.

וכתב המ"א, דאפילו קטנים נכון להרגילם בכיסוי הראש, כי היכי דליהוי להו אימתא דשמיא.

ולענין גילוי הראש, די בכיסוי היד על הראש, **ולילך** ד"א תחת אויר השמים, לא מהני בזה כיסוי הראש ביד.

וכ"ש דאסור לברך וה"ה ללמוד בגילוי הראש, ולא מהני בזה כיסוי היד, דיד וראש חד גופא אינון, ואין הגוף יכול לכסות את עצמו.

ויש מקילין בזה בשעת הדחק, כגון בלילה שרוצה לשתות ואין לו כובע בראשו, דדי במה שמכסה ראשו בידו, **אבל** יותר טוב לנהוג כמו שהעולם נוהגין, שממשיך הבית יד של הבגד על היד ומכסה בו ראשו, דאז הוי שפיר כיסוי לכו"ע.

ויש ליזהר בשעת הנחת תפילין של ראש, שלא יברך הברכה בראש מגולה.

ופרו"ק משערות, אף אותן שתפורין בבגד מתחתיו, יש לאסור מפני מראית העין, שיאמרו ששערות הן, **ויש** מקילין.

אם מפלה ראשו, שרי בגילוי הראש.

ויבדוק נקביו - כדי שיהיה אח"כ גופו נקי בשעת קבלת מלכות שמים בק"ש ותפלה, **ואין** צריך רק בדיקה לבד, ואם בדק את עצמו ואינו רוצה עתה לנקביו, זה נקרא מן הדין גוף נקי, וחלילה לאחר שוב עבור זה זמן ק"ש, או אפילו רק תפלה בצבור.

הגה: ויכסה כל גופו, ולא ילך יחף (א"ז) - אחז"ל: שימכור אדם כל מה שיש לו ויקח מנעלים לרגליו, **ובמקומות** הערב שדרכן לילך יחף, שרי, **עוד** כתב בשם של"ה, דאם עושה משום תשובה על עונותיו, מותר, וכן עשה דוד המלך ע"ה, "הולך יחף".

וירגיל עצמו לפנות בוקר וערב, שהוא זריזות ונקיות (הגהות מיימוני פרק ה' מהלכות דעות).

אות ח'

<u>חזינא צורבא מרבנן דשלים מסכתיה עבידנא יומא טבא לרבנן</u>

יו"ד סימן רמו סכ"ו - הגה: כשמסיים מסכת, מלוה לשמוח ולעשות סעודה, ונקראת סעודת מלוה (נ"י פ' יש נוחלין ומימרא דאביי פ' כל כתבי) - וכתוב בסוף תשובת מהר"מ מינץ, דכשבאין לסוף מסכתא, ישייר מעט בסוף עד שעת הכושר, יומא דראוי לתקן בו סעודה כו', **ולכך** נהגו כל הבעלי בתים לילך על הישיבה בתחלת הזמן, ולכך מנהג להודיעם כשבא הרב לסיים המסכתא כדי שיבואו הב"ב גם כן לסיומא, ואז יהיו שמה תחלה וסוף, **ויחזרו** אחר מנין לומר קדיש דרבנן, ועשרה בני רב פפא, והיא סעודת מצוה, דאפילו אבל תוך י"ב חודש על אביו ואמו יכול לסעוד שם וכו', ועיין שם - ש"ך.

גם מהרש"ל כתב דסיום מסכתא סעודת מצוה היא, ואסיק דמכל מקום אין לברך שהשמחה במעונו - ש"ך, ‹**שמתחילה** רצה להורות שיאמרו על סיום מסכת שהשמחה במעונו, וכתב שכשהורה כך נתבטלה השמחה בענין רע ומר, ואז ראה שאין לחלוק על הקדמונים, ע"ש, **ולפע"ד** א"א לומר כלל שהשמחה במעונו, בשנבין איזה לשון הוא בסעודת נשואין, והו"ל לומר שהשמחה בכאן, **אלא** הפירוש להיפך, דבעוה"ז אין שמחה שלימה, דשמחת נשואין הוא מפני שהאדם קיים במין ולא באיש, ואלמלא היה האדם חי לעולם לא היה צריך לישא אשה ולהוליד בנים, **וזהו** שאמרו חז"ל בר"פ אין עומדין, שאמרו ליה רבנן לרב המנונא זוטא בהילולא דמר בריה דרבינא לישרי לן מר, ואמר להו ווי לן דמיתנן ווי לן דמיתנן, כלומר דמפני שאנו צריכים למות לכן בהכרח לישא אשה ולהוליד בנים, **ולכן** אנו אומרים שהשמחה במעונו, כלומר שפה אינה שמחה שלימה, והשמחה במעונו של הקדוש ברוך הוא, כדכתיב עוז וחדוה במקומו, **האמנם** בת"ת שהיא הגדולה מכל המצות, ושנינו באבות יפה שעה אחת בתשובה ומעשים טובים בעוה"ז מכל חיי העוה"ב, א"כ השמחה פה, וא"צ לומר שהשמחה במעונו - ערוה"ש›.

וכתב דאפי' מי שלא סיים מסכתא מצוה רבה שישמח עם המסיים, ואפילו יחיד שסיים מחויבים אחרים לסיים עמו כו', עיין שם, **ובתשובות** מהרי"ל, דביום שמת בו אביו או אמו דנהגו עלמא להתענות, אסור לאכול בסיום מסכתא, דהוי כמו דברים המותרים ואחרים *נהגו בו איסור - ש"ך. ‹**בא"ר** או"ח דקדק מזה, דמשום התענית אסור, וא"כ בלילה הקודמת לתענית מותר לאכול בסעודת סיום, אבל לא על סעודת ברית מילה, ע"ש - רעק"א›.

*‹**ואנו** אין נוהגין כן, ואנו אין מתענין כשיש סיום - ערוה"ש›.

‹**עיין** בתשובת חוות יאיר שכתב, דה"ה יום של אחריו כנהוג, שהרי שלמה המע"ה עשה משתה ז' ימים, **ואפשר** שגם שאחר אחריו, כמ"ש גבי ז' ברכות מחמת הלולא כו' - פת"ש›.

באר הגולה

[יג] ‹וממידת חסידות הוא שלא לילך ד' אמות בגילוי הראש, ודוקא הליכה ד' אמות, כדאיתא פ' כל כתבי (קי"ח:) אמר ר' חנינא תיתי לי דלא סגינא ד' אמות בגילוי הראש, והוא ממידת חסידות כמו שחשיב שם אינך תיתי לי כו' - רש"ל› [יד] ‹כיון שחוק הוא עכשיו בין העכו"ם שעושין כן תמיד, תיכף שיושבין פורקין מעליהם הכובע, וא"כ זה נכלל בכלל ובחוקותיהם לא תלכו, כ"ש בחוק זה שיש טעם, דכיסוי הראש מורה על יראת שמים - ט"ז›

§ מסכת שבת דף קיט. §

אות א'

תיתי לי דכי אתא צורבא מרבנן לקמאי לדינא, לא מזיגנא רישי אבי סדיא כמה דלא מהפיכנא בזכותיה

חו"מ סימן טו ס"א - צריך הדיין שיקדים לדון הדין שבא לפניו תחלה, אבל צריך להקדים דין של תלמיד חכם אפילו בא לבסוף; [א]וכן מצוה עליו להפך בזכותו מה שיכול - ‹דכשבא הת"ח לדון עם הבע"ב, מעמידין את הת"ח אחזקתו, ומשו"ה מהפכין ומפשפשין בדבריו כדי להעמידן באופן שיהא לו זכות בהן ע"פ האמת – סמ"ע›.

הגה: ואם הת"ח בעלמו לפני הדיינים, אפילו פתחו כבר בדין אחר, דנין אותו תחלה שלא יתבטל מלמודו. אבל אם קרובו בא לדין, אם פתחו בדין אחר אין לריכין לפסוק; ואם לאו, לריכין לדון אותו תחלה, משום כבוד החכם (ב"י בשם הריטב"א).

אות ב'

רבי חנינא מיעטף וקאי אפניא דמעלי שבתא, אמר: בואו ונצא לקראת שבת המלכה. רבי ינאי לביש מאניה מעלי שבת, ואמר: בואי כלה בואי כלה

סימן רסב ס"ג - [ב]ילבש בגדיו הנאים - וילך בהם עד מו"ש אחר הבדלה, **וישמח בביאת שבת כיוצא לקראת המלך, וכיוצא לקראת חתן וכלה** - וכל המרבה לכבדו הן בגופו הן בבגדיו הן באכילה ושתיה, הרי זה משובח.

בזוהר ומקובלים הזהירו מאד שלא יהיה שום מחלוקת בשבת ח"ו, ובפרט בין איש לאשתו, וכן מוכח בגיטין, גבי הנהו בי תרי דהוו מינצו בהדי הדדי, עי"ש.

דרבי חנינא מעטף וקאי בפניא דמעלי שבתא, ואמר: בואו ונצא לקראת שבת מלכתא; ר' ינאי אומר: בואי כלה, בואי כלה.

בקצת מקומות נוהגין לצאת מבהכ"נ לעזרה, ואומרים: בואו ונצא וכו', **ואנו** נוהגין שמהפכין פניהם לצד מערב כשאומרים: בואי בשלום וכו', **ונוהגין** לעמוד אז ולעשות דוגמא כמו שמקבל פני אדם גדול.

נהגו שלא לקבל את השבת ביוה"כ שחל בשבת, רק שאומרים "מזמור שיר ליום השבת" קודם "ברכו", **ואפילו** הנוהגין בשאר יו"ט כשחל בשבת לומר עוד איזה מזמורים בשביל שבת.

הגה: וילבים עלמו בבגדי שבת מיד אחר שרחן עלמו, וזהו כבוד השבת, וע"כ לא ירחן לשבת אלא סמוך לערב, שילבים עלמו מיד (הגהות מרדכי החדשים) - היינו כשהוא רוחץ עצמו מעט בביתו, וכמו שמובא בגמרא לענין ר' יהודא בר' אלעאי, **אבל** כשהוא הולך לבית המרחץ, בודאי מהנכון להקדים עצמו כדי שלא יבוא לחילול שבת, ובפרט בימי החורף כשהימים קצרים.

וגם הנשים נוהגות קודם הדלקת הנרות לרחוץ את עצמן וללבוש בגדי שבת, ואשרי להם, **אמנם** בימים הקצרים שמתאחרים לישב בחנות, ואח"כ רוחצות ולובשות, ובין כך יבואו ח"ו לספק חילול שבת, **לכן** טוב להזהיר להם שיקדימו לבוא לרחוץ וללבוש, וכשמתאחרת, מצוה יותר שתדליק כך במלבושי חול, מלבוא ח"ו לספק חילול שבת, **ואם** הבעל רואה שמתאחרת, מצוה גדולה שהוא ידליק הנרות, ולא ישגיח בקטטת אשתו, **ומצוה** גדולה יותר לישב בחשך מלחלל שבת ח"ו.

אות ג'

רבי אבהו הוה יתיב אתכתקא דשינא ומושיף נורא וכו'

סימן רנ ס"א - [ג]ואפילו יש לו כמה עבדים לשמשו, ישתדל להכין בעצמו שום דבר לצרכי שבת כדי לכבדו - דמצות כבוד שבת מוטל על כל אדם, וכדכתיב: וקראת לשבת עונג לקדוש ה' מכובד, ומצוה בו יותר מבשלוחו, **וה"ה** בכל המצות מצוה בו יותר מבשלוחו.

[**ונראה** דלא שייך בזה לומר: מצוה שיוכל לעשות ע"י אחרים אין מבטלים התלמוד אפי' לזמן מועט, והכא הלא יוכל לעשות ע"י שלוחו, דעדיף הוא ממי שהוא אחר לגמרי, **י"ל** דדוקא מצוה שאינה מוטלת על גופו, כגון שיפסיק באמצע הלמוד לילך לגמול חסד עם איזה אדם, במקום שאחר יוכל לעשות עמו הטובה ההיא, **משא"כ** בזה שהכבוד שבת מוטלת על גופו, וממילא מצוה בו יותר מבשלוחו, **א"נ** דדוקא לענין כבוד שבת אמרינן כן דחמירא, משא"כ לענין שאר מצות אם הוא ת"ח ונוגע לביטול תורה, וצ"ע].

(**בהרמב"ם איתא על דין זה בלשון "חייב", והכונה על איזה דבר מן הדברים, ואפשר דלהרמב"ם ג"כ לאו חוב גמור הוא, אלא כעין חובה משום כבוד שבת, וסברת הרמב"ם, דאל"ה לא היו מבטלים כל הני אמוראים תורתן עבור זה, ומ"מ לא הוי זה חובה גמורה, ותדע, דלא אשכחן בגמרא בשם חובה כי אם על הדלקת נר בשבת, ולענין ג' סעודות, ומ"מ צ"ע**).

ויש לפנות קורי עכביש שקורין שפי"ן וועב"ש מהבית בערב שבת, וכ"ש שצריך לכבד הבית מהאבק והעפר מבעוד יום, וזהו הכל בכלל כבוד שבת, **וידמה** בדעתו כאלו יבוא אליו להתאכסן מלך בשר ודם, כמה מכבד הבית ומציע המטות, וכ"ש שבת מלכתא.

כתבו הספרים, יהרהר בתשובה ויפשפש במעשיו בכל ערב שבת, כי שבת מקרי כלה מלכתא, וכאלו מקבל פני המלך ית"ש, ואין נאה לקבלו כשהוא לבוש בבלויי הסחבות של חלאת העונות.

‹המשך ההלכות מול עמוד ב'›

באר הגולה

א מימרא דרבא תיתי לי וכו' שבת ריש דף קי"ט, וכתב הסמ"ע דאין לת"ח בזמנינו דין זה, והב"ח כ' דאף בזמן הזה לא יהא נגרע מאלו היה בורר לדיין שצריך להפך בזכותו יותר
ב שם קי"ט
ג שם קי"ט

עבידנא יומא טבא לרבנן . לתלמידים ראש ישיבה היה : תיתי לי . ישולם שכרי : דכי אתי צורבא מרבנן כו'. שחיבת תלמידי חכמים עלי : דלא מזיגנא רישא אבי סדיא. איני מניח ראשי על הכר : כמה דלא מהפיכנא ליה בזכותיה. עד שאראה אם יש בדבריו לזכותו : מעטף. בבגדים נאים : בואי כלה . הכי קרי ליה לשביתת שבת מתוך חביבות : טחיי . רקיקין טחין פניהן בשומן אליה או בשמן : מי עדיפת לן מינה . כלום אתה חשוב לנו מן השבת לכבוד שבת הכנוס ולא היינו יודעים שתבא : מתליסר טבחי . לטעום בשבת מן המובחר : אסתירי . סלעים אסתירי פשיטי סלעים מדינ' והן א' מח' בסלע צורי והיינו חצי דינר : ומשלים להו אצינורא דדשא. לפני בואם להביא לו הבשר היה מזמן להן מעותיהן על פתחן ואומר להן אשור הייא התאשרו והתחזקו מהר בחומותיכם למהר ולחזור ולמכור ולהתעסק בצרכי שבת ולי נראה ומשלים להו אציטרא דדשא כשהיה מביא ראשונה היה נותנה לשמשין המכינים סעודתו על פתח ביתו ולא היה נכנס אלא ממהר לחזור ולהביא אחרת ואמר להן לשמשין אשור הייא התאשרו מהר להכין את זו בעוד שאלך להביא את זו : אתכתקא דשינא . פסטודו"ל של שן שחשוב היה ועשיר : ומושיף נורא . נופח משם נורא לכבוד השבת ורבינו לוי גרס אתכתקא דשאגא תדהר : לביש גונדא . כלי שחור להודיע שהיום אינו כדי להתנהג בחשיבות מלהתעסק בתבשילי שבת ולא יטנף בגדיו בבישול קדירות : דתנא דבי רבי ישמעאל כו'. דבישול קדירה מטנף בגדים : מחריך רישא . אם היה שם ראש בהמה לחרוך מחרכו הוא בעצמו : פרים . לשון פרומים מחתך : מלחת לחותי . מלית האור בעצים דקים : מכתף ועייל מכתף ונפיק . בע"ש יוצא ונכנס להביא תמיד משואות כלי תשמיש ובגדי חופש ומגדים כאדם שמקבל את רבו בביתו ומראה לו שהוא חשוב עליו וחרד לכבודו לטרוח ולהרבות בשבילו : מוקר שבי . מכבד שבתות : אמרי ליה כלדאי . לאחי נכרי : כלדאי . חוזים בכוכבים : אכיל להו . סופך ליפול בידו : אותבה בסייניה . עשה לו כובע של לבד ושבלו במשבצות של זהב וקבע בו מרגליות וקבע את זו עמהם : סייניה . כובע ורבינו הלוי גרס בסדיניה בסודרו ולשון הגון לי והוא לשון ר' יצחק ב"ר יהודה : תריסר עיליתי דדינרי . עליות מלאות דינרי זהב וגוזמא בעלמא הוא כלומר הון עתק מאד כך פירש רבינו הלוי וכן בכל מקום כגון תליסר גמלי ספיקי טריפתא (חולין דף נה:) וכן תליסר טבחי דלעיל : במה הן זוכין . לעושר גדול כזה : לה' הארץ . דאין אנו רשאין ליהנות עד שנברך שמו בברכת הלחם : והארץ נתן לבני אדם. ע"י מתנתו נהגינו הטובה הזאת: מאי דכתיב ולקדוש ה' מכובד. מדכתיב וקראת לשבת עונג מכלל דלקדוש ה' לאו אשבת קאי: וכבדהו. אשבת מהדר דאי ביוה"כ הא כתיב ביה מכובד: להקדים. זמן סעודת שבת לזמן סעודת חול וזהו כבודו: לאחר. וזהו כבודו שהוא מתאוה לאכול: במאי נשנייה. במאי נשניוהו משאר ימים: אי רגיליתו לאקדומי. סעודתכם בבקר אחרוה: רב ששת סגי נהור היה ואינו רואה עת האכילה וכשהיה דורש בשבת מושיב התלמידים במקום שתגיע שם החמה לעת האוכל כדי שילטערו וימהרו לקום: דמטי טולא. שילטננו: סייא. מהדר:

מהדר

תורה אור

עבידנא יומא טבא לרבנן אמר רבא תיתי לי דכי אתא צורבא מרבנן לקמאי לדינא לא מזיגנא (א)רישי אבי סדיא כמה דלא מהפיכנא בזכותי' אמר מר בר רב אשי פסילנא ליה לצורבא מרבנן לדינא מ"ט דחביב עלי כגופאי ואין אדם רואה חובה לעצמו ר' חנינא מיעטף וקאי אפניא דמעלי שבתא אמר בואו ונצא לקראת שבת המלכה רבי ינאי לביש מאניה (ג)מעלי שבת ואמר בואי כלה בואי כלה רבה בר רב הונא איקלע לבי רבה בר רב נחמן קריבו ליה תלת סאוי טחיי א"ל מי הוה ידעיתון דאתינא אמרו ליה מי עדיפת לן מינה רבי אבא זבן בתליסר אסתירי פשיטי בישרא מתליסר טבחי ומשלים להו אצינורא דדשא ואמר להו אשור הייא אשור הייא ר' אבהו הוה יתיב אתכתקא דשינא ומושיף נורא רב ענן לביש גונדא דתנא דבי רבי ישמעאל בגדים שבישל בהן קדירה לרבו אל ימזוג בהן כוס לרבו רב ספרא מחריך רישא רבא מלח שיבוטא רב הונא מדליק שרגי רב פפא גדיל פתילתא רב חסדא פרים סילקא רבה ורב יוסף מצלחי ציבי ר' זירא מצתת צתותי רב נחמן בר יצחק מכתף ועייל מכתף ונפיק אמר אילו מקלעין לי ר' אמי ור' אסי מי לא מכתיפנא קמייהו ואיכא דאמרי ר' אמי ורבי אסי מכתפי ועיילי מכתפי ונפקי אמרי אילו איקלע לן רבי יוחנן מי לא מכתפינן קמיה יוסף מוקיר שבי הוה ההוא נכרי בשבבותיה דהוה נפישי נכסיה טובא אמרי ליה כלדאי כולהו נכסי יוסף מוקר שבי אכיל להו אזל זבנינהו לכולהו ניכסי זבן בהו מרגניתא אותבה בסייניה בהדי דקא עבר מברא אפרחיה זיקא שדייה במיא בלעיה כוורא אסקוה אייתוה אפניא דמעלי שבתא אמרי מאן זבין כי השתא אמרי להו זילו אמטיוהו לגבי יוסף מוקר שבי דרגיל דזבין אמטיוה ניהליה זבניה קרעיה אשכח ביה מרגניתא זבניה בתליסר עיליתא דדינרי דדהבא פגע ביה ההוא סבא אמר מאן דיזיף שבתא פרעיה שבתא בעא מיניה רבי מר' ישמעאל ברבי יוסי עשירים שבא"י במה הן זוכין א"ל בשביל שמעשרין שנאמר עשר תעשר עשר בשביל שתתעשר שבבבל במה הן זוכין א"ל בשביל שמכבדין את התורה ושבשאר ארצות במה הן זוכין א"ל בשביל שמכבדין את השבת דאמר רבי חייא בר אבא פעם אחת נתארחתי אצל בעל הבית בלודקיא והביאו לפניו שלחן של זהב משוי ששה עשר בני אדם ושש עשרה שלשלאות של כסף קבועות בו וקערות וכוסות וקיתוניות וצלוחיות קבועות בו ועליו כל מיני מאכל וכל מיני מגדים ובשמים וכשמניחים אותו אומרים לה' הארץ ומלואה וגו' וכשמסלקין אותו אומרים השמים שמים לה' והארץ נתן לבני אדם אמרתי לו בני במה זכית לכך אמר לי קצב הייתי ומכל בהמה שהיתה נאה אמרתי זו תהא לשבת אמרתי לו [אשריך שזכית] וברוך המקום שזיכך לכך א"ל קיסר לרבי יהושע בן חנניא מפני מה תבשיל של שבת ריחו נודף אמר לו תבלין אחד יש לנו ושבת שמו שאנו מטילין לתוכו וריחו נודף אמר לו תן לנו הימנו אמר לו כל המשמר את השבת מועיל לו ושאינו משמר את השבת אינו מועיל לו א"ל ריש גלותא לרב המנונא מאי דכתיב ולקדוש ה' מכובד א"ל זה יוה"כ שאין בו לא אכילה ולא שתיה אמרה תורה כבדהו בכסות נקיה וכבדתו רב אמר להקדים ושמואל אמר לאחר אמרו ליה בני רב פפא בר אבא לרב פפא כגון אנן דשכיח לן בישרא וחמרא כל יומא במאי נישנייה אמר להו אי רגיליתו לאקדומי אחרוה אי רגיליתו לאחרוה אקדמוה רב ששת בקיטא מותיב להו לרבנן היכא דמטיא שימשא בסיתוא מותיב להו לרבנן היכא דמטיא טולא כי היכי דליקומו הייא ר' זירא

מהדר

דברים יד | תהלים כד | שם קטו | ישעיה נח

בתליסר עיליתא דדינרי. אומר ר"ת דעיליתא שם כלי הוא כדאמרינן בריש כילד מעברין (עירובין דף נג:) עלת נקפת בכדה*:
רב אמר להקדים ושמואל אמר לאחר. ולא פליגי אלא רב איירי בדרכו לאחר ושמואל איירי בדרכו להקדים כדאמרינן בסמוך:

ומלא

מב א טוש"ע חו"מ סי' טו סעיף א:
מג ב מיי' פ"ל מהלכות שבת הלכה ב סמג עשין ל טוש"ע או"ח סי' רסב סעיף ג:
מד ג מיי' שם הלכה ו סמג שם טור שו"ע או"ח סימן ר"נ סעיף א:
מה ד טוש"ע או"ח סי' תרי סעיף ד:
[וע"ע תוס' ב"ב קלג: ד"ה עיליתא]
מו ה מיי' פ"ל שם הל"ח וסמג שם טוש"ע או"ח סימן רפח סעיף ז:

[חולין קיח.]

פי' מסר וכ"כ בסוף עמוד זה

קדושין מא.

עי' תוס' שם

רבינו חננאל

ורבנן הני דעבדי צרכי שבת בנפשייהו. כגון ר' אבהו דהוה [יתיב] (הציבי) אתכתקא דשינא ומשיף נורא. ורב חנן דשגר תנורא ורב הונא גדיל פתילתא. ורב חסדא מדליק שרגי ורב פפא פרים סילקי. רבה ורב יוסף צלחי ציבי כולהו כדמפרש בגמרא בריש האיש מקדש. שקיום המצוה באדם עצמו טפי עדיף יותר מבשלוחו: וכבדתו שמשנה זמן סעודתו בהקדמה או באיחור. ויחיד המתפלל בעצמו אומר ויכולו:

[כתובות קה:]
ב"ק נג. ע"ש
נ"א מעילי ולמכסי
[נ"ל דכתיב וקראת לשבת עונג רבי אבא וכו' וכ"א בחולין קיח.]
לעיל קיד. [יומא כג:]
תענית ט.
[עי' תוספות ברכות נה: ד"ה כאן]

הגהות הב"ח

(א) גמ' לא מזיגנא רישא אבי: (ג) שם לביש מאניה במעלי:

גליון הש"ס

גמ' אשור הייא. גיטין דף לד ע"א: רש"י ד"ה תליסר עיליתא דדינרי וכו' וגוזמא בעלמא. עי' ברכות דף כ ע"א בתוס' ד"ה תליסר מתיבתא:

מהדר אזוזי זוזי דרבנן א"ל במטותא מינייכו לא תחללוניה אמר *רבא ואיתימא ר' יהושע בן לוי אפי' יחיד המתפלל בע"ש צריך לומר ויכולו דאמר רב המנונא כל המתפלל בע"ש ואומר ויכולו מעלה עליו הכתוב כאילו נעשה שותף להקב"ה במעשה בראשית שנאמר ויכולו אל תקרי ויכולו(א) אלא ויכלו אמר רבי אלעזר מניין שהדיבור כמעשה שנאמר °בדבר ה' שמים נעשו אמר רב חסדא אמר מר עוקבא כל המתפלל בע"ש ואומר ויכולו שני מלאכי השרת המלוין לו לאדם מניחין ידיהן על ראשו ואומרים לו °וסר עונך וחטאתך תכופר תניא ר' יוסי בר יהודה אומר שני מלאכי השרת מלוין לו לאדם בע"ש מבית הכנסת לביתו אחד טוב ואחד רע וכשבא לביתו ומצא נר דלוק ושלחן ערוך ומטתו מוצעת מלאך טוב אומר יהי רצון שתהא לשבת אחרת כך ומלאך רע עונה אמן בעל כרחו ואם לאו מלאך רע אומר יהי רצון שתהא לשבת אחרת כך ומלאך טוב עונה אמן בעל כרחו אמר ר' אלעזר לעולם יסדר אדם שלחנו בע"ש אע"פ שאינו צריך אלא לכזית ואמר ר' חנינא לעולם יסדר אדם שלחנו במוצאי שבת אע"פ שאינו צריך אלא לכזית חמין במוצאי שבת מלוגמא פת חמה במוצאי שבת מלוגמא ר' אבהו הוה עבדין ליה באפוקי שבתא עיגלא תילתא הוה אביל מיניה כולייתא כי גדל אבימי בריה א"ל למה לך לאפסודי כולי האי נשבוק כולייתא ממעלי שבתא שבקוהו ואתא אריא אכליה אריב"ל כל העונה אמן יהא שמיה רבא מברך בכל כחו קורעין לו גזר דינו שנאמר °בפרוע פרעות בישראל בהתנדב עם ברכו ה' מ"ט בפרוע פרעות משום דברכו ה' רבי חייא בר אבא א"ר יוחנן אפילו יש בו שמץ של עבודה זרה מוחלין לו כתיב הכא בפרוע פרעות וכתיב התם °כי פרוע הוא(ב) אמר ריש לקיש כל העונה אמן בכל כחו פותחין לו שערי ג"ע שנאמר °פתחו שערים ויבא גוי צדיק שומר אמונים *אל תיקרי שומר אמונים אלא שאומרים אמן *מאי אמן א"ר חנינא אל מלך נאמן א"ר יהודה בריה דרב שמואל משמיה דרב אין הדליקה מצויה אלא במקום שיש חילול שבת שנאמר °ואם לא תשמעו אלי לקדש את יום השבת ולבלתי שאת משא וגו' והצתי אש בשעריה ואכלה ארמנות ירושלים ולא תכבה מאי ולא תכבה אמר רב נחמן בר יצחק בשעה שאין בני אדם מצויין לכבותה אמר אביי לא חרבה ירושלים אלא בשביל שחללו בה את השבת שנאמר °ומשבתותי העלימו עיניהם ואחל בתוכם אמר ר' אבהו לא חרבה ירושלים אלא בשביל שביטלו ק"ש שחרית וערבית שנאמר °הוי משכימי בבקר שכר ירדפו וגו' וכתיב °והיה כנור ונבל תוף וחליל ויין משתיהם ואת פועל ה' לא יביטו וכתיב °לכן גלה עמי מבלי דעת אמר רב המנונא לא חרבה ירושלים אלא בשביל שביטלו בה תינוקות של בית רבן שנאמר °שפוך על עולל בחוץ וגו' מה טעם שפוך משום דעולל בחוץ אמר עולא לא חרבה ירושלים אלא מפני שלא היה להם בושת פנים זה מזה שנאמר °הובישו כי תועבה עשו גם בוש לא יבושו וגו' אמר ר' יצחק לא חרבה ירושלים אלא בשביל שהושוו קטן וגדול שנאמר °והיה כעם ככהן וכתיב בתריה *הבוק תבוק הארץ אמר רב עמרם בריה דר"ש בר אבא א"ר שמעון בר אבא א"ר חנינא לא חרבה ירושלים אלא בשביל שלא הוכיחו זה את זה שנאמר °היו שריה כאילים לא מצאו מרעה מה איל זה ראשו של זה בצד זנבו של זה אף ישראל שבאותו הדור כבשו פניהם בקרקע ולא הוכיחו זה את זה א"ר יהודה לא חרבה ירושלים אלא בשביל שביזו בה ת"ח °שנאמר °ויהיו מלעיבים במלאכי האלהים ובוזים דבריו ומתעתעים בנביאיו עד עלות חמת ה' בעמו עד [ל] אין מרפא מאי עד לאין מרפא אמר רב יהודה אמר רב יכל המבזה ת"ח אין לו רפואה למכתו אמר רב יהודה אמר רב מאי דכתיב °אל תגעו במשיחי ובנביאי אל תרעו אל תגעו במשיחי אלו תינוקות של בית רבן ובנביאי אל תרעו אלו ת"ח אמר ריש לקיש משום רבי יהודה נשיאה אין העולם מתקיים אלא בשביל הבל תינוקות של בית רבן א"ל רב פפא לאביי דידי ודידך מאי א"ל אינו דומה הבל שיש בו חטא להבל שאין בו חטא ואמר ריש לקיש משום ר"י נשיאה אין מבטלין תינוקות של בית רבן אפי' לבנין בית המקדש ואמר ר"ל לר"י נשיאה כך מקובלני °מאבותי ואמרי לה מאבותיך יכל עיר שאין בה תינוקות של בית רבן מחריבין אותה רבינא אמר מחרימין אותה *ואמר רבא לא חרבה ירושלים אלא בשביל שפסקו ממנה אנשי אמנה שנאמר °שוטטו בחוצות ירושלים וראו נא [ודעו ובקשו ברחובותיה אם תמצאו איש] (אם יש איש) עושה משפט מבקש אמונה ואסלח לה איני והאמר רב קטינא *אפי' בשעת כשלונה של ירושלים לא פסקו ממנה אנשי אמנה שנאמר °כי יתפש איש באחיו בית אביו (לאמר) שמלה לכה קצין תהיה לנו דברים שבני אדם מתכסין בהן כשמלה ישנן בידך *והמכשלה הזאת תחת ידך

דברים

תורה אור

מסדר אזוזי זוזי דרבנן. כשהיה רואה אותן זוגות זוגות ומדברין בתורה מחזר אחריהם ואומר להם במטותא מכסן לכו והתעסקו בטוב שבת ולא תחללוניה לבטל תענוגים: ויכלו. הקב"ה וזה שמספר בשבחו של מקום ובשבח של שבת: יסדר אדם שלחנו בע"ש. ללילי שבת: במוצ"ש. כמו כבוד שבת ללוות ביציאתו דרך כבוד כאדם המלוה את המלך בצאתו מן העיר: חמין. לשתות ולרחוץ: מלוגמא. רפואה: אכליה אריא. לעגל הראוי לשחוט: בכל כחו. בכל כוונתו: בפרוע פרעות. ביטול פורעניות כגון פרוע דמתרגמין בטל: בהתנדב עם ברכו. כשמתנדבין ישראל לברך את בוראן: כי פרוע. כי פרעו אהרן ע"ז והכי קאמר בהבטל פריעות ע"ז שמשתקע ונשכח שלא יזכר עונם משום התנדב עם הוא: אל מלך נאמן. כך מעיד על בוראו שהוא אל מלך נאמן: שאין בני אדם מצויין לכבותה. בשבת: בבקר. בזמן ק"ש וכן מאחרי בנשף: והיה כנור ונבל. בסיפיה דקרא ואת פועל ה' לא יביטו לא שמו לב ליחד שמו על בריותיו: שפוך על עולל. רישא דקרא ואת חמת ה' נלאיתי הכיל שפוך וגו' שפוך החמה בנקמה בשביל שעולל לחוץ ובטלין מבית רבן: הוכישו כי תועבה עשו וגו'. סיפיה דקרא גם בוש לא יבושו וגם הכלם לא כו': במשיחי אלו תינוקות של בית רבן. שדרך תינוקות למושחן בשמן*: ובנביאי אלו תלמידי חכמים. שנאמר ונביא לבב חכמה (תהלים צ): מחריבין. איכא שיור: מחרימין. ליכא שיור: מתכסין בהן כשמלה. כששואלין אותן טעמי תורה הללו עושין עצמן כמעלימין את דבריהם מפני שאינן יודעים להשיב: ישנן בידך. אתה בקי לפיכך קצין תהיה לנו ותלמדנו חכמה:

ומצא נר דלוק ושולחן ערוך. וא"ת דאמר בריש ערבי פסחים (דף ק:) ושוין שאין מביאין את השולחן אא"כ קידש וי"ל דערוך הוא במקום אחר אלא שאין מביאין אותו עד אחר הקידוש כי היכי דתיתי סעודתא ביקרא דשבת כדאיתא בשאלתות דרב אחאי *ודוקא בימיהם שהיו להם שלחנות קטנים לפני כל אחד ואחד אבל שלנו גדולים הם וקשה לטלטלם*(ג): כל העונה אמן יהא שמיה רבא בכל כחו. פי' בכל כוונתו וכן פירש רש"י ור"י אומר דיש בפסיקתא במעשה דר' ישמעאל בן אלישע דקאמר התם כשישראל נכנסים לבתי כנסיות ואומרים יהא שמיה רבא מברך בקול רם מבטלים גזירות קשות:

א"ר חנינא אל מלך נאמן. צריך להזהר בו בשעה שאומר אמן:

אידי

עין משפט
נר מצוה

מז א מיי' פכ"ט מהל' שבת הלכה ז סמג עשין ל טוש"ע או"ח סי' רסח סעיף א:

מח ב מיי' פ"ל שם הל' ה סמג שם טור שו"ע או"ח סימן רסב סעיף א:

מט ג מיי' שם הלכה ה וסמג שם:

נ ד מיי' וסמג שם טור שו"ע או"ח סימן ש:

נא ה מיי' פ"ט מהלכות תפלה הלכה א טוש"ע או"ח סימן נו סעיף א [וברב אלפס ברכות פג דף ע"ו: וברא"ש שם סימן יט]:

[פרשת יתרו סימן נד]

[ועי' תוס' פסחים ק: ד"ה שאין]

נב ו מיי' פ"ו מהלכות ת"ת הלכה יא טור שו"ע יו"ד סימן רמג סעיף ו:

נג ז מיי' פ"ב שם הל"ב טוש"ע יו"ד סי' רמה סעיף יג [וברב אלפס פ"ב דכ"ב דף קסא: וברא"ש פ"ג דמו"ק סי' ס"א]:

נד ח מיי' שם הלכה א טוש"ע שם סעיף ז [וברב אלפס שם]:

הגהות הב"ח

(א) גמ' אל תיקרי ויכולו אלא ויכלו: (ב) שם כי פרוע הוא כי פרעו אהרן אמר ריש לקיש: (ג) תוס' ד"ה ומצא וכו' וקשה לטלטלם. נ"ב פי' אחר קידוש שלא להפסיק כל כך בין קידוש לסעודה אנו רגילין לפרוס מפה ולקדש:

שמות לב
סנהדרין קי:
ישעיה ס
ישעיה כב
חגיגה יד.
[חגיגה שם. גיטין מג.]

גליון הש"ס

גמ' שנא' ויהיו מלעיבים במלאכי האלהים. ע"ד שאחז"ל נדרים דף כ ע"ב מאן מה"ש רבנן: שם כך מקובלני מאבותי. עיין ב"מ דף פד ע"א ד"ה אי סדלת:

מסורת הש"ס

[ברא"ש ומור סי' רסח איתא אמר רב וכו' ואמר רב המנונא כל המתפלל וכו' וכ"א בשאלתות בראשית סי' א]
תהלים לג
ישעיה ו
[כדאיתא לעיל י:]
שופטים ה
ישעיה כו
[סנהדרין קיא:]
ירמיה יז
יחזקאל כב
שם
שם
ירמיה ו
שם
[פי' התרוקן]
איכה א
דה"ב לו
דה"א טז
ירמיה ה
ישעיה ג
[חגיגה יד.]

כי רב חסדא היה מחתך הירק דק דק; ורבה ורב יוסף היו מבקעין עצים; ורבי זירא היה מדליק האש; ורב נחמן היה מתקן הבית, ומכניס כלים הצריכים לשבת ומפנה כלי החול; [ד]ומהם ילמד כל אדם - היינו אפילו החשוב יותר, ובפרט בימים הקצרים, ומכ"ש כשרואה שכבר הוא סמוך לשבת, שאז הוא מחוייב לעסוק בכל כחו, **וראיתי** אנשי מעשה גדולי תורה שהיו מכבדין הבית בעצמן בימים הקצרים, כדי שלא יתחלל שבת, וזהו חיוב גמור על כל אדם, דמאי שנא דאין לו מי שיכין, או שהשליח אין לו פנאי.

ולא יאמר: לא אפגום כבודי, כי זה הוא כבודו שמכבד השבת – (יישב בזה מה שהקשה בשו"ת חוות יאיר: איך הקילו בכבודם, הא גדול כבוד הבריות שדוחה לא תעשה שבתורה, היינו לא תעשה דרבנן, ושב ואל תעשה אף בדבר תורה, לכן קאמר דזהו כבודם, שעוסק בעצמו במצוה וניכר שעושה כן לכבוד השם יתברך, וכן הוא אומר בדוד המלך ע"ה: ונקלותי עוד מזאת וגו', **משא"כ** אם אין ניכר, כמו זקן ואינו לפי כבודו באבדה וכדומה, שמתחלל כבוד הת"ח עי"ז, ור"ל שאין הכל יודעין שהוא עוסק במצוה, ולכן אפילו אם ירצה להחזירו ברבים ויודיעם שהיא אבדה, ג"כ פטרתו התורה מזה, **ובזה** מיושב הא דאיתא בקידושין, דרב נחמן עסק בעצמו במצות מעקה, ששם הוא דבר שהכל יודעין בעת שהוא עוסק שהוא מצות ה').

הגה: ויש להשחיז הסכין בערב שבת, כי זהו מכבוד השבת שמכין עצמו לאכילה (כל בו וב"י בשם ספר חיי עולם) - ובספרי מסמיך לה אקרא: וידעת כי שלום אהלך, זו השחזת הסכין, **כי** אם קהה הסכין יוכל לבוא לפעמים לידי קטטה ח"ו.

אות ד'

<u>זה יום הכפורים, שאין בו לא אכילה ולא שתיה, אמרה תורה: כבדהו בכסות נקיה</u>

סימן תרי ס"ד - [ה]נוהגים בכל מקום להרבות נרות בבתי כנסיות, ולהציע בגדים נאים בבית הכנסת - דדרשינן: לקדוש ד' מכובד, זה יוה"כ, וכיון דאין לכבדו באכילה ושתיה, כבדהו בכסות נקיה, **ונרות** הוי ג"כ כבוד היום, דכתיב: על כן באורים כבדו ד', ומתרגמינן: בפנסיא יקרו ד'. **ואין** מקבלין שעוה ממומר לעכו"ם שנתן נדבה לביהכ"נ, **ואם** יש חשש איבה, וכ"ש שר, מקבלין ממנו, וצ"ע.

[ו]ויש אומרים שיש להציע השלחנות ביו"כ כמו בשבת, וכן נוהגין - משום דאקרי "שבת שבתון".

יש שכתבו שנהגו ללבוש בגדים לבנים נקיים ביו"כ, דוגמת מלאכי השרת - ומטעם זה נהגו ללבוש בגדי פשתן לבן נקיים, כמו שכתוב: איש אחד לבוש בדים. **וכן נוהגין ללבוש הקיטל שהוא לבן ונקי, גם הוא בגד מתים, ועל ידי זה לב האדם נכנע ונשבר** - וגם אבל תוך י"ב חודש על אביו ואמו, או תוך ל' על שאר קרובים, יכול ללבשו, **ויש** מקומות שנוהגים שאין האבל לובשו. **אין** לכנוס לבית הכסא בקיטל, שהוא מיוחד לתפלה, אבל להשתין בו מותר.

ונוהגין שגם הנשים לובשים בגדים לבנים ונקיים לכבוד היום, **אבל** לא יקשטו עצמן בתכשיטין שמתקשטין בהם בשבת ויו"ט, מפני אימת יום הדין, **ואין** נוהגות ללבוש קיטל.

אות ה'

<u>וכבדתו רב אמר: להקדים, ושמואל אמר: לאחר</u>

סימן רפח ס"ז - [ז]אם הקדימה לאכול הוא עונג לו, כגון שנתעכלה סעודת הלילה, יקדים; ואם האיחור עונג לו, כגון שעדיין לא נתעכלה, יאחר. הגה: וכן מי שיש לו סעודות כל יום כמו בשבת, ישנה בשבת - כדי שיהיה מינכר שהוא לכבוד שבת, **להקדים או לאחר (גמ' פרק כל כתבי וטור)** - פי' שעה מועטת, אבל לאחר הרבה אין נראה, שיהא רעב בשבת, (ומ"מ לא יקדים קודם שנתעכל לו המזון).

---

§ מסכת שבת דף קיט: §

אות א'

<u>אפילו יחיד המתפלל בערב שבת צריך לומר ויכלו</u>

סימן רסח ס"א - [א]אומר: "ויכולו" בתפלת ערבית - דאמר רב המנונא: כל המתפלל ואומר "ויכלו", כאלו נעשה שותף להקב"ה במעשה בראשית, אל תקרי "ויכולו" אלא "ויכַלו", פירוש הקב"ה והוא, **ומ"מ** בדיעבד אם לא אמרו אין מחזירין אותו, וכ"ש לדידן דאומרים בקידוש "ויכלו".

באר הגולה

[ד] **לשון הטור** [ה] ‹הרי"ף ורא"ש מהא דפט"ז דשבת כבדהו כו', וע"כ יש לכבד בכל דבר שנקרא כבוד, כיון שאינו יכול לכבדו באכילה ושתיה, וכמו שמכבדו בכסות שנקרא כבוד, כמ"ש בפט"ז דשבת, וכן בנרות, כמ"ש באורים כבדו ה', ומתרגמינן בפנסייא יקרו - גר"א› [ו] ‹שבת קי"ט א', זה יה"כ שאין בו כו', ור"ל דתניא בת"כ מקרא קדש קדשהו כו', וכאן שא"א כבדהו במה שאפשר בשבת בכסות כו' - גר"א. **ועיין** בפנים למה שחסר כאן מן הסעיף› [ז] **טור ליישב הא דרב ושמואל בלהקדים או לאחר שבת קי"ט דלא פליגי** ‹והא דלא מפרש רבינו דלא פליגי, אלא רב מיירי במי שרגיל בכל ימי החול לאחר, משו"ה צריך להקדים בשבת משום שינוי, ושמואל מיירי במי שרגיל להקדים, {וכדמשמע מרש"י}, וכדאמר רב פפא לבריה והביאו רבינו בסמוך, **היינו** משום כיון דאמר בריה דרב פפא לרב פפא כגון אנן דשכיח לן וכו', משמע דוקא להן שהיה שכיח להן כל יום יין ובשר, ולא היה להם לשנות בענין אחר, משו"ה מותר לשנות בענין איחור וקדימה, לאפוקי רב ושמואל מיירי בסתם בני אדם שאין שכיח להם יין ובשר, ויש להם לשנות בענין אכילת בשר ויין, אז אין לו רשות לשנות בענין איחור וקדימה, {אלא דתלוי בעיכול} - פרישה› [א] **שבת קי"ט**

בנוסח "אתה קדשת", צריך להפסיק מעט בין "לשמך" ו"תכלית", כדי שלא יהיה כחוזר למעלה ח"ו, **וכן** ב"ויכלו" יפסיק בין "אלהים" ובין "את".

המנהג לומר בליל שבת "וינוחו בה", וביום "וינוחו בו", ובמנחה "וינוחו בם".

אות ב'

וכשבא לביתו ומצא נר דלוק ושלחן ערוך ומטתו מוצעת, מלאך טוב אומר וכו'

סימן רסב ס"א - [ב] יסדר שולחנו - מע"ש ללילי שבת, (היינו בחדר שהוא אוכל שם, בודאי צריך לכסות כל השלחנות שיש שם, ואפילו ביתר החדרים, ג"כ אפשר דראוי לעשות כן).

ויציע המטות - שיושבין עליהן, וטוב שתהיה מוצעת גם המטה שישן עליה.

ויתקן כל ענייני הבית, כדי שימצאנו ערוך ומסודר בבואו מבהכ"נ - שזהו כבוד שבת, ואמרו חז"ל: שני מלאכי השרת מלוין לו לאדם בע"ש מבהכ"נ לביתו, אחד טוב ואחד רע, כשבא לביתו ומצא נר דלוק ושלחן ערוך ומטה מוצעת, מלאך טוב אומר: יהי רצון שיהא כן לשבת הבא, ומלאך רע עונה אמן בע"כ, ואם לאו הוא להיפך ח"ו.

טוב לפנות קורי עכביש מהבית מבעוד יום, לנקות את הבית לכבוד שבת, **וטוב** ליזהר בסעודת הלילה שלא לזרוק דבר בבית חוץ לשלחן, אם אין דרכו לכבד את הבית בדבר המותר אחר סעודה זו, כדי שלא ינוול את הבית, **וכן** בסעודת שחרית אם אינו מכבדו אח"כ.

הגה: ויהיה שלחנו ערוך כל יום השבת - עד לאחר הבדלה, **וכן המנהג, ואין לשנות (טור ס"ס רפ"ט, ומרדכי סוף פרק כל כתבי, והגהות מרדכי פכ"ט דשבת)** - יש נוהגין להיות ב' מפות על השלחן, מלבד העליונה שעל הלחם, משום שכשמנערין המפה נמצא השלחן מגולה.

אות ג'

לעולם יסדר אדם שלחנו בערב שבת, אף על פי שאינו צריך אלא לכזית

רמב"ם פ"ל מהל' שבת ה"ה - **מסדר אדם שולחנו בערב שבת ואע"פ שאינו צריך אלא לכזית, וכן מסדר שולחנו במוצאי שבת ואע"פ שאינו צריך אלא לכזית, כדי לכבדו בכניסתו וביציאתו; וצריך לתקן ביתו מבעוד יום מפני כבוד השבת, ויהיה נר דלוק ושולחן ערוך ומטה מוצעת, שכל אלו לכבוד שבת הן.**

אות ד'

לעולם יסדר אדם שלחנו במוצאי שבת, אף על פי שאינו צריך אלא לכזית

סימן ש ס"א - [ג] לעולם יסדר אדם שלחנו במו"ש - היינו לפרוס מפה על שלחנו דרך כבוד, וכן שאר דברים הנהוגים אצלו בעריכת השלחן, **אבל** אינו מחוייב לבשל תבשילין ולהכין יותר ממה שצריך לאכול.

כדי ללוות את השבת - דכשם שצריך לכבד השבת בכניסתה, כן צריך לכבדה ביציאתה, כשם שאדם מלוה את המלך בצאתו מן העיר, [רש"י]. **ומטעם** זה נראה שטוב להקדימה, כדי שתהיה סמוכה ליציאת השבת, [דהא דרך לויה הוא בעת היציאה ולא אחר שכבר יצא, והוא הסיח דעתו ממנו, שהלא עסק בקבע במלאכה מקודם]. **ואם** אינו תאב עדיין לאכול, מהנכון עכ"פ שלא יעסוק במלאכה בקבע עד שיקיים סעודה זו, **ועיין** בשע"ת דמשמע, דאינו כדאי בכל גוונא לאחרה יותר מחצות.

ומטעם זה יש נוהגים להרבות נרות במוצאי שבת יותר מימי החול, **ונוהגים** ג"כ לומר פיוטים וזמירות אחר הבדלה.

אפילו אינו צריך אלא לכזית - ומשמע בגמרא דיקבע סעודה זו על הפת לכתחלה, כמו בשאר סעודות של שבת, [דהא סתם סידור שולחן משמע על הפת, ועוד, דהא אמר שם מתחלה דיסדר שלחנו בע"ש, ושם הלא ודאי בפת, ועוד, דאמר שם בסמוך, פת חמה במו"ש מלוגמא, ומשמע דאמימרא זו קאי]. **וגם** משמע דטוב לכתחלה להדר אותה בבשר או בשאר תבשילין אם יש לו, **ואם** אין לו, או שחושש לאכילה גסה, כגון בקיץ שמאחרין בזמננו לאכול הסעודה ג' סמוך לערב, יקיימה במזונות או עכ"פ בפירות.

ואמרו הקדמונים, דאבר אחד יש באדם ונסכוי שמו, וזה האבר נשאר קיים בקבר עד עת התחיה, ואפילו אחר שנרקבו בו כל העצמות, **וזה** האבר אינו נהנה משום אכילה כי אם מסעודת מלוה מלכה, [**וזהו** הטעם דקיים לאחר מיתה, לפי שאבר זה לא קיבל הנאה מעץ הדעת, דאדם אכלו בע"ש, והוא אין לו הנאה ממאכל כי אם במו"ש, לפיכך לא נגזר עליו להכלות אפי' ע"י מיתה].

ודע, דמ"מ סעודה זו אינה חובה עליו כמו הג' סעודות של שבת, דשם אסמכוהו אקרא, וזה רק מצוה בעלמא, **ונ"מ** היכי דא"א לו לקיים כולם, [**וכן** היכא דיש לו בשר או דגים וכדומה בצמצום, מוטב לייפות בהן יותר השלש סעודות].

אות ה'

כל העונה אמן יהא שמיה רבא מברך בכל כחו, קורעין לו גזר דינו

סימן ע ס"א - [ד]יש לכוין בעניית הקדיש - כי אמרו חז"ל: כל העונה "איש"ר מברך" בכל כחו, קורעין לו גזר דינו, **ופי'** הראשונים, דר"ל בכל כונתו ובכל איבריו, דהיינו שיאמרנה בלב ונפש, ולא רק כמוציא שפתיו ולבו בל עמו, **גם** יכוין לשמוע הקדיש מפי הש"ץ, כדי שידע על מה הוא עונה איש"ר, ו"אמן" שאחר "דאמירן בעלמא".

הגה: ולא יפסיק בין "יהא שמיה רבא" ל"מברך" - עיין בפמ"ג ומחצית השקל, דהיינו שלא יפסיק בשתיקה ביניהם, אבל אין צריך לומר בנשימה אחת, **עיין** במ"א, ולפי דבריו גם בין "יהא שמיה" ל"רבא" אין להפסיק. **(הגהות אשר"י בשם א"ז כתב, דלפי ראשון לא יפסיק בין "שמיה" ל"רבא", ולפי ר"י אין להפסיק בין "רבא" ל"מברך").**

[ה]ולענות אותו בקול רם - שעי"ז מתעורר הכוונה, וע"י קול זה מתבטלין גזירות קשות, **ומ"מ** לא יתן קולות גדולות שיתלוצצו עליו בני אדם, ויגרום להם חטא. **[ו]ולהשתדל לרוץ כדי לשמוע קדיש** - שעניית איש"ר הוא מצוה גדולה מאד.

אות ו'

כל המבזה תלמידי חכמים אין לו רפואה למכתו

יו"ד סימן רמג ס"ז - מי שהעידו עליו שביזה ת"ח, אפילו בדברים, (אפילו שלא בפניו), בית דין היו מנדין אותו - ברבים, **ואין מתירים לו עד שירצה החכם שנידוהו בשבילו** - כתב הכ"מ, נראה ד"שֶׁיְּרַצֶּה" גרסינן, היו"ד בשו"א והרי"ש בפת"ח, כלומר עד שיפייס החכם כו', **ולא** גרסינן "עד שֶׁיֵּרָצֶה", היו"ד בחיר"ק והרי"ש בשו"א, דמשמע דאפי' בקש ממנו מחילה כמה פעמים ולא נתרצה לו, אין מתירין לו, **שזה** דבר תמוה מאד, שמאחר שעשה מה שמוטל עליו, למה לא יתירו לו, **ואף** ע"ג דבפ' בתרא דיומא משמע, דלרבו הולך לשאול מחילה אפי' אלף פעמים עד שיתרצה לו, היינו לענין שהוא צריך לפייסו, אבל לא לענין שלא יתירו לו נדויו עד שיתפייס, עכ"ל, **וכ"כ** הרב לקמן סוף סי' של"ד סמ"ז, וכ"מ בטור, שכתב ואין מתירין אותו עד שירצה זה את החכם - ש"ך. **ומחויב** הוא לבקש ממנו מחילה ברבים ג' פעמים, ואח"כ מתירין לו אף אם אין החכם מתרצה. **ודאי** דאם החכם מתרצה להתיר לו, מתירין לו בין פייסו או לא פייסו - ערוה"ש.

אות ז'

אין מבטלין תינוקות של בית רבן אפילו לבנין בית המקדש

יו"ד סימן רמה סי"ג - אין מבטלין התינוקות, אפילו לבנין בית המקדש.

אות ח'

כל עיר שאין בה תינוקות של בית רבן מחריבין אותה, רבינא אמר מחרימין אותה

יו"ד סימן רמה ס"ז - [ז]מושיבין מלמדי תינוקות בכל עיר ועיר - וכופין זא"ז על ת"ת דתינוקות, ואף דיש מי שסובר דלמען ירבו ימיכם את"ת כתיב, והוי מתן שכרה בצדה, מ"מ כופין עליה, מפני שכל קיום התורה תלוי בזה, וכל העולם תלוי בת"ת - ערוה"ש. **[ח]וכל עיר שאין בה מלמד תינוקות, [ט]מחרימין אנשי העיר עד שיושיבו מלמד תינוקות. ואם [י]לא הושיבו, מחריבין העיר** - כשדינו תקיפה. **והנה** לא מצינו זאת בשום עבירה דאורייתא אף החמורה מאוד, זולת בע"ז היכא שיש שם דין עיר הנדחת, **וצ"ל** שראו חכמז"ל במלמדי תינוקות ותשב"ר קיום כל התורה וכל העולם כולו, וביטול ענין זה הוא חורבן העולם ואין להניח עיר כזאת בישראל - מנחת יצחק בשם ויואל משה. **שאין העולם מתקיים אלא בהבל פיהם של תינוקות של בית רבן. (ועיין בחושן המשפט קס"ג סעיף ג')** - שם בסוף הסעיף כתב הרב, שכר מלמד שקבלו הקהל היאך נגבה.

באר הגולה

[ד] שבת קי"ט לפירש"י שם ‹בכל כוונתו›, **ור' יונה בפ"ג דברכות** ‹והנכון בכל כחו ממש, כי בזו מעורר כונתו וכל איבריו לברך שמו של הקב"ה, וכן פי' ה"ר יונה ז"ל - רשב"א› [ה] **תוס' שם בשבת ע"פ הפסיקתא וזוהר פרשת תרומה** [ו] **שם בזוהר** [ז] **מתקנת יהושע בן גמלא ואילך וכו' ב"ב דף כ"א.** [ח] **מימרא דר"ל משום רבי יהודה נשיאה שבת דף קי"ט:** [ט] ‹ופי' מחרימין לשון חרם ונידוי, שמחרימין לאנשי העיר. **אבל** רש"י ז"ל לא פירש כן, אלא מלשון חרבה ושממה - לחם משנה› [י] **טור וכיוצא בזה כתב הרמב"ם כדי לקיים הב' לשונות דאמרי לה מחרימין ואמרי ליה מחריבין**

§ מסכת שבת דף קכ. §

אות א'

מצילין סל מלא ככרות אע"פ שיש בו מאה סעודות וכו'

סימן שלד ס"ו - עיין לקמן אות ו' - ז'.

[סימן שא סמ"ד - [א]עיין לקמן אות ד' - ה'].

אות ב'

לחצר המעורבת

סימן שלד סי"ז - [ב]יש מתירים להציל דסקיא מלאה מעות, על ידי ככר או תינוק, מן הדליקה או מן הגנבים והגזלנים - והיינו שיכול ליתן אפילו לכתחלה בשבת להציל על ידם, אפילו המעות חשוב מהחפץ שמניח אצלו, ולא אמרינן בזה דיהיה בטל לגבי המעות, **ואע"ג** דבעלמא אסור לטלטל דבר המוקצה ע"י דבר היתר המונח עליו, דלא אמרו ככר או תינוק אלא לענין טלטול המת בלבד, הכא משום פסידת הדליקה הקילו בכל זה, **ועיין** ס"ב, דיש מתירין אפילו בלא ככר כלל.

[ג]ודוקא לרה"י, אבל לא לחצר שאינה מעורבת.

[ד]סימן שלד ס"י - כל הצלה שאמרנו [ה]אינה אלא לחצר אחרת המעורבת, אבל לא לשאינה מעורבת - היינו בין הצלה דמזון ג' סעודות וכלי תשמישיו, ובין הצלה דמלבושים, **ואע"ג** דפסק לעיל סי' ש"א סל"ו, דמותר לצאת בשני מלבושים זה על גב זה, משום דדרך מלבוש הוא, **הכא** כיון דבהצלה קעסיק, חיישינן טפי דמינשי שהוא שבת, ויבוא לכבות.

[ו]הגה: ויש מקילין אף לשאינה מעורבת (סמ"ג והגהות מרדכי) - אמלבושין קיימי, ולא ס"ל האי סברא דנחמיר במלבושים בזה טפי מבעלמא, ולהכי מקילין, **אבל** לענין מזון ג"ס או כלי תשמישין, גם הם ס"ל דדוקא למעורבת שרי, **והמלבושין** שמתירין, דוקא כשהוא לובש אותם דרך מלבוש, אבל כשהוא נושא אותם בידו, לא עדיפי משאר כלים.

וה"ה דאפילו לר"ה שרי, כיון שנושאם כדרך מלבוש, [**ובמ"א** משמע דלא פסיקא ליה לענין ר"ה, **ובר"ה** שלנו בודאי יש להקל].

והנה הב"ח פסק כדעה הראשונה, **אבל** כל האחרונים פסקו כדעה זו.

[ז]סימן שלד סי"א - [ח]יש אומרים דכל הצלה שאמרנו היא לחצר ומבוי הסמוכים לרשות הרבים, וגם אינם מקורים, דדמי לרשות הרבים; ומשום הכי אין מתירין להציל אלא מזון שלש סעודות וכלים הצריכים; אבל לבית אחר שעירב עמו, יכול להוציא כל מה שירצה - ר"ל דכיון שהוא מקורה, אינו דומה כלל לר"ה, ולית בזה גזירה שמא יוציא לר"ה, **ואע"ג** דבגמרא נזכר הטעם, דשמא מתוך טרדת הצלה יבוא לכבות, ס"ל לדעה ראשונה, דמ"מ לא גזרינן בזה רק היכא דאיכא חשש הוצאה ג"כ.

[ט]ואף לחצר לא אמרו אלא לחצר חבירו, אבל לחצר שלו שאינה צריכה עירוב - ר"ל שאין בה דיורין, **יכול להוציא כל מה שירצה** - ודמי כבית אחד שנפל בה דליקה, שמותר להוציא מחדר לחדר לכו"ע ולא גזרו בזה.

[י]וי"א שאין חילוק - ס"ל כיון דהטעם שמא ישכח ויבוא לכבות, מה לי חצר ומה לי בית, ומה לי אם החצר הוא של רבים או חצר שלו.

ולמעשה כיון שהוא מלתא דרבנן, אפשר שיש לסמוך להקל.

אות ג'

ולשם מוציא כל כלי תשמישו

סימן שלד ס"ז - [יא]מותר להציל כלי תשמישו [יב]הצריכים לו לאותו היום, כגון כוסות וקיתוניות - וה"ה שאר כלים הצריכים לו לצורך סעודותיו, כגון כפות וסכינים וכדומה, (וכלי שתיה יכול להציל לצורך כל היום).

אות ד' – ה'

ולובש כל מה שיכול ללבוש, ועוטף כל מה שיכול לעטוף וחוזר ולובש ומוציא

סימן שלד ס"ח - [יג]ולובש כל מה שיכול ללבוש, ומוציא ופושט, וחוזר ולובש ומוציא ופושט - והא דלא שרינן באוכלין ומשקין לחזור ולהוציא, משום דהתם חיישינן שמא ישכח שבת ויכבה, **אבל** הכא כיון שלא התירו אלא דרך לבישה, רמי אנפשיה ומדכר, **ואה"נ** דלהוציא מלבושים בידו, אין מותר כי אם מה שצריך לו לאותו יום, כאוכלין ומשקין.

באר הגולה

א ‹לכאורה שם הוא מקומו› **ב** **טור בשם סמ"ג בשם הירושלמי וכ"פ ש"פ** **ג** **משנה שם קט"ז** ‹מדאמרינן מצילין תיק כו' דוקא משום ספרים – גר"א› **ד** ‹ע"פ הבאר הגולה› **ה** **שם במשנה וכת"ק וכ"פ רמב"ם** **ו** ‹ויהיה פי' המשנה כך, ולשם הוא מוציא כלי תשמישו, כלומר לחצר המעורבת; ולובש כל מה שיכול כו', הוא מילתא באנפי נפשיה, דזה אפי' לאינה מעורבת, ואפשר דאפי' לר"ה שרי – מ"א הובא בגר"א› **ז** ‹ע"פ הגר"א› **ח** **טור בשם בעל התרומות** ‹דסובר דמ"ש לחצר המעורבת, דוקא לשם, אבל בבית או שא"צ עירוב מותר בכל ענין, **ואע"פ** שאין הוכחה, מ"מ מדאמרינן שם ק"כ א' ול"ק כאן לאותה כו', ואע"ג דלא קי"ל כותיה בשריותא דאותה חצר, מ"מ יש ללמד דיש חילוק בין חצר ומשום חשש הוצאה לר"ה – גר"א› **ט** **גם זה שם בבעל התרומות** **י** **טור לדעתו וכן כתב הר"ן בשם הרמב"ן** ‹דטעמא לאו משום הוצאה, אלא משום חשש כבוי, כמ"ש קי"ז ב', ולכן אין חילוק, **ועוד** שאף בנשברה חבית דהטעם משום הוצאה, אמרו נשברה כו' בראש גגו, משמע דאף מן הבית אסור – גר"א› **יא** **שם במשנה** **יב** **שם ברש"י** **יג** **שם במשנה, וס"ל** ‹דהא דתנן וחוזר ולובש ומוציא› **דברי הכל הוא, טור והתרומה וסמ"ג** ‹כ"כ הב"י, וזה כשגגה שיצאה לפני השליט, דבספר התרומה מפורש דלרבי יוסי שמנה עשר ולא יחזור ויוציא יותר, כפי' רש"י, והך סיפא מדברי ת"ק הוא, וכ"כ הרא"ש – ב"ח›

דברים שאין אדם עומד בהן · על בוריין לאומרן כהלכתן: **אלא אם כן נכשל בהן** . עד שאומרן ב' וג' פעמים בשיבוש דהיינו טעמי תורה המסותרין: **לא אהיה חובש** . איני רגיל להיות חובש חבוש בבהמ"ד. אהיה הורגלתי כמו שחוק לרעהו אהיה (איוב יב) אני הווה: **וממאי**. דמשום דיש בהן אמנה הוא דילמא על כרחך לריכים שישיבו האמת: **דאי אמר להו גמירנא**. אותן טעמי תורה: **אמרי ליה**. שואלים אימא לן: **ומשני הוה ליה למימר גמר ושכח מאי לא אהיה חובש** . מודה הוא על האמת שלא יגע בתורה: **בדברי תורה** . היו נאמנין ואין מתהללים על שקר:

מתני' ועיגול של דבילה . שהוא גדול ויש בו סעודות הרבה: **ואם היו פקחין** . לישא שכרן כפועלים: **כל כלי תשמישו** . שלריכין לו לאותו היום כגון כוסות וקיתוניות: **י"ח כלים** . מפרש להו בגמרא שכן דרך ללובשן בחול יחד אבל טפי מהכי לא ואיט פושטן לחזור וללבוש ולהציל אחרים: **גמ' בבא להציל** . [שהציל] בסל [אחד] כדקתני סל מלא ככרות ואינו טורח אלא להצילן מתוך הדליקה בבת אחת מציל כל מה שבסל דהא חדא זימנא הוא מה לי פורתא מה לי טובא: **בבא לקפל** . כלים הרבה זה עם זה לטרוח [ולאוספם] ולחזור ולהוציא מזון ג' סעודות הוא דיכול להציל בכלים הרבה ותו לא שכל א' טורח בעצמו הוא: **פירש טליתו וקיפל והניח** . הביא אוכלין והניח וחזר והביא והניח מהו: **כבא להציל דמי** . הואיל ואין כאן אלא כלי אחד ובפעם אחת הוא מוליאם: **או כבא לקפל דמי** . הואיל וטורח לאסוף ולכנוס: **אטעייה רב שיזבי לרב חסדא** . *[עד]שדרש לפניו והודה לו רב חסדא והאי מתני' דאמרן לעיל (דף קיז:) כשברה לו חבית בראש גגו מביא כלי ומניח תחתיה ודרש רב שיזבי לרב חסדא ובלבד שלא (ה)יתן כלי המחזיק יותר משלש סעודות והודה לו רב חסדא ומדאמר רבא אטעייה שמע מינה טעותא הוא דאפילו מחזיק סעודות הרבה מותר כיון דחד מנא הוא והאי כמקפל ונותן בכלי אחד דמי דהא מעט מעט הוא נופל *ומטפטף בו ש"מ בחד מנא כבא להציל דמי: **מאי טעותא** . מנא לך דטעותא הוא ,בידיה: **אמר ליה** . מדקתני בה בברייתא: **ובלבד שלא יביא כלי אחר כו'**. ש"מ כלים טובא הוא דאסירי אבל בחד שפיר דמי: **מהפקירא וכו'** . דהא הצילו לכם קאמר להו לצרכיהם ואם פקחים הם יעכבו הכל הוה ליה למיתני: **מדת חסידות** . שמחזירין לו: **חסידי אגרא דשבתא שקלי** . בתמיה אם חסידים הם יש להם לוותר משלהם בכל דבר שיש בו כדנוד עבירה ואע"ג דלאו שכר שבת גמור הוא שהרי לא התנה ומהפקירא קא זכו מיהו חסיד לא מיקרי אא"כ מוותר משלו: **הכא בירא שמים עסקינן** . המציל הזה ירא שמים הוא ולא חסיד לוותר משלו: **דלא ניחא ליה דליהנו מאחריני** . בזכייה דהפקירא דידע דלא מרצונו הפקירו: **ובהנם נמי לא ניחא ליה דליטרח** . דלאו חסיד הוא (ו) ולמחול על שלו: **והכי קאמר כו'**. כלומר דהאי אם היו פקחין דמתני' לאו פקחין בדין קאמר ליטול את הראוי להם דאם כן יעכבו הכל הוה ליה למתני אלא לאו הכי קאמר הני יראי שמים אם פקחין הן בהלכות שבת דידעי דכה"ג לאו שכר שבת הוא דמעיקרא לאו אדעתא דשכר פעולה נחית עושין עמו חשבון והכי קאמר אדרב חסדא נמי קאי אלא לא שבקיה לרב חסדא לסיימיה למילתיה: **לחצר המעורבת** . ואפי' הכי טובה לא ליטול כדאמר לעיל (דף קיז:) מתוך שבהול אי שרי לאיעסוקי בהצלה כולי האי אתי לכבויי: **מקטורן** . מנטו"ל: **אונקלי** . לבוש רחב כעין שריקש"א ובלשון ערבי מחשיח"ה: **פונדא** . אזור חלול מטל למדיו: **קלבוס** . גבי"ש: **חלוק** . קמיש"א על בשרו: **ואפליון** . סדין להתעטף בו כולו: **מעפורת** . לעטוף ראשו: **ושני ספרקין** . פייסול"ש: **אנפילאות** . קלצו"ש של למר: **פרגוד** . גנליי"ש ובלשון אשכנז קפי הוז"ן: **חגור** . על חלוקו מבפנים: **וסודר שבצוארו** . ותלויין ראשיו לפניו לקנח בו פיו ועיניו: **מתני' עור של גדי** . **לח: מפני שהוא מחרך**.מן האור ובלע"ז רטריי"ט ואינו נשרף ומתוך כך הוא מגין על התיבה: **בין מלאים** . מים: **שאינן יכולין לקבל את האור**. מפני שחדשים הם:

תורה אור

דברים שאין בני אדם עומדין עליהם אלא אם כן נכשלים בהן ישנן תחת ידיך קצין תהיה לנו °ישא ביום ההוא לאמר לא אהיה חובש וגו' אין ישא אלא לשון שבועה וכן הוא אומר לא תשא את שם ה' לא אהיה חובש לא אהיה מחובשי עצמן בבית המדרש ובביתי אין לחם ואין שמלה שאין בידי לא *מקרא ולא משנה ולא גמרא וממאי דילמא שאני התם דאי אמר להו גמירנא אמרו ליה אימא לן הוה ליה למימר גמר ושכח מאי לא אהיה חובש כלל לא קשיא כאן בדברי תורה כאן במשא ומתן: **מתני'** *מצילין סל מלא ככרות אע"פ שיש בו מאה סעודות ועיגול של דבילה וחבית של יין ואומר לאחרים בואו והצילו לכם ואם היו פיקחין עושין עמו חשבון אחר השבת להיכן מצילין אותן לחצר המעורבת בן בתירה אומר אף לשאינה מעורבת *ולשם מוציא כל כלי תשמישו °ולובש כל מה שיכול ללבוש ועוטף כל מה שיכול לעטוף ר' יוסי אומר י"ח כלים וחוזר ולובש ומוציא ואומר לאחרים בואו והצילו עמי: **גמ'** והא תנא ליה *רישא ג' סעודות ותו לא אמר רב הונא לא קשיא כאן בבא להציל כאן בבא לקפל בא להציל מציל את כולן בא לקפל אינו מקפל אלא מזון ג' סעודות *ר' אבא בר זבדא אמר רב אידי ואידי בבא לקפל ולא קשיא כאן לאותה חצר כאן לחצר אחרת בעי רב הונא בריה דרב יהושע פירש טליתו וקיפל והניח וקיפל והניח מאי כבא להציל דמי או כבא לקפל דמי (א)מדאמר רבא אטעיה רב שיזבי לרב חסדא ודרש ובלבד שלא יביא כלי שהוא מחזיק יותר מג' סעודות ש"מ כבא להציל דמי ושפיר דמי א"ל רב נחמן בר יצחק לרבא מאי טעותא אמר ליה דקתני *ובלבד שלא יביא כלי אחר ויקלוט כלי אחר ויצרף כלי אחר הוא דלא אבל בההוא מנא כמה דבעי מציל: ועיגול של דבילה כו': חשבון מאי עבידתיה מהפקירא קזכו אמר רב חסדא מדת חסידות שנו כאן אמר רבא חסידי אגרא דשבתא שקלי אלא אמר רבא הכא בירא שמים עסקינן (ג)°ולא ניחא ליה דליתהני מאחרים ובהנם נמי לא ניחא ליה דליטרח והכי קאמר ואם היו פיקחין דידעי דכה"ג לאו שכר שבת הוא עושין עמו חשבון לאחר השבת: ולהיכן מצילין כו': מ"ש הכא דקתני לכם ומ"ש הכא דקתני עמי אמרי גבי מזונות קתני לכם משום דלא קא חזו (ג) אלא מזון ג' סעודות אבל גבי לבושים קתני עמי משום דקחזי ליה לכולי יומא: ת"ר לובש (ד) מוציא ופושט וחוזר ולובש ומוציא ופושט ואפילו כל היום כולו דברי רבי מאיר רבי יוסי אומר שמנה עשר כלים ואלו הם שמנה עשר כלים °מקטורן *אונקלי ופונדא קלבוס של פשתן וחלוק *ואפיליות ומעפורת °ושני ספרקין ושני מנעלים ושני אנפילאות וב' פרגוד וחגור שבמתניו וכובע שבראשו וסודר שבצוארו:

מתני' ר' שמעון בן ננס אומר פורסין °עור של גדי על גבי שידה תיבה ומגדל שאחז בהן את האור מפני שהוא מחרך ועושין מחיצה בכל הכלים בין מלאין בין ריקנים בשביל שלא תעבור הדליקה רבי יוסי אוסר בכלי חרס חדשים מלאין מים לפי שאין יכולין לקבל את האור והן מתבקעין ומכבין את הדליקה: **גמ'** אמר רב יהודה אמר רב טלית שאחז בה האור מצד אחד נותנין עליה מים מצד אחר ואם כבתה כבתה מיתיבי *טלית שאחז בה האור מצד אחד פושטה ומתכסה בה ואם כבתה כבתה וכן ספר תורה שאחז בו האור פושטו וקורא בו ואם כבה כבה הוא

אידי ואידי בבא לקפל . פירש הרב פורת דלקפל היינו אפי' בא לקפל דלר' אבא אין חילוק בין לקפל בין להציל דאפילו להציל בחצר אחרת לא שרי אלא מזון ג' סעודות אבל אין נראה לומר דלהציל שרי אפילו מאה סעודות בחצר אחרת גם לרבי אבא דאם כן הוה ליה לאוקומי מתני' אידי ואידי בחצר אחרת וכאן בבא לקפל וכאן בבא להציל: **נותן** מים מצד זה . פירש רשב"ם לאו דוקא על הטלית דהא קי"ל בפ' דם חטאת (זבחים לד:) דבבגד שרייתו זהו כיבוסו ולעיל בסוף פרק שמנה שרצים (דף קיא.) פירשתי: גרס

עין משפט נר מצוה

נח א מיי' פכ"ג מהל' שבת הל' כב כג סמג לאוין סה טור שו"ע או"ח סימן שלד סעיף ו [וסימן שא סעיף מד]:

נו ב מיי' שם הלכה כ טוש"ע שם סעיף יז:

נז ג מיי' שם טור שו"ע שם סעיף ז:

נח ד ה מיי' שם הלכה כה טור שו"ע שם סעיף ח:

נט ו ז מיי' שם הלכה כב כג טור שו"ע שם סעיף ו:

ס ח ט מיי' שם הלכה כד טור שו"ע שם סעיף ט:

סא י כ מיי' פרק יב שם הלכה ד ה סמג שם טוש"ע שם סעיף כב:

סב ל מיי' שם הלכה ו טור שו"ע שם סעיף כג כד:

רבינו חננאל

מצילין סל מלא ככרות ואע"ג שיש בו ק' סעודות . אקשינן איני והא תני רישא מצילין מזון ג' סעודות ותו לא ושני רב הונא לא קשיא רישא בבא לקפל . פי' כגון שמקבץ מתוך תבית ממקומות [הרבה] ונותן בכמה כלים שאין לו להציל אלא מזון של ג' סעודות בלבד . סיפא במציל כולו בכלי אחד כמות שהוא . ואע"פ שאין זה הטעם כאשר פירשנו.כי רישא במקפל ונותן בכלים שנים ושלשה . וסיפא במציל סל אחד כמות שהוא מפורש (היבגנותו מו') . בעי רב הונא בריה דר' יהושע פירש טליתו וקיפל והניח וקיפל והניח מהו . כבא לקפל דמי או כבא להציל דמי . דמצלי לן שאם קיפל בכלי אחד ונטלו . וחזר וקיפל בכלי אחר ונטלו זהו לקפל פשיטא שאינו מציל אלא מזון ג' סעודות . וכי קא מבעיא שקיפל והניח בתוך טליתו והזר וקיפל והניח בתוך טליתו מי אמרינן כיון שמקפל ומביא כמקפל דמי ואסור . או דילמא כיון שהוא מניחן בתוך טלית אחד אחד ונוטלן כאחד כבא להציל דמי ושרי . ופירשא נמי הא בגמ' בסוף יציאות השבת . הנהו תרי תלמידי . מר מציל בחד מנא ומר מציל בתרי מני קמפלגי בפלוגתא דר' אבא בר זבדא ורב הונא . הכין גמרא ומיגמר מינה דלקפל בתרי תלתא מני כדפרישנא לעילא דאסיר לרב הונא ושרי לר' אבא בר זבדא ומסתייע נמי בתלמוד א"י דאמרי על מצילין סל מלא ככרות מכיון שכולו גוף אחד כמין שכולה סעודה אחת היא והאי במימרא דרב הונא ובא ר' אבא בר זבדא ופירק פירוק אחר . ואמר רישא דמתני' במציל לחצר אחרת שאין לו להציל אלא מזון ג' סעודות בלבד בין בכלי א' בין בכ' ג' כלים . וסיפא במציל באותו חצר שיש לו להציל אפילו ק' סעודות בין בכלי אחד בין בכמה כלים. ולענין בעיא דרב הונא בריה דר' יהושע פשט [illegible]

[illegible]

הגהות הב"ח

[illegible]

גליון הש"ס

[illegible]

[יד]ויש מי שאומר שאינו לובש ומוציא אלא פעם אחת בלבד - והלכה כדעה קמייתא.

סימן שא סמ"ד - [טו]הבא להציל כליו מפני הדליקה, לובש כל מה שיכול ללבוש, ועוטף כל מה שיכול לעטוף - (דכיון דדרך מלבוש הוא, שרי), **ופושט, וחוזר ולובש ומוציא** - (ע"ל בסימן של"ד ס"ח, שהביא המחבר דיש חולקין ע"ז, והכא סתם בזה, ועיין בביאור הגר"א שהכריח דהעיקר כהך דהכא).

אות ו' – ז'

<u>בא להציל מציל את כולן, בא לקפל אינו מקפל אלא מזון שלש סעודות</u>

<u>פירש טליתו, וקיפל והניח, וקיפל והניח... כבא להציל דמי</u>

סימן שלד ס"ו - [טז]הא דאין מצילין אלא מזון ג' סעודות, היינו דוקא בשני כלים; אבל בכלי א', מצילין אפי' יש בו מאה סעודות; [יז]ואפי' פירש טליתו וקיפל והביא לתוכו, וחזר וקיפל והביא לתוכו, מותר, כיון שמוציא הכל בפעם אחת - ואפילו אם היה המזון בכמה כלים, ומערה אותן לתוך הטלית, שרי, [יח]**אבל** להניח הרבה כלים מלאים תוך הטלית ולהוציאם בבת אחת, אסור, כיון שהם כלים מחולקים.

אות ח' – ט'

<u>חשבון מאי עבידתיה</u>

<u>ולא ניחא ליה דליתהני מאחרים, ובחנם נמי לא ניחא ליה דליטרח</u>

סימן שלד ס"ט - [יט]ואומר לאחרים: בואו והצילו לכם כל אחד מזון ג' סעודות - אבל אין יכול לבקשם שיצילו בשבילו, דלא הותר לו כי אם ג' סעודותיו הצריכים לו לשבת, **וכתב** בח"א, דאפשר דמעצמם יכולים להציל בשבילו אפי' יותר מג' סעודות, **והא** דלא התיר בשו"ע להם כי אם ג' סעודות, היינו דוקא כשהם מצילין בשביל עצמם, [דבזה חשובין כבעה"ב גופא דבהול, וחיישינן שיבא לכבות, משא"כ בזה].

ויכולים ללבוש כל מה שיוכלו ללבוש - ובזה יכול לומר: בואו והצילו עמי, דהיינו בשבילי, דבמזונות משום דלא חזי ליה כי אם ג' סעודות, לכך הוכרח לומר: הצילו לכם, משא"כ בלבושין דקחזי ליה לכולי יומא, גמ', **ופשוט** דגם הם יכולים לפשוט ולחזור וללבוש ולהוציא כמותו.

ואם רוצים, זוכים בו מן ההפקר [כ]כיון שאמר: הצילו לכם - אמזון קאי, דבלבושין יכול לומר: בואו והצילו עמי.

אבל אי לא אמר: הצילו לכם, לא הוי הפקר, שהיה יכול לומר: אני הייתי ממציא לי אנשים ישראלים שהיו מצילים לעצמם ומחזירים לי, **גם** שהייתי יכול להציל ע"י א"י, כמ"ש סכ"ו, (**והנה זה פשוט**, דאם לא אמר כלל "הצילו לכם" לא הוי הפקר ממילא, דמצוי להציל ע"י א"י, או ע"י ישראלים שמצילים ומחזירים לבעליהם, **אבל אם** אמר "בואו והצילו", ולא אמר "לכם", אמאי אינם יכולים לזכות בו, דבודאי לא היה דעתו שיצילו בשבילו והוא יתן להם שכר טרחא, דזה אסור הוא כיון שכבר הציל מזון ג' סעודות, אע"כ דיצילו בשביל עצמם קאמר, **ואולי** י"ל דכל זמן שאינו אומר "לכם", אף דאינם יכולים לזכות לעצמם, מ"מ אינם נעשים שלוחים עבורו).

ואם אינם רוצים לזכות - מפני שיודעים שלא מרצונו הפקירו, **אלא רוצים להחזירו לקבל שכר על הצלתם, הרשות בידם, ולא הוי שכר שבת** - דמעיקרא לאו אדעתא דשכר פעולה נחתי, ומהפקירא קזכו, [רש"י].

אם החזירו לו ואח"כ מבקשים שכר, בחול בודאי צריך לשלם לו, **אבל** בשבת יש סברא לומר דהוא שכר שבת, אחרי שכבר החזיר לו מעצמו, שוב לא יכול לומר: מהפקירא קזכינא לעצמי, וכשנוטל, שכר שבת הוא נוטל, עיין במ"א, **ועיין** בא"ר שמפקפק עליו, (דאפשר שהחזיר אדעתיה שיתן לו שכר – שם).

והנה על מש"כ השו"ע דזוכה מן ההפקר, כתב המ"א עיין בחו"מ סימן רנ"ט וסי' שס"ח, דדינא דמלכותא דלא מהני יאוש, **ואפשר** דהכא שאני כיון שאמר: הצילו לכם.

איתא בגמרא דחסיד לא יטול שכר, דיש לו לוותר משלו בכל דבר שיש בו נדנוד עבירה.

באר הגולה

יד **ב"י לדעת רמב"ם דס"ל** (דהא דתנן וחוזר ולובש ומוציא) **דברי רבי יוסי הם, ותנא קמא פליג עליה,** (דאל"כ הכי הו"ל למיתני, לובש כל מה שהוא יכול ללבוש וחוזר ולובש ומוציא, כדקתני רבי מאיר בברייתא, וס"ל דרבי מאיר לאו היינו ת"ק דמתניתין - ב"י) **והלכה כת"ק** (הוא תימה רבה, דת"ק מיקל בתחלת לבישה ומחמיר בחזרה, ורבי יוסי מחמיר בתחלת לבישה ומיקל בחזרה - ב"ח) טו **שבת ק"כ וכת"ק הרי"ף ורא"ש ורמב"ם** טז **שבת ק"כ במשנה** יז **שם בעיא ונפשטא** יח (פירס טליתו וקפל, {ופירשו בהלכות} כלומר שהביא כלים והניחן בתוך טליתו וקיפל טליתו עליהם, ואסיקנא דכבא להציל דמי, כיון שלא הוציא כל אחד בפני עצמו, **ומכאן** הביאו בתוס' קושיא לדברי רש"י ז"ל שפי' בסוף פ"ק דמכילתין (י"ט:) הא דאמרינן תרי תלמידי, חד מציל בחד מנא וחד מציל בארבעה וחמשה מאני, ובפלוגתא דרב הונא ורבי אבא בר זבדא, שהיה מקפל ארבעה וחמשה כלים ומניחן בתוך כלי אחד ומוציאן, **ואינו**, דהא אסיקנא הכא דכבא להציל דמי, ואפי' רב הונא שרי, **וע"כ** פירשו הם שם, שהיה מציל מזון הרבה בכלים מוחלקין ומוציא וחוזר ומוציא באותה חצר כרבי אבא בר זבדא. **אבל** הרמב"ן ז"ל פי' כאן {וכן פי' רש"י} פירס טליתו והביא כלים ושפכן לתוך טליתו, ולא שהיה מוציא כלים מקופלין בתוך טליתו, **ומשום** דרב הונא אסר בכלים המקופלים, והתיר במציל ואפי' הרבה, שאל רב הונא בריה דרב יהושע במביא כלים ושופך לתוך טליתו ומקפל ומוציא מאי, משום דהא דמיא למציל בחדא, משום דאינו מוציא אלא בכלי אחד, ובחדא למקפל, שמביא כלים הרבה ומקפל לתוך טליתו - רשב"א, (**והשתא** נימא אנן, דאף רש"י ז"ל פי' בכה"ג האיבעיא כמו שפי' הרמב"ן, ושפיר מצי לפרש פירושו בפלוגתא דרב הונא ור' אבא בר זבדא, דלקפל היינו כלים הרבה בתוך סל גדול, דלרב הונא אסור הקיפול אפי' באותו חצר, דלדידיה אין חילוק מאותו חצר לחצר אחרת, כי אם מהצלה לקפול, ולר' אבא בר זבדא מותר הקיפול באותו חצר, **אבל** אם קפל ושפך לתוך טלית אחת, אה"נ דמותר אף לרב הונא כדמסיק הש"ס, ומתורץ קושית התוס' – שבת של מי) יט **שם במשנה וגמרא** כ **בפירוש רש"י שם**

אות י' - כ'

פורסין עור של גדי על גבי שידה תיבה ומגדל שאחז בהן את האור, מפני שהוא מחרך

ועושין מחיצה בכל הכלים, בין מלאין בין ריקנים, בשביל שלא תעבור הדליקה

סימן שלד סכ"ב - [כא]תיבה שאחז בה האור, יכול לפרוס עור של גדי - לח, **מצדה האחר שלא תשרף** - ועיין בסימן ש"ח סכ"ה לענין מוקצה, **אך** לפי המבואר לעיל בס"ב בדעה ראשונה, דטלטול מוקצה מותר במקום פסידא, אתי שפיר בפשיטות.

ועושים מחיצה בכל הכלים להפסיק בין הדליקה, [כב]אפילו כלי חרס חדשים מלאים מים, שודאי יתבקעו כשתגיע להם הדליקה – (שאין להם כח לקבל האור מפני שחדשים הם, ומשמע בגמרא, דאפילו אם מכוין לזה ג"כ שרי, כיון דהוא אינו אלא גרמא {**והוא** מדף מ"ז: דאמר שם מתחלה קודם דמתרץ מפני שמקרב את כיבויו, דלרבנן מותר בניצוצות אפילו בשבת, אף דהוא מכוין שיכבה עי"ז}, וכן מוכח שם גם בדף ק"כ: דמפיק דגרמא שרי מדכתיב לא תעשה בו מלאכה, עשייה הוא דאסור גרמא שרי, ודומיא דעשייה שרינן בגרמא).

דגרם כיבוי מותר, הגה: במקום פסידא (מרדכי) – (לאו דוקא כיבוי דהוא מלאכה שאינה צריכה לגופה, דאפילו בכל מלאכות הדין כן).

אות ל'

טלית שאחז בה האור מצד אחד, פושטה ומתכסה בה, ואם כבתה כבתה

סימן שלד סכ"ג - [כג]טלית שאחז בה האור, פושטה - שלא תהיה מקופלת, שלא יאחוז עי"ז האור בכולה, **ומתכסה בה, ואינו חושש אם תכבה.**

[כד]ויש מי שאומר שצריך שלא יתכוין לכך - הוא מדברי הטור, ועיין בט"ז שביאר, דר"ל שלא יתכוין בפעולתו לכבות מה שהודלק כבר, אלא שלא תדלק יותר, **ואם** אירע שעי"ז נכבה האור לגמרי, אינו חושש, כיון שהוא לא נתכוין לזה, **ולדינא** משמע מדברי האחרונים דתפסינן, דגם בנתכוין לזה מותר, [**ולהב"ח** והמ"א משמע, דגם להטור שרי באופן זה]. **אלא** שיזהר שלא ירוץ ויקפוץ וינענע עצמו אנה ואנה כדי שיכבה, או שינענע את הטלית כדי שיכבה, דכל זה הלא עושה מעשה כיבוי ממש, ולאו גרם כיבוי הוא, ולא יעשה כן בישראל, אלא מתכסה בהטלית כדרכה.

וכן ס"ת שאחז בה האור, פושטה וקורא בה, ואם כבתה כבתה, גמ', **ומותר** לקרוא לא"י ויכבה אותה, כדלעיל בסי"ח ולקמן בסכ"ו.

הגה: מותר לכפות קערה על הנר שלא תאחוז בקורה (טור וע"ל סי' רע"ז ס"ה) - בסימן רע"ז ביארנו דין זה היטב במ"ב.

סימן שלד סכ"ד - [כה]יש אומרים שאין יכול ליתן עליו משקין כדי שיכבה כשיגיע להם - דדוקא להפסיק בכלים מלאים מים שרי בסכ"ב, שאין המים בעין, **אבל** הכא שהמים בעין, הוא מקרב להכיבוי עי"ז, ואסור [מדרבנן].

[כו]ויש אומרים שמותר לעשות כן בשאר משקים - ס"ל דזה לא חמיר מגרם כיבוי בעלמא דשרי, **חוץ מן המים, משום כיבוס** - דקיי"ל שריית הבגד זהו כיבוסו.

[כז]ויש מתירים אפילו במים - ס"ל דלא שייך זה אלא במקום שיש טינוף או דם, אבל לא בטלית נקי. **ודברי סברא שנית נראים** – (שמותר חוץ מן המים).

באר הגולה

[כא] משנה שם ק"כ [כב] שם וכר' שמעון בן ננס [כג] ברייתא שם ומשמעות כמה פוסקים [כד] ב"י ממשמעות הטור [כה] רי"ף וכ"כ **הרב המגיד בשם הראב"ד והרמב"ן, ודלא כרב יהודה שם, וכן נראה דעת הרא"ש** ‹ותירצו הראב"ד והרמב"ן ז"ל, דהא דרב יהודה אינה הלכה, לפי שהוא מדמה מחיצת מים ממש למחיצת כלים חדשים מלאים, ואינו כן, אלא אפי' רבנן ור"ש אוסרין מחיצת מים ממש, **והביאו** ראיה לזה ממה ששנינו פרק כירה (שם מ"ז:) נותנין כלי תחת הנר לקבל ניצוצות, ולא יתן לתוכו מים מפני שהוא מכבה, ואמרינן עלה בגמרא, לימא תנן סתמא כר' יוסי דאמר גורם לכבוי אסור, ודחו, ותסברא אימר דאר"י בשבת, בע"ש מי אמר, וכ"ת הכי נמי בשבת, והא תניא ולא יתן לתוכו מים אפי' בע"ש, אלא א"ר אשי אפילו תימא רבנן, שאני הכא מפני שמקרב את כיבויו, ע"כ. **ופירשו** הם שזה כיון שנותן מים להדיא, אפי' רבנן אסרי, ונמצאו רב יהודה ורב אשי חולקין, וקי"ל כרב אשי דהוא בתרא, זהו דעתן ז"ל – מגיד משנה› [כו] **תוספות שם בשם רשב"ם וכן כתב הטור** ‹היינו המקור למש"כ "חוץ מן המים", **ובנוגע** המקור לשיטת היש אומרים דמתירין לעשות כן בשאר משקים, כתב הב"י וז"ל: אבל דעת הר"ן לפסוק כרב יהודה דשרי ליתן מים מצד אחר, וכתב שכן הסכמת הרמב"ן, וכן פסק הרמב"ם, וכתב שם הרב המגיד שכן דעת הרשב"א, **וחילק** בין ההיא דפרק כירה להא דרב יהודה, דהתם אין דבר מפסיק בין הניצוצות והמים אלא האויר, והמים תחת הניצוצות ממש, אבל בטלית אין המים תחת האש כדי לכבותו כשיפול, אלא מן הצד, ואין האש נופלת לתוך המים להדיא, עכ"ל, **וגם** הר"ן כתב לחלק ביניהם, דטלית שאחז בה האור היינו טעמא, לפי שאין המים מכבין את הדולק, אלא מונעים שלא יתפשט האור, אבל ההיא דפרק כירה טפי מגורם הוי, **וגם** בהגהות מרדכי חילקו ביניהם בענין אחר – ב"י› [כז] **רמב"ם והרב המגיד בשם הרשב"א והר"ן בשם הרמב"ן**

הוא דאמר כר' שמעון בן ננס אימר דאמר רבי שמעון בן ננס מפני שהוא מהרך גרם כיבוי מי אמר אין מדקתני סיפא רבי יוסי אוסר בכלי חרס חדשים מלאים מים שאינן יכולים לקבל את האור והן מתבקעין ומכבין את הדליקה מכלל דתנא קמא שרי ת"ר °נר שעל גבי טבלא מנער את הטבלא והיא נופלת ואם כבתה כבתה אמרי דבי רבי ינאי °לא *שנו אלא בשוכח אבל במניח נעשה בסיס לדבר האסור תנא נר שאחורי הדלת פותח ונועל כדרכו ואם כבתה כבתה °לייט עלה רב אמר ליה רבינא לרב אחא בריה דרבא ואמרי לה רב אחא בריה דרבא לרב אשי מאי טעמא לייט עלה רב *אילימא משום דרב סבר לה כרבי יהודה ותנא קתני לה כר' שמעון משום דרב סבר לה כר' יהודה כל דתני כר' שמעון מילט לייט ליה אמר ליה בהא אפילו ר' שמעון מודה *דהא אביי ורבא דאמרי תרוייהו מודה רבי שמעון בפסיק רישיה ולא ימות אמר רב יהודה פותח אדם דלת כנגד (א)מדורה בשבת *°לייט עלה אביי במאי עסקינן אילימא ברוח מצויה מאי טעמיה דמאן דאסר אי ברוח שאינה מצויה מאי טעמא דמאן דשרי לעולם ברוח מצויה מר סבר גזרינן ומר סבר לא גזרינן : עושין מחיצה כו' : למימרא דרבנן סברי גרם כבוי מותר ור' יוסי סבר גרם כבוי אסור והא איפכא שמעינן להו דתניא עושין מחיצה בכלים ריקנין ובמלאין שאין דרכן להשתבר ואלו מלאין שאין דרכן להשתבר כלי מתכות רבי יוסי אומר אף כלי כפר שיחין וכלי כפר חנניה אין דרכן להשתבר וכי תימא איפוך מתני' ורבי יוסי דברייתא לדבריהם קאמר ומי מצית אפכת לה והאמר רבה בר תחליפא משמיה דרב מאן תנא גרם כבוי אסור ר' יוסי אלא לעולם לא תיפוך וברייתא כולה ר' יוסי היא וחסורי מחסרא והכי קתני עושין מחיצה בכלים ריקנין ובמלאים שאין דרכן להשתבר ואלו הן כלים שאין דרכן להשתבר כלי מתכות וכלי כפר שיחין וכלי כפר חנניה נמי אין דרכן להשתבר שר' יוסי אומר אף כלי כפר שיחין וכלי כפר חנניה אין דרכן להשתבר ורמי דרבנן אדרבנן ורמי דרבי יוסי אדרבי יוסי *דתניא °הרי שהיה שם כתוב לו על בשרו °הרי זה לא ירחוץ ולא יסוך ולא יעמוד במקום הטינופת °נזדמנה לו טבילה של מצוה כורך עליה גמי ויורד וטובל רבי יוסי אומר לעולם יורד וטובל כדרכו ובלבד שלא ישפשף שאני התם דאמר קרא °ואבדתם את שמם מן המקום ההוא לא תעשון כן לה' אלהיכם עשייה הוא דאסור גרמא שרי אי הכי הכא נמי כתיב °לא תעשה [כל] מלאכה עשייה הוא דאסור גרמא שרי *מתוך שאדם בהול על ממונו אי שרית ליה אתי לכבויי אי הכי קשיא דרבנן אדרבנן ומה התם דאדם בהול על ממונו שרי הכא לא כל שכן ותסברא האי גמי היכי דמי אי דמיהדק קא הוי חציצה אי לא מיהדק עיילי ביה מיא חציצה תיפוק ליה משום דיו בלחה *דתניא °הדם והדיו הדבש והחלב יבשין חוצצין לחים אין חוצצין מכל מקום קשיא אלא אמר רבא בר רב שילא °היינו טעמיהו דרבנן דקסברי אסור לעמוד בפני השם ערום מכלל דר"י סבר מותר לעמוד בפני השם ערום דמנח ידיה עילויה לרבנן נמי °דמנח ידיה עילויה זימנין דמשתלי ושקיל ליה לר' יוסי נמי זימנין דמשתלי ושקיל ליה אלא אי דאיכא גמי ה"נ הב"ע לאהדורי אגמי רבנן סברי

טבילה

גרם כיבוי מי אמר . וא"ת הא קתני מתני' בין מלאים בין ריקנים ומאי רבותא איכא טפי במלאים מבריקנים אי לאו דמיירי בדרכן להשתבר וי"ל דס"ד דמיירי בכלים שאין דרכן להשתבר וקמ"ל דלא גזרינן אטו כלים שדרכן להשתבר :

מנער את הטבלא והיא נופלת ואם כבתה כבתה . אומר ר"י דמיירי דליכא שמן בנר דאי איכא שמן בנר חייב שהרי שופך ממנו והוי כמסתפק ממנו דחייב משום מכבה כדאמר בפ"ב דביצה (דף כב:) ובירושלמי מוקי לה בנר שכבה ולא קתני בהך ברייתא ואם כבתה כבתה ואתא לאשמעינן היתר טלטול ע"י ניעור לר' יהודה דאסר טלטול בנר שכבה אי נמי אפילו לר"ש ובנר גדול כגון קערה ועששית דמודה ר"ש כדאמר בפרק [כירה] (דף מד·) או כשיש אפר וגחלת אלא שכבה השלהבת : פותח ונועל כדרכו . אע"פ שע"י כן מתנדנד הנר ומתרחק השמן מן השלהבת או מתקרב והוי מכבה או מבעיר אבל אין לפרש משום כיבוי דרוח דאחורי הדלת ליכא רוח ועוד דא"כ הוה ליה למימר פותח אדם דלת כנגד הנר כדקאמר בסמוך כנגד המדורה ועוד דתינח פותח נועל מאי איסורא איכא אלא כדפרישית ואי לאו משום כיבוי והבערה משום טלטול אין לאסור דבנעילת דלת לא חשיב טלטול וגם לא הוי בסיס לדבר האסור דבית חשוב הוא ובטל אגב בית אי נמי בשכח דלא הוי בסיס : מר סבר גזרינן. הלכך צריך ליזהר שלא לפתוח הדלת לפני המדורה אפילו ברוח מצויה דהא לייט עלה אביי דהוי בתראה והנ"מ כשהמדורה קצת קרובה אצל הדלת : והא איפכא שמעינן להו . לאו דווקא איפכא דר' יוסי דברייתא הוי כמו מתני' דאסר דרכו להשתבר אלא היינו איפכא דבמתניתין מחמיר ר' יוסי טפי מדרבנן ובברייתא מיקל טפי : וכי תימא איפוך מתני' כו' . וא"ת מ"מ תקשה דבמתני' לא אסרי רבנן אלא חרס חדש ובברייתא אסרי אפי' ישן מדנקט כלי מתכות וי"ל דנקט בברייתא כלי מתכות משום דלאין חילוק בהם בין חדשים לישנים וה"ה כלי חרס ישן: והאמר רבה כו' . ואם תאמר ואמאי לא מפיך ברייתא דטפי אית לן לאפוכה ממתני' והוי אתי נמי שפיר הא דרבה בר תחליפא וגימא דרבנן לדברי ר' יוסי קאמרי ואינהו שרי אף בכלי חרס חדש וי"ל דהתלמוד לא קאמר אלא דאפילו מפיך מתני' לא אתי שפיר אלא על כרחך ברייתא אית לן לתרוצי וכיון דאתיא להכי לא צריך להפוכה אלא למימר חסורי מיחסרא: אי הכי קשה דרבנן אדרבנן . בלאו הכי הוה קשיא דרבנן אדרבנן אלא משום דהשתא פריך מכ"ש קאמר אי הכי *) :

*) [ועי' תוס' עירובין כג: וביצה ח: וכתובות ג: וב"מ נג. שבועות מה: ד"ה אי הכי]

גמ' הוא דאמר כר"ש . דשרי לעכובי דליקה בעור גדי : גרם כיבוי . כי האי גוונא כשמגיע למים הוא כבה : מי אמר . דילמא הא דקתני במתני' ועושין מחיצה בכל הכלים לאו בחדשים המתבקעים קאמר : נר . דולק קרוסיי"ל : אלא בשכח . דשכחו מבעוד יום על הטבלא שלא מדעת : אבל מניח נעשית . טבלא בסיס לדבר האסור ואסור לטלטלה כדי לנערה : לייט עליה . על כל המורין כן : כר' יהודה . דאמר דבר שאין מתכוין אסור : בפסיק רישיה . והכא נמי הרוח מכבהו : כנגד המדורה . ואע"פ שרוח מנשבת ומבעיר האור : מאי טעמא דמאן דאסר . אין דרך להבעיר ברוח מצויה ולא פסיק רישיה ולא ימות הוא : אף כלי כפר שיחין . חרס העשוי מאותו עפר חזק הוא ואין משתבר אלמא לר' יוסי בגרם כבוי טפי מיקל מדרבנן : וכי תימא איפוך מתני' . ותני ברישא דברי ר' יוסי וחכמים אוסרין בכלי חרס חדשים כו' : ור' יוסי דברייתא . דמשמע דבהגהו דפקעי מודה דהא כפר שיחין וכפר חנניה הוא דקשרי : לדבריהם קאמר להו . לדידי כל הכלים שרו דגרם כבוי מותר אלא לדידכו נהי דאסריתו גרם כבוי אודו לי מיהת דבהני אפילו גרם ליכא : כורך עליו גמי . קס"ד השתא כדי שלא ימחק את השם במים אלמא לרבנן גרם מחק אסור ולר' יוסי שרי : ובלבד שלא ישפשף . דהוי מוחק בידים : ותסברא . דהכא נמי דאצרכוה רבנן משום שלא ימחק הוא : האי גמי היכי דמי . להגין עליו : אי דמיהדק . שלא יכנסו בו מים וימחק הוי חציצה : ואי דלא מיהדק . לבשרו : עיילי ביה מיא . ואינו מגין מלמחוק : תיפוק ליה דמשום דיו . בלא גמי נמי חייץ דיו ומשני בלחה : מכל מקום קשיא . גמי לרבנן למה להו : מכלל דלר' יוסי כו' . בתמיה והא כתיב לא יראה בך ערות דבר (דברים כג) : אלא אי איכא גמי הכי נמי . דמודה ר' יוסי דצריך לכרוך עליו גמי ולא סגי ליה לאנוחי ידיו עליו דילמא מישתלי ושקיל ליה לידיה :

טבילה

תורה אור

עין משפט נר מצוה

סג א ב מיי' פי"ב מהל' שבת הלכה ו סמג לאוין סה טוש"ע או"ח סימן רעז סעיף ג :
סד ג מיי' שם פ"ה הל' יז טוש"ע שם ס"א :
סה ד מיי' שם טוש"ע שם סעיף ב :
סו ה ו מיי' פ"ו מהל' יסודי התורה הל' ו סמג עשין ג :
סז ז מיי' פ"ב מהלכות מקוואות הלכה ב סמג לאוין קיא טוש"ע יו"ד סימן קצח סעיף טו :
סח ח מיי' פ"ו מהל' יסודי התורה הל' ו:

מסורת הש"ס

לקמן קכט: ודף קמב:

לעיל עה: קג. קיא: קיז. קלג. [קמב:] ביצה לו. סוכה לג: כתובות ו. בכורות כה.

יומא ח. כח. [מס' סופרים פי"ט הל"ב]

דברים יב

שמות כ

לעיל קיז:

פסחים סה: מנחות כא. זבחים לה.

הגהות הב"ח

(א) גמ' כנגד המדורה :

גליון הש"ס

גמ' הרי זה לא ירחוץ. עי' נדה דף סו ע"ב תוס' ד"ה אם סמוך : שם דמנח ידיה עלויה . עי' בתרומת הדשן סימן י :

רבינו חננאל

אמרינן בגמרא דפורפת על האבן ועל האגוז כו' תיבעי למאן דאמר מערימין תיבעי למ"ד אין מערימין . ואמר לאחרים בואו והצילו עמי שכן דרך בני אדם לחשאיל כליו בשבת יפ"י י"ח כלים דקא"ר יוסי [מקטורין] כמו מעיל · ובלשון ישמעאל ברכום שיש לו בית ראש ועושה לו הלובשו ויש לו לולאות וקרסים (שהוא הווה) [שמחברן והוא] כמו מלבוש : אונקלי . בגד דקיקי שנקרא מערקה שלובש אדם על בשרו והולם כל גופו וכן שנינו (מגילה כ"ד) בענין תפלין של יד ציפהו זהב ונתנו על בית יד של אונקלי שלו הרי זה דרך החיצונים : פונדא · גם היא מגעת עד למטה מטבורו של אדם וקורין לו בלשון פרסי פֶּשֶׁת · תקשר כחשב אפודה והיא אפוד האמורה בתורה ויש בה כיסים כיסים כנגד הלב ותחת הידים : קנבוס של פשתן · חלוק התחתון שלובשין אותו ונקרא גלאלה · חלוק הוא המלובש העליון וקורין לו ורבנן: שני. ספרקים *) ויש שגורס סובריקין והם בלשון יון המכנסים ושמענו שאמר הגאון נס' דת' דם תפנקי שמלבישין בהן הידים עד האציל ויש בהן בתי אצבעות שני מנעלים כששמען : שני פרגוד . בלשון ישמעאל נדאבי : אנפליאות . גם הם מנעלים לשוקים עליון האנין של השוקים מן העור · ומעפורת והגור שבמתנים וכובע הרי י"ח כלים : ר' שמעון בן ננס אומר פורשין עור של גדי כו'. אמר רב יהודה טלית שאחז בה האור מצד אחד נותן עליה מים מצד אחר ואם כבתה כבתה · והא ודאי גרם כיבוי הוא · ואקשינן עליה מתנית' דקתני פושטה ומתכסה בה אבל מים שהן גרם כיבוי לא קתני ואתינן לאוקמיה לרב יהודה כ"ר שמעון בן ננס ולא קם · דר' שמעון בן ננס לא קאמר אלא מפני שהוא מהרך הא גרמא בידים לא קאמר אלא קם רב יהודה כרבנן · דתנן עושין מחיצה בכל הכלים בין מלאים בין ריקנין דשרו גרם כיבוי ור' יוסי אוסר גרם כיבוי והלכה כרבנן וכרב יהודה: נר שעל גבי טבלא איתא דווקא דבי ר' ינאי בשכח נר שעל גבי טבלא · אבל המניח נר על טבלא נעשה טבלא בסיס לנר שהיא מוקצה מחמת איסור ואסור לטלטולי' ותרגא תנא קמיה דרב ולייט עלה רב · היכא דידע שבודאי כשפותח ונועל יכבה הנר מפני שהדלת נוגעת בו ומכבהו שאסור דבהא אפי' ר"ש מודה דהוי פסיק רישיה ולא ימות · אבל אי גרם בעלמא שרי : אמר רב יהודה אמר שמואל פותח אדם דלת כנגד המדורה בשבת ואינו חושש · ואע"פ שהרוח מלבה את האש לייט עלה אביי דחשיב ליה כמבעיר את האש ואי רוח שאינה מצויה היא והוא שמניף ומשבה לא פליגי דאסיר. כי פליגי ברוח מצויה · (רב) [אביי] סבר גזרינן ברוח מצויה אטו רוח שאינה מצויה · ומר סבר לא גזרינן והלכתא כאביי וקאמרינן בגמרא דהכונס צאן לדיר בנזיקין המלבה ואין בליבויו כדי ללבותה פטור · ואקשינן אמאי פטור · ליהוי כי זורה ורוח מסייעתו · ואמרינן בה כמה טעמי · סימן ברו"ש · אמר אביי כגון שליבה מצד זה וליבתה הרוח מצד אחר רבא אמר כגון שליבה ברוח מצויה וליבתו הרוח שאינה מצויה · רב זירא אמר דצמרא צמידי · רב אשי אמר היכא אמרינן זורה ורוח מסייעתו לענין שבת דמלאכת מחשבת אסרה תורה · אבל הכא גרמא בעלמא היא וגרמא בנזקין פטור · ש"מ דכיון דמשני אורחא אפי' לרוח מצויה ללבות ומחשב לכן אסור בשבת דהיינו מלאכת מחשבת: תניא דשמעתא דר' יוסי מתיר בכלים מלאין מים כגון כלי מתכות וכלי כפר חנניה וכפר שיחין שחרש שלהן חזק ואינן מתבקעין באור · ואע"פ שאין גרם כיבוי אסור כגון הני שקי · ור' יוסי דשרי

*) עיין ערוך ערך ספרק .

רב נסים גאון

מאי טעמא לייט עלה רב אי נימא דרב סבר לה כר' יהודה תמצא בירורו בפ' במה מדליקין (לעיל דף כב) רב אמר אין הלכה כר' שמעון בגרירה מכלל דכר' יהודה סבירא ליה דפליג על ר' שמעון ואסר דבר שאינו מתכוין ובסוף פ' שמונה שרצים (לעיל דף קיא) ובפרק בתולה נשאת (כתובות דף ו) הלכה אמרו אמר רב הלכה כר' יהודה ורב חייא בר אבין מתני לה בלא גברי רב אמר הלכה כר' יהודה ושמואל אמר הלכה כר' שמעון ותניא כוותיה בבכורות בפרק כל פסולי המוקדשין (דף לד) הוי מכאן למדנו שרב סבר דבר שאין מתכוין אסור כר' יהודה :

הדיא

§ מסכת שבת דף קכ: §

אות א׳ - ב׳

נר שעל גבי טבלא, מנער את הטבלה והיא נופלת, ואם כבתה כבתה

לא שנו אלא בשוכח, אבל במניח נעשה בסיס לדבר האסור

סימן רעז ס"ג - [א]שכח נר על הטבלא - מבעוד יום שלא מדעת, **ואפי'** אם הניחו על הטבלא בכונה, אך לא היה דעתו שישאר שם בשבת, ואח"כ שכחו שם, הוא ג"כ בכלל שוכח.

וה"ה בכ"ז בזמננו, לענין השלחן עם הנרות, (ולא אמרינן דשלחן חשוב ולא נעשה בסיס לנר).

מנער את הטבלא - כשצריך להטבלא, **והוא נופל, אפי' אם הוא דולק** - ואע"ג דאפשר שיכבה הנר ע"י הנפילה, אפ"ה מותר, [גמ'] **רק שלא יכוין לכבותו** - דלא הוי פסיק רישיה, וקי"ל דדבר שאין מתכוין מותר.

וכתב במאירי, דדוקא אם הוא מנערו בנחת, דהיינו שמטה הטבלא ומורידו לארץ, ואח"כ הוא מנערו, דאל"ה הוא פסיק רישיה.

(**ואע"ג** דממילא מיטלטל הנר, אפ"ה שרי, דהוא רק טלטול מן הצד, **אבל** אסור לו להגביה את הטבלא עם הנר, **אפילו לאחר שכבה הנר, אם** לא דהוא צריך לו למקום הטבלא, או במקום שא"א לנער משום פסידא, דאז מותר להגביה הטבלא עם הנר למקום אחר, ואפילו כשהוא דולק, כיון דסוף סוף בשוכח לא נעשה בסיס).

הגה: וטוב לעשותו ע"י א"י, במקום שא"ל כ"כ (כל בו) - ואז אפילו בנר של שמן שרי, דבמקום שאין מתכוין שרי ע"י א"י, אפילו הוא פסיק רישיה, **ומשמע** במהרי"ל דאם אין א"י מזומן, יראה לעשות ע"י קטן.

(עיין בבאור הגר"א, דהטעם משום דחייש לירושלמי המחמיר בזה, **ומשמע** מן הרמ"א, דאפי' בנר של שעוה יש להחמיר שלא במקום הדחק, והטעם, דהוא קרוב לכבוי, **אבל** בשכבר כבה, לכו"ע מותר לנער הטבלא בשכח ולהפיל הנר, ואפילו שלא בנחת).

[ב]ובלבד שיהא נר של שעוה וכיוצא בו, או שלא יהא בו שמן - ר"ל שדולקת רק הפתילה וכבר כלה שמן, **אבל אם יש בו שמן, א"א שלא יקרבנו אל הפתילה ונמצא מבעיר** - (נקט לשון קצרה, ובאמת יש לסיים: או שירחקנו ונמצא מכבה, **ואע"ג** דהוא פסיק רישיה דלא ניחא ליה, דלא מהני ליה מידי בההוא כבוי, דהשמן אזיל לאבוד שנשפך, וקי"ל דפטור מחטאת לכו"ע, מ"מ אסורא איכא לרוב הפוסקים).

ודוקא בנעור אמרינן דהוא פסיק רישיה, אבל טלטול בעלמא את הטבלא או השלחן ממקום למקום, שרי אפילו מונח עליו נר של שמן, דלא הוי פסיק רישיה, **ודוקא** אם הוא מטלטלו בנחת.

[ג]ואם הניחו עליה מדעת, אסור לנערה, שהרי הטבלא היא בסיס (פי' דבר הנושא דבר אחר, תרגום "ואת כנו": וית בסיסיה) לדבר האיסור - בסימן ש"ט יתבאר, שיש מחלוקת אימת נקרא מדעת, אם בעינן דוקא שיניחו על דעת שיהיה שם כל השבת, או אפילו רק בכניסתו לחוד, **והנה** הנרות שאנו מדליקין על השלחן, דעתנו לטלו למחר ע"י א"י, ולדעת הי"א המקילין שם, אין דינו כמניח, ולא נעשה השלחן והמפה בסיס לאיסור, **וכתב** הב"ח, דאם נפל נר של שעוה או חלב על השלחן, ואין א"י או קטן מזומן לפניו, שרי לנער בעצמו, דבמקום פסידא סמכינן על המקילין הנ"ל, דלא מקרי מניח כיון שהיה דעתו לסלק למחר.

ואם היה מונח על השלחן בין השמשות גם ככרות ושאר דברים שצריך לשבת, פשיטא דהם חשובים יותר מן הנר, דהיינו מן שלהבת הנר הדולקת, ונעשה בסיס לגבייהו, **וכמו** שכתוב בסימן ש"י ס"ח, דהיכי דהוא בסיס להיתר ולאיסור, וההיתר חשיב יותר, דהוא בטיל לגבי ההיתר, ושרי לכו"ע לנער, **ואם** א"א לנער במקום זה משום פסידא, דהיינו שיפסיד איזה דבר ע"י הפלת הנר במקום זה, רשאי לטלטל השלחן למקום אחר ולנערו שם, **ואם** צריך למקום שעומד השלחן להושיב שם איזה דבר, רשאי לטלטל השלחן ואפילו בעוד שהנרות דולקות עליו, כיון שהיה מונח עליו הלחם הצריך לשבת, לא נעשה בסיס לאיסור, **ומזה** נובע המנהג שהנשים נזהרות ליתן ככר הצריך לשבת על השלחן קודם הדלקת הנרות, ומנהג נכון הוא, כדי שיהא מותר לטלטל את השלחן כשיהיה צריך לו, **ורק** אם הנר הוא של שמן, יזהר מאד לטלטל השלחן בנחת, כדי שלא יבא לקרב השמן להפתילה או לרחק, **ועיין** בפמ"ג שמצדד לומר, דלאחר שכבו הנרות אינו רשאי לטלטל השלחן עם המנורה שעליה, דהא יכול לנערה מתחלה, והוא שהיתה של מתכות וליכא פסידא בניעורה.

הגה: ומ"מ מותר ליגע בטבלא הואיל ואינו מטלטל הנר - (הלשון דחוק, דהרי היא בסיס, וטלטולה ג"כ אסור, ועיקר ההיתר משום דגם הטבלא אינה מתטלטלת, שהרי מיירי בקבועה, וכמ"ש הט"ז, **ואפילו** אם נפרש דמתיר הרמ"א אפילו בטבלא תלויה, ומטעם דאפילו אם יתנדנד עי"ז, מקרי טלטול מן הצד, כיון דאינו מכוין לנדנוד ממש, ג"כ קשה הלשון, דהיה לו לומר הואיל ואינו מטלטלה בידים, ועיין בסמוך).

וה"ה שמותר ליגע במנורה שבבהכ"נ והנרות דולקות עליו, ובלבד שלא ינענע (מרדכי) - היינו בקבועה על מקום אחד, **אבל** אם היא תלויה, אפילו ליגע בה אסור, שבקל ינענע, ואפילו כשכבר כבו הנרות, כן משמע ממ"א, וכן מהט"ז, וכן משמע מהמרדכי דמיירי בקבועה, (**ולפי"ז** דמיירי במנורה קבועה, מותר אפילו בנר של שמן, **אבל**

באר הגולה

| א שם בגמרא | ב תוספות והרא"ש והר"ן שם והמגיד | ג שם בגמרא |

אם נפרש דמותר אפי' במנורה תלויה, וכמו שכתבנו למעלה, ע"כ דמיירי רק בנר של שעוה, דאל"ה היה אסור אפילו נגיעה בעלמא, מטעם פן יבא ע"י הנגיעה לנדנוד, ויטה השמן אל הפתילה ויתחייב משום מבעיר).

אות ג'

נר שאחורי הדלת, פותח ונועל כדרכו, ואם כבתה כבתה, לייט עלה רב

סימן רעז ס"א - [ד]נר שמונח אחורי הדלת - כגון דלת שנפתחת לפנים, ומאחריה מונח בבית נר דלוק, **ואין** חלוק בזה בין נר של שמן או שעוה וחלב.

אסור לפתוח הדלת (כדרכו) (רמב"ס ומרדכי וב"י בשם סמ"ג), שמא יכבנו הרוח - ודוקא כשהוא נגד פתיחת הדלת ממש, וקרוב אל הדלת בענין שכשיפתח הדלת יוכל להכבות ע"י הרוח המנשב מבחוץ.

ומש"כ "כדרכו", עיין במ"א שכתב דט"ס הוא, דאפי' אם הוא פותח הדלת בנחת, מ"מ הרוח מבחוץ מנשב ואסור, וכן סתמו כמה אחרונים.

עיין במ"א, דאפילו אם אין הרוח מנשב עתה, ג"כ יש לאסור, דבכל רגע ורגע הרוח מנשב וא"א להבחין בזה, **ויש** מקילין בזה, **ונ"ל** דבמקום הדחק יש להקל בזה כשפותח הדלת בנחת לאט לאט, שלא יגרום הדלת גופא לרוח שיבא.

שמא יכבנו - (לכאורה קשה, דהא אמרינן בגמר' דהוא פסיק רישא, ולכך אסור בזה אף שאינו מכוין לכבות, **אולם** לפי מה שפי' שם מהרש"א, דלא הוי פסיק רישא ממש, רק קרוב לפסיק רישא, ניחא הלשון).

אבל לנעול הדלת כנגדו, מותר (ת"ה וב"י בשם תוספות ‹ד"ה פותח ונועל› **וטור)** - שבזה אינו עושה כלום, לא מכבה ולא מבעיר, **וה"ה בחלון שכנגד הנר שעל השלחן (מרדכי).**

[ה]ואם הוא קבוע בכותל שאחורי הדלת - ר"ל שהדלת פותחת לפנים, והנר קבוע בכותל באופן אם יפתח הדלת תנקוש ותגיע אל נר שלאחוריה, **אסור לפתוח הדלת ולנעלו כדרכו, שמא תהא הדלת נוקשת עליו ותכבנו, אלא פותח ונועל בנחת.**

והאחרונים כתבו, דלנעול שרי, דלא יבא עי"ז לכבוי, **ועיין** בפמ"ג שיישב קצת דברי המחבר, דמיירי שנועל בכח, דעי"ז מתנדנד הכותל כולו ויבא לכבוי, דהיינו שיתרחק קצת השמן שבנר מן הפתילה, או שיתקרב קצת השמן שבנר אל הפתילה, ויתחייב משום מבעיר.

[ו]ואם הוא קבוע בדלת עצמו, שפתיחתו ונעילתו מקרב השמן לנר או מרחיקו ממנו - ויש בזה משום מבעיר או מכבה, ואע"ג דאינו מכוין, מ"מ פסיק רישיה הוא, [גמ'], **אסור לפתחו ולנעלו.**

ואם הוא פותחו ונועלו בנחת בענין שלא יהא פסיק רישיה, מותר, **ואין** איסור בטלטול הדלת משום הנר המוקצה הקבוע בה, לפי שהדלת לא נעשית בסיס לנר, לפי שהיא חשובה שמשמשת לבית, ובטלה אצלו ולא להנר.

הגה: ובנר של שעוה - ושל חלב, **מותר לפתוח ולנעול אע"פ שהוא קבוע בדלת (ב"י)** - ומפני שאין בהם משום מקרב השמן או מרחק. **ואם** הוא בענין שיש לחוש שע"י הפתיחה ונעילה יכבה לגמרי, אף בשל שעוה אסור.

(הנה לא התנה הרמ"א בזה דדוקא בשכח, וכדלקמיה לענין טבלא, ומשום דהדלת בטלה לגבי הבית ולא לגבי הנרות, ולא נעשה בסיס בכל גוונא, וכמש"כ במ"ב, וכתי' הראשון של התוס' ‹ק"כ: סוד"ה פותח ע"ש›, ולמעשה צ"ע, דבירושלמי מבואר להדיא בזה דדוקא בשכח, **ומפני** חומר הקושיא נ"ל דתלמודא דידן חולק בזה עם הירושלמי, ולמעשה צ"ע).

אות ד'

פותח אדם דלת כנגד מדורה בשבת, לייט עלה אביי

סימן רעז ס"ב - [ז]אסור לפתוח הדלת כנגד המדורה [ח]שהיא קרובה קצת אל הדלת - מפני שהרוח המנשב גורם להבעיר המדורה יותר, ואע"פ שאינו מכוין בזה, מ"מ פסיק רישיה הוא, [רש"י].

ואפי' אין שם אלא רוח מצויה - ר"ל אף דע"י רוח מצויה אין דרך המדורה להבעיר יותר, אפ"ה אסור, דגזרינן אטו שאינה מצויה, [גמ']. **ואם** אין שם רוח כלל, מותר, **ואם** ע"י דפיקת הדלת עושה רוח מצויה, משמע בחדושי הר"ן דאסור.

אבל אם היה פתוח כנגדה, מותר לסוגרו ואין בו משום מכבה - ואע"פ שהרוח היה מבעירה, אין בו משום מכבה, שאינו עושה כלום אלא עוצר הרוח, ואם תכבה תכבה.

אות ה' – ו'

הרי שהיה שם כתוב לו על בשרו, הרי זה לא ירחוץ ולא יסוך ולא יעמוד במקום הטינופת

נזדמנה לו טבילה של מצוה, כורך עליה גמי ויורד וטובל

רמב"ם פ"ו מהל' יסודי התורה ה"ו - וכן אם היה שם כתוב על בשרו, הרי זה לא ירחץ ולא יסוך ולא יעמוד במקום הטנופת; נזדמנה לו טבילה של מצוה, כורך עליו גמי וטובל, ואם לא מצא גמי, מסבב בבגדיו; ולא יהדק כדי

באר הגולה

ד שבת ק"כ וכרב לפירש"י ‹ד"ה בפסיק רישיה: והכא נמי, הרוח מכבהו› **ה** הרא"ש בשם פירוש ר"ח וכ"כ רמב"ם ‹בפי' נר שאחורי הדלת› **ו** שם בשם ר"י והתוספות ‹ד"ה פותח ונועל› **ז** שם בגמרא וכאביי **ח** שם בתוס' ‹ד"ה מר›

שלא יחוץ, שלא אמרו לכרוך עליו אלא מפני שאסור לעמוד בפני השם כשהוא ערום.

אות ז'

הדם והדיו הדבש והחלב, יבשין חוצצין, לחים אין חוצצין

יו"ד סימן קצח סט"ו - הדיו החלב והדבש והדם, שרף התאנה ושרף התות ושרף החרוב ושרף השקמה (פירוש מין ממיני התאנים), יבשים, חוצצין; לחים, אינם חוצצין. ושאר כל השרפים, אפילו לחים, חוצצין.

אות ח'

היינו טעמייהו דרבנן, דקסברי: אסור לעמוד בפני השם ערום

רמב"ם פ"ו מהל' יסודי התורה ה"ו - עיין לעיל אות ה' - ו'.

§ מסכת שבת דף קכא. §

אות א'

הזב והזבה המצורע והמצורעת בועל נדה וטמא מת, טבילתן ביום, נדה ויולדת טבילתן בלילה

סימן תקנ"ד ס"ח - טבילה של מצוה בזמנה, מותרת; אבל בזמן הזה אין טבילה בזמנה - ר"ל שנהגו הנשים לישב על טיפת דם ז' נקיים דוקא, ממילא אין הטבילה בזמנה, **הילכך לא תטבול בו; וכן נהגו** - דלמה תטבול, דהרי מצות עונה לא יוכל לקיים בט"ב, **אלא** תרחוץ ותחוף עט"ב, ולמוצאי ט"ב חופפת מעט קודם הטבילה, דבעינן סמוך לחפיפה טבילה, [**ואם** לא חפפה בעט"ב, מותרת בדיעבד לעשות כל החפיפה כדין במוצאי ט"ב], **ולענין** לבישת לבנים בט"ב, עיין לעיל בסימן תקנ"א ס"ג בהג"ה ובמ"ב שם.

סימן תרי"א סי"א - מי שראה קרי בזמן הזה ביוה"כ, אם לח הוא, מקנחו במפה ודיו; ואם יבש הוא, או שנתלכלך - ר"ל שנתלכלך מזה בשרו בכמה מקומות, **רוחץ מקומות המלוכלכים בו לבד** - היינו שרוחץ בשרו ביד, ולא בבגד שלא יבא לידי סחיטה, **ומתפלל; ואסור לרחוץ גופו** - היינו בשאר מקומות, **או לטבול, אע"פ שבשאר ימות השנה הוא רגיל לטבול לתפלה** - וכן אסור לשפוך עליו ט' קבין מים, אפילו מי שנוהג כך בשאר ימות השנה. **דבזמן** הזה אין צריך טבילה לבעל קרי מדינא, לא לדברי תורה ולא לתפלה, כדלעיל בסימן פ"ח, ואין להתיר משום זה איסור רחיצה.

סימן תרי"א סי"ב - בזמן הזה אסור לאשה לטבול ביוה"כ, אפילו הגיע זמן טבילתה בו ביום - ואפילו שלא לשם תשמיש, דזה בלא"ה אסור, אלא כדי שתהא טהורה, ג"כ אסור.

(ודוקא הם שהיו עוסקים בטהרות, היה צריך לטבול מיד כדי שלא יטמאו הטהרות, **אבל** השתא דהטבילה אינה באה אלא לטהרה לבעלה, יכולה היא לרחוץ ולחוף ערב יוה"כ, וחופפת מעט גם למוצאי יוה"כ, משום דצריך חפיפה סמוך לטבילה).

ואשה שלובשת לבנים ביוה"כ, מותרת לרחוץ מעט בין ירכותיה, [דהוא רחיצה שאינה של תענוג רק למצוה, ושרי וכנ"ל], **ולא** תרחץ בבגד, כי אם ביד, שלא תבוא לידי סחיטה.

יו"ד סימן קצ"ז ס"ג - אסורה לטבול ביום ז' - [פי' דדין תורה הוא, שנדה שטובלת ביום ז' שלה אע"פ שלא היו בנקיות, טובלת דוקא בלילה, דבדידה תליא דוקא בימים, **אבל** זבה שסופרת ז' נקיים, בספירה אמרינן מקצת היום ככולו, כיון שספרה מקצת היום השביעי בנקיות, טובלת אפי' ביום, וילפינן לה מקרא ד"ואחר תטהר", אחר מעשה תטהר, **אלא** שחכמים אסרו לטבול ביום, שמא תשמש בעוד יום, ואח"כ בו ביום תראה, ותסתור למפרע, נמצא שבא עליה באיסור, ע"כ כתב הטור, הנשים שלנו, אע"פ שהם ספק זבות, כלומר שהם סופרות ז' נקיים, וא"כ לעולם הוה לכה"פ ח' ימים עם יום הראיה, והיה לה היתר לטבול ביום, כיון שכבר כלו ז' ימים, (מצד חשש נדה), אפ"ה לא תטבול ביום – ט"ז], (משום חשש זבה – מזה"ש).

ואפילו אם ממתנת מלטבול עד יום ח' או ט', אינה יכולה לטבול ביום משום סרך בתה. (פי' דבוק הבת וקורבתה לעשות כמעשה האם, שתטבול ביום כמוה, ולא תבחין שאמה לאחר שבעה טבלה ולא בשביעי עצמו) - וה"ה יותר מט', שסברה שאמה טבלה ביום ז', ותעשה כן גם היא, **ואפי'** אין לה בת דינא הכי, דלא פלוג, ופשוט הוא - ש"ך.

יו"ד סימן שפ"א ס"ה - נדה שנזדמנה זמן טבילתה בימי אבלה, אינה טובלת - (דהא אפילו תטבול אסורה לבעלה, ועוד הטבילה בזמן הזה לנשותינו לעולם אינה בזמנה, שהרי סופרים ז' נקיים מספק שהן זבות, ואם כן אפילו למאן דאמר טבילה בזמנה מצוה, בזמן הזה אינה טובלת בימי אבלה שאינה בזמנה – לבוש).

הגה: וכל שכן שאינה רוחצת ללבוש לבנים - כלומר כיון דטבילה דאיכא למ"ד טבילה בזמנה מצוה, אסורה, כ"ש רחיצה ללבוש לבנים. **ובתשו'** משאת בנימין חלק על הרב, דדוקא טבילה קי"ל דאסור כיון שאינו לצורך, אבל רחיצה ללבון איכא צורך מצוה, הלכך בין בתשעה באב בין בז' ימי אבלה תלביש ותציע כדרכה כשאר ימות השנים, **והרחיצה** צריכה לשנות קצת, וכמ"ש הא"ז, והיינו שלא תרחוץ רק באותו מקום ובין ירכותיה בין בחמין בין בצונן, ע"כ דבריו - ש"ך.

אבל מיד אחר ז', אף על פי שנהגו איסור ברחיצה כל ל', מ"מ היא מותרת, רק שתשנה רחיצה קצת; והלוק לבן תלבוש וסדין לבן תציע, שלא תבא לידי ספק.

(ונדה שחל טבילתה במוצאי שבת, וביום ו' היא עדיין בימי אבלה, ובשבת יגמורו האבלות, מותרת לעשות לה חפיפה ביום ו', פמ"א – ערוה"ש).

אות ב'

נכרי שבא לכבות, אין אומרים לו כבה ואל תכבה מפני שאין שביתתו עליהן; אבל קטן שבא לכבות אין שומעין לו, מפני ששביתתו עליהן

סימן של"ד סכ"ה - [א] א"י שבא לכבות, אין צריך למחות בידו - דא"י אדעתא דנפשיה קעביד, ואפילו יודע שנוח לו לישראל, הוא להנאת עצמו מתכוין, שיודע שלא יפסיד, [מ"א ושאר פוסקים] (בשם רש"י), **אבל** כשהדליק בשביל ישראל, שגוף הישראל נהנה ממנו, לא אמרינן אדעתיה דנפשיה קעביד, ואסור להשתמש לאורה.

א משנה שם קכ"א

טבילה בזמנה לאו מצוה ומהדרינן ור' יוסי סבר טבילה בזמנה מצוה ולא מהדרינן וסבר ר' יוסי טבילה בזמנה מצוה *והתניא *הזב והזבה המצורע והמצורעת בועל נדה וטמא מת טבילתן ביום נדה ויולדת טבילתן בלילה בעל קרי טובל והולך כל היום כולו ר' יוסי אומר מן המנחה ולמעלה אינו *צריך לטבול ההיא ר' יוסי בר' יהודה היא *דאמר דייה טבילה באחרונה: **מתני'** *נכרי שבא לכבות אין אומרים לו כבה ואל תכבה מפני שאין שביתתו עליהן אבל קטן שבא לכבות אין שומעין לו מפני ששביתתו עליהן: **גמ'** *א"ר אמי בדליקה התירו לומר כל המכבה אינו מפסיד נימא מסייע ליה נכרי שבא לכבות אין אומרים לו כבה ואל תכבה מפני שאין שביתתו עליהן כבה הוא דלא אמרינן ליה הא כל המכבה אינו מפסיד אמרינן ליה אימא סיפא אל תכבה לא אמרינן ליה וכל המכבה אינו מפסיד נמי לא אמרינן ליה אלא *מהא ליכא למשמע מינה ת"ר *מעשה ונפלה דליקה בחצירו של יוסף בן סימאי בשיחין ובאו אנשי גיסטרא של ציפורי לכבות מפני שאפטרופוס של מלך היה ולא הניחן מפני כבוד השבת ונעשה לו נס וירדו גשמים וכיבו לערב שיגר לכל אחד מהן שתי סלעין ולאפרכוס שבהן חמשים וכששמעו חכמים בדבר אמרו לא היה צריך לכך שהרי שנינו נכרי שבא לכבות אין אומרים לו כבה ואל תכבה: אבל קטן שבא לכבות אין שומעין לו מפני ששביתתו עליהן: שמעת מינה *קטן אוכל נבלות ב"ד מצווין עליו להפרישו אמר רבי יוחנן בקטן העושה לדעת אביו דכוותה גבי נכרי דקא עביד לדעתיה דישראל מי שרי נכרי לדעתיה דנפשיה עביד: **מתני'** *כופין קערה על גבי הנר בשביל שלא תאחוז בקורה ועל צואה של קטן ועל עקרב שלא תישך *א"ר יהודה מעשה בא לפני רבן יוחנן בן זכאי בערב ואמר חוששני לו מחטאת: **גמ'** רב יהודה ורב ירמיה בר אבא ורב חנן בר רבא איקלעו לבי אבין דמן נשיקיא לרב יהודה ורב ירמיה בר אבא אייתו

רש"י

טבילה בזמנה מצוה. דכתיב והיה לפנות ערב ירחץ במים (דברים כג): **לאו מצוה.** ואי לא משכח גמי האידנא לישתהי עד למחר ולמ"ד לאו מצוה קרא עלה טובה קמ"ל כדי שיעריב שמשו ביום לאחר טבילה שאם ימתין לטבול עד הלילה לא יהא לו הערב שמש עד ליל המחרת: **זוב והזבה כו'.** ברייתא זו אגב יוה"כ שנויה בתוספתא דיומא (פ"ד): **זוב והזבה והמצורע ובועל נדה וטמא מת טובלין ביום.** משהאיר המזרח ביום השביעי שלהם וטעמא(א) בפ"ב דמגילה (דף כ.) מקרא דביום השביעי מקצת שביעי ספירה ואם חל שביעי שלהם ביוה"כ טובלין כדרכן לאכול תרומה לערב: **נדה ויולדת.** טובלות כדרכן בלילי יוה"כ אם חל שביעי שלהם בערב יוה"כ שאינה יכולה לטבול ביום ז' דכתיב בה תהיה בנדתה בהוייתה תהא כל ז' (פסחים דף צ:): **בעל קרי.** שצריך טבילה לדברי תורה מדברי סופרים ואפי' אין (ב) אוכל טהרות לבו ביום: **טובל כל היום כולו.** ואע"פ שראה קרי מן המנחה ולמעלה לאחר שהתפלל תפלת המנחה שהרי הוא יכול להמתין עד שתחשך ויטבול לתפלת ערבית אפ"ה טובל ביוה"כ מבעוד יום אע"פ שאסור ברחיצה הרשות דטבילה בזמנה מצוה: **ר' יוסי אומר מן המנחה ולמעלה.** אם ראה קרי לאחר שהתפלל תפלת מנחה שהרי הוא יכול להמתין עד שתחשך ויטבול ויתפלל תפלת ערבית ותפלת נעילה נמי ס"ל שיכול להתפלל בלילה כרב דאמר (יומא דף פז.) תפלת נעילה פוטרת של ערבית: **אין צריך לטבול.** ביום משום זמן טבילה דלאו מצוה לטבילה בזמנה: **דייה לטבילה שתהא באחרונה.** במסכת נדה בפרק המפלת גבי אשה שילאה מלאה ובאה ריקנית ואינה יודעת מתי ילדה דמצרכינן לה נ"ה טבילות לספק ד' טבילות שעליה טבילת זכר לז' או טבילת נקבה לשבועיים ובלילה או שמא יולדת זכר בזוב וצריכה אף טבילת זבה ביום שבעה לספורים שלה או יולדת נקבה בזוב היתה ומשום דלא ידעינן מתי ילדה ואימתי מטי זמן טבילה דידה מצרכינן לה טבילה כל לילה וכל יום שיש לספוקי בזמן טבילתה ופליג ר' יוסי ברבי יהודה עלה ואמר דייה לטבילה שתהא באחרונה לסוף ספורים של נקבה דהיינו לסוף שלש שבועים שאם ילדה נקבה בזוב טמאה שבועיים ללידתה וז' נקיים בשביל הזיבה ולא אמרינן טבילה בזמנה מצוה: **מתני' אין אומרים לו כבה.** רבנן גזור על *אמירה לנכרי משום שבות: **ולא תכבה.** אין צריך למחות בידו אלא יניחו ויכבה: **שאין שביתתו.** של נכרי עליהן דישראל אינו מוזהר על שביתתו של נכרי שאינו עבדו: **גמ' כבה הוא דלא אמרינן ליה.** שעושהו שלוחו ממש: **הא כל המכבה אינו מפסיד כו'.** ונכרי מדעתיה דידיה עביד שריא: **אל תכבה הוא דלא אמרינן ליה.** שאינו צריך למחות בידו ומיהא גילוי דעתא דלא יפסיד בדבר כמי לא משתרי דאי גילוי דעתא שרי למה ליה למיתני סיפא אין צריך למחות: **אלא מהכא ליכא למישמע מינה.** חדא מתניתין לאו כולה דוקא אלא חדא מינייהו דוקא או רישא או סיפא ותנא אידך אטו ההיא ולא ידעינן הי מינייהו דוקא דנגמר מיניה: **גיסטרא.** שלטון: **אפטרופוס.** ממונה על ממונו: **שמעת מינה קטן אוכל נבילות בית דין מצווין להפרישו.** ותקשי לר' יוחנן *דאמר ביבמות (דף קיד.) לרבה בר בר חנה דאירכסו ליה מפתחות של בית המדרש ברשות הרבים בשבת דבר טלי' וטליא ליטיילי התם דאי משכחי להו מייתי להו: **על דעת אביו.** בקטן שיודע להבחין שהכבוי זה נוח לאביו ועושה בשבילו: **נכרי אדעתיה דנפשיה עביד.** ואפילו יודע שנוח לו לישראל הוא להגאת עצמו מתכוין שיודע שלא יפסיד: **מתני' כופין קערה.** של חרס: **על גבי הנר.** ובלבד שלא יכבה ואע"פ שמבטל כלי מהיכנו קורה שאינה ניטלת בשבת הא אותבינן מינה (דף מג.) לרבי יצחק דאמר אין כלי ניטל אלא לדבר הניטל ושנייה בצריך למקומו: **מעשה בא.** כפיית כלי על עקרב: **בערב.** מקום: **חוששני לו מחטאת.** כיון דלא היה עקרב רץ אחריו איני יודע אם חייב משום צידה אם לאו ותשני לומר חייב חטאת הוא:

תוספות

הכי גרסי' ר' יוסי אומר מן המנחה ולמעלה אינו צריך לטבול וכן גירסת רש"י ור"ת אבל לא גרסי' אינו יכול לטבול דאפי' מאן דסבר טבילה בזמנה לאו מצוה *שרי לטבול כדמשמע בסוף מסכת יומא (דף פז:) דפריך לרב דאמר תפלת נעילה פוטרת של ערבית משום דקסבר דתפלת נעילה בלילה והתניא אור יוה"כ כו' נעילה מתפלל שבע ומתודה בערבית כו' ומשני תנאי היא דתניא כל חייבי טבילות טבילתן ביום נדה ויולדת טובלין בלילה בעל קרי טובל והולך עד המנחה דסבר תפלת נעילה בלילה וטבילה בזמנה לאו מצוה ר' יוסי אומר כל היום כולו טובל דתפלת נעילה ביום אלמא אע"ג דת"ק סבר דטבילה בזמנה לאו מצוה אפ"ה קתני כל חייבי טבילות טבילתן ביום אפילו טמא מת וטמא שרץ שאין צריכין טבילה לתפלה יכולין לטבול והא דפירש בקונטרס דר' יוסי כרב דאמר תפלת נעילה בלילה לא דק דבשלהי יומא (דף פח.) פריך מהך ברייתא דר' יוסי אדר"י דהכא קאמר מן המנחה ולמעלה א"צ לטבול ובההיא קאמר כל היום ומשני דהכא איירי בדללי כבר תפלת נעילה והתם בדלא צלי ובסולהו רבי יוסי דלא כרב:

רבי יוסי בר' יהודה היא. וא"ת א"כ בשלהי יומא (דף פח.) מנא ליה לרב דההוא ת"ק דברייתא קמייתא דקאמר דבעל קרי טובל עד המנחה אתי כוותיה דתפלת נעילה בלילה דילמא איירי בדללי וטבילה בזמנה לאו מצוה ור' יוסי סבר מצוה ותנא קמא דהכא הוא ר' יוסי דהתם וי"ל לומר דסבר דר' יוסי דהכא ודהתם מסתמא חד תנא הוא ותרווייהו רבי יוסי ברבי יהודה דאיירי בטבילת בעל קרי ביוה"כ וא"כ קשיא ר' יוסי בר' יהודה אדר' יוסי בר' יהודה וע"כ אית לן לשנויי הא דללי והא דלא צלי:

אין אומרים לו כבה. אפי' באיסור דרבנן אמירה לנכרי שבות כדאמרינן לקמן בפרק שואל (דף קנ.) לא יאמר אדם לחבירו שכור לי פועלים כו' דמוקי לה בחברו נכרי וכן מוכח בפרק הדר (דף סז:) גבי נייתי חמימי מגו ביתא:

אלא מהא ליכא למישמע מינה. מ"מ קי"ל כר' אמי ובירושלמי אמר שעשה ר' אמי מעשה כזה:

שמע מינה קטן אוכל נבלות בית דין מצווין עליו להפרישו. נ"ע דמוקי מתניתין כרבי יהודה דאמר מלאכה שאינה צריכה לגופה חייב עליה או כר"ש וכשצריך לאותו כיבוי כגון לעשות פחמין דבאיסורא דרבנן מוכח בפרק חרש (יבמות קיד.) דאין ב"ד מצווין להפרישו ונראה דמיירי בקטן שלא הגיע לחינוך דבהגיע לחינוך כיון שחייב לחנכו כ"ש דצריך להפרישו שלא יעשה עבירה וכל האי דפריך ביבמות הוה מצי לשנויי כשהגיע לחינוך אלא דניחא ליה לאוקמי בכל ענין והא דבעי לאיתויי התם דאין ב"ד מצווין להפרישו מדקתני תינוק יונק והולך וקתני ובגדול אסור משמע דוקא גדול אבל קטן אפי' בהגיע לחינוך שרי התם ע"כ גדול לאו דוקא בר עונשין דהא במסקנא מפרש טעמא משום דסתם תינוק מסוכן הוא אצל חלב והאי טעמא לא שייך אלא בבן שתים או שלש שנים:

עין משפט נר מצוה

סט א מיי' פ"א מהלכות מקוואות הלכה ו ופ"ג מהלכות שביתת עשור הלכה ג ג ופ"ד מהלכות איסורי ביאה הלכה ו סמג עשין רמג טוש"ע או"ח סימן תקנד סעיף ח וסי' תריג סעיף יא יב וטוש"ע יו"ד סימן קצז סעיף ג וסימן רסח סעיף ה [מריי"ף פ"ב דשבועות דף רנב וברא"ש בהלכות מקוואות סי' לו]:

ע ב מיי' פ"ו מהלכות שבת הלכה ד ופי"ב הלכה ז סמג לאוין סה טוש"ע או"ח סימן שלד סעיף כה:

עא ג מיי' פי"ב שם וסמג שם טוש"ע שם סעיף כו:

עב ד ה מיי' פי"ב שם ופכ"ד הלי"א ופי"ז מהל' מהלכות אסורי' הל' כז כח ופ"ג מהלכות אבל הלכה יב סמג שם ולאוין קמח טוש"ע שם סעיף כה וסימן שמג וטוש"ע יו"ד סימן שעג סעיף א בהגה"ה:

עג ו מיי' פי"ב מהלכות שבת הלכה ד סמג לאוין סה טוש"ע או"ח סימן רעז סעיף ה וסימן שלד סעיף כב בהגה"ה:

רבינו חננאל

גרם מחיקת שם משום דאמר לך התם עשייה אסור גרמא שרי רבנן בשבת גרמא כמו מלאכת מחשבת היא ואסור. ואע"ג דכתיב לא תעשה כל מלאכה. (כל מלאכה) מדאורייתא עשייה אסורה מיהו גזרו רבנן אפי' גרמא משום דקי"ל אדם בהול על ממונו אי שרית ליה אתי לכבויי. תוב אקשינן דרבנן אדרבנן. התם בגרם מחיקת השם מצרכי ליה נמי לה. והכא שרו בגרם כיבוי. ואקשינן עלה האי גמי לה היכי דמי אי דקטור ומיהדק הוא גופיה חייץ בטבילה. ואי לא מיהדק עיילי ביה מיא ומטקי לשם ולא סתגי נמי לה לשם שכתוב על בשרו מידי ולא איפרקא הא קושיא. תוב אקשינן עליה ותיפוק ליה דדיו טפיה שהשם כתוב בו שהוצץ. ופרקינן הב"ע בדיו לחה שאינ' חוצצת. דתניא הדם והדיו והדבש והחלב יבישין חוצצין לחים אין חוצצין. ופרקי' על קושיא הראשונה רבנן דאסרי לטבול עד דכריך על השם נמי לה לאו משום דסבירא להו גרם מחיקת השם אסור דכל גרמא שרי. והכא משום דאסור לעמוד בפני השם ערום מצריכי נמי לה. וכיון דלא צריך אלא לכסויי השם וממילא ידעינן שאין מהדק תנמי לה ולא איכפת ליה אי עיילי מיא דלא חייש לגרם מחיקה. ואקשינן וכי ר' יוסי מתיר לעמוד בפני השם. ושנינן לר' יוסי מכסהו לשם בידו ויטבול. אי הכי לרבנן נמי ניכסיה בידיה ותדחה זה הפירוק. ופרקינן לדברי הכל אסור לעמוד בפני השם ערום. ואי איכא גמי וכיוצא בו לכרוך על השם ולטבול בזמניה דכ"ע דכריך. כי פליגי היכא דליכא מידי

מסורת הש"ס

פסחים נ: יומא ו. פה. ע"ש [תוספתא יומא פ"ד]

[צ"ל יכול וכ"א ביומא פח.]

יבמות קיד.

כתובות ע:

[כריתות כה. וש"נ]

יבמות קיד. נדה מו: [גיטין נב.]

לעיל מג. ק.

[לקמן קנז.]

[וכן פירש הרי"ף ותקשי לר' יוחנן וכו' וכבר פסיק סבי' כמור או"ח סי' שמג דבנוסחאות דידן איתא בפסקא עודנה דמספקתות ר' פדת ור' יוחנן ספוקי מספקא ליה ועי' בכ"מ סוף הלכות מאכלות אסורות הלכה כז]

הגהות הב"ח

(א) רש"י ד"ה זוב והזבה והמצורע וכו' וטעמא מפרש בפ"ב דמגילה: (ב) ד"ה בעל קרי וכו' אוכל טהרות לבו ביום נמחק:

מצוי וצריך להדורי ולאתויי. ר' יוסי אומר טבילה בזמנו מצוה ואתיא מצוה זו ודחה לעמידת ערום בפני השם וטביל בדלא מיכסי*). ורבנן סברי טבילה בזמנה לאו מצוה הלכך לא הדרי. ואקשינן איני והא ר' יוסי סבר טבילה בזמנה מצוה והתנן בעל קרי טובל כל היום כולו. ר' יוסי אומר מן המנחה ולמעלה אינו צריך לטבול ואוקימנא **) בדצלי. ואמרינן אי צלי ליה מנחה מקמי דליחזי קרי ט"מ דרבנן דמחייבי ליה למיטבל

*) נראה דצ"ל כאן ולא בעי לאהדורי אבתי ורבנן סברי טבילה בזמנה לאו מצוה הלכך בעי אהדורי. **) לפנינו בגמ' ליתא להך אוקימתא אולי כוונתו לסוגיא דיומא דף פ"ח ע"ש.

רב נסים גאון

ההיא ר' יוסי בר' יהודה היא דתניא ר' יוסי בר' יהודה אומר דייה לטבילה באחרונה משכחת לה במס' נדה (דף כט) בפרק המפלת: **שמעת** מינה קטן אוכל נבילות בית דין מצווין עליו

גליון הש"ס

רש"י ד"ה אין אומרים לו וכו' אמירה לנכרי משום שבות. עי' ע"ז דף טו ע"א ברש"י ד"ה נכי דלרביעה: תוס' ד"ה ה"ג וכו' שרי לטבול כדמשמע. ע"ל דף קיח ע"א תוס' ד"ה לא ס"ד:

ואפילו הוא עבדו המושכר לו לזמן, ג"כ אמרינן אדעתיה דנפשיה קעביד.

אבל אסור לזרזו שיכבה, אף דבא מתחלה מעצמו לזה, [כן מוכח ממתניתין].

אבל קטן שבא לכבות, צריך למחות בידו - אפי' קטן שלא הגיע לחינוך, [תוס'], דקטן אין לו שקול הדעת לעשות אדעתיה דנפשיה, ועושה לדעת אביו, שיודע שכיבוי זה נוח לאביו, ועושה בשבילו, ואסור, דמצווה על שביתתו. ‹וחייב להפרישו בזה שהוא כשלוחו, אע"ג דקטן אוכל נבילות אין מצווין להפרישו [בסי' שמ"ג] – לבוש›.

ועיין במ"א שכתב, דאפילו למ"ד מלאכה שאינה צריכה לגופה דרבנן, ג"כ צריך למחות בידו.

ואפי' אם בא לכבות דליקה שבבית אחרים, ג"כ צריך למחות בידו, כיון שעושה בשביל גדול, [**בדליקת** אביו, מחויב אביו מן התורה למחות בידו כיון שהוא עושה לדעתו, כדי שלא יעבר אמה דכתיב: לא תעשה וגו' ובנך ובתך, **ובדליקת** אחרים, מחוייב האחר עכ"פ מדרבנן למחות בידו, דהא הגמ' שקיל וטרי אמאי התירו בא"י, ומשני א"י אדעתיה דנפשיה עביד, משא"כ בקטן זה].

[ב]סימן שכה סי"ג - [ג]אם ליקט א"י והאכיל לבהמת ישראל, אין צריך למחות בידו לפי שעה - מללקט ולהאכיל לבהמתו, כיון שאינו עושה זה בצווי ישראל אלא מעצמו, ואמרינן דלאו להנאת ישראל מכוין, אלא אדעתא דנפשיה עושה כדי להרויח, ולכן א"צ למחות בו, **משא"כ** בסי"א, שהישראל בעצמו מאכיל, אסור כיון שנהנה בידים, **וה"ה** כשהא"י מאכיל בצווי ג"כ אסור, אף שליקט מעצמו מתחילה, [כיון דבאמת הליקוט היה בשביל ישראל].

אבל אם רגיל בכך, צריך למחות - דהוא רק הערמה בעלמא, ואסור.

אות ג'

בדליקה התירו לומר כל המכבה אינו מפסיד

סימן שלד סכ"ו - [ד]יכול לומר בפני א"י - ואפי' הוא שכירו המושכר לו לזמן, **כל המכבה אינו מפסיד; [ה]או אם אינו מזומן כאן, יכול לקרותו שיבא, אע"פ שודאי יכבה כשיבא** - כיון שאינו אומר לו: כבה, **ועיין** ביו"ד דמשמע, דלומר בלשון נוכח: אם תכבה לא תפסיד, ג"כ אינו רשאי, דזהו ג"כ כאומר לו: כבה, אלא בלשון "כל המכבה", דלעלמא קאמר, [**קצת** דחוק לפי"ז שבת קכ"א בגמ': כבה הוא דלא אמרינן לה, ע"ש], **והש"ג** מצדד להקל בזה לענין דליקה, ועיין מש"כ בסי' ש"ז סי"ט.

והתירו לומר זה, משום דמתוך שאדם בהול על ממונו, אי לא שרית ליה אפילו בלשון זה, אתי לכבויי בעצמו, וכן לענין שאר היזק אתי לתקן בעצמו, **אבל** לענין שאר כל מלאכות של שבת, אסור לומר: כל העושה מלאכה זו אינו מפסיד, כדי שישמעו א"י ויבואו.

אבל אסור לומר לא"י לכבות לכו"ע, [**היינו** אפילו למ"ד מלאכה שאצ"ל דרבנן, וקימ"ל בסימן ש"ז, דשבות דרבנן מותר ע"י א"י במקום הפסד גדול], דכיון שאדם בהול על ממונו, חיישינן דאי שרית ליה אתי לכבויי הוא בעצמו, **זולת** בכתבי הקודש, מותר לומר לא"י לכבות, מפני בזיון כתבי הקדש.

מת וספרים, ויש סיפוק ‹נ"א: ואין סיפוק› להציל שניהם, מת קודם. **בריא** ומסוכן, בריא קודם.

וכן כל כיוצא בזה בהיזק הבא פתאום, כגון אם נתרועעה חבית של יין, יכול לקרוא אינו יהודי אע"פ שודאי יתקננה כשיבא.

וה"ה דמותר לומר לו כשיבוא: כל המתקן אינו מפסיד.

בב"י כתב דמש"כ "הבא פתאום" אורחא דמלתא נקט, דאי היה נודע לו מבע"י היה מתקנו קודם, **אבל** ה"ה אם נודע לו ונשתהא עד שבת, ג"כ מותר לומר בלשון זה, **אך** האחרונים לא העתיקו את דבריו, ומשמע דלא פשיטא להו דבר זה.

הגה: וכל הדינים הנזכרים בדיני הדליקה הני מילי בימיהם, אבל בזמן שאנו שרויין בין עובדי כוכבים, והיה חשש סכנת נפשות - שכשהדליקה מתגברת אז הם חוטפים ושוללים, וכשאדם מעמיד עצמו על ממונו יבואו להרוג אותו, **כתבו הראשונים והאחרונים ז"ל, שמותר לכבות דליקה בשבת משום דיש בה סכנת נפשות, והזריז הרי זה משובח** - ומצוה להודיע זאת ברבים דמותר לכבות.

ומ"מ הכל לפי הענין, דאם היו בטוחים ודאי שלא יהיה להם סכנה בדבר, אסור לכבות; אבל בחשש סכנת ספק, מותר לכבות אפילו הדליקה בביתו של א"י, וכן נוהגין (תרומת הדשן והגהות אשירי בשם א"ז) - ומזה יצא ההיתר לכבות הדליקה בכל מקום, כיון דאפשר אם לא יכבנה אל יחסר מהיות שם בעיר זקן או חולה שאין יכול לברוח, ותבוא הדליקה עליו.

ודוקא לכבות הדליקה דהוי מלאכה שאינה צריכה לגופה - פי' ואיכא למ"ד אינו חייב עליה, **ויש סכנה אם לא יכבה; אבל אסור לחלל שבת כדי להציל [ממון]** - ובאמת לענין כיבוי, בכדי נקט מלאכה שאצ"ל, דאפילו אי הוי כיבוי מלאכה הצריכה לגופה ג"כ מותר, כיון דכתב שיש סכנה אם לא יכבה, **אלא** נקטיה משום סיפא, לאשמועינן דלענין הצלת ממון, אסור לחלל שבת אפי' במלאכה

באר הגולה

ב ‹ע"פ הגר"א וז"ל: שם קכ"א. נכרי שבא כו', וכמ"ש בתוס' קכ"ב. ד"ה ואם, ולא דמי להא כו', ע"ש› ג הרא"ש וכן כתבו הטור וש"פ ד שם בגמרא ה רא"ש שם ‹דהשתא שרי למימר ליה כל המכבה אינו מפסיד, קריאתו מיבעיא – שם›

שאצ"ל, דאפי' באיסור דרבנן אסור לחלל שבת בשביל הצלת ממון, **אך** אם הוא בעל חוב, וספק שיתפסוהו א"י, יש לצדד בזה.

ואם עבר וחילל, צריך להתענות ארבעים יום שני וחמישי - ויכול לדחותם לימי החורף, **ולא ישתה יין ולא יאכל בשר** - היינו בלילה שאחר התענית.

והיינו אם עבר וחילל בדברים אחרים, אבל בכיבוי, [אם היה איזה חשש סכנה], א"צ תשובה, שלא ימנעו מלכבות.

וכ"ז הוא בין שעבר על איסור דאורייתא או על איסור דרבנן, ואפילו בתחומין דרבנן, **וכן** על טלטול נר דלוק כדי להציל ממון, מצדד ג"כ בספר דגול מרבבה שצריך להתענות, **אך** שנראה להקל בזה בתענית ג' ימים בה"ב, **ואולי** גם בתחומין שהחמיר להתענות ארבעים יום, מיירי שלא היה כ"כ מורא והפסד רב.

ומיירי כשעבר בשוגג, ואפילו כשעבר במזיד, היה מחמת שחפר גומא להטמין מעות מפני האנסים וכיו"ב, **אבל** העובר בשאט נפש למלאות תאותו, צריך כפרה יותר ויותר, כי הוא חייב סקילה או עכ"פ כרת, ולכן צריך תשובה שלמה.

ויתן במקום חטאת י"ח פשיטים לצדקה - הוא כחשבון כ"ז מעות {והוא לערך חמשה זהובים}, כי כל פשיט הוא גדול וחצי פולניש, וכל גדול הוא מעה, **וטעם** לשיעור זה שכתבו הפוסקים, הוא מפני שזה היה פחות שבכבשים או שבעזים באותו העת, ולכך צריך ליתן שיעור זה לצדקה, שהרי כשהיה בהמ"ק קיים היה חייב להביא חטאת מאלו המינים אם עשה מלאכה דאורייתא, ולא יהא חוטא נשכר.

ויזהר שלא יאמר שנותן זה עבור חטאת, רק שיאמר שבמקום חטאת נותן זה לצדקה.

וכתבו הספרים, שמהנכון שיאמר פרשת חטאת, ויבין אופן הקרבתה, וכבר אחז"ל: כל העוסק בתורת חטאת כאלו הקריב חטאת.

ואם ירצה לפדות התענית, יתן בעד כל יום שנים עשר פשיטים לצדקה (פסקי מהרא"י) - שהוא ח"י מעות, וזהו שיעור הפחות אם אפשר לו, והעשיר יתן יותר, הכל לפי עשרו, שהרי טעם הפדיון, ששקול צער הממון כנגד צער התענית, **ועיין בטור יו"ד מהלכות נדה סי' קפ"ה.**

מי שחילל שבת משום פקוח נפש, א"צ לכפרה כלל, **ומה** שנהגו נשים המדליקות הנר בשביל יולדת בשבת להתענות אח"כ, הוא הוללות וסכלות.

[ו]סימן שז סי"ט - [ז]סחורה הנפסדת בשבת ע"י גשמים או דבר אחר; או אתי בידקא דמיא (פי' נחל או אגם מים) ומפסיד ממונו; או שנתרועעה חבית של יין והולך לאיבוד; מותר לקרות אינו יהודי, אע"פ שודאי יודע שהאינו יהודי יציל הממון - דמתוך שאדם בהול על ממונו, אי לא שרית ליה אפילו באופנים אלו, אתי להציל בעצמו ולעשות מלאכה דאורייתא. ‹שמה שהותר לרמוז לנכרי שלא בדרך צווי, אלא דרך סיפור דברים, זה רק כשפוגש את הנכרי בדרך, או שהוא ממילא נמצא בביתו וכדו', **אבל** לילך לנכרי ולרמוז לו בלי להגיד לו מה לעשות, מותר רק במקום הפסד, משום שעצם הבאת והזמנת הנכרי דומה יותר לאמירה – משנה אחרונה›.

והיינו אפילו אם יצטרך לזה לעשות מלאכה דאורייתא, כגון להוציא מרה"י לר"ה וכה"ג, **דאלו** טלטול מוקצה בעלמא, או מרה"י לכרמלית, אפילו לצוות לא"י בהדיא שיעשה זה ג"כ מותר, לפי המבואר לעיל בס"ה, אם יש בזה הפסד גדול.

(ולכסות סחורה או פירות או דבר אחר מפני הגשמים, ע"ל סי' של"ה סעיף ז').

וכן מותר לומר לאינו יהודי: כל המציל אינו מפסיד, כמו בדליקה שהתירו לומר: כל המכבה אינו מפסיד - ולומר לו בלשון נוכח: אם תציל לא תפסיד, אסור.

[ח]ויש מי שאומר שלא התירו אלא בדליקה דוקא. (וע"ל סי' של"ה) - והמיקל לא הפסיד, וכן סתם המחבר לקמן בסי' של"ד סכ"ו, **[ט]ולקרות** לא"י להראות לו ולא לומר לו, לכו"ע שרי.

אות ד' – ה'

קטן שבא לכבות אין שומעין לו מפני ששביתתו עליהן

בקטן העושה לדעת אביו

סימן שלד סכ"ה - עיין לעיל אות ב'.

סימן שמג ס"א - [י]קטן אוכל נבלות, אין ב"ד מצווין להפרישו - וה"ה כל שאר אסורים, [אפי' טומאת כהנים], **וכן** חלול שבת אם עושה לדעת עצמו, אבל אם עושה בשביל גדול, צריך למחות בידו.

באר הגולה

ו ‹ע"פ הגר"א› ז **בעל ה"ג וכן הוא הסכמת הרא"ש וכן הסכים הבית יוסף כיון דאיסור דרבנן הוא** ‹וז"ל: וכיון דאיסורא דרבנן הוא, כדאי הם ה"ג והרא"ש לסמוך עליהם {כנגד הרשב"א וסיעתו}. ‹**מדמתירין** לומר כל המכבה כו', כ"ש לקרות לו, וה"ה כל דבר שיש בו הפסד כמו בדליקה – גר"א› ח **הרשב"א בתשובה וסמ"ג והתרומה** ‹מדאמרינן בריש המדיר ע: בדליקה למעוטי שאר איסורין דשבת, וסברא הראשונה ס"ל דהיינו במקום שאין הפסד – גר"א› ט ‹דכל פלוגתת הראשונים הוא דוקא באופן שאומר כל המכבה, דבזה דעת כמה ראשונים שלא התירו בשאר הפסד, אבל ההיתר דקריאה לגוי בלי אמירת כל המכבה, לכו"ע שרי במקום פסידא, משום דזה קל יותר, אבל בלא הפסד אסור גם זה – אוצר תשובות› י **טור וסמ"ג ובעל התרומה בעובדא דאירכסו מפתחות וכו' יבמות קי"ג וקי"ד, ועיין בב"י שפירשו ג"כ לדברי ר"מ בפרק כ"ד הי"א על דרך זה**

[יא] **אבל אביו מצווה לגעור בו ולהפרישו** - דאפילו לחנך בניו ובנותיו במצות הוטל עליו, כדכתיב: חנוך לנער על פי דרכו, וכ"ש להפרישם מאיסור דמוטל על האב, **ויש** מאחרונים שסוברין, דמצות חינוך מוטל גם על האם. **(מאיסור דאורייתא)** - באמת אפילו מאיסורא דרבנן חייב להפריש, כמו דצריך לחנכו במצות דרבנן, **אלא** נ"מ, דבאיסור דרבנן אם לא הפרישו האב, אין ב"ד מוחין בידו, אבל באיסור דאורייתא ב"ד מוחין ביד האב להפרישו, **והגר"א** פירש, דלהכי נקט מאיסור דאורייתא, דמאיסור דרבנן פעמים שאין צריך להפרישו, ואף ליתן לו לכתחלה מותר, דהיינו בשצריך לכך, וכגון רחיצה וסיכה ביוה"כ. **וצ"ע** דהמחבר להלן משמע דסותם שלא כשיטה זו של הרשב"א והר"ן, וכמ"ש הבה"ל לקמן, עיין דמשק אליעזר.

ופשוט דאם שמע לבנו ובתו הקטנים שהם מדברים לשה"ר, מצוה לגעור בהם ולהפרישם מזה, וכן ממחלוקת ושקר וקללות, **ובעו"ה** כמה נכשלין בזה, שהם מניחין לבניהם לדבר לשה"ר ורכילות ולקלל, ונעשה מורגל בזה כל כך, עד שאפילו כשנתגדל ושומע שיש בזה איסור גדול, קשה לו לפרוש מהרגלו שהורגל בזה שנים רבות, והיה הדבר אצלו בחזקת היתר.

ושיעור החינוך במצות עשה, הוא בכל תינוק לפי חריפותו וידיעתו, בכל דבר לפי ענינו, כגון היודע מענין שבת, חייב להרגילו לשמוע קידוש והבדלה, היודע להתעטף כהלכה, חייב בציצית, וכן כל כיו"ב, בין במ"ע של תורה, בין בשל ד"ס, **אבל** החינוך בלא תעשה, בין של תורה בין של דבריהם, הוא בכל תינוק שהוא בר הבנה, שמבין כשאומרים לו שזה אסור לעשות או לאכול, **אבל** תינוק שאינו בר הבנה כלל, אין אביו מצווה למנעו בע"כ מלאכול מאכלות אסורות, או מלחלל שבת, אפי' באיסור של תורה, כיון שאינו מבין כלל הענין מה שמונעו ומפרישו, **וכן** אם הוא כהן, א"צ להוציאו מבית שהטומאה בתוכו, אלא א"כ הוא בר הבנה, אזי מצוה על אביו להוציאו, כדי להפרישו מן האיסור מחמת מצות חינוך.

[יב] **ולהאכילו בידים, אסור** - לכל אדם, ואפילו התינוק אינו בר הבנה כלל, **ודבר** זה הוא אסור מן התורה, וילפינן לה מדכתיב בשרצים: לא תאכלום, וקרא יתירא הוא, וקבלו חז"ל דר"ל לא תאכילום לקטנים, **וכן** בדם כתיב: כל נפש מכם לא תאכל דם, וקבלו חז"ל דר"ל לא תאכיל לקטנים, **וכן** בטומאת כהנים כתיב: אמור ואמרת, ואחז"ל: אמור לגדולים שיאמרו לקטנים, **והנה** משלש מצות אלו אנו למדין לכל התורה כולה, דכל איסורי תורה אסור להאכילם, או לצוותם שיעברו, **ולכן** אסור ליתן לתינוק דבר מאכל של איסור אפילו לשחוק בו, שמא יאכלנו, דהוי כמאכילו בידים.

וכן אם הוא כהן, אסור להכניסו בבית שטומאה בתוכו, **ומ"מ** אשת כהן מעוברת שקרבו ימיה ללדת, מותרת ליכנס לכתחלה באהל המת, דאף שנראה לנו שודאי תלד שם ולד, ושמא יהיה זכר ויטמא שם, **אפ"ה** מותר, דס"ס הוא, שמא יהיה נקבה, ושמא יהיה נפל.

ולומר לא"י שיתן דבר איסור לתינוק, ג"כ אסור, וכמו בכל איסורין, דאמירה לעו"ג אסור, **וכ"ש** לומר לתינוק בעצמו שיאכל, דאסור.

ואם התינוק צריך לכך, כגון שהוא קצת חולה, מותר לומר לעו"ג להאכיל אותם, אפילו בדבר שהוא אסור מן התורה, (שצרכי קטן דינן כחולה שאין בו סכנה, שהתירו בו אמירה לעכו"ם אפילו באיסורי תורה - הגר"ז), **וכן** נוהגים בפסח, שמצוים לעו"ג לישא התינוק אל ביתו ולהשקותו חמץ, **ואם** התינוק חולה וא"א לשאת אותו חוץ לבית, יבקש מעו"ג שיתן להתינוק חמץ, והעו"ג מביא החמץ ומעמידו בבית, דהו"ל חמצו של עו"ג בבית ישראל, דאינו עובר עליו בבל יראה, **ואז** אפילו הולך העו"ג לפעמים, יכול לצוות לקטן ליתן לזה לשתות, (דאיסור ספייה דנפקא לן מלהזהיר גדולים על הקטנים, לא שייך כלל גבי קטן - אחיעזר), **אבל** הוא לא יגע בו, שמא יאכל ממנו, **אך** בכל זה יזהר, שלא יקדים לו דינר, דעי"ז יהיה קנוי לו החמץ. **וכן** אם הוא צריך לשתות סתם יינם, שהמים היזק לו, יצוה להעו"ג ליתן לו.

אפי' דברים שאסורים מדברי סופרים - (ודעת הרשב"א והר"ן, דאם התינוק צריך לכך, מותר אפי' לספות לו בידים דבר שהוא אסור מדרבנן, **אך** המחבר סתם לדינא כדעת החולקים עליהם, ואוסרים בכל גווני).

(**וכתב** בתשובת רבינו עקיבא איגר, על דבר טלטול הספרים לבהכ"נ במקום שאין עירוב ע"י תינוק, אי יש לסמוך בזה על הרשב"א, דאיסור דרבנן ספינן ליה בידים, **והשיב** דזה אינו, דהא הר"ן כתב להדיא, דאף להרשב"א ספינן ליה רק לצרכו, ולא לצרכנו, ואדרבה מחינן בידים, **ויש** תקנה ליתן להתינוק חומש וסידור שישא לבהכ"נ לצורך עצמו להתפלל ולשמוע קריאת התורה, וממילא יצטרף הגדול עמו להתפלל יחד).

וכן אסור להרגילו בחילול שבת ומועד, ואפי' בדברים שהם משום שבות - כגון שיאמר לו: הבא לי מפתח, ואפילו דרך כרמלית.

הגה: וי"א דכל זה בקטן דלא הגיע לחינוך, אבל הגיע לחינוך, צריכים להפרישו (תוס' פרק כ"כ) - ס"ל דכיון דהגיע לחינוך, מוטל על כל אדם להפרישו מאיסורא, כמו על אביו, **והא** דקי"ל דאין מצווין להפרישו, בשלא הגיע לחינוך, **ועיין** בח"א שדעתו, דלענין איסורא דאורייתא יש להחמיר כדעה זו, **וע"כ** אם העו"ג רוצה להאכיל לקטן ישראל שהגיע לחינוך דבר שאסור מדאורייתא, מוטל גם על אחרים למחות בידו, **אבל** בדבר שאיסורו מדרבנן, אין מוטל רק על האב, [**ובאמת** מוטל עליו להפרישו מאיסורא, אפילו במלתא דרבנן, משהוא בר הבנה].

וי"א דלא שייך חינוך לבית דין, אלא לאב בלבד (ב"י) - לאו דעה חדשה היא, אלא דעת המחבר לעיל.

באר הגולה

יא מסוגיא דיבמות והאריך הבית יוסף בזה | יב רמב"ם

וקטן שהכה את אביו, או עבר שאר עבירות בקטנותו, אע"פ שא"צ תשובה כשיגדל, מ"מ טוב לו שיקבל על עצמו איזה דבר לתשובה ולכפרה, אע"פ שעבר קודם שנעשה בר עונשין (פסקי מהרא"י).

קטן שגנב או שהזיק, ראוי לב"ד להכותו שלא ירגיל בה, וכן חבלה וביוש וכל דברים שבין אדם לחבירו, ב"ד מצווין להפרישו שלא יארע תקלה על ידו, **אבל** אין צריך לשלם אם אין הגנבה בעין, **וכ"ז** מדינא, אבל לפנים משורת הדין, בין שחבל בו בגופו או שהזיק לו בממנו, צריך לשלם לו, [**אפי'** ההיזק היה רק בענין גרמי בעלמא].

יו"ד סימן שעג ס"א - כשם שהכהן מוזהר שלא לטמאות, כך מוזהרים הגדולים על הקטנים – [פי' הכהנים הגדולים, **ובטור** כתוב אם מטמאין מעצמן אין ב"ד מצווין להפרישו כו', ש"מ שעל ב"ד יש ג"כ אזהרה שלא לטמאות בידים – ט"ז]. **והאיסור** הזה בין על כהנים גדולים או ישראלים גדולים, שאסור לטמאות בידים לכהן קטן – ערוה"ש.

(ודוקא לטמאותן בידים, אבל אם הקטנים מטמאין מעצמן, עיין בא"ח סימן שמ"ג אי צריך להפרישן (הרשב"א ומהרי"ו וטור בשם הרמב"ם כתב כאן דאין צריך).

עיין באו"ח סי' שמ"ג - משמע כמו דאמרינן התם דא"צ להפרישן, הוא הדין הכא, **אבל** אביו מחוייב להפרישו על דרך החינוך - ערוה"ש, **מיהו** הביא הרב שם, די"א דהיינו דוקא שלא הגיע לחינוך, ע"ש, **ובאגודה** כתב, נ"ל על תינוקות הישנים באוהל המת, אין מחייבים להקיצם ולהוציאם, אך מפני חינוך טוב הוא, עכ"ל - ש"ך.

(**עיין** בתשו' ושב הכהן שנסתפק לדעת הרמב"ם, שכתב בפ"ב מהלכות אבל, דטומאת כהן לקרוביו הוא משום אבילות, וכל היכא שאין מתאבל אסור לטמאות, **לפי"ז** בקטן צ"ע אם מותר להטמא לקרוביו, דקטן אינו חייב להתאבל, וא"כ יהיה קטן חמור מגדול בענין זה, **או** י"ל להרמב"ם שכתב שאביו חייב להפרישו כדי לחנכו, והחינוך הוא שיזהר לקיים המצוה כשיגדיל, וכיון דבגדלות מטמא לקרוביו, לא שייך לומר בו חינוך, והניח בצ"ע).

אות ו'

כופין קערה על גבי הנר בשביל שלא תאחוז בקורה

סימן רעז ס"ה - "מותר לכפות קערה ע"ג הנר בשבת, כדי שלא יאחוז האור בקורה - וה"ה אם עושה בשביל שקשה לעיניו אורו של הנר, או ענין אחר, **אך** יזהר להניח מעט אויר בין הכלי להנר, דאל"כ יכבה הנר, [ולזה נתכוון רש"י בד"ה על גבי הנר, שהוסיף רש"י ובלבד שלא יכבה].

(**ודוקא** קערה של חרס, [רש"י שבת קכ"א.], אבל של מתכות אסור, כי המחממו חייב משום מבעיר, **אם** לא במקום שיש לחוש שיבוא ע"י הדליקה לידי סכנת נפשות, מותר בכל גוונא.

(**כתב** התוספת שבת, דבנר של חלב יש ליזהר משום הזיעה שעולה למעלה אל הקדרה, כדאיתא ביו"ד סימן ק"ה).

ואע"ג דנוטל הכלי לצורך הקורה שאינה ניטלת בשבת, **קיי"ל** דכלי ניטל אפילו לצורך דבר שאינו ניטל, וכדלקמן בסי' ש"י ס"ו.

(**ואם** הקערה נוגעת בקורה עי"ז, משמע בלבוש דאסור, וטעמו מהא דלקמן סימן ש"י ס"ו, דכתב שם המחבר: ובלבד שלא יגע בו, וכמו שכתב שם המ"א בשם התה"ד, דאם הנגיעה היא לצורך דבר המוקצה, אסור, והכא נמי הלא היא לצורך הקורה, **אכן** לפי מה שפסק שם הגר"א, דנגיעה מותר בכל גווני, א"כ גם בעניננו מותר).

סימן שלד סכ"ג - הגה: מותר לכפות קערה על הנר שלא תאחוז בקורה (טור וע"ל סי' רע"ז ס"ה) - בסימן רע"ז ביארנו דין זה היטב במ"ב.

באר הגולה

יג שם במשנה קכ"א

אייתו לה פורייתא לרב חנן בר רבא לא אייתו ליה אשכחיה מתני ליה לבריה ועל צואה של קטן מפני קטן א"ל אבין שטיא מתני שטותא לבניה °והלא היא עצמה מוכנת לכלבים וכ"ת דלא חזיא ליה מאתמול *והתניא ^א^נהרות המושכין ומעיינות הנובעין הרי הן כרגלי כל אדם ואלא היכי אתנייה אימא ^ב^על צואה של תרנגולים מפני קטן ותיפוק ליה דהוי גרף של רעי וכ"ת גרף של רעי אגב מנא אין איהו גופיה לא ^ג^והא *ההוא עכבר דאישתכח באיספרמקי דרב אשי ואמר להו נקוטו בצוציתיה ואפקוה באשפה וקטן באשפה מאי בעי ליה בחצר חצר נמי גרף של רעי הוא [א] באשפה שבחצר: ועל עקרב שלא תישך: א"ר יהושע בן לוי כל המזיקין נהרגין בשבת מתיב רב יוסף ^ד^חמשה נהרגין בשבת ואלו הן זבוב שבארץ מצרים וצירעה שבנינוה ועקרב שבחדייב ונחש שבא"י וכלב שוטה בכל מקום מני אילימא *ר' יהודה הא אמר מלאכה שאינה צריכה לגופה חייב עליה אלא לאו ר"ש והני הוא דשרי אחריני לא אמר ר' ירמיה *ומאן נימא לן דהא מתרצתא היא דילמא משבשתא היא אמר רב יוסף אנא מתנינא לה ואותיבנא לה ואנא מתריצנא לה ^ה^ברצו אחריו ודברי הכל תני תנא קמיה דרבא בר רב הונא ההורג נחשים ועקרבים בשבת אין רוח חסידים נוחה הימנו א"ל ואותן חסידים אין רוח חכמים נוחה מהם ופליגא דרב הונא דרב הונא חזייה להוא גברא דקא קטיל זיבורא א"ל שלימתינהו לכולהו ת"ר נזדמנו לו נחשים ועקרבים *הרגן בידוע שנזדמנו לו להורגן לא הרגן בידוע שנזדמנו להורגו ונעשה לו נס מן השמים אמר עולא ואיתימא רבה בר בר חנה א"ר יוחנן בנישופין בו א"ר אבא בר כהנא פעם אחת נפל אחד בבהמ"ד ועמד ניותי אחד והרגו אמר רבי פגע בו כיוצא בו איבעיא להו פגע בו כיוצא בו דשפיר עביד או לא ת"ש דר' אבא בריה דר' חייא בר אבא ור' זירא הוו יתבי אקילעא דבי ר' ינאי נפק מילתא מבינייהו בעו מיניה מר' ינאי מהו להרוג נחשים ועקרבים בשבת אמר להו צירעה אני הורג נחש ועקרב לא כ"ש דילמא לפי תומו דאמר רב יהודה ^ו^רוק דורסו לפי תומו ואמר רב ששת ^ז^נחש דורסו לפי תומו ואמר רב קטינא ^ח^עקרב דורסו לפי תומו *אבא בר מרתא דהוא אבא בר מניומי הוה מסקי ביה דבי ריש גלותא זוזי אייתיוהו קא מצערא ליה הוה שדי רוקא אמר להו ריש גלותא אייתו מאנא סחיפו עליה אמר להו לא צריכתו הכי א"ר יהודה רוק דורסו לפי תומו אמר להו צורבא מרבנן הוא שבקוהו *אמר ר' אבא בר כהנא א"ר חנינא °פמוטות של בית רבי מותר לטלטל בשבת א"ל ר' זירא בניטלין בידו אחת או בשתי ידים א"ל

רש"י

גמ' לייתו לנו פורייסא. מטות לישב עליהן: לא אייתו ליה. והושיבוהו לארץ: מפני קטן. שלא יטפח בו ויתלכלך: א"ל. רב חנן שהיה כשום ומתמין להקניטו לר' אבין: והלא מוכנת לכלבים. ולמה לי לכפות כלי יטלה משם שהרי ראויה לטלטל: דלא חזיא מאתמול. שהיום נולדה: נהרות המושכים כרגלי כל אדם. משום דמידי דנייד הוא ולא קני שביתה ואע"פ שבא מחוץ לתחום כל אדם מוליכן למקום שעירב לו לילך מיהו שמעינן מינה דמותרין בטלטול ואע"ג דמאתמול לא הוי הכי קמן כיון דאורחייהו בהכי דעתיה עלייהו ה"נ כיון דאורחיה דקטן בהכי דעתיה עליה דלכי תיתי יאכילנה לכלבים: א"ל ר' אבין. ואלא היכי אתנייה: צואה של תרנגולים. דלא חזיא לכלבים ושל קטן דקתני מתניתין שמטפח בה קטן קאמר ובשביל הקטן אמר כופין: תיפוק ליה דגרף של רעי הוא. דמאיס ולפנייה דהא קי"ל במסכת ביצה גרף של רעי מותר להוציאו לאשפה: וכי תימא גרף של רעי דמותר אגב מנא אין. הא דקי"ל מותר להוציאו משום דרמי במנא דגרף הייט כלי חרס העשוי לכך ואגב מנא הוא דשרי לטלטולי אבל בפני עצמו לא יהבא לאו במנא רמי: באספרמקי. בשמים: בצוציתיה. בזנבו אלמא בלאו מנא כמי מטלטלי ליה: ומשני באשפה. דלא רמי קמייהו ולא גרף של רעי הוא: קטן באשפה מאי בעי. סתם אשפה ברה"ר הוא ומאי בעי קטן התם דקא מיכסי ליה בשביל קטן: ומשני בחצר. דשכיח קטן התם קס"ד בחצר דלאו אשפה וקפריך סוף סוף גרף של רעי הוא ומשני באשפה שבחצר: כל המזיקין. ההורגין: נהרגין בשבת. וקס"ד אפי' אין רצין אחריו ומשום דס"ל כר"ש דמלאכה שאינה צריכה לגופה מדרבנן היא דאסירא והכא לא גזור: (נהרגין בשבת. אפי' אין רצין אחריו) משום דס"ל דסתמן הורגין הן: דאמר חייב עליה. והיכי שרי במלאכה גמורה כשאין רצין אחריו דליכא פקוח נפש: ומאן לימא לן כו'. דרב יוסף הוא מתני ליה כדלקמן ולא בדבי ר' חייא ור' אושעיא מיתנייא וכל מתניתא דלא מתנייא בתוספתא דר' חייא ור' אושעיא איכא לספוקי במשבשתא ולא מותבינן מינה: אנא תנינא לה. במתניתא דידי והנא אותבינא בבי מדרשא אדר' יהושע בן לוי: ואנא מתרצנא לה. דלא תיקשי כי אמר ר' יהושע בן לוי כל המזיקין נהרגין ברצין אחריו קאמר דפקוח נפש הוא: ודברי הכל. ואפי' לר' יהודה והא דחמשה נהרגין כשאין רצין אחריו ור' שמעון: אין רוח חסידים נוחה הימנו. דעתן של חסידים אינה מעורבת עמו שאין הגון בעיניהם על מה שעשה: נוחה. ערבה אין מתרצין במעשיו: אמר ליה. רבה לתנא: ואותן חסידים. השונאין אותו על כך אין רוח חכמים ערבה עמהם להיות נוחה ומיושבת במה שרוצין במדת חסידים הללו דשפיר עביד דאי לא מזיקין השתא סופן להזיק בשעת כעסן: שלימתינהו לכולהו. הרגת את כולן כלומר מה אהני בהא אהכי טובא איכא אלמא לאו שפיר עבד והא דרבה פליג אדאבוה: שנזדמנו לו להורגן. לכך באו לידו שזימן לו המקום לאבדן לפי שהיו עתידות להזיק וגלגלו זכות על ידי זכאי: לא הרגן בידוע שנזדמנו לו להרוג אותו. והראה לו הקב"ה שחטא אלא שנעשה לו נס: בנישופין בו. בכה"ג קתני בידוע שנזדמנו להורגו נישופין כן דרך הנחש עושה כעין שריקה כשהוא רואה שונאו וכועס: ניותי. על שם מקומו וישראל היה: דשפיר עביד. וכיוצא בו דקאמר לאו לנגאי הוא אלא האתם רודף ונעשה זה כיוצא בו: או לא. וכיוצא בו דקאמר לגנאי הוא: צירעה אני הורג. בשבת לכלות מזיקין ואף על פי שאינה מועדת כולם: לא כל שכן. אלמא שפיר עביד: דילמא לפי תומו. לא שיעמוד עליו ויהרגנו להדיא אלא כשהוא הולך לתומו ונתקל או עקרב בפניו אין צריך לישמט ממנו אלא דורסו והולך ואם מת בדריכתו ימות הואיל ולא נתכוין °דדבר שאין מתכוין לר' יהודה מדרבנן הוא ולענין מזיקין לא גזור: רוק דורסו לפי תומו. שאין מתכוין למרח ולאשווי' גומות דאף על גב דממילא ממרח הוא כי לא מיכוין שרי משום מאיסותא: הוה שדי רוקא. היה רוק מוטל לפניהם ושבת היתה: פמוטות. מנורות ולא של חוליות היו: של

תוספות

כל המזיקין נהרגין בשבת. אף על גב דתנן במתניתין ועל עקרב שלא ישוך איצטריך לאשמעינן דהריגה נמי שרינן דסלקא דעתך דאסירא משום דמיפרסמא מילתא טפי מבלידה ומהאי טעמא נמי פליג רב הונא בסמוך ואסר הריגה:

ברצין אחריו וד"ה. פי' בקונט' דרבי יהושע בן לוי ברצין אחריו והוי פקוח נפש וברייתא באין רצין וכר"ש וקשה דא"כ תקשה מהך ברייתא לרבא בר רב הונא דשרי להרוג נחשים ועקרבים בשבת דע"כ באין רצין אחריו מיירי דאי ברצין אחריו אמאי אין רוח חסידים נוחה הימנו לפירוש הקונטרס דברצין אחריו איכא פקוח נפש ועוד בניותי שהרג נחש ומיבעיא לן אי שפיר עבד תיפשוט מהכא דלא שרינן לר"ש באין רצין אלא ה' בלבד ועוד קשה לר"י לישנא דהכא מתרצנא לה משמע לברייתא עצמה ונראה לר"י לפרש דברייתא ברצין אחריו וד"ה פירוש אפילו ר' יהודה מודה דחמשה שרי להרוג ברצין אחריו אבל שאר אסור להורגן אפילו רצין אחריו לר' יהודה ור' יהושע בן לוי כר"ש דשרי שאר(א) אפילו באין רצין אחריו ורב הונא דאסר בסמוך לא סבר כרבי יהושע בן לוי ונראה לר"י וכן פירש ר"ח שאין להקל כרבי יהושע בן לוי אלא כהנהו אמוראי דלקמן דלא שרו אלא בדריסה לפי תומו:

עין משפט נר מצוה

עד א מיי' פ"ה מהלכות י"ט הלכה יד טוש"ע או"ח סימן שלו סעיף טו:

עה ב ג מיי' פכ"ו מהל' שבת הלכה יג סמג לאוין סה טוש"ע או"ח סימן שח סעיף לד:

עו ד ה מיי' פי"א שם הלכה ד סמג שם טור שו"ע או"ח סימן שטז סעיף י:

עז ו מיי' פכ"א שם הלכה ב ופכ"ו הלכה יג סמג שם טור שו"ע או"ח שם סעיף יא:

עח ז ח מיי' פי"א מהלכות שבת הל"ד סמג שם טור שו"ע שם סעיף י:

עט ט מיי' פכ"ו מהל' שבת הלכה יא טור שו"ע או"ח סימן רעט סעיף ז:

רבינו חננאל

ביומא ליתעכב עד לאורתא ולטבול. ומסקינן משום דסברי רבנן אע"ג דצלי ליה טבילה בזמנה מצוה ור' יוסי סבר טבילה בזמנה לאו מצוה היא האי ר' יוסי בר' יהודה דגרסינן בנדה פרק המפלת בענין טועה. ר' יוסי בר"י אומר דייה לטבול באחרונה דקסבר טבילה בזמנה לאו מצוה היא. וזה רבי יוסי דהיה (אומר) שם כתוב על בשרו. אסיקנא בגמרא דשבעת ימים (יומא דף ז') דטבילה בזמנה מצוה פליגי ונתבררת בסוף יום הכפורים דהא לר' יוסי בר"י יהודה היא ואיכא אחריתי התם לר' יוסי דאמר כל היום כולו כשר לטבילה. דאלמא סבר טבילה בזמנה מצוה] היא: א"ר אמי בדליקה התירו לומר כל המכבה אינו מפסיד. וכן הלכה: נכרי שבא לכבות אין אומרים לו כבה ואל תכבה אלא מניחין אותו. ואין אומרים לו כבה תם אין מונעין אותו מלכבות. ובקטן העושה לדעת אין מניחין אותו לכבות: אריב"ל כל המזיקין נהרגין. אסיקנא כשהן רצין אחריו. אבל אין רצין אחריו אין נהרגין אלא אלו בלבד. זבוב שבארץ מצרים וצירעה שבנינוה ועקרב שבחדייב ונחש שבא"י וכלב שוטה בכ"מ. פי' נישופין כדכתיב הוא ישופך ראש ואתה תשופנו עקב: רוק וכן נחש וכן עקרב אם דורסן לפי תומן שפיר דמי ושרי: א"ר חנינא פמוטות של בית רבי מותר לטלטלן בשבת. א"ל ר' זירא בניטלין בידו אחת

מסורת הש"ס

ביצה לט. עירובין מו. מח. [תוספתא ביצה פ"ד]

ביצה לו:

[לעיל עג: וש"נ]

[פסחים לא:]

[יומא סד. יבמות קכ.]

[צ"ל ואמר]

הגהות הב"ח

(א) תוס' ד"ה ברצין וכו' כר' שמעון דשרי שאר מזיקין אפילו:

הגהות הגר"א

[א] גמ' באשפה שבחצר. כו' נ"ב גירסת הרי"ף בחצר אחרת:

גליון הש"ס

גמ' והלא היא עצמה מוכנת לכלבים. ע"ל דף יט ע"ב תוס' ד"ה שמן: רש"י ד"ה דלמא לפי תומו וכו' דדבר שאין מתכוין לר"י מדרבנן. ע"ל דף מא ע"ב תוס' ד"ה מיחם:

רב נסים גאון

להתפרש מאי דשקלינן וטרינן בהא מילתא איתא בסס' יבמות (דף קיד) בפרק חרש שנשא פיקחת: סוף גרף של רעי הוא ונפקיה כבר פירשנו בפרק כירה כי עיקר השמועה שיש בה התרת זה הדבר בפרק משילין פירות (ביצה דף לו): ר' יהודה אומר כל מלאכה שאינה צריכה לגופה חייב עליה כבר פירשנוה בפרק יציאות השבת ואמרנו כי עיקרה הן דברי ר' יהודה שאמרם כאן כזו המשנה מעשה בא לפני

§ מסכת שבת דף קכא:

אות א'

נהרות המושכין ומעיינות הנובעין הרי הן כרגלי כל אדם

סימן שצז סט"ו - נהרות המושכים - אע"פ שאין נובעין, **ומעיינות הנובעים** - אע"פ שאין יוצאין ממקום נביעתן לימשך הלאה, **הרי הם כרגלי הממלא** - אפילו אינם הפקר, כגון ששייכים לאיזה עיר או ליחיד, **והטעם**, דכיון דניידי לא קנו שביתה אצל בעליהם, והרי הם כרגלי הממלא אותם, שאז קנו שביתה בשביתתו, כיון שנפסקו אז ממקום נביעותם, או ממקום הלוכם.

היו באים מחוץ לתחום לתוך התחום, ממלאים מהם בשבת, ואין צריך לומר ביום טוב - הואיל ולא קנו שביתה כלל חוץ לתחום מפני דניידי.

גשמים היורדים מעיו"ט סמוכים לעיר, [וסמוכין מקרי כל שהוא תוך התחום של עיר, **ויש** שכתבו דוקא כנוס הרבה בתוך התחום, אבל לא בסוף התחום], וכ"ש כשירדו בעיר עצמה, הם כרגלי אנשי אותה העיר, **והטעם**, משום דאנשי העיר סמכו דעתם עלייהו, **אבל** כשירדו ביו"ט, הרי הם כרגלי הממלא.

אות ב' – ג'

על צואה של תרנגולים מפני קטן

והא ההוא עכבר דאישתכח באיספרמקי דרב אשי, ואמר להו: נקוטו בצוציתיה ואפקוה

סימן שח סל"ד - [א]**כל דבר מטונף, כגון: רעי וקיא וצואה, בין של אדם בין של תרנגולים, וכיוצא בהם, אם היו בחצר שיושבים בה** - היינו שדרים בה, כמו החצרות העשויות לפני הבתים, שהוא מקום דריסת הרגל, **מותר להוציאם לאשפה או לבית הכסא** - משום כבודו, **וה"ה** אם הוא מונח במבוי במקום דריסת הרגל, מותר לסלקו לצדדים.

ואפי' בלא כלי - קמ"ל דלא תימא דלא התירו לטלטל רק אגב כלי, [גמרא]. **בגמרא** איתא, דעכבר מת הנמצא מותר להוציאו בידים, מטעם גרף של רעי, [**ודוקא** אם הוא במקום שמאוס בעיניו].

ואם היו בחצר שאינו דר שם - בין שהוא חצר אחרת, או שהוא חצר שאחורי בתים, או שהוא מונח באשפה שבחצר, ‹כן הוא בגמ' - מ"א›, **אסור להוציאם** - דהא לא חזי למידי, והוא מוקצה כאבן, **וה"ה** הגרף ועביט בלא רעי ומי רגלים, ג"כ אסור, כיון שהוא מקום שאין דר שם, **ואם** הוא מלא וא"א לפנות עליו, מותר להוציאו ולהחזירו משום כבוד הבריות.

ואם ירא מפני התינוק שלא יתלכלך בה, מותר לכפות עליה כלי - אשמעינן בזה, דלא תימא דאין כלי ניטל אלא לצורך דבר הניטל.

[ב]**סימן שח סל"ה** - [ג]**אע"פ שמותר להוציא גרף של רעי ועביט של מי רגלים, אסור להחזירם, אא"כ נתן לתוכם מים** - אע"פ שהוא כלי, מ"מ הוא בכלל מוקצה מחמת גופו, משום דמאיס הרבה, **וחמיר** מסתם מוקצה מחמת מיאוס, דקי"ל בריש סי' ש"י דמותר, דגרף הוא כאבן ודומיהן, **ורק** להוציאן ממקום שדר שם התירו משום כבודו, אבל להחזירן צריך מים, דאז מטלטלן ע"י המים.

ודוקא כשהם ראוים עדיין לשתיית בהמה, דאל"כ אף המים גרף הן.

כתב המ"א, דבעודו בידו מותר להחזיר אף בלא מים, **ועיין** בא"ר ובפמ"ג שמפקפקין בזה.

והנה מדסתם השו"ע, משמע דאפילו א"צ להוציא בו צואה ומי רגלים, שרי להחזירו ע"י מים, **ויש** מחמירין בזה כמ"ש בב"י, [טעמייהו, דלא התירו ע"י ככר ותינוק אלא למת בלבד, וע"כ מה דהתירו ע"י מים, היינו כשצריך לו להוציא בו עוד צואה או מי רגלים, **אבל** אי צריך לו לפנות עליו, בזה אפשר דאפי' בלא מים שרי להחזיר, משום כבוד הבריות], **ועיין** בספר א"ר שמכריע, דאם הוא מקום המשתמר, לא יכניסנו שלא לצורך.

גרף ועביט שניהם של חרס, אלא של רעי נקרא גרף, ושל מי רגלים נקרא עביט, וה"ה אם הוא של עץ, **ועיין** לעיל בסימן פ"ז לענין אם הוא של מתכות.

אות ד' – ה'

חמשה נהרגין בשבת, ואלו הן: זבוב שבארץ מצרים, וצירעה שבנינוה, ועקרב שבחדייב, ונחש שבארץ ישראל, וכלב שוטה בכל מקום

ברצו אחריו

סימן שטז ס"י - כל חיה ורמש שהם נושכים וממיתים ודאי - כגון כלב שוטה וכה"ג, [בגמרא נקט שם עוד ד' דברים, ולאו דוקא, דה"ה בכל דבר הממית לפי המקום והזמן], [ד]**נהרגים בשבת אפילו אין רצין אחריו** - ואפי' בורחין מלפניו, [ואפשר אפי' כשאין נראין לפניו, אלא מחפש אחריהן].

באר הגולה

[א] **לשון הרמב"ם ממשנה וגמרא שבת קכ"א כפי גירסת הרי"ף** ‹עיין בהג' הגר"א. **וז"ל** הרי"ף: ועל צואה של קטן, אוקימנא בצואה של תרנגולין בשביל הקטן שלא יוזק בהן, ובחצר אחרת, אבל צואה של תרנגולין ושל בני אדם ובאותה חצר, מותר לכבדה ולהוציאה לבית הכסא, דגרף של רעי מטלטלין ליה ומפקינן ליה›
[ב] ‹מילואים› [ג] **טור מהא דביצה ל"ו** [ד] **שם קכ"א וכרבי יהושע בן לוי וכפי'** (התוס') [רש"י]

ושאר מזיקין, כגון: נחש ועקרב במקום שאינם ממיתין, אם רצין אחריו, מותר להרגם - לדעת הרמב"ם דמחייב במלאכה שאין צריך לגופה, צ"ל דהכי קאמר, שאין ממיתין ודאי, אלא הוא ספק פקוח נפש, ולכן ברצין אחריו איכא חשש סכנתא ושרי, **מיהו** לדידן דסבירא לן מלאכה שאין צריכה לגופה מדרבנן הוא דאסירא, אף שאין ספק פקוח נפש כלל, שרי משום צערא בעלמא, כדי שלא יוזק. **ואם לאו, אסור.**

(**בגמרא** איתא, דכשנזדמנו לו נחש ועקרב בשבת {כן איתא ברי"ף ורא"ש} (וכהג' בצד הגמ'), **בידוע שנזדמנו לו להרגן, וקאמר ע"ז שם, דמיירי בשנשופין בו, ופירש"י: כן דרך הנחש שהוא עושה כעין שריקה כשרואה שונאו וכועס, והעתיקו זה הרי"ף והרא"ש,** [ה]**וע"כ מיירי שאין רצין אחריו, וקמ"ל עולא דזה הוי כרצין, או אולי דאף ברצין אין מותר רק בנשופין בו, ובין כך ובין כך אתפלא על מה שלא העתיקו הרמב"ם והשו"ע את זה).**

ודוקא אלו וכל כי האי גוונא, שמזיקין הן בטבען ונשיכתן נשיכה עוקצת, אלא שאין דרכן להמית בזה המקום, **משא"כ** פרעוש דלעיל, וכל רמשים קטנים כה"ג, דאף ע"י עקיצתן ליכא צער כולי האי, בהני אסור להורגן אף כשהם עוקצין אותו, אלא יבריחם מעליו.

אות ו'

רוק דורסו לפי תומו

סימן שטז סי"א - [ו]**לא ישפשף ברגליו רוק ע"ג קרקע, משום משוה גומות.**

וע"ג רצפה תליא בפלוגתא דסימן של"ז ס"ב, גבי כבוד הבית במרוצף, ע"ש, **ולהרמ"א** דאוסר שם בכל גווני, ה"ה הכא דאסור אף על גבי רצפה, **וע"ג** ספסל לכו"ע שרי, דלא שייך בזה אשווי גומות, **ומשום** מירוח גופא ליכא למיסר, דלא שייך מירוח אלא כשממרח איזה דבר ע"ג חבירו, וכונתו שיתמרח, **אבל** כאן רוצה שיהיה נבלע.

אבל מותר לדרסו לפי תומו, שאינו מתכוין למרח ולהשוות גומות – (**כוון המחבר לבאר, דהאי לפי תומו אינו כבסעיף הקודם**) (עיין בסמוך אות ז'-ח'), (**דהתם** שאני משום שמזיקין נינהו, ועוד דהתם עיקר המעשה הוא הריגת הנחש, אבל הכא אין עיקר המעשה המירוח, דכשידרוס עליו מבטלי מאיסותא – ב"י). **ואע"ג דממילא ממרח הוא** - כלומר דלפעמים ממרח, ואיכא למיחש שמא ישכח ויכוין וישוה גומות, כמש"כ סימן ש"ב ס"ו, **כי לא מכוין שרי, משום מאיסותא.**

אע"פ שבעת שדורס על הרוק מצוי שמשפשף ג"כ מעט, אעפ"כ התירו משום מאיסותא, כיון דלא משפשף הנה והנה ולא הוי פסיק רישיה.

ודוקא כשהוא בדרך הלוכו, אף שהוא מתכוין לדרוס על הרוק, אבל אינו מתכוין למרחו, **אבל** אסור לילך למקום הרוק כדי לדרוס עליו, דזה אינו נקרא לפי תומו, **אלא** ילך ויציג רגלו על הרוק, ויזהר שלא ישפשף כלל, דזה מותר בכל גוונא.

כתב המ"א, האידנא דליכא דקפיד ברוק משום מאיסותא, צריך ליזהר שלא יהיה שום שפשוף כשדורס עליו, רק יציג רגלו על הרוק, **ובליחה** היוצאת מן הפה או מן החוטם, ודאי איכא מאיסותא, ושרי לדרסו לפי תומו, **ובבהכ"נ** אפילו ברוק שרי לדרוס עליו לפי תומו, דנוהגין בו כבוד, וכדלעיל בסימן צ' סי"ג.

ונראה דאפילו בביתו כשהוא מרוצף, אין להחמיר ברוק יותר מבליחה, (**הטעם, דהא"ר חולק על המ"א, וסובר דרוק וליחה שוין להקל, וכן משמע בדרישה, ונהי דהאחרונים סתמו כהמ"א, עכ"פ ברצפה דבלא"ה איכא דעות המקילין, יש לסמוך עליהם, וגם דהוי כעין גזירה לגזירה, דהיינו מרוצף אטו אינו מרוצף, ואינו מרוצף שמא ישכח ויכוין להשוות גומות**).

אות ז' – ח'

נחש דורסו לפי תומו

עקרב דורסו לפי תומו

סימן שטז ס"י - [ז]**אבל מותר** - לכפות עליהן כלי, וה"ה **לדורסם לפי תומו,** [ח]**ואפילו במתכוין אלא שמראה עצמו כאילו אינו מכוין** - דמלאכה שאין צריכה לגופה היא, והכא כשהן מזיקין, (אף שאין ממיתין), אפילו מדרבנן לא גזרו כשאין הורגן להדיא, **אלא** שיראה לפני הרואה כאלו אינו מתכוין, שלא יאמרו זה נוטל נשמה בשבת במתכוין, ולא ידעו לחלק, **אמנם** נמלים ושאר שקצים ורמשים, אפי' דרך הילוכו אסור לדרסן.

(**ולהרמב"ם ע"כ צ"ל, דמיירי שיש חשש פיקוח נפש ברצין, לכך אף בשאינן רצין שרי לדורסן לפי תומו, כיון דיש חשש סכנת נפשות**).

אסור להרוג בשבת שממית שקורין שפי"ן, ואף שאומרים העולם שהוא סכנה כשנופל במאכל, מ"מ לא ברי הזיקא, וגם יכול לכסות המאכלים, לכן יש למחות בידם, **וכ"ש** דיש ליזהר מלהרוג שאר רמשים ותולעים הנמצאים בפירות.

באר הגולה

ה (עיין ברש"י דמבואר מיניה, דנישופין בו הולך על נזדמן להורגו, והיינו דבזה הוא דניכר שנעשה לו נס, וא"כ אינו נוגע להלכות הריגת נחש, אבל עיין בר"ן וז"ל: "בכה"ג נזדמנו לו להרוג אותו", משמע כהבה"ל) **ו** **שם** **ז** **שם בגמרא** **ח** (פי' רש"י לפי תומו, לא שיעמוד עליו ויהרגנו להדיא, אלא כשהוא הולך לתומו ונחש או עקרב בפניו א"צ לישמט ממנו אלא דורסו והולך, ואם מת בדריסתו ימות הואיל ולא נתכוין, דדבר שאין מתכוין לרבי יהודה מדרבנן הוא, ולענין מזיקין לא גזור. **והר"ן** הקשה עליו ופי', דורסו ואפילו במתכוין, אלא שהוא עושה לפי תומו שמראה עצמו כאילו אינו מכוין, וכרבי שמעון דפטר במלאכה שאינה צריכה לגופה, **ומיהו** להרגן להדיא אסור, דכיון שאין היזקן מצוי כחמשה השנויים בברייתא, כל כמה דאפשר לשנויי בהריגתן משנינן. וכ"כ הרב המגיד בשם הרמב"ן והרשב"א, ושכן נראה מדברי הרמב"ם – ב"י)

אות ט'

פמוטות של בית רבי מותר לטלטלן בשבת

סימן רעט ס"ז - [ט]**מנורה, בין גדולה בין קטנה** - אפי' היא חדשה שלא הדליקו בה מעולם, [י]**אם היא של פרקים אין מטלטלין אותה, דחיישינן שמא תפול ותתפרק ויחזירנה, ונמצא עושה כלי.**

ואם דרכה להיות רפוי, שרי, כמ"ש סימן שי"ג ס"ו, **וע"ש** מה שכתבנו במ"ב לענין כוסות של פרקים.

[יא]**ואפילו אם אינה של פרקים, אלא יש בה חריצים סביב ודומה לשל פרקים, אסור לטלטלה** - משום דמיחלף בשל פרקים. **ודע** דלפי המתבאר בסעיף זה, אסור לטלטל נרות שלנו שקורין לייכטע"ר, אף שלא הדליקו בו מעולם, דהרי הם עשויין של פרקים, **ומש"כ** בס"ו, מיירי בנרות שלא היו עשויין פרקים.

באר הגולה

ט שם מ"ה ומ"ו וכרבי יוחנן לדעת הרא"ש והתוספות שם

י «אבל בלא"ה שרי שם קכ"ב א' וכפי' תוס' שם ל"ה ד"ה אפי' כו' - גר"א. וכמ"ש תוס' הכא»

יא שם מ"ו

§ מסכת שבת דף קכב. §

אות א׳

בחותם אחד

יו״ד סימן קיח ס״א - יין ובשר וחתיכת דג - דוקא חתיכת דג, דאילו דג שלם או חצי, היה ניכר בסנפיר וקשקשת שלו, כדלעיל סימן פ״ג, **שאין בו סימן, שהפקיד או שלח ביד עכו״ם, צריך שני חותמות** - לאו דוקא ‹בדיעבד›, אלא ה״ה לכתחלה מותר לשלוח או להפקיד דברים האסורים מן התורה בחותם בתוך חותם, ודברים האסורים מדרבנן בחותם א׳, וכ״כ המחבר להדיא לקמן ר״ס ק״ל, ופשוט הוא - ש״ך.

הגה: [א]ויש אומרים דלא בעינן ב׳ חותמות רק בישראל חשוד, אבל בעובד כוכבים, הכל שרי על ידי חותם אחד (טור והפוסקים בשם ר״ת) - דגרע ישראל חשוד לענין זה מעובד כוכבים, לפי שהוא בטוח שיאמינוהו, ולא מירתת כ״כ, **ומשמע** דבבשר ויין וחתיכת דג, צריך בישראל חשוד ב׳ חותמות, ובחמפ״ג צריך בישראל חשוד חותם אחד - ש״ך.

ובדיעבד יש לסמוך על זה (ארוך והגהות מיימוני ותוס׳) – [ולענ״ד נראה דכו״ע מודים בזה, דהא עיקר הטעם דחיישינן ביין שצריך שני חותמות, אע״פ שהוא דרבנן, הוא מצד שחיבת היין נסך עליו, כמו שזכרתי בס״א, ובזמן הזה לאו עובדי ע״ז הם, כמ״ש לקמן, ע״כ אין שייך חיבת נסך, ממילא לכו״ע די בחותם א׳ – ט״ז].

יו״ד סימן קל׳ ס״ב - אם הפקיד ביד עובד כוכבים בחותם א׳, אסור בשתיה ומותר בהנאה, והוא שייחד לו קרן זוית – [דאז הוה כחצרו של ישראל, משום הכי מותר בהנאה – ט״ז].

הגה: ויש שכתבו דבדיעבד יש להתיר אפילו בחותם א׳ (ב״י לדעת ר״ת ובארוך) - דוקא בחותם, אבל סתומות במגופה לא הוי בדיעבד כחותם אחד, אלא במקום הפסד מרובה, כדלעיל סי׳ קכ״ט סוף ס״א בהג״ה - ש״ך.

אות ב׳

נכרי שהדליק את הנר, משתמש לאורו ישראל, ואם בשביל ישראל אסור. מילא מים להשקות בהמתו, משקה אחריו ישראל, ואם בשביל ישראל אסור. עשה נכרי כבש לירד בו, יורד אחריו ישראל, ואם בשביל ישראל אסור

סימן רעו ס״א - [ב]א״י שהדליק את הנר בשביל ישראל, אסור לכל – (היינו לעשות לפני הנר דבר שלא היה יכול לעשות בלא נר, וללמוד או לאכול בפני הנר ג״כ בכלל זה לאיסור). **מדרבנן,** (וכ״כ רש״י), דאם יהא מותר ליהנות, יאמר לו להדליק, **וה״ה** לכל מלאכה שיעשה הא״י בשבת בשביל ישראל, דאסור לכל ליהנות, [מוכח שם בגמרא, וכן פסקו כל הפוסקים].

[ג]אפי׳ למי שלא הודלק בשבילו - ולא דמי למי שהובא בשבילו מחוץ לתחום בשבת, דמותר לאחר, וכדלקמן בסימן שכ״ה סעיף ח׳, **דתחומין** דרבנן, וכן כל איסור דרבנן שעשה א״י בשביל ישראל, מותר לאחר שלא נעשה בשבילו.

(**ואפילו חוץ לי״ב מיל, די״א דהוא דאורייתא, אפ״ה שרי לאחר, דאין** מפורש בתורה, **ומעביר** ד״א בר״ה, דהלכתא גמירא לה כדאמרינן בפרק הזורק, אם עשה א״י בשביל ישראל, אפ״ה אסור לכל ישראל ליהנות מזה, דהלמ״מ פירוש דקרא הוא, והוא בכלל הוצאה, דאל״כ אין עונשין מהלמ״מ, וכיון שהוא פירושו דקרא, תורה שבכתב הוי וכדכתוב בהדיא דמיא, וכן אם עשה מלאכת הכנסה בשביל ישראל, דהא אמרינן בגמ׳ דסברא הוא, מה לי הכנסה מה לי הוצאה, וע״כ ככתוב בהדיא דמי).

הגה: ואין חילוק בזה בין קצב לו שכר - היינו מע״ש, **או לא קצב** - וקמ״ל דלא אמרינן בענינינו א״י אדעתא דנפשיה עביד, כדי לקבל שכרו הנקצב לו, וכדלעיל בסימן רנ״ב ס״ב לענין קבלנות.

או שעשאו בקבלנות או בשכירות - הוא פירוש למה שאמר מתחלה "בין קצב", ע״ז אמר בין שהקצבה היתה בקבלנות או בשכירות, **וקבלנות** מקרי היכא ששכרו סתם להדליק לו נר בעת שיצטרך, וקצב לו מכל הדלקה דבר קצוב, **ושכירות** מקרי כשנותן לו בכל יום כך וכך, (ור״ל ואף דבקבלנות כתב בסי׳ רנ״ב ס״ב דמותר, הכא לענין הדלקה אסור), **דהואיל והישראל נהנה ממלאכה עצמה בשבת, אסור בכל ענין (הג״א פ״ק דשבת וצ״י בשם סמ״ג וסה״ת).**

(מיהו בבית ישראל בלא״ה אסור בקבלנות, כמבואר שם בסימן רנ״ב, ורמ״א כאן קמ״ל, אף אם הישראל במלון אצל הא״י).

[ד]אבל אם הדליקו לצרכו, או לצורך חולה ישראל אפי׳ אין בו סכנה. הגה: או לצורך קטנים דהוא כחולה שאין בו סכנה (מרדכי פ״ק דשבת) - היינו אם צריכים הרבה, אבל בלא״ה לא, **מותר לכל ישראל להשתמש לאורו** - דלא שייך כאן גזירה שמא יאמר לו להדליק בשביל חולה, שהרי מותר לומר אף לכתחלה, וכדלקמן בסימן שכ״ח סי״ז.

לכל ישראל - ואפי׳ הוא מכירו, ולא חיישינן שמא ירבה בשבילו, דנר לא׳ נר למאה, [גמ׳] ‹אליבא דרבא, וכמו שפסק השו״ע בסי׳ שכ״ה סי״א, ע״ל אות ז׳›, **ובכ״ז** אין חילוק בין אם הא״י הדליק הנר בביתו או בבית ישראל.

באר הגולה

א ‹ורבינו תם כתב דוקא בישראל החשוד צריך שני חותמות וכו׳. שם (ע״ו לא.) אהא דאמר רב הלכה כרבי אליעזר שמתיר יין בחותם אחד, הקשו התוספות (ד״ה דאמר) דרב אדרב דהתם (לט.) אמר חבי״ת אסור בחותם אחד, והכא אמר הלכה כרבי אליעזר... והיה מתרץ רבינו תם בההיא דרב דחבי״ת, מיירי בישראל חשוד, וגרע מגוי מפני שהוא בטוח שיאמינוהו ולא מירתת כ״כ – ב״י› ב שבת קכ״ב ג תוס׳ ‹ד״ה ואם› ורא״ש והר״ן שם ד שם במשנה

א"ל כאותן של בית אביך ואמר ר' אבא בר כהנא אמר ר' חנינא קרונות של בית רבי מותר לטלטלן בשבת א"ל ר' זירא בניטלין באדם אחד או בשני בני אדם א"ל כאותן של בית אביך ואמר ר' אבא בר כהנא התיר להם ר' חנינא לבית רבי לשתות יין בקרונות של נכרי [א]בחותם אחד ולא ידענא אי משום דסבר לה [א]כר' אליעזר אי משום אימתא דבי נשיאה: **מתני'** [ב]נכרי שהדליק את הנר משתמש לאורו ישראל ואם בשביל ישראל אסור מילא מים להשקות בהמתו משקה אחריו ישראל ואם בשביל ישראל אסור עשה נכרי כבש לירד בו יורד אחריו ישראל ואם בשביל ישראל אסור מעשה ברבן גמליאל וזקנים שהיו באין בספינה ועשה נכרי כבש לירד בו וירדו בו ר"ג וזקנים: **גמ'** וצריכא דאי אשמעינן נר משום דנר לאחד נר למאה אבל מים ליגזר דילמא אתי לאפושי בשביל ישראל וכבש ל"ל מעשה דרבן גמליאל וזקנים קמ"ל ת"ר [ג]נכרי שליקט עשבים מאכיל אחריו ישראל ואם בשביל ישראל אסור מילא מים להשקות בהמתו משקה אחריו ישראל ואם בשביל ישראל אסור [ד]בד"א שאין מכירו אבל מכירו אסור איני [ב]והאמר רב הונא אמר רבי חנינא [ה]מעמיד אדם בהמתו על גבי עשבים בשבת אבל לא על גבי מוקצה בשבת [ו]דקאים לה באפה ואזלא היא ואכלה אמר מר בד"א שאין מכירו אבל מכירו אסור הא רבן גמליאל מכירו הוה אמר אביי שלא בפניו הוה רבא אמר [ז]אפי' תימא בפניו נר לאחד נר למאה מיתיבי [ג]אמר להן רבן גמליאל הואיל ושלא בפנינו עשאו נרד בו אימא הואיל ועשאו נרד בו תא שמע [ד][ח]עיר שישראל ונכרים דרין בתוכה והיתה בה מרחץ המרחצת בשבת אם רוב נכרים מותר לרחוץ בה מיד אם רוב ישראל ימתין בכדי שיחמו חמין התם כי מחממי אדעתא דרובא מחממי תא שמע [ט]נר הדלוק במסיבה אם רוב נכרים מותר להשתמש לאורה אם רוב ישראל אסור מחצה על מחצה אסור התם נמי כי מדלקי אדעתא

רש"י

של בית אביך. דקטנות היו אבל גדולות אדם קובע להם מקום: **קרונות.** עשויות לבני אדם: **אי משום דסבר כרבי אליעזר.** דאמר במסכת ע"ז (דף לא.) יין מותר בחותם אחד: **אי משום אימתא דבי נשיאה.** שהיה הנכרי המביאו ירא מן הנשיאה שהיה שליט על פי המלכות. ומשום דאיירי ר' אבא בר כהנא לעיל גבי נחש נקט כל הני משמיה: **מתני' אם בשביל ישראל אסור.** מדרבנן: **מילא מים.** מבור ברה"ר: **כבש.** עושין בספינה גדולה לירד בו מספינה ליבשה: **גמ' נר לאחד נר למאה.** כיון דנכרי לצרכו הדליקו ליכא למימר דבשביל ישראל אפיש: **כבש למה לי.** הא דומיא דנר הוא כבש לאחד כבש למאה: **מאכיל אחריו ישראל.** את בהמתו. ואחריו דוקא נקט בכולהו דנכרי לצורך עצמו עביד: **אבל מכירו אסור.** קס"ד דעביד נמי אדעתא דידיה: **מעמיד אדם בהמתו על גבי עשבים.** מחוברים: **בשבת.** לרעות וליכא למיגזר שמא יתלוש ויאכיל: **ואינו מעמידה ע"ג מוקצה.** שמא יטול בידו ויאכיל והא נמי מוקצין נינהו לגבי טלטול דאתמול הוו מחוברין: **דקאים ליה באפה.** שלא תפנה למקום אחר: **ואזלא ואכלה.** אבל הוא אינו עומד על העשבים קרוב להם דניחוש לשמא יטול ויאכיל: **מכירו הוה.** שהרי בספינה היה בא עמו: **שלא בפניו הוה.** כשעשאו לא היה רבן גמליאל שם דניכוון ליה: **נר לאחד נר למאה.** כבש לאחד כבש למאה אבל גבי עשבים כשהוא מכירו מרבה בשבילו: **הואיל ושלא בפנינו כו'.** קשיא לרבא דשמעינן מינה דבפניו אסור ואע"פ שאין כאן מרבה בשבילו: **אימא הואיל ועשאו נרד בו.** וטעמא לאו משום שלא בפניו הוא אלא הכי הוה מעשה: **מותר לרחוץ בה מיד.** למוצאי שבת: **בכדי שיחמו חמין.** שלא יהנה במה שהקדימו להחם בשבת וכן בכל מעשה שבת נתנו חכמים שיעור להמתין לערב בכדי שיעשו. והא הכא דחימום לאחד חימום למאה דשבת אחת מחממין וקתני אם רוב ישראל דהוי דומיא דמכירו דמסיק אדעתיה לעשות אף בשבילו אסור ואע"ג דשלא בפניו וקשיא בין לאביי בין לרבא: **אדעתא דרובא מחממי.** ועיקר חילול השבת בשבילם אבל נכרי וישראל דנכרי אדעתא דנפשיה הוא דעביד שרי לאביי שלא בפניו ולרבא אפי' בפניו: **נר הדלוק במסיבה.** של בני אדם: **אם רוב ישראל אסור.** והא הכא דהוי דומיא דמכירו הואיל ורובא נינהו אסיק דעתיה להדליק אף בשבילם וקתני אסור: אדעתא

תוספות

אמר ליה כאותן של בית אביך. פי' שהם גדולים או קטנים דאית להו חידקי כמו שפירשתי לעיל (דף לה.)[ה]: **משתמש** ישראל לאורה. ולא גזרינן שמא ידליק כדגזרינן בפ"ק דביצה (דף ג.) פירות הנושרין שמא יעלה ויתלוש ובמשקין שזבו שמא יסחוט משום דסחיטה ותלישה הם קלים לעשות ואדם להוט אחריהם לפי שהן דבר אכילה אבל בכל הני דהכא אינן קלין לעשות כל כך ואין אדם להוט אחריהן: **ואם** בשביל ישראל אסור. נראה דאסור נמי לכל ישראל דדוקא בחוץ לתחום דרבנן אמר בפרק בכל מערבין (עירובין דף מ.) ובאין לדין (ביצה דף כה.) הבא בשביל ישראל זה מותר לישראל אחר אבל באיסורא דאורייתא כי הכא לא ואע"ג דישראל המבשל בשבת בשוגג יאכל התם לא חיישינן אי שרית ליה לאכול דילמא אתי לבשולי במזיד דהא איכא איסור סקילה ומחמיר עליה אבל בנכרי העושה לצורך ישראל אי שרית ליה אתי למימר לנכרי לעשות בשבילו ולא דמי להא דאמר לעיל[ו] נכרי שבא לכבות אין אומרים לו כבה ואל תכבה והכא אסור כשעושה בשביל ישראל דכי אמרינן דנכרי אדעתא דנפשיה קא עביד הנ"מ בכיבוי וכיוצא בו שאין ישראל נהנה במעשה הנכרי אבל הכא שגוף ישראל נהנה במעשה של נכרי לא אמרינן אדעתא דנפשיה קעביד הואיל והנכרי מתכוין להנאתו כך פירש רבינו שמשון הזקן: **משקה** אחריו ישראל ואם בשביל ישראל אסור. אומר ר"ת מדנקט בהמתו ולא נקט מילא מים לעצמו דווקא להשקות בהמתו אסור משום שלא היה יכול להביאה לתוך הבור אבל הוא עצמו שרי דמטפס ועולה מטפס ויורד וכיון שיכול ליכנס לתוך הבור ולשתות לא אסרו לו בשביל שמילא אותם נכרי והא דאסרינן בגמרא נכרי שליקט עשבים לצורך ישראל אע"ג דישראל יכול להעמיד בהמתו על גבי העשבים במחובר אומר ר"ת דהתם נמי איירי בתרי עברי דנהרא שלא היה יכול [ו]להביא הבהמה לשם ואע"ג דהך בבא דמילא מים משום חידוש דהיתרא קתני לה כדמוכח בגמרא מיהא בהמתו משום איסורא נקט לה וה"ר אליהו הביא ראיה להתיר מפירות שילאו חוץ לתחום וחזרו שלא הפסידו היתירן הראשון כדאמר בפרק מי שהוציאוהו (עירובין דף מא:) ה"ה המים שמתחילה היה יכול [א] לבא שם והביאו דרך רה"ר דשרו ולא דמי דהתם לא אתעבידא בהו איסורא דאורייתא מיהו לענין אותו ישראל עצמו לא מלינו חילוק ור"י אומר דה"ה לישראל עצמו אסור והאי דנקט בהמתו לאשמעינן רבותא דלא גזרינן דילמא אתי לאפושי בשביל ישראל שבהמה רגילה לשתות הרבה אבל ישראל עצמו פשיטא דשותה אחריו דליכא למיחש כולי האי דילמא אתי לאפושי דבדלייה אחת מושך הרבה לצורכו ולצורך ישראל ולפי זה אם נמשכו המים לצורך ישראל זה אסור לכל ישראל אי איכא איסורא דאורייתא כגון שמביאם דרך רה"ר או מרה"י לרה"ר אבל בכרמלית שרי לישראל אחר ויש שרצו לומר דדוקא שתיה אסורה אבל לרחוץ ידיו ורגליו ושאר תשמישין שרי כדאמר בפרק חרש (יבמות דף קיד.) רבי ינאי אירכסו ליה מפתחות דבי מדרשא כו' אמר ליה דבר טלית וטליתא ליטיילו התם דאי משכח להו מייתי להו אלמא יכולין ליהנות ממפתחות להשתמש בהם בשבת ואין נראה לר"י כלל דהתם אין עושין לדעת ישראל ועוד דהרי כבש ונר וכמה דברים דאסור להשתמש בהם בשבת כשנעשין לצורך ישראל ה"נ לא שנא שתיה לא שנא שאר תשמישין אסירי:

איני והאמר רב הונא אמר רב חנינא מעמיד אדם כו' אבל לא על גבי מוקצה. והני עשבים נמי מוקצין נינהו שנלקטו היום מן המחובר וא"ת ולימא דהך ברייתא רבי שמעון היא דלית ליה מוקצה וי"ל דמשני לה אפילו כר' יהודה א"נ מודה ר"ש במוקצה דמחובר כדפי' בקונטרס בפרק אין לדין (ביצה דף כד:) מדלא ליקטן מאתמול אקצינהו והוי כגרוגרות ולימוקים וברים ביצה (דף ג.) דאסר פירות הנושרים משום גזירה שמא יעלה ויתלוש ולא אסר להו משום מוקצה משום דמוכנים לעורבים כי ההיא דמקום שנהגו (פסחים דף נו.) והכא איירי כשאין הבהמה יכולה לבא ולאכול מן המחובר ולהכי הוי מוקצה א"נ עשבים מוקצין הם אפילו לר"ש לפי שאינו יושב ומצפה שילקטום אבל בנר יושב ומצפה מתי יכבה כדאמרינן לעיל (דף מו:) וכן פירות הנושרין יושב ומצפה מתי יפלו ולהכי אי לאו טעמא דשמא יעלה ויתלוש הוו שרו: **מעמיד** אדם בהמתו ע"ג עשבים בשבת. כדדרשי' במכילתא למען ינוח שורך וחמורך וגו' יכול לא יניחנו תולש לא יניחנו עוקר ת"ל למען ינוח ואין זה נוח אלא צער. ר"ת: **אמר** אביי שלא בפניו הוה. נראה לר"י דמודה אביי דנר לאחד נר למאה אלא דסבר דהכא אם היה בפניו עיקר היה נעשה לצורך ר"ג שהיה נשיא ושר וראש בספינה: אהדרינהו

מסורת הש"ס

א) [ע"ז לא.], ב) [עירובין עט.], ג) [תוספתא פי"ז], ד) לקמן קנא. מכשירין פ"ב מ"ה, ה) [ד"ה ואפילו], ו) [דף קכא.], ז) לשבא הבהמה לשם ואין זה דוחק דדומיא דמתני' איירי האי כתרי עברי דנהרא שאין הבהמה יכולה לירד לבור ואע"ג דהך בבא וכו' כצ"ל רש"ל.

הגהות הב"ח

(א) תוס' ד"ה משקה וכו' שמתחלה היה יכול לילך ולשתות שם והביאו נכרי דרך רה"ר:

מוסף רש"י

מעמיד אדם בהמתו על גבי עשבים. מחוברים לאכול ולא חיישינן דלמא עקר בידים ומאכיל לה, דהא תמיר עליה איסור שבת, אבל איסור מוקצה קיל ליה וחיישינן דלמא שקיל בידים ושפי לה (עירובין עט.).

הדרן עלך כל כתבי

רבינו חננאל

אמר ליה כאותן של בית אביך, ש"מ דניטלת בידו אחת שרי, ניטלת בב' ידים לא איתברירא לן בהדיא. וכן קרונות של בית רבי הניטלין בשני בני אדם לא איפשיטא. והתיר ר' חנינא לשתות יין הבא בקרונות של נכרים בחותם אחת, ולא ידענא אי משום דסבר לה כר' אליעזר אי משום אימתא דבי נשיאה. נכרי שהדליק את הנר. ת"ר גוי שליקט עשבים מאכיל אחריו ישראל ואם בשביל ישראל אסור. וכן מילא מים להשקות בהמתו וכו', בד"א בגוי שאינו מכירו אבל אם מכירו אסור. תא שמע עיר של ישראל וגוים דרין כו'.

הדרן עלך כל כתבי הקודש

עין משפט נר מצוה

פ א מיי' פי"ג מהלכות מאכלות אסורות הל"י סמג לאוין קמח טור שו"ע יו"ד סימן קיח סעיף א וסימן קל סעיף ב:

פא ב מיי' פ"ו מהלכות שבת הלכה ב ג סמג לאוין סה טוש"ע או"ח סימן רעו סעיף א וסימן שכה סעיף יא יב:

פב ג ד מיי' שם וסמג שם טוש"ע או"ח סימן שכה סעיף י יא:

פג ה ו מיי' פכ"א מהל' שבת הלכה ט סמג שם טוש"ע או"ח סימן שכד סעיף יג וסימן שכה סעיף יא:

פד ז מיי' פ"ו שם הל"ד וסמג שם טור שו"ע שם:

פה ח מיי' שם הלכה ו סמג שם טוש"ע או"ח סימן שכו סעיף יב:

פו ט מיי' שם הלכה ז סמג שם טוש"ע שם סימן רעו סעיף ב:

רב נסים גאון

אי משום דסבר לה כר' אליעזר דלא חייש לזיופא. ומימרא דר' אליעזר במס' ע"ז אין מעמידין בהמה (דף לא) דתניא אחד הלוקח ואחד השוכר בית כו', ר' אליעזר מתיר בשתייה. ואמרו מר סבר כי פליגי רבנן עליה דר' אליעזר בחותם אחד כו'. ובפרק השוכר את הפועלין (שם דף סט) אמרו ובי מאחר דקיימא לן כוותיה דרשב"ג וכוותיה דר' אליעזר דלא חייש לזיופא.

סליק פרק כל כתבי הקודש

(**וביש** בו סכנה, **אפילו** הדליק ישראל בשבילו, מותר לכל להשתמש לאורו, דנר לאחד נר למאה).

[ה]**וה"ה לעושה מדורה לצרכו או לצורך חולה** - דמותר לכל ישראל להתחמם, ואפילו הוא מכירו, **משום** דמדורה קטנה נמי מחממת הרבה אנשים, והוי כמו נר, דנר לאחד נר למאה.

(**ואם** הא"י הדליק איזה קיסם או נר משמן פסול, אסור להשתמש לפניו, דלא עדיף משאם היה של ישראל, דחיישינן בו שמא יטה).

(**כתב הא"ר**, א"י שרצה לתקן נר של ישראל, דהיינו למחוט הפתילה, ונכבה בידו, וחזר והדליקו, נ"ל דמותר, דזה הוי כמו לצרכו, כיון שנכבה בידו, **ולבקש** לא"י למחוט, בודאי אסור).

[ו]**ויש אוסרים במדורה, משום דגזרינן שמא ירבה בשבילו** - ס"ל דבמדורה גזרינן שמא ירבה, ולא דמי לנר, משום דלפי ריבוי אנשים שמסובין אצל המדורה צריך להוסיף ולהגדיל המדורה.

(**ולדבריהם**, **אפילו** אם נעשה בשביל חולה שיש בו סכנה, אסור לשאר אנשים להתחמם נגדה, משום חשש דשמא ירבה, **ולעת** הצורך יש לסמוך אדעה הראשונה, וכן סתם המחבר בסוף הסימן להקל).

ואם ידוע הוא שאינו מכירו, שרי לכו"ע.

ואם הסיק הא"י התנור לצרכו, כו"ע מודים דרשאי הישראל ליכנס לבית החורף, דחימום לאחד חימום למאה, והוי כמו נר דשרי.

הגה: מיהו אם עשה א"י בבית ישראל - לאו דוקא, דה"ה אם שבת במלון אצל א"י בשבת, כביתו הוא, **מדעתו** - היינו שלא צוהו הישראל, **אין הישראל צריך לצאת** - אע"פ שעושה הא"י בשבילו, לא הטריחו אותו לצאת מהבית, **אע"פ שנהנה מן הנר או מן המדורה (טור)** - [ז]וה"ה שא"צ להפוך פניו מהנר, אא"כ שרוצה לעשות מדת חסידות, כ"כ המ"א בשם הב"י, **ובחי'** הרשב"א משמע שהוא מחמיר בזה.

אבל אם צוהו מתחלה, צריך לצאת אח"כ מהבית.

והיינו דוקא אחר שכבר עשה הא"י, ומה יש לו לישראל לעשות, לא הטריחוהו לצאת מהבית בשביל זה, ויזהירנו על להבא שלא לעשות כן, **רק** שאסור להשתמש לאורו דבר שלא היה יכול לעשות בלא נר, או להתחמם נגד המדורה, (וללמוד או לאכול בפני הנר, ג"כ בכלל זה לאיסור).

אבל אם נזדמן לישראל שראה בעת שהא"י רוצה להדליק בשבילו, או לעשות המדורה, צריך למחות בידו, אפי' אם היה זה בביתו של א"י, ג"כ צריך למחות, כיון שהנר והעצים של ישראל, **ואפילו** אם דעת הישראל לצאת אח"כ לחדר אחר, שלא יהנה מהנר, ג"כ צריך למחות, [ודוקא שאינו עושה בקיבולת, אבל כשנהנה אסור בכל גווני], **וכ"ש** בבית ישראל, **ואם** הא"י עושה בע"כ, חייב לגרשו מביתו מפני חילול השם, שיחשדוהו שעושה הא"י בשליחותו, כיון שהוא בבית ישראל, **ואין** חילוק בזה בין אם הא"י עושה בחנם או שקצץ עמו שכר בקיבולת, כיון שהוא עושה בבית ישראל.

סימן שכה סי"א - עיין לקמן אות ג'- ד'.

סימן שכה סי"ב - [ח]**אע"פ שאינו מכירו, אם אומר בפירוש שלצורך ישראל הוא עושה** - אסור, ואפילו אח השתמש מתחלה בעצמו ג"כ.

או אפילו אם אינו אומר כן, אם מעשיו מוכיחים שלצורך ישראל עושה, כגון שהדליק נר בבית שישראל בו והלך לו הא"י - דלא נשתמש בו מאומה, **אסור** - ומשמע דאם לא היה הא"י הולך, היה מותר לישראל להשתמש תיכף משהדליק הנר, אף קודם שהשתמש בו הא"י, משום דתלינן דמסתמא הדליק אדעתא שישתמש בו אח"כ, **ועיין** בבה"ל בס"י.

אות ג' – ד'

<u>**נכרי שליקט עשבים, מאכיל אחריו ישראל, ואם בשביל ישראל אסור. מילא מים להשקות בהמתו, משקה אחריו ישראל, ואם בשביל ישראל אסור**</u>

<u>**בד"א שאין מכירו, אבל מכירו אסור**</u>

סימן שכה ס"י - [ט]**א"י שמילא מים לבהמתו מבור שהוא רשות היחיד, לרשות הרבים, מותר לישראל להשקות מהם בהמתו;** [י]**והוא שאין הא"י מכירו, דליכא למיחש שמא ירבה בשבילו** - דבמכירו, אף שהא"י עשה לעצמו אסור, דגזרו שמא ירבה הא"י לדלות בשבילו, **ועיין** לקמיה סי"א דאפי' דלה שלא בפני ישראל אסור, **ואך** עכ"פ בעינן שידע הא"י שהישראל צריך לאותה המלאכה, דאז נוכל לומר שיכוין להרבות בשבילו במכירו.

(**במשנה איתא**: משקה אחריו ישראל, ופירש"י הא דנקט "אחריו", דניכר דמילא הא"י לצורך עצמו, **ונראה** פשוט דרש"י איירי בסתמא, דלא ידעינן כונתו, ומזה יש היכר שעשה לכתחלה לצורך עצמו ושרי, **אבל** אי ידעינן שעשה לצורך עצמו, מותר לישראל תיכף ליהנות מזה, **ובזה** ניחא מה שסתמו כל הפוסקים בזה ולא הביאו דברי רש"י, דהם איירי בידעינן).

(**עיין** במ"א שמסיק, דה"ה חרש שוטה וקטן שמלאו מים, אין מותר רק כשמלאו לצורך עצמן, **אבל** לצורך ישראל אסור, ובעינן למו"ש בכדי שיעשו כמו בא"י, **אך** זה נראה דעדיף מא"י, דאפילו במכירו מותר, דלא חיישינן בהו שמא ירבה בשבילו).

באר הגולה

[ה] **סמ"ג והתרומה והגהות** [ו] **טור ושבלי הלקט בשם ר"ת והמרדכי** [ז] (וכתב הרב ב"י, דתחלה כשהיה סובר דלצורך שמואל הדליק, למה לא יצא שמואל, {בגמ' עמוד ב'}, תירץ בירושלמי דאין מטריחים על האדם לצאת מביתו, וכתב הרב ב"י, אע"ג דהוי בית גוי, מ"מ כיון דלן בשבת בבית גוי, גם בית הגוי נקרא ביתו, וא"צ לצאת. **וא"כ** משמע דאפי' בבית ישראל עכ"פ צריך הישראל להפך פניו, כמו שעשה שמואל, דהא שם ג"כ נקרא ביתו, אלא שהרב ב"י כתב, הא דשמואל הופך פניו הוא מצד מדת חסידות החמיר על עצמו – מחה"ש) [ח] **הג' מרדכי פרק בשם ר"א ממיץ** [ט] **שבת קכ"ב משנה** [י] **שם ברייתא**

ואם מילא לצורך בהמת ישראל, אסור [יא] **בכל מיני תשמיש** - דלא מבעיא לשתיה דעיקרו עומד לכך, בודאי אסור, אלא אפילו שאר תשמישין נמי אסור להשתמש בם, תוס' (ד"ה משקה).

אפילו ישראל אחר - דכיון דאתעביד בהו מלאכה דאורייתא בשביל ישראל, אסור לכל ישראל, **ואפילו** לערב במו"ש יהיה אסור, עד בכדי שיהיה שהות לדלות חדשים.

[יב] **ואם מילא מבור רשות היחיד לכרמלית** - דאינו אלא מלאכה דרבנן, **מותר לאחר שלא מילא בשבילו** - וכנ"ל בס"ח.

הגה: ויש מקילין ואומרים דאף אם הוצא דרך רשות הרבים לצורך ישראל, מותר לאדם לשתות מהם, הואיל ואפשר לילך שם ולשתות (טור בשם ר"ת (ד"ה משקה)**)** - אף דהא"י הביא דרך ר"ה באיסור, לא חשיב נהנה ממלאכת הא"י בשבת, כיון דאותה ההנאה היה יכול ליהנות בלא חילול שבת, דאפשר לו לירד לתוך הבור ולשתות בהיתר, **דדוקא** בבהמתו אסור, דא"א לה לשתות מתוך הבור, **ובבהמה** נמי אם הביא מים מנהר שאפשר לה לשתות משם גופא, או שהביא מבור העומד ברה"י שהיה אפשר להכניסה שם ולהשקותה בלא חילול שבת, ג"כ יהיה מותר, [מ"א בשם מרדכי, וכן משמע מתוס'].

אבל אם בפעם הזה הביא הא"י מים לבהמתו מבור שהוא רה"י העומד בר"ה, דאלו המים א"א להשקותה בהיתר, אף שיש שם גם נהר שהיה אפשר להשקותה משם, אסור, דעכ"פ מים אלו הביא ממקום שא"א לה לשתות בהיתר.

ואם אין הישראל יכול לילך שם מפני סכנת דרכים, אסור גם לדעה זו, **ופשוט** דה"ה להדיח כלים בהמים, או לעשות בם שאר תשמישין, שלא היה אפשר לעשות שם בתוך הבור, דינו כבהמתו ואסור גם לדעה זו.

ולענין דינא, העיקר כדעה ראשונה דהוא דעת כל הראשונים, וכן משמע מהגר"א ותו"ש, **ורק** לצורך גדול או לצורך שבת יש לסמוך ע"ז להקל, [**עכ"פ** בר"ה דילן, דהוא ככרמלית להרבה פוסקים], **ובמו"ש** יש להתיר מיד בכל גווני.

ויש מתירין אף לכתחלה (כל בו) - האחרונים נדחקו מאד בטעם הדבר, דהא אף היש מקילין דבסמוך, לא מצינו שהקילו רק לענין דיעבד, אבל לא לכתחלה להתיר אמירה לא"י אפילו בכרמלית, וכ"ש בר"ה, **והגר"א** כתב דהוא דעת ראבי"ה, המובא בב"י בסימן ש"ז.

וכן נהגו היתר לומר אף לכתחלה לא"י להביא שכר, או שאר דברים - היינו דבר שהוא צורך שבת קצת, **דרך כרמלית או בלא עירוב** - ובד"מ משמע, דנהגו להקל אף בר"ה דילן.

ואע"פ שיש להחמיר - דמטעם שבות דשבות אין מתירין לכתחלה, רק בצורך גדול או לדבר מצוה גמורה, כגון שהוא צריך המשקה לקידוש, או להביא התבשיל החם שהוכן לסעודות שבת, **מ"מ אין למחות ביד המקילין בדבר לצורך שבת, ובשעת הדחק** - היינו או בשעת הדחק, **דהא יש להקל באמירה לא"י לצורך, כמו שנתבאר סי' ש"ז, וכל שכן בכהאי גוונא** - (שאותה ההנאה היה יכול ליהנות בלא חילול שבת).

כתבו האחרונים, דמ"מ אין להקל אלא בשכר וכיו"ב, מהדברים הצריכים בשבת, שא"א להיות בלעדם אלא בדוחק קצת, **אבל** דברים שא"צ כ"כ, כגון פירות וכיו"ב, אין להקל, ואפילו אם הוא רוצה להתענג בהם לכבוד שבת, **ולא** יפה עושין המשלחין ע"י א"י מגדנות לאורח ולחתן חוץ לעירוב.

ועכ"פ לא יתן מעות לא"י ע"ז, **וגם** לא יתן לו הכלי לידו, ולא יקבלם מידו בעת הבאתו, כדי שלא יעשה הישראל העקירה וההנחה.

סימן שכה סי"א - [יג] **ליקט א"י עשבים לצורך בהמתו, אם אינו מכירו, מאכיל אחריו ישראל,** [יד] **שעומד בפניה בענין שלא תוכל לנטות אלא דרך שם** - דמוקצה מותר בהנאה, **דאילו להעמידה עליהן אסור, דחיישינן שמא יטול בידו ויאכילנה, והם מוקצים.**

ולדעת היש מקילין הנ"ל, אף כשלקטן לצורך בהמת ישראל מותר, כיון שיכולה לאכול במחובר, **אם** לא שהיה בעבר הנהר שאינה יכולה לאכול משם, [תוס' (ד"ה משקה)], או שהיו העשבים מועטין שאין דרך להאכיל במחובר, [וה"ה אם ירא להוליכה שם שלא יגנבוה], **אבל** שארי פוסקים לא חלקו בזה, והעיקר כמותם וכנ"ל, **אך** אם הוא שעת הדחק שאין לישראל עשבים, כתב הח"א דיכול לסמוך על דעת היש מקילין הנ"ל, ולומר לא"י שיאכילנה לבהמתו, [וה"ה שיעמוד בפניה שלא תלך אנה ואנה ותלך לעשבים], אפילו אם לקטן לצורך ישראל, **וכן** במילא הא"י מים מן הנהר, במקום שיכולה הבהמה בעצמה לילך ולשתות, ואין לו מים אחרים ליתן לה, אע"ג שמלאן א"י בשביל ישראל, מותר.

אבל לומר לא"י ללקט עשבים, בכל ענין אסור, דהוי מלאכה דאורייתא, וכן לומר לא"י למלאות מים מן הבור שהוא רה"י לר"ה, בכל ענין אסור, **אך** אם סביב הבור הוא כרמלית, מתיר הח"א ע"י א"י, משום צער בעלי חיים, [**ומסתברא** דברה"ר שלנו ג"כ יש לדונו ככרמלית במקום הדחק לענין אמירה לעכו"ם], **ודוקא** פעם אחד ביום ולא יותר, וע"י ישראל לעולם אסור.

[**עוד** כתב הח"א, דאם אין לבהמה שום דבר לאכול, לא שבולת שועל או שאר תבואה, אין למחות באלו שאומרים לא"י לקצור עשבים, דמוטב שיהיו שוגגין, ועוד משום צער בעלי חיים, **אבל** אם אפשר להשיג שבולת

באר הגולה

יא	הר"ן בפ"ג דביצה וכמסקנת התוס' (ד"ה משקה) והרא"ש
יב	תוס' שם כל כתבי (ד"ה משקה), וכן כתב המרדכי בפרק כל כתבי וש"פ
יג	שבת ברייתא
יד	שם בגמ'

שועל, אע"פ שצריך לפזר הרבה דמים, ואפי' שצריך הא"י להביאן דרך רה"ר שלנו, אסור לומר לקצור עשבים דהוא שבות גמור, אבל להביאן אינו אלא שבות דשבות, **וכ"ש** דאסור היכי שיכול להוליך הבהמה ע"ג עשבים המחוברין, **ואמנם** בין לומר לא"י למלאות מים, וכ"ש לקצור עשבים, אסור יותר ממה שצריך לאבול פעם אחת ביום בלבד, וע"י ישראל לעולם אסור].

אבל אם מכירו, אסור - היינו רק עד הערב, ואין צריך להמתין בכדי שיעשו.

מדסתם המחבר משמע, דאף אם שלא בפני הישראל ליקט, אסור אם מכירו, וכן פסקו כמה אחרונים, (**וכמ"ש** בב"י דכן נראה דעת הרי"ף והרמב"ם, דלא הזכירו דברי אביי דצריך בפניו דוקא, ושכן נראה דעת התוס' ביצה דף ג', **ודלא** כדעת הר"ן והמ"מ שכתבו דדוקא בפניו אסור, דאז שייך למיגזר דקא מיכוין להרבות בשבילו בשעת עשייתו, וכן העתיקו הט"ז והא"ר, ובאמת כדעת הר"ן והמ"מ נמצא עוד כמה ראשונים שכתבו כן בפשיטות בלי שום חולק, **והוא** כסברת אביי שבגמ', ונראה להם דגם רבא לא פליג עליו בזה, ונ"ל דכן משמע כדבריהם מלשון הגמ', רבא אמר אפילו תימא בפניו וכו', משמע דגם הוא מודי דשלא בפניו אין לאסור כלל, אלא דכאן בכבש אפילו בפניו מותר משום נר לאחד נר למאה, ע"ש, **אלא** דמ"מ אין להקל בזה, דהתוס' הלא סמכו עצמם על התוספתא שבת. **ובאמת** אין נ"מ בזה לדינא, דאפילו אם נפסוק כהני רבוותא להקל, הלא כתב המ"א דדוקא אם אינו יודע הא"י שהישראל צריך לו, דאל"ה אסור לכו"ע אף שלא בפניו, דעיקר הטעם דמצרכי בפניו, הוא כדי שידע שהישראל צריך וירבה בשבילו, וא"כ כשיודע הא"י שהישראל צריך, אסור אף שלא בפניו, ובאינו יודע גם להט"ז וא"ר מותר (בפניו). **ודברי** המ"א נפלאו ממני, דהא בכבש של ר"ג הלא ידע הא"י שצריכים להכבש לירד בו, ואפ"ה קאמר אביי דלפיכך מותרים לירד משום דשלא בפניו עשאו, **וגם** מפשטות דברי הראשונים המקילין, משמע דדוקא בפניו אסור, ושלא בפניו מותר בכל גווני, **וסברא** גדולה היא לענ"ד, דבמה שידע הא"י שצריך הישראל, אינו מוכרח שיכוין בשבילו, דאטו יכוין בשביל כל מכיריו, ורק כשיודע שצריך וגם הוא בפניו, נותן דעתו לכוין בשבילו, **ועיין** בסוגיא שם דמקשי הגמרא ממרחץ, ופירש רש"י וחי' הר"ן דגם לאביי מקשי, דחשיב שלא בפניו אף דידע בודאי שצריך לישראל המרחץ, דרוב ישראל היו שם, ע"ש).

ועכ"פ בענין שידע הא"י בשעת מלאכתו שצריך לזה הישראל המכירו, דאז שייך למגזר שיכוין להרבות בשבילו, [**אך** דעת המ"א ביותר מזה, דאפי' אם בפניו ליקט, אינו אסור כי אם ביודע שצריך לו]. **ויש** פוסקין המחמירין שסוברין, דאפילו אם כבר עשה הא"י ולא ידע אז שהישראל צריך, אסור אם מכירו, דאף דאין בזה חשש שירבה בשבילו בשבת זו, גזרינן דבמה שיהנה ממלאכתו ירגילו להרבות בשבילו לשבת אחרת, **ולעת** הצורך יש להקל בזה.

אות ה' - ו'

מעמיד אדם בהמתו על גבי עשבים בשבת, אבל לא על גבי מוקצה בשבת

דקאים לה באפה, ואזלא היא ואכלה

סימן שכד סי"ג - [טו]מעמיד אדם בהמתו על גבי עשבים מחוברים - דאיתא במכילתא "למען ינוח", יכול לא יניחנו תולש ועוקר, כתיב "למען ינוח", ואין זה נוח אלא צער, **ולא חיישינן שמא יתלוש מהם** - דאיסורו חמיר וזהיר ביה.

אבל לא על גבי מוקצה, מפני שאיסורו קל וחיישינן שמא יתן לה ממנו בידים. ודוקא להעמידה על גביו ממש, [טז]אבל לעמוד בפניה בענין שלא תוכל להטות אלא דרך שם, מותר - כיון שאין קרוב לה כ"כ, ליכא למיחש.

סימן שכה סי"א - [יז]ליקט א"י עשבים לצורך בהמתו, אם אינו מכירו, מאכיל אחריו ישראל, [יח]שעומד בפניה בענין שלא תוכל לנטות אלא לדרך שם - דמוקצה מותר בהנאה, **דאילו להעמידה עליהן אסור, דחיישינן שמא יטול בידו ויאכילנה, והם מוקצים.**

אות ז'

אפילו תימא בפניו, נר לאחד נר למאה

סימן שכה סי"א - וכן בכל דבר דאיכא למיחש שמא ירבה בשבילו; [יט]אבל בדבר דליכא למיחש שמא ירבה בשבילו, כגון שהדליק נר לעצמו, או עשה כבש לירד בו, שבנר אחד ובכבש אחד יספיק לכל, אפי' מכירו מותר - דאף להסוברין לאסור משום שבת אחרת, לא חיישינן בזה שיעשה בשביל ישראל עצמו לשבת אחרת, **דדוקא** בדבר שיעשה לעצמו, חיישינן שמא ירבה בשביל ישראל, אבל לא שיעשה בשביל ישראל לבדו.

אות ח'

עיר שישראל ונכרים דרין בתוכה, והיתה בה מרחץ המרחצת בשבת, אם רוב נכרים מותר לרחוץ בה מיד, אם רוב ישראל ימתין בכדי שיחמו חמין

סימן שכו סי"ג - [כ]עיר שישראל וא"י דרים בה, ויש בה מרחץ רוחצת בשבת, אם רוב א"י, מותר לרחוץ בה במו"ש מיד - אין תלוי ברוב דיורי העיר, אלא באנשים הרגילין

באר הגולה

טו שבת קכ"ב | טז שם | יז שבת ברייתא | יח שם בגמ' | יט שם וכרבא | כ משנה במס' מכשירין פ"ב מ"ה וכת"ק, רמב"ם פ"ו ה"ז, ושכן נראה דעת הרי"ף כמ"ש ר"ן

לרחוץ במרחץ זה בעת הזו של מוצאי שבת, דמסתמא אדעתן מחמם את המרחץ.

ואם רוב ישראל, או אפילו מחצה על מחצה, אסור למו"ש עד כדי שיוחם - ר"ל כדי שיוחמו חמין, [משנה שם, ומשמע דלא בעינן שיוחם המרחץ בשלימות].

ואפי' המקילין לעיל בסימן שכ"ה ס"ז, לענין ספק אם נעשה המלאכה בשביל ישראל או בשביל א"י, **הכא** אסור, דכיון דהם מחצה על מחצה, בשביל שניהם נעשה, (וכפירש"י בפ' השואל – ט"ז, עיין באות ט').

[**ואם** יש שם שר שיש לו עבדים הרבה, (עיין דף קנ"א), ואפשר שחממוהו משחשיכה, יש לתלות להקל, לפי דעת המקילין הנ"ל].

ונראה דלרבותא נקט (מרחץ רוחצת בשבת), דאף שבשבת גופא מסתמא רוחצין בו א"י, כיון שבמו"ש רוחצין בו רוב ישראל, כי חממוהו בסוף יום השבת, אדעתא דישראל מחממי.

אות ט'

נר הדלוק במסיבה, אם רוב נכרים מותר להשתמש לאורה, אם רוב ישראל אסור, מחצה על מחצה אסור

סימן רעו ס"ב - [כא] **ישראל וא"י שהסיבו יחד, והדליק א"י נר, אם רוב א"י, מותר להשתמש לאורו** - דמסתמא אדעתא דרובא קעביד, [גמ'], **ואפילו** אם אח"כ נתרבו ישראל ונתוספו עליהן, או שהלכו להן הא"י, **וכן** להיפוך ברוב ישראל.

(**לכאורה** נראה, דא"י המדליק אינו נחשב לחשבון הרוב, שהוא מדליק על השלחן על דעת המסובין אצלו, ועיין).

(**כתב** במאירי, לא כל הרבים שוים, שאם יש אדם חשוב כ"כ שהדברים מוכיחים שבשבילו נעשה, הולכין אחריו, **ולכאורה** מדברי התוס' קכ"ב ד"ה אמר לא משמע כן, דהם כתבו סברא זו לאביי, וידוע דהלכה כרבא דחולק עליו בזה, וס"ל דאף שהיה ר"ג נשיא ושר בספינה, אפ"ה נר לאחד נר למאה, **ואולי** דזה שהוא משתמש בעצמו בהכבש שעשה, דאמרינן בזה דהעיקר עשה אדעתיה דנפשיה כדפירש"י, סברא זו אלימא יותר ממה דאמרינן בעלמא דהעיקר אדעתיה דרובא קעביד).

ואם רוב ישראל, או אפי' מחצה על מחצה, אסור - הטעם (למחצה על מחצה), משום דליכא למיקם עלה דמלתא, אם בשביל א"י עביד, או בשביל ישראל עביד, (והוא מפירש"י בשבת קכ"ב, **ולפי"ז** בס"א דפסק לצרכו מותר, היינו ביש הוכחה, וכגון שראינו שהוא משתמש תיכף לאורו וכה"ג, אבל אם היה ספק אם לצרכו או לצורך ישראל, אסור), **וי"א** משום דבמחצה על מחצה מסתמא לשם שניהם נעשה, (**דבאמת** זה תלוי לפי השיטות בשבת קנ"א. ע"ש, ורש"י בשבת קכ"ב אזיל בזה לפי גרסא ראשונה, **ולפי** גרסא אחרונה דס"ל לרש"י שם דהוא העקרית, הטעם במחצה על מחצה משום דמסתמא לשם שניהן נעשה, **ולפי"ז** לענין ספיקא הנ"ל יש להקל, ומ"מ לענין דינא יש להחמיר בספיקא, שכן סתם המחבר בסימן שכ"ה ס"ט וסט"ז ובסימן תקט"ו, ומ"מ נ"ל דבהצטרף לזה עוד איזה ספק, יש להקל ולסמוך על המקילין בזה).

באר הגולה

כא שם בברייתא

ז א טור שו"ע שם :

א ב מיי' פכ"ב מהלכות שבת הלכה כה ופכ"ה הלכה יב סמג לאוין סה טוש"ע או"ח סימן שח סעיף ח :

ב ג מיי' שם הלכה ז טוש"ע שם סעיף ג :

ג ד מיי' שם הלכה ח טוש"ע שם סעיף יא :

[עי' לעיל לה. תוס' ד"ה ואפילו]

[לעיל נו.]

[לעיל מד.]

ד ה מיי' פכ"ב שם הלכה כה טור שו"ע שם סעיף ט :

ה ו מיי' שם הלכה כו סמג שם טוש"ע או"ח סימן שיד סעיף א :

פירוש מולג [וכמשנה שבמשניות איתא המולג]

ארעתא דרובא מדלקי שמואל איקלע לבי אבין תורן אתא ההוא נכרי אדליק שרגא אהדרינהו שמואל לאפיה כיון דחזא דאייתי שטר וקא קרי אמר "ארעתא דנפשיה הוא דאדליק אהדרינהו אידו לאפיה גבי שרגא:

הדרן עלך כל כתבי

כל [ו]הכלים ניטלין בשבת ודלתותיהן עמהן אע"פ שנתפרקו (בשבת) שאינן דומין לדלתות הבית לפי שאינן מן המוכן [ז]נוטל אדם קורנס לפצע בו את האגוזין קרדום לחתוך בו את הדבילה מגירה לגור בה את הגבינה מגריפה לגרוף בה את הגרוגרות את הרחת ואת *המלגז לתת עליו לקטן את הבויש ואת הכרכר לתחוב בו *[ח]מחט של יד ליטול בו את הקוץ ושל סקאים לפתוח בו את הדלת: **גמ'** כל הכלים ניטלין ואע"פ שנתפרקו בשבת ולא מיבעיא בחול אדרבה בשבת מוכנין על גבי אביהן בחול אין מוכנין על גבי אביהן אמר אביי הכי קאמר כל הכלים ניטלין בשבת ודלתותיהן עמהן אע"פ שנתפרקו בחול ניטלין בשבת ת"ר *[ט]דלת של שידה ושל תיבה ושל מגדל נוטלין אבל לא מחזירין ושל לול של תרנגולים לא נוטלין ולא מחזירין בשלמא של לול של תרנגולים קסבר כיון דמחברי בארעא יש בנין בקרקע יש סתירה בקרקע אלא של שידה ושל תיבה ושל מגדל מאי קסבר אי קסבר יש בנין בכלים יש סתירה בכלים ואי אין סתירה בכלים אין בנין בכלים אמר אביי לעולם קסבר יש בנין בכלים ויש סתירה בכלים ושניטלו קאמר א"ל רבא [שתי תשובות בדבר] חדא דנוטלין קתני ועוד מאי אבל לא מחזירין אלא אמר רבא קסבר *[י]אין בנין בכלים ואין סתירה בכלים וגזירה שמא יתקע: נוטל אדם קורנס כו': אמר רב יהודה קורנס של אגוזין לפצע בו את האגוזין אבל של נפחין לא קסבר דבר שמלאכתו לאיסור אפילו לצורך גופו אסור [צ"ל רבה] א"ל רבה אלא מעתה סיפא דקתני ואת הרחת ואת המלגז לתת עליו לקטן רחת ומלגז מי מייחדי ליה לקטן אלא אמר רבה קורנס של נפחין לפצע בו האגוזין קסבר

דבר

אהדרינהו שמואל לאפיה · מיירי שהיה מחצה על מחצה דמשום נר לאחד נר למאה לא משתריא אלא היכא שאין ניכר שהוא עושה לצרכו דתו לא גזרינן אפילו במכירו שמא ירבה בשבילו: הדרן עלך כל כתבי

כל הכלים הניטלין בשבת דלתותיהן עמהם גרסינן ול"נ כל הכלים ניטלין דטובא איכא דאין ניטלין כגון מסר הגדול ויתד של מחרישה דאפילו ר"ש מודה כדאיתא בשילהי מכילתין (דף קנז.) וכגון תלתא* בת תרי כורי דאסר רבה בשילהי במה מדליקין (דף לה:) וכן תצורות לרבי יהודה* ונר ישן* מ"ר: **אדרבה** בשבת מוכנין אגב אביהן · אע"ג דלקמן בפירקין (דף קכד:) אמר איפכא גבי שברי כלי חרס דשרי לטלטל יותר כשנשברו בע"ש משנשברו בשבת לא דמיא דהכא אכתי כלי הוא שעדיין עומד למלאכה ראשונה וראוי להתחבר הכיסוי עם הכלי אבל לקמן לא חשיב כלי אלא מחמת שעומד למלאכה אחרת הלכך כשנשבר בשבת אסור טפי דהוי נולד: **לעולם** קסבר יש בנין בכלים כו' · וכשניטלו מטלטלין קאמר וה"פ הברייתא דלת של שידה תיבה ומגדל ניטלין פירוש מטלטלין כשניטלין ולא כפירוש הקונטרס דמפרש שניטלין דקתני היינו שניטלו קאמר כלומר כשניטל אין מחזירין אותן דלא יתכן לפרש כן ניטלין דסיפא אלא לשון טלטול הוא כדפרשתי ופריך והא(א) כמי נוטלין קתני ועוד מאי אבל לא מחזירין דלא שייך למיתני אמילתיה דלא (דמיא)[שייך]כלל למאי דאיירי בה דמעיקרא קאמר ניטלין שמותר לטלטל ואין בו איסור מוקצה והדר קאמר אבל לא מחזירין שהוא משום איסור בנין מאי ענין זה אצל זה לא שייך כה"ג למיתני אבל כלל: **רחת** ומלגז מי מייחדי ליה לקטן · ורב יהודה ידע ליה לסיפא אלא דילמא הוה מוקי לה בשיחדה לכך ככל הכך דמתניתין ואם תאמר והאמר רב יהודה אמר שמואל בפרק אלו קשרים (לעיל דף קיג.) כלי קיואי מותר לטלטל בשבת דהיינו לצורך גופו אע"פ שמלאכתו לאיסור ואין לומר(דמשמע) דשמואל קאמר ליה וניה לא סבירא ליה מדבעי מיניה מרב יהודה כובד עליון וכובד התחתון מהו אין ולאו ורפיא בידיה משמע דס"ל הכי ועוד דרב יהודה גופיה בסוף כירה(לעיל ד' מו·) קאמר שרגא דמישחא שרי לטלטולי ואין לומר דמיירי כשייחדו להיתר כדמוקי רב יהודה הכך דמתני' דהא כלי קיואי לא משמע שייחדו דאם כן אפילו כובד העליון וכובד תחתון נמי ויש לומר דלא אסר רב יהודה אלא דומיא דפילוע אגוזים שהיא מלאכה גרועה לגבי קורנס שמיוחד למלאכה חשובה וכן כל הכך דמתניתין הוה אסור בלא ייחוד למלאכת היתר שלהן מלאכה גרועה היא לגבי הכך כלים שמיוחדין למלאכה חשובה אבל כלי קיואי ושרגא דמישחא מותר לטלטל לצורך גופן דמלאכה שלהן חשובה יותר מפיטע אגוזים:

בסיכי

לדעתא דרובא · הלכך ישראל עיקר ומחצה על מחצה נמי ליכא למיקם עלה דמלתא דאיכא למימר עיקר דעתיה דמדליק בשביל ישראל ואיכא למימר עיקר דעתיה דמדליק בשביל נכרי אבל נכרי וישראל והמדליק עצמו משתמש לאורה ודאי עיקר אדעתא דידיה עביד וכיון דנכר לאחד נר למאה שרי: **תורן** · מקום: **דאייתי שטר** · ההוא לאדלקה:

הדרן עלך כל כתבי

כל הכלים ניטלין בשבת ודלתותיהן עמהם · כל הכלים שיש להם דלתות כגון שידה תיבה ומגדל ניטלין בשבת ודלתות שיש להם בלכן עמהן ניטלין עמהן: **ואע"פ שנתפרקו** · הדלתות מן הכלים ניטלין ואין דומין לדלתות הבית שאין ניטלין לפי שדלתות הבית אינן מן המוכן לטלטל שאינן כלי אבל אלו הן כלי אגב אביהן: **קורנס** · מרטי"ל: **דבילה** · מאחר שעשאה עיגול עבה היא מאד וקשה כגבינה וצריך קורדום לחותכה: **ומגירה** · כעין סכין ויש בו פגימות הרבה: **לגור בה את הגבינה** · לחתכו ולחלקו לפי שממהרת לחתוך דבר עב: **מגריפה** · וודי"ל: **לגרוף בה את הגרוגרות** · מן החביות: **רחת** · פאל"א: **מלגז** · כמין עתר שקורין פורק"א של ברזל ולו ג' שיניים ומהפכין בו קש בגורן: **לתת עליו לקטן** · מזונות: **כוש** · פלך פוסי"ל: **כרכר** · רא"י"ל: **לתחוב בו** · לאכול בו תותים וכל פרי רך: **מחט של יד** · מחט קטן שתופר בו בגדים: **ושל סקאים** · מחט גדולה שתופרים בה שקים: **לפתוח בו את הדלת** · מי שאבד מפתחו: **גמ' ולא מבעיא בחול** · קא סלקא דעתך ואע"פ שנתפרקו אבשבת דקתני רישא קאי ומשמע אע"פ שנתפרקו היום מותרים ולא מיבעיא אם נתפרקו מאתמול: **אדרבה** · מאי אע"פ שייך למתני הא ודאי נתפרקו בשבת איכא למישרי משום דכי קדים יומא הוו מוכנין לטלטל אגב אביהן: **הכי קאמר כו'** · ואע"פ לא ארבותא דנתפרקו בשבת קאי אלא ארבותא דנתפרקו או בחול או בשבת קאי ולא מיבעיא כשהן מחוברין: **נוטלין** · משמע מסלקין אותן בשבת [*מהיתר] ליר שלהן: **לול** · בנין העשוי לתרנגולין: **לא נוטלין ולא מחזירין** · כדמפרש ואזיל חזרתו בנין ממש הוא וסילוקו סתירה גמורה היא: **מאי קסבר** · שמתיר סילוקו ואוסר חזרתו: **אי קסבר יש בנין בכלים** · וחזרתו בנין על כרחיך אם יש בנין יש סתירה ואמאי נוטלין: **ושניטלו** קאמר. וה"ק דלת של תיבה שידה ומגדל שניטלו אין מחזירין: **מאי אבל** · כיון דלא תנא נוטלין לא שייך למיתני אבל: **לעולם קסבר אין ספירסופין בנין** · הלכך נוטלין ומיהו אין מחזירין מדרבנן: **גזירה שמא יתקע** · בחוזקה בסכין ויתדות והוה ליה גמר מלאכה וחייב משום מכה בפטיש: **קורנס של אגוזים** · המיוחד לפליעת אגוזים הוא דקתני מתניתין דנוטלין אותו למלאכתו משום דעיקרו למלאכת היתר: **אבל של נפחים** · דעיקרו למלאכת איסור לא: **לצורך גופו** · שגופו צריך עוד למלאכה אחרת של היתר אין מטלטלין אותו לאותה מלאכה וכ"ש אם אין צריך לגופו אלא לפנות מקומו דאין מטלטלין: **מי מייחדי לקטן** · בשלמא כולהו הני דמתני' איכא לאוקמא בעשויין ומיוחדין לכך בר מהני דליכא דעביד להו להכי:

דבר

לעיל קז. סנהדרין פד

[תוספתא פ"ט]

[עירובין לה. ביצה י. יב: כב.]

ירושלמי ונוסחי איתא מהיתר וכן איתא ברא"ש

הגהות הב"ח

(א) תוס' ד"ה לעולם וכו' ופריך והא נוטלין קתני ולא תני נמי נתפרקו כו' ועוד מאי אבל:

רבינו חננאל

בנכרי שאינו מכירו אבל אם מכירו אסור. ת"ש עיר של ישראל ונכרים רדין כו':

הדרן עלך כל כתבי הקודש

פי' כל הכלים ניטלין בשבת כו'. באנו לפרש מתי נפרקו בשבת או אפי' בחול. ואוקמה אביי להא מתני' אע"פ שנתפרקו בחול ניטלין בשבת לפי שאינן דומין דלתות הכלים לדלתות הבית. כי דלתות הבית קבועין בקרקע ולא הוכנו להיטלטל. אבל הכלים הוכנו לטלטול וכ"ש דלתותיהן. ופשוטה היא. ומפרקינן* גזירה שמא יתקע. פי' שמא יתקע בה מסמר או יתד וכדומה להן: נוטל אדם קורנס לפצוע בו אגוזים וכו'. בא רב יהודה להעמיד משנתנו זו בקורנס המוכן לפצוע אגוזים. ולא כל קורנס מותר. אלא ... אבל קורנס של נפחים וכדומה להן אפילו לצורך גופו אסור. ואקשי' עלה רבה אלא מעתה סיפא דקתני ואת הרחת ואת המלגז לתת עליו לקטן. פי' לתת עליו מאכל לקטן כגון תבשיל. רחת ומלגז [מי] מ... לתבשיל

*) נראה דחסר בדברי רבינו וצ"ל דלת של שידה ושל תיבה ושל מגדל נוטלין אבל לא מחזירין

§ מסכת שבת דף קכב: §

אות א'

אדעתא דנפשיה הוא דאדליק

סימן רעו ס"ב - [א]ואם יש הוכחה שלצורך א"י מדליקה - ר"ל לצורך עצמו וכדמסיים לבסוף, **כגון שאנו רואים שהוא משתמש לאורה** - היינו מיד, **וה"ה** אם יש הוכחה שהדליק בשביל איזה א"י אחר, **אע"פ שרוב ישראל, מותר** - דמסתמא כשהדליק מתחלה, נמי העיקר אדעתא דידיה עביד, ונר לאחד נר למאה, [רש"י].

ואם אנו יודעין שעשה גם בשביל ישראל, אסור, כ"כ המ"א, (ומ"מ הסומך להקל בהדליק לצורך עצמו ולצורך ישראל, דאיכא למימר דהעיקר אדעתא דנפשיה עביד, אין למחות בידו).

הגה: וי"א דמותר לומר לא"י להדליק לו נר לסעודת שבת - היינו שיושב בחשך, ואין לו שום נר לאכול, **משום דסבירא ליה דמותר אמירה לא"י אפי' במלאכה גמורה במקום מצוה, (ר"ן ס"פ ר"א דמילה בשם העיטור).**

אבל אם גמר סעודתו, [דוקא גמר, דכל הסעודה חשובה סעודת מצוה], אף שעדיין לא בירך בהמ"ז, **או** שיש לו נר אחד, פשיטא דאסור לצוות לא"י להדליק לו, דהוי שבות שלא במקום מצוה, [**ויש** לעיין אם יש לו כוס לבהמ"ז, דקימ"ל דנותן עיניו בו, **ולפי** מה דמסיק הרמ"א, בודאי יש להחמיר בזה]. **מיהו** אם יש לו שום נר, ועבר וצוה לא"י להדליק לו נר אחר, שרי ליהנות ממנו בעוד שהנר הראשון דולק, כמ"ש בסעיף ד'.

אבל שבות דישראל עצמו, לכו"ע אסור אפילו במקום מצוה.

ולבנות בהכ"נ בשבת ע"י א"י, כתב המ"א דאסור אפילו לדעת העיטור, **ועיין** בפמ"ג שמסיק, משום דהוי מצוה שאינה עוברת, שיכול לבנותו בחול, **ועיין** בסימן רמ"ד במ"א, שהוא אסור לעשות דבר זה אף בקבלנות, אם לא שיש חשש שמא יתבטל ח"ו ע"ז בנין הבהכ"נ לגמרי, דאז יש להקל בקבלנות, **ואפשר** דאף ע"י שכירות מותר בכה"ג, אם לא ירצה הא"י בקבלנות.

שע"פ זה נהגו רבים להקל בדבר לצוות לא"י להדליק נרות לצורך סעודה, בפרט בסעודת חתונה או מילה, ואין מוחה בידם - ומוטב שיהיו שוגגין ואל יהיו מזידין.

ויש להחמיר במקום שאין צורך גדול, דהא רוב הפוסקים חולקים על סברא זו, וע"ל סי' ש"ז ס"ה - ר"ל דשם ג"כ מבואר דלא כבעל העיטור.

ושל"ה החמיר אף לצורך גדול, ושכן ראה נוהגים בקהלות חשובים, שיושבים בחשכה במוצאי שבת אפילו בחתונה, עד שאמרו הקהל "ברכו", וכן נהג הגאון הר"ש כשהיו סועדים אצלו סעודה שלישית, **ובפמ"ג** מצדד להקל להדליק ע"י א"י במו"ש לצורך מצוה אף כשהוא עדיין בין השמשות, **וכ"ש** בערב שבת בין השמשות לצורך מצוה, דבודאי מותר, כדלקמן בסימן שמ"ב עי"ש.

ומ"מ מותר לומר לא"י לתקן את העירוב שנתקלקל בשבת, כדי שלא יבואו רבים לידי מכשול, **וכדאי** הוא בעל העיטור לסמוך עליו להתיר שבות דאמירה, אפילו במלאכה דאורייתא, במקום מצוה דרבים.

אות ב'

כל הכלים ניטלין בשבת ודלתותיהן עמהן, אע"פ שנתפרקו

סימן שח ס"ח - [ב]כל הכלים הנטלים בשבת, דלתותיהן שנתפרקו מהם נטלים, בין נתפרקו בחול בין נתפרקו בשבת - פי' ולא מבעיא נתפרקו בשבת דמותר, דמוכנין הן על גבי אביהן כי עייל שבתא, אלא אפי' בחול מותר, **משום** דאכתי כלי הוא, שראוי להתחבר עם הכלי, [ט"ז בשם התוס'], **וע"כ** מותר לטלטלן אפי' מחמה לצל, אפילו כשאין ראוין למלאכה אחרת כלל.

וכ"ז בדלתות הכלי, דככיסוי כלי חשובין, אבל בדלתות הבית או החלונות, אע"פ שראוין לאיזה תשמיש וככלי חשובין, מ"מ כיון שלא הוכנו לכך אסורים בטלטול, [ג][רמב"ם], דסתמן עומדין להתחבר עם הבית, ולכן אסור בין נתפרקו בחול ובין בשבת, **ודלתות** של לול תרנגולין, כדלתות הבית חשובין גם לענין איסור טלטול.

כתב המ"א, כלים המוקצים שנשברו בשבת, אע"ג דעכשיו אין מוקצים, אסורים, **ור"ל** כגון שהיה מוקצה מחמת חסרון כיס, דכשנשברה שוב אין מקפיד שלא לעשות בהם שום תשמיש אחר, א"כ עכשיו אינם מוקצים, וכה"ג, **אפ"ה** אסורים, משום מיגו דאתקצאי לביה"ש איתקצאי לכולי יומא.

אות ג'

נוטל אדם קורנס לפצע בו את האגוזין, קרדום לחתוך בו את הדבילה

סימן שח ס"ג - [ד]כלי שמלאכתו לאיסור - כלומר שמיוחדת לדבר שאסור לעשות בשבת, ואפילו אם רק רוב מלאכתו לאיסור, הוא ג"כ בכלל זה, (**ולענ"ד** היה נראה, דזה דוקא אם עיקרה הוא רק למלאכת איסור, ורק לפעמים משתמש בה להיתר, **אבל אם** דרך הכלי להשתמש בה לשניהם, ורק שלאיסור משתמשין בה יותר, מנלן דמקצה דעתיה מניה, דהלא עשויה למלאכת היתר ג"כ, וצ"ע).

(**אפילו** איסורו הוא רק מדרבנן – פמ"ג, **ועי"ש** עוד לענין קנא"ק האל"ץ, בית קיבול ועץ תקוע ע"י שרויף, ונותנים שם אגוזים כדי לשברם, שצידד להקל).

מותר לטלטלו (בין לצורך גופו... בין לצורך מקומו...)

באר הגולה

[א] מעובדא דשמואל [ב] שבת קכ"ב במשנה ובגמרא [ג] ופי' רבינו אף על פי שהן כלים לא הוכנו לטלטול. אבל רש"י ז"ל פירש אינן מן המוכן לטלטל לפי שאינן כלי עכ"ל – מגיד משנה פכ"ה מהל' שבת ה"ו [ד] שבת קכ"ד במשנה כדמפרש לה רבא

(ואם נשתמש לאיסור בבין השמשות - פי' שהיה מונח עליו בין השמשות דבר איסור, **כגון נר שהודלק** - דנעשה אז בסיס לדבר האסור, **עיין לעיל סימן רע"ט)** - אבל אם עשה מלאכה בקורנס, פשיטא דמותר לטלטלו בשבת לצורך גופו ומקומו.

בין לצורך גופו, כגון [ה]**קורנס של זהבים או נפחים לפצוע בו אגוזים, קורדם לחתוך בו דבילה** - ומיירי שאין לו כלי היתר לתשמיש זה, דאל"ה אין לו להשתמש בכלי זה, [**כן** מוכח בשבת קכ"ד. בגמרא דמשני, מקלות אפשר כדר' אלעזר, הרי דאף שמוכנין היו לזה מע"ש, דדקין וחלקין היו, ושם כלי שמלאכתו להיתר הוא, אפ"ה אסור כיון דשלא לצורך הוא וכדלקמן, וכ"ש בזה שהוא כלי שמלאכתו לאסור].

אות ד'

מחט של יד ליטול בו את הקוץ

סימן שח סי"א - [ו]**מחט שלימה מותר לטלטלה ליטול בה את הקוץ** - הוא מחט מיוחד לתפירה, והוי ככל כלי שמלאכתו לאיסור, ומותר לטלטל לצורך גופו, דהיינו ליטול הקוץ, או שנוקב בה את המורסא להוציא ממנה ליחה.

(**משנה ריש פרק כל הכלים, והא דלא העתיק המחבר סיפא דמתניתין,** ושל שקים לפתוח בו את הדלת, משום דכלל זה בריש הסעיף, דכל כלי שמלאכתו לאיסור מותר לצורך גופו, **אך** בזה אשמועינן דלא חיישינן דלמא חביל, משום דמקלקל הוא, וגם היא מלאכה שאין צריך לגופה, ובמקום צערא לא גזרו רבנן, כדאיתא בסנהדרין פ"ה ע"ש בגמרא. **ודע** דהמ"א כתב, ובלבד שיזהר שלא יוציא דם דעביד חבורה, עכ"ל, **ור"ל** שלא יעשנה בענין שיהיה פסיק רישא להוצאת דם, **ובזה** יוסר מה שהקשה עליו הא"ר, **ומ"מ** אפילו בזה חלק עליו בעל חמד משה, וסבירא ליה דמותר, דבמקום צערא לא גזרו רבנן אף באופן זה, **וכן** משמע בסה"ת כהחמד משה).

וה"ה שמותר לתחוב בה את המלבושים לחברן בעת הדחק, **ואם** הוא במקום שאסור לצאת בו בשבת, כבר מבואר לעיל בסימן ש"ג סעיף ט' דאסור, **ועיין** בסעיף י"ח ובמה שכתבנו שם.

וה"ה שמותר לטלטלה לצורך מקומה, **וכ"ש** שמותר לטלטלה אם מצאה מונחת במקום שיכולין ליזוק בה אנשי ביתו, **דבזה** אפילו בניטל חורה, שאין עליה שם כלי כלל, ג"כ מותר לטלטלה.

[ז]**ניטל חודה או חור שלה, אסור.** [ח]**וחדשה שלא ניקבה עדיין, מותר** - דזימנין דנמלך עלה ואינה נוקבה, ומשוי לה מנא כמות שהיא לנטילת הקוץ, **אבל** בניטל חורה או עוקצה, בטל מינה שם כלי, דאז דרך לזרוק אותה בין שברי מתכות, [גמ'], **ואם** יחדה מבעוד יום לאיזה תשמיש, הוי כלי ומותר לטלטלה, כדין כל כלי שמלאכתו להיתר.

(נסתפקתי, אם ה"ה באין לה חוד בעת חידושה, הוא ג"כ מותר בזה, או אפשר דעדיין לא חזיא אף לנטילת קוץ בזה, ומהגמ' קכ"ג. בסוגיא משמע קצת ג"כ הכי, וצ"ע).

אות ה'

דלת של שידה ושל תיבה ושל מגדל, נוטלין, אבל לא מחזירין; ושל לול של תרנגולים, לא נוטלין ולא מחזירין

סימן שח ס"ט - [ט]**דלת של שידה תיבה ומגדל יכולים ליטלה מהם** - דאין בנין וסתירה בכלים.

ואסור להחזירה, גזירה שמא יתקע - ביתד או במסמר בחזקה, וחייב משום מכה בפטיש, דהו"ל גמר מלאכה, [רש"י], **וי"א** דיש גם בכלים משום בונה, היכא דהוא עושה ע"י תקיעה, דהוא מעשה אומן, [ר"ן לפי' הרי"ף והרמב"ם].

ושל לול של תרנגולים - הוא בנין העשוי לתרנגולין, [רש"י], **אסור בין ליטול בין להחזיר, דכיון דמחובר לקרקע אית ביה בנין וסתירה** - ומחייב משום בונה, **וא"כ** גם החלונות אסור ליטול ולהחזיר, דמחוברין הם, **ואפי'** ע"י א"י אסור משום שבות.

וצריך לומר דלול דהכא מיירי כגון שבנאה מתחלה במחובר לקרקע, דאם היתה מתחלה כלי בפני עצמו, אלא שחיברה אח"כ לקרקע, דינו כמ"ש בסעיף יו"ד בכלי המחובר לקרקע בטיט, ע"ש, כ"כ בספר תו"ש, **אבל** בפמ"ג כתב, דשאני התם דהוא כיסוי בעלמא, אבל הכא דיש ציר להדלת חמיר טפי, ואפילו כשיש בית אחיזה להדלת אסור, ע"ש.

אות ו'

אין בנין בכלים ואין סתירה בכלים

סימן שיד ס"א - [י]**אין בנין וסתירה בכלים.**

---

§ מסכת שבת דף קכג. §

אות א'

ובית הלל מתירין

סימן תצט ס"ה - עלי, שהוא דף עב וכבד, וכלי הוא, אלא שמלאכתו לאיסור לכתוש בו הריפות - דאסור ביו"ט, וכדלקמן סימן תקי"ד ס"ג, **מותר לטלטלו לקצב עליו בשר** - כדין כל כלי שמלאכתו לאיסור, לעיל בסימן ש"ח, שמותר לטלטלו לצורך גופו, דהיינו לעשות בו מלאכה המותרת, או לצורך מקומו, [א]**ודעת** מג"א,

---

באר הגולה

[ה] שם במשנה כדמפרש לה רבי חייא א"ר יוחנן קכ"ג [ו] שם במשנה קכ"ב [ז] שם קכ"ג וכרבא [ח] שם [ט] שם בגמרא [י] שם קכ"ב וכרבא [א] (כמ"ש התוס' להדיא בפרק כל הכלים דף קכ"ג ע"א ד"ה הא נמי - נחלת צבי)

דבר שמלאכתו לאיסור לצורך גופו מותר איתיביה אביי לרבה *מדוכה אם יש בה שום מטלטלין אותה ואם לאו אין מטלטלין אותה א"ל הא מני ר' נחמיה היא דאמר *אין כלי ניטל אלא לצורך תשמישו איתיביה (*ב"ש אומרים אין נוטלין את העלי לקצב עליו בשר *וב"ה מתירין) *ושוין שאם קצב עליו בשר שאסור לטלטלו סבר לשנויי ליה כר' נחמיה כיון דשמעה להא דאמר רב חיננא בר שלמיא משמיה דרב הכל מודים בסיכי זיירי ומזורי דכיון דקפיד עלייהו מייחד להו מקום ה"נ מייחד להו מקום איתמר ר' חייא בר אבא אמר ר' יוחנן [י]קורנס של זהבים שנינו רב שמן בר אבא אמר קורנס של בשמים שנינו מאן דאמר דבשמים כ"ש דזהבים מאן דאמר של זהבים אבל דבשמים קפיד עלייהו : ואת הכוש ואת הכרכר כו' : *ת"ר פגה שטמנה בתבן וחררה שטמנה(א) בגחלים אם מגולה מקצתה מותר לטלטלה ואם לאו אסור לטלטלה ר"א בן תדאי אומר [י]תוחבין בכוש או בכרכר והן מנערות מאיליהם אמר רב נחמן הלכה כר"א בן תדאי למימרא דסבר רב נחמן *טלטול מן הצד לא שמיה טלטול *והאמר רב נחמן האי פוגלא מלמעל' למטה שרי ממטה למעלה אסיר הדר ביה רב נחמן מההיא : מחט של יד ליטול בה כו' : שלח ליה רבא בריה דרבה לרב יוסף ילמדנו רבינו מחט שניטל חררה או עוקצה מהו א"ל תניתוה מחט של יד ליטול בה את הקוץ וכי מה איכפת ליה לקוץ בין נקובה לבין שאינה נקובה איתיביה *מחט שניטל חררה או עוקצה טהורה אמר אביי טומאה אשבת קרמית *טומאה כלי מעשה בעינן לענין שבת מידי דחזי בעינן והא נמי חזיא למשקלא בה קוץ אמר רבא מאן דקמותיב שפיר קמותיב *מדלענין טומאה לאו מנא הוא לענין שבת נמי לאו מנא הוא מיתיבי *[י]מחט בין נקובה בין שאינה נקובה מותר לטלטלה בשבת ולא אמרו נקובה אלא לענין טומאה בלבד *תרגמא אביי אליבא דרבא בגולמי עסקינן זימנין דמימלך עלייהו ומשוי להו מנא [י]אבל היכא דניטל חררה או עוקצה אדם זורקה לבין גרוטאות *אסובי ינוקא רב נחמן *אסיר ורב ששת [י]שרי אמר רב נחמן מנא אמינא לה דתנן *אין עושין אפיקטויזין

רש"י

דבר שמלאכתו לאיסור · אם צריך בשבת לגופו(ב) של מלאכה אחרת של היתר מותר : **מדוכה** · שדוכין בה שום : **אם יש בה שום מטלטלין** אותה · אגב השום : **ואם לאו אין מטלטלין** · כגון לישב עליה כיון דעיקר מלאכתו לשחיקה דהיא מלאכת איסור משום טוחן : **תשמישו** · תשמיש המיוחד לו : **ושוין** · ב"ש וב"ה שנחלקו בנוטלין את העלי לקצב עליו בשר ביו"ט : **שאם קצב עליו בשר** · שעשה לצורך שמחת יו"ט : **שאסור לטלטלו** · דהאי דקשרו ב"ה משום שמחת יו"ט קשרו אלמא משום דעלי מלאכתו לאיסור לכתישת טרגים וטיסני וקליפת עלים לעבד בהן עורות אסור : **הכל מודים** · רבנן דאיפלגו אדר' נחמיה : **בסיכי זיירי ומזורי** . כלי לבעין הן ורבינו הלוי פירש כלי אורגין סיכי הן עמודין זיארי הן קנים שבשתי ומזורי כובד עליון ותחתון ולשון נראה לי דזיארי לשון עוגרים הן כמו מעגלתא זיירא (ע"ז דף ס·) : **דקפיד עלייהו** · האומן שלא יתקלקלו ושלא יתעקמו : **מייחד להם מקום** · מקצה להן בידים : **הכי נמי** · °עלי ומדוכה : **קורנס של זהבים** · אע"פ דקפיד עליה קצת שצריך שיהא חלק לרדד טסין אפ"ה כיון שמתקן על ידי הכאה שמכה על הסדן לא מקפי ליה וכ"ש של שאר נפחים כרבה : **בשמים** · לשחוק בו : **קפיד עליה** · שלא ימאס : **פגה** · תאנה שלא בשלה כל צרכה וטומנין בתבן להתבשל ותבן מוקצה הוי לטיט : **אם מגולה מקצתה** · יכול לאוחזה במקום המגולה דאפי' טלטול מן הצד ליכא שאין צריך להגביה התבן אלא מגביה מקום המגולה והתבן נשמט ונופל: **פוגלא** · כגון תלוש שהטמינו בארץ ונתגלה ראשו: **מלמעלה למטה שרי** · אם היה העליון שלה למעלה והקצר למטה וכשהוא שולפה הולכה מעליון שלה לתחתון שלה ורוחב הגנון למעלה מותר דליכא טלטול לעפר כלל שהרי נתגלה ראשו : **ממטה למעלה אסור** · שמזיז עפר לפי שהגומא קצרה מלמעלה ורוחב הגנון מלמטה ואע"ג דטלטול עפר מן הצד הוא שאינו אוחזו ממש בידו : **חררה** · חור שלה : **עוקצה** · פויינט"א : **מהו** · לטלטלה מי בטל תורת כלי מינה או לא : **כלי מעשה** · שמעשה שלו קיים: **ולא אמרו נקובה** · להיות תורת כלי עליה יותר משאין נקובה אלא לענין טומאה וקס"ד דבנטל חור שלה קאמר דלענין טומאה בטל שם כלי מינה ולטלטול שרי : **בגולמי** · גולמי מחטין העומדות לינקב דנקובה נגמרה מלאכתה ושאינה נקובה אינה נגמרה מלאכתה הלכך לענין טומאה הוא דלא הוי כלי אבל בטלטול שריא דחזי לקוץ : **דמימליך** · ולא נקיב לה : **ומשוי לה מנא** · כמות שהיא ולנטילת קוץ : **גרוטאות** · שברי מתכות אדם זורק' לבין גרוטאו' ובטל שם כלי מינה : **אסובי ינוקא** · להחליק סדר אבריו כשהוא נולד אבריו מתפרקין וצריך ליישבן : **אסיר** · דדמי למתקן : אפיקטוויזין

תוספות

בסיכי זיירי ומזורי · פי' בערוך* פי' סיכי הם יתדות המוכנין לנפץ בהן משי וכיוצא בה תרגום יתדות סיכי זיירי כלי עץ כמו קרשים שכובשין בהן בגדים דתנן (לקמן דף קמא·) מכבש של בעלי בתים מזורי כלי עץ שהטובס מכה בו הבגדים על האבן שמלבנו ואלו כלים מקפיד עליהם שלא יתעקמו ולא יתפגמו שלא יתקלקלו הבגדים והמשי ומסיח דעתו מלטלטלן וכן מפרש בירושלמי זיירי דין עצר ביה מזורה דין חביט ביה ולפי' הקונט' דמפרש מזורי כובד עליון וכובד תחתון נ"ל דסבירא ליה כמאן דאסר בפרק אלו קשרים (לעיל דף קיג·) : **הא** נמי מייחד לה מקום · מ"מ משום שמחת יו"ט מותר לטלטלו לקצב עליו בשר : *)**הדר** ביה רב נחמן מההיא · מסתברא דמההיא הדר ביה מדאמר בפרק תולין (לקמן דף קמא·) אמרי בי רב תניא דלא כרב נחמן : **פגה** שהטמינה כו' · °מיירי שהניחה שם ע"מ ליטלה אבל אם הניחה שם לכל השבת הוי בסיס לדבר האסור כדאמר לקמן בפרק נוטל (ד' קמב:) גבי אבן שעל פי החבית לא שנו אלא בשוכח אבל במניח נעשה בסיס לדבר האסור : **האי** פוגלא · וא"ת האי פוגלא היכי דמי אי במניח מ"ט דמאן דשרי מלמטה למעלה הא אפילו ניעור לא שרי כ"ש טלטול מן הצד ואי בשכח מ"ט דמאן דאסר אפי' טלטול גמור שרי לצורך לטלטל אגב היתר לקמן בפרק נוטל (קמא. וד' קמב:) במעות שעל גבי הכר בצריך למקומו דמטלטלו בעודן עליו ואבן שעל פי החבית כשהוא בין החביות מגביה ומטה כ"ש טלטול מן הצד וי"ל דמניח על מנת ליטלה איירי אע"ג דשכח דמי כמו טמן וכיסה בדבר שאינו ניטל בסוף במה טומנין (לעיל דף נא·) דשרי לנער משום דאין מניח לכל השבת ובעצמות וקליפין דריש ביצה (ד' ב·) דשרי ב"ה לסלק את הטבלא ולנער מ"מ לא היה לו להניח באותו ענין שיצטרך טלטול מן הצד ועצמות וקליפין לא מסתייה דלא ליהוי בהן על גבי השלחן וטמן וכיסה דפרק במה טומנין (לעיל ד' נא·) אין לחוש כיון דאפשר בניעור דאפילו טלטול מן הצד ליכא א): **מדלענין** טומאה לאו מנא לענין שבת נמי לאו מנא · תימה הא תנן לקמן *כל הכלים הניטלין שבריהן ניטלין אע"ג דלענין טומאה לא הוי מנא כשנשבר אלא על ידי ייחוד לפי' הקונטרס דסוף המצניע (לעיל דף צה:) וי"ל דה"פ מדלענין טומאה °לאו מנא אפי' על ידי ייחוד דכיון דניטל חררה או עוקצה לא מהני ביה ייחוד לענין שבת נמי לאו מנא היא אבל היכא דהוה מנא לענין טומאה ע"י ייחוד איכא למימר דהוי מנא לענין שבת אפי' בלא ייחוד כיון דיכול להיות כלי לענין טומאה וכן משמע בסמוך דתרגמא אביי אליבא דרבא בגולמי דזמינין דמימלך עלייהו ומשוי להו מנא משמע דלהכי מותר לטלטל אע"ג דטהורה היא דאכתי לא מימלך עלה כיון שראוי ליחדה להיות כלי ב) : **אסובי** ינוקא · לאו היינו לפופי ינוקא דשרי בפרק במה אשה (לעיל דף סו:) ולקמן בסוף חבית (דף קמז:) דהיינו שכורכין אותו בבגדים וקושרים בחגורה רחבה וכן פירש בקונטרס בסוף מפנין ג) כי היכי דלא תקשי דרב נחמן אדרב נחמן דשרי התם לפופי והכא אסר אסובי והא דתנן בפ' חבית (שם) אין מעצבין את הקטן פריך לה התם אההיא דלפופי ומוקי לה בחומרי שדרה דמיחזי כבונה וקשה דמייתי לה מאין עושין אפיקטוויזין שהוא תיקוני גברא כדפירש בקונטרס הוה ליה לאתויי מסיפא דאין מעצבין את הקטן דהוי נמי תקוני ינוקא ודמי טפי שהכל בקטן מענין אסובי ופירש רבינו תם דהכי נמי מייתי ונקט רישא °אין עושין אפיקטוויזין כו' עד אין מעצבין :

וסכינה

א) [ועי' תוס' לעיל דף נא. ד"ה לא שמנן] . ב) [ועי' תוס' חולין דף נה. ד"ה שיעורן] . ג) [דף קכט:] *) שייך לקמן קודם ד"ה מדלענין

עין משפט נר מצוה

[ערך זיירי]

ו א טוש"ע או"ח סימן תלט סעיף ה :

ז ב מיי' פכ"ה מהלכות שבת הלכה ז סמג לאוין סה טוש"ע או"ח סימן שח סעיף ג [ופי' בכ"י]:

ח ג מיי' שם הלכה טו סמג שם טוש"ע או"ח סימן שיא סעיף ט :

ט ד ה מיי' שם הלכה ח סמג שם טוש"ע או"ח סימן שח סעיף יא :

י ו מיי' פ"כ מהלכות שבת הלכה יד ופכ"א הלכה לא טור שו"ע או"ח סימן של סעיף ט :

רבינו חננאל

לתבשיל וכדומה לו . ולא מצא רב יהודה פירוקי והעמיד רבה משנתנו בקורנס של נפחים וה"ה לכל קורנס . ושמעינן מינה דכל דבר שמלאכתו אפי' לאיסור כגון מלאכת הקורנס של נפחים שהן עושי מלאכת כלי נחשת וברזל . ומלאכתם [זו] שהוכנו לכך אסורה בשבת. אם הוצרכו (לומר) [לדבר] שהוא מותר בשבת.כגון פיצוע האגוזים שהכנת מאכל ואינה מלאכה מותר.ואקשינן עליה והא מדוכה אם יש בה שום מטלטלין [אותה] ואם לאו אין מטלטלין אותה. דכיון שמלאכתה לאיסור היא אפי' לצורך גופה אין מטלטלין אותה . ופריק ליה מני מתניתא ר' נחמיה היא דאמר אין כלי ניטל אלא לצורך תשמישו . פי' מצאנו ר' נחמיה שאמר בפי' אפי'טלית ואפי'[תרווד] אין ניטלין אלא לצורך והיא טלית ללבישה . ותרווד לאכל בו ומתני' דקתני נוטל אדם קורנס לפצוע בו [וקרדום] (ומדוכה) דלא כר' נחמיה . ותוב אקשי' עליה ושוין שאם קצב עליו בשר ופשוטה היא . ומוקמינן להני מתניתא לדברי הכל ואפילו לרבנן ומודו רבנן במדוכה ובעלי דכיון דקפיד עליה סכין עליה מקום ונמר בדעתו שלא לטלטלן מאותו מקום . לפיכך אסור לטלטלן מן המקום המוכן להם . ודין אלו כדין סיכי זיירי ומזורי . פי' סיכי הן יתדות המכונין לנער בהן משי וכדומה לו . והן תרגום של יתדות סיכי. זיירי . כלי עץ כגון קרשים שכובשין בהן הבגדים . כדתנן מכבש של בעלי בתים . מזורי כלי עץ שהכובס מכה בו הבגדים על אבן בעת שמלבנן . ואלו כולן קפיד עליהן שלא יתעוותו או יפגמו. שאם יפגמו יקרעו הבגדים והמשי . לפיכך מסיח דעתו מטלטולן ונעשו מוקצים ועל כן אסור לטלטלן . וכך זה מפורשין בתלמוד א"י . בוייר די [במכונת] עצר ביה · במזורה. די חבוט ביה (בכיבאנא)די כתיש ביה . ונתברור דברי משנתנו כי כל הקורנס מותר לפצוע בו אגוזין ואפי' קורנס של זהבים. ובקורנס של בשמים חלקו בו ר' חייא בר אבין ורב שמן בר אבא משמיה דרבי יוחנן . ר' חייא אוסר . ורב שמן מתיר . ומסתברא כר' חייא חדרא דכיון דקפיד עליה דלא ליפגום כזיירי דמי . ותוב דהוא אשכחן דהוה תדיר קמי ר' יוחנן דהוה גריס ודייק . והוה מהדר תלמודיה עליה כל תלתין יומין : ת"ר פגה שטמנה בתבן וחררה שטמנה בגחלים אם מגולה מקצתה מותר לטלטלה ואם לאו אסור . אלעזר בן תדאי [אומר] תוחבן בכוש או בכרכר והן נגערות מאליהן . פי' פגה כדכתיב התאנה חנטה פגיה והן פירות שלא נתבשלו באילן וטמנן בתבן להתבשל בחמות התבן להוכשר לאכילה . וחררה ע"ג גחלים שטמנה בהן ליאפות מבעו"י ובא בשבת לנוטלן ת"ק סבר אסור להסיר הגחלים או התבן מעליהן ולישלן . אלא אם מקצתן מגולין אוחז בידו המקום המגולה ושומטן ואם אין בהם מקום מגולה בחררה בלא גחלים . ובפגה בלא תבן אסור לטלטלן . ואלעזר בן תדאי סבר אע"פ שאין בהן מקום מגולה תוחבן בכוש או בכרכר . פי' נועץ בהן כוש והוא דתנן כוש שבלע את הצינורא או כרכר שהוא וכו' . ומגביהין ונופלין התבן או הגחלים מאליהן ואח"כ נוטלן בידו שלא נמצא מלטול הגחלים והתבן כרוכן אלא מן הצד . ואמר רב נחמן הלכה כאלעזר בן תדאי . ומקשינן וכי רב נחמן סבר דטלטול מן הצד לאו שמיה טלטול . והא רב נחמן בפרק ר' אליעזר אומר תולין . בסופו בגמרא הקש שע"ג המטה לא ינענעו בידו כו' . אמר רב נחמן האי פוגלא מלמעלן למטן שרי .

מסורת הש"ס

[לקמן קכד. תוספתא פי"ד] [לעיל לו. וש"נ] ביצה יא. [לעיל מג: לקמן קמא.] שם לעיל נב: כלים פי"ג מ"ה [לעיל ס.] [לעיל קיב.] לעיל נב: [תוספ' דכלים ב"מ פ"ב] לעיל נב: וש"נ [בערוך פירש כשנולד ערלת סגרון של תינוק מסימה כתיב לאבעם בפיו ומבלקת אותה סערלה וספמי' שמקיף התינוק ע"כ הקשה לו והא אין עושין אפיקטויזין עכ"ל ועיין בהרא"ש מ"ש שם על הגליון]

הגהות הב"ח

(א) גמ' וחררה שטמנה . נ"ב לשון רש"י בעירובין דף עז וחררה שהטמינה אתמול בגחלים ועכשיו כבו ומ"מ מוקצין הן אבל לא כבו לא דמתוך שהספי' מכבה את התחתונות ומבעיר את העליונות כדאמרינן בכריתות : (ב) רש"י ד"ה דבר שמלאכתו וכו' לגופו למלאכה כצ"ל ותיבת של נמחק :

גליון הש"ס

רש"י ד"ה סכי נמי עלי ומדוכה. ע"ל פא ע"א ברש"י ד"ה מדוכה קטנה : תוס' ד"ה פגה שהטמינה וכו' מיירי שהניחה . עיין לעיל דף נא ע"א תוס' ד"ה לא שמנן : תוס' ד"ה מדלענין וכו' לאו מנא אפילו ע"י יחוד . ע"ל דף מט ע"ב תוס' ד"ה לא אמרו : תוס' ד"ה אסובי ינוקא וכו' אין עושין אפיקטויזין . וכזה כתבו תוס' בשם ר"ת שבועות דף ט ע"ב ד"ה כדאמר ושם מח ע"א ד"ה ומאן דהכי ובגיטין דף פ ע"ב ד"ה זו דברי ר"מ ובנזיר דף כד ע"ב ד"ה למדני. ובברכות דמ"ס ע"א תוס' ד"ה ג' שאכלו אינן רשאין לחלק ובמעילה דף יב ע"ב תוס' ד"ה חלב המוקדשים : בעין משפט אות ו' מיי' פכ"א מהלכות שבת. לא נמצא שם מזה . ועי"ש בהלכה ל"א ובכס"מ :

רב נסים גאון הכל מודין בסיכי ויארי ומזורי . בגמרא דבני מערבא גרסי זיריה דו עצר בה מזורי דו חבט בה וסיכי הן יתידות וגלוי הוא הדבר וידוע לכל :

דאפילו היה העלי מוקצה מחמת חסרון כיס, כגון שמקפיד על העלי מלהשתמש בו בדבר אחר שלא יתקלקל, דבכגון זה אסור בכל מקום, הכא שרי משום שמחת יו"ט, (ומ"מ אינו מוכרח, דלפי הכרעת השו"ע דאף לאחר שקצב מותר לעשות בו מלאכה, וכאוקימתא דרבא בשבת קכ"ג: ובדף קכ"ד, א"כ אפשר דלסברא זו לא מקילינן ביום טוב יותר מבכל מקום, וצ"ע לדינא).

ולאחר שקצב עליו, [ב]**אסור לטלטלו מחמה לצל** - או כדי שלא יגנב, וכדלעיל בסי' ש"ח, **(אבל לצורך גופו ומקומו שרי)** - כדין כל כלי שמלאכתו לאיסור.

וסדן העב שקוצבין עליו בשר, מותר לטלטלו לאחר שקצב, אפילו מחמה לצל וכה"ג, דהא הוא כלי שמלאכתו להיתר.

אות ב'

קורנס של זהבים שנינו

סימן שח ס"ג - [ג]**כלי שמלאכתו לאיסור** - כלומר שמיוחדת לדבר שאסור לעשות בשבת, ואפילו אם רק רוב מלאכתו לאיסור, הוא ג"כ בכלל זה, (ולענ"ד היה נראה, דזה דוקא אם עיקרה הוא רק למלאכת איסור, ורק לפעמים משתמש בה להיתר, **אבל** אם דרך הכלי להשתמש בה לשניהם, ורק שלאיסור משתמשין בה יותר, מנלן דמקצה דעתיה מניה, דהלא עשויה למלאכת היתר ג"כ, וצ"ע).

(אפילו איסורו הוא רק מדרבנן – פמ"ג, ועי"ש עוד לענין קנא"ק האל"ץ, בית קיבול ועץ תקוע ע"י שרויף, ונותנים שם אגוזים כדי לשברם, שצידד להקל).

מותר לטלטלו (בין לצורך גופו.. בין לצורך מקומו..).

(ואם נשתמש לאיסור בבין השמשות - פי' שהיה מונח עליו בין השמשות דבר איסור, **כגון נר שהודלק** - דנעשה אז בסיס לדבר האסור, **עיין לעיל סימן רע"ט)** - אבל אם עשה מלאכה בקורנס, פשיטא דמותר לטלטלו בשבת לצורך גופו ומקומו.

בין לצורך גופו, כגון [ד]**קורנס של זהבים או נפחים לפצוע בו אגוזים, קורדם לחתוך בו דבילה** - ומיירי שאין לו כלי היתר לתשמיש זה, דאל"ה אין לו להשתמש בכלי זה, [**כן** מוכח בשבת קכ"ד. בגמרא דמשני, מקלות אפשר כדר' אלעזר, הרי דאף שמוכנין היו לזה מע"ש, דדקין וחלקין היו, ושם כלי שמלאכתו להיתר הוא, אפ"ה אסור כיון דשלא לצורך הוא וכדלקמן, וכ"ש בזה שהוא כלי שמלאכתו לאסור].

אות ג'

תוחבין בכוש או בכרכר והן מנערות מאיליהם

סימן שיא ס"ט - [ה]**הפירות הטמונין בתבן** - הוא הקנה הנקצר עם השבולת, **או בקש** - הוא מה שנשאר בשדה אחר הקצירה, **המוקצים** - לאפוקי אם הזמינן למאכל בהמה או לשכיבה, ובמקומותינו סתם תבן מיוחד למאכל בהמה, **יכול לתחוב בהם מחט או כוש ונוטלם, והקש ננער מאליו** - דהוי טלטול מן הצד לצורך דבר המותר, ושרי כדלעיל בס"ח.

וכ"ז כשהיה טמון בתבן המוקצה שמונח במקומו ועומד להסקה, **אבל** אם לקח בע"ש מקצת ממנו והטמין בו פירות, זה ודאי נסתלק מעל התבן שם מוקצה, דהרי הכינו להטמין בו פירות, ומותר לטלטל התבן בהדיא.

הגה: ואם טמונים בחול ובעפר - היינו בעפר שהוא צבור בבית להשתמש בו, דאין עלייהו שם מוקצה, **ע"ל סימן ש"ח סל"ח.**

והנה לפי מה שנתבאר בסימן זה, דטלטול מן הצד לצורך דבר האסור אסור, תדע לנכון, דמה שנוהגין איזה אנשים למכור בשבת, ולקבל המעות בכלי או ע"י בגד או גורר בסכין, מלבד הרעה הגדולה של מקח וממכר בשבת, **כמה** סמיות עינים יש בזה, דאף כשנימא דזהו טלטול מן הצד, הלא הוא בשביל דבר האסור, שהוא המעות, ואין שום ספק שהוא איסור גמור.

אות ד' – ה'

מחט בין נקובה בין שאינה נקובה מותר לטלטלה בשבת אבל היכא דניטל חררה או עוקצה, אדם זורקה לבין גרוטאות

סימן שח סי"א - [ו]**מחט שלימה מותר לטלטלה ליטול בה את הקוץ** - הוא מחט מיוחד לתפירה, והוי ככל כלי שמלאכתו לאיסור, ומותר לטלטל לצורך גופו, דהיינו ליטול הקוץ, או שנוקב בה את המורסא להוציא ממנה ליחה.

(משנה ריש פרק כל הכלים, והא דלא העתיק המחבר סיפא דמתניתין, ושל שקים לפתוח בו את הדלת, משום דכלל זה בריש הסעיף, דכל כלי שמלאכתו לאיסור מותר לצורך גופו, **אך** בזה אשמועינן דלא חיישינן דלמא חביל, משום דמקלקל הוא, וגם היא מלאכה שאין צריך לגופה, ובמקום צערא לא גזרו רבנן, כדאיתא בסנהדרין פ"ה ע"ש בגמרא. ודע דהמ"א כתב, ובלבד שיזהר שלא יוציא דם דעביד חבורה, עכ"ל, ור"ל שלא יעשנה בענין שיהיה פסיק רישא להוצאת דם, ובזה יוסר מה שהקשה עליו הא"ר, ומ"מ אפילו בזה חלק עליו בעל חמד משה, וסבירא ליה דמותר, דבמקום צערא לא גזרו רבנן אף באופן זה, וכן משמע בסה"ת כהחמד משה).

באר הגולה

[ב] (שבת קכ"ד א' – גר"א) [ג] שבת קכ"ד במשנה כדמפרש לה רבא [ד] שם במשנה כדמפרש לה רבי חייא א"ר יוחנן קכ"ג [ה] שם קכ"ג [ו] שם במשנה קכ"ב

וה"ה שמותר לתחוב בה את המלבושים לחברן בעת הדחק, **ואם** הוא במקום שאסור לצאת בו בשבת, כבר מבואר לעיל בסימן ש"ג סעיף ט' דאסור, **ועיין** בסעיף י"ח ובמה שכתבנו שם.

וה"ה שמותר לטלטלה לצורך מקומה, **וכ"ש** שמותר לטלטלה אם מצאה מונחת במקום שיכולין ליזוק בה אנשי ביתו, **דבזה** אפילו בניטל חורה, שאין עליה שם כלי כלל, ג"כ מותר לטלטלה.

[ז]ניטל חודה או חור שלה, אסור. [ח]וחדשה שלא ניקבה עדיין, מותר - דזימנין דנמלך עלה ואינה נוקבה, ומשוי לה מנא כמות שהיא לנטילת הקוץ, **אבל** בניטל חורה או עוקצה, בטל מינה שם כלי, דאז דרך לזרוק אותה בין שברי מתכות, [גמ'] **ואם** יחדה מבעוד יום לאיזה תשמיש, הוי כלי ומותר לטלטלה, כדין כל כלי שמלאכתו להיתר.

(נסתפקתי, אם ה"ה באין לה חוד בעת חידושה, הוא ג"כ מותר בזה, או אפשר דעדיין לא חזיא אף לנטילת קוץ בזה, ומהגמ' קכ"ג. בסוגיא משמע קצת ג"כ הכי, וצ"ע).

[ט]סימן שג סי"ט - [י]צריך להזהיר לנשים שלא יטלטלו מחט שניטל חודה או עוקצה לשום בצעיפיהם - מיירי במחט שאינה נקובה, שיש לה קשר עב בראשה שקורין שפילק"ע, והוא נקרא עוקץ, וע"י שניטל ממנה או שניטל חודה נתבטל ממנה שם כלי.

ועיין במ"א שחולק על המחבר, וס"ל דנהי דבמחט נקובה נתבטל שם כלי ע"י שניטל חודה או חורה, וכדלקמן בסי' ש"ח סי"א, **במחט** שאינה נקובה לא נתבטל שם כלי ממנה עד שיטלו שניהם, דהיינו חודה ועוקצה, [**ואף** דעצם דינו מה שחולק על המחבר אינו ברור כוותיה, להקל בנשבר העוקץ, מ"מ אחר שכמה אחרונים העתיקו דברי המ"א לדינא, לא רציתי לנטות מהכרעתם].

אא"כ ניטל מע"ש חודה ועוקצה, (ויחדה) לשם כך - ומהני לכו"ע אפילו במחט נקובה וניטלו שניהם. **(ועיין לקמן סימן ש"ח סי"א).**

אות ו'

<u>אסובי ינוקא... שרי</u>

סימן של' ס"ט - [יא]מיישרין - בידים, **אברי הולד שנתפרקו מחמת צער הלידה** - כתב המ"א, ודוקא ביום הלידה, אבל אח"כ אסור, **אבל** באמת מהרבה פוסקים משמע דאין חילוק בזה, ואפילו לאחר חודש או ב' חדשים מותר, [יב][רש"י בפרק כל הכלים וכפי גרסתו לפנינו, ותוס' בשם ר"ת], [יג]**ועיין** בבאור הגר"א שכתב, שכן ג"כ דעת השו"ע להקל בזה כמותם, **וע"כ** אין להחמיר בזה.

ומ"מ אם נתפרקה חוליא של שדרה ממקומה, לכו"ע אסור ליישב בידו חוליות של שדרה אחת על חברתה, דמחזי כבונה, **אם** לא ביום הלידה, דאז יש לצדד להקל אף בזה, [שכן דעת רש"י והרא"ש בסוף פרק חבית. [יד]**ואף** דלדעת התוס' (ורש"י) דף קכ"ג אין חילוק בזה וכמו שכתב הגר"א, בדרבנן שומעין להקל].

[טו]סימן של' סי"א - [טז]אם נפלה ערלת גרון הולד, מותר לשום אצבע לתוך פיו ולסלק הערלה למקומה, אע"פ שפעמים שמקיא - ולא גזרינן בזה משום רפואה, דאורחיה דתינוק ליפול ערלת לשונו, ולא מחזי כרפואה.

באר הגולה

[ז] **שם קכ"ג וכרבא** [ח] **שם** [ט] ‹ע"פ הב"י והגר"א› [י] **מרדכי בפ"ד בשם ר"י** [יא] **שם קכ"ג וכרב ששת וכפירוש רש"י** [יב] ‹עיין בב"ח דהביא דהרא"ש היה לו גירסא אחרת ברש"י, שלא הזכיר שנתפרקו אבריו, וממנו למד לחלק דמותר דוקא ביום לידה› [יג] ‹הקדמה להגר"א - **דף** קכ"ג. אסובי ינוקא, רב נחמן אסיר ורב ששת שרי. **דף** קכ"ט: ואמר רב נחמן אמר רבה בר אבוה אמר רב: כל האמור בפרשת תוכחה עושין לחיה בשבת... מכאן שמלפפין הולד בשבת. **דף** קמ"ז: אמר רבה בר בר חנה אמר רבי יוחנן: לפופי ינוקא בשבת שפיר דמי. והאנן תנן: אין מעצבין, התם בחומרי שדרה, דמיחזי כבונה› ‹**כפי'** רש"י קכ"ג. וכרב ששת, וכ"כ תוס' שם ד"ה אסובי, דלאו היינו לפופי, דר"נ גופא שרי שם קכ"ט: וכ"כ רש"י שם ד"ה מלפפין, **וע"כ** אינו ג"כ חומרי שדרה שנתפרקה אחת מהן, דהא תנן אין מעצבין, אלא כמ"ש כאן בשו"ע, ולא חילקו רש"י ותוס' שם ושם בין יום לידה או אח"כ, **ושם** קמ"ז: ד"ה בחומרי כתב רש"י דמיירי לאחר יום לידה, דאי ביום לידה אמרינן שם קכ"ט: כל האמור כו', **וצ"ל** שחזר בו רש"י ממ"ש בסוף מפנין קכ"ט: "דלאו היינו אסובי", דהא ר"נ אמר דהא ביום לידה אפי' מעצבין מותר, {וא"כ למאי הוצרך לחלק בין אסובי ללפופי, בכדי של תקשי רב נחמן דאוסר לאסובי, על רב נחמן דיליף מקרא דמלפפן, הלא בלא"ה לק"מ, דהלא בקרא מיירי ביום הלידה - דמשק אליעזר}. **ושו"ע** פסק כתוס' וכפרש"י בפ' כל הכלים קכ"ג. ופ' מפנין קכ"ט, ומיישרין לעולם מותר {וכרב ששת}, דאסובי לאו היינו לפופי, וזהו שכתב כאן מיישרין כו', ובס"י כתב מותר לכרכו בבגדיו שלא יתעקמו איבריו כו' {והיינו לפופי דמותר לכו"ע}, ואין חילוק ביניהם {לומר דדדוקא ביום הלידה}, וכן משמע לכאורה בגמ', מדקאמר אסובי, ולא קאמר לפופי כמ"ש בשאר מקומות - גר"א› [יד] ‹דע"כ לית ליה חילוק דאיתא ברא"ש, לחלק דביום הלידה שרי לעצב, ואח"כ אסור, דלפי"ז מאי הוצרך לחלק בין אסובי ללפופי, בכדי של תקשי רב נחמן דאוסר לאסובי, על רב נחמן דיליף מקרא דמלפפן, הלא בלא"ה לק"מ, דהלא בקרא מיירי ביום הלידה - דמשק אליעזר› [טו] ‹ע"פ הבאר הגולה› [טז] **כפירוש ר"ח להא דרב ששת לעיל** ‹באסובי ינוקא›

אפיקטויזין בשבת ורב ששת התם לאו אורחיה הכא אורחיה אמר רב ששת מנא אמינא לה דתנן מחט של יד ליטול בה את הקוץ ורב נחמן התם פקיד הכא לא פקיד: **מתני'** קנה של זיתים אם יש קשר בראשו מקבל טומאה ואם לאו אין מקבל טומאה *בין כך ובין כך ניטל בשבת: **גמ'** אמאי פשוטי כלי עץ הוא *ופשוטי כלי עץ אינן מקבלין טומאה מ"ט *דומיא דשק בעינן תנא משמיה דר' נחמיה בשעה שמהפך בזיתים הופכו ורואה בו: **מתני'** *ר' יוסי אומר *כל הכלים ניטלין חוץ מן המסר הגדול ויתד של מחרישה: **גמ'** אמר ר"נ *האי °אוכלא דקצרי כיתד של מחרישה דמיא אמר אביי חרבא דאושכפי וסכינא דאשכבתא וחצינא דנגרי כיתד של מחרישה דמי ת"ר *בראשונה היו אומרים שלשה כלים ניטלין בשבת מקצוע של דבילה וזוהמא ליסטרן של קדרה וסכין קטנה שעל גבי שלחן התירו וחזרו והתירו וחזרו והתירו עד שאמרו כל הכלים ניטלין בשבת חוץ מן מסר הגדול ויתד של מחרישה מאי התירו וחזרו והתירו וחזרו והתירו אמר אביי התירו דבר שמלאכתו להיתר לצורך גופו וחזרו והתירו דבר שמלאכתו להיתר לצורך מקומו וחזרו והתירו דבר שמלאכתו לאיסור לצורך גופו אין לצורך מקומו לא ועדיין בידו אחת אין בשתי ידיו לא עד שאמרו כל הכלים ניטלין בשבת ואפי' בשתי ידים א"ל רבא מכדי התירו קתני מה לי לצורך גופו מה לי לצורך מקומו אלא אמר רבא התירו דבר שמלאכתו להיתר בין לצורך גופו ובין לצורך מקומו וחזרו והתירו מחמה לצל וחזרו והתירו דבר שמלאכתו לאיסור לצורך גופו ולצורך מקומו אין מחמה לצל לא ועדיין באדם אחד אין בשני בני אדם לא עד שאמרו כל הכלים ניטלין בשבת אפילו בשני בני אדם *איתיביה אביי מדוכה אם יש בה שום מטלטלין אותה ואם לאו אין מטלטלין אותה הכא במאי עסקינן מחמה לצל איתיביה *ושוין שאם קצב עליו בשר שאסור לטלטלו הכא נמי מחמה לצל אמר ר' חנינא *) בימי נחמיה בן חכליה נשנית משנה זו דכתיב °בימים ההמה ראיתי ביהודה דורכים גתות בשבת ומביאים הערימות אמר ר' אלעזר קנין ומקלות גלוסטרא ומדוכה כולן קודם התרת כלים נשנו קנין דתנן *לא סידור הקנין ולא נטילתן דוחה את השבת מקלות דתנן *מקלות דקין חלקין היו שם ומניחו על כתפו ועל כתף חבירו ותולה ומפשיט (*אמר) רבי אלעזר ארבעה עשר שחל להיות בשבת מניח ידו

*) [עי' תוס' ב"ק לד. ד"ה בימי]

נחמיה יג

תורה אור

אפיקטויזין · להקיא שותה משקים ומקיא ולא לרפואה אלא להריק את מעיו שיוכל לאכול ולשתות [היום] הרבה כדאמרי' בפרק חבית ואע"ג דלא גזור בה משום שחיקת סממנין דהא לאו לרפואה היא אסור משום דמתקן גברא : **הכא אורחיה** · והרי הוא כמי שמאכילו ומשקהו: **ליטול בה את הקוץ** · אלמא תקוני גברא במידי דלאו לרפואה דליכא משום שחיקת סממנין שרי : **פקיד** · הקוץ הזה אינו מחובר בו אלא מופקד ונתון שם והוצאה זו אינו תיקון : **הכא לא פקיד** · ודמי למלאכה שמסדרן ומכניסן למקום חבור : **מתני'** **קנה של זיתים** · לאחר מסיקתן נובר במעטן ושמנן מתאסף בתוכן ונוח לצאת ויש לו קנה להפכן בו ולבדוק אם כמרו כל צרכן ומגיען לבית הבד : **אם יש קשר בראשו** · כעין פקק של קנה קולמוס : **מקבל טומאה** · דכלי הוא לפי שעב בראשו קצת : **ואם לאו** · לא דמי לכלי ובגמ' מפרש לה : **גמ' ואמאי** · כי יש בו קשר בראשו נהי נמי דקשר משוי ליה מנא מיהו פשוטי כלי עץ הוא שאפילו חלול הוא אין חללו עשוי לקבל כלום : **הופכו ורואה** · בחלל ראשו שמתייר שם ע"י שהוא פקוק בקשר מן השמן הזב מן הזיתים ובודק בו אם הגיעו לעצור וזו היא לו קבלה בחלל שלו ואם לאו שאין קשר בראשו אין השמן נראית שם מפני שאינו פקוק וכולו חלל הלכך לאו לקבל הוא עשוי והוי פשוטי כלי עץ ובין כך ובין כך ניטל בשבת דהא כלי הוא להפוך בו זיתים: **מתני' מסר הגדול** · מגירה גדולה שעשויה לקצוץ קורות : **ויתד של מחרישה** · הוא כלי גדול העשוי כסכין שבו עושין חריץ של תלם המענה קולטר"א בלע"ז דהנך קפיד עלייהו ומייחד להם מקום דלא חזו למלאכה אחרת: **גמ' אוכלא דקצרי** · כלי נחושת העשוי כנפה נקבים נקבים והוא של כובסים ונותנו על הבגדים ומזלף בו המים עליהן וי"מ שמגמרין ומוגמר מתחתיו והבגדים מונחין עליו ומתגמרין דרך הנקבים : **חרבא דאושכפי** · סכין של רצענין : **וסכינא דאשכבתא** · סכין של בית המקולין שהקצבין מקצבין בו בשר : **חצינא** · דולויר"א כל הני קפדי עלייהו משום דמפגמי ומקצי להו בידים : **ג' כלים** · ותו לא ולקמן אמרינן דבימי נחמיה בן חכליה בבית שני גזרו על טלטול כל הכלים כדי לגדור גדר להחמיר באיסורי שבת מפני שהיו מקילין בה : **מקצוע** . איזמל שמחתכין בו דבלה יעשהו במקצועות מתרגמינן באיזמליהון (ישעיה מד): **זוהמא לסטרון** · כף גדולה שמסלקין בו זוהמא של קדרה :**וסכין קטן**· שחותכין בו לחם ובשר ואוכלין דהני תדירין בתשמיש : **התירו** · עוד כשראו שחזרו להזהר קצת באיסור שבת וחזרו והתירו כשנזהרו יותר וחזרו והתירו ולקמיה מפרש מאי כולהו הנך התירו: **עד שאמרו** · עוד חזרו והתירו את הכל עד שאמרו הכל ניטלין חוץ מן המסר הגדול כו' : **התירו** · לטלטל דבר שעיקר מלאכתו בחול להיתר לדבר המותר בשבת התירו לטלטל לצורך גופו אם הוצרך להשתמש בגוף הכלי אבל לא משום שהוצרך למקומו : **וחזרו והתירו** · את אלו לצורך מקומו : **וחזרו והתירו אף מי שמלאכתו לאיסור** · והוצרך לו בשבת לגופו למלאכת היתר ומיהו לא הותרו אלו לצורך מקומו : **כל הכלים** . הללו שאמרנו חוץ מן המסר הגדול דלא שרי לא לצורך גופו ולא לצורך מקומו ואביי דמתרץ הכי הדר ביה לגבי רבה דאמר לעיל קורנס של נפחים שניטו דדבר שמלאכתו לאיסור שרי לצורך גופו : **א"ל רבא מכדי** · לצורך התירו בפעם ראשונה : **מה לי גופו מה לי מקומו** · תרווייהו צורך נינהו: **מחמה לצל** · שאינו צריך לו עכשיו לא לגופו ולא למקומו אלא חס עליו שמא יתבקע בחמה: **עד שאמרו** · היינו עוד היתר אחרינא כל הכלים אפי' גדולים ומיהו לכדאוקימנא של היתר אפי' מחמה לצל ושל איסור לצורך גופו או מקומו: **אין מטלטלין אותה** · בשלמא לדידי אין מטלטלין אותה לצורך מקומה קאמר אלא לדידך אמאי : **משנה זו** · דלעיל בראשונה היו אומרין ג' כלים ותו לא משום דהוו מזלזלים בשבתות דכתיב בימים ההמה וגו' : **קנים ומקלות כו'** · משניות הן כדמפרש ואזיל : **קודם התרת כלים**. מנין האחרון שהותרו כולן לצורך גופן לאביי ולרבא אף לצורך מקומו: **לא סידור הקנים** · שהיו נותנין במערכת לחם הפנים בין חלה לחלה להפרידן ליכנס הרוח ביניהן שלא יתעפשו : **ולא נטילתן** · מן המערכה ישנה: **דוחה את השבת** · אלא נכנס בע"ש ונוטל הקנים ולמחר מסלק המערכה הישנה ומסדר החדשה בלא קנים ולמוצאי שבת נכנס ונותן הקנים ביניהן זו נשנית קודם היתר מנין הראשון דהא מלאכתן להיתר וקאסר להו לצורך גופן : **מקלין דקין וחלקין היו** · בעזרה בפסח שחל להיות י"ד בחול :

וסכינא דאשכבתא · פירש בקונטרס סכין שהקצבים מקצבין בה בשר וי"מ סכין שמשחטין בה שמקפיד שלא תיפגם ויש ליזהר שלא לטלטלו אפי' לצורך גופו דהוי כיתד של מחרישה דאפי' ר"ש מודה כדאמרינן בסוף מכילתין (דף קנז:) :

מקצוע של דבילה · לא חשיב אלא כלים דלאו בני קיבול דהא פשיטא דכוסות וקערות וצלוחיות היו מטלטלין :

איתיביה אביי מדוכה · בשלמא לדידי מוקמינן לצורך מקומו וה"מ לשנויי כר' נחמיה כדשני לעיל ואביי נמי הוה ידע דהא משני ליה רבה הכי לעיל אלא פריך לרבה אולי יאמר תירוץ אחר ורבא לא בעי לשנויי כר' נחמיה דלית הלכתא כוותיה ורבה דמשני ליה כר' נחמיה משום דמשמע ליה אין מטלטלין אותם בשום ענין : **הכא** נמי מחמה לצל · והא דנקט לקצב עליו בשר אע"ג דלצורך גופו ומקומו נמי שרי לאשמעינן דאפילו בהא פליגי ב"ש דלא שרו מחמת שמחת יו"ט :

לא סידור קנים · אע"ג דאין שבות(א) במקדש כמה שבותים °אשכחן במקדש *שגזרו פעמים לצורך כי הכא בקנים ומקלות לפי שהיו מחללים את השבת: *הרי היא ככל הכלים · אע"ג דקודם התרת כלים נשנית אכא למימ' ככל הכלים כגון כוסות וקערות :

עין משפט נר מצוה

יא א מיי' פכ"ו מהל' שבת הלכה ז :

יב ב מיי' פ"א מהלכות כלים הלכה י :

יג ג מיי' שם פ"ב הל"ב:

יד ד ה מיי' פכ"ה מהל' שבת הלכה ט סמג לאוין סה טור ושו"ע או"ח סימן שח סעיף א :

טו ו מיי' שם הלכה ג טוש"ע שם סעיף ג ד :

טז ז מיי' פ"ה מהלכות תמידין ומוספין הלכה יא :

יז ח מיי' פ"א מהלכות ק"פ הלכה יד :

[במשנה שבמשניות ליתא ר' יוסי אומר וכן מוכח מסוגיא דלקמן קנז. ע"ש אבל בערוכין לה. איתא סבר לה כר' יוסי דאמר כל הכלים ניטלין וכו' וצ"ע וכן ברי"ף ורא"ש איתא ר' יוסי אומר כל הכלים וכו']

[וע"ע תוס' מנחות נז. ד"ה לא סדור ותוספות עירובין דף קב: ד"ה ואצליון]

מסורת הש"ס

[חולין כה.]

לעיל סג: חגיגה כו: מנחות נז: [בכורות לח.

לקמן קנז. עירובין לה.

[גי' הערוך בערך אבל אובלא וע"ש פירושו בשני אופנים]

[תוספ' פט"ו]

הגהות הב"ח

(א) תוס' ד"ה לא סידור וכו' דאין שבות. נ"ב ע"ל פרק המצניע דף צג בתוס' ד"ה פרא זילהא :

[לקמן קכד.]

ביצה יא. [תוספ' ביצה פ"א]

מנחות צו.

פסחים סד.

[צ"ל ר' אלעזר אומר]

גליון הש"ס

תוס' ד"ה לא וכו' אשכחן במקדש. ע"ל דף קכו ע"א תוס' ד"ה כמוגמ :

רבינו חננאל

מטמן למעלן אסיר . פי' אם יש לאדם פוגלא טמונה בתבן או אפילו בעפר תיחוח עומדת כעין נטועה ראשה טמונה ועליה מטלין עכשיו כשבא לנוטלה אם אוחזו בעלים ומושך הראש ומסלקה זהו מטעלת למטה. אע"פ כשמגביה התבן והעפר משתרבב במקומן ויורד שרי אבל לאחוז קצה הראש הטמונת ולהגביהה ממטה למעלה לא . אלמא שטלטול מן הצד שמיה טלטול. ומפרקינן הדר ביה מהתיא . מחט שניטל חררה או עוקצה. פי' חרירת הנקב שלה. עוקצה ראשה הוא . תיודדה תרגמה אביי אליבא דרבא בגלמי והן פשוטין כדתנן גלמי כלי מתכות טהורין פשוטיהן טמאין ואלו הן וכו' . והן חוטי ברזל משוכין וחתך אותן חתיכות חתיכות ולוקח מהן האומן כשיעור אורך מחט ומחדד ראשה האחת ונוקב הקצה השני ונעשה מחט . וקודם שיחודדנה ויקבנה נקראת אותה החתיכה גולם . כגון זו וכיוצא בה שהן עומדות להעשות כלי ניטלין בשבת . אבל מחט שניטל חררה או עוקצה אסור . גרוסאות הוא לשון יון . ופתרונו כלי מוכן להטיל בו התגר כלי נחושת או כלי ברזל שבורין שיורמנו לו לקנותם קונה ומשליכם לאותו כלי כדי להתיכם . ונקראין גרוסאות ומיכן נהגו לקרות לתגר גרוסאות :

אסובי ינוקא. פי' כשנופל ערלת הגרון של תינוק משימה החיה את אצבעותיה בפיו ומסלקת אותה הערלה . ופעמים שמקיא התינוק ועל זה אקשינן עלה והא אין עושין אפיקטויזין בשבת כו' . ורבותינו הגאונים אמרו פי' אחר . ואנן כתבנו מה שקבלנו מרבותינו : **מתני'** קנה של זיתים כו' . ואמרינן אמאי פשוטי כלי עץ הוא ואין מקבלין טומאה . ומפרקינן תנא משמיה דר' נחמיה בשעה שמהפך בו את הזיתים הופכן ורואה בו . ולא פי' מה הוא רואה בו . אבל פירשו בתלמוד א"י. קנה שהתקינו להיות בודק בו הזיתים. כיצד הוא יודע אם מלוכלך במשקה בידוע שנגמרה מלאכת המעטן . ואם לאו בידוע שלא נגמרה מלאכת המעטן . א"ל ר' מנא לא תני שמואל אלא להיות שולה בו הזיתים. כלומר יש בו בית קבול: **אמר** רב נחמן האי אובלא דקצרי ביתד של מחרישה דמי . ואסור לטלטלה . אובלא . אבן גדולה שנותן הכובס עלית היריעה שרוצה ללבנה והיא שרויה במים ומכה עליו במוזי . מכה ומהפך ומכה . ועוד שורה ומכה . ואחרי שישלים שוטחה ומייבשה . ועוד חוזר ושורה אותה פעם אחר פעם עד שתתלבן היטב . וי"א כלי חרס מנוקב שכופין אותו ע"ג גחלים ומקטרין בגפרית הכלים ללבנן . אמר אביי הרבא דאשכפתא . וסכינא דאשכבתא והצינא דנגרי כיתד של מחרישה דמו ואסור לטלטלם . חרבא דאושכפי . איזמל של שכף כדמתרגמינן עשה לך חרבות צורים . איזמלין חריפין . סכינא דאשכבתא . סכין המיוחדת לשחיטה בלבד . חצינא דנגרי הוא גרזן . והוא המעצד של חרש כיון דקפדי אפגמיהו קבע ליה מקום ומסיח דעתו מלעשות בהן מלאכה אחרת הללו וכיוצא בהן שהן מוקצה מחמת חסרון כיס אסור לטלטלן בשבת . והרי מפורש בסוף פרק מי שהחשיך דכולהו הני היינו טעמא דאסירי משום דמוקצה מחמת חסרון כיס נינהו . ואפילו ר' שמעון מודה דתנן סתמא לדברי הכל כל הכלים ניטלין בשבת חוץ מן המסר הגדול ויתד של מחרישה . מקצוע של דבילה כלי ברזל שחותכין בו דבילה . זומליסטרון תרווד שמהפך בו הקדירה . כדתנן זומליסטרא שנוטל כפה טמאה מפני המזלג וכו' . א"ר חנינא בימי נחמיה בן חכליה נשנית משנה זו דכתיב בימים ההמה ראיתי ביהודה דורכים גיתות בשבת . כיון שראום כך שהקילו בשבת אסרו להן כל הכלים ושרי להן הא דתנן רבנן . בראשונה היו אומרים שלשה כלים ניטלין בשבת מקצוע של דבילה וזומליסטרון של קדירה . וסכין קטנה . כיון שנגדרו וחזרו לדקדק בשמירת שבת היו מתירין להן והולכין עד שהתירו הכל חוץ ממסר הגדול ויתד של מחרישה . וכך הוא מפורש בתלמוד א"י : **א"ר** אלעזר קנים ומקלות וקלוסטרא ומדוכה כולם קודם התרת כלים נשנו . ולפיכך נשנו באיסור. קנים הם קנים של לחם הפנים . והן שנוין בפ' מנחות

רב נסים גאון

בשעה שמהפך בו זיתים הופכו ורואה בו. בגמ' דבני מערבא גרסי דבי ר' ינאי אמרי קנה שהתקינו להפך בו זיתים כיצד הוא יודע אם היה מלוכלך במשקה בידוע שנגמר מלאכת המעטן ואם לאו בידוע שלא נגמרה מלאכת המעטן אמר לון ר' לא תני שמואל אלא להיות שולה בו את הזיתים ומשום הכי אמרי דמקבל טומאה והואיל וככלי קיבול דמי . אמר רב נחמן האי אוכלא דקצרי כיתד של מחרישה דמי אוכלא דקצרי הוא כלי שדומה לדלעת ומנוקב הוא כולו נקבין ובו מזלפין מים הכובסין על הבגדים ומשכחת לה בפ' כל ישראל יש להם חלק (סנהדרין דף נב) אמרו מנקבין אותו ככברה אמר אביי כאוכלא דקצרי:

§ מסכת שבת דף קכג: §

אות א'

בין כך ובין כך ניטל בשבת

רמב"ם פכ"ו מהל' שבת ה"ז - [א]קנה שמוסקין בו הזיתים, אם יש עליו תורת כלי, הרי הוא ככלי שמלאכתו לאיסור; קנה שהתקינו בעל הבית להיות פותח ונועל בו, אם יש תורת כלי עליו, הרי הוא ככלי שמלאכתו להיתר.

אות ב'

ופשוטי כלי עץ אינן מקבלין טומאה

רמב"ם פ"א מהל' כלים ה"י - כלי עץ וכלי עור וכלי עצם, מקבליהן כגון העריבה והחמת וכיוצא בהן, מקבלין טומאה מדברי תורה; אבל פשוטיהן, כגון הלוחות והכסא והעור שאוכלין עליו וכיוצא בהן, אינן מקבלין טומאה אלא מדברי סופרים, שנאמר: מכל כלי עץ, מפי השמועה למדו, מה שק שיש לו בית קבול, אף כל שיש לו בית קבול; וכלי עצם ככלי עץ לכל דבר.

אות ג'

בשעה שמהפך בזיתים הופכו ורואה בו

רמב"ם פ"ב מהל' כלים ה"ב - קנה מאזנים והמחק שיש בהן בית קיבול מתכת, והאסל שיש בו בית קיבול מעות, וקנה של עץ שיש בו בית קיבול מים, ומקל שיש בו בית קיבול מזוזה או מקום מרגלית, ומשחזת של עץ שיש בו בית קיבול שמן, ולוח פנקס שיש בו בית קיבול שעוה, כל אלו וכיוצא בהן אע"פ שהן פשוטי כלי עץ, הואיל ויש בהן בית קיבול כל שהוא, מקבלין טומאה דין תורה; ואין טמא מן התורה אלא בית קיבול לבדו שיש בהן, והמשמש את בית הקיבול משאר הכלי שבית הקיבול צריך לו, אבל היתר על הצורך משאר הכלי הפשוט, טהור מן התורה וטמא מדבריהן כמו שביארנו.

אות ד' – ה'

חוץ מן המסר הגדול ויתד של מחרישה

חרבא דאושכפי, וסכינא דאשכבתא, וחצינא דנגרי וכו'

סימן שח ס"א - הנה קודם שנבאר סימן זה אקדים פתיחה קטנה, הנה איסור טלטול מוקצה שגדרו חז"ל, כתב הרמב"ם וז"ל: אסרו חכמים לטלטל מקצת דברים בשבת כדרך שהוא עושה בחול, **ומפני** מה נגעו באיסור זה, אמרו: ומה אם הזהירו נביאים וצוו שלא יהא הילוכך בשבת כהילוכך בחול, ולא שיחת השבת כשיחת החול, שנאמר: ודבר דבר, ק"ו שלא יהא טלטול בשבת כטלטול בחול, כדי שלא יהא כיום חול בעיניו, ויבא להגביה ולתקן כלים מפנה לפנה או מבית לבית, או להצניע אבנים וכיוצא בהם, שהרי הוא בטל ויושב בביתו ויבקש דבר שיתעסק בו, ונמצא שלא שבת, ובטלה טעם שנאמר בתורה: למען ינוח, **ועוד** כשיבקר ויטלטל כלים שמלאכתן לאיסור, אפשר שיתעסק בהם מעט, ויבא לידי מלאכה. **ועוד** מפני שמקצת העם אינם בעלי אומניות, אלא בטלים כל ימיהם, כגון הטיילין ויושבי קרנות, שכל ימיהם הם שובתים ממלאכה, ואם יהיה מותר להלך ולדבר ולטלטל כשאר הימים, נמצא שלא שבת שביתה הניכרת, לפיכך שביתה בדברים אלו היא שביתה השוה בכל אדם, ומפני דברים אלו נגעו באיסור הטלטול, ואסרו שלא יטלטל אדם בשבת אלא כלים הצריך להם כמו שיתבאר, עכ"ל. **והראב"ד** נתן טעם, שהוא גדר להוצאה, שאם נתיר לטלטל כל דבר, יבוא עי"ז גם להוציא מרה"י לר"ה.

ודע, דמכאן עד ס"ס ש"ב נתבאר ד' חלקים של מוקצה: חלק א', מוקצה מחמת חסרון כיס, דהיינו כלי שאדם מקפיד עליו שלא יפגום ולא יתקלקל, **חלק** ב', דבר שאינו כלי ולא מאכל אדם ולא מאכל בהמה, כגון אבנים וקנים ומעות ועצים וקורות ועפר וחול ומת ובע"ח, וגרוגרות וצמוקים שמונחים במקום שמתיבשים, וכל כיוצא בזה דלא חזי, ומקרי מוקצה מחמת גופו, **חלק** ג', כלי שמלאכתו לאיסור בסעיף ג', **חלק** ד', כלי שמלאכתו להיתר ומונח עליו דבר מוקצה, ואפי' הוסרו בשבת, כיון שהיה עליו בין השמשות, מגו דאתקצאי לביה"ש אתקצאי לכולי יומא.

ויש עוד ב' חלקים מוקצה: אחד, דבר שהיה בין השמשות מחובר או מחוסר צידה, וזה יתבאר בהלכות יו"ט, **שנית**, מוקצה מחמת מצוה, כגון עצי סוכה ונויה, ויתבאר אי"ה בהלכות סוכה.

[ב]כל הכלים נטלים בשבת - ר"ל אפילו כלי שמלאכתו לאיסור, ניטל עכ"פ לצורך גופו או מקומו, וכדלקמן בס"ג.

חוץ ממוקצה מחמת חסרון כיס - ר"ל שמחמת חשש הפסד הוא מקפיד עליהם שלא לטלטלם, ומקצה אותם מדעתו.

כגון [ג]סכין של שחיטה [ד]או של מילה, ואיזמל של ספרים, וסכין של סופרים שמתקנים בהם הקולמוסים, כיון שמקפידים שלא לעשות בהם תשמיש אחר - וה"ה שארי דברים שמקפיד עליהם שלא להשתמש בהם תשמיש אחר כדי שלא יתקלקלו, כגון מגרה גדולה שמנסרין בה את הקורות, או סכין של רצענים, [גמ'], או נייר חלק שעומד לכתיבה, כמ"ש הפוסקים, וכל כה"ג, (**בגמ'** חשיב

באר הגולה

א ‹וכתב רבינו אם יש עליו תורת כלי בדוקא. ולמד כן מדין קנה שהתקינו בעל הבית (דף קכ"ז) שיתבאר בסמוך, דבעיא תורת כלי, ויש מחלקין ביניהם דשאני התם שעשוי לשמש את הקרקע, ודעת רבינו עיקר - מגיד משנה. ‹**ואף** דשם אמרו דבין יש קשר בראשו בין אין קשר בראשו ניטל בשבת, כבר פי' רבינו שם דהיינו בית קיבול, ולענין טומאה קפדינן בהכי, אבל לענין שבת אף דלא בעינן קשר בראשו, תורת כלי מיהא בעינן - מעשה רוקח› ב **שבת קכ"ג שם במשנה וגמרא** ג **לפירוש תוס' שם** ד **הרא"ש שם** ‹אמר אביי חרבא דאושכפי... טעמא דהני משום דקפדי עלייהו שלא יפגמו, וכן נמי סכין של מילה, ואיזמל של ספרין, וסכין של סופרים שמתקנין בהן קולמוסין, כיון שמקפידין מלעשות בהן תשמיש אחר, אסור לטלטלן בשבת - רא"ש›

עוד כמה דברים שהוא ג"כ בכלל זה, כגון סיכי זיירי ומזורי, {הם כלי אורגין}, ומסר הגדול {הוא מגירה גדולה שקוצצין בה קורות} ויתד של מחרשה, והעתיקם הרי"ף ורא"ש, ובכולהו הטעם דכיון דקפיד עלייהו מייחד להו מקום), **אסור לטלטלו בשבת, [ה]ואפי' לצורך מקומו או לצורך גופו** - דהיינו שצריך לגוף הדבר למלאכה אחרת של היתר.

הגה: ואפי' תחובים בנדן עם שאר סכינים - פי' אותו הסכין של סופרים, **אסור לטלטלו** - דהו"א הואיל והוא תחוב עם שאר סכינים לא קפיד עליה, קמ"ל דאסור, **אבל** הנדן עם הסכינים שרי לטלטל, אף שהוא ג"כ בתוכו, דהא נעשית בסיס לאיסור ולהיתר, **ומותר** לנער ג"כ את הסכין הזה מתוכו, ‹**ומש"כ** 'ומותר לנער' לאו דוקא הוא, אלא צריך לנער את הסכין המוקצה מתוכו כשאפשר ואין חשש הפסד אם ינערנו, וכמבואר בשו"ע סי' ש"ט ס"ג וסי' ש"י ס"ח – פסקי תשובות›, **ואם** הסכין הזה חשוב יותר מסכינים דהתירא, אסור אז לטלטל הנדן כלל, עיין ס"ס ש"י.

[ו]וה"ה לקורנס של בשמים, שמקפידים עליו שלא יתלכלך - ואם הוא אינו מקפיד, לא הוי לדידיה מוקצה מחמת חסרון כיס.

הגה: וכ"ה כלים המיוחדים לסחורה ומקפיד עליהם (ב"י בשם מיימוני והמגיד) - שלא להשתמש בהם כדי שלא יתקלקלו, **אבל** אם אינו מקפיד עליהם, אף שהם מיוחדים לסחורה ונתנם באוצר, ג"כ שרי לטלטל.

אות ו'

התירו דבר שמלאכתו להיתר כו'

סימן שח ס"ג - [ז]כלי שמלאכתו לאיסור - כלומר שמיוחדת לדבר שאסור לעשות בשבת, ואפילו אם רק רוב מלאכתו לאיסור, הוא ג"כ בכלל זה, (**ולענ"ד** היה נראה, דזה דוקא **אם** עיקרה הוא רק למלאכת איסור, ורק לפעמים משתמש בה להיתר, **אבל** אם דרך הכלי להשתמש בה לשניהם, ורק שלאיסור משתמשין בה יותר, מנלן דמקצה דעתיה מניה, דהלא עשויה למלאכת היתר ג"כ, וצ"ע).

(**אפילו איסורו הוא רק מדרבנן** – פמ"ג, **ועי"ש עוד לענין קנא"ק האל"ץ**, בית קיבול ועץ תקוע ע"י שרויף, ונותנים שם אגוזים כדי לשברם, שצידד להקל).

מותר לטלטלו ‹בין לצורך גופו... בין לצורך מקומו...›

(ואם נשתמש לאיסור בבין השמשות - פי' שהיה מונח עליו בין השמשות דבר איסור, **כגון נר שהודלק** - דנעשה אז בסיס לדבר האסור, **עיין לעיל סימן רע"ט)** - אבל אם עשה מלאכה בקורנס, פשיטא דמותר לטלטלו בשבת לצורך גופו ומקומו.

בין לצורך גופו, כגון [ח]קורנס של זהבים או נפחים לפצוע בו אגוזים, קורדם לחתוך בו דבילה - ומיירי שאין לו כלי היתר לתשמיש זה, דאל"ה אין לו להשתמש בכלי זה, [**כן** מוכח בשבת קכ"ד.

בגמרא דמשני, מקלות אפשר כדר' אלעזר, הרי דאף שמוכנין היו לזה מע"ש, דדקין וחלקין היו, ושם כלי שמלאכתו להיתר הוא, אפ"ה אסור כיון דשלא לצורך הוא וכדלקמן, וכ"ש בזה שהוא כלי שמלאכתו לאסור].

(**במשנה חשיב שם עוד מגירה לגור בה את הגבינה, ועוד כמה דברים** עי"ש, **והנה רש"י פירש שם שהוא סכין מלא פגימות, ומשמע** לכאורה דמגירה ממש אין חילוק בין גדולה לקטנה, דבכולהו מקפיד שלא יפגמו ומיחד להו מקום, והוא בכלל מסר הגדול שנזכר שם במשנה, **אכן מפירוש המשניות להרמב"ם** משמע דמגירה קטנה הוא רק בכלל כלי שמלאכתו לאיסור, **וצ"ע** בטעם הדבר).

בין לצורך מקומו, דהיינו שצריך להשתמש במקום שהכלי מונח שם, [ט]ומותר לו ליטלו משם ולהניחו באיזה מקום שירצה - דכיון שהוא בידו, שנטלה לצורך גופה או מקומה, רשאי לטלטלה יותר, **וכתב** המ"א, דה"ה אם שכח ונטלה בידו, רשאי לטלטלה יותר, אף שהנטילה היה שלא לצורך גופה ומקומה, [**ולדידיה**, אפי' במוקצה מחמת חסרון כיס דינא הכי, וכמ"ש בסי' של"א לענין איזמל מילה], **ועיין** באחרונים שהכריעו, דהאי היתרא לא שייך אלא בכלי שמלאכתו לאיסור, ולא במוקצה מחמת גופו, כגון מעות ואבנים וכיוצא בהן, ‹או במוקצה מחמת חסרון כיס – שונה הלכות›, **ובביאור** הגר"א חולק על המ"א, וס"ל דלא התירו אלא כשהתחיל לטלטל ברשות, וכן משמע בר"ן, **ועיין** לקמן סימן של"א ס"ו במ"ב, לענין איזמל מילה.

איתא בסימן שי"א ס"ח, דטלטול מוקצה בגופו, אפילו לצורך דבר המוקצה, מותר, דזה לא נקרא טלטול כלל, **ולפי"ז** אם מונח איזה דבר מוקצה על הארץ, מותר לדחפו ברגליו, כדי שלא יבוא להפסד.

[י]אבל מחמה לצל, דהיינו שאינו צריך לטלטלו אלא מפני שירא שישבר - דהיינו שיתבקע בחמה, **או יגנב שם** - דהוא דומיא דמחמה לצל, **אסור** - וע"י א"י י"ל דשרי בכל זה, ‹דוקא בכלי שמלאכתו לאיסור, פמ"ג א"א סי' ש"ז ס"ק כ"ט›, **ואם** חושב עליו גם לתשמיש, מותר לטלטל, אפילו עיקר כונתו מחמה לצל.

הגה: כל מוקצה אינו אסור אלא בטלטולו, אבל בנגיעה בעלמא שאינו מנדנדו, שרי - עיין בסי' ש"ו ס"ו ובמ"א שם, דהיכא דהנגיעה היא לצורך דבר המוקצה, כגון שכופה כלי על המוקצה לשמרה, צריך ליזהר שלא ליגע בה, **והגר"א** שם בביאורו פסק כהרב המגיד, דנגיעה בכל גווני שרי, אם לא יבוא לנדנוד ע"י הנגיעה, וכ"כ בדה"ח. **ולכן מותר ליגע במנורה שבבהכ"נ שנרות דולקות עליו, או בתנור שדולק בו אש** - היינו אפי' בתנור המיטלטל, ומותר ליגע אפילו בשעה שדולק בו האש.

וכן מותר ליקח דבר היתר המונח על דבר מוקצה (מרדכי ורבינו ירוחם ות"ה וכל בו) - היינו אפילו כשהדבר מוקצה תלוי, וע"י לקיחת ההיתר מתנדנד, מ"מ שרי, דזה מקרי טלטול מן הצד

באר הגולה

ה הרא"ש בתשובה וכן נראה מדברי הטור ורמב"ם ו ‹שם קכ"ג א' כר' חייא בר אבא, הרי"ף ורא"ש וכדרכם בכל מקום דקאמר מ"ד כו' – גר"א. **דכוונת** הגמ' להחמיר דהלכתא כמ"ד המחמיר – דמשק אליעזר› ז שבת קכ"ד במשנה כדמפרש לה רבא ח שם במשנה כדמפרש לה רבי חייא א"ר יוחנן קכ"ג ט הרב המגיד בשם המפרשים י שבת קכ"ד

לצורך דבר המותר. **וכן מותר לטלטל דבר מוקצה ע"י נפוח, דלא הוי טלטול אלא כלאחר יד, ולא מיקרי טלטול (תשובת מהרי"ל).**

סימן שח ס"ד - [יא]**כלי שמלאכתו להיתר, מותר לטלטלו אפי' אינו אלא לצורך הכלי שלא ישבר או יגנב** - וה"ה אם היה מלאכתו לאיסור ולהיתר, ג"כ לא מקצה דעתו מניה.

וקדרה שמלאכתה הוא לבישול, ורק לפעמים משתמשין בה למים ולפירות, היא בכלל כלי שמלאכתה לאיסור, אם לא שיש בה מהתבשיל, ‹שהקדרה טפלה להתבשיל שבתוכה - הגר"ז›, (**ומ"מ נראה, דאף** כשפנוה מהתבשיל ועומדת בבית, מותר לטלטלה ולסלק לצד חוץ, דהוי כגרף של רעי, עיין בשבת קכ"ד לענין קערה).

[יב]**אבל שלא לצורך כלל, אסור לטלטלו** - היינו אם כל היום לא יצרכנו כלל, **אבל** אם יצטרך לו באותו יום, והוא מטלטלו כדי שיהא מוכן לו בשעתו, שרי.

[יג]**כתבי הקודש** - פי' כל הספרים שמותר לקרות בהן, **ועיין** בשע"ת לענין מגילה, ופמ"ג מצדד כהא"ר, דמגילה נמי בכלל זה, ‹ניהו דאסור לקרות בה בצבור, מ"מ כל אדם מותר ללמוד מתוכה - מחה"ש›,

ואוכלין, מותר לטלטלם אפי' שלא לצורך כלל.

[יד]**וה"ה** כוסות וקערות וצלוחיות וסכין שע"ג השלחן, דתדירין בתשמיש, לא חלה עלייהו תורת מוקצה כלל, וכאוכלין וכתבי הקודש דמי, וע"כ מותרין לטלטלן אפילו שלא לצורך כלל, [**אף** דבאחרונים מוזכר סכין קטן שעל השולחן, לאו דוקא הוא, ולישנא דגמ' נקטו. **ועיין** ברש"י שם, דהטעם משום דהני תדירין בתשמיש לגבי לחם ובשר ואוכלין, שחותכין בו, א"כ שייך זה בכל סכין, ולא נקט הגמרא סכין קטן רק לאפוקי סכין גדול שמקצבין בו בשר, כמ"ש רש"י, דהוא בכלל מוקצה מחמת חסרון כיס, והוא נקרא שם סכינא דאשכבתא. **ואף** להתוס' שפי' באופן אחר, מ"מ אפשר לומר גם לדידהו דכל סכין שע"ג השולחן הוא בכלל סכין קטן, כיון שעומד רק לאכילה תדיר לא גזרו בה], [טו]**ויש** מחמירין אפילו בכלים אלו.

הגה: ותפילין אין לטלטלם כי אם לצורך (תרכ"ד ועיין בב"י) -

היינו כדי שלא יגנבו, או שלא יתקלקלו בחמה, וכיוצא בזה, **והט"ז** ומ"א מחמירין, וסוברין דתפלין מקרי כלי שמלאכתו לאיסור, דהרי אסור להניחן בשבת, וכנ"ל בסימן ל"א, וע"כ אין לטלטלן כי אם בצריך לגופן, היינו כדי שישמרוהו מהמזיקין, או למקומן, **ומ"מ** במקום הדחק יש להקל כדעה הראשונה. **ושופר אסור לטלטלו כי אם לצורך גופו או מקומו (הג"א סוף פרק במה מדליקין)** - דהרי הוא מיוחד לתקיעה דהוא אסור בשבת, וע"כ מקרי כלי שמלאכתו לאיסור, **ולולב** אסור לטלטלו אפילו לצורך גופו ומקומו, דאין עליו שם כלי כלל.

אות ו'* [טז]

מדוכה אם יש בה שום מטלטלין אותה

סימן שח ס"ה - [טז]**יש מתירים לטלטל כלי שמלאכתו לאיסור אפי' מחמה לצל ע"י ככר או תינוק** - לאו דוקא ככר, הוא הדין אם נתן שאר חפץ המותר בתוכה.

והנה דעה זו היא דעת הרא"ש, אבל הרבה מהראשונים חולקין ע"ז, וס"ל דלא התירו ככר ותינוק אלא למת בלבד לטלטלו על ידיהם, וכדלקמן בסימן שי"א ס"א, אבל לא בשאר דבר מוקצה אף שהוא כלי, וכן הכריעו הרבה אחרונים, [**ובהפסד** מרובה יש להקל].

וכ"ז דוקא אם יניח בתוך הכלי שאר דבר שאינו מיוחד לה, אבל אם מונח שם דבר המיוחד לה, כמו שום במדוכה ששוחקין בה, או שמונח בקדירה קצת מהתבשיל, לכו"ע מותר לטלטל הכלי אגב המאכל. ‹לפי שהמדוכה היא טפלה ובטלה להשום שבתוכה, כמו שהקדרה טפלה להתבשיל שבתוכה, וה"ז כאלו מטלטל את השום בלבדו, שמותר לטלטלו אף שלא לצורך כלל, **אבל** אם נתן במדוכה ככר או תינוק או שאר דברים המותרים בטלטול, שאין המדוכה טפלה להם, אסור לטלטלה ע"י כן לצורך עצמה - הגר"ז›.

אות ז'

לא סידור הקנין ולא נטילתן דוחה את השבת

רמב"ם פ"ה מהל' תמידין ומוספין הי"א - לא סדור הקנים ולא נטילתן דוחה את השבת, אלא מערב שבת נכנס ושומטן ונותנן לאורך השולחן, ובאחד בשבת נכנס ומכניס את הקנים בין החלות.

אות ח'

מקלות דקין חלקין היו שם ומניחו על כתפו ועל כתף חבירו

רמב"ם פ"א מהל' קרבן פסח הי"ד - וכיצד תולין ומפשיטין, מסמרות של ברזל היו קבועין בכותלים ובעמודים שבהן תולין ומפשיטין, וכל מי שלא מצא מקום לתלות, מקלות דקים וחלקים היו שם, מניח על כתפו ועל כתף חבירו ותולה ומפשיט.

באר הגולה

יא שם | יב **הרב המגיד לדעת רמב"ם** ‹שם: וחזרו והתירו אפי' כו', ולא קאמר והתירו לגמרי, וכן שם ואפי' מחמה לצל, ולא קאמר שלא לצורך כלל - גר"א› | יג **הר"ן בפרק כל הכלים** ‹שלא היו בכלל הגזירה דנחמיה - גר"א› | יד ‹דג' כלים שלא נאסרו, שרי בטלטול אפי' שלא לצורך, דומיא דספרים - שלטי גבורים› | טו ‹דאפי' כוסות וקערות וסכין וכיוצא בהן, כולן היו בכלל הגזרה שגזרו גם עליהן שלא לטלטלן כי אם לצורך תשמישן, ולא לצורך מקומן ולא לצורך גופן כשאינו תשמיש המיוחד להן, שהרי לא הוציאו אותן מכלל שאר כלים אלא מפני הצורך שיש בתשמישן יותר מבתשמיש שאר כל הכלים, א"כ אין להתירן אלא לצורך תשמישן בלבד, ואח"כ כשהתירו וחזרו והתירו לטלטל כל כלי שמלאכתו להיתר אפילו לצורך הכלי עצמו, גם כוסות וקערות וסכין וכיוצא בהן היו בכלל זה, ולא הותרו אלא לטלטלן לצורך הכלי עצמו, אבל לא שלא לצורך כלל - הגר"ז› | טז ‹ע"פ הב"י וז"ל: כתב הרא"ש בתשובה, דכלי שמלאכתו לאיסור יש לו היתר אפי' מחמה לצל ע"י ככר או תינוק, וזהו ששנינו (שבת קכג:) במדוכה אם יש עליה שום מטלטלין אותה, **ואע"ג** דלא אמרו (קמב:) ככר או תינוק אלא למת, **התם** במוקצה מחמת גופו כאבנים וכיוצא בהם דהוו דומיא דמת, **א"נ** בארנקי מלאה מעות דבטל לגבי מעות דהוו כמו אבנים, **אבל** מדוכה כיון שיש עליה תורת כלי, שרי לטלטלה אגב אוכלין שעליה, כך נראה לראב"ן, **ויש** מי שמתרץ, מדוכה היינו טעמא דשרי לטלטלה אגב שום שעליה, מפני שהמדוכה לשום כקדרה לתבשיל, שהוא תשמיש לשום מבעוד יום, הילכך שרי לטלטלה אפילו מחמה לצל› | יז **הרא"ש בתשו' ושכן נראה לראב"ן**

§ מסכת שבת דף קכד. §

אות א'

נגר שיש בראשו גלוסטרא

[א]**סימן שיג ס"א** - [ב]**ונגר שהוא יתד שנועלים בו, ותוחבין אותו באסקופה למטה, ודומה טפי לבנין** - ר"ל שנראה כשאר נגרים ויתדות שנועץ בכותל, דיש בזה משום בנין, **לא סגי בהכי, ואין נועלים בו אא"כ יהא קשור** – (מיהו בקשור א"צ אפילו מחשבה שיחשב עליו מבעוד יום – ב"ח וא"ר).

(אבל במחשבה בעלמא שחישב עליו מע"ש, איכא איסור דאורייתא לדעת רש"י, **אבל** לדעת הרא"ש איסור זה הוא רק מדרבנן, וכ"ז בנגר שאין בראשו גלוסטרא, אבל ביש בראשו גלוסטרא, אפשר דלכו"ע הוא רק מדרבנן, כיון דתורת כלי עליו).

וכיצד יהא קשור, אם יש בראשו גלוסטרא, דהיינו שהוא עב באחד מהראשים וראוי לכתוש בו, שדומה לכלי - היינו דכיון דכלי הוא, לא הוי כבנין, דנראה לכל דלפי שעה משימו שם, **סגי [ג]אפי' אם קשור בחבל דק שאינו ראוי להיות ניטל בו** - שאם רוצה לטלטלו ע"י אותו חבל, מיד נפסק.

משמע דעכ"פ קשור מיהו בעינן, וכן פסק הט"ז, דהקשירה הוא לעיכובא, **ובספר** אליה רבא כתב, דלעת הצורך יש לסמוך על המקילין ע"י גלוסטרא, כיון שהוא כלי, אף בלי קשירה כלל, **אבל** בביאור הגר"א משמע דמצדד לדינא כהט"ז.

(והיינו ביש בו גלוסטרא ממילא, אבל אם עשה גלוסטרא לראשו, משמע בב"י דזה לכו"ע מותר אפילו בלי קשירה כלל, כיון דעשה בו מעשה שמוכיח עליו שהוא כלי, לא מחזי כבונה כלל, **ומביאור** הגר"א מוכח דס"ל, דלדעת הטור אין לחלק בזה כלל).

ואם הנגר מחובר לדלת, ומושכין אותו ותוחבין בחור, מותר לכו"ע אף בלי קשירה.

ואפי' אם אינו קשור בדלת עצמו אלא בבריח הדלת - או במזוזה שאחורי הדלת, והו"א דאינו מינכר כ"כ דהוא רק לנעילה.

[ד]**ואפילו אם החבל ארוך ואינו תלוי כלל באויר, אלא כולו מונח בארץ.**

[ה]**ואם אין בראשו גלוסטרא, אם הוא קשור בדלת עצמה, סגי אפי' בחבל דק שאינו ראוי לינטל בו, ואפי' כולו מונח בארץ; ואם אינו קשור בדלת אלא בבריח, צריך שיהא הקשר אמיץ שיהא ראוי לינטל בו** - ובלא"ה אסור, אפי' אם הנגר תלוי באויר ואינו נגרר כלל בארץ, **משום** דכיון דאין על הנגר תורת כלי, בעינן שיהיה יותר היכר שהוא עומד רק לנעילה, דלא יהיה נראה כבונה.

ואפי' הכי א"צ שיהא תלוי, אלא אפי' כולו מונח בארץ, מותר. שאין אסור אלא כששומטו ומניחו בקרן זוית - קאי אלעיל, שכתב דמותר אפילו בחבל דק, וע"ז סיים וכתב: שאין אסור אלא כששומטו, היינו שאינו קשור כלל, וכששומטו ממקום החור שנועל שם הדלת מניחו בקרן זוית, דאז אינו נראה כמוכן לנעול, והוי כבונה.

אות ב' – ג'

כל הכלים ניטלין לצורך ושלא לצורך

לצורך, דבר שמלאכתו להיתר, בין לצורך גופו בין לצורך מקומו; שלא לצורך, ואפילו מחמה לצל

סימן שח ס"ד - [ו]**כלי שמלאכתו להיתר, מותר לטלטלו אפי' אינו אלא לצורך הכלי שלא ישבר או יגנב** - וה"ה אם היה מלאכתו לאיסור ולהיתר, ג"כ לא מקצה דעתו מניה.

וקדרה שמלאכתה הוא לבישול, ורק לפעמים משתמשין בה למים ולפירות, היא בכלל כלי שמלאכתה לאיסור, אם לא שיש בה מהתבשיל, (שהקדרה טפלה להתבשיל שבתוכה – הגר"ז, **ומ"מ נראה, דאף** כשפנוה מהתבשיל ועומדת בבית, מותר לטלטלה ולסלק לצד חוץ, דהוי כגרף של רעי, עיין בשבת קכ"ד לענין קערה).

[ז]**אבל שלא לצורך כלל, אסור לטלטלו** - היינו אם כל היום לא יצרכנו כלל, **אבל** אם יצטרך לו באותו יום, והוא מטלטלו כדי שיהא מוכן לו בשעתו, שרי.

[ח]**כתבי הקודש** - פי' כל הספרים שמותר לקרות בהן, **ועיין** בשע"ת לענין מגילה, ופמ"ג מצדד כהאליהו רבה, דמגילה נמי בכלל זה, **ואוכלין, מותר לטלטלם אפי' שלא לצורך כלל.**

וה"ה כוסות וקערות וצלוחיות וסכין שע"ג השלחן, דתדירין בתשמיש, לא חלה עלייהו תורת מוקצה כלל, וכאוכלין וכתבי הקודש דמי, וע"כ מותרין לטלטלן אפילו שלא לצורך כלל, [**אף** דבאחרונים מוזכר סכין קטן שעל השולחן, לאו דוקא הוא, ולישנא דגמרא נקטו. **ועיין** ברש"י שם, דהטעם משום דהני תדירין בתשמיש לגבי לחם ובשר ואוכלין, שחותכין בו, א"כ שייך זה בכל סכין, ולא נקט הגמרא סכין קטן רק לאפוקי סכין גדול שמקצבין בו בשר, כמ"ש רש"י, דהוא בכלל מוקצה מחמת חסרון כיס, והוא נקרא שם סכינא דאשכבתא. **ואף** להתוס' שפי' באופן אחר, מ"מ אפשר לומר גם לדידהו דכל סכין שע"ג השולחן הוא בכלל סכין קטן, כיון שעומד רק לאכילה תדיר לא גזרו בה], [ט]**ויש** מחמירין אפילו בכלים אלו.

באר הגולה

[א] (לכאורה אינו שייך לסוגייתינו דאיירי בענין של מוקצה, וזה איירי באיסור בונה, וצ"ע) [ב] עירובין ק"א במשנה כר' יוסי וכדמפרש שם בגמרא ק"ב הרי"ף וכמ"ש הרא"ש שם [ג] שם בתוס' [ד] טור [ה] שם במשנה וכר"י וכדמפרש לה רבא שם [ו] שם [ז] הרב המגיד לדעת רמב"ם [ח] הר"ן בפרק כל הכלים [ט] (עיין בהערות בדף קכ"ג.)

ידו על כתף חברו · דלא מטלטלי מקלות: **גלוסטרא** · דתנן רבי יהושע אמר נגר שיש בראשו גלוסטרא שראשה עב וראוי לדוך בו שום וטועלין בו דלת: **שומטה מפתח זה ותולה בחברו** · ואע"ג דצריך לגופו לתלותו בחברו ולנועלה בו שומטו ע"י גרירה אבל טלטול גמור לא ואע"פ שמלאכתו להיתר לא שרי ליה לצורך גופו: **מדוכה הא דאמרן** · לעיל אע"ג דשנייה רבא לעיל מחמה לצל ואביי שנייה לצורך מקומו שינויי דחיקי נינהו אלא קודם התרת כלים נשנו: **קנים טעמא מאי** · מסדרין אותם במערכה: **משום איעפושי** · דלא סמכינן אניסא ומשום ההוא פורתא שהישנה מתעכבת בלא קנים מלילי שבת לשבת והחדשה משבת למוצ"ש לא מיעפשי: **כדר"א** · מניח ידו על כתף חבירו: **שאינה מעורבת** · שהרבה בתים פתוחים לה ולא עירבו דכלים ששבתו בבתים אסור להוציאן לחצר וששבתו בחצר מותר לטלטלן בחצר שהחצר כולו רשות לעצמו הוא והבתים מיוחדים לכל איש ביתו: **תוך הפתח** · שנטל הנגר משם: **וקא מטלטל מנא דבית בחצר** · הלכך שומטה אין דטלטול מן הצד היא אבל טלטול גמור לא: **מדוכה רבי נחמיה היא** · דאמר* בעירובין (דף לה·) אפילו טלית ואפי' תרווד אין ניטלין אלא לצורך תשמיש המיוחד: **מתני'** ה"ג במתניתין כל הכלים ניטלין לצורך כו': **גמ' מאי לצורך ומאי שלא לצורך אמר רבה כו'** · לצורך דשרי תנא קמא היינו דבר שמלאכתו להיתר ומטלטלו לצורך גופו: **שלא לצורך דבר שמלאכתו להיתר** · ומטלטלו שלא לצורך גופו אבל צריך למקומו: **ודבר שמלאכתו לאיסור לצורך גופו.** הוא דאישתראי אם צריך לו למלאכת היתר אבל שלא לצורך גופו ואע"ג דצריך למקומו לא ורבה לטעמיה דאמר לעיל (דף קכג:) גבי קורנס של נפחים נמי מותר לצורך גופו: **א"ל רבא כו' אלא אמר כו'** · ולרבא דמוקי אליבא דרבי נחמיה דלצורך גופו ולצורך מקומו מותר ע"כ האי לצורך גופו כגון שזה התשמיש מיוחד לו דתניא לקמן בפרק חבית (דף קמו.) רבי נחמיה אומר אפילו תרווד ואפילו טלית אין ניטלין אלא לצורך תשמישן וצורך מקומו נמי לרבא כצורך גופו ותשמישו דמי ולרבה צורך גופו הוא דשרי רבי נחמיה ודוקא לתשמיש המיוחד לו ובין לרבה ובין לרבא דוקא דבר שמלאכתו להיתר אבל דבר שמלאכתו לאיסור אפילו לצורך גופו לא שרי רבי נחמיה דהאי צורך גופו לאו תשמיש המיוחד לו הוא דהא מיוחד למלאכת איסור: **לרבה אליבא דרבי נחמיה** · דאמר דבר שמלאכתו להיתר לצורך מקומו לא: **הני קערות** · לאחר אכילה היכי מטלטל להו לסלקן מלפניו: **ואם לאו אין מטלטלין אותה**. בשלמא לרבה כגון דאין צריך לגופה [אלא למקומה] אלא לדידך אמאי: **וכן בדלת** · אוקימנא במסכת ביצה וכן הדלת אין סומכין בבקעת וביו"ט קיימי: **והא בקעת ביו"ט מלאכתה להיתר היא** · דלהסקה חזי וקיימא וקאסר לטלטלה לצורך גופו למלאכה אחרת וכל שכן לצורך מקומה: ומשני התם(ג) טעמא כיון דבשבת אסור דהא בקעת בשבת מלאכתה לאיסור היא ביום טוב נמי אסור גזירה י"ט אטו שבת: **משילין פירות דרך ארובה ביום טוב** · בהדיא תנן אבל לא בשבת פירות השטוחים על הגג לייבשן וראה גשמים ממשמשים ובאין משילן לארץ דרך ארובת הגג דלא טריחא מילתא דנופלין מאליהן אלמא דלא גזרינן ופרכינן ומי לא גזרינן והתנן אין בין כו': **לא קשיא הא.** דתנן משילין דשרי טירחא ביו"ט משום איבוד ממון רבי יהושע היא שהתיר להעלות בהמה בהערמה מן הבור: **והא** · דתנן אין בין כו' ר"א היא: **דאפשר בהערמה** · דמיחזי כמאן דעביד לצורך יו"ט אבל גבי משילין דליכא הערמה לדמויי להתירא לא:

ידו על כתף חבירו ויד חבירו על כתיפו ותולה ומפשיט גלוסטרא דתנן* אנגר שיש בראשו גלוסטרא ר' יהושע אומר שומטה מן פתח זה ותולה בחבירו בשבת ר' טרפון אומר הרי הוא ככל הכלים ומיטלטל בחצר מדוכה הא דאמרן אמר רבה ממאי דילמא לעולם אימא לך לאחר התרת כלים נשנו קנים טעמא מאי משום איעפושי בהאי פורתא לא מיעפש מקלות אפשר כר' אלעזר גלוסטרא כדרבי ינאי דאמר רבי ינאי בחצר שאינה מעורבת עסקינן רבי יהושע סבר תוך הפתח כלפנים דמי וקמטלטל מנא דבתים בחצר ור' טרפון סבר תוך הפתח כלחוץ דמי ומנא דחצר בחצר קא מטלטל מדוכה ר' נחמיה היא: **מתני'** בכל הכלים ניטלין לצורך ושלא לצורך *ר' נחמיה אומר אין ניטלין אלא לצורך: **גמ'** מאי לצורך ומאי שלא לצורך אמר *רבה לצורך דבר שמלאכתו להיתר לצורך גופו שלא לצורך דבר שמלאכתו להיתר לצורך מקומו ודבר שמלאכתו לאיסור לצורך גופו אין לצורך מקומו לא ואתא רבי נחמיה למימר ואפילו דבר שמלאכתו להיתר לצורך גופו אין לצורך מקומו לא אמר ליה רבא לצורך מקומו שלא לצורך קרית ליה אלא אמר רבא דלצורך דבר שמלאכתו להיתר בין לצורך גופו בין לצורך מקומו שלא לצורך ואפי' מחמה לצל הודבר שמלאכתו לאיסור לצורך גופו ולצורך מקומו אין מחמה לצל לא ואתא רבי נחמיה למימר ואפילו דבר שמלאכתו להיתר לצורך גופו ולצורך מקומו אין מחמה לצל לא יתיב רב ספרא ורב אחא בר הונא ורב הונא בר חנינא ויתבי וקאמרי לרבה אליבא דרבי נחמיה הני קערות היכי מטלטלינן אמר להו רב ספרא מידי דהוה אגרף של רעי אמר ליה אביי לרבה למר אליבא דרבי נחמיה הני קערות היכי מטלטלינן להו אמר ליה רב ספרא חברין תרגמה מידי דהוה אגרף של רעי איתיביה אביי לרבא* מדוכה אם יש בה שום מטלטלין אותה ואם לאו אין מטלטלין אותה הכא במאי עסקינן מחמה לצל איתיביה *ושוין שאם קיצב עליו בשר שאסור לטלטלו הכא נמי מחמה לצל והא דתנן *ואין סומכין את הקדירה בבקעת וכן בדלת והא בקעת דביום טוב דבר שמלאכתו להיתר הוא אלמא דבר שמלאכתו להיתר בין לצורך גופו בין לצורך מקומו אסור התם(א) מאי טעמא כיון דבשבת דבר שמלאכתו לאיסור הוא גזירה יו"ט אטו שבת וכי תימא שבת גופיה תישתרי דהא דבר שמלאכתו לאיסור לצורך גופו ולצורך מקומו שרי זהני מילי היכא דאיכא תורת כלי עליו היכא דליכא תורת כלי עליו לא ומי גזרינן והתנן* חמשילין פירות דרך ארובה ביום טוב טאבל לא בשבת ומי לא גזרינן והתנן* כאין בין יו"ט לשבת אלא אוכל נפש בלבד אמר רב יוסף לא קשיא הא ר' אליעזר הא רבי יהושע *דתניא אותו ואת בנו שנפלו לבור ר' אליעזר אומר מעלה את הראשון על מנת לשוחטו ושוחטו והשני עושה לו פרנסה במקומו בשביל שלא ימות ר' יהושע אומר מעלה את הראשון על מנת לשוחטו ואינו שוחטו ומערים ומעלה את השני רצה זה שוחט רצה זה שוחט *ממאי דילמא עד כאן לא קאמר ר' אליעזר התם אלא דאפשר לפרנסה אבל היכא דלא אפשר לפרנסה לא אי נמי עד כאן לא קאמר רבי יהושע התם דאפשר בהערמה אבל היכא דלא אפשר בהערמה לא אלא אמר רב פפא לא קשיא הא בית שמאי הא בית הלל דתנן בית שמאי אומרים

אין

הא ר"א · ההיא דאין בין אע"ג דבפ"ק דמגילה (דף ז:) דייקינן עלה הא לענין מכשירי אוכל נפש יה וזה שוין וקאמר מתני' דלא כרבי יהודה ור"א סבירא ליה כר"י ועדיפא מדרבי יהודה כדאמר בריש תולין (לקמן דף קלז:) איכא למימר דההוא תנא סבר לה כוותיה בחדא דגזרינן י"ט אטו שבת ופליג עליה במכשירין ועוד יש לומר דאין בין דפ"ק דמגילה מיירי במילי דאורייתא ואין בין דהכא היינו דתנן במשילין (ביצה ד' לז:) דמיירי במילי דשבות ואיטו מענין אחד תדע דהכי פריך עלה בפ' משילין כדפריך הכא בשמעתא ולא פריך בפ"ק דמגילה והא דדייק התם הא לענין מכשירין זה וזה שוין לא דייק בפרק משילין:

הא

[גי' הרי"ף והרא"ש אביי]

לקמן קלז: ביצה כח. לו: מגילה ז: [תוספתא דמגילה פ"א]

עין משפט נר מצוה

יח א מיי' פכ"ו מהלכות שבת הלכה ט סמג לאוין סה טוש"ע או"ח סימן שיג סעיף א:

יט ב ג מיי' פכ"ה שם הלכה ג סמג שם טוש"ע או"ח סימן שח סעיף ד:

כ ד מיי' שם טוש"ע שם סעיף ג:

כא ה מיי' פ"ד מהלכות יו"ט הלכה יא טור שו"ע או"ח סימן תקב סעיף ג:

כב ו מיי' פכ"ה מהל' שבת הלכה ו טוש"ע או"ח סימן שח סעיף ז:

כג ז מיי' פ"ה מהלכות יו"ט הלכה ה טור שו"ע או"ח סימן תקכא סעיף א:

כד ח טוש"ע או"ח סימן שלא סעיף ז:

כה ט מיי' פ"א מהלכות יו"ט הלכה א סמג לאוין עה טוש"ע או"ח סימן תצה סעיף א:

מסורת הש"ס

כלים פי"א מ"ד [ושם ליתא להך תיבות נגר שיש בראשו]

[לקמן קמו.]

[לעיל לו. וש"נ]

[לעיל קכג.]

[שם: וביצה יא.]

ביצה לב:

ביצה לב: לו.

ביצה לו. [תוספתא ביצה פ"ג]

[ביצה לו. ע"ש]

הגהות הב"ח

(א) גמ' התם היינו טעמא כיון דבשבת: (ב) רש"י ד"ה ומשני התם היינו טעמא:

גליון הש"ס

גמ' ומי גזרינן והתנן משילין. ע"ל דף כג ע"ב תוספות ד"ה גזירה:

רבינו חננאל

שאסור בשבת סידורן ונטילתן מתוך לחם הפנים. מקלות מפורש במס' פסחים. בזמן שחל י"ד להיות בשבת אמר ר' אליעזר לטלטל מקל ולהניחו על כתיפו ועל כתף חבירו לתלות הפסח בו ולהפשיטו. וכן גלוסטרא. היא משנה בכלים פ' י"א שאמר ר' יהושע לטלטלה בשבת. תוספתא דכלים בתחלת בב"מ קלוסטרא ר' טרפון מטמא וחכמים מטהרין. ברוריה אומר שומטה מפתח זה ותולה בחבירו בשבת. כשנאמרו דברים לפני ר' יהושע אמר יפה אמר ברוריה. והוא הוה בעירובין בסופו. מדוכה זו שאמרנו למעלה אלו כולן כלים הן וקודם התרת כלים נשנו שאסור לטלטלן בשבת. (* אבל אחר התרת כלים מותרין הן וחלק רבא על רבי אליעזר ואמר דלמא אחר כלים נשנו ואסורין הן לעולם. ודבריו פשוטין הן: מתני' כל הכלים הניטלין לצורך ושלא לצורך כו'. פירש רבא משנה זו לצורך דבר שמלאכתו להיתר כגון קערות וכוסות והדומה להן. לכתחלה לטלטלן לאכול ולשתות בהן הללו מותרין לטלטלן בין לצורך גופו לאכול בהן בין לצורך מקומו לפנותן כדי לישב במקומן. דבר שמלאכתו לאיסור כגון קורנס של נפחים והדומה לו לצורך גופו בהן(מותר) [כגון] לפצוע בו אגוזין מותר. אבל לצורך מקומן אסור. ורבי נחמיה אמר אפילו דבר שמלאכתו להיתר כגון קערות והדומה להן לצורך גופו לאכול בהן מותר. אבל אחר שיאכל בהן אסור לטלטלן מקומן. ועל זה הקשה ליה אביי לרבה למר אליבא דר' נחמי' הני קערות כלומר שאינו מטלטלן אלא לצורך אכילה בהן אחר שיאכל אדם היאך מטלטלן ומסלקן מן השולחן. והשיבו לו כבר נתקשה זה לרב חברין. ופירק מידי דהוה אגרף של רעי שמותר לטלטל לדברי הכל. דתניא בתוספתא גרף של רעי ושל מימי רגלים נוטלן ושופכן וכו'. ובזמן שאמר רבה דברים הללו השיבו רבא לצורך מקומו שלא לצורך ליה. אלא אמר לצורך דבר שמלאכתו להיתר בין לצורך גופו בין לצורך מקומו. שלא לצורך אפילו מחמה לצל. ודבר שמלאכתו לאיסור לצורך גופו ולצורך מקומו אין. מחמה לצל לא. ואתא ר' נחמיה דאפילו דבר שמלאכתו להיתר לצורך גופו ולצורך מקומו אין. מחמה לצל לא. מותיב אביי (לרבה) [לרבא] לדידך דאמרת דבר שמלאכתו לאיסור אפילו לצורך מקומו מטלטל והרי מדוכה שאינה מטלטלת אלא גופה אם יש בה שום. אבל אין בה שום לצורך מקומה אסור לטלטלו ופירק ליה הכא במאי עסקינן בשצריך לטלטלה להסירה מן החמה שלא תיבקע ולהניחה בצל. וכן שאר השמועה כולה פשוטה היא

*) דברי רבינו כמות שהם אין להם הבנה ונראה דצ"ל אבל רבה אמר דלאחר התרת כלים וכו'

הגה: ותפילין אין לטלטלם כי אם לצורך (תרכ"ד ועיין בב"י) - היינו כדי שלא יגנבו, או שלא יתקלקלו בחמה, וכיוצא בזה, **והט"ז** ומ"א מחמירין, וסוברין דתפלין מקרי כלי שמלאכתו לאיסור, דהרי אסור להניחן בשבת, וכנ"ל בסימן ל"א, וע"כ אין לטלטלן כי אם בצריך לגופו, היינו כדי שישמרוהו מהמזיקין, או למקומן, **ומ"מ** במקום הדחק יש להקל כדעה הראשונה.

ושופר אסור לטלטלו כי אם לצורך גופו או מקומו (הג"א סוף פרק במה מדליקין) - דהרי הוא מיוחד לתקיעה דהוא אסור בשבת, וע"כ מקרי כלי שמלאכתו לאיסור, **ולולב** אסור לטלטלו אפילו לצורך גופו ומקומו, דאין עליו שם כלי כלל.

אות ד'

ודבר שמלאכתו לאיסור, לצורך גופו ולצורך מקומו אין, מחמה לצל לא

סימן שח ס"ג - [י]כלי שמלאכתו לאיסור - כלומר שמיוחדת לדבר שאסור לעשות בשבת, ואפילו אם רק רוב מלאכתו לאיסור, הוא ג"כ בכלל זה, (**ולענ"ד** היה נראה, דזה דוקא **אם** עיקרה הוא רק למלאכת איסור, ורק לפעמים משתמש בה להיתר, **אבל אם** דרך הכלי להשתמש בה לשניהם, ורק שלאיסור משתמשין בה יותר, מנלן דמקצה דעתיה מניה, דהלא עשויה למלאכת היתר ג"כ, וצ"ע).

(אפילו איסורו הוא רק מדרבנן – פמ"ג, **ועי"ש** עוד לענין קנא"ק האל"ץ, בית קיבול ועץ תקוע ע"י שרויף, ונותנים שם אגוזים כדי לשברם, שצידד להקל).

מותר לטלטלו ‹בין לצורך גופו.. בין לצורך מקומו..›

(ואם נשתמש לאיסור בבין השמשות - פי' שהיה מונח עליו בין השמשות דבר איסור, **כגון נר שהודלק** - דנעשה אז בסיס לדבר האסור, **עיין לעיל סימן רע"ט)** - אבל אם עשה מלאכה בקורנס, פשיטא דמותר לטלטלו בשבת לצורך גופו ומקומו.

בין לצורך גופו, כגון [יא]קורנס של זהבים או נפחים לפצוע בו אגוזים, קורדם לחתוך בו דבילה - ומיירי שאין לו כלי היתר לתשמיש זה, דאל"ה אין לו להשתמש בכלי זה, [**כן** מוכח בשבת קכ"ד. בגמרא דמשני, מקלות אפשר כדר' אלעזר, הרי דאף שמוכנין היו לזה מע"ש, דדקין וחלקין היו, ושם כלי שמלאכתו להיתר הוא, אפ"ה אסור כיון דשלא לצורך הוא וכדלקמן, וכ"ש בזה שהוא כלי שמלאכתו לאסור].

(במשנה חשיב שם עוד מגירה לגור בה את הגבינה, ועוד כמה דברים עי"ש, והנה רש"י פירש שם שהוא סכין מלא פגימות, ומשמע לכאורה דמגירה ממש אין חילוק בין גדולה לקטנה, דבכולהו מקפיד שלא יפגמו ומיחד להו מקום, והוא בכלל מסר הגדול שנזכר במשנה, אכן מפירוש המשניות להרמב"ם משמע דמגירה קטנה הוא רק בכלל כלי שמלאכתו לאיסור, **וצ"ע** בטעם הדבר).

בין לצורך מקומו, דהיינו שצריך להשתמש במקום שהכלי מונח שם, [יב]ומותר לו ליטלו משם ולהניחו באיזה מקום שירצה - דכיון שהוא בידו, שנטלה לצורך גופה או מקומה, רשאי לטלטלה יותר, **וכתב** המ"א, דה"ה אם שכח ונטלה בידו, רשאי לטלטלה יותר, אף שהנטילה היה שלא לצורך גופה ומקומה, [**ולדידיה**, אפי' במוקצה מחמת חסרון כיס דינא הכי, וכמ"ש בסי' של"א לענין איזמל מילה], **ועיין** באחרונים שהכריעו, דהאי היתרא לא שייך אלא בכלי שמלאכתו לאיסור, ולא במוקצה מחמת גופו, כגון מעות ואבנים וכיוצא בהן, ‹או במוקצה מחמת חסרון כיס – שונה הלכות›, **ובביאור** הגר"א חולק על המ"א, וס"ל דלא התירו אלא כשהתחיל לטלטל ברשות, וכן משמע בר"ן, **ועיין** לקמן סימן של"א ס"ו במ"ב, לענין איזמל מילה.

איתא בסימן ש"א ס"ח, דטלטול מוקצה בגופו, אפילו לצורך דבר המוקצה, מותר, דזה לא נקרא טלטול כלל, **ולפי"ז** אם מונח איזה דבר מוקצה על הארץ, מותר לדחפו ברגליו, כדי שלא יבוא להפסד.

[יג]אבל מחמה לצל, דהיינו שאינו צריך לטלטלו אלא מפני שירא שישבר - דהיינו שיתבקע בחמה, **או יגנב שם** - דהוא דומיא דמחמה לצל, **אסור** - וע"י א"י י"ל דשרי בכל זה, ‹דוקא בכלי שמלאכתו לאיסור, פמ"ג א"א סי' ש"ז ס"ק כ"ט›, **ואם** חושב עליו גם לתשמיש, מותר לטלטל, אפילו עיקר כונתו מחמה לצל.

אות ה'

אין סומכין את הקדירה בבקעת, וכן בדלת

סימן תקב ס"ג - אין סומכין את הקדרה ולא את הדלת, בבקעת - דעצים להסקה הן עומדין ולא לדבר אחר, ולכן אפי' בבקעת יבשה שנכונה להסקה, אסור לטלטלה לצורך דבר אחר, ובכלל מוקצה הוא לזה. **ודעת** כמה אחרונים, דהמחבר אזיל לשיטתו, דפסק בסימן תצ"ה ס"ד, דמוקצה אסור ביו"ט, **אבל** לדעת הפוסקים המתירין מוקצה ביו"ט, מותר לסמוך בבקעת יבשה שראויה להסקה, אבל בלחה כיון שאינה ראויה להסקה, אסור, דדינו כאבנים, **וכתב** בבית מאיר, דבשעת הדחק יש לסמוך להקל בבקעת יבשה.

הגה: אבל מותר לצלות בו (הרי"ף) - היינו שתוחב בו הבשר לצליה, **ודוקא** בעץ יבש שראויה להסקה, ומטעם דאמרינן: מה לי לצלות בו, מה לי לצלות בגחלים, אבל בעץ לח, אסור לצלות בשר, **ודוקא** אם ראוי לצלות עליו כך בלא תיקון, אבל לתקנו ביו"ט שיהא ראוי לצלות עליו, אסור.

וכ"ש שמותר להסיק בו עם שאר עצים, אע"ג שאינו ראוי להסיק בפני עצמו (ר"ן) - ר"ל ומטעם זה אסור להשתמש בו

באר הגולה

י שבת קכ"ד במשנה כדמפרש לה רבא | יא שם במשנה כדמפרש לה רבי חייא א"ר יוחנן קכ"ג | יב ה"ה בשם המפרשים | יג שבת קכ"ד

לשום דבר וכנ"ל, מ"מ להיסק עם שאר עצים יבשים מותר, **והנה** אף דדין זה איירי בלחים, ודינא דצליה איירי ביבשים דוקא, וכנ"ל, **מ"מ** שייך בזה כ"ש, דיותר מסתבר להתיר בלח בהיסק גדול של שאר יבשים, מלהתיר יבש לצלות בו.

אות ו'

הני מילי היכא דאיכא תורת כלי עליו וכו'

סימן שח ס"ז - הגה: וכל דבר שאינו כלי כלל, אסור לטלטלו אפילו לצורך גופו, כ"ש לצורך מקומו.

אות ז'

משילין פירות דרך ארובה ביום טוב

סימן תקכא ס"א - משילין פירות דרך ארובה ביו"ט, (פי' מן "כי ישל זיתך", כלומר מפילין הפירות לארץ) - פי' שיש לו פירות על הגג, וראה גשמים ממשמשים ובאים, ואפשר שיבוא לידי הפסד, התירו לו חכמים לטרוח ביו"ט, ולהורידם לבית דרך ארובה, והוא חלון העשוי בתקרת הגג, על ידי חבל, או להשליכם, דכיון שאין בזה טורח כ"כ, התירו לו מפני הפסד ממונו, **אבל** בלא הפסד לא.

ואפילו היה לו פירות הרבה שם, [היינו אפי' יותר מה' קופות, דבשבת אסור], מותר לו לסלק כולם משם, [**ובזה** ג"כ קילא משבת, דשם קי"ל דאסור לפנות כולם, והכא שרי].

אות ח'

אבל לא בשבת

סימן שלח ס"ז - [יד] מי שיש לו פירות בראש הגג, ורואה מטר שבא, אסור לשלשלם בשבת דרך ארובה שבגג - דטורח שלא לצורך שבת הוא, **הא** פירות לצורך היום שרי, שלא יטנפו בגשמים. [טו] **אבל מותר לכסותן** - הנה ביש"ש החמיר בזה, והביאו המ"א, **אבל** האליה רבה ושארי אחרונים הוכיחו מהגמרא דמותר.

[טז] **ואפי' לבנים שהם מוקצים** - כגון שהן סדורות ועומדות לבנין, **מותר לכסותן מפני הדלף** - אבל אסור לטלטלן ממקומן, אף שאין לו במה לכסות.

אות ט'

אין בין יום טוב לשבת אלא אוכל נפש בלבד

סימן תצה ס"א - כל מלאכה האסורה בשבת אסורה ביו"ט - בין שאיסורה מן התורה, ובין שאיסורה משום שבות, **וכן** כל דבר שאסור לעשותו בעצמו, אסור לומר גם לעכו"ם לעשותו, כמו בשבת.

חוץ ממלאכת אוכל נפש - כדכתיב בקרא: אך אשר יאכל לכל נפש הוא לבדו יעשה לכם. **וחוץ מהוצאה והבערה** - ופרטי דיניהם יתבארו לקמן סימן תקי"א ותקי"ח. **וכן מכשירי אוכל נפש, שלא היה אפשר לעשותם מאתמול** - דנתקלקל ביו"ט, או שלא הספיק לו השעה, **אבל** אם אפשר לעשותו מאתמול, הרי הוא כשאר מלאכות ואסור מן התורה, **ופרטי** דין זה עיין לקמן סימן תק"ח ותק"ט.

ומשמע דבאוכל נפש גופיה, מותר לדעת המחבר אפילו באפשר לעשותו מאתמול, **ומיהו** בדבר שדרך לעשותו בפעם אחת לימים רבים, גם להמחבר אסור, בדבר שטוב מאתמול ולא יפיג טעמו, וכדלקמן סימן תק"י ס"ג, **וע"י** שינוי משמע מהגר"א דשרי.

הגה: ויש מחמירין אפי' באוכל נפש עצמו, כל שאינו מפיג טעם כלל אם עשאו מעיו"ט - דלישה ואפיה ושחיטה ובישול, אם עשאן בעיו"ט יש בהם חסרון טעם, שאין לחם שנילוש ונאפה היום, כלחם שנילוש ונאפה מאתמול, ולא תבשיל שנתבשל היום, כתבשיל שנתבשל מאתמול, ולא בשר שנשחט היום, כבשר שנשחט מאתמול, ולהכי לא גזרו בהם, **אבל** דבר שאין בו קלקול טעם והפסד אם נעשה מאתמול, למה לו לעשותן ביו"ט, ואסור מדרבנן, כדי שלא יעבור עליו כל היום במלאכות וימנע משמחת יו"ט. **וכתבו** האחרונים, דנקטינן למעשה כסברא זו.

וכתבו עוד, דלפי דעה זו, אסור ללוש ביו"ט וורימזלי"ן, שקורין לאקשי"ן, שאפשר הנילושים מבע"י טובים ביותר, **וכן** אסור לבשל פירות יבשים ביו"ט, שהוא ידוע שהמבושלים מעיו"ט טובים הם יותר לאכילה אח"כ ביו"ט, [**וע"י** שינוי מותר, ואפי' אם עדיף טפי כשיעשהו מעיו"ט, מותר ג"כ ע"י שינוי]. **מיהו** אם לא היה לו שהות מקודם לבשל, וכ"ש כשלא היה לו הפירות מקודם, בודאי מותר לבשלם ביו"ט, וכן לענין לישה הנ"ל, [דלא גריע ממכשירי אוכל נפש דשרי בכה"ג].

ומשמע דאם מפיג טעם אפילו במקצת, שרי לכו"ע, **ובמהרי"ל** כתוב, שאסור לדוך שקדים ביו"ט להוציא מהן חלב, מדהיה אפשר ליה לדוך מאתמול, אע"פ שמפיג טעם קצת, **וכתבו** האחרונים דמשו"ה החמיר בזה, דדמי קצת לסחיטת פירות דאסור, **ומ"מ** ע"י שינוי נראה דיש להתיר, [דבאמת הוא חומרא בעלמא, דמעיקר הדבר לא שייך בזה סחיטה, שהחלב אינו כנוס בשקדים כיין בענבים].

מיהו אם לא עשאו מערב יו"ט ויש בו צורך יו"ט, מותר לעשותו ע"י שינוי - וכתב המ"א, דאפי' לכתחלה מותר להמתין לעשותו ע"י שינוי, **ובספר** בגדי ישע מפקפק ע"ז, **אכן** אם אין לו שהות קודם יו"ט, בודאי יש לסמוך ע"ז, **ולעיל** כתב דבאין לו שהות מותר אפי' בלא שינוי, ודלמא הכא היה לו אפשרות דחוקה - דרשו, **ואם** לא עשאו מעיו"ט מפני איזה אונס, מותר אפילו בלי שינוי.

באר הגולה

[יד] משנה בביצה ל"ה [טו] לפי' רבינו יונה הביאו הטור ורא"ש ‹אבל לדש"י אף לכסותן אסור בשבת, דמכסין את הפירות {המשך המשנה התם בביצה} איירי ג"כ ביו"ט› [טז] שם בגמ'

עין משפט נר מצוה

בו א מיי' פ"א מהלכות יו"ט הלכה ד סמג לאוין עה טוש"ע או"ח סימן תקיח סעיף א :

בז ב מיי' פכ"ה מהלכו' שבת הלכה ג סמג לאוין סה טוש"ע או"ח סימן שח סעיף ג :

כח ג מיי' פכ"ו שם הלכה ב סמג שם טוש"ע שם סעיף מט :

[ביצה לג. ע"ש ובפרש"י שם]

כט ד מיי' פכ"ה מהל' שבת הלכה יב סמג שם טוש"ע או"ח סימן שח סעיף ו :

ל ה מיי' שם הלכה ב טוש"ע או"ח סימן שח סעיף יז :

לא ו ז ח מיי' שם הל' ג טוש"ע שם סעיף ז :

[גי' הרי"ף והרא"ש דכאבי"]

---

*אין מוציאין את הקטן ואת הלולב ואת ספר תורה לרה"ר ובית הלל *מתירין אימר דשמעת להו לבית שמאי הוצאה טלטול מי שמעת להו *וטלטול *גופיה לאו משום הוצאה היא: ואף רב סבר לה להא דרבא דאמר רב *מר שלא יגנב זהו טלטול שלא לצורך ואסור טעמא שלא יגנב אבל לצורך גופו ולצורך מקומו מותר איני והא רב כהנא איקלע לבי רב ואמר אייתו ליה שותא לכהנא ליתיב עליה לאו למימרא דדבר שמלאכתו לאיסור לצורך גופו אין לצורך מקומו לא הכי אמר להו שקולו שותא מקמי כהנא ואי בעית אימא התם מחמה לצל הוה רב מרי בר רחל הוה ליה ההיא בי סדיותא בשמשא אתא לקמיה דרבא אמר ליה מהו לטלטולינהו אמר ליה שרי אית לי אחרינא חזו לאורחין אית לי נמי לאורחים אמר ליה גלית אדעתיך *דכרבה סבירא לך *לכולי עלמא שרי לדידך אסיר אמר רבי אבא אמר רבי חייא בר אשי *אמר רב מכבדות של מילתא מותר לטלטלן בשבת אבל של תמרה לא רבי אלעזר אומר אף של תמרה במאי עסקינן אילימא לצורך גופו ולצורך מקומו בהא לימא רב של תמרה לא והא רב כרבא סבירא ליה אלא מחמה לצל בהא לימא ר' אלעזר אף של תמרה [א]לעולם מחמה לצל אימא וכן אמר רבי אלעזר: **מתני'** *כל הכלים הניטלין בשבת שבריהן ניטלין עמהן ובלבד שיהו עושין מעין מלאכה שברי עריבה לכסות בהן את פי החבית שברי זכוכית לכסות בהן את פי הפך רבי יהודה אומר בלבד שיהו עושין מעין מלאכתן שברי עריבה לצוק לתוכן מקפה ושל זכוכית לצוק לתוכן שמן: **גמ'** אמר רב יהודה אמר שמואל מחלוקת שנשברו מערב שבת דמר סבר מעין מלאכתן אין מעין מלאכה אחרת לא ומר סבר אפילו מעין מלאכה אחרת אבל נשברו בשבת דברי הכל מותרין הואיל ומוכנין על גבי אביהן מותר מותיב רב זוטראי *מסיקין בכלים ואין מסיקין בשברי כלים דנשברו אימת אילימא דנשברו מערב יום טוב עצים בעלמא נינהו אלא לאו ביום טוב וקתני מסיקין בכלים ואין מסיקים בשברי כלים אלא אי איתמר הכי איתמר אמר רב יהודה אמר שמואל מחלוקת שנשברו בשבת דמר סבר מוכן הוא ומר סבר נולד הוא אבל מערב שבת דברי הכל מותרין הואיל והוכנו למלאכה מבעוד יום תני חדא מסיקין בכלים ואין מסיקין בשברי כלים ותניא אידך *כשם שמסיקין בכלים כך מסיקין בשברי כלים ותניא אידך אין מסיקין לא בכלים ולא בשברי כלים הא רבי יהודה הא רבי שמעון הא רבי נחמיה *אמר רב נחמן *הני ליבני דאישתיור מבניינא שרי לטלטולינהו דחזו למיזגא עלייהו שרגינהו ודאי אקצינהו אמר רב נחמן אמר שמואל *חרס קטנה מותר לטלטל בחצר אבל בכרמלית לא ורב נחמן דידיה אמר אפילו בכרמלית אבל ברה"ר לא ורבא אמר *אפילו ברה"ר ואזדא רבא לטעמיה דרבא הוה קאזיל בריתקא דמחוזא אתווסאי מסאניה טינא אתא שמעיה שקל חספא וקא מכפר ליה רמו ביה רבנן קלא אמר לא מיסתייא דלא גמירי מיגמר נמי מגמרי אילו בחצר הואי מי לא הוה חזיא לכסויי ביה מנא הכא נמי חזיא לדידי אמר רב יהודה אמר שמואל מגופת חבית שנכתתה(א) מותר לטלטל בשבת תניא נמי הכי *מגופה שנכתתה היא ושבריה מותר לטלטלה בשבת ולא *יספות ממנה שבר לכסות בה את הכלי ולסמוך בה כרעי המטה ואם זרקה באשפה אסור מתקיף לה רב פפא אלא מעתה זריק ליה לגלימיה ה"נ דאסור *אלא אמר רב פפא

אם

רש"י

אין מוציאין · הואיל שלא לצורך דלא איפשרי לכתחילה ביו"ט טפי מבשבת אלא אוכל נפש והך דמשילין ב"ה : טלטול מי שמעת להו · דמשוי יו"ט לשבת : טלטול לאו לצורך הוצאה · בתמיה הלכך אי מזלזלת בטלטול מזלזלת בהוצאה : נסא דרבא · דאמר לצורך מקומו כלצורך גופו : מר · פוסו"ר : שלא יגנב · דומיא דמחמה לצל ואסור בדבר שמלאכתו לאיסור: שותא · (ג)מלודה : לאו למימרא כו' · למה לי לפרושי בהדיא דליתיב עלה לאו משום למימרא דהאי דשרי לטלטולי משום דלצורך גופו הוא : שקילו שותא מקמיה כהנא · דניתוב על מקומה קאמר ולצורך מקומה הוא דהוה : מחמה לצל הוה · במקום הרע לה היתה ואי לאו דפריש בהדיא ליתיב עלה מאן דחזי סבר דמחמה לצל שרי ולמקומה לא היה צריך דלימא שישב במקומה : בי סדיותא · כרים של לבד שקורין פילטר"א : בי שמשי · בחמה : אמר ליה שרי · רבא לטעמיה דאמר דבר שמלאכתו להיתר אף מחמה לצל מותר : אית לי אחריני · איני צריך לגופו : דכרבה סבירא לך · דאמר מחמה לצל אסור והלכה כרבא דאמר דבר שמלאכתו להיתר שרי לגמרי ודבר שמלאכתו לאיסור לצורך גופו ומקומו מותר מחמה לצל ושלא יגנב אסור: מכבדות· איסקוב"א שמכבדים בהן את השולחן: של מילתא · (ג)בגדים לכבד שולחן שמלאכתו להיתר : של תמרה · כעין שלנו לכבד את הבית דאסור משום אשויי גומות דמודה רבי שמעון בפסיק רישיה ולא ימות : לצורך גופו · למלאכת היתר: אלא מחמה לצל בהא לימא רבי אלעזר אף של תמרה · דבר שמלאכתו לאיסור ליכא מאן דשרי מחמה לצל : וכן אמר רבי אלעזר · של מילתא מותר של תמרה אסור מחמה לצל : **מתני'** מעין מלאכה · שום מלאכה ואפי' אינה מעין הראשונה : לצוק לתוכה מקפה · עבה דומיא דעיסה מעורבת במים : **גמ'** הואיל ומוכנין על גבי אביהן · כשקדש היום : מסיקין בכלים · ביו"ט שהרי ראוין לטלטל ויטלטל ויתנם לתוך האור : ואין מסיקין בשברי כלים · דהוו להו מוקצין ולא חזו לטלטול : עצים בעלמא נינהו . דהא מאתמול להסקה קיימי : וקתני אין מסיקין · ולא אמרינן מוכנין היו אגב אביהן אלא אמרינן נולד נינהו ואסירי : מר סבר מוכן הוא · כיון דראוי לשום מלאכה ומר סבר נולד הוה דמאתמול לאו להאי מלאכה הוה קאי הלכך מעין מלאכתו בעינן : הא רבי יהודה · מסיקין בכלים ואין מסיקין בשברי כלים דאית ליה מוקצה ונולד כלים לאו מוקצה נינהו שברים נולד נינהו : והא · דתני מסיקין בשניהם : רבי שמעון · דלית ליה מוקצה ולית ליה נולד : והא · דתניא אף בכלים אין מסיקין : רבי נחמיה היא · דאמר אין כלי ניטל אלא לצורך תשמישו המיוחד לו והאי לאו מיוחד הוא לו דלאו להסקה קאי : דאייתור · שהשלים בנינו וניתותר ומהשתא לא קיימי לבנין אלא לישב עליהם ותורת כלי עליהם: שרגינהו · אי סדרן זו על זו ודאי אקצינהו לצורך בנין אחר: בחצר · דשכיחי בה כלים שהחרס הזה ראוי להם לכיסוי ותורת כלי עליו : אבל לא בכרמלית . אפי' בתוך ד' אמות דלא שכיחי ביה מאני ולא חזי לכסויי: אפילו בכרמלית . הואיל ולאו רה"ר הוא שכיחי דאזלי ויתבי התם וחזי לכסות בו רוק : ורבא אמר אף ברה"ר · כיון דבחצר כלי הוא בעלמא נמי לא פקע שם כלי מיניה : בריתקא · שם רה"ר : איתווסאי מסאניה טינא · נתלכלך מנעלו בטיט: כפר ליה ·מקנחו: אמר רבא לא מסתייה דלא גמירי · מה אסור מה מותר: אלא מיגמר נמי מגמרי .מלמדין שיבוש שבידם לאחרים:לדידי.לקינוח ואע"ג דלא שכיח הרי שם כלי עליו בחצר:שנתכתתה· החבית:(ד)מגופה· של חבית שנתכתתה החבית : היא · המגופה : ושבריה · של חבית ניטלין בשבת דחזו לכיסוי מנא : לא יספות. (ה)יתקן להתיר בליטותיו ועוקציו בשבת דעביד כלי והוי מכה בפטיש : ואם זרק · מגופה זו לאשפה בטלה מתורת כלי : זרקיה לגלימיה· בשבת לאשפה ה"נ דאסור לטלטולי :

מבעוד

תוספות

הא רבי נחמיה · דסבירא ליה דאין כלי ניטל אלא לצורך תשמישו הרגיל בחול כדמפרש בפרק במה מדליקין (לעיל דף לו:) והאי נמי אין רגיל בחול לשרוף אותו: ורבא אמר אפילו ברה"ר · ובהגי דנשברו בע"ש קאמר דאי בנשברו בשבת האמר בפרק נוטל (לקמן דף קמב:) דרבא אית ליה מוקצה וכל שכן נולד :

אס

רבינו חננאל

היא והלכתא כרבנן וכדמוקים לה רבה . דהכין סוגיא דשמעתא כולה . וזה שאמר רב שקולו שיתא מקמי כהנא. פי' שיתא שריתא והיא קורה כדמתרגמינן בצל קורתי בטלל שירותי . וי"א חבילה . וי"א רשת כדכתיב ויפרשו עליו גוים בשחתם נתפש . ושיתא היא שתתא . פי' מכבדת מטאטא שמכבדין הבית בהן . הנהו בי סדוותא . פי' כסתות והוא כגון כרים וכסתות : מתני' כל הכלים הניטלין בשבת שבריהן ניטלין [עמהן] ובלבד שיהו עושין מעין מלאכה וכו'. ר' יהודה אומר ובלבד שיהו עושין מעין מלאכתן כו'. פי' מקפה . מרק . בא רב יהודה משמיה דשמואל להעמיד מחלוקת ר' יהודה ות"ק כשנשברו מע"ש . ולא עמד אלא כשנשברו בשבת . דת"ק סבר מוכן הוא . ור' יהודה סבר מעין מלאכה אחרת כנולד הוא כדמפרש בגמרא דהכל שוחטין . אבל מע"ש דברי הכל מותרין . ואפילו לר' יהודה הואיל והוכנו למלאכה אחרת מבעו"י ואינו כנולד בשבת וקיי"ל כרבנן . וכלישנא בתרא דשמואל בין נשברו בשבת בין נשברו מע"ש . מעין מלאכה סגיא . תני חדא מסיקין בכלים ואין מסיקין בשברי כלים . פירוש בקעת שברי עצים שמסיקין בהן כדכתיב ויבקע עצי עולה. ותניא אידך כשם שמסיקין בכלים כך מסיקין בשברי כלים . ותניא אידך אין מסיקין לא בכלים ולא בשברי כלים לא קשיא הא ר' יהודה הא ר"ש הא ר' נחמיה. הא דתני אין מסיקין בשברי כלים ר' יהודה דמתניתין היא דחשיב בשברי כלים בנולד . והא דתני מסיקין בזה ובזה ר"ש היא דלית ליה מוקצה . ומיפרשא בגמ' דבמה מדליקין . והא דתני אין מסיקין לא בזה ולא בזה ר' נחמיה היא דאמר אין כלי ניטל אלא לצורך תשמישו . ומפורש במס' יו"ט פרק המביא כדי יין . והא דאמר רב נחמן אמר שמואל לענין ליבני דאישתייר מבניינא שרגינהו אקצינהו אפילו לר' שמעון דהני כגרוגרות וכצמוקים דמו . דאית ליה מוקצה . וזה שאמר חרס קטנה מותר לטלטלה בחצר . הואיל וראוי לכסות בו כלי שבחצר . אבל בכרמלית שאין בו כלי לא ורב נחמן סבר כיון שהמוציא מרשות הרבים לכרמלית או המכניס אינו חייב זימנין דעייל ליה לחצר וחזי ליה . ורבא סבר אפילו ברה"ר חזי לכפורי ביה טינא ושרי לטלטולי בטעמיה . וזה שאמר רב יהודה אמר שמואל מגופת חבית שנכתתה מותר לטלטלה. פי' מגופת כסוי שסותם פי החבית מלשון יגיפו הדלתות [ולא יספות]. פי' לא יתתוך הוא . כדתנן סופת באבטיח.ותניא נמי הכי כולן פשוטות הן.

מסורת הש"ס

ביצה יב. לג.

ס"א אסור טלטול לאו צורך הוצאה היא

[ע"ז כח:]

חולין יד:

לעיל כח: לקמן קמג. ביצה לג.

ביצה שם

ביצה לג:

[תוספ' פט"ז]

[ערוך בערך ספת פי' לא יתתוך. פי' אחר לא יתבר]

הגהות הב"ח

(א) גמ' אמר שמואל מגופת חבית שנכתתה היא ושבריה מותר וכו'

מגופת חבית שנכתתה : (ב) רש"י ד"ה שותא מלודה . נ"ב וכן פי' בעל המאור על ההוא שותא דהוו מנחי עלה בי תרי דפ'-הגוזל ומאכיל דף קיז אבל הכא פי' כמו שריתא דהיינו קורה כמו ההוא שריתא דבי ר' פדת דפ' המוצא תפילין דף קב ע"א : (ג) ד"ה של מילתא של בגדים הס"ד ואח"כ מ"ה מותר לכבד בהן השלחן : (ד) ד"ה שנתכתתה החבית (מגופה וכו' החבית) תא"מ ונ"ב ס"א אין זה : (ה) ד"ה לא יספות לא יתקן להסיר :

רב נסים גאון

הא ר' יהודה והא ר' שמעון והא ר' נחמיה. דברי ר' יהודה ור"ש בפרק במה מדליקין (דף כט) אמר רב יהודה אמר רב מסיקין בכלים ואין מסיקין בשברי כלים דברי ר' יהודה ור' שמעון מתיר ודברי ר' נחמיה הן שנאמרו כן במשנה ר' נחמיה אומר אין ניטלין אלא לצורך וכמו שתירץ רבא ואמר ואתא ר' נחמיה למימר אפילו דבר שמלאכתו להיתר לצורך גופו ולצורך מקומו אין אבל מחמה לצל לא ובתוספתא (פט"ו) ר' נחמיה אומר אפילו טליתו ואפילו תרווד אין ניטלין אלא לצורך בברייתא שנאמר בה אין מסיקין לא בכלים ולא בשברי כלים הן דברי ר' נחמיה ובמס' יו"ט בפרק המביא כדי יין (דף לג) הזכירו עוד זה הדבר ואמרו תרי תנאי ואליבא דר' נחמיה כלומר קצת התנאים סוברין כי ר' (יהודה) [נחמיה] שאני ליה בין שבות שבת לשבות יום טוב :

הגהות הגר"א [א] גמ' לעולם מחמה לצל . נ"ב גי' הגאונים וה"ה כר"ש סבירא ליה דדבר שאין מתכוין מותר :

§ מסכת שבת דף קכד: §

אות א'

מתירין

סימן תקיח ס"א – (לדעת התוס' והרא"ש, הוצאה שלא לצורך כלל, כהוצאת אבנים וכדומה, מן התורה אסור, ולא התירו אלא בדאיכא צורך קצת, **אכן** לדעת רש"י, הותרה הוצאה במתוך וכו' אפילו שלא לצורך כלל, והוצאת אבנים רק מדרבנן אסור, וכן הוא דעת הרי"ף, וכן נראה דעת הרמב"ם, **ומצדד עוד** הר"ן, דלרש"י וכן להרי"ף, **אפילו** איסור דרבנן ליכא בהוצאה שלא לצורך, ‹כל› שאינו מוציאו לצורך מחר, ולא אסרו חכמים אלא אבנים וכדומה, שבלא"ה מוקצה הם, וכן הוא דעת הרה"מ בשיטת הרמב"ם, **ועיין** בב"י, שמדברי שארי פוסקים לא משמע כן, אלא דלכל הסברות מדרבנן עכ"פ אסור, כל שאין בו צורך כלל).

מתוך שהותרה הוצאה לצורך אכילה, הותרה שלא לצורך - אפילו להוציא אותו לרשות הרבים, וכ"ש לכרמלית.

וכן הדין בהבערה ושחיטה ואפיה ובשול, שהם מלאכות השייכות לאוכל נפש, אמרינן בהו מתוך וכו', **דאף** דכתיב: אך אשר יאכל לכל נפש הוא לבדו יעשה לכם, קיבלו חז"ל, דהכונה הוא אותן מלאכות הרגילות להעשות לצורך אוכל נפש, אפי' אם עתה אין כונתו לצורך אכילה, התירה התורה, **ועיין** לקמיה במה שסיים הרמ"א לענין הוצאה דאיירינן בה, דבעינן שיהא עכ"פ צורך קצת, וה"ה בכל הנ"ל.

כגון קטן - לא מיבעיא דאם לא יוציאו יבכה, ויצטער האב עי"ז, בודאי מותר, **אלא** אפילו אם יכול להניחו אצל אמו ולא יבכה, מ"מ אם יש לאב געגועים על בנו, וישמח האב לטייל עמו, ג"כ מותר, דהוא שמחת יו"ט, ומקרי צורך היום.

(וכ"ש להוציא קטן בן ח' ימים כדי למולו, דבודאי מותר לכתחלה, דהוא צורך מצוה השייך לאותו יום, **ולאחר** ח' ימים דהוא מילה שלא בזמנה, אסור להוציאו, דהא אסור למולו ביו"ט, **והרא"ה** בחידושיו כתב, דבזה חייב מלקות על הוצאתו כאבנים, דליכא צורך אוכל נפש ולא צורך מצוה).

(וה"ה לגדול אם אינו יכול להלך, וצריכין להביאו לאיזה מקום, **והא** דאמרינן במכילתין, דדוקא גדול שרבים צריכין לו, פי' לדרוש ברבים, משום דצורך הבאת גדול לא שכיחא אלא בכי הא).

ולולב - לצאת בו, **וספר תורה** - לקרות בו היום, דהוא צורך מצוה, (וה"ה מחזורים ושארי ספרים ללמוד בהם ביום זה, דתלמוד תורה מיקרי דבר השייך לאותו יום, ואפילו היה רק לצורך מצוה דרבנן נמי מותר, **ולצורך** שאר דבר מצוה שאינו לצורך אותו היום, משמע מכמה פוסקים שיש להחמיר בזה, **ובמאירי** מצדד, דבאופן זה ליכא לאו, רק איסורא. **ודע**, דכל הני פוסקים המחמירין בזה, הם אותן שסוברין דלא הותר משום "מתוך" כי אם כשיש לו צורך קצת, וזה לא מיקרי לדידהו צורך, **אבל** לשיטת רש"י וסייעתיה, אפשר דלא שייך זה).

וכלים, הגה: הצריכים לו קצת - ליו"ט, ואכלים קאי, ואפילו אין צריך להן רק לשם תכשיט להתקשט בהן, [וכ"ש אם יצטרכו לו לאכילה], **אבל** שלא לצורך כלל, הו"ל כאבנים, **וכתבו** הפוסקים, דה"ה דמותר להוציא המפתח שסוגר בו האוכלין או הכלים שצריך לאותו היום, אם ירא להניחו בביתו.

ודע, דאף הכלים ששייכים לאוכל נפש, כגון סכינים וכה"ג, אם כבר גמר סעודתו ולא יצטרך עוד אליהן, אסור להוליכן עמו בר"ה או בכרמלית, **ויש** מקילין בסכינים, שמא יזדמן לו איזה פרי לחתוך בו, **מיהו** אם ידוע לו בודאי שלא יצטרך לסכין בהליכה זו, כגון שהולך לביהכ"נ וכה"ג, אסור להוליכו עמו לד"ה.

(והנה המחבר סתם כשיטת רש"י, משום דהרי"ף והרמב"ם עומדים בשיטתיה, **ומסתימת** לשונו שכתב "וכלים", ולא חילק בין לצורך לשלא לצורך, ולא הוציא מכלל רק אבנים, **משמע** דסתם להיתרא אפילו לכתחלה בשלא לצורך, וכמו שמצדד הר"ן לבעלי שיטה זו, **ולפי"ז** צ"ל דהרמ"א שמגיה לצורך, הוא דעת עצמו, וכן מצינו כמה פעמים שהרמ"א מכניס דבריו בדברי המחבר, ואינו מביא בשם י"א, וכן נוטה דעת הגר"א בפי' דברי המחבר).

(**וכ"ז** הוא לפי שיטת המחבר, שהכריע כדעת רש"י והרי"ף והרמב"ם, **אכן** באמת פסק זה צ"ע, שכמעט כל הפוסקים חולקים ע"ז, ולדידהו הוצאת אבנים וכדומה, דבר שאין בו צורך כלל, מן התורה אסור, וחייב מלקות ע"ז, וכדעת תוס' ורא"ש, **וביותר** שהרא"ש מפרש גם דברי הרי"ף כשיטתיה, ושלא כפי' הר"ן, וגם הפר"ח מגמגם בדעת הרמב"ם, ומפרש בו כדעת שארי פוסקים, ואפשר שכן גם דעת רמ"א, וכן נראה קצת שפי' הגר"א כן בדבריו, **וא"כ** לא נשאר לנו מי שדעתו להקל, רק רש"י ור' ישעיה וריא"ז, נגד כל הני פוסקים, ובודאי יש להחמיר ולנקוט כדעת המחמירים, וכן פסק ביש"ש).

אות ב'

מר שלא יגנב, זהו טלטול שלא לצורך, ואסור

סימן שח ס"ג - [א]**אבל מחמה לצל, דהיינו שאינו צריך לטלטלו אלא מפני שירא שישבר** - דהיינו שיתבקע בחמה, **או יגנב שם** - דהוא דומיא דמחמה לצל, **אסור** - וע"י א"י י"ל דשרי בכל זה, ‹דוקא בכלי שמלאכתו לאיסור, פמ"ג א"א סי' ש"ז ס"ק כ"ט›, **ואם** חושב עליו גם לתשמיש, מותר לטלטל, אפילו עיקר כונתו מחמה לצל.

באר הגולה

א שבת קכ"ד

אות ג'

אמר רב: מכבדות של מילתא מותר לטלטלן בשבת

סימן שח סמ"ט - [ב]**מכבדות שמכבדים בהם הקרקע, מותר לטלטלם** - אפילו מחמה לצל, **והמחבר** אזיל לשיטתו, דס"ל בסימן של"ז ס"ב, דמותר לכבד קרקע המרוצף, א"כ הוא בכלל כלי שמלאכתו להיתר, **אבל** לפי מה שפסק הרמ"א שם, דאפילו מרוצף אסור, א"כ הוא בכלל כלי שמלאכתו לאיסור, ואין לטלטלו כי אם לצורך גופו ומקומו.

אות ד'

כל הכלים הניטלין בשבת, שבריהן ניטלין עמהן, ובלבד שיהו עושין מעין מלאכה; שברי עריבה, לכסות בהן את פי החבית, שברי זכוכית, לכסות בהן את פי הפך

סימן שח ס"ו - [ג]**כל הכלים שנשברו, אפי' בשבת, מותר לטלטל שבריהם, ובלבד שיהיו ראוים לשום מלאכה, כגון שברי עריבה לכסות בה החבית, ושברי זכוכית לכסות בה פי הפך.**

אפי' בשבת - ר"ל ולא אמרינן כיון דמאתמול כלי זו לאו להאי מלאכה קאי, הו"ל נולד, [גמרא].

שברי כלים הם מחלק ב' שבמוקצה, משום דכשנשברו דמי לצרורות והוי מוקצה מחמת גופו, **אלא** כיון שבאו מכלי, לא בטיל שם כלי מהם כל זמן שראויים לשום דבר, כגון לכסות, **משא"כ** בצרורות, דאע"פ שראוים לכסות לאו מנא הם, כמבואר בסעיף שאחר זה.

(**עיין בפמ"ג שמצדד, דזה הדין קאי אף על כלים שמלאכתן לאיסור, שמותר לטלטלן לצורך גופן ומקומן, דגם בזה סגי כשהם ראויין לשום מלאכה**).

[ד](**כתב המ"א, דלפי מה שכתב בסימן תצ"ה, די"א דנולד אסור בשבת, בעינן כשנשבר בשבת שיהא ראוי למלאכתו הראשונה דוקא, כגון שברי עריבה לצוק לתוכן מקפה, ושל זכוכית לצוק לתוכה שמן, אבל הרבה אחרונים כתבו, דכיון דעדיין ראוי לשום מלאכה, לאו נולד הוא, ובכלל מוכן הוא, אך אם אינו יהודי עשה כלי בשבת, זה ודאי נולד הוא, ואסור לטלטלו לדעה זו**).

אבל אם אינם ראוים לשום מלאכה, לא - (**בראויין לשום מלאכה, אז אפי' מחמה לצל מותר ככלי שמלאכתו להיתר, ובאינם ראוים לשום מלאכה, אפי' לצורך גופו ומקומו אסור**).

הגה: ואם נשברו במקום שיכולים להזיק, כגון זכוכית שנשברה על השלחן או במקום שהולכין - בביתו או ברחוב, וכדלקמן בסי"ח, **מותר לטלטל השברים כדי לפנותן שלא יוזקו בהם (כל בו והגהות מרדכי וב"י בשם ארחות חיים).**

אבל אם הוא של חרס, אסור לפנותן, דאין מצוי כ"כ היזק, ואע"פ שכשהוא דורס עליהן משברן, מ"מ מותר, דדבר שאין מתכוין הוא, **ודוקא** לפנותן בידים אסור, אבל מותר לדחותן ברגליו, דטלטול מוקצה בגופו מותר, וכדלקמן בסימן של"א ס"ח.

אות ה'

הני ליבני דאישתיור מבניינא שרי לטלטולינהו, דחזו למיזגא עלייהו; שרגינהו ודאי אקצינהו

סימן שח סי"ז - [ה]**לבנים שנשארו מהבנין, מותר לטלטלם, דמעתה לא קיימי לבנין אלא למזגא (פי' לסמוך ולשבת עליהן) עלייהו** - והוי תורת כלי עליהו, דכל דראוי למידי ועומד לכך, תורת כלי עליה, וכמו נסרים ועורות לקמן בסעיף כ"ה כ"ו, **ומותר** לטלטל אפי' מחמה לצל כדין כלי שמלאכתו להיתר. **ומשמע** דא"צ מחשבה מערב שבת למזגא עלייהו, **ויש** מחמירין בזה, [ו][תוס' שבת].

כתב הפמ"ג, אם נשברו הלבנים, כל שראוי למידי, הוו כדין שברי כלים בסעיף ו"ו וזיי"ן, ע"ש.

ואם סידרן זה על זה, גלי אדעתיה שהקצן לבנין, ואסור לטלטלם - אפילו לצורך גופו ומקומו, דליכא תורת כלי עליהן, ודינייהו כדין אבנים המבואר לקמן בסכ"ב, דלא מהני מחשבה מע"ש לזה.

אות ו' - ז' - ח'

חרס קטנה מותר לטלטל בחצר

אפילו ברשות הרבים

אלא אמר רב פפא אם זרקה מבעוד יום לאשפה, אסורה

סימן שח ס"ז - השו"ע הוסיף בכאן לבאר שני דברים דשייכי לסעיף הקודם: **אחד**, דמה שנזכר שם דסגי במה שיהיה השבר ראוי לכסות בה, מהני אפילו במקום שאין מצויים כלי לכסות בה, דהיינו בכרמלית או בר"ה, כגון שנוטלו לקנח בה מנעלו מטיט, [גמ']. **והטעם**, דכיון דאיכא תורת כלי עדיין על השבר בחצר, גם בר"ה אין שם מוקצה

באר הגולה

[ב] **רמב"ם** ‹ומה שאסרו שם קכ"ד: היינו לפי הברייתא שם צ"ה. אבל לפי המסקנא דשם, וכפי' הרי"ף ובה"ג שם, דה"ה בכיבוד, מותר בטלטול - גר"א› [ג] **שבת קכ"ד במשנה וכת"ק** [ד] ‹והשיגו עליו, דהא תנן בשבת דף קכ"ד: כל הכלים הנטלים בשבת וכו', ומשמע מדברי הרב ב"י דפלוגתייהו אי הוי נולד או לא, דלת"ק מוכן הוא, ולרבי יהודה נולד הוא, וכן מוכח לשון הש"ס, וכיון דקי"ל כת"ק א"כ לא הוי נולד, ואיך כתב מ"א דלמ"ד נולד אסור בעינן שיעשו מעין מלאכתן, הא לא הוי נולד. **ולענ"ד** ס"ל למ"א דאע"ג דהרב ב"י ס"ל הכי, מ"מ בשו"ע חזר בו, וכן מסתבר ליה למ"א מסברא, דטעמיה דת"ק דהוא ר"ש, דלית ליה נולד, ומאי דאמר הש"ס דס"ל מוכן הוא, ר"ל דס"ל נולד מותר, וא"כ הוי מוכן ועומד, דר"ש דלית ליה מוקצה ס"ל כן, והוי מוכן, דדעתיה דאינש על כל מאי דחזי ליה - מחה"ש› [ה] **שם קכ"ד וביצה ל"א** [ו] ‹דכיון דייחדן מתחילה לצורך בנין, לכך צריך עכשיו מחשבה אחרת להוציא מידי מחשבה הראשונה, מיהו אי לא היה חזי למיזגא עלייהו, היה צריך לעשות מעשה - שם›

עליה, [רש"י]. **שנית**, דאם זרקה לאשפה מבעוד יום, שוב שם מוקצה עליה, ואסור לטלטלה.

[ז]חתיכת חרס שנשברה [ח]בחול מכלי, וראויה לכסות בה כלי, מותר לטלטלה [ט]אפי' במקום שאין כלים מצויים שם לכסותם בה.

[י]וה"ה שנשברה בשבת, כמ"ש ס"ו, אלא דנקט בחול משום סיפא, דזרקה לאשפה מבעוד יום, דאם זרקה בשבת, שרי לטלטלה אפילו כשנשברה מבע"י, **וכן** הדין לענין שירי מחצלת בסי"ב, כיון שבין השמשות היה עדיין על השבר תורת כלי.

(ומ"מ לדעת הי"א בסי' תצ"ה, דנולד אסור בשבת, מחמירין איזה אחרונים כשנשברה בשבת שלא לטלטל בר"ה, מקום שאין מצויין כלים לכסות, [יא]עי"ש טעמם, ולדעת המ"א הנ"ל, גם בחצר אסור לדעה זו וכנ"ל, **אך** כ"ז אם החרס היא קטנה שאין ראוי למלאכתו הראשונה כלל, אבל אם הוא ראוי, כגון שברי עריכה לצוק לתוכן מקפה וכה"ג וכנ"ל, זה לכו"ע לאו נולד הוא ומותר לטלטל בר"ה, אפי' כשנשברה בשבת, כן מוכח בגמרא).

[יב]ואם זרקה לאשפה מבע"י, אסור לטלטלה, כיון שבטלה מהיות עוד כלי – (היינו אפילו כשהיא עדיין ראויה למלאכתו הראשונה, וראיה מלקמן סי"ב גבי שירי מחצלאות, דשם ראוי למלאכתו הראשונה כדאיתא בגמרא, ואפ"ה אסור כשזרקה, {ולא אמרינן דזה חשיב ככלי שלם, דשם אינו נעשה מוקצה בזריקתו משום דבטלה דעתו, כדמוכח בתוד"ה מחצלת, ע"ש}).

(נראה דלאשפה לאו דוקא, דה"ה אם זרקה מפתח ביתו לרחוב, ואורחא דמילתא נקט, דאין דרך לזרוק לרחוב מקום הילוך בני אדם, **ואפשר** דאם הניחו אחורי הדלת, ג"כ בכלל אשפה הוא לענין טלטול, **אך** יש לדחות).

(**ואם** המוצא אינו יודע אם נזרקה בע"ש או בשבת, אפשר דיש להקל, עיין בחי' רע"א דלא ברירא ליה מילתא בזה, וכ"ז אם הוא מוצאה באשפה, אבל אם הוא מוצאה בר"ה או בכרמלית שלא במקום האשפה, בודאי יש להקל, אחד, דשמא לא נזרקה כלל מבית דלימא שבטלה בזה, רק שאחד שבר כלי במקום הזה, גם דשמא היום נזרקה, וכן מוכח בגמרא בשמעיה דרבא דשקל חספא בר"ה לכפר בו מנעליה דרבא, ולא חשש שמא נזרקה מבע"י).

הגה: ואפילו חזי לעני, הואיל והקצוהו הבעלים שלו אע"פ שהם עשירים, דמוקצה לעשיר הוי מוקצה לעני, כמו שיתבאר סוף הסימן (ר"ן פרק במה אשה).

ודוקא חתיכת חרס משום דאתיא משברי כלי - היינו כיון דמעיקרא היתה כלי גמורה, עדיין תורת כלי עליה כל שהיא ראויה לשום מלאכה.

[יג]אבל דבר שאין בו שייכות כלי, כגון [יד]צרורות או אבנים, אע"פ שראויים לכסות בהם כלי, אסור לטלטלם - וכגון עששית של ברזל, וטבלא, וכן בקעת {היינו חתיכת עץ}, כיון שאינו כלי, אסור לטלטלו אפילו לצורך גופו, כגון לתקוע אותו במקום בריח לדלת, או לסמוך בו איזה דף שישב עליו, **אם** לא שיעשה בו קצת מעשה תיקון קודם השבת, להוכיח שעומד להשתמש בו, **או** שייחדנה מע"ש לעולם להשתמש בו, וכמ"ש לקמן בסכ"ב, ורבים נכשלין בזה.

פתילה נקראת כלי, ואפילו נדלקה קצת ממנה בשבת שעברה או בחול, {דאם דלקה ביה"ש בשבת זו, הוקצה לכל השבת, כדלעיל בסימן רע"ט}, ודינה ככלי שמלאכתו לאיסור, שמותר לטלטלו לצורך גופו ומקומו, **אבל** שברי פתילה שאינן עומדים עוד להדלקה בנר, הרי הן כצרורות ואבנים, שאסור לטלטלן אפילו לצורך גופן ומקומן, **וכן** נר שלם של שעוה או חלב, ואפילו נדלקה כבר בחול או בשבת שעברה, כל שהיא עדיין ראויה להדלקה, מקרי כלי שמלאכתו לאיסור, **ומכאן** מרגלא בפומא דאינשי, דמותר לטלטל נר שלם של חלב או שעוה, כדי שלא תפסד הנר, או ליתנה לא"י שידליקנה לעצמו, **וטועין** הן, שאינו מותר לטלטל כלי שמלאכתו לאיסור, אלא כשצריך למקומה של הכלי, או שצריך הישראל לגופו של הכלי להשתמש בו דבר המותר בשבת, כגון קורנס לפצוע בו אגוזים, וכדלעיל בס"ג, **ובספר** מור וקציעה מחמיר, דאפילו נר שלם ולצורך מקומו אסור לטלטל, שאין עליו שם כלי כלל, דלא חזי לאכילה ולתשמיש.

הגה: וכל דבר שאינו כלי כלל, אסור לטלטלו אפילו לצורך גופו, כ"ש לצורך מקומו (מרדכי פ"ק דיו"ט).

אות ז'* [טו]

<u>ולא יספות ממנה שבר לכסות בה את הכלי וכו'</u>

סימן שח סמ"ד - [טז]כלי שנתרועעה, לא יטלו ממנה חרס לכסות בו או לסמוך בו - [יז]ר"ל שלא יתלוש ממנו, דבמעשה התלישה הוא בכלל תקון כלי, וכמו שיתבאר בסי' ש"מ, שכל דבר שמתקנו בשבת לאיזה תשמיש, יש בו משום תקון כלי, **וה"ה** אם כבר נפל החרס, והוא מתקנו להסיר בליטותיו ועוקציו כדי שיוכל לכסות בו וכה"ג, דאסור, והוא בכלל מכה בפטיש כמ"ש רש"י, **אבל** ליקח החרס שנשבר מהכלי, ולכסות בו מנא בלי שום תיקון, ודאי שרי, כמבואר לעיל ס"ו, [לבושי שרד].

באר הגולה

[ז] שם [ח] שם בתוס' ‹ד"ה ודבא› [ט] שם כרבא [י] ‹דרבא ס"ל דנולד אסור, ואליביה פי' התוס' כן {עיין באה"ג} – מ"א› [יא] ‹דבחרס זה שהוא כלי בחצר לכסות בו כלי, והוא עכשיו בר"ה במקום שאין כלים מצוים לכסותן בה, ומקנח בו מנעליו, דהוא עושה בה מידי אחרינא שאין נקרא כלי בשבילו, ובזה אתה צ"ל דמותר מטעם דנעשה היום כלי למידי אחרינא בחצר, וע"כ הו"ל שם נולד – ט"ז› [יב] שם [יג] רמב"ם והמרדכי בפ' קמא דיו"ט וכ"נ מדברי הטור [יד] ‹מ"ו א' – גר"א› [טו] ‹ע"פ הבאר הגולה› [טז] רמב"ם מהא דמגופת החבית שבת קכ"ד [יז] ‹ולשון לא יטלו שכתב בשו"ע אינו מדוקדק, דלשון הרמב"ם הובא בב"י, לא יחתוך ממנו, והיינו דבמעשה החתיכה הוי מכה בפטיש – לבושי שרד›

§ מסכת שבת דף קכה. §

אות א'

קרומיות של מחצלת מותר לטלטלם בשבת

סימן שח סי"ב - [א]**שירי מחצלאות** - שנפרדו מן מחצלת ישנה, [רש"י], ובין שנפרדו מע"ש ובין שנפרדו בשבת, [ואפי' לפי מש"כ המ"א בס"ק ט"ו דלמ"ד נולד אסור, אסור כשנשבר בשבת, הכא שרי, דזה מקרי מעין מלאכה ראשונה כדאיתא בגמ'], **מותר לטלטלם** - אפי' אין בהם ג' על ג', ואפי' מחמה לצל מותר, **דחזי לכסות בהו טינופא.**

[ב]**ואם זרקן לאשפה מבע"י, אסור לטלטלם** - דבטלה מהיות עוד כלי, **ובמחצלת** שלמה, אפילו זרקן לאשפה מותר, דבטלה דעתו אצל כל אדם, [כן משמע בתוס' ד"ה אם זרקן].

אות ב'

במטלניות שאין בהן שלש על שלש, דלא חזיין לא לעניים ולא לעשירים

סימן שח סי"ג - [ג]**שירי מטלניות שבלו, אם יש בהם ג' אצבעות על ג' אצבעות מותר לטלטלן** - היינו כל זמן שלא זרקן לאשפה, דיש בזה קצת חשיבות, דחזיין לעניים. **ועיין** באחרונים שכתבו, דלעשירים אסור לטלטלן, דלהם לא חשיבי שירי מטלניות, [ונראה דבהניחן בקופסא, אפי' לעשירים מותר] **אא"כ** יש בהם ג"ט על ג"ט, לדעה זו, [**ואפשר** דבזה אפי' זרקן לאשפה מותר, ואפשר לדחות]. **שירי** מטלניות שבלו – (ברמב"ם איתא סתם "שירי בגדים", ואפשר דהטור ושו"ע ג"כ אורחא דמלתא נקטו, **דהא הטעם, דבפחות מזה לא חזיין לא לעניים ולא לעשירים, כדאיתא בגמרא, וזה שייך בכל גווני**).

ואם לאו ‹שאין בהם ג' אצבעות על ג' אצבעות›, **אסור** – (**היינו אפי' לצורך גופו ומקומו, שאין ע"ז שם כלי**).

[ד]**ויש מתירין אפי' אין להם ג' על ג'** - דחזי לקנח בו מידי, והוי כשירי מחצלאות, **ובלבד שלא יהיו טליתות של מצוה** - לפי שאדם בודל מהם מלהשתמש בתשמיש מגונה, וע"כ בעינן בדידהו שיהו ג' אצבעות על ג' אצבעות, והיינו לעניים וכנ"ל.

אות ג'

שברי תנור ישן הרי הן ככל הכלים הניטלין בחצר

רמב"ם פכ"ו מהל' שבת ה"ו - שברי תנור מותר לטלטלן, והרי הן ככל הכלים שמלאכתן להיתר.

אות ד'

כיסויו שאינו צריך בית יד

סימן שח ס"י - [ה]**ושל כלים, אפילו הם מחוברים בטיט** - ר"ל שהכלי מחובר לקרקע בטיט מלמטה, **יכולים ליטלם, אפילו אין להם בית אחיזה** - ואף דבעלמא מחובר לקרקע הרי הוא כקרקע, הכא כיון דכיסוי אינו מחובר בציר להכלי, והכלי מגולה למעלה, לא מחזי כבונה. **והוא שתקנם ועשה בהם מעשה והכינם לכך** - והיינו שהכינם לכסות הכלי, **וה"ה** אם לא עשה בהם מעשה כלל, רק שיחדו מע"ש לכסוי, ג"כ סגי, דבכל זה הוסר שם מוקצה, וכדלקמן בס"כ גבי חריות, **או שנשתמש בהם מבע"י.**

אות ה'

נתנו על פי הבור או על פי הדות ונתן שם אבן

רמב"ם פט"ו מהל' כלים ה"ח - [ו]**תנור שאינו מחובר בארץ, אפילו תלוי בצואר הגמל, הרי זה טמא משום תנור, שנאמר: טמאים הם, בכל מקום.**

אות ו'

האבן שבקירויה, אם ממלאין בה ואינה נופלת וכו'

סימן שט ס"ב - [ז]**כלכלה שהיתה נקובה וסתמה באבן, מותר לטלטלה, שהרי נעשה כדופנה** - ומיירי שהדקה יפה להכלכלה, [מ"א בשם הגמ', והוא קכ"ה: בעניגא דקירויה, וה"ה הכא], **או** שקשר, [דגם שם בעניגא דקירויה, והיא הדלעת, איתא כיון דהדקה, ואפ"ה כתבו המפרשים דהיינו שקשרה יפה, וה"ה הכא, **ומסתברא** דאפי' סתם הידוק יפה להאבן במקום הפחיתה ג"ב מהני כמו קשירה, וה"ה התם ג"ב מהני סתם הידוק יפה, אלא דשם אין מצוי כ"כ הידוק יפה בלי קשירה], **אבל** בלא"ה לא נעשה כדופנה.

[ח]**וכן דלעת שתולין בה אבן כדי להכבידה למלאת בה מים** - היינו דלעת יבשה וחלולה שממלאין בה מים, ורק מפני שהיא קלה וצפה ע"פ המים, תולין בה אבן כדי להכבידה, **אם הוא קשור יפה שאינו נופל, מותר למלאת בה, שהוא כמו הדלעת עצמה שהוא בטל אגבה** - [ונחשב האבן ע"י ההידוק כמו דופן הדלעת - גמ', **ולפי"ז** היה משמע לכאורה, דוקא כשהאבן נתון בתוך הדלעת, וכלשון המשנה, "האבן שבקירויה", **אבל** לא כשהוא תלוי על הדלעת מבחוץ, **אבל** לשון השו"ע, "שהוא בטל אגבה", משמע דבכל גווני בטל], **ואם לאו, אסור** - שהדלעת עצמה מוקצה, שנעשית בסיס לדבר האסור, [רש"י ור"ן, וכן מוכח בגמ'].

באר הגולה

[א] שם קכ"ה [ב] ה"ה בשם הרמב"ן [ג] שם בגמ' לפי' רמב"ם ‹היינו לאפוקי פי' רש"י והיש מתירין דלקמן› [ד] ה"ה שם בשם הראב"ד וקצת מפרשים והר"ן בשם ראב"ד ‹וכ"מ ברש"י שם, דאל"כ לא גרע משירי מחצלאות וחרס קטנה, ועתוס' ד"ה מחצלת, {דלא בעי שיהיה ראוי לדבר שהיה ראוי מתחילה, וא"כ הכא ראוי לכסוי אף בפחות מג' נול ג' – דמשק אליעזר} – גר"א› [ה] ‹עיין לקמן דף קכ"ו: בהערות› [ו] ‹לרבנן דר' יהודה בין בהיסק ראשון בין בהיסק שני, מריבויא דטמאים הם, ורבינו לא חש לבאר, מפני שסתם, וגם הביא הדרשא דטמאים הם – מעשה רוקח› [ז] משנה שם וגמ' אוקימתא דרב שם קמ"ב [ח] שם קכ"ה במשנה ושם בגמ'

מסורת הש"ס

[ע' תוספות לקמן קכו: ד"ה כיון וכו']

[תוספ' פט"ו]

כלים פ"ה מ"ו

אם זרקה מבעוד יום לאשפה אסורה אמר בר המדורי אמר שמואל [א]קרומיות של מחצלת מותר לטלטלם בשבת מ"ט אמר רבא בר המדורי אסברא לי מחצלת גופא למאי חזיא לכסויי ביה עפרא הני נמי חזיין לכסויי בהו טינופת א"ר זירא אמר רב *שירי פרוזמיות אסור לטלטלן בשבת *אמר אביי [ב]במטלניות שאין בהן ג' על ג' דלא חזיין לא לעניים ולא לעשירים: ת"ר *[ג]שברי תנור ישן הרי הן ככל הכלים הניטלין בחצר דברי ר"מ ר' יהודה אומר אין ניטלין העיד ר' יוסי משום ר"א בן יעקב על שברי תנור ישן שניטלין בשבת ועל [ד]כיסויו שאינו צריך בית יד במאי קמיפלגי אמר אביי בעושין מעין מלאכה ואין עושין מעין מלאכתן קמיפלגי ואזדא ר' יהודה לטעמיה ור"מ לטעמיה מתקיף לה רבא אי הכי אדמיפלגי בשברי תנור ליפלגו בשברי כלים בעלמא אלא אמר רבא בשברי דהאי תנור קמיפלגי דתנן *[ה]נתנו על פי הבור או על פי הדות ונתן שם אבן רבי יהודה אומר אם מסיק מלמטה והוא נסוק מלמעלה טמא ואם לאו טהור וחכמים אומרים הואיל והוסק מ"מ טמא ובמאי קמיפלגי בהאי קרא °תנור וכירים יותץ טמאים הם וטמאים יהיו לכם רבי יהודה סבר מחוסר נתיצה טמא שאין מחוסר נתיצה טהור ורבנן סברי טמאים יהיו לכם מ"מ ורבנן נמי הכתיב יותץ ההוא לאידך גיסא דסלקא דעתך אמינא כיון דחבריה בארעא כגופא דארעא דמי קמ"ל ואידך נמי הכתיב טמאים יהיו לכם ההיא כדרב יהודה אמר שמואל דאמר רב יהודה אמר שמואל מחלוקת בהיסק ראשון אבל בהיסק שני אפילו תלוי בצואר גמל אמר עולא והיסק ראשון לרבנן אפילו תלוי בצואר גמל מתקיף לה רב אשי אי הכי אדמיפלגי בשברי תנור ליפלגו בתנור גופה השתא תנור גופה לרבי יהודה לא הוי מנא שבריו מיבעיא אלא אמר רב אשי לעולם כדאמרן מעיקרא ובעושה מעשה טפקא ורבי מאיר לדבריו דרבי יהודה קאמר לדידי אפילו בעושין מעין מלאכה אלא לדידך אודי לי מיהא דכהאי גוונא מלאכתו הוא ורבי יהודה לא דמי התם הסקו מבפנים הכא הסקו מבחוץ התם מעומד הכא לאו מעומד: העיד ר' יוסי משום רבי אליעזר בן יעקב על שברי תנור ישן שניטלין בשבת ועל כיסויו שאינו צריך בית יד: אמר רבינא כמאן מטלטלינן האידנא כיסוי דתנורי דמתא מחסיא דאין להם בית אחיזה כמאן כר"א בן יעקב: **מתני'** [ו]האבן שבקירויה אם ממלאין בה ואינה נופלת ממלאין בה ואם לאו אין ממלאין בה

ויקרא יא

זמורה

רש"י

מבעוד יום · גלי דעתיה מאתמול דלאו מנא הוא: **קרומיות של מחצלת** · שנפרדו מן מחצלת ישנה: **בר המדורי אסברא לי** · בר המדורי פירש לי טעמו של דבר: **לכסות בה עפרא** · עומד לכסות בו צואה א"נ שלא יעלה האבק: **שירי פרוזמיות** · טליתות כדאמר בסוכה (דף יח.) רמא תכילתא בפירזמא דאינשי ביתיה: **תנור ישן** · שכבר הוסק וחרסיו קשים וחזו למלאכה: **הרי הן ככל הכלים** · לקמיה מפרש פלוגתייהו וטעמייהו: **ועל כיסויו** · של תנור שאינו צריך בית יד דבלאו בית אחיזה מטלטלין ליה ופלוגתא היא במתניתין דאיכא למ"ד בעינן בית אחיזה: **מעין מלאכה** · כגון לכסות בהן פי חבית: **ואין עושין מעין מלאכתן** · לאפות: **ואזדא ר"מ לטעמיה** · דאמר במתני' לא בעינן מעין מלאכתן: **דהאי תנור** · העשוי כעין זה ששנוי במשנה זו שאני מביא לך שלא נתקן כל צרכו מתחילתו ובשבר קמיפלגי: **נתנו על פי הבור**. תנורים שלהם עשוין כקדירות גדולות ואין להן שולים ומושיבו לארץ ומדביק טיט סביבותיו לעשותו עב שיחזיק חומו והיא קרויה טפילה והיא מגעת לארץ ומתוך כך הכל שלו קיים ואם נתנו על פי הבור או על פי הדות שהיא כעין בור אלא שהבור בחפירה והדות בבנין ונתן שם אבן בינו לבין דופן הבור לדוחקו שלא יפול ויהא עומד באויר: **רבי יהודה אומר** · אם דופנותיו למעלה קרובים לדופני הבור שלא הוצרך לתת בינתים אלא אבן דקה ואין אויר ניכר בין דופני התנור לדופני הבור שיעכב את היסק התנור אלא יועילו לו דופני הבור להחזיק את חומו ושוליו קרובים לשולי הבור שאם מסיקין אותו מלמטה שעושין האור בבור והתנור ניסוק (א)מלמעלה בתוכו מאור דרך שוליו או שהתנור בתוך חלל הבור באויר וההיסק עולה סביב דופנותיו וניסוק כגון שקצר מלמטה ורחב מלמעלה או הבור רחב מלמטה ופיו קצר טמא: **ואם לאו** · אלא נסוק כשאר תנורים מתוכן טהור כדמפרש טעמא דבעינן מחוסר נתילה שיהא קרוב להיות מחובר וכי אינו קרוב לארץ אין לך תנור נתוץ מזה ואין לך לקיים בו תנור וכירים יותץ דנתילה לא שייכא אלא בבנין מחובר וכשאין מחובר שבירה שייכא ביה: **טמאים הם וטמאים יהיו לכם** · דכפל ביה קרא רבויא הוא שאע"פ שאינו מתוקן כל צרכו: **ההוא לאידך גיסא** · האי יותץ לאו לאגמורי קולא אתא ולמימר דאי ליכא לקיומי ביה נתילה כגון זה שאינו בנוי ומחובר וממילא הוא נתוץ דליהוי טהור דהדר תנא ביה קרא וטמאים יהיו לכם לרבויי אלא לאגמורי חומרא אתא דלא תימא כל התנורים העשוים כהלכתן ומחוברים לארץ הרי הן כשאר בתים וקרקע דמי הואיל וחברן ולא לקבל טומאה קמ"ל יותץ דאע"ג דשייכא ביה לשון נתילה כלומר דמחובר הוא טמא וכ"ש (א) דמחוסר נתילה: **בהיסק ראשון** · שלא הוסק מעולם והיסק ראשון שנתלקו בו דההוא משוי ליה כלי כדתנן במס' כלים (פ"ה) איזהו גמר מלאכתו משיסיקנו לאפות בו סופגנין בההיא פליג ר' יהודה ואמר דאינו ראוי ליעשות כלי: **אבל בהיסק שני** · שמתחלה נעשה כשאר תנורים מחובר לארץ או לאבן עב והוסק שם ונעשה כלי וסוף נטלו משם ונתנו על פי הבור וכאן נטמא מודה ר' יהודה דאיתרבאי מוטמאים יהיו לכם: **ואפילו תלוי בצואר גמל** · אא"כ חלקו כדין טהרת תנור שצריך לשבור אף את חרסו ואינו נטהר בנטילתו שלם ממקומו: **אמר עולא היסק ראשון לרבנן** · דאמרי מריבוי דקרא ואע"ג דאין הכל שלו מתקיים יפה מקבל טומאה לא תימא נתנו ע"פ הבור דוקא אלא אפילו תלאו בצואר גמל והוסק שם היסק ראשון טמא: **מתקיף לה רב אשי** · אדרבה דאוקי פלוגתא דטלטול שברי תנור ישן דלעיל בשברים דכי האי תנור (ב) דהוא גופיה לר' יהודה לאו מנא הוא: **כדאמרן מעיקרא** · בעושין מעין מלאכה ולא מעין מלאכתן ושברי תנור מעליא קאמר ודקשיא לך אמאי נקט תנור ליפלוג בשברי כלי בהאי איצטריכא ליה ובעושין קצת מעין מלאכת אפייה כגון מעשה טפקא רעפים שקורין טובל"ש שמסיקין אותם ואופין בהן כך שברים אלו רחבים ומיהו אין להן תוך להסיקם מבפנים אלא מבחוץ כרעפים ולאו משום דבעי רבי מאיר מעין מלאכתן אלא משום דרבי יהודה נקט לה: **ור"מ לדבריו דר' יהודה** · נקט תנור וקאמר לדידי אפילו עושין מעין מלאכה כדאמר במתניתין: **מעומד** · בתנור אופין מעומד שהפת דבוקה בדופני התנור ועומדת ואינה מוטלת בשכיבה ע"ג שוליו כרעפים שהן שוכבות על רחבן: **כיסוי דתנורי דמתא מחסיא** · כיסוי תנור של אותו מקום לא היה להן בית אחיזה · תנור מפני שפיו למעלה יש לו כסוי שלא יצא הבל שלו לאחר שהדביק בו הפת מכסהו: **מתני' האבן שבקירויה** · דלעת יבשה חלולה וממלאין בה מים ומתוך שהיא קלה אינה שוקעת אלא צפה ונותנין בה אבן להכבידה: **אם ממלאין בה ואינה נופלת** · שקשורה יפה לפני הקירויה שויא כלי: **ואם לאו** · הרי היא כשאר אבנים ואין מטלטל את הקירויה דשויא בסיס לאבן שנוטלה:

א) בתוס' יו"ט סכ"ה דכלים משנה ו העתיק לשון רש"י וכ"ש שאינו מחוסר נתיצה וכצ"ל

תוספות

אם וזרקה מבעוד יום · השתא לא פריך אלא מעתה זרק לגלימא מבעוד יום דכיון דלא היה מוכן מבעו"י ליכא לדמויי לגלימי: **מחצלת** גופה. למאי חזיא · לרווחא דמילתא מפרש הכי אע"ג דלא בעי מעין מלאכה ראשונה כדאמר רב נחמן לעיל חרס קטנה מותר לטלטלה בחצר משום דחזיא לכסויי בה מנא: **הרי** הן ככל הכלים הניטלין בחצר. לאו דוקא בחצר לרב נחמן ולרבא דשרו בכרמלית ורה"ר: **בשעושין** מעין מלאכה ואין עושין מעין מלאכתן. והא דנקט תנור ישן דשברי תנור חדש אין ראוין לכלום: **בשברי** דהאי תנור קמיפלגי. לפי תירוץ זה תימה הא דנקט תנור ישן דבהיסק ראשון פליגי: **כמאן** כר' אליעזר בן יעקב· ה"ה דה"מ למימר כרבי יוסי דשרי לקמן* לטלטל כיסוי כלים שאין להם בית אחיזה בכלי דחבריכהו בארעא אלא משום דמשנת ר' אליעזר בן יעקב קב ונקי:

ואזדו

עין משפט נר מצוה

לב א מיי' פכ"ו מהל' שבת הלכה ח טוש"ע או"ח סימן שח סעיף יב:

לג ב מיי' שם טוש"ע שם סעיף יג:

לד ג מיי' שם הל' יד:

לה ד מיי' פכ"ה מהל' שבת הלכה יג טוש"ע או"ח סימן שח סעיף י:

לו ה מיי' פט"ו מהלכות כלים הלכה ח:

לז ו מיי' פכ"ה מהלכות שבת הלכה יח טוש"ע או"ח סימן שח סעיף ג:

[סוכה טז.]

[דף קכו:]

רבינו חננאל

אתוומאי מסאני מינא. נמנמו מנעלין בטיט. פי' קרומיות. שירי מחצלאות שבלו. הא שאמר ר' זירא אמר רב שירי פרוזמיות אסור לטלטלן בשבת. פרוזמיות. פירושו טליתות. כדאמרינן התם. רב יהודה רמי תכלתא בפריזמא דאינשי ביתיה. פי' תלא ציצית בטלית של אשתו. ופשוטה היא: ת"ר שברי תנור ישן. ס"א שירי תנור ישן הרי הן ככל הכלים וניטלין בחצר דברי ר' מאיר ר' יהודה אומר אין ניטלין. העיד ר' יוסי וכו'. ואמרינן במאי קא מיפלגי בעושין מלאכה ואין עושין מעין מלאכתן. ור"מ לטעמיה דהוא ת"ק דמתני'. וקיי"ל סתם משנה ר"מ דשרי. אע"פ שאין עושין מעין מלאכתן. ור' יהודה לטעמיה דאסר ולא קא שרי אלא בעושין מעין מלאכתן. ואתקף עליה רבא ולא מצא פירוק. ואוקים רבא פלוגתיהן בשברין דהאי תנור. דכיון דתנינן בפ' המביא כדי יין ת"ר תנור וכירים חדשים הרי הן ככל הכלים הניטלין בחצר. אבל אין סכין אותן שמן וכו' הוצרכו להודיע כי תנור חדש הראוי לאפות בו ניטל בחצר ושבריו כיוצא בו. ומצאנו חלוקה בתנור חדש לענין טומאה והאומר מקבל טומאה סבר הואיל ויתכן לאפות בו כלי גמור הוא. ושבריו כיוצא בו. והואיל וככלים חשובין ניטלין. ופירשו חלוקתן לענין טומאה וה"ה לטלטול. דתנן נתנו ע"פ הבור או ע"פ הדות ונתן שם אבן. ר' יהודה אומר אם מסיק מלמטה והוא ניסוק מלמעלה טמא ואם לאו טהור. וחכ"א הואיל והוסק מ"מ טמא. וכך פירושו תנור שנתנו ע"פ הבור או ע"פ הדות ונתן שם אבן בפי הבור או בפי הדות. סבר ר' יהודה אם מסיק מלמטה בבור או בדות וניסק מלמעלה התנור הרי הוא כבנוי בקרקע ונגמרה מלאכתו ונעשה כלי לאפות בו ומקבל טומאה ואם לאו לא נגמרה מלאכתו וחשוב הוא כקדירה שלא *)כפת' לה פת או לתת לתוכה תבשיל. שאין דרך התנור לאפות בו והוא תלוי. וחכ"א כיון שנתן בפי הבור אבן ויכול להסיקו על האבן הרי הוא יכול לאפות בו. והיא כלי לקבל טומאה. ונחלקתן בזה הפסוק תנור וכירים יותץ, ר' יהודה סבר מדאמר קרא יותץ מכלל שצריך להיות בנוי ואם [לאו] אינו כלי. ורבנן סברי טמאים מ"מ ואפילו אינו בנוי: תוספתא ומודה ר' יהודה בתנור שנתנו ע"פ הבור או ע"פ הדות ונתן שם אבן ומירחו בטיט מן הצדדים שהוא טמא. וחכ"א בין כך ובין כך טמא. ועל זו הדרך סוגיא דהא שמעתא. ואתקיף לה רב אשי לרבא על זה שאמר ולא מצא פירוקי והעמיד רב אשי דברי אביי וחיזק דבריו ולא בטעמו. אלא העמיד חלוקתם בשברי תנור שאופין עליהם מעשה טפקא. ופירושו שנותנין זה השבר ע"ג אבנים ומסיקין אש מלמטה ומרתיחין אותן השברין ומדבקין הפת מלמעלה וקיי"ל כר' אליעזר ור"מ דהא רבינא פירש דמטלטלינן כיסוי דתנורי כר' אליעזר: מתני' האבן שבקירויה וכו'. פי' מביאין קרא יבשת ומוציאין בני מעיה ועושה אותה חללה. ועושין אותה כגון זרנוקא לדלות בה מים מן הבור והיא קלה ואינה שוקעת במים אלא היא צפה ע"פ המים ואין יכולין למלאות בה מים וכשרוצין להכבידה נותנין בתוכה אבן מהודקת שלא תהיה מתגדנרת וממלאין בה מים מן הבורות. וזה פי' האבן שבקרוי':

*) נ"ל שלא נגמרה שאינה ראויה לאפות

הגהות הב"ח

(א) רש"י ד"ה ר' יהודה וכו' והתנור ניסוק בתוכו מלמעלה מאור: (ב) ד"ה מתקיף וכו' כהאי תנור כס"ד ואח"כ מ"ה בתנור גופיה:

רב נסים גאון

דתנן נתנו על פי הבור או על פי הדות וכו'. זו המשנה במס' כלים בפרק ח' (משנה ו) תנור שנתן בו עפר עד חציו מעפר ולמטה מטמא במגע מעפר ולמעלה מטמא באויר נתנו על פי הבור או על פי הדות וכו' ועיקר זה הוא מה שנאמר בתורת כהנים (פ' שמיני פ"ט)[אי] מה כלי חרש בשמו אף תנור כשמו תנור שלא הוסק [תנור] שמו ת"ל אך מאימתי מקבל טומאה משיסיקנו כדי לאפות בו סופגנין יותץ טמאים הם את

זמורה שהיא קשורה בטפיח ממלאין בה בשבת *פקק החלון ר"א אומר בזמן שהוא קשור ותלוי פוקקין בו ואם לאו אין פוקקין בו וחכ"א בין כך ובין כך פוקקין בו : גמ' *תנן התם אבן שעל פי החבית מטה על צידה והיא נופלת אמר רבה א"ר אמי א"ר יוחנן **לא שנו אלא בשוכח אבל במניח נעשה בסיס לדבר האסור ורב יוסף א"ר אסי א"ר יוחנן לא שנו אלא בשוכח אבל במניח נעשה כיסוי להחבית אמר רבה *מותבינן אשמעתין האבן שבקירויה אם ממלאין בה ואינה נופלת ממלאין בה ולא היא התם כיון דהדקה שויא דופן אמר רב יוסף ומותבינן אשמעתין אם לאו אין ממלאין בה ולא היא התם כיון דלא הדקה בטולי בטלה במאי קמיפלגי מר סבר בעינן מעשה ומר סבר לא בעינן מעשה ואזדו לטעמיהו דכי אתא רב דימי א"ר חנינא ואמרי לה א"ר זירא א"ר חנינא פעם אחת הלך רבי למקום אחד ומצא נדבך של אבנים ואמר לתלמידיו צאו וחשבו כדי שנשב עליהן למחר ולא הצריכן רבי למעשה ור' יוחנן אמר הצריכן רבי למעשה מאי אמר להו רבי אמי אמר צאו ולמדום אמר להו רבי אסי אמר צאו ושפשפום אמר להו איתמר ר' יוסי בן שאול אמר סואר של קורות הוה ור' יוחנן בן שאול אמר גשוש של ספינה הוה מ"ד גשוש כ"ש סואר ומ"ד סואר אבל גשוש קפיד עליה : זמורה שהיא קשורה כו' : קשורה אין לא קשורה לא לימא מתניתין דלא כרשב"ג דתניא *חריות של דקל שגדרן לעצים ונמלך עליהן לישיבה צריך לקשור רבן שמעון בן גמליאל אומר אין צריך לקשור אמר רב ששת אפי' תימא רשב"ג הכא במאי עסקינן במחוברת באביה אי הכי קא משתמש במחובר לקרקע למטה מג' רב אשי אמר אפי' תימא בתלושה גזירה שמא יקטום : פקק החלון כו' : *אמר רבה בר בר חנה א"ר יוחנן *הכל מודים שאין עושין אהל עראי בתחלה ביו"ט וא"צ לומר בשבת לא נחלקו אלא להוסיף שר"א אומר אין מוסיפין ביו"ט וא"צ לומר בשבת וחכ"א מוסיפין בשבת וא"צ לומר ביו"ט : וחכ"א בין כך ובין כך פוקקין בו : מאי בין כך ובין כך אמר ר' אבא אמר רב כהנא

בין

רש"י

זמורה· של גפן : שהיא קשורה בטפיח · פך ששואבין בו מן הבור או מן המעין : ממלאין בה · דשויא כלי להך זמורה : ותלוי · שאינו נגרר בארץ שהחבל שהוא קשור בו אינו מגיע לארץ : אין פוקקין בו · דמיחזי כמוסיף על הבנין : בין כך ובין כך · בגמרא מפרש לה : גמ' תנן התם . לקמן בהאי מסכתא : האבן שעל פי החבית · והולכך ליטול מן היין שבתוכה : מטה · החבית על צדה והיא טפלת : לא שנו · דמותר לטלטל החבית והאבן עליה דקתני ואם היתה בין חביות שירא להטותה שם שלא תפול האבן על החבית שבצדה מגביה ומטה על צדה והיא נופלת : בשוכח · האבן עליה שלא במתכוין : אבל במניח נעשים · החבית בסיס לאבן שהיא דבר האיסור ואין מטלטל את החבית: ורב יוסף א"ר אסי · לקולא אמר ר' יוחנן לא שנו דהולכך להטות את החבית ולא ניתן לטלטל האבן להדיא: אלא בשוכח · דלא נתכוין לעשותה כלי : אבל במניח נעשה · האבן כיסוי לחבית ומגלה אותה כדרכה:אשמעתין· על שמועה שלי שאמרתי במניח אין האבן נעשה כלי : ממלאין בה · אלמא אבן נעשה כלי : דהדקה · שקשרה יפה : ואם לאו אין ממלאין · ולא אמרינן נעשה כלי בהנחה בעלמא וקשיא לדידי דאמרי לעיל במניח נעשה כיסוי לחבית : ולא היא · לא קשיא לי דהתם הואיל ובלא קשירה לא חזיא למלאות דהא נפלה והאי לאו הדקה בטולי בטלה מתורת כלי גלי דעתיה דלא חשיב ליה אבל כיסוי חבית הנחה משויא ליה כלי : ואודו לטעמייהו · ר' אמי ור' אסי : נדבך של אבנים · אבנים סדורות ומוקצות לבנין : מאי אמר להו · מאי מעשה הצריכן לרבי יוחנן : צאו ולמדום · סדרו אותם והשיבום כדי שלא נצטרך ליגע בהם למחר לפי שאין הזמנה במעשה[*כל דהו]מועלת לאבן לעשותה כלי ור' אמי לטעמיה דאמר לעיל אין אבן נעשית כלי בהנחה : למדום · כדאמרי' במו"ק (דף יב·) עושה להם למודים לסדר נסרים על פי הבור : ושפשפום · מן הטיט שיהו נאות לישב ולמחר אלמדום דבמעשה כל דהו נעשה כלי : סואר של קורות · הוה ולא אבנים : סואר · סדר של קורות חדשות שמסדרין אותן לבנין כדי שלא יתעקמו : גשוש · עץ ארוך שמגששים בו המים לפני הספינה לידע שהוא בעומקו שתוכל ספינה להלך בהן : קפיד עליה · שלא יתעקם ומייחד ליה מקום ומקצה ליה בידים ואפי' לר"ש אסור לטלטלו דמוקצה מחמת חסרון כיס אפי' ר"ש מודה : שאינה קשורה לא · ואפי' יש עקמומית בראשה כעין מזלג שראוי לתלות בה טפיח ולמלאות וחשב עליה : שגדרן לעצים · שחתכן להיסק : צריך לקשור · מע"ש : באביה · בגפן : והא קא משתמש במחובר · ואפילו קשורה מבעוד יום ליתסר : למטה מג'. סמוך לקרקע וכגון לשאוב מן המעין שאינו עמוק ומותר להשתמש באילן למטה מג' כדאמרי' בפרק בתרא דעירובין (ד' צט:) היו שרשיו גבוהין מן הארץ ג' לא ישב עליהם : גזירה שמא יקטום · שמא למחר תהיה לו ארוכה ויקטמנה מתוך שהיא רכה וטוח לקטום ונמצא עושה כלי וחייב משום מכה בפטיש אבל בחריות לישיבה ליכא למיגזר הכי הלכך במחשבה סגי : שאין עושין אהל עראי · לפרוס מחצלת על ד' מחיצות או על ד' קונדסים להיות צל לאהל מן החמה ודוקא גג אבל מחיצה לאו אהל הוא ושרי לפורסה לצניעות כדאמרי' עירובין (ד' צד·) בעובדא דשמואל ופקק החלון דמתני'*) משום דבנין קבוע הוא ומיחזי כמוסיף על הבנין : להוסיף · כגון שהיה מחצלת פרוסה עליהן וכרוכה ונשאר בה אויר ולמחר פושטה דומיא דפקק דמוסיף בעלמא הוא :

*) גי' רש"ל הוי למעלה בגג ולא מן הצד אבל הר"ן מקיים פי' רש"י דהכא

בין

תוספות

ואזדו לטעמייהו · תימה היכי הוה רבי אסי לטעמיה אדרבה פליגי דהכא קאמר ר' אסי נעשה כיסוי לחבית בהנחה גרידא בלא שום מעשה וגבי נדבך אמר ר' אסי לאו ושפשפום אמר להן דהיינו מעשה שהצריכן רבי ועוד קשה גבי נדבך קאמר דסגי בשפשוף ולקמן גבי כיסוי כלים א"ר אסי א"ר יוחנן והוא שיש בהם תורת כלי ויש לומר דכיסוי חבית סגי לה בהנחה שדרכו לעשותו כל דהו דלא בעי תיקון ומעשה גמור כשאר כיסוי כלים ונדבך של אבן מסותת ומרובע לבנין סגי להו בשפשוף שאין צריך עוד תיקון ומ"מ הוי ר' אסי לטעמיה דכי היכי דמיקל רבי אסי גבי נדבך ה"נ הכא והא דקאמר ר' אסי בפרק במה טומנין (לעיל דף נ·) חריות של דקל ישב אע"פ שלא קשר התם רב אשי גרסינן אי נמי ראויין הם לישיבה טפי מאבנים :

הכל מודים שאין עושין אהל עראי בתחלה · פי' בקונ' דלא אסיר אהל אלא למעלה בגג אבל בדפנות לא כדמוכח בעובדא דשמואל בכל גגות (עירובין דף צד·) דאיתמר חצר כותל שנפרצה רב אמר אין מטלטלין אלא בד' אמות ושמואל אמר זה מטלטל עד עיקר המחיצה וזה מטלטל עד עיקר המחיצה והא דרב לאו בפירוש איתמר אלא מכללא דשמואל הוה יתיב בההוא חצר נפל גודא דביני ביני אמר להו שמואל שקולו גלימא נגודי ליה אהדרינהו רב לאפיה כו' ושמואל למה ליה למיעבד הכי האמר זה מטלטל עד עיקר המחיצה כו' שמואל לצניעותא בעלמא הוא דעבד אלמא משמע דאהל דדפנות שרי למיעבד הכי ורב שהיה מקפיד לאו משום עשיית אהל דשרי כדפרישית אלא הוה קפיד אמאי דהוו מטלטלין גלימא ד' אמות בחצר וקשה דע"כ שייך איסור אהל אפילו בדפנות כדאיתא בעירובין בפרק מי שהוליאוהו (דף מד· ושם) גבי עשיית דופן סוכה דפריך התם והאמר רבה בר בר חנה אמר רבי יוחנן הכל מודים שאין עושין אהל עראי בתחילה ומשני הא בדופן שלישית והא בדופן רביעית אלא נראה לר"ת דשפיר שייך בדפנות אהל היכא דמחילה מועלת להיתר ולהכי בדופן שלישית דהויא מחילה ומכשר ליה לסוכה חשיב עשיית אהל בתחלה אבל דופן רביעית אינה אלא תוספת בעלמא הואיל וכבר הסוכה היתה כשרה ועיקר פלוגתין דר"א ורבנן איתא באהל כבעשיית דופן דפקק החלון משמע בחלון שבכותל דאי בגג מיירי הוה ליה למימר ארובה כמו ששנינו משילין פירות דרך ארובה (ביצה דף לב:) ומיהו באהל שבגג נמי פליגי כדמוכח לקמן בפרק תולין (דף קלז:) דמייתי הך גבי תליית משמרת שהיא כעין גג וכן משמע בפרק בתרא דעירובין (דף קב·) דאמר הנהו דיכרי דהוו בי רב הונא ביממא בעו טולא ובליליא בעו אוירא אתא לקמיה דרב אמר ליה כרוך בודיא ושייר בה טפח דלמחר הוא מוסיף על אהל עראי ומותר ומשמע דהיינו נמי תוספת אהל עראי דפליגי רבי אליעזר ורבנן ועובדא דשמואל

דכל

עין משפט נר מצוה

לח א מיי' פכ"ה מהל' שבת הלכה יז סמג לאוין סה טוש"ע או"ח סימן שח סעיף כב וסימן שט סעיף ד :

לט ב מיי' שם הל' כא סמג שם טור שו"ע או"ח סימן שח סעיף כא:

מ ג מיי' פכ"ג מהלכות שבת הלכה ז :

מא ד ה מיי' פכ"ב מהל' שבת הלכה כז סמג לאוין סה טוש"ע או"ח סימן שטו סעיף א :

מב ו מיי' שם טוש"ע שם סעיף ג :

רבינו חננאל

וזה שאמר רבי צאו ולמדום עשו להם לימודים. יש מי שאומר עיינו בהן . כלומר לימוד בעינן בלא מעשה וי"א לימודים כגון זה ששנינו במסכת משקין. ר' יהודה אומר עושה לו לימודים בשביל שלא יחמיץ . והן כיסויי עצים ·ועליהם טיט (שרוצים מעשים) [שהצריכן למעשה] וראייתן הא דגרסינן בבמה טומנין תני רבה בר רב הונא קמי דרב חריות של דקל שגררום לעצים ונמלך עליהם לישיבה צריך לקשר רשב"ג אומר אין צריך לקשר . ואמרינן מאן תנא דפליג עליה דרשב"ג . ר' חנניה בן עקביא היא שהלך למקום א' ומצא חריות של דקל שגררום לעצים כו' : פיסקא זמורה שהיא קשורה בטפיח כו' . זמורה היא כגון אטיר והיא זמורת של כרם ארוכה כמו חבל וטפיח הוא כלי ברלי . ואמרה המשנ' אם זמורה זו היתה קשורה בזה הכלי ממלאין בה בשבת שעשאה מאתמול במקום חבל ועשה בה מעשה ואם לאו אסור לחשב עליו בשבת להיותו בחבל. ואמרינן לימא מתניתין דלא כרשב"ג . דהא רשבג"א בחריות שגרדן לעצים ונמלך עליהן לישיבה אין צריך לקשר . ופירק רב ששת זמורה זו מחוברת באביה. כלומר מחוברת בקרקע. ואם לא קשרה מאתמול לא בישלה . ואינה דומה לחריות של דקל שהן גרודין . ואקשינן אי הכי היכי משתמש במחובר ופרקינן למטה משלשה . כדתנן היו שרשין גבוהין מן הארץ שלשה טפחים לא ישב עליהן . אם גבוהין ג' טפחים הוא דאסירו . הא בפחות מותר לישב עליהן . מיהא שמעינן דפחות מג' במחובר לקרקע כקרקע דמי ומותר להשתמש בו.ויש שאומרים כי המים הם קרובים בפחות משלש' ולא אתי למתחך. רב אשי אמר אפילו תימא בתלושה גזירה שמא יקטום : מתני' פקק החלון . כגון מסך העשוי לסתום החלון בין אם הוא מבגד בין מולתו בזמן שקשור ותלוי פוקקין בו . ואם לאו אין פוקקין בו . אמר (רבא) [רבה] בר בר חנה א"ר יוחנן הכל מודין שאין עושין אהל עראי בתחלה ביו"ט . ואין צ"ל בשבת . לא נחלקו אלא להוסיף . פי' שאם היה בו פקק פוקק במקצת החלון . ר' אליעזר אוסר למושכן כנגד כל החלון . וחכמים מתירים (וזהו) להוסיף כיוצא בו בסוף המוצא תפילין הנהו דכרי דהוו לרב הונא דביממא בעו טולא ובליליא בעו אוירא . ואמר ליה רב כרוך בודיא עלייהו ושייר בה טפח ולמחר פרסיה

מסורת הש"ס

לקמן קנו: עירובין מד סוכה כז:

[לקמן קמב: ע"ש]

[לעיל קכ: לקמן קמב: ע"ש]

[קידושין ט: וש"נ]

לעיל נ: ולקמן קכו: גי' רש"א

לקמן קנו: עירו' מד. פו: [תוספ' סוכה פ"א]

רב נסים גאון

את שיש לו נתיצה ואת שאין לו נתיצה אין לו טומאה : אי הכי קא משתמש במחובר למטה מג': מכלל כי מה שיהיה מדבר המחובר לקרקע קרוב מהארץ פחות מג' טפחים מותר להשתמש בו ואין איסור משום שבות [רק] מה שהוא גבוה מן הארץ ג' טפחים ותמצא עיקר זה במשנה במס' עירובין בפרק המוצא תפילין (דף לט) אילן שהוא מיסך על הארץ אם אין נופו גבוה מן הארץ ג' טפחים לא ישב עליהן ודבר זה אין בו חלוקה אבל חלקו רבא ורב ששת בשרשי אילן הבאים מלמעלה מג' לתוך ג' ובפ' בכל מערבין (שם דף לג) תניא נתנו באילן בתוך ג' מותר לטלטל : סליק פרק כל הכלים

§ מסכת שבת דף קכה: §

אות א'

לא שנו אלא בשוכח, אבל במניח נעשה בסיס לדבר האסור

סימן שח סכ"ב - [א]אסור לכסות פי חבית באבן או בבקעת, או לסגור בהן את הדלת, או להכות בהן בברזא, (פירוש הקנה שמשימים בחבית להוציא היין ממנו) - וה"ה אם רוצה לסמוך בקורה את הדלת, צריכה יחוד כמו בבקעת, ואז איכא תורת כלי עליה.

[ב]אע"פ שחשב עליה מבע"י - לעשות הפעולות האלו בשבת, **וכ"ש** אם לא חשב רק שעשה הפעולות האלו מבעוד יום, **אסור, אלא אם כן יחדה לכך לעולם** - ולא דמי לחריות הנ"ל בס"כ, דשם איכא חריות דקיימא לישיבה, אבל הכא אין דרך כלל להזמין אבן או בקעת להשתמש בהן, **וע"כ** בעינן שייחד לעולם מערב שבת להשתמש בהן איזה תשמיש, ואז הוסר מעליהם שם מוקצה.

ואם היה רגיל בימות החול להשתמש בהן איזה תשמיש, סגי אפילו לא יחדן בפירוש.

והאי יחוד שכתוב בשו"ע, נראה דאפילו במחשבה בעלמא, ולא בעינן שיפרש בפה.

אבל יחדה לשבת זה בלבד, לא - אא"כ עשה בהן מעשה המוכיח שעומדין להשתמש.

והני מילי, בדבר שאין דרכה לייחדה לכך, כגון: הני דאמרן; אבל בכל מידי דאורחיה בהכי, כגון: לפצוע בה אגוזים, ביחוד לשבת אחת סגי - ולא דמי לסכ"א, דשאני התם שאין האבן עשויה לישב עליה, משא"כ הכא דאורחא בהכי, להכי מהני יחוד לשבת אחת, **ועיין** מש"כ לעיל סי' ש"ג סכ"ב.

(זו היא דעת הר"ן שלמדה מדין חריות ע"ש, ולפ"ז אפי' אם לא יחדה כלל, רק שפצע בה אגוזים מבע"י, סגי, כמו בחריות אם ישב עליהן מבע"י, וכנ"ל בס"כ).

[ג]ויש מי שאומר דלא שנא - ר"ל דבשניהם בעינן יחוד לעולם.

[ד]וי"א שצריך שיעשה בה שום מעשה של תיקון מבע"י. (ועיין לעיל סימן רנ"ט דביחוד סגי) - היינו מה שמבואר שם סעיף ב', דאפילו באבנים סגי ביחוד לעולם.

ולענין מידי דאורחיה בהכי, נראה דבמקום הצורך יש לסמוך להקל, דסגי ביחוד לשבת אחת.

סימן שט ס"ד - [ה]שכח אבן על פי חבית, או מעות על הכר, מטה חבית על צדה והאבן נופלת, ומנער הכר והמעות נופלים - דבמניח בכונה על פי החבית, הרי החבית גופא מוקצה, ואסור להטותה, דנעשית בסיס להאבן וכדלקמיה.

ומיירי בשצריך ליקח מהיין שבתוכה, וכן בכר כשצריך לשכב עליו, ולכן התירו לטלטל המוקצה באופן זה, שאינו מטלטלו להדיא רק ע"י ניעור, **אבל** אם אינו צריך להם כלל, רק חושש משום פסידת המוקצה גופא שלא יגנבום, אפילו ניעור אסור, כ"כ מ"א בשם רי"ו, [**משא"כ** בציור דעיקר הטלטול בשביל דבר ההיתר, דאי איכא הפסד למוקצה ע"י הניעור, א"צ לנערה, אלא מטלטלה להההיתר עם המוקצה ביחד, אף דזה הוי גרע מסתם ניעור דעלמא, משא"כ הכא דכל הטלטול בשביל האיסור, **ודמי** למאי דקי"ל בעלמא בטלטול מן הצד דאינו מותר כי אם לצורך דבר ההיתר, **ואעפ"כ** דין זה דמ"א לא ברירא כולי האי, דאפשר בניעור קיל טפי, ומרי"ו אין ראיה, דהוא לא הזכיר שם ניעור, ואפשר דמיירי לענין טלטול הכר ממש עם המעות]. **ואם** מטה החבית והכר בגופו ולא בידו, מותר אפילו באופן זה.

ויכול לטלטל אח"כ הכר, כיון שנסתלק ממנו המוקצה.

ומ"מ מותר ללמוד בשבת על השלחן, אפי' בעוד שיש עליו מעות או שאר דבר מוקצה מצד אחר, דאע"ג דדרך לנענע עם למודו, מ"מ לא הוי פסיק רישא - מהרי"ל, [**נראה** דמיירי באופן דהניעור של המעות לא הוי הפסד לו, ולכך אם היה זה פ"ר היה אסור, משום דאפשר לנער לארץ, **אבל** אם יהיה לו הפסד ע"י ניעור, אף פ"ר שרי, וכמו לענין חבית כשהיתה עומדת בין החביות, דהא גם בזה אין כוונתו בנענועו בשביל המעות, אלא בשביל הלימוד דהוא דבר ההיתר, וכמו בעלמא לענין טלטול מן הצד. **ודע**, דמשמע ממהרי"ל, דפ"ר בדרבנן אסור].

ואם היתה החבית בין החביות, בענין שאינו יכול להטות אותה במקומה - שחושש שלא יפול על החבית וישברם, **יכול להגביהה כמו שהיא עם האבן למקום אחר, להטותה שם כדי שיפול מעליה** - דהרי הוא רק טלטול מן הצד, כיון שאינו מטלטל המוקצה להדיא רק עם ההיתר, וכונתו ג"כ בשביל שהוא צריך לההיתר וכנ"ל, ודבר זה שרי כדלקמן בשי"א ס"ח, **ואפ"ה** ברישא כשהיה אפשר לו בניעור, צריך ניעור דוקא.

(**ואם** מותר לישא אותה עם האבן עד מקום שהוא רוצה לפנותה, או רק לסלקה מבין החביות, עיין בחידושי רעק"א).

ואם הניחם עליה מדעתו, על דעת שישארו שם בכניסת השבת - היינו כל זמן בין השמשות, **[ו]אסור להטות ולנער** -

באר הגולה

[א] **הרשב"א בתשובה והביאו ר"ן בפרק ד' דשבת** ‹שם ורב יוסף כו' אבל במניח נעשה כו', ולא קי"ל כוותיה כנ"ל - גר"א› [ב] ‹שם צאו וחשבו כו' ולא קי"ל כוותיה כנ"ל - גר"א› [ג] **שבלי הלקט בשם ר' ישעיה** ‹ולא דמי לחריות - גר"א› [ד] **מרדכי ורי"ו** ‹כלומר דאפי' מאן דסבר דאין מחשבה מועיל, מ"מ מעשה כל דהו מועיל עם המחשבה, אבל אם אין דרכה ליחדה לכך, בעינן מעשה הניכרת, וכמש"כ המחבר בסכ"א, דנדבך של אבנים שאין דרכם ליחדם לישיבה, בעינן דוקא שלמדם ולא סגי בשפשוף - עולת שבת› [ה] **משנה שם וגמרא** [ו] **בפי' רש"י בשבת נ"א**

דנעשה החבית והכר בסיס להמוקצה שעליהם, והם גופא מוקצה. **בסיס** היינו כֵּן ומקום מושב, תרגום "לכנו": לבסיסיה.

(**דע דאיתא בראשונים, וכן הסכימו הרבה אחרונים, דאפי' יש בתוך החבית יין, לא אמרינן דנעשה החבית בסיס לאיסור ולהיתר, וכתבו הטעם, משום דפי החבית מלמעלה לא נעשה בסיס כי אם להאבן שמונח עליה**).

אבל אם הניחם בכונה בחול, ולא היה דעתו בפירוש שישארו שם בשבת, ואח"כ שכחם שם, מקרי שוכח, [**אבל** בע"ש, אפי' בסתמא חשיבא כאילו כוון שישאר גם בשבת]. **ודעת** הב"י, דאפילו הניחם בע"ש, כל שלא היה דעתו בפירוש שישאר שם בכניסת שבת, ובביה"ש שכחו לסלק, גם זה הוא בכלל שכח. [**דאם** היה דעתו בפירוש, בודאי כו"ע סוברין דנעשה בסיס].

והנה בעיקר דין בסיס מסיק במ"א, דלא מקרי בסיס אא"כ הניח עליו דבר המוקצה בשביל שיתיישב עליו בטוב, **אבל** מה שמניחין בדרך אקראי, כמו שרגילין להשים בתיבה חפצים אלו על אלו, מפני שאין לו ריוח לפנות לכל חפץ מקום בשולי התיבה, כה"ג לא חשיב מניח אלא שוכח, ומותר לטלטל חפץ המותר אחר שניערו המוקצה מעליו, **ומ"מ** התיבה גופא לכו"ע הוי בסיס לדבר איסור, אם המוקצה חשוב יותר, ואסור לטלטלה, דהא עכ"פ דעתו היה שיהיה מונח המוקצה בתיבה.

ולפי"ז מה שנוהגין בשבת להסיר המפה העליונה מעל השלחן, אחר שמסיר הא"י המנורה מעליה, כדין עושין, לפי שא"צ שתהא המנורה דוקא על המפה, אלא על השלחן, ואינו מעמידה על המפה אלא מפני שא"א לו לפנות מקום להמנורה בגוף השלחן עצמו, או מפני שאינו חושש לפנות לה מקום, ולפיכך לא נעשית המפה בסיס להמנורה שעליה שתאסר בטלטול, {**ובמפה** התחתונה א"צ לכל זה, דהלא בזמננו הדרך להניח עליה הלחם ביה"ש, ונעשית בסיס לזה דהוא חשוב יותר}, **ויש** מחמירין בכל זה, [ט"ז, י"א על מקום העמדת הנרות, וי"א בכל המפה העליונה], **ובמקום** הצורך נראה דיש להקל, דכמה אחרונים סוברין כוותיה דהמ"א.

קינה של תרנגולת, ויש שם ביצה שיש בה אפרוח, שאותה ביצה אסורה בטלטול, אף שלא ידע מבע"י שיהיה שם הביצה, מ"מ כיון שדרך הוא בכך, הוי כמניח ולא הוי כשוכח, ונעשה הקינה בסיס להביצה, **וכן** בכל מקום כיוצא בזה, בדבר שדרכו להיות המוקצה עליו, בודאי הוי כמניח, [**ואין** סתירה לדין מ"א הקודם, דהתם אף אם דרכו להניח שם בתיבה גם דברים המוקצים, מ"מ אין הכרח שהם יונחו על הדברים המותרים].

ז'וי"א דאפילו הניחם שם על דעת שישארו שם בכניסת השבת כדי שיטלם בשבת, מותר להטות ולנער בשבת; ולא אסרו אלא במניחם על דעת שישארו שם כל השבת - ס"ל דלא נעשה בסיס כלל, כיון שחשב לסלק מעליו המוקצה אח"כ, **וה"ה** אפילו אם חשב שיהיה מונח עליו כל היום, עד איזה זמן קודם שקיעת החמה, ואח"כ לסלקם, ג"כ לא מקרי בסיס לדידהו, ואם נמלך אח"כ לסלק המוקצה מקודם, מותר לנער, דכיון דאינו על כל יום השבת, לא חל שם בסיס כלל, **אבל** אם חשב לסלק בין השמשות, הוי כמי שחשב על כל היום, דביה"ש ספק לילה.

(**עיין בחידושי רע"א שמביא מדברי התוספות, דמ"מ לא הוי כשוכח גמור, דשם בצריך למקום החבית והכר, מותר אפילו להגביה ממש עם דבר המוקצה, וכדאיתא בס"ד, משא"כ בזה, אינו מותר בכל גווני רק הניעור בלבד, וע"ש שמאריך בזה**).

ובמקום פסידא יש לסמוך על דעה זו. **ודע** דאפילו לדעה זו, מסתברא דדוקא כשחשב בהדיא לסלק אח"כ המוקצה בשבת, ע"י ניעור או ע"י א"י, או דבר שדרכו בכך לסלק המוקצה אח"כ, **אבל** אם חשב בסתמא שיהיה מונח עליו המוקצה בשבת, לכו"ע נעשה בסיס, אף דלא חשב בהדיא שיהיה מונח עליו כל השבת.

הגה: ואז אפילו נטל האיסור משם, אסור לטלטל הכלי, דמאחר שנעשה בסיס לדבר האסור למקצת השבת, אסור כל השבת כולה - זה קאי גם אדעה ראשונה, דאפילו לא הניחו אלא לכניסת שבת, וניטל אח"כ, מ"מ אסור הכלי כל השבת.

וכן בכל מוקצה - כגון גרוגרות וצמוקים שנתייבשו בשבת ונעשו ראוים לאכילה, אפ"ה הוו מוקצה לכל השבת, כיון דאתקצאי לביה"ש, **וכן לקמן סימן ש"י**.

אם אדם הניח דבר מוקצה על של חבירו - ואפילו אם הדבר מוקצה הוא ג"כ של חבירו, **לא אמרינן דנעשה בסיס לדבר האסור, דאין אדם אוסר של חבירו שלא מדעתו (א"ז)** - ומותר לטלטל הכלי כשצריך לה, אחר שינער המוקצה ממנה.

אך אם עשה כן לטובת חבירו, ומן הסתם ניחא ליה בזה, כגון שנטל ראובן כלי והעמידו מבע"י תחת הנר בבית שמעון, כדי שיפול הנר לתוכו ולא תהיה דליקה, ונפל הנר לתוכו קודם ביה"ש, [דאל"ה לא נעשה בסיס לכל השבת כולה], והיה בתוכו עד אחר ביה"ש, נעשית הכלי בסיס להנר, ואסור לטלטלה כל השבת אף לאחר שנסתלק הנר, כ"כ הרבה אחרונים, **ובדה"ח** מצדד, דאם היה בדעתו לסלק אח"כ המוקצה בשבת, נוכל לצרף בזה דעת הי"א הנ"ל, דבזה לא מקרי בסיס כלל.

אות ב'

רבי אמי אמר: צאו ולמדום אמר להו

סימן שח סכ"א - ח'אבל נדבך של אבנים, אע"פ שחשב עליו מבע"י, אסור לישב (עליהם) - פירש המ"א, דהיינו לטלטלם בשבת כדי לישב עליהם, **אבל** ישיבה לחודא שרי בכל ענין, וכנ"ל.

באר הגולה

ז שם בתוס' (דף נ"א. ד"ה או) | ח הרמב"ם שם מעובדא דרבי וכר' אמי שבת קכ"ה

אא"כ למדום (פי' סדרום) - והטעם, דחריות איכא דקיימי לישיבה ואיכא דקיימי לעצים, וכאן לא נאסרו אלא מפני מחשבתו שקצצן לשרפה, ומפני כך מחשבת ישיבה מוציאה ממחשבת שריפה, **אבל** נדבך של אבנים ליכא דקאי לישיבה, לפיכך אין מחשבה מועילה לעשותה כלי, וצריך מעשה להוכיח שהן לישיבה, ובענין זה המעשה הוא הסידור, **וא"כ** בעצים שלנו שאין עומד בשום פעם לישיבה, אלא להסקה, נמי בעינן שיעשה בהם מעשה מבע"י, וכמו שכתב בסעיף כ"ב לענין בקעת, דלא מהני במה שיחדה לשבת זו.

מלשון המחבר משמע, דבזה שסדרם מבעוד יום כדי לישב עליהם, הוא בכלל מעשה גמורה, ומותר שוב לטלטלם למחר אפילו להדיא, **אבל** המ"א מצדד כשיטת רש"י, דהסידור לא מהני אלא כדי שלא יצטרך ליגע בהם למחר.

הגה: וי"א דדין אבנים כדין חריות, וכן עיקר (מרדכי והמגיד בשם הרי"ף, וכן יש לפרש הרא"ש) - [ט]עיין במ"א שהשיג על הרמ"א, וסבירא ליה דאבן חמור מחריות, כמו שכתב בסעיף כ"ב, דבעינן דוקא יחוד לעולם, וכן משמע דעת שארי אחרונים.

(כתב הפמ"ג: נדבך של אבנים איני יודע מהו, דרש"י קכ"ה ע"ב פירש: נדבך, סדורות ומוקצות לבנין, משמע דאם אישתייר מבנין, הוי כלבנים, ובר"ן לא משמע הכי, וכמו שכתב המ"מ, דעיקר החילוק, דאבנים לא קיימי כלל לישיבה, ואף בלא נדבך וסדורות, ואף אישתייר מבנין צריך למדום מעשה וכו', דיש חילוק בין לבנים שהם שפים וחלקים וקיימו ג"כ לישיבה, הלכך אישתייר מבנין מותרים, דעומדים לישיבה, ואבנים שאין משופים וחלקים צריך למדום, כי לא קיימי לישיבה וצריך מעשה, עכ"ל, ודע, דאף שהחמיר הפמ"ג בנשתיירו מבנין, היינו בסתם אבנים, אבל אם הם אבני גזית שהם משופים וחלקים, כתב הפמ"ג די"ל דדינם כלבנים שנשארו מבנין, וא"צ מחשבה כלל, ועי"ש שסיים שצ"ע בכל זה).

אות ג' - ד'

קשורה אין, לא קשורה לא

אפילו תימא בתלושה, גזירה שמא יקטום

רמב"ם מהל' שבת פכ"ג ה"ז - זמורה שהיא קשורה בטפיח, ממלאין בה בשבת; ואם אינה קשורה, אין ממלאין בה, גזירה שמא יקטום אותה ויתקנה.

איתא בש"ס ‹דף קכ"ה:›, דזמורה שיש בראשה עקמימות כעין מזלג, שראוי לתלות עליו דלי ולמלאות בו, אע"פ שחישב עליו מע"ש למלאות בה, אסור למלאות בה בשבת אא"כ היא קשורה בדלי מע"ש, דחיישינן שמא תהא ארוכה ויקטמנה, מתוך שהיא רכה ונוחה לקטום, ונמצא עושה כלי וחייב משום מכה בפטיש, **ואם** הוא קשה משמע דשרי, אפילו אם רק יחד הזמורה לכך מע"ש, **ואם** הוא מחובר לקרקע, אפילו הוא קשה דליכא חשש שמא יקטום, אפ"ה אסור להשתמש בה אא"כ היא קשורה בדלי, משום מוקצה, דבמחובר לקרקע לא מהני מחשבה להוציאה מתורת מוקצה, **אך** דבמחובר לא שרינן אפילו בקשורה, אלא כשהזמורה הוא פחות מג"ט סמוך לארץ, **דאל"ה** אסור משום משתמש באילן, כמש"כ בסי' של"ו - מ"ב סימן ש"ח ס"כ.

אות ה'

הכל מודים שאין עושין אהל עראי בתחלה ביו"ט, וא"צ לומר בשבת

סימן שטו ס"א - [יא]אסור לעשות אהל בשבת ויו"ט אפילו הוא עראי - דהעושה אהל קבע, כגון שפורס מחצלת או סדינין וכיו"ב לאהל, ועושה אותן שיתקיים, אף דאין זה בנין ממש, חייב משום בונה, דעשיית אהל הוא תולדת בונה, והסותרו חייב משום סותר, **וגזרו** על אהל עראי משום אהל קבע, וכן על סתירת אהל עראי משום סתירת אהל קבע, ופרטי דיני אהל קבע יבואר לקמיה.

[יב]ודוקא גג - ואף כשאין מחיצות תחתיו, כגון לפרוס מחצלת על ד' קונדיסין דרך עראי, להגין מפני החמה והגשמים, [רש"י, ואף שאין מחיצות תחתיו, חשוב אהל כיון שפורס לצל. **ואם** עושה עניבה שיתקיים זמן הרבה, חשיב אהל קבע כיון שיש רוחב טפח, וחייב מן התורה, **וי"א** דאפי' בלא קשר, כל שהוא פורס לזמן מרובה, הוי אהל קבע].

אבל מחיצות מותר - דעיקר אהל הוא הגג שמאהיל עליו, ולכן גזרו בו משום אהל קבע, **משא"כ** מחיצות עראי לחוד, לא נחשב כאהל כלל.

ואין מחיצה אסורה [יג]אא"כ נעשית להתיר סוכה - כגון שהיה לה רק ב' דפנות, ועשה מחיצת עראי לדופן ג', דאז חשיב הך מחיצה כבנין, דעל ידה נתכשרה הסוכה, **או להתיר טלטול** - על ידה במקום שאסור לטלטל, דכיון דחשבינן לה מחיצה לענין היתר הטלטול, חשיב בנין.

הגה: אבל מחיצה הנעשית לצניעות בעלמא, שרי - כגון להפסיק בין אנשים לנשים כששומעין הדרשה.

(לכאורה יש להקשות מהא דאיתא בביצה ל"ב, אבנים של ביה"כ מותר לצדדן ביו"ט, ומסיק שם הטעם, דאף דמחיצה לבד בלא גג חשיב בנין עראי ואסור בעלמא, הכא משום כבודו לא גזרו רבנן, **הרי** מפורש דגם במחיצת עראי בלא גג ג"כ אסור, **אף** דאין ע"ז שם אהל עראי, אסור מטעם בנין עראי, **ואפשר** דמחיצת אבנים שאני, דדרך בנין

באר הגולה

ט ‹ז"ל ד"מ: במרדכי כתב דאין חילוק, ואדרבה כתב שם די"א דוקא בחריות פליגי, אבל אבנים שרי דאין מזיזן. **וצ"ע** דאיך אפשר לומר דלא פליגי באבנים, הא פליגי בהדיא בגמרא דף קכ"ה, לכן נ"ל {בדברי המרדכי דמיירי באבנים גדולות - מחה"ש}, ודאי היכא דאין מזיזן ודאי שרי לישב עליהן לכו"ע, דמוקצה אינו אסור בנגיעה, אבל לטלטלן בעי מעשה - מ"א› י ‹כצ"ל וכן הוא בהדפוסים החדשים› יא **שבת קכ"ה מימרא דרבי יוחנן** יב **בפי' רש"י שם** יג **שם תוספות בשם ר"ת הרא"ש והר"ן וש"פ**

קבע הוא, וכשמצדדן בקרקע לבנין קבע, חייב משום בונה, וכדאיתא בריש פרק הבונה, ולהכי חמיר טפי, ולפי"ז יתכן לומר, דהא דמתירין מחיצת עראי לצניעות, היינו נמי דוקא בדבר שאין דרך לעשותה תמיד לקבע, כגון בוילון או מחצלת וכיו"ב, **אבל** אם יעשה מחיצת עראי של אבנים ולבנים זה על גב זה, אסור, **ויותר** נראה לומר, דדוקא במחיצה שעשויה תמיד כדי להפסיק בין הרשויות, אמרינן כיון דהיא אינה מתרת, וגם היא עראי, לא חשיבא, **משא"כ** כשמצדד אבנים כדי לישב עליהן, חשיבא טפי, דלאו משום מחיצה אייתינן עלה, כי אם משום גזרת אצטבא, ע"ש בגמרא).

ולכן מותר לתלות וילון לפני הפתח, אע"פ שקבוע שם (א"ז ב"י) - ר"ל שאינו עשוי להסיר משם, אלא תלוי שם תמיד, אפ"ה חשיב מחיצת עראי, כיון שהוא נע ונד ברוח מצויה, וגם אינו מעכב לעוברים דרך שם, **אבל** לחברה למעלה ולמטה ומן הצדדים בענין שאין נזוז ממקומו, אסור משום בנין, דסתימת קבע הוא, ב"י, [**ועיין** בפמ"ג, דמשמע מיניה דהוא מן התורה, דתוספת קבוע באהל קבוע אסור מן התורה, **ומ"מ** נראה דזה דוקא אם דרך הוילון ששוהה שם כמה ימים בסתימה זו, אבל אם הדרך הוא להפתח תמיד, לא חשיב סתימה קבוע מן התורה, **ואפשר** דאף מדרבנן אין איסור בזה, דמאי גריעא מפקק החלון, ובפרט אם יש שם אסקופה להפתח, ע"ל סי' שי"ג ס"ג בסופו].

וכן פרוכת לפני ארון הקודש - זה פשיטא דשרי, דכיון שיש בלא"ה דלת לאה"ק, א"כ הפרוכת אינו תלוי רק לצניעות בעלמא, **וכמה** אחרונים מקילין אפי' אם אין דלתות לארון הקדש, וכמו וילון אצל הפתח וכנ"ל.

מותר לתלות בשבת סדינין המצויירים על הכותל לנוי, ואפילו לקבעם שלא יהיו נזוזים ממקומם ג"כ שרי, כיון שאין עשויים כלל למחיצה.

ובלבד שלא יעשה אהל בגג טפח (ב"י וכל בו) - עיין סעיף י"ב.

וכן מותר לעשות מחילה לפני החמה או הלבנה, או בפני הנרות שלא יכבה אותן הרוח - פשוט דכל זה במחיצת עראי, אבל לעשות מחיצת קבע שיתקיים כן, אסור, [**ולקשור** וילון בעניבה שלא תנוד ברוח, משמע ממ"א דלא חשיב בזה מחיצת קבע, **וגבי** וילון כתב בב"י, דאם מחברה מכל הצדדין שלא יהיה הרוח מנידו, חשיב קבע, **ולפמש"כ** מקודם, דדוקא אם עשויה להיות כן כמה ימים, ניחא בפשיטות, דהכא הוא רק לפי שעה, **אי** נמי דשם שעשויה לסתום פתח של בנין קבוע, חמיר טפי].

אבל אסור לעשות מחילה בפני אור הנר כדי שישמש מטתו (ד"ע), וכן לפני ספרים כדי לשמש או לעשות צרכיו - דכיון דאסור לשמש בפני אור הנר או ספרים, מקרי מחיצה המתרת, **וכתב** המ"א, דהיינו דוקא אם עושה מחיצה גבוה י"ט, והנר גבוה ונראית למעלה, דמאפיל בטליתו ומשמש, כדמשמע בסימן ר"מ סי"א בהג"ה, {**ובשל"ה** משמע, דאף באופן זה יש ליזהר מאד, ועיין בא"ר שם}, **דכיון** שהנר נראית, א"כ ההיתר בזה הוא רק משום דיש ע"ז שם מחיצה שגבוה יו"ד, וחשבינן עי"ז להנר כעומד בחדר אחר, **ואז** צריך שיקשרנה ג"כ שלא תניד אותה הרוח, דאל"ה אין שם מחיצה עלה, ולכן אסור לעשותה בשבת, דחשיבא מחיצה המתרת, **אבל** אם המחיצה מכסה את כל הנר עד שאין נראית, דאין צריך שתהיה המחיצה גבוה עשרה דוקא, כיון שהנר מכוסה, א"כ ההיתר בזה לאו משום מחיצה, אלא מחמת כיסוי בעלמא, **ולכן** אף שהיתה המחיצה גבוה עשרה נמי מותר לעשותה, דלא חשיבי מחיצה המתרת, דאינו רק משום כיסוי בעלמא.

וכן לענין לשמש ולעשות צרכיו בפני הספרים, אם המחיצה גבוה עד שאין הספרים נראין, מותר לעשותה, דלא חשבינן לה כמחיצה המתרת, רק ככיסוי בעלמא, ולכן לא בעינן אז ג"כ שיהיה קשור לצד מטה. **ועיין** באחרונים שפירשו דבריו, דמ"מ בעינן כשעושה אותה בשבת, שיהיה על הספרים עוד כיסוי, דאז יהיה נחשב כאלו מונחין בכלי תוך כלי.

והנה אף שיש אחרונים שמפקפקין על חילוקו, וסוברין דכיון דסוף סוף ע"י המחיצה הותר עתה לשמש ולעשות צרכיו, חשיבא מחיצה המתרת ואסור לעשותה, **מ"מ** נראה דבשעת הדחק יש לסמוך על דבריו, **ועכ"פ** לכו"ע מותר לכסות הספרים בכיסוי בעלמא, והיינו כלי בתוך כלי, להתיר התשמיש, דזה לא הוי מחיצה כלל.

אם לא שהיה מבע"י טפח, שאז מותר להוסיף עליה בשבת (מרדכי ר"פ כירה) – (במ"א איתא, טפח בולט מן הצד, והיינו שמוסיף אח"כ ברחבה, **אבל** בב"י הביא בשם המרדכי, שהיה כורך המחיצה לצד מעלה, ונותנה על המוט, ומשייר בה רוחב טפח, ואח"כ בשבת פושטה לצד מטה, **ובתו"ש** הקשה ע"ז, דבטפח למעלה לא חשיב עדיין מחיצה כלל, דאין קרוי מחיצה רק בעשרה, **אבל** הפמ"ג כתב, דע"כ בכל גווני מותר, וכ"כ הגר"ז ולבושי שרד).

ולכן פארווא"ן שעומד מופשט טפח מע"ש, מותר לפושטו כולו, **אבל** אם היה מקופל, אע"פ שכולו הרבה יותר מטפח, לא מהני, שהרי לא נעשה זה בשביל מחיצה - ח"א.

(**וע"ש** בנשמת אדם שמצדד, דבמקום שיצרו של אדם תוקפו, והנרות דולקים, ויש לחוש ח"ו למושז"ל, או שישמש לאור הנר דאיכא סכנה, שמותר אז לסמוך על הפוסקים שהביא המ"א, שמתירין לעשות מחיצת עראי לזה, ומותר להעמיד הפארווא"ן אף שלא היה נפשט מע"ש, **וע"ש** שכתב הטעם, דלדידהו לא חשיב זה מחיצה המתרת כלל, מפני שיכול להסתיר הנר בעצה אחרת, כגון ע"י כפיית כלי, **וע"ש** שהוא מתיר כשיצרו תוקפו, אפילו אם אור הנר נראה למעלה מהמחיצה, אבל בלא"ה חלילה להקל בזה).

אות ו'

וחכ"א מוסיפין בשבת, וא"צ לומר ביו"ט

סימן שטו ס"ב - [יד] עצים שתוקעין ראשן האחד בדופן הספינה, וכופפין ראשן השני בדופן השני של הספינה, ופורסין מחצלת עליהם לצל - היינו שעושין כמו חשוקין, שקורין רייפי"ן, על פני רוחב הספינה מלמעלה, ועושה כן בעצים הרבה סמוכין זה לזה, על כל ארכה של ספינה.

אם יש ברחבן טפח - שרוחב העץ העגול היה טפח, ואפילו רק באחד מהן, **או אפילו אין ברחבן טפח, אם אין בין זה לזה ג"ט** - היינו ג"כ אפילו רק במקום אחד, ואמרינן לבוד, והוי כאלו היה ג' טפחים מכוסה במקום אחד, **חשיבי כאוהל, ומותר לפרוס עליהם בשבת מחצלת, דהוי ליה תוספת אהל עראי ושרי** - דדוקא לעשות אהל עראי מתחלה אסור, אבל אם נעשה כבר, מותר להוסיף עליו, ובזה כיון שהיה בעץ אחד רוחב טפח, דהוא שיעור אהל, או שהיה פחות מג"ט בין זה לזה, דהוא שיעור לבוד, והוי כמו העצים מחוברים יחד בשיעור ג' טפחים, חשוב נעשה אהל מכבר.

והא דלא חשיבי כ"ז לאהל קבע, היינו משום דאין עושין אותן אלא לפי שעה ולא להתקיים.

וה"ה עריסת התינוק שיש עליה חשוקים, ופורסין עליהם סדין להגן מפני הזבובים, אם החשוקים נעשים מבע"י בדרך שנתבאר, מותר לפרוס עליהם סדין בשבת, ואם לאו אסור, **וה"ה** דאסור לפרוס סדין על העגלות, דעשוי ג"כ להגן על מה שתחתיה, והוי כאהל, **אם** לא שהיה פרוס כבר מע"ש ברוחב טפח, וכמו שכתב השו"ע.

ומטעם זה, [טו] מחצלת פרוסה כדי טפח, מותר לפרוס שאר המחצלת בשבת - ר"ל דהכא נמי כיון דהיה טפח פרוסה מבע"י, מותר אח"כ לפרוס עוד, דאינו אלא מוסיף על אהל עראי, **אבל** בלא"ה אסור. **ואף** דלקמן בס"ג אמרינן, דאינו אסור משום אהל עראי אלא כשעושה גם מחיצות תחתיו, **שאני** הכא שעושה להדיא בשביל אהל לצל, או להגן מפני הצינה והגשמים, וכמו שכתבתי לקמיה בס"ג.

[טז] וטפח שאמרו, חוץ מן הכריכה - היינו שאם היתה מחצלת פרוסה לשם גג, וכרכה מע"ש, דצריך שתשאר טפח פרוס כדי שיהיה מותר לפרוס הכל וכנ"ל, אין רוחב העיגול של הכריכה עולה בשיעור טפח, דהכריכה אינה חשובה פרוסה על הגג לאהל, **אלא** צריך שישייר טפח פרוס לבד מרוחב העיגול של הכריכה.

יש מהאחרונים שכתבו, דאפ"ה לפרוס המחצלת כשהיא כרוכה על איזה דבר ששייך בו אהל להדיא, אסור משום אהל, **דדוקא** בזה שהיה פרוס מתחלה וכרכה, לא מחזי בזה כמשייר לאהל, אבל לתתנה כך כשהיא כרוכה על דבר אחר, אסור.

באר הגולה

[יד] עירובין ק"ב משמיה דרב אסי וכתבו הרי"ף בפרק י"ז דשבת ‹שם בעירובין דף ק"ב: ד"ה כרוך› [טו] שם גם משמיה דרב [טז] הריטב"א בשם התוספות שדקדקו מלשון רש"י

§ מסכת שבת דף קכו. §

אות א' - ב'

בין קשור בין שאינו קשור, והוא שמתוקן זה אף במדינה מותר, אלא איזהו שבמדינה אסור, כל שאינו לא קשור ולא תלוי, ושומטו ומניחו בקרן זוית

סימן שיג ס"א - [א]פקק החלון, כגון: לוח, או שאר כל דבר שסותמין בו החלון, יכולים לסתמו אפילו אם אינו קשור - ואפילו על ארובה שבגג שרי, ואינו נחשב לאהל, (וקי"ל דאין עושין אהל עראי לכתחלה), דהאהל כבר עשוי, וכשפוקקו אינו אלא מוסיף על האהל, דהיינו שמכסה החלל שהיה באהל, וגם הוא עראי, **ולא אמרינן דהוי כמוסיף על הבנין** - (ליאסר מטעם דמוסיף על אהל קבוע), כיון שדרכו בכך לפתוח ולסגור תמיד, (ותוספת עראי על אהל קבוע מותר - הר צבי, וכן משמעות הפמ"ג, ודלא כח"א). (**ואם אינו עומד** לפתוח אלא לעתים רחוקות, אסור כמוסיף על אהל קבוע, כ"כ המ"א והפמ"ג, וע"כ בעינן שיהא הפקק קשור ותלוי מבעוד יום).

הר"י הלוי כתב, דהא דאיתא בש"ס, שפקקו את החלון בשבת מפני המת, שלא יכנס הטומאה לבית ויטמאו הכלים, **היינו** דוקא קודם שימות המת, דלא הוי אלא תוספת אהל עראי, וגם לא מיקרי מתקן עדיין, **אבל** לאחר מיתתו מיקרי תיקון גמור, **והמג"א** חולק עליו, וסובר דזה לא מיקרי מתקן, דהכלים שהיו בתוכו כבר נטמאו, ואינו מועיל אלא להבא, שלא יטמאו כל אשר יהיה אח"כ בהבית, **ובשע"ת** מצדד כהמג"א, ועיין בפמ"ג.

[ב]והוא שיחשוב עליו מע"ש לסתמו בו - וזה מהני אפילו אם לא נשתמש בו עדיין מעולם לזה, **וכ"ש** אם נשתמש בו מכבר אפילו רק פעם אחת, דכבר ירדה עליהם תורת כלי, ולא צריך תו אפי' מחשבה.

(**ובקשור** א"צ אפילו מחשבה, ב"ח וא"ר).

(היינו דכיון דהכינו לכך, לית ביה איסור טלטול, ובלא"ה אסור משום טלטול, אבל משום בנין לא שייך בפקק החלון כלל, כ"כ הב"ח וכן הפמ"ג (וכ"כ בתוס' ד"ה והמונח), **ולפי"ז** מה שכתב השו"ע "לסתמו בו", הוא לאו דוקא, דה"ה אם הכין במחשבה לאיזה דבר שיהיה, סגי, וכן ביאר הפמ"ג, **וכתב** עוד, דאם הוא כלי, אף אם הוא כלי שמלאכתו לאיסור, כגון דף שעורכין עליו, דהוא מותר לצורך גופו, תו א"צ אפילו מחשבה, וכן משמע בהרא"ש דהטעם הוא משום איסור טלטול, **ובביאור** הגר"א כתב, דטעם השו"ע הוא כרש"י (ד"ה והמונח), דאל"ה נראה כמוסיף על הבנין).

ודע, דהא דבעינן דעתו מע"ש, היינו דוקא בדבר שדרך לבטלו שם, אבל דבר שאין דרך לבטלו לעולם, אלא לפי שעה, כגון בגד וכיו"ב, מותר לסתום בו אפי' לא היה דעתו עליו מע"ש. (**לכאורה** זהו דוקא להגר"א, דהטעם משום דנראה כמוסיף על הבנין, דאי משום טלטול, מאי נ"מ).

והוא שיחשוב וכו' - (עיין בב"י דכן הוא מסקנת הרא"ש, ודלא כהר"ן דבעי שיהיה תורת כלי, כמו בקנה לקמיה, **אמנם** מצאתי דהרבה ראשונים ס"ל כוותיה, הלא המה הרמב"ן והרשב"א והרא"ם, וע"כ צ"ע למעשה).

[ג]וקנה שהתקינו להיות נועל בו - היינו שתוחבו אצל הדלת בכותל, {ולא שסוגר בו את המסגרת או ב' חצאי דלת}, וע"כ דמי קצת לנגר המבואר לקמיה, דלא מהני ליה מחשבה, **א"צ שיקשרנו בדלת** - צ"ל "נמי א"צ" וכו', **[ד]ומ"מ דמי לבנין יותר מפקק החלון, ולא סגי במחשבה שיחשוב עליו מאתמול, וצריך שיתקננו לכך** - היינו דכיון שתקנו יש עליו תורת כלי, ויוצא מתורת בנין.

[ה]לרש"י, היינו שיתקננו לשם כלי שיהא ראוי לשום תשמיש, שיהא ראוי להפך בו זיתים או לפצוע בו אגוזים - דבעינן דוקא שיהא ראוי לשום תשמיש אחר.

(**ואפילו אם** יחד רק לזה, מ"מ נ"ל דלא מקרי עדיין כלי שמלאכתו לאיסור, כיון שלא היה עדיין רק הזמנה בעלמא לזה).

[ו]ולר"ת א"צ שיהא ראוי לדבר אחר, אלא כיון שתקנו ועשה בו מעשה והכינו לכך סגי - דא"צ שיתקננו אלא לנעול בו, דבזה נמי יש תורת כלי עליו, ויוצא מתורת בנין.

ולעת הצורך יש להקל כר"ת, דכן סתם השו"ע לעיל בסימן ש"ח ס'.

הגה: ומיקרי ע"י כך כלי שמלאכתו להיתר - דמלאכת הנעילה הוא להיתר, **ומותר לטלטלו כמו שנתבאר לעיל סי' ש"ח ס"ד (ב"י והרמב"ס)** - היינו אפילו שלא לצורך גופו ומקומו, רק צורך קצת, וזהו שציין רמ"א: כמו שנתבאר לעיל בסימן ש"ח.

אבל קנה שמוסקין בו זיתים, אע"פ שנועלין בו, מקרי מלאכתו לאיסור, כיון שעיקרו עשוי לכך, הולכין אחר רוב תשמישו. **אבל** בענינו דאיירינן לענין לנעול בו, דהוא לצורך גופו, מותר כיון שיש עליו תורת כלי, אפילו עומד למסוק בו זיתים.

(המשך ההלכות מול עמוד ב')

באר הגולה

א שבת קכ"ה במשנה וכחכמים וכדמפרש לה ר' אבא שם קכ"ו ב תוס' שם וה"ה ג שם ברייתא וכרשב"ג ד שם וכר' יוחנן ה שם (ד"ה וכי תימא) בפרש"י ו שם בתוספות (ד"ה וכי תימא)

מסורת הש"ס

עירובין קב.

[נ"ל מותר במקדש]

[תוספ' פע"ז]

עין משפט נר מצוה

מג א ב מיי' פכ"ב מהלכות שבת הלכה נ ופכ"ו הלכה י סמג לאוין סה טוש"ע או"ח סימן שיג סעיף א:

מד ג מיי' פכ"ג שם הלכה י:

°בין קשור בין שאינו קשור והוא שמתוקן א"ל ר' ירמיה ולימא מר בין תלוי ובין שאינו תלוי והוא שקשור דאמר רבה בר בר חנה א"ר יוחנן כמחלוקת כאן כך מחלוקת בנגר הנגרר *דתנן נגר הנגרר נועלין בו במקדש אבל לא במדינה והמונח כאן וכאן אסור ר' יהודה אומר המונח *במקדש והנגרר במדינה ותניא איזהו נגר הנגרר °שנועלין בו במקדש אבל לא במדינה כל שקשור ותלוי וראשו מגיע לארץ ר' יהודה אומר ^בזה אף במדינה מותר אלא איזהו שבמדינה אסור כל שאינו לא קשור ולא תלוי ושומטו ומניחו בקרן זוית ואמר רבי יהושע בר אבא משמיה דעולא מאן תנא נגר הנגרר ר"א היא א"ל אנא דאמרי כי האי תנא דתניא *קנה שהתקינו בעה"ב להיות פותח ונועל בו בזמן שקשור ותלוי בפתח פותח ונועל בו אין קשור ותלוי אין פותח ונועל בו רשב"ג אומר מתוקן אע"פ שאינו קשור אמר רב יהודה בר שילת אמר רב אסי א"ר יוחנן ^גהלכה כרשב"ג ומי אמר רבי יוחנן הכי והתנן כל כסויי הכלים

שיש

רש"י

בין קשור כו' · כלומר אפילו קשירה לא צריך: **והוא שמתוקן** · מוכן מאתמול לכך: **א"ל רבי ירמיה** · אמאי פשיט ליה מר לקולא: **לימא מר** · דלא פליגי רבנן אלא אתניה דרבי אליעזר בעי קשור ותלוי ואפילו קשור אם ראשו נגרר לארץ חשיב ליה רבי אליעזר כשומטו מן הקרקע ונועץ בו לכתחלה ורבנן אמרי ליה בין תלוי בין נגרר פוקקין בו ובלבד שיהא קשור: **דאמר רבה בר בר חנה** · בתלייה הוא דפליגי ולא בקשירה דמדמי לה לפלוגתא דנגר הנגרר והתם לדברי הכל קשור בעינן: **נגר** · יתד שתוקעין בחור שבמפתן ונועלין בו את הדלת: **הנגרר.** כדמפרש שקשור בדלת אלא שראשו נגרר לארץ: **נועלין בו במקדש** · דכיון דקשור בו מיוחד ועומד הוא לכך וכבר נבנה בנין זה מבעוד יום ואין בו אלא גזירת שבות מדרבייהם ואין שבות במקדש: **והמונח** · שאינו קשור כלל אלא כשהוא שומטו מן החור מניחו ע"ג קרקע הלכך כשתוקעו בשבת בונה הוא ואיסורא דאורייתא הוא אף במקדש: **המונח מותר במקדש** · דכיון דמתוקן מאתמול להכי לאו בונה הוא: **שקשור ותלוי** · ראשו העליון אבל ראשו התחתון מגיע לארץ: **מאן תנא נגר הנגרר** · אסור דבעי תרתי: **ר"א היא** · דאמר גבי פקק החלון תרתי בעינן מכלל דר' יהודה כרבנן אלמא רבנן קשירה בעו: **כי האי תנא** · דאפי' קשירה לא בעי כרבן שמעון בן גמליאל דאמר מתוקן בהזמנה בעלמא ואע"פ שאינו קשור: **שהתקינו** · שהזמינו: אמר רב יהודה גרסינן ולא גרסינן ואמר:

שים

תוספות

דכל גגות (עירובין צד·) דפריך ושמואל למה ליה למיעבד הכי וקאמר זה מטלטל כו' לאו משום דאי הוה אמר אין מטלטלין בו אלא בד' אמות דאז הוה ניחא ליה אלא אז כמי היה קשה היכי עביד הכי כיון דמחילה מתרת לטלטל בחצר הוה כעשיית אהל עראי בתחלה ואסור כדפרישית לעיל ומהאי טעמא היה מקפיד רב דס"ל שאין מטלטלין אלא בד' אלא משום דהש"ס ידע דסבר שמואל דזה מטלטל עד עיקר המחילה ניחא למיפרך למה הוצרך לעשות מחילה:

בין קשור בין שאינו קשור והוא שמתוקן · נראה לר"ת דלאו בתיקון של מעשה אלא במחשבה בעלמא כדמוכח לקמן דאמר כרשב"ג ס"ל דאמר מתוקן אע"פ שאינו קשור דהיינו במחשבה ומשמע דלגמרי ס"ל כוותיה דגבי ר' יוחנן דוקא הוא דאמר בסמוך סבר לה כוותיה בחדא ופליג עליה בחדא ופריך ולימא מר בין תלוי בין שאינו תלוי והוא שקשור כרבי יהודה דבעי קשירה וטעמא משום טלטול ולא משום בנין דאי משום בנין מאי ראיה מנגר שצריך קשירה לפקק והא בפקק לא שייך בנין אלא תוספת אהל עראי ותוספת אהל עראי שרו רבנן בלא שום קשירה כדמוכח במי שהוליאוהו (שם מד·):

והמונח כאן וכאן אסור · פי' רש"י שכשתוקעו בשבת בונה הוא ואיסורא דאורייתא איכא ואינו משמע שיהא בו איסורא דאורייתא כיון שאינו מבטלו שם אלא נראה לר"ת דכולה מילתא בנגר הנגרר ליכא איסורא אלא משום טלטול וכי ההיא דקנה שהתקינו בעה"ב להיות פותח ונועל בו דמיירי משום טלטול ואפ"ה בעי ר"א קשור ותלוי יותר משאר כלי תשמיש שדי להם בתיקונם לפי שהם תשמיש בית מידי דהוי אכיסוי קרקעות שהחמירו בהם להצריכם בית אחיזה אע"ג דהכי משום שבות נאסר טלטולם במקדש כקנים וכמקלות דלעיל אבל בשום בנין ליכא איסורא כלל אפילו מדרבנן וקשה לר"ת מנלן דאפליגו רבי אליעזר ורבנן בתוספת אהל עראי כיון דאפליגו בטלטול דילמא בחד הוא דאיפליגו ותירץ ר"ת בספר הישר דא"כ הוה ליה למנקט פלוגתייהו במילתא דלא שייכא ביה תוספת אהל כי ההיא דנגר הנגרר ומדנקט פלוגתא בפקק החלון דשייך ביה תוספת אהל ש"מ דפליגי באהל וליכא למימר דדווקא באהל פליגי ולא בטלטול דהא בההיא דנגר לא שייך אלא איסור טלטול אפ"ה איפלוג בה ר"א ורבנן דע"כ איבעי לן למימר דת"ק דנגר היינו ר"א דרבנן שרו אפילו בפקק החלון כ"ש בנגר דלא שייך איסור אהל אלא איסור טלטול אלא ודאי בתרתי פליגי דר"א אסר בפקק החלון ומשום טלטול בשאין תורת כלי גמור עליו ואפי' יש עליו תורת כלי גמור כגון שיש לו בית יד אסור מ"מ משום תוספת אהל עראי כיון דבטלי' בפקק ורבנן דשרו אפי' אין עליו תורת כלי דלית להו לא משום טלטול ולא משום אהל: **רבי** יהודה אומר כו'· ובעירובין מסקינן אמר רב יהודה אמר שמואל הלכה כרבי יהודה וקשה לר"י דהא שמואל גופיה סבר לעיל בפרק במה טומנין (דף נ·) גבי חריות של דקל שגדרן לעצים דבמחשבה בעלמא סגי דאיתמר רב (יהודה) אומר קושר ושמואל אמר חושב וקאמר התם דשמואל ס"ל כרשב"ג דאמר חריות של דקל שגדרן לעצים ונמלך עליהן לישיבה א"ל לקשר וא"כ היכי קאמר הלכה כרבי יהודה דבעי קשירה משום איסור טלטול דהא לא שייך איסור בנין בההיא דנגר הנגרר אלא איסור טלטול ומשום איסור טלטול בעי רבי יהודה קשירה כדפירשתי וליכא לפרושי דבנגר הנגרר דהכא לאפוקי מאיסור בנין הוא דבעי קישור אבל משום איסור טלטול לא הוה בעי קישור אלא במחשבה בעלמא כרשב"ג א"כ מאי קא מהדר ליה ר' אבא בר כהנא לר' ירמיה אנא דאמרי כי האי תנא כו' דילמא מאי דלא בעי התם רשב"ג אלא מתוקן אע"פ שאינו קשור היינו משום דהתם ליכא אלא איסור טלטול דהתם ודאי לא מיירי מידי בבנין דקאמר קנה שהתקינו בעה"ב להיות פותח ונועל (א) ומדקתני פותח ונועל משמע שאינו נועל באותו קנה עצמו דהוה ליה למיתני שהתקינו לנעול בו אלא משמע שהוא כעין מפתחות שלנו שיש מהם שמושכין המנעול שבדלת לכאן ולכאן כך הקנה מושך המנעול אבל הקנה עצמו אינו במקום המנעול א"כ פשיטא דכה"ג לא שייך בנין בהאי קנה אלא משום איסור טלטול הוא ומיהו אין ראיה מזה דבהאי קנה מיירי כדפרישית מדקתני פותח ונועל דהא כה"ג קתני בתוספתא חבילי עצים וסוכה של קוצים שעשאן דלת לפירצה ולחצר אם היו קשורות ותלויות פותחין ונועלין בהן אם לאו כו' מיהו אומר ר"י דאפילו הוה מפרש ההיא דקנה שהתקינו כו' דשייך ביה בנין ובמקום מנעול הוה ולהכי פשיט מיניה רבי אבא בר כהנא דס"ל כרשב"ג דאמר דכי הוי מתוקן אע"פ שאינו קשור נפיק מתורת איסור בנין לא הוי אתי שפיר (דה"א) מדקאמר הש"ס בסמוך וכ"ת הכא נמי דאיכא תורת כלי עליהן והתניא חריות של דקל כו' והיכי מוכח מההיא דחריות של דקל דהא דאמר מתוקן אע"פ שאינו קשור הייגו בלא תורת כלי אלא במחשבה בעלמא דלמא באיסור טלטול הוא דלא מצריך רשב"ג אלא מחשבה אבל באיסור בנין הוה בעי שיתקעוהו ויכינוהו ויעשו בו מעשה שיהא תורת כלי עליו על כן נראה לר"י דבהכי פליגי רבי אבא בר כהנא ורבי יוחנן ורב יהודה דעירובין (דף קב·) דאינהו סבירא להו דבההיא דנגר לא שייך אלא איסור טלטול ואיהו ס"ל דשייך בנין בנגר הנגרר ולהכי בעי קישור לאפוקי מאיסור בנין והשתא אתיא שמעתין שפיר דלא מיירי מידי באיסור בנין לא בההוא דנגר ולא בההיא דקנה והשתא נמי ההיא דקנה משום טלטול · מ"ר:

שקשור ותלוי וראשו מגיע לארץ · פירוש ראשו העליון תלוי וראשו התחתון מגיע לארץ כדפירש בקונטרס ונראה לרשב"א דאפילו שני הראשים מונחים לארץ אלא שקשור דשרי במקדש והאי דנקט כהאי גוונא לאשמעינן דאפ"ה אסור במדינה והשתא אתי שפיר הא דתנן במשנה והמונח כאן וכאן אסור היינו שאינו קשור ולא תלוי כלל דאי אמרת דוקא נקט ראשו מגיע לארץ אבל שני הראשים מונחין בארץ אסור במקדש אע"פ שקשור אם כן השתא לא הוי מונח דרבי יהודה כמתח דתנא קמא דמונח דרבי יהודה על כרחיך היינו שאינו לא קשור ולא תלוי ושומטו ומניחו בקרן זוית דאי אמרת כמו מונח דת"ק שסני ראשים מונחים בארץ אלא שקשורין היכי קאמר המונח במקדש ההוא אפילו במדינה שרי דלא אסר רבי יהודה אלא דוקא שאינו קשור כלל:

וכ"ש

הגהות הב"ח

(א) תוס' ד"ה ר' יהודה וכו' פותח ונועל בו מדקתני פותח ונועל בו משמע:

גליון הש"ס

גמ' שנועלין בו במקדש אבל לא במדינה. עיין פי"א מ"ד דכלים:

רבינו חננאל

עליהן מוסיף על אהלי עראי הוא ושפיר דמי. וחכ"א בין כך ובין כך פוקקין בו. ומיבעיא לן מאי בין כך ובין כך אמר רבה בר כהנא בין קשור בין שאינו קשור אותו פקק פוקקין בו. והוא שמתוקן. כלומר שהתקינו לפקק בו. היכי דמי תיקון זה כדאמרינן בסוף המוצא תפילין: ת"ר סיכי קמצים וחבילי עצים שהתקינן לפירצה שבחצר. בזמן שקשורין ותלוין נועלין בשבת ואין צ"ל ביו"ם. א"ל ר' ירמיה ולימא מר בין תלוי בין שאינו תלוי והוא שקשור כלומר כבר נעשה בו מעשה לשום כלי. דאמר רבה ב"ב חנה א"ר יוחנן כמחלוקת כאן בפקק החלון כך חלוקתן בנגר הנגרר בקשור ותלוי בלבד. אבל לא לענין מקדש ומדינה. ותניא בסוף עירובין. איזהו נגר הנגרר שנועלין בו במקדש אבל לא במדינה: שומטו ומניחו בקרן זוית. דייקינן מינה מדקתני ושומטו ומניחו מכלל שאם הוא קשור שאם אינו יכול לשומטו ולהניחו בקרן זוית שפיר דמי. ואמרינן מאן תנא נגר הנגרר צריך להיות קשור ותלוי ר' אליעזר והא ר' יוחנן סבר כי חכמים חלוקין על ר' אליעזר סבירא להו כר' יהודה דאמר בשאינו קשור ולא תלוי ולא בתלוי אבל אם הוא קשור אע"פ שאינו תלוי שרי. וא"ל ר' אבא לר' ירמיה אנא דאמרי והוא שמתוקן אע"פ שאינו לא קשור ולא תלוי כי הא מתניתא דתני בקנה שהתקינו בעה"ב להיות פותח ונועל בו. ואמר רשב"ג מתוקן אע"פ שאינו קשור ואמר משמיה דר' יוחנן הלכה כרשב"ג דקאי רשב"ג כחכמים. ואקשינן היכי אמר ר' יוחנן הלכה

עין משפט
נר מצוה

מה א ב ג מיי' פכ"ה מהלכות שבת הל' י"ג טוש"ע או"ח סימן שח סעיף י':

א ד ה מיי' פכ"א מהל' שבת הלכה ב ופכ"ג הלכה טו סמג לאוין סה טוש"ע או"ח סימן שלג סעיף א':

שיש להם בית אחיזה ניטלין בשבת ואמר רב יהודה בר שילא אמר רב אסי אמר רבי יוחנן והוא שיש תורת כלי עליהן וכי תימא הכא נמי דאיכא תורת כלי עליו ומי בעי רשב"ג תורת כלי עליו והתניא *חריות של דקל שגדרן לשם עצים ונמלך עליהן לישיבה צריך לקשר רשב"ג אומר אין צריך לקשר רבי יוחנן סבירא ליה כוותיה בחדא ופליג עליה בחדא דרש רבי יצחק נפחא אפתחא דריש גלותא הלכה כרבי אליעזר מתיב רב עמרם *ומדבריהם למדנו שפוקקין ומודדין וקושרין בשבת א"ל [אביי] מאי דעתיך משום דקתני סתמא נגר הנגרר נמי סתמא היא ואפי' הכי *מעשה רב: **מתני'** (*כל) כיסוי הכלים שיש להם בית אחיזה ניטלין בשבת א"ר יוסי בד"א *בכיסוי קרקעות אבל בכיסוי הכלים בין כך ובין כך ניטלין בשבת: **גמ'** אמר רב יהודה בר שילא א"ר אסי א"ר יוחנן [ב]והוא שיש תורת כלי עליהן דכ"ע כסוי קרקעות אם יש להן בית אחיזה אין אי לא לא כסוי הכלים אע"ג דאין להם בית אחיזה כי פליגי בכלים דחברינהו בארעא מ"ס גזרינן [ג]ומ"ס לא גזרינן לישנא אחרינא כי פליגי בכיסוי תנור מר מדמי ליה לכיסוי קרקע ומר מדמי ליה לכיסוי כלים:

הדרן עלך כל הכלים

מפנין *[ד]אפילו ארבע וחמש קופות של תבן ושל תבואה מפני האורחים ומפני בטול בהמ"ד *אבל לא את האוצר מפנין תרומה טהורה ודמאי ומעשר ראשון שניטלה תרומתו ומעשר שני והקדש שנפדו והתורמוס היבש מפני שהוא מאכל *לעזים *אבל לא את הטבל ולא את מעשר [ראשון] שלא נטלה תרומתו ולא את מעשר שני והקדש שלא נפדו ולא *את הלוף ולא את החרדל ר' שמעון בן גמליאל *מתיר בלוף מפני שהוא מאכל עורבין חבילי קש וחבילי עצים וחבילי זרדים אם התקינן למאכל בהמה מטלטלין אותן ואם לאו אין מטלטלין אותן: **גמ'** השתא חמש מפנין ארבע מיבעיא *אמר רב חסדא ארבע מחמש (*איכא דאמרי [ה]ארבע מאוצר קטן) וחמש מאוצר גדול ומאי אבל לא את האוצר שלא יתחיל באוצר תחלה ומני רבי יהודה היא דאית ליה מוקצה ושמואל אמר ארבע וחמש כדאמרי

וכי תימא הכא נמי דאיכא תורת כלי עליו · פי' בקונטרס שיהא ראוי לעשות שום תשמיש אחר ואין נראה לר"ת כי למה יש לנו להצריך שלדבר אחר יהא ראוי כיון שראוי לדבר זה אלא נראה לר"ת דה"פ דאיכא תורת כלי עליו שתיקנו ועשה בו מעשה והכינו לכך שמאחר שלכך תיקנו והכינו לכך יש תורת כלי עליו אפילו אינו ראוי לדבר אחר כמו חריות של דקל שאינן ראוין לשום תשמישאלא לישיבה אף על פי כן(ד) יכול להכינם ולטלטלם בשבת ואבנים נמי אמרינן לעיל לאו ושיפשפו ועוד אי תורת כלי עליהם ממש לריכא למימר דכלי ניטל לצורך גופו והא דאמרי' בעירובין (ד' קא.) נגר הנגרר עשה לו בית יד מהו א"ל בוכנא קאמרת פירוש ושרי לאו משום דאי לא הוה כבוכנא ע"י הבית יד הזה הוה אסור דאפילו לא חזי למילתא אחריתי כיון שתקעוהו בידים לכך היה מותר אפי' בלא בית יד אלא נראה לר"י דההיא מיירי בנקמז דאסור לעיל מיני' בסמוך משום דמיחזי כבונה פי' שטען הנגר בתוך הנקב שבמפתן עד(ה) בתוך הארץ כדפירש בקונטרס התם ועלה קאי הא עשה לו בית יד בראשו נגר שנקמז אי נמי שמואל לטעמיה דסבר דטעמא דרבי יהודה משום בנין אפילו בלא נעילת נגר בארץ וכן נראה יותר כי נקמז אין פתרונו נעילה בארץ אלא דומה שהוא מעין נשמט רק שאינו נשמט ממש כדמוכח בברייתא שהביא למעלה דקתני נגר אם נשמט כולו אסור נקמז מותר רבי יהודה אומר נקמז אע"פ שאינו נשמט ולא טדע פירוש נקמז היטב ובירושלמי גרסינן נגר דר' אליעזר הוה קטיר בגמי נשמט אסור נקמז רבי יעקב בר אחא מורה כראשי אלבעותיו(ו):

ומדבריהן למדנו שפוקקין ומודדין · ואע"ג דטפיח לא מבטל ליה כמו פקק כדאמרי' בפרק הישן (סוכה דף כח·) גבי סדין איכא למימר דמבטל ליה טפי מסדין ולא מצי למימר נמי פקק דמטה שאני כדאמרי' בשילהי מכילתין (ד' קנז:) גבי מדידה דהתם לא הוי איסור כל כך אלא משום דהוי כעובדא דחול אבל פקק דמשום תוספת אהל דדמי לבנין ליכא למישרי משום מצוה:

הדרן עלך כל הכלים

מפנין ארבע וחמש קופות · בירושלמי מפרש כמה שיעור קופות כההוא דתנינן* שלשה קופות של שלשה סאין: של

שיש להן בית אחיזה · בית יד: ה"ג ואמר רב יהודה והוא שיש תורת כלי עליהן · שהכיסוי ראוי לתשמיש (א)עצמו הוא דניטלין בשבת ואם אין תורת כלי עליו לא אמרינן כיסוי כלי הוא כלי ודלתות שידה תיבה ומגדל דתנא מתני' נוטלין יש תורת כלי עליהן דראויין לישב עליהן ולתת עליהן מזונות לקטן ולקמן מפרש אמאי בעינן בית אחיזה הואיל ותורת כלי עליהן אלמא לרבי יוחנן מידי דליכא תורת כלי עליו לא מטלטלין והאי קנה מאי תורת כלי עליו איכא אי משום דפותח ונועל בו אין זו תורת כלי עליו אלא תורת בנין: **וכ"ת הכא נמי דאיכא תורת כלי עליו** · שראוי להפך בו זיתים או לפצע בו אגוזים(ב):*) (**תורת כלי עליו** · אפי' אינו ראוי לדבר אחר): **סבירא ליה כוותיה בחדא** · דמתוקן ואע"פ שאינו קשור: **ופליג עליה בחדא** · דבעי תורת כלי: **הלכה כרבי אליעזר** · דבעינן קשור ותלוי: **מדבריהם למדנו** · בפ' בתרא בימי אביו של ר' צדוק ובימי אבא שאול בן בטנית שפקקו את המאור בטפיח וקשרו את המקידה בגמי לידע אם יש בגיגית פותח טפח והתם מפרש לה וקתני מדבריהם למדנו: **שפוקקין** · את המאור בדבר שאינו קשור ותלוי: **וקושרין** · קשר שאינו של קיימא לכתחלה: **ומודדין** · מקוה ומטלניות: **מאי דעתיך** · דמותבת לרבי יצחק נפחא מהא מצי לשנויי לך הא מני רבנן היא ואי משום דקתני לה סתמא מותבת ליה דמדסתם לן כרבנן הלכתא כוותייהו: **נגר הנגרר נמי סתמא**. קתני לה וסתם לן בהא כרבי אליעזר דאסור: **מעשה רב** · למילף מיניה דכיון דסמיך למיעבד עובדא לקולא ש"מ הלכתא היא:

מתני' **בכיסוי קרקע** · כגון כיסוי בור ודות דהוי כבונה אי לאו דמוכחא בית אחיזה דילה דלמשקיל ולהדורי עביד: **גמ'** **א"ר יוחנן והוא שיש תורת כלי עליהם** · דכיסויין הללו חזו לתשמיש דעלמא אבל כיסוי כלי לא אמרינן כלי הוא: **ודכ"ע** · משום דאוקמא ר' יוחנן בשיש תורת כלי עליהן איצטריכא ליה למימר דכי פליגי רבנן בכלים דחבריניהו בארעא פליגי דאילו כלים דעלמא אע"ג דלית להו לכיסוייהן בית אחיזה מיטלטלי דכיון דאיכא תורת כלי עליהן קיימי מה לי איכא בית אחיזה מה לי ליכא בית אחיזה אלא בכיסוי כלים המחוברי' לקרקע כגון תנור וכירים הוא דפליגי משום דדמו במקצת לכיסוי בור ודות וגזרינן הני אטו הני:

הדרן עלך כל הכלים

מפנין. אם צריך למקומן להושיב שם אורחים להסב בסעוד' או תלמידים לדרשה ולא חיישינן לטירחא דשבת: **אבל לא את האוצר** · מפרש בגמרא: **מפנין תרומה טהורה** · כלומר ומהו מפנין דבר הראוי כגון אלו תרומה טהורה דחזי לבהמת כהן אבל תרומה טמאה לא דאפילו לבהמת כהן לא חזיא בשבת דאע"ג דבחול חזיא כדתניא בכל שעה בפסחים (דף לב·) שאם רצה כהן מדליקה לפני הכלב בשבת וביום טוב לא חזיא דזו היא ביעורה מן העולם או להיסק או לבהמה ואין מבערין תרומה טמאה וקדשים טמאין ביום טוב כדתנן (לעיל דף כג:) ואין מדליקין בשמן שריפה ביום טוב ואוקימנא *טעמא משום דאין שורפין קדשים ביום טוב: (ג)**לוף** · מין קטניות שאינו ראוי חי אפילו לבהמה: **לעורבין** · כגון עשירים שמגדלין עורבין לגדולה: **זרדים** · מין קנים הם שמורדים כשהן רכים ואוכלים אותם: **גמ'** **ארבע מחמש** · אם לא היה שם אלא כשיעור ה' קופות לא יפנה אלא ד' מהם שאסור לגמור את האוצר דילמא חזי גומות בקרקעיתו ומשוי להו: **מאוצר גדול** · ואם יש הרבה אין מפנין אלא חמש דחיישינן לטירחא: **כאי אבל לא את האוצר** · שלא יגמור את האוצר לא מגיא אמרת דהא מרישא שמעינן ארבע וחמש: **תחלה** · אם לא התחיל בו להסתפק ממנו כבר למאכלו או למאכל בהמתו דאם כן הוה ליה מוקצה ומתניתין רבי יהודה היא: כדאמרי

*) ס"א ל"ג ומ"כ שלפני רש"י היה הגירסא בגמרא אחר ברייתא דחריות אלמא לא בעי רשב"ג תורת כלי עליו ומזין רש"י כזה

רבינו חננאל

כרשב"ג ורשב"ג שרי אע"פ דליכא תורת כלי עליו. ור' יוחנן שמעי' ליה דבעי תורת כלי. ואוקימנא בקנה שהתקינו להיות נועל ופותח בו בדאיכא תורת כלי עליו ובהא א"ר יוחנן הלכתא כרשב"ג. אבל בחריות של דקל שגדרן לעצים דשרי רשב"ג בלא קישור לא סבר לה ר' יוחנן כוותיה. ועליהן [אמר דר'] יוחנן סבר לה כוותיה בחדא ופליג עליה בחדא: דרש ר' יצחק נפחא אפתחא דבי ריש גלותא הלכתא כר' אלעזר שווין פוקקין (עליו) [בו] אם [לא שהוא] קשור ותלוי. ואותבה ר' (עולא) [רב עמרם] מהא דתנן בסוף שבת מדבריהן שפוקקין ומודדין וקושרין בשבת. א"ל אביי לרב (עורא) [עמרם] למה אותיבתיה מהא מפני שהיא שנויה סתם. וקיי"ל הלכה כסתם משנה. נגר הנגרר נמי סתמא היא. והיא שנויה סתם אליבא דר' אלעזר ושני ליה אע"פ דהא סתמא והא סתמא. הא סתמא דפוקקין ומודדין וקושרין בשבת עבדו בה עובדא ומעשה רב וזו הלכה למעשה והלכתא כחכמים ונדחה דרישא דר' יצחק נפחא. ואמרינן בתלמוד א"ר יוחנן אתיא יחידאה דהכא סתמא דהכא. ויחידאה דתמן כסתמא דהכא. פי' יחידאה דהכא דהוא ר' אלעזר דפקק החלון בסתמא דנגר נגרר [ויחידאי דנגר הנגרר] (דהוא ר' יהודה בסתמא) החלון דחכ"א] בין כך ובין כך פוקקין בו: כל כסויי הכלים שיש להן בית אחיזה ניטלין בשבת. א"ר יוסי בד"א בכסויי קרקעות וכו'. א"ר יהודה בר שילא א"ר אסי א"ר יוחנן והוא שיש תורת כלי עליהן. ואמרינן כולי עלמא בכסויי קרקעות אם יש להן בית אחיזה שרי ואי לא אסיר לטלטלן. כגון כסויי הבארות וכסויי הבורות וכיוצא בהן. כסויי כלים כגון כדות ופיטסים וכיוצא בהן אע"פ שאין להן בית אחיזה מותר לטלטלן לגלותם ולכסותם. כי פליגי בכסויי כלים וחיברו בקרקע. ר' יוסי לא גזר ות"ק סבר גזרינן והלכתא כוותיה: הדרן עלך פרק כל הכלים

פי"ח מפנין אפילו ד' וה' קופות של תבן. פי' מפנין מעתיקין התבואה ממקום למקום מלשון ופנו את הבית. אקשינן על משנתנו. השתא ה' מפנין ד' מיבעיא ופריק רב חסדא ארבע מחמש וה' מאוצר ומאי אבל לא את האוצר שלא יתחיל באוצר תחלה ומני ר"י היא דאית ליה מוקצה ובא שמואל ופריק פירוק אחר ודברים פשוטין הן. אבל מניא דשמעתא כרב חסדא דמתניתא סתמא תנן כוותיה. מתוזלין

רב נסים גאון פי"ז ר' יהודה היא דאמר מוקצה ור' שמעון לית ליה מוקצה אצל כל מהמא (פי' עיקר הדברים) בפרק במה מדליקין וכבר פירשנו זה בפרק יציאות השבת:

מסורת הש"ס

לעיל ג. [ווף קכס:]

הגהות הב"ח

(א) רש"י ד"ה ה"ג וכו' לתשמיש לעצמו הוא: (ב) ד"ה וכ"ת הכא וכו' אגוזים הס"ד ואחר כך מ"ה אין צריך לקשר אלמא דליכא תורת כלי עליו: (ג) רש"י ד"ה לוף תו"מ. וכ"כ ס"א תורמוס: (ד) תוס' ד"ה וכי תימא וכו' אלא לישיבה אעפ"כ. נ"ב ועי' בתשר"י: (ה) בא"ד עד לתוך הארץ: (ו) בא"ד מורה כראשי אלבעותיו כזה V:

[ז]ונגר שהוא יתד שנועלים בו, ותוחבין אותו באסקופה למטה, [ח]ודומה טפי לבנין - ר"ל שנראה כשאר נגרים ויתדות שנועץ בכותל, דיש בזה משום בנין, **לא סגי בהכי, ואין נועלים בו אא"כ יהא קשור** – (מיהו בקשור א"צ אפילו מחשבה שיחשב עליו מבעוד יום – ב"ח וא"ר).

(אבל במחשבה בעלמא שחישב עליו מע"ש, איכא איסור דאורייתא לדעת רש"י (בעירובין דף ק"ב הלכה), **אבל** לדעת הרא"ש איסור זה הוא רק מדרבנן, וכ"ז בנגר שאין בראשו גלוסטרא, אבל ביש בראשו גלוסטרא, אפשר דלכו"ע הוא רק מדרבנן, כיון דתורת כלי עליו).

וכיצד יהא קשור, אם יש בראשו גלוסטרא, דהיינו שהוא עב באחד מהראשים וראוי לכתוש בו, שדומה לכלי - היינו דכיון דכלי הוא, לא הוי כבנין, דנראה לכל דלפי שעה משימו שם, **סגי [ט]אפי' אם קשור בחבל דק שאינו ראוי להיות ניטל בו** - שאם רוצה לטלטלו ע"י אותו חבל, מיד נפסק.

משמע דעכ"פ קשור מיהו בעינן, וכן פסק הט"ז, דהקשירה הוא לעיכובא, **ובספר** אליה רבא כתב, דלעת הצורך יש לסמוך על המקילין ע"י גלוסטרא, כיון שהוא כלי, אף בלי קשירה כלל, **אבל** בביאור הגר"א משמע דמצדד לדינא כהט"ז.

(והיינו ביש בו גלוסטרא ממילא, אבל אם עשה גלוסטרא לראשו, משמע בב"י דזה לכו"ע מותר אפילו בלי קשירה כלל, כיון דעשה בו מעשה שמוכיח עליו שהוא כלי, לא מחזי כבונה כלל, **ומביאור הגר"א** מוכח דס"ל, דלדעת הטור אין לחלק בזה כלל).

ואם הנגר מחובר לדלת, ומושכין אותו ותוחבין בחור, מותר לכו"ע אף בלי קשירה.

ואפי' אם אינו קשור בדלת עצמו אלא בבריח הדלת - או במזוזה שאחורי הדלת, והו"א דאינו מינכר כ"כ דהוא רק לנעילה.

[י]ואפילו אם החבל ארוך ואינו תלוי כלל באויר, אלא כולו מונח בארץ.

[יא]ואם אין בראשו גלוסטרא, אם הוא קשור בדלת עצמה, סגי אפי' בחבל דק שאינו ראוי לינטל בו, ואפי' כולו מונח בארץ; ואם אינו קשור בדלת אלא בבריח, צריך שיהא הקשר אמיץ שיהא ראוי לינטל בו - ובלא"ה אסור, אפי' אם הנגר תלוי באויר ואינו נגרר כלל בארץ, **משום** דכיון דאין על הנגר תורת כלי, בעינן שיהיה יותר היכר שהוא עומד רק לנעילה, דלא יהיה נראה כבונה.

ואפי' הכי א"צ שיהא תלוי, אלא אפי' כולו מונח בארץ, מותר. שאין אסור אלא כששומטו ומניחו בקרן זוית - קאי אלעיל, שכתב דמותר אפילו בחבל דק, וע"ז סיים וכתב: שאין אסור אלא כששומטו, היינו שאינו קשור כלל, וכששומטו ממקום החור שנועל שם הדלת מניחו בקרן זוית, דאז אינו נראה כמוכן לנעול, והוי כבונה.

אות ג'

הלכה כרבן שמעון בן גמליאל

רמב"ם פכ"ו מהל' שבת [יב]ה"ז - קנה שהתקינו בעל הבית להיות פותח ונועל בו, אם יש תורת כלי עליו, הרי הוא ככלי שמלאכתו להיתר.

---

§ מסכת שבת דף קכו: §

אות א' – ב' – ג'

בד"א בכיסוי קרקעות, אבל בכיסוי הכלים, בין כך ובין כך ניטלין בשבת

והוא שיש תורת כלי עליהן

ומר סבר לא גזרינן

סימן שח ס"י - [א]כסוי בור ודות - בור בחפירה, ודות בבנין, והוא ג"כ בתוך הקרקע, אלא שלמעלה קצת גלוי, **אין ניטלים** - אף שתקנם ועשה בהם מעשה המוכיח שעומד לכסות, **או** שמשתמש בהם תמיד לזה, דבזה הוסר מעליהם שם מוקצה, וכדלקמן בסכ"ב, **אפ"ה** אסור כאן, דכיון דהם כיסוי קרקעות, הוי כבונה אם מכסה אותם, או

באר הגולה

[ז] **עירובין ק"א במשנה כר' יוסי וכדמפרש שם בגמרא ק"ב הרי"ף וכמ"ש הרא"ש שם** [ח] (רצונו בזה לתרץ הקושיא על הרי"ף, שפסק כאן בפקק דמתוקן, ובנגרר כר"י, ובגמ' מדמו להו אהדדי, ועוד בקנה פסק בתיקון כלי, ובחריות כרשב"ג, ובגמ' מדמו אהדדי, **ותירץ** הרא"ש דלא קי"ל כהאי סוגיא, אלא דלא דמו להדדי כמ"ש כאן, וע"כ צ"ל כן, דשמואל פסק בחריות כרשב"ג, ובנגר כר"י, וג' חלוקים הן: א'. פקק וחריות, ב'. קנה וכסוי הכלים שאין להם בית אחיזה, ג'. נגר הנגרר – גר"א) [ט] **שם בתוס'** [י] **טור** [יא] **שם במשנה וכר"י וכדמפרש לה רבא שם** [יב] (כצ"ל, וכן תוקן במהדורת נהרדעא) [א] **שם קכ"ו במשנה ובגמרא וכת"ק לפי' הר"ן כדעת הרי"ף ורמב"ם וה"ה בשם הרשב"א** (**פסק** הרי"ף כת"ק, {דגזרינן בכלים דחברינהו בארעא}, **וכתב** הרא"ש ע"ז: ונראה לי שגגת סופר, דאיהו גופיה הביא ראיה לעיל, הא דאמר רבינא כמאן מטלטלין האידנא כיסוי תנורא דמתא מחסיא דלית ליה בית אחיזה, כרבי אליעזר בן יעקב, ורבי יוסי אמרה משום רבי אליעזר בן יעקב, ואזיל לטעמא דהכא, **ורי"ף** כתב ולית הלכתא כת"ק, וטעה הסופר, עכ"ל הרא"ש. **וזהו** שכתב רבינו, ושל כלים אפילו הן מחוברין, כגון תנור שחיברו בטיט, יכולין ליטלו אפילו אין לו בית אחיזה. **אבל** הר"ן כתב, שאפשר לתרץ דשפיר פסק הלכה כת"ק, שהיה הוא ז"ל מפרש כי פליגי בכלים דחברינהו בארעא, כגון חביות הקבורים בקרקע לגמרי, דת"ק אסר מפני שאינם נראים, והרי הם ככיסוי קרקעות, אבל בכיסוי הכלים המגולים, אע"פ שמחוברין לקרקע, לא פליג ת"ק, ומשו"ה פסק דשרי לטלטולי כיסוי דתנורי, וזהו דעת הרמב"ם – ב"י)

כסותר אם נוטל הכיסוי, [רש"י, ועיין בפמ"ג שכתב דכוונת רש"י הוא דנראה כבונה ולא בונה ממש, כיון דאין בכסוי ציר, כי אם מונח כך למעלה].

ועיין במ"א שביאר, דמה שכתב המחבר "אינם ניטלים", היינו דאסורים אפי' בטלטול בעלמא, ‹וכן מוכח משבת קכ"ה, **אמר רבינא כמאן מטלטלינן האידנא**, משמע מזה דכיסוי בור ודות אפילו בטלטול אסור, וכן מוכח מהרמב"ם›, אפי' אם נתפרקו כבר מע"ש מן הבור, וכ"ש דאסור ליטלם מן הבור, **והטעם**, דכיון דהם עומדים ומוכנים לכיסוי קרקעות, אינם מן המוכן לטלטל, אף שתורת כלי עליהם.

‹והנה הרב המגיד כתב שם על דברי הרמב"ם וז"ל, אבל רש"י כתב בר"פ כל הכלים ‹ד"ה ואע"פ שנתפרקו›, ואינן דומין לדלתות הבית לפי שאינן מן המוכן שאינן כלי, עכ"ל הרה"מ, משמע, דאלו היה על הדלתות שם כלי, גם הם היו מותרים בטלטול. **ונ"ל** שמסוגיא זו גופא הוכיח הרמב"ם את דינו בדלתות, היינו מדאסרו כיסויי קרקעות בשאין להם בית אחיזה, אף שתורת כלי עליהן, וע"כ דבדבר דשייך לקרקע דלת או כיסוי, לא שייך שם כלי להבטל ממנה שם מוקצה, **והנה** לדעת רש"י הנ"ל, בדלתות וגם בכיסוי קרקעות יהיה מותר בטלטול היכא דתורת כלי עליו אף כשאין לו בית אחיזה, והסוגיא שאוסרת איירי רק ליטלה מן הבור, **והא** דקאמר לעיל דף קכ"ה, כמאן מטלטלינן האידנא וכו', לאו דוקא הוא, והכונה לטלטלה מן התנור, **א"נ** דהכונה אפי' היכא שנתפרקה מן התנור בשבת, דזה אסור אם היה אסור ליטול מן התנור משום מיגו דאיתקצאי לביה"ש, **אבל** כ"ז הוא דוחק קצת, ולכך הוכיח הרמב"ם מזה להחמיר גם בדלתות וכנ"ל›.

אא"כ יש להם בית אחיזה, דאז מוכח שהוא כלי - ולמשקל ואהדורי עביד, ולא הוי כבונה וסותר.

ושל כלים, אפילו הם מחוברים בטיט - ר"ל שהכלי מחובר לקרקע בטיט מלמטה, **יכולים ליטלם, אפילו אין להם בית אחיזה** - ואף דבעלמא מחובר לקרקע הרי הוא כקרקע, הכא כיון דכיסוי אינו מחובר בציר להכלי, והכלי מגולה למעלה, לא מחזי כבונה.

והוא שתקנם ועשה בהם מעשה והכינם לכך - והיינו שהכינם לכסות הכלי, **וה"ה** אם לא עשה בהם מעשה כלל, רק שיחדו מע"ש לכיסוי, ג"כ סגי, דבכל זה הוסר שם מוקצה, וכדלקמן בס"כ גבי חריות, **או שנשתמש בהם מבע"י.**

והוא שתקנם - קאי על כל כיסוי כלים, ‹**עיין** בביאור הגר"א שכתב דזה קאי על אלו שאין להם בית אחיזה, וכונתו דאלו היה להם בית אחיזה הרי זה גופא הוא הכנה שיהיה כיסוי להכלי, ומה צריך עוד, **דבשלמא** לדעת רש"י, דתורת כלי היינו שיהיה ראוי לתשמיש לד"א, ניחא, אבל לפי מה שפסק השו"ע כדעת התוס', דדי במה שיהיה מוכן לכיסוי, דבזה לבד הוסר מעליהן שם מוקצה, הלא די במה שיש להן בית יד לאחוז בו לכסות, **אבל ראיתי** בא"ר שהקשה ע"ז מגמרא מפורשת קכ"ו ריש ע"ב, דמשמע שם דאף שיש להן בית אחיזה, בעינן שיהא תורת כלי עליהן, **ואולי** לדעת הגר"א קאי ר' יוחנן רק על סיפא דמילתא דר"י בסתם כלים, והא דמביא הגמרא ריש המשנה, הוא כמו שהיה כתוב תיבת וכו', והרבה איתא כעין זה בש"ס, **א"נ** דהגמרא איירי רק בשיש להן בית אחיזה בתולדה, וכמו שנזכר במפרשים סברא זו, **אבל** זהו דוחק, ויותר טוב כמו שכתבנו›.

וכסוי חביות הקבורות בקרקע לגמרי, צריכות בית אחיזה - כיון דהם טמונות כולן בקרקע, גזרו רבנן אטו כסוי בור ודות.

אות ד' – ה'

<u>מפנין אפילו ארבע וחמש קופות של תבן ושל תבואה מפני האורחים, ומפני בטול בית המדרש; אבל לא את האוצר ארבע מאוצר קטן וחמש מאוצר גדול</u>

סימן שלג ס"א - [ב]**אוצר של תבואה או של כדי יין, אע"פ שמותר להסתפק ממנו** - למאכלו ולמאכל בהמתו, שאינו מוקצה, דקי"ל כר"ש דלית ליה מוקצה אלא בגרוגרות וצמוקים שהניח ליבשן, משום דדחינהו בידים, ולא חזיין עד שיתייבשו.

אסור להתחיל בו לפנותו - היינו אפילו פחות מד' וה' קופות, משום טרחא, [ב"י], או משום עובדין דחול, [ב"ח].

אבל מותר לעשות שביל ברגליו לכאן ולכאן דרך הליכתו ויציאתו, דזה לא הוי בכלל פינוי, [ג][גמרא].

ומשמע דאם התחיל מע"ש, שרי לפנותו בשבת פחות מד' וה' קופות, אף לדבר הרשות.

באר הגולה

ב לשון רמב"ם מברייתא שבת קכ"ז ‹והרא"ש כתב בשם הרז"ה, דקיי"ל כרב חסדא משום דסוגיא דשמעתין כוותיה, **ואין** לפרש שמה שכתב אסור להתחיל בו לפנותו, הוא ממאי דפריש רב חסדא אבל לא את האוצר, שלא יתחיל באוצר תחלה, דהא רב חסדא אליבא דרבי יהודה דאית ליה מוקצה אמרה, ואנן קיימא לן כרבי שמעון דלית ליה מוקצה, **ותו** דלרב חסדא אליבא דרבי יהודה אפילו לצורך דבר מצוה לא יתחיל את האוצר, **אלא** טעמו מדתנו רבנן (קכז) אין מתחילין באוצר, אבל עושה בו שביל ברגלו בכניסתו וביציאתו, ומפרש הוא ז"ל דלדבר הרשות הוא, אבל לדבר מצוה מישרא שרי – ב"י› ג ‹איתא בשבת דף קכ"ז שמותר לטלטל מוקצה ברגליו דרך הילוכו, וכ"כ במלחמות שם – מ"א סי' שח סק"ז. ‹**הרי"ף** העתיק ברייתא זו. והשיג עליו הרז"ה לאיזה צורך הביא הברייתא, הא ברייתא כרבי יהודה אתיא, והא קי"ל כר"ש דלית ליה מוקצה, {**ועיין** לעיל בב"י שהביא מהלך בזה}, **ותירץ** הרמב"ן משום סיפא דעושה בו שביל, והיינו לדידן דס"ל כר"ש, מ"מ בדברים המוקצים גם לר"ש דאסור לטלטלן, מ"מ מותר לעשות שביל ברגליו – מחה"ש›. ‹**כן** מבואר בגמ' קכ"ז. עושה שביל ברגליו בכניסתו וביציאתו, ומשמע דוקא בכניסה ויציאה דרך הילוכו, {וכן פי' רש"י}, אבל לא בחדיא, ומבואר מזה דאף לצורך מקומו אסור לטלטל מוקצה ברגליו, ולא מקרי טלטול מן הצד, אלא טלטול גמור – חזו"א סי' מז סקי"ג›. ‹**ושיטת** החזו"א הוי נגד המ"ב סי' ש"ח ס"ק י"ג, וז"ל: איתא בסי' שי"א ס"ח דטלטול מוקצה בגופו אפילו לצורך דבר המוקצה מותר, דזה לא נקרא טלטול כלל, ולפי"ז אם מונח איזה חפץ מוקצה על הארץ, מותר לדחפו ברגליו כדי שלא יבא לידי הפסד, **וגם** נגד פשטות הטור ושו"ע›

אלא לדבר מצוה, [ד]**כגון שפינהו להכנסת אורחים או לקבוע בו בית המדרש** - ואפילו בענין שיש בו טורח יותר, כגון להגביהם ולשלשלם בחלונות שבכותל, או להורידם בסולמות, או לטלטלם מגג לגג.

וכיצד מפנהו, אם היה האוצר גדול, מפנה ממנו חמשה קופות - ולא יותר משום טרחא, **(שבכל קופה שלש סאים) (הגהות מרדכי ור"ן פרק מפנין).**

לא היה בו אלא חמשה קופות, מפנה מהם ארבעה קופות, אבל כולו לא יפנה, שמא יבא להשוות גומות - היינו שמא יראה גומות בקרקעות האוצר ויבוא להשוותם, **ואפילו** אין שם אלא ג' או ד' קופות אסור.

(**במרוצף** תלוי בפלוגתא לקמן בסימן של"ז סעיף ב' ובהג"ה שם).

הגה: וכל שבות שהתירו משום צורך מצוה, מותר ג"כ לצורך אורחים - שבעה"ב המזמנם עושה מצוה, וכמו שאחז"ל: דגדולה הכנסת אורחים יותר מהקבלת פני השכינה.

(**לא** כל שבות התירו לצורך מצוה, דהא שבות דשבות דוקא י"א התירו למצוה, הא שבות לחוד ודאי לא, **אלא** דוקא כי האי גוונא עובדין דחול וכדומה).

ולא מקרי אורחים, אלא שנתארחו אצלו בביתו, או שזימן אורחים שנתארחו אצל אחרים (תרומת הדשן); אבל כשזימן חבירו לסעוד אצלו, לא מקרי אורחים, ואינו סעודת מצוה רק סעודת רשות - ומ"מ אם מזמין חבירו שיבוא לכבוד האורח, אז גם הוא נחשב כאורח לענין דשרי לפנות בשבילו. **ואם** הסעודה בעצמה היא סעודת מצוה, ודאי פשיטא דשרי לפנות לפי חשבון כולם.

באר הגולה

[ד] **שם קכ"ו משנה וגמרא קכ"ז** ומדקתני מפני האורחים ומפני בטול בית המדרש, למד רבינו דדוקא להני, אבל לדבר הרשות לא, דאי לא הו"ל למיתני סתמא, וזה מוכרח שם – מגיד משנה›

§ מסכת שבת דף קכז. §

אות א'

<u>ומאי אבל לא את האוצר, שלא יגמור כולו</u>

סימן של"ג ס"א - לא היה בו אלא חמשה קופות, מפנה מהם ארבעה קופות, אבל כולו לא יפנה, שמא יבא להשוות גומות - היינו שמא יראה גומות בקרקעות האוצר ויבוא להשוותם, **ואפילו** אין שם אלא ג' או ד' קופות אסור.

(במרוצף תלוי בפלוגתא לקמן בסימן של"ז סעיף ב' ובהג"ה שם).

אות ב' – ג'

<u>אין מתחילין באוצר תחילה</u>

<u>ורבי שמעון מתיר</u>

רמב"ם פכ"ו מהל' שבת הי"ד - ואפילו אוצר של תבואה או תבואה צבורה, מתחיל להסתפק ממנה בשבת; שאין שם אוכל שהוא מוקצה בשבת כלל, אלא הכל מוכן הוא; חוץ מגרוגרות וצמוקין שבמוקצה בזמן שמייבשים אותם, הואיל ומסריחות בינתים ואינם ראויין לאכילה, הרי הן אסורין בשבת משום מוקצה.

רמב"ם פכ"ו מהל' שבת הט"ו - אוצר של תבואה או של כדי יין, אף על פי שמותר להסתפק ממנו, [א]אסור להתחיל בו לפנותו אלא לדבר מצוה, כגון שפינהו להכנסת אורחין או לקבוע בו בית המדרש; וכיצד מפנין אותו, כל אחד ואחד ממלא ארבע או חמש קופות [ב]עד שגומרין, ולא יכבדו קרקעיתו של אוצר כמו שבארנו; [ג]אלא נכנס ויוצא בו ועושה שביל ברגליו בכניסתו וביציאתו. השגת הראב"ד אוצר של תבואה ושל כדי יין אף על פי שמותר להסתפק ממנו אסור להתחיל בו. א"א [ד]זה המחבר מזכי שטרא לתרי הוא, שמפרש משנתנו כרב חסדא וכשמואל (שבת קכו).

אות ד'

<u>דכולי עלמא מעוטי בהילוכא עדיף</u>

סימן של"ג ס"ב - [ה]כשמפנה אלו ד' או ה' קופות, לא יחלקם בקופות קטנות להוליכם בהרבה פעמים כדי להקל המשאוי, מפני שמרבה בהילוך, [ו]ואוושא מלתא טפי.

אות ה' – ו'

<u>שמע מינה: הכל לפי האורחין</u>

<u>אלא צוה ועימר, ולעולם כל חד וחד מפני לנפשיה</u>

סימן של"ג ס"ג - [ז]אלו ד' או ה' קופות שמפנה, היינו לאורח א'; ואם באו לו הרבה, מפנה כשיעור הזה לכל אורח ואורח; [ח]ובלבד שלא יפנה א' לכולם, דאיכא טרחא יתירה, אלא כל א' יפנה לעצמו, [ט]או אחר יפנה בעדו.

הגה: חביות של יין שהובאו על עגלה, אסור להורידן בשבת - אפי' הובאו בע"ש, {דאל"כ, בלא"ה אסורין משום שמא בא מחוץ לתחום}, **ודעתו** מבע"י בפירוש לשתות מהם, אפ"ה אסור להורידן משום עובדא דחול, או טרחא יתירא, **אלא** ימשוך שם ממנו כשהוא עומד על העגלה.

ואם אי אפשר בענין אחר, והוא צריך לשתות ממנו, שרי לפורקן, דמפני כבוד השבת הוא בכלל דבר מצוה.

ואם הוא מקום פסידא, אם מותר בזה אמירה לא"י, עיין בסי' ש"ז ס"ה, ובסימן של"ד, **ואם** הא"י מעצמו פורקן בשבת, א"צ למחות בידו.

אם לא לכבוד אורחים או לצורך מצוה, דהוי כמפנה האוצר - ואפ"ה אם הוא יותר מט"ו סאין אסור, כמ"ש בס"א לענין אוצר. **ט"ו** סאין הוא אם החבית אמה על אמה ברום אמה וג' אצבעות.

‹המשך ההלכות מול עמוד ב'›

באר הגולה

[א] ‹אין לפרש שמ"ש אסור להתחיל בו לפנותו, הוא ממאי דפריש רב חסדא (שבת קכ"ו) מאי דתנן אבל לא את האוצר, שלא יתחיל באוצר תחלה, דהא רב חסדא אליבא דר' יהודה דאית ליה מוקצה אמרה, ואנן קי"ל כר"ש דלית ליה מוקצה, **ותו** דלרב חסדא אליבא דר' יהודה אפי' לצורך מצוה לא יתחיל את האוצר, **אלא** טעמו, מדת"ר אין מתחילין באוצר, אבל עושה בו שביל ברגלו בכניסתו וביציאתו, ומפרש רבינו דלדבר הרשות הוא, דאילו לדבר מצוה מישרא שרי, **וכדי** שלא יעלה על דעתנו דמשום מוקצה הוא דאסרינן להתחיל באוצר, כתב אף על פי שמותר להסתפק ממנו, אסור להתחיל לפנותו אלא לדבר מצוה, כלומר דנהי דלית לן מוקצה, היינו כשרוצה להסתפק ממנו, אבל אם אינו רוצה אלא לפנותו, אסור להתחיל בו אם לא לדבר מצוה – כסף משנה› [ב] ‹אמנם פרט אחד רואה אנכי מרבינו שלא ביארו, דדעתו דחד כי מפנה האוצר שלא להסתפק ממנו, אלא לדבר מצוה, לבית המדרש וכיו"ב, אסור לפנות כל האוצר, וכדאמר שמואל שלא יגמור האוצר, דחיישינן דלמא אתי לאשווי גומות, ודין זה כתב רבינו לעיל פרק כ"א ה"ב: לא יגמור את כל האוצר שמא יבוא להשוות גומות, **אבל** כאן שכתב שרבים הן, וסובר כל אחד מפנה ה' קופות ולא יותר, ומוכרח כל אחד לפנות לעצמו, לכן שרי לגמור כל האוצר, וכמש"כ כל אחד כו' ממלא כו' עד שגומרין, **וכמו** דמוכח לשון הגמרא, ועימר רבי כל השדה כולה לגמרי, **רק** שלא יכבד קרקעיתו של אוצר, דאפי' בבית אסרו אא"כ היה רצוף באבנים, כמש"כ לעיל פרק כ"א, **וטעמו**, משום דכיון דרבים מפנו מדכרי אהדדי, וכמו דאמר בסוף פרק חבית (שם קמז, ב) גבי הבאת אלונטית בעשרה בני אדם, וזה נכון בדברי רבינו ודו"ק – אור שמח› [ג] ‹ומ"ש אלא נכנס ויוצא בו, מדברי הגמרא (דף קכ"ז) נראה שבמקום שאינו רשאי לפנות היא הכונה, ויאמר רבינו שלדברי הרשות אסור להתחיל ולפנות, אלא עושה בו שביל, וא"א לפרש בדבר מצוה, דכיון שגומרין אע"פ שאין מכבדין, מה צורך יש בשביל ומה ענין לו בכאן – מגיד משנה› [ד] ‹עיין לעיל בכסף משנה דמתרץ בטוב טעם› [ה] **שם קכ"ז בעיא ולא איפשטא ופסקו הפוסקים לחומרא** [ו] ‹וצ"ע, למה הוסיף ואוושא מלתא, ולא סגי ליה הטעם דלמעט בהילוכא עדיף, הנזכר בגמ'› [ז] **שם בעיא דאפשטא** [ח] **שם בעיא ולא איפשטא** [ט] ב"י ‹והא דאמרינן כל חד וחד מפנה לנפשיה, נראה דלאו למימר שהאורחין עצמם צריכין לפנות, אלא האחרים יכולים לפנות לצרכם, ובלבד שלא יפנה כל אחד יותר מארבע וחמש קופות – ב"י›

כדאמרי אינשי ואי בעי אפילו טובא נמי מפנין ׳ומאי *אבל לא את האוצר שלא יגמור כולו(א) דילמא אתי אשוויי גומות אבל אתחולי מתחיל ומני ר״ש היא דלית ליה מוקצה ת״ר ׳אין מתחילין באוצר תחילה אבל עושה בו שביל כדי שיכנס ויצא עושה בו שביל והא אמרת אין מתחילין הכי קאמר עושה בו שביל ברגליו בכניסתו וביציאתו תנו רבנן תבואה *צבורה בזמן שהתחיל בה מע״ש מותר להסתפק ממנה בשבת ואם לאו אסור להסתפק ממנה בשבת דברי ר״ש ר׳ אחא מתיר כלפי לייא אלא אימא דברי ר׳ אחא ׳ורבי שמעון מתיר תנא כמה שיעור תבואה *צבורה לתך בעא מיניה רב נחומי בר זכריה מאביי שיעור תבואה *צבורה בכמה אמר ליה הרי אמרו שיעור תבואה צבורה לתך איבעיא להו הני ארבע וחמש קופות דקאמר בארבע וחמש קופות אין טפי לא אלמא למעוטי בהילוכא עדיף או דילמא למעוטי משוי עדיף ת״ש דתני חדא מפנין אפילו ארבע וחמש קופות של כדי שמן ושל כדי יין ותניא אידך בעשר ובחמש עשרה מאי לאו בהא קמיפלגי דמר סבר מעוטי בהילוכא עדיף ומר סבר מעוטי במשוי עדיף לא ׳דכ״ע מעוטי בהילוכא עדיף ומי סברת בעשר ובחמש עשרה אקופות קאי אכדין קאי ולא קשיא הא דמשתקלי חד חד בקופה והא דמישתקלי תרי תרי והא דמשתקלי תלתא תלתא ובדקורי דהרפניא איבעיא להו הני ארבע וחמש דקאמר אע״ג דאית ליה אורחין טובא או דילמא הכל לפי האורחין ואת״ל הכל לפי האורחין חד גברא מפני לכולהו או דילמא גברא(ב) גברא מפני לנפשיה ת״ש דאמר רבה אמר רבי חייא פעם אחת הלך רבי למקום אחד וראה מקום דחוק לתלמידים ויצא לשדה ומצא שדה מלאה עומרים ועימר רבי כל השדה כולה (שמע מינה הכל לפי האורחין) ורב יוסף א״ר הושעיא פעם אחת הלך ר׳ חייא למקום אחד וראה מקום דחוק לתלמידים ויצא לשדה ומצא שדה מלאה עומרים ועימר ר׳ חייא כל השדה כולה ׳שמע מינה הכל לפי האורחין ועדיין תבעי לך חד גברא מפני ליה לכולא או דילמא כל גברא וגברא מפני לנפשיה ת״ש ועימר רבי ולטעמיך רבי בדנפשיה עימר ׳אלא צוה ועימר ולעולם כל חד וחד מפני לנפשיה: מפני האורחין וכו׳: א״ר יוחנן °גדולה הכנסת אורחין כהשכמת בית המדרש דקתני מפני האורחין ומפני בטול בית המדרש ורב דימי מנהרדעא אמר יותר מהשכמת בית המדרש דקתני מפני האורחין והדר ומפני בטול בית המדרש *אמר רב יהודה אמר רב ׳גדולה הכנסת אורחין מהקבלת פני שכינה דכתיב °ויאמר *(ה׳) אם נא מצאתי חן בעיניך אל נא תעבור וגו׳ א״ר אלעזר בא וראה שלא כמדת הקב״ה מדת בשר ודם מדת ב״ו אין קטן יכול לומר לגדול המתן עד שאבא אצלך ואילו בהקדוש ברוך הוא כתיב ויאמר *(ה׳) אם נא מצאתי וגו׳ אמר רב יהודה בר שילא א״ר אסי א״ר יוחנן ׳ששה דברים אדם אוכל פירותיהן בעולם הזה והקרן קיימת לו לעולם הבא ואלו הן הכנסת אורחין וביקור חולים *ועיון תפלה והשכמת בית המדרש והמגדל בניו לתלמוד תורה °והדן את חברו לכף זכות איני והא אנן *)תנן אלו דברים שאדם עושה אותם ואוכל פירותיהן בעולם הזה והקרן קיימת לו לעולם הבא ואלו הן כיבוד אב ואם וגמילות חסדים והבאת שלום שבין אדם לחברו ׳ות״ת כנגד כולם **) [הני אין מידי אחרינא לא] הני

*) סלה פ״ק מ״ל קדושין לט: ע״ש **) ס״ל

תורה אור

רש״י

כדאמרי אינשי · חשבון קטן תחילה ואם ילטרך ליותר יפנה יותר משום הכי נקט ד׳ ברישא והדר חמשה וה״ה אפילו טובא: שלא יגמור · משום אשויי גומות: ברגלו · מפנה ברגלו לכאן ולכאן דרך הליכתו דלא הוי טלטול: מבואם לבורם · מוכחא מילתא דהוקצה לאוצר: להסתפק · להאכיל לבהמתו: אסור דברי ר״ש ורבי אחא כו׳: כלפי לייא · כנגד היכן פונה הדבר הזה האמור להיפך ר״ש מתיר מוקצה בכל מקום וכאן הוא מחמיר: לייא · היכן כגון אלבי לנהרא כגני לייא דברכות (דף נח.): לתך · אבל בליר מהכי לאו אוצר הוא: לתך · חצי כור הוא ט״ו סאין: בד׳ וה׳ קופות אין טפי לא · בקופות עצמן הוא יפנה וימלאם אם ירצה או שק בכתפו שיעור קופה בפעם אחת אבל טפי להלך יותר מה׳ פעמים כגון לפנות בכלים קטנים וירבה בהילוך לא: למעוטי בהילוכא עדיף · ואע״ג דאפושי משוי הוא: או דילמא מעוטי משוי עדיף · ואם בא לפנות בכלים קטנים כשיעור ה׳ קופות מותר ולרב חסדא קבעי לה דאמר ה׳ דוקא: בי׳ ובט״ו · קס״ד אקופות קאי לומר שמפנה בקופות קטנות וירבה בהילוך: אכדין קאי · ולא פליגי והכי קאמר בי׳ בט״ו יפנה באותן ה׳ קופות: הא דמשתקלי חדא חדא בקופה · הך דתניא ד׳ וה׳ ולא נחת למיינא דכדין איירי בכדין גדולים דמשתקלי חדא בקופה והך דתנא בי׳ וט״ו איירי בכדים בינונים ובכדין קטנים עשר כדמשתקלי תרי תרי בקופה ט״ו כדמשתקלי תלתא תלתא בקופה דקטנים: בי דקורי דהרפניא · *בכדין של הרפניא: איבעיא להו · אליבא דרב חסדא: דחוק לתלמידים · שאין מקום לתלמידים להושיב: ועימר · פנה את העומרים וכרמלית הואי ובפחות פחות מד׳ אמות: ש״מ ועימר רבי · אלמא חד גברא פנינהו: רבי בנפשיה עימר · בתמיה וכי אורחיה דנשיא בהכי: כהשכמת ביהמ״ד · מדשוי להו במתני׳ כי הדדי: מהשכמת בית המדרש · דתנא דידן אקדמה ברישא: אל נא תעבור · והניחו והלך לקבל האורחים: ועיון תפלה · לכוין בתפלתו: הכי

תוספות

של כדי שמן ושל כדי יין · והא דתנן בפ׳ המצניע (ביצה דף כט:) כדי יין לא יביאם בסל ובקופה ,היינו ממקום רחוק דמיחזי כעובדין דחול אבל הכא בביתו: דבולי עלמא למעוטי בהלוכא עדיף · לא מצי למימר למעוטי במשוי עדיף דהויא דקתני ד׳ וה׳ קופות לא מצי סבר הכי דא״כ הוה ליה למיתני בעשר וט״ו כשיעור ה׳ קופות וא״ת והא תנן בפרק אין לדין (שם דף כה.) שחטה בשדה לא יביאנה במוט ובמוטה אלא מביאה לאיברים אף על גב דמפיש בהילוכא התם שאני דאיכא טירחא יותר מדאי להביאה שלימה א״נ משום דמיחזי כמוליכה למכור בשוק והא דאמרינן בריש שואל (לקמן דף קמח:) היכי ליעבד דמליא בחצבא רבא תימלי בחצבא זוטא קא מפשא בהילוכא דמליא בחצבא זוטא תמלא בחצבא רבא קא מפשא במשוי התם כיון שנהגו למלאות המים בחצבא רבא או בחצבא זוטא קשה להם לשנות מכמות שנהגו:

אע״ג דאית ליה אורחין טובא או דילמא הכל לפי האורחין · מכאן יש להוכיח דהא דתנן במתניתין ד׳ וה׳ קופות הוי אפי׳ בשביל אדם אחד דאי הוי נמי לפי האורחין אמאי נקט ד׳ וה׳ ועוד מדלא מספקא ליה אי חד מפני כולהו או כל חד לנפשיה אלא בא״ל הכל לפי האורחין משמע הא אם אמר אף על גב דאיתרמו ליה אורחין טובא ליכא לאיסתפוקי ואי אמרינן דד׳ וה׳ קופות הוי לפי האורחין אכתי איכא לספוקי אי חד גברא מפני לכולהו או כל חד מפני לנפשיה אלא משמע דפשיטא דד׳ וה׳ אינן לפי האורחין אלא אפילו לצורך אדם אחד:

ולטעמיך רבי בנפשיה עימר · פי׳ כל השדה כולה:

דכתיב ויאמר ה׳ אם נא מצאתי חן וגו׳ · קסבר כמאן דאמר בשבועות (דף לה:) דהאי השם קדש דאיכא מאן דאמר התם שהוא חול שלמלאכים היה מדבר שהיה מזומנים:

אוכל מפירותיהן בעולם הזה · בפ״ק דקדושין (דף לט:) מפ׳ דהייתו אם היתה *שקולה מכרעת דשכר מצות בהאי עלמא ליכא: כיון

וכן משנה דהכא פליגא אר׳ יעקב דס״ל בסוף פרק קמא דקדושין דשכר מצוה כו׳ לש״ל · ולאסבר לפרש כוונת התוספות נלא הגה״ס שרולים לייסב שם למאי דלא תירלו התם הקושיא באופן אחר דהני מלות דקרן כולה קיימת לעוה״ב לאפוקי שאר מלות ומתרלי תוס׳ דא״א לפרש כן דשכר מלוה בהאי עלמא ליכא אליבא דכ״ע ולא פליגי התם אר״י אלא בפירות ודוק כ״מ ומהרש״א גרס דשכר מלוה בהאי עלמא איכא:

עין משפט נר מצוה

ב א מיי׳ פכ״ו מהל׳ שבת הלכה טו טוש״ע שם:
ג ב ג מיי׳ שם הלכה יד וטו:
ד ד טוש״ע שם סעיף ב:
ה ה ו מיי׳ וסמג שם טוש״ע שם ס״ג:
ו ז מיי׳ פי״ד מהלכות אבל הלכה ב:
ז ח סמג עשין יב:
ח ט מיי׳ פ״ס מהלכות דעות הלכה ז ופכ״ג מהלכות סנהדרין הלכה י טוש״ע ח״מ סימן יז סעיף י:
ט י מיי׳ פ״ג מהלכות ת״ת הלכה ג סמג שם טוש״ע י״ד סימן רמו סעיף יח:

מסורת הש״ס

[כילה לו.]
[מנא צבורה ליתא בשאלתות פרשת וירא סי׳ יא]
[ג״ז ליתא שם]
[ג״ז ליתא שם]
[ועי׳ בפרש״י ב״מ פר. ותוס׳ חולין ד. ד״ה דקורא]
[שבועות לה:]
בראשית יח
[צ״ל אדני]
[צ״ל אדני]
[פי׳ תוספות לעיל קיח: ד״ה עיון ותוספות ברכות לב: ד״ה כל ותוס׳ ב״ב קסד: ד״ה עיון]

הגהות הב״ח

(א) גמ׳ שלא יגמור כולו (דילמא וכו׳ גומות) תא״מ ונ״ב ס״א מנחק: (ב) שם או דילמא גברא וגברא:

גליון הש״ס

גמרא גדולה הכנסת אורחים · עי׳ ב״מ דף פו ע״א ובתוספות שם ד״ה תויים:

רבינו חננאל

מתחילין באוצר תחלה ולא בתבואה צבורה. ומדבעא רב נחומי כמה שיעורי תבואה צבורה · ותנא כמה שיעור תבואה צבורה לתך ש״מ דהלכתא כותי מתניתא מדקמהנן לפרושי טעמייהו ויש מי שאומר הלכתא כשמואל דמוקים למתניתין כרבי שמעון דלית ליה מוקצה והלכתא כוותיה. ולתך זה האמור כאן הוא שיעור הקופות ששנינו במשנתנו · ואע״ג דלא איתאמרא בהדיא בגמרא דילן הא איתפרש בתלמוד א״י · ר׳ זעירא שאל לר׳ יאשיה כמה שיעור הקופות · א״ל נלמד סתום מן המפורש דתנינן תמן בג׳ קופות של ג׳ ג׳ סאין תורמין את הלשכה · ושיעור לתך חצי כור והוא ט״ו סאין · נמצא שיעור המשנה והברייתא שיעור אחד · וכדאוקמה רב חסדא למתני׳ ד׳ וה׳ · והכין שמעתא דא סלקא ועלה קמבעיא לן מעוטי בהלוכא עדיף או מעוטי במשוי עדיף · ואמרי׳ ת״ש דתני חדא מפנין אפילו ד׳ וה׳ קופות של כדי יין וכדי שמן · ותניא אידך בעשר ובחמש עשרה · ואוקימנא להו דכ״ע מעוטי בהילוכא עדיף · ושיעורם אחד הם · ואכדין קאי ולא אקופות והא מתניתא דקתני חמש הכין פירושא · חמש כדות גדולות שאין מכילה הקופה יותר מכדה אחת · והא מתניתא דקתני בעשר ובחמש עשרה בעשר כדות בחמש קופות והן בינוניות שנמצאו ב׳ כדות בכל קופה והא דתני ט״ו ג׳ כדות בכל קופה והא דמשתקלי תלת כדי בכל קופה כגון דקורי הרפניא פי׳ כדות שעושין בהרפניא והן קטנות וטעלות ג׳ ג׳ בקופה שנמצא שיעור משקל כל כדה קטנה סאה והבינונית סאה וחצי והגדולה ג׳ סאין. ותוב איבעיא לן הני דקא מפנינן ד׳ או ה׳ קופות מפני האורחין אע״פ דאית ליה אורחין הרבה אין לו רשות לפנות יותר מזה השיעור או דילמא הכל לפי האורחין ועוד בעיא אחרת כשמפנין אחד מפנה לכולן או כל אחד מפנה לעצמו ואיפשיטא שמעתא הכל לפי האורחין אם יש לו אורחין הרבה מפנין להן כל צרכן. ובאנו לדקדק מדקתני ועימר רבי את כל השדה שאחד מפנה לכולן (ולא עסר) [ודחינן ולטעמיך] וכי ר׳ בעצמו עימר אלא צוה ועימר · ולעולם כל חד וחד לנפשיה וכיון דלא איפשיט בהדיא חד מפנהו לכולהו מחמרינן לפנויי כל דחד וחד לנפשיה דאיסורא הוא. וסתמא לחומרא · וזה נכון לפנות כל אחד לעצמו ומסתייעא הא מילתא מהא (לעיל דף קכ״ה ע״ב) דא״ר חנניה פעם אחד הלך למקום אחד ומצא נדבך של אבנים ואמר לתלמידיו צאו וחשבו כדי שנשב עליהן למחר ולא סמך במחשבתו שלו אלא הצריך כל אחד לעצמו וכדר׳ אסי ור׳ אמי אליבא דר׳ יוחנן כל אחד כפעמיה. פי׳ נדבך של אבנים אבנים סדורות זו ע״ג זו · ושפשפום לפשפשם ברגליהם. סואר של קורות קורות נתונות זו ע״ג זו · גשוש בלשון ישמעאל עירים מפינות · נגדר בלשון ישמעאל מתרו ופינוי לבית המדרש ולאורחים והכנת מקום לישיבתם שניהם שוין בדבר מצוה ושאר השמועה פשוטה היא · והא דתנן מפנין ד׳ ה׳ קופות · ה״מ לדבר מצוה מדקתני מפני האורחין ומפני

רב נסים גאון

כמה שיעור תבואה לתך · הלתך הוא חצי כור והוא ט״ו כי הכור הוא ל׳ סאה והכור והחומר מדה אחת כי תרגום חומר כורא כמו שאתה מוצא ביחזקאל (מה) האיפה והבת תוכן אחד להם ואמר התרגום מכילת וביתא פוקס חד יהי לכון סכום תלת סאין למיסב מעשר כורא הרי נתברר לו מיכן כי החומר הוא כור וכי הבת היא ג׳ סאין ואמר אחר כך כי עשרת הבתים חומר נמצא שיעור הכור ל׳ סאין ושם אמר (הושע ג) וחומר שעורים ולתך שעורים ואמרו חכמינו בפרק גיד הנשה (חולין דף צא) אלו ארבעים וחמשה צדיקים החומר ל׳ ולתך ט״ו הכל מ״ה נתקיים לך כי הכור הוא שני לתכים:

עין משפט נר מצוה

י א מיי' פכ"ה מהלכות שבת הלכה כ :

יא ב שם הלכה יט :

יב ג מיי' פ"י מהלכות מעשר הלכה יא :

יג ד מיי' פ"ג מהלכות תרומות הלכה יג טור י"ד סימן שלא :

יד ה מיי' פכ"ה מהל' שבת הלכה יט :

[בריי"ף וברא"ש איתא ערב הרגל]

[וע"ע תוספות עירובין לא. ד"ה דמאי ותוס' סוכה לה: ד"ה דאי בעי]

גמרא

הני נמי *(בגמילות חסדים שייכי ל"א הני) בהני שייכי ת"ר הדן חבירו לכף זכות דנין אותו לזכות ומעשה באדם אחד שירד מגליל העליון ונשכר אצל בעה"ב אחד בדרום שלש שנים ערב *יוה"כ אמר לו תן לי שכרי ואלך ואזון את אשתי ובני אמר לו אין לי מעות אמר לו תן לי פירות אמר לו אין לי תן לי קרקע אין לי תן לי בהמה אין לי תן לי כרים וכסתות אין לי הפשיל כליו לאחוריו והלך לביתו בפחי נפש לאחר הרגל נטל בעה"ב שכרו בידו ועמו משוי ג' חמורים אחד של מאכל ואחד של משתה ואחד של מיני מגדים והלך לו לביתו אחר שאכלו ושתו נתן לו שכרו אמר לו בשעה שאמרת לי תן לי שכרי ואמרתי אין לי מעות במה חשדתני אמרתי שמא פרקמטיא בזול נזדמנה לך ולקחת בהן ובשעה שאמרת לי תן לי בהמה ואמרתי אין לי בהמה במה חשדתני אמרתי שמא מושכרת ביד אחרים בשעה שאמרת לי תן לי קרקע ואמרתי לך אין לי קרקע במה חשדתני אמרתי שמא מוחכרת ביד אחרים(א) היא ובשעה שאמרתי לך אין לי פירות במה חשדתני אמרתי שמא אינן מעושרות ובשעה שאמרתי לך אין לי כרים וכסתות במה חשדתני אמרתי שמא הקדיש כל נכסיו לשמים א"ל העבודה כך היה הדרתי כל נכסי בשביל הורקנוס בני שלא עסק בתורה וכשבאתי אצל חבירי בדרום התירו לי כל נדרי ואתה כשם שדנתני לזכות המקום ידין אותך לזכות ת"ר *מעשה בחסיד אחד שפדה ריבה אחת בת ישראל ולמלון השכיבה תחת מרגלותיו למחר ירד וטבל ושנה לתלמידיו ואמר (*להן) בשעה שהשכבתיה תחת מרגלותי במה חשדתוני אמרנו שמא יש בנו תלמיד שאינו בדוק לרבי בשעה שירדתי וטבלתי במה חשדתוני אמרנו שמא מפני טורח הדרך אירע קרי לרבי אמר להם העבודה כך היה ואתם כשם שדנתוני לכף זכות המקום ידין אתכם לכף זכות תנו רבנן פעם אחת הוצרך דבר אחד לתלמידי חכמים אצל מטרוניתא אחת שכל גדולי רומי מצויין אצלה אמרו מי ילך אמר להם ר' יהושע אני אלך הלך רבי יהושע ותלמידיו כיון שהגיע לפתח ביתה חלץ תפיליו ברחוק ארבע אמות ונכנס ונעל הדלת בפניהן אחר שיצא ירד וטבל ושנה לתלמידיו ואמר *(להן) בשעה שחלצתי תפילין במה חשדתוני אמרנו כסבור רבי לא יכנסו דברי קדושה במקום טומאה בשעה שנעלתי במה חשדתוני אמרנו שמא דבר מלכות יש בינו לבינה בשעה שירדתי וטבלתי במה חשדתוני אמרנו שמא ניתזה צינורא מפיה על בגדיו של רבי אמר להם העבודה כך היה ואתם כשם שדנתוני לזכות המקום ידין אתכם לזכות: מפנין תרומה טהורה וכו': פשיטא לא צריכא ^דמנחה ביד ישראל מהו דתימא כיון דלא חזיא ליה אסור קמ"ל כיון דחזיא לכהן שפיר דמי: ^ודמאי (וכו'):דמאי הא לא חזי ליה *כיון דאי בעי מפקר ליה לנכסיה והוה עני וחזיא ליה השתא נמי חזי ליה *דתנן ^מאכילין את העניים דמאי ואת האכסניא דמאי ואמר רב הונא תנא ב"ש אומרים אין מאכילין את העניים דמאי ואת האכסניא דמאי וב"ה אומרים מאכילין את העניים דמאי ואת האכסניא דמאי: ומעשר ראשון שניטלה תרומתו וכו': פשיטא לא צריכא שהקדימו בשבולים ונטלה הימנו תרומת מעשר ולא נטלה הימנו תרומה גדולה וכי הא *)דא"ר אבהו אר"ל ^מעשר ראשון שהקדימו בשבולין פטור מתרומה גדולה שנא' °והרמותם ממנו תרומת ה' מעשר מן המעשר מעשר מן המעשר אמרתי לך ולא תרומה גדולה ותרומת מעשר מן המעשר *א"ל רב פפא לאביי א"ה אפי' הקדימו בכרי נמי ליפטר א"ל עליך אמר קרא °מכל מתנותיכם תרימו וגו' ומה ראית האי אידגן והאי לא אידגן: ומעשר שני וכו': פשיטא ^לא צריכא שנתן את הקרן ולא נתן את החומש הא קמ"ל דאין חומש מעכב: והתורמס היבש כו': דווקא יבש אבל לח לא מ"ט כיון דמריר לא אכלה: אבל

*) ברכות שם עירובין לא: פסחים לה: ביצה יג:

רש"י

ה"ג הני נמי בהני שייכי · הכנסת אורחים וביקור חולים היינו גמילות חסדים ועיון תפלה היינו בכלל גמילות חסדים דכתיב (משלי יא) גומל נפשו איש חסד *השכמת בית המדרש וגידול בנים לתלמוד תורה היינו תלמוד תורה דן את חבירו לכף זכות בכלל הבאת שלום דמתוך שהוא מכריעו לזכות ואמר לא חטא לי בזאת אטו היה או לטובה נתכוון יש שלום ביניהן ורבי יוחנן לפרש לך אתא דבכלל ג' דמתניתין איתנהו להנך ו' ואיכא נמי לכבוד אב ואם ורבי יוחנן לא פליג עליה : בפחי נפש · בדאבון נפש : מוחכרת · שנותנה לחברו בכך וכך כורין לשנה: °כל היכא דאמרינן* מעשה בחסיד אחד או רבי יהודה בן בבא או רבי יהודה ברבי אלעאי : ריבה · נערה : שאינו בדוק לרבי · שאינו מכיר במדותיו לסמוך עליו ולהניחה אצלו : מטרוניתא · נכרית : דבר מלכות · וצריך להעלימו : צינורא . רוק וגזרו על הנכרים שיהיו כזבים לכל דבריהם : מאכילין לעניים דמאי · לא אסרוהו עליהם מפני שצריכים לחזור על פתח ע"ה וסמכו על שרוב עמי הארץ מעשרין : אכסניא · (ב)חיל של מלך ישראל ומטילו על בני העיר לפרנסן* : שניטלה תרומתו · קס"ד תרומת מעשר שהלוי נותן לכהן וכ"ש תרומה גדולה שיש על ישראל להפריש והפרישו קודם שנתן המעשר ללוי : שהקדימו בשבולין · לתרומה ישראל היה לו להפריש תרומה גדולה תחילה דכתיב (שמות כב) מלאתך ודמעך לא תאחר מלאתך אלו בכורים מכאן שהמקדים תרומה לבכורים לוקה ודמעך זו תרומה שאם הקדים מעשר לתרומה לוקה והנ"מ משנתמרח בכרי לוקה אם הקדים מעשר לתרומה אבל הקדים למעשר קודם לתרומה בשבלים אינו לוקה : והרמותם ממנו · בלוים כתיב גבי תרומת מעשר : מכל מתנותיכם וגו' · נמי בלוים כתיב גבי תרומת מעשר וקאמר את כל תרומת ה' כל משמע כל לך תרומה שבו : סאי · דנתמרח : אידגן · וחלה עליו חובת תרומה כדכתיב (דברים יח) ראשית דגנך הלכך כי שקלה לוי בעי אהדורי לכהן תרי ממאה שבו כרישא והדר אחד מעשרה : דמריר · שהוא מר : שלא

תוספות

כיון דחזיא לכהן שפיר דמי · אע"ג דאמר בשילהי כירה (לעיל דף מז:) דבגדי עניים לעשירים לא הכא לכ"ע חזיא אלא איסורא הוא דרביע עליה אבל התם לא חזו מחמת גריעותא ומהאי טעמא נמי לא אמרינן התם טעמא דבסמוך דאי בעי מפקר לנכסיה והא דאמר בפרק כל הכלים (לעיל ד' קכד:) שירי פרוזמיות שאין בהן ג' על ג' אין מטלטלין אותן משמע הא יש בהן שלש על שלש מטלטלים היינו לעניים א"כ אפילו לעשירים בבית עניים : דאי בעי מפקר לנכסיה · הוה מצי למימר כדלעיל כיון דחזי אלא כיון דמשכח טעמא דאפי' לדידיה מצי שרי אמר ובפרק כל שעה (פסחים דף לה:) ובפרק שלשה שאכלו (ברכות ד' מז:) איצטריך להאי טעמא* : דהאי אידגן · מדנקט אידגן משמע אפי' לא ראה פני הבית תימה אכתי אפילו הקדימו בכרי נמי לא לחייב אלא באידגן וראה פני הבית וי"ל דאי לא כתב והרמותם ה"א דכולם חייבין אפילו לא אידגן השתא דכתי' קרא מוקמי ליה במסתבר דהיינו לא אידגן שאפילו ראה פני הבית לא היה חייב א"נ י"ל הא דנקט אידגן היינו ככל דינו שראה פני הבית אלא דמילתא דפסיקא נקט דאיכא למאן דאמר בבא מציעא (ד' פח:) דלא בעינן ראיית פני הבית אלא בזיתים וענבים דלאו בני גורן נינהו : הא קמ"ל דאין חומש מעכב · ואף על גב דמבעיא לן בפרק הזהב (שם דף נד:) אי מעכב אי לא ולא פשיט מהכא משום דהוה מצי למידחי דאגב אחריכא תנייה : אבל

מסורת הש"ס

כאן חסר ונפש היינו תפלה דכתי' גבי חנה ואשפוך את נפשי לפני ה' ש"א א' ע' רש"י ברכות ה: ד"ה טורף נפשו וכן הובא בר"ש פאה פ"א מ"א

[כ"ק קג:]

ברכות מז. וש"נ

ברכות מז. דמאי פ"ג מ"א עירובין יז: לא: פסחים לה: סוכה לה:

במדבר יח

תמורה ה:

°במדבר יח

הגהות הב"ח

(א) גמ' אמרתי שמא מוחכרת ביד אחרים ובשעה כצ"ל ותיבת היא נמחק : (ב) רש"י ד"ה אכסניא חיל של מלך ישראל· נ"ב כן פירש"י בפרק כל מערבין דף לא וכן בפרק כל שעה דף לה אבל התוספות בפ' ג' שאכלו פי' עוד פי' אחר חיל של נכרים כו' וע"ש דף מז :

גליון הש"ס

רש"י ד"ה כל היכא דאמרינן מעשה וכו' · עיין דבר נחמד בזה בברכת הזבח תמורה דף טו ע"ב :

[*צ"ל להם]

[צ"ל להם]

רבינו חננאל

ומפני ביטול בהמ"ד שהן מצות כדרב יהודה אמר שמואל דאמר גדול הכנסת אורחין · וכדר' יוחנן דאמר אחד מששה דברים שאדם אוכל מפירותיהן בעוה"ז והקרן קיימת לו לעולם הבא : מפנין תרומה טהורה אע"פ שהיא בביתו של ישראל הואיל וראויה לכהן היום מטלטלין אותה ושפיר דמי וכן דמאי והדמאי כיון דאילו הפקיר כל נכסיו ויהיה עני מותר לאוכלו אע"פ שעכשיו לא הפקיר נכסיו מותר לטלטלו · והוא הלוקח תבואה מעם הארץ שאינו יודע אם הוציא מעשר ממנה אם לאו כי התרומה לא נחשדו עמי הארץ עליה (ודאי) והיו מפרישין אחד מחמשים והוא בבינונית ונתנו לכהן אבל המעשר היו הרבה ע"ה שלא היו מפרישין אותו ונותנין ללוי · וחייבו חכמים הקונה מעם הארץ שאינו יודע אם הוציא מעשר ממנה אם לאו להפריש מ זו התבואה חלק אחד ממאה שהיא תרומת מעשר שהוא א' וכל תרומת כאוכל תרומה והוא עון מיתה · וזה פירושו ישראל שיש לו מאה סאין תבואה חייב לתת לכהן ב' סאין מהן והיא נקראת תרומה גדולה וחייב לתת עשרה מהן פחות מעט והוא נקרא מעשר ראשון וחייב הלוי לתת מן העשרה סאין שנתן לו ישראל סאה אחת לכהן והוא שאמר הכתוב והרמותם ממנו תרומת ה' מעשר מן המעשר · נמצא הסאה שביד כהן שהיא תרומת מעשר שנתן לו הלוי אחד ממאה מן התבואה שביד ישראל וכיון שראו שע"ה לא היו מפרישין מעשר לכהן שחייב בו מיתה [לכן חייבוהו להפריש] אבל המעשר שהוא בלאו לא חייבוהו מספק · וזה מפורש בגמרא יומא *) פ"ק דיוחנן העביר הודיית המעשר בסוף מס' סוטה ודמאי זה כיון שהוא ספק מעושר ספק אינו מעושר התירוהו מפני חיי נפש לאכסניא ולעניים (כפירושו). וזה שאמר ר"ל מעשר ראשון שהקדימו בשבלין פטור מתרומה גדולה פי' חייבה התורה להפריש תרומה ומעשר מן הדגן שכבר נעשה גורן כדכתיב ראשית דגנך תירושך ויצהרך כו' ואינו נקרא דגן אלא אחרי דישתו בגורן והעמדתו כרי והתורה אמרה להפריש מן הדגן ראשון תרומה גדולה ואחריו מעשר ראשון, ואחריו שנה ראשונה ושניה מעשר שני · ושנה שלישית אינו מפריש מעשר [שני] אלא מעשר עני . ואינו חייב להפריש כל אלו אלא אחרי שיקצור וינדוש ויורה ויעמיד כרי בגורן לפיכך אמר ר"ל אם בא ישראל מי שהיו לו עשרה עומרין שבלין וקודם שיכניסן לגורן לדוש נתן מהן עומר אחד מעשר ללוי הלוי אינו חייב לתת ממנו אלא תרומת מעשר לכהן שהשבלין לא נתחייבו אלא בתרומה ולא במעשר והביא טעם לדבריו מן המקרא הזה ותקשה עליו רב פפא למה הוצרכת לרחוק הדבר בשבולין אפילו בכרי הקדים והפריש המעשר קודם שיפרוש התרומה ליפטר ולא יהא חייב הלוי להפריש ממנו אלא תרומת מעשר · ופירק לו כיון שהעמידו כרי אידגן וקרינא ביה מכל מתנותיכם תרימו שכולל הכל · ומעשר שני והקדש שנפדו הוצרך להזכירו התנא להודיע שאם לא נתן החומש מעכב

*) בפ"ק דף ט' ע"א ובסוף סוטה במשנת דיוחנן כ"צ המכור הודיית המעשר ובגמ' שם כנ"ל .

רב נסים גאון

שמא צינורא ניתזה מפיה על רבי · פי' צינורא שינתז מפי האדם כשהוא מדבר למטרוניתא והיא נכרית ונגע בו מרוקה הוצרך לטבול כי רוקן של נכרים גזרו עליו חכמים טומאה ועיקר זה הוא מה שאמר הקב"ה בענין הזב (ויקרא טו) וכי ירוק הזב בטהור יכול אפילו רקק ולא נגע יהא טמא ת"ל בטהור ובתוספתא זבין בפרק חמישי אמרו ורירו וכיחו ומימי האף שלו הרי הן כרוקו דמעת עינו ודם מגפתו וחלב האשה מטמאין טומאת משקה זבו ורוקו ומימי רגליו מטמאים טומאה חמורה וזאת התורה מיוחדת בישראל בלבד אבל לא בנכרים והחכמים הם שגזרו עליהם שיהו כזבין לכל דבריהם ותמצא כיוצא בזה במס' נדה בפרק בנות כותים (דף לד) כשאמר בית שמי דם הנכרית טהור הקשה להם מזו הברייתא ולא חלקו בית שמי אלא בדמה בלבד אבל רוקה אין מי שחולק בו כי הוא טמא ושורפין עליו את התרומה וכבר פירשו טעמם של בית שמי שטיהרו דמה (וטיהרו) [וטמאו] רוקה ומימי רגליה דשכיחי גזרו בהו רבנן דמה דלא שכיחא לא גזרו בה רבנן ובית הלל הכל אצלם טמא ושם במסכת שקלים (פ"ח מ"א) שנינו כל הרוקין הנמצאים בירושלים טהורין חוץ משל שוק העליון וגרסי בתלמוד בני מערבא ר' אבון בשם ר' יהושע קצרין של גוים היה שם ובמשנת טהרות בפרק ה' (משנה ח) שנינו שפחה אחד בעיר או נכרית או כותית כל הרוקין שבעיר טמאין וקודם לכן בפרק ד' אמרו על ו' ספיקות שורפין את התרומה אחד מהן ספק רוקין כבר נתבאר לך עכשיו ונתקיים מכל מה שהקדמנו כי רוק הנכרים טמא וכי גזירה דרבנן היא ובפ' יציאות השבת (דף טו) אמרו ספיקות באושא גזור עליהן ולאיכך הוצרך ר' יהושע בן חנניא טבילה ותמצא במס' יומא בפרק הוציאו לו את הכף (דף מז) אמרו עליו על רבי ישמעאל בן קמחית שיצא ודבר עם ערבי אחד בשוק וניתזה צינורא מפיו על בגדו ונכנס ישבאב אחיו ושימש תחתיו והחומר בקודש (חגיגה דף כג) תמצא גזירת צינורא דעם הארץ וזה בענין הקודש: מפנין תרומה טהורה ודמאי · כבר פירשנו דמאי בפ'

אות ז'

גדולה הכנסת אורחין מהקבלת פני שכינה

רמב"ם פי"ד מהל' אבל ה"ב - שכר הלויה מרובה מן הכל, והוא החק שחקקו אברהם אבינו ודרך החסד שנהג בה, מאכיל עוברי דרכים ומשקה אותן ומלוה אותן; וגדולה הכנסת אורחים מהקבלת פני שכינה, שנאמר: וירא והנה שלשה אנשים; ולוויים יותר מהכנסתן, אמרו חכמים כל שאינו מלוה כאילו שופך דמים.

אות ח'

ששה דברים אדם אוכל פירותיהן בעולם הזה וכו'

סמ"ג עשין סימן יב - ושנינו בתחילת מסכת פאה: אלו דברים שאדם עושה אותם ואוכל פרותיהם בעולם הזה והקרן קיימת לעולם הבא, אלו הן: כיבוד אב ואם, וגמילות חסדים, ובקור חולים, ועיון תפלה, והכנסת אורחים, והשכמת בית המדרש, והבאת שלום בין אדם לחבירו, ותלמוד תורה כנגד כולם.

אות ט'

והדן את חברו לכף זכות

חו"מ סימן יז ס"י - ואם באו לפניו אחד כשר ואחד רשע, לא יאמר: זה רשע וחזקתו משקר, וזה בחזקת שאינו משנה בדבורו, אטה הדין על הרשע; אלא לעולם יהיו שני בעלי הדין בעיניו כרשעים - (ועפ"ז כתב בספר חסידים, דאין להסתכל בפני הבע"ד כשטוענין, דאסור להסתכל בפני רשע, ונראה דוקא היכא שיש כפירה ביניהם – באה"ט), **ובחזקת שכל אחד מהם טוען שקר, וידון לפי מה שיראה לו מהדברים; וכשיפטרו מלפניו יהיו בעיניו ככשרים, כשקבלו עליהם את הדין; וידון כל אחד לכף זכות** - (אף דאחד מהם הוכחש, עכ"פ י"ל דמשום מלוה ישנה שיש לו ע"ז, עשה כן – באה"ט).

אות י'

ותלמוד תורה כנגד כולם

יו"ד סימן רמו סי"ח - ת"ת שקול כנגד כל המצות. היה לפניו עשיית מצוה ות"ת, אם אפשר למצוה להעשות ע"י אחרים, לא יפסיק תלמודו; ואם לאו, יעשה המצוה ויחזור לתורתו - (דאע"ג דתורה עדיפא, אין סברא שתדחה המצוה מכל וכל בשביל התורה, כיון שיכולין להתקיים שתיהן, שהרי יכול אח"כ לחזור ללימודו – לבוש).

---

§ מסכת שבת דף קכז: §

אות א'

דמנחה ביד ישראל

רמב"ם פכ"ה מהל' שבת ה"כ - מטלטל ישראל התרומה אף על פי שאינה ראויה לו.

אות ב'

ודמאי

רמב"ם פכ"ה מהל' שבת הי"ט - אבל הדמאי הואיל וראוי לעניים, וכן מעשר שני והקדש שפדאן, אף על פי שלא נתן החומש, מותר לטלטלן.

אות ג'

מאכילין את העניים דמאי ואת האכסניא דמאי

רמב"ם פ"י מהל' מעשר הי"א - מותר להאכיל את העניים ואת האורחים דמאי, וצריך להודיען, והעני עצמו והאורח אם רצו לתקן מתקנין.

אות ד'

מעשר ראשון שהקדימו בשבולין פטור מתרומה גדולה

טור יו"ד סימן שלא - ואם הפריש הישראל מעשר בשבלים קודם שהפריש תרומה גדולה, אין הלוי צריך להפריש ממנו חלק תרומה גדולה שהיה על הישראל להפריש; אבל אם דש הישראל והפריש המעשר מן הדגן קודם שהפריש ממנו תרומה גדולה, חייב הלוי להפריש תרומה גדולה שבו מלבד תרומת המעשר.

אות ה'

לא צריכא שנתן את הקרן ולא נתן את החומש

רמב"ם פכ"ה מהל' שבת הי"ט - אבל הדמאי הואיל וראוי לעניים, וכן מעשר שני והקדש שפדאן, אף על פי שלא נתן החומש, מותר לטלטלן.

§ מסכת שבת דף קכח.

אות א׳ – ב׳ – ג׳

אבל לא את הטבל וכו׳... בטבל טבול מדרבנן

ולא מעשר ראשון וכו׳... שהקדימו בכרי שנטל ממנו מעשר ולא נטלה ממנו תרומה גדולה

ולא את מעשר שני וכו׳... דנפדו, ולא נפדו כהלכתן

רמב״ם פכ״ה מהל׳ שבת הי״ט - **פירות שאסור לאכלן, כגון פירות שאינם מעושרין, אפילו הן חייבין במעשר מדבריהם, [א]או מעשר ראשון שלא ניטלה תרומתו, או תרומה טמאה, או מעשר שני והקדש שלא נפדו כהלכתן, אסור לטלטלן.**

אות ד׳ – ה׳

ולא את הלוף

והוא דאית ליה נעמיות

סימן שח סכ״ט - [ב]**כל שהוא ראוי למאכל חיה ועוף המצויים, מטלטלים אותו; ואם אינו ראוי אלא למאכל חיה ועוף שאינן מצויים** - אצל רוב בני אדם, ומה דעשירים מגדלין אותו המין בבתיהם, לא נחשב מצוי, [רמב״ם, ומוכח מהגמ׳]. [ג]**אם יש לו מאותו מין חיה או עוף, מותר לטלטל מאכל הראוי לאותו המין; ואם לאו אסור.**

אות ו׳

הרי שהיו נושין בו אלף מנה ולבוש איצטלא בת מאה מנה, מפשיטין אותו ומלבישין אותו איצטלא הראויה לו

[ד]חו״מ סימן צז סכ״ג - (כשיגיע זמן הפרעון ובא לגבות חובו (טור), **מסדרין לבעל חוב. כיצד, אומרים ללוה: הבא כל המטלטלים שיש לך, ולא תניח אפילו מחט אחת, (ואפילו כלי אוכל נפש) (נ״י סוף פ׳ המקבל), ונותנין לו מהכל מזון שלשים יום (כבינוני שבעיר, אף על פי שאכל תחלה כעני) (נ״י פרק הנ״ל), וכסות י״ב חדש; ולא שילבש בגדי משי או מצנפת זהובה, אלא מעבירים אותה ממנו ונותנים לו כסות הראויה לו לי״ב חדש.**

חו״מ סימן צז סכ״ח - **התנה עמו שלא יסדרו לו בחוב זה, תנאו קיים. אבל במה ששעבד לו כל נכסיו, אין בזה תנאי לבטל הסידור, שלא היה בדעתו אלא על הנכסים הראויים לו על פי התורה, עד שיזכור בהדיא תנאי הסדור. ואפילו כתב: מגלימא דאכתפאי, לא אמר אלא על איצטלא (פי׳ תרגום אדרת שנער אצטלא בבלאה) בת מאה זוז, שאינה כסות הראויה לו, שמוכרו ויתנו לו כסות הראויה לו.**

אות ז׳

חבילי קש וחבילי עצים וחבילי זרדים, אם התקינן למאכל בהמה מטלטלין אותן, ואם לאו אין מטלטלין אותן

סימן שח סכ״ח - [ה]**חבילי עצים** - היינו שהם רכים דחזו למאכל בהמה, **וקש, שהתקינן למאכל בהמה** - היינו שהזמינן, [רש״י], **אפילו הם [ו]גדולים הרבה, מותר לטלטלן** - אבל בלא הזמנה, אפילו הם חבילות קטנות, אסור לטלטלן, [כת״ק שם], **וטעמא**, דסתמא עומדין להסקה, ולכך אף שחזו למאכל בהמה אסור.

כתב המ״א, קש שלנו סתמא עומד לשכיבה או למאכל בהמה, **ועיין** בתוספות שבת דזה תלוי במנהג המקומות, ולפ״ז במקומות שחבילי תבן סתמן עומדין לבנין לכסות הגגות, הם מוקצה וצריך הזמנה.

אות ח׳ – ט׳

חבילי סיאה אזוב וקורנית, הכניסן לעצים אין מסתפק מהן בשבת, למאכל בהמה מסתפק מהן בשבת. וקוטם ביד ואוכל, ובלבד שלא יקטום בכלי

מולל בראשי אצבעותיו ואוכל, ובלבד שלא ימלול בידו הרבה כדרך שהוא עושה בחול

סימן שכא ס״א - [ז]**חבילי פיאה אזוב וקורנית (פירוש מין עשב)** - צריך לומר "מיני עשבים הם", וראוים להסקה, וראוים למאכל בהמה, לפיכך הכל הולך אחר מחשבתו.

הכניסן לעצים - ליבשן, **אין מסתפקין מהם** - דמקצה דעתו מינייהו, והו״ל מוקצה, **הכניסן למאכל בהמה, קוטם ואוכל ביד** - דקצת ראוים ג״כ למאכל אדם, **אבל לא בכלי** - כדרך חול, [רש״י].

ואם הכניסן סתמא, נעשה כמי שהכניסן למאכל בהמה.

באר הגולה

[א] ‹כתב ציור השפוטה, ולא אוקימתא דגמ׳› [ב] **שם במשנה לפי׳ רמב״ם כמ״ש הר״ן** ‹ומשמע {להטור} דת״ק דברייתא בשיטת רשב״ג אמרה, ומשו״ה שרי חצב וחרדל, דת״ק דמתניתין הא אסר בחרדל, אלא ודאי כרשב״ג ס״ל, ורשב״ג אתא לאוסופי עליה שברי זכוכית, כך נראה שהיא דעת רבינו, ומשו״ה פסק דאין מטלטלין חצב ולא חרדל, דכיון דאוקימנא לרשב״ג בשיטה, לא קימ״ל כוותיה. **אבל** הרמב״ם כתב דמותר לטלטל חצב וחרדל, ואע״פ שאין לו צביים ולא יונים, דס״ל דתנא דמתניתין ותנא דברייתא לא פליגי אהדדי, אלא מר כי אתריה ומר כי אתריה, באתריה דתנא דברייתא היו רגילין לגדל יונים, ובאתריה דתנא דמתניתין לא היו רגילין בהם, אבל לכו״ע אין מטלטלין אלא מה שהוא ראוי לבהמה חיה ועוף המצויים אצל בני אדם - ב״י› [ג] **שם פשוט בגמ׳ קכ״ח** [ד] ‹מילואים› [ה] **שם במשנה קכ״ו** [ו] **שם בברייתא קכ״ח וכת״ק** [ז] **ציינתיו בסי׳ שי״ט ס״ו**

גמרא

*אבל לא את הטבל וכו' : פשיטא לא צריכא בטבל טבול מדרבנן(א) שזרעו בעציץ שאינו נקוב : ולא מעשר ראשון וכו' : פשיטא לא צריכא שהקדימו בכרי שנטל ממנו מעשר ולא נטלה ממנו תרומה גדולה מהו דתימא כדאמר ליה רב פפא לאביי קמ"ל כדשני ליה אביי : ולא את מעשר שני וכו' : פשיטא לא צריכא דנפדו ולא נפדו כהלכתן מעשר שפדאו על גבי אסימון דרחמנא אמר וצרת הכסף בידך *דבר שיש בו צורה הקדש שחיללו על גבי קרקע דרחמנא אמר ונתן הכסף וקם לו : ולא את הלוף : ת"ר *מטלטלין את החצב מפני שהוא מאכל לצביים ואת החרדל מפני שהוא מאכל ליונים רשב"ג אומר אף מטלטלין שברי זכוכית מפני שהוא מאכל לנעמיות אמר ליה רבי נתן אלא מעתה חבילי זמורות יטלטלו מפני שהוא מאכל לפילין ורשב"ג נעמיות שכיחי פילין לא שכיחי אמר אמימר והוא דאית ליה נעמיות אמר רב אשי לאמימר אלא דקאמר ליה ר' נתן לרשב"ג חבילי זמורות יטלטל מפני שהוא מאכל לפילין אי אית ליה פילין אמאי לא אלא ראוי ה"נ ראוי *אמר אביי רשב"ג ורבי שמעון ורבי ישמעאל ורבי עקיבא כולהו סבירא להו כל ישראל בני מלכים הם רשב"ג הא דאמרן ר' שמעון *דתנן בני מלכים סכין על גבי מכותיהן שמן וורד שכן דרכן של בני מלכים לסוך בחול *ר"ש אומר כל ישראל בני מלכים הם ר' ישמעאל ור' עקיבא דתניא הרי שהיו נושין בו אלף מנה ולבוש *איצטלא בת ק' מנה מפשיטין אותו ומלבישין אותו איצטלא הראויה לו תנא משום רבי ישמעאל ותנא משום רבי עקיבא כל ישראל ראוין לאותה איצטלא :

חבילי קש וחבילי כו' : תנו רבנן *חבילי קש וחבילי עצים(ג) וחבילי זרדים אם התקינן למאכל בהמה מטלטלין אותן ואם לאו אין מטלטלין אותן רשב"ג אומר חבילין הניטלין ביד אחד מותר לטלטלן בשתי ידים אסור לטלטלן *חבילי *סיאה אזוב וקורנית הכניסן לעצים אין [א] מסתפק מהן בשבת למאכל בהמה מסתפק מהן בשבת וקוטם ביד ואוכל ובלבד שלא יקטום בכלי ומולל ואוכל ובלבד שלא ימלול בכלי הרבה דברי רבי יהודה וחכמים אומרים מולל בראשי אצבעותיו ואוכל ובלבד שלא ימלול בידו הרבה כדרך שהוא עושה בחול וכן באמיתא וכן בפיגם וכן בשאר מיני תבלין *מאי אמיתא ניניא סיאה אמר רב יהודה (סיאה) צתרי אזוב אברתא קורנית קורניתא שמה והא ההוא דאמר להו מאן בעי קורניתא ואישתכח חשי אלא סיאה צתרי אזוב אברתא קורניתא חשי : איתמר בשר מליח מותר לטלטלו בשבת בשר [ב] תפל רב הונא אמר מותר לטלטלו רב חסדא אמר אסור לטלטלו רב הונא אמר מותר לטלטלו והא *רב הונא תלמיד דרב הוה ורב כר' יהודה סבירא ליה דאית ליה מוקצה במוקצה לאכילה סבר לה כרבי יהודה במוקצה לטלטל סבר לה כרבי שמעון רב חסדא אמר אסור לטלטלו והא רב יצחק בר אמי איקלע לבי רב חסדא וחזא ההוא בר אווזא דהוו קא מטלטלו ליה משמשא לטולא ואמר רב חסדא חסרון כיס קא חזינן הכא שאני בר אווזא דחזי לאומצא ת"ר דג מליח מותר לטלטלו דג תפל אסור לטלטלו בשר בין תפל ובין מליח מותר לטלטלו (*וסתמא כרבי שמעון) תנו רבנן מטלטלין את העצמות מפני שהוא מאכל לכלבים

בשר

רש"י

שלא ניטלה תרומתו · קא סלקא דעתך שלא ניטלה תרומת מעשר שלו : אסימון · שאין עליו צורה : חצב · עשב שמשרש בעומק כנגדו ואין שרשיו מתפשטין ובו *תיחם יהושע את הארץ לישראל : נעמיות · בנות היענה : יטלטלו · ראוי הוא להיות מכוסין · בשבת ולא גזר משום שחיקת סממנין : שכן דרכן לסוך · בלא מכה הלכך לאו מוכחא מילתא דלרפואה : ספקינן · הזמינן : אסור לטלטלן · ואפילו הזמינם למאכל בהמה דמירתא היא : סיאה אזוב וקורנית · לקמיה מפרש להו : הכניסן לעצים · לייבשן : שלא יקטום בכלי · כדרך חול כדאמרן (לעיל דף עד:) הכי מאן דפריס סילקא דמי לטוחן · במילתיה דרבי יהודה גרסינן מולל ואוכל ובלבד שלא ימלול בכלי הרבה וחכמי' אומרים מולל בראשי אצבעותיו ובלבד שלא ימלול בידו הרבה כדרך חול כך מצאתי בתוספתא דרבנן מחמרי דבכולי ידא אסור אלא בראשי אצבעותיו ומהו מולל כגון אם בא לאכול הזרע מולל השרביטין שהזרע בתוכם : וכן באמיתא · לקמיה מפרש מאי אמיתא : ניניא · מינטא"ה : פיגם · רוד"א : צתרי · שדריא"ה לוי"ה ל"א פוליאול : אברתא · איסכי"א : חשי · שדריא"ה וללשון הראשון לא פורש : בשר תפל · שאינו מלוח ומאן דגרים תפוח היא היא : מותר לטלטלו · דלית ליה מוקצה בטלטול : במוקצה לאכילה סבר לה כר' יהודה · כלומר באיסור מוקצה לענין אכילה סבר לה כרבי יהודה דאסר לאוכלו(ג) ובאיסור מוקצה לטלטול סבר לה כרבי שמעון : בר אווזא · שחוט : משמשא לטולא · שלא יסריח : ואמר להו רב חסדא חסרון כיס חזינא הכא · שאתם מניחים אותה בשמש ומתחמם וסלקוהו על פיו מחמה לצל : באומצא · כשהוא חי אוכלין אותו בלא מלח : דג תפל אסור לטלטלו · דאינו ראוי לכלום ולכלבים לאו דעתיה למישדייה אבל מליח נאכל חי על ידי מלחו :

תוספות

אבל לא את הטבל · והא דאמר(ד) רבה בפרק כירה (לעיל דף מג·) טבל מוקן הוא אצל שבת שאם עבר ותיקנו מתוקן ה"מ לענין ביטול כלי מהיכנו שלא החמירו כמו לענין טלטול בידים : שפדאו אגב אסימון · הא דנקט אסימון הייני דלא כרבי דוסא דפרק הזהב (ב"מ דף מז:) והוה מצי למימר מעות הגיהנות סימן לבית המרחץ לר"ה אלא משום דאם כן מאי קמ"ל אבל השתא קמ"ל כרבנן :

ונתן הכסף וקם לו · אין הפסוק כן אלא ויסף חמישית כסף ערכך עליו וקם לו (ויקרא כז) ודרך הש"ס לקצר ולומר בלשון אחר קצר כי ההיא דפרק הדר (עירובין דף סה·) רבי חנינא ביומא דרתח לא מצלי שנאמר בצר אל יורה ובפרק הרואה (ברכות דף נה:) שנאמר כל החלומות הולכים אחר הפה וקשה לר"י נימא כסף דוקא וכ"ת דשוה כסף ככסף חדא דגבי נזקין מצרכינן קרא ישיב לרבות שוה כסף ועוד דאם כן אפילו קרקע נמי ומנלן למעוטי קרקע ואומר ר"י דמכלל ופרט נפקא כדתנן בבכורות בפרק יש בכור לנחלה (דף נא·) אין פודין לא בעבדים ולא בקרקעות ולא בהקדשות ומפרש בגמרא דבעי למימר ולא הקדשות בכל אלו לענין פדיון בכור דרשינן התם כלל ופרט ופדויו מבן חדש כלל כסף פרט תפדה חזר וכלל מה הפרט מפורש דבר המיטלטל כו' ה"נ איכא למימר בפדיון הקדשות ונתן כלל כסף פרט וקם לו חזר וכלל כו' מיהו בת"כ דריש ליה מקרא אחרינא וכל ערכך יהיה בשקל הקדש מה ת"ל לפי שנאמר(ה) תפדה יכול בעבדים ושטרות וקרקעו' ת"ל בשקל הקדש אין לי אלא סלעים מניין לרבות כל דבר המיטלטל ת"ל ופדה בערכך א"כ למה נאמר בשקל פרט לעבדים ושטרות וקרקעות אלא כן דרך הש"ס שאינו מביא עיקר הדרשה כמו שרגיל להביא *](כתובות דף מו:) בנעוריה בית אביה כל שבח נעורים לאביה אע"ג דההוא בהפרת נדרים הוא דכתיב וכן הרבה :

רשב"ג אומר אף מטלטלין שברי זכוכית · משמע דמודה לת"ק דמתיר חרדל והא דתנן רשב"ג מתיר בלוף וכל שכן דמתיר בחרדל :

הכניסן לעצים אין מסתפק · איכא למימר דה"ק הא סתמא נעשה כמי שהכניסן למאכל בהמה כי היכי דלא תקשה רישא לסיפא : דחזי לאומצא · מכאן ראיה דדם האברים שלא פירש מותר דקאמר דחזי לאומצא אע"ג דלא מליח * : דג תפל אסור לטלטלו · תימה מדשרי בשר תפל אלמא כר"ש אתיא אם כן דג תפל נמי לישרי כמו בשר תפל וי"ל דדג תפל אינו ראוי לכלבים אי נמי כר' יהודה אתיא ודג תפל אע"פ שראוי לכלבים אסור לטלטלו דכל מידי דחזי לאיכא לא מקצה לכלבים בשר תפל מותר לטלטלו לרבי יהודה מפני שהוא מאכל לחיה :

מטלטלין את העצמות · לר' יהודה דאית לי' מוקצה מיירי כגון שלא הי' עליה' בשר מאתמול :

בשר

רבינו חננאל

טעבב: אסימון מטבע שאין עליו צורה · ולא את הלוף ולא את החרדל · רשב"ג מתיר בלוף וכו' והא דרשב"ג פשוטה חבילי קש וחבילי עצים וכו' . חצבי עשב הוא והוא העשב (שכן) [שבו] תיחם יהושע לישראל את הארץ · הא מתני' סתמא היא וכוותה עבדינן דהא מתניתי' נמי דברי הכל הוא · ורשב"ג דאמר אין מותר לטלטל אלא חבילה הניטלת בידו אחת מוקמינן ליה בחבילות שהכניסן למאכל בהמה דכל סתם של תורה להותרא עבדינן . ותוב מתניתין סתמא תני וכוותה עבדינן וליכא לאוקמא רשב"ג מפרש דהא לא קתני איפתי ולא במה: חבילי סיאה · ציתרי · אזוב אברתא. וקורנית (האשי) [חשי] כולן מיני אזוב הן. הכניסן לעצים להדליק מהן אין מסתפק מהן בשבת למאכל בהמה מסתפק מהן בשבת *) דקי"ל אבל דחזי ליה וקוטם ואוכל ובלבד שלא יקטום בכלי ובמלילה חלקו ר' יהודה וחכמים והלכה כחכמים שאמרו מולל בראשי אצבעותיו ואוכל ובלבד שלא ימלול בידו הרבה כדרך שהוא עושה בחול · וכן באמיתא וכן בפיגם וכן בשאר מיני תבלין וקי"ל כחכמים · אמיתא · נענע : בשר תפוח חלק בו רב הונא ורב חסדא · רב הונא אמר מותר לטלטלו ורב חסדא אמר אסור לטלטלו · והלכתא כרב הונא דרב חסדא לגבי רב הונא תלמיד הוא · ותוב רב הונא קאי כר' שמעון דקיי"ל כוותיה ואפילו רב דסבר כר' יהודה במוקצה לאכילה במוקצה לטלטול כר' שמעון סבירא ליה ואי חזי לאומצא פי' ואם ראוי להיאכל נא אפי' רב חסדא מודה שמותר לטלטלו

*) אולי צ"ל וסי"ה אם הכניסן סתמא דקיי"ל דבסתמי' אבל דחזי ליה ועי' תוס' כאן ד"ה הכניסן .

רב נסים גאון

בפרק שלשה שאכלו כאחת כי הוא הדבר הנדמה דמי מתוקן ומי אינו מתוקן ובארנו שם עיקר גזירתו : אסימון הוא מטבע בפ' הזהב (ב"מ דף מז) מאי אסימון פולסא ומה שהוא כענין זה אסור לפדות בו את המעשר שני כי הכתוב פי' שצריך מטבע שיש עליו צורה דכתיב (דברים יד) וצרת הכסף בידך דבר שיש עליו צורה : ת"ר מטלטלין את החצב זה חצב הוא צמח משלח שרשיו למטה בקרקע בצדק בלא השיית והוא מה שאמרו בפרק חזקת הבתים (ב"ב דף נה) אמר ר' אסי אמר ר' יוחנן המצר והחצב מפסיקין בנכסי הגר וכו' ואמרו מאי הצובא אמר רב יהודה אמר רב שבו תיחם יהושע את הארץ לישראל

הגהות הגר"א [א] גמ' אין מסתפק מהן בשבת למאכל בהמה מסתפק מהן בשבת : [ב] שם מותר לטלטל בשבת בשר תפל · נ"ב לא גרסי' הגאונים וגריס תפוח ועי' רשב"א ·

גליון הש"ס גמ' והא ר"ה תלמיד דרב · ביצה דף מ ע"א · ב"ק קטו ע"א · ועיין ב"ב דף קנג ע"א תוספות ד"ה שלחו ליה (קכ"ב ע"ב) : שם במוקצה לטלטל ס"ל כר' שמעון · עיין לעיל דף יט ע"ב תוספות ד"ה הכי מכלי דחזי · ולקמן דף קנז ע"ב הסייף לדף קמ ע"ב תוספות ד"ה אלא דכשרא · ועיין במהרש"א ביצה דף כג ע"א בתוספות ד"ה אין סומכין :

ומולל - היינו מפרך השרביטין לאכול הזרע שבתוכן, [רש"י], **בראשי אצבעותיו** - לא בכל היד כדרך שהוא עושה בחול, [רש"י].

סימן שיט ס"ו - [ח]**אין מוללין מלילות** - מלילה הוא שמולל השבלים כדי לפרק הדגן מתוכן, ואסור מפני שנראה כדש, [רש"י ביצה דף י"ב: ד"ה מוללין, דס"ל דהוא רק מדרבנן, **ומסתברא** דהוכחתו, דאל"ה לא היו מתירין ביו"ט, ולפי מה דמסיק בסוף הסוגיא דדוקא על ידי שינוי, שוב אין ראיה. **ועיין** שבת דף ע"ג: בגמ' תנא הדש והמנפץ והמנפט וכו', ופי' ר"ח וכן בערוך דהוא מלילות שבלים, ומשמע דס"ל דהוא מדאורייתא]. **אלא מולל בשינוי, מעט בראשי אצבעותיו** - בגמרא איתא שם: ומולל בראשי אצבעותיו, וזהו השינוי שאינו מולל בידו, **ומה** דקאמר "מעט", היינו שלא ימלול בהם רק מעט. **הגה: ואע"פ שמפרק האוכל מתוך השבלים, הואיל ואינו מפרק רק כלאחר יד כדי לאכול, שרי.**

וה"ה בשרביטין של קטניות, שאין להוציא מהן הקטניות רק מעט, וע"י שינוי. **וצ"ע** דכל העולם נוהגין היתר, וצ"ל כיון שעודן לחין, ואף השרביט אוכלין אותו, לא הוי מפרק, רק כמפריד אוכל מאוכל, **אבל** יבשין, או שאר מיני קטניות שאין השרביטין ראוין לאכילה, כגון פולין שלנו וכן השומשמין מקליפתן, אסור לכו"ע בלי שנוי, (**ואפי' נתקו** הקטניות מן השרביטין מבפנים), **אף** שדעתו לאכול מיד, [**דלענין** מפרק אין נ"מ בין מיד ללאחר זמן, **ואי** אין דעתו לאכול מיד, אפי' ע"י שינוי אסור, כשאר בורר אוכל מתוך פסולת שאסור בלאחר זמן, **ודש** ומולל אין בו משום בורר, שעדיין יש לו פסולת, משא"כ בזה].

ויש מחמירין (מרדכי ור"ן פ"ק דיו"ט) - דס"ל דדוקא לרכך השבלים מותר ע"י שינוי, אבל לפרק הדגן מתוך השבלים, אף ע"י שינוי אסור, אף שדעתו לאכול לאלתר, מפני שנראה כדש, **אבל** כשנתפרק הדגן מן השבלים מע"ש, (שכבר נתלשו מע"ש מן השבלין, אבל עוד הן בקליפתן החיצונה - ב"י), מותר לקלפו לכו"ע, דאין זה בכלל מפרק כלל, ואפי' לקלוף הרבה מותר, כדאיתא בגמרא, [ביצה י"ג: דעבדא לה כסי כסי], **וכ"ז** כשדעתו לאכול לאלתר, כדאיתא לקמן בסוף סימן שכ"א, עי"ש. **ולרכך** תפוח קשה, אפשר דמותר אפי' בלי שינוי.

ולכן אסור לפרק האגוזים לוזים או אגוזים גדולים מתוך קליפתן הירוקה (מהרי"ל) - דזה דמי כמתוך השבלין, והיינו אפי' ע"י שינוי, דבלי שינוי לכו"ע אסור, **וטוב להחמיר אחר דיכול לאכלן כך בלא פירוק.**

אבל לכו"ע מותר לשבר הקליפה הקשה, ולקלוף גם הקליפה הדקה שעל האגוז גופא, וכדלקמן בסוף סימן שכ"א.

לוזים ובטנים שנשתברו ועדיין הם בקליפתן, משמע מדברי הפמ"ג בסימן זה, שיש ליזהר לברור האוכל מתוך הקליפות ולא להיפוך, ואפי' כשדעתו לאכול מיד ומשום בורר, **אבל** לקמן בסימן תק"י הביא המ"א בשם הים של שלמה, דדבר זה שקולף הקליפה מהן, בכלל תיקונא אוכלא הוא, ולא שייך ברירה בזה, **ואף** שהקשה עליו המ"א, כבר יישבו הא"ר והביאו הפמ"ג שם, דכיון שדעתו לאכול מיד שרי.

אות י'

דג מליח מותר לטלטלו, דג תפל אסור לטלטלו

סימן שח סל"ב - [ט]**דג מלוח מותר לטלטלו** - בין המין שקורין הערינ"ג, ובין כל המינין, דכיון שהוא מלוח ראוי לאכול ע"י הדחק, כמו בשר דחזי לאומצא, **וה"ה** דג מעושן.

ושאינו מלוח, אסור מפני שאינו ראוי - [י]הט"ז פירש דהיינו שאינו ראוי אף לכלבים, דאם היה ראוי לכלבים, אף דאינו עומד לאכילת כלבים, מותר לטלטל, **אבל** המ"א כתב, דדבר העומד לאכילת אדם, ואינו ראוי לאכול כך עד מו"ש, אף דראוי הוא לאכילת כלבים, מקצה איניש דעתיה מיניה, משום דלא קאי לכלבים, **ולפי"ז** שומן צונן של בהמה דאינו עומד כך לאכילת אדם, אסור לטלטלו, וכן פסקו האחרונים.

אות כ'

בשר בין תפל ובין מליח מותר לטלטלו

סימן שח סל"א - [יא]**בשר חי, אפילו תפל שאינו מלוח כלל, מותר לטלטלו, משום דחזי לאומצא** - היינו שיש בני אדם שדעתם יפה וכוססין בשר חי, שאין איסור באכילתו משום דם אחר שהודח, כשאוכלו כשהוא חי, כמ"ש ביו"ד.

והנה ממ"א מבואר, דדוקא במין הרך כגון יונה ובר אווזא, אבל בשר בהמה אינו חזי לכוס ואסור לטלטלו, [יב]**אבל** בט"ז פוסק, דאפילו בשר בהמה תפל מותר לטלטלו, (**דלדידן דפסקינן כר"ש, אף אם נימא**

באר הגולה

[ח] ביצה י"ב שבת קכ"ח וכחכמים [ט] שם [י] ‹וא"כ הא דאסרינן בדג תפל בברייתא, היינו מטעם דלא חזי כלל אפי' לכלבים, כמ"ש התוס' לתירוצא קמא, **אבל** רש"י פי' בדג תפל דאינו ראוי לכלום, ולכלבים לאו דעתיה למשדייה, עכ"ל, **ובהדיא** אמרינן בגמ': וסתמא כר"ש, **אלא** דנראה מדברי התוס' דל"ג כן בגמ', דהא כתבו בד"ה דג כו' בתירוץ השני דכר"י אתיא ברייתא, וא"כ גם רש"י נראה דס"ל כן, ומשו"ה פי' הטעם כן, וכמ"ש התוס' בתירוץ השני - ט"ז› [יא] שם קכ"ח [יב] ‹וקשה על ב"י ושו"ע שזכרו בטעם בשר, דחזי לאומצא דהוא מאכל אדם, דבגמרא אמרינן ר"ח ס"ל בשר חי אסור לטלטלו, ופרכינן עליה מבר אוזא דהתיר לטלטלו מחמה לצל, ומשני שאני בר אוזא דחזי לאומצא, משמע דבשר תפל לא חזי לאומצא. **ומו"ח** ז"ל כתב על ב"י ושו"ע שדבריו שלא בדקדוק, ואשתמיטתיה דברי הרמב"ם בפכ"ו דכתב בפי' כן, וז"ל ומטלטלין בשר חי בין תפל בין מליח מפני שראוי לאדם, עכ"ל, והיינו ודאי באומצא, **ונ"ל** לתרץ לענין היתר מוקצה לא סגי בראוי לחוד, אלא בעינן שיחזיק אותו לזה, אבל לענין איסור טלטול במאי דלא חזי ליה, סגי בראוי לחוד, כדאמרינן בפרק כירה אין מוקצה לר"ש בדבר הראוי, **ומש"ה** לק"מ, דדוקא לר"ח אמרינן כן בגמ', דהוא ס"ל כר"י, ובעינן דמחזיקין אותו לאותו דבר להיתר מוקצה, ולא סגי במה שהוא ראוי, מש"ה מחלק בין בר אוזא לשאר בשר, אע"ג דגם בשאר בשר חי ראוי לאכילה, כדאמרינן בכמה דוכתא בגמ' דחזיא לכוס, אלא ודאי דמ"מ לא מחזיקי אינשי כ"כ לזה כמו בר אוזא, וע"כ הוה שאר בשר מוקצה ואסור לר"י, אבל לר"ש דקי"ל כותיה, כיון דעכ"פ חזי לכוס, הוה ראוי, ומשום מוקצה אין איסור - ט"ז›

דלא חזי כ"כ לאומצא, מ"מ שרי), וכן הא"ר מסכים לדינא כהט"ז, ובביאור הגר"א חולק ג"כ על המ"א, משום דאמרינן דכל בשר ראוי לאכול באומצא, ע"ש, **וע"כ** אף שראיתי בהרבה אחרונים שהעתיקו דברי המ"א לדינא, במקום הדחק יש לסמוך על המקילין.

[יג]**וכן אם הוא תפוח (פי' מסריח), מותר לטלטלו, משום** [יד]**דראוי לכלבים** – (היינו אפילו אם נתפח בשבת, וכדעת ר"ש בנבילה שנתנבלה בשבת. בהמת א"י שנשחטה אפי' בשבת, שרי לטלטלה, מידי דהוי אנבילה שנתנבלה בשבת דשרי לטלטלה, כדלקמן בסימן שכ"ד).

אות ל'

מטלטלין את העצמות מפני שהוא מאכל לכלבים

סימן שח סכ"ט - הגה: ולפי זה מותר לטלטל עצמות שנתפרקו מן הבשר מע"ש אם ראויים לכלבים, דהא כלבים מצויים - ר"ל לפי מה שנתבאר, שכשהוא ראוי לחיה ועוף המצוים, אף שאין לו מאותו המין, מותר לטלטל, גם בזה מותר לטלטל.

מע"ש - וכל שכן אם נתפרקו בשבת, דהיה עומד בכניסת שבת לאכילת אדם, דבודאי מותר לטלטל, **ואם** אין כלבים מצוים באותו המקום, גם באופן זה אסור לטלטל.

(ב"י דלא כהר"ן) – (כ"ז הוא לפי מה שביאר דעת הר"ן [טו]בד"מ, **אבל** לפי מש"כ הב"ח [טז]והגר"א, גם הר"ן מודה בזה, **וכתב** עוד, דמ"ש בד"מ דרבים חולקים על סברא זו שכתב הר"ן לדעת הרי"ף והרמב"ם, דכל שהוא מאכל לחיה ועוף המצוים אף שאין לו מותר, ע"ש, **לא** מצא מי שיחליק בזה, וגם בשו"ע לא הגיה הרמ"א כלום אדעת המחבר).

באר הגולה

יג **שם** **יד** ‹עיין תוס' עמוד ב' ד"ה בשר› **טו** ‹דדוקא עצמות שנתפרקו מן הבשר בשבת מותר להעבירן מן השולחן, הואיל ועדיין ראויים לכלבים, אע"פ שאין לו כלבים, אבל שאר עצמות אסור לטלטלן – ד"מ›. ‹**דז"ל** הר"ן: וכי קשרי ר"ש לטלטולי עצמות הראויין לכלבים וקליפין דחזיין למאכל בהמה ואע"פ שנתפרקו, בשבת, אבל אם נתפרקו מע"ש אפי' ר"ש מודה, **וכתב** בד"מ, דהא דאוסר הר"ן בנתפרקו בע"ש אף בראוי לכלבים, היינו משום דס"ל דאף בראוי לבהמות המצויים נמי אסור לטלטל עד דאית ליה, משום דס"ל דת"ק דמתניתין פליג על ת"ק דברייתא, וס"ל דגם במצויים בעינן אית ליה – דמשק אליעזר› **טז** ‹דכתב: אבל דברי ב"י נכונים שהגיה דצ"ל בדברי הר"ן: אבל בנתפרקו מע"ש אפי' ר' יהודה מודה דשרי, דעצמות הראויים לכלבים מותרים בטלטול לכו"ע אעפ"י שאין לו כלב בביתו›

בשר תפוח מפני שהוא מאכל לחיה מים מגולין מפני שהן ראויין לחתול רשב"ג אומר כל עצמן אסור לשהותן מפני הסכנה: **מתני'** *כופין את הסל לפני האפרוחים כדי שיעלו וירדו תרנגולת שברחה דוחין אותה עד שתכנס מדדין עגלין וסייחין* (א)אשה מדדה את בנה אמר רבי יהודה אימתי בזמן שהוא נוטל אחת ומניח אחת אבל אם היה גורר אסור: **גמ'** אמר רב יהודה אמר רב בהמה שנפלה לאמת המים מביא כרים וכסתות ומניח תחתיה ואם עלתה עלתה מיתיבי *בהמה שנפלה לאמת המים עושה לה פרנסה במקומה בשביל שלא תמות פרנסה אין כרים וכסתות לא לא קשיא הא דאפשר בפרנסה הא דאי אפשר בפרנסה אפשר בפרנסה אין ואי לא מביא כרים וכסתות ומניח תחתיה והא *קא מבטל כלי מהיכנו סבר מבטל כלי מהיכנו דרבנן *צער בעלי חיים דאורייתא ואתי דאורייתא ודחי דרבנן: תרנגולת שברחה וכו': דוחין אין מדדין לא תנינא להא דת"ר מדדין בהמה חיה ועוף בחצר אבל לא את התרנגולת תרנגולת מאי טעמא לא אמר אביי משום דמקפיא נפשה תני חדא מדדין בהמה וחיה ועוף בחצר אבל לא ברה"ר והאשה מדדה את בנה ברה"ר ואצ"ל בחצר ותניא אידך אין עוקרין בהמה וחיה ועוף בחצר אבל דוחין בהן שיכנסו הא גופא קשיא אמרת אין עוקרין אבל דדויי מדדינן (ג)והדר אמרת דוחין אין מדדין לא אמר אביי סיפא אתאן לתרנגולת אמר אביי האי מאן דשחיט תרנגולת לכבשינהו לכרעיה בארעא אי נמי נידל להו מידל דדילמא מנח להו לטופריה בארעא ועקר להו לסימנים: **מתני'** אין מילדין את הבהמה ביום טוב אבל מסעדין ומילדין את האשה בשבת וקורין לה חכמה ממקום למקום ומחללין עליה את השבת וקושרין את הטיבור רבי יוסי אומר *אף חותכין *וכל צרכי מילה עושין בשבת: **גמ'** כיצד מסעדין רב יהודה אמר אוחז את הולד שלא יפול לארץ רב נחמן אמר דוחק בבשר כדי שיצא הולד תניא כוותיה דרב יהודה *כיצד מסעדין אוחזין את הולד שלא יפול לארץ ונופח לו בחוטמו ונותן לו דד לתוך פיו כדי שינק אמר רשב"ג מרחמין היינו על בהמה טהורה ביו"ט היכי עביד אמר אביי מביא בול של מלח ומניח לה בתוך הרחם כדי שתזכור צערה ותרחם עליו ומזלפין מי שליא על גבי ולד כדי שתריח ריחו ותרחם עליו ודוקא טהורה אבל טמאה לא מ"ט טמאה לא מרחקא ולדא ואי מרחקא ולדא לא מקרבא: מילדין את האשה וכו': מכדי תנא ליה מילדין את האשה וקורין לה חכמה ממקום למקום ומחללין עליה את השבת לאתויי מאי לאתויי הא דתנו רבנן אם היתה צריכה לנר חבירתה מדלקת לה את הנר ואם היתה צריכה לשמן חבירתה מביאה לה שמן ביד ואם אינו ספק ביד מביאה בשערה ואם אינו ספק בשערה מביאה לה בכלי אמר מר אם היתה צריכה לנר חבירתה מדלקת לה את הנר פשיטא לא צריכא בסומא מהו דתימא כיון דלא חזיא אסור קא משמע לן איתובי מיתבא דעתה סברא אי איכא מידי חזיא חבירתא ועבדה לי: אם היתה צריכה לשמן וכו': תיפוק ליה משום סחוטה רבה ורב יוסף דאמרי תרווייהו אין סחוטה בשיער רב אשי אמר אפי' תימא יש סחוטה בשיער מביאה לה בכלי דרך שערה *דכמה דאפשר לשנויי משנינן אמר רב יהודה אמר שמואל חיה כל זמן שהקבר פתוח בין אמרה צריכה אני *)בין לא אמרה צריכה אני מחללין עליה את השבת נסתם הקבר בין אמרה צריכה

*) ס"א בין אמרה איני צריכה

תוספות: **בשר** תפוח מפני שהוא מאכל לחיה · תימה לימא מפני שהוא מאכל לכלבים וי"ל דכרבי יהודה אתיא ואיטו מסריח כפירוש הקונטרס אלא חזי ליה וכל מידי דחזי ליה לאינש לא מקצה לכלבים אבל מפני שהוא מאכל לחיה מותר לטלטלו דכל ישראל בני מלכים הם ורב חסדא דלא שרי בשר תפל מהאי טעמא לית ליה כל ישראל בני מלכים: **אין** עוקרין בהמה חיה ועוף · לספרים דגרסי רה"ר הך ברייתא פליגא אקמייתא בתרתי דדייקינן הא דדויי מדדינן אפילו ברה"ר ולעיל קתני דווקא בחצר ותו סיפא דמוקמת לתרנגולת דאין מדדין ברה"ר ולעיל קתני דאפי' בחצר לא ולספרים דגרסי אין עוקרין בהמה חיה ועוף בחצר אתי שפיר: **קמ"ל** איתובי מיתבא דעתה · אע"ג דבפרק בתרא דיומא (דף פג·) אמר חולה אין מאכילין אותו ביוה"כ אלא ע"פ מומחה והכא(ה) שריא משום יתובי דעתא היינו שיותר יכולה היולדת להסתכן על ידי פחד שתתפחד שמא אין עושין יפה מה שהיא צריכה ממה שיסתכן החולה ברעב:

רש"י: **בשר** **תפוח** · מסריח: **לחתול** · לא מזיק ליה ארס דנחש שאף האנשים היא אוכלת: **מפני הסכנה** · שמא ישתה אדם מהם: **מתני'** **כופין סל בפני האפרוחים** · אשמעינן דכלי ניטל לדבר שאינו ניטל בשבת ורבי יצחק משני לה *בפ"ג בצריך למקומו: **שברחה** · מן הבית: **דוחין** · בידים: **מדדין עגלים** · אוחז בצואריו ובצדדין וגוררו ומסייעו(ג) ומכשנע לו ברגליו: **אשה מדדה את בנה** · אוחזתו בזרועותיו מאחוריו ומסייעתו והוא מניע רגליו והולך: **שנוטל אחת ומניח אחת** · שהתינוק מניע את רגליו כשמניח אחת מגביה אחת: **אבל גורר אסור** · מפני שנושאתו: **גמ'** **ואי לא** · כגון שהמים עמוקין: **והא קמבטל כלי מהיכנו** · דמשהניחם תחתיה אין יכול לטלטלן דדומה לסותר בנין(ד) מדרבנן: **צער בעלי חיים דאורייתא** · שנאמר עזוב תעזוב עמו ואיכא מאן דדריש טעמא דקרא משום צער בעלי חיים באלו מציאות (ב"מ דף לב:): **מדדין לא** · שלא יהא אוחזה בגפיה ורגליה נוגעין לארץ ומוליכה: **דמקפיא נפשה** · מגבהת עצמה מן הארץ ונמצא זה מטלטל אבל אווזים כשאוחזין בגפיהן הן מהלכין ברגליהן ומיהו ברה"ר לא משום שמא יגביה מן הארץ ונמצא נושאן דסתמא כרבנן דפליגי עליה דרבי נתן בהמצניע (לעיל דף צד·) גבי המוציא חיה ועוף בין חיין בין שחוטין חייב והאשה מדדה את בנה אפילו ברה"ר דאי נמי מגביה ליה חי נושא את עצמו דהכי מוקמינן התם דבאדם מודו רבנן לרבי נתן: **מקפיא** · כגון אקפו ידייכו דחגיגה (דף טז:): **אין עוקרין** · רגליה לגמרי מן הארץ דמוקלה היא לטלטלה: **דדויי מדדינן** · אוחזה בשני לדדיה בידו ומדדה והאי טלטול שפי מדחייה שדוחפה מאחריה: **סיפא** · דקתני דוחין אבל לא מדדין: **אתאן לתרנגולת** · ורישא בשאר עופות: **לכבשינהו לכרעיה בארעא** · כדי שיתכפתו ולא יוכל להתחזק עליהן: **אי נמי נידלינהו** · יגביהנו שלא יהו רגליו נוגעות לארץ: **מתני'** **מסעדין** · מפרש בגמרא: **חכמה** · מילדת: **אין מילדין את הבהמה ביום טוב** · דאיכא טרחא יתירה: **אבל מסעדין** · אותה בי"ט: **ומיילדין אשה בשבת** · ואין צריך לומר שמסעדין וכל שכן ביום טוב: **וקושרין הטיבור** · של ולד שהוא ארוך שאם לא יקשר ויכרך בשום דבר יצאו מעיו אם יגביהו התינוק: **גמ'** **דוחק** · בבשר של בהמה לפנים שיצא הולד בולט לחוץ: **ונופח לו בחוטמו** · שנחיריו סתומין ע בריריו: **ונותן דד** · של אמו בתוך פיו: **מרחמין** · מאהבין את ולדה עליה: **בול של מלח** · מלא אגרוף דכייב לה וזוכרת צער לידה ומרחמת את הולד אם רחקתו: **מי שליא** · שורין את השליא במים: **לא מרחקא** · אין דרכה לרחק: **מביאה לה שמן** · דרך רה"ר: **ביד** · בכפה ולא בכלי דכמה דאפשר משנינן: **בשערה** · שכה שערה שמן וכשבאה אצלה מקנחתו ואין כאן חילול שבת כיון שאין דרך הוצאה בכך: **פשיטא** · דהא פקוח נפש דוחה שבת: **תיפוק ליה משום סחיטה** · למה לא הביאה לה בכלי שלא תחלל שבת בהוצאה הכא נמי הא קמחללה בסחיטה: **אין סחיטה בשיער** · שהוא קשה ואין בולע: **דרך שערה** · סורכת הכלי בראשה בשערה: **חיה** · יולדת: **קבר** · בית הרחם: צריכה

רבינו חננאל
לטלטלו: דג תפל אסור לטלטלו בשר בין חי ובין מליח מותר לטלטלו · ת"ר מטלטלין את העצמות מפני שהן מאכל לכלבים בשר תפוח מפני שהוא מאכל לחיה ונו' היא דתניא כוותיה דרב ותנא מים מגולין מפני שהן ראוין לחתול · ומתניתא אלין הלכתא אינון דליכא דפליג · ואליבא דב"ה נשנו דתנן ב"ה אומרים מגביהין מעל השלחן עצמות וקליפין: כופין את הסל לפני האפרוחים שיעלו וירדו · בהמה שנפלה לאמת המים אם אפשר לה בפרנסה עושין לה פרנסה במקומה · ואם אי אפשר לה בפרנסה מביא כרים וכסתות ומניח תחתיה ואם עלתה עלתה ואף על גב דמבטל כלי מהיכנו · מדרבנן היא · וצער ב"ח דאורייתא ואתא דאורייתא ודחה דרבנן · תרנגולת שברחה דוחין אותה עד שתכנס אבל אין מודדין אותה אפי' בחצר משום דמקפיא נפשה ואע"פ ששאר בהמה חיה ועוף מדדין בחצר אבל לא ברה"ר תרנגולת אפילו בחצר לא אלא אסור לדדותם אפילו בחצר · האשה מדדה את בנה ברה"ר וכ"ש בחצר והא דאמר ר' יהודה אימתי בזמן שנוטל אחת ומניח אחת אבל אם היה גורר אסור [היינו] ברה"ר כלבד שאם נוטל התינוק רגלו אחת ונשען על רגלו האחרת נמצא כמהלך אבל אם אינו נשען על רגליו אלא כשמדדתו גורר רגליו נמצאת נושאתו ברה"ר ואסור אבל בחצר מותר לטלטלו ולשאת אותו והא דאמר אביי מאן דשחיט תרנגולת ליכבשינה לכרעתא בארעא · אי נמי תידלינהו דילמא מנח להן לטופראה בארעא ועקרה להו לסימנים הלכתא היא: **מתני'** אין מילדין את הבהמה ביו"ט אבל מסעדין כיצד מסעדין · רב יהודה אמר אוחז בולד שלא יפול לארץ והלכתא כמותו · דתניא כוותיה · כיצד מסעדין אוחז בולד שלא יפול לארץ ונופחו לו בחוטמו ונותן דד לתוך פיו כדי שינק כו' · וקי"ל דמסעדין ומרחמין דתנינן ביו"ט אבל לא בשבת ומילדין את האשה בשבת וקורין לה חכמה ממקום למקום ומחללין עליה את השבת · ואסיקנא שמדלקת לה חברתה את הנר ואפילו אם היא סומא מותר להדליק לה נר בשבת דקי"ל יתובי מייתבא דעתה סברא אי איכא מידי חוייא חברתאי ועבדא לי · ואם היתה צריכה לשמן מביאה לה שמן כרב אשי דאמר מביאה לה בכלי דרך שערה נועצת כלי של שמן בשערה כדי שלא [יהא] הוצאה ביד כדרך המוציאין ומסקנא כמה דאית לשנויי משנינן ואם צריכה למאכל מביאין לה · מר זוטרא מתני אמר רב יהודה אמר שמואל חיה כל זמן שהקבר פתוח · פירוש הקבר בית הרחם · בין אמרה צריכה אני ובין אמרה איני צריכה מחללין עליה את השבת · נסתם (הכלי) [הקבר] אמרה צריכה

רב נסים גאון
כדי שיתפרש התוספן אחד מחבירו ויאמינו בכך לענין עירובן של תחומים ושיתופם כי השרשים שהוא משלח בקרקע מוכיחים על הגבולים ועל פי זה אמרו שם במסכת יום טוב (פרק אין צדין דף כה) חצובא מקטע רגליהון דרשיעיא שהוא דבר שאין בו רוח חיים ובצמיחתו משלח שרשיו בארץ במשפט והרשעים מעקשין דרכיהם ואין הולכין ברכיו של הקב"ה כמו שראוי להם לכן דרכם באפילה: צער בעלי חיים דאורייתא מה שאמר הקב"ה (שמות כג) כי תראה חמור שונאך רובץ תחת משאו ואמרו בבא מציעא בפרק אלו מציאות (דף לב) מצות מן התורה לפרוק וקסבר תנא דידן צער בעלי חיים דאורייתא ורבי יוסי הגלילי סבר צער בעלי חיים דרבנן וסבר (אביי) [רב יהודה] בכאן כתנא קמא דצער בעלי חיים דאורייתא וביטול כלי מהיכנו דרבנן משכחת לה בפרק כירה (לעיל דף מג) דתנן אין נותנין כלי תחת הנר לקבל בו את השמן ואמר רב חסדא אין נותנין כלי תחת התרנגולת לקבל ביצתה כו' ופירש רב יוסף טעמא בכך ואמר היינו טעמא דרב חסדא דקא מבטל כלי מהיכנו והא מדרבנן הוא:

סליק פרק מפנין

§ מסכת שבת דף קכח: §

אות א'

כופין את הסל לפני האפרוחים כדי שיעלו וירדו

סימן שח סל"ט - [א]אסור לטלטל בהמה חיה ועוף - דהם בכלל מוקצה כעצים ואבנים, דהא לא חזו, **ואפילו** אם יכול להגיע להפסד על ידם, כגון שהעוף פורח על גבי הכלים ויכול לשברם, אפ"ה אסור לתפסם בידים, **ואפילו** אם הוא מורגל בבית מכבר, דתו אין בו משום חשש צידה, כמבואר בסימן שט"ז, אפ"ה ליטלם בידים אסור משום מוקצה, אלא יפריחנה מעליהם, **וכמבואר** במ"א, דאיסור טלטול מוקצה הוא אפילו במקום הפסד.

ואע"פ כן [ב]מותר לכפות את הסל לפני האפרוחים כדי שיעלו וירדו בו - ואין בו משום חשש ביטול כלי מהיכנו על אותו זמן שהם עליו, דהא יכול להפריחם בכל שעה.

[ג]ובעודם עליו אסור לטלטלו - ואם היו עליו ביה"ש, אסור אע"פ שירדו, דמיגו דאיתקצאי לבה"ש איתקצאי לכולי יומא, [גמ'].

אות ב'

אימתי בזמן שהוא נוטל אחת ומניח אחת, אבל אם היה גורר, אסור

סימן שח סמ"א - [ד]האשה מדדה את בנה, [ה]אפי' ברשות הרבים - דהא אפילו תגביהנו פטורה, דחי נושא את עצמו, ולית בזה אלא איסורא דרבנן, והוי גזירה לגזירה. **ואם** נושא כפות או חולה, חייב, דבזה לא שייך שנושא את עצמו. **והנושא** מת, הוי מלאכה שא"צ לגופה, עיין סימן רע"ח.

[ו]ובלבד שלא תגררהו - מפני שנושאתו, כ"כ רש"י, (ואף דהמ"א כתב זה בשם הר"ן, הנה אף שהר"ן כתב כן במשנה לדברי רש"י, מ"מ אינו הכרח שהר"ן גופא יסבור כן), משמע דס"ל דהוי כמו שנושאו, וא"כ אפילו בכרמלית אסור, **ויש** שמקילין בזה, (הוא מדברי הר"ן, דס"ל דמה שאסרו גרירה, הוא בקטן שאינו יכול לילך בעצמו כלל, **שאז** חייב כשנושאו, ולכך אסרו גרירה כדי שלא יבא לישאנו על כתפו, **ולפי"ז** לדעת הב"י שמתיר לדדות בהמה וחיה בכרמלית, אין להחמיר בו בגרירה בכרמלית, וכ"ש דאין להחמיר בגרירה כלל לדעתו, למי שיכול לדדות בעצמו).

אלא יהא מגביה רגלו אחת ויניח השניה על הארץ, וישען עליה עד שיחזור ויניח רגלו שהגביה, שנמצא לעולם הוא נשען על רגלו האחת - אבל לישא אותו על כתפו, גם בכרמלית אסור לכו"ע, ויש מהמון שנכשלין בזה, שנושאין קטנים על כתפיהם, וטעותן הוא מפני שהקטן יכול לילך בעצמו, ושגגה היא, דאיסור דרבנן יש בכל אופן אפילו בכרמלית, (דכיון דמדרבנן נשיאת החי הוא כמו שאר דברים ממש, שוב אין חילוק בזה בין כרמלית לר"ה), **ומ"מ** טוב למנוע מלומר להן, שבודאי לא ישמעו לנו, ומוטב שיהיו שוגגין ואל יהיו מזידין, **וקטן** שאין יכול לילך בעצמו כלל, חייב לרוב הפוסקים כשנשאו בר"ה, **וע"י** א"י שרי, לדידן דאין מצוי אצלנו ר"ה, (דרוב הוצאות של קטן הצריך לאמו בגדר צורך גדול - שבט הלוי).

המוציא תינוק וכיס תלוי בצוארו, חייב, אף שהתינוק יכול לילך בעצמו, דאין בו איסור דאורייתא, דחי נושא את עצמו, מ"מ חייב משום כיס, דכיס אינו בטל לגביה, שהוא אין צריך לו, (עיין דף קמ"א:), **אבל** המוציא גדול המלובש בכליו, פטור, דבגדיו טפלים לו, ועליו אינו חייב, דהוא נושא את עצמו, ולית ביה אלא איסורא דרבנן, (עיין דף קמ"ב.).

אות ג'

הא דאפשר בפרנסה, הא דאי אפשר בפרנסה

סימן שה סי"ט - [ז]בהמה שנפלה לאמת המים, אם המים עמוקים ומפני כך אינו יכול לפרנסה במקומה, מביא כרים וכסתות ונותן תחתיה משום צער בע"ח, [ח]אע"פ שמבטל כלי מהיכנו - וה"ה דיכול להניח שאר כלים תחתיה כדי שתוכל לעלות, **ונקט** כרים וכסתות לרבותא, אף דלא יהיו ראוים להשתמש בהן עי"ז בעוד שעליהן לחות המים אף לכשתעלה הבהמה, אפ"ה מותר, **דאתי** צער בע"ח דהוא דאורייתא {ממה דהזהירה התורה מצות פריקת המשא מעל הבהמה} ודחי איסור ביטול כלי מהיכנו שהוא רק מדרבנן, שגזרו שלא לבטל בשבת כלי ממה שהיא מוכנת.

אבל אם אין עמוקים, ויכול לפרנסה במקומה שלא תמות, אין מתירין לו להניח כרים וכסתות לבטל כלי מהיכנו, [גמ'].

אבל אסור להעלותה בידים, דכל בעלי חיים הם מוקצים, ואע"ג דאיכא צער בע"ח, אסור, דאין לנו לדמות גזירות חכמים זה לזה - מ"א ותו"ש, **ועיין** בא"ר שהביא, דיש פוסקים שמקילים אף להעלותה בידים, אם א"א ע"י כרים וכסתות, **וע"י** א"י לכו"ע מותר להעלותה, וזה עדיף יותר מהנחת כרים וכסתות ושאר כלים תחתיה.

דין קירוד בהמה בשבת, כמו ביו"ט. (מרדכי פ"ב דביצה) (וע"ל סי' תקכ"ג ס"ג).

אות ד'

צער בעלי חיים דאורייתא

חו"מ סימן רעב ס"ט - הגה: וי"א לפרוק חייב אפילו אין העכו"ם שם, משום צער בעלי חיים דהוי דאורייתא -

באר הגולה

[א] ה"ה בפרק כ"ה הכ"ה מהא דשבת קכ"ח בברייתא [ב] שם במשנה (קכ"ח) [ג] שם בגמרא מ"ג. [ד] שם במשנה [ה] שם בברייתא [ו] ר"ן שם ורבי ירוחם (מתני' שם - גר"א) [ז] שם קכ"ח [ח] שזהו מדרבנן וצער בעלי חיים דאורייתא

{נראה דקאי אמאי דמסיק הרמב"ם וכתב, דאם הבהמה והמשא של הגוי דאינו חייב ליטפל בה אלא משום איבה, ואיבה ליכא אלא כשהגוי רואה שהישראל זה עומד ואינו מסייעו, **ואזה** כתב מור"ם דחייב לפרוק אפילו אין הגוי שם, דאף דלית בה משום איבה, חייב משום צער בעלי חיים. **ולפי** מה שכתבתי בסמוך, דגם הרמב"ם ס"ל דצער בעלי חיים דאורייתא, אלא שקאי אטעינה ולא אפריקה, לא קשה מידי אהרמב"ם - סמ"ע}. [לפי מש"כ בס"ח אף דעה קמא ס"ל כן - ט"ז].

וכן בכל מקום דפטור לפרוק, מ"מ משום צער בע"ח מיהו חייב - {פי', כשהבהמה היתה רבצנית או עמדנית, כנ"ל בסעיף א' בהג"ה, וכל כיוצא בזה הנזכרים לעיל, **אבל** אם הוא זקן ואינו לפי כבודו, אינו בכלל זה - סמ"ע}.

אות ה' – ו'

תרנגולת שברחה וכו'

מדדין בהמה חיה ועוף בחצר, אבל לא את התרנגולת

סימן שח ס"מ - [ט]**כל בהמה חיה ועוף** - בין גדולים בין קטנים, **מדדים אותם בחצר, דהיינו שאוחז בצוארן ובצדדים ומוליכן, אם צריכין הבע"ח לכך** - ומשום צער בע"ח, דאל"כ אסור לעשות כן, דבכל מידי דלא חזי לטלטול, כשם שאין מטלטלין כולו, כך אין מטלטלין מקצתו, כמ"ש סי' שי"א ס"ז גבי מת, שלא יזיז ממנו אבר.

בחצר - אבל לא בר"ה, דגזרינן שמא יגביהם ויעבירם ד"א ויתחייב חטאת, דגבי בהמה לא אמרינן חי נושא את עצמו, {דמשמטת עצמה כלפי מטה - רש"י דף צ"ד. ד"ה דמשרבטי}. **ועיין** בטור, דס"ל דבכרמלית נמי אסור לדדות כמו בר"ה, וכן פסק בלבוש, **ודלא** כב"י שצדד להקל בזה, **ומ"מ** נראה דבעגלים גדולים מותר לדדות בכרמלית, עיין בר"ן שהובא בב"י, {דדוקא בקטנים שבהם, דמתוך שהן קשין להנהיגם ברגליהם אתי לטלטלינהו, אבל בגדולים לא גזרינן}.

ובלבד שלא יגביהם בענין שיעקרו רגליהם מן הארץ, דמוקצין הם ואסור לטלטלן; חוץ מתרנגולת שאין מדדין אותה, [י]**מפני שמגבהת עצמה מן הארץ ונמצא זה מטלטל,** [יא]**אבל דוחים אותה מאחוריה בידים כדי שתכנס** - אפילו אם אינו לצרכה כדי להאכילה, אלא לתועלתו כדי שלא יבוא לידי הפסד ממון, כגון שברחה מן הבית לחוץ, וה"ה אם ברחה מן הביצים, [**ואפי'** אם ברחה לר"ה ג"כ שרי לדחותה], **אבל** בלא הפסד ממון, אפילו הדחיה אינו נכון, כיון שאינו לצרכה. {וצ"ל דוחין לאו טלטול כ"כ הוה, ומ"מ הפסד ממון בעינן, הלא"ה אסור - פמ"ג}.

אות ז'

והאשה מדדה את בנה ברה"ר, ואצ"ל בחצר

סימן שח סמ"א - [יב]**האשה מדדה את בנה,** [יג]**אפי' ברשות הרבים** - דהא אפילו תגביהנו פטורה, דחי נושא את עצמו, וליכא בזה אלא איסורא דרבנן, והוי גזירה לגזירה. **ואם** נושא כפות או חולה, חייב, דבזה לא שייך שנושא את עצמו. **והנושא** מת, הוי מלאכה שא"צ לגופה, עיין סימן רע"ח.

אות ח'

האי מאן דשחיט תרנגולת, לכבשינהו לכרעיה בארעא, אי נמי נידל להו מידל, דדילמא מנח להו לטופריה בארעא, ועקר להו לסימנים

יו"ד סימן כד ס"כ - [יד]**השוחט תרנגול, צריך ליזהר שידחוק** [טו]**רגלו בקרקע** - [וה"ה בכותל - ט"ז], **או יגביהנו שלא ינעוץ רגלו בקרקע, כדי שלא יעקור הסימנים.**

אות ט' – י'

אין מילדין את הבהמה ביום טוב, אבל מסעדין אוחזין את הולד שלא יפול לארץ, ונופח לו בחוטמו, ונותן לו דד לתוך פיו כדי שינק

סימן שלב ס"א - [טז]**אין מילדין את הבהמה בשבת** - פירוש למשוך הולד מן הרחם, דאיכא טרחא יתירא, [יז]**ועיין** באחרונים שהסכימו, דאף לסעדה, היינו שאוחז הולד שלא יפול לארץ, ונותן לו דד לתוך פיו, אסור בשבת, **וכן** כל צרכי לידה המבואר בסי' תקכ"ג.

{**ואם** היא מבכרת, ויש לחוש שמא תמות הבהמה, מסתפק הפמ"ג, **וע"י** א"י בודאי יש להקל}.

סימן תקכג ס"ג - [יח]**אין מילדין בהמה ביו"ט** - דהיינו למשוך הולד מן הרחם, דאיכא טרחא יתירא.

אבל מסעדין אותה, שאוחז בולד שלא יפול לארץ, ונופח לו בחוטמו - שנחיריו סתומין לו ברירין, [רש"י], **ונותן לו דד לתוך פיו.**

באר הגולה

[ט] שם קכ"ח במשנה וגמ' [י] כאביי שם וכפי' רש"י [יא] שם במשנה [יב] שם במשנה [יג] שם בברייתא [יד] מימרא דאביי שבת דף קכ"ח [טו] פי' אם שוחט ע"ג קרקע או סמוך לו [טז] שבת קכ"ח משנה [יז] {מדתנן סוף פרק מפנין, אין מילדין הבהמה ביו"ט אבל מסעדים, **וכתב** הרא"ש, דר"י נסתפק אי האי מסעדים ר"ל אפי' בשבת, והא דקתני ביו"ט משום רבותא דאין מילדין תניא, או דבשבת אפי' מסעדים אסור, והניח הדבר בספק. **והטור** פסק לקולא, ותמה עליו הרב ב"י. **ומדלא** כתב פה בשו"ע דין מסעדים לא להתיר ולא לאסור, כי אם לקמן סימן תקכ"ג לענין יו"ט, משמע דגם להרב ב"י מספקא מלתא, **וא"כ** ממילא מספקא אסור, אע"ג דהוי ספק דרבנן. **וכתב** המ"א: וכן משמע בגמ' דאמר מרחמין על בהמה ביו"ט, עכ"ל. **דמה** לו לרשב"ג להזכיר ביו"ט, אלא ודאי לדיוקא אתי, דוקא ביו"ט אבל בשבת אסור, **ועוד**, כיון דרשב"ג קתני בתר הא דמפרש מסעדים, מסתמא כמו דסיפא דהיינו מרחמים הוא דוקא ביו"ט, גם רישא דאיירי במסעדים דומיא דסיפא, דוקא ביו"ט - מחה"ש} [יח] משנה וגמרא שבת קכ"ח

אות כ'

מרחמין היינו על בהמה טהורה ביום טוב

סימן תקכג ס"ד - [יט]**בהמה שריחקה ולדה, מותר לזלף (פי' לשפוך) מי שליתה עליו** - על הולד, כדי שתריח ריחו ותרחם עליו, גמ', **וליתן מלא אגרוף מלח ברחמה** - כדי שיכאוב לה ותזכור צער לידה, שם, **כדי שתרחם עליו; אבל הטמאה אסור לעשות לה כן** - שאינה מקרבתו לעולם אחר שריחקתו, שם.

אות ל' - מ' - נ'

מילדין את האשה וכו'

אם היתה צריכה לנר, חבירתה מדלקת לה את הנר

לא צריכא בסומא

סימן של ס"א - יולדת היא כחולה שיש בו סכנה, ומחללין עליה השבת לכל מה שצריכה - ולכן מן הראוי לאשה שהגיעה לחודש טי"ת, להזמין בכל ע"ש כל הדברים הנצרכים לה, דשמא יזדמן לידתה בשבת, ולא תצטרך לחלל שבת.

קוראין לה חכמה ממקום למקום - ואפילו מחוץ לתחום, [כ][רש"י, ואפי' חוץ לג' פרסאות].

ומילדין (אותה), ומדליקין לה נר - אם הוא לילה, ואע"פ שחברותיה יודעות לעשות לה כל הדברים הנצרכים לה, אעפ"כ קים להו לחכמים דלא מיתבא דעתא דיולדת כשרויה בחשך, **וכתבו** בתוספות ישנים, דמשו"ה אפילו אינה אומרת כלום, וגם החכמה אינה אומרת כלום, נמי מדליקין, (**ולפי"ז** הא דאמרינן בש"ס, אם היתה צריכה לנר, אין כונת הש"ס אם המילדת אומרת או שהיא אומרת, רק שהגיעה לילה, ובודאי צריכה לנר ליתובי דעתא, **אלא דלפי"ז** לא הויא דומיא הך דצריכה לנר, להך דצריכה לשמן, דהתם בודאי משמע כשהחכמה אומרת שנצרך לה שמן, ודוחק).

(והנה מהרמב"ם משמע שהוא מבאר הברייתא באופן אחר שיהיה הכל מתורץ, דהיינו בסתם חולה שיש בו סכנה, או ביולדת משעת פתיחת הקבר, בודאי מדליקין לה את הנר ולא צריכינן לשום פרט, רק הברייתא מיירי קודם פתיחת הקבר, ואף שצועקת בחבליה, ולהכי תלינן באם היתה צריכה לנר, דהיינו שאומרת שצריכה).

(והכא א"צ מומחה כמו שצריך לחולה ביוה"כ, דיותר יכולה היולדת להסתכן ע"י פחד שתתפחד, שמא אין עושין יפה מה שהיא צריכה, ממה שיסתכן החולה ברעב, תוס').

אפי' היא [כא]**סומא** - אע"פ שבזה לא שייך טעמא הנ"ל, דבלא"ה שרויה בחושך, אעפ"כ מיתבא דעתה בנר דלוק, דקאמרה: אי צריכנא מידי חזיא חברותיה ועבדי לי, [גמ'].

ואע"פ דהדלקת הנר עיקרה אינה לרפואה, אעפ"כ מחללין, דקים להו לרבנן דיתובי דעתא דיולדת, הוא מילתא דמסתכנא בה בלא"ה.

[כב]**ומ"מ בכל מה שיכולין לשנות משנין** - וכ"ז בדליכא עיכוב לחולה, **אבל** אם אינו נעשה בזריזות בשינוי כמו בלא שינוי, מצוה לעשות בלא שינוי למהר הדבר בכל כחו.

ואפילו למ"ד בסימן שכ"ח סי"ב, דגבי פקוח נפש לא בעיא שינוי, הכא שאני, מפני שכאב היולדת דבר טבעי הוא, ואין אחת מאלף מתה מחמת לידה, לפיכך החמירו בה לשנות.

כגון אם צריכים להביא לה כלי - עם שמן וכה"ג, [כג]**מביאו לה חברתה תלוי בשערה** - שלא כדרך המוציאין, דאינו כי אם שבות בעלמא, **וכן כל כיוצא בזה.**

וזה עדיף מאם תסוך השמן בשערה, ותביא אצלה ותסחוט את השער, דהתם איכא עוד איסורא דסחיטה, **דאע"פ** דאין סחיטה בשער לחיוב, מ"מ בודאי אסור משום שבות, **ומיהו** אם מספקת לה ממה שתביא השמן בידה, זה יותר עדיף מכל הני דלעיל, כן משמע בגמ'.

אות נ'* [כד]

דכמה דאפשר לשנויי משנינן

סימן שכח סי"ב - הגה: וי"א דאם אפשר לעשות בלא דיחוי ובלא איסור ע"י שינוי, עושה ע"י שינוי - דכל כמה דנוכל לעשות בהיתר, לא שבקי התירא ונעשה באיסור, **ונראה** דה"ה אם ע"י השינוי מתאחר הדבר מעט, רק דאין החולי בהול, נמי מתאחרים מעט כדי לעשות ע"י שינוי, דאינו אלא איסור דרבנן.

[כה]**ואם אפשר לעשות ע"י א"י בלא איסור כלל, עושין ע"י א"י (א"ז)** - וה"ה ע"י קטנים, **וכן נוהגים; אבל במקום דיש לחוש שיתעצל הא"י, אין לעשות ע"י א"י (תוס' ור"ן)** - והט"ז כתב דלאו מנהג ותיקון הוא, דאף שיכול לעשות ע"י א"י, מ"מ הישראל יזרז בדבר יותר, ולכן אם יש אפילו ספק הצלה, ויש סכנה בבירור, כל הזריז הרי זה משובח.

באר הגולה

[יט] ברייתא וגמרא שם [כ] ‹לא מצאתי ברש"י, אבל מצאתי כן בריב"ן ובפי' משניות להרמב"ם, והובא גם בברטנורא› [כא] שם בגמרא בפירוש הברייתא [כב] שם בגמ' [כג] ‹ופסק הרמב"ם בפרק ט' (הי"א) דאין סחיטה בשער, ונראה שהוא ז"ל סובר, דרב אשי לאו לאיפלוגי ארבה ורב יוסף בסחיטת שער אתא, אלא לומר דאפילו אי הוה סחיטה בשער, שפיר תני מביאה בשערה - ב"י› [כד] ‹ע"פ הגר"א וז"ל: שבת קכ"ח ב' ושם קל"ג א' במתני' וע"ש תוס' ד"ה לועס כו', רמב"ן› [כה] ‹ומ"ש ביומא שם ואין עושים ע"י עו"ג, היינו במקום שיש לחוש שיתעצל, וז"ש אבל במקום כו' - גר"א›

§ מסכת שבת דף קכט. §

אות א' - ב' - ג'

משעה שתשב על המשבר

משעה שהדם שותת ויורד

משעה שחברותיה נושאות אותה באגפיה

סימן של ס"ג - [א]**נקראת יולדת לחלל עליה שבת, משתשב על המשבר, או משעה שהדם שותת ויורד, או משעה שחברותיה נושאות אותה בזרועותיה שאין בה כח להלוך, כיון שנראה אחד מאלו מחללין עליה את השבת** - ודוקא לענין הדברים אשר אפשר לעשותן בלי איחור ועיכוב, להכי צריך להמתין עד שנראה אחד מג' סימנים האלה, **אבל** לענין קריאת חכמה ממקום רחוק וכדומה, שאם נמתין עד שיעורים האלה תתאחר החכמה לבוא, על כן משעה שמרגשת קצת אפילו בספק מותר בקריאתה, ואפילו היא רחוקה ג' פרסאות, [ואפי' אינה יכולה לילך, מותר לישא אותה].

(**והרמב"ם** כתב בחיבורו, השיעור משעה שהדם שותת, וכתבו כולם דטעמיה, דס"ל דדם שותת הוא קודם ישיבת המשבר, כדברי ר"ח ורי"ף, ופסק לקולא בסכנת נפשות, ועיקר יסודם דהדם שותת הוא קודם, דאל"כ הו"ל למימר עד שיתחיל הדם להיות שותת, **אבל** המעיין בפי' המשנה להרמב"ם יראה להדיא, שסובר דדם שותת הוא אחר ישיבת המשבר, ובלי ספק כן הוא דעתו גם בחיבורו, **ופסק** כר"ה בריה דרב יהושע משום דבתרא הוא, ומאביי ורבא ואילך הלכה כבתראי, ולדינא נקטינן כהשו"ע).

אות ד'

חיה ג' ז' ול' : ג', בין אמרה צריכה אני ובין אמרה לא צריכה אני מחללין עליה את השבת; ז', אמרה צריכה אני מחללין עליה את השבת, אמרה לא צריכה אני אין מחללין עליה את השבת; ל', אפילו אמרה צריכה אני אין מחללין עליה את השבת, אבל עושין על ידי ארמאי

סימן של ס"ד - [ב]**כל שלשה ימים הראשונים**, (אפילו אמרה אינה צריכה, מחללין עליה את השבת) - ולא חשבינן מעת לעת, כמש"כ לגבי יוה"כ, וע"כ אם הולידה ביום ד' קודם בין השמשות, שוב אסור לחלל עליה שבת, אם לא אמרה צריכה אני, כ"כ המ"א, **ומגמגם** הגר"א מאד, וכתב דמהרא"ש משמע שסובר דהוא מעל"ע, **ונמצא** לפי"ז דבין לענין מלאכת שבת ובין לענין יוה"כ, עד ג' מעל"ע חשבינן לה למסוכנת, ומותר אפילו לא אמרה צריכה אני, ומג' עד ז' מעל"ע, כשאמרה צריכה אני, **ונראה** דלענין יוה"כ בודאי יש לצדד להקל, דספק נפשות הוא, ואפי' לענין שבת ג"כ, אם לא נזדמן לו אז עו"ג לעשות על ידו, שרי ע"י ישראל.

שלשה ימים הראשונים - מגמר לידה, כ"כ לחם משנה, (**כתב** הלח"מ דמגמרא משמע לכאורה דמשעת פתיחת קבר חשבינן הנך ג' ימים, **אכן** מלשון הרמב"ם משמע, דמשעת לידה חשבינן לג' ימים, **וכתב** דכן משמע, דאל"כ כשיקרה שני ימים שותת דם, היאך הדין, **אכן** בפי' המשניות להרמב"ם מבואר להדיא, דמשעת פתיחת הקבר מנינן, **ולפי"ז**, אה"נ אם נמשך ישיבתה על המשבר יום א', לא מחללינן עליה כי אם ב' ימים אחרי הלידה, **ואעפ"כ** אם נמשך קרוב לג' ימים ולא ילדה, אינו בכלל זה, דבאמת כוונת הש"ס על לידה כאורחא דרובא דנשי, אבל כשתקשה הרבה בלידתה, נעשית חולה בשאר אברי גופה, וזה ידוע דכל אלו השיעורים הנאמרים בגמרא, לא נאמרו כי אם בדלית לה מחלה אחרת מלבד שהיא יולדת, דאל"כ לא שייכי כלל הני שיעורי, **ולמעשה** צ"ע בכל זה).

אפילו אמרה אינה צריכה - והם דברים שחברותיה אומרות שדבר זה עושים לחיה, וכל חיה צריכה לכך, ואין כאן רופא או מילדת חכמה לראות אם החיה הזאת צריכה לכך, **מחללין עליה את השבת** - דכיון דכל היולדות צריכות לכך, אע"פ שאין אנו יודעין על זו, ואפשר דיכולה להמתין עד ערב, מחללין מספיקא, **ואין** שומעין לה, דדילמא חולשת הדעת נקטא לה, שממאסת כל האוכלין, או שאינה מרגישה לשעתה.

ויולדת תוך ג' שאוכלת מאכל בני אדם, ואומרת שאינה צריכה שיבשלו עבורה בשבת, כמסוכנת אנו חושבין אותה, מפני שאבריה מתפרקין ומרוסקת היא, אלא שאינה מרגשת לשעתה, ואם תאכל צונן או שאר דברים שאין המסוכנת אוכל אותם, יביאוה לידי סכנה, ולפיכך כל שאין לה דברים המחזיקים ומאכלים הבריאים, מחללים עליה את השבת, **ומ"מ** היכי דאיכא חכמה או רופא, ואומרים ג"כ שאינה צריכה, שומעין להם, שהרבה חיות שאין עושין להם חמין בכל יום, **וכתב** המג"א, שעכשיו נוהגות היולדות שאוכלות חמין של אתמול בשבת, **ומ"מ** נראה דהכל לפי החולה.

משלשה ועד ז', אמרה אינה צריכה, אין מחללין - לפי שאינה בחזקת מסוכנת לאותן הדברים שרגילות חברותיה לעשות לה, **ועוד** שיכולה להמתין, לפיכך סומכין עליה כשאומרת אינה צריכה.

וכ"ז כשאמרה בפירוש, אבל בסתמא מחללין, דמ"מ איכא חשש סכנה.

ואם אומר רופא או חכמה שצריכה, פשיטא דמחללין, אפילו החיה אומרת אינה צריכה, **אבל** אם שאר חברותיה אומרות שצריכה, אין שומעין להם להכחיש את החיה, [כ"כ המ"א ושאר אחרונים, וכן מוכח מפי' רש"י ושאר פוסקים, דכתבו דבתוך ג' איירי כשחברותיה אומרות שצריכה, ממילא דבזה אין מועיל אפילו בזה, **ומ"מ** לפי מה שמבואר לעיל בסי' שכ"ח ס"י בסופו אין דין זה ברור כ"כ].

באר הגולה

[א] שבת קכ"ט וכולהו אמוראי להקל, טור בשם הרמב"ן בספר תורת האדם [ב] שם בשבת

עין משפט נר מצוה

לג א ב ג מיי׳ פ״ב מהל׳ שבת הלכה יג סמג לאוין סה טוש״ע א״ח סימן של סעיף ג:

לד ד מיי׳ שם טוש״ע שם ס״ד:

לה ה מיי׳ שם הלכה י סמג שם טוש״ע א״ח סי׳ שכח סעיף יז:

לו ו מיי׳ שם הלכה יד סמג שם טוש״ע א״ח סימן של סעיף ו:

גי׳ רא״ש אמרה איני צריכה אין מחללין לא אמרה איני צריכה מחללין

לז ז מיי׳ וסמג שם טוש״ע א״ח סימן שכח סעיף יח:

[וע״ע תוס׳ בגיטין ח: ד״ה אע״ג]

[שם ע״ש] *[עיין תוס׳ גיטין ח: ד״ה כדאמר רבא]

ס״א ז״ל וס״ג לא איתמר אמר ר״ח כו׳

[לקמן קמ:]

[עי׳ פסחים קיג.]

רש״י

צריכה אני · לחילול: בין שאמרה אין צריכה אני · וחברותיה אומרות שהיא צריכה מחללין: באגפיה · בזרועותיה שאינה יכולה להלך: היא ג׳ ימים וז׳ ימים ול׳ יום · הוזכרו בה לחילוק הלכות חילול שבת ל׳ מז׳ עד השלמת ל׳ וכן ז׳ מג׳ עד השלמת ז׳: כל צרכי חולה · והא חיה עד ל׳ יום סתמא חולה היא: דבר שאין בו סכנה · חולה שאם לא יעשו לו רפואה זו אין מסוכן למות ומ״מ צריך הוא לה: אומר לארמאי ועושה · אבל דבר שיש בו סכנה ישראל עצמו עושה לו: לטבילה · עד ל׳ יום לא תטבול מפני הצינה: שאין בעלה עמה · והיא טובלת לטהרות: בעלה מחממה · לאחר טבילה בתשמיש והגוף מתחמם מן הגוף: מדורה · היסק גדול: הקיז דם · וכ״ש חולה: צלחו ליה תכתקא דשאגא · לא מלאו עצים מוכנים להיסק ביום הקזה וצוה ובקעו כסא של תדהר שהוא מעולה בדמים: פתורא דיונה · מין ארז הוא ורבינו הלוי אמר(א) בוי״ש: ורבה צלחו ליה שרשיפא · ספסל: ויקח מנעלים · שאין לך בזיוי מן המהלך יחף בשוק: (מאי) צרכי סעודה · (צרכי) סעודת הקזה: ביומא דמלתא · דהקזה: דטחלי · טחול סומקא חלף סומקא: עד דנפיק תיהיא · הריח: מאוניה · מאזניו מריחין היין: מריבדא דכוסילתא · נקבי כלי האומן שבבשרו פלימ״א: עד דקפי טחליה · טחול שלו לף ביין: בר תלתא טרפי · בן ג׳ שנים שטענה אמו משנקלט ג׳ עלין חדשין: לרבנן · לתלמידיו: אמרו נחמן איקלע לגבן · הרבו בסעודה כאילו אני סועד אצלכם: בר מהאי ערמה · דמפרש ואזיל: ולא אפשר ליה · לקנות יין: לשקול זוזא מכא · זוז רע ופחות שאינו יוצא בהוצאה: וליזיל לשב חנותא · ודרך הלוקחים לטועמו תחלה שיהא טוב וימעום וכשיתן לו הזוז והחנוני ימצאנו רע ולא יקבלנו והוא ילך לחנות אחרת ויעשה כן: ואי לא · דאין לו זוז רע: ולישוף משחא בצידעיה · ברקתו והתמרים והשומן מחממין אותו: בישא מי הוי טבא · חום השמש שהוא קשה לאדם כלום מטיב לו: היכא דכריך זיקא · *אינדרו״ן שיש בו חלונות והרוח נכנסת בהם נכרכת ומתגלגלת באינדרו״ן: דילמא שפי ליה אומנא · מריקו מדמו כמו השופה יין לחבירו (ב״מ דף ס׳): ומוקי ליה ארביעתא · לא הניח בו דם אלא כדי חייו דהיינו רביעית והדר אתי ליה זיקא ושייף ליה מדם הטהר בגופו ומחסרו משיעורו ומסתכן: שב לביני ואריחא · טובי החומה ז׳ לבינים מוטלין לרחבן זה אצל זה דכל לבינה ג״ט ואריחא אריח חצי לבינה טפח ומחצה: ארגיש בנפשיה · הרגיש בעצמו שהוא נחלש: חסר חד אריחא · החומה היתה חסירה מעוביה אריח:

בדבר

גמרא

*צריכה אני בין לא אמרה צריכה אני אין מחללין עליה את השבת רב אשי מתני הכי מר זוטרא מתני הכי אמר רב יהודה אמר שמואל חיה כל זמן שהקבר פתוח בין אמרה צריכה אני ובין אמרה אין צריכה אני מחללין עליה את השבת נסתם הקבר אמרה *צריכה אני מחללין עליה את השבת לא אמרה צריכה אני אין מחללין עליה את השבת א״ל רבינא למרימר מר זוטרא מתני לקולא ורב אשי מתני לחומרא הלכתא כמאן א״ל הלכה כמר זוטרא *ספק נפשות להקל מאימתי פתיחת הקבר אמר אביי *משעה שתשב על המשבר רב הונא בריה דרב יהושע אמר משעה שהדם שותת ויורד ואמרי לה משעה שחברותיה נושאות אותה באגפיה עד מתי פתיחת הקבר אמר אביי שלשה ימים רבא אמר משמיה דרב יהודה שבעה ואמרי לה שלשים אמרי נהרדעי חיה ג׳ ז׳ ול׳ ג׳ בין אמרה צריכה אני ובין *אמרה לא צריכה אני מחללין עליה את השבת ז׳ אמרה צריכה אני מחללין עליה את השבת אמרה לא צריכה אני אין מחללין עליה את השבת ל׳ אפי׳ אמרה צריכה אני אין מחללין עליה את השבת אבל עושין ע״י ארמאי *כדרב עולא בריה דרב עילאי דאמר כל צרכי חולה נעשין ע״י ארמאי בשבת *וכדרב המנונא דאמר רב המנונא *דבר שאין בו סכנה *אומר לנכרי ועושה אמר רב יהודה אמר שמואל לחיה ל׳ יום למאי הלכתא אמרי נהרדעי לטבילה אמר רבא לא אמרן אלא שאין בעלה עמה אבל בעלה עמה בעלה מחממה כי הא דברתיה דרב חסדא טבלה בגו תלתין יומין שלא בפני בעלה ואצטניאת ואמטוי לערסה בתריה דרבא לפומבדיתא *אמר רב יהודה אמר שמואל עושין מדורה לחיה בשבת (בימות הגשמים) סבור מינה לחיה אין לחולה לא בימות הגשמים אין בימות החמה לא (*ולא היא ל״ש חיה ול״ש חולה ל״ש בימות הגשמים ול״ש בימות החמה מדאתמר) אמר רב חייא בר אבין אמר שמואל הקיז דם ונצטנן עושין לו מדורה אפי׳ בתקופת תמוז שמואל צלחו ליה תכתקא דשאגא רב יהודה צלחו ליה פתורא דיונה לרבה צלחו ליה שרשיפא וא״ל אביי לרבה והא קעבר מר משום °בל תשחית *א״ל בל תשחית דגופאי עדיף לי אמר רב יהודה אמר רב לעולם ימכור אדם קורות ביתו ויקח *מנעלים לרגליו הקיז דם ואין לו מה יאכל ימכור מנעלים שברגליו ויספיק מהן צרכי סעודה מאי צרכי סעודה רב אמר בשר ושמואל אמר יין רב אמר בשר נפשא חלף נפשא ושמואל אמר יין סומקא חלף סומקא: (סימן שנמסר) *שמואל ביומא דעבד מילתא עבדי ליה תבשילא דטחלי ר׳ יוחנן שתי עד דנפיק תיהיא מאוניה ורב נחמן שתי עד דקפי טחליה רב יוסף שתי עד דנפיק מריבדא דכוסילתא רבא מהדר אחמרא בר תלתא טרפי אמר להו רב נחמן בר יצחק לרבנן במטותא מינייכו ביומא דהקזה אמרו לביתייכו נחמן אקלע לגבן וכולהו אערומי אסירי בר מהאי ערמה דשרי מאן דעביד מילתא ולא אפשר ליה לישקול זוזא מכא וליזיל לשב חנותא עד דטעים שיעור רביעתא ואי לא ליכול שב תמרי אוכמתא ולישוף מישחא בצידעיה וניגני בשמשא אבלט אשכחיה לשמואל דגני בשמשא א״ל חכימא דיהודאי בישא מי הוי טבא א״ל יומא דהקזה הוא ולא היא אלא איכא יומא דמעלי בה שמשא בכוליה שתא יומא דנפלה ביה תקופת *תמוז וסבר לא אינגלי ליה: (היקיל ברוח טעמא שהה סימן) רב ושמואל דאמרי תרוייהו כל המקיל בסעודת הקזת דם מקילין לו מזונותיו מן השמים ואומרים הוא על חייו לא חס אני אחוס עליו רב ושמואל דאמרי תרוייהו האי מאן דעביד מילתא לא ליתיב היכא דכריך זיקא דילמא שפי ליה אומנא ומוקים ליה ארביעתא ואתי זיקא ושאיף מיניה ואתי לידי סכנה שמואל הוה רגיל ועבד מילתא בביתא דשב לביניא ואריחא יומא חדא עבד וארגיש בנפשיה בדק וחסר חד אריחא רב ושמואל דאמרי תרוייהו האי מאן דעביד מילתא ליטעום מידי והדר ליפוק דאי לא טעים מידי אי פגע בשכבא ירקא אפיה אי פגע במאן דקטל נפשא מית אי פגע

בדבר

תוספות

רבא משמיה דרב יהודה אמר שבעה · לכאורה משמע דרבא לטעמיה דבפרק הדר (עירובין דף סח:) גבי ההוא ינוקא דאישתפוך חמימיה אמר להו רבא נשיילה לאימיה אם צריכה ניחיימו אגב אימיה דמסתמא ביום שמיני היה קודם מילה שהיה צריך חמין למולו דלאחר מילה מסוכן הוא ובלא אימיה ביום שמיני מחללין עליו שבת והייט לאחר שבעה דבנסתם הקבר בעינן צריכה מיהו ללישנא דאמרי לה לרבא שלשים תיקשי למה צריכה ועוד דבקונטרס פי׳ התם ניחיימו אגב אימיה ע״י נכרי וכן פירש ר״ח לכך יש לפרש דאביי ורבא ואמרי לה מר אמר חדא ומר אמר חדא ולא פליגי וכולהו קיימו כנהרדעי*:

מי

מסורת הש״ס

גי׳ רא״ש אמרה צריכה אני מחללין לא אמרה צריכה אין כו׳

כן גי׳ הערוך בערך שרפרף אולם הגאון מהרי״ף הגיה כאן שצ״ל רבה

[יומא פג. פד: כתובות טו. ב״ק מד: ל. ב״ב כ: סנהדרין עט.]

כס״י הגירסא לא אמרה צריכה וכן לקמן

[ביצה כב.]

[בביצה שם וכן בשאלתות פרש׳ שמות סי׳ לח איתא ואמר רב המנונא דבר שאין בו וכו׳]

עירובין עט:

אין זה בלעז כ״א לשון תלמו׳ אכסדרה דכי רב באינדרונא מעלית׳ מנחות לג:

דכריס ט

[חולין קיא.]

הגהות הב״ח

(א) רש״י ד״ה פתורא דיונה וכו׳ בוי״ש · נ״ב עי׳ בתוספות:

ס״א שבת

גליון הש״ס

גמרא משעה שתשב על המשבר · עיין ס״ו מ״ד דאהלות בר״ש:

רבינו חננאל

צריכה אני מחללין עליה את השבת אמרה איני צריכה אין מחללין עליה את השבת ומסקינן לה לשמעתא דא״ל מרימר לרבינא הלכתא כי הא דמר זוטרא ספק נפשות להקל והצרכנו לדקדק מאימתי פתיחת הקבר כדי לחלל באותו העת את השבת לעשות צרכי החיה · ואמר אביי משתשב על המשבר · ואמר רב הונא בריה דרב יהושע משעה שהדם שותת ויורד כו׳ ודייקי מדלא אמר רב הונא עד שיתחיל הדם להיות שותת ש״מ קודם שתשב על המשבר קאמר וכאביי עבדינן *ולא מחללי שבתא אלא עד שיהא שותת · קדם שותת ויורד ותשב על המשבר אבל דהא דאמר אביי משום רב יהודה עד מתי פתיחת הקבר ג׳ ימים בלבד אין הלכה כמותו · ולא כרבא דאמר משמיה דרב יהודה שבעה · אלא קי״ל כנהרדעא דאמרי חיה ג׳ ז׳ ושלשים · ג׳ בין אמרה צריכה אני בין אמרה איני צריכה מחללין עליה את השבת · ז׳ אמרה צריכה אני מחללין עלית את השבת אמרה איני צריכה אין מחללין עליה את השבת · סתמא עבדינן כמר זוטרא לקולא · שלשים אפילו אמרה צריכה אני אין מחללין עליה את השבת · אלא עושין לה ע״י ארמאי כדרב עולא בריה דרב עילאי דאמר כל צרכי הולד נעשין ע״י ארמאי בשבת וכדרב המנונא דאמר דבר שאין בו סכנה אומר לנכרי ועושה · חיה לא תטבול בתוך שלשים יום שמא תצטנן אמר רבא לא אמרן אלא שאין בעלה עמה · אבל בעלה [עמה בעלה] מחממה · אמר רב יהודה אמר שמואל עושין מדורות לחיה בשבת סבור מינה לחיה אין לחולה לא [בימות הגשמים אין] בימות החמה לא וכו׳ ומסקינן משמא דשמואל הקיז דם ונצטנן עושין לו מדורה ואפילו בתקופת תמוז · שמעינן מינה אפילו לחולה ואפילו בימות החמה · שמואל צלחו ליה תכתקא דשאגא · פי׳ שמואל הקיז דם ולא היה לו עצים מוכנים להדליק ולהתחמם בהן ובקעו לו שידה שהיו עציה עצי שאגא והן יקרים להודיע שאם יתחמם עד שיביאו לו עצים יסתכן וכדתרגם ויבקע עצי העולה וצלח אעי דעלתא · רב יהודה צלחו ליה פתורא פי׳ שלחן העשוי מעצי יָוָנָם והן יקרים פי׳ יאבנוס · ורבה צלחו ליה שרשיפא והוא הדום לכסא וכולן מטעם אחד׳ שאם לא ימתינו להתחמם יסתכנו

*) נ״ל ולא מחללי שבתא עד שתהא הדם שותת ויורד ותשב על המשבר וכו׳ וכ״כ הרי״ף כאן משמיה דרבוותא ופשוט דכוונתו על דברי רבינו כאן:

ואם החיה אומרת צריכה, אפילו מאה רופאים אומרים אינה צריכה, שומעין לה, ד"לב יודע מרת נפשו".

מכאן ואילך אפילו אמרה: צריכה אני, אין מחללין עליה - כיון שאנו יודעים שאין לה חולי אחר, ואף היא אינה אומרת כן, הכל בקיאים דמשום לידה אין לה סכנה לחמים ולשאר צרכי היולדת, ופשיטא דיכולה להמתין עד הערב, [**ואם** רופא מומחה אומר שנתחדש לה חולי, י"ל דמחללין].

אלא הרי היא עד שלשים יום כחולה שאין בו סכנה - שאומר לעו"ג ועושה.

אות ד'*[ג]

כל צרכי חולה נעשין על ידי ארמאי בשבת

סימן שכח סי"ט - [ד]חולה שאין בו סכנה, מותר בבישולי א"י - ואע"ג דשאר איסורי דרבנן, אסור לחולה שאב"ס לאכול ולשתות, כדאיתא ביו"ד, **שאני** בישול א"י, שאין איסורו מחמת עצמו, **וגם** החולה מברך עליו, דבהתירא קאכיל, **ומה** שנשאר למו"ש אסור אפילו לחולה עצמו, כיון שאפשר לבשל לו אז ע"י ישראל, **והכלים** של בישולי א"י צריכים הכשר, **ואפילו** כלי חרס, כיון דעיקר איסורו אינו אלא מדרבנן, דיו אם מגעילו ג"פ, **ובדיעבד** אם בישל בו בלי הגעלה, ויש רוב בתבשיל, מותר, **ויש** מקילין דאין צריכין הכשר כלל, והסומך עליהן לענין כלים שבישלו בהן לחולה בשבת, לא הפסיד, [**דבלא"ה** הרמ"א סתם שם כהרא"ה, דאף לבריא מותר, דאין ע"ז שם בישול א"י, וכן דעת הנקה"כ, **ונהי** דלמעשה אין להקל, וכמ"ש התו"ש בשם כמה אחרונים, דסבירא לן כהט"ז, עכ"פ לענין כלים יש לסמוך עלייהו].

אות ה'

דבר שאין בו סכנה אומר לנכרי ועושה

סימן שכח סי"ז - [ה]חולה שנפל מחמת חליו למשכב ואין בו סכנה, הגה: או שיש לו מיחוש שמצטער וחלה ממנו כל גופו, שאז אע"פ שהולך, כנפל למשכב דמי (המגיד), אומרים לא"י לעשות לו רפואה - אפילו במלאכה דאורייתא, וה"ה שאר צרכיו, כגון לאפות ולבשל וכיוצא באלו, אם צריך לכך.

ודוקא כשצריך להרפואה בשבת עצמו, הא כשאין צריך לה בשבת, ימתין עד מוצאי שבת, **אבל** כשיש סכנה, אסור להמתין.

אבל אין מחללין עליו את השבת באיסור דאורייתא, [ו]אפילו יש בו סכנת אבר - דלא הותר לישראל לעבור על איסור דאורייתא, כל זמן שאין נוגע לפ"נ ממש.

עיין לעיל בס"ו וס"ט, דיש אברים שנוגע לפ"נ, **וה"ה** כיוצא בזה בשאר האברים, אם הרופא אומר שאם לא ירפאו האבר יוכל לבוא לפק"נ, הרי הוא כשאר חולי שיש בו סכנה.

ולחלל עליו ישראל באיסור דרבנן בידים, [ז]יש מתירים אפילו אין בו סכנת אבר - היינו כל השבותים, [אפי' דבר שהוא נסמך למלאכה דאורייתא], ואפילו בלא שינוי, **ומטעם** דס"ל דבמקום חולי לא גזרו, ואדלעיל בריש הסעיף קאי, שהוא חולה שנפל למשכב, או שמצטער הרבה וחלה מזה כל גופו.

אבל אם בכל גופו אינו חולה כלל, רק שהוא חולה באחד מאבריו, וגם באותו האבר אין סכנה, לכו"ע לא שרי לחלל כי אם ע"י א"י, **וגם** דוקא בדבר שהוא משום שבות בעלמא, דאז ע"י א"י נעשה שבות דשבות, ושרי במקצת חולה.

ואם יש בו סכנה, אפילו רק לאבר אחד, לכל הדעות לבד מדעה אחרונה, מותר לישראל לחלל עליו בכל השבותים לרפואתו, ואפילו אינו חולה כלל בכל הגוף.

כתב בח"א, כל דבר שמותר לעשות ע"י ישראל בחולי שאין בו סכנה, אפילו יכול לעשות ע"י א"י, מותר.

[ח]ויש אומרים שאם יש בו סכנת אבר, עושין, ואם אין בו סכנת אבר, אין עושין - אף דהוא חולה הכולל כל הגוף, ס"ל דאסור לעשות ע"י ישראל, **ולדעה** זו השניה אפילו בשינוי אסור לעשות בעצמו, **אם** לא היכי דא"א לעשות ע"י א"י, מודו לדעה השלישית, דמותר ע"י ישראל בשינוי.

[ט]ויש אומרים שאם אין בו סכנת אבר, עושין בשינוי - היינו האיסור דרבנן, וא"צ לחפש אחר א"י, **ואם יש בו סכנת אבר עושין בלא שינוי.**

[י]וי"א אפי' יש בו סכנת אבר, אין עושין לו דבר שהוא נסמך למלאכה דאורייתא - כגון לכחול עין, בסוף החולי שאין בו סכנה, שהוא ככותב, **ודברים שאין בהם סמך מלאכה** - כגון הני שמבוארין בסעיף מ"ג, **עושין אפילו אין בו סכנת אבר.**

ודברי הסברא השלישית נראין - היינו שמותר לעשות אפי' כל השבותים, ורק ע"י שינוי, אם הוא חולי כל הגוף ואין בו סכנת אבר, {ואם א"א בשינוי מותר בלא שינוי - מ"ב לקמן סל"ב, שונה הלכות}, **ואם** יש בו סכנת אבר, אין צריך שינוי כלל, **וכן** פסק הט"ז ומג"א, וכ"כ הגר"א שדעה זו עיקר שהיא דעת רוב הפוסקים.

הגה: מותר לומר לא"י לעשות תבשיל לקטן שאין לו מה לאכול, דסתם צרכי קטן כחולה שאין בו סכנה דמי (ר' ירוחם

באר הגולה

[ג] ‹ע"פ הגר"א וז"ל: כמ"ש שם כל צרכי חולה כו', ומשמע אף לבשל› [ד] רי"ו בשם רמב"ם, והר"ן [ה] כן פי' ר"ן מימרא דרב המנונא דבר שאין בו סכנה וכו' **בשבת** קכ"ט ‹וז"ל: ומסתברא דכי שרינן להו לומר על ידי נכרי, ה"מ בחולה שהוא נופל מחמת חליו למשכב, אבל במיחוש שאדם מתחזק בו והולך כבריא, לא› [ו] טור וכן כתב הרא"ש והר"ן [ז] טור מדברי רמב"ם [ח] הר"ן [ט] טור בשם הרמב"ן [י] ב"י בשם הרמב"ם

ורמב"ן ורשב"א) - ואם אין התינוק רוצה לאכול כי אם ע"י אמו, מותר לאם להאכילו, אפילו חלבו א"י ובשלו, אע"ג דמטלטלת מוקצה, **ועיין** בפמ"ג דמצדד קצת דבעי שינוי.

כתב בח"א, צריך ליזהר שלא ליתן המאכל בעצמו לקדרה, דאחד נותן מים ואחד שופת את הקדרה, הראשון פטור אבל אסור.

וכל שאסור לעשות ע"י ישראל, אפי' ע"י החולה בעצמו אסור; אבל כשעושה לו הא"י, מותר לחולה לסייעו קצת, דמסייע אין בו ממש (ב"י גמ' ביצה דף כ"ב) - לאו דוקא חולה, וה"ה אחר, אלא דאורחא דמלתא נקט, **ומשמע** דאפילו במלאכה דאורייתא מסייע אין בו ממש.

והיינו היכא שבלא"ה נמי מתעבדא, אלא שמסייע מעט, כגון א"י שכוחל את העין, וישראל סוגר ופותח את העין שיכנס בו הכחול, **אבל** אם אינו יכול לעשות בלתי ישראל, אסור.

אות ו'

עושין מדורה לחיה בשבת

סימן של ס"ו - [יא]עושין מדורה ליולדת כל שלשים יום, ואפילו בתקופת תמוז - אם יש לה צער צנה, דס"ל דיש סכנה לחיה כל ל' בצנה, ולפיכך אם א"א ע"י עו"ג, עושין ע"י ישראל, וה"ה בזמנינו להחם התנור.

ולשאר חולה, ע"י עו"ג מותר אפילו לאין סכנה אם צריך למדורה, **וליש** סכנה, אם אומר שצריך, מותר אפילו ע"י ישראל, בשא"א בעו"ג.

ודעת הרבה גדולי הראשונים, דחיה אחר ז', דינה לענין מדורה ג"כ כשאר חולה שאין בו סכנה, (מקור דברי המחבר הם דברי הרה"מ שם עי"ש, ובאמת המגיד בעצמו כתב מתחלה לדבר פשוט דדין מדורה הוא כמו כל צרכי החיה, ועל כל צרכיה אסקינן דג' זמנים יש לה, **וא"כ** מאי עדיפותא דמדורה מכל שאר צרכי החיה, רק אח"כ הוציא מדברי הראב"ד, דדעתו דעד ל' יום מסוכנת היא למדורה, עי"ש, **ובאמת** כ"ז הוא רק לפי' הראב"ד בדברי הרמב"ם, דהא דלא התיר מדורה לחולה (עיין למטה בהערה) מיירי בחולי שאב"ס, וממילא כנגד זה, התירא דחיה מיירי ג"כ לאחר זיי"ן, דדינה ג"כ כחולה שאין בו סכנה, ואעפ"כ רשאים ג"כ לעשות לה מדורה, וע"כ משום דגבי מדורה לעולם מסוכנת היא, **אבל** ע"פ האמת קשה מאד לפרש כן דברי הגמרא, דהא דקאמר סבור מינה לחיה אין לחולה לא, הוא בחולה שאין בו סכנה, **דא"כ** לרוב הפוסקים דסברי דלמסקנת הגמרא ה"ה לחולה (עיין למטה בהערה), יהיה מותר לעשות מדורה אפילו לחולה שאין בו סכנה, וזה לא נשמע לשום פוסק שיקיל בזה, {**ואין לומר** דכונת הגמרא הוא ע"י עו"ג דוקא, דזה אינו, דהא מביא ע"ז ראיה מהקיז דם ונצטנן, והתם בודאי אפילו ע"י ישראל, כדמוכח בכל הפוסקים, וחולה עדיף מזה לשיטתם, וכמו שפירש רש"י}, **וגם** בשלטי הגבורים פרק מפנין מבואר דס"ל דמיירי הרמב"ם בחולה שיש בו סכנה, וכן נמצא בחי' הרמב"ם המובאים בשמן רוקח, שדעת הרמב"ם שאין עושין מדורה לחולה, מיירי אפילו בחולה שיש בו סכנה, והוא מספר הבתים עי"ש, וממילא א"צ לדחוק דמיירי בחיה תוך ל', ושפיר מיירי בתוך זיי"ן או בתוך ג', וכן משמע ג"כ קצת בירושלמי, {**וגם** בגמרא דקאמר שמואל חיה עד ל', לא מצא הגמרא לאשכוחי כ"א לטבילה, ולא קאמר למדורה, ויש לדחות דא"כ תרתי דשמואל ל"ל}, **ומאחר** שלא מצינו שום משמעות לאיזה פוסק לבד מהראב"ד, שיאמר שדין המדורה חמירא מכל צרכי החיה, וכולם העתיקו להקדמת דינים האלה מימרא דנהרדעי שאמרו חיה ג' וז' ול', קשה מאד להקל לעשות מדורה ע"י ישראל עד ל', וצ"ע למעשה).

(ואם מותרים אחרים להתחמם כנגד המדורה, ע"ל סי' רע"ו).

אות ז'

הקיז דם ונצטנן, עושין לו מדורה אפילו בתקופת תמוז

סימן שכח סי"ח - הקיז דם ונצטנן, עושים לו מדורה אפי' בתקופת תמוז - משום דסכנה הוא בסתמא, ואפי' ע"י ישראל שרי, **וה"ה** לשאר חולי שיש בו סכנה, אם קר לו, עושין מדורה להתחמם, דסתם חולה מסוכן הוא אצל צינה, [יב][**עיין** בביאור הגר"א שכל הפוסקים חולקין על הרמב"ם שמחמיר בזה], **ואם** אפשר ע"י א"י, יעשה ע"י א"י.

באר הגולה

[יא] **שבת קכ"ט** [יב] (וז"ל: אבל חולה לא, כמש"ש סבור כו', ולא אדחיא במסקנא הא דסד"א בימות החמה לא, והקיז שאני דסכנה הוא, רמב"ם. {דמפרש הרמב"ם דהאי סבור מינה לחיה אין לחולה לא, לא אדחי, רק דמדחה הא דסבר גבי חיה לימות הגשמים אין, ע"ז מדחה מהקיז, דאפי' בימות החמה שרי}, **ומ"מ** ורש"י וכל הפוסקין חולקין עליו), {דרש"י כתב גבי הקיז דם כו', וכ"ש חולה, הרי דמפרש דהאי סבור, לגמרי אדחי, ומביא הגמ' הקיז כו', להוכיח דלא כהאי סבור, וא"כ אפי' בחולה, ואפי' בימות החמה, ג"כ שרי - דמשק אליעזר}

בדבר אחר קשה לדבר אחר רב ושמואל דאמרי תרוייהו *האי מאן דעביד מילתא לישהי פורתא והדר ליקום דאמר מר *ה' דברים קרובין למיתה יותר מן החיים ואלו הן אכל ועמד שתה ועמד ישן ועמד הקיז דם ועמד שימש מטתו ועמד אמר שמואל פורסא דדמא כל תלתין יומין ובין הפרקים ימעט ובין הפרקים יחזור וימעט ואמר שמואל פורסא דדמא חד בשבתא ארבעה ומעלי שבתא אבל שני וחמישי לא דאמר מר מי שיש לו זכות אבות יקיז דם בשני ובחמישי שב"ד של מעלה ושל מטה שוין כאחד בתלתא בשבתא מאי טעמא לא משום דקיימא ליה מאדים *בזווי מעלי שבתא נמי קיימא בזווי °כיון דדשו ביה רבים °שומר פתאים ה' אמר שמואל ד' דהוא ד' ד' דהוא ארביסר ד' דהוא עשרים וארבעה ד' דליכא ארבע בתריה סכנתא ר"ח ושני לו חולשא שלישי לו סכנה מעלי יומא טבא חולשא מעלי יומא דעצרתא סכנתא וגזרו רבנן אכולהו מעלי יומא טבא משום יומא טבא דעצרת דנפיק ביה זיקא ושמיה טבוח דאי לא קבלו ישראל תורה הוה טבח להו לבשרייהו ולדמייהו אמר שמואל אכל חטה והקיז דם לא הקיז אלא לאותה חטה והנ"מ לרפואה אבל לאוקולי מיקל המקיז דם שתייה לאלתר אבילה עד חצי מיל איבעיא להו שתייה לאלתר מעלי אבל בתר הכי קשי או דילמא לא קשי ולא מעלי תיקו איבעיא להו אבילה עד חצי מיל הוא דקמעלי הא בתר הכי ומקמי הכי קשי או דילמא לא קשי ולא מעלי תיקו *מכריז רב מאה קרי בזוזא מאה רישי בזוזא מאה שפמי ולא כלום אמר רב יוסף כי הוינן בי רב הונא יומא דמפגרי ביה רבנן אמרי האידנא יומא דשפמי הוא ולא ידענא מאי קאמרי: וקושרין הטבור: ת"ר *קושרין הטבור ר' יוסי אומר אף חותכין וטומנין השליא כדי שיחם הולד אמר רשב"ג בנות מלכים טומנות בספלים של שמן בנות עשירים בספוגים של צמר בנות עניים במוכין *אמר רב נחמן אמר רבה בר אבוה אמר רב הלכה כר' יוסי ואמר רב נחמן אמר רבה בר אבוה אמר רב מודים חכמים לר' יוסי בטבור של שני תינוקות שחותכין מ"ט דמנתחי אהדדי ואמר רב נחמן אמר רבה בר אבוה אמר רב כל האמור בפרשת תוכחה עושין לחיה בשבת שנאמר °ומולדותיך ביום הולדת אותך לא כרת שרך ובמים לא רחצת למשעי והמלח לא המלחת והחתל לא חתלת ומולדותיך ביום הולדת מכאן שמיילדים את הולד בשבת לא כרת שרך מכאן שחותכין הטבור בשבת ובמים לא רחצת למשעי מכאן שרוחצין הולד בשבת והמלח לא המלחת מכאן שמולחין הולד בשבת והחתל לא חתלת מכאן שמלפפין הולד בשבת:

הדרן עלך מפנין

בדבר אחר · חזיר : קשה לדבר אחר · לרעת שהחזירים מנוגעים הם כדאמרינן בקדושין (ד' מט:) י' קבים נגעים ירדו לעולם תשעה נטלו חזירים : אכל ועמד · מהר לעמוד פתאום אחר שאכל שובעו : פורסא דדמא · זמן הקזה כמו בפרוס הפסח (שקלים פ"ג מ"א) : בין הפרקים · פירקי שנותיו כגון לאחר מ' שנה : ימעט · בהקזה לא יקיז בכל חדש אלא לב' חדשים : ובין הפרקים יחזור וימעט · לאחר ששים יקיז לג' חדשים לפי שאין כחו עליו ואין דמו חם וגופו מצטנן כשמחסר דמו : שב"ד של מעלה ושל מטה שוין · אדם נדון בכל יום וב"ד יושבין בעיירות בב' ובה' מתקנת עזרא ואילך (ב"ק ד' פב.) וכיון דיום הדין ופקידה היא טעותיו נזכרים : דקיימא ליה מאדים בזווי · שמזל מאדים משמש בו בשעות זוגות ומזל מאדים ממונה על החרב ועל הדבר ועל הפורעניות והזוגות קשין שהן רשות לשדים כדאמר בפסחים (ד' קי:) והפורעניות מוכנין שכ"מ חנכ"ל סדר השעות כשנתלו המאורות והמזלות שעה ראשונה של שבת שימש שבתאי ובשניה צדק ואחריו מאדים ואחריו חמה ואחריו נוגה ואחריו כוכב ואחריו לבנה נמצאו ז' המזלות לז' השעות וחוזרים חלילה לעולם כמלא בסדר זה לעולם סימני מזלות המשמשין בתחלת לילי השבוע כלנ"ש חצ"מ מוצאי שבת שעה ראשונה שלו כוכב תחלת ליל שני לדק וכן בסדר הזה וסדר תחלת סימני הימים חל"ם כלנ"ש שעה ראשונה של אחד בשבת חמה ושל שני בשבת לבנה ושל שלישי בשבת מאדים כמלא מאדים חוזר בו חלילה בשעה שמינית ביום והיא זוגות אבל שאר ימים אין מאדים בזוגות שלהם אם לא בלילה ובלילה אין דרך להקיז : מעלי שבתא נמי קיימא מאדים בזווי · שהרי שעה ראשונה של יום נוגה לפי הסדר של חל"ם כלנ"ש תחלת הימים וכיון שתחלתו נוגה וסדר הליכתן של"ם חנכ"ל נמלאו מתחילין לחזור חלילה בשעה רביעית נמלא מאדים בשעה ששית : כיון דדשו ביה רבים · הורגלו בו מפני דוחקן שיהיו קרובים לסעודת שבת ואמרינן בפירקין דלעיל (ד' קיח:) כבוד שבת בדגים גדולים ובמסכת ע"ז (ד' כט:) אמרינן שני לדם דג : ארבע דהוא ד' · ד' בשבת שהוא ד' לחדש או ארביסר לחדש או כ"ד לחדש כולהו קשה להקזה : ד' דליכא ד' בתריה · שאין ד' ימים עד סוף החדש ואיכא דאמרי דליכא ד' בשבת בתריה באותו חדש ולאו כן : ה"ג ר"ח ושני לו חולשא שלישי לו סכנתא : אכל חטה והקיז דם לא הקיז אלא לאותה · שהאוכל מכביד את האדם והקזה שאחר אכילה אינו מועיל אלא לאותו כובד : וה"מ · במקיז לרפואה : אבל אקולי · מי שיש לו דם המכביד עליו אפי' לאחר אכילה מקיז ומיקל : מאה רישי בזוזא · כלומר אם יהיו בזול מאד קנה ראשי בהמה ואם לאו אל תקח שאינן בריאין לאכול : מאה קרי · דלועין : מאה שפמי · כמו על שפם (ויקרא יג) גרנונ"ן בלעז שפתים של בהמה : יומא דמפגרי ביה רבנן · שהיו התלמידים מתעצלין מלבא בבית המדרש קרי ליה יומא דשפמי כלומר היום הזה אבד לו ואין בו תועלת : וטומנין את השליא · כדמפרש רשב"ג שהיא רפואה להתחמם הולד : ספוגין של צמר · צמר מטפך : של שני תינוקות · תאומים וקשורין טבורן זה בזה : משום דמנתחי מסדדי · זה הולך וזה הולך ונמצאו מסוכנין : בפרשת תוכחה · שהוכיח יחזקאל לישראל את חסדי הקב"ה שעמהן : תוכחה · לשון לכו ונוכחה (ישעיה א) להתווכח ולהודיע מי הוא שסרח על שכנגדו : למשעי · לטוח ולהחליק בשרו : שמולחין · ובשרו מתקשה : מלפפין · אנמליו"ן בלע"ז ולאו הייט אסובי ינוקא דאמרן לעיל בפרק כל הכלים (דף קכג:) דהא שמעינן ליה לרב מתן דאסר אלא *לפופי בעלמא כמו שעושין °בחגורות ופסיקיאות: הדרן עלך מפנין

מי שיש לו זכות אבות · וקודם תקנת עזרא אע"פ שהיו דנין בכל יום שהיו צריכים לא היו קובעים לישב בכל יום* : דקאי מאדים בזווי · ברביעי נמי קאי מאדים בזווי בסוף היום אלא לא חשו חכמים לכך דאין דרך להקיז כל כך בסמוך ללילה : דליכא ארבע בתריה · שאין ד' ימים עד סוף החדש כדפירש בקונטרס דליכא למימר רביעי בשבת דהא ד' דהוא עשרין וארבע היינו דליכא רביעי בתריה : מאה רישי בזוזא מאה קרי בזוזא · לפירוש הקונטרס תימה מה שייך הכא ור"ח גרים מאה קרני בזוזא ומפרש מאה רישי מאה ראשי בני אדם (ונראה) שהיה מנהג קלוב לספר לגלח בזוזא וכן מנהג ק' קרני להקיז בזוזא כמו קרנא דאומנא (לקמן דף קנד:) אבל מאה שפמי לתקן השפה בולא כלום דבשכר גילוח והקזה היה מתקן השפה וביום שהיה מתקן שפמו לא היה נוטל כלום ועל כן היה למשל כל מי שהיה יגע ולא עלה בידו שכרו היו קורין אותו יומא דשפמי : מפגרי רבנן · תשש כחם והיו מתחלשין ולא יכלו למיגרס כדכתיב (ש"א ל) וירדוף דוד הוא וארבע מאות איש (עמו) ויעמדו מאתים איש אשר פגרו מעבור את נחל הבשור : כל האמור בפרשת תוכחה · לאו מקרא מפיק אלא מסתמא כיון שבא בפרשת תוכחה אם כן לצער הוא אם אין עושין והקילו חכמים לעשות וכולן אין כאן איסורא דאורייתא :

הדרן עלך מפנין

עין משפט נר מצוה

[וע"ע תוספות כתובות ג. ד"ה שבתי דינין]
לח א מיי' פ"ד מהלכות דעות הלכה יח :
לט ב מיי' שם הל' ג :
מ ג מיי' שם הלכה יח טוש"ע א"ח סי' רמ סעיף טו :
מא ד מיי' פ"ד מהלכות דעות הלכה יח :
מב ה ש"ע א"ח סימן תקח סעי' י בהג"ה:
מג ו מיי' פ"ב מהלכות שבת הלכה יא יג סמג לאוין סה טוש"ע א"ח סימן של סעיף ו :

[מכאן עד יומא דשפמי תמצא פירוש יפה בערוך ערך פגר בשינוי הנוסח']

מסורת הש"ס

גיטין ע.
[עיין תוספות עירובין ו: ד"ה ואין]
[תוספ' פט"ו]
[לפני הרא"ש והטור לא היה כתוב הא דאמר רב נחמן הלכה כר' יוסי ועיין ב"י א"ח סימן של]
[וכן איתא לעיל]
סו: לפופי ינוקא בשבת שפיר דמי וע"ש בפרש"י וכן עוד לקמן קמז: ובפרש"י שם]

גליון הש"ס

גמרא כיון דדשו ביה רבים שומר פתאים. עיין תוס' פ"ד ריי"א : רש"י ד"ה מלפפים וכו' בחגורות ופסיקיאות. עיין לקמן דף קמז ע"ב רש"י ד"ה בחומרי שדרס וכו' ועי' בתשובת חדמת הלק א"ח סי' ח:

רבינו חננאל

ישהנו · פי' וזוא מכא · זו מעך שנמעך מטבע הצורה ונראה כאסימון · דעביד מלתא · באותו היום שמקיז דם' פורסא דדמא כל תלתין יומין · פי' גבול הדם לבחורים כל שלשים יום · בין הפרקים הגיע לחמשים שנה ימעט · יוציא משנים חדשים [או] ג' חדשים · פעם אחת עוד בין הפרקים בא בימים יחזור ימעט מששה חדשים לששה חדשים או משנה לשנה וזה הפי' קיבלנוהו מרבותינו קבלה: בתלתא קאי מאדים בזווי. פי' בשתי שעות שהן זוגות יום שלישי שעה שמינית מאדים ושעה שתים ועשרים מאדים ושכך סידור הכוכבים חל"ם כצנ"ש בימים נמצא יום אחד שעה ראשונה כוכב חמה יום שני שעה ראשונה כוכב לבנה · יום ג' שעה ראשונה כוכב מאדים יום ד' שעה ראשונה כוכב [כוכב]· יום ה' שעה ראשונה כוכב צדק יום ו' שעה ראשונה כוכב נגה יום ז' שעה ראשונה כוכב שבתי וסידורן חל"ם כצנ"ש בימים כצנ"ש חל"ם בלילות וסידוריהן חנכ"ל שצ"מ · וכיון שביום ג' עומד מאדים בשעה שמינית והן זוגות ובשעה כ"ב והן זוגות חיישינן לסכנה · וביוצא בוה בשני ובחמישי משום הכי חיישינן לסכנה · כי מאדים הוא ממונה על הדם ואקשינן עלה והא יום ו' הוא דמעלי שבתא דקאי מאדים בשעה ששית ובשעה עשרים והן זוגות · ואמרת פורסא דדמא חד בשבא וארבעה ומעלי שבתא . ולא מצאו לו פירוק · והשיב אע"פ שהוא כן כיון דדשו בה רבים להקיז ביום ששי שומר פתאים ה' · מאה רישי בזוזי מאה קרני בזוזא שפמי ולא כלום פי' היה מנהג קצוב כי הספר מגלח מאה ראשי כלומר מאה ראשי בני אדם נוטל שכרו זוז אחד וכן (א' מרונטא)[המשים] מאה קרן כלומר מאה קרן של זכוכית והוא ריבדא דכוסילתא נוטל בשכרו בק' קרן זוז אחד. אבל לתקן הזקן ולימול השפה ולתקנו לא היה מנהג ליקח האומן כלום אלא אותן בני אדם שמגלח ראשם או עושה להן ריבדא דכוסילתא נוטל שכרו כאשר אמרנו מתקן זקנם ונוטל שפמם בחנם. וכן היה הדין ויום שהיה האומן עושה השפמות לא היה נוטל שכר והיה הולך לביתו ריקם. ועל כן היה למשל כל מי שהיה יגע ולא [היה] עולה בידו (סבר) [שכר] היה קורא אותו יומא דשפמי. מיפגרי תשש כחם והיו מתחלשי יגעים ויעפים ולא יכלי למיגרס כדכתיב וירדף דוד הוא וארבע מאות איש ויעמדו מאתים איש אשר פגרו מעבור וגו' הוו אמרי יומא דשפמי*): וקושרין את הטיבור. ר' יוסי אומר אף חותכין את הטיבור כל צרכי מילה עושין בשבת אמר רב נחמן אמר רבה בר אבוה הלכה כרבי יוסי שחותכין בשבת טיבור תינוק אחד וכ"ש טיבור ב' תינוקות שבזה אפילו חכמים מודים שמחתך מ"מ משום (דמתחזי) [דמנתחו] אהדדי · ואמר רב נחמן אמר רבה בר אבוה אמר רבכל האמור בפרשת תוכחה עושין לחיה בשבת שנא' ומולדותיך ביום הולדת אותך מיכן שמיילדין לחיה בשבת לא כרת שרך מיכן שחותכין את הטיבור בשבת ובמים לא רוחצת למשעי מיכן שמרחיצין את הוולד בשבת והחתל לא חתלת מיכן שמלפפין הולד בשבת ואמרינן בתלמוד א"י ומחללין עליה את השבת שמואל אמר עושין לה מדורה אפילו בתקופת תמוז וקושרין את הטיבור כהדא אתיה דבר קפרא נפקא מיילדה בשבת אתת ושאלת לר' וא' לה אולון ושאלון לחייתא · אמרה ליה ליכא חייא · אמר לה זילי עבידי כמנהגך אמרה ליה ליכא מנהג אמר לה איזיל התיך כר' יוסי כבמתניתא וכל צרכי חיה עושין בשבת תני השליא הזאת בשבת עשירין טומנין אותה בשמן והעניים בתבן ובחול אלו ואלו טומנין אותה בארץ כדי ליתן ערבון בארץ [לארץ]: הדרן עלך מפנין
*) עיין בערוך ערך פגר .

§ מסכת שבת דף קכט: §

אות א'

האי מאן דעביד מילתא, לישהי פורתא והדר ליקום

רמב"ם פ"ד מהל' דעות הי"ח - ולא יקיז אדם דם ויכנס למרחץ בו ביום; ולא יקיז ויצא לדרך, ולא ביום שיבא מן הדרך; ויאכל וישתה ביום ההקזה פחות ממה שהוא רגיל; וינוח ביום ההקזה, ולא ייגע ולא יתעמל ולא יטייל.

אות ב'

אכל ועמד, שתה ועמד, ישן ועמד, הקיז דם ועמד

רמב"ם פ"ד מהל' דעות ה"ג - לעולם כשיאכל אדם ישב במקומו או יטה על שמאל, ולא יהלך ולא ירכב ולא ייגע ולא יזעזע גופו ולא יטייל, עד שיתעכל המזון שבמעיו, וכל המטייל אחר אכילתו או שיגע, הרי זה מביא על עצמו חלאים רעים וקשים.

אות ג'

שימש מטתו ועמד

סימן רמ סט"ז - לא יבעול והוא שבע או רעב, אלא כשיתעכל המזון שבמעיו; ולא יבעול מעומד, ולא מיושב, ולא בבית המרחץ, ולא ביום שנכנס למרחץ, ולא ביום הקזה - מי שחלה ונתרפא, יזהר מלשמש עד שיתחזק גופו, כי יכאיבהו ויחליאהו, ולא ידע כי בנפשו הוא. **ולא ביום יציאה לדרך או ביאה מן הדרך, ולא לפניהם, ולא לאחריהם. (והא דבריש הסימן שחייב לפוקדה, איירי כשהוא רוכב או יושב בקרון, וכאן איירי במהלך) (מהרש"ל)** - ומ"א כתב דכאן איירי מצד הרפואה, ובס"א איירי מהדין, **ותדע**, דהא קאמר נמי ולא ביום שנכנס למרחץ ולא לפניהם ולא לאחריהם, וידוע דמצוה לרחוץ בכל ע"ש, ועונת ת"ח משבת לשבת, אע"כ דכל זה רק מצד רפואה הוא.

אות ד'

ובין הפרקים ימעט, ובין הפרקים יחזור וימעט

רמב"ם פ"ד מהל' דעות הי"ח - לא ירגיל אדם להקיז דם תמיד, ולא יקיז אלא אם יהיה צריך לו ביותר; ולא יקיז לא בימות החמה ולא בימות הגשמים, אלא מעט בימי ניסן ומעט בימי תשרי; [א]ומאחר חמשים שנה [ב]לא יקיז כלל.

אות ה'

וגזרו רבנן אכולהו מעלי יומא טבא

סימן תסח ס"י - הגה: ונהגו שלא להקיז דם בשום עיו"ט, ואין לשנות (כל בו בשם מהרי"ו) - דבערב שבועות יצא שד דשמו טבוח, ואלו לא קיבלו ישראל את התורה, הוי טבח להוא לבשרייהו ולדמייהו, וגזרו רבנן על כל ערב יו"ט משום ערב שבועות.

ושרעפי"ן שקורין באנקע"ס או קעפ זעצי"ן, יש מתירין, מלבד הו"ר שהוא יום הדין, **ועכ"פ** בערב שבועות יש להחמיר.

ובלילה שלפני עיו"ט מותר להקיז דם, חוץ מליל הו"ר.

ועיו"ט אחרון של פסח, הכל מותר, דאינו רגל בפני עצמו.

וכ"ז כשרוצה להקיז לבריאות, אבל משום סכנה, כבר דשו בו רבים, ושומר פתאים ה', **ואפילו** בערב שבועות התיר בא"ר, כשצוו הרופאים בחולי שיש בו סכנה, **אבל** בלא"ה לא.

אות ו'

כל האמור בפרשת תוכחה עושין לחיה בשבת

סימן של ס"ז - [ג]הולד שנולד, עושין לו כל צרכיו, ומרחיצין אותו, ומולחין אותו - כדי שיתקשה הבשר - רש"י, ומשמע מזה דהמליחה תהיה במלח, **ובפירוש** המשנה להרמב"ם כתוב: ונותנין עליו אבק ההדס והדומה לו. **אינו** לפי הסדר המבואר בש"ס, ומפיק מקרא, ושם איתא דחותכין הטבור ואח"כ רוחצין אותו.

וטומנין השליא כדי שיחם הולד - ולא בקרקע, דמשום זה לכו"ע לא מחללינן שבתא, **אלא** כך היה מנהגם כשחל בשבת, עשירות טומנין אותה בספלים של שמן, או בספוגין של צמר, ועניות במוכין או בתבן, ובחול אלו ואלו טומנין אותה בארץ, {ירושלמי}, והיה זה מדרך סגולה אצלם. **[ד]וחותכים את הטבור** - אחר שקושרין אותו, **ועיין** במג"א, שחתיכת הטבור בעלמא אינו כי אם שבות, (והוא מתוס' שילהי פרק מפנין), **וי"א** דיש בזה איסורא דאורייתא, ורק הכא מותר, **(דאם לא יחתכנו איכא סכנתא)**.

ודע, דממה שהביא המ"א בשם התוס', מוכח דאין עושין מלאכה דאורייתא בשביל דברים אלו, דאין במניעתם סכנה אלא צערא בעלמא, **וא"כ** לפי"ז אם אין לו סכין לחתוך הטבור, וצריך להביאו דרך ר"ה, אסור להביאו, אלא יקשרנו לעת עתה, **וה"ה** בשארי דברים המוזכרים כאן, (כגון להחם חמין כדי לרחוץ, **או** כדי לשחק הסמנין הצריכין לו למליחה, **או** גבי מלפפים לחתך בגד לעשות חותלות), **ובבה"ל** הבאתי דעת ראשונים דמותר לחלל במלאכה דאורייתא בשביל זה, (מפני שסכנה הוא לו אם לא יעשו לו כל אלה), **ועכ"פ** להביאו ע"י עו"ג, או להחם חמין על ידו לרחוץ הולד, בודאי מותר.

באר הגולה

א «ועיין רש"י בין הפרקים ארבעים וששים שנה, ולפנינו בנוסחת רבנו חננאל ז"ל בקבלת רבותיו, בין הפרקים, הגיע לחמשים שנה, ימעט – עבודת המלך»

ב «שאח"כ בזמן הרמב"ם נשתנה הטבע, ולכן כתב לא יקיז כלל – אג"מ חו"מ ח"א סי' ק"ג»   ג שם   ד שם קכ"ח משנה וכרבי יוסי

§ מסכת שבת דף קל. §

אות א'

כל מלאכה שאפשר לעשותה מע"ש, אינה דוחה את השבת, (ומילה) שאי אפשר לעשותה מערב שבת, דוחה את השבת

סימן שלא ס"ו - [א]מכשירי מילה שאפשר לעשותם מערב שבת, אינם דוחים את השבת; [ב]לפיכך אם לא הביא איזמל למילה מערב שבת, לא יביאנו בשבת, אפי' במקום שאין בו אלא איסור דרבנן, שהעמידו חכמים דבריהם [ג]במקום כרת.

‹עיין בשו"ת חתם סופר, שכתב אודות תיקון צפורן של מוהל בשבת, שיש בזה איסור דאורייתא וחייב חטאת, כיון שעושה כלי, ולא דמי לנטילת צפרני הנדה לטבילה, **ואף** אם אין מוהל אחר רק אחד, וצפרנו נסדק, אפ"ה אסור לתקן›.

[ד]ולומר לא"י לעשותם, אם הוא דבר שאם עשהו ישראל אין בו איסור אלא מדרבנן, אומר לאינו יהודי ועושהו - דהוי שבות דשבות במקום מצוה ושרי, **ומ"מ** אסור להביא התינוק לבהכ"נ דרך חצר שאינה מעורבת, אפילו ע"י א"י, דהא יכולין למולו בביתו, והרבה פעמים מלין בבית כשיש צינה.

וכשצריך להוציא התינוק מביתו לחצר שאינה מעורבת, אל האיזמל המונח שם, מותר ע"י א"י כיון דליכא ר"ה, **ומ"מ** טוב יותר להביא האיזמל ע"י א"י לתינוק, דאם יביא התינוק אל האיזמל, יהיה צריך אחר המילה להתיר עוד הפעם שבות דשבות, להחזיר התינוק אצל האם, **משא"כ** כשיביא האיזמל אל התינוק, יניחנו שם עד אחר השבת.

ואם הוא דבר שאסור לישראל לעשותו מן התורה, לא יאמר לאינו יהודי לעשותו - דגם אמירה לא"י בדבר שאסור מן התורה הוי כשאר שבות, והעמידו חכמים דבריהם.

(ועיין לעיל סי' ש"ז) - ס"ה בהג"ה, דשם הביא רמ"א, דיש מקילין אפילו במלאכה דאורייתא לומר לא"י במקום מצוה, ‹היינו כגון אם נתקלקל הסכין וצריך לתקנו›, **ואף** דרוב פוסקים חולקים על סברא זו, והעיקר כדבריהם, מ"מ לענין מילה המיקל וסומך על דבריהם לא הפסיד אם א"א בענין אחר, **ומכ"ש** לענין הוצאה והכנסה, דלהרבה פוסקים אין לנו בזה"ז ר"ה, [כן משמע ממ"א].

‹ועיין בתשובת כתב סופר, **דהיינו דוקא בדליכא מוהל אחר, אבל אם איכא מוהל אחר שיש לו סכין מתוקן, הגם שאין רצונו להשאילו, אין להתיר, ואפילו** בדליכא מוהל אחר, רוב הפוסקים ס"ל דאסור ע"י א"י, מ"מ כבר הורה המ"א, **אבל** בתנאי שהיה מאתמול הסכין מתוקן, **אבל** אם פשע ולא הכין מאתמול, גם המ"א בעצמו אינו מתיר לתקן הסכין ע"י א"י, ולענין להעביר דרך ר"ה, שרי אפילו בר"ה דאורייתא כשלא פשע, ולהביא דרך כרמלית דרבנן, אפילו הוא פושע שלא הביא מאתמול למקום הראוי, שרי ע"י א"י לכו"ע›.

יו"ד סימן רסו ס"ב - מילה דוחה יום טוב ושבת, בזמנה - ‹אמר עד א' שנולד בשבת, מלין אותו על פיו, ירושלמי - רעק"א›, **אבל שלא בזמנה, אינה דוחה; ואפילו בזמנה, אינה דוחה אלא המילה עצמה ופריעה ומציצה** - ‹אף שמציצה אינה מעצם המילה, אך כיון שיש סכנה בלא מציצה, דוחה - ערוה"ש›.

[ה]אבל מכשיריה אינם דוחים, [ו]כיון שהיה אפשר לעשותה מבעוד יום. ולפיכך אין עושין סכין לימול בו - ‹בספר חכמת אדם כתב, דה"ה אם אינו חד אסור להשחיזו במשחזות, ע"ש›. **ואין מביאין אותו ממקום למקום.**

אות ב'

עדיין עושין אותה בשמחה

יו"ד סימן רסה סי"ב - [ז]נוהגים לעשות סעודה ביום המילה - ‹בפר"א: ר' ישמעאל אומר, לא עיכב אברהם מכל אשר צוהו, וכשנולד יצחק בן ח' ימים הגישו למילה, שנא' וימל אברהם את יצחק בנו בן שמנת ימים, והגישו למנחה ע"ג המזבח, [ודחוק הוא לפרש שנתכוונו כאן על העקדה, דאינו מענין המאמר כאן כלל, אלא על המילה קאמר, שחשובה כמנחה ע"ג המזבח - הרד"ל], ועשה שמחה ומשתה, **מכאן** אמרו חכמים חייב אדם לעשות שמחה ומשתה באותו היום שזכה למול את בנו כא"א, שנא' ויעש אברהם משתה גדול ביום הגמל את יצחק - גר"א›. ‹ביום ה"ג מל, כלומר שעשה משתה ביום השמיני כשמל את יצחק, **וכתיב**: כורתי בריתי עלי זבח, פי' כשכורתים הברית שהיא המילה, עושים אותו עלי זבחים למשתה. **עוד** אמרו: כל מצוה שקבלו עליהם בשמחה, כגון מילה וכו', עדיין עושין אותה בשמחה, פי' שעושין משתה - לבוש›. ‹**ואם** אירע סיבה שלא עשאו סעודה ביום המילה, יעשו ביום אחר, חמו"ד כ"י. **ועיין** בספר תולדות שבת שכתב, בהא דמצוה בו יותר מבשלוחו, ראוי ליזהר גם בסעודת ברית מילה וחתונה, ע"ש - פת"ש›.

הגה: ונהגו לקחת מנין לסעודת מילה - ‹ואפשר דמשום פרסומי הוא, דכל פירסום הוא בי' - ערוה"ש›, **ומקרי סעודת מצוה (פר"א דמילה ובא"ז)** - ‹ששמחין במצות ה' יתברך - לבוש›.

‹המשך ההלכות מול עמוד ב'›

באר הגולה

א שם ק"ל משנה וכר"ע | ב שם בגמרא | ג הרי"ף והרא"ש שם ‹ורש"י עמוד ב' ד"ה שלא ברצון› | ד הרמב"ם | ה ‹העתקנו רק קטעים מן הסעיף, עיין בפנים למה שחסרנו› | ו משנה שם דף ק"ל ע"א וכר"ע | ז הר"ד אבודרהם שם ע"פ חמדרש, ושכן משמע בגמרא מהא דרב פפא סבר לברוכי שהשמחה במעונו וכו', כתובות דף ח' ע"א, ושכן אמר דוד המלך ע"ה אספו לי חסידי כורתי בריתי עלי זבח, דם מילה שהוא זבח לשמונה ימים, וכ"כ רש"י ותוספות ובשם המדרש אברייתא דרשב"ג כל מצוה שקבלו עליהם בשמחה וכו' שבת דף ק"ל ע"א

רבי אליעזר אומר אם לא הביא כלי מע"ש מביאו בשבת מגולה ובסכנה מכסהו ע"פ עדים ועוד אמר *ר"א כורתים עצים לעשות פחמין לעשות (כלי) ברזל *כלל אמר ר"ע *כל מלאכה שאפשר לעשותה מע"ש אינה דוחה את השבת (ומילה) שאי אפשר לעשותה מע"ש דוחה את השבת:

גמ' איבעיא להו טעמא דר"א משום חבובי מצוה או דילמא משום חשדא למאי נפקא מינה לאתויי מכוסה ע"פ עדים אי אמרת משום חבובי מצוה מגולה אין מכוסה לא אלא אי אמרת משום חשדא אפי' מכוסה שפיר דמי מאי איתמר א"ר לוי לא אמרה ר"א אלא לחבובי מצוה תניא נמי הכי מביאו מגולה ואין מביאו מכוסה דברי ר"א אמר רב אשי מתני' נמי דיקא דקתני ובשעת הסכנה מכסהו ע"פ עדים בסכנה אין שלא בסכנה לא שמע מינה משום חבובי מצוה שמע מינה תניא אידך מביאו מגולה ואין מביאו מכוסה דברי ר"א ר' יהודה אומר משום ר"א נוהגין היו בשעת הסכנה שהיו מביאין מכוסה ע"פ עדים איבעיא להו עדים דקאמר איהו וחד או דילמא הוא ותרי ת"ש ובסכנה מכסהו ע"פ עדים אי אמרת °בשלמא הוא ותרי שפיר אלא אי אמרת הוא וחד מאי עדים שראוים להעיד במקום אחר: ועוד אמר ר"א: *ת"ר במקומו של ר"א היו כורתין עצים לעשות פחמין לעשות ברזל בשבת במקומו של ר' יוסי הגלילי היו אוכלין בשר עוף בחלב לוי איקלע לבי יוסף רישבא קריבו ליה רישא *דטווסא בחלבא לא אכל כי אתא לקמיה דרבי א"ל אמאי לא תשמתינהו א"ל אתריה דר' יהודה בן בתירה הוה ואמינא דילמא דרש להו כר' יוסי הגלילי *דתנן ר' יוסי הגלילי אומר נאמר °לא תאכלו כל נבלה ונאמר °לא תבשל גדי בחלב אמו את שאסור משום נבלה אסור לבשל בחלב עוף שאסור משום נבלה יכול יהא אסור לבשל בחלב ת"ל בחלב אמו יצא עוף שאין לו חלב אם א"ר יצחק עיר אחת היתה בא"י שהיו עושין כר"א והיו מתים בזמנן ולא עוד אלא שפעם אחת גזרה מלכות הרשעה גזרה על ישראל על המילה ועל אותה העיר לא גזרה: תניא רשב"ג אומר כל מצוה שקיבלו עליהם בשמחה כגון מילה דכתיב °שש אנכי על אמרתך כמוצא שלל רב 'עדיין עושין אותה בשמחה וכל מצוה שקבלו עליהם בקטטה 'כגון עריות דכתיב °וישמע משה את העם בוכה למשפחותיו *על עסקי משפחותיו עדיין עושין אותה בקטטה דליכא כתובה דלא רמו בה תיגרא תניא ר"ש בן אלעזר אומר כל מצוה שמסרו ישראל עצמן עליהם למיתה בשעת גזרת המלכות כגון עבודת כוכבים ומילה עדיין היא מוחזקת בידם וכל מצוה שלא מסרו ישראל עצמן עליה למיתה בשעת גזרת המלכות כגון תפילין עדיין היא מרופה בידם *דא"ר ינאי תפילין צריכין גוף נקי כאלישע בעל כנפים מאי היא אמר אביי שלא יפיח בהם רבא אמר שלא יישן בהם ואמאי קרו ליה אלישע בעל כנפים שפעם אחת גזרה מלכות הרשעה גזרה על ישראל שכל המניח תפילין על ראשו יקרו את מוחו והיה אלישע מניח תפילין ויצא לשוק וראהו קסדור אחד רץ מלפניו ורץ אחריו כיון שהגיע אצלו נטלן מראשו ואחזן בידו א"ל מה בידך אמר לו כנפי יונה פשט את ידו ונמצאו בה כנפי יונה לפיכך היו קוראין אותו בעל כנפים *מאי שנא כנפי יונה דא"ל ולא א"ל שאר עופות משום דדמיא כנסת ישראל ליונה שנאמר °כנפי יונה נחפה בכסף ואברותיה בירקרק חרוץ מה יונה זו כנפיה מגינות עליה אף ישראל מצות מגינות עליהן: א"ר אבא בר רב אדא א"ר יצחק פעם אחת שכחו ולא הביאו איזמל מערב שבת והביאוהו בשבת [דרך גגות ודרך חצירות] שלא

רש"י

רבי אליעזר אומר אם לא הביא כלי · איזמל למול את התינוק וקאי אמתניתין דפרקין דלעיל* דסליק מיניה וכל צרכי מילה עושין בשבת: מגולה · בפני הכל ובגמרא מפרש אמאי מצריך ליה לגלוייה: ובסכנה · שגזרו ארמאים על המילה: מכסהו ע"פ עדים · שיעידו שאיזמל של מצוה הוא מביא ולא יחשדוהו: כלל אמר ר"ע · נחלק על ר"א במכשירי מצוה שאין דוחין הואיל ואפשר לעשותן מע"ש: [ושאי אפשר לעשות מע"ש · כגון] מילה עצמה שא"א לה ליעשות דחמנה ביום השמיני דוחה שבת: גמ' טעמא דר"א · דאמר מגולה אין מכוסה לא: משום חיבוב מצוה · להודיע שחביבה מצוה עליו שמחלל שבת עליה: משום חשדא · שלא יחשדוהו שהוא נושא שאר חפציו וסיפא דמתני' דקתני ובסכנה מכסהו ע"פ עדים ודאי משום חשדא הוא אלא רישא מיבעיא לן דוקא מגולה קאמר אבל מכוסה ע"פ עדים שלא בשעת הסכנה לא ומשום חיבוב מצוה או לאו דוקא מגולה דטעמיה משום חשדא וה"ה למכוסה על פי עדים: אי אמרת בשלמא הוא ותרי שפיר · היינו דמיקרו עדים אלא הוא וחד מי מיקרי עדים איהו לגביה נפשיה מי מיקרי עד: ומשני שראוים להעיד במקום אחר · לעולם הכא עדות לא שייכא דלאפוקי מחשדא בעלמא הוא ואין כאן לא דיני ממונות ולא דיני נפשות שיהו שנים(א) ומאי קרו להו עדים דאיכא גילוי מילתא ע"י השני ושנים קרו עדים בעדות אחריתי שאינו נוגע בה: לעשות ברזל · לאיזמל של מילה: היו אוכלין בשר עוף בחלב · כדלקמן: רישבא · לייד עופות: נאמר לא תאכלו כל נבלה ונאמר · באותו פסוק עצמו לא תבשל גדי משמע כל האסור משום נבלה נוהג בו איסור בשר בחלב: שש אנכי על אמרתך · אמירה יחידה שקדמה לשאר אמירות והיא מילה שישראל עושין וששים עליה דכל שאר מצות אינן מוכיחות כל שעה כגון תפילין ומזוזה וציצית דאינן כשהוא בשדה וערום בבית המרחץ אבל זו מעיד עליהם לעולם כדאמרינן במנחות (דף מג:) בדוד שראה עצמו בבית המרחץ ונצטער אמר אוי לי שאני ערום מכל מצות כיון *שנסתכל במילה נתיישבה דעתו: בשמחה · שעושין משתה: על עסקי משפחותיו · שנאסר להם קרובות: מרופה · רפויה: דא"ר ינאי תפילין צריכות גוף נקי · שלא יפיח אלמא לא זהירי בהו ושמעינן מינה דלא מסרו עליה אלא אלישע לבדו: יקרו · פוריי"ר בלעז לשון יקרוה עורבי נחל (משלי ל) ולשון תנקר לא נעלה (במדבר טז): את מוחו · שכנגד תפילין: קסדור · ממונה: מגינות עליהן · איכה נלחמת בארטומיה אלא בכנפיה:

תוספות

רבי אליעזר אומר אם לא הביא כלי כו' מביאו בשבת מגולה · °וא"ת ויביאו התינוק אצל כלי דהשתא ליכא איסור שבת כלל דהאי נושא את עצמו וי"ל דקטן צריך לאמו הוא ואחר המילה היה צריך להחזירו לאמו ואז הוי כפות(ג) לפי שהוא חולה כדאמרינן ביומא (דף סו:) אפי' תימא ר' נתן חולה שאני וגם אמו שהיא מסוכנת לא תוכל לבא אצל התינוק ועוד י"ל כיון דיותר בקל יביא הכלי משיביא התינוק שרי ר"א כדי למהר המצוה כדמוכח בגמרא דאמר פעם אחת שכחו ולא הביאו איזמל מע"ש והביאו בשבת שלא ברצונו שהביאו דרך אגרות וגגות וקרפיפות והיו יכולין להביא דרך רה"ר אלמא דשרי ר"א דרך רה"ר דהוי דאורייתא (ג) °כדי למהר המצוה אע"פ שיכול לעשות [בענין] דליכא אלא איסורא דרבנן:

שש אנכי · במדרש (שוחר טוב) למנצח על השמינית כתיב הנדרש על המילה שהיא בשמיני וכן אמרי'(ד) (פר"א פ' כ"ט) ויעש אברהם משתה גדול ביום הגמל את יצחק ביום ה"ג מל את יצחק דהיינו ביום השמיני דמילה כמנין ה"ג · ר"ת:

אמר ליה כנפי יונה · הרי שלא מסר עצמו לומר תפילין הן · רבינו שמואל: שלא

עין משפט נר מצוה

א א מיי' פ"ב מהלכות מילה הלכה ו סמג עשין כח טוש"ע א"ח סי' שלא סעיף ו וטוש"ע י"ד סימן רסו סעיף ב:

ב ב טוש"ע י"ד סימן רסה סעיף יב:

ג ג מיי' פט"ב מהלכות איסורי ביאה הל' יח סמג לאוין קכד:

פסחים סו. סט: יבמות יד. מנחות עב. לו.

רבינו חננאל

פרק יט

רבי אליעזר אומר אם לא הביא כלי מערב שבת מביאו בשבת מגולה וכו' ואיבעיא לן האי דקתני ר' אליעזר אומר כביאו מגולה משום חבובי מצוה הוא או משום שלא יחשדוהו שהוציא הפציו טמונים לפיכך מגלוהו שיראו שסכין של מצוה הוא · ופשטנא דמשום חבובי מצוה הוא היכא דליכא סכנה ותוב איבעיא לן האי דתנא במתניתא רבי יהודה משום רבי אליעזר [אומר] נוהגים היינו בסכנה מביאין אותו (בסכנה) מכוסה ע"פ עדים הני עדים שנים אחרים ולהו המביאו או דלמא הוא ואחרים ולא איפשטא בהדיא: לוי איקלע לבי יוסף רישבא קריבו ליה רישא דטווסא בחלבא לא אכל כי אתא לקמיה דר' א"ל מ"ט לא שמתינהו א"ל אתרא דר' יהודה בן בתירא ואמרי דלמא דריש להו כרבי יוסי הגלילי דסבר יצא עוף שאין לו חלב אם: א"ר יצחק עיר אחת היתה בא"י שהיו עושין כר' אליעזר והיו מתים בזמנן ולא עוד אלא שפעם אחת גזרה מלכות הרשעה גזרה על ישראל על המילה ועל אותה העיר לא גזרה *) כל השבח ואין הלכה כר"א ולא כר' יוסי הגלילי שמתיר בשר עוף בחלב ולא כרבי ינאי שאמר תפילין צריכין גוף נקי כאלישע בעל כנפים ומפרשי רבנן כי לא אמר רבי ינאי אלא בשעת הגזרה וסמיך דהוא עריק ועבדי ליה נס אמר ראובן בר רב אדא א"ר יצחק פעם אחת שכחו ולא הביאו איזמל מע"ש והביאוהו

*) נראה דצ"ל לאחר כל השבח הזה מ"מ אין הלכה כר"א וכו'

גליון הש"ס

גמ' בשלמא הוא ותרי · עיין תשובת הרא"ש כלל ח"א סי' פ"ט: תוס' ד"ה רבי אליעזר וכו' וא"ת ויביאו התינוק · עיין לעיל דף לד ע"א תוספות ד"ה אבל אדם: באד"ה כדי למהר המצוה · עיין עירובין דף קג ע"ב תוס' ד"ה מה לי:

מסורת הש"ס

[קכח:]

[מכר לקמן קלו. ובעירובין קב: קג.]

יבמות יד. חולין קטו. ע"ש

[נ"ל דטווסא עיין בערוך פירושו] חולין קיג.

יומא עט.

[נ"ל שנזכר]

לעיל מט.

[ברכות נג: לעיל מט. וש"נ] [נ"ל עליה]

הגהות הב"ח

(א) רש"י ד"ה ומשני וכו' ומאי קרי להו: (ב) תוס' ד"ה ר' אליעזר וכו' ואז הוי כפות: נ"ב עיין בפרק כמלגיע דף לד ע"א: (ג) בא"ד כדי למהר המצוה · נ"ב עיין בסוף עירובין דף קג ע"ב בתוספות ד"ה מה לי: (ד) ד"ה שש וכו' וכן אמרי' במדרש ויעש אברהם:

שלא ברצון ר"א מתקיף לה רב יוסף שלא ברצון ר"א אדרבה ר"א הוא דשרי וכי תימא שלא ברצון ר"א דשרי אפילו ברה"ר אלא ברצון רבנן דאסרו דרך רה"ר ושרו דרך גגות דרך חצירות וקרפיפות ומי שרי *והתניא כשם שאין מביאין אותו דרך רה"ר כך אין מביאין אותו לא דרך גגות ולא דרך קרפיפות ולא דרך חצירות אלא אמר רב אשי שלא ברצון ר"א ומחלוקתו אלא ברצון ר"ש *דתנן ר"ש אומר אחד גגות(א) ואחד קרפיפות ואחד חצירות כולן רשות אחד הן לכלים ששבתו בתוכן ולא לכלים ששבתו בתוך הבית בעא מיניה רבי זירא מר' אסי מבוי שלא נשתתפו בו מהו לטלטל בכולו מי אמרינן כחצר דמי מה חצר אע"ג דלא ערבו מותר לטלטל בכולו האי נמי אע"ג דלא נשתתפו בו מותר לטלטל בכולו או דילמא לא דמי לחצר דחצר אית ליה ד' מחיצות האי לית ליה ד' מחיצות א"נ חצר אית ליה דיורין האי לית ביה דיורין שתיק ולא א"ל ולא מידי זימנין אשכחיה דיתיב וקא אמר אמר ר"ש בן לקיש משום ר' יהודה הנשיא פעם אחת שכחו ולא הביאו איזמל מע"ש והביאוהו בשבת והיה הדבר קשה לחכמים היאך מניחין דברי חכמים ועושין כר"א חדא דר"א שמותי *הוא ועוד יחיד ורבים *הלכה כרבים וא"ר אושעיא שאילית את רבי יהודה הגוזר ואמר לי מבוי שלא נשתתפו בו הוה ואייתוהו מהאי רישא להאי רישא א"ל ס"ל למר מבוי שלא נשתתפו(ב) מותר לטלטל בכולו וא"ל אין א"ל והא זימנין בעאי מינך ולא אמרת לי(ג) הכי *דילמא אגב שיטפך רהיט לך גמרך א"ל אין אגב שיטפא רהיטא לי גמרי *איתמר אמר רבי זירא אמר רב מבוי שלא נשתתפו בו אין מטלטלין בו אלא בד' אמות אמר אביי הא מילתא אמרה רבי זירא ולא פירשה עד דאתא רבה בר אבוה ופירשה דאמר רב נחמן אמר רבה בר אבוה אמר רב מבוי שלא נשתתפו בו עירבו חצירות עם בתים אין מטלטלין בו אלא בד' אמות לא עירבו חצירות עם בתים מותר לטלטל בכולו אמר ליה רב חנינא חוזאה לרבה מאי שנא כי עירבו חצירות עם בתים דניתקו חצירות ונעשו בתים ורב לטעמיה *דאמר רב אין המבוי ניתר בלחי וקורה עד שיהו בתים

רש"י

דרך גגות ודרך חצירות · שלא עירבו זו עם זו ואיכא איסורא דרבנן : **שלא ברצון ר"א ומחלוקתו** · קאמר דר"א אפילו ברה"ר שרי ואינהו דאייתו דרך חצרות גלי אדעתייהו דאין מכשירי מילה דוחין שבת ושלא ברצון החולקין עליו דאסרי דרך חצרות דהעמידו חכמים דבריהם לאיסור(*) שבת אף במקום כרת : **אלא ברצון ר"ש** · שמתיר אף לדבר הרשות : **דתנן ר"ש אומר אחד גגות כו' כולן** · ואפילו הן של בעלים הרבה מטלטלין מזה לזה דלא אסרו מרשות לרשות אלא בתים : **קרפיפות** · אם של בית סאתים הוא מטלטל בכולו ואם יותר ולא הוקף לדירה קרי ליה רשות אחת לגבי חבירו או לגבי חצר לטלטל ב' אמות בזה וב' אמות בזה להוציא ולהכניס מזה לזה : **ששבתו בתוכן** · שכשקדש היום היו בתוכו ולא בתוך הבית דאילו שבתו כלים בבית לא מיבעיא היכא דלא עירבו בני בתי החצר דאפילו מבית לחצר לא יוציאו כלי הבית אלא אפילו עירבו ומטלטל מבית לחצר לא יוציאו כלי הבית מחצר זו לחברתה שלא עירבו עמה : **שלא נשתתפו בו** · עירוב דחצירות במבוי קרי שיתוף : **מהו לטלטל** · בתוכו בכולו כלים ששבתו בתוכו ולהוציא מן החצר לתוכו פשיטא לן דאסור וכן ממנו לחצר : **מה חצר אע"ג דלא עירבו** · הרבה בתים שבחצר ביחד ואסור להכנים ולהוציא מבתים לחצר ומחצר לבתים : **מותר לטלטל בכולו** · מה שנמצא בתוכו או בגדיו שהוציאן מן הבית לתוכו דרך מלבוש *פושטן ומטלטלן בכולו לדברי הכל דג' מחלוקות הן בעירובין בפרק כל גגות לדברי ר' מאיר גגין רשות לעצמן ומטלטלין מזה לזה ואפילו של בעלים הרבה וחצרות רשות לעצמן לטלטל מזו לזו בלא עירוב כלים ששבתו בתוכם אבל לא מגגין לחצרות וקרפיפות רשות לעצמן ולדברי חכמים גגין וחצרות רשות אחת וקרפיפות רשות אחת ולדברי ר"ש כולן רשות אחת חוץ מן הבתים : **א"נ חצר אית ביה דיורין** · כלומר עשויה להשתמש בה תדיר : **האי אין בו דיורין** · שהדיורין בבתים הן והבתים פתוחין לחצירות וחצירות למבוי : **זמנין** · פעם אחרת : **אשכחיה** · רבי זירא לר' אסי : **שמותי הוא** · ברכוהו כדאמרינן בהזהב (ב"מ דף נט:) ובתלמוד ירושלמי *מפ' שמותי הוא מתלמידי שמאי היה : **וא"ר אושעיא** · לאותן שהיה קשה עליהן מה ששמעו : **שאיליה את רבי יהודה הגוזר** · המל את התינוקות : **ואייתוהו מהאי רישא** · שהיה התינוק בבית שבראש המבוי ואיזמל בבית שבראש האחר שכנגדו עד כאן דברי ר' אסי : **א"ל** · רבי זירא אלמא ס"ל למר מדאמר ליה להא ולא קשיא לך ביה מידי סבירא לך מותר לטלטל בכולו : **הכי גרסינן והא זמנין בעאי מינך ולא אמרת דילמא אגב שיטפא אתיא לך** · כשהיית שטוף בגרסתך לחזר על שמועה זו דר"ל עם מרוצת גרסתך אתיא לך הך דר' אושעיא בהדא דאיתמר עלה : **ולא פירשה** · אימתי מותר ואימתי אסור : **עירבו חצרות** · שבמבוי עם בתיהם שבני הבתים מוציאין לחצרותיהן שעירבו בתים הפתוחים לחצר יחד וכן בני חצר האחרת אבל בני החצרות לא נשתתפו במבוי : **אין מטלטלין** · במבוי אפי' כלים ששבתו בתוכו אלא בד' : **לא עירבו חצרות עם בתיהן** · שאסורים בני הבתים להוציא מבתיהן לחצריהם : **מותר לטלטל בכולו** · כלים ששבתו בתוכו ולקמיה מפרש טעמא : **ונעשו בתים** · בטלו לגבי הבתים ואין שם חצרות עליהם : בתים

תוספות

שלא ברצון ר"א דשרי אפי' ברה"ר · קשה לרשב"א הא אמרינן לקמן בפירקין (דף קלג·) כל מקום שאתה מוצא עשה ולא תעשה אם אתה יכול לקיים את שניהם מוטב כו' והכא כיון דאפשר לקיים את שניהם להביאו דרך גגות וחצירות וקרפיפות אמאי יביאו אותו דרך רה"ר וליכא למימר דלגבי מילה דגלי רחמנא בה דדחי שבת כדדרשינן לקמן לא אמרינן הכי דהא לקמן(ד) גבי בשר אפי' במקום בהרת יקוץ כו' אמרינן כדר"ל דאמר ר"ל כל מקום שאתה מוצא כו' : **ומי** שרי והתניא · וא"ת ולוקמי שהביאו דרך חצר מעורבת דהוי כרצון חכמים ושלא כרצון ר"א דשרי אפי' דרך רה"ר וי"ל דבכה"ג לא הוה(ה) שרי ר"א מן רה"ר כיון שיכול להביאו דרך חצר מעורבת בהיתר גמור א"נ ליכא דשכחו לא משמע כן דאי היתה מעורבת לא ה"ל למימר שכחו אלא לא חשו להביאו מע"ש כיון דבשבת אפשר להביאו בהיתר גמור אבל כי מסיק ברצון ר"ש אתי שפיר דקאמר שכחו שאם היו נזכרין מע"ש היו מביאין משום דפליגי רבנן עליה : **ברצון** ר"ש · ה"ה דהוה מצי למימר ברצון ר"מ שהביאו דרך גגות מגג לגג או דרך חצרות מחצר לחצר כדמוכח בפרק כל גגות (עירובין דף פט·) דאית ליה כל גגות העיר רשות אחת הן וכן חצרות וקרפיפות אלא נקט ר' שמעון דקי"ל כוותיה : **לכלים** ששבתו לתוכו · וכן היה אותו איזמל : **דרבי** אליעזר שמותי הוא · מב"ש וכן מוכח בירושלמי במסכת תרומות בפרק סאה תרומה דתנן התם סאה תרומה טמאה שנפלה למאה סאין טהורין בית שמאי אוסרים וב"ה מתירין כו' עד לאחר שהודו ר"א אומר תירום ותישרף ואמר בגמרא(ו) בן פזי ורבי אייבו בר נגרי הוו יתבין ואמרי תנינן אחר שהודו ר"א אומר תירום ותישרף מי הודה למי א"ר אסי מתניתין אמרה כן לאחר שהודו ר"א אומר תירום ותישרף ר"א לאו שמותי הוא הרי משמע דשמותי הוא מתלמידי ב"ש דמינה קא פשיט דב"ש הודו לב"ה · ר"ת* : **ניתקו** חצרות ונעשו בתים · פירוש וחשיב כאילו אין כאן חצר כלל שהחצר נעשה בית וכשלא עירבו חשיבי בתים כליתנהו ומיהו חצר לא חשיב כליתא אע"פ שאסור לטלטל *) מתוכו למבוי כיון שאין(ז) דרך מפסיק בינו למבוי לא חשוב [כסתום] אבל בתים כסתומות חשיבי כיון שהחצר מפסיק בינם למבוי ודוקא היכא דלא נשתתפו בעינן בתים וחצרות פתוחין לתוכו אבל נשתתפו לא בעינן ומשני אפשר דמבטלי רשות גבי חד דהשתא איכא בית דלא חשיב כסתום ולא אמר נמי ניתקו חצרות כולם כיון דשאר הבתים אסורין בחצר ופריך בית איכא בתים ליכא ולא מצי למימר דבטלי רשות גבי תרי שהם היו אוסרין זה על זה ולא מצי למימר שהשנים עירבו דהא מדקאמר רב לא עירבו משמע לא עירבו כלל : אפשר

עין משפט נר מצוה

ד א מיי' פ"ב מהלכות מילה הלכה ו סמג עשין כח טוש"ע א"ח סימן שלא סעיף ו טוש"ע יו"ד סימן רסו סעיף ב :

ה ב מיי' פ"ג מהלכות עירובין הלכה יח סמג עשין דרבנן א טוש"ע א"ח סימן שעב סעיף א :

ו ג מיי' פ"ה מהלכות עירובין הלכה טו סמג שם טוש"ע א"ח סימן שפח :

ז ד מיי' פי"ז מהלכות שבת הלכה יז סמג שם טוש"ע א"ח סימן שסג סעיף כו :

מסורת הש"ס

נ"ל שבת · פסחים כג. · עירובין צג: לב. עד. פט. צא. · [לעיל פ: כריתות ט. וש"נ] · [נדה נג:] · עירובין עג: · סוף פרק ט דשביעית · עירובין ס. [ע"ש ג"ש וסם עג:] · [נדה ז:] · [וע"ע תוספות נדה ז: ד"ה שמותי הוא]

רבינו חננאל

בשבת שלא כרצון רבי אליעזר ושקלינן וטרינן בה ואוקמא רב אשי שלא כרצון ר' אליעזר דשרי אפילו דרך רה"ר ושלא ברצון מחלוקתו והם החכמים שחולקים על ר' אליעזר ואומרים אפילו דרך גגות ודרך חצירות וכו' דרבי עקיבא סבירא ליה כוותיהון אלא כרצון ר' שמעון דשרי דרך גגות דתנן ר' שמעון אומר אחד גגות ואחד חצירות ואחת קרפיפות כו' · בעא ר' זירא מר' אמי מבוי שלא נשתתפו בו מהו לטלטל בכולו כו' ושתק ר' אמי ולא השיב לו זמנין אשכחיה דאמר אמר ר"ל משום רבי יהודה נשיאה פעם אחת שכחו ולא הביאו אזמל מע"ש והביאוהו בשבת והיה הדבר קשה לחכמים היאך מניחין דברי חכמים ועושין כר' אליעזר שהן דברי יחיד ועוד רבי אליעזר שמותי הוא כלומר מתלמידי שמאי הוא · א"ר אושעיא שאלית את ר' יהודה הגוזר פי' המל ואמר לי מבוי שלא נשתתפו בו הוה ואתיוה מהאי רישא להאי רישא אמינא ליה סבירא ליה למר מבוי שלא נשתתפו בו מותר לטלטל בכולן א"ל אין כו' · איתמר ר' זירא אמר רב מבוי שלא נשתתפו בו אין מטלטלין בו אלא בארבע · ר' זירא לא פירש שמועה זו היטב עד דאתא רב נחמן אמר רבה בר אבוה ופרשה משמיה דרב הכי מבוי שלא נשתתפו בו אם עירבו הצרות עם בתיהם אין מטלטלין בו אלא בארבע לא עירבו חצרות עם בתיהם מותר לטלטל בכולו א"ל רב חנינא חוזאה לרבא מפני מה כי עירבו עם בתיהם אין מטלטלין באותו מבוי אלא בארבע דניתקו הצרות ונעשו בתים כלומר כיון שעירבו נעשו בתי החצר והחצר רשות אחת ורב לטעמיה דאמר אין מבוי ניתר בלחי וקורה עד שיהו בתים

הגהות הב"ח

(א) גמ' אחד גגות ואחד חצרות ואחד קרפיפות רשות אחת: (ב) שם שלא נשתתפו בו מותר: (ג) שם ולא אמרת לי דילמא כצ"ל ותיבת הכי נמחק: (ד) תום' ד"ה שלא וכו' דהא לקמן · נ"ב דף קלג ע"א: (ה) ד"ה ומי שרי וכו' שרי ר"א דרך רה"ר כיון: (ו) ד"ה דרבי אליעזר וכו' ואמר בגמרא רבי יהודה בן פזי: (ז) ד"ה ניתקו וכו' כיון שאין דרך מפסיק:

*) פי' ר"ל לדבריו דס"ל דבתים אין לה וא"כ אינו ניתר בלחי וקורה ולא ס"ל ר"ש דרשות א' הן וא"כ גם חצר אין לה וא"כ היאך אמר וחצירות איכא ועי' בטוא"ח סימן שעב וברמב"ם פ"ג מה"ע ומשכחת ליה לר"ש מבוי דניתר בלחי וקורה כמ"ש התוספות לקמן דבטלי רשות לגבי תרי ואותן הכי עירבו יחד וכוונת התוספות להקשות בין על עירבו ובין על לא עירבו וכדי שלא תאמר דזהו שמקשה המקשה כאמרו בתים איכא חצרות ליכא בעירבו ע"כ פירשו התוספות דמ"ש ניתקו חצירות פירוש וחשיב כאלו כו'

גליון הש"ס רש"י ד"ה מותר לטלטל בכולו וכו' שפושטן ומטלטלן · תמי' לי הא מ"מ כיון דשבתו בבית אסור לטלטלן וכדאיתא להדיא עירובין דף צא בכותמא וסודרא וצע"ג : **תוספות** ד"ה דר"א שמותי וכו' וכן מוכח בירושלמי . עיין ביצה דף לד ע"ב תוספות ד"ה ואומר :

וכל מי שאינו אוכל בסעודת מילה, הוי כמנודה לשמים (תוספות פרק ערבי פסחים), ודוקא שנמצאו שם בני אדם מהוגנים, אבל אם נמצאו בני אדם שאינם מהוגנים, א"צ לאכול שם (ג"ז שם) - (ובתשו' מקום שמואל כתב בשם ספר שרביט הזהב, דטוב לבטל מה שהשמש קורא על סעודת ברית מילה, כי אולי לא ילכו מטעמים המתהוים, ויהיה ח"ו בכלל נידוי - פת"ש). ‹**אך** עתה בעוה"ר אין חשש, דע"פ רוב ימצאו גם שאינם מהוגנים, **אך** מ"מ נכון לילך, דאיתא במדרש, דהאוכל בסעודת מילה נצול מדינה של גיהנם - ערוה"ש›.

אות ג'

<u>וכל מצוה שקבלו עליהם בקטטה, כגון עריות</u>

רמב"ם פכ"ב מהל' איסורי ביאה הי"ח - אין לך דבר בכל התורה כולה שהוא קשה לרוב העם לפרוש אלא מן העריות והביאות האסורות, אמרו חכמים בשעה שנצטוו ישראל על העריות, בכו וקבלו מצוה זו בתרעומות ובכיה, שנאמר: בוכה למשפחותיו, על עסקי משפחות.

---

§ מסכת שבת דף קל: §

אות א'

<u>כשם שאין מביאין אותו דרך רשות הרבים, כך אין מביאין אותו לא דרך גגות ולא דרך קרפיפות ולא דרך חצירות</u>

סימן שלא ס"ו - [א]מכשירי מילה שאפשר לעשותם מערב שבת אינם דוחים את השבת; [ב]לפיכך אם לא הביא איזמל למילה מערב שבת, לא יביאנו בשבת, אפי' במקום שאין בו אלא איסור דרבנן, שהעמידו חכמים דבריהם [ג]במקום כרת.

יו"ד סימן רסו ס"ב - אבל מכשיריה אינם דוחים, [ד]כיון שהיה אפשר לעשותה מבעוד יום. ולפיכך אין עושין סכין לימול בו - (בספר חכמת אדם כתב, דה"ה אם אינו חד אסור להשחיזו במשחזות, ע"ש - פת"ש). **[ה]ואין מביאין אותו ממקום למקום, ואפילו להוציאו מהבית [ולהביאו] דרך גגין וחצרות ומבואות שלא עירבו** - ‹ותדחה המילה אע"פ שהם דרבנן, ובזה העמידו חכמים דבריהם אפילו במקום מצוה שיש בה כרת, כדי שיזהרו בני ישראל בחילול שבתות. **וגם** התינוק אין מביאין להבית שבו הסכין, דאע"ג דחי נושא את עצמו, מ"מ הלא צריכין להחזירו לאמו אחר המילה, ואז מפני המילה הוא ככפות ואינו נושא את עצמו, **אך** יש תקנה, שכל בני החצר יבטלו רשותם שבחצר ושבבתים לבעה"ב שהתינוק בו, ואז יהיה מותר ליקח הסכין מאותו הבית שמונח בו - ערוה"ש›.

אבל אם שכח הסכין בגג וחצר, מותר להביאו מזה לזה – [דכולן רשות אחת הם, לכלים ששבתו בתוכן, כמ"ש באו"ח סי' שע"ב], דבכה"ג אפילו שלא לצורך מילה מותר, ‹ולפי"ז צ"ל דגם התינוק היה בחצר - ערוה"ש›. [**ואפי'** הן של בעלים הרבה, שלא אסרו אלא בכלים ששבתו תוך הבית כשקידש היום, דאותן אסור לטלטל מבית לחצר, אם לא עירבו הבתים עם החצר, **ואפי'** ערבו הבתים עם החצר, אסור לטלטל אותו כלי הבית מחצר זה לחצר אחרת שלא עירבו עמה], **[ו]אפילו עירבו חצירות עם הבתים** – [פי' כל בית עירב עם חצר שלו, ולא אמרינן הואיל ואז שכיחי כלי הבית בחצר, אם נתיר לטלטל מחצר לחצר כלי ששבת בא' מהם, יטלטל גם כלים ששבתו בבית מחצר לחצר, הא לא גזרינן – ט"ז].

אות ב'

<u>אחד גגות ואחד קרפיפות ואחד חצירות, כולן רשות אחד הן לכלים ששבתו בתוכן, ולא לכלים ששבתו בתוך הבית</u>

סימן שעב ס"א - גגין - היינו על הגג שאין עוד קירוי למעלה, דאלו על התקרה שהוא תחת הגג, בכלל עלית הבית הוא, וכבית דמיא, **וגגין** שלהן חלקין היו וראויין להשתמש עליהן, **ומיירי** כשלא היו בולטות חוץ למחיצת הבית, **ואם** היו בולטות, ע"ל בסי' שמ"ה סט"ז, **וחצרות, וקרפיפות, כולן רשות א' הם לכלים ששבתו בתוכן** - היינו שהיו מונחים שם מבעוד יום, ולאפוקי כששבתו בתוך הבית.

שמותר לטלטלם מזה לזה - דכל אלו אין תשמישן מיוחד ותדיר, לפיכך אין בהם חילוק רשות, ומותר לטלטל מאחד לחבירו בלי עירובי חצרות, **וכ"ש** שמותר לטלטל בגגין או בחצרות גופא מאחד לחבירו, **וכן** מותר לטלטל בכל החצר או בכל הגג, אף שלא עירבו הדיורין יחד, **ולא** הצריכו חכמים עירובי חצירות אלא משום שיהיה מותר להוציא לתוכה כלי הבית ששבתו בבית מבעו"י, וכן מחצר לבית.

(בגמר' איתא, דגם מבוי רשות אחד עמהן, והמחבר נקט לשון המשנה, וסמך עצמו על מש"כ בסוף דבריו).

אפי' הם של בעלים הרבה ולא עירבו יחד - היינו החצרות בהדי הדדי, או הגגין והחצרות, **דאלו** בחצר גופא, יותר רבותא הוא כשעירבו בהדדי, כמו שמסיים לבסוף.

‹המשך ההלכות בעמוד הבא›

באר הגולה

[א] שם ק"ל משנה וכר"ע [ב] שם בגמרא [ג] הרי"ף והרא"ש שם ‹ורש"י ד"ה שלא ברצון› [ד] משנה שם דף ק"ל ע"א וכר"ע [ה] ממימרא דרבי אבא בר רב אדא וכו' וכדמפרש לה רב אשי שם ע"ב, וכר"ש במשנה עירובין דף פ"ט ע"א דאיפסקא הלכתא כוותיה שם דף צ"א ע"א [ו] שמואל ורבי יוחנן שם וציינתיו גם כן באו"ח ריש סי' שע"ב

‹ההלכות שייכים לדף ק"ל:›

אות ג'

מבוי שלא נשתתפו בו, עירבו חצירות עם בתים, אין מטלטלין בו אלא בארבע אמות; לא עירבו חצירות עם בתים, מותר לטלטל בכולו

סימן שפח ס"א - [ז]אם לא עירבו החצרות יחד, וגם לא נשתתפו במבוי - ר"ל אף אם לא עירבו וכו', דאם עירבו הרי הוא ג"כ כעין שיתוף מבוי, וכבסימן הקודם, **מותר לטלטל בכל המבוי כלים ששבתו בתוכו** - וה"ה דמותר להוציא מחצר למבוי כלים ששבתו בתוכו, וכן מן המבוי לחצר, וכדלעיל בסימן שע"ב ס"א, **דלא** תקנו חכמים שיתופי מבואות אלא להתיר להוציא למבוי כלים ששבתו בבית, אבל לענין חצרות ומבואות עצמן לא תקנו, ורשות אחד הוא דמותר לטלטל מזה לזה, **וכן** שוין הם גם בזה, דכמו דמותר לטלטל בכל החצר כלים ששבתו בתוכו אף אם לא עירבו עם הבתים, כן מותר לטלטל בכל המבוי אף אם לא נשתתפו בני החצרות עם המבוי, [גמ'], **ופשוט** דכ"ז מיירי שהיה המבוי עצמו מתוקן בלחי וקורה כדין.

בין עירבו חצרות עם הבתים - דמצויין כלי הבית בחצר, ושייך למגזר דלמא אתי לאפוקי כלי הבית למבוי, אפילו הכי שרי, **בין לא עירבו.**

[ח]ולהרב רבינו משה בר מיימון, דוקא כשלא עירבו חצרות עם הבתים, אבל עם עירבו חצרות עם הבתים, אין מטלטלין במבוי אלא בד' אמות - ‹דקי"ל דאין מבוי ניתר בלחי וקורה עד שיהיו בתים וחצירות פתוחין לתוכו, וכיון שעירבו, נעשה חצירות כבתים, ואם כן ליכא חצירות במבוי [ט](מגיד משנה) – מ"א›.

ולהלכה נקטינן כדעה הראשונה, [שהוא דעת רש"י ‹ד"ה בתים› ותוס' ‹ד"ה מי גרם› וראב"ד ורשב"א בשם מורו וריטב"א, ומשמעות הרי"ף והרא"ש שהשמיטו להא דרב, וכמ"ש בב"י והמאירי, וכן הסכים בא"ר], **ואפילו** להרמב"ם, דוקא כשהמבוי מתוקן בלחי וקורה, **אבל** אם הוא מתוקן בצורת הפתח, גם לדידיה מותר בכולו.

אות ד'

אין המבוי ניתר בלחי וקורה עד שיהו בתים וחצרות פתוחין לתוכו

סימן שסג סכ"ו - [י]אין מבוי ניתר בלחי או קורה עד שיהיו פתוחים לתוכו שני חצרות, ולכל חצר [יא]שני בתים – (וכל בית אין פחות מד"א, **בין** אם היו מצד אחד, או חצר מצד זה וחצר אחר בצד שכנגדו, וה"ה אם היו שני החצרות בדופן האמצעי הסתום, שהוא נגד דופן הפתוח שכנגדו, ושתי הדפנות שמצדדים היו כתלים לבד בלא בתים וחצרות).

הטעם בזה, משום דהא דהתירו במבוי בלחי וקורה, מחמת דיש בו ריבוי דיורין, ואין משתמשין בו בהצנע כ"כ, לפיכך סגי בתיקון כזה, **משא"כ** בחצר שאין מצוי בו דיורין כ"כ, משתמשין בו בהצנע טפי, לכך צריך הכשר טפי, שני פסין או פס ד"ט, **ולכך** ה"נ במבוי שאין בו שני חצרות פתוחין, דיוריהן מועטין, ועושין בו תשמישי הצנע, ולכן לא סגי בלחי וקורה.

ואפי' כל החצרות פתוחות זו לזו, [יב](הרא"ש ומרדכי והטור); ויש חולקים בזה (ב"י בשם הרי"ף ורמב"ם) - דכיון דיכולין לערב יחד דרך הפתחים, נחשבו כחצר אחת, וה"ה בבתים הפתוחים זה לזה, **וכתבו** האחרונים, דכיון שהוא מלתא דרבנן נקטינן לקולא.

באר הגולה

ז שבת ק"ל ודלא כמימרא דרב שם ‹עיין ברש"י דף דל"א. ד"ה בתים, ולפי"ז לא קיי"ל בהא כרב, משום דאזדא לטעמיה דלא פסק הלכה כר"ש אלא בשלא עירבו, ומאחר דלא קיי"ל כוותיה בההיא, אלא כרבי יוחנן דאמר הלכה כר"ש בין עירבו בין לא עירבו, וכמ"ש בסימן שע"ב, ממילא בטלה הא דרב, ולעולם מותר לטלטל במבוי בין עירבו חצרות בין לא עירבו, וכן כתבו התוס' שם ד"ה מי גרם בהדיא, וזהו דעת הרי"ף והרא"ש שהשמיטו הא דרב, **אבל** הרמב"ם פוסקה בפ"ה מהל' עירובין הט"ו כרב, לפי שהוא מפרש דברי רב במימרא זו בלא מחלוקת, וכמו שכתב הרב המגיד שם - ב"י› ח בפ"ה מהל' עירובין הט"ו, וכרב ט ‹דרב אשי נשאר בטעמא קמא, דמה"ט בערבו אסור לטלטל, דאין מבוי ניתר בלחי וקורה אא"כ בתים וחצרות פתוחים לתוכו, וכיון דערבו, נתקו חצרות ונעשו בתים, כנ"ל, **אבל** כי לא ערבו שרי, דלא אמרינן בתים כמאן דסתימי, דע"ז אמר רב אשי מי גרם לחצרות שיאסרו בתים, וליכא, ר"ל בתמיה, איך אפשר לומר וליכא, בתמיה, וכמאן דסתימי דמי, דהא הבתים הואיל והם מיוחדים כי אם ליחיד והחצר משותף לכלם, לכן אסור להוציא מן הבתים לחצר בלי עירוב, א"כ החצר בטל לגבי בתים, ואיך אפשר לומר דבתים כמאן דסתימי דמי וליכא, דהא הם האוסרים, ע"ש עוד, ולפי"ז נשאר דינא דרב גם לדידן – מחה"ש› י שם י"ב יא תוספות ורא"ש וכפי' רש"י ‹עירובין› דף ע"ד ושאר פוסקים יב כצ"ל שהם פסקו שאין הלכה כרב ‹שם ע"ג›

רבי אליעזר דמילה פרק תשעה עשר שבת קלא

*בתים וחצרות פתוחין לתוכו והכא בתים איכא חצרות ליכא כי לא עירבו נמי ליחזינהו להני בתים כמאן דסתימי דמו וחצרות איכא ובתים ליכא אפשר דמבטלי ליה רשותא דכולהו לגבי חד סוף סוף בית איכא בתים ליכא אפשר דמצפרא ועד פלגא דיומא לגבי חד מפלגיה דיומא ולפניא לגבי חד סוף סוף בעידנא דאיתיה להאי ליתיה להאי אלא אמר רב אשי מי גרם לחצרות שיאסרו בתים וליכא אמר ר' חייא בר אבא א"ר יוחנן °לא לכל אמר ר' אליעזר מכשירי מצוה דוחין את השבת שהרי שתי הלחם חובת היום הן ולא למדן ר"א אלא מגזירה שוה דתניא ר' אליעזר אומר מניין למכשירי שתי הלחם שדוחין את השבת נאמרה הבאה בעומר ונאמרה הבאה בשתי הלחם מה הבאה האמורה בעומר מכשירין דוחין את השבת אף הבאה האמורה בשתי הלחם מכשירין דוחין את השבת מופני דאי לא מופני איכא למיפרך מה לעומר שכן אם מצא קצור קוצר תאמר בשתי הלחם שאם מצא קצור אינו קוצר לאי אפנויי מופני מכדי כתיב °והבאתם את עומר ראשית קצירכם אל הכהן *ביום הביאכם למה לי ש"מ לאפנויי ואכתי מופנה מצד אחד הוא ושמעינן ליה לר' אליעזר *דאמר מופנה מצד אחד למידין ומשיבין °תביאו רבויא הוא למעוטי מאי אילימא למעוטי לולב *והתניא לולב וכל מכשיריו דוחין את השבת דברי ר"א ואלא למעוטי סוכה והתניא סוכה וכל מכשיריה דוחין את השבת דברי ר"א ואלא למעוטי מצה והתניא מצה וכל מכשיריה דוחין את השבת דברי רבי אליעזר ואלא למעוטי שופר והתניא שופר וכל מכשיריו דוחין את השבת דברי ר"א אמר רב אדא בר אהבה למעוטי ציצית לטליתו ומזוזה לפתחו תניא נמי הכי ושוין שאם צייץ טליתו ועשה מזוזה לפתחו שהוא חייב מאי טעמא אמר רב יוסף לפי שאין קבוע להם זמן אמר ליה אביי אדרבה מדאין קבוע להם זמן כל

רש"י

בתים וחלרות. שני בתים פתוחים לשתי חלרות שתים לכל חלר ושתי חלרות פתוחות למבוי: **כמאן דסתימי דמי.** דהא לגבי מבוי כמאן דסתימי הוו דהא חלרות מפסיקות בינתים שאין הבתים מוליאין להם: **אפשר דמבטלי.** בני הבתים שבחלר רשות שיש להם בחלר לגבי חד מינייהו והוי כל החלר שלו ומותר להוליא מביתו לחלר: **סוף סוף בית איכא.** בכל חלר בתים ליכא ורב בעי שני בתים לכל חלר: **אלא אמר רב אשי.** טעמא לאו משום בתים וחלרות פתוחות לתוכו הוא דרב בין עירבו בין לא עירבו מכיון דפתיחי שתי חלרות למבוי ושני בתים לכל חלר תורת מבוי עליו וניתר בלחי וקורה והיינו טעמא דכי עירבו בחלרות ולא נשתתפו במבוי אסור לטלטל בו וכי לא עירבו שרי: **מי גרם לחלירות שיאסרו.** על המבוי להלריכו שיתוף להוליא מן החלירות לתוכו: **בתים.** הוא דגרמי לו דאי לאו משום בתים הוו להו חלרות ומבוי רשות אחת דרב דאמרה להא מלתא כר"ש סבירא ליה דאמר בעירובין (דף עד.) גג וחלר וקרפף ומבוי כולן רשות אחת הן ומטלטלין מזה לזה ואמר רב עלה הלכה כר' שמעון והוא שלא עירבו בתים עם החלרות דלא שכיחי מאני דבתים בחלר הלכך לענין טלטול בתוכו נמי כי לא עירבו חלרות עם הבתים שרי דהוה להו כמו שנשתתפו בו דמי גרם לו למבוי ליאסר ולהלטרך לשיתוף בתים גרמו לו ואינם שהרי נסתלקו ממנו ומותר להוליא מן החלרות למבוי כאילו נשתתפו ובנשתתפו לא מספקא לן דמותר לטלטל בכולן: **לא לכל אמר רבי אליעזר.** לא בכל מכשירי מצוה אמר כן ולקמן מפרש הי מכשירי מצוה אתא למעוטי: **שתי הלחם.** דעלרת חובת יום הן ואין לאחרן עד למחר: **ולא למדן רבי אליעזר.** דאפייתם תדחה שבת אלא בגזירה שוה ואי בכל מכשירי מצוה שעיקר המצוה נוהגת בשבת אמר מכשיריה כמותה למה לי גזירה שוה: **מה הבאה האמורה בעומר מכשירים.** דהיינו קצירה טחינה והרקדה שלה דוחין את השבת כדאמרינן במנחות (דף עב:) בחריש ובקציר תשבות מה חריש רשות אף קציר רשות יצא קצירת העומר שהיא מצוה: **שכן** (א) **מלא קצור.** שלא לשם עומר מצוה לקצור לשמה דכתיב וקצרתם והבאתם הלכך קצירה גופיה מצוה היא תאמר בשתי הלחם שלא נאמר בהן קצירה: **לאי.** באמת: **מצד אחד.** הבאה דעומר מופנה הבאה דשתי הלחם אינה מופנה דצריכה לגופה: **ושמעינן ליה לרבי אליעזר דאמר.** גזירה שוה שאינה מופנה משני צדדיה אלא מצד אחד למדין ממנה אם אין להשיב אבל אם יש להשיב משיבין ובמסכת יבמות בפרק מצות חליצה* שמעינן ליה דאמר הכי דקתני חליצה בשמאל פסולה ורבי אליעזר מכשיר דלא יליף רגל רגל ממצורע ופרכינן ורבי אליעזר לא יליף ממצורע והא תניא ר"א אומר מניין לרציעה שהיא באוזן ימנית נאמר כאן אוזן ונאמר להלן אוזן וכו' ומשנינן אזן אזן מופנה רגל רגל לא מופנה והאי לאו מופנה דקאמרינן משני לדדין קאמר דרגל דכתיב בחליצה אילטריכא לגופה אבל מלד אחד מופנה הוא דפרשת מצורע °מופנה הוא ההיא דעני דכולהו כתיבין במצורע עשיר: **תביאו רבויא הוא.** דהא °והקרבתם מנחה חדשה סמיך ומלי למיכתב ממושבותיכם לחם תנופה ותביאו יתירה הוא: **למעוטי מאי.** הא דאמר רבי יוחנן לעיל לא לכל אמר רבי אליעזר למעוטי הי מכשירים אתי דלא דחי שבת: **וכל מכשיריו.** כגון לקוללו מן המחובר: **למעוטי ציצית.** שלא יתלנה בטליתו בשבת כדמפרש טעמא ואזיל: כל

תוספות

אפשר דמבטלי רשות כו'. וא"ת כי עירבו חלרות נמי עם בתים מלינן למימר שיש חלר למבוי כגון שביטלו אותו של חלר זה לרשות דכולהו שיש להם במבוי לבני חלר אחרת ויכולין לטלטל מן החלר למבוי הא לא בעי לאקשויי °דאיכא למ"ד בעירובין (דף סו:) אין ביטול רשות מחלר לחלר ועוד דבלאו הכי פריך שפיר: **מפלגא** דיומא לפניא. רב לטעמיה דאמר במסכת עירובין (דף סח:) מבטלין וחוזרין ומבטלין: **מי** גרם לחלרות. אנן קי"ל דאפילו עירבו חלרות עם בתים מותר לטלטל (ג) דהא רב דאסר בעירבו לטעמיה דפסיק כרבי שמעון דוקא בלא עירבו אבל רבי יוחנן פסיק כר"ש בין עירבו בין לא עירבו וכר' יוחנן קי"ל: **לא** לכל אמר רבי אליעזר מכשירי מצוה דוחין את השבת. לקמן מפרש דאתא למעוטי ציצית ומזוזה וה"פ לא (ג) כל מצות הנוהגות בשבת אמר ר' אליעזר שמכשירין ידחו שבת שהרי שתי הלחם כו' ומשמע לכאורה דאי לא דאשכחן דמצריך ר' אליעזר ג"ש הוה גמרינן לציצית ומזוזה ממילה וניפא דמכשיריה דחו שבת ותימה הוא היכי שייך למילף ציצית ומזוזה ממילה דמילה דין הוא דמכשיריה דוחין שבת דהיא עצמה דוחה שבת אבל ציצית ומזוזה אין במלותן דחיית שבת: **תאמר** בשתי הלחם שאם מלא קצור אינו קולר. תימה מאי קא פריך דהיא גופה נילף מינה מה העומר שאף על פי שמלא קצור קולר אף שתי הלחם אם מלא קצור קולר ונילף מינה תרתי מכשירין וקצירה ותירץ ר"ת דהא לא דמי דנילף מינה קצירה שהרי בעצרת יהיו כל החיטין והשעורין קצורים ולא משמע דאתיא ג"ש אלא (ד) מכשירין דדחו שבת א"כ י"ל דהא לא מצי למימר נילף קצירה דמהיכא נפקא לן קצירת העומר דדחיא שבת מדכתיב בחריש ובקציר תשבות כדדרשינן במנחות בשילהי ר' ישמעאל (דף עב:) מה חריש רשות אף קציר רשות יצא קצירת העומר שהיא מצוה וגלי רחמנא דליכא למילף אלא לגבי העומר דכתיב ביה נמי קציר ולא לגבי שתי הלחם דלא כתיב בהו קציר ועל כרחיך ודאי היינו טעמא דיליף גבי עומר קצירה משום דכתיב ביה קציר דאי לאו הכי מ"ש דיליף טפי גבי עומר מגבי שתי הלחם דהכא נמי נימא יצא קצירת שתי הלחם שהיא מצוה: **ושוין** שאם צייץ טליתו כו' מ"מ כו'. תימה מה צריך טעם לזה אלא משום דלא אשכחן דרבינהו קרא דכל היכך מצרכינן קרא לקמן דלא גמרי מהדדי ומיהו יש לומר דאיכא למילף ציצית ומזוזה מסוכה דמאי פרכת שכן נוהגת בלילות כבימים מזוזה נמי נוהג בלילות כבימים וכן ציצית לרבנן דפליגי עליה דרבי שמעון בפרק התכלת (מנחות דף מג:) דלא דרשי וראיתם אותו פרט לכסות לילה אלא °פרט לכסות סומא ולהאי טעמא דפריצית דמסוכה יליף צריך לומר דציצית (ה) אם עבר זמנה בטלה דאי לאו הכי איכא למפרך מה לסוכה שכן אם עבר זמנה בטלה דמסתבר דמילה אם עבר זמנה לא בטלה שאותה מילה עצמה שהוא מיחייב בשמיני הוא עושה בתשיעי שאם מל בשמיני לא היה חוזר ומל בתשיעי אבל (ו) סוכה ציצית ומזוזה בכל יומא מיחייב בהן אפילו קיימם היום חייב לקיימם למחר הלכך כשעבר היום ולא עשאם מלות היום לא יקיים עוד לעולם ואם תאמר ומסוכה היכי מצי למילף וכן כל הנך דלקמן דפריך ניכתוב רחמנא בהאי וניתי הנך וניגמרו מיניה אדרבה נגמר מכיבוד אב ואם ומבנין בית המקדש דלא דחו שבת כדאיתא

רבינו חננאל

בתים וחצרות פתוחין לתוכו והכא כיון שערבו כאלו אין שם חצר וכולן (בתים) [חצרות] נינהו ואפי' נשתתפו כיון שאין שםבתים אין שתוף מועיל באותו מבוי. כך יש לומר כי לא עירבו נמי כיון שהן אסורין להוציא מן הבית לחצר חשוב אותן הבתים כאלו פתוחין הן שאין להם רשות להשתמש מן הבתים לחצר וחצר איכא בית ליכא. לטעמיה דרב היאך מטלטלין במבוי שאין לו בית ומפרק יתכן שיבטלו כל בני החצר רשותם לגבי חד וכיון שמבטלין רשותם לגביה יש לו להוציא מן הבית לחצר כדתנן נתנו לו רשותם הוא מותר והם אסורים וקיי"ל הא דתנן נתנו לו רשותם רשותםמעיקראמקודם(* שיבטל היא רשותא לגבייהו ואקשינן וכיון שבטלו כל בני חצר רשותם לגבי חד נעשו כל הבתים שלו וכולן כבית אחד הן חשובין ורב לא אמר אלא בתים ומיעוטי בתים שנים והכא ליכא שני בתים והיאך מתיר רב. ופרקינן עוד כגון שבני חצר בטלו רשותן מן הבקר עד חצי היום לגבי ראובן בפירוש ומחצי היום ולהלן לגבי שמעון שנמצאו ראובן ושמעון שניהם מותרין בחצר זו דהא שמעינן לרב דאמר מבטלין וחוזרין ומבטלין ואקשינן תוב סוף סוף בעת שמותר לזה להשתמש בחצר זה אסור לחבירו ואותה העת אין שם בחצר אלא בית ראובן בלבד ומחצי היום ולהלן בית שמעון לבדו ואין לראובן בה רשות להשתמש. ומ"מ לא תמצא ב' בתים מותרין בחצר זו בעת אחת. ופירק רב אשי פירוק אחר ואמר מי גרם לחצרות הללו הפתוחות למבוי להיאסר בהן טלטול בתים מפני אלו הבתים שהן פתוחין לתוכן ולא עירבו שאלו לא היו בהן בתים מותרין היו השובתים שם לטלטל בה בכולה. שהן כמו קרפף שמותר השובת בו לטלטל בכולן וגם המבוי לא נאסר בהן טלטול אי לא מפני הבתים שהן פתוחים לתוכה ואינם. כלומר כיון שלא עירבו תחשבם כאלו סתומים הם ואינם כלל. הלא אילו היו סתומין היה הטלטול מותר בהם עכשיו יהיה מותר ועמדו דברי רב אשי ועיקר דברי רב ופירושם בעירובין פרק הדר עם הנכרי בחצר ופירשנום שם. ושמעינן מינה דרבנן פליגי על ר' שמעון דשרי דרך גגות ודרך חצירות ודרך קרפיפות ואע"ג דאמר רב הלכתא כר' שמעון בפרק כל גגות העיר רשות אחת הן לגבי

*) נלאה דר"ל דקי"ל כב"ה בעירובין ס"ט ע"ב דנותנין רשות מקחכן:

רב נסים גאון

ואכתי מופנה מצד א' הוא ושמעי' ליה לר' אליעזר דאמר מופנה מצד אחד למידין ומשיבין. דע שאע"פ שלא מצאנו לר' אליעזר בפירוש שאמר דבר זה יודעים אנחנו אותו מדבריהם בפס' נדה בפרק המפלת (דף כב) מופנה מצד אחד לר' ישמעאל למידין ואין משיבין לרבנן למידין ומשיבין והואיל ור' אליעזר **) עומד כר' ישמעאל כי אנו מוצאין ר' יהושע חברו של ר' אליעזר אומר (ע"ז דף כט במשנה) ישמעאל אחי ועם זה לא נתיחד בחלוקה בזה הדבר אלא ר' ישמעאל והשאר שוו כולם בדבר אחד כי מופנה מצד אחד למידין ומשיבין ידענו כי ר' אליעזר בכלל החכמים ששוו עומד וסובר כמותן שאילו היה חולק עליהן בדבר זה היה נזכר עם ר' ישמעאל וכיון שלא הוזכרה החלוקה אלא בר' ישמעאל בלבד נתברר כי ר' אליעזר אינו שוה לו וכרבנן סבירא ליה ומיכן אמרנו ושמעינן ליה לר' אליעזר דאמר מופנה מצד אחד למידין ומשיבין לפי שכל החכמים שהיו באותו הדור שוו בדבר זה חוץ מר' ישמעאל שהוזכר בפירוש שהוא חולק: איצטריך

**) אין הלשון מדויק והמגיה כוונתו שודאי ר"א היה בדורו של ר' יהושע ואם איתא דבר כותיה היה להזכירו עם ר"י ועי' ברש"י כאן בד"ה ושמעינן וביבמות קד ע"א ד"ה לא מופני וצ"ע

מסורת הש"ס

[עירובין ה: יב: עג: עד.]

[נ"ל מיום]

יבמות ע:

סוכה מג.

הגהות הב"ח

(א) רש"י ד"ה שכן אם מצא: (ב) תוס' ד"ה מי גרם וכו' מותר לטלטל בכולי דהא רב: (ג) ד"ה לא לכל וכו' וה"פ לא לכל מצות: (ד) ד"ה תאמר וכו' אלא למכשירין: (ה) ד"ה ושוין וכו' דציצית ומזוזה אם עבר: (ו) בא"ד אבל ציצית ומזוזה כצ"ל ותיבת סוכה נמחק:

גליון הש"ס

גמ' לא לכל א"ר א' מכשירי מצוה. עי' בס' כני חיי"א כסוף הספר בלקוטי': רש"י ד"ה ושמעינן ליה לר"א וכו' מופנה הוא ההיא דעני'. עי' כרש"י יבמות דף ע ע"ב ד"ה ושמעי' לי' לר"א וצ"ע: תוס' ד"ה אפשר וכו' דאיכא למ"ד בעירובין. עי' עירובין דף סג ע"ב תוס' ד"ה אלא פשיטא: תוס' ד"ה ושוין אלא פרט לכסות סומא. וכ"כ רש"י סוכה יא ע"א ד"ה לפרוזמא ועיין בשער המלך פ"ג מהל' ציצית:

תורה אור

כל שעתא ושעתא זמניה הוא אלא אמר רב נחמן א"ר יצחק ואיתימא רב הונא בריה דרב יהושע *הואיל ובידו להפקירן: אמר מר לולב וכל מכשיריו דוחין את השבת דברי ר"א מנא ליה לר"א הא אי מעומר ושתי הלחם שבן צורך גבוה אלא אמר קרא °ביום *ביום אפילו בשבת ולמאי הלכתא אילימא לטלטול איצטריך קרא למישרי טלטול אלא למכשיריו ורבנן ההוא מיבעי ליה ביום ולא בלילה ור"א ביום ולא בלילה מנא ליה נפקא ליה °מושמחתם לפני ה' אלהיכם שבעת ימים ולא לילות ורבנן איצטריך ס"ד אמינא נילף שבעת ימים (א) מסוכה מה להלן ימים ואפילו לילות אף כאן ימים ואפילו לילות קמ"ל וליכתוב רחמנא בלולב וניתו הנך ונילפו מיניה משום דאיכא למיפרך מה ללולב שכן טעון ארבעה מינים: סוכה וכל מכשיריה דוחין את השבת דברי רבי אליעזר מנא ליה לר"א הא אי מעומר ושתי הלחם שבן צורך גבוה הוא אי מלולב שכן טעון ארבעה מינים אלא גמר שבעת ימים (ג) מלולב מה להלן מכשיריו דוחין את השבת אף כאן נמי מכשיריו דוחין את השבת וליכתוב רחמנא בסוכה וניתי הנך ונינגמור מיניה משום דאיכא למיפרך מה לסוכה שכן נוהגת בלילות כבימים: מצה וכל מכשיריה דוחין את השבת דברי ר"א מנא ליה לר"א הא אי מעומר ושתי הלחם שכן צורך גבוה אי מלולב שכן טעון ארבעה מינים אי מסוכה שכן נוהגת בלילות כבימים אלא גמר חמשה עשר חמשה עשר מחג הסוכות מה להלן מכשיריה דוחין את השבת אף כאן מכשיריה דוחין את השבת וליכתוב רחמנא במצה וניתו הנך וליגמור מיניה משום דאיכא למיפרך מה למצה שכן נוהגת בנשים כבאנשים: שופר וכל מכשיריו דוחין את השבת דברי ר"א מנא ליה לר"א הא אי מעומר ושתי הלחם שכן צורך גבוה אי מלולב שכן טעון ארבעה מינים אי מסוכה שכן נוהגת בלילות כבימים אי ממצה שכן נוהגת בנשים כבאנשים אלא אמר קרא °יום תרועה יהיה לכם ביום אפילו בשבת ולמאי אילימא לתקיעה הא *תנא דבי שמואל כל מלאכת עבודה לא תעשו יצתה תקיעת שופר ורדיית הפת שהיא חכמה ואינה מלאכה אלא למכשירין ורבנן ההוא מיבעי ליה ביום ולא בלילה ור"א ביום ולא בלילה מנא ליה נפקא ליה °מביום הכפורים תעבירו שופר בכל ארצכם וגמרי מהדדי וליכתוב רחמנא בשופר וליתו הנך וליגמרו מיניה מתקיעת שופר דראש השנה ליכא למיגמר שכן מכנסת זכרונות של ישראל לאביהן שבשמים מתקיעות [שופר] דיוה"כ ליכא למיגמרי *דאמר מר תקעו ב"ד שופר נפטרו עבדים לבתיהם ושדות חוזרות לבעליהן: (אמר מר) מילה וכל מכשיריה דוחין את השבת דברי רבי אליעזר מנא ליה לר"א הא אי מכולהו גמר כדאמרינן ועוד מה להנך שכן

ויקרא כג | שם | במדבר כט | ויקרא כה | ר"ה מו

רש"י

כל שעתא ושעתא זמניה הוא. וכיון שיש לו טלית בכל יום שמשהה בלא ציצית עובר בעשה *ואפילו מונחת בקופסא הלכך כל יומא רמיא מצותיה עליה: הואיל ובידו להפקירן. ונפקי מרשותיה ולאו עליה רמיא חובתיה: אי מעומר ושתי הלחם. וגמר במה מצינו: ביום ואפילו בשבת. מדלא כתיב בראשון לדרשא אתא בכל יום שהוא ראשון לחג: ולמאי איצטריך לרבויי. להאי ואפילו בשבת אי נימא לטלטול כדמשמע קרא לקיחה טלטול בעלמא הוא ועדיין במתן תורה לא נאסר טלטול דאיצטריך קרא למישרי להאי: אלא למכשיריו. דאיסורא דאורייתא הוא: מה להלן ימים ואפילו לילות. כדילפינן במסכת סוכה (דף מג.): וליכתוב רחמנא בלולב. דמכשירין דחו: וניתו. עומר ושתי הלחם מיניה ולמה ליה דכתביה בכולהו: אי מלולב. במה מצינו מלולב שהוא מצוה ומכשיריו דוחין אף סוכה שהיא מצוה מכשיריה דוחין: גמר ז' ימים כו'. ובג"ש אתי ליה ואע"ג דאינה מופנה משני לדדים דהא גבי לולב חד שבעת ימים הוא דכתיב ודרשינן לר' אליעזר למעוטי לילות כיון דגלי רחמנא בעומר ושתי הלחם ולולב גילוי מילתא בעלמא הוא ולא פרכינן עלה גימגום (ג): וניתו הנך. עומר ושתי הלחם מינה: אי מסוכה שכן נוהגת בלילות כבימים. ואילו מצה לילה הראשון חובה ותו לא כדאמרינן בפסחים (דף קכ.): ונכתוב רחמנא. בהדיא במצה ונגמרו הנך כולהו מיניה: בנשים כבאנשים. כדילפינן בפסחים (ד' מג:) לא תאכל עליו חמץ שבעת ימים וגו' כל שישנו בבל תאכל חמץ ישנו בקום אכול מצה ונשים איתנהו בבל תאכל חמץ דכל מצות לא תעשה בין שהזמן גרמא בין שאין הזמן גרמא חייבות לאפוקי סוכה ולולב דליתנהו בנשים דמצות עשה שהזמן גרמא היא: ולמאי. האי קרא הי מילתא דתרועה אתא למישרי בשבת אי לתקיעה לא איצטריך דאפילו תקיעת הרשות לית בה איסורא דאורייתא: מלאכת עבודה. של טורח: וגמרי מהדדי. במסכת ראש השנה (דף לג:) שאין תלמוד לומר בחדש השביעי דהא בכמה קראי כתב לן דיוה"כ בחודש השביעי מה ת"ל בחודש השביעי שיהו כל תרועות משל חדש השביעי שוות: נפטרו עבדים לבתיהם. קריאת דרור דיובל תלויה בה הלכך חשיבא: אי מכולהו. מאחת מהן: כדאמרינן. איכא למיפרך בכל הנך חדא לד חמור האמור בה לעיל: שאם

תוספות

כדאיתא בפ"ק דיבמות (דף ו:) וי"ל דהכא הכי גמרי מה מצינו בהנך שמצות נוהגות בשבת ומכשיריה דחו שבת אף כל שמצות נוהגות בשבת מכשיריה דחו שבת הלכך לא שייך למילף מכיבוד דהיינו המצוה עצמה ולא מכשיריה דשחוט לי בשל לי היינו כיבוד עצמו כשמתקן לו מאכלו והבנין נמי הוי מצוה אחת שצוה הקדוש ברוך הוא לבנות בית המקדש:

סד"א נילף שבעת ימים משבעת ימים מסוכה. וא"ת היכי תיסק אדעתיה לדון ג"ש הא אין אדם דן ג"ש מעצמו אא"כ למדה מרבו וי"ל דשמא בעלמא ניתנה למדרש*:

קמ"ל. *ולא ידענא השתא האי שבעת ימים למאי אתיא דאע"ג דדרשינן בפ"ק דפסחים (דף ה.) מה שביעי שביעי לחג אף ראשון ראשון לחג הא איכא למידרש משבעה בלא ימים:

שכן טעון ארבעה מינים. אף על גב דעומר ושתי הלחם נמי מביאין עמהן כבשים ויין לניסוך ושמן למנחות שאני ד' מינין שבלולב דמעכבין זה את זה כדאמר בפרק הקומץ (מנחות דף כז.) ובפרק התכלת (שם דף מה:) [אמרינן] הכבשים אין מעכבין לא את העומר ולא את שתי הלחם *והיינו טעון ד' מינין שאין מצות לולב כלל בלא ד' מינין אבל באלו יכולה להיות מצותן בלא ד' מינין. הר"ב פור"ת:

אי מעומר כו'. הכא לא דייקא תלמודא למילף מבינייהו דהכי אורחיה דתלמודא זימנין דייק וזימנין לא דייק ואי הוה דייק הוה משכח פירכי' הרב פור"ת א"נ מילתא דאתיא במה הצד טרח וכתב לה קרא כמו מילתא דאתיא בקל וחומר והאי דקאמר תלמודא ניכתוב רחמנא בהאי ותיתי אידך מיניה פירוש ומאי צריך קרא היינו משום דאי בלא מה הצד הוה מצי למילף הך מצוה מאידך לא הוה כתב רחמנא קרא כיון דהוה פשוט כל כך דלא דמי למילתא דאתיא בק"ו דהוא פשוט יותר:

שבעת ימים (ד) מלולב. מופנה הוה משני לדדים גבי לולב לא איצטריך דאע"ג דדרשינן ימים ולא לילות מיהו לא הוה צריך למיכתב שבעת כלל דהוה מצי למיכתב ושמחת לפני וגו' בימים והוי לשון שבעת מיותר לג"ש וא"ת ור' אליעזר היכי דריש ימים ולא לילות כיון דאית ליה ג"ש היא גופה נילף מסוכה מה להלן ימים אפילו לילות אף לולב ימים ואפי' לילות ויש לומר דלית לן למילף בג"ש מילתא דלשון ג"ש גופא מוכחא דאינו כן דימים משמע ולא לילות:

ואי מסוכה שכן נוהגת בלילות כבימים. משמע דבעי למימר תאמר במצה שאינה נוהגת בלילות כבימים ואדרבה עיקר מצותה בלילה הראשון שנאמר בערב תאכלו מצות (שמות יב) והכי הוה מצי למימר שכן נוהגת בימים ובלילות:

נפקא ליה מביום הכפורים. וגמרינן מהדדי כדדרשינן בראש השנה* שיהו כל התקיעות של חודש השביעי שוות כדפירש בקונטרס ורבנן סברי דלא שייך לאקשויי אלא לומר שסדר תקיעות יהיו שוין לענין סדר תקיעות מייתי לה התם אבל לזמן דיום ודאי לא איתקש דיה"כ זמנם אינו שוה שזה בראש חודש וזה בעשור לחודש: והתניא

[מהלים פ' מקלח מי] | מ"ק | ב"ב

רבינו חננאל

אומל לא שרינן בכי האי גוונא דבהדיא קיי"ל הלכתא כרבנן*) וכלליה דרבי עקיבא דאמר כל מלאכה שאפשר לה לעשות מע"ש אינ' דוחה את השבת והבאת אומל כיון שאפשר לו להביאו מע"ש ולא הביאו אין הבאתו דוחה את השבת אפילו לענין עשיית פסח דברת הוא לא מייתינן אומל לטול בנו או עבדו כדי שיותר לו לעשות פסח ולא שנא לתו לרבנן לא דרך רה"ר ולא דרך גגות וקרפיפות וחצרות הכל אחד הוא ובכל אסור ואשכחן בתלמוד א"י עובדא ולא הביאוהו בשבת. ואמרינן בכל מקום (רב עביד) מעשה רב דגמרינן מינה. וזה הוא המעשה. ר' שמואל בר אבודומי הוה ליה עובדא למגזר לרב ששעא בריה אנשיון למיתי אומל שאל לר' [מנא]· אמר להון ידחה למחר. שאל לר' יצחק בן אלעזר אמר להון משחוק [קנדימון] לא אנשיתון ומיתי אומל אנשיתון ידחה למחר: א"ר חייא בר אבא. א"ר יוחנן לא לכל א"ר אליעזר מכשירי מצוה דוחין את השבת שהרי שתי הלחם חובת היום הן ולא למדם ר' אליעזר אלא מג"ש נאמרה הבאה בעומר שנאמר והבאתם את עומר וגו' ונאמרה הבאה בשתי הלחם שנאמר ממושבותיכם תביאו לחם תנופה שתים וגו'. מנין שהעומר דוחה שבת. גרסינן באחרית פרק ר' ישמעאל אומר העומר היה בא בשבת מג' סאין וכו'. ת"ר תקריב את מנחת בכוריך מה ת"ל לפי שמצות העומר להביא מן הקמה מניין שאם לא מצא קמה יביא מן העומרין ת"ל תקריב כו' עד תקריב לפי שמצותו לקצור בלילה. מניין שאם קצר ביום כשר ודוחה שבת ת"ל תקריב כל שהוא תקריב מ"מ תקריבו אפי' בשבת אפילו ביום בטומאה. ותוב תניא (בתו"כ) בסוף פרשת אמור אל הכהנים (ובפסחים עו ובמנחות ע"ב) רבי אומר וידבר משה את מועדי ה' מה ת"ל לפי שלא למדנו שדוחין את השבת אלא הפסח והתמיד שכתוב בהן במועדו מניין לרבות העומר והקרב עמו. שתי הלחם והקרב עמהן שידחו שבת ת"ל וידבר משה את מועדי ה' קבעו מועד אחד לכולן ופשוטה היא זו ההלכה כולה. ואפי' ר' אליעזר שמתיר במכשירי מצוה מודה. שאם צייץ טליתו ועשה מזוזה בפתחו בשבת שהוא חייב ואמרינן מ"ש הני ואוקימנא הואיל ובידו להפקירן. פי' כי הציצית הוא חובת הבגד וכיון שהפקיר אינו בגדו וכן הבית [דף לג:]

מסורת הש"ס

[עי' תוספות מנחות מד: ד"ה טלית] | סוכה מג.

הגהות הב"ח

(א) גמ' נילף שבעת ימים משבעת ימים מסוכה: (ב) שם אלא גמר שבעת ימים משבעת ימים מלולב: (ג) רש"י ד"ה גמר ז' ימים וכו' גימגום הס"ד ואחר כך מ"ה ונכתוב רחמנא בהדיא בסוכה וניתי הנך עומר ושתי הלחם ולולב מינה: (ד) תוס' ד"ה שבעת ימים משבעת ימים מלולב מופנה הוה משני לדדין דגבי לולב נמי לא איצטריך:

גליון הש"ס

רש"י ד"ה כל שעתא וכו' ואפי' מונחת בקופסא. עי' מנחות דף מד ע"א תוס' ד"ה טלית: תוס' ד"ה קמ"ל ולא ידענא. כעין זה לעיל דף קיח ע"ב תד"ה אלו סיו וכ"נ:

---

*) עיין סיכב ברי"ף כאן דדחה כל הראיות שהביא רבינו ע"ש

שכן אם עבר זמנה בטלה אלא היינו טעמא דרבי אליעזר דאמר קרא °וביום השמיני ימול בשר ערלתו ואפילו בשבת וליכתוב רחמנא במילה וליתו הנך וליגמור מיניה משום דאיכא למיפרך מה למילה שכן נכרתו עליה שלש עשרה בריתות: ע"כ לא פליגי רבנן עליה אלא במכשירי מילה אבל מילה גופה דברי הכל דוחה שבת מנלן אמר עולא הלכה וכן אמר רבי יצחק הלכה מיתיבי *מניין לפיקוח נפש שדוחה את השבת רבי אלעזר בן עזריה אומר מה מילה שהיא אחת מאיבריו של אדם דוחה את השבת קל וחומר לפיקוח נפש שדוחה את השבת ואי סלקא דעתך הלכה קל וחומר מהלכה מי אתי והתניא *אמר לו רבי אלעזר (*בן עזריה) עקיבא עצם כשעורה מטמא הלכה ורביעית דם קל וחומר ואין דנין קל וחומר מהלכה אלא אמר רבי אלעזר אתיא אות אות אלא מעתה תפילין דכתיב בהן אות לידחי שבת אלא אתיא ברית ברית גדול דכתיב ביה ברית לידחי שבת אלא אתיא דורות דורות ציצית דכתיב ביה דורות לידחי שבת אלא אמר רב נחמן בר יצחק דנין אות ברית ודורות מאות ברית ודורות לאפוקי הנך דחד חד הוא דכתיב בהן ור' יוחנן אמר אמר קרא ביום *ביום אפילו בשבת אמר ליה ריש לקיש לרבי יוחנן אלא מעתה מחוסרי כפרה דכתיב בהו ביום הכי נמי דדחו שבת ההוא מיבעי ליה ביום ולא בלילה האי נמי מיבעי ליה ביום ולא בלילה ההוא מבן שמנת ימים נפקא האי נמי מביום צוותו נפקא אע"ג דנפקא מביום צוותו אצטריכא סד"א הואיל וחס רחמנא עליה לאתויי בדלות בלילה נמי ליתי קמ"ל מתקיף לה רבינא אלא מעתה יהא זר כשר בהן ויהא אונן כשר בהן הא אהדריה קרא רב אחא בר יעקב אמר קרא שמיני שמיני אפילו בשבת האי שמיני מיבעי ליה למעוטי שביעי שביעי מבן שמנת ימים נפקא ואכתי מיבעי ליה חד למעוטי שביעי וחד למעוטי תשיעי דאי מחד הוה אמינא שביעי הוא דלא מטא זמניה אבל משמיני ואילך זמניה הוא אלא מחוורתא כדרבי יוחנן תניא כוותיה דרבי יוחנן ודלא כרב אחא בר יעקב שמיני ימול אפילו בשבת ומה אני מקיים °מחלליה מות יומת בשאר מלאכות חוץ ממילה או אינו אלא אפי' מילה ומה אני מקיים שמיני ימול חוץ משבת ת"ל ביום אפילו בשבת אמר רבא האי תנא מעיקרא מאי קא ניחא ליה ולבסוף מאי קא קשיא ליה הכי קאמר שמיני ימול אפילו בשבת ומה אני מקיים מחלליה מות יומת בשאר מלאכו' חוץ ממילה אבל מילה דחיא מ"ט ק"ו הוא ומה צרע' שדוחה את העבודה ועבודה

(ויקרא יב) (שמות לא) תורה אור

רש"י

אם עבר זמנו בטלה · הילכך דחו: **וביום השמיני ימול ואפילו בשבת** · ומילה גופה דדחיא שבת אמרינן לקמן הלכה למשה מסיני איתר ליה ביום למכשיריה: **י"ג בריתות** · נאמרו לאברהם בפרשת מילה (בראשית יז): **והא תניא** · במסכת נזיר: **עקיבא עצם כשעורה הלכה** · שהיה ר"ע דן ק"ו מניין לרביעית דם המת שהנזיר מגלח על אהלה ק"ו מה עצם כשעורה שאינו מטמא באהל נזיר מגלח על מגעו ומשאו רביעית דם שמטמאה באהל דכתיב ועל כל נפש מת לא יבא אינו דין שהנזיר מגלח עליה ואמר ליה רבי אלעזר עקיבא עצם כשעורה הלכה למשה מסיני שיהא נזיר מגלח עליה ורביעית דם אתה בא ללמוד ממנה בק"ו ואין דנין קל ותומר מהלכה דלא ניתנה תורה שבעל פה לידרש בי"ג מדות: **אתיא אות אות** · בשבת כתיב (שמות לא) כי אות היא ובמילה כתיב (בראשית יז) והיה לאות ברית מה להלן שבת אף כאן שבת: **אלא מעתה** · אי הך ג"ש דאות האמורה בשבת נאמרה בסיני לידרש שתיבה זו לדרשה נאמרה ליגמר מינה נמי לתפילין: **אלא אתיא ברית ברית** · ההוא דאות לא נאמרה בסיני ואין אדם דן גזרה שוה מעצמו אלא הך דברית ברית נאמרה בסיני ובשבת כתיב ברית (שמות לא) לדורותם ברית עולם: **גדול** · בן שלש עשרה דהוי מילה שלא בזמנה: **דכתיב ביה ברית** · וערל זכר אשר לא ימול וגו' את בריתי הפר (בראשית יז) והאי קרא בגדול כתיב מדמחייב ליה כרת שאם לא מלו אביו חייב למול את עצמו ולידחי שבת והא אמרינן לקמן דאפילו יום טוב אינה דוחה אלא בזמנה: **דורות דורות** · בשבת כתיב לדורותם ברית עולם ובמילת קטן כתיב (שם) ובן שמנת ימים ימול לכם כל זכר לדורותיכם: **ביום ואפילו בשבת** · מדלא כתיב בשמיני ימול ולר' אליעזר דאפקיה למכשירין מילה עצמה הלכה היא ופיקוח נפש לא אתיא ליה בק"ו ממילה אלא מקראי נפקא ליה כדאמרינן בפרק בתרא דיומא*: **מחוסרי כפרה** · כל טמאין שהוצרכו לקרבן זב וזבה יולדת ומצורע נאמר בהן וביום השמיני: **ביום צוותו** · את בני ישראל להקריב את קרבניהם (ויקרא ז) ביום ולא בלילה: **אלא מעתה** · משום דהוכשר להביא בדלות מכשירין בה שאר פסולין: **יהא זר ואונן כשר בהן** · אונן עד שלא נקבר מתו פסול לעבודה דכתיב (שם כא) בכהן גדול לאביו ולאמו לא יטמא ומן המקדש לא יצא ולא יחלל והכי משמע אף ביום שמתו אביו ואמו אינו צריך לצאת מן המקדש אלא מקריב אונן ולא יחלל ועבודתו לא תהא מחוללת בכך הא אחר שלא יצא חילל: **הא אהדריה קרא** · לפסול בהן לילה דכתיב בהו וביום כדאמרינן וכיון דלענין לילה תורת כל הקרבנות עליהן לענין זר ואונן נמי תורת קרבן עליהן: **שמיני** · כל שהוא שמיני ואפילו בשבת וביום למעוטי לילה: **תניא כוותיה דר' יוחנן** · דיליף מוביום: **מעיקרא מאי ניחא ליה** · לאוקמי שמיני דווקא ואפילו בשבת ודחי מחלליה מות יומת אלא שאר מלאכות מאיזה טעם נראה לו כן: **ולבסוף** · כשהיפך דבריו ואמר או אינו אלא אפי' מילה בכלל מחלליה מות יומת דהוה דוקא ודחי שמיני ימול אלא שאר ימים: **מאי קשיא ליה** · בטעמא הראשון: **אבל מילה דחיא** · שבת בק"ו ותיגמר מיניה למידחי מחלליה מות יומת אלא שאר מלאכות ולמימר שמיני דווקא קאמר ואפי' ביום שבת: **ומה צרעת שדוחה את העבודה** · אזהרה שהזהירה תורה על הצרעת שלא לקוץ בהרתו כדתניא (מכות דף כב:) השמר בנגע הצרעת אזהרה בקוצץ בהרתו הכתוב מדבר והחמירה תורה באזהרה זו לדחות העבודה כדקיימא לן בפסחים (דף סז:) דטומאת מת נדחית בקרבן צבור ולא זבין ומצורעי' ובעלים לעשות פסח ולא אמרינן יקוצו בהרתן ויאכלו פסחים או הכהן יקוץ בהרתו ויעבוד אם הכהנים טמאין בצרעת והקהל טהורין:

תוספות

והתניא אמר ליה רבי אלעזר ט' · ול"ג והתנן דכל זה אינו במשנה: **ההיא** מבן שמונת ימים נפקא · תימה דתניא בת"כ ומייתי לה בפרק הערל (יבמות עב:) השמיני ימול דתניא יכול בין ביום ובין בלילה ת"ל ביום אין לי אלא שנימול לח' נימול לט' לי' ולי"א מניין שאינו נימול אלא ביום ת"ל וביום ובפ"ב דמגילה (דף כ:) נמי אמר אין מוהלין אלא ביום דכתיב וביום השמיני ויש לומר דסמיך אבן שמנת ימים ודרשא פשוטה נקט: **אלא** מעתה יהא זר ואונן כשר בהן · לאו דווקא נקט זר דהא בכולהו בזב וזבה ויולדת ומצורע כתב בהו כהן:

הא אהדריה קרא · והוה ליה דבר שיצא מן הכלל לידון בדבר החדש לאתויי בדלות שאי אתה יכול להחזירו לכללו לפסול לילה ואונן עד שיחזירט הכתוב לכללו בפירוש הרי החזירה בפירוש ופסל לילה וה"ה אונן וקשה ואמאי לא קאמר דאהדריה קרא מדכתיב כהן ולא זר ושמא לגוס דרשא אחריתי אתא:

תניא כוותיה דרבי יוחנן ודלא כרב אחא בר יעקב · ודלא כרב נחמן בר יצחק דאמר אתיא אות ברית דורות לא הוי דאיהו מודה דדרשינן ביום כדדרשינן בברייתא ואות ברית דורות אתא למכשירין וביום למילה גופה ולית ליה למילה הלכה אע"ג דר' יוחנן אית ליה *הלכה כר' אליעזר [כדפי' רש"י והאי ברייתא דדרשי ביום אתיא כרבנן דביום] אילטריך למילה גופה ולהכי לא קאמר אלא דלא כרב אחא דברייתא מוכחא בהדיא דלא בעיא למדרש שמיני ימול · מ"ר: **מה** צרעת שדוחה את העבודה · תימה ולימא קל וחומר איפכא ותדחה עבודה את הצרעת שיקוץ בהרתו כדי לעשות עבודה ומה שבת שדוחה את המילה ומילה דוחה את הצרעת עבודה דוחה אותה לצרעת שנדחה מפני מילה אינו דין שתהא עבודה דוחה אותה והא דאמרינן בפסחים בפרק אלו דברים (דף סז:) וישלחו מן המחנה כל צרוע וכל זב וכל טמא לנפש אם טמאי מתים משתלחין זבים ומצורעים לא כ"ש אלא יש לך שעה שזבין ומצורעים משתלחים ואין טמאי מתים משתלחים ואיזה זה פסח הבא בטומאה

רבינו חננאל

כיוצא בו . עד כאן לא פליגי ר' אליעזר ורבנן אלא במכשירי מילה אבל במילה עצמה דברי הכל דחיא שבת . מנלן עולא ור' אסי ור' יצחק נפחא כולהו אימרי הלכה ומותבינן עליהן . מניין לפקוח נפש שדוח' שבת נענה ר' אלעזר בן עזריה ואמר ומה מילה שהיא אחד מאבריו של אדם דוחה שבת ק"ו לפקוח נפש שדוחה את השבת ואי ס"ד הלכה ק"ו מהלכה(מייתי)[מי אתי]. והתניא א"ל ר' עקיבא עצם רשעורה הלכה ורביעית דם ק"ו ואין דנין ק"ו מהלכה וכו' לבטלו וזה מפורש בנזיר פר' כ"ג ונזיר אינמסמאן לקרוביהן וכו' . ובטלו דברי מי שאמר הלכה היא ובא ר' אלעזר ללמדו בג"ש באות אות משבת . ונדחו דבריו ובא רב נחמן בר יצחק ללמדו באות ברית ודורו' בשבת כתיב לעשות את השבת לדורותם ברית עולםביני ובקבני ישראל אות היא לעולם במילה כתיב ואתה את בריתי תשמור אתה וזרעך אחריך לדורותם וכתיב ונמלתם את בשר ערלתכם והיתה לאות ברית ביני וביניכם . ר' יוחנן אמר אמר קרא וביום השמיני ימול בשר ערלתו ביוםאפילו בשבת אקשינן עליה ר"ל אי הכי אפילו מחוסרי כפרה כגון מצורע והזבה דכתי' בהוביום השמיני יקח שני כבשים וגו' ובזבה כתיב וביום השמיני תקח לה שתי תורים הכי נמי כיון דכתיב בהו וביום יקריבו קרבנותיהםאפילו בשבת והא קיי"ל אין קרבן יחיד דוחה את השבת ופירק לו זה שכתוב במחוסרי כפרה וביום למעוטי לילה · עוד הקשה לו ר"לוכל קשיא שהקשה לו פירק ר' יוחנן וחזר רבינא להתקיף על פירוק ר' יוחנן ופריק סד"א הואיל וחס רחמנא עליה לאתויי בדלות בלילה נמי ליתי קמ"ל וביום . תתקיף רבינא אי הכי אמ' דחס עליהן או אינו כשר בהן ולא יטריחם להמתין עד שימצאו כהן טהור כשר לטהרם ופריק הא אהדריה קרא כלומר אע"פ שחס עליו והקל בקרבנו החזיר לטהרת הכהן שנאמר והביא אותםביום השמיני לטהרתו אל הכהן וגו' ואתא רב אחא בר יעקב עוד להוציא שהמילה מותרת בשבת דכתיב וביום השמיני ימול כלומר איזה יום שמיני אין לך לא להקדים ולא לאחר ונתקשה ולא עמדו דבריו ואמרינן אלא מחוורתא כר' יוחנן דאפקיה מן וביום . וסוגיא דשמעתא כר' יוחנן וברייתא כוותי' ולא כר' אחא בר יעקב:

רב נסים גאון

איצטריך סלקא דעתך אמינא הואיל וחס רחמנא עליה לאיתויי בדלות בלילה נמי ליתי קמ"ל מתקיף לה רבינא [אלא]מעתה יהא זר ואונן כשר בהן חייבנו הקב"ה בתורת הקרבנות שנקריבם ביום ולא בלילה שנאמר (ויקרא ז) אשר צוה ה' את משה ביום צותו את בני ישראל ופירש ביום צותו למדנו לכל הקרבנות כולם שאינן כשירין אלא ביום ובפרק הקורא את המגילה (דף כ) שנינו כל היום כשר לסמיכה לשחיטה כו' ובתלמוד אמרו לסמיכה ולשחיטה דכתיב (ויקרא ג) וסמך ושחט ואיתקש סמיכה לשחיטה ובשחיטה כתיב (שם יט) ביום זבחכם לקמיצה והגשה והזייה בכולהי כתיב ביום צותו והזהיר האונן והזר עם כל המנויין במשנה שלא יקרבו להקריב קרבן כמו שאמרה המשנה (זבחים דף טו) כל הזבחים שקיבל דמן זר ואונן כולם פסולין ובגמ' גרסי זר מנלן דתני לוי (ויקרא כב) דבר אל אהרן ואל בניו וינזרו למעוטי מאי כו' אלא הכי קאמר וינזרו מקדשי בני ישראל ולא יחללו כלומר בני ישראל ראוי להם שיתרחקו מן הקדשים ולא יקריבו אותן שלא יחללום שאם יקרבו אליהם ויקריבו אותם מחללים אותם ואמר עוד (במדבר יח) וזר לא יקרב ונאמר בעונש (שם) והזר הקרב יומת ובאונן עוד אמרו מנלן דכתיב (ויקרא כא) ומן המקדש לא יצא ולא יחלל הא אחר שלא יצא חילל וכשאמרנו כי המחוסר כפרה והוא המצורע שמלאו ימי טהרתו ועדיין לא הקריב קרבן לא נאמר בו וביום השמיני אלא לחייב הקרבת קרבנו ביום ולא בלילה הקשינו לאמר כי דבר זה ידוע הוא לפי שכתב כן במקום אחר ביום צותו וממנו ידענו חיוב הקרבת כל הקרבנות ביום ולא בלילה והואיל וכן אין אנו צריכין לשנותו לנו עוד ופירק האומר דבר זה ואמר שמה שאמר כאן וביום השמיני אינו לשנות אלא שאנו צריכין לאותו דבר מפני שמצאנו שהקל כאן על המצורע ואמר בו (ויקרא יד) ואם דל הוא ואין ידו משגת מה שלא הקל על זולתו מכלל הטמאים והם זב וזבה ואילולי שאמר בו וביום השמיני לחייב הקרבת קרבנו ביום היה עולה על דעתנו הואיל והקיל עליו הכתוב שדי לו בשתי תורים או ב' בני יונה להטאתו ולעולתו ושינה בינו ובין שאר הטמאות בדבר זה והם הנזכרים אחריו הזב והזבה כמו כן נמי ראוי שיקריב קרבנותיו בלילה ולא היינו לומדין משפטו משאר הקרבנות שנאמר בהן ביום צותו הילכך הוצרכנו להשמיענו וביום השמיני כדי שירחיק מדעתנו סברא זו התקיף (רבא) [רבינא] ואמר הואיל ואתה אומר כי לפי שהקל עליו הכתוב שיביא שתי תורים או שני בני יונה מה שאין כן בזולתו לא נלמוד משאר הקרבנות כלום מטשפטו מפני שיצא מכללם מחמת שייחדו הכתוב בדבר זה ואילמלא שאמר הכתוב וביום השמיני היינו מתירים הקרבת קרבנותיו בלילה לפי דבר זה ראוי להיות הזר והאונן וכל המנויין

[תוספ' פס"ז] יומא פה: מכילתא פרשת כי תשא

פסחים פא: נזיר נז. [בפסחים ובנזיר ליתא]

[סנהדרין נט:]

[דף פה:]

תורה אור

ועבודה דוחה את השבת מילה דוחה אותה שבת שנדחית מפני העבודה אינו דין שתהא מילה דוחה אותה ומאי או אינו דקאמר הדר אמר וממאי דצרעת חמורה דילמא שבת חמורה שכן יש בה עונשין ואזהרות הרבה (*אי נמי) וממאי משום דחמירא צרעת היא דילמא משום גברא הוא דלא חזי ומה אני מקיים שמיני ימול חוץ משבת °תלמוד לומר ביום אפילו בשבת: תנו רבנן ^א^מילה דוחה את הצרעת בין בזמנה בין שלא בזמנה ^ב^יום טוב אינה דוחה אלא בזמנה בלבד מנהני מילי דתנו רבנן °ימול (ויקרא יב) בשר ערלתו °ואע"פ שיש שם בהרת יקוץ ומה אני מקיים °השמר בנגע הצרעת (דברים כד) בשאר מקומות חוץ ממילה או אינו אלא אפילו מילה ומה אני מקיים ימול בשר ערלתו בזמן שאין בה בהרת ת"ל בשר ואע"פ שיש שם בהרת אמר רבא האי תנא מעיקרא מאי ניחא ליה ולבסוף מאי קשיא ליה הכי קאמר ימול בשר ערלתו ואע"פ שיש בהרת ומה אני מקיים השמר בנגע הצרעת בשאר מקומות חוץ ממילה אבל מילה דוחה את הצרעת מ"ט דאתיא מק"ו ומה שבת חמורה מילה דוחה אותה צרעת לא כ"ש ומאי או אינו דקאמר הדר קאמר ממאי דשבת חמירא דילמא צרעת חמירא שכן דוחה את העבודה ועבודה דוחה את השבת ת"ל בשר ואע"פ שיש שם בהרת לישנא אחרינא מילה דוחה את הצרעת מ"ט דאתי עשה ודחי לא תעשה ומאי או אינו דקאמר הדר קאמר אימר דאמרינן דאתי עשה ודחי את לא תעשה לא תעשה גרידא האי עשה ולא תעשה הוא ומה אני מקיים ימול בשר ערלתו בזמן שאין בה בהרת ת"ל בשר ואע"פ שיש שם בהרת תינח גדול דכתיב בהו בשר קטן נמי כתיב ביה בשר בינוני מנלן אמר אביי אתיא מביניא מגדול לא אתיא שכן ענוש כרת מקטן לא אתיא שכן מילה בזמנה הצד השוה שבהן שכן נימולין ודוחין את הצרעת אף כל שנימולין דוחין את הצרעת רבא אמר מילה בזמנה דוחה לא צריכא קרא מק"ו אתיא ומה שבת דחמירא דוחה צרעת לא כל שכן אמר ליה רב ספרא לרבא ממאי דשבת חמירא דילמא צרעת חמירא שכן דוחה את העבודה ועבודה דוחה את השבת התם לאו משום דחמירא צרעת אלא משום דגברא הוא דלא חזי אמאי ויקוץ בהרתו ויעבוד מחוסר טבילה הוא תינח נגעים טמאים נגעים *טהורים מאי איכא למימר אלא א"ר אשי *היכא אמרינן דאתי עשה ודחי ל"ת כגון מילה בצרעת א"נ ציצית וכלאים דבעידנא דמתעקר לאו קא מוקי' עשה הכא בעידנא דמתעקר לאו לא קא מוקים עשה והא דרבא ורב ספרא תנאי

רש"י

ועבודה · חמורה היא שדוחה שבת בתמידין ומוספין וקרבנות צבור שזמנם קבוע : **מילה דוחה אותה** · את הצרעת כדתניא לקמן ימול בשר ערלתו אפילו במקום בהרת יקוץ : **ומה או אינו דקאמר** · דמשמע או אינו כן כמו שאמרנו אלא אפי' מילה נמי בכלל מחלליה מאי קשיא ליה דקא הדר ביה : **הדר אמר תנא** · לנפשיה ממאי דצרעת חמורה משבת דתימא ק"ו : **דילמא שבת חמורה כו'** · דהאי דצרעת דוחה עבודה ממאי דמשום חומרא דצרעת היא דילמא הא דלא אמרינן ליה יקוץ משום דגברא דלא חזי הוא כדלקמן דאי נמי קייץ מחוסר טבילה והערב שמש והיום לא יעבוד (א) וטבול יום דמצורע כמצורע הילכך מחלליה מות יומת אפילו במילה ועל כרחך שמיני ימול תדחה אבל שאר ימים : **בין שלא בזמנה** · כגון קטן חולה והמתינו לו עד שיבריא : **בשר** · ריבויא הוא ולדרשה : **ה"ג ל"א מאי טעמא אתי עשה ודחי לא תעשה** · מ"ט מילה דוחה צרעת דאתי עשה דימול ודחי לא תעשה דהשמר (ב) לך דהכי קי"ל בפ"ק דיבמות (דף ג:) דאתי עשה ודחי לא תעשה: **האי עשה ולא תעשה הוא** · השמר לא תעשה הוא ולעשות ככל אשר יורו (דברים כד) היינו עשה : **תינח גדול** · בר עונשין דכתיב ביה בשר וערל זכר אשר לא ימול את בשר ערלתו (בראשית יז) והאי בבר עונשין משתעי מדמחייב ליה כרת וקטן נמי בזמנה ביום השמיני כתיב ביה בשר וביום השמיני ימול בשר ערלתו : **בינוני** · כגון שלא בזמנה ולאו בר עונשין ואביו מצווה עליו נפקא לן מהמול לכם כל זכר (קדושין דף כט·) : **אתיא מביניא** · הצד השוה שבהן שנימולו ודוחין את הצרעת אף אני אביא בינוני שנימול וידחה הצרעת : **לא צריכא קרא כו'** · וכי אתיא קרא לשלא בזמנה של בינוני : **דגברא לא חזי** · קס"ד מפני שהוא טמא והיינו דפריך ויקוץ ויטהר ויעבוד : **מחוסר טבילה** · ולא חזי לעבודה בהאי יומא ומשום למחר דליתא לעבודה קמן לא מדחי : **נגעים טהורין** · כגון בהק ופריחה בכוליה ובכולהו איתרבו לאיסור קציצה בסיפרי אין לי אלא משנזקק לטומאה עד שלא נזקק לטומאה מניין ת"ל ככל אשר יורו : **אלא אמר רב אשי** · הא דאמרינן שבת חמירא מצרעת אע"ג דדחייה צרעת לעבודה לאו חומרא דידה הוא אלא היינו טעמא כי אמרינן אתי עשה ודחי לא תעשה כגון מילה בצרעת דבשעת קציצה דמיעקר לאו מקיים עשה וכן ציצית דכלאים בשעת לבישה מיעקר לאו ומקיים עשה אבל צרעת הנקצצת משום עבודה בעידנא דמיעקר לאו דקציצה אכתי לא מקיים עשה דעבודה הילכך מידחיא עבודה ממילא ולאו חומרא דצרעת הוא :

תנאי

תוספות

בטומאה אלמא דצרעת דוחה את העבודה שהיא עליו ובק"ו נילף שיקוץ בהרתו כדי לעשות עבודה ועוד קשה לימא רציחה תוכיח שדוחה את העבודה ואינו דוחה שבת אף אני אביא מילה וכי תימא מילה עדיפא שדוחה צרעת הדוחה את העבודה אכתי נימא קבורת מת מצוה תוכיח דעדיפא ממילה שדוחה את המילה מולאחותו הדוחה את הצרעת הדוחה את העבודה הדוחה את השבת אפילו הכי לא דחיא שבת ויש לומר דהכי נמי הוה מצי למימר איפכא ורציחה תוכיח או קבורת מת מצוה תוכיח אלא דניחא ליה לומר שיהא דוחה דנפקא ליה מביום דמילה דחיא שבת ועושה מתחילה ק"ו להעמיד דבריו וסותרו אחר כך שאינו ק"ו כלל א) ופריך ליה מיניה וביה : **הדר** אמר ממאי דשבת חמירא דילמא צרעת חמירא · תימה דבברייתא דלעיל מסיק איפכא דלאו משום דצרעת חמירא אלא משום (ג) גברא דלא חזי ורבא גופיה סבירא ליה הכי לקמן ועוד למאי דקאמר השתא מנלן דצרעת דוחה את העבודה אימא דעבודה דוחה הצרעת מק"ו ומה שבת חמורה [צרעת לא כ"ש ואומר ר"י דלהאי לישנא] צריך לומר דגרסינן רבה הכא ולית ליה דרבא דלקמן דטעמא משום דגברא לא חזי וסבירא ליה כרב ספרא דפליג עליה דרבא לקמן והא דפשיט להו לרבה ורב ספרא דצרעת דוחה עבודה מצי למימר דמקרא נפקא להו אבל רבא דס"ל גברא לא חזי לדידיה לא בעי קרא ועוד נראה לרשב"א ג) דאפי' ליכא קרא דצרעת דוחה עבודה אתי שפיר אפילו לרב ספרא דלא קאמר רב ספרא שיהא הטעם ודאי דצרעת דוחה עבודה משום חומרא דצרעת אלא איכא למימר הכי ואיכא למימר הכי הילכך בברייתא דלעיל סתר ק"ו דקאמר וממאי דצרעת חמירא דילמא משום גברא דלא חזי והכא ולקמן על מילתא דרבא דחינן בע"א ממאי דשבת חמירא דילמא צרעת חמירא שכן דוחה את העבודה וזיל הכא קא נדחי ליה וזיל הכא קא מדחי ליה ומהאי טעמא נמי ליכא למילף ביה ק"ו דעבודה תדחי צרעת דשבת דחמורה דוחה צרעת לא כ"ש דדילמא אין לתלות משום חומרא אלא משום (ג) גברא לא חזי : **האי** עשה ולא תעשה הוא · השמר היינו לאו ולעשות היינו עשה כדפי' בקונטרס ואע"ג דאמר בסוף פרק הקומץ (מנחות דף לו:) השמר דלאו לאו השמר דעשה עשה מכל מקום לאו מצות עשה הוא אלא לא תעשה ג) דאמר רחמנא הזהר פן תקוץ בהרת תימה היכי מצינן למימר דלעשות אתא לעשה הא אמר לקמן דאיצטריך לעשות אי אתה עושה אבל אתה עושה בסיב שעל גבי רגלו ויש לפרש דעשה שמעינן מדכתיב ד) לשמור ואם תאמר והא אמר בסמוך היכא אמרינן דאתי עשה ודחי את לא תעשה כגון מילה בצרעת אלמא דליכא בצרעת אלא לאו ואר"ת דלא נקטינן אלא לסימנא בעלמא ואם תאמר והא דקי"ל דאין עשה דוחה את לא תעשה ועשה נגמר ממילה בצרעת דדחי וי"ל מה למילה *שכן נכרתו עליה י"ג בריתות* : **רבא** אמר מילה בזמנה לא צריכא קרא · והילכך האי בשר דכתיב בה אם אינו ענין לזמנה תנהו ענין לשלא בזמנה ולאו אינו דקתני הוה מפרש רבא כלישנא אחריכא :

ואביי

עין משפט נר מצוה

ח א מיי' פ"א מהל' מילה הלכה ט ופי"י מהל' טומאת צרעת הלכה ה סמג עשין כח טוש"ע י"ד סי' רסו סעיף א :
ט ב מיי' פ"א מהלכות מילה שם סמג שם טוש"ע שם סעיף ב :

רבינו חננאל

ת"ר מילה דוחה צרעת בין בזמנה בין שלא בזמנה·פי' כתיב בצרעת השמר בנגע הצרעת ואמרו חכמים כ"מ שנאמר השמר פן ואל אינו אלא בל"ת . כלומר השמר אזהרה הוא שלא לעשות וכיון דכתיב השמר הנה הזהיר שלא לחתוך הצרעת (מכל מקום) [בכל מקום] שהיא והתיר במילה אם יש צרעת בערלה מותר לו לחתוך הערלה והצרעת עמה בין ביום השמיני שהוא זמן המילה כדכתיב וביום השמיני ימול בשר ערלתו . בין אירע לו אונס כגון חולי לקטן וכדומה לו ולא מל בשמיני חייב לימול כל זמן שיסור האונס והיא הנקראת מילה שלא בזמנה כלומר שאינה ביום השמיני וגם במילה שאינה ביום השמיני יש למל לחתוך הערלה אע"פ שיש בה צרעת והתורה שהזהירה שלא לחתוך הצרעת לגבי מילה התירה . ובאנו לברר זה הפי' שפירשנו מזו הברייתא. דת"ר ימול בשר ערלתו ואע"פ שיש שם בהרת ומה אני מקיים השמר בנגע הצרעת בשאר מקומות חוץ ממילה או אינו אלא אפי' מילה ומה אני מקיים ימול בשר ערלתו בזמן שאין שם בהרת ת"ל בשר אע"פ שיש שם בהרת לא תעשה בצרעת שנאמר השמר פן עשה שנא' ולעשות ופשוטה היא תינח גדול כתיב ביה בשר שנאמר וערל זכר אשר לא ימול את בשר ערלתו ונכרתה הנפש ההיא מעמיה את בריתי הפר . מדכתיב ונכרתה שמעינן מינה שהוא גדול ואם לא מל אותו אביו ונשאר ערל תדל חייב לטול עצמו קטן נמי כתיב ביה בשר שנאמר וביום השמיני ימול בשר ערלתו . ודרשת בשר אע"פ שיש שם בהרת אלו השנים הגדול שהוא בר עונשין והקטן שהוא בן שמונה ימים שכתב בהם בשר מילה דוחה את ערלתם אבל בינוני שאינו לא גדול בן עונשין ולא קטן בן שמונת ימים אלא בינוני שהוא מבן שמונה ימים ולמעלה הן חסר והן יתר עד שיגיע להתחייב בעונשים מנ"ל שמילתו דוחה צרעת . ופירק אביי ואמר אתיא מביניא כלומר משניהם מן הגדול ומן הקטן . ודברים פשוטין הן . ודברי רבא ורב ספרא פשוטין הן . אמר רב אשי היכא אמרינן דאתי עשה ודוחה לא תעשה כגון מילה בצרעת כלומר אם יש צרעת בערלה בחתיכת הערלה והצרעת עליה נתקיימה המילה שפיר וכן כלאים בציצית . אבל זה שאמר ויקוץ בהרתו ויעבור התיכת הצרעת להכשיר הכהן לעבוד עבודה אינו דומה לאלו שיחתך שיחתוך הצרעת מעליו והוא לא יעשה עבודה והנה נעקרה אזהרתו שלא לחתוך הצרעת שהוא לאו כמו שפירשנו למעלה. ולא נתקיימה עבודתו שהוא עשה נגעים טהורין שפוסלין בכהנים מפורש בבכורות פ"ז(מה:) דתנן הכרשי והציתור והלווקר

מסורת הש"ס / הגהות

רש"ל מ"ז והנ"י גרס א"נ ממאי ויבלייש אותה הגירסא דמקשה שני קושיות וה"ס דהוכחה שלו היא כיון דלא אמרינן דיקוץ בהרתו ויעבוד כמו שפרש"י והא וודאי די"ל ק"ו איפכא דיקוץ בהרתו בשביל עבודה כמו שהקשו התוס' אך כאשר תזיק בתוספתא דאי אפשר לו לקוץ הבהרת ואעפ"כ לא יעבוד ודאי לאו תומרא דעבודה הוא אלא תומרא דצרעת ולפי זה מקשה הכא דילמא שבת תמירא שכן יש בה כו' וא"כ דשבת תמירא מצרעת אסור לו לקוץ בהרת בשבת וא"כ שוב לא יכול ללמוד הק"ו איפכא דיקוץ בהרתו משום עבודה הא כבר נתנה העבודה לידחות מפני הצרעת בשבת וממילא נתבטל גם הק"ו הזה:

הגהות הב"ח
(א) רש"י ד"ה דילמא שבת וכו' דטבול יום: (ב) ד"ה ה"ג ל"א וכו' דהשמר דהכי כצ"ל ותיבת לך נמחק: (ג) תוס' ד"ה הדר וכו' אלא משום דגברא :

[עי' תוס' שבועות ד. ד"ה בהקין ביצה ת: כתובות מ.]

[ועי' תוס' כתובות מ. ד"ה ניתי]

א) גירס' הרש"ל ופריך ליה מיניה וביה ועוכל לומר דהאי הנא כאו אינו דקאמר כולה ופריך ואימא איפכא או מה משום תוכיח עכ"ל ואין הגירסא ע מוכרחת דה"א לפרש כן כדברי רבה שעליו הקשו תוס' : ב) ואפילו לסברא ע גרס' רבה : ג) וע' תוס' בעירובין דף ג. ד"ה השמר : .ד) גיר' רש"ל ועי"ל תרי לעשות כתיבי בקרא זה חדא לעשה וחדא לעושה בסיב וכו' וכן פירש"י השמר לא תעשה הוא ולעשות ככל אשר יורו היינו עשה ול"ת והא אמר כו' :

רב נסים גאון

הענין במשנה שפוסלין להקריב כשירים להקריב קרבנותיו של מצורע לפי שיצא מכללם תבדל מהם חוץ מהקרבת קרבן בלילה שאשר בו הכתוב וביום השמיני בלבד ועמד זה הקושיא וזו ההתקפה ואמרו קשיא ומקצת הגורסין אין מעמידין הדבר אלא שגורסין כך כיון דאהדריה קרא אהדריה כלומר אילו לא כתב וביום היינו אומרים מדהדר רחמנא עליה לאתויי בדלות בלילה נמי ליתי ויהא זר ואונן כשר בקרבנותיו והיינו

גליון הש"ס גמ' ת"ל ביום אפי' בשבת. עיין חולין דף סד ע"ב ברש"י ד"ה בולאה וצ"ע: **שם** ואע"פ שיש שם בהרת. עיין נר"ש רפ"ב דמלה: **תוס'** ד"ה אלו וכו' שכן נכרתו עליה י"ג בריתות · ע' יבמות ס' ע"א תוד"ה שכן :

§ מסכת שבת דף קלב: §

אות א׳

מילה דוחה את הצרעת בין בזמנה בין שלא בזמנה

יו״ד סימן רסו ס״א - [א]מילה, בין בזמנה בין שלא בזמנה, דוחה צרעת; שאם יש בהרת בעור הערלה, אע״פ שיש בקציצת הבהרת לא תעשה, חותכה עם הערלה. [ב]אבל אם לאחר שנימול גדל בשר במילתו עד שאינו נראה מהול וצריך לחותכו, אם יש בהרת באותו הבשר אסור לחתכו, כיון שא״צ למולו פעם אחרת אלא מדרבנן - ‹ודין קציצת בהרת נוהגת גם בזמה״ז - ערוה״ש›.

אות ב׳

יום טוב אינה דוחה אלא בזמנה בלבד

יו״ד סימן רסו ס״ב - [ג]מילה דוחה יום טוב ושבת, בזמנה - ‹אמר עד א׳ שנולד בשבת, מלין אותו על פיו, ירושלמי - רעק״א›, **[ד]אבל שלא בזמנה, אינה דוחה.**

[ה]סימן שלא ס״ד - [ו]מילה שלא בזמנה אינה דוחה שבת - דכי כתיב "וביום", אשמיני קאי.

באר הגולה

[א] ברייתא שבת דף קל״ב ע״ב [ב] טור [ג] שם ע״א ויליף לה רבי יוחנן מקרא ותניא בברייתא כוותיה [ד] משנה שם דף קל״ז ע״ב [ה] ‹ע״פ הבאר הגולה› [ו] שם במשנה וברייתא קל״ב ‹וכ״ש דאינה דוחה שבת אלא בזמנה - ב״י›

§ מסכת שבת דף קל"ג. §

אות א'

אבל עושה אתה בסיב שעל גבי רגלו וכו'

רמב"ם פ"י מהל' טומאת צרעת ה"א - ומותר למצורע לישא במוט על כתיפו שיש בה הצרעת, ולקשור הסיב על רגלו, ואם הלכו סימני טומאה ילכו, והוא שלא נתכוון לכך.

אות א*[א]

ואי איכא אחר ליעביד אחר

סימן של"א ס"י - [ב]אדם שלא מל מעולם, לא ימול בשבת - דחיישינן שמא יקלקל, ונמצא מחלל שבת שלא במקום מצוה, **וה"ה** אם לא פרע מעולם, אסור לפרוע בשבת ג"כ מטעם זה.

ולענין יו"ט, אם הוא יו"ט שני של גליות, בודאי יש להקל, **וביו"ט** ראשון, יש דעות בין האחרונים, **ועיין** ברעק"א דמצדד דביו"ט מותר מדין 'מתוך', **אך** אם הוא יודע בעצמו שיכול למול, ואין מוהל אחר, בודאי אין להחמיר.

מוהל שבא ואמר שכבר מל פעם אחת בחול, נאמן וא"צ להביא ראיה.

כתב הג"ה ביו"ד, שטוב להחמיר לכתחלה שלא ימולו שני מוהלין מילה אחת בשבת, שזה ימול וזה יפרע, אלא המל הוא עצמו יפרע, **אבל** הרבה אחרונים כתבו שיש להקל בזה, וכן המנהג בכל מדינת פולין, תמיד הם שני מוהלים, זה חותך וזה פורע, בין בחול ובין בשבת.

ובחכמת אדם כתב, דעכ"פ לא יכבד ג' בני אדם, אלא הפורע יהיה המוצץ, **אבל** בישועות יעקב דחה זה, וכתב דהמציצה יכול להיות באחר, דהוא ענין בפני עצמו.

אבל אם מל כבר פעם אחת, מותר למול בשבת - ואפילו איכא אחר דמל זמנין טובא, **[ג]אפילו אם הוא אבי הבן** - לאפוקי ממאן דס"ל, דאב בעצמו לא ימול בשבת היכא דאיכא אחרינא, משום דלגבי דידיה הוי פסיק רישא דניחא ליה, שהרי הוא מתקן את בנו, **קמ"ל** דלא אמרינן הכי, דגם לגבי אחרינא פסיק רישא דניחא ליה הוא, שהרי הוא רוצה למולו ולזה קאתי, ואפ"ה התירה התורה, תה"ד.

הגה: ועיין עוד דיני מילה בטור יורה דעה סימן רס"ו.

אות ב'

כל מקום שאתה מוצא עשה ולא תעשה, אם אתה יכול לקיים שניהם מוטב, ואם לאו יבא עשה וידחה לא תעשה

רמב"ם פ"ג מהל' ציצית ה"ו - ומה הוא לעשות חוטי צמר בכסות של פשתן, או חוטי פשתן בכסות של צמר, אע"פ שהוא לבן לבדו בלא תכלת, בדין הוא שיהא מותר, שהשעטנז מותר לענין ציצית, שהרי התכלת צמר הוא ומטילין אותה לפשתן; ומפני מה אין עושין כן, מפני שאפשר לעשות הלבן שלה ממינה, וכל מקום שאתה מוצא עשה ולא תעשה, אם יכול אתה לקיים את שתיהן, הרי מוטב, ואם לאו, יבא עשה וידחה את לא תעשה; וכאן אפשר לקיים את שתיהן.

אות ג'

כלל אמר רבי עקיבא: כל מלאכה שאפשר לה לעשותה מערב שבת, אינה דוחה את השבת; שחיטה שאי אפשר לעשותה מערב שבת, דוחה את השבת

רמב"ם פ"א מהל' קרבן פסח הי"ח - שחיטת הפסח וזריקת דמו ומיחוי קרביו והקטר חלביו, דוחין את השבת, שאי אפשר לעשותן קודם השבת, שהרי קבוע לו זמן, שנאמר: במועדו; אבל הרכבתו והבאתו מחוץ לתחום וחתיכת יבלתו בכלי, אינן דוחין את השבת, שהרי אפשר לעשותן קודם השבת... וכן צלייתו והדחת קרביו אינן דוחין את השבת, שהרי אפשר לעשותן לאחר השבת.

אות ד'

עושין כל צרכי מילה [בשבת]: מוהלין ופורעין ומוצצין, ונותנין עליה איספלנית וכמון

סימן של"א ס"א - [ד]עושים כל צרכי מילה בשבת - דכתיב: וביום השמיני ימול, "ביום" ואפילו בשבת, גמ'.

מוהלין ופורעין ומוצצין - אע"ג דע"י המציצה הדם ניתק מחיבורו, והויא ליה חובל, אעפ"כ מוצצין, משום דסכנה לולד כשלא ימוץ הדם, גמ'.

(עיין בתשו' בנין ציון, דהמציצה דוקא בפה, ולא ע"י דבר אחר שהמציאו הרופאים החדשים, ובתשובת יד אליעזר מתיר למצוץ בספוג, דבדוקה דיותר טוב ממציצה בפה, ואפילו בשבת יש להתיר בספוג).

ונותנין עליו כמון - היה דרכם לתת מין בשמים שחוק לרפואה, **וה"ה** לתת אספלנית {תחבושת} על המילה, משנה שם.

‹המשך ההלכות מול עמוד ב'›

באר הגולה

[א] ‹ע"פ הגר"א› [ב] **מרדכי בפ"ו דחולין בשם רבינו שמחה ותרומת הדשן** [ג] ‹תה"ד, דלא כטוי"ד סי' רס"ו בשם ראבי"ה דאוסר אם איכא אחר, ממש"כ בשבת קל"ג א', ואם איכא אחר כו', **אבל** הוא חלק עליו וכתב דלא דמי לשם, דאב מתכוין לקוץ בהרתו, משא"כ באחר, אבל כאן תרווייהו מכווני לתיקון המילה, **ועוד** דסוגיא דשם לס"ד, אבל הא אמרינן שם דאביי גופא סבר דפסיק רישיה כו', {וא"כ באחר אף דאינו מכוין לתקן עובר בל"ת}, **ואע"ג** דפסיק רישיה דלא ניחא ליה פטור, מ"מ כאן דחייב משום מקלקל בחבורה, אפי' כה"ג חייב, דא"צ מלאכת מחשבת, כמ"ש תוס' בכתובות ה' ב' בד"ה את"ל כו', ע"ש שהאריך בזה – גר"א› [ד] שבת קל"ג משנה

גמרא

תנאי היא דתניא *בשר ואף על פי שיש שם בהרת ימול דברי רבי יאשיה רבי יונתן אומר אינו צריך שבת חמורה דוחה צרעת לא כ"ש: אמר מר בשר אע"פ שיש שם בהרת ימול דברי רבי יאשיה *הא למה לי קרא דבר שאין מתכוין הוא ודבר שאין מתכוין מותר אמר אביי לא נצרכא אלא לרבי יהודה דאמר דבר שאין מתכוין אסור רבא אמר אפילו תימא ר"ש מודה ר"ש בפסיק רישיה ולא ימות ואביי לית ליה האי סברא והא *אביי ורבא דאמרי תרוייהו מודה רבי שמעון בפסיק רישיה ולא ימות בתר דשמעה מרבא סברה איכא דמתני להא דאביי ורבא אהא °השמר בנגע הצרעת לישמור מאד ולעשות *לעשות אי אתה עושה *אבל עושה אתה בסיב שעל גבי רגלו ובמוט שעל גבי כתיפו ואם עברה עברה והא למה לי קרא דבר שאין מתכוין הוא ודבר שאין מתכוין מותר אמר אביי לא נצרכא אלא לרבי יהודה דאמר דבר שאין מתכוין אסור ורבא אמר אפילו תימא רבי שמעון ומודה רבי שמעון בפסיק רישיה ולא ימות ואביי לית ליה האי סברא והא אביי ורבא דאמרי תרוייהו מודה ר' שמעון בפסיק רישיה ולא ימות לבתר דשמעיה מרבא סברה ואביי אליבא דרבי שמעון האי בשר מאי עביד ליה אמר רב עמרם באומר לקוץ בהרתו הוא מתכוין תינח גדול קטן מאי איכא למימר אמר רב משרשיא באומר אבי הבן לקוץ בהרת דבנו הוא קא מתכוין ואי איכא אחר ליעביד אחר *דאמר ר"ש בן לקיש כל מקום שאתה מוצא עשה ולא תעשה אם אתה יכול לקיים שניהם מוטב ואם לאו יבא עשה וידחה לא תעשה דליכא אחר: *אמר מר יום טוב אינה דוחה אלא בזמנה בלבד מנא הני מילי *אמר חזקיה וכן תנא דבי חזקיה אמר קרא °לא תותירו ממנו עד בקר שאין ת"ל עד בקר מה ת"ל עד בקר בא הכתוב ליתן לו בקר שני לשריפתו אביי אמר אמר קרא °עולת שבת בשבתו ולא עולת חול בשבת ולא עולת חול בי"ט רבא אמר אמר קרא °הוא לבדו יעשה לכם הוא ולא מכשירין לבדו ולא מילה שלא בזמנה דאתיא מק"ו רב אשי אמר °שבתון עשה הוא והוה ליה י"ט עשה ול"ת ואין עשה דוחה את לא תעשה ועשה: כלל אמר ר"ע וכו': *אמר רב יהודה אמר רב הלכה כר"ע ותנן נמי גבי פסח כי האי גוונא *כלל אמר ר"ע כל מלאכה שאפשר לה לעשותה מע"ש אינה דוחה את השבת שחיטה שאי אפשר לעשותה מע"ש דוחה את השבת ואמר רב יהודה אמר רב הלכה כר"ע וצריכא דאי אשמעינן גבי מילה התם הוא דמכשירין אפשר לעשות מאתמול לא דחו שבת דליכא כרת אבל פסח דאיכא כרת אימא לידחו שבת ואי אשמעינן גבי פסח משום דלא נכרתו עליה י"ג בריתות אבל מילה דנכרתו עליה י"ג בריתות אימא לידחו שבת צריכא:

מתני׳ *עושין כל צרכי מילה [בשבת] מוהלין ופורעין ומוצצין ונותנין עליה איספלנית וכמון אם לא שחק מע"ש *לועס בשיניו ונותן אם לא טרף יין ושמן מע"ש ינתן זה בעצמו וזה בעצמו ואין עושין לה חלוק לכתחילה אבל כורך עליה סמרטוט אם לא התקין מע"ש כורך על אצבעו ומביא ואפי' מחצר אחרת:

גמ׳

רש"י

תנאי היא · דאיכא דנפקא ליה מילה בזמנה מק"ו כרבנן וכי אתא קרא לשלא בזמנה ואיכא דלא נפקא ליה בק"ו ואיצטריך למילה בזמנה כרב ספרא ושלא בזמנה אתיא מביניה: **לרבי יהודה** · רבי יאשיה דמצריך קרא להכי כרבי יהודה סבירא ליה: **מודה ר' שמעון בפסיק כו'** · הילכך אי לא רבי קרא לא עבדי: **סברה** · נתן בה דעתיה וקבל ממנו: **ה"ג לעשות עושה אתה בסיב שעל רגלו ובמוט שעל גבי כתיפו** · ואינו צריך להזהר (*) מלהיות סיב שקושר מנעלו ברגלו ומלישא משאוי על כתיפו: **ואם עברה** · הבהרת בכך עברה ואינו חושש לה להכי כתיב לעשות שמותר לעשות מלאכתו: **ואביי אליבא דר' שמעון** · מעיקרא מקמי דסברה האי בשר מאי עביד ליה: **באומר לקוץ** · גדול שהוא בר עונשין ואומר למוהל לקוץ בהרתו בכוונה ליטהר: **קטן** · דלא ידע לכווני מאי איכא למימר ועל כרחיך בתרוייהו כתיב בשר כדאמרי׳ לעיל ובשר דכתיב גבי קטן ביום השמיני ל"ל: **באומר אבי הבן לקוץ** · דמתכוין לטהרו והוא מוזהר דלא ליעבד בידים ובמתכוין: **ואי איכא אחר** · שאינו חושש לטהרו ליעבד אחר ולא ליקו אב להתם ואע"ג דרבייה קרא שהרי אתה יכול לקיים עשה בלא עקירת לאו לר' שמעון דהא אחר לא מיכוין ולא עבר ואמר ריש לקיש כו' ורבויא למאי אתא: **שאין תלמוד לומר עד בקר** · תנייא והנותר ממנו עד בקר דמאי למכתב והנותר באש תשרפו (ג) אלא אשריפה קאי והכי קאמר והנותר ממנו בזמן שאסרתי לך דהיינו בקר ראשון כשיבא בקר שני שהוא חולו של מועד תשרפו אבל בי"ט לא אלמא מידי דחול לא עבדינן בי"ט ופסח קרבן י"ד בניסן הוא שהוא חול ומילה שלא בזמנה נמי מידי דחול הוא דבשבת זו לא היה זמנה: **ולא עולת חול בי"ט** · אברי תמיד של ערב י"ט אין קרבין בי"ט ומילה שלא בזמנה נמי כעולת חול בי"ט דמי: **דאתיא בק"ו** · שתדחה ומה צרעת שדוחה עבודה מילה שלא בזמנה דוחה אותה כדאמרינן לעיל(ד) שבת שנדחית מפני עבודה אינו דין שמילה שלא בזמנה דוחה אותה להכי איצטריך לבדו: **ואין עשה** · דמילה דוחה לא תעשה ועשה אבל בזמנה איתרבי מביום אפילו בשבת: **גבי פסח** · כל מלאכה שאפשר לה לעשות מע"ש כגון הבאתו מחוץ לתחום ותיכת יבלתו: **וצריכא** · למימר בתרוייהו הלכה כר"ע דמכשירין לא דחו: **מילה בזמנה ליכא כרת** · דקטן לאו בר עונשין הוא ואבוה לא מיחייב עליה כרת:

מתני׳ מוהלין · חותך את הערלה: **ופורעין** · את העור המכסה ראש הגיד: **ומוצצין** · את הדם ואף על גב דהיא עשיית חבורה שאין הדם ניתק מחיבורו אלא על ידי (ה) המצילה: **איספלנית** · תחבושת: **לועס בשיניו** · כמה דאפשר לשנויי משנינן: **לא טרף יין ושמן** · כך היו רגילין והיא רפואה שמערבין ומורפין בקערה יין ושמן יחד כלרך שטורפין ביצים בקערה: **חלוק** · כעין כיס לחוק היו עושין ומלבישים את ראש הגיד עד העטרה וקושרים שם כדי שלא יחזור העור לכסות את הגיד: **לא ספקין** · לא הזמין: **כורך על ידו** · דרך מלבוש לשנותו מדרך הולכה בחול:

תוספות

ואביי אליבא דר' שמעון · ולרבי יונתן לא מיבעיא ליה דמוקי ליה ביגוני ולאביי נמי דאמר לעיל דביגוני אתי מביניה מאי למימר דסבר ר' יונתן מילתא דאתי בק"ו טרח וכתב לה קרא:

באומר לקוץ בהרתו הוא מתכוין · וא"ת אם כן אמאי קאמר אביי לא נצרכא אלא לרבי יהודה הא לר"ש נמי איצטריך כדאמר הכא ויש לומר דלשון ברייתא משמע דמיירי בלא מתכוין מדלא קתני בשר אע"ג דמתכוין לקוץ בהרת ימול:

ותנן נמי גבי פסח כה"ג אמר רב יהודה אמר רב הלכה כר"ע · והכא לא פריך הילכתא למשיחא משום דנפקא נפקא גבי מילה אע"ג דגבי מילה נמי פסיק הכי מ"מ לאלומי פיסקא דמילה פסיק נמי גבי פסח אגב דפסיק גבי מילה דתילף מינה שפסק ברור הוא לכל דבר (ג):

וצריכא דאי אשמועינן · אדרב יהוד׳ קאי דפסיק כר"ע הכא והתם דאי אדרבי עקיבא א"כ בפ׳ שתי הלחם (מנחות דף צו·) דקתני נמי כלל אמר ר"ע הוה ליה למימר וצריכא וכן פירש בקונטרס (ג):

עושין כל צרכי מילה בשבת · אע"ג דלעיל נמי קתני (ו)בשילהי מפנין (ד׳ קכז·) התם תני לה אגב גררא דמילי דתינוק אבל הכא עיקר:

עין משפט נר מצוה

י א מיי׳ פ"י מהלכות טומאת צרעת הלכה א סמג לאוין שסב:
יא ב מיי׳ פ"ג מהלכות ציצית הלכה ו:
יב ג מיי׳ פ"א מהלכות קרבן פסח הלכה יח סמג עשין רנג:
יג ד מיי׳ פ"ב מהלכות מילה הל׳ ו סמג עשין כח טוש"ע א"ח סי׳ שלא סעיף א טוש"ע י"ד סי׳ רסו סעיף ב:
יד ה מיי׳ שם הל׳ ז סמג שם וטוש"ע א"ח שם סעיף ז וטוש"ע י"ד שם סעיף ג:

רבינו חננאל

והנכם והחרש והשוטה והשכור ובעלי נגעים טהורין פסולין באדם וכשרין בבהמה כו׳ פי׳ כל זמן שיש בכהן נגעים טהורים פסול לעבודה חתכו טהור מיד ואין צריך טבילה: מודה ר׳ שמעון בפסיק רישי׳ ולא ימות פי׳ כי ר׳ שמעון מודה בדבר שהוא ברור כגון אדם שחותך ראש אדם ואומר שאין כוונתו להמיתו אלא להוציא את ממונו שאין שומעין לו אלא דנין אותו דין כל הורג נפש כך כל דבר שמתברר (מעשין) [שיעשה] לאותה מלאכה אין אומרין שלא היתה כוונתו לכך. וכה"ג אפילו ר׳ שמעון מודה. ואביי אליבא דר׳ שמעון קודם ששמע מרבא. מודה ר׳ שמעון בפסיק רישיה ולא ימות דהוה מוקים ליה כר׳ יהודה ולא כר׳ שמעון הוה אמר דר"ש פליג נמי בהא דסבר ר׳ שמעון התיכות הערלה והצרעת עלית דבר שאין מתכוון הוא שאין כוונתו לחתוך הצרעת אלא למול בנו וכי האי לר׳ שמעון שרי ולא צריך קרא למשרייה אם כן אביי אליבא דר׳ שמעון האי בשר ערלתו מאי עביד ליה אמר רב משרשיה באומר לקוץ בהרתו הוא מתכוין כלומר בדבר מוכיח שמתכוין לקוץ בהרתו בא הכתוב להתירו ואקשינן תינח גדול פי׳ שיש בו דעת יש לומר כן מתכוין לקוץ בהרתו קטן שאין בו דעת למה כתוב בו בשר להתיר התיכת צרעת במילה ואמרי׳ קטן נמי מתכוין אביו בזה במולו לבנו לחתוך בהרת בנו ואמרי׳ בעת שיש בהרת בערלת הקטן ימול אחר זולתו אבי הבן. שהאחר אין מתכוין לחתוך הבהרת ודבר שאין מתכוין לר׳ שמעון שרי ולא הוה צריך קרא למישריה דאמר רבי שמעון בן לקיש כל מקום שאתה מוצא עשה ולא תעשה פי׳ כגון זה עשה שנאמר וביום השמיני ימול בשר ערלתו. לא תעשה השמר בנגע הצרעת שהוא לאו כאשר פירשנו למעלה. ואם יש בהרת בערלה וימול אחר זולתו אבי הבן נתקיימה המילה שהיא עשה ונתקיימה תתיכת הצרעת שלא בכוונת שלא הזהירה התורה אלא במתכוין והאחר לא נתכוין ואין אומר יבא עשה וידחה לא תעשה אלא אם אין כח כלל לקיים שניהם ופרקינן דליכא אחר ואם נאמר להמתין עד שיבא אחר וימול בימלנו וביום השמיני ימול שהוא עשה: ובאנו לפרש עוד תשלום תברייתא: **אמר** מר י"ט אינו דוחה אלא בזמנו. פי׳ אין מילה דוחה י"ט אלא הנימול ביום ח׳ שהוא זמנו בלבד ואמרינן מנא הני מילי ופירשו חזקיה*) מן הקדשים שמעונין שריפה והוא עשה כדכתיב

*) חסר קצת וכנ"ל ופי׳ חזקיה דילפינן זה מטעם מן הקדשים וכו׳.

הגהות הב"ח

(א) גמ׳ אבל אתה עושה אותו בסיב: (ב) שם דאפשר לעשות: (ג) רש"י ד"ה שאין ת"ל וכו׳ באש תשרפו אלמא דאשריפה קאי וכו׳ דחול הוא דבי"ט וז לא: (ד) ד"ה דאתיא וכו׳ כדאמרינן לעיל י"ט שנדחית: (ה) ד"ה ומוצצין וכו׳ אלא ע"י (המצילה) תו"מ ונ"ב ס"א הבורה: (ו) תוס׳ ד"ה עושין וכו׳ קתני לה בשילהי:

א) [נ"ל עד בקר והנותר ממנו עד בקר באש תשרופו וכ"א בפסחים: ב) [וע"ע תוס׳ יומא יג. ד"ה הלכה ותוס׳ זבחים מ"ה ד"ה הלכתא] ג) [והמילתא דר"ע לא בעי צריכותא דאשמעי׳ בכל דוכתא מאי דדמי שבת כ"כ תוס׳ במנחות]

רב נסים גאון

והיינו מפרישין אותו לענין דיניו מכלל הקרבנות אבל הואיל ונאמר בו וביום השמיני באר לנו בזה חורתו לכלל הקרבנות בכל עניניו והשבתו אליהן בכל תנאותיהן חוץ מקרבן עולה ויורד המפורש בו בלבד וזה שהוצרכתי לפרש דבר זה לפי שראיתיו מסובך אצל כל התלמידים וביארתיו כדי שיתגלה ויתברר: אימור דאמרי׳ אתי עשה ודחי לא תעשה גרידא לא תעשה ועשה מי דחי לא תעשה גרידא הוא לא תעשה הכי יחיד*) שאין עמו כרת כמו (דברים כה) לא תחסום שור בדישו (שם כב) לא תחרוש בשור ובחמור (ויקרא יט) לא תקיפו פאת ראשכם ודומה להם ויתוסף עם זה מה שנאמר במקום השמר פן ואל כגון (דברים כד) השמר בנגע הצרעת (שמות לד) פן תכרות ברית ליושב הארץ (שם טז) אל יצא איש ממקומו גם הן אזהרות לאו ומי שיעבר עליהם עובר על לא תעשה כמו שאמרו בתלמוד (עירובין דף צו וש"נ) השמר פן ואל אינו אלא לשון לא תעשה ומה שנמצא בתורה ממצות לא תעשה מה שאין בו כרת ולא מיתת בית דין ולא ניתוסף עליו עשה אותו דבר הוא הנקרא לאו גרידא ודינו שכשאירע עם מצות עשה במקום אחד נקיים מצות עשה ולא נחוש לאזהרת לאו ועיקר זה מצוי במסכת יבמות בפ׳ א׳ (דף ג) וכן אמרו שם אימור דאמרי׳ דאתי עשה ודחי לא תעשה גרידא לא תעשה שיש בה כרת מי דחי ותו לא תעשה גרידא מנלן דדחי דכתיב (דברים כב) לא תלבש שעטנז וכתיב גדילים תעשה לך ידעט כי זה לא תעשה אינו שוה בכל דבר אלא מיוחד הוא וכי הציווי שנאמר אחריו הוא תנאי עליו וכי לא בא להזהיר אלא על לבישת כלאים חוץ ממצות ציצית אבל מה שהוא מעורב מתוטי פשתן עם הטלית של צמר שהיא מצוה אינו נכנס בזו האזהרה אלא מותר הוא ואמרו חכמים שדבר זה עיקר הוא שנסמוך עליו וכי כל אזהרה שאין עמה כרת שבתורה כך היא דרכה שבעת שאירע חיוב מצות עשה נדחה האזהרה שהיא לא תעשה ונקיים הציווי שהוא עשה ותבוא מצות עשה ותדחה לא תעשה כי האזהרה של לאו על זה התנאי נאמרת ובזה הפירוש שפירשנו יסיר מלבך ספק גדול שמסתפקין בו בני אדם ושואלין עליו והוא שאומרין מאחר שאנו יודעין שאזהרת לאו קשה מציווי עשה היאך יבא עשה וידחה האזהרה של לאו שהיא חמורה

*) נ"ל לא תעשה יחידי שאין עמו כרת.

גליון הש"ס רש"י ד"ה שאין ת"ל וכו׳ י"ד בניסן הוא שבות חול. עיין בטורי אבן במגילה באבני מלואים דף ט ע"ב ד"ה אף כאן:

תורה אור

גמ' מכדי קתני כולהו כל צורכי מילה לאתויי מאי לאתויי הא דת"ר °המל כל זמן שהוא עוסק במילה חוזר בין על הציצין המעכבין את המילה בין על הציצין שאין מעכבין את המילה פירש על ציצין המעכבין את המילה חוזר על ציצין שאין מעכבין את המילה אינו חוזר מאן תנא פירש אינו חוזר אמר רבה בר בר חנה אמר רבי יוחנן רבי ישמעאל בנו של ר' יוחנן בן ברוקה היא דתניא *ארבעה עשר שחל להיות בשבת מפשיט (*אדם) הפסח עד החזה דברי רבי ישמעאל בנו של ר' יוחנן בן ברוקה וחכ"א מפשיטין את כולו ממאי עד כאן לא קאמר ר' ישמעאל בנו של ר' יוחנן בן ברוקה התם (א) משום דלא בעינן °זה אלי ואנוהו אבל הכא דבעינן זה אלי ואנוהו הכי נמי *דתניא זה אלי ואנוהו °התנאה לפניו במצות עשה לפניו סוכה נאה ולולב נאה ושופר נאה ציצית נאה ספר תורה נאה וכתוב בו לשמו בדיו נאה בקולמוס נאה בלבלר אומן וכורכו בשיראין נאין אבא שאול אומר ואנוהו הוי דומה לו °מה הוא חנון ורחום אף אתה היה חנון ורחום אלא אמר רב אשי הא מני רבי יוסי היא דתנן *°בין שנראה בעליל ובין שלא נראה בעליל מחללין עליו את השבת רבי יוסי אומר נראה בעליל אין מחללין עליו את השבת ממאי דילמא עד כאן לא קאמר ר' יוסי התם (ב) דלא ניתנה שבת לידחות אבל הכא דניתנה שבת לידחות הכי נמי אלא אמרי נהרדעי רבנן דפליגי עליה דרבי יוסי היא דתנן *°ארבעה כהנים נכנסין שנים בידם שני סדרים ושנים בידם שני בזיכין וארבעה מקדימין לפניהם שנים ליטול שני סדרים ושנים ליטול שני בזיכין המכניסין עומדים בצפון ופניהם לדרום והמוציאין עומדים בדרום ופניהם לצפון אלו מושכים ואלו מניחין טפחו של זה בצד טפחו של זה משום שנאמר °לפני (ה') תמיד ר' יוסי אומר אפילו אלו נוטלין ואלו מניחין אף זה היה תמיד ת"ר מהלקטין את המילה ואם לא הילקט ענוש כרת מני א"ר כהנא אומן מתקיף לה רב פפא אומן לימא להו אנא עבדי פלגא דמצוה אתון עבדיתו פלגא דמצוה אלא אמר רב פפא גדול מתקיף לה רב אשי גדול בהדיא כתיב ביה °וערל זכר אשר לא ימול אלא אמר רב אשי לעולם אומן °וכגון דאתא בין השמשות דשבת ואמרו ליה לא מספקת ואמר להו מספקינא ועבד ולא איסתפק ואישתכח דחבורה הוא דעבד וענוש כרת: מוצצין וכו': אמר רב פפא °האי אומנא דלא מייץ סכנה הוא ועברינן ליה פשיטא מדקא מחללי עליה שבתא סכנה הוא מהו דתימא האי דם מיפקד פקיד קמ"ל חבורי מיחבר ודומיא דאיספלנית וכמון מה איספלנית וכמון כי לא עביד סכנה הוא אף ה"נ כי לא עביד סכנה הוא: ונותנין עליה איספלנית: אמר אביי *אמרה לי אם איספלניתא דכולהון כיבי שב מינאי תרבא וחדא קירא רבא אמר קירא וקלבא רישינא דרשה רבא במחוזא קרעינהו בני מיומי אסיא למנייהו אמר להו שבקי לכו חדא דאמר שמואל °האי מאן דמשי אפיה ולא נגיב טובא נקטרו ליה חספניתא

(ג' · שמות טו · ויקרא כד · בראשית יז · [קידושין לא: ושם נסמן])

גדול בהדיא כתיב ביה · אע"ג דבכמה דוכתין תניא מה שבהדיא בפסוק איבעי (ז) למתני גדול שלא מל ענוש כרת :

*__לועס__ בשיניו · אף על גב דלאחר מילה חולה שיש בו סכנה הוא מ"מ כמה דאפשר לשנויי משנינן:

הגה

גמ' מכדי קתני · במתניתין : **כולהו** · כל דברים העושים למילה מוהלין ופורעין ומוצצין כו' למה לי דתנן כללא ברישא עושין כל צרכי מילה: **ציצין** · שיורי ערלה וכמתני'(ג) מפרש אלו הן ציצין המעכבין ויש שאין מעכבין כגון בשר שאינה חופה רוב העטרה אלא מיעוטה ומה היא עטרה שורה גבוה המקפת בגיד סביב שממנה הגיד משפע ויורד לצד הקרקע ומשפע ויורד לצד הגוף : **המל** · בשבת : **כל זמן שהוא עוסק בה** · שלא סילק ידו אם ראה שנשתיירו בה ציצין בין מעכבין את המילה שאינה כשרה עד שיחתכם בין שאין מעכבין חוזר וחותך דכולא חדא מילתא היא והרי ניתנה שבת לדחות אצלה : **פירש** · שסילק ידיו : **על המעכבין חוזר** · שהרי הן כמילה עצמה : **ועל שאין מעכבין אינו חוזר** · דהוי כהתחלה בפני עצמה ועל אלו לא ניתן לחלל את השבת והיינו דקתני כל צרכי מילה ואפילו ציצין שאין מעכבין חוזר עליהם כל זמן שלא פירש : **מאן תנא פירש אינו חוזר** · ומשום דפירש חשיב ליה חזרה מילתא לנפשה והואיל ולא עיכוב מצוה ניהו לא הדר : **מפשיט פסחו עד החזה**. (ד)והיינו פירש דתנן במסכת תמיד (פ"ד מ"ב) גבי הפשיטו שהיה מתחיל מן הרגלים והיה מפשיט ויורד עד שמגיע לחזה הגיע לחזה חתך את הראש ונתנו למי שזכה בו ואח"כ הכרעיים ומירק והפשיט כו' שמעי' מיניה משהגיע לחזה סילק ידיו מן ההפשט והתחיל להתעסק בניתוח קצת וגבי עולה דכולה כליל מירק והפשיט ומנתח הידים תחילה אחר הראש וגבי פסח נמי משהפשיט עד החזה דיכול להוציא אימוריו(ה) בלא נימין קורעו ומוציאן מיד והוה ליה פירש מן ההפשט וקאמר רבי ישמעאל שוב אינו גומר ומפשיט משום דכיון דפירש הויא חזרה מילתא דאתחלתא לנפשה ושלא לצורך גבוה דומיא דציצין דלא מעכבין : **דלא בעינן זה אלי ואנוהו** · דלאחר נטילת האימורין אין הידור מצוה ביפוי בשר אבל יפוי מילה מצוה היא : **הוי דומה לו** · ולשון אנוהו אני והוא אעשה עצמי כמוהו לדבק בדרכיו : **בין שנראה** · החדש : **בעליל** · בגילוי לכל ויש לדעת שראוהו בית דין והקרובים להם ואין צריך לרואין חוץ לתחום לחלל שבת ולבא ולהעיד לפני ב"ד מחללין : **ר' יוסי אומר כו'** · אלמא אע"ג דאיכא מצוה כיון דלאו לצורך גבוה הוא לא מחללינן והכא נמי פירש דהוי אתחלתא דחילול כי הכא בלא צורך גבוה לא מחללינן : **לא ניתנה שבת לדחות** · אפילו בהתחלתה דהא נראה בעליל אבל הכא כיון שנתנה שבת לדחות להתחיל בה המילה הכי נמי דכי פירש והדר לאו אתחלתא לנפשה היא ואי כמו שלא פירש וגומר כל מצותו : **רבנן דפליגי עליה דרבי יוסי** · גבי לחם הפנים : **ארבעה כהנים נכנסין** · להיכל בשבת לסדור לחם הפנים : **שני סדרים** · שתים מערכות של לחם : **שני בזיכין** · שתי כפות מלאות לבונה כדכתיב (ויקרא כד) ונתת על המערכת לבונה זכה : **מקדימין לפניהם שנים ליטול** · מן השלחן שני סדרים הישנים : **ושנים ליטול שני בזיכין** · והשלחן היה נתון ארכו ממזרח למערב ואלו עומדין מזה לרוחב השלחן בצפון ואלו עומדין לנגדו לדרום ודווקא מכניסין לצפון דכל צפון ענין חשיבות היא כדאמרינן במסכת סוכה (דף נו.) גבי חילוק לחם הפנים למשמרה הנכנסת והיוצאת הנכנסין חולקין בצפון כדי שירלו (ו) נכנסין : **רבי יוסי אומר אפילו אלו נוטלין** · תחילה ומסלקין כולה מן השלחן ולאחר שעה מניחין אלו : **אף זה תמיד** · ומה אני מקיים תמיד שלא ילין שלחן בלא לחם ולרבנן אי שקלי ושבקי ליה והדר מסדרי לא מיקרי להו תמיד אלא התחלה אחריתי ונמצא שמתעכב שלחן בלא לחם וגבי פירש נמי כי הדר אתי מילתא אחריתי היא ולרבי יוסי דאמר כי שבקי והדר מתחלי נמי תמיד הוא דחדא מילתא הוא הכא נמי פירש חוזר אע"פ שאין מעכבין דכולה גמר מילתא היא : **מסלקין** · בציצין המעכבין : **מני** · כרת זו של מי הוא : **אמר רב כהנא אומן** · ענוש כרת ובשבת קאי שחילל שבת ולא עשה מצוה : **ולימא אנא עבדי פלגא** · כלומר הואיל וכשהתחיל ברשות התחיל וחבורה שעשה ברשות עשה אמאי חייב נימא להו לכו אתם וסיימו המלאכה : **אלא אמר רב פפא** · בגדול שמל קמיירי ובחול וענוש כרת דקאמר משום מילה קאמר דעדיין ערל הוא : **וכגון דאתא בין השמשות** · דכל היום כשר למילה *ואמרו ליה לא מספקת לגמור ביום כהילכתה ותעשה חבורה בשבת בלא מצוה וענוש כרת ומיהו מיתה ליכא דלא אתרו ביה למיתה ולא קבל עליו התראה וכרת איכא דאתחלה ברשות לא התחיל ולא ניתנה שבת לדחות אצלו בשעה זו : **מהו דתימא** · מתניתין לא אשמעינן דמחלל שבתא עלה דדם מיפקד פקיד מופקד ועומד שם כנתון בכלי ובמצילה אין חבורה ואין כאן איסור תורה ומשום הכי שרי ולאו משום סכנה ואומנא דלא מייץ בחול לאו סכנתא היא ולא ניעבריה : **קא משמע לן דדם חיבורי מיחבר** · כשוולא ע"י מצילה ואפילו הכי שרי משום סכנה מדקתני במתני' גבי איספלנית וכמון : **שב מינאי תרבא** · ז' מנות של חלב : **וחדא דקירא** · שעוה : **קירא וקלבא רישינא** · הוא זפת של עץ שמוציאים ממנו שלא ע"י האור והיא לבנה : **קרעינהו למנייהו** · שהפסיד להם לגלות רפואה זו : **שבקי לכו חדא** · שלא גיליתי : חספניתא

עין משפט נר מצוה

טו א מיי' פ"ב מהלכות מילה הל' ד ו טוש"ע א"ח סי' שלא סעיף ב וטוש"ע י"ד סי' רסו סעיף ב :

טז ב מיי' פ"ז מהל' ס"ת הלכה ד ופ"ז מהל' לולב הל' ו סמג עשין כח ולאוין שכד טוש"ע א"ח סימן תרנו :

יז ג מיי' פ"א מהלכות דעות הלכה ו :

[עיין לעמוד א במשנה]

יח ד מיי' פ"ג מהלכות קידוש החדש הל' ד :

יט ה מיי' פ"ה מהל' תמידין ומוספין הל' ד סמג עשין קצ :

כ ו מיי' פ"ב מהלכות שגגות הלכה ט :

כא ז מיי' פ"ב מהל' מילה הל' ב סמג עשין כח טוש"ע י"ד סי' רסד סעיף ג :

כב ח טוש"ע א"ח סי' ד סעיף ב :

רבינו חננאל

והנותר ממנו עד בוקר באש תשרופו ואין שריפת קדשים דוחה י"ט דתנינן בגמרא בפ' כיצד צולין את הפסח. דתנן העצמות והגידים והנותר ישרפו בששה עשר חל ששה עשר להיות בשבת ישרפו בי"ז שאינו דוחה את השבת ולא את יו"ט וקימא לן דמילה שלא בזמנה אפילו יו"ט אינו דוחה דתנן שני יו"ט של ר"ה נימול לי"ב ללמדך שאין עשה דוחה י"ט כן המילה שלא בזמנה אינה דוחה י"ט ואין לומר אי הכי אפי' מילה בזמנה כי מילה בזמנה בפירוש אמרה תורה וביום ואפי' בשבת וכ"ש י"ט אביי פירשו מעולת שבת בשבתו כו' רבא אמר הוא ולא מכשיריו פי' עשיית אוכל נפש דוחה י"ט ולא מכשירי אוכל נפש. כגון הסיבת עצים מן היער לבשל ביו"ט וכדוטה(לו) [הוא] לבדו ולא מילה שלא בזמנה הבאה בק"ו וזהו ק"ו שאמר רבא ומה אוכל נפש שאע"פ שהיא באוהרת שמחה אינה (מנוח שדוחה) [דוחה] יו"ט לשחוט ולבשל ולאפות וכיוצא בהן מילה שלא בזמנה שאע"פ שהיא בלא זמנה מצות היא ומעכבתו מלאכול בתרומה. אינו דין שדוחה י"ט בא לבדו למעט המילה שלא בזמנה. רב אשי אמר שבת שבתון עשה הוא וי"ט עשה ול"ת עשה שבתון ולא תעשה כל מלאכה לא תעשה נמצא כתיב ביו"ט עשה ול"ת והמילה עשה בלבד. ולא אתי עשה המילה ודחי את לא תעשה ועשה דיו"ט : מתני' כלל א"ר עקיבא כל מלאכה שאפשר [לעשות] מע"ש דוחה את השבת וכו'. אמר רב יהודה אמר רב הלכה כר' עקיבא : מתני' עושין כל צרכי מילה בשבת מוהלין ופורעין כו' אמרינן כי מכדי קתני מוהלין ופורעין ומוצצין כו' עושין כל צרכי מילה למה לי לאתויי הא דתנו רבנן המל כל זמן שעוסק במילה חוזר בין על ציצין המעכבין את המילה בין על הציצין שאינן מעכבין את המילה פירש על ציצין המעכבין את המילה חוזר על שאין מעכבין אינו חוזר . ואמרינן מאן תנא פירש ואתא רבה בר בר חנה לאוקמה כר' (שמעון) [ישמעאל] בר' יוחנן בן

מסורת הש"ס

לעיל קטו: מנחות סג: [תוספתא פסחים פ"ד]

[תמיד ל: ע"ש] סוכה יא: מכילתא פרשת בשלח [מס' סופרים פ"ג הל' יג]

ר"ה כח: מנחות סד.

מנחות ז. לג:

פסחים ד. יומא כח. (מגילה כ.)

הגהות הב"ח

(א) גמ' התם אלא משום דלא : (ב) שם ר' יוסי התם אלא משום דלא ניתנה בשבת : (ג) רש"י ד"ה ציצין וכו' וכמתני'. נ"ב לקמן דף קלז סוף ע"א : (ד) ד"ה מפשיטין את הפסח עד וכו' : (ה) להוציא אימוריו נ"ב ע"ל בפרק כ"ב דף קטז בסוף הדף : (ו) ד"ה ושנים ליטול וכו' כדי שירלו שם נכנסין : (ז) תוס' ד"ה גדול וכו' איבעי ליה למיתני :

רב נסים גאון

תמורה ממנו ומדרך הידוע שהאיסור דוחה הקל ולא עוד אלא שפעמים שעולה על דעתן שיש בענין הזה ענין חורה בדבר הראשון והתשובה הוא מה שהקדמנו שהאזהרה של לאו כך נאמרה מיוחדת וכי הציווי של עשה תנאי הוא בה וכן אמרו רז"ל (ספרי פ' תצא) מחללית מות יומת וביום השבת שני כבשים בני שנה שניהן בדיבור אחד נאמרו ערות אשת אחיך ויבמה יבוא עליה שניהן בדיבור אחד נאמרו מה שאי אפשר לבשר ודם לומר שנא' אחת דיבר אלהים שתים זו שמענו הבן דבר זה ושמור אותו כי הוא ספק גדול והרי גלינו אותו ומות העיקר אמרו רז"ל בתלמוד כל מקום שאתה מוצא עשה לא תעשה אם אתה יכול לקיים את שניהם מוטב ואם לאו יבא עשה וידחה לא תעשה וסבר (רבינא) [רבא] כי לא תעשה שבמקדש מוצא מזה העיקר וכי לא ידחה מפני עשה ולא שוה עמו רב אשי בדבר זה כמו שנאמר בשחיטת קדשים בפרק דם השאת (דף לג) אמאי וניתי עשה ונידחי לא תעשה אמר רבינא אין עשה דוחה את לא תעשה שבמקדש דתניא כו' רב אשי אמר יקדש עשה הוא ואין עשה דוחה את לא תעשה ועשה ובמס' נזירות בפ"ב נזירין (דף מ) אמרו עוד (ומאי דקא מודי ליה) [ומאן דמוקים] לקרא למידרא לא תעשה ועשה לאו נרידא מנא ליה יליף מגדילים דאמר קרא לא תלבש שעטנז הא גדילים תעשה לך מהן וכל מה שתמצא בתלמוד דאתי עשה ודחי לא תעשה מזה העיקר שהקדימו הוא וזה הדין בלאו נרידא בלבד אבל לא תעשה ועשה וכל שכן לא תעשה שיש בו כרת אין עשה דוחה אותם ואנו מבארין לך זה

יו"ד סימן רסו ס"ב - ואפילו בזמנה, אינה דוחה אלא המילה עצמה [ה]**ופריעה ומציצה** - «אף שמציצה אינה מעצם המילה, אך כיון שיש סכנה בלא מציצה, דוחה - ערוה"ש».

[ו]**ואפילו פירש, חוזר על ציצין המעכבין, דהיינו אם נשאר מהעור עור החופה רוב גובהה של עטרה אפילו במקום אחד** - «וכ"ש רוב הקיפה». **ע"ל** סי' רס"ד ס"ה ומ"ש שם - ש"ך. **ועל שאינם מעכבים, אם לא פירש, חוזר** - «דעדיין עוסק במלאכתו הוא וחדא מלאכה יחשב - לבוש», **ואם פירש, אינו חוזר** - «ויראה לי שצריך לתקנה אחר השבת ואחר יו"ט - ערוה"ש». [ז]**ונותנין עליה אספלנית** - «וכמון לרפאותה, דזהו הכרח, ואין בזה איסור תורה, ועוד שיש בזה סכנה להתינוק, ואפילו איסור תורה מותר - ערוה"ש».

אות ה'

אם לא שחק מערב שבת, לועס בשיניו ונותן; אם לא טרף יין ושמן מערב שבת, ינתן זה בעצמו וזה בעצמו. ואין עושין לה חלוק לכתחילה, אבל כורך עליה סמרטוט; אם לא התקין מע"ש, כורך על אצבעו ומביא, ואפילו מחצר אחרת

סימן שלא ס"ז - [ח]**לא היה לו כמון שחוק מע"ש, לא ישחקנו, אלא לועס בשיניו** - דמכשירי מילה אינם דוחים את השבת, **וע"כ** אם א"א לו ללועסו בשיניו, ועדיין הוא קודם המילה, תדחה המילה, **ולאו** דוקא שחיקה שהיא מלאכה, אלא אפילו להביא כמון דרך מבוי שאין משותף, נמי אסור.

ולא יאמר: אמול אותו, ולכשיצטרך אח"כ לסממנין משום סכנה אשחוק, דהא פקו"נ דוחה את השבת, **דכיון** דעכשיו יודע שא"א לו בלא סממנין אחר המילה, מוטב תדחה המילה ולא יביא עצמו לידי חלול שבת, כיון שהיה אפשר להכין מאתמול.

ואם נתוודע לו לאחר המילה שאין לו כמון, בודאי מותר להביא אף דרך ר"ה ולשחוק, [**וה"ה** אם עבר ומלו, אף דעביד איסורא בזה, אפ"ה מותר עתה לחלל, דמ"מ עתה פקוח נפש הוא להתינוק]. **ומ"מ** אם אפשר לו לשנות בכל זה, מבלי שיגיע מזה היזק לחולה, צריך לשנות, [**והגר"א** מצדד כהב"ח, דלאחר המילה לא צריך שינוי, וצ"ע למעשה].

אם לא עירב מאתמול יין ושמן ליתן עליה - כך היו רגילין, והיא רפואה, שמערבין וטורפין בקערה יין ושמן, כדרך שטורפין ביצה בקערה, רש"י, **לא יערבם היום, אלא יתן כל א' לבדו** - פי' דאסור לערבם בקערה, אלא נותנים זה בפני עצמו על מקום המכה, וזה בפני עצמו על מקום המכה, **ועוד** יש לפרש, דתרוייהו בקערה, אלא דנותנים זה בפני עצמו, [ט]ולא יערבם בידים, אלא אם יתערבו יתערבו, (**אמנם** ע"י שינוי לכו"ע שרי).

כתב ב"י, דלשאר חולים נמי אסור לערב, **וע"י** שינוי לכו"ע שרי.

[י]**סימן שלא ס"ח -** [יא]**אין עושין לה חלוק** - כעין כיס דחוק שעושים, ומכסים ראש הגיד עד העטרה, וקושר שם שלא יחזור העור לכסות הגיד, (**והוא** מרש"י והעתיקו במ"א, ולפי"ז אינו בכלל סכנה בחסרון החלוק, רק שיצטרך עי"ז למולו פעם שנית מדרבנן, **אבל** מרשב"א ושארי ראשונים משמע, דהוא בכלל סכנה, **ונ"מ** מזה לאחר המילה, אם מותר להביאו דרך ר"ה כשאין לו עצה אחרת).

אלא כורך עליה סמרטוט; ואם אין לו - ואפי' נודע זה קודם המילה, אין דוחין המילה מפני זה, «אלא» **כורך על אצבעו דרך מלבוש, לשנות מדרך הוצאה בחול, ומביא דרך חצר אחרת אפי' לא נשתתפו יחד** - אבל דרך ר"ה אסור, כיון שאינו דרך מלבוש ממש, **ודרך** כרמלית, מצדד הא"ר להתיר.

יו"ד סימן רסו ס"ג - [יב]**אין שוחקין סמנים, ולא מחמין לו חמין, ואין עושין לה אספלנית, ולא טורפין לה יין ושמן** - «ונ"ל דלית בזה איסור דאורייתא - ערוה"ש», **פי'** לפי שכל מכשירי מילה אלו היה אפשר לעשותן מע"ש. **אם לא שחק כמון מערב שבת, לועס בשיניו** - דכמה דאפשר לשנויי משנינן, **אם לא טרף יין ושמן מע"ש, נותן זה לעצמו וזה לעצמו** - «לשון הטור, טורף זה לעצמו וזה לעצמו - רעק"א». **ואין עושין לה חלוק** - כעין כיס דחוק היו עושין, ומלבישין ראש הגיד עם ראש העטרה, וקושרין שם כדי שלא יחזור העור לכסות את הגיד - ש"ך, **אבל כורך עליה סמרטוט, ואם לא התקין מע"ש, כורך על אצבעו ומביא דרך מלבוש** - «ואצלינו אין נוהגים כלל בזה - ערוה"ש», **אפילו מחצר אחרת שלא עירבה** - [אבל לא מר"ה, שאין זה מלבוש ממש - ט"ז].

---

§ מסכת שבת דף קל"ג: §

אות א'

המל, כל זמן שהוא עוסק במילה, חוזר בין על הציצין המעכבין את המילה בין על הציצין שאין מעכבין את המילה; פירש, על ציצין המעכבין את המילה חוזר, על ציצין שאין מעכבין את המילה אינו חוזר

סימן שלא ס"ב - [א]**כל זמן שלא סילק ידו מן המילה, חוזר אפילו על ציצין שאינם מעכבין** - היינו רצועות של בשר

באר הגולה

[ה] משנה שם דף קל"ג. [ו] בברייתא שם ע"ב וכפי' רש"י שם, וכ"כ הטור בשם אביו הרא"ש «היינו דלא כשיטת העיטור, עיין בהערה בעמוד ב'» [ז] שם במשנה [ח] שם קל"ג משנה [ט] «כתב הב"י דבגמ' משמע, דוקא לערבן הרבה אסור, אבל לערבן מעט שרי, ולמה לא כתבו הפוסקים היתר זה. **לכן** מסיק דע"כ לא אמר הש"ס דלערב מעט ולא לערבן יפה יפה דמותר, אלא לר"מ (דף קל"ד) דס"ל דבשאר חולה כה"ג שרי, **אבל** לדידן דקיי"ל כרבנן דר"מ דס"ל דבשאר חולה אפי' לערבן מעט אסור, ה"ה במילה - מחה"ש» [י] «לכאורה פשוט» [יא] שם במשנה [יב] משנה שבת דף קל"ג. [א] שם ברייתא

שנשארו, בין מהערלה [רש"י ד"ה ציצין] ורמב"ם] ובין מעור שפורע [מאירי], **דאף** דגמר לחתוך הערלה, ובדיעבד יצא ידי מצות מילה אפילו בלא אלו הציצין, **מ"מ** כל זמן שלא סילק ידו מן המילה מקרי כלכתחלה, וכולה חדא מלתא היא, דנתנה שבת לדחות אצלה, [רש"י ד"ה כל זמן].

ועיין בחידושי הר"ן שכתב, דאפילו כבר סילק ידו מן החתוך והתחיל לפרוע, מקרי עדיין לא סילק ידו מן המילה, דמילה ופריעה חדא מילתא היא, **אך** כשהוא עוסק במציצה, מסתפק אם מותר בשבת לחזור לציצין שאינם מעכבין, דדלמא המציצה מקרי רק רפואה ולא צורך מילה.

ולפי"ז פשוט דאפילו אם הפורע הוא אחר, כל זמן שהוא עוסק במצותה, מותר לו לראשון לחזור ולגמור את הציצין שאינם מעכבין, דלא משגחינן במה שהוא סילק ידו, כיון דעדיין לא נגמרה מצות מילה.

סילק ידו, אינו חוזר אלא על ציצין המעכבין - ג"כ בין במילה ובין בפריעה, וכנ"ל.

[ב]ואלו הם המעכבין, בשר החופה אפי' רוב גובהה של עטרה במקום אחד - וכ"ש רוב הקיפה של העטרה, אע"פ שאינה רוב גובהה, **ועיין** ביו"ד באחרונים שנתבאר מה נקרא עטרה.

יו"ד סימן רסו ס"ב - [ג]ואפי' פירש, חוזר על ציצין המעכבין, דהיינו אם נשאר מהעור עור החופה רוב גובהה של עטרה אפילו במקום אחד - ‹וכ"ש רוב הקיפה›. **ע"ל סי' רס"ד ס"ה** ומ"ש שם - ש"ך, **ועל שאינם מעכבים, אם לא פירש, חוזר** - ‹דעדיין עוסק במלאכתו הוא וחדא מלאכה יחשב – לבוש›, **ואם פירש, אינו חוזר** - ‹ויראה לי שצריך לתקנה אחר השבת ואחר יו"ט – ערוה"ש›.

אות ב'

התנאה לפניו במצות; עשה לפניו סוכה נאה כו'

סימן תרנו ס"א - אם קנה אתרוג שראוי לצאת בו בצמצום, כגון שהוא כביצה מצומצמת, ואח"כ מצא גדול ממנו - עיין במ"א שמצדד, דלאו דוקא אתרוג, דה"ה ס"ת או שופר וכדומה, שקנהו והיה בו רק כשיעור מצומצם, ואח"כ נזדמן לו אחר שהוא גדול בשיעורו, [דגם בס"ת יש שיעור איך שצריך לעשות אותה, ואיך שיוצאים בה על פי הדחק], **מצוה להוסיף עד שליש מלגיו בדמי הראשון, כדי להחליפו ביותר נאה** - פי' אם הקטן נמכר בשש, יוסיף שני דינרין, דהיינו שליש תוך הדמים, **ושליש** מלבר נקרא, כשחולק הדמים לשנים ומוסיף חלק שלישי, דהיינו שמוסיף ג' דינרין, **ויש** מחמירין שצריך להוסיף שליש מלבר.

אבל אם חבירו אינו רוצה להחליפו רק למכרו, אינו חייב לקנותו ולהחזיק ב', **אם** לא שיש לו קונים שרוצים לקנות את הקטן שיש לו.

ויש מי שאומר שאם מוצא שני אתרוגים לקנות והאחד הדור מחבירו, יקח ההדר - ר"ל אפילו כל אחד גדול בשיעורו יותר מכביצה, כיון שהשני נראה הדר ביופי יותר מחבירו, צריך להוסיף.

ואם כבר קנה אחד והוא בשיעורו גדול יותר מכביצה, א"צ להוסיף להחליף בהדר לכו"ע, **דלדעה** ראשונה, כיון שגם הראשון לא היה בו שיעור מצומצם, **ולדעה** שניה לא החמירו ליקח ההדר כלל בשכבר קנה האחד, כ"כ המ"א בשם פוסקים, **אכן** הגר"א הביא ירושלמי מפורש, ומשמע דנקט לדינא כן, דאפילו לקח כבר אתרוג ולולב, וה"ה לכל המצות, והיה בהם יותר מכשיעור, ואח"כ מצא אחר נאה הימנו, צריך להחליף ולהוסיף עד שליש.

אם אין מייקרים אותו יותר משליש מלגיו בדמי חבירו - דהדור מצוה הוא רק עד שליש, ואפילו מי שאין חייו נדחקים, א"צ לבזבז יותר משליש, **אמרינן** בגמרא: עד שליש משלו, מכאן ואילך משל הקב"ה, ופירש"י עד שליש משלו: דהיינו אותו שליש שיוסיף בהידור מצוה משלו הוא, שאינו נפרע לו בחייו, כדאמרינן: היום לעשותם ולא היום ליטול שכרם, **אבל** מה שיוסיף יותר על שליש, יפרע לו הקב"ה בחייו, עכ"ל, והיינו אף דאינו מצווה ע"ז, מ"מ אם יוסיף יפרע לו הקב"ה בעוה"ז, **וי"א** דבאיש אמיד שנתן לו הקב"ה הון, צריך להוסיף בשביל הידור אפילו יותר משליש.

אות ג'

מה הוא חנון ורחום, אף אתה היה חנון ורחום

רמב"ם פ"א מהל' דעות ה"ו - כך למדו בפירוש מצוה זו, מה הוא נקרא חנון, אף אתה היה חנון, מה הוא נקרא רחום, אף אתה היה רחום, מה הוא נקרא קדוש, אף אתה היה קדוש; ועל דרך זו קראו הנביאים לאל בכל אותן הכנויין: ארך אפים ורב חסד צדיק וישר תמים גבור וחזק וכיוצא בהן, להודיע שהן דרכים טובים וישרים, וחייב אדם להנהיג עצמו בהן ולהדמות אליו כפי כחו.

באר הגולה

ב **שם קל"ז משנה וגמרא** ג **בברייתא שם ע"ב וכפי' רש"י שם, וכן כתב הטור בשם אביו הרא"ש** ‹היינו דלא כשיטת בעל העיטור ע"ש. וז"ל הטור: ובעל העיטור כתב דאע"פ שאין מעכבין חוזר אע"פ שפירש – טור. **וכתב** הב"י וז"ל: טעמו משום דבגמרא אמרינן אהאי ברייתא, מאן תנא פירש אינו חוזר, אמר רבה בר בר חנה אמר רבי יוחנן רבי ישמעאל בנו של רבי יוחנן בן ברוקא היא וכו', ומדבעי תלמודא מאן תנא, ומהדר לאוקומא כתנאי, משמע דס"ל דלאו הלכתא היא. **ועוד** דלאוקמתא דרבי יוחנן ברייתא יחידאה היא, ולית הלכתא כוותיה, וכן לאוקמתא דמוקי ליה רב אשי כרבי יוסי דנראה בעליל, אתיא כיחידאה, דלא קיימא לן כרבי יוסי בההיא, ותו דנהרדעי מוקמי לה כרבנן דרבי יוסי דלחם הפנים, ובההיא קיימא לן כרבי יוסי דנימוקו עמו, וא"כ לית הלכתא כהאי ברייתא, **ומ"מ** כתב בסוף דבריו, אלא דרבוותא פסקו כברייתא – ב"י›

אות ד'

<u>בין שנראה בעליל ובין שלא נראה בעליל, מחללין עליו את השבת</u>

רמב"ם פ"ג מהל' קידוש החודש ה"ד - ואפילו ראוהו גדול ונראה לכל, לא יאמרו כשם שראינוהו אנחנו ראוהו אחרים ואין אנו צריכין לחלל את השבת, אלא כל מי שיראה החדש ויהיה ראוי להעיד, ויהיה בינו ובין המקום שקבוע בו ב"ד לילה ויום או פחות, מצוה עליו לחלל את השבת ולילך ולהעיד.

אות ה'

<u>ארבעה כהנים נכנסין, שנים בידם שני סדרים, ושנים בידם שני בזיכין; וארבעה מקדימין לפניהם כו'</u>

רמב"ם פ"ה מהל' תמידין ומוספין ה"ד - וכיצד מסדרין את הלחם, ארבעה כהנים נכנסים, שנים בידן שני סדרין ושנים בידם שני בזיכין, וארבעה מקדימין לפניהם, שנים ליטול שני סדרים ושנים ליטול שני בזיכין שהיו שם על השולחן; הנכנסין עומדין בצפון ופניהם לדרום, והיוצאין עומדים בדרום ופניהם לצפון, אלו מושכין ואלו מניחין וטפחו של זה בתוך טפחו של זה, שנאמר: לפני תמיד.

אות ו'

<u>וכגון דאתא בין השמשות דשבת, ואמרו ליה: לא מספקת, ואמר להו: מספקינא, ועבד ולא איסתפק, ואישתכח דחבורה הוא דעבד, וענוש כרת</u>

רמב"ם פ"ב מהל' שגגות ה"ט - אומן שבא למול לפנות היום ביום השבת, ואמרו לו לא נשאר פנאי ביום כדי שתמול, ואם תתחיל למול לא תשלים עד יציאת השבת, ונמצאת חובל בשבת ולא עושה מצוה, ואמר רגיל אני וזריז ובמהרה אמול, אם לא השלים אלא עד יציאת השבת, הרי זה חייב חטאת, [ד]שהרי התרו בו.

אות ז'

<u>האי אומנא דלא מייץ, סכנה הוא, ועברינן ליה</u>

יו"ד סימן רסד ס"ג - ואח"כ מוצצין המילה - ‹שאין הדם ניתק חחקום חבורו אלא על ידי מציצה - לבוש›, **עד שיצא הדם מהמקומות הרחוקים, כדי שלא יבא לידי סכנה. [ח]וכל מוהל שאינו מוצץ, מעבירין אותו** - ‹ומוצצין יפה יפה עד שיפסק הדם - ערוה"ש›.

(בתשובת יד אליעזר מתיר למצוץ בספוג, דבדוקה דיותר טוב ממציצה בפה, ואפילו בשבת יש להתיר בספוג - בה"ל סי' שלא ס"א).

‹**ודע** שיש בזמנינו שאומרים שיותר טוב לעשות המציצה לא בפה אלא באיזה ספוג שמספג את הדם, ולא נאבה להם ולא נשמע להם, ורבותינו חכמי הש"ס היו בקיאים ומחוכמים יותר מהם, **אך** זהו בודאי, שהמוצץ יהיה לו פה נקי בלא שום מחלה, ושניים נקיים, **וכ"ש** מה ששמענו לדאבון לבבינו, שבאיזה מדינות יש שגם הפריעה אין עושין ע"י הצפרנים, אלא ע"י איזה מוכנה קטנה שעושה הפריעה, ודאי דמילתא דתמיה הוא ואין לנו לחדש חדשות כאלה, ונהיה כאבותינו, ובמדינתינו לא שמענו זה - ערוה"ש›.

‹**ויהדר** המוצץ שבשפתיו תתגלה העטרה כהוגן, והיינו דלפעמים כשהתינוק בעל בשר ונראה כאלו העור שסביב העטרה נופלת למטה, ולכן בעת המציצה דוחק בשפתיו העור הזה מטה מטה לבלתי תשוב ליפול - ערוה"ש›.

ואחר שמצץ, נותן עליה אספלנית או רטיה, או אבק סמים העוצרים הדם.

אות ח'

<u>האי מאן דמשי אפיה ולא נגיב טובא, נקטרו ליה חספניתא, מאי תקנתיה, לימשי טובא במיא דסילקא</u>

סימן ד ס"כ - [ז]הרוחץ פניו ולא נגבם יפה, [ז]פניו מתבקעות או עולה בהן שחין, ורפואתו לרחוץ הרבה במי סילקא.

באר הגולה

[ד] ‹ויש לתמוה על רבינו, שכתב ה"ז חייב חטאת שהרי התרו בו, שהתראה אינה טעם לחייב חטאת אלא לפטור מחטאת, וי"ל דהכא שאני שלא נתכוון לעבור במזיד, ולפי שהיה עולה על הדעת לפוטרו מחטאת מפני שהוא אנוס, לכך כתב שמאחר שהתרו בו אינו אנוס, וגם אינו מזיד כיון שלא נתכוון לעבור, ולא חשיב אלא שוגג, ולפיכך חייב חטאת - כסף משנה› [ה] **ממימרא דרב פפא שם דף קל"ג ע"ב** [ו] **שבת קל"ג** [ז] ‹שני פירושים ברש"י ע"ש - גר"א›

§ מסכת שבת דף קלד. §

אות א'

שוחקין לה כמון, וטורפין לה יין ושמן

יו"ד סימן רסו ס"ו - [א]כל המכשירים שאין דוחין שבת, גם יו"ט אין דוחין; חוץ מזה, ששוחקין לה כמון ביו"ט הואיל וראויים לקדרה, וכן טורפין לה יין ושמן - (ויוה"כ דינו כשבת - ערוה"ש).

אות ב' - ג'

אין מסננין את החרדל במסננת שלו, ואין ממתקין אותו בגחלת

כאן בגחלת של מתכת כאן בגחלת של עץ

סימן תקי ס"ג - [ב]אין מסננים החרדל במסננת שלו - דמיחזי כבורר, שמשליך עי"ז הסובין שלו, [גמ'] **ואף** למה דפסק הרמ"א לעיל, דאף להניח שרי, משום דבורר הותר ביו"ט, ג"כ אסור, משום דעשוי לימים הרבה, ואפשר ג"כ דדמי לנפה וכברה]. **אבל** בורר ממש לא הוי, שגם הפסולת ראוי לאכילה. **לכאורה** משמע מזה, דאם מסנן על דבר אחר שלא כדרכו, מותר, ודומיא דס"ב, דלא החמירו אלא בנפה וכברה, משום שכן דרך ברירתו בחול.

כתב המ"א, דאם לא היה אפשר לסנן מעיו"ט, מותר לסנן אפי' במסננת, (ומקורו מדברי התוס' בדף קל"ז: וכמו שהעתיק בעצמו בס"ד, **דזהו החילוק בין דין זה לשם, דהתם מיירי כשא"א לעשות מעיו"ט, ולכך מקילינן שם אף דהוא מלאכה גמורה, וכאן בשאפשר, אבל לפי דעת המחבר לעיל בסי' תצ"ה, דסובר דבאוכל נפש עצמו אין לחלק, ואפי' באפשר שרי, א"כ ע"כ מה דאסרינן לסנן החרדל, היינו משום דדרך לעשותו לימים הרבה, ולכו"ע אסור, וא"כ אין חילוק כלל בין אפשר לאי אפשר, דבסינון החרדל בכל גווני אסור, משום דדרך לעשותו לימים הרבה, אם לא ע"י שינוי**).

ואין ממתקין אותו בגחלת של עץ - כדרך שרגילין בחול, להניח בתוכו גחלת, ועי"כ מתמתק.

והטעם משום כיבוי, ואע"ג דהוי לצורך אוכל נפש, הא אפשר לעשותו מאתמול, ואסרוהו מדרבנן, [רש"י]. **ולפי"ז** אם אי אפשר לעשותו מאתמול, שרי, **ויש** מחמירין, שאפילו באופן זה אין לעשות כי אם ע"י שינוי, [משום דדרך לעשות כן לימים הרבה, **ובפרט** דיש ראשונים דסברי, דמיתוק החרדל אין זה בכלל צורך אוכל נפש גמור, דאפשר בלא זה].

אבל בשל מתכות, מותר - [ג]דאינו בוער, וליכא כיבוי מדאורייתא, ואע"ג דיש בו איסור כיבוי מדרבנן, התירו משום שמחת יו"ט, **ואם** מותר ע"י אבנים, עיין במחה"ש.

וכתב המ"א, דמהאי טעמא מותר ליתן שפוד של מתכות מלובן לתוך משקה, כדי שיתחמץ, אם ראוי לשתותו בו ביום, **ועיין** בביאור הלכה, דלהפוסקים שסוברין דצירוף צירוף הוא דאורייתא, אין להקל בזה, (**דיש לעיין בזה טובא, דלפמש"כ הרה"מ בשם הרמב"ן, דמשו"ה התירו בחרדל למתק בגחלת של מתכות, משום דחרדל אינו מצרף, משמע מזה דבמים או משקה אין להקל, ואפי' לפי הסברא שהביא שם המ"מ לדעת הרמב"ם, דהיכא דאינו מתכוין לעשות כלי לית ביה משום מצרף אף דהוי פ"ר, זה אינו שייך רק בגחלת, דהיכא דאינו מכוין אין בו תיקון כלי כלל, אבל במיחם שהוא כלי לא שייך זה, ואם כן ה"נ בשפוד שהוא כלי, לדעת הפוסקים דצירוף הוא דאורייתא, אין להקל דהוי פ"ר**).

אות ד'

מהו לגבן... אסור

סימן תקי ס"ה - [ד]אין עושין גבינה ביו"ט - דגבינה מעלי טפי כשהיא ישנה, [גמ'], וא"כ הו"ל למעבד קודם יו"ט, **ואפי'** לאותן הפוסקים דסוברין בסי' תצ"ה, דאוכל נפש עצמו מותר אפילו היה אפשר לעשותה קודם יו"ט, **הכא** אסור, מפני שדרך לעשותו לימים הרבה, והוי עובדא דחול, **ולפי"ז** אפילו אם אי אפשר לו לעשותה קודם יו"ט, י"ל דאסור, **מיהו** ע"י שינוי יש להקל, [**וי"א** דדוקא בשא"א לעשותה מעיו"ט, יש להקל ע"י שינוי].

אות ה'

האי חלוק דינוקא, לפניה לסיטרא לעילאי וכו'

יו"ד סימן רסד ס"ג - הגה: ויהיה נזהר, אם יש לאספלנית ספה, שיהפכנו לחוץ ולא לפנים, שלא לדבק במכה ויבא לידי סכנה (רבינו ירוחם).

אות ו' - ז'

האי ינוקא דסומק, דאכתי לא איבלע ביה דמא וכו'

דירוק ואכתי לא נפל ביה דמיה וכו'

יו"ד סימן רסג ס"א - [ה]קטן שהוא ירוק, סימן שלא נפל בו דמו - (ועדיין הוא חלוש מאד ואין בו כח, וממהר לחלוש ולמות - ערוה"ש). **ואין מלין אותו עד שיפול בו דמו ויחזור מראהו כמראה שאר הקטנים** - (ועיין בספר לבושי שרד שכתב בשם מהרי"ע, דכל מין ירוק בכלל, כזהב או כברתי או כעין הכחול - פת"ש).

(המשך ההלכות מול עמוד ב')

באר הגולה

א **ברייתא שם דף קל"ד ע"א** | ב **שבת קל"ד** | ג (לשון המ"א: דאינו שורף. **וכתב** בתשו' קרן לדוד או"ח סי' פ': וכוונתו כפרש"י, שאינו שורף ומכלה המתכות, עיין פמ"ג שביאר כן, עכ"ל) | ד **בעיא ונפשטא שם קל"ד** | ה **מימרא דאביי וברייתא דרב נתן שבת דף קל"ד ע"א**

*חספניתא מאי תקנתיה לימשי טובא במיא דסילקא: לא שחק מערב שבת: תנו רבנן דברים שאין עושין למילה בשבת עושין לה ביו"ט *שוחקין לה כמון וטורפין לה יין ושמן א"ל אביי לרב יוסף מאי שנא כמון ביו"ט דחזי לקדרה יין ושמן חזי נמי בשבת לחולה דתניא *אין טורפין יין ושמן לחולה בשבת אמר ר"ש בן אלעזר משום ר"מ אף טורפין יין ושמן א"ר שמעון בן אלעזר פעם אחת חש רבי מאיר במעיו ובקשנו לטרוף לו יין ושמן ולא הנחנו אמרנו לו דבריך יבטלו בחייך אמר לנו אע"פ שאני אומר כך וחבירי אומרים כך °מימי לא מלאני לבי לעבור על דברי חבירי הוא ניהו דמחמיר אנפשיה אבל לכולי עלמא שרי התם לא בעי ליכא הכא בעי ליכא הכא נמי ניעביד ולא לילך היינו דקתני נותן זה בפני עצמו וזה בפני עצמו: ת"ר ג'אין מסננין את החרדל במסננת שלו ואין ממתקין אותו בגחלת א"ל אביי לרב יוסף מאי שנא מהא *דתנן נותנים ביצה במסננת של חרדל א"ל התם לא מיחזי כבורר הכא מיחזי כבורר ואין ממתקין אותו בגחלת והתניא ממתקין אותו בגחלת לא קשיא ג'כאן בגחלת של מתכת כאן בגחלת של עץ א"ל אביי לרב יוסף מ"ש *מבישרא אגומרי א"ל התם לא אפשר הכא אפשר א"ל אביי לרב יוסף מהו לגבן א"ל ד'אסור מ"ש מלישה א"ל התם לא אפשר הכא אפשר והא אמרי נהרדעי גבינה בת יומא מעליא הכי קאמרי דאפילו גבינה בת יומא מעליא: אין עושין לה חלוק כו': אמר אביי *אמרה לי אם ה'האי חלוק דינוקא לפניה לסיטרא *לעילאי דילמא מידביק (א)גרדא מיניה ואתי לידי כרות שפכה אימיה דאביי עבדא כיסתתא לפלגא אמר אביי האי ינוקא דלית ליה חלוק לייתי בליתא דאית ליה שיפתא וליכרכיה לשיפתא לתתאי ועייף ליה לעילאי ואמר אביי אמרה לי אם האי ינוקא דלא ידיע מפקתיה לשייפיה מישחא ולוקמיה להדי יומא והיכא דזיג ליקרעיה בשערתא שתי וערב אבל בכלי מתכות לא משום דזריף ואמר אביי אמרה לי אם האי ינוקא דלא מייץ מיקר (ב)דקר פומיה מאי תקנתיה ליתו כסא גומרי ולינקטיה ליה להדי פומיה דחיים פומיה ומייץ ואמר אביי אמרה לי אם האי ינוקא דלא *מנשתיה לינפפיה בנפוותא ומנשתיה ואמר אביי אמרה לי אם האי ינוקא דלא *מעוי ליתו סליתא דאימיה ולישרקיה עילויה ומעוי ואמר אביי אמרה לי אם האי ינוקא דקטין לייתו לסילתא דאימיה ולישרקיה עילויה מקוטנא לאולמא ואי אלים מאולמא לקוטנא ואמר אביי אמרה לי אם ו'האי ינוקא דסומק דאכתי לא איבלע ביה דמא א) ליתרחו ליה עד דאיבלע ביה דמא ולימהלוה ז'דירוק ואכתי לא נפל ביה דמיה ליתרחו עד דנפל ביה דמיה ולימהלוה *דתניא א"ר נתן פעם אחת הלכתי לכרכי הים ובאת אשה לפני שמלה בנה ראשון ומת שני ומת שלישי הביאתו לפני ראיתיו שהוא אדום אמרתי לה המתיני לו עד שיבלע בו דמו המתינה לו עד שנבלע בו דמו ומלה אותו וחיה והיו קורין אותו נתן הבבלי על שמי שוב פעם אחת הלכתי למדינת קפוטקיא ובאת אשה אחת לפני שמלה בנה ראשון ומת שני ומת שלישי הביאתו לפני ראיתיו שהוא ירוק הצצתי בו ולא ראיתי בו דם ברית אמרתי לה המתיני לו עד שיפול בו דמו והמתינה לו ומלה אותו וחיה והיו קורין שמו נתן הבבלי על שמי:

מתני'

א) [גי' הערוך ליתרחו ועי' במוסף הערוך ערך תרח וברש"י גיטין סח: ד"ה תרתי גבי]

הכא מיחזי כבורר. מיהו בורר לא הוי שגם הפסולת ראוי לאכילה ולא דמי למשמרת דריש תולין (לקמן ד' קלז:) דאיכא למ"ד חייב משום בורר:

מי

חספניתא. פניו מתבקעות ואני אומר שהוא מין שחין שקורין אוניי"א והוא (בגרב) ובחרס שכתוב בתורה (דברים כח) *וחספניתא תרגום של חרס: **במיא דסילקא**. מרק תרדין: **חזי לחולה**. שאין בו סכנה: **יבטלו**. דהאי נמי חולה הוא: **אבל לכולי עלמא שרי**. ר"מ וסתם מתני' ר"מ ואמאי תנן נותן זה בעצמו וזה בעצמו: **סתם**. גבי שאר חולים: **לא בעו ליכא**. לטרפו ולערבו יפה יפה: **ולא לילך**. לא יערבנו כל כך: **ומהדר היינו דקתני נותן זה בעצמו וזה בעצמו**. שמערב ולאו לוכך: **אין מסננין את החרדל**. בי"ט: **במסננת שלו**. טעמא מפרש לקמיה דמיחזי כבורר שמשליך הסובין שלו: **ואין ממתקין אותו בגחלת**. כדרך שרגילין לכבות לתוכו את הגחלת או אבן ניסוקת: **נותנין ביצה במסננת של חרדל**. ומסננה בתוכו לייפות מראיתו: **לא מיחזי כבורר**. שכולה יוצאה דרך המסננת ואין משתייר שם פסולת: **בגחלת של עץ**. אסור דשייך בה כיבוי לפי שעושה פחם גחלת של מתכת לא שייך בה כיבוי דאינו נעשה פחם: **ומ"ש מבישרא אגומרי**. שצולין בי"ט ואע"ג דמכבה: **לא אפשר**. לצלות מאתמול דביומא שביחא טפי אבל חרדל אפשר מאתמול: **לגבן**. גבינה: **מאי שנא מלישה**. שלשין פת ביום טוב והאי נמי כלישה דמיא: **לא אפשר**. דפת חמה מעליא טפי הכא אפשר מאתמול: **אימא אף גבינתא בת יומא מעליא**. וכ"ש דאתמול: **לפניה לסטריה לעילאי**. לאימרא שבשפת פיה יהפוך ויקפל למעלה שלא תהא סמוכה לבשרו מפני שראש מקום חתך הבגד שם הוא ויוצאין ממנו גרדין שקורין פיינד"ץ ודלמא מדביקא גרדתא מיניה במכה וכשבא להפשיט החלוק מעל המילה ישמוט ויקרע את ראש הגיד ומשוי ליה כרות שפכה: **אימיה דאביי**. אומנתו: **עבדא**. לתינוקות הבאים לידה לתקן מילתן: **כיסתתא לפלגא**. דמילה כיס היתה עושה של בגד לפנים בתוך החלוק ותופרתו מתוכו בתוך החלוק ומגיע למטה עד חצי החלוק כדי לחוץ בין האימרא ובין המילה: **לייתי בליתא**. מעט שחק של בגד שיהא בו אימרא לפי שהאימרא מהדקה יפה בבשר שלא ישמט החלוק מן הגיד: **וליכרכיה לשפתיה לתתאי**. לתחתית ראש הגיד יתן השפה וראש השני החלק יהא למעלה: **ולעפפיה לעילאי**. אותו ראש העליון החלוק יקפל ויקפול כלפי חוץ מפני הגרדין שלא ידבקו במכה: **דלא ידיע ביה מפקתיה**. שאין ניכר בו נקב בית הרעי ששם הולאת זבלו: **לשייפיה מישחא**. שהשמן מגהיל הבשר: **ולוקמיה להדי יומא**. נגד השמש: **והיכא דזיג**. שגלול כזכוכית בידוע שהחלל כנגדו: **בשערתא**. בראש השעורה שהוא חדוד: **דזריף**. מנפחו אינפליי"ר בלע"ז: **דלא מייץ**. שלא יכול לינק: **מיקר הוא דקר פומיה**. נצטנט שפתיו ואין בו כח למוץ בהן: **לייתו כסא דגומרי**. תשטח גחלים על דף או על כלי: **ולוקמה להדי פומיה**. ויעמיד אצל פיו: **דחיים פומיה**. שיתחמם פיו: **ומייץ**. ויגק: **דלא מינשמא**. שאין נשימה ניכרת בו שאין דופק כנגד לבו כדרך כל אדם: **לינפפיה בניפוותא**. ינפו עליו בנפה שקורין וא"ן: **דלא מפוי**. אין רוחו נכנס ויוצא יפה אליינ"א בלע"ז: **סילתא דאימיה**. שיליא שנולדה עמו: **ולישרקיה עליה**. יחליקנה על בשרו כמו אישתרוקי אישתריקו (ע"ג ד' מ:) אשלולדי"ר: **דקטין**. שהוא דק: **מקוטנא לאולמא**. השליא ראשה א' קצר וראשה אחד רחב יחליקוה עליו מראש הקצר יתחילו וימשכו לצד הרחב כלומר כן ירחיב זה ויתעבה: **ואי אלים**. ולא מחמת בריאות אלא נפוח לישרקיה עליה מאולמא לקוטנא: **דסומק**. כל בשרו אדום: **לא איבלע ביה דמיה**. בבשרו דעכשיו כל דמו מלוי בין עור לבשר וכשמוהלין אותו יוצא כל דמו: **ליתרחו ליה**. ימתינו מלמולו: **לא נפל ביה דמא**. לא בא בו דם ומתוך כך חלש הוא ואין בו כח וממהר לחלוש ולמות: **לכרכי הים**. ה"ג ראיתיו שהיה ירוק הצלתי בו ולא היה בו דם ברית תרתי לגריעותא חדא דאי מהיל ליה לא נפק מיניה דמא והטפת דם ברית מצוה כדכתיב (זכריה ט) גם את בדם בריתך ועוד דמסוכן הוא ומשום חולשא שלא עלה בו עדיין דם:

מתני'

מסורת הש"ס

[פי' כעין קרום האומה בעור הפנים ומתקלף. ערוך]

[תוספ' פי"ג]

לקמן קלט:

[כילם כג.]

[קידושין לא: וסם נסמן]

[גי' הערוך נפקך ספר אבראי]

[פי' שאין יכול להשתין ערוך ע' שתם]

[פי' שאין מוציא הבל מתוכמו ערוך]

חולין מו: [תוספ' פט"ו פי"ג]

הגהות הב"ח

(א) גמ' דילמא מידביק גרדתא מיניה: (ב) שם מיקר הוא דקר:

גליון הש"ס

גמ' מימי לא מלאני לבי. לעיל דף קיח ע"ב:

עין משפט נר מצוה

[כתרגום שלפנינו ליתא וכע"ו כמ: פירש רש"י חוספניתא סרקין שבפני אדם]

כג א מיי' פ"ב מהלכות מילה הל' יוד סמג עשין כח טוש"ע י"ד סי' רסו סעיף ו:

כד ב ג מיי' פ"ג מהל' י"ט הלכה יח סמג לאוין סה טוש"ע א"ח סי' תקי סעיף ג [וברב אלפס ביצה פ"ב קלג: ע"ש וברא"ש שם סי' כג]:

כה ד שם סעיף ס:

כו ה טוש"ע י"ד סי' רסד סעיף ג בהג"ה:

כז ו ז מיי' פ"א מהל' מילה הלכה יז טוש"ע י"ד סי' רסג סעיף א:

רבינו חננאל

ברוקה. ולא קמה ופשוטה היא ובא רב אשי להעמידה כר' יוסי דנראה בעליל ואיפשיטא במנחות בתחלת פ' ר' ישמעאל הכי לאו א"ר יוסי התם כיון דאפשר לא טרחינן הכא נמי כיון דאפשר לא טרחינן ונדחת גם זו ואתו נהרדעי ואוקמוה כרבנן דפליגי עליה דר' יוסי במנחות פרק שתי הלחם גילושות דתנן ד' כהנים נכנסים ב' בידם ב' סדרים וב' בידם ב' בזיכין וד' מקדמין לפניהם ב' ליטול ב' סדרים וב' ליטול ב' בזיכין המכניסין עומדין בצפון ופניהם לדרום והמוציאין עומדים בדרום ופניהם לצפון. אלו מושיכין ואלו מניחין טפחיים של זה בצד טפחו של זה שנא' לפני תמיד. ר' יוסי אומר אפילו אלו נוטלין ואלו מניחין אף זו היתה תמידי. שמעינן מדבריהם שאי' אלו מושכין ואלו מניחין. פי' מושכין את לחם הפנים לא שמערין אותו מעל השלחן כולו אלא מושכין אותו מעט מעט ומתגלה מקצת השלחן ובאותו מקצת המגולה מניחין הלחם המכניסין החדש. וכן עושין טפחו של זה בצד טפחו של זה וסבירא להו שאם נטלו הישן מעל השלחן אין מחזירין אותו אלא כיון שסילק הלחם הישן ונשאר השלחן שעה אחת בלא לחם עברו על הכתוב לפני תמיד ואע"פ שיש לו רשות לחזור הא חדש [הוא] מהא שמעינן שהפורש מן המצוה אין לו עוד לחזור עליה לתורה. ומצאנו בתלמוד א"י המל ימול מיכן לשתי מילות אחת למילה ואחת לפריעה. אחת למילה ואחת לציצין כדברי ר' עקיבא ולר' ישמעאל דסבירא ליה דברה תורה כלשון בני אדם נפקא ליה מהא דא"ר יהודה בן פזי אז אמרה חתן דמים למולות מיכן ב' מילות למילה ולפריעה לסילה ולציצין:

ת"ר מהלקטין את המילה ואם לא הלקטו ענוש כרת. פי' מהלקטין יש מי שאומר מלקטן הציצין המעכבין את המילה כולן וכן סבירא לן ויש מי שאומר מהלקטין מלשון ילקוט שהערלה היא כמו ילקוט ובתוכו העטרה וצריך לחתוך הילקוט כולו לגלות העטרה ואם לא חתכו כולו כאלו לא מל והמל אם לא הילקט בשבת כל הציצין המעכבין את המילה כאלו לא מל' והחלל השבת וענוש כרת. והאי דאמרו לא מספקת אינה התראה ואינו מתכוון לחלל את השבת אלא לעשות מצוה מכוון וכיון שלא עשה חייב (כדרבי)[כרת] מפני שלא הניח כיון שנכנסה השבת מוציין. אע"ג דהאי דם מחבר הוא כיון דאי' סכנה רמיא לאספלנית וכמון ועבדינן לה בשבת פי' אספלנית: רטיה קירא שעוה והיא פסולת הדבש: **חספניתא** כעין קרום הצומח בעור הפנים ומתקלף ובלשון ישמעאל אל כופת סילקא בלשון ישמעאל סילק: טורפין. מערבין. פי' סילתא שליא

רב נסים גאון

ונאמר כי כל מצות לא תעשה שבתורה שענש בה כרת לא דחיא לה מצות עשה כי התנאי שנא' בערות אשת אחיך שהוא היתר היבום בה שנאמר (דברים כה) יבמה יבא עליה לא בא אלא באשת אח גרידתא שאינה אסורה אלא משום אשת אח בלבד אבל באחות אשתו שהיא אשת אחיו ודומה לה מן ט"ו נשים המנויין במשנה לא נאמר בהן תנאי להתיר היבום ואילו נשאו ראובן ושמעון שתי אחיות ומת ראובן ובן אין לו אין לאשתו על שמעון לא חליצה ולא ייבום ולא אתי עשה דאמר רחמנא יבמה יבא עליה ודחי (ויקרא יח) ואשה אל אחותה לא תקח שענש בה הכתוב כרת וכזה אמרה המשנה ט"ו נשים פוטרות צרותיהן וכו' ואמרו בתלמוד (יבמות דף ח) בסוף הדבר רבא אמר ערות לא צריכא קרא דאין עשה דוחה את לא תעשה שיש בו כרת וכמו כן אם יהיה לא תעשה שאין בו כרת אבל נוסף עליו עשה שנמצא באותה מצוה עשה ולא תעשה אין לנו גמי לדחותה במצות עשה לפי שיצאת מן כלל לאו גרידא מפני הציווי שנתוסף עליה ואפילו שתי מצות עשה שהן זו כנגד זו ואין אחת מכרעת מחברתה אין לנו לדחות אחת מהן מפני האחרת כמו שנאמר בתלמוד בפרק תמיד נשחט (פסחים דף נט) בשלמא לתנא קמא יבא עשה דפסח שיש בה כרת וידחה עשה דהשלמה שאין בו כרת אלא לר' ישמעאל בנו של ר' יוחנן בן ברוקא מכדי האי עשה והאי עשה מאי אולמיה דהאי עשה מהאי עשה וכל שכן אם יהיה עשה ולא תעשה שמן הדין לקיים אותם יותר מלקיים העשה בלבד שכנגדם אלא אם יהיה דבר מיוחד שייחדו הכתוב או

החכמים שנעשה כמו שהוא מפורש ואנו מזכירים עיקר שתקיש לו כל מה שתמצא מזה הענין ונאמר אמר הקב"ה ביום אחד לחודש השביעי שהוא יום ראש השנה (ויקרא כג) יהיה לכם שבתון זה מקרא מלא בציווי השביתה ואמר עוד מלאכת עבודה לא תעשו הזהיר בו מלעשות מלאכות מיוחדות נמצא עלינו בקידוש היום עצמו עשה ולא תעשה עוד ציונו בו לתקוע בשופר שנאמר (במדבר כט) יום תרועה יהיה לכם ובעת שלא תיקננו השופר מערב יום טוב והוצרכנו ביום טוב עצמו לתקוע בשופר לקיים המצוה ואי אפשר להיות דבר זה אלא עד שנחתוך השופר ונתקן אותו ונחלל קדושת היום ראוי לנו שנניח מצות שופר שהיא עשה ולא נחלל היום שיש בחיוב קידושו עשה ולא תעשה שאי אפשר שיבא עשה בלבד וידחה עשה ולא תעשה יחדו וכנגן זה מילה שלא בזמנה הוא מי שנתאחר לאחר יום ח' מחמת חולי שאירע לתינוק או מפני הספק כמו ששנינו (לקמן דף קלז) בין השמשות ערב שבת נימול לי' יום טוב אחר שבת נמול לי"א וכשתהיה מילה שלא בזמנה אינה מותרת ביום טוב כי יום טוב יש בו עשה ולא תעשה ולא יבוא עשה של מילה ודחי עשה ולא תעשה של יום טוב אלא בזמנה שהוא יום ח' ודאי שבו נאמר (ויקרא יב) וביום השמיני ימול ואמרו בפירוש וביום ואפי' בשבת אבל שלא בזמנה אפי' יום טוב אינה דוחה שאין עשה דוחה את לא תעשה ועשה אלא נזיר מצורע כי פירש בראיות ברורות שעשה [illegible]וה את לא תעשה ועשה שבו וביאור זה כי הקב"ה צוה הנזיר שיגדל שער ראשו מאחר שהקדים

מתני' מרחיצין את הקטן בין לפני המילה ובין לאחר המילה ומזלפין עליו ביד אבל לא בכלי ר"א בן עזריה *אומר מרחיצין את הקטן ביום השלישי שחל להיות בשבת שנאמר °ויהי ביום השלישי בהיותם כואבים ספק ואנדרוגינוס אין מחללין עליו את השבת ורבי יהודה מתיר באנדרוגינוס: גמ' והא אמרת רישא מרחיצין רב יהודה ורבה בר אבוה דאמרי תרוייהו כיצד תני מרחיצין את הקטן בין לפני מילה בין לאחר מילה כיצד מזלפין עליו ביד אבל לא בכלי אמר רבא והא מרחיצין קתני אלא אמר רבא הכי קתני מרחיצין את הקטן בין מלפני מילה בין לאחר המילה ביום הראשון כדרכו וביום השלישי שחל להיות בשבת מזלפין עליו ביד אבל לא בכלי ר"א בן עזריה אומר מרחיצין את הקטן ביום השלישי שחל להיות בשבת שנאמר ויהי ביום השלישי בהיותם כואבים תניא כוותיה דרבא מרחיצין הקטן בין לפני מילה בין לאחר מילה ביום ראשון כדרכו וביום השלישי שחל להיות בשבת מזלפין עליו ביד ר"א בן עזריה אומר מרחיצין את הקטן ביום השלישי שחל להיות בשבת ואע"פ שאין ראיה לדבר זכר לדבר שנאמר ויהי ביום השלישי בהיותם כואבים וכשהן מזלפין אין מזלפין לא בכוס ולא בקערה ולא בכלי אלא ביד אתאן לתנא קמא מאי אע"פ שאין ראיה לדבר זכר לדבר משום דגדול לא סליק בישרא הייא קטן סליק ביה בישרא הייא ההוא דאתא לקמיה דרבא אורי ליה כשמעתיה איחלש רבא אמר אנא בהדי תרגימנא דסבי למה לי אמרו ליה רבנן לרבא והתניא כוותיה דמר אמר להו מתניתין כוותייהו דיקא ממאי מדקאמר רבי אלעזר בן עזריה אומר מרחיצין את הקטן ביום השלישי שחל להיות בשבת אי אמרת בשלמא תנא קמא מזלפין קאמר היינו דקאמר ליה ר"א בן עזריה מרחיצין אלא אי אמרת תנא קמא מרחיצין ביום הראשון קאמר ומזלפין ביום השלישי האי רבי אלעזר בן עזריה אומר מרחיצין אף מרחיצין מיבעי ליה כי אתא רב דימי אמר רבי אלעזר הלכה כר"א בן עזריה הוו בה במערבא הרחצת כל גופו או הרחצת מילה אמר להו ההוא מרבנן ורבי יעקב שמיה מסתברא הרחצת כל גופו דאי ס"ד הרחצת מילה מי גרע מחמין על גבי מכה דאמר רב אין מונעין חמין ושמן מעל גבי מכה בשבת מתקיף לה רב יוסף ולא שני לך בין חמין שהוחמו בשבת לחמין שהוחמו מע"ש מתקיף לה רב דימי וממאי דהכא בחמין שהוחמו בשבת פליגי דילמא בחמין שהוחמו בע"ש פליגי אמר אביי אנא בעאי דאישני ליה וקדם ושני ליה רב יוסף מפני שסכנה הוא לו איתמר נמי כי אתא רבין א"ר אבהו א"ר אלעזר ואמרי לה א"ר אבהו א"ר יוחנן °הלכה כר"א בן עזריה בין בחמין שהוחמו בשבת בין בחמין שהוחמו מע"ש בין הרחצת כל גופו בין הרחצת מילה מפני שסכנה היא לו: גופא אמר רב אין מונעין חמין ושמן מעל גבי מכה בשבת ושמואל אמר נותן חוץ למכה ושותת ויורד למכה מיתיבי °אין נותנין שמן וחמין על גבי מוך ליתן על גבי מכה בשבת התם משום סחיטה תא שמע אין נותנין חמין ושמן על גבי מוך שעל גבי מכה בשבת התם נמי משום סחיטה תניא כוותיה דשמואל °אין נותנין חמין ושמן על גבי מכה בשבת אבל נותנין חוץ למכה ושותת ויורד למכה תנו רבנן °נותנין על גבי המכה מוך יבש וספוג יבש אבל לא גמי יבש ולא כתיתין יבשין קשיא כתיתין אכתיתין לא קשיא °הא בחדתי הא בעתיקי אמר אביי שמע מינה הני כתיתין מסו: ספק ואנדרוגינוס כו': תנו רבנן °ערלתו ודאי דוחה את השבת ולא

תורה אור: ויהי ביום השלישי — ר"ה לא; ויקרא יב

רש"י

מתני' ומזלפין עליו. את החמין: ביד. אבל לא בכלי ובגמ' פריך הא אמרת רישא מרחיצין דמשמע כדרכו והדר תני אפילו לזלף עליו בכלי אסור: ספק. כגון ספק בן ח' חדשים [וספק בן ט'] דהוא כאבן בעלמא ואין מילתו דוחה שבת (וספק בן ט'): ר' יהודה מתיר באנדרוגינוס. דאיתרבי מקראי כדמפרש בגמ' לקמן: גמ' והא אמרת רישא מרחיצין. ואפילו כדרכו: כיצד קתני. מרחיצין דרישא לאו כדרכו הוא דתנא סיפא לפרושי כיצד מרחיצין כגון לזלף ביד ואפילו ביום ראשון: תניא כוותיה דרבא כו' ה"ג ביום השלישי מזלפין עליו ביד ולא גרסינן אבל לא בכלי: אתאן לת"ק. קך סיפא תנא קמא אמרה דאילו ר"א אפילו הרחצה כדרכו שרי: משום דגדול לא סליק בישרא הייא. היינו טעמא דמעשה שכם לאו ראיה גמורה היא משום דגדול אין מכה שבבשרו מעלה ארוכה מהר אבל קטן נתרפא מידי סכנתו מהר: אורי ליה כשמעתיה. התיר לו הרחצה כדרכו ביום ראשון שחל להיות בשבת: איחלש. נעשה חולה והיה דואג שמא על כך נענש: אמר בהדי תרגימנא דסבי למה לי. מה היה לי לחלוק כנגד זקנים הללו רב יהודה ורבה בר אבוה שפירשו שאסור להרחיץ: אי אמרת בשלמא ת"ק מזלפין. ביום ראשון קאמר ולא איירי בהרחצה כלל אלא בזילוף היינו דאתא ר"א בן עזריה ופליג ואמר מרחיצין: אלא אי אמרת. תנא קמא נמי מרחיצין אמר בשני הימים ולא פליג ר"א אלא אים שלישי דקאמר ת"ק מזלפין אף מרחיצין ביום השלישי מיבעי ליה: הוו בה. דייקי בה: דאי ס"ד הרחצת מילה מי גרע מחמין על גבי מכה. דשרי והכא אסרי רבנן בשלישי (*לגמרי): ולא שני כו'. והכא גבי מילה בהוחמו בשבת עסקינן הלכך בשלישי דליכא סכנתא לא: אמר אביי אנא בעאי דאישני ליה. אני הייתי רוצה לתרץ אתקפתא זו כדשני ליה רב יוסף מפני שסכנה היא לו: וקדם רב יוסף ושנייא ליה. דודאי מתניתין חמין שהוחמו בשבת נמי שרי בימים הראשונים ולר"א אף בשלישי מפני שמניעת חמין סכנה היא לו: אין נותנין כו'. קס"ד גזרה משום שחיקת סמנין כשמואל דטעמיה משום הכי הוא והייט דקאמר אבל נותן חוץ למכה דלא מוכחא מילתא דלרפואה: מוך יבש וספוג יבש. דלאו לרפואה היא אלא שלא ישרטו בגדיו הקשים מכתו: אבל לא כתיתין יבישים (א) וגמי יבש. חתיכות בגדים דקות משום דמסו וגזרו משום שחיקת סמנין: קשיא כתיתין אכתיתין. רישא שרי מוך יבש דהייט כתיתין וסיפא אסר כתיתין: חדתי. חדשים שלא היו על גבי מכה מעולם מסו עתיקי לא מסו: ה"ג שמע מינה הני כתיתין מסו: ערלתו ודאי דוחה השבת. דבהאי קרא וביום השמיני דילפינן מיניה אפילו בשבת כתיב בסיפיה ערלתו דמשמע מיעוטא ערלתו של זה ולא של אחר ולמעוטי ספק אתא:

לאנדרוגינוס

תוספות

מי גרע מחמין על גבי מכה. והיכי אסרי רבנן בשלישי אע"ג דליכא למימר דרב אמרה למילתיה כר"א בן עזריה דפסקינן לעיל הלכתא כוותיה משמע ליה דלכ"ע קאמר ועוד דאפילו לר"א בן עזריה פריך דמשמע דשרי בשלישי משום סכנה מדמייתי קרא ויהי ביום השלישי ורב איירי במכה שאין בה סכנה: ואין מונעין חמין ושמן. פירש ה"ר יוסף פורת בשם רבינו שמואל דבמעורבת יחד איירי דאי כל חד באפי נפשיה מאי קמ"ל בשמן מתני' היא בפ' שמנה שרצים (לעיל דף קיא:) אבל סך הוא את השמן והייט אפילו על גבי מכה מדקתני בני מלכים סכין ע"ג מכותיהן שמן וורד מכלל דבשאר שמן מותר לאחר אפילו ע"ג מכה ושמואל נמי היכי הוה פליג:

ולא

עין משפט נר מצוה

כח א מיי' פ"ב מהל' מילה הלכה ח ופ"ב מהל' שבת הלכה יד סמג עשין כח טוש"ע א"ח סי' שלא סעיף ט:

כט ב ג מיי' פכ"א מהל' שבת הלכה כו טוש"ע א"ח סי' שכח סעיף כב:

ל ד ה מיי' שם טוש"ע שם סעיף כג:

רבינו חננאל

מקושכא לאולמא ממקום הדק לעבה: ת"ר דברים שאין עושין למילה בשבת עושין לה ביו"ט שוחקין כמון ושורפין לה יין ושמן יין בפ"ע ושמן בפ"ע אבל ע"י ליכא [אסור]. פי' ליכא עירוב יין ושמן להוליך השמן בתוך היין על [ידי] עירובו. (אבל) א"ל אביי לרבה מהו לגבן. פי' לגבן ביו"ט לקפות גבינה לקבץ פיתותי החלב הקפוי ולעשותם חריץ של גבינה. א"ל אסור לגבן. א"ל והלא גיבון כמו לישת העיסה שנותן מים בקמח ומולל בידיו ועושה פתיתין ומוסיף מים ומקבץ הפתיתין ועושה אותם עיסה. כך מקפה החלב בשוכמסו ואחר שיקפה בכלי ויעמוד מכנים ידו ופיתתו. ואח"כ מכנים ידו ומגבן מתוך הכיס. הנה ניכון ולישה מלאכתן שוה מפני מה זה מותר וזה אסור ופירק לו קמח אי אפשר לאוכלו אלא ע"י לישה ביומו. והחלב אפשר לאכלו הלב או לעשותו גבינה בערב. אקשינן עלה והא אמרי נהרדעי גבינה בת יומא מעליא והנה היא כמו הלישה וכשמשפת חמה מעליא כך הגבינה בת יומא מעליא ופריק ליה הכי קאמר אפילו בת יומא מעליא מכלל שבת שנים ושלשה ימים מעליא ספי ואפילו בת יומא מעליא: אין עושין למילה חלוק לכתחילה אבל כורך עליה סמרטוט: מתניתין מרחיצין את הקטן בין לפני המילה ובין לאחר המילה ומזלפין עליו אבל לא בכלי. ואקשי היאך קתני מזלפין מכלל שרחיצה אסורה והא רישא דמתניתין קתני מרחיצין ופרקי' רב יהודה ורבה בר אבוה אמר כך סידור המשנה מרחיצין את הקטן בין לפני המילה ובין לאחר המילה. והרחצה זו כיצד היא ע"י זילוף היא ביד אבל לא בכלי. ואקשי עליהו רבה והא מרחיצין קתני וזילוף אינה רחיצה ופריק רבא משנתנו הא דקתני מרחיצין ביום ראשון של מילה אם היא שבת רחיצה כדרכו בין לפני המילה בין לאחר המילה וביום השלישי שחל להיות בשבת מזלפין ביד אבל לא בכלי ותניא כוותיה דרבא ואע"ג דתניא כוותיה לפום דקדוקא דמתניתין לא מיתוקמה כתירוציה דהא רבה כנפשיה אורי כשמעתיה ואיחלש ועיין במתניתין שפיר וחזא דלכאורה כתירוציה רדמא. וכי עיין בה

מסורת הש"ס

לעיל פו. ע"ש

הגהות הב"ח

(א) רש"י ד"ה אבל לא כתיתין יבישים חתיכות כצ"ל ותיבות וגמי יבש נמחק:

רש"ל מ"ז וא"ל למחוק וקאי למאי דססכים רבא לפי דסבר דדיקא כוותייהו ולא התיר ת"ק אסור לזלף ביום ג'

רב נסים גאון

האזהרה עליו שלא יגלחנו שנאמר (במדבר ו) גדל פרע שער ראשו אחר שאמר תער לא יעלה על ראשו הרי הוא בדבר זה מוזהר בלאו ומצווה בעשה וחייב המצורע בעת טהרתו לגלח כל שער שבגופו שנאמר (ויקרא יד) והיה ביום השביעי יגלח את כל שערו וכשיתנגע הנזיר בצרעת ויגיע יום ז' שהוא חייב לגלח בו אשרו חכמים שמצות גילוח של צרעת דוחה עשה ולא תעשה שיש עליו לענין נזירותו וכי מה שאמר הכתוב לענין מצורע את ראשו אחר שאמר יגלח את כל שערו לא בא אלא לענין נזיר שנאמר בו תער לא יעבור על ראשו לומר כי זו המצוה אינו חייב בה אלא בעת שלא תהיה בו צרעת אבל בעת שיהיה בגופו צרעת יגלח את ראשו אפי' שער ראשו שהזהירתו שלא יגלחנו בימי נזירותו חייב לגלח אם היה צרוע נתקיים לנו מזה שבנזיר מצורע לבדו יבא עשה וידחי לא תעשה ועשה ובראש מס' יבמות (דף ה) אמרו אלא דקיימא לן דאין עשה דוחי לא תעשה ועשה ליגמר מנזיר דאתי עשה ודחי לא תעשה ועשה אלא מנזיר לא גמרינן שכן ישנו בשאלה ובארו כי דבר זה הוא מיוחד בו לבדו ולא בזולתו וכי בכל התורה כולה לא אתי עשה ודחי לא תעשה ועשה והזהר לשמור אלו העיקרים שפירשנו שהן מתבארים לך כל דבר כשתמצא בתלמוד מעין אלו הענינים: תינח גדול דכתיב ביה בשר קטן נמי כתיב ביה בשר בינוני מנלן פי' כבר ידענו כי הקטנים פטורים ממצות והשכר והעונש הם תלויין בחיוב המצות ומאחר שנדע כי לא חייב הכתוב במצות אלא לפי שיש בו עניני החיוב כגון שהביא ב' שערות ושהגיע למספר שני האנשים ושיצא מגבול הנערות או הוא בן עונשין וכיון שראינו שענש הכתוב מי שלא נימול שנאמר (בראשית יז) וערל זכר אשר לא ימול את בשר ערלתו ונכרתה וגו' ידענו כי דבר זה מיוחד הוא באנשים גדולים ולא בנערים ומצאנו כתב בו בשר ערלתו להודיענו שהמילה דוחה את הצרעת על דרך העיקר שהקדמנו דאתי עשה ודחי לא תעשה וכי בעת שתהיה בערלה בהרת ימול ויתתוך אותה וידחה מה שכתוב (דברים כד) השמר בנגע הצרעת והצרכנו שיבאר לנו דבר זה להסיר מדעתנו מה שהיה עולה עליו שמה היינו סוברים כי זה שכתב (שם) לשמור מאד ולעשות הוא דבר מוסף על הלאו והוה ליה לא תעשה ועשה ואין המילה דוחה אותן שאין עשה דוחה את לא תעשה ועשה והסיר ממנו סברא זו והודיענו שהוא לא תעשה בלבד והמילה דוחה אותה וזהו שאמרו תינח גדול דכתב ביה בשר והקטן נמי שהוא בן ח' ימים נאמר בו וביום השמיני ימול בשר ערלתו ידענו כי המילה ביום ח' תדחה (עוד) את הצרעת נשאר לנו לשאול על הבינוני והוא שעברו עליו ח' ימים ולא ניטול מפני מאורע שאירע לו כגון שהיה חולה או שהיה בו ספק והתהיה המילה ראויה בו בעת שיש בהרת בערלתו או לא ולפיכך אמרו בינוני מנלן ובאה התשובה משם אביי דאתיא מבינייא ומשם רבא מילה בזמנה [לא] צריכא קרא כו' ופירוש על דעת אביי שהמילה מותרת בבינתי במקום שיש בהרת נלמוד מגדול וקטן כמו ששנינו (ריש ספרא) בבנין אב משני כתובים הצד השוה שבהן כו' וכן הוא הילוך הדבר בכאן כי הבינוני לא יתכן שנלמוד מן הגדול לפי שהגדול ענוש כרת לכך התירו בו הכתוב חתיכת הבהרת אבל הבינוני שאין בו חיוב כרת אין דבר זה מותר בו וכמו כן לא נלמוד דבר זה מן הקטן כי הקטן מילתו בזמנה ביום ח' והיא דוחה את השבת ולפיכך התיר הכתוב חתיכת הבהרת אבל הבינוני שאין מילתו בזמנה לא ומאחר שלא יכולנו ללמוד דבר זה מאחד מהן חיברנו אותם ביחד וקיימנו דבר עיקר מהם שהבינוני מותר לחתוך בהרת מערלתו וכן הילוכו של דבר בענין זה בינוני מנלן אמר אביי אתיא מבניינא מה לגדול שכן ענוש כרת קטן יוכיח שאינו ענוש כרת מה לקטן שכן מילה מזמנה גדול יוכיח שאין מילה בזמנה וחזר הדין הצד השוה שבהן שמילתו דוחה את הצרעת אף אני אביא בינוני שתהא מילתו דוחה את הצרעת ורבא לא הוצרך לדבר זה כי הוא סובר כי בשר ערלתו שנאמר בבן שמנת ימים לא בא להתיר מילת בן שמונת ימים במקום שיש בהרת כי זה נלמדנו מקל וחומר השתא שבת חמורה דוחה צרעת קלה לא כל שכן והואיל ואינו צריך לבן ח' ימים הועיל להתיר המילה בבינוני במקום שיש בהרת: לא צריכא אפי' ר' יהודה דאמר דבר שאינו מתכוין אסור כבר פירשנו זה בפ' כירה. לבדו ולא מילה שלא

דוחה

וכן אם נמצא אדום, סימן שלא נבלע דמו באבריו, אלא בין עור לבשר - וכשמוהלין אותו יוצא כל דמו. **ואין מלין אותו עד שיבלע בו דמו.** [ד]**וצריך ליזהר מאד באלו הדברים, שאין מלין ולד שיש בו חשש חולי** - כדלעיל סימן רס"ב ס"ק ד', **דסכנת נפשות דוחה את הכל, שאפשר לו למול לאחר זמן, וא"א להחזיר נפש אחת מישראל לעולם** - ופשוט הוא דגם אם השינוי מאדום וירוק הוא במקצת הגוף או אפי' באבר א', אין מלין אותו עד שיחזור המראה, **וכן** אם מקצתו אדום ומקצתו ירוק, וכן אם הוא לבן ביותר או כחוש ביותר, מעכבין המילה עד שיתחזק כראוי, **וכן אם** אין ביכולתו לינק מן הדד, מעכבין עד שיתחיל לינוק, וכן כל כיוצא בזה לפי ראות עיני בני אדם - ערוה"ש.

(**הדבר** פשוט דמיד שנפל בו הדם ונבלע בהאברים, יכולים למולו, ובזה לא שייך להמתין ז' ימים מיום שהבריא, אף שזה נתפשט בכל הגוף, מ"מ הרי אין זה חולי כלל, אלא מעצם הבריאה כן הוא, שזה רואים בחוש שכל תינוק כשנולד נוטה גופו לירקות, וביותר לירקות כרקיע, מפני שהדם אינו נופל בו מתחלת לידתו, אלא אח"כ ביום או יומים או ג' וכו', ונשתנה מראיתו, וזה התינוק לא נפל בו הדם גם בשמיני, אבל מיד כשנפל בו הדם הרי הוא בריא ככל הבריאים, **וכן** משמע מסתימת לשון הפוסקים, וביותר מלשון הגמ' שם שאמר אביי להמתין עד שיפול בו הדם וימולו אותו ע"ש, ואי ס"ד דבעי ז' ימים, ה"ל לומר כן, **ולכן** תמיהני על איזה מהגדולים שרוצים להחמיר להמתין ז' ימים אח"כ, ולדבריהם בתינוק שנפל בו הדם ביום השלישי או ברביעי, ימתינו ז' ימים, ולפ"ז רוב ולדות לא תהיה מילה בשמיני, כי מיעוטא דמיעוטא שיפול בהם הדם ביום ראשון ללידתו - ערוה"ש.)

(**כתב** בספר חמודי דניאל כ"י, תינוק שלא קשרו את הטבור כראוי, ויצא ממנו דם הרבה, נראה דאין למולו עד שיתחזק ויבוא לו דם אחר, ע"כ - פת"ש).

---

§ מסכת שבת דף קלד: §

אות א'

<u>הלכה כרבי אלעזר בן עזריה, בין בחמין שהוחמו בשבת בין בחמין שהוחמו מערב שבת, בין הרחצת כל גופו, בין הרחצת מילה, מפני שסכנה היא לו</u>

סימן שלא ס"ט - [א]**בזמן חכמי הגמרא אם לא היו רוחצים את הולד לפני המילה ולאחר המילה וביום שלישי למילה במים חמין היה מסוכן; לפיכך נזקקו לכתוב משפטו כשחל להיות בשבת; והאידנא לא נהגו ברחיצה כלל** - דנשתנו הטבעים, **ודינו לרחוץ בשבת אם רצו, כדין רחיצת כל אדם.**

הגה: ובמדינות אלו נוהגים לרחוץ לפני המילה בחמין שהוחמו מאתמול, ולאחר המילה במוצאי שבת - כלומר דבמקומותינו אף כי אין הולד מסוכן כ"כ כמו בימיהם, אכן עכ"פ צורך גדול יש בדבר, לפיכך על רחיצה שקודם המילה, הניחו על דינא דגמרא, שמותר לרחצו בחמין שהוחמו מאתמול, [דלצוות לא"י להחם היום, אף בזמן הגמרא אסור], **ולאחר** המילה, אין קפידא אם ימתינו עד מו"ש, **שכיון** שרחצוהו מקודם, שוב אינו נצרך כלל עד הלילה, ואסור לרחוץ כל גופו - ערוה"ש.

ויזהר שלא ישרה סדין במים, ושריייתו היא כיבוסו, **וע"י** א"י אפשר שיש להקל, **וגם** יזהר מסחיטת הסדין.

ואם נשפך החמין, יכול לומר לא"י להביא מים שהוחמו בשביל א"י, **אבל** לא יאמר לא"י להחם לכתחלה.

וכן אם היה יום ג' למילתו בשבת, ורואים שיש צורך לרחצו, מכינים חמין מבע"י ורוחצים אותו בשבת - משמע דאם לא הכינו, אסור להחם ע"י א"י, דאין מחזיקין אותו בסתמא לחולה, רק למצטער קצת, **אך** אם הרופא אומר שצריך, בודאי אין להחמיר בזה.

תינוק שהיה חולה ונתרפא, אוסר התשב"ץ למולו ביום ה', דשמא יצטרכו לחלל שבת עליו ביום ג' למילתו, **אבל** הש"ך ביו"ד והמ"א מתירין, וכן הסכים הא"ר להתיר, ואין מחמיצין את המצוה.

וכל זה מן הסתם, אבל אם רואים שיש לחוש לסכנה אם לא ירחצו אותו אחר המילה, בודאי מותר לרחצו ולחלל עליו שבת - והיינו אפילו להחם בעצמו, **מידי דהוי אשאר חולה שיש בו סכנה.**

אות ב' - ג'

<u>אין נותנין שמן וחמין על גבי מוך ליתן על גבי מכה בשבת</u>

<u>אין נותנין חמין ושמן על גבי מכה בשבת, אבל נותנין חוץ למכה, ושותת ויורד למכה</u>

סימן שכח סכ"ב - [ב]**אבל אין נותנין עליה שמן וחמין מעורבים יחד** - דבזה מוכח מלתא שהוא לרפואה, [רש"י], **וחמין** לבד, משמע ממ"א דשרי, כמו שמן לבד.

[ג]**ולא על גבי מוך ליתנו עליה** - ואפי' חמין לחוד, דלא מנכר שהוא לרפואה, ג"כ אסור משום סחיטה, **אבל** בשמן לחוד לא גזרינן, דאין דרך כבוס בשמן.

וה"ה אם המוך היה נתון מקודם על המכה, ג"כ אסור ליתן עליה חמין ושמן, או חמין לחוד, [גמ' ע"ש, דהטעם ג"כ משום סחיטה, וע"כ כתבתי דגם בזה אסור אף בחמין לחוד].

אבל נותן הוא חוץ למכה, ושותת ויורד לתוכה - דלא מוכחא מילתא דלרפואה, רש"י, **ולפי"ז** אף במדינותינו שאין דרך לסוך בשמן, ג"כ שרי בזה.

באר הגולה

ד לשון הטור וכ"כ הרמב"ם | א דברי עצמו | ב שם קל"ד וכשמואל וכפי' התוס' | ג שם ברייתא

אות ד׳ – ה׳

נותנין על גבי המכה מוך יבש וספוג יבש, אבל לא גמי יבש ולא כתיתין יבשין

הא בחדתי, הא בעתיקי

סימן שכח סכ״ג - [ד]**נותנין ספוג וחתיכות בגדים יבשים** [ה]**וחדשים, שאינן לרפואה אלא כדי שלא יסרטו הבגדים את המכה** - עיין בט״ז שכתב, דהאי "וחדשים" לא קאי אספוג, דהתם אפילו בישנים שרי, שאינם מרפאים, ודלא כדעת הטור, וכ״כ בא״ר, **ועיין** בסימן ש״א סכ״ב, שהעתיק שם המחבר לשון הטור, דספוג מרפא, **ואולי** כונת המחבר שם רק אספוג לח, [אבל הוא דחוק], וצ״ע.

אבל לא ישנים, שהם מרפאים; [ו]**והני מילי ישנים שלא נתנו מעולם על המכה, אבל אם היו כבר על המכה, אפילו ישנים שרי, דשוב אינם מרפאים.**

---

§ מסכת שבת דף קלה. §

אות א׳ – ב׳ – ג׳

ולא אנדרוגינוס דוחה את השבת

ולא נולד בין השמשות דוחה את השבת

ולא נולד כשהוא מהול דוחה את השבת

סימן שלא ס״ה - [א]**אנדרוגינוס** - הוא ילד שיש לו זכרות כזכר ונקבות כנקבה, **ונולד בין השמשות** - בין ביה״ש דע״ש ובין ביה״ש דמו״ש, בשניהם אין מילתן דוחה שבת, ונדחה ליום א׳. **ומה** הוא ביה״ש, י״א דקרוב לרבע שעה זמנית קודם ליציאת ג׳ כוכבים בינונים הוי ספק לילה, **ורביע** שעה יוצא מכלל ספק, ואם נולד אז בשבת, מונין אותו לשבת הבאה, **אבל** כמה פוסקים מחמירין בזה, וס״ל דמעת שנתכסה החמה מעינינו, עד יציאת ג׳ כוכבים בינונים, הוא הכל בכלל ביה״ש, וכ״כ הברכי יוסף דנתפשט כן המנהג בכל ערי א״י.

ואפילו אם ספק לו אם נולד קודם ביה״ש או בזמן ביה״ש, ג״כ פסק הרדב״ז להחמיר דנדחה ליום א׳, והביאוהו האחרונים, (**וכתב** הפמ״ג דלא הוי ס״ס, ספק יום ספק ביה״ש, וביה״ש גופא הוי ספק, **דאפשר** משום דאוקי אחזקת מעוברת, **אבל לא** אלימא אותה חזקה כ״כ לענין דחיית שבת, ונ״מ לענין אם נולד ולד בשבת, ואין אנו יודעין אם ביום ע״ש או בלילה, ואין לנו ממי לשאול, כגון שמתה אשתו וכה״ג, לא אמרינן דמסתמא השתא הוא דילדה, ואפי׳ בחול יש לעיין, **ועוד** אפשר לומר, משום דשם ספק חד הוא).

(**אם** לאלתר כשהוציא הולד ראשו חוץ לפרוזדור, יצא אחד מבית היולדת לחוץ לראות אם הוא לילה, אפי׳ אם הוא רואה ג׳ כוכבים בינונים, שמא השתא הוא דיצא, וכהרף עין מקודם לא היו רק שנים, ולא הוי רק ביה״ש, דהלכה כר׳ יוסי דס״ל דשני כוכבים הוי בין השמשות, וכהרף עין אח״כ יוצאין ג׳ כוכבים).

(**ואפי׳** אם רואה לאלתר כוכבים קטנים, אין ברור כ״כ לסמוך דמקודם בשעת הלידה היו בינונים, דדלמא הם בינונים, ומקודם היו גדולים הנראים ביום, **אם לא** שיש הרבה כוכבים קטנים, אז בודאי יש לסמוך ע״ז).

(**ורק** אם בעת הלידה ממש רואה שיש ג׳ כוכבים, כגון שהחלון פתוח בבית ויושב אצל החלון, וכששמע שהילד הוציא ראשו הביט תיכף דרך החלון וראה ג׳ כוכבים בינונים, אז בודאי יש לסמוך ע״ז).

(**אם** הוציא ראשו חוץ לפרוזדור ונשתהה קצת עד שנולד כולו, ואח״כ כשנולד כולו ראו שלשה כוכבים בינונים, **אם** לפי השיהוי נראה להם שהיה יום בהוצאת הראש, אין להם אלא מה שעיניהם רואות, ויהא נמול לשמונה, אפילו אם יארע בשבת, היינו אם נולד במו״ש, **ואם** אינן יכולין לידע, יש להחמיר ולומר דשמא היה אז ביה״ש).

ונולד כשהוא מהול - פי׳ שאפילו בלא קישוי נראה מהול, **אבל** כשאין נראה מהול רק כשיתקשה, מילתו דוחה שבת.

[ב]**ויוצא דופן** - שנתקשה אמה בלידתה, והוציאוהו לאורך הבטן ע״י סם. **וכותית שילדה ואח״כ נתגיירה, ומי שיש לו שתי ערלות** - פירוש שני גידין, [רש״י בפי׳ שני ורמב״ם ומאירי], **וי״א** שיש בו שתי עורות זה ע״ג זה, [רש״י בפי׳ ראשון].

אין מילתן דוחה שבת - וטעם כל אלה הוא משום ספק, [הכל בגמרא], כגון גבי אנדרוגינוס הוא משום דאינו זכר ודאי, **וכמו** כן נולד בין השמשות, שמא הוא שלא בזמנה, **ונולד** כשהוא מהול, אפשר דליכא כאן ערלה כבושה והוא מהול ממש, **וכן** מי שיש לו שתי ערלות, דהיינו שני גידים, הוא נמי משום דאין אנו יודעין איזה ערלה עיקרית, **ולסברא** ב׳ דמיירי בשתי עורות זה ע״ג זה, נמי טעמא דאין אנו יודעין כוונת התורה בזה, **חוץ** מיוצא דופן, ואינו יהודי שילדה, התם הטעם משום דאין טמאים בטומאת לידה, ולכמה תנאי בעינן כסדר האמור בפרשת תזריע, דאשה כשהיא טמאה לידה בנה נמול לשמונה.

באר הגולה

ד שם ברייתא | ה שם בגמ׳ וכפי׳ הרי״ף, וכפי׳ רש״י לפירוש הרא״ש ‹הא בחדתי הא בעתיקי, ופי׳ רש״י חדתי שלא חיו על׳ גבי מכתו מעולם מסו, עתיקי לא מסו. **אבל** הרי״ף פי׳ בהיפך, דעתיקי מסו, חדתי לא מסו, **וכתב** הרא״ש ואפשר שגם רש״י מודה דעתיקי מעלי לרפואה טפי, אלא שמצריך דאותן עתיקי לא נתנו ע״ג מכה פעם אחרת, {נמצא דהחילוק שעושה רש״י בין חדתי לעתיקי, איירי שניהם בעתיקי, וצ״ע}, ורבינו כתב סתם כדברי הרא״ש אליבא דרש״י – ב״י› | ו שם בפרש״י | א שם קל״ה ברייתא וכת״ק | ב שם פלוגתא דאמוראי ופסקו הפוסקים לחומרא. פי׳ הולד היוצא מהאשה שפתחו בטנה, רש״י

עין משפט
נר מצוה

לא א ב ג מיי' פ"א מהל' מילה הלכה יא סמג עשין כח טוש"ע א"ח סי' שלא סעי' ה וטוש"ע י"ד סי' רסו סעיף ח וסעיף י:
לב ד מיי' שם הלכה א סמג שם טוש"ע יד סי' רסג סעי' ד:
לג ה מיי' וסמג שם ומיי' פי"ד מהל' איסורי ביאה הלכה ה טוש"ע י"ד סי' רסח סעי' א:
לד ו מיי' פ"א מהל' מילה הלכה יד ופכ"ה מהל' שבת הלכה י טוש"ע א"ח סי' של סעי' ז ח וי"ד סי' רסו סעי' יא בהג"ה:

מסורת הש"ס

[תוספ' פט"ז] יבמות עא.

[תוספ' פט"ז]

יבמות ע. כ"כ כ:

[לעיל מב. יבמות כח. כ"ק מד. סוכה טו.]

[כ"ב קי:]

אנדרוגינוס. ספק הוא ונולד בין השמשות נמי ספק זמנו הוא ספק אינו זמנו וכן נולד מהול ספק שמא ערלה כבושה היא העור דבוק בבשר ולקמיה פריך ספק קמא לאתויי מאי הואיל ותני כל הני ספיקי: **רבי יהודה אומר כו'.** לקמיה יליף מילתיה: **שב"ש אומרים צריך להטיף כו'.** ואפילו הכי מודו דשבת לא דחי: **שצריך להטיף.** חיישינן שמא ערלה כבושה היא: **על גר.** דליכא שום ספק ערלה כגון ערבי מהול: **בן ח' אין מחללין עליו.** שהרי כמת הוא ואין מילתו מצוה ואי קשיא א"כ לאו חילול הוא שהרי הוא כמחתך בבשר מת לקמן נמי מוקי האי חילול במכשירי מילה ואליבא דר' אליעזר: **מפני הסכנה:** מפני שחלב הרבה (ה) בדדיה ומביאה לידי חולי: **כת"ק.** אליבא דב"ה דאמר א"צ להטיף ממנו דם ברית: **אסדריה אאליסר מהולאי.** שיטיפו ממנו דם ברית ולא רצו משום דשבת הואי ואפילו לב"ש ספק הוא ואין מחללין: **עד דשוייה כרות שפכה.** והוא עצמו מלו ועשאו כרות שפכה שחתך מן הגיד: **אדרב.** דאמר א"צ להטיף: **בשבת מי אמר.** הא ספיקא הוא: **והוא סבר.** רב אדא סבר דודאי ערלה כבושה היא ומחללינן: **חיישינן.** הא דאמר ר"ש בן אלעזר לדברי הכל צריך להטיף אספיקא קאמר ובחול שמא ערלה כבושה היא ולענין שבת נמי ודאי לא מחללינן: **ודאי ערלה כבושה היא.** ומחללינן: **לאו מכלל דת"ק.** דר' אליעזר הקפר סבר דברי הכל מחללין ואהא דאמרי כוותיה: **ס"ג ומאי דילמא מכלל דת"ק סבר דברי הכל אין מחללין א"כ רבי אליעזר טעמא דב"ש אתא לאשמעינן כו'.** א"כ דתנא לעיל מיניה אמר דברי הכל אין מחללין ר' אליעזר הקפר דאתא לאיפלוגי ולמימר דלאו דברי הכל הוא דהא לב"ש מחללין מאי רבותא אשמעינן דב"ש פליגי בה הא ב"ש במקום ב"ה אינה משנה *ומשנינן דילמא הכי קאמר ר' אליעזר לת"ק דאמר בשבת לדברי הכל אין מחללין ופלוגתייהו בחול דלב"ה א"צ להטיף ממנו דם ברית הא ליתא דלא נחלקו בדבר זה אלא ודאי צריך ובשבת הוא דפליגי וטעמא דב"ה אתא לאשמעינן דבחול צריך ולאפוקי מת"ק דאמר לב"ה לא צריך: **כל שאין אמו טמאה לידה.** כגון יוצא דופן ונכרית שילדה ולמחר נתגיירה אין בנה ממתין עד שמנה אלא נימול מיד: **דורות הראשונים.** מאברהם עד מתן תורה שנתנה מילה ולא נהגו טומאה:
ונתחדשה

תורה אור

ולא ספק דוחה את השבת ערלתו ודאי דוחה את השבת ולא אנדרוגינוס דוחה את השבת רבי יהודה אומר אנדרוגינוס דוחה את השבת וענוש כרת ערלתו ודאי דוחה את השבת ולא נולד בין השמשות דוחה את השבת ערלתו ודאי דוחה את השבת ולא נולד כשהוא מהול דוחה את השבת שב"ש אומרים צריך להטיף ממנו דם ברית וב"ה אומרים אינו צריך *א"ר שמעון בן אלעזר לא נחלקו ב"ש וב"ה *על נולד כשהוא מהול שצריך להטיף ממנו דם ברית מפני שערלה כבושה היא על מה נחלקו על גר שנתגייר כשהוא מהול שבית שמאי אומרים צריך להטיף ממנו דם ברית ובה"א א"צ להטיף ממנו דם ברית: אמר מר ולא ספק דוחה את השבת לאתויי מאי לאתויי הא דתנו רבנן *בן שבעה מחללין עליו את השבת ובן ח' אין מחללין עליו את השבת ספק בן ז' ספק בן ח' אין מחללין עליו את השבת *בן שמונה הרי הוא כאבן ואסור לטלטלו אבל אמו שוחה ומניקתו מפני הסכנה איתמר רב אמר הלכה כת"ק ושמואל אמר הלכה כר"ש בן אלעזר רב אדא בר אהבה אתיליד ליה ההוא ינוקא כשהוא מהול אהדריה אתליסר מהולאי עד דשוייה כרות שפכה אמר תיתי לי דעברי אדרב אמר ליה רב נחמן ואדשמואל לא עבר אימר דאמר שמואל בחול בשבת מי אמר (א) הוא סבר ודאי ערלה כבושה היא דאיתמר רבה אמר חיישינן שמא ערלה כבושה היא רב יוסף אמר ודאי ערלה כבושה היא אמר רב יוסף מנא אמינא לה דתניא רבי אליעזר הקפר אומר לא נחלקו ב"ש וב"ה על נולד כשהוא מהול שצריך להטיף ממנו דם ברית על מה נחלקו לחלל עליו את השבת ב"ש אומרים מחללין עליו את השבת וב"ה אומרים אין מחללין עליו את השבת לאו מכלל דת"ק סבר מחללין עליו את השבת ודילמא ת"ק דברי הכל אין מחללין קאמר אם כן רבי אליעזר הקפר טעמא דב"ש אתא לאשמעינן דילמא ה"ק *לא נחלקו ב"ש וב"ה בדבר זה: *) אמר ר' אסי כל שאמו טמאה לידה נימול לשמונה וכל שאין אמו טמאה לידה אין נימול לשמונה שנאמר °אשה כי תזריע וילדה זכר וטמאה וגו' וביום השמיני ימול. בשר ערלתו א"ל אביי דורות הראשונים יוכיחו שאין אמו טמאה לידה ונימול לשמונה א"ל *נתנה תורה ונתחדשה

ויקרא יב

[בכורות לו:]

*) [נ"ל אמר רבה אמר ר' אסי כל שאמו וכו' וכן איתא בשאלתות ס' לג לג סי' פ וכ"א בר"ף והרא"ש]

ולא ספק דוחה את השבת. נראה לר"י דאסמכתא בעלמא הוא ולא איצטריך קרא להכי דהיכי תיסוק אדעתיה לחלל את השבת ולא ידענא אם הוא בר חיוב מילה או לא כדמפרש לקמן דספק נולד לז' או לח' ומשום נולד בין השמשות לא איצטריך נמי קרא דמוטב דתיבטל מצות מילה בשמיני מספיקא בשב ואל תעשה ואל יחלל שבת בידים מספק אלא נראה לר"י דעיקר האי קרא אתא לאנדרוגינוס שאינו דוחה שבת ונולד כשהוא מהול ומיהו לא מחד ערלתו נפקי דאין סברא לומר שקולים ויבואו שניהם אלא תרי קראי כתיבי חד במילה בזמנה וביום השמיני ימול בשר ערלתו וחד במילה שלא בזמנה *)דגדול וערל זכר אשר לא ימול בשר ערלתו (בראשית יז) א"כ קרא אתא לאנדרוגינוס ונולד כשהוא מהול מסברא ידעינן דאין צריך להטיף דם ברית ר"י. א"נ עיקר קרא לנולד כשהוא מהול ולאנדרוגינוס לא צריך קרא דהא נפקא ליה לר' יהודה לקמן דאנדרוגינוס טעון מילה מדכתיב כל זכר ורבנן הוו דרשי לדרשה אחריתי:
לא נחלקו על נולד כשהוא מהול שצריך להטיף ממנו דם ברית כו' על מה נחלקו על גר שנתגייר. השתא משמע דיותר יש להצריך הטפה לנולד כשהוא מהול מלנתגייר כשהוא מהול דהא לנולד כ"ע מודו ובגר איכא פלוגתא וא"כ לקמן דפסיק רב הלכה כת"ק ומשמע דכוותיה קי"ל מדקאמר רב אדא בר אהבה תיתי לי דעברי אדרב וכיון דקי"ל כת"ק בנולד כשהוא מהול שאין צריך להטיף ממנו דם ברית כ"ש גר שנתגייר כשהוא מהול וה"ג לא פסקו כן אלא פסקו דקטן א"צ וגר צריך ובקטן ודאי כדין פסקו כשמועתנו ובגר נמי נראה לר"י שסמכו אההיא דיבמות דפרק החולץ (דף מו:) דתניא הרי שבא ואמר מלתי ולא טבלתי מטבילין אותו ומה בכך דברי רבי יהודה ור' יוסי אומר אין מטבילין ואת"ל דא"צ להטיף ממנו דם ברית בנתגייר כשהוא מהול לרבי יוסי אמאי אין מטבילין הרי הוא מהול לפנינו מאי נפקא מינה אם לא מלו אותו ב"ד לא יהא אלא ערבי מהול וגבעוני מהול אלא ודאי צריך להטיף ממנו דם ברית ולכך אין מטבילין דאינו גר עד שימול ויטבול ונראה לרשב"א לתת טעם בדבר שהרי הסברא הפוכה מסברא דשמעתין והיינו טעמא דבין קטן שנולד כשהוא מהול ובין גר שנתגייר כשהוא מהול דין הוא דשניהם היו טעונים הטפת דם ברית אי לאו דדרשינן הכא דקטן אין צריך להטיף ממנו משום דכתיב ערלתו ודוקא בקטן דגלי גלי בגר דלא גלי לא גלי ור"ח פסק איפכא מה"ג:
בן שמנה הרי הוא כאבן ואסור לטלטלו. נראה לר"י דעכשיו מותר לטלטל כל תינוקות שאין אנו בקיאין וכולם כמו ספק בן ח' ספק בן ט' ופעמים שהאשה מתעברת סמוך לטבילתה ופעמים שאינה מתעברת ומיתר למולו בשבת ממ"נ כדאמרינן לקמן (דף קלו.) אפילו הוא בן שמנה ודאי כגון שלא בא על אשתו אלא פעם אחת ופירש וילדה לט' ח' אפילו הכי נראה לר"י דמותר לטלטלו ולמולו בשבת אם אין ריעותא בשערו וצפרניו כדאמר בפרק הערל (יבמות דף פ:) דאמרינן האי בר שבעה הוא ואשתהויי אשתהי: **מפני** הסכנה. סכנת חלב כשיש הרבה בדדין ולא חיישינן שמא תטלטל אותו ולא(ג) ידע רשב"א מאי איריא מפני הסכנה דאפילו לא יהא אלא צערא בעלמא מותר* אפילו (ד) היא לחלוב עצמה ולהוציא חלב שבדדין אע"פ שהיא מלאכה שאינה צריכה לגופה דחמיר איסורא טפי מאיסור טלטול נראה דשרי מידי דהוה אמפיס מורסא דשרינן משום צערא: **מכלל** דת"ק סבר ד"ה מחללין. ר' אליעזר הקפר ור"ש בן אלעזר תרווייהו קיימי את"ק וה"ק ליה ר"א הקפר לר"ש בן אלעזר לא כך יש להשיב על דברי ת"ק אלא הכי איח לן למימר לא נחלקו כו' והשתא דייק שפיר מכלל דת"ק סבר וכו'. פירוש רשב"א:
כתנאי

*) נ"ל דגדול ובדרך אם אינו פנוי לבא בזמנו שאף לודאי אינו דוחה

הגהות הב"ח

(א) גמ' מי אמר הואיל סבר: (ב) רש"י ד"ה מפני הסכנה וכו' שחלב הרבה. נ"ב ובתוס' יבמות דף ס פירש"י משום סכנת צינים: (ג) תוס' ד"ה מפני הסכנה וכו' שמא תטלטל אותו ולא ידענא מאי איריא כצ"ל ותיבת רשב"א נמחק: (ד) בא"ד אפי' לחלוב בעצמה כצ"ל ותיבת היא נמחק:

רבינו חננאל

יאות איתבור ליה כתירוציה דרב יהודה ורבה בר אבוה. דאי כתירוצי' דידיה דאוקמא למתניתין שאמרו חכמים מרחיצין ביום ראשון בשבת כדרכו ומזלפין ביום שלישי שחל להיות בשבת ר' אלעזר בן עזריה אומר אף מרחיצין ביום שלישי שחל להיות בשבת היה צריך לומר מפני שאמרו חכמים יום ג' שחל להיות בשבת מזלפין בא הוא ואמר מזלפין ואף מרחיצין אלא מכיון (כולא)[דלא]אמר כך שמעינן מינה שלא הזכירו חכמים ביום ג' שחל להיות בשבת לא רחיצה ולא זילוף. וממילא שמעינן דלית להו לרבנן ביום השלישי לא רחיצה ולא זילוף. ר' אלעזר בן עזריה אומר מרחיצין את המילה ביום השלישי שחל להיות בשבת שנאמר ויהי ביום השלישי בהיותם כואבים וכ"ש ביום ראשון וקיי"ל כר' אלעזר בן עזריה דאמרי' א"ר אבהו א"ר יוחנן הלכה כר' אלעזר בן עזריה בין בחמין שהוחמו בשבת ובין חמין שהוחמו בע"ש. בין הרחצת כל גופו בין הרחצת מילה. מפני שסכנה היא לו: **גופא** אמר רב אין מונעין חמין ושמן מע"ג מכה בשבת ושמואל אמר נותנין חוץ למכה ושותת ויורד למכה. ואע"ג דקיי"ל רב ושמואל הלכה כרב באיסורי הכא הלכה כשמואל דתניא כוותיה. אין נותנין חמין ושמן ע"ג מכה בשבת אבל נותן חוץ למכה ושותת ויורד למכה. תני רב נותנין ע"ג מכה מוך יבש וספוג יבש אבל לא נמי יבש ולא כתיתין יבשין. קשיא כתיתין אכתיתין. רישא קתני נותנין ע"ג המכה מוך יבש והוא כתיתין והדר תני ולא כתיתין יבשין ופרקינן לא קשיא הא בחדתי והוא מוך יבש מותר שאין השוכן כרמיה. אבל כתיתין ישנין אסורין. ועלה אמר אביי ש"מ האי נקרא מסר. פי' נקרא היא כתיתין והן סמרטוטין יבשים שיש עליהם סינוף צואה ריעי. כדגרסינן בע"ז ליתו נקרא מקיקלתא כו': **ת"ר** ערלתו ערלתו ודאי דוחה את השבת ולא ספק דוחה את השבת ערלתו ודאי דוחה את השבת ולא אנדרוגינוס דוחה את השבת וכו' אמר מר ולא ספק דוחה את השבת לאתויי הא דתנו רבנן בן ז' מחללין עליו את השבת בן ח' אין מחללין עליו את השבת ספק בן ח' אין מחללין עליו את השבת בן ח' הרי הוא כאבן ואסור לטלטלו בשבת. אבל אמו שוחה עליו ומניקתו מפני הסכנה. (צריך לכתוב תשלום הברייתא כמות שהיא בתוספתא). אתמר רב אמר הלכתא כת"ק דברייתא דאמר הא דתני ולא נולד כשהוא מהול דוחה את השבת שבית שמאי אומרים צריך להטיף ממנו דם ברית ובה"א אין צריך להטיף ממנו דם ברית ושמואל אמר הלכה כר' שמעון בן אלעזר שאמר לא נחלקו בית שמאי ובית הלל על הנולד מהול שצריך להטיף ממנו דם ברית דכיון שר' שמעון בן אלעזר סתמא א' יש לומר לא אמר אלא בחול אבל בשבת לא אמר דומיא דסיפא דקתני סיפא על מה נחלקו על גר שנתגייר כשהוא מהול שב"ש אומרים צריך להטיף ממנו דם ברית ובה"א אין צריך וברור הוא שאין מילה לגר בשבת ועל זה אמר שמואל הלכה כר' שמעון בן אלעזר והוא בחול ולא בשבת. וחלקו עוד בנולד כשהוא מהול רבה ורב יוסף רבה אמר חיישינן שמא ערלה כבושה היא ורב יוסף אמר ודאי ערלה כבושה היא וראינו דברי רבה שהן שוין בשבת דרב אמר הלכה כת"ק ודקדקנו דברי ת"ק שאמר ולא נולד כשהוא מהול דוחה את השבת ועל זה חלוקת ב"ש וב"ה ועליו אמרו ב"ה אין צריך להטיף ממנו דם ברית בשבת. ויש לומר אפילו בחול דהא סתם קאמר אין צריך להטיף ממנו דם ברית ומסתברא כרבה דאמר שמא ערלה כבושה היא. ומשמא אין מחללין את השבת וברור דבר זה דברי רבה שאמר מנא אמינא לה. דתניא ר' אליעזר הקפר אומר לא נחלקו ב"ש [וב"ה על הנולד כשהוא מהול שצריך להטיף ממנו דם ברית ועל מה נחלקו לחלל עליו את השבת שבית

רב נסים גאון

בוסנה דאתיא סקל ותוסר וגם זה פירשנו בפ' במה מדליקין: **מילה** דנכרתו עליה י"ג בריתות. מפורשין הן בתורה (בראשית יז) ואלו הן ואתנה את בריתי תשמר ואתנה בריתי אני הנה בריתי והקימותי את בריתי לברית עולם ואתה את בריתי תשמר והיתה בריתי בבשרכם לברית עולם את בריתי הפר והקימותי את בריתי לברית עולם את בריתי אקים את יצחק*: **ולא** שאני לך בין חמין שהוחמו בשבת לחמין שהוחמו מערב שבת. תמצא נשיאות ונתינות שבדבר זה ומה שנאמר עליו בפ' כירה (ד' לח) דתנן מעשה שעשו אנשי טבריא שהביאו סילון של צונן לתוך אמה של חמין אמרו להם חכמים אם בשבת כחמין שהוחמו בשבת אסורין ברחיצה[וכו'] ומותרין בשתיה ואוקימנה כר' שמעון דאסורין להשתטף בהן כל גופו ולענין חמין שהוחמו מערב שבת אמר שמואל לא התירו לרחוץ בהן אלא פניו ידיו ורגליו ותניא כוותיה דשמואל חמין שהוחמו מערב שבת למחר רוחץ בהן פניו ידיו ורגליו אבל לא ירחוץ בהן כל גופו ולר' שמעון מותר להשתטף בהן כל גופו ובפרק חבית (דף קמז) תמצא שיחזק דבר זה של ר' שמעון שמתיר להשתטף בהן כל גופו אסור לרחוץ בהן כל גופו: **בן** ח' הרי הוא כאבן. לפי מה שנולד לח' חדשים אי אפשר לו לחיות כל עיקר ותמצא פירושו בבראשית דר' אושעיא (פרשה יד) וייצר בב' יצירות יצירה לאדם ויצירה לחיות
יצירה

* פה חסרון וכפול ובלי סדרים והמעיין בפרשה ימצאם במלואם וכסדרם.

יו"ד סימן רסו ס"ח - [ג]מי שנולד בין השמשות, שהוא ספק יום ספק לילה, מונין מן הלילה ונימול לתשיעי, שהוא ספק שמיני. ואם נולד ערב שבת בין השמשות, אינו דוחה את השבת, שאין דוחין את השבת מספק; וכן אינו דוחה יו"ט מספק, ואפילו יו"ט שני של גליות (טור ר"ס זה בשם תשובת רא"ש). [ד]ואפי' לא הוציא אלא ראשו בין השמשות, אע"פ שיצא כולו בשבת, אינו נימול בשבת - וכתוב בסמ"ק, וצריך לדקדק באשה מקשה בערב שבת, אם הוציא ראשו חוץ לפרוזדור בערב שבת, אז אין מלין אותו בשבת, כי אם בערב שבת, וצריך לשאול לנשים, ואם אינן יודעות יש לילך אחר המנהג, ע"כ, וכ"כ הכל בו - ש"ך.

(**ועיין** בספר לבושי שרד שכ' בשם מהר"י עמדין, דהוצאת הראש חוץ לפרוזדור, היינו לאויר העולם דוקא, ולא לבית החיצון {ע"ל סי' רס"ב סק"ו}. **עוד** כתב וז"ל, אם לא קשתה האשה בין השמשות, ולא נראו לה חבלי לידה עד כניסת שבת, אפילו בתחלת ליל שבת מיד, אז ודאי לא חיישינן שמא הוציא ראשו קודם שבת, **אבל** אם נמשך זמן קישוי בהש"מ, וילדה בתחלת הלילה, יש לנו לחוש לחומר איסור שבת, דקרוב הדבר שהוציא הראש לפני שבת, ולא יהיה אלא ספק, אינו דוחה, ואע"פ שלא ידעו מזה לא היולדת ולא המילדת, אימור לאו אדעתייהו אגב דטרידי, **וכי** שיילו להו ואמרי דידעו שהוציא ראשו לפני שבת, או שלא הוציא, פשיטא שאין לנו אלא דבריהן, בין לדחות שבת בין שלא לדחותו, **ומשנפתח** הקבר ואינה יכולה לילך, בידוע שהוציא העובר ראשו, עכ"ל - פת"ש).

יו"ד סימן רסו ס"י - [ה]קטן שנולד כשהוא מהול - ‹אין מטיפין ממנו דם ברית בשבת, דכתיב: וביום השמיני ימול, דהיינו מילה פריעה מציצה, אבל להטיף דם ברית בלא מילה לא התירה, ועוד דהטפת דם ברית דרבנן ואינו דוחה שבת›, [ו]**ומי שיש לו שתי ערלות** - ‹פי' שני עורות זה על זה, אי נמי שני גידין, דכתיב: ימול בשר ערלתו, ולא מי שיש לו ב' ערלות›, [ז]**ואנדרוגינוס** - ‹דכתיב: וילדה זכר וגו' ועליה קאי וביום השמיני ימול וגו', זכר ודאי ולא ספק›, [ח]**ויוצא דופן** - ‹שאין אמו טמאה לידה ממנו, דוילדה כתיב, ממקום לידה ולא יוצא דופן›, [ט]**ויליד בית שלא טבלה אמו עד שילדה** - ‹או נכרית שילדה ואח"כ נתגיירה, שבגיותה אינם טמאות לידה, דדמן כדם בהמה›, **אע"פ שנימולים לשמונה** - וכדלעיל סי' רס"ב ס"ד, ‹דאזלינן לחומרא›, **אינם דוחים את השבת** - ‹דכתיב: אשה כי תזריע וילדה זכר וטמאה שבעת ימים, ועליה קאי וביום השמיני ימול וגו', אבל מי שאין אמו טמאה לידה ממנו, אין מלין אותו בשבת - לבוש›.

(**ועיין** בתשובת אא"ז פנים מאירות שכתב, שראוי להזהיר למוהלים כשרואים ב' עורות זה על זה, שלא יפרעו עוד בשבת, וימתינו עד אחר שבת, דאין סכנה אם לא יפרעו עד אחר שבת, וע"ש עוד - פת"ש).

אות ד'

על נולד כשהוא מהול שצריך להטיף ממנו דם ברית

יו"ד סימן רסג ס"ד - [י]נולד כשהוא מהול, צריך להטיף ממנו דם ברית - ‹חייבו חכמינו ז"ל להטיף ממנו מעט דם, להכניסו בברית של אברהם אבינו - לבוש›. **ואין** מברכין על המילה אא"כ נראית לו ערלה כבושה, טור, **וכתב** הב"ח, דהא אם היה ודאי ערלה כבושה, היה דוחה שבת, א"כ עכשיו דאינו ודאי אלא נראית לו וקרוב לודאי שהיא ערלה כבושה, אע"ג דאינה דוחה שבת, מ"מ צריך לברך על הטפת דם ברית, ע"כ, וע"ל סי' רס"ה ס"ק ח' - ש"ך.

ומיהו בנחת, וצריכה מילתא למבדקה יפה יפה – [פי' שמא יש שם ערלה כבושה, דהיינו שהעור נדבק מאוד בבשר], **בידים ובמראית עינים, ולא בפרזלא דלא לעייק ליה** - אבדיקה קאי, שיש שנולד מהול בודקין אותו אם לא נמצא ערלה כבושה, או שאר שום יתר, ועל זה אמר דהאי בדיקה תהיה בנחת בידים במראית עינים ולא בפרזלא, גם ע"ז מסיים אח"כ, ורואין היאך מלין כו', פרישה - ש"ך, [ולא כי"מ שאמילה קאי, שיעשה חריץ בצפורן – ט"ז], **ורואים ונזהרים היאך מלין אותו; וממתינים לו הרבה ואין חוששין ליום שמיני, שלא יביאוהו לידי סכנה.**

אות ה'

על גר שנתגייר כשהוא מהול... צריך להטיף ממנו דם ברית

יו"ד סימן רסח ס"א - [יא]גר שנכנס לקהל ישראל, חייב מילה תחילה. [יב]ואם מל כשהיה עובד כוכבים (או שנולד מהול) (טור בשם הרא"ש), צריך להטיף ממנו דם ברית, ואין מברכין עליו - ‹לפי דמספקא לן אי מטיפין אי לא, הלכך מספק יש להחמיר ולהטיף, אבל אין מברכין מספק, דקי"ל ספק ברכות להקל, וע"ל סימן רס"ה ס"ג, עכ"ל הש"ך - באה"ט›. [יג]**ואם נכרת הגיד, אין מילתו מעכבת מלהתגייר וסגי ליה בטבילה. (טבל קודם שמל, מועיל, דבדיעבד הוי טבילה) (ב"י בשם הרמב"ן וכ"כ המ"מ) (וי"א דלא הוי טבילה) (נ"י פרק החולץ בשם הרא"ה).**

באר הגולה

ג משנה שם דף קל"ז ע"א ד מעובדא דההוא גברא {נדה דף מ"ב:} וציינתיו לעיל בסי' רס"ב סעיף ד' וע"ש ה ברייתא שם בשבת דף קל"ה ע"א ו שם ע"ב פלוגתא דאמוראי ולא אפסקא הלכה כמאן ולחומרא ז טור בשם הרמב"ם בפ"א מה"מ הי"א וכרבנן שם בברייתא, ולדעת הב"י גם הרי"ף ס"ל דאינו דוחה שבת דספוקי מספקא ליה כמ"ש הרי"ף שם ח גם זו שם בפלוגתא דאמוראי ולא איפסקא הלכה כמאן ולחומרא ט הרא"ש שם בפסקיו י טור בשם הרי"ף שכן כ' רב האי גאון ורבנן קמאי וכו', וכהנך תנאי ואמוראי דסברי דצריך להטיף ממנו דם ברית, שבת דף קל"ה ע"א, וכ"כ הרא"ש שם דחייב, ובסי' רס"ה סעיף ג' נתבאר שאינו צריך ברכה יא ברייתא יבמות דף מ"ו ע"א וכחכמים יב טור בשם הלכות גדולות ואביו הרא"ש, כרשב"א בברייתא שבת דף קל"ה ע"א, וכן כתב הרמב"ם יג שם בשם אביו הרא"ש (ובשם גאון) וכ"כ התוס' ביבמות דף מ"ו ע"ב

אות ו'

<u>בן שבעה מחללין עליו את השבת, ובן שמנה אין מחללין עליו את השבת; ספק בן שבעה ספק בן שמונה אין מחללין עליו את השבת. בן שמונה הרי הוא כאבן, ואסור לטלטלו; אבל אמו שוחה ומניקתו מפני הסכנה</u>

סימן של ס"ז - והני מילי בנולד לט' או לז', [יד]אבל נולד לח' - דודאי לא חיי, **או ספק בן ז' או בן ח', אין מחללין עליו** - דכיון דמספקא לן אם היה בן קיימא מעולם, לא מחללינן, **ולא** דמי להא דיושבת על המשבר בסעיף ה', דהתם מיירי דכלו לו חדשיו.

[טו]אלא אם כן גמרו שערו וצפרניו - קאי גם אבן ח', והטעם, דאמרינן שהוא בן שבעה ואשתהויי הוא דאשתהי, **ובבאור** הגר"א נשאר בדין השו"ע בצ"ע, ודעתו דלענין חלול שבת לא סמכינן אגמרו לחוד, כי אם דוקא כששהה ג"כ שלשים יום, **ורק** לענין טלטול התינוק, [או לענין מילה, משום דמהלינן לה ממ"נ, כדאיתא בגמ' קל"ו], נוכל לסמוך אסימנא דגמרו לחוד.

‹דין זה העתיק המחבר מהטור, וכפי הנראה הוא כמו שכתב הב"י דמקורו הוא מהא דשבת קל"ה בברייתא, **בן ז' מחללים עליו וכו' ובן ח' אין מחללין עליו, ספק בן ז' או בן ח' אין מחללים, בן ח' הרי הוא כאבן וכו', ומפרש הטור דכונת הברייתא לענין חילול שבת ממש, לרפאותו ולהחיותו, דאם היה מפרש דהברייתא מיירי לענין למולו בשבת, לא היה מדייק** ‹הטור› **מזה דאין מחללין, דמילה לא מהלינן מספיקא ביום השבת, אבל חילול שבת לרפואה מחללינן מספיקא, כדקי"ל בנפל גל ספק חי ספק מת מפקחין, ולכאורה הלא בגמרא שם מוכח דהברייתא אמילה קאי, וכן פירש"י שם** ‹ד"ה בן›, **וי"ל דגם הטור מודה לזה, אלא דסובר דברייתא כוללת שניהם, מדקאמר שם לישנא דסתם חלול, ואין להקשות בדף קל"ו דקמותיב מהאי ברייתא, לימהליה ממ"נ, והוצרך לאוקמיה במכשירי מילה ואליבא דר"א, יותר הו"ל לאוקמיה לענין חלול שבת ממש לבד, וכפשטיה דלישנא דברייתא, אלא ודאי דס"ל להגמרא דהברייתא לענין מילה מתנייא, וי"ל דאי הוה מתרץ ליה כן הוי מקשה ליה מברייתא קמייתא, דאמר שם ערלתו ודאי דוחה את השבת ולא ספק דוחה את השבת, אכן מדברי הרמב"ם שלא העתיק דין זה רק בהל' מילה, משמע דסובר דברייתא זו רק לענין מילה מתנייא, והנה בבה"ג לענין ספק בן חי"ת, כתב בהדיא: ולענין אחולי שבתא מחללינן מספיקא, דקאמרינן כל ספק נפשות להקל. והבה"ג מבואר, שגם בעוברין, ואפי' קודם מ' יום, דמיא בעלמא הוא, אעפ"כ מחללים, והריטב"א פסק כדעת הבה"ג›.**

סימן של ס"ח - [טז]נולד לח', או ספק בן ז' או בן ח', שלא גמרו שערו וצפרניו, אסור לטלטלו - [יז]והאחרונים הסכימו, דדוקא כשידוע שהוא בן ח', כגון שבעל ופירש, אבל מספק מטלטלינן כל תינוק.

אבל אמו שוחה עליו ומניקתו מפני צער החלב שמצערה; [יח]וכן היא בעצמה יכולה להוציא בידה החלב המצער אותה - על הארץ, דאין זה כדרך מפרק, כיון שהולך לאיבוד, **ועוד** דהוי מלאכה שאצ"ל דפטור, ומשום צערא לא גזרו, כמו מפיס מורסא.

יו"ד סימן רסו סי"א - [יט]מי שנולד בחדש השביעי, מלין אותו בשבת אפילו אם לא גמרו שערו וצפרניו - דבן קיימא הוא. **אבל מי שנולד בחדש השמיני, אין מלין אותו בשבת אלא אם כן גמרו שערו וצפרניו** – [דאז אמרינן שזה הולד היה לו להוולד בחודש הז', שאז נגמר, אלא שנשתהא לחודש הח' – ט"ז]. **[כ]והוא הדין לספק בן שבעה ספק בן שמונה, שאין מלין אותו בשבת אלא אם כן גמרו שערו וצפרניו.**

הגה: וי"א דמהלינן ליה הואיל וספק בן שבעה הוא, אלא דאין מחללין עליו השבת בשאר דברים (סמ"ג וכן משמע מהרי"ף והרא"ש וטור), וכן נראה לי עיקר – ‹עיין בדף קל"ו. להנושא כלים, דשם מקומו›.

[כא]סימן שלא ס"ג - [כב]בן ח', אם גמרו שערו וצפרניו, מלין אותו בשבת - דאף דבן חי"ת בעלמא לאו בר קיימא הוא, בזה שגמרו, אמרינן האי בר שבעה הוא, ואשתהויי אשתהי הולד בבטן אמו.

ואם לא גמרו, אפי' אם הוא ספק בן ז' ספק בן ח', אין מלין אותו בשבת - וה"ה ספק בן חי"ת ספק בן טי"ת, **והטעם** בכל זה, דלא מחללינן שבת מספיקא. **ואין צריך לומר בן ח' ודאי.**

[כג]ואם הוא בן שבע ודאי - היינו שבעל אותה ופירש עד שהוכר עוברה, **אפי' לא גמרו שערו וצפרניו, מלין אותו** - אבל לא סמכינן לומר דמסתמא נתעברה אחר ליל טבילה, או משעה שפסקה לראות דם, דאין זה הוכחה ברורה.

(ועיין ביו"ד סי' רס"ו) - דשם מבואר דעת רמ"א, דספק בן חי"ת או בן זיי"ן אפילו לא נגמר שערו וצפרניו, מלין בשבת ממ"נ, דאי בר מילה הוא שפיר מהיל, ואי לא, מחתך בבשר בעלמא הוא, ואין בזה משום חבורה כיון דהוי נפל, **והנה** בב"ח וט"ז דעתם לפסוק כהשו"ע, **אבל** בא"ר הביא בשם ספר לחם משנה, שהמנהג למול ספיקות, וגם במאירי כתב שכן דעת כל הגאונים, וכ"כ הרדב"ז, **ונהרא** נהרא ופשטיה.

באר הגולה

יד שם קל"ה ברייתא **טו** שם בתוס' ‹ד"ה בן› והרא"ש **טז** שם ברייתא ושם **יז** ‹וכן משמע בגמ' והפוסקים – מ"א, ועיין תוס' ד"ה בן› **יח** שם תוס' ורא"שורי"ו ‹פי' רש"י מפני הסכנה, מפני שחלב הרבה בדדיה ומביאה לידי חולי, וכתבו התוס' (ד"ה מפני) והרא"ש דלאו דוקא סכנה, אלא בשביל צערא בעלמא מותר, ולא עוד אלא אפי' לחלוב היא בעצמה וכו' – ב"י› **יט** ברייתא שבת דף קל"ה. וכדמוקי לה ביבמות דף פ. **כ** ב"י לדעת הרי"ף והרא"ש והרמב"ם **כא** ‹ע"פ הבאר הגולה› **כב** שם קל"ה ברייתא וגמ' ‹כל שגמרו שערו וציפרניו מחללין עליו את השבת להרי"ף והרא"ש, ואפי' הוא בן ח' ודאי, ומש"כ ברייתא דקתני וכו' בן ח' אין מחללין עליו את השבת וכו', סמכו על מש"כ בפ' הערל, דאוקמוה להאי ברייתא התם בגמ' בשלא גמרו שערו וציפרניו – ב"י, **וכמש"כ** בתוס' הנ"ל› **כג** הרי"ף והרא"ש ‹וכדתניא בן ז' מחללין עליו את השבת, ואוקימנא להאי ברייתא בפ' הערל, בשלא גמרו שערו וציפרניו – ב"י›

ונתחדשה הלכה אינו והא איתמר יוצא דופן *ומי שיש לו שתי ערלות רב הונא ורב חייא בר רב חד אמר מחללין עליו את השבת וחד אמר *אין מחללין עד כאן לא פליגי אלא לחלל עליו את השבת ^באבל לשמנה ודאי מהלינן ליה *הא בהא תליא כתנאי יש יליד בית שנימול לאחד ויש יליד בית שנימול לשמנה יש מקנת כסף שנימול לאחד ויש מקנת כסף שנימול לשמנה יש מקנת כסף שנימול לא' ויש מקנת כסף שנימול לשמונה כיצד ^ללקח שפחה מעוברת ואח"כ ילדה זהו מקנת כסף הנימול לשמונה לקח שפחה וולדה עמה זו היא מקנת כסף שנימול לאחד ויש יליד בית שנימול לשמנה ^כיצד לקח שפחה ונתעברה אצלו וילדה זהו יליד בית הנימול לשמנה רב חמא אומר ילדה ואח"כ הטבילה זהו יליד בית שנימול לאחד הטבילה ואחר כך ילדה זהו יליד בית הנימול לשמנה ותנא קמא לא שני ליה בין הטבילה ואח"כ ילדה בין ילדה ואח"כ הטבילה דאע"ג דאין אמו טמאה לידה נימול לשמנה (אמר רבא) בשלמא לר' חמא משכחת לה יליד בית נימול לא' יליד בית נימול לח' מקנת כסף נימול לא' ומקנת כסף נימול לח' ילדה ואח"כ הטבילה זהו יליד בית שנימול לאחד הטבילה ואח"כ ילדה זהו יליד בית שנימול לח' מקנת כסף נימול לשמנה כגון שלקח שפחה מעוברת והטבילה ואח"כ ילדה מקנת כסף נימול לאחד כגון °שלקח זה שפחה וזה עוברה אלא לת"ק בשלמא כולהו משכחת להו אלא יליד בית נימול לאחד היכי משכחת לה א"ר ירמיה בלוקח שפחה לעוברה הניחא *למ"ד קנין פירות לאו כקנין הגוף דמי אלא למ"ד קנין פירות כקנין הגוף דמי מאי איכא למימר אמר רב משרשיא בלוקח שפחה ע"מ שלא להטבילה *תניא רשב"ג אומר ^כל ששהה ל' יום באדם אינו נפל שנאמר °ופדויו (במדבר יח) מבן חדש תפדה ^°שמנת ימים בבהמה אינו נפל שנאמר °ומיום השמיני והלאה ירצה (ויקרא כב) לקרבן וגו' הא לא שהה ספיקא הוי מימהל

תוספות

כתנאי יש יליד בית כו'. תימה היכי משמע ליה מתוך הך ברייתא דרבי חמא תלי טעמא בטומאת לידה לעולם אימא לך דסבר יוצא דופן נימול לח' והאי דמצריך טבילה בשפחה משום דבענין אחר אינה חשובה גיורת עד שתטבול כדנפקא לן ביבמות בפרק החולץ (דף מו:) :

כגון שלקח זה שפחה וזה עוברה. פירש בקונטרס דהוי מצי למימר כגון שלקח שפחה מעוברת וילדה קודם טבילה אלא רבותא נקט דאפילו בטבלה ואח"כ ילדה משכחת לה מקנת כסף נימול לח' וקשה לר"י דא"כ מ"מ דלעיל ה"ל למינקט נמי הך רבותא ואמאי קאמר (ג) מקנת כסף נימול כו' אפילו לקח מעוברת נמי אלא שלקח זה שפחה וזה עוברה אלא ודאי לקח זה שפחה וזה עוברה הוי שפיר דומיא דלכם וכגירסת שאילתות דרב אחאי. נראה לר"י דגרס כגון שלקח שפחה וולדה עמה מיהו תימה לר"י דהוה מצי למינקט רבותא אפילו בלא ולדה עמה כגון שלקח שפחה מעוברת וילדה קודם טבילה וי"ל דניחא ליה למינקט כדקתני בברייתא במילתיה דת"ק ועוד אומר ר"י דמשום דהנך קראי נימול לאחד ונימול לשמונה דיליד בית ומקנת כסף כתיבי בפרשת לך לך הלכך ניחא להשמיענהו בכה"ג דשייך קודם מתן תורה דלא הוה טבילה ואע"ג דיליד בית נימול לח' לר' חמא לא משכחת לה אלא אחר מתן תורה בילדה ואח"כ טבלה מיהו כל מה שיכול לקיים לפני מתן תורה מקיים: כגון שלקחה ע"מ שלא להטבילה. וכדמפר' ביבמות בפרק החולץ (דף מח:) דלוקח על מנת שלא לגיירו יכול להשהותו הרבה:

כל ששהה שלשים יום באדם וח' ימים בבהמה. אינן שוין דיום שמנה כלאחר שמנה כדמוכח לקמן דעבד להו עיגלא תילתא ביומא דשבעה וקאמר אי איתרחיתו עד לאורתא הוה אכלינן מיניה ויום שלשים כלפני שלשים כדתנן בבכורות בפ' יש בכור לנחלה (דף מט.) ואפילו רבי עקיבא דפליג לא קאמר אלא דמספקא אם הוא כלפני שלשים או כלאחר שלשים ולענין אבילות אפילו ר"ע מודה דהוה כלפני שלשים משום דהלכה כדברי המיקל באבל:
מימהל

רש"י

ונתחדשה הלכה. דמי שאמו טמאה לידה נימול בח' ולא אחר: יוצא דופן. שנקרעת אמו: שתי ערלות. שני עורות זה על זה* ואמרי לה שני גידין: אבל לשמנה ודאי מהלינן. ואע"ג דיוצא דופן אין אמו טמאה לידה: הא בהא תליא. וחילול שבת תלי במילה לח' דמי שנימול לח' דוחה שבת ומי שאינו נימול לח' אינו דוחה השבת דכי כתיב וביום השמיני דילפינן מיניה ואפילו בשבת בנימול לח' כתיב: כתנאי. הא דרב אסי: ה"ג הא מילתא בשאלתות דרב אחאי* כיצד לקח שפחה (א) ואחר כך ילדה זהו מקנת כסף שנימול לשמונה לקח שפחה וולדה עמה זהו מקנת כסף שנימול לאחד לקח שפחה ונתעברה אצלו וילדה זהו יליד בית שנימול לח' רבי חמא אומר הטבילה ואחר כך ילדה זהו יליד בית שנימול לח' ילדה ואח"כ הטבילה זהו יליד בית שנימול לא' בשלמא לר' חמא משכחת לה יליד בית כדקתני מקנת כסף שנימול לשמנה כגון שלקח שפחה ואחר כך ילדה נימול לח' נמי כגון שלקח שפחה וולדה עמה אלא לת"ק כו' ובספרים שלנו כתיב נימול לאחד כמי כגון שלקח זה שפחה וזה עוברה ונראה בעיני דהא דלא גרים בשאלתות כגון שלקח זה שפחה וזה עוברה משום דקשיא ליה מאי דוחקיה לאוקמיה בשני לקוחות ולשטיי גירסא דסיפא מרישא דקתני לקח שפחה וולדה זהו מקנת כסף שנימול לח': יש יליד בית שנימול לא'. דהרי קראי כתיבי ביליד בית ומקנת כסף חד כתיב ביה ח' וחד לא כתיב ביה ח' (בראשית יז) המול ימול יליד ביתך ומקנת כספך ולא מפרש ביה לח' ימים וכתיב (שם) ובן שמונת ימים ימול לכם כל זכר לדורותיכם יליד בית ומקנת כסף ומסתברא דהאי דמפרש ביה לשמנה הייני היכא דדמי לישראל מעליא שנולד בביתו של ישראל משקנאו דדומיא דלכם בעינן דכתיב בההוא קרא ימול לכם כל זכר והדר יליד בית ומקנת כסף הלכך לקח שפחה מעוברת וילדה הרי זה מקנת כסף דגוף שלם הוא דבמעי אמו וקנאו שנימול לח' דדומיא דלכם הוא שנולד ברשותו של ישראל לקח שפחה וולדה עמה שכבר ילדתו ואע"פ שלא עברו עליו ח' ללידתו מלו מיד כדכתיב המול ימול וגו' דלאו דומיא דלכם הוא לקח שפחה ונתעברה אצלו לא הוי עובר מקנת כסף אלא יליד בית שנימול לח' דדומיא דלכם הוא ולקמיה מפרש יליד בית הנימול לאחד אליבא דת"ק: רבי חמא אומר. הטבילה לשם עבדות וחלה עליה שם תורת שפחה ישראל דנתחייבה בכל מצות שהאשה חייבת בהן והויא טמאה לידה זהו יליד בית שנימול לח': ילדה והטבילה זהו יליד בית שנימול לאחד. דכל שאין אמו טמאה לידה אין ממתינין לו לח' כרב אסי: בשלמא לרבי חמא. דשני בין הטבילה ואחר כך ילדה לילדה ואח"כ הטבילה: משכחת לה. כולהו יליד בית נימול לאחד ילדה ואח"כ הטבילה יליד בית נימול לח' הטבילה ואח"כ ילדה ושניהם בשנתעברה אצלו דלא הוי מקנת כסף. מקנת כסף נימול לח' כגון שלקח שפחה מעוברת וילדה לאחר שהטבילה. מקנת כסף הנימול לא' כגון שלקח זה שפחה וזה עוברה דכיון דאין לבעל העובר חלק באמו לאו דומיא דלכם הוא ה"ה נמי דמצי לפלוגי במקנת כסף בין ילדה ואחר כך הטבילה בין הטבילה ואחר כך ילדה ולמימר מקנת כסף נימול לח' כגון שלקח שפחה מעוברת ועוברה וילדה ואחר כך הטבילה אלא רבותא אשמעינן דאפילו בהטבילה ואח"כ ילדה משכחת לה והא דשני מקנת כסף נימול לא' לרבי חמא מלת"ק ולא אמר כגון שלקח שפחה וולדה עמה משום דאם כן ילדה קודם טבילה היא ומאי איריא טלד קודם שלקחה אפילו טלד משלקחה נמי לרבי חמא נימול לח': אלא יליד בית נימול לא' היכי משכחת לה. הא ודאי דומיא דלכם הוא אלא ולאו בטומאת לידה תליא לדידיה: בלוקח שפחה לעוברה. ואפילו מישראל דהוי' טמאה לידה שכבר טבלה לאו דומיא דלכם הוא דאין לו חלק באמו: הניחא כו'. פלוגתא דר"ל ורבי יוחנן בבבא בתרא (דף קלו:): שלקחה על מנת שלא להטבילה. דלא שייכא בה תורת חובת מצות כלל דלאו דומיא דלכם הוא אבל לטומאת לידה לא חיישינן בילדה ואח"כ הטבילה: ופדויו. בבכור אדם כתיב: מבן חדש. מדתלי בהכי שמע מינה עכשיו נתברר שהוא בן קיימא ולא קודם לכן: הא לא שהה. שלשים יום באדם ובבהמה ח' ימים ספיקא הוי הש"ס פריך עלה:
מימהל

עין משפט נר מצוה

לה א מיי' שם הלכה יא טוש"ע א"ח סי' שלא סעיף ה וי"ד סי' רסו סעיף י:

לו ב מיי' שם הלכה ז סמג עשין כז טוש"ע י"ד סי' רסב סעיף ג וסימן רסו סעיף י:

לז ג ד מיי' שם הלכה ד ה סמג שם טוש"ע י"ד סי' רסו סעיף א:

לח ה מיי' שם הלכה יג ופ"א מהל' יבום וחליצה הלכה כב ופ"ב מהל' רוצח ושמירת נפש הלכה ו ופ"א מהל' אבל הלכה ו סמג עשין נא ועשין דרבנן ב טוש"ע י"ד סי' שמ סעיף ל וסי' שעג סעיף ד וסי' שעה סעיף ו וטוש"ע אה"ע סי' קנו סעיף ד:

לט ו מיי' פ"ד מהל' מאכלות אסורות הלכה ד (ופ"ג מהל' איסורי מזבח הלכה ח) סמג לאוין קכ וקלג עשין קעח:

רבינו חננאל

שמאי] אומרים מחללין ובה"א אין מחללין ודייק רבה מדברי ר' אליעזר הקפר מכלל דת"ק סבר דברי הכל אין מחללין ואמר רבה אנא דאמרי בת"ק לדברי הכל ואקשינן על הדין רוקיא דרבה א"כ ר' אליעזר הקפר טעמא דב"ש אתא לאשמעינן כלומר אם ת"ק אמר דברי הכל מחללין ור' אליעזר הקפר אמר כי ב"ה סבירא להו אין מחללין למה חלק על ת"ק. ת"ק אמר דברי הכל אין מחללין והוא עוד אמר כי בה"א אין מחללין והלכה כמותם. לא בא אלא לפרש טעמא דב"ש מה הוצרך לזה. והא בהדיא קיי"ל ב"ש במקום ב"ה אינה משנה פריק רבה דלמא ת"ק אמר לא נחלקו אלא בלהטיף ממנו דם ברית ור' אליעזר הקפר אמר לא נחלקו בזה אלא לחלל עליו את השבת נחלקו. וביקש רבה להעמיד דבריו כד"ה אליבא דתנא [קמא] ולא נתברר אבל עמדו דבריו כב"ה אליבא דר' אליעזר הקפר ונמצאו דבריו ודברי רב שאמר הלכה כת"ק דבר אחד. וקיי"ל הלכתא כרב באיסורי. ועוד רבה ורב יוסף הלכתא כרבה בר משרת קנין ומתנה הלכך כוותייהו עבדינן וקיי"ל דנולד כשהוא מהול צריך להטיף ממנו דם ברית שמא ערלה כבושה היא. ואם חל ח' שלו בשבת אין מחללין עליו את השבת וכן הלכה. ומעשה דרב אדא בר אהבה ברור הוא והזכירוהו בתלמוד א"י בלשון הזה. רב אדא בר אהבה איתיליד ליה חד בר (בן) [כן] מסמס בית מית רבי אבין אמר פצוע דכא נעשה ונתענה עליו ומת. גר שנתגייר כשהוא מהול אין לו תקנה אבל הוא בעצמו לא: אמר רבה אמר רב אסי כל שאמו טמאה לידה נימול לשמונה כו' מסתברא שלא בא רבה אלא למעט בן הנכרית שאין אמו טמאה לידה. אם יקנהו אין נימול לח' שבן בת ישראל ובן הגיורת ובן השפחה אמה טמאה לידה שכך שנינו בענין אשה כי תזריע בני ישראל בענין הזה. ואין הנכרים בענין הזה או בני ישראל אין לי אלא בני ישראל טניין לרבות את הגיורת ואת השפחה בין משוחררת ובין שאינה משוחררת ת"ל אשה כי תזריע וילדה זכר וטמאה ג' הא אפילו שפחה טמאה ושקשינן עלה הכל שאמו טמאה לידה נימול לשמונה ומי שאין אמו טמאה לידה אינו נימול לשמנה. והרי יוצא דופן שאין אמו טמאה לידה דתניא וילדה עד שתלד ממקום הולד פרט ליוצא דופן ר' שמעון אומר יוצא דופן הרי הוא כילוד וחייבין עליו קרבן ובלבד שהוא פטור מחמש סלעים ואתמר יוצא דופן ומי שיש לו ב' ערלות רב הונא ורב חייא בר רב חד אמר מחללין עליו את השבת וחד אמר אין מחללין עליו את השבת עד כאן לא פליגי לחלל עליו את השבת אבל ודאי לשמונה מהלינן ליה. ופרקי' הא בהא תליא האומר מחללין עליו את השבת סבר נימול לח' והאומר אין מחללין סבר אינו נימול לשמונה ואמרי דדברי רבה כתנאי זה התנא שאמר לקח שפחה ועוברה עמה נימול לח'. פי' קנה שפחה גויה ועוברה נמצא זה העובר מקנת כסף וקודם שיטבלנה עורה בגיותה ילדתו כיון שיגיע ליום שמיני חייב למולו ואע"פ שילדתו בגיותה שאינה טמאה לידה ואמר התנא זהו מקנת כסף הנימול [לשמונה]. דלא כרבה ורב אחא אמר ילדה כו'. קיי"ל דכולהו תנאי מא"י אינון לפיכך קרי להו רבי בר מתלת דוכתי. ואע"ג דתנאי אינון קרי להו רב. רב אבא בהאשה שנפלו לה נכסים. ורב אבא נמי בג' שאכלו כאחד. ורב חמא בהרא דוכתא. ורב אחא אמר ילדה ואח"כ הטבילה מאחר שאין אמו טמאה לידה אינו נימול לשמונה אלא ליום אחד כרבה. וזהו שאמר רבה לרב חמא דבעי טבילה משכחת לה יליד בית נימול לשמונה כגון שהטבילה ואח"כ ילדה. מקנת כסף נימול לשמונה כגון שלקח שפחה ועוברה עמה. וגם זו הטבילה ואח"כ ילדה ומפני מה לא פירש בה טבילה כיון שהפרש מקודם לזה בין הטבילה ואח"כ ילדה ובין ילדה ואח"כ הטבילה. (סימי) [מי] לא שמעת לה לקח שפחה ועוברה עמה. זהו מקנת כסף שנימול לשמונה. לקח

רב נסים גאון

יצירה למ' ויצירה לו' רב הונא אמר נוצר למ' ונוצר לו' חי לח' אינו חי: הניחא למאן דאמר קנין פירות [לאו] כקנין הגוף דמי אלא למאן דאמר קנין פירות (לאו) כקנין הגוף דמי. ומחלוקת היה על זה בין ר' יוחנן ובין ריש לקיש ותמצא מחלוקתם בהרבה מקומות מן התלמוד בגמ' גיטין בפרק השולח גט לאשתו (דף מז) איתמר המוכר שדהו לפירות ר' יוחנן אמר מביא וקורא ריש לקיש אמר מביא ואינו קורא ר' יוחנן אמר מביא וקורא קנין פירות כקנין הגוף דמי ריש לקיש אמר מביא ואינו קורא קנין פירות לאו כקנין הגוף דמי ובבבא בתרא בפרק יש נוחלין (קלו) סבר הבן בחיי האב וכו' ובמס' יבמות בפרק החולץ (לו) כמו כן

מסורת הש"ס

[פי' רש"י יבמות עב. ד"ה פי' שיש לו]
[יבמות עב.]
[פסחת לך לך סימן פ]
[מגילה ו: מיר יח: תמור' יח.]
ב"ק פח: בימ נו. ב"ב קנו: קלו. יבמ' לו: [גיטין מז. מח. ערכין ס:]
[יבמות שם ודף פ:] נדה מד: [תוס' ספ"ז]

הגהות הב"ח

(א) רש"י ד"ה ה"ג הא מילתא וכו' כיצד לקח שפחה מעוברת ואח"כ וכו' שנימול לשמונה כגון שלקח שפחה מעוברת והטבילה ואח"כ ילדה: (ב) תוס' ד"ה כגון שלקח זה וכו' כך רבותא ואמאי קאמר לקח שפחה וולדה עמה היא מקנת כסף שנימול לאחד אפילו לקח מעוברת נמי:

גליון הש"ס

גמ' שלקח זה שפחה וזה עוברה. עיין בשער המלך פ"ב מהל' נדה הלכה י ובקצות החושן סי' רע סעיף א ובספר כתובה בדף יא בתד"ס א"ם שם שמנת ימים בבהמה. עי' מנחות דף לז ע"א תד"ה שומע אני:

§ מסכת שבת דף קלה: §

אות א'

יוצא דופן ומי שיש לו שתי ערלות... אין מחללין

סימן שלא ס"ה - [א]ויוצא דופן - שנתקשה אמה בלידתה, והוציאוהו לאורך הבטן ע"י סם.

וכותית שילדה ואח"כ נתגיירה, ומי שיש לו שתי ערלות - פירוש שני גידין, [רש"י בפי' שני ורמב"ם ומאירי]. **וי"א** שיש בו שתי עורות זה ע"ג זה, [רש"י בפי' ראשון].

אין מילתן דוחה שבת - וטעם כל אלה הוא משום ספק, [הכל בגמרא]... **וכן** מי שיש לו שתי ערלות, דהיינו שני גידים, הוא נמי משום דאין אנו יודעין איזה ערלה עיקרית, **ולסברא** ב' דמיירי בשתי עורות זה ע"ג זה, נמי טעמא דאין אנו יודעין כוונת התורה בזה, **חוץ** מיוצא דופן, ואינו יהודי שילדה, התם הטעם משום דאין טמאים בטומאת לידה, ולכמה תנאי בעינן כסדר האמור בפרשת תזריע, דאשה כשהיא טמאה לידה בנה נמול לשמונה.

יו"ד סימן רסו ס"י - [ב]קטן שנולד כשהוא מהול - «אין מטיפין ממנו דם ברית בשבת, דכתיב: וביום השמיני ימול, דהיינו מילה פריעה מציצה, אבל להטיף דם ברית בלא מילה לא התירה, ועוד דהטפת דם ברית דרבנן ואינו דוחה שבת», **[ג]ומי שיש לו שתי ערלות** - «פי' שני עורות זה על זה, אי נמי שני גידין, דכתיב: ימול בשר ערלתו, ולא מי שיש לו ב' ערלות», **[ד]ואנדרוגינוס** - «דכתיב: וילדה זכר וגו' ועליה קאי וביום השמיני ימול וגו', זכר ודאי ולא ספק», **[ה]ויוצא דופן** - «שאין אמו טמאה לידה ממנו, דוילדה כתיב, ממקום לידה ולא יוצא דופן», **[ו]ויליד בית שלא טבלה אמו עד שילדה** - «או נכרית שילדה ואח"כ נתגיירה, שבגיותה אינם טמאות לידה, דדמן כדם בהמה», **אע"פ שנימולים לשמונה** - וכדלעיל סי' רס"ב ס"ד, **אינם דוחים את השבת** - «דכתיב: אשה כי תזריע וילדה זכר וטמאה שבעת ימים, ועליה קאי וביום השמיני ימול וגו', אבל מי שאין אמו טמאה לידה ממנו, אין מלין אותו בשבת - לבוש».

(ועיין בתשובת אא"ז פנים מאירות שכתב, שראוי להזהיר למוהלים כשרואים ב' עורות זה על זה, שלא יפרעו עוד בשבת, וימתינו עד אחר שבת, דאין סכנה אם לא יפרעו עד אחר שבת, וע"ש עוד - פת"ש).

אות ב'

אבל לשמונה ודאי מהלינן ליה

יו"ד סימן רסב ס"ג - אנדרוגינוס, ומי שיש לו שתי ערלות - זה על זה, וי"א ב' גידין, רש"י, **[ז]ויוצא דופן** - «אע"פ שאין מילתן דוחה שבת, מ"מ בחול» **נימולים לח'** - «ולא אמרינן הואיל ואידחי לגבייהו פעם א' יום שמיני, כגון היכא דנולדו בשבת, אידחי לגבייהו לעולם יום ח', ונמול אותם אימתי שנרצה, כגון ביום א' וב' או ט' וי', לא אמרינן הכי, אלא היכי דגלי רחמנא גלי - לבוש». **ע"ל** סי' רס"ו ס"י - ש"ך.

יו"ד סימן רסו ס"י - עיין לעיל אות א'.

אות ג' – ד'

לקח שפחה מעוברת ואחר כך ילדה, זהו מקנת כסף הנימול לשמונה; לקח שפחה וולדה עמה, זו היא מקנת כסף שנימול לאחד

כיצד, לקח שפחה ונתעברה אצלו וילדה, זהו יליד בית שנימול לשמונה

סימן רסז ס"א - [ח]מצות עשה על הרב למול עבדיו; [ט]עבר הרב ולא מלו, מצוה על בית דין למולו. [י]אחד עבד שנולד בבית ישראל ואחד שקנאו מהעובד כוכבים, חייב למולו; ואינם נימולים אלא ביום.

ויליד בית נימול לח', ומקנת כסף נימול ביום שנלקח, אפילו לקחו ביום שנולד, נימול ביומו.

(לקח אחד השפחה, ואחד לקח (העובר), נימול לאחד (טור) - «אע"פ שטבלה קודם שתלד, נימול לא', טור, וכתב הב"ח דה"ה אפי' טבלה קודם שנתעברה, כגון בשפחה דישראל - באה"ט», **כ"ש קנה שפחה וולדה עמה, שנימול לאחד) (ב"י).**

[יא]ויש מקנת כסף שנימול לח', ויש יליד בית שנימול לאותו יום שנולד; כיצד, לקח שפחה ועוברה עמה וילדה, הרי זה נימול לשמונה. [יב]ואף על פי שלקח העובר בפני עצמו והרי העובר מקנת כסף, הואיל ולקח אמו קודם שנולד, נימול לשמונה - «כתב הש"ך, משמע אע"פ שלא טבלה, נימול לח', כיון שילדה בביתו דמי ליליד בית - באה"ט».

באר הגולה

[א] שם פלוגתא דאמוראי ופסקו הפוסקים לחומרא. פי' הולד היוצא מהאשה שפתחו בטנה, רש"י [ב] ברייתא שם בשבת דף קל"ה ע"א [ג] שם ע"ב פלוגתא דאמוראי ולא אפסקא הלכה כמאן ולחומרא [ד] טור בשם הרמב"ם בפ"א מה"מ הי"א וכרבנן שם בברייתא, ולדעת הב"י גם הרי"ף ס"ל דאינו דוחה שבת דספוקי מספקא ליה כמ"ש הרי"ף שם [ה] גם זו שם בפלוגתא דאמוראי ולא איפסקא הלכה כמאן ולחומרא [ו] הרא"ש שם בפסקיו [ז] שבת דף קל"ה ע"ב פלוגתא דאמוראי, ולא איפסקא הלכה כמאן, גם הרי"ף לא הכריע הלכה כדברי מי, ומשמע שדעתו לחומרא, וכ"כ הרא"ש שם וש"פ וכ"כ הרמב"ם [ח] לשון הטור וכ"כ הרמב"ם, וכתב הכ"מ: במנין המצות כתב רבינו בסי' רט"ו מצוה למול את הבן, ולא מנה מצוה למול את העבדים, וצריך טעם למה [ט] שם ושם, נלמד מדין הבן דלא מהליה אבוה, וציינתיו לעיל סי' רס"א [י] פשוט בכתוב: המול ימול יליד בית ומקנת כסף [יא] לשון הרמב"ם, כת"ק בברייתא שבת דף קל"ה ע"ב, דמספקא ליה מלתא אי הלכה כת"ק או כרבי חמא ורב אסי, הלכך מטילין אותו לחומרא, דנימול לח' ואין מחללין עליו את השבת, וכדעת הרי"ף בהלכות שם והרז"ה ובה"ג וכמ"ש הטור [יב] «כלומר כשקנה עובר תחלה בכך דינרים, ואח"כ קנה האם בכך דינרים - כסף משנה». מדלא משכח בברייתא מקנת כסף הנימול לא' אלא בלקח שפחה וולדה עמה

[יג]לקח שפחה לעובריה - ‹שאין לו בגוף השפחה כלום רק בולדותיה›,

[יד]או שלקח שפחה ע"מ שלא להטבילה לשם עבדות, אע"פ שנולד ברשותו (ונתעברה בביתו), נימול ביום שנולד, שהרי הנולד הזה כאלו הוא מקנת כסף לבדו, וכאילו היום קנהו, שאין אמו בכלל שפחות ישראל כדי שיהיה הבן יליד בית. ואם [טו]טבלה אמו אחר שילדה, ה"ז נימול לשמונה - ‹כתב בכסף משנה, דזה לא קאי ארישא דלקח שפחה לעובריה, דשם אין חילוק בין ילדה ואח"כ הטבילה או איפכא, אלא דקאי למאי דסליק מיניה, דהיינו לקח שפחה ע"מ שלא להטבילה, עכ"ל, וטעמו, דכל שהטבילה נתבטל התנאי שהתנה תחלה שלא להטבילה, והו"ל כאלו קנה האם בלא תנאי, ט"ז - באה"ט›.

אות ה'

כל ששהה שלשים יום באדם, אינו נפל

יו"ד סימן שמ ס"ל - [טז]קטן דלא קים לן ביה [יז]שכלו לו חדשיו, שמת בתוך ל' או אפילו ביום שלשים - ‹דהוי ספק נפל - לבוש›, אין קורעין עליו – [לפי שהקריעה היא דרבנן, וספיקא לקולא – ט"ז]. ‹אך בנפל מן הגג או אכלו ארי וכיוצא בזה, דעת התוס' בבכורות, דמתאבלין עליו ביום ל', ע"ש, וכן קורעין עליו - ערוה"ש›.

אבל קים לן דכלו חדשיו, כגון שבעל ופירש, אפילו מת בתוך ל', קורע ומתאבל עליו, ‹דבר קיימא הוא - לבוש›.

יו"ד סימן שעג ס"ד - אלו הם הקרובים שמיטמא להם... ולבנו ולבתו [יח]דקים ליה שכלו לו חדשיו, או שהם משלשים יום ואילך - לאפוקי ספק נפל, דאין מטמאין לו, וה"ה לאחיו ולאחותו הקטנים שהן ספק נפלים, אין מטמא להם - ש"ך.

יו"ד סימן שעה ס"ו - [יט]אין מברין על הקטן אא"כ הוא בן שלשים יום שלימים, או קים ליה ביה שכלו לו חדשיו.

אבה"ע סימן קנו ס"ד - מי שמת והניח אשתו מעוברת, אם הפילה, הרי זו תתייבם. ואם ילדה ויצא הולד חי לאויר העולם, [כ]אפילו מת בשעה שנולד, הרי אמו פטורה מהחליצה ומן היבום. אבל מדברי סופרים, עד שיודע בודאי שכלו לו חדשיו ונולד לתשעה חדשים גמורים. הגה: וי"א דבזמן הזה אפי' לא נכנסה בחדש התשיעי רק יום א' מלבד יום שנתעברה בו, הוי ולד קיימא; ואע"ג דאמרינן בגמרא יולדת לתשעה אינה יולדת למקוטעין, כבר תמהו על זה רבים שהחוש מכחיש זה, אלא שאנו צריכין לומר שעכשיו נשתנה הענין, וכן הוא בכמה דברים (ב"י בשם התשב"ץ). מיהו חדשי העיבור כל אחד ל' יום, ולא חשבינן להו בסדר השנים (כן משמע שם). אבל אם לא נודע לכמה נולד, [כא]אם חיה ל' יום, ה"ז ולד קיימא ופוטר נשי אביו מהחליצה ומהייבום. [כב](וי"א דוקא שגמרו שעריו וצפרניו (טור), וכן נ"ל). [כג]ואם מת בתוך ל', אפי' ביום הל', בין שמת מחולי בין שנפל מהגג או אכלו ארי, הרי זו ספק נפל ספק בן קיימא, וצריכה חליצה מדברי סופרים, אבל לא תתייבם. [כד](וי"א דאפילו אם נולד מת, ואפילו אם יש להסתפק שכלו חדשיו, חולצת ולא מתייבמת) (טור בשם הרי"ף).

אות ו'

שמנת ימים בבהמה אינו נפל

רמב"ם פ"ד מהל' מאכלות אסורות ה"ד - האוכל כזית מבשר נפל בהמה טהורה, לוקה משום אוכל נבלה; ואסור לאכול מן הבהמה שנולדה עד ליל שמיני, שכל שלא שהה שמונה ימים בבהמה הרי זה כנפל, ואין לוקין עליו; ואם נודע לו שכלו לו חדשיו בבטן ואח"כ נולד, שהן תשעה חדשים לבהמה גסה, וחמשה לדקה, ה"ז מותר ביום שנולד.

---

§ מסכת שבת דף קלו. §

אות א'

מלין אותו ממה נפשך, אם חי הוא שפיר קא מהיל, ואם לאו מחתך בבשר הוא

יו"ד סימן רסו סי"א - [א]מי שנולד בחדש השביעי, מלין אותו בשבת אפילו אם לא גמרו שערו וצפרניו - דבן קיימא הוא. אבל מי שנולד בחדש השמיני, אין מלין אותו בשבת אלא אם כן גמרו שערו וצפרניו – [דאז אמרינן שזה הולד היה לו להוולד בחודש הז', שאז נגמר, אלא שנשתהא לחודש הח' – ט"ז]. [ב]והוא הדין לספק בן שבעה ספק בן שמונה, שאין מלין אותו בשבת אלא אם כן גמרו שערו וצפרניו.

באר הגולה

[יג] כאוקימתא דרבי ירמיה שם דקנין פירות לאו כקנין גוף דמי [יד] כאוקימתא דרב משרשיא שם [טו] ממשמעות אוקימתא דרב משרשיא שלקחה ע"מ שלא לטבלה ולא טבלה, אבל אם טבלה כיון דיליד בית הוא נימול לח' [טז] שבת דף קל"ו. [יז] פי' שבעל ולא פירש, וכדעת הרמב"ן הביאו הטור [יח] רמב"ם והרא"ש מהא דת"כ שם דממעט נפלים מקרא [יט] עובדא דרב דימי בר יוסף שבת דף קל"ו. [כ] ‹ור"ל כשנגמרו שערו וצפרניו. דמן התורה בחד סגי, בגמרו שערו לחוד כרבי, או בשהה ל' יום לחודיה כרשב"ג, דרבי ורשב"ג לא פליגי, רק מדברי סופרים החמירו בגמר שערו וצפרניו, דגם צריך שהיה ל' יום כרשב"ג, או שנודע בודאי שכלו לו חדשיו - ערוה"ש› [כא] כרשב"ג שבת דף קל"ה: [כב] כתב הב"י, דסובר רבינו דרשב"ג ורבי לא פליגי ותרתי בעינן, חדא שיגמרו שערו וצפרניו, ושישהה ל' יום, ותמה על זה מנין יצא לו דין זה, והניחו בצ"ע ‹דאינו כן, דודאי לגמרו סימניו צריך שחת, דקיי"ל כו שב"ג, אבל לשהה א"צ סימנים, דאע"ג דמן התורה שוין הן, מ"מ מדרבנן העיקר בשיהוי ל' יום - ערוה"ש› [כג] כאוקימתא דאביי וכרשב"ג שבת דף קל"ו. [כד] ‹ממתני' דנזיר י"ג. אהא נזיר כשיהיה לי ולד והפילה, דהוי נזיר ספק לר' שמעון, ואף ת"ק לא פליג אלא משום דספק נזירות להקל, כמש"ש מאן קתני כו' - גר"א› [א] ברייתא שבת דף קל"ה. וכדמוקי לה ביבמות דף פ. [ב] ב"י לדעת הרי"ף והרא"ש והרמב"ם

מימהל היכי מהלינן ליה אמר רב אדא בר אהבה *מלין אותו ממה נפשך אם חי הוא שפיר קא מהיל ואם לאו מחתך בבשר הוא ואלא הא דתניא ספק בן ז' ספק בן ח' אין מחללין עליו את השבת אמאי נימהליה ממה נפשך אם חי הוא שפיר קא מהיל °ואם לאו מחתך בבשר הוא אמר מר בריה דרבינא אנא ורב נחומי בר זכריה תרגימנא מימהיל הכי נמי מהלינן ליה לא נצרכה אלא למכשירי מילה *ואליבא דרבי אליעזר אמר אביי כתנאי °וכי ימות מן הבהמה אשר היא לכם לאכלה להביא בן שמנה שאין שחיטתו מטהרתו רבי יוסי ברבי יהודה ור' אלעזר בר"ש אומרים שחיטתו מטהרתו מאי לאו בהא קא מיפלגי דמר סבר חי הוא ומ"ס מת הוא אמר רבא אי הכי אדמיפלגי לענין טומאה וטהרה ליפלגי לענין אכילה אלא דכולי עלמא מת הוא ורבי יוסי ברבי יהודה ורבי אלעזר ברבי שמעון סברי כטרפה טרפה לאו אף על גב דמתה היא שחיטתה מטהרתה הכא נמי לא שנא ורבנן לא דמי לטרפה טרפה היתה לה שעת הכושר האי לא היתה לה שעת הכושר וכ"ת טרפה מבטן מאי איכא למימר התם יש במינה שחיטה *הכא אין במינה שחיטה איבעיא להו מי פליגי רבנן עליה דרבן שמעון בן גמליאל או לא אם תמצי לומר פליגי הלכה כמותו או אין הלכה כמותו ת"ש *עגל שנולד ביום טוב שוחטין אותו בי"ט הכא במאי עסקינן דקים ליה בגווה שכלו לו חדשיו ת"ש *ושוין שאם נולד הוא ומומו עמו שזה מן המוכן ה"נ שכלו לו חדשיו ת"ש דאמר רב יהודה אמר שמואל הלכה כרבן שמעון בן גמליאל *הלכה מכלל דפליגי ש"מ אמר אביי נפל מן הגג או אכלו ארי דברי הכל חי הוא כי פליגי שפיהק ומת מר סבר חי הוא ומר סבר מת הוא למאי נפקא מיניה לפטור מן הייבום נפל מן הגג או אכלו ארי דברי הכל חי הוא והא רב פפא ורב הונא בריה דרב יהושע איקלעו לבי בריה דרב אידי בר אבין ועביד להו עיגלא תילתא בימא דשבעה ואמרי ליה אי איתרחיתו ליה עד לאורתא הוה אכלינן מיניה השתא לא אכלינן מיניה אלא כשפיהק ומת דברי הכל מת הוא כי פליגי בנפל מן הגג ואכלו ארי מר סבר מת הוא ומר סבר חי הוא בריה דרב דימי בר יוסף אתיליד ליה ההוא ינוקא בגו תלתין יומין שכיב יתיב קמתאביל עילויה אמר ליה אבוה צוורוניתא קבעית למיכל אמר ליה קים לי ביה שכלו לו חדשיו רב אשי איקלע בי רב כהנא איתרע ביה מילתא בגו תלתין יומין חזייה דיתיב וקא מתאבל עילויה אמר ליה לא סבר ליה מר להא דאמר רב יהודה אמר שמואל הלכה כרבן שמעון בן גמליאל אמר ליה קים לי בגויה שכלו לו חדשיו *איתמר מת *)בתוך שלשים ועמדה ונתקדשה אמר רבינא משמיה דרבא אם

*) [עי' תוס' בכורות מט. ד"ה מת ותוס' יבמות לו: ד"ה מת וכו' שכתבו דרש"י דהכא גורס בסוף שלשים]

רש"י

מימהל היכי מהלינן. שום קטן ביום השמיני בשבת דילמא נפל הוא ולא חזי למול ועושה חבורה שלא לשם מצוה: אי חי הוא. כלומר אם כלו לו חדשיו שפיר קא מהיל: מחתך בבשר. שחוטה הוא ולא חבורה היא: לא נצרכה. הא דקתני אין מחללין אלא לענין מכשירי מילה לרבי אליעזר דאמר דחו שבת ס"מ דקים ליה בגויה שכלו לו חדשיו שעברו *ט' חדשים משמשה עד שילדתו ולא שמשה כל ימי עיבורה אבל ספק אין מכשיריו דוחין דילמא לאו בר מימהל הוא ומחלל שבת בעשותו פחמים וברזל: כתנאי. נפל גמור אם תשוב כמת כדקאמר רב אדא בר אהבה דליט אלא מחתך בבשר או לא והויא חבורה: לאכלה להביא בן ח'. דסוליה קרא דריש ליה בתורת כהנים מן הבהמה מקצת בהמה מטמאה ומקצת אינה מטמאה פרט לטרפה ששחטה ומדממעיט טרפה ששחטה מכלל דבטהורה קאי אשר היא לכם להביא בהמה טמאה לפי שפרשה ראשונה דכתיב בה לכל הבהמה אשר היא מפרסת פרסה ואיננה מעלת גרה וגו' מוקי לה התם באבר מן החי הכתוב מדבר ופרשה זו במתה ודאי לאכלה להביא בן ח' חדשים שאף שחיטתו מיתה ומטמאה: מר סבר חי הוא. לפיכך שחיטתו מטהרתו: לענין אכילה. אי מותר באכילה בשחיטתו אם לאו: טרפה. שחיטתה מטהרתה מלטמא כדפרישית: היתה לה שעת הכושר. לישחט וליטהר קודם שנטרפה: מי פליגי. למישרי ולד של בהמה בתוך ח' ימים: שוחטים אותו ביו"ט. ולאו מוקצה שהרי בין השמשות נמי היה מוכן אגב אמו מיהו שמעינן מינה דמותר לבו ביום: ושוין. רבי יהודה ורבי שמעון שנחלקו ברואין מומין ביו"ט במסכת ביצה שאם נולד היום הוא ומומו עמו שהוא מן המוכן ומותר לבקר מומו ביו"ט דלא דמי כמתקן ביו"ט דלא איתחזק באיסורא ומוקמינן לה התם כגון דיתבי דייני התם ורואהו בשעת לידה מיד: נפל מן הגג או אכלו ארי. שמת מחמת מיתה הבאה לו בתוך ל' ממקום אחר דברי הכל בחזקת כלו לו חדשיו קאי דאי לאו הך מיתה לא הוה מת הילכך חי הוא ובאדם הוי ולד ופוטר את אמו מן החליצה וגבי בהמה נמי סתם ולד בהמה ששחטו בתוך ח' מותר באכילה דלא חזינא ביה ריעותא ורוב היולדות אינן מפילות: שפיהק. *בייל"ר בלע"ז כלומר לאחר לידתו לא ראו בו אלא חיות מעט שפיהק ומת וגבי אדם קאי: ה"ג ועבדו (א)עגלא תילתא ביממא דשבעה: איתרחיתו. מלשוחטו עד אורתא שהוא ליל שמיני: הוה אכלינן מיניה. דמקצת היום ככולו כדכתיב (ויקרא כב) והיה שבעת ימים תחת אמו הא לילה חזי ומיהו מיום השמיני הוא דירצה דאורתא לאו בת הקרבה היא כדכתיב (שם ז) ביום צותו להקריב אבל מכלל נפל נפקי ליה וחזי לאקדושי כדאמרינן בזבחים (דף יב:) *לילה לקדושה יום להרצאה והלכך לענין חולין חזי מאורתא למשחטיה ומיכל אלמא מאן דס"ל כרשב"ג פליג במיתה הבאה לו ממקום אחר ואמר ספיקא הוא: שכיב בגו תלתין. ללידתו: א) צוורוניתא. מטעמים שמאכילין את האבל: קא בעית למיכל. לכך אתה מתאבל הכא: איתרע מילתא. אבילות: בגו תלתין יומין. ללידת הולד: מת הולד ב) בתוך ל'. ללידתו ולא היה לאביו בן אלא הוא ג) ונולד לאחר מיתת אביו ועל ידו היו פוטרין אמו מן החליצה אם היה בר קיימא: ועמדה ונתקדשה. לאחר זמן לפי שסבורה שאינה זקוקה ליבם:

א) [כמו"ק כ: גרס רש"י לידוניית' ופי' סעודת אבל כמו גיר' הערוך שהביא תוס' הכא ד"ה צודניתא] ב) [נ"ל בסוף ע"פ ערוס' של תוס' יבמות ובכורות] ג) [נ"ל ומי לאחר מיתת אביו] ד) [ור"ל דלאי לאו הכי מה בא רשב"ג להוסיף על מילתא דרבי]

תוספות

מימהל היכי מהלינן ליה. מכאן משמע דלא איירי רשב"ג בבן שמנה (ג) דוקא אלא בספק ולדות וכן משמע לקמן דאמר ת"ש עגל שנולד בי"ט שוחטין אותו בי"ט ודחי דכלו לו חדשיו ואת"ל דלא איירי רשב"ג אלא בודאי בן שמנה הוה ליה לדחויי הב"ע בספק ולדות ועוד אמר לקמן נפל מן הגג ואכלו ארי דברי הכל חי הוא ואי בודאי בן ח' איירי היכי תיסק אדעתיה לומר ד"ה חי הוא ובכולהו דלקמן נמי דמוקמינן בדקים ליה בגוויה שכלו לו חדשיו וקשה לר"י מהא דאמרינן בפ' הערל (יבמות דף פ:) איזהו בן ח' כל שלא כלו לו חדשיו רבי אומר שערו וצפרניו מוכיחין עליו כו' דאמר האי בר שבעה הוא ואישתהויי אישתהי ופריך (ג) הא דעבד רבה תוספאה עובדא באשה שהלך בעלה למדינת הים ואישתהי עד תריסר ירחי שאת כמאן כרבי כיון דאיכא רשב"ג דאמר אישתהי *דתני כל ששהה כו' כרבי עבד אלמא משמע בהדיא דבודאי בן ח' איירי מדמוכח מיניה דמשתהי כרבי ומנא ליה דילמא לעולם ס"ל דלא משתהי ובספק ולדות איירי רשב"ג כדפרישית ואור"י דע"כ בודאי בן ח' נמי איירי דהא בתוספתא דמכילתין מיתני מילתיה דרשב"ג בתר מילתיה דרבנן ורבי דיבמות ואפלוגתייהו קאי דאיירי בבן ח' וא"ת ובשמעתין מנלן דבספק ולדות ס"ל לרשב"ג הא לא שהה ספיקא הוי דילמא קסבר ולד מעליא הוי ולא איירי כלל בספק ולדות אלא בודאי בן ח' ויש לומר דדייקינן מדקתני כל ששהה דכל משמע לרבות ספק דווקא שהה הא לא שהה ספיקא הווי והא דמבעיא לן לקמן אי פליגי רבנן עליה דרשב"ג הייט בספק ולדות דבן ח' ודאי בהדיא קתני לה בתוספתא וא"ת והיכי פשיט לקמן מדאמר רב יהודה אמר שמואל הלכה כרשב"ג מכלל דפליגי בספק ולדות תאמר דלעולם לא פליגי בספק ולדות וכי פסיק רב יהודה כוותיה הנ"מ בודאי בן ח' וי"ל דא"כ ה"ל למיתני הלכה כר' (ד) דליכא למימר דלא קאמר הלכה כרבי משום דבעי הוכחת סימנין שערו וצפרניו אבל רשב"ג לא בעי דהא פשיטא דבן ח' שלא גמרו שערו וצפרניו לכ"ע לא חי ומדנקט רשב"ג ש"מ דבספק ולדות איירי ופסק כוותיה מילתא כוותיה והשתא נמי אין צריך לדקדק (ה) מכל דבלאו הכי יש להוכיח דבספק ולדות איירי כמו שהוכחתי ד)ר"י: צוורוניתא. גרס בערוך*) לשון לידה ומזוזות:

*) [ערך זד ג]

ואם

תורה אור

ויקרא יא

עין משפט נר מצוה

ט א מיי' פ"א מהל' מילה הלכה יד סמג עשין כח טוש"ע י"ד סי' רסו סעיף יא בהג"ה:

מא ב ג ד מיי' פ"ב מהל' שאר אבות הטומאות הלכה ו:

מב ה ו מיי' פ"ב מהל' יום טוב הלכה א סמג לאוין עה טוש"ע א"ח סי' תצח סעיף ה:

מג ז מיי' שם הלכה ד טוש"ע שם סעיף ט:

מד ח ט מיי' פ"א מהל' יבום הלכה ה סמג עשין נ טוש"ע אה"ע סי' קנו סעיף ד:

מה י מיי' פ"ד מהל' מאכלות אסורות הלכה ד סמג לאוין קלג טוש"ע י"ד סי' טו סעיף ג:

[ר"ל מדקתני כל ששהה ולא תני אם שהה כרבי עבדי]

מו כ מיי' פ"א מהל' אבלות הלכה ז סמג עשין מד"ס ב טוש"ע י"ד סי' שעד סעיף ח [בר"ף כאן ובס"ג דמו"ק דף כג: וכן ברא"ש כאן ובפס סי' נג]:

רבינו חננאל

זה שפחה והוא עובר זהו יליד בית שנימול לאחד דברי הכל הוא. כי פליגי בילדה ואח"כ הטבילה ת"ק סבר גם זה יליד בית נימול לשמונה. ורב אחא סבר זה יליד בית נימול לאחד. ושאר השמועה פשוטה היא: תניא רשב"ג אומר כל ששהה באדם שלשים יום אינו נפל שנאמר ופדויו מבן חדש תפדה. שמונת ימים בבהמה אינו נפל שנאמר ומיום השמיני והלאה ירצה וגו'. הא לא שהה ספק הוי והא שאנו מלין כל קטן בן ח' ימים הלא אמר רשב"ג קודם ל' יום ספק נפל הוא ואין מחללין עליו את השבת ומלין אותו בן ח' ימים שמא נפל הוא. ופרקי' מלין אותו ממה נפשך אי חי הוא שפיר קא מהיל. ואי נפל הוא מחתך בבשר הוא ולא מלאכה היא ומקשינן אלא הא דתניא ספק בן ז' או בן ח' אין מחללין עליו את השבת אמאי (ניסא) [נימהליה] ליה ממ"נ ופרקינן מימהל ה"נ ומהלינן ליה לא נצרכה אלא למכשירי מילה ואליבא דר' אליעזר ולית הלכתא הכי דשניא היא ואשינויא לא סמכינן ואם יש להקשות עוד אי הכי אם המילה היתוך בשר היא ואינה מלאכה אפילו מילה שאינה בזמנה יהא נימול בשבת מחתך בבשר הוא. ופירקו כי מילה דחי מלאכה היא כי מתקן הוא כי כיון שחותך הערלה מתקנו לאכול תרומה ולשוחט עליו אביו את הפסח: לאכלה להביא בן ח' שאין שחיטתו מטהרתו פי' זו בהמה נמה פוחרת שיולדת לט' חדשים היא. ומיבעיא לן רשב"ג פליגי רבנן עלית אי לא ופשטינן דפליגי רבנן עליה והלכתא כותיה דאמר רב יהודה אמר שמואל הלכה כרשב"ג ואי לא דפליגי הלכה למה. אמר אביי נפל מן הגג ואכלו אריה. דברי הכל כמו חי הוא. [כי] פליגי שפיהק ומת ומקשינן עליה מדרב פפא ורב הונא בריה דר' יהושע דאיקלעו לבי בריה דרב אידי בר אבין ועבד להו עיגלא תלתא ביומא דשבעא ואמר ליה אי אתרתו עד לאורתא הוה אכלינן מיניה. והרי זה נשחט ולא אכלו ממנו שאמרו כיון שלא שהה ח' ימים כנפל חשוב ואין שחיטתו מתירתו באכילה. והדר ביה ואמר אלא שפיהק ומת דברי הכל מת הוא כי פליגי בנפל מן הגג או אכלוה אריה ושמעינן מהאי מעשה דרב פפא ורב הונא בריה דרב יהושע שאם נשחט קודם ח' ימים אסור באכילה ואינו מותר אלא מלילי ח' והלאה (לקרבן) הלכך לילי שמיני מותר באכילה ולקרבן פסול. ואין כשר לקרבן אלא מיום השמיני והלאה וזה שאמר אביי. וכי ימות מן הבהמה אשר היא לכם לאכלה להביא בן שמונה ימים שאין שחיטתו מטהרתו. ר' יוסי בר יהודה ור' אלעזר בר' שמעון אומרים שחיטתו מטהרתו: ברייתא זו שנויה בתורת כהנים. לח' חדשים הלוקתם. דתני בהדיא במתניתא דבי ר' חייא

רב נסים גאון

זאת אית מנ' הלכות כריש לקיש כמו שאמר רבא הלכתא כריש לקיש בהני תלת הדא הא אבל בכל מקום שיש מחלוקת בין ר' יוחנן וריש לקיש הלכה כר' יוחנן לבד מהני תלת: אמר אביי כתנאי לאכלה להביא בן ח' שאין שחיטתו מטהרתו עיקר דבר זה שנוי בתורת כהנים (ויקרא יא) וכי ימות מן הבהמה אשר היא לכם לאכלה וכי ימות הרי זו מיתה ודאי מן הבהמה יש מן הבהמה מטמאה ויש מן הבהמה שאין מטמאה פרט לטריפה ששחטה ונתבאר לנו בזה הכתוב בהמה [טרפה] ששחטה אינה מטמאה ונשאו ונתנו בדבר זה הרבה ואמרו באמצע הדברים בן ח' יוכיח שיש למינו שחיטה ואין שחיטתו מטהרתו ולאחר

מסורת הש"ס

[לעיל קלה.]

חולין נח: ביצה ו:

חולין שם ביצה כו:

הגהות הב"ח

גליון הש"ס

[בטור כתוב בזה ‹בבן ז'›, אם הוא שלם כו', וס"ל לב"י שפירושו שלם באיבריו, אבל לא אכפת לן בשערו וצפרניו דנקט בתר הכי, דאפילו לא נגמר שעריו וצפרניו מלין אותו בשבת, וראייתו מהא דאפי' גבי ספק בן ז' כתב דא"צ שיגמרו שעריו כו', ותמהתי אם כפירושו אין שלם באיבריו בעי למעוטי בזה, וכמעט אין לו שום משמעות, כי לא נמצא קפידא של איברים בשום דוכתא לענין מילה. **ע"כ נלע"ד**, דע"כ כתבו רמב"ם וטור אפי' בבן ז' שצריך שיהיה שלם, דהיינו בסימנים אלו, דאם לא נגמרו לא מיקרי בן ז', והא דנקט הטור תחלה בבן ז' שלם סתם, ואח"כ גבי נולד לח' כתב שלם בשערו ובצפרניו, להורות כי בבן ז' אין אנו צריכין לדקדק אחר זה, או מי שאינו בקי בסימנים אלו, אין חשש, רק שלא נראה חסרון בבירור לפנינו, ע"כ אמרו סתם שלם, ולא באו למעוטי אינו שלם, אלא כתב זה לומר כיון שלא ראינו בודאי שום חסרון, אבל בבן ח' צריך שיהיה נראה מבורר שלימות בשערו וצפרניו. **ובזה ניחא לי** מה שכתב הטור שנ"ל מלשון הרמב"ם, שר"ל ‹בספק בן ז'› שגמרו שערו כו', ותמה ב"י מהיכן ראה כן מדברי רמב"ם, ולדידי ניחא, שהיה קשה לו ברמב"ם, כיון שכתב שאפי' בודאי בן ז' שיהיו נגמרו, והיאך יתיר בספק בלא נגמרו, אלא ודאי פשוט דבנגמרו קאמר, וע"ז חולק הטור, דאפילו בלא נגמרו מלין מכח ממ"נ, אם חי הוא שפיר, ואם נפל הוא הוה מחתך בשר בעלמא ואין כאן חבורה כלל, וע"כ בכל גוונא מלין אפילו בלא נגמרו, זהו דעת הטור, והוא דעת הי"א שמביא רמ"א בסמוך – ט"ז].

הגה: וי"א דמהלינן ליה הואיל וספק בן שבעה הוא, אלא דאין מחללין עליו השבת בשאר דברים (סמ"ג וכן משמע מהרי"ף והרא"ש וטור), וכן נראה לי עיקר - ז"ל ד"מ, ולי נראה דודאי דעת הרי"ף כדעת הרא"ש וכדעת הטור, ומלין אותו מכל מקום, והא דכתב דאין מחללין עליו, היינו דאין פיקוח נפש דוחה שבת, מאחר דלא גמרו שערו וצפרניו אין מחללין עליו שבת, אלא מוהלין אותו ממ"נ, אי בן ז' הרי הוא בן קיימא, ואי בן ח' הוא הרי הוא כמחתך בשר בעלמא, כדאיתא בטור, וזה אין שייך לשאר חילולים, **והא** דלא כתבו דמוהלין אותו ממ"נ, אפשר דסמכו על מ"ש אין מחללין עליו השבת, דמשמע דוקא דאין מחללין, אבל מהלינן ליה דממ"נ אין בו חילול שבת, כמו שאמר הטור, כן נ"ל, וכ"כ הסמ"ג בהדיא, דאין מחללין עליו השבת, היינו דאין מפקחין עליו הגל, אע"ג דמהלינן ליה, עכ"ל, ועד"ר וב"ח - ש"ך.

[והמקור מפ' ר"א דמילה שמביא ב"י במסקנא התלמוד בתירוץ רב אדא בר אהבה, דאפילו ספק בן ז' מלין ממ"נ. **אלא** שהטור הביא דעת הרא"ש, דלא גמרו שערו וצפרניו אין מחללין עליו שבת, ותמה עליו דהא מלין אותו מכח ממ"נ. ותירץ ב"י דהרא"ש נמשך אחר הרי"ף שכתב ג"כ הכי, וטעמם, דאותה סברא דמהלינן מכח ממ"נ, לא נשארה במסקנא, כיון שבפ' הערל אמרינן אהברייתא דמיירי בלא גמרו, דאז הוה כאבן, אבל גמרו יוכל לחיות, ממילא אמרינן דבספק בן ז' לא מהני למימהל מכח ממ"נ, וקשה דלמה נאמר בחנם בסתמא דתלמודא שהם חולקים זע"ז, ואותן אמוראים שהוזכרו בפ' ר"א דמילה לא ידעו דברייתא מיירי בלא נגמרו, זה א"א לאומרו, ולמה לא נאמר דגם הם ידעו פירושא דברייתא, ואפ"ה מהלינן מכח ממ"נ אפילו בלא נגמרו. **ונלע"ד** זה טעם הרא"ש והרי"ף, דבודאי לפי מסקנת הגמרא מהלינן בכל גווני אפילו בלא נגמרו, אלא דכיון דאם היה ודאי בן ח' לא מהלינן בלא נגמרו, כיון דודאי לאו בר מילה הוא, ולא מהני לומר שמחתך בשר, כמ"ש הטור וז"ל, כיון שהוא כאבן למה יחתכו בשר שלא לצורך, וא"כ עיקר ההיתר דוקא בספק, ולדידן לא מהני ספק, דאפשר מה שהוא ספק לדידן היה ודאי לחכמי התלמוד, כנ"ל טעם הרי"ף והרא"ש שלא התירו למול בשבת בספק בן ח' אלא א"כ גמרו כו', והוא דעת השו"ע, **ואיני יודע** למה הכריע רמ"א להקל בשבת נגד דעת הרי"ף והרא"ש, **שוב ראיתי** שרמ"א בד"מ כתב, דהרי"ף והרא"ש ג"כ ס"ל דמהלינן מכח ממ"נ, ולא הוצרכו לכותבו, ובדרישה הביאו, **והוא** דרך רחוקה מאוד מכח כמה דברים, ואין שום סברא שיהא פשיטא להם, ובגמרא הוצרכו לומר בשם רב אדא בר אהבה, גם בדרישה חלק עליו. וכן משמעות דברי התוס' בפרק ר"א דמילה ‹ד"ה בן› שזכרתי, דבעינן שלא יהא ריעותא כלל בצפרניו ובשערו אפי' בספק ע"ש, וכ"כ הנ"י בפרק הערל, דאפילו בגמרו סימניו היה לנו להחמיר, אלא שבזה סמכינן על הממ"נ, וכ"כ רמב"ם וריטב"א ע"כ, **ובודאי** אין ראוי להקל כלל נגד אלו למול בשבת אם לא גמרו סימניו, כנלע"ד וכן הכריע מו"ח ז"ל – ט"ז].

אות ב' - ג' - ד'

בן שמנה שאין שחיטתו מטהרתו

טרפה... אף על גב דמתה היא שחיטתה מטהרתה

הכא אין במינה שחיטה

רמב"ם פ"ב מהל' שאר אבות הטומאה ה"ו - טריפה שנשחטה שחיטה כשירה, אע"פ שהיא אסורה באכילה, הרי היא טהורה; וכן השוחט את הבהמה ומצא בה עובר מת, שחיטת אמו מטהרתו מידי נבילה; [ג]מצא בה בן שמונה חי נטרף, אע"פ שנשחט אחר שנטרף, אין שחיטתו מטהרתו מידי נבילה, לפי שאין למינו שחיטה; לפיכך ולד בהמה שלא שהה ז' ימים גמורין, אם שחטו בתוך ז', אין שחיטתו מטהרתו מידי נבילה, מפני שהוא כנפל.

אות ה' - ו'

עגל שנולד ביום טוב שוחטין אותו ביום טוב

דקים ליה בגוויה שכלו לו חדשיו

סימן תצח ס"ה - עגל שנולד ביו"ט, מותר לשחטו אם האם עומדת לאכילה - ר"ל דאז מותר אפילו למאי דפסק לעיל בסימן תצ"ה ס"ד, דמוקצה אסור ביו"ט, **ומטעם**, דכיון שאמו מוכנת לאכילה, הרי הוא מוכן אגב אמו, שאם היה רוצה היה שוחט האם קודם

באר הגולה

[ג] ‹ה"ק, מצא בה בן שמונה חי, כגון שמתה אמו וקרעה ומצא בה בן שמונה חי, הרי נטרף כיון שמתה אמו, דתו לא חייי – שו"ת רדב"ז›

שנולד העגל, ואוכל שניהם ביו"ט, **ואפי'** אם ידוע שהאם היא טרפה, מ"מ אינה מוקצה ביו"ט, שהרי היא מוכנת כבר לכלבים, א"כ גם העגל ממילא אינו מוקצה, [**ודוקא** בודאי טריפה, אבל בספק טריפה וילדה ביו"ט, י"ל דהוי נולד ומוקצה, דביה"ש לא הוי קאי לכלבים ולא לאדם עד שילדה].

ולפי מנהג מדינותינו שאין אוסרין מוקצה ביו"ט אלא נולד, כמו שפסק הרמ"א שם, יש להתיר עגל שנולד ביו"ט, אפילו אם אמו עומדת לגדל ולדות, **ואין** לאסרו משום נולד, כיון שהלידה לא עשתה שינוי בגופו כלל, שהרי אף קודם לידתו היה ראוי לאכילה כמו אחר שנולד.

והוא דקים ליה בגויה שכלו לו חדשיו - בן ט' חדשים לגסה, וחמשה לדקה.

והאידנא אין אנו בקיאין בזה, כדאיתא ביו"ד, וע"כ אין שוחטין עגל שנולד ביו"ט, או בשבת עיו"ט, (כ' הציורים שהתיר בסעיף זה, אבל באמת בנוגע דין זה אינו נוגע מתי נולד), קודם יום שמיני, שמא נפל הוא.

והיכא דצריך להמתין שבעה ימים, כגון לדידן שאין אנו בקיאים אם כלו חדשיו, וחל יום שמיני ביו"ט א', י"ל דאסור, דאתקצאי בין השמשות, וה"ה כשחל יום שמיני ביו"ט ב' - פמ"ג, **אבל** בספר ישועות יעקב מתיר בזה, כיון דרוב הולדות ולד מעליא ילדן, ובודאי יגיע לכלל היתר, לא חשיב מוקצה.

אות ז'

שאם נולד הוא ומומו עמו שזה מן המוכן

סימן תצח ס"ט - בכור בזה"ז, שאינו יכול לשחטו בלא מום, אין חכם יכול לראותו ביו"ט אם יש בו מום - ולהתירו, בין שהומם ביו"ט בין שהומם מערב יו"ט, משום דמיחזי כמתקן דאסור ביו"ט, **ולא** דמי לשאר הוראה, שאין האיסור וההיתר תלוי בהוראת פי המורה, אלא בידיעת הדבר, **משא"כ** בבכור, אפי' יש בו מום גמור, כל שלא התירו אותו חכם או ג' הדיוטות, ושחטו, אסור, ולפיכך כשמתירו הרי הוא כמתקנו. [**ועיין** בפמ"ג שמצדד, דאפי' אם הכהן לא ישחטנו, ג"כ אסור משום ההוראה בלחוד]. **אבל** לראות בכור ולעיין בדינו, לא להורות לאחרים למעשה, הוי כלימוד תורה בעלמא, ולא אסור.

(עיין ט"ז שכתב, דאם נתערב איסור בהיתר לח בלח, ואין בו ס', או יבש ביבש וליכא רוב, ואח"כ נתוסף עד ס' או רובו, בזה אין לחכם להורות ביו"ט וכמו בבכור, **ולפי** טעמא שכתבנו במ"ב, אין מקום כלל לדמות שום הוראה לבכור, וכן בבגדי ישע דחה בפשיטות דברי הט"ז מהלכה).

ואפילו אם עבר וראהו ומצא שיש בו מום, אינו יכול לשחטו - אע"ג דמשום דעבר חכם אהא דאין רואין, אין סברא לאסור, מ"מ אסור משום מוקצה, לא מיבעי אם הומם ביו"ט, דבודאי לא מיתחזי מערב יו"ט, **ואפילו** בהומם מערב יו"ט, די"ל דעתיה עליה למשאל לחכם ביו"ט, ואם יתירנו יאכלנו, **מ"מ** כיון שאסרו חכמים לראות מומין ביו"ט, א"כ ע"כ אסח דעתיה מיניה, דלא אסיק אדעתיה שימצא חכם, או אפילו ג' הדיוטות, שיעברו אאיסור דאין רואין מומין, **וכתבו** הפוסקים, דלכו"ע אסור בזה, ואפילו למאן דשרי מוקצה בעלמא ביו"ט, בהיסח הדעת כזה מודו דאסור.

אבל אם נולד במומו - היינו שנולד ביו"ט ומום עמו, **ועבר וראהו, נשחט על פיו** - דליכא כאן משום מוקצה, שהרי ביה"ש היה ראוי הולד לאכול אגב אמו, אם היה שוחטה, ולהכי אף שכשנולד אידחי, שהרי נאסר כל זמן שלא התירו חכם, מ"מ כשנמצא חכם והתירו אין לאסור משום מוקצה, שהרי ביה"ש לא היה מוקצה.

(**ולפי** מה דקיי"ל, דאין אנו בקיאין בענין כלו לו חדשיו, אין לשחטו).

אות ח' - ט'

[ד]נפל מן הגג או אכלו ארי דברי הכל חי הוא לפטור מן הייבום

אבה"ע סימן קנו ס"ד - מי שמת והניח אשתו מעוברת, אם הפילה, הרי זו תתייבם. ואם ילדה ויצא הולד חי לאויר העולם, [ה]אפילו מת בשעה שנולד, הרי אמו פטורה מהחליצה ומן היבום. אבל מדברי סופרים, עד שיודע בודאי שכלו לו חדשיו ונולד לתשעה חדשים גמורים. הגה: י"א דבזמן הזה אפי' לא נכנסה בחדש התשיעי רק יום א' מלבד יום שנתעברה בו, הוי ולד קיימא; ואע"ג דאמרינן בגמרא יולדת לתשעה אינה יולדת למקוטעין, כבר תמהו על זה רבים שהחוש מכחיש זה, אלא שאנו צריכין לומר שעכשיו נשתנה הענין, וכן הוא בכמה דברים (ב"י בשם התשב"ץ). מיהו חדשי העיבור כל אחד ל' יום, ולא חשבינן להו בסדר השנים (כן משמע שם). אבל אם לא נודע לכמה נולד, [ו]אם חיה ל' יום, ה"ז ולד קיימא ופוטר נשי אביו מהחליצה ומהייבום. [ז](וי"א דוקא שגמרו שעריו וצפרניו (טור), וכן נ"ל). [ח]ואם מת בתוך ל', אפי' ביום הל', בין שמת מחולי בין שנפל מהגג או אכלו ארי, הרי זו ספק נפל ספק בן קיימא, וצריכה חליצה מדברי סופרים, אבל לא תתייבם. [ט](וי"א דאפילו אם נולד מת, ואפילו אם יש להסתפק שכלו חדשיו, חולצת ולא מתייבמת) (טור בשם הרי"ף).

‹המשך ההלכות מול עמוד ב'›

באר הגולה

[ד] ‹לכאורה היה צריך הציון לילך על הגמרא להלן, כי פליגי בנפל מן הגג או אכלו ארי, וצ"ע› [ה] ‹ור"ל כשנגמרו שערו וצפרניו. **דמן** התורה בחד סגי, בגמרו שערו לחוד כרבי, או בשהה ל' יום לחודיה כרשב"ג, דרבי ורשב"ג לא פליגי, **רק** מדברי סופרים החמירו בגמר שערו וצפרניו, דגם צריך שהיה ל' יום כרשב"ג, או שנודע בודאי שכלו לו חדשיו - ערוה"ש› [ו] **כרשב"ג שבת דף קל"ה:** [ז] **כתב הב"י, דסובר רבינו דרשב"ג ורבי לא פליגי ותרתי בעינן, חדא שיגמרו שערו וצפרניו, ושישהה ל' יום, ותמה על זה מנין יצא לו דין זה, והניחו בצ"ע** ‹דאינו כן, דודאי לגמרו סימניו צריך שהה, דקיי"ל כרשב"ג, אבל לשהה א"צ סימנים, דאע"ג דמן התורה שוין הן, מ"מ מדרבנן העיקר בשיהוי ל' יום - ערוה"ש› [ח] **כאוקימתא דאביי וכרשב"ג שבת דף קל"ו.** [ט] ‹ממתני' דנזיר י"ג. אהא נזיר כשיהיה לי ולד והפילה, דהוי נזיר ספק לר' שמעון, ואף ת"ק לא פליג אלא משום דספק נזירות להקל, כמש"ש מאן קתני כו' - גר"א›

*אם אשת ישראל היא חולצת אם אשת כהן היא אינה חולצת ורב *שרביא משמיה דרבא אמר אחת זו ואחת זו חולצת אמר ליה רבינא לרב שרביא באורתא אמר רבא הכי לצפרא הדר ביה אמר ליה שריתוה יהא רעוא דתשרו תרבא: ר' יהודה מתיר וכו': אמר רב שיזבי אמר רב חסדא לא לכל אמר רבי יהודה אנדרוגינוס זכר הוא שאם אתה אומר כן בערכין יערך ומנלן דלא מיערך *דתניא °הזכר ולא טומטום ואנדרוגינוס יכול לא יהא בערך איש אבל יהא בערך אשה תלמוד לומר הזכר ואם נקבה היא [ג]זכר ודאי נקבה ודאית ולא טומטום ואנדרוגינוס וסתם

תורה אור: ויקרא כז

רש"י

אם אשת ישראל היא. אם אינו כהן זה שנתקדשה לו ומותר בחלוצה: חולצת. מן הספק ואח"כ תנשא ואם כהן הוא שאם תחלוץ תהא אסורה לו סמכינן אדרבנן ואמרינן לאו נפל הוא ואינה חולצת: לאורתא אמר רבא הכי. כדקאמרת דאחת זו ואחת זו חולצת: ולצפרא הדר ביה. ואמר אשת כהן אינה חולצת: אמר ליה. רב שרביא לרבינא: שריתוה. בלא חליצה ועבריתו אדרבנן שמעון יהא רעוא דתשרון חלב באכילה: לא לכל אמר ר"י. לא לכל דבר אמר ר"י דאנדרוגינוס זכר הוא אלא לענין מילה בלבד דיליף ליה מריבויא דקרא כדלקמן: שאם אתה אומר. זכר הוא לכל דבר: בערכין יערך. האומר ערכו עלי יעריכוהו: הזכר. ה' יתירא קדריש וגבי נקבה דריש ואם יתירא ולא טומטום ואנדרוגינוס: והא

תוספות

ואם אשת כהן היא אינה חולצת · הקשה ה"ר משה מבהייס ותחלוץ ומה בכך הא אמרי' בס"פ שני דיבמות (דף כג׳) דספק חלוצה היכא דנכנסה שריא דתנן התם אם קדמו וכנסו אין מוציאין מידם ואמרינן בגמ' *תני שילא אפילו שניהם כהנים מ"ט חלוצה דרבנן ועל ספק חלוצה לא גזרו ואומר רבי דהאי דאינה חולצת בשמעתין לא משום שאם חללה (לא) יהא מחויב להוציאה אלא כיון דאפשר בלא חליצה מוטב שלא תחלוץ שלא להוציא לעז על בניה כעין שמצינו בפרק בתרא דיבמות (דף קיט׳) דתנן האשה שהלך בעלה וצרתה למדינת הים ובאו ואמרו לה מת בעליך לא תנשא ולא תתייבם עד שתדע שמא מעוברת צרתה ואמר בגמ' *ולעולם אמר זעירי ג' לעצמה ט' לחבירתה וחולצת ממ"נ פי' שאם נתעברה צרתה וילדה מותרת לשוק בלא חליצה ואם לא נתעברה הרי חליצה פוטרת ר' יוחנן אמר לעצמה ג' לחבירתה לעולם ופריך ותחלוץ ממ"נ ומשני גזירה שמא יהא ולד של קיימא וגמלא מבריכה פרוז לכהונה ולירכה דילמא איכא דהוי בחליצה ולא הוה בהכרזה ואמרו קא שרו חלוצה לכהונה אלמא אנו מעגנין אשה זו לעולם משום טעמא דגמלא מבריכה כרוז לכהונה ולכך אין אנו מניחים לחלוץ וכל שכן הכא שיש לימנע יותר מחליצה ואיכא למיחש טפי שלא יאמרו קא שרו חלוצה לכהן. מ"ר: ואם אשת כהן היא אינה חולצת · דחי הוא אפילו כי לא שהה כרבנן כדאי' בהחולץ (יבמות דף לו: ושם) והא דאמרינן לעיל דהלכה כרשב"ג היינו דוקא באשת ישראל אבל באשת כהן לא קי"ל כוותיה להצריכה חליצה הואיל ואשת כהן היא. מ"ר: **דתניא** הזכר ולא טומטום ואנדרוגינוס. השתא משמע דדריש מלשון זכר ונקבה ולא מיתורא דה' דהזכר ואם נקבה דאם לא כן מאי קפריך בסמוך ומ"ש גבי מילה מאי קרא צריך במילה לרבות אנדרוגינוס והא אדרבה צריך מיעוט גבי ערכין למעוטי אנדרוגינוס אלא ע"כ לאו מיתורא דקרא ממעט ליה מערך איש ואשה אלא ממשמעות דזכר ונקבה הלכך צריך קרא במילה לרבות אנדרוגינוס וכ"מ נמי דגבי קידוש ממעט אנדרוגינוס בלא שום ייתור כדמוכח בפרק טרף בקלפי ביומא (דף מג׳ ושם) דאמר תנן התם הכל כשרים לקדש כו' ומפרש אשה מנלן אמר קרא ונתן ולא ונתנה כו' ומהיא טעמא דממעט אשה ממעט אנדרוגינוס וקשה לרבי דבנדה פרק המפלת (דף כח: ושם) מייתינן הך מילתא דערכין וקאמר טעמא דכתב רחמנא הזכר ואם נקבה הא מזכר ונקבה לחוד לא הוה ממעט להו אלמא מיתורא דואם וה' דהזכר קדריש ואומר רבי דודאי מיתורא קדריש כדמשמע התם והא דאיצטריך כל זכר גבי מילה לרבות אנדרוגינוס כי היכי דלא נילף מערכין ומשום הכי גבי קידוש לא צריך קרא למעט אנדרוגינוס דילפינן מערכין וממילה לא ילפינן דאית לן למילף מערכין לחומרא ופסול לקדש והא דאמר רב בהמפלת (נס זה שם) טומטום ואנדרוגינוס שראו לובן ואודם כאחת אין חייבין על ביאת מקדש ושורפין עליו את התרומה ונפקא ליה התם ביאת מקדש מדכתיב מזכר ועד נקבה תשלחו זכר ודאי נקבה ודאית ולא טומטום ואנדרוגינוס ופריך התם וכל היכא דכתיב זכר ונקבה למעוטי טומטום ואנדרוגינוס והתניא כו' דטעמא דכתב רחמנא הזכר ואם נקבה כו' והשתא מאי קפריך דבלא יתור נמי שפיר ממעט טומטום ואנדרוגינוס משום דילפינן מערכין וי"ל דכי גמרי מערכין לחומרא כמו גבי קידוש אבל לקולא לפוטרו מביאת מקדש כשראה לובן ואודם כאחת לא ילפינן מערכין אלא אדרבה ילפינן ממילה לחומרא לחייבו על ביאת מקדש מיהו קשה לרבי מהא דתני בבכורות בפרק אלו מומין (דף מב׳ ושם) הזכר ולא הנקבה כשהוא אומר למטה זכר שאין תלמוד לומר להוציא טומטום ואנדרוגינוס והשתא אמאי איצטריך קרא למעט טומטום ואנדרוגינוס שאינם קדושים תיפוק ליה משום דילפינן מערכין לחומרא דהיינו חומרא שאין קדושה חלה עליהם וצריך להביא קרבן אחר ובדוחק אומר ר"י דאדרבה היא קולא שאם לא מצא אלא אנדרוגינוס יהא יושב ובטל כעין שמצינו גבי סוכה בפרק לולב הגזול (דף לו:) דתניא ר' יהודה אומר אין סוכה נוהגת אלא בד' מינים שבלולב והדין נותן ומה לולב שאינו בלילות כבימים כו' אמרו לו כל דין שאתה דן שתחילתו להחמיר וסופו להקל אינו דין לא מצא ד' מינין יהא יושב ובטל ומיהו לא דמיא שפיר להאי דהתם ודאי סופו להקל שאם לא ימצא ד' מינים כל ימי סוכה נמצא המצוה עוברת וה"א לעשותה עוד אפילו ימצא אחרי כן אבל גבי קרבן אם אינו מוצא עכשיו אלא אנדרוגינוס אחר זמן ימצא וא"כ תחילתו *וסופו להחמיר הוא ועוד אומר רבי דההוא קרא דהזכר גבי עולת נדבה הוא דכתיב ולא גבי חובה הלכך לא שייך התם יהא יושב ובטל כיון שאינו מחויב שום קרבן. מ"ר: **הזכר** ולא טומטום ואנדרוגינוס. בבכורות בפרק (א) אלו מומין (מב׳ ושם) אמר סמי מכאן טומטום דתנן התם טומטום ואנדרוגינוס אין שוחטין עליו לא במקדש ולא במדינה רבי ישמעאל אומר אין מום גדול מזה וחכ"א אינו בכור אלא נגזז ונעבד ואמר בגמ' אר"ח מחלוקת באנדרוגינוס אבל טומטום דברי הכל ספיקא הוא וקדוש מספיקא אמר ליה (ב) אלא מעתה בערכין יערך אלמה תניא הזכר ולא טומטום ואנדרוגינוס ומשני סמי מכאן טומטום ומשמע דהכי פריך אלמה תניא הזכר ולא טומטום (ג) וכיון דאמרת דספיקא היאלאצטריך קרא למעוטי ספיקא ומאי קשיא דבשלמא בההיא סוגיא דלעיל דהתם פריך גבי אנדרוגינוס איצטריך קרא למעוטי ספיקא שפיר פריך שהרי אין סברא לומר שיהא ספק לפסוק דודאי ברור למקרא אם הוא זכר או נקבה ואם הוא אמת שהפסוק חושבו זכר למה ימעטנו שלא יהא קדוש לעולה ואם קרא חשיב ליה נקבה א"צ לכתוב למעטו (ד) *אלא טומטום ודאי לא צריך קרא שיש מהן זכרים ויש מהן נקבות וכי האי גוונא שייך שפיר למקרא למעטו כיון שהוא ספק לנו אם הוא זכר או נקבה כעין שמצינו גבי מעשר בהמה דתנן בפ' בתרא דבכורות (דף נח:) ומייתי לה בפ"ק דב"מ (דף ו:) קפץ אחד מן המנויין לתוכן כולן פטורין ומפרש התם טעמא דעשירי וודאי אמר רחמנא ולא עשירי ספק וכן בנגעים ספק בהרת קדמה לשער לבן או שער לבן קדם לבהרת ונפקא לן בשלהי מסכת נזיר (דף סה׳) דטהור מדכתיב לטהרו או לטמאו שפתח הכתוב תחילה בטהרה ונראה לר' דה"פ מילתא דרב חסדא אבל טומטום קדוש מספיקא משום דלכל כמה דמצינן לאוקמי קרא למעט אנדרוגינוס דממעטי להו רבנן מדכתיב הזכר כדדריש התם לעיל לית לן לאוקמי לקרא למעוטי טומטום משום דאם הוא זכר ודאי אין סברא למעוטי ואם הוא נקבה אין צריך קרא דהשתא פריך שפיר מערכין דלא הוה לן למעוטי טומטום כיון דאיכא לאוקמי קרא לאנדרוגינוס לית לן למעוטי טומטום מיניה דליכא למימר ואם נקבה לאנדרוגינוס לא איצטריך דכבר מיעטוה מהזכר (ה) מ"מ הוה אמינא כהי דמעטיה קרא מערך איש מיהו לא גרע מאשה ויהא לו לכל הפחות ערך אשה הלכך לאנדרוגינוס נמי אצטריך ואם נקבה לפיכך הוצרכו לתרץ סמי מכאן טומטום והא דתני בפ"ק דחגיגה (דף ד׳ ושם) זכורך להוציא טומטום ואנדרוגינוס ולא פריך מינה בבכורות לרב חסדא וליסני סמי מכאן טומטום ונראה לר' משום דקרא יתירא (ו) למעט טומטום דתרי זכורך כתיבי והא דפריך בפ"ק דחגיגה בשלמא אנדרוגינוס איצטריך סד"א הואיל ואית ליה זכרות ליחייב קמ"ל דבריה הוא בפני עצמו אלא טומטום ספיקא הוא איצטריך קרא למעוטי ספיקא ומשני כשבילו מבחוץ ונראה לרבי דשפיר פריך דהתם ודאי לא הוה צריך קרא למעוטי טומטום דפשיטא בלא קרא דלא מייתי עולת ראייה דהיכי נעביד מספיקא לא מייתי על תנאי דאם נקבה הוא תהא עולת נדבה דהא עולת ראייה לא בעי סמיכה ואסור לסמוך משום עבודה בקדשים [ועולת נדבה בעי סמיכה] ואם לא יסמוך טוב שלא יביא כמו שמצינו גבי פסח בפסחים פרק האשה (דף פח:) דתניא חבורה שנתערבו עורות פסחיהן ונמצאה יבלת באחת מהן כולן יצאו לבית השריפה ופטורין מלעשות פסח שני כו' עד דפריך וניתי מותר הפסח ומשני משום סמיכה דאילו מותר הפסח בעי סמיכה ואילו פסח לא בעי סמיכה אלמא משום סמיכה נמנעים מלעשות פסח כ"ש מלהביא עולת ראייה ובבכורות על מילתא דרב חסדא לא הוה מצי לשנויי כשבילו מבחוץ דכ"ש דלא הוה ליה לקרא למעוטיה · מ"ר. וקשה לי לרב חסדא אמאי ממעט רב בנדה טומטום

עין משפט נר מצוה

מז א מיי' פ"ב מהל' יבום הלכה כא סמג עשין נ טוש"ע אה"ע סי' קסד סעיף ז: [שם כד׳]

מח ב מיי' פ"א מהל' ערכין הלכה ה:

[דף קיט:]

רבינו חננאל

ודבי ר' אושעיא איזה בן ח' כל שלא יצאו לו חדשיו. ר' אמר סימנים ניכרין בו שערו וצפרניו שלא נגמרו וכדרך שבן שמנה חדשים באדם נפל כך בן ח' בבהמה גסה ובן ד' בדקה נפל. רשב"ג אומר כל ששהה באדם ל' יום אינו נפל וכו'. והלכתא כת"ק דאמר בן שמנה אין שחיטתו מטהרתו אלא אמרינן מת היה ונבילה היא ומטמאה שאין שחיטה מועלת בנבילה דתנינן מתניתין סתמא כוותיה בפרק בהמה המקשה לילד ופירשנוה שם. מי יש בינו שחיטה מי אין בינו שחיטה בן ח' חי אין שחיטתו מטהרתו. לפי שאין לבינו שחיטה. וסוגיא *דשמעתא שאין שחיטתו מטהרתו בפחות משמנה ימים אלא ברמוחזק לן שכלו חדשיו כגון שהיתה בהמה קשורה לו בביתו ט' חדשים לגסה וד' לדקה וילדה וברי לן שלא עלה [עליה] זכר בביתו וזה ששנינו במשנתנו סתם תינוק בן יום א' מטמא בזיבה. ומטמא בנגעים ומטמא בטמא מת. וזוקק ליבום ופוסל מן היבום ומאכיל בתרומה ופוסל בתרומה ונוחל ומנחיל והורגו חייב והרי הוא לאביו ולאמו ולכל קרוביו כחתן שלם ואמרינן בגמרא למאי הלכתא אמר רב פפא לענין אבלות לימא מתניתין דלא כרשב"ג דתניא רשב"ג אומר כל ששהה באדם ל' יום אינו נפל הא לא שהה (ספק) ספיקא הוי. ומפרקינן דקים ליה ביה שכלו לו חדשיו. ודין כל השנוים במשנה זאת דינם אחד במוחזק לן ביה שכלו לו חדשיו ומיהא הוו (מיתא) [מתאבלין] באלי בריה דרב דימי בריה דרב יוסף ורב כהנא בינוקא דשכיב בנו תלתין יומין דהוו מוחזקין שכלו לו חדשיו: **אתמר** מת בתוך ל' ועמדה ונתקדשה אמר רבינא משמיה דרבא אם אשת ישראל היא חולצת אם אשת כהן היא אינה חולצת ורב שרביא משמיה דרבא אמר אחת זו ואחת זו חולצת. א"ל רבינא לרב שרביא באורתא אמר רבא הכי כי דאמרת לצפרא הדר ביה. א"ל יהא רעוא דתשרי תרבא כלומר עתה תאסר ואתר שעה תתירה. יהי רצון שתתיר אף החלב. והלכתא כרבינא משמא דרבא. והאמר רבינא והדר ביה רבא מההיא: ר' יהודה מתיר באנדרוגינוס פי' למולו בשבת אמר רב שיזבי אמר רב חסדא לא לכל

רב נסים גאון

ולאחר כן אמרו לאבלה להביא בן ח' שאין שחיטתו מטהרתו כלומר בן ח' חדשים בבהמה גסה טהורה על דעת כמו שאמרו בפרק א' ממסכת בכורות (דף ח) בבהמה גסה יולדת לט' חדשי ומה שתלד בתשת גסה טהורה בחודש ח' הרי הוא כמת ולא תועיל בו השחיטה להוציאו מידי נבילה לענין הטומאה כמו שמועלת בטריפה מכאן הראיה שהקרתנו ממה שאמרו ויש מן הבהמה שאינה מטמאה פרס לטריפה ששוחה

מסורת הש"ס

[יבמות איתא משרשיא]

בכורות מב: ערכין ד: נדה כח:

[גיר' רש"א וסופו להחמיר הוא הלכך לא שייך התם יושב ובטל ועוד סבר רבי כו' ולא גבי חובה והוי קולא כיון שאינו מחויב שום קרבן]

ס"א אלא טומטום די"ל שהמקרא חושבו לא זכר ולא נקבה די"ש מהם זכרים כו'

הגהות הב"ח

(א) תוס' ד"ה הזכר וכו' בבכורות בפרק על אלו מומין וכו' אין לך מום גדול:
(ב) בא"ד אמר ליה רבא אלא מעתה וכו':
(ג) בא"ד דכיון דאמרת:
(ד) בא"ד אלא טומטום די"ל שאין המקרא חושבו לא זכר ולא נקבה די"ש מהן זכרים:
(ה) בא"ד מהזכר דמ"מ ה"א נהי:
(ו) בא"ד דקרא יתירא איכא למעט:

אות י'

אי איתרחיתו ליה עד לאורתא הוה אכלינן מיניה, השתא לא אכלינן מיניה

יו"ד סימן טו ס"ב - [י]בהמה שילדה, אם ידוע שכלו לו חדשיו, דהיינו ט' חדשים לגסה וה' לדקה, מותר מיד ביום שנולד, ולא [יא]חיישינן שמא נתרסקו (פי' נכתשו ונכתתו) אבריו מחבלי הלידה - ואפי' איכא ריעותא שאינו הולך, תוס', וכ"כ הרא"ש וטור ור' ירוחם, דאפי' אינו יכול לעמוד מותר, וכב"י, דאפילו היא מקשה לילד - ש"ך. [וא"צ שיפריס – ט"ז].

‹עיין בט"ז מה שהרבה להקשות על הרמ"א באו"ח, דפסק בעגל שנולד ביו"ט, דאע"ג דידוע שכלו לו חדשיו, צריך ג"כ שהפריס על הקרקע, ועיין בנקה"כ מה שתירץ›.

[יב]ואם אין ידוע שכלו לו חדשיו, אסור משום ספק נפל עד תחלת [יג]ליל שמיני – [ואע"ג דגבי קרבן כתיב מיום השמיני והלאה, שאני קרבן דאין ראוי להקריב בלילה, דכל קרבן הוא ביום דוקא – ט"ז].

(**עיין** פמ"ג שכתב, דבעינן שיעברו ז' ימים מעל"ע, ואם נולד סוף יום א', אם הגיע תחלת ליל מוצאי שבת עדיין לא יצא מכלל נפל, עד סוף יום המחרת, ע"ש, **וכן** משמע מלשון הט"ז, דנקיט בלשונו מעל"ע, **אמנם** בתשובת נו"ב בתשובה מבן המחבר, האריך בזה והביא הרבה ראיות דלא בעי מעל"ע, וכתב שכן דעת התב"ש, **וסיים** דאפ"ה אם יבא מעשה לידי קשה עלי להקל, מאחר שמפורש בבעלי הוראה המפורסמים לאיסור, ומ"מ המיקל לא הפסיד, הואיל ובלא"ה הוא רק איסורא דרבנן, {**עיין** בזה בדגמ"ר ובתשובת נו"ב ובספרו שו"ת שיבת ציון, אם זה ברור דהנך ז' ימים הוא רק מדרבנן}, **שוב** ראיתי בספרי פמ"ג החדשות, נדפס בשם גדול אחד שכתב על דברי הפמ"ג הנ"ל, דדברי שגיאה הם, **עתה** ראיתי שהרב ז"ל בעצמו חזר בו בספרו פמ"ג לאו"ח, גם בספרו תיבת גמא פ' ראה, **גם** בתשובת בית שמואל אחרון העלה דא"צ מעל"ע, ע"ש, וכן העלה בשו"ת תשובה מאהבה, ע"ש, וכן הסכים בתשובת רבינו עקיבא איגר, ע"ש, ובתשובת חתנו הגאון חתם סופר, **ובדיעבד** אם שחטו תוך שמונה, עיין בדגול מרבבה מה דינו).

‹**ודע**, דבעיקר דין זה שנתבאר דבכלו לו חדשיו א"צ להמתין עד יום ח', אנן לא בקיאינן בכלו לו חדשיו, מג"א, ובכל ענין צריך להמתין עד יום ח', **וזה** שלא כתב רבינו הרמ"א בכאן דין זה, סמך עצמו על מ"ש לעיל סי' י"ג ס"ג - ערוה"ש. **ועיין** לעיל סי' י"ד ס"א, דחלק ע"ז הפמ"ג›.

אות כ'

קים לי ביה שכלו לו חדשיו

יו"ד סימן שעד ס"ח - [יד]תינוק, כל שלשים יום [טו]ויום שלשים בכלל, אין מתאבלים עליו, אפילו גמרו שערו וצפרניו – ‹שהוא ספק נפל, וספק אבלות לקולא, ואפילו להרמב"ם שסובר דאבלות יום ראשון דאורייתא, מ"מ כל ל' יום הוא בחזקת נפל – ערוה"ש›, **ומשם ואילך מתאבל עליו, [טז]אלא אם כן נודע שהוא בן ח'.**

[יז]ואי קים ליה ביה שכלו לו חדשיו, [יח]כגון שבעל ופירש ונולד חי לט' חדשים גמורים, אפילו מת ביום שנולד, מתאבלים עליו.

---

§ מסכת שבת דף קלו: §

אות א'

אם אשת ישראל היא חולצת, אם אשת כהן היא אינה חולצת

אבה"ע סימן קסד ס"ז - כל יבמה שהיא ספק מדבריהם אם יש עליה זיקת יבם אם לאו, כגון יבמה שילדה ולד שלא נודע שכלו לו חדשיו, ומת בתוך ל' יום או ביום ל', שדינה שתחלוץ מספק מדבריהם כמו שנתבאר, אם הלכה ונתקדשה לאחר או נשאת קודם חליצה, חולץ לה יבמה ותשב עם בעלה. ואם נתקדשה לכהן שהוא אסור בחלוצה, אינו חולץ לה, שאין אוסרין על זה אשתו משום ספק דבריהם. (וה"ה אם אין היבם כאן, שלא תצא מבעלה ישראל, ומותרת לו בלא חליצה הואיל וכבר נשאה) (ר"י מינץ בתשובה). גירשה הכהן או מת, הרי זו חולצת לכתחילה, ואחר כך תהיה מותרת לאחרים.

אות ב'

זכר ודאי, נקבה ודאית, ולא טומטום ואנדרוגינוס

רמב"ם פ"א מהל' ערכין ה"ה - טומטום ואנדרוגינוס אין להם ערך, שלא קצבה תורה ערך אלא לזכר ודאי או לנקבה ודאית, לפיכך טומטום ואנדרוגינוס שאמר ערכי עלי, או שהעריכו אחר, אינו חייב כלום.

באר הגולה

[י] ברייתא שבת דף קל"ו וכרשב"ג [יא] מימרא דרב נחמן חולין דף נ"א [יב] שם בשבת ברייתא וגמרא [יג] והא דכתיב מיום השמיני והלאה וגו', ההוא לקרבן כתיב דאינו ראוי להקריבו בלילה [יד] מברייתא דרשב"ג שבת דף קל"ה ע"ב [טו] כרב אשי בכורות דף מ"ט ע"א [טז] כדעת הרמב"ם בפ"א מהלכות אבל ה"ח, וטעמו מבואר בדברי ה"ה בפ"א מהלכות ייבום ה"ה [יז] שבת דף קל"ו ע"א ונדה דף מ"ד ע"ב [יח] הגהות מיימוני בשם רש"י

§ מסכת שבת דף קלז. §

אות א'

הכל כשרים לקדש, חוץ מחרש שוטה וקטן

רמב"ם פ"ו מהל' פרה אדומה ה"ב - והכל כשרין לקדש חוץ מחרש שוטה וקטן.

אות ב' – ג'

לא נחלקו ר"א ורבי יהושע על מי שהיו לו ב' תינוקות אחד למול בע"ש ואחד למול בשבת... שהוא פטור

על מי שהיו לו שני תינוקות, אחד למול אחר השבת ואחד למול בשבת, ושכח ומל את של אחר השבת בשבת... פוטר

רמב"ם פ"ב מהל' שגגות ה"ח - כל העושה מצוה מן המצות, ובכלל עשייתה נעשית עבירה שחייבין עליה כרת בשגגה, הרי זה פטור מחטאת, מפני שעשה ברשות... וכן מי שהיו לו שני תינוקות א' למול בשבת, וא' למול בע"ש או בא' בשבת, ושכח ומל שניהן בשבת, פטור מחטאת, שהרי יש לו רשות למול אחד מהן בשבת, ושבת דחויה היא אצלו, ומצוה עשה, אף על פי שהם שני גופין, הואיל וזמנו בהול אינו מדקדק; אבל אם לא היה אחד מהן ראוי למול בשבת, ושכח ומל בשבת מי שאינו ראוי למול בשבת, חייב חטאת.

אות ד'

קטן נימול לשמנה ולתשעה ולעשרה וכו'

יו"ד סימן רסו ס"ח - [א]מי שנולד ביהש"מ, שהוא ספק יום ספק לילה, מונין מן הלילה, ונימול לתשיעי שהוא ספק שמיני; ואם נולד ערב שבת ביהש"מ, אינו דוחה את השבת, שאין דוחין את השבת מספק; וכן אינו דוחה יו"ט מספק, ואפילו יו"ט שני של גליות (טור ר"ס זה בשם תשובת רא"ש).

[ב]סימן שלא ס"ד - [ג]מילה שלא בזמנה אינה דוחה שבת - דכי כתיב "וביום", אשמיני קאי.

אות ה'

חלצתו חמה נותנין לו כל שבעה להברותו

יו"ד סימן רסב ס"ב - [ד]חולה אין מלין אותו עד שיבריא, [ה]וממתינים לו מעת שנתרפא מחליו שבעה ימים [ו]מעת לעת, ואז מלין אותו – [ראיתי בספר בדק הבית שחיבר הב"י, שכתב בשם הרשב"ץ, דמ"מ אין מלין אותו ביום ה', לפי שביום הג' יש צער לנימול, ואין לגרום צער ביום השבת, ולפי"ז נראה כ"ש שאין למולו ביום ו', דאיכא צער טפי, כמ"ש בסימן רס"ו בשם הרשב"א והרמב"ן – ט"ז].

‹ו**בבדק** הבית סיים, ממתינין עד למחר, הרי דלמחר ביום ו' מותר, ואיך כתב הט"ז דכ"ש שאין למולו ביום ו', **גם** בעיקר דברי הט"ז דאין מלין ביום ה', דיש צער לינוקא, במקור הדין בתשב"ץ הטעם, כיון דביום ג' סכנה לתינוק ויצטרכו לחלל שבת, והוי כההיא דאין מפליגין בספינה תוך ג"י סמוך לשבת, ולזה דברי הט"ז בדיבור זה תמוהים מאד, ברכי יוסף – רעק"א›. ‹**רווית** הט"ז, דווי למילה יש יותר סכנה משלישי למילה – ערוה"ש›.

פסק דאין למולו ביום ה' וו', וליתא כמ"ש בש"ד ס"ס רס"ו - נקה"כ.

‹**שהרי** בספינה עצמה אמרו בשבת, דלדבר מצוה מותר, וכ"ש במילה, **ועוד** מדלא אשתמטו הפוסקים להזכיר דמילה שלא בזמנה לא ימולו ביום ה', והלכך ליתא להאי דינא, וכן המנהג פשוט ואין לשנות – ערוה"ש›.

בד"א, [ו]שחלצתו חמה וכיוצא בו, שהוא חולי שבכל הגוף - ‹והטעם, דכיון דהמחלה נתפשטה בכל הגוף, צריך הגוף חיזוק יותר – ערוה"ש›, **[ח]אבל אם חלה באחד מאיבריו, כגון שכאבו לו עיניו כאב מועט וכיוצא בזה, ממתינים לו עד שיבריא -** דמשום צער וחולי כל שהוא משהין אותו למול עד שיבריא, כדי שלא יבא לידי סכנה, וכ"כ הגאון, דכל תינוק שהוא מצטער בין מחמת חולי בין מחמת ד"א, אין מוהלין אותו עד שיבריא, עכ"ל נ"י, והביאו ב"י וד"מ - ש"ך, **ולאחר שיבריא, מלין אותו מיד.**

(אבל כאבו לו עיניו כאב גדול - נראה דהיינו באופן שנתבאר באו"ח סי' שכ"ח ס"ט, **הוי כחולי שבכל הגוף) (נ"י פ' הערל)** – ‹ונ"ל דעל כל מה שנתבאר שם דמחללין עליו את השבת, כמו מכה בגב היד וגב הרגל וכיוצא בהם, צריכין להמתין ז' ימים מעת לעת אחר שיבריא – ערוה"ש›.

‹ו**דע** שראיתי בספרים שנתחברו על דיני מילה, שנסתפקו באיזה פרטי מחלות אם נקראו מחלות לעכב המילה עי"ז, וגם נסתפקו באיזה מחלות אם דינם כחולי המתפשט בכל הגוף וצריך המתנת ז' ימים מעת לעת, כמו תינוק שנתפחו ביציו וכיוצא בזה, **ואני** תמה על כל הספיקות, דזהו פשוט, שכל שיש איזה שינוי בהתינוק באיזה אבר שהוא, מעכבין המילה, **וכשיש** ספק אם חולי זו מתפשט בכל הגוף, ישאלו לרופא, שהרי אנו סומכים על הרופאים בחילול שבת ולאכול ביוה"כ, **ואם** אין כאן רופא ואצלינו הוה ספק, או שגם להרופא יש ספק, הלכה ברורה דספק נפשות להקל, וממתינין ז' מעת לעת משנתרפא, ומה מועיל כשנבאר איזה פרטים בזה, סוף סוף נצרך לשאול ברופאים – ערוה"ש›.

אות ו' – ז'

אלו הן ציצין המעכבין... בשר החופה את רוב העטרה

ואם היה בעל בשר, מתקנו מפני מראית העין

יו"ד סימן רסד ס"ה - עיין בעמוד ב' אות ב'.

יו"ד סימן רסד ס"ו - עיין בעמוד ב' אות ג'.

באר הגולה

[א] משנה שם דף קל"ז ע"א [ב] ‹ע"פ הבאר הגולה› [ג] שם במשנה ובברייתא קל"ב [ד] משנה שבת דף קל"ז ע"א [ה] מימרא דשמואל שם [ו] בעיא שם ולא נפשטא בשבת, אבל ביבמות דף ע"א ע"ב פשוט שם בגמ', וכ"כ הרי"ף וש"פ [ז] שם בברייתא ופי' רש"י שהיה חולה ונתרפא ונתחלצה ונשתלפה ממנו החולי [ח] מאוקימתא דרב פפא שם ‹ביבמות› ע"ב

מסורת הש"ס

[סנהדרין פו:]
[עירובין לו: וש"נ]
יומא מג. יבמות עב: ערכין ג.
פ"ב פ"ה מ"ד
פסחים עב. כריתות יט:
[ת"ל אליעזר]
פסחים עב. ע"ש
[צ"ל אליעזר]
[יבמות לד:]
ערכין ח:
יבמות עא.
ג"ז שם:

תורה אור

(א) *וסתם ספרא רבי יהודה אמר רב נחמן בר יצחק אף אנן נמי תנינא *״הכל כשרים לקדש חוץ מחש"ו רבי יהודה מכשיר בקטן ופוסל באשה ואנדרגינוס ש"מ ומאי שנא מילה משום דכתיב °המול לכם כל זכר: **מתני'** *מי שהיו לו שני תינוקות אחד למול אחר השבת ואחד למול בשבת ושכח ומל את של אחר השבת בשבת חייב אחד למול בע"ש ואחד למול בשבת ושכח ומל את של ע"ש בשבת רבי אליעזר מחייב חטאת °ורבי יהושע פוטר: **גמ'** רב הונא מתני חייב רב יהודה מתני פטור רב הונא מתני חייב דתניא אמר ר"ש בן אלעזר לא נחלקו רבי *אלעזר ור' יהושע על מי שהיו לו ב' תינוקות אחד למול בשבת ואחד למול אחר השבת ושכח ומל את של אחר השבת בשבת שהוא חייב על מה נחלקו על מי שהיו לו ב' תינוקות א' למול בע"ש וא' למול בשבת ושכח ומל את של ע"ש בשבת שר' אליעזר מחייב חטאת ורבי יהושע פוטר ושניהם לא למדוה אלא מעבודת כוכבים ר' אליעזר סבר כעבודת כוכבים מה עבודת כוכבים אמר רחמנא לא תעביד וכי עביד מיחייב ה"נ לא שנא ורבי יהושע התם דלאו מצוה הכא מצוה רב יהודה מתני פטור דתניא א"ר מאיר ג׳לא נחלקו ר"א ורבי יהושע על מי שהיו לו ב' תינוקות אחד למול בע"ש ואחד למול בשבת ושכח ומל את של ע"ש בשבת שהוא פטור על מה נחלקו על מי שהיו לו ב' תינוקות אחד למול אחר השבת וא' למול בשבת ושכח ומל את של אחר השבת בשבת שר"א מחייב חטאת ורבי יהושע ׳פוטר ושניהם לא למדוה אלא מעבודת כוכבים ר"א סבר כעבודת כוכבים מה עבודת כוכבים אמר רחמנא לא תעביד וכי עביד מיחייב ה"נ לא שנא ור' יהושע התם לא טריד מצוה הכא טריד מצוה *תני ר' חייא אומר היה ר"מ לא נחלקו רבי *אלעזר ורבי יהושע על מי שהיו לו ב' תינוקות א' למול בע"ש וא' למול בשבת ושכח ומל את של ע"ש בשבת שהוא חייב על מה נחלקו על מי שהיו לו ב' תינוקות א' למול אחר השבת וא' למול בשבת ושכח ומל של אחר השבת בשבת *שר"א מחייב חטאת ור' יהושע פוטר השתא רבי יהושע סיפא דלא קא עביד מצוה פוטר רישא דקא עביד מצוה מחייב אמרי דבי ר' ינאי רישא כגון שקדם ומל של שבת בע"ש דלא ניתנה שבת לידחות סיפא ניתנה שבת לידחות א"ל רב אשי לרב כהנא רישא נמי ניתנה שבת לידחות לגבי תינוקות דעלמא להאי גברא מיהא לא איתיהיב: **מתני'** *ד׳קטן נימול לשמונה לתשעה ולעשרה ולאחד עשר ולי"ב לא פחות ולא יותר הא כיצד כדרכו לשמנה נולד לבין השמשות נימול לט' בין השמשות של ע"ש נימול לעשרה יו"ט לאחר השבת נימול לאחד עשר ב' ימים של ר"ה נימול לשנים עשר קטן החולה אין מוהלין אותו עד שיבריא: **גמ'** *אמר שמואל ה׳חלצתו חמה נותנין לו כל ז' להברותו איבעיא להו מי בעינן מעת לעת ת"ש דתני *לודא יום הבראתו כיום הולדו מאי לאו מה יום הולדו לא בעינן מעת לעת אף יום הבראתו לא בעינן מעת לעת לא עדיף יום הבראתו מיום הולדו דאילו יום הולדו לא בעינן מעת לעת ואילו יום הבראתו בעינן מעת לעת: **מתני'** *׳אלו הן ציצין המעכבין את המילה בשר החופה את רוב העטרה ואינו אוכל בתרומה ׳ואם היה בעל בשר מתקנו מפני מראית העין

מל

רש"י

והא סתם ספרא הוא דבתורת כהנים תניא לה וסתם ספרא רבי יהודה*: **לקדש**. מי חטאת לתת אפר על המים: **מכשיר בקטן ופוסל באשה**. טעמיה מפרש בסדר יומא בפ"ג: **ובאנדרוגינוס**. שמע מינה דרבי יהודה כאשה משוי ליה: **כל זכר**. ריבויא הוא: **מתני' ושכח ומל את של אחר השבת בשבת חייב**. דטעה בדבר מצוה ולא עשה מצוה הוא ועבד ליה חבורה שלא לצורך ובהא אפילו רבי יהושע מודה: **אחד למול בשבת ואחד למול בע"ש ושכח ומל את של ע"ש בשבת ר"א מחייב חטאת**. דמילה שלא בזמנה אינה דוחה שבת ואע"ג דטעה בדבר מצוה שהיה טרוד באותו של שבת ומתוך כך טעה בזה ואף בזה עשה מצוה שהרי ראוי הוא למול אלא שאינו דוחה שבת ס"ל לר"א טעה בדבר מצוה ועשה מצוה שיש בה חיוב חטאת חייב ורבי יהושע פוטר דס"ל טעה בדבר מצוה ועשה מצוה פטור: **גמ' רב הונא מתני**. במתניתין ברישא חייב לדברי הכל כדתנינן לה אכן: **ורב יהודה מתני ברישא פטור**. דמוקי לה בשכח ומל את של ע"ש בשבת ופלוגתא היא בשל אחר השבת בשבת: **שהוא חייב**. דאע"ג דטריד במצוה וטעה בה כיון דלאו מצוה שעדיין לא הגיע זמנו למול חייב: **אלא מע"ז**. שהוקשו כל חטאות שבתורה לחטאת ע"ז דכתיב תורה אחת יהיה לכם וגו' בפרשת שלח לך אנשים גבי קרבן ע"ז: **ור' יהושע התם**. עובד עבודת כוכבים לא עשה מצוה: ה"ג רב יהודה מתני פטור דתניא אמר ר"מ לא נחלקו ר"א ורבי יהושע על שהיו לו שני תינוקות אחד למול ע"ש כו': **ה"ג ורבי יהושע התם לא טריד במצוה הכא טריד במצוה**. טרוד להתעסק במצוה גמורה שהרי אחד מהם זמנו היום וטרוד לבו למהר ולעשות ומתוך טרדו טעה ומל את זה שאין בו מצוה כלל: **ושכח ומל של ע"ש בשבת שהוא חייב**. לקמיה מתרץ לה: **דלא ניתנה שבת לידחות**. שאין לו תינוק שיהא זמנו היום הלכך לא היה טרוד היום במצוה שלא היה מוטל עליו כלום לעשות ולא היה לו לטעות: **מתני' נולד בין השמשות נימול לט'**. שהרי ליום שמיני של מחר הוא נימול ושמא בין השמשות יום הוא ונימול לט': **היה היום ע"ש**. א"א למולו בשבת הבאה דשמא ט' הוא והויא ליה מילה שלא בזמנה ואינה דוחה שבת וצריך להמתין עד לאחר השבת שהוא עשירי: **חל יו"ט להיות אחר השבת**. אין מילה שלא בזמנה דוחה אותו ונימול לי"א: **גמ' חלצתו חמה**. נשלף ממנו החולי ויצא מגופו: **דתני לודא**. שם חכם: **יום הבראתו כיום הולדו**. ממתינין לו כיום הולדו: **מאי לאו**. יום הולדו דווקא קאמר דלא בעינן מעת לעת: **לא**. כיום הולדו דקתני למיתב ליה ז' מיהו עדיף יום הבראתו מהא דבעינן מעת לעת ומהא ליכא למשמע מידי: **מתני' ציצין**. רצועות של בשר שנשארו מן הערלה: **עטרה**. היא שפה גבוה המקפת את הגיד סביב וממנה משפע ויורד לראשו: **ואינו אוכל בתרומה**. אם כהן הוא דילפינן ביבמות (ד' ע') שערל אסור בתרומה: **ואם היה בעל בשר**. שהיה שמן ונראה בשר שלמעלה מערלתו לאחר שניטלה ערלה כולה כאילו אותו בשר חוזר וחופה את הגיד: **מתקנו**. ומשפע באיזמל מאותו עובי: **מפני מראית העין**. שלא יהא נראה כערל:

תוספות

טומטום שראה לובן ואודם מביאת מקדש וכ"ת משום דאיכא קרא יתירא (ג) דדריש לה לטומטום דכתיב מזכר ועד נקבה תשלחו ואי למעוטי אנדרוגינוס גרידא לא ה"ל למיכתב אלא זכר לא היא דאי לא כתב אלא זכר א"כ ה"א אשה לא מחייב' בביאת מקדש מדכתיב זכר ולא כתיב אדם ושמא י"ל דלית ליה לרב דר"ח דאיכא אמורא נמי דפליג עליה בבכורות וא"ת ומאי איצטריך רב למעוטי אנדרוגינוס והא איהו ס"ל בפרק הערל ביבמות (דף פג·) דאנדרוגינוס ספיקא הוא (ד) ואיצטריך קרא למעוטי ספק מיהו הא לא קשיא דה"א כשראה לובן ואודם כאחת יתחייב ממ"נ אבל הא תימה כיון דסבר רב אנדרוגינוס ספיקא הוא אמאי קאמר רב מזכר ועד נקבה זכר ודאי נקבה ודאית ואם הוא זכר ימעט אותו מזכר ואם הוא נקבה ימעט אותו מנקבה ומיהו י"ל דמשום טומטום נקטיה דפעמים הוי זכר ופעמים הוי נקבה:

הזכר ולא טומטום ואנדרוגינוס. תימה לרבי דבפרק אלו מומין (בכורות דף מב·) גבי בכור מצריך הזכר הזכרים למעוטי טומטום ואנדרוגינוס משמע התם דמהזכר לחודיה לא הוה ממעט לה והכא ממעטין ליה מהזכר לחודיה:

מל

עין משפט נר מצוה

מט א מיי' פ"ו מהל' פרה הלכה ב סמג עשין רלב:
נ ב ג מיי' פ"ב מהל' שגגות הלכה ח:
נא ד מיי' פ"א מהל' מילה הלכה יב סמג עשין כח טוש"ע י"ד סי' רסו סעיף ח:
נב ה מיי' שם הלכה טו סמג שם טוש"ע י"ד סי' רסב סעיף ב:
נג ו ז מיי' פ"ב מהל' מילה הלכה ג ה סמג שם טוש"ע י"ד סי' רסד סעיף ה ו:

רבינו חננאל

א"ר יהודה אנדרוגינוס זכר הוא. שאם אי אתה אומר כך יערך ומנ"ל דלא מערך דתניא הזכר ולא טומטום ואנדרוגינוס כו' ופשוטה היא ופסקינן בה ומאי שנא גבי מילה דכתיב המול לכם כל זכר כל לרבות. ויש מי שאומר הלכתא כרבנן דאמרי ספק ואנדרוגינוס אין מחללין עליו את השבת ואין הלכה כר' יהודה ומדחזינן רב חסדא דריש לטעמיה דר' יהודה ש"מ הלכתא כוותיה: **מתניתין** מי שהיו לו ב' תינוקות אחד למול אחר השבת ואחד למול בשבת ושכח ומל את של אחר השבת בשבת חייב וכו' [ואמרינן בגמ'] רב הונא מתני חייב ורב יהודה מתני פטור פי' רב הונא מתני חייב דמוקים ליה למתניתין לר"ש דאמר ר"ש לא נחלקו ר' אליעזר (ור"ש) [ור' יהושע] על מי שהיו לו *) דקיי"ל סתם משנה ר' מאיר ובהא תנא דבי ר' חייא פליגי עליה ורב הונא דמוקים לה כר' שמעון כוותיה עבדינן וחלוקת ר' אליעזר ור' יהושע דברים ברורין הן. (שנים) ושניהם מע"ז למדוה דהא איתקשא כל התורה כולה לע"ז ר' אליעזר סבירא כע"ז מה ע"ז אסרה תורה לא תעבוד ואם תעבוד ע"ז בשגגה מכל מקום חייב חטאת. כן אסרה תורה בשבת. המחלל השבת בשגגה מ"מ חייב חטאת. ור' יהושע סבר התם לגבי ע"ז לא נתכוין לקיים המצוה הכא בשבת נתכוין לקיים מצות מילה. לפיכך פטור הוא והלכתא כר' יהושע וכדמתניתין ר' שמעון: **אחד** למול ערב שבת ואחד למול בשבת ושכח ומל את של שבת בע"ש ואת של ע"ש בשבת פטור כי מ"מ מצוה עשה. ואע"פ שבל בס'. אבל בזמן ששכח ומל את של אחר השבת בשבת כיון שלא עשה מצוה כי בו' מלו אפילו ר' יהושע מודה שחייב חטאת. וכן הלכה וכל היכא דפליג ר' אליעזר ור' יהושע הלכה כר' יהושע חוץ ממקומות ידועים. וזה אינו מהם. וכן רב הונא הלכתא כוותיה דשכיח גבי ריש גלותא וגרסינן הלכתא כוותין או הלכתא כוותייכו כו': **מתניתין** קטן ניסול לשמונה לתשעה כו' קטן החולה אין מלין אותו עד שיבריא. אמר שמואל חלצתו חמה נותנין לו כל ז' להברותו והלכתא כשמואל דיהבינן ליה מאחר שחלצתו חמה שבעת ימים

*) [נראה לעין דחסר פה כמה תיבות וכצ"ל על מי שהיו לו שני תינוקות אחד למול בשבת ואחד למול אחר השבת ושכח ומל של אחר השבת בשבת שהוא חייב וכו' ורב יהודה מתני פטור דתניא אמר ר"מ וכו' ומהדר לאוקמי מתני' כר"מ משום דקיי"ל דסתם משנה ר"מ וכו']

הגהות הב"ח

(א) בגמ' וסתם ספרא ר' יהודה. נ"ב ונ"ע מן מס' נדה דף מו: (ג) תוס' ד"ה הזכר יתירא לאצועי לה לטומטום: (ד) בא"ד ספיקא הוא וכי איצטריך:

גליון הש"ס

מתני' ור' יהושע פוטר. עי' מנחות דף סד ע"א תד"ה ואפי' נתכפר:

פרע

רב נסים גאון

ששחטה ותמצא כמותה בשחיטת חולין (עג) בפרק בהמה המקשה לילד: אף אנן נמי תנינא הכל כשרין לקדש חוץ מחרש שוטה וקטן כו'. זו המשנה במס' פרה בפרק ה' ולענין קידוש מי חטאת נתכוונה.*)לומר שבעת שישארו ציצין המעכבין את המילה הרי הוא ערל עדיין ואם הוא כהן אסיר לוכל בתרומה כמו ששנינו בגמ' יבמות (דף ע) הערל וכל הטמאין לא יאכלו בתרומה והזכירו בתלמוד המחלוקת שהיתה בין ר' אליעזר ובין ר' עקיבא בתורת כהנים במה שכתוב (ויקרא כב) איש איש מזרע אהרן ומה שכתוב (שם) תושב כהן ר' אליעזר גמר לערל בגזירה שוה לערל מפסח ור' עקיבא אמר איש איש לרבות את הערל:

אבל

*) זה לפרש את המשנה אלו הן ציצין כו'

עין משפט נר מצוה

נד א מיי' פ"ג מהל' מילה הלכה ד סמג עשין כח טוש"ע י"ד סי' רסד סעיף ד:
נה ב מיי' שם הלכה ג טוש"ע שם סעיף ס:
נו ג מיי' שם הלכה ס טוש"ע שם סעיף ו:
נז ד מיי' פ"ג מהל' מילה הלכה ח סמג שם טוש"ע י"ד סי' רסה סעיף א:
נח ה מיי' שם הלכה ד סמג שם טוש"ע י"ד סי' רסה סעיף ס:
נט ו מיי' שם הלכה ס סמג שם טוש"ע י"ד סי' רסו סעיף יב:
ס ז מיי' פכ"ה מהל' שבת הלכה יז ופ"ג מהל' י"ט הלכה יז סמג לאוין סה טוש"ע א"ח סי' שטו סעיף ט וסי' תקי סעיף ד:

מסורת הש"ס

יבמות מז: מח.
[תוספ' פי"ז]
[מנחות מב. תוספ' ברכות פ"ו כל הפרק עד סופו]
הג"מ יעב"ץ ז"ל ניקד לוס כתירי"ן
לעיל קכה: עירובין מד: סוכה כז:
[תוספ' סוכה פ"א לעיל קכה: וש"נ]
[תוספ' מגילה פ"א] ביצה כח. לו: מגילה ז:
לעיל ס: קכד:
[עי' תוס' דפסחים סה: ד"ה מה לתוך רבוה]

הגהות הב"ח

(א) גמ' העומדים שם אומרים כשם שהכנסתו לברית כן תכניסהו לתורה כצ"ל: (ב) שם חלקנו צורנו צוה:

מל ולא פרע את המילה כאילו לא מל:

גמ' *אמר רבי אבינא א"ר ירמיה בר אבא אמר רב בשר החופה את רוב גובהה של עטרה: ואם היה בעל בשר וכו': אמר שמואל קטן המסורבל בבשר רואין אותו כ"ז שמתקשה ונראה מהול אינו צריך למול ואם לאו צריך למול במתניתא תנא *רשב"ג אומר קטן המסורבל בבשר רואין אותו כל זמן שמתקשה ואינו נראה מהול צריך למולו ואם לאו אינו צריך למולו מאי בינייהו איכא בינייהו נראה ואינו נראה: מל ולא פרע: ת"ר *המל אומר אקב"ו על המילה אבי הבן אומר אקב"ו להכניסו בבריתו של אברהם אבינו העומדים (א) אומרים כשם שנכנס לברית כך יכנס לתורה לחופה ולמע"ט והמברך אומר אשר קידש ידיד מבטן חוק בשארו שם וצאציו חתם באות ברית קדש על כן בשכר זאת אל חי חלקנו (ב) צוה* להציל ידידות שארינו משחת למען בריתו אשר שם בבשרנו בא"י כורת הברית המל את הגרים אומר ברוך אתה ה' אלהינו מלך העולם אקב"ו על המילה והמברך אומר אקב"ו למול את הגרים ולהטיף מהם דם ברית שאילמלא דם ברית לא נתקיימו שמים וארץ שנאמר °אם לא בריתי יומם ולילה חוקות שמים וארץ לא שמתי בא"י כורת הברית המל את העבדים אומר אקב"ו על המילה והמברך אומר אקב"ו למול את העבדים ולהטיף מהם דם ברית *שאילמלא דם ברית חוקות שמים וארץ לא נתקיימו שנאמ' אם לא בריתי יומם ולילה חוקות שמים וארץ לא שמתי בא"י כורת הברית:

(ירמיה לג) [נדרים לב.]

הדרן עלך רבי אליעזר דמילה

רבי אליעזר אומר תולין את המשמרת בי"ט ונותנין לתלויה בשבת וחכ"א אין תולין את המשמרת בי"ט ואין נותנין לתלויה בשבת אבל נותנין לתלויה ביו"ט:

גמ' השתא ר"א אוסופי אהל עראי לא מוספינן למיעבד לכתחלה שרי מאי היא דתנן *פקק החלון ר"א אומר בזמן שקשור ותלוי פוקקין בו ואם לאו אין פוקקין בו וחכ"א בין כך ובין כך פוקקין בו ואמר רבה בר בר חנה א"ר יוחנן *הכל מודים שאין עושין אהל עראי בתחלה בי"ט ואין צ"ל בשבת לא נחלקו אלא להוסיף שר"א אומר אין מוסיפין בי"ט ואין צ"ל בשבת וחכ"א מוסיפין בשבת ואין צ"ל ביום טוב ר"א סבר לה כרבי יהודה דתניא *אין בין יום טוב לשבת אלא אוכל נפש בלבד רבי יהודה מתיר אף מכשירי אוכל נפש אימר דשמעינן ליה לר' יהודה במכשירין שאי אפשר לעשותם מערב יום טוב במכשירין שאפשר לעשותם מעיו"ט מי שמעת ליה דר"א עדיפא מדרבי יהודה: וחכ"א: איבעיא להו תלה מאי אמר רב יוסף תלה חייב חטאת א"ל אביי אלא מעתה תלא כווא בסיכתא הכי נמי דמיחייב

אלא

פרע. גילה: גמ' רוב גובהה. לא תימא רוב העטרה דקתני מתני' רוב היקפה אלא אפילו רוב גובהה במקום אחד: קטן המסורבל בבשר. פלטר"י בלע"ז שמן ועב ולאחר שנימול נראה כמכוסה: כל זמן שמתקשה. ומתוך הקישוי מתפשט בשרו בדשמואל גרסינן ונראה מהול במתניתא גרסינן ואינו נראה מהול: איכא בינייהו נראה ואינו נראה. לשמואל נראה מהול הוא דאין צריך למולו הא נראה ואינו נראה צריך למתניתא אינו נראה הוא דצריך הא נראה ואינו נראה אינו צריך: אשר קידש ידיד מבטן. יצחק קרי ידיד על שם אשר אהבת (בראשית כב): מבטן. דקודם שנולד נתקדש למצוה זו דכתיב (שם יז) אבל שרה אשתך וגו' והקימותי את בריתי אתו היינו מילה: בשארו. בבשרו: שם. חק של מילה: וצאצאיו. אחריו: חתם באות. זו של ברית קדש: צוה להציל ידידות שארינו משחת. מגיהנם דכתיב גם את בדם בריתך שלחתי אסיריך מבור אין מים בו (זכריה ט):

הדרן עלך ר' אליעזר דמילה

תולין את המשמרת. שמסננין בה שמרי יין ומותח פיה לכל צד בעגול ונעשה כאהל על חלל הכלי שקורין אשכד"א ואע"ג דעביד אהל שרי בי"ט כדמפרש בגמרא אבל בשבת מיהא לכתחילה לא אבל אם תלויה היא נותנין לתוכה שמרים ומסנן דאין דרך בורר בכך: גמ' פקק החלון. כגון ארובת הגג: אלא להוסיף. כגון פקק זה שאינו אלא תוספת עראי על האהל: סבר ליה כרבי יהודה. הלכך הכא שרי דמכשירי אוכל נפש הוא: שאי אפשר לעשותן מעי"ט. כגון שפוד שנרצם בי"ט: עדיפא. חזקה דהוא שרי אפילו מכשירין שאפשר מעיו"ט: תלה כווא בסיכתא. תלה כלי קטן במגוד: ס"ד דמיחייב. והכא מאי חיובא איכא באהל עראי בנין גמור לא הוי ומדרבנן הוא דמיתסר:

אלא

מל ולא פרע את המילה כאילו לא מל. תימה אמאי איצטריך למיתני הא כיון דכבר תנא דבשר החופה את רוב העטרה מעכב המילה וכי לא פרע עדיין רוב עטרה מכוסה: אבי הבן אומר כו'. רבינו שמואל גרים אבי הבן ברישא והדר המל אומר וכבר הנהיג לעשות כן לברך אבי הבן קודם המילה משום דלהכניסו להבא משמע כדאמרינן בפ"ק דפסחים (ד' ז: ושם) בלבער כ"ע לא פליגי דלהבא משמע ועוד *דכל המצות מברך עליהן עובר לעשייתן ור"ת החזיר המנהג לקדמותו וגרס המל ברישא והדר אבי הבן כמו שכתוב בכל הספרים וכן מוכח כולה סוגיא מדקאמר העומדים שם אומרים כשם שהכניסו לברית מכלל שכבר הכניסו ועוד דגבי גר דבסמוך גרס ברישא המל כו' והדר המברך אומר אקב"ו למול את הגרים ונראה הוא שזהו כנגד ברכת אבי הבן והתם א"א לשנות הגירסא שיש באותה ברכה להטיף מהן דם ברית כו' ברוך כורת הברית משמע דכל זה הוא אחר המילה ועוד דהמברך מברך לעולם אחר המילה כמו במילת קטן וההיא דפסחים ה"פ בלבער כ"ע לא פליגי דלהבא משמע טפי מלשעבר ומיהו לשעבר נמי משמע כי פליגי בעל ביעור מר סבר דמשמע מעיקרא טפי מלהבא ומר סבר להבא נמי משמע כמו מעיקרא והא דאמרינן דכל המצות מברך עובר לעשייתן ה"מ כשהמברך עצמו עושה המצוה: ידיד מבטן. אומר ר"ת שהוא אברהם אבינו שנקרא ידיד שנאמר (ירמיה יא) מה לידידי בביתי כדדרשינן במנחות בפרק כל המנחות (ד' נג: ושם) ושלשת האבות נזכרים חוק בשארו שם הוא יצחק וצאצאיו חתם באות ברית קדש הוא יעקב וצאצאיו הוא ובניו כמו שתרגם יונתן הצאצאים והצפיעות בניא ובני בניא (ישעיה כב) כלומר יוצאי צאצאיו*): במצותיו וצונו למול את העבדים. שנאמר יליד בית ומקנת כסף (בראשית יז):

הדרן עלך ר' אליעזר דמילה

תולין. אבל נותנין לתלויה ביום טוב. וצריך לפרש ולומר שאם היה עושהו מאתמול לא היה טוב כל כך וחזק והא דתניא בפרקין דלעיל (ד' קלד. ושם) דאין מסננין את החרדל במסננת שלו בי"ט אם היה עושהו מאתמול לא היה מתקלקל: דרבי אליעזר עדיפא מדר"י. תימה ולר"א תיקשה ליה הנהו קראי דדריש בפ"ק דמגילה (ד' ז:) דקאמר ורבי יהודה כתיב הוא וכתיב לכם ולא קשיא כאן במכשירין שאפשר וכו' וכ"ת ר"א הוה דריש הוא לדרשה אחרינא א"כ מנ"ל התם דרבי יהודה הוה מפליג לימא דרבי יהודה הוה דריש ליה לדרשה אחריתי כר' אליעזר ונראה דבדאורייתא מודה ר' אליעזר דמכשירין דאפשר אסורים *וכי שרי להו הכא ה"מ באהל עראי דאינו אלא מדרבנן גזירה אטו אהל קבע כדאמרינן בביצה בפרק המביא (ד' לב:) מיהו קשה מנ"ל דעדיפא דילמא בהא מודה אפילו רבי יהודה:

*) [ועי' תוס' מנחות נג. ד"ה כן]

רבינו חננאל

מעת לעת להראותו. וזה מפורש ביבמות בפ' הערל וכל המטמאים: מתני' ואלו הן ציצין המעכבין את המילה. א"ר אבינא א"ר ירמיה בר אבא אמר רב בשר החופה את רוב גובהה של עטרה וכו' וכן הלכתא. ואם הוא בעל בשר מתקנו מפני מראית העין כלומר אע"פ שהציצין הללו אינן חופין רוב גובהה של עטרה מתקנו מפני שלא יהא נראה כערלה: אמר שמואל קטן המסורבל בבשר רואין אותו כל זמן שמתקשה [תראה מהול אין צריך למול במתניתא תנא רשבג"א קטן המסורבל בבשר רואין אותו כ"ז שמתקשה] שאינו נראה מהול צריך למול ואמרי' מאי בינייהו איכא בינייהו [נראה] ואינו נראה צריך למול לרשב"ג דאמר ואינו נראה מהול כלל צריך למול אבל אם נראה ואינו נראה אינו צריך למול. פי' מסורבל מסובב בבשר כדכתי' כפיתו מרבלתהון וכו'. מל ולא פרע את המילה וכו'. פי' מי שמל ולא פרע את המילה כלומר לא קרע את העור וגילה את העטרה כאלו לא מל:

הדרן עלך ר' אליעזר אם לא הביא. עז ותהלה לאל אבי. שית עזר גלילין. הלץ באזר וההלין. בפ' ר' אליעזר תולין:

ר' אליעזר אומר תולין את המשמרת ביו"ט וכו' ואקשי' עלה השתא ר' אליעזר להוסיף באהל שאי מתיר ואמר אין מוסיפין לכתחלה (שאי) [מאי היא]. דתנן פקק החלון ר' אליעזר אומר בזמן שקשור ותלוי פוקקין בו כו' ופקק זה כגון מסך לסתום בו חללו של חלון ואמר רבה בר בר חנה א"ר יוחנן הכל מודים שאין עושין אהלי עראי בתחלה ביו"ט ואין צריך לומר בשבת לא נחלקו אלא להוסיף שר' אליעזר אומר אין מוסיפין ביו"ט ואין צ"ל בשבת וחכ"א מוסיפין בשבת ואין צ"ל ביו"ט ומפרקינן ר' אליעזר סבר לה כר' יהודה דתניא אין בין יו"ט לשבת אלא אוכל נפש בלבד. ר' יהודה אומר אף מכשירי אוכל נפש וזה שמתיר ר' אליעזר לעשות אהל לכתחלה ביו"ט לתלות המשמרת מפני שהוא מכשירי אוכל נפש כדי לשמר היין לשתות בשמחת יו"ט ונמצא ר' אליעזר מיקל מר' יהודה שר' יהודה אינו מתיר אלא במכשירין שאי אפשר לעשותן מעיו"ט אבל במכשירין שאפשר לעשותן מעיו"ט כגון שימור היין וכדומה לו אוסר ור' אליעזר מתיר אפילו בזה. ואין הלכה

הלכה

§ מסכת שבת דף קלז: §

אות א'

<u>מל ולא פרע את המילה כאילו לא מל</u>

יו"ד סימן רסד ס"ד - [א]מל ולא פרע, כאילו לא מל - ‹כלומר אע"ג דאברהם אבינו לא נצטוה על הפריעה רק על החיתוך בלבד, וכשניתנה תורה נאמרה הפריעה, והייתי אומר דמל ולא פרע נהי שלא קיים כל המצוה, מ"מ קיים חצי מצוה, קמ"ל דהוי כאלו לא מל כלל – ערוה"ש›.

אות ב'

<u>בשר החופה את רוב גובהה של עטרה</u>

יו"ד סימן רסד ס"ה - [ב]יש ציצים המעכבים המילה ויש שאינם מעכבים אותה; כיצד, אם נשאר מהעור עור החופה את רוב גובהה של עטרה, [ג]אפילו במקום אחד, זהו המעכב את המילה וכאילו לא נימול - כן הוא בכל ספרי הט"ו, וכ"כ המחבר לקמן סי' רס"ו ס"ב, ואינו מכוון יפה, **ונראה** לי דהכי פירושו, אפי' במקום אחד, וכ"ש אם רוב גובהה חופה בכמה מקומות, **ויותר** נראה דהאי "אפילו" מהופך הוא, וכך צ"ל, אם נשאר מהעור עור החופה אפי' את רוב גובהה במקום אחד, ור"ל כ"ש רוב היקפה, וכן כתב רש"י לא תימא וכו' מתניתין רוב היקפה, אלא אפי' רוב גובהה במקום אחד, עכ"ל, **וכן** הוא הלשון ברמזים, ואפי' בשר החופה את רוב גובה העטרה מעכב המילה, ע"כ, **וכ"כ** המחבר באו"ח ר"ס של"א, ואלו הן המעכבין, בשר החופה אפילו רוב גובהה של עטרה במקום אחד, ע"כ - ש"ך.

ואם לא נשאר ממנו אלא מעט, ואינו חופה רוב גובהה של עטרה - ‹ולא רוב הקיפה של עטרה – לבוש› **אינו מעכב המילה.**

(ומ"מ אם הוא בחול, לכתחלה יטול כל הציצים הגדולים אף שאינן מעכבים) (טור) - ‹כדי לעשות המצוה הגדולה הזאת מהודרת, והרי בכל המצוות צריך לקיים ואנוהו, כ"ש במילה – ערוה"ש›. **ואם** הוא בשבת, ע"ל סי' רס"ו ס"ב - ש"ך.

(**עיין** בשו"ת שאגת אריה, שהאריך להוכיח דהעיקר כדעת הרמב"ם, שא"צ לחזור אפי' בחול על ציצין שאין מעכבים לאחר שפירש, ולא כדעת הטור, **וסיים** דיפה עשה הרב"י שהשמיט בשו"ע דעת הטור, אע"פ שהרמ"א מביאו, **מ"מ** בתינוק חלש קצת, אע"פ שאין בו משום סכנת נפשות אלא חשש חולי בעלמא, ראוי לסמוך ע"ז שלא לחזור על ציצין שאין מעכבים את המילה, אפי' בחול לאחר שפירש - פת"ש).

אות ג'

<u>קטן המסורבל בבשר רואין אותו, כל זמן שמתקשה ואינו נראה מהול, צריך למולו; ואם לאו אינו צריך למולו</u>

יו"ד סימן רסד ס"ו - [ד]קטן שבשרו רך ומדולדל, או שהוא בעל בשר הרבה, עד שנראה כאילו אינו מהול, רואים אם בעת שמתקשה נראה מהול, א"צ למול פעם שנית; ומ"מ משום מראית העין צריך לתקן ריבוי הבשר שמכאן ומכאן - משמע לכאורה דהיינו דמתקנו וחותך משום רבוי הבשר, **אבל** מדברי הרמב"ם נראה שאין צריך לחתוך כלום, כיון שנראה נמול בעת הקישוי, אלא שיש לתקנו דהיינו לטרוח עם הקטן ולדחוק העור לאחוריו ולקשור אותו שם סביב הגיד שלמעלה מן העטרה, אם אפשר שתעמוד ולא תחזור למטה, [פי' ע"י שימשך העור כו' וכמ"ש אחר זה, ואותה הג"ה היא פירוש לדברי השולחן ערוך שלפניה – ט"ז], **ואם** אי אפשר בדרך זה, אין צריך לחתוך כלום, וכ"פ בת"ה וכ"פ הב"ח - ש"ך.

[**ולא כמשמע** מפרש"י ‹עמוד א' ד"ה מתקנו› **שגם בזה צריך לתקן ע"י** חיתוך העור, כ"פ בת"ה ‹דאין צריך לחתוך כלום›, **ועיקר ראייתו..** ואין מזה הוכחה... **וגם** לפי דעת ת"ה יש חשש, שאפשר ג"כ לחוש הרבה פעמים שהמוהל טעה בשעת המילה, וסובר שכבר מל כראוי ופרע כראוי, ובאמת לא פרע כראוי, כי יש מקום לטעות לפעמים, שיש בנמצא עור דק מאוד אחר החיתוך כמו שלימל בל"א, והוא כמו ליחה בעלמא, ופורע אותו השלימל ועיקר הפריעה קיימת, וראיתי מוהלים שטעו בזה, **וע"כ** צריך שבכל מילה יהיו שם עוד מוהלים אחרים שיראו היטב הפריעה אם היא כהוגן, ונ"מ לענין אם אח"כ חזר ונתכסה, אם נימא שכבר יצא ידי מילה כראוי מן התורה כמו שזכרנו – ט"ז].

אמנם לפענ"ד נראה, דהרמב"ם ורש"י לא פליגי בדינא, רק בפירושא דשמעתא, דהרמב"ם מפרש המשנה דמיירי דומיא דשמואל, ולכך הוצרך לומר דא"צ לחתוך כלום, **אבל** רש"י נראה דמפרש דהמשנה מיירי בשעת מילה, אם היה בעל בשר שאע"פ שמלו כהוגן, אם נראה כאלו אותו בשר חוזר וחופה את הגיד, מתקנו ומשפע באיזמל באותו עובי, ע"ש שכן משמע דעת רש"י להדיא, **אבל** אה"נ דאם אחר זמן לאחר המילה נראה מהול בעת שמתקשה, מודה רש"י דא"צ לחתוך מן הבשר כלל, והיינו הך דשמואל, כן נ"ל ברור, ולא כת"ה, גם דלא כהב"ח שכתב דרש"י חולק על הרמב"ם, ולפ"ז י"ל דגם הרא"ש וא"ז והסמ"ק מודים להרמב"ם לדינא - נקה"כ.

ואם אינו נראה נימול בעת הקישוי, צריך לחתוך כל הבשר המדולדל עד שיהיה נראה כנימול בשעת קישוי.

הגה: וא"ל שיהא נראה בעת קישויו רוב העטרה, הואיל ונימול פעם אחת כהוגן, אפילו אינו נראה רק מיעוט העטרה

באר הגולה

[א] שם במשנה דף קל"ז: [ב] שם במשנה וכדמפרש רבי אבינא שם [ג] בפי' רש"י שם [ד] כמימרא דשמואל שם, וכ"כ הרמב"ם שם, וכ"פ בעל העיטור [וכ' דשמואל הלכה למעשה אתא לאשמעינן ולא לאפלוגי אברייתא], וכ"כ הטור [ודלא כרי"ו שפסק כרשב"ג] ‹והעין משפט ציין על רשב"ג, וצ"ע›

שנמול, סגי וא"צ למולו שנית - כלומר ולא דמי לדלעיל סעיף ה', דצריך שיהא רוב העטרה מגולה, משום דהתם עדיין לא נימול כהלכתו, **אבל** הכא שכבר מהול כהלכתו מן התורה, אפילו לא היה נראה מהול כל עיקר אף כשמתקשה, לא היה נקרא ערל רק מדרבנן, והואיל ונראה מהול רק בראש העטרה ולמטה קצת נראה, [אע"פ שלא נראה מן העטרה אלא בראשה כמו שליש אפי' כשמתקשה – ט"ז], מהול קרינן ביה, וכן כתב בת"ה - ש"ך.

ומ"מ אם אפשר יתקן ע"י שימשוך העור וידחקנה לאחוריה ויקשרנה שם עד שתעמוד ולא תחזור למטה (ת"ה).

וכתב הב"ח, מיהו היכא שנולד מהול, אבל לא לגמרי, שהעור חופה העטרה רוב גובהה או רוב היקפה, אפי' כבר הטיף ממנו דם ברית ביום ח' ללידתו, כיון שאחר כך אף כשמתקשה אינו נראה אלא מהול קצתו, שעדיין חופה רוב גובה העטרה או רוב היקפה, צריך למולו ולחתוך כל הבשר מכאן ומכאן עד שיהא נראה נימול לגמרי בעת קישוי, **ודא"צ** לחתוך כלום אלא כשנמולו תחלה כהלכתן, אבל זה שלא נימול כלל, דינו כתינוק שנמול ויש ציצין החופין את רוב גובהה של העטרה דמעכבין את המילה, דכך לי זה שנולד כך, כמו אם נחתכה הערלה בשעת המילה והציצין חופין רוב גובהה, דזה וזה לא נחתך עורו בשום פעם כהלכתו - ש"ך.

ובב"י בשם חכם ספרדי נראה שהחמיר יותר, שכ' שבדיקת הקישוי לא נאמר אלא לגבי המסורבל והמדולדל שנימולו תחלה כהלכתן, אבל לכל השאר צריך שתהא העטרה מגולה אף שלא בשעת הקשוי כו', ‹עכ"ל הב"י›, **הרי** שהחמיר דבמי שלא נימול תחלה כהלכתו, צריך לחתוך הבשר עד שתהא העטרה מגולה אפילו שלא בשעת הקשוי, וכך הורתי הלכה למעשה, ע"כ, ‹מהב"ח›, **ולי** דבר החכם זה צ"ע, דגרסינן בירושלמי פרק ר"א דמילה, אמתניתין דאלו הן ציצין המעכבין את המילה, ר' אבינא בשם ר' ירמיה אמר בחופה רוב גובהה של עטרה כו', ר' טבי בשם ר' שמואל אומר בודקים אותו בשעה שמתקשה, ע"כ, **אלמא** דבלא נימול כהלכתו נמי אמר שמואל בודקין אותו בשעה שמתקשה, וצ"ע - ש"ך. **ועכשיו** מצאתי תודה לקל ראיה ברורה לדברי, מדברי הרמב"ם בפירוש המשנה ס"פ ר"א דמילה, ע"ש - נקה"כ.

(**ועיין** בתשובת חתם סופר, שהסכים לדעת החכם ספרדי, דכל שמעיקרא לא נימול כראוי לא משערינן במתקשה, ודלא כש"ך, ע"ש - פת"ש).

[**ומסתפקא** לי דאם נולד מהול והטיפו ממנו דם ברית, ואח"כ מכח שמנו נתרבה ונמשך העור למעלה, ולא נראה כל העטרה אפי' אחר הקישוי, מי נימא שצריך לחתוך העור באיזמל ולתקנו כראוי, דכאן אין שייך לומר שכבר היה נימול כראוי מן התורה, דבאותה שעה לא היה לו ערלה כלל, **ודמיא** לכיסוי הדם דאמרי' בפ' כסוי הדם, דכסהו הרוח וחזר ונתגלה חייב לכסות, דאין דיחוי אצל מצות, ה"נ ממש כן הוא, דלא אכפת לן במה שלא היה ראוי לימול בשעתו, דמ"מ החיוב בא עליו אח"כ אפילו מן התורה, **או** דלמא דשאני הכא דמן התורה אין חיוב רק הערלה בתולדה, ולא מה שנמשך אחר כך, **אבל** אם היה נולד מהול קצת, **פשיטא** לי שאחר כך אם נמשך העור שצריך לחתוך אותו, כיון שלא נימול שום פעם כראוי עדיין – ט"ז].

(**ועיין** בשו"ת שאגת אריה שכתב, דלדידיה פשיטא ליה דבתרווייהו בין בנולד מהול גמור בין בנולד מהול קצת ‹א"צ למולו מה"ת כלל›, שאע"פ שנמשך העור אח"כ, שדינו כנימול כבר, וא"צ שיהא נראה רוב העטרה, אלא אפילו בנראה מיעוט העטרה סגי, ע"ש ראיותיו - פת"ש).

אות ד'

המל אומר: אשר קדשנו במצותיו וצונו על המילה. אבי הבן אומר וכו'

יו"ד סימן רסה ס"א - [ה]המל, מברך: אשר קדשנו במצותיו וצונו על המילה - (כתב בספר חמודי דניאל כ"י, נראה שהמל כשמברך צריך לכוין להוציא את הפורע, והפורע צריך לכוין לצאת בברכתו, ע"כ - פת"ש).

‹**וראיתי** המוהלים שמברכים בעת החיתוך, והחכ"א התרעם על זה, ואני אומר שאין כאן תרעומות, ואדרבא שפיר עבדי, חדא, כיון שמסיימים הברכה בגמר החיתוך, הרי זהו עובר לעשייתן, כמו בברכת המוציא שגומרין אותה בגמר חיתוך הפת, כדאמרינן בברכות, צריך שתכלה ברכה עם הפת, **ואע"ג** דפסקינן בשם מברך ואח"כ בוצע, כבר כתבו התוס' שם דהיינו שלא יפריד הפרוסה מן הפת, אבל לא שיברך קודם החיתוך, והכי קי"ל באו"ח ריש סי' קס"ז ע"ש. **אך** לבד מזה, הא גמר המצוה הוא הפריעה, וא"כ אף אם יחתוך קודם הברכה עדיין הוא עובר לעשייתן, ונראה שהמנהג שנהגו המוהלים שלנו כיוונו לאמיתה של תורה, וכך ראוי לעשות – ערוה"ש.

[ו]ואבי הבן מברך בין חתיכת הערלה לפריעה, אשר קדשנו במצותיו וצונו להכניסו בבריתו של אברהם אבינו - משום דיש פוסקים לברך קודם המילה, משום דכל מצות כולן מברך עליהן עובר לעשייתן, ויש פוסקים לברך אחר המילה, דשמא ימלך המוהל ולא ימול, והוי ברכה לבטלה, הלכך מברכים אחר המילה קודם הפריעה, וחשיב שפיר עובר לעשייתן, דמל ולא פרע כאילו לא מל, ולשמא ימלך לא חיישינן כיון דכבר מל, **מיהו** אם בירך קודם חתיכת הערלה, או אחר הפריעה, יצא בדיעבד, ואין לחזור ולברך - ש"ך.

[**ובטור** כתוב שרשב"ם חידש להנהיג לברך להכניסו קודם המילה דוקא, כי להכניסו משמע להבא, ועוד דצריך לברך בכל המצות עובר לעשייתן, ור"ת כתב שא"צ לשנות המנהג, וטעמו כתב הרא"ש, דדוקא אם העושה המצוה הוא מברך, אז צריך להיות עובר לעשייתן, משא"כ כאן שנעשית ע"י אחר, **ורב** שר שלום ס"ל ג"כ כר"ת, אלא שהחמיר ואמר שיש איסור לברך עד לאחר המילה, כיון שנעשית ע"י אחר, **והב"י** כתב דגם ר"ת ס"ל כחומרא דרב שר שלום, שהרי כתבו התוספות והרא"ש בפ' ר"א דמילה, שר"ת החזיר המנהג לקדמותו לברך אחר המילה כו', **ולי** נראה דאדרבה משם ראייה, שהרי כתבו שמתחילה היו

באר הגולה

ה בברייתא שבת דף קל"ז ע"ב | ו שם בברייתא וכדעת הרא"ש שם ששמע כן, וכ"כ בנו הטור בשמו

נוהגים לברך אחר המילה, אלא שבא רשב"ם ושינה המנהג, וע"ז הקפיד ר"ת ואמר שאין לשנות המנהג, וע"ז הולכים לשם כל ראיותיו ליישב המנהג, משמע דאי לאו שינוי מנהג לא היה מקפיד, **ומסקנת הרא"ש** כמ"ש כאן, דכיון שעושה הברכה קודם הפריעה, הוה ג"כ עובר לעשייתה, דמל ולא פרע כאלו לא מל, ונראה שבזה יצא ידי שניהם, כיון שאפשר בכך, **אבל** במקום שלא אפשר בזה, ודאי יעשה עובר לעשייתו, וכפי מה שכתבתי בסי' א' סעיף ז', וכן משמע לשונו, שכתב שזה מיקרי עובר לעשייתו, משמע דגם בנעשה ע"י אחר ראוי לעשות עובר לעשייתו כל מה שאפשר, ונ"ל דאב המל את בנו יעשה כדעת רשב"ם, שיברך תחילה שני הברכות, דהיינו על המילה ולהכניסו, ואח"כ יחתוך, דאלו בין החיתוך לפריעה א"א לו, כיון שהוא טרוד באמצע עשיית המצוה, היאך יפסיק אז בברכה להכניס, **ותו** דיש צער לתינוק שיפסיקו בין חיתוך ופריעה, ויתמלא החיתוך דם ובדוחק ימצא הפריעה אח"כ, ‹ולברך בשעת חיפוש הפריעה אי אפשר, ולא דמי לחיתוך כמובן - ערוה"ש›, ע"כ נראה דבזה ודאי אין לעשות בין חיתוך לפריעה, **מאי** אית לך לומר שיאמר להכניסו אחר הפריעה, הרי אף לר"ת ולרב שר שלום יש איסור בזה, כיון שהוא עצמו עושה המצוה ודאי צריך להיות עובר לעשייתו, **ע"כ** יאמר שניהם קודם החיתוך, וכן נהגתי בעצמי בעת שמלתי בני יצ"ו, והוא אליבא דכו"ע, ואחר כך מצאתי שגם מהרי"ל פסק כן - ט"ז].

‹**ונ"ל** דדוקא ביש לו שניהם חיתוך ופריעה, אבל אם הוא בחיתוך ואחר בפריעה, יברך להכניסו אחר החיתוך קודם הפריעה, כמו שאר אנשים - באה"ט›.

להכניסו בבריתו של אברהם אבינו - כתוב בב"ה בשם הרשב"ץ, כשהאנוסים מוהלין עצמן, מברך אקב"ו להכנס בבריתו של אברהם אבינו, עכ"ל, **ונראה** דפשיטא שמברכים ג"כ על המילה - ש"ך.

(**וכ"כ** בתשובת רשב"ש, וכתב עוד, וכן אם לא מלו אביו, שהוא מחויב למול את עצמו כשיגדיל, מברך ג"כ להכנס, דלא כדעת הר"י בר יקר, ע"ש - פת"ש).

‹**יש** מהקדמונים ששאלו, ברכה זו מה טיבה, והיכן מצינו שתי ברכות על מצוה אחת, **ויש** שכתבו, כיון שהמוהל בלא האב שייך ג"כ במצות המילה, שעל כל ישראל מוטל למול תינוק ישראל, לכן תקנו רבנן ברכה אחרת לאב, **ולכן** אם מל האב ובירך רק להכניסו, סגי בהכי, **מיהו** כיון דכבר תקנו למוהל לברך על המילה, לא ישנה ומברך שתים, **ויש** שכתב דברכה זו נתקנה מפני שהאב מצוה על בנו למולו ולפדותו וללמדו תורה ולהשיאו אשה, בא ברכה זו לרמוז שמהיום ואילך מוטלות עליו מצוות אלו, **ויש** שכתב שאין זה ברכת המצוה, אלא ברכת הודאה, שמודה ומשבח להקב"ה על שצוונו על המילה - ערוה"ש›.

הגה: ואם אין אבי הבן אצל המילה, יש מי שאומר שאדם אחר מברך ברכה זו, דהרי הבית דין מצווין למולו (רמב"ם בשם י"א); ונוהגין שמי שתופס הנער מברך ברכה זו (טור ובשם ראב"ד והגהת מיי' בשם סמ"ק); וכן אם האב בכאן ואינו יודע לברך (רבינו ירוחם וכ"כ ב"י בשם אבודרהם) - ‹ובודאי שכן הוא, אבל מ"מ לא שמענו זה, דאפילו אם הוא עם הארץ הרי יכולים לומר אתו, וכן המנהג - ערוה"ש›.

(**עיין** בתשובת רבינו עקיבא איגר, ביתום שרוצים להכניסו בבריתו של א"א, ואבי אביו יהיה המוהל, יברך הוא להכניסו, שהוא יותר ראוי מן הסנדק, וע"ש עוד). ‹**וטעמא** דמסתבר הוא, שהרי מצוה ללמד בן בנו תורה, כ"ש שמצוה עליו להכניסו בבריתו של א"א, **מיהו** כשהאב בחיים ואינו בביתו, דאז אינו מוטל על אבי האב, הסנדק קודם - ערוה"ש›.

האב והמוהל כשמברכים, צריכים לעמוד (טור וב"י בשם ב"ה) - ‹דכתיב: ימול לכם, וגמרינן מעומר דכתיב: וספרתם לכם, ואסמכתא בעלמא הוא, והעיקר מפני כבוד המצוה הגדולה הזאת, שזהו כהקבלת פני שכינה להכניס נפש מישראל תחת כנפי השכינה, פשיטא שצריכים לעמוד›.

אבל התופס הנער, כשמברך, נוהגים שיושב ומברך - ‹שהרי צריך להחזיק הילד על ברכיו, והוא במקום המזבח, ומוכרח לישב, דבעמידה לא תעלה המילה יפה כמובן - ערוה"ש›. **י"א שכל העם שהם אצל המילה יעמדו, שנאמר ויעמוד כל העם בברית (מרדכי פר"א דמילה ובכל בו ור' ירוחם ואבודרהם ותניא); וכן נוהגין מלבד התופס הנער, שהוא יושב** - ‹וכן המילה עצמה צריכה להיות מעומד, עיין ב"ח או"ח סי' ח'. **כשמביאין** התינוק למולו צריכים לעמוד מפניהם, ברטנורה פ"ג מ"ג דבכורים, ועיין בט"ז לקמן סי' שס"א - רעק"א›.

ז ואם היו אחרים עומדים שם, אומרים: כשם שהכנסתו לברית כן תכניסהו לתורה ולחופה ולמעשים טובים - כן הוא הגירסא ג"כ בטור ורמב"ם ושאר פוסקים, אבל בש"ס ואשר"י איתא, כשם שנכנס לברית כן יכנס לתורה ולחופה ומע"ט, וכן הוא באבודרהם, וכן נוהגין, **ונראה** דבהכי עדיף טפי, לפי שלפעמים אין האב שם, או שאין לו אב, א"כ א"א לומר בלשון נוכח, אלא בלשון נסתר כשם שנכנס כו', ולכך לא פלוג, **וגם** נראה דאפי' מאן דגריס כשם שהכנסתו כו', מודה דכשם שנכנס נמי שפיר דמי, כדאיתא בתניא דף קל"ג ע"א, העומדים שם אומרים כשם שהכנסתו כו', ואח"כ כתב בדף קל"ה ע"א, והעומדים שם אומרים כשם שנכנס לברית כו', כמ"ש למעלה בענין הברכות, ע"כ - ש"ך.

[**ולפי** מ"ש ב"י בשם הר' מנוח, שהעומדים שם מברכים אותו שיזכה לשאר מצות שחייב אדם לעשות לבנו, עכ"ל, משמע שעל האב קאי, ואותו מברכים שיכניסו לתורה, ממילא נוסחת הפוסקים עיקר. **ומכל** מקום נראה שיש חילוק בדבר, דאותן שרואין האב, יאמרו לשון שהכנסתו כן תכניסהו כו', **ואותן** שעומדים מרחוק, או שאין האב בבית הכנסת, יאמרו כשם שנכנס כו', כנ"ל - ט"ז]. ‹**ואין** המנהג כן - ערוה"ש›.

ולחופה ולמע"ט - [אמר תחלה חופה, לפי שאין נענש בב"ד של מעלה עד בן עשרים, וא"כ החופה קודמת, שבן י"ח לחופה - ט"ז].

ח ואבי הבן או המוהל או אחד מהעם מברך על הכוס: בורא

באר הגולה

ז שם בברייתא | ח לשון הטור מדברי מפרשים והגאונים מדברי המרדכי במסכת יומא, נראה שהטעם משום דאמרינן ברכות לה. אין אומרים שירה אלא על היין

פרי הגפן – [שאין אומרים שירה אלא על היין – ט"ז]. ‹לפי שצריך לומר ברכת אשר קידש ידיד מבטן, והוא שבח והודיה להקב"ה. **ואם** אין יין יקח שאר משקים – ערוה"ש›. **משמע** אפי' אינו מוהל או אביו, **וכתב** הב"ח, ומנהגנו שהמוהל מברך לעולם, ואינו ישר בעיני, דלפעמים הוא ע"ה, ולא די שאינו מבין אלא מדלג ומסרס תיבות, ע"כ הירא דבר ה' לא יניח לברך ברכה זו אלא א' משאר העם המיוחד שבעם, ע"כ, **מיהו** המנהג הזה מנהג קדמונים הוא, שהרי גם הכלבו כתב, ועכשיו נהגו להיות המוהל מברך בורא פרי הגפן, ואשר קדש ידיד מבטן כו', ואומר קיים את הילד כו' - ש"ך.

[ולא נתבאר מי האומר ברכת אשר קדש כו', ובטור כתוב שאבי הבן או המוהל או אחד מהעם אומר אותה, ומנהגנו שהמוהל אומרה, **וכשיש** שנים א' מוהל וא' פורע, אומר אותה הפורע, **ונראה ראייה** לזה ממה שמצינו באו"ח סי' קע"ד, דאותו שמברך על היין שלאחר המזון הוא מברך על המוגמר, ה"נ מי שפורע יגמור מה שיש עדיין לפניו – ט"ז].

‹**ואם** היו ג', המוצץ מברך מפני הטעם שנתבאר, **ועוד** טעם יש כדאיתא במגילה, המפטיר בנביא הוא פורס על שמע, ומפרש בגמ' משום כבוד, דכיון שהמציא עצמו לדבר שאינו של כבוד, תקנו לו זה לכבוד, וה"נ כיון דמציצה אינה נחשבת כלום נגד מילה ופריעה, מהראוי ליתן לו ברכה זו, וכן המנהג, **אבל** מילה ופריעה שקולים הם, ואדרבא נ"ל דפריעה עדיפא מחיתוך, שבה נגמרת המצוה, **וראיתי** למוהלים שתופסים את החיתוך לגדולה מפריעה, ויראה לי שאינו כן – ערוה"ש›.

‹**בת"ח** כתב, דדוקא הסנדק המחזיק הילד על ברכיו בשעת המילה, הוא יחזיקנו ג"כ בשעת הברכה וישתה מהכוס יין – רעק"א›.

ויש נוהגים ליטול הדס בידו, ומברך עליו, ולהריח – ‹ואין כן המנהג אצלינו, ואין אנו רגילים בהדסים שאינם מצוים אצלינו – ערוה"ש›. **ואומר: [ט] בא"י אלהינו מלך העולם אשר קדש ידיד מבטן וכו'** - אשר קדש ידיד מבטן וחוק בשארו שם וצאצאיו חתם באות ברית קודש על כן בשכר זאת אל חי חלקנו צורנו צוה להציל ידידות שארינו משחת למען בריתו אשר שם בבשרנו בא"י כורת הברית, **כן** הוא בש"ס וטור ושאר פוסקים, ועיין פי' ברכה זו בב"י בשם הפוסקים, ועיין בספר תניא ג"כ בפי' ברכת המילה ובמנהגיה, **ונ"ל** שע"כ בשכר זאת כו' הוא תפלה ובקשה על העתיד, **וצַוֵה** צ"ל נקוד בפת"ח הצד"י ובציר"י הוי"ו, **דלא** כמו שנקוד בכל נוסחאות הלוחות שבבהכ"נ, צִוָה בחיר"ק הצד"י וקמץ הוי"ו, וכן נוהגין כל מוהלים לאמרו, שלפי זה הוא לשון עבר, ואינו מתיישב ע"כ בשכר זאת כו', גם לא שייך ל' צוואה אלא ל' הבטחה, **אלא** ודאי כמ"ש, וכן מוכח באבודרהם בשם הרמב"ם, שכתב שואל מאת ה' ואומר אתה צורנו צַוֵה להציל ידידות שארינו משחת כו', **וכן** בהלכות גדולות גריס, ע"כ בשכר זאת אל חי יהא חלקנו להציל ידידות שארינו משחת כו', ואף ע"ג דאנן לא גרסינן הכי, ולא אמרינן הכי, מכל מקום נשמע מיניה דל' תפלה היא להבא, **ואין** לתמוה מ"ש צוה להציל לשון נוכח להקב"ה, ואח"כ אומר למען בריתו כו', לשון נסתר, שכן הוא נוסח הברכות והתפלות בכמה מקומות - ש"ך.

(**ועיין** בשאילת יעב"ץ שמאשר ומקיים מנהג האומרים צִוָה בנקוד חיר"ק הצד"י לשון עבר, דלא כש"ך, והעלה דמאן דעביד הכי או הכי לא משתבש, ע"ש - פת"ש).

[**ידיד מבטן**, רש"י פי' דעל יצחק קאי, ור"ת פי' על אברהם, כמ"ש מה לידידי בביתי. **וחוק בשארו, זה יצחק. וצאצאיו חתם, זה יעקב. ידידות שארינו, זה הנשמה. משחת, זה גיהנם** – ט"ז].

ונוהגין שכשמגיע ל"בדמיך חיי", נותן מהיין באצבעו בפי התינוק - לפי שאחר סיום ברכה הנ"ל, אומר: אלהינו ואלהי אבותינו קיים את הילד הזה לאביו ולאמו ויקרא שמו כו' עד סוף הפסוקים, וכשמגיע ל"דמיך חיי", כופלין "ואומר לך בדמיך חיי", ונותנין בכל פעם מהיין באצבעו - ש"ך.

‹**כמ"ש** במדרש רבה, משה היה מל, ואהרן פורע, ויהושע משקה – גר"א›.

[**בב"י כתוב: ושמעתי שעושה צורת שדי באצבעותיו בעת שנותן יין בפי התינוק. ונוהגין לכפול ואומר לך וכו', שהוא לרמז ע"י המילה יזכה לעה"ז ולעה"ב, ע"כ** – ט"ז].

בב"י כתוב בשם אבודרהם וכלבו וריטב"א, כשאין לתינוק אב, או שאין לו אב ואם, נוסחאות אחרות, ע"ש, **אבל** אנו נוהגין כשאין לו אב מדלגין לאביו, ואומר: קיים את הילד הזה לאמו כו', ‹ואח"כ אומרים: ישמח האב בגן עדן›. **וכשאין** לו ג"כ אם, מדלגין גם אמו, ואומר: קיים את הילד הזה ויקרא שמו כו' - ש"ך, ‹ואומרים: ישמח אב ותגל האם בגן עדן. **ואם** האב בחיים, אומר: קיים את הילד הזה לאביו, ויקרא שמו וכו', ישמח האב ביוצא חלציו, ותגל אמו בגן עדן – ערוה"ש›.

‹**לא** מסקינן בשמא דרשע, אבל אם נקרא כן שם אדם צדיק, אע"ג דגם רשע נקרא כן, מסקינן בשמיה, גמרא ותוס' יומא דף ל"ח. **מת** בלא בנים, והניח אשתו מעוברת, קורין הבן על שם אביו, אגודה – רעק"א›.

(וכשהמוהל מברך ברכה זו, רוחץ תחלה ידיו ופיו, כדי שיברך בנקיות) (אבודרהם).

‹**ומעיקר** הדין היה לשתות הכוס אחר הברכה ואח"כ לומר אלקינו וכו' קיים את הילד וכו', שהרי הברכה נגמרה, **ומ"מ** אין המנהג כן, ושותין אחר התפלה ואחרי קריאת השם, לפי שבקשת רחמים על התינוק אינו חשוב הפסק, וחשבינן לחדא מילתא – ערוה"ש›.

אות ה'

המל את הגרים אומר: ברוך אתה ה' אלהינו מלך העולם אשר קדשנו במצותיו וצונו על המילה; והמברך אומר וכו'

יו"ד סימן רסח ס"ה - [יא] המל את הגרים מברך: בא"י אמ"ה אקב"ו למול את הגרים; [יב] ואח"כ מברך: בא"י אמ"ה

באר הגולה

[ט] שם בברייתא בשבת [י] כל בו וכ"כ הר"ד אבודרהם ע"פ המדרש, וכתב ושמעתי שעושה צורת שדי באצבעותיו בפי התינוק, וכתב מה שנוהגין לכפול ואומר לך בדמיך חיי, הוא לרמז שע"י המילה יזכה לעוה"ז ולעוה"ב [יא] ברייתא שבת דף קל"ז: וכדעת הרמב"ם דמילת הגר מוטלת על כל ישראל ‹דאי בשליחות הגר קאתינן, היה לברך על המילה› [יב] טור לדעת בעל העיטור והרא"ש ורב יהודאי גאון

אקב"ו למול את הגרים, ולהטיף מהם דם ברית, שאלמלא דם ברית לא נתקיימו שמים וארץ שנאמר: אם לא בריתי יומם ולילה חקות שמים וארץ לא שמתי - (וחותם בא"י כורת הברית - באה"ט).

אות ו'

המל את העבדים אומר: אשר קדשנו במצותיו וציונו על המילה, והמברך אומר וכו'

יו"ד סימן רסז סי"ב - [יג]המל את העבדים, מברך: אשר קדשנו במצותיו וצונו למול את העבדים; [יד](ואם מל עבד של אחרים, מברך: על מילת העבדים); [טו]ואחר כך מברך: אקב"ו למול את העבדים ולהטיף מהם דם ברית וכו' - (שאלמלא דם ברית חוקות שמים וארץ לא נתקיימו, שנאמר אם לא בריתי יומם ולילה חוקות שמים וארץ לא שמתי), **ברוך אתה ה' כורת הברית** - כך היא נוסח הברכה, **וכתב** הפרישה בשם מהרש"ל דברכה זו טעונה כוס, **וכתב** עוד, דכיון שהיא במקום להכניסו בבריתו של א"א, רבו של עבד יברך אותו, אבל הפרישה כתב שיברך על כוס יהיה מי שיהיה - באה"ט).

אות ז'

אין תולין את המשמרת ביום טוב, ואין נותנין לתלויה בשבת, אבל נותנין לתלויה ביום טוב

סימן שטו ס"ט - [טז]משמרת שתולין אותה לתת בה שמרים לסנן, ומותחין פיה לכל צד, חשוב עשיית אהל ואסור לנטותה - ונראה דעשוי כמין שק, שקורין לוגין זא"ק, והוא רחב ופתוח למעלה, וסתום וחדוד למטה, ומכניסין קצה החדוד בתוך הכלי, והקצה העליון הרחב מסבבים בשפת פיהו את הכלי, ונמצא הוא גג לכלי ועשוי כאהל, ואסור מדרבנן, **אבל** לתלות המשמרת כשהיא שטוחה על איזה יתד ובלי כלי תחתיה, מותר, דאפילו אהל עראי לא חשיב, **וכ"ש** דמותר לתלות כלי ביתד.

סימן שיט ס"ט - [יז]משמרת - כלי שמסננין בה השמרים והיין יורד זך וצלול, **אפילו תלויה מע"ש** - (היינו מה שמתוחה על פי חלל איזה כלי שמסתנן בה, דלתלותה בשבת בודאי אסור, וכדלעיל בסי' שט"ו ס"ט), **אסור ליתן בה שמרים** - וחיוב חטאת נמי יש בזה משום בורר, שנברר האוכל מהפסולת עי"ז, או משום מרקד, ע"ש בגמ', (וכן פסק הרמב"ם, ונראה דהיה ספק לו כמאן הלכתא כרבה או כר' זירא, וסובר דרבה ור"ז פליגי אהדדי, ודלא כפירש"י (דף קל"ח. ד"ה דנוטל), וכן הוא דעת התוס' בדף ע"ג: ד"ה משום ע"ש, ונ"ל דהתוס' והרמב"ם מפרשין טעמיה דרבה, דלא דמי למרקד, דמרקד עושה כל זמן הרקדתו פעולה בפסולת ואוכל ביחד, שמנענע הכברה ועי"ז נברר מין אחד מחבירו, משא"כ בזה שבעת הבירור אין נעשה פעולה כלל בהשמרים, שמונחים במקומם והיין זב מהן, ע"כ דמי יותר לבורר, שנוטל את האוכל, והפסולת נשאר מונח במקומו, דבכה"ג הוי נמי דרכו של בורר, ודע דבדברינו מיושב היטב אמאי לא חייב לרבה בכל מרקד גם משום בורר, ולפיכך נייו' הרמב"ם מפי' רש"י).

(אבל מותר לתת מע"ש לתוך המשמרת, והיין זב ממנו בשבת).

[יח]אבל אם נתן בה שמרים מערב שבת, מותר ליתן עליהם מים כדי שיחזרו צלולים לזוב - ר"ל שיהיו השמרים צלולים, והמים יזובו מהם עם מקצת מן היין שנשאר בלוע בו, **והטעם** שאין בנתינת מים משום בורר, שהמים שהוא נותן צלולים הם, ואין בהם דבר שצריך לברר מהם.

מותר ליתן בשבת מים ע"ג שמרים שנשארו בחבית, וקולטין המים טעם היין, ומוציאין אותן בשבת ושותין אותו.

סימן תקי ס"ד - [יט]אין תולין המשמרת ביו"ט לסנן בה שמרים - היינו שמותח פי המשמרת ע"ג כלי בעיגול, ונעשה כאוהל על חלל הכלי, ומשו"ה אסרו, דהוי כעובדא דחול.

אבל אם היתה תלויה ועומדת, מותר ליתן בה שמרים לסנן - (אף דהוי מלאכה גמורה, דבשבת חייב חטאת ע"ז, ביו"ט מותר משום דהוי אוכל נפש, **ואף** דלעיל אסור בורר ע"י נפה וכברה, התם משום דע"י כלים אלו דרך לעשות לימים הרבה, והוי כעין קצירה וטחינה, **אבל** כאן אף שהוא על ידי כלי, דרך לעשותה לפי שעה).

ומיירי באופן שאם היה עושהו מאתמול לא היה טוב כ"כ, דאל"ה אסור משום בורר, וכמו גבי חרדל לעיל בס"ג, **וכתב** הפמ"ג, דע"י שינוי מותר בכל גווני.

[כ]ומערים ותולה אותה ליתן בה רמונים, ואחר כך נותן בה שמרים - פי' אף אם לא היתה תלויה מבע"י, יכול להערים ולתלותה ליתן בה מתחלה רמונים, ונותן בה רמונים מתחלה, [גמ'], **אבל** כשאינו נותן בה רמונים, מוכחא מילתא שעושה משום שמרים, ואסור.

הגה: ושאר דיני סינון, ביו"ט כמו בשבת, כדאיתא סימן שי"ט (ב"י) - רמז בזה מה שמבואר לעיל שם בס"י, דאסור לסנן מים בסודר משום ליבון, וע"ש במ"ב, וה"ה כאן.

באר הגולה

[יג] שבת דף קל"ז ע"ב וכגירסת הרי"ף וכ"כ הרמב"ם [יד] כאשר הגהתי כן הוא שם ברמב"ם, ולשיטתיה אזיל כמ"ש המחבר בשמו לעיל בסי' רס"ה סעיף ב', דהעבד האדון קודם למולו, כמו שהאב קודם למול את בנו, ועיין שם בהג"ה [טו] כדעת בעל העיטור והרא"ש, וכדעת רב יהודאי גאון שהביא הטור, וכמ"ש הב"י שהשיב שמברך שתים וכו' וכמ"ש בשם הרא"ש, וכגירסת הגמרא שלפנינו יש שתי ברכות [טז] שם קל"ז במשנה אפי' לר' אליעזר [יז] שם קל"ז במשנה [יח] שם קל"ט במשנה וכפירש"י שם [יט] משנה שם קל"ז וכחכמים [כ] מימרא שם דאמוראי

§ מסכת שבת דף קל"ח. §

אות א' – ב'

<u>מדרבנן היא, שלא יעשה כדרך שהוא עושה בחול הגוד והמשמרת כילה וכסא גלין, לא יעשה, ואם עשה פטור אבל אסור</u>

סימן שטו ס"ג - הנה כדי שנבין היטב את דברי הסעיף, אקדים הקדמה קצרה, והוא: דאף דלענין בנין קבע, אף אם עשה איזה דבר משהו להוסיף על הבנין, בין במחיצות ובין בגג, חייב, וכ"ש אם עושה את כל הגג, **מ"מ** לענין אהל עראי, לא אסרו בעושה את הגג לחוד, אם לא שעושה את הגג כדי להגן מפני החמה והגשמים וכיו"ב, דאז הוא קצת בבחינת אהל, **אבל** בלא"ה לא אסרו כי אם בעושה גם המחיצות עראי שתחתיו בשבת, [**ולאפוקי** אם היו המחיצות קבועין מעיקרא בזה המקום, ואפי' אם היו ד' מחיצות], **גם** לא אסרו כי אם בשעשה כסדר, מתחלה המחיצות ואח"כ הכיסוי, דאז דומה קצת לאהל קבע, אבל אם עשה להיפך לא אסרו, **ויש** פוסקים שסוברין, דבעינן שיהיה צריך ג"כ לאויר שתחתיו, וכוותייהו פסק המחבר לקמן בסעיף זיי"ן.

[א]מטה כשמעמידים אותה, אסור להניח הרגלים תחלה ולהניח עליהם הקרשים - דהוא כדרך בנין, דהרגלים הם מחיצה, והקרשים של הכיסוי הוא כמו גג, ונמצא כעושה אהל בשבת, וע"כ צריך לשנות. **בדקדוק** כתב לשון זה, <"להניח הרגלים">, דדוקא להניח אסור, דהוי בזה כמתחיל לעשות מחיצות לאהל, ואסור כשמניח אח"כ הקרשים למעלה, **אבל** אם היו מונחים מכבר בזה המקום, מותר להניח הקרשים עליהם, וכנ"ל, **אך** אם המטה רחבה ביותר, אסור לדעת המ"א אפילו באופן זה, ועיין בסי"ג מה שנכתוב בזה.

אלא ישים הקרשים תחלה באויר - אוחז הקרשים של הכיסוי באויר, **ואח"כ הרגלים תחתיהם** - דהוא שלא כדרך בנין.

[ב]והני מילי כשהרגלים הם דפים מחוברים, כמו דפני התיבה - כתב הב"י, דבעינן שיהיו המחיצות מגיעין עד לארץ, אך אם סמוך לארץ פחות מג' שם אין הדופן מגיע, אמרינן בזה לבוד, (**ואף** דבעלמא שם מחיצה כשגבוה י', הכא לענין איסורא משום דדמיא לאהל, לא שייך כלל דבר זה, דכיון שיש ע"ז שום תמונה משתי דפנות קטנות וגג עליהן מלמעלה, אסרו חז"ל לעשות דבר זה, **ונהי** דלענין שיהיו המחיצות מגיעין עד סמוך לארץ עכ"פ פחות מג"ט, ס"ל להפוסקים דגם בזה בעינן כמו בעלמא, אבל זה ברור דאפילו במחיצות קטנות שבקטנות כגובה טפח אסרו חכמים בזה. **ואח"כ** מצאתי תמצית דברינו בשבת קל"ח ע"ב בתוספות ד"ה שאין בשם ר"י ע"ש). **ולענין** תיבה שיש לה שולים גם מלמטה, כמו תיבה שקורין שלא"ף באנ"ק, עיין בסי"ג מה שנכתוב בזה.

כתב הט"ז, דאף דבטור איתא: ד' דפין מחוברין, לאו דוקא הוא, דבמטה שדרך להשתמש באוירה מתחת, בהנחת מנעלים וכיו"ב, אסור אפי' כשיש לה רק שני דפין משני צדדין המגיעין לארץ, דבשתים לבד חשיב אהל עם מחיצות, וכדלקמיה בס"ו לענין חביות, וכן כתבו שארי אחרונים.

אבל רגלים של מטות שלנו, וכן רגלי השלחן, מותר בכל גוונא - דרגלי המטות ושלחנות שלנו אין להם מחיצות.

הטעם, דבאהל עראי כזה שאינו מתכוין בעשייתו לשם אהל שתחתיו, אלא לתשמיש אחר על גביו מלמעלה, ורק ממילא נעשה כמו אהל למטה, לא אסרו אלא כשעושה גם מחיצות תחתיו.

(**ודעת הרשב"א, וכן משמע מסקנת הר"ן והרה"מ, והובאו דבריהם בב"י, דאם צריך לאויר שתחתיו להשתמש, אסור אפילו בלא מחיצות, וע"כ במטות שלנו ג"כ אסור, דמשתמש באוירו בהנחת מנעלים וכיוצא בו, והובא ברי"ו שתי הדעות ולא הכריע, והמחבר סתם כדעת המקילין, ומשום דהוא דבר של דבריהם, ומ"מ לכתחלה נראה שטוב לחוש לדברי הרשב"א וסייעתו להחמיר, אם לא בשעת הדחק**).

והיכא שפורס סדין או מחצלת לשם אהל, כגון להגן מפני החמה והגשמים, או כדי שיהיה ראוי להשתמש תחתיו *באיזה דבר, אסור אף בלא מחיצות, וכההיא דסעיף ב' בסופו.

***מדובר** בגג שנעשה להגנה על החלל שתחתיו, ולא שנעשה כדי להשתמש בחלל שתחתיו תשמיש כל שהוא, שבזה לא די להחשיבו כאהל בלא עשיית מחיצות, חוץ מלדעת הרשב"א – חזו"א.

וכן רגלי השלחן - הוא אפילו כשיש לו מעט מחיצות, ואינו אסור אלא כשיש לו ד' דפין מכל הצדדין כמו תיבה, דאז חשיב אהל בהנחת הדף מלמעלה, משום דבלא"ה סתמו אינו עומד להשתמש באוירו, וכשאינו משתמש באוירו לא חשיב אהל, וכדלקמיה בס"ז, וע"כ צריך שיהיה לו ד' דפין מכל הצדדין כמו תיבה, דאז ראוי להשתמש באוירו, ט"ז, **ויש** מאחרונים שמצדדין להקל בהשלחן, להניח עליו הדף מלמעלה אפילו כשיש לו ד' מחיצות מכל צד, דמסתמא א"צ לאויר שתחתיו, אם לא שדרכו להשתמש שם, **אך** לשון השו"ע שכתב: וכן רגלי השלחן, משמע דבשלחן אם היו מחיצות, היה ג"כ צריך להחמיר, **וע"כ** נכון בודאי לחוש לדברי הט"ז, לאחוז הדף באויר ויכניסו תחתיו הרגלים.

ומשמע מדברי הפמ"ג, דכל זה דוקא כשמטלטל הרגלים ממקום למקום כדי להניח עליהם הדף שלמעלה, דאז נחשב כשמעמידן לצורך זה כאלו התחיל בעשיית האהל, **אבל** אם עומדין במקום אחד, אפי' להט"ז מותר להניח עליהם הדף, אף שלהרגלים יש להם מחיצות מכל צד, וכמו שכתבנו לעיל גבי מטה.

באר הגולה

[א] שבת קל"ח ברייתות דנקיט אביי מהא דגוד <והמשמרת כילה וכסא גלין, וכפי' תוס' ד"ה כסא גלין> [ב] **טור בשם תוספות שם** <ד"ה כסא טרסקל>

אלא אמר אביי *מדרבנן היא שלא יעשה כדרך שהוא עושה בחול מנקיט אביי חומרי מתניתא ותני הגוד והמשמרת כילה וכסא גלין לא יעשה ואם עשה פטור אבל אסור אהלי קבע לא יעשה ואם עשה חייב חטאת אבל מטה וכסא טרסקל ואסלא מותר לנטותן לכתחילה : ואין נותנין לתלויה בשבת : איבעיא להו שימר מאי אמר רב כהנא שימר חייב חטאת מתקיף לה רב ששת מי איכא מידי דרבנן מחייבי חטאת ורבי אליעזר שרי לכתחילה מתקיף לה רב יוסף אלמה לא הרי עיר של זהב דר"מ מחייב חטאת ורבי אליעזר שרי לכתחילה מאי היא דתניא *לא תצא אשה בעיר של זהב ואם יצאה חייבת חטאת דברי ר"מ וחכמים אומרים לא תצא ואם יצאה פטורה *ר"א אומר יוצאה אשה בעיר של זהב לכתחילה א"ל אביי מי סברת ר"א אדר"מ קאי דאמר חייבת חטאת אדרבנן קאי דאמרי פטור אבל אסור ואמר להו איהו מותר לכתחילה *משום מאי מתרינן ביה רבה אמר משום בורר רבי זירא אמר משום מרקד אמר רבה כוותי דידי מסתברא מה דרכו של בורר נוטל אוכל ומניח הפסולת אף הכא נמי נוטל את האוכל ומניח את הפסולת אמר ר' זירא כוותי דידי מסתברא מה דרכו של מרקד פסולת מלמעלה ואוכל מלמטה אף הכא נמי פסולת מלמעלה ואוכל מלמטה תני רמי בר יחזקאל טלית כפולה לא יעשה ואם עשה פטור אבל אסור היה כרוך עליה חוט או משיחה מותר לנטותה לכתחילה בעא מיניה רב כהנא מרב כילה מהו א"ל אף מטה אסורה מטה מהו א"ל אף כילה מותרת כילה ומטה מהו א"ל כילה אסורה ומטה מותרת ולא קשיא הא דקאמר אף מטה אסורה כדקרמנאי הא דקאמר ליה אף כילה מותרת כדרמי בר יחזקאל כילה אסורה ומטה מותרת כדידן אמר רב יוסף חזינא להו לכילי דבי רב הונא דמאורתא נגידו ומצפרא תביטא רמיא *אמר רב משום רבי חייא וילון מותר לנטותו ומותר לפורקו ואמר שמואל משום רבי חייא כילת

אלא אמר אביי מדרבנן. קאסרי לה חכמים דמתניתין דלא שבקינן ליה למיתליה למיעבד עובדא דחול : מנקיט. מלקיט : חומרי מתנייתא. כללות של ברייתות : חומר קשר כלומר כללות שמלא בברייתות בגוד לבדה ובמשמרת לבדה ובכילה לבדה ובכסא גלין לבדה ושנאן כולן הפטורין אבל אסורין בחומר אחד והמותרים לכתחילה בחומר אחד : הגוד. הוא עור של בהמה תפור ופיו רחב מאד ויש לו שנלים ועוברי דרכים ממלאין אותו יין או חלב במקום שתוקעין שם אהליהם ללון ושוטחין אותו ופיו מתוח ע"ג יתידות והרוח עוברת מתחתיו ומלטנן שלא יתקלקל היין והאי דומה לאהל לאחר שנמתח : כילה. שיש [א] בגגה טפח : וכסא גלין. כמו מטה גללניתא דכירה (לעיל דף מז:) והוא שם מקום ומפרקין מטותיהן וכסאותן וטוענין אותן עמהן וחוזרין ומחזירין אותן : לא יעשה. דאהל עראי נינהו וכסא גלין נמי גזרה שמא יתקע בחוזק : אבל מטה. שלט המחוברת ועומדת אם היתה זקופה או מוטה על לדיה מותר לנטותה ליסבה על רגליה ואע"ג דהשתא עביד אהל שרי דלא מידי עביד אלא ליתובא בעלמא : כסא טרסקל. כך שמו ובלעז פלודסטוייל"י ועליונו של עור ומקפלין אותו וכשמסלקין אותו סומכין אותו לכותל וכשרוצה לישב עליו נוטהו ויושב על ד' רגלים : ואסלא. עשוי כעין כסא טרסקל אבל עור הפרוש עליו נקוב לבית הכסא מותר לנטותו לכתחילה דהא עביד וקאי : שימר. נתן שמרים לתלויה וסינן : חייבת חטאת. דלאו תכשיט הוא אלא משוי : פטור. דתכשיט הוא ולכתחילה אסור דילמא שלפא ומחויא : יוצאה אשה. דמאן דרכה למיפק בעיר של זהב אשה חשובה ואשה חשובה לא שלפא ומחויא : משום מאי מתרינן ביה למשמר : משום בורר. דהאי נמי בורר הוא : כוותי דידי מסתברא. דאי אתרו ביה משום בורר התראה היא : דנוטל אוכל ומניח פסולת. *ולרבא ה"ה נמי דאי אתרו ביה משום מרקד הוית התראה אבל לרבי זירא אי אתרו ביה משום בורר לאו התראה היא דלא דמי לבורר שהאוכל למטה ופסולת למעלה מה שאין כן בבורר קטנית שהפסולת למטה : טלית כפולה לא יעשה. לשטוח טליתו על גבי ארבע יתידות לישן תחתיה וראשיו מתכפלין לכאן ולכאן לצד הארץ והויא ליה לכתלים להגן מן החמה דהוי אהלא : כרך עליה. מבעוד יום : חוט או משיחה. ונתנה על הגג שעל הקנוף כשהיא מכופלת וכרך עליה חוט למשכה בו לפורסה לכאן ולכאן מותר למושכה בו בשבת דמוסיף על אהל עראי הוא ואינו כעושה לכתחילה : כדקרמנאי. היינו גללניתא* שפורקה ומחזירה והוא שם מקום לשון אחר קרמנאי מוכרי בגדי פשתן מוכרין עליהן : כדרמי. כרך עליה חוט : כדידן. מטה שהיתה זקופה והוא מושיבה על רגליה: דמאורתא נגידו ומצפרא תביטא. בלילי שבת ראיתים פרוסות ולבקר ראיתים מושלכים לארץ אלמא מותר לפורקה וה"נ מותר לנטותה : וילון. מסך שכנגד הפתח : מותר לנטותו. שאין אהל אלא מי שעשוי כעין גג :

אלא אמר אביי מדרבנן. ואף על גב דתלא כווא בסיכתא אפילו איסור דרבנן ליכא במילי דרבנן שייך שפיר לחלק אבל אי במשמרת מדאורייתא אסור אין שייך לחלק. מ"ר : כסא גלין. לא כפי' הקונטרס מטה גללניתא דשילהי כירה ואסור משום שמא יתקע דכולה שמעתא איירי באיסור אהל אלא הייתו [כעין] מטה שפורסין עליה עור ואסור משום אהל כשמושיב תחילה המטה ואחר כך פורס העור דאי ממטה למעלה ואסור כדאיתא בכילה בפ' המביא כדי יין (ד' לג.) דפוריא אסור מלמטה למעלה. מ"ר : כסא טרסקל. יש בכן עור וכשרוצה לישב עליו נוטה העור ויושב על ד' רגלים כדפירש בקונטר' וכגון שהוא קבוע בכסא דאם לא כן היה אסור לנטותו כדאמר בפ' המביא (שם דף לב:) אמר רב יהודה האי מדורתא מלמעלה למטה שרי פירוש כשנותנין עצים מכאן ומכאן ונותנין עליהם עצים ארוכים ארכן לרחב של אלו ובמביא תחילה עצים שנותן למעלה ואחרי כן עצים שמכאן ומכאן אינו כן דרך עשיית אהל לעשות הגג תחילה ואחריו הדפנות ושרי וכה"ג קרי מלמעלה למטה מלמטה למעלה אסור וכן ביעתא פירוש כשנותנין בילים ע"ג האסכלא שקורין גרדיי"ל וכשנותנין הבילים תחילה ואוחז בהן בידו עד שמביא הכלי תחתיהן שרי דהייתו מלמעלה למטה וכן קידרא שמושיבה על שתי חביות שצריך לאוחזה בידו ואחר כך לסדר תחתיה החביות וכן חביתא חביות שמסדרין באוצר ומושיבין אחת על גבי שתים וכן פוריא לפרוס העור תחילה באויר ואח"כ להביא המטה תחתיו ומיהו יש לפרש הך דשמעתא באיטו קשור ומיירי כגון שעושה מלמעלה למטה אבל משמע דבכל ענין מיירי. מ"ר. וכל הנהו דאסרינן בכילה אומר ר"ת דדווקא דברים שיש להם מחילה עד לארץ אבל להושיב הקדרה על טרפיד בי"ט שרי אפילו מלמטה למעלה להביא הטרפיד תחילה ואחר כך להושיב הקדרה וכן להושיב השולחן על גבי ספסלין וביעתא וקידרא וחביתא ופוריא י"ל שיש להם מחילה. מ"ר : מי סברת דר' אליעזר קאי אדר"מ כו'. *לא ידע רבי מאי קמשני*): מה דרכו של בורר. לא תקשה אההיא דשילהי כלל גדול (לעיל דף עד.) כמו שפי' שם (בד"ה בורר ואוכל) : כרך עליה חוט או משיחה מותר לנטותה. כגון ששייר בה טפח דבענין אחר לא הוה שרי כדאשכחן בפרק בתרא דעירובין (דף קב.) כרוך בודיא ושייר בה טפח למחר פוסטת דמוסיף על אהל עראי הוא אי נמי כריכת חוט או משיחה מועלת בלא שייר בה טפח : בעא מיניה רב כהנא מרב כו'. ונראה לר"י ששאל לו סתם בכל כילות אם הם מותרות אמר ליה אפילו מטה יש מהן שאסורות הדר בעא אם כל מטות אסורות אמר ליה אף כילות מותרות אמר ליה כיון שאין אתה מחלק בשניהם מהו להשוותן כילה ומטה ובמקום שאסור בזה כנגדו אסור בזה א"ל כילה אסורה ומטה מותרת וכן יש לפרש ההיא דפרק אלו טרפות (חולין דף נג.) יש דרוסה לחתול א"ל אף לחולדה יש דרוסה יש דרוסה לחולדה א"ל אף לחתול אין דרוסה לחתול ולחולדה יש דרוסה או אין להם דרוסה א"ל לחתול יש דרוסה ולחולדה אין דרוסה ומפרש התם דבגדיים וטלאים יש דרוסה לחתול ולא לחולדה ובאימרי רברבי אין דרוסה אפילו לחתול ובעופות יש דרוסה אפילו לחולדה ויש לייסב כעין שפירש הר"ר יצחק בן ר"מ (פי') התם שכשהיה עוסק באימרי שאלו אם יש דרוסה לחולדה וכן כולם. מ"ר : אף כילה מותרת כדרמי בר יחזקאל. הוה מצי למימר כי ההיא דשניתו בסמוך לכילי דבי רב הונא וי"ל כדרמי בר יחזקאל הוו :

*) [נ"ל פירושו דאף אם לא קאי אר"מ מ"מ הדבר תמוה איך יחלקו בסברות רחוקות כ"כ אם לא שלא ידע ר"א מסברת ר"מ כלום וזהו כוונת התוס']

עין משפט נר מצוה

ב א ב מיי' פכ"ג מהל' שבת הלכה יז ופכ"ב שם הלכה כח סמג לאוין סה טוש"ע א"ח סימן שטו סעיף ג ד ו ע :

ג ג מיי' פכ"ב שם הלכה כו :

ד ד מיי' שם הלכה כח סמג שם טוש"ע שם סעיף ה :

ה ה מיי' פ"ח מהל' שבת הלכה יד סמג שם.

ו ו מיי' שם הלכה יא ופכ"א הלכה יז סמג שם:

ז ז ח מיי' פכ"ב מהל' שבת הלכה כט סמג שם טוש"ע א"ח סי' שטו סעיף י :

רבינו חננאל

הלכה כר' אליעזר : מתני' וחכ"א אין תולין את המשמרת ביו"ט. איבעיא לן תלא מאי וסליקא חיובא מדרבנן (ובלבד) שלא יעש' כדרך שהוא עושה בחול. מנקיט אביי חומרי מתנייתא ותני הגוד והמשמרת כילה וכסא [גלין] לא יעשה ואם עשה פטור אבל אסור כלומר איסורא דרבנן. אהל קבוע לא יעשה ואם עשה חייב חטאת אבל המטה והכסא והטרסקל והאסלא מותר לנטותו בתחלה. פי' משמרת הא דאמרן והיא מסננת של יין. גוד הוא חמת מים. בלולב [וערבה] (הגזול)(דף מח) משכיה דההוא גברא דעבדינן ליה נודא. ומלינן ביה מיא והולכי דרכים נועצים יתידות בארץ וקושרין (אחת) [אותו] זה בחושן עבין ותולין אותו באלו היתידות להצטנן מימיו. כילה שיש בגגה טפח כסא גלין הוא של חוליות. פוענין עליו קרשים ויושבין עליו וכשעומדין פורקין אותו מטה כגון הא דידן ולא בריר לן מלאכתה אלא דברים מוכיחין שהיא מטה (גיליתא) [גללניתא]. והכרעים שחוזר רפוין הן ולפיכך היא מותרת כדאמרינן (לעיל מז ע"ב) אם היה רפוי מותר. ולגבת היא עשוית במסמרים והיא זקופה ומרביצה לישן עליה הואיל ולגבה עשוית אינה חשובה כאהל וכן כסא לשבת בו וזה שאמר נורד אדם מטה וכסא וספסל שלשתן טעם אחד הן. טרסקל הוא קערה פשוטה כגון שלחן קטן וכדתניא ר' יוסי בר' יהודה נעץ קנה ברה"ר והניח בראשו טרסקל חורק ונח על גביו גם זה לגביו עשוי לאכול בו. או לתת בו חפצים. אסלא הוא ספסל של ברזל. דתנן האסלא טמא הסדרס וטמא מת (פרשה) [ופירושו] היא טמאה סדרס. והברזל טמא טמא מת. וספסל זה של ברזל. ועליו עור נטוי לישב עליו. ותנן עור האסלא וחלל שלו מצטרפין לטפח ואמרינן בתחלת עירובין מאי עור אסלא אמר רבה בר בר חנה א"ר יוחנן עור אסלא עור כסא של בית הכסא והוא שאמרנו ספסל של ברזל נטוי עליו עור נקוב באמצע כשיעור טים הן דסר הן יתר ויושב עליו אדם ותחתיו נרף כדי לקבל בו הרעי לפיכך נקרא עור כסא של בית הכסא אלו כולן מותר לנטותן בתחלה. ואין נותנין לתלויה בשבת ר' אליעזר דתני ונותנין לתלויה בשבת סבר מותר לשמר בתחלה בשבת וחכמים אוסרין ואיבעיא לן אליבא דרבנן שימר מאי ואמר רב כהנא חייב חטאת ופי' שימור בשוגג חייב חטאת דלא אשכחן במזיד בשבת חייב חטאת. אלא כל שהוא בשבת בשוגג חייב חטאת במזיד חייב מיתה ועל זה הטעם אסרו משום מאי מתרינן ביה רבה אמר משום בורר' ר' זירא אמר משום מרקד. סבר בורר ומרקד שניהן אבות מלאכות הן ובורר ומרקד כעין דבר אחר הן ולא נחלקו בשמותן אלא מפני שהיה במקדש ולמה (רבא) [רבה] ור' זירא אלא להודיעך שאם התרו בו משום מרקד אליבא דרבה אינו חייב וכן אליבא דר' זירא אם התרו בו משום בורר. והלכתא כר' זירא : תאני רמי בר יחזקאל טלית כפול לא יעשה ואם עשה פטור אבל אסור. פי' אדם שקפל טלית וקשרה בין ב' כתלים והדביק קצוות הטלית בארץ ונכנס לישן תחתיה בגגה כאמצע ושופעת ויורדת למטה בארץ כמלא קומת אדם ברוחב אהל עראי הוא. ומפני שאין בגגה טפח ולא בפחות משלשה לפיכך פטור אבל אסור. ואם היו עליה חוטין מאתמול ונטה אותה מותר. והא דבעי רב כהנא מרב כילה מהו א"ל אף מטה אסורה מכלל שגם כילה אסורת פי' מטה דקרמינא. היא מטה של פרסיים. ורב לטעמיה דאשכחינן בסוף כירה רב ושמואל דאמרי תרוייהו המחזיר מטה של פרסיים בשבת חייב חטאת ומסתברא דהאי מטה של פרסיים לא יתכן לו להחזירה אלא אם יתקע לפי שמלבנותיה וכרעיה דוחקן ואינן נשלבין אלא אם יתקע בהן ובין שתקע בהן חייב כולה היא כילה שיש בגגה טפח או בפחות משלשה סמוך לגגה טפח. שמצינו באהלי טומאה טפח והגה נמה אהל

מסורת הש"ס

[לקמן קמ.]

[לעיל נס: תוספ' פ"ט]

עדיות פ"ב מ"ז

[עי' תוס' לעיל עג: ד"ה משום ותוס' ב"ק ב. ד"ה ולרבי אליעזר]

[נ"ל ולרבה]

[עי' לעיל מז:]

הגהות הגר"א

[א] רש"י ד"ה כילה שיש בגגה טפח. נ"ב אבל הרי"ף והרמב"ם כתבו דוקא שאין בגגה וג' סמוך לגגה טפח :

גליון הש"ס

גמ' דתניא לא תצא אשה. ע"ל סב ע"א : תוס' ד"ה מי סברת וכו' לא ידע. כעין זה לעיל קיח ע"ב סוד"ה אלו היה וש"נ :

רב נסים גאון

פרק ר' אליעזר אומר תולין : אבל מטה כסא טרסקל ואסלא מותר לנטותן לכתחילה. משכחת לה בעירובין בפרק מבוי (דף י) מאי עור אסלא אמר רבה בר בר חנה אמר ר' יוחנן עור כסא של בית הכסא : כשנכנסו

ונראה דכל זה כשהיה רפוי, אבל אם הדף שעל השלחן מהודק ותקוע בחוזק, וכמו שמצוי בכמה שלחנות, אסור משום בנין, **ואפילו** אם עתה אינו תוקע בחוזק, אם דרכו תמיד להיות מהודק ותקוע בחוזק, ג"כ יש ליזהר בזה, וכמו לענין ארוכות המטה אם עשויה להתחבר עם הרגלים בחוזק, וכמבואר הכל בסימן שי"ג ס"ו לענין מטה של פרקים, ע"ש.

כתב המ"א, דלסתום נקב שהעשן יוצא, שקורין קוימ"ן, בכר של תבן וכיוצא בו, אפשר דאסור, דאפי' כבר יש לו מחיצות, מכל מקום אם הוא בנין חשוב אסור - מחח"ש, **וכיון** שיש לאותו המקום מחיצות בפני עצמו, הוי כעושה אהל בתחלה, **ואינו** דומה למה שהתרנו בסימן שי"ג לסתום הארובה שבגג, מטעם דהוא רק הוספת אהל עראי, התם הארובה אינו מחזיק אלא מקצת הגג, אבל כאן הנקב שהעשן יוצא מחזיק כל רוחב המחיצות שסביב לה, והוי ע"י סתימת הכר כגג על המחיצות, **ולפי"ז** פשוט דאם הנקב הוא בכותל מן הצד, מותר לסתום בכר, דהוא רק תוספת מחיצה בעלמא - פמ"ג, **עוד** כתב, דבלע"ד שעשוי בקוימ"ן וקבוע שם, מותר לסתום בו בשבת ויו"ט, דהואיל דקבוע שם הוי כדלת.

ועיין בתו"ש שכתב, דמה דמסתפק המ"א, הוא דוקא כשהחור שהעשן יוצא הוא מחזיק ג"ט, דאל"ה אמרינן לבוד והוי כסתום ושרי, וכעין מה שכתוב למעלה בס"ב, **אך** הפמ"ג לא פשיטא ליה דבר זה כל כך, **ומ"מ** נראה דהסומך על התו"ש לא הפסיד, דבלא"ה דבר זה רפוי הוא אצל המ"א גופא, דאפשר דהמחיצות שתחתיו לא חשיבי מחיצות לענין זה, הואיל שעשויות מכבר.

ונראה דכל זה כשאינו מונח אז גחלים לוחשות בהתנור, דאל"ה בכל גווני אסור לישראל לסתום את החור למעלה, דע"י סתימתו גורם כיבוי להגחלים, **ואף** דאינו מכוין לזה, פסיק רישא הוא, וכעין מה שכתב בסימן רנ"ט בסופו, ובסימן רע"ז ס"א.

סימן שטו ס"ז - [ג]מותר להניח ספר אחד מכאן ואחד מכאן ואחד על גביהן. הגה: הואיל וא"צ לאויר שתחתיהן (טור ור"ן ר"פ תולין והמגיד פכ"ב) - מזה הטעם נמי שרי לפרוס מפה על השלחן, וקצות המפה תלויות למטה מן השלחן מכל צד, ואפילו אם מגיעות סמוכות לארץ, דאין בזה משום אהל, כיון דא"צ לאויר שתחת השלחן, **ועוד** כיון שמה שמונח על השלחן אין בו משום אהל, שאין שם חלל בינו לשלחן, מותר גם היוצא ממנו.

להניח ספר וכו' - והיינו דוקא כשצריך ללמוד משניהם, או שהספר התחתון מונח שם כבר, דאל"ה אף שהוא רוצה כדי להגביה הספר העליון ללמוד בו, יש בזיון לספר התחתון, ואף בחול אסור - ט"ז, **אבל** במ"א מצדד להתיר, וכן בח"א כתב דיש להתיר.

סימן שטו ס"ד - [ד]מטה שהיא מסורגת, (פי' נארגת) בחבלים, אם יש בין חבל לחבל ג"ט - דאל"ה אמרינן לבוד, וכסתום מעיקרא דמיא, וכנ"ל בס"ב, וע"ש במ"ב, דאפילו אם רק במקום אחד היה פחות מג"ט, ג"כ סגי, **אסור לפרוס עליה סדין, משום דעביד אהלא; וכן אסור לסלק בגד התחתון מעליה, משום דקא סתר אהלא** - ולפי המבואר לעיל בס"ג, ע"כ מיירי הכא בשיש לה מחיצות המגיעות לארץ, אבל במטה שלנו מותר בכל גווני, [**וגם** מיירי שהעמיד עתה אותה בשבת במקום הזה כדי לפרוס עליו, דאם היתה עומדת פה מבע"י, הרי נעשו המחיצות מבע"י, ולית בזה משום אהל ארעי וכנ"ל, **ולפי"ז** משכחת לענין איסור דרבנן, דסתירה חמור מבנין, דבסתירה בודאי אפי' הכל נעשה מבע"י שייך בהו שם סתירה].

(**ודע, דאפילו אם יש לה מחיצות, וה"ה לדעת הרשב"א דמחמיר אפילו כשאין לה מחיצות, ג"כ יש עצה בפריסת הסדין, אף שיש ג"ט בין חבל לחבל, דהיינו שיאחזו האנשים הסדין או הכר באויר, ויכניס אחר את המטה תחתיה, וכיון שהוא שלא כדרך בנין, לעשות תחלה הגג ואח"כ יכניס תחתיה מה שלמטה מהגג, התירו באהל עראי, וכדלעיל בס"ג**).

ואם היה עליה כר או כסת או בגד פרוס מע"ש, כשיעור טפח, מותר לפרוס בשבת על כל המטה - גם בזה הטעם, משום דמותר להוסיף על אהל עראי בשבת.

סימן שטו ס"ו - [ה]כשמסדרים חביות זו ע"ג זו, אחת ע"ג שתים, אוחז בידו העליונה ויסדר התחתונות תחתיה; אבל לא יסדר התחתונות תחלה ויניח העליונה עליהן - משום דעביד כעין אהל כשמסדר אח"כ העליונה מלמעלה, שהוא כגג על המחיצות, **ואף** דבאהל צריך לאויר שתחתיו בין המחיצות, הכא נמי צריך לאויר שביניהם, שהיו מתעפשין אילו לא היה אויר ביניהם.

(**ואע"ג דדבר שאין מתכוין שרי, היינו כשעושה איזה דבר ואינו מכוין שיצא הדבר הזה מה שהוא יוצא על ידו, כגון שהוא גורר ספסל ע"ג קרקע, ואינו מתכוין שיעשה חריץ עי"ז, משא"כ כאן שמתכוין לעשות מה שהוא עושה**).

סימן שטו ס"ט - [ו]משמרת שתולין אותה לתת בה שמרים לסננן, ומותחין פיה לכל צד, חשוב עשיית אהל ואסור לנטותה - ונראה דעשוי כמין שק, שקורין לוגין זא"ק, והוא רחב ופתוח למעלה, וסתום וחדוד למטה, ומכניסין קצה החדוד בתוך הכלי, והקצה העליון הרחב מסבבים בשפת פיהו את הכלי, ונמצא הוא גג לכלי ועשוי כאהל, ואסור מדרבנן, **אבל** לתלות המשמרת כשהיא שטוחה על איזה יתד ובלי כלי תחתיה, מותר, דאפילו אהל עראי לא חשיב, **וכ"ש** דמותר לתלות כלי ביתד.

באר הגולה

- ג טור בשם התוס' והר"ן בשמם שם בביצה
- ד הר"ן וה"ה פכ"ב ה"ח בשם הרשב"א
- ה ביצה ל"ג
- ו שם קל"ז במשנה אפי' לר' אליעזר

אות ג׳

אהלי קבע לא יעשה, ואם עשה חייב חטאת

רמב"ם פכ"ב מהל׳ שבת הכ"ז - העושה אהל קבוע חייב משום בונה; לפיכך אין עושין אהל עראי לכתחלה ולא סותרין אהל עראי, גזירה שמא יעשה או יסתור אהל קבוע, ואם עשה או סתר אהל עראי, פטור; ומותר להוסיף על אהל עראי בשבת, כיצד טלית שהיתה פרוסה על העמודים או על הכתלים, והיתה כרוכה קודם השבת, אם נשאר ממנה גג טפח מתוח, הרי זה מותח את כולה בשבת עד שיעשה אהל גדול, וכן כל כיוצא בזה.

אות ד׳

אבל מטה וכסא טרסקל ואסלא, מותר לנטותן לכתחילה

סימן שטו ס"ה - [ז]כסא העשוי פרקים, וכשרוצים לישב עליו פותחין אותו והעור נפתח, וכשמסירים אותו סוגרים אותו והעור נכפל, מותר לפתחו לכתחלה - דהא עביד וקאי מבע"י, אלא שפושטו ומיישבו כדי לישב עליו, [רש"י, **והיינו** אפי׳ היה הכסא עשוי עם מחיצות, וע"י הפשיטה נפשטין גם המחיצות, **דאל"כ** בלא"ה שרי לפי מה שפסק השו"ע לעיל בס"ג], **ומה"ט** שרי להעמיד החופה ולסלקה, [היינו כשהיתה החופה קשורה בהכלונסות מע"ש].

וה"ה הדף שקבוע בכותל שבביהכ"נ שמניחין עליו ספרים, **מיהו** בדף בלא"ה שרי, דהא אין כונתו במה שפושט את הדף לשם אהל, וא"כ אין עליו שם אהל עראי כיון שהוא בלא מחיצות, [**לאפוקי** בחופה שכונתו בהגג לשם אהל, אפי׳ בלא מחיצות שם אהל ארעי עליו, וכנ"ל במ"ב בס"ג].

(**ולפי"ז** נראה לכאורה, דה"ה במטות של ברזל שלנו שעשויין מקופלין וסמוכין לכותל, וכשרוצין לישן עליהן פושטן, דמותר לפושטן בשבת, דהא עביד וקאי מבע"י, ואין עושה שום מלאכה רק שפושטן, **אך** זהו שגגה, דהכא הא איירי שגם הגג, והוא העור שעל הכסא, ג"כ קבוע בו מכבר, ועל כן גם הגג הלא עביד וקאי, כדאיתא בשו"ע, דפרט זה הוא לעיכובא, ומשא"כ באלו המטות שפורסין עליה עתה הסדין בשבת אחר פשיטתה, והוא נעשה כסדר האהל, שמתחלה המחיצות ואח"כ הגג, דאסור, **אך** אם השליבות של המטות סמוכין זה לזה, שאין ביניהן ג"ט, דכלבוד דמיא, אפשר דיש להקל, מטעם דגם הגג כאלו נגמר כבר מבע"י, גם יש לכאורה לדון בזה להקל מטעם שאין לה מחיצות, וכבר פסק השו"ע לעיל בס"ג, מתנאי המטה דבעינן שיהיו לה מחיצות, ועכ"פ שתי מחיצות, **אך** גם בזה יש לפקפק מאד, דלפי מה שבירךנו לעיל בבה"ל, דבענינינו לא בעינן שיהיו המחיצות גבוהות י׳, ודי במחיצות כל דהו, א"כ הרי יש להמטה שתי מחיצות בשולי המטה, אחת מצד ראשה ואחת מצד מרגלותיה, ואף שאינן מגיעות לארץ, יש להשגיח אולי אין בינם לארץ ג׳ טפחים, וכלבוד דמיא, **אך** לכל אלו הדברים יש עצה, דאפילו אם יש בין שליבה לשליבה ג׳ טפחים, וגם אם נימא דהמחיצות שבצד ראשה ומרגלותיה חשובות מחיצות לענין זה, ג"כ יש עצה, דהיינו שמתחלה יפרסו אנשים את הסדין ויאחזוה באויר, ואח"כ יפשוט אחד את המטה ויעמידה תחת הסדין, וזה שרי כיון שהוא שלא כדרך בנין, וכמו שפסק השו"ע לעיל בס"ג, **אך** מ"מ עצם דין הפשטת המטה זו רפיא בידי, דמצינו בכמה מקומות שאסרו חז"ל משום טרחא דשבת, ובזה נמי אפשר דיש בפשיטתו משום טרחא, וצ"ע, {**ואם** יש בזה מפני כבוד האורחים שנתארחו אצלו, מבואר בסימן של"ג דאז לא חיישינן לטרחא, ויעשה העצה שכתבנו מתחלה}, **אך** אם יש לו מטה אחרת לשכב, בודאי דאין נכון לפשוט המטות אלו, דלא עדיף מקיפול הכלים דאסרו חז"ל היכא דיש לו להחליף, וכמבואר בסי׳ ש"ב).

(**ומטות** שלנו המחוברת ועומדת, אם היא זקופה או מוטה על צדה, מותר לנטותה לישבה על רגליה, דלאו מידי עביד אלא ליתובי בעלמא, {רש"י} ‹ד"ה אבל מטה›, **ועיין** בפמ"ג שמסתפק לענין תיבה המחזקת ארבעים סאה, אם מותר לכפותה על אוכלין ומשקין, דאפשר דכיון שיש עליה שם אהל, חמיר טפי, ע"ש, **וספיקתו** הוא רק לפירש"י ‹ד"ה לא יעשה›, דלפי׳ התוס׳ ‹ד"ה כסא›, כל הברייתא זו משום אהל אתנייה, וע"כ בשיש לה מחיצות, ואעפ"כ התירו במטה לזקפה משום דליתובי בעלמא עביד).

אות ה׳

שימר חייב חטאת

רמב"ם פ"ח מהל׳ שבת הי"ד - המשמר יין או שמן או מים וכן שאר המשקין במשמרת שלהן, חייב, והוא שישמר כגרוגרת.

אות ו׳

משום מאי מתרינן ביה, רבה אמר: משום בורר; רבי זירא אמר: משום מרקד

רמב"ם פ"ח מהל׳ שבת הי"א - הזורה או הבורר כגרוגרת חייב, והמחבץ הרי הוא תולדת בורר; וכן הבורר שמרים מתוך המשקין, הרי זה תולדת [ח]בורר או תולדת מרקד וחייב; שהזורה והבורר והמרקד דומין עניניהם זה לזה, ומפני מה מנו אותן בשלשה, מפני שכל מלאכה שהיתה במשכן מונין אותה בפני עצמה.

באר הגולה

[ז] שם בשבת מהא דטרסקל [ח] ‹עיין בהערה לקמן בסמוך›

רמב"ם פכ"א מהל' שבת הי"ז - והמשמר שמרים תולדת בורר או מרקד הוא – (ונראה דהיה ספק לו כמאן הלכתא כרבה או כר' זירא, וסובר דרבה ור"ז פליגי אהדדי, ודלא כפירש"י ‹ד"ה דנוטל›, וכן הוא דעת התוס' בדף ע"ג: ד"ה משום ע"ש, **ונ"ל** דהתוס' והרמב"ם מפרשין טעמיה דרבה, דלא דמי למרקד, דמרקד עושה כל זמן הרקדתו פעולה בפסולת ואוכל ביחד, שמנענע הכברה ועי"ז נברר מין אחד מחבירו, **משא"כ** בזה שבעת הבירור אין נעשה פעולה כלל בהשמרים, שמונחים במקומם וחיין זב מהן, ע"כ דמי יותר לבורר, שנוטל את האוכל, והפסולת נשאר מונח במקומו, דבכה"ג הוי נמי דרכו של בורר, **ודע** דבדברינו מיושב היטב אמאי לא חייב לרבה בכל מרקד גם משום בורר, **ולפיכך** נייד הרמב"ם מפי' רש"י – סימן שיט ס"ט).

אות ז' – ח'

טלית כפולה לא יעשה, ואם עשה פטור אבל אסור; היה כרוך עליה חוט או משיחה, מותר לנטותה לכתחילה וילון, מותר לנטותו ומותר לפורקו

סימן שטו ס"י - [ט]טלית כפולה - שנותנה על המוט הנתון בין שתי כתלים, ושני ראשי הכפל משולשלין ומגיעין לארץ, ונכנס בין שני קצותיה וישן מפני החמה, **והיה** אסור לעשות כן בשבת דמקרי אהל עראי, ופטור אבל אסור, כמבואר בסעיף ח"ת, **ובא** לומר, דטלית המקופלת ומונחת על המוט מע"ש, **שהיו עליה חוטין שהיתה תלויה בהם מע"ש** - שעל ידן פושטן לקצותיה, **מותר לנטותה** - לפושטה בשבת על כל אורך המוט, **והטעם**, דכיון דע"י החוטין קל למושכה בהן, הוי כאלו היתה הטלית פרוסה מכבר טפח מע"ש, והוי רק מוסיף על אהל עראי ושרי, וכנ"ל בס"ב. **ומותר לפרקה** - שכל אהל שאין בו משום בנין אין בו משום סתירה.

וכתב המ"א, דמיירי שאחר פריסתה לא יהיה בגגה מלמעלה רוחב טפח, וגם לא בפחות משלש סמוך לגגה רוחב טפח, **דאי** יש בה רוחב טפח, הו"ל כאהל קבוע ולא מהני החוטין, [**כל** זה לדעת הרי"ף, והמ"א סובר כמ"ש בב"י, וכן מוכח ממ"מ, דהרמב"ם סובר גם בטלית כפולה כהרי"ף, ולהכי סתם כן להלכה, אף דבב"י הוזכר שרש"י ‹ד"ה כילה› והרא"ש חולקים על זה. **ובמשבצ"ז** מצדד דבטלית כפולה דעת הרמב"ם גם כן כהרא"ש, דמהני בה חוטין אף כשהיה בגגו רוחב טפח].

וכן הפרוכת - כלול בזה גם וילון שלפני הפתח, **ועיין** במ"א, דהאי "וכן" לאו דוקא הוא, דשרי בזה אע"פ שלא היו עליה חוטין, משום דאין אהל אלא העשוי כעין גג, **והנה** לפי מה שהביא [י]בעל מגדול עוז בשם רבינו חננאל, וכן הוא בפיר"ח שלפנינו שיצא מקרוב לאור, דבפרוכת נמי צריך שיהיו חוטין כרוכין עליה מע"ש לתלות בם, **יותר** טוב לומר דהרמב"ם בעל הלכה זו נמי ס"ל כהר"ח, ואתי שפיר מלת "וכן" כפשטיה, וכן מוכח מביאור הגר"א דהוא מפרש כן, **אך** לדינא אין נ"מ בזה, דמוכח מהטור ושארי פוסקים דמותר לתלות בכל גווני, וכן מוכח מהרמ"א לעיל בס"א בהג"ה, דכיון שלא נעשית להתיר, אין שום איסור עלה. **כתב** מ"א, דמחיצה העשויה להתיר, שפסק השו"ע לעיל בס"א דאסור לעשותה בשבת, הוא אפילו כשהיו חוטין כרוכין עליה מע"ש, **ויש** שמקילין בזה.

[יא]**סימן שטו ס"ח - [יב]כל אהל משופע** - היינו אפילו עשאו לקבע שיתקיים כמה ימים, **שאין בגגו טפח, ולא בפחות מג' סמוך לגגו רוחב טפח, הרי זה אהל עראי, והעושה אותו לכתחלה בשבת, פטור** - היינו מחטאת, אבל אסור מדרבנן, גזירה אטו אהל קבע, (**אפילו אם לא עשאו לקבע, משום לא פלוג**).

ועיין במ"א, שכ"ז הוא לדעת הרי"ף והרמב"ם, אבל לדעת רש"י והרא"ש, כיון שאין בגגו טפח, לא חשיב אהל כלל ומותר לכתחלה, והשו"ע סתם כדעת הרי"ף והרמב"ם, וכן הוא ג"כ דעת ר"ח, **ובפמ"ג** מצדד דגם רש"י והרא"ש מודו לדעת הרמב"ם בזה, כיון שעשאו לקבע שיתקיים זמן כמה ימים.

וה"ה אם עשה הגג בשוה, ג"כ אין חייב מחמתו אא"כ רוחב טפח, דבלא"ה לא חשיב אהל, **והא** דנקט "משופע", משום סיפא, לאשמעינן דדוקא אם לא היה בפחות מג' סמוך לגגו רוחב טפח, דהיינו שאינה מתרחבת טפח עד לאחר שירדה ג' טפחים, **הא** אם מתרחבת טפח בתוך ג', הוי כאלו היה גגה טפח.

אבל אם יש בגגו טפח, חשיב אהל קבע וחייב, שכן מצינו אהלי טומאה טפח, [וה"ה לענין גובה המחיצות, נמי שיעורו טפח כמו לענין אהלים]. (**ומ"מ נ"ל, דאם היה כרוך עליו חוט או משיחה, פטור מחטאת, ויש בזה רק איסורא, וכמו בשאין בגגה טפח אזיל ליה חד דרגא ע"י חוט ומשיחה, שבלא חוט ומשיחה יש איסורא, ובחוט ומשיחה מותר, כן בשיש טפח שיש חיובא, ע"י חוט ומשיחה הוא רק איסורא, ואף דמן הסברא יש לחלק בזה, דדוקא לענין דרבנן שייך חוט ומשיחה, אבל לא לענין דאורייתא, אבל ע"כ אנו מוכרחין לומר דלענין כילה ס"ל לר"ח כן), ודוקא** שעשאו לקבע, אבל לעראי, כגון שפרס מחצלת ע"ג ד' עמודים, אף שיש בגגו כמה טפחים, איסורו רק מדרבנן.

באר הגולה

[ט] **שם קל"ח והרמב"ם שם וכפי' הרי"ף** ‹והרי"ף כתב, פי' כגון טלית כפולה שקושרה בין שני כתלים, והיא משולשלת ומגעת לארץ, ונכנס בין שתי קצותיה וישן תחתיה בצל, ואין בגגה טפח ולא בפחות משלשה סמוך לגגה טפח, ולפיכך אינו אהל קבע אלא אהל עראי היא, ומפני שאין בגגה טפח ולא בפחות משלשה סמוך לגגה טפח, לפיכך פטור אבל אסור, ואם היה עליו חוט מאתמול ונטה אותו היום, מותר – ב"י› [י] ‹גרסינן לה ריש פרק ר' אליעזר דתולין, אמר רב משום רבי חייא וילון מותר לנטותה ומותר לפרקה, ע"כ. וידוע כי וילון הוא פרכת, וכן פירש"י ז"ל, וכן פר"ח ז"ל וקבלנו שדבריו דברי קבלה, וז"ל וילון פי' פרכת, מותר לנטותה ומותר לפרקה, וזה בזמן שכרוכין עליה חוטין או משיחות, דלא גרע מטלית כפולה, עכ"ל – מגדל עוז› [יא] ‹ע"פ הבאר הגולה› [יב] **שבת קל"ח רמב"ם** ‹כפי' הרי"ף אהא דטלית כפולה, דלא כרש"י שם ד"ה כילה שיש כו' – גר"א›. ‹**דדוקא** בכילת חתנים מותר כה"ג לכתחלה, וכמ"ש הטעם סעיף י"א, הואיל שהיא מתוקנת לכך – מחה"ש›

(והנה על דבר נשיאת אמבריל"ו, הוא הגגות הנושאין על ראשן מפני החמה והגשמים, ובלשוננו קורין אותו פאראס"ל, רבו האחרונים בזה בספריהם, **ובדרך** כלל יש הרבה והרבה שמחמירין ואוסרין שלא לפורסן בשבת מטעם אהל, וכמש"כ הפוסקים, דכל היכא דמתכוין לשם אהל, דהיינו להגן מפני החמה והגשמים, אפילו בשביל הגג לבד בלא מחיצות ג"כ יש איסור, ובזה הפאראס"ל נמי הלא מתכוין להגין מפני החמה והגשמים, **ואינו** דומה לכסא טרסקל המבואר בס"ה להיתר, דהתם אינו עושה שום מעשה בשבת, רק שמרחיב ופושט הקמטין שהיו בו מאתמול, **משא"כ** בזה שצריך לקשור אותו ברצועות אחר פריסתו, או להעמידו ולהדקו אח"כ מתחתיו בחוט של ברזל כמנהגנו, כדי שלא יתמוטט הגג ממצבו, דאסור, וכן מצדד ג"כ הפמ"ג, ע"ש שכתב שקושרין ברצועות וכדו׳, **ובפרט** לפמש"כ הרמב"ם, וז"ל: ומותר להניח מטה וכסא וטרסקל, ואע"פ שיעשה תחתיהן אהל, שאין זה דרך עשיית אהל לא קבע ולא עראי, **בודאי** אין שום ראיה להקל מזה לענייננו, ונהפוך הוא דיש ראיה לאיסורא, מדכתב במטה וכסא: מפני שאין זה דרך אהל וכו׳, משמע בזה הפאראסא"ל שפריסתו דרך אהל הוא אסור, **ובנו"ב** כתב דלדעת הרי"ף שכתב הר"ן, דכילה שבגגה טפח הוא בכלל אהל קבע וחייב, והביאו המ"א, יש בזה חשש חיוב סקילה, **ואף** דיש שדוחין את דבריו, וס"ל דגם להרי"ף לית בהו חיובא, מ"מ מידי איסורא לא נפקא להרבה פוסקים, בין בשבת בין ביו"ט, וע"כ השומר נפשו ירחק מזה מאד, וכ"ז שכתבנו הוא מפני חשש אהל, דאיסורו הוא בכל מקום שנושאו, ולפעמים יש בזה עוד איסור הוצאה והכנסה לכו"ע, והוא כשנושאו במקום שאין עירוב).

עין משפט נר מצוה

ח א מיי׳ פכ״ב מהל׳ שבת הלכה לג טוש״ע א״ח סי׳ שטו סעיף יח:

ט ב ג מיי׳ פכ״ב מהל׳ שבת הלכה לב סמג שם טוש״ע א״ח סי׳ שטו סעיף:

י ד מיי׳ שם טוש״ע שם סעיף:

יא ה ו מיי׳ שם הלכה לב סמג שם טוש״ע א״ח סי׳ שטו סעיף יב:

יב ז מיי׳ פכ״ב שם הלכה לג סמג שם טוש״ע שם סי׳ שח סעיף טז:

יג ח מיי׳ פי״א מהל׳ שאר אבות הטומאות הלכה ב:

יד ט מיי׳ פ״ט מהל׳ טומאת מת הלכה ו ופי״ג מהל׳ כלים הלכה א ב:

רבינו חננאל

קבוע וחייב חטאת בטטה של פרסיים כדאמרן תוב בעא מיניה כילה מהו וא״ל אף מטה מותרת מכלל ששתיהן מותרות כילה שאין בגגה טפח ויש עליה חושין קשורין מאתמול והוא כגון הטלית שאמר רמי בר יחזקאל ומטה היא גליתא מטה שהמחוירה אין צריך להקע שמלבנותיה וכרעית אינן דוחקות וברפין נכנסין ויוצאין. תוב בעא מיניה כילה ומטה מהו. א״ל כילה אסורה ומטה מותרת. פי׳ כילה אסורה שיש בגגה טפח. ומטה מותרת כדידן. והיא מטה גליתא שהיו מחזירין אותה בשבת בבית רב חמא ומפורש בסוף פרק כירה. והני כילי דבי רב הונא ודבי רב פפא ורב הונא בריה דרב יהושע דהוו מאורתא נגידין ובצפרא חביטא רמיין. יש מי שאומרים משלבות היו בארץ שאסור לטלטלן בשבת ואנו קבלנו מרבותינו כי נטויות היו מע״ש ומשוכות למעלה כמין כפולות ובבקר הי׳ משפיעין ומשרבבין אותן למטה ונמצאו מוסיפין כחכמים שחולקין על ר׳ אליעזר ואומרים מוסיפין באהלי עראי בשבת ואין צ״ל ביו״ט וכדאמרינן בהמוצא תפילין הנהו דיכרי דהוו בי רב הונא דביממא בעי טולא ובליליא בעו אוירא אתו לקמיה דרב א״ל זיל כרוך (פוריא) [בודיא] ושייר בה טפח ולמחר פושטה דמוסיף על אהל עראי הוא ושפיר דמי. ובתרה א׳ הא שמעתא דשמואל כילת חתנים וכו׳ שמעינן מינה דכולהו חד טעמא אינון אמר רב משום ר׳ חייא וילון פי׳ פרוכת מותר לנטותו ומותר לפרקו וזה בזמן שכרוכין עליו ב׳ חושין או משיחות דלא גרע מטלית כפולה כילת חתנים כדאמרן שאין בגגה טפח ולא בפחות מג׳ סמוך לגגה טפח וגם אינה יורדת למטה מן המטה טפח. צ״ע שכעין שמועה זו בפרק מי שהוציאוהו גוים: גמ׳ פעם אחת לא נכנסו לגמל עד שחשכה ונתקשה בעינינו הדבר סכמת פנים וכולן נכוחים למבין. ועוד מפני מה כשנתפרקו אפי׳ על הארץ למה מניחין אותן ובין לצורך גופן ובין לצורך מקומן שרי. ואנו פירשנו מה שקבלנו. ולפי שהוא מלאכת שמים הזכרנו דברים ודברי זולתנו שאסרו מוטלות ומושלכות לארץ היו לא כתבנו הפירכא שעל הדברים הללו. וראינו סיוע על הטעם שהזכרנו כי קבלנוהו ושניין של דברים הללו בפרק המוצא תפילין שגורים רבותינו בענין תוספת אוהלים. הלומד טעם אחד הן. ולולי כן הקושיא היה מקשה מהן: סיינא. כובע שמשימין בני אדם בראשיהן יוצא כמין פסל מן הראש כשיעור טפח הן יתר. ואנן ראינוהו פעמים רבות ועושין אותו להאהל על הפנים שלא יכם השמש. וכשהוא מהודק ביותר ואינו נכפף כבגד חשוב כאהל ואסור: הא דתנן גוד בכיסנא מותר פי׳ חטת שיש עליה חושין או משיחות קשורין מצדדיה מותר לנטותה בשבת באותן היתידות המוכנין לה. אמר רב בשני בני אדם מותר אבל באדם אחד אסור. כי צריך לתת חוטי הצד האחד ולפיכך אסור שנמצא נוטה אהל. וזה שאמר אביי בכילה שיש בגגה טפח שאסור לנטותה בשבת אפילו בעשרה בני אדם א׳ אפשר דלא מימתחא ביה פורתא פשוטה היא. והא דתניא כירה שנשמטה אחת מירכותיה מותר לטלטלה ב׳ אסור לטלטלה. כירה זו כלי מתכות היא וכל זמן שתורת כלי עליה מותר לטלטלה לצורך מקומה. לפיכך אם נשלה אחת מירכותיה עדיין כלי היא שיכולה לעמוד בג׳ אבל אם ניטלו ב׳ בטלה מתורת כלי שאינה יכולה לעמוד בשתים. רב אמר אפילו אחת אם ניטלה אסור לטלטלה גזירה שמא יתקע הלכתא כרב: אמר רב עתידה תורה שתשתכח מישראל שנאמר והפלא ה׳ את מכותך וגו׳ ושאר השמועה פשוטה היא. והא דרב אדא בר אהבא דאמר ליה לרבא ליחזייה לתנור כמאן דמלי טומאה

תוספות

שאין בשיפועה טפח. הרבה יש תימה (ד) איך יתכן זה דא״כ למה הוא ראוי אם לכל השיפוע אין טפח ויש לפרש כגון שהסדין שפרוס על הכילה מונח על גבי קנים מרובים ולא פשטו הסדין היטב ומונח ונופל בין קנה לקנה כעין שורות דיש עכשיו בין כל קנה שיפוע ואין באותו שיפוע טפח ודוחק וי״מ שאין בשיפוע טפח בגובה י׳ דכשילא השיפוע טפח אין משם עד למטה גובה י׳ דלא חשיב אהל כדאשכחן בפ״ק דסוכה (דף י:) דבכילה כי הך מותר לישן בסוכה דאמר רב יהודה אמר שמואל מותר לישן בכילת חתנים אע״פ שיש לה גג והוא שאינה י׳ טפחים ואין נראה לר״י דודאי נהי דגבי סוכה לא חשיב אהל וכן לגבי ק״ש כדאיתא התם (דף י:) מיהו לגבי שבת חשיב ואסירי שהרי משמרת וביעתא וקידרא וחביתא אסירי משום אהל ולא משמע שיש בגובהן י׳ טפחים. מ״ר. ועוד קשה מדלקמן גבי כפיפה מצרית ובשם רבינו שמואל פי׳ דל״ג להאי לישנא כלל שיפועי אהלים כאהלים דמו דבסוף פ״ק דסוכה (דף יט:) מסקינן דשיפוע אהלים לאו כאהלים דמו ואי משום הא לא איריא דיש לפרש דהתם באין בשיפועו טפח והכא כשיש בשיפועו טפח:

הא דמהדק. פירש ר״ח שאינו נכפף דאז נראה כעין אהל דלא מהדק שהוא נכפף ואז אין נראה כעין אהל:

דבר ה׳ זה הקץ. דכתיב גבי גלות שבעים לכלות דבר ה׳ מפי ירמיה (עזרא א). מ״ר:

ולישלח

גמרא

תורה אור

*כילת חתנים מותר לנטותה ומותר לפורקה אמר רב ששת בריה דרב אידי ״לא אמרן אלא שאין בגגה טפח אבל יש בגגה טפח אסורה וכי אין בגגה טפח נמי לא אמרן אלא שאין בפחות משלשה סמוך לגגה טפח אבל יש בפחות משלשה סמוך לגגה טפח אסור[א] ולא אמרן אלא שאין בשיפועה טפח אבל יש בשיפועה טפח *שפועי אהלים כאהלים דמו ולא אמרן אלא דלא נחית מפוריא טפח אבל נחית מפוריא טפח אסור: *ואמר רב ששת בריה דרב אידי האי ״סיאנא שרי והאיתמר סיאנא אסור לא קשיא ״הא דאית ביה טפח הא דלית ביה טפח אלא מעתה שרביב בגלימא טפח ה״נ *דמיחייב *אלא לא קשיא ״הא דמיהדק הא דלא מיהדק שלח ליה רמי בר יחזקאל לרב הונא אימא לן איזי הנך מילי מעלייתא דאמרת לן משמיה דרב תרתי בשבת וחדא בתורה שלח ליה הא דתניא גוד בכיסנא מותר לנטותה בשבת אמר רב לא שנו אלא ״בב׳ בני אדם אבל באדם אחד אסור אמר אביי ״וכילה אפילו בי׳ בני אדם אסור אי אפשר דלא מימתחא פורתא אידך מאי היא דתניא *)כירה שנשמטה אחת מירכותיה מותר לטלטלה שתים אסור רב אמר אפילו ״חד נמי אסור גזירה שמא יתקע תורה דאמר רב עתידה תורה שתשתכח מישראל שנאמר °והפלא ה׳ את מכותך *הפלאה זו איני יודע מהו כשהוא אומר °לכן הנני יוסיף להפליא את העם הזה הפלא ופלא הוי אומר הפלאה זו תורה ת״ר *כשנכנסו רבותינו לכרם ביבנה אמרו עתידה תורה שתשתכח מישראל שנאמר °הנה ימים באים נאם ה׳ אלהים והשלחתי רעב בארץ לא רעב ללחם ולא צמא למים כי אם לשמוע את דברי ה׳ וכתיב °ונעו מים עד ים ומצפון ועד מזרח ישוטטו לבקש את דבר ה׳ ולא ימצאו דבר ה׳ זו הלכה דבר ה׳ זה הקץ דבר ה׳ זו נבואה ומאי ישוטטו לבקש את דבר ה׳ אמרו עתידה אשה שתטול ככר של תרומה ותחזור בבתי כנסיות ובבתי מדרשות לידע אם טמאה היא ואם טהורה היא ואין מבין אם טהורה היא ואם טמאה היא בהדיא כתיב ביה °מכל האוכל אשר יאכל אלא לידע אם ראשונה היא ואם שניה היא ואין מבין °הא נמי מתניתין היא כדתנן *״השרץ שנמצא בתנור הפת שבתוכו שניה שהתנור תחילה מסתפקא להו הא דאמר ליה רב אדא בר אהבה לרבא ליחזייה האי תנורא כמאן דמלי טומאה ותיהוי פת ראשונה א״ל לא אמרינן ליחזייה האי תנורא כמאן דמלי טומאה *דתניא יכול יהו כל הכלים מיטמאין באויר כלי חרס ת״ל כל אשר בתוכו יטמא מכל האוכל אשר יאכל ״אוכלין (א) מטמאין באויר כלי חרס ואין כלים מטמאין באויר כלי חרס תניא רבי שמעון בן יוחי אומר חס ושלום שתשתכח תורה מישראל שנאמר °כי לא תשכח מפי זרעו אלא מה אני מקיים ישוטטו לבקש את דבר ה׳ ולא ימצאו שלא ימצאו

*) [ערוך פי׳ כירה זו כלי מתכת הוא וכל זמן שתורת כלי עליה מותר לטלטלה לצורך מקומה לפיכך אם אחת מירכותיה נשמטה עדיין היא כלי שיכולה לעמוד בשלש אבל אם נטלו שתים בטלה מתורת כלי שאינה יכולה לעמוד בשתים]

הלכה

רש״י

כילת חתנים. לא דמיא לשאר כילות שאר כילות פרוסות על גבי קינוף שהיא לד׳ רגלים ויש לה גג דהוי אהל ושל חתנים על גבי נקליטין שאינם אלא שנים באמצעית המטה וקנה נתון עליהם והבגד נתון עליו ונופל לכאן ולכאן ואין לה גג טפח הלכך לאו אהל הוא: **בפחות מג׳.** שהיא הולכת ומתפשטת למטה: **ולא אמרן אלא שאין בשיפועה טפח.** שאין כל לד ולד (ב) נפשט למטה להתרחק טפח מכנגד אמצעיתו דהיינו שאין ברחבו למטה טפחיים וכילת חתנים אינה עשויה לישן תחתיה: **אבל נחתא מפוריא טפח.** ההוא טפח הוה קיר לאהל והמטה נעשית לו גג: **סייאנא.** כובע של לבד פלטר״ן: **אסור.** לצאת בו בשבת ולקמיה מפרש ואזיל: **הא דאית ביה טפח.** שהוא מתפשט להלן מראשו טפח אסור משום אהלא: **אלא מעתה שרביב בגלימיה טפח.** הניח טליתו על ראשו כדרך שהוא מתעטף (ג) והרחיקה להלן מראשו טפח: **אלא.** טעמא לאו משום אהל הוא אלא משום שלא יגביהנו הרוח מראשו ואתי לאתויי ארבע אמות הלכך מיהדק בראשו שפיר שרי לא מיהדק אסור: **תרתי בשבת וחדא בתורה.** שהיית רגיל לומר שני דברים משמו בהלכות שבת ואחת בתורה כדלקמן: **גוד בכיסנא.** גוד ברצועותיו ומונח על מקום קבוע שלו: **מותר לנטותו בשבת.** והא דאמרן לעיל פטור אבל אסור היכא דלא הוי מתוקן בכיסנין: **בב׳ בני אדם.** לא מימתח ליה שפיר: **באדם אחד.** ממתח ליה שפיר שמותחו על יתד זו וקושרו בה וחוזר ומותחו על זו וקושרו בה כך פירשו רבותי וכן מצאתי בתשובת הגאונים ואיני יודע מהו: **אידך.** דשבת מאי היא: **מירכותיה.** פטפוטים שלה כעין רגלים: **שמא יתקע.** כשמחבר לה הרגל יתקענה בחוזק והוי בונה אבל *(ת״ק) היכא דלא נשמטה אלא אחת לא חייש למתקע כולי האי: **הפלא ופלא.** סיפא דקרא ואבדה חכמת חכמיו: **בכרם.** על שם שהיו יושבין שורות שורות ככרם: **זו הלכה.** כדכתיב (דברים ה) [להגיד לכם] את דבר ה׳ דהייט תורה: **זו נבואה.** כדכתיב (הושע א) דבר ה׳ אשר היה אל הושע וגו׳: **זה הקץ.** °לא ידענא מהיכא: **בהדיא כתיב.** ותורה שבכתב הרי כתובה ומונחת יקראו ויראו: **שהתנור תחלה.** שנטמא מן האויר כדכתיב (ויקרא יא) אל תוכו והוא חוזר ומטמא אוכלין שבתוכו מן האויר: **כמאן דמלי טומאה.** כשנפל השרץ באוירו דהא בלא נגיעה מטמא והלכך כמאן דמלי טומאה הוא ותהוי פת ראשונה: **לא ס״ד.** למיהוי כמאן דמלי טומאה: **דתניא יכול יהו כל הכלים טמאים מאויר כלי חרס.** שאם היה כלי אחר בתוכו שיטמא מחמת השרץ שבאויר החיצון או מחמת שיטמאנו אויר כלי החיצון שהוא טמא: **תלמוד לומר כל אשר בתוכו יטמא.** וסמיך ליה מכל האוכל אשר יאכל: אוכלין ומשקין שבתוכו טמאים ולא כלים שמע מינה תרתי חדא דלא אמרינן חזייה כמאן דמלי טומאה דאם כן אם כלי שטף הוא הפנימי שמטמא מגבו יהא טמא דהא נגע בטומאה אלא לא אמרינן חזייה כמאן דמלי טומאה ואוכלין ומשקין שבחיצון הוא דמטמאי מחמת הכלי שהכלי ראשון והם שניים אבל כלים לא דהוא״ל דאין טומאה זו באה אלא מחמת הכלי אשמעינן האי קרא שאין כלי שאינו אב הטומאה מטמא כלי:

הלכה

מסורת הש״ס

עירובין קב: ע״ש לעיל מט: ע״ש

[סוכה יט:]

עירובין קב: ושם

[תמורה ג: מכות יג: ע״ש]

[תוספ׳ עדיות פ״א]

פיין רש״ל

פסחים כ: כלים פ״ח מ״ה

תורה אור: דברים כח; ישעיה כט; עמוס ח; שם; ויקרא יא; דברים לא

הגהות הב״ח

(א) גמ׳ אוכלין ומשקין מטמאין באויר: (ב) רש״י ד״ה ולא אמרן כו׳ לד ולד נפשט למטה: (ג) ד״ה אלא מעתה וכו׳ מתעטף בה על ראשו והרחיקה: (ד) תוס׳ ד״ה שאין וכו׳ תימה. נ״ב ובעירובין דף קב תירץ רש״י על זה כעין תירוץ שכתבו התוס׳ כאן:

הגהות הגר״א

[א] גמ׳ (ולא אמרן אלא שאין בשיפועה טפח אבל יש בשיפועה טפח שפועי אהלים כאהלים דמו) תא״מ וכ״כ הרמב״ם ל״ג לה (ועמ״ש רבינו בא״ח סי׳ שטו סק כא):

גליון הש״ס

גמ׳ הא נמי מתני׳ היא. עי׳ חולין קיב ע״א תוד״ה דתנן הככר: רש״י ד״ה זה כו׳ לא ידענא. עי׳ ברכות כה ע״ב רש״י ד״ה מאן שמעת ליה וש״נ:

רב נסים גאון

כשנכנסו רבותינו לכרם ביבנה. כבר פירשו בברכות בגמ׳ דבני מערבא וכי כרם שם אלא אלו תלמידי חכמים שהם עשוים שורות שורות ככרם.

§ מסכת שבת דף קלח: §

אות א'

לא אמרן אלא שאין בגגה טפח, אבל יש בגגה טפח, אסורה; וכי אין בגגה טפח נמי לא אמרן אלא שאין בפחות משלשה סמוך לגגה טפח, אבל יש בפחות משלשה סמוך לגגה טפח, אסור

סימן שטו סי"א - [א]כילת חתנים - עץ אחד עומד לראש המטה גבוה מהמטה, וכן עומד עץ במרגלות המטה, ומוט נתון עליהם, ופרוש על המוט וילון גדול, ושני ראשין יורדין מכאן ומכאן כמין אהל על פני כל המטה, **שאין בגגה טפח ולא בפחות מג' סמוך לגגה רוחב טפח, הואיל שהיא מתוקנת לכך** - פי' שהכינה לכך מבע"י, **מותר לנטותה ומותר לפורקה** - אע"פ שלא היו חוטין כרוכין עליה מע"ש, **אבל** אם אינה מתוקנת, אסור כמו שפסק השו"ע בס"ח, דאפילו אהל שאין בגגו טפח אסור לעשותו בשבת, אא"כ היו חוטין כרוכין עליה מע"ש וכנ"ל, [מ"א ושאר אחרונים לדעת הרי"ף והרמב"ם, **ואף** דלדעת רש"י והרא"ש מותר אפילו באינה מתקנת, כיון שאין בגגה טפח, מ"מ כיון דהעתיק המחבר בסעיף זה וכן בס"ח דברי הרי"ף והרמב"ם, משמע דכן הוא דעתו, ואין לזוז מזה].

[ב]והוא שלא תהא משולשלת מעל המטה טפח - הטעם, דכיון שהיא משולשלת מעל המטה טפח בזקיפה לאחר כלות השיפוע, הו"ל האי טפח מחיצה, [ג]וכל השיפוע שמעל למטה נחשב לגג, והוי אהל ממש, **מיהו** מטה דידן שאין כילה עליה, שפורסין עליה סדין, אע"פ דנחית מפוריא טפח לית לן בה, **והטעם**, דהא מה שמונח על המטה לא מקרי אהל, כיון שאין חלל תחתיו.

אות ב' - ג'

סיאנא שרי

הא דאית ביה טפח, הא דלית ביה טפח

סימן שא ס"מ - [ד] [ה]כובע שהוא מתפשט להלן מראשו טפח, אסור להניחו בראשו אפילו בבית, משום אהל - אף שאין אהל בלא דפנות, מ"מ חשיב אהל עראי ואסור מדרבנן, כיון שנעשה השפה להיות לצל להגן מפני השמש.

ודוקא כשהיה השפה שהוציאה קשה ביותר ואינו נכפף, אז חשוב כמו אהל, ואי לא"ה, הרי הוא כגלימא בעלמא, [גמ'] **ובסעיף** שאחר זה דמתיר כשהוא מהודק על ראשו, מיירי כשאינו קשה ונכפף, **או** דמיירי כשאין בו רוחב טפח בהשפה, [**או** שלבשו בע"ש, דלא עשה האהל בשבת].

וכובע שקורין בריטלי"ך בל"א, אע"פ שמתפשט להלן מהראש ברחבו טפח, ונוהגין בו להקל, **כתבו** האחרונים כמה צדדים בטעם היתרם, אחד, כיון דאינו קשה ונכפף למטה, אין בו חשש איסור, והיינו כשאין מונח בו נייר קשה, **ואפילו** אם הוא קשה, הלא אינו מתכוין בלבישתו להיות לצל, רק מכוין לכסות ראשו, **וכן** אם השפה עשוי בשפוע, ג"כ יש לצדד דלא מקרי אהל באופן זה, **ובא"ר** כתב דטעם העולם הוא, משום דסומכין עצמם על שיטת רש"י וסייעתו, דס"ל שאין בכובע איסור אהל כלל, ע"ש, [אחרי שהוא דרך לבישה].

ולפי"ז אפילו בקאפעלו"ש שהוא קשה, ויהיה ברוחב השפה טפח, ג"כ אין למחות במקום שנוהגין להקל, אף שמסתמא נעשה שפה כזו לצל, **ובמקום** שלא נהגו להקל בזה, בודאי יש להחמיר כדעת השו"ע, שלא ללבוש בשבת קאפעלו"ש רחב כזה, **וגם** בכתבי האר"י אוסר בקאפלו"ש.

יש נמנעים מלתת הטלית של מצוה על הברייט"ל בשבת, כדי שלא יהיה הטלית מכאן ומכאן כמו דפנות, [ו]**ועיין** במ"א שמפקפק בטעם מנהגם, [ז]ובספר מחצית השקל מיישב מנהגם ע"ש, **ומזה** נשתרבב היום המנהג, שאין מכסין ראשיהם בשבת בטלית בעת התפלה אפילו על הכובע קטן, ואין לזה שום טעם וריח, [ואדרבא מצוה לכתחילה לכסות גם ראשו בעת התפלה].

ולענין איסור נשיאת פאראסא"ל בשבת, שהוא עשוי לצל על האדם להגן מפני החמה והגשמים, כתבנו בסימן שט"ו דין זה בכל פרטיו.

באר הגולה

[א] **שם ובעירובין ק"ב והרמב"ם** [ב] **הרמב"ם שם, ועיין במ"ש ה"ה שם בשם הרשב"א והביאו הב"י** [ג] ‹הטעם פי' רש"י [שם ד"ה אבל] משום דההוא טפח הוי קיר לאהל, והמטה נעשית לו גג. **וכתב** הרשב"א והר"ן, אבל מטה דידן אע"ג דנחתי סדיני מפוריא טפח, לית לן בה, כיון דבפריסת סדינים על המטה ליכא משום אהל, לית לן בה, כלומר כיון שהכילה עשויה לצל, ע"כ ס"ל מטה העשויה באמצע כילה כעין גג, וכ"כ הרב המגיד - עולת שבת› [ד] **ופי' בתוס' בשם ר"ח בכובע חזק שאינו נכפף** [ה] **שבת קל"ח ועירובין ק"ב לגירסת ר"ת** ‹ור"ת ז"ל לא גרס "אלא", והכי גרס: לא קשיא הא דמיהדק והא דלא מיהדק, כלומר הא דפרכת מאפיק מגלימיה טפח לא קשיא, דגלימא לא מיהדק, אלא נכפף למטה ולא הוי אהל, אבל סיאנא מיהדק, שהוא קשה ובולט חוץ לראשו טפח, והוה אהל ואסור, וכן פי' ר"ח ז"ל, **וכ"כ התוס' בשם ר"ח והרמב"ם, וכ"כ הרב המגיד שכן עיקר** [ו] ‹דכל הפוסקים שכתבו לאיסורא וכן בגמ', אטו מיירי דוקא כשיש לו טלית על ראשו, ועוד קשה, דהו"ל לשנויי הכי בגמ', הא דאית ליה טלית בראשו הא דלית ליה, אע"כ כמ"ש הרא"ש, כיון שעיקר כונתו לעשות אוהל להיות לצל, אסור אפי' בלא דפנות, **ולכן** נ"ל שאם הכובע קשה ביותר יניחנו בשיפוע - מ"א› [ז] ‹י"ל דכוונתם דס"ל כמ"ש מהרי"ל דתפס עיקר כפי' רש"י, דליכא בזה משום אהל, אלא דהוי קשה להו על פי' רש"י קושית הט"ז, למה באמת למסקנות הש"ס ליכא בזה משום אהל, **ולכן** ס"ל דבזה מחולקים הס"ד ומסקנא שם בש"ס, דתחילה ס"ד דהטעם משום אהל, ואע"ג דסתמא לא מיירי שיש לו טלית על ראשו, כמ"ש מ"א, אלא ע"כ דאפי' בלי מחיצות ג"כ מיקרי אהל, וכמ"ש הרא"ש, לכן אתי שפיר קושית הש"ס, והא איתמר סיאני אסור כו', **והדר** פריך אלא מעתה שרביב גלימא כו', ר"ל עתה דע"כ איכא אהל בלא מחיצות, א"כ אם הוציא והרחיקה להלן מראשו טפח, אע"ג שצדדי הטלית מדובקים וקרובים אל הגוף דליכא דפנות, מ"מ יהיה אסור, ומשני אלא הא דמיהדק כו', ר"ל דליכא אהל בלי מחיצות, **ולכן** אתי שפיר מה שנמנעים לתת הטלית על ראשם. **ועוד** י"ל, גם אי ס"ל כר"ת, מ"מ אתי שפיר מה שאין נותנים טלית על ראשם, אך אין כוונתם דעי"ז שאין לו מחיצות לא מיקרי אהל, אלא ס"ל כהרא"ש דכה"ג הוי אהל אפי' בלי מחיצות, ולכן לר"ת אין תיקון כי אם כמ"ש הג' מיימוניות ומ"א, דיניחנו בשפוע, אלא כשהטלית על ראשם ע"ג הכובע, ע"פ הרוב אין הכובע מונח בשיפוע, כי ע"י משיכת הטלית לפעמים אף שהניח הכובע לכתחלה בשיפוע, לסוף ע"י המשיכה מונח בשוה, והוי פסיק רישיה, ולכן נמנעין מלתת הטלית על ראשם - מחה"ש›

אות ד'

הא דמיהדק, הא דלא מיהדק

סימן שא סמ"א - לצאת בשבת בכובע שבראשו העשוי להגין מפני החמה, [ח]יש מי שאוסר משום דחיישינן שיגביהנו הרוח מראשו, ואתי לאתויי ד"א ברשות הרבים - בט"ז משמע, דאפילו חוץ לעירוב יש להחמיר בזה, ועיין לקמן סימן ש"ג סי"ח, ובמש"כ שם רח"ב.

העשוי להגין וכו' - לאפוקי סתם כובע שאדם נושאו על ראשו, אין לחוש דייתי לאתויי ד"א, דבודאי לא ילך בגילוי הראש, וזה הכובע מנהגן היה לשאתו מלמעלה על כובע קטן.

אא"כ הוא מהודק בראשו, [ט]או שהוא עמוק שראשו נכנס לתוכו ואין הרוח יכול להפרידו מראשו, [י]או שהוא קשור ברצועה תחת גרונו, דבהכי ליכא למיחש למידי.

ומזה נלמוד דה"ה כובעים שלנו, אם נושא אותן בר"ה על כובע קטן כנהוג, יש ליזהר שיהא מהודק על ראשו, שמא יפול ואתי לאתויי ד"א, **וכן** בברייטי"ל שהמנהג בו להקל וכנ"ל, אם נושא כובע קטן תחתיו, יזהר שלא יצא בו בר"ה, דהא סתמא אינו מהודק, ובודאי חיישינן בו דילמא נפיל ואתי לאתויי, כיון שלא יהיה בגילוי הראש. ‹ודק ברה"ר חיישינן ולא בכרמלית, ולכן האידנא מותר – ערוה"ש›.

אות ה' – ו'

בשני בני אדם, אבל באדם אחד אסור

אפילו בעשרה בני אדם אסור, א"א דלא מימתחא פורתא

סימן שטו סי"ב - [יא]הנוטה פרוכת וכיוצא בה, צריך ליזהר שלא יעשה אהל בשעה שנוטה - כלומר דבשעה שעוסק בתליתה, דרך הוא שמתקפלת מעט מרחבה, ואם יהיה הכפל טפח, הו"ל אהל, [**ואע"ג** שאותו מקום שמתקפל אינו קשה, שיהיה נחשב זה המקום לגג, מ"מ כיון שמכוון לעשות מחיצה, לנטות את הפרוכת, גרע טפי].

כ"ז הוא לשון הרמב"ם, וס"ל דאף שמסתמא יש עליה חוטין מבע"ש שהיא תלויה בהן, דאל"ה אסור לתלותה לדעתו, כמו שכתב השו"ע בס"י, אפ"ה צריך ליזהר בזה, [**והרמב"ם** אזיל לשיטתו, דס"ל דכשיהיה הכפל רחב טפח, תו לא מהני חוט או משיחה, **משא"כ** לפי' רש"י והרא"ש, דס"ל דתמיד מהני חוט או משיחה, שוב אין לחוש לזה].

לפיכך אם היא פרוכת גדולה, תולין אותה שנים, אבל אחד אסור - דשנים יכולין לתלותו כולו כאחד שלא תתקפל, ומשא"כ אחד, [**ואע"ג** דאינו מכוון לזה, וע"כ אנו מוכרחין לומר דס"ל דפס"ר הוא, והוא דוחק, **ולולא** דמסתפינא, הו"א דהאי מימרא הלא הוא מימרא דרב בגמ' ‹לפי' הר"ן דגוד היינו פרוכת›, ויתכן משום דרב אזיל לשיטתיה [בדף כ"ב] דס"ל דבר שאין מתכוון אסור, **אבל** לפי זה יקשה על הרמב"ם שפסק כן להלכה, והלא אנן קיימ"ל דבר שאין מתכוון מותר], **ומטעם** זה יש נמנעין קצת שלא לתלות הפרוכת בשבת.

ואם היתה כילה שיש לה גג - היינו יריעה פרוסה מלמעלה על איזה דבר, ונעשית כעין טלית כפולה שביארנו בס"י, ומיירי בשכרוך עליה חוט או משיחה מבע"י, דומיא דפרוכת דאיירי ביה מעיקרא, דצריך לדעת הרמב"ם שיהיה עליה כרוך חוט מבע"י, וכנ"ל בסעיף יו"ד, **ולהכי** מסיים שיש לה גג, היינו שיהיה עכ"פ הגג רוחב טפח, וכ"ש היכא שהגג רחב הרבה, דאי אין לה למעלה רוחב טפח, הלא קי"ל דמותר לפורסה לכו"ע כשכרוך עליה חוט או משיחה מבע"י.

‹**ועתה נבאר את דברי הר"ח, וממילא יבוארו ג"כ דברי הרמב"ם**, במה שמפרש על דברי אביי דאמר וכילה אפילו עשרה בני אדם אסור, דהיינו בגג רחב טפח, דיקשה עליו הקושיא שהקשה הלחם משנה על הרמב"ם ונשאר בקושיא, דאפילו אין גג רחב טפח תעשה אהל עראי ויאסר, **אבל** באמת ניחא, דאיתא שם מקודם בגמרא, גוד בכסכסיו מותר לנטותו בשבת, ופירש הר"ח דהיינו שתלוי עליו החוטין שמותחו בהן, וקאמר רב לא שנו אלא בשני בני אדם, אבל באדם אחד אסור, וע"ז קאמר אביי דכילה אפילו עשרה בני אדם אסור, וע"כ היינו בחד גווני דמיירי בגוד, דהיינו בחוטין, ואפ"ה אסור בכילה, ואי דמיירי הסוגיא בכילה שאין בגגה רוחב טפח, אמאי יהיה אסור, וע"כ פירש הר"ח דמיירי שיש לה גג רוחב טפח, ולהכי אסור אף שיש לה חוטין, ואזיל הר"ח לשיטתיה דס"ל בריש הסוגיא דברוחב טפח לא מהני חוטין, [ורש"י דס"ל בריש הסוגיא ‹ד"ה טלית וד"ה חוט› דחוטין מהני בגג רחב טפח, ע"כ דמיירי הכא בשלא היו חוטין כרוכין עליה מבע"י, וע"כ מוכרח לפרש גוד ‹ד"ה גוד› בכסכסיו שלא כפירוש ר"ח, דהיינו חוטין], **ומעתה** יבוארו דברי הרמב"ם ג"כ על נכון ויוסר קושית הלח"מ, דמתחלה כתב הנוטה פרוכת וכו', דלדידיה ידוע בס"י שהעתיק המחבר הלשון ממנו, דס"ל דפרוכת אסור לנטות כי אם כשיש לו חוטין תלויין מע"ש, וע"ז קמסיים דאבל אחד אסור, ולמד דינו מגוד בכסכסיו, דגם שם ע"י חוטין מותר, ואפ"ה באדם אחד אסור, [או דהוא מפרש גוד היינו פרוכת, כמו שביאר הר"ן לדברי הרמב"ם], **ואח"כ** קאמר דכילה שיש לה גג, היינו שהגג רחב טפח, דאל"ה לא נחשב גג, דאז לא מהני חוטין, וכדקאמר אביי, דאי אין לה גג רחב טפח, בודאי חוטין מהני, כנלענ"ד ברור בעזה"י›.

אין מותחין אותה ואפילו עשרה, שא"א שלא תגבה מעט מעל הארץ ותעשה אהל עראי - ר"ל דלא נימא היכא שהכילה היא רחבה, שכל אחד יקשור רק זוית הכילה להכתלים, ונשאר אמצע הכילה מונח על הקרקע, ואין שם אהל עליה, קמ"ל.

‹**הנה** לפי מה שכתב מתחלה שיש לה גג, ואפ"ה כתב דיעשה אהל עראי, משמע מזה כמו שהוכחנו לעיל בס"ח לדעת הר"ח, דאפילו בגג רחב טפח, אם יש חוט או משיחה הוא רק אהל עראי›.

באר הגולה

[ח] שם לגירסת רש"י ‹דגורס "אלא"› וכ"כ הר"ן [ט] הגהות ‹מיימוני› בשם א"ז [י] תוס' שם בעירובין [יא] לשון הרמב"ם לפי פירושו הא דגוד בשבת שם ‹וכתב הר"ן משמע דס"ל דגוד כעין פרוכת – ב"י›

אות ז'

חד נמי אסור, גזירה שמא יתקע

סימן שח סט"ז - [יב]**כירה שנשמטה אפילו אחת מירכותיה** - והוא כעין רגלים, [רש"י], **אסור לטלטלה** - והטעם, דגזרינן שמא יתקע הרגל לשם בחוזק לחברה, וחייב משום מכה בפטיש, או משום בנין לאיזה פוסקים, **וכ"ש** אם נשארו שתים מירכותיה, דאין לה עמידה כלל, בודאי חיישינן שמא יתקע לה הרגלים, [רש"י לדעת התנא קמא, **וי"א** דבשתים תו אין שם כלי עליה לכו"ע].

הגה: וכן ספסל ארוך שנשמט אחד מרגליה, כ"ש שתים, דאסור לטלטלה ולהניחה על ספסל אחרת ולישב עליה, אפילו נשברה מבע"י (תרומת הדשן) - הכל מטעם הנ"ל, (וה"ה דסתם טלטול אסור ג"כ אצלה, כמו גבי כירה, אלא לרבותא נקט, ומ"מ נראה, דבעת שנשמט הרגל ממנה, וירא שלא תפול הספסל ויזיק לאדם, מותר לטלטלו ולפנותו משם, וכנ"ל בס"ו בהג"ה, וממילא דמותר אז לסמכו על ספסל אחר ולישב עליו, **אך** שיזהר שלא יטלטלנו בישיבתו).

ודוקא בנשמט דאפשר לחברו, וע"כ אסרו אפילו בטלטול, משום שמא אתי ליתקע, **אבל** אם נשבר רגל אחד, דלא שייך בו שמא יתקע, אלא צריך לעשות רגל אחר, ולזה לא חיישינן, ע"כ מותר בטלטול, **ורמ"א** דנקט "אפילו נשברה", לאו דוקא הוא, אלא נשמט קאמר, [**ולפי** הי"א הנ"ל, דבנשמטו שתים תו ליכא שם כלי, אפשר דנקט הרמ"א נשברה לענין שתי רגלים, **ואפשר** דלענין ספסל, כיון דראוי לסמוך אותה על ספסל אחר, עדיין היא ראויה לשום מלאכה], **גם** אם נשמט אותו הרגל מכבר, ואין כאן אותו הרגל כלל, אלא הספסל הוא בלא רגל, אין איסור לסמוך אותו על ספסל אחר, דכאן לא שייך שמא יתקע.

ובישיבה לחוד אם אינו מטלטל, פשיטא דמותר.

אא"כ ישב עליה כך פעם אחת קודם השבת (ב"י ס"ס שי"ג) - דכיון שישב עליה כך פעם אחת בלי רגל, שוב לא יתקע.

גם אסור להכניס הרגל לשם משום בנין (ב"י שם) - היינו אפי' אם לא יתקענה בחוזק, משום חששא שמא אתי לתקוע, דסתם רגלי הספסלין דרכן להיות מהודקין, וחיישינן לזה, **וכ"ז** אפי' בישב על הספסל כבר פעם אחת קודם השבת, דבלא זה אסור הספסל אפילו בטלטול.

וכתב המ"א, דאם דרך הרגל להיות לעולם רפוי אצלו, מותר להכניסו ברפיון, (**ולא** ברירא לענ"ד כ"כ, דמנלן דתליא באדם זה, **שאצלו** דרכו להיות רפוי, דילמא תליא בדעלמא), **וכ"ז** ברפוי ממש, אבל רפוי ולא רפוי אסור.

[יג]**סימן שיג ס"ח** - [יד]**ספסל שנשמט אחד מרגליו, אסור להחזירו למקומו** - ואפילו לעשותו רפוי, גזירה שמא יתקע ביתד כדי לחזקו.

ולהניח אותו צד השמוט על ספסל אחר, [טו]**יש מי שמחמיר לאסור** - ואפילו בטלטול אסור לדידהו, והכל מטעם גזירה דלמא אתי להניח הרגל בתוכו ולתקוע, **וכן** סתם הרמ"א לעיל בסימן ש"ח סט"ז בהג"ה כהיש מי שמחמיר, **ועי"ש** במ"ב ובה"ל כל פרטי דין זה.

(וע"ל סי' ש"ח סט"ז) - היינו דשם מבואר, דאם ישב עליה כבר כך פעם אחת מבע"י כשהיה סמוך על ספסל אחר, מותר גם בשבת לסמכו על ספסל אחר, ולא חיישינן שמא יתקע.

אות ח'

השרץ שנמצא בתנור, הפת שבתוכו שניה, שהתנור תחילה

רמב"ם מהל' שאר אבות הטומאה פי"א ה"ב - הראשון שבחולין טמא ומטמא, השני פסול ולא מטמא, ואין שני עושה שלישי בחולין; ומנין לאוכל שני שהוא פסול בחולין, שנאמר: וכלי חרש אשר יפול מהן אל תוכו כל אשר בתוכו יטמא, נמצא השרץ אב, וכלי חרס שנפל השרץ לאוירו ראשון, והאוכל שבכלי שני, והרי הוא אומר יטמא; וכן שרץ שנפל לאויר התנור, הפת שנייה, שהתנור ראשון.

אות ט'

אוכלין מטמאין באויר כלי חרס, ואין כלים מטמאין כו'

רמב"ם פ"ה מהל' טומאת מת ה"ו - כלי חרש שנגע במת או שהיה עמו באהל, טמא, ואינו מטמא [לא לאדם] ולא כלי חרש אחר, ולא שאר כלים, שאין כלי חרש נעשה אב הטומאה לעולם, לא במת ולא בשאר טומאות, וזה דין תורה, אף ע"פ שהוא קבלה.

רמב"ם פי"ג מהל' כלים ה"א - [טז]**כבר ביארנו בכמה מקומות שאין כלי חרס מתטמא אלא מאוירו או בהיסט הזב; ושאר כל הכלים שנגעה בהן הטומאה נטמאו, ואם נכנסה טומאה לאוירו ולא נגעה בהן הרי הם טהורין; נמצא הטמא בכלי חרס טהור בכלים, והטמא בכל הכלים טהור בכלי חרס; ומנין שאין כלי חרס מתטמא אלא מאוירו, שנאמר: וכלי חרש אשר יפול מהם אל תוכו וגו', מתוכו הוא מתטמא לא מאחוריו.**

רמב"ם פי"ג מהל' כלים ה"ב - וכשם שמתטמא מאוירו כך מטמא אוכלין ומשקין מאוירו; כיצד, כלי חרס שנטמא ונכנסו אוכלין ומשקין לאוירו, אע"פ שלא נגעו בו הרי אלו טמאין, שנאמר: כל אשר בתוכו יטמא; אבל שאר הכלים הטמאין אינן מטמאין אוכלין ומשקין עד שיגעו בהן.

באר הגולה

[יב] שם קל"ח וכרב [יג] ‹פשוט› [יד] ב"י מדברי תרומת הדשן [טו] שם בת"ה {והצד דלא כיש מי שמחמיר}, ‹אמנם היה נראה לחלק, דשאני הכא שאפשר להניח על ספסל אחר, לא גזרינן שמא יתקע - ב"י› [טז] ‹לכאורה הובא רק כהקדמה להלכה ב'›

§ מסכת שבת דף קלט. §

אות א'

<u>ואין הקדוש ברוך הוא משרה שכינתו על ישראל עד שיכלו שופטים ושוטרים רעים מישראל</u>

חו"מ סימן ח ס"ב - וכל דיין שאינו דן דין אמת, גורם לשכינה שתסתלק מישראל. וכל דיין שנוטל ממון מזה ונותנו לזה שלא כדין, הקב"ה נוטל ממנו נפשות. וכל דיין שדן דין אמת לאמתו, אפילו שעה אחת, כאילו תקן כל העולם כולו, וגורם לשכינה שתשרה בישראל.

אות ב'

<u>אין ירושלים נפדה אלא בצדקה</u>

[א]טור יו"ד סימן רמז - ואין ישראל נגאלין אלא בצדקה, שנאמר: ציון במשפט תפדה ושביה בצדקה, ואומר: שמרו משפט ועשו צדקה כי קרובה ישועתי לבא וצדקתי להגלות.

באר הגולה

א «כצ"ל וכן תוקן במהדורת נהרדעא»

הלכה ברורה ומשנה ברורה במקום אחד: תניא רבי יוסי בן אלישע אומר אם ראית דור שצרות רבות באות עליו צא ובדוק בדייני ישראל *שכל פורענות שבאה לעולם לא באה אלא בשביל דייני ישראל שנאמר °שמעו נא זאת ראשי בית יעקב וקציני בית ישראל המתעבים משפט ואת כל הישרה יעקשו בונה ציון בדמים וירושלים בעולה ראשיה בשוחד ישפוטו וכהניה במחיר יורו ונביאיה בכסף יקסמו ועל ה' ישענו וגו' *רשעים הן אלא שתלו בטחונם במי שאמר והיה העולם לפיכך מביא הקב"ה עליהן ג' פורעניות כנגד ג' עבירות שבידם שנאמר °לכן בגללכם ציון שדה תחרש וירושלים עיין תהיה והר הבית לבמות יער *ואין הקב"ה משרה שכינתו על ישראל עד שיכלו שופטים ושוטרים רעים מישראל שנאמר °ואשיבה ידי עליך ואצרוף כבור סגיך ואסירה כל בדיליך ואשיבה שופטיך כבראשונה ויועציך כבתחלה וגו' *אמר עולא *אין *ירושלים נפדה אלא בצדקה שנאמר °ציון במשפט תפדה ושביה בצדקה אמר רב פפא אי בטלי יהירי בטלי אמגושי אי בטלי דייני בטלי *גזירפטי אי בטלי יהירי בטלי אמגושי דכתיב ואצרוף כבור סגיך אי בטלי דייני בטלי גזירפטי דכתיב °הסיר ה' משפטיך פנה אויבך אמר רבי מלאי משום ר"א בר' שמעון מ"ד °שבר ה' מטה רשעים שבט מושלים שבר ה' מטה רשעים אלו הדיינין שנעשו מקל לחזניהם שבט מושלים אלו ת"ח שבמשפחות הדיינין מר זוטרא אמר אלו תלמידי חכמים שמלמדים הלכות ציבור לדייני בור אמר ר"א בן מלאי משום ר"ל מאי דכתיב °כי כפיכם נגואלו בדם ואצבעותיכם בעון שפתותיכם דברו שקר לשונכם עולה תהגה כי כפיכם נגואלו בדם אלו הדיינין ואצבעותיכם בעון אלו סופרי הדיינין שפתותיכם דברו שקר אלו עורכי הדיינין לשונכם עולה תהגה אלו בעלי דינין ואמר רבי מלאי משום ר' יצחק מגדלאה מיום שפירש יוסף מאחיו לא טעם טעם יין דכתיב °ולקדקד נזיר אחיו ר' יוסי בר' חנינא אמר אף הן לא טעמו טעם יין דכתיב °וישתו וישכרו עמו מכלל דעד האידנא לא (הוה שיכרות) ואידך שיכרות הוא דלא הוה שתיה מיהא הוה ואמר רבי מלאי בשכר °וראך ושמח בלבו זכה לחשן המשפט על לבו: שלחו ליה בני בשכר ללוי כילה מהו כשותא בכרמא מהו מת בי"ט מהו אראויל נח נפשיה דלוי אמר שמואל לרב מנשיא אי חכימת שלח להו שלח להו כילה חזרנו על כל צידי כילה ולא מצינו לה צד היתר ולישלח להו כדרמי בר יחזקאל לפי שאינן בני תורה כשותא בכרמא עירבובא ולישלח להו כדר"ט דתניא *כישות ר' טרפון אומר אין כלאים בכרם וחכמים אומרים כלאים בכרם וקי"ל *כל המיקל בארץ הלכה כמותו בחו"ל לפי שאינן בני תורה מכריז רב האי מאן דבעי למיזרע כשותא בכרמא ליזרע רב עמרם חסידא מנגיד עילויה רב משרשיא יהיב ליה פרוטה לתינוק נכרי וזרע ליה וליתן ליה לתינוק ישראל אתי למיסרך וליתן ליה לגדול נכרי אתי לאיחלופי בישראל מת שלח להו מת לא יתעסקו ביה לא יהודאין ולא ארמאין לא ביום טוב ראשון ולא ביום טוב שני איני והאמר רבי יהודה בר שילת אמר רבי אסי עובדא הוה בבי כנישתא דמעון ביום טוב הסמוך לשבת ולא

הלכה ברורה. בטעמים שלא יהא בה מחלוקת: **ג' עבירות.** בשחד ישפוטו במחיר יורו ונביאיה בכסף יקסמו: **ג' פורעניות.** שדה תחרש עיין תהיה ולבמות יער: **ויועציך כבתחלה.** ואחר כך יקרא לך עיר הצדק לשרות בה שכינה: **אי בטלי יהירי.** ישראל מתייהרים בבלורית ובמלבושי יהירות כפרסים הללו: **בטלי אמגושי.** יבטלו מסיתים ומדיחים המשניאים אותנו: **סגיך.** הם גסי הרוח שמגדלין עצמן לשון ישגה מאד (איוב ח) ואח"כ ואסירה כל בדיליך אלו אותם המבדילים שונאי ישראל מן הקב"ה בשקריהם ובפחזותם: **בטלי דייני.** רשעים מישראל שמטין דין: **בטלי.** מעל ישראל: **גזירפטי.** נוגשי שוטרי עובדי כוכבים: **שנעשו מקל לחזניהם.** לשמשיהן נותנין יד והווין להן לחוזק לומר לא אהיה שליח ואזמין את פלוני לב"ד אם לא תרבה שכר ואחר פסק דין לא ארדנו ליכנס למשכנו: **שבט מושלים.** מקל אגרופין של מושלים היינו דיינים רשעים שת"ח שבמשפחותם להם למקל ולאגרוף שעל ידיהם היו מעמידין אותן ומחפין עליהם ועושין סניגרון לדבריהם: **לדייני בור.** שבהבטחת אותן ת"ח מעמידין דייני בור לדון את כל הבא והרבה דיינין שאין נמלכים בהן ומטין אותן: **כפיכם נגואלו בדם אלו הדיינין.** שכפיהן פשוטין לקבל שוחד ומטין את הדין ונוטלין ממון מן הבעלים שלא כדין ונותנו לשכנגדו והרי הוא כנוטל נשמתו: **סופרי הדיינין.** שכותבין שטרות של רמיה: **עורכי הדיינין.** מלמדין את בעלי דינין לטעון: **עמו.** מכלל דעד השתא לא: **זכה לחשן המשפט.** שכנגד הלב שהיה גדול ממנו וקודם למשה נגלית שכינה על אהרן כדכתיב (שמואל א ב) הנגלה נגליתי אל בית אביך ונאמרה לו נבואה של מצרים הכתובה (יחזקאל כ) עד וימרו בי ואעפ"כ לא נתקנא בו בזאת: **בני בשכר.** שם מקום: **כילה מהו.** לנטותה בשבת: **כשותא.** הימלון שגדל על ההגא מהו בכרמא ירק הוא וכלאים בכרם או אילן הוא ואינו כלאים בכרם: **ולישלח להו.** צד היתר בה: **כדרמי בר יחזקאל.** כרך עליה חוט או משיחה: **ומשני לפי שאינן בני תורה.** ומקילי טפי: **עירבובא.** כלאים: **וקי"ל.** בברכות בפרק כילד גבי ערלה וה"ה לכלאים שאף היא מצוה התלויה בארץ ואינה נוהגת מן התורה אלא בארץ: **יהיב פרוטה לתינוק נכרי.** קסבר בחוץ לארץ שרי ומיהו כל כמה דאפשר משני שלא ילמדו להקל:

ולישלח להו כר"ט. הא לא פריך לישלח להו כר' יאשיה דאמר אינו חייב עד שיזרע חטה ושעורה וחרצן במפולת יד דשמא הם לא שאלו כשותא בכרמא מהו אלא היכא שעשה כדין איסור כלאים ג' מינים כאחד ועוד שמא לא ס"ל כר' יאשיה ואע"ג דקי"ל כר' יאשיה בספ"ק דקדושין (דף לט.) א"נ לא להריתו [לא] קי"ל כר' יאשיה ואמר נמי בברכות פרק מי שמתו (דף כב.) נהוג עלמא כתלת סבי כר' אילעי בראשית הגז כרבי יאשיה בכלאים כר' יהודה בן בתירא בדברי תורה מיהו י"ל שלא היו סבורין כן דהא קאמר נמי נהוג כרבי יהודה בדברי תורה ואפ"ה פליגי עליה אמוראי טובא בשמעתא דהתם וקאמר נמי כרבי אילעי בראשית הגז דאמר אינו נוהג אלא בארץ ואפ"ה אמרינן בחולין בשילהי פ' הזרוע (דף קלו:) אמר רב חסדא האי טבחא דלא מפריש מתנתא ליהוי בשמתא דה' אלהי ישראל ואמר נמי דרבא קנים אטמא ואפילו רב נחמן גופיה דאמר נהוג עלמא כתלת סבי אמר התם דקנים גלימא וא"ת נהי דלא ס"ל כר' יאשיה מ"מ לישלח להו כרבי יאשיה דכל המיקל בארץ הלכה כמותו בחו"ל וי"ל דלא שייך למימר הכי אלא במין של איסור דהמתירו חושבו מין היתר בארץ הלכה כמותו בחו"ל אבל בדבר שאינו תלוי אלא בזריעה חטה ושעורה וחרצן במפולת יד בהא לא אמר הלכה כמותו בחו"ל. מ"ר:

רב עמרם חסידא מנגיד עלה רב משרשיא יהיב ליה פרוטה לנכרי כו'. קשיא לי אמאי הא אמרינן לעיל דהלכה כר"ט דמיקל בחו"ל וצריך לומר דבמקומם לא היו בני תורה:

וליתן ליה לתינוק ישראל. אומר רבי שקבלה הוא בידינו שזה המקשה רב אחא בר יעקב והיינו הא דאמר בעירובין בשילהי בכל מערבין (דף מ: ושם) גבי ברכת זמן על הכוס ביוה"כ דמפרש התם דלא אפשר דהיכי ליעביד כו' ליתביה לתינוק לית הלכתא כרב אחא בר יעקב דילמא אתי למיסרך ולא מצינו במקום אחר דאית ליה לרב אחא האי סברא וי"מ דהוא ההוא דפ' בתרא דנדה (דף סז:) דאתקין בימא דתמכיא משום גנבי ולא חיישינן לסרך בתה במקום צורך ולא נהירא דמאי שנא דנקיט טפי רב אחא בר יעקב מכל שאר אמוראי דהתם ועל ההיא דהתם אומר ר"ת שמותר ליתן לתינוק לשתות כוס של ברכה כי מיקלע מילה ביוה"כ ולא חיישינן דילמא אתי למיסרך כיון שאין זה מנהג [בקבוע] ולא דמי לכוס דיוה"כ דאי הוו יהבי ליה אתי למיסרך אף כשיהיה גדול כיון שעושין מנהג לשתות בכל שנה ושנה ביוה"כ:

י"ט

מסורת הש"ס

[יבמות סג. ע"ש כ"ב ח. ע"ש]

[יומא ט:]

סנהדרין לח:

[נ"ל ישראל וכ"א ברמב"ם וכטור וש"ע מ"ש על הגליון סנהדרין לח.]

[תוספ' סוף פרק ג דכלאים]

נדרים נו:

עין משפט נר מצוה

טו א מיי' פכ"ג מהל' סנהדרין הלכה ט סמג לאוין רו טוש"ע ח"מ סי' ח סעיף ג:

כ"ג הרש"ל והריטב"א מתקן

טז ב מיי' פ"י מהל' מתנות עניים הלכה א סמג עשין קסב טוש"ע יו"ד סי' רמז:

[גיר' הערוך ערך גז ז' גאוי דפאטי פי' סריסי ושוטרי השרים ובערך יסיר גרס גזירפטי פי' רשעים]

רבינו חננאל

ותהוי פת ראשונה תנא הוא מפורש בפסחים בסוף פ"א: וזה שהשיב רב מנשיא לבני בי בשכר על הכילה ועל הכשות בכרם ועל המת ביו"ט כולן לאיסור לפי שאינן בני תורה. מהא שמעינן שאפילו דברים המותרים כגון אלו וכדומה להן האסורין לעם הארץ אין אדם רשאי להורות להן להיתר אלא יחמיר עליהן

ולא ידענא אי מלפניה אי מלאחריה ואתו לקמיה דרבי יוחנן ואמר להו יתעסקו ביה עממין *ואמר רבא "מת בי"ט ראשון יתעסקו בו עממין "ביום טוב שני יתעסקו בו ישראל ואפילו ביו"ט שני של ראש השנה מה שאין כן בביצה לפי שאינן בני תורה: א"ר אבין בר רב הונא אמר רב חמא בר גוריא "מתעטף אדם בכילה ובכסכסיה ויוצא לרה"ר בשבת ואינו חושש מ"ש מדרב הונא *דאמר רב הונא אמר רב "היוצא בטלית שאינה מצוייצת כהילכתה בשבת חייב חטאת ציצית לגבי טלית חשיבי ולא בטלי הני לא חשיבי ובטלי אמר (א) רבה בר רב הונא "מערים אדם על המשמרת ביו"ט לתלות בה רמונים ותולה בה שמרים אמר רב אשי והוא דתלה בה רמונים מאי שנא מהא דתניא *"מטילין שכר במועד לצורך המועד שלא לצורך המועד אסור אחד שכר תמרים ואחד שכר שעורים אע"פ שיש להן ישן מערים ושותה מן החדש התם לא מוכחא מילתא הכא מוכחא מילתא אמרו ליה רבנן לרב אשי חזי מר האי צורבא מרבנן ורב הונא ב"ר חיון שמיה ואמרי לה רב הונא בר' חלוון שמיה "דשקל ברא דתומא ומנח בברזא דדנא ואמר לאצנועיה קמיכוינא ואזיל "ונאים במברא ועבר להך גיסא וסייר פירי ואמר אנא למינם קמיכוינא אמר להו הערמה קאמרת הערמה בדרבנן היא וצורבא מרבנן לא אתי למיעבד לכתחילה: **מתני'** "נותנין מים ע"ג השמרים בשביל שיצולו "ומסננין את היין [א] בסודרין *ובכפיפה מצרית *"ונותנין ביצה במסננת של חרדל ועושין אנומלין בשבת ר' יהודה אומר בשבת בכוס ביו"ט בלגין ובמועד בחבית רבי צדוק אומר הכל לפי האורחין: **גמ'** *אמר זעירי "נותן אדם יין צלול ומים צלולין לתוך המשמרת בשבת ואינו חושש אבל עכורין לא מיתיבי רבן שמעון בן גמליאל אומר טורד אדם חבית של יין ינה ושמריה ונותן לתוך המשמרת בשבת ואינו חושש תרגמה זעירי "בין הגיתות שנו: "מסננין את היין בסודרין: אמר רב שימי בר חייא "ובלבד שלא יעשה גומא: "ובכפיפה מצרית: אמר רב חייא בר אשי אמר רב "ובלבד שלא יגביה מקרקעיתו של כלי טפח אמר *רב "האי *)פרונקא אפלגיה דכובא שרי אכוליה כובא אסור אמר רב פפא "לא ניהדק איניש (ג) **)ציניתא בפומיה דכוזני דחביתא משום דמיחזי כמשמרת דבי רב פפא "שאפו שיכרא ממנא למנא (ג) אמר ליה רב אחא מדיפתי לרבינא האיכא ניצוצות לבי רב פפא לא חשיבי: ונותנין ביצה במסננת: תני יעקב קרחה לפי

*) [עי' תוס' ביצה לב: ד"ה מלמטה למעלה] **) נ"י הערוך בערך צבת א' לא נהדק איניש צבתא אפומא דכוזינתא

ולא ידענא אי מלפניה. אם חל י"ט בע"ש ומת בו ביום ומפני שלא יוכלו להתעסק בו למחר התירו לקוברו ע"י עממים: **אי מלאחריה**. והוא מת בשבת ומפני שנשתהא ככר והיה מסריח התירו: **מת ביו"ט ראשון כו'**. מת שנשתהא כגון שמת בשבת ולמחר היה יו"ט: **מה שאין כן בבילה**. דאין ר"ה שוה לימים טובים של גליות דאילו ר"ה אמיר יו"ט שני דיליה ונולדה בזה אסורה בזה: **מתעטף אדם בכילה**. שהוא כסדין ומתעטף בה דרך מלבוש: **ובכסכסיה**. רלועות התלויות בה ולא אמרינן הך רלועות לאו לצורך עיטוף נינהו והוה משאוי ההוא שעתא שאין כיסכסין עשויין אלא לנטותה באהל: **חייב חטאת**. ואילו לא היתה מצויילת כלל לא מיחייב דהא לבושיה הוא אלמא הציליות הויין לו משאוי הואיל ואינן כמצותו אינן צריכין לה ומן הבגד ממש אינן דליחשבינן כוותיה: **חשיבי**. משום דשל תכלת הן ולא בטלי והוו בה משוי: **מערים אדם על המשמרת ביו"ט**. לרבנן דאמרי אין תולין את המשמרת ביום טוב ואוקימנא דטעמא לאו משום אהל אלא משום עובדא דחול מערים ותולה אותה לצורך רמונים דלאו עובדין דחול נינהו ומסנן בה שמרים הואיל ונתלית דהא אמרינן נותנין לתלויה ביו"ט: **והוא דתלי בה רמונים**. ברישא דמוכח מילתא דמעיקרא לאו לשמרים תלייה: **מטילין**. ברשו"ר בלע"ז: **במועד**. בחולו של מועד: **מערים ושותה מן החדש**. אלמא בלא שום הוכחה מותר להערים: **התם לאו מוכחא מילתא**. דמילתא דאיסורא הוא דהרואה אומר לצורך המועד הוא שאין הכל יודעין שיש לו מן הישן הכא מוכחא מילתא לאיסור דהשתא תולה משמרת לשמרים הוא תולה ואי לא יהיב בה רימונים ברישא להצניע בעלמא כי יהיב בה שמרים מוכח דלהכי תלייה: **ברא דתומא**. ללע של שום: **ומנח בברזא דדנא**. מקום שיש בו נקב בחבית והיין יוצא [ב] נותנו שם בשבת לסתום והוי כמתקן ומערים לכתחילה: **ואומר לאצנועיה**. להאי ברא דתומא מיכוינא ועוד עביד אחריתי אזל נאים במברא בספינה רחבה העשויה לעבור המים והיא של נכרי ויודע הוא שיעבירנה הנכרי לצד האחר: **וסייר פירי**. ומשמר שם פירות כרמו ונמצא שהנכרי מעבירו במים בשבת: **הערמה בדרבנן היא**. ה"ג הך הערמה לאו באיסורא דאורייתא הוא אלא באיסורא דרבנן דא"נ עביד ממש בלא הערמה אדרבנן קא דעבר הלכך כיון דצורבא מרבנן הוא לא אחמירו עליה דהוא לא אתי למעבד לכתחילה להדיא בלא הערמה לעבור שם לפני הכל: **מתני' נותנין מים**. בשבת ע"ג שמרים הנתונים במשמרת מבעוד יום: **כדי שיצולו**. שיהו צלולין לזוב*) את היין מפני הקמחים שקורים ייכ"ש: **בסודרין ובכפיפה מצרים**. העשויה מצורי דקל: **כפיפה**. סל: **ונותנין ביצה במסננת**. שהחרדל נתון בה להסתנן וקולטת את הפסולת ואף הבילה החלמון שלה טוטף ומסתנן עמו והוה ליה לחרדל למראה והחלבון שהוא קשור נשאר למעלה ורבינו הלוי פירש סינונה של בילה לתוך תבשיל היא ולא לתוך חרדל ובמסננת של חרדל הוא דשרי משום שיטוי ויורד לתוך הקערה שהוא כלי שני ומתלבן התבשיל: **אינומלין**. פוסו"ן: **לגין**. גדול מכוס וקטן מחבית: **גמ' טורד**. מערבב: **בין הגתות שנו**. שכל היינות עכורין ושותין אותן בשמריהם הלכך אין כאן תיקון דבלאו הכי משתתי: **שלא יעשה גומא**. מן הסודר בפי הכלי כי עובדא דחול אי נמי אתי לידי סחיטה: **שלא יגביה**. הכפיפה מקרקעית (ד) כלי התחתון טפח כמדת אהל: **פרונקא**. בגד שטוחין על גיגית יין לכסותה: **אפלגא דכובא שרי**. דלאו אוהלא הוי: **לא ניהדק איניש ציניתא בפומא דכווני דחביתא**. כלי חרס קטן שמערין בו יין מחבית לא יתן בפיו קשין וקסמים בחזקה לפי שאין לך מסננת גדולה מזו: **שפו שיכרא**. כל היכא דתני לשון שפוי בנחת הוא והפסולת נשאר בשולי הכלי: **והאיכא ניצוצות**. קטנות הניטופות באחרונה מתוך הפסולת שקורין בריי"ש והכא מוכחן דבורר הוא: **ניצוצות בי רב פפא לא חשיבי**. (ה) שחנוני מטיל שכר היה כדאמרינן בבבא מציעא (דף סה:) ובפסחים (דף קיג.) הלכך אינו מקפיד לניצוצות כל כך וכשמגיע לניצוצות משליך הן ופסולתן לחוץ ותחילת שפייתן (ו) מן הפסולת ניכר דלאו בורר הוא:

*) כאן יש ערבוב דברים ע"י חסרון נקודות המבדילות וצ"ל כדי שיצולו. שיהיו צלולין לזוב: את היין. מפני הקמחים וכו'. ועי' פירש"י להרי"ף

יום טוב שני יתעסקו בו ישראל. ובבילה (ד' ו:) מסקינן בתר הך מילתא אמר רבינא האידנא דאיכא חברי חיישינן פירוש ולא יתעסקו בו ישראל פן יגזו עליהם חברי לעשות מלאכה ביו"ט כיון שרואין שעוסקין בשביל מת ומעשה היה והוליכו מת חוץ לתחום ביו"ט והלכו אחריו בסוסים להתעסק במת וכעס ר"ת אף על ההולכים ברגל בלא סוסים ושמע רבי דטעמו משום דמסיק רבינא האידנא דאיכא חברי ולדידן אע"ג דליכא למיחש יש לאסור כיון דמסיק הכי גם יש ליראה פן יגזו השרים להתעסק במלאכתן ולכתוב מה שהם רוצים ושלח להם ר"ת בני בשכר אינם בני תורה בני מליאון (ז) (אותה העיר) בני תורה*:

ציצית חשיבי ולא בטלי. שאינם מבוטלין לפי שחשובים הם בעיניו שדעתו ליתן בטלית ציצית רביעית כך פי' ר"ח: הא לא חשיבי ובטלי עכ"ל. זה סמך רבי להניח באבנטו רצועות התלויות בו ויש שקושרים בהם בתי שוקים דבטלי דלא חשיבי כולי האי: **מאי** שנא מהא דתניא כו'. פי' [וס"ל כרבי יוסי בר' יהודה דאמר מערימין] לעיל בכ' כל כתבי (דף קיז:):

***תלא** דבישרא כו'. לא כפירוש הקונטרס דפי' בשר מליח שתלו ליבשו דהל"ל הא בפרק מפנין דמה שייך הכא ועוד למה מזכיר תלא ועוד מוכח לעיל בפרק מפנין (דף קכח.) דדג מליח נמי חזי לאומצא ועוד דהכא בטלטול איירי ואמרינן לעיל דרב במוקצה לטלטל סבר לה כר"ש ונראה כפי' הערוך דמשום תלא נקטיה ובלא בשר אלא תלא דבשרא לא ממאיס ושרי לטלטולי ושל דגים מאיס והוי מוקצה מחמת מיאוס והשתא אתי שפיר באיסור דתלא כעין כישא דירקא ור' פי' לנו דלתלא דבשרא רגיל להיות בו תורת כלי אבל של דגים לא ולא משום מוקצה מחמת מיאוס דלא איירי שמעתין במוקצה מחמת מיאוס. מ"ר: אבל

עין משפט נר מצוה

יז א מיי' פ"א מהל' י"ט הלכה כג סמג לאוין עה טוש"ע א"ח סי' תקכו סעיף א:
יח ב מיי' שם טוש"ע שם סעיף ד:
יט ג מיי' פי"ט מהל' שבת הלכה כ סמג לאוין סה טוש"ע א"ח סי' שא סעיף לג:
כ ד מיי' שם טוש"ע שם סעיף לא וסי' יג סעיף א:
כא ה מיי' פ"ג מהל' י"ט הלכה יז סמג לאוין עה טוש"ע א"ח סי' תקי סעיף ד:
[ועיע תוס' ביצה ו. ד"ה והאידנא]
כב ו מיי' פ"ז שם הלכה ח סמג שם טוש"ע שם סי' תקלג סעיף א:
כג ז מיי' פכ"ג מהל' שבת הלכה ג טוש"ע שם סי' שיד סעיף יא:
כד ח טור א"ח סימן שלט:
כה ט מיי' פ"ח מהל' שבת הלכה יד ופכ"א הלכה יז סמג שם טוש"ע א"ח סי' שיט סעיף ט:
כו י מיי' פ"ח שם ופ"ג מהלכות י"ט הלכה יז סמג שם טוש"ע שם סעיף טו:
כז כ ל מ נ מיי' פ"ח מהל' שבת הלכה יד ופכ"א הלכה יז סמג שם טוש"ע שם סעיף י וי"א:
כח ס ע מיי' פכ"ב שם הלכה לג טוש"ע שם סעיף יב:
כט פ מיי' שם סמג שם טוש"ע א"ח סי' שטו סעיף יג:
ל צ טוש"ע שם סימן שיט סעיף יג:
לא ק שם סעיף יד:

רבינו חננאל

לאיסור. הא שאמר מתעטף אדם בכילה ובכסכיא ויוצא בה לרה"ר פי' כוסכיא חוטין ומשיחות שעליה. הלכה היא דקא מקשינן עלה מדרב הונא דאמר היוצא בטלית שאינה מצויצת כהלכתה כגון שתלה ציצית בב' כנפי הטלית והניח הרביעית אותן חוטי הציצית כיון שאינה מצוייצת בד' כנפות שלה אינה חשובה ציצית דמצוה. והוסין דעלמא הן חשובין והיוצא בה חייב חטאת ופרקינן ציצית לגבי טלית חשיבי ולא בטלי שלב האדם רוצה בקיומן כי בדעתו שיתלה הרביעית וילבשנה. אבל כוסכיא לגבי כילה אינו צריך להן ובטלי: והא דאמר רבה בר בר חנה מערים אדם על המשמרת ביו"ט לתלות בה רמונים ותולה בה שמרים אליבא דרבנן שאוסרים לתלות ולשמר לכתחלה ואע"פ שהיא אסורה והוא דתלה לה רמונים כרב אשי ואע"ג דאמרינן מ"ש מהא דתניא מטילין שכר במועד וכו' התם בשכר במועד לא מוכחא מלתא הכא במשמרת מוכחא מילתא ולשמר הוא תולה ואם תלה בה רמונים אין ואי לא לא. והא דאמרו ליה לרב אשי על רב הונא בר חיון. ואמרי לה בר חילק דהוה שקיל בראי דתומיא ומנח בבירזא דדנא פי' שהיה נוטל ראש שום ונותנן בנקב של חבית שיוצא ממנו היין ולא היה מסתפק מאותה חבית אלא חבית שבאוצר והיה מערים ומותם הנקב בראש השום והיה אומר להצניע ראש השום אני צריך ועוד היה הולך וישן במעברא וכו' אמר להו רב אשי הערמה מדרבנן היא והערמה לכתחלה ת"ח לא עבדי: ונותנין המים על השמרים בשביל שיצלו אמר זעירי נותן אדם יין צלול ומים צלולין לתוך המשמרת בשבת ואינו חושש אבל עכורין לא. ואם בין הגתות הוא שעדיין היין תוסס ואינו צלול טורד אדם חבית יינה ושמריה בשבת ואינו חושש ואפילו אליבא דרבנן וליכא דפליג בהא ומסננ[ין] את היין בסודרין אמר רב שימי בר חייא ובלבד שלא יעשה גומא. פי' שלא ימשוך קצות הסודר למעלה וישאר כמו גומא באמצעיתו. ובכפיפה מצרית. ואמרינן משמיה דרב שלא יגביה מקרקעיתו של כלי טפח. שכן מצינו באהלי טומאה טפח: וכל מקום שיש בו חלל טפח כאהל חשוב ואין עושין אהלי עראי לכתחלה בשבת: פראנקא. פי' כסוי בפי הקנקן ויש בו נקבים קטנים. למסנן בו היין כאשר יציקוהו בקנקן. אם יהיה זה הכיסוי בחצי פי הכלי אינו מסנן. ואם הוא בכל הפה של כלי הרי הוא כמסננת ונראת כמשמר היין במשמרת: וי"א פרונקא מטלית של בגד שעשאו לכסוי כובא כדאמרי' בתחלת במה טומנין ומ"ש מפרונקא דמר ואומר עוד בע"ז פרק אין מעמידין בהמות בפונדקאות פש ליה הסרא בכובה צייריה בפרונקיא פי' נשאר לו יין בכלי קשר פי הכלי בסמרטוטין: לא ניהדוק צבתא בפומא דכווא משום דמחזי כמשמרת. פי' צבתא בפומא דכווא מוך תדש וכרוסה לו והוא מלשון מצאי צבתים או כרוכות וי"א לוף של דקל וכדומה לו: ונותנין ביצה במסננת של חרדל תני יעקב קרחה
לפי

מסורת הש"ס

הגהות הב"ח

הגהות הגר"א
... עכור מותר (ועמ"ש רבינו בא"ח סי' שיט): [ב] רש"י בד"ה ומנח בברזא דדנא כו' והיין יוצא כו'. נ"ב והיין דווקא יוצא (ועמ"ש רבינו בא"ח ס"ס שיד):

גליון הש"ס מתני' ומסננין את היין בסודרין. עי"ל קיא ע"א תוד"ה האי מסוכרייתא: תוס' ד"ה תלא כו' ושל דגים מאים. עי"ל ינו ע"ב תוד"ה הני כרכי.

§ מסכת שבת דף קלט: §

אות א'

מת ביום טוב ראשון יתעסקו בו עממין

סימן תקכו ס"א - מת המוטל לקברו, אם הוא ביו"ט ראשון, (לא יתעסקו בו ישראל) - דאין מצוה של קבורה דוחה עשה ול"ת דיו"ט, **וה"ה** דאסור לחתך בעצמו בגד פשתן, בין מה שחותכין במדה מן החתיכה הגדולה, או מה שמחתכין לחתיכות קטנות, כדי לתפרם אח"כ יחד כדרך שעושין בבגד, דכל זה הוא בכלל מחתך.

וגם ע"י קראי"ם, ואפילו אם נעשה עובד כוכבים, אסור, דהא ישראלים הם ומצווים, ואיכא משום לפני עור לא תתן מכשול.

(ואפילו יסריח) - כגון שמונח מעיו"ט, או שהוא ימות החמה, ואפילו היה יו"ט ראשון ע"ש, שעד יום א' א"א לקוברו, ובמקום שאין העובדי כוכבים מניחים לעשות מלאכה ביום אידם, שע"כ יהא מונח עד יום ב', **(ואי אפשר בעממין)** - אסור גם כן על ידי ישראל.

(אבל) יתעסקו בו עממין, [א]אפילו מת בו ביום, (וע"ל סימן ד"ש) - לענין עבדים אם מתעסקין על ידיהם, **ואפילו אם יכולין להשהותו עד למחר שלא יסריח** - וכתבו הפוסקים, דאפי' יש איזה חפירה בבה"ק, שאפשר להניחו שם עד אחר יו"ט, או אפילו קבר גמור, רק שאיננו שלו, ויצטרך לפנותו, מותר לחפור ביו"ט ע"י עממים, שאין זה כבוד למת לטלטל עצמותיו ולפנותו.

ומ"מ אם אפשר ליקח תכריכים מוכנים מאחד, והם לפי ערך מדתו, [דאל"ה בודאי שרי לעשות], בודאי אין עושין אפילו על ידי עממין, [**ואם** אפשר לתקן המוכנים מכבר, למעוטי במלאכה עדיף].

וכל זה בעשיית (קבר) וארון ותכריכין - שהם מלאכות גמורות מדאורייתא, **וכן** לכסותו אח"כ בעפר, לא שרי לכו"ע רק ע"י עממין, דמילוי גומא הוי כבונה, [**וה"ה** שאסור הכיסוי שמכסין בקרשים משום אהל, **וה"ה** לתקן מה שקורין גאפעלא"ך, דהוי מלאכה דאורייתא].

אבל להלבישו - שאינו אלא טלטול בעלמא, **ולחמם לו מים לטהרו, ולהוציאו** - פי' לקוברו, **ולשומו בקבר, מותר על ידי ישראל** - דאין בכל זה איסור דאורייתא, דמתוך שהותרה הבערה לצורך אוכל נפש, הותרה נמי שלא לצורך, וה"ה בהוצאה, **ואפי'** למ"ד דשלא לצורך כלל מדאורייתא אסור, בכגון זה דאיכא צורך קצת ומצוה, דזילא ביה מלתא דלתעסקי עכו"ם בטהרתו וכה"ג, שרי משום כבוד המת.

אבל לטלטלו מן המטה לארץ, כמו שנוהגין תיכף לאחר מיתה, לא שרי רק ע"י ככר ותינוק, וכמו בשבת, דטלטול זה אינו צורך קבורה.

ומ"מ ללות חוץ לתחום אסור, אף דתחומין גם כן אינן אלא מדרבנן, כדלקמן בס"ה, ושם יתבאר.

ודע, דאף שהמחבר העתיק לסעיף זה בלא פלוגתא, יש כמה ראשונים שחולקים בזה, ואומרים דלא התירו חכמים לישראל בזה בשום דבר, כיון דסוף סוף צריכין אנו לעכו"ם לעיקר עסק הקבורה, יעשה גם שארי דברים, וכן הוא דעת רדב"ז בתשובה, וכן נוטה ג"כ דעת הגר"א בביאורו, **ומ"מ** מי שרוצה לנהוג כדעת השו"ע, בודאי אין למחות בידו, כי יש כמה פוסקים העומדים בשיטה זו.

הגה: וטוב ליזהר לטהרו ע"י קש על גב עור או נסר - כלומר לטהרו ע"ג עור או נסר, ולא ע"ג בגדים, ובמה ירחצו, בקש, וה"ה בידו, **ולא ע"י סדינים, שלא יבא לידי סחיטה** - אע"ג דמשעה ששורה אותו במים יש בו משום כיבוס, ולא הוי ליה לנקוט חשש דסחיטה שאח"כ, **י"ל** דמסתמא רוחצין המת בסדינים נקיים ולבנים, ולהרבה פוסקים לא אמרינן בזה שרייתו זהו כיבוסו, **אבל** משום סחיטה יש כאן, ובפרט דלאחר הרחיצה מלוכלך הסדין מזיעת המת וכה"ג, ויבא לסחוט אותו, והוא כיבוס גמור.

אות ב'

ביו"ט שני יתעסקו בו ישראל, ואפי' ביו"ט שני של ר"ה

סימן תקכו ס"ד - ביו"ט שני יתעסקו בו ישראל, אפי' ביום שני של ראש השנה, ואפילו לא אשתהי, אפי' לחתוך לו הדס מהמחובר - במקומות שנוהגין להניח הדס על מטת המת, ואע"פ שאין זה מעיקרי צרכי הקבורה, אלא בשביל כבוד, **ולעשות לו תכריכין** - לחתוך ולתפור, ואע"פ שאפשר לכרוך את המת בסדין שלא בתפירה, **ומ"מ** אם יכול למצוא תכריכים מוכנים כמדתו, אין לעשות חדשים, וכמש"כ לעיל בס"א, **ואם** מטונפים הם, מותר לכבסם, **וארון** - אם אין לו נסרים מוכנים, מותר לנסור ביום טוב, ועיין בסימן תקמ"ז.

ולחצוב לו קבר, ולחמם לו מים לטהרו, ולגזוז לו שערו – (אגב שיטפא נקט כל המלאכות, ובאמת לחמם מותר ע"י ישראל אף ביום טוב ראשון, וכדלעיל בס"א, וכבר העיר בחי' רעק"א בזה).

יש שכתבו, דמ"מ כל מה שאפשר למעט בחלול ממעטין, וע"כ כתבו, דבמקום שיש בני חבורה שרגילין לחפור ולתפור ולעסוק, אין רשאין אחרים זולת בני החברה לעסוק בקבורת המת, **אם** לא שהוא ע"ש סמוך לחשיכה, דאז כל הזריז לסייעו שלא יבאו לידי חילול שבת, הרי זה משובח, **וכמה** אחרונים מקילין בזה, משום דיו"ט שני לגבי מת כחול הוא, [ודהא"ר כתב: וטוב להחמיר].

ואם אין באותה העיר מקום קברות לישראל, מוליכין אותו לעיר אחרת שיש בה שכונת קברות, אפילו חוץ לתחום - אבל אם יש ביה"ק, אלא שהוא צוה לפני מותו להוליכו לקברות אבותיו, אין לחלל יו"ט בשביל זה, **ומאחר** שעכ"פ מצוה לקיים דברי המת, מלינים אותו עד אחר יו"ט, ואח"כ יוליכוהו למקום אבותיו, **ואם** יש לחוש שיסריח, קוברין אותו ביו"ט בעירו.

באר הגולה

א ‹דאפי' מר זוטרא (ביצה ו) דבעי אשתהי, לא קאי אלא איו"ט שני, מדקאמר רב אשי סתם ואע"ג דלא אשתהי כו', ולא קאמר ביו"ט שני, **ואע"ג** דבפ' תולין קאמר ולא ידענא כו', סוגיא דביצה לא ס"ל כן, וכ"ש לרב אשי – גר"א›

ומשכירין לו ספינה - או עגלה, **להוליכו ממקום למקום** - עד מקום הקבורה, **ומותר** גם להוליכו על בהמת ישראל, **ודוקא** האנשים הקברנים מותרים ליכנס לספינה, אבל אנשים אחרים כדי ללוותו, אסורים, ויבואר עוד לקמן בסעיף ז'.

דיו"ט שני לגבי מת, כחול שויוה רבנן; ואפילו אפשר בעממין, יתעסקו בו ישראל - ומ"מ אינו כחול ממש, וכל דבר שאסור בחוה"מ אסור ביו"ט שני בנוגע שכן, [**ואפי'** ביו"ט אחרון של החגים, דמה"ת הוא חול גמור, ג"כ לא קילא מחוה"מ], **כגון** לחצוב אבנים לקבר, וכן לקצץ עצים מיער כדי לעשות מהם ארון, דאסור בחוה"מ וכמבואר בסי' תקמ"ז, וה"ה הכא, [**וקציצת** הדסים לא אוושי מילתא בקציצית ארזים, ולהכי שרי בחצר של מת].

וגם מבואר שם, דלנסור עצים לקרשים לעשות מהן ארון, ולקצוץ הדסים, ולתפור תכריכין וכה"ג, אינו מותר רק בחצירו של מת וכה"ג, כדי שיראו הכל שבשביל מת הוא עושה, **ובאדם** מפורסם שמת, מותר לעשות אפילו בשוק, שהכל יודעים שבשבילו הוא, **ומבואר** שם עוד, דבמקומות שאין יהודים הרבה דרים בעיר, אפילו באדם דעלמא מותר לעשות כל המלאכות שלא במקומו של מת, דכיון שישראלים מועטים, כשמת אחד הכל יודעים, [**הא** עיר שדרים בה הרבה יהודים, אסור, ולא מהני במה שנתפרסם הדבר במקרה].

הגה: אבל באשכנז ובמדינות אלו אין נוהגין כן, אלא כל היכא דאפשר בעממין, עושין הקבר והארון ותכריכין ע"י עממין - ודוקא שיש עממין לפנינו, אבל אם צריך להמתין הרבה שעות עד שיבאו עכו"ם, ומתוך כך יבא המת לידי בזיון, לנפוח וכיו"ב, א"צ להמתין, ויתעסקו בו ישראל.

ושאר הדברים עושים ישראלים כמו ביו"ט ראשון - ומ"מ כתבו האחרונים, דמותר לטהרו בסדין כדרכו, ולא גזרינן שמא יבא לסחיטה, רק שיזהר שלא יעשה סחיטה בידים, **ונ"ל** שידקדקו שיהיו הסדינים נקיים, דאי לא, שרייתו הוא כיבוסו, **ומותר** ללותו חוץ לתחום, אע"ג דביו"ט ראשון אסור, דמ"מ לא הוי מלאכה.

אבל אם לא אפשר בעממין, מותר לעשות הכל ע"י ישראלים.

חוץ מן הכיפה שבונים על הקבר - היינו שהיה דרכם לבנות בנין, **שאין בונין אותה ביום טוב** - דכיון שכבר נקבר, למה לנו לחלל יו"ט, [**ומ"מ** משמע מכמה האחרונים, דע"י עכו"ם מותר אפי' ביו"ט ראשון, וצ"ל דמ"מ הוא לכבוד המת]. **הגה: אבל מותר לכסותו בעפר כדרכו בחול** - היינו אפילו כמו שנוהגין לצבור עפר על הקבר עד שנעשה כמו תל, דגמר קבורה הוא, **ודלא כיש מחמירין, כן נ"ל** - ומשמע מסתימת רמ"א, דאפילו למנהגנו דמחמרינן במלאכות גמורות לעשות ע"י עכו"ם, מ"מ בזה לא נהגו להחמיר.

אות ג'

<u>מתעטף אדם בכילה ובכסכסיה ויוצא לרה"ר בשבת</u>

סימן שא סל"ט - [ב]**כילה (פי' יריעה כעין אהל)** - הוא כעין טלית שראוי להתעטף בה, **שיש בה רצועות שמותחין אותה בהם** - יש בה רצועות תלויות בה, וע"י הרצועות מותחין אותה ראהל, **מותר להתעטף בה ולצאת לרשות הרבים, ואין הרצועות חשובות כמשאוי** - ולא אמרינן הך רצועות לאו צורך עיטוף הוא, שאין הרצועות עשויות אלא לנטותה באהל, והויין משאוי בשעה שמתעטף בה, [רש"י], **שמבוטלות אגבה.**

[ג]**הילכך מותר לצאת ברצועות התלויות באבנט אע"פ שאין המנעלים קשורים בהם** - שדרכן היה לקשור ראש הרצועה האחת במנעלים, ולמתוח אותן למעלה, וראש השני היה קושר באבנטו, ופעמים שהולך בלא מנעלים, כגון ביוה"כ או מפני רוב החום, ונשאר הרצועה תלויה באבנט, **דלא חשיבי ובטלי אגב האבנט.**

[ד]**אבל אם הם של משי** - היינו הרצועות, **חשיבי ולא בטלי, ואסור אם אין המנעלים קשורים בהם** - דאם היו קשורים בהם, הוו בכלל תשמיש לבגד, ומותר בכל גווני.

ואבנט שתלוי בשפתו כמו חוטין מוזהבים, לא שייך כלל לדין זה, דנוי דחגורה הוא ושרי.

וה"ה [ה]**לכל דבר שנפסק מן הבגד וראשו אחד מחובר, כגון לולאות, ואינו חשוב, מותר לצאת בו; ואם חשוב הוא, אסור לצאת בו** - שכיון שאין משמשת כלום לבגד מחמת שנפסק ראשו אחד, הרי הוא משוי ואינו בטל לגבי הבגד כיון שהוא חשוב.

ועיין בח"א שכתב, דלפי מה שכתב המחבר בסל"ח, דחוטי ציצית חשיבי אע"ג דהן חוטין בעלמא, מפני דדעתו להשלים עליהן, ה"ה גבי לולאות, אימתי מותר לצאת בהן כשאינו חשוב, דוקא בשאין דעתו להשלים מצד השני, **וע"כ** כתב, דצריך אדם ליזהר כשנפסק לו רצועה מרצועות בגדיו שקושר בו שתי הצדדים, ומצד אחד נשאר הרצועה, וכן זוג קרסים שנפסק קרס אחד, אפילו שהן משיחה או חוט ברזל בעלמא, ואין חשוב כלל אצלו הרצועה והקרס, מ"מ אסור לצאת באותו בגד, כיון שדעתו להשלים ולתקן צד שנפסק, וזה ישאר במקומו, וא"כ הוא חשוב אצלו ואינו בטל לבגד, **ואך** אם אין דעתו להשלים עליהם, אז כיון שאין חשוב, בטל לבגד ומותר לצאת בו.

אות ד'

<u>היוצא בטלית שאינה מצויצת כהילכתה... חייב חטאת</u>

סימן שא סל"ח - [ו]**היוצא בשבת בטלית שאינה מצוייצת כהלכתה, חייב** - לא בשביל הטלית, דאע"ג דאינו מקיים עשה

באר הגולה

[ב] שבת קל"ט [ג] שם בתוס' והרא"ש [ד] הרא"ש שם ורי"ו [ה] טור בשם ספר המצות [ו] שבת קל"ט

דציצית, מ"מ אינו חייב בשביל זה מחמת שבת, דהא מלבושיה הוא, **אלא** בשביל הוצאת החוטין, [רש"י]. **ועיין** לעיל בסימן י"ג ס"א במ"ב, שם מבואר כל פרטי הדין הזה.

ומפני שאותם החוטים חשובים הם אצלו, ודעתו עליהם עד שישלים ויעשהו ציצית - ר"ל הלכך לא בטלי אגב הטלית, כמו דבטלי הרצועות לגבי כילה לקמן בסל"ט, [גמ'].

(זהו דעת הראשונים דמפרשי מה שאמר בגמרא "הני חשיבי", **היינו** משום דדעתו להשלים, **ועוד** יש הרבה ראשונים דמפרשי "הני חשיבי", משום דהן חוטין של מצוה, א"נ של תכלת כפירש"י, ונ"מ בזה לכמה ענינים, ואין כאן מקום להאריך). ועיין מש"כ בזה לקמן בסעיף ל"ט).

[ח]**ואם היא מצוייצת כהלכתה, אע"פ שאין בה תכלת, מותר לצאת בה בשבת** - דקי"ל תכלת אין מעכב את הלבן, **(וע"ל סי' י"ג).**

סימן יג ס"א - ארבע ציציות מעכבין זה את זה - שכולם הם מצוה א', ואם נחסר אפי' ציצית א', הוי כלא הטיל בה כלל, וביטל לגמרי העשה דציצית, **שכל זמן שאין בה כל הד' אינה מצוייצת כהלכתה, והיוצא בה לרה"ר בשבת חייב חטאת, (וע"ל סי' ש"א סל"ח)** - ולכרמלית אסור מדרבנן.

דהוי משוי מחמת הציצית הנותרים, ואינם בטלים לגבי בגד, דחוטי ציצית חשיבי הם ולא בטילי, **ואפילו** אם אותם הציצית ג"כ פסולים הם, מ"מ כל שנמצא בהם איזו חוטין כשרים, דעתו עליהם, וחשיבי ולא בטילי, **אם** לא שנפסקו כל חוטי הארבע ציצית, ולא נשאר בהם כדי עניבה, דאז בטלים הם להבגד, **ע"כ** אם נודע לו דבר זה בשבת כשהוא הולך בר"ה, א"צ לפשוט טליתו.

וה"ה לכל שאר פסולים, כגון שהיה הבגד סתום רובו, או שהיו הציצית עשויין שלא במקומן, למעלה מג' אצבעות או למטה מקשר אגודל, וכל כה"ג, או שהיה ארבע כנפות קטן משעור הכתוב בסימן ט"ז, בכל אלו אסור לצאת בהן אפי' לכרמלית מדרבנן, **ובגד** שפתוח חציו בצימצום, עיין לעיל בסימן י' ס"ז.

אות ה'

מערים אדם על המשמרת ביום טוב לתלות בה רמונים כו'

סימן תקי ס"ד - [ט]אין תולין המשמרת ביו"ט לסנן בה שמרים - היינו שמותח פי המשמרת ע"ג כלי בעיגול, ונעשה כאוהל על חלל הכלי, ומשו"ה אסרו, דהוי כעובדא דחול.

אבל אם היתה תלויה ועומדת, מותר ליתן בה שמרים לסנן – (אף דהוי מלאכה גמורה, דבשבת חייב חטאת ע"ז, ביו"ט מותר משום דהוי אוכל נפש, **ואף** דלעיל אסור בורר ע"י נפה וכברה, התם משום דע"י כלים אלו דרך לעשות לימים הרבה, והוי כעין קצירה וטחינה, **אבל** כאן אף שהוא על ידי כלי, דרך לעשותה לפי שעה).

ומיירי באופן שאם היה עושהו מאתמול לא היה טוב כ"כ, דאל"ה אסור משום בורר, וכמו גבי חרדל לעיל בס"ג, **וכתב** הפמ"ג, דע"י שינוי מותר בכל גווני.

[י]**ומערים ותולה אותה ליתן בה רמונים, ואחר כך נותן בה שמרים** - פי' אף אם לא היתה תלויה מבע"י, יכול להערים ולתלותה ליתן בה מתחלה רמונים, ונותן בה רמונים מתחלה, [גמ']. **אבל** כשאינו נותן בה רמונים, מוכחא מילתא שעושה משום שמרים, ואסור.

הגה: ושאר דיני סינון, ביו"ט כמו בשבת, כדאיתא סימן שי"ט (ב"י) - רמז בזה מה שמבואר לעיל שם בס"י, דאסור לסנן מים בסודר משום ליבון, וע"ש במ"ב, וה"ה כאן.

אות ו'

מטילין שכר במועד לצורך המועד, שלא לצורך המועד כו'

סימן תקלג ס"א - מותר לטחון קמח לצורך המועד - שאין לו קמח בביתו, ואפילו יכול לקנות או לשאול מחבירו, וכדלקמן בסי' תקל"ז סט"ו, **וה"ה** דגם שארי מלאכות יכול לעשות בכגון זה, דהיינו קוצר ובורר וכו', וכדמבואר שם בסעיף הנ"ל, [**אלא** דיש פוסקים שכתבו, דבעושה הרבה מלאכות, לא התירו אלא בכדי מחיתו].

אפי' כיון מלאכתו במועד - ר"ל שהיה יכול לתקן מעיו"ט, ומדעתו הניח דבר זה לעשותו בחוה"מ, דבכמה מקומות מחמרינן בזה, אבל בצרכי אוכל לא החמירו בזה. **ולקוץ עצים מהמחובר** - להסיק תנורו, [**וגם** בזה אפי' כוון מלאכתו במועד לית לן בה. **ולא** התירו אלא בשצריך להם גופא, אבל בשצריך רק לנסורת, אסור].

ולהטיל שכר, בין של תמרים, בין של שעורים - דאיכא טרחא מרובה, **לצורך המועד; ושלא לצורך המועד, אסור; ומיהו א"צ לצמצם, אלא עושה בהרוחה, ואם יותיר יותיר.**

אבל לא יערים לטחון או לעשות (שכר) יותר בכוונה - ואם בעל הטחנה אינו רוצה לטחון שיעור מועט, יכול לטחון אפילו הרבה, ולא הוי כמכוין להותיר, שהרי טוחן המותר בשביל אותו מועט שהוא צריך.

או אם יש לו קמח (או שכר ישן), [יא]לא יערים (לעשות אחר), ויאמר: מזה אני רוצה - ואע"פ שאוכל מזה שטוחן, מ"מ הערמה היא, שהרי א"צ לזה.

ואם הערים, מותר בדיעבד, כיון שאוכל עכ"פ קצת מן הקמח או מן השכר, וכמו שפסק המחבר לעיל בסימן תק"ג ס"א בכה"ג, [**ואפשר** דמיירי שלא שפך לתוך כיס של טחינה רק פעם אחת, אלא דהוא יותר מכדי צרכו, דאי בשופך כמה פעמים, ובשביל צרכו הלא די בשפיכה ראשונה לבד, א"כ הוא טוחן בהדיא שלא לצורך המועד].

באר הגולה

ז לפי' התוס' ורמב"ם | ח ציינתיו לעיל בסימן י"ג אות ג' | ט משנה שם קל"ז וכחכמים | י מימרא שם דאמוראי | יא (מו"ק י"ב: תנאי היא דתניא אין מערימין בכך, רבי יוסי ב"ר יהודה אומר מערימין, וס"ל כת"ק שלא התיר להערים – ב"י)

ומיהו להמפרשים שפי' שם דדוקא בהזיד, אבל בהערים אסור אף בדיעבד, אפשר דה"ה הכא אסור.

אבל אם יש לו לחם, מותר לטחון (לפת), דפת חמה עדיף; (והוא הדין בשכר, אם החדש עדיף בלא הערמה, שרי) (המגיד) - ר"ל שבאמת החדש עדיף, ואינו מתכוין להערמה, [**דאם** מתכוין רק להערמה כדי להותיר, אסור], **וכן** בחטים ושעורים וכה"ג, אם יש לו קמח מהם שאינו יפה כ"כ, מותר לטחון אחרים שיפים יותר מהם.

ודע דיש פוסקים שסומכים להקל בהערמה, דיש לו ישן ואומר בשכר חדש אני רוצה, ושותה גם מן החדש, **ואין** למחות למי שרוצה לסמוך אסברא זו, [יב][שכן הוא דעת הרמב"ם, ואפי' אם החדש הוא גרוע]. **ומ"מ** יש שכתבו, דגם פוסקים אלו אינם מקילים אלא בזה, דאין הערמה ניכרת, [יג]שאין הכל יודעים שיש לו שכר ישן, **אבל** לא בטוחן חטים או עושה שכר, ומערים לעשות יותר אלאחר יו"ט, שהכל רואין שהוא טוחן הרבה כדרך שהוא טוחן בחול, [**וכן** בהיה לו קמח ומערים לטחון קמח אחר, ג"כ אפשר דאסור, דמה לי קמח זה או קמח אחר, **אם** לא דהקמח היה מתבואה ישנה, דיכול להערים ולומר, דרוצה לטעום מתבואה חדשה, וכעין ההיא דשכר, **ואם** באמת יפים יותר, לכו"ע שרי].

כתב הח"א, נ"ל דאפילו יש לו פת נקיה, מותר לאפות פת הדראה לצורך חוה"מ, [**ונראה** טעמו, כיון דאינו רוצה לאכול מפת נקיה בחוה"מ, נחשב כאין לו, **אבל** אין לומר שטעמו, משום דכיון דהוי לחם אחר לא מינכרא מילתא, ודומיא דיש פוסקים לעיל, דמתיר להערים לענין שכר חדש אפי' אם החדש גרוע, דכ"ז אינו אלא לדעת הרמב"ם, אבל השו"ע אינו מקיל בזה]. **אע"ג** דביו"ט אסור, בחוה"מ שרי, ובלבד שצריך עכ"פ ג"כ קצת במועד ועושה בהרוחה, ואם יותיר יותיר, [**והנה** בזמנינו אין מצוי כ"כ פת הדראה מחטין, אלא שאופין פת שיפון, בזה אין להסתפק כלל, דזה אפי' ביו"ט שרי].

אות ז'

דשקל ברא דתומא ומנח בברזא דדנא וכו'

סימן שיד סי"א - [יד]ואם היה היין יוצא דרך הנקב, אסור לסתמו - מדרבנן, מפני דמחזי כמתקן, [גמ'], **ודוקא** כשסותמו בדבר שאין דרך לסתום בו, כמו בצרור קטן או בקיסם, **אבל** מותר לכו"ע לסתום בעץ, כגון בברזא, כמו שהוא דרך תמיד לסתום בו.

והאחרונים כתבו, דהעיקר כדעת הרמב"ם שחולק ע"ז, וס"ל דאפילו אם אין היין יוצא דרך שם, ג"כ אסור ליתן שום דבר בתוך הנקב לסתמו, משום דהוי כעין בונה, **אלא** דעל גב הנקב מלמעלה דלית ביה משום בנין, אינו אסור כי אם בדבר שמתמרח.

[טו]ואפילו ליתן בו שום דרך הערמה, לומר שאינו מכוין אלא להצניעו שם - כיון דבאמת מכוין הוא לסתמו.

ואם הוא ת"ח, מותר לו להערים בכך - דכיון שהוא ת"ח, אין לחוש בו שאם נתירנו ע"י הערמה יבוא לעבור על איסור דרבנן זה אפילו בלי הערמה, [גמ'], [טז]**וכתב** המ"א, דאף דקי"ל דהאידנא אין לנו דין ת"ח, מ"מ לענין זה אין להחמיר, ע"ש, **ויש** שחולקין עליו.

אות ח'

ואזיל ונאים במברא, ועבר להך גיסא וסייר פירי וכו'

טור סימן שלט - אסור ליכנס בספינה אם יודע שהעכו"ם מוליך הספינה, שנראה כשט; ואם הוא מערים, שנראה כנכנס בה לישן או לטייל, ויודע שהעכו"ם מוליך הספינה, אסור לאינש דעלמא, וצורבא מרבנן שרי.

[יז]סימן שלט ס"ז - [יח]ספינה, אם היא יושבת בקרקע הים ואינה שטה כלל, מותר ליכנס בה - אבל אם שטה, אסור ליכנס בספינה, וכן במעבר שקורין פרא"ם, מפני דנראה כשט בעצמו.

ואסור לכל אדם להערים, [היינו אפי' לת"ח, עיין בגמ', דבזמנינו אין לנו ת"ח לענין זה], ליכנס לישן בתוכה, ויודע שהא"י יוליכנה מעבר השני בשבת, ואפי' לתוך התחום, **ועיין** סי' רמ"ח בהג"ה, דאם נכנס בה מע"ש וקנה שם שביתה, שרי, דהו הוי כביתו ואינו נראה אח"כ כשט, ואפי' אם יוליכנה חוץ לתחום שרי, **ומ"מ** אסור לצאת מספינה לספינה, דרק בספינה ראשונה מהלך את כולה, כיון ששבת באויר מחיצותיה מבע"י.

[יט]ואם היא קשורה - ראשו הא' בספינה, ובשני ביבשה, **כמנהג הספינות העומדות בנמל, אע"פ שהיא שטה על פני המים, מותר ליכנס בה.**

אחד היה לו חוב גדול אצל עו"ג, ונודע שהוא חולה, אסור לו להשכיר ספינה קטנה ללכת אצלו, דלא ברי הזיקא, דשמא לא ימות או יצוה לפרוע, והיינו אפי' בתוך התחום, ר"י הלוי, ‹**דסד"א** להתיר כמו שהותר שבות דטלטול מוקצה מפני לסטים בסי' של"ד, לכן חילק הר"י הלוי דשאני לסטים דברי הזיקא, משא"כ כאן - מחה"ש›. **ומ"א** כתב, דאפילו ברי הזיקא אסור, דהא אפי' לדבר מצוה אסור, **ובח"א** כתב, דאם צריך לעבור במעבר למצוה עוברת, וא"א בענין אחר, וכן מי שיש לו חוב אצל עו"ג, והוא ברי הזיקא אם לא יעבור בשבת בספינה, אפשר שיש לסמוך ולהתיר, **אך** כשהוא חוץ לתחום, נראה שאין להקל כלל.

באר הגולה

יב ‹פוסק {כרבי יוסי במו"ק י"ב} להקל בשל דבריהם - ב"י› יג ‹דבשבת משני, התם לא מוכחא מילתא - פמ"ג› יד ב"י מדברי רש"י בפי' סתימת השום לקמן ‹ד"ה ומנח, דההיא כשהיין יוצא דרך הנקב, דמחזי כמתקן - ב"י› טו **שם קל"ט בעובדא דצורבא מרבנן ורב הונא שמיה** טז ‹דאף דהאידנא דאין לנו ת"ח וכמש"כ בסוף סי' של"ט {עיין באות הסמוך}, מ"מ בדין זה שרי, הואיל והרמב"ם ס"ל דהערמה זו מותר לכל אדם - מ"א. **דס"ל** הא דאמר רב אשי הערמה לצורבא מרבנן מותר, לא קאי אלא על דין שני דספינה, אבל האי דשום ע"י הערמה, מותר לכל אדם. **וניהו** דלא קיי"ל בזה כהרמב"ם, מ"מ יש להקל בת"ח שבזמנינו - מחה"ש› יז ‹ע"פ הגר"א וז"ל: שבת קלט: דאזיל ונאים כו', וצ"ל בכה"ג› יח **האגור בשם רבי אביגדור** יט ב"י **ושכן נראה מדברי הכל בו. ויש עוד היתר אחר לצורבא מרבנן בשבת קל"ט, והביאו הטור, ורמב"ם השמיטו, וכתב ה"ה, שהטעם, לפי שאין צורבא מרבנן מצוי בזמה"ז**

אות ט'

נותנין מים על גב השמרים בשביל שיצולו

סימן שיט ס"ט - [כ]משמרת - כלי שמסננין בה השמרים והיין יורד זך וצלול, **אפילו תלויה מע"ש** - (היינו מה שמתוחה על פי חלל איזה כלי שמסתנן בה, **דלתלותה** בשבת בודאי אסור, וכדלעיל בסי' שט"ו ס"ט), **אסור ליתן בה שמרים** - וחיור חנואת נמי יש בזה משום בורר, שנברר האוכל מהפסולת עי"ז, או משום מרקד, ע"ש בגמ'. (**אבל** מותר לתת מע"ש לתוך המשמרת, והיין זב ממנו בשבת).

[כא]**אבל אם נתן בה שמרים מערב שבת, מותר ליתן עליהם מים כדי שיחזרו צלולים לזוב** - ר"ל שיהיו השמרים צלולים, והמים יזובו מהם עם מקצת מן היין שנשאר בלוע בו, **והטעם** שאין בנתינת מים משום בורר, שהמים שהוא נותן צלולים הם, ואין בהם דבר שצריך לברר מהם.

מותר ליתן בשבת מים ע"ג שמרים שנשארו בחבית, וקולטין המים טעם היין, ומוציאין אותן בשבת ושותין אותו.

אות י'

ונותנין ביצה במסננת של חרדל

סימן שיט סט"ו - [כב]מסננת שנתן בה חרדל לסננו - היינו מע"ש, דבשבת אסור לסנן חרדל ע"י מסננת, משום דהפסולת שבחרדל נשאר למעלה, ומיחזי כבורר כיון שאינו אוכלן, וכמבואר לקמן בסי' תק"י ס"ג, דאפי' ביו"ט אסור לברור, **מותר ליתן בה ביצה, אע"פ שהחלמון יורד למטה עם החרדל, והחלבון נשאר למעלה** - ר"ל ואינו עומד לאכילה, אעפ"כ לא חשיב כבורר אוכל מתוך הפסולת, דאף החלמון שהוא מסנן אינו בשביל אכילה, רק כדי ליפות מראה החרדל - [כג]טור, **ואם** הוא מסנן כדי לאכול החלמון, אסור, דשני מיני אוכלין מקרי ושייך ע"ז שם ברירה, **ויש** מקילין בזה, [טעמם, דמקרי מין אחד], ונכון להחמיר, **וע"כ** יש ליזהר מלברור החלמון מן החלבון ע"י איזה כלי, כדי לטרוף אותו ולשפוך לתוך הקאווע, כמו שנוהגין במקום חלב {ובענין שאין בו משום מבשל, ע"ל בסוף סי' שי"ח} דאסור משום חשש בורר, **אבל** מותר ליקח החלמון בידו, דהוי בורר אוכל לאלתר וביד דמותר, **וה"ה** דמותר ע"י עירוי מקליפה לקליפה, דזה ג"כ מקרי כבורר בידו, וכנ"ל בסי"ד במ"ב.

אות כ' - ל' - מ' - נ'

נותן אדם יין צלול ומים צלולין לתוך המשמרת בשבת וכו'

בין הגיתות שנו

מסננין את היין בסודרין

ובלבד שלא יעשה גומא

סימן שיט ס"י - יין [כד]או מים שהם צלולים, מותר לסננן במשמרת - כיון דבלאו הסינון ג"כ הם צלולים וראוים לשתות, לכן אין בזה משום בורר, **וצלולים** מקרי, כל שראוי לשתות כך בלי סינון לרוב בני אדם, **ויש** מחמירין דדוקא כשכולם יכולים לשתות כך, ואין מסננן אלא כדי שיהיו צלולין ביותר, **וכן** משקה שקדים הכתושין מע"ש, מותר לסנן בשבת, הואיל דיכולים לשתותו כך בלי סינון.

הגה: ואע"פ שיש בו קסמין דקין, הואיל וראוין לשתות בלאו הכי (סמ"ג) - איתא בסמ"ג: קצת קסמין, והכונה, דאלו היו הרבה אין ראוי לשתות כך לרוב בני אדם בלי סינון.

וה"ה אם יש בהיין קצת קמחין, שראויין לשתות כך לרוב בני אדם, ג"כ שרי לסנן אפי' במשמרת, (**כ"כ המ"א בשם התניא, דה"ה אם יש בו קמחין, וכתב ע"ז וכ"כ רש"י** {ד"ה כדי, והיינו כפי איך שהוגה שם, ואו"כ אמר כן על דין דסודרין, ולא על משמרת}, **היינו דהוא מפרש דלדברי רש"י קאי המשנה בצלולין**, {ואעפ"כ איירי בקמחין, דדינו כצלולין, וא"כ יהיה מותר גם במשמרת}, **והא דנקט המשנה סודרין לרבותא, דאף בסודרין אין בו משום סחיטה, ואח"כ מצאתי בחי' הר"ן שמפרש כן בהדיא את דברי רש"י, ואפשר דלפי מה שהעתקתי במ"ב, קצת קמחין, כו"ע מודים בזה דלא גריעא מקסמין דקין**).

(ומי שהוא איסטניס, וא"א למישתי הכי היכא שיש בו קסמין וכדומה, **אפשר אף דרובא דאינשי לא קפדי כלל, לא אמרינן בטלה דעתו, ולדידיה אסור דהוה בורר**).

[כה]**אבל בסודר, מים אסור** - לסנן, אפי' מים צלולין לגמרי, [כו]**משום ליבון** - דשרייתו זהו כיבוסו, כ"כ הב"י בביאור דברי הטור, (משא"כ במשמרת, כיון שהוא עשוי לכך), **ומיירי** בשאינו עומד מוכן לכך, דאל"ה דינו כמשמרת.

והמג"א והגר"א מסקי, דלא אמרינן בזה שרייתו זהו כיבוסו, כיון שאין עליו לכלוך, וכדלעיל בסי' ש"ב ס"ט, **ועיקר** טעם האיסור הוא, משום דיכול לבוא לידי ליבון, דהיינו ע"י סחיטה, **משא"כ** במשמרת שעשויה לכך לא יבוא לסחטו, **וה"ה** בסודר אם היה עומד מוכן לכך וכנ"ל.

ויין ושאר משקין, מותר - דלא שייך בהו שמא יסחוט, שאין הבגד מתכבס ומתלבן על ידם, **ואפילו** את"ל דגם על ידם מתלבן קצת, מ"מ לא חיישינן לסחיטה, דאינו חושש לסחטם, דאינו יכול לנקותו מריחו וחזותו, **ולצורך** משקה הבלוע בו ג"כ אין דרך לסחטם.

מדעת הט"ז לקמן בסוף סימן ש"כ משמע, דסובר דדוקא ביין אדום, אבל ביין לבן אסור לסנן כמו מים, **אבל** הא"ר חולק עליו, ע"ש.

[כז]**ואם הם עכורים, בין מים בין יין, אסור לסננם** - משום בורר, בין במשמרת ובין בסודרים, **ומיירי** בעכורים לגמרי דלא משתתי

באר הגולה

[כ] שם קל"ז במשנה [כא] שם קל"ט במשנה וכפירש"י שם [כב] שם במשנה וכפי' הראשון שברש"י [כג] {ודברי רבינו כפי' רש"י - ב"י} [כד] שם מימרא דזעירי [כה] {דלהכי תניא במתני' בסודרין לגריעותא, דבו מים אסור - גר"א} [כו] טור וכדברי הרשב"ם שכתבו התוס' בשבת ק"כ [כז] {הקשה הר"ן, מדקתני בסודרין משמע אבל במשמרת אסור, וע"כ ליכא למימר דמיירי שיש בו שמרים וא"א לשתותו בלי סינון, הלא כה"ג אפי' בסודרין אסור דהוי בורר גמור, אלא ע"כ דמיירי בצלול, א"כ מאי אריא סודרין, אפי' למשמרת נמי מותר, וכדאמר זעירי שם נותן אדם יין צלול ומים צלולים לתוך המשמרת

הכי כלל, דאלו בעכור קצת ואפשר דמשתתי הכי, אך רובא דאינשי קפדי שלא לשתותו בלי סינון, אין איסור רק במשמרת, **אבל** בסודרין דאין דרך לסנן בו, מותר לסנן יין ושאר משקים, [**ומיהו** מהרשב"א מוכח, דדוקא באין בו שמרים כלל, שעיכורו אינו מחמת השמרים].

[כח] **ולהרמב"ם, במשמרת אסור ואפי' מים ויין צלולים** - וטעמו נראה, משום שלא יעשה כדרך שהוא עושה בחול, **ולדינא** הלכה כדעה ראשונה.

ואפילו בסודרים לא התירו אלא בצלולין, אבל לא בעכורים - היינו אף בעכורים קצת, דאלו בעכורים לגמרי, הלא אף לדעה הראשונה אסור וכנ"ל, **ובזה** טוב לחוש לדברי הרמב"ם.

(**משמע** דסובר דבצלולין אפילו מים מותר בסודרין, וטעמו כתב הגר"א, דס"ל דלא אמרינן שרייתו זהו כיבוסו היכא דאינו מתכוין לכביסה, **והא** דלא חיישינן שמא יסחוט, דמיירי בסודרין המיוחדין לכך).

[כט] **ויין מגתו, כל זמן שהוא תוסס, (פי' שנראה כרותח), טורף חבית בשמריה ונותן לתוך [ל] הסודר** - זהו לדעת הרמב"ם, ולדעה הראשונה אפי' במשמרת שרי.

ויין מגתו וכו' - פי' שאז כל היינות עכורין, ושותין אותן בשמריהן, ואין כאן תיקון, דבלא"ה משתתי, [רש"י], וע"כ אפילו כשהוא טורפה ונעשה עכור, כצלול דמי.

(**והוא** מפירש"י, והרמב"ם מפרש טעם דבין הגתות הוא, מפני שאז עדיין לא נפרשו השמרים מן היין יפה יפה, וכל היין גוף אחד הוא, ע"כ לא שייך שם ברירה אפילו אם יסננו, וע"כ התירו בסודר).

(**כתב** הט"ז, דה"ה חומץ אף שהוא עב ועכור, דרך בני אדם לשתותו בלי סינון, וע"כ דינו כיין מגתו ומותר לסננו, **אבל** אם הוא עב הרבה שאין ראוי לשתותו כלל, אסור לסננו אפילו בסודר משום בורר, וזהו בסתם חומץ, אבל חומץ שהתליע, וניכרים בו התולעים נגד השמש, אסור לסננו אפילו בחול).

סימן שיט סי"א - [לא] כשמסננין היין בסודר, צריך ליזהר שלא יעשה גומא (בסודר) לקבל היין, משום שינוי - שלא יעשה כעובדין דחול, [רש"י], **ור"ל** במשקה עכור קצת, אבל כשמסננין בו יין צלול דמותר לסנן במשמרת, אף בסודר אין צריך שום שינוי.

אות ס' – ע'

ובכפיפה מצרית

ובלבד שלא יגביה מקרקעיתו של כלי טפח

סימן שיט סי"ב - כל מקום שמותר לסנן יין בסודר, [לב] מותר לסננו בכפיפה מצרית, (פי' קופה שעושין מן הגומא וממיני ערבה) - "כל מקום" בא לרבות לדעה הראשונה, דאפילו יין שהוא עכור קצת, דאסור לסננו במשמרת וכנ"ל, אפ"ה מותר לסננו בכפיפה מצרית, שאינה עשויה לשמר בה בימות החול, **וכן** מים בין צלולים בין עכורים במקצת, מותר לסנן על ידה.

ואותו כלי העשוי כנפה שמסננין בה, דינו כמשמרת הואיל ומיוחד לכך, ואין לסנן בה אלא יין צלול ומים צלולים, וכנ"ל בריש ס"י.

[לג] **ויזהר שלא יגביה הכפיפה משולי הכלי טפח, משום שינוי** - שלא יהיה כעובדין דחול, **ולפי"ז** מים ויין צלולין דגם במשמרת מותר וכנ"ל, ממילא מותר להגביה הכפיפה טפח ויותר.

(**טעם** זה כתב הר"ן בשם רבינו יונה, **ודלא** כרש"י דס"ל משום אהל, ובאמת קשה מאד לדחות טעם זה), דהרבה ראשונים סוברין דהטעם שצריך שלא יהיה הכפיפה גבוה טפח, הוא משום חשש אהל דשיעורו בטפח, ולפי"ז גם כשמסנן יין ומים צלולים דינא הכי, (**והגם** דאין איסור אהל אם המחיצות מתוקנים כבר, וכדמבואר לעיל סי' שט"ו, אא"כ הוא רחב הרבה, עיין לקמן בבה"ל, **שיטת** הט"ז שם, דשאני היכא דמלא משקין, דאין ראוי להשתמש בו כלל, כיון שאין להניח שם דבר יבש, א"כ כשהוא מכסה הוי כעושה מחיצה ג"כ, דדוקא עכשיו ראוי להשתמש בו, ותחלה היה כאלו אין שם מחיצות), **ודע**, דענין עשיית אהל לא שייך בזה אלא כשמכסה בהכפיפה כל חלל הכלי שתחתיה, **אבל** אם אוחזה בידו אחת על הכלי שלא על פני כולה, ושופך בידו השניה, מותר אפי' ביותר מטפח, **וגם** לטעם השו"ע דס"ל משום שינוי, אפשר דגם זה שינוי מקרי, **ובפרט** אם היה צלול, דאין צריך זה השינוי כלל לטעם הראשון, וכמו שכתבנו.

(**לטעם** השו"ע דמסיים משום שינוי, אפי' אם הגביה מע"ש ג"כ אסור לשמר, **אבל** לרש"י ויתר הפוסקים דהטעם הוא משום אהל, אם התקין זה מע"ש מותר לשמר בשבת).

(**ולענין** סודר, דעת הר"ן והביאו המ"א, דשם לא בעינן שיהיה פחות מטפח משולי הכלי שתחתיה, דדי בהשינוי שזהיר בו שלא יעשה בו גומא קודם הסינון, **ומשום** חשש אהל אין בזה, דאין הכלי שתחתיה רחב הרבה, וכשיטתו לעיל בסוף סי' שט"ו, **והט"ז** חולק עליו, וס"ל דגם בסודר צריך שלא יגביהנו משולי הכלי שתחתיה טפח משום חשש אהל, או שלא יכסה בהסודר על פני כל הכלי, דאז אין בזה משום חשש אהל לכו"ע).

אות פ'

האי פרונקא, אפלגיה דכובא שרי, אכוליה כובא אסור

באר הגולה

בשבת. **ותירץ** דמתניתין מיירי שהוא עכור קצת ואפשר לשתותו, מ"מ כיון שרוב בני אדם אין שותין אותו בלי סינון, לכן במשמרת אסור, אלא בסודרין דאיכא שינוי, וזעירי מיירי בצלול, שרוב בני אדם שותין אותו בלי סינון, ולכן מותר אפי' במשמרת. וכתב הרב ב"י שגם דעת רש"י כן הוא, לכן פירש רש"י [שם ד"ה כדי שיצולו] על המשנה דקתני מסננים את היין בסודרין, מפני הקמחין כו', ע"ש. **אבל** דעת הרמב"ם, דמשמרת אפי' צלולים אסור, ומאי דאמר זעירי נותן אדם יין צלול כו' לתוך המשמרת, ר"ל לתוך סודרין, וקרי ליה משמרת, כיון דדעתו לשמרו ולסננו בתוכו. כ"כ הרב ב"י, הרי דס"ל בסודרין בעי צלולים ממש, אבל עכורים קצת אסור, דכן משמע לשון זעירי. **וגם** מה"כי תיתי נחלק בין עכורים קצת לעכורים לגמרי, כיון דהר"ן לא כתב לחלק בהכי כי אם מהכרח קושייתו ממתניתין וזעירי דקשיין אהדדי, ולהרמב"ם לא קשה מידי – מחה"ש) [כח] **טור בשם הרמב"ם** [כט] **שם אוקימתא דזעירי לברייתא דרשב"ג** [ל] **רמב"ם שם, וכתב הב"י, דס"ל דמשמרת שאמרו שם לאו משמרת ממש, אלא מותר לשמרו קאמר** [לא] **שם בגמ'** [לב] **שם במשנה** [לג] **שם ובגמ'**

סימן שטו סי"ג - [לד]**בגד ששוטחין על פי החבית לכסות, לא ישטחנו על פני כולו, משום אהל, אלא יניח קצת ממנו מגולה** - ואע"ג דשרי להחזיר הקדירה ע"ג כירה, ולא חיישינן משום אהל הואיל והמחיצות כבר עשויות, ובאהל כזה שאין כונתו לאהל אלא שממילא נעשה, אינו אסור אלא אם יעשה מחיצות ג"כ, וכנ"ל בס"ג במ"ב, **יש** לומר הואיל והכובא רחבה יותר מדאי, נעשה כאהל - מ"א, **ולפי"ז** מה שכתב בשו"ע "חבית", היינו נמי ברחבה הרבה.

(ע"ל בסי' ש"כ במ"ב, דבגד שאינו עשוי לכך, **יש לחוש שמא יבוא עי"ז** לידי סחיטה, **ואפי' אם אינו מכסה כולה אסור, אלא מיירי הכא בבגד** העשוי לכסות בו, שאינו מקפיד עליו אם נשרה בהמשקה שבתוך החבית).

וכתב המ"א, דה"ה בתיבה רחבה שיש עליה כיסוי, אם אינו קבוע בצירים, אסור להניח עליה בשבת, **ותיבה** שאינה רחבה כ"כ, מותר לכסותה, ואין בזה משום חשש אהל, הואיל והמחיצות כבר עשויות, **והיכא** שמטלטלה ממקום זה להעמידה במקום אחר, ושם מכסה אותה, אסור בכל גווני, דהוי ע"י העמדתו כאלו עושה המחיצה עם הכיסוי ביחד.

ולכן צריך ליזהר בסעודות גדולות שמניחין שלחנות על חביות, צריכין ליזהר שיהפוך צד החבית הפתוח לצד הקרקע, ועל צד הסתום יניח השלחן - ח"א, **עוד** כתב, דטי"ש קעסטי"ל שנשמט כולה מן השלחן, אם יש טפח בעומק חללה, אסור להחזירה, שעושה אהל, [**והקיצור** שו"ע דחה קצת את דבריו, דהרי הוא בכלל ממעלה למטה דלא אסרו חז"ל, **ואפשר** דח"א ס"ל, דדוקא ממעלה למטה מפני שהוא דרך שנוי, משא"כ בזה].

וכן מטה שקורין שלאף באנק, שיש לו כסוי ואינה מחוברת בצירים, אין להחזיר עליה הכיסוי, דיש בזה משום עשיית אהל, **מ"מ** אין למחות בהנוהגין להקל בכל זה, דיש להם על מי שיסמוכו כדלקמיה.

(**ולענ"ד אפשר עוד לומר,** (בנוגע שלאף באנק), **דאף שבעת שהרחיבה אחר שפירק הדף מעליה, היא בכלל כובא שאסרו חז"ל לכסותה כולה מצד שהיא רחבה יותר מדאי ונעשית כאהל, מ"מ כיון שבעת שהוא מכסה אותה בהכיסוי למעלה, כבר חיבר לפרקיה ונתקצרה ברחבה, תו הוי בכלל סתם מטה, שמשמע מתוס', דהיכא דמחיצותיה עשויות מכבר ועומדות על מקומן, תו אין בכיסויה משום חשש אהל).**

[לה]**וה"מ כשהכובא, (פי' כלי)** - גיגית, **חסרה טפח** - כלומר שאינה מלאה, אלא שיש מהכיסוי עד מה שבתוך הכובא טפח, משו"ה מקרי אהל, **אבל אם אינה חסרה טפח, מותר, דאין כאן אהל** - ודעת הראב"ד והרשב"א, דבכל גווני אין בכיסוי כלים משום אהל, והא דאסרו בגמ' לכסות על כל הכובא, מפני שנראה כמשמר, ר"ל כאלו מסנן מן הפסולת, **ונכון** להחמיר כדעת השו"ע, שהיא דעת הרבה ראשונים, [רמב"ם ורש"י והתוס' והטור], וע"כ חבית גדולה של מים, אין לכסותה כולה בשבת כשאינה מלאה כולה, [**ואם** היתה מכוסה מע"ש אפי' במקצת, מותר לכסות כולה בשבת, דאוסופי על אהל ארעי שרי, וכנ"ל בס"ב], **והנוהגין** להקל בזה אין למחות בידם, שיש להם על מי לסמוך וכנ"ל.

אות צ'

לא ניהדק איניש צינייתא בפומיה דכוזני דחביתא וכו'

סימן שיט סי"ג - [לו]**כלי שמערין (פי' סמריקין) בו יין מהחבית, לא יתן בפיו קשין וקסמין** - ר"ל אפי' מע"ש כדי לסנן דרך בו בשבת, **בחזקה** - דדרך הוא לתחוב פיו בחוזק כדי שיעכבו הקסמין והטינופות מלעבור, **שאין לך מסננת גדולה מזה** - בגמרא איתא: דמחזי כמשמרת, ופי' הר"ן דלאו משמרת ממש היא, שהרי עוברין בה שמרים, אלא כיון דאיתא קסמין וטינופת דלא עברי בהו, דמי למשמרת, עכ"ל, **ומש"כ** השו"ע: שאין לך כו', וכ"כ רש"י, היינו לענין דמעכב היטב עכ"פ הקסמין והטינופות מלעבור. (**מדברי הראב"ד המובא בר"ן משמע, דאם אינו מהדק בחוזק, ויוכלו קצת קסמין וקשין לעבור דרך שם, לא אסרו בזה, דלא מיחזי כמשמרת, ולכן קאמר הגמרא: לא נהדק איניש וכו', ובטור סתם הדברים ולא הזכיר דדוקא בחוזק).**

ומיירי השו"ע ביין עכור קצת, דאם הוא יין צלול ומסננו רק מפני קסמין דקין שבו, אף במשמרת ממש מותר וכנ"ל.

אות ק'

שאפו שיכרא ממנא למנא

סימן שיט סי"ד - [לז]**מותר לערות בנחת מכלי לחבירו, ובלבד שיזהר שכשיפסוק הקילוח ומתחילים לירד נצוצות קטנות** - ר"ל טיפות קטנות המטפטפות כשנפסק הקילוח, **הנישופות באחרונה מתוך הפסולת, יפסיק ויניחם עם השמרים; שאם לא יעשה כן, הני ניצוצות מוכחי שהוא בורר** - ר"ל דמוכח שהוא בורר מתוך הפסולת שבשולי הכלי, אבל תחלת שפייתן כשעדיין אין הפסולת ניכר, לאו בורר הוא.

ומיירי שרוצה לשתות לאחר זמן, דאם בדעתו לשתותו לאלתר, הלא קי"ל דאוכל מתוך פסולת כשבוררים שלא ע"י כלי מותר, אם בדעתו לאכול מיד, וכאן אף שמערה מכלי לכלי, מ"מ עיקר הברירה נעשה על ידי ידיו, **ואם** נתן קיסמין בפי הכלי שמערה בתוכו כדי שיסתנן היטב, בזה אפילו לאלתר אסור אם אינו מפסיק כשמתחילין הניצוצות לירד משם, דחשיב כבורר ע"י כלי.

ואסור לשפוך השומן מן הרוטב, ואפי' אם לא יסירם בכף אלא ישפוך בהכלי עצמה, דהוה כבורר ביד ולא בכלי וכנ"ל, מ"מ אסור, דהשומן מקרי פסולת לגבי הרוטב אם אינו רוצה לאכול השומן לאלתר, ופסולת מתוך האוכל אסור אף אם רוצה לאכול האוכל לאלתר, כמש"כ בריש הסימן, **ואם** שפך ביחד עם השומן גם מקצת מן הרוטב, שרי.

מותר להגביה החבית על איזה דבר כדי שיקלח ממנו היין היטב (רוקח הל' יום טוב וב"י) - ואע"פ שעי"ז יורד יין גם מתוך השמרים, אינו חשוב כבורר כל זמן שאין הניצוצות מתחילין לירד מן השמרים כמו שנתבאר.

באר הגולה

[לד] שם קל"ט והרמב"ם [לה] ר"ן שם וה"ה בשם הרשב"א [לו] שם [לז] שם

§ מסכת שבת דף קמ. §

אות א'*[א]

<u>לפי שאין עושין אותה אלא לגוון</u>

סימן שכ סי"ט - [ב]ליתן כרכום בתבשיל מותר, ואין לחוש לו משום צובע, דאין צביעה באוכלין - וכן מותר ליתן יין אדום בתוך יין לבן, ואע"פ שמתאדם, **ואפי'** אם מכוין לכתחלה לעשות מראה בהמאכל או בהמשקה, ‹ולא להשביח טעמו›, ג"כ מסתברא דאין להחמיר, כן נראה מהפמ"ג, **ולפי** מש"כ בנ"א נכון למנוע מזה, ‹וז"ל: די"ל דנתינת הכרכום אינו משום הצבע, אלא כדי שיתן בו טעם, רק דהצבע ממילא בא, וכיון דאין אוכל בר צביעה, לא מחמרינן, **אבל** במה שדרכו בכך, חוששני מחטאת›. **ומ"מ** אין רשאי לעשות מראה ביי"ש ודבש שיקנו ממנו, פמ"ג, ע"ש טעמו, ‹כיון שאצל המוכר אין צביעה זו אלא כדי שיהיה נאה ויוכל למכרו, ולא סתם לייפותו בעלמא›, **וגם** בלא"ה הוא עובדא דחול, **וכ"ש** שלא להשים סממנים בצלוחית מים להעמיד בחלון נגד השמש, ויש בזה חשש חיוב חטאת.

[ג]סימן שכ ס"כ - [ד]יש מי שאומר שהאוכל תותים או שאר פירות הצובעים, צריך ליזהר שלא יגע בידיו צבועות בבגדיו או במפה, משום צובע - היינו להפוסקים לעיל בסי"ח, דפ"ר דלא ניחא אסור, **ואע"ג** דמקלקל הוא, מ"מ איסורא מיהו איכא. **ובבגד** אדום כ"ש דאסור לקנחו, דמתקן הוא, **ויש** מקילין בכל זה כיון שהוא דרך לכלוך, ויש לסמוך עליהם היכא דא"א לו ליזהר בזה.

ואע"ג דצובע פניו וידיו, ליכא למיחש, דאין צביעה אלא בדבר שדרכו לצבוע, **ולא** דמי לסימן ש"ג סכ"ה, דאיתא שם דאשה לא תעביר סרק על פניה מפני שצובעת, אשה שאני שדרכה בכך להתיפות.

אבל אם צובע פתו במשקה הפירות, לית לן בה, דאין צביעה באוכלין.

הצובע חוט שארכו ד' טפחים, או דבר שאפשר לטוות ממנו חוט כזה, חייב, **ודוקא** צבע המתקיים, אבל צבע שאינו מתקיים כלל, כגון שהעביר סרק או ששר על גבי ברזל או נחשת וצבעו, פטור, שהרי אתה מעבירו לשעתו ואינו צובע כלום, [**אבל** איסור יש בו].

העושה עין צבע, כגון שנתן קנקנתום לתוך מי עפצא, שנעשה הכל שחור, או שנתן איסטיס לתוך מי כרכום, שנעשה הכל ירוק, חייב - רמב"ם, **והראב"ד** סובר שאינו חייב משום צובע אלא כשצובע בהצבע דבר אחר, שע"י זה נגמר מלאכת הצבע, אבל צביעת מים שהוא עין הצבע לא, **ונתינת** דיו וסממנים לתוך המים אסור משום לש, עכ"ל בקיצור.

אות א'

<u>חרדל שלשו מערב שבת, למחר ממחו בין ביד בין בכלי, ונותן לתוכו דבש; ולא יטרוף אלא מערב</u>

סימן שכא סט"ו - [ה]חרדל שלשו מע"ש, למחר יכול לערבו - במים או ביין, **ואפי'** אם לא נתערב מים בהחרדל קודם השבת, ונילוש החרדל רק מתמצית לחותה, אפ"ה שרי עכשיו לערב בה המשקה, **הן ביד הן בכלי, ונותן לתוכו דבש; ולא יטרוף לערבו בכך** - צ"ל "בכח", [**ובביאור** הגר"א שגריס בכף, ג"כ הכוונה דבכף יוכל לטרוף בכח, כדמוכח מרש"י ‹ד"ה ולא יטרוף› שהביא הגר"א מקור לזה, **אך** לדבריו, דברי החג"ח בסט"ז אין לה פירוש, שהוא בעצמו הביא המקור לזה מרש"י זו. **ונראה** שכוונת הגר"א באמת להשיג על הרמ"א שהגיה זה, דדעה ראשונה ס"ל ג"כ הכי], **אלא מערבו מעט מעט** - דע"י הנתינה לא חשיב לישה לדעה זו עד שיגבלה, ואין גיבול בזה, משום דדרך הגיבול בחרדל וכן בשחלים ושום, הוא ע"י טריפה, דהיינו שמערב בכח, וכאן הוא מערב בנחת, וזהו שסיים: מערב מעט מעט, [דבגמ' לא נזכר כלל דהעירוב הוא דוקא מעט].

‹**ומשמע** דאפילו לעשות בשבת בלילה עבה התירו ג"כ באופן זה, שאין טורף בכח, **ובאמת** צע"ג בזה, האיך התירו חז"ל עצם הגיבול והוא איסור דאורייתא, ע"י השינוי המועט הזה, דהיינו שאינו טורף בכח, **גם** יקשה מאד הא בגמ' איתא חרדל שלשו, ואיך יתהוה לישה בלא משקה, ומה שתירץ הפמ"ג דאיירי שנילושה מתמצית לחותה, הוא דוחק גדול, **ושיטת** הרמב"ם הוא, דמיירי שהחרדל נילוש מבע"י, וכן במה שאמר שחלים ששחקן, מיירי ג"כ שנילוש מבע"י, **ומה** שממחו עתה בשבת, אין עושה מעשה לישה כלל, דהא כבר נילוש, ואין מיפה בהמיחוי להלישה, **אלא** ע"י המיחוי שממחהו להחרדל, עושה את החרדל רכה מאד שיהא ראוי לשתיה, ואין דבר זה מקרי לישה, **אלא** כשהוא טורף יפה בכף יש בזה איסורא, דדמי ללישה, **היוצא** מדברינו, שלפי דעת הרמב"ם אפילו נתן מים מבעוד יום, כל זמן שלא לש, אין יכול ללוש אח"כ בשבת, וחמיר דעתו מדעת הי"א שהובא בסט"ז›.

אות ב' - ג'

<u>שחליים ששחקן מערב שבת, למחר נותן לתוכן שמן וחומץ, וממשיך לתוכן אמיתא; ולא יטרוף אלא מערב</u>

<u>שום שריסקו מערב שבת, למחר נותן לתוכו פול וגריסין, ולא ישחוק אלא מערב, וממשיך את אמיתא לתוכן</u>

סימן שכא סט"ז - [ו]שחלים (פי' שחלים בערבי: תכא לשח"ר, ובלע"ז קריסין), שדכן מערב שבת, למחר נותן יין וחומץ, ולא יטרוף - ג"כ ר"ל בכח, **אלא מערב** - והטעם הכל כנ"ל, וכן לענין שום. **וכן שום שדכו מע"ש, למחר נותן פול וגריסין** - וברמב"ם איתא: נותן לתוך פול וגריסין, **ולא יטרוף, אלא מערב** - וברמב"ם כתוב: שום שריסקו וכו' ולא ישחוק, **ומיירי** במחוסר דיכה, **או** שאוסר שחיקתו מפני תערובות הגריסין.

באר הגולה

א ‹ע"פ הגר"א וז"ל: ק"מ. ועיין רש"י ד"ה לפי› דגמ' | ב שבלי הלקט בשם בעל יראים | ג ‹מילואים› | ד שם בשם בעל יראים | ה שם ק"מ מסקנא | ו שם

לפי שאין עושין אותה אלא לגוון איתמר חרדל שלשו מע"ש למחר אמר רב ממחו בכלי אבל לא ביד א"ל שמואל ביד אטו כל יומא ממחו ליה ביד מאכל חמורים הוא אלא אמר שמואל ממחו ביד ואינו ממחו בכלי אתמר ר"א אמר אחד זה ואחד זה אסור ורבי יוחנן אמר אחד זה ואחד זה מותר אביי ורבא דאמרי תרוייהו אין הלכה כרבי יוחנן קם רבי יוחנן בשיטתיה דר"א קם רבי אלעזר בשיטתיה דשמואל אביי ורבא דאמרי תרוייהו הלכה כרבי יוחנן *אימיה דאביי עבדא ליה ולא אכל דביתהו דזעירא עבדא ליה לרב חייא בר אשי ולא אכיל א"ל לרבך עבידי ליה ואכל ואת לא אכלת אמר רבא בר שבא הוה קאימנא קמיה דרבינא ובחשי ליה בשופתא דתומא ואכל °אמר מר זוטרא *לית הלכתא ככל הני שמעתתא אלא כי הא דאתמר [א]חרדל שלשו מע"ש למחר ממחו בין ביד בין בכלי ונותן לתוכו דבש ולא יטרוף אלא מערב [ב]שחליים ששחקן מע"ש למחר נותן לתוכן שמן וחומץ וממשיך לתוכן אמיתא ולא יטרוף אלא מערב [ג]שום שריסקו מע"ש למחר נותן לתוכו פול וגריסין ולא ישחוק אלא מערב וממשיך את אמיתא לתוכן *מאי אמיתא נינייא אמר אביי ש"מ האי נינייא מעליא לתחלי: ועושין אנומלין בשבת: *ת"ר [ד]עושין אנומלין בשבת ואין עושין *אלונטית ואיזו היא אנומלין ואיזו היא אלונטית אנומלין יין ודבש ופלפלין אלונטית יין ישן ומים צלולין ואפרסמון דעבדי לבי מסותא למיקר אמר רב יוסף זימנא חדא עלית בתר מר עוקבא לבי באני כי נפקי אתאי אשקיין [ה]חמרא חד כסא וחשי מבינתא דראשי ועד טופרא דכרעי ואי אשקיין כסא אחרינא הואי מסתפינא דלמא מנכו לי מזכותא דעלמא דאתי והא מר עוקבא דשתי כל יומא שאני מר עוקבא דדש ביה: **מתני'** אין שורין את החילתית בפושרין [ו]אבל נותן לתוך החומץ [ז]ואין שולין את הכרשינין ולא שפין אותן אבל נותן לתוך הכברה או לתוך הכלכלה [ח]אין כוברין את התבן בכברה ולא יתננו על גבי מקום גבוה בשביל שירד המוץ אבל נוטל הוא בכברה ונותן לתוך האיבוס: **גמ'** איבעיא להו שרה מאי תרגמא רב אדא נרשאה קמיה דרב יוסף שרה חייב חטאת א"ל אביי אלא מעתה שרה אומצא במיא הכי נמי דמיחייב אלא אמר אביי *מדרבנן שלא יעשה כדרך שהוא עושה בחול בעא מיניה רבי יוחנן מר' ינאי מהו לשרות את החלתית בצונן א"ל אסור והא אנן תנן אין שורין את החלתית בפושרין הא בצונן מותר א"ל *א"כ מה בין לי ולך מתניתין יחידאה היא דתניא *[ט]אין שורין את החלתית לא בחמין ולא בצונן רבי יוסי אומר בחמין אסור בצונן מותר למ"ז עבדי ליה ליוקרא דליבא רב אחא בר יוסף חש ביוקרא דליבא אתא לקמיה דמר עוקבא א"ל זיל שתי תלתא תיקלי חילתתא בתלתא יומי אזל אישתי חמשא בשבת ומעלי שבת לצפרא אזל שאל בי מדרשא אמרו ליה תנא דבי רב אדא ואמרי לה תנא דבי מר בר רב אדא [י]שותה אדם קב או קביים ואינו חושש אמר להו לשתות לא קמיבעיא לי כי קא מיבעיא לי לשרות מאי אמר להו רב חייא בר אבין בדידי הוה עובדא ואתאי שאילתיה לרב אדא בר אהבה ולא הוה בידיה אתאי שאילתיה לרב הונא ואמר הכי קאמר רב שורה בצונן ומניח בחמה כמאן דשרי [כ]אפילו למאן דאסר ה"מ היכא דלא אישתי כלל אבל הכא כיון דאישתי חמשא ומעלי שבתא אי לא שתי בשבת מיסתכן מיסתמיך ואזיל רב אחא בר יוסף אכתפיה דרב נחמן בר יצחק בר אחתיה א"ל כי מטינן לבי רב ספרא עיילינא כי מטו עייליה בעא מיניה מהו לכסכוסי כיתניתא בשבתא לרכוכי כיתניתא קא מיכוין ושפיר דמי או דילמא לאולודי חיורא קמיכוין ואסיר א"ל [ל]לרכוכי קא מיכוין ושפיר דמי כי נפק אתא א"ל מאי בעא מר מיניה א"ל בעי מיניה מהו לכסכוסי כיתניתא בשבתא ואמר לי שפיר דמי ותבעי ליה למר סודרא סודרא לא קא מיבעיא לי דבעי מרב הונא ופשיט לי *ותיפשיט ליה למר מסודרא א"ל [מ]התם מיחזי כי אולודי חיורא הכא לא מיחזי כאולודי חיורא אמר רב חסדא האי כיתניתא

משלפו

לפי שאין עושין[א] אלא לגוון · למראה שהאלמון יפה לגוון ולא האלבון הלכך אידי ואידי אוכל הוא ואין כאן ברירת פסולת מאוכל: ממחו · דיסטיפדי"ר בלע"ז במים או ביין: ממחו בכלי · משמע זהו שינוי שלו: ואינו ממחו ביד · דממחו ליה שפיר טפי: אלא אמר שמואל ממחו ביד · שאין זה דרכו בחול: קם ר' יוחנן בשיטתיה דר"א · חזר בו ואסר: אביי ורבא דאמרי תרוייהו הלכה כר' יוחנן · דאסר: לרבך · לזעירי: בשופתא דתומא · אמלעי של שום: ולא יטרוף · כדרך שטורפין ביצים בקערה בכף דרך טריפה שמכה בכח: שחליים · כרישין והיו שוחקין אותם במים: ממשיך · נותן: אמיתא · מינט"א בלע"ז: מעליא לתחלי · לערב עם שחליים: ואין עושין אלונטית · שאינה למשקה למה אלא לגגן לאחר המרחץ ודוגמת רפואה: וחשי מבינתא דרישא · הרגשתי בלינתו מעברת ראשי עד צפרני רגלי: מנכו לי מזכיותי · אם הייתי ניזול ממנו שלא אמות: שתי כל יומא · ולא היה מזיקו: דדש ביה · רגיל בו: **מתני'** חילתית · חלטי"ש בלשון ישמעאל ובלע"ז לזרי"א ושורין אותו בפושרין ושותין אותן המים לרפואה: אבל נותן · החלתית: בתוך החומץ · ומטבל בו מאכלו ולקמיה מפרש אמאי אין שורין: ואין שולין את הכרשינין · מליף עליהם מים בכלי לברור פסולתן כדתנן במסכת בילה (דף יד:) אף מדיח ושולה: ולא שפין אותן · ביד להסיר פסולת דהוה ליה בורר: אבל נותן לתוך הכברה · ואע"פ דפעמים שהפסולת נופל דרך נקבי הכברה ונמצא כתברר מאליו: תבן · הוא שעושין מן הקש מחתכין אותו במוריגין ועושה כל זנב[ב] השבולת תבן: מוץ · הוא מוקן השבולת העליון ואינו ראוי למאכל וכוברין אותו[ג] בכברין שיפול המוץ: אבל נוטל[ד] בכברה · ליתן בתוך האבוס ואע"פ שהמוץ נופל °מאליו כר"ש דאמר דבר שאין מתכוין מותר: **גמ'** שרה · חילתית בפושרין מאי: אומצא · בשר חי: שלא יעשה כו' · לא שבקוה רבנן למעבד עובדי דחול: אם כן · דלא ידענא לפרושי מתני' טפי מינך מה בין לי ולך: מתניתין יחידאה היא · ור' יוסי אמרה אבל לרבנן אף בצונן אסור: ליוקרא דליבא · שלבו כבד עליו: תלתא תקלי חילתתא · משקל ג' זהובים: שאיל בי מדרשא · מה יעשה בשבת: לשתות לא קמיבעיא לי · דבלאו רפואה משקה הוא ותנן כל המשקין שותה (לעיל דף קט:): לשרות · דתנן מתניתין אין שורין: כמאן דשרי · בעיא הוא הך דרב לימא כרבי יוסי דשרי בצונן אבל לרבנן אסור: עיילינא · הכניסני ואיש זקן היה: לכסכוסי כיתניתא · חלוק כתונת של פשתן שנתכבסה והרי היא קשה ומשפשפה בין שתי ידיו והיא מתרככת ואף הליבון שלה מאהיל על ידי השפשוף: אולודי חיורא · הליבון מאהיל: התם מיחזי כאולודי חיורא · שמקפיד על ליבונו ונוהרו של סודר יותר מכיתניתא.

[ע' קדושין לא:]

הגהות הב"ח
(א) רש"י ד"ה לפי שאין עושין אותה אלא: (ב) ד"ה תבן וכו' כל זנב השבלים תבן: (ג) ד"ה מוץ וכו' בכברה כדי שיפול: (ד) ד"ה אבל נוטל הוא בכברה ונותן לתוך האבוס:

[לעיל קכח.]

ע"ז ל.

[שם איתא אלונתית אבל בערוך גרס כגי' שלפנינו]

[לעיל קלח.]

[חולין קלד:] [תוספ' פי"ז]

גליון הש"ס
גמ' אמר מר זוטרא לית הלכתא ככל הני שמעתתא. עיין כתובות דף כ"ד ע"א תוס' ד"ה לית הלכתא: רש"י ד"ה אבל נוטל וכו' נופל מאליו כר"ש. עיין לעיל דף כ"ד ע"א ברש"י ד"ה כלאים דמבלים: ס"א לאיסורא

עין משפט נר מצוה

לב א מיי' פ"ח מהל' שבת הל' יד ופכ"ב הלכה יב סמג לאוין סה טוש"ע א"ח סי' שכא סעיף טו:

לג ב ג מיי' פכ"ב שם טוש"ע שם סעיף טז:

לד ד מיי' שם טוש"ע שם סעיף יז:

לה ה מיי' פ"ד מהל' דעות הלכה יח:

לו ו מיי' פכ"ב מהל' שבת הלכה ז סמג לאוין סה טוש"ע א"ח סי' שכא סעיף יח:

לז ז (מיי' פ"ח מהל' שבה) סמג לאוין סה טוש"ע א"ח סי' שיט סעיף ח:

לח ח מיי' פכ"א שם הלכה לג סמג שם טוש"ע א"ח סי' שכד סעיף א:

לט ט י כ מיי' פכ"א שם הלכה כב ופכ"ב שם הל' ז סמג שם טוש"ע א"ח סי' שכח סעיף יח:

[ע' תוס' כתובות נד. ד"ה לית]

מ ל מ מיי' פכ"ב שם הלכה יז סמג שם טוש"ע א"ח סי' שב סעיף ה:

רבינו חננאל

לפי שאין עושין אותה אלא לגוון. פי' לצבעו להתראות בו גוונא של ביצה מאכל המרס. פי' זה המאכל ממורס הוא כדתנן (נתן) [נטל] את הדם ונתנו לממרס בו על הרובד הרביעי וי"א מאכל חמורים הוא כלומר אינו מאכל ב"א אלא מאכל המורים הוא: חרדל שלשו מע"ש חלקו עליו רב ושמואל ור' יוחנן ור' אלעזר ודבריהן פשוטין הן ומר זוטרא דהוא בתרא אמר לית הלכתא ככל הני שמעתתא אלא כי הא דתניא חרדל שלשו מע"ש למחר מניחו בין ביד בין בכלי ונותן לתוכן דבש ולא יטרוף אלא מערב. שום שריסקו מע"ש למחר נותן לתוכו פול. או גריסין ולא ישחוק אלא מערב. וממשיך את האמיתה לתוכה מאי אמיתה נגחה. אנומלין יין ושמן ודבש ופלפלין. אלונתית יין ישן ומים צלולין ואפרסמון: אין שורין את החלתית בפושרין אבל נותן לתוך החומץ ומיבעיא לן שרה מאי. ומסקנא שרה אמר אביי איסורא מדרבנן וא"ר יוחנן מתניתין יחידאה היא והוא ר' יוסי אבל חכ"א בין בחמין בין בצונן אסור וסוגיא דשמעתא אם שרה מאתמול לשתות חלתית בשבת מותר. אבל לשרותו אסור אפילו בצונן. ואם שרה קודם השבת ועכשיו בשבת חושש אם לא ישתה מסתכן מותר לו לשרות בתוכו ולהניחה בחמה: לכסכוסי כיתונתא. פי' לרכוכי קא מיכוון ושרי או דלמא לאולודי וכו'. פי' לקבץ מקצת הבגד של פשתים לתוך ידו לשופו מפני שרוחצין הבגד ומתייבש בשמש או ברוח עומד אנחו פי' קשה ורוצה לרככו נותן הבגד לתוך ידיו ומוליך ומביא ידיו עד שיעשה הבגד ההוא כמו קפולין קטנים כמין קמטין כי הא דא"ר זירא בפ' חבית (דף קמז) מאי סרוב כגון*) כסכוסי מאני דמתחזי כמרזב וכי הא דתנן בפ' האשה שהיא עושה צרכיה: צריכה לכסכס ג' פעמים על כל דבר ודבר ואמרי' בגמ' בעי ר' ירמיה אסטויי חד ואיתויי [חד] או דלמא אסטויי [חד] ואיתויי [תרתי] תיקו: וכן עוד מפורש בתלמוד א"י בענין מוליך ומביא שבלולב. מהא שמעינן דכיסוס כעין שפשוף הוא ומתקבץ הבגד פי' יתכמש ונראה קמטין קמטין וכשלובשו מתפשט וכדאמרינן אמר רב כהנא ואיתמא רב יהודה מים שעל בגדו מכסכסו מבפנים. ומרקדי להאי כיתונתא. שמעינן מנה דסודרא ליתיה כתינתא ולא יתכן לומר שהוא צמר איך אומר לי היה לך ללמוד פשתים מצמר. והדבר רחוק ביניהם ואינה אלא צמר גפן שוה קרוב לזה ופשם

*) לפנינו בגמ' איתא שם כיסו בכליותא

רב נסים גאון

אין שורין את הכרשינין. גרסי' בגמ' דבני מערבא תני אין שורין את הכרשינים משום בורר ולא שפין אותן משום דש אין כוברין את התבן משום מרקד. גורפין מלפני הפטם ומסלקין לצדדין מפני הרעי בגמ' דבני מערבא גרסי מה שהפטם אוכל ומותיר הרעי אוכל:

הרעי

הגה: וי"א דלא יערב בכף, אלא ביד (טור זרוע ומרדכי סוף פרק תולין) - או שינענע הכלי עצמו, **וקאי** גם על סעיף ט"ו,

ודוקא כשנותן המשקה בשבת, אבל אם נתן המשקה מע"ש, מותר לערב בכף מעט מעט, אף לדעה זו, ‹הגם דהנתינה של המשקין לאו כלום היא, מ"מ בהכרח שילוש מעט – ערוה"ש›.

[ז]**ויש אומרים דהא דשרי לערב משקה בחרדל, דוקא שנתנו מבעוד יום, אבל בשבת אסור לתת משקה בחרדל או בשום הכתושים, משום לש** - קאי גם על שחלים ושום, וקמח קלי הנזכר לעיל בסי"ד, **והטעם**, דס"ל דנתינת המשקה גופא, זהו בכלל גיבול, ומשו"ה דוקא כשנותנו מבעוד יום, ומפני שעי"ז הוי כבר כמגובל, ע"כ מותר לגבל בשבת, **אך** שיעשה בשינוי, דהיינו בקלי שיגבל מעט מעט, ובאלו הדברים שלא יטרוף בכח, או שיערב ביד לדעת ההג"ה.

ואם נתן קצת משקה מע"ש, מותר להוסיף בשבת לכו"ע, אבל במעט טיפין לא, דלא חשיב כמגובל עי"ז.

ודוקא בלילה עבה, אבל בלילה רכה לא שייך בזה לישה, **ומ"מ** צריך שיעשה השינוי המבואר בהג"ה, דהיינו שיתן האוכל תחלה, ואח"כ המשקה.

‹ובדיעבד אין לאסור, כי הרבה פוסקים מקילין כסברא הראשונה, **ואם** עשה לישה גמורה בשבת בלי שינוי, **אסור אפילו דיעבד**›.

הגה: ואם נותן האוכל תחלה ואח"כ החומץ או היין, ומערבו באצבעו, שרי, דהוי שינוי כמו בשתיתא דלעיל - וכתבו האחרונים, דההג"ה מיירי דוקא בבלילה רכה, ולזה סיים כמו בשתיתא, דשם התירו דוקא ברכה, **ובכל** זה אין חילוק בין לאותה סעודה או לסעודה אחרת.

וכן נוהגין להתיר ע"י שינוי - היינו בחרדל ושום, וה"ה בשאר מיני טיבול, כשעושין אותן דק דק ומערבין אותן ביחד, **ומקום שדרכו לעשות כך בחול, יתן בשבת החומץ תחלה ואח"כ האוכל** - וע"כ אם שכח לשפוך חומץ בע"ש לתוך הקרי"ן, צריך שיעשה בשבת בלילה רכה, ונותן החומץ ואח"כ הקרי"ן, שלא כדרך שעושין בחול, ויאחוז בכלי עצמו וינענע אותו.

כשחל פסח בשבת, ושכח מבעוד יום ליתן המשקה לתוך החרוסת, לדעה קמייתא מותר ליתן המשקה בשבת, ולא יטרוף בכף, אלא באצבע, **ולדעת** הי"א, גם זה אסור, אם לא שיעשה אותה ג"כ רכה.

ובירק הנקרא שלאטי"ן אין לדקדק בכל זה, כיון שאין חותכין אותו דק דק. **ומה** שחותכין צנון וקשואין, שקורין אוגערקע"ס, דק דק, ושופכין חומץ או שאר דבר לח לתוכן, ומערבין אותן ביחד, צריכין ליזהר שלא לערב בכף בכח, או ינענע בכלי עצמו, **וטוב** להחמיר ג"כ שיתן החומץ ואח"כ המאכל, [**ואף** דהוא עבה, ובעבה מחמיר הי"א מפני נתינת המשקה, **כתב** הט"ז, דבצנון מפני שא"א לעשות מע"ש, סמכינן אדעה קמייתא דס"ל דלא אמרינן נתינת המשקה זהו גיבולו].

אסור לטרוף ביצים בקערה, מפני מראית העין, שנראה כמי שרוצה לבשלם בקדרה, [מ"א בשם רש"י] ‹ד"ה ולא יטרוף›, **ואם** היו טרופות מע"ש, אפשר דיש להקל ליתנם לתוך בארש"ט בכלי שני לגוון, **ואם** היה הבארש"ט מחומץ הרבה, יש להחמיר גם בזה משום בשול, ‹די"ל דמבשל בכ"ש, כבסי' ס"ט ביו"ד – פמ"ג›.

אות ד'

עושין אנומלין בשבת, ואין עושין אלונטית

סימן שכא סי"ז - [ח]מותר לעשות יינומלין, שהוא יין ישן דבש ופלפלין, מפני שהוא לשתיה - היינו לערבן ולאכלן כמות שהן, אבל לטרוף אותן יפה ולסנגן, אסור, שזה טורח יותר, ואומנות גדולה ותיקון גדול הוא זה, וכמו לעיל בחרדל בסט"ו דאסור לטרוף, ‹אפי' בחרדל הנילוש כבר – מ"א, ע"ש בבה"ל דכן הוא אליבא דהרמב"ם›.

[ט]**ואין עושין אלונתית, שהוא יין ישן ומים צלולים ושמן אפרסמון, שהוא לרפואה** - (ר"ל שאינו מאכל בריאים, שהוא עשוי רק לצנן לאדם מחום בית המרחץ, גמרא ק"מ ע"ש), וכל דבר שהוא משום רפואה אסרו חז"ל לעשות, גזירה משום שחיקת סממנים, **ולכן** אפי' היה עשוי מע"ש, אסור לשתותו.

כתב מהרי"ל, אסור לתת קידה לתוך חומץ לעשות טיבול, וכן לעשות ביצים קשים עם פיטרזיל"ן בחומץ אסור, דדמי להילמי, הוא מי מלח המבואר לעיל בס"ב, **והמ"א** משיג עליו ומצדד להקל בזה, **וכ"ז** במרובה, אבל במעט שרי אפי' למהרי"ל, וכמבואר לעיל בס"ב.

אות ה'

אשקיין חמרא חד כסא, וחשי מבינתא דראשי וכו'

רמב"ם פ"ד מהל' דעות הי"ז - ולא ישתה מים קרים בצאתו מן המרחץ, ואין צריך לומר שלא ישתה במרחץ, ואם צמא כשיצא מן המרחץ ואינו יכול למנוע עצמו, [י]יערב המים ביין או בדבש וישתה.

אות ו'

אבל נותן לתוך החומץ

סימן שכא סי"ח - [יא]אין שורין את החלתית לא בפושרין ולא בצוננין, שדרך לשרותו לרפואה - ששותין מי השריה ליוקרא דלבא, גמ', (בגמרא איתא הטעם, שלא יעשה כדרך שהוא עושה בחול, ונ"מ דאפילו אם הוא מתכוין בשרייתו לשתיה בעלמא, אסור מטעם זה). **אבל נותנו לתוך החומץ ומטבל בו פתו** – (ואין כאן

באר הגולה

ז טור בשם בעל התרומה ח שבת קל"ט משנה. אם מותר לסנן עיין ס"ס שי"ט ט שם ק"מ ברייתא י ‹שבת דף ק"מ ע"א יין ישן ומים צלולים דעבידי לבי מסותא למיקר, עיין שם – אור שמח› יא שם ברייתא וכת"ק ומתניתין יחידאה היא רבי יוסי

היכר שהוא לרפואה, שכל השנה אדם נוהג בטבול, **ומשמע** מזה דאפי' הוא מתכוין לרפואה, ג"כ שרי).

היה שרוי מאתמול, מותר לשתותו בשבת - דזהו מאכל קצת בריאים, ולא מנכר מילתא שהוא לרפואה, **ואם** הוא במקום שאין מנהג בריאים כלל בזה, משמע מהרמב"ם דאסור.

ואם שתה ממנו יום חמישי ויום ששי, וצריך לשתות גם בשבת, [יב]מותר, שכך הוא דרך רפואתו לשתותו שבעה - צ"ל "שלשה" **ימים זה אחר זה, הילכך מותר לשרותו בצונן וליתן בחמה, מפני שהוא סכנה אם לא ישתה ממנו** - ואי ליכא חמה, אפי' באור שרי מפני הסכנה.

אות ז'

ואין שולין את הכרשינין, ולא שפין אותן, אבל נותן לתוך הכברה או לתוך הכלכלה

סימן שיט ס"ח - [יג]אין שורין את הכרשינין - הוא מאכל בהמה, **(פי' פערוך ויל"ב בלע"ז), [יד]דהיינו שמציף מים עליהם בכלי כדי להסיר הפסולת** - וה"ה תפוחי אדמה וכל כה"ג, לא יתן עליהם מים כדי להסיר האבק והעפר מעליהם.

וה"ה אם יש פסולת ואוכל מעורבין, אסור ליתנם במים כדי שיפול הפסולת למטה, כגון עפר, או שיציף למעלה, כגון תבן.

ולא שפין אותן ביד כדי להסיר הפסולת, דהוה ליה כבורר - (ולשון רש"י בזה דהו"ל בורר, ועיין בפמ"ג שמסתפק אם יש בזה חיוב חטאת, ולענ"ד מלאכה גמורה הוא מדאורייתא).

אבל נותנן בכברה אע"פ שנופל הפסולת דרך נקבי הכברה - כיון שאינו מתכוין לכך, (ולשון רש"י בזה, אע"פ דלפעמים נופל וכו', ומשמע דס"ל דאל"ה אסור משום דהוי פסיק רישא).

אות ח'

אין כוברין את התבן בכברה, ולא יתננו על גבי מקום גבוה בשביל שירד המוץ, אבל נוטל הוא בכברה ונותן לתוך האיבוס

סימן שכד ס"א - [טו]אין כוברין התבן בכברה, שיפול המוץ לארץ - מפני שהוא כמרקד, [רמב"ם, **ומשמע** דהוא רק שבות, ואולי דס"ל דאין דרך ריקוד בתבן, ועיין ברש"י] (ד"ה מוץ).

תבן הוא מה שמחתכין הקש במוריגין, ועושין כל זנב השבולת תבן, **ומוץ** הוא מזקן השבולת העליון, ואינו ראוי למאכל בהמה, וכוברין אותו כדי שיפול המוץ, [רש"י], **ואשמועינן** דאפילו זה אסור בשבת, וכ"ש דאין לרקד התבואה מפסולת שלהן, דזה הוא מרקד ממש, וחייב.

ולא יניחנו במקום גבוה כדי שירד המוץ; אבל נוטל בכברה ונותן לתוך האבוס, אע"פ שהמוץ נופל מאליו - דרך נקבי הכברה, **מותר, כיון שאינו מכוין.**

אות ט' - י' - כ'

אין שורין את החלתית לא בחמין ולא בצונן

שותה אדם קב או קביים ואינו חושש

אפי' למאן דאסר, הני מילי היכא דלא אישתי כלל, אבל הכא כיון דאישתי חמשא ומעלי שבתא, אי לא שתי בשבת מיסתכן

סימן שכא סי"ח - עיין לעיל אות ו'.

אות ל' - מ'

לרכוכי קא מיכוין, ושפיר דמי

התם מיחזי כי אולודי חיורא, הכא לא מיחזי כאולודי חיורא

סימן שב ס"ה - [טז]חלוק לאחר כביסה הוא מתקשה, ומשפשפים אותו בידים לרככו, מותר לעשותו בשבת, שאינו מתכוין אלא לרככו - אבל אסור לגלגל ע"י כלי כמנהג, וכן אסור לעשות קמטים בדברים המכובסים ע"י כלים העשויים לכך.

אבל סודר אסור - בין לשפשף מבפנים בין לשפשף מבחוץ, (מסתימת השו"ע משמע, דאינו מחלק בין אם הוא של פשתן או לא, וגם הרמ"א לא בא להוסיף אלא להחמיר בשאר כלי פשתן, ולא להקל בסודר שאינו של פשתן).

מפני שמתכוין לצחצחו והוי כמלבן - כי הוא מקפיד על ליבונו וזיהורו של סודר יותר מכתונת, דשם אמרינן דאינו מכוין אלא לרככו - רש"י, **ונראה** דאם מתכוין בחלוק לצחצחו, אסור כמו בסודר.

הגה: וכובעים - היינו של פשתן, **ושאר כלי פשתן, דינן כסודר (ב"י בשם ש"ל)** - והטעם שהחמירו בכלי פשתן, מפני שהם קשים אחר רחיצתן, וריכוכן זהו ליבונן, **ומ"מ** בחלוק מותר אפילו בשל פשתן, מפני שהוא מלבוש תחתון ואינו נראה מבחוץ, מסתמא הוא מתכוין לרככו, [א"ר בשם מלבושי יו"ט, וכ"כ בביאור הגר"א, וגם רש"י התיר בהדיא בחלוק של פשתן].

באר הגולה

[יב] שם בגמרא [יג] שם ק"מ במשנה [יד] שם בפירש"י [טו] שבת ק"מ משנה [טז] שם ק"מ

עין משפט נר מצוה

מא א ב מיי' פכ"ה מהל' שבת הל' יח סמג לאוין סה טוש"ע א"ח סי' שח סעיף טז:
מב ג מיי' פכ"ו מהל' שבת הל' טז סמג שם טוש"ע שם סעיף כז וכח:
מג ד מיי' פ"ז מהל' ברכות הלכה ג:
מד הו מיי' פכ"ו מהל' שבת הלכה יט סמג לאוין סה טוש"ע א"ח סי' שכד סעיף טו:
מה ז מיי' שם טוש"ע שם סעיף יד:

אבל באיבוס של קרקע דברי הכל אסור· אע"ג דמרבנן שריקן לרבי שמעון (לעיל דף כט:) הכא רגילות הוא להתכוין לאשויי גומות ותייסינן טפי שמא יתכוין: הקש

*משלפו לדידה מקניא שרי קניא ממנה אסור אמר רבא *[ג]ואם כלי קיואי הוא מותר אמר רב חסדא [ד]האי *כישתא דירקא אי חזיא למאכל בהמה שרי לטלטולי ואי לא אסיר אמר רב חייא בר אשי אמר רב האי *תליא דבשרא שרי לטלטולי דכוורי אסיר אמר רב קטינא העומד באמצע המטה כאילו עומד בבריסה של אשה ולאו מילתא היא ואמר רב חסדא בר בי רב דזבין ירקא ליזבין אריכא כישא כי כישא ואורכא ממילא ואמר רב חסדא בר בי רב דזבין קניא ליזבין אריכא טונא כי טונא ואורכא ממילא ואמר רב חסדא בר בי רב [*דלא נפישא ליה ריפתא] לא ליכול ירקא משום דגריר ואמר רב חסדא אנא לא בעניותי אכלי ירקא ולא בעתירותי אכלי ירקא בעניותי משום דגריר בעתירותי דאמינא היכא דעייל ירקא ליעול בשרא וכוורי (א) ואמר רב חסדא בר בי רב דלא נפישא ליה ריפתא לא ליבצע בצועי ואמר רב חסדא בר בי רב דלא נפישא ליה ריפתא *לא ליבצע מ"ט [ה]דלא עביד בעין יפה ואמר רב חסדא אנא מעיקרא לא הואי בצענא עד דשדאי ידי בכולי מנא ואשכחי [ביה כל צרכי] ואמר רב חסדא האי מאן דאפשר ליה למיכל נהמא דשערי ואכל דחיטי קעבר משום בל תשחית ואמר רב פפא האי מאן דאפשר למישתי שיכרא ושתי חמרא עובר משום בל תשחית ולאו מילתא היא *בל תשחית דגופא עדיף ואמר רב חסדא בר בי רב דלית ליה משחא נימשי במיא דחריצי ואמר רב חסדא בר בי רב דזבין אומצא ליזבין אונקא דאית ביה תלתא מיני בישרא וא"ר חסדא בר בי רב דזבין כיתוניתא ליזבן מדנהר אבא וניתוורה כל תלתין יומין דמפטיא ליה תריסר ירחי שתא ואנא ערבא מאי כיתוניתא כיתא נאה וא"ר חסדא בר בי רב לא ליתיב אציפתא חדתא דמכליא מאניה וא"ר חסדא בר בי רב לא לישדר מאניה לאושפיזיה לחוורי ליה דלאו אורח ארעא דילמא חזי ביה מידי ואתי למגניא אמר להו רב חסדא לבנתיה תיהוי צניעתן באפי גברייכו לא תיכלון נהמא באפי גברייכו לא תיכלון ירקא בליליא לא תיכלין תמרי בליליא ולא תשתון שיכרא בליליא ולא תיפנון היכא דמפני גברייכו וכי קא קארי אבבא איניש לא תימרון מנו אלא מני נקיט *מרגניתא בחדא ידיה וכורא בחדא ידיה מרגניתא אחוי להו וכורא לא אחוי להו עד דמיצטערן והדר אחוי להו: אין שולין את הברשינין*: מתני' דלא כי האי תנא דתניא ר"א בן יעקב אומר אין משגיחין בכברה כל עיקר:

מתני' גורפין מלפני הפטם ומסלקין לצדדין מפני הרעי דברי רבי דוסא וחכמים אוסרין נוטלין מלפני בהמה זו ונותנין לפני בהמה זו בשבת: **גמ'** איבעיא להו רבנן ארישא פליגי או אסיפא פליגי או אתרווייהו פליגי ת"ש דתניא וחכמים אומרים [ו]אחד זה ואחד זה לא יסלקנו לצדדין אמר רב חסדא מחלוקת באיבוס של קרקע אבל באיבוס של כלי דברי הכל מותר ואיבוס של קרקע מי איכא למאן דשרי הא קא משוי גומות אלא אי איתמר הכי איתמר א"ר חסדא [ז]מחלוקת באיבוס של כלי אבל באיבוס של קרקע דברי הכל אסור: ונוטלין מלפני בהמה: תנא חדא נוטלין מלפני בהמה שפיה יפה ונותנין לפני בהמה שפיה רע ותניא אידך נוטלין מלפני בהמה שפיה רע ונותנין לפני בהמה שפיה יפה אמר אביי [ח]אידי ואידי מקמי חמרא לקמי תורא שקלינן מקמי תורא לקמי חמרא לא שקלינן והא דקתני נוטל מלפני בהמה שפיה יפה בחמור דלית ליה רירי ונותנין לפני בהמה שפיה רע בפרה

דאית

משלפא לדידה מקניא· כששוטחין אותה לנגבה תוחבים קנה מבית יד לבית יד וכשנוטלה בשבת ישלפנה מן הקנה ולא הקנה ממנה דלא חזי לטלטולי להפסקה קאי: **ואם כלי קיואי היא**· קנה של אורגים דתורת כלי עליו שרי: **תליא דבשרא**· בשר מליח התלוי לייבשו ומלא האבל קרי תליא: **שרי**· דנאכל חי באומצא: **דכוורי**· אין נאכלין חיין: **באמצע מטה**· שאיש ואשתו רגילין בה לישן: **כאילו עומד כו'**. דמהאר: **לזבין אריכא**· אגודה ארוכה של כרוב ארוך ושל כרישין ארוכים: **כישא כי כישא**· שכל אגודות הגנין שוות בעובין שלכולן מדה אחת לחבל שהוא אגוד בו: **ואורכא ממילא**· כלומר ארכו של זה שהוא ארוך מחבירו הוא משתכר בו: **קניא**· חבילי קנים לעצים: **לא ליכול ירקא**· ירק חי (ג) כרישין לירפו"ל ושאליים: **משום דגריר ליבא**· ומאכילו לחם הרבה ואין לו: **לא ליבצע בצועי**· מורסילוג"ש בלע"ז לא יאכל עכשיו מעט פת שימלא לו ולאחר שעה מעט מפני שאין לו דרך שביעה אלא יצרף ויאכל יחד: **מעיקרא**· קודם שנתעשרתי: **עד דשדאי ידי בכולא מנא**· כשהייתי ממשמש בסל ומולא בו פת הרבה הייתי מברך המוציא: **דלית ליה משחא**· שהיו סכין ידיהן שמן קודם מים אחרונים להעביר את הזוהמא: **במיא דחריצי**· הנקוים יחד וגדל עליהם ירקרוקית עבה ונוחה כשמן: **אונקא**· צואר: **תלתא מיני בשרא**· יטעום בו ג' מיני מטעמים שמן וכחוש וגיד הצואר: **מדנהר אבא**· מאותו מקום שפשתנו יפה: **דמפטיא ליה תריסר ירחי שתא ואנא ערבא**· אני ערב בדבר שתתקיים לו שנה שלימה ותפטירהו שלא יצטרך לקנות חלוק: **כיתא נאה**· כת נאה ראויה להושיב בעליה בכת נאה: **אציפתא חדתא**· מחצלת חדשה של גמי לח ולחלוחית הגמי מבלה הבגדים: **לאושפיזא**· לפונדקית שלו לא ישלח חלוקו ללבן: **דילמא חזיא בסו**· קרי ומגנית עליה: **לא תיכלון נהמא באפי גברייכו**· פעמים תאכל הרבה ותתגנה עליו: **לא תיכלון ירקא בלילה**· מפני ריח הפה: **שיכרא ותמרי**· משלשלין ומביאין לידי הפחה: **היכא דמפני גברייכו**· בגילוי בפניהם בשדות ואפילו שלא בפניהם שמכיר מקומו ומקומכם ונמאסת' לו בזוכרו: **לא תימרון מנו**· מי הוא לשון זכר לא תרגילו לשונכם לדבר עם זכרים: **אלא מני**· מי היא: **נקיט מרגניתא בחדא ידיה וכורא בחדא ידיה**· כשבעליך ממשמש ביך להתאוות ליך לתשמיש ואוחז הדדים בידו אחת והאחרת עד אותו מקום: **מרגניתא אחוי ליה**· הדדין המליאי לו שתתרבה תאותו ומקום תשמיש אל תמליאי לו מהר כדי שיתרבה תאותו וחיבתו וילטער הדר אחוי ליה: **כורא**· לשון כור נורפין (לעיל דף עה:) לשון אחר בור לשון בור שוחה: **מתניתין**· דקתני אבל נותנין לתוך הכברה:

מתני' גורפין מלפני פטם· שור שמפטמין אותו גורפין אבוס שלפניו בשבת לתת לתוכו התבן והשעורין ולא יתערב בהן עפרורית ויקוץ במאכלו: **ומסלקין**· תבן (ג) שלפניו לצדדין כשהוא רב כדי שלא ידרסנו ברעי: **וחכמים אוסרים**· מפ' בגמ' אהיא: **ונוטלין מלפני בהמה זו**· שעורין ותבן ונותנין לפני זו ולא אמרינן טלטול דלא חזי הוא אלא ודאי חזי הוא דאין בהמה קצה במאכל הניטל מלפני חבירתה: **גמ' ארישא פליגי**· אגורפין ואסרי לגרוף משום דפעמים שהאבוס של קרקע וקא מכוין לאשויי גומות שלא יפלו השעורים לתוכו: **או אסיפא פליגי**· ומשום דלא חזי שיש בו(ד) שנמאס במדרס רגליו: **תא שמע**· דאתרווייהו פליגי: **אחד זה ואחד זה**· אחד גריפת האבוס ואחד תבן שלפניו לא יסלקנו לצדדין: **של קרקע**· כעין שעושין גדר קטן לפני בהמה ונותנין מאכל לפנים ממנו דאיכא למיחש לאשויי גומות: **מחלוקת באבוס של כלי**· וגזרו רבנן גזירה אטו של קרקע: **שפיה יפה**· לקמיה מפרש: **אידי ואידי**· שתיהן המשניות סבירא להו: **מקמי חמרא לקמי תורא שקלינן**· שאוט מטיל רירין ואין מה שלפניו נמאס וראוי לתתו לפני שור: **מקמי תורא לקמי חמרא לא שקלינן**.

דלית

רבינו חננאל

רב חסדא דלרכוכי סיכוון ושרי. אמר רב חסדא הא כיתניתא משלפה לדילא מקניא: פי' למשוך הבגד ששוטחו בקנה להנגב ונעשה נגוב וישאר הקנה במקומו. ולא מטלטלין מותר אבל למשוך הקנה מן הבגד ולטלטלו בשבת אסור שהקנה אינו כלי להטלטל בחצר. אמר רבא ואם כלי קיואי מותר. פי' אם הוא הבגד שטוח בכלי האורג וכלי האורג נקראין כלי קיואי כדאמרינן בפרק ואלו קשרים שחייבין עליהן. אתמר אמר רב נהמן אמר שמואל כלי קיואי מותר לטלטלו בשבת ואפי' כובד העליון וכובד התחתון אבל לא את העמודים ותוב בעא מיניה ר' יוחנן מרבי יהודה בר ליאי כלי קיואי כגון כובד העליון וכובד התחתון כו'. האי תלא דבשרא פי' יתד של עץ עשוי להלות בו בשר ופעמים שתולין בו זולתו [שרי לטלטולי] אבל העץ שתולין בו דגים. כיון שהדגים ריחם רע וקשה אין תולין בו דבר אחר ומסיחין דעתן ממנו ומוקצה מחמת מיאוס הוא ואסור: מרנדר אבא. שם מקום הוא: ציפיתא חדתא. פי' מחצלת חדשה בורא בחדא ידא. כגון אבן שאין לה דמים ולא צורך. וטפני שהסתירה מהן נתייקרה בעיניהם ופיוסוהו להראיתה להן: מתני' אין שולין את הכרשינין ולא שפין כו' גורפין מלפני הפטם ומסלקין לצדדים כו'. פי' גורפין המאכל של בהמה מלפני הפטם ומאכל שאר בהמות מסלקין לצדדין דברי ר' דוסא וחכמים אוסרין ואיבעיא לן רבנן ארישא פליגי והיא גורפין [או] אסיפא פליגי והוא שמסלקין לצדדין ואמרינן ת"ש ותכ"א אחד זה ואחד זה לא יסלקנו לצדדין. ש"מ רבנן אתרווייהו פליגי. אמר רב חסדא מחלוקת באבוס של כלי ואפי' בזה חכמים אוסרין אבל באבוס של קרקע דברי הכל אסור לגרוף

מסורת הש"ס

[לעיל קיג.]
[בערוך איתא הוצא]
[עי' תוס' לעיל קלט: ד"ה תלא]
[עי' תוס' עירובין נה: ד"ה כל עיר וכו' נראה דלא גרסי לסך ד' סיכות]
ברכות מו:
[לעיל קכט.]
[גירס' אחרינא ופירושו עי' בערוך ערך כור א' נ"ל וכו']

הגהות הב"ח

(א) דלא נפישא ליה ריפתא (לא ליבצע וכו' יפה) הא"מ וכ"ב ס"א לא ליבצע בצועי והשאר נמחק והכי משמע מפירש"י:
(ב) רש"י ד"ה לא ליכול ירקא ירק חי · נ"ב עיין פרק כיצד מעברין כדף כה כמ"ש התוס' בד"ה כל עיר:
(ג) ד"ה ויסלק תבן מלפניו לצדדין:
(ד) ד"ה או אסיפא וכו' שיש בו מה שנמאס:

§ מסכת שבת דף קמ: §

אות א' – ב'

משלפו לדידה מקניא שרי, קניא ממנה אסור

ואם כלי קיואי הוא מותר

סימן שח סט"ז - [א]חלוק שכבסו אותו ותחבו בו קנה לייבשו - היינו מע"ש, וגם מיירי שנתייבש קצת מבע"י, דאם היה טופח ע"מ להטפיח בביה"ש, אסור לטלטל החלוק כל השבת, דמיגו דאתקצאי לביה"ש, וכדלעיל בסי' ש"א סמ"ו בהג"ה, איתקצאי לכולי יומא.

יכול לשמטו מעל הקנה - לכאורה הלא מטלטל עי"ז גם הקנה, ובסי"ד מוכח, דהיה אסור לשמוט המנעל מפני דמטלטל עי"ז הדפוס, אי לאו דדפוס היה כלי, וקנה לאו כלי הוא, **י"ל** דהכא מיירי שיכול לשמוט הכתונת בלי טלטול הקנה עמו.

אבל ליקח הקנה מתוכו אסור, לפי שאינו כלי - ואף שכבר נשתמש בו מבע"י, עדיין לא נעשה כלי בכך, דלא היה דרכם ליחודי קנים להכי - ר"ן, **ולפי"ז** לדידן דדרך ליחד קנים לתלות עליהן, שרי בהכי.

ואם תחבו בו כלי - כגון קנה המיוחד לאיזה תשמיש, [גמ'], **מותר ליטלו מתוכו, אפילו הוא מלאכתו לאיסור** - דהלא הוא צריך למקומו של הכלי, דהיינו החלוק.

אות ג'

האי כישתא דירקא, אי חזיא למאכל בהמה שרי וכו'

סימן שח סכ"ז - [ב]עצמות שראויים לכלבים - אפילו אם נתפרקו מן הבשר בשבת, דמבעוד יום לא היה מוכן לכלבים, אפ"ה שרי, **וכ"ש** אם נתפרקו מבע"י, **וקליפים [ג]שראוים למאכל בהמה, ופרורים שאין בהם כזית** - היינו שמפני קטנותן סתמא עומדין רק למאכל בהמה ועופות, **מותר להעבירם מעל השלחן.**

אבל אם אין הקליפים ראוים למאכל בהמה - כגון קליפי אגוזים וביצים וכל כה"ג, **אסור לטלטלם** - וה"ה בעצמות שהם קשים, שאינם ראויים אפילו לכלבים, בין אם נתפרקו בשבת או מבע"י, **אבל** כ"ז הוא דוקא אם נתפרקו לגמרי, לאפוקי אם נשתייר מקצת בשר על עצמות, מותר לטלטל אותם אגב הבשר.

סימן שח סכ"ח - [ד]חבילי עצים - היינו שהם רכים דחזו למאכל בהמה, **וקש, שהתקינן למאכל בהמה** - היינו שהזמינן, [רש"י] ‹קכ"ח. ד"ה התקינן›, **אפילו הם [ה]גדולים הרבה, מותר לטלטלן** - אבל בלא הזמנה, אפילו הם חבילות קטנות, אסור לטלטלן, [כת"ק שם]. **וטעמא**, דסתמא עומדין להסקה, ולכך אף שחזו למאכל בהמה אסור.

כתב המ"א, קש שלנו סתמא עומד לשכיבה או למאכל בהמה, **ועיין** בתוספות שבת דזה תלוי במנהג המקומות, ולפי"ז במקומות שחבילי תבן סתמן עומדין לבנין לכסות הגגות, הם מוקצה וצריך הזמנה.

אות ג'* ‹

האי תליא, דבשרא שרי לטלטולי, דכוורי אסיר

סימן שי ס"א - [ו]עץ שתולין בו דגים, אע"פ שהוא מאוס, מותר לטלטלו, דקי"ל במוקצה מחמת מיאוס כרבי שמעון, דשרי - עץ זה הוי כלי, כיון שמיוחד לתלות דגים, **אלא** משום דמאיס דריחו רע, הוי לר"י מוקצה מחמת מיאוס, **ואנן** קי"ל כר"ש דשרי.

(עיין בפמ"ג שמסתפק, אם דוקא לצורך גופו או מקומו, או אפילו מחמה לצל, **ועיין** מה שכתבנו לעיל בס"ס רע"ט בבה"ל).

אות ד'

דלא עביד בעין יפה

רמב"ם פ"ז מהל' ברכות ה"ג - ואינו בוצע לא פרוסה קטנה מפני שהוא נראה כצר עין, ולא פרוסה גדולה יותר מכביצה מפני שנראה כרעבתן; ובשבת יש לו לבצוע פרוסה גדולה.

אות ה' – ו'

אחד זה ואחד זה לא יסלקנו לצדדין

מחלוקת באיבוס של כלי, אבל באיבוס של קרקע דברי הכל אסור

סימן שכד סט"ו - [ח]אסור לגרוף האבוס לפני שור של פטם - שגורפין אותו שלא יתערב העפרורית שבאבוס בתבן ובשעורים שנותנין לפניו, ויקוץ במאכלו, [רש"י], **[ט]אפי' אבוס של כלי, גזירה אטו של קרקע דאתי לאשווי גומות** - היינו דשם רגילות הוא שמכוין לאשויי, כדי שלא יפלו השעורים בהגומות, תוס', ולכן גזרינן גריפה אפילו באבוס שבכלי, **אבל** מותר לגרוף תיבה בשבת מן הפסולת הנמצא בה, דלא שייך לגזור, [והו"ל טלטול מן הצד ע"י דבר אחר לצורך היתר - סי' שלז ס"ב].

באר הגולה

[א] שבת ק"מ [ב] שם במשנה קמ"ג וכרב נחמן שם בגמ' [ג] לפי' התוספות שם [ד] שם במשנה קכ"ו [ה] שם בברייתא קכ"ח וכת"ק [ו] ‹ע"פ הבאר הגולה› [ז] **שבת ק"מ** ‹פי' הרא"ש תלא דבשרא, עץ שתולין בו בשר. ודלא כרש"י. **וכתבו** הרי"ף והרא"ש, דכיון דסני ריחיה אסוחי אסח דעתיה מיניה, והו"ל מוקצה מחמת מיאוס, ומשו"ה אסור לטלטלה, רב לטעמיה דס"ל כרבי יהודה, אבל לרבי שמעון מוקצה מחמת מיאוס לית ליה, והלכתא כוותיה – ב"י› [ח] שם במשנה וכחכמים [ט] שם בגמ'

[י]ואסור גם כן לסלק התבן מלפניו לצדדין - דכשהוא רב, רוצה לסלקו כדי שלא ידרסנו השור ברגליו, ואסור משום דבודאי יש בו מה שנמאס כבר במדרס רגליו, ולא חזי לטלטול, [רש"י].

אות ז'

אידי ואידי מקמי חמרא לקמי תורא שקלינן, מקמי תורא לקמי חמרא לא שקלינן

סימן קכד סי"ד - [יא]**נוטלים מאכל מלפני חמור ונותנים לפני שור** - שאין השור קץ במאכל הנשאר מן החמור, שאין מטיל ריר. **אבל אין נוטלים מלפני שור ליתן לפני חמור, מפני שנמאס ברירי השור, ואינו ראוי עוד לחמור** - רק ע"י הדחק, ומטרח בחנם, **ודוקא** לחמור שאינו מינו הוא קץ במאכלו מפני הריר, **אבל** לפני שור אחר שהוא מינו, אינו קץ מפני הריר, ומותר לכו"ע.

הגה: ויש מחמירין ג"כ בשאר מיני בהמות ליקח מלפני אחת וליתן לפני אחרת שאינה מינה (מרדכי פ' תולין וסמ"ג וסה"ת) - דשמא ימצא ריר בהאוכל ויקוץ בו, ויהיה הטרחא בחנם.

וכתבו האחרונים, דאין למחות ביד הנוהגין היתר, דיש להם על מי לסמוך, **אם** לא במינים הידועים שמאכלם נמאס ברירין היוצאין מפיהם, וקץ בהם המין האחר שהוא נותן לפניו.

---

§ מסכת שבת דף קמא. §

אות א'

הקש שע"ג המטה, לא ינענענו בידו, אלא מנענעו בגופו; ואם היה מאכל בהמה, או שהיה עליו כר או סדין, מנענעו בידו

סימן שיא ס"ח - [א]**וטלטול בגופו, אפי' לצורך דבר האסור, מותר** - פי' שאינו נוגע בידו, כי אם בגופו או בשאר אבריו, מקילינן בו יותר משאר טלטול מן הצד, וע"כ מותר אפילו לצורך דבר האסור. **הילכך** [ב]**קש שעל המטה, דסתמו מוקצה להסקה, מנענעו בגופו** - כדי שיהא צף ורך לשכב עליו, **והיינו** במקומות שמסיקין בקש, אבל במקומותינו סתמא עומד למאכל בהמה או לשכיבה, ומותר לנענעו אפילו ביד.

ודע, דהשו"ע מיירי שהקש לא הונח על המטה לשם שכיבה, דאי הונח במבע"י לשם שכיבה, תו נסתלק ממנו שם מוקצה בכל מקום, [רש"י בשבת דף נ'].

ואם הניח עליו מבע"י כר או כסת, מנענעו אפי' בידו, שהרי הכינו מבע"י לשכב עליו - היינו אפי' אם לא חשב בהדיא לשכב עליו, חשבינן ע"י מעשה זו כאלו חשב, [כן מוכח בגמ' דף נ], **ואם** חשב בהדיא, מהני אפי' בלא כר וכסת, וכמש"כ הרמ"א, **(וכן אם חשב לשכב עליו)** - פי' אפי' הניחו להקש על המטה בסתמא, ואח"כ חישב עליו, [**ולשון** "וכן" אינו מדוקדק כ"כ, דבגמ' מוכח דחשב עדיף מהניח ולא חשב].

אות ב'

מכבש של בעלי בתים מתירין, אבל לא כובשין; ושל כובסין לא יגע בו

סימן שב ס"ד - [ג]**מכבש (הוא כלי שכובשין בו בגדים אחר הכביסה, והם שתי לוחות זה על זה והבגדים ביניהם) של בעל הבית, מתירין אותו ליטול ממנו בגדים לצורך השבת** - אבל שלא לצורך שבת לא, **וה"ה** דאין כובשין בו בגדים, שהוא צורך חול, [משנה קמ"א וכפי' רש"י, ע"ש].

ושל אומן אסור, מפני שהוא תחוב בחזקה והתרתו דומה לסתירה - [ד]ואם היה מותר המכבש קצת מע"ש, י"א דאעפ"כ אסור להתיר כולו ולשמוט כליו משם, [ה]**ויש** מקילין, [א"ר, וגם הגר"א כתב דלשו"ע שהעתיק הטעם כפי' רש"י מותר בזה], **אבל** אם היה מותר כולו, לכו"ע מותר לשמוט כליו משם.

אות ג'

טלטול מן הצד לא שמיה טלטול

סימן שיא ס"ח - [ו]**טלטול מן הצד לצורך דבר המותר, מותר, הלכך** [ז]**צנון שטמן בארץ, ומקצת עליו מגולים** - דאי לא היו העלין מגולין כלל, הרי בע"כ מזיז עפר בידים, ואסור, **ואפי'** אם ירצה לתחוב מחט או כוש דרך העפר בצנון וליטלו, וכמו בס"ט, ג"כ אסור, דנראה כעושה גומא, **ויש** מקילין ע"י תחיבת מחט וכוש.

[ח]**ולא השריש** - דאי השריש, אפילו אם היה גם גוף הצנון מגולין מלמעלה, ג"כ אסור להזיזו ממקומו, משום תולש. **וגם לא נתכוין לזריעה** - דאם היה נתכוין לזריעה, אף שלא השריש אסור, כיון שמתחלה היה רוצה בהשרשתן, וטומנין בקרקע כדרך הזריעה, **ועיין** במ"א שהקשה ע"ז מהא דקי"ל בגמרא ‹מ"ה›, והובא לעיל בסי' ש"י ס"ב, דחטין שזרען בקרקע ועדיין לא השרישו, דמותר ללקטן ולאכלן, **ומ"מ** אין לזוז מפסק המחבר, דכן נמצא בכמה ראשונים, **וההיא** דלעיל תירץ המאירי, דמיירי כשלא היו הזרעים עדיין מכוסין בעפר.

באר הגולה

[י] **שם במשנה וכחכמים** [יא] **שם ק"מ משנה וכדמפרש לה אביי** [א] **הרא"ש שם** [ב] **שם קמ"א משנה וכפירש"י** [ג] **שם קמ"א וכת"ק** [ד] ‹ס"ל דרבי יהודה לאיפלוגי את"ק אתי, ולא קיי"ל כותיה - ב"י. **גזירה** שמא יבא להתירו, והרמב"ם פי' משום שהוא מוקצה מחמת חסרון כיס ואסור לטלטלו - מ"א› [ה] ‹והיינו דת"ק לא פליג אר' יהודה - א"ר› [ו] **תוס' שם מ"ג ורי"ף והרא"ש שם** ‹שהקשו הא דאמרינן שם דכו"ע טלטול מן הצד שמיה טלטול כו', משמע דכן הלכה, ובפט"ז קכ"ג א' אמרינן דלאו שמיה טלטול כמו שמבואר והולך, וחילקו בכה"ג - גר"א› [ז] **כלאים פרק א' מ"ט** [ח] **תוס' שם בשבת נ'**

דאית לה רירי והא דקתני נוטלין מלפני בהמה שפיה רע בחמור דלא דייק ואכיל ונותנין לפני בהמה שפיה יפה בפרה דדייקא ואכלה: **מתני'** *[א]הקש שעל גבי המטה לא ינענענו בידו אלא מנענעו בגופו ואם היה מאכל בהמה או שהיה עליו כר או סדין מנענעו בידו [ב]מכבש של בעלי בתים מתירין אבל לא כובשין ושל כובסין לא יגע בו ר' יהודה אומר אם היה מותר מע"ש מתיר את כולו ושומטו: **גמ'** *אמר רב נחמן האי פוגלא מלמעלה למטה שרי מלמטה למעלה אסיר אמר רב ארא בר אבא אמרי בי רב תנינא דלא כרב נחמן הקש שע"ג המטה לא ינענעו בידו אבל מנענעו בגופו ואם היה מאכל בהמה או שהיה עליו כר או סדין מנענעו בידו ש"מ *[ג]טלטול מן הצד לא שמיה טלטול ש"מ אמר רב *יהודה הני פלפלי מידק חדא חדא בקתא דסכינא שרי תרתי אסיר רבא אמר [ד]כיון דמשני אפילו טובא נמי *אמר רב יהודה [ה]מאן דסחי במיא לינגיב נפשיה ברישא והדר ליסליק דילמא אתי לאתויי ד' אמות בכרמלית אי הכי כי קא נחית נמי קא דחי כחו ד' אמות ואסיר *כחו בכרמלית לא גזרו אמר אביי ואיתימא רב יהודה טיט שע"ג רגלו מקנחו בקרקע ואין מקנחו בכותל אמר רבא מ"ט בכותל לא משום דמיחזי כבונה הא בנין חקלאה הוא אלא אמר רבא [ו]מקנחו בכותל ואין מקנחו בקרקע דילמא אתי לאשוויי גומות איתמר מר בריה דרבינא אמר אחד זה ואחד זה אסור רב פפא אמר אחד זה ואחד זה מותר למר בריה דרבינא במאי מקנחו ליה מקנחו ליה בקורה *אמר רבא (א)[ז]לא ליתיב איניש אפומיה דליחייא דילמא מיגנדרא ליה חפץ ואתי לאתויי ואמר רבא [ח]לא ליצדד איניש כובא(ג) דילמא אתי לאשוויי גומות ואמר רבא [ט]לא לידהוק איניש אודרא בפומא דשישא [י]דילמא אתי לידי סחיטה אמר רב כהנא`טיט שע"ג בגדו מכסכסו מבפנים ואין מכסכסו מבחוץ מיתיבי טיט שע"ג מנעלו מגרדו בגבסכין [א] ושעל בגדו מגרדו בצפורן ובלבד שלא יכסכס מאי לאו שלא יכסכס כלל לא שלא יכסכס מבחוץ אלא מבפנים א"ר אבהו א"ר אלעזר אמר ר' ינאי מגררין מנעל חדש אבל לא ישן במה

רש"י

דלית לה רירי · ולימלים והא דקרי לה הכא פיה יפה והכא פיה רע כדמפרש ולזיל פיה יפה דלית ליה רירי פיה רע דלא דייק ולכיל שלוכל קולים וברקנים: **מתני'** הקש שעל המטה · וסתמא להסקה ומוקלה הוא ובא לשכב עליו ומנענעו כדי שיהא נח ורך לשכב: **לא ינענענו בידו** · דמוקלה הוא: **אבל מנענעו בגופו** . בכתפיו ובלטול מן הלד הוא דלא שמיה טלטול: **או שהיה עליו כר או סדין** · דגלי דעתיה דלקלייה לשכיבה מעתה תורת כלי עליו: **מכבש** · פריס"א שני לוחים ארוכים וכבדים וסודרין בגדים על התחתון ומורידין העליון עליו וכובשים את הבגדים על ידי יתדות שיש עמודים קבועין מתוקנין בארבע הפינות של התחתונה והעליונה מנוקבת בארבע זויותיה ועולה ויורדת בעמודים וכפי מה שהוא רולה לכבוש מורידה ותוחב יתד בנקב העמוד ואינה יכולה לעלות: **מתירין** · את המכבש שנוטל את היתד והוא כיתר דהייט טורך שבת שנוטל את הכלים: **אבל לא כובשין** · דהייט טורך חול: **ושל כובסין לא יגע בו** · מפני שהוא עשוי לתקן הבגדים ותוחבו בחוזקה ומיהדק והתרה שלו דומה לסתירה: **גמ' האי פוגלא** · לנון שטומנין בקרקע להתקיים כשבא לתלשו מלמעלה למטה שרי אם היה ראשה מלמעלה ועוקצה מלמטה ותולשה מראשה העבה תחילה ועוקצה נמשך אחריה מותר לפי שהגומא רחבה מלמעלה ואין מזיזין הקרקע כשהוא שומטה אבל אם תולשה מלמטה למעלה שתחתונה נתון למעלה וראש עליונה שהוא עב נתון למטה והוא שומטה מסופה לראשה אסור לפי שהגומא קצרה מלמעלה וכשהוא תולשה מזיז העפר ומטלטלו ואע"ג דטלטול מן הלד הוא שמיה טלטול ואסור: **תנינא דלא כר"נ** · דאילו ממתניתין שמעינן דלא שמיה טלטול דקתני מנענעו בגופו: **מידק.** דייק: **חדא חדא** · לאו טוחן הוא אלא כלאחר יד: **דקמשני** · שלא ברחים ושלא במדוכה: **לאתויי ד' אמות** · מים שעליו: **קא דחי כחו** · את המים ד' אמות: **אחד זה ואחד זה אסור** · זה משום בונה וזה משום אשוויי גומות: **אחד זה ואחד זה מותר** · אין דרך מתכוין בכך וקי"ל כר"ש: **בקורה** · בעץ המוטל על הקרקע(ג): **אפומא דליחיא** · של מבוי דליכא הכירא: **אודרא** · מוכין שסותמין בהן פי הפך: **שישא** · פך: **מכסכסו** · משפשפו: **מבפנים** · דלא מוכחא מילתא לאיתחזויי כמלבן *ומלבן ממש לא הוי דאין נותן שם מים: כסכוס דמי למכבס: **אבל לא ישן** · שקולפו והוי ממחק:

תוספות

הקש שע"ג המטה · בריש פרק כירה (דף לו:) פי' מה הוא קש: **הני** פלפלי מידק חדא חדא ט' · פירש ר"ח *בשאלתות דרב אחאי בפרשת אמור אל הכהנים מפרש דבי"ט מיירי וקשה לר' דהוה ליה לפרש בהדיא כיון דבמכילתין לא מיירי אלא בשבת ועוד היכי אסר רב יהודה טלי האי בפלפלין הא אפילו מלח שריכא בפ"ק דבילה (ד' יד:) במדוך של עץ אלא נראה לרבי דהכא בשבת איירי ואגב דאיירי בטלטול ע"י שינוי מייתי ליה הכא ובכולה שמעתא נמי מייתי מילי דשבת טובא אע"ג דלא שייכן הכא כולי האי אבל בי"ט נראה לר"י דשרי בלא שינוי אפי' במדוך של אבן כשאר תבלין דתנן בפ"ק דבילה (שם) ב"ה אומר תבלין נדוכין במדוך של אבן והמלח במדוך של עץ ואמרי' בגמרא דכ"ע מלח בעי שינוי מ"ט רב הונא ורב חסדא חד אמר כל הקדרות צריכות מלח ואין כל הקדרות צריכות תבלין וחד אמר כולן מפיגין טעמן ומלח אין מפיגה טעמא מאי בינייהו איכא בינייהו דידע מאי בעי בשולי(ד) אי נמי מוריקא פירוש מוריקא אינה מפיגה טעמא למ"ד משום הפגת טעם אסור ולמ"ד משום כל הקדרות כו' שרי א"כ פלפלין דהכא נמי שרי דאין כל הקדרות צריכות פלפלין וא"כ (ס"א ואי נמי) למ"ד נמי משום הפגת טעם פלפלין שרו דצריך לומר נמי שמפיגים טעמם מדלא קאמר איכא בינייהו פלפלין ומיהו אומר רבי דאין זה דקדוק שצריך לפרש שם בע"א דקשיא למ"ד דשרי מוריקא משום דאין כל הקדרות צריכות מוריקא א"כ יהא מותר לקוצרו ולחותכו מן המחובר אע"כ צריך לפרש יש בו הפגת טעם ולא כשאר תבלין להכי שרי למ"ד אין כל הקדרות כו' כיון דאיכא נמי קצת הפגת טעמא והשתא אתי שפיר דלקצור אסור ומהשתא אין ראיה להתיר פלפלין דשמא אין בהם הפגת טעם כלל ומיהו אומר ר"י דע"כ הם מפיגין טעמם דתנן בפ"ב דבילה (ד' כג:) ג' דברים רבי אלעזר בן עזריה מתיר וחכמים אוסרין שוחקין את הפלפלין ברחים שלהן והיכי הוה שרי רבי אלעזר בן עזריה אי לא מפיגין טעמא ואין סברא לומר דבהא פליגי רבי אלעזר בן עזריה ורבנן דמר סבר דמפיגין טעמא ומר סבר אין מפיגין טעמא אלא מדשרי ר' אלעזר בן עזריה ש"מ דמפיגין טעמא ורבנן דאסרי משום דברחים שלהם מיחזי טפי כי עובדא דחול ועוד תניא בהדיא בתוספתא דבילה בתר פלוגתא דבית שמאי ובית הלל הפלפלין כתבלין על כן נראה לר"י דמותר לכתוש פלפלין ביום טוב אפילו במדוך של אבן ומיהו היכא דידע מאי קדרה בעי בשולי אסור במדוך של אבן דלא ידענא כמאן הלכתא ואזלינן לחומרא ולא שייך למימר בשל סופרים הלך אחר המיקל היכא דאם הוא קולא בדבר אחד חומרא הוא בדבר אחר מיהו במדוך של עץ ממ"נ שרי אפי' במדוכה של אבן כעין שלנו שקורין מורטיי"ר כיון שהמדוך של עץ דלא אסרינן התם היכא דידע מאי קדרה בעי בשולי אלא בלא שינוי ושומין הגדוכים בי"ט נראה לר"י דשרי אפי' ידע מאי קדרה בעי בשולי לפי שמפיגין טעמן יותר מדאי ושרי מידי דהוי אשוחט ומבשל דשרי לכ"ע אפילו יודע מאי קדרה בעי בשולי דנראה הוא דהפגת טעם היינו שתש כח התבלין ואינם חדין כל כך ויכול לתקן הדבר כשמרבה התבלין אבל הפגת טעם שומין אין יכול לתקן מידי דהוה אשוחט ואופה ומבשל וגם רוח רעה שורה עליהן [נדה יז.] אם דכן מערב י"ט (ס) אפילו במדוך של אבן או של ברזל שרי ועוד דאין נראה שיהו בכלל תבלין דלא מיקרי תבלין אלא ירקות כעין כמון אבל שומין ובצלים אינם בכלל תבלין*): **דילמא** אתי לאשוויי גומות-אע"ג דהכא ס"ל בסוף פ"ב דבילה (ד' כג:) בדבר שאין מתכוין כר"ש גזרינן הכא כשיהא עסוק לקנח רגלו ישכח שבת ויתכוין לאשוויי גומות כעין שמליט בפ' בתרא דעירובין (ד' קד.) דנשים המשחקות באגוזים ובתפוחים אסור דילמא אתי לאשויי גומות כלומר במתכוין שמשכחת שבת מחמת שחוק שלהן: **אודרא** אפומא דשישא-פי' בפ"ח שרצים (לעיל ד' קיא:) [בד"ה האי מסוכרייתא שם ע"א]:

*) [וע"ע תוס' ביצה יד: ד"ה בית הלל]

עין משפט נר מצוה

[נ"ל וכן בשאלתות]

מו א מיי' פכ"ה מהל' שבת הלכה כב סמג לאוין סה טוש"ע או"ח סי' שח סעיף ח:

מז ב מיי' פכ"ו שם הל' יב סמג שם טוש"ע או"ח סי' שג סעיף ד:

מח ג מיי' פכ"ה שם הל' יד טו סמג שם טוש"ע או"ח סי' שיא סעיף ח:

מט ד מיי' פכ"א שם הלכה כ סמג שם טוש"ע או"ח סי' שכא סעיף ז:

נ ה מיי' פי"ג שם הל' כב סמג שם טוש"ע או"ח סימן שכו סעיף ז:

נא ו מיי' פכ"א שם הל' ג סמג שם טוש"ע או"ח סימן שב סעיף ו:

נב ז מיי' פי"ז שם הל' יז טוש"ע או"ח סי' שסה סעיף ה:

נג ח טוש"ע או"ח סי' שלו סעיף ד:

[נרא"ה ביצה פ"א סי' כא איתא רב הונא]

נד ט מיי' פכ"ב שם הלכה טו סמג שם טוש"ע שם סי' שב סעיף טז:

נה י מיי' פכ"ב שם הלכה יז סמג שם טוש"ע או"ח סי' שב סעיף ז:

לקמן קמח: ביצה ל.

רבינו חננאל

הקש שע"ג המטה לא ינענעו בידו אבל מנענעו בגופו: אמר רב נחמן האי פוגלא מלמעלה למטה שרי מטה למעלה אסור. יש מי שאומרים לא ינררה ויש מי שאומרים מותר לגררה ממעלה וכבר פירשנו דברי רב נחמן בפרק כל הכלים. אמר רב יהודה [הני] פלפלי [מידק] חדא חדא בקתא דסכינא שרי למידק. פי' ביו"ט אבל בלדכן אסור דהא אין מפיגין טעמן והוה לית למידק מעיו"ט. רבא אמר כיון דמשני אפי' טובא והלכתא כרבא ביו"ט ויש מי שמתיר כי האי גוונא אפי' בשבת: טיט שע"ג רגליו הלכתא כמר בריה דרבנא דאמר בין בקרקע ובין בכותל ולא שרי אלא בקורה בלבד. ואמר רבא לא לצדד איניש כובא בארעא דלא אתו לאשויי גומות ואמר רבא לא לידהוק איניש אודרא בפומיה דשישא דלמא אתו לידי סחיטה. פי' לא ידחוק אדם מוכין שרויין בפי במגעל שמא יבא לידי סחיטה מים שעל בגדו מכסכסו מבפנים ואין מכסכסו מבחוץ או מגררו בצפורן כסכסו כבר פירשנוהו למעלה. וכל אלו שאמר רבא אסור אחד בשבת ואחד ביו"ט לא שנא

מסורת הש"ס

לעיל נ. · לעיל קכג. · לעיל מג: קכג: · [נ"ל ואמר] · [לעיל קי.]

הגהות הב"ח

(א) גמ' אמר רבא לא ליתיב איניש וכו' (ג) שם כובא ... (ד) תוס' ד"ה הני וכו' ...

הגהות הגר"א

[א] גמ' ושעל בגדו מגררו בצפורן. נ"ב וכ"ש בגב סכין:

רב נסים גאון

מים שעל גבי מנעל איכא חספא דרבא משכחת לה בפרק כל הכלים ניטלין בשבת (דף קכד) רבא הוה קאזיל בריסתקא דמחוזא איתווס מסאניה בטינא אתא שמעיה שקל חספא יקא מכפר ליה: תני

נוטלו, [ט]אע"פ שבנטילתו מזיז עפר ממקומו - ר"ל דמ"מ רק טלטול מן הצד הוא, וכונתו הוא בשביל לקיחת הצנון דהוא דבר המותר. **[י]ואע"פ שהוסיף מחמת לחות הקרקע, מותר.**

כתבו האחרונים, דההיתר דלקיחת הצנון מהארץ, מיירי כשטמונין בשדה, דאי בבית אסור, שמא יבא להשוות אח"כ הגומות שבקרקע הבית שנעשה עי"ז, **וכעין** זה איתא בגמ' ‹קי"ג› ג"כ, גבי עמודים של אורג שהיו תקועין בקרקע הבית, שאסור לטלטלן ממקומן, שמא יבא להשוות הגומות אח"כ, **ואך** אם הם טמונין בחול ועפר שמונחין בקרן זוית, והכניסן לעשות בו צרכיו, מותר להוציאן, ואפי' לא היה מגולה כלל מלמעלה, וכמו שנתבאר לעיל בסי' ש"ח סל"ח, וע"ז רמז בהג"ה בס"ט.

הגה: ואפי' הניחו שם מבע"י להיות שם כל השבת, דאין באוכלין משום בסיס לדבר האסור (כל בו) - ר"ל דאף דבעלמא אם הניח דבר מוקצה על איזה כלי על דעת שישאר שם כל השבת, לכו"ע נעשה הכלי גופא ג"כ מוקצה מטעם בסיס לדבר האסור, וכנ"ל בסי' ש"ט ס"ד, **מ"מ** הכא לא נעשה הצנון בסיס להעפר שעל גבו, מטעם דאין באוכלין וכו', **ור"ל** דבאוכלין אלו לא שייך בסיס, דהלא לא היתה כונתו בהטמנה שיהא האוכל משמש להעפר, אלא אדרבה שיהא העפר משמש להאוכל, **וה"ה** לענין פירות הטמונין בתבן דלקמיה, אפי' היה דעתו שישארו שם כל השבת, ג"כ לא נעשו הפירות בסיס להתבן שעל גבן, מטעם הנ"ל.

אות ד'

כיון דמשני אפילו טובא נמי

סימן שכא ס"ז - [יא]מותר לדוך פלפלין אפילו הרבה יחד - ודוקא מה שצריך לו לאותה שבת, **והוא שידוכם בקתא של סכין [יב]ובקערה** - וה"ה דדך בקתא ע"ג שלחן, או בשולי כלי ע"ג שלחן, דהוי תרי שינויי, **אבל** לא ידוך בקתא של סכינא במכתשת, אף דשינה במה שדך בקתא של סכינא, מ"מ במכתשת מיחזי כעובדא דחול, **ולא** בבוכנא המיוחדת לכתישה, אפי' ע"ג שלחן או בתוך הקערה.

ואם הוא שוחק פלפלין ושאר תבלין במכתשת כדרכו, ואפי' גרגר אחד, יש בו איסור דאורייתא משום טוחן, [דחצי שיעור אסור מן התורה].

כתבו האחרונים, דדוקא בקתא דסכינא הוא דהתירו לדוך הפלפלין, **אבל** לחתוך אותם בסכין דק דק אסור, וה"ה לכל תבלין, וכמו בירק בסי"ב, [**ולפי"ז** אפשר להקל בסכין בשכוונתו לאכול לאלתר, כמו ירק, **ובא"ר** נשאר בזה בצ"ע], ‹**די"ל** כי שרינן מיד, היינו דבר אוכל, הא כל שאין אוכל כי אם למתק אוכלא כמו פלפלין, י"ל חייב משום טוחן אף ליתן מיד בתבשיל – פמ"ג›.

כתב הט"ז, אין לשום הפלפלין תוך הבגד, ולכתוש בסכין עליו, דהוא מוליד ריחא, [דאמרינן פ"ר אסור אפי' בדרבנן], **אמנם** בסי' תקי"א משמע דחזר מזה והסכים למהרש"ל, דשרי משום דאינו מכוין לזה, [**דיש** לחלק בין איסור דרבנן להך דהכא, **ובפרט** היכי דלא ניחא ליה כלל, דאז אפשר לצרף לזה דעת הערוך, דמקיל בפ"ר דלא ניחא ליה אפי' באיסור דאורייתא - סי' תרנח ס"ב].

אות ה'

מאן דסחי במיא, לינגיב נפשיה ברישא כו'

סימן שכו ס"ז - [יג]הרוחץ בנהר, צריך שינגב גופו יפה כשעולה מהנהר, מפני שלא ישארו המים עליו ויטלטלם ד' אמות בכרמלית - ר"ל תיכף כשעולה סמוך לנהר ינגב נפשיה, **ולא** ילך כלל בהמים שעליו, דלמא ישכח וילך בהם ד"א, [**כן** משמע בגמ' לפי גרסת הרי"ף והרא"ש, "האי מאן דסחי במיא לינגוב נפשיה דילמא וכו'", **ולפי** גרסתנו בגמ' משמע דאין לו לעלות כלל מהנהר קודם שינגב עצמו]. **[יד]לפי שהעולה מן הרחיצה יש רבוי מים על גופו** - וא"כ משמע מזה, דמלבושיו שפושטן קודם שיורד לנהר, צריך שיניחם סמוך לנהר, ועכ"פ המטפחת שמטפח גופו בו, כדי שלא ילך בהמים שעליו.

ועיין בפמ"ג, דה"ה בנהר גופא, כשעולה ממקום עמוק וחצי גופו הוא חוץ למים, צריך ליזהר שלא ילך כך ד"א, שהנהר הוא כרמלית, ונמצא שנושא ד"א בכרמלית, **ולפי"ז** כשיורד לטבול בנהר, ובתחלתו המים נמוכין סמוך לקרקע, צריך ליזהר שלא ילך ד"א רחוק משפתו, שבחזרתו ישא המים עליו ד"א.

כתבו הפוסקים, דנהגו שלא לרחוץ כלל בנהר או במקוה, דמצוי לבוא לידי סחיטת שער, ועוד כמה טעמים, **מיהו** ידיו ורגליו מותר לרחוץ בנהר, כשמנגב קודם שילך ד"א.

אבל ההולך ברשות הרבים ומטר סוחף על ראשו ועל לבושו, לא הקפידו בו - ר"ל לפי שהם מועטים, ואין מצוי בהם שיעור הוצאת המים שיתחייב בהן, לא גזרו בזה שהוא שלא כדרך הוצאה, **ועיין** בביאור הגר"א, דלפי' התוס' ‹קמ"ו: ד"ה מי› משמע, דאפילו ריבוי המים נבלע בלבושו, ג"כ מותר לילך בהן, **ועיין** בט"ז הטעם, ‹דא"א להמנע ממנו, דהאדם הולך ברה"ר, ופתאום בא מטר עליו, לא גזרו ביה רבנן›.

[טו]סימן שא סמ"ט - [טז]מותר לרחוץ ידיו בנהר בשבת, ובלבד שלא יוציאם עם המים שעליהם חוץ לנהר ד"א - נקט ד"א, משום דסתם מקום היבשה שעל שפת ימים ונהרות הוא כרמלית, **אבל** אם על שפתו היה ר"ה, אסור להוציא ידיו מן הנהר ולחוץ, אלא ינגבם מתחלה היטב זו בזו עד שיסורו המים, כי הנהר הוא כרמלית, ואסור להוציא מכרמלית לרה"ר.

באר הגולה

[ט] **שם בגמ' ודלא כהנך רבנן דאסרי שם** [י] **שם בתוס'** [יא] **שבת קמ"א וכרבא הרי"ף ורא"ש ורמב"ם** [יב] ‹כ"כ הרמב"ם דבעינן תרי שינויים, חדא שידוך בקתא של סכין, וגם שידוך בקערה ולא במכתשת, ומשמע דאפי' במכתשת של עץ אסור ומכ"ש של אבן. **וטעמו** הוא, דכיון דבדרכו חייב משום טוחן, ע"י שינוי פטור אבל אסור, ובשינוי גמור כמו הכא שמודך בקערה, מותר לכתחלה – עולת שבת. ‹**ולמד** הרמב"ם ממ"ש בסוף פ"ב דביצה, אין שוחקין כו', ופי' תוס' שם י"ד ושבת קמ"א. {דאף דהתירו לדוך כדרכן, מ"מ ברחיים אסור} משום עובדא דחול, **ועדש"י** ד"ה דקמשני, {שלא ברחיים ושלא במדוכה, הרי דמפרש ג"כ כהרמב"ם, דלבד מה שצריך לדוך שלא במדוכה רק בקתא דסכינא, מ"מ בעי ג"כ שלא ידוך בתוך רחיים} – גר"א› ‹**ול"נ** דאין זה דומה, דהתם הוא טוחן בלא שום שנוי, משא"כ אף אם יכתוש במכתשת, מ"מ איכא שינוי ע"י המדוך – נשנת אדם› [יג] **שם קמ"א מימרא דרב יהודה** [יד] **הרא"ש שם** [טו] ‹ע"פ הגר"א› [טז] רי"ו

אות ו'

מקנחו בכותל, ואין מקנחו בקרקע כו'

סימן שב ס"ו - [יז]"טיט שעל רגלו, (או על מנעליו) (ב"י ור' ירוחם), מקנחו בכותל - ולא דמי למה דאיתא בס"ח: אין מגרדין מנעל בין חדש בין ישן, והיינו אפילו יש טיט על גביו, וכונתו להסיר הטיט, וכמו שכתבנו שם, **דשם** לא אסרינן אלא בגב סכין, שע"י הגרירה ממחק העור, משא"כ בקינוח בכותל או בקורה, אין הכרח שיהיה ממחק עי"ז - ב"י, **וכתב** הט"ז, ולפי"ז הא דיש בחצר שלפני פתחי בתי כנסיות על הקרקע ברזל אחד, והוא חד למעלה, ושם מקנחין המנעלים קודם שיכנס בבהכ"נ, אסור לעשות כן בשבת, דזה דומה לגב הסכין ואסור לכו"ע וכו', עי"ש, **והמ"א** מחמיר אפי' היה הברזל עב ורחב בראשו, ולא היה לו חוד, דלא גרע מגב הסכין, אלא יקנח בכותל או בקורה או בחידודי המדרגות, **אך** אם הוא מקנח בנחת אין להחמיר בכ"ז, דלא שייך בזה החשש דממחק העור, **ובפרט** אם הטיט לח, בודאי אין להחמיר.

[יח](והנה הב"ח אוסר בזה משום חשש ממחק כבסעיף ח', **והנה לדינא** בטיט לח בודאי אין לחוש לחומרת הב"ח, **ואפילו** בטיט יבש הרוצה להקל כדעת הב"י וסייעתו, דבקינוח בכותל לא שייך חשש ממחק, בודאי אין למחות בידו, **אך** לכתחלה נכון ליזהר בטיט יבש מטעם אחר, והוא הי"א שבסעיף ז', דיש בו חשש טוחן, וכן כתב הפמ"ג, וכתב שבטיט שעל רגלו יש להקל לקנח בכותל, אפילו בטיט יבש, משום צערא דגופא, וה"ה דמותר לרחוץ טיט היבש שע"ג רגלו יחף במים, ולא הוי כגיבול, דכלאחר יד הוא, ובמקום צערא לא גזרו).

אבל לא בקרקע, דלמא אתי לאשוויי גומות. [יט]ויש מי שאוסר אף בכותל - של אבנים, משום דמחזי כמוסיף על הבנין ומחזקו, ולדידיה אין מקנחין אלא בקורה או ע"ג אבן, [אך דוקא אם היא אבן גדולה, שלא יתנדנד ע"י קינוחו], **וה"ה** דשרי בכותל של עץ.

הגה: [כ]ויש מי שמתיר בשניהם (הרא"ש) - דלמוסיף על הבנין לא חיישינן, משום דבנין חקלאה הוא {בנין גרוע של בעלי הכפרים}, ולשמא יקנח במקום הגומא וישוונה ג"כ לא חיישינן, **ומ"מ** אפי' לדידהו צריך ליזהר כשמקנח בקרקע, שלא יקנח במקום גומא, שעי"ז ישוונה.

ולענין הלכה, הט"ז כתב, דבמידי דרבנן יש לסמוך על המקילין דמותר בשניהם, **ויש** מן האחרונים שסוברין דנכון להחמיר לאסור בשניהם, **ונראה** דבכותל בודאי יש לסמוך להתיר כדעת המחבר, שכן דעת רוב הראשונים.

וכ"כ דמותר להסירו במעט חרס הראוי לטלטל (רבי ירוחם) - ובזה לכו"ע שרי, **ועיין** לקמן סי' ש"ח ס"ז, איזה חרס ראוי לטלטל.

אות ז'

לא ליתיב איניש אפומיה דליחייא, דילמא מיגנדרא כו'

סימן שסה ס"ה - [כא]אע"פ שמותר להשתמש תחת הקורה, לא ישב אדם בראש המבוי וחפץ בידו, שמא יתגלגל החפץ מידו לרשות הרבים ויביאנו אליו, כיון שאין היכר בינו לרה"ר - ר"ל דדוקא על צד המקרה וההזדמן מותר לטלטל שם חפציו לעת הצורך, אבל לא ישב שם בקביעות וחפץ בידו וכו'.

ואפילו אם המבוי פתוח לכרמלית, דהוא רק חששא במלתא דרבנן, ג"כ אסור, דשכיחא לאיתשולי.

וה"ה שלא ישב אצל הלחי, גמ', **ואפשר** דכשיש בו צוה"פ שרי, דמקרי הכירא, **ומיהו** בצוה"פ שלנו שגבוה מאוד, בודאי אסור, דלית הכירא.

[כב]אבל על פתח החצר מותר, בין פתוח לרשות הרבים בין פתוח לכרמלית, שיש בו היכרא.

אות ח'

לא ליצדד איניש כובא, דילמא אתי לאשוויי גומות

סימן שלז ס"ד - [כג]אסור לצדד חבית - היינו מלאה, **על הארץ** - שהוא מצדדה עד שתעמוד בקרקע יפה ע"י הצידוד, **דכיון שהיא כבידה יבא להשוות גומות ודאי, והוי פסיק רישיה** - ר"ל דע"י הצידוד גופא נעשה הקרקע חלקה בלא גומות, [רש"י בריש פרק הבונה], [כד]**אבל** מתוס' ‹ק"ב: ד"ה במצדד› משמע דלא הוי פ"ר, אלא דאסור מטעם שמא ישכח ויבוא להשוות גומות במתכוין, כדי שיהא נוח לו הצידוד.

וכן לא יכריע החבית וישפוך ממנה, אלא מגביה מן הארץ ושופך, שאל"כ יחפיר מן הארץ בודאי, **ואף** שמקלקל הוא, וגם מלאכה שא"צ לגופה היא, וגם חופר כלאחר יד הוא, אעפ"כ אסור מדברי סופרים.

והנה אם מותר לצדדה ע"ג קרקע מרוצפת, התו"ש כתב דמותר, אפילו לדעת השו"ע דס"ל דהוי פ"ר, לא גזרו בזה במרוצפת, **והפמ"ג** מצדד להחמיר, [**ומסתברא** דאם כל בתי העיר מרוצפין, אין להחמיר בזה].

ודע, דכל הסימן הזה לאו דוקא לענין שבת, דה"ה לענין יו"ט, ויש שנכשלין בזה.

‹המשך ההלכות מול עמוד ב'›

באר הגולה

[יז] **שם קמ"א וכרבא הרי"ף בשם בה"ג והרמב"ם** ‹דאין הלכה כתלמיד במקום הרב, ואינהו הוי תלמידי דרבא, וי"א סוברים דמאביי ורבא ואילך ליתא האי כללא, אלא הלכה כבתרא בכל מקום - גר"א› [יח] ‹ונראה דמיירי בהלך ברגלו יחף, והטיט מצערו, ומשום צערא אפי' מלאכה שאינה צריכה לגופה שרינן ליה במפיס מורסא, וה"ה צערא אחרינא, כמ"ש התוס' בפ' רבי אליעזר דמילה (דף קל"ה) בד"ה מפני הסכנה, ומשו"ה ס"ל לרבא דבכותל שרי ולא בקרקע, ולרב חסדא תרוייהו שרי, **אבל** כשהטיט על נעלו, לכו"ע אסור לקנוחי כיון דליכא צערא, ואפי' בקורה נמי אסור, דדלמא ממחק - ב"ח› [יט] **הרי"ף בשם י"א** ‹כמר בריה דרבינא} מדמפרשים למיליה - גר"א› [כ] ‹דאדרבה מדקאמר ולמר כו' במאי, משמע דיחידאה הוא, {ולית הלכתא כוותיה, אלא כרב פפא, דבשניהם שרי, ונגד רבא, דהלכה כתלמיד וכנ"ל} - גר"א› [כא] **שבת קמ"א** [כב] **רא"ש** [כג] **שבת קמ"א** [כד] ‹ע"כ צ"ל מש"כ בשו"ע יבא להשוות גומות ודאי, הוא לאו דוקא, דבגמ' [שבת קמא, א] אמר דלמא אתי לאשוויי גומות, משמע דלאו ודאי - מחה"ש›

עין משפט נר מצוה

נו א מיי' פכ"ב מהלכות שבת הלכה יח סמג שם טוש"ע או"ח סי' שב סעיף ח:

נז ב ג ד מיי' (שם הל' יח) ופכ"ג הלכה י סמג שם טוש"ע או"ח סי' שכז סעיף ד:

נח ה מיי' פי"ט שם הל' טו סמג שם טוש"ע או"ח סי' שא סעיף ז:

נט ו מיי' וסמג שם טוש"ע או"ח סי' שג סעיף יג:

ס ז מיי' פ"ד מהל' יבום הלכה יט סמג עשין כב טוש"ע אה"ע סימן קסט סעיף כא כב:

סא ח מיי' פי"ט מהל' שבת הלכה טו סמג לאוין סה טוש"ע או"ח סי' שג סעיף יג:

סב ט מיי' פכ"ו מהל' שבת הלכה יב סמג שם טוש"ע א"ח סי' שח סעיף יד:

סג י מיי' פכ"ד מהלכות כלים הלכה ס:

א כ מיי' פכ"ס מהלכות שבת הלכה טז סמג לאוין סה טוש"ע או"ח ס' שט סעיף א:

ב ל מיי' פי"ח מהלכות שבת הלכה יז:

ג מ מיי' פכ"ס שם הל' טו סמג שם טוש"ע א"ח סי' שט סעיף א:

כלים פכ"ו מ"ד [סנהדרין סח.]

לעיל קכד.

רבינו חננאל

ונידון מנעל הלכה כדתני ר' חייא אין מגררין לא מנעל חדש ולא מנעל ישן. ולא יסוך רגלו שמן והוא בתוך המנעל או בתוך הסנדל. אבל סך את רגלו בשמן ומניחה בתוך המנעל או בתוך הסנדל וסך כל גופו שמן ומתעגל ע"ג קטבליא. פי' ספרה. ואינו חושש ואמר רב חסדא לא שנו אלא אם נתן שמן מעט שיעור לצחצחו אבל שיעור לעבדו אסור. [אבל] לצחצחו אסור וכ"ש לעבדו. וכן הלכה: ת"ר לא יצא קטן במנעל גדול אבל יוצא הוא בחלוק גדול. פי' של אדם גדול ולא תצא אשה במנעל מרופט שמשתרבב מן הרגל כמו שאמור אם ישעום עבדך את אשר אכל ואת אשר אשתה מיכן [ואמר לקמן] (קלג) ששפתותיהן של זקנים מתרפטות ואין יכול לקפוץ שפתותיו לטעום החך המאכל וכן עוד לא תצא אשה במנעל חדש בשבת אא"כ יצאה בו שעה אחת מבע"י. תני חדא שומטין מנעל מע"ג האימום בשבת. אימום זה דפוס של מנעל ואליבא דרבנן שאומרין מנעל שע"ג אימום כלי הוא ומקבל טומאה. ותניא אידך אין שומטין הא לרבי אליעזר דאמר מנעל ע"ג אימום אינו כלי ואינו מקבל טומאה דתנן בסדר טהרות בבא בתרא פ' סנדל עסקי וכים של שנצות מנעל על האמום ר' אליעזר מטהר וחכמים מטמאין. פי' ר' אליעזר מטהר סבר מנעל על האמום אינו כלי לפיכך אינו מטמא ובשבת אסור לשומטו וחכמים שמטמאין סברי מנעל על האמום כבר נגמרה מלאכתו וכלי הוא לקבל טומאה. וכיון שהוא כלי מותר לשומטו בשבת והלכה כחכמים ואקשינן עלה הניחא לרבא דאמר דבר שמלאכתו לאיסור כגון האימום וכיוצא בו מכלי אומנות מלאכה בין לצורך מקומו מותר לטלטלו שפיר לטעמייהו דרבנן דסברי שומטין מנעל מעל אימום בשבת אלא (לאבין) [לרבא] דאמר לצורך גופו בלבד שרי אימום מאי לצורך גופו איכא דשומטין ומפרקינן הכא במאי עסקינן ברפוי כלומר מנעל זה רפוי הוא על האמום ואינו צריך להעבירו אלא מושך המנעל מעליו ונשאר האמום במקומו דתניא ר' יהודה אומר אם היה רפוי מותר וחזרנו לתקשות על זה הפירוק לרבא ופשוטה היא ופריק רבא הא ר' יהודה משום ר' אליעזר היא כלומר אפילו ר' אליעזר שאמר אין שומטין סבר הני מילי כשהוא מהודק דצריך לטלטוליה ולאשמוטיה אבל אם היה רפוי שמושך המנעל והאמום נשאר במקומו מותר לשומטו אבל חכמים סבירא להו אע"פ שאינו רפוי אלא מהודק אם אינו לצורך גופו מותר לטלטלו לצורך מקומו:

הדרן עלך רבי אליעזר אומר תולין

פרק כא נוטל אדם את בנו והאבן בידו כו'. אמר רבא הוציא תינוק חי וכיס תלוי לו בצוארו חייב משום כיס תינוק מת וכיס תלוי לו בצוארו פטור. פי' תינוק מת לקברו וכיס עמו כדאמר ריש לקיש

רב נסים גאון

תני בר קפרא לא שנו אלא שלא יצאת בו שעה אחת מבעוד יום. בגמ' דבני מערבא בפרק במה אשה יוצאה (הלכה ב) ובפרק כל ישראל יש להם חלק (הלכה א) גרסי כמה שיעורו והכין גרסי לא ילבש אדם מנעלים וסנדלים

במנעל מרופט כו' ואם חלצה חליצתה כשרה · וא"ת אמאי גזרינן בפרק מצות חליצה (יבמות דף קב:) מנעל אטו מנעל מרופט כיון דדיעבד חליצתה כשרה ואומר ר"י דגזרינן אטו מרופט יותר מדאי שאינו חופה רוב רגלו דאם חלצה בו אין חליצתה כשרה · מ"ל: **ההיא** דרבי יהודה משום דרבי אליעזר היא · מכאן ראיה דרבי יהודה שרי דבר שמלאכתו לאיסור לצורך גופו ולצורך מקומו כמו שפירשתי בסוף פרק במה מדליקין (דף לו:) ד"ה הא ר"י:

הדרן עלך תולין

נוטל. רבא כרבי נתן ס"ל. פירש' בפ' המצניע(א) (לעיל ד' צד·): **תינוק** מת וכיס תלוי בצוארו פטור· דאגב מרריה מבטיל ליה לכיס א"נ תינוק חי הוא צריך לכיס לטייל בו התינוק אבל תינוק מת מה צריך לכיס והוי מלאכה שאינה צריכה לגופה(ב) ופטור שלא הוציא כדרך המוציאין: **אי** הכי מאי איריא אבן אפי' דינר נמי · אי אמרת בשלמא דתרוייהו מבטל להו בין אבן ובין דינר ואין כאן טלטול מוקצה כלל היינו דנקט אבן משום דאי נפיל לא אתי אבוה לאתויי אבל דינר אי נפיל אתי אבוה לאתויי לא אלא אי אמרינן דתרוייהו לא בטלי ואפ"ה שרינן איסור מוקצה כשמטלטל התינוק עם האבן משום גיעגועין בדינר נמי לישתרי דלא שייך למימר דילמא אתי אבוה לאתויי דמאי נפקא לן מינה דהשתא נמי דאיכא איסור מוקצה שרינן ליה משום גיעגועין ומשני דאע"פ שיש איסור מוקצה כשמטלטל התינוק עם האבן ושרינן ליה משום גיעגועין מיהו יש לנו להחמיר במוקצה יותר כשמטלטלו בידים משמטלטלו אגב תינוק אף על גב דהשתא שעתא נמי איכא מוקצה הלכך גזרינן דילמא נפיל בדינר ואתי אבוה לאתויי. כך פירש רבינו שמואל:

וגשדינהו

במה מגררו א"ר אבהו בגב סכין א"ל ההוא סבא סמי דידך מקמי הא דתני רבי חייא *אין מגררין לא מנעל חדש ולא מנעל ישן ולא יסוך את רגלו שמן והוא בתוך המנעל או בתוך הסנדל אבל סך את רגלו שמן ומניח בתוך המנעל או בתוך הסנדל וסך כל גופו שמן ומתעגל ע"ג קטבליא ואינו חושש אמר רב חסדא לא שנו אלא לצחצחו אבל לעבדו אסור פשיטא יותו לצחצחו מי איכא מאן דשרי אלא אי איתמר הכי איתמר אמר רב חסדא לא שנו אלא שיעור לצחצחו אבל שיעור לעבדו אסור ת"ר לא יצא קטן במנעל גדול אבל יוצא הוא בחלוק גדול ולא תצא אשה במנעל מרופט ולא תחלוץ בו ואם חלצה חליצתה כשרה ואין יוצאין במנעל חדש באיזה מנעל אמרו במנעל של אשה תני בר קפרא ל"ש אלא שלא יצאה בו שעה אחת מבעוד יום אבל יצאה בו מע"ש מותר תני חדא שומטין מנעל מעל גבי אימום ותניא אידך אין שומטין לא קשיא הא ר' אליעזר הא רבנן *דתנן מנעל שעל גבי *אימום רבי אליעזר מטהר וחכמים מטמאים הניחא לרבא *דאמר דבר שמלאכתו לאיסור בין לצורך גופו בין לצורך מקומו מותר שפיר אלא לאביי דאמר *לצורך גופו מותר לצורך מקומו אסור מאי איכא למימר הכא במאי עסקינן ברפוי דתניא רבי יהודה אומר אם היה רפוי מותר טעמא דרפוי הא לא רפוי לא הניחא לאביי דאמר דבר שמלאכתו לאיסור לצורך גופו מותר לצורך מקומו אסור שפיר אלא לרבא דאמר בין לצורך גופו בין לצורך מקומו מותר מאי איריא רפוי אפי' לא רפוי נמי ההיא דרבי יהודה משום דרבי אליעזר הוא דתניא ר' יהודה אומר משום רבי אליעזר אם היה רפוי מותר:

הדרן עלך תולין

נוטל *אדם את בנו והאבן בידו וכלכלה והאבן בתוכה ומטלטלין תרומה טמאה עם הטהורה ועם החולין רבי יהודה אומר אף מעלין את המדומע באחד ומאה: **גמ'** אמר רבא הוציא תינוק חי וכיס תלוי בצוארו חייב משום כיס תינוק מת וכיס תלוי לו בצוארו פטור תינוק חי וכיס תלוי לו בצוארו חייב משום כיס וליחייב נמי משום תינוק רבא כרבי נתן סבירא ליה *דאמר חי נושא את עצמו וליבטל כיס לגבי תינוק מי לא תנן *את החי במטה פטור אף על המטה שהמטה טפילה לו מטה לגבי חי מבטלי ליה כיס לגבי תינוק לא מבטלי ליה תינוק מת וכיס תלוי לו בצוארו פטור וליחייב משום תינוק רבא כר"ש ס"ל דאמר *כל מלאכה שא"צ לגופה פטור עליה תנן נוטל אדם את בנו והאבן בידו אמרי דבי רבי ינאי בתינוק שיש לו גיעגועין על אביו אי הכי מאי

במה מגררו · לחדש: **והוא בתוך המנעל** · מפני שהמנעל נהנה ממנו ונמצא מעבדו: **מתעגל** · מתגלגל: **קטבליא** · עור שלוק שפושטין ממנו משטיחות לשלחן ולמטה: **אלא לצחצחו** · לא שנו דמותר לסוך שמן לרגלו ונותנו בתוך המנעל אלא שמתכוין לצחצחו למנעל: **ולצחצחו מי שרי** · במתכוין הא איכא למיגזר אטו לעבדו: **שיעור לצחצחו**. שלא היה כ"כ שמן הגישוף לצור מגופו כדי לעבד לצור אלא לצחצחו ומיהו איהו אפי' לצחצח לא מתכוין: **לא יצא** · אדם קטן במנעל שהוא גדול לו משום דנופל מרגלו ואתי לאתויי: **אבל יוצא בחלוק גדול** · דלא נפיל מיניה ולמישלף ואתויי לא חיישינן דלא קאי ערום בשוק: **מרופט** · קרוע מלמעלה דגנאי הוא לה וכי חייכי עלה שלפה ומייתי לה: **ולא תחלוץ בו** · לכתחילה דלאו נעל מעליא הוא: **במנעל חדש** · כדמפרש ואזיל שלא יצאה בו מבעוד יום ובאשה קיימינן דאשה מקפדת אם אינו מכוון למדת רגלה אבל יצאה בו כבר הכירה בו דמכוון הוא לה או אינה מקפדת: **אימום** · פורמ"ה: **ר' אליעזר מטהר** · אלמא לאו כלי הוא ובשבת נמי אסור לטלטלו: **הניחא לרבא דאמר** · בפ' כל הכלים דבר שמלאכתו לאיסור בין שהוא צריך להשתמש בגופו של כלי בין שאינו צריך אלא למקומו מותר לטלטלו מאחר שתורת כלי עליו שפיר איכא לאוקומי להא דתני שומטין כרבנן דכיון דכלי הוא ואימום נמי כלי הוא ואף על גב דמלאכתו דאימום לאיסור לתקן מנעלין מטלטלין להאי אימום משום צורך מקומו דהיינו מנעל שהאימום נתון לתוכו: **אלא לאביי** · כהי נמי דמנעל שעל האימום לרבנן כלי הוא אימום מיהא מלאכתו לאיסור הוא וזה ששומט ממנו את המנעל אינו צריך לגופו של אימום והיכי מטלטל ליה: **ברפוי** · שהמנעל נשמט מאליו וא"צ לטלטל האימום: **הא לאו רפוי לא** · וע"כ טעמא משום דאימום אסור לטלטל לצורך מקומו: **ה"ג ההיא רבי יהודה משום רבי אליעזר הוא** · כי אמרה ליה ר' יהודה לההוא דמפליג בין רפוי לשאינו רפוי אליבא דרבי אליעזר אמר דאמר מנעל שעל האימום לאו גמר כלי הוא כל זמן שמחוסר הואלה ולענין שבת נמי אסור לטלטלו משום דלאו כלי הוא והשמטיך דרפוי לאו מחוסר הואלה הוא ומותר לטלטלו דאילו לרבנן אף על גב דאין רפוי מותר דטעמא דשאין רפוי אסור לרבי יהודה לאו משום אימום הוא אלא משום מנעל גופיה:

הדרן עלך תולין

נוטל. **והאבן בידו** · בחצר ולא אמרי' דמטלטל לאבן: **עם הטהורה** · אגב הטהורה ואגב חולין אבל ממאה בלאפי נפשה לאו בת טלטול היא: **אף מעלין את המדומע** · סאה תרומה שנפלה לק' של חולין דקי"ל דעולה מותר להעלותו לסאה תרומה מהן בשבת ויהיו החולין מותרין ולא אמרינן מתקן הוא ובגמרא מפרש טעמא: **גמ' חייב משום כיס** · ולא משום תינוק כדמפרש ואזיל משום כיס מיהו חייב ולא אמרינן איהו לא מפיק ליה אלא תינוק קא מפיק ליה ולקמיה פריך לה ממתניתין: **פטור** · לגמרי כדמפרש ואזיל: **מטה לגבי חי מבטל לה** · להיות טפילה לו שהרי צריך לה: **מלאכה שאינה צריכה לגופה** · ומוציא מת לקוברו מלאכה שא"צ לגופה היא כדאמר בהמצניע* וכיס שהיה תלוי בצוארו לשחק בו אגב מרריה מבטל ליה לגבי תינוק שמת ולא חשיב ליה ההיא שעתא: **והאבן בידו** · מדשרי ליה בטלטול בחצר ש"מ לאו כמאן דנקיט לה איהו לאבן דמי ולגבי כיס היכי מחייבת ליה: **בתינוק שיש לו גיעגועין על אביו** · שאם לא יטלנו יחלה ולא העמידו טלטול שלא בידים במקום סכנה ואע"ג דלאו סכנת נפש גמורה אלא סכנת חולי: אתי

מסורת הש"ס

[תוספ' פ"ד]

[נ"ל אימום וכן הוא בערוך ובמשנה דכלים ובמפרשים שם. גליון]

[לעיל קכב.]

לעיל מג.

לעיל צד. [עירובין קג.] יומא פו:

[לעיל קמ: וש"נ]

[דף צד:]

סנהדרין לה: לעיל מג:

הגהות הב"ח

(א) תוס' ד"ה נוטל וכו' בפ' המצניע. נ"ב דף צד: (ב) ד"ה תינוק וכו' אבל תינוק מת מה צריך לכיס והוי מלאכה שאינה צריכה לגופה אפי' צריך לו פטור שלא הוציא:

גליון הש"ס

גמ' ולא יסוך את רגלו שמן. וכן איתא בירושלמי פ"ח דשביעית לענין שמן שביעית:

אות ט'

לא ליהדוק איניש אודרא בפומא דשישא, דילמא אתי לידי סחיטה

סימן שכ סט"ז - **אסור להדק מוכין** - כל דבר רך כגון צמר גפן ומטלית וכיוצא בהן, **בפי פך שיש בו משקין, משום סחיטה** - ומיירי כשהם לחוץ מן המשקין שבתוך הכלי, (**ולפי"ז** לראורה דאפילו אם אין בפי הפך כלום נמי אסור, ומש"כ השו"ע "שיש בו משקין", משום דסתמא דמילתא אז המוכין כבר נתלחלחו עי"ז, **ואה"נ** דאם הם יבשין עדיין, מותר, כן נראה לי).

ואפי' הם עשויין לכך נמי אסור, משום דבהידוק המוכין בתוך פי הפך, בא לידי סחיטה שהיא תולדת ליבון, **ואפי'** להסוברים דבשאר משקין חוץ ממים אין בו משום מלבן, מ"מ אסור, שיוצא המשקה הבלוע בו ונופל לתוך הפך, והוי בכלל דישה כמו סוחט זיתים וענבים.

ואף שאינו מתכוין לזה, מ"מ פס"ר הוא, [מרדכי, **ואף** דבגמ' קמ"א איתא "דלמא אתי לידי סחיטה", אפשר דכונת המרדכי דהוא קרוב לפסיק רישא, וכן מורה לשון השו"ע, **א"נ** דכונת הגמ', דחיישינן שמא יהדק היטב בענין שיהא בו פס"ר, דמצוי הדבר, ולכן אסרו להדק במוכין לח כלל].

אות י'

טיט שעל גבי בגדו, מכסכסו מבפנים ואין מכסכסו מבחוץ

סימן שב ס"ז - **טיט שעל בגדו משפשפו מבפנים, דלא מוכחא מלתא לאתחזויי כמלבן** - היינו שאוחז הבגד בפנים נגד מקום הטיט, ומשפשף זה בזה עד שנופל הטיט, **ואף** דלעיל בס"ה אסר בסודר לשפשפו, ולא מחלקינן בין מבפנים למבחוץ, **התם** הוא מכוין לצחצחו, משא"כ כאן שאין כונתו אלא להסיר הטיט.

ואין חילוק בכל זה בין משי לפשתן וצמר.

אבל לא בחוץ, דדמי למלבן - שמתיפה הבגד עי"ז, ומלבן ממש לא הוי, דאין נותן עליו מים, [רש"י, **ולא** דמי למה דמחייבינן במנער טלית חדשה מן האבק שעליו, לשיטת רש"י, **דהתם** מצחצח הבגד עי"ז, והוא תיקונו, משא"כ כאן שאינו רק שמסיר הטיט, ורושם הטיט עדיין נשאר, והדרך להעבירו ע"י מים, **ובזה** סרה קושית הגרע"א שנשאר בצ"ע על רש"י בגליון הש"ס].

ומגררו בצפורן - מבחוץ, דזה לא נחשב ליבון, **וה"ה** דמותר לגררו בגב סכין, ואפשר דאפילו בחודו.

ויש מפרשים דהני מילי לח, אבל יבש אסור דהוי טוחן - בין לגרר בין לכסכס אפילו מבפנים.

אע"ג דהוי מלאכה שאינה צריכה לגופה, עכ"פ איסורא מיהא איכא לכו"ע, **ועי'** א"י מותר, [דהוי מלאכה שאינה צריכה לגופה, ומשום כבוד הבריות שלא ילך בבגדים מלוכלכים, שרי, דהוי שבות דשבות].

כתב הט"ז, נ"ל דוקא ביש ממשות טיט על הבגד, וכשהוא מגרד שם אז נופלים פרורי הטיט, זה דומה לטוחן, **אבל** אם אין שם אלא מראה הטיט, והוא מגרר שם לבטל המראה, אין זה דומה לטוחן, **ומטעם** זה יש להתיר למי שחלוק שלו מטונף קצת, ואין שם ממשות צואה, והוא יבש, יוכל לגרר בצפורן ולהסיר המראה, כדי שיתפלל בנקיות, עכ"ל הט"ז, **ולענ"ד** יש לעיין בזה טובא, דנהי דמשום טוחן ליכא, הרי ודאי מכוין בזה ליפות הבגד ולצחצחו, שלא ישאר עליו שום רושם לכלוך, והוי כמלבן, (**והגמר'** שהתיר לגרר בציפורן, **היינו** להעביר הטיט, **משא"כ בזה שאין טיט, וכונתו רק לצחצח הבגד וליפותו, שלא ישאר עליו שום רושם כלל**, הוא דומה ממש לס"ה הנ"ל), **ודע** עוד, דפשוט דאפי' לדעת הט"ז, אינו מותר רק לגרר בצפורן, או לכסכסו מבפנים, אבל לכסכס מבחוץ אסור בכל גווני, [דהט"ז לא חידש רק דאין בזה משום טוחן, ומ"מ לא עדיף מטיט לח, דגם שם לא שייך טוחן, ואפ"ה אסור לכסכס מבחוץ, משום דמחזי כמלבן].

---

§ מסכת שבת דף קמא: §

אות א'

אין מגררין לא מנעל חדש ולא מנעל ישן

סימן שב ס"ח - **אין מגרדין (בסכין או בצפורן) מנעל, בין חדש בין ישן, מפני שקולף העור והוי ממחק** - אפילו היה עליו טיט, וכונתו להסיר הטיט, דפסיק רישא הוא, והיינו אפילו בגב הסכין, [גמ'], **וע"כ** נכון ליזהר שיעשה הברזל שלפני בהכ"נ שמקנחין בו המנעלים, עב ורחב ולא חד, ועיין לעיל בס"ו, **ולקנח** בכותל שרי, וכנ"ל בסעיף ו'.

(**עיין בב"י שהביא דעת הכל בו, שכתב דדוקא בטיט היבש, לפי שמתקנו** בגרירתו, **אבל טיט לח מגררין, שאין בו תיקון בכך, וראיתי בב"ח שהשיג על הכל בו, וכתב: ותימה גדולה, הלא רש"י פי' דטעם הברייתא משום דהוי ממחק, ולפי"ז בודאי אפילו בטיט לח אסור, שקולף העור והוי ממחק, ואיך הוא מפרש דלא כפי' רש"י, ולהתיר מה שאסור לפי' רש"י ולכל הפוסקים, עכ"ל, ובחנם הרעיש עליו, דמרמב"ם משמע נמי שאינו מפרש טעם האיסור משום ממחק, שכלל אותו בפכ"א בדיני כיבוס וליבון, שמתקן את הבגד והעור, ולא בדיני ממחק, ואפילו לרש"י ויתר הפוסקים שהעתיקו הטעם דממחק, נוכל לומר ג"כ דטעם זה לא שייך כי אם בטיט יבש, דבעי לגרר בחוזק ויבוא לידי קילוף העור, משא"כ בלח,**

באר הגולה

כה שם קמ"א | כו שם | כז טור בשם ר' פרץ שהביא תוספתא | א שם בגמרא

ויש לסמוך על דבריהם היכא דיש עוד צד להיתר, כגון בקינוח בנחת, או בכותל אפילו לדעת המחמירין).

אות ב' - ג' - ד'

ולא יסוך את רגלו שמן והוא בתוך המנעל או בתוך הסנדל; אבל סך את רגלו שמן ומניח בתוך המנעל או בתוך הסנדל; וסך כל גופו שמן ומתעגל על גבי קטבליא ואינו חושש

ותו לצחצחו, מי איכא מאן דשרי

לא שנו אלא שיעור לצחצחו, אבל שיעור לעבדו אסור

סימן קכז ס"ד - עיבוד העור הוא אחד מאבות מלאכות, ועיבוד הוא אם מולח את העור, או שמעבדו בשאר דברים שדרך לעבדו, **וכן** אם דורס העור ברגלו עד שיתקשה, או שמרככו בידו, ומושכו ומשוה אותו כדרך שהרצענין עושין, חייב, דהוא תולדת מעבד, **וכן** אם מרכך העור בשמן, ג"כ מענין עיבוד הוא וחייב.

ולכן צריך ליזהר מטעם זה שלא למשוח מנעל חדש בשמן, ובח"א כתב דחיובא נמי יש בזה, **ויש** אוסרין גם במנעל ישן, **ובפרט** בזמן הזה דנפישי עמי הארץ, ויבואו להקל גם בחדשים, בודאי יש להחמיר בכל גווני - ח"א.

וכ"ש אם כונתו במשיחת השמן, כדי שיהיה המנעל שחור, נראה דיש לאסור לכו"ע משום חשש צביעה.

ודע, דלענין חיוב חטאת בעיבוד, וכן לענין הפשטת העור, דהוא ג"כ מלאכה דאורייתא, הוא אם יש בו שיעור כדי לעשות קמיע, **ולענין** איסורא אפילו בכל שהוא.

המפרק דוכסוסטוס מעל הקלף, הרי זה תולדת מפשיט, דוכסוסטוס הוא חלק העור של צד הבשר, וקלף הוא החלק של צד השער.

[ב]לא יסוך רגלו בשמן והוא בתוך המנעל או הסנדל (החדשים) - דבישנים תו אין בו משום חשש עיבוד, **מפני שהעור מתרכך ודמי לעיבוד** - דמשום איסור עיבוד אסרו ג"כ לאדם שיסבב ע"י פעולתו שיתרכך העור.

[ג]אבל סך רגלו ומניחו במנעל, וסך כל גופו ומתעגל ע"ג העור - כיון דבעת הסיכה לא נגע השמן בהעור.

[ד]והוא שלא יהא בשמן הנישוף מגופו שיעור כדי לעבדו - דאם יש בהשמן שיעור כדי לעבדו, אסור אף דאינו מכוין לזה.

אפילו יש בו כדי לצחצחו מותר, והוא שלא יכוין אפילו לצחצחו - דאי מכוין כדי לצחצח העור ע"י השמן, אסור, גזירה אטו היכא שמתכוין לעבדו, רש"י, **וכ"ש** היכא שמושח המנעל בשמן, אפילו אם השמן מועט, ומכוין רק כדי לצחצחו, דאסור.

ולצחצח המנעלים ע"י המרוח שחור, שקורין וויקסין, כתב בספר תפארת ישראל, דאם עשה אפילו ע"י א"י, אסור עד לערב בכדי שיעשו, [**ומשמע** שם דטעמו, משום שיש בזה משום ממרח].

אות ה'

לא יצא קטן במנעל גדול, אבל יוצא הוא בחלוק גדול

סימן שא ס"ז - [ה]**ולא יצא קטן במנעל גדול** - היינו אדם שהוא קטן במנעל שהוא גדול לו, **דלמא נפל ואתי לאתויי; אבל יוצא הוא בחלוק גדול.**

אות ו'

ולא תצא אשה במנעל מרופט

סימן שג סי"ג - [ו]**לא תצא במנעל הקרוע למעלה, דמחכו עלה ואתיא לאתויי; ולא במנעל חדש, שמא לא יבא למדתה** - ושלפא ליה ואתיא לאתויי, **אא"כ נסתה ללכת בו מאתמול שהוא למדתה** - אפילו רק שעה אחת, גמ'.

אבל איש מותר, שאין מקפיד כל כך - אתרווייהו קאי.

הגה: ובשאר מלבושים אין לחוש, אפילו באשה (כל בו) - דליכא למיחש בהן דילמא שלפא אותן.

אות ז'

ואם חלצה חליצתה כשרה

אבה"ע סימן קסט סכ"א - **יהא עשוי לצורת רגל ימנית, וינעלו ברגלו הימנית; ויהיה למדת רגלו, שלא יהא גדול עד שאין ראוי לילך בו, ולא יהיה קטן עד שאינו מכסה רוב הרגל** - (מנעל גדול שמרוב גדלו נכפל ע"ג הרגל, אין חולצין בו לכתחלה אפי' יוכל להלוך בו, ובדיעבד שפיר דמי. **ואם** אינו יוכל להלך בו, אפילו בדיעבד פסול - באה"ט). **ולא יהיה קרוע עד שאינו יכול לילך בו.**

אבה"ע סימן קסט סכ"ב - **חלצה בסנדל של עץ או של שעם שאינם מחופים עור, או ברגל שמאל, או שהיה מנעל גדול עד שאינו יכול לילך בו, או קטן שאינו מכסה רוב רגלו, או קרוע שאינו יכול לילך בו, או בסנדל שאין לו עקב, או באנפליא של בגד, חליצתו פסולה**

אות ח'

שלא יצאה בו שעה אחת מבעוד יום, אבל יצאה בו מערב שבת מותר

באר הגולה

| ב | שם קמ"א ברייתא | ג | רמב"ם בפכ"ג ה"י ושם כתב אף על פי שהם חדשים | ד | שם בגמ' | ה | שם קמ"א | ו | שם בברייתא קמ"א

סימן שג סי"ג - אא"כ נסתה ללכת בו מאתמול שהוא למדתה - אפילו רק שעה אחת, גמ'.

אות ט'

שומטין מנעל מעל גבי אימוס

סימן שח סי"ד - [ז]מנעל חדש מותר לשמטו מעל הדפוס, אע"פ שמלאכתו לאיסור, כיון דשם כלי עליו [ח]מותר לטלטלו לצורך מקומו - נקט חדש לרבותא, אף שהוא מהודק על הדפוס שפיר, ואינו יכול לשמטו מעליו אא"כ מטלטל גם הדפוס בידים, אפ"ה שרי, **דאף** שהוא כלי שמלאכתו לאיסור, שעל ידו מתקנים המנעלים, מ"מ הלא צריך למקומו, דהיינו המנעל שהדפוס מונח בו, [מוכח ברש"י שם], **וכ"ש** כשהמנעל ישן, שהוא רפוי ויכול לשמוט המנעל מעליו בלי טלטול הדפוס בידים, דשרי, [שם].

לפי טעם זה, ה"ה דמותר לשמוט הדפוס מתוך המנעל, בין שהוא תקוע בו בחוזק ובין ברפוי, **והא"ר** מפקפק ברפוי, דלמה יטלטל הדפוס, טוב יותר שישמיט המנעל מעליו אחרי שהוא רפוי, ולא יטלטלו בידים, **ובמקום** שקשה להשמיט המנעל, בודאי אין להחמיר.

(עיין בגמרא, דהטעם דמותר המנעל בטלטול, משום שיש שם כלי עליו כיון שנגמר, אף שעדיין לא הוסר מעל הדפוס, וכרבנן דרבי אליעזר, **ולפי** מה שמבואר לעיל בסימן ש"ג סי"ג, דאשה אסורה לצאת במנעל חדש בשבת כשלא נסתה ללכת בו מאתמול, **ואפילו** בבית יש מחמירין בזה, ע"ש בסי"ח, **אפשר** דצריך ליזהר ג"כ שלא תשמטנו מעל הדפוס, אחרי שאסורה לצאת בו, **אם** לא שצריכה להמנעל להשתמש בו לאיזה דבר אחר, דלא גרע עכ"פ משאר כלי שמלאכתו לאיסור, שמותר לטלטלו לצורך גופו).

אות י'

וחכמים מטמאים

רמב"ם פכ"ד מהל' כלים ה"ה - מנעל שעל האימוס, אע"פ שעדיין לא לבשו אדם, הרי זה מתטמא במדרס, שכבר נגמרה מלאכתו.

אות כ'

נוטל אדם את בנו והאבן בידו

סימן שט ס"א - [ט]נוטל אדם את בנו והאבן בידו, ולא חשיב מטלטל לאבן - ומיירי שהוא בחצר, [תוספות שבת, והוא מרש"י], דאין בה אלא משום איסור טלטול, ולכך לא אסרו בזה משום צערא דתינוק כדלקמן, **אבל** בר"ה ודאי אסור משום איסור הוצאה, דכשנושא את התינוק הוי כאלו נושא את האבן בידו, גמ'.

והוא שיש לו געגועין עליו, (פי' שיש לו עגמון נפשו עם אביו), שאם לא יטלנו, יחלה - ולכך לא אסרו טלטול שלא בידים במקום סכנת חולי, [רש"י], **וא"ת** ישליך האבן מידו כמ"ש ס"ג, דצריך לנער האבן מהכלכלה, י"ל שיצעק התינוק ויבכה, [תוס' קמ"ב. ד"ה ונשדינהו], **ואם** נפל האבן מיד התינוק, אסור להגביה וליתנו לו, דזהו טלטול בידים, [מוכח מהסוגיא בפשיטות], **אלא** יוריד התינוק מעל כתפו ויגביה התינוק את האבן, ויחזור ויטלנו.

אבל אם אין לו געגועין עליו, לא - דמה שמטלטל להתינוק עם המוקצה, הוי כאלו הוא עצמו מטלטל להמוקצה, ואסור, [גמ'].

אות ל'

הוציא תינוק חי וכיס תלוי בצוארו, חייב משום כיס

רמב"ם פי"ח מהל' שבת הי"ז - המוציא תינוק חי וכיס תלוי בצוארו, חייב משום הכיס, שאין הכיס טפלה לתינוק; אבל אם הוציא את הגדול, אף על פי שהוא מלובש בכליו וטבעותיו בידו, פטור, שהכל טפילה לו; היו כליו מקופלין על כתיפו, הנושא אותו חייב.

המוציא תינוק וכיס תלוי בצוארו, חייב, אף שהתינוק יכול לילך בעצמו, דאין בו איסור דאורייתא, דחי נושא את עצמו, מ"מ חייב משום כיס, דכיס אינו בטל לגביה, שהוא אין צריך לו, **אבל** המוציא גדול המלובש בכליו, פטור, דבגדיו טפלים לו, ועליו אינו חייב, דהוא נושא את עצמו, ולית ביה אלא איסורא דרבנן - מ"ב סימן שח סמ"א.

אות מ'

בתינוק שיש לו גיעגועין על אביו

סימן שט ס"א - והוא שיש לו געגועין עליו, (פי' שיש לו עגמון נפשו עם אביו), שאם לא יטלנו, יחלה - ולכך לא אסרו טלטול שלא בידים במקום סכנת חולי, [רש"י], **וא"ת** ישליך האבן מידו כמ"ש ס"ג, דצריך לנער האבן מהכלכלה, י"ל שיצעק התינוק ויבכה, [תוס' קמ"ב. ד"ה ונשדינהו], **ואם** נפל האבן מיד התינוק, אסור להגביה וליתנו לו, דזהו טלטול בידים, [מוכח מהסוגיא בפשיטות], **אלא** יוריד התינוק מעל כתפו ויגביה התינוק את האבן, ויחזור ויטלנו.

אבל אם אין לו געגועין עליו, לא - דמה שמטלטל להתינוק עם המוקצה, הוי כאלו הוא עצמו מטלטל להמוקצה, ואסור, [גמ'].

באר הגולה

ז שבת קמ"א וכרבנן | ח שם בגמרא | ט משנה שבת קמ"א וגמ' שם וכפירוש רש"י שם

§ מסכת שבת דף קמב. §

אות א'

לא שנו אלא אבן, אבל דינר אסור

סימן שט ס"א - ואפי' כשיש לו געגועין עליו, לא התירו אלא באבן; אבל אם דינר בידו, [א]אפי' לאחוז התינוק בידו והוא מהלך ברגליו, אסור, דחיישינן דילמא נפיל ואתי אבוה לאתויי - ר"ל ונמצא מטלטל המוקצה בידים, וזה לא התירו אפי' במקום שנוגע לחשש חולי הבן, כיון דלא הוי חשש סכנת נפש, [רש"י].

[ב]וי"א שלא אסרו אלא כשהוא נושא התינוק עם דינר בידו - ר"ל דאז יוכלו לטעות ולומר, דכשם שהתירו בשביל התינוק לישאנו כשהדינר בידו, אף שממילא מתטלטל גם הדינר, כך מותר לישא את הדינר עצמו בידו אחר שנפל, וליתנו ליד התינוק, **אבל לאחוז התינוק בידו, אע"פ שדינר ביד התינוק, אין בכך כלום.**

(נקטינן לחומרא כסברא הראשונה – ב"ח, אבל בא"ר כתב, דיש לסמוך על דעה זו משום סכנת חולי, וגם דרמב"ן בתראה הוא והר"ן הביאו).

אות ב' – ג'

המוציא כליו מקופלים ומונחים על כתפו, וסנדליו וטבעותיו בידו, חייב; ואם היה מלובש בהן, פטור

המוציא אדם וכליו עליו, וסנדליו ברגליו, וטבעותיו בידיו, פטור; ואילו הוציאן כמות שהן, חייב

רמב"ם פי"ח מהל' שבת הי"ז - המוציא תינוק חי וכיס תלוי בצוארו, חייב משום הכיס, שאין הכיס טפלה לתינוק; אבל אם הוציא את הגדול, אף על פי שהוא מלובש בכליו וטבעותיו בידו, פטור, שהכל טפילה לו; היו כליו מקופלין על כתיפו, הנושא אותו חייב.

רמב"ם פי"ט מהל' שבת הי"ט - היוצא בטלית מקופלת ומונחת על כתיפו, חייב.

אות ד'

ונינקטינהו בידים

סימן שלה ס"ה - [ג]נתפזרו לו פירות בחצר, אחד הנה ואחד הנה, מלקט מעט מעט ואוכל, ולא יתן לתוך הסל ולא לתוך הקופה -דזה הוי כעובדא דחול, כשמקבצן ונותנן לתוך הסל, [גמ'].

(לפי מה שהביא בב"י בשם התוספות והרא"ש, האי "ואוכל" לאו דוקא הוא, דה"ה דמותר ליתנם לתוך חיקו וכסותו, ולא אסור אלא לתוך סל וקופה, דזה מחזי כעובדא דחול), **ועיין** בבאור הגר"א, דהאי "ואוכל" בדוקא הוא, וע"כ אפי' לתוך חיקו וכסותו ג"כ אסור ליתנם, והאי דמסיים "לתוך סל וקופה", אורחא דמילתא נקט, (**ואפשר** שהב"י ג"כ חזר מדבריו, מדהעתיק בשו"ע תיבת "ואוכל").

[ד]ואם נפלו במקום אחד, נותן אפילו לתוך הסל - דכשנפלו במקום אחד לא הוי כעובדא דחול.

[ה]אלא אם כן נפלו לתוך צרורות ועפרורית שבחצר, שאז מלקט אחד אחד ואוכל, ולא יתן לתוך הסל ולא לתוך הקופה - דכשמלקטן מתוך צרורות ועפרוריות, מחזי תמיד כעובדא דחול כשנותנן בסל, ואסור, **והיינו** אפי' אם בדעתו לאכול לאלתר, דאל"ה אסור משום בורר, וכדלעיל בסימן שי"ט, [כן נראה לי, דאל"ה תקשי לשון הברייתא שסיימה משום עובדא דחול, לפי' הרמב"ן דמיירי בנתערב בצרורות]. (**ולתוך חיקו וכסותו, אם ירצה ללקטם כדי לאכול לאלתר, מסתברא שיהא מותר לפי דברי ב"י, אבל לפי דברי הגר"א אין להקל בכל גווני**).

(ועיין לעיל סימן ש"ט).

אות ה'

הכא נמי בפירות המיטנפין

סימן שט ס"ג- [ו]כלכלה מלאה פירות ואבן בתוכה, אם הם פירות רטובים, כגון: תאנים וענבים, יטול אותה כמו שהיא - אף שיש אבן בתוכה, דנעשית הכלכלה בסיס לאיסור ולהיתר, וההיתר חשוב יותר, ובטל האיסור לגבה, והוי כאלו אינו בסיס רק להיתר, **ואע"ג** דממילא מיטלטל גם האבן, שרי לטלטל הכלכלה ולהגיע למקום שירצה, **שאם ינער הפירות מתוכה, יפסדו** - וא"צ ללקט הפירות מתוך הסל בידו, פן יפלו לארץ, **אבל** אם הפירות מונחים בסלים קטנים תוך הכלכלה, יטלם בידו מתוך הכלכלה.

באר הגולה

[א] ‹כרש"י, וכמש"כ הבאה"ג בתחילת הסעיף› [ב] **הר"ן בשם הרמב"ן** [ג] **ברייתא שם קמ"ג** [ד] **הר"ן בשם רבי יונה מהא דכלכלה שבת קמ"ב, וה"ה בשם הרשב"א** ‹בריש פרק חבית (קמג:) תנו רבנן נתפזרו לו פירות בחצר מלקט על יד על יד ואוכל, אבל לא לתוך הסל ולא לתוך הקופה שלא יעשה כדרך שהוא עושה בחול. **וכתב** הר"ן: וא"ת ומאי עובדין דחול איכא הכא, והא פרכינן בפרק נוטל (קמב.) גבי הא דתנן כלכלה והאבן בתוכה לישדינהו לפירי ולישדיא לאבן ולינקטינהו, תירץ ה"ר יונה כגון שנתפזרו בחצירו אחת הנה ואחת הנה, אבל במקום אחד מלקט ונותן לתוך הסל, וכההיא דפרק נוטל – ב"י› [ה] **שם בשם הרמב"ן** ‹והרמב"ן פי' דהכא במאי עסקינן כגון שנפלו בחצירו בתוך צרורות ועפרורית שבחצר, ומשו"ה נקט חצירו, שהבית עשוי להתכבד בכל יום – ב"י› [ו] **שם קמ"ב בגמ' אוקימתא דר' יוחנן וכגרסת הרמב"ם** ‹והקשו וליגוורינהו נעורי, ותירצו א"ר חייא בר אשי אמר רב הכא בכלכלה פחותה עסקינן, דאבן עצמה נעשית דופן לכלכלה, ע"כ בגרסת ספרינו, ואין מכל זה בהלכות כלום. **והנה** לפי גרסא זו אוקימתא דר' יוחנן בטלה, וקמה לה הא דרב, ורבינו פסק כשתיהן והוא תמה, ולזה השיגו הר"א ז"ל בהשגות. **ונראה** שגרסת רבינו היא, שאין בה "ולינערינהו נעורי", ורב חייא בר אשי בשם רב עושה אוקימתא אחרינא, ושתיהן אמת, וה"ג: רב חייא בר אשי בשם רב אמר, וזהו שלא הזכירו גבי הא דרב "אלא", וא"א להעמיד דברי רבינו בדרך אחרת – מגיד משנה›

מאי איריא אבן אפילו דינר נמי אלמה אמר רבא "לא שנו אלא אבן אבל דינר אסור אבן אי נפלה לה לא אתי אבוה לאיתויי דינר אי נפיל אתי אבוה לאתויי תניא כוותיה דרבא "המוציא כליו מקופלים ומונחים על כתפו וסנדליו וטבעותיו בידו חייב ואם היה מלובש בהן פטור "המוציא אדם וכליו עליו וסנדליו ברגליו וטבעותיו בידיו פטור ואילו הוציאן כמות שהן חייב: כלכלה והאבן בתוכה: ואמאי תיהוי כלכלה בסיס לדבר האסור אמר רבה בר בר חנה אמר ר' יוחנן הבא בכלכלה מלאה פירות עסקינן ולישדינהו לפירי ונישדי לאבן "ונינקטינהו בידים כדרבי אלעי אמר רב בפירות המיטנפין "ה"נ בפירות המיטנפין ולינערינהו נעורי *אמר רב חייא בר אשי אמר רבא "הבא בכלכלה פחותה עסקינן דאבן גופה נעשית דופן לכלכלה: "מטלטלין תרומה וכו': אמר רב חסדא לא שנו "אלא שטהורה למטה וטמאה למעלה אבל טהורה למעלה וטמאה למטה שקיל ליה לטהורה ושביק ליה לטמאה וכי טהורה למטה נמי לישדינהו ולינקטינהו אמר רבי אלעי אמר רב "בפירות המיטנפין עסקינן מיתיבי מטלטלין תרומה טמאה עם הטהורה ועם החולין בין שטהורה למעלה וטמאה למטה בין שטמאה למעלה וטהורה למטה תיובתא דרב חסדא אמר לך רב חסדא "מתניתין לצורך גופו ברייתא לצורך מקומו מאי דוחקיה דרב חסדא לאוקמי מתניתין לצורך גופו אמר רבא מתני' כוותיה דייקא דקתני סיפא מעות שעל הכר מנער את הכר והן נופלות ואמר רבה בר בר חנה אמר רבי יוחנן לא שנו אלא לצורך גופו אבל לצורך מקומו מטלטלו ועודן עליו ומדסיפא לצורך גופו רישא נמי לצורך גופו: רבי יהודה אומר אף מעלין וכו': ואמאי "הא קא מתקן רבי יהודה כר' אליעזר סבירא ליה דאמר תרומה בעינא מחתא *דתנן סאה תרומה שנפלה לפחות ממאה ונדמעו ונפל מן המדומע למקום אחר רבי אליעזר אומר מדמעת כתרומת ודאי וחכמים אומרים "אין המדומע מדמע אלא לפי חשבון אימר דשמעת ליה לחומרא לקולא מי שמעת ליה אלא הוא דאמר כר"ש כדתנן **סאה תרומה שנפלה למאה ולא הספיק להגביה עד שנפלה אחרת הרי זו אסורה ור"ש מתיר וממאי דילמא התם בהא קמיפלגי דתנא קמא סבר אע"ג דנפלו בזה אחר זה כמאן דנפל בבת אחת דמי והא לחמשין נפלה והא לחמשין נפלה ור"ש סבר קמייתא בטיל במאה והא תיבטיל במאה וחד אלא הוא דאמר כרבי שמעון בן אלעזר דתניא ר' שמעון בן אלעזר אומר *נותן עיניו בצד זה ואוכל מצד אחר ומי סבר ליה כוותיה

והא

רש"י

אתי לאתויי · וטעמא לאו משום טלטול הוא דאפילו לאוחזו בידו והתינוק מהלך ברגליו אסר ליה רבא דילמא נפיל ואתי לאתויי וכיון דלאו סכנת נפש היא לא שרו ביה טלטול: תניא כוותיה דרבא · דכי נקט לה עליון כמאן דאפקא תחתון גופיה דמי ומיחייב: וסנדליו וטבעותיו בידו · בקומצו שלא כדרך מלבוש: המוציא אדם וכליו עליו · מלובש בהן: וטבעותיו בידיו · באצבעותיו מדלא תנא בידו כדנקט רישא: פטור · דבגדיו בטלי לגביה ועליו הוא פטור כרבי נתן: ואילו הוציאן כמות שהן · שהיה אותו עליון אחוז בהן ולא מלובש חייב הנושא והיינו כרבא: תיהוי כלכלה בסיס · והיא עצמה תיאסר: מליאה פירות · דעיקר נעשית בסיס לפירות הלכך אבן מיטלטלת אגב כלי ופירות שהוא מותר: ונינקטינהו בידים · ילקטם מעל הארץ בידיו ויחזירם לכלכלה ויטלטלם ולמה התירו אבן לטלטל אגב כלי ופירות: בפירות המיטנפין · בפירות מבושלין ורכין מאד כגון תאנים ותותים וענבים שאם ישליכם לארץ יטנפו: לנערינהו נעורי · עד שיסתלקו הפירות מן האבן לתוך הכלכלה לצדדין וישליך האבן לבדה בנעורתה: פחותה · שנפחית דופנה או שוליה: וטמאה למעלה · והוא צריך לטהורה ואינו יכול ליטול הטמאה בידים לפי שהיא מוקצה לפיכך יטלטל הכל עד השלחן וישליך הכל עליו ויטול הטהורה: לישדינהו · לארץ כולן: ולינקטינהו · לטהורה ביד ויחזירנה לכלכלה: מתני' לצורך גופו · שצריך לטהורה לגופה לאוכלה הלכך אי לאו דטהורה למטה לא שרו ליה לטלטולי לטמאה אלא שקיל לטהורה וממטי לה לשלחן: ברייתא לצורך מקומו · שצריך למקום הכלי ועל כרחו הוא צריך לסלקו משם ושרו ליה רבנן לטלטל האי אטו האי: ומאי דוחקיה כו' · דאיצטריך למימר לא שנו אלא שהטמאה למעלה לשבקי כדקס"ד בין שטמאה למעלה בין שטמאה למטה ולוקמי בצריך למקומו: אלא לצורך גופו · שצריך לכר לשכב עליו שם ולא לסלקו לפיכך לא התירו לו ליטלו עם המעות אלא מנערו במקומו אבל צריך למקום הכר מטלטל הכל ביחד: ומדסיפא כו' רישא נמי לצורך גופו · הלכך אי הוה טהורה למעלה לא הוי שרי ליה לטלטולי טמאה כדקתני גבי מעות מנערו ונופלות ומטלטל היתרא לחודיה: הא קמתקן · שמביאה לידי היתר ונגזר ביה אטו תיקון שע"י מלאכה: כר"א דאמר תרומה · הואיל וניתנה להעלות אחת שירצה בעינא מחתא כאילו מונחת לבדה ואינה מעורבת הלכך לא קמתקן מידי: מדמעת · זה שנפרד משם ואוסר צ"ט של חולין כאילו היא תרומה ודאי: וחכ"א אין המדומע מדמע · חולין אחרים אלא לפי חשבון התרומה שבמדומע כגון אם תחילתו נדמע ס' של חולין ע"י סאה תרומה וחזרה סאה ממנו ונפלה לתוך אחרים לא חשבינן תרומה אלא ס' שבסאה זו ומדמע עד נ"ט שכנגדו ואם יש חולין יותר מק' כנגדו עולה: אימר דשמעת ליה · לר"א דאמר תרומה כמאן דמחתא בעינא: לחומרא · לדמעה כתרומה ודאי: לקולא · דלא ליהוי המעלה אותה בשבת כמתקן: מי אמר · הא ודאי מתקן הוא ע"כ: הוא דאמר · רבי יהודה דמתני' כרבי שמעון דאמר לקולא נמי כמאן דמחתא בעינא דמיא: למאה · ודהויא להעלותה ויתכשרו החולין: עד שנפלה אחרת · ועכשיו אין בה חולין כדי להעלותה באחד וק': ר"ש מתיר · קס"ד משום דס"ל קמייתא כמאן דמחתא בעינא דמיא ונמצאת אחרונה זו נופלת בתוך ק' של חולין: בטל בק' · והוו להו כולהו חולין ומיהו כיון דצריך להעלותה ע"כ המעלה מתקנו: נותן עיניו · במדומע בצד זה להעלותו לתרומה ואוכל בצד אחר הלכך הואיל וכלא העלאה מתחיל ואוכל אין תיקון בהעלאתו:

תוספות

ונשדינהו לפירי ונשדייה לאבן · ואם תאמר גבי קטן נמי נשדייה לאבן מידו ואמאי שרי לטלטולי עם האבן וי"ל אם ישליכו מידו ילעק התינוק ויבכה וא"ת מ"מ דלא שרינן לטלטל תינוק אלא כשיש לו געגועין תיבטל אבן אגב תינוק כמו שהיא בטלה אגב כלכלה מלאה פירות וי"ל דאינו צריך כל כך טלטול התינוק וא"ת אפילו אין הכלכלה מלאה פירות תיבטל האבן אגבה כי היכי דבטלי בפ"ב דביצה (דף כא:) שיורי הכוס אגב הכוס אי לאו דאיסורי הנאה נינהו וי"ל שאני שיורי דגריעי יותר מדאי ובטלו טפי וכן נ"ל מתוך שמעתא גופה דביצה כמו שפירשתי לעיל בסוף כירה (דף מז: בד"ה הוה):

ונשדינהו לפירי ונשדייה לאבן כו' · וא"ת מכל מקום לינקטינהו לפירי בידים ויניח האבן בכלכלה והא אמרינן לקמן לא שנו אלא שטהורה למטה וטמאה למעלה אבל טהורה למעלה וטמאה למטה שקיל לה לטהורה ושביק לה לטמאה והיינו על כרחך בידיו דאי זריק לה בכלי א"כ גם בטמאה למעלה יכול לזורקה בכלי אלא שמע מינה דשקיל לה בידיו וא"כ הכי נמי לישקלינהו לפירי בידיו וי"ל דמיירי שפי הכלכלה צר הוא ואינו יכול להכניס שם ידיו אי נמי י"ל דההיא דלקמן מיירי בתרומה שהיא בכלים קטנים בתוך הקופה שאין דרך להניח טמאה וטהורה ביחד אלא בכלים זה בפני עצמו וזה בפ"ע ולהכי מצי שקיל לטהורה שהיא למעלה בידיו אבל כלכלה דהכא אין כאן כלים ולא מצי נקיט להו בידיו פן יפול לארץ והשתא לא צריכא לשינויא קמא דפירות המיטנפין דהא כיון דאבן עצמה הוי דופן לכלכלה אפי' הוי שדי לפירות ולאבן והדר שקיל לפירי ושבק לאבן לא הוי ליה במאי לאנחינהו כיון שהכלכלה פחותה*) שהאבן נעשה לה דופן. והא דלא קאמר אלא לפי שלא הוזכר אמורא לעיל · א"כ השתא יש להעמיד נמי בפירות המיטנפין דאל"כ יוכל להשליך הסל בקרקע ולהוליך בכלכלה מעט מעט כמה שתוכל להחזיק עד מקום הפחת · מ"ר:

הבא נמי בפירות המיטנפין · וא"ת אכתי יטלם בידו ויניחם בתוך כלי אחר או על גבי טבלא או ע"ג סודר כדמוכח בסמוך גבי תרומה דאמר רב חסדא לא שנו אלא שטהורה למטה וטמאה למעלה אבל טהורה למעלה וטמאה למטה שקיל לטהורה ושביק הטמאה ואע"ג דמוקמינן נמי בפירות המיטנפין וי"ל דהתם מיירי כגון שטהורה מונחת בסלים קטנים בפני עצמה וכן הטמאה ואותם סלים מונחים בתוך כלי אחד גדול והיו סלים של טהורה למעלה מסלים של טמאה דיכול ליקח סלי טהורה ולהניחם ע"ג קרקע אבל אם מונחת זו על גב זו בלא שום כלי כי הכא שהפירות מונחים ביחד בהא ודאי לא אמר שביק לה לטמאה ושקיל לה לטהורה · מ"ר:

שנפלה לפחות מק' חולין · מכאן משמע דתרומה עולה באחד ומאה עם האיסור ורש"י לא פירש כן בפרק גיד הנשה (חולין דף צט:) גבי כל איסורין שבתורה במאה דלפירו' שיטתו לא אתי' מסקנא הכי*):

*) [ועי' תוס' חולין נט: ד"ה לא]

והא

מסורת הש"ס

ס"א אלא

תרומות פ"ה מ"ו תמורה יב. ע"ש

תרומות פ"ה מ"ח

בכורות כב. [ע"ש תוס' ד"ה במחשבה ותוס' מנחות נה. ד"ה במחשבה]

עין משפט נר מצוה

ד א מיי' וסמג שם ומוש"ע שם:
ה ב ג מיי' פי"ח מהל' שבת הלכה יז ופי"ט הלכה יט:
ו ד טוש"ע א"ח סי' שלה סעיף ס:
ז ח מיי' פכ"ה שם הל' טז טוש"ע א"ח סי' שם סעיף ג:
ח ו מיי' שם טוש"ע שם סעיף ב:
ט ז ח ט י מיי' שם הלכה כ:
יב (מיי' פכ"ג שם הלכה ס והלכה טו):
יא ל מיי' פי"ג מהל' תרומות הל' ג:
יב מ שם הלכה י:

רבינו חננאל

פוטר היה ר' שמעון במוציא את המת לקברו והלכתא כרבא דקאי כר' שמעון דסבר כל מלאכה שאינה צריכה לגופה פטור עליה. ובפרק יציאות השבת אוקימנא להא דתני זב שיצא בכיס שלו בשבת פטור כר'שמעון דסבר מלאכה שאינה צריכה לגופה פטור ולא תימא מלאכה צריכה לגופה כגון מר לעשות פה וס"ת להגיהו אלא אפי' מר להפור בו וס"ת לקרות בו מלאכה צריכה לגופה היא וכי לא פטר ר' שמעון אלא מלאכה שאינה צריכה לגופה אבל מלאכה שצריכה לגופה אפי' ר' שמעון מחייב ותניא כרבא המוציא כלים מקופלין ומונחין לו על כתפו וסנדליו וטבעתו בידו חייב. ואם היה מלובש בהן פטור. המוציא אדם וכליו וסנדליו ברגליו וטבעתו בידו פטור. שאלו הוציא כמות שהן חייב והלכתא כוותיה: מתני' מטלטלין תרומה טמאה עם הטהור' אוקמה רב חסדא למתניתין הא בשטהורה למטה וטמאה למעלה ואותבוה הא מטלטלין תרומה טמאה עם הטהורה ועם החולין בין טהורה למטה וטמאה למעלה ובין טהורה למעלה וטמאה למטה. ופרקה רב חסדא מתני' לצורך גופו כדי לאכלו. שאינו מותר לו לטלטלו אלא הראוי לו לאכילה. ובריית' לצורך מקומו שצריך לפנות המקום לבית המדרש או לאורחים שמותר לו לטלטל לצורך מקומו. אפילו מה שאינו ראוי לאכילה. ואמרינן מאי דוחקיה דרב חסדא לאוקימנא למתני' לצורך גופו אמר רבא מתניתא קשיתיה דקתני סיפא מעות שעל הכר נוער את הכר והן ניפלות ואוקימנא ר' יוחנן לצורך גופו דאי לצורך מקומו אפי' עודן עליו מטלטלן ואמר רב חסדא לא מוקמינן מתניתין בתרי טעמי ומדסיפא לצורך גופו רישא נמי לצורך גופו: פיסקא דמתני' ר' יהודה אומר אף מעלין את המדומע באחד ומאה. פי' מדומע תרומה שנפלה בחולין ודימעה מעלין אותה אם יש שם מאה ואחד.

רב נסים גאון

וסנדלים חדשים אלא אם כן הילך בהן מבעוד יום כמה יהא הילוכן בני ביתיה דבר קפרא אמרין (מן דבית רבא דבר קפרא אמרין) מן דבית רבה דבר קפרא עד בית רבה דר' הושעיא צפראי אמרין מכניפתא דבבלאי עד דרתיה דר' חמא בר חנינא סבראי אמרין מן סדרא רבה עד חנותיה דר' הושעיא: הניחא לרבא דאמר דבר שמלאכתו לאיסור בין לצורך גופו בין לצורך מקומו מותר שפיר אלא לאביי דאמר דבר שמלאכתו לאיסור לצורך גופו מותר לצורך מקומו אסור מאי איכא למימר · ומשכחת עיקר דיליה בפרק כל הכלים ניטלין בשבת (דף קכג): פרק כא נוטל אדם את בנו ר' יהושע אומר אף מעלין את המדומע באחד ומאה' פירושו שבעת שיפול חלק אחד תרומה בצ"ט חלקים חולין כולן אסורין לישראל וימכרו לכהן ואם יפול חלק במאה חלקים מוציאין

אבל אם הם פירות שאינם נפסדים, ינערם וינער גם האבן עמהם - ר"ל ואח"כ יחזור ויניחם לתוך הכלכלה אם רוצה להגיעם לשלחן, [רש"י], **ואך** יזהר שלא יתפזרו אחת הנה ואחת הנה, דאל"ה אסור ללקט אותם ולהניחם אח"כ בתוך הכלכלה, משום עובדא דחול, וכמבואר לקמן בס"ס של"ה, **ולא יטלנה עמהם** - כיון שיוכל באיזה עצה לתקן שלא יטלטל האבן, לא הקילו בזה, אף שהוא בסיס לאיסור ולהיתר.

וכן אם יכול לנער האבן לבד מתוך הכלכלה ולהשליכו, ג"כ מחוייב בזה, [י]וכמבואר לקמן בסי' ש"י ס"ח בהג"ה.

[ח]והני מילי כשא"צ אלא לפירות או לכלכלה; אבל אם היה צריך למקום הכלכלה, מטלטלה כמות שהיא - דאז א"א לנער, דשמא יפול האבן למקום שצריך אליו, לכך יכול ליטלנו כמות שהיא עם האבן, ולטלטלה עד מקום שירצה, וינער אותה שם, או יניחנו כמות שהיא.

אות ו'

הכא בכלכלה פחותה עסקינן, דאבן גופה נעשית דופן לכלכלה

סימן שט ס"ב - [ט]כלכלה שהיתה נקובה וסתמה באבן, מותר לטלטלה, שהרי נעשה כדופנה - ומיירי שהדקה יפה להכלכלה, [מ"א בשם הגמ', והוא קכ"ה: בענינא דקירויה, וה"ה הכא], **או** שקשר, [דגם שם בענינא דקירויה, והיא הדלעת, איתא כיון דהדקה, ואפ"ה כתבו המפרשים דהיינו שקשרה יפה, וה"ה הכא, **ומסתברא** דאפי' סתם הידוק יפה להאבן במקום הפחיתה ג"כ מהני כמו קשירה, וה"ה התם ג"כ מהני סתם הידוק יפה, אלא דשם אין מצוי כ"כ הידוק יפה בלי קשירה], **אבל** בלא"ה לא נעשה כדופנה.

אות ז' – ח' – ט' – י'

מטלטלין תרומה וכו'

אלא שטהורה למטה וטמאה למעלה, אבל טהורה למעלה וטמאה למטה, שקיל ליה לטהורה ושביק ליה לטמאה בפירות המיטנפין עסקינן

מתניתין לצורך גופו, ברייתא לצורך מקומו

רמב"ם פכ"ה מהל' שבת ה"כ - מטלטל ישראל התרומה אע"פ שאינה ראויה לו; ומטלטלין תרומה טמאה עם הטהורה או עם החולין אם היו שניהם בכלי אחד; בד"א בשהיתה הטהורה למטה, והיו פירות המתטנפין בקרקע, שאם ינער אותן יפסדו; אבל אם היו אגוזים ושקדים וכיוצא בהן, נוער הכלי ונוטל הטהורה או החולין ומניח הטמאה; ואם היה צריך למקום הכלי, בין שהטהורה למעלה בין שהיתה למטה, מטלטל הכל כאחד.

אות כ'

הא קא מתקן

רמב"ם פכ"ג מהל' שבת ה"ט - ואין מגביהין תרומות ומעשרות בשבת, מפני שנראה כמתקן דבר שלא היה מתוקן. השגת הראב"ד. א"א ואפי' ליתן לכהן בו ביום.

רמב"ם פכ"ג מהל' שבת הט"ו - המגביה תרומות ומעשרות בשבת או ביום טוב, בשוגג יאכל ממה שתיקן, במזיד לא יאכל עד מוצאי שבת, ובין כך ובין כך תיקן את הפירות.

אות ל'

אין המדומע מדמע אלא לפי חשבון

רמב"ם פי"ג מהל' תרומות ה"ג - סאה תרומה שנפלה למאה, והגביה סאה מן הכל, ונפלה הסאה שהגביה למקום אחר, אינה מדמעת אלא לפי חשבון; וכן סאה תרומה שנפלה לפחות ממאה, ונעשה הכל מדומע, ונפל מן המדומע למקום אחר, אינו מדמע אלא לפי חשבון; כיצד, הרי שנפלו עשר סאין של תרומה לתשעים סאה חולין, ונדמעו הכל, אם נפל ממדומע זה עשר סאין לפחות ממאה חולין, נדמעו, שהרי יש בעשר של מדומע סאה של תרומה; נפל לתוכן פחות מעשר סאין, אינן מדמעות.

באר הגולה

ז ״וכתב הגר״א שם: שם לגירסא ולנערינהו נעורי״ | ח בית יוסף ממשמעות הגמרא | ט משנה שם וגמ׳ אוקימתא דרב שם קמ״ב

אות מ'

סאה תרומה שנפלה למאה, ולא הספיק להגביה עד שנפלה אחרת, הרי זו אסורה

רמב"ם פי"ג מהל' תרומות ה"ו - סאה תרומה שנפלה למאה, ולא הספיק להגביהה עד שנפלה סאה אחרת, אם ידע בראשונה קודם שתפול השניה, לא נדמעו, אלא מפריש סאתים והשאר מותר, הואיל והיה לה לעלות, הרי היא כאילו עלתה; ואם לא ידע בסאה ראשונה אלא אחר שנפלה השנייה, ה"ז מדומע, וכאילו נפלו שתיהן כאחת. **השגת הראב"ד: סאה תרומה שנפלה למאה וכו' עד שתיהן כאחת. א"א כמה רב גובריה דעביד כיחידאה, דר"א בר"ש הוא דמפליג בהכי, [יא]אבל תנא קמא לא מפליג, אלא בין ידע בין לא ידע אוסר; ואשכחן בהדיא בההוא פירקא: סאה תרומה שנפלה למאתים, ידע בה ואח"כ נפלה אחרת, ה"ז מותרת, לפחות מיכן הרי זו אסורה. הרי למאה ותשעים ותשע נפלו וידע בה אסור, כ"ש למאה, בפ"ו דתרומות תוספתא.**

באר הגולה

י ‹כצ"ל› יא ‹ונראה שרבינו מפרש דר"א בר"ש דתוספתא {אמר ר"א בר"ש בד"א בזמן שלא ידע ואח"כ נפלה, אבל אם ידע בה ואח"כ נפלה אחרת, הרי זה מותרת שכבר היה לו להעלות}, לפרושי מילתא דת"ק אתא, **ומ"מ** יש לתמוה למה לא פי' דלפרושי מילתא דר"ש היא ולא לרבנן, וכדמשמע בירושלמי - כסף משנה›

עין משפט
נר מצוה

יג א מיי' פכ"ה מהל' שבת הל' יז טוש"ע א"ח סי' שט סעיף ד :

יד ב מיי' פכ"ב שם הל' יח טוש"ע א"ח סי' שכ סעיף ט :

טו ג מיי' פכ"ה שם הלכה יז טוש"ע א"ח סי' שט סעיף ד :

טז ד ה מיי' פ"ג מהל' י"ט הל' טו סמג לאוין עה טוש"ע א"ח סי' תקי סעיף ג :

נ"ל לגבי אוכל והאוכל לא בטל לגבי פסולת משום דחשיב וע"כ בורר את האוכל והשתא כו'

יז ו מיי' פכ"ה מהל' שבת הלכה יז טוש"ע א"ח סי' שט סעיף ה :

יח ז מיי' פכ"ו שם הלכה כא סמג שם טוש"ע א"ח סי' שיא סעיף ה :

נ"ל אאוכל קאי שהאוכל נפיש בטרחא ואפ"ה בורר אוכל הואיל וזוטר בשיעורא ולא בטל ליה פסולת

רבינו חננאל

ואקשינן אמאי והא קא מתקן טיבלא תמצא עושה מעשה בשבת ופרקי' ר' יהודה דאמר כי מעלין את המדומע כר' אליעזר סבירא ליה דאמר תרומה בעינא מחתא. פי' תרומה שנפלה בחולין אין מחשבין אותה שנתערבה בכל החולין אלא כאילו נתונה במקום אחד היא וכשנוטל מאה ואחד סאין סאה אנן אומרין כי היא היא התרומה. אבל שאר החולין מתוקנין היו מקודם. ולא היה אסור אלא זו הסאה שנוטלה במקום התרומה שנפלה בלבד. דתנן סאה של תרומה שנפלה לפחות ממאה ונדמעו ונפל מן המדומע למקום אחר. ר' אליעזר אומר מדומע כתרומה ודאי. פי' סאה תרומת שנפלה לתוך חמשים סאין חולין ועוד נפלה מאלו החמשים ואחד סאין סאה אחת לששים סאה חולין ר' אליעזר סבר הכל אסור חמשים הראשונים וששים האחרונים שאני אומר הסאה של תרומת עצמה היא שנפלה בששים האחרונים לפי שאין המדומע עולה אלא בא' ומאה ואין באחד מהן מאה בעת נפילתה בהן וחכ"א אין המדומע מדמע אלא לפי חשבון פי' סאה שנפלה לחמשים סאין ונפלה מאלו החמשים סאין לפחות מחמשים מדמעת אבל אם נפלה סאה לששים סאין עולה לפי שאילו היתה סאה במאה סאין ואחת היתה עולה וחזרנו עוד להקשות אימור דשמעת ליה לר' אליעזר שמחשב מכלל נ"א סאין הללו הסאה האחת שנפלה לס' סאין אחרות תרומה כולה. ומדמעת עד מאה ואחת לחומרא לקולא לתקן בשבת מי שמעת ליה ולא עמדה ופירקנן פירוק אחר והוא ר' יהודה סבר לה כר' שמעון דתנן סאה של תרומה שנפלה למאה חולין ונדמעו ולא הספיק להגביהה עד שנפלה האחרת הרי זו אסורה ור' שמעון מתיר ת"ק סבר כיון שלא הגביהה נמצא שנפלו ב' סאין למאה סאין ואין עולין כי פחות ממאה הן , ור' שמעון סבר מאותה העת שנפלה סאה תרומה למאה חולין הותרו המאה . ונשארו חולין בהכשרין . וסאה אחת בתוכן תרומה התרומה היא אסורה בלבד וכשנפלה אחר כן עוד סאה אחרת תרומה עליהן על מאה חולין נפלה ועולה כו' ופרקי' לה ודברים פשוטין הן . והדרנן ומוקמינן ר' יהודה דמתני' כר' שמעון בן אלעזר דאמר נותן עיניו בצד זה כלומר מחשב להוציא התרומה מצד זה ואוכל מצד אחר ש"מ כי התרומה מחתא במקום אחד . ואקשינן וכי ר' יהודה כר' שמעון בן אלעזר סבירא ליה והא מפלג פליג עליה דתניא ר' יהודה אומר מעלין את המדומע באחד ומאה ר' שמעון אומר נותן עיניו בצד זה ואוכל מצד זה ופרקי' דר' יהודה עדיפא שר' יהודה מתיר אפי' להעלותה ור' שמעון אינו מתיר להעלותה אלא לתת עיניו בצד זה ולאכול מצד זה . ותרווייהו סבירא להו סאה תרומה שנפלה למאה חולין בעת שנפלה למאה מותרין הן ובתקונן הן ואין צריכין תיקון אלא סילוק סאה אחת מהן בלבד במקום התרומה : פיסקא האבן שעל

תוספות

שאוכל מרובה על הפסולת · פי' בקונטרס משום דהשתא הוי טרחא יתירא למישקליה לאוכל ואינו נראה לר"י דאי משום טרחא הוי מאי קאמרי בסמוך הכא נמי כיון דאי בעי למשקל לא מישתקיל ליה עד דשקיל ליה לאבן כפסולת מרובה על האוכל דמי היכי הוי משום האי טעמא כפסולת מרובה על האוכל ולכך הוצרך רש"י לפרש דל"ג עד דשקיל ליה לאבן על כן נראה לר"ת דטעמא משום דכי אוכל מרובה על הפסולת הוה פסולת כבטל לגבי רובו ומותר ליטלו מן האוכל ולזורקו אבל פסולת מרובה על האוכל לא בטיל ליה פסולת *לגבי אוכל והשתא אתי שפיר גירסת הספרים דגבי חבית נמי כיון דאי בעי למישקל לא משתקיל ליה (ה) עד דשקיל ליה לאבן כפסולת מרובה על האוכל דמי דכיון שאין יכול כלל ליטול מן היין בלא נטילת האבן לא חשיב כבטיל לגבי האוכל כיון שהאוכל אינו ניכר כלל ואינו יכול ליטול הימנו כשהאבן על פי החבית · מ"ר · והא דמוקי לה בספ"ק דבילה (ד' יד: ושם) כגון דנפיש בטרחא וזוטר בשיעורא *אאוכל קאי ולא אפסולת ולפירש"י קאי אפסולת ולא אאוכל [וע"כ לא יברור הפסולת דנפיש בטירחא] :

לא שנו אלא בשכח · וא"ת תרתי דרב למה לי וי"ל חדא מכלל חבירתה איתמר והא לא תקשה תרתי מתני' למה לי דהוה אמינא אבן ודאי שרי בשכח שנראה טפי ככיסוי החבית אבל מעות שעל גבי הכר אפילו בשכח ה"א דאסיר :

גמרא

והא מיפליג פליג עילויה דתניא *רבי יהודה אומר מעלין את המדומע באחד ומאה רבי שמעון בן אלעזר אומר נותן עיניו בצד זה ואוכל מצד אחר דרבי יהודה עדיפא מדר"ש בן אלעזר : **מתני'** *האבן שע"פ החבית מטה על צדה והיא נופלת היתה בין החביות מגביה ומטה על צדה והיא נופלת מעות שעל הכר מנער את הכר והן נופלות *היתה עליו *לשלשת מקנחה בסמרטוט היתה של עור נותנין עליה מים עד שתכלה : **גמ'** אמר רב הונא אמר רב *לא שנו אלא בשוכח אבל במניח נעשה בסיס לדבר האסור : [היתה בין החביות כו'] : מאן תנא דכל היכא דאיכא איסורא והיתרא בהיתרא טרחינן באיסורא לא טרחינן אמר רבה בר בר חנה אמר רבי יוחנן רשב"ג היא דתנן *הבורר קטנית ביו"ט ב"ש אומרים בורר אוכל ואוכל וב"ה אומרים בורר כדרכו בחיקו ובתמחוי *ותניא אמר רשב"ג במה דברים אמורים שהאוכל מרובה על הפסולת אבל פסולת מרובה על האוכל דברי הכל בורר אוכל והא הכא דכי אוכל מרובה על הפסולת דמי הכא נמי כיון דאי בעי למישקל לא משתקיל ליה יין עד דשקיל לה (א) לאבן כפסולת מרובה על האוכל דמי : היתה בין החביות מגביה : תניא רבי יוסי אומר היתה החבית מונחת באוצר או שהיו כלי זכוכית מונחין תחתיה מגביה למקום אחר ומטה על צדה והיא נופלת ונוטל הימנה מה שצריך לו ומחזירה למקומה : מעות שעל הכר : אמר רב חייא בר אשי אמר רב לא שנו אלא בשוכח אבל במניח נעשה בסיס לדבר האסור אמר רבה בר בר חנה אמר ר' יוחנן לא שנו אלא לצורך גופו אבל לצורך מקומו מטלטלו ועודן עליו וכן תני חייא בר רב מדיפתי לא שנו אלא לצורך גופו אבל לצורך מקומו מטלטלו ועודן עליו : מעות שעל הכר מנער וכו' : א"ר אושעיא שכח ארנקי בחצר מניח עליה ככר או תינוק ומטלטלה אמר רב יצחק שכח לבינה בחצר מניח עליה ככר או תינוק ומטלטלה אמר רבי יהודה בר שילא אמר ר' אסי פעם אחת שכחו דסקיא מלאה מעות בסרטיא ובאו ושאלו את ר' יוחנן ואמר להן הניחו עליה ככר או תינוק וטלטלוה אמר מר זוטרא הלכתא ככל הני שמעתתא בשוכח רב אשי אמר אפילו שכח נמי [לא] ולא אמרו *ככר או תינוק אלא למת בלבד אביי מנח כפא אכיפי רבא מנח סכינא אבר יונה ומטלטלה אמר רב יוסף כמה חריפא שמעתתא דדרדקי אימר דאמור רבנן בשוכח לכתחילה מי אמור אמר אביי אי לאו *דאדם חשוב אנא כפא אכיפי למה לי הא חזו למיזגא עלייהו אמר רבא אנא אי לאו דאדם חשוב אנא סכינא אבר יונה למה לי הא חזי לי לאומצא טעמא דחזי לאומצא הא לא חזי לאומצא לא *למימרא דרבא כרבי יהודה סבירא ליה והאמר רבא לשמעיה טווי לי בר אווזא ושדי מיעיה לשונרא

התם

רש"י

והא מיפליג פליג עילויה · ואמר כיון דאפשר ליה למיעבד עונג שבת בכה"ג ליתן עיניו בצד זה ולאכול בצד אחר אין מעלין : **דרבי יהודה עדיפא** · מיקל טפי טורחא ואמר כיון דיכול ליתן (עליו) עיניו בצד זה ולאכול בצד זה לא הוי מתקן בהעלאתו ומעלין : **מתני' מטה על צדה** · מטה חבית על צדה אם צריך ליטול מן היין והאבן נופלת ולא יטלנה בידים : **היתה בין החביות** · וירא שלא תפול האבן על החביות וישברם : **מגביה** · לחבית כולה ומסלקה מבין החביות ושם מטה על צדה : **לשלשת** · שום דבר מיאוס כגון רוק או צואה : **מקנחה בסמרטוט** · ולא יתן עליה מים דהתם כר של בגד הוא ובגד שרייתו במים הוא כבוסו : **היתה** · לשלשת זו על כר של עור דלאו בר כיבוס הוא : **נותן עליה מים עד שתכלה** · ומיהו כיבוס ממש לא (ב) והואיל והתם כרים וכסתות רכים ניהו שייך למימר בהו כיבוס בעורות רכין ומיהו שרייתן לא זהו כבוסן וכן מפורש בזבחים בפרק דם חטאת : **גמ' לא שנו** · מטה על צדה לחבית : **אלא בשכח** · ששכח האבן עליה בין השמשות ולא מדעת : **נעשה חבית בסיס לדבר האסור** · ואסור להטותה שאף החבית מוקצה : **מאן תנא** · דמתניתין דקתני מגביה ומטה על צדה דאית ליה דכי טרח מטרח בחבית דהוי היתרא ולא יטול האבן ממש דהוי איסורא ואע"ג דהשתא נמי אבן מטלטל בהדי חבית : **רבן שמעון** · אליבא דבית הלל : **בורר אוכל ואוכל** · המאכל יטול והפסולת ישאר בכלי : **בורר כדרכו** · נוטל פסולת ומניח אוכל אם ירצה : **כשהאוכל מרובה על הפסולת** · דאי שקיל אוכל מפיש בטרחא : **דברי הכל בורר אוכל** · דבהיתירא טרח ולא באיסורא ופרכינן והא הכא דמתניתין דאוכל מרובה על הפסולת וכי מגביה האבן עם החבית טרח טפי והוה (ג) למשקל פסולת כר"ש : **כיון דאי בעי למשקל** · לכולי יין מן החבית לא משתקיל ליה יין שבשוליה עד דשקיל ומגבה לה לחבית כפסולת מרובה דמי דאי בתחלתו לא מגבה לה לחבית סוף סוף מיבעי ליה לאגבוהה או לחבית הלכך הוה ליה מפיש בטרחא : ה"ג לא משתקל ליה (ד) עד דשקיל לה ול"ג עד דשקיל לה לאבן : **היתה החבית מונחת באוצר** · כלומר במקום מכונס שאוצרין שם חביות הרבה ודואג שמא יטלה ותפול האבן על החבית שאצלה : **לא שנו** · דמנער : **נעשה** · הכר בסיס למעות ואף הכר אסור בטלטול : **לא שנו** · דמנערה ואינו מטלטלה בעודן עליה : **אלא שצריך לגופו** · של כר לשכב עליו הלכך בניעור סגיא ושדי ליה באתרייהו : **אבל צריך למקומו** · של כר מטלטלו עם המעות למקום אחר : **דסקיא** מלאה מעות גרסינן : **בסרטיא** · רה"ר : **הניחו עליה ככר או תינוק** · דליסתרי לטלטלה אגבייהו תוך ד' אמות וטלטלוה פחות פחות מד' אמות או במחילה של בני אדם כדאמרי' בעירובין (דף מג:) : **בשוכח** · אבל במניח מדעת מערב (יום) שבת לא התירו לו לטלטלה ע"י ככר או תינוק : **אלא למת** · משום כבוד הבריות כשמוטל בחמה : **אביי מנח כפא אכיפי** · מניח תרווד על העומרים לטלטלן אגב תרווד : **אבר יונה** · חי [בלא] מליח : **חריפא שמעתתא דדרדקי** · סבורים הם שהם חריפים : **אימר דאמור רבנן** · בארנקי ודסקיא מניח עליה ככר או תינוק בשכחה ובמקום התורפה ומשום הפסד ממון : **אמר אביי** · אנא שפיר מטלטלנא כיפי ואפילו בלא תרווד : **אי לאו דאדם חשוב אנא** · ולא מחמיר על עצמי שלא ילמדו ממני להקל באסורין : **כפא אכיפי למה לי** · בלאו כפא נמי שרי לטלטליהו דהא חזו למיזגא עלייהו : **לאומצא** · לאוכלו חי בשבת שיש בני אדם שדעתן יפה ואוכלים בשר חי וקרו לה אומצא : **הא לא חזי לאומצא לא** · ואע"ג דחזו לשונרא דאמרינן מוכן לאדם לא הוי מוכן לכלבים : **כר' יהודה** · במסכת בילה (ד' ו:) : **טווי לי בר אווזא** · ביום טוב : **ושדי מיעיה לשונרא** · אלמא מטלטל להו משום שונרא ואע"ג דהאידנא לא חזי לאדם דלאו אורח ארעא למיכלא ביום טוב ומיהו מאתמול לאדם הוו קיימי :

התם

מסורת הש"ס

[תוספ' פט"ז]
[לעיל קכה:]
זבחים צד. [פי' צואה תרנגולים · ערוך] [לעיל קכח: ע"ש]
ביצה יד:
ג"ז שם ע"ש
[לעיל ל: מג:]
[לעיל נא. וש"נ]
ביצה לג.

הגהות הב"ח

(א) גמ' דשקיל לה כפסולת כצ"ל ותיבת לאבן נמחק : (ב) רש"י ד"ה נותן וכו' כיבוס ממש לא דהואיל : (ג) ד"ה דברי הכל וכו' והוה ליה למשקל : (ד) ד"ה ה"ג לא משתקיל ליה יין עד : (ה) תוס' ד"ה שאוכל וכו' לא משתקיל ליה יין עד :

גליון הש"ס

גמ' מאן תנא דכל היכא דאיכא איסורא והיתרא. עיין לעיל דף נא ע"ב תוס' ד"ה אינו סתל :

רב נסים גאון

מוציאין חלק אחד והשאר מותר לישראל ותמצא עיקר דבר זה בספרי מכל חלבו את מקדשו ממנו ממנו שאם יפול לתוכו הרי זה מקדשו וכמה הוא אחד ממאה ואיתא נמי בפרק ד' דתרומות התרומה [illegible]

§ מסכת שבת דף קמב: §

אות א'

האבן שעל פי החבית, מטה על צדה והיא נופלת; היתה בין החביות, מגביה ומטה על צדה והיא נופלת. מעות שעל הכר, מנער את הכר והן נופלות

סימן שח ס"ד - [א]**שכח אבן על פי חבית, או מעות על הכר, מטה חבית על צדה והאבן נופלת, ומנער הכר והמעות נופלים** - דבמניח בכונה על פי החבית, הרי החבית גופא מוקצה, ואסור להטותה, דנעשית בסיס להאבן וכדלקמיה.

ומיירי בשצריך ליקח מהיין שבתוכה, וכן בכר כשצריך לשכב עליו, ולכן התירו לטלטל המוקצה באופן זה, שאינו מטלטלו להדיא רק ע"י ניעור, **אבל** אם אינו צריך להם כלל, רק שחושש משום פסידת המוקצה גופא שלא יגנבום, אפילו ניעור אסור, כ"כ מ"א בשם רי"ו, [**משא"כ** בציור דעיקר הטלטול בשביל דבר ההיתר, דאי איכא הפסד למוקצה ע"י הניעור, א"צ לנערה, אלא מטלטלה להההיתר עם המוקצה ביחד, אף דזה הוי גרע מסתם ניעור דעלמא, משא"כ הכא דכל הטלטול בשביל האיסור, **ודמי** למאי דקי"ל בעלמא בטלטול מן הצד דאינו מותר כי אם לצורך דבר ההיתר, **ואעפ"כ** דין זה דמ"א לא ברירא כולי האי, דאפשר בניעור קיל טפי, ומרי"ו אין ראיה, דהוא לא הזכיר שם ניעור, ואפשר דמיירי לענין טלטול הכר ממש עם המעות], **ואם** מטה החבית והכר בגופו ולא בידו, מותר אפילו באופן זה.

ויכול לטלטל אח"כ הכר, כיון שנסתלק ממנו המוקצה.

ומ"מ מותר ללמוד בשבת על השלחן, אפי' בעוד שיש עליו מעות או שאר דבר מוקצה מצד אחר, דאע"ג דדרך לנענע עם למודו, מ"מ לא הוי פסיק רישא - מהרי"ל, [**נראה** דמיירי באופן דהניעור של המעות לא הוי הפסד לו, ולכך אם היה זה פ"ר היה אסור, משום דאפשר לנער לארץ, **אבל** אם יהיה לו הפסד ע"י ניעור, אף פ"ר שרי, וכמו לענין חבית כשהיתה עומדת בין החביות, דהא גם בזה אין כוונתו בנענועו בשביל המעות, אלא בשביל הלימוד דהוא דבר ההיתר, וכמו בעלמא לענין טלטול מן הצד. **ודע**, דמשמע ממהרי"ל, דפ"ר בדרבנן אסור].

ואם היתה החבית בין החביות, בענין שאינו יכול להטות אותה במקומה - שחושש שלא יפול על החביות וישברם, **יכול להגביהה כמו שהיא עם האבן למקום אחר, להטותה שם כדי שיפול מעליה** - דהרי הוא רק טלטול מן הצד, כיון שאינו מטלטל המוקצה להדיא רק עם ההיתר, וכונתו ג"כ בשביל שהוא צריך לההיתר וכנ"ל, ודבר זה שרי כדלקמן בשי"א ס"ח, **ואפ"ה** ברישא כשהיה אפשר לו בניעור, צריך ניעור דוקא.

(**ואם** מותר לישא אותה עם האבן עד מקום שהוא רוצה לפנותה, או רק לסלקה מבין החביות, עיין בחידושי רעק"א).

אות ב'

היתה עליו לשלשת, מקנחה בסמרטוט; היתה של עור, נותנין עליה מים עד שתכלה

סימן שב ס"ט - הנה כדי לבאר את דברי אלו השני סעיפים, צריך להקדים הקדמה קטנה, וזו היא: **א)** המלבן הוא מאבות מלאכות, ולבון שייך בין בצמר ובין בפשתן ובכל שאר מינים שדרכן להתלבן, **ולבון** מקרי בכל דבר שדרך הצמר והפשתן להתלבן ע"ז, ומה שנוהגין שמניח חתיכת פשתן (חדשים, וצע"ק), לאחר אריגתו בחמה, וזורק עליו מים כדי שתתלבן, גם זה הוא בכלל מלבן, **ושיעורו** בחוט שהוא ארוך ד' טפחים.

ב) המכבס בגדים הוי תולדת מלבן וחייב, וכן הסוחטן, שהסחיטה ג"כ מצרכי כיבוס היא, וה"ה דכיבוס שייך בעורות הרכין, [זבחים צ"ד והעתיקוהו רש"י וכמה ראשונים], וי"א אף בקשין, **אך** יש חילוק בין עורות לבגד, דבעורות לא מקרי כבוס עד שיהיה כיבוס גמור, ובבגדים קיי"ל דשרייתן במים זו היא כיבוסן, וחייב משום מכבס, לא שנא בבגדים לבנים ולא שנא צבועים.

ג) והנה בהא דקי"ל דשרייתן היא כיבוסן, יש דעות בפוסקים: י"א דדוקא כשיש איזה דבר לכלוך על הבגד, דהשרייה מעביר הלכלוך, **אבל** אם אין שם לכלוך, ואפילו הושחר מחמת לבישה, לא מקרי כבוס ע"י שרייה לבד, אם לא שמכבסן ממש, או שסוחט את מימיהן, **ומ"מ** אסור לשרותן מדרבנן, גזירה שמא יבוא לסחיטה, **וי"א** דאפילו אין עליהם לכלוך כלל, אמרינן דשרייתן היא כיבוסן.

אך כ"ז דוקא אם הוא דרך כבוס, אבל אם הוא דרך לכלוך, כגון שנטל ידיו במים ומקנחן במפה, ואפילו אם היו המים טפוחים הרבה על ידיו, וע"י קינוחו הוטפח המפה, אפ"ה לא שייך בזה שרייתו היא כיבוסו, דדרך לכלוך הוא, **ויש** מחמירין עוד, שאם היו המים מרובין, אפילו כשהוא דרך לכלוך אמרינן שרייתו היא כיבוסו, **וע"כ** הם סוברים דכשנוטל ידיו ורוצה לנגבן במפה, יראה לנער ידיו עד שלא ישאר עליהם רק מעט מים, ואז מותר. **ועתה** נבוא לבאר את הסעיפים.

[ב]**מותר ליתן מים ע"ג מנעל לשכשכו** - ר"ל כשיש על מנעל איזה דבר לכלוך, נותן עליו מים עד שיכלה הלכלוך, וזה נקרא שכשוך, (שאינו נוגע ידיו כלל לכבס), [קמ"ב: במשנה]. **אבל לכבסו, דהיינו שמשפשף צדו זה על זה** - כדרך המכבסים, **אסור** - וחיובא נמי איכא, דכיבוס שייך אף בעורות.

שמשפשף - והנה מלשון זה משמע, דסתם כיבוס (בידים בלא שפשוף) במנעל אפי' איסורא ליכא, **ועיין** בבה"ל שביארנו, דמשמע מדעת הרבה פוסקים, דאיסורא איכא אפילו בכיבוס בעלמא, (דאף אם אינו

באר הגולה

א משנה שם וגמרא | ב זבחים צ"ד וכתבוהו הרי"ף ורא"ש בס"פ תולין

משפשף זה על זה, רק שחופף היטב במים את מקום הלכלוך, ומדיחו שיהא נקי, ג"כ בכלל שפשוף הוא), ואינו מותר רק בשכשוך בלבד, **אך** בכלי עץ לכו"ע אין בו שום חשש כיבוס, ועיין מש"כ לקמיה בס"י.

(**שם כיבוס שייך מן התורה אפילו בשער ובעור, אבל סחיטה לא שייך בתרוייהו מדאורייתא לדעת הרמב"ם, כי אם מדרבנן, וכן סתם השו"ע לקמן בסימן תקכ"ו ס"א בהג"ה, דבעור ליכא סחיטה, ובשער מחובר על גוף האדם לא שייך בו שם כביסה, וצ"ע**).

[ג]**אבל בגד שיש עליו לכלוך** - אפילו רוק בעלמא, [רש"י בשבת הנ"ל, וכ"ש מי רגלים וצואה], **אסור אפילו לשכשכו** - פי' שאסור ליתן עליו מים כלל, ואפילו מועטים, **דזהו כבוסו** - ר"ל בגד שרייתו זהו כיבוסו, והוי בכלל מלבן וחייב, **משא"כ** מנעל אף דשייך בו כיבוס, מ"מ שרייתן אין זה כיבוסן, אא"כ מכבס ממש, **אלא מקנחו בסמרטוט** [ד]**בקל ולא בדוחק, פן יסחוט.**

(**הנה מפשטא דלישנא משמע, דסובר כדעה הראשונה המובא ברמ"א, דבדבר שאין בו לכלוך לא אמרינן ביה שרייתו זהו כיבוסו, וכן ביארו המ"א, אולם בספר תו"ש וכן בביאור הגר"א משמע, דהמחבר ג"כ ס"ל לנפשיה כדעת היש אוסרין, והא דנקט יש עליו לכלוך, לישנא דמתניתין נקט, ומשום סיפא דמקנחו**).

הגה: ובגד שאין עליו לכלוך, מותר לתת עליו מים מועטים - דשריה לא הוי כיבוס אלא כשיש עליו לכלוך, **ודע**, דאם מכוין בנתינת המים לכבסו, אפילו במים מועטין אסור, **ולא מרובים, שמא יסחוט (ב"י בשם סמ"ג וסמ"ק וסה"ת והרא"ש פ"ק דיומא)** - ואם הוא דבר שאין מקפיד על מימיו, ומניחו כמה זמן עם המים, לא גזרינן שמא יסחוט בזה, כמ"ש סי' ש"א סמ"ו.

(**אבל כשיש עליו לכלוך, אפי' דרך לכלוך, כגון לנגב ידים שם, אסור לדעה זו, כיון שיש עליו לכלוך מכבר, כ"כ הפמ"ג, וכן משמע בעולת תמיד, ‹דלדידהו כל בגד נקי מותר ליתן עליו מים נקיים אף אין דרך לכלוך, וכל שיש לכלוך עליו, אף דרך לכלוך לנגב ידים שם אסור – פמ"ג›, ומ"מ לענ"ד לא ברירא הדבר כ"כ, די"ל דדרך לכלוך לכו"ע שרי, ועיין**).

ויש אוסרים בכל ענין (ב"י בשם הטור סי' של"ד וסי' ש"ט ותוס' פרק כל כתבי והגהות פ' כ"ב) - ס"ל דמה דאמרינן שרייתו זהו כיבוסו, הוא אפילו בבגד שאין עליו לכלוך, ולכן אפילו במועטין אסור משום כיבוס, **ומ"מ** אם נתינת מים על הבגד הוא דרך לכלוך, שרי, כמ"ש בס"י בהג"ה, **ויש** לחוש לדעה זו להחמיר בשל תורה.

(**והנה לדינא עיין בביאור הגר"א שכתב, דהנכון כדעה ראשונה, אם אינו מתכוין לכביסה, ובא"ר משמע ג"כ שדעת רוב ראשונים כהדעה הראשונה, ומ"מ כיון שיש כמה ראשונים שמחמירין בזה, וכן הוא דעת הטור, בודאי יש לחוש ולהחמיר באיסור תורה**).

[ה]**סימן שב ס"י** - [ו]**הרוחץ ידיו, טוב לנגבם בכח זו בזו ולהסיר מהם המים כפי יכלתו קודם שיקנחם במפה** - הוא כדי לצאת גם דעת היש מחמירין שכתבנו למעלה בהקדמה, דס"ל דבכל גווני אמרינן שרייתו זו היא כיבוסו, אף שהוא דרך לכלוך, אלא דאם הוא מעט מים, סוברין דאין בזה משום חשש כיבוס, **אך** משום דאין אנו בקיאין איזה מיקרי מעט, לכך כתבו דמנהג כשר שינגב ידיו בכח, **אבל** מדינא שרי לשתי דעות הנ"ל בהג"ה לקנח במפה, ‹לדעה ראשונה משום שאין לכלוך על המפה, ולדעה שניה מפני שזהו דרך לכלוך›, וכמ"ש בהג"ה.

הגה: [ז]ויש שכתבו דאין לחוש לזה, דלא אמרינן שריית בגד זהו כבוסו בכי האי גוונא, דאין זה רק דרך לכלוך (טור וב"י והגור) - שידיו מלוכלכות ומטנף בהם את המפה, ‹**ואפילו** אם היה איזה לכלוך על המטפחת שרי, הואיל והניגוב דרך לכלוך הוא›, ‹**דלדידהו** כל דרך לכלוך שרי, אף שיש עליו לכלוך, וכל שאין דרך לכלוך אסור אף בנקי לגמרי – פמ"ג›, **וכן נוהגין.**

ודוקא במפה וכיוצא בהן שאין דרך להקפיד על המים הטפוחים, אבל לנגב בדבר שדרך להקפיד בחול על מימיו הבלועים בו, אסור מטעם שמא יבוא לידי סחיטה, וכמש"כ סימן ש"א סמ"ו, כ"כ המ"א, **ועיין** בפמ"ג שהכריע, דדוקא במים מרובים, אבל במים מועטים כמו שמצוי ע"י סיפוג הידים, לא חיישינן לסחיטה כלל, וכן פסקו הא"ר ותו"ש להקל בסיפוג הידים, ע"ש טעמייהו, **אבל** אם נשפך מים על השלחן וכיוצא בו, לכו"ע אסור לקנחו בבגד שמקפיד עליו אם הוא מים מרובים, שמא יבוא לידי סחיטה.

ולכן מותר לנגב ידיו - שנטל ידיו במים ומנגבם, **בבגד שהטיל בו תינוק מי רגלים, כדי לבטלם** - ותוכל להתפלל ולברך.

וכגון שהמי רגלים מועטים, כמו שדרך התינוק להטיל בבגדיו שמעוטף בו, ואין נוזל לבגד האם כי אם טיפת דבר מועט, וסגי ליה לבטלו בקינוח ידים.

שאין זה רק דרך לכלוך בעלמא (טור) - אבל כשיש עליו צואה, אסור להעבירו אפי' ע"י ניגוב הידים, דאע"פ שהוא דרך לכלוך, מ"מ כיבוס הוא, דהבגד היה מלוכלך יותר מקודם, ועתה מעבירו, ‹וזהו שכתב הר"ב בס"ט "ויש אוסרין בכל ענין", אף דרך ניגוב אסור שם בצואה – פמ"ג›, **משא"כ** מי רגלים אין מאיס כ"כ, וגם שם אין מתירין אלא משום דכונתו רק כדי לבטלן, ולא לכבס וללבן הבגד.

אבל אסור ליתן מים ממש על המי רגלים כדי לבטלם (הגהות מיימוני פכ"ב ותוס' פרק ח' שרצים) ‹קי"א› - ודוקא במי רגלים שבבגד, אבל שבארץ מותר.

ואפילו ליטול ידיו עליהם, אף דנעשים שופכים, מ"מ כיון שאין בהם לכלוך חזו לכיבוס, **ואף** דאין מכוין לכבס רק לבטל המי רגלים,

---

באר הגולה

ג שבת קמ"ב | ד הגהות פרק כ"ב הי"ח בשם סמ"ק | ה ‹ס"י-סי"ב מילואים› | ו מרדכי פט"ו דשבת בשם הר"ם ושיבלי הלקט בשם ספר יראים | ז ‹הוא תירץ השני של תוס' [קי"א:] – גר"א›

מ"מ פסיק רישא הוא, דשרייתו זהו כיבוסו, **ולכן** טוב שלא ליקח תינוק בחיקו בשבת, אם לא על כרח, פן ישתין - ספר חסידים.

והנה לפי המבואר בסעיפים אלו, דבגד שיש בו לכלוך לכו"ע שרייתו זהו כיבוסו, צריך ליזהר שלא לשפוך שום מים לתוך כלי ששרויים בו בגדים לכבסן, **אם** לא שהמי משרה עולים מכבר למעלה על הבגדים, מסתברא דמותר, **וכ"ש** שיזהר שלא להטיל בגד למים.

ולכן הרוחץ תינוק לא ישים בגדיו במים. (והנה לענין **רחיצת** תינוק ביו"ט במים חמין, שבחול דרך הוא להציע מתחתיו המטפחת {הווינדלע"ן} בעריבה שרוחצין אותו בה, שא"א לרחוץ תינוק קטן בלא זה, וביו"ט הלא יש בזה איסור כיבוס, דשורה אותם במים, **אך** א"א לרחוץ בלא זה, יש להתיר באופן שיהיו הווינדלע"ן נקיים מכובסים, דלדעה הראשונה אין בהם משום כיבוס, ואף לדעת היש אוסרין אף בנקיים, אפשר דדרך לכלוך הוא, **ואף** אם נימא דאין זה דרך לכלוך, מ"מ כיון דנקיים הם בודאי אינו רוצה כלל בכיבוסן, וכל כונתו רק כדי להציע תחת התינוק, והוי הכיבוס מלאכה שאצל"ג, דאינו אסור לכמה פוסקים אלא מדרבנן, ותינוק זה הוי כחולה שאין בו סכנה אם הוא רגיל ברחיצה, דיש להתיר איסור דרבנן בשבילו, **ומטעם** זה אין לאסור משום שמא יסחוט, כיון דדיינינן ליה כחולה, ובלבד שיזהר שלא יסחוט, **והנה** הפמ"ג רצה להתיר בשעת הדחק אף במלוכלכים, משום דהוי מלאכה שאצל"ג, דאין כונתו בשביל הכיבוס רק להציע תחת הקטן, **ולא** נהירא, דמלוכלכים ניחא ליה הכיבוס, ובחול דעתו שיסחטם אחר רחיצת הקטן וינגבם ויהיו מכובסין, א"כ כונתו בשביל כיבוס ג"כ, ואין זה מלאכה שאין צריכה לגופה, ומ"מ ע"י א"י יש להתיר נתינת הווינדלי"ן למים, **ואפילו** אם הם נקיים ומכובסים, טוב שינתן לתוך המים ע"י א"י אם באפשר, כנלע"ד).

סימן שב סי"א - [ח]מי שנתלכלכה ידו בטיט, מקנחה בזנב הסוס ובזנב הפרה – (כתב בספר תו"ש, דהיינו שאינם מחוברין בבהמה, דאל"כ הא קי"ל דאסור לטלטל בע"ח אפילו מקצתו, עכ"ד, **ולענ"ד** יש לעיין בזה, שלא הוזכר זה בשום פוסק, וגם לשון התוספתא אינו מיושב כ"כ, ומה שהקשה משום איסור טלטול, אפשר דלא אסרו רק גופן דבעלי חיים, ולא בשערן שהוא מחובר להן, דלא חשיב כגופן בזה, וצ"ע).

ובמפה הקשה העשויה לאחוז בה קוצים - וכן בסמרטוט שאין מקפיד עליו אם יתלכלך, או בכותל וכדלעיל.

אבל לא במפה שמקנחים בה ידים, שלא יעשה כדרך שהוא עושה בחול ויבא לכבס המפה.

סימן שב סי"ב - [ט]אסור לנגב כוס שהיה בו מים או יין, במפה, משום דאתי לידי סחיטה - ר"ל אפילו להפוסקים לעיל בס"ט, דלא אמרינן בזה שרייתו זהו כיבוסו, משום דהמפה היה נקי מתחלה ולא היה בה לכלוך, וגם דקינוח זה דרך לכלוך הוא ולא דרך כיבוס, אפ"ה אסור משום שמא יבוא לידי סחיטה.

(**ולכאורה** קשה, הא קי"ל לעיל בס"ט בהג"ה, דבמים מועטים לא חיישינן שיבוא לסחטו, ולמה אסר בכל גווני, ובאמת מטעם זה התיר הרדב"ז (לקמן בסמוך), **ודקדקתי** היטב בדברי המ"א, **ומצאתי** שהוא רמז לזה בתירוצו השני, שכתב: א"נ י"ל דה"ק כיון שהכוס צר וכו', וכן משמע בס"ט בהג"ה, **היינו** ר"ל דשם מבואר דבמים מועטים לא חיישינן שמא יבוא לסחיטה, וכמו שהקשינו, וע"כ נד מתירוץ הראשון (דמיירי במפה שמקפיד עליו), וקאמר דס"ל דכיון שהוא צר, בודאי יבוא בעת הניגוב לסחיטה, **א"כ** לפי תירוץ זה, בכוס רחב או בקערה לא חיישינן כלל שיבוא לסחיטה, כיון שהמים מועטין, ומותר לנגב אפילו במפה שמקפיד עליו, ולכן שפיר יש לסמוך בכוס רחב או בקערה על דברי הרדב"ז שכתבנו במ"ב, שגם השו"ע מודה לו, **והנה** מדברי הגר"א משמע, דס"ל דאף בכוס צר אין בו פ"ר, וכדעת המ"א בתירוצא קמא, ונ"מ דבדבר שאינו מקפיד עליו גם בכוס צר שרי, וכן בדברי הרדב"ז לא נזכר נ"מ בין כוס לכוס, **וע"כ** נראה דבשעת הדחק אין למחות ביד המיקל לנגב בכוס צר, ובלבד שיהיה בדבר שאינו מקפיד עליו לסחטו אחר הקינוח, ויראה מתחלה לשפוך כל המים מן הכלי).

ובתשובת רדב"ז כתב לענין ניגוב כוס וקערה, דהעולם אין נזהרין בזה, ולדינא אין לחוש, דאין דבוק בדופני הכלי מים כ"כ שיבוא לידי סחיטה, **אא"כ** מנגב בה כלים הרבה, דאז קרוב הדבר שיבוא לידי סחיטה בין כלי לכלי, ראוי לגער בו שלא יעשה כן, עי"ש, והביאו בברכי יוסף, **ובסמרטוט** המיוחד לכך, שאין מקפיד עליו לסוחטו, לכו"ע שרי, ונראה דאף לנגב בה כלים הרבה שרי, דאם יהיה הסמרטוט לח מצד אחד ע"י הניגוב, ינגב בה מצד אחר, [**אא"כ** הוא מפה קטנה, דיש חשש שיסחטנו בין כלי לכלי כדי שיהיה ראוי לנגב עוד בה].

עיין באחרונים שסתמו, דבכוס שהוא צר, אין לנגבו אפילו בסמרטוט המיוחד לכך, דא"א שלא לבוא לידי סחיטה, **אבל** דבר רחב, כגון שנשפך מים על שלחן וספסל, לכ"ע מותר לקנחו בדבר שאין מקפיד עליו.

(**וראיתי** באיזה אחרוני זמנינו, שהעתיקו דינא דשו"ע לאיסורא, אפילו בכוס רחב אם הוא מנגב בדבר שמקפיד עליו, והעתיקו ג"כ תירוץ השני של המ"א, דבכוס צר הוא פסיק רישא ואסור בכל גווני, **ולא** נהירא, שאחזו החבל בב' ראשין, דלפי תירוץ הראשון של המ"א, אפילו בכוס צר לא אמרינן דהוי פסיק רישא, ומותר בדבר שאין מקפיד עליו, מדקאמר המ"א: כיון שהכוס צר, ולא כתב דמיירי בכוס צר, משמע דגם בתירוץ הראשון מיירי בכוס צר, דסתם כוס הוא צר, **ולפי** תירוץ השני דוקא בכוס צר, אבל בכוס שאינו צר לא חיישינן כלל שיבוא לסחיטה, ומותר לנגב אפילו בדבר שמקפיד עליו כיון שהמים מועטים).

עיין במ"א שכ', דבשאר משקין מותר לנגב את הכוס, ואין חוששין שמא יבוא לסחיטה, וכדלקמן בסי' שי"ט ס"י וסי' של"ד סכ"ד, **ודעת** הרבה אחרונים דאף ביין אין לחוש, **ובכוס** צר יש להחמיר אף בשאר משקין.

באר הגולה

[ח] רמב"ם וכתב הרב המגיד שהוא תוספתא

[ט] תשב"ץ קטן בשם הר"מ ורי"ו

אות ג'

לא שנו אלא בשוכח, אבל במניח נעשה בסיס לדבר האסור

סימן שט ס"ד - ואם הניחם עליה מדעתו, על דעת שישארו שם בכניסת השבת - היינו כל זמן בין השמשות, **[י]אסור להטות ולנער** - דנעשה החבית והכר בסיס להמוקצה שעליהם, והם גופא מוקצה. **בסיס** היינו כַּן ומקום מושב, תרגום "לכנו": לבסיסיה.

(**דע** דאיתא בראשונים, וכן הסכימו הרבה אחרונים, דאפי' יש בתוך החבית יין, לא אמרינן דנעשה החבית בסיס לאיסור ולהיתר, **וכתבו הטעם**, משום דפי החבית מלמעלה לא נעשה בסיס כי אם להאבן שמונח עליה).

אבל אם הניחם בכונה בחול, ולא היה דעתו בפירוש שישארו שם בשבת, ואח"כ שכחם שם, מקרי שוכח, [**אבל** בע"ש, אפי' בסתמא חשיבא כאילו כוון שישאר גם בשבת], **ודעת** הב"י, דאפילו הניחם בע"ש, כל שלא היה דעתו בפירוש שישאר שם בכניסת שבת, ובביה"ש שכחו לסלק, גם זה הוא בכלל שכח. [**דאם** היה דעתו בפירוש, בודאי כו"ע סוברין דנעשה בסיס].

והנה בעיקר דין בסיס מסיק במ"א, דלא מקרי בסיס אא"כ הניח עליו דבר המוקצה בשביל שיתיישב עליו בטוב, **אבל** מה שמניחין בדרך אקראי, כמו שרגילין להשים בתיבה חפצים אלו על אלו, מפני שאין לו ריוח לפנות לכל חפץ מקום בשולי התיבה, כה"ג לא חשיב מניח אלא שוכח, ומותר לטלטל חפץ המותר אחר שניערו המוקצה מעליו, **ומ"מ** התיבה גופא לכו"ע הוי בסיס לדבר איסור, אם המוקצה חשוב יותר, ואסור לטלטלה, דהא עכ"פ דעתו היה שיהיה מונח המוקצה בתיבה.

ולפי"ז מה שנוהגין בשבת להסיר המפה העליונה מעל השלחן, אחר שמסיר הא"י המנורה מעליה, כדין עושין, לפי שא"צ שתהא המנורה דוקא על המפה, אלא על השלחן, ואינו מעמידה על המפה אלא מפני שא"א לו לפנות מקום להמנורה בגוף השלחן עצמו, או מפני שאינו חושש לפנות לה מקום, ולפיכך לא נעשית המפה בסיס להמנורה שעליה שתאסר בטלטול, {**ובמפה** התחתונה א"צ לכל זה, דהלא בזמננו הדרך להניח עליה הלחם ביה"ש, ונעשית בסיס לזה דהוא חשוב יותר}, **ויש** מחמירין בכל זה, [ט"ז, וי"א על מקום העמדת הנרות, וי"א בכל המפה העליונה], **ובמקום** הצורך נראה דיש להקל, דכמה אחרונים סוברין כוותיה דהמ"א.

קינה של תרנגולת, ויש שם ביצה שיש בה אפרוח, שאותה ביצה אסורה בטלטול, אף שלא ידע מבע"י שיהיה שם הביצה, מ"מ כיון שדרך הוא בכך, הוי כמניח ולא הוי כשוכח, ונעשה הקינה בסיס להביצה, **וכן** בכל מקום כיוצא בזה, בדבר שדרכו להיות המוקצה עליו, בודאי הוי כמניח, [**ואין** סתירה לדין מ"א הקודם, דהתם אף אם דרכו להניח שם בתיבה גם דברים המוקצים, מ"מ אין הכרח שהם יונחו על הדברים המותרים].

[יא]וי"א דאפילו הניחם שם על דעת שישארו שם בכניסת השבת כדי שיטלם בשבת, מותר להטות ולנער בשבת; ולא אסרו אלא במניחם על דעת שישארו שם כל השבת - ס"ל דלא נעשה בסיס כלל, כיון שחשב לסלק מעליו המוקצה אח"כ, **וה"ה** אפילו אם חשב שיהיה מונח עליו כל היום, עד איזה זמן קודם שקיעת החמה, ואח"כ לסלקם, ג"כ לא מקרי בסיס לדידהו, ואם נמלך אח"כ לסלק המוקצה מקודם, מותר לנער, דכיון דאינו על כל יום השבת, לא חל שם בסיס כלל, **אבל** אם חשב לסלק בין השמשות, הוי כמי שחשב על כל היום, דביה"ש ספק לילה.

(**עיין בחידושי רע"א שמביא מדברי התוספות, דמ"מ לא הוי כשוכח גמור, דשם בצריך למקום החבית והכר, מותר אפילו להגביה ממש עם דבר המוקצה, וכדאיתא בס"ד, משא"כ בזה, אינו מותר בכל גווני רק הניעור בלבד, וע"ש שמאריך בזה**).

ובמקום פסידא יש לסמוך על דעה זו. **ודע** דאפילו לדעה זו, מסתברא דדוקא כשחשב בהדיא לסלק אח"כ המוקצה בשבת, ע"י ניעור או ע"י א"י, או דבר שדרכו בכך לסלק המוקצה אח"כ, **אבל** אם חשב בסתמא שיהיה מונח עליו המוקצה בשבת, לכו"ע נעשה בסיס, אף דלא חשב בהדיא שיהיה מונח עליו כל השבת.

הגה: ואז אפילו נטל האיסור משם, אסור לטלטל הכלי, דמאחר שנעשה בסיס לדבר האסור למקצת השבת, אסור כל השבת כולה - זה קאי גם אדעה ראשונה, דאפילו לא הניחו אלא לכניסת שבת, וניטל אח"כ, מ"מ אסור הכלי כל השבת.

וכן בכל מוקצה - כגון גרוגרות וצמוקים שנתייבשו בשבת ונעשו ראוים לאכילה, אפ"ה הוו מוקצה לכל השבת, כיון דאתקצאי לביה"ש, **וכן לקמן סימן ש"י.**

אם אדם הניח דבר מוקצה על של חבירו - ואפילו אם הדבר מוקצה הוא ג"כ של חבירו, **לא אמרינן דנעשה בסיס לדבר האסור, דאין אדם אוסר של חבירו שלא מדעתו (א"ז)** - ומותר לטלטל הכלי כשצריך לה, אחר שינער המוקצה ממנה.

אך אם עשה כן לטובת חבירו, ומן הסתם ניחא ליה בזה, כגון שנטל ראובן כלי והעמידו מבע"י תחת הנר בבית שמעון, כדי שיפול הנר לתוכו ולא תהיה דליקה, ונפל הנר לתוכו קודם ביה"ש, [דאל"ה לא נעשה בסיס לכל השבת כולה], והיה בתוכו עד אחר ביה"ש, נעשית הכלי בסיס להנר, ואסור לטלטלה כל השבת אף לאחר שנסתלק הנר, כ"כ הרבה אחרונים, **ובדה"ח** מצדד, דאם היה בדעתו לסלק אח"כ המוקצה בשבת, נוכל לצרף בזה דעת הי"א הנ"ל, דבזה לא מקרי בסיס כלל.

באר הגולה

[י] בפי' רש"י בשבת נ"א [יא] שם בתוס'

אות ד' - ה'

בורר כדרכו בחיקו ובתמחוי

בד"א שהאוכל מרובה על הפסולת וכו'

סימן תקי ס"ב - [יג]"הבורר קטניות ביו"ט, בורר כדרכו בחיקו ובתמחוי - הפסולת מן האוכל, וא"צ לשנות לברור האוכל מן הפסולת, דכיון שהאוכל מרובה וכדלקמיה, טוב למעט בטרחא, ולברור הפסולת המועט.

(**מכאן** קשה על האי מ"ד לעיל סי' תק"ו ס"ב בהג"ה, **דאסור ליטול צרור בידים, והרי הכא מבואר דביו"ט בורר כדרכו, ובמ"ב שם** פירשתי טעם האי מ"ד, משום דגבי צרור אפי' בחול דרך ליטלו שלא בכלי, **והוא מח"א**, (משא"כ כאן שהדרך בכלי, מותר בידו), עי"ש, **והגר"ז כתב, דלא התירו חכמים בורר כדרכו אלא בקטניות, שאין דרך להכין לימים רבים, אבל לא חטין שדרכו להכין לימים רבים, ולפי"ז בדגן יהיה אסור לברור אפי' ביד**).

(אם רוצה לאכלו בו ביום) (המגיד) - לא אתי לאפוקי אם דעתו לאכול למחר, דבזה פשיטא, דאסור לעשות שום הכנה מיו"ט לחבירו, **אלא** אשמועינן, דאפי' אין דעתו לאכול לאלתר כ"א לאחר זמן, דבשבת כה"ג חייב חטאת, אפילו בורר אוכל מן הפסולת, וכ"ש בפסולת מן האוכל, **קמ"ל** דשרי, דאין איסור בורר ביו"ט בזה מן התורה, כיון שהוא צורך אוכל נפש בו ביום, וכאופה ומבשל דמי.

אבל לא בטבלה ולא בנפה ולא בכברה - משום דמחזי כמאן דעביד לצורך מחר, דדרך ברירה בכלים הללו לעשות לימים הרבה, וכמש"כ לעיל בס"א.

(**והא דמבואר ברמ"א סי' תצ"ה ס"ג לדעת היש מחמירין, דאפילו באוכל נפש עצמו, כל שאפשר לעשותו מבע"י אסור כי אם ע"י שינוי, ואם כן בענינו הא דמתירין פסולת מתוך אוכל, דוקא כשלא היה יכול לברור מבע"י**, וכ"כ באמת החמד משה, **אכן מסתימת השו"ע והרמ"א משמע, דיש להקל בענינו בכל גווני, והטעם אפשר לענ"ד לומר, דכיון דע"י שינוי כתב שם הרמ"א שמותר, וכאן דבלא"ה לא התירו אלא ע"י קנון ותמחוי, י"ל דזה חשיב שינוי, דכדרכו הוא דוקא ע"י נפה וכברה, ואף דאין זה שינוי גמור, דבשבת בפסולת מתוך אוכל חייב אף בזה, מ"מ לענין יו"ט חשיב שינוי, וכ"ש אם בורר ביד, היוצא מדברינו, דהנוהג להקל לברור קטניות פסולת מתוך אוכל, אף שהיה אפשר מבעו"י, יש להם על מי לסמוך, ואף בבורר להניח לסעודה אחרת, או בע"ש על שבת, ועל ידי עירוב תבשילין, ומ"מ לכתחלה נכון בכגון זה שהיה אפשר לו מבעו"י, לברור האוכל מתוך הפסולת, דזהו בודאי חשיב שינוי, וכמדומה שכן נוהגין העולם**).

[יד]**"בד"א, כשהאוכל מרובה על הפסולת** - דאז טוב יותר לברור הפסולת, שטרחתו מעוטה, **ואם** הם שוין בכמותן, בורר איזה מהם שירצה, **אכן** אם האוכל הוא דק, יברור הפסולת. **אבל אם היתה הפסולת מרובה על האוכל, בורר את האוכל ומניח את הפסולת.**

ואם היה טורח בברירת הפסולת מן האוכל יותר מטורח ברירת האוכל מן הפסולת - כגון שהפסולת הוא דק מאוד, ויש טורח רב לבררם, **אעפ"י שהאוכל מרובה, בורר את האוכל ומניח את הפסולת.**

אות ו'

לא שנו אלא לצורך גופו, אבל לצורך מקומו מטלטלו ועודן עליו

סימן שט ס"ה - [טו]"הא דלא שרי אלא להטות ולנער, דוקא בצריך לגוף החבית והכר - אשוכח קאי, דבמניח הרי החבית גופא נעשית בסיס ומוקצה הוא, **אבל אם צריך למקום החבית והכר, ולא תספיק לו הטייה והניעור** - דצריך שיהיה לו אותו המקום פנוי לגמרי, **יכול לטלטלם עם האבן ועם המעות שעליהם לפנות מקומם, (וכן הוא לקמן סי' ש"י).**

אות ז'

ולא אמרו ככר או תינוק אלא למת בלבד

סימן שיא ס"ה - [טז]"אם צריך למקום המת או לדבר שהמת מונח עליו, מותר לטלטלו מן הצד, דהיינו שהופכו ממטה למטה, כיון דלצורך דבר המותר הוא - ר"ל שאין כונתו בטלטולו בשביל המת גופא, שהוא אסור בטלטול, אלא בשביל המקום או הדבר שהוא מונח עליו, שהוא מותר בטלטול.

[טז]**"לא התירו לטלטל ע"י ככר או תינוק אלא במת בלבד, אבל לא בשאר דברים האסורים לטלטל** - עיין לעיל סימן ש"ח ס"ה ובמ"ב שם.

סימן רעט ס"ג- [יז]"לטלטל נר ע"י שנותנין עליו לחם בשבת, אסור - הטעם, דהא מ"מ כבר איתקצאי בביה"ש, דעדיין לא היה בו אז לחם, ומיגו דאיתקצאי בביה"ש וכו'.

ואם נתן עליו הלחם מבע"י, [יח]"יש מי שמתיר לטלטלו בשבת ע"י לחם זה - היינו אם הלחם הוא חשיב אצלו יותר מהשמן, וה"ה אם מניח שאר דבר חשוב, **דאז** אמרינן כיון דהנר נעשה בסיס לאיסור, דהוא השמן, ולהיתר, וההיתר חשוב טפי, ולכך שרי, כמ"ש סימן ש"י, **ואין לסמוך עליו** - והטעם, דכיון דהמנורה עיקר עשייתה בשביל השלהבת, לכן נעשית תמיד טפל ובסיס להשלהבת, ולא ללחם ושארי דברים אחרים, אף שהם חשובים יותר.

באר הגולה

יב משנה שם י"ד וכב"ה | יג ברייתא כרבן גמליאל וגמרא שם | יד שם בגמ' קמ"ב | טו רבינו ירוחם | טז שבת קמ"ב וכרב אשי | יז הרא"ש ורבי ירוחם | יח כל בו בשם חכמי צרפת והריב"ש

§ מסכת שבת דף קמג. §

אות א'

אשה לא תכנס לבית העצים ליטול מהן אוד

סימן תקז ס"ג - [א]אסור ליקח עץ מבין העצים - בין לח ובין יבש, אף שראוי הוא להסקה, **לחתות בו האש בתנור, דהוי ליה מתקן מנא** - ואפילו אינו מתקנו כלל, מ"מ הרי עושהו לכלי ביו"ט, **ודוקא** אם לא הכינו מעיו"ט. [**וכתב** הפמ"ג, דוקא לברור עץ ארוך ודק שראוי לחתות אש, אז נראה כמתקן, **הא** ליטול עץ סתם בלי ברירה, באקראי, לחתות אש, ולא מיחד עתה לכך, י"ל דשרי ביבש עכ"פ].

וה"ה דאסור ליקח עץ לעשות ממנו בריח להבריח הדלת מטעם זה, אא"כ הכינו מעיו"ט, וכן כל כה"ג, [ודי בהכנה בעלמא אף שלא תקנו].

אות ב'

מעבירין מעל השלחן עצמות וקליפין

סימן שח סכ"ז - [ב]עצמות [ג]שראויים לכלבים - אפילו אם נתפרקו מן הבשר בשבת, דמבעוד יום לא היה מוכן לכלבים, אפ"ה שרי, **וכ"ש** אם נתפרקו מבע"י, **וקליפים שראוים למאכל בהמה, ופרורים שאין בהם כזית** - היינו שמפני קטנותן סתמא עומדין רק למאכל בהמה ועופות, **מותר להעבירם מעל השלחן.**

אבל אם אין הקליפים ראוים למאכל בהמה - כגון קליפי אגוזים וביצים וכל כה"ג, **אסור לטלטלם** - וה"ה בעצמות שהם קשים, שאינם ראויים אפילו לכלבים, בין אם נתפרקו בשבת או מבע"י, **אבל** כ"ז הוא דוקא אם נתפרקו לגמרי, לאפוקי אם נשתייר מקצת בשר על עצמות, מותר לטלטל אותם אגב הבשר.

אלא מנער את הטבלא - הוא דף המונח על השלחן כדי לשום עליו הלחם, וה"ה מפה הפרוסה, **והם נופלים** - וטעם ההיתר הוא, כיון דלא מטלטלו בידים, (**ומן הארץ מותר לכבד בכנף של אווז**).

(**ואיתא במלחמות, דהיינו שמטלטלה עם הקליפין שעליה עד מקום התנור, ומנערה שם, ומשו"ע משמע דאסור להגביה הטבלא, אלא לנערה במקומה**).

וה"ה אם מעבירם ע"י דבר אחר, כגון שהוא מגרר אותם ע"י סכין מן המפה, דמותר אם הוא צריך להשתמש במקום שמונח שם העצמות והקליפין, דזה מקרי טלטול מן הצד, ושרי אם הוא לצורך דבר המותר, וכדלקמן בסימן שי"א ס"ח.

ואם נתקבצו הרבה יחד, ומאוס עליו להניחן כך על השלחן, מותר להעבירן בידים, דהוי ליה לדידיה כגרף של רעי, כן משמע בגמ' ע"ש.

[ד]ואם יש פת על השלחן, מותר להגביה הטבלה ולטלטלה עם הקליפים שאינם מאכל בהמה, שהם בטלים אגב הפת - ואפשר שאפילו לכתחלה מותר להניח פת, כדי להגביה הטבלא, אם קשה ליה הניעור, עיין במ"א ופמ"ג.

[ה]ואם היה צריך למקום השלחן, אפילו אין עליה אלא דברים שאינם ראוים למאכל בהמה, מותר להגביה ולטלטלם.

אות ג'

ספוג אם יש לו עור בית אחיזה, מקנחין בו; ואם לאו, אין מקנחין בו

סימן שכ סי"ז - [ו]ספוג - הוא כמין צמר נעשה לחוף הים, **או** כפי' הערוך וכדלקמיה, ובטבעו ששואב המים והמשקין לתוכו, **אין מקנחין בו** - את הטבלא [רש"י], ואת הקערה, **אא"כ יש בו בית אחיזה, גזירה שמא יסחוט** - כתב בביאור הגר"א שט"ס הוא, וצ"ל "משום סחיטה", דהא אמרינן בגמ' דפס"ר הוא, משום דא"א שלא יסחוט כשאוחזו באצבעותיו בלי עור בית אחיזה.

(**ואם הוא ספוג יבש, עיין בא"ר ובספר תו"ש שמצדדין להחמיר, משום דלא פלוג, וברש"י** ד"ה ניטל לכאורה לא משמע כן, **וצ"ע לדינא**).

אא"כ יש בו בית אחיזה - [ז]רש"י והרמב"ם פירשו, דכשיש לו עור בית אחיזה שיאחזנו בו, אפשר לקנח בלי סחיטה, **אבל** הראב"ד כתב, דאעפ"כ א"א לו לקנח בלי סחיטה, אלא דמ"מ שרי, דכיון שיש לו בית אחיזה, הו"ל כצלוחית מלאה מים שמריק ממנה מים, ‹כלומר שאינה דרך סחיטה – ערוה"ש›.

באר הגולה

[א] מימרא דרבא שם ל"ג ‹ופי' רש"י וטעמא משום דלא ניתנו נוצים אלא להסקה. והרא"ש כתב שר"ת (שבת קמג. תוד"ה ליטול) פי' משום דמיחזי כמתקן כלי לכבד בו את התנור – ב"י› [ב] שם במשנה קמ"ג וכרב נחמן שם בגמ' [ג] לפי' התוספות שם [ד] רא"ש בתשובה לפירוש הב"י [ה] ב"י ומבואר בסי' ש"ט [ו] שם קמ"ג במשנה [ז] ‹וברש"י אין מוכרח – פמ"ג›

התם כיון דמסרח דעתיה עילויה מאתמול הכי נמי מסתברא דרבא כר' יהודה סבירא ליה *דדרש רבא "אשה לא תכנס לבית העצים ליטול מהן אוד ואוד שנשבר אסור להסיקו ביום טוב לפי *שמסיקין בכלים ואין מסיקין בשברי כלים שמע מינה:

מתני' *ב"ש אומרים *[ג]מעבירין מעל השלחן עצמות וקליפין וב"ה אומרים *מסלק את הטבלא כולה ומנערה מעבירין (א) מלפני השלחן פירורין פחות מכזית ושער של אפונין ושער עדשים מפני שהוא מאכל בהמה [י]ספוג אם יש לו עור בית אחיזה מקנחין בו ואם לאו אין מקנחין בו (ב) *(וחכמים אומרים) בין כך ובין כך *ניטל בשבת ואינו מקבל טומאה:

גמ' *אמר רב נחמן אנו אין לנו אלא ב"ש כרבי יהודה וב"ה כרבי שמעון: מעבירין (ג) מלפני השלחן פירורין: מסייע ליה לר' יוחנן *דאמר רבי יוחנן [י]פירורין שאין בהן כזית אסור לאבדן ביד: שער של אפונין: מני ר"ש היא דלית ליה מוקצה אימא סיפא ספוג אם יש לו בית אחיזה מקנחין בו ואם לאו אין מקנחין בו אתאן לר' יהודה דאמר דבר שאין מתכוין אסור בהא אפילו ר"ש מודה *דאביי ורבא דאמרי תרוייהו מודה ר"ש בפסיק רישיה ולא ימות [ה]הני גרעינין דתמרי ארמייתא שרו לטלטולינהו הואיל וחזיין אגב אמן ודפרסייתא אסור שמואל מטלטל להו אגב ריפתא: (שרנ"ם שפ"ז סימן): שמואל לטעמיה *דאמר שמואל [י]עושה אדם כל צרכו בפת *רבה מטלטל להו אגב לקנא דמיא רב הונא בריה דרב יהושע עביד להו כגרף של ריעי א"ל רב אשי לאמימר *[י]וכי עושין גרף של ריעי לכתחילה רב ששת זריק להו בלישניה רב פפא זריק להו אחורי המטה *אמרו עליו על רבי זכריה בן אבקולס [י]שהיה מחזיר פניו אחורי המטה וזורקן:

הדרן עלך נוטל אדם את בנו

רש"י

התם כיון דמסרח · מעייל אי מלגע ליה עד אורתא: **מאתמול דעתיה עליה** · לשוגרא ובין השמשות נמי מוכן לבהמה הוה: **אוד** · פורגו"ן דהשתא עליה להסקה ליתא ולא לטלטול כלי: **ואוד שנשבר** · ביו"ט: **בשברי כלים** · שנשברו היום דהוו להו נולד: **ש"מ** · דכרבי יהודה סבירא ליה דאית ליה מוקצה:

מתני' מעבירין · בידים מעל השלחן: **עצמות** · קשין שאין ראויין לכלב: **וקליפין** · של אגוזים דלית להו לב"ש מוקצה: **וב"ה אומרים מסלק את הטבלא** · שיש תורת כלי עליה אבל לא יטלטל הקליפין בידים כרבי יהודה: **מעבירין מעל השלחן** · סתמא היא: **פירורין פחות מכזית** · וכ"ש כזית כדמפרש טעמא שהם מאכל בהמה: **ושער של אפונין** · שרביטין של קטנית שהקטנית גדל בהם: **אפונין** · ייס"ש: **עור בית אחיזה** · [בית אחיזה] של עור שאוחזו בו: **מקנחין בו** · טבלא: **אין מקנחין בו** · שכשאוחזו נסחט בין אצבעותיו: **ניטל בשבת** · כשהוא נגוב: **ואינו מקבל טומאה** · דאינו לא כלי עץ ולא בגד ולא שק ולא מתכת: **גמ' אנו אין לנו** · אין אנו סומכין על משנתינו כמות שהיא שנויה אלא מוחלפת שיטתה וב"ש כרבי יהודה כו': **אסור לאבדן ביד** · מדקתני מעבירין בידים ולא זריק להו: **דלית ליה מוקצה** · דאי ר' יהודה מאתמול לאו לבהמה קיימי שהרי האוכל היה עמהן והיום לוקח מהם: **שאין מתכוין** · שאין מתכוין לסחוט: **גרעינין** · של תמרים והם לבהמה: **ארמייתא** · תמרים רעים הם ומאכילין התמרים עצמן לבהמה הלכך אגב אימייהו לבהמה נמי קיימי: **פרסייתא** · תמרים טובים הם ואין מאכילין אותן לבהמה: **כל צרכו** · משתמש בו ואין כאן משום בזיון וממחהו בתבשיל: **לקנא דמיא** · ספל של מים: **גרף של ריעי** · נוטלן לפניו כשאוכל התמרים עד שנמאסות בעיניו ונוטלן אותן מפניו כגרף של ריעי ונותן לבהמה: **זריק להו בלישניה** · אל עבר השלחן: **אחורי המטה** · שהוא מיסב עליה:

הדרן עלך נוטל

תוספות

התם כיון דמסרח · ומתקלקל ואין ראוי למאכל אדם מאתמול דעתיה עילויה ליתנו לבהמה אע"ג דבשער של אפונין ושל עדשים אסרינן לרבי יהודה אע"ג דחזו למאכל בהמה וכן גרעינין דלעיל בפרק במה מדליקין (דף כט·) דאמרינן לרבי יהודה אבלן אין מסיקין בגרעינין מ"מ הכא שרי כדפי' התם:

ליטול מהן אוד · נראה לר"ת כפירוש ה"ג דאסירי משום תיקוני מנא דלפירו' זה (ד) דאע"ג דלא מתקלא ליה גזרינן שלא יבא לידי תיקון כלי:

עצמות וקליפין · לא כפירוש הקונטרס דפירש אפילו קשין ואין ראויין לאכילת כלבים *דהאי תנא אמרינן בגמרא דכרבי שמעון סבירא ליה ור"ש בעי לכל הפחות ראויות למאכל בהמה דקתני מעבירין מעל השלחן פירורין כו' מפני שהוא מאכל בהמה ומוקמינן בגמרא כוותיה:

אנו אין לנו אלא ב"ש כר"י כו' · במסכת עדיות לא מיתניא בהדי קולי ב"ש וחומרי ב"ה והיינו כרב נחמן והא דלא מייתי סייעתא מהתם משום דמאי אולמא דהא מהא:

פירורין שאין בהן כזית אסור לאבדן ביד · פי' בקונט' מדקתני מעבירין ולא קתני זורקין וקשה לרבי דברישא נמי קתני מגביהין מעל השלחן עצמות וקליפין ולא קתני זורקין אע"פ שמותר לאבדן ביד ועוד דאמרינן בברכות בריש אלו דברים (דף נב:) וב"ה אומרים אם שמש ת"ח הוא נוטל פירורין שיש בהן כזית ומניח פירורין שאין בהן כזית ומסייע ליה לר' יוחנן דאמר פירורין שאין בהן כזית מותר לאבדן ביד ואי אפשר ליגרס התם אסור *ונראה לר' דהכא גרסי' מותר ודייק מדאצטריך למיתני מפני שהוא מאכל בהמה דהיינו משמע דלא חזי לאדם והוו כשאר מאכל בהמה ומותר לאבדן · מ"ר:

ואם לאו אין מקנחין בו · אית ספרים דגרסי ותכ"א בין כך ובין כך מקנחין בו ולא יתכן דאמר בגמרא דבאין לו עור בית אחיזה אפילו ר"ש מודה דאסור משום דפסיק רישיה הוא וה"ר יצחק מדלפירא גרס בין כך ובין כך אין מקנחין בו כרבי יהודה דאמר דבר שאין מתכוין אסור ואין נראה לר"י דהא בגמרא משמע דברישא מודה ר' יהודה (ה) דאמר אימא סיפא ספוג אם יש לו עור בית אחיזה מקנחין בו ואם לאו אין מקנחין בו אתאן לרבי יהודה אם כן בין כך ובין כך אין מקנחין בו לא רבי יהודה ולא ר' שמעון אלא ודאי לא גרסינן ליה כלל · מ"ר:

שמואל מטלטל להו אגב ריפתא · אף על גב דכר"ש סבירא ליה דשרי לקמן בפרק בתרא (דף קנו:) נבלה שנתנבלה בשבת מיהו מחמיר היה משום דהוה אדם חשוב כאביי ורבא דלעיל · ר"ת:

רבא מטלטל להו אגב לקנא דמיא · ואם תאמר והא רבא סבר לעיל כר"י דאית ליה מוקצה ואנוחי לקנא דמיא היכי שרי לכתחילה ויש לומר דשני לן בין היכא דאפשר למיעבד האי טלטול מאתמול להיכא דלא אפשר דכיפין ובר יונה היו מאתמול בידו והיה יכול לטלטלם אבל הני גרעיני תמרה לא אפשר ושרי אפילו לרבי יהודה ואף לאדם חשוב דאמר בבילה פרק יו"ט (דף כח:) דאמר ליה אביי לרב יוסף האי סופלי לחותא היכי שדינן ביומא טבא לרבי יוסי דאמר לכס ולא לכלבים חזיין להסקה כו' בשבת מאי איכא למימר מטלטלין להו אגב ריפתא כדשמואל אלמא דאפילו רב יוסף דלא בעי למישרי לעיל אגב כפא וסכינא אפילו דבר הראוי לאדם שרי התם גרעיני תמרה אגב ריפתא:

הדרן עלך נוטל אדם את בנו

הגהות הב"ח
(א) במשנה מעבירין מעל השלחן פירורין: (ב) שם מקנחין בו (וחכ"א) תא"מ ונ"ב רש"י ותוספות ואלפסי לא גרסי ותכ"א אבל מפי' המשניות להרמב"ם דגרס לה: (ג) גמ' מעבירין מעל השלחן פירורין: (ד) תוס' ד"ה ליטול וכו' דלפירוש זה אע"ג: (ה) ד"ה ואם לאו וכו' מודה ר' יהודה דאמרינן אימא:

רבינו חננאל

פי' החבית מטה על צדה והיא נופלת. אמר רב הונא אמר רב לא שנו אלא בשוכח אבל במניח נעשה בסיס לדבר האסור. פי' נעשית החבית בסיס לאבן ואסור להטות החבית כלל. והלכתא כוותיה דרבא דר' אמי אמר ר' יוחנן קאי כוותיה. בפרק כל הכלים: היתה בין החביות מגביהה מטה על צדה כו'. תניא (א') ר' יוסי אומר היתה החבית מונחת באוצר או שהיו כלי זכוכית מונחין תחתיה מגביהה למקום אחד ומטה על צדה ונוטל מה שצריך לו ומחזירה למקומה. מעות שעל הכר נמי אוקמוה משמ' דרב בשוכח אבל במניח נעשה הכר בסיס למעות ואסור אפילו לנערן ואמר רבה משמיה דר' יוחנן לא שנו אלא לצורך גופו כגון שצריך (סבר) לישב עליו אבל אם הוא צריך למקומו מטלטלין ועודן עליו. וכן תני חייא בר רב מדפתי והא דא"ר הושעיא שכח ארנקי בחצר ור' יצחק דאמר שכח לבינה בחצר ויהודה בר שילא דאמר שכחו דסקיא מלאה מעות בסטן ואמרו שמניח עליה ככר או תינוק ומטלטלו ואמר מר זוטרא הלכתא ככל הני שמעתא בשכח ולית הלכתא כוותייהו אלא הלכתא כרב אשי דהוא בתראה דאמר לא אמרו ככר או תינוק אלא למת בלבד' אביי מנח כפא פי' תרווד אכיפי הן כגון כיפה של צמר ורבא מנח סכינא אבר יונה והוא מליח אבל היה מבושל והיה מטלטל בן יונה אגב סכינא אמר שאלו מותרין לטלטלן בשבת דתניא בראשונה היו אומרים ג' כלים מותרין בשבת מקצוע של דבילה וזומלוסטרין וסכין קפה שע"ג השולחן וכפה היא זומליסטרון כרתנן ניטלה כיפה טמאה משום מולג · ואקשינן על רבה טעמא דחזי לאומצא הא לא חזי לאומצא לא דהא מוקצה הוא כלומר כר' יהודה סבירא ליה ולא כר' שמעון דאי ר' שמעון לית ליה מוקצה אלא אפילו בשר תפוח שרי לטלטוליה וכל בשר אחר בין חי בין מליח. ותוב אקשינן עליה ומי סבר לה רבא כר' יהודה והא א"ל רבא לשמעיה טוי לי בר אווזא ביו"ט ושרי מיעיא לשונרא כר' שמעון דאי כר' יהודה הא אמר כל דבר שאינו מוכן לאכילה אסור לטלטלו ואפילו בהמה לא היה מתיר לבודקה אלא באשפה שאם תמצא טריפה יניחנה באשפה. ומסקנא דשמעתא דרבה כר' יהודה ס"ל ופשוטה היא: מתני' בה"א מגביהין מעל השולחן עצמות וקליפין וכו'. אמר רב נחמן אנו אין לנו אלא ב"ש כר' יהודה וב"ה כר' שמעון מעבירין מעל גבי השלחן פירורין פחות מכזית מסייע ליה לר' יוחנן דאמר פירורין שאין בהן כזית מותר לאבדן ביד. ספוג אם יש לו עור בית אחיזה מקנחין בו ואם לאו אין מקנחין בו אפילו לר' שמעון דהא אי אפשר שלא לסחוט באחוז בספוג אלא אם יש לו עור בית אחיזה· גרעינין דתמרי. ארמי ארמייתא שרי לטלטולי הואיל וחזיין על גב אימן . פי' רכים הן ונאכלין עם התמרים עצמן . דפרסייתא שמואל מטלטלינהו ואגב ריפתא וכו' שמעתא: הדרן עלך נוטל אדם

רב נסים גאון

לדברים : רבא כר' נתן סבירא ליה דאמר חי נושא את עצמו' עיקר דבריו של ר' נתן בפרק המצניע (דף צד) ר' נתן אומר על השתוטין חייב על החיים פטור מפני שהחי נושא את עצמו. רבא כר' שמעון סבירא ליה דאמר מלאכה שאינה צריכה לגופה פטור עליה ועיקר דבריו של ר' שמעון גם בפרק המצניע (דף צג) דתנן וכן כזית מן המת וכעדשה מן השרץ חייב ור' שמעון פוטר וגרסי' בגמ' אמר רבה אמר ר' יוחנן ורב יוסף אמר ריש לקיש פוטר היה ר' שמעון אף במוציא את המת לקוברו וכבר פירשנו זה בפרק יציאות השבת: הכי נמי מסתברא דרבא כר' יהודה סבירא ליה דדרש רבא אשה לא תכנס לבית העצים ליטול מהן אוד ואוד שנשבר ביום טוב אסור להסיקו לפי שמסיקים בכלים ואין מסיקין בשברי כלים וזה שוה לדברי ר' יהודה שאמר במשנה בפ' במה מדליקין (ד' כט)ואין מסיקין בשברי כלים הואיל וסברא ליה כוותיה בנולד במוקצה נמי דתנן בסוף מסכתא (לקמן דף קנו) ר' יהודה אומר אם לא היתה נבילה מערב שבת אסורה לפי שאינה מן המוכן כר' יהודה סבירא ליה ולכך אמר סכינא אבר יונה למה לי הא חזי לאומצא דדייקת מינה הא לא חזי לאומצא לא וכמו שאמר בתחילת מסכת יום טוב (דף ב) דאית ליה מוקצה אית ליה נולד ודלית ליה מוקצה לית ליה נולד כי הכלל עיקר אחד חוזר והיא ההכנה: אמר רב נחמן אנו אין לנו אלא בית שמאי כרבי יהודה ובית הלל כרבי שמעון וכן אמרו עוד מני ר' שמעון היא דלית ליה מוקצה ועיקר דברי רבי יהודה ור' שמעון בפרק כירה (דף מד) וכבר פירשנוה למעלה. אתאן לרבי יהודה דאמר דבר שאין מתכוין אסור עיקר דבריו של ר' יהודה במשנה במסכת בכורות (דף לג) ובמס' יום טוב (דף כג) וכבר פירשנו דבריו גם במס' זו בפ' כירה: סליק פרק נוטל

רבא

עין משפט נר מצוה

יט א מיי' פ"ד מהל' י"ט הלכה יא סמג לאוין עה טוש"ע א"ח סי' תקז סעיף ג:
כ ב מיי' פכ"ו מהלכות שבת הלכה טו סמג לאוין סה טוש"ע א"ח סי' שח סעיף כז:
כא ג מיי' פכ"ב שם הלכה טו סמג שם טוש"ע א"ח סי' שב סעיף יז:
כב ד מיי' פ"ו מהל' ברכות הלכה יא טוש"ע א"ח סי' קפ סעיף ד:
[עי' תוס' ביצה כ: ד"ה מגביהין]
[עי' תוס' ביצה ב. ד"ה וב"ש]
כג ה מיי' פכ"ו מהל' שבת הלכה טו סמג לאוין סה טוש"ע א"ח סי' שח סעיף לג:
כד ו מיי' פ"ז מהלכות ברכות הל' ט טוש"ע א"ח סי' קעא סעיף א:
כה ז מיי' פכ"ה מהל' שבת הלכה כד וסכ"ו הלכה יג סמג לאוין סה טוש"ע א"ח סי' שח סעיף לו:
כו ח מיי' פכ"ו שם הל' טו טוש"ע שם סעיף ל:
[עי' תוס' מנחות נח: ד"ה ואיכא דאמרי דזהו מסוגיות הפוכות]

מסורת הש"ס

ביצה לג. ושם
(שם לג.) לעיל כט. וקכד:
לקמן קנ. [ביצה ב. תוספ' פ"ו מתני' איפלה ע"ש]
כ"ה מקנחין בו וניטל
[לקמן קנו: ע"ש ביצה כ:]
ברכות נב: ע"ש
לעיל עה. קג. קיא. קיז: קכ: וקלג. סוכה לג: כתובות ו. בכורות כה. [ביצה לו.]
ברכות נ: לעיל נ: ביצה כא:
[נ"ל רבא עי' תוס' ד"ה רבא]
[ביצה מס-לו:]
[תוספ' פי"ז]

אות ד'

פירורין שאין בהן כזית אסור לאבדן ביד

סימן קפ ס"ד - [ח]**אע"פ שמותר לאבד פרורין שאין בהם כזית, מכל מקום קשה לעניות** - ודוקא לדרוס עליהם, דהוא בזוי גדול, **אבל** כשמשליכן למים, אפילו כשנאבדין עי"ז, אין חשש, כיון שהוא פחות מכזית, **ויש** מחמירין כשיש הרבה פירורין ויצטרפו לכזית.

אות ה'

הני גרעינין דתמרי ארמייתא שרו לטלטולינהו, הואיל וחזיין אגב אמן

סימן שח ס"ל - [ט]**גרעיני תמרים, במקום שמאכילים אותם לבהמה, מותר לטלטלן** - אבל מקום שאין דרך להאכילם לבהמה, אסור לטלטלם אע"ג דחזו לבהמה.

[י]**ואדם חשוב צריך להחמיר על עצמו שלא לטלטלן אלא דרך שינוי** - כגון לזורקן בלשונו, או לטלטלן אגב פת.

[יא]**הטעם**, משום דיש מקומות שאין מאכילין אותם אפילו לבהמה, וגם דלא חזו לבהמה רק ע"י הדחק, ע"כ אדם חשוב צריך להחמיר.

(**ולענין גרעיני שאר פירות, אפשר דמודה השו"ע למה שמשמע ברמב"ם,** דסגי שיהיה עכ"פ ראוי למאכל בהמה, **וגרעינין** של תמרים שאני, משום דאינן נאכלין אף לבהמה כי אם ע"י הדחק, ולפיכך החמיר בזה שיהא דרך אותו המקום להאכיל לבהמה, אף דהרמב"ם כלל כל הגרעינים בחדא מחתא, וגרעיני תפוחים ואגסים בלא"ה אפשר דיש להקל, דהם ראוין אף לאכילת אדם, ולפעמים אוכלים אותן ביחד, **וכ"ש** גרעיני הפירות שקורין פלוימען, שיש בתוכן אוכל, בודאי מותר לטלטל לד"ה, אף שאין בדעתו לאכלן).

אות ו'

עושה אדם כל צרכו בפת

סימן קעא ס"א - **עושה אדם צרכיו** - ור"ל צורך תשמישיו, וכמו שיתבאר לקמיה, **בפת** - וכ"ש בשאר אוכלין, **והני מילי דלא ממאיס ביה, אבל מידי דממאיס ביה, לא** - ואפילו בשאר אוכלין ג"כ אסור, **ואסור** לפצוע זיתים ליטול ידיו במים היוצאים מהם, שחזקים הם ומעבירים את הזוהמא, מפני שהזיתים נמאסים על ידי זה, ואיכא הפסד אוכלין, [**אבל** לפצוע על הסלע כדי למתק מרירתו, מותר, דנעשה להכשיר האוכל עצמו].

ואם עושה לרפואה, שרי אפילו מימאס ביה, **ואפילו** בלא רפואה, אם הוא דבר שהוא צורך האדם, ודרך העולם לעשות בהאוכל צורך זה, ג"כ שרי, **ומטעם** זה מזלפין הקרקע ביין, וסכין הגוף ביין ושמן, כמבואר בגמרא בכמה דוכתי.

הילכך אין מניחין עליו בשר חי, ואין מעבירין עליו כוס מלא - שקרוב הדבר שישפך עליו וימאס, **ואין סומכין בו הקערה, אם היא מלאה דבר שאם יפול על הפת ימאס** - וג"כ מטעם הנ"ל, (וה"ה על האוכלין דמימאסי עי"ז), **וכ"ש** אם הקערה בתחתיתו אינו נקי, וימאס הפת עי"ז.

אבל כשאינה מלאה, שרי לסמוך, אף דמשתמש בפת, דעושה אדם כל צרכיו בפת וכנ"ל, וה"ה דמותר לכסות בו כלי, (**וראיתי** בפמ"ג שכתב, דנ"ל דוקא לסמוך הקערה שרי, דצורך אכילה היא, ר"ל כשאינה מלאה, **אבל** לעשות בו מלאכה שאינה צורך אכילה, כגון לסמוך איזה דבר, אסור, דהוי כמו זריקה, ע"ש, **ולא** נהירא, דאיתא ברשב"א בהדיא, דלשמואל שרי לסמוך קערה ריקנית).

אות ז'

וכי עושין גרף של ריעי לכתחילה

סימן שח סל"ו - [יב]**אין עושים גרף של רעי לכתחלה, דהיינו להביא דבר שעתיד לימאס כדי להוציאו לכשימאס** - בגמרא ‹ביצה כ"א› משמע, דאפילו אם לא עשה כדי להוציאו, אלא דבר העשוי לבסוף להוציאו, ג"כ אסור, **שאף** שהתירו להוציא הדבר המאוס, מ"מ לעשות לכתחלה דבר שיהיה בודאי אח"כ מאוס לפניו ויוציאנו, אסור, (**דאם הוא** ספק שיהיה מאוס, **אין לאסור**), **והא** דנקט השו"ע "כדי להוציאו", משום סיפא נקט, דבדיעבד אין לאסור אף שהכניסו באופן זה.

(**עיין בביאור הגר"א דס"ל, דדעת השו"ע הוא דאפילו במקום הפסד אסור** לעשות לכתחלה, **ולא** הותר כי אם במה שמביא בסעיף שאח"ז, שהוא מביא עצמו אל הגרף).

[יג]**ואם עבר ועשאו, מותר להוציאו.**

באר הגולה

ח ‹לכאורה כוונת העין משפט לגירסת תוס', ע"ש ד"ה פירורין› ט **שם קמ"ג** ‹גרעיני דתמרי ארמייתא שרי לטלטולינהו וכו'.. ובהמה אוכלתן.. ומסתברא דהני מילי במקום שמאכילין את התמרים לבהמות, אבל במקום שאין מאכילין התמרים לבהמות, אלו ואלו אסור לטלטלן – ב"י› י ‹עיין תוס' שם ד"ה שמואל – גר"א› יא ‹אמנם בב"י בשם הרא"ש בפסקיו ותשובותיו מקור דין זה, ‹וכן מתוס' דציין הגר"א›, נראה דה"ה בכל דברים התלויים במחלוקת ר"י ור"ש, ואינם מותרים אלא משום דקי"ל כר"ש, שיש לו לאדם חשוב להחמיר על עצמו – מאמר מרדכי› יב **שם** ‹ביצה ל"ו ב'› **ובדף כ"א** יג **הרמב"ם**

[יד] **סימן שח סל"ז** - [טו] **במקום דאיכא פסידא** - היינו שיבא לידי הפסד אם ישאר הגרף שם, שיגנב שם, או שאר קלקול עי"ז, **והוא** מונח בבית באיזה חדר מקום שאין דר שם, או שמונח בחצר במקום שאין דריסת רגלו שם, דאל"ה היה מותר להוציאו, וכנ"ל בסל"ד, **מותר להכניס מטתו אצל גרף של רעי ולקבוע ישיבתו שם** - כגון מטתו לשכב עליה, או שיכניס שלחנו ויאכל שם, **כדי להוציאו** - דעי"ז נחשב כאלו דירתו שם, וממילא מותר להוציא הגרף, **אבל** ישיבה בעלמא שם לא מהני.

אות ח'

שהיה מחזיר פניו אחורי המטה וזורקן

סימן שח ס"ל - עיין לעיל אות ה'.

באר הגולה

[יד] ‹מילואים› [טו] שם ‹ביצה ל"ו› בעובדא דאביי וכרבה וכפי' התוס' וה"ה

חבית ״שנשברה מצילין הימנה מזון שלש סעודות ואומר לאחרים באו והצילו לכם ובלבד שלא יספוג *אין סוחטין את הפירות להוציא מהן משקין ואם יצאו מעצמן אסורין ר׳ יהודה אומר אם לאוכלין היוצא מהן מותר ואם למשקין היוצא מהן אסור *חלות דבש שריסקן מע״ש ויצאו מעצמן אסורין (א) ורבי אליעזר מתיר: **גמ׳** תנא לא ״יספוג ביין ולא יטפח בשמן שלא יעשה כדרך שהוא עושה בחול ת״ר ״נתפזרו לו פירות בחצר מלקט על יד על יד ואוכל אבל לא לתוך הסל ולא לתוך הקופה שלא יעשה כדרך שהוא עושה בחול: אין סוחטין את הפירות: *אמר רב יהודה אמר שמואל מודה היה רבי יהודה לחכמים בזיתים וענבים מ״ט כיון דלסחיטה נינהו יהיב דעתיה ועולא אמר רב חלוק היה ר׳ יהודה אף בזיתים וענבים ורבי יוחנן אמר הלכה כרבי יהודה בשאר פירות ואין הלכה כרבי יהודה בזיתים וענבים אמר רבה אמר רב יהודה אמר שמואל מודה היה רבי יהודה לחכמים בזיתים וענבים ״ומודים חכמים לרבי יהודה בשאר פירות א״ל רבי ירמיה לרבי אבא אלא במאי פליגי א״ל לכי תשכח אמר רב נחמן בר יצחק מסתברא בתותים ורמונים פליגי דתניא ״זיתים שמשך מהן שמן וענבים שמשך מהן יין והכניסן בין לאוכל בין למשקין היוצא מהן אסור ״תותים שמשך מהן מים ורמונים שמשך מהן יין והכניסן לאוכלין היוצא מהן מותר למשקין ולסתם היוצא מהן אסור דברי רבי יהודה וחכמים אומרים בין לאוכלין בין למשקין היוצא מהן אסור וסבר רבי יהודה סתם אסור *והתנן ״חלב האשה מטמא לרצון ושלא לרצון חלב בהמה אינו מטמא אלא לרצון אמר ר׳ עקיבא קל וחומר הוא ומה חלב האשה שאינו מיוחד אלא לקטנים מטמא לרצון ושלא לרצון חלב הבהמה שמיוחד בין לקטנים בין לגדולים אינו דין שיטמא בין לרצון ובין שלא לרצון אמרו לו אם טמא חלב האשה שלא לרצון ״שדם מגפתה טמא יטמא חלב הבהמה שלא

רש״י

חבית. מצילין הימנה מזון ג׳ סעודות · ואפילו בכלים הרבה דאילו בחד מנא אמרי׳ בכל כתבי הקדש (לעיל דף קכ׳) דכמה דבעי מציל: **לכם** · כל אחד מזון ג׳ סעודות: **ובלבד שלא יספוג** · שלא ישים ספוג במקום היין לחזור ולהטיפו בכלי גזירה שמא יסחוט: **אין סוחטין את הפירות** · דהוה ליה מפרק (ג) תולדה דדישה: **אסורין** · גזירה שמא יסחוט לכתחילה: **רבי יהודה אומר אם לאוכלין** · הם מכונסין אותם פירות היוצא מהן מותר דלא ניחא ליה במה שזבו וליכא למגזר בהן שמא יסחוט: **ואם למשקין** · מכונסין אסורין דניחא ליה במאי דנפקא מינייהו ונתקיימה מחשבתו ואיכא למיגזר שמא יסחוט והכי אמרי׳ בביצה דטעמא דמשקין שזבו משום שמא יסחוט הוא: **חלות דבש** · מאחר שמרוסקין הדבש זב מאליו מתוך השעוה ואין דרך לסוחטו הלכך רבי אליעזר מתיר וחכמים אוסרין גזירה אטו שאינן מרוסקין דילמא מרסק להו (ג): **גמ׳ ויטפח** · מכניס בו כפו והשמן נדבק בה ומקנחו בשפת הכלי ואסרוה משום עובדין דחול: **מודה ר׳ יהודה בזיתים** · דאע״ג דהכניסן לאוכלין היוצא מהן אסור דכיון דרובן לסחיטה קיימי כי אתו לידי משקה יהיב דעתיה למיהוי ניחא ליה בהכי: **אפי׳ בזיתים וענבים** · האיל והני לאוכלין נכנסו: **מסתברא בתותים ורמונים פליגי** · דאיכא דבעו להו למשקין הלכך משוו להו רבנן כזיתים וענבים ור׳ יהודה פליג עלייהו אבל שאר פירות ליכא דבעי להו למשקין הלכך מודו רבנן בהם: **שמשך** · זב מאליהן כמו נהרות המושכין (לעיל דף קכא׳): **והכניסן** · מתחילתן בין לאוכלין בין למשקין כו׳ דרמונים קרי יין משום דאית להו קיוהא: **וחכ״א כו׳** · והא דנקט רב נחמן לישנא דמסתברא ולא אמר בהדיא דבתותים ורמונים פליגי משום דאיכא למימר פליגי בתותים ורמונים וה״ה לשאר פירות ולהודיעך כחו דרבי יהודה נקט להו ואי משום ברייתא דלקמן דשמעינן מינה דמודים חכמים לרבי יהודה בשאר פירות לאו בהדיא שמעינן לה דאיכא למימר רבי יהודה היא כדפרכינן עלה: **וסבר רבי יהודה סתם** · שלא פירש לאוכל ולא למשקה הוי המשקה הזב מהן אסור: **והתנן חלב האשה מטמא** · מכשיר: **לרצון ושלא לרצון** · בין שילא ממנה לרצון בין שילא שלא לרצון שהחלב קרוי משקה שנאמר ותפתח את נאד החלב ותשקהו (שופטים ד): **חלב הבהמה אינו מטמא אלא אם כן יצא לרצון** · ואי לא לא חשיב משקה ואם נגע בו שרץ אינו מקבל טומאה וטעמא מפרש לקמיה: שדם

תוספות

חבית · ובלבד שלא יספוג · אפילו יש לו עור בית אחיזה דליכא חשש סחיטה אסור כדמפרש בגמרא שלא יעשה כדרך שעושה בחול: **מלקט** על יד על יד ואוכל · נראה דל״ג ואוכל מדקתני סיפא אבל לא לתוך הסל ולא לתוך הקופה משמע הא דווקא אסירי משום עובדא דחול אבל לתוך *כפו שרי: **ורבי** יוחנן אמר הלכה כרבי יהודה בשאר פירות · בריש מסכת ביצה (דף ג׳ ושם) רבי יוחנן רמי דר׳ יהודה אדרבי יהודה תנן ר״י אומר אם לאוכלין היוצא מהן מותר אם למשקין כו׳ אלמא כל לאוכלין אוכלא דאיפרת הוא ורמינהו ועוד אמר ר״י מתנה אדם על הכלכלה של פירות ביו״ט ראשון ואוכלה בשני וכן ביצה שנולדה בראשון אוכלה בשני בשני אין בראשון לא ואמר רבי יוחנן מוחלפת השיטה וצריך לומר דההיא דמתנה אדם מחליף דאי מתני׳ מחליף אם כן במאי דנקט הכא ר׳ יהודה הוה ליה למינקט רבנן וה״ל למימר הלכה כרבנן בשאר פירות · מ״ר · *ולי נראה דאפילו אפיך מתני׳ אתי שפיר כעין שמצינו בב״ק בפרק הגוזל קמא (דף צו:) דתנן גזל בהמה והוכחשה עבדים והזקינו משלם כשעת הגזלה ר״מ אומר בעבדים אומר לו הרי שלך לפניך ואמר בגמרא אמר רבי חנינא בר אבדימי אמר רב הלכה כר״מ ופריך ורב שביק רבנן ועביד כר״מ כו׳ עד דמסיק דרב מתניתין איפכא אתנא׳ אלמא אע״פ שהיה שונה במתניתין וחכ״א בעבדים אומר לו הרי שלך לפניך וה״ל למימר השתא הלכה כחכמים אפ״ה נקט ר״מ לפי מה שהאחרים שונין המשנה ה״נ נקט רבי יוחנן רבי יהודה בשמעתין וכן נמי מצינו בשילהי פ״ק דסוכה (דף יט:) דתנן העושה סוכתו כמין צריף ר״א פוסל וחכמים מכשירין ואמרינן בגמרא אביי אשכחיה לרב יוסף דגני בכילת חתנים בסוכה א״ל כמאן כר״א א״ל שבקת רבנן ועבדת כר״א אמר ליה ברייתא איפכא תניא השתא היה לו להשיב רב יוסף כרבנן ולא כר״א כיון דאיהו איפכא תני אלא כן דרך הש״ס בכל מקום · נראה לי: **הלכה** כר׳ יהודה בשאר פירות · אע״ג דבריש ביצה (ד׳ ג׳) גזר ר׳ יוחנן ביצה שנולדה ביו״ט משום משקין שזבו והכא לא גזר בשאר פירות י״ל דשייך טפי לגזור בביצה לפי שהיא עומדת ליסחט מן התרנגולת *ודרך לגומעה חיה אבל שאר פירות אין עומדים ליסחט כלל · מ״ר: **שמשך** מהן שמן כו׳ · פי׳ בקונט׳ שמשך זב מאליהן כמו נהרות המושכין ולפירושו צריך לומר הכניסן בין לאוכלין כו׳ היינו הכניסן מתחילתן ואין הלשון משמע כן ועוד קשה לר״י דאי משך מאליו קאמר גבי תותים שמשך מהם מים ה״ל למימר שמשכו או שנמשכו דמים בכל מקום לשון רבים ועוד קשה לר״י אם כן הך ברייתא הוה תיובתא דרב ורבי יוחנן דאמרי לעיל חלוק היה רבי יהודה בזיתים וענבים דהכא משמע דבזיתים וענבים מודה אלא נראה לר״י דמשך אחדם קאי וסחטן תחילה ושוב הכניסן דהשתא לרב ורבי יוחנן דסברי חלוק היה רבי יהודה בזיתים וענבים נקט דווקא משך דאיכא למיחש טפי דילמא יהיב דעתיה לסחוט משקה אחר שהכניסו נמי לאכילה מאחר שסחטן תחילה לאפוקי מהן משקה הא לא משך לא ולשמואל דאמר מודה רבי יהודה בזיתים וענבים נקט משך משום רבותא דתותים ורמונים דאפילו משך הכניסן לאוכלין היוצא מהן מותר · מ״ר: **חלב** האשה מטמא לרצון ושלא לרצון · והא דתנן במסכת מכשירין (פ״א) כל משקה שתחילתו לרצון אף על פי שאין סופו לרצון או שסופו לרצון אף על פי שאין תחלתו לרצון מכשיר לא דמי רצון דהתם לרצון דהכא דהתם מיירי בשעת נפילתן על הזרעים שיהא לרצון דבעינן יותן דומיא דכי יתן מה יתן דניחא ליה אף יותן דניחא ליה אבל הכא מיירי בשעת פרישה מן האשה או מן הבהמה: **לרצון** ושלא לרצון · כדמפרש בסמוך טעמא משום דדם מגפתה טמא וחלב ודם חד הוא דדם נעכר ונעשה חלב ולא צריכין למה שפי׳ בקונט׳ משום דאיקרי משקה שנאמר ותפתח את נאד החלב ותשקהו ונראה לר״י דהאי דאיצטריך לפרש האי טעמא בפ׳ דם נדה (נדה דף נה:) גבי חלב האשה הנ״מ לרבי עקיבא דשמעתין דלית ליה טעמא (*) דפרישה או למאן דלית ליה דם נעכר ונעשה חלב אבל לרבנן דשמעתין לא צריך (ד) כדפרישית לחלב האשה אלא דווקא לטמא חלב בהמה לרצון · *מ״ר: מחמיר

*) נ״א ועוד ור״י לא איירי רק משאר פירות גם מזיתים וענבים אבל מהותים ורמונים איכו מזכיר כלום דעתו מבא״כ ר׳ יהודה דאמר בפי׳ תותים ורמונים אם הכניסן לאוכלין היוצא מהן מותר וכן דומין לביצה ואפ״ה ס״ל דבראשון אסור בביצה וע״כ למי ליה אהדדי במסכת עירובין לס. ונמצ׳ ביצה וביותר פשוט שאין להגיה כלום וצ״ל ודרך לגומעה ור״ל לייסב דאף אם עומדת לסחיטה ומ״מ צריך עוד תיקון ואינו ראוי לדמות למשקין שזבו שא״צ שום תקון ע״ז אמר ודרך כו׳:

עין משפט נר מצוה

א א ב מיי׳ פכ״ב מהל׳ שבת הלכה טז סמג לאוין סה טוש״ע א״ח סי׳ שלה סעיף א:

ב ג מיי׳ שם פכ״א הל׳ יא טוש״ע שם סעיף כ:

[בפסקי תוספות איתא כפותו]

ג ד ה ו מיי׳ פכ״א מהל׳ שבת הלכה יב סמג שם טוש״ע א״ח סי׳ שכ סעיף א:

ד ז מיי׳ פ״י מהלכות טומאת אוכלין הל׳ ד:

ה ח שם הל׳ ה ופ״א מהל׳ משכב ומושב הלכה טו:

[עיין תוס׳ ביצה ג. ד״ה ר״י אמר]

מסורת הש״ס

ביצה ב. חולין יד:

לעיל יט:

חולין יד:

מכשירין פ״ו מ״ה כריתות יג.

י״ג דפריש׳

[ועי׳ תוס׳ נדה יט: ד״ה כתב הכא]

הגהות הב״ח

(א) במשנה ור״א מתיר״ל ר׳ אלעזר גרסי׳ עי׳ בפירש״י בפ״ק דשבת דף יט ריש ע״ב: (ב) רש״י ד״ה אין סוחטין וכו׳ מפרק דהוא תולדה. (ג) ד״ה חלות וכו׳ להו בס״ד ואח״כ מ״ה ולא יטפח:(ד)תוס׳ ד״ה לרצון וכו׳ לא צריך לחלב האשה כדפי׳ אלא:

רבינו חננאל

חבית שנשברה מצילין הימנה מזון ג׳ סעודות וכו׳ תנא לא יספוג ביין בכפיו ולא יטפח בשמן ביד כדרך שהוא עושה בחול. לא יטפח כדאמרינן בכל מקום טופח ע״מ להטפיח וכדתנן בפרק החובל בחבירו וכו׳. מעשה באחד שפרע ראשה של אשה כו׳ עד שמרה עומדת על פתח חצירה ושיבר הפך בפניה. ובה כאיסר שמן. גילתה ראשה והיתה מטפחת ומנחת על ראשה וכו׳: ת״ר נתפזרו לו פירות בחצירו מלקט על יד על יד ואוכל. אבל לא לתוך הסל ולא לתוך הקופה שלא יעשה כדרך שהוא עושה בחול וכו׳ וחלקו רב יהודה אמר שמואל ורב ועולא כל חד וחד מעמיד חלוקת ר׳ יהודה וחכמים ור׳ יוחנן אמר הלכה כר׳ יהודה בשאר פירות ואין הלכה כמותו בזיתים וענבים. א״ר אבא אמר רב יהודה אמר שמואל מודה היה רבי יהודה לחכמים בזיתים וענבים ומודים חכמים לרבי יהודה בשאר פירות · ובמאי פליגי בתותים ורמונים דתניא זיתים שמשך מהן שמן וענבים שמשך מהן יין והכניסן בין לאוכלין בין למשקין היוצא מהן אסור, תותים שמשך מהן מים ורמונים שמשך מהן יין והכניסן לאוכלין היוצא מהן מותר למשקין ולסתם היוצא מהן אסור דברי ר׳ יהודה וחכ״א בין לאוכלין בין למשקין היוצא מהן אסור · נמצאת חלוקת ר׳ יהודה וחכמים בתותים ורמונים ובה א״ר יוחנן הלכה כר׳ יהודה בשאר פירות וכיון שפסק ר׳ יוחנן הלכה כר׳ יהודה הוצרכנו לברר דבריו ולפיכך אמרינן וסבר ר׳ יהודה סתם אסור והתנן

§ מסכת שבת דף קמג: §

אות א' - ב'

<u>**חבית שנשברה מצילין הימנה מזון שלש סעודות, ואומר לאחרים: באו והצילו לכם; ובלבד שלא יספוג לא יספוג ביין, ולא יטפח בשמן, שלא יעשה כדרך שהוא עושה בחול**</u>

סימן שלה ס"א - [א]חבית שנשברה, מצילין ממנה מזון שלש סעודות - והיינו קודם אכילת ערבית, **והיכי** דהיין מצוי ודרך לשתותו בכל היום, ומכש"כ שאר משקין שאינו ביוקר כ"כ ושותין כל היום, יכול להציל טפי, שאין קבע לשתיה.

ואין חילוק בין שנשברה ולא נשפך עדיין לגמרי על הארץ, ובין שנשפך כבר על הארץ - ב"י, **שבכל** זה חששו חכמים שאם נבוא להתיר להציל בכלים הרבה יותר מג' סעודות, מתוך שהוא בהול לחזר אחר כלים הרבה, יביאם ג"כ דרך ר"ה, [גמ'] ‹קי"ז:›, או שיבוא לתקן החבית שנשברה.

ויש שסוברין דכשנשפך מהחבית לגמרי על הארץ, אז לא שייך שהוא בהול להציל, כיון שכבר נעשה - תרומת הדשן, **ואפשר** שיש להקל כן בזמנינו שאין מצוי אצלנו ר"ה. **וע"ש** בתרומת הדשן שאינו מתיר כי אם לשאוב ולשפוך כל מה דבעי כל אחד לתוך כוסות קטנות, דכה"ג לאו עובדא דחול, שאין דרך כן בחול, וכשמשנה מעובדא דחול לא חיישינן שיבוא לידי מלאכה דאורייתא.

[ב]אפי' בכלים הרבה, דאלו בכלי אחד אפי' מחזיק מאה סעודות מציל.

ואומר לאחרים: בואו והצילו לכם - היינו ג"כ מזון ג' סעודות.

ובלבד שלא יספוג, דהיינו שלא ישים הספוג במקום היין לחזור ולהטיפו, גזירה שמא יסחוט; [ג]ואפילו אם יש לו בית אחיזה, דליכא חשש סחיטה, אסור, שלא יעשה כדרך שהוא עושה בחול; [ד]ולא יטפח בשמן להכניס ידו ולקנחה בשפת הכלי - היינו ג"כ מטעם זה, [גמ'].

הגה: וי"א דוקא חבית שנשברה שבהול, ואם יליף חיישינן שיתקננו; אבל אם נסדק ועביד טיף טיף, שאינו בהול כל כך, מותר להציל בכלים לקלוט ולצרף (הגהות מרדכי ותוס' פ' כל כתבי ‹קי"ז: ד"ב הא› **והגהות מיימוני פכ"ד)** - דין זה ‹לקלוט ולצרף› שייך לקמן אסעיף ב', כשנשברה בראש הגג, ונקטיה הכא, דבא לאשמועינן דיכול להציל בכלים, והיינו אפי' בכלים הרבה.

וי"א דכל זה לא מיירי אלא להציל מחצר לחצר - היינו אפי' לחצר אחר שעירב עמו, ומשום דכיון שאינו מקורה, דמיא קצת לר"ה, וגזרו שאם נתיר בכלים הרבה, מתוך שהוא בהול ישכח שהוא שבת ויביאם דרך ר"ה, **אבל לבית אחר שעירב עמו, מצילין בכל ענין, כמו שנתבאר לעיל גבי דליקה (פסקי מהרא"י).**

הט"ז מפקפק בזה, דגם גבי דליקה אין דין זה מוסכם, והא"ר מיישבו, **אך** לענין להוציא לחצר שלו שאינה צריכה לעירוב כלל, גם הט"ז מצדד דיש להקל להציל בכל ענין.

אות ג'

<u>**נתפזרו לו פירות בחצר, מלקט על יד על יד ואוכל; אבל לא לתוך הסל ולא לתוך הקופה, שלא יעשה כדרך שהוא עושה בחול**</u>

סימן שלה ס"ה - [ה]נתפזרו לו פירות בחצר, אחד הנה ואחד הנה, מלקט מעט מעט ואוכל; ולא יתן לתוך הסל ולא לתוך הקופה -דזה הוי כעובדא דחול, כשמקבצן ונותנן לתוך הסל, [גמ'].

‹**לפי** מה שהביא בב"י בשם התוספות והרא"ש, האי "ואוכל" לאו דוקא הוא, דה"ה דמותר ליתנם לתוך חיקו וכסותו, ולא אסור אלא לתוך סל וקופה, דזה מחזי כעובדא דחול›, **ועיין** בבאור הגר"א, דהאי "ואוכל" בדוקא הוא, וע"כ אפי' לתוך חיקו וכסותו ג"כ אסור ליתנם, והאי דמסיים "לתוך סל וקופה", אורחא דמילתא נקט, ‹**ואפשר** שהב"י ג"כ חזר מדבריו, מדהעתיק בשו"ע תיבת "ואוכל"›.

[ו]ואם נפלו במקום אחד, נותן אפילו לתוך הסל - דכשנפלו במקום אחד לא הוי כעובדא דחול.

[ז]אלא אם כן נפלו לתוך צרורות ועפרורית שבחצר, שאז מלקט אחד אחד ואוכל, ולא יתן לתוך הסל ולא לתוך הקופה - דכשמלקטן מתוך צרורות ועפרוריות, מחזי תמיד כעובדא דחול כשנותנן בסל, ואסור, **והיינו** אפי' אם בדעתו לאכול לאלתר, דאל"ה אסור משום בורר, וכדלעיל בסימן שי"ט, [כן נראה לי, דאל"ה תקשי לשון הברייתא שסיימה משום עובדא דחול, לפי' הרמב"ן דמיירי בנתערב בצרורות], ‹**ולתוך** חיקו וכסותו, אם ירצה ללקטם כדי לאכול לאלתר, מסתברא שיהא מותר לפי דברי ב"י, **אבל** לפי דברי הגר"א אין להקל בכל גווני›.

(ועיין לעיל סימן שי"ט).

באר הגולה

[א] משנה שבת קמ"ג [ב] בפי' רש"י שם [ג] שם בתוס' [ד] ברייתא שם [ה] ברייתא שם קמ"ג [ו] הר"ן בשם רבי יונה מהא דכלכלה שבת קמ"ב, וה"ה בשם הרשב"א ‹ע"ש בדף קמ"ב. בהערה› [ז] שם בשם הרמב"ן ‹ע"ש בדף קמ"ב. בהערה›

אות ד' – ה' – ו'

ומודים חכמים לרבי יהודה בשאר פירות

זיתים שמשך מהן שמן, וענבים שמשך מהן יין, והכניסן בין לאוכל בין למשקין, היוצא מהן אסור

תותים שמשך מהן מים, ורמונים שמשך מהן יין, והכניסן לאוכלין, היוצא מהן מותר; למשקין ולסתם, היוצא מהן אסור

סימן שכ ס"א - [ח]זיתים וענבים, אסור לסחטן - והסוחטן חייב משום מפרק דהוא תולדה דדש, [רש"י והרמב"ם], **(ע"ל סי' רנ"ב ס"ה)** - דשם נתבאר לענין טעינת הקורה מבעוד יום על זיתים וענבים, וע"ש מה שכתבנו במ"ב.

[ט]ואם יצאו מעצמן, אסורים - גזירה שמא יבוא לסחטו לכתחלה, [רש"י], **אפילו לא היו עומדים [י]אלא לאכילה** - דהיינו שקבצם לאכילה, והטעם, דכיון דרובן לסחיטה קיימא, ניחא ליה בהמשקה שזבו, [גמ'], ושמא ימלך עליהן לסחיטה.

[יא]ותותים ורמונים, אסור לסחטן - אף שסתמייהו עומדין לאכילה, הואיל ומקצת בני אדם סוחטין אותם כזיתים וענבים, אסרוה רבנן אטו זיתים וענבים.

ואם יצאו מעצמן: [יב]אם עומדים לאכילה, מותר - דלא ניחא ליה במה שזבו, וליכא למגזר שמא יסחוט, **ואם עומדים למשקים, אסור** - ואם לא נתכוין בעת קבוצו לא לאכילה ולא למשקה, רק סתמא, אסור, דכעומדין למשקה דמי כל זמן שלא קבצן לאכילה, [עולת שבת בשם הגמרא].

ושאר כל הפירות, מותר לסחטן - משום דעומדין לאכילה וליכא דבעי להו למשקין, אין שם משקה על היוצא מהן, והוי כמפריד אוכל מאוכל, **ואף** דהוא חשב עליהן בסחיטתו למשקה, בטלה דעתו אצל כל אדם.

(**ואף דלשיטת רש"י** ‹קמ"ד: ד"ה כרב חסדא›, **דוקא אם סחטן סתמא, ונוכל** לומר דכונתו כדי למתק הפרי ולא לשם משקה, **כיון** דדעת הרי"ף והרמב"ם והסמ"ג והרא"ש **וחטור ורבינו** יונה והרמב"ן והרשב"א והריטב"א והכלבו, כולם תפסו להתיר בשארי פירות אפילו בשסחטן לשם משקה, וכפשטיה דגמרא, {**והקושיא** שנזכרה בדברי רש"י והתוס' דלפי מה דאמר הגמ' כיון דאחשבינהו הו"ל משקה, א"כ אפילו בשאר פירות נמי, כבר תירצו בחידושיהם הנ"ל, וז"ל הרמב"ן בחידושיו: פירש"י... ולא מחוור וכו', והיינו דאמרינן אלא כדרב חסדא, כלומר היינו טעמא דחיישינן לבית מנשיא בר מנחם, מפני שזה נהג כמנהגו ואחשבינהו, וכדרב חסדא דאמר תרדין שסחטן פוסלין את המקוה בשינוי מראה, והא לאו בני סחיטה נינהו דרובא דעלמא לא סחטי להו, אלא כיון דאיכא מיעוטא דסחטי להו, וזה נהג כמנהג אותו מיעוט וסחטן למשקין וחשבן, הו"ל משקין, **ואלו** בשאר פירות שאין שום אדם סוחטן למשקין, אע"פ שזה סחטן, בטלה דעתו אצל כל אדם, ונכון הוא}, **אין לנו** לחוש לדעת המחמירין מצד הדין, דיחידאי הם לגבייהו, **וגם** דאפשר דלפי תירוצא דרב פפא גם רש"י ותוספות מודים, וכמו שכתבו הפוסקים, **אם** לא במקום שנהגו להחמיר כשיטת רש"י וסייעתו, אין להקל בזה).

הגה: ובמקום שנהגו לסחוט איזה פירות לשתות מימיו מחמת למא או תענוג, דינו כתותים ורמונים - משמע דבאותו מקום אסור ובשאר מקומות שרי, **אך** אם דרך להוליך המשקה של הפירות ממקום למקום, אסור בכל העולם.

וכ"ז הוא לדעת הרמ"א, [יג]אבל המ"א האריך בענין זה, ומסקנתו, דאם

באר הגולה

[ח] שבת קמ"ג במשנה ובגמרא [ט] שם [י] שם באוקימתא דשמואל דמודה רבי יהודה בהא [יא] **שם ברייתא** ‹קמ"ד: תניא סוחטין בפגעין ובפרישין ובעוזרדין אבל לא ברמונים› **כד"ה וכן כתב הרי"ף ורא"ש** והרמב"ם וסמ"ג [יב] **שם וכו'** יהודה **וכדמפרש לה שם וגמרא קמ"ד**

[יג] ‹והקשו רש"י דף קמ"ד: [ד"ה כרב חסדא] ותוס' [ד"ה ה"נ] לתירוץ קמא דהש"ס, דמהאי טעמא אסור ברמונים משום דאחשבינהו ע"י סחיטתו, א"כ אמאי שרי לסחוט פגעין ועוזרדין, **ותירץ** דהשתא לא מיירי ברייתא בסחיטה ממש, אלא סוחטים ר"ל שעושה למתק הפרי ולא לצורך המשקה, דבזה אין איסור מצד עצמו, אלא דיש לגזור שמא יסחוט לצורך משקה, ולכן אסור ברמונים דהא חזינן דדרכן לסוחטן כהאי דבית מנשיא, וכיון דמצינו רק חד גברא, שוב יש לגזור על כל אדם שמא יסחוט לצורך משקין, **אבל** פגעין ועוזרדין דאין שום אדם סוחט לצורך משקה, מותר לסוחטן למתק, דליכא למגזר שמא יסחוט לצורך משקה. **ולפי"ז** אין שם היתר בשום פירי לסחוט לצורך משקה, כיון דסוחט אחשבינהו ועביד ליה משקה, ולא הותר כי אם למתק. **וכן** הקשה הרב ב"י על הרי"ף ורמב"ם ורא"ש, שכולם כתבו ששאר פירות חוץ מתותים ורמונים מותר לסחוט למשקה. **ותירץ** הרב ב"י דהם פסקו כרב פפא דהוא בתרא, דלא אזלינן בתר מחשבתו, ומחשבתו לא משוי ליה משקה. **ואי** קשיא א"כ הדרא קושית הש"ס לדוכתיה מידי אריא ערביא אתרא כו', לזה כתב הרב ב"י, דצריך לומר לרב פפא דבית מנשיא אתרא הוי, לא כס"ד דגברא הוי, ובזה אתי שפיר דהתירו בפגעין וה"ה כל מיני פרי חוץ מתותים ורמונים, **ולכן** כתב הרב ב"י ואם נודע לנו שבשום מקום כו' – מחה"ש›.

‹**לכאורה** צ"ע, דהרב"י כתב: ואם נודע לנו שבשום מקום סוחטין פרי א', אסור לסחטן, כדאשכחן ברימונים שאסורים לסחטן משום דבי מנשיא שהיו רבים, וכדחיישינן למנהג ערביים גבי מקיים קוצים בכרם, עכ"ל, **א"כ** משמע דאם במקום אחד נהגו לסחטו, אסור בכל העולם לסחטו, ולמה כתב רמ"א ובמקום כו', משמע דבאותו מקום אסור דבשאר מקומות שרי, **אבל** נ"ל דמשה אמת ותורתו אמת, ודברי הרב"י תמוהין, דהא שקלא וטריא בגמרא אליבא דר"א, ואנן קי"ל כחכמים, כמ"ש ביו"ד סי' רצ"ו סי"ד {עיין לקמן קמ"ד:}, דדוקא באותו מקום שמקיימין קוצים אסור לקיימן, ובשאר מקומות שרי, א"כ ה"נ הדין כן, **ובשבת** דף צ"ב אמרינן, אחד מאנשי הוצל שהוציא משוי על ראשו, פטור, אע"פ שאנשי עירו עושין כן, בטלה דעתם אצל כל אדם, **וכתבו** התוס', ולא דמי לקוצים בערביא, דהתם אם היה לכל העולם רוב גמלים כמו בערביא, היו מקיימין קוצים, וכן אם היה לכו"ע רמונים הרבה כמו לבית מנשיא היו סוחטין, ולכן אי הוי בית מנשיא אתרא הוי חשיבי, עכ"ל, **ומ"מ** בגמ' איתא בהדיא שבית מנשיא לא היה מקום אלא חד גברא, וא"כ למה אסור לסחוט רמונים, ודוחק לומר שהמקשן והתרצן יהיו מחולקים במציאות כמ"ש הרב"י, **א"כ** צ"ל דרב חסדא ה"ק, כיון דמקצת רוי אדם סוחטין אותן והוא אחשבינהו ג"כ, הו"ל משקה, תדע דאל"כ למה קאמר בברייתא ושל בית מנשיא כו', אלא ע"כ טעמא דאחשבינהו לחוד לא מהני, אם לא שמקצת בני אדם סוחטין אותו ג"כ, ואפי' אינן עיר שלימה, **ודוקא** בענין שאם היה לכל העולם פירות הרבה כאלו, היו סוחטין אותן, אבל בלא"ה אפי' בחד מקום אמרינן בטלה דעתן, ולכן בשאר פירות שרי, **וא"כ** הני אגסי"א שקורין בערני"ס בל"א, אסור לסחטן, מפני שמדינת אשכנז נהגו לסחטן למשקה, ואפשר שאם היה לכל העולם הרבה היו ג"כ סוחטין – מ"א›

נודע לנו שבאיזה מקום נהגו לסחטו למשקה, ואפי' הנוהגים בזה הוא רק מקצת בני אדם, מחמת שיש להם פירות הרבה, ולא עיר שלמה, אסור מחמת זה לסחוט בכל מקום, וכן כתבו כמה אחרונים.

עוד כתב המ"א, דדוקא בענין שאם היה לכל העולם פירות הרבה כאלו היו סוחטין אותם, **אבל** בלא"ה אמרינן דבטלה דעתם, (והיינו אפילו בזה המקום גופא לפי מה שסובר כהתוס' (צ"ב: ד"ה ואת"ל), **אכן** עיקר דינא דהמ"א אינו ברור, דאפשר דלפי המסקנא דאחשבינהו, תו לא צריכינן לכ"ז גם להתוס', **ובפרט** שכל מקורו של המ"א הוא מדברי התוס', והמעיין בחידושי הרשב"א והריטב"א על הא דערביא אתרא, מוכח דלא ס"ל כדברי התוס', **ולבד** כ"ז מדברי הרמב"ם שכתב דטעמא דתותים ורמונים הואיל ומקצת בני אדם סוחטים אותם כזיתים וענבים, משמע דמטעם זה בלחוד יש לאסור בכל מקום, והיינו כיון שהוא חשבן וסחטן לשם משקה, **ועכ"פ** בזה המקום שנהגו לסחוט, בודאי אין להקל בכל גווני, וכן משמע מסתימת הרמ"א, כנלע"ד).

אבל אם נהגו לסחטו לרפואה לבדו, אין לחוש (ב"י).

ותפוחים כהיום ג"כ דינו כתותים ורמונים, דיש מקומות שנהגו לסחוט מהם הרבה, **אך** אם התפוח מבושל, וסוחט שיצא ממנו, שרי, דהא סוחט כל האוכל ממנו.

והני אגסים שקורין בערנע"ס בלשון אשכנז, אסור לסחטן, מפני שבמדינות אשכנז נהגו לסחטן למשקה, ואפשר שאם היה לכל העולם הרבה היו ג"כ סוחטין, **אבל** הפירות שאין הדרך כלל לסחטן בשום מקום, מותר לסחטן אפילו למשקה וכנ"ל.

ודעת הב"ח שאסור לסחוט שום פרי, אלא אם כונתו רק למתק הפרי, אבל למימיו אסור, וכתב שכן המנהג, **ועיין** בבה"ל שביארנו דמדינא אין להחמיר בזה, אם לא במקום שנהגו להחמיר אין להקל, וכן דעת המ"א וכמה אחרונים, **ואפי'** במקום שנהגו להחמיר בשאר פירות, היינו דוקא כשסוחטו לשם משקה, אבל כשסוחטו בקערה לטבל בו המאכל, שרי, דלא מקרי משקה בזה, **ובזיתים** וענבים אסור אף באופן זה.

וכ"ז דוקא לסחוט אסור, אבל מותר למצוץ בפיו מן הענבים המשקה שבהן - מטעם דאין דרך סחיטה בפיו, וכל דבר שאין דרכו בכך לא גזרו בו, **ואע"ג** דאסור לינוק מהבהמה אפילו בפיו, כמו שמוכח לקמן סימן שכ"ח סל"ג, התם יניקה מן הבהמה אינו שינוי גמור, דדרך כל בע"ח לינוק, **אבל** הכא דאין דרך סחיטה כלל באופן זה, לא גזרו.

וכ"ש בשאר דברים (ב"י בשם ש"ל) - כגון שנתן בשר במרק או פת ביין ומוצץ אותם, דבלא"ה אין בסחיטתן משום חיוב חטאת, דהם כמו כבושים ושלקות לקמן בס"ז, **וכן** מותר לדעה זו למצוץ תותים ורמונים בפיו, או קני צוקער.

ויש אוסרין למצוץ בפה מענבים וכיוצא בהם (הגה"מ) - היינו אפי' שאר דברים המבוארים למעלה, **וטעם** דעה זו, דס"ל דלא גריע דבר זה מיונק מן הבהמה, דגם שם הוא שינוי ואעפ"כ אסרו חכמים.

ועיין באליהו רבה שכתב, דבזיתים וענבים שסחיטתן מדאורייתא, הנכון להחמיר מלמצוץ אפילו בפיו כסברא אחרונה, **ובשארי** דברים אין להחמיר, **ומסתברא** דאפילו בזיתים וענבים אין להחמיר רק כשהוא דרך יניקה לבד, דהיינו שמוצץ אותם ואינו משימם לתוך פיו, אבל אם משימם לתוך פיו ומוצץ המשקה ומשליך החרצנים לחוץ, לכו"ע דרך מאכל הוא, וכן משמע מפמ"ג.

[יד]**סימן שכ ס"ו** - [טו]**מותר לסחוט לימוני"ש** - ובלשוננו ציטרי"ן, והיינו אפילו למשקין, ואף שדרך לסחטן בחול, כיון שאין דרך כלל לסחטן לצורך משקה, אלא לטבל בו אוכל, הוי כשאר פירות, וכנ"ל בס"א, **ואפילו** אם הדרך לסחטן בחול לתוך מים שנתנו בהם צוקע"ר לשתות לתענוג, מ"מ נוהגין העולם להקל לעשות זה בשבת, **ואפשר** משום דלא מיתסר אלא כשדרך לשתות מי סחיטת הפרי גם בלא תערובות משקה אחר, **א"נ** דלא מיתסר אלא כשסוחטין מימיו לבד ואח"כ מערבין אותם, אבל אם המנהג לסחוט מימיו לתוך משקה אחר ליתן בו טעם, שרי - ב"י וט"ז.

ולפי"ז בזמן הזה שידוע שממלאין חביות למאות לשתות עם פאנ"ש באיזה מקומות, צ"ע גדול אם מותר לסחטן בשבת לתוך משקה, דאפשר דדמי לתותים ורמונים כיון דדרך לסחטן בכלים בפני עצמם, **וע"כ** צריך ליזהר שיסחוט מקודם על הצוקער בפני עצמו, דהוי כמשקה הבא לאוכל, וכן לסחטו לתבשיל ועל גבי האוכל פשיטא דשרי, וכנ"ל בס"ד, (היינו דבזה אין צריך לחוש לחומרת הר"ח שכתבנו בסעיף ד', דלתירוץ הראשון של הב"י שהבאתי במ"ב, בכל גווני אין להחמיר לענין לימוני"ש).

ודע דהשו"ע דמתיר לסחוט לימוני"ש, היינו קודם שנכבשו, **אבל** אם כבושים במלח ושאר דברים, דינם ככבשים ושלקות וכדלקמיה.

אות ז'

חלב האשה מטמא לרצון ושלא לרצון, חלב בהמה אינו מטמא אלא לרצון

רמב"ם פ"י מהל' טומאת אוכלין ה"ד - מי החלב הרי הן כחלב; וחלב האדם שאינו צריך לו, אינו משקה, לא מכשיר ולא מתטמא, לפיכך חלב הזכר אינו משקה; וכן חלב בהמה וחיה שיצא שלא לרצון, כגון שזב מהדד מאליו, או שחלבו כמתעסק; אבל חלב האשה בין שיצא לרצון בין שיצא שלא לרצון, סתמו משקה ומתטמא או מכשיר, מפני שהוא ראוי לתינוק.

באר הגולה

יד (ע"פ הגר"א) טו תשובת הרא"ש ורי"ו (כמ"ש בס"א - גר"א)

אות ח'

שדם מגפתה טמא

רמב"ם פ"י מהל' טומאת אוכלין ה"ה - המשקין שיוצאין מאותן הטמאין שאותן המשקין אבות טומאה, מטמאים בלא הכשר, שהטומאה וההכשר באין כאחת, ואלו הן: זוב הזב ושכבת זרעו ומימי רגליו, ורביעית דם מן המת, ודם הנדה; וכן דם מגפתו של זב וחביריו, וחלב של אשה ודמעת עינים עם שאר תולדות המים היוצאין מהן, מטמאין כמשקין טמאין שמטמאין בלא כוונה, שמשקין טמאין מטמאין לרצון ושלא לרצון; לפיכך נדה או זבה שנטף חלב מדדיה לאויר התנור, נטמא התנור וכל מה שבתוכו.

רמב"ם פ"א מהל' משכב ומושב הט"ז - תשעה משקין בזב, שלשה מהן אב טומאה, והן: רוקו ושכבת זרעו ומימי רגליו, כל אחד מאלו מטמא אדם וכלים בכל שהוא כמו שביארנו; שלשה מהן כולד הטומאה, ואלו הן: דמעת עינו ודם מגפתו וחלב האשה, כל אחד מאלו כמשקין טמאין, שאין מטמאין אדם, אבל מטמאין כלים מדברי סופרים כמו שביארנו; ושלשה מהן טהורין, ואלו הן: זיעתו וליחה סרוחה היוצאים ממנו והריעי.

---

§ מסכת שבת דף קמד. §

אות א' – ב'

שדם מגפתה טהור

והמקיז לרפואה טהור

רמב"ם פ"י מהל' טומאת אוכלין ה"ג - הדם המנוי מן המשקין, הוא הדם השותת בשעת שחיטה מן הבהמה והחיה והעופות הטהורין; אבל דם הקילוח אינו מכשיר, שעדיין חיים הן, והרי הוא דומה לדם מכה או לדם הקזה. השוחט ונתז דם על האוכלין, ונתקנח הדם בין סימן לסימן, הרי זה ספק, לפיכך תולין עליו לא אוכלין ולא שורפין. תולדות הדם, דם הקזה של אדם שהוציאו לשתייה; אבל אם הוציאו לרפואה, טהור ואינו מכשיר, וכן דם שחיטה בבהמה ובחיה ובעופות הטמאין, והדם היוצא עם הליחה ועם הרעי, ודם השחין והאבעבועות ותמצית הבשר, כל אלו אינן מתטמאין ולא מכשירין, אלא הרי הן כשאר מי פירות; ודם השרץ כבשרו, מטמא ואינו מכשיר, ואין לנו כיוצא בו.

אות ג'

שהמשקין היוצאין מהן לרצון טמאין, שלא לרצון טהורים

רמב"ם פ"א מהל' טומאת אוכלין ה"ב - ואלו הן השבעה משקין שמכשירין את האוכלין לטומאה: המים, והטל, והשמן, והיין, והחלב, והדם, והדבש; ואינן מכשירין עד שיפלו על האוכלין ברצון הבעלים; ולא יהיו סרוחין, שהמשקה הסרוח אינו מכשיר. וכיון שהוכשר האוכל, אף על פי שיבש והרי הוא נגוב, הרי זה מקבל טומאה.

רמב"ם פ"י מהל' טומאת אוכלין [א]הי"ג - המוהל כשמן; משקין המנטפין מסלי זיתים וענבים, [ב]אינו משקה, ולא מתטמאין ולא מכשירין עד שיכניסם בכלי.

באר הגולה

א «כצ"ל וכן תוקן במהדורת נהרדעא»

ב «והטעם פשוט, שכל זמן שלא הכניסם לכלי הולכין לאיבוד, ולא אחשבם למשקה – ערוה"ש»

שלא לרצון שדם מגפתה טהור אמר להן מחמיר אני בחלב מבדם שהחולב לרפואה טמא והמקיז לרפואה טהור אמרו לו סלי זיתים וענבים יוכיחו שהמשקין היוצאין מהן לרצון טמאין שלא לרצון טהורים מאי לאו לרצון דניחא ליה שלא לרצון בסתמא ומה זיתים וענבים דבני סחיטה נינהו שלא לרצון ולא כלום תותים ורמונים דלאו בני סחיטה נינהו לא כ"ש לא לרצון בסתמא שלא לרצון דגלי אדעתיה דאמר לא ניחא לי ואיבעית אימא שאני סלי זיתים וענבים כיון דלאיבוד קיימי מעיקרא אפקורי מפקרי להו אשכחן ר' יהודה דמודי לרבנן בזיתים ובענבים רבנן דמודו ליה לרבי יהודה בשאר פירות מנלן דתניא סוחטין בפגעין

רש"י

שדם מגפתה. של אשה אם נגף רגלה או ידה וכל חבורה שילא ממנה דם כדאמר בפרק דם הנדה (נדה דף נה:) דם חללים דהייט דם הרוג קרוי משקה שנאמר ודם חללים ישתה ודם מגפתו מפרש התם דדם חללים הוי דמה לי קטליה כוליה מה לי קטליה פלגא וחלב כדם מגפתו דדם נעכר ונעשה חלב ודם מגפתה סתמיה שלא לרצון הוא וטמא: יטמא חלב הבהמה שלא לרצון. בתמיה שהרי דם מגפתה טהור דבהמה לאו בכלל חלל הוא ומיהו דם שחיטה מכשר משום דאיתקש למים דכתיב (דברים יב) על הארץ תשפכנו כמים: מחמיר ע"כ אני בחלב. לטמאו אף שלא לרצון מבדם: שהחולב. לרפואת הבהמה שלא יזיקנה חלבה טמא דהא לרצון הוא והמקיז דם לבהמתו לרפואה טהור דדם מגפתה היא והואיל והחולב לרפואה טמא אף הנוטף שלא לרצון טמא: אמרו לו. אינו דומה שלא לרצון ליוצא לרצון שהרי סלי זיתים וענבים יוכיחו שהמשקה כו': שלא לרצון בסתמא. וקתני טהורין דלא חשיב משקה אי רבי יהודה קאמר לה קשיא ואי רבנן קאמרי כל שכן טהורין לרבי יהודה דהא מידי דלרבנן משקה הוא לרבי יהודה לאו משקה הוא וכ"ש מידי דלרבנן לאו משקה והשתא ומה זיתים וענבים כו' והוא הדין מלי למירמי נמי זיתים וענבים אזיתים וענבים דקתני לעיל דמודה בהו רבי יהודה דאף לאוכלין היוצא מהן אסור אלא הא אלימא ליה לאקשויי דתותים ורמונים דלאו בני סחיטה נינהו קתני לעיל דכתם אסור והכא קתני דאפי' זיתים וענבים סתמא לאו למשקה: דגלי דעתיה. בהדיא ואמר לא ניחא לי והוי גילוי דעתא טפי מהכניסו לאוכלין: ואיבעית אימא שאני סלי זיתים וענבים וכו'. ודווקא נקט סלין שהמשקה הנוטף מהן נופל לארץ והולך לאיבוד הלכך סתמא לא ניחא ליה: אפקורי מפקיר. להאי משקה אבל שאר כלים אפילו תותים ורמונים אימא לך סתמא למשקה:

תוספות

מחמיר אני בחלב מבדם שהחולב לרפואה טמא והמקיז לרפואה טהור. א"כ מאי דמטמינן חלב האשה לא מחמת דם הוא דדם נעכר ונעשה חלב דא"כ חולב לרפואה טהור כמו דם אלא ודאי משום דכתיב ותפתח את נאד החלב ואומר רבי דבחנם נקט חולב לרפואה דהכי נמי הו"מ להשיב לרבנן מחלב בהמה גופה שדמה טהור (א) וחלבה טמא א"כ החלב אינו טמא מחמת דם אלא משום דכתיב ותפתח את נאד החלב וא"כ שלא לרצון נמי מהאי טעמא יהא טמא. מ"ר: סלי זיתים וענבים יוכיחו שמשקה היוצא מהן לרצון טמא שלא לרצון טהור. בשילהי מסכת מכשירין מסיים לא אם אמרת בסלי זיתים וענבים שהרי תחילתו אוכל וסופו משקה תאמרו בחלב שתחילתו וסופו משקה: מאי לאו לרצון דניחא ליה ושלא לרצון בסתמא. ולרצון ושלא לרצון דגבי חלב אשה ליכא למימר דמיירי בשלא לרצון בסתמא ודווקא בסתמא אבל אמר לא ניחא לי אינו מטמא דהא לפי מה שפירשתי הטעם משום דם מגפתה אפי' אמר לא ניחא לי נמי מטמא אלא משמע דשלא לרצון דקתני בכולהו באשה ובהמה וזיתים וענבים מיירי בכל ענין בין מסתמא בין אמר לא ניחא לי: תותים ורימונים דלאו בני סחיטה נינהו. תימה לי מאי קשה דילמא הא דתניא לעיל גבי תותים ורמונים למשקין ולכתס היוצא מהן אסור הנ"מ במשך דוקא והכא בלא משך איירי הלכך שלא לרצון דהיינו בסתמא לא חשיב משקה: לא לרצון בסתמא ושלא לרצון דגלי דעתיה דאמר לא ניחא לי. (ב) דתניא התם בכריתות פרק אמרו לו (דף יג.) התירו (ג) לו למגע טמא מת להניק את בנה ובנה טהור ופריך בנה אמאי טהור כיון דינק חלב איטמי ליה מחלב וכי תימא לא איתכשר איתכשר בטיפה המלוכלכת ע"פ הדד ואע"ג דחלב אשה משקה הוא ואין צריך הכשר [משמע ליה] דמה שהוא בפי התינוק שהתינוק יונק חשיב כאוכל וצריך הכשר לפי שזהו מאכלו של תינוק וקאמר דאיתכשר בטיפה המלוכלכת בפי הדד דהוי משקה כסתם חלב דלאו לאוכל בעי ליה ומשני רב נחמן אמר רבה בר אבוה (ד) בתקיפה אחת שלא הניח טיפה המלוכלכת ע"פ הדד אמר רבא שתי תשובות בדבר חדא דקא חזינן ליה לפומיה דינוקא דמלא חלבא ועוד מקום חלב מעין הוא דהא תנן חלב האשה מטמא לרצון ושלא לרצון מאי היא דלא ניחא ליה וקתני מטמא פי' אלמא חשיבא כמעין מדמטמא שלא לרצון וכיון דחשוב כמעין גם בפי התינוק נמי יהא חשוב כמשקה כמו שאם היה מעין ואין צריך הכשר כך צריך לפרש דאת"ל דאינו מזכיר מעין אלא כלומר דכמשקה חשיב א"כ מאי צריך למימר שלא לרצון מאי היא כו' דמדקתני לרצון מטמא הו"מ למיפרך אלמא לרצון חשיב כי משקה ואשה דמניקה את בנה לרצון הוא אלא אמר רבא כו' עד ולרבא מקום חלב מעין הוא ולא צריך הכשר והתנן האשה שנטף חלב מדדיה ונפל לאויר התנור טמא וקשיא לן במאי איתכשר ואמר ר' יוחנן בטיפה המלוכלכת ע"פ הדד והשתא קשה לר"י מאי קאמר במאי איתכשר דמדבעי הכשר אלמא אוכל חשיב ליה וא"כ איך יטמא אוכל את התנור והא אין אוכל מטמא כלי ואומר ר"י דה"פ וקשיא לן במאי איתכשר כלומר לא מבעיא שאין התנור טמא אלא חלב הנוטף מדדיה גופה אמאי יהא טמא הא לא איתכשר ומשני בטיפה המלוכלכת ע"פ הדד ואותה טיפה עצמה המלוכלכת ע"פ הדד תטמא התנור שהיא חשובה משקה ומשקה מטמא כלי כדאמרינן בפ' קמא דמכילתין (דף יג:) והשתא פריך שפיר לרבא דאמר דאפילו אמר לא ניחא לי מטמא חלב האשה דחשיב משקה והכא חשיב ליה אוכל אבל לר"נ אמר רבה בר אבוה אתי שפיר דהכא דאמר לא ניחא לי ודאי חשיב ליה אוכל ונטף חלב מדדיה חשיב לא ניחא ליה כיון שהוא נופל לאויר תנור ואזיל לאיבוד דודאי לא ניחא ליה ועוד פריך התם לרבא מדתניא ט' משקין בזב הזיעה וליחה סרוחה והריעי טהורים מכלום דמעת עינו ודם מגפתו וחלב האשה מטמא טומאת משקין ברביעית רוקו וזובו ומימי רגליו מטמא טומאה חמורה בכל שהוא ואי אמרת מקום חלב מעין הוא חלב באשה נמי יטמא טומאה חמורה בכל שהוא כזובו ורוקו וקשה לרבי מאי קפריך לעולם מעין הוא ואפ"ה לא יטמא טומאה חמורה משום דבעינן דומיא דרוק כדאיתא בנדה (ד' נו.) מה רוק שמתגלגל ויוצא וחוזר ונבלע אף כל שמתגלגל ויוצא וחוזר ונבלע יצא חלב שבאשה שמתגלגל ויוצא ואינו חוזר ונבלע ותימה הוא לומר דמה שהוא חוזר ונבלע גרם לו ליחשב כמעין ומכל מקום ודאי כן הוא וצריך לומר דמה שהיה חושבו רבא כמעין להיות חשיב משקה בפי התינוק היינו משום דסלקא דעתיה שחוזר ונבלע ומייתי ראיה מן המשנה דחוזר ונבלע הוא מדקתני מטמא שלא לרצון דהיינו אמר לא ניחא לי א"כ חוזר ונבלע הוא דאי לאו הכי אם אמר לא ניחא ליה לא יהיה מטמא והשתא פריך ליה מהכא דאינו חוזר ונבלע אלמא מקום חלב האשה לאו מעין הוא ופריך אי הכי קשה הא דקתני מטמא שלא לרצון דלא ניחא ליה ומשני מי סברת שלא לרצון דלא ניחא ליה לא שלא לרצון בסתמא דדעתיה דתינוק קרובה גבי חלב אבל אמר לא ניחא ליה טהור והא דנטף חלב מדדיה ונפל לתוך התנור כאומר לא ניחא ליה חשיב דודאי לא ניחא ליה כיון שהלך לאיבוד והא דקאמר שלא לרצון בסתמא היינו כשנפל בקערה שאינו הולך לאיבוד דמהאי טעמא דדעתיה דתינוק קרובה גבי חלב לאחשוביה אז כמשקה ובפי התינוק לעולם כאוכל חשיב והשתא קשה לר"י חדא דבשמעתא מסקינן איפכא לרצון בסתמא ושלא לרצון דאמר לא ניחא ליה ודומיא דהך דזיתים וענבים הוי ההוא דחלב האשה דאי לאו הכי לא שייך למימר יוכיחו וכ"ת ס"ל כאיבעית אימא דאמר שאני סלי זיתים וענבים כיון דלאיבוד קיימא אפקורי מפקר להו אכתי קשה דדומיא דהכי אית לן למימר בחלב האשה דאזיל לאיבוד וא"כ היינו כאומר לא ניחא ליה והתם מטמא דוקא סתמא אבל לא ניחא ליה טהור ועוד קשה לרבי מאי קאמר התם אלא קשה הא מתני' וקאמר נמי מי סברת שלא לרצון לא ניחא ליה וקאמר דלא ניחא (ה) טהור ואמאי והא טמאה שלא לרצון טמא היינו משום דחשיב דם מגפתו דדם נעכר ונעשה חלב כדפי' לעיל וא"כ גם לאמר לא ניחא ליה נמי יהא טמא. מ"ר:

מי

עין משפט נר מצוה

ו א ב מיי' פ"י מהלכות טומאת אוכלין הל"ג:

ז ג מיי' פ"א שם הלכה ב ופ"י הלכה יב:

רבינו חננאל

ותתנן בסס' מכשירין אמרו לו זיתים וענבים יוכיחו שהמשקין היוצא מהן לרצון טמאין פי' הקרלין חוצאה. מפני שהן משקין והמשקין אין צריכין הכשר ושלא לרצון טהורין כלומר אוכלין הן. וכיון שלא הוכשרו אינן מטמאין. ובאנו להעמיד משנה זו לרצון דניחא ליה. שלא לרצון בסתמא להודיע כי אפילו זיתים וענבים דבני סחיט' נינהו סתמא אוכל הן. וכ"ש תותים ורמונים. ואמרינן לא. פי' לרצון דמתניתין בסתמא. וכל סתם משקה הוא חשוב. ופי' שלא לרצון דגלי אדעתא בפי' שאין רצונו להוציא מהן משקין. (איבא) [איבעיא] תימא שאני סלי זיתים וענבים כיון שהסלין לאו בני קיבול משקה הן דבר ידוע הוא שכל משקה השותת מהן לעפר והולך וזהו לאיבוד כאילו מעיקרא הפקירן וכשאינן חשובין ולפיכך הן טהורין. תוב אתינן לפרושי דרבנן מודו לי' לר' יהודה בשאר פירות מהא דתניא סוחטין בפגעים. יש מי שאומר ספיניל ובפרישין ובעוהרדין אבל לא ברמונים. ואוקימנא אפילו תימא רבנן כיון דלא בני סחיטה נינהו אפילו לכתחלה. ושל בית מנשיא היו סוחטין בחול ברמונים ועושין ממנו יין של רמונים כלומר שהרמונים בני סחיטה נינהו כזיתים וענבים ואסור לסוחטן בשבת. אמר רב נחמן הלכה כשל בית מנשיא בן מנחם. ואמרינן וכי מנשיא תנא הוא. ואוקימנא תאי תנא

שייך לעמוד שקודם

הגהות הב"ח

(א) תוס' ד"ה מחמיר וכו' שדמה טהור. נ"ב ובתוספות יו"ט סוף מס' מכשירין מתרץ קושיא זו דבאמת דם בהמה לשתיה מכשיר כמו חלב שהוא לשתיה ע"כ מוכרח לומר מדם הקזה והחולב לרפוא' ע"ש: (ב) ד"ה לא לרצון וכו' לא ניחא לי תניא כצ"ל ואות ד' נמחק: (ג) בא"ד התירו לה למגע טמא מת: (ד) בא"ד אמר רבה בר אבוה שינק בתקיפה: (ה) בא"ד וקאמר דלא ניחא ליה טהור:

עין משפט נר מצוה

ח א מיי' פ"ה מהלכות כלאים הל"ח טוש"ע יו"ד סימן רצו סעיף יד:

ט ב מיי' פ"ז מהלכות מקוואות הלכה א סמג עשין רמח:

י ג מיי' שם והלכה ט סמג שם טוש"ע יו"ד סימן רא סעיף כה:

יא ד מיי' פ"י מהלכות טומאת אוכלין הלכה יג ופי"א הלכה ו:

יב ה מיי' פ"ח מהלכות שבת הל"י סמג לאוין סה טור שו"ע או"ח סימן שכ סעיף ד:

יג ו ז מיי' שם וסמג שם טור שו"ע או"ח סימן תקה:

יד ח ט מיי' פ"ט מהל' טומאת אוכלין הל"ב:

[לעיל צב. ושם נסמן]

בפגעין ובפרישין ובעוזרדין אבל לא ברמונים ושל בית מנשיא בר מנחם היו סוחטין ברמונים וממאי דרבנן היא דילמא ר' יהודה היא ותהוי נמי ר' יהודה אימר דשמעת ליה לר' יהודה יצאו מעצמן סוחטין לכתחילה מי שמעת ליה אלא מאי אית לך למימר כיון דלאו בני סחיטה נינהו אפילו לכתחילה אפילו תימא רבנן כיון דלאו בני סחיטה נינהו אפילו לכתחילה ש"מ רבנן היא ש"מ של בית מנשיא בר מנחם היו סוחטין ברמונים אמר רב נחמן הלכה כשל בית מנשיא בר מנחם א"ל רבא לרב נחמן מנשיא בן מנחם תנא הוא וכי תימא הלכה כי האי תנא דסבר לה כשל מנשיא בן מנחם ומשום דסבר כמנשיא בן מנחם הלכה כמותו מנשיא בן מנחם הוי *רובא דעלמא אין דתנן *המקיים קוצים בכרם ר"א אומר קדש וחכ"א "אינו מקדש אלא דבר שכמוהו מקיימין וא"ר חנינא מ"ט דרבי *אליעזר שכן בערביא מקיימין קוצי שדות לגמליהם מידי איריא דערביא אתרא הכא בטלה דעתו אצל כל אדם אלא היינו טעמא כדרב חסדא דאמר רב חסדא תרדין שסחטן ונתנן במקוה פוסלין את המקוה בשינוי מראה והא לאו בני סחיטה נינהו אלא מאי אית לך למימר כיון דאחשבינהו הוה להו משקה ה"נ כיון דאחשבינהו הוה להו משקה רב פפא אמר משום דהוי דבר שאין עושין ממנו מקוה לכתחילה "וכל דבר שאין עושין ממנו מקוה לכתחילה פוסל את המקוה בשינוי מראה *תנן התם "נפל לתוכו יין או חומץ ומוהל ושינה מראיו פסול מאן תנא דמוהל משקה הוא אמר אביי רבי יעקב היא *דתניא ר' יעקב אומר "מוהל הרי הוא כמשקה ומה טעם אמרו מוהל היוצא בתחלה טהור לפי שאינו רוצה בקיומו ר"ש אומר מוהל אינו כמשקה ומה טעם אמרו מוהל היוצא מעיקול בית הבד טמא לפי שאי אפשר לו בלא ציחצוחי שמן מאי בינייהו איכא בינייהו דאתי בתר איצצתא רבא אמר משום דהוי דבר שאין עושין הימנו מקוה ופוסל את המקוה בשינוי מראה אמר רב יהודה אמר שמואל "סוחט אדם אשכול של ענבים לתוך הקדרה אבל לא לתוך הקערה אמר רב חסדא מדברי רבינו נלמד *"חולב אדם עז לתוך הקדרה אבל לא לתוך הקערה "אלמא קסבר משקה הבא לאוכל אוכל הוא מתיב רמי בר חמא *"זב שחולב את העז החלב טמא ואי אמרת משקה הבא לאוכלין אוכל הוא במאי איתכשר *כדאמר ר' יוחנן בטיפה המלוכלכת ע"פ הדד הכא נמי בטיפה המלוכלכת ע"פ הדד מתיב רבינא *"טמא מת שסחט זיתים וענבים כביצה

תוספות

מי דמי ערביא אתרא הוא. וא"ת למיפרך איפכא לרבי אליעזר לרבנן מאי איכא למימר אלא פריך דאפילו לרבי אליעזר לא ניחא ומה שקשה מאגפי הולל דפרק המצניע (לעיל דף צב:) פירשתי שם (ד"ה ואת"ל): ה"נ כיון דאחשביה הוו להו משקה. תחילה ס"ד דסוחטין בפגעין ס' היינו סחיטה ממש אבל השתא אי אפשר לומר דהא פשיטא דאסור דכיון דאחשביה הוה להו משקה אלא סוחטין דקתני היינו בליליי"ר בלע"ז למתק הפרי כדפי' בקונטרס: אמר אביי ר' יעקב היא. קשה לי לימא דאביי מוהל דקתני היינו במוהל היוצא מעקול בית הבד ודברי הכל וכי תימא מדקתני מוהל סתמא משמע דבכל מוהל איירי לא היא דע"כ אפי' לרבי יעקב לא איירי בכל מוהל דהא מודה דמוהל היוצא בתחילה טהור י"ל דמוהל היוצא מעקול בית הבד לא הוה קרינן ליה מוהל סתם כיון דאי אפשר לו בלא לחצוחי שמן: חולב אדם עז כו'. נראה לר"ת דהיינו דווקא בי"ט דחזיא בהמה לאכילה הוי כמו אוכלא דאיפרת אבל בשבת לא חזיא לשחיטה כמו דש חשיבא שהבהמה היא כפסולת והחולב הוי כבורר אוכל מתוך פסולת וכן משמע בבה"ג דבי"ט איירי ומיהו סחיטת זיתים וענבים דשרי לעיל לתוך הקדירה היינו אפי' בשבת כיון דאשכול חזיא לאכילה:

רש"י

בפגעין. פרונ"ש בלע"ז ולהוציא מימיהן לשתות: ובפרישין. קויידונ"ץ: ובעוזרדין. קורמ"ש דלאו אורחייהו בהכי ואין כאן משום דש: אבל לא ברמונים. דאורחייהו בהכי: ושל בית מנשיא. היו רגילין לסחוט רמונים בחול אלמא איכא דסחיט להו הלכך בשבת אסור: אלא מאי אית לך למימר. לר' יהודה כיון דלאו בני סחיטה ס' וכי היכי דלרבי יהודה שרי לכתחילה מהאי טעמא מהשתא אפי' תימא רבנן ושרו ליה מהאי טעמא: מנשיא תנא הוא. בתמיה וכי איהו פליג למימר דבשבת אסור דתימא הלכתא כוותיה והא לא הוזכר אלא לדברי התנא לראיה דהאי תנא הוא סבר כוותיה: וכ"ת. הא דאמר הלכה כשל בית מנשיא ה"ק הלכה כהאי תנא דאסר ברימונים הואיל וקאי מנשיא כוותיה דסוחטין רימונים בחול אלמא בני סחיטה נינהו: הוי רובא דעלמא. דמשום איהו לחודיה נשווי דרך רמונים לסחיטה: קוצים. קרדונ"ש: מקדש. את התבואה משום כלאים דזריעה הוא: ואמר רבי חנינא כו'. אלמא משום חד מקום דאחשבינהו משוינן להו דבר חשוב: אתרא. הוא וחשיבות דרבים הוי חשיבותא: הכא. חד גברא לחודיה הוא נימא בטלה דעתו: אלא היינו טעמא. דרב נחמן דאמר הלכה אין סוחטין: כרב חסדא. אע"ג דלעלמא לא חשיב כיון דאחשיב איהו הוי לדידיה משקה והכי מפרש רב נחמן לברייתא דלעיל סוחטין בפגעין ובפרישין למתק הפרי ולא לצורך המשקה אבל לא ברימונים ואפילו למתקן (א) דשל בית מנשיא היו סוחטין בחול לצורך משקה הלכך בשבת אסור אפי' למתק הואיל ואיכא חד דעביד לשם משקה ולא משום דמנשיא רובא דעלמא אלא הייטינן אי שרית ליה למתק אתי למעבד לשום משקה וכיון דאיהו מחשב ליה הוי משקה ומיחייב אבל בפגעין ליכא (ב) למיחש דאין אדם עושה אותו למשקה: בשינוי מראה. לא בשלשת לוגין דלא הוזכרו שלש לוגין אלא במים שאובין אבל שאר משקין לא פסלי אא"כ נשתנה מראה המקוה על ידיהן: רב פפא אמר. טעמא דתרדין לאו משום חשיבותא דאחשבינהו הוא ולעולם לאו משקה נינהו והא דמפסיל משום דכל דבר שאין עושין ממנו מקוה שאינו מים או שלג או ברד פוסל את המקוה בשינוי מראה: נפל לתוכו. של מקוה יין או חומץ או מוהל והוא כמין מים וזב מן הזיתים וג' מינים יש בו כשטוענן מתחילה במעטן להתחמם ולהתבשל מאליהן מוהל זב מהן והוא נגול כמים ולאחר שעמדו ימים ודחקו זה את זה חוזר מוהל לזוב מהן והוא קרוב להיות כשמן ולאחר שעגלן להוליא שמנן בבית הבד ומשתהה התפוח של גפת בעקלים שהוא אגוד בהן בבית הבד חוזר מוהל וזב מהן: מאן תנא דמוהל משקה הוא. קס"ד דאין מקוה נפסל אלא על ידי משקה ואפילו בשינוי מראה: בתחילה. בתחילת טעינתן של זיתים: מעקול בית הבד. לאחר שנסחט שמנו או לפני סחיטתו: מאי בינייהו. במאי פליגי הואיל ותרווייהו מודו דמוהל היוצא בתחילה טהור והיוצא מעקל בית הבד טמא באיזה מוהל נחלקו דלמר הוי משקה וטמא ולמר לא הוי משקה וטהור: דאתי בתר איצצתא. לאחר שהתחילו להתחמם ודחקו זה את זה ונשתהה הכומר ימים: רבא אמר. קמייתא דקתני מוהל פוסל מקוה דברי הכל הוא ומשום דהוי כו': לתוך הקדרה. של תבשיל לתקנו דמוכחא מילתא דלאו למשקה בעי ליה אלא לאוכל *ואין זה דרך פריקתו והוי כמפריד אוכל מאוכל: אבל לא לתוך הקערה. דזמנין דלמשקה קאי ואף על גב דבקערה לא שתי איניש לא מוכחא מילתא ואיכא איסור: אלמא. מדקאמר סוחט לתוך הקדרה קסבר ס': החלב טמא. שהזב מטמא כל דבר במשא והרי היסט הקילוח ולא קמפליג בין לתוך הקדרה בין לתוך הכוס: ואי אמרת אוכל הוא. הא אין אוכל מקבל טומאה שלא בהכשר והאי במאי איתכשר: כדאמר רבי יוחנן. במסכת כריתות גבי האשה שנטף חלב מדדיה: בטיפה המלוכלכת על פי הדד. טיפה ראשונה מלכלכת בה פי הדד בדעת וטוחה ליחלב והיא הוי משקה ככוס חלב דלא לאוכל בעי ליה: טמא מת שסחט זיתים וענבים כבילה

מסורת הש"ס

כלאים פ"ה מ"ח ב"ב קנו:

[נ"ל אלעזר]

מקוואות פ"ז מ"ד

תוספ' דטהרות פרק י

[עי' תוס' פג: ד"ה מסרק וכו']

טהרות פ"ג מ"ג

כריתות יג. פסחים לג: טהרות פ"ג מ"ג

הגהות הב"ח

(א) רש"י ד"ה כרב חסדא וכו' ואפילו למתקן הואיל דשל בית וכו': (ב) בא"ד למיחש להכי דאין אדם:

גליון הש"ס

רש"י ד"ה לתוך הקדירה ואין זה דרך פריקתו. עיין לעיל דף עג ע"ב תוספות ד"ה מפרק:

רבינו חננאל

דאמר סוחטין בפגעין ובפרישין ובעוזרדין אבל לא ברמונים וסבר לה כמנשיא בן מנחם שסוחט בחול ברמונים להוציא מהן מים וכן כמו זיתים וענבי' וקי"ל כוותיה ואקשינן וכי מנשיא הוה רובא לעלמא. ומהדרינן אין. כי הא דתנן המקיים קוצים בכרם וכו' ואוקימנא אע"פ שאין דרך בני אדם לקיים קוצים בכרם כיון שבערביא מקיימין קידש הכא נמי אע"פ שאין דרך בני אדם לסחוט רמונים בחול כיון שסוחטין של בית מנשיא בחול בשבת אסור לסחוט ודחינן ערביא מקום בני אדם רבים ומנשיא אדם אחד הוא ובטלה דעתו אצל [כל] בני אדם ואתינן לטעמא אחריתי אלא האי תנא כמעשיה דרב חסדא דאמר תרדין שסחטן ונתנן למקוה פסלו המקוה בשנוי מראה וכיון שהזכרנו פסלות המקוה אמרינן. תנן התם [נפל] לתוכו יין ומוהל כו' פי' מוהל המים היוצאים מעוקל בית הבד עת שטוען קורות בית הבד על הזיתים המוהנין והוא מי הזיתים ויש בהן צחצוחי שמן: איצצאי דוחק. כדגרסינן בפרק המפקיד (דף מ ע"א) אמר ר' יהודה אמר שמואל סוחט אדם אשכול של ענבים בתוך הקדירה אבל לא לתוך הקערה. אמר רב חסדא מדברי רבינו נלמד חולב אדם עז לתוך הקדירה אבל לא לתוך הקערה אלמא קא סבר משקה הבא לאוכל אוכל הוא. ואותביה רמי [בר חמא] זב שחלב עז החלב טמא. כלומר (טמא) [שטימא אותה] הזב בנגיעתו. וא"ת אוכל הוא במאי אתכשר ופרקינן כר' יוחנן דאמר איתכשר בטפה המלוכלכת על

רב נסים גאון

פכ"ב רבא אמר משום דהוה דבר שאין עושין ממנו מקוה לכתחילה וכל דבר שאין עושין ממנו מקוה לכתחילה פוסל את המקוה בשינוי מראה. עיקר דיליה בתורת כהנים מקוה מים לא מקוה כל המשקין כולן פרט לשנפל בתוכו מי כבשין ומי צבעין ושינו את מראיו ובתוספתא טבול יום (פרק א) תומר במשקין שאין להן טהרה ואין להן טהרה מטומאתן ואינן טהורין בגוף ופוסלין את המקוה בשינוי מראה מה שאין כן במים: כדאמר ר' יוחנן בטפה על פי הדד. משכחת לה בגמ' כריתות בפרק אמרו לו אכלת חלב (דף יג) ולרבא מקום חלב מעין הוא ולא צריך הכשר ותנן האשה שהלב מדדיה ונפל לאויר תנור תנור טמא וקשיא לן במאי איתכשר ואמר ר' יוחנן בטפה מלוכלכת ע"פ הדד. ואין

§ מסכת שבת דף קמד: §

אות א'

<u>אינו מקדש אלא דבר שכמוהו מקיימין</u>

יו"ד סימן רצו סי"ד - הרואה בכרם עשב שאין דרך בני אדם לזרעה, אע"פ שהוא רוצה בקיומו לבהמה או לרפואה, הרי זה לא קידש, עד שיקיים דבר שכמותו מקיימים רוב העם באותו מקום; כיצד, המקיים קוצים בכרם, בערב שרוצים בקוצים לגמליהם, הרי זה קידש. האירוס והקיסום ושושנת המלך ושאר מיני זרעים, אינם כלאים בכרם. הקינדוס וצמר גפן, הרי הם כשאר מיני ירקות ומקדשים בכרם. וכן כל מיני דשאים שעולים מאליהם בשדה, הרי הם מקדשים בכרם. ופול המצרי, מין זרעים הוא ואינו מקדש.

אות ב'

<u>וכל דבר שאין עושין ממנו מקוה לכתחילה, פוסל את המקוה בשינוי מראה</u>

רמב"ם פ"ז מהל' מקוואות ה"א - אין המקוה נפסל לא בשינוי הטעם ולא בשינוי הריח, אלא בשינוי מראה בלבד; וכל דבר שאין עושין בו מקוה לכתחילה, פוסל את המקוה בשינוי מראה; כיצד, היין או החלב והדם וכיוצא בהן ממי כל הפירות, אינן פוסלין את המקוה בג' לוגין, שלא אמרו אלא מים שאובין, ופוסלין בשינוי מראה; אפילו מקוה שיש בו מאה סאה ונפל לו לוג יין או מי פירות ושינה את מראיו, פסול; וכן מקוה שיש בו כ' סאה מים כשרים או פחות מזה, ונפל לתוכו סאה יין או מי פירות ולא שינו את מראיו, הרי אלו כשירים כשהיו, ואין הסאה שנפלה עולה למדת המקוה, ואם נוסף על הכ' כ' אחרים מים כשירים, הרי זה מקוה כשר.

אות ג'

<u>נפל לתוכו יין או חומץ ומוחל ושנה מראיו, פסול</u>

יו"ד סימן רא סכ"א - מי צבע יש להם דין מים לפסול את המקוה החסר בג' לוגין, אע"פ שמשונים מראיהן ממראה המים; אבל המקוה השלם, אע"פ שנפלו בו מי צבע ושינו מראיו, [א]לא נפסל; וכן אם הדיח בו כלים ונשתנו מראיו, או ששרה בו סמנים או אוכלין ונשתנו מראיו, [ב]לא נפסל; אבל אם נפל לתוכו יין או מוהל (פי' המים היוצאים מהזיתים בתחילת טעינת הזיתים ויש בהן לחלוחי שמן) ושינו מראיו מכמות שהיה, נפסל. כיצד יעשה, אם הוא חסר, ימתין לו עד שירדו גשמים ויתמלא ויחזרו מראיו למראה מים; ואם יש בו מ' סאה שאינו נפסל עוד בשאיבה, ימלא בכתף ויתן לתוכו עד שיחזרו מראיו למראה המים.

אות ד'

<u>מוחל הרי הוא כמשקה</u>

רמב"ם פ"י מהל' טומאת אוכלין הי"ג - המוהל כשמן.

רמב"ם פי"א מהל' טומאת אוכלין ה"ו - המוסק את זיתיו לכבשן או למוכרן בשוק, לא הוכשרו עד שיפלו עליהן משקין ברצון כשאר האוכלין; וכן המוסק זיתיו לדרוך בבית הבד לא הוכשרו עד שתגמר מלאכתן; ומפני מה יוכשרו הזיתים שנגמרה מלאכתן, שחזקתן שהוכשרו במוהל שלהן, שהרי רוצה בקיומו כדי שיהיו נוחין לדרוך; אבל קודם שתגמר מלאכתן, אין המוהל היוצא מהן מכשיר, מפני שאינו רוצה בקיומו.

אות ה'

<u>סוחט אדם אשכול של ענבים לתוך הקדרה, אבל לא לתוך הקערה</u>

סימן שכ ס"ד - [ג]מותר לסחוט אשכול ענבים לתוך קדירה שיש בה תבשיל כדי לתקן האוכל – (וה"ה תוך קערה, ואף דמדברי רש"י משמע דבקערה אף שיש בה תבשיל ג"כ אסור, משום דלא מוכחא מילתא דזימנין למשקין קבעי לה, {כן הוא ביאורו של רש"י, וכ"כ בספר מטה יהודה וכן מצאתי במאירי, ודלא כאיזה אחרונים שלא הבינו דברי רש"י כן}, מדברי כל הפוסקים הראשונים והם הבה"ג והרי"ף והרא"ש והרמב"ם והסמ"ג והסמ"ק והטור ורבינו ירוחם והמאירי, משמע דאין שום חילוק בין קדרה לשאר כלי אם יש בה תבשיל, והא דחילק הגמרא בין קדרה לקערה, הוא משום דסתם קדרה יש בה תבשיל, וסתם קערה אין בה תבשיל), **דהו"ל משקה הבא לאוכל וכאוכל דמי** - כי השם מפרק בזיתים וענבים, אינו כי אם בשצריך לסחיטת הפרי למשקה, שאז חשוב פריקה, שמפרק המשקה מן האוכל, משא"כ בזה אין זה דרך פריקתו, דהוי כמפריד אוכל מאוכל, [רש"י], **ועיין** לקמיה בס"ז בהג"ה, דר"ח אוסר בזה, אך רוב הפוסקים חולקים עליו, ולכך סתם השו"ע להקל מצד הדין, **ומ"מ** המחמיר תע"ב, כמ"ש בתשו' הרא"ש. (מדסתם המחבר דבריו, משמע דס"ל לעיקר כדעת בעל ההשלמה שהובא בב"י, דאפילו באשכול העומד למשקה ג"כ מותר).

באר הגולה

א ‹דציבעא לית ביה מששא - ב"י› ב ‹מפני שאין בהן מגוף הדבר המשנה את מראיו - ב"י› ג שבת קמ"ה כרב הרי"ף ורמב"ם והתוס' שם

(אבל לתוך כלי שיש בה משקה, אסור, וחיובא נמי יש בזה, כ"כ הא"ר וש"א ופשוט).

אבל אם אין בה תבשיל אסור – (וחיובא נמי יש בזה). **ואפי'** דעתו ליתנו אח"כ לתבשיל, ג"כ אסור, דבעינן שיסחטנו לתוך התבשיל, **ועיין** בדרישה שכתב דחיובא נמי יש בזה, [**אח"כ** מצאתי בתשו' רדב"ז דיש בזה איסורא ולא חיובא, כיון שדעתו ליתן תוך התבשיל, וכ"כ הפמ"ג, **וכתב** עוד, דה"ה בתותים ורמונים יש איסור באופן זה].

[ד]**סימן שכ ס"ה** - [ה]**יש מי שאומר דה"ה לבוסר** - הם ענבים שלא נתבשלו כל צרכן, **שמותר לסחטו לתוך האוכל.**

[ו]**ור"ת אוסר בבוסר, (הואיל ואינו ראוי לאכול) (טור)** - היינו דמשום זה הוי כבורר אוכל מתוך פסולת, כי אותן בני אדם האוכלין אותו בטלה דעתן אצל כל אדם, (**לכאורה הרי בסי' ר"ב פסק דמברכין על הבוסר פרי אדמה, וכל דבר שאין ראוי לאכול אין מברכין עליו, גם בעוקצין פ"ו מ"ג, ס"ל לר"ע דמטמא טומאת אוכלין, ואפשר דלאו דוקא שאינו ראוי לאכילה כלל קאמר, אלא ע"י הדחק, ולכן נקרא פסולת נגד מה שסוחט, וא"כ הוא מדרבנן).**

והוא הדין בשאר פירות שאינם ראוים לאכילה, אסור לסחטן למימיהן אפי' לתוך אוכל, **ויש** להחמיר כסברא אחרונה.

ואם רוצה לאכול לאלתר אותו דבר שסוחט לתוכו הבוסר, מותר, כדלעיל בסי' שי"ט לענין בורר, דמותר באוכל מתוך פסולת אם הוא לצורך אותה סעודה, **דהא** משום סחיטה ליכא כאן, כיון שבא לתוך האוכל, כ"כ הער"ש והט"ז, **והמ"א** השיג על זה, דהא דמותר שם, משום שאין דרך ברירה באוכל מתוך פסולת, **משא"כ** בזה דרך ברירתו הוא, דאי אפשר בענין אחר.

(**ועיין בפמ"ג שרמז, דבתוספות איתא הטעם לענין חולבת, משום דש, שנוטל האוכל מן הפסולת, ובעניננו ג"כ הבהמה היא כפסולת, וכשנוטל האוכל ממנה כדישה חשיבא, וכן ה"ה לענין בוסר, ולפי"ז נסתר הקולא לגמרי, דבדישה אין נ"מ בין לאלתר לאחר זמן, ונראה שכן הוא האמת, ע"כ בודאי מהנכון להחמיר כדעת המג"א, אף אם נסבור דאין בזה משום בורר).**

ועיין בא"ר שמצדד להקל כהער"ש והט"ז, **ועיין** בבה"ל שכתבנו דנכון להחמיר כדעת המ"א, **אך** אם הבוסר ראוי לאכול ע"י הדחק, מי שסומך על דברי הער"ש וט"ז אין למחות בידו, (**דלענין בורר ליכא בזה אלא איסורא מדרבנן, וכדלעיל בסימן שי"ט, ודש נראה ג"כ דלא שייך כ"כ באופן זה מדאורייתא, דאין דומה למפרק מן הקש, מסתברא דיש לסמוך להקל בשעת הדחק כדעת הט"ז וער"ש).**

אות ו' – ז'

חולב אדם עז לתוך הקדרה, אבל לא לתוך הקערה

אלמא קסבר: משקה הבא לאוכל אוכל הוא

סימן תקה ס"א - אקדים לזה הסימן הקדמה קצרה, והיא: אסור לחלוב בהמה שעומדת לחליבה או לגדל ולדות ביו"ט, אפי' דעתו לאכול מיד, משום מפרק דהוא תולדה דדש, [הגר"א וחי' רעק"א ממשמעות התוס' ד"ה חולב], דכיון שאינה עומדת לאכילה, יש עליה שם פסולת, ודומה לדש שמפריד התבואה מקשין שלה, **ובזה** אין חילוק בין אם חולב אותה לתוך כלי שיש בה אוכלין או לתוך כלי ריק, **אבל** אם היא עומדת לאכילה, דהיינו לשחטה, אין עליה שם פסולת, ואין דומה לדש, דכולה אוכל היא, וע"כ אם חולב לתוך קדרה שיש בה אוכלין, שרי, דמשקה הבא לאוכל כאוכל דמי, והוי כמפריד אוכל מאוכל, **אבל** אם חולב לתוך כלי ריק, גם בזה אסור החלב משום נולד, דמעיקרא אוכל והשתא משקה, [וממילא אסור לחלוב, דהוי החליבה שלא לצורך יו"ט]. **ודעת** הגר"א, דגם בזה עיקר האיסור משום מפרק, כיון דנעשה משקה, זו היא דעת השו"ע, **ויש** מן הראשונים שסוברין, דאפי' בהמה העומדת לחלבה, מותר לחלוב אותה לתוך הקדרה שיש בה אוכלין, [דאף דדישה אסורה ביו"ט, בזו התירו, כיון דאוכל הוא, כל לתקוני אוכל שרי, דא"א לעשותו מעיו"ט, דהיה מתקלקל ומחמיץ], ויתבאר לקמיה.

[ז]**בהמה שהיא עומדת** [ח]**לאכילה, ורוצה לחלוב אותה לאכול החלב** - ר"ל בו ביום, דלצורך מחר בכל גווני אסור, **אם לקדירה שאין בה אוכלין, אסור** - היינו אף דדעתו ליתן אח"כ החלב לתוך אוכל, מ"מ כיון דהשתא אין בהקדרה אוכל, יש על החלב שם משקה, וממילא יש עליה שם נולד, דמעיקרא כשהיתה בדדי בהמה היה על החלב שם אוכל, ככל הבהמה שהיתה עומדת לאכילה, והשתא משקה.

ואם יש בה אוכלין, מותר - דבזה לא הוי על החלב שם נולד, דיש עליה שם אוכל, כיון דבאה לאוכל, ומעיקרא ג"כ אוכל, כיון דהבהמה עומדת לאכילה.

וכגון שבא החלב לתקנו - שיש בקדרה כ"כ אוכלין כפי צורך החלב לתיקונו, או עכ"פ שרוב החלב יהיה נצרך להאוכל, ועי"ז שרי אף מיעוט החלב הנשאר שאינו צריך להתבשיל. [ט]**או שיש בה פרורין והחלב נבלע בהם** - היינו נמי שעכ"פ רוב החלב נבלע בהפירורין.

[י]**אבל החולב כל צאנו, לא הותר מפני פרוסה שנותן בכלי** - מילתא דפשיטא נקט, והעיקר דאין ניתר החלב ע"י מעט לחם שנותן

באר הגולה

[ד] ‹ע"פ הגר"א ובה"ל› [ה] טור בשם רבי יוסף [ו] שם, המרדכי וסמ"ג לא הביאו אלא דברי ר"ת ‹עיין מ"א בשם טור, ומטעם זה פי' הא דחולב עז, ביו"ט, כמ"ש תוס' ד"ה חולב כו' - גר"א› [ז] מימרא דרב חסדא שבת קמ"ד [ח] הר"ן בפ"ק דביצה וש"פ [ט] סמ"ג בהל' שבת [י] הריב"ש בתשובה

בתחתית הכלי, כל כמה דאין רוב חלב נבלע בו, **ויש** למחות בהמון שעוברין ע"ז.

אבל בהמה שעומדת לגדל ולדות או לחליבה, אסור לחלוב אפילו לתוך אוכלין, **ואף** החלב שנטף מדדיה ממילא, אסור משום נולד.

ודע, דיש מן הראשונים שמקילין אפילו בבהמה העומדת לחליבה או לגדל ולדות, [וכנ"ל, ואין עליה שם נולד, אם לא שדרכו לקבץ החלב לעשות מהן גבינות], **ונראה** דבמקום מניעת שמחת יו"ט, שאין לו מה יאכל כי אם מאכלי חלב, יש לסמוך ע"ז להקל - ח"א, (**דלדעת** הרמב"ם, בחולב לאוכלין, אף בשבת הוא רק מדרבנן, משום דאין דרך פריקה בכך, **ומלבד** כל זה, עצם דין איסור חליבה ביו"ט, אף שלא לתוך אוכלין, אם הוא לצורך אותו היום, לכמה פוסקים אין בו איסור דאורייתא, משום דאוכל נפש הוא, **ולא** מיבעי להרמב"ם דדישה עצמה ביו"ט ג"כ אינו מן התורה, ואפי' לשיטת הרמב"ן והרשב"א דס"ל דהוא מן התורה, מ"מ בחולב ליו"ט ס"ל להרמב"ן דהוא מדרבנן, דהוא מדברים שמלאכתו ליומו, דהתירה התורה באוכל נפש, דאם יחליב מעיו"ט יתקלקל, וכמו אפיה ובישול, **אבל** רש"י (יבמות קי"ד. ד"ה שבת), משמע דס"ל, דחולב כדרכו הוא דאורייתא משום מפרק, וכן הרשב"א מבואר דהוא דאורייתא, ומ"מ כיון דעיקר האיסור לכמה פוסקים הוא דרבנן, אין בידינו למחות ביד המקילין, בחולב לאוכלין אף מבהמה חולבת, במקום מניעת שמחת יו"ט), **ויותר** טוב אם אפשר לו, לעשות החליבה לאוכלין ע"י עכו"ם.

אות ח' – ט'

<u>זב שחולב את העז, החלב טמא</u>

<u>טמא מת שסחט זיתים וענבים, כביצה מכוונת טהור</u>

רמב"ם פ"ט מהל' טומאת אוכלין ה"ב - וכן טמא מת שסחט זיתים וענבים שהוכשרו, אם היו כביצה, הרי המשקין היוצאין מהן טהורין, ובלבד שלא יגע במקום המשקה, שהמשקה כמופקד באוכל וכאילו היא גוף אחר; היו אותן זיתים וענבים יתר מכביצה, הרי המשקין היוצאין מהן טמאין, שכיון שיצאת טיפה ראשונה נטמאת מכביצה וטימאה כל המשקין; ואם היה הסוחט זב וזבה וכיוצא בהן, אפילו סחט גרגר אחד יחידי שלא הוכשר ולא נגע במשקה, המשקה טמא, שכיון שיצאת טיפה ראשונה נטמאת במשא הזב, שהזב שנשא אוכלין או משקין, טמאין כמו שביארנו; וכן זב שחלב את העז, החלב טמא, שכיון שיצאת טיפה הראשונה נטמאת במשא הזב.

§ מסכת שבת דף קמה. §

אות א'

המפצע בזיתים בידים מסואבות, הוכשר; לסופתן במלח כו'

רמב"ם פי"א מהל' טומאת אוכלין הי"ד - הפוצע זיתים של תרומה בידים טמאות, פסלן, [א]שפציעתן היא גמר מלאכתן; פצען לסופגן במלח, לא הוכשרו; וכן אם פצען לידע אם יש בהן שמן והגיעו להמסק, לא הוכשרו.

אות ב'

[ב]ודג לצירו אפילו לתוך הקערה

סימן שכ ס"ח - [ג]הסוחט דג לצירו - ר"ל שסחט דג להוציא צירו שצריך לו, **דינו כסוחט כבשים ושלקות למימיהן** - ומיירי בציר שנבלע בו ממשקה דעלמא, לכך דומה כסוחט שלקות למימיו דאסור וכנ"ל, **אבל** בציר היוצא מגופו, דומה לסוחט שאר כל הפירות למימיו, דמותר וכנ"ל בס"א.

אות ג'

אחד זה ואחד זה, לגופן מותר, למימיהן פטור אבל אסור

סימן שכ ס"ז - [ד]לסחוט כבשים (פי' פירות ומיני ירקות המונחים בחומץ ובמלח כדי שלא ירקבו), ושלקות - היינו ירק וכיוצא, ששלקן קודם השבת, ונשארו מימיהן בהן.

אם לגופם, שא"צ למים ואינו סוחטן אלא לתקנם לאכילה - ר"ל שסוחטן ממשקה הצף עליהן והנבלע בהן, [רש"י], כדי לתקן גופם לאכילה לבד, וא"צ למימיהן, **כמו** שדרך לסחוט הירק שקורין שאלאטי"ן לאחר ששרו אותן במים, לכן איננו בכלל מפרק כלל.

אפי' סוחט לתוך קערה שאין בה אוכל, מותר - ואף דסוחט לתוך הקערה ואין המשקה הולך לאיבוד, מ"מ כיון שאינו מכוין בשביל המשקה, איננו בכלל מלאכה, **ודוקא** לצורך שבת, אבל אסור לסחוט בכל גווני לצורך מו"ש, גמרא.

וה"ה דמותר לכתחלה לסחוט לאקשי"ן משומן הנבלע בהן, אם הוא עושה משום שאין יכול לאכלן משום שומן הרבה שבהן, כ"כ בדרישה, **ובח"א** מיקל מטעם אחר, דשומן שמפרישו הוי ג"כ אוכל, והוי כמפריד אוכל מאוכל. **ובזיתים** וענבים אסור בכל גווני, משום דרוב העולם סוחטין אותן למימיהן.

ואם צריך למימיהן, מותר לסחוט לתוך קדירה שיש בה אוכל - דלא גרע מאשכול דמותר וכנ"ל בס"ד, וה"ה לתוך המורייס דהוי מאכל, **אבל** לתוך המשקין אסור. **אבל אם אין בה אוכל, [ה]אסור** - ואע"ג דשאר פירות מותר לסחוט אפי' למימיהן, וכנ"ל בס"א, **שאני** התם שאין שם משקה על מי פירות, והוי כמפריד אוכל מאוכל, **משא"כ** הכא דהיה שם משקה עליו מקודם שנבלע, ושייך בו שם סחיטה, **ומ"מ** חיוב חטאת ליכא לדעה זו, דס"ל דבר תורה אינו חייב אלא על סחיטות זיתים וענבים בלבד, וכמ"ש בריש הסימן.

ולר"ח, [ו]כל שהוא צריך למימיהן, חייב חטאת, אפילו סחט לקדירה שיש בה אוכל - הנה הר"ח בשני דברים פליג על דעה הראשונה, **א)** דס"ל דאם צריך למימיהן חייב אפי' בכבשים ושלקות, **ב)** דכל היכא שצריך למימיהן לעולם חייב אפי' כשסוחט לתוך האוכל.

ואף דכל הפוסקים פליגי ע"ז, (והיינו בדין השני), דס"ל דמשקה הבא לאוכל כאוכל דמי, וכנ"ל בס"ד, והלכה כדבריהם, ולכך הזכיר המחבר דעתם בסתמא, **מ"מ** הביא ג"כ דעת ר"ח, להורות דטוב להחמיר כדבריו, והמחמיר תבא עליו ברכה, וכמ"ש בתשובת הרא"ש שהובא בב"י. (**אבל בדין הראשון שלו, יש הרבה ראשונים דס"ל כוותיה**).

(**ודע עוד, דאפילו לשיטת הר"ח דסובר כר' יוחנן נגד רב ושמואל,** דסובר דכבשים ושלקות כשסחטן למימיהן חייב, מ"מ מודה דשאר פירות מותר לסחוט למימיו לכתחלה, וכנ"ל בס"א, ולהכי לא הזכיר המחבר כלל בס"א דעה זו לענין שאר פירות, אפילו לחומרא בעלמא, **וע"כ** טעמו משום דס"ל, דכבשים ושלקות דרך לסחטן, משא"כ בשאר פירות, **או** משום דהבלוע בכבשים שם משקה עליו מקודם).

(ולדבריו, הסוחט אשכול לקדירה נמי אסור) (טור) – (האי לשון "נמי" לאו דוקא, דכ"ש באשכול של ענבים וזיתים לקדרה דחייב לר"ח, דעיקר סחיטה הוא בזיתים וענבים, **אלא** משום דהשו"ע סתם לעיל בס"ד, ולכך הזכיר הרמ"א דגם שם יש פלוגתא).

אות ד'

דבר תורה אינו חייב אלא על דריסת זיתים וענבים בלבד

רמב"ם פ"ח מהל' שבת ה"י - הסוחט את הפירות להוציא מימיהן, חייב משום מפרק, ואינו חייב עד שיהיה במשקין שסחט כגרוגרת; ואין חייבים מן התורה אלא על דריכת זיתים וענבים בלבד; ומותר לסחוט אשכול של ענבים לתוך האוכל, שמשקה הבא לאוכל אוכל הוא, ונמצא כמפרק אוכל מאוכל; אבל אם סחט לכלי שאין בו אוכל, הרי זה דורך וחייב. והחולב לתוך האוכל או היונק בפיו, פטור, ואינו חייב עד שיחלוב לתוך הכלי.

‹המשך ההלכות מול עמוד ב'›

באר הגולה

[א] ‹והיינו בעומד לשמן, חזו"א [מכשירין סי' ח' ס"ק ה'], וחיליה מלשון רבינו שזהו גמר מלאכתן, שטעם זה שייך בעומד לשמן כנ"ל, אבל רש"י שבת קמ"ה. מפרש בעומד לאכילה, והא דניחא ליה במוהל הוא משום שעל ידי זה מתמתק, ולכך הוא פוצען – באר החיים› [ב] ‹אין הציון מדוקדק, דרב ס"ל דמותר, ואנן מסקינן כשמואל דאסור› [ג] **בית יוסף ממשמעות הגמרא שם** [ד] **שבת קמ"ה** [ה] **שם כשמואל הרי"ף ורמב"ם** [ו] **הרי"ף בשמו וכרבי יוחנן** ‹מדלא חילק [ר' יוחנן דלקדירה שרי], ש"מ בכל ענין אסור – גר"א. **ועיין** תוס' ד"ה ורבי יוחנן›

תורה אור

כביצה מכוונת טהור הא יותר מכביצה טמא ואי אמרת משקה הבא לאוכל אוכל הוא במאי איתכשר הוא מותיב לה והוא מפרק לה בסוחט לתוך הקערה א"ר ירמיה כתנאי *המחליק בענבים לא הוכשר רבי יהודה אומר הוכשר מאי לאו בהא קמיפלגי מ"ס משקה הבא לאוכל אוכל הוא ומ"ס לאו אוכל הוא אמר רב פפא דכולי עלמא [א] משקה הבא לאוכל לאו אוכל הוא והכא במשקה הבא לאיבוד קמיפלגי מר סבר משקה הוא ומ"ס לאו משקה הוא ובפלוגתא דהני תנאי דתניא *המפצע בזיתים בידים מסואבות הוכשר לסופתן במלח לא הוכשר לידע אם הגיעו זיתיו למסוק אם לאו לא הוכשר רבי יהודה אומר הוכשר מאי לאו בהא קמיפלגי דמ"ס משקה העומד לאיבוד משקה הוא ומ"ס לאו משקה הוא אמר רב הונא בריה דרב יהושע הני תנאי במשקה העומד לאיבוד פליגי והנך תנאי במשקה העומד לצחצחו קמיפלגי א"ר זירא אמר רב חייא בר אשי אמר רב סוחט אדם אשכול של ענבים לתוך הקדירה אבל לא לתוך הקערה ב) ודג לצירו אפילו לתוך הקערה יתיב רב דימי וקאמר לה להא שמעתא א"ל אביי לרב דימי אתון משמיה דרב מתניתון ולא קשיא לכו אנן משמיה דשמואל מתנינן לה וקשיא לן מי אמר שמואל דג לצירו אפי' לתוך הקערה והאיתמר כבשים שסחטן אמר רב לגופן מותר למימיהן פטור אבל אסור ושלקות בין לגופן בין למימיהן מותר ושמואל אמר אחד כבשים ואחד °שלקות לגופן מותר למימיהן פטור אבל אסור א"ל האלהים °עיני ראו ולא זר (כלו כליותי בחקי וגו') מפומיה דר' ירמיה שמיע לי ור' ירמיה מר' זירא ור' זירא מרב חייא בר אשי ורב חייא בר אשי מרב: גופא כבשים שסחטן אמר רב לגופן מותר למימיהן פטור אבל אסור ושלקות בין לגופן בין למימיהן מותר ושמואל אמר ג) אחד זה ואחד זה לגופן מותר למימיהן פטור אבל אסור רבי יוחנן אמר אחד כבשים ואחד שלקות לגופן מותר למימיהן חייב חטאת מיתיבי סוחטין כבשים בשבת לצורך השבת אבל לא למוצ"ש וזיתים וענבים לא יסחוט ואם סחט חייב חטאת קשיא לרב קשיא לשמואל קשיא לר' יוחנן רב מתרץ לטעמיה שמואל מתרץ לטעמיה ר' יוחנן מתרץ לטעמיה רב מתרץ לטעמיה סוחטין כבשים בשבת לצורך השבת אבל לא למוצ"ש בד"א לגופן אבל למימיהן פטור אבל אסור ושלקות בין לגופן בין למימיהן מותר וזיתים וענבים לא יסחוט ואם סחטן חייב חטאת שמואל מתרץ לטעמיה סוחטין כבשים בשבת לצורך השבת הוא הדין לשלקות בד"א לגופן אבל למימיהן פטור אבל אסור וזיתים וענבים לא יסחוט ואם סחט חייב חטאת ר' יוחנן מתרץ לטעמיה סוחטין כבשים לצורך השבת אבל לא למוצ"ש אחד כבשים ואחד שלקות בד"א לגופן אבל למימיהן לא יסחוט ואם סחט נעשה כמי שסחט זיתים וענבים וחייב חטאת אמר רב חייא בר אשי אמר רב ד) דבר תורה אינו חייב אלא על דריסת זיתים וענבים בלבד וכן תני דבי מנשה דבר תורה אינו חייב אלא על דריסת זיתים וענבים בלבד *ה) ואין עד מפי עד כשר

אלא

רש"י

כבילה מכוונת טהור · משנה היא במסכת טהרות ומפרש בה בהדיא ובלבד שלא יגע במשקה שאינו נוגע אלא באוכל וכיון דכבילה מכוונת הוא לכי סחיט טיפה קמייתא חסר ליה מכבילה ואין האוכל אע"פ שהוא טמא מטמא המשקה שאין אוכל מטמא אחרים בפחות מכבילה אבל אם היה נוגע במשקה איטמי ליה משקה מטיפה ראשונה שהמשקה מקבל טומאה בכל שהוא וה"נ תני בה בהדיא יותר מכבילה טמא שכיון שיצאה טיפה ראשונה נטמאה בכבילה וטמא מת דווקא נקט שאינו מטמא בהיסט וה"ה לטמא שרץ ור"ל טמאי מגע וטמא מת לרבותא נקט דהוי אב הטומאה משום דקתני סיפא אבל זב שסוחט זיתים וענבים אפי' גרגיר יחידי טמא שכיון שיצאה טיפה ראשונה נטמא המשקה במשא הזב: **ואי אמרת כו'** · דקס"ד אפי' סוחט לתוך הקדירה: **כתנאי** · משקה הבא לאוכל אוכל הוא או משקה הוא: **המחליק בענבים** · נוהג המחליק פני ככרותיו בענבים שסוחט המשקה על הככר: **הוכשר** · האוכל *הענבים הוכשרו: **הבא** · לצורך אוכל כגון שסחטן לגס הפת: **ת"ק דר"ע משקה הבא לאוכל לאו אוכל הוא** · אלא משקה הוא והיינו טעמא דמ"ד לא הוכשר שמתחילה נסחט אדעתא דאזיל לאיבוד שהאור שואבו ושורפו: **המפצע בזיתים** · בלעז"ר כדי שיהיו רכין: **הוכשר** · דניחא ליה במשקה דטייף עלייהו שמתוך כך הם מרכיבים טעם: **לסופתן במלח** · שמתוך שהן קשין אין המלח נדבק בהן ומפצעם לרככן מבחוץ מעט: **לא הוכשר** · דלא מכוין למשקה דידהו דליעקר: **לידע אם הגיעו זיתיו למסוק** · צריך הוא לראות אם שומנו נוח לצאת מיהו המשקה אזיל לאיבוד: **הני תנאי** · דמפצע ודאי במשקה העומד לאיבוד פליגי כדאמרי' אבל תנאי דמחליק לאו בעומד לאיבוד פליגי דלאו לאיבוד אזל שהרי לצחצח האוכל נתנו והרי מצחצחו אלא במשקה העומד לצחצחו לאוכל קא מיפלגי דאע"ג משקה הבא לאוכל משקה הוא ה"מ היכא דקא שריף ליה א"נ שטר ביה ריפתא דתורת משקה עביד אבל לצחצחו פליגי: **ודג לצירו** · סחיטת דג להוציא צירו לאו משקה הוא אלא אוכלין: **כבשין** · ירק חי כבוש ביין וחומץ: **לגופו** · אם לאכול הכבשים סוחטן ממשקה הצף עליהן והנבלע בהן מותר לכתחילה דלא מפרק הוא הואיל ולאו למשקה הוא צריך: **פטור** · שאין זה מפרק שאין המשקה הזה יוצא מן הכבשים שלא גדל בתוכן אבל אסור אטו זיתים וענבים: **שלקות** · אפילו למימיהן לאו משקה ניהו אלא אוכל: **למימיהן פטור אבל אסור** · והא שלקות דומיא דדג לצירן הוא ולא שרי ליה שמואל לכתחילה: **עיני ראו ולא זר** · הא דבעינא למימר לך דמשמיה דרב איתמר: **סוחטין כבשין** · ולא מפליג בין לגופן בין למימיהן ושרי לכתחילה וקשיא לכולהו דליכא בהו דשרי כבשין למימיהן לכתחילה: **דבר תורה** · כלומר אסרה תורה מלאכה ודריכת זיתים וענבים הוא דהויא מלאכה אבל שאר דריכות לאו אורחייהו בהכי ולאו מלאכה ניהו:

לעדות

תוספות

כביצה מכוונת טהור · פי' בקונטרס שאע"פ שהאוכל טמא אינו מטמא את המשקה שאין אוכל מטמא בפחות מכבילה והאי טעמא לא ניחא אלא למ"ד בפרק כל שעה (פסחים דף לג: ושם) משקים מיפקד פקידי אבל למ"ד התם מיבלע בליעי טמאים המשקין מאליהן כיון שנגע באוכל [ומשני התם דבמתני' מיירי בענבים שלא הוכשרו לאימת מתכשרי לכי סחיט להו וכי סחיט להו בציר שיעוריה והשתא לפי' רש"י מה בכך] מיד כשיצאה הטיפה ראשונה (א) נטמאה הואיל והאוכל מקבל טומאה בכל שהוא ומה שהקשה ר"ת לפירו' פי' לעיל בריש המצניע (דף צא.):

דר"ע משקה הבא לאוכל לאו אוכל הוא · לא מצינו לגרוס דר"ע אוכל הוא (ב) א"כ מ"ט דמ"ד הוכשר:

אם הגיעו זיתיו למסוק כו' · מה שקשה ליה לרב נחמן דמפרש בפ"ק (דף יז:) דגזרו לבצור בטהרה משום דפעמים שאדם הולך כו' · שם פירשתי בד"ה גוזזי:

כבשים שסחטן לגופן מותר למימיהן פטור אבל אסור · רב לטעמיה דאמר לקמן דבר תורה אינו חייב אלא על דריכת זיתים וענבים ולפירוש הקונטרס דפי' משום דאתי המשקה מעלמא קשה לרבי אמאי גזרו להדוקי אודרא אפומא דשישא בשלהי תולין (לעיל דף קמח.) שמא יסחוט הא אפילו סחיט ליכא איסור דאורייתא מיהו י"ל דהתם רבא דקאמר לה וס"ל כר' יוחנן דמחייב חטאת:

ורבי יוחנן אמר אחד כבשין ואחד שלקות לגופן מותר למימיהן חייב חטאת · ובדג לצירו נמי הוה מחייב ר' יוחנן חטאת לתוך הקערה דדג לצירו מדמינן לשלקות בכולה שמעתין דפריך מדשמואל דשלקות אהייא דדג לצירו ופי' ר"ח דהלכה כר' יוחנן דקיי"ל כוותיה לגבי רב ושמואל ושמעינן ממילתא דר"י שאסור לסחוט כבשים ושלקות למימיהן ואם סחט חייב חטאת ולא הפריש בסחיטה בין קדירה לקער' אלא הכל אסור מתוך אלו דברים מתברר שאין הלכה לא כשמואל ולא כרב שאמרו סוחט אדם אשכול של ענבים לתוך הקדירה ויש שמעמידין דברי רב ושמואל ביו"ט מדדייק רב חסדא מדברי שמואל כן ואין לנו להדורי אפריכי ולאפוקי שמעתא מהוכתיה אלא ודאי בשבת קאמרי רב ושמואל ואין הלכה כמותן לא בשבת ולא ביו"ט ע"כ פי' ר"ח ומה שדקדק מדלא מפליג ר' יוחנן משמע דמיירי אפילו לתוך הקדירה אין זה דיוק דהא רב ושמואל נמי אסרי סתמא בכבשים (ג) למימיהן ואע"ג דשרו לסחוט בהדיא אשכול של ענבים לתוך הקדירה ומה שדחה דברי המעמידין דברי רב ושמואל ביו"ט אומר ר"ת שהדין עמו אבל דברי רב חסדא ביום טוב כדפירשתי לעיל:

בהמה

עין משפט נר מצוה

טו א מיי' פ"א מהלכות טומאת אוכלין הל"ד:

טז ב טוש"ע או"ח סימן שכ סעיף ח:

רש"ל ועי' מהרש"א

יז ג מיי' פ"ח מהלכות שבת הל"י ופכ"א הל' יג סמג לאוין סה טוש"ע או"ח שם סעיף ז:

יח ד מיי' פ"ח שם הל"י ופכ"א הלכה יב:

יט ה מיי' פי"ב מהלכות גרושין הלט"ו סמג עשין נ טור שו"ע אה"ע סימן יז סעיף ג:

רבינו חננאל

פי' הדף שנפסלה מאוכל והיא מכשרת במשקה ואותיב רבינא טמא מת שסחט זיתים וענבי' וכו' ופרקינן בסוחט לתוך הקערה שהוא ודאי משקה. ומפני מה לא פירוק פירוק זה לגבי חולב עז הוא מתרי תלתא טעמא קאמר. א"ר ירמיה כתנאי. המחליק בענבים לא הוכשר. פי' מחלק משפשף פעמים שמתמצה בהן משקין. ומחליקן בו. ולפיכך אמר ר' יהודה הוכשר שכך משקה גמור הוא. ות"ק אמר משקה הבא לאוכל הוא וכאוכל הוא חשוב ואינו מכשיר ובא רב הונא ופירש כי התנאין החולקין במחליק במחליק בענבים פליגי במשקה העומד לצחצוח ואלו החולקין במפצע זיתים בידים מסואבות פליגי. במשקה העומד לאיבוד. א"ר זירא א"ר חייא בר אשי אמר רב סוחט אדם אשכול של ענבים לתוך הקדירה אבל לא לתוך הקערה וכן פירוש כל דבר הנסחט בקדירה הוא אוכל ומותר ולתוך הקערה משקה הוא ואסור. זולתי הדג שאפילו סחיטתו בקערה שרי. והא דאתמר כבשים שסחטן אמר רב לגופן מותר וכו'. דברים פשוטין הן. ואין צריכין לפנים ולא לפני פנים. אעפ"כ צריכין אנו לברר כמי ההלכה. לפיכך אנו מזכירין דברי כולן: גופא כבשים שסחטן כגון ירקות וראשי לפתות וכרוב וכל הדומה להן. אמר רב לגופן מותר כלומר סחטן להסיר מימיהן ולאכלן מותר. אבל אם כוונתו למימיהן והוא צירן פטור אבל אסור. ושלקות כגון ירקות וכדומה להן שלקן מקודם השבת ונשארו מימיהן בהן וכן דגים מלוחין בין לגופו בין למימיהן מותר. ושמואל אמר אחד כבשים ואחד שלקות לגופן מותר למימיהן פטור אבל אסור ור' יוחנן אמר אחד כבשים וא' שלקות לגופן מותר למימיהן חייב חטאת ומותבינן עלייהו סוחטין כבשים בשבת לצורך השבת אבל לא למוצ"ש. זיתים וענבים לא יסחוט ואם סחט חייב חטאת קשיא לרב וקשיא לשמואל וקשיא לר' יוחנן וכל אחד מהן מתרץ מתניתא דא לטעמיה ודבריהן פשוטין הן אבל אנחנו כותבין תירוץ. טעמא דר' יוחנן דהלכתא כוותיה דקי"ל כל היכא דפליגי רב ושמואל ור' יוחנן הלכה כר' יוחנן. ולפיכך מדקדקינן בדבריו להעמיד הלכה על בוריו. ר' יוחנן מתרץ לטעמיה סוחטין כבשים בשבת לצורך השבת. אבל לא למוצ"ש ואחד כבשים ואחד שלקות לגופן אבל למימיהן לא יסחוט ואם סחט נעשה כמי שסחט זיתים וענבים וחייב חטאת. ולא הפריש בסחיטתן למימיהן בין קדירה לקערה אלא הכל אסור. דהא סחיטת זיתים וענבים בין לקדירה ובין לקערה למימיהן הוא צריך. וא"ר יוחנן שהסוחט כבשים ושלקות למימיהן כסוחט זיתים וענבים וחייב חטאת. ומתוך אלו הדברים מתברר שאין הלכה לא כשמואל ולא כרב שאומ' סוחט אדם אשכול של ענבים לתוך הקדירה אבל לא לתוך הקערה. ויש שמעמיד דברי (רבינו) רב ושמואל ביו"ט. מדדייק רב חסדא מדברי שמואל. ואמר מדברי רבינו נלמד חולב אדם עז לתוך הקדירה אבל לא לתוך הקערה כדי לקיים דבריהם להיות הלכה ואינן דבריהם נכונים שאפילו ביו"ט כל אילו אסורין ולינק בפיו מן הבהמה ביו"ט אסור וכ"ש לחלוב כדגרסינן בסוף פרק חרש [שנשא] פקחת. אבא שאול אומר נוהגין היינו שיונקין מן בהמה טהורה ביו"ט ואקשינן עליה היכי דמי אי דאיכא סכנה אפילו בשבת שרי אי דליכא סכנה אפילו ביו"ט אסור. ומפרקי' לא צריכא דאית בה צערא (וסברא) [וקסבר] מפרק כלאחר יד הוא. שבת דאיסור סקילה הוא גזור רבנן. י"ט דאיסור לאו לא גזור רבנן. הנה אפי' לינק ביו"ט לא התירו אלא במקום שיש צער כ"ש לחלוב במקום שאין צער שודאי אסור. ואין לנו להדורי אפירכי ולאפוקי שמעתא מרוכתא אלא ודאי זה שאומר סוחט אדם לתוך הקדירה אבל לא לתוך הקערה. ושאמר רב חסדא ביו"ט הוא ואין הלכה כמותם לא בשבת ולא ביו"ט וכך קיבלנו מרבותינו והא דתנא דבי מנשה דבר תורה אינו חייב אלא על דריכת זיתים וענבים בלבד. לא קשיא הא דר' יוחנן *) ושאר פירות זולתי זיתים וענבים סלקא שמעתא כר' יהודה דאמר לאוכלין היוצא מהן מותר למשקין

*) [נראה דר"ל דתנא דבי מנשה לא בא כו' למעט רק שאר פירות אבל לא כבשים ושלקות אך לשון צריכה תיקון קצת. ועי' ברי"ף כאן]

מסורת הש"ס

טהרות פ"א מ"ח

צ"ל והענבים ואיירי בפת שנילוש במי פירות ועכשיו הוכשר

איוב יט

יבמות סז: ודף קכב. בכורות לו. מו:

הגהות הב"ח

(א) תוס' ד"ה כבילה וכו' הטיפה ראשונ' טומאה הואיל והאוכל וכו' בריש המצניע. נ"ב דף צא בד"ה אי לענין וע"ש: (ב) ד"ה דר"ע וכו' דא"כ מ"ט: (ג) ד"ה ור' יוחנן וכו' אסרי סתמא בכבשים ובשלקות למימיהן:

הגהות הגר"א

[א] גמ' משקה הבא לאוכל לאו אוכל הוא. נ"ב גירסת הגאונים אוכל הוא. עי' רשב"א וכ"כ הרי"ף ע"ש:

גליון הש"ס

גמ' שלקות לגופן מותר למימיהן. עי' לעיל דף עג ע"ב תוס' ד"ה וצריך לעצים:

עין משפט נר מצוה

[ועי' שבות יעקב חלק ב' סימן קטו]

כ א מיי' פ"ב מהלכות בכורות הלכה טו סמג עשין ריא טוש"ע יו"ד סימן שיד סעיף ס :

כא ב מיי' פכ"א מהל' שבת הלכה טז טור שו"ע או"ח סימן רנג סעיף ה וסי' שכ סעיף כ:

כב ג מיי' פכ"ב שם הלכה ח סמג לאוין סה טוש"ע או"ח סימן שיח סעיף ד :

כג ד מיי' פ"כ מהלכות סנהדרין הלכה ו סמג עשין צז טור שו"ע חו"מ סימן י סעיף א :

מסורת הש"ס

לעדות אשה · לומר לאשה מת בעליך דאקילו בה רבנן משום עיגונא וכל דמקדש אדעתא דרבנן *מקדש *ואפקועי רבנן לקדושין מיניה: [יבמות ב:] **לעדות בכור** · בכור ביד כהן כשנתנו ישראל לו שלם ואירע בו מום קי"ל בבכורות (דף לה.) נחשדו כהנים להטיל מום בבכור ואין נאמן לומר מום זה נפל בו מאליו וצריך להביא עדים ואמרינן התם דאשה כשרה לעדות זו: **אימא לעדות שהאשה כשרה לה** · והאי נמי כשרה לה : **גברא יתירא** · ר"ש דמתני' ר"א תנן בה: **אתא לאשמעינן** · בתמיה כלומר מה בא ללמדנו אם לא זאת: **מתני' כל שבא בחמין** · כלומר

תירה אור

בהמה בגימטריא . אסמכתא בעלמא היא דנ"ב נפקא לן בכלהו גימטריא כדפי' בקונטרס : שוכר

אלא לעדות אשה בלבד *איבעיא להו עד מפי עד לעדות בכור מהו רב אמי אסיר ורב אסי שרי א"ל רב אמי לרב אסי והא תנא דבי מנשיא אין עד מפי עד כשר אלא לעדות אשה בלבד אימא לעדות שהאשה כשרה לה בלבד רב יימר אכשר עד מפי עד לבכור קרי עליה מרימר יימר ישרי בוכרא "והלכתא עד מפי עד כשר לבכור : חלות דבש : כי אתא רב הושעיא מנהרדעא *אתא ואייתי מתניתא בידיה זיתים וענבים שריסקן מע"ש ויצאו מעצמן אסורין "ור"א ור"ש מתירין אמר רב יוסף גברא יתירא אתא לאשמעינן א"ל אביי טובא קמ"ל דאי ממתניתין הוה אמינא התם הוא דמעיקרא אוכלא ולבסוף אוכלא אבל הכא דמעיקרא אוכלא ולבסוף משקה אימא לא קמ"ל : **מתני'** *"כל שבא בחמין מערב שבת שורין אותו בחמין בשבת וכל שלא בא בחמין מערב שבת מדיחין אותו בחמין בשבת חוץ מן המליח הישן (ודגים מלוחין קטנים) *וקוליים האיספנין שהדחתן זו היא גמר מלאכתן : **גמ'** כגון מאי אמר רב ספרא כגון תרנגולתא דר' אבא ואמר רב ספרא זימנא חדא איקלעית להתם ואוכלן מיניה ואי לא רבי אבא דאשקיין חמרא בר תלתא טרפי איתנסי רבי יוחנן רייק מכותח דבבלאי אמר רב יוסף ולירוק אנן מתרנגולתא דרבי אבא ועוד אמר רב גזא זימנא חדא איקלעית להתם ועבדית כותח דבבלאי שאילו מיניה *כל בריחי מערבא: כל שלא בא בחמין וכו': הדיח מאי אמר רב יוסף הדיח חייב חטאת אמר מר בריה דרבינא אף אנן נמי תנינא חוץ ממליח ישן וקוליים האיספנין שהדחתןזו היא גמר מלאכתן שמע מינה יתיב רבי חייא בר אבא ורבי אסי קמיה דרבי יוחנן ויתיב רבי יוחנן וקא מנמנם אמר ליה רבי חייא בר אבא לרבי אסי מפני מה עופות שבבבל שמנים א"ל כלך למדבר עזה ואראך שמנים מהן מפני מה מועדים שבבבל שמחים מפני שהן עניים מפני מה ת"ח שבבבל מצויינין לפי שאינן בני תורה מפני מה עובדי כוכבים מזוהמי' מפני שאוכלין שקצי' ורמשי'* איתער בהו רבי יוחנן אמר להו דרדקי לא כך אמרתי לכם °אמור לחכמה אחותי את *"אם ברור לך הדבר כאחותך שהיא אסורה לך אומרהו ואם לאו לא תאמרהו אמרו ליה ולימא לן מר איזה מהן מפני מה עופות שבבבל שמנים מפני שלא גלו שנאמר °שאנן מואב מנעוריו ושקט הוא אל שמריו ובגולה לא הלך והכא מנלן דגלו דתניא *"רבי יהודה אומר נ"ב שנה לא עבר איש ביהודה שנאמר °על ההרים אשא בכי ונהי וגו' מעוף השמים ועד בהמה נדדו הלכו בהמ"ה בגימטריא חמשין ותרתין הוו א"ר יעקב א"ר יוחנן כולן חזרו חוץ מקוליים האיספנין *"דאמר רב הני מדרי דבבל מהדרי מיא לעין עיטם והאי כיון דלא שריר שדריה לא מצי סליק מפני מה מועדים שבבבל שמחים מפני שלא היו באותה קללה דכתיב °והשבתי כל משושה חגה חדשה ושבתה וכל מועדה וכתיב °חדשיכם ומועדיכם שנאה נפשי היו עלי לטורח *מאי היו עלי לטורח א"ר אלעזר אמר הקב"ה לא דיין לישראל שחוטאין לפני אלא שמטריחין אותי לידע איזו גזירה קשה אביא עליהן א"ר יצחק אין לך כל רגל ורגל שלא באתה בולשת לציפורי ואמר רבי חנינא אין לך כל רגל ורגל שלא בא לטבריה אגמון וקמטון ובעל זמורה מפני מה ת"ח שבבבל מצויינין לפי שאינן (א) בני מקומן דאמרי אינשי במתא שמאי בלא מתא תותבאי °הבאים ישרש יעקב יציץ ופרח ישראל תני רב יוסף אלו תלמידי חכמים שבבבל שעושין ציצין ופרחים לתורה מפני מה עובדי כוכבים מזוהמין שלא עמדו על הר סיני שבשעה שבא

(ג"א ג"ג · משלי ז · ירמיה מח · שם ט · הושע ב · ישעיה א · שם כז)

שנתבשל: **שורין אותו בחמין** · כדי שיהא נמוח : **וכל שלא בא בחמין** · כגון בשר יבש שאוכלין אותו חי ע"י הדחק : **מדיחין אותו**. ולא אמרי' זהו בישוליה אבל לא שורין: **חוץ מן המליח ישן** · דג מליח של שנה שעברה : **וקוליים האיספנין** · שם דג שאוכלין אותו מחמת מלחו ע"י הדחה בחמין והכך אפילו הדחה נמי לא שזהו גמר מלאכתן והוי בשול : **גמ' כגון מאי**. הוי בא בחמין שחוזרין ושורין אותו בחמין : **תרנגולתא דר' אבא** · מבשלה ושורה אותה ימים רבים בחמין למחות מאליה ואוכלה לרפואה : **בר תלתא טרפי** · בן ג' שנים : **איתנסי** · הייתי נאנס להקיא מחמת מיאוס : **רייק** · רוקק מכותח דבבלאי כשזוכרו שהיה מאוס בעיניו: **אמר רב יוסף כו'**. קשה היה בעיניו שנמאסין בני בבל על בני ארץ ישראל אמר אנו נמי יש לנו לרוק מתרנגולתיה דר' אבא שהם אוכלים : **ועוד כותח** · אינו מאוס כל כך בעיני שאר בני מערבא : **דהא אמר רב גזא כו'** · ושאילו מיניה אותו כותח: **בריחי**. חולים: **סדים** · קוליים מאי: **חייב חטאת** · דהוי בישול : **מפני מה עופות שבבבל שמנים** · משל א"י : **כלך** · לכה לך אלא שקיצר הלשון: **למדבר עזה** · והיא מא"י: **מועדים שבבבל שמחים** · רגילים לשמוח במועדים יותר מא"י : **מפני שהם עניים** · וכל השנה אין להם שמחה במאכל ומשתה ואין להם מרגוע ממלאכה לפיכך במועדים כל שמחתם: **מצויינין** מצויינין עצמן בלבושים נאים : **מלויינין** · מקושטין : **שאינן בני תורה** · כל כך לכבדם כבני ארץ ישראל מחמת תורתם מכבדים אותם מחמת לבושיהן שנראין חשובים : **דרדקי** · בחורים שלא הגיעו לסברא : **מפני שלא גלו** · העופות כמו אותן של א"י כדאמרינן לקמן : **שאנן מואב מנעוריו וגו'** · סיפיה דקרא על כן עמד טעמו בו אלמא הגולין מפיגין טעמן ושמנן : **נ"ב שנה** · משגלו בימי צדקיה בחרבות ירושלים עד שנפקדו בימי כורש ואז עלו מהם לייסד את הבית י"ח שנים קודם גמר הבנין שהיא לסוף ע' שנה בשנת שתים לדריוש כדאמרי' במגילה (דף יא:): **וכולן חזרו**. הבהמות ועופות ואף הדגים חוץ מן קוליים האספנין וכולן חזרו דהא עד בהמה כתיב ומכלל דמכאן ואילך הדור חוץ מקוליים כדמפרש : **הני מדרי דבבל מהדרי מיא לעין עיטם** · מדרונות שבבבל מחזירין מים הנשפכים בהן לעין עיטם שהוא מקום גבוה שבא"י שאותו מעיין מביא מים לבית טבילת כה"ג ביוה"כ דמתוקן בחומת עזרה על גבי שער המים כדאמרינן בסדר יומא (דף לא.) עין עיטם גבוה מקרקע העזרה כ"ג אמות והיאך מחזירין שיש בפרת סילוט וסולמות למטה מן הקרקע (הים) ודרך אותן סולמות חוזרין המים לא"י וחוזרין ונובעין במעיינות והדגים חזרו דרך אותן סולמות שטחים להעלותן יותר מדרך פרת עצמו : **והאי** · קוליים האספנין: **כיון דלא שריר שדריה** · אין קשה שדרה שלו: **אכריה** · לבו ולהטיל עליהם עול ולא שמתכוונין לבטלן משמחת הרגל אבל הקללה גרמה לכך: **קומטין** · *לשון לעז הוא שלטון: **בולשת** · חיל המלך: ליפורי וטבריא מא"י : **שאינן במקומם** · שמא"י גלו לשם והגולה למקום נכרי מליין עצמו במלבושים שיהא חשוב: **במתא שמאי** · בעירי איני צריך להתכבד אלא בשמי שאני ניכר בו : **בלא מתא** · במקום שאינה עירי: **תותבאי** · כבודי תלוי בשמלתי שמלתו מתרגמינן תותביה (שמות כב): **לילין** · למחין: **הבאים** · אותן של יעקב שיבאו לבבל ישרשו ויעשו צילין ופרחים לתורה וסייעתא אתיא לר' יוחנן דטעמא דמצויינין להו לפי שאינן בני תורה כדרבי אסי אלא לפי שאינן במקומן:
כשבא

בכורות לו. ע"ש · לעיל יט: · לעיל לט. · [דג שנמקומות האספניא ושמו בלשון הקודש שיבוטא ערוך ערך אספן] · [עי' לעיל כח.] · כ"כ טו: · סנהדרין ז: · [יומא נד.] · בכורות מד: · [מגילה לא:] · לשון קומסוס כמו קומוס ולשון רומי הוא עי' רש"י סוטה יד ד"ה נסטלא

הגהות הב"ח

(א) גמ' לפי שאינן במקומן כצ"ל ותיבת בני נמחק :

רבינו חננאל

למשקין היוצא מהן אסור . והא דתניא סוחטין בפגעים ובפרישין ובעוזרדין אבל לא ברמונים דשל בית מנשיא בן מנחם היו סוחטין ברמונים אמר רב נחמן הלכה כשל בית מנשיא בן מנחם וסלקא שמעתא דאסיר לסחוט ברמונים בשבת והא דתני אין עד מפי עד כשר אלא לעדות אשה בלבד . אוקימנא לעדות שהאשה כשרה לה והלכתא עד מפי עד כשר לבכור . פי' עד מפי עד נאמן להעיד על בכור בהמה טהורה שזה המום שיש בו אפי' שראוי לבוא בידי אדם הוא לא נפל בו מידי אדם ובזו העדות החכם מתירו להאכל במומו וכ"ש בעדות גדולה מזו. ומפורש כך בבכורות פ' כל פסולי המוקדשי'. וסלקא שמעתא התם דהלכתא כרשב"ג דאמר אפילו בנו ובתו נאמנים ויש מי שאומר כי עד מפי עד נאמן בבכור אדם ושעות הוא בידו : חלות דבש שריסקן מע"ש ויצאו מעצמן אסורין ור' אלעזר מתיר . כי אתא רב הושעיא מנהרדעא אתא ואיתי מתניתא בידיה זיתים וענבים שריסקן מע"ש ויצאו מעצמן אסורים . ור' אלעזר ור"ש מתירין . והא מתניתא מסייעא נמי לר' יוחנן : מתני' כל שבא בחמין מלפני השבת וכו' . ומיבעיא לן כגון מאי . ואמר רב ספרא כגון תרנגולתא דר' אבא שהיתה מלוחה ביותר וכשמבקשין לאוכלה שורין אותה במים חמין . אמר רב ספרא כגון זו התרנגולת אם הובאה בחמין מלפני השבת מותר לשורותה בחמין בשבת ולאוכלה . ואם לאו אסור לשורותה ומותר להדיחה והמליח הישן וקוליים האיספנין

רב נסים גאון

ואין עד מפי עד כשר אלא לעדות אשה בלבד כשאמר כי מת בעלה התירוה בית דין לינשא ואע"פ שהמועט העתיק דבר זה מזולתו וכמו שביארו דבר זה בפרק אשה שהלך בעלה וצרתה (דף קכב) הוחזקו להיות משיאין עד מפי עד וכו' : עד מפי עד בבכור מהו. עיקר דוליה במסכת בכורות בפרק כל פסולי המוקדשין (דף לה) דתניא ר' יהושע בן קפוסאי אומר בכור בי כהן צריך ב' מן השוק להעיד עליו רבן שמעון בן גמליאל אומר אפילו בנו ובתו ואמרו הלכתא כרבן שמעון ודוקא בנו ובתו אבל אשתו לא מאי טעמא אשתו כגופו דמיא ועוד אמרו איבעיא להו עד מפי עד מהו לעדות בכור אמר ליה תני אלא לעדות אשה כשירה לו ועבר נתברר לנו שבתו כשירה והואיל ואשה כשירה לעדות בכור עד מפי עד נמי כשר לעדות בכור וכן פסקה ההלכה וזה שאמרו בבכור בהמה אבל בבכור אדם לא. גרסינן בפרק ר' יוחנן (דף עד) ג' נאמנין על הבכור חיה ואמו ואביו חיה לאלתר אמו כל ז' אביו לעולם : כגון תרנגלתיה דר' אבא . כך פירשה אדוננו האיי גאון ז"ל תרנגולת שמבשלין אותה ומוציאין אותה מהמרק ומשלאין אותה בתבלין וכשרוצה לאכול ממנה שורין אותה במים חמים ואוכלים אותה כאילו היא חמה :

סליק פרק חבית

רמב"ם פכ"א מהל' שבת הי"ב - מפרק חייב משום דש, והסוחט זיתים וענבים חייב משום מפרק; לפיכך אסור לסחוט תותים ורמונים, הואיל ומקצת בני אדם סוחטים אותם כזיתים וענבים, שמא יבוא לסחוט זיתים וענבים; אבל שאר פירות כגון פרישין ותפוחים ועוזרדין, מותר לסוחטן בשבת, מפני שאינן בני סחיטה.

אות ה'

ואין עד מפי עד כשר אלא לעדות אשה בלבד

אבה"ע סימן יז ס"ג - אשה שהלך בעלה למדינת הים, והעידו עליו שמת, אפילו עד אחד, אפילו העד עבד או שפחה או אשה או קרוב, מותרת; ואפילו עד מפי עד «ואפילו עד מפי עד, ומפי עד אחר, אפי' עד ק' - באה"ט»**, או אשה מפי אשה, או עבד או שפחה או קרוב, כשרים לעדות זו.**

§ מסכת שבת דף קמה: §

אות א'

והלכתא: עד מפי עד כשר לבכור

יו"ד סימן שיד ס"ה - עד שהעיד מפי עד אחר שמום זה נפל שלא לדעת, נאמן; אפילו אשה נאמנת לומר: בפני נפל מום זה מאליו, וישחט עליו.

אות ב'

זיתים וענבים שריסקן מע"ש ויצאו מעצמן... ורבי אלעזר ורבי שמעון מתירין

סימן רנב ס"ה - [א]וטוענין בקורת בית הבד והגת מבעוד יום על זיתים וענבים - ואפילו לא נתרסקו מקודם, מותר לטעון, כיון שמתחיל הפעולה קודם שתשקע החמה וכנ"ל, **והשמן והיין היוצא מהם מותר** - פי' אף מה שיוצא בשבת, **ולא** גזרינן שמא יסחוט, כמו שגזרו במשקין שזבו מזיתים וענבים שלא נתרסקו, וכדלקמן בסימן ש"כ ס"א, **דהתם** יש חיוב חטאת אם יסחוט, ע"כ גזרו אפילו בזבו מעצמן, אבל הכא שכבר נדרסו ע"י הטעינה, ובלא"ה זב מעצמו, אלא שיוצא טפי ע"י הסחיטה בידים, בזה אין איסור אלא מדרבנן, ע"כ בזב מעצמו בשבת שרי לגמרי, **אך** כתב המ"א, דבזה אין מותר רק אם הוא טוען בעוד היום גדול, שיוכל להתרסק קודם שבת ע"י טעינת הקורה, **אבל** אם יטעון סמוך לשקיעה ממש, דלא יתרסקו קודם השבת ע"י הקורות, אסור המשקין היוצא מהן, גזירה שמא יסחוט, **(וע"ל סימן ש"כ סעיף ג')**.

וכן בוסר - ענבים בתחלתן כשהן דקים, מוציא מהן משקה לטבל בו בשר, לפי שהוא חזק וקרוב להחמיץ, **ומלילות** - שבלין שלא בשלו כל צרכן, מרסקן וטוענין באבנים, ומשקה זב מהן ומטבל בו, **שריסקן מבעוד יום, מותרים המשקים היוצאים מהם** - והטעם הוא ג"כ כנ"ל.

ועיין בבה"ל דאין להתיר כי אם בשדכן ג"כ קודם השבת, «עיין לעיל דף י"ט.», ודיכה הוא יותר מריסוק, (כי שלשה דברים יש, ריסוק ודיכה ושחיקה, ריסוק בתחלה, ואח"כ דך אותם באיזה כלי, ואח"כ שוחק אותם יפה, וע"כ אין להתיר משקין היוצא מבוסר ומלילות אא"כ דכן מבעו"י, וכן ע"י טעינת קורה, צריך שיהיו מרוסקין קודם הטעינה, דאז תחשב הטעינה כדיכה).

סימן שכ ס"ב - [ב]זיתים וענבים שנתרסקו מע"ש, משקים היוצאים מהם מותרין - דכיון שנתרסקו יזוב המשקה מאליו, ושוב אין בזה חיוב חטאת אפי' אם יסחוט בידים, ולכן לא גזרו על משקין היוצאין, [רש"י שבת י"ח].

(וכ"ש חלות דבש שריסקן מע"ש ויצאו מעצמן דמותרין).

(**בטור** כתב "שנתרסקו יפה", וכונתו דבעינן שיהיה נדוך היטב, וכמו שכתב בעצמו לעיל בסימן רנ"ב, **והמחבר** בכונה השמיט תיבת "יפה", דאזיל לשיטתו שם, דס"ל דאפילו במחוסר דיכה מותר המשקין היוצאין, וכמו שכתב הגר"א והמא"מ שם, **ולענין** דינא כבר כתבנו לעיל בסי' רנ"ב בבה"ל בשם הא"ר, דאין להתיר בריסוק לבד כל זמן שמחוסר דיכה, וכשיטת הטור וסה"ת).

ואפי' אם לא נתרסקו מע"ש, [ג]אם יש יין בגיגית שהענבים בתוכה, אע"פ שהענבים מתבקעים בשבת בגיגית, מותר לשתותו בשבת, שכל יין היוצא מהענבים מתבטל ביין שבגיגית - ואע"ג דלאחר שבת יהיה לו היתר, וקי"ל דדבר שיש לו מתירין אפילו באלף לא בטיל, **הני** מילי באיסור שהיה ניכר תחלה בעין ואח"כ נתערב, משא"כ בזה כל מעט ומעט שיוצא נתערב תיכף ונתבטל בששים ביין ההיתר שהיה בו מכבר, ואין חל עליו שם איסור, **ולפי"ז** אם הענבים מונחין בפני עצמן, והיין זב מהם במדרון ויורד לתוך יין שהיה שם כבר מע"ש, אסור כל היין להסתפק ממנו, משום דבר שיש לו מתירין, שהרי מקודם שנתערב היה בעין וניכר.

כתבו האחרונים, דמותר לתת ענבים בשבת בתוך היין שיתבקעו ויוציאו יינם, כמו בשלג בסעיף טי"ת, **וכן** מותר לשרות צמוקים וכיוצא בהם במים לעשות שתיה.

באר הגולה

[א] שם י"ט ממשנה ו' פ"ב דעדיות וכרבי ישמעאל [ב] ציינתיו לעיל בסי' רנ"ב סעיף ה' [ג] טור בשם בעל התרומה סי' רכ"ג, וכ"כ הסמ"ג שם וסמ"ק סי' רפ"ב, שהאיסור שלא היה ניכר מעולם כמו הכא, מתבטל אפי' בדבר שיש לו מתירין

[ד]סימן שכ ס"ג - [ה]חרצנים וזגים שנתן עליהם מים לעשות תמד, מותר למשוך מהם ולשתותם - דאף שיוצא קצת יין מחרצנים בשבת, תיכף נתבטל בהמים וכנ"ל. **ואפי' לא נתן מים, והיין מתמצה וזב מאליו, מותר לשתותו** - כיון שכבר נתרסקו ונדרכו הענבים מבעוד יום.

כתב הח"א, צמוקים שחתכן ונתן עליהן מים וסחטן בשבת, חייב לכו"ע, דבהו לא היה זב היין מאליו, ואינו דומה לענבים שנתרסקו, **ומ"מ** אם נתן הצמוקים והיין לתוך משמרת או סודר מע"ש, ומסתנן והולך בשבת, אפ"ה מותר לשתות מאותו יין בשבת, **ודוקא** שהסודר או המשמרת מגיע עד היין שבכלי, בענין שתיכף כשיצא מן המשמרת אינו ניכר כלל ובטל.

אות ג'

כל שבא בחמין מערב שבת, שורין אותו בחמין בשבת; וכל שלא בא בחמין מערב שבת, מדיחין אותו בחמין בשבת; חוץ מן המליח הישן וקולייס האיספנין, שהדחתן זו היא גמר מלאכתן

סימן שיח ס"ד - והני מילי שיש בו בישול אחר בישול - ר"ל הא דאמרן דבנצטנן שייך בישול בכל גוונא, **בתבשיל שיש בו מרק** - דבדבר לח, כיון שאזיל חמימותו ונצטנן, בטל ממנו שם בישולו הראשון. [ו]**אבל דבר שנתבשל כבר** - היינו בנתבשל כל צרכו, **והוא יבש** - ר"ל שהריקו המרק ממנו, **מותר לשרותו בחמין בשבת** - אפילו בכלי ראשון רותח, כדי שיהיה נימוח שם ויהיה דבר לח, דאין בישול אחר בישול, **אבל** לא יתנו לכו"ר שעומד על גבי האש, [מפני דיש מחמירין דעל האש יש בישול אחר בישול, **ועוד** דיש בזה משום חשש חזרה].

ודוקא שנתבשל, אבל אם לא נתבשל אלא נשרה מע"ש בכלי ראשון שהיס"ב, אסור לשרותו בחמין שהיס"ב בשבת, **דאע"ג** דאין כאן תוספת בישול, מ"מ כל זמן שלא נתבשל ממש אלא היה בכלי ראשון, ניתוסף בו קצת בישול כשמניחו פעם שני בחמין, **ויש** מקילין בדבר, **ודעת** הפמ"ג, דהמקילין מיירי בדבר שדרכו וטבעו קל להגמר בישולו אף בכלי ראשון שהוסר מן האש, אבל דבר שאין דרכו להתבשל לגמרי בכלי ראשון, לכו"ע אסור, **וטוב** להחמיר בכל גוונא, ע"ש, **וכ"ז** לענין לשרותו בכלי ראשון, אבל לשרותו בכ"ש אף שהיס"ב, יש להקל בכל גוונא, כיון שבע"ש נשרה בחמין שהיס"ב.

ואם הוא דבר יבש שלא נתבשל מלפני השבת, [ז]אין שורין אותו בחמין בשבת - שהיד סולדת בהן, ואפילו אם לא יניחו שם עד שיהיה נימוח, ואפילו בכלי שני נמי אסור לשרות, דמיחזי כמבשל, **ולא** דמי לתבלין בסעיף ט', דלא אסר אלא בכלי ראשון, דתבלין עשויין למתק הקדירה, ולא מיחזי כמבשל.

אבל מדיחים אותו בחמין בשבת - והיינו שמערה עליו מכ"ש, **דמכ"ר** אסור לערות עליו, דעירוי ככ"ר ומבשל כדי קליפה, כמו שכתוב סעיף יו"ד, **וה"ה** דשרי לערות מכ"ש ע"ג דבר לח צונן, דהו"ל כהדחה בעלמא.

חוץ מן המליח הישן - דג מלוח של שנה שעברה, **ומן הדג שנקרא קולייס האספנין** - הוא שם דג שאוכלין אותו מחמת מלחו ע"י הדחה בחמין, [רש"י], **שאינם צריכים בישול אלא מעט, והדחתן היא גמר מלאכתן** - והוי בישול, **ואיתא** בגמרא, דאם הדיחן בחמין חייב חטאת, (ולאו דוקא אלו, דה"ה לכל כיוצא בזה, דבר דק ורך ביותר).

והדחתן וכו' - ר"ל בחמין, אבל בצונן מותר להדיחו ואף לשרותו, **ואפילו** בדבר שע"י שריה בצונן נעשה ראוי לאכילה, שכל דבר שאינו אוכל, מותר לעשותו אוכל בשבת, כמ"ש בסימן שכ"ד, (דבאלו הענינים של אוכל לא שייך מכה בפטיש).

(**לכאורה** נראה שגם בזה הוא דוקא כשהיד סולדת בו, דדומיא דמדיחין דרישא, דבודאי מותר אפי' בחמין שהיסל"ב, וע"ז קאמר שם במשנה חוץ ממליח הישן כו', משמע דאיירי באופן אחד, **והט"ז ושו"א** לא הזכירו היתר רק צונן, וצריך טעם למה, וצ"ע למעשה).

והנה כמה אחרונים כתבו, דטבע של אלו הדברים, שאין יכולין לאכלו כל זמן שלא הודח בחמין, וע"כ הדחה שלהן חשיבא בישול, דמשוי לה אוכל, וה"ה שאר דבר מלוח כיוצא בזה שאין יכולין לאכול כלל בלי הדחה, **אבל** דברים שיכולין לאכלן ע"י הדחת מים צוננים, אין איסור להדיחן בחמין מכלי שני, **ולפי"ז** דג מלוח שבמקומנו שנקרא הערינ"ג, שיכולין לאכול ע"י הדחת צוננים, ולפעמים אף בלי הדחה, מותר להדיחו אף במים חמין, **ומהט"ז** משמע דיש ליזהר שלא להדיחו בחמין, וכ"כ בס' שלחן עצי שטים ובח"א, וכן נכון לנהוג למעשה.

(**ובאמת** קשה מאד להקל, **אחד**, דלפעמים הוא משל שנה שעברה, **ואולי** הוא בכלל מליח הישן שנזכר במשנה, **ואפילו** אם ידוע שהוא של שנה זו, הלא ידוע שהוא דג שהיה נקרא בלשונם טונינא, וא"כ אף אם נפרש דעת הפרדס בטונינא להקל להדיחו אף בחמין, וקולייס האיספנין שאסרו במשנה להדיחו בחמין, מין דג אחר הוא, מ"מ להלכה אין בנו כח להכריע כן, דהרבה ראשונים מפרשין דקולייס הוא טונינא, א"כ משמע מזה דהוא מחלוקת קדומה בין הראשונים בפירוש קולייס, ומי יוכל להכריע ולהתיר בענין חיוב חטאת, **ומה שהקשה הפרדס**, דהלא טונינא ראוי לאכול אף בלי הדחה בחמין, ואמאי נחייב אהדחה משום בישול, **יש** לתרץ, דהוא כמו שאר דברים שנאכלין כמות שהן חיין, ואפ"ה חייב בבישולן, וכמו שנכתוב לקמן, והטעם, דמשתבחין יותר ע"י הבישול, ובזה נמי קים להו לחז"ל דבהדחה מועטת **בחמין נגמר בישולן** ונשתבחו

באר הגולה

ד ‹מילואים› | ה שם | ו שם קמ"ה במשנה ומפרש לה בגמרא כגון תרנגולתא דרבי אבא | ז שם במשנה

לאכילה כמו בבישול גמור וחייב חטאת, **וע"כ** יש ליזהר בזה מאד שלא להדיחו בחמין, ואפילו בעירוי מכלי שני).

הגה: וכ"ה כל דבר קשה שאינו ראוי לאכול כלל בלא שרייה - ר"ל דבר שהוא ראוי לאכול חי בלא בישול, אך שהוא יבש וקשה מאד עד שאינו ראוי לאכול כלל מחמת זה בלא שריה בחמין, **דאסור לשרותו בשבת, דהוי גמר מלאכה (הגהות מרדכי)** - ואפילו בכלי שני, **וה"ה** אם הוא דבר שיהיה נעשה ראוי לאכילה ע"י הדחת חמין בעלמא, גם ההדחה אסור, וכנ"ל לענין דג מליח.

ולכאורה למה צריך הרמ"א לסיים דהוי גמר מלאכה, תיפוק ליה דכל דבר יבש שלא נתבשל מבעוד יום אסור לשרותו בחמין בשבת וכנ"ל, **י"ל** דרוצה להשמיענו, דבזה שהוא גמר מלאכתו יש איסור בשריה מדאורייתא, כמו בהדחת מליח הישן.

ועתה נבאר דין בישול עלי הטיי"א, השייך בכמה ענינים לסעיף זה, הנה טיי"א בשבת פשוט בפוסקים דיש בו משום בישול, ובמזיד יש בו איסור סקילה, ובשוגג חיוב חטאת, וע"כ יש ליזהר בו מאד, ובעו"ה רבים נכשלים בו ומקילין לעצמן בקולות שאין בהם ממש, וע"כ מוכרח אני לבאר אופני ההיתר והאיסור בזה בעזה"י: **הנה** לערות מכלי ראשון על עלי הטיי"א, יש בזה בודאי חשש אב מלאכה, דקי"ל דעירוי מבשל כדי קליפה, כדלקמן בסעיף יו"ד, **וכ"ש** אם יעמידנו אח"כ על התנור או בתוך הקאכלין עד שיהיה היד סולדת בו, בודאי יבוא לכו"ע לידי איסור סקילה עי"ז, **ואפילו** אם ירצה ליתן את עלי הטיי"א לתוך הכלי אחר שיערה החמין לתוכה, כדי שיהיה על המים שם כלי שני, ג"כ אסור, כדקי"ל בסעיף זה, דדבר שלא בא בחמין מלפני השבת, אין שורין בשבת אפילו בכ"ש, **וכ"ש** לפי מה שמבואר בסעיף זה, דיש דברים רכים קלי הבישול שמתבשלים אפילו בהדחה מכלי שני, אפשר דיש בהעלים ג"כ חשש איסור דאורייתא אפילו באופן זה, **וע"כ** הסכימו האחרונים, דיש לערות עליהם מע"ש רותחין מכלי ראשון, כדי שעי"ז יהיה נקרא הטיי"א מבושל במקצת, דעירוי מבשל כדי קליפה, ויהפך בעת העירוי את הטיי"א היטב בתוך הרותחים, מלמעלה למטה ומלמטה למעלה, ויותר טוב שיהיה מבושל ממש ע"י העמדה במקום שמתבשל, **ואח"כ** יריק את העסענס לכלי אחר, כדי שישארו עלי הטיי"א יבשים, ויהיה מותר לו לערות אח"כ בשבת עליהם מים חמין מכלי ראשון, כיון שכבר נתבשלו מע"ש, כדין דבר יבש, דקי"ל בסעיף זה דאין בו בישול אחר בישול אפילו אם נצטנן, **דאם** ישאר בו משקה העסענ"ס, הרי קיי"ל דבלח יש בישול אחר בישול אם נצטנן, **אם** לא שמי העסענס הצוננים הם מרובין, שלא יתחממו ע"י המים שמערה עליהן למחר, **וכן** הדין לענין קאווי"ע, יזהר שלא יערה עליהם מים חמין מכלי ראשון, אם לא שעירה עליהם מאתמול והריק את המים מעליהן, והטעם ככל הנ"ל.

ואח"כ מותר לו להחזיר גם מי העסענ"ס אלו הצוננים לתוך הכלי זה גופא, וכמו שכתבנו לעיל, דדבר לח שנצטנן מותר לו ליתנו בתוך כלי שני רותח, (תחלת הסעיף, דלערב אותו בתבשיל רותח בכלי שני יש להקל), (**ועיין** בספר בית מאיר שכתב, **דמ"מ אין למחות ביד אחרים שנותנים העסענ"ס הצונן** מקודם, **ואח"כ מערה מכ"ר אף שהוא יד סולדת בו, כיון שהוא מבושל, מיהו כל בעל נפש יחוש לעצמו שלא לערות מכלי ראשון כל זמן שהיסל"ב, ע"ש**).

ודע, דאף שהתרנו לערות חמין על עלי הטיי"א והקאווי"ע, אם נתן עליהם מאתמול מים מכ"ר, אעפ"כ יזהר שלא יעמיד את הטיי"א והקאווי"ע בתנור או בקאכלין אחר שישפך עליהם מים, דהא אין עירוי מבשל רק כדי קליפה, וא"כ לא נתבשל אתמול רק כדי קליפה, ועכשיו ע"י העמדה בתנור יתבשל לגמרי.

והנה אופן זה שבארנו, אף שאין למחות ביד הנוהגים בו, מ"מ כתבו האחרונים עצה המובחרת מזה, דהיינו שיתקן העסענס מע"ש לגמרי, שלא יצטרך לערות לתוכו עוד רותחין למחר בשבת, ולמחר כשיצטרך לשתות יתן העסענס הצונן לתוך הכוס ששותה בו, אחר שעירו המים חמין לתוכו ונעשה כ"ש, וה"ה שמותר לתת לתוך הכוס הזה שהוא כ"ש חלב שנצטנן, **אבל** אסור לערות עליהם מכ"ר וכדלעיל בסעיף זה, **וכשהעסענס** שלו אינו צונן, הוא בודאי טוב לצאת בזה ידי כל הדעות, [**באופן** זה טוב שיערה המים לתוך העסענס, לצאת בזה גם דעת החוששים לצביעה].

אות ד'

אם ברור לך הדבר כאחותך שהיא אסורה לך אומרהו, ואם לאו לא תאמרהו

חו"מ סימן י ס"א - צריך הדיין להיות מתון בדין, שלא יפסקנו עד שיחמיצנו וישא ויתן בו ויהיה ברור לו כשמש. והגס לבו בהוראה וקופץ ופוסק הדין קודם שיחקרנו היטב בינו לבין עצמו עד שיהיה ברור לו כשמש, הרי זה שוטה, רשע וגס רוח.

§ מסכת שבת דף קמו. §

אות א'

שובר אדם את החבית לאכול הימנה גרוגרות, ובלבד שלא יתכוין לעשות כלי

סימן שיד ס"א - [א]אין בנין וסתירה בכלים; [ב]והני מילי שאינו בנין ממש, [ג]כגון חבית, הגה: שאינה מחזקת ארבעים סאה (ת"ה) - היינו אמה על אמה ברום ג' אמות, עם עובי הדפנות, בלא עובי הלבזבזים והרגלים, {לבזבזים הוא כמו זר סובב אצל שפתה}, **[ד]שנשברה ודיבק שבריה בזפת, יכול לשברה ליקח מה שבתוכה** - עיין בפמ"ג שמצדד, דהיתר השבירה הוא אפילו שלא במקום שמדובק בזפת.

דאלו היא מחזקת מ' סאה, הו"ל כאהל, ואית ביה משום בנין וסתירה, אפילו בנין וסתירה כל דהו, (**ועיין** בא"ר שהביא, **דדעת הרשב"א**, דבחבית רעועה כזה, אפילו מחזקת ארבעים סאה אין שייך בה שם סתירה, **ונראה** דיש להקל ע"י א"י, דבלא"ה הוא איסור דרבנן, דהרי הוא מקלקל).

שאינו בנין ממש - אבל בנין גמור וסתירה גמורה שייך גם בכלים, [מתבאר מדברי הב"י ע"פ שיטת התוס' ‹עירובין ל"ד: ד"ה ואמאי› והרא"ש, ע"ש], **ולכן** דוקא בדיבק שבריה בזפת יכול לשברה, דאין זה סתירה גמורה, **אבל** אם היתה שלמה, הוי סתירה גמורה ואסור, אפילו בכלי קטן.

ובלבד שלא יכוין לנקבה נקב יפה שיהיה לה לפתח, דא"כ הוה ליה מתקן מנא - וה"ה אם מתיז ראשה מלמעלה, ומכוין ליפות השבירה שתשאר עוד כלי, [כן משמע מרש"י ביצה ל"ג: ד"ה והתנן, ופשוט].

עיין בט"ז, דמשמע דאפילו אם הנקב הוא נקב קטן שאינו עשוי להכניס ולהוציא, ג"כ אסור עכ"פ מדרבנן, אפילו בחבית כזו שהיא רעועה, **ואם** הוא נקב גדול שעשוי להכניס ולהוציא, יש בו איסור תורה, וכן משמע בביאור הגר"א.

אבל אם היא שלמה, אסור לשברה - מטעם סתירה, ואף דבעלמא קי"ל דסותר אינו חייב אלא כשהוא ע"מ לבנות, דאל"ה מקלקל הוא, מדרבנן מיהו אסור.

אפילו בענין שאינו עושה כלי - ר"ל שאינו עושה נקב לפתח, אלא שוברה.

ובביאור הגר"א הסכים להפוסקים דס"ל, דאין סתירה בכלים אפילו כשעושה שבירה בכלי שלמה, **אם** לא כשעושה אותה כלי ע"י השבירה, דאז חייב עכ"פ לכו"ע משום מכה בפטיש.

(ודע, דאף דמדעת [ה]רש"י משמע, דבמקלקל היכי שהוא לצורך שבת מותר לכתחלה, תוספות ‹עירובין ל"ד: ד"ה ואמאי› ורא"ש ור"ן פליגי עליה – מ"א, ונ"מ מזה גם לענין שאר מלאכות, ואפשר דגם רש"י מודה בשאר מלאכות, **ואפילו** להפוסקים דס"ל דאף כלי שלם מותר לשברו וליקח ממנו האוכל, טעמייהו רק משום דס"ל דאין שייך שם סתירה כלל בכלים, אבל לא משום דמקלקל הוא, **ולא** מצינו שום שבות שיהיה מותר ע"י ישראל משום שהוא לצורך שבת, וע"כ פשוט דאין להקל בזה כלל).

אות ב'

נוקבין מגופה של חבית... מתירין

סימן שיד ס"ו - [ו]וליקוב המגופה למעלה, מותר, דלאו לפתח מכוין, שאין דרך לעשות פתח למעלה - שלא יפלו עפר וצרורות, [**אבל** בנקב שעשוי להכניס ולהוציא, משמע ממגן אברהם דאסור גם במגופה מלמעלה מדרבנן]. **אלא נוטל כל המגופה** - ואפילו בחבית שלמה שרי, שאין המגופה חיבור לחבית וכנ"ל, **ומסתברא** דבזה לכו"ע מותר, ואפילו שלא מפני האורחים.

אות ג'

ואם היתה נקובה, לא יתן עליה שעוה, מפני שהוא ממרח

סימן שיד סי"א - [ז]אסור ליתן שעוה [ח]או שמן עב בנקב החבית לסתמו, מפני שהוא ממרח, (פי' הערוך, סיכה משיחה טיחה מריחה שיעה, ענין אחד הוא) - וכיון דהוא משום חשש מירוח, אסור אפילו אם אין מכניס השמן בתוך הנקב, אלא בהנחה בעלמא על גבו מלמעלה, **וגם** אין חילוק בזה בין ת"ח לע"ה.

אע"ג דאין מירוח בשמן, אסור, דגזרינן אטו שעוה, [גמ'], **ודוקא** שמן עב, כיון דשייך בו קצת מירות, אתי לאחלופי.

והאי שעוה צ"ל דהכינו לתשמיש מאתמול, דאל"כ בלאו הכי אסור משום מוקצה, דלאו כלי הוא, **וכשהכינו** לכך מותר לטלטלו, ולא גזרינן שמא ידבקנו לכותל או לדבר אחר, דאף אם ידבק אינו אלא מדרבנן, שמא ימרח בעת הדיבוק. **שומן** וחלב דינו כשעוה.

אבל בשאר דברים, דלית בהו משום מירוח, (כואיל ואין כיין יואא אז) (ב"י), מותר - היינו אפילו להכניסו תוך הנקב, דהואיל ואין היין יוצא אפילו בלי תיקון, לא מחזי כמתקן.

באר הגולה

[א] שם קכ"ב וכרבא [ב] הרא"ש בעירובין אהא דרב ושמואל ל"ה [ג] שבת קמ"ו במשנה [ד] הכי מוקי לה בביצה ל"ג [ה] ‹דרש"י פי' טעמא דהאי דינא הוא משום מקלקל, אע"ג דמקלקל אסור מדרבנן, התירו לצורך שבת. ולדבריו גם בכלי גדולה שרי, דאע"ג דהוי כאוהל, מ"מ הא סותר אינו חייב אלא ע"מ לבנות, דאז לא הוי מקלקל. **ולכן** כתב המג"א, דהר"ן ותוספות והרא"ש חולקין על רש"י, דלא התירו לצורך שבת איסורא דמקלקל, והכא שרי משום דאינו סתירה גמורה, וסתירה כזו מותר בכלים, משו"ה בגדולה דהוי כאוהל אסור – לבושי שרד› [ו] שם במשנה וכדמפרש לה רב הונא הרי"ף והרא"ש [ז] שבת קמ"ו במשנה [ח] שם ‹עמוד ב'› כרב דאוסר הרי"ף והרא"ש ‹ופי' רש"י מישחא שמן עבה – ב"י›

*שבא נחש על חוה הטיל בה זוהמא ישראל שעמדו על הר סיני פסקה זוהמתן עובדי כוכבי' שלא עמדו על הר סיני לא פסקה זוהמתן א"ל רב אחא בריה דרבא לרב אשי גרים מאי א"ל אע"ג דאינהו לא הוו מזלייהו הוו דכתיב °את אשר ישנו פה עמנו עומד היום לפני ה' אלהינו ואת אשר איננו פה וגו' ופליגא דר' אבא בר כהנא דא"ר אבא בר כהנא עד שלשה דורות לא פסקה זוהמא מאבותינו אברהם הוליד את ישמעאל יצחק הוליד את עשו יעקב הוליד י"ב שבטים שלא היה בהן שום דופי: **מתני'** **שובר אדם את החבית לאכול הימנה גרוגרות ובלבד שלא יתכוין לעשות כלי ואין נוקבין מגופה של חבית דברי ר' יהודה *וחכמים מתירין ולא יקבנה מצדה ואם היתה נקובה לא יתן עליה שעוה מפני שהוא ממרח אמר ר' יהודה *מעשה בא לפני רבן יוחנן בן זכאי בערב ואמר חוששני לו מחטאת: **גמ'** א"ר אושעיא ל"ש אלא דרוסות אבל מפורדות לא ומפורדות לא מיתיבי ר' שמעון בן גמליאל אומר מביא אדם את החבית של יין ומתיז ראשה בסייף ומניחה לפני האורחים בשבת ואינו חושש ההיא רבנן (א) מתני' רבי נחמיה היא ומאי דוחקיה דרבי אושעיא לאוקמי מתניתין כרבי נחמיה ובדרוסות לוקמה במפורדות ורבנן אמר רבא מתני' קשיתיה מאי איריא דתני גרוגרות ליתני פירות אלא ש"מ בדרוסות תניא חדא חותלות של גרוגרות ושל תמרים מתיר ומפקיע וחותך ותניא אידך מתיר אבל לא מפקיע ולא חותך לא קשיא הא רבנן הא ר' נחמיה *דתניא ר' נחמיה אומר אפי' תרווד ואפילו טלית ואפילו סכין אין ניטלין אלא לצורך תשמישן [א] בעו מיניה מרב ששת °מהו למיברז חביתא בבורטיא בשבתא לפיתחא קמיכוין ואסיר או דילמא לעין יפה קמיכוין ושרי א"ל לפיתחא קא מכוין ואסיר מיתיבי רשב"ג אומר מביא אדם חבית של יין ומתיז ראשה בסייף התם ודאי לעין יפה קמיכוין הכא אם איתא דלעין יפה קמיכוין לפתוחי מיפתח: אין נוקבין מגופה וכו': אמר רב הונא מחלוקת למעלה אבל מן הצד דברי הכל אסור והיינו דקתני לא יקבנה מצדה ורב חסדא אמר מחלוקת מן הצד אבל על גבה דברי הכל מותר והא דקתני לא יקבנה מצדה התם בגופה דחבית תנו רבנן אין נוקבין נקב חדש בשבת ואם בא להוסיף מוסיף ויש אומרים אין מוסיפין ושוין שנוקבין (ב) נקב ישן לכתחילה ותנא קמא מאי שנא מנקב חדש דלא דקא מתקן פיתחא אוסופי נמי קא מתקן פיתחא אמר רבה דבר תורה כל פתח שאינו עשוי להכנים ולהוציא אינו פתח ורבנן הוא דגזור משום לול של תרנגולין *דעביד לעיולי אוירא ולאפוקי הבלא ואם בא להוסיף מוסיף אוסופי ודאי בלול של תרנגולים לא אתי לאוסופי

משום

רש"י

כשבא נחש על חוה · כשנתן לה עצה לאכול מן העץ בא אליה דכתיב (בראשית ג) הנחש השיאני לשון נשואין: **גרים מאי** · שלא היו על הר סיני מהיכן פסקה זוהמא: **מזלייהו הוו** · בסיני וכל שעמדו על הר סיני נתקדשו ונטהרו ונתרפאו מכל מום ואף עורים ופסחים שהיו בישראל כדתניא בספרי: **ופליגא** · הא דאמרן דלא פסקה זוהמא עד סיני: **מתני' שובר אדם חבית** · מליאה גרוגרות בסכין או בסייף לאכול ממנה גרוגרות דאין במקלקל שום איסור בשבת: **ובלבד שלא יתכוין לעשות כלי** · לנוקבה יפה בפתח נאה: **אין נוקבין מגופה** · הדבוקה (ג) בפה החבית לעשות נקב אלא נוטל את כולה אבל כי נקיב לה מתקן פתחא: **וחכמים מתירין** · דאין דרך פתח לחבית בכך: **ולא יקבנה מצדה** · בגמרא מפרש לה: **שהוא ממרח** · ויש כאן משום ממחק: **בערב** · מדינה*: **מחטאת** · שמא מירח השעוה לדובקה בדופני הכלי סביב הנקב: **גמ' לא שנו** · דשובר החבית ומטלטל הסייף לכך: **אלא בדרוסות** · שהגרוגרות דרוסות בעיגול ומתוכין ממנו בקורדום או בסייף ואיידי דמטלטל סייף לחתוך גרוגרות תבר ביה נמי לחבית: **אבל מפורדות** · שא"צ לחתכן לא יטלטל סייף לשבור החבית (ד) דמתני' ר' נחמיה דאמר אין כלי ניטל אלא לתשמיש המיוחד לו כדמוקי לקמן: **ואינו חושש** · ואע"ג דיין לאו למחתכיה קאי: **רבנן היא** · דפליגי אדר' נחמיה ואמרי כל הכלים ניטלים לצורך ושלא לצורך: **חותלות** · כלי של כפות תמרים ועושין כמין סלים ונותנים לתוכן תמרים רעים להתבשל: **מתיר** · אם הכסוי קשור בחבל: **אבל לא מפקיע** · סותר שרשרות החבל בכלי: **ולא חותך** · דאין כלי ניטל אלא לצורך תשמישו וסכין אינו עשוי לכך: **למיברז** · לתחוב פויינדור"א בלע"ז: **בבורטיא** · ברומח לתוחבו בדופניה לנקוב: **לעין יפה** · להרחיב מולא היין בנקב גדול מדלא נקיב ליה כדרך הנוקבין נקב עגול ויפה: **התם ודאי לעין יפה קמיכוין** · שמרחיב פיה למטה ממגופתה כדקתני מתיז את ראשה שפת פיה: **לפתוחי מיפתח** · יטול מגופתה: **למעלה** · בראש המגופה התם הוא דשרו רבנן דלאו אורחא למיעבד פתחא התם אלא נוטל כל המגופה: **אבל מצדה** · זמנין דעבדי לה משום פתחא ואינו רוצה לפותחה למעלה שלא יפול עפר או פסולת ביין: **היינו דקתני ולא יקבנה מצדה** · ואמגופה קאי ודברי הכל: **מחלוקת מן הצד** · התם הוא דקאסר רבי יהודה משום דאיכא דעבדי ליה פתחא: **אין נוקבין נקב חדש** · בכלי: **נקב ישן** · שנסתם דכי חוזר ופותחו לאו כעושה פתח הוא שהרי עשוי ועומד וסתימתו לאו כלום: **אוסופי נמי קמתקן פתחא** · שמרחיבו ויש כאן משום גמר מלאכה: **הבלא** · סרחון שלא ימותו התרנגולין: **ואם בא להוסיף מוסיף** · ולא גזרינן דילמא אתי לאוסופי בלול של תרנגולין דלא מוסיף אינש עליה:

משום

תוספות

שובר אדם את החבית לאכול הימנה גרוגרות · בגמרא מוקי לה בדרוסות לרבי נחמיה אבל לרבנן דרבי נחמיה שרי אפילו מפורדות ותימה לרבי מהא דתנן בפרק בכל מערבין (עירובין דף לד: ושם) גבי עירוב נתנו במגדל ונועל בפניו ואבד המפתח הרי זה עירוב ופריך בגמרא אמאי הוא במקום אחד ועירובו במקום אחר הוא ומשני רב ושמואל דאמרי תרווייהו הכא במגדל של (ה) בנין עסקינן ור"מ היא כו' ואמאי מבעי ליה לאוקמא הכי ומעיקרא כמי מאי קאמר והלא יכול לשבר ולפתוח את המגדל וליטול את העירוב כי היכי דהכא שרי לשבר החבית וליטול הגרוגרות ואם באת לחלק בין נטילת העירוב לנטילת הגרוגרות א"כ קשה היכי מוקי לה התם כר' מאיר ונראה דהתם אסור לשבר את המגדל והכא דשרי לשבר את החבית משום דמיירי במוסתקי כדמוקי לה בביצה פרק המביא כדי יין (דף לג: ושם) ומפ' רש"י התם דהיינו חבית שבורה ומדבקין שבריה בשרף של עץ שעושה ממנו זפת וקורין רייש"א ומש"ה דוקא חבית שרי דמחמת גריעותו לא חיים עליה וליכא למיחש שמא יתכוין לעשות כלי וכן כולה שמעתא דהכא במוסתקי ואע"ג דהתם בביצה לא מוקמינן הכי אלא לר"א דפריך ולית ליה לר"א הא דתנן שובר אדם את החבית כו' ועלה משני מתני' במוסתקי מ"מ אפילו לרבנן מיבעי לאוקמי הכי דרבנן לא פליגי אדר"א דקאמר לא יקטמנו פי' לא יקטום את ההדס להריח בו אלא משום דאיהו סבירא ליה דבקטימת קיסם חייב חטאת כשקוטמו לחצות בו שיניו וא"כ אי לא מוקמינן לה במוסתקי עלייהו איכא למיפרך ולית להו הא דתנן כו' הלכך מיבעי לן למימר דאליבא דכולהו מיירי מתניתין במוסתקי והשתא אתיא שמעתא שפיר · מ"ר · ובגמ' ירושלמי בפרק בכל מערבין מצאתי הדא דתימא במגדל של אבן אבל במגדל של עץ נעשה כשובר החבית לאכול ממנה גרוגרות:

מתיר ומפקיע וחותך. אומר רבי מההיא דעירובין (דף לד:) יש ללמוד דהא דאמרינן (ביצה דף לג:) חותמות שבכלים מתיר ומפקיע וחותך היינו כגון דקטיר במיתנא אבל פותחת של עץ ושל מתכת אסור לשבר ולהפקיע מדקשיא ליה התם אמאי הוא במקום אחד ועירובו במקום אחר דפשיטא ליה שאינו יכול להפקיע הפותחת וליטול העירוב אע"פ שסתם מגדל שבכל הש"ס הוא כלי כמו הלל לבי לבית ולפור למגדל וכי ההיא דבריש כל הכלים (לעיל קכב:) ובמסקנא נמי לא בעי לאוקומי אלא בקטיר במיתנא דהיינו דוקא חותמות שבכלים אבל דבר שהוא חזק כעין פותחת לא הוה שרי ת"ק · מ"ר:

הא רבנן והא ר' נחמיה · תימה לי אמאי לא מוקי תרווייהו כר' נחמיה והא דקתני מתיר מפקיע וחותך ביו"ט והא דקתני מתיר אבל לא מפקיע וחותך בשבת דאיכא תנא דס"ל הכי אליבא דר' נחמיה בביצה בפ' המביא כדי יין (לב:) וי"ל דניחא ליה למימר חדא כרבנן מדנימא תרווייהו כר' נחמיה:

משום

כד א מיי' פכ"ג מהל' שבת הלכה ב סמג לאוין סה טוש"ע או"ח סימן שיד סעיף א:

כה ב מיי' שם טוש"ע שם סעיף ו:

כו ג מיי' שם הלכה יא טוש"ע שם סעיף יא:

כז ד שם סעיף ח:

כח ה ו ז מיי' שם הל' ב טור שו"ע שם סעיף ו:

כט ח מ מיי' שם הל"א טוש"ע שם סעיף א:

ל י מיי' שם הל"א ופי"ז הלכה כו סמג שם:

ביצה לג:

עירובין לה. ביצה לב: [תוספתא פט"ו]

[וע"ע תוס' עירובין לה: ד"ה כפי ככינא]

ע"ז כב: יבמות קג:

[לעיל קכח. פירש"י שם מקום]

ס"א ר' יוסי מתיר

[לעיל קכח.]

הגהות הב"ח

(א) גמ' ההיא רבנן היא מתניתין: (ב) שם בנקב ישן: (ג) רש"י ד"ה אין נוקבין וכו' הדבוקה בפי החבית: (ד) ד"ה אבל מפורדות וכו' החבית הס"ד ואח"כ מ"ה ואינו חושש וכו' קאי הס"ד ואח"כ מ"ה ההיא רבנן הוא וכו' ושלא לצורך הס"ד ואח"כ מ"ה מתני' ר' נחמיה היא דאמר אין כלי וכו' לקמן הס"ד ואח"כ מ"ה חותלות וכו' תמרים ועושין כמין סלים: (ה) תוס' ד"ה שובר וכו' במגדל של בנין עסקי':

הגהות הגר"א

[א] גמ' בעו מיני' מרב ששת מהו למיברז. נ"ב ר"ל במקום שנקב אסור אם ברומח מותר טוב:

גליון הש"ס

גמרא מהו למיברז חביתא. ע"ל דף מח ע"ב תוס' ד"ה וכי מה בין:

רבינו חננאל

אם לא הביאם בחמין מלפני השבת אפילו להדיחן בשבת אסור ואם עבר והדיחן חייב חטאת שגמר מלאכה. פי' מכותא מטותתא היא. ויש מי שאומר כותחא היא בדיחי במערבא חולים שבמערב: **מתני'** שובר אדם את החבית לאכול ממנה גרוגרות כו'. א"ר הושעיא לא ששבר את החבית לאכול ממנה גרוגרות אלא דרוסות אבל מפורדות אינו שובר החבית אלא מוציא גרוגרות ואוכל ואינו שובר. ואוקימנא למתניתין כר' נחמיה. מדקתני גרוגרות ולא קתני פירות. והא דתניא רשב"ג אומר מביא אדם חבית של יין ומתיז ראשה בסייף ומניחה לפני האורחים בשבת ואינו חושש לרבנן. וכן הא דתני חותלות של תמרים ושל גרוגרות מתיר ומפקיע וחותך לרבנן והא דתני מתיר אבל לא מפקיע ולא חותך ר' נחמיה דאמר אפילו תרווד ואפילו טלית אין נוטלין אלא לצורך תשמישן: **בעו** מיניה דרב ששת מהו למיברז חביתא בבורטיא. פי' לנקוב חבית ברומח. ויש שאומר במקדח ומסקנא לפיתחא קא מיכוין ואסירי: **פיס'** אין נקבין מגופה של החבית. פי' מגופה כסוי החבית דברי ר' יהודה וחכמים מתירין והלכה כחכמים. והני מילי שיהא הנקב בגג הכסוי אבל לנקב נקב בצד הכסוי אסור כדתנן לא יקבנה מצדה שהוא דברי הכל. וכרב הונא דהלכתא כוותיה. דהוא רבו וליתא לדרב חסדא: ת"ר אין נקבין נקב חדש בשבת. ואם בא להוסיף מוסיף ואקשינן עלה למה אסור לנקוב נקב חדש שנמצא מתקן פתח גם בהוסיפו בנקב ומרחיבו נמצא מתקן פתח. ולמה מותר ופריק רבא מן התורה כל פתח שאינו עשוי להכנים ולהוציא אינו חשוב פתח. ואלו הנקבים כולן אין מכניסין בהן אלא להוציא הן עשוין בלבד ומותרין. ורבנן גזרו על כל נקב מפני שלא יפתחו נקב בבית התרנגולין והוא הנקרא לול של תרנגולים כדכתיב ובלולים יעלו. וזה לול של תרנגולים עשוי להכנים רוח ולהוציא בהמות והוא כמין פתח ואסור. ומפני שהוא פתח גמור אסור מן התורה. גזרו על כל נקב אבל ההרחבה שאין אדם מרחיב בלול של תרנגולים כי מתיירא אם מרחיב הלול יכנס ממנו הנחש ויזיק אותן. וכיון שאין דרך בני אדם להרחיב בלול של תרנגולים לא גזרו בהרחבת כל נקב וזהו טעם ת"ק.

וי"א

אות ד'

חותלות של גרוגרות ושל תמרים, מתיר ומפקיע וחותך

סימן שיד ס"ח - [ט]חותלות (פי' מיני כליס) של תמרים וגרוגרות - כלים עשויים מכפות תמרים כמין סלים, ומניחים בתוכן תמרים רעים להתבשל, **אם הכיסוי קשור בחבל, מתיר וסותר שרשרות החבל, וחותך אפילו בסכין** - באמת כל האי דינא היינו הך דס"ז, ונקטיה משום סיפא, לאשמועינן דבזה אפילו גופן של חותלות מותר לשבור, כמו שמפרש הטעם.

[י]ואפי' גופן של חותלות, שכל זה כמו ששובר אגוזים או שקדים כדי ליטול האוכל שבהם - ודוקא הני דלאו כלים גמורים הן, דאינם עשוים אלא שיתבשלו התמרים בתוכן, **אבל** כלי גמור, כבר סתם המחבר בריש ס"ז לאיסור, **ומחצלת** שתופרים בו פירות, מסתפק הפמ"ג אם דמי לחותלות.

וסותר שרשרות החבל - (כן הוא לשון הטור, והוא פירוש על מה שאמר שם בגמרא מפקיע, וכן פירש"י, **ועיין** בחידושי רע"א שנשאר ע"ז בצ"ע, מהא דהביא המ"א בשם הרמב"ם, דהפותל חבלים חייב משום קושר, והסותר חייב משום מתיר, **ואף** דהוא סותר שלא ע"מ לבנות, יהיה עכ"פ אסור מדרבנן, דהוא סותר קשר של קיימא, והנה על פירש"י והטור אין קושיא, דהם לא יסברו בזה כהרמב"ם, **ועל** הרמב"ם קשה, דלמה התירו כאן להפקיע, **ולענ"ד** דהרמב"ם יפרש מה שאמר בגמרא "מפקיע", היינו דמנתק וקורע, וע"כ מותר, דלא עדיף ממה שהתירו לחתוך אפילו בכלי, **אבל** לסתור גדילת החבל, אימא לך דאסור, דהוא בכלל מתיר קשר של קיימא).

אות ה' – ו' – ז'

לפיתחא קא מכוין ואסיר

מביא אדם חבית של יין ומתיז ראשה בסייף

אבל מן הצד דברי הכל אסור

סימן שיד ס"ו - [יא]מותר להתיז ראש החבית בסייף - דכלי שמלאכתו לאיסור מותר לטלטל לצורך גופו, **דלאו לפתח מכוין, כיון שמסיר ראשה** - אלא להרחיב מוצא שפתיה שיוכל בקל ליקח מה שבתוכה, [רש"י. **והנה** בגמרא איתא, לעיין יפה קמכוון, והרמב"ם כתב, כדי להראות נדבת לבו, וזהו סעד לדברי רש"ל]. **ודוקא** כשהוא עושה זה מפני האורחים, א"ר בשם רש"ל.

דאין בנין וסתירה בכלים, ומיירי בחבית גרועה שמדובק שבריה בזפת, ולא בשלמה, וכמבואר הכל לעיל בס"א.

ומותר ג"כ לקרוע העור מעל פי חבית של יין, ובלבד שלא יכוון לעשות זינוק, פי' כעין מרזב.

ואם ירצה להתיז רק ראש המגופה לבד, אפילו בחבית שלמה שרי, דלא מקרי שבירה, כיון שאינה מחוברת לחבית.

[יב]אבל לנקבה בצדה, בין של חבית בין של מגופה, אסור - דנקב הרי הוא כעושה פתח לחבית, ואפילו נקב קטן שאינו עשוי להכניס ולהוציא, ג"כ אסור מדרבנן, בין במגופה ובין בחבית, **אפי' ברומח שעושה נקב גדול ואינו דומה לפתח, דכיון דהוי מצדה, ודאי לפתח מכוין** - דאי אינו מכוין לפתח, אלא להרחיב מוצא היין, היה לו לפתוח את המגופה, [גמ' שם].

בין של חבית בין של מגופה - אלא דיש חילוק ביניהם, דלענין מגופה, אינו אסור בנקב כזה אלא כשעושה הנקב מצדה של מגופה, אבל כשמנקב למעלה בראש המגופה למשוך משם את היין, מותר וכדלקמיה, **אבל** בחבית אסור בכל מקום שעושה בה נקב, **ומה** שנקט השו"ע בצדה, משום מגופה נקט.

[יג]וליקוב המגופה למעלה, מותר, דלאו לפתח מכוין, שאין דרך לעשות פתח למעלה - שלא יפלו עפר וצרורות, [**אבל** בנקב שעשוי להכניס ולהוציא, משמע ממגן אברהם דאסור גם במגופה מלמעלה מדרבנן]. **אלא נוטל כל המגופה** - ואפילו בחבית שלמה שרי, שאין המגופה חיבור לחבית וכנ"ל, **ומסתברא** דבזה לכו"ע מותר, ואפילו שלא מפני האורחים.

אות ח' – ט'

אין נוקבין נקב חדש בשבת

אין מוסיפין

סימן שיד ס"א - [יד]ואפי' נקב בעלמא אסור לנקוב בה מחדש - רבותא טפי, דאפילו נקב בעלמא, ר"ל נקב שאינו יפה לפתח, דאית ביה תרתי לטיבותא, שאינו שובר החבית, וגם שאינו פתח, אפ"ה אסורה.

[טו]ואפי' יש בה נקב [טז]חדש, אם להרחיבו, אסור - היינו אפילו אם אין מרחיבו כ"כ שיהיה עשוי להכניס ולהוציא על ידו, אפ"ה אסור עכ"פ מדרבנן, גמ'.

באר הגולה

ט שבת קמ"ו כפי' רש"י **י** כל בו **יא** שם בברייתא **יב** שם וכר' ששת וכפי' רש"י שם **יג** שם במשנה וכדמפרש לה רב הונא הרי"ף והרא"ש **יד** שבת שם במשנה וכפירש"י ‹ד"ה אין נוקבין› **טו** שם בברייתא כיש אומרים **טז** ‹ועיין בב"י, דר"ל דבישן שרי, אבל בס"ב משמע דרק לפתות הישן, אבל להוסיף נראה דאסור, וי"ל דסמך על מש"כ בס"א דמיירי מחדש, ובישן שרי אף להוסיף, אבל עיין בא"ר על ס"ב דר"ל דבשו"ע חזר בו ממש"כ בב"י, ע"ש, וא"כ צ"ל דמש"כ כאן חדש הוא לאו דוקא – מנחת שי›

הגה: ובלבד שיתכוין לכך - בא לבאר בזה רק דעת המחבר, דדוקא כשמתכוין להרחיב, אבל אם אינו מתכוין, אע"ג דהוי פסיק רישא שיתרחב ע"י פעולתו, שרי, וכמו שסיים המחבר בעצמו אח"כ, **אבל** דעת הרמ"א גופא אח"כ בהג"ה, דאפילו אם אינו מכוין להרחיב, אסור אם הוא פסיק רישא, **והיה** לו לכתוב זה שם בשם י"א, אך שרצה לסתום כן להלכה, ועיין מה שכתבנו שם.

וכתבו האחרונים לקמן בס"ט, דהני חביות קטנות של מרקחת, אסור להסיר החשוקים שקורין רייפין, כדי ליקח מה שבתוכה, **ולא** דמי לחבית שמדובקת שבריה בזפת, דהתם דרכה מתחלה לעשות כן, והוי ככלי שלמה, **אך** ע"י א"י בודאי יש להתיר, וכדלקמיה בס"ז, **ובקשור** ע"י חבלים, אפילו ע"י ישראל יש להתיר.

כתב הרמב"ם פכ"ג: העושה נקב שהוא עשוי להכניס ולהוציא, כגון נקב שבלול התרנגולים, שהוא עשוי להכניס האורה ולהוציא ההבל, חייב משום מכה בפטיש, {**הוא** שם הכולל לכל גמר מלאכה, שהוא תולדת אב מלאכה זו, שהאומן מכה בפטיש על הכלי בשעת גמרה להשוות עקמימותו}, **לפיכך** גזרו על כל נקב אפילו עשוי להוציא או להכניס בלבד, שמא יבוא לעשות נקב שחייבין עליו, **ועיין** במ"א שביאר, דאפילו הוא לול שאינו מחובר לקרקע, דלית ביה משום בונה על עשיית הנקב, אפ"ה חייב משום מכה בפטיש, שהוא גמר מלאכת הלול.

וכתב עוד בפרק יו"ד: כל העושה דבר שהוא גמר מלאכה, הרי זה תולדת מכה בפטיש וחייב, העושה נקב כל שהוא בין בעץ בין במתכות, בין בבנין בין בכלים, הרי זה תולדת מכה בפטיש וחייב, [**ומיירי** שהוא מכוין בזה לאיזה תועלת, דאם הוא דרך השחתה, הרי זה בכלל מקלקל, ויש בזה רק איסור מדרבנן], **וכל** פתח שאין עשוי להכניס ולהוציא, אין חייבין על עשייתו, עכ"ד, [**נראה** דרק אכלים קאי, דהנקב שעושה להם יש עליה שם פתח, כדאיתא בגמר', ולכן בעינן שיהא עשוי להכניס ולהוציא דומיא דפתח, **אבל** בשאר דברים לא בענין רק שיהיה דרכו של אותו דבר לעשות בו נקב כזה לאיזה תשמיש].

איתא בגמ', דאם תקע מסמר בכותל {לתלות עליו}, חייב משום מכה בפטיש. **העושה** נקב בקרקע הבית שיצאו המים, חייב משום בונה.

אות י'

דבר תורה כל פתח שאינו עשוי להכניס ולהוציא אינו פתח

רמב"ם פכ"ג מהל' שבת ה"א - העושה נקב שהוא עשוי להכניס ולהוציא, כגון נקב שבלול התרנגולין שהוא עשוי להכניס האורה ולהוציא ההבל, הרי זה חייב משום מכה בפטיש; לפיכך גזרו על כל נקב אפילו היה עשוי להוציא בלבד או להכניס בלבד, שמא יבוא לעשות נקב שחייבין עליו; ומפני זה אין נוקבין בחבית נקב חדש ואין מוסיפין בו; אבל פותחין נקב ישן, והוא שלא יהיה הנקב למטה מן השמרים, שאם היה למטה מן השמרים הרי זה עשוי לחזק ואסור לפתחו.

רמב"ם פ"י מהל' שבת הט"ז - המכה בפטיש הכאה אחת, חייב, וכל העושה דבר שהוא גמר מלאכה הרי זה תולדת מכה בפטיש וחייב; כיצד... והעושה נקב כל שהוא בין בעץ בין בבנין בין במתכת בין בכלים, הרי זה תולדת מכה בפטיש וחייב; וכל פתח שאינו עשוי להכניס ולהוציא, אין חייבין על עשייתו.

משום ריחשא וי"א אין מוספים זימנין דלא תקניה מעיקרא ואתי לארוחי ביה דרש רב נחמן משום רבי יוחנן הלכה כיש אומרים: *ושוין שנוקבין נקב ישן לכתחלה: אמר רב יהודה אמר שמואל לא שנו אלא במקום העשוי לשמר אבל לחזק אסור היכי דמי *לשמר היכי דמי לחזק א"ר חסדא למעלה מן היין זהו לשמר למטה מן היין זהו לחזק (א) רבא אמר למטה מן היין נמי זהו לשמר והיכי דמי לחזק כגון שניקבה למטה מן השמרים א"ל אביי לרבא תניא דמסייע לך *בית סתום יש לו ארבע אמות פרץ את פצימיו אין לו ד' אמות בית סתום אינו מטמא כל סביביו פרץ את פצימיו מטמא כל סביביו גובתא רב אסר ושמואל שרי מהתך לכתחלה דכ"ע לא פליגי דאסור אהדורי דכ"ע לא פליגי דשרי כי פליגי דחתיכה ולא מתקנא מאן דאסר גזרינן דילמא אתי למיחתך לכתחלה ומאן דשרי לא גזרינן כתנאי אין חותכין שפופרת ביו"ט וא"צ לומר בשבת נפלה (אין) מחזירין אותה בשבת ואין צריך לומר ביו"ט ור' יאשיה מיקל ר' יאשיה אהייא אילימא ארישא הא קמתקן מנא אלא אסיפא ת"ק נמי מישרא קשרי אלא דחתיכה ולא מתקנא איכא בינייהו מ"ס גזרינן ומ"ס לא גזרינן דרש רב שישא בריה דרב אידי משמיה דר' יוחנן הלכה כר' יאשיה: ואם היתה נקובה וכו': מישחא רב אסר ושמואל שרי מאן דאסר גזרינן משום שעוה ומאן דשרי לא גזרינן אמר ליה רב שמואל בר בר חנה לרב יוסף בפירוש אמרת לן משמיה דרב מישחא שרי אמר טבות רישבא אמר שמואל האי טרפא דאסא אסור מ"ט רב יימר מדפתי אמר גזירה משום מרזב רב אשי אמר גזירה שמא יקטום מאי בינייהו [א] איכא בינייהו דקטים ומנחי בי סדיא רב אסר ושמואל שרי ברכין דכולי עלמא לא פליגי דשרי בקשין דכ"ע לא פליגי דאסור כי פליגי במיצעי מאן דאסר מיחזי כמשוי ומאן דשרי לא מיחזי כמשוי והא דרב לא *בפירוש איתמר אלא מכללא איתמר דרב איקלע להההוא אתרא דלא הוה ליה רווחא נפק יתיב בכרמלית אייתו ליה בי סדיא לא יתיב מאן דחזא סבר משום דבי סדיא אסור ולא היא דרב אכרוזי מכריז בי סדיא שרי ומשום כבוד רבותינו לא ישב עליו ומאן נינהו רב כהנא ורב אסי: **מתני'** *נותנין תבשיל לתוך הבור בשביל שיהא שמור ואת המים היפים ברעים בשביל שיצננו ואת הצונן בחמה בשביל שיחמו *מי שנשרו כליו בדרך במים מהלך בהן ואינו חושש הגיע לחצר החיצונה שוטחן בחמה [ג] אבל לא כנגד העם: **גמ'** פשיטא מהו דתימא ניגזור משום אשווי גומות קא משמע לן: ואת המים היפים ברעים: פשיטא סיפא איצטריכא ליה ואת הצונן בחמה הא נמי פשיטא מהו דתימא ניגזור דילמא אתי לאטמוני ברמץ קמ"ל: מי שנשרו וכו': *אמר רב יהודה אמר רב כל מקום שאסרו חכמים מפני מראית העין אפילו בחדרי חדרים אסור תנן שוטחן בחמה אבל לא כנגד העם תנאי היא דתניא שוטחן בחמה אבל לא כנגד העם ר"א ור"ש אוסרין אמר רב הונא

המנער

תוספות

משום ריחשא · ואטו פתחא אחריכא דליכא למיחש לריחשא לא גזרינן דדוקא אטו נול של תרעולין גזרינן דלא מסקי אינשי אדעתייהו שיהא עשוי להכנים ולהוציא:

פרץ פצימיו מטמא כל סביביו · פי' בקונטרס כל סביביו ד' אמות כקבר ואין נראה לזקני הר"ר ר' שמשון זצ"ל דכיון דמסיימי מחילתא ולית לן למיחש שמא יעלה על הבית ויאהיל עליו ולא ידע לית לן למימר דמטמא ד' אמות כל סביביו כדמוכח בסוטה פרק משוח מלחמה (ד' מד·) גבי חצר הקבר העומד בתוכה טהור הני מילי חצר הקבר דמסיימא מחיצתא אבל מת בעלמא תפיס ומשמע דבמת נמי היכא דמסיימא לא נטמא כל סביביו ד' אמות אלא נראה לו דהכי פי' זיזין בולטין בית שבולטין מחוץ לבית מכל צד ויש בהם פותח טפח בכל אחד אם הבית סתום ועדיין נראית בו צורת הפתח אינו מטמא שסתמו של מת עומד לצאת דרך הפתח פרץ פצימיו וחזר ובנאו כשאר כותל ולא נשאר בו כלל פתח מטמא כל סביביו דכל חד וחד איכא לספוקי דילמא דרך אותו מקום יצא מן הבית מיהו לאו פירכא היא כולי האי מה שהקשה לפירוש הקונטרס די"ל שלא חלקו חכמים במת ועוד נראה דלא קשה כלל לפי' הקונטרס דבית נמי לא מסיימי מחיצתא שהוא מטמא הנוגע בכתלים אפילו לא יעלה על גביו כקבר שמטמא במגע אפילו מן הצד כדתניא בספרי בפרשת פרה אדומה או בקבר זה קבר סתום או אינו אלא קבר פתוח אמרת ק"ו ומה אהל שמקבל טומאה אינו מטמא מכל לצדדין כשהוא פתוח קבר שאינו מקבל טומאה אינו דין שלא יטמא מכל לצדדין כשהוא פתוח אלמא כשהוא סתום מטמא אף הנוגע מן הצד:

הלכה כרבי יאשיה · הלכך מותר לתת לכתחילה גובתא שקורין רזי"ל בחבית:

משום מרזב. פי' הרב פור"ת שלא יבוא ליתן על גגו מרזב וקשה דבגובתא נמי נגזר אלא נראה לרבי כפי' הקונט' שלא יתקן מרזב לייטו שיפול היין בתוכו וילך למרחוק דכשלוקח עלה של הדס ומקפלו כעין מרזב נראה כעושה מרזב אבל בגובתא שאינו עושה בו שום מעשה לא גזרינן · מ"ר:

אייתי ליה בי סדיא · בי מילטי הוה דלאי לאו הכי היכי איתמר מכללא:

מי שנשרו כליו במים · בדלך גרסינן (א) לשון נפילה לא כפי' הקונטרס לעיל בפרק במה אשה (דף סה·) שנשרו במי גשמים דהא אמרינן בביצה בפרק משילין (דף לה:) מאן דתני מנשירין לא משתבש כדתנן מי שנשרו כליו במים בדרך אלמא לשון נפילה הוא · ב) מ"ר:

א) ר"ל דגרסי' באו"ן דנשרו בקמץ לשון נפילה דאלו בשו"ן בחירק הוי לשון שרייה. רש"א

ב) [ועי' תוס' ביצה לה: ד"ה מי שנשרו]

רש"י

משום ריחשא · שלא יכנס בו שרץ כגון נמייה וחולדה שממיתים את התרנגולים: **זימנין דלא תקניה מעיקרא** · שיהא כדי להוציא הבל ולהכנים את האויר: **לא שנו** · דנוקבין: **אלא במקום** · דסתימה זו לא נעשית אלא לשמור ריח היין שלא יצא ויתקלקל וכיון דלאו סתימה מעליותא עבדי לה לאו כלום הוא: **לחזק** · שיחזק הכלי שלא יצא ייטו הוא היין וסתימה מעלייתא היא כי הדר נקיב לה הוי כפותח לכתחלה: **למטה מן היין נמי לשמר הוא** · כיון דלאו טובד היין נשען עליו סגי ליה בסתימה כל דהו: **למטה מן השמרים** · אבל שוליו שכל כובד היין נשען שם: **תניא דמסייע לך** · דלא פקע שם פתח מיניה אלא בסתימה מעלייתא: **בית סתום יש לו ד"א** · קיי"ל בבבא בתרא חצר מתחלקת לפי פתחיה לפי פתח הבתים הפתוחין לה אם באו לחלוק את החצר בין שנים שהיה לזה בית שפתוחין לו לחצר שני פתחים ולזה בית שפתוחין לו לחצר ד' פתחים נוטל לכל פתח ארבע אמות בחצר נגד פתחו למדת רוחב פתחו והשאר חולקין בשוה ואם נסתם אחד מהם קודם חלוקת החצר ולא פירץ את פצימיו אלא סתם בין שני הפצימין אינו מפסיד [דין] פתחו בכך פירץ את פצימיו ואח"כ סתמו פקע שם פתח מיניה: **בית סתום** · והמת בתוכו אינו מטמא סביביו: **פרץ פצימיו** · וסתמו נעשה קבר ומטמא סביביו ד"א כדאמר בסוטה (ד' מד·) מת תופס ד"א לטומאה וגזרה דרבנן שמא יאהיל ולא יבין: **גובתא** · לתקוע קנה חלול בנקב החבית שיצא היין דרך הקנה: **מהתך** · רונגיי"ר לתקנה למדת הנקב: **אהדורי** · אם נפלה: **ולא מתקנא** · לא ניתנה בנקב לידע אם למדתו היא: **אי לימא ארישא** · לחותכה ולשפותה: **מישחא** · שמן עב: **אסור** · למרחו: **טרפא דאסא** · לתת עלה של הדס בנקב החבית שהעלה עשוי כמרזב והיין זב דרך שם: **גזירה משום מרזב** · שמא יכין מרזב: **שמא יקטום** · העלה מן הענף וכיון דקטמיה הוה ליה כמתקן כלי כדתניא במסכת ביצה (דף לג:) לחצות בו שיניו לא יקטמנו ואם קטמו חייב חטאת: **בי סדיא** · לבדין שקורין פלטר"ש ועשויין לקפלן תחתיו במקום הכר או הכסת: **רב אסר** · להביאו דרך מלבוש דרך רשות הרבים כשהוא מעוטף בו: **ברכין** · שדרכן להתחמם בהן: **דשרו** · דמלבוש הן: **ולא הוה ליה רווחא** · בבית למקום מושבם של תלמידים: **ומשום כבוד רבותינו** · שלא היה להן דבר לישב עליו ויושבין על גבי קרקע: **רב כהנא ורב אסי** · תלמידי חברים היו לו: **מתני' לתוך הבור** · שאין בו מים: **שיהא שמור** · שלא יסריח מחמת החום: **ואת המים היפים ברעים** · כלי מלא מים יפים לתוך מקוה מים רעים להשתמר (ג) שיצטנו ולא יחמו: **מי שנשרו** · שנפלו למים בשבת: **לחצר החיצונה** · הסמוכה למבוא העיר בתוך העיר שהוא מקום משתמר: **שוטחן בחמה** · ליבשן: **אבל לא כנגד העם** · שיחשדוהו שכבסן: **גמ' פשיטא** · דתנן תבשיל לתוך הבור: **גומות** · שבקרקע הבור שיהו שוין להושיב הקדרה:

המנער

עין משפט נר מצוה

לא א ב מיי' פכ"ג מהלכות שבת הל"א סמג לאוין סה טוש"ע או"ח סימן שיד סעיף ב:

לב ג מיי' פ"כ מהלכות שבת הל"ג טוש"ע או"ח סימן שיד סעיף ז:

לג ד מיי' פ"ז מהלכות טומאת מת הל"א:

לד ה ו מיי' פכ"ב מהל' שבת הלכה ו סמג לאוין סה טוש"ע או"ח סימן שיד סעיף ט:

לה ז מיי' שם הלכה יא סמג שם טור שו"ע שם סעיף יא:

לו ח שם סעיף ס:

לז ט מיי' פי"ט מהל' שבת הלכה יז סמג שם טוש"ע או"ח סימן שא סעיף לג:

לח י מיי' פכ"ב מהל' שבת הלכה ט טור או"ח סימן שיח:

לט ל מ נ מיי' שם הל"כ סמג לאוין סה טור שו"ע או"ח סימן שא סעיף מה:

רבינו חננאל

וי"א אין מוסיפין דזמנין דלא תקניה מעיקרא ואתי לארווחי ביה הלכתא כוותיה דדרש רב נחמן בר רב חסדא משמיה דר' יוחנן הלכה כי"א. ושוין שנוקבין בנקב ישן לכתחלה ואמר רב יהודה משמיה דשמואל אינו מותר לפתוח נקב ישן אלא במקום העשוי לשמר פי' להוציא היין מן השמרים אבל לחזק אסור פי' היה נקב בחבית וסתמו שלא יהא שותת. וחלקו רב חסדא ורבה והלכתא כרבה דתניא מסייעתו ואלו דברי רבה רבה אמר למטה מן היין נמי זהו לשמר ומותר לפותחו והיכי דמי לחזק כגון שנקבה למטה מן השמרים דמוכחא מלתא שאין אדם עושה נקב בקרקעיתא של חבית להוציא יין ולא לשמר. עשאו מפני כשפגה חחבית הופכה על פיה. וזה הנקב כיון שסתמו נעשה סתום. וזה בגופה של חבית ובטל מלהיות נקב בו והשוב כפתח בית הנסתם בפירוץ פצימין שנסתלק ממנו דין פתח לגמרי. טבתא שהיא שפופרת של קנה או של עצים שנותנין בנקב התבית או ביד הנוד של יין להיות מושכין ממנו יין מן החבית או מן הנוד. רב אסר ושמואל שרי ואוקימנא חלוקתן בשפופרת חתוכה. ואינה מתוקנת להכניסה לנקב אבל לחתוך דברי הכל אסור. ואם היא חתוכה ומתוקנת דברי הכל מותר להחזירה בנקב החבית או בנוד למשוך ממנה יין. והעמדנו עוד חלוקת רב ושמואל כתנאי. דתניא אין חותכין שפופרת ביו"ט ואין צ"ל בשבת. נפלה מחזירין בשבת. ואין צ"ל ביו"ט. ור' יאשיה מיקל ודייקי' עלה ר' יאשיה אהייא מיקל אילימא ארישא שאמר ת"ק אין חותכין כלומר אין חותכין מקנה גדול חתיכה לעשות' שפופרת הא ר' יאשיה מיקל בהא קא מתקן כלי בשבת אלא שאמר ת"ק נפלה מחזירין אותה.

בהא לימא ר' יאשיה מיקל הוי החמיר שיאמר בזה טיקל הלא בזה גם ת"ק מותר קאמר. ותריצנא אלא לאו דחתיכה ולא מתקנה איכא בינייהו וכך הציעה. אין עושין שפופרת ביו"ט ואין צ"ל בשבת. ואפי' חתוכה ולא מתקנה אסור אבל אם היתה כבר בחבית ונפלה מחזירין אותה בשבת ואין צ"ל ביו"ט ור' יאשיה מיקל בחתיכה ולא מתקנה נמצאו דברי רב כת"ק ודברי שמואל כר' יאשיה והלכה כר' יאשיה ודרש רב שישא בריה דרב אידי משמא דר' יוחנן הלכתא כר' יאשיה הא שאמר חתכה ולא מתקנה לאו שצריכה תיקון כלי כגון סכין וכרומה לו אלא תיקון ביד בלבד. ואם צריכה תיקון בסכין או זולתו סכין כלי אחר אסורה. ואם היתה החבית נקובה לא יתן עליה שעוה מפני שממרחת. כלומר מותם כדאמרינן התם לענין חבית שניקבה וסתמה שמרים כו' מורח מן הצדדין. וכיון דר' יהודה דמתניתין וריב"ז ורב ושמואל אמרי ש"מ שאסור לתת שעוה בחבית. וכן משחא. רב אסר גזירה במשחא אטו שעוה. והלכתא כוותיה: **טרפא** דאסא. פי' עלה הדס שנותנין על הנקב של חבית להיות מקלח בו היין ולא יהיה שותת כדופני החבית. לדברי הכל אסור ליטול עלה של הדס בשבת ולשומו בנקב של חבית כמרזב. ואפילו רב אשי לא התיר אלא שאם היה הנקב מושך ממנו *) אבל לתתו לכתחלה אסור: **בי** סדיא רב אסר ושמואל שרי אין זה מקומו אלא בשביל שהזכיר השמועות שחלוקין בהן רב אסר ושמואל שרי נסבה בגררא. ופשוטה היא. כסת זו שחלקו בה כסת בינונית לא דקה ולא קשה. ומסקינן בה אפילו זו מותר לטלטלה: **נותנין** תבשיל בתוך הבור בשביל שיהא שמור. פי' בור זה אין בו מים ונותן התבשיל בקרקעיתו מהו דתימא לגזור דלמא אתי לאשויי גומות קמ"ל דלא גזרינן. ואת המים היפים ברעים פשוטה ואת הצונן בחמה פשיטא מהו דתימא לגזור דלמא אתי לאשויי גומות **) ברמץ קמ"ל דלא גזרינן: **מתני'** מי שנשרו כליו בדרך כו'. אמר רב יהודה אמר רב כל מקום שאסרו חכמים מפני מראית העין אפילו בחדרי חדרים אסור. איני והא תנן שוטחן בחמה אבל לא כנגד העם ואוקימנא

*) נראה דצ"ל מונח בנקב מותר למשוך ממנו. **) אינו מובן ואולי צ"ל דלמא אתי לאטמוני ברמץ וכדאיתא בגמ'.

מסורת הש"ס

פי' לעיל נח: רש"י ד"ה קטנה ושם משמע שנמייה וחולדה חיות הן

[פי' להוציא היין מן השמרים. פרוך ערך חזק ע"ש]

ב"ב יב.

[כדאיתא סנהדרין נו:]

לעיל סה: ביצה ס. ס"ז יב.

הגהות הב"ח

(א) גמ' רבא אמר למטה וכו' א"ל אביי לרבא:(ב) רש"י ד"ה ולא הכניס וכו' כשחלקו ביניהם ולא יתמו:

הגהות הגר"א

[א] גמ' איכא בינייהו דקטים ומנח. כו"כ פי' שהוא קטום ויש עוד סרכה קטומים עיין ודוחק

[ג] שם שוטחן בחמה. כו"כ רבינו בא"ח סימן ש"א ס"ק קס"ז

גליון הש"ס

גמ' אמר ר"ח למעלה מן היין זהו לשמר. עי' ברי"ף למעלה מן היין זהו לחזק למטה מן היין זהו לשמר למעלה. וכו': שם ומשום כבוד רבותינו לא ישב. עי' שבועות מו ע"א תוס' ד"ה הוה יתיב:

§ מסכת שבת דף קמו: §

אות א' – ב'

ושוין שנוקבין נקב ישן לכתחלה

למטה מן היין נמי זהו לשמר

סימן שיד ס"ב - [א]היה בה נקב ונסתם - אפילו היה אותו מקום מקום הברזא, שסתמו ועשאו במקום אחר, ועתה רוצה לפתחו, **אם הוא למטה מן השמרים, אסור לפתחו, דכיון שהוא למטה וכל כובד היין עליו, צריך סתימה מעליא, וחשיב כפותח מחדש** - וע"כ אסור לעשות שם אפילו נקב קטן שאין עשוי להכניס ולהוציא על ידו.

למעלה מן השמרים, מותר לפתחו - אפי' הוא נקב גדול, דאותה הסתימה לא חשיבא סתימה כלל.

[ב]סימן שיד ס"ג - [ג]במקום נקב ישן נוקבין אפי' במקדח, (פי' כלי מיוחד לנקוב), כגון שנשברה הברזא - נקט דבר ההוה, וה"ה אם היה הנקב במקום אחר שנסתם, [ותדע, דלא אסרו בגמרא אלא נקב חדש].

דלא חשיב סתימה כלל, כיון שהוא למעלה מן השמרים, בין שהנקב ההוא היה גדול או קטן, **ובלבד** שלא ירחיבו יותר ממה שהיה מתחלה.

ולכן מותר לנקוב במגופה שסותמין בה הכלי זכוכית, שקורין שטאפק"י, אפילו בכלי המתוקן לכך.

[ד]וי"א דלא שרי לנקוב נקב ישן אלא בחבית של חרס שאין הסתימה מהודקת יפה, אבל בחבית של עץ שמהדקים מאד העץ שסותמים בה הנקב, וחותכים ראשו על דעת שלא להוציאו, ודאי נראה שזה נקב חדש, ואסור - זו היא דעת הכל בו, **ועיין** בא"ר שכתב, דשאר פוסקים פליגי ע"ז, ופסק כמותם, וכן פסק בנחלת צבי, **אבל** בפמ"ג וח"א משמע, דיש לחוש להחמיר כדעת הי"א, [**ובשו"ע** הגר"ז כתב, דיש להקל במקום צורך גדול].

[ה]סימן שיד ס"ד - [ו]ברזא שבחבית ואין אדם יכול להוציאה, מותר ליקח ברזא אחרת ולהכות באותה ברזא לצורך לשתות יין בשבת. הגה: ובלבד שלא יהיה הברזא הראשון נגד השמרים, כמ"ש ס"ב (ב"י בשם שבולי לקט).

אות ג'

בית סתום יש לו ד"א, פרץ את פצימיו אין לו ד"א

חו"מ סימן קעב ס"ז - בית סתום, יש לו ארבע אמות; פרץ את פצימיו, אין לו ארבע אמות. הגה: שלפני הפתח; אבל יש לו חלק בחלר, מאחר שהיה שם פתח בתחלה (ריב"ש סי' רמ"ח).

אות ד'

בית סתום אינו מטמא כל סביביו, פרץ את פצימיו מטמא כל סביביו

רמב"ם פ"ז מהל' טומאת מת ה"א - בית סתום שהמת בתוכו, או שהיה לו פתח [ופרץ את פצימיו] וסתמו, מטמא מכל סביביו, והנוגע בו מאחוריו או מגגו טמא שבעה, מפני שהוא כקבר סתום; נפתח בו פתח, אפילו סתמו אם לא פרץ פצימיו, הנוגע בו מאחוריו ומגגו טהור, ואין טמא אלא כנגד הפתח.

אות ה' – ו'

מחתך לכתחלה דכו"ע לא פליגי דאסור; אהדורי דכו"ע לא פליגי דשרי

דחתיכה ולא מתקנא... לא גזרינן

סימן שיד ס"ה - [ז]מותר ליתן קנה חלול (בחבית [ח]או ברזא) להוציא יין - שהרי עומד ומיוחד לכך, ואינו מתקן כלי, **ומ"מ** נראה דאסור לתקוע היטב בחזקה ביתדות, דיש בזה משום גמר מלאכה.

אע"פ שלא היה בו מעולם - ואע"ג שאינו יודע אם יגיע למדתו, אפ"ה מותר, [רש"י ור"ן], **ועיין** בב"י שכתב, שנראה מדברי הרמב"ם, שאע"פ שהקנה עצמה אינה מתוקנת כל צרכה, וחסרה שום תיקון, אפ"ה מותר להכניסה, ולא חיישינן שמא יתקנה.

אות ז'

מישחא... גזרינן משום שעוה

סימן שיד סי"א - [ט]אסור ליתן שעוה [י]או שמן עב בנקב החבית לסתמו, מפני שהוא ממרח, (פי' הערוך, סיכה משיחה טיחה מריחה שיעה, ענין אחד הוא) - וכיון דהוא משום חשש מירוח, אסור אפילו אם אין מכניס השמן בתוך הנקב, אלא בהנחה בעלמא על גבו מלמעלה, **וגם** אין חילוק בזה בין ת"ח לע"ה.

אע"ג דאין מירוח בשמן, אסור, דגזרינן אטו שעוה, [גמ'], **ודוקא** שמן עב, כיון דשייך בו קצת מירוח, אתי לאחלופי. ‹פי' רש"י שמן עב – ב"י›.

באר הגולה

[א] שם בברייתא וכדמפרש לה רבה [ב] ‹מילואים› [ג] מרדכי שם [ד] כל בו בשם י"א [ה] ‹מילואים› [ו] תשו' אשכנזים בשם ר' אביגדור [ז] ‹קמ"ו: וכרבי יאשיה – מ"י› שבולי הלקט בשם רב יוסף [ח] כן הוא בב"י [ט] שבת קמ"ו במשנה [י] שם כרב דאוסר הרי"ף והרא"ש

והאי שעוה צ"ל דהכינו לתשמיש מאתמול, דאל"כ בלאו הכי אסור משום מוקצה, דלאו כלי הוא, **וכשהכינו** לכך מותר לטלטלו, ולא גזרינן שמא ידבקנו לכותל או לדבר אחר, דאף אם ידבק אינו אלא מדרבנן, שמא ימרח בעת הדיבוק. **שומן** וחלב דינו כשעוה.

אבל בשאר דברים, דלית בהו משום מירוח, (הואיל ואין היין יוצא אז) (ב"י), מותר - היינו אפילו להכניסו תוך הנקב, דהואיל ואין היין יוצא אפילו בלי תיקון, לא מחזי כמתקן.

אות ח'

האי טרפא דאסא אסור... גזירה שמא יקטום

סימן שיד ס"ה - [יא]אבל ליתן עלה של הדס בנקב שבחבית, שהעלה עשוי כמרזב והיין זב דרך שם, לא, דגזרינן שלא יתקן מרזב ליינו שיפול היין לתוכו וילך למרחוק, דכשלוקח העלה ומקפלו כעין מרזב נראה, כעושה מרזב, ולא דמי לברזא או קנה שאינו עושה בו שום מעשה. הגה: ויש מתירים אפילו בעלה של הדס במקום שיש לו הרבה קטומים, ואין לחוש שמא יקטום (הרא"ש ס"פ חבית וטור).

דע, דהמחבר שכתב טעם האיסור: מפני שנראה כעושה מרזב, ורמ"א מסיים: ואין לחוש שמא יקטום, הוא פלוגתא דאמוראי בגמרא, חד אמר טעם האיסור שמא יעשה מרזב, וחד אמר גזירה שמא יקטום העלה מן הענף ליתנו לחבית, **ואמרינן** מאי בינייהו: דקטים ומנחי, היינו שהיו לו הרבה קטומים מוכנים מע"ש לזה, ולכך אין לחוש שמא יבוא לקטום, למ"ד משום מרזב, אסור אף בכה"ג, ולמ"ד שמא יקטום, שרי, **ופסק** הרא"ש והטור כמ"ד שמא יקטום.

[**אבל** אם אין לו אלא אחד, יש לחוש שמא יתקלקל אותו האחד, כן משמע מן הטור, **אבל** בב"ח כתב, דדוקא בהרבה הוא דשרי, ולא בשנים ושלשה, וכן נראה שהוא דעת הרב].

(כן פירש הטור מה שאמר בגמרא: איכא בינייהו דקטים ומנחי, אבל בר"ח משמע, דהיינו שמונח בתוך החבית מבעוד יום, ואפ"ה לרב יימר דס"ל משום דהוא כמרזב, אסור למשוך היין דרך שם, ולרב אשי ‹דגזר שמא יקטום›, אין אסור אלא ליתן לכתחלה העלה בחבית בשבת).

אות ט' – י'

בי סדיא... שרי

בקשין דכולי עלמא לא פליגי דאסור

סימן שא סל"ה - [יב]לבדים הקשים אסור להביאם ברשות הרבים או בכרמלית כשהוא מעוטף בהם - שאין דרך מלבוש מלבדים הקשים, והוי כמשוי ואסור, **ומשמע** ברמב"ם, דאפילו אם הם דקין אסור כיון שהוא קשה.

ואם אינם קשים הרבה, מותר - להביאם דרך עיטוף אפילו בר"ה, **ומשמע** ברמב"ם, דדוקא אם הם גם דקים כמו הבגדים, [וסברתו דאם הם עבין הרבה {דבעבין קצת בודאי מותר, דהלא יוצאין בסגוס עבה ובשק עבה, כמבואר ברמב"ם שם} לא היו מתירין אפילו ברכין, **והיה** אפשר לומר [יג]דהרמב"ם לא קאמר רכין ודקין כי אם לענין כר וכסת, דבאינה דקה אין צורת מלבוש עליה כי אם שם כר, משא"כ בלבדין אפשר דבכל גווני שרי, ‹אפי' בעבים וקשים›, **אבל** מכסף משנה משמע דמשווה דמפ' הרמב"ם עם פי' רש"י ‹דלפירושו החילוק בין רך לקשה הוא בלבדים›, וחד דינא אית להו].

אות כ'

נותנין תבשיל לתוך הבור בשביל שיהא שמור; ואת המים היפים ברעים בשביל שיצננו; ואת הצונן בחמה בשביל שיחמו

טור סימן שיח - [יד]אבל בחמה עצמה כגון ליתנה בחמה או ליתן מים בחמה כדי שיחמו מותר... מותר ליתן מים היפים במים צוננין הרעים כדי לצננן.

אות ל' – מ' – נ'

מי שנשרו וכו'

כל מקום שאסרו חכמים מפני מראית העין, אפילו בחדרי חדרים אסור

שוטחן בחמה אבל לא כנגד העם... אוסרין

סימן שא סמ"ה - [טו]מי שנשרו כליו במים - בין ע"י מי הגשמים, או שנפל בנהר ונתלחלחו כליו, **הולך בהם ואינו חושש שמא יבא לידי סחיטה** - שלא אסרו על האדם הבגדים שלובש אותן, **ואפילו** אם נשרו כליו לבד, הוא לובשן מתחלה ומהלך בהם, **ומסתבר** דהיינו דוקא אם אין לו בגדים אחרים, [דאל"ה, הלא מבואר לקמיה בהג"ה, דבגדים השרוים במים אסור לטלטלם].

(ויזהר שלא ינערם מן המים, שניעור הוא ג"כ בכלל סחיטה, וכדלקמן בסימן ש"ב ס"א).

באר הגולה

[יא] שבת קמ"ו **מימרא דשמואל** [יב] **מהא דבי סדיא בעובדא דרב שם קמ"ו** ‹דמסיק תלמודא דרב ושמואל לא פליגי כלל, דבמיצעאי נמי שרי רב – ב"י› [יג] ‹וז"ל: הכר והכסת, אם היו רכין ודקין כמו הבגדים, מותר להוציאן מונחין על ראשו בשבת דרך מלבוש, ואם היו קשין, הרי הן כמשאוי ואסורין› [יד] ‹לא מצאתי בדברי הטור "נותנין תבשיל לתוך הבור בשביל שיהא שמור", וצ"ע› [טו] **שם קמ"ו**

ולא ישטחם לנגבם, מפני מראית העין, שלא יחשדוהו שכבסן בשבת - עיין מ"א שמצדד לומר, דדוקא כשנשרה במים, אבל אם נפלו מים מועטים עליהם, מותר לשטחן, דליכא למיחש בזה שיחשדוהו שכבסן, **אבל** הרבה אחרונים סוברים דאין לחלק בזה.

[טז] **ואפילו בחדרי חדרים שאין שם רואים, אסור** - הטעם, דלא חלקו חכמים בתקנתן, **כתבו** התוספות והרא"ש, דוקא במקום שיש חשש שיחשדוהו הרואים שעשה איסור דאורייתא, כגון כאן בכיבוס, בזה אסור אפילו בחדרי חדרים, **משא"כ** בדבר שהוא איסור דרבנן אפילו למה שיסברו הרואים, לא החמירו לאסור בזה כי אם בפרהסיא, והובא דבר זה במ"א וט"ז ושארי אחרונים.

ובגדים המלפפים בהם תינוקות שקורין ווינדלין, מותר לשטחן בביתו שיתנגבו, ואפי' בחמה בחצר, דכיון דיש עליהם גם צואת הקטן, וא"כ מוכח שלא כבסן וליכא חשדא, **ואפשר** אפילו אין עליהם צואה, אם לא נשרה כולן בהמי רגלים, דהכל יודעין שדרך התינוקות להשתין, **ובלבד** שלא ישטחן נגד התנור במקום שהיד סולדת בו וכדלקמיה.

[יז] **ולא אסרו אלא לשטחן בשבת, אבל אם שטח מע"ש כלים המכובסים, אינו חייב לסלקן בשבת** - אפילו הם שטוחין נגד העם, והטעם, דעיקר החשד אינו אלא כששוטחן בשבת, דאז יש רגלים לחשדו דכבסן היום, דאם כבסן מאתמול היה שוטחן מאתמול, כי לא יאמרו שנשרו במים, שאין הכל יודעין בזה.

ע"כ אלונטית שמביאו בע"ש כשהוא לח מבית המרחץ, ישטחנו לנגבו מבעוד יום, ולא ימתין עד אחר שקיעה, **וע"ל** בסימן שמ"ב דמוכח שם, דאם הוא צריך לו למחר לצורך שבת, יש להקל לשטחו בבה"ש, אך שיזהר שלא יסחטנו, [**ומ"מ** נכון ליזהר לשטחו בצנעא].

באר הגולה

| טז | שם כר"א ור"ש בברייתא, הרי"ף והרא"ש והרמב"ם ושאר פוסקים | יז | הרשב"א בתשובה

§ מסכת שבת דף קמז. §

אות א'

המנער טליתו בשבת חייב חטאת

סימן שב ס"א - [א]המנער טלית חדשה - וחדשה מיקרי אם לא נשתמש בה עדיין הרבה, שעוד נראה בה חידושו, [והרחיצה בזה לא מעלה ולא מוריד], **שחורה, [ב]מן הטל שעליה, חייב, שהניעור יפה לה כמו כיבוס** - אבל חיוורי וסומקי לית לן בה, והטעם, דבחדשה ושחורה מינכר היפוי ע"י הניעור.

(**כתב בא"ר בשם אגודה, דה"ה שלג, ונ"ל דאם עדיין השלג לא נמס כלל,** מותר, דהוא כעין נוצות המבואר לקמן בהג"ה, משום דעומדין מלמעלה ולא נכנסין בתוכו, **אך** יזהר לנער בקל, דאף אם היה נמס קצת ולא מינכר, לא יפול כי אם ממשות השלג העומד מלמעלה).

והוא שמקפיד עליה שלא ללבשו בלא ניעור - הטעם, דאז חשיבא הניעור כמו הכיבוס, (דעי"ז מקרי יפוי בהבגד), **אבל** אם אין דרכו להקפיד, ולובשו לפעמים בלי ניעור, מותר לנער אף לכתחלה, גמ'.

(**ואם מנער בשביל אחר, והוא מקפיד והאחר אינו מקפיד, לכאורה יש** להחמיר, כיון דלהמנער הוי יפוי והוא עושה המלאכה, ויש לדחות, כיון דהבגד אינו מתיפה לבעל הבגד, לא חשיבא מלאכה, **ואפשר** דזה היה המעשה בכומתא דרב יוסף, עיי"ש בגמרא קמ"ז, ולפיכך היה אביי מחסם למיתבה ליה, ורב יוסף השיב דמותר, דאזלינן בתר בעל הבגד, **וכן** אם היה להיפוך, הוא אסור לפי זה, וצ"ע).

(**והנה מלשון הגמרא דקאמר "והוא דקפיד", משמע לכאורה דאפילו** בחדתי ואוכמי, לא אמרינן מסתמא הוא מקפיד עליהם, אלא דוקא בידוע שקפיד, וכן מוכח ממ"א שהיה מפרש כן, **אבל** א"כ קשה מאי טעמא דעולא דהיה אומר בפשיטות על הרבנן דקא מחללי שבתא, ובשלמא חדתי ואוכמי ראה עולא, אבל מנא ידע דקפדי, וגם דברי רש"י שפירש על הא דאמר "אלא באוכמי", וז"ל: אלא באוכמי שהאבק מקלקל מראיתה וקפיד עליה, עכ"ל, מוקשה מאד לפי"ז, דלמאי בעינן אוכמי, הא איירי בידוע שקפיד, וע"כ אנו צריכין לפרש, דהא דקאמר "והוא דקפיד", היינו למעוטי היכא דלא קפיד, אבל בסתמא אמרינן דבחדתי ואוכמי קפיד הוא, מפני שהאבק מקלקל מראיתה, ועל כן אתי שפיר מה דהיה אומר עולא עליהם דקמחללי שבתא, דהיה סובר כיון דגלימי אוכמי הוו כדפירש"י, מסתמא קפדי עלייהו, וע"ז השיב רב יהודה אנן לא קפדינן, ר"ל שאין דרכנו להקפיד ע"ז, דאנו לובשין כמה פעמים בלי ניעור, וע"כ מתיר אף באוכמי, וכן באביי דהוה קמחסם למיתביה לרב יוסף, עי"ש בגמרא, היה ג"כ מטעמיה דעולא, ורב יוסף השיב לו אנן לא קפדינן מידי, כמו שהשיב ר"י לעולא, **ולפי"ז** הרוצה לנער טליתו שהיא חדתא ואוכמא, אין מותר אא"כ בידוע לו שאין דרכו להקפיד תמיד ע"ז, וכעובדא דרב יהודא, ובכל זה לא רציתי לסמוך על דקדוקנו הנ"ל, וחפשתי בספרי ראשונים ומצאתי בעז"ה שכן מוכח מדבריהם, **ואפשר** עוד לפי"ז, דאם ידוע שאפילו בחיוורי וסומקי ג"כ דרכו להקפיד שלא ללבשו בלי ניעור, יהיה אסור גם שם לנער, ולא שרי הגמרא אלא במסתמא).

הגה: וכ"ש שאסור לנער בגד שנשר במים או שירדו עליו גשמים - ובזה אין חילוק בין שחור לשאר צבעונים כמו בטל לעיל, דדוקא שם שהוא מועט, אין מקפיד לנער אלא באוכמי, אבל בכאן שהמים מרובין, הדרך להקפיד לנער בכל הבגדים, ויש בזה משום סחיטה. **ודוקא בבגד חדש שמקפיד עליו (כל בו)** - ר"ל דמסתמא הוא מקפיד עליו לנער, לפי שמתקצר ע"י מים, ‹אזי הוא כפסיק רישיה, שקרוב לודאי {ינער יפה בחוזק} שיסחטו המים ממנו בניעורו - גר"ז›, **ואפי'** אם הבגד ישן, ‹שאף אם יסחוט ממנו המים הרי אינו מתכוין לכך - גר"ז›, צריך ליזהר מלנערו מן המים בחוזק, בענין שיבוא לידי סחיטה באותו הניעור, כידוע כשהבגד בלוע ממים הוא נסחט יפה ע"י הניעור.

וי"א דאסור לנער בגד מן האבק שעליו, אם מקפיד עליו - הוא דעת רש"י וסייעתו, דסברי דהא דאמרינן בגמרא: אמר רב הונא המנער טליתו בשבת חייב חטאת, דהיינו כשמנער טליתו מן האבק והעפר שנבלע בו, וחייב משום מלבן, [ועל מה דאיתא בגמרא חזא דאיכא טלא עליה, משמע שהר"ח מפרש דבר טינוף], **ודוקא** בחדתי ובאוכמי, אבל בעתיקי או בחיוורי וסומקי לית לן בה, כמבואר שם, וכמו לעיל לענין טל, וכונת הרב נמי דוקא בחדתי ובאוכמי, [ובזה ג"כ מקרי חדתי כל שלא נשתמשו בה כ"כ, ועדיין היא בחידושה], **והאי** דנקט בלשון איסור, לאשמעינן דאם אינו מקפיד אפילו איסורא לית בה.

(**משמע מלשון הרמ"א, דלדעה הראשונה דמפרשי הענין בניעור מטל,** לית בזה אפילו איסורא, **וראיתי** בשלטי הגבורים שהקשה על מה שכתב הרא"ש על פירש"י: דלא נהירא דעל הניעור מעפר יהיה שייך בו ליבון, והלא הרא"ש בעצמו פסק דלכסכוסי סודרא אסור, וכן פסקו הטוש"ע לקמן בס"ה, מפני שמכוין לצחצחו, והוי כמלבן, משמע דכל אולודי חיוורא באיזה ענין שיהיה אסור, והכא פסקו כולם דלא שייך ליבון בעפר, ואמאי הא אולודי חיוורא הוא, דמכוין בניעורו לצחצח הבגד שחשך תארו מן העפר שעליו, עכ"ל, ול"נ דע"כ לא דמי כלל לכו"ע האי ענינא לכסכוסי סודרא, אפילו לשיטת רש"י, דאל"ה הלא שם לא מחלקינן כלל בהבגד, וגם אי קפיד או לא, ובכל גווני אסור, משא"כ

באר הגולה

א שבת קמ"ז ב לפי' התוס' והרא"ש והר"ן וש"פ בשם ר"ח

*המנער טליתו בשבת חייב חטאת ולא אמרן אלא בחדתי אבל בעתיקי לית לן בה ולא אמרן אלא באוכמי אבל בחוורי וסומקי לית לן בה והוא דקפיד עלייהו עולא איקלע לפומבדיתא חזא רבנן דקא מנפצי גלימייהו אמר קמחללין רבנן שבתא אמר להו רב יהודה נפוצי ליה באפיה אנן לא קפדינן מידי אביי הוה קאי קמיה דרב יוסף א"ל הב לי כומתאי [חזא דאיכא] טלא עליה הוה קמחסם למיתבה ליה א"ל נפוץ שדי אנן לא קפדינן מידי *אמר רב יצחק בר יוסף א"ר יוחנן [ג]היוצא בטלית מקופלת מונחת לו על כתיפו בשבת חייב חטאת תנ"ה סוחרי כסות היוצאים בטליתות מקופלות ומונחות על כתיפן בשבת חייבין חטאת ולא סוחרי כסות בלבד אמרו אלא כל אדם אלא שדרכן של מוכרין לצאת כך ותנוני [ג]היוצא במעות הצרורין לו בסדינו חייב חטאת ולא תנוני בלבד אמרו אלא כל אדם אלא שדרכו של תנוני לצאת כך *והרטנין *יוצאין בסודרין [א] שעל כתיפן ולא רטנין בלבד אמרו אלא כל אדם אלא שדרכן של רטנין לצאת בכך א"ר יהודה מעשה בהורקנוס בנו של רבי אליעזר בן הורקנוס שיצא בסודר שעל כתיפו בשבת אלא שנימא כרוכה לו באצבעו וכשבא הדבר לפני חכמים אמרו [ד]אפילו אין נימא כרוכה לו באצבעו דרש רב נחמן בר רב חסדא משמיה דרב חסדא הלכה אע"פ שאין נימא כרוכה לו באצבעותיו עולא איקלע לבי אסי בר היני בעו מיניה מהו לעשות מרזב בשבת אמר להו הכי אמר רבי אלעי אסור לעשות מרזב בשבת מאי מרזב אמר ר' זירא כיסי בבלייתא ר' ירמיה הוה יתיב קמיה דר' זירא א"ל הכי מאי א"ל אסור והכי מאי א"ל אסור אמר רב פפא *[ה]נקוט האי כללא בידך כל אדעתא דלכנופי [ב] אסור כל דלהתנאות שרי כי הא דרב שישא בריה דרב אידי מתנאה בסדינו הוה כי אתא רב דימי אמר פעם אחת יצא רבי לשדה והיו שני צידי טליתו מונחין על כתיפו אמר לפניו יהושע בן זירוז בן חמיו של רבי מאיר בזו לא חייב ר' מאיר חטאת אמר ליה דקדק רבי מאיר עד כאן שלשל רבי טליתו כי אתא רבין אמר לא יהושע בן זירוז הוה אלא יהושע בן כפוסאי היה חתנו של ר' עקיבא אמר בזו לא חייב ר' עקיבא חטאת אמר לו דקדק ר"ע עד כאן שלשל רבי טליתו כי אתא רב שמואל בר רב יהודה אמר נשאל איתמר: **מתני'** הרוחץ במי מערה ובמי טבריא ונסתפג אפילו בעשר אלונטיאות לא יביאם בידו אבל עשרה בני אדם מסתפגין באלונטית אחת פניהם ידיהם ורגליהם ומביאין אותן בידן סכין וממשמשין* אבל לא מתעמלין ולא מתגררין אין יורדין *לקורדימא *) ואין עושין אפיקטויזין ואין מעצבין את הקטן ואין מחזירין את השבר מי שנפרקה ידו ורגלו לא יטרפם בצונן אבל *רוחץ הוא כדרכו ואם נתרפא נתרפא: **גמ'** קתני מי מערה דומיא דמי טבריא מה מי טבריא חמין אף מי מערה חמין *[ו]הרוחץ דיעבד אין לכתחילה לא מכלל

דלהשתטף

*) לעיל קכג.

רש"י

המנער טליתו · מן העפר: **חייב חטאת** · *דזהו ליבונה: **אלא באוכמי** · שהאבק מקלקל מראיתה וקפיד עליה: **והוא דקפיד עלייהו** · לטובשן עד שינערם: **קמחללי** (א) **שבתא** · וגלימי אוכמי הוו: **לא קפדינן** · לא איכפת לן אם יש עליה אבק הלכך לאו ליבון הוא: **כומתאי** · שבעי: **הוה קא מחסם**. לשון לא תחסום (דברים כה): **למיתבא ליה** · שצריך לנער הטל מעליה: **בטלית מקופלת** · לאחר שנתנה על ראשו הגביה שיפוליה על כתפיו: **חייב חטאת** · שאין זה דרך מלבוש: **והרטנין** · על שם מקום: **נימא כרוכה על אצבעו** · שלא יפול מכתפיו: בר היני: **מרזב** · מפרש לקמיה: **כיסוי בבלייתא** · שמסלקין בגדיהם מן הארץ כשהן ארוכין וכופלין אותן כלפי מעלה פרונצי"ש ומחזיקין אותן [ג] ע"י תוחין והייט כמין כיס וכמו מרזב: **אסור**. משום תקוני מנא: **שכי מאי** · קולט חלוקו (בפניו) בענין אחד ושואלו כגון זה מרזב או לא וחוזר וקולטו בענין אחר ושואלו: **לכנופי** · שיהא מתוקן תמיד להעמיד קיפולו לעולם: **להתנאות** · לפי שעה: **מתנאה בסדינו** · אחר שנתעטף היה מתקנו על גופו ומיישבו ובחול קאמר כלומר אלמא דאורחיה בהכי וה"ה לשבת: **שני צידי טליתו** · שבימינו ובשמאלו לצד הקרקע: **בן זירוז בזו לא חייב ר"מ חטאת** · בתמיה דאין זה דרך מלבוש אלא דרך משוי: **דקדק ר"מ ע"כ** · בתמיה לחייב חטאת בדבר הדומה להיות מותר כזה שאינה מקופלת ואחוריה טפלין למטה מכתפיו אלא שצידיה היו מונחין על כתפו: **שלשל** · הורידה למטה שקבל דבריו: **נשאל איסור**. לא אירע מעשה זה לרבי אלא שאלו לפניו מהו לצאת בו וביקש להתיר עד שאמרו לפניו משום רבי מאיר חייב חטאת דאיהו סבר הואיל ואינה מקופלת שהרי אחוריה היו טפלין למטה מן כתפיו אלא שצידיה היו מונחים על כתפיו הוה סבר דרך מלבוש הוא: **מתני' מי מערה** · מי מקוה מקורה(ג) שהוא חם ואין חומו יוצא ודוקא חמין נקט ומש"ה קתני הרוחץ דיעבד: **ונסתפג** · וקינח: **אפי' בעשר אלונטיות** · סדינין שמקנחין בהן וסיפג בהן זה אחר זה ורבותא היא דלא נפישי מיא בכל חד אפ"ה לא יביאם בידו בתוך ביתו אפי' ע"י עירוב שמא ישכח ויסחט בבואו: **אבל עשרה בני אדם** · הואיל ומרובין הן מדכרי אהדדי: **מסתפגין באלונטית אחת** · והייט נמי רבותא דחדא אלונטית לעשרה (ג) נפישא ביה מיא אפילו הכי מביאין אותה בידים: **פניהם ידיהם ורגליהם** · אורחא דמילתא נקט וה"ה לכל גופם: **סכין** · שמן בשבת: **וממשמשין** · ביד על כל הגוף להנאה: **אבל לא מתעמלין** · לשפשף בכח: **ולא מתגררין** · גרסינן במגררת שקורין אשטריי"א דהוי עובדא דחול: **לקורדימא** · שם הנהר ובגמ' מפרש טעמא: **אפיקטויזין** · להקיא: **ואין מעצבין את הקטן** · לשון ידיך עצבוני (איוב י) שמתקנים ומיישבין עצמותיו ואוליות שדרכו כמדת ללמו ובגמרא אמר טעמא: **ואין מחזירין את השבר** · עצם שנשבר. כל רפואה אסורה משום שחיקת סמנין: **נפרקה** · אלוייש"ר בלעז שיצא העצם מפרק שלו: **לא יטרפס** · לשון בילים טרופות בקערה (חולין דף סד.):

גמ'

תוספות

המנער טליתו · פי' ר"ח מן הטל שעליו דהייט ליבוס וליבון חייב חטאת וכן משמע דהוי דומיא דכומתא דרב יוסף אבל בניעור מן העפר כדפירש בקונטרס אין נראה שיהא שייך ליבון:

היוצא בטלית מקופלת · איידי דאיירינן במי שנשרו כליו בדרך שאין דרך הוא לקפל טליתו נקטיה הכא:

הרטנין. רטנין כמו הרהטנין *(הערודפי' הכלים): **מהו** לעשות מרזב. נראה לרבי דלענין איסור הוצאה איירי כמו טלית של ד' כנפו' ולוקח שני לידי כוחב טליתו של לד ימינו ונותן על כתף השמאלית ואינו פושטו על כתף אלא מקופל ומונח על כתפו והייט דקאמר מאי מרזב כיסי בבלייתא שקורין פרונגלדר"ה דכשהוא מונח כמו שפירשתי יש בו כיסים מרובים וכל כיסא וכיסא נראה כמין מרזב ומיבעיא ליה אי איכא איסור הוצאה בכך כיון שאינה דרך מלבוש והייט דקאמר כל אדעתא לכנופי אסור דהייט כמו שפירשתי ששני לידי הימין מקובלים ומונחים על כתף השמאלית שיכול לילך במהרה ולא יכביד עליו טליתו אדעתא דלהתנאות שפיר דמי והייט כשאין לידי טליתו מקובלין אלא לד אחד מונחת על כתפו אבל לואחרו ולד האחר טפל על שכמו עד הזרוע ואין בו שום כיסוי והייט שלשל רבי טליתו דבסמוך שלשל אותו כמו שפירשתי כעין להתנאות והייט דרך מלבוש וכן פירש בערוך ערך מרזב אסור לעשות מרזב בשבת פירוש כשיתעטף אדם טליתו ויקפיל שני קצותיו כעין דרך קיפול ויניחנה על שכמו השמאלית ויחזור ויקפל שאר הטלית שבצד הימין ויניחנה בכתפו רק מה שפירש שקורין מרזב מה שטליתו מופשלת מהגה ומהגה וחלל כנגד השדרה דנראה כמין מרזב אינו נראה לרבי דא"כ מאי קאמר בתר הכי מאי מרזב כיסי בבלייתא הלא אינו עשוי כעין כיסא · מ"ר:

אף מי מערה חמין · (ד) שהוחמו באור דאי בחמי טבריא שרי לכתחילה כדאמר בפרק כירה (ד' מ. ושם) והניחו להן חמי טבריא ובפרק שמונה שרצים (ד' קח· ושם: א):

דיעבד אין · אמי מערה קאי ולא תנא במתני' חמי טבריא אלא למידק אף מי מערה חמין:

דתניא

א) עי' רש"א ורש"ל. ב) [ועי' תוספות לעיל קמ. ד"ה רוחצין ותוס' חולין טו: ד"ה אלא זור]

עין משפט נר מצוה

ם א מיי' פ"י מהלכות שבת הלכה יח סמג לאוין סה טוש"ע או"ח סימן שב סעיף א:

מא ב מיי' פי"ט שם הלכה כ סמג שם טור שו"ע או"ח סימן שא סעיף כט:

[בערך רטן ופירש שם הכלים יוצאין בסודר שעל כתפיהן מקובן ולא משולשל בשביל שלא יעכבו לרוץ]

מב ג שם סעיף לב לג:

מג ד מיי' שם טור שו"ע שם סעיף לד:

מד ה שם סעיף לה:

מה ו מיי' פכ"ב שם הלכה כ טור שו"ע או"ח סימן שכו סעיף א:

רבינו חננאל

ואוקימנא ליה דרב כתנאי: אמר רב הונא המנער טליתו בשבת חייב חטאת. פי' המנער כדכתיב התנערי מעפר וכדגרסינן התם ומנערת אחת לשלשים. אם יש אבק בבגד חדש שחור ומקפיד עליו. אי אם יש עליו דבר מינוף אוסר רב הונא לנפצו. אבל אם הוא בגד ישנו לבן או אדום ולא קפיד עלייהו שרי וכן הלכה. וזה שראה עולא לרבנן דהוו נפצי גלימייהו ואמר הני מחללי שבתא. רבנן דפומבדיתא במלבושין דלא קפדי עלייהו הוו נפצי. (אמתא) [כומתא] הוא כמין כובע של ראש במקום סודר כדאמרינן בפרק השולח גם לאשתו האי אמתא דהוה שכיב מרת אתת בכת קמיה. ואסרה ליה עד איסת תיתעבד ותזיל תתיא אמתא שקל כומתיה ושדא בה אמר ליה קני הא וקני נפשיך. כלומר קני נפשיך בחליפין. וי"א כומתא הוא כגון כאן דומה לגביע והוה באותו הסמ' מינוף. והוה אביי מחסם. כלומר מתיירא כדאמרינן התם חויה דהות קא מחסם. א"ל רב יוסף לאביי נפוץ שדי אנן לא קפדינן מידי: היוצא בטלית מקופלת ומונחת לו על כתפו כגון אלו מוכרי כסות שמקפלין ומפשילין אותן על כתפייהו. אתמר משמיה דר' יוחנן חייב חטאת ותניא כוותיה והכי הלכתא וכן נמי היוצא וצרורין לו בסדינו מעות חייב חטאת אבל הרטנין שהם תרצים יוצאין בסודר שעל כתפיהן. ולא אלו בלבד אלא כל אדם. והצנון להיות כרוך בצוארו. או נימא כרוכה לו באצבעו. כהורקנוס בר' אליעזר. ואע"ג דאמר משמא דר' יוחנן הלכה אע"פ שאין נימא כרוכה לו על אצבעו: עולא איקלע לבי אסי בר (הני) [היני] בעא מיניה מהו לעשות מרזב בשבת א"ל הכי אמר ר' אלעזר אסור. כך קבלנו מרבותינו שיש בידם קבלה כי מרוב זה כשיתעטף אדם טליתו ויקפל ב' קצותיה כמין כרך קיפול ויניחה על כתפו השמאלית ויחזור ויקפל שאר הטלית המשולשל בצידו הימין מניחה בכתפו הימין ונמצאת טליתו מקופלת מתנה ומוצה ומופשלת על כתפיו וחלל כנגד השדרה ונראה כמין מרזב. וכענין זה היה קשר (כישי) [כישא] בבלייתא שהיו קושרין ב' כריכות וקורין אותה כישא וכיסכוסי מאני*). וי"א זולתי פירוש זה. אבל חובה עלינו לומר בלשון רבותינו ומה שקיבלנוהו. וכרב פפא שהוא בתראה עבדינן ואמר כללא כל ארעתא לכנופי אסור. כל להתנאות שפיר דמי וכדרב שישא בריה דרב אידי שהיה מתנאה בסדינין כי אתא רב דימי אמר פעם אחת יצא רבי לשדה והיו ב' צידי טליתו מונחין לו על כתפו ושאר הטלית כרוכה ומופשלת לו לאחוריו. אמר לפניו יהושע בן זירוז בן חמיו של ר"מ בזו לא חייב ר"מ חטאת. כלומר זה המעשה דומה לרטנין שיוצאין בסודרין בסדינין מקובצין ולא משולשין על כתפיהן ור' מאיר לא היה בזה מחייב חטאת **) אי לא אסורה מדרבנן. א"ל ר' דקדק ר"מ עד כאן שלשל רבי טליתו: מתני' הרוחץ במי מערה כו'. אוקימנא

*) עיין בערוך ערך מרזב א'. **) [אולי צ"ל אלמא דאסורה מדרבנן והפשר דרבינו מפרש בזו לא חייב ר"מ חטאת בניתוחא דחטאת לא סיס מחייב רק סוי אוסר מדרבנן וצ"ע בזה].

מסורת הש"ס

לעיל נח.

[תוספתא פ"ז]

ס"א היוצאין וכן גי' ר"מ

[יומא ג. מגילה כג:]

ס"א בבני מעיים

כ"א לפלומא

ס"א טובל

[עי' תוס' חולין ג. סד"ס סמנית ועי' תוס' סוטה ב. ד"ס המקנא דיעבד]

הגהות הב"ח

(א) רש"י ד"ה קמחללי רבנן שבתא: (ב) ד"ה מי מערה וכו' מקורה שהוא חם ואין חומו: (ג) ד"ה מסתפגין וכו' אלונטית לעשרה בני אדם נפישו: (ד) תוס' ד"ה אף מי מערה חמין בחמין שהוחמו וכו' וכפי' מי שרצים וזה דקאמר דיעבד אין אמי וסד"א:

הגהות הגר"א

[א] גמ' יוצאין בסודרין שעל כתפן. נ"ב פי' אפילו מקופל. וז"ס רטנין ר"ל טרלים. ערוך ורמב"ם: [ב] שם כל אדעתא דלכנופי. נ"ב פי' הרמב"ם שלא יקרעו או שלא יתלכלכו: [ג] רש"י ד"ה כסוי בבלייתא ומחזיקין אותן. נ"ב אבל הרמב"ם כתב אפילו בידו או על כתפו:

גליון הש"ס

רש"י ד"ה חייב חטאת · דזהו ליבונה. עיין לעיל דף קמא ע"א רש"י ד"ה מכבסים וצ"ע:

בענינא דידן, הלא מבואר בהדיא בגמרא דאי לא קפיד שרי לכתחלה, וכן בחיורי וסומקי, **וע"כ** משום דבענינינו אינו עושה שום פעולת הצחצוח, רק שמנערו מן האבק והעפר שהוטל עליו, לכן לא חשבינן זה לצחצוח רק כשקפיד ע"ז, ובדאוכמי, דבזה האבק לבד ג"כ מכהה מראיתו, משא"כ בכסכוסי סודרא, דעושה הצחצוח בידים להוליד לבנינות על הבגד, אסור בכל גווני, **וא"כ** לפי"ז ניחא אפילו לדעת הרא"ש והטור והמחבר לקמן בס"ה דאינן סותרים אהדדי, **היוצא** מכל זה, דאפילו לדעת המתירים, הוא דוקא באינו עושה שום פעולה כלל, כי אם ניעור בעלמא מן האבק שעליו, אבל אם מכסכס ומשפשף את הבגד להסיר ממנו הכתמים כדי ליפותו, לכו"ע יש עכ"פ איסורא בזה, דלא גרע מכסכוסי סודרא דלקמן, ובכל מיני בגד אסור, ומה דמשמע לקמן בסימן של"ז ס"ב בהג"ה, דמותר לכבד בגדים במכבדות שאינן עשויות מקסמים, היינו להעביר את הניצוצות או את האבק, כדמוכח בדרכי משה, ובאופן דשרי, כגון בישן או באינו קפיד, אבל לא לשפשף להסיר בזה הכתמים, דזה אסור אפילו ביד, כמו בכסכוסי סודרא, וכ"ש בכלי, כנלענ"ד ברור).

וטוב לחוש לדבריו (רש"י וט"ז) – (היינו אפילו ביד, דניעור היינו ביד, וכ"ש ע"י כלי שקורין בארש"ט או מאטאלק"ע – ח"א).

עיין בא"ר שכתב, דמדינא יש איסור בזה, כי הרבה ראשונים סוברין כשיטת רש"י, ע"ש, **ומ"מ** נראה דיש לסמוך על דעה ראשונה להקל ע"י א"י, ובפרט דאיכא לפעמים משום כבוד הבריות בזה, **וטוב** ליזהר כשבא שחרית בשבת לבהמ"ד, להניח כובעו ובגדיו במקום שימור, כדי שלא יפלו לארץ ויעלו אבק עליהם, ויבא לחילול שבת.

(**וע"ש** עוד שכתב בשם יערת הדבש, דלפי שלא ידענו עד כמה נקרא חדש, לכן צריך ליזהר בכולם, **ושארי** אחרונים לא הזכירו דבר זה דאין אנו בקיאין, והמחמיר תבוא עליו ברכה, והמיקל יש לו על מה לסמוך, **וטוב** שיעשה ע"י שינוי כלאחר יד, אך לכתחלה בודאי נכון ליזהר שלא לבוא לזה, וכמו שכתבנו במ"ב).

כתוב בהלכות גדולות, ישב לו זרע פשתן או תבשיל על כסותו, מותר לקלפו, ונראה דאם הוא בגד חדש ושחור, אינו מותר לקלפו רק באינו מקפיד, ואם הוא לח מקנחו בסמרטוט וכדלקמן. (**ואין** להקשות לפי דברי בה"ג, אמאי פסקינן דטיט שע"ג בגדו מגררו בציפורן, מאי עדיף דבר זה מזרע פשתן או תבשיל על כסותו, י"ל דאה"נ דלבה"ג מיירי שלא בחדתי או באינו מקפיד, **א"נ** והוא העיקר, דטיט שע"ג בגדו, אף דמגררו בציפורן אין מעביר הכתם לגמרי, רק דמגרר עובי הטיט מלמעלה, וכ"ש לפי מה שכתבו דמיירי בטיט לח, בודאי הכי הוא, לפיכך לא הוי בכלל מלבן ושרי בכל גווני, **משא"כ** בענין זרע פשתן ותבשיל שנתייבש על בגדיו, ס"ל לבה"ג, דע"י מה שקולפו עובר ממילא ג"כ הכתם מאתו, ולכן אינו מותר רק באופן שמותר ניעור הטלית, והוא שלא בחדתי או באינו מקפיד).

אבל מותר להסיר הנוצות מן הבגד בשבת (ט"ז) - שאין זה דומה לליבון, שאין הנוצות תחובין בתוכו כמו המים והעפר, אלא עומדין מלמעלה, ולכן מותר אפילו בחדש ומקפיד עליו, [**והגר"א** הוכיח שגם רש"י (ד"ה אלא) סובר כן] (וז"ל: שכתב שהאבק מקלקל מראיתן, משא"כ בוויווי, וכ"ש בנוצות).

וע"ל סימן של"ז – (ר"ל דאפילו באופן המותר להסיר ממנו האבק, כגון בבגד ישן, או אינו מקפיד, או בענין הסרת הנוצות שמתיר כאן בכל גווני, מ"מ אסור להסירם ע"י מכבדת העשויה מקסמים דקים, כדי שלא ישברו, וכתב בספר תפארת ישראל, דכהיום נהגו לאסור אפילו ע"י מכבדת העשויה משערות, וכ"כ ביערת הדבש, ע"ש הטעם, ואינו מותר אלא ביד), (וז"ל התפארת ישראל: ונ"ל דאסור מדהו"ל עובדין דחול, דטריחא מלתא, ומחזי כמתקן מנא).

אות ב'

היוצא בטלית מקופלת מונחת לו על כתיפו בשבת חייב חטאת

סימן שא סכ"ט - [ג]היוצא בטלית מקופלת על כתפיו, דהיינו שלאחר [ד]שנתנה על ראשו מגביה שוליה על כתפיו - וכ"ש כשהסירה לגמרי מעל עצמו, וקיפלה ונתנה על כתפו, **חייב חטאת** - שאין זה דרך מלבוש והו"ל משוי.

אבל אם אינה מקופלת על כתפיו, אלא משולשלת ברחבה למטה מכתפיו, שרי, [ה]שמאחר שהוא מתעטף בטליתו ומתכסה בה כתפו וגופו, אע"פ שמתקצר קצת מלמטה, מותר - היינו אפילו אם אינו מכסה בה רוב גופו, **ויש** מחמירין בדבר, דבעינן שיהא מכסה בה רוב גופו.

[ו]ועל פי זה מותר להתעטף בטליתו תחת הגלימא ולהביאו לבהכ"נ [ז] - כונתו באופן זה שמתקצר קצת מלמטה, דכיון שעכ"פ מעוטף הוא עד למטה מכתפיו, ואע"ג שמגביה שוליו מלמטה, שרי, דלהתעטף כל גופו בו כמו בבהכ"נ קשה לעשות כן כשהולך בר"ה, אף שילבש גלימא עליו מלמעלה.

כאן שייך הג"ה דסעיף שאחר זה - באר הגולה וער"ש, **ולפירוש** הגר"א שנכתוב לקמן, ההגהה על מקומה עומדת.

באר הגולה

[ג] **שם קמ"ז** [ד] (רש"י שם – גר"א. (**וז"ל** הט"ז: ונ"ל דרש"י הוכרח לפרש מ"ש טלית מקופלת, שלאחר שנתנה על ראשו כו', ולא פי' כפשוטו שלקח טלית מקופלת והניחו על כתיפו, דהיה קשה לו מאי שנא בטלית דאסור ובסודר דמותר, **ע"כ** פי' דבאמת אם נוצא הטלית מקופל והניחו על כתיפו דרך עיטוף, דמותר, אלא הא דאסור היינו שהניחה תחלה כמות שהיה ע"פ כל רוחב הטלית, וזהו אינו דרך מלבוש, ע"כ חייב, **אבל** אם לא עשה כן אלא לקח סודר מקופל כבר ועטפו על כתיפו, מותר, דכן הוא דרך הסודר שלובשין אותו בעודו מקופל, וה"ה נמי בטלית, **ע"כ** פירש"י דהא דאסור בטלית מקופלת, לא מיירי במניחה כשהיה מקופלת, דאם כן תקשי לך מההיא דסודר מקופלת) [ה] **שבלי הלקט בשם ר"ת** [ו] **רוקח** [ז] **ונלע"ד שכאן שייך הגה שלאחר סעיף זה, וכן הוא בבית יוסף**

ח) סימן שא ס"ל - ט) מותר לצאת ברשות הרבים בטלית סביב הצואר - ואין זה סותר לסעיף הקודם, דמיירי במדינות שנהגו לצאת כן בחול בבתיהם, ולכן מותר אפילו במקופל ומונח סביב הצואר, דדרך מלבוש הוא שם, והוא כעין סודר שהתיר השו"ע לקמן בסל"ד.

(עיין במ"א דמשמע, דאפי' בטלית מצוה, **ועיין** בפמ"ג שהתעורר, דיהיה איסור בשביל הציצית, דאפילו אם נאמר דדרך לבישה הוא, מ"מ אינו חייב בציצית בהליכה זו, דהוא אינו עתה כסות הגוף, והוי הציצית משוי, **וי"ל** דציצית נוי הן לבגד, ודומיא דלילה דמותר לילך אע"ג שאינו חייב אז בציצית, **ולא** דמי לסעיף ל"ח, דדעתו עליהן להשלים).

הגה: אע"פ שמניח צד ימין על כתפו של שמאל, דדרך ללבשו כך, ולא הוי אלא להתנאות ושרי - מקומה שייך לסוף סכ"ט וכנ"ל,

[**דמאי** רבותא הוא להתיר באופן זה, יותר רבותא הוא להתיר כשאינו מעטף כלל, רק מונחת כך על כתפו סביב צווארו, **ואם** בא לומר דדוקא באופן זה, לא היה לו לומר בלשון "אע"פ"].

ובביאור הגר"א משמע, שמפרש דמש"כ בשו"ע "בטלית שסביב הצואר", היינו ששני צדי העליון היה מקובץ ומונח סביב הצואר, אבל שוליה התחתון שמאחוריה היה משולשל למטה, **ולזה** סיים הרמ"א, ד"אע"פ שמניח צד ימין על כתפו של שמאל", ג"כ שרי, משום דדרך ללבשו כך והוא להתנאות, [**היינו** דלא מיבעיא אם אינו מניח צד ימין על כתף שמאל דשרי, דאף שהוא מקבץ מלמעלה סביב צוארו לצד ימין ולצד שמאל את הטלית ומונח על כתפו, מ"מ הלא מאחוריו משולשל הטלית על גופו, ואינו נקרא עדיין בשם מרזב המבואר בגמ' לאיסור, **אלא** אפי' אם מניח צד ימין על כתף שמאל, ג"כ שרי]. **ולפי** פירושו שייך דין זה גם במדינתנו.

(**ודע דלפי ביאורו, מקור הרמ"א הוא מדברי תוס'** (ד"ה מהו), **ולפי המבואר** בתוס', אינו מותר רק בשהניח צד אחד של ימין על כתף שמאל, דהיינו צד העליון שלפניו, אבל כשהניח שני צדדין של ימין על כתף שמאל, זהו מרזב המבואר שם בגמ' לאיסור), [**והרמ"א** סתם בזה, וצ"ע].

אות ג'

היוצא במעות הצרורין לו בסדינו חייב חטאת

סימן שא סל"ב - יא) היוצא במעות הצרורים בסדינו, חייב - דדרך הוצאה היא, וה"ה כשיוצא לחוץ במעות הצרור לו בכיסו התחוב בבגדו.

הגה: אבל בבית - או תוך העירוב, דלית ביה משום איסור הוצאה, **מותר** - להיות לבוש בסדין הזה, **אם צריך לו** - להסדין, [א"ר ופמ"ג לפי פירוש הט"ז דלקמיה, וכן נראה לענ"ד לפי פי' הגר"א דלקמיה].

וי"א דהאי "אם צריך לו", היינו שירא להניחו שלא יבואו לגזלו, אבל משום צריכות הסדין בעלמא לא הותר לו לטלטל, [להמ"א דלקמיה].

ואפילו אינן צרורים רק שהם מנוקבים - זהובים אדומים או מטבעות כסף, דאין עלייהו שם מוקצה ע"ז, דראוי לתלותו בצואר בתו לתכשיט, [פמ"ג לפי פי' הט"ז, **ודעת** המ"א, דלהסיר לגמרי שם מוקצה בעינן שיחדה לתלותו, והכא משום שירא שלא יגזלוהו הקילו].

ועיין רביאור הגר"א שכתב, דזה קאי גם ארישא, דהיינו בצרורים בסדינו בעי ג"כ מנוקבים, **וטעמו**, דאי לא היו מנוקבים היה אסור לטלטל גם הסדין, דנעשה בסיס להמעות שצרר בתוכו מע"ש.

(**ולפי** הי"א לעיל, דהיינו שירא שלא יגזלוהו, לכאורה לפי מאי דמסקינן לקמן, דמותר במקום פסידא להוציא המעות שלא כדרך הוצאה, א"כ למה בעי רמ"א כלל הכא מנוקבים אפי' לענין להוציאם בידו, מי חמיר איסור מוקצה מהוצאה ע"י שינוי, **ואולי** י"ל דהרמ"א קאי הכא להקל אליבא דכו"ע, דשם הלא הוא רק לדעת היש מתירין).

סימן שא סל"ג - יב) אסור לצאת בשבת במעות או בכסף וזהב התפורים בבגדו - ולא בטלי לגבי בגד כמו שאר דבר התפור בתוך הבגד, משום דחשובים ולא בטלי, **ומ"מ** לית בהו חיובא כמו בצרורין למעלה, אלא איסורא, משום דלאו דרך הוצאה היא.

הגה: ויש מתירים במקום פסידא, שירא שיגזלנו ממנו אם יניחם בבית וילך מהם (אגור ואיסור והיתר הארוך) - היינו בתפורים בתוך בגדו מע"ש, וטעמם, דכיון דלית ביה אלא איסור דרבנן, משום דלאו דרך הוצאה היא וכנ"ל, וכ"ש בזמן הזה דלהרבה פוסקים לית לן ר"ה דאורייתא, הקילו במקום פסידא, דאדם בהול על ממונו, ואם לא נתיר באופן זה יבוא לעבור על איסור תורה, דיבוא לחפור בקרקע ולהטמין וכה"ג, **וכתבו** האחרונים דה"ה אם לא תפרן מבעוד יום, יוכל להוציאן בשבת ע"י שינוי אחר, שיהיה שלא כדרך הוצאה, דהיינו שיניח המעות בין בגדו לבשרו, או במנעלו, **ומ"מ** לכתחלה טוב יותר לתפור בבגדו מבעוד יום.

וכן נוהגין להקל אם צריך לצאת - כגון שירא שאם ישב בבית כל היום ירגישו בו שהוא שומר מעותיו ויבואו לגזלו.

אבל אם יוכל להיות יושב בבית ולא לצאת, לא יצא - היינו חוץ לעירוב כשהוא לבוש בהבגד.

ובמקום שא"צ לו ויוכל להניחם בבית, יש להחמיר - שלא ללבוש הבגד, דחיישינן שמא יצא בו.

באר הגולה

ח ‹פשוט› ט **תשובת הרשב"א** י ‹מקורו מתוס' ד"ה מהו, וכמ"ש הבה"ל בסמוך, **וז"ל** תוס': והיינו דקאמר כל אדעתא לכנופי אסור, דהיינו כמו שפירשתי ששני צידי הימין מקובצים ומונחים על כתף השמאלית, שיכול לילך במהרה ולא יכביד עליו טליתו, **אדעתא** דלהתנאות שפיר דמי, והיינו כשאין צידי טליתו מקובצין, אלא צד אחד מונחת על כתפו אצל צוארו, וצד האחר נופל על שכמו עד הזרוע, ואין בו שום כיסוי, **והיינו** שלשל רבי טליתו דבסמוך, שלשל אותו כמו שפירשתי כעין להתנאות, והיינו דרך מלבוש› יא **שם בגמ'** יב **ב"י וכן מצא אח"כ בתשו' מהר"ם**

אות ד'

אפילו אין נימא כרוכה לו באצבעו

סימן שא סל"ד - [יג]"**יוצא אדם בסודר המקופל על כתפיו** - אע"ג דבטלית אסור במקופל, כמ"ש בסכ"ט, בסודר שרי, דסודר דרך לבישתו כך בחול לקפלו על כתפיו, **וכ"ז** מיירי במקומות שדרך איזה אנשים לילך כן לפעמים, [כן משמע בגמרא דמשום רטנין שיוצאין בעת הריצה, מותר כל אדם].

אעפ"י שאין נימא כרוכה לו על אצבעו - דאיכא למ"ד בגמרא, דבעינן דוקא שיהא נימא יוצא מהסודר וכרוכה על אצבעו, להחזיקו שלא יפול מכתפיו, אבל לא קי"ל הכי.

אות ה'

נקוט האי כללא בידך: כל אדעתא דלכנופי אסור, כל דלהתנאות שרי

סימן שא סל"א - [יד]"**היוצא מעוטף בטליתו וקיפלה מכאן ומכאן בידו או על כתפו** - היינו שנטל שני הקצוות שלפניו ולאחריו לצד ימין, וכן של צד שמאל, וקיפלן והגביהן על ידו או על כתפו, **אם נתכוין לקבץ כנפיו כדי שלא יקרעו או כדי שלא יתלכלכו, אסור; ואם קבצם להתנאות בה כמנהג אנשי המקום במלבושן, מותר** - ולא דמי לסכ"ט, דהתם כל שולי הטלית שלאחריו מקופלת ומונח על כתפו, **משא"כ** הכא דרק הקצוות מוקפלין ומונחין על כתפיו, להכי רק איסורא איכא ולא חיובא, וגם תלוי בכונתו.

(והגר"א בביאורו נראה, שמפרש דברי השו"ע, דהוא העתקת לשון הרמב"ם, באופן אחר, שכפל שוליה והגביהה, ואחזה כך בידו או על כתפו, ונעשה כעין מרזב בפנים, ואסרו רבנן להוציא כך כשאינו מכוין להתנאות, משום דלאו דרך מלבוש הוא כ"כ).

[טו]"**וה"מ בטליתות שלהם שהיו יריעה אחת מרובעת, אבל מלבושים דידן כשהוא לבוש בהם ומוציא ידיו מתוכם, מותר לתפוס קצתם בידו ולהגביה כדי שלא יתלכלכו שוליו בטיט או כדי שלא יעכבוהו ללכת** - הטעם, דאכתי נשאר עליו עצם הבגד דרך מלבוש, **ומשמע** באחרונים, דאעפ"כ אין להקל אלא במגביה קצת, אבל לא להגביה הרבה ולתתם תחת הזרוע, דנעשה כמרזב.

משמע דכשאינו מוציא ידיו מתוכן, כגון מענטלי"ק של נשים, או שול מאנטי"ל של אשכנזים, אסור להגביהם, דלאו דרך מלבוש הוא, **ומ"מ** נראה דאין להחמיר אלא להגביה הרבה, אבל לא מעט כדי שלא יתלכלך, דעדיין דרך לבישה הוא.

אות ו'

הרוחץ, דיעבד אין, לכתחילה לא

סימן שכו ס"א - [טז]"**אסור לרחוץ כל גופו** - וה"ה רוב גופו, דרובו ככולו, "**אפי' כל אבר ואבר לבד** - וכ"ש אם רוחץ כדרך הרחיצה כל הגוף ביחד.

אפילו במים שהוחמו מערב שבת, בין אם הם בכלי בין אם הם בקרקע - גזירה שמא יבואו עי"ז להחם בשבת.

במקום שנוהגין להחם המקוה, צריך ליזהר שיהיה רק פושרין, דאל"כ אסור לטבול בו, [**ומ"מ** יש לסמוך בעת הדחק על הקרבן נתנאל, שכתב, שטבילת מי מקוה בחמין אינו בכלל גזרת מרחצאות].

(**ומצטער, אע"פ שאינו חולי כל הגוף,** י"ל דמותר לרחוץ – חי' רעק"א).

[יז]"**ואפילו לשפוך המים על גופו ולהשתטף, אסור** - אפי' ממים שהוחמו מע"ש, ואפי' הם בקרקע, [גמרא].

[יח]"**אבל מותר לרחוץ בהם** - היינו בחמין שהוחמו מע"ש, **פניו ידיו ורגליו. הגה: או שאר איברים, כל שאינו רוחץ כל גופו** - אבל בחמין שהוחמו בשבת אסור, אפילו ידיו לבד.

ואשה שלובשת לבנים בשבת ויו"ט, מותרת לרחוץ במקומות המטונפים בחמין שהוחמו מע"ש ויו"ט, **רק** שתזהר לרחוץ בידים ולא בבגד, כדי שלא תבא לידי סחיטה, **ויש** נשים נוהגות שאין לובשות לבנים בשבת ויו"ט, ובמקום שאין מנהג ידוע יש להתיר.

באר הגולה

[יג] שם בגמ' כחכמים [יד] שם בגמ' לפי' רמב"ם (וכן פרש"י ד"ה מרזב, רק רש"י פי' ע"י חוטין, לשיטתו שפי' משום תקוני מנא, אבל לפי פי' הרמב"ם משום הוצאה, אפי' בידו – גר"א. (**פירש** רש"י, משוה תקוני מנא, **אבל** התוספות (שם ד"ה מהו) והרא"ש פירשוה לענין איסור הוצאה, לפי שאינו דרך מלבוש, וכ"כ רבינו ירוחם, וכן נראה מדברי הרמב"ם – ב"י) [טו] כן פי' הב"י לדעת כל הפירושים שהביא [טז] שבת ל"ט ברייתא וכרבי יהודה [יז] מימרא שם (מ.) וכשמואל שם [יח] שם [יט] שם בברייתא

[כ]**סימן שכו ס"ב** - [כא]**וי"א דהא דשרי בחמי טבריא, דוקא כשאין המקום מקורה, אבל אם המקום מקורה אסור, משום דאתי לידי זיעה ואסור** - דמשום שהוא מקורה נפיש הבלא, ואתי לידי זיעה ע"י הרחיצה, וזיעה אסור כדלקמן בסי"ב. [כב]**וי"א דמותר להזיע בחמי טבריא** - דלא אסרו זיעה אלא במקום שהרחיצה אסורה, ולכן מותר הרחיצה אפי' במקום מקורה, **ויש** לסמוך על דעה זו.

באר הגולה

כ ‹ע"פ הב"י› **כא** **רי"ף ורמב"ם וה"ה בשם הגאונים** ‹כתב הרי"ף, ואי קשיא לך, דגרסינן בפרק כירה, ראו שאין הדבר עומד והתירו להם חמי טבריה, דמשמע מינה מותר לרחוץ בחמי טבריה לכתחלה, **לא** קשיא דהא דאמרינן {הכא, הרוחץ} דיעבד אין לכתחלה לא, לא איתמר אלא במי מערה {דחמין במי טבריא}, משום דמערה היא מטללא, כלומר שהיא מקורה, הילכך נפיש הבלא דידה ואתי לידי זיעה, ומשו"ה לא שרי לכתחלה, {משא"כ מי טבריא, היינו שאינו מקורה} – ב"י›, ‹**דהרוחץ** לאו אמי טבריא קאי, אלא אמי מערה, ולא תני מי טבריא אלא לגלויי אמי מערה, מה מי טבריא חמין, אף מי מערה חמין – רשב"א› **כב** **הר"ן ורבינו יונה ורמב"ן וש"פ** ‹וכן דעת התוס' (ד"ה אף) דמי מערה דקתני בחמי האור הוא, ומשום הכי לכתחלה אסור, אבל בחמי טבריה לכתחלה נמי שרי, ולא חילקו בין מקורה לשאינו מקורה – ב"י›

דלהשתטף כל גופו אפי' לכתחילה שפיר דמי מני ר"ש היא *דתניא לא ישתטף אדם בין בחמין בין בצונן דברי ר"מ ר"ש מתיר ר' יהודה אומר בחמין אסור בצונן מותר: ונסתפג אפילו בעשר אלונטיות: רישא רבותא קמ"ל וסיפא רבותא קמ"ל רישא רבותא קמ"ל דאפילו הני דלא נפישי בהו מיא כיון דחד הוא אתי לידי סחיטה וסיפא רבותא קמ"ל אפילו הני דנפישי בהו מיא כיון דרבים נינהו מדכרי אהדדי: *תנו רבנן מסתפג אדם באלונטית ומניחה בחלון ולא ימסרנה לאולירין מפני שחשודים *על אותו דבר רבי שמעון אומר מסתפג באלונטית אחת ומביאה בידו לתוך ביתו אמר ליה אביי לרב יוסף הלכתא מאי אמר ליה הא ר' שמעון הא רבי הא שמואל הא ר' יוחנן ר' שמעון הא דאמרן רבי *דתניא אמר רבי כשהיינו למדין תורה אצל ר' שמעון בתקוע היינו מעלין שמן ואלונטית מחצר לגג ומגג לקרפף עד שהיינו מגיעין אצל מעין שהיינו רוחצין בו שמואל דאמר רב יהודה אמר שמואל מסתפג אדם באלונטית ומביאה בידו לתוך ביתו ר' יוחנן דאמר ר' חייא בר אבא א"ר יוחנן הלכה מסתפג אדם באלונטית ומביאה בידו לתוך ביתו ומי א"ר יוחנן הכי והא"ר יוחנן *הלכה כסתם משנה ותנן ונסתפג אפילו בעשר אלונטיות לא יביאם בידו ההוא כבן חכינאי מתני לה א"ר חייא בר אבא אר"י האולירין מביאין בלרי נשים לבי בני ובלבד שיתכסה בהן ראשן ורובן סכניתא (א) צריך לקשר ב' ראשיה למטה א"ר חייא בר אבא א"ר יוחנן למטה מכתפיים אמר להו רבא לבני *מחוזא כי מעבריתו מאני לבני חילא שרביבו בהו למטה מכתפיים: סכין וממשמשין: *ת"ר סכין וממשמשין בבני מעיים בשבת ובלבד שלא יעשה כדרך שהוא עושה בחול היכי עביד ר' חמא בר חנינא אמר סך ואח"כ ממשמש ר' יוחנן אמר סך וממשמש בבת אחת: אבל לא מתעמלין: א"ר חייא בר אבא א"ר יוחנן אסור לעמוד בקרקעיתה של דיומסת מפני שמעמלת ומרפא אמר ר' יהודה אמר רב כל ימיה של דיומסת עשרים ואחד יום ועצרת מן המנין איבעיא להו עצרת (בתחלה) להאי גיסא או להאי גיסא ת"ש דאמר שמואל כולהו שקייני *מדיבחא ועד עצרתא מעלו דילמא התם הוא דכמה דקריר עלמא מעלי אבל הכא משום הבלא הוא כיון דחמים עלמא טפי מעלי אמר רבי חלבו חמרא דפרוגייתא ומיא דדיומסת קיפחו עשרת השבטים מישראל רבי אלעזר בן ערך איקלע להתם *אימשך בתרייהו איעקר תלמודיה כי הדר אתא קם למיקרי בספרא בעא למיקרא °החדש הזה לכם °אמר החרש היה לבם בעו רבנן רחמי עליה והדר תלמודיה והיינו דתנן *ר' נהוראי אומר הוי גולה למקום תורה ואל תאמר שהיא תבא אחריך שחבריך יקיימוה בידך ואל בינתך אל תשען *תנא לא ר' נהוראי שמו אלא ר' נחמיה שמו ואמרי לה ר' אלעזר בן ערך שמו ולמה נקרא שמו ר' נהוראי שמנהיר עיני חכמים בהלכה: אבל לא מתגררין: ת"ר *אין גורדין במגררת בשבת רשב"ג אומר °אם היו רגליו מלוכלכות בטיט ובצואה גורד כדרכו ואינו חושש רב שמואל בר יהודה עבדא ליה אימיה מגררתא דכספא: אין יורדין לקורדימא וכו': מאי טעמא משום פיקא: ואין עושין אפיקטויזין בשבת: אמר רבה בר בר חנה אמר רבי יוחנן לא שנו אלא בסם אבל ביד מותר תניא רבי נחמיה אומר אף בחול אסור מפני הפסד אוכלין: ואין מעצבין את הקטן: אמר רבה בר בר חנה אמר ר' יוחנן *לפופי ינוקא בשבת שפיר דמי והאנן תנן אין מעצבין התם בחומרי שדרה דמיחזי כבונה: ואין מחזירין את השבר: אמר רבי חנא *) בגדתאה אמר שמואל הלכה

*) [עמ"ש רש"י מכות כד: וע"ע פרש"י ביבמות סו. ד"ה בגדתאה]

הדרן עלך חבית

רש"י

גמ' דלהשתטף· שופכן על גופו דלאו דרך רחילה היא שרי לכתחילה אפי' בחמין: סיפא· אבל עשרה בני אדם כו': ומניחה בחלון· הסמוכה לכותל המרחץ: לאוליירין· בלנים: על אותו דבר· סחיטה: הא רבי והא ר"ש כו': הרי כל אלו שמתירין: מחצר לגג כו'· ר"ש לטעמיה דאמר בעירובין (דף פד·) אחד גגות אחד חצירות וא' קרפיפות כולן רשות אחת הן לטלטל מזה לזה ואפילו של בעלים הרבה: עד שהיינו מגיעין כו'· ומסתמא לא היו מניחין אותה על המעין במקום הפקר: כבן חכינאי מתני לה. דברי בן חכינאי מסיים בה ולאו סתמא: האוליירין. בלנין: מביאין בלרי נשים· סדינים שהנשים מסתפגין בהם מותר להביאן דרך מלבוש לבית המרחץ: סכניתא· סודר גדול [א] שתלוי לו בין כתפיו וראשו עטוף בו: צריך לקשור שני ראשים· זה בזה שלא תפול מראשו: כי מעבריתו מאני לבני חילא· כשתביאו בגדי העובדי כוכבי' בני החיל המוטלי' עליכם לשמשן ואתם מביאים להם בשבת דרך רשות הרבים: שרביבו כסו למטה מכתפיים· שלא יהיו שוליהם מונחים בכתפיכם אלא משוכי' למטה שיהא נראה לבוש: סך ואח"כ ממשמש· [דקסבר] בחול ממשמש ואחר כך סך: דיומסית· שם נהר שמימיו מלוחים: שמעמלת· מחממת: ומרפא· שהמים מלוח: כל ימיה· ימי רפואתה: להאי גיסא כו'· מתחלת הימים או בסוף: שקייני· משקין לרפואה: מדבחא לעצרתא· אלמא עצרת בסוף: חמרא דפרוגיתא· שם מדינה שיינה משובח: קפחו עשרת השבטים· שהיו בעלי הנאה ועסוקים בכך ולא היו עוסקים בתורה וילאו לתרבות רעה: להתם· לפורגיתא ודיומסית: אימשיך בתרייהו· אחר היין והרחיצה: איעקר תלמודיה· נעקר תלמודו ושכחו: החרש היה לבם: הוי גולה למקום תורה. אם ת"ח אתה אל תשב אלא במקום ת"ח חברך ואל תאמר תלמידים הם יבואו אלי ודי לי בכך למה אהיה גולה: שחבריך יקיימוה בידך. שתהא רגיל אצלם וכשתשנה מסכת אחת והם אחרת תשמענה ותהא סדורה בפיך ואל תשכח הימנה: ואל בינתך אל תשען. לומר חכם גדול אני וזכרן וכשאחזור פרק זה או מסכת זו לא תשתכח חברתה ממני: מגררת· אשטריי"ל ואדם מגרר בה: מגירתא דכספא· לשבת: משום פיקא· טיט של אותו נהר מחליק ובגדי האדם נישורין במים כשהוא טפל ואתי לידי סחיטה: אלא בסם· דדמי לרפואה וגזירה °משום שחיקת סמנין: אבל ביד· להכניס יד לתוך גרונו עד שיקיא מותר: מפני הפסד אוכלין· שבמעיו ומתוך כך הוא רעב וחוזר ואוכל: לפופי· אונמלוטי"א כמו שעושי' לקטן שיתיישבו אבריו ולא יתעקם: בחומרי שדרה· חוליות של שדרה שנתפרקה אחת מהן ולאחר זמן קמיירי דאי ביום לידה (ג) אמרי' (לעיל דף קכט:) כל האמור בפ' תוכחה דיחזקאל עושין לחיה בשבת:

תוספות

דתניא א"ר כשהיינו למדין תורה כו'· מסתמא יחידי היה שלא היה אלא אחד מתלמידיו עמו כשהיה רוחץ כדתניא במקום שנהגו (פסחים דף נא·) שלא ירחוץ תלמיד עם רבו ואם היה רבו צריך לו מותר ומסתמא ר"ש לא היה צריך אלא לאחד כשהיה רוחץ וכשהיו שבים לביתם היה התלמיד נושא האלונטית בפני עצמה שר"ש לא היה נושא עמו דהא ס"ל שיחיד מותר להביאה ולא חיישינן לסחיטה והא דקאמר היינו ר"ל כל אחד ואחד בפני עצמו כשהיה מגיע יומו לשמש רבו ולעיל בפ' כירה (דף מ:) גרסינן מעשה בתלמיד של ר' מאיר שנכנס אחריו לבית המרחץ ויש ספרים דגרסי תלמידיו ואינו ובכל הספרים גרסי לקמן בפרק שואל (דף קנא:) תלמידו· מ"ר:

צריך לקשר שני ראשיה למטה· בגיטין בפ' הנזקין (דף נט.) מפרש דסכניתא הוא בגד דק דאמרינן *סוכני וחומר כי אמגוזא ופלגא דאמגוזא ומשום הכי צריך לקשר שני ראשיה למטה שלא יפריחנו מעליו הרוח ואתי לאתויי או משום דנראה כעין משוי לפי שהוא דק מאד ואינו נראה מלבוש אא"כ נראה קשור:

*אין מעצבין את הקטן· פירשתי[בריש כל הכלים] (דקכ"ג.) ד"ה אסוכי:

[עי' פירש"י עירובין סג. ד"ה מחוזא וברש"י פסחי' ה. ד"ה מחוזא וברש"י ב"מ נט. עוד שם עג. ד"ה אוכלסא דמחוזא]

עין משפט נר מצוה

מו א ב מיי' פכ"ב מהל' שבת הלכה יט טור שו"ע או"ח סימן שא סעיף מח:
מז ג ד מיי' פי"ט שם הלכה יט סמג לאוין סה טוש"ע שם סעיף לד:
מח ה ו מיי' פכ"א מהל' שבת הלכה כח סמג שם טוש"ע או"ח סימן שכז סעיף ב:
מט ז מיי' וסמג שם טוש"ע שם וסימן שכח סעיף מג:
נ ח מיי' שם:
נא ט מיי' שם הלכה ל טוש"ע או"ח סימן שכז סעיף ג:
נב י מיי' שם הלכה כט טוש"ע או"ח סי' שא סעיף מו בהג"ה:
נג כ ל מיי' שם הלכה לא סמג שם טוש"ע או"ח סי' שכח סעיף לט:
[בגיטין אי' סוכני ותומס]
נד מ מיי' וסמג שם טור ש"ע או"ח סימן של סעיף י:
נה נ מיי' פכ"ב שם הלכה כו:
[שייך לעיל במשנה]

רבינו חננאל

אוקימנא למתני' הרוחץ בחמין דיעבד אבל לכתחלה לרחוץ בחמין אסור. ולהשתטף בחמין נמי אפי' כל גופו מותר כר"ש דתניא לא ישתטף אדם בין בחמין בין בצונן דברי ר"מ. ור"ש מתיר. ר' יהודה אומר בחמין אסור ובצונן מותר. אע"פ דתנינן סתמא כר"ש לית הלכתא כוותיה דהא בפירוש נמי תנינן סתמא כוותיה (לעיל דף מ) . מעשה שעשו אנשי טבריא כו' *) (ואע"ג דאמר עולא הלכה כאנשי טבריא הא אמר ליה רב נחמן תברינהו לפילתיהו אנשי טבריא) ואוקימנא כר"ש . ופסקי' בגמרי' אמר רבה בר בר חנה א"ר יוחנן הלכה כרבי יהודה ודקדק רב יוסף על רבה בר בר חנה וא"ל בפירוש שמיעא לך דהלכתא כר' יהודה או מכללא אמרתיה . א"ל בפירוש שמיעא ליה . וכיון דפסק ר' יוחנן בפירוש הלכה כר' יהודה כוותיה עבדינן: ומסתפג אפי' בעשר אלונטיות ולא יביאם בידו ואע"פ שאין בהם מים מרובין . דכיון דחד הוא . דלמא מינשי ועביד סחיטה . אבל אם היו ב"א הרבה אפילו אם מסתפגין כולן באלונטית אחת והיא שרוי במים כיון דרבים נינהו מדכרי אהדדי ולא אתו לידי סחיטה . ומותר להביאה בידים בחצר או מן הגג וכדומה לו מקום שמותר לו לטלטל: אליירין הם השמשים בני אדם הנכנסין במרחץ והן חשודין בזמה שמא יטמאו לונטיות זו בשכבת זרעם. א"ל אביי לרב יוסף והלכתא מאי כו' והלכתא כי הא דא"ר חייא בר רבה א"ר יוחנן הלכה מסתפג אדם באלונטית ומביאה בידו לתוך ביתו . ומקשינן עלה הא"ר יוחנן הלכה כסתם משנה ותנן מסתפג אדם אפילו בעשר אלונטיות ולא יביאם בידו . ומפרקי' מתני' ר' יוחנן לא תאני לה סתמא . אלא כבן חכינאי מתני לה. בתלמוד א"י בפ' כירה ר' חנינה בן עקיבא התיר הבאת לונטיות: סכינתאי א"ר אבין בר רב חסדא א"ר יוחנן צריך לקשר ב' ראשיה למטה . א"ר חייא בר אבא א"ר יוחנן למטה מכתפים. וכן זה שאמר רבא לבני מחוזא כי מעבריתו מני דבני חילא שרביבו להו למטה מכתפים . שלא להראות משא בכתף: בלרין נשים לבי בני. פי' דהא קן של נשים כשמביאין להן האוליירין במרחץ לא התירו אלא עד שיתכסה בהן ראשו ורובו: סכין וממשמשין והלכתא כר' יוחנן דאמר סך וממשמש בבת אחת והוא משמש ביד בקלות . אבל לא מתעמלין . פי' פושטין ומקפלין זרועותיהם לפניהן ולאחריהן וכן רגליהן ע"ג ירכותיהן ומתחממין ומזיעין והוא כמין מעשה רפואה ואסור . וכן אסור לעמוד בשבת בקרקעיתה של דיומסת מפני שמעמלת ומרפאה: חמרא דפרוגתא יין של פרוגיתא והוא שם מקום ומיא דיומסית גם הוא שם מקום. כלומר יין של פרגיתא ומיא של דיומסת טובים הם וערבין ונמשך לב שותה אותן בהן ואינו רוצה להניחם ומתאחד שם ואותן מקומות אין בהן בני תורה והמתאחר שם וזמן הרבה מתקפח ושכח תלמודו . אבל לא מתגרדין . גירוד זה הוא חיכוך בכלי כי הא דתנן רבנן אין גורדין במגרת בשבת רשבג"א אם היו רגליו מלוכלכות בטיט ובצואה גורד כדרכו ואינו חושש. רב ושמואל בר יהודה עבדא ליה אמיה מגריתא דכספא להתחכך בה: אין יורדין לקירומא . פ"א לפילומא פי' בקעה ויש שם מים ותחתיו מים כמו ספל . ואם יבקע ויטבע בו אינו יכול לעלות עד שמתקבצין הרבה ב"א ומעלין אותו משם. יש מי שאומרים הרוחץ באותה בקעה מצמנן ואותן המים משלשלין בני מעיו **) . וזה פי' ביקא . פי' אפיקטויזין קיא. אמר רבה בר בר חנה א"ר יוחנן לא שנו אלא בסם שהוא אסור אבל ביד מותר. ואין מעצבין את הקטן כו' . פי' מושכין אבריו של קטן ומיישב בידו חוליות של שדרה אחת על הברתה וזהו עיצוב מלשון עצבון: לפופי ינוקא לחבר אברים של תינוק. וכדתרגם ויחבר ולפיף : ואין מחזירין את השבר אמר רב תנא בגדתאה אמר שמואל מחזירין

*) לכאורה נראה דמתיבת ואע"ג עד תברינהו לפילתייהו אנשי טבריא שייך לעיל אחר תיבות כוותיה עבדינן ודו"ק   **) עיין ערוך ערך פלס א'

מסורת הש"ס

לעיל לט:
עירובין לג. [ממחות עב.]
[וכישעיה כח א גרס ומיה דדורמסקית וכן גרס רד"ק שם]
[לעיל מו. וש"נ]
אדר"נ ספי"ד
אבות פ"ד משנה י"ד
עירובין יג: ע"ש

הגהות הב"ח

(א) גמרא סכניתא אמר ר' אבין בר רב חסדא א"ר יוחנן צריך לקשר שני וכו' ואמר ר' חייא: (ב) רש"י ד"ה בחומרי וכו' ביום לידה הא אמרינן. נ"ב סוף פ' מפנין ע"ש ברש"י שפי' דלפופי הוא על ידי אגודות ופסיקיאות:

הגהות הגר"א

[א] רש"י ד"ה סוכניתא סודר גדול. נ"ב אבל הרמב"ם פי' קטן שאין מכסה ראשו ורובו:

גליון הש"ס

גמ' אמר החרש היה לבם. עי' דבר נחמד בקרבים בליקוטים שבסוף הספר: רש"י ד"ה אלא בסם וכו' משום שחיקת סמנין. ע"ל דף קמ ע"ב ברש"י ד"ה אפיקטויזין:

§ מסכת שבת דף קמז: §

אות א' - ב'

ולא ימסרנה לאוליירין, מפני שחשודים על אותו דבר

הלכה, מסתפג אדם באלונטית ומביאה בידו לתוך ביתו

סימן שא סמ"ח - [א]מסתפג אדם באלונטית (פי' בגד שמסתפגין בו לאחר שרוחצין) - אפילו כל גופו, לאחר שרחץ את עצמו במים צוננים, וכדלקמן בסימן שכ"ו.

משמע ממ"א, דבזה"ז טוב להסתפג בדבר שאין מקפיד על מימיו, ‹דלפי מנהגן וטבעם שהיה דרכן הרבה ברחיצה, הוה לה גזירת סחיטה גזירה שאין רוב הציבור יכולין לעמוד בה, אבל בזמן הזה דאפשר בלא רחיצה, אסור להסתפג - מחה"ש›, **ובביאור** הגר"א משמע, דסתם אלונטית הוא דבר שאין מקפיד על מימיו.

ומביאה בידו - לתוך ביתו במקום שיש עירוב, **ולא חיישינן שמא יבא לסחוט** - ואף דמבואר לעיל בהג"ה, דאסור לטלטל דבר השרוי במים, שאני הכא, כיון דהתירו הסיפוג ולא חששו לסחיטה, משום דא"א בלי סיפוג, לכך התירו גם להביא לביתו, כ"כ המ"א, **ולפ"ז** אחר שהביאו לביתו והניחו על מקומו, שוב אסור לטלטלו, **אבל** בא"ר הביא בשם ספר התרומה, דסיפוג באלונטית לא מחשב אלא כמים מועטים, ולא גזרו על טלטולו משום שמא יסחוט, **וכן** משמע בביאור הגר"א, דמותר לטלטלו, [אך טעמו הוא, משום דסתמו הוא דבר שאין מקפיד על מימיו].

[ב]ולא ימסור לבלנים, שהם חשודים על הסחיטה.

אות ג' - ד'

האוליירין מביאין בלרי נשים לבי בני, ובלבד שיתכסה בהן ראשן ורובן

סכניתא צריך לקשר שני ראשיה למטה; אמר רבי חייא בר אבא אמר רבי יוחנן: למטה מכתפיים

סימן שא סל"ד - [ג]יוצא אדם בסודר המקופל על כתפיו - אע"ג דבטלית אסור במקופל, כמ"ש בסכ"ט, בסודר שרי, דסודר דרך לבישתו כך בחול לקפלו על כתפיו, **וכ"ז** מיירי במקומות שדרך איזה אנשים לילך כן לפעמים, [כן משמע בגמרא דמשום רטנין שיוצאין בעת הריצה, מותר כל אדם].

אעפ"י שאין נימא כרוכה לו על אצבעו - דאיכא למ"ד בגמרא, דבעינן דוקא שיהא נימא יוצא מהסודר וכרוכה על אצבעו, להחזיקו שלא יפול מכתפיו, אבל לא קי"ל הכי.

[ד]ואם אין הסודר חופה ראשו ורובו - והיינו שהוא קצר, ואין בו שיעור כדי לחופות ראשו ורובו, **אסור לצאת בו, אא"כ קשר שני ראשיו למטה מכתפיו זה עם זה** - והוי כמו אבנט ושרי אע"פ שקצרה, [רמב"ם. **ורש"י** פי', דטעם הקשירה הוא כדי שלא יפלו, משמע דלדידיה סיכניתא חשוב מלבוש בלא"ה, ואזיל לשיטתיה דכתב דהוא סודר גדול, **אבל** הרמב"ם מפרש בשאין בו שיעור ראשו ורובו, וע"י הקשירה שם מלבוש עליו], ‹עיין בהגהות הגר"א›, **אבל** אם יש בהסודר שיעור כדי לחפות ראשו ורובו, אז אף אם מקפלו על כתפיו שרי, וכמ"ש בריש הסעיף, דמקרי מלבוש ודרך לבישתו בכך, (**ואם** פשטו להתעטף בו גופו, אז בעינן שיהא לבוש בו רוב גופו כמנהג המדינה בהבגד ההוא, ואם לאו אינו דרך לבישה, [ה]וכעין זה פירש גם הט"ז גופא לדעת רש"י).

אות ה' - ו'

סכין וממשמשין בבני מעיים בשבת, ובלבד שלא יעשה כדרך שהוא עושה בחול

סך וממשמש בבת אחת

סימן שכז ס"ב - [ו]סכין וממשמשין להנאתו - היינו שסכין בשמן, וממשמשין ביד על כל הגוף להנאה, [רש"י], **[ז]ע"י שינוי** - מכפי הרגיל בחול, **דהיינו שסך וממשמש ביחד** - שאין דרכו בחול לסוך ולמשמש ביחד.

ולא ימשמש בכח - דהוא עובדין דחול, **אלא ברפיון ידים** - ולהרמב"ם מותר בכח, כל שאינו מכוין להביא עצמו עי"ז לידי זיעה.

אות ז'

אבל לא מתעמלין

סימן שכח סמ"ב - [ח]אין מתעמלין, היינו שדורס על הגוף בכח, כדי שייגע ויזיע - ר"ל שפושטין ומקפלין זרועותיהן לפניהן ולאחריהן, ומתחממין ומזיעין, והיא בכלל רפואה. (זה הוא מלשון הרמב"ם בביאורו על אין מתעמלין, **ורש"י** שם פי' דהיינו

באר הגולה

א שבת קמ"ז כרבי חייא בר אבא א"ר יוחנן, הרי"ף והרא"ש והרמב"ם שם ב שם בברייתא ג שם בגמ' כחכמים ד רמב"ם מדין הבלנין כר' חייא בר אבא אמר ר' יוחנן שם ה ‹וז"ל: ונ"ל דרש"י הוכרח לפרש מ"ש טלית מקופלת [בעמוד א'], שלאחר שנתנה על ראשו כו', ולא פי' כפשוטו שלקח טלית מקופלת והניחו על כתיפו, דהיה קשה לו מאי שנא בטלית דאסור ובסודר דמותר, **ע"כ** פי' דבאמת אם מצא הטלית מקופל והניחו על כתיפו דרך עיטוף, דמותר, אלא הא דאסור היינו שהניחה תחלה כמות שהיה ע"פ כל רוחב הטלית, וזהו אינו דרך מלבוש, ע"כ חייב, **אבל** אם לא עשה כן אלא לקח סודר מקופל כבר ועטפו על כתיפו, מותר, דכן הוא דרך הסודר שלובשין אותו בעודו מקופל, וה"ה נמי בטלית, **ע"כ** פירש"י דהא דאסור בטלית מקופלת, לא מיירי במניחה כשהיה מקופלת, דאם כן תקשי לך מההיא דסודר מקופלת› ו שם קמ"ז במשנה ז שם ברייתא וכדמפרש לה ר' יוחנן וכ"פ הפוסקים ח שם קמ"ז וכפי' הרמב"ם

שמשפשף בכח, ומשמע אפי' אם אינו מזיע, והעתיקו הטור ושו"ע לעיל בשכ"ז ס"ב, ודברי השו"ע קשה לפי"ז, וע"ז רמז הגר"א לעיל שם עי"ש, **ולדינא** כתב הא"ר דיש לפסוק בזה כהרמב"ם, שכן הסכים הרה"מ, ובאמת בפיר"ח שלפנינו ג"כ נמצא כהרמב"ם).

ואפי' הגיע לכלל חולה שאין בו סכנה, אין עושין דבר זה כי אם ע"י שינוי, **וכ"ש** אם הוא רק בריא שחושש, [דאפי' ע"י שינוי אין עושין].

ואין להקשות, כיון שאין כאן שייכות שחיקת סממנים, היה לנו להתיר כמו בסעיף שאחר זה, **י"ל** דכיון שלפעמים מביאין הזיעה על החולה ג"כ ע"י סממנים, חיישינן שיעשה רפואה האחרת, **משא"כ** בסעיף שאחר זה, שאין שייכות רפואה לאותן הדברים ע"י שחיקת סממנים כלל, לא גזרינן.

והשפשוף שעושין ליגיעי כח, כדי להשיב כחן ולבטל מהם עייפותן, מסתפק בש"ג אם דבר זה דומה לרפואה ואסור או לא, [והובא במ"א, **ואף** דהוא כתב דלרש"י וטור פשיטא דאסור, לא העתקתי, דכבר כתב הא"ר דהלכה כרמב"ם, כמ"ש בבה"ל]. **אך** לפי מה שכתב המ"א, דאפילו בריא גמור, אם עושה שום רפואה כדי לחזק מזגו אסור, גם בזה אין להקל, [**וטעם** הדבר, דלהשיב כחן פעמים עושין דבר זה גם ע"י סממנים, לכך יש להחמיר גם בזה].

[ט]ואסור לדחוק כריסו של תינוק כדי להוציא הרעי - שמא יבוא להשקות לו סממנים המשלשלים.

אות ח'

אסור לעמוד בקרקעיתה של דיומסת, מפני שמעמלת ומרפא

רמב"ם מהל' שבת פכ"א הכ"ח - סכין וממשמשין בבני מעים בשבת, והוא שיסוך וימשמש בבת אחת כדי שלא יעשה כדרך שהוא עושה בחול; ואין מתעמלין בשבת, אי זה הוא מתעמל, זה שדורסים על גופו בכח עד שייגע ויזיע, או שיהלך עד שייגע ויזיע, שאסור ליגע את עצמו כדי שיזיע בשבת מפני שהיא רפואה; וכן אסור לעמוד בקרקע דימוסית שבארץ ישראל, מפני שמעמלת ומרפאה.

אות ט'

אם היו רגליו מלוכלכות בטיט ובצואה, גורר כדרכו ואינו חושש

סימן שכז ס"ג - [י]אין מגרדין בכלי העשוי לכך - דהוא כעובדין דחול, [רש"י ‹בעמוד א' במשנה›, **אבל** יכול לגרד בידיו על הבשר, אך שיזהר שלא יעשה חבורה.

אמרינן בגמרא, דאם היה לו כלי המיוחד לשבת, שרי, **וכתב** המ"א, דמזה נהגו הבתולות להיות להם כלי משער חזיר המיוחד לשבת, דתו לא מחזי כעובדין דחול, **וגם** בזה אינו מותר כי אם לתקן בו מעט את השערות להשכיבם, אבל לסרוק בו אסור אף בזה, שא"א שלא יתלוש שער.

אלא אם כן היו ידיו או רגליו מטונפות בטיט וצואה - דתו לא מחזי ע"י הגירוד כעובדא דחול

אות י'

משום פיקא

סימן שא סמ"ו - [יא]בגדים השרוים במים - אפילו שריה מועטת, **אסור לנגבם סמוך לאש** - אע"ג דאפילו בחמה אסור וכנ"ל, התם משום מראית העין לחוד הוא, וקמ"ל הכא דנגד האש יש איסור תורה משום מבשל ומשום מלבן, דדרך להתלבן ע"י התנור, **וגם** דאסור מחמת זה לנגבן אפילו כשהוא לבוש בהם, אם הוא עומד נגד החום במקום שהיד סולדת בהם, [**ועיין** בא"ר שמסתפק, דאפשר דאפי' כונתו בעמידתו רק לחמם את עצמו ולא לנגבן, יהיה אסור משום פסיק רישא].

וה"ה דאסור להניחן על התנור במקום שהיד סולדת בהם, והעולם נכשלין בזה בעו"ה, שמניחין בחורף בגדים לחים על תנור חם לנגבן, **ובמקום** שאין היסל"ב מותר לנגבן, והוא שלא יניחם דרך שטיחה, דאם שוטחם כדרכם אסור בכל גווני, וכנ"ל בסעיף הקודם, [**דמסתברא** דאיסור מראית עין הוא דוקא כששוטחן, דאז יאמרו שכבסן, דדרך לשטחן אחר הכביסה. **וכל** דברינו הוא רק בשעה שפושטן מעליו וצריך הוא להניחו, דאז מותר להניחו במקום שאין היסל"ב, דלאח"כ אסור בלא"ה משום איסור טלטול, וכדלקמיה בהג"ה, **א"נ** מיירי בדבר שאין מקפיד על מימיו, או בשבאו עליו רק מים מועטים, דלא חיישינן שיבא לסחוט].

(**סתם** בגדים משמע אף בשל צמר – פמ"ג, ור"ל דלא תימא דליבון זה הוא דוקא בשל פשתן, שדרך להניחן בתנור להתלבן, וכדאיתא במשנה שם, **ובפרט** איסור בישול בודאי שייך בכל הבגדים).

הגה: [יב]ואסור לטלטלם, שמא יבא לידי סחיטה - ודוקא כשנשרו במים מרובין, אבל כשבא עליהם מים מועטים לא חיישינן שיבוא לידי סחיטה, וכדלקמן סימן ש"ב ס"ט בהג"ה.

והוא שמקפיד על מימיו (מרדכי פרק חבית) - היינו שאין רוצה שיהיה בהם מים, אבל המטלניות ששרוים תמיד במים, אין לחוש ומותר בטלטול.

[יג]ואסור לילך בשבת במקום שיוכל להחליק וליפול במים, שמא ישרו כליו ויבא לידי סחיטה.

באר הגולה

ט שם ברמב"ם | י שם בברייתא כרשב"ג וכן פסקו הפוסקים | יא מרדכי סוף פרק כ' דשבת | יב ‹מהא דאלונטית קמ"ז, ואע"ג דקי"ל כר"ש, משום דאין מקפיד על מימיו, וכמ"ש מ"ח א' {מההוא דפרס דסתודר} – גר"א› | יג ‹קמ"ז א' ב' – גר"א›

אות כ' - ל'

לא שנו אלא בסם, אבל ביד מותר

אף בחול אסור, מפני הפסד אוכלין

סימן שכח סל"ט - [יד]**אין עושין אפיקטויזין (פי' הערוך, אפיק טפי זון, כלומר להוציא עודף המזון), דהיינו גרמת קיא** - דהיינו כדי שיהא רעב, ויחזור אח"כ לאכול הרבה, [רש"י], **אפי' בחול, משום הפסד אוכלים;** [טו]**ואם מצטער מרוב מאכל, בחול מותר אפילו בסם; ובשבת, אסור בסם** - דדמי לרפואה, וגזירה משום שחיקת סממנים, [רש"י], **ומותר ביד.**

אות מ'

[טז]**לפופי ינוקא בשבת שפיר דמי**

סימן של ס"י - מותר לכרכו בבגדיו שלא יתעקמו איבריו - ובר"א"ש משמע, דאפילו לכרכו כדי לישר אבריו [שכבר נתעקמו], ג"כ שרי לעולם, **והטעם** בגמרא, משום דאורחיה תמיד בהכי, ולא הוי כמתקן, **ומשמע** דאם היה תינוק שאין כורכין אותו בחול, ונתעקמו אבריו, אסור לכרכו בשבת. (**כתב** הב"ח, דבחומרי שדרה שנתפרק, אפי' אין מישבין בידים ממש, אלא ע"י ליפוף בגדים, נמי אסור, **ובמאירי** משמע, דבליפוף בגדים בכל גוונא שרי).

אות נ'

בחומרי שדרה, דמיחזי כבונה

רמב"ם פכ"ב מהל' שבת הכ"ו - ואין מתקנין חליות של שדרה של קטן זו בצד זו, מפני שנראה כבונה.

באר הגולה

[יד] שבת קמ"ז [טו] הרי"ף ורא"ש שם [טז] ‹הקדמה להגר"א בסעיף ט' - **דף** קכ"ג. אסובי ינוקא, רב נחמן אסיר ורב ששת שרי. **דף** קכ"ט: ואמר רב נחמן אמר רבה בר אבוה אמר רב: כל האמור בפרשת תוכחה עושין לחיה בשבת... מכאן שמלפפין הולד בשבת. **דף** קמ"ז: אמר רבה בר בר חנה אמר רבי יוחנן: לפופי ינוקא בשבת שפיר דמי. והאנן תנן: אין מעצבין, התם בחומרי שדרה, דמיחזי כבונה.› ‹**והשו"ע** פסק בסעיף ט' כפי' רש"י קכ"ג. וכרב ששת, וכ"כ תוס' שם ד"ה אסובי, דלאו היינו לפופי, דר"נ גופא שרי שם קכ"ט: וכ"כ רש"י שם ד"ה מלפפין, **וע"כ** אינו ג"כ חומרי שדרה שנתפרקה אחת מהן, דהא תנן אין מעצבין, אלא כמ"ש שם בשו"ע {דמיישרין אברי הולד שנתפרקו מחמת צער לידה}, ולא חילקו רש"י ותוס' שם ושם בין יום לידה או אח"כ, **ובדף** קמ"ז: ד"ה בחומרי כתב רש"י דמיירי לאחר יום לידה, דאי ביום לידה אמרינן שם קכ"ט: כל האמור כו', **וצ"ל** שחזר בו רש"י ממ"ש בסוף מפנין קכ"ט: "דלאו היינו אסובי", דהא ר"נ אמר דהא ביום לידה אפי' מעצבין מותר, {וא"כ למאי הוצרך לחלק בין אסובי ללפופי, בכדי של תקשי רב נחמן דאוסר לאסובי, על רב נחמן דיליף מקרא דמלפפן, הלא בלא"ה לק"מ, דהלא בקרא מיירי ביום הלידה - דמשק אליעזר}. **ושו"ע** בס"ט פסק כתוס' וכפרש"י בפ' כל הכלים קכ"ג. ופ' מפנין קכ"ט; ומיישרין לעולם מותר {וכרב ששת}, דאסובי לאו היינו לפופי, וזהו שכתב מיישרין כו', ובס"י כתב מותר לכרכו בבגדיו שלא יתעקמו איבריו כו' {והיינו לפופי דמותר לכו"ע}, ואין חילוק ביניהם {לומר דדוקא ביום הלידה}, וכן משמע לכאורה בגמ', מדקאמר אסובי, ולא קאמר לפופי כמ"ש בשאר מקומות - גר"א›

§ מסכת שבת דף קמח. §

אות א'

הלכה מחזירין את השבר

סימן שכח סמ"ז - [א]עצם שיצא ממקומו, מחזירין אותו - המ"א חולק ע"ז, וס"ל דדוקא עצם הנשבר מותר להחזירו, **אבל** העצם הנשמט ממקומו אסור להחזירו, דאפילו לשפשף הרבה בצונן אסרו, כדאיתא בסעיף ל', וכ"ש חזרה, והעתיקוהו כמה אחרונים, **ומ"מ** ע"י א"י נראה שאין להחמיר.

ובספר שלחן עצי שטים חולק על המ"א, וכתב דכל שיצא ממקומו לגמרי שקורין אוי"ש גילענק"ט, חשיב סכנת אבר כמו נשבר אם לא יחזירנו מיד, ושרי להחזיר אפילו ע"י ישראל, וכבסעיף י"ז, **והאי** דלעיל סעיף ל' איירי לדעתו, בשלא נשמט לגמרי ממקומו.

ונראה דגם לדעת המ"א, אם הרופא אומר שנפרק בחזקה, ויוכל לבוא לידי סכנת אבר, שמותר להחזירו למקומו כדרך שעושה בחול.

אות ב'

מי שנפרקה ידו או רגלו לא יטרפם בצונן וכו'

סימן שכח ס"ל - [ב]מי שנשמט פרק ידו או רגלו ממקומו - דהיינו שיצא העצם מפרק שלו, רש"י, **לא ישפשפנה הרבה בצונן, שזהו רפואתו; אלא רוחץ כדרכו, ואם נתרפא נתרפא** - ועיין לקמן בסמ"ז במה שנכתוב שם במ"ב.

אות ג' – ד'

שואל אדם מחבירו כדי יין וכדי שמן **הלויני**

סימן שז סי"א - [ג]השואל דבר מחבירו לא יאמר לו: הלויני, דמשמע לזמן מרובה - דסתם הלואה ל' יום, **ואיכא למיחש שמא יכתוב** - המלוה הלואתו לזכרון, **כתב** הפמ"ג בשם הרשב"א, דבלשון הלואה לא מהני אפילו אם מתנה עמו שמלוהו רק לזמן מועט, דלא פלוג רבנן, **עוד** כתב הפמ"ג, דאפילו אם לוה ספרים שהוא דבר מצוה, ג"כ לא יאמר לשון הלואה.

ובמקום שנוהגין שסתם הלואה רשאי לתבוע לאלתר, כמו שנוהגין במדינתנו, רשאי לומר "הלויני" - מ"א, (**וקצת קשה, דהא הגמ'** מקשה דבשאלה נמי היה לנו לאסור, דלא קפיד המלוה עליה, ואתי למכתב, ומשני דהכירא הוא במאי דמצרכינן ליה לומר "השאילני" דוקא, וא"כ הכא לא שייך זה, וכמו בלשון לעז שאסרו מטעם זה, וכמ"ש הגר"א).

אלא יאמר לו: השאילני - דשאלה שזמנה לאלתר אין חשש שמא יכתוב, [ד][רש"י], (עיין בפמ"ג שמסתפק, אם א"ל "השאילני לזמן מרובה" אם מותר). [ה]**ובלשון לע"ז שאין חילוק בין הלויני להשאילני, צריך שיאמר: תן לי** - ומותר ג"כ לסיים: ואחזור ואתן לך.

הגה: וכשלוה בשבת ואינו רוצה להאמינו, יניח משכון אצלו - ודוקא יין ושמן ודבר שהוא צורך שבת, אבל דבר שאינו צורך שבת, אסור להניח עליו משכון, {דאסור ליתן משכון אא"כ הוא לצורך מצוה או לצורך שבת, דדמי למקח וממכר - מ"ב סי' ש"ו סוף ס"ו}, **אבל לא יאמר לו: הילך משכון, דהוי כעובדא דחול' (ב"י בשם א"ח).**

כשם שאין לוין בשבת, כך אין פורעין בשבת (ריב"ש) - היינו אפילו אם לוה ממנו כדי יין ושמן לזמן מרובה, אסור לפורעם בשבת, דכשם שבהלואה גזרינן שמא יכתוב, כך בפרעון גזרינן שמא ימחוק החוב מן הפנקס.

והתוס' ‹ב"מ ע"ה› כתבו, דאם אומר בלשון חזרה ולא בלשון פריעה, מותר, דאית ליה הכירא, ולא אתיא דבר זה לידי מחיקה, **וכ"ז** דוקא בדבר שהוא מאכל וצורך שבת, אבל בלא"ה אסור בכל לשון. ‹**הלואה** בלא משכון שרי באפשר אף לצורך חול, כל שאומר בלשון שאלה או תן לי. ומשכון אסור. ופרעון אסור לגמרי אף בלשון חזרה, כל שאינו צורך שבת – פמ"ג. ‹**והחילוק** בין הלואה לפרעון אינו מבורר›.

אות ה'

כל מילי דיום טוב כמה דאפשר לשנויי משנינן

סימן תקי ס"ח - [י]אע"פ שהותרה הוצאה ביו"ט אפילו שלא לצורך, לא ישא משאות גדולות כדרך שהוא עושה בחול, אלא צריך לשנות; כיצד, [ח]המביא כדי יין ממקום למקום, לא יביאם בסל ובקופה לתת לתוכו ארבעה או חמשה כדים - ואפילו לצורך שתיית היום, **ומשמע** מעבודת הקדש, דאפילו אם ירצה ליתן בתוך הסל רק שנים, גם כן אסור, דהוא עובדא דחול, **ואפשר** דהשו"ע סבר ג"כ הכי, אלא נקט דבר ההוה.

אלא יביאם על כתפו או לפניו [ט]אחד או שנים, דמוכח שלצורך יו"ט הביאם - ואם זימן הרבה אורחים, וצריך להביא במהרה לכולם ביחד, מותר לשאת בקופות ד' וה' כדין, כדלקמן ס"י.

הגה: ודוקא כשמוליכין ממקום למקום - היינו במבואות דשכיחי בה רבים, ומחזי כעובדא דחול, **אבל מזוית לזוית (ב"י בשם רש"י) או מבית לבית באותו חצר (א"ז), שרי בכל ענין** - אפי' יותר מד' וה' כדים, ואדרבה יותר טוב הוא להוליך הרבה ביחד, משיוליך מעט מעט, ויצטרך להרבות בהילוך, [מ"א בשם תוס']. ‹ביצה כ"ט: ד"ה המביא›.

‹המשך ההלכות מול עמוד ב'›

באר הגולה

[א] **שבת קמ"ח ובגמ' ודלא כסתם משנה** ‹צ"ע, דבגמרא לא התירו אלא להחזיר השבר, דהיינו עצם הנשבר, אבל עצם שיצא ממקומו אסור, דהא אפילו לשפשפו אסור, וכמ"ש סעיף ל' לכן אין להקל – מ"א› [ב] **שם קמ"ז משנה** [ג] **שם במשנה קמ"ח** [ד] ‹אף דרש"י עוסק רק בפי' של הלויני, אלא דר"ל כפי' רש"י דמחלק בין הלואה דאינו פורע מיד, לשאלה שיכול לתובעו מיד, ולאפוקי מפי' התוס', שגם סתם שאלה היא ל' יום, ומחלק באופן אחר, ע"ש› [ה] **הר"ן בשם התוספות** ‹נמצא רק בר"ן› וסמ"ג [ו] **דין הלואת יום טוב ושבת אם ניתנה ליתבע בסימן תקכ"ה** [ז] **ל' הרמב"ם** [ח] **משנה שם** ‹ביצה› כ"ט וכפי' **רש"י שם** [ט] ‹אע"ג דמפשי בהילוכא, כיון שאינו עושה כ"כ כדרך שעושה בחול, יש לו לשנות, וההיא דבסמוך דמליין בחצבא זוטא ודמליין בחצבא רבה, תרווייהו עובדא דחול, ובענין שנושאים זה נושאים זה, הלכך אין לו לשנות לא להקל ולא להכביד – תוס' כאן ד"ה אתקין› [י] ‹ביצה כ"ט: ד"ה ממקום›

הלכה מחזירין את השבר רבה בר בר חנה איקלע לפומבדיתא לא על לפירקיה דרב יהודה שדריה לאדא דיילא א"ל זיל גרביה אזיל גרביה אתא אשכחיה דקא דריש אין מחזירין את השבר א"ל הכי אמר רב חנא בגדתאה אמר שמואל הלכה מחזירין את השבר א"ל הא חנא דידן והא שמואל דידן ולא שמיע לי ולאו בדינא גרבתיך: מי שנפרקה ידו כו': רב אויא הוה יתיב קמיה דרב יוסף שניא ליה ידיה א"ל הכי מאי אסור והכי מאי א"ל אסור אדהכי איתפח ידיה א"ל מאי תיבעי לך הא תנן מי שנפרקה ידו או רגלו לא יטרפם בצונן אבל (א) רוחץ כדרכו ואם נתרפא נתרפא א"ל ולא תנן אין מחזירין את השבר ואמר רב חנא בגדתאה אמר שמואל הלכה מחזירין את השבר אמר ליה *כולהו בחדא מחיתא מחיתנהו היכא דאיתמר איתמר היכא דלא איתמר לא איתמר:

[גבי' ע"ב עמוד]

הדרן עלך חבית

שואל אדם מחבירו כדי יין וכדי שמן ובלבד שלא יאמר לו הלויני וכן האשה מחבירתה ככרות ואם אינו מאמינו מניח טליתו אצלו ועושה עמו חשבון לאחר שבת וכן ערב פסח בירושלים שחל להיות בשבת מניח טליתו אצלו ונוטל את פסחו ועושה עמו חשבון לאחר יום טוב: גמ' א"ל רבא בר רב חנן לאביי מאי שנא השאילני ומאי שנא הלויני אמר ליה השאילני לא אתי למיכתב הלויני אתי למיכתב והא כיון דבחול זימנין דבעי למימר ליה הלויני וא"ל השאילני ולא קפיד עילויה ואתי למיכתב בשבת נמי אתי למיכתב א"ל (בחול דלא שנא כי א"ל הלויני ל"ש כי א"ל השאילני לא קפדינן עילויה אתי למיכתב) בשבת כיון דהשאילני הוא דשרו ליה רבנן הלויני לא שרו ליה מינכרא מילתא ולא אתי למיכתב *א"ל רבא בר רב חנן לאביי מכדי אמרו רבנן כל מילי דיום טוב כמה דאפשר לשנויי משנינן הני נשי דמליין חצבייהו מיא מ"ט לא משנין משום דלא אפשר היכי לעבדי דמליין בחצבא רבא לימלו בחצבא זוטא הא קא מפשו בהילוכא דמליין בחצבא זוטא לימלו בחצבא רבא קא מפשו במשוי

ניפרום

רש"י

הלכה מחזירין את השבר · סבירא ליה לשמואל מחזירין תנן: אדא דיילא · מכשט"ל ממונה: גרביה · קח בגדו עד שיבא: אשכחיה · רבה אשכחיה לרב יהודה כו': הא חנא דידן · ממקומנו הוא ולא שמעו זאת מפיו עד הנה: ולאו בדינא גרבתיך · בתמיה שאינו לא בא לא למדנו: שניא ליה ידיה. נשתנית ידו ממקומה אשולדיי"ר בלע"ז: הכי מאי · היה עושה בעניים הרבה ושואל: בחדא מחיתא מחיתנהו · בארוגה אחת ארגנהו*: היכא דאיתמר. דמתניתין לאו דוקא תנן איתמר:

הדרן עלך חבית

שואל. שלא יאמר הלויני. מפרש בגמרא: שחל להיות בשבת. ולא נזכר מע"ש לקנות: לאחר יו"ט · ליום שלישי: גמ' הלויני משמע לזמן מרובה וקיי"ל במסכת מכות (דף ג:) סתם הלואה ל' יום ואתי מלוה זה לכתוב על פנקסו כך וכך הלויתי כדי שלא ישכח: א"ל וכיון דבחול נמי זימנין דבעי למימר הלויני ואמר השאילני: ולא קפיד עליה · והויא הלואה: בשבת נמי · כי אמר השאילני סבר דהלואה היא ואתי למכתב ומאי היכר איכא: ה"ג א"ל בשבת כיון דהשאילני שרו ליה רבנן הלויני לא שרו ליה מינכרא מילתא ולא אתי למכתב: אמרו רבנן · במסכת ביצה: כל כמה דאפשר לשנויי משנינן · דאמרינן המביא כדי יין לא יביאם בסל ובקופה כו': בכתפא

תוספות

שואל אדם מחבירו כדי יין וכדי שמן ובלבד שלא יאמר לו הלויני. פירש רש"י טעמא משום דסתם הלואה ל' יום ולפי שהוא לזמן מרובה יותר משאלה אתי למיכתב וקשה לר"ת דסתם שאלה (ג) ל' יום כדאמר במנחות בהתכלת (דף מד.*) טלית שאולה כל ל' יום פטורה מן הציצית ואמרינן נמי התם הדר באכסני' בא"י והשוכר בית בחו"ל כל ל' יום פטור מן המזוזה מכאן ואילך חייב במזוזה אלמא דסתם שאלה ל' יום איתא ולהכי פטורה כל ל' יום דאמר שאולה היא אבל מכאן ואילך נראה כמו שלו ומיהו יכול לומר לרש"י לאו משום דאי מתבע ליה לדינא בתוך ל' יום שאין צריך להחזיר דודאי היה חייב להחזיר (ג) דעבידי אינשי דמשאלי פחות משלשים יום אבל טפי לא משאלי הלכך עד ל' יום אמרי אינשי שאולה היא ור"י פירש לנו דהיינו טעמא בשאלה לפי שהיא חוזרת בעין לא אתי למיכתב אבל לשון הלואה אינו חוזר בעין ואתי למיכתב ואע"ג דכי שאיל מיניה כדי יין וכדי שמן לא הדרי בעין מ"מ מתוך שמזכיר לו לשון שאלה זכור הוא ולא אתי למיכתב. מ"ר וכן פירש ה"ר פורת:

אתקין רבא במחוזא דדרו בדוקא כו' · ברוב ספרים אינו כתוב כאן ולא בפירוש רש"י ובריש המביא כדי יין (ביצה דף ל. ושם) נראה שהוא מקומו וזה לשון פירוש הקונטרס בביצה דדרו בדוקא משוי שאדם יחיד נושא בחול על כתיפו בטורח אם בא לשאתו לצורך יום טוב ביו"ט כגון חבית או שק מלא פירות ישאנו ביו"ט בדיגלא עתר שקורין פורק"א כדרך נושאי מלח למכור מפני שצריך לשנות וכשמשנה ישנה להקל משאו ולא להרבות טורח ביו"ט ועתר זה נוח לשאת בו משא כבד וכשנושא בו חבית הנישאת בכתף ישנה להקל דדרו בדיגלא משוי חבית גדולה שרגילה לשאת בדיגלא לידרו באגרא ישאוהו ביו"ט בב' בני אדם במוט על כתפים דהיינו נמי שינוי להקל דדרו באגרא במוט על כתפים לידרו ביו"ט אותו משוי באכפא במוט בידים משום שינוי ואפילו אינו להקל מ"מ שינוי הוא ואינו מרבה טורח בשינוי דדרו באכפא ניפרום סודרא קל הוא ואינו מכביד ושינוי בעלמא הוא ולהגהו עד כאן לשונו ומשמע מתוך פירושו דכל אלה משוי אחד להם בשוה ואין זה נושא יותר אלא שנושא משאו בענין אחר ממה שהיה רגיל וזה דחקו שאם נפרש שכל אלו ממעטים משאם מאשר היו רגילים לשאת קשיא הא דאמר בסמוך (ד) מפשי בהילוכא משמע מפירושא דאגרא נושאים שני בני אדם שפיר במוט בשנים ויש בו משוי שני בני אדם שנושאים כל מה שרגילין לשאת בדיגלא ודיגלא היא משוי שני בני אדם כדמשמע בבבא מציעא בס"פ השוכר את האומנים (דף פג.) וקשיא לר' דהתם משמע נמי דאגרא אין בו משוי לשני בני אדם דאמר התם דדרו באגרא ואיתבר משלם פלגא מ"ט נפיש לחד וזוטר לתרי ודמי לפשיעה ודמי לאונס בדיגלא משלם כולה משמע דלא הוי זוטר לתרי נראה דאגרא לשום אדם אינו נראה עובדא דחול כמו דיגלא ומשום הכי דדרו בדיגלא לידרו באגרא ואע"פ שמפיש בהילוכא יכול לשנות כיון שאינו נראה כל כך עובדא דחול והשתא אתי שפיר דדרו באגרא לידרו באכפא אע"פ שבודאי מרבה במשאוי הוא בנושא בידים המוט מכשנושאו על כתיפו מ"מ כיון שאינו נראה עובדא דחול כמו אגרא יכול לעשות כעין שמצינו גבי בהמה מסוכנת דתנן בבילה (דף כה:) שחטה בשדה לא יביאנה במוט אלא מביאה בידו אברים אברים ותנן נמי (דף כט: ושם) בהמביא כדי יין לא יביאם בסל ובקופה אלא מביא הוא על כתפיו או לפניו אלמא הני אע"ג דמפשי בהילוכא כיון שאינו עושה כל כך כדרך שעושה בחול יש לו לשנות והיא דבסמוך דמליין בחצבא זוטא ודמליין בחצבא רבה תרווייהו עובדא דחול ובענין שנושאים זה נושאים זה הלכך אין לו לשנות לא להקל ולא להכביד כדפי' טעמא וההיא דלעיל בריש מפנין (דף קכז:) לא שייכא שעובדא דחול שאינו מטלטל אלא בבית מזוית לזוית. מ"ר · וההיא דשחטה בשדה פירש בריש מפנין (ג"ז שם) בע"א וכמו שפירש כאן עיקר ועוד קשה לי לפי' הקונטרס דדרו באכפא אמאי ניפרום סודרא עליה הוה ליה למימר לידרו באגרא כיון שאינו משנה להכביד יותר מאכפא כמו שמשמע נמי מתוך פירושו ולפירוש רבי אתי שפיר:

ניפרום

עין משפט נר מצוה

נו א טוש"ע או"ח סימן שכח סעיף מז:

נז ב שם סעיף ל:

[ועי' תוספות שם ד"ה טלית]

א ג ד מיי' פכ"ג מהל' שבת הלכה יב סמג לאוין סה טור שו"ע או"ח סימן שז סעיף יא:

ב ה מיי' פ"ה מהלכות י"ט הלכה א ב סמג לאוין עה טוש"ע או"ח סימן תקי סעיף ח:

ג ו מיי' שם טוש"ע שם סעיף י וסימן שכג סעיף ה:

רבינו חננאל

מחזירין את השבר. רבה בר בר חנה לא על (פי')לפירקי' דרב יהודה שדריה לאדא דיילא א"ל זיל גרד ביה אזל גרביה.פירוש*) משכיהו והביאהו מלשון פרק נחל מעם גר כלומר הבריחהו . כדגרסינן בפרק בנות כותים נדות מעריסתן . שלא בר אבינא עבד עוברא כרב. כי קא ניחא נפשיה דרב . א"ל לרב אמי זיל צניעיה ואי לא צאית גרדיה הוא סבר גרדיה א"ל ופי' הכהו וכו': מי שנפרקה ידו או רגלו פי' שף מבוכניה לא יטרפן בצונן אבל רוחץ כדרכו ואם נתרפא נתרפא ורב אויא דשניא ליה ידיה והיה אומר לרב יוסף ומראה בידו אם יעשה בידו כך או כך מותר או אסור עד שהיה מראה לו כדי שיראהו מה שהתירו חכמים חזרה ידו למקומה ונתרפא:

הדרן עלך חבית

פרק כ"ג שואל אדם מחבירו כדי יין וכדי שמן ובלבד שלא יאמר לו הלויני כו'.ואוקימנא דחיישינן שמא יכתוב **) וכןשאם יאמר לו הלויני גוערין בו ואומרים לו אסור לומר כן ביום שבת לשון הלואה מינכרא מלתא ולא אתי למכתב וכיון שהזכיר א"ל רבא בר רב חנן לאביי נסיב

*) עיין בערוך ערך גרב א'

**) אינו מובן לכאורה ואולי דהיה לו גירי' כספרים בגמרא כמוסגר בתוס' לבנה וסוגא בתי' כרשב"א כאן ומפרש רבינו דהחלוק הוא דבשבת כיון שאם אומר הלוני קפדינן עלוהי יש לו היכירא ולא אתי למכתב מלשון שאלה וכו' ודו"ק:

מסורת הש"ס

[עי' פרש"י חולין נח:]

רש"ל מ"ז

[לעיל קכח: וש"נ] ביצה ל. ע"ש

הגהות הב"ח

(א) גמ' לא יטרפם בצונן (אבל רוחץ) תא"מ וכ"ב ס"א אבל טובל: (ב) תוס' ד"ה שואל וכו' דסתם שאלה נמי ל' יום: (ג) בא"ד היה חייב להחזיר אלא דעבידי: (ד) ד"ה אתקין וכו' דאמר בסמוך הא קא מפשי בהילוכא:

גליון הש"ס

מתני' שואל אדם מחבירו. עי' בירושלמי פ"ח דשביעית על מ"ד כובא בר"ש שם:

תורה אור

ניפרוס סודרא אתי לידי סחיטה נכסייה בנכתמא זימנין דמיפסק ואתי למקטריה הלכך לא אפשר וא"ל רבא בר רב חנן לאביי תנן *לא מספקין ולא מטפחין ולא מרקדין ביו"ט וקא חזינן דעבדין ולא אמרינן להו ולא מידי ולטעמיך הא דאמר *רבא לא ליתיב איניש אפומא דלחייא דילמא מיגנדר ליה חפץ ואתי לאיתויי והא קא חזינן (א) נמי דמותבי חצבי ויתבן אפומא דמבואה ולא אמרינן להו ולא מידי אלא הנח לישראל *מוטב שיהו שוגגין ואל יהו מזידין *סבור מינה הנ"מ בדרבנן אבל בדאורייתא לא ולא היא ל"ש בדרבנן ול"ש בדאורייתא דהא תוספת דיוה"כ דאורייתא היא וקא חזינן להו דקאכלי ושתו עד שתחשך ולא אמרי' להו ולא מידי : וכן אשה מחבירתה ככרות : בשבת הוא דאסיר אבל בחול שפיר דמי לימא מתני' דלא כהלל דתנן *וכן היה הלל אומר לא תלוה אשה ככר לחבירתה עד שתעשינה דמים שמא יוקרו חטין ונמצאו באות לידי רבית אפילו תימא הלל הא באתרא דקיץ דמיה הא באתרא דלא קיץ דמיה : ואם אינו מאמינו : איתמר הלוואת יו"ט רב יוסף אמר לא ניתנה ליתבע *ורבה אמר ניתנה ליתבע רב יוסף אמר לא ניתנה ליתבע דאי אמרת ניתנה ליתבע אתי למיכתב רבה אמר ניתנה ליתבע דאי אמרת לא ניתנה לא יהיב ליה ואתי לאימנועי משמחת יו"ט תנן אם אינו מאמינו מניח טליתו אצלו אי אמרת בשלמא לא ניתנה ליתבע משום הכי מניח טליתו אצלו ועושה עמו חשבון לאחר שבת אלא אי אמרת ניתנה ליתבע אמאי מניח טליתו אצלו ליתן ליה ולתבעיה אמר לא בעינא דליקום בדינא ודיינא מתיב רב אידי בר אבין *השוחט את הפרה וחילקה בראש השנה אם היה חדש מעובר משמט ואם לאו אינו משמט ואי לא ניתנה ליתבע מאי משמט שאני התם דאיגלאי מילתא דחול הוא ת"ש מסיפא אם לאו אינו משמט אי אמרת בשלמא ניתנה ליתבע היינו דקתני אינו משמט אלא אי אמרת לא ניתנה ליתבע (ב) אמאי אינו משמט דאי יהיב ליה שקיל מכלל דרישא אי יהיב ליה לא שקיל רישא צריך למימר ליה משמט אני סיפא לא צריך למימר ליה משמט אני כדתנן *המחזיר חוב בשביעית יאמר לו משמט אני ואם אמר לו אעפ"כ יקבל ממנו משום שנאמר °וזה דבר השמטה רב אויא שקיל משכונא *רבה בר עולא מערים איערומי : וכן ערב פסח : א"ר יוחנן *מקדיש אדם פסחו בשבת וחגיגתו ביו"ט נימא מסייע ליה וכן ערב פסח בירושלים שחל להיות בשבת מניח טליתו אצלו ונוטל את פסחו ועושה עמו חשבון לאחר יו"ט הבא במאי עסקינן בממנה אחרים עמו על פסחו דמעיקרא מיקדש וקאי והא אנן תנן *אין נמנין על הבהמה בתחילה ביו"ט שאני הכא כיון דרגיל אצלו כמאן דאימני ביה מעיקרא דמי והא תני רבי הושעיא הולך אדם אצל רועה הרגיל אצלו ונותן לו טלה לפסחו ומקדישו ויוצא בו התם נמי כיון דרגיל אצלו אקדושי (ג) ליה מעיקרא והא מקדיש קתני הקדש עילוי מדרבנן ומי אמר ר' יוחנן הכי *והא אמר ר' יוחנן הלכה כסתם משנה ותנן *לא מקדישין ולא מעריכין ולא מחרימין ולא מגביהין תרומות ומעשרות כל אלו ביו"ט אמרו ק"ו בשבת לא קשיא כאן בחובות שקבוע להן זמן כאן בחובות שאין קבוע להן זמן :

מתני' מונה אדם את אורחיו ואת פרפרותיו מפיו אבל לא מן הכתב מפיס אדם עם בניו ועם בני ביתו על השולחן ובלבד שלא יתכוין לעשות מנה גדולה כנגד מנה קטנה *ומטילין חלשין על הקדשים ביו"ט אבל לא על המנות :

גמ'

רש"י

בנכתמא · כיסוי : **זימנין דמיפסק כו'** · כיון דמגרכא ליה כיסוי קטר ליה בכד וזימנין דמיפסק ואתי למקטריה והיא קשר של קיימא דאסור מדאורייתא : **ואתי לידי סחיטה** · ודקאמר במסכת ביצה ניפרוס סודרא עליה (דף ט') (ו) [התם] בדבר יבש קא מיירי : **אין מספקין** · כף אל כף משום אבל : **מטפחין** · על הלב : **מרקדין** · לשמחה וטעמא מפרש במסכת ביצה שמא יתקן כלי שיר : **אפומא דלחייא** · לפי שאין ניכר כל כך בין מבוי לרה"ר : **ואתי לאתויי** · חפץ המתגלגל תוך ד' אמות : **ומגנדר** אזביקן ומייתין ליה ל"נ : **בשבת הוא דאסור** · לומר הלויני משום מכתב : **הא בחול שרי** · ולא חיישינן לרבית ואף על גב דבלשון הלואה קאמר ליה : **באתרא דקיץ דמייהו** · דככרות לא אתי לידי רבית שאם יוקירו יתן דמיהן : **לא ניתנה ליתבע** · בב"ד שאין ב"ד נזקקין לה לעולם : **בדינא ודיינא** · לא לבא לדין ולא לברור דיין ולהטריח את עצמו : **השוחט את הפרה וחילקה בראש השנה** · של מוצאי שביעית ללוקחים ובהקפה וקיי"ל שביעית משמטת בסופה דכתיב מקץ : **אם היה חדש** · אלול מעובר ועשו ראש השנה שני ימים משמט דיום טוב ראשון של סוף שביעית היה וכמלאת זו הלואת שביעית ואם לאו הויא לה הלואת מוצאי שביעית ואינו משמט : ל"ג אי אמרת בשלמא כו' ה"ג ואם לא ניתנה ליתבע מאי משמט הואיל ואין ב"ד נזקקין לגופו שמוטה היא ועומדת : **דחול הוא** · שהרי חדש מעובר ולא הוי יו"ט עד למחר הלכך אי לאו דשביעית הוא הוה גבי : **ואם לאו אינו משמט** · אלמא ניתנה ליתבע ומשני מאי אינו משמט דאי יהיב ליה שקיל : **מכלל דרישא אי יהיב ליה לא שקיל** · בתמיה : **רישא** · דהלואת שביעית היא אי נמי יהיב ליה לוה צריך למימר ליה מלוה משמט אני : (ה) **ואם אמר** · לוה אעפ"כ איני חפץ שישמטו יקבל ממנו : **דבר השמטה** · אפילו מקבל חובו יזכיר לו שמיטה בדבורו : **שקיל משכונא** · בשעת הלואה מהלואת יו"ט : **מערים איערומי** · לאחר י"ט לוקח ממנו שום חפץ ומעכבו : **פסחו בשבת** · אם חל י"ד בשבת : **וחגיגתו ביו"ט** · ביום הקרבתה מותר להקדיש ואע"ג דתנן אלו הן משום שבות אין מקדישין הני כיון דהקרבתן דוחה קדושתן דוחה : **בממנה אחרים עמו** · כדכתיב (שמות יב) במכסת נפשות : **על פסחו** · שהיה קדוש ועומד מאתמול : **אקדושי** · מקדיש ליה רועה מע"ש שהרי יודע שזה סומך עליו : **עילוי** · מעלה בעלמא שיקדישו בעלים : **כאן דקתני אין מקדישין** בחובות שאין קבוע להן זמן קאי שאין הקרבתן דוחה שבת :

מתני' **פרפרות** · מיני מעדנים : **אבל לא מן הכתב** · אם כתב מע"ש כך וכך אורחים פלוני ופלוני זמנתי כדי שלא ישכחם לא יקרא באותו כתב בשבת ובגמ' מפרש טעמא : **מפיס** · לשון פיים מטיל פיים לחלק מי מגיע כל מנה ומנה : **ובלבד שלא יתכוין לעשות כו'** · שיהו המנות שוות ולא תהא אחת גדולה ואחת קטנה לזכות בגדולה הזוכה ע"פ הגורל והמתחייב ע"פ הגורל לקטנה יטלנה ובגמ' מפרש טעמא : **חלשים** · גורלות : **על הקדשים** · בין הכהנים : **אבל לא על המנות** · בגמרא מפרש :

תוספות

ניפרוס סודרא עליה אתי למסחטיה · מכאן מייתי ר"ת ראיה דביין ושמן לא שייכא סחיטה לעיל בשלהי שמונה שרצים (דף קיא: בד"ה האי מסוכרייתא) פירשתי : **לא** מספקין ולא מטפחין · לא כפי' הקונטרס משום דא"כ מאי איריא ביו"ט אפי' בחול המועד נמי אסור כדתנן במועד קטן פרק בתרא (דף כח:) נשים במועד מענות אבל לא מטפחות אלא נראה לרבי משום שמחה רגילין לספק ולטפח בהשמעת קול ואסור שמא יתקן כלי שיר כדמפרש בהמוצא תפילין (עירובין דף קד.) : **וכן** היה הלל אומר · כרבנן דפליגי עליה באיזהו נשך (ב"מ ד' עה:) וקי"ל :

רבה אמר ניתנה ליתבע · הלכה כרבה לגבי רב יוסף : ורב אויא ורבה בר עולא מחמרי אנפשייהו כ"ה בס"א :

דאי אמרת ניתנה ליתבע אתי למיכתב · אע"פ שמזכיר לו לשון שאלה :

דאיגלאי מילתא דבחול הויא · ורב יוסף לא מיירי אלא בשבת ויו"ט ודאי :

והא אנן תנן אין נמנין כו' · פירש ה"ר פורת בשם רבינו שמואל דל"ג ליה חדא דמה שייך להקשות מנמנין של רשות לנמנין של מצוה ועוד דמפרש התם בביצה פרק אין צדין (דף כז:) מאי אין נמנין אין פוסקין דמים בתחילה לבהמה ביו"ט הרי אני עמך בסלע הריני עמך בשתים אבל אומר לו הריני עמך לשליש ולרביע : ולמ"ד

עין משפט נר מצוה

ד א מיי' פכ"ג מהלכות שבת הלכה ה סמג לאוין סה טוש"ע או"ח סימן שלט סעיף ג וסימן תקכד סעיף א :

ה ב מיי' פ"א מהלכות שביתת עשור הלכה ז סמג לאוין סה וסח טור ושו"ע או"ח סימן תרח סעיף ב :

ו ג מיי' פ"י מהלכות מלוה ולוה הלכה ב סמג לאוין קנג טוש"ע יו"ד סימן קסב סעיף א :

[צ"ל רבה]

ז ו' שם סעיף ג :

[ב"ב ס: ועי' תוס' לעיל נה. ד"ה ואע"ג ותוס' ב"ב ס: ד"ה מוטב ותוס' ע"ז ד. ד"ה שהי']

ח ה מיי' פ"ד מהלכות י"ט הלכה כה טוש"ע או"ח סימן תקכה סעיף א :

ט ו מיי' פ"ט מהלכות שמיטה ויובל הלכה ט סמג עשין קמט :

י ז מיי' שם הלכה כח סמג לאוין רעא טור ושו"ע חו"מ סימן סז סעיף לו :

יא ח מיי' פכ"ג מהלכו' שבת הלכה יד ופ"א מהלכות קרבן פסח הלכ"ה סמג עשין רכג :

יב ט מיי' פ"ד מהלכות י"ט הלכה יט סמג לאוין עה טוש"ע או"ח סימן תק סעיף א :

יג י מיי' פכ"ג מהלכות שבת הלכה יד סמג לאוין סה ועם טור ש"ע או"ח סימן שלט סעיף ד וסימן תקכד סעיף א :

רבינו חננאל

להא . דא"ל תנן לא מספקין ולא מרקדין ולא מספחין . בגדרא . ופשוטה היא . ומיפרשא נמי בגמ' דהמביא כדי יין במס' יו"ט וכן שואלת אשה מחברתה ככרות . ודייקינן מינה בשבת הוא דאסור מכלל דבחול שרי מתניתין דלא כהלל כו' ומסקינן בה אפילו תימא כהלל באתרא דקייצי דמי . ואם אינו מאמינו מניח טליתו אצלו ועושה עמו חשבון לאחר שבת. אתמר הלואת יו"ט רב יוסף אמר לא נתנה ליתבע רבא אמר ניתנה ליתבע ואתינן למיתמר מן מתניתין תנן ואם אינו מאמינו מניח טליתו אצלו כו' ולא גמרינן מינה דלא מיפרשא בהדיא כחד מינייהו ומותבינן לרב יוסף מהא דתנן השוחט את הפרה וחילקה בראש השנה אם היה חדש מעובר משמט . פי' אם היה אלול מעובר נמצא יום ·לקיחתו חלק מן הפרה יום חול שר"ה מחר הוא וכיון שנושה בו דמי בשר הפרה שלקח מאתמול דכיון שנכנסה שנת שביעית משמטת לדברי רבא ניחא כי נתנה ליתבע ומלוה נושה בו וכשנכנסת שביעית משמטת אלא לרב יוסף דאמר לא נתנה ליתבע אמאי צריך למיתנא משמטת בלאו הכי פטור הוא מלשלם . ואפילו בשאר שני שבוע דהא לא ניתנת ליתבע . ופריק רב יוסף שאני התם דכיון דאיגלאי מלתא דחול היא (ניתנת ליתבע דהא מלוה דחול היוא) ואנן לא קאיסנא אלא הלואת יו"ט ואסיקנא למשמע מסיפא ואם לאו אינו משמט לרבא דאמר ניתנה ליתבע דתובעו ונפרע ממנו [ניחא] אלא לרב יוסף דאמר לא ניתנת ליתבע קשיא כיון דתני אינו משמט הלא משמע דתובע ונפרע ממנו ואינו יכול לומר לו כי השביעית השמיטתו ופריק רב יוסף לעולם לא נתנה ליתבע והמלוה אינו יכול ליתבע אלא אם יביא חלה ויפרענו יקבל ואינו צריך לומר משמט אני. ואקשינן עליה מכלל דרישא אי יהיב ליה מעצמו לא שקיל. ופריק רב יוסף ואמר רישא אם מחזיר לו צריך שיאמר לו משמט אני. דהא נושה בו מלוה. אבל ספק שאינו נושה בו מלוה אם יבא לחשבון אינו צריך לומר לו משמט אני אלא יקבל כדתנן המחזיר חוב בשביעית צריך שיאמר משמט אני. ואם אמר לו אעפ"כ יקבל ממנו משום שנאמר וזה דבר השמטה. ומפורש ענין זה בפ' השולח גט לאשתו. וראינו רבותינו שהיו מעמידין השמועה ו כרב יוסף. חדא (דרבה) [דרבא] לגבי רב יוסף תלמיד הוא ועוד סוגיא דשמעתא רובה כרב יוסף ריהטא ועוד מוחינן רב אויא מקבל משכונא מכלל שאם אין בידו משכון אינו יכול ליתבע. ותוב רבא בר עולא מיערם איערומי כלומר לא היה תובעו בהדיא אלא היה אומר לו הלויני וכאשר יתן לו ויבאו המעות לידו אומר לו יש לי אצלך הלואת יו"ט נשתלמתי אתם מכלל כי הלואת יו"ט כי האי גוונא יתכן אבל בהדיא לא ניתנה ליתבע וראינו תשובה לגאון ופסיק כרבא . ואמר רבא בתרא הוא . וקיי"ל דהלכתא כבתראי וכן הדעת נוטה : וכן ערב פסחים בירושלים כו'. א"ר יוחנן מקדיש אדם פסחו בשבת וחגיגתו ביו"ט נימא מסייעא ליה וכן ערב פסח כו' ופשוטה היא. הא דתני ר' הושעיא ומקדישו אוקמינא. הקדיש עלוי מדרבנן ואקשינן עלה והא תנא דאמר הלכה כסתם משנה ותנן אין מקדשין ואין מעריכין ואין מחרימין ומפרקינן הא דא"ר יוחנן מקדיש בשבת בחובות הקבוע להן זמן . כגון פסח שאם לא יעשנו היום אינו יכול לעשותו למחר והיא מצוה עוברת והא דתנן

מסורת הש"ס

ביצה ל. ודי לג:

לעיל קמח. ביצה ל.

[ביצה ל. ע"ש]

ביצה ל. [ב"מ עה.] · מ"ק כח: · ביצה לו: · ב"ב ס: · ב"מ עה. · שביעית פ"י מ"ב · דברים טו · גיטין לז: · פסחים סו: · ביצה כז. · יבמות מב: · ביצה לו: · פסחים סו: · [ב"מ עה.] · ביצה לג:

ג"ז שם [מ"ח גיטין לז:]

כ"ל רבא פסחים סו: [ועי' תוספות חגיגה ח. ד"ה משום ותוס' בכורות מח. ד"ה ולוי]

[לעיל מו, וש"נ]

פסחים סו: ביצה לו:

[עי' תוס' לקמן קמט:]

הגהות הב"ח

(א) גמ' והא קא חזינן נמי דמותבי חצבייהו וכו' הנח להן לישראל : (ב) שם מאי אינו משמט דאי יהיב ליה : (ג) שם אקדושי מקדיש ליה מעיקרא : (ד) רש"י ד"ה ואתא לידי סחיטה וכו' סודרא עליה כו' ביין ושמן קמיירי : (ה) ד"ה רישא וכו' משמט אני ואם אמר לו לוה אעפ"כ כצ"ל וסד"א שביעית פ"י משנה ב

אות ו'

הני נשי דמליין חצבייהו מיא, מאי טעמא לא משנין, משום דלא אפשר

סימן תקי ס"י - [יא]**וכן משאות שדרכן לישא אותם במוט, ישא אותן על גבו מאחוריו; ושדרכן לישא אותן מאחוריו, ישא אותן על כתפו; ושדרכן להנשא על הכתף, ישא אותן בידו לפניו, או יפרוש עליהן בגד, וכל כיוצא בזה משינוי המשא** - וכ"ז כדי לשנות מדרך חול, **ומיירי** במשאות יבשות, כגון פירות וכה"ג, או ביין, דלא שייך למגזר שמא יסחוט, דאין בסחיטתו משום ליבון, **אבל** במים אין לפרוס בגד מלמעלה, דלא יפול במים ויבוא לידי סחיטה, [**ומה** שכתב המ"א: בבגד שעשוי לפרוס עליהן לא חיישינן שיבוא לסחיטה, לא אדע אם שייך בענייננו, דאפשר דתו אין זה שינוי, כיון דעשוי בתמידות לכסות].

[יב]**ואם א"א, כגון שזימן הרבה אורחים וצריך למהר ולהביא לפניהם** - ר"ל וכשעושה כדרכו, יובא לפניהם במהרה יותר, **ואורחים** נקרא לענין זה, אפי' מאותה העיר, **עושה כדרכו** - וה"ה אם אי אפשר לו לשנות מפני סיבה אחרת, כגון שאין לו בגד לכסות וכה"ג.

[יג]**בד"א בנושא על האדם, אבל על גבי בהמה לא יביא כלל** - הטעם, עיין לעיל בסימן תצ"ה ס"ג, ובמ"ב שם.

סימן שכג ס"ה - [יד]**המביא כדי יין ממקום למקום, לא יביאם בסל ובקופה** - ליתן ג' וד' כדים בתוך קופה לישאם, **כדרך חול** - משום דנראה כמעשה דחול לשאת משאות.

אלא יביאם לפניו - בידו, **או על כתפו** - אחד או שנים, דמוכח דלצורך שבת הוא, **וכיוצא בזה, שישנה מדרך חול, אפי' אין בשינוי קלות במשא** - בטור איתא בזה"ל: "וכן כל כיוצא בזה ישנה מדרך חול" וכו', וזה הלשון מתוקן יותר.

[טו]**ואם אי אפשר לו לשנות, כגון שזימן אורחים הרבה וצריך למהר להביא לפניהם, מותר.**

[טז]**וי"א דלמעט בהילוך עדיף, ויותר טוב להביאם בסל ובקופה בפעם אחת, מלהביאם כל אחת ואחת בפני עצמה** - עיין סימן תקי ס"ח בהג"ה, דפסק כהי"א אלו.

וכל זה במקום שאין רואין, אבל כשנושא אותם דרך מבוי המעורבת, דשכיחי בה רבים ואוושא מלתא טובא, ויאמרו דלצורך חול הוא מביאם, לכו"ע למעט במשא עדיף.

§ מסכת שבת דף קמח: §

אות א'

לא מספקין ולא מטפחין ולא מרקדין ביום טוב

סימן שלט ס"ג - **אין** [יז]**מטפחין להכות כף אל כף, ולא מספקין להכות כף על ירך, ולא מרקדין** - בין באבלו [מרש"י קמ"ח: ואף התוס' מודה שם בעצם הדין דאסור, ע"ש] ובין ומוגו לעורר הצער, ובין מחמת שמחה, **גזירה שמא יתקן כלי שיר** - לעורר האבל או השמחה, [**ובחמתו** צ"ע, דאפי' נימא דבעי לקלא כגון להשמיע צערו לרבים, הא מ"מ אינו דרך שיר ואמאי אסור].

וביום שמחת תורה מותר לרקד בשעה שאומרים קילוסים דתורה משום כבוד התורה, כיון דלית בזה אלא משום שבות, **אבל** בשאר שמחה של מצוה כגון בנשואין, אפ"ה אסור, **וגם** לכבוד התורה אין כדאי להתיר אלא טיפוח וריקוד, ולא קשקוש בפעמונים וזגים, וכ"ש שאר כלי שיר דאסור.

(ובשו"ת שער אפרים אוסר לנגן בכלי שיר אפי' בחוה"מ).

[יח]**ואפי' להכות באצבע על הקרקע, או על הלוח, או אחת כנגד אחת כדרך המשוררים** - כגון אלו שמכין באמה על האגודל בנעימה, ועושין בזה תנועות עריבות, וזהו שסיים: כדרך המשוררים, **ואם** עושה זה בחזקה כדי להקיץ לחבירו משנתו, משמע ממ"א דשרי, דלאו דרך שיר הוא, **אכן** לפי מה שביאר בתו"ש שיטת רש"י (יומא י"ט: ד"ה צרתה), משמע דלרש"י גם בזה יש להחמיר, וכן משמע בפמ"ג. **ואין** חומרא זו אמורה אלא בזמניהם שהיו רגילין לעשות תנועה מיוחדת באצבע צרידה, שהיה משמיע קול נעים וערב כדרך שהיו רגילין המשוררים ללוות בזה שירה וזימרה, ובזה החמירו אפי' כשאינו עושה קול נעים וערב ואינו מלווה בשירה וזימרה – פסקי תשובות.

או לקשקש באגוז לתינוק, או לשחק בו בזוג כדי שישתוק, כל זה וכיוצא בו אסור, גזירה שמא יתקן כלי שיר; [יט]**ולספק כלאחר יד, מותר** - (משמע דבקשקוש הזוג וכיוצא בזה, שהוא יותר דרך שיר, לא מהני אף דיעשה כלאחר יד).

הגה: והא דמספקין ומרקדין האידנא ולא מחינן בהו, משום דמוטב שיהיו שוגגין וכו'. וי"א דבזמן הזה הכל שרי, דאין אנו בקיאין בעשיית כלי שיר, וליכא למגזר שמא יתקן כלי שיר, דמלתא דלא שכיח הוא, ואפשר שעל זה נהגו להקל בכל (תוס' ריש פרק המביא כדי יין) - האי "להקל בכל", קאי על טיפוח וסיפוק וריקוד, ולא על שאר דברים הנזכרים בסעיף זה, **ואפילו** בטיפוח וריקוד אין כדאי להניח המנהג שלא במקום מצוה, אלא משום "הנח להם" וכו'.

באר הגולה

[יא] **מהא דאתקין רבא במחוזא שם** ‹ביצה› **ל'** [יב] **שם בגמ' וכפי' הטור** [יג] **רמב"ם** [יד] **שם במשנה** [טו] **שם בגמרא ל'** [טז] **תוספות שם** ‹דה"מ ביו"ט שהוא מוציא לחוץ, והרואה אומר לצורך חול מביא אותם, אבל בשבת שאינו מטלטל אלא מזוית לזוית, למעוטי בהילוכא עדיף, ויותר טוב להביאם בסל ובקופה בפעם אחת, מלהביאם כל אחת בפני עצמה - ב"י› [יז] **משנה בביצה ל"ו ושם בגמרא** ‹וכן פי' רש"י שם, ועיין ברש"י כאן› [יח] **רמב"ם** [יט] **הרמב"ם מהא דירושלמי בשם רבי יונה שם**

(וכל רב ומורה בעירו מחוייב למחות ולבטל הרקודין והמחולות ביו"ט, ומכ"ש בחורים בני בלי תרבות ובתולות יחד, אפילו על החתונות, אלא הבתולות יחוללו בפני עצמן והבחורים יחוללו בפני עצמן).

סימן תקכד ס"א - ולא מספקין להכות כף על ירך, ולא מטפחין להכות כף על כף, ולא מרקדין.

אות ב'

ולא היא, לא שנא בדרבנן ולא שנא בדאורייתא

סימן תרח ס"ב - [כ]נשים שאוכלות ושותות עד שחשכה - (ר"ל עד בין השמשות), **והן אינן יודעות שמצוה להוסיף מחול על הקדש, אין ממחין בידן, כדי שלא יבואו לעשות בזדון -** (אבל בין השמשות מחויב למחות בהו, דכמפורש בתורה דמיא, שהוא ספק כרת, ועיין מחה"ש, דזהו למ"ד ספיקא דאורייתא מן התורה לחומרא).

ודוקא ביודע בודאי שלא יקבלו ממנו, אבל בספק שמא יקבלו, צריך למחות אפי' במידי דרבנן, [**דאילו** הנחנו בני אדם על מה ששוגגין, בכל יום היו מוסיפין שגגות, ותפול התורה מעט מעט ח"ו - תשב"ץ].

[**עוד** כתב שם, דנ"ל שזה הדבר לא נאמר אלא בשנתרבו הרבה שוגגין בדבר, **אבל** בדבר שרק מיעוטן שוגגין, מצוה למחות בידם, ואף אם יבואו להיות מזידין, כדי להזהיר לאחרים שלא יכשלו, דילפי מקלקלתא ולא ילפי מתקנתא, והמורה הוראות אם הזהיר את העם והם לא הוזהרו, עליו נאמר: ואתה את נפשך הצלת, עכ"ל].

(**ועיין** במחה"ש בשם תשובת מעיל צדקה, דבדבר שאחזו להם מנהג גרוע להקל בפרהסיא, מקרי גלוי לנו שלא יקבלו, וא"צ למחות, **אא"כ** הוא מפורש בתורה).

הגה: וה"ה בכל דבר איסור אמרינן: מוטב שיהיו שוגגין ולא יהיו מזידין - ר"ל ג"כ בשברור לו שלא יקבלו ממנו וכנ"ל, **ובכ"ז** אין חילוק בין רבים ליחיד.

וכ"ז דוקא בשעכשיו הם שוגגין, אבל כשיודעין שהוא אסור ועוברין במזיד, צריך להוכיח אף כשברור לו שלא יקבלום, **ונהי** דמי שאינו מוכיח אינו נענש עבור חטאם, כיון שברור לו שלא יקבלום, מכל מקום מצוה להוכיחם.

ודוקא שאינו מפורש בתורה, אע"פ שהוא דאורייתא - ר"ל דאז אנו יכולין לתלות ששוגגין ומוטעין הם בזה, **ומה** שלא ישמעו לנו מה שנאמר להם שהוא אסור, מחמת דקיל להו הדבר, ולכן אמרינן בזה: מוטב שיהיו שוגגין וכו', **אבל אם מפורש בתורה, מוחין בידם (ר"ן דביצה ורא"ש בשם העיטור)** - דבודאי אינם שוגגין, ולא שייך בהו לומר: מוטב שיהיו שוגגין, ומחינן בהו וענשינן להו עד דפרשי, [ב"ד או מי שיש בידו לענוש, **אבל** שאר בני אדם, אינן מחויבים רק להוכיחו].

(**ודוקא** שהוא באקראי, אבל אלו הפורקי עול לגמרי, כגון מחלל שבת בפרהסיא, או אוכל נבילות להכעיס, כבר יצא מכלל "עמיתך", ואינו מחויב להוכיחו. **ולענין** אוכל נבילות לתיאבון, או מחלל שבת שלא בפרהסיא, יש לעיין בדבר).

ודוקא בדליכא סכנה, אבל בדאיכא חשש סכנה א"צ למחות, וכ"כ בחינוך.

(**ועיין** בברכי יוסף שמצדד לומר בזה דבר חדש, דעד כאן לא אמרינן דבדבר המפורש בתורה צריך למחות, אף שיודע שלא יקבלום, היינו רק כשידינו תקיפה על העוברים, למחות בהם בחזקת היד, **אבל** כשאין בידינו כח להפרישם, אין מחויב להוכיחם, כיון שיודע שלא יקבלום, **אכן** מדברי הסמ"ק המובא במ"א משמע, דבזה אף שאין נתפס בחטאם, מ"מ יש עליו חיוב מצד המ"ע דהוכחה).

אות ג'

לא תלוה אשה ככר לחבירתה עד שתעשינה דמים, שמא יוקרו חטין ונמצאו באות לידי רבית

יו"ד סימן קסב ס"א - אסור ללוות סאה בסאה, אפילו לא קצב לו זמן לפרעון - הלואת סאה בסאה הוא מדרבנן, והלכך אינה יוצאה בדיינים. **וכן כל דבר, חוץ ממטבע כסף** - (שאין שייך בה יוקר או זול, אלא בפירות או דברים שלוקחים בעדה, והמטבע כדקאי קאי - לבוש), **היוצא אז בהוצאה** - לאפוקי אם אינו יוצא אז, אע"פ שהיתה יוצאת מקודם, כגון מטבע שנפסל אסור - ש"ך.

דשמא יתייקרו ונמצא שנותן לו יותר ממה שהלוהו, אם לא שיעשנו דמים, שאם יתייקרו יתן לו אותם הדמים - (עיין בתשובת בית אפרים שכתב, דע"כ לא שרינן אלא בהתנה בפירוש שיפרע לו מעות, **אבל** אם התנה שהברירה ביד המלוה לקחת חטים או מעות, אין התנאי מועיל, ואדרבה מגרע גרע, שאם הוזלו אח"כ החטים ונותן לו מעות כפי שהיה שוה בשעת הלואה, הוי ריבית קצוצה, כיון שהתנה בתחלה, ע"ש שהאריך בזה - פת"ש).

ואם לא עשהו דמים, ונתייקרו, נותן לו הדמים שהיו שוים בשעת הלוואה, ואם הוזלו נותן לו הסאה שהלוהו - (עיין בתשו' בית אפרים שם שהאריך להוכיח, דדוקא חטים הוא דנוטל, אבל אסור ליתן לו דמים שהיה שוה בשעת הלואה רק בהוקרו, אבל בהוזלו לא, משום איסור רבית, דלא כספר מחנה אפרים שנסתפק בזה - פת"ש).

[**ואם** הוא דרך מקח, דהיינו שמוכר סאה וישלם לו בזמן קצוב סאה אחרת תחתיה, דהוה קרוב לשכר ולהפסד, דאז אפילו בהלואה אין כאן איסור אלא מדרבנן, ממילא כשהוא דרך מקח מותר לגמרי - ט"ז].

באר הגולה

כ רמב"ם מהא דשבת קמ"ח וביצה ל'.

[כא]יש מי שאומר דמותר ללוות ככר לחם בככר לחם, כמטבע של כסף - ‹מפני שהוא מצוי מאד, ואף על פי שאין לזה יש לזה, ועוד› **דמאחר דדבר מועט הוא לא קפדי בני אדם להדדי בזה** - ‹על הפרש דבר מועט שבין זה לזה – לבוש›. **(הטור והרבה פוסקים ועב"י) וכן נוהגין להקל.**

אות ד׳

הא באתרא דקיץ דמיה, הא באתרא דלא קיץ דמיה

יו"ד סימן קסב ס"ג - היה לאותו מין שער בשוק, קבוע וידוע לשניהם, מותר ללוות סאה בסאה - אפי׳ אין מעות ללוה כדעת ר"י ורוב הפוסקים וכ"פ ב"י וב"ח - ש"ך. [**הטעם**, כיון דשכיחי למזבן, דמי לאומר הלויני עד שיבוא בני. **וכתב** הרא"ש, אפי׳ אין לו מעות כלל ללוה הוה היתר זה, דיכול לקנות מן השוק באשראי או ללות מחבירו, והיינו דוקא סאה בסאה, אבל אם הלוהו מעות, אסור אף על פי שיש שער בשוק, כיון שאין לו ‹הפירות›, כמו שיתבאר בסימן קס"ג ‹ס"א›. **וכתב** עוד, דאם יצא השער במקום אחד, אף על פי שבמקומות שסביבותיו לא יצא, סומכים על מקום ההוא – ט"ז].

כתב ב"י, דסגי כשידעו דיצא השער, אף על פי שלא ידעו בכמה יצא.

וכתב עוד, אבל מתשובת הרא"ש שבסוף סי׳ זה משמע, דלא בעי ידיעה כלל, שהרי לא הצריך אלא שיברר שיצא השער, או שהיה ללוה סאה אחת, ואילו ידיעת השער לא נזכר כלל בדבריו, ע"כ. ‹**לכאורה** המחבר בשו"ע חזר מדבריו שבב"י, דהרי העתיק כאן בס"ג דברי הרמב"ם, ובסס"י זה דברי הרא"ש אלו – רעק"א›. **והב"ח** כתב, דהתם מיירי שמלוה טוען שהיה לו ידיעה שיצא השער. **ולי** נראה, דאע"ג דלכתחלה אין להלות עד שידע שיצא השער, מכל מקום אם לוה ויצא השער, אף על גב דלא ידע, מכל מקום הרי לא נעשה כאן איסור בהלואה זו, וחייב לשלם לו - ש"ך.

אות ה׳

הלוואת יום טוב... ניתנה ליתבע

סימן תקכה ס"א - [כב]הלואת יו"ט - היינו שהקיף לו החנוני מיני מאכל ומשתה, **נתנה ליתבע בדין** - ר"ל שנזקקים לו בב"ד אחר היו"ט אם מסרב לפרוע, **והרבותא** הוא, משום דאיכא מאן דאמר בגמרא דס"ל, דבדין אינו יכול לתבוע, אלא בינו לבין עצמו, דאם יהיה ניתן ליתבע, אתי למכתב, **קמ"ל** דלא קי"ל הכי, אלא כאידך מאן דאמר, דאם לא יכול לתבוע לא יתן לו מתחלה, וימנע עי"ז משמחת יו"ט.

(וע"ל סי׳ ש"ז סעיף י"א) - ר"ל דשם מבואר לענין שבת, דיזהר מלומר לשון הלואה, אלא יאמר: תן לי, וה"ה לענין יו"ט, וע"ש בהג"ה ובמ"ב, דכל הדינים שייך גם לכאן, **וכן** מה שפסק השו"ע דהלואת יו"ט ניתנה ליתבע, ה"ה דהלואת שבת ניתנה אח"כ ליתבע.

אות ו׳

השוחט את הפרה וחילקה בראש השנה, אם היה חדש מעובר משמט, ואם לאו אינו משמט

רמב"ם פ"ט מהל׳ שמיטה ויובל ה"ה - שחט את הפרה וחלקה על דעת שהיום ר"ה של מוצאי שביעית, ונתעבר אלול ונמצא אותו היום סוף שביעית, אבדו הדמים, שהרי עברה שביעית על החוב. השגת הראב"ד שחט את הפרה וחילקה וכו׳. [כג]א"א אשתמיטתיה מאי דאמור בירושלמי דהאי מתני׳ ר"י היא דאמר הקפת החנות הראשונה ראשונה משמט, אבל לרבנן כל הקפת החנות אינה משמטת, והא דפרה הקפת החנות היא.

אות ז׳

המחזיר חוב בשביעית, יאמר לו משמט אני; ואם אמר לו אף על פי כן, יקבל ממנו

חו"מ סימן סז סל"ו - המחזיר חוב שעברה עליו שביעית, יאמר לו המלוה: משמט אני וכבר נפטרת ממני; אמר לו: אף על פי כן רצוני שתקבל, יקבל ממנו. ואל יאמר לו: בחובי אני נותן לך, אלא יאמר לו: שלי הם, במתנה אני נותן לך. החזיר לו חובו ולא א"ל כן, מסבב עמו בדברים עד שיאמר לו: שלי הם ובמתנה נתתי לך - ועיין בב"ח מה שכתב לישב פירוש רש"י, דפירש אף יכול לתלות אותו שיאמר: אף על פי כן,

---

באר הגולה

כא ‹ומשמע לרבינו, דהלל משום דשמעינהו לרבנן דשרו... ככר בככר אפילו אין לו, פליג עלייהו... וקיי"ל כחכמים. **הרי"ף** חולק בדבר דלחכמים לא שנא לן בין ככר לטפי מככר, דאם יש לו או יש שער קבוע וידוע, אפילו בטפי מככר מותר, ואי ליכא חד מהני, אפילו ככר בככר אסור, וצ"ל דמאי דאמר וכן היה הלל אומר לא תלוה אשה ככר, לאו משום דשמעינהו לרבנן דשרו בככר טפי מבסאה, אלא הלל לישנא דרבותא נקט, דאפילו לככר אחד לא סגי שער שבשוק ויש לו – ב"י›

כב גמרא שבת קמ"ח כרבה, טור בשם התוספות וכן פסק רמב"ם

כג ‹וכתב בעל מגדל עוז, שטעם רבינו מדמותיב מינה לרב יוסף בפרק שואל, ודחיק לשנויי, ולא דחי הא מני רבי יהודה היא, עכ"ל. **ולי** נראה שטעם רבינו, משום דק"ל היאך אפשר לומר דפליגי רבנן בההיא דהשוחט את הפרה, **דלא** מקריא הקפת חנות אלא כשלקח ממנו כמה פעמים בהקפה, אז אינו חוב עד שיזקפם עליו במלוה, אבל אם לא לקח ממנו בהקפה אלא פעם אחת, הרי הוא כשאר חוב ומשמט, וא"כ הא דהשוחט את הפרה כרבנן נמי אתיא, דמאחר שלא לקח ממנו אלא פעם אחת משמט, **וא"כ** כי אמר רבי אלעזר דרבי יהודה היא, היינו משום דמתני׳ סתמא קתני אפי׳ חזר והקיף בו ביום, ומש"ה אמר דאי חזר והקיף ממנו בו ביום דמשמט, היינו לרבי יהודה, אבל כשלא הקיף ממנו אלא פעם זו ע"ד לשלם לו קודם שיקח ממנו פעם אחרת, לרבנן נמי אם היה החדש מעובר משמט, **וא"כ** שפיר עבד רבינו דפסקה למשנה זו להלכה, דפשטה בשלא הקיף ממנו אלא פעם זו ע"ד לשלם לו קודם שיקח ממנו בהקפה פעם אחרת, דלד"ה אם היה החדש מעובר משמט, **ועי"ל** שכיון שאינו יכול לפרוע בשעת המכר מפני שהוא יו"ט, הרי הוא כאילו לא מכר לו בהקפה, שאילו לא היה יו"ט היה פורעו מיד, וא"כ הוי כאילו זקפה עליו במלוה עד שיגיע עת שיוכל לתובעו – כסף משנה›

ע"ש דהמקיל כרש"י הרי זה זריז ונשכר - ש"ך. ‹אבל אין לו להכריזו על כך, ודלא כרש"י, כי כל הפוסקים חולקים, וכ"כ התרוה"ד - אורים›.

ואם לא אמר, לא יקבל ממנו, אלא יטול מעותיו וילך לו - {פירוש, הלוה שבא ליתנם לו, וזה השיב לו משמט אני, יחזור הלוה ויטלם וילך לו - סמ"ע}. ‹ואם אח"כ בא עוד הפעם ואומר לו דברים אלו, מועיל ומקבל המלוה מעותיו. וכשיצא הלוה ממנו עם המעות, יכול המלוה להעמיד אנשים שיאמרו להלוה: לך עוד הפעם ואמור לו: רצוני שתקבל המעות ובמתנה אני נותנם לך - ערוה"ש›.

אות ח'

מקדיש אדם פסחו בשבת, וחגיגתו ביום טוב

רמב"ם פכ"ג מהל' שבת הי"ד - **ומקדיש אדם פסחו בשבת וחגיגתו ביום טוב, שזו מצות היום היא.**

רמב"ם פ"א מהל' קרבן פסח הי"ט - **שכח ולא הביא סכין, לא יביאנה בשבת, אלא נותנה בין קרני הכבש או בצמרו, ומכישו עד שמביאו לעזרה ומקדישו שם; ואע"פ שהוא מחמר בשבת, מחמר כלאחר יד הוא, ומפני המצוה מותר; בד"א כשלא הקדיש פסחו עדיין, ולא אמר זה פסח, אבל אם הקדישו לא יביא סכין עליו, מפני שהוא עובד בקדשים; ומפני מה התירו להקדיש פסחו בשבת, הואיל וקבוע לו זמן מותר להקדישו בשבת, וכן מקדיש אדם חגיגתו ביום טוב ואינו חושש.**

אות ט'

אין נמנין על הבהמה בתחילה ביום טוב

סימן תק ס"א - [כד] **אין קונים בשר בפיסוק דמים, לומר לטבח: תן לי בסלע או בשתים** - אפילו ליקח בהקפה, משום גזירת מקח וממכר.

וכן לא יאמר לו: הריני שותף עמך בסלע - ר"ל אע"פ שאינו קונה ממנו, אלא משתתף עמו בגוף הבהמה, אפ"ה אסור, כיון שמזכיר שם דמים.

(עיין בש"ס דף כ"ז: ומוכח דבלי פיסוק שפיר נימנין על הבהמה, **אבל** הרשב"א כתב להחמיר בזה, וז"ל: ויראה שאין נמנין אף מנין בני אדם על הבהמה לכתחלה, לומר נמנה חמשה על בהמה זו, שזה כמעשה חול, ומסיים: אבל נמנו עליה מעיו"ט, יכולין להוסיף למחר ולמנות עמהם עוד חמשה אחרים, עכ"ל, ועיין בפר"ח שכתב, דאף דלעיקר לא קימ"ל כסברת הרשב"א בזה, מ"מ המחמיר תבא עליו ברכה).

אות י'

לא מקדישין ולא מעריכין ולא מחרימין ולא מגביהין תרומות ומעשרות

סימן שלט ס"ד - [כה] **אין דנין** - היינו אפילו דיני ממונות, שמא יבוא לידי כתיבה, **וה"ה** נמי דסדור הטענות לבד לפני הדיינים ג"כ אסור, שמא יכתבו הדיינים דברי טענותיהם, **אבל** לקבול ולהציע דברים, כגון על טענות בתולים, מותר.

ותיקן רבנו גרשם מאור הגולה שלא לבטל התמיד בשבת, היינו התפלה הקבועה בצבור לביהכ"נ, **אם** לא שביטל כבר ג' פעמים בחול ולא הועיל, או בשביל טענות הקהל.

הגה: ולכן אסור לתפוס ולהכניס לבית הסוהר מי שנתחייב איזה עונש כדי שלא יברח, וכל שכן שאסור להלקותו, דהוי בכלל דין - וגם יכול לבוא לידי חבורה בשבת.

ואיתא בירושלמי, על מה דכתיב: לא תבערו אש בכל מושבותיכם וגו', מכאן לבתי דינין שלא יהו דנין בשבת, **היינו** מי שהיה מחוייב הבערה, גלתה התורה דלא יענישוהו בשבת, ומינה ילפינן דה"ה לכל עונש, **ואיתא** בספר החינוך, הטעם: שרצה הקב"ה לכבד יום זה שימצאו בו הכל מנוחה, גם החוטאים והחייבים, משל וכו', **והמחבר** מיירי מתחלה בדיני ממונות, דבזה ג"כ אסור מדרבנן.

ואם יברח, אין עלינו כלום - ואין בכלל זה, אם אחד רוצה לברוח כדי לעגן אשתו, דבזה מותר היה לחבשו, **וכן** מותר לקבל עדות מאיש מסוכן וקרוב למות, על אשה שמת בעלה, היכא דחיישינן שלא ימצא אח"כ עדות אחרת.

ולא מקדשין - גם זה מחמת גזירה שמא יכתוב, **אבל** לא מטעם דהוא כקונה קנין בשבת, דהא בקידושין לבד בלא חופה לא קנאה עדיין ליורשה ולמציאתה ולמעשה ידיה.

וכן אם אפילו היו הקידושין מבעוד יום, מבואר בהמחבר לקמיה, דאסור להכניסה לחופה בשבת, **והיינו** מטעם דע"י החופה קונה אותה לכל הדברים האלו הנ"ל, והוי כמקח וממכר דאסור בשבת.

הגה: ויש מתירין לקדש היכא דאין לו אשה ובנים - וה"ה ביש לו בנים ואין לו אשה, ג"כ מותר לדעה זו, דמצוה קעביד, כדאמרינן ביבמות מקרא "בבקר זרע את זרעך ולערב אל תנח ידך".

ואפשר דה"ה הכניסה לחופה שרי - אף דע"י החופה קונה אותה לכמה דברים וכנ"ל, אפ"ה כיון דלית ליה אשה ובנים ויש בזה מצות פו"ר, ס"ל דיש להקל בזה.

ואע"ג דלא קי"ל הכי - ר"ל דמעיקר הדין קי"ל כשיטות רש"י ושארי ראשונים, דקדושין ואף החופה אסור בשבת ויו"ט, **מ"מ**

באר הגולה

כד משנה ביצה כ"ז וכדמפרש רש"י שם בגמרא ובריי תא שם | כה משנה ביצה ל"ו

סומכין על זה בשעת הדחק, גם כי גדול כבוד הבריות; כמו שרגילין שלפעמים שלא היו יכולים להשוות עם הנדוניא ביום ו' עד הלילה, דעושין החופה והקידושין בליל שבת, הואיל וכבר הכינו לסעודה ולנשואין - ר"ל ויש הפסד רב עי"ז, **והוי ביוש לכלה ולחתן אם לא יכנוס אז** - ועיין בח"א שכתב, שאין להקל בכל זה רק אם נשלמו השלשה פרטים, דהיינו: אם לא קיים פו"ר עדיין, ויש הפסד רב הואיל וכבר הכינו, וגם ביוש לחתן וכלה אם לא יכנוס אז, **ועיין** מה שכתבנו לעיל, דלדעת ר"ת אף ביש לו בנים, כיון שאין לו אשה ג"כ מצוה קעביד ומותר, ואפשר דס"ל דאין סומכין עליו בזה. **ומ"מ לכתחלה יש ליזהר שלא יבא לידי כך. (ועיין בטור אבן העזר סימן ס"ג).**

ובבה"ש בודאי אין להחמיר בדיעבד, דלא גזרו על שבות בין השמשות לצורך מצוה לכו"ע, **אך** לכתחלה יש ליזהר מאד שלא לאחר כ"כ, כי כמה עבירות באין עי"ז, טלטול מוקצה של הנרות, וגם כמה נשים ההולכות לחופה מאחרות זמן הדלקת הנרות עי"ז ומדליקות בביה"ש, ויותר טוב היה שלא להדליק אז כלל, **וע"כ** מה נכון מאד למי שהיכולת בידו, שלא לעשות הנשואין כלל בע"ש, ובפרט סמוך לחשכה, כי אף אם הנשואין יהיה בזמנם, עכ"פ מסתעף מזה עוד כמה קלקולים וכנ"ל.

אם נתאחר החופה עד חשכה, ובידי השושבינין נרות, אף דקי"ל דמוקצה כל זמן שהוא בידו מוליכו למקום שירצה, **מ"מ** הכא יתן הנרות לא"י, דכל שאפשר לסלק המוקצה מידו מחוייב לסלק.

ולא חולצין - שמא יכתוב שטר חליצה לחלוצה, **ואפילו** לקבוע מקום לחליצה, ‹דצריך לקבוע מקום לחליצה אף במקום שיש ב"ד קבוע בכל יום, ויאמרו הג' לב' הנוספים: נלך למחר ונשב במקום פלוני כדי לחלוץ שם – כנה"ג›, אסור, שלא יהא נראה כאלו דנין בשבת, **ויכול** לקבוע בליל מו"ש שתהיה החליצה ביום א', ‹דבלילה שלפני יום המחרת נמי שרי לקבוע מקום – פמ"ג›, **ואם** יש צורך גדול, יכול לקבוע אפילו בבין השמשות בע"ש על יום א', אם א"א בענין אחר, ‹דאם א"א בענין אחר יכולין לקבוע בערב על דעת כמה ימים – פמ"ג›.

ולא מיבמין - דבמה שמיבם אותה נקנית לו להיות אשתו לכל דבר כנשואה ממש, והוי כקונה קנין בשבת, [**ואפי'** אם יקדש אותה בכסף ויתייחד אתה מבעו"י, לכו"ע לא מהני זה ביבמה להיות כאשתו, דעיקר כניסת היבמה היא בביאה], **ועוד** שמא יכתוב כתובה.

ואין כונסין - היינו אפילו קידש אותה מבע"י, אסור להכניסה בשבת לחופה, דבחופה קונה אותה לכמה דברים וכנ"ל.

ולא מקדישין - שום דבר לגבוה, שיאמר: הרי זו הקדש, משום דכיון שמקדיש באמירתו החפץ להקדש, הרי מוציאו באמירה זו החפץ מרשותו לרשות גבוה, ודמי למקח וממכר, **משא"כ** לפסוק צדקה לעניים מותר, וכן כשיאמר: הרי עלי להקדש כך וכך, ג"כ מותר.

ולא מעריכין - שיאמר "ערכי עלי" או "ערך פלוני עלי", שנותן להקדש כפי שניו, דהוי כמקח וממכר.

ולא מחרימין - בהמה או שום דבר לגבוה, שיאמר: הרי דבר זה חרם, והכל מטעם הנ"ל.

ולא מפרישין תרומות ומעשרות - והוא הדין חלה, **שהוא** דומה כמקדיש אותן פירות שהפריש, **ועוד** שהוא כמתקן דבר שאינו מתוקן.

ואם עבר והפריש במזיד, לא יאכל בין לו בין לאחרים עד מו"ש, מטעם קנס, **ואם** היה בשוגג, מותר אפילו לו מיד, וה"ה בחלה.

[כו]**ואין פודין הבן** - אפילו בכלי ששוה ה' סלעים, שדומה למקח וממכר.

ואין לומר יתן המעות לכהן בע"ש, וכשיגיע היום ל"א בשבת, שאז הוא זמן פדיה, יחול הפדיון, **לפי** שאז לא יוכל לברך, שכיון שעדיין לא חלה המצוה עליו, איך יאמר "וצונו", **ובשבת** נמי לא יוכל לברך, כיון שאז אינו עושה כלום, לכן ימתין עד אחר השבת.

ואפילו אם כלו לו בע"ש כ"ט יום וי"ב שעות ותשצ"ג חלקים משעה, {שהשעה נחלקת לתתר"ף חלקים כידוע}, שהוא החשבון של כל חודש אם יתחלק השנה לי"ב חלקים בשוה, **אפ"ה** לא יפדוהו ביום וי"ו, לפי שהחודש שבתורה הוא שלשים יום שלמים, ולכן צריך שיגיע ליום ל"א בשעת הפדיון, וכיון שיום ל"א הוא בשבת, ידחה עד אחר שבת.

ואין מגרשין - אפי' בגט שנכתב קודם שבת, שמא יבא לכתיבה,

[כז]**אא"כ הוא גט שכיב מרע (דתקיף ליה עלמא)** - היינו שרוצה לגרש אשתו כדי שלא תזקק ליבום, התירו לו לגרש בשבת, כדי שלא תטרף דעתו עליו אם לא יעשו רצונו, **ומיירי** באופן דלית ביה פסול משום מוקדם, כגון שכשנכתב הגט מע"ש לא נכתב בו זמן היום, אלא כתוב בו "שבוע זו" סתם, דכשר בכה"ג.

[כח]**וכולם אם נעשו שוגגין או מזידין או מוטעין, מה שעשו עשוי** - אכל המבואר בסעיף זה קאי, **חוץ** מהפרשת תרומות ומעשרות, דבארנו לעיל דאם הפרישן במזיד אסור בו ביום.

שוגג הוא, כגון ששכח שהיום שבת, או שחשב שדבר זה מותר לעשות.

סימן תקכד ס"א - ולא דנין, ולא מקדשין, ולא כונסין, ולא מיבמין, ולא מגרשין, ולא חולצין, ולא מקדישין, ולא מחרימין, ולא מפרישין תרומה ומעשרות - וה"ה חלה, ועיין לעיל בסימן תק"ו סעיף ג' וד', שם מבואר פרטי הדין.

הגה: ודין פדיון הבן, כדינו בשבת כך דינו ביו"ט, וע"ל סי' של"ט סעיף ד' - ר"ל דשם מבואר דבדיעבד מה שעשה עשוי.

באר הגולה

כו ריב"ש בתשובה וכתבי מהר"ר ישראל והר"ן שם | כז גיטין ע"ז | כח ירושלמי וכתבוהו הרי"ף ורא"ש בפרק ה' דביצה

§ מסכת שבת דף קמט. §

אות א׳ - ב׳ - ג׳

גזירה שמא יקרא בשטרי הדיוטות

מכתב שעל גבי הכותל, אבל לא מכתב שע"ג טבלא ופינקס

מונה אדם את אורחיו ואת פרפרותיו מפיו וכו׳

סימן שז סי"ב - [א]זימן אורחים והכין להם מיני מגדים, וכתב בכתב כמה זימן וכמה מגדים הכין להם, אסור לקרותו בשבת - בגמ׳ איתא שני טעמים, אחד, שמא ימחוק מן האורחין ומן המגדים, דהיינו שלפעמים רואה שלא הכין להם כל צרכם, ומתחרט שזימן אורחים יותר מן הראוי, ומוחק מן הכתב כדי שלא יקראם השמש, וכן במיני מגדים ג"כ מתנחם לפעמים למעטם, **ועוד** טעם, שמא יבוא לקרות גם בשטרי הדיוטות, וזה אסור כדלקמיה בסי"ג.

ומה שנוהגין שהשמש קורא מתוך הכתב לסעודה, יש מחמירים, דנהי דלשמא ימחוק ליכא למיחש, אלא כשבעל הסעודה בעצמו קורא, ומטעם שכתבנו, מ"מ הלא איכא למיגזר משום שמא יקרא בשטרי הדיוטות, **אך** כשהסעודה היא של מצוה יש להקל הקריאה להשמש, דהוי בכלל חפצי שמים דשרי, כמ"ש סימן ש"ו ס"ו, [מ"א, **ולבעה"ב** אין להקל הקריאה מן הכתב אפי׳ בסעודת מצוה - פמ"ג], **וכ"ש** דמותר לשמש להכריז כרוז בבהמ"ד מתוך הכתב, ‹דגם אין חשש מחיקה›.

[**ועיין** בבנה"ג, דאוסר להש"ץ לקרוא מתוך הכתב המתים שמתו באותה שנה לעשות להם השכבות, **ולפי** הפמ"ג דלא התירו בדבר מצוה רק במקום דלא שייך החשש שמא ימחוק, לכאורה יש להחמיר בזה אף למ"א, דבזה נמי שייך הגזירה שמא ימחוק, לפעמים כשנשלמה שנתו, **ובספר** שערי אפרים מצדד קצת להקל].

אמנם בשערי תשובה הביא ליישב המנהג, להקל להשמש לקרוא מתוך הכתב אפילו לסעודת הרשות, **דעל** השמש מעיקרא לא גזרו, כדי שלא יטעה ויביא לידי חורבן ותקלה, כעובדא דקמצא ובר קמצא.

[ב]אפילו אם הוא כתוב על גבי כותל גבוה הרבה - שאינו מגיע לשם למחוק, **משום גזירה שמא יקרא בשטרי הדיוטות, [ג]דהיינו שטרי חובות וחשבונות** - [ואף דקימ"ל כרבה, דאפי׳ גבוה נר י׳ קומות אסור לקרוא לפניו, דלא פלוג, נקט השו"ע טעם דשמא יקרא, דשייך טעם זה בעצם]. **(דאפילו) [ואפילו] לעיין בהם בלא קריאה אסור (הרא"ש ור"ן פי׳ המשנה וטור).**

[ד]אבל אם חקק בכותל חקיקה שוקעת, מותר - דמשום שמא ימחוק ליכא, דחקיקה כיון שהיא שוקעת קשה להמחק, ומשום שמא יקרא בשטרי הדיוטות נמי לא גזרינן, דלא מיחלף בשטר, [ה]**דאף** דאם כתב בכותל גבוה אסור משום שמא יקרא, התם מכתיבה לכתיבה מיחלף, אבל הכא מחקיקת הכותל לא אתי לאחלופי בכתיבת השטר.

אבל בולטת אסור, דגזרינן שמא ימחוק, ואפילו גבוה הרבה שאינו מגיע לשם למחוק, משום לא פלוג, וכמ"ש סימן ער"ה.

והפתקאות ששולחין הקונים, שכתוב בהן מע"ש סכום היין והשכר שלוקחין, שלא כדין הוא, דאסור לקרות בהן בשבת, כ"כ בא"ר, **ונראה** דאם כתב בהן רק סימנא בעלמא שרי.

[ו]אבל בטבלא ופנקס, אפילו אם הוא חקוק, אסור לקרותו - דכיון שהם מטלטלים, מיחלף בשטרי הדיוטות.

[ז]סימן שז סי"ג - שטרי הדיוטות, [ח]דהיינו שטרי חובות וחשבונות, ‹אסור לקרותם› - י"א משום "ממצוא חפצך", וי"א משום שמא ימחוק, **ואגרות של שאלת שלום, אסור לקרותם** - משום דמיחלף בשטרי הדיוטות. **ואפי׳ לעיין בהם בלא קריאה, אסור** - ‹ואע"ג דמשום ממצוא חפציך, דוקא דבור אסור אבל הרהור מותר›, דא"א כשמעיין שלא ישא ויתן בעניני השטרות, לבוש, **ומיירי** כשיודע מכבר מה כתיב בה, וכדמוכח לקמיה.

אות ד׳ - ה׳

אין רואין במראה בשבת

מפני מה אמרו מראה של מתכת אסורה וכו׳

סימן שב סי"ג - [ט]אין מסתכלין בשבת במראה של מתכת שהיא חריפה כאיזמל (פי׳ כעין סכין קטן חד וחריף) - ר"ל ששפת המראה חדה, ועשויה לשם כך, להסיר בה בחול את הנימין המדולדלין מראשו כשרואה שהן מדולדלין, **דחיישינן שמא ישיר בה נימין המדולדלין** - דשמא ישכח ויעשה כדרכו בחול.

ואפילו אם היא קבוע בכותל - שלא יוכל להשיר בה, ג"כ אסור, דלא חלקו חכמים במראה של מתכות בין קבוע לשאינה קבוע.

[י]אבל מותר להסתכל במראה שאין בה חשש זה, אפילו אינה קבועה - כגון במראה של זכוכית כעין שלנו, וה"ה במראה של מתכות כשאינה עשויה חריפה, **והטעם**, כיון דאינה עשויה כלל להשיר בה נימין, לא גזרו כלל עליה, (דכיון שאינה עשויה להשיר בה נימין, כמין אחר דמיא, וכן מדוייק לשון הגמרא, דקאמר ר"נ אמר רבה בר אבוה מפני מה אמרו מראה של מתכות אסורה, מפני שאדם עשוי להשיר בה נימין המדולדלין, ומשמע דכשאינה עשויה להשיר בה מותר), **ולא** חיישינן שמא כשיראה במראה שהן מדולדלין, ילך אחר מספרים כדי להעבירם, דאדהכי והכי מדכר שהוא שבת, [גמרא].

עיין ביו"ד סימן קנ"ו, באיזה אופן מותר להסתכל במראה.

‹המשך ההלכות מול עמוד ב׳›

באר הגולה

א שם במשנה ב שם בגמ׳ קמ"ט ג ‹כפירש"י שם - גר"א› ד רבי ירוחם ה ‹אף דמשמע בש"ס דכותל בשטרי הדיוטות לא מיחלף, היינו דוקא בדחייק מיחק, דאיכא תרי שינויי - מאמ"ר›, ‹**והראשונים** נחלקו בפי׳ סוגיא זו, וכתב הרב המגיד, דכדי לבאר הסוגיא לכל השיטות יאריכו הדברים, **והשו"ע** פסק כשיטת הרי"ף והרא"ש, ודלא כרש"י, והרמב"ן והרשב"א הביאו דברי הרי"ף, וביארו ששיטתו כשיטת הר"ר פורת, עיין בתוס׳› ו **הרי"ף והרא"ש שם** ז ‹ע"פ הבאה"ג› ח **בפי׳ רש"י שם** ‹קמ"ט. ד"ה שמא ימחוק› וקט"ז ט שבת קמ"ט וכת"ק, **הרי"ף ורא"ש ורמב"ם וש"פ** י **שם בפוסקים הנ"ל**

גמ' מ"ט רב ביבי אמר גזירה שמא ימחוק אביי אמר *גזירה שמא יקרא בשטרי הדיוטות מאי בינייהו א"ב דכתב אכותל ומידלי למ"ד שמא ימחוק לא חיישינן ולמ"ד שמא יקרא חיישינן ולמ"ד שמא ימחוק ניחוש שמא יקרא ותו לשמא ימחוק לא חיישינן *והתניא *לא יקרא לאור הנר *ואמר רבה אפי' גבוה שתי קומות אפי' גבוה שתי מרדעות אפי' עשרה בתים זה ע"ג זה לא יקרא אלא איכא בינייהו דכתב אכותל ומיתתי למאן דאמר שמא ימחוק חיישינן למ"ד שמא יקרא לא חיישינן גודא בשטרא לא מיחלף ולמ"ד שמא יקרא ליחוש שמא ימחוק אלא איכא בינייהו דחייק אטבלא ואפינקס למ"ד שמא ימחוק לא חיישינן למ"ד שמא יקרא חיישינן ולמ"ד שמא ימחוק ליחוש שמא יקרא וכ"ת טבלא ופינקס בשטרא לא מיחלף והתניא *מונה אדם כמה מבפנים וכמה מבחוץ וכמה מנות עתיד להניח לפניהם [ג]מכתב שעל גבי הכותל אבל לא מכתב שעל גבי טבלא ופינקס היכי דמי אילימא דכתיב מיכתב מ"ש הכא ומ"ש הכא אלא לאו דחייק וקתני מכתב שעל גבי הכותל אבל לא מכתב שע"ג טבלא ופינקס אלא לעולם דכתב אכותל ומידלי ודקא קשיא לך דרבה דרבה תנאי היא דתניא [ג]מונה אדם את אורחיו ואת פרפרותיו מפיו אבל לא מן הכתב ר' אחא מתיר מכתב שעל גבי הכותל היכי דמי אילימא דכתיב מתתא ליחוש שמא ימחוק אלא לאו דכתב ומידלי וש"מ דרבה תנאי היא ש"מ והני תנאי כהני תנאי דתניא **[ד]אין רואין במראה בשבת *רבי מאיר מתיר במראה הקבוע בכותל מ"ש הקבוע בכותל דאדהכי והכי מדכר שאינו קבוע נמי אדהכי והכי מדכר הכא במראה של מתכת עסקינן וכדרב נחמן אמר רבה בר אבוה דא"ר נחמן אמר רבה בר אבוה [ה]מפני מה אמרו מראה של מתכת אסורה מפני *שאדם עשוי להשיר בה נימין המדולדלין תנו רבנן **[ו]כתב המהלך תחת הצורה ותחת הדיוקנאות אסור לקרותו בשבת [ז]ודיוקנא עצמה אף בחול אסור להסתכל בה משום שנאמר °אל תפנו אל האלילים מאי תלמודא אמר רבי חנין אל תפנו אל מדעתכם: **מפיס** אדם עם בניו וכו': עם בניו ועם בני ביתו אין ועם אחר לא מאי טעמא כדרב יהודה אמר שמואל *דאמר רב יהודה אמר שמואל [ח]בני חבורה המקפידין זה על זה עוברין משום מדה ומשום משקל ומשום מנין ומשום לווין ופורעין ביו"ט וכדברי

(ויקרא יט)

רש"י

גמ' מ"ט. אבל לא מן הכתב: שמא ימחוק. מן האורחין שירלה שלא הכין להם כל צרכם ויתחרט שזימן יותר מן הראוי וימחוק מן הכתב כדי שלא יקראם השמש: **כל הני שמא יקרא** בשטרי הדיוטות של מקח וממכר קאמר (א): **דכתב.** מניינא אכותל בדיו: **ומידלי.** שאינו מגיע לשם למחוק: (אפילו גבוה שאינו מגיע לשם למחוק): **אפילו גבוה.** שאינו מגיע שם להטות הנר אסור דהואיל ונמוך אסור גבוה נמי אסור שלא תחלוק: **ומיתתי.** שנמוך ויכול להגיע שם ולמחוק: **ולמ"ד שמא יקרא.** היכא דליכא למיחש לשמא יקרא ליחוש לשמא ימחוק: **דחייק.** בסכין בתוך העץ בטבלא שאין נוחה למחוק ואדהכי מדכר וליכא למיחש למחוק: **גודא.** כותל: **פינקס.** כעין לוחות של סוחרים: **כמה בפנים וכמה בחוץ.** את מי ומי אושיב בפנים במקום המכובד ואת מי ומי אושיב בחוץ שאינה כל כך ספונין: **אבל לא מכתב שעל גבי טבלא ופינקס.** דגודא בשטרא לא מיחלף אבל טבלא ופינקס מיחלף: [**דכתיב מיכתב.** כתב של דיו]: **אלא לעולם דכתב אכותל ומידלי.** שאינו יכול למחוק ולשמא יקרא לא חיישינן דגודא בשטרא לא מיחלף ודקשיא לך דאע"ג דמידלי ליתסרי כדרבה דאמר גבי נר אפילו י' בתים: **דרבה תנאי היא.** דאיכא דחייש לשלא תחלוק באיסור שבת דרבנן ואיכא דמפליג: **ליחוש לשמא ימחוק.** דהא ר' אחא כותל דוקא נקט ואי מתתי מה לי כותל מה לי אגרת: **אין רואין במראה.** מירושלמי לפי שהרואה במראה אינו צריך אלא לתקן שערות ראשו וזקנו הלכך חיישי' שמא יראה נימין המדולדלות שאינן שוות עם שאר השער *ויגלחן: **דאדהכי והכי.** שילך להביא תער או מספרים: **מדכר.** שהוא שבת: **של מתכת.** שאינו צריך להביא מספרים שהיא עצמה מגלחת השער: **כתב שמהלך תחת הצורה ותחת הדיוקנאות.** כגון בני אדם המציירים בכותל חיות משונות או דיוקנות של בני אדם של מעשים כגון מלחמת דוד וגלית וכותבין תחתיה זו צורת חיה פלונית וזו דיוקנית פלוני ופלונית: **אסור לקרותו בשבת.** שמא יקרא בשטרי הדיוטות: **אל מדעתכם.** אל אשר אתם עושי' מדעת לבבכם ואלל שלכם. אלילים לשון אללים: **עם בניו ובני ביתו אין עם אחר לא.** מדלא תנא ומפיס על המנות: **משום לווין ופורעין.** דגזור בהו רבנן שמא יכתוב: **שמקפידין.** שאין מוחלים ומוותרין זה לזה:

תוספות

ולמ"ד שמא ימחוק ליחוש שמא יקרא. ולא מסיק אדעתיה גודא בשטרא לא מיחלף: **בשטרי** הדיוטות. פי' בקונט' של מקח וממכר ולעיל בפרק כל כתבי (דף קיז: ושם) פירש אגרות השלוחות למצוא חפץ: **אלא** איכא בינייהו דכתיב אכותל ומתתאי. ולא ידענא אמאי נקט מתתאי כיון דס"ד דכ"ע אית להו דרבה: **אילימא** דכתיב מיכתב מ"ש הכא מ"ש הכא. פירוש תרוייהו יהא אסור שמא ימחוק: **לעולם** דכתב אכותל ומידלי ודקשיא לך דרבה דרבה תנאי היא. לפירוש הקונטרס נ"ל דהשתא דמוקי לה דכתיב אכותל ומידלי למ"ד שמא ימחוק איכא דאית ליה דרבה ולמ"ד שמא יקרא לית ליה דרבה והשתא מיבעיא לן למימר דבדרבה פליגי תנאי כי היכי דפליגי אמוראי דהכא וברייתא קמייתא מיתוקמא שפיר דכתיב מכתב אכותל ומידלי דכולהו אמוראי גודא בשטרא לא מיחלף וקשה לפירוש זה דהשתא לא הוה פלוגתייהו כדהוה מוקמת לה מעיקרא למאן דאמר שמא ימחוק לא חיישינן למאן דאמר שמא יקרא חיישי' וה"ר פורת פירש דאביי ורב ביבי תרווייהו לית להו דרבה דפליגי בכתב אכותל ומידלי למאן דאמר שמא ימחוק לא חיישינן כיון דמידלי ולית לן דרבה ולשמא יקרא נמי לא חייש קסבר גודא בשטרא לא מיחלף ולמ"ד שמא יקרא חייש דקסבר גודא בשטרא מיחלף ואביי לא הוה מוקי פלוגתייהו דרבי אחא ורבנן (ב) כרבה דא"כ ר' אחא ע"כ לית ליה דאביי דשרי בכותל אלמא קסבר גודא בשטרא לא מיחלף וא"כ כמאן סבירא ליה דאפילו רבנן לא פליגי עליה דר' אחא אלא משום דאית להו דרבה וגזרינן שמא ימחוק אלא הוה מפרש אביי דכ"ע לית להו דרבה ולא חיישינן לשמא ימחוק במידלי ובגודא בשטרא מיחלף פליגי והא דקאמר ש"מ דרבה תנאי היא ה"מ למימר ודאי לכ"ע לית להו דרבה כדמפרש לאביי אלא דלא מצי למוכח הא בהדיא ולהכי קאמר דתנאי היא וליכא לאקשויי לרבה והא לא מצי למימר דפליגי (ג) בחייק מיחק רבי אחא ורבנן ובגודא בשטרא מיחלף פליגי אבל כ"ע אית להו דרבה משום דסברא הוא כיון דחייק ואיתא נמי בכותל פשיטא דבהא לא הוי אמרי רבנן דגודא בשטרא מיחלף וצריך לאוקמא השתא ברייתא דלעיל דחייק מיחק למאן דסבר גודא בשטרא מיחלף וקשה קצת לפירוש זה דה"ל למימר דכ"ע (ד) לית להו דרבה ואביי ורב ביבי בגודא אי מיחלף בשטרא פליגי: **ודיוקני** עצמה אף בחול אסור. נראה דבעויה לשם עבודת גלולים אמר אבל (ה) לנוי מותר כדמשמע מבנן של קודשים דלא הוו מסתכלי בטורתא רוזא (ע"ז דף כ:) מכלל דאחריני הוו מסתכלי*: **בני** חבורה המקפידין זה על זה עוברין משום משקל ומשום מדה ומשום מנין. פירוש לפי שמקפידין זה על זה עוברין אפילו על מה שאין שאר בני אדם עוברין משום מדה כדאמרינן בביצה (דף כט.) יכול אדם לומר לחבירו מלא לי כלי זה אבל לא במדה פירוש כלי שמודדין בו אסור דדמי למקח וממכר והם כיון שהם מקפידים כל כלים הוי לגבייהו מדה לפי שמקפידין לידע שיעורו לשלם להם הכלי וכן משקל ששוקלים ומכוונים זה כנגד זה ביד ואמרינן בביצה* אין משגיחין במאזנים ביום טוב ומשום מנין כדאמר בביצה (דף כט:) הולך אדם אצל חנוני הרגיל אצלו ואומר לו תן לי ט' ובלבד שלא יזכיר לו סכום מקח שאם היו טועים מאה אגוזים בדינר ולקח כבר תשעים לא יאמר לו תן לי עשרים אגוזים שאתחייב לך עשרה אגוזים שנראה שעושה להשלים הדינר אבל יכול לומר לו תן לי כ' אגוזים סתם ובבני חבורה המקפידים אסור שיבא לידי איסור שיזכירו להשלים וכדברי (ו) בית הלל אף משום רבית דכשהם מחזירין זה לזה הם מקפידים מה ששוות יותר וקשה לפירוש

עין משפט נר מצוה

יד א ב ג מיי' פכ"ג מהלכות שבת הלי"ע סמג לאוין סה טור שו"ע או"ח סימן שז סעיף יג:

טו ד ה מיי' פכ"ג מהל' שבת הלכה יד סמג שם טור שו"ע או"ח סימן שב סעיף יג:

טז ו מיי' פכ"ג שם הלכה יט סמג שם טור שו"ע או"ח סימן שז סעיף טו:

יז ז מיי' פ"ג מהלכות ע"ז הלכה ב סמג לאוין יד טוש"ע יו"ד סי' קמב סעיף טו:

יח ח מיי' פ"ז מהלכות גניבה הלכה י סמג לאוין עה [אבל הפוסקים השמיטו מטעם שכ' הב"י באו"ח סוף סי' תקי"ג]:

מסורת הש"ס

נ"ל והתנן לעיל יח.

[תוספ' פי"ח]

[תוספ' פי"ז]

[כרכ אלפס איתא רבי מתיר וכו' וכ"א בבעל המאור ובמלחמות. אבל בהרא"ש אי' ר' יהודה מתיר וכו']

[פי' תוס' ע"ז כט. ד"ה המסתפר]

ב"מ עה.

[וע"ע תוספות ע"ז נ. ד"ה ס"ג]

[דף כח.]

הגהות הב"ח

(א) רש"י ד"ה כל הני וכו' קאמר הס"ד ואח"כ מ"ה למ"ד שמא יקרא חיישינן ואפי' גבוה: (ב) תוס' ד"ה לעולם וכו' דר' אחא ורבנן בדרבה דא"כ: (ג) בא"ד והא לא מצי למימר דפליגי ר' אחא ורבנן בחייק מיחק ובגודא בשטרא: (ד) בא"ד וקשה קצת לפי' זה דה"ל למימר דכ"ע אביי ורב ביבי לית להו דרבה וכו': (ה) ד"ה ודיוקנא וכו' אבל לנוי מותר כצ"ל: (ו) ד"ה בני וכו' שיזכירו להשלים וכדברי ב"ה אלא אף:

גליון הש"ס

גמ' אין רואין במראה בשבת. עי' ע"ז כט ע"א תוס' ד"ה המסתפר: שם כתב המהלך תחת הצורה. עי' לעיל דף קמט ע"ב תוס' ד"ה וכ"ש בשטרי:

רבינו חננאל

דתנן אין מקדישין בשבת ולא ביום טוב בחובות שאין קבוע להן זמן. מונה אדם את אורחיו ואת פרפריותיו מפיו אבל לא מן הכתב. ואמרינן מן הכתב מ"ט לא. רב ביבי אמר גזירה שמא ימחוק אביי אמר גזירה שמא יקרא בשטרי הדיוטות ופירוש כיון שיראה אדם קורא כמה אורחים צריך להביא כמה פרפריות אצלו אף הוא אומר מותר לקרוא בשטרי הדיוטות מאי בינייהו דכתיב אכותל במקום גבוה שאינו יכול למחוק דרב ביבי בכי האי גוונא שרי. ואביי אסר. ואקשינן על רב ביבי והתנן לא יקרא לאור הנר ואמר רבה אפילו גבוה ב' קומות או ב' מרדעות ואפילו עשרה בתים זה ע"ג זה לא יקרא. והא הכא דליכא למיחש אלא שמא יטה ואפי' גבוה כמה אמר (רבא) [רבה] חיישינן ואסור.ואע"ג דסלקא כתנאי הלכתא (כרבא) [כרבה] דסתם מתניתין כותיה ולא חיישינן אמחלוקת דברייתא. יחזור להביא טעם אחר לומר כי אינם חלוקים אלא אם הוא הכתב בכותל נמוך שמגעת לה ויכול למחוק דלרב ביבי אסור כטעמיה ולאביי שרי דכותל בשטר לא מיחלף. ואקשינן על אביי ולירוש שמא ימחוק הואיל והכותל נמוך הוא וגם זה הטעם נדחה ואתינן לאוקמי פלוגתיה בכתב דחייק אטבלא ופנקס וגם זה נדחה. והזרנו על הטעם הראשון דכתוב אכותל ומידלי. לרב ביבי מותר ולאביי אסור. וזה שהקשינו לרב ביבי מדברי רבה שאסר אפילו גבוה כמה. אמר לך רב ביבי דרבה תנאי היא ואנא דאמרי כתנא דשרי. דתניא מונה אדם את אורחיו ואת פרפרותיו מפיו אבל לא מן הכתב. ר' אחא מתיר מן הכתב שעל גבי הכותל ואוקימנא דכתוב אכותל ומידלי. ואמרינן הני תנאי כי הני תנאי כלומר ר' אחא ות"ק חלוקין במחלוקת ר' ות"ק דיליה דלר' אחא *צחצוח הסיג מן המראה והוא מוחק לפיכך קתני אין רואין במראה ור' מתיר במראה הקבועה בכותל כת"ק דר' אחא ודמיא להא דאמרינן בכלל גדול (דף עה) דשף בין העמודים [חייב] משום **) מוחק שדומה למוחק כתב.ותלמוד א"י השף את העור ע"ג העמוד ר' אחא בשם ר' יהודה בן לוי משום מוחק ואקשינן עלה מ"ש מראה הקבועה בכותל דאדהכי והכי מדכר.ולא פירש מהו שיזכור וימנע. יש מי שאומר כי נאסר הראיה במראה בשבת שמא יראה כי עלה בו כעין חלודה (וכעין חלודה) בזה המראה ויצחצחנו בשבת ונמצא מתקן מנא.גם נהיות המראה למטה במקום נמוך עד שיתעסק להביא סכין כדי לצחצחו יזכור ששבת הוא וימנע ונדחה זה הטעם. ועמד כר"נ דאמר מפני מה מראה של מתכת אסורה מפני שאדם עשוי להשיר בה נימין המדולדלות ור' שמתיר אומר כיון שהיא גבוה לא גזרינן. ות"ק סבר גזרינן : ת"ר כתב של תחת הצורה של תחת דיוקני. פי' דיוקני צורת אדם והכתב שתחתיו אסור לקרותו בשבת ולא גרע משטרי הדיוטות דאסור בשבת. ודיוקני עצמה אסורה. אפילו בחול כמעשיה : **כפים** אדם עם בניו ועם כו' פי' מפים אדם מלשון פיום כההיא דאמרי מי מפים.וכמו שאמר על השכר (פסחים קז) מיסרו ומפים. בניו ובני ביתו

*) לכאורה לפי גי' סיה נ"ל להיפך דר' אחא כרבי ואולי דגירסתו היה להפך ומתחלה נעתק בטעות וצ"ע. **) לפנינו שם בגמ' איתא משום ממחק וצ"ע.

עין משפט נר מצוה

יט א מיי' פכ"ג מהלכו' שבת הלכה יז סמג שם טוש"ע או"ח סימן שכג סעיף ו :

כ ב מיי' שם (ופי' מהל' גזילה ואבידה ה"ו) סמג שם ועשין ריד ולאוין עג טור שו"ע או"ח שם וטוש"ע חו"מ סימן שע סעיף ג :

כא ג ד מיי' פ"ד מהל' י"ט הלכה כ סמג לאוין עה :

וכדברי (*ב"ה) אף משום רבית אי הכי בניו ובני ביתו נמי בניו ובני ביתו היינו טעמא כדרב יהודה אמר רב *דאמר רב יהודה אמר רב מותר להלוות בניו ובני ביתו ברבית כדי להטעימן טעם רבית אי הכי מנה גדולה כנגד מנה קטנה נמי אין ה"נ וחסורי מיחסרא והכי קתני *מפים אדם עם בניו ועם בני ביתו על השלחן אפי' מנה גדולה כנגד מנה קטנה מ"ט כדרב יהודה אמר רב עם בניו ועם בני ביתו אין עם אחרים לא מ"ט כדרב יהודה אמר שמואל [ב]מנה גדולה כנגד מנה קטנה אף בחול לאחרים אסור מ"ט משום קוביא : [ג]מטילין חלשין על וכו' : מאי אבל לא על המנות א"ר יעקב *בריה דבת יעקב אבל לא [ד]על המנות של חול ביו"ט פשיטא מהו דתימא הואיל וכתיב °ועמך כמריבי כהן אפי' מנות דחול נמי קמ"ל וא"ר יעקב *בריה דבת יעקב [ה]כל שחבירו נענש על ידו אין מכניסין אותו במחיצתו של הקב"ה מנלן אילימא משום דכתיב °ויאמר ה' מי יפתה את אחאב ויעל ויפול ברמות גלעד ויאמר זה בכה וזה אמר בכה ויצא הרוח ויעמוד לפני ה' ויאמר אני אפתנו וגו' ויאמר אצא והייתי רוח שקר בפי כל נביאיו ויאמר תפתה וגם תוכל צא ועשה כן ואמרינן מאי רוח *א"ר יוחנן זה רוחו של נבות ומאי צא אמר רב צא ממחיצתי ודילמא התם היינו טעמא דכתיב °דובר שקרים לא יכון אלא מהכא °שבעת קלון מכבוד שתה גם אתה והערל וגו' שבעת קלון מכבוד זה נבוכד נצר שתה גם אתה והערל זה צדקיה חדא דכוליה קרא בנבוכד נצר כתיב ועוד צדקיה צדיקא מאי הוה ליה למיעבד ליה דא"ר יהודה אמר רב בשעה שבקש אותו רשע לעשות לאותו צדיק כך וכו' אלא מהכא °גם ענוש לצדיק לא טוב אין לא טוב אלא רע וכתיב °כי לא אל חפץ רשע אתה לא יגורך רע *צדיק אתה ה' ולא יגור במגורך רע מאי משמע דהאי חלשים לישנא דפורא הוא דכתיב °איך נפלת משמים הילל בן שחר נגדעת לארץ חולש על גוים וגו' אמר רבה בר רב הונא מלמד שהיה מטיל פור על גדולי מלכות לידע איזה בן יומו של משכב זכור וכתיב °כל מלכי גוים כולם וגו' אמר רבי יוחנן שנחו ממשכב זכור וא"ר יוחנן כל ימיו של אותו רשע לא נמצא שחוק בפה כל בריה שנאמר °נחה שקטה כל הארץ פצחו רנה מכלל דעד השתא לא הוה רנה ואמר ר' יצחק אמר ר' יוחנן אסור לעמוד בביתו של אותו רשע שנא' °ושעירים ירקדו שם ואמר רב יהודה אמר רב בשעה שביקש אותו רשע לעשות לאותו צדיק כך נמשכה ערלתו שלש מאות אמה והיתה מחזרת על כל המסיבה כולה שנאמר שבעת קלון מכבוד שתה גם אתה והערל ערל בגימטריא שלש מאות הוי ואמר רב יהודה אמר רב בשעה שירד אותו רשע לגיהנם רעשו כל יורדי גיהנם אמרו שמא למשול עלידם הוא בא או *ליחלות כמותם הוא בא שנאמר °גם אתה חולית כמונו אלינו נמשלת יצאתה ב"ק ואמרה °ממי נעמת רדה והשכבה את ערלים °איך שבת נוגש שבתה מדהבה א"ר יהודה אמר רב שבתה אומה זו שאמרה מדוד

הושע ד · מלכים א כב · תהלים קא · חבקוק ב · משלי יז · תהלים ה · ישעיה יד · שם · שם · שם יג · שם יד · יחזקאל לב · ישעיה יד

רש"י

ובדברי (בית) הלל לחיים שמא יוקירו חיטי בהלואת ככרות אף משום רבית : **בניו ובני ביתו נמי** . ליתוש לרבית וכל הני : **להלוות** · משלו : **בניו ובני ביתו** · הסמוכים על שלחנו דכיון דהכל משלו אין כאן רבית : **להטעימן טעם רבית** · שידעו כמה קשה אלמא כיון דמשלו הוא אין כאן איסור רבית והלכך גבי מדה ומשקל ומנין נמי לאו קפידא הוא אלא להשוותם בלא קנאה : **אי הכי מנה גדולה כנגד מנה קטנה נמי** · דמוקמינן טעמא לקמן משום קוביא ואפי' בחול אסור וכיון דהכל משלו אמאי אסור להטעימן טעמא קוביא בעלמא הוא : **אפי' טעמא מותר** · ולא חיים לקוביא : **כדרב יהודה אמר רב** · דלהטעימן בעלמא הוא : **עם אחר לא כדרב יהודה אמר שמואל** · דכיון דמקפידין עוברין משום מדה ומשקל ומנין : **משום קוביא** · דגזל הוא דאסמכתא לא קניא והא אסמכתא דסמיך על הגורל אם יפול גורל אמנה הגדולה אזכה בה ולפיכך תלה עצמו אף לגורל הקטנה על הספק ואילו יודע מתחלה שכן לא היה מתרצה : **של חול** · של קדשים של אתמול : **כמריבי כהן** · ככהנים אלו שהם בעלי מריבה : **אפי' דחול נמי** · לישתרי להו להפים ביו"ט כי היכי דלא ליגלו : **זה בכה** · אני אפתנו בכה : **שבעת קלון** · בנבוכדנצר משתעי שהיה מטיל משכב זכור על המלכים וכשהגיע יומו של צדקיהו נמשכה ערלתו ג' מאות אמה והיינו שבעת קלון : **חדא דכוליה קרא בנבוכדנצר כתיב** · שפיר מצית לאוקמי כוליה בנבוכדנצר וה"ק שתה גם אתה כאותם שהיית מקלה אותן והערל והתערל והתגנה : **בשעה שעשה לו כו'** · לקמן היא מדקאמר לאותו צדיק ש"מ אנוס היה : **ענוש לצדיק לא טוב** · לצדיק המענים לא טוב וכיון דאינו טוב הרי הוא רע : **וכתיב לא יגורך רע** · אלמא אינו נכנס במחיצתו : **חולש על גוים** · בנבוכדנצר כתיב : **ושעירים ירקדו שם** · ולא אנשים ובשביל הבריות מסתלקין המזיקין וכמלא מבטל גזירת המלך : **המסיבה** · מלכים שהיו מסובין ויושבין לפניו : **גם אתה חולית כמונו אלינו וגו'** · ביורדי גיהנם כתיב דכתיב לעיל מיניה שאול מתחת רגזה לך לקראת בואך וגו' (א) : **חולית כמונו אלינו נמשלת** · לשון ממשלה : **נעמת** · סבור אתה להיות בטעם מן האחרים : מדוד

תוספות

לפירוש זה דאם הלל לא איירי אלא במקפידין אם כן אמאי קאמר לעיל לימא מתניתין דלא כהלל והא הלל במקפידין איירי ומתניתין דלעיל אתי שפיר כוותיה דהא רישא באין מקפידין איירי דקתני שואל דאילו למקפידין אסרינן שאלה לפי מה שפירש' להכי נראה לפרש שוברין משום מדה ומשום משקל כלומר קרובין לבא לידי כך שיעברו משום מדה שע"י שמקפידין זה ע"ז ורגילין ליקח במדה זה מזה גם ביו"ט יעשו כך וגם כל בני אדם הוי אסורין בכלי של מדה כדאמר בבילה (דף כט: ושם) אבל למקפידין נותן הוא עצה שלא ישתתפו שקרובים הן לבא לידי איסור מדה וכן לידי איסור משקל מתוך שרגילים לשקול על ידי הקפדתן גם ביו"ט לא ירגישו עד שישקלו ולידי מנין כשישאל אחד מהן ס' אגוזים יאמר לו תן לי מ' להשלים ק' כמו שרגילין לעשות ומשום לווין ופורעין ביו"ט כדאמר לעיל דלשון הלואה אסור והם מתוך שמקפידים יזכירו לשון הלואה לפי שיאמר השואל אם אזכיר לו לשון שאלה משמע דהדרא בעיניה לכך אומר לשון הלואה וכדברי הלל אף משום רבית דכשלוין זה מזה כבר באין לידי רבית לפי שפעמים שזה משלם יותר שאע"פ שמקפיד הוא בוש הוא שלא ישלם כמו שהלוהו בשביל שההנהו וכיון שאינו מוחל הוי רבית אבל שאר בני אדם מחלי ולא הוי רבית והשתא מתני' איירי במקפידין דסתם שכנים שאינם חברים מקפידין ומ"מ לדך שאלה מותר ומה שדברו כאן על מקפידין לא אמרינן אלא גבי חבורה שרגילים לישאל זה מזה תדיר ואתי לידי איסור אבל שכנים שאינן תדירין כל כך לשאול זה מזה מותרים ואין לגזור בהם שמא יבאו לידי איסור ולהכי לא משני כי אמר מתני' דלא כהלל דמתניתין איירי כשאין מקפידין משום דסתמא דמתני' איירי במקפידין כדפרישית מ"ר: **מאי** טעמא משום קוביא · הייט כרבי יהודה בשם רבי טרפון דאמר אין אחד מהן נזיר שלא נתנה נזירות אלא להפלאה וסבירא ליה דלא מהית אינש לספיקא ולית הלכתא הכי אלא כאידך דר' יהודה כדפסקינן בסנהדרין בפרק זה בורר (דף כה: ושם) · מ"ר

*****מטילין** חלשים על הקדשים ביו"ט · תימה דאמר בפרק ב' דקדושין (דף נג. ושם) דאין חולקין זבחים כנגד זבחים ומנחה כנגד מנחה ומפיק לה מלכל בני אהרן תהיה איש כאחיו ועוד דפריך התם מואלגוטים מושכין ידיהם והגרגרנים חולקין מאי חולקין חוטפין ט' ואומר רבי דאין מועלת בהם חלוקה וגורל שיהא ממונו לקדם בו את האשה ולהוליאו בדיינים אבל מ"מ מטילין היו חלשין לתת לכל א' חלקו פן יריבו ביחד כדכתיב (הושע ד) ועמך כמריבי כהן והא דמשני התם חולקין לאו דוקא אלא חוטפין ולא משני הכי משו' דחולקין משמע טפין לחלוק ע"כ מתמת שחוטפין אותן שאינן שלהם · מ"ר : מה

[נ"ל ברה ומשום שאביי לא היה הגון לפיכך לא הזכירו. כ"כ רש"י בעירובין ס. ד"ה כריס]

[נ"ל ברה]

[עיין לעיל קמח: במשנה]

רבינו חננאל

ביתו אין אחרים לא . משמיה דר' יהודה אמר שמואל דאמר בני חבורה המקפידין זה על זה פי' שמדקדקין זה על זה שאומר אחד לחבירו המנה שלך שלקחתה גדולה תן לי אני כמותה והוא שוקלת בידו. ואם היה דג אומר לו לקחת דג או כדומה לו שהוא ארוך זרת צריך לתת לו (שמדתו) [תמורתו] זרת דגים או קישואין או אבטיחים וכדומה להן ואם היו אגוזים ושקדים וכדומה להן אומר לקחת עשרים או איסר לו בעת (שניטלו)[נוטלו] המתן עד שאשקול המנה ועד שאמדוד אורך הדגים והקישואים ואמנה הביצים והאגוזים והשקדים שאתה נוטל שאטול גם במשקלם וכמדתם וכמניינם . וכדברי ב"ה שאוסרים לא תלוה אשה מחברתה ככרות כו' : ומטילין חלשים כו'. פירוש מטילין גורלות אבל לא על המנות אוקמוה על המנות של חול ביו"ט : **נבוכדנאצר** אנס צדקיהו בעברה וכיון שנענש נ"נ ע"י צדקיהו נענש גם הוא שנאמר שבעת קלון מכבוד זה נבוכדנאצר שתה גם אתה והערל זה צדקיהו ואמרינן האי קרא כוליה בנ"נ כתיב ועוד צדקיהו צדיקא מאי הוה ליה למעבד . אמר רב יהודה אמר רב בשעה שעשה אותו רשע לאותו צדיק כן

רב נסים גאון . פרק שואל . וכדברי הלל אף משום ריבית הוא שהוקדם זכרו בראש הפרק (דף קמח) וכן היה הלל אומר לא תלוה אשה ככר לחברתה עד שתעשנו דמים שמא יוקרו חטים או יוזלו ונמצאו באות לידי ריבית ועיקר זה במשנה בפרק אי זהו נשך (דף עה) :

מסורת הש"ס

[נ"ל הילל]

ב"מ עה. [ושם מסיק הש"ס ולאו מילתא היא כו' ויעוי' נכון על קושיא זו ביאור הס"ן בלו"ח סימן שכ"ב ס"ק ד]

סנהדרין פט. קב:

[חגיגה יג: סוטה מב. סנהדרין קג.]

הגהות הב"ח

(א) רש"י ד"ה גם אתה וכו' וגו' הלית כמונו או אלינו כצ"ל וסד"א :

גליון הש"ס

גמ' כל שחבירו נענש על ידו . עי' ב"ב דף כב ע"א תוס' ד"ה אגלא עבשתים :

אות ו'

<u>כתב המהלך תחת הצורה ותחת הדיוקנאות אסור לקרותו בשבת</u>

סימן שז סט"ו - [יא]כותל או וילון שיש בו צורות חיות משונות, או דיוקנאות של בני אדם של מעשים, כגון מלחמות דוד וגלית, וכותבים: זו צורת פלוני וזה דיוקן פלוני, אסור לקרות בו בשבת - גזירה שמא יקרא בשטרי הדיוטות, [רש"י].

אות ז'

<u>ודיוקנא עצמה אף בחול אסור להסתכל בה</u>

יו"ד סימן קמב סט"ו - אסור לשמוע כלי שיר של עבודת כוכבים - וכן להריח בריח של אלילים, **[יב]או להסתכל בנוי עבודת כוכבים, כיון שנהנה בראייה** - פי' באלילים עצמם שנעבדו אסור להסתכל בהן לראות נויין, אבל צורות שנעשו לנוי ולא לעבוד, מבואר בתוס' ‹ד"ה דיוקני› והרא"ש דמותר - ש"ך.

(ומיהו דבר שאין מתכוין, מותר) - ואפי' אפשר לו לילך למקום אחר, מותר כשאינו מתכוין, **ומיירי** בענין שיכול לאטום אזניו ולעצום עיניו ולסתום נחיריו, שלא יהנה מן הקול והמראה והריח, ומותר כשאינו מתכוין להנאתם, דלא הוי פסיק רישיה, הא לאו הכי אסור, **אבל** כשמתכוין, מבואר שם בש"ס ופוסקים, דאפילו א"א לו לילך למקום אחר, אסור - ש"ך.

אות ח'

<u>בני חבורה המקפידין זה על זה, עוברין משום מדה ומשום משקל ומשום מנין, ומשום לווין ופורעין ביו"ט</u>

רמב"ם פ"ז מהל' גניבה ה"י - בני חבורה המקפידים זה על זה, שהחליפו חלק בחלק, או לוה ממנו מאכל והחזיר לו, עוברין משום מדה ומשום משקל ומשום מנין, ומשום לוין ופורעין ביום טוב.

---

§ מסכת שבת דף קמט: §

אות א'

<u>מפיס אדם עם בניו ועם בני ביתו על השלחן, אפילו מנה גדולה כנגד מנה קטנה</u>

סימן שכב ס"ו - המחלק לבני ביתו מנות בשבת, [א]יכול להטיל גורל, לומר: למי שיצא גורל פלוני יהיה חלק פלוני שלו; [ב]והוא שיהיו החלקים שוים, ואינו עושה אלא כדי להשוותם שלא להטיל קנאה ביניהם - דבזה אין שייך שום איסור של שחיקת קוביא, כיון שאין משתכר ע"י הגורל.

[ג]אבל עם אחרים אסור, כיון שמקפידין זה על זה יבואו לידי מדה ומשקל - דכיון דרוצים להטיל גורל, חזינן שמקפידין, היינו שלא למחול לחבירו אף על דבר מועט, **ולחלק** בלי גורל שרי, דמסתמא אמרינן שאין מקפידין, (**דאי ידעינן** בבני חבורה שמקפידין זה על זה, אפילו לחלק בלי גורל אסור, דחיישינן שיבואו להזכיר שם מדה ומשקל ומנין, וזה אסור כמ"ש סי' שכ"ג, [ד]וגם עצם השתתפות באנשים כאלו אין כדאי לכתחלה, דמתוך שהם רגילים לשאול תדיר אחד מחבירו, ודאי יבואו לשאול גם בשבת ויו"ט, ומתוך הקפדתן אלו על אלו, יבואו לידי מדה ומשקל, וממילא סתם שאלה ביו"ט אחד מחבירו, אף באופן המותר בשאר בני אדם, באלו בני החבורה המקפידים אין נכון בודאי, דיבואו לידי שם מדה ומשקל).

ואפילו אם הם שכנים, ולא בני חבורה אחת, דדרך סתם שכנים להקפיד אלו על אלו, מ"מ לא אסרו רבנן לחלק בלי גורל, (מתוך שאין דבר זה מצוי אצלם תמיד, לא חששו רבנן שיבא לידי איסור).

אות ב'

<u>מנה גדולה כנגד מנה קטנה אף בחול לאחרים אסור</u>

סימן שכב ס"ו - אבל ליתן מנה גדולה כנגד מנה קטנה ולהטיל גורל עליהם - היינו דמי שיזכה בגורל יטול הגדולה, ומי שיתחייב יטול הקטנה, **[ה]אפילו בבני ביתו ובחול, אסור משום קוביא** - הוא מה שמשחקין בעצים, והוא אבק גזל מדבריהם, שאין דעתו להקנותו בקנין גמור, ולהכי אסור אף בחול, **ואף** דבעה"ב עם בני ביתו לא שייך גזל כלל, שהרי הכל שלו, מ"מ אסור, דלמא אתי לסרוכי בקוביא עם אחרים, ובאחרים בודאי אסור בחול, **וכ"ש** בשבת, דקוביא דמי למקח וממכר.

[ו]וי"א דעם בניו ובני ביתו מותר להטיל גורל אפי' על מנה גדולה כנגד מנה קטנה, מפני שאין מקפידים - שהרי הוא נותן להם הכל משלו, ולא שייך חשש דמדה ומשקל, וגם קוביא אין כאן. **ואם** בניו חולקים משל עצמם, אסור מנה גדולה נגד מנה קטנה, פמ"ג, [**ומותר** להשוות החלקים, **ואולי** הוי הסברא, דכיון שהם אחים, אף שמפיסין, מ"מ אמרינן שאין מקפידים].

הגה: ואסור להטיל גורל בשבת אפילו ע"י א"י (מהרי"ל) - ‹ואפי' בדבר שאין בו משום מדה ומשקל, {ולכאורה דלא כהמחבר}, גזירה

באר הגולה

[יא] קמ"ט וכפי' רש"י [יב] ‹שבת קמט. - ב"י› [א] שבת קמ"ח משנה [ב] **הרי"ף והרא"ש ודלא כרב** ‹דלא קי"ל כרב, {ואף לענין קוביא}, כמ"ש בב"מ ע"ה. {ולא היא דילמא אתי למיסרך}, וא"כ אתי מתני' כפשטא - גר"א. **ומ"מ** כיון דמדינא ליכא משום רבית כשהכל שלו, ה"ה דליכא משום מקפידים זה על זה - ב"י› [ג] **שם בגמ'** [ד] ‹עיין בתוס'› [ה] ‹וכנ"ל› [ו] **הרמב"ם וכן הכריע בה"ה** ‹כסוגיא דשבת סובר דבכה"ג {לענין קוביא} איתיה לדרב - גר"א›

שמא יכתוב - לבוש. **הקשה** מלבושי יו"ט, א"כ בבניו נמי ליגזור, ונראה ליישב, דבבניו שהכל שלו ואין מקפידין, לא אתא למיכתב - א"ר. **עיין** במ"א, דאפי' אם הוא דבר מצוה, ולא הוי מצי למעבד מאתמול, ג"כ אסור בשבת, [**והביא** המ"א ראיה לזה ממה דמדייק המשנה, מטילין חלשים על הקדשים ביו"ט, ‹אבל לא בשבת›, ואי נימא משום דבשבת לא היה כי אם בשר עולה, הלא היה בו לחם הפנים. **ולענ"ד** אין ראיה כ"כ, משום דלחם הפנים לא היה מגיע לכל אחד כי אם דבר מועט מאד, לכל אחד כזית או כפול, לא הטילו עליהם גורל, **וגם** אפשר דוקא דנקט המשנה ביו"ט משום סיפא, דאבל לא על המנות, לאשמעינן דביו"ט נמי אסור].

וביו"ט משמע ממ"א דשרי באופן זה, [**ע"ש** בדבריו דבאופן זה גם לרש"י ‹ד"ה של חול› מותר, והיינו, ממה שהתירו להטיל חלשים על הקדשים שנשחטו ביו"ט. **וגם** זה לא אבין, דדלמא רק על אכילת בשר קדשים שהיא מצות עשה גמורה התירו, אבל לא לשאר דבר מצוה, **ותדע**, דהא רישא דמשנה אמרה בסתם מפיס אדם על המנות עם בניו ובני ביתו, ולא עם אחרים, והיינו, מנות דשבת שהוא ג"כ דבר מצוה לאוכלם, וכלול בזה נמי יו"ט, כדמוכח בגמ', ואפ"ה אסור, וע"כ דקדשים שאני, וצ"ע, **ועכ"פ** בשבת ודאי אין להקל בזה, וכהמ"א, ואף שהשגנו לעיל על ראיתו, מ"מ דינו אמת].

והיינו אם הוא לחלק איזה דבר, ואסור אפילו במקום דאתי לאינצויי, **אבל** להטיל גורל מי יאמר קדיש, או מי שיעלה לתורה, שרי, דהא היו מפיסין בשבת במקדש, מי שוחט מי זורק, **ומשמע** שאינו מותר רק להטיל גורל מתוך הספר כנהוג, **אבל** להטיל גורל ע"י פתקאות, שנכתבו מע"ש שם כל אחד עליו, ומטילין בקלפי, ומוציאין פתקא מי שיעלה לס"ת, אסור, ‹דעדיין יש לחשוש שהוא בכלל הגזירה דשמא יכתוב, ע"ש שבות יעקב›.

(**מפיס אדם עם אורחיו**, וכן האורחים מפיסין זה עם זה, מי שיטול חלקו תחלה, אבל לא שיטול חלקו וחלק חבירו, **והטעם**, כיון דאין שום נ"מ בממון, רק מי שיטול תחלה, הוא רק כמי שמטיל מי שיעלה לקדיש).

חו"מ סימן שע ס"ב - המשחקים בקוביא כיצד, אלו שמשחקים בעצים או בצרורות או בעצמות, ועושים תנאי ביניהם שכל הנוצח את חבירו באותו שחוק יקח כך וכך; וכן המשחקים בבהמה או בחיה או בעופות, ועושים תנאי שכל שתנצח בהמתו או תרוץ יותר יקח מחבירו כך וכך, וכל כיוצא בדברים אלו, הכל אסור, וגזל מדבריהם הוא.

אות ג' – ד'

מטילין חלשין על וכו'

אבל לא על המנות של חול ביום טוב

רמב"ם פ"ד מהל' יום טוב ה"כ - [ו]ואין מטילין חלשים על המנות, אבל מטילין חלשים על בשר הקדשים ביום טוב, כדי לחבב את המצוה. השגת הראב"ד: ואין מטילין חלשים על המנות. א"א בגמרא (שבת קמט) מפרש מטילין חלשים על הקדשים של יום טוב ביום טוב, אבל לא על המנות של חול ביום טוב, ואפילו דקדשים; אבל עם בניו ועם בני ביתו מותר ואפילו מנה גדולה כנגד מנה קטנה.

---

§ מסכת שבת דף קנ. §

אות א'

לא ישכור אדם פועלים בשבת

סימן שב ס"ב - סעיף זה וכן הסעיפים דלקמן, מה שאסור הוא משום "ממצוא חפצך", דהכל בכלל עשיית חפציו, [רש"י].

[א]**אסור לשכור פועלים,** [ב]**ולא לומר לא"י לשכור לו פועלים בשבת** – (היינו אפילו אם לא יקצוב להם סכום השכירות ויגמור עמהם המקח, אלא שידבר הא"י עמהם מענין הפעולה ושאם רוצים להשתכר עצמם, גם זה אסור), **ואפילו** אם יאמר לא"י שישכור לו פועלים אחר השבת, ג"כ אסור. **וה"ה** כל דבר שאסור לישראל לעשות מצד הדין, אסור לומר לא"י לעשותו, **אבל** בדבר שאינו אלא מנהג וחומרא בעלמא, שרי לומר לא"י לעשותו. [ג]**אע"פ שאין הישראל צריך לאותה מלאכה אלא לאחר השבת, שכל מה שהוא אסור לעשותו בשבת, אסור לומר לא"י לעשותו.**

[ד]**ואפי' לומר לו קודם השבת לעשותו בשבת, אסור** – (ואפילו קצץ לא מהני בזה, כיון שמיחד לו הפעולה על השבת, וכדלעיל בסימן רמ"ז ובסימן רנ"ב, והנה החת"ס מצדד לומר, דדוקא לומר לא"י שיעשה בעצמו מלאכה בשבת, אסור אף בחול לומר לו, אבל לשכור לו פועלים, דזה הוי אמירה דאמירה, דהיינו שהישראל אומר לא"י שיאמר לפועלים לעשות לו מלאכה בשבת, אין איסור בזה כשאומר לו בחול, ומיירי במלאכה שא"צ למחות כשרואה את הא"י עושה מעצמו בשבת, והוא מלתא חדתי, ומתשו' הרשב"א המובא בב"י בסעיף זה מוכח להיפוך).

[ה]**אבל מותר לומר לו אחר השבת: למה לא עשית דבר פלוני בשבת שעבר, אע"פ שמבין מתוך דבריו שרצונו שיעשנה בשבת הבאה** - ר"ל אפ"ה מותר, כיון שאינו אומר לו בפירוש רק דרך רמז, **ולא** דמי למה שכתב הרמ"א בהג"ה בסכ"ב, דאפילו דרך רמז לעשות בשבת אסור, **התם** כשמרמז לו בשבת גופא ע"ז, חמיר טפי. ‹**מבואר** דזה נחשב לדרך צווי, דאל"כ מותר גם בשבת עצמו›. **ומ"מ** לא יהנה הישראל מאותה מלאכה עד אחר השבת, כדין א"י שעשה מלאכה לצורך ישראל, **א"נ** מיירי בדבר שאין גוף הישראל נהנה ממנו, כגון שכבר יש נר ואש, והא"י מוסיף, **דאל"כ**, הא אפילו אם הא"י הדליקה מעצמו, אסור לישראל ליהנות ממנו.

באר הגולה

[א] שם במשנה ק"נ [ב] מהא דעכו"ם שבא לכבות וכו' קכ"א ‹גמ' שם {ק"נ.} פשיטא כו' - גר"א› [ג] רמב"ם [ד] הרא"ש והר"ן בשם רבי סעדיה ורמב"ם וש"פ [ה] סמ"ג וסמ"ק והגהות [ו] ‹ומדעות רבינו נראה, שמפרש של חול, של חולין, אבל רש"י ז"ל פי' של חול, של קדשים של אתמול, וזה דעת הראב"ד ז"ל - מגיד משנה›

תורה אור

מדוד והבא ואיכא דאמרי שאמרה מאד מאד הביא בלא מדה °ורבו יתירה הוספת לי אמר רב יהודה אמר רב ירמיה בר אבא מלמד שרכב על ארי זכר וקשר תגין בראשו לקיים מה שנא' °וגם את חית השדה נתתי לו לעבדו:

מתני' ״לא ישכור אדם פועלים בשבת ולא יאמר אדם לחבירו לשכור לו פועלים *״אין מחשיכין על התחום לשכור לו פועלים ולהביא פירות ״אבל מחשיך הוא לשמור ומביא פירות בידו כלל אמר אבא שאול כל שאני זכאי באמירתו רשאי אני להחשיך עליו:

גמ' (פשיטא) מ״ש הוא ומ״ש חבירו אמר רב פפא °חבר נכרי מתקיף לה רב אשי *״אמירה לנכרי שבות אלא אמר רב אשי אפילו תימא חבירו ישראל הא קמ״ל לא יאמר אדם לחבירו שכור לי פועלים ״אבל אומר אדם לחבירו הנראה שתעמוד עמי לערב ומתני' מני כרבי יהושע בן קרחה דתניא *לא יאמר אדם לחבירו הנראה שתעמוד עמי לערב רבי יהושע בן קרחה אומר אומר אדם לחבירו הנראה שתעמוד עמי לערב אמר רבה בר בר חנה אמר רבי יוחנן הלכה כרבי יהושע בן קרחה ואמר רבה בר בר חנה אמר רבי יוחנן מ״ט דרבי יהושע בן קרחה דכתיב °ממצוא חפצך ודבר דבר *דיבור אסור הרהור מותר רמי ליה רב אחא בר רב הונא לרבא מי אמר ר' יוחנן דיבור אסור הרהור מותר *אלמא הרהור לאו כדיבור דמי *והאמר רבה בר בר חנה אמר רבי יוחנן בכל מקום מותר להרהר חוץ מבית המרחץ ומבית הכסא שאני התם דבעינן °והיה מחניך קדוש וליכא הכא נמי כתיב °ולא יראה בך ערות דבר ההוא מיבעי ליה לכדרב יהודה *דאמר רב יהודה ״עכו״ם ערום אסור לקרות קרית שמע כנגדו מאי איריא עכו״ם אפי' ישראל נמי לא מיבעיא קאמר לא מיבעיא ישראל דאסור אבל עכו״ם כיון דכתיב ביה °אשר בשר חמורים בשרם אימא שפיר דמי קמ״ל אימא הכי נמי אמר קרא °וערות אביהם לא ראו ודיבור מי אסיר *והא רב חסדא ורב המנונא דאמרי תרווייהו ״חשבונות של מצוה מותר לחשבן בשבת וא״ר אלעזר ״פוסקים צדקה לעניים בשבת וא״ר יעקב בר אידי אמר רבי יוחנן מפקחין פיקוח נפש ופיקוח רבים בשבת והולכין לבתי כנסיות לפקח על עסקי רבים בשבת °וא״ר שמואל בר נחמני א״ר *יוחנן הולכין לטרטיאות ולקרקסאות ולבסילקאות לפקח על עסקי רבים בשבת ותנא דבי ״מנשה משדכין על התינוקות ליארס בשבת ועל התינוק ללמדו ספר וללמדו אומנות *אמר קרא ממצוא חפצך ודבר דבר *חפציך אסורים חפצי שמים מותרין א״ר יהודה אמר שמואל חשבונות של [*מלך] ושל מה בכך מותר לחשבן בשבת תנ״ה *״חשבונות שעברו ושעתידין להיו' אסור לחשבן של*) מלך ושל

*) נ״א מה לך

רש"י

מדוד · מעות ודינרי זהב והבא: **ורבו יתירה הוספת לי** · לאחר שהיה ז' שנים בהמה וחזר למלכותו היה משתבח כן ומהו התוספת שקשר תגין גדול כתם גדול בראשו של ארי כמין אפסר: **מתני' לא ישכור אדם פועלים** · דכתיב (ישעיה נח) ממצוא חפצך: **ולא יאמר לחבירו כו'** · בגמרא פריך פשיטא כיון דהוא אסור חבירו נמי אסור דהא ישראל הוא והשולחו עובר משום לפני עור לא תתן מכשול: **אין מחשיכין על התחום** · לקרב עצמו בשבת עד סוף התחום ולהחשיך שם שיהא קרוב למקום הפועלים או לפרדס להביא פירות דכל דבר שאסור לעשותו בשבת אסור להחשיך עליו: **אבל מחשיך הוא** · להיות קרוב לגאת לשמור פירותיו וזה דבר המותר בשבת לשמור פירותיו אם היו בתוך תחומו: **ומביא פירות בידו** · הואיל ועיקר מחשבתו לא היה לכך: **כלל אמר אבא שאול** · טעמו היה כלל בדבר זה להוסיף דברים אחרים כיוצא בו ולקמיה מפרש לאתויי מאי: **כל שאני זכאי באמירתו** · שאני רשאי לאומרו לחבירו או לנכרי בשבת לעשות למוצאי שבת רשאי אני להחשיך עליו: **גמ' מאי שנא כו'** · ופשיטא דכיון דאמר לא ישכור ה״ה לא יאמר לחבירו דהא ישראל הוא כמותו ולא מצי לאוקמינהו: **אמירה לנכרי שבות** · וכבר סתמה רבי למתני'* נכרי שבא לכבות אין אומרים לו כבה: **הא קמ״ל** · משנה יתירה בהדיא הוא דלא לימא ליה אבל סתמא שרי ליה למימר: **הנראה** · עכשיו נראה אם תעמוד עמי לערב אם תבא אלי לכשתחשך ושניהן יודעין שעל מנת לשוכרו לפעולתו הוא מזהירו וכיון דלא מפרש בהדיא שרי כדמפרש טעמא לקמן דבור אסור הרהור מותר: **מותר להרהר** · בדברי תורה: **והיה מחניך קדוש** · ולא כתיב ביה דבר אלא מקום חנייתך תהא בקדושה וטעמא משום דישראל מהרהרין תמיד בדברי תורה: **ערות דבר** · אלמא לא אסיר ליה אלא בשעת דבור: **הכיא כדרב יהודה** · כלומר לעולם והיה מחניך קדוש משום הרהור תורה ואפי' אין דבור ולא יראה בך ערות דבר במילתא אחריתי מיירי דאסור בשעת הדבור ולא בשעת הרהור כגון להסתכל בערוה: **עכו״ם ערום** · כ״ש ישראל כדמפרש ואזיל: **אימא שפיר דמי** · דכבהמה בעלמא הוא: **וערות אביהם** · אלמא ערוה היא בבן נח: **ודבור מי אסור והא אמר רב חסדא כו'** · וכל הני דבור הוא: **פקוח נפש** · בדבר שיש בו סכנה פקוח דיקומבימונ״ט: **ופקוח רבים** · כגון לרשות: **טרטיאות וקרקסאות ובסילקאות** · מיני פלטין הן שעם נאספו לבית הוועד: **ללמדו אומנות** · דהא נמי מצוה היא דכל שאינו מלמדו אומנות מלמדו לסטות ומצוה ילפינן מקרא בקדושין בהאשה נקנית (ד' ל:): **של מלך** · של עולה שאינו שלו ואין צריך בכך כגון הרוצה לבנות בית כך וכך צריך להוציא בו ול״נ כמו מה לך מה לך ולחשבונות הללו הרי אין צורך בהן לא לך ולא לאחר כגון ההיא דפריסית: ושל

תוספות

מה לי הוא ומה לי חבירו · ואם תאמר וכימא דחבירו הייט דאמר ליה שכור לי פועלים למחר וי״ל דא״כ מאי איריא חבירו אפי' הוא נמי לא מצי למימר אשכור פועלים למחר דעד כאן לא קאמר רב יהודה אמר שמואל מותר לאדם שיאמר לחבירו לכרך פלוני אני הולך למחר אלא משום דשאם יש טורגנין הולך הא לאו הכי לא:

ורבי יהושע בן קרחה היא · יש מפרש דר״ע קרוי קרחה שהיה קרח כדתניא בפרק בתרא דבכורות (דף נח· ושם) אמר בן עזאי כל חכמי ישראל דומין לפני כקליפת השום חוץ מן הקרח הזה ואומר שזה היה ר״ע והיה לו בן ששמו יהושע כדאמר בפרק קמא דשבועות* א״ל ר' יהושע בנו של ר״ע לר״ע ואין נראה לר״ת דמה שקראו בן עזאי לר״ע קרח בבדיותא בעלמא אין לנו לקרותו כן כל שעה דלשון גנות הוא שנא' עלה קרח עלה קרח (מלכים ב ב) ואמרינן נמי לקמן (דף קנג.) אמר ליה ההוא לדוקי לר' יהושע בן קרחה מהכא לקרחינאה כמה הוי הרי שהיה מגנה אותו על שהיה קרח ועוד אמרי' במגילה פרק בתרא (דף כח·) שאל רבי את רבי יהושע בן קרחה במה הארכת ימים ס' א״ל רבי ברכני א״ל יהי רצון שתגיע לחצי ימי ואי ר' יהושע בן קרחה בנו של ר״ע והא קיימא לן* דלא נשא ר״ע בת כלבא שבוע עד שקיבל עליו לעסוק בתורה ואז היה בן מ' דתניא בסוף ספרי מ' שנה שימש ת״ח מ' שנה פירנס את ישראל וכל ימיו ק״כ שנים ואמרי' בקידושין פרק בתרא (דף עב·) עד שלא מת ר״ע נולד רבי ואפילו נולד ר' יהושע בשנה ראשונה שנשאה לא נשאר כי אם פ' שנים מר״ע ורבי יהושע בשעה שבירך את רבי היה בן ק״מ שנים לכל הפחות שבפחות מע' שנה לא היה מברכו ואז היה רבי לכל הפחות בן ס' וא״כ לא היה מברכו רק מי' שנים ועוד נראה שלא נשאה עד שעסק בי רב תרי סרי ותרי סרי שנין נמלא כשהיה רבי יהושע בן קרחה בן ק״מ היה רבי יותר מחצי ימיו לכך נראה לר״ת דלא ר״ע היה אלא איניש אחרינא היה ששמו קרחה וקרחה הוא שם אדם כמו קרח וטעה הרבה קודם ר' יהושע בנו של ר״ע* · מ״ר:

אומר אדם לחבירו הנראה שתעמוד עמי לערב · י״א דדווקא לחבירו אבל לנכרי אסור לפי שהוא (א) [עושה] לדעת אותה [אמירה] ואינו נראה דהא שרינן ליה הכא משו' דדבור אסור והרהור מותר [א״כ] ל״ש נכרי ל״ש ישראל · מ״ר:

ודיבור מי אסור · פי' מן התורה דהא מדשרינן דיבור של מצוה מכלל דמדאורייתא שרי:

ואמר ר״א פוסקין לדקה לעניים בשבת · וא״ת מה צריך לאתויי (ב) הא ה״ל לאתויי מילתייהו דבית הלל [בפי״ז] (בתוספתא) דתני אין פוסקים לדקה אפי' להשיא יתום ויתומה ואין משדכין על התינוקות ליארס בו דברי בית שמאי ובית הלל מתירין וי״ל דניחא ליה לאתויי מילתא דרבי אלעזר דמהתם לא הוה שמעינן פסיקת לדקה לעניים דהא לא שרי בית הלל אלא להשיא יתום ויתומה: ואין

עין משפט נר מצוה

כב א מיי' פכ״ג מהל' שבת הלכה יב סמג לאוין סה טור שו״ע או״ח סימן שו סעיף ג:

כג ב ג מיי' פכ״ד שם הלכה ג סמג שם טור שו״ע או״ח סימן שו סעיף א וסי' שז סעיף כב:

כד ד מיי' פ״ו שם הל״א סמג שם:

כה ה מיי' פכ״ד שם הל״ד וסמג שם טור שו״ע או״ח סימן שז סעיף ז:

[דף ו.]

כו ו מיי' פ״ג מהלכות ק״ש הלכה טז סמג עשין יח טור שו״ע או״ח סימן עה סעיף ד:

כז ז ח ט י מיי' פכ״ד מהלכות שבת הל״ה סמג לאוין סה טוש״ע או״ח סימן שו סעיף ו:

כח כ מיי' פכ״ג מהל' שבת הל״ח סמג שם טור שו״ע או״ח סימן שו סעיף ז:

[כתובות סג. ועיין שם ובתוס' דר״ה פ״ו]

[ועי' תוס' בכורות נח. ד״ה חוץ ותוס' ב״ב קיג. ד״ה ומעו ותוס' פסחים קיג. ד״ה נוה]

מסורת הש"ס

[עי' תוס' לקמן ע״ב ד״ה ואין]

[עירובין סו: גיטין ח: ב״ק ס: ב״מ ל.]

לעיל קיג:

[ברכות כ:] שם כד: לעיל מ: קידושין לג. ע״ז מד: זבחים קב.

ברכות כה: ע״ש

[נ״ל יונתן]

הגהות הב"ח

(א) תוס' ד״ה אומר וכו' לפי שהוא רוצה לדעת אותה מלאכה והיינו: (ב) ד״ה ואמר רבי אלעזר וכו' וא״ת מה צריך לאתויי מילתא דרבי אלעזר ה״ל לאתויי:

גליון הש"ס

גמ' חבר נכרי. ע״י סוכה דף לט ע״א תוס' ד״ה בלוקח ועי' מג״א סימן שו ס״ק ג:

ג״י רה״ל דאמר לעיל קיג.

[נ״ל מילך פי' ... כדכתי' ... כלומר מותר אדם ... אורחיו ... ערוך ערך תשב]

רבינו חננאל

נמשכה ערלתו וכו':

[מתני'] לא ישכור פועלים בשבת ולא יאמר לחבירו שכור לי פועלים: גמ' ואקשינן עלה מ״ש הוא ומ״ש חבירו. ובא רב פפא לאוקמית למתני' בחבירו נכרי. רב אשי אמר אפילו תימא בחבירו ישראל הא קמ״ל דלשכור פועלים הוא דלא יאמר לו אבל אומר לו הנראה שתעמוד עמי לערב כלומר אסור שיאמר לו לערב לך לשכור לי פועלים או כיוצא בו. אבל אם יאמר לו הוא נראה שתעמוד עמי לערב ובדעתו שיאמר לו לערב לך לשכור לי פועלים או עשה לי מלאכה כך וכך מותר

יהושע בן קרחה. ואמר ר' יוחנן הלכתא כר' יהושע בן קרחה ודייק ר' יוחנן ואמר טעמיה דר' יהושע בן קרחה דיבור בפירוש' אסור אבל הרהור מותר דכתיב ממצוא חפצך ודבר דבר. ואקשינן עליה והא הוא ר בכל מקום מותר להרהר חוץ ממרחץ ובית הכסא כו' ואמאי לא אמרינן הכא נמי הרהור מותר. ומפרקינן האי קרא מיבעי ליה לאסור אפילו ערותו של נכרי דאשכחנן קרא דאמר וערות אביהם לא ראו. שי' תוב ודבור מי אסור והביאו ה' שמועות אותה שאפילו דבור אס' מותר בשבת. ואלו הן חשבונות ופוסקין צדקה לעניים ומפקחין פיקוח רבים. והולכין לבתי כנסיות ולבתי מדרשות לפקח על עסקי רבים כין לבתי טאטראות ולבתי קרקסאות לפקח על עסקי רבים. ותנא משדכין על התינוקות ליארס. ועל התינוק ללמדו ספר וללמדו אומנות. ומפרקי' אלא אמר קרא ממצוא חפצך ודבר דבר חפצך אסורין כדבור י שמים מותרין. ואלו כולן חפצי שמים הן: חשבונות של מלך. פירוש מילך אורחים ובא הלך לאיש העשיר כלומר מותר לאדם לחשב אורחים הקרואים להסב אצלו בסעודה וכדתנן מונה אדם את אורחיו ואת ריותיו פי' חשבונות של מה בכך כמו שיחשב אדם חשבון כגון חיילות המלך כך וכך אלף וכיוצא בו אומ' לו מה בכך. כלומר מה הנאה יש לך ומה צורך לך בזה כגון אלו מותר בשבת. וזה שאומרים מחשבין

חשבונות

אות ב' – ג'

אין מחשיכין על התחום לשכור לו פועלים ולהביא פירות
אבל מחשיך הוא לשמור, ומביא פירות בידו

סימן שו ס"א - [ו]"ממצוא חפצך": חפציך אסורים; [ז]אפי' בדבר שאינו עושה שום מלאכה, כגון: שמעיין נכסיו לראות מה צריך למחר, או לילך לפתח המדינה כדי שימהר לצאת בלילה למרחץ – (היינו אפילו תוך התחום), **ודוקא** היכא דמינכרא מילתא, כגון שעומד אצל שדהו הצריכה חרישה או קצירה וכיו"ב, דמינכר הדבר שעומד שם לעיין בצרכיה, **וכן** לילך ולהחשיך על פתח המדינה, כיון שדרך שהמרחצאות שם חוץ למדינה סמוך לפתח המדינה, ניכר שלצורך המרחץ מחשיך, **אבל** אם לא מינכר מלתא, הוא בכלל הרהור בעסקיו דמותר.

[ח]**וכן אין מחשיכים על התחום לשכור פועלים** - היינו לקרב עצמו בשבת עד סוף התחום ולהחשיך שם, שיהא קרוב למקום הפועלים לשכרם במו"ש, [רש"י], **והטעם**, דכל דבר שאסור לעשותו בשבת, אפי' הוא איסור מד"ס, אסור להחשיך בשבילו.

(ועיין במ"א, דכאן אסור אפי' היכא דלא מינכר מילתא שהוא בשביל זה, והטעם ע"ש, והרבה אחרונים כ' דטעם האיסור הוא, משום דהחשיכה גופא מסתמא מורה שהוא חושב לעשות דבר שהוא אסור בשבת).

סימן שז ס"ח - אבל יכול להחשיך בסוף התחום כדי למהר לילך שם לשמרם, שאפילו היום היה יכול לשמרם אם הם היו בתוך התחום - ר"ל נמצא שעצם השמירה הוי מלאכה המותרת בשבת, ומחשיך בשביל דבר המותר, ומה שהוא חוץ לתחום, הלא היה יכול לילך לו ע"י בורגנין אם היה לו וכנ"ל.

ואם לא כוון להחשיך אלא לשמרם, יכול אף להביאם - היינו אפילו אם הם מחוברים וצריך לתלשם מבערב, [כן מוכח מהגמ'], כיון שעיקר כונתו בהחשכה היה בתחלה רק בשביל השמירה, [רש"י].

אות ד'

אמירה לנכרי שבות

רמב"ם פ"ו מהל' שבת ה"א - אסור לומר לגוי לעשות לנו מלאכה בשבת, אע"פ שאינו מצווה על השבת, ואע"פ שאמר לו מקודם השבת, ואע"פ שאינו צריך לאותה מלאכה אלא לאחר השבת; ודבר זה אסור מדברי סופרים, כדי שלא תהיה שבת קלה בעיניהן ויבואו לעשות בעצמן.

אות ה'

אבל אומר אדם לחבירו הנראה שתעמוד עמי לערב

סימן שז ס"ז - [ט]מותר לומר לחבירו - וה"ה לא"י, **הנראה בעיניך שתוכל לעמוד עמי לערב, אע"פ שמתוך כך מבין שצריך לו לערב לשוכרו** - כיון שאינו מפרש בהדיא, רק בדרך רמז לצורך מו"ש, הו"ל רק בכלל הרהור, דמבואר לעיל בסימן ש"ו ס"ח דשרי, [ורמז לצורך שבת גופא, שיעשה הא"י, אסור]. (מבואר דזה נחשב כרמז בדרך ציווי, דסתם רמז מותר גם לצורך שבת).

[י]**אבל לא יאמר לו: היה נכון עמי לערב** - דזהו דבור ממש.

[יא]**סימן שז סכ"ב - הגה: כל דבר שאסור לומר לא"י לעשותו בשבת, אסור לרמוז לו לעשותו** - דגם זה הוא בכלל אמירה לא"י, כיון שע"י רמיזתו עושה בשבת, **וה"ה** שאסור לומר לו בשבת איזה דבר שיבין מתוך כך שיעשה מלאכה, וע"כ אסור לומר לא"י שיקנח חוטמו, כדי שיבין שיסיר הפחם שבראש הנר, **אך** כשאומר הרמיזה לא"י שלא בלשון צווי, כגון שאומר: הנר אינו מאיר יפה, או: איני יכול לקרות לאור הנר הזה שיש בו פחם, ושומע הא"י ומתקנו, שרי, דאין זה בכלל אמירה, **ואין** לאסור מטעם שנהנה ממלאכה שעשה הא"י בשבילו, דאין זה הנאה כ"כ, דגם מקודם היה יכול על פי הדחק לקרות לאורו.

אבל מותר לרמוז לו לעשות מלאכה אחר שבת.

אות ו'

נכרי ערום אסור לקרות קרית שמע כנגדו

סימן עה ס"ד - אסור לקרות כנגד ערוה - דכתיב: כי ד' אלהיך מתהלך בקרב מחניך והיה מחניך קדוש, ולא יראה בך ערות דבר וגו', מכאן למדו חכמים, שבכל מקום שד' אלקינו מתהלך עמנו, דהיינו כשאנו עוסקים בקריאת שמע ותפלה או בד"ת, צריך ליזהר שלא יראה ד' בנו ערות דבר, דהיינו שלא יהיה דבר ערוה כנגד פניו של אדם הקורא או המתפלל כמלא עיניו, **וכן** שלא יהיה אז ערום, שעי"ז מתראה ערוה שלו, כלול ג"כ במקרא הזה.

אפילו של עו"ג - אע"פ שנאמר בהם: בשר חמורים בשרם, אימא כבהמה בעלמא דמי, קמ"ל.

אות ז' – ח' – ט' – י'

חשבונות של מצוה מותר לחשבן בשבת

ואמר רבי שמואל בר נחמני אמר רבי יוחנן: הולכין לטרטיאות ולקרקסאות וכו'

ותנא דבי מנשה: משדכין על התינוקות ליארס בשבת וכו'

סימן שו ס"ו - [יב]חפצי שמים מותר לדבר בהם - דכתיב: אם תשיב משבת רגלך ממצוא חפצך וגו', ודרשו: חפציך אסורין

באר הגולה

ו שבת ק"נ | ז עירובין ל"ח ול"ט | ח שבת שם במשנה | ט שם רב אשי בפי' המשנה | י רמב"ם | יא ‹ע"פ הגר"א וז"ל: כל דבר כו' אבל כו', כרבי יהושע בן קרחה ק"נ. ודוקא לערב› | יב שבת ק"נ וכתובות ה'

חפצי שמים מותרין, **כגון: חשבונות של מצוה** - ומותר לחשוב מה שצריך לסעודת מצוה, **ולפסוק צדקה** - לעניים או לבהכ"נ.

ולנדב איזה חפץ על בהכ"נ, ג"כ נוהגין העולם להקל, ואע"ג דאמרינן: אין מעריכין {היינו לומר ערך פלוני עלי}, ואין מקדישין בשבת, **היינו** דוקא הקדש מזבח או לבדק הבית, אבל הקדשות דידן מותר, דאין שם הקדש עליהן, אלא חולין הן, **ומ"מ** לכתחלה נכון ליזהר כשמקדיש איזה חפץ ידוע בשבת, כגון ס"ת או עטרה לס"ת, שיקדישנו בפיו מע"ש אפי' בינו לבין עצמו, ואז אפילו מביאו בשבת לבהכ"נ, אינו אלא מפרסם ההקדש שהקדיש מע"ש, [**ומ"מ** בדיעבד לכו"ע בכל גווני מה שעשה עשוי].

ולפסוק מעות לצדקה ולא חפץ ידוע, מותר אפילו לכתחלה בשבת לכו"ע, דהטעם דאסור להקדיש, הוא משום דהוי כמקח וממכר, שמוציא החפץ מרשותו לרשות אחר, וזה אין שייך במעות, **וה"ה** כשאינו מיחד החפץ בשבת, רק שאומר סתם: אני מנדר ס"ת, אף שיש לו בביתו, מותר לכו"ע, דהא עדיין לא יצאה מרשותו, שלא ייחד דוקא לזו.

ולפקח על עסקי רבים - לעיין ולחקור, דצרכי רבים הוי כצורך מצוה, ומותר אפילו לילך לבתי טרטיאות שמתכנסין שם הא"י, כדי לפקח בשביל הרבים, [גמ']. **וכתבו** הפוסקים, דלא הותר אמירה לא"י לעשות מלאכה, ולא שבות אחר בשביל עסקי רבים, דרק הפקוח וההתעסקות בדברים בלא מלאכה, דאסור בצרכי יחיד משום "ודבר דבר", זה הותר לדבר מצוה או לצורך רבים.

ולשדך התינוק - צ"ל "התינוקת", [גמ'], **ליארס, וללמדו ספר או אומנות** - דהוא נמי עוסק במצוה, דאם אין לו אומנות עוסק בגזל.

(דע, דתנאים איפלגו בזה הענין בגמרא, דיש סוברין דצריך האב ללמד לבנו תורה וגם ללמדו אומנות, {וה"ה אם מלמדו שידע לסחור}, **והתנא** ר' נהוראי אמר: מניח אני כל אומנות שבעולם ואיני מלמד לבני אלא תורה בלבד, שכל אומניות שבעולם עומדות לו לאדם בעת ילדותו, ולעת זקנתו מת מוטל ברעב, אבל תורה עומדת לו לאדם בילדותו ובעת זקנתו כשהוא חלש, שנאמר וכו', **ומ"מ** גם זה שמלמד לבנו אומנות, צריך לכו"ע ללמדו מתחלה, וגם בעת שהוא עוסק במלאכתו, תורה ויראת שמים, דאל"ה ימצא במלאכתו גופא כמה ענינים מאיסור גזל, וגם עוד תקלות רבות ופרצת הדת לגמרי ח"ו, **ובפרט** בימינו שהכל מתפזרין במקומות הרבה, אשר אין עם ישראל שומרי דת התורה מצויין שם, אם לא יהיה קבוע בנפשו מנעוריו ידיעת התורה ושמירת המצות, עלול ח"ו שיחלל שבת במלאכות גמורות שיש בהן חיוב סקילה, **ואפילו** בלמוד התורה, שידוע שהיא מגני מן היסורים ומצלי מן החטא, **אמרו**: כל תורה שאין עמה מלאכה, סופה בטלה וגוררת עון, כ"ש בלמוד המלאכה בלא תורה, בודאי גוררת עונות הרבה, וגם פרצת הדת בכללו ח"ו).

[יג] **ודוקא לדבר אם רוצה להשתכר, אבל לשכרו ולהזכיר לו סכום מעות, אסור** - כנ"ל בס"ג בהג"ה, כדעת היש אוסרים שם.

(הנה מזה הלשון "ודוקא לדבר אם רוצה להשתכר" וכו' משמע, דלשכרו סתמא, אף בלי הזכרת סכום, אסור, ומסוף הדבור משמע להיפך, דדוקא בהזכרת סכום אסור, וצ"ע).

הגה: י"א דבמקום שנוהגין ליתן לקורא בתורה "מי שבירך", ונודר לצדקה או לחזן, דאסור בשבת לפסוק כמה יתן (א"ז) - אלא יאמר סתם: אמור בעבורי "מי שברך". (**אע"ג** דפסיקת צדקה שרי לכו"ע כמ"ש במחבר, שאני הכא דהוי כאילו משלם עבור העליה, והו"ל כמו"מ בשבת לדעת היש אוסרים לעיל ס"ג - ערוה"ש).

והמנהג להקל, דהא מותר לפסוק לצדקה - ואפילו החזן עשיר, כיון שנותנין לו זה כדי שיתפלל לפני העמוד, הוי צורך מצוה.

ובענין הכרזת מצות בבהכ"נ, יש אוסרין, ויש מתירין, דלא שייך מקח וממכר אלא בחפץ הנקנה, **ובמקום** שנהגו היתר אין למחות בידן.

וקניית מקומות בבהכ"נ, וכן קניית אתרוגים מן הקהל אחר גמר מצותן, שקונין אותם לאכילה או להריח, לכו"ע אסור, **וכן** לקנות שופר או אתרוג ביו"ט מן המוכר אתרוגים, אסור.

והנה מקח וממכר, אחד בפה ואחד במסירה, אסור, גזירה שמא יבוא לכתיבה, **וגם** אסור ליתן מתנה לחבירו, דדמי למקח וממכר, שהרי יוצא מרשותו, **אלא** דבמתנה מותר כשהוא לצורך שבת ויו"ט, כמש"כ סימן שכ"ג ס"ז, וכן לצורך מצוה, **וכן** אסור ליתן משכון לחבירו, אא"כ הוא לצורך מצוה או לצורך שבת - מ"א בשם הפוסקים, **וכתב** עוד, דלפי"ז מה שנהגו ליתן כלים במתנה לחתן הדורש, אינו נכון, **מיהו** מה שמחייבין קצת ליתן לו דמים אפשר דשרי, כיון דבידו לחזור.

אות כ'

חשבונות שעברו ושעתידין להיות אסור לחשבן

סימן שז [יד] ס"ו - [טו] אסור לחשוב חשבונות אפילו אם עברו, כגון: כך וכך הוצאתי על דבר פלוני; ודוקא שעדיין שכר הפועלים אצלו - דהא בעי למידע כמה צריך ליתן להם, והו"ל חשבונות שצריכין, ואסור מטעם "ודבר דבר", וכנ"ל בריש הסימן.

ואפילו אם אח"כ נתברר לו על פי חשבונו שאין מגיע להם ממנו כלום, מ"מ כיון דמתחלה לא נודע לו דבר זה, והיה נצרך לחשבון לכך, יש בו איסורא, **אבל** אם גם מתחלה היה יודע שאין מגיע להם ממנו כלום, הוי חשבונות של מה בכך ושרי, **ואם** החשבונות האלו יש בהן צורך לחבירו, וחושב החשבונות האלו לצרכו, אסור.

אבל אם פרעם כבר, מותר - כתב הרמב"ם: חשבונות שאין בהם צורך, מותר לחשבן, כיצד, כמה סאין תבואה היה לנו בשנה פלונית, כמה דינרין הוצאנו בחתונת בננו, כך וכך חיילותיו של מלך, וכיוצא באלו, שהן שיחה בטלה שאין בהן צורך כלל, עכ"ד, **ופי'** המגיד משנה, דרמז לנו שיש למנוע מזה מצד שיחה בטלה, שאין שיחה בטלה ראוי ליראי חטא, **וגם** בביאורי רש"ל כתב, שאפילו בחול אינו יפה כ"כ לת"ח, דהוי כמושב לצים, ומבטל בהן לימודו.

באר הגולה

[יג] טור בשם הר"מ מרוטנבורג ושאר פוסקים [יד] (לכאורה כצ"ל) [טו] שבת ק"נ

ושל מה בכך מותר לחושבן ורמינהו חושבין חשבונות שאינן צריכין ואין מחשבין חשבונות שצריכין בשבת כיצד אומר אדם לחבירו כך וכך פועלים (א) הוצאתי על שדה זו כך וכך דינרין הוצאתי על דירה זו אבל לא יאמר לו כך וכך הוצאתי וכך וכך אני עתיד להוציא ולטעמיך קשיא לך היא גופא אלא *הא דאיכא אגרא דאגירא גביה הא דליכא אגרא דאגירא גביה: אין מחשיכין: תנו רבנן מעשה בחסיד אחד שנפרצה לו פרץ בתוך שדהו ונמלך עליה לגודרה ונזכר ששבת הוא *ונמנע אותו חסיד ולא גדרה ונעשה לו נס ועלתה בו צלף וממנה היתה פרנסתו ופרנסת אנשי ביתו א"ר יהודה אמר שמואל [ב]מותר לאדם לומר לחבירו לכרך פלוני אני הולך למחר שאם יש בורגנין הולך תנן אין מחשיכין על התחום לשכור פועלים ולהביא פירות בשלמא לשכור פועלים דבשבת לא מצי אגר אלא להביא פירות לימא שאם יש שם מחיצות מביא [ג]משכחת לה בפירות המחוברים והתני ר' אושעיא אין מחשיכין על התחום להביא תבן וקש בשלמא קש משכחת לה במחובר אלא תבן היכי משכחת לה בתיבנא סריא ת"ש *[ד]מחשיכין על התחום לפקח על עסקי כלה ועל עסקי המת על עסקי כלה ומת אין על עסקי אחר לא בשלמא אחר דומיא דכלה משכחת לה למיגזא ליה אסא אלא מת מאי ניהו להביא לו ארון ותכריכין וקתני מת אין אבל אחר לא ואמאי לימא שאם יש שם מחיצו' מביא מת נמי משכחת לה *למיגזא ליה גלימא: אבל מחשיכין: ואע"ג דלא אבדיל והאמר רבי אלעזר בן אנטיגנוס משום רבי אליעזר בן יעקב [ה]אסור לו לאדם שיעשה חפציו קודם שיבדיל וכי תימא דאבדיל בתפלה והאמר רב יהודה אמר שמואל *[ו]המבדיל בתפלה צריך שיבדיל על הכוס וכי תימא דאבדיל על הכוס כוס בשדה מי איכא תרגמא רבי נתן בר אמי קמיה דרבא בין הגיתות שנו א"ל ר' אבא לרב אשי [ז]במערבא אמרינן הכי המבדיל בין קודש לחול ועבדינן צורכין אמר רב אשי כי הוינא בי רב כהנא הוה אמר המבדיל בין קודש לחול ומסלתינן סילתי: כלל אמר אבא שאול כל שאני וכו': (איבעיא להו) אבא שאול אהייא אילימא ארישא קאי אין מחשיכין על התחום לשכור פועלים להביא פירות
האי

רש"י

ושל מה בכך · כגון שכבר היו לצורך אלא שעברו כגון כך וכך הוצאתי בבנין זה: **חשבונות שעברו** · לקמן מוקי לה דלא עברו לגמרי שעדיין שכר הפועלים עליו שלא נתנו להן ושל מה בכך שעברו לגמרי ואין שכר פועלים עליו: **כך וכך הוצאתי** · אלמא עברו מותרין: **קשיא לך היא גופא** · ברייתא קמייתא רישא קתני שעברו אסורין וסיפא קתני של מה בכך מותרין דהייט עברו: **צלף** · אילן גדול הוא ובעל ענפים הרבה ושלשה מיני אוכל יש בפירותיו אביונות קפריסין ועלבין: **שאם יש בורגנין** · מע' אמה לע' אמה הולך אפי' בשבת שהכל חשוב כעיר אחת וכל העיר כד' אמות כדאמרינן בעירובין (דף כא.) וכיון דהוא דבר שיש לו היתר על ידי תקנה בשבת מותר לאומרו אפילו במקום שאין שם ההיתר: **שמחוברים** · שא"א לקוצן בשבת ע"י שום תקנה: **קש** · זנבות השבולים אשטרלי"א: **בתיבנא סריא** · שאפי' יש מחיצות אינו מביא משום דמוקצה הוא: **על עסקי כלה ומת אין** · דחפצי שמים הן אבל על עסקי אחר אפי' דומיא דכלה לא: **בשלמא אחר דומיא דכלה משכחת לה** · דאסור להחשיך כגון לחתוך מן המחובר: **למיגז לה אסא** · דעבדו לה גננא דאסא לכלתא: **אלא עסקי מת מאי היא** · הבאה דארון ותכריכין ואמאי לאחר לא לימא הואיל ואם יש שם מחיצות מביא: **למיגז ליה גלימא** · לתקן לו תכריכין דאין היתר לדבר היום כלל: **ואע"ג דלא אבדיל** · אסיפא דמתני' מתמה דקתני ומביא פירות בידו לקוצן מן המחובר בלא הבדלה: **בין הגיתות שנו** · דאיכא כוס בשדה: **המבדיל בין קודש לחול** · להיכרא בעלמא ללוות את המלך: **ועבדינן צורכין** · ואחר כך אנו מברכין על הכוס ברכה גמורה דהבדלה וכ"ש דאי אבדיל בתפלה מותר לעשות צרכיו וחוזר ומבדיל על הכוס: **ומסלתינן סילתי** · חוטבין עצים: **אהייא** · קאי ומשוי כללא: **אי נימא ארישא** · דקתני ת"ק לאיסורא וקאתי אבא שאול לשוויה בה כללא א"כ דכללא לאיסורא ה"ל למימר בהדיא כל שאינו זכאי באמירה כגון אלו שאינו רשאי לומר לחבירו שכור לי פועלים או הבא לי פירות למוצאי שבת אינו רשאי להחשיך מיבעי ליה:
אלא

תוספות

*ואין **מחשיכין על התחום לשכור פועלים ולהביא פירות** · השתא משמע דוקא על התחום אבל בתוך התחום מחשיכין לשכור פועלי' ולהביא פירו' וקשה לרבי דבסוף פ' בכל מערבין (עירובין דל"ח:) תניא לא יהלך אדם לתוך שדהו לידע מה צריכה כיוצא בו לא יטייל אדם על פתח מדינה כדי שיכנס למרחץ מיד ואומר רבי דהתם מינכרא מילתא דאינו מטייל אלא ליכנס למרחץ מיד אחר השבת שעל פתח מדינה רגילים להיות מרחצאות כדאמרי' בפ"ק *דמגילה (דף ו:) (ב)ה' מאות תעלות עשן חוץ לחומה אבל הכא אין הוכחה כ"כ בתוך התחום המחשיך לשכור פועלים ולהביא פירות וכי האי גוונא משני התם-מ"ר:

אבל מחשיך הוא לשמור ומביא פירות בידו · מתוך פירוש הקונטרס משמע לשמור חוץ לתחום וכן משמע פשט המשנה וקשה לרבי מהא דאמר שמואל בגמ' מותר לאדם לומר לחבירו לכרך פלוני אני הולך למחר ופריך תנן אין מחשיכין על התחום לשכור פועלים כו' והשתא מתניתין גופיה תיקשי ליה דמוכחא מילתא כוותיה דשמואל מדקתני בסיפא כלל אמר אבא שאול כל שאני זכאי באמירתו יכול אני להחשיך עליו וקא מפרש בגמ' דמה שמותר לומר מותר להחשיך וא"כ מדשרינן להחשיך לשמור חוץ לתחום אלמא שרי למימר חוץ לתחום אני הולך למחר דהא בהא תליא והיינו כשמואל ואיכי יודע מאי קשיא דאי לאו דשמואל מתני' אתיא שפיר דה"א אין לך דבר שלא יהא מותר לאדם לומר על עצמו ואפי' אשכור פועלים למחר או אבנה בנין זה יכול לומר בשבת דהוה אמירה דווקא לחבירו אסור לומר שכור לי פועלים למחר דמהני אמירתו אבל על עצמו יכול לומר כל מה שירצה דלא מהני אמירתו וכי תלי אבא שאול ההחשכה(ג) ה"מ באמירה לחבירו דיש אסורה ויש מותרת אבל אם איתא לדשמואל פריך שפיר דאסר כל אמירות אפילו על עצמו אלא דווקא לכרך פלוני אני הולך למחר משום טעמא דשאם יש שם בורגנין הולך והשתא פריך כיון דאי לאו האי טעמא הוה אסרת ליה אלא משום האי טעמא דווקא שרית ליה א"כ מתני' נמי תשתרי להביא פירות שאם יש מחיצות מביא · כ"ל:

לכרך פלוני אני הולך · תימה מאי אירייא הוא אפילו לחבירו נמי יכול לומר לך לי לכרך פלוני למחר מהאי טעמא דקאמר *מדשרי שמואל לקמן לומר לחבירו שמור לי פירות שבתחומך אפילו בשבת כ"ש שיכול לומר שמור לי למחר ואין לפרש דשאני התם שהן בתחומו אבל אין יכול לומר לחבירו שמור לי פירות שחוץ לתחומך דנראה הוא שאפילו זה יכול לומר מכיון שמותר להחשיך וי"ל דלא נקט שמואל דוקא לכרך פלוני אני הולך דהוא הדין לחבירו יכול לומר לך לי לכרך פלוני למחר:

בשלמא קש במחובר משכחת לה · ה"נ הו"מ למימר מטעם מוקצה דהא אינו ראוי למאכל בהמה כדאמר לעיל (דף קמא.) הקש שע"ג המטה לא ינענענו כו' אלא רבותא קאמר דאפילו במחובר משכחת לה: **במחובר משכחת לה** · אומר רבי דלאו משום תלישה נקט לה דאע"ג שמחובר לארץ אין בו איסור תלישה כיון שיבש אינו יונק מן הארץ כדמוכח בחולין פרק העור והרוטב (דף קכז: ושם) דאמר תאנים שלמקו באביהן מטמאין טומאת אוכלין והתולש ממנה בשבת חייב חטאת דווקא למקו אבל יבשו לא וכן משמע בכל הסוגיא דיבשו הן ועוקציהן מטמא טומאת אוכלין ואין דינו ככל כמחובר והא דקאמר הכא במחובר משכחת לה היינו משום איסור יפוי קרקע כדאמר לעיל התולש עולשין בשבת חייב חטאת בפרק הבונה (לעיל דף קג.) והא דפריך בפרק המוציא תפילין (עירובין דף ק:) אאילן יבש הא קא נתרי פירי משמע שיש ביבש איסור תלישה אומר רבי דמיירי התם ביבשו הן ולא עוקציהן: **בתיבנא סריא** · והא דאמר לקמן פרק מי שהחשיך (דף קנה:) מפרכין תבן ואספסתא לפני בהמה ומוקי לה בתבנא סריא משמע דחזי לבהמה אומר רבי דמיירי כגון דלא סרי' כולי האי: **אלא מת מאי ניהו להביא לו ארון ותכריכין** · תימה אמאי לא קאמר למיגז ליה אסא שהיו רגילין להביא אסא למת כדאשכחן בנדה (דף לז.) דשוור אסא מערסא לערסא וי"ל ע"כ צ"ל ארון ותכריכין כדקתני במתני' בהדיא · מ"ר:
האי

עין משפט נר מצוה

[שייך לע"א במשנה]

כט א טור ש"ע א"ח סימן ש"ו סעיף ו:

ל ב ג מיי' פכ"ד מהלכו' שבת הלכה ג סמג שם טוש"ע א"ח סימן ש"ו סעיף ח ט:

לא ד מיי' שם הלכה ה סמג שם טור ש"ע א"ח סימן ש"ו סעיף ג:

[בש"ס ליתא אבל בעין יעקב מאתי ע"ש]

לב ה מיי' פכ"ט מהל' שבת הלכה ה סמג עשין כט טור ש"ע א"ח סימן רצט סעיף י:

לג ו מיי' שם הלכה ו ופ"ב מהלכות תפלה הלכה יב סמג שם טוש"ע א"ח סי' רצד סעיף א:

לד ז מיי' פכ"ט מהל' שבת הל"ג סמג שם טוש"ע א"ח סימן רצט סעיף י:

רבינו חננאל

חשבונות שאין צריכין ואין מחשבין חשבונות שצריכין. כיצד אומר אדם לחבירו כך וכך פועלין כך וכך דינרין הוצאתי על שדה זו. אבל לא יאמר כך הוצאתי וכך אני עתיד להוציא. ואוקימנא אם נשאר עליו שכירות במה שעבד אסור לומר לו ואפילו כך הוצאתי שרצונו ליחשב ולידע סכום הנשאר עליו והן חשבונות שצריכין ואסור. אמר רב יהודה אמר שמואל מותר לאדם לומר לחבירו לכרך פלוני אני הולך למחר שאם יש בורגנין הולך אפילו בשבת. תנן אין מחשיכין על התחום לשכור פועלין ולהביא פירות הרא משנה היא וקשיא אקשיא בהא. ומקשינן בשלמא לשכור פועלין הייט טעמא דאין מחשיכין על התחום ובשבת אסור לאגורי פועלין אלא פירות נימא שאם יש מחיצות מותר להביאו ומותר למחשיך ולהביאם. ומפרקינן הא דתני אין מחשיכין להביא פירות בפירות מחוברין שאסו' לחותכן בשבת ועוד אקשינן מדתני ר' אושעיא ומפרקינן בתיבנא חדיא דלא חזי ותוב אמרינן ת"ש מחשיכין על התחום לפקח על עסקי כלה ועל עסקי המת כו'. ומפרקינן לפקח על עסקי כלה למיגז לה אסא לבי גננא על עסקי המת נמי למיגד ליה גלימא לתפור לו תכריכין והללו דמשום מצוה התירו רבנן. הא אחר כגון דברים הללו אסור. אבל מחשיך הוא לשמור ומביא פירות בידו ואקשינן ואע"ג דלא אבדיל כלומר עושה מלאכה קודם הבדלה והאמר ר' אלעזר וכו' אסור לעשות מלאכה קודם הבדלה. ואם יש לומר זה שמביא פירות התפלל הבדיל בתפלתו והאמר שמואל המבדיל בתפלה צריך שיבדיל על הכוס ואוקימנא מן הגיתות שנו. כלומר בשעת הגיתות מצוי בשדה בימי הבציר יין והבדיל על הכוס. וסלקא שמעתא שאסור לעשות מלאכה עד שהבדיל ואפילו לא אמר אלא המבדיל בין קודש לחול דיו. דהא רב אשי דהוא בתרא אמר כי הוינן בי רב כהנא הוה אמרינן המבדיל בין קודש לחול ואפכינן סלתי כלומר היינו מתעסקין במלאכה ולא [בא] רב אשי לטעם אלא שאינו צריך לומר הבדלות. כאשר חלקו בפרק ערבי פסחים אבל צריך להזכיר ברכה בשם ומלכות דלית נרעה מברכת הפירות וברכת המצות. וכן הלכה: כלל אמר אבא שאול. כל שאני זכאי באמירתו רשאי אני להחשיך עליו. והצרכנו לדקדק לידע באיזה בבא דמתניתין אמר אבא שאול
כלל

מסורת הש"ס

[עי' בנ"ז סי' ש"ז ס"ק י"ד פירוש על זה]

ביצה ו. [ערוך גרס למיגד פי' לחתוך וי"א לתפור]

[ברכות לג. ע"ש פסחים קה: ע"ש ודף קו.]

ועוד מדברי כצ"ל

הגהות הב"ח

(א) גמ' כך וכך פועלים השכרתי על שדה: (ב) תוס' ד"ה ואין וכו' כדאמרינן פרק קמא דמגילה שלשת אלפים בי בני היה בו ולכל אחד ואחד ה' מאות תלונות מעלות עשן: (ג) ד"ה אבל וכו' וכי תלי אבא שאול ההחשכה באמירה ה"מ:

§ מסכת שבת דף קנ: §

אות א'

הא דאיכא אגרא דאגירא גביה, הא דליכא אגרא דאגירא גביה

סימן שז [א]ס"ו - [ב]אסור לחשוב חשבונות אפילו אם עברו, כגון: כך וכך הוצאתי על דבר פלוני; ודוקא שעדיין שכר הפועלים אצלו - דהא בעי למידע כמה צריך ליתן להם, והו"ל חשבונות שצריכין, ואסור מטעם "ודבר דבר", וכנ"ל בריש הסימן.

ואפילו אם אח"כ נתברר לו על פי חשבונו שאין מגיע להם ממנו כלום, מ"מ כיון דמתחלה לא נודע לו דבר זה, והיה נצרך לחשבון לכך, יש בו איסורא, **אבל** אם גם מתחלה היה יודע שאין מגיע להם ממנו כלום, הוי חשבונות של מה בכך ושרי, **ואם** החשבונות האלו יש בהן צורך לחבירו, וחושב החשבונות האלו לצרכו, אסור.

אבל אם פרעם כבר, מותר - כתב הרמב"ם: חשבונות שאין בהם צורך, מותר לחשבן, כיצד, כמה סאין תבואה היה לנו בשנה פלונית, כמה דינרין הוצאנו בחתונת בננו, כך וכך חיילותיו של מלך, וכיוצא באלו, שהן שיחה בטלה שאין בהן צורך כלל, עכ"ד, **ופי'** המגיד משנה, דרמז לנו שיש למנוע מזה מצד שיחה בטלה, שאין שיחה בטלה ראוי ליראי חטא, **וגם** בביאורי רש"ל כתב, שאפילו בחול אינו יפה כ"כ לת"ח, דהוי כמושב לצים, ומבטל בהן לימודו.

אות ב' - ג'

מותר לאדם לומר לחבירו לכרך פלוני אני הולך למחר, שאם יש בורגנין הולך

משכחת לה בפירות המחוברים

סימן שז ס"ח - [ג]יכול לומר לחבירו: לכרך פלוני אני הולך למחר, [ד]וכן מותר לומר לו: לך עמי לכרך פלוני למחר, כיון שהיום יכול לילך ע"י בורגנין - פי' סוכות של שומרים, שע"י יוכל לילך בשבת אף כמה מילין, אם הם מובלעים זה לזה בתוך שבעים אמה וד' טפחים.

דהנה מבואר בריש הסימן, דדבר שאסור לעשות בשבת, אסור לומר שיעשה זאת למחר, וקאמר הכא דאף דבשבת אסור לילך מחוץ לתחום, מ"מ מותר לומר לכרך פלוני אני הולך למחר, כיון דעל עצם הליכה אין איסור, אלא שמחוסר בורגנין, **מיהו** אסור לומר: אני רוכב למחר, או שילך בקרון שקורין בל"א פאהרי"ן, כיון דדבורו הוא דבר האסור בעצם, **ואין** מועיל עצה לזה, רק יאמר: אני הולך למחר.

[ה]וכן כל כיוצא בזה שיש בו צד היתר לעשותו היום, יכול לומר לחבירו שיעשנו למחר - כגון שיאמר לחבירו שיביא לו למחר מחוץ לתחום פירות שנתלשו מכבר, שאין עליהם איסור מוקצה, **אף** דא"א להביאם היום מטעם איסור תחומין, ומשום איסור רשויות, אפ"ה מותר לומר, כיון שיש בו צד היתר, דאלו היה מחיצות היה יכול להביאם, [גמ'] **[ו]ובלבד שלא יזכיר לו שכירות.**

ולעשותו היום אסור אפילו לא"י לומר, ואפילו בדיעבד אם הביא מחוץ לתחום, אסור להשתמש מהם, וכדלקמן בסימן שכ"ה ס"ח.

אבל בדבר שאין בו צד היתר לעשותו היום, אפילו אם אין בו אלא איסור דרבנן, כגון: שיש לו חוץ לתחום פירות מוקצים, כיון שא"א לו להביאם היום, אסור לומר לחבירו שיביאם לו למחר – (היינו אם מבאר לו אותם הפירות, **אבל** אם אמר לו סתם להביא לו פירות למחר, שרי, **אף** שידוע לכל שכונתו על פירות המוקצים, מ"מ כיון דדבורו משמע נמי דבר המותר בשבת, מקרי רק הרהור ושרי).

כתבו האחרונים, דלאו דוקא בסוף התחום, אלא ה"ה בתוך התחום, כיון דא"א להביאם משום איסור מוקצה, **אלא** דמשום סיפא נקט הכי, דלהחשיך אינו אסור אלא בסוף התחום, וכדלקמן בס"ט.

[ז]וכן אסור לו להחשיך בסוף התחום כדי שימהר בלילה לילך שם להביאם - אלו הפירות שהם מוקצים, **אבל** פירות שאינם מוקצים, כיון שמותר לומר לחבירו שיביאם לו לאחר השבת, מותר נמי להחשיך בשבילם, גמ'.

הגה: וכן לא יאמר: אעשה דבר פלוני למחר - קאי על מה שכתב בתחלה, ד"אסור לומר לחבירו שיביאם לו למחר", וקמ"ל דלא נימא דדוקא כשמדבר עם חבירו ומתיעץ עמו, הוא דאסור, כיון שיש לו צורך בדבורו, אבל לדבר בינו לבין עצמו, שאין לו צורך בכך, שרי, **קמ"ל** כיון דהוא דבר האסור לעשות בשבת, אף כשמדבר בינו לבין עצמו, מקרי דבור חול ואסור, וכנ"ל בריש הסימן, [**ולענ"ד** שבשגגה נרשם הגה"ה הכא, וצ"ל אחר תיבת "למחר"].

סימן שז ס"ט - [ח]מותר להחשיך לתלוש פירות ועשבים מגנתו וחורבתו שבתוך התחום - ומיירי שאינו עומד אצל הגינה, דאל"ה הרי מנכר מילתא ע"י עמידתו שרוצה לעשות בה איזה דבר במו"ש, **ולא אסרו להחשיך אלא בסוף התחום משום דמינכרא מלתא** - אבל בתוך התחום לא מינכרא מילתא על מה הוא מחשיך, **ולא** דמי למש"כ סימן ש"ו ס"א, דאסור לעיין בנכסיו, כגון לילך בתוך שדהו וכדומה לזה, לראות מה צריך לעשות למחר, ואפילו אם היא בתוך התחום אסור שם, **דהתם** מינכרא מילתא בכל גוונא שהוא מחשב לעשות בה איזה פעולה, כגון שהוא סמוך לזמן חרישה או לזמן

קצירה או לזמן ניכוש השדה וכדומה, וזה אסור משום "ממצוא חפצך", **ולכן** אסרו ג"כ בגמרא לטייל על פתח המדינה, כדי לצאת משחשכה למרחץ הסמוך לה, שהיה מנהגם להעמיד המרחץ אצל שער העיר בסופה, הכל מטעם זה, **משא"כ** בענייננו לא מינכרא מילתא אלא כשמחשיך בסוף התחום, שאז נראה שמחשיך כדי לעשות אח"כ במו"ש דבר שהיה אסור לעשותו בשבת, **ומ"מ** אינו אסור אלא כשכונתו באמת לזה, אבל אם כונתו להחשיך כדי לילך אח"כ בלילה, מותר, דעצם ההליכה אינו דבר איסור, כדלעיל בס"ח.

אות ד'

מחשיכין על התחום לפקח על עסקי כלה ועל עסקי המת

סימן שו ס"ג - [ט]**מחשיכין על התחום לעשות צרכי כלה, או צרכי מת, להביא לו ארון ותכריכין** - האי "לעשות", אצרכי מת נמי קאי, דמחשיך כדי לתקנן ולהביאן מהר, ואפ"ה מותר דחפצי שמים הוא, **דבשביל** ההבאה בעלמא פשיטא דמותר להחשיך, גמ', (ולהביא בשבת אסור אפילו ע"י א"י).

אות ה'

אסור לו לאדם שיעשה חפציו קודם שיבדיל

סימן רצט ס"י - [י]**אסור לעשות שום מלאכה** - ואפילו חפצים האסורים מדברי סופרים, **קודם שיבדיל** - אפי' משתחשך, כיון שלא הבדיל עדיין, חל במקצת קדושת שבת עליו, ואסרו חז"ל במלאכה.

אות ו'

המבדיל בתפלה צריך שיבדיל על הכוס

סימן רצד ס"א - [יא]**אומרים הבדלה ב"חונן הדעת"** - ואפילו אם נזדמן שהבדיל על הכוס מקודם, מ"מ צריך להבדיל בתפלה ג"כ, **ואי** עיקר מצות הבדלה היא דאורייתא או דרבנן, עיין במה שנכתוב לקמן ריש סימן רצ"ו.

וקבעוה בברכה זו, מפני שאסור לתבוע צרכיו קודם הבדלה, [**ויש** עוד טעם, מפני שהיא ברכת חכמה, דהיינו להכיר בין קדש לחול, קבועה בברכת חכמה]. **מנהג** פשוט לומר "אתה חונן" וכו' עד "לאנוש בינה", ואח"כ "אתה חוננתנו" וכו', "וחננו מאתך" וכו', **ואם** התחיל מ"אתה חוננתנו" ואילך, יצא, [דהלא יש בה גם מענין הברכה].

ואם טעה ולא הבדיל, משלים תפלתו ואינו חוזר, מפני שצריך להבדיל על הכוס - היינו דלכתחלה מצוה להבדיל בין בתפלה ובין בכוס, והכא בדיעבד סומך עצמו על מה שיבדיל אח"כ על הכוס, **ומ"מ** אסור לעת עתה במלאכה עד שיבדיל בכוס, או שיאמר עכ"פ "המבדיל בין קודש לחול", וכמ"ש סוף סימן רצ"ט.

ואם טעם קודם שהבדיל על הכוס, צריך לחזור ולהבדיל בתפלה - ואע"ג דקי"ל בסימן רצ"ט ס"ה, דאם טעה ואכל קודם הבדלה, יכול להבדיל אח"כ, **מ"מ** כאן דטעה גם בתפלה, קנסינן ליה וצריך לחזור ולהתפלל ולהבדיל בתפלה.

(**אפשר** דדוקא אם לא הבדיל עדיין על הכוס, ובא לפנינו לשאול, אז הדין דיחזור ויבדיל בתפלה ואח"כ על הכוס, **אבל** אם עבר והבדיל על הכוס אחר שטעם, שוב אין צריך לחזור ולהבדיל בתפלה, כיון שמ"מ כבר יצא מצות הבדלה – פמ"ג, **ובדה"ח** סתם דאין חילוק בזה).

(עיין בא"ר ובחי' רע"א שהביאו בשם הרשב"א, דה"ה אם עשה מלאכה אז קודם הבדלה, והיינו בשלא אמר "המבדיל" מתחלה, דצריך לחזור ולהבדיל בתפלה, **ובספר** קובץ על הרמב"ם מפקפק בדין זה של הרשב"א למעשה, והביאו בפתחי תשובה, ע"ש, **והיינו** מפני שהרמב"ם לא הביא דין זה של הטוש"ע כלל, ומשמע דלא מפרש כן את מה שאמר הגמרא ד"טעה בזו ובזו" כמו שמפרשי הרשב"א והרא"ש ותר"י, וכן מפי' רש"י משמע דלא מפרש כן, וכן בספר אור זרוע פירש בו פירוש אחר, ע"ש, דהיינו שטעה בהבדלה גופא, **וע"כ** לענין מלאכה עכ"פ אין להחמיר בדיעבד לחזור ולהתפלל, מאחר שלא הוזכר בהדיא בתר"י והרא"ש, ויש לסמוך בזה על הרמב"ם).

(ה"ה ביו"ט שחל במו"ש, **אם לא** אמר "ותודיענו", אינו חוזר, מפני שמזכיר אח"כ הבדלה על הכוס של קידוש, **ואם** טעם אז אחר התפלה קודם שאמר הקידוש של יקנה"ז, ג"כ צריך לחזור לראש התפלה כמו במו"ש, **דכי** משום שאכל גם קודם קידוש איתגורי איתגור).

אם שכח להתפלל, מתפלל שחרית שתים, ואינו מזכיר "אתה חוננתנו" לא בראשונה ולא בשניה, **בד"א** כשכבר הבדיל מאתמול על הכוס, (שכבר יצא בעצם המצוה, אין כדאי להזכיר עתה בתפלה, דאולי לא נתקן השלמה לדבר שיכול לצאת בו מצד אחר), **אבל** אם לא הבדיל כלל, דיש עליו עדיין חיוב מצות הבדלה, יזכיר "אתה חוננתנו" בשחרית בתפלה שניה שהיא להשלמה, (דבתפלה ראשונה אין להזכיר כלל), ואח"כ צריך להבדיל ג"כ על הכוס, כדלקמן סי' רצ"ט ס"ו, (**והטעם** בזה, דהנה המעיין בהרדב"ז יראה, דהוא סובר דבכל גווני אינו צריך להזכיר "אתה חוננתנו" בשחרית, **והמ"א** סובר, דבכל גווני צריך להזכיר, והיינו בתפלה שניה שהיא להשלמה, וכמו שפירשו התו"ש והפמ"ג, **וע"כ** נלענ"ד להכריע כמש"כ).

באר הגולה

ט שם במשנה | י שבת ק"נ | יא ברכות ל"ג ופסחים קי"ב

אות ז'

במערבא אמרינן הכי: המבדיל בין קודש לחול, ועבדינן צורכין

סימן רצט ס"י - [יב]**ואם הבדיל בתפלה, מותר אע"פ שעדיין לא הבדיל על הכוס; ואם צריך לעשות מלאכה קודם שהבדיל בתפלה, [יג]אומר: המבדיל (בין הקודש ובין החול), בלא ברכה, ועושה מלאכה** - וא"צ לומר כל הלשון של הבדלה, **ומ"מ** לענין אכילה לא מהני עד שיבדיל הבדלה גמורה על הכוס וגם בתפלה, [**אם** לא שהתפלל ושכח להבדיל, דאז די בכוס לבד, וכנ"ל בסי' רצ"ד]. **ומה** שדי בלשון זה לענין עשיית מלאכה, שהוא להכירא בעלמא ללוות את המלך, [רש"י].

בלבוש איתא: אומר "ברוך המבדיל בין הקודש ובין החול", **ומ"מ** אינו נקרא זה ברכה, כיון שאין אומר בה שם ומלכות.

וביו"ט שחל במו"ש, ורוצה לעשות מלאכת אוכל נפש ולא הבדיל עדיין בתפלה, אומר "ברוך המבדיל בין קודש לקודש" בלא שם ומלכות, ומותר במלאכה, **אבל** לענין טעימה אסור אפילו הבדיל בתפלה, שאמר "ותודיענו", עד שיקדש כדין.

הגה: וכן נשים שאינן מבדילין בתפלה - היינו שרובן לא נהגו להתפלל במו"ש, **יש ללמדן שיאמרו: המבדיל בין קודש לחול, קודם שיעשו מלאכה (כל בו).**

[יד]וי"א דכל זה במלאכה גמורה כגון כותב ואורג, אבל הדלקת הנר בעלמא, או הוצאה מרשות לרשות, א"צ לזה (ריו"ו) - הטעם, כיון דמדאורייתא בלא הבדלה מותר במלאכה, רק תקנת חכמים הוא שצריך להבדיל מקודם, הקילו במלאכה שאין בה טורח, **ומזה נתפשט המנהג להקל שמדליקים נרות מיד שאמרו הקהל "ברכו"** - עיין מ"א שמפקפק מאד על מנהג זה, וכן בב"י, דמנין לנו לחלק בין מלאכה למלאכה, וגם רבינו ירוחם אפשר שלא כוון להקל בזה, רק אחר שהבדיל בתפלה, **אבל העיקר כסברא ראשונה** - וע"כ מסיק (המ"א) דיש לדרוש ברבים, שילמדו בנותיהם לומר "המבדיל בין קודש לחול" קודם שיעשו שום מלאכה, **ומכ"ש** אותן שמבערות עצים ואש ומחממות מים, דהוי מלאכה שיש בה טורח ולכו"ע אסור, וכ"כ שארי אחרונים.

[**ודה"ח** מחמיר עוד יותר בזה, דאף לאחר שהבדיל בתפלה [טו]או אמר "המבדיל", אין מותר רק להדליק הנר וכדומה, לא מלאכה שיש בה טורח].

ובעל נפש יעשה כמ"ש בדרכי משה בשם אור זרוע, וכן איתא בזוהר, שלא להדליק נר עד אחר סדר קדושה, **אבל** חזן הכנסת מותר להדליק נר אחר שהבדיל בתפלה, או אמר "ברוך המבדיל בין קודש לחול", משום כבוד הצבור שיושבין בחושך, **וטלטול** הנר שרי לכו"ע, כיון שאינו רק שבות, והא לדעת קצת פוסקים הותר שבות ביה"ש אפי' אינו צורך מצוה ושעת הדחק, כ"ש קודם שהבדיל לכו"ע מותר - מחה"ש.

ולהביא יין ביו"ט שני אחר שחשכה, אף שלא התפלל עדיין וגם לא קידש, אפ"ה שרי, דהא אין בזה משום מלאכה, רק משום הכנה מיו"ט לחבירו, וכיון שנתקדש היום שרי.

וי"א לדלות מים בכל מו"ש, כי בארה של מרים סובב כל מו"ש כל הבארות, ומי שפוגע בו וישתה ממנו יתרפא מכל תחלואיו (כל בו); ולא ראיתי למנהג זה.

מהרי"ל היה מקפל הטלית שלו בכל מוצאי שבת, כדי להתעסק במצוה מיד.

ועיין לעיל סימן רס"ג, מי שמוסיף מחול על הקודש, אם מותר לומר לאחר שהבדיל לעשות לו מלאכה.

באר הגולה

[יב] **טור בשם רב עמרם ורש"י שם, והרב המגיד בשם הגאונים, ושכן הסכימו האחרונים וש"פ** [יג] **שם בגמרא לפירוש רש"י** [יד] ‹רש"י שם ד"ה ואע"ג כו', אבל על הילוך והוצאה לא פריך, ממה שהתירו למיכחל עינא וכיוצא בזה ביו"ט שני - גר"א›, {**והלא** מיו"ט ראשון לשני אינו מבדיל אפי' בתפלה, אלא ודאי דאינו אסור רק מלאכה גמורה - דמשק אליעזר} [טו] ‹והא מוכח בגמ' שלא כזה, אלא דמותר אפי' לקצוץ פירות מן המחובר, וע"ש דכתב כן רק על מי שהבדיל בתפלה, וצ"ע›

§ מסכת שבת דף קנא. §

אות א'

מותר לאדם לומר לחבירו: שמור לי פירות שבתחומך וכו'

סי' שז ס"י - [א]מותר לומר לחבירו: שמור לי פירות שבתחומך - היינו אפילו היום, **ואני אשמור פירותיך שבתחומי** - וקמ"ל דלא נימא דהוי כרוו ושוכרו, [אף דבעלמא קימ"ל דהוא שומר שכר].

אות ב'

אין מחשיכין על התחום להביא בהמה

סימן שו ס"א - [ב]אבל מחשיך על התחום להביא בהמתו - דאף שהיא עומדת עתה מחוץ לתחום וא"א להביאה בשבת, מ"מ לא מיקרי זה מחשיך בשביל דבר האסור, כיון שאם היו בורגנין [הם סכות השומרים] סמוכים זה לזה בתוך שבעים אמה וד' טפחים, היה מותר להביאה, אפילו היה נמשך באופן זה כמה מילין מסוף העיר, משום דכל זה שייך להעיר, **וכיון** שיש לה תקנתא ע"י בורגנין, לכך מותר להחשיך אפילו בלא בורגנין, דלא אסור החשכה אלא בשביל דבר שא"א למצוא תקנתא להאיסור. (והיינו שמחשיך שלא תאבד וכדומה, אבל אם הוא מביאה כדי לעשות בה מלאכה או ליסע בה, בודאי אסור, ואפי' היא עומדת תוך התחום, וכדלקמיה בהג"ה).

[ג]וי"א שאם אין הבהמה יכולה לילך ברגליה, כגון שהוא טלה קטן, אינו רשאי להחשיך, דאינו רשאי להביא, דאסור לטלטל בע"ח, שהם מוקצים - ר"ל אפילו היו מחיצות שלמות, (דה"ה דאנו מתירים להחשיך בדבר שהיה לו היתר אם היה שם מחיצות - מחה"ש), היה אסור עכ"פ משום מוקצה, ונמצא שהוא מחשיך בשביל דבר האסור לעשות בשבת, ואסור.

וי"א שאם וכו' - כו"ע מודים בזה, ונקט לשון וי"א, מפני שכן דרך המחבר במקום שלא נמצא דין זה מפורש בשאר פוסקים.

הגה: והוא הדין דאסור לטייל למצוא סוס או ספינה או קרון לצאת בו – (אפילו הם עומדים בתוך התחום). **וגם** בזה אין איסור משום "ממצוא חפצך" אלא כשניכר הדבר שמתכוין לצרכיו, **או** כשמחשיך עבור זה בסוף התחום, [דזה הוי כמו ניכר], **אבל** אם אינו ניכר רק כהולך לטייל, שרי, אף שדעתו בהילוך זה למצוא סוס וכדומה.

אות ג'

היתה עומדת חוץ לתחום קורא לה והיא באה

סימן שו ס"ב - [ד]היתה בהמתו עומדת חוץ לתחום, יכול לקרות לה כדי שתבא - ולא גזרינן דלמא יצא בעליה חוץ לתחום כדי להכניסה לתוך התחום, [ה][גמרא נ"ג: ע"ש], **ואם** אינה שומעת לו לבוא, מותר להכניסה ע"י א"י, [**ואף** דבסוף סי' ש"ה מסתפק הפמ"ג לענין חוץ לתחום בידים ע"י א"י, נראה דיש להקל הכא משום פסידא], **אבל** אסור להכניסה ע"י ישראל, אפילו ישראל אחר שאין בעליה, שאצלו הוא בתוך התחום, דקי"ל הרהמה והכלים כרגלי הבעלים חן לענין תחומין, וע"כ כיון שיצאת חוץ לתחום שלה, אסור לכל ישראל להזיזה בידים מד"א שלה.

אות ד' – ה'

כל שאני זכאי באמירתו רשאי אני להחשיך עליו

ובלבד שלא יזכיר לו סכום מקח

סימן שו ס"ג - [ו]מחשיכין על התחום לעשות צרכי כלה, או צרכי מת, להביא לו ארון ותכריכין - האי "לעשות", אצרכי מת נמי קאי, דמחשיך כדי לתקנן ולהביאן מהר, ואפ"ה מותר דחפצי שמים הוא, **דבשביל** ההבאה בעלמא פשיטא דמותר להחשיך, גמ', (**ולהביא** בשבת אסור אפילו ע"י א"י).

[ז]ויכול לומר לחבירו שיחשיך כדי שיביא לו - היינו כדי שיתקנן שם ויביא לו וכנ"ל, **ויכול לומר לו: לך למקום פלוני למחר, ואם לא מצאת במקום פלוני, לך למקום פלוני** - פי' לילך שם ולקנות, דאסור לומר בשביל דבר הרשות, ובדבר מצוה שרי, **אבל** הליכה גרידא, אפילו לדבר הרשות שרי לומר.

ודוקא למחר, אבל בשבת עצמו אסור אף שהוא לדבר מצוה.

לא מצאת במנה קח במאתים; [ח]ובלבד שלא יזכיר לו סכום מקח, כלומר, [ט]שלא יאמר לו סך ידוע שלא להוסיף עליו - לפי שאין בקציצה שום מצוה רק הצלת ממונו, ולכך אסור.

[י]וכן אם לקח ממנו בשמונה, לא יאמר לו: תן לי עוד בשנים ואהיה חייב לך עשרה - ר"ל שלא יאמר לו ע"י השליח הזה, שיתן לו צרכי המצוה הזו עוד בשנים, ויהיה חייב לו בסך הכל עשרה, שצירוף סך זה אין בו צורך למצוה.

הגה: [יא]ואם א"א לו אא"כ יזכור לו סכום מקח, מותר בכל ענין, דהא צרכי מצוה הוא (הגמ"ר). [יב]ויש אוסרים בכל

באר הגולה

[א] גמ' שם קנ"א [ב] שם ברייתא קנ"א לגירסת הספרים שהביאו התוס' שם [ג] שם בתוס' ליישב גירסת התוספתא דאין מחשיכין [ד] שם בברייתא [ה] ‹דרק לפי תירוצם קמא דגמ', מיירי דוקא דתחום שלה מובלע בתוך תחום שלו.. אבל לאידך אוקימתא הברייתא מיירי בחוץ לתחום שלו ושלה – רעק"א שם› [ו] שם במשנה [ז] שם בברייתא [ח] שם וכר"י ברבי יהודה דלא פליגי ‹עיין בהערה הסמוך› [ט] לפי' הרב המגיד ‹פי' רש"י סכום מקח, מנה ומאתים, ולפי"ז ר"י ב"ר יהודה פליג את"ק, והלכה כת"ק, דאפי' מזכיר לו סכום מקח שרי, **אבל** הרמב"ם כתב: ובלבד שלא יזכיר לו סכום מקח, ופי' הרב המגיד, שדעתו לומר שת"ק ורבי יוסי ברבי יהודה לא פליגי, דת"ק לא איירי אלא שמותר לומר לו לתת בו כמה שירצה, ור"י ב"ר יהודה אוסר לומר לו סכום מקח, כלומר סך ידוע שלא להוסיף עליו, וגם ת"ק יאסור בזה, לפי שאין באמירה ההיא אלא הצלת ממונו – ב"י› [י] לפי' הר"ן ‹אבל הר"ן פי' דברי הרמב"ם, דסכום מקח היינו כמו שכתב בה"ג, דאי נקיט מיניה בה' דינקי, והשתא נקט חד דינקא, דלא לימא מלא לי דינר – ב"י› [יא] ‹וכתב בהגהות מרדכי, דהא דאמרינן ובלבד שלא יזכיר לו סכום מקח, ה"מ היכא דאפשר בלא הזכרת סכום מקח, אבל היכא דלא אפשר, מותר אפי' לקצוץ דמים בשבת לדבר מצוה – ב"י› [יב] ‹דזהו ממש מקח וממכר, ו"עשות" חפצי שמים לא הותרה, ורק "ממצא" הותרה, וכל שאינו קוצב מקח קצוב הוי הכל בכלל "ממצא" – ערוה"ש›

מסורת הש"ס

עין משפט
נר מצוה

לה א (מיי' פכ"ד מהל' שבת) סמג לאוין סה טוש"ע או"ח סימן שז סעיף י:

לו ב מיי' שם הלכה ג סמג שם טוש"ע או"ח סימן שו סעיף א:

לז ג מיי' שם טור שו"ע שם סעיף כ:

לח ד ה מיי' שם הל"ה טוש"ע שם סעיף ג וסימן שז סעיף ה:

לט ו ז מיי' פי"ז מהל' שבת הל"ו סמג שם טוש"ע או"ח סימן שכה סעיף טו:

מ ח מיי' שם הלכה ז טוש"ע שם סעיף טז:

מא ט י כ מיי' שם הל' ס טור שו"ע שם סעיף יד:

מב ל מיי' פכ"ו מהל' שבת הלכה כ סמג שם טוש"ע או"ח סימן שיא סעיף ז:

האי כל שאני זכאי באמירתו רשאי אני בחשיכתו כל שאיני זכאי באמירתו איני רשאי בחשיכתו מיבעי ליה אלא אסיפא קאי אבל מחשיך הוא לשמור ומביא פירות בידו האי כל שאני זכאי בחשיכתו רשאי אני באמירתו מיבעי ליה לעולם אסיפא קאי ואבא שאול אהא קאי דאמר רב יהודה אמר שמואל מותר לאדם לומר לחבירו שמור לי פירות שבתחומך ואני אשמור לך פירות שבתחומי וקאמר אבא שאול לת"ק מי לא מודית דמותר אדם לומר לחבירו שמור לי פירות שבתחומך ואני אשמור לך פירות שבתחומי ואימא כל שאני זכאי באמירתו רשאי אני להחשיך עליו כלל לאתויי מאי לאתויי הא דת"ר *אין מחשיכין על התחום להביא בהמה *היתה עומדת חוץ לתחום קורא לה והיא באה כלל אמר אבא שאול כל שאני זכאי באמירתו רשאי אני להחשיך עליו ומחשיכין לפקח על עסקי כלה ועל עסקי המת להביא לו ארון ותכריכין ואומרים לו לך למקום פלוני ואם לא מצאת במקום פלוני הבא ממקום פלוני לא מצאת במנה הבא במאתים ר' יוסי ברבי יהודה אומר ובלבד שלא יזכיר לו סכום מקח:

מתני' *מחשיכין על התחום לפקח על עסקי כלה ועל עסקי המת להביא לו ארון ותכריכים נכרי שהביא חלילין בשבת לא יספוד בהן ישראל אא"כ באו ממקום קרוב עשו לו ארון וחפרו לו קבר יקבר בו ישראל ואם בשביל ישראל לא יקבר בו עולמית:

גמ' מאי ממקום קרוב רב אמר ממקום קרוב ממש ושמואל אמר חיישינן שמא (א) חוץ לחומה לנו [א] דיקא מתניתין כוותיה דשמואל דקתני עשה לו ארון וחפר לו קבר יקבר בו ישראל אלמא מספיקא שרי הכא נמי מספיקא שרי *(ב) ותניא כוותיה [ב] דרב (ג) *עיר שישראל ונכרים דרים בה והיתה בה מרחץ המרחצת בשבת אם רוב נכרים לערב רוחץ בה מיד אם רוב ישראל ימתין עד כדי שיחמו חמין מחצה על מחצה *(אסור וימתין) עד כדי שיחמו חמין ר' יהודה אומר באמבטי קטנה אם יש בה רשות רוחץ בה מיד מאי רשות אמר רב יהודה אמר רב יצחק בריה דרב יהודה אם יש בה אדם חשוב שיש לו עשרה עבדים שמחממין לו י' קומקומין בבת אחת באמבטי קטנה מותר לרחוץ בה מיד: עשו לו ארון וחפרו לו קבר וכו': אמאי הבא נמי ימתין בכדי שיעשו אמר עולא בעומד באסרטיא תינח קבר ארון מאי איכא למימר א"ר אבהו במוטל על קברו:

מתני' עושין כל צרכי המת סכין ומדיחין אותו ובלבד שלא יזיז בו אבר שומטין את הכר מתחתיו ומטילין אותו על החול בשביל שימתין

אלא אסיפא קאי · דקאמר ת"ק להיתרא אבל מחשיך הוא לשמור ואתא איהו ושוייה ביה כללא להביא כל כיוצא בהן: **האי כל שאני זכאי להחשיך עליו זכאי אני באמירתו מיבעי ליה** · (ג) דהיתר דחשיכה תנן והיתר דאמירה לא תנן והיכי תלי תניא בדלא תניא: **לעולם אסיפא קאי** · כדקאמרת ודקשיא לך אמירה מהיכא קאמר ליה להיתירא דתלי בה החשכה אהא קאי דאמר רב יהודה כו' אלמא זכאי אני באמירתו ואבא שאול ות"ק כולהו פשיטא להו הא דשמואל וקאמר ליה אבא שאול לת"ק מי לא מודית בהא שאתה מתיר להחשיך דמותר הוא לומר כדשמואל אלמא הואיל ומותר לומר מותר להחשיך הלכך אמאי נקטת החשכה לשמור לחודא שוי כללא למילתא ואימא כל שאני זכאי באמירתו רשאי אני להחשיך עליו דס"מ הך וס"מ מת וכלה דהא נמי זכאי באמירתו הוא כדמפרש לקמן והלכך מחשיכין עליו וסיפא דמתני' דקתני מחשיכין על התחום לפקח על עסקי כלה אבא שאול היא: **כלל אמר אבא שאול כו'** · והאי נמי זכאי באמירתו כדקתני סיפא ואומר לו לך למקום פלוני: **סכום מקח** · מנה ומאתים:

מתני' נכרי שהביא חלילין בשבת · בשביל ישראל: **לא יספוד בהן ישראל** · לעולם וקנסא הוא משום דמוכחא מילתא דבשבילו הובאו דאין דרך להביא חלילין אלא בשביל מת: **ממקום קרוב** · בתוך התחום: **עשו לו ארון** · בשביל נכרי או למכור: **גמ' רב אמר ממקום קרוב ממש** · כלומר שידוע לנו בירור הדבר דממקום קרוב באו שראיתם שהיו בביתו: **ושמואל אמר חיישינן שמא חוץ לחומה לנו** · אפילו הביא מחוץ לעיר אנו תולין להתיר ואומרים שמא בתוך התחום לנו ערב שבת וסופדין בהן במוצ"ש מיד וחיישינן נמי אמרינן לקולא כדאמרי' במס' חגיגה (דף טו·) גבי בתולה שעיברה חיישינן שמא באמבטי עיברה ומותרת לכהונה ולשמואל הכי קאמר מתני' לא יספוד בהן ישראל אא"כ יש לתלות שבאו ממקום קרוב ולאפוקי בידוע דמחוץ לתחום באו: ה"ג דיקא מתני' כוותיה דשמואל ותניא כוותיה דרב: **יקבר בו ישראל** · דתלינן מספיקא שמא לצורך נכרי נעשה: **תניא כוותיה דרב** · דספיקא אסור דקתני מחצה על מחצה ימתין בכדי שיחמו חמין וא"ת בכדי שיחמו חמין מיהא שרי והכא תני לא יספוד בהן משמע לעולם הכא מוכחא מילתא אבל במרחץ לא מוכחא מילתא כולי האי הואיל ואיכא נכרים: **באמבטי קטנה** · שיש לתלות ולומר משתשיכה הוחמה על ידי עבדים וקומקמין הרבה: **אם יש בה רשות** · אדם חשוב שליט: **רוחץ בה** · ישראל מיד דיש לומר משתשיכה הוחמו חמין לאותו נכרי לישנא אחרינא גרסינן תניא כוותיה דשמואל ולא גרסי' דייקא מתני' כו' עד מספיקא שרי ומייתי סייעתא לשמואל מדרבי יהודה דתלינן לקולא ורישא לא קשיא ליה כיון דמחצה על מחצה ודאי בשביל ישראל ונכרים הוחמו שהרי לא לאדם אחד לבדו הוחמו דנימא ספיקא לנכרי ספק לישראל ולשון זה נראה לי עיקר ורבותי נמי לא גרסי לעיל נהא דקתני עשה נכרי את הארון עד מספיקא שרי ומיהו לא מפרשי לה כדפרישית: **ימתין בכדי שיעשו** · נהי דלא מוכחא מילתא מיהו י"ל שמא בשביל ישראל נעשה: **בעומד** · הקבר באיסרטיא שאין דרך ישראל ליקבר שם דודאי לא נעשה בשביל ישראל: **ארון מאי איכא למימר** · להוכיח דלא בשביל ישראל נעשה: **במוטל** · הארון: **על קברו** · של נכרי באיסרטיא דמוכח דלשם אותו קבר נעשה הארון: **מתני' ומדיחין** · במים: **שלא יזיז בו אבר** · לא יגביה לו ידו או רגלו או ריסי עיניו:

האי כל שאני רשאי בחשיכתו רשאי אני באמירתו מיבעי ליה · תימה הא דכי פריך לעיל האי כל שאיני רשאי באמירתו איני רשאי בחשיכתו מיבעי ליה מכלל דאי הוה תנן הכי הוה אתי שפיר אע"ג דתלי חשיכה באמירה וי"ל התם שאני דלא הוה תלי תניא בדלא תניא דאמירה כמי תניא לעיל לא יאמר אדם לחבירו שכור לי פועלים אבל השתא תלי תניא בדלא תניא דהיתר אמירה לא תניא אבל היתר החשכה תניא:

לעולם אסיפא קאי (ד) דאמר רב יהודה אמר שמואל מותר אדם לומר לחבירו שמור לי פירות שבתחומך · אע"פ שהוא אינו יכול לילך לשומרן יכול לומר לחבירו לשמרן ומתניתין הכי קאמר כל שאני זכאי באמירתו כגון לפקח על עסקי כלה ועל עסקי מת ויכול לומר לחבירו לעשות למחר רשאי אני להחשיך עליו וכ"ש מה שאני זכאי לומר לעשות היום כמו שמור לי פירות שבתחומך אע"פ שאיני רשאי לילך שם היום דמותר להחשיך עליו:

אין מחשיכין על התחום להביא בהמה · יש ספרים דגרסי מחשיכים לפי שאם יש שם בורגנים הולך ומביאה ובתוספתא גרס אין מחשיכין וי"ל דאיירי בבהמה שאינה יכולה לבא ברגליה כגון טלה קטן אא"כ ישאוהו בכתף שאפילו יש מחילות אינו רשאי להביא דאסור לטלטל בעלי חיים שהם מוקצים:

נכרי שהביא חלילים בשבת לא יספוד בהן ישראל · לא כפי' הקונטרס שפירש עולמית מדפריך בגמרא גבי עשה נכרי ארון וחפר לו קבר יקבר בו ישראל אמאי הכא נמי נימא ימתין בכדי שיעשו ואמאי קאמר נמי אי לאו דקאי אחלילים על כן נראה דלא יספוד בהן ישראל היינו עד כדי שיבואו דסתם חלילים אין מביאין אותן לשם אדם אחד אלא לשם כמה בני אדם:

אא"כ באו ממקום קרוב · תימה לרבי מה מהני שבאו ממקום קרוב הלא הביאם דרך רה"ר ומה לי ארון וקבר שנעשו בשבת ומה לי חלילים שהובאו דרך רה"ר וי"ל דהביא ממקום קרוב לא מהני כל כך הבאתו: **דיקא** מתניתין כוותיה דשמואל כו' יקבר בו ישראל אלמא מספיקא שרי · תימה היכי (ה) מוכיחנא מינה דמספיקא שרי והא מוקמ' לה בעומד באיסרטיא דודאי לצורך נכרי נעשה מיהו אומר רבי דל"ג ליה להא דקתני עשו לו ארון כו' ול"ג נמי בסמוך (ו) ת"כ גם בפי' הקונט' ל"ג אלא ה"ג דיקא נמי ממתני' עיר שישראל ונכרים דרים בה כו' ומשנה היא במסכת מכשירין (פ"ב משנה ה) ר' יהודה אומר אם יש בה רשות רוחץ בה מיד אלמא תלינן להתיר כמו כן גבי חלילין יש לתלות בהיתר ולומר חוץ לחומה לנו · מ"ר:

[תוספתא פי"ח]

[לעיל קנ:]

לעיל קנ:

לעיל קנב. ע"ש מכשירין פ"ב מ"ה ע"ש

צ"ע ימתין [וכ"ה במשנה]

הגהות הב"ח

(א) גמ' חוץ לחומה לנו אמר רבא דיקא מתני': (ב) שם ותניא כותיה דרב דת"ר עיר: (ג) רש"י ד"ה האי כל וכו' דהיתרא דהחשכה תנן: (ד) תוס' ד"ה לעולם אסיפא קאי ואבא שאול אהא קאי דאמר רב יהודה: (ה) ד"ה דיקא וכו' היכי מוכח מינה: (ו) בא"ד ול"ג נמי בסמוך דתנו רבנן גם בפ"ה ל"ג ליה אלא כ"ג:

הגהות הגר"א

[א] גמ' (דיקא מתני' כו' עד ה"נ מספיקא שרי) תא"מ: [ב] שם כוותיה דרב נ"ל דשמואל:

רבינו חננאל

כלל זה. ואמרינן אם על רישא דקתני אין מחשיכין על התחום לשכור פועלין וכו'. כל (שאני) [שאיני] זכאי בחשיכתו (אני) [איני] זכאי באמירתו היה לו לומר כי אין מחשיכין אמרה משנתנו בפירוש ומכללו נלמד האמירה כלומר מאחר שאין לי להחשיך בתחום לשכור פועלין כן אין לי לומר לחבירו השכר לי פועלין עם חשכה. אלא אסיפא. אבל מחשיך הוא לשמור וכו' כלומר כשם שמותר לו להחשיך כך מותר לו לומר לחבירו החשך והביא לי פירות האי כל שאיני זכאי בחשיכתו וכאי אני באמירתו היה לו לומר ואוקימנא כדרב פפא דאמר מותר לאדם לומר לחבירו שמור לי פירות שבתחומך וכו' כלומר כשם שאני זכאי לומר לחברו שמור לי לשמר פירות שבתחומי. ולהחשיך עליו ואמרינן עוד ולמה ליה כלל לתנייה בהדיא ופרקינן כלל להביא הא דת"ר מחשיכין על התחום להביא בהמה היתה עומדת חוץ לתחום קורא לה והיא באה. ולפקח על עסקי כלה ועל עסקי המת להביא לו ארון ותכריכין אומרים לו לך למקום פלוני לא מצאת במקום פלוני הבא ממקום פלוני לא מצאת במאה הבא במאתים ובלבד שלא יזכור את הדמים. ר' יוסי ב"ר יהודה [אומר] ובלבד שלא יזכור לי סכום המקח: מתני' מחשיכין על התחום. עד אא"כ באו ממקום קרוב מאי ממקום קרוב רב אמר קרוב ממש. ושמואל אמר חיישינן שמא חוץ לחומה לנו. *) ופירוש לן מרן דברי שמואל הללו והיאך מתני' דייקא כוותיה ומה טעם חלילים שהביאם גוי בשבת שלא יספוד בהם ישראל ולמה לא ימתין בכדי שיבאו או דלמא משום דלא ידעינן מהיכן באו ועוד המותר לספוד בהן ביום ראשון ובשאר ימי החול או לאו מה פירק לו הלא אפילו אם המת מונח בדרך צריך להמתין בכדי שיחפור בקבר וחדר קשיין לדזכתיה וכן בארון ליסברה לן מרן. ועוד אם הדברים הללו על עיר שרובן ישראל הם או לא. כי אם רובן גוים למה צריך להמתין והלא לענין מרחץ אמרו מותר לרחוץ בה מיד ושמואל אמר חיישינן שמא חוץ

*) נראה דזה הוא שאלה לרבינו וצ"ל יפרש לן מרן (ואולי שאל מאת רב האי גאון) והתשובה חסרה כאן ובאמת שאלת החכם סיום תני תשובה

ענין, וכן עיקר (ב"י בשם הר"ן ומרדכי והג"מ) - אסכום מקח קאי, דס"ל דכיון דהוא דרך מקח וממכר ממש, לא התירו בשום גווני, אפילו לצורך מצוה.

סימן שז ס"ח - [יג]יכול לומר לחבירו: לכרך פלוני אני הולך למחר, [יד]וכן מותר לומר לו: לך עמי לכרך פלוני למחר, כיון שהיום יכול לילך ע"י בורגנין - פי' סוכות של שומרים, שע"י זה יוכל לילך בשבת אף כמה מילין, אם הם מובלעים זה לזה בתוך שבעים אמה וד' טפחים.

דהנה מבואר בריש הסימן, דדבר שאסור לעשות בשבת, אסור לומר שיעשה זאת למחר, וקאמר הכא דאף דבשבת אסור לילך מחוץ לתחום, מ"מ מותר לומר לכרך פלוני אני הולך למחר, כיון דעל עצם הליכה אין איסור, אלא שמחוסר בורגנין, **מיהו** אסור לומר: אני רוכב למחר, או שילך בקרון שקורין בל"א פאהרי"ן, כיון דדבורו הוא דבר האסור בעצם, **ואין** מועיל עצה לזה, רק יאמר: אני הולך למחר.

[טו]וכן כל כיוצא בזה שיש בו צד היתר לעשותו היום, יכול לומר לחבירו שיעשנו למחר - כגון שיאמר לחבירו שיביא לו למחר מחוץ לתחום פירות שנתלשו מכבר, שאין עליהם איסור מוקצה, **אף** דא"א להביאם היום מטעם איסור תחומין, ומשום איסור רשויות, אפ"ה מותר לומר, כיון שיש בו צד היתר, דאלו היה מחיצות היה יכול להביאם, [גמ'], **[טז]ובלבד שלא יזכיר לו שכירות.**

ולעשותו היום אסור אפילו לא"י לומר, ואפילו בדיעבד אם הביא מחוץ לתחום, אסור להשתמש מהם, וכדלקמן בסימן שכ"ה ס"ח.

אבל בדבר שאין בו צד היתר לעשותו היום, אפילו אם אין בו אלא איסור דרבנן, כגון: שיש לו חוץ לתחום פירות מוקצים, כיון שא"א לו להביאם היום, אסור לומר לחבירו שיביאם לו למחר – (היינו אם מבאר לו אותם הפירות, אבל אם אמר לו סתם להביא לו פירות למחר, שרי, **אף** שידוע לכל שכונתו על פירות המוקצים, מ"מ כיון דדבורו משמע נמי דבר המותר בשבת, מקרי רק הרהור ושרי). **כתבו** האחרונים, דלאו דוקא בסוף התחום, אלא ה"ה בתוך התחום, כיון דא"א להביאם משום איסור מוקצה, **אלא** דמשום סיפא נקט הכי, דלהחשיך אינו אסור אלא בסוף התחום, וכדלקמן בס"ט.

[יז]וכן אסור לו להחשיך בסוף התחום כדי שימהר בלילה לילך שם להביאם - אלו הפירות שהם מוקצים, **אבל** פירות שאינם מוקצים, כיון שמותר לומר לחבירו שיביאם לו לאחר השבת, מותר נמי להחשיך בשבילם, גמ'.

הגה: וכן לא יאמר: אעשה דבר פלוני למחר - קאי על מה שכתב בתחלה, ד"אסור לומר לחבירו שיביאם לו למחר", וקמ"ל דלא נימא דדוקא כשמדבר עם חבירו ומתיעץ עמו, הוא דאסור, כיון שיש לו צורך בדבורו, אבל לדבר בינו לבין עצמו, שאין לו צורך בכך, שרי, **קמ"ל** כיון דהוא דבר האסור לעשות בשבת, אף כשמדבר בינו לבין עצמו, מקרי דבור חול ואסור, וכנ"ל בריש הסימן, [**ולענ"ד** שבשגגה נרשם ההג"ה הכא, וצ"ל אחר תיבת "למחר"].

אות ו' – ז'

נכרי שהביא חלילין בשבת, לא יספוד בהן ישראל חיישינן שמא חוץ לחומה לנו

סימן שכה סט"ז - [יח]א"י שהביא בשבת חלילין, (פי' כלי נגון חלולים שקולם מעורר הבכי), לספוד בהם ישראל, לא יספוד בהם לא הוא [יט]ולא אחרים [כ]עד שימתין לערב [כא]בכדי שיבואו ממקום קרוב - דהיינו מחוץ לתחום, ומיירי שהביאן מחוץ לתחום, וגם היה דרך ר"ה, שנעשה איסור תורה, **דאם** לא היה דרך ר"ה, היה מותר לאחרים לערב מיד, **ואם** הביאן דרך סרטיא גדולה שהוא מפורסם, אסור לו עולמית.

ואם ידע בודאי שממקום פלוני הביאם בשבת, ימתין לערב כדי שיבואו מאותו מקום - בין להחמיר, וכגון שהוא הרבה יותר מתחום, **ובין** להקל, כגון שהוא בתוך התחום, ומחמת שהביאן דרך ר"ה, לכך צריך להמתין עד כדי שיביאו מאותו מקום, שלא יהנה ממלאכת שבת, **ואח"כ מותרים בין לו ובין לאחרים.**

ואפילו הוא דבר המצוי במקום קרוב, כיון שבא עתה מרחוק, צריך להמתין בכדי שיבוא ממקום שבא.

[כב]וה"מ כשהביאם דרך רה"ר, אבל אם לא הביאם אלא דרך כרמלית, כיון שלא נעשה בהם איסור תורה, א"צ להמתין כדי שיבואו, אלא מותרים לערב מיד - קאי אתוך התחום, לכך מותר כשהביאן דרך כרמלית אפי' לו לערב מיד, **דאם** היה מחוץ לתחום, אפילו דרך כרמלית היה אסור לו בכדי שיביאו, ולאחרים מיד, **ואף** דעל כרמלית יש ג"כ איסור דרבנן כמו על תחומין, מ"מ הקילו בו משום שאינו מתהנה כ"כ בהבאת הא"י מתוך התחום, [**אבל** מביאור הגר"א משמע שסובר כהט"ז, דלו אסור אף בכרמלית בכדי שיביאו].

[כג]סימן שכה ס"ז - [כד]ספק אם ליקטן בשביל ישראל - כגון שהא"י אמר לישראל ליתן לו פירות בשבת, והלך לבית הא"י ונתן לו פירות, דספק אם לקט אלו בשבילו, או חשב ללקוט אחרים בשבילו, ואלו לקט לעצמו מתחלה, **אבל** א"י שהביא דורון לישראל, לא הוי ספק, דאמרינן דודאי בשבילו לקטן, **וכן** אם הביא פת חמה לישראל, אמרינן דודאי בשבילו אפה.

או שידוע שליקטן בשביל ישראל, ואין ידוע אם נלקטו היום אם לאו - גם זה לאו בהביא דורון מיירי, דבהביא דורון או

באר הגולה

יג שבת שם · יד שם בתוס' וש"פ · טו טור ורש"י שם · טז שם והרא"ש שם · יז שם במשנה · יח שם משנה · יט הסכמת רוב הפוסקים · כ טור כפי' תוס' שם וכן דעת הרי"ף והרא"ש וכ"כ הרמב"ם וש"פ · כא ‹כפי' הרי"ף שם אא"כ באו כו', {דמאי דאמר שמואל חיישינן שמא חוץ לחומה לנו, היינו דמספיקא מחמרינן אף בבא בבוקר, שמא בא מחוץ לתחום}, אא"כ ממתין עד כדי שיבאו כו', {ומאי ממקום קרוב דקתני במתנ', היינו דצריך להמתין במו"ש בכדי שיבוא ממקום קרוב – דמשק אליעזר} – גר"א› · כב טור והרמב"ם · כג ‹ע"פ הב"י› · כד ביצה כ"ד ברייתא וכרבי יהושע

הביא למכור, חשבינן כודאי תלשן בשבת, דמסתמא הביא מן המשובחין, **אסורים בו ביום**, [כה]**ולערב בכדי שיעשו** - והטעם דאסרו מספק, אף שהוא מלתא דרבנן דספיקא לקולא, משום דהוא דבר שיש לו מתירין, שאפשר להמתין עד מו"ש, **ואם** היו שני הספיקות יחד, אם תלשן בשבת, וגם אם תלשן בשביל הישראל, **בשבת** גופא אסור, דהא אפילו ודאי לא בשביל ישראל לקטן, אסור בשבת משום ספק מוכן, **אבל** במו"ש יש להתיר בזה מיד משום ס"ס.

[כו]**ויש אומרים דלערב מותר מיד** - דס"ל דלא אסרו רבנן בזה מספיקא, [**דאף** דבעלמא דבר שיש לו מתירין אסור, ס"ל דבזה דעיקר האיסור הוא משום גזירה, לא גזרו רבנן בספיקא אף דיש לו מתירין]. **ומ"מ** בשבת גופא דאיסורו משום מוקצה, מודו דאין להתיר, אפילו היכא דרק ספק אם נלקטו בשבת, דבספק מוכן החמירו יותר משאר ספיקות דרבנן, [**אבל** בשאר ספיקות דאין בהם ספק מוקצה, לדידהו גם בשבת גופא מותר, כ"כ הב"י בסימן זה, די"א הזה קאי בשיטת רש"י דמתיר בספק כשמואל, וכ"כ הגר"א, דדעה זו היא דעת רש"י וסיעתו דמתירין בספק, **ומה שאסור** בשבת גופא, כתב דמשום דהוא ספק מוכן כו"ע מודו דאסור בשבת, וכדאיתא בהדיא בגמ', **וצ"ל** לדידהו דהחמירו בו משאר ספקות, ולכן אינו מותר בזה אלא במו"ש].

ולדינא כתב הא"ר, דיש לסמוך על הי"א הזה, דאין להחמיר למו"ש, [**דאף** דלדידהו שוה שבת ומו"ש וכנ"ל, מ"מ אנן מקלינן טפי במו"ש, **אבל** בשבת יש להחמיר בכל הספיקות, וכסתימת המחבר בס"ט, אפי' בספק תחומין]. **אבל** בח"א כתב, דאין להקל רק לצורך מצוה, (והה"ה במקום הדחק, ומ"מ די לנו אם נקיל בזה בספק גמור, וכגון שניכר קצת בהפירות עצמן שנלקטו מאתמול, אבל בסתם פירות, דלדעת הר"ן ורבינו יונה הוא כודאי, אפשר דאין להקל, דהלא המחבר משמע דפסק בלא"ה כדעה הראשונה, דאוסרת אף בספק גמור).

[כז]**סימן שכה ס"ט - אם הוא ספק אם הובא מחוץ לתחום, אסור** - ואף דספיקא דרבנן לקולא, אסור בזה משום דהוי דבר שיש לו מתירין, דאפשר להמתין עד ערב. **וזה** דלא כדעת המתירין המובא בב"י, והוא דעת הי"א שבסעיף ז', וסתם בזה כדעת הגאונים דאוסרין בספק, וכן סתם בסעיף ט"ז, **והנה** אף דלדעתם אף במו"ש אסור בזה בכדי שיעשה, **מ"מ** הסכימו האחרונים, דלענין מו"ש אין להחמיר בזה, דהא אפילו בודאי חוץ לתחום יש אומרים דא"צ להמתין בכדי שיעשה, וכנ"ל בס"ח, ע"כ בספק עכ"פ יש לסמוך על המתירין.

[כח]**ודוקא בא"י שאינו שרוי עמו בעיר, אבל א"י השרוי עמו בעיר, ופירות המצויים בעיר, אין לחוש מספק** - שהפירות האלו הביאן חוץ לתחום, דאדרבא דאמרינן כאן נמצאו כאן היו. **ואפי' אם יש לא"י שני בתים, וא' מהם בתוך התחום, תולין להקל ומותר לאכול אפי' למי שהובא בשבילו** - ואף דבזה יש לספק שהביא מהבית שיש לו חוץ לתחום, **מ"מ** תלינן להקל, דעד כאן לא אסרינן מספק אלא בא"י שאין לו דירה כלל בתוך התחום, אבל בזה שיש לו בית בתוך התחום, אמרינן כאן נמצאו כאן היו.

(יש לומר, דאף אם היו שני בתים מחוץ לעיר, מותר, דכאן נמצאו עדיף מסתם קרוב דאזלינן ביה בתר רובא).

אות ח'

ותניא כוותיה דרב וכו'

[כט]**סימן שכה סט"ז - ספק אם הובאו מחוץ לתחום או מתוך התחום, חוששין שמא מחוץ לתחום הובאו** - וע"כ צריך ג"כ להמתין בערב כדי שיביאו מחוץ לתחום, [**ואף** דבספק מחוץ לתחום בעלמא שלא במת, כתבנו לעיל בס"ט, דלמו"ש מותר מיד, **הכא** במת חמיר טפי]. **וגם** כאן שייכי הני תנאים שנזכרו בס"ט.

[ל]**סימן שכה ס"ו** - [לא]**אם ליקט וצד בשביל ישראל** - וה"ה בכל המלאכות דאורייתא שעשה הא"י בשביל ישראל, ואפילו עשה מעצמו בלא צווי הישראל, [לב]**או בשביל ישראל וא"י** - כגון שהיה מחצה ישראל ומחצה א"י, או בידוע שגם לישראל צד וליקט, אף דהרוב היו א"י, **צריך להמתין לערב בכדי שיעשו** - דהיינו שיעור שילך הא"י במו"ש למקום שלקט, וילקוט שם אחרים, ויחזור לכאן, **ואם** אינו ידוע מהיכן הביאו, שיעורן בכדי שיביא מחוץ לתחום, **ואם** בתחלה בשבת הביאן על סוס, משערינן ג"כ דרך רכיבה.

והיינו אפילו ישראל אחר שלא נלקט בשבילו, כיון דעשה מלאכה דאורייתא בשביל ישראל, אסור לכל ליהנות עד מו"ש בכדי שיעשו, **ובשבת** גופא בטלטול נמי אסור.

והטעם דאסרו לכל עד בכדי שיעשו, שלא יהנו ממלאכה הנעשית בשביל ישראל בשבת, **וגם** דגזרו, דכשיהיה מותר מיד במו"ש, יאמרו לא"י בשבת להכין, שיהיה מזומן על מו"ש מיד.

אות ט' - י' - כ'

עשו לו ארון וחפרו לו קבר וכו'

בעומד באסרטיא **במוטל על קברו**

[לג]**סימן שכה סי"ד - עשה א"י בשבת ארון או קבר לעצמו, מותר לישראל ליקבר בו; ואם עשאו בשביל ישראל,**

‹המשך ההלכות מול עמוד ב'›

באר הגולה

כה הרי"ף ‹יש חולקים ומפרשים {חיישינן שמא חוץ לחומה לנו}, דחששא זו לחומרא היא - ב"י› כו **טור בשם סמ"ג** ‹וטעמא משום דקימ"ל כשמואל דקאמר בפ' שואל גבי גוי שהביא חלילין, חיישינן שמא חוץ לחומה לנו, ופי' רש"י (ד"ה ושמואל) חששא זו לקולא, שיש לנו לומר שבאו ממקום קרוב, ומותר לערב מיד, וא"צ להמתין לערב בכדי שיעשו - ב"י› כז ‹ע"פ הגר"א וז"ל: שבת קנ"א. לשיטת הרי"ף וכנ"ל ס"ז› כח **הרשב"א לשיטת הרי"ף והגאונים, וכ"כ הר"ן וה"ה** כט **הרי"ף והרמב"ם שם** ‹וכגירסת רש"י והגר"א, תניא כוותיה דשמואל, וכשיטתם בשמואל וכנ"ל, מדאמרינן מחצה על מחצה כו' - גר"א ס"ז› ל ‹ע"פ הב"י› לא **ביצה כ"ד ועירובין מ'** לב **סמ"ק ותרומה** ‹והביאו ראיה מדתנן במסכת מכשירין ואיתא בפרק שואל (קנא.) מרחץ המרחצת בשבת... מחצה על מחצה בכדי שיעשו - ב"י› לג **שבת קנ"א**

עין משפט
נר מצוה

מג א מיי' פכ"ו מהל' שבת הלכה כ סמג שם טוש"ע או"ח סימן שיא סעיף ז :

מד ב מיי' פ"ד מהלכות אבל הלכה ה סמג עשין ב טוש"ע יו"ד סי' שלט סעיף א :

מה ג סמג עשין עט :

מו ד מיי' פ"ז מהלכות תשובה הלכה א :

בז ח מיי' פ"י מהלכות מתנות עניים הל"ב [וכה' עבדים פ"ט הל"ח] טוש"ע יו"ד סימן רמז סעיף ג :

שימתין *קושרין את הלחי לא שיעלה אלא שלא יוסיף *וכן קורה שנשברה סומכין אותה בספסל או בארוכות המטה לא שתעלה אלא שלא תוסיף : גמ' *והאמר רב יהודה אמר שמואל מעשה בתלמידו של רבי מאיר שנכנס אחריו לבית המרחץ ביקש להדיח קרקע אמר לו אין מדיחין לסוך קרקע אמר לו אין סכין °קרקע בקרקע מחלפא מת בקרקע לא מיחלף כל לאתויי מאי לאתויי הא דת"ר מביאין כלי מיקר וכלי מתכות ומניחין על כריסו כדי שלא (א) תפוח ופוקקין את נקביו כדי שלא תיכנס בהן הרוח ואף שלמה אמר בחכמתו °עד *שלא ירתק חבל הכסף זה חוט השדרה ותרוץ גולת הזהב זה אמה ותשבר כד על המבוע זה הכרס ונרוץ הגלגל אל הבור זה פרש וכן הוא אומר °וזריתי פרש על פניכם פרש חגיכם אמר רב הונא ואמרי לה אמר רב חגא אלו בני אדם שמניחין דברי תורה ועושין כל ימיהם כחגים אמר רבי לוי אמר רב פפי א"ר יהושע לאחר שלשה ימים כריסו נבקעת ונופלת לו על פניו ואומרת לו טול מה שנתת בי : מתני' אין (א) מעצמין את המת בשבת ולא בחול עם יציאת נפש °והמעצים עם יציאת הנפש הרי זה שופך דמים : גמ' תנו רבנן המעצמו עם יציאת הנפש הרי זה שופך דמים משל לנר שכבה והולכת אדם מניח אצבעו עליה מיד כבתה תניא *רשב"ג אומר הרוצה שיתעצמו עיניו של מת נופח לו יין בחוטמו ונותן שמן בין ריסי עיניו ואוחז בשני גודלי רגליו והן מתעצמין מאליהן תניא רשב"ג אומר תינוק בן יומו חי מחללין עליו את השבת דוד מלך ישראל מת אין מחללין עליו את השבת תינוק בן יומו חי מחללין עליו את השבת *אמרה תורה חלל עליו שבת אחד כדי שישמור שבתות הרבה דוד מלך ישראל מת אין מחללין עליו כיון שמת אדם בטל מן המצות והיינו *דא"ר יוחנן °במתים חפשי כיון שמת אדם נעשה חפשי מן המצות ותניא ר' שמעון בן אלעזר אומר תינוק בן יומו חי אין צריך לשומרו מן החולדה ומן העכברים אבל עוג מלך הבשן מת צריך לשומרו מן החולדה ומן העכברים שנאמר °ומוראכם וחתכם יהיה כל זמן שאדם חי אימתו מוטלת על הבריות כיון שמת בטלה אימתו אמר רב פפא *נקיטינן אריה אבי תרי לא נפיל הא קא חזינן דנפיל ההוא כדרמי בר אבא דאמר רמי בר אבא *אין חיה שולטת באדם עד שנדמה לו כבהמה שנאמר °אדם ביקר בל ילין נמשל כבהמות נדמו אמר רבי חנינא *אסור לישן בבית יחידי וכל הישן בבית יחידי אחזתו לילית ותניא רשב"א אומר עשה עד שאתה מוצא ומצוי לך ועודך בידך ואף שלמה אמר בחכמתו °וזכור את בוראיך בימי בחורותיך עד [אשר] (ש) לא יבואו ימי הרעה *אלו ימי הזקנה והגיעו שנים אשר תאמר אין לי בהם חפץ אלו ימי המשיח שאין בהם לא זכות ולא חובה ופליגא דשמואל *דאמר שמואל אין בין העולם הזה לימות המשיח אלא שיעבוד מלכיות בלבד שנא' °כי לא יחדל אביון מקרב הארץ תניא ר' אלעזר הקפר אומר לעולם יבקש אדם רחמים על מדה זו שאם הוא לא בא בנו ואם בנו לא בא בן בנו בא שנאמר °כי בגלל הדבר הזה תנא דבי ר' ישמעאל גלגל הוא שחוזר בעולם א"ר יוסף נקיטינן האי צורבא מרבנן לא מיעני והא קא חזינן דמיעני אם איתא דמיעני אהדורי אפתחא לא מיהדר אמר לה רבי חייא לדביתהו כי אתי עניא אקדימי ליה ריפתא כי היכי דלקדמו לבניך אמרה ליה מילט קא לייטת להו אמר לה קרא קא כתיב כי בגלל הדבר הזה ותנא דבי ר' ישמעאל גלגל הוא שחוזר בעולם תניא *ר' גמליאל ברבי אומר °ונתן לך רחמים ורחמך והרבך *כל המרחם על הבריות מרחמין עליו מן השמים וכל שאינו מרחם על הבריות אין מרחמין עליו מן השמים °עד אשר לא תחשך השמש והאור זו פדחת והחוטם והירח זו נשמה והכוכבים אלו הלסתות ושבו העבים אחר הגשם זו מאור עיניו של אדם שהולך אחר הבכי אמר שמואל האי דמעתא עד ארבעין שנין הדרא מכאן ואילך לא הדרא ואמר רב נחמן האי כוחלא עד ארבעין שנין מרווח מכאן ואילך אפילו מליא *כאביסנא דגירדאי אוקומי מוקים ארווחי לא מרווח מאי קא משמע לן דכמה דאלים מכוחלא טפי מעלי ר' חנינא שכיבא ליה ברתיה לא הוה קא בכי עלה אמרה ליה דביתהו תרנגולתא אפיקת מביתך אמר לה תרתי תכלא ועיורא סבר לה כי הא דאמר רבי יוחנן משום רבי יוסי בן קצרתה *שש דמעות הן שלש יפות ושלש רעות של עשן ושל בכי ושל

שימתין · שלא יסריח מחמת חום הסדין והכרים : קושרין את הלחי · של מת שהיה פיו הולך ונפתח קושרין את לחייו כדי שלא יפתח פיו יותר : ולא שיעלה · להסגר ממה שנפתח דהיינו מזיז אבר אלא שלא יוסיף ליפתח : סומכין אותה בספסל · שהרי תורת כלי עליו : לא שתעלה · דהוה ליה בונה : גמ' ואמר לו אין סכין · אלמא דבר האסור לטלטל אסור לסוך : קרקע בקרקע מיחלף · כלומר ההוא לאו משום טלטול הוא אלא משום אשווי גומות ואע"ג דמרחץ רצפת אבנים הוא וליכא למיחש לאשווי גומות מיחלף מיהא בקרקע אחר : כל לרבי סמה לאתויי מאי · דלא תנן : כלי מיקר · שמביאים קרירות כגון זכוכית : ואף שלמה אמר בחכמתו · שכריסו של מת טופחת ונבקעת : זה חוט השדרה · שהוא כמין חבל ולבן ככסף : זו אמה · שהוא מעין של תולדה כמו גולות מים (יהושע טו) : זה פרש · ונגלל לשון גלל (יחזקאל ד): אל הבור · שנופל לתוך פיו : כחגים · בתענוגים : מתני' אין מעצמין · את עיניו בשבת אפילו אחר יציאת הנפש דמזיז בו אבר : שופך דמים · כדמפרש בברייתא בגמ' שבטורח מועט מקרב מיתתו : גמ' ואוחז בשני גודלי רגליו · שולך בהלבעותיו: והתכם · לשון חיותכם: אריה אבי תרי לא נפיל · להורגן כדכתי' ומוראכם חרי וכתיב על כל חית הארץ ואפי' ארי : כדרמי בר אבא · דנכנסה עליו מיתה ונדמה לארי כבהמה : נמשל · מי שחיה מושלת בו בידוע שכבהמה נדמה : עשה · צדקה : עד שאתה מוצא · למי לעשות : ומצוי לך · ממון : ועודך בידך · עודך ברשותך קודם שתמות : לא זכות · לא דבר לזכות בו שכולם עשירים : ולא חובה · לאמץ לב ולקפוץ יד : על מדה זו · שלא יבא לידי עניות דדבר המזומן הוא לבא או עליו או על בנו או על בן בנו : ונתן לך רחמים · שתרחם על הבריות : זו פדחת · המצח שהוא חלק ומבהיר יותר מכל הפרצוף: זה חוטם · שהוא תואר פני אדם : זו נשמה · כדכתיב נר אלהים נשמת אדם (משלי כ) : הלסתות · לחיים : ושבו העבים · חשכת עינים יבא ויכסה המאור אחר שירבה בבכיה בזקנותו מחמת תשות כח וצרות רבות עליו : מרווח · מאור עינים : אפילו מליא · כחלא בעיניו כמכחול גדול : כאביסנא של גרדאי · סובב של גרדיים איגשובל"ש בלע"ז: אוקומי · (ב) המאור מוקים שלא יחשיך יותר ממה שהוא : מאי קמ"ל · בהא דאמר אפי' כאביסנא דגרדאי : אלים · עב : מכוחלא · עץ שהוא מכניס בשפופרת וטוחן בעיניו וקורין לו מכחול : סילא ועיורא · שיכול בנים ועיורון הדמעה : של בכי · מתוך אבל וצרה : של

מסורת השי"ם

לעיל מג. · לעיל מג · קהלת יב · מלאכי ב · נס"י איתא ר"ש בן אלעזר · [יומא פה:] · תהלים פח · לעיל ג. [נדה סא: ע"ש] · בראשית ט · [עי' ערכי' פירושין ה. ד"ה והאמר פירושו ע"ז] [סנהדרין לח: ע"ש] · תהלים מט · קהלת יב · ברכות לד: לעיל סג. פסחים סח. סנהדרין צא: צט. · דברים טו · שם · שם יג · [תוספתא דב"ק פ"ט] · [ביצה לב: ע"ש] · קהלת יב · [גי' הערוך באבסנא] · [אדר"נ פמ"א]

הגהות הב"ח

(א) גמ' שלא יפח תפוח : (ב) רש"י ד"ה אוקומי. מוקים המאור שלא : בקרא אשר לא

גליון הש"ס

גמ' קרקע בקרקע מיחלפא. כה"ג לעיל דף כט ע"ב ופי' בתוספות שם ד"ה גוירה :

א) [גי' הערוך אין מאמצין כו' וכל המאמץ כו' פירוש סותמין עיני המת לאחר המיתה כדי שלא יהיו עיניו פתוחות כענין שנאמר ויוסף ישית ידו על עיניך ע"כ ועי' לעיל דף עז: איבעיא להו מאמצין תנן או מעמצין וכו' ואמר ע"כ ברור דטעות סופר שהקדימו בדפוס ל' קודם למ' במשנה ובברייתא דהכא וגם כפרש"י דהכא אמנם כרי"ף והרא"ש הגירסא במשנה ובברייתא על נכון המ' קודם לצ' וכ"ה במשנה שבמשניות ובפי' הרב וכתב התוי"ט אין מאמצין כמו עוצם עיניו כו']

רבינו חננאל

חוץ לחומה לנו ואע"ג דאיסורא הוא וקיי"ל הלכתא כרב באיסורי הבא הלכתא כשמואל דדיקא מתניתין כותיה דתנן במס' מכשירין עיר של ישראל ונכרים דרין בתוכה והיתה בה מרחץ המרחצת בשבת אם רוב נכרים מותר לרחוץ בה מיד אם רוב ישראל ימתין עד בכדי שיחמו חמין. מחצה על מחצה ימתין בכדי שיחמו חמין . ר' יהודה אומר באמבטי קטנה ואם יש רשות רוחץ בה מיד . ומפרש רב יצחק בריה דרב יהודה מאי רשות כגון אדם חשוב שיש לו עשרה עבדים שמחממין לו עשרה קומקמין בבת אחת מותר לרחוץ מיד: עשו לו ארון וחפרו לו קבר יקבר בהן ישראל ומקשינן אמאי והא ישראל ונכרי כמחצה על מחצה דמי ימתין בכדי שיעשו ומפרק שלא כגון בנכרי מת המוטל באיסטרטא דמוכחא מלתא שזה חקבר לזה הנכרי נחפר שדומה לרוב נכרים שאין צריך להמתין בכדי שיעשו תוב אקשינן תינח קבר ארון מאי ופריק ר' אבהו בארון המוטל על הקבר שנמצא הארון בקבר*) ואלו דברי ר"מ נסביה בדרך גררה. בפרק כירה בענין דברים של (חול) [קדש] אסור לאומרם (בלשה"ק) [בלשון חול] אלא אם הוא לאפרושי מאיסורא כגון זה שא"ר מאיר לתלמידיו אין מדיחין ואין סכין בלשה"ק אבל הרואה שסכין ומדיחין המת לא יתיר הדחה וסיכה בקרקע ולפיכך התיר ר"מ הדחת המת וסיכתו ולא גזר סיכת המת והדחתו מפני סיכת מרחץ והדחתו . כל צרכי המת כלל זה להביא הא דת"ר מביאין כלי מיקר וכלי מתכות ומניחין לו על כרסו בשבת שלא תפוח. ופוקקין נקביו בשביל שלא תכנס בהן הרוח ואף שלמה אמר בחכמתו עד אשר לא ירתק חבל הכסף וגו' ופשוטה היא : אין מאמצין את המת בשבת וכו'. פי' מאמצין סותמין את עיני המת . ת"ר המאמץ עם יציאת נפש אפילו בחול הרי זה שופך דמים משל לנר שכבה כו' . תניא ר"ש בן אלעזר אומר תינוק בן יומו חי מחללין עליו את השבת שעומד ומשמר שבתות הרבה . דוד מלך ישראל מת אין מחללין עליו את השבת

*) נראה דחסר כאן איזה תיבות ושייך להא דמקשינן כאן בגמ' וכהאי ר"מ מעשה בתלמידו של ר"מ

לא יקבר בו עולמית - ואע"ג דבכל מלאכות שנעשה בשביל ישראל אינו אסור רק בכדי שיעשה, הכא דהוא מילתא דפרהסיא, וכדלקמיה, החמירו בו חכמים טפי, **וה"ה** בכל מילי דפרהסיא שנעשה בשביל ישראל, אסור לו עולמית, [**אך** בקצץ בכל גווני שרי מדינא, אלא שנכון להחמיר] - מ"א בשם הרמב"ם, **אבל** מדברי הט"ז בשם הר"ן משמע, דדוקא הכא החמירו חכמים לאסור עולמית, משום שגנאי הוא לישראל שיקבר בקבר מפורסם שנתחלל בו שבת בשבילו, **אבל** בשאר מלאכות בכל גווני אינו אסור רק בכדי שיעשה, **וכדברי** הר"ן מצאתי עוד בכמה ראשונים, וע"כ אין להחמיר בעת הצורך.

[לד]ודוקא שהקבר בפרהסיא, והארון על גביו, שהכל יודעים שנעשה לפלוני ישראל; אבל אם הוא בצנעה, מותר ליקבר בו לערב בכדי שיעשו.

[לה]ואפילו כשהוא בפרהסיא, אינו אסור אלא לאותו ישראל שנעשה בשבילו, אבל לישראל אחר מותר; והוא שימתין בכדי שיעשו - ואע"ג דלאחר לא שייך למגזר, שמא יאמר לא"י בשבת לעשות כדי שיהיה מוכן למו"ש, **מ"מ** לא חילקו בדבר שנעשית בו מלאכה גמורה בשביל ישראל.

ודע, דבכל המלאכות שנעשית בשביל ישראל, דאמרינן דצריך להמתין בכדי שיעשו, אפילו אם אמר לו לא"י שיעשה עבורו, אף דעבד איסורא בזה, אפ"ה אין צריך להמתין במו"ש רק עד כדי שיעשו, משום שלא יהנה ממלאכת שבת, ולא יותר.

אות ל'

עושין כל צרכי המת סכין ומדיחין אותו, ובלבד שלא וכו'

סימן שיא ס"ז - [לו]מותר לסוך המת - בשמן, **(ולהדיחו)** - במים, והיינו במים קרים, **והטעם** בכ"ז שהתירו, דזהו לאו בכלל טלטול, אלא נגיעה בעלמא, כיון שאין מזיז בו אבר, [לז][רש"י].

ולשמוט הכר מתחתיו כדי שלא יסריח - ע"י חום הכרים וכסתות. **ומותר** לזלף חומץ על גבי בגדים של המת, בשביל שלא יסריח למוצאי שבת ויוכלו להתעסק בטהרתו.

אבל אסור לשמוט המת מעל גבי הכר, דהוא טלטול ממש, **והעולם** נוהגין להגביה אותו מעל הכרים ע"י ככר אף במקום שאין לחוש שיסריח, ויש למחות בידם, **רק** לשמוט הכרים מתחתיו מותר, [לכאורה במשנה קנ"א משמע דגם זה אינו מותר רק בשביל שלא יסריח, וכן משמע בשולחן ערוך].

ובלבד שלא יזיז בו שום אבר.

[לח]סימן שח סמ"ב - [לט]דבר שהוא מוקצה מותר ליגע בו, ובלבד שלא יהא מנענע אפי' מקצתו, (וכבר נתבאר ס"ג).

§ מסכת שבת דף קנא: §

אות א'

קושרין את הלחי, לא שיעלה אלא שלא יוסיף

סימן שיא ס"ז - ואם היה פיו נפתח והולך, קושר את הלחי בענין שלא יוסיף להפתח; אבל לא כדי שיסגר מה שנפתח או קצתו, שאם כן היה מזיז אבר; ומטעם זה אין מעצימין עיניו של מת בשבת - ובמקצת מקומות נוהגין להעצים עיניו ולישר אבריו שלא יתעקמו, ואומרים דאיתא בזוהר שהיא סכנה, **ואף** דדבר זה אין לו שרש על פי הדין, דבמשנה איתא דאין מעצימין עיניו של מת, וכן שלא יזיז בו אבר, וכל הראשונים סתמו כן, וכמו שפסק בשו"ע, **מ"מ** במקום שנהגו אין למחות, כיון שיש להם סמך על פי הזוהר, **אך** באמת בזוהר לא נזכר סכנה כי אם לענין עינים, וא"כ לישר האברים אין להם שום סמך, **ובא"ר** כתב, דבמקום שנוהגין להקל בזה משום שחוששין שלא יתעקמו ויהיה בזיון למת, יעשו כמ"ש במרדכי, שמניח ככר או שאר דבר שמותר לטלטל וכנ"ל על אותן האברים, ודוחק עליו עד שיפשטו אבריו.

ואם היה המת מלוכלך בטיט וצואה עד שמאוס בעיני רואיו, מותר לטלטלו ע"י ככר ותינוק, ולרחצו במים בידו, ולא ע"י מפה משום סחיטה, **אבל** בלא"ה אסור בכל זה, ואפילו ע"י א"י אסור.

אות ב'

והמעצים עם יציאת הנפש הרי זה שופך דמים

יו"ד סימן שלט ס"א - [א]וכל המעמץ עם יציאת הנפש, ה"ז שופך דמים - אלא ישהה מעט שמא נתעלף, עכ"ל הרמב"ם, **ובמס'** שמחות מסיים: וכל הנוגע בו ה"ז שופך דמים, למה הדבר דומה לנר המטפטף, שכיון שנוגע בו האדם, מיד נכבה, וכ"כ הרי"ף והרמב"ם - ש"ך.

אות ג'

אסור לישן בבית יחידי

סמ"ג עשין סימן עט - גרסינן בפרק השואל (שבת קנא, ב) כל הישן בבית יחידי אוחזתו לילית.

באר הגולה

[לד] **שם וכפירוש הר"ן בשם הגאון ורמב"ם** ‹גרסינן בגמרא ואמאי וכו', ופרש"י ז"ל דארישא דמתני' קאי וכו', אבל הגאונים ז"ל פירשו דאסיפא דמתני' דקתני ואם בשביל ישראל לא יקבר בו עולמית, פריך אמאי מחמרינן כולי האי, ולא סגי לן בכדי שיעשו כי היכי דסגי בחלילין, ופרקינן דבעומד בסרטיא עסקינן שהוא מקום פרהסיא, וגנאי הוא לישראל שיקבר בקבר מפורסם שנתחלל בו את השבת - ר"ן וכ"כ הרמב"ם - ב"י› [לה] **הרמב"ם** [לו] **שם קנ"א במשנה** [לז] ‹דמבאר מה דסך אינו בכלל טלטול› [לח] ‹ע"פ הב"י וז"ל: כתב הר"ן, דכל מידי דלא חזי לטלטול, כשם שאין מטלטלין כולו, כך אין מטלטלין מקצתו, כדמוכח בפרק שואל (קנא) דתנן גבי מת ובלבד שלא יזיז אחד מאיבריו› [לט] **הר"ן בשם הרמב"ן** [א] **משנה שבת דף קנ"א ע"ב**

אחז"ל: הישן בבית יחידי, והיינו בלילה, אוחזתו לילית, ובית היינו חדר, [**ולפי"ז** הישן בחדרו ביחידי, אף שבבית יש אנשים, צריך ליזהר שלא יהיה נעול רק פתוח לבית, **והעולם** נוהגין להקל בזה, **ונ"ל** דאף להמחמירין, אם בבית יש שם אשה לבד, ועי"ז שיהיה פתוח יהיה איסור ייחוד, לא יפתחנו, ולא יגיע לו שום ריעותא, כי "שומר מצוה לא ידע דבר רע"] - מ"ב סימן רלט ס"א.

אות ד'

אלו ימי הזקנה

רמב"ם [ב]**פ"ב מהל' תשובה ה"א - אי זו היא תשובה גמורה, זה שבא לידו דבר שעבר בו, ואפשר בידו לעשותו ופירש ולא עשה מפני התשובה, לא מיראה ולא מכשלון כח; כיצד הרי שבא על אשה בעבירה, ולאחר זמן נתייחד עמה והוא עומד באהבתו בה ובכח גופו ובמדינה שעבר בה, ופירש ולא עבר, זהו בעל תשובה גמורה; הוא ששלמה אמר: וזכור את בוראיך בימי בחורותיך; ואם לא שב אלא בימי זקנותו ובעת שאי אפשר לו לעשות מה שהיה עושה, אע"פ שאינה תשובה מעולה, מועלת היא לו ובעל תשובה הוא; אפי' עבר כל ימיו ועשה תשובה ביום מיתתו, ומת בתשובתו, כל עונותיו נמחלין, שנאמר: עד אשר לא תחשך השמש והאור והירח והכוכבים ושבו העבים אחר הגשם, שהוא יום המיתה, מכלל שאם זכר בוראו ושב קודם שימות, נסלח לו.**

אות ה'

כל המרחם על הבריות, מרחמין עליו מן השמים

יו"ד סימן רמט ס"ג - [ג]**כל המרחם על העניים, הקב"ה מרחם עליו. הגה: ויתן האדם על לבו שהוא מבקש כל שעה פרנסתו מהקב"ה, וכמו שהוא מבקש שהקב"ה ישמע שועתו, כך הוא ישמע שועת עניים. גם יתן אל לבו כי הוא גלגל החוזר בעולם, וסוף האדם שיבא הוא או בנו או בן בנו לידי מדה זו** - ‹וקבלתי, כי ע"י שהאדם מאסף צדקה מאחרים, ע"י זה מציל את דורותיו מלחזור על הפתחים - ערוה"ש›, **וכל המרחם על אחרים מרחמין עליו (מלשון הטור).**

---

§ מסכת שבת דף קנב. §

אות א'

וכל השטוף בזמה זקנה קופצת עליו

סימן שם סי"ד - שכבת הזרע הוא כח הגוף ומאור העינים, וכל זמן שתצא ביותר, הגוף כלה וחייו אובדים; וכל השטוף בבעילה, זקנה קופצת עליו, וכחו תשש, ועיניו כהות, וריח רע נודף מפיו, ושער ראשו וגבות עיניו וריסי עיניו נושרים, ושער זקנו ושחיו ושער רגליו רבה, ושיניו נושרות, והרבה כאבים חוץ מאלו באים עליו, אמרו חכמי הרופאים: אחד מאלף מת משאר חלאים, והאלף מרוב תשמיש; לפיכך צריך אדם ליזהר.

אות ב'

מת שאין לו מנחמין הולכין עשרה בני אדם ויושבין במקומו

יו"ד סימן שעו ס"ג - [א]**מת שאין לו אבלים להתנחם, באים עשרה בני אדם כשרים ויושבים במקומו כל ז' ימי האבלות, ושאר העם מתקבצים עליהם; ואם לא היו שם עשרה קבועים, בכל יום ויום מתקבצים עשרה משאר העם ויושבים במקומו. הגה: ולא ראיתי נוהגין כן. וכתוב במהרי"ל: נוהגים להתפלל בעשרה כל ז' במקום שנפטר שם האדם, והיינו על אדם שלא הניח קרובים ידועים להתאבל עליו, אבל יש לו בשום מקום שמתאבלים עליו, אין צריך (וכזה ראוי לנהוג)** - ‹ובספרים מבואר דעיקר תקון המת הוא במקום שמת, והרמ"א עצמו בסי' שפ"ד כתב דראוי להתפלל במקום שמת, שיש בזה נחת רוח לנשמה, ע"ש, **ואולי** גם בשם כוונתו כשאין אבלים במקום אחר - ערוה"ש›.

[**באורח חיים סימן קל"א כ'**, דאין אומרים תחנון בבית האבל, והיינו כל ז' הימים, וכ' הרוקח שאחר גמר התפלה אומרים תחנון. **ואין** קורין שם בבית האבל הלל בר"ח, לפי שיש שם אנינות, לכך אין אומרים: לא המתים יהללו יה, משום לועג לרש, עכ"ל. **וכתב** מו"ח ז"ל, דבימים נוראים אם האבל הגון ולא נמצא כמוהו, הוא קודם להתפלל, אפי' תוך ל' על אביו ואמו, וכן נמצא בהג"ה, ולא כיש מקפידים – ט"ז].

(**ועיין** בתשו' נו"ב שנתן טעם למה שנהגו, שהאבל הולך למקום אחר והצבור אומרים הלל, ולפי המנהג, גם אם מתפלל בבית שמת שם המת, ואין שם אבלים כלל, אומרים הלל, ע"ש. **ועיין** בתשו' הר הכרמל שכתב, דבבית האבל שאינו בית שמת שם המת, אלא שמת במקום אחר, אומרים הלל, **אך** האבל עצמו בלא"ה אין לו לומר הלל, מטעם שנאמר שם: זה היום עשה ה' נגילה ונשמחה בו, **וכן** בהבדלה שעושה תוך שבעה על הכוס, אף על גב דרשאי להבדיל, אין לו לומר פסוקי שמחה שקודם לה, רק יתחיל מהברכות, **וכל** מה דראוי לאבל שלא לומר, אפילו רצה להחמיר על עצמו ולומר, אינו רשאי מפני כבודו של מת, ע"ש. **ובכתבי** הרב הגדול מהר"ר דניאל זצ"ל כתב, אם אירע לאבל יום ז' בר"ח, יאמר הלל אחר יציאה מבהכ"נ, שאז אינו אבל - פת"ש).

באר הגולה

[ב] ‹כצ"ל וכן מוגה במהדורת נהרדעא› [ג] שבת דף קנ"א ע"ב [א] לשון הרמב"ם בפרק י"ג מהלכות אבל הל' ד' (מביאו הטור) ממימרא דרב יהודה שבת דף קנ"ב ע"א

ושל בית הכסא רעות של סם ושל שחוק ושל פירות יפות °ביום שיזועו שומרי הבית והתעותו וגו' ביום שיזועו שומרי הבית אלו הכסלים והצלעות והתעותו אנשי החיל אלו שוקים ובטלו הטוחנות אלו שינים וחשכו הרואות בארובות אלו עינים א"ל קיסר לר' יהושע בן חנניה מ"ט לא אתית לבי אבידן א"ל טור תלג סחרוני גלידין כלבוהי לא נבחין טחנוהי לא טוחנין בי רב אמרי אדלא אבידנא בחישנא *תניא רבי יוסי בר קיסמא אומר טבא תרי מתלת ווי לה לחדא דאזלא ולא אתיא מאי היא א"ר חסדא ינקותא כי אתא רב דימי אמר ינקותא כלילא דוורדא סבותא כלילא *דחילפא תנא משמיה דרבי מאיר דוק בכבי ותשכח בניגרי שנאמר °ונשבע להם ונהיה טובים ורעה לא ראינו א"ל שמואל לרב יהודה *שיננא שרי שקיך ועייל לחמך עד ארבעין שנין מיכלא מעלי מכאן ואילך משתי מעלי א"ל ההוא גוזאה לר' יהושע בן קרחה מהכא לקרחינא כמה הוי א"ל כמהכא לגוזניא א"ל צדוקי ברחא קרחא בארבעה אמר ליה *עיקרא שליפא בתמניא חזייה דלא סיים מסאניה א"ל דעל סוס מלך דעל חמור בן חורין ודמנעלי ברינגלוהי בר איניש דלא הא ולא הא דחפיר וקביר טב מיניה א"ל גוזא גוזא תלת אמרת לי תלת שמעת הדרת פנים זקן שמחת לב אשה °נחלת ה' בנים ברוך המקום שמנעך מכולם א"ל קרחא מצויינא אמר ליה עיקרא שליפא תוכחה א"ל רבי לר' שמעון בן חלפתא מפני מה לא הקבלנו פניך ברגל כדרך שהקבילו אבותי לאבותיך א"ל סלעים נעשו גבוהים קרובים נעשו רחוקים משתים נעשו שלש משים שלום בבית בטל: °וסגרו דלתים בשוק וגו' אלו נקביו של אדם בשפל קול הטחנה בשביל קורקבן שאינו טוחן ויקום לקול הצפור שאפילו צפור מנערתו משנתו וישחו כל בנות השיר שאפילו (*קול שרים ושרות) דומות עליו כשוחה ואף ברזילי הגלעדי אמר לדוד °בן שמנים שנה אנכי היום האדע בין טוב לרע מכאן שדעתן של זקנים משתנות אם יטעם עבדך את אשר אוכל ואת אשר אשתה מכאן ששפתותיהן של זקנים מתרפטות אם אשמע עוד בקול שרים ושרות מכאן שאזניהם של זקנים מתכבדות אמר רב ברזילי הגלעדי שקרא הוה דההיא אמתא דהויא בי רבי בת תשעין ותרתין שנין והות טעמא קידרא רבא אמר ברזילי הגלעדי שטוף בזמה הוה *וכל השטוף בזמה *זקנה קופצת עליו תניא רבי ישמעאל ברבי יוסי אומר *תלמידי חכמים כל זמן שמזקינין חכמה נתוספת בהם שנאמר °בישישים חכמה ואורך ימים תבונה ועמי הארץ כל זמן שמזקינין טפשות נתוספת בהן שנאמר °מסיר שפה לנאמנים וטעם זקנים יקח גם מגבוה יראו שאפילו גבשושית קטנה דומה עליו כהרי הרים וחתחתים בדרך בשעה שמהלך בדרך נעשו (א) לו *תוהים וינאץ *השקד זו קליבוסת ויסתבל החגב אלו עגבות ותפר האביונה זו חמדה רב כהנא הוה פסיק סידרא קמיה דרב כי מטא להאי קרא נגיד ואתנח אמר ש"מ בטל ליה חמדיה דרב אמר רב כהנא מאי דכתיב °כי הוא אמר ויהי זו אשה הוא צוה ויעמוד אלו בנים תנא אשה חמת מלא צואה ופיה מלא דם והכל רצין אחריה °כי הולך האדם אל בית עולמו א"ר יצחק *מלמד שכל צדיק וצדיק נותנין לו מדור לפי כבודו משל למלך שנכנס הוא ועבדיו לעיר כשהן נכנסין כולן בשער אחד נכנסין כשהן לנין כל אחד ואחד נותנין לו מדור לפי כבודו ואמר רבי יצחק מאי דכתיב °כי הילדות והשחרות הבל דברים שאדם עושה בילדותו משחירים פניו לעת זקנתו *ואמר רבי יצחק קשה רימה למת כמחט בבשר החי שנאמר °אך בשרו עליו יכאב אמר רב חסדא נפשו של אדם מתאבלת עליו כל שבעה שנא' ונפשו עליו תאבל וכתיב °ויעש לאביו אבל שבעת ימים אמר רב יהודה °מת שאין לו מנחמין הולכין י' בני אדם ויושבין במקומו ההוא דשכיב בשבבותיה דרב יהודה לא היו לו מנחמין כל

תורה אור

קהלת יב · ירמיה מד · תהלים קכז · קהלת יב · שמואל ב יט · איוב יב · שם · תהלים לג · קהלת יב · קהלת יא · איוב יד · בראשית נ

של בית הכסא · מתוך יסורין : של פירות · כגון ריח חרדל : הכסלים. ליפלאנק"ש : והצלעות · שהן שומרין בני המעיים וחיותו של אדם וסוגרין במדס : אלו שוקיים · שכחו של אדם נסמך עליהם : לבי אבידן · מקום העשוי להתווכח שם לדוקים וביימוסים עם ישראל במקראות : טור תלג · ההר נעשה שלג כלומר ראשי לבן : סחרוני גלידין · סביבותיו של הר מלאו קרח כלומר שפמי וזקני הלבינו : כלבוהי לא נבחין · קולי אינו נשמע : טחנוהי · השינים : אדלא אבידנא בחישנא · אחר מה שלא אבד ממני אני מפשפש מרוב זקנה אני הולך שחוח ומגשגש ונראה כמי שמבקש דיבר האבד לו : טבא תרי מתלת · טובים ב' הרגלים של ימי בחרות מג' של זקנה שצריך משענת עם רגליה : ווי לה · חבל עליה כלומר יש לו להתאונן ולצעוק ווי ההולכת ואינה חוזרת : כלילא דוורדא · כתר של וורד : חילפי · אורטיא"ש : דוק בכבי ותשכח בניגרי. אכול הרבה ותמלא האכילה בפסיעותיך שיחזק כחך דוק כמו אכלה מדקה (דניאל ז) לשון כוסס: שרי שקיך · פתח פיך : גוזא · סריס ולדוקי היה : מהכא לקרחינא כמה הוי · כמה מהלך יש מכאן עד הקרח ולהקניטו על קרחתו נתכוון : כמהכא לגוזניא · כמו שמכאן עד הסרים : אמר ליה צדוקי ברחא קרחא בארבעה · שהקרח לקוח בארבע · ברחא קרחא הוא עז על שם שאינו מלובש בצמר כרחל קרוי קרחא : אמר ליה · רבי יהושע : עיקרא שליפא · שה שביציו עקורים ונתוקין לוקחין בשמונה : מסאניה · צדוקי לרבי יהושע דלא סיים מסאניה : קרחא מצויינא · אתה הקרח במריבה אתה באת עמדי בתמיה : אמר לו רבי יהושע עיקרא שליפא תוכחה · אתה הסרים להקניטני ולהתווכח עמי באת : לא הקבלנו פניך · לא הקבלת פני ודלך עטה קאמר ליה : סלעים · קטנים נעשו גבוהים שזקנתי : קרובים · נדמין לי כרחוקים : שתים נעשו לי שלש · שצריך אני משענת : משים שלום בבית · אבר תשמיש : לישנא אחרינא קרובים נעשו רחוקים מרוב חלשות של אדם כשמזקין צריך להרחיק רגליו זה מזה : שאינו טוחן · שאין בני מעיו טוחנין אכילתו : קורקבן · הוא המסס שקורין ליכפי"ל : כל בנות השיר · כל קולות של שיר הויין ליה שוחה : שדעתן של זקנים משתנות · דכתיב האדע בין טוב לרע ובזקנה מרובה קאמר : מתרפטות · מתבקעות כמו מנעל המרופט (לעיל דף קמא:) : מתכבדות · כמו ואזניו הכבד (ישעיה ו) : שטוף · כמו סוס שוטף במלחמה (ירמיה ח) להוט אחר הדבר ורודף : וטעם זקנים יקח · וע"כ מדקשי קראי אהדדי חד מתוקם בחכמים וחד בזקני השוק : מגבוה ייראו · יראים הם הזקנים מגבשושית שבדרכים ואומרים גבוהים הם : תוהים · פחדים : וינאץ השקד. אילן של שקדים ילין ויהיו בולטין גלים שלו : זו קליבוסת · עגם של הגק"א שהירך תקוע בו בולט ויוצא מרוב תשות כחו : ויסתבל החגב · דומה עליו כסבל משא כבד : ותפר האביונה · תבטל התאוה חמדת תשמיש : פסיק סידרא · מסדר פרשיות של פסוקים : נגיד ואיתנח · רב : חמדיה · תאותו : זו אשה · אם לא על פי גזרת המלך לא היתה ראויה להתאוות לה שהיא כחמת מלאה מיאוס והכל רצים אחריה : מדור לפי כבודו · מדלא כתיב אל בית העולם ש"מ כל אחד ואחד לבית המוכן לו : בשער אחד . אף כאן הכל מתים בענין אחד : שאדם עושה בילדותו · רוב תשמיש : משחירים פניו · מתיש כחו : שאין לו מנחמים · אין לו אבלים שיהו צריכין לנחמו : במקומו · במקום שמת שם :

הגהות הב"ח

(א) גמ' נעשה לו תוהים וינאץ השקד:

רבינו חננאל

השבת לפי שבטל. מן המצות והיינו דא"ר יוחנן מאי דכתיב במתים חפשי כיון שמת אדם נעשה חפשי מן המצות: א"ל קיסר לר' יהושע מ"ט לא אתית לבי אבידן. פי' בי אבידן בית שמתקבצין שם החכמים ונושאין ונותנין בדיני כל אומה ולשון השיבו ר' יהושע טור תלג סחרנוהי גלידין כלבוהי לא נבחין טחנוהי לא טחנן בבי רב אמרי (או לא או דן פי' בו) [אדלא אבדן בחשנא] ופירושו ההר כסהו שלג ודומה האדם להר כלומר ראשו כיסהו השיבה. וסביבותיה שהן הלחיים נעשו גלידין והוא הקרח שנקרא גליד. הזרנן והלשן אינן מרימין קול. כבי שהן השניים אינן טוחנין המאכל. ארלא אבדן בחשנא. כלומר הזקן שאינו מביט מה שבפניו מתיירא שמא יכה ראשו באבן או בכיוצא בה וממשש בידו ונראה כאלו ממשש בדבר שאבד לו וזהו כמין משל ממשש הזקן מה שלא אבד. טבי תרי מתלת. פי' יותר הוא טוב המהלך על ב' רגליו מן הזקן שצריך משען כגון מקל או שבט להישען עליו והוא כמו רגל שלישי. חבל על דאזלא ולא אתיא. פי' הבחורות הולכת כשמזקין האדם ואינה חוזרת אליו. ינקותא כלילא דוורדי. הבחורות כתר של וורד ריחו נודף ושל זקנה כתר של חילף שריחו מאוס. דוק בכבי ותשכח בנגרי. טחון בכבי בשניים כלומר אכול כדי שיהיה לך כח להלך ברגליך. א"ל ההוא גוזא חתוך (הערוה) [הביצים] והוא סרים א"ל ר' יהושע בן קרחה מהכא לקרחינא כמה. ביקש להודיעו שהוא קרח והן ביד לו דברים כמלעיג והשיבו ר' יהושע כמו הכא לגזניא כלומר אתה גזוי. עוד אמר ליה ברחא קרחא בארבע. פי' (או)(עור) כבש גדול בד' כספים. השיבו ר' יהושע הדברים מכיחין שגם אלו דברי תמרים הם שבקש להודיעו כי השלוף ביוקר יותר מן הקרח. ילמדנו רבינו איקא שליפא בתמניא. פי' עוד תיש נתוק ביצים בשמונה כספים. שמבקשין אותו לעשותו נרדות של שמן. חזייה דלא מסיים מסאניה. פירוש ראהו יחף כו'. א"ל קרחה מצוי. פי' א"ל קרחה מריבה מרחוק. כדכתיב הן לריב ומצה וגו' השיבו ר' יהושע תיש נתוק תוכחות אינם דברי ריב אלא דברי תוכחה. מפני מה לא הקבלנו פניך. למה לא באת אלינו להתראות פנים: מיכן ששפתותיהן של זקנים מתרפטות. פי' מתרפטות משתרבבות והיא מתרופפות אינם מתאמצות להסתם הפה בחזקה. נבשושית פי' גב קטן של עפר. קליבוסת פירוש מן המשקולות ומפורש באלו טרפות. תרבא דאקליבוסתא. יתפר האביונה. זו חמדה (כמו) [כי] בטלה ממנו תאות אשה. פי' פלוניתא כמו על שאין בה ממש. נשיה שם ירד עליו מלשון נגשהת:

רב נסים גאון

אמר ליה סלעים נעשין גבוהים כמו שנאמר אח"כ שאפילו גבשושית קטנה דומה עליו כהרי הרים ושאר הענין פירשוהו במקצת ההגדה וכך אמרו רחוקים נעשו קרובים אילין עיניא דהוות חמיאן מרחוק אף מקרוב ליתנון חמאן קרובים נעשו רחוקים אילין אודניא דהוון שמעין בחד זמן כדו אף במאה זימנין ליתנון שמעין ב' נעשו ג' חוטרא ותרין ריגליא משים שלום בבית בטל זו תאוה שהיא מעלה שלום

תורה אור

כל יומא הוה דבר רב יהודה בי עשרה ויתבי בדוכתיה לאחר שבעה ימים איתחזי ליה בחלמיה דרב יהודה ואמר ליה *תנוח דעתך שהנחת את דעתי א"ר אבהו °כל שאומרים בפני המת יודע עד שיסתם הגולל פליגי בה רבי חייא ור"ש ברבי חד אמר עד שיסתם הגולל וחד אמר עד שיתעכל הבשר מאן דאמר עד שיתעכל הבשר דכתיב °אך בשרו עליו יכאב ונפשו עליו תאבל מאן דאמר עד שיסתם הגולל דכתיב °וישוב העפר על הארץ כשהיה וגו' ת"ר °והרוח תשוב אל האלהים אשר נתנה תנה לו כמו שנתנה לך בטהרה אף אתה בטהרה משל למלך ב"ו שחלק בגדי מלכות לעבדיו פקחין שבהן קיפלום והניחום בקופסא טפשים שבהן הלכו ועשו בהן מלאכה לימים ביקש המלך את כליו פקחין שבהן החזירום לו כשהן מגוהצין טפשין שבהן החזירום לו כשהן מלוכלכין שמח המלך לקראת פקחין וכעס לקראת טפשין על פקחין אמר ינתנו כלי לאוצר והם ילכו לבתיהם לשלום ועל טפשין אמר כלי ינתנו לכובס והן יתחבשו בבית האסורים אף הקב"ה על גופן של צדיקים אומר °יבא שלום ינוחו על משכבותם ועל נשמתן הוא אומר °והיתה נפש אדוני צרורה בצרור החיים* על גופן של רשעים הוא אומר° °אין שלום אמר ה' לרשעים ועל נשמתן הוא אומר °ואת נפש אויביך יקלענה בתוך כף הקלע תניא ר' אליעזר אומר נשמתן של צדיקים גנוזות תחת כסא הכבוד שנאמר והיתה נפש אדני צרורה בצרור החיים ושל רשעים *זוממות והולכות [*ומלאך אחד עומד בסוף העולם ומלאך אחר עומד בסוף העולם ומקלעין נשמתן זה לזה] שנא' ואת נפש אויביך יקלענה בתוך כף הקלע א"ל רבה לר"נ של בינונים מאי א"ל *איכא (א) שכיבנא לא אמרי לכו האי מילתא הכי אמר שמואל אלו ואלו לדומה נמסרין הללו יש להן מנוח הללו אין להן מנוח אמר (ליה) רב מרי עתידים צדיקים דהוו עפרא דכתיב °וישוב העפר על הארץ כשהיה הנהו קפולאי דהוו קפלי בארעא דרב נחמן *) נחר בהו רב אחאי בר יאשיה אתו ואמרו ליה לרב נחמן נחר בן גברא אתא ואמר ליה מאן נידהו מר אמר ליה אנא אחאי בר יאשיה א"ל ולאו אמר רב מרי עתידי צדיקי דהוו עפרא א"ל ומני מרי דלא ידענא ליה א"ל והא קרא כתיב וישוב העפר על הארץ כשהיה אמר ליה דאקרייך קהלת לא אקרייך משלי דכתיב °ורקב עצמות קנאה °כל מי שיש לו קנאה בלבו עצמותיו מרקיבים כל שאין לו קנאה בלבו אין עצמותיו מרקיבים גששיה חזייה דאית ביה מששא אמר ליה ליקום מר לגוויה דביתא אמר ליה גלית אדעתך דאפילו נביאי לא קרית דכתיב °וידעתם כי אני ה' בפתחי *את קברותיכם א"ל והכתיב °כי עפר אתה ואל עפר תשוב א"ל ההוא שעה אחת קודם תחיית המתים א"ל ההוא צדוקי לר' אבהו אמריתו נשמתן של צדיקים גנוזות תחת כסא הכבוד אובא טמיא היכא אסקיה לשמואל *בנגידא א"ל התם בתוך שנים עשר חדש הוה דתניא כל י"ב חדש גופו קיים ונשמתו עולה ויורדת לאחר י"ב חדש הגוף בטל ונשמתו

*) [עי' פירושו ברש"י גיטין סח. ד"ה נחר]

רש"י

כל יומא · ז' ימי אבילות : **גולל** · הוא כיסוי שנותנים על ארון : **ונפשו עליו תאבל** · כל זמן שיש לו בשר יש לו לנפש צד חיות להבין : **וישוב העפר** · גופו קרוי עפר ומשוב אל הארץ כשהיה מיד והרוח תשוב שאין בו רוח עוד : **אשר נתנה** · קרא יתירה הוא לידרש הוי זהיר שתשיבנה אליו כמה שנתנה לך נקייה בלי עון : **כלי ינתנו לאוצר** · להצניען אף זו תינתן תחת כסא הכבוד : **לכובס** · ללבנן אף זו לגיהנם לצורפם שם : **בבית האסורים** · בחשך בלא אורה ושלוה: **כף הקלע** · רחב הקלעה שנותן האבן לתוכה לקלע עשויה כעין כף: **בצרור החיים וגו'** · את ה' אלהיך עמו בכסאו : **זוממות** · כמו בזוממא דפרזלא (לעיל דף נא:) חבושות בבית הסוהר : **אלו ואלו** · רשעים וביטנים : **לדומה** · מלאך הממונה על הרוחות : **דהוו עפרא** · אפילו צדיקים נרקבים ונעשים אפר : **קפולאי** · חופרים : **נחר בהו** (ב)**רבי אחאי** · שהיה נקבר שם : **דלא ידענא ליה** · ואיני חש לדבריו : **מי שיש לו קנאה** · ותחרות על חברו : **עצמותיו מרקיבים** · ועליו נאמר וישוב אל העפר : **ליקום מר לגוויה** · (ג) יבא אדוני לבית : **בפתחי** · בהעלותי עד שיעלו הקדוש ברוך הוא מקברותינו אין לנו רשות לעלות : **והא כתיב ואל עפר תשוב** · והאי ליכא למימר ברשעים לחודייהו דכל קללותיו של אדה"ר כל דורותיו שוין בהן : **אובא טמיא** · בעלת אוב שמשתמש בעצמות טמיא בלשון ארמי עצמות וכן פירש רב האי בפירושו של טהרות בית שהוא מלא טמיא מלא עצמות* : **בנגידא** · כן קורין למכשפות של אוב בלשון ארמי : **אס**

תוספות

עד שיסתם הגולל · בכל מקום מפרש רש"י דגולל הוא כיסוי ארונו של מת ודופק דף שנותן מלידו ונקרא דופק על שם שהמת דופק שם כמו חתיכה גופה תיהוי סימן אי דאדפקא אי דאטמא בפרק אלו מציאות (ב"מ דף כג:) שנקרא דופק לפי שהגשימה דופקת ואין נראה לר"ת מדאמר בברכות פרק מי שמתו (דף יט: ושם) מדלגים היינו ע"ג ארונות לקראת מלכי אומות העולם ואי ארונהייני גולל ודופק היאך היו מדלגין עליו והלא גולל ודופק מטמאין באהל כדאמר בחולין בפרק העור והרוטב (דף קכו:) גולל ודופק מטמא במגע ובאהל ואינו מטמא במשא ועוד דאמר בעירובין (דף כו:) כל דבר שיש בו רוח חיים אין עושין אותו לא גולל לקבר ולא דופן לסוכה ולא לחי למבוי ואי כפי' הקונט' וכי דרך לעשות כיסוי ארון מבעלי חיים ועוד בפרק בהמה המקשה (חולין עב·) מרבינן (ד) דופק דמטמא מדכתיב על פני השדה ולפי' הקונטרס הוא מונח בקרקע דהיינו ארון ולא על פני השדה ועוד דתנן במס' אהלות בפ"ב (משנה ד) דופק דופקים טהור ואי כפירוש הקונטרס וכי דרך להניח שני קרשים מימין המת ופירש ר"ת דגולל היינו אבן גדולה שעל ארונו של מת שקורין מלבה וגוללין אותה שם הקרובי' לסימן ולשון גולל נופל באבן כדכתיב (בראשית כט) וגללו את האבן וגולל אבן אליו תשוב (משלי כו) ודופק הם שתי אבני' שנותנין (ה) אחת לראשו ואחת לרגליו לציון ופעמים שעדיין האבן אינה מוכנת לשום שם נותנין שם בהמה או שום דבר לסימן עד שימלאו אבן והיינו דתנן בעירובין (דף טו·) דדבר שיש בו רוח חיים אין עושין כו' ובההיא דמדלגין היינו ע"ג ארונות שלא היה שם לא גולל ולא דופק ומחמת המת לא היינו מיטמאים כדמפרש התם שהיה ברוב ארונות (ו) חלל טפח ומרבי נמי שפיר גולל ודופק מעל פני השדה והא דקאמר דופק דופקים פעמים שמניחים הגולל ע"ג שתי אבנים ועוד מניחין לראש הגולל אבן אחת ולסופו אבן אחרת ולא תקשה לר' יהושע דאמר בפרק קמא דכתובות (דף ד: ושם) מאימתי חל אבילות משיסתם הגולל במקום שאין גולל מתי חל וי"ל מכי אהדרי אפייהו מקברא כדאמר במו"ק (ד' כב·) בהנהו דלא אזלי בתר שכבא מנו מכי אהדרי אפייהו ויש דוחין ראיה של ר"ת דמאי דמייתי ראיה מדמדלגין היינו אף על פי שהגולל מטמא באהל מ"מ יכולין היינו לדלג ולטמא עצמנו בגולל דהא תניא א) כל טומאה שאין הנזיר מגלח עליה אין כהן מוזהר עליו וגולל ודופק אין הנזיר מגלח עלייהו כדתנן במסכת נזיר פרק כ"ג (דף נד.) ואמר ר"ת דמשבשתא היא דמסכת שמחות דהא הש"ס ערוך דרביעית דם אין הנזיר מגלח עליו כדתנן התם בנזיר *וכהן מוזהר ואם הברייתא בהש"ס הוה פריך עלה ומשבש לה כדאשכחינן בכמה דוכתין דמשבש להו ואפילו הויא מתרצתא אכתי היאך מדלגין הלא מחמת המת היו מיטמאים והגולל ודופק לא היו חוללין ומה שהביא ראיה מעירובין יש דוחין דאע"פ שאין רגילות לעשות כסוי ארון מבעלי חיים כמה דברים אשכחן דלא שכיחי ומיירי בהו הש"ס להראות לנו הדין ודרוש וקבל שכר כדאמרי' בבהמה המקשה (חולין דף ע.) בלעתו חולדה והוליאתו והכניסתו והקיאתו וילא מאליו מהו הדביק שני רחמים וילא מזה ונכנס לזה מהו ואף על פי שזה לא יהיה לעולם ועוד מקשין לפירוש ר"ת מדתני בהדיא בתוספתא דאהלות בפרק אמר רבי יהודה שתי אבנים גדולות שעשאן גולל לקבר המאהיל על גבי שתיהן טמא ניטלה אחת מהן המאהיל על גבי שנייה טהור מפני שיש לטומאה דרך שתצא ומה דרך שתצא שייך לפירוש ר"ת ובערוך פירש בענין אחר בערך גלל וכפירושו יתכן מה שבתוספתא* :

א) [במס' שמחות פ"ד הל' כ"א ע"ש]

עין משפט נר מצוה

ב א סמג עשין דרבנן ב :

רב נסים גאון

שלום בין איש לאשתו אלו ואלו נמסרין לדומה הללו יש להן מנוח והללו אין להן מנוח. בפרק כל ישראל יש להם חלק (סנהדרין דף לד) גרסינן א"ר יוחנן אותו מלאך שהוא ממונה על הרוחות דומה שמו וכבר הזכרנו אותו בברכות :

סליק שואל אדם

גליון הש"ס

גמ' על גופן של רשעים הוא אומר אין שלום אמר אלהי כצ"ל : שם כל מי שיש לו קנאה בלבו . עי' ב"ב דף יז ע"א תוס' ד"ה שנעם :

[צ"ל את ה' אלהיך עמו על כו']

זוממת והולכת שנאמר ואת נפש כו' פי' דדייק מדלא אמרה יקלעהם בכף הקלע ואמר בתוך כף הקלע משמע שהיא תבושה וכבושה בתוך כף הקלע ואינה יוצאת ממש ומלאך ממלאכי חבלה מקלע אותה רצופה לכאן ולכאן וזהו לשון זוממות

[צ"ל את קברותיכם ובהעלותי אתכם מקברותיכם עמי וכ"א בעי' ובזה תבין פרש"י ד"ה בפתחי בהעלותי עד שיעלנו וכו']

מסורת הש"ס

[פסחים לב: יומא סו: סנהדרין לג: מנחות מס. ק.]

הגהות הב"ח

(א) גמ' איכא שכיבנא. נ"ב כלומר אי שכיבנא :
(ב) רש"י ד"ה נחר בהו גער בהו רבי אחאי:
(ג) ד"ה ליקום מר לגוויה דביתא יבא :
(ד) תוס' ד"ה עד שיסתום וכו' מרבינן גולל ודופק דמטמא :
(ה) בא"ד שנותנין אחת לראשו. נ"ב פי' לראשו ולרגליו של גולל וכן הוא בתוספות פ"ק דכתובות דף ד' וע"ש בפרק מי שמתו בדף יט :
(ו) בא"ד ברוב ארונות שיש חלל טפח :

ראה רש"י ברכות נט. ד"ה אובא

שמואל א כח

גי' רש"ל לא משמע כן מפי' רש"י שפי' שהן חבושין ולגי' זו אין חבושי' ואולי מצא גי' כזו אבל גי' רש"י אינו כן מ"כ

משלי יד

בראשית ג

[ערוך ערך בנגידא פי' בכישוף]

[דף נד.]

[וע"ע תוספות ברכות יט: ד"ה מדלגין ותוס' סוכה כג. ד"ה ולא ותוס' כתובות ד: ד"ה עד ותוס' סנהדרין מז : ד"ה מגיסתום

§ מסכת שבת דף קנב: §

אות א'

כל שאומרים בפני המת יודע, עד שיסתם הגולל

סמ"ג עשין עשה דרבנן ב - אין אומרין שמועה ואגדה בבית האבל, וכן אמר ריש לקיש בפרק קמא דברכות (ג, ב עיין שם): אין אומרים בפני המת אלא דברים של מת, אבל לעסוק בדברי תורה לפניו או בבית הקברות, אסור (ע"פ רמב"ם ה"ט). ואמרינן בפרק שואל (שבת קנב, ב): כל שאומרים בפני המת יודע, עד שיסתום הגולל.

§ מסכת שבת דף קנג. §

אות א'

שוב יום אחד לפני מיתתך

רמב"ם פ"ז מהל' תשובה ה"ב - לעולם יראה אדם עצמו כאילו הוא נוטה למות, ושמא ימות בשעתו ונמצא עומד בחטאו, לפיכך ישוב מחטאיו מיד, ולא יאמר כשאזקין אשוב, שמא ימות טרם שיזקין, הוא ששלמה אמר בחכמתו: בכל עת יהיו בגדיך לבנים.

אות ב'

מי שהחשיך בדרך נותן כיסו לנכרי

סימן רסו ס"א - [א]מי שהיה בא בדרך וקדש עליו היום, והיה עמו מעות, ויש לו חמורו וגם יש עמו א"י, לא יניח כיסו על חמורו, מפני שהוא מצווה על שביתתו, אלא נותן כיסו לא"י להוליכו לו, ולמו"ש לוקחו ממנו - אף שהא"י שלוחו לישא בשבת, מ"מ הקילו חכמים, משום דקים להו שאדם בהול על ממונו, ואי לא שרית ליה אתי לידי איסור חמור, שיוליך ד' אמות בר"ה, [גמ'], **ועיין** באחרונים שכתבו, דבזמן הזה דליכא ר"ה לכמה פוסקים, נמי דינא הכי.

[ב]**ואפי' לא נתן לו שכר על זה** - והא"ר מצדד לומר, דאם הוא מבעוד יום, טוב יותר שיתן שכר.

[ג]**ואע"פ שנתנו לו משחשיכה, מותר** - נקט לשון דיעבד, משום דלכתחלה ע"כ צריך ליתן מבעוד יום משום איסור מוקצה.

ואם יש לו משא כבד על החמור או בעגלה, וא"א לו ליתנו לא"י, וגם א"א ליזהר במה דכתב בס"ב, לסלק המשא בכל פעם שתתחיל הבהמה ללכת, יראה להקנות מבע"י החמור להא"י כדין תורה. (**ואעתיק** בזה מש"כ הח"א וז"ל: צריך ליזהר שתהיה המכירה ע"פ דין תורה, דהיינו הסוסים במשיכה, ולפחות במסירה, ומשיכה דוקא בסימטא או בחצר של שניהם, ואם נתן בעל האכסניא רשות לשניהם להשתמש שם, הוי כחצר של שניהם, ומסירה אינו קונה שם אלא דוקא בר"ה, וגם יתן לו הא"י כסף, די"א דמשיכה אינו קונה בא"י, וי"א דכסף אינו קונה, ולכן צריך דוקא שניהם, ויהיה מתנה עמו שמקנה לו בכסף זה שנותן לו אוי"ף גא"ב, ויזהר שיפסוק דמים של כל סוס וסוס, דבלא פיסוק דמים אינו נקנה לו, לא כמו שעושין ההמון, שאומרים לא"י: אני מוכר לך הסוסים, דזה אינו קנין כלל, אלא צריך לפסוק דמים של כל אחד ואחד לבדו, ויתן לו אוי"ף גא"ב, והשאר יזקוף עליו במלוה, וגם לא יתנה עמו שמוכר לו לשבת לבד, אלא מכירה חלוטה).

ואם אין בקי בדרכי קנין הצריך לזה, (לפי מה שידוע שרוב הסוחרים ובפרט בעלי עגלות אינם בעלי תורה להיות בקי בדינים), יפקירנו בפני שלשה, או עכ"פ בינו לבין עצמו, (דבזה יצא עכ"פ לדעת הרא"ש, **ולכתחלה** יזהר בזה מאד שיהיה הפקר עכ"פ בפני אחד, ולא בינו לבין עצמו, דלדעת הרמב"ם והחו"מ אפילו מן התורה **לא הוי חפקר** בזה), דאז אין עובר על איסור שביתת בהמה, שהבהמה אינה שלו, (**ויתנו** שאפילו כשיקח בידו בליל שבת אינו רוצה לזכות בו עוד, אלא שיהיה הכל של א"י וכו'), **וירד** מן העגלה ויזהר שלא יהיה מחמר וכנ"ל, **ואף** לאחר שעשה כל ההיתרים הללו, שמכר הכל או הפקיר, צריך ליזהר מאד שלא יתנו לא"י או על העגלה שום דבר מהחפצים שלקחו מן העגלה בע"ש, (כיון שחזרו וזכו בהם - ח"א), דאסור ליתן לא"י בשבת ע"מ להוציא, (אם אינו מבוהל על ממונו, ע"ש), אלא כל מה שלקחו מן העגלה ישאר בידם עד מוצ"ש, [ח"א].

סימן רסו ס"ח - [ד]י"א דדוקא מי שהחשיך לו בדרך, שהיה סבור שעדיין יש שהות ביום - שקצת אונס חשיב, **אבל מי שיצא מביתו סמוך לחשיכה, ושכח והוציא לרה"ר, לא התירו לו שום אחד מהדרכים האלו** - ר"ל ויעשה כפי המבואר לקמן בסי"ב בהג"ה, דיתיר חגורו בשוק והוא נופל, ואומר לא"י לשמרו. **הטעם**, דפושע הוא, כיון דבעת היציאה היה סמוך לחשיכה, היה לו לחוש שמא ישכח ויטלטלנו בר"ה, אבל כשיצא מבע"י שרי ע"פ הדרכים הנ"ל.

ובספר א"ר הביא דעת הרשב"א החולק על הי"א הזה, וס"ל דגם בזה יש לסמוך על כל הדרכים הנ"ל, וכתב דיש לסמוך עליו.

סימן שמט ס"ה - [ה]אסור להוליך חפץ פחות פחות מד' אמות - דחיישינן שמא יבוא להוליך ארבע אמות בבת אחת, דזמנין דלאו אדעתיה ואתי לידי איסור דאורייתא, **ודוקא** כשמוליך כמה פעמים פחות מד"א, אבל פ"א פחות מד"א מותר, וכמש"כ בריש הסימן.

ויש פעמים שהתירו פחות פחות מד"א, עיין לעיל בסימן רס"ו ס"ז, וסימן ש"א סמ"ב, וסימן ש"ח סי"ח, עי"ש.

ומקרי פחות מד' אמות ע"י שעמד לפוש בינתים, דהוי כמו שמניח החפץ לארץ, [דהנחת גופו הוי כהנחת חפץ], **אבל** אם עמד תוך ד"א לתקן משאוי, הוי כמהלך כל הד"א בבת אחת, וחיובא נמי יש בזה, [**ולענ"ד** נראה ברור, דלכו"ע מן התורה מקרי עמידה אפי' אם לא עמד לפוש בהדיא, ורק בשביל איזה סיבה שמנעו לילך, כיון שלא עמד לתקן דרך משאו, דרק אז חשוב כמהלך, **ומה** שאמר בגמר' "עמד לפוש", הוא לאו דוקא, רק לאפוקי שלא עמד לתקן. **וראיה** ממה שאמר בדף קנ"ג: לענין בהמה, דכשקיימא להשתין מים הוא ג"כ בכלל עמידה, ופשוט דה"ה גבי אדם, ע"ש, **וביותר** מוכח בהדיא שם בסוף הסוגיא דקאמר שם סוף סוף

באר הגולה

א שבת קנ"ג ב רמב"ם ג **שם והרא"ש ורבי ירוחם בשם התוס'** (פי' רש"י מבעוד יום, והקשה עליו הרא"ש, ופי' דאף משתחשך קאמר, וכתב רבינו ירוחם דכן הוא עיקר - ב"י. (**מדאמרינן** אבל מציאה כו' ולא אמרן כו', ואי מבע"י הרי יכול ליטלו - גר"א) ד **ר' ירוחם בשם יש מפרשים** ה **רי"ו בשם מר שר שלום והכל בו, מהא דקוץ בר"ה שבת מ"ב, ומהא דגדשו סאה שם קנ"ג**

שואל פרק שלשה ועשרים שבת קנג

תורה אור

ונשמתו עולה ושוב אינה יורדת אמר רב יהודה בריה דרב שמואל בר* שילת משמיה דרב מהספדו של אדם ניכר אם בן העוה"ב הוא אם לאו איני והאמר ליה רב לרב שמואל בר שילת אחים בהספידא דהתם קאימנא לא קשיא הא דמחמו ליה ואחים הא דמחמו ליה ולא אחים א"ל אביי לרבה כגון מר דסנו ליה כולהו פומבדיתאי מאן אחים הספידא א"ל מיסתיא את ורבה בר רב חנן: בעא מניה רבי אלעזר מרב איזהו בן העוה"ב א"ל (ישעיה ל) °ואזניך תשמענה דבר מאחריך לאמר זה הדרך לכו בו כי תאמינו וכי תשמאילו ר' חנינא אמר כל (קהלת יב) שדעת *רבותינו נוחה הימנו °וסבבו בשוק הסופדים °בני גלילא אמרי עשה דברים לפני מטתך בני יהודה אמרי עשה דברים לאחר מטתך ולא פליגי *מר כי אתריה ומר כי אתריה תנן התם רבי אליעזר אומר* שוב יום אחד לפני מיתתך שאלו תלמידיו את ר"א וכי אדם יודע איזהו יום ימות אמר להן וכל שכן ישוב היום שמא ימות למחר (שם ט) ונמצא כל ימיו בתשובה ואף שלמה אמר בחכמתו °בכל עת יהיו בגדיך לבנים ושמן על ראשך אל יחסר א"ר יוחנן בן זכאי משל למלך שזימן את עבדיו לסעודה ולא קבע להם זמן פיקחין שבהן קישטו את עצמן וישבו על פתח בית המלך אמרו כלום חסר לבית המלך טיפשין שבהן הלכו למלאכתן אמרו כלום יש סעודה בלא טורח בפתאום ביקש המלך את עבדיו פיקחין שבהן נכנסו לפניו כשהן מקושטין והטיפשים נכנסו לפניו כשהן מלוכלכין שמח המלך לקראת פיקחים וכעס לקראת טיפשים אמר הללו שקישטו את עצמן לסעודה ישבו ויאכלו וישתו הללו שלא קישטו עצמן לסעודה יעמדו ויראו חתנו של ר"מ משום ר"מ אמר אף הן נראין כמשמשין אלא אלו ואלו יושבין הללו אוכלין והללו רעבין הללו (ישעיה סה) שותין והללו צמאים שנאמר(א) °כה אמר ה' הנה עבדי יאכלו ואתם תרעבו הנה עבדי ישתו ואתם תצמאו הנה עבדי ירונו מטוב לב ואתם תצעקו מכאב לב ד"א בכל עת יהיו בגדיך לבנים אלו ציצית ושמן על ראשך אל יחסר אלו תפילין:

הדרן עלך שואל

*מי שהחשיך(ה) בדרך נותן כיסו לנכרי ואם אין עמו נכרי מניחו על החמור הגיע לחצר החיצונה נוטל את הכלים הניטלין בשבת ושאינן ניטלין בשבת מתיר החבלים והשקין נופלין מאיליהם: גמ' מאי טעמא שרו ליה רבנן למיתב כיסיה לנכרי קים להו לרבנן דאין אדם מעמיד עצמו על ממונו אי לא שרית ליה אתי לאיתויי ד' אמות ברה"ר אמר רבא דוקא כיסו אבל מציאה לא פשיטא כיסו תנן מהו דתימא הוא הדין אפילו מציאה והאי דקתני כיסו אורחא דמילתא קתני קמ"ל ולא אמרן אלא דלא אתי לידיה אבל אתי לידיה ככיסיה דמי איכא דאמרי בעי רבא מציאה הבאה לידו מהו כיון דאתא לידיה ככיסיה דמי או דילמא כיון דלא טרח בה לאו ככיסיה דמי תיקו: אין עמו נכרי: טעמא דאין עמו נכרי הא יש עמו נכרי לנכרי יהיב ליה מאי טעמא חמור אתה מצווה על שביתתו נכרי אי אתה מצווה על שביתתו חמור וחרש שוטה וקטן אחמור מנח ליה לחרש שוטה וקטן לא יהיב ליה מ"ט הני אדם האי לאו אדם חרש ושוטה לשוטה וקטן לשוטה איבעיא להו חרש וקטן מאי אליבא דר"א לא תיבעי לך דתניא *ר' יצחק אומר משום ר' *)אליעזר תרומת חרש

*) [שם איתא אלעזר]

לא

רש"י

אם בן עוה"ב הוא · שאם כשר היה הכל בוכין עליו ומורידין דמעות ומספרים שבחו : אחים בהספידא דהתם קאימנא · בשעת מיתתי התאמץ בהספד שלי שיתחממו ויכמרו רחמי העומדים ויבכו : דהתם קאימנא · בשעת הספד ואשמע איך תתחמם אלמא איצטריך לרב לאזהוריה אהספדא וכיון דרב גברא רבה ובן העולם הבא למה ליה לאזהוריה הא אמר מהספידו ניכר : הא דמחממין ליה · להספידא ואחים כו' לעולם חמומי בעי שאין בני אדם נכמרים כל כך על זקן ומיהו לאדם חסיד כי מחממו בהספידא מחממי ובכו כולהו ולמי שאינו חסיד כל כך מחממו ליה ולא מחממי: דסנו ליה כולהו פומבדיתאי · משום דמוכח להו במילי דשמיא(ג) ובני פומבדיתאי רמאין הן כדאמרינן בשחיטת חולין (חולין קכז·) פומבדיתאי לוייך שני אושפיזך : ואזניך תשמענה דבר מאחריך לאמר זה הדרך לכו (ג) בה · מאחרי מטתך כשתמות תשמע כשיאמרו זה הדרך שהלך בה זה לכו בה מובטח שהוא בן העוה"ב : נוחה הימנו · דעתם נוחה עליהם ממה ששומעין עליו ורואין בו : עשה דברים · שיאמרו לפני מטתך בהספדך: לאחר מטתך · היא היא אלא שבגליל היו הספדנין לפני המטה וביהודה לאחר המטה: וכ"ש · שמפני שאינו יודע איזה יום ימות(ד) וטובה תשובה יום אחד לפני מיתתו נמצא כל ימיו בתשובה יהיו: בגדיך לבנים · נשמתך טהורה ונקיה : כלום חסר בית המלך · בתמיה הכל מוכן ושמא יבהילנו לבא פתאום ואנו צריכין ליכנס לסעודה מקושטין : כלום יש סעודה בלא טורח · עדיין יצטרכו לטרוח לצורכי סעודה של בית המלך ויש לנו שהות הרבה להתקשט : יעמדו ויראו · ואף לעוה"ב צדיקים יושבים ואוכלים ורשעים עומדים ורואים : ר"מ אומר · אין עומדין ורואין שא"כ אף הם היו נראים מן הקרואים ולשמש שכן דרך המשרתים עומדים ואין כאן בושה : זה ציצית · שמלובן הבגד : אלו תפילין · שהם שם משמן טוב דכתיב וראו כל עמי הארץ כי שם וגו' ותנא ר"א הגדול אומר אלו תפילין שבראש (ברכות דף ו·) :

הדרן עלך שואל

מי שהחשיך(ו) · נותן כיסו לנכרי · מבעוד יום : ואם אין עמו · הא יש עמו לנכרי עדיף כדמפרש בגמרא : לחצר החיצונה · של עיר שהוא מקום המשתמר ראשון ובא לפרק מן החמור : נוטל · בידו מעליו כלים הניטלין בשבת ושאין ניטלין מתיר החבלים של אוכף שהן קשורים בהן והשקין נופלין : גמ' מאי טעמא שרי ליה למיתב לנכרי · והרי הוא שלוחו לישאו בשבת: מעמיד עצמו · מלהציל ממונו : דוקא כיסו · דכיון דטרח בה שע"י טורח הוא משתכר חיים עלה ואי לא שרית ליה הא אתי לאיתויי: ולא אמרן · דמציאה לא אלא דלא אתיא לידיה קודם שתחשך ולא הגביהה ולא זכה בה : האי אדם · ויש במינו שחייב במצות ואתי לאיחלופי: לשוטה · יהיב דלית ליה דעת כלל אבל חרש דעתא קלישתא אית ליה כדאמרי' ביבמות (דף קיג·) :

לא

תוספות

ונשמתו עולה ושוב אינה יורדת · אף על פי כן כשהיא רוצה היא יורדת כי ההיא דלעיל דרבי אחי בר יאשיה וכההיא מעשה דר' בנאה דחזקת הבתים (ב"ב דף נח· ושם) דהוה מציין מערתא כי מטא למערתא דאברהם אבינו אשכחיה לאליעזר עבד אברהם דקאי אבבא אמר ליה מאי קא עביד אברהם כו' אמר ליה ניעול וניתי כו' אע"פ שנשמתו היתה גנוזה מתחת כסא הכבוד · מ"ר :

הדרן עלך שואל

מי שהחשיך כו' חרש שוטה וקטן · אע"ג דאמר לעיל בפרק כל כתבי (דף קכא·) גבי קטן שבא לכבות דקטן העושה לדעת אביו אסור מיהו הכא לא איירי כגון דעביד הקטן עקירה והנחה אלא כדאמרינן לקמן גבי חמור כשהיא מהלכת מניחו עליה וכשהיא עומדת נוטל הימנה · מ"ר :

כי

עין משפט נר מצוה

נא א מיי' פ"ז מהלכות תשובה הלכה ב :

א ב מיי' פ"ו מהלכות שבת הלכה כב סמג לאוין סה טוש"ע א"ח סי' רסו סעיף א וסעיף ח וסימן שמט סעיף ה :

ב ג מיי' פ"כ שם הלכה ו סמג שם טוש"ע א"ח סי' רסו סעיף ב :

ג ד מיי' פכ"א שם הל' י סמג שם טוש"ע שם סעיף ט :

ד ה מיי' פ"ו שם הלכה כב סמג שם :

ה ו ז מיי' שם ופ"כ שם הלכה ז סמג שם טוש"ע שם סעיף א :

ו ח מיי' פ"כ שם הלכה ו סמג שם טוש"ע שם סעיף א :

ז ט מיי' שם הלכה ז טוש"ע שם סעיף ג :

ח י מיי' שם טוש"ע שם סעיף ד :

ט כ ל מיי' שם טוש"ע שם סעיף ה :

רבינו חננאל

איזה בן עולם הבא כל שדעת רבותיו נוחה הימנו כך שמעתא דא סלקא :

הדרן עלך שואל אדם

פרק כד מי שהחשיך בדרך נותן כיסו לנכרי וכו' ואוקי' למתניתין דאין אדם מעמיד עצמו על ממונו והתירו לו לתת כיסו לנכרי בשביל שלא ישאנו הוא בעצמו · ובא רבא ודקדק ואמר דוקא כיסו אבל מציאה דלא אתא לידיה לא התירו לו לתתו לנכרי ובמציאה דאתאי לידיה ללישנא בתרא עלתה בתיקו · וכל תיקו דאיסורא לחומרא והלכתא כרבא דאוקמא (לידיה) [למתני'] בכיסו ממש ·'אין עמו נכרי מניחו על חמור דייקינן מינה בעת שמצויין ביחד נכרי וחמור לנכרי יהיב ליה מפני שאינו מצווה על שביתתו של נכרי ולכן לא התירו לו לתת כיסו על החמור שהוא מצווה על שביתתו אלא אם אין שם נכרי אלא חמור · וישראל חרש או שוטה או קטן אינו נותן כיסו לאחד מהן אלא נותן כיסו על החמור ולעולם לגרוע שבהן נותן כגון חרש ושוטה לשוטה נותן שוטה וקטן לשוטה נותן והשוטה גרוע בבני אדם שאין הפרש בין אדם לבהמה אלא הדעת והתבונה וזה כיון שאין לו דעת כבהמה חשוב :

מסורת הש"ס

כ"א שילא וכן לקמן

[ת"א רבותיו וכ"א ברי"ף והרא"ש]

[פסחים ג. וש"נ]

[אבות פ"ב מ"י]

[לעיל יז:]

[יבמות קיג.]

הגהות הב"ח

(א) גמ' שנאמר לכן כה אמר : (ב) רש"י ד"ה דסנו וכו' דבני פומבדיתאי : (ג) ד"ה אזניך וכו' לכו בו מאחרי : (ד) ד"ה וכ"ש שמפני וכו' ימות שישוב בתשובה :

פרק כד

(ה) במשנה מי שהחשיך לו בדרך: (ו) רש"י ד"ה מי שהחשיך לו נותן :

גליון הש"ס

גמרא בני גלילא אמרי עשה דברים לפני מטתך · מסכת שמחות פ"ג ה"ו :

כי מטא לביתיה א"א דלא קאי פורתא וכו', ע"ש, הרי דמקרי עמידה אף שלא עמד לפוש, ורק שלא היה כדי לתקן].

ואפי' בין השמשות - אף דלענין פחות מד"א הוא ספיקא דרבנן,

והקילו בכגון זה בסי' שמ"ב, **כיון** דהוא קרוב לבוא ע"ז לידי מלאכה דאוריתא, גזרו בהם טפי, (וה"ה דאין להתיר ביה"ש זה עוקר וזה מניח, דג"כ שבות חמור הוא, שקרוב לבוא לידי מלאכה דאורייתא).

ואפי' בכרמלית - הטעם, דאם נקיל בזה, קרוב הדבר שיוליך ד"א

בבת אחת - ט"ז, **ובביאור** הגר"א כתב הטעם, ‹דלא אמרו דלא גזרינן גזירה לגזירה, אלא דוקא דבר שאינו אסור אלא משום גזירה, אבל› דבר שאסרו בר"ה משום שבות, ה"ה שאסור בכרמלית, ‹**ודלמא** הגם דגם כאן יסודו משום גזירה, אבל עכ"פ כיון שדומה למלאכה, אסרו משום שבות›. (**ואפשר** דמקרי כרמלית בפחות פחות מד"א שבות דשבות, ושרי לצורך מצוה, וצ"ע).

ואם הוא ביה"ש ג"כ, דהוי תרתי לטיבותא, דעת הט"ז וא"ר להקל בזה,

אך לפי המבואר לעיל בסי' שמ"ב, דלא התירו שבות ביה"ש כי אם לצורך מצוה, או במקום הדחק, אפשר דהכא נמי אין להקל אלא בכגון זה.

אות ג'

ואם אין עמו נכרי מניחו על החמור

סימן רסו ס"ב - [י]**אם אין עמו אינו יהודי** - וה"ה אם אינו מאמין לא"י, **מניחו על חמורו.**

אות ד'

הגיע לחצר החיצונה, נוטל את הכלים הניטלין בשבת, ושאינן ניטלין בשבת מתיר החבלים, והשקין נופלין מאליהם

סימן רסו ס"ט - [ח]**הגיע לחצר החיצונה המשתמרת** - הקשה המג"א, דהא כי קאי הבהמה פורתא לפני הפתח, מעייל מר"ה לרה"י, וכמ"ש סי"א, **וצ"ל** דגבי בהמתו לא החמירו כ"כ, ועיין בפמ"ג שנדחק מאד בתירוץ זה, **ויש** מתרצים דיזהר ליטול מהבהמה תיכף בבואה לחצר בעודה מהלכת, כדי שלא תהיה ההנחה ע"י הבהמה, או שיזהר ליטול ממנה קודם שנכנסה לחצרו, ולא יניח עליה עד לאחר שעקרה רגליה לכנוס לחצר, כדי שלא תהיה העקירה על ידה, **ואף** שאח"כ עומדת בחצר והוי הנחה, לית לן בה, דכל דבר שבחבירו פטור אבל אסור, בחמורו מותר לכתחלה.

נוטל מעל החמור כלים הנטלים - ואפילו הם יותר מט"ו סאין, שרי משום צער בע"ח, **אבל** בלא"ה אסור לפנות מן העגלה כלל, כמש"כ ס"ס של"ג. **ושאינם נטלים, מתיר את החבלים והשקים נופלים.**

אות ה'

דאין אדם מעמיד עצמו על ממונו, אי לא שרית ליה, אתי לאיתויי ארבע אמות ברה"ר

רמב"ם פ"ו מהל' שבת הכ"ב - **מי שהיה בא בדרך וקדש עליו היום, והיו עמו מעות, נותן כיסו לנכרי להוליכו לו, ולמוצאי שבת לוקחו ממנו; ואע"פ שלא נתן לו שכר על זה, ואע"פ שנתנו לו משחשיכה, מותר; מפני שאדם בהול על ממונו, ואי אפשר שישליכנו, ואם לא תתיר לו דבר זה שאין איסורו אלא מדברי סופרים, יבא להביאו בידו ועובר על מלאכה של תורה.**

אות ו' – ז'

דוקא כיסו, אבל מציאה לא

דלא אתי לידיה, אבל אתי לידיה ככיסיה דמי

סימן רסו ס"א - [ט]**אבל אם מצא מציאה, אינו יכול ליתנה לא"י** - דכיון דלא טרח בה, לא חייס עלה ולא אתי לאתויי ד"א בר"ה, אפילו אי לא שרית ליה ליתן לא"י, **אא"כ באה לידו מבע"י, דהשתא הויא ככיסו.**

אות ח'

חמור אתה מצווה על שביתתו, נכרי אי אתה מצווה על שביתתו

סימן רסו ס"א - [י]**מי שהיה בא בדרך וקדש עליו היום, והיה עמו מעות, ויש לו חמורו וגם יש עמו א"י, לא יניח כיסו על חמורו, מפני שהוא מצווה על שביתתו** – (ואע"ג דליכא הכא משום שביתה, דהא פסק בסעיף ב': כשהיא מהלכת מניחו עליה, וכשהיא עומדת נוטלו הימנה, **אפ"ה** כיון דבמלאכה גמורה הוא מצווה על שביתתו, לא"י יהיב ליה ולא לחמור).

אפשר דה"ה כששכר את החמור מא"י, די"א דשכירות קניא לחומרא,

וכמ"ש בסי' רמ"ו, (**והפמ"ג מצדד**, שבזה טוב יותר ליתן על חמור של א"י, מלעבור על איסור דאמירה לא"י שבות, דשכירות קניא לחומרא הוא רק חומרא בעלמא, **אך** כ"ז באופן שלא יהיה מחמר, **ועוד** כתב, דאפשר דאפילו אם הבהמה היא של ישראל חברו, טוב יותר שיתן על החמור, דלפני עור לא שייך בכאן, דחברו אינו יודע כלל ואנוס הוא, והא"י שיש עמו יחמר אחריה).

באר הגולה

[ו] תוספות והמרדכי בפ"ג דעירובין [ז] שם במשנה [ח] שם במשנה [ט] שם בגמרא כלישנא קמא [י] שבת קנ"ג

אבל אם שכר את הא"י שיוליכנו למקום פלוני, א"כ לא שכר את החמור, דהא הא"י חייב במזונות ובאחריות החמור, ולא שכר דוקא חמור זה ממנו, **א"כ** פשיטא דאין הישראל מצווה על שביתתו, ע"כ טוב יותר שיניח הכל על החמור, **אך** יזהר שלא יהיה מחמר, דהיינו שלא יגעור בבהמה שתלך מקולו, או שאר דברים שמחמתו תלך הבהמה, דאיסור מחמר שייך אפילו על הבהמה שאינה שלו להרבה פוסקים כדלקמן, (וא"צ בזה להניח עליו כשהוא מהלך, וכדלקמן בס"ב, דשם אין עמו א"י, והוא בעצמו המחמר, ע"כ צריך ליזהר בזה אפילו הבהמה של חברו, כדי שלא יעבור על איסור דמחמר, משא"כ בענינינו דאיירי ביש עמו א"י, הא"י יהיה המחמר).

אות ט'

חמור וחרש שוטה וקטן, אחמור מנח ליה

סימן רסו ס"ג - [יא]**היה עמו חמור וחרש שוטה וקטן, יניחנו על החמור ולא יתננה לאחד מאלו** - שהן בני אדם כמותו, ואתי לאחלופי באדם אחר המחוייב במצות, [גמ'].

אות י'

חרש ושוטה, לשוטה

סימן רסו ס"ד - [יב]**היה עמו חרש ושוטה, יתננו לשוטה לפי שאין לו דעת כלל** - אבל חרש דעתא קלישתא אית ליה, [גמ'].

אות כ' - ל'

שוטה וקטן, לשוטה

חרש וקטן מאי

סימן רסו ס"ה - [יג]**שוטה וקטן, יתננו לשוטה, שהקטן יבא לכלל דעת.** [יד]**חרש וקטן, יתננו למי שירצה** - דכל אחד יש לו מעלה בפני עצמו וכנ"ל, (**כתב הפמ"ג**, יראה לי דהיינו דוקא שאינו בנו, אבל בנו קטן שהוא בר חינוך מדרבנן, יתננו לחרש ושוטה, ומסתפק דאפשר אפילו אם החרש ושוטה הוא בנו, שאינם בר חנוך כמו קטן).

אות ל'* [טו]

תוס' ד"ה מי שהחשיך: כשהיא מהלכת מניחו עליה וכשהיא עומדת נוטל הימנה

סימן רסו ס"ו - [טו]**וי"א שכשנותנו לאחד מאלו, מניחו עליו כשהוא מהלך, ונוטל ממנו כשהוא עומד** - וכנ"ל בבהמה בס"ב, והטעם, כדי שלא יעשו החש"ו איסור דאורייתא על ידו, **ואע"פ** שאינו מצווה על שביתתם כמו בבהמה, מ"מ הרי אסור להאכילם איסור בידים, וכדלקמן בסימן שמ"ג לענין קטן, וה"ה לחרש ושוטה כמו שנתבאר שם.

הגה: ודוקא כשנותן לכס משחשכה, אבל כשנותן לכס מבע"י, מותר בכל ענין - דאז אינו נקרא זה מאכיל בידים, כיון דעתה עדיין לית ביה איסורא, ומה שיעמוד החש"ו אחר שחשכה ואחר כך חוזר ועוקר רגליו, הלא מעצמו עושה זה, וא"צ למחות בידו כשעושה איסור, ע"כ אין צריך ליטול הכיס מעליו כשעומד, **אבל** בבהמה שהוא מצווה על שביתת בהמתו וגם שהוא מחמר אחריה, ע"כ אף שהניח עליה מבע"י, חייב ליטול הימנה כשעומדת משחשיכה להשתין מים וכיוצא בזה, ולחזור ולהניח עליה אחר שכבר עקרה רגליה ללכת, כדי שלא תעשה עקירה והנחה בכיס שלו בשבת, ויעבור על איסורי תורה.

(וקשה לי, דא"כ אפילו אם נתן על החש"ו משחשכה, אמאי פסק השו"ע דנוטל ממנו כשהוא עומד, דהיינו משום כדי שלא יעשה אח"כ החש"ו עקירה על ידו, הא במה שנותנו עליו בפעם ראשונה כשהוא מהלך סגי, כיון דתחלת נתינתו על החש"ו בהיתרא היתה, שלא עשה עקירה ע"י שנתנו עליו כשהוא מהלך, ומה שיעשה עקירה חדשה אחר עמידתו, הלא מעצמו עושה דבר זה, ודמי להא דנתנו עליו מבעוד יום, **ובדוחק** יש לחלק, דבנתנו עליו מבעוד יום, עדיין לא הגיע זמן איסורו בעת הנתינה, ע"כ לא דמי כלל למאכיל איסור בידים, **משא"כ** בנתנו משחשכה, שהגיע זמן איסור בתחלת נתינתו עליו, לכן אף דנתנו כשהוא מהלך, צריך עכ"פ ליזהר ליטול ממנו כשעומד, כדי שלא יעשה עקירה בהכיס אח"כ).

(ומ"מ אכתי קשה, אמאי מותר מבע"י, הא תנן: קטן שבא לכבות אין שומעין לו, מפני ששביתתו עליך, והיינו מפני שיודע שניחא לאביו בכך, והוא עושה דבר זה לרצונו, לכך אסור, **וא"כ** בענינינו אמאי מותר לו להניחו אח"כ לעקור הכיס כשעמד משחשכה, מי עדיף מאלו בא הקטן מעצמו משחשכה ליטול הכיס ולהביאו למקום המשתמר, היה צריך אביו למחות בידו כשיודע שניחא לאביו בכך, וכ"ש בענינינו שנתן לו על דעת זה מבע"י, **ואולי** י"ל, דמה שאמרו שאסור בקטן העושה על דעת אביו, הוא רק מד"ס, כיון שאינו מצוהו בפירוש לזה, והכא מפני הפסד התירו, **ואולי** דזהו טעם האוסרים שהובא במ"א).

והמ"א מצדד להחמיר אף מבעוד יום, ונראה דבכרמלית יש להקל.

באר הגולה

[יא] שם בגמ' [יב] שם [יג] שם [יד] שם בעיא ולא איפסקא הילכתא בהדיא, ופסק הרי"ף והרא"ש דעביד כמר עביד [טו] (ע"פ הגר"א ז"ל: תוס' ד"ה מי שהחשיך מהא דפט"ז אבל קטן שבא כו' דקטן העושה כו' [טז] המגיד שם בשם הרשב"א והרמב"ן ושאר מפרשים

עין משפט נר מצוה

[נ"ל אמר]

י א מיי' פ"ד מהלכות תרומות הלכה ב סמג עשין קלד טוש"ע י"ד סימן שלא סעיף ל :

יא ב מיי' פ"כ מהלכות שבת הלכה ז סמג לאוין סה טוש"ע א"ח סי' רסו סעיף ז :

יב ג מיי' שם הלכה ו טוש"ע שם סעיף ב :

יג ד מיי' פי"ג שם הלכה יב :

יד ה ו מיי' פי"ג מהל' שבת הלכה ט סמג לאוין סה טוש"ע א"ח סי' רסו סעיף יא :

טו ז מיי' פ"א שם הלכה א ב :

רבינו חננאל

בזמן שאין עמו נכרי ולא חמור אלא חרש וקטן לאיזה מהן יתן כיסו יש מהן שאומר לחרש יש מהן שאומר לקטן ואם עשה כאחד מהן עשה· ואם אין עמו נכרי ולא חמור ולא חרש ולא שוטה ולא קטן· א"ר יצחק יש שם דרך להתיר לו להביאו במקום הראוי לשמירה והוא הבאתו פחות פחות מד' אמות ולא רצו חכמים לגלותה ואמרי' אמאי לא רצו חכמים לגלותה ואמרו גזירה דלמא אתו לאתויי ד' אמות ברה"ר· תניא ר' אליעזר אומר בו ביום גדשו סאה פי' בו ביום שהושיבו את רבי אלעזר בן עזריה בראש גדשו סאה· מדת הסאה ששת קבין והיא מחוקה הוסיפו רבותינו כמה דברים מדבריהם כגון הגדישה שהיא יתירה על העיקר והדברים שהוסיפו מהן להיתר ומהן לאיסור והכל להיות העיקר שמור ומוזהר והוא כמו זה ששנינו נותן כיסו התירו לו לתתו לנכרי שלא יביאהו בעצמו ויחלל את השבת· זה וכיוצא בו· ולאיסור כל גזירות שגזרו מקצת מן היתר המותר לעשות גדר לשאר שהוא אסור מן התורה· ורבי יהושע אומר בו ביום מחקו סאה פי' העמידו כל דבר על עיקרו לא פתחו ולא הוסיפו אלא התירו העיקר המותר מן התורה· שאלו באו להוסיף מדבריהן חוששין שמא יפסדו גם דברי תורה שהן העיקר שיבוא אדם להרהר ולומר כשם שזה אינו מן התורה אלא מדרבנן גם ולתי זה יש מן המצות האחרות מדרבנן כמותן· ובאו לנדור נמצאו פורצים: אמר מר [אין] עמו נכרי מניחו על החמור ואקשינן עלה והלא מחמר הוא ורחמנא אמר לא תעשה כל מלאכה· ואוקימנא כרתנא כשהיא מהלכת מניחו עליה· כשהיא עומדת נוטלו הימנה· אי הכי חבירו נמי שרי ולמה חמור ולא אסור חבירו ופירק רב פפא כל שבגופו חייב חטאת בחבירו פטור אבל אסור ע' כל מלאכה שהעושה

תוספות

כי תבעי לך אליבא דרבנן · הכא משמע דהלכה כרבנן ובמסכת יבמות פרק חרש (דף קיג·) משמע דהלכה כר"א דסבירא ליה לרב חייא בר אשי (*ומר) שמואל כוותיה · מ"ר : דחרש אתי לאיחלופי בגדול פקח · תימה א"כ לעיל נמי אמאי קאמר שוטה וקטן לשוטה הא אמרינן אתא לאיחלופי בגדול פקח : בן ביום גדשו סאה כו' טתן לתוכה חרדל והיא מחזקת · ה"נ כשגזרו י"ח דבר היתה חסרה גזירה זו של טתן כיסו לנכרי עד שגזרו עליה ומלאו הסאה לגמרי כמו שנתנו חרדל לתוכה : ר' יהושע אומר בו ביום מחקו סאה כו' טתן לתוכה אגוזים ורמונים והיא מקיאה· כמו כן קודם שגזרו על נתינת כיס לנכרי היו מותרין להוליכו פחות פחות מד' אמות מתוך כך אתי לאיתויי ד' אמות כעריבה שהיתה מקיאה עד שהסירו האגוזים והרמונים ואחר שהסירו האגוזים והרמונים שוב לא הקיאה יותר כך כשגזרו ליתן כיסו לנכרי אסרו נמי להוליך פחות פחות מד' אמות והשתא ר"א ורבי יהושע שניהם לשבח ולא כפירוש הקונטרס דפירש דרבי יהושע דאמר שלא עשו היטב שהרבו לגזור יותר מדאי דלא משמע הכי בירושלמי בפ"ק דמכילתין דאמר התם אמר ליה ר"א אלו היתה חסרה ומלאה יאות תבית שהיא מלאה אגוזים כל מה שאתה טתן לתוכה שומשמין היא מחזקת א"ל ר' יהושע אלו היתה מליאה וחסרוה יאות חבית שהיא מלאה שמן כל מה שאתה טתן לתוכה מים היא מפזרת השמן · מ"ר : והדרבה כ"ל שהירו' קשה לו דלא שייך למימר גבי מים כמו שמפר"י גבי טתן לתוכה אגוזים ורמונים : סוף סוף כי מטי לביתיה א"א דלא קאי וקא מעייל מרשות הרבים לרשות היחיד · תימה כדפריך להוליכו פחות פחות מד' אמות תקשי ליה נמי הכי :

לא תצא לחולין מפני שהוא ספק כי תיבעי לך אליבא דרבנן דתנן* "חמשה לא יתרומו ואם תרמו אין תרומתן תרומה אלו הן חרש שוטה וקטן והתורם את שאינו שלו *ונכרי שתרם את של ישראל אפילו ברשותו אין תרומתו תרומה מאי לחרש יהיב ליה דקטן אתי לכלל דעת או דילמא לקטן יהיב ליה דחרש אתי לאחלופי בגדול פיקח איכא דאמרי לחרש יהיב ליה איכא דאמרי לקטן יהיב ליה אין שם לא נכרי ולא חמור ולא חרש ולא שוטה ולא קטן מאי אמר רבי יצחק עוד אחרת היתה ולא רצו חכמים לגלותה מאי עוד אחרת היתה *מוליכו פחות פחות מד' אמות אמאי לא רצו חכמים לגלותה משום °כבוד אלהים הסתר דבר וכבוד מלכים חקור דבר והכא מאי כבוד אלהים איכא דילמא אתי לאתויי ד' אמות ברה"ר תניא *ר"א אומר בו ביום גדשו סאה ר' יהושע אומר בו ביום מחקו סאה תניא משל דר"א למה הדבר דומה לקופה מלאה קישואין ודילועין אדם נותן לתוכה חרדל והיא מחזקת משל דר' יהושע למה הדבר דומה לעריבה מלאה דבש נותן לתוכה רימונים ואגוזים והיא מקיאה אמר מר אין עמו נכרי מניחו על החמור והלא מחמר ורחמנא אמר °לא תעשה כל מלאכה א"ר אדא בר אהבה מניחו עליה כשהיא מהלכת והא אי אפשר דלא קיימא להשתין מים ולהטיל גללים ואיכא עקירה והנחה כשהיא מהלכת מניחו עליה כשהיא עומדת נוטלו הימנה אי הכי אפילו חברו נמי אמר רב פפא כל שבגופו חייב חטאת בחברו פטור אבל אסור כל שחברו פטור אבל אסור בחמורו מותר לכתחלה א"ר אדא בר אהבה היתה חבילתו מונחת לו על כתיפו רץ תחתיה עד שמגיע לביתו דוקא רץ אבל קלי קלי לא מאי טעמא כיון דלית ליה היכירא אתי למיעבד עקירה והנחה סוף סוף כי מטא לביתיה אי אפשר דלא קאי פורתא וקמעייל מרשות הרבים לרה"י דזריק ליה כלאחר יד אמר רמי בר חמא *המחמר אחר בהמתו בשבת בשוגג חייב חטאת במזיד חייב סקילה מאי טעמא אמר *רבא דאמר קרא לא תעשה כל מלאכה אתה ובהמתך בהמתו דומיא דידיה מה הוא בשוגג חייב חטאת במזיד חייב סקילה אף בהמתו נמי בשוגג חייב חטאת במזיד חייב סקילה אמר רבא שתי תשובות בדבר חדא דכתיב °תורה אחת יהיה לכם לעושה בשגגה והנפש אשר תעשה ביד רמה *הוקשה כל התורה כולה לע"ז מה ע"ז דעביד מעשה בגופיה ה"נ עד דעביד מעשה בגופיה ועוד *תנן המחלל את השבת בדבר שחייבין על שגגתו חטאת ועל זדונו *סקילה מכלל דאיכא מידי דאין חייבין על שגגתו חטאת ולא על זדונו סקילה ומאי ניהו לאו דמחמר לא *תחומין ואליבא דר"ע והבערה אליבא דר' יוסי רב

רש"י

לא תצא לחולין · והויא תרומה לאסור לזרים ויחזור ויתרום הפקח אחרת : משום ספק · אי דעת לגדולה היא אי לא ולר' יצחק והאי לקטן יהיב ליה דלאו בר מצות הוא ולא לחרש דספק חייב במצות הוא : אליבא דרבנן · דאמרי לאו דעתא צילותא היא ולענין מצות הרי הוא כקטן : והתורם את שאינו שלו · בלא רשות דכתיב (דברים יד) תבואת זרעך וחרש שוטה וקטן דכתיב אשר ידבנו לבו שיש לו לב להתנדב בהש"ס ירושלמי : אפילו ברשות · דשליחות מהיכא אתרבי מכן תרימו גם אתם גם לרבות שלוחכם ומה אתם בני ברית אף שלוחכם בני ברית : עוד אחרת היתה · תקנה לכיס להצילו : ואמאי לא רצו לגלותה · להעלים דברי תורה : כבוד אלהים הסתר דבר · מותר להסתיר דברי תורה לכבוד שמים : וכבוד מלכים חקור דבר · אין להסתיר לכבוד עושר אדם וחשיבותו אלא שב ותתקריא : בו ביום גדשו סאה · ביום שעלו לעליית חנניה בן חזקיה וגזרו י"ח דבר וזו אחת מהן היתה כדאמרינן בפ"ק (דף יז:) טתן כיסו לנכרי בו ביום גזרו שלא יוליכנו פחות פחות מד"א אם יש שם נכרי אותו יום הרבו סייג לתורה במדה גדושה ויפה מדדו להרבות גדר בישראל : מחקו סאה · במדה מחוקה מדדו בו ביום שהרבו לגזור יותר מדאי ואין יכולין לעמוד בגזירתם ומתוך כך עוברין על דברי תורה נמצאת מדתם מחוקה ממפיפתה וטוב היה להם להיות מדתם מטופה ולא תבא לידי מחק מרוב גודשה : והיא מחזקת · את החרדל שטפל החרדל בין הקישואין אף כאן יפה תקנו והוסיפו דבר המתקיים : והיא מקיאה · את הדבש שהיה בה ראשון אף אלו ע"י גזירתם גרמו לעבור דשמא לא יאמין את הנכרי והם לא התירו להוליכו פחות פחות מארבע ואדם אינו מעמיד עצמו על ממונו ואתי לאיתויי ד' אמות : והלא מחמר · מנהיג חמור טעונה קרוי מחמר : ורחמנא אמר לא תעשה כל מלאכה אתה ובהמתך · ואיזוהי כתם מלאכה העשויה על ידי שניהם זו היא שהיא טעונה והוא מחמר : מניחו עליה כשהיא מהלכת · לאחר שנעקרה ללכת דלאו עקירה היא כדאמר בפ"ק (דף ג·) גבי הטעינו חברו אוכלין ומשקין וכיון דאדם לא מיחייב בה חטאת כי האי גוונא כאן מותר דהכא נמי מלאכה כתיב והא לאו מלאכה היא : וקאמי למיעבד עקירה והנחה · כשחוזרת ונעקרת ללכת אחר הטלת מים או גללים : נוטלו הימנה · ולאחר שתחזור ותעקור רגל יניחנו : אי הכי אפילו על חברו · יכול לעשות כן כיון דלאו איסורא דאורייתא היא גבי כים שרי : כל שבגופו חייב חטאת · כי עביד ליה איהו טולה כגון מעביר ד' אמות ברה"ר אפי' עקרו מן הארץ דרך הליכתו חייב דהא איכא עקירת חפץ בידים ולא בעינן עמידה אלא בטעון ועומד מבעוד יום או כשהטעינו חבירו דלא עקר ליה להאי חפץ אבל הכא הא עקר ליה הלכך כי עביד ליה חבריה הוי ליה שנים שעשאוה ואסור מדרבנן ולא שריוה גבי כים : מונחת לו על כתיפו · מבעו"י וקדש עליו היום : רץ תחתיה · וכל כמה דלא עמד לפוש אין כאן עקירה לאיסור : קלי קלי · מעט מעט כלומר בנחת : למיעבד עקירה והנחה · כלומר דזימנין דקאי ולאו אדעתיה אבל רץ היכרא איכא : כלאחר יד · שלא כדרך זריקה כגון מכתיפיו ולאחוריו : בשוגג · במלאכה שהוא עושה לבדו : אף בהמתו · אף מלאכה שעושה על ידי בהמתו דהיינו מחמר אחר חמור טעונה : חדא דכתיב תורה אחת יהיה לכם וגו' עד דעביד מעשה בגופיה · כדכתיב לעושה בשגגה והכא לא קא עביד *מלאכה אלא דבור בעלמא שמנהיג בקול הרי דבשוגג אינו חייב קרבן : ועוד · דקאמרת נמי במזיד חייב סקילה קשיא דתנן בסנהדרין (דף נג·) גבי נסקלים המחלל את השבת נסקל אם חללו בדבר שחייבים על שגגתו חטאת ועל זדונו סקילה : מכלל דאיכא · חילול דאין חייבין על שגגתו חטאת ולא על זדונו סקילה : ואליבא דר"ע · דאמר* דאורייתא נינהו והוי מחלל ומיהו אין חייבין לא על שגגתו חטאת כו' : אליבא דר' יוסי · דאמר בפרק כלל גדול (לעיל דף ע·) הבערה ללאו יצאת : רב

מסורת הש"ס

תרומות פ"א מ"ל יבמות קיג. גיטין כג

[פ"ז ע. ועיין תוספ' עירובין לג: ד"ה רבי שמעון]

[תוספ' פ"א]

[פ"ז סו.] [נ"ל רבה]

[מכות יג: לעיל סט.]

סנהדרין סו. פ"ש בסנהדרין הגי' כרת [לעיל סט. וש"נ]

פ"א מכשס

סוטה כו:

רבינו חננאל (המשך)

חייב חטאת כגון טעונת משוי ד' אמות ברה"ר אם ישען חבירו פטור אבל אסור ואם ישען בהמתו מותר לכתחלה ובלבד שלא תהא עקירה והנחה וזה שאמר רב אדא בר אהבה היתה חבילה מונחת בין כתיפו רץ תחתיה עד שמגיע לביתו מדייקינן למיפריה דוקא רץ ומפרקינן לטעמי' ש"מ הלכתא כוותיה ותו דליכא מאן דפליג עליה ופירש' דזריק לה כלאחר יד לאו שמכניסה ומפרקה אלא מהלך בריצה וכשמגיע לפתח מחזיר אחוריו כלפי פתח החצר ופניו לחוץ וזורק החבילה מעל כתיפו בחצר דרך הפתח ע"י ריצה בלא עמידה וזה פי' דזריק לה כלאחר יד שזורקה שלא כדרך מפרק ומכנס חבילות : אמר רמי בר חמא המחמר אחר בהמתו בשבת בשוגג חייב חטאת · במזיד חייב סקילה · פי' המחמר המנהיג בהמה טעונה משאוי כנושא משאוי על כתיפו מדכתיב לא תעשה כל מלאכה אתה ובהמתך הקיש בהמתו לו · והשיב רבא ב' תשובות בדבר חדא דכתיב תורה אחת יהיה לכם לעושה בשגגה · והנפש אשר תעשה ביד רמה הוקשה כל התורה לע"ז וכו' דעביד מעשה בגופה ופשטה היא ומפורשת נמי בפרק כלל גדול ועוד תנן המחלל את השבת בדבר שחייבין על שגגתו חטאת ועל זדונו סקילה מאי לאו מכלל דאיכא מידי דאין חייבין לא על שגגתו חטאת ולא על זדונו סקילה ומאי ניהו מחמר ופריק ליה דלמא בתחומין

רב נסים גאון

פרק מי שהחשיך תניא ר' אליעזר אומר בו ביום גדשו סאה ר' יהושע אומר בו ביום מחקו סאה זה היום הוא היום שנסמך בו ר' אלעזר בן עזריה בישיבה כמו שאמרו בברכות בפרק תפלת השחר (דף כח) תנא עדיות בו ביום תיקנום וכל בו ביום דאמרינן ההוא יומא איתמר וי"ח דבר שגזרו בו ביום באותו היום נאמרו אחת מהן מי שהחשיך בדרך חבר מא* שרחו ביציאות השבת (דף יז) ולפיכך אמר בכאן בו ביום גדש סאה ונכנסו בדבר זה למה שהוסיפו מן הגזירות שהזכירום : תחומין ואליבא דר' עקיבא· עיקר דברי ר' עקיבא במסכת סוטה (פרק כשם דף כז) וכבר פירשנו דבר זה במה שעברי הבערה ואליבא דר'

*) פירושו לפי מה

§ מסכת שבת דף קנג: §

אות א'

חמשה לא יתרומו, ואם תרמו אין תרומתן תרומה וכו'

יו"ד סימן שלא ס"ל - חמשה אם תרמו אין תרומתן תרומה: חרש, שוטה, וקטן, ועובד כוכבים שתרם של ישראל אפילו ברשותו, והתורם שאינו שלו שלא ברשות הבעלים; אבל התורם משלו על של אחרים, הרי זה תרומה ותיקן פירותיהם, וטובת הנאה שלו, שנותנה לכל כהן שירצה.

אות ב'

מוליכו פחות פחות מארבע אמות

סימן רסו ס"ז - [א]אם אין עמו שום אחד מכל אלו, יטלטלנו פחות פחות מארבע אמות - דשבות חמור הוא מאד, דילמא לא יצמצם בשעורו ויבוא להוליך ד' אמות בר"ה, ובקושי גדול התירו חז"ל דבר זה משום פסידא, ומפני שאדם בהול על ממונו וכנ"ל, **ולכך** לא התירו חז"ל אלא דוקא כשאין לו שום אחד מכל אלו הדרכים.

ויעמוד לפוש בינתים רגע אחד להפסיק ביניהם, והנחת גופו כהנחת חפץ, **ואע"ג** דאינו עומד בינתים לצורך עצמו לנוח קצת, אלא כדי שלא יעביר ד"א בבת אחת, אפ"ה מקרי עומד לפוש, **ויש** מחמירין שצריך דוקא לישב בינתים, או להניח החפץ ע"ג קרקע, ‹דכיון שאינו עומד אלא משום שלא יבא לידי איסור, לא הו"ל כעומד לפוש – מ"א›.

כתבו האחרונים, דפחות פחות מד"א יותר עדיף שיהיה ע"י שנים משיהיה ע"י אחד, ובזה לכו"ע א"צ לישב שום אחד ולא לעמוד לפוש, דבכל אחד הוי מעשה חדש.

וזה אינו מועיל אלא לענין טלטול בר"ה או בכרמלית, שהאיסור הוא משום טלטול ד' אמות, ע"כ מהני זה, **אבל** מכרמלית לרה"י או לרה"ר, וכ"ש מר"ה לרה"י, דהאיסור הוא משום הוצאה מרשות לרשות, דאסור אפי' בחצי אמה, אינו מועיל זה, **ע"כ** בעניננו כשבא סמוך לביתו שהוא רה"י, יזרוק הכיס כלאחר יד לביתו, כדי שלא תהוי הכנסה גמורה, **ואפילו** אם עשה הנחה כשבא סמוך לביתו, ג"כ התירו להכניס לביתו כלאחר יד משום הפסד, [מוכח מגמרא שם לפי גרסתנו, ע"ש], ‹ועיין בסי"א בבה"ל, הובא לקמן אות ה' – ו'›.

כתב הט"ז: לא יפה עושין אותן שנושאין תינוק למול בפחות פחות מד"א, דמ"מ יש איסור מה שמוציאין מרה"י לרחוב שהוא כרמלית, **אלא** יוציאנו ע"י א"י מרשות לרשות, ואח"כ יטלטלנו בפחות מד"א, ולבהכ"נ יכניסו ג"כ ע"י א"י, **ולהמ"א** אין לעשות כן, דהא אפשר למול בביתו.

ודוקא כיסו, או מציאה שבאה לידו - היינו מבע"י, וכנ"ל בס"א, **אבל אם לא באה לידו, לא.**

(עיין בפמ"ג שמוכח מדבריו, דדוקא פחות פחות מד"א ע"י אדם אחד הוא דאסור, אבל מחברו לחברו, אף שכל אחד מוליך פחות מד"א, ועל דעת כן עושין, שרי, דבאופן זה לא גזרו על פחות מד"א, ודע, דהוא דוקא במצא דבר שמותר לטלטלו, אבל אם מצא דבר שאסור לטלטלו, אסור עכ"פ משום מוקצה).

אות ג'

כשהיא מהלכת מניחו עליה, כשהיא עומדת נוטלו הימנה

סימן רסו ס"ב - מנהיג חמור טעונה קרויה מחמר, ואיסורו הוא מן התורה, מדכתיב: לא תעשה כל מלאכה אתה ובהמתך, וקבלו חז"ל דר"ל מלאכה שנעשית בשותפות ע"י אדם ובהמה, דהיינו שהיא טעונה איזה דבר והוא מחמר אחריה ומנהיגה ע"י קולו וכיוצא בו, **ואין** עובר על זה אלא כשהיא עושה עקירה והנחה על ידו, ד"לא תעשה כל מלאכה" כתיב, ובלא זה לא מקרי מלאכה, **וכן** ה"ה לענין איסור שביתת בהמה.

[ב]אם אין עמו אינו יהודי - וה"ה אם אינו מאמין לא"י, **מניחו על חמורו, וכדי שלא יהא חייב משום מחמר (פי' מנהיג את החמור) אי איכא עקירה והנחה, [ג]מניחו לאחר שעקרה יד ורגל ללכת, דלאו עקירה היא** - דלא נעשית העקירה על ידו, **וכשהיא עומדת נוטלו הימנה** – ‹משמע מפשטא דלישנא, דהיינו לאחר שעמדה, והרמב"ם פסק, כשהיא רוצה לעמוד קודם שתעמוד, כדי שלא יהיה לא עקירה ולא הנחה, וכן העתיק בלבוש, **אך** הרשב"א בחדושיו כתב על דברי הרמב"ם, שאינו נראה כן›, **ולאחר שתחזור ותעקור רגלה יניחנו.**

[ד]וי"א שצריך ליזהר מלהנהיגה בקול רם כל זמן שהכיס עליה - ‹הרמב"ם, וכתב הרב המגיד שהרשב"א כתב שאינו מחוור, דכיון שאינו מניח עליה עד שתהא מהלכת, אינו מחמר עוד, **אבל** הוא ז"ל טען בעד הרמב"ם, שאין כוונת הגמרא להתיר אלא כשהוא אינו עושה מעשה כלל, אבל כשהוא מנהיג לא התירו בכך – ב"י›.

ואפילו אם אין הבהמה שלו צריך ליזהר בכך, דאיסור מחמר שייך אפילו בבהמת אחרים, **וכ"ש** אם הבהמה שלו דאיכא תרתי, מחמר ושביתת בהמתו.

ואם מעצמה אינה מתחלת לילך, הוא יכול לזרזה שתתחיל לילך אם אין עליה אוכף, ומשום כיון שבתחלת הילוכה אין שום דבר מונח עליה, אין שייך בזה איסור מחמר, **וכ"ז** כשהבהמה היא לבדה, אבל אם היא מושכת בעגלה, כשיגעור עליה בקול להתחיל לילך אחר שעמדה, הוא עובר על איסור מחמר, ואין לו שום עצה להמלט מאיסור זה, דאפילו אם הפקיר הבהמה ואינו עובר על איסור שביתת בהמתו, הלא עכ"פ עובר על איסור מחמר וכנ"ל, **וע"כ** אם קשה לו לעמוד במקומו, יראה לשלוח למקום הסמוך ויביא משם א"י שיביא העגלה למלון, ויפקיר הבהמה שלא יעבור על שביתת בהמתו, ובזה יסולק מכל מכשולים, **וכ"ז**

באר הגולה

[א] שם בגמרא [ב] שם במשנה [ג] שם בגמרא [ד] הרמב"ם

כשהוא בתוך התחום, אבל למי שהחשיך חוץ לתחום, אין לו היתר כלל, אם לא במקום סכנה.

הגה: והוא לא ירכב על החמור, אלא ילך ברגליו; ואם הוא לריך ללאת חוץ לתחום מפני שמתירא מן הלסטים, או שאר סכנה, ואפילו הוא תוך התחום - פירוש, ואז אין איסור כשילך ברגליו, אלא דוקא אם רוכב, אפ"ה **יכול לישב על החמור ולרכוב (ריב"ש וב"י בשם הסב"ן)** - מחמת סכנה, **וכ"ש** כשהוא חוץ לתחום, דיעשה איסור בלא"ה בהליכתו, בודאי יוכל לרכוב ולהנצל מהם, **ועיין** בב"י, דיש סברא דטוב לרכוב שם מלילך ברגליו, ‹מדאיבעיא לן אם יש תחומין למעלה מי' ולא איפשיטא, ולדעת כמה פוסקים נקטינן לקולא, כמבואר בסי' ת"ד, והרוכב ע"ג בהמה הוא למעלה מי', ואע"פ שעובר על גזירת רבנן דאין רוכבין על גבי בהמה, על איסור תחומין דהוו דאורייתא אליבא דמ"ד מיהא לא עבר, ואם ילך ברגליו יעבור אדאורייתא› **אך** הוא דחה אותה שם, ‹דתוך י"ב מיל לכו"ע אפי' הולך על רגליו ליכא אלא איסורא דרבנן דתחומין, וכשרוכב עבר על איסור רכיבה, ואת"ל יש תחומין למעלה מי' עבר נמי אאיסור תחומין, ואפי' את"ל דאין תחומין למעלה מי' מ"מ לא הרויח כלום ברכיבתו› **ואפי'** לפי סברא ההיא, דוקא לענין רכיבה, אבל כשהבהמה מושכת בקרון, אפי' אם הקרון גבוה י', ‹כל שהוא רחב ד', כארעא סמיכתא היא ואית ביה איסור תחומין לכו"ע›, לכו"ע טוב יותר שילך ברגליו משישב בקרון, כי ע"י הישיבה עובר על איסור שימוש בבע"ח, וגם על תחומין, משא"כ אם ילך ברגליו לא יעבור רק על תחומין, **ולבד** כל אלה מצוי ע"י הישיבה בקרון לעבור על איסור מחמר, **ובמקום** סכנה הכל שרי.

כתב הפמ"ג, יש ליזהר כשעומדת בשבת ברשות הרבים עגלה ריקנית עם סוסים, שלא להגביה קול ויהיה כמחמר, אפי' בהמת אחרים וכמ"ש למעלה, **וכ"ש** עגלות נמוכין בימי החורף שקורין שליטי"ן, דאין גבהן עשרה, ‹דעגלה גבוה י טפחים ורחבה ד', הוה רשות לעצמה, וליכא מחמר ושביתת בהמתו - פמ"ג›.

אות ד'

כל שבגופו חייב חטאת, בחברו פטור אבל אסור

רמב"ם פי"ג מהל' שבת הי"ב - וכן העוקר חפץ והניחו על חבירו כשהוא מהלך, ובעת שירצה חבירו לעמוד נטלו מעל גבי חבירו, הרי זה פטור, שהרי יש כאן עקירה בלא הנחה.

אות ה' – ו'

היתה חבילתו מונחת לו על כתיפו, רץ תחתיה עד שמגיע לביתו

דזריק ליה כלאחר יד

סימן רסו סי"א - [ה]**היתה חבילתו מונחת על כתיפו וקידש עליו היום, רץ תחתיה עד ביתו** - דכל כמה דלא עמד לפוש אין כאן עקירה בשבת, **ודוקא** כשאין עמו א"י ולא בהמה ולא חש"ו, **וגם** במקום שאין יכול להוליכו פחות פחות מד' אמות, כגון שמתירא מליסטים שיגזלוהו, או שיש מים רחב ד' אמות, **ועיין** מה שכתבתי בסמוך, דלדידן דלית לן ר"ה גמורה, אפשר דשרי בכל ענין.

ודוקא רץ, אבל לילך לאט, לא, כיון דלית היכירא אתי למעבד עקירה והנחה, דזמנין קאי ולאו אדעתיה - ואם עמד לתקן המשא פטור, דזה לא מקרי הנחה, **אבל רץ אית ליה היכירא** - דעביד שינוי בהליכתו, וע"י כן יזכור שבת ולא יעמוד.

וכי מטי לביתיה, כי היכי דלא קאי פורתא ואשתכח דקא מעייל מרשות הרבים לרה"י, זריק לה כלאחר יד, דהיינו שלא כדרך זריקה, כגון מכתפיו ולאחריו - דהיינו שמהפך אחוריו כלפי החצר וזורקו מכתפיו, דכלאחר יד ליכא איסורא דאורייתא, ומשום הפסד חבילתו התירו לו דבר זה.

(**בגמרא** איתא בזה הלשון: סוף סוף כי מטא לביתיה א"א דלא קאי פורתא, וקא מעייל מר"ה לרה"י, ומשני דזריק לה כלאחר יד, וזה כונת השו"ע: כי היכי וכו', **ומשמע** מהגמרא דכיון דאח"כ זורק כלאחר יד, שוב אין לנו לחוש אפי' אם יעשה הנחה בבואו סמוך לביתו, מאחר דבתחלת הפעולה לא היתה עקירה, שהיתה החבילה מונחת עליו מבעו"י, וכן דעת המי"ט הובא בא"ר, ומ"מ יש מחמירין שלא יעמוד לפוש, ומה דאמרו: א"א דלא קאי פורתא, זה לא הוי הנחה לגמרי, רק נראה כהנחה).

[ו]**סימן רסו סי"ב** - [ז]**י"א דדוקא בחבילה התירו לעשות כן** - שהיא כבדה, ואין דרך לרוץ במשא כבד, ואית ליה הכירא, **אבל לא בכיסו** - שהוא קל אין היכר בריצה.

[ח]**וי"א דה"ה לכיסו** - והיינו במקום שא"א בהנך דרכים הנזכרים לעיל. **והמיקל** כהי"א לא הפסיד, ט"ז, **וכתב** המ"א בשם הש"ג, דלדידן דלית לן ר"ה, אפשר דלכו"ע שרי בכל ענין.

אות ז'

המחלל את השבת בדבר שחייבין על שגגתו חטאת ועל זדונו סקילה

רמב"ם פ"א מהל' שבת ה"א - שביתה בשביעי ממלאכה מצות עשה, שנאמר: וביום השביעי תשבות, וכל העושה בו מלאכה ביטל מצות עשה, ועבר על לא תעשה,

---

באר הגולה

ה שבת קנ"ג | ו ‹מילואים› | ז הר"ן שם בשם הרמב"ן | ח המגיד בשם הרמב"ן והגה"מ בשם סמ"ג וכ"כ בסמ"ק, ורבי' ירוחם הביא לב' הסברות ולא הכריע

שנאמר: לא תעשה כל מלאכה; ומה הוא חייב על עשיית מלאכה: אם עשה ברצונו בזדון, חייב כרת; ואם היו שם עדים והתראה, נסקל; ואם עשה בשגגה, חייב קרבן חטאת קבועה.

רמב"ם פ"א מהל' שבת ה"ב - כל מקום שנאמר בהלכות שבת: שהעושה דבר זה חייב, ה"ז חייב כרת; ואם היו שם עדים והתראה, חייב סקילה; ואם היה שוגג, חייב חטאת.

§ מסכת שבת דף קנד. §

אות א'

<u>המחמר אחר בהמתו בשבת, פטור מכלום</u>

רמב"ם פ"כ מהל' שבת ה"א - **אסור להוציא משא על הבהמה בשבת, שנאמר: למען ינוח שורך וחמורך, אחד שור וחמור ואחד כל בהמה חיה ועוף; ואם הוציא על הבהמה, אע"פ שהוא מצווה על שביתתה, אינו לוקה, לפי שאיסורו בא מכלל עשה; לפיכך המחמר אחר בהמתו בשבת והיה עליה משאוי, פטור.**

[א]רמב"ם פ"כ מהל' שבת ה"ב - [ב]**והלא לאו מפורש בתורה, שנאמר: לא תעשה כל מלאכה אתה ובנך ובתך ועבדך ואמתך ובהמתך, שלא יחרוש בה וכיוצא בחרישה, ונמצא לאו שניתן לאזהרת מיתת בית דין, ואין לוקין עליו.**

אות [א']

<u>וכל לאו שניתן לאזהרת מיתת בית דין אין לוקין עליו</u>

רמב"ם [ג]פי"ח מהל' סנהדרין ה"ב - **וכל לאו שניתן לאזהרת מיתת בית דין, כגון לא תנאף, לא תעשה מלאכה בשבת, אין לוקין עליו.**

באר הגולה

א ‹פשוט› ב ‹וביאור דבריו שבכאן לפי הנ"ל כך הוא, איסור הבהמה בהוצאת המשאוי הוא מכלל עשה שנזכר בתורה, למען ינוח שורך וחמורך וכו', שהוא עשה מפורש לבהמה, **והקשה** רבינו והלא לאו מפורש בתורה גבי בהמה, וילקה עליו, **ותירץ** שהלאו ההוא אינו בא למלאכת הבהמה בלא סיוע האדם, אלא למלאכות שהאדם והבהמה שותפין בהן, ויש בכלל זה החרישה וכו', שאף היא בכלל זה, אלא שכיון שלא תעשה כל מלאכה אתה ובהמתך כולל אף בבהמה מלאכה שהעושה אותה במזיד נהרג עליה, והיא החרישה, אפי' בשאר מלאכות הבהמות, אף על פי שהאדם שותף בהן, כגון מחמר, אינו לוקה, לפי שיש בלאו זה אזהרה למלאכה שיש בה מיתת ב"ד. **ופירש** רבינו כן ולא כדברי רש"י ז"ל, שכתב שהלאו הזה נתן לאזהרת מיתת ב"ד, מפני שכתוב בו אזהרה לאדם, לפי שאין פירוש זה מחוור, שאם לא היה באזהרת הבהמה שום צד מיתת ב"ד, אף על פי שהזכירה בלאו אחד עם האדם, היה לוקה על הבהמה, שהרי אין בה צד מיתה, אלא ודאי עיקר הפירוש כדברי רבינו, שאף בבהמה יש צד לאזהרת מיתת ב"ד, ומפני כך אינו לוקה על שאר מלאכות - מגיד משנה› ג ‹כן הוא מוגה במהדורת נהרדעא›

רב זביד מתני הכי אמר רמי בר חמא המחמר אחר בהמה בשבת בשוגג אינו חייב חטאת במזיד חייב סקילה מתיב רבא *המחלל את השבת בדבר שחייבין על שגגתו חטאת חייבין על זדונו סקילה הא אין חייבין על שגגתו חטאת אין חייבין על זדונו סקילה מי קתני הא אין חייבין כו' הכי קאמר דבר שחייבין על שגגתו חטאת חייבין על זדונו סקילה ויש דבר שאין חייבין על שגגתו חטאת וחייבין על זדונו סקילה ומאי ניהו מחמר רבא אחוה דרב מרי בר רחל (א)ואמרי לה אבוה דרב מרי בר רחל ללישנא בתרא קשיא הא דרב *אכשריה לרב מרי בר רחל ומנייה בפורסיה דבבל דילמא תרי מרי בר רחל הוו הוה מתני לה להא שמעתיה משמיה דרבי יוחנן לפטור אמר רבי יוחנן "המחמר אחר בהמתו בשבת פטור מכלום בשוגג לא מחייב חטאת דהוקשה כל התורה כולה לע"ז במזיד נמי לא מיחייב דתנן *המחלל את השבת בדבר שחייבין על שגגתו חטאת(ג) ועל זדונו סקילה הא אין חייבין על שגגתו חטאת אין חייבין על זדונו סקילה בלאו נמי לא מיחייב דהוה ליה לאו שניתן לאזהרת מיתת ב"ד וכל[א] *לאו שניתן לאזהרת מיתת ב"ד אין לוקין עליו ואפילו

רש"י

רב זביד מתני · להא דרמי בר חמא הכי : **אינו חייב חטאת** · דילפינן מע"ז דעד דעביד מעשה בגופיה : **אבל במזיד חייב סקילה** · מהיקישא דלאו ובהמתך דלעיל : **מי קתני** · הך דיוקא דדייקת הא אין חייב כו' דילמא הכי קאמר המחלל בדבר שחייבין על שגגתו חטאת [חייבים על זדונו סקילה] הא דבר שאין חייבים על שגגתו חטאת יש מהן שחייבין על זדונו סקילה ויש שאין חייבין ומאי ניהו דחייבין [על זדונו] סקילה ואין חייבין על שגגתו חטאת מחמר : ואמרי לה אבוה דרב מרי בר רחל ל"ג דאבוה דרב מרי איסור גיורא שמיה ומאן דגרס ליה גרס בתריה הכי להך לישנא בתרא קשיא הך דרב אכשריה לרב מרי בר רחל ומניה בפורסי דבבל והך מילתא במסכת יבמות היא (דף מה:) בפורסי בלע"ז מנסטר"ל הן שוטרים ואף על גב דאמר מר כל משימות שאתה משים לא יהו אלא מקרב אחיך האי כיון דאמו מישראל מקרב אחיך קרינן ביה : **לאזהרת מיתת בית דין** · דשאר מלאכות דשבת נמי מהאי קרא נפקא להו אזהרה הלכך לאזהרת מיתת בית דין ניתן דלא ענש מיתה אלא אם כן הזהיר הלכך עיקר אזהרתו למקום שיש בו מיתה אתאי ולא למלקות : ואפילו

תוספות

ואמרי לה אבוה דרב מרי בר רחל · לא גרסינן ליה דהא מוכח ביבמות דאבוה דרב מרי גר הוה דאמר בהחולץ (יבמות מה: ושם) רב אכשריה לרב מרי בר רחל ומנייה אפורסיה דבבל וקאמר כיון דאמו מישראל מקרב אחיך קרינן ביה וליכא למימר דרבא אבוה דרב מרי נמי גר הוה דאם כן הוה ליה למימר רבא גיורא כדאמר הש"ס בעלמא איסור גיורא ועוד דאביו של רב מרי בר רחל משמע בבבא בתרא פרק מי שמת (דף קמט· ושם) דהיינו איסור גיורא דאמרינן איסור גיורא הוה ליה תריסר אלפי זוזי בי רבא ורב מרי בריה הורתו שלא בקדושה ולידתו בקדושה הוה אע"ג דהתם לא גרסינן רב מרי בר רחל בריה דומה הוא שאותו היה מיהו אי אמרינן שהוא היה רב מרי בר רחל צריכא למימר דאיסור גיורא בא על רחל בת מר שמואל קודם שנתגייר דהא קאמר התם דהורתו שלא בקדושה היה ורחל בת מר שמואל היתה כדאמר בכמה דוכתין רב מרי בר רחל בת מר שמואל ואמרינן בכתובות (דף כג·) דבנתיה דמר שמואל אישתביין ושמא אז בא עליה ואף על גב דאתו לקמיה דר"ח ואמרו נשביתי וטהורה אני לאו כולהו אמרו הכי מיהו תימה אי רב מרי בריה דאיסור גיורא הוא ההוא דיבמות איך חי איסור כל כך מימות רב עד רבא והא רב יהודה תלמידו של רב ואמרינן בקדושין (דף עב:) יום שמת רב יהודה נולד רבא ואפילו רב מרי בנו כבר היה גדול בתורה הרבה בימי רב מדמנייה אפורסיה דבבל ורב מרי נמי איך יתכן שחי כ"כ ונראה כפירוש ר"ח דגרסינן ביבמות דרב אשי אכשריה לרב מרי בר רחל ואע"ג דביום שמת רבא נולד רב אשי יכול להיות שהיה רב מרי קטן בימי רבא ובימי רב אשי כבר היה גדול בתורה וזקן ומינהו אפורסייה דבבל וכן ודאי נראה דיש בספרים רבים שכתוב בהם בשמעתא(ג) לאמרי לה והקשה דרב אשי אכשריה לרב מרי בר רחל ומשני תרי רב מרי הוו ופירוש הוא שנכתב בספרים · מ"ר" :

בלאו נמי לא מיחייב דה"ל לאו שניתן לאזהרת מיתת ב"ד · תימה לר"י מה בכך מ"מ ילקה על לאו דלא תעשה כל מלאכה דכיון שבא להזהיר על מחמר ובמחמר ליכא מיתה אע"פ שבא להזהיר נמי על שאר מלאכות דשייך בהו מיתה מכל מקום יש לו ללקות כדאשכחן בבבא קמא (דף עה: ושם) דפליגי ר' יוחנן ור"ל התם בעדים שהוכחשו בנפש ולבסוף הוזמו דחד אמר נהרגין וחד אמר אין נהרגין ואמרינן נמי תסתיים דר' אלעזר דאמר אין נהרגין דאמר ר"א עדים שהוכחשו בנפש לוקין ואי ס"ד ר"א דאמר נהרגין אמאי לוקין הוה ליה לאו שניתן לאזהרת מיתת ב"ד אלא ש"מ ר"א דאמר אין נהרגין תסתיים אלמא משום דאין נהרגין כשהוכחשו בתחילה לוקין ואע"ג דבעלמא ניתן לאו דלא תענה לאזהרת מיתת ב"ד היכא דהוזמו תחילה ועוד תימה לר"י דכל לאוין שבעולם שניתנו לאזהרת מיתת ב"ד יהו לוקין עליהם כשלא התרו בהם למיתה אלא למלקות מההוא טעמא דלא ניתנו באותה שעה לאזהרת מיתת ב"ד ונראה לר"י דשאני לאו דלא תענה דגלי ביה קרא דניתן למלקות כדאשכחן גבי עדות בן גרושה כדמפקינן בריש מסכת מכות (דף ב: ושם)(ד) מוהרשיעו את הרשע והיה אם בן הכות הרשע וכיון דכתב בלא תענה מלקות בהדיא אע"ג דניתן לאזהרת מיתת ב"ד אית לן לאוקמי בכל מילי דלא מצי אתי לידי מיתה ומהאי טעמא נמי אתי שפיר הא דאמר במכות בגמרא מעידין אנו את איש פלוני שהוא חייב לחבירו מאתים זוז ונמצאו זוממים לוקין ומשלמין דברי ר' מאיר וחכמים אומרים כל המשלם אינו לוקה דקאמר בשלמא לרבנן כדי רשעתו משום רשעה אחת אתה מחייבו כו' וקשה לר"י ליל למימר טעמא דרבנן משום כדי רשעתו תיפוק ליה דרבנן מוקמי לא תענה לאזהרה לעדים זוממין ולא למלקות כדמוכח התם על משנת מעידים אנו את איש פלוני שחייב מלקות ארבעים וקשה לר"י נמי היכי מצי למימר לרבנן דלאזהרה דעדים זוממים הוא דאתא ולא למלקות הא בהזמה דגלות ובן גרושה מודו רבנן דאיכא מלקות ולמאי דפרישית אתי שפיר דכי היכי דלא אתי לידי מיתה או לידי מלקות ע"י כאשר זמם לוקה משום לא תענה כיון דהתם לא צריך קרא דלא תענה לאזהרה לכאשר זמם משום הכי לקי במעידים אנו בפלוני שהוא בן גרושה או שחייב גלות ואתי נמי שפיר הא דתלי טעמא דרבנן התם משום כדי רשעתו דאי לאו משום כדי רשעתו היו לוקין משום לא תענה אפי' לרבנן דאע"ג דסבירא להו דלא תענה אזהרה לכאשר זמם הוא דאתא דלא ענש כאשר זמם אלא אם כן הזהיר והוי כלאו שניתן לאזהרת מיתת ב"ד שלא נכתב למלקות אלא לאזהרת מיתה ה"מ דוקא כשחייב מלקות מכאשר זמם כגון מעידים אנו באיש פלוני שחייב מלקות אבל כשאין חייבים מכאשר זמם אלא ממון לא מבעי התם לא תענה לאזהרה דכאשר זמם הוו מודו רבנן דלוקין משום לא תענה כמו בבן גרושה וגלות אי לאו משום כדי רשעתו וא"ת למאי דפירש דאי לאו דגלי קרא בהדיא מלקות בלא תענה מוהלדיקו את הצדיק לא הוה מחייבינן ביה משום דניתן לאזהרת מיתת ב"ד אם כן הא דמפיק עולא דעדים זוממים לוקין מוהלדיקו את הצדיק בריש מכות ופריך עלה תיפוק ליה מלא תענה ומשני משום דהוה ליה לאו שאין בו מעשה אמאי לא משני משום דהוה ליה לאו שניתן לאזהרת מיתת ב"ד ותירץ דההוא שנויא לא הוה אתי אלא לרבנן דלר' מאיר איכא תרי לאוי חד לאזהרה כאשר זמם היכא דזמם מיתה או מלקות וחד למילקי עליה ולהכי ניחא טפי למימר טעמא דלאו שאין בו מעשה לאוקמא מילתא בין לרבנן בין לרבי מאיר דמתניתין דמכות אע"ג דטעמא דלאו שאין בו מעשה נמי לא אתי לר"י ולמאי דפי' איצטריך והלדיקו למלקות אפי' למאן דמחייב בלאו שאין בו מעשה ועוד היה רגיל לתרץ כיון דלא תענה סתם כתיב אכל מילי קאי ולהכי מיחייב מלקות כאילו נכתב אבן גרושה ואגלות וכאילו נכתב לא תענה שקר בממון ולבן גרושה וגלות שאז לא היה הנכתב לממון ניתן לאזהרה כאשר זמם ולכך היה ראוי ללקות עליו והכי נמי השתא אע"פ שזה לא היה ראוי ללקות על אותו הניתן לאזהרת מיתה אפי' כשאינו יכול לבא לידי מיתה עכשיו יש ללקות עליו כל זמן שלא יוכל לבא לידי מיתה הואיל ונכתב על מיתה וממון ביחד סתם וניתן ללקות עליו בהזמת מיתה נמי ניתן ללקות כל זמן שלא יוכל לבא לידי מיתה ולפי טעם זה לא היה יכול לתרץ בריש מכות משום דהוה ליה לאו שניתן לאזהרת מיתת ב"ד כי פריך ותיפוק ליה משום לא תענה דאע"פ שניתן לאזהרת מיתה יש ללקות עליו הואיל ונכתב סתם על מיתה ודברים אחרים כדפרישית ולפי לשון זה לא אתי דרשה דוהלדיקו אלא למאן דלית ליה לאו שאין בו מעשה אין לוקין עליו כדמשני בריש מכות אבל קשה דבכל הש"ס חשיב לאו דשבת ניתן לאזהרת מיתת ב"ד ואמאי הא קאי נמי אלאו דמחמר והההיא דאיסי (לעיל דף ה:) דליכא מיתה וי"ל כיון דכתיב כל העושה בו מלאכה יומת משמע סתם מלאכה דשבת היינו שבמיתה ולהכי לא משמע לאו דמלאכה דאיסי אבל לאו דלא תענה משמע שאר דברים שאין בהן מיתה ומלקות וכן לאו דמחמר דלא תעשה כל מלאכה אתה ובהמתך משמע אשאר חיובי שבת טפי ממחמר מדכתיב אתה כדקאמר הכא א"נ מדכתיב לא תעשו ולא כתיב לא תעשו והוצאה נמי אע"ג דנפקא מאל יצא (עירובין יז:) בהדי תחומין דבמלקות אין לוקין עליו אפי' לא התרו בו למיתה דכל סתם הוצאה דשבת איתא בקרא דויכלא העם מהביא ותירוץ ראשון •נראה לר"י עיקר · מ"ר :

והא

עין משפט נר מצוה

טז א מיי' פ"כ מהלכות שבת הלכה א :

[טז] [א] [מיי' פ"ח מהלכות סנהדרין הלכה ג] :

רבינו חננאל

ואליבא דרבי עקיבא דסבר תחומין דאורייתא ועיקרו בסופה פרק כשם שהמים בודקין אותה וחייב לאו כדכתי' אל יצא איש ממקומו ביום השביעי והבערה אליבא דר' יוסי דתניא הבערה ללאו יצאת דברי ר' יוסי ר' נתן אומר לחלק יצאת רב זביד מתני הכי אמר רמי בר חמא המחמר אחר בהמתו בשבת בשוגג פטור במזיד חייב סקילה ואקשי עליה רבא המחלל את השבת בדבר שחייבין על שגגתו חטאת חייבין על זדונו סקילה הא אין חייבין על שגגתו חטאת אין חייבין על זדונו סקילה ופריק ופשטה היא · רבא אחוה דרב מרי בר רחל (אי') [ואמרי לה] כי רבא הוא אבוה דרב מרי בר רחל והוא מישראל קשיא ליה הא דרב אשי דאכשריה דכיון דאימיה מישראל מקרב אחיך קרינא ביה מכלל שלא היה אביו מישראל אלא אמו · ומפורש בפרק החולץ ליבמתו · ומפרקי' דלמא תרי רב מרי בר רחל ומה אביו מישראל וכן תידוק שמועה זו רבא אבוה דרב מרי בר רחל : א"ר יוחנן המחמר אחר בהמתו בשבת פטור מכלום בשוגג לא מחייב חטאת (והוקשה) [דהוקשה] כל התורה כולה לע"ז במזיד נמי לא מחייב (חטאת) [סקילה] · דתנן בפרק ארבע מיתות נמסרו לבית דין [המחלל את השבת וכו'] ואוקימנא התם בתחומין ואליבא דר"ע בהבערה ואליבא דר' יוסי *)דתנן המחלל את השבת בדבר שחייבין על שגגתו חטאת חייבין על זדונו סקילה הא אין חייבין על שגגתו חטאת אין חייבין על זדונו סקילה לאו נמי לא מיחייב דהוי לאו שניתן לאזהרת מיתת ב"ד וכל לאו שניתן לאזהרת מיתת ב"ד אין לוקין

*) נראה דנתחלפו השורות בכאן וכן צ"ל דתנן בפרק ד' מיתות נמסרו לב"ד המחלל את השבת בדבר שחייבין על שגגתו חטאת חייבין על זדונו סקילה הא אין חייבין על שגגתו חטאת אין חייבין על זדונו סקילה ואוקימנא התם בתחומין ואליבא דר"ע בהבערה אליבא דר"י לאו נמי וכו' ·

רב נסים גאון

דרבי יוסי גרסי לה בפרק כלל גדול (דף ע) הבערה ללאו יצאת דברי רבי יוסי :

הגהות הב"ח

(א) גמ' רבא אחוה דרב מרי בר רחל (ואמרי לה רבא אבוה דרב וכו' מרי רב מרי בר רחל הוו) תא"מ · וכ"כ ס"א אין זה וכן רש"י ותוספות לא גרסי ליה : (ב) שם על שגגתו חטאת חייבים על זדונו סקילה: (ג) תוס' ד"ה ואמרי לה וכו' בשמעתא לאמרי לה וקשיא הא דרב אשי : (ד) ד"ה בלאו וכו' בריש מס' מכות מוהלדיקו את הצדיק והרשיעו את :

מסורת הש"ס

[כריתות סי"א ועי' תוס' לעיל ו: ד"ה כל קמ"ג]

[יבמות מה: ע"ש]

[סנהדרין סו. ע"ש]

[עירובין יז: כ"ק עד: סנהדרין סה: מכות יג: שבועות ד.]

[עי' תוספות ב"מ עג: ד"ה רב]

גליון הש"ס

תוס' ד"ה בלאו נמי וכו' בסה"ד נראה לר"י עיקר · עיין סנהדרין דף סג ע"א בתוספות ד"ה משום דהוי :

ואפי' למ"ד לוקין ליכתוב רחמנא לא תעשה כל מלאכה ובהמתך אתה למה לי הוא נידהו דמיחייב בהמתו לא מיחייב: הגיע לחצר החיצונה: אמר *רב הונא היתה בהמתו טעונה כלי זכוכית מביא כרים וכסתות ומניח תחתיה ומתיר החבלים והשקין נופלים והאנן תנן נוטל את הכלים הניטלין בשבת *כי קאמר רב הונא בקרני דאומנא דלא חזיא ליה והא קא מבטל כלי מהיכנו [א]בשליפי זוטרי מיתיבי היתה בהמתו טעונה *טבל ועששיות מתיר את החבלים והשקין נופלין ואע"פ שמשתברין התם בכולסא דיקא נמי דקתני דומיא דטבל מה טבל דלא חזי ליה אף הכא נמי לא חזי ליה ומאי אע"פ שמשתברין [ב]מהו דתימא *להפסד מועט נמי חששו קמ"ל תניא ר"ש בן יוחי אומר [ג]היתה בהמתו טעונה שליף של תבואה מניח ראשו תחתיה ומסלקו לצד אחר והוא נופל מאליו חמורו של רבן גמליאל היתה טעונה דבש ולא רצה לפורקה עד מוצאי שבת מתה והאנן תנן נוטל כלים הניטלין כשהדביש *[ד]הדביש למאי חזי לכתיתא דגמלי ויתיר חבלים ויפלו שקין מיצטרו זיקי ויביא כרים וכסתות ויניח תחתיהן מטנפי *וקמבטל כלי מהיכנו [ה]והאיכא צער בעלי חיים קסבר *צער בעלי חיים דרבנן אביי אשכחיה לרבה דקא משפשף ליה לבריה אגבא דחמרא א"ל קא משתמש מר בבעלי חיים א"ל צדדין הן וצדדין לא גזרו בהו רבנן מנא תימרא דתנן מתיר(א) חבלים והשקין נופלין מאי לאו בחבר *עולקי דהוו להו צדדין וצדדין לא גזרו בהו רבנן לא בחבר אגלווקי דלא הוו צדדין אי נמי בלכתא איתיביה *שתים בידי אדם ואחת באילן כשרה ואין עולין לה ביו"ט מאי לאו דחק ביה באילן דהוו להו צדדין *וצדדין אסורין לא דכפייה לאילן ואנח סיכוך עילויה (ב)דקמשמש באילן א"ה אימא סיפא שלש בידי אדם ואחת באילן כשרה ועולין לה ביו"ט ואי דכפייה לאילן אמאי עולין לה ביו"ט ואלא מאי צדדין אסורין סוף סוף אמאי עולין לה בי"ט אלא התם בגואזא פרסכנא דאילן גופיה דופן בעלמא הוא דשוויה דיקא נמי דקתני זה הכלל כל(ג) אילו שינטל האילן ויכולה לעמוד עולין לה ביו"ט ש"מ לימא כתנאי אין עולין לה ביו"ט *רשב"א אומר משום ר"מ עולין לה ביו"ט מאי לאו בהא קמיפלגי דמ"ס צדדין אסורין ומר סבר מותרין אמר אביי לא דכ"ע צדדין אסורין והכא בצדי צדדין קמיפלגי מ"ס צדי צדדין אסורין ומ"ס צדי צדדין מותרין רבא אמר מאן דאסר בצדדין אסר נמי בצדי צדדין מאן דשרי בצדי צדדין שרי נמי בצדדין איתיביה רב משרשיא לרבא נעץ יתד

*) [עי' רש"י ב"מ לח. ד"ה הדביש ובפרש"י סנהדרין קא. ד"ה מדביש]

והא מבטל כלי מהיכנו · פירשנו למעלה בפרק כירה (דף מג:): *שתים בידי אדם ואחת באילן · בסוכה בפ"ב (דף כב:) (ושם) תנן העושה סוכתו בראש האילן יש לפרש בשני ענינים העושה סוכתו בראש האילן כגון שהסכך של סוכה על גבי האילן והאילן סומך אותה שאין יכול לעלות על אותו סכך אלא אם כן ישתמש באילן שרגילין היו לתת כליהן על הסכך א"נ יש לפרש שהתקרה סמוכה באילן שבנאה בגובה ותחתיה על האילן דהשתא כל שעה שהוא מהלך בסוכה משתמש באילן: **בחיבור** גוולקי · שני שקין אחד בימין החמור ואחד משמאלו ובראש כל אחד מן השקין רצועה אחת וקושרין אותן שתי הרצועות יחד ועכשיו מונח הקשר כנגד גבו של החמור והשקין מכבידין לכאן ולכאן ואי אפשר להתיר הקשר אם לא יגביהו השקין מעט ונסמכין שתי השקין בכריסו של החמור והוו להו כלדדים למטה:

ואפי' למ"ד דלוקין · במסכת מכות (דף יג:) הכא אפי' לאו ליכא דאי לאזהורי אמלאכה שעל ידו וע"י בהמתו אתא כגון מחמר ליכתוב לא תעשה כל מלאכה ובהמתך מאי אתה משמע אתה לבדך ובהמתך לבדה: **בהמתו** · במלאכה הנעשית ע"י בהמתו לא מיחייב לאו גמור ללקות עליו: **טעונה כלי זכוכית** · שאין ניטלין בידו להניחן לארץ: **והאנן תנן נוטל את הכלים הניטלין** · וכלי זכוכית ניטלין הן ולמה לי מתיר את החבלים: **דאומני** · מקיז דם שאין ראויין בשבת לכלום לפי שמאוסים: **והא**(ד) **מבטל כלי** · כרים וכסתות כשמניחן תחת דבר שאין ניטל מבטלן מהיכנן דשוב לא יטלם משם ודמי לסותר: **בשליפי זוטרי** · משואות קטנים שמוטע הכר מתחתיהם וטפלין על הכר השני וכן עד שמגיען לארץ: **עששיות של זכוכית** · מש"ש בלע"ז ואע"פ שהעששיות משתברין אלמא אסור להניח כרים וכסתות תחתיהן: **בכולסא** · חתיכות רחבות של זכוכית שאינם כלים ועושין מהן חלונות וכיון דליכא פסידא בשבירתן וסופן להחתך בחתיכות קטנות לא טרו להביא כרים ולהניח תחתיהן: [**טבל לא חזי ליה** · דמוקצה הוא ואפילו לכהנים לא חזי]: **ומאי אף על פי שמשתברין** · הא ליכא פסידא: **מהו דתימא להפסד מועט נמי חששו** · ויביא כרים ויניח תחתיהם דהא ודאי אי אפשר בלא הפסד מועט שנילולות ניתזין בשבירתן שאינם ראוין לכלום: **שליף** · משוי של תבואה של טבל: **והא אנן תנן כו'** · ודבש ניטל בשבת ואמאי לא רצה לפורקה: **כשהדביש** · החמיץ: **למאי חזי** · ואמאי איצטריך רבן גמליאל: **לכתישא דגמלי** · לכתית של גמלים רדוישדור"א: **ויתיר החבלים ויפלו שקים** · דהכי תנן במתניתין בדבר שאינו ניטל ומשני מצטרו זיקי נבקעים הנודות בנפילתן לארץ: **מטנפי** · בדבר הנשפך עליהם וקא מבטל כלי מהיכנו דשוב אין ראויין לבו ביום לכלום: **והא איכא צער בעלי חיים** · וליתי דאורייתא ולידחי דרבנן ביטול כלי מהיכנו: **קסבר** · ר"ג צער בעלי חיים דרבנן ופלוגתא היא בהלו מציאות (ב"מ לב:): **דמשפשף לבריה אגבא דחמרא** · בשבת לשעשע התינוק: **קא משתמש מר בבעלי חיים** · ותנן (ביצה דף לו:) לא רוכבין על גבי בהמה וה"ה לכל תשמיש: **צדדין** · שאינו מרכיבו עליו אלא משפשפו על צדי גבו ואין זה דרך תשמישו ורבנן לא גזרו בה: **מאי לאו בחבר גוולקי** · דהוו להו צדדין גוואלקי עשק"ם חבר גוואלקי שתים מחוברות יחד ברצועות ומרכיבין על החמור זו מכאן וזו מכאן וצריך לסלקן יחד וליקרב אצל החמור ומשפשף עצמו ונשען גופו בצדי החמור: **בחבר אגלווקי** · שתים שאין מחוברות יחד אלא על ידי טבעת מתכת שבראש הרצועה וכו מסמר קטן כעין שעושין לאבק שקורין ליגנל"א שאינו צריך אלא למשוך מעט והמסמר יוצא והן מתנתקות זו מזו: **אי נמי בלכתא** · כעין שעושין לדרדור יין שיש בהן טבעות של חבל לכל אחד ואחד ומכניס טבעת בטבעת ונוטל עץ כפוף קטן ומכניסו בפנימי ושוב אינו יוצא מחברו וכשבא לסלקו מושך העץ אליו והן מתנתקין זה מזה ונופלין: **שתים בידי אדם ואחת באילן** · גבי סוכה תנן שכשירה בג' דפנות ואם עשה שתים כהלכתן והשלישי עשה באילן כשירה דפנות לא איכפת לן אם מחוברות הם וה"ה אם כולן נקבעות באילן והא דנקט שתים בידי אדם רבותא אשמועינן דאפילו הכי אין עולין לה לאכול ולישן בלוחה סוכה בי"ט מפני שסככה קשור בדופניה ונשען עליה והוא משתמש על סככה וטתן כליו ונמצא משתמש באילן כל כניסה דסוכה נקיט בלשון עלייה במסכת סוכה לפי שרובן עושין סוכותיהן בראש גגן דבכמה דוכתין תנן בה הכי [ה]אין מטריחין אותו לעלות [ו]אמר להם העלום לסוכה *אבל מוריד הוא את הכלים וכן הרבה: **מאי לאו דחק ביה באילן** · ואותיב ביה קנים של דפנות בנקבים שנקב הרבה בגופו של אילן וסיכך שוב על אותן דפנות ומ"מ אין כאן תשמיש אלא בצדי אילן: **דכפייה לאילן** · לענפיו העליונים הטה לנד אילן אחר וכן של זה לזה וקשרן אלו עם אלו ומהן נעשה הדופן: **אמאי עולין לה בי"ט** · הרי הסכך נשען עליו והוא משתמש בו: ה"ג אלא מאי צדדין אסורין סוף סוף אמאי עולין לה בי"ט אלא התם בגוזא פרסכנא שאילן גופיה דופן בעלמא שוייה · גוזא פרסכנא אילן שענפים הרבה יוצאין מצדדין ומתפשטין לכאן ולכאן ושויה דופן בעלמא לסוכה ולא סמך הסכך עליהן ולהכי נקט גווזא פרסכנא ולא שבקיה כדקא ס"ד בדכפייה ולישני כגון דלא סמך הסכך עליה משום דכיון דדופן רביעי הוא שאינו צריך לסוכה דהא בג' כשירה והסכך נמי לא סמך עליה לא טרח למעבד לו דופן להכי אוקמא בגווזא פרסכנא וממילא הוא בלא טרחא: **מאי לאו בהא קמיפלגי כו'** · וכגון דחק באילן ומותיב קנים בלדדין וסיכך עליהן דהוה ליה משתמש בלדדין כשמשתמשין על ידי סככה דאי לא בהא פליגי במאי מוקמא פלוגתייהו דהא כולי עלמא סברי אסור להשתמש באילן: **אמר אביי** · א"נ בהכי פליגי ליכא למימר דסבירא ליה (לת"ק*) לדדין מותרין דהאי לאו לדדין נינהו אלא לדי לדדים [ז]שהקנים האתונים בנקבים לדדין והסוכך הנתון על גבן לדי לדדים ובלדי לדדים פליגי:

ה) [ברייתא סוכה כט.] ו) [שם כו:] ז) ס"א שהגוזא לדדים והקנים הנתונים בנקבים לדי לדדים וגי' שלפנינו עיקר רש"ל

עין משפט נר מצוה

צייך אתר ד"ה בחיבור
יז א ב ג מיי' פכ"א מהלכות שבת הלכה י סמג לאוין סה טוש"ע א"ח סי' רסו סעיף ט:
יח ד ה מיי' שם טוש"ע שם וסימן שה סעיף יח:
יט ו מיי' פ"ד מהלכות סוכה הלכה ו טוש"ע א"ח סי' תרכח סעיף ג:

רבינו חננאל

עליו ואפי' למאן דאמר לוקין א"כ לכתוב קרא לא תעשה כל מלאכה ובהמתך אתה למה לי אלא לומר לך כל מלאכה ניהו דכי עביד מיחייב בבהמתו לא מיחייב · והלכתא כר' יוחנן דהא דרמי ליתא דרבא אהדר עליה ופריך לטעמיה · ואע"ג דפריק לנפשיה לא שבקינן דברי רבא וסמכינן אשנוייה: הגיע לחצר החיצונה נוטל הכלים וכו' · אמר רב הונא היתה בהמתו טעונה כלי זכוכית מביא כרים וכסתות ומתיר הכלים והשקין נופלים ואקשינן עלה והתנן נוטל את הכלים הניטלין בשבת וכלי זכוכית ניטלין בשבת ולמה אין ניטלין בפני עצמן · ופריק רב הונא מי סברת הא דאמרי' היתה [בהמתו] טעונה כלי זכוכי' כוסות ואשישות קאמינא דשרי לטלטלן בשבת קאמר בקרני (ד א ו נ י) [דאומנא] קאימנא שמוצצין בהן הדם שאסור לטלטלן ולמה אסור לטלטלן הא קי"ל דדבר שמלאכתו לאיסור אפי' לצורך גופו ומקומו שרי · תוב אקשי' עליה הא אמרת מביא כרים וכסתות ומניח תחת משאוי הבהמה כדי שיפלו כלי זכוכית הללו על דבר רך שלא ישברו והלא אסור להשתמש באותן הכרים והכסתות כל זמן שאלו כלי זכוכית עליהן ואינו יכול לישן בהם והנה מבטל כלי מהיכנו ופריק רב אשי בשליפי זוטרי · פי' שמנער את הכר או את הכסת מעט והן נופלות כי הא דתנן מעות שעל הכר מנער את הכר והן נופלות · ואקשינן עליה היתה בהמתו טעונה עששיות מתיר חבלים והשקין נופלים · ואע"פ שמשתברין ופריק רב הונא אלו העששיות אינן כלי זכוכית עשוין אלא פולסא פי' חתיכות גדולות כדכתיב ברזל עשות ורוצה להכניסם לכור לעשות מהן כלי זכוכית והלכתא כרב הונא ואע"ג דאיתותב הא שני לה ושנוייא שינויין אינון דהא מתרץ לה מאן דמותבה ואמרינן דיקא נמי דקתני דומיא דטבל מה טבל דלא חזו ליה פי' אלא אחר שיתקנן אף האי נמי לא חזי ליה · והא דתניא רבי שמעון בן יוחי אומר היתה בהמתו טעונה שליף של תבואה מגביה ראשו תחתיו ומסלקו לצד אחר הלכתא כוותיה שאינו מפרק אלא מגביהו לצד אחר ונופל מעצמו ובאנו להקשות ממשמעו אדרבן גמליאל שהיתה חמורו טעונה דבש דלא רצה לפרק חמורו · והא אנן תנן נוטל את הכלים הניטלין בשבת וזה הדבש הוא ראוי לאכילה היה לו לנוטלו ומפרקינן דבש זה הדביש פי' הופסד כמפורש בפרק המפקיד · ותוב אקשינן עליה היה לו להתיר החבלים ומעצמו יפלו השקין · ופרקי' חייש דלמא כשיפלו השקין בקרקע מצטרו זיקי ופי' מתבקעין הנודות שהדבש בהן כדכתיב ויבלו ויצרמו. ותוב אקשינן עליה היה לו להביא כרים וכסתות ויניח תחתיהן ויפלו השקין בהן ולא יתבקעו דהכי שרי למעבד כרב הונא ופרקי' אם יפלו זיקי אילין על הכסתות נמצא מבטל כלי מהיכנו ואם תאמר ינערם ויטול הכסתות כמו שאמרנו למעלה אע"פ שינערם אינן ראויין להשתמש בהן היום דקא מיטנפי עוד אקשינן עליה ולמה הניח חמורו טעונה הא איכא צער ב"ח ופריק רשב"ג צער בעלי חיים דרבנן · אביי אשכחיה לרבה דקא משפשף לבריה אגבה דחמרא פי' שפשף כדאמרינן ואם מבערב ישפשף כלומר יוליך ויביא ידו על גופו שיוסר מעליו פיגוף הקרי כן רבא היה מעלה ומוריד בנו כעין שפשוף ע"ג החמור כן הצד לא על שדרו של חמור כדרך רכיבה אלא הוה מושיבו ע"ג החמור והתינוק ומתגרר תחית ואביו מחזיק בו ומחזיקו שלא יפול לארץ · א"ל אביי משתמש מר בבעלי חיים · כלומר המשתמש בב"ח עובר משום הא דתנן ולא רוכבין על גבי בהמה השיבו רבה אינו שדרו של

רב נסים גאון

ואפי' למאן דאמר לוקין כלו' שר' ישמעאל סבר כי לאו שניתן לאזהרת [מיתת] ב"ד לוקין עליו ור"ע סבר לאו שניתן לאזהרת [מיתת] ב"ד אין לוקין עליו: והא קא מבטל כלי מהיכנו כבר פירשנו בפ' כירה שעיקרו בפרק

§ מסכת שבת דף קנד: §

אות א׳ - ב׳ - ג׳

כי קאמר רב הונא בקרני דאומנא, דלא חזיא ליה בשליפי זוטרי

מהו דתימא: להפסד מועט נמי חששו, קמ"ל

סימן רסו ס"ט - [א]ואם היתה טעונה כלי זכוכית שאסור לטלטלם, כגון שהם כוסות של מקיזי דם שאין ראוים בשבת לכלום לפי שהם מאוסים - ואע"ג דמוקצה מחמת מיאוס מותר, היינו היכא דחזי לכסויי ביה מנא, אבל הכא לא חזי לכסות, שאם יפלו ישברו, **ואם יפלו לארץ ישברו, מניח תחתיהם כרים וכסתות; ודוקא במשאות קטנים שיכול לשמטן מתחתיהן** - ולא נאסרו מטעם בסיס לדבר האסור, כיון שלא היו עליהן בה"ש.

ואע"ג שקודם שיספיק לשמטם כולם בנחת שלא ישברו הכלים, הרי הם מבוטלים מהיכנם באותה שעה עי"ז, אפ"ה התירו חכמים לעשות כן, כדי שלא יהיה הפסד ע"י השבירה, [ב]**וכתבו** הרבה פוסקים, דדוקא כלים שיש הפסד מרובה בשבירתן, אבל חתיכות זכוכית רחבות שאינן כלים, שאין הפסד כ"כ בשבירתן, דהם עשוים להחתך לחתיכות קטנות, ולית בזה רק הפסד מועט, אסור להניח כרים תחתיהן, לפי שמבטלן עכ"פ מתשמישן לשעתן, **וכן** מסיק המ"א לדינא, דיש להורות שאין מבטלין כלי מהיכנן אפילו לפי שעה, אלא במקום הפסד מרובה.

אבל אם הם גדולות שאינו יכול לשמוט הכרים מתחתיהן, אסור להניחם תחתיהן, מפני שמבטל כלי מהיכנו, (פי' מהתשמיש שהיה מוכן לו), אלא פורקן בנחת שלא ישברו – (ומ"מ אסור לסמוך עליה כשפורק, דהוי משתמש בבע"ח).

ולבטל כלים מהיכנן לכל היום במקום הפסד מרובה, יש אוסרין, **ויש** מתירין, (וכ"כ ברש"י בהדיא ‹ד"ה והא איכא›, **ומה דאסרינן** להניח כרים וכסתות תחת משאות גדולות, ‹לפי המתירין›, היינו משום שיכול לפורקן בנחת ולא יבא לידי הפסד, **ואם א"א** לפורקן, אה"נ דמותר להניח כרים וכסתות אף במשאות גדולות, **ומשמע** ממ"א דלאו דוקא בעניננו ‹דיש צער בעלי חיים›, **דה"ה דבעלמא מותר לבטל כלי מהיכנו במקום הפסד מרובה, והגם דאין מבואר זה בהדיא ברש"י והש"ג, מ"מ מוכיח כן המ"א מדעתם, וכמו שבאר בספר דגמ"ר ע"ש**, ‹פי' אף שבידו להתיר החבלים ויפלו מאליהן ושוב לא יהיה צער בעלי חיים, {כתב רש"י דאתי דאורייתא ודחי דרבנן ביטול כלי מהיכנו}, ולמה יעבור על איסור ביטול כלי מהיכנו, אלא ודאי משום הפסד דזיקי הותר בטול כלי מהיכנו - שם›, **ולפי מה שבאר הריטב"א בחדושיו ע"ש היטב, [ג]גם רש"י וריא"ז יודו דבעלמא אין נדחה איסור בטול כלי מהיכנו אפילו במקום הפסד מרובה, ובאמת** קשה מאד להקל בזה, דפשטות הסוגיא שם, דקמקשה והא קמבטל כלי מהיכנו, מוכח דאסור בהפ"מ, **ואין לדחוק** כתרוץ המג"א משום דאפשר לפורקו בנחת, דלמה לא מתרץ דמיירי בשא"א לפורקו בנחת, **ועוד** דמה יענה במה דפריך הגמרא בדף קכ"ח: והא קמבטל כלי מהיכנו, ומשני קסבר צער בע"ח דאורייתא וכו׳, הא אפילו אם יסבור דצער בע"ח הוי רק מדרבנן, ג"כ מותר לבטל כלי מהיכנו בהפ"מ, ע"ש בגמרא).

אות ד׳ – ה׳

היתה בהמתו טעונה שליף של תבואה, מניח ראשו וכו׳

והאיכא צער בעלי חיים

סימן רסו ס"ט - ולא יניחם על הבהמה משום צער ב"ח – (בלשון הרמב"ם איתא: ולעולם לא יניח וכו׳, והיינו אפילו אם לא יכול לפרוק בנחת, מ"מ יראה שלא יהיה מונח על הבהמה משום צער בע"ח, **ומשמע** מדברי הגר"א, דבאופן זה מותר להניח תחתיהן כרים וכסתות אף דהוא מבטל כלי מהיכנו, וכשיטת היש מתירין הנ"ל, והא דאוסר בשו"ע מתחלה במשאות גדולות, מיירי בשאפשר לו לפורקן וכמו שמפרש המ"א, **אכן** לפי מה שבארו הרמב"ן והרשב"א בחדושיהם, אסור להניח תחתיהן כרים וכסתות בכל גווני, וכדי להסיר הצער מהבהמה, יתיר החבלים ויפלו השקין עם הכלים אע"פ שישברו).

סימן שה סי"ח - [ד]ומטעם זה - ‹צער בעלי חיים› **פורקין משאוי שעליה** - היינו אפילו המשוי הוא מוקצה, **ומ"מ** לא רצו להקל מטעם צער בעלי חיים לסלקו בידים, כיון דאפשר לסלקו שלא בידים.

כיצד עושה, מכניס ראשו תחת המשאוי ומסלקו לצד אחר והוא נופל מאליו – (וזה מותר אפילו להר"ן, דס"ל בעלמא דשייך איסור טלטול אפילו ע"י גופו, הכא מותר משום צער בעלי חיים, **ולפי** מה שפוסק המחבר לקמן בסימן שי"א ס"ח כהרא"ש, דטלטול בגופו שרי בכל גווני, א"כ אפילו בלא סברת צער בעלי חיים היה לנו להתיר להכניס ראשו תחתיהן, **ונקט** לשון זה משום מה דמסיים שם הרמב"ם בסוף דבריו בהלכה יו"ד, דאפילו אם השקים גדולים ומלאים כלי זכוכית, שאי אפשר להניחן שיפלו, דישתברו, אפ"ה לא יניחן שם על הבהמה, ופורק אותם בנחת משום צער בע"ח).

הגה: ואסור לישב על קרון שהא"י מנהיגו בשבת, משום שמשתמש בבהמה - ולא נקרא צדי צדדין מפני שהעגלה מחוברת בצדי הבהמה, **כיון** שהוא משתמש ע"ג העגלה, ודינו כמו על צדי הבהמה ממש וכנ"ל, **וגם** להשתמש על דף היוצא חוץ לעגלה מאחוריה, ג"כ אסור, ולא מקרי צדי צדדין, דהכל כלי אחד הוא, [מג"א, דלא כטל אורות, **וגם** מרש"י קנ"ה. ד"ה וכי סליק וכו׳ על שליבות הסולם משמע כהמ"א, דאל"ה אמאי אסור להניח הסולם על הדקל, הלא יעלה רק על השליבות, אלא ע"כ דמקרי הכל כלי אחד. **והמ"א** כתב עוד טעם, כיון דמ"מ הבהמה מוליכתו עם הקרון, הו"ל בכלל שימוש בבע"ח, ואסור בכל גווני].

באר הגולה

א **שם קנ"ד** ב ‹ודלא כדעת הרי"ף והרא"ש שהשמיטו הא דבבולסא, משמע דס"ל אפי' בבולסא דליכא רק הפסד מועט, שרי לבטל כלי מהיכנו למקצת שבת. ומ"מ צריך ביאור לדעתם סוגית הש"ס, דהא הש"ס בפירוש מחלק בין בולסא דהוי הפסד מועט, ובין שאר כלי זכוכית דהוי הפסד מרובה – מחה"ש› ג ‹דאפי' למ"ד צער ב"ח דאורייתא, ה"מ שלא לצורך תשמישו של אדם, אבל לצורך תשמישו ושמירת ממונו, ודאי שרי, שאם לא תאמר כן אסור להטחין חמור ברחיים מפני צער ב"ח, **וא"כ** שוב אינו מוכרח מרש"י דהפסד מרובה דחי ביטול כלי, אלא הצער ב"ח, דהא אינו מחוייב להתיר החבלים ולהפסיד› ד **שבת קנ"ד**

גם שלא יחתוך זמורה (תוס' והרא"ש ר"פ מי שהוציאוהו ומרדכי פ"ק דשבת והגהות עירובין וב"י בשם סמ"ג) – (בתוס' לא כתבו "גם", דחד טעמא הוא, וצ"ל דה"ק, דאף להאומרים דאין כאן שמא יחתוך זמורה, כיון שהא"י מנהיגו, אסור משום שמשתמש, דלא פלוג, ועוד דזה שמא יחתוך ג"כ שייך כאן).

שהא"י מנהיגו וכו' - דאם ישראל בעצמו מנהיגו, יש בלא"ה איסור תורה משום מחמר, [**ואם** הבהמה היא שלו, עובר גם על שביתת בהמתו ע"י הקרון, **ואפי'** אם רק שכורה לו, יש דעות דס"ל דשכירות קניא לחומרא].

אות ו'

כל אילו שינטל האילן ויכולה לעמוד, עולין לה ביום טוב

סימן תרכח ס"ג - עשאה בראש הגמל - היינו שעשה שם הדפנות בין חטוטרותיה, וסיכך על גבן, **או בראש האילן** - תיקן מושבו בראשו, ועשה שם מחיצות וסכך, **כשרה, ואין עולין לה ביו"ט** - מפני שאסור להשתמש ביו"ט בבעלי חיים ובמחובר.

מקצתה על האילן ומקצתה בדבר אחר - שעשה מקצת קרקעית סוכתו ומקצת דפנותיה על ראש האילן, ומקצת קרקעיתה ומקצת דפנותיה על דבר אחר, וסיכך על הדפנות, **אם הוא בענין שאם ינטל האילן תשאר היא עומדת ולא תפול, עולין לה ביו"ט** - היינו בסולם שלא על דרך האילן.

ואם לאו, אין עולין לה ביו"ט - דכיון שסמיכתה על האילן, נמצא כשנכנס לתוכה משתמש באילן.

[**עיין** בשבת דף קנ"ד: דמשמע שם דאם סמך הסכך על האילן, אף אם היה האילן רק דופן רביעי {שבלא הוא היה גם כן הסוכה יכולה לעמוד}, אפ"ה פסול ‹לכאורה צ"ל אין עולין לה›, והמשנה איירי בגואזא פרסכנא דוקא, **ואפילו** לפי מה שציירנו שסמך הסכך על הדפנות, מ"מ הא קרקעית הסוכה נסמך על האילן, וממילא הוא משתמש באילן, ‹משא"כ לפי' רש"י שם, דקרקעית הסוכה עומדת על הארץ›, **ואפילו** אם נימא דזה מקרי צדדין, הא מסקינן שם דצדדין אסורין. **סוף** דבר למסקנא שם בשבת, לכאורה אין תלוי [ה]כלל באם ינטל ויכולה לעמוד, וצ"ע].

---

§ מסכת שבת דף קנה. §

אות א'

והלכתא: צדדין אסורין, צדי צדדין מותרין

סימן שה סי"ח - [א]אין רוכבין ע"ג בהמה - גזירה שמא יחתוך זמורה מן המחובר כדי להנהיגה, דחייב ע"ז משום תולש, דהוא תולדה דקוצר, **[ב]ולא נתלים עליה** - דכל שמוש בבעלי חיים כללו בכלל רכיבה ואסרו, **ואפילו** במקום דליכא למיחש שמא יחתוך זמורה, כגון במדבר דליכא זמורה, **או** לשפשף את התינוק על גב הבהמה כדי לשעשע אותו, ג"כ אסור, דלא פלוג רבנן במילתייהו.

[ג]ואפי' בצדה אסור להשתמש; אבל צדי צדדין, כגון שדבר אחד מונח על צדה והוא משתמש בו - היינו שסומך את עצמו בצד אותו דבר, **מותר** - אבל אם משתמש על גב אותו דבר המונח על צדה, הרי הוא כמשתמש על צדה ממש, וכמו שכתב בהג"ה לקמן לענין קרון, עי"ש במ"ב.

[ד]ואם עלה עליה, אפי' במזיד, ירד משום צער בע"ח - ולא כמו גבי אילן, דאם עלה במזיד, קי"ל לקמן בסימן של"ו ס"א, דלא ירד עד מו"ש משום קנסא, הכא ירד משום צער בעלי חיים.

[ה]סימן שלו סי"ג - [ו]אסור להשתמש בצדדי האילן - דבר התחוב או קשור באילן, מקרי צדדי האילן, **אבל** דופני האילן עצמו לא מקרי צדדין, אלא גוף האילן הוא, **אבל בצדי צדדין מותר** - הוא דבר הנשען בדבר התחוב באילן.

[ז]לפיכך אסור לסמוך הסולם לצדי האילן, דכי סליק ביה משתמש בצדדין - אין הלשון מדוקדק, ושיעור הדברים, דאין לסמוך סולם לצדי האילן, פי' לדופנו, מע"ש, לעלות עליו בשבת, דכי סליק ביה וכו', **ולסמוך** הסולם בשבת בודאי אסור, אפי' אינו סומכו באילן גופא, רק על היתד התקוע בו, דזהו גופא משתמש בצדדי אילן מקרי.

אבל אם יש יתד תקועה בצדי האילן, מותר לסמוך סולם עליו - היינו דמותר לסמוך סולם מע"ש, לעלות עליו בשבת, **דהוה לה יתד צדדין, וסולם צדי צדדין** - ויזהר שלא יניח רגלו על היתד, אלא על שלבי הסולם, כדי שלא יהא משתמש בצדדין, ש"ס.

ואם נעץ בו יתד ותולה בו כלכלה, היתד נקרא צדדין, והכלכלה כצדי צדדין - לפיכך מותר להניח בה פירות וליטול ממנה, **אבל** הכלכלה עצמה אסור ליטלה או לתלות ביתד, וכנ"ל גבי סולם. **ואם** הכלכלה תלוי באילן עצמו, אסור ליטול חפץ ממנה וכן ליתן לתוכה, דקמשתמש בצדדין, ש"ס.

ואם פי הכלכלה צר, דכשנוטל חפץ מן הכלכלה מניד האילן, אסור בכל ענין, מפני שעי"ז משתמש באילן, [גם זה שם והובא במ"א].

ולהשען באילן, אם האדם בריא, מותר, ותש כח, אסור, **והטעם**, דאדם בריא אינו סומך עליו אלא מעט, ולא מקרי משתמש במחובר, **אבל** תש כחו צריך לסמוך בכל כחו עליו, ומקרי משתמש במחובר, ואסור, **והני** מילי כשאינו מנידו, אבל כשמנידו אפילו בבריא אסור, דזה גופא שמוש הוא, [כדמבואר בש"ס].

‹המשך ההלכות מול עמוד ב'›

באר הגולה

[ה] ‹והפי' בגמ' לפי"ז, יהיה כהריטב"א וז"ל: פי' דמשמע שהיא יכולה לעמוד כמות שהיא לגמרי בלא שום נענוע וסתירה, ע"כ. **והיינו** שאין הסכך נשען על האילן כלל. **ויש** מתרצים קושיות השעה"צ כמו שמסיים הריטב"א וז"ל: ומיהו אביי הוה סבר דה"ק, שיכול אילן ליטול והיא יכולה לעמוד על ג' דפנות, שאין עיקר סמיכותא על דופן רביעי, ע"כ. **והלכתא** כוותיה דאביי› [א] **ביצה ל"ו במשנה** [ב] **מהא דערובין ק' לענין אילן** [ג] **שבת קנ"ה** [ד] **רמב"ם** [ה] ‹ע"פ הבאר הגולה› [ו] **שבת קנ"ד** [ז] **הר"ן** ‹וכמו שמביא ממנו הב"י, ולכאורה כפשטות מסקנת הגמ'›

מי שהחשיך פרק עשרים וארבע שבת קנה

גמרא

יתד באילן ותלה בה כלכלה למעלה מעשרה טפחים אין עירובו עירוב למטה מי' טפחים עירובו עירוב טעמא דנעץ יתד באילן הא לא נעץ אפילו למטה מי' טפחים אין עירובו עירוב והא האי תנא דקאסר בצדדין וקשרי בצדי צדדין אמר רב פפא הבא בכלכלה רחוקה עסקינן דבהדי דשקיל ליה לעירוב קמניד ליה לאילן וקמשמש באילן גופיה והלכתא *צדדין אסורין צדי צדדין מותרין אמר רב אשי השתא דאמרת צדדין אסורין האי דרגא דמדלא לא לינחיה איניש אדיקלא דהוו להו צדדין אלא לינחיה אגוואזי לבר מדיקלא וכי סליק לא לינח כרעיה אגוואזי אלא ליתנח אקנין:

מתני' מתירין פקיעי עמיר לפני בהמה ומפספסין את הכיפין אבל לא את (א) הזירין אין מרסקין לא את השחת ולא את החרובין לפני בהמה בין דקה ובין גסה רבי יהודה מתיר בחרובין לדקה:

גמ' אמר רב הונא הן הן פקיעין הן הן כיפין פקיעין תרי כיפין תלתא(ג) זירין דארזי וה"ק מתירין פקיעי עמיר לפני בהמה ומפספסין והוא הדין לכיפין אבל לא את הזירין לא לפספס ולא להתיר אמר רב חסדא מאי טעמא דרב הונא קא סבר למטרח באוכלא טרחינן לשויי אוכלא לא משוינן רב יהודה אמר הן פקיעין הן זירין פקיעין תרי זירין תלתא כיפין דארזי וה"ק מתירין פקיעי עמיר לפני בהמה אבל פספוסי לא וכיפין פספוסי נמי מפספסינן אבל לא הזירין לפספס [א] אלא להתיר אמר רבא מאי טעמא דרבי יהודה קסבר שווי אוכלא משוינן מטרח באוכלא לא טרחינן תנן אין מרסקין את השחת ואת החרובין לפני בהמה בין דקה ובין גסה מאי לאו חרובין דומיא דשחת מה שחת דרכיכי אף חרובין דרכיכי אלמא לא טרחינן באוכלא ותיובתיה דרב הונא אמר לך רב הונא לא שחת דומיא דחרובין מה חרובין דאקושי אף שחת דאקושי היכי משכחת לה בעילי זוטרי ת"ש רבי יהודה מתיר בחרובין לדקה לדקה אין לגסה לא אי אמרת בשלמא ת"ק סבר מיטרח באוכלא לא טרחינן שווי משוינן היינו דקא אמר ר' יהודה(ג) החרובין לדקה נמי שווי אוכלא הוא אלא אי אמרת ת"ק סבר שווי אוכלא לא משוינן מיטרח באוכלא מטרחינן רבי יהודה(ד) דמתיר בחרובין לדקה כל שכן לגסה מי סברת דקה דקה ממש מאי דקה גסה(ה) ומאי קרי לה דקה דדייקא באוכלא הא מדקתני רישא בין דקה ובין גסה מכלל דרבי יהודה דקה דקה ממש קאמר קשיא תא שמע *מחתכין את

רש"י

יתד · נגר: **ותלה בה כלכלה** · ונתן בה עירובו והוא נתכוון לשבות למטה תחת האילן: **למטה מי' טפחים** · אם הכלכלה בתוך י' לארץ עירובו עירוב דהוא ועירובו ברה"ר אבל למעלה מי' וסתם כלכלה רחבה ארבעה הויא לה כלכלה רשות היחיד והוא נתכוון לשבות ברשות הרבים ואינו יכול ליטלו שם ולאכלו וכיון דאיכא סעודה הראויה לו אינו קונה שביתה על ידה: **טעמא דנעץ יתד** · דכי שקיל לעירובו משתמש בצדי צדדין אבל לא נעץ יתד אלא קשרה בצדי אילן לא: **הכא בכלכלה דחוקה** · שפיה צר וקצרה היא ומכניס ידו לתוכה בדוחק הלכך אי ממש הוה קטר לה בצדי אילן כי שקיל ליה לעירוביה מניד ליה לאילן הלכך כי איכא יתד הוא דשרי ואי לא לא: **האי דרגא דמדלא** · סולם שעולין בו לסוכת עלרים שעושין ע"ג קונדיסין גבוהין והיא סמוכה לאילן: **לא לינחיה** · ראש הסולם אדיקלא לא יסמוך ראש הסולם לצד דקל דכי סליק משתמש בצדדין: **אלא לינחיה אגוואזי לבר מדיקלא** · יתקע יתד בצדי האילן ויסמוך הסולם עליו דהוה ליה יתד צדדים וסולם צדי צדדין: **וכי סליק לא לינח כרעיה על היתד אלא אקניא** · על שליבות הסולם או קנים היוצאים מהקונדיסין: **מתני' פקיעי עמיר** · קשין של שבלים (שאותם) שאוגדים מתירין אותם שיהו נוחין לבהמה לאוכלה: **מפספסין** · שכן דרך שמפזרים לבהמה העשבים ויפין לה לאוכלן שכשהן דחוקין מתחממין ואינה מריחה ריחה כל כך וקלה בהן: **את הכיפין** · מפרש בגמרא וכן זירין: **אין מרסקין** · אין מחתכין: **שחת** · עשב של תבואה והוא אספסתא ומשום דטירחא דלא צריך הוא: **רבי יהודה מתיר בחרובין לדקה** · שפיה דקות וקשין לה: **גמ' הן הן פקיעין הן הן כיפין** · כולן קשין של שבלין הן מיהו פקיעין תרי שאינן קשורין אלא בשני ראשים: **כיפין תלת** · קשורין ג' [אגודים]: **זירין דארזא** · ענפים לחין של ארז שמזרדין. אותם ובעודם לחין ראויין לבהמה ורוב בני אדם מניחין אותם לעצים: **וה"ק מתירין פקיעי עמיר ומפספסין** · דכיון דנעיקרא אוכלא נינהו מותר לטרוח בהן להכשירם למתקן לה ואת הכיפין אף הן מתירין ומפספסין ואע"ג דנפיש טרחייהו אבל לא הזירין לא לפספס ולא להתיר דכיון דמעיקרא סתמייהו לאו אוכלא והשתא הוא דמשוי להו אוכלא ה"ל אולודי אוכלא בשבת: **מיטרח באוכלא** · בדבר שתחילתו אוכל קודם תיקון זה טרחינן ומכשרינן לייפותן לה: **הן הן פקיעין הן הן זירין** · שניהן בקשים של שבלים ומה שהתיר בזה התיר בזה ודקתני אבל לא הזירין הפספוס קאי: **וה"ק מתירין פקיעי עמיר** · דכל זמן שהוא קשור לאו אוכלא הוא ומתירו לשויי אוכלא ומשום צער בהמה שרי אבל פספוס לא דסגי ליה בהתרה ואיתעביד אוכלא ופספוסיה להענוג בעלמא הוא ומטרח באוכל בדבר שהוא כבר אוכל בלא תיקון זה לא טרחינן ומפספסין את הכיפין דארזא דבלאו פספוס לא הוי אוכלא אבל לא את הזירין לפספס אלא להתיר שלשה אוגדיהן בפקיעין דהתרת אוגדיהן שויי אוכלא הוא: **אין מרסקין** · סיפא דמתניתין היא וחד טעמא: **דרכיכי** · כגון חרובין לחין דראויין למאכל בהמה בלא ריסוק וריסוק דידהו לתענוג בעלמא: **דאקושי** · קשין כגון שיבשו: **בעילי זוטרי** · עיירים קטנים שאף השחת קשה להם וצריכה ריסוק לשווי אוכלא: **לדקה אין** · דהוה ליה שווי אוכלא: **לגסה לא** · דהוה ליה מטרח באוכלא: **אי אמרת בשלמא** · שמע רבי יהודה לת"ק דאמר מיטרח באוכלין אסור ואין מרסקין ברכיכי קאמר אבל שווי אוכלא שרי היינו דקאמר ליה רבי יהודה חרובין לדקה לית לן למיסר דשווי אוכלא הוא ואע"ג דרכיכי אלא אי אמרת קסבר ת"ק מיטרח באוכלא שרי שווי אוכלא אסור ואין מרסקין דקאמר בדאקושי קאמר דשווי אוכלא הוי: **רבי יהודה מתיר בחרובין לדקה** · בתמיה הא כל שכן דלגסה למיטרח באוכלא הוא ושרי הכי ה"ל למיתני ור' יהודה מתיר בחרובין לגסה דהוה ליה מיטרח באוכלא והא ליכא למימר דר' יהודה מפיך דשווי אוכלא שרי מיטרח באוכלא אסיר דהא ת"ק בדאקושי קאמר וגבי גסה נמי שווי אוכלא הוא וה"ל למיתני ורבי יהודה מתיר כתמא בין דקה בין גסה ועוד הוה ליה למישרי נמי זירין להתיר ולפספס דשווי אוכלא נמי הוא: **דדייקא** · טוססת יפה ומדקת אוכלין בפיה: **והא מדקתני רישא בין דקה בין גסה שמע מינה דקה ממש** · ורבי יהודה את"ק קאי:

תוספות

למטה מי' טפחים עירובו עירוב · קשה אמאי עירובו עירוב והא כרמלית הוא כיון שרחבה ארבעה ואסור לטלטל לרה"ר וי"ל אין כרמלית בכלים כדפירש בקונטרס בפ"ק דמכילתין (דף ח:) גבי היתה קופתו מונחת כו' · אי נמי כרבי דאמר *כל דבר שהוא משום שבות לא גזרו עליו בין השמשות: **אמר** רב פפא הכא בכלכלה דחוקה עסקינן · מדמשני רב פפא הכי משמע דסבירא ליה לצדדין מותרין ורב אשי משמע בסמוך דסבר דאסורין מדאמר רב אשי בסמוך השתא דאמרת צדדין אסורין וקשה לי הא איפכא שמעינן להו במסכת חגיגה בפ"ב (דף יז. ושם) דאמר רב פפא שמע מינה צדדין אסורין דאי סלקא דעתך צדדין מותרים נסמוך אישא דצדדין נינהו רב אשי אמר אפילו תימא צדדין מותרין, כל דלהדי גבה כגבה דמי*: **והלכתא** צדדין אסורין צדי צדדין מותרין · ותימה לרבי אמאי לא חשיב הכי בהדי יע"ל קג"ס דהלכה כאביי (בבבא מציעא דף כב:) דאמר רבא מאן דאסר בצדדין אסר נמי בצדי צדדין ואביי אמר בצדדין כולי עלמא לא פליגי [דאסור] ובצדי צדדין פליגי: **רב** יהודה אמר הן הן פקיעין כו' וה"ק מתירים פקיעי עמיר כו' · פירש בקונטרס דהתרת פקיעים הויא שווי אוכלא וצריך לפרש(ו) נמי בהא דרב יהודה חשיב התרת פקיעין שווי אוכלא ורב הונא לא חשיב לה שווי אוכלא מדשרי לה ואין נראה לרבינו תם לאפלוגינהו בהכי אלא לתרוייהו לא הויא התרת פקיעי עמיר לא שויא אוכלא ולא מיטרח באוכלא דלא שייך טורח בהתרה ולהכי שריא לתרוייהו · מ"ר: אין

ק' פי' ולעג"ד י"ל דכ"ש בעי"ש שאל להיות ביו"ט והניח עירוב בערב יו"ט בכלכלה זו שיהיה עירוב ליו"ט ושבת · ולפי דב' קדושות הן צריך שיהיה עירובו קיים ביה"ש דקודם שבת ובזה אם לא מהני עירובו לשבת דבה"ש אינו יכול ליטול עירובו דהא בממ"ש אסור אי הוי יום והוא יו"ט או לילה והוא שבת אסור בשימוש במחובר אבל כנעץ יתד דמאלד טלטול מכרמלית לרה"ר ליכא איסור הואיל ביו"ט ובה"ש מותר המשום שבות לא גזרינן בה"ש דהלמא עדיין יום וליכא איסור הואיל:

עין משפט נר מצוה

כא א מיי' פכ"ח מהל' שבת הלכה ט סמג לאוין סה טוש"ע א"ח סימן שמ סעיף יג:

כב ב ג מיי' פכ"א מהל' שבת הל' יח טוש"ע א"ח סי' שכו סעיף ד:

כג ד מיי' שם טוש"ע שם סעיף ח:

[ועי' תוספות חגיגה יז. ד"ה רב אשי דלא מקשה אלא דרב אשי אדרב אשי וכתבו תירוץ לזה]

מסורת הש"ס

[חגיגה טז:]

[לקמן קנו:]

הגהות הב"ח

(א) במשנה את הכיפין אבל לא את הזירין אין: (ג) גמ' כיפין תלתא וזירין דארזי וכו' ... (ד) שם ר' יהודה מתיר ... (ו) תוס' ד"ה רב יהודה וכו' וצריך לפרש נמי כהא:

הגהות הגר"א

[א] גמ' לפספס אלא להתיר · נ"ב גירסת הרי"ף ולא להתיר וכן מוכח:

גליון הש"ס

גמ' והלכתא צדדין אסורין · עיין עירובין דף לג ע"א תוס' ד"ה למטה מי' וכו' ...

רבינו חננאל

חמור אלא בצידי החמור אני משמש (וינדלן)[וצדדין] לא גזרו בהו רבנן מדתנן מתיר החבלים והשקין נופלין מאי לאו בדבר נואלקי ולא גזרו בהו רבנן פי' הבר נואלקי כשטוענין הבהמה מביאין שק וטוענין אותו מצד אחד ושק האחר מצד השני ומביא חבל וקושרן ומרכבן (ומשרכבן) [ומשכיבן] בצדי הבהמה וכשמבקשין לפרק משאוי מגביה השקין לרפוף קשר החבל לחיות נוח להתיר ומתיר ומניח השקין והן יורדין מצדי הבהמה ויורדין לארץ נמצא מגביה ומוריד השקין בצידי החמור כאשר אני מגביה ע"ג החמור והוא יורד בדרך שמשף אמר לך אביי אינו אומר מתיר החבלים בדבר נואלקי אלא באבר נואלקי כדתנן כיצד מאברין את העדים ומפרשינן ליה מלשון אבר כן מוסיף כמין אבר בנואלקי והוא למעלה כדאמרי' בפ' לא יחפור (ב"ב כה:) כאברורי הוו יתבי פי' אברורי למעלה מן המשאוי כגון שהיה צד המשאוי האחד כבד והשני קל ורצינו להשוות המשאוי שלא יהיה *)מטרסן ומוסיף על הצד הקל דבר להשוות המשקל שלא יהיה אחד מהן מכריע ועליו אמרה משנתנו מתיר החבלים והשקין נופלים שהקשר למעלה הוא ואין צריך להגביה שק ולא להוריד אלא כשמתיר החבר נופלין אבר נואלקי נמצאו נואלקי על צידי בהמה ואם זה על נואלקי נמצא אבר זה צדי צדדין אי נמי בגואלקי דנואלקי עצמו אינן קושרין בחבלים אלא כמנהג שהי' לאורחים המהלכים בדרכים שעושין בראש השקין כמין קרסים ולולאות מן החבלים ומכניס הלולאות בקרסים אי נמי לולאות בלבד ומכניס בהן עץ ומחברן וכשרוצה לפרקן מושך העץ ההוא והן נופלים ונקרא עץ ההוא לכתא ואינו מגיע לצדדין ואותו האבר נמי שמוסיפין על המשאוי הוא צדדי

...א מותר אבל הצדדין אסורין · ועוד אקשי ליה אביי לרבה הא ב' בידי אדם ואחת באילן כו' ופריק רבה התם דכפייה לאילן וסיכך על גביו שנמצא משתמש באילן עצמו · תוב אקשינן עליה מסיפא ... בידי אדם ואחת באילן כשרה ועולין לה ביו"ט ואי כפייה לאילן וסיכך ע"ג אמאי עולין לה ביו"ט הא משתמש באילן ואסור ופריק ליה התם ופרשי כאנא פי' גיהא ופרסיכנא תרתב מאבק **)עלה דייקינן כל שינפל יאילן ויכולה לעמוד עולין לה ביו"ט ליטא כתנאי אין עולין לה ביו"ט כו' סברי לה כגון דהדק באילן ונתן הנסרין שהן הסכך באותה החקיקה והן הצדדין וזה אסור להשתמש בצדדין וזה מתיר ... כולי עלמא צדדין אסורין והכא בצידי צדדין פליגי פי' כגון דחק באילן ונתן באותה החקיקה עץ חזק כמין קורה ושם ראשי הנסרים שהן הסכך על אותו העץ ונתנו כמין קורה שנמצא העץ ההוא ... והנסרים הנתונין על גביו צדדי צדדין רבא א' צדדין וצדדי צדדין דינם אחד האוסר בצדדין אוסר גם בצידי צדדין והמתיר צדדי צדדין מתיר ובא רב משרשיא לאותובי לרבה דאמר ... צידי צדדין גם בצדדין מתיר הא דתניא נעץ יתד באילן ותלה בו כלכלה למטה מעשרה עירובו עירוב למטה מי' טפחים אין עירובו עירוב · ודייקינן מינה טעמא דנעץ יתד באילן ותלה בו בכלכלה פי' דהוה ... צידי האילן והכלכלה צידי צדדין ולפיכך למטה מעשרה טפחים עירובו עירוב אבל אם לא נעץ יתד ותלה בו אלא תלה באמידי האילן אפילו למטה מעשרה אין עירובו עירוב דהוה לי' צדדין והדר נתברר כי

*) עיין ערוך ערך אכרורי · **) סם הדברים משובשים בכ"י ומלוס לתקנם ועי' בערוך ערך גז האחרון ·

רב נסים גאון

בפרק כירה (דף מג) ופירשנו כי החלוקה בצער בעלי חיים דאורייתא או דרבנן תמצא בפרק אלו מציאות (דף לג) :

עין משפט
נר מצוה

כג א מיי' פכ"א מהל' שבת הלכה יח סמג לאוין סה טוש"ע א"ח סימן שכד סעיף ו:
כד ב ג מיי' שם טוש"ע שם סעיף ז:
כה ד ה מיי' שם הלכה לה טוש"ע שם סע"ע:
כו ו מיי' שם והלכה לו טוש"ע שם סעיף י:
כז ז ח ט מיי' שם טוש"ע שם סעיף יא:
כח י מיי' פ"ב מהלכות טומאת מת הלכה ד:
כט כ מיי' פכ"א מהל' שבת הלכה לה:
ל ל מיי' פכ"א מהלכות שבת הלכה לד טוש"ע א"ח סי' שכד סע"ג:

את הדלועין · התלושין ולא אמרינן מוקצין הן לבהמה דמאכל אדם הן: אשוני · קשין: א"נ · כלבים וקאמר בגורייתא זוטרי דכל נבלה קשה להן: ומפרכין · התבן והאספסתא יחד והבהמה אוכלת התבן בשביל האספסתא: תבן בתיבנא סריא · דלא חזיא והשתא משוי לה אוכלא והאי סריא לאו סריא לגמרי דהויא לטינא קיימא ואסורה לטלטל: מתני' אין אובסין · מאכילין אותו הרבה על כרחו ותוחבין לו בגרונו ובגמרא מפרש לשון אובסין עושין לה כמין אבוס בתוך מעיה: ולא דורסין · שדורס לה בתוך גרונה את השעורין ומיהו לא האי כל כך כמו אובסין: אבל מלעיטין · מפרש בגמרא: אין ממרים · מפרש בגמרא: מהלקטין · מפרש בגמרא: אין נותנין מים לפני דבורים · מפרש טעמא בגמרא אי משום דאין מזונותיהן עליו שאוכלין ואוכלין בשדה אי משום דמיא באגמא שכיח להו: הרדיסאות · על שם מקומן וניזונין בתוך הבית: גמ' כי האי גוונא · שאכילנה כל כך שירחיבו מעיה כאבוס: ואטעינא כורא · על גבה למזוות לדרך לבד אחר משאות: למקום שאינה יכולה להחזיר · שתוחבו לה לפנים מבית הבליעה: בכלי · בתרווד: דספי בידים · תוחבו לתוך פיו: אלא יוני שובך וכו' · בתמיה ואמאי לא מאי טרחה איכא: אלא לאו כו' · ומדמהלקטין דמתניתין למקום שאינה יכולה להחזיר נמי שרי שמע מינה מלעיטין דעגלים וגמלים למקום שאינה יכולה להחזיר ושרי אלא דגבי בהמה קרי ליה הלעטה וגבי עופות קרי ליה הילקוט ועל כרחך אין ממרים דקאסר בכלי הוא: לעולם מהלקטין דספי ליה בידים · ולמקום שיכולה להחזיר: אין מזונותן עליך · דשכיחי להו בדברא: חזיר אין מזונותן עליך · דארור יאכל *שיגדל חזירים: מתני' נמי דיקא · דאפילו שדי קמייהו נמי לא: דשכיחי באגמא · אבל מזונות לא שכיחי להו: שמזונותיו מועטין · שאין אדם חס עליו לתת לו מזונות הרבה: כמה תשהה במעיו · דהכלב שאכל בשר מת ומת הכלב בבית תוך ג' ימים מטמא באהל אבל בחייו לא מטמא דטומאה בלועה בבעלי חיים לא מיטמאה כדאמר בבהמה המקשה (חולין דף עא:): שמע מינה · מדקאמר שהקפיד הקדוש ברוך הוא על מזונותיו: משה אודניה · מטע כמות אזנו ותוטרא בתריה יכהו במקל מיד שלא יהא מרגילו אצלו: אבל במתא לא · ליתיב ליה מידי אי לאו דידיה הוא: משום דאתי למסרך · בתריה ויפסידו: לית דעתיר מחוירא · שכל מאכל ראוי לו ומוצא לאכול ואף מאכילין לו הרבה: כוותיה דרב יהודה · שהמראה למקום שאינו יכול להחזיר: פוקס את פיה · נותן חכה לתוך פיה שלא תוכל לסגור פיה: ומאכילה כרשינין ומים בבת אחת · והמים מבליעין הכרשינין לתוך בית בליעתה על כרחה: מאכילה מעומד · נותן לתוך פיה וכל זמן שאינו מרביצה אינו יכול לחזור כל כך ויכול להחזירה: מכניסין מני · דקתני נותן מים לתוך המורסן דנתינת מים לא זהו גיבולו: אפי' רבי יוסי מודה · דזהו גיבולו: קלי · קמח של תבואה שנתייבשה כשהן קליות בתנור ואותו קמח לעולם מתוק והוא *קמחא דאבשונא ועושין ממנו שתיתא משמן ומים ומלח שמערבין בו:

"את הדלועין לפני הבהמה "ואת הנבלה לפני הכלבים °מאי לאו דלועין דומיא דנבלה מה נבלה דרכיכא אף דלועין דרכיכי אלמא טרחינן באוכלא ותיובתא דרב יהודה אמר לך רב יהודה לא נבלה דומיא דדלועין מה דלועין 'ראשוני אף נבלה דאשונא והיכי משכחת לה בבשר פילי א"נ בגורייאתא זוטרי תא שמע דתני רב חנן מנהרדעא *מפרכינן תבן ואספסתא ומערבין אלמא טרחינן באוכלא תבן בתיבנא סריא אספסתא בעילי זוטרי: **מתני'** אין אובסין את הגמל ולא דורסין אבל מלעיטין ואין מאמירין את העגלים אבל מלעיטין ומהלקטין לתרנגולין ונותנין מים למורסן אבל לא גובלין ואין נותנין מים לפני דבורים ולפני יונים שבשובך אבל נותנין לפני אווזין ותרנגולין ולפני יוני הרדיסיות: **גמ'** מאי אין אובסין אמר רב יהודה "אין עושין לה אבוס בתוך מעיה מי איכא כי האי גוונא אין וכדאמר רב ירמיה מדיפתי לדידי חזי לי ההוא טייעא דאכלא כורא *ואטעינא כורא: אין מאמירין: איזו היא המראה ואיזו היא הלעטה אמר רב יהודה "המראה למקום שאינה יכולה להחזיר הלעטה למקום שיכולה להחזיר רב חסדא אמר אידי ואידי למקום שאינה יכולה להחזיר והמראה בכלי הלעטה ביד מתיב רב יוסף *"מהלקטין לתרנגולין ואין צריך לומר שמלקטין ליוני שובך וליוני עלייה ואין צריך לומר שאין מהלקטין מאי מהלקטין ומאי מלקיטין אילימא מהלקטין דספי ליה בידים מלקיטין דשדי ליה(א) קמייהו מכלל דיוני שובך ויוני עלייה מישדא קמייהו נמי לא אלא לאו מהלקטין למקום שאינה יכולה להחזיר מלקיטין למקום שיכולה להחזיר מכלל דהמראה בכלי ותיובתא דרב יהודה אמר לך רב יהודה לעולם מהלקטין דספי ליה בידים מלקיטין דשדי ליה קמייהו ודקא קשיא לך יוני שובך ויוני עלייה למישדא קמייהו נמי לא הני מזונותן עליך והני אין מזונותן עליך כדתניא 'נותנין מזונות לפני כלב ואין נותנין מזונות לפני חזיר ומה הפרש בין זה לזה זה מזונותיו עליך וזה אין מזונותיו עליך אמר רב אשי מתניתין נמי דיקא "אין נותנין מים לפני דבורים ולפני יונים שבשובך אבל נותנין לפני אווזין ולפני תרנגולין ולפני יוני הרדיסיות מ"ט לאו °משום דהני מזונותן עליך והני אין מזונותן עליך וליטעמיך מאי אידיא מיא אפילו חיטי ושערי נמי לא אלא שאני מיא דשכיחי באגמא דדרש רבי יונה אפיתחא דבי נשיאה מאי דכתיב °(*יודע) צדיק דין דלים יודע הקב"ה בכלב שמזונותיו מועטין לפיכך שוהה אכילתו במעיו ג' ימים *כדתנן 'כמה תשהה אכילתו במעיו ויהא טמא בכלב ג' ימים מעת לעת ובעופות ובדגים כדי שתפול לאור ותשרף אמר רב המנונא שמע מינה אורח ארעא למשדא אומצא לכלבא וכמה אמר רב מרי משח אודניה ותוטרא אבתריה הני מילי בדברא אבל במתא לא דאתא למסרך אמר רב פפא לית דעניא מכלבא ולית דעתיר מחזירא תניא כוותיה דרב יהודה *"איזו היא המראה ואיזו היא הלעטה המראה מרביצה ופוקס את פיה ומאכילה כרשינין ומים בבת אחת הלעטה מאכילה מעומד ומשקה מעומד ונותנין כרשינין בפני עצמן ומים בפני עצמן: מהלקטין לתרנגולין כו': אמר אביי אמריתה קמיה דמר מתניתין מני ואמר לי ר' יוסי בר יהודה היא דתניא *אחד נותן את הקמח ואחד נותן לתוכו מים האחרון חייב דברי רבי *ר' יוסי בר יהודה אומר אינו חייב עד שיגבל דילמא עד כאן לא קאמר רבי יוסי בר יהודה התם אלא קמח דבר גיבול הוא אבל מורסן דלאו בר גיבול הוא אפילו רבי יוסי בר יהודה מודה לא סלקא דעתך דתניא בהדיא אין נותנין מים למורסן דברי רבי ר' יוסי בר יהודה אומר 'נותנין מים למורסן ת"ר אין גובלין את הקלי וי"א גובלין *מאן י"א א"ר חסדא רבי

אין אובסין את הגמל וכו' · והא דאמרינן בעירובין פרק עושין פסין (דף כ: ושם) גמל שראשו ורובו מבפנים אובסין אותו מבפנים כך אכילה לאו היינו אכילה ממש דהא אמרינן הכא אין אובסין כו' וההיא אכילה היינו הלעטה וכן פירש ר"ח ושמואל: אלא קמח דבר גיבול הוא · פירשתי לעיל בפ"ק (דף יח· ושם*): מהו

רבינו חננאל

זה התנא אוסר בצדדין ומתיר בצידי צדדין · ופריק רב פפא אליבא דרבא הבא בכלכלה דחוקה וכו' · ודברי רב פפא פשוטין הן ומפקינן בה והלכתא צדדין אסורין צדדי צדדין מותרין: דרגא דסרלא סולם העשוי לעלות בו בערסל והוא (שכתוב) [שת"י] כמלונה במקשה [כערסל] · והוא סלונה לשומרי פירות ודקדק רב אשי מזו ההלכה שאסור להניח סולם על הדקל ולעלות בו שנמצא משתמש בצידי האילן ואסור · ופירוש שאם יחקוק באילן ויניח באותה חקיקה נאוי שהן עצים ויניח באותו העצים הסולם נמצא הסולם נתון בעצים כמין הכלכלה ביתר ושרי וגם אסור להניח רגלי העולה באותה סולם בעצים הנעוצין באילן מפני שהן צדדין והצדדין אסורין · וכי אינו מותר לו להשתמש ולעלות אלא בקנים שהן מעלות הסולם והן שליבותיו שהוודאי צדדי צדדין:[מתני'] מתירין פקיעי עמיר כו' · פי' פקיעי אגודות כדתנן פקעת נמי בא רב הונא לפרש משנתנו ואמר הפקיעין והכיפין שניהם אגודות קשורות הן · אלא הפקיעין ב' אגודות כפקיע והכפין ג' אגודות בכף וירין דארוי כשמתגזאין ומתקשין נקראין דארוי והן אחד אחד ואינן נאגדין באגודה · ואם אגדן בחוקתן עומדין ותרצה רב הונא למתניתין הכי מתירין פקיעי עמיר לפני בהמה ומפספסין פי' מפספסין מפרכין כעין פיתות (לרכבן לייתות) [לרכבן] לאבלה ומצינו בתלמוד א"י שאמרו בענין (תינוק פתילה) מפספסין ופי' מחרכין כדכתיב ושער ראשיהן לא התחרך ונראין הדברים שהחריכה מרככת כעין הפתיתה דהוא מעין פסיסה · כדאמרינן בידות האוכלין שכססן לגורן וכשם שמתירין ומפספסין הפקיעין הוא הדין לכפין אבל הוירדין לא יפספס ולא להתיר אם נקשרו ובא רב חסדא ופי' טעמא דרב הונא ואמר שהעמידו למשנתנו שמתירין ומפספסין הפקיעין והכפין שהן מקודם אכל ויכולין להיאכל כמות שהן וכן ההתרה והפספוס לא להוסיף להם אלא הכשר לאכילה בלבד דייקינן מדבריו הללו דקסבר מותר למיטרח באוכל ומוסיף לו הכשר אבל אם אין יכול להיאכל כגון הוירדין שהן דארוי אלא אחרי התר ופספוס אסור לשויי אוכלי לא משוינן ורב יהודה חלק על רב הונא לדברי רבה דאוקמינהו לדברי רב יהודה שויה אוכלא לא משוינן ואמר רבה מותרתה למתניתין שהפקיעין [והוירין שניתן אגודות מספס לפה הן מיהו הפקיעין שתים באגודה והעמיק ג' מותר להתיר הפקיעין שקשרן מתירן] ואם לא יתירם אינן נאכלין בטוב ושלש אין קשרן אסיק תאכלין וכיון שיכולים להיאכל קסבר אסורהי באכילה טרחינן ואם יש לסור מניין לנו ראיה שיש הפרש בין ב' לג' שאלו קישרם אסיק יתר מאלו מצאנו לדבריהן שאומרים ניטה אחת קשורה הוצצת ג' אין הוצצת ב' איני יודע פי' ג' אינן הוצצת שאין קשרן מתחזק וטרפרף הוא והמים באים בתוכו לפיכך אינן הוצצין אבל הכפים שהן קשין כמו שאמרנו לטעלה מפספסין כדי לשותם אוכל וכ"ש שמתירין ובאנו להקשות לרב הונא מסיפא דהא מתניתין דקתני אין מרסקין לא את השחת ולא את החרובין ופשוטה היא' ופריק רב הונא לא שהחרובין רכין הן כמות שהן (שהדות) [שהדתאה] שהן רכין ויכולין להיאכל אין מרסקין אותן אלמא לא מטרחינן באוכלא אלא שחת הדומיא דחרובין מה חרובין דאשיני פירוש יבישין וקשין ואין יכולין להיאכל אף שחת כמותן שנתייבש ונתקשה ואינו אוכל והריסוק משווייהו אוכל ומתניתין כותי דאמרי שויי אוכלא לא משוינן ואיזו היא בהמה שאינה יכולה לאכול השחת אלא אחרי ריסוק ואמתני בעילי טסרי פי' עיירים קטנים ותוב אקשינן על רב הונא מדרב יהודה נשמע לרבנן לאו ר' יהודה מתיר בחרובין לדקה לדקה [אין] לגסה לא מכלל דרבנן סברי כיון שיכולין להיאכל כמות שהן לא טרחינן לדהוקינהו להו דמטרח באוכלא לא טרחינן ואי"ל רב יהודה לת"ק התינה לגסה שיכולה לאכול כמות שהיא בלא ריסוק אלא לדקה שאינה יכולה לאוכלה כמות שהיא בלא ריסוק שויי איכלא הוא ושרי דאם נאסר כי ת"ק סבר מטרח טרחינן שויי אוכלא לא משוינן וריסוק זה שוויי אוכלא לדקה ולגסה הוא ואסור וא"ל ר' יהודה לדקה איבלא הוא וטירחה באוכל שרי ואם הוא אוכל לדקה כ"ש לגסה ולא היה צריך לומר אלא ר' יהודה מתיר סתם בין לדקה בין לגסה ' ועלתה בקשיא לרב הונא והדרנו להקשות על רב יהודה דתנן מחתכין את הדלועין לפני הבהמה ואת הנבלה לפני הכלבים ופריק ליה ופשוטה היא וכן הא דתני רב חנן מנהרדעא מפריכין תבן ואספסתא ומערבין אלמא מרחינן באוכלא ופריק נם זו ואע"ג דרוב סוגיא דשמעתא כרב הונא ריהשא הא איתותב ולא אשכח לה פירוקא ועלתה בה קושיא ותוב רב יהודה ורבה רישי כתיבתא הוו דאמרינן האי שיטרא מעיקרא בי רב יהודה ולבסוף בי רבה והלכתא כוותיה ומשוינן אוכלא ולא קא טרחינן באוכלא מכלל דרב הונא לא הוה רישי מתיבתא והא אמרינן כי הוו מפטרי רבנן מבי רב הונא הוו פיישי כו' ואמרינן ואמרי במערבא קמא לה מתיבתא דהונא בבלאה: [מתני'] אין אובסין את הגמל כו' פי' אובסין מפטמין כדכתיב וברבורים אבוסים והוא מאכילין את הגמל הרבה כרב ירמיה דאמר אנא חזיתיה להוא טייעא דאכלא כו' כורא ואטענה כורא וכן הלכה דאסור לפטם בהמה בשבת ולא אפילו עופות' אין ממרים את העגלים אבל מלעיטין איזו היא המראה ואיזו הלעטה' אמר רב יהודה המראה למקום שאינה יכולה להחזיר' פי' המראה שמוריד בידו המאכל בבלועו של עגלים במקום שאינו יכול להחזירו מתוך בלעו אבל חשוב הוא כבלוע כגון זה אסור להמרות' אבל להלעוטי כדכתיב הלעיטני נא' לתת המאכל בחך שלו מותר וזה וזה ביד' ורב חסדא אמר אידי ואידי למקום שאין יכול להחזיר והמראה בכלי והלעטה ביד ואותביה רב יוסף לרב יהודה מהלקטין לתרנגולין ואין

מסורת הש"ס

[סוטה מח.] [תוספתא פי"ח] [לעיל יח.] [פסחים לט:]

הגהות הב"ח

(א) גמ' דשדי ליה קמייהו אלא דיוני שובך:

גליון הש"ס גמרא מאי לאו דלועין · כעין זה בב"מ דף קט ע"ב ועיין שיטה מקובצת שם ד"ה ה"נ:

הגה: ומותר ליגע באילן, ובלבד שלא ינידנו (ב"י בשם ארחות חיים). בור עמוק אפי' מאה אמות, מותר לירד ולעלות, ומטפס ויורד ומטפס ועולה, ולא חיישינן שמא יעקור קרקע בירידתו ועלייתו (טור).

אות ב' – ג'

מתירין פקיעי עמיר לפני בהמה ומפספסין

שווי אוכלא משוינן, מטרח באוכלא לא טרחינן

סימן שכד ס"ד - [ח]קשין של שבלים שקושרים בשנים או בג' מקומות, מותר להתירן כדי שתאכל מהן הבהמה – [ט](וגירסת הרי"ף, דבג' מקומות אין להתיר).

הגה: וי"א דלא שרי להתיר רק בקשר שאינו של קיימא (הגהות אלפסי) - כו"ע ס"ל הכי, ומפני שלא מצא דין זה מפורש רק במקום אחד, כתב "יש מי שאומר", **וי"א** דהרמב"ם חולק ע"ז, **ומ"מ** לדינא אין להקל, דדעת רש"י והרמ"ד ג"כ דיש קושר ומתיר אף באוכלי בהמה, **ובח"א** כתב, דגם הרמב"ם מודה דבקש ותבן יש קושר ומתיר.

(**ואם** הוא אגוד כאגודות של ירק, לא הוי קשר של קיימא).

אבל אסור לשפשף בהם בידים, כדרך שעושים באוכלי בהמה כדי שיהיו נוחים לאכלם, דשווי אוכל בדבר שאינו אוכל, מותר לעשותו אוכל - משום צערא דבהמה, [רש"י], **אבל מיטרח באוכלא בדבר שהוא ראוי לאכילה, לא טרחינן ביה להכשירו ולתקנו יותר.**

[י]**סימן שכד ס"ה - [יא]עצים שקצצן מן האילן, ויש מאכילים אותם לבהמה בעודם לחים, מתירין ומפספסין (לשון שפשוף) בהם להאכילם, שאינם ראויים בלא שפשוף** - והוי בכלל שווי אוכלא דמותר.

(עיין בשלטי גבורים שכתב, דבעודם לחים אז סתמייהו עומדים לאכילת בהמה, דאל"ה הם מוקצים ואסור בטלטול, וכנ"ל בסימן ש"ח סכ"ח, ולפי מה שפירש"י בשבת קנ"ה ד"ה זירין דארזי, דבעודן לחין ראויין לבהמה ורוב בני אדם מניחים אותם לעצים, אין תירוצו עולה יפה כ"כ, ועיין בב"י דמשמע, דאף שראויין לאכילת בהמה מ"מ בעינן הזמנה דוקא מבע"י, **אמנם** מצאתי בחי' הרשב"א, דזה דוקא בדלא בעי להו למאכל בהמה, אלא לצורך מקומן או לישב עליהן).

אות ד'

אין מרסקין את השחת ואת החרובין לפני בהמה וכו'

סימן שכד ס"ח - [יב]אין חותכין שחת (פי' ירק של תבואה שנקצר טרם נתבשלה התבואה), וחרובין לפני הבהמה, בין דקה בין גסה - אפילו חתיכות גדולות דלית בהו משום טחינה, [יג]**משום דבלא חיתוך נמי חזי לאכילה** - ומוכח מזה דמיירי ברכין, **אבל** בחרובין קשין שאינם ראויים בלתי חיתוך, מותר, דבכלל שווי אוכלא הוא, **וכ"ז** בחתיכות גדולות קצת, אבל דקות אסור משום חשש טחינה, אם מחתך להאכילם לאחר זמן.

---

§ מסכת שבת דף קנה: §

אות א'

את הדלועין לפני הבהמה

סימן שכד ס"ו - [א]מחתכין דלועין לפני בהמה - ודוקא כשהם קשים, שאינם ראויים לאכול בלא חיתוך, **אבל** כשהם רכים, הוי בכלל מטרח באוכלים, ואסור.

ואפילו קשים לא יחתכם דק דק משום טוחן, **ואיסור** טחינה לא שייך רק אם דעתו להאכילם לאחר זמן, **אבל** מה שדעתו להאכיל הדלועים והירקות וכה"ג לפני הבהמה והעופות בפעם אחד, זה לא נחשב טחינה, [**והיכא** דאסור משום מטרח באוכלא, אסור אף אם דעתו להאכיל לאלתר].

[ב]**והוא שנתלשו מאתמול** - דאילו נתלשו היום, אסור אפילו לטלטלן לכו"ע משום מוקצה, [**היינו** אפי' לר"ש, דמדלא לקטינהו מאתמל, אקצינהו ודחינהו בידים, **ואפי'** אם לקטן א"י בשבת לא פלוג].

אות ב'– ג'

ואת הנבלה לפני הכלבים

דאשוני

סימן שכד ס"ז - [ג]מחתכין נבילה לפני הכלבים אפילו נתנבלה היום, בין שהיתה מסוכנת, בין שהיתה בריאה - וא"ר והגר"א מסתפקין בבריאה, [בלא היה חולה קצת מבע"י], דלא היתה דעתו כלל מבע"י שתמות ויאכיל ממנה לכלבים, דיהיה אסור בטלטול לכו"ע משום מוקצה.

[ד]**והני מילי בנבילה הקשה** – (והיכי משכחת לה בבשר פילי, גמ'), **שאי אפשר להם לאכלה בלא חתיכה** - ואפילו אם איננה קשה לגמרי, שראוי להם לאכילה ע"י הדחק, ג"כ בכלל שווי אוכלא הוא

באר הגולה

ח שבת שם וכדמפרש לה (רב הונא) [רבא] וכרב יהודה, וכפי גירסת רש"י והרא"ש | ט ‹שכתוב בסברת רב יהודה, אבל לא את הזירין לא לפספס ולא להתיר, וכתב הר"ן דטעמא, מפני שכיון שקשור בשלשה מקומות, הוי טירחא יתירא – ב"י› | י ‹ע"פ הבאר הגולה› | יא שם בגמ' כרב יהודה | יב שם קנ"ה במשנה | יג שם בגמ' אליבא דר' יהודה | א שם קנ"ו ‹ע"ב› | ב רש"י שם ‹את הדלועין› והרא"ש ‹וז"ל: רש"י פירש דלועין שנתלשו מאתמול› | ג שבת קנ"ו משנה וכת"ק, הרי"ף והרא"ש וכן פסק הרמב"ם | ד שם בגמרא אליבא דרבי יהודה

ושרי. **וה"ה** כשהיא רכה, אך שהכלבים הם קטנים, דכל נבלה קשה להם, [גמ'].

אבל אם היתה ראויה להם בלא חתיכה, לא, דמיטרח במה שהוא ראוי לא טרחינן.

(ועי"ל סי' שכ"א, אם מותר לחתכו דק דק לפני עופות) - דאע"ג דעופות אין יכולין לאכול כי אם כשחתוך דק דק, **מ"מ** אסור משום חשש טחינה, וזה קאי דוקא על בשר חי כשר, (דמפני חשיבותו אינו עומד לחיות ולכלבים, כי אם לעופות, ולהם אינו ראוי כי אם כשמחתכן דק דק, **אבל** בשר נבלה רובו עומד לאכילת כלבים, ולהם אין צריך דק דק, ואזלינן בתר רובא, ולא שייך טחינה), ומותר אפילו דק דק.

ודוקא כשחותך להאכיל לאחר זמן, אבל כל מה שדעתו להאכיל בפעם אחד שרי.

אות ד' – ה'

אין עושין לה אבוס בתוך מעיה

המראה למקום שאינה יכולה להחזיר, הלעטה למקום שיכולה להחזיר

סימן שכד ס"ט - [ה]**אין אובסין את הגמל,** [ו]**דהיינו שמאכילה בידו כל כך עד שמרחיבין בני מעיה כאבוס** - כ"ז משום טרחא יתירה, [לבוש ותוספות שבת וכן משמע מרש"י ד"ה אלא יוני', **וברמב"ם** איתא הטעם, דגזרו שלא יאכיל כדרך שמאכיל בחול, שמא יבוא לידי כתישת קטניות או לישת קמח].

(מרש"י משמע דגם זה מיירי שתוחב בגרונו למקום שאינו יכול להחזיר, **אבל** מרמב"ם משמע, דכיון שמאכילו הרבה כמאכל שלשה ימים, אפילו לא תחב בגרונו כלל ג"כ אסור, **ולפיכך** נייד מפירש"י, דהיה קשה ליה מאי שוב אין דורסין דנקט במשנה, אבל לדידיה תרי מילי נינהו).

ולא דורסין, דהיינו שדורס לו מאכל בגרונו למקום שאינו יכול להחזירו, אבל מלעיטין. [ז]**אין מאמירים את העגלים, אבל מלעיטין; איזו המראה, למקום שאינה יכולה להחזיר** - שתוחב לה לפנים מבית הבליעה.

הלעטה, למקום שהיא יכולה להחזיר – (בחידושי מאירי משמע קצת, דדוקא ביד ולא בכלי), **ומשמע** בגמ', דכל שאינו מרביץ את הבהמה, אין יכול לתחוב כ"כ בעומק, ומקום שיכול להחזיר הוא.

הגה: ודין תרנגולים ואווזים כדין עגלים (מהרי"ל) - ואווזות שמפטמים אותם, והורגלו בחול לאכול ע"י המראה, ואין אוכלין בענין אחר, מותר לומר לעו"ג להמרותן משום צער בע"ח, **אך** לא ימרה אותן כי אם פעם אחד ביום, אף שרגילין לאכול שני פעמים ביום, **ומשמע** דאי ליכא א"ג, שרי ההמראה אף ע"י ישראל משום צער בע"ח, וטוב לעשות ע"י קטן - מ"א, **אבל** כמה אחרונים אוסרין להמרות ע"י ישראל, [דכל חיליה דרמ"א הוא ממה דאמר שם בדף קנ"ו, ודלא לקיט בלישניה מהלקיטין לה, ורצה לפרש דהוא אפי' למקום שאין יכולין להחזיר, **והם** פירשו בהדיא דדוקא למקום שיכולין להחזיר, **ומה** שהקשה רמ"א אמאי אמר הגמרא דלא לקיט בלישניה, כבר תירץ זה בחי' הר"ן, ע"ש], (דאע"ג דהוא אינו יכול להחזירו מרוב קטנותו, מ"מ כיון שהוא במקום שהגדולים יכולין להחזיר, לית לן בה - ר"ן).

(ובספר שיורי ברכה כתב בשם אחד מהגדולים, דהלואי לא ילעיטו לעולם, שעוברים על כמה איסורים וכו', וידוע שלפעמים הוושט נקוב ולאו אדעתייהו, ואוי למורים כשאינם משגיחים ע"ז).

אות ו'

מהלקטין לתרנגולין, ואין צריך לומר שמלקיטין

סימן שכד ס"י - [ח]**מותר ליתן מאכל בפיהם של תרנגולים** - היינו למקום שיכולים להחזיר, **והוא** הדין עצמו שזכר רמ"א מקודם, וקצת פלא על רמ"א, ואפשר כדי שלא נטעה בכונת המחבר.

והיינו דוקא אם הוא זהיר אז שלא לטלטלה, דכל בע"ח הם מוקצים.

אות ז' – ח' – ט'

נותנין מזונות לפני כלב, ואין נותנין מזונות לפני חזיר

אין נותנין מים לפני דבורים ולפני יונים שבשובך, אבל נותנין לפני אווזין ולפני תרנגולין ולפני יוני הרדיסיות

משום דהני מזונותן עליך והני אין מזונותן עליך

סימן שכד סי"א - [ט]**אין נותנין מים ולא מזונות לפני דבורים,** [י]**ולא לפני יוני שובך ויוני עליה** - אפילו הם שלו, מ"מ אין מזונותיהן עליו, דשכיחי להו בדברא, וטרחא שלא לצורך היא.

ולא לפני חזיר - דאין מזונותיו עליו, לפי שאסור לגדלו, וכדאיתא בחו"מ, **ואם** נפלו לו בפרעון חובו, שמותר להשהותן עד שימצא למכרן בשויין, מקרי מזונותן עליך, ומותר ליתן להם מזונות.

[יא]**אבל נותנין לפני אווזין ותרנגולים ויוני בייתות** – (שמגדלות אותן בבית, וכ"ז מיירי כשהם שלו, כן מוכח מא"ר, ולענ"ד אין זה ברור, דכיון שהם של ישראל, ואינם אוכלין מהפקר, כי היכי דמותר לבעליהן להכין להם מזונות, הכי נמי מותר לאדם אחר).

[יב]**וכן לפני כלב, שמזונותיו עליך** - ואפילו כלב שאינו מגדלו בביתו מותר, דמצוה קצת גם כן ליתן לו מזונות, כמו שאחז"ל, שחס הקב"ה עליו לפי שמזונותיו מועטין, ומשהה אכילתו במעיו שלא יתעכל ג' ימים, [מ"א] (ממשמעות הגמ').

באר הגולה

ה שם קנ"ה במשנה ובגמ' | ו שם וכרב יהודה | ז שם במשנה ובגמ' וכרב יהודה | ח משנה שם ובגמרא וכרב יהודה | ט שם במשנה | י שם בברייתא | יא שם במשנה | יב שם בברייתא

ולפני כלב רע אסור, כמו לפני חזיר דאסור, משום דאסור לגדל חזירים וכלב רע.

יש נוהגין ליתן חטים לפני עופות בשבת שירה, ואינו נכון, שהרי אין מזונותן עליך.

[יג]סימן שכד סי"ב - [יד]מותר להאכיל תולעת המשי – (והיינו שנותן לפניהם עשבים לאכול, ומפזר לפניהם עלי התותים וזולתם, וע"כ דהפזור משוי להו אוכ'לא, ואל"ח חיה חפזור אסור), **לפי** שמזונותיהן עליך, שאין לו מה שיאכל כי אם מה שנותן לו האדם, ודמי לאווזין ותרנגולין, **ובטלטול** הם אסורין כשאר בע"ח.

(ולגרוף מתחתיהם שיורי העלים היבשים, אפילו הם מאוסים שאינם ראוים לשאר בע"ח, **אם** תולעת המשי אינם אוכלים ביום ההוא עד שיגרפו שיורי העלים מתחתם, ואז הם מסתכנים בסבתם, גורפין אותן כלאחר יד שלא כדרך גריפתן בחול).

אות י'

כמה תשהה אכילתו במעיו ויהא טמא, בכלב שלשה ימים מעת לעת, ובעופות ובדגים כדי שתפול לאור ותשרף

רמב"ם פ"כ מהל' טומאת מת ה"ד - וכמה תשהא הטומאה במעיהן ותהיה מטמאה כשימותו, בכלב שלשה ימים מעת לעת, ובשאר חיה ובהמה ועופות ודגים יום אחד מעת לעת.

אות כ'

איזו היא המראה ואיזו היא הלעטה, המראה מרביצה ופוקס את פיה ומאכילה כרשינין ומים בבת אחת; הלעטה מאכילה מעומד ומשקה מעומד, ונותנין כרשינין בפני עצמן ומים בפני עצמן

רמב"ם פכ"א מהל' שבת הל"ה - אין מאכילין בהמה חיה ועוף בשבת כדרך שהוא מאכיל בחול, שמא יבוא לידי כתישת קטניות או לידי לישת קמח וכיוצא בו; כיצד, לא יאכיל הגמל בשבת מאכל שלשה או ארבעה ימים; ולא ירביץ עגל וכיוצא בו, ויפתח פיו ויתן לתוכו כרשינין ומים בבת אחת; וכן לא יתן לתוך פי יונים ותרנגולים למקום שאינן יכולין להחזיר; אבל מאכיל הוא את הבהמה מעומד ומשקה אותה מעומד, או נותן לתוך פיה מים בפני עצמן וכרשינין בפני עצמן במקום שיכולה להחזיר; וכן מאכיל העוף בידו במקום שיכול להחזיר, ואין צריך לומר שיתן לפניהן והן אוכלין.

אות כ'* [טו]

אחד נותן את הקמח ואחד נותן לתוכו מים, האחרון חייב, דברי רבי; רבי יוסי בר יהודה אומר: אינו חייב עד שיגבל

סימן שכד ס"ג - [טז]ויש אוסרים ליתן מים על גבי מורסן בשבת, ולא אמרו שמוליך בו שתי וערב אלא כשהיו המים נתונים עליו מבעוד יום - הוא דעת בעל התרומות וסייעתו, דפוסקין כרבי דס"ל דבנתינת מים לחוד חייב משום גבול, בקמח ובמורסן ובאפר ובכל דבר, [דף י"ח וקנ"ה, ע"ש], **וע"כ** צריך שיתן עליו המים מבעוד יום, ואפ"ה אסור לגבל למחר להדיא, אם לא בהולכת שתי וערב, [**והוא** איסור דאורייתא אפי' לשיטה זו].

(וע"ל סי' שכ"א סט"ז, גבי שום וחרדל כילד נוהגין) - ר"ל דשם נתבאר, דנוהגין להחמיר כסברת בעל התרומה.

וכתב הח"א, דבשעת הדחק יש להתיר ע"י א"י, שהא"י יתן המים בשבת, ויגבל ע"י שינוי הנ"ל, **ואם** המים היו רותחין, אסור אפי' ע"י א"י לערות מכלי ראשון, משום מבשל, **אלא** יערה הא"י מתחלה המים לכלי שני, ואח"כ ישפוך המים על המורסן.

ודע, דמורסן הנזכר בשו"ע, הוא קליפת התבואה הנשארת בנפה כשמנפין את הקמח, **ולענין** מוץ הנושרת בעת הדישה, לא נזכר פה בשו"ע, ובודאי יש ליזהר שלא ליתן המים בעצמו בשבת, דלהרבה גדולי הראשונים חייב בזה משום לש.

אות ל'

נותנין מים למורסן

סימן שכד ס"ג- [יז]אין גובלין מורסן לבהמה או לתרנגולים - אף דאינו בר גיבול, [יח]מ"מ גזרו רבנן שמא יבוא לגבל קמח, דחייב משום לש - רמב"ם, [יט]**ודעת** הרבה ראשונים, דאף במורסן חייב משום לש, (דס"ל להיפך, דבדבר דאינו בר גיבול, תיכף משנתן בו מים חייב, וע"כ באפר או חול הגס חייב תיכף משנתן בו מים, [כ]**אך** מורסן מקרי לדידהו בר גיבול, ולכך פטור בעת נתינת המים, וחייב כשגיבלו, כמו קמח, וכ"ז במורסן, אבל במוץ פשוט דאינו בר גיבול לכו"ע, ולדעת אלו ראשונים יש חיוב חטאת כשנותן בו מים בשבת).

ואין חילוק בין אם מגבל הרבה או מעט מעט, (דלא הותר מעט מעט אלא בקלי, **והטעם**, דלא התירו זה אלא במאכל אדם, ולא לטרוח

באר הגולה

[יג] ‹מילואים› [יד] תשובה בשם בעל העיטור ובשם רבי צמח ברבי שלמה [טו] ‹ע"פ הבאר הגולה› [טז] סמ"ג וסמ"ק ובעל התרומה וכרבי בברייתא שם קנ"ה [יז] שבת קנ"ה משנה שם וכ"פ הרי"ף והרא"ש והרמב"ם [יח] ‹אידחי סברא דמ"ד דבמורסן דלאו בר גיבול הוא אפילו ר' יוסי מודה דנתינת מים אסור, ואדרבה מותר - מגיד משנה פ"ח הט"ז› [יט] ‹בפרק מי שהחשיך משמע בהדיא, דחיוב גיבול המורסן מדאורייתא הוא, אע"פ שהרב המגיד מיישב הסוגיא דהתם פרק מי שהחשיך, מ"מ דחוק הוא – עולת תמיד› [כ] ‹דהתם לגבי קמח קאמר דאינו בר גיבול, אבל בר גיבול הוא טפי מדיו – תוס' דף י"ח. ד"ה אבל דיו›

בשביל מאכל בהמה, א"נ דמורסן לבהמה מתאכלי אפילו אם אינו מגבל כל צרכו, היינו רק ע"י שינוי דהעברת שתי וערב, לכך לא רצו להקל בזה ע"י התירא דעל יד על יד).

§ מסכת שבת דף קנו. §

אות א' - ב' - ג' - ד'

דמשני

על יד על יד

הא בעבה, הא ברכה

בשבת נותן את השתית ואח"כ נותן את החומץ

סימן שכא סי"ד - קודם שנבוא לבאר דברי השו"ע, נבאר קצת ענין לישה, לישה היא אחת מל"ט אבות מלאכות, **ואיננו** דוקא ע"י מים, דה"ה בדבש ושומן אווז, וכל מיני משקה שנילוש ונדבק על ידם.

בענין לישה, תניא בברייתא בגמרא, דאם אחד נותן קמח ואחד נותן מים, האחרון חייב דברי רבי, ור' יוסי ב"ר יהודה אומר אינו חייב עד שיגבל, ופסקו רוב הפוסקים כר"י ב"ר יהודה, **אך** דעת בעל התרומות וסייעתו לפסוק כרבי, דע"י נתינת מים נקרא גיבול, (וזו היא דעת הי"א הנזכר בסט"ז, ונ"ל ברור, דאפי' לדעת בעה"ת הזה, דנתינת מים נקרא גיבול, ונתן בו מים מע"ש, מ"מ אם גבל אח"כ בשבת חייב, ולא אמרינן דזה מקרי לישה אחר לישה).

וכ"ז בקמח או עפר וטיט וחול הדק, דהוא בר גיבול, וכל כיוצא בהן, **אבל** בדבר דהוא לאו בר גיבול, כגון אפר וחול הגס, דעת הרמב"ם וסייעתו, דאף אם גבלו פטור מחטאת, ורק איסורא איכא, **ודעת** הרבה ראשונים להיפך, דבדבר דלאו בר גיבול, אף לר' יוסי ב"ר יהודה לא בעי גיבול, ומשנתן בו מים חייב, דזהו גיבולו, (**ובציור** זה, ע"כ ליכא למיחייביה תו עוד משום לש, כשמערב האפר בהמים, לכו"ע).

[א]**אין מגבלין (פי' נתינת מים בקמח נקרא גיבול)** - האי לישנא לאו דוקא, *דהמחבר איירי פה בלישה גמורה, שנותן המים ומגבל, **קמח קלי הרבה, שמא יבא ללוש קמח שאינו קלי; ומותר לגבל את הקלי מעט מעט** - ולא הרבה, בין אם עושה בלילה רכה או קשה, [לשיטת הרמב"ם, **אבל** לשארי פוסקים, גם בקמח קלי מותר כשבלילתו רכה, אפי' הרבה].

ושיעורא דמעט מעט לא ביארו הפוסקים, ונראה דאפי' יש בו כשיעור גרוגרת.

כ"ז הסעיף הוא לשון הרמב"ם, וס"ל דקמח קלי לאו בר גיבול הוא, ודבר דלאו בר גיבול אינו חייב אף כשגבלו, **ואינו** אסור אלא מדרבנן, שמא יבא ללוש קמח שאינו קלי, ובזה אפי' מעט מעט אסור, **ולפיכך** התירו ע"י שינוי דמעט מעט.

(**הנה** בגמרא איתא, דברייתא דמתיר גיבול ע"י שינוי ע"כ ר' יוסי ב"ר יהודה היא דאינו מחייב בנתינת מים, דאל"ה מנתינת מים ליחייב, דבנתינת מים לא שייך שינוי, **וכתב** בפמ"ג דלדעת התוס' בשבת י"ח דס"ל דבדבר דלאו בר גיבול לכו"ע חייב בנתינת מים, **ע"כ** דקמח קלי בר גיבול הוא, והותר הגיבול ע"י שינוי דמעט מעט, וכתב דלפ"ז גם בקמח שאינו קלי מותר ע"י שינוי דמעט מעט לתרנגולים, ע"ש, **וראיתי** בספר נשמת אדם שהשיג עליו בזה, וכתב דלפי מאי דקיי"ל חצי שיעור אסור מן התורה, בודאי גם במעט מעט אסור מן התורה, ולא הותר זה כ"א בקמח קלי דלאו בר גיבול הוא, **ולדעת** התוספות וסייעתם דס"ל דקמח קלי בר גיבול הוא, מפרש מה שאמר הגמרא על יד על יד, דהיינו ע"י שינוי דכלאחר יד, ונסתייע בזה מדברי רש"י <ד"ה רבי יוסי בר יהודה>, **אבל** באמת חלילה לנטות בזה מדברי הראשונים, היינו הרי"ף כתב בהדיא דפירושו מעט מעט, וכן בפירוש ר"ח, וכן כתב בערוך ערך יד, וכן משמע מהרמב"ם, וכן בגמרא ע"ז דף י"ט, וקובץ על יד ירבה, דהתם מוכח שפירושו מעט מעט, **וכן** רש"י גופא בביצה י"ב מפרש על יד על יד מעט מעט, וגם בכאן מה שכתב מעיקרא דהאי גובלין הוא כלאחר יד, ג"כ הכונה דלפי שהוא ע"י שינוי דמעט מעט כדמפרש ר"ח, **לכך קראו כלאחר יד**).

ואפי' לשאר פוסקים דס"ל דקמח קלי בר גיבול הוא, וחייב מן התורה כשגבלו, מ"מ גם הם מודו דע"י שינוי דמעט מעט, שרי בקמח קלי, (**וטעם ההיתר נ"ל, משום דע"י מה שמיבשין הקליות בתנור, ועושין אותן שיהיו ראוין לאכילה, הוא חשיב כמו דבר שנאפה ונתבשל, ולכך אף דע"י נתינת מים שנותנין בתוכו אח"כ הוא מתגבל, אין זה חשיב כמו מלאכת לישה, אלא כמו תיקון אוכל בעלמא, דדרך אכילתו בכך, והוא חשיב כמו רוטב שנותנין בתבשיל, ואין זה מלאכה דאורייתא, ולכך הותר מעט מעט, דחשיב קצת שינוי, א"נ דכוונת הגמרא מעט מעט, הוא ג"כ דוקא בעת האכילה, ומשום דדרך אכילה בכך**).

*[**כן** מוכח בגמרא קנ"ו, אמר ר' חסדא ר' יוסי ב"ר יהודה היא וברש"י שם <ד"ה רבי יוסי בר יהודה>, וכן מוכח ברמב"ם, ע"ש. **ובנתינת** מים לבד נראה דמותר להרמב"ם בקמח קלי, וכמו במורסן דמתיר הרמב"ם {והובא לקמן בסי' שכ"ד ס"ג} בנתינת מים, משום דמורסן לאו בר גיבול הוא, **ואף** לשארי פוסקים דס"ל דקמח קלי בר גיבול הוא, ויש על גיבול איסור תורה, נראה ג"כ דלא גזרו על נתינת מים לבד אטו גיבול, דלא גרע קמח קלי שהוא להאכיל לאדם ממורסן שהוא להאכיל לשוורים, <ע"ש בבה"ל>. **אח"כ** מצאתי שכ"כ בנ"א, שאיזה תלמיד טועה הגיה כן בשו"ע].

באר הגולה

א | שם קנ"ה בברייתא וכרבי יוסי ברבי יהודה, הרי"ף והרא"ש ורמב"ם

רבי יוסי בר יהודה היא · (דאי רבי לא מהני ליה שינוי דמנסיכת מים מיחייב אפילו במידי דלאו בר גיבול כדאמרינן גבי מורסן אבל לרבי יוסי בר יהודה) דאמר עד שיגבל הכא גובלין כלאחר יד כדמפרש ואזיל והנ"מ הוא דקא משני: **שבוחשין** · בתרווד דהיינו גובלין: **ושותים זיתום המצרי** · דבלאו רפואה נמי משקה הוא דתנן כל המשקין שותה אדם לרפואה (לעיל דף קט:): **בעבה** · אין גובלין ברכה טחנין שאין זו לישה: **בחול נותן החומץ כו'** · כלומר כן דרכו בחול: **לגבלא דבי נשיה** · שומר בהמות אביו ומגבל מאכלן: **דקא גביל** · מורסן ע"י שינוי: **בטש ביה** · תורה אור

רבי יוסי בר' יהודה היא והנ"מ הוא [א]דמשני היכי משני א"ר חסדא על [ב]יד על יד *ושוין שבוחשין את השתית בשבת ושותים זיתום המצרי והאמרת אין גובלין ל"ק הא [ג]בעבה הא ברכה והני מילי הוא דמשני היכי משני אמר רב יוסף בחול נותן את החומץ ואח"כ נותן את השתית [ד]בשבת נותן את השתית ואח"כ נותן את החומץ לוי בריה דרב הונא בר חייא אשכחיה לגבלא דבי *נשיה דקא גביל וספי ליה לתוריה בטש ביה *אתא אבוה אשכחיה א"ל הכי אמר אבוה דאמך משמיה דרב ומנו רבי ירמיה בר אבא גובלין ולא מספין ודלא לקיט בלישניה מהלקיטין ליה וה"מ הוא דמשני היכי משני אמר רב יימר בר שלמיא משמיה דאביי שתי וערב והא לא מערב שפיר אמר רב יהודה מנערו לכלי כתיב אפינקסיה דזעירי אמרית קדם רבי ומנו רבי חייא מהו לגבל אמר אסור מהו לפרק אמר מותר אמר רב [*מנשיא] חד קמי חד תרי קמי תרי שפיר דמי תלתא קמי תרי אסור רב יוסף אמר קב ואפילו קביים עולא אמר כור ואפילו כוריים כתיב אפינקסיה דלוי אמרית קדם רבי ומנו רבינו הקדוש על דהוו גבלין שתיתא בבבל והוה צוח רבי ומנו רבינו הקדוש על דהוו גבלין שתיתא ולית דשמע ליה ולית חילא בידיה למיסר מדרבי יוסי בר' יהודה כתיב אפינקסיה דרבי יהושע בן לוי האי מאן דבחד בשבא יהי גבר ולא חדא ביה מאי [ולא חדא ביה] אילימא ולא חד לטיבו והאמר רב אשי אנא בחד בשבא הואי אלא לאו חדא לבישו והאמר רב אשי אנא ודימי בר קקוזתא הויין בחד בשבא אנא מלך והוא הוה ריש גנבי אלא אי כולי לטיבו אי כולי לבישו (מאי טעמא דאיברו ביה אור וחושך) האי מאן דבתרי בשבא יהי גבר רגזן מ"ט משום דאיפליגו ביה מיא האי מאן דבתלתא בשבא יהי גבר עתיר וזנאי יהא מ"ט משום דאיברו ביה עשבים האי מאן דבארבעה בשבא יהי גבר חכים *)ונהיר מ"ט משום דאיתלו ביה מאורות האי מאן דבחמשה בשבא יהי גבר גומל חסדים מ"ט משום דאיברו ביה דגים ועופות האי מאן דבמעלי שבתא יהי גבר חזרן אמר ר"נ בר יצחק חזרן במצות האי מאן דבשבתא יהי בשבתא ימות על דאחילו עלוהי יומא רבא דשבתא אמר רבא בר רב שילא וקדישא רבא יתקרי אמר להו רבי חנינא פוקו אמרו ליה לבר ליואי לא מזל יום גורם אלא מזל שעה גורם האי מאן דבחמה[א] יהי גבר זיותן יהי אכיל מדיליה ושתי מדיליה ורזוהי גליין אם גניב לא מצלח האי מאן דבכוכב נוגה יהי גבר עתיר וזנאי יהי מ"ט משום דאיתיליד ביה נורא האי מאן דבכוכב יהי גבר נהיר וחכים משום דספרא דחמה הוא האי מאן דבלבנה יהי גבר סביל מרעין בנאי וסתיר סתיר ובנאי אכיל דלא דיליה ושתי דלא דיליה ורזוהי כסיין אם גנב מצלח האי מאן דבשבתאי יהי גבר מחשבתיה בטלין ואית דאמרי כל דמחשבין עליה בטלין האי מאן דבצדק יהי גבר צדקן אמר ר"נ בר יצחק וצדקן במצות האי מאן דבמאדים יהי גבר אשיד דמא א"ר אשי אי אומנא אי גנבא אי טבחא אי מוהלא אמר רבה אנא במאדים הואי אמר אביי מר נמי עניש וקטיל איתמר רבי חנינא אומר מזל מחכים מזל מעשיר ויש מזל לישראל רבי יוחנן אמר אין מזל לישראל ואזדא רבי יוחנן לטעמיה *דא"ר יוחנן מניין שאין מזל לישראל שנאמר °כה אמר ה' אל דרך הגוים אל תלמדו ומאותות השמים אל תחתו כי יחתו הגוים מהמה *הם יחתו ולא ישראל ואף רב סבר אין מזל לישראל דאמר רב יהודה אמר רב מניין שאין מזל לישראל שנאמר *°ויוצא אותו החוצה אמר אברהם לפני הקב"ה רבש"ע °בן ביתי יורש אותי אמר לו לאו °כי אם אשר יצא ממעיך אמר לפניו רבש"ע נסתכלתי באיצטגנינות שלי ואיני ראוי להוליד בן אמר ליה צא מאיצטגנינות שלך שאין מזל לישראל מאי דעתיך דקאי

*) [פי' וכרן ערוך]

ירמיה י · בראשית טו · שם · שם

מהו לפרק · פירש בקונטרס לפרק מלפני בהמה זו וליתן לפני אחרת וכן פירש בערוך בערך פרק וקשה לר"י דהיינו מתניתין גבי בהמה (לעיל דף קמ:) ונראה לר"י לפרק היינו להריק המים וגם המורסן מכלי אל כלי שתגבל היטב ובערוך פירש כמה לשונות:

אין מזל לישראל · והא דאמר רבא בשילהי מו"ק (דף כח. ושם) בני חיי ומזוני לאו בזכותא תליא מילתא אלא במזלא תליא מילתא מכל מקום על ידי זכות גדול משתנה אבל פעמים שאין המזל משתנה כדאמר ביבמות פרק החולץ (דף נ. ושם) זכה מוסיפין לו לא זכה פוחתין לו (דאין מזל לישראל): כלדאי

דהא לכולי עלמא אבל לא גובלין תנן: **גובלין** · מורסן ע"י שינוי כדמפרש ואזיל והוא דקא משני: **ולא מספין** · לשורי אין מאכילין אותן: **ודלא לקיט בלישניה** · עגל קטן שעדיין לא למד לאכול: **והני מילי** · דאמרן דמותר לגבל מורסן: **שתי וערב** · פעם אחת מוליך המקל שתי ופעם אחת ערב: **מנערו לכלי** · והוא מתערב מאליו: **אפינקסיה** · לוחות קשורות זו עם זו כאותן של סוחרים: **מהו לפרק** · לתת מתוך כלי שלפני בהמה זו ולתת לפני חברתה: **חדא קמי חדא** · מילתא באפי נפשה היא חדא מדה שרגילין לתת לפני בהמה מותר לתת לפניה בשבת וכן תרתי קמי תרתי האוכלות באבוס אחד: **אבל תלתא קמי תרתי** · הואיל ובחול לא יהיב להו כי האי הוי טרחא דלא צריך וכ"ש תרתי קמי חדא: **אמרית קמיה רבי** · רבי לוי משתעי דהוא אמר קדם רבי על הנך אינשי דגבלין שתיתא: **מדר' יוסי בר יהודה** · בר פלוגתיה דהוה שרי לעיל אף בעבה ועל ידי שינוי והיו נוהגין כמותו: **האי מאן דבחד בשבא** · הנולד באחד בשבת: **יהא גבר ולא חדא ביה** · יהא אדם שלם במדה אחת יהא ולא אחת בו ממדה אחרת ולקמן מפרש לה ואזיל: **והוא ריש גנבי** · דמאן דבחד בשבא יהא ראש כמו שהיום ראש למעשה בראשית מיהו שמע מינה דנולדים בו לצדיקים ורשעים: **דאיפליגו מיא** · כך הוא יבדל מכל אדם: **וזנאי** · נואף: **דאיברו ביה עשבים** · דכתי' (בראשית א) תדשא הארץ והוא דבר שפרה ורבה מאד וממהר לגדל ולצמוח דהוא ענין פריצות אשוו"א בלע"ז [נ"א] דלא כתיב למינהו בעשבים בלוויים (ועוד) שיונקין בערבוביא ויונקין זו מזו: **ונהיר** · זיותן: **דאיתלו ביה מאורות** · וכתיב ותורה אור: **דאיברו ביה דגים ועופות** · שאין טורחין לאוכלין אלא ניזונים בחסדו של הקב"ה: **חזרן** · מחזר אחר מצות: **חזרן במצות** · שכן דרך ע"ש לחזור אחר מצות שבת: **וקדישא רבא יתקרי** · שיהא פרוש וקדוש דכתיב (שמות כ) ויקדשהו: **אמר להו רבי חנינא** · לתלמידים שקראו פנקסו של ר' יהושע: **מזל שעה** · ז' מזלות הן המשמשין את השעות הנכ"ל שצ"ם חמה היינו חמה ממש והוא אחד מן המזלות וכן לבנה והשאר הויין כוכבים: **זיותן** · כשמש המאיר: **אכיל מדיליה** · כשמש שאינו מסיג גבול רעהו למשול בלילה: **ורזוהי גליין** · אין לו רשות לכסות סודו ונסתרותיו אלא כשמש הזה שהוא פומבי לכל: **דסלי ביה נורא** · אש תלוי באותו מזל יקר של השמים בוער כתנור: **מזל כוכב** · הוא סופר של מזל חמה לכתוב דרך הילוכו ותקופותיו ומלוי אללו תמיד: **סביל מרעין** · כלבנה זו[ג] שמתכווצה והולכת: **בנאי וסתיר** · כלבנה זו שגדילה ומתמעטת: **אכיל לא דיליה** · כלבנה המסגת גבול החמה למשול אף ביום: **ורזוהי כסיין** · כלבנה שאינה מאירה: **דבשבתאי** · מזל כוכב ששמו שבתאי: **בטלין** · כמו לא ישבותו (בראשית ח): **לדקן במצות** · לדקה לעניים דקרי ליה מלוה (בכל לשון אגדה: **גנבא** · ליסטים ההורג נפשות: **אומנא** · מקיז דם: **ענים** · בני אדם העוברין על דבריו: **מזל מחכים** · לפי המזל היא החכמה כדאמר דבחמה נהיר וחכים ויש מזל לישראל שאין תפלה ולדקה משנה את המזל: **אין מזל לישראל** · דעל ידי תפלה וזכות משתנה מזלו לטובה: **איצטגנינות** · חכמת המזלות: **צא מאיצטגנינותיך** · היינו דכתיב ויוצא אותו החוצה חוץ מאיצטגנינותו: דקאי

מסורת הש"ס

יבמות ...

ברכות לח.

[נ"ל נשא ועמ"ש תוספו' לעיל כג: ד"ה דבי]

(סוכה כט.)

[סוכה כט.]

[נדרים לב.]

הגהות הב"ח

(א) גמ' מאן דבחמה יהא גבר · נ"ב תחלת סדר הליכתן שצ"ם חנכ"ל [וכאן קט חנכ"ל שצ"ם] לפי סדר סימני הימים חל"ם כצ"ש נקט חמה ברישא וכדר קט נגה וכו' לפי סדר [השעות והמזלות כשתחיל ממזל חמה שהוא משמש בתחלת יום א' נמצא סדר השעות] חנכ"ל שצ"ם ותוזר חלילה כדאיתא ברש"י ס"פ מספין ועי"ש:(ב) רש"י ד"ה סביל וכו' זו שמתמעטת והולכת:

גליון הש"ס

גמרא אתא אבוה אשכחיה · עי' לעיל דף כג ע"ב תוס' ד"ה דבי נשא: רש"י ד"ה אכיל דלא דיליה כלבנה המסגת · עיין דבר נחמד בזה דכהנות אור לבעל שמ"ח בפ' בראשית:

עין משפט נר מצוה

לא א ב ג ד מיי' שם הלכה לג סמג שם טוש"ע א"ח סימן שכד סעיף יד:

[פי' תוספות חולין ד. ד"ה מכניס וכו' דגרסי' רב מנשה]

ר"מ מתחק זה

רבינו חננאל

ואין צ"ל שמלקטין כו' ופריק רב יהודה הכי לעולם פי' מתניתא דאמר כך היא מהלקטין דספו ליה בידיה והיא פחותה מהלעטה שאמרנו ומלקטין שמשליך לפניה שעורים וכיוצא בהן דברים שהן מאכל לעופות · ואין משליכין מאכל לפני יוני שובך ויוני [עליה] לפי שאינן [בני] תרבות ואין מזונותן עליך וכי [הא] דתניא נותנין מזונות לפני הכלב ואין נותנין מזונות לפני חזיר ומה הפרש בין זה לזה כלב מזונותיו עליך חזיר אין מזונותיו עליך ובא רב אשי לסייע דברי רב יהודה ולומר שנויא דשני שינויא היא מדוקיא דמתניתין דקתני אין נותנין מים לפני דבורים ולפני יונים שבשובך אבל נותנים לפני אווזים ותרנגולים ולפני יונים הרדוסיית מ"ם לאו משו' דהני מזונותיו עליך והני אין מזונותיו עליך ולא עמדו דברי רב אשי והלכה כרב יהודה דתניא כוותיה דתניא איזו היא המראה ואיזו היא הלעטה המראה מרביצה ופוקם את פיה ומאכילה כרשינין ומים בב"א · הלעטה מאכילה מעומד ומשקה מעומד ונותן לה כרשינין בפ"ע ומים בפ"ע: מהלקטין לתרנגולים ונותנין מים למורסן אבל לא גובלין אוקימנא לר' יוסי ב"ר יהודה דתניא אחד נותן את הקמח ואחד נותן לתוכו מים האחרון חייב דברי ר' ור' יוסי בר יהודה אומר עד שיגבל אלמא אמרינן [דנתינת מים זהו גיבולו] דלמא עד כאן לא קאמר ר' יוסי ב"ר יהודה עד שיגבל אלא בקמח דבר גיבול הוא' אבל מורסן דלאו בר גיבול הוא אפי' ר' יוסי ב"ר יהודה מודי שנתינת מים למורסן אסור שזהו גיבולו ואשכחנן תניא בהדיא אין נותנין מים למורסן דברי ר' [ר'] יוסי ב"ר יהודה אומר נותנים מים למורסן ואע"ג דבכל מקום הלכתא כרבי מחבירו הבא הלכה כר' יוסי דתנינן מתניתין סתמא כוותיה ותוב מ"נא דכתוב אפינקסיה דלוי אמרית קדם רבינו הקדוש והוא רבי עד דהוו גבלין שתיתא בבבל והוא צווח רבי דלית דשמע ליה ולית חילא בידיה למיסר מדר' יוסי ב"ר יהודה מהא נמי שמעינן דהלכתא כר' יוסי ב"ר יהודה דהוא בר פלוגתיה לא אמר ונפק עובדא כוותיה: ת"ר אין גובלין את הקליא וי"א גובלין ואמרינן מאן י"א ואמר רב חסדא ר' יוסי ב"ר יהודה היא והוא דמשני היכי משני אמר רב חסדא על יד על יד פי' מעט מעט מדמתרץ רב חסדא אליבא דר' יוסי ב"ר יהודה

ודע, דלהי"א המובא לקמן בסט"ז, גם בענין זה אסור לגבל אפי' מעט מעט, ‹באופן של בלילה עבה›, אא"כ נתן על הקמח מים מבעוד יום.

[ב]**אבל תבואה שלא הביאה שליש, שקלו אותה ואח"כ טחנו אותה טחינה גסה, שהרי היא כחול, והיא הנקראת שתיתא, מותר לגבל ממנה בחומץ וכיוצא בו הרבה בבת אחת; והוא שיהיה רך** - דלא שייך למיגזר דלא ליתי למיחלף בלישת קמח שאינו קלי, דאינו בכלל קמח, לפיכך התירו בזה ברכה, אפילו הרבה. **אבל קשה אסור, מפני שנראה כלש** - ר"ל הרבה, אבל מעט מעט מותר אפי' בקשה, וכמו לעיל בקמח קלי.

(ואפי' בכך) צריך לשנות, כיצד, נותן את השתיתא ואח"כ נותן את החומץ - ‹בגמ' משמע דברכה סגי בשינוי שנותן קמח תחילה, וא"צ שינוי בגיבול, **אבל** בתה"ד כ' די"ל שצריך שינוי גם בגיבול - חזו"א. **וכן** מבואר ברמ"א לקמן סעיף ט"ז.

וכ"ז אם עושה הרבה, אבל אם עושה מעט מעט, מותר אפי' בעבה ובלי שינוי, לדעה זו, [בין אם הטחינה גסה או דקה, דלא חמירא מקמח קלי דמותר אפי' בעבה אם עושה מעט]. **דלהי"א** בסט"ז, אסור בעבה בכל גווני, [גם בקמח קלי].

עיין בט"ז שכתב, דאסור לערב בשבת של פסח קמח שעושין מטחינת מצה אפויה, ליתנן ביין או במי דבש, **אף** דדמי לשתיתא, שהוא טחינה גסה, ושם מותר ברכה, **היינו** ע"י שינוי, אבל בקמח זה אין ידוע מה נותן תחלה בחול, כדי לידע מה הוא השינוי, ע"כ אסור אם עושה הרבה, **ובא"ר** כתב, דאם אין ידוע, יעשה שינוי דמפרש בגמ', שיתן המאכל תחלה ואח"כ המשקה, **וטוב** להחמיר שלא לערב בכף, רק מנענע הכלי עד שיתערב.

כתב המ"א, דאסור להשתין על טיט משום גיבול, [**אולי** אף בטיט קשה, כי נימוח לבסוף]. **וכונתו**, אפי' לרוב הפוסקים דס"ל, דבדבר שהוא בר גיבול אינו חייב עד שיגבל, מ"מ איסורא מיהו איכא, **וה"ה** בעפר תיחוח ובחול, **ואף** דהוא אין מכוין ללישה, מ"מ פ"ר הוא.

וכלי שרוקק בו, או רוחץ בו פיו בשבת, ותחתיו יש חול הדק או גס, יש לעיין אם הוא אסור או מותר, דאולי הוי פסיק רישא דלא ניחא ליה, **ומצאתי** בספר בית מאיר, דמתיר מטעם פסיק רישא דלא ניחא במקום הצורך, אפי' להשתין על טיט, [דהוא פסיק רישא דלא ניחא לה באיסור דרבנן]. **ונראה** דיש לסמוך ע"ז במקום שהטיט אינו שלו, דאז בודאי לא ניחא ליה בלישתה.

כתב הח"א, כשמכסה מי רגלים בחול ואפר, וכשיתן מעט יהיה מתערב במי רגלים, והוי כמו לישה, [**ובזה** לא שייך פסיק רישא דלא ניחא, דבאמת ניחא ליה שיבלע המי רגלים בתוך האפר וחול, כדי שלא יהא מינכר], **ומנתינת** מים חייב להרבה פוסקים, [דבאפר וחול הגס, הלא הרבה ראשונים ס"ל דחייב מנתינת מים, ואפי' בחול הדק, ג"כ דעת בעה"ת לחיוב מנתינת המים], **ולכן** יתן הרבה אפר וחול, ואז לא ניכר כלל הלישה.

אות ד'* [ג]

היכי משני, אמר רב יימר בר שלמיא משמיה דאביי: שתי וערב; והא לא מערב שפיר, אמר רב יהודה: מנערו לכלי

סימן שכד ס"ג - אבל נותנים בו מים, [ד]ומעביר בו תרווד או מקל שתי וערב, כיון שאינו ממרס בידו, ולא מסבב התרווד או המקל, מותר - אבל אם ממרס או מסבב בהתרווד, נראה כלש.

‹**עיין בב"י וב"ח שמצדדין לומר, דאפילו מעביר כמה פעמים שתי וערב שפיר דמי, כיון שאינו ממרס בידו, ולא מסבב בהמקל**›.

[ה]**ומנערו מכלי אל כלי כדי שיתערב.**

‹**והא דהתיר במורסן לכתחילה, אף דיש איסור מדרבנן בנתינת מים אפי' לר' יוסי ב"ר יהודה, שמא יבוא לגבל, דעת הרמב"ם, משום דאפי' כי גבלו לית בה איסור דאורייתא, ולכך לא גזרו על נתינת המים, ‹ולפי שארי פוסקים דסברי דיש איסור דאורייתא במורסן›, י"א דטעם ההיתר הוא משום שצריך להאכיל לבהמה ולעוף, ולכך לא גזרו רבנן**›.

באר הגולה

ב שם ברמב"ם לפי גרסתו ‹אבל רבינו ז"ל מפרש שאין השתית קלי, לפי שהשתית הוא מקמח תבואה שלא הביאה שליש כמו שהזכיר, ונראה שהוא אינו גורס "והא אמרת אין גובלין", אלא "והא תניא אין גובלין", וזה נכון בפירוש השמועה - כסף משנה› ג ‹ע"פ הבאר הגולה› ד שם קנ"ו כאביי ה שם כר' יהודה

ואם מותר ליתן מים לתוך הקמח באופן זה, ט"ז כתב דזה תליא, דלהרמב"ם אסור, ולשארי פוסקים מותר, (כשהוא צריך להאכיל לעופות), **וכל** זה לדעה קמייתא זו, אבל לדעת הי"א שהובא בסוף הסעיף, דס"ל דאפי' לתוך המורסן אסור ליתן מים, משום דנתינת המים זהו גיבולו, כ"ש לתוך הקמח דהוא בכלל גיבול.

[ו] **ומותר לערב המורסן בדרך זה בכלי א', ומחלק אותו בכלים הרבה, ונותן לפני כל בהמה ובהמה; ומערב בכלי א' אפי' כור ואפי' כורים** - והוא ששיעור זה צריך לו לחלק לפניהם באותו יום השבת, דאל"ה אסור לטרוח טרחא דלא צריכא, [ז] [מ"א].

באר הגולה

[ו] **רמב"ם בפכ"א שם** (כן פי' הרמב"ם מש"כ שם מהו לפרק כו' - גר"א), {רש"י פי' לתת מתוך כלי שלפני בהמה זו ולתת לפני חברתה, והרמב"ם מפרש דקאי על מערב, דמותר לערב מכלי אחד אפי' לכלים הרבה, ואפי' הכלי מחזיק כור - דמשק אליעזר} [ז] (וקשה דאמרינן בגמרא אפי' כור ואפי' כוריים וכו', עבב"י שנדחק בזה, ולי קשה עוד, דהא כתב בח"מ סימן של"ח דמאכל פרה ד' קבין ליום, וא"כ היכי קאמר רב יוסף אפי' קביים, מאי אפי' הוא זה, **לכן** נראה דודאי לכו"ע אסור להכין יותר מהצריך ליום, אלא דרב מנשיא אוסר להכין יותר ממה שרגילים בפעם אחת בחול, וזה התירו רב יוסף - מ"א. **דודאי** ארבעה קבים שהוא מאכל פרה ליום, אין נותנים לה בפעם אחת, אלא מחלקים אותן לכמה פעמים, ודרך משל, אם נותנים לה בפעם אחת קב אחד, ולא התיר רב מנשיא כי אם ליתן לה ולגבל כי אם קב אחד לפרה אחת, **ורב** יוסף הוסיף אפי' קביים אע"ג דדי לה בפעם אחת בקב אחד, מ"מ התירו קביים, אבל לא יותר, אע"ג שמאכלה כל יום ארבעה קבים. **ועולא** הוסיף להתיר אפילו כוריים, היינו אם יש לו כ"כ בהמות רבות שצריכים לכוריים ביום שבת, מותר ליתן לפניהם בפעם אחת כל הכוריים - מחה"ש)

דקאי צדק במערב מהדרנא ומוקמינא ליה במזרח והיינו דכתיב °מי העיר ממזרח צדק יקראהו לרגלו ומדשמואל נמי אין מזל לישראל דשמואל ואבלט הוו יתבי והוו קאזלי הנך אינשי לאגמא א"ל אבלט לשמואל האי גברא אזיל ולא אתי טריק ליה חויא ומיית א"ל שמואל אי בר ישראל הוא אזיל ואתי אדיתבי אזיל ואתי קם אבלט שדיה לטוניה אשכח ביה חויא דפסיק ושדי בתרתי גובי א"ל שמואל מאי עבדת א"ל כל יומא הוה מרמינן ריפתא בהדי הדדי ואכלינן האידנא הוה איכא חד מינן דלא הוה ליה ריפתא הוה קא מיכסף אמינא להו אנא קאימנא וארמינא כי מטאי לגביה שואי נפשאי כמאן דשקילי מיניה כי היכי דלא ליכסוף א"ל מצוה עבדת *נפק שמואל ודרש °וצדקה תציל ממות ולא ממיתה משונה אלא ממיתה עצמה ומדר"ע נמי אין מזל לישראל דר"ע הויא ליה ברתא אמרי ליה כלדאי ההוא יומא דעיילה לבי גננא טריק לה חויא ומיתא הוה דאיגא אמילתא טובא ההוא יומא שקלתה למכבנתא דצתא בגודא איתרמי איתיב בעיניה דחויא לצפרא כי קא שקלה לה הוה קא סריך ואתי חויא בתרה אמר לה אבוה מאי עבדת אמרה ליה בפניא אתא עניא קרא אבבא והוו טרידי כולי עלמא בסעודתא וליכא דשמעיה קאימנא שקלתי (א)*לריסתנאי דיהבית לי יהבתיה ניהליה אמר לה מצוה עבדת נפק ר"ע ודרש וצדקה תציל ממות ולא ממיתה משונה אלא ממיתה עצמה ומדר"נ בר יצחק נמי אין מזל לישראל דאימיה דר"נ בר יצחק אמרי לה כלדאי בריך גנבא הוה לא שבקתיה גלויי רישיה אמרה ליה °כסי רישך כי היכי דתיהוו עלך אימתא דשמיא ובעי רחמי לא הוה ידע אמאי קאמרה ליה יומא חד יתיב קא גריס תותי דיקלא נפל גלימא מעילויה רישיה דלי עיניה חזא לדיקלא אלמיה יצריה סליק פסקיה לקיבורא בשיניה: **מתני'** * °מחתכין את הדלועין לפני הבהמה °ואת הנבלה לפני הכלבים רבי יהודה אומר אם לא היתה נבלה מערב שבת אסורה לפי שאינה מן המוכן: **גמ'** איתמר (ער"ל שח"ז סימן) אמר עולא הלכה כרבי יהודה (*ושמואל אמר הלכה כר"ש) ואף רב סבר הלכה כרבי יהודה *דרב אסר מדכרכי דזוזי ושמואל שרי ואף לוי סבר הלכה כרבי יהודה כי הא דלוי כי הוו מייתי טריפתא לקמיה ביומא טבא לא הוה חזי לה אלא כי יתיב *אקילקליתא דאמר דילמא לא מתכשרא ואפילו לכלבים לא חזיא ושמואל אמר הלכה כרבי שמעון ואף זעירי סבר הלכה כר"ש דתנן *בהמה שמתה לא יזיזנה ממקומה ותרגמא זעירי °בבהמת קדשים אבל בחולין שפיר דמי ואף רבי יוחנן אמר הלכה כר"ש ומי א"ר יוחנן הכי *והא א"ר יוחנן הלכה כסתם משנה ותנן
אין

רש"י

דקאי צדק · שהוא מזל שלך : במערב · שהוא מקום מגונן ואין ראוי להוליד כך מצאתי בהש"ם רבינו הלוי : במזרחו · שהוא מקום חום : צדק · הקב"ה קראו להביאו למזרח : לרגלו · בשבילו : אבלט · שם חכם נכרי היה וחוזה בכוכבים : אזיל ואתי · דאין מזל לישראל ויועיל לו תפלה : בתרתי גובי · בשתי חתיכות שקצצו עם הקנים בלא יודע : מרמינן בהדדי · מטילין פת [לסל] לכל החבורה כאחד ואוכלין יחד והאחד גובה מכולן : אנא קאימנא ומרמינא · אגבה ואשים בסל : שוואי נפשאי כמאן דשקלי מיניה · עשיתי עצמי כגובה ממנו וכתתי משלי חלקו : לא ממיתה משונה · ומיהו מיתה הגונה ימות אלא ממיתה עצמה מצלת ונותנת חיים : כלדאי · חוזים בכוכבים : דלמא · תחבתה : למכבנתא · [אישפינגלי"ו בלע"ז] נושקא של זהב שיש כמו טס בראשה : ריסתנאי · אמנשטריישו"ן : ובעי רחמי · בקש רחמים שלא ישלוט בך יצר הרע : קיבורא · אשכול תמרים והדקל לא שלו היה : **מתני'** את הדלועין · התלושין ומיהו סתמן לאו למאכל בהמה קיימי אלא לאדם : ואת הנבלה · שנתנבלה היום ובין השמשות היתה עומדת לאדם ואפ"ה מחתכין : **גמ'** כר"ש · דלית ליה מוקצה : מדכרכי דזוזי · מחצלות העשויות לספינות לכסות פרקמטיא שבתוכן · זוזי ספינות בלשון ארמי כך מצאתי בתשובת הגאונים : כי הוו מייתי טריפתא לקמיה · בהמה שנולד בה ספק טרפות וצריכה להוראת חכם : אקלקילתא · על האשפה שאם יראנה טריפה יניחה שם : ואפילו לכלבים לא חזיא · דנשחטה היום ולא יוכלו לטלטל כרבי יהודה : תרגמא זעירי · במסכת ביצה בבהמת קדשים דאסורה בהנאה ולא חזיא לכלבים הא דחולין שפיר דמי להאכילה לכלבים :
אין

תוספות

כלדאי · בסוגיא משמע דהיינו חוזים בכוכבים ולא כמו שפירש"י בערבי פסחים (דף קיג:) מניין שאין שואלין בכלדאים שנאמר תמים תהיה וגו' ופירש דהיינו אוב ועוד קשה דבהדיא כתיב אל תפנו וגו' ובספרי דרש מנין שאין שואלין בגורלות שנאמר תמים תהיה וגורל וחוזה בכוכבים חדא מילתא היא :

רבי יהודה אומר אם לא היתה נבלה מע"ש כו' · תימה היכי מוכח בפסחים פרק מקום שנהגו בסופו (דף נו: ושם) ובפ"ק דביצה (דף ו: ושם) מהך מתניתין דמוכן לאדם לא הוי מוכן לכלבים לעולם מוכן לאדם הוי מוכן לכלבים והכא היינו טעמא דאסירא לכלבים משום דהואי מוקצה מחמת איסור שלא היתה ראויה אף (לא) לאדם (ולא לכלבים) ותירץ ר"י דיש דברים ראויים ליתן לפני הכלבים חיים כגון עופות וכיוצא בהן הלכך אי לאו דמוכן לאדם לא הוי מוכן לכלבים הוה שריא ליתן לכלבים וה"ר יצחק בן הר"ר מאיר גרים במתני' אם לא היתה נבלה מעיו"ט אסורה השתא אתי שפיר בפשיטות דמוכן שפיר לאדם ואינו מוקצה מחמת איסור ולא נהירא לי דברים בילה (דף ב·) דייק מינה דגבי שבת סתם לה תנא כר"ש אלמא גבי שבת מיתניא וה"ר פורת מפרש דממשנה יתירה דייק דה"ל למתני אם לא היתה נבלה מע"ש אסורה ותו לא דמאי צ"ל לפי שאינה מן המוכן אלא להכי תני לה דאפילו הוי מוכן לאדם לגמרי שלא היה מוקצה מחמת איסור לא הוי מוכן לכלבים · מ"ר :

ושמואל אמר הלכה כר"ש · תימה לר"י תרתי דשמואל למה לי דתיפוק ליה מההיא דכרכי דזוזי ועוד לחלבה ורחל לגיזתה דשילהי פ"ק (דף יט: ושם) ותירץ ר"י דמוקצה דהתם קיל ממוקצה דהכא :

תרגמא זעירי בבהמת קדשים · תימה לר"י היכי מוכח מהכא דס"ל כר"ש ע"כ איצטריך לאוקמה בבהמת קדשים כדמוכח פרק אין צדין (ביצה דף כז:) משום דמתני' נמי דיקא דקתני עלה ולא החלה שנטמאת מה חלה דקדשים אף בהמה דקדשים ומכח האי דיוקא פריך התם למר בר אמימר דאמר מודה היה ר"ש בבעלי חיים שמתו שאסורין ודחיק ר"י לתרץ °דהכי קים ליה להש"ס שלא פירש זעירי כן אלא משום דבעי לאוקמה כר"ש · מ"ר :

והא א"ר יוחנן הלכה כסתם משנה ותנן אין מבקעין כו' · תימה לר"י היכי מוכח מהכא דלא ס"ל כר"ש דההיא ודאי כרבי יהודה דשמא אית ליה לרבי יוחנן מיגו דאיתקצאי לבין השמשות איתקצאי לכולי יומא וקורה שנשברה אפילו לר"ש איתקצאי בין השמשות קודם שבירתה דהואי מוקצה מחמת חסרון כיס דמודה ביה ר"ש אבל במתניתין לא איתקצאי בין השמשות דלית ליה ההיא מוקצה מה שהיא עומדת לאדם והיה רוצה רבי לתרץ דלאו אית ליה לר' יוחנן מיגו דאיתקצאי היה אוסר ודאי לטלטל בהמה שנתנבלה בשבת שהרי נהי שהיתה ראויה לכלבים(ג) בלא שחיטה כדפירשית לעיל מיהו לטלטל היתה אסורה דכולי עלמא מודו דבעלי חיים הם מוקצים הוה לן למימר מיגו דאיתקצאי ודנתי לפני רבי כיון שהיא ראויה לכלבים משום שהיא מוקצה לטלטל אין נט לאוסרה לטלטל נבלה בשבת מידי דהוה אפירות הנושרין דאלינן טעמא בריש ביצה (דף ב·) שמא יעלה ויתלוש ומשום מוקצה לא אסירי לטלטל כיון דחזו לעורבים בעודן מחוברין אע"פ (ג)שבעת חבורן היו אסורין לטלטל ותירץ רבי דמסתמא מתניתין בכל ענין איירי בין אותן שראויין לכלבים בעודן חיים בין שאינן ראויין לכלבים דבכולהו שרי ר"ש ואכולהו קאי רבי יוחנן דאמר הלכה כרבי שמעון דמתניתין ולא למחצה אלמא לית ליה מיגו דאיתקצאי · מ"ר :

והא אמר רבי יוחנן הלכה כסתם משנה בריש ביצה (דף ב·) אמרינן גבי שבת דסתם לן תנא כר"ש משמע דחשיב לסתמא דמתני' סתמא·אמר רבי לאו משום סתמא קאמר דודאי לא חשיב כסתמא כיון דבמתניתין נמי פליג רבי יהודה וסתמא לאו דוקא אלא חשיב כרבים · מ"ר*) :
*) [ועי' תוספות ביצה ב: ד"ה גבי שבת]
אין

עין משפט נר מצוה

לב א טוש"ע י"ד סימן רמו סעיף ד :
לג ב טוש"ע א"ח סימן ב סעיף ו :
לד ג ד מיי' פכ"ה מהלכות שבת הל' יח סמג שם טוש"ע א"ח סימן שכד סעיף ו ז :
לה ה מיי' פ"ב מהלכות י"ט הלכה טו סמג לאוין עה :

רבינו חננאל

הלכתא כוותיה ונתברר שהלכה כר' יוסי ב"ר יהודה שנותנין מים למורסן וגובלין את הקליא מעט מעט · ושוין שבוחשין את השתית בשבת·פי' השתית היא שתיתא דאמור רבנן בכיצד מברכין (דף לח פ"א) ודברי הכל מותר לבחוש בשבת והוא נתינת השתית שהוא הקליא בכלי ואחר כך יתן בו חומץ ויערבנו שתי וערב בתרווד או כיוצא בו כלי הניטל בשבת וינער אח"כ את הכלי לכלי אחר אבל לא יערבנו כדרך טריסה שמריץ התרווד סביבות כל הכלי שבתוכו השתית אלא שתי וערב בלבד · והני מילי דבחיש בה רכה אבל לבוחשה עבה גיבול הוא ואסור · ואקשינן עלה היכי אסרת דשוין שבוחשין את השתית ומי שרי והא אסרת רישא אין גובלין את הקליא.כלומר ת"ק ור"א (אסור)[מתיר] גיבול הקליא וקתני סיפא דשוין שבוחשין את הקליא מכלל דאפי' [ת"ק] שרי ומפרקי' ל"ק הא דתני אין גובלין בעבה וסיפא דקתני ושוין שבוחשין ברכה והוא דמשני ממעשה דחול שדרכו בחול נותן החומץ ואחר כך הקמח ובשבת ישנה יתן השתית ואחר כך יתן החומץ ואפילו נתינת מים למורסן כעין גיבול בשנוי שרי כדאמרי משמיה דרב ירמיה בר אבא גובלין ולא מספין ודלא לקיש בלשניה מלקישין והני מילי גיבול בשנוי והוא עירוב שתי וערב שבלי אל כלי אחר אבל מירוס כעין פוזון בדחים של יד שמסבב ומוליך ומביא אסור · אמרו לו לרבי חנינא אמר לך לבי אמר להו אמר לפרק מאי אמר [להו] מותרין מטמלא לא פירש מהו מפרק ומהו חד קמי חוא וחדי קמי תרתי כו' שראיתי בין הגאונים חילוקם בפירושם והלכתא כעולא דאמר אפילו כור ואפילו כוריים שרי ואפילו ע"י שינוי כאשר פירשנו למעלה ושאר השמועה פשוטה היא : אבלט שהיה רבו שמואל אמר גוי הוא דאמרינן בפרק אין מעמידין בהמה בפונדקאות של גוים שמואל ואבלט הוו יתבי כו' : מתני' מתתכין את הדלועין לפני הבהמה ואת הנבלה לפני הכלבים · רבי יהודה אומר אם לא היתה נבלה מע"ש אסורה : אתמר ע'ר'ל' אמר הלכה כר' יהודה · פי' ע'ר'ל' סימן שמות החכמים דאמרו דהלכה כר' יהודה והם ע'ולא ר'ב ול'וי אילו שלשתן כר' יהודה עולא בפירוש אמר הלכה כר' יהודה רב מכלל חלוקתו על שמואל בכרכי דזוזי פי' מחצלאות הכרוכות זונות זונות העומדות לתפירה דרב אסר לתתירן ולישב בהן שמעינן מינה כיון שהן לסחורה מוקצות הן מכלל דסבר הלכתא כר' יהודה לוי נמי מכללא דכי הוו מייתי טרפה לקמיה דלוי ביו"ט לא הוה חזי ליה אלא אקיקלתא סבר דלמא לא מבשרא ואפילו לכלבים לא חזי שמעינן מינה דכר' יהודה סבירא ליה דאמר לפי שאינה מן המוכן: ש'ו'ז' סימן הון שמואל וזעירי ור' יוחנן: שמואל ור' יוחנן בהדיא אמרי הלכתא כר' שמעון זעירי מכללא מדחזינן ליה לזעירי דמתרגם להא דתנן בהמה שמתה לא יזיזנה ממקומה

מסורת הש"ס

ישעיה מא · משלי י · גירסת הערוך לריסתנאי פי' חלק · ביצה ב: ו: פסחים נו: חולין יד. · לעיל יט: · [ע' פרש"י כ"ק כח. וכע"ז כח. ד"ה ניקרא] · ביצה כז: · [לעיל מו. וש"נ]

הגהות הב"ח

(א) גמרא שקלתיה לריסתנאי כ"ב פירוש חלק סעודה שלי ועי' בברכות דף מג: (ב) תוס' ד"ה והא א"ר יוחנן וכו' ראויה לכלבים כמ"ש כדפי' לעיל: (ג) בא"ד אע"ש שבשעת חבורן :

גליון הש"ס

רש"י ד"ה אקלקילתא על האשפה מאשפות ידים אביון (תהלים קיג) תרגום מקלקלתא מרים חשוכה רש"י ע"ג דף כח ע"א ד"ה ויקרא: תוס' ד"ה תרגמא וכו' דהכי קים ליה · עיין לעיל דף ט ע"ב תוספ' ד"ה אלא גן וש"נ :

§ מסכת שבת דף קנו: §

אות א'

נפק שמואל ודרש: וצדקה תציל ממות, ולא ממיתה משונה, אלא ממיתה עצמה

יו"ד סימן רמז ס"ד - [א]**הצדקה דוחה את הגזירות הקשות, וברעב תציל ממות, כמו שאירע לצרפית** - וה"ה משאר מיני מיתה מצלת, כדאיתא בסוף שבת כמה עובדי, ועוד מוספת לו אורך ימים, כדאיתא בפ"ק דב"ב גבי בנימין הצדיק - ש"ך.

אות ב'

כסי רישיך, כי היכי דתיהוי עלך אימתא דשמיא

סימן ב ס"ו - **אסור לילך בקומה זקופה** - שדוחק רגלי השכינה כביכול, ע"כ כתבו האחרונים, דאסור אפילו פחות מד"א, **ופשוט** דאפילו עומד במקומו ואינו הולך כלל.

ולא ילך ד' אמות בגילוי הראש (מפני כבוד השכינה) - אפילו בבית שיש בו תקרה, וכ"ש תחת אויר השמים דיש ליזהר לכו"ע, **ומידת** חסידות אפילו פחות מד"א, ואפילו בעת השינה בלילה.

[ב]**ויש** שמצדדין לומר, דאפילו ד"א אינו אסור מדינא, רק להצנועין במעשיהן, [רש"ל], [ג]**אבל** כבר כתב הט"ז, דבזמנינו איסור גמור מדינא להיות בגילוי הראש, ואפילו יושב בביתו, ע"ש הטעם.

וכתב המ"א, דאפילו קטנים נכון להרגילם בכיסוי הראש, כי היכי דליהוי להו אימתא דשמיא, (כדאיתא בסוף שבת – שם).

ולענין גילוי הראש, די בכיסוי היד על הראש, **ולילך** ד"א תחת אויר השמים, לא מהני בזה כיסוי הראש ביד.

וכ"ש דאסור לברך וה"ה ללמוד בגילוי הראש, ולא מהני בזה כיסוי היד, דיד וראש חד גופא אינון, ואין הגוף יכול לכסות את עצמו.

ויש מקילין בזה בשעת הדחק, כגון בלילה שרוצה לשתות ואין לו כובע בראשו, דדי במה שמכסה ראשו בידו, **אבל** יותר טוב לנהוג כמו שהעולם נוהגין, שממשיך הבית יד של הבגד על היד ומכסה בו ראשו, דאז הוי שפיר כיסוי לכו"ע. **ויש** ליזהר בשעת הנחת תפילין של ראש, שלא יברך הברכה בראש מגולה.

ופרו"ק משערות, אף אותן שתפורין בבגד מתחתיו, יש לאסור מפני מראית העין, שיאמרו ששערות הן, **ויש** מקילין.

אם מפלה ראשו, שרי בגילוי הראש.

אות ג' – ד'

מחתכין את הדלועין לפני הבהמה ואת הנבלה לפני הכלבים

סימן שכד ס"ו - [ד]**מחתכין דלועין לפני בהמה** - ודוקא כשהם קשים, שאינם ראויים לאכול בלא חיתוך, **אבל** כשהם רכים, הוי בכלל מטרח באוכלים, ואסור.

ואפילו קשים לא יחתכם דק דק משום טוחן, **ואיסור** טחינה לא שייך רק אם דעתו להאכילם לאחר זמן, **אבל** מה שדעתו להאכיל הדלועים והירקות וכה"ג לפני הבהמה והעופות בפעם אחד, זה לא נחשב טחינה, [**והיכא** דאסור משום מטרח באוכלא, אסור אף אם דעתו להאכיל לאלתר].

[ה]**והוא שנתלשו מאתמול** - דאילו נתלשו היום, אסור אפילו לטלטלן לכו"ע משום מוקצה, [**היינו** אפי' לר"ש, דמדלא לקטינהו מאתמל, אקצינהו ודחינהו בידים, **ואפי'** אם לקטן א"י בשבת לא פלוג].

סימן שכד ס"ז - [ו]**מחתכין נבילה לפני הכלבים אפילו נתנבלה היום, בין שהיתה מסוכנת, בין שהיתה בריאה** - וא"ר והגר"א מסתפקין בבריאה, [בלא היה חולה קצת מבע"י], דלא היתה דעתו כלל מבע"י שתמות ויאכיל ממנה לכלבים, דיהיה אסור בטלטול לכו"ע משום מוקצה.

[ז]**והני מילי בנבילה הקשה** – (והיכי משכחת לה בבשר פילי, גמ'), **שאי אפשר להם לאכלה בלא חתיכה** - ואפילו אם איננה קשה לגמרי, שראוי להם לאכילה ע"י הדחק, ג"כ בכלל שווי אוכלא הוא ושרי. **וה"ה** כשהיא רכה, אך שהכלבים הם קטנים, דכל נבלה קשה להם, [גמ'].

אבל אם היתה ראויה להם בלא חתיכה, לא, דמיטרח במה שהוא ראוי לא טרחינן.

אות ה'

בבהמת קדשים, אבל בחולין שפיר דמי

רמב"ם פ"ב מהל' יום טוב הט"ז - בהמה שמתה ביום טוב, אם היתה מסוכנת מערב יום טוב, הרי זה מחתכה לכלבים; ואם לאו, הואיל ולא היתה דעתו עליה, [ח]הרי זה מוקצה ולא יזיזנה ממקומה; בהמה קדשים שמתה, ותרומה שנטמאת, לא יזיזנה ממקומה.

באר הגולה

א **לשון הטור מעובדא דשמואל ואבלט שבת דף קנ"ו ע"ב** ב ‹וממידת חסידות הוא שלא לילך ד' אמות בגילוי הראש, ודוקא הליכה ד' אמות, כדאיתא פ' כל כתבי (קי"ח:) אמר ר' חנינא תיתי לי דלא סגינא ד' אמות בגילוי הראש, והוא ממידת חסידות כמו שחשיב שם אינך תיתי לי כו' – רש"ל› ג ‹כיון שחוק הוא עכשיו בין העכו"ם שעושין כן תמיד, תיכף שיושבין פורקין מעליהם הכובע, וא"כ זה נכלל בכלל ובחוקותיהם לא תלכו, כ"ש בחוק זה שיש טעם, דכיסוי הראש מורה על יראת שמים – ט"ז› ד **שם קנ"ו** ה **רש"י שם והרא"ש** ‹וז"ל: רש"י פירש דלועין שנתלשו מאתמול› ו **שבת קנ"ו משנה וכת"ק, הרי"ף והרא"ש וכן פסק הרמב"ם** ז **שם** ‹קנ"ה:› **בגמרא אליבא דרבי יהודה** ח ‹משנה פ' אין צדין (דף כ"ז:) וגמ' ומסקנא שם ובהלכות, דבמסוכנת בבהמת חולין מותר לדברי הכל, ודוקא מסוכנת, אבל חולה לא, כיון שיש לנו מוקצה ביום טוב – מגיד משנה›

§ מסכת שבת דף קנז. §

אות א'

אין מבקעין עצים מן הקורות, ולא מן הקורה שנשברה ביום טוב

סימן תקא ס"א - אין מבקעין עצים מן הקורות שעומדות לבנין - ומוקצה הם, [אף לצורך גופן ומקומן], שאדם מקפיד עליהם מחמת חשיבותן, ומיחד להם מקום, **ואפילו** להמתירין מוקצה סתם, במוקצה מחמת חסרון כיס מודו.

ולא מקורה שנשברה ביו"ט, אפילו אם היתה רעועה מעיו"ט וקרובה להשבר – (או קורה חדשה דעבידא דפקעה), דיכול להיות דמצפה מע"ש שתשבר, ולא אקצה, [היינו לדעת ר"ש], **מ"מ** אסור, משום דעכ"פ ביהש"מ לא היתה שבורה, ותקועה בבנין, ונאסרה ושוב אינה ניתרת, (זהו אליבא דר"י – מ"א), **ועוד** דהויא נולד, דמעיקרא קורה, והויא ככלי, והשתא עצים בעלמא, **ומטעם** זה לא הגיה הרמ"א כאן כמו בסי' תצ"ה, דיש מתירים מוקצה, משום דסמך עצמו על מה שמסיים שם, דאפי' המקילין לא רצו להקל במוקצה דנולד.

[**אבל** בקורה בריאה שנשברה ביו"ט, אף להמתירין מוקצה ונולד, ג"כ אסור], (**דאפי'** לפמ"ש סי' שכ"ד ס"ז, דבהמה בריאה שמתה מותר לר"ש, היינו משום דמ"מ יושב ומצפה שמא ישחטנו חש"ו, אבל קורה בריאה שנשברה לכ"ע אסור – מ"א).

אות ב' – ג'

מתחילין בערימת התבן, אבל לא בעצים שבמוקצה בארזי ואשוחי, דמוקצה מחמת חסרון כיס

טור סימן תקיח - מתחילין בערימת התבן מוכן שעומד להסקה, אבל לא בעצים שהן מוקצין; והא איכא לאוקומי כר"ש, וסיפא בארזי ואשוחי דמודי בה רבי שמעון כיון שעומדין לבניין הוי מוקצה מחמת חסרון כיס; ואיכא נמי לאוקומי כר"י ובכל מיני עצים, ורישא איירי בתיבנא סריא דאית ביה קוצי ואינה ראויה אלא להסקה; וזה תלוי בשינוי דעת הפוסקים בענין מוקצה.

סימן תקיח ס"ז - המחבר קיצר בזה, וביאור הענין כך הוא, דלמאן דאית ליה איסור מוקצה ביו"ט, אין מתחילין להשתמש באוצר ביום טוב, אם לא הזמין מעיו"ט, **כגון** אם היה לו ערימה של תבן שאצר שם למאכל בהמותיו להסתפק מהם לאחר זמן, או שכנס עצים לאוצר להסתפק מהן לימות החורף, אסור לו להסתפק מהן ביו"ט, בין להסקה בין להאכיל מהתבן לבהמותיו, [ואפי' בטלטול אסור לדעה זו], **וקאמר** המחבר, דלפעמים יש להתיר להסקה אף דברים שהכניסם לאוצר.

מתחילין בערימות התבן, אם היא תיבנא סריא (פי' סרוחה) - כגון שנתקלקלו שאינם ראוים כעת למאכל בהמה, והיינו כשהוא מוסרח מאד, דאפילו ע"י פירוך לא חזיא לבהמה, **ואית ביה קוצים** - דאל"ה חזי התבן לגבל בהם טיט, ולא בטל שם מוקצה מינייהו, [**אבל** בקוצים לחוד לא די בשלא נסרח, דיש הרבה חיות שאין קוצים מזיק להם], **שעומד להסקה** - אף דמתחלה אקצי אותם מדעתו, מ"מ משעה שנתקלקלו עומדין להסקה בכל יום, אפי' בלי הזמנה מבעוד יום, [**והיינו** כשנתקלקל ונסרח וגם שנתערב בו קוצים קודם יו"ט, דאל"כ הרי כבר נעשה מוקצה ביהש"מ].

וכתב הט"ז, דאפ"ה אסור לקשור אותם לעשותן חבילות חבילות, כדרך שעושין להסקה, אלא א"כ היו קשורין מערב יו"ט.

וכ"ז כשהתבן הוא יבש, אבל אם התבן הוא לח, אינו רשאי להסיק בה, אף דחזי להיסק גדול - מ"א, **ובחמד** משה מפקפק בזה.

ודע, דכ"ז הסעיף הוא רק כפי דעת המחבר לעיל בסימן תצ"ה, דמוקצה אסור ביו"ט, **אבל** לדעת היש מתירין שהובא שם בהג"ה, מותר להסתפק ביו"ט בין בתבן ובין בעצים אפילו הכניסן לאוצר, **ורמ"א** שלא הגיה כאן, סמך אדלעיל.

ותבן שלא הכניסם לאוצר להשתמש בהן לאחר זמן, מותר להסיק בהן אפילו יפה, אפילו עומד להאכיל לבהמתו, או לעשות בהן שאר תשמיש, דאין שם מוקצה עליהן.

אות ד'

אין משקין

סימן [א]תצז ס"ב - דגים ועופות וחיה שהם מוקצה, [ב]אין משקין אותן ביו"ט, ואין נותנים לפניהם מזונות, שמא יבא ליקח מהם - לאכלם, ובבהמה טמאה דלא שייך זה, מותר לכו"ע.

כתבו האחרונים, דוקא לפניהם ממש אסור ליתן, אבל אם נותן ברחוק קצת מהם, והם באים ואוכלים, לית לן בה, כיון דעושה הכירא, מדכר ולא אתי ליקח מהם.

מדתלה הטעם במוקצה, משמע דה"ה בהמה, כגון בהמה מדברית המבואר לקמן בסי' תצ"ח ס"ג, או כגון אווז ותרנגולת העומדת לגדל ביצים, אף דלא שייך בהן צידה, כיון דהם מוקצה אסור להשקותן וליתן לפניהם מזונות, שמא יבוא לאכול מהן ביו"ט. [**ודע**, דכ"ז אם נסבור דמוקצה אסור ביו"ט, והמחבר אזיל בזה לטעמיה, שפסק בסי' תצ"ה דמוקצה אסור ביו"ט, **אמנם** לי"א שמביא בהג"ה לעיל שם, דמוקצה מותר ביו"ט, א"כ כ"ש דנותנים לפניהם מזונות, אם הוא דבר שניצוד ועומד].

באר הגולה

[א] (כצ"ל וכן מוגה במהדורת נהרדעא) [ב] (כמ"ש בסוף י"ט אין משקין כו', והא דפריך בגמ' שם ל"ל למימר משקין, ר"ל למה נקט השקאה דוקא, דלא כהר"ן שם שכתב דהשקאה מותר, וזהו שכתבו הרמב"ם ושו"ע לשון משקין – גר"א)

**אין מבקעין עצים מן הקורות ולא מן הקורה שנשברה ביו"ט רבי יוחנן ההוא כרבי יוסי בר יהודה מתני לה תא שמע* ג מתחילין בערימת התבן אבל לא בעצים שבמוקצה התם *בארזי ואשוחי דמוקצה מחמת חסרון כיס אפילו רבי שמעון מודה ת"ש *ד אין משקין ה ושוחטין את המדבריות אבל משקין ושוחטין את הבייתות ר' יוחנן סתמא אחרינא אשכח *ב"ש אומרים מגביהין מעל השלחן עצמות וקליפין וב"ה אומרים מסלק את הטבלה כולה ומנערה וא"ר נחמן אנו אין לנו אלא ב"ש כרבי יהודה וב"ה כר"ש פליגי בה רב אחא ורבינא חד אמר בכל השבת כולה הלכה כר"ש לבר ממוקצה מחמת מיאוס ומאי ניהו *נר ישן וחד אמר במוקצה מחמת מיאוס נמי הלכה כר"ש לבר ממוקצה מחמת איסור ומאי ניהו נר שהדליקו בה באותה שבת אבל *מוקצה מחמת חסרון כיס אפילו ר"ש מודה דתנן *כל הכלים ניטלין בשבת חוץ ממסר הגדול ויתד של מחרישה:

מתני' *מפירין נדרים בשבת ונשאלין לנדרים שהן לצורך השבת ופוקקין את המאור ומודדין את המטלית ומודדין את המקוה ומעשה בימי אביו של רבי צדוק ובימי אבא שאול בן בטנית שפקקו את המאור בטפיח [ו] וקשרו את המקידה בגמי לידע אם יש בגיגית פותח טפח אם לאו *ומדבריהם למדנו שפוקקין ומודדין וקושרין בשבת:

גמ' *איבעיא להו ו הפרה בין לצורך ובין שלא לצורך ז ושאלה לצורך אין שלא לצורך לא ומשום הכי קפלגינהו מהדדי או דילמא הפרה נמי לצורך אין שלא לצורך לא והא דקא פליג להו מהדדי משום דהפרה אין צריך ב"ד ושאלה צריכה ב"ד ת"ש דתני זוטי דבי רב פפא מפירין נדרים בשבת לצורך השבת אין שלא לצורך השבת לא לישנא אחרינא איבעיא להו לצורך אתרוייהו קתני ושלא לצורך לא אלמא הפרת נדרים מעת לעת או דילמא כי קתני לצורך אשאלה הוא דקתני אבל הפרת נדרים אפילו שלא לצורך אלמא הפרת נדרים כל היום תא שמע דתני רב זוטי דבי רב פפי מפירין נדרים בשבת לצורך השבת אין שלא לצורך השבת לא אלמא הפרת נדרים מעת לעת א"ר אשי והאנן *תנן ח הפרת נדרים כל היום ויש בדבר להקל ולהחמיר כיצד נדרה לילי שבת מיפר לילי שבת ויום השבת עד שתחשך נדרה עם חשכה מיפר עד שלא תחשך שאם לא הפר משחשכה אינו יכול להפר תנאי היא דתניא *הפרת נדרים כל היום ר' יוסי בר יהודה ורבי אלעזר ברבי שמעון אמרו מעת לעת: ונשאלים לנדרים: *איבעיא להו כשלא היה לו פנאי או דלמא אפילו היה לו פנאי תא שמע דאזדקיקו ליה רבנן לרב זוטרא בריה דרב זירא ט ושרו ליה נדריה ואף על גב דהוה ליה פנאי: שפקקו את המאור בטפיח וקשרו את המקידה בגמי: אמר רב יהודה אמר רב הילקטי קטנה היתה בין שני בתים [וטומאה היתה שם]
וגיגית

רש"י

אין מבקעין עצים מן הקורות · סותר של הקורות המוקצות וסדורות לבנין: **ולא מן קורה** · הישנה שנשברה היום ומהשתא להסקה קיימא ואפ"ה אסור הואיל ובין השמשות לא איתקן להכי: **מתחילין** · להסיק בערימת התבן קא סלקא דעתך בתיבנא סריא דסתמיה להסקה: **אבל לא בעצים שבמוקצה** · שהניחם ברחבה שאחורי ביתו והקצם לימות הגשמים · מוקצה רחבה שאחורי בתים שהקצה אחורי ביתו להכניס שם דבר לאוצר: **בארזי ואשוחי** · ארז זכר וארז נקבה שעומדין לבנין: **משקין** · אורחא דמילתא נקט משום סירכא דמשכא שתהא נוחה להפשיט: **מדבריות** ·(א) שרועות באפר תמיד ולנות בתוך התחום: **סתמא אחרינא** · בית הלל תשיב כסתמא: **כל הכלים ניטלין** · ואפי' מלאכתן לאיסור ורבי שמעון היא: **חוץ מן המסר הגדול** · מגירה שהיא לאומנין לקוץ בה עצים ומוקצה מחמת חסרון כיס הוא שלא ישתברו חריצים שהוא עשוי כסכין מלא פגימות: **ויתד של מחרישה** · החופר את הקרקע קולטר"א בלע"ז:
מתני' מפירין · בעל לאשתו: **ונשאלין** · לחכם: **שהן לצורך השבת** · כגון שנדר שלא לאכול [היום]: **ופוקקין את המאור** · כרבנן דאמרי (לעיל דף קכה:) פוקקין פקק החלון: **ומודדין את המקוה** · במדה שיהא שם עמוק שלש אמות מים ורוחב אמה על אמה: **ואת המטלית** ·(ב) שתהא שלש על שלש אצבעות כגון אם היתה טמאה ונגעה בטהרות: **בטפיח** · פך של חרס(ג) ותבירו בפי"ז (דף קכה:) זמורה שהיא קשורה בטפיח ממלאין בה בשבת: **מקידה** · כלי חרס: **לידע אם יש בגיגית פותח טפח** · בגמרא מפרש לה: **וקושרין** · קשר שאינו של קיימא אפילו לכתחילה: **ומודדין** · להתלמד על דבר הוראה:
גמ' איבעיא להו הפרה · דמתניתין בין לצורך [בין שלא לצורך] השבת דגבי הפרה ביום שמעו כתיב (במדבר ל) ואם לא מיפר האידנא שוב אינו מיפר: **ושאלה לצורך אין שלא לצורך לא** · דיכול לישאל למחר ומשום הכי מפליג להו מהדדי ולא קתני מפירין ונשאלין לנדרים שהן לצורך השבת דלא קאי לצורך אלא אשאלה: **בית דין** · חכם: **הכי גרסי' ל"א איבעיא להו** (במסכת נדרים דף עז׳) **לצורך אתרוייהו קאי** · אהפרה ואשאלה אבל הפרה שלא לצורך לא אלמא הפרת נדרים מעת לעת וזה ששמע בשבת יכול להפר משתחשך בתוך מעת לעת של שמיעה הלכך שלא לצורך לא שרינן בשבת: **כל היום** · עד שתחשך ותו לא ואפילו שמע סמוך לחשיכה הלכך אפי' שלא לצורך *שאם לא יפר עכשיו לא יפר עוד: **לצורך השבת** · אלמא הפרת נדרים מעת לעת של שמיעה הלכך שלא לצורך(ד) לא מדלא שרי אלא לצורך: **להקל ולהחמיר** · כלומר פעמים שיום שהוא גדול ופעמים שאינו אלא מעט: **איבעיא להו** · הא דקתני נשאלין לנדרים שהן לצורך: **כשלא היה לו פנאי** · לשאל מערב שבת קאמר או אפילו כשהיה לו פנאי: **הילקטי קטנה** · שביל קטן בין שני בתים:
וגיגית

תוספות

אין משקין ושוחטין את המדבריות · הוה מצי למימר דהני כנרוגרות ולמוקין דמיין כדאמר בפרק כירה (לעיל דף מה:): **לבר ממוקצה מחמת איסור** · וכגון איסור דדחייה בידים כגון נר שהדליקו באותו שבת כדפירשתי בפ"ק בסופו: **והלכתא מעת לעת** · לא גרס בפירוש ר"ח דבנדרים משמע דלית הלכתא הכי דאמר בפרק נערה המאורסה (כתובות דף עו:) אין הלכה כאותו הזוג · מ"ר: **הלקטי קטנה** · מפרש בקונטרס שביל קטן היתה בין שני בתים והגיגית סדוקה מונחת על גבן והמת מוטל בהלקטי תחת הגיגית נגד הסדק וקשרו המקידה לידע אם יש בסדק פותח טפח ולהאי פירושא קשה לר"י דאפי' אין בסדק פותח טפח כיון שהמת נגדו לא חשבינן לה כמאהיל על המת כיון שאין [זה] דרך מאהיל(ה) כדמוכח במסכת אהלות (פ"י מ"ה) ומייתי לה בסוף פרק קמא דסוכה (דף יח· ושם) אין בארובה פותח טפח והמת בבית מה שבבית כנגד ארובה טהור המת כנגד ארובה מה שבבית טהור וכיון שהמת היה נגד הסדק מה היה להם לקשור המקידה ועוד פירש שלפני מות המת פקקו המאור בטפיח ולא הבין רבי לפירושו הלא אותו מת לא היה מת שלם שהרי לא ידעו אם למעלה הימנו היה פותח טפח והמת היה כולו תחת הסדק אלא ודאי כזית מן המת היה וא"כ לא היה לו לומר לפני מות המת אלא לפני שבא כזית מן המת לשם ומיהו יתכן לומר שהמת היה כולו מוטל תחת הגיגית שלא כנגד הסדק והגיגית היתה סדוקה באמצע מראשה לסופה ואילו היה באותו סדק על פני כולו פותח טפח לא היתה טומאה עוברת דלא חשיב כאהל אחד אבל אין בו פותח טפח כאלו אין כאן סדק וחשיב כאהל אחד ומביא את הטומאה לבית וקושיא ראשונה מכל מקום במקומה עומדת ונראה כפירוש ר"ח דמפרש דהלקטי היינו תל המתלקט ואותה הלקטי היתה בין שני בתים והמת היה בבית אחד ואותה הגיגית היתה למעלה מן התל עד לתקרה ואותה הגיגית לא היתה טמאה שהרי בטלה שם ואם לא היתה סדוקה לא היה הבית אחר טמא אלא הגיגית היתה סדוקה מלדה והשתא אתי שפיר דקתני סדוקה לפי שהיא מלדה אבל לפירוש הקונטרס לא אתי שפיר דכיון דפירש שהסדק למעלה מן הגיגית היה לו לומר פתוחה ולא סדוקה אבל לפר"ח אתי שפיר שהסדק היה מן הצד וקשרו את המקידה לידע אם יש פותח טפח ויש לנו לומר שאותו חור היה עשוי להשמיש דחור העשוי להשמיש שיעורו בפותח טפח ואם היה פותח טפח הבית אחר טמא ואם לאו טהור ומיהו קשה לר"י לפירוש ר"ח דלא הוה ליה למימר על גבן אלא על גבה · מ"ר:
באוהל

עין משפט נר מצוה

לו א מיי' פ"ב מהלכות יו"ט הלכה יב סמג לאוין עה טוש"ע א"ח סימן תקא סעיף א:
לז ב ג מיי' שם הלכה יא וסמג שם טוש"ע א"ח סי' תקיח סעיף ו:
לח ד מיי' שם הלכה יו סמג שם טוש"ע א"ח סימן תצח סעיף ב:
לט ה מיי' שם הלכה ב וסמג שם טוש"ע א"ח סי' תצ סעיף ג:
[ביצה מ. לעיל מה:]
[ה] [טוש"ע א"ח סימן שיז סעיף א]:
מ ו מיי' פכ"ד מהלכות שבת הלכה ו ופי"ג מהלכות נדרים הלכה ח וסמג לאוין סה טוש"ע א"ח סימן שמא סעיף א וטוש"ע י"ד סימן רלד סעיף כד:
מא ז מיי' פכ"ד מהל' שבת הלכה ו וסמג שם ומיי' פ"ו מהלכות שבועות הלכה ו סמג לאוין סה רסח טוש"ע שם וטוש"ע י"ד סי' רכח סעיף ג:
מב ח מיי' פי"ג מהל' נדרים הלכה טו סמג לאוין רמב טוש"ע י"ד סימן רלד סעיף כה:
מג ט מיי' פכ"ד מהל' שבת הלכה ו ופ"ו מהלכות שבועות הלכה ו סמג לאוין סה ולאוין רמב טוש"ע א"ח סימן שמא סעיף א וטוש"ע י"ד סימן רכח סעיף ג:

מסורת הש"ס

ביצה כ: לא.
[שם כט:]
פי' ארזים וברושים-ערוך
[לעיל קמג. ביצה ב.]
[לעיל מד.]
[ביצה לט.]
לעיל קכג: [עירובין לה.]
לעיל מו: נדרים עו.
לעיל קכו:
נדרים עז. [ע"ש]
נדרים עו:
[שבת זו בגמ' רש"ל]
נדרים עו: [עז.]
שם עז.
ג' רש"ל

רבינו חננאל

מסקינא דבהמת קדשים [מיירי] מכלל דחולין שרי כר' [שמעון] דלית ליה מוקצה · ומקשינן על ר' יוחנן וכי סבר רבי יוחנן הלכה כרבי שמעון והא אמר ר' יוחנן הלכה כסתם משנה ותנן אין מבקעים עצים מן הקורות ולא מן הקורה שנשברה ומפרקינן האי כר' יוסי ב"ר יהודה מתני לה רבי יוחנן ולית סתמא. ואמרינן תוב ת"ש מתחילין בעריסת התבן אבל לא בעצים שבמוקצה ומפרקינן התם בארזי ואשכחי [ואשוחי] דמוקצה מחמת חסרון כיס · דאפילו ר' שמעון מודה' פי' ארזי ואשוחי עצי ארזים וברושים העשויין לקורות שאין דעתו של אדם עליהן להסיקן תחת תבשילו ונמר והקצה אותן · ואמרינן תוב אין משקין ושוחטין את המדבריות אבל משקין ושוחטין הביתות והנה סתמא כר' יהודה ורבי יוחנן סבירא ליה הלכתא כסתם משנה קשיא הלכתא אהלכתא ומפרקינן ר' יוחנן סתמא אחרינא אשכח ב"ה מגביהין מעל השלחן עצמות וקליפין ב"ש מסלק את הטבלא כולה ומנערה' ואמר רב נחמן אנו אין לנו אלא ב"ש כר' יהודה וב"ה כר' שמעון והלכתא כר' שמעון וכדפסק ר' יוחנן פליגי בה רב אחא ורבינא חד אמר בכולה שבת הלכתא כר' שמעון בר ממוקצה מחמת מיאוס · וחד אמר במוקצה [מחמת] מיאוס נמי הלכתא כוותיה לבר ממוקצה מחמת איסור כגון הנר שהדליקו בה באותה שבת וכיוצא בו
אבל

רב נסים גאון

מפירין נדרים בשבת׳ אמרו [כתוספתא פ׳ י"ת] מפני מה נדרי שבת מפירין אותן בשבת שאם חשיכה ולא הפר אינו יכול להפר ורבי יוסי ב"ר יהודה ורבי אלעזר ברבי שמעון שאמרו הפרת נדרים מעת לעת אין הלכה כמותם כדגרסינן בנדרים בפרק נערה המאורסה (דף עו) אלא אמר רבי שמעון בן פזי אין הלכה כאותו הזוג לוי סבר למיעבד עובדא כי האי זוגא אמר ליה רב ביבי אין הלכה כאותו הזוג ואע"פ שהתירו הפרת נדרים בשבת ביארו בדבר זה תנאי והוא שאמרו לא יאמר אדם לאשתו מופר ליכי כדרך שאומר בחול אלא אומר לה [טלי ואכלי] טלי ושתי והנדר בטל מאליו א"ר יוחנן וצריך שיבטל בלבו תניא בית שמאי אומרים מבטל בלבו ובערב בחול מוציא בשפתיו וב"ה אומרים אחד זה ואחד זה מבטל בלבו ואינו צריך להוציא בשפתיו ומצאנו עוד בפרק נערה המאורסה (דף עז):
אם

הגהות הב"ח (א) רש"י ד"ה מדבריות וכו' תמיד הס"ד ואח"כ מה"ד בייתות שרועות חוץ לתחום ובאות ולנות בתוך התחום: (ב) ד"ה ואת המטלית לידע אם יש בה שלש על שלש: (ג) ד"ה בטפיח פך של חרס (ותבירו וכו' בשבת) תא"מ ונ"ב כצ"ל ביצה: (ד) ד"ה לצורך השבת וכו' שלא לצורך הס"ד ואח"כ מה"ד וסלקן חק במס' נדרים הס"ד: (ה) תוס' ד"ה הלקטי וכו' שאין דרך מאהיל בכך כדמוכח: סליק מסכת שבת בס"ד

אבל לקמן בסעיף ז' סתם המחבר כדעת הפוסקים, דתלוי הדבר בצידה, דכל שאין מחוסרין צידה מותר ליתן לפניהם מזונות, **וכתב** הפר"ח דכן נוהגין העולם, וכן הוא העיקר, עי"ש.

וכל מה שאסור לאכלו או להשתמש בו מפני שהוא מוקצה, אסור לטלטלו.

אות ה'

אין משקין ושוחטין את המדבריות, אבל משקין ושוחטין את הבייתות

סימן [א]תצח ס"ג - בהמות שיוצאות ורועות חוץ לתחום, ובאות ולנות בתוך התחום - לאו דוקא בכל יום, אלא אפי' שבאים לפרקים ללון, **הרי אלו מוכנות, ולוקחין מהן ושוחטין אותן ביום טוב** - ואפילו לא באו מבעוד יום אלא בלילה, דלא חשב עלייהו כלל ביה"ש, נמי מותרין, דכבהמות בייתיות דמי, וא"צ לחשוב עליהם, **אם** רק לית בהו איסור תחומין, כגון שבאו מאליהם וכדומה.

אבל הרועות והלנות חוץ לתחום - היינו שדרכם להיות רועות כל הקיץ עד חודש חשון, ואח"כ באות לביתם, מ"מ כל ימי הקיץ אין דעת אנשי העיר עליהם, **אם באו ביו"ט, אין שוחטין אותן ביו"ט, מפני שהן מוקצין, ואין דעת אנשי העיר עליהן** - ולמאן דשרי מוקצה ביו"ט, מותרים, **ויש** מי שכתבו דלכו"ע אסור, דכיון שאין נכנסות לתחום העיר כל ימי הקיץ, הוי להו כגרוגרות וצמוקים שהעלם לגג ליבשן, דלכו"ע אסוחי אסח דעתייהו מנייהו עד שיתייבשו, וכמבואר לעיל בסי' ש"י.

ומיירי דלית בהו איסור תחומין, כגון שבאו מאליהם, או עירבו לאותו צד, או לענין להתיר אותם לישראל אחר, דאל"כ בלא"ה אסורין, שהרי באו מחוץ לתחום.

(**ומשמע מזה, דאם באו בערב יו"ט, שוב נפקע מנייהו שם מדברי, ומן** הסתם הוי להו מוכנים, ופשוט דדוקא בדידע בהו ביה"ש, **אכן** הרב המאירי כתב להדיא, דאפילו באו מערב יו"ט, דמסתמא לאו דעתיה עלייהו, אא"כ זימנם בפירוש מערב, עי"ש, **וצ"ע לדינא**).

אות [ה']

וקשרו את המקידה בגמי לידע אם יש בגיגית פותח טפח אם לאו

סימן שיז ס"א - [ד]ולצורך מצוה, כגון שקושר למדוד אחד משיעורי התורה - היינו שקושר שני חבלים ביחד כדי שיוכל למדוד בהם שיעור מקוה, **מותר לקשור [ה]קשר שאינו של קיימא** - היינו אפילו הוא עשוי לזמן, [כי להרמב"ם בודאי אין חילוק בין יום אחד או לזמן וכנ"ל, **ולהטור** שס"ל בעלמא כהרא"ש, דלזמן יש איסור דרבנן, ס"ל להטור דבזה התירו משום דהוא מילתא דמצוה], **והיינו** אפי' הוא מעשה אומן, דאל"ה אפילו בלא מצוה שרי, **ומיירי** כשא"א בענין אחר, דאל"ה יעשהו מעשה הדיוט, או עניבה לבד, וימדוד בו, ולא יצטרך להתיר איסור דרבנן.

כתב בספר בית מאיר, שמה שהעתיק השו"ע דמותר במקום מצוה, הוא רק דעת הרמב"ם והטור, **אבל** לרש"י (ד"ה וקושרין), והתוס' דף קכ"ו: ד"ה ומדבריהם, וברטנורה שם, מצדד דקשר האסור, אסור אפילו במקום מצוה, (דמפרשים להמתני' בפשוט קשר שאינו של קיימא המותר לכתחילה), עי"ש.

אות ו'

הפרה בין לצורך ובין שלא לצורך

סימן שמא ס"א - [ו]אבל הבעל יכול להפר נדרי אשתו [ז]אפי' שאינם לצורך השבת - וה"ה אב לבתו נערה, **מפני שאם לא יפר לה היום לא יוכל עוד להפירם** - שאין יכול להפר אלא ביום שמעו דוקא, וכדכתיב: ביום שמעו, **ואפילו** שמע בשבת סמוך לחשיכה קודם יציאת השבת, מותר להפר, דזמן הפרתה לא הוי מעת לעת, אלא אותו היום בלבד, **דהיינו** אם שמע בלילה, יש לו זמן להפר לה כל הלילה וכל היום בשבת, **ואם** שמע ביום אפילו סמוך לחשיכה, אין לו היתר להפר לה אלא קודם הלילה.

איתא ביו"ד סימן רל"ד סכ"ד, דכשמפר בשבת לא יאמר לה: מופר ליכי, כמו שאומר בחול, אלא מפר ומבטל הנדר בלבו, ואומר לה: טלי ואכלי טלי ושתי.

ופשוט דאם הבעל אינו יודע עדיין מנדרי אשתו, והוא שלא לצורך שבת, יותר טוב שלא להודיע לו עד אחר השבת, כדי שלא יצטרך להפר בשבת ביום השמיעה.

וה"ה אם נדרה לזמן והזמן כלה בשבת, אין רשאי להפר היכא שהדבר אינו לצורך שבת, כיון דלמחר שריא, למה יעשה דבר שלא לצורך היום, **ודמיא** לשאלת נדרים, שאסור להתיר היכא שהדבר אינו לצורך שבת.

יו"ד סימן רלד סכ"ד - [ח]מפירין נדרים בשבת, [ט]אף על פי שאינם לצורך השבת - (כגון שנדרה על ימות החול), אף על גב דחכם אינו מפר אלא לצורך, כדלעיל סימן רכ"ח ס"ג, (מפני שזה דומה לדין, ואין דנין בשבת - ערוה"ש), **בעל שאני**, כיון דאינו מפר אלא עד שתחשך, ואם לא יפר היום לא יוכל שוב להפר - ש"ך.

(**ואין** לומר דאם מן הדין אינו יכול להפר בשבת, לא נקרי ביה יום שמעו, כמו נשתתק דירושלמי, **דאינו** כן, דודאי אם מן התורה לא היה רשאי להפר בשבת, היינו נותנין לו יום אחר, אבל מן התורה מותר להפר בשבת, וממילא דקרינא ביה יום שמעו. **וגם** אין לומר הרי אפילו יעבור היום, הא ביכולתה להתיר אצל חכם, **דאינו** כן, דלפעמים שלא תמצא פתח או חרטה, או אפילו

באר הגולה

[ג] (כצ"ל וכן מוגה במהדורת נהרדעא) [ד] שבת קנ"ז במשנה [ה] שם בפי' רש"י [ו] משנה שם [ז] שם בעיא ונפשטא [ח] משנה שבת דף קנ"ז ע"א, ונדרים דף ע"ו ע"ב, וע"ז ע"א [ט] שם בגמ' דף ע"ז ע"א

תמצא והיא לא תרצה להתיר, והבעל רוצה להתיר, ולפיכך מוכרח להפר לה גם בשבת – ערוה"ש›.

[י]**ולא יאמר לה: מופר ליכי, כמו שאומר בחול** - ‹משום כבוד שבת ישנה מעט›, **אלא מבטל בלבו, ואומר לה: טלי אכלי, וטלי ושתי, וכיוצא בזה** - ‹דברים המראים שהוא מפירו, כדי שתדע היא וזיפירנן בלבו, וגם משום שלא יהיו דברים שבלב - לבוש›.

אות ז'

ושאלה לצורך אין, שלא לצורך לא

סימן שמא ס"א - [יא]מתירים נדרים בשבת אם הם לצורך השבת - אבל שלא לצורך שבת, אפילו לא היה לו פנאי להתיר קודם, אין מתירין, משום דהלא יכול להתיר אחר שבת, ולמה לן לאטרוחי בשבת בכדי, [**וביו"ד** כתב הטעם, משום "ממצוא חפצך"].

כגון שנדר שלא לאכול או שלא לשתות - פי' היום, [דאם לגמרי, אין חל הנדר כלל, דנדר שוא הוא], **ולאו** דוקא אם נדר לגמרי מאכילה ושתיה, דה"ה אם נדר מאכילת בשר ושתית יין, ג"כ מתירין, דדבר זה הוא מצוה בשבת, [**ומסתברא** דה"ה שאר דברים שדרך לענג בהם בשבת, **ועיין** בפמ"ג דמסתפק, אם נדר מאבילת איזה מין פירות או משקה], **וה"ה** אם נדר שלא ללבוש מלבוש הצריך היום, ג"כ שרי, **ועיין** ביו"ד, דמשמע דה"ה אם נדר שלא לישן בשבת ג"כ הכי, דמתירין לו, דזהו ג"כ מתענוגי שבת הוא אם רגיל בכך. **וה"ה** אם הוא לצורך מצוה, ג"כ מתירין אע"פ שאינו לצורך שבת.

[יב]**אע"פ שהיה לו פנאי להתירם קודם השבת** – (ומסתברא דלכתחלה יפירם בע"ש, אך דבדיעבד אין קונסין אותו בשביל זה).

יו"ד סימן שכח ס"ג - [יג]כיצד היא ההתרה, יאמר לו ג' פעמים: מותר לך, [יד]או שרוי לך, או מחול לך, (בכל לשון שיאמר), (כ"י בשם הרמב"ם); [טו]אפילו מעומד, ובקרובים, ובלילה; [טז]ובשבת, אפילו אם [יז]היה אפשר לו מאתמול לישאל עליו, ובלבד שיהיה לצורך השבת, כגון שנדר שלא לאכול או ליבטל מעונג השבת; [יח]וחרמי צבור, נהגו להתיר אף על פי שאינם לצורך השבת.

אות ח'

הפרת נדרים כל היום

סימן רלד סכ"א - אין האב מפר נדרי בתו, ולא הבעל נדרי אשתו, אלא [יט]ביום שמעם; [כ]ודוקא כל היום, ולא מעת לעת, שאם שמע בתחלת הלילה מפר כל הלילה ויום המחרת, ואם שמע סמוך לחשיכה, אינו מפר אלא עד שתחשך.

אות ט'

ושרו ליה נדריה ואף על גב דהוה ליה פנאי

סימן שמא ס"א - [כא]אע"פ שהיה לו פנאי להתירם קודם השבת – (ומסתברא דלכתחלה יפירם בע"ש, אך דבדיעבד אין קונסין אותו בשביל זה).

יו"ד סימן שכח ס"ג - [כב]ובשבת, אפילו אם [כג]היה אפשר לו מאתמול לישאל עליו, ובלבד שיהיה לצורך השבת, כגון שנדר שלא לאכול או ליבטל מעונג השבת.

באר הגולה

[י] ברייתא שם ע"ב [יא] משנה בשבת קנ"ז [יב] שם בעיא ונפשטא [יג] טור [יד] הרמב"ם [טו] מימרא דאביי שם דף ע"ז ע"א [טז] משנה שבת דף קנ"ז ע"א ונדרים דף ע"ז ע"ב [יז] מסקנת הגמ' בנדרים שם [יח] רבינו ירוחם, כיון דבשבת כולם מקובצים, ואם לא יתירו אז, לא יוכלו להתירן [יט] מבואר בכתוב [כ] משנה נדרים דף ע"ו: וכגירסת הרא"ש ור"ח והרי"ף, דגרסי דאין הלכה כהני תנאי דסברי מעת לעת, וכ"כ הרמב"ם [כא] שם בעיא ונפשטא [כב] משנה שבת דף קנ"ז ע"א ונדרים דף ע"ז ע"ב [כג] מסקנת הגמ' בנדרים שם

עין משפט
נר מצוה

מד א מיי' פ"י מהל' שבת הלכה ו סמג לאוין סה טוש"ע א"ח סימן שיו סעיף א:

מה ב מיי' פכ"ד מהל' שבת הלכה ה סמג שם טוש"ע א"ח סימן שו סעיף ו:

וגיגית סדוקה מונחת על גביו · והמת מוטל בהילקטי תחת הגיגית [כנגד] הסדק ולפני מות המת פקקו בשבת המאור בטפיח שמא אין בסדק הגיגית פותח טפח ונמצא המת מוטל באהל שאין לו מקום לצאת דרך מעלה וחור שבין שני בתים מכניס את הטומאה לצד שני במאה אצרוך לפקק סתמוהו בכלי חרס וגבו כנגד ההילקט וכלי חרס אינו מטמא מגבו וחוצן: וקשרו פקידה · שהיא רחבה טפח: בגמי לידע · אם תכנס בסדק הגיגית ובמסכת אהלות (פ"י) שנינו (דאין) חילוק בארובה שבתוך הבית וטומאה מקלחה כנגד ארובה ומקלחה בתוך הבית בין יש בארובה פותח טפח לאין בארובה פותח טפח ואני לא יכולתי להבין בו ולהכי נקט גמי שראוי למאכל בהמה ולא מיבטל ליה להיות קשר של קיימא דמנתק כשיבש: באוונא · בגיגית מלאה מים: מתעסק · שלא לצורך אלא לאיעסוקי בעלמא:

באוונא דמיא · אמבטי של מים וכך פירש בערוך: מדידה דמצוה דלאו דמצוה מי אמור ס' · בפקיקה לא בעיק של מצוה כדפירש' לעיל בשילהי כל הכלים (דף קכו:) אלא דווקא במדידה בעיק של מצוה:

וגיגית סדוקה מונחת על גבן ופקקו את המאור בטפיח ^ו וקשרו את המקידה בגמי לידע אם יש שם בגיגית פותח טפח אם לאו: ומדבריהם למדנו שפוקקין ומודדין וקושרין בשבת: עולא איקלע לבי ריש גלותא חזייה לרבה בר רב הונא דיתיב *באוונא דמיא וקא משח ליה אמר ליה ^ז אימר דאמרי רבנן מדידה דמצוה דלאו מצוה מי אמור אמר ליה מתעסק בעלמא אנא:

הדרן עלך מי שהחשיך
וסליקא לה מסכת שבת

הדרן עלך מי שהחשיך
וסליקא לה מסכת שבת

הדרן עלך מי שהחשיך
וסליקא לה מסכת שבת

[כרי"ף וכרין ליתא בתוס' וכן הוא ברש"י שם וע' בערוך ערך אודנא וכן בברכות כב: ר' זירא הוה יתיב. בתוס' דמיא פרש"י בתוס' גיגית]

רבינו חננאל

אבל מוקצה [מחמת] חסרון כיס אפילו ר"ש מודה דתנן כל הכלים ניטלין בשבת חוץ ממסר הגדול ויתד של מחרישה וקיי"ל דכל היכא דפליגי רב אחא ורבינא הלכתא כדברי המיקל ואסקינן בה הלכה למעשה · שהלכה כרבי שמעון בהלכות שבת כולן ואין הלכה כרבי יהודה אלא במוקצה מחמת איסורו ואשכחנן ר' יוחנן דאמר מודה ר' שמעון בזה · דגרסינן בפרק בירה א"ר חייא בר אבא א"ר יוחנן אין מוקצה לר' שמעון אלא כעין שמן שבנר בשעה שדולק הואיל והוקצה לאיסורו והוקצה למצותו ומוקצה מחמת חסרון כיס דברי הכל מוקצה הוא ואסור וקשיא לן הרא הלכתא דאמרינן בפ' כירה [ד' מ"ה] כי אתא ר' יצחק בר יוסף אמר הלכה כר' יהודה · ורב"ל אמר הלכה כר"ש וכו' וצריכא עיונא · (ואם) [ואכן] יש לומר הא ר' יצחק בר יוסף א"ר יוחנן הלכה כר' יהודה . הא ריב"ל פליג עליה ואמר הלכתא כר"ש ואע"ג [דאמר] רב יוסף [התם] היינו דאמר רבה בר בר חנה א"ר יוחנן אמרו הלכה כר' שמעון וליה לא ס"ל (דא"ל) [וא"ל] אביי לרב יוסף ואת לא תסברא דר' יוחנן כר' יהודה סבירא ליה הני כולהו שמעתתא לא דייקינן: מתני' מפירין נדרים בשבת ונשאלין לנדרים שהן לצורך השבת ומבעיא לן האי דקתני מפירין נדרים בשבת לצורך הוא אבל שלא לצורך השבת לא אלמא הפרת נדרים מעת לעת או דלמא כי קתני לצורך לצורך אשאלה בלבד · אבל הפרת נדרים אפילו שלא לצורך השבת מפירין · אלמא הפרת נדרים כל אותו היום בלבד ופלקא כתנאי דתניא הפרת נדרים כל היום · ר' יוסי בר יהודה ורבי אלעזר בר שמעון אומר מעת לעת והלכתא הפרת נדרים כל היום בלבד וגרסינן בפ' נערה המאורסה אביה ובעלה מפירין נדריה פי' שמועה זו והכי פסקה לה [התם] ר"ש בן פזי אריב"ל אין הלכה כאותו הזוג · ונשאלין לנדרים לצורך השבת · ומיבעיא לן בשלא היה לו פנאי מערב שבת או דלמא אפילו היה לו פנאי ופשטנא אפילו היה לו פנאי מערב (יום) [שבת] והוה אפשר להו לשאל נשאלין בשבת ושפיר דמי · מפירין נדרים שמפר הבעל לאשתו ונשאלין לנדרים שאלה לחכמים ומפרשינן בפרק נערה המאורסה סבר רב יוסף למימר נשאלין נדרים ביחיד מומחה בשבת ביחיד מומחה אין [בשלשה הדיוטות] לא דמורה בי דינא א"ל אביי כיון דסבירא לן אפילו מעומד ואפילו בקרובין ואפילו בלילה לא מחזי בי דינא · אמר רבא אמר רב נחמן הלכתא נשאלין נדרים מעומד יחידי ובלילה ובשבת ובקרובין ואפילו אשר לחן מבע"י: פוקקין את המאור· פירוש מניחין בגג מקום פתוח כגון זרת הן חסר הן יתיר ליכנס ממנו אור ונקרא מאור ותנן [פרק י"ג] העושה לו מאור בתחלה שיעורו מלא מקדח גדול של לשכה שירי המאור רום אצבעיים על רוחב גודל · ואם רוצה בשבת לסותמו מותר ועל זה שנינו פוקקין את המאור ופירושו סותמין את המאור כאשר פירשנו ומודדין את המטלית ואת המקוה אם הוא אמה על אמה ברום שלש ראוי לטבול בו: פקקו את המאור בטפיח.פי' טפיח כלי חרס קטן והוא כגון פתיא [וברבים] נקראין פתוותא כדגרסינן בע"ז בגמרא אלו דברים של נכרים אוסרין ואיסורן איסור הנאה [ד' ל"ג ע"ב] וכדתנן ומורה שהיא קשורה בטפיח מטלאין בה בשבת וקושרין את המקידה בגמי פי' מקידה כלי חרס כגון זה ששנינו בפ' היה מביא את מנחתה היה מביא את מנחתה פיילי של (חדשה) [חרס] ונותן כתוכה חצי לוג מים מן הכיור*). וזו שאמר רב יהודה אמר רב הילקטי קטנה היתה בין ב' בתים וגיגית סדוקה מונחת על גבן ופקקו את המאור בטפיח וקשרו את המקידה בגמי לידע אם יש בגיגית פותח טפח אם לאו מדבריהם למדנו שפוקקין ומודדין וקושרין בשבת וכך פירושו היה שם ב' בתים · והילקטי מלשון תל המתלקט והוא כמין קיר הוצצין ביניהן : וגיגית כלי כמין פתיא סדוק או כמין כפושא מפולשת והיה קבוע בכותל (חלול) [חלק] פתוח ובאותה שבת היה המת מוטל בבית אחד ובבית האחר היו רוצים להכנס בו כהנים ולא היו יודעים בבירור אם יש בגיגית פותח טפח ומביא את הטומאה אם לאו שכך שנו במשנתנו. טפח על טפח על רום טפח מביא את הטומאה. ועוד שנינו פרק העושה מאור [פי"ג משנה ד'] לזון את עיניו ולדבר עם חבירו ולתשמיש בפותח טפח ופתמו את המאור בטפיח הוא כמין כלי לכסות את המאור הפתוח שלא יאהילו העומדים על הגג באותו המאור ויטמאו מן הטומאה המוטלת בתוך הבית כנגד המאור שהיה נפתח המאור יתר ממלא מקדח גדול של לשכה שזה שיעורו ומפורש במשנתנו פרק [העוכר] לפיכך הוצרכו לסותמו. ואותה הגיגית היתה בכותל גפותה מקופת אדם ופישום זרועותיו ולמטה מן הגג מכדי תליית אדם ופישום זרועותיו ולקחו מקידה שהיא כלי חרס ויש בה בכולה טפח וקשרוה בגמי ושלשלוה והעמידה כנגד פי הגיגית לראות אם פי הגיגית נתמלאה הנה יש בה טפח ומביאה הטומאה מבית לבית ואם היא פחותה ממלא הגיגית נתברר שאין בגיגית פותח טפח ואינה מביאה הטומאה · ויש אומרים קשרו המקידה בגמי בראש הקנה ושיעור פתחה של גיגית אם יש בה פותח טפח ואם לאו · עולא איקלע לבי ריש גלותא חזייה לרבה בר רב הונא דיתיב באדנא דמיא והיה מודד המים גובה במים ורוחבו · אמר לו איפור דאמרינן שהתירו חכמים מדידה דמצוה כגון מדידה של מקוה שצריך לטבילת מקות מדידה דלאו מצוה מי אסור א"ל מתעסק בעלמא אנא כלומר אני מודד ולא מתכוון למדידה אני:

*) כמדומה שחסר כאן לגיין בסוטה דף ט' דאיתא שם לפיכך סכנן משקה אותה במקידה של חרס וכ"ה ג"כ שם דף ל"ג וכן מגיין הערוך ערך קד.

הדרן עלך מי שהחשיך בדרך· תהלה לאל במתי עב דורך:

גירסא ירושלמי בר"ה פרק אם אין מכירין בתחלתו · אמר עד אחד נולד לאיש פלוני בשבת מלין אותו על פיו חשכה מוצאי שבת מטלטלין אותו על פיו · ר' חייא אמר מטלטלין אפומא (רימלותא) [דמלייתא] . רבי מתניאה מטלטל על אברתיה דויהרא · ר' (סמל) [אמי סל] על פי נשים דאמרי ששא הות בטסיתא:

סליקא לה מסכת שבת. משירי אהודנו צח דודי. כי כביר מצאה ידי.
מי שזיכני להתחיל והוא יזכני לסיים. חזק ונתחזק הכותב לעד לא יוזק.

רב נסים גאון

אם יש בגיגית · עיקר דיליה במס' אהלות (פרק ג משנה ו) כוית מן המת פתוח במפח והמת פתוח בד' טפחים להציל את הטומאה על הפתחים אבל להוציא את הטומאה בפותח טפח · אמר ליה אנא מתעסק בעלמא אנא · עיקר שלו כבר פירשנו בפרק כלל גדול שהמתעסק פטור לענין שבת כמו שאמרו בכריתות בפרק אכל חלב (דף יט) אמר רב נחמן אמר שמואל מתעסק בחלבים ובעריות חייב שכבר נהנה מתעסק בשבת פטור מלאכת מחשבת אסרה תורה ובגמרא דהזורק דבני מערבא (סוף פירקא) גרסי המתעסק בשבת פטור היך עבידה אמר הריני קוצר חצי גרוגרת וקצר כגרוגרת פטור:

סליק מי שהחשיך וסליקא לה מסכתא דשבת בסייעתא דשמיא

אחר השלמת המסכת יאמר זה

ויועיל לשכחה בעזרת השם יתברך

הדרן עלך מסכת שבת והדרך עלן דעתן עלך מסכת שבת ודעתך עלן לא נתנשי מינך מסכת שבת ולא תתנשי מינן לא בעלמא הדין ולא בעלמא דאתי:

יאמר כן שלש פעמים ואחר כך יאמר

יהי רצון מלפניך יי אלהינו ואלהי אבותינו שתהא תורתך אומנותנו בעולם הזה ותהא עמנו לעולם הבא תנינא בר פפא רמי בר פפא נחמן בר פפא אחאי בר פפא אבא מרי בר פפא רפרם בר פפא רכיש בר פפא סורחב בר פפא ארא בר פפא דרו בר פפא:

הערב נא יי אלהינו את דברי תורתך בפינו ובפיפיות עמך בית ישראל ונהיה כולנו אנחנו וצאצאינו וצאצאי עמך בית ישראל כולנו יודעי שמך ולומדי תורתך: מאויבי תחכמני מצותיך כי לעולם היא לי: יהי לבי תמים בחקיך למען לא אבוש: לעולם לא אשכח פקודיך כי בם חייתני: ברוך אתה יי למדני חקיך: אמן אמן אמן סלה ועד:

מודים אנחנו לפניך ה' אלהינו ואלהי אבותינו ששמת חלקנו מיושבי בית המדרש ולא שמת חלקנו מיושבי קרנות שאנו משכימים והם משכימים אנו משכימים לדברי תורה והם משכימים לדברים בטלים אנו עמלים והם עמלים אנו עמלים ומקבלים שכר והם עמלים ואינן מקבלים שכר אנו רצים והם רצים אנו רצים לחיי העולם הבא והם רצים לבאר שחת שנאמר ואתה אלהים תורדם לבאר שחת אנשי דמים ומרמה לא יחצו ימיהם ואני אבטח בך:

יהי רצון לפניך יי אלהי כשם שעזרתני לסיים מסכת שבת כן תעזרני להתחיל מסכתות וספרים אחרים ולסיימם ללמוד וללמד לשמור ולעשות ולקיים את כל דברי תלמוד תורתך באהבה וזכות כל התנאים ואמוראים ותלמידי חכמים יעמוד לי ולזרעי שלא תמוש התורה מפי ומפי זרעי וזרע זרעי עד עולם ותתקיים בי בהתהלכך תנחה אותך בשכבך תשמור עליך והקיצות היא תשיחך: כי בי ירבו ימיך ויוסיפו לך שנות חיים: אורך ימים בימינה בשמאלה עושר וכבוד: יי עוז לעמו יתן יי יברך את עמו בשלום:

יתגדל ויתקדש שמיה רבא בעלמא דהוא עתיד לאתחדתא ולאחיא מתיא ולאסקא לחיי עלמא ולמבני קרתא דירושלם ולשכלל היכליה בגווה ולמעקר פולחנא נוכראה מארעא ולאתבא פולחנא דשמיא לאתריה וימליך קודשא בריך הוא במלכותיה ויקריה בחייכון וביומיכון ובחיי דכל בית ישראל בעגלא ובזמן קריב ואמרו אמן: יהא שמיה רבא וכו' יתברך וכו' על ישראל וכו' יהא שלמא וכו' עושה שלום וכו':

§ מסכת שבת דף קנז: §

אות א'

וקשרו את המקידה בגמי, לידע אם יש שם בגיגית פותח טפח אם לאו

סימן שיז ס"א - [כד]**ולצורך מצוה, כגון שקושר למדוד אחד משיעורי התורה** - היינו שקושר שני חבלים ביחד כדי שיוכל למדוד בהם שיעור מקוה, **מותר לקשור** [כה]**קשר שאינו של קיימא** - היינו אפילו הוא עשוי לזמן, [כי להרמב"ם בודאי אין חילוק בין יום אחד או לזמן וכנ"ל, **ולהטור** שס"ל בעלמא כהרא"ש, דלזמן יש איסור דרבנן, ס"ל להטור דבזה התירו משום דהוא מילתא דמצוה], **והיינו** אפי' הוא מעשה אומן, דאל"ה אפילו בלא מצוה שרי, **ומיירי** כשא"א בענין אחר, דאל"ה יעשהו מעשה הדיוט, או עניבה לבד, וימדוד בו, ולא יצטרך להתיר איסור דרבנן.

כתב בספר בית מאיר, שמה שהעתיק השו"ע דמותר במקום מצוה, הוא רק דעת הרמב"ם והטור, **אבל** לרש"י ‹ד"ה וקושרין›, והתוס' דף קכ"ו: ד"ה ומדבריהם›, וברטנורה שם, מצדד דקשר האסור, אסור אפילו במקום מצוה, ‹דמפרשים להמתני' בפשוט קשר שאינו של קיימא המותר לכתחילה›, עי"ש.

אות ב'

אימר דאמרי רבנן מדידה דמצוה

סימן שו ס"ז - [כו]**מותר למדוד בשבת מדידה של מצוה** - ואע"ג דלא הותר שבות אפילו במקום מצוה, וכמ"ש לעיל, **שאני** מדידה דלא הוי איסור כ"כ, אלא משום דהוי כעובדא דחול, ולהכי שרי במקום מצוה.

כגון: למדוד אם יש במקוה מ' סאה; ולמדוד אזור מי שהוא חולה וללחוש עליו כמו שנוהגים הנשים, מותר, [כז]**דהוי מדידה של מצוה** - דמדידה רפואה היא, ורפואת הגוף מצוה היא, **וגזירת** שחיקת סממנין לא שייך בזה, אלא ברפואה שיש בה ממש, כגון משקה או אוכל.

וה"ה דמותר למדוד חור שיש בכותל המפסיק, אם יש בו פותח טפח להביא הטומאה מהחדר שהמת בו לחדר הסמוך לו, **ואע"ג** שיכולין הכהנים לצאת ממנו, מ"מ כיון שמודד שעורי תורה לא מחזי כעובדא דחול, **וה"ה** דמותר למדוד כדי לשער שיעור ששים לבטל איזה איסור, דכיון דהוא להתלמד על דבר הוראה, לא הוי כעובדין דחול.

[כח]**סימן שח סנ"א -** [כט]**מה שמורה על השעות שקורין רילוז"ו, בין שהוא של חול** - הוא כלי שממלאין בו חול, והחול יוצא דרך נקב מתחתיתו, ועשויה קוין קוין לשער בו השעות, **בין שהוא של מין אחר** - כגון שהוא עשוי חוליות חוליות, להכיר בו השעות כשהצל מגיע לאיזה חוליא, **יש להסתפק אם מותר לטלטלו** - דדמי למדידת הזמן או הצל, והוי בכלל כלי שמלאכתו לאיסור, דמדידה בשבת אסור כשאינה של מצוה, **ואפי'** אם הוא לומד על ידו, מ"מ עיקר המדידה אינה של מצוה, **מיהו** כשצריך לו לגופו או מקומו, בודאי שרי, דהא כלי הוא.

(וככר פשט המנהג לאסור) - ובזייגע"ר שלנו יש להתיר, וי"ל דעתה תכשיט הוא לכל אדם, ואפשר להתיר - פמ"ג, **ודוקא** הקטנים שקורין טאשי"ן אוה"ר, אבל הגדולים שקורין וואנ"ד אוה"ר, ‹שאין הדרך לטלטלם›, אסור לטלטל, **ואפילו** אותן כלי שעות העומדין בתיבה על הקרקע, ‹ואין מקפידים עליהם שלא לטלטלם›, יש להחמיר בטלטול אם לא לצורך מקומו.

באר הגולה

[כד] שבת קנ"ז במשנה [כה] שם בפי' רש"י [כו] טור בשם אבי העזרי ומהר"מ מרוטנבורג ‹קנ"ז א' ב' - גר"א› [כז] שם בשם מהר"מ [כח] ‹ע"פ הגר"א וז"ל: דדמי למדידת הזמן או הצל והוי מלאכתו לאיסור, דמדידה של רשות אסור, כמ"ש קנ"ז: אימור דאמרי רבנן כו'› [כט] תשובת מהרי"ל בשם מהר"ר פייבש

מילואים להלכות שבת

§ סימן רמג - דין המשכיר שדה ומרחץ לא"י §

סעיף א - דע ששלשה חילוקים יש: אחד הוא אריסות, ששוכר לא"י שיעשה המלאכה בשדה או במרחץ, והרווחים או הפירות יחלוקו, **הב'** הוא שכירות, שא"י נוטל כל הרווחים או הפירות, ונותן לישראל עבור שדהו ומרחצו דבר קצוב לכל שנה, **הב'** חילוקים אלו מותרים בשדה לגמרי, ובמרחץ רק מדינא, דא"י אדעתיה דנפשיה עביד, **אלא** שחכמים אסרו אלו הב' חלוקים במרחץ משום מראית העין, מפני דנקראת על שמו ויבואו לחשדו שעושה בשליחותו, **אבל** החלוקה הג' דהוא קבלנות, דהיינו שיהיו כל הרווחים לישראל, רק שישראל נותן לא"י דבר קצוב לכל שנה עבור פעולתו, זהו ודאי אסור מדינא במרחץ, דהוי הא"י שלוחו של ישראל, וישראל נהנה ממלאכה בשבת, דאם לא יעשה יום אחד יפסיד הישראל ריוח אותו יום, **וע"כ** אם מנהג רוב אנשי המקום להשכירם או ליתנם באריסות כמבואר בס"ב, חזר להיות המרחץ כשדה, הב' חילוקים ראשונים מותר, והחלוקה הג' אסור.

וכל היתר שכירות דכאן, היינו שהוא משכירו דרך הבלעה עם ימות החול, **אבל** ליום השבת לחוד אסור, אפילו בשדה וגם נתפרסם, **זהו** עיקרי הדינים שבסימן זה בקצרה.

לא ישכיר אדם מרחץ שלו - בין שבנהו בעצמו, או אפילו קנה וישב בה ונקרא שמו עליו, **לא"י** - וכ"ש לישראל מומר, דעובר נמי משום "לפני עור לא תתן מכשול", וטעם זה שייך אף בשדה ובכל דבר.

מפני שנקרא על שמו, וא"י זה עושה מלאכה בו בשבת - פירוש דמדינא שרי להשכירו לא"י לשנה או לחודש, שיתן לו כך וכך בין יסיק בו הא"י בין לא יסיקנו, וכל הריוח יהיה לא"י, **דאיסור** שכר שבת ליכא, דהא מושכרת היא לו לשנה, **ואיסור** דאמירה לא"י בודאי לא שייך בשכירות, דלנפשיה הוא עושה, **ואפילו** אם יש לו לא"י רק חלק בריוח המרחץ, גם כן אמרינן אדעתיה דנפשיה עביד, כמש"כ בסוף הסעיף, **אלא** שאסור בכל זה מפני מראית העין, שנקראת על שמו של ישראל, ויאמרו הבריות דשכיר יום הוא ושלוחו הוא, **ודוקא** כשמשכירו לשנה או לחודש, אבל להשכירה לא"י לימים, שיתן לו הא"כ כל יום ויום שיסיקנו כך וכך, אף דגם זה אדעתיה עביד, מ"מ מדינא אסור, דהוי כשכר שבת.

ועיין לקמן בסימן רמ"ד, דדבר האסור מפני מראית עין, אינו אסור אלא בתוך התחום של ישוב ישראל.

דסתם מרחץ לאו לאריסותא עביד, (פירוש, אריס הוא העובד ליקח חלק ממה שיצמיח לבעליו) - פי' דכתב להלן דשדה מותר להשכירו, מטעם זה שיתלו באריסות, וע"ז קאמר דבמרחץ ליכא האי טעמא להתיר, דאין דרך ליתנו באריסות, ולא יתלו ג"כ שהשכירו כפי האמת, דלא שכיח, **ואמרי שכל הריוח של ישראל, ושכר את הא"י בכך וכך ליום, ונמצא הא"י עושה מלאכה בשליחותו של ישראל** - וזהו איסור גמור, כמו שאמרו בכמה מקומות דאמירה לא"י שבות, **ואסמכוהו** אקרא: דכל מלאכה לא יֵעָשֶׂה בהם, ולא כתיב: לא תַעֲשֶׂה, לרמז דאפילו ע"י אחרים לא יעשה, **ואפילו** כשעושה בעצמו מלאכה של ישראל בשבילו, ג"כ צריך למחות בידו.

אבל שדה, מותר - להשכירה לא"י בדבר קצוב, דאף דנקראת נמי על שמו כמו מרחץ, דכל מחובר סתמא שם בעליו עליו, ולהשכיר נמי לא שכיח כל כך, מ"מ מותר, **שכן דרך לקבל שדה באריסות, ואע"פ שיודעים שהוא של ישראל, אומרים: הא"י לקחה באריסות, ולעצמו הוא עובד** - וכיון דהוא אדעתיה דנפשיה, שרי, ולא יחשדוהו בשכיר יום.

(יש לעיין אם הפירוש דרוב העולם נותנין באריסות, וכ"כ הרא"ש, אבל אם המנהג שוה לשכור פועלים כמו אריסות, אסור, דלא יתלו באריסות, **או** דילמא דבכה"ג ג"כ שרי, ומה שאמר בגמרא אריסא אריסותיה עביד, היינו שדרך נמי ליתנו באריסות, לאפוקי מרחץ דאין דרך ליתנו באריסות, וכמו שכתב הר"ן, לפי שהוצאותיו מרובין ושכרו מועט, ויודעין הכל שבשביל ישראל הוא עושה, ומלשון הרמב"ם משמע כמו שכתבנו למעלה בשם הרא"ש, וכן משמע מלשון השו"ע בס"ב).

ותנור - להשכיר תנורו לאפות בו, **דינו כמרחץ** - דתנור נמי אין דרך להשכירו וליתנו באריסות כמו מרחץ, ויחשדו דשכיר יום הוא אצלו.

ורחיים דינם כשדה - משום דדרכו ליתנו באריסות כמו שדה, ולפיכך להשכירו נמי מותר וכדלעיל, **ועיין** בר"ן דמשמע, דאם אין דרך אנשי אותו המקום ליתן רחיים באריסות, דינו כמו מרחץ לאיסור, **דבאמת** תלוי בכל אלו הדברים לפי מנהג המדינה בין להקל בין להחמיר, וכדלקמיה בס"ב.

הגה: ואע"פ שלא לקחה הא"י רק לשליש או לרביע, ויש לישראל הנאה במה שהא"י עובד בשבת, שרי, דא"י אדעתא דנפשיה עובד - אשדה וריחיים קאי, דהמחבר מיירי בשכירות, והוא מוסיף דאף אריסות מותר, **והמחבר** ג"כ ס"ל כן, דמטעם זה התיר בשכירות כנ"ל, אלא שהוא ביאר בהדיא.

ודוקא בזה שנותן לא"י חלק בתבואה, אבל אם שכר הא"י לעבוד בו כל השנה, ושיטול היהודי כל התבואה מהשדה, **אף** דמדינא בזה ג"כ שרי, דהאינו יהודי אדעתיה דנפשיה עביד, דאף אם לא יזבל ויחרוש ויקצור השדה בשבת יכול לעשות בחול, וממהר בשביל עצמו, **מ"מ** אסור, דיבאו לחשדו בשכיר יום, ולא יתלו באריסות כשיראו לבסוף שאין לו שום חלק בפירות הארץ, וכדלקמן בריש סימן רמ"ד.

ודע דבמרחץ כה"ג, דהיינו ששוכר אינו יהודי לעבוד בו כל השנה, ושיטול היהודי כל הריוח של השבתות, מדינא אסור, וה"ה בריחיים באופן זה, **דהא** דשרינן מתחלה מדינא, היינו דוקא בשדה וכדומה, דהמלאכה קצובה, ואפשר להשלימה בכל עת, דאין ריוח לישראל במה שעושה האינו יהודי בשבת, דאם לא יעשה היום יעשנה ביום אחר, אז אמרינן אדעתיה דנפשיה עביד, **אבל** במרחץ וריחיים, דהמלאכה אינה קצובה, וכל יום ריוח לעצמו, דאם לא יעשה יום אחד יפסיד הישראל אותו היום, [**ואף** דבמ"א סיים עוד, דאף אם לא יעשה הא"י בשבת יצטרך לשלם לו, עיין בפמ"ג שהסכים דאין תלוי בזה, וצ"ע בפרט זה], **א"כ** עיקר המלאכה בשביל ישראל הוא, ומדינא אסור כמו שכיר יום, דאף דמקבל שכר, לא אמרינן אדעתיה דנפשיה עביד, הואיל ונהנה הישראל ממלאכת שבת, **ואפילו** להט"ז לקמן בסימן רמ"ד דמתיר להרמב"ם, נראה דאסור ג"כ בזה מדינא, דרגילות להקפיד על האינו יהודי כשמבטל איזה יום, **וכיון** דמדינא אסור, אפי' נתפרסם ששכרו לשנה, וגם הוא חוץ לתחום דאין בו משום מראית העין, ג"כ אסור, **ואין** היתר כי אם היכא דיש לא"י קצת חלק בריוח השבתות, דאז אמרינן דאדעתיה דנפשיה עביד, ומותר בריחיים, וגם במרחץ במקום שנתפרסם הדבר, וכבס"ב, **וכ"ש** שמותר היכא שמוכרו לו לגמרי בכל ערב שבת, [**ובזה** לא שייך שכר שבת, דעל עת המכירה קנוי לו להא"י לגמרי, **אבל** בשכירות צריך שיהיה דוקא בהבלעה].

סעיף ב - אפי' מרחץ או תנור, אם השכירם שנה אחר שנה, ונתפרסם הדבר על ידי כך שאין דרכו לשכור פועלים אלא להשכירם, וכן אם מנהג רוב אנשי אותו המקום להשכירם או ליתנם באריסות, מותר להשכירם לא"י או ליתנם לו באריסות - דתו ליכא חשדא, **ואף** דאין דרך אותו המקום ואותו האיש רק להשכיר, מ"מ מותר גם באריסות, דיתלו דהשכירו לו.

הגה: ואפילו במקום האסור, אם אין המרחץ או התנור של ישראל, רק שכרם מא"י וחזר והשכירם לא"י, שרי, דאין שם הישראל נקרא עליו.

ואם שכרן מישראל, נראה דאסור, דעי"ז יחשדו אותו ישראל בעל המרחץ, שהאינו יהודי הוא שכיר יומו.

בב"י הביא בשם תשובת הגאונים, דה"ה אם קנה מאינו יהודי, ותיכף קודם שישב בה השכירם, דלא נקרא שמו עליו, ויש לסמוך ע"ז.

י"א דבשכירות נמי אינו מותר אלא כשלא ישב בה הישראל, כמש"כ הב"י בקנה, **אבל** הא"ר ושארי אחרונים כתבו, דבשכרו מאינו יהודי, אף שישב בה הישראל, מותר להשכירה לאינו יהודי, דלא נקרא שמו עליו, (**ובאמת** מסתברא כותיה, דהא משמע בגמרא דשכירות לא שכיחא כ"כ, **וממילא** שם בעליו הראשון הא"י עליו אף עתה, ויתלו דשכיר יום של הראשון הוא, וכשיודע להם דמישראל הוא, יודע גם זה דשכרו מישראל, **אם** לא שישב בה הישראל כמה שנים ונתפרסם לכל, אז יש לעיין בזה).

וכן אם יש מרחץ בבית דירה, ואין רוחצין במרחץ רק אותן שבביתו, והם יודעים ששכרו א"י, שרי - היינו שהמרחץ אינו בר"ה, רק בחצירו באחד מהבית דירה שלו, ולכך אם אין רוחצין בו בחול אלא אותן שבביתו, שרי, דאנשים אחרים לא ידעו אם יש שם מרחץ, ואותן שבביתו היודעים מזה גם הם יודעים שהשכירו לא"י, **אבל** כשרוחצין בו גם אנשים אחרים, הלא נתפרסם שיש שם מרחץ, ואותו המרחץ נקרא מכבר על שם ישראל, וכשיראו אח"כ שעשן יוצא ממנו בימי השבת, יתלו דבשליחותו הסיקו הא"י.

וכ"ז כשהוא בבית דירה שלו, אבל אם הוא עומד בר"ה במקום רואים, אז אפילו אם אינם רוחצין בו רק אותן שבביתו, מ"מ אסור, דהא הכל יודעים שיש שם מרחץ, ואין הכל יודעים שהשכירו לאינו יהודי, כן כתבו הרבה אחרונים.

ויש מקילין עוד, דאם הוא עומד ברשות אחר בפני עצמו שלא בחצירו, אז אפי' רוחצין בו גם אנשים אחרים, אפ"ה שרי, דמסתמא אין הכל יודעים שהוא שלו, רק אותן השכנים של המרחץ, ומסתמא נתודע להם גם את זה שהשכירו לא"י, [**אך** עצם הסברא לא ברירא לי כ"כ, דאם ישב בה ישראל מכבר קודם שהשכירו, מאי מהני מאי דהוה עתה ברשות אחר, הלא כבר נקרא שם ישראל עליו עי"ז, **ואם** לא ישב בה מעולם, רק תיכף השכירו לא"י, א"כ פשיטא דשרי אפי' אם הוא עומד ברשותו, **ולפענ"ד** אפשר דבכוון השמיטו הרמ"א וב"י דין זה, וצ"ע].

ואם עבר והשכירו במקום האסור, י"א ששכרו מותר, וי"א שאסור, וכן עיקר - והאחרונים הסכימו דלא פליגי, דבמקום דמותר מדינא, כגון שהשכיר המרחץ לאינו יהודי לשנה או לחודש, דמשום שכר שבת ליכא דהלא הוא בהבלעה, ואינו אסור אלא משום מראית העין כנ"ל בס"א, **לכן** בדיעבד מותר לקבל השכר מהאינו יהודי, **משא"כ** אם השכירו לימים, דמדינא אסור משום שכר שבת, [וכן אם הוא בקבלנות על כל השנה באופן דאסור מדינא], **לכן** אפילו הביא האינו יהודי מעצמו מעות, אסור לקבל הימנו כמ"ש בסימן רמ"ה ס"ו, וע"ש מה שכתבנו במ"ב, **ואם** המלאכה מוטלת על ישראל, עיין ריש סימן רמ"ה.

§ סימן רמד – איזו מלאכות יכול הא״י לעשות בעד הישראל §

סעיף ב - לפסול האבנים ולתקן הקורות, אפי' בביתו של אינו יהודי אסור, כיון דלצורך מחובר הוא - כדי לשקעם בהבנין, ע"כ חשבוהו כמחובר, **וצריך** למחות בידו אם הוא בתוך התחום, אפילו עושה רחוק מהבנין, [**דלכו"ע** אסור אם הוא קרוב לבנין].

ואם עשו כן, לא ישקעם בבנין – (הנה בטור כתב דאסור לשקעם בבנין, **והא** דלענין בית כתב הטור בסימן תקמ"ג, וממנו העתיק המחבר בס"ג, דרק נכון להחמיר, תירץ בתו"ש, דהכא שרוצה לשקעם בבנין חשוב כלכתחילה, **וממ"א** משמע דגם זה חשוב כדיעבד, דיש הפסד עי"ז, **ולענ"ד** נראה דבכונה שינה המחבר מלשון הטור, ולא כתב בלשון אסור, וכונתו דרק נכון להחמיר בזה, ולא כדעת הטור, וכן מוכח מהגר"א ביאורו).

ודוקא כשאבנים וקורות הם של ישראל, ונתנם לאומן אינו יהודי לסתתם ולתקנם, **אבל** אם האינו יהודי מסתת אבנים שלו ומתקן קורות שלו, שהישראל עשה עמו קיבולת על הכל, והברירה עוד ביד האינו יהודי לסתת אבנים אחרות ולהחזיק אלו לעצמו, **אפילו** עושה זה לצורך ישראל, אם אינו בביתו של ישראל, אף שהוא מפורסם שעשה זה לצורך ישראל, מותר, שזה לא נקרא עדיין מלאכת ישראל, כ"כ הדגמ"ר, **וכבר** קדמו בתשובת הרדב"ז, אך שמסיים שם, דאם היה האינו יהודי מסתת אותם בשבת סמוך לבנין, אין נכון הדבר משום מראית העין, שלא יאמרו שכירו הוא.

הגה: וי"א דאם אינו מפורסם שהוא של ישראל, שרי - היינו שאינו צריך למחות בא"י אם יעשה מלאכתו בשבת, ובלבד שלא יאמר לו שיעשה בשבת.

וכ"ז דוקא אם האינו יהודי עושה בביתו, או שיהיה עכ"פ רחוק מהבנין, כדי שלא יהיה מינכר שהוא של ישראל וכנ"ל.

והי"א קאי אכולהו, דהיינו אף מחובר גמור לא אסרו בקבלנות אלא בסתמא, דמסתמא שם הישראל נקרא עליו, **אבל** בידוע לנו שאינו מפורסם הבנין על שם ישראל, לא אסרו בקיבולת, **והא** דציין הרמ"א הי"א על סיתות אבנים, משום דבבנין ממש אין מצוי זה.

ומשמע בכמה אחרונים דסבירא לן לדינא כהי"א הזה לענין סיתות האבנים, ואפשר דגם המחבר מודה ליה בזה, **אך** לענין מחובר גופא, אפילו אם הבנין עומד במקום שאין ידוע שהוא שלו, ג"כ אין להקל, דיש לחוש לשכניו או לבני ביתו שיודעים שהוא שלו ויחשדוהו.

סעיף ג- אם בנו אינו יהודי לישראל בית בשבת באיסור - היינו שהיה בקיבולת ובתוך התחום, דהוא אסור רק משום מראית עין, דבאמת אדעתיה דנפשיה עביד וכנ"ל, **נכון להחמיר שלא יכנסו בו** - לעולם, ואפילו אחרים, **אבל** מ"מ מותר ליהנות ממנו ולמכרה לא"י.

והאחרונים כתבו, דבדיעבד יש לסמוך בקבלנות על דעת ר"ת (שמתיר לבנות בית בקבלנות), ומותר לדור בו אפילו לעצמו, **וכן** בסיתות האבנים ותיקון הקורות, אם היה בקבלנות יש להתיר בדיעבד לשקעם בבנין.

אבל אם היו שכירי יום, דמדינא אסור, יש בזה איסור מצד הדין בדיעבד, ולא "נכון" בלבד, כ"כ המ"א, וכן מוכח ג"כ דעת הב"ח לענין שכיר יום, **וכ"כ** הח"א, דבשכיר יום אסור מדינא בענין זה שהוא מילתא דפרהסיא, לו לעולם, ולאחרים בכדי שיעשו, [ויכול למכרו], **ויש** מקילין דאף בכה"ג אינו אסור מדינא כי אם בכדי שיעשו, [ורק נכון להחמיר], **ועיין** לקמן בסי' שכ"ה סי"ד שם במ"ב.

הגה: מיהו אם התנה ישראל עם א"י שלא לעשות לו מלאכה בשבת, והאינו יהודי עשאה בעל כרחו למהר להשלים מלאכתו - ר"ל שעבר על תנאו שהתנה עמו מקודם, **אין לחוש** - דהיינו שאין צריך אפילו למחות לו עוד בעת שעושה המלאכה. **(מרדכי).**

ועיין במ"א שמפקפק מאד בדין זה, דכיון שהוא מחובר והוי מילתא דפרהסיא, [ודעת הא"ר דמטלטלין בבית ישראל דינו כקרקע], איכא חשדא דרואים שלא ידעו שהתנה, וכן בא"ר נתקשה על עיקר הדין של המרדכי, **וע"כ** אין להקל בזה, אלא יראה למחות לו ולמנעו מפעולתו, [**ופשוט** דבמחאה לכו"ע מהני אפי' בקרקע, דמאי הו"ל למעבד].

וכתב הא"ר, דמ"מ נראה שא"צ ליתן להם מעות כדי שיפסקו, כיון שבכך התנה מתחלה ונרצו לכך, עכ"ד, **ומשמע** מלשונו, דאם לא התנה מתחלה, אין די במחאתו בלבד, אלא צריך לפזר ממעותיו כדי שיפסקו, **ונראה** שטעמו, דפשע, דהו"ל להתנות מתחלה, וצ"ע לדינא.

סעיף ד - מלאכת פרהסיא, אפילו במטלטלין, כגון ספינה הידועה לישראל, דינה כמו מלאכת מחובר - אין מיירי שעושה אותה ברשות ישראל, דא"ה אפילו היה דינו רק כמטלטלין דעלמא, ג"כ היה אסור, כדמוכח בסימן רנ"ב ס"ב, דאף במטלטלין אסור אם עושה אותה ברשות ישראל, **אלא** מיירי שלא בביתו, **ועיין** במ"א ושארי אחרונים, דדוקא אם עושה את הספינה במקום גלוי ומפורסם, **דאם** בצינעה אין להחמיר בה, כדמוכח בסימן רנ"ב ס"ג.

(עיין בסימן רנ"ב ס"ג, דכתב שם המחבר על דין זה: יש להחמיר ולאסור, משמע דלאו מדינא כ"כ, והוא סותר להך דהכא, **ולדינא** משמע מאחרונים, דתפסו להך דהכא לעיקר).

סעיף ה - אם שכר אינו יהודי לשנה או לשתים שיכתוב לו או שיארוג לו בגד - "או שיארוג לו, הרי זה" וכו' - כצ"ל, **הרי זה כותב ואורג בשבת, כאלו קצץ עמו שיכתוב לו ספר או שיארוג לו בגד, שהוא עושה בכל עת שירצה.** (רמב"ם).

כתב מ"א: כונת הרמב"ם, כדרך השרים שיש להם סופר מיוחד, או חייט מיוחד, שבכל עת שצריך השר לכתוב מחויב לו לכתוב, ובעת שאין צריך לו יושב ובטל, **ולכן** מותר לכתוב או לארוג בשבת, שהוא עושה

בכל עת שירצה, שהרי הישראל אין אומר לו לעשות בשבת, ואם רצה עושה למחר, ואין הישראל מרויח במה שעושה בשבת, **אבל** אם שכרו לארוג לו תמיד בשנה זו, או לכתוב לו תמיד, אסור אף להרמב"ם לכתוב לו בשבת, אף שאין מדקדק עליו על ביטול איזה יום, מ"מ הרי מרויח הישראל בעשייתו.

ומהט"ז משמע, דגם בכה"ג חשוב להרמב"ם קבלנות, כיון שאינו מקפיד עליו אם יבטל איזה יום, **דאם** הוא מקפיד עליו שלא ישב איזה יום בטל, אסור לכו"ע, דהוי כאלו צוהו לעשות ביום השבת.

עוד כתב הט"ז, דאם שכרו לגמור ספר או בגד תוך אותו זמן, הוא כמקפיד, והיינו בשידוע דא"א לגמור אם לא שיעשה גם בשבת, **ואף** שאם יאנוס עצמו וישב בלילה יוכל לגמור בחול, אעפ"כ הוי זה כמצוה לו לעשות בשבת, [**ולא** התיר הרמב"ם אלא כשאין עליו לגמור המלאכה, ואין מקפיד על ביטולו].

והוא שלא יחשוב עמו יום יום - ר"ל שלא ידקדק עליו אם מבטל איזה יום ממלאכתו, **ולא יעשה המלאכה בבית ישראל** - דבזה אפילו קבלנות גמורה אסור, כדלקמן בסימן רנ"ב.

ויש מי שאוסר בשוכר אינו יהודי לזמן - הוא דעת הראב"ד, **והנה** לדעת הט"ז הנ"ל ניחא בפשיטות טעם הראב"ד, דס"ל דאף שאינו מקפיד על ביטולו, מ"מ הרי הישראל מרויח על ידו, **ולדעת** המ"א הנ"ל ג"כ ניחא, דס"ל להראב"ד דהישראל מרויח במה שעושה בשבת, דשמא יצטרך גם למחר לכתוב, ולא יוכל לעשות שניהם כאחד.

(**עיין בא"ר, שדעתו להורות כהדיעה הראשונה, ומ"מ לכתחילה טוב ונכון לצאת גם דעת היש מי שאוסר, שכן גם המ"מ נשאר אצלו דין של הרמב"ם בצ"ע, וגם הלבוש כתב דמסתבר דעת הראב"ד, אלא דמשמע דלבוש מפרש פלוגתייהו כדעת הט"ז, ונראה דבאופן שמיירי המ"א, לכו"ע מותר לדעת הלבוש**).

הגה: ודוקא ששכרו למלאכה מיוחדת, כגון בגד לארוג או ספר לכתוב - דבזה אפשר שלא יגיע לישראל ריוח עי"ז שהוא עושה בשבת, כגון שלא יצטרך הישראל אריגה או כתיבה כ"כ, **אבל כששכרו לכל המלאכות שיצטרך תוך זמן השכירות, לכו"ע אסור** - דקרוב הדבר לודאי שיצטרך למחר מלאכה אחרת, וא"כ מרויח הישראל במלאכת הא"י בשבת, ולכך אפי' אם לא יחשוב עמו יום יום אסור. **וכמו שיתבאר סוף סימן רמ"ז.**

ומטעם זה יש למחות ביד השפחות כשעושין מלאכת אדוניהן בשבת, אפילו כשעושין שלא בבית ישראל ושלא בצווי בעליהן, דהא הם שכורין לכל המלאכות, **וכ"ש** כשעושין בבית ישראל, דזה אסור אפילו בשכור למלאכה מיוחדת וכנ"ל.

ועיין בט"ז דמביא בשם רבינו שמחה, דהוא אוסר להשפחה אפילו לעשות מלאכת עצמה בבית בעליה, והטעם, מפני הרואים שלא יאמרו: מלאכה של ישראל היא עושה, **והא"ר** הביא בשם סה"ת, דמלאכת עצמה מותר, ודעתו שגם רבינו שמחה מודה לזה, ע"ש בדבריו, והפמ"ג יישב דברי הט"ז ע"ש, **ועיין** בספר ח"א, דלתקן השפחה בגדיה, לכו"ע מותר בבית בעה"ב, שהוא ניכר שמלאכת עצמה היא עושה, ועיין מש"כ בס"ו.

סעיף ו - יהודי הקונה מכס, ומשכיר לו א"י לקבל מכס בשבת - הלשון אינו מדויק, כי הכונה הוא ששוכר את הא"י, **מותר אם הוא בקבולת, דהיינו שאומר לו: לכשתגבה מאה דינרים אתן לך כך וכך** - דהיינו שאין מזכיר לו יום השבת כלל, אלא בסתמא: אם תגבה כך וכך, אתן לך סך כך וכך, א"כ לא הוי שכיר יום, **וגם** לית כאן שכר שבת כלל, (מצד המכס עצמו שבא לכיסו של ישראל - יד אפרים), שכבר שכר מהשר המכס של כל השנה עם השבתות בכלל.

ואז שרי מדינא, כמו בעורות לעבדן בריש סימן רנ"ב, דמותר ליתן לו קודם שקיעת החמה אם הוא בקיבולת, משום דאדעתא דנפשיה קעביד, **אע"ג** דאסור שם לקבוע לו מלאכתו בשבת, (אבל הכא הרי ישראל קובע לו לעשות בשבת, דהא בחול הישראל בעצמו גובה המכס, רק שמצוה לגוי שיקבלו בשבת, וא"כ אפי' אמר לו מכל מאה כו' הו"ל לאסור – מחה"ש), **ועוד** דהוי מילתא דפרהסיא, שהעסק היה ידוע לכל שהוא של ישראל, וכמו שהיה עושה הא"י עתה בבית ישראל דמי, דאסר שם, **מ"מ** התירו בזה משום פסידא, דאדם בהול על ממונו, ואי לא שרית ליה אתי לגבות בעצמו, ויבוא לידי איסורא דאורייתא, דשמא יכתוב פתקא כדרך המוכסים - ב"י.

ולפי"ז משמע דבמכס שאין כותבין, כגון אותן שלוקחין מיני מאכל במכס, אסור אפילו ע"י א"י, דלא יבא לידי איסור דאורייתא אפילו אי לא שרינן ליה, **אבל** הט"ז ומ"א מסקי, דאפילו באופן זה שרינן ע"י א"י משום פסידא, [**טעם** הט"ז, דאפי' בדרבנן מקילינן ע"י א"י משום פסידא, שלא יבוא לידי איסור חמור מזה, דהיינו ע"י עצמו, **וטעם** המ"א, דהכא מותר אפי' למאן דלא שרינן שבות דשבות במקום פסידא, משום דבענינינו הוא כמציל מידו, שלא ישתקע ממונו ביד א"י], **מיהו** בעצמו אסור לקבל אף המכס של מיני מאכל, אפילו אם לא הובא מחוץ לתחום, ולא שייך בו חשש צידה ומחובר, משום "ממצוא חפצך", וכמ"ש סימן ש"ו.

יהודי ששכר בשול המלח מן השר, מותר להשכיר לו פועלים בקיבולת, שאם יעשה לו כך וכך מלח יתן לו כך וכך, **ואע"פ** שהכלים והעצים הם של ישראל, שרי, ובלבד שלא יביאו עצים מרשות הישראל בשבת, **שכל** קבלנות אינה מותרת אא"כ מסר להם מע"ש כל מה שרוצה למסור לצורך המלאכה, ויוציאום מרשותו מע"ש, **אבל** אין לו היתר לשכור א"י על שבת וחודש, דמ"מ מרויח הישראל במלאכתו, ואין לו היתר אלא בקבלנות, [**אבל** אין מותר בזה אא"כ לא קבע לו מלאכתו בשבת, דבזה לא מקרי פסידא כמו לגבי מכס].

הגה: וכן יוכל להשכיר המכס לכל השבתות לאינו יהודי, והא"י יקח הריוח של שבתות לעצמו - ר"ל דבזה ג"כ מדינא שרי, דא"י כי עביד אדעתא דנפשיה עביד, **ולא חיישינן שיאמרו לצורך ישראל הוא עושה, דבמקום פסידא כי האי גוונא לא חששו.**

סימן רמד – איזו מלאכות יכול הא"י לעשות בעד הישראל

וכתב המ"א דגם משום שכר שבת לית בזה, אף שהוא משכירו לשבת לחוד, משום דהרי הוא כאלו קנה ממנו המכס, והו"ל כאלו יודע שיביאו לו א"י סחורה בשבת, ומכרה בע"ש לא"י שהוא יקבלה ממנו בשבת, דפשיטא דשרי, וכן גבי מטבע, מוכר לו הורמנא בעלמא מה שיש לו מהמלך, וכל הריוח יקח הא"י, (**עיין בתו"ש שהקשה, דבענינינו אין יכול הישראל להקנות לו, דהוי דבר שלא בא לעולם, ונראה דזה היה סברת הגר"א ג"כ, ומה שיישבו הפמ"ג קצת, היה נראה לו לדוחק**), **ואין** בזה רק משום מראית העין, שיאמרו שהוא עושה לצורך ישראל, שישראל שכרו לכתוב בשבת ולקבל המכס, **וזהו** שכתב הרמ"א: ולא חיישינן וכו' דבמקום פסידא וכו', ולא הזכיר כלל משכר שבת.

(**ומשמע** דבעצם הענין לא פסיקא ליה להמ"א לפי המסקנא שלו, אם מקילינן כלל משום פסידא לענין שכר שבת, **אבל** הט"ז סובר בהדיא דבמכס שהוא עסק גדול, וכן גבי מטבע, לא אסרינן משום שכר שבת, דאדם בהול על ממונו, ואי לא שרית ליה אתי לידי איסור יותר גדול, וכן דעת התוספות שבת ג"כ, **ועיין** בביאור הגר"א דמשמע מיניה דהוא סובר ג"כ כהט"ז ותוספת שבת הנ"ל, דיש בזה שכר שבת אך שהתירו משום פסידא, **נמצא** לפי"ז דהט"ז והתו"ש והגר"א כולם בחדא שיטתא קיימי, וכן משמע בלבוש, וע"כ יש להקל בזה, **אך** לדברי כולם משמע דבשכיר יום אין להקל בשום גוונא).

דע דמשמע מכל הפוסקים, דלא התירו אפי' במקום הפסד גדול אלא באופן זה שצייר השו"ע, דהיינו או בקיבולת, או שמשכיר לו את גוף הריוח, דבכל זה העובד גלולים אדעתא דנפשיה קעביד, **אבל** בשכיר יום ממש אסור בכל גווני, ומזה תדע שאותן האנשים המחזיקים בית משקה, שלוקחין מע"ש איזה א"י בביתן על יום השבת לעסוק במכירת המשקה, שלא כדין הם עושין, **דאף** אם נחשוב מניעת ריוח יום השבת להפסד גדול, מ"מ הלא לא התירו בשכיר יום ממש, [**ואפי'** למאן דשרי שבות דשבות במקום הפסד, היינו כשאין לו עצה אחרת, אבל בזה הלא יכול לתקן הדבר מע"ש וכמו שכתוב בשו"ע, או שיקנה לו מבע"י], **וגם** דאולי הוא רק בכלל מניעת הריוח, כמו שכתבו האחרונים לענין תנור ומרחץ, **ועכ"פ** אין להתיר אלא באופן שציירו השו"ע והרמ"א, או שיקנה לו מע"ש כל הדברים שנותן לו למכור, [היינו במשיכה ובכסף, וע"פ הדחק בכסף בלחוד, שיתן לו מקצת מעות ע"ז], **ואף** דעכ"פ עדיין העסק נקרא על שם ישראל, זה מותר משום פסידא.

ולפי מה שכתבנו לקמיה בשם הט"ז, יהיה מותר בזה לישראל לישב מרחוק ולשמור שלא יגנוב הא"י מהעסק, **אך** שיזהר שלא יתערב בהעסק, ושלא ידבר עמו כלום מענינים ההם, והוא דבר שקשה ליזהר שלא לדבר כלום כשיושב שם, **אך** העולם נוהגין להתיר, והנח להם מוטב שיהיו שוגגין ואל יהיו מזידין, והבוטח בה' ואינו מחפש צדדי קולות על שבת, אשריו.

וישראל הממונה על מטבע של מלך, דינו כדין הממונה על המכס, ואע"פ שמשמיעים קול בשבת בהכאת המטבע - וע"כ מותר ליתן הכסף לא"י מבעוד יום בקיבולת, שאם יעשה לו מן הכסף כך וכך יתן לו כך וכך, או שישכיר לו הישראל הריוח שיעלה מזה בשבת להא"י וכנ"ל, משום פסידא, [**והיינו** אפי' אם הוא מילתא דפרהסיא וידוע שישראל שכרו מהמלך. **ושלא** במקום פסידא, כגון באיש אחר שנותן כסף לא"י ע"ז, אינו מותר אפי' בקיבולת, אא"כ עושה הא"י בביתו, כדי שלא יהיה שם הישראל נקרא ע"ז].

ויזהר שלא ישב הישראל - שהשכיר לו או שלוחו, **אצל הא"י בשבת כשעוסק במלאכתו במטבע, או בקבלת המכס** – (**אפי'** אם השכירו לא"י לשבתות, ואין לו עסק בכך, **אפ"ה** אסור, שלא יאמר לצרכו הוא עושה).

וכתב הט"ז, דמה שאסור לישב שם, היינו כדי לידע מה היא ההתעסקות שעושה הא"י, וכדי לקבל הימנו חשבון ע"ז למחר, דזה אסור משום "ממצוא חפצך", כדלקמן סימן ש"ו ס"א, **אבל** אם אינו יושב שם אלא כדי לשמור את הא"י שלא יגנוב מן המכס, מותר, **ומזה** ניחא מה שנהגו מחזיקי רחיים מהשר, להושיב שם ישראל אפילו בשבת, **רק** יזהרו שלא ידבר כלום בהעסק, עכ"ל, וכ"כ שארי אחרונים.

§ סימן רמה – ישראל וא"י שותפין איך יתנהגו בשבת §

סעיף א - טעם הדברים אלו {אם הישראל יש לו איזה עסק או מלאכה בשותפות עם הא"י} דבענין "התנו", **דאל"ה** כיון דמתחלה בשעת עשיית השותפות היה מוטל המלאכה על שניהם יחדו, ולהכי אם אח"כ יאמר להא"י: עשה אתה לבדך בשבת וטול לך כל הריוח של שבת, ואני אעשה לבדי יום אחד בחול כנגדו ואטול אותו לעצמי הריוח של אותו יום, הו"ל כאלו מעמיד את הא"י לפועל בידים, כאלו אומר לו: עשה אתה עבורי בשבת ואני אעשה נגד זה עבורך בחול, והוי שלוחו ממש.

ולפ"ז אם שותפו הא"י בעצמו אינו עושה כלום, רק שא"י אחרים הבאים לאפות מסיקין בו בתנור של השותפות ונותנים סך מה בשכרם, יכול הישראל לקבל משותפו שכרו המגיע לו לפי חלקו אפילו אם לא התנו, **ובלבד** שלא יקח ממנו משכר שבת לבדו, אלא יקח ממנו סתם בהבלעת שאר ימים, כדי שלא יהיה שכר שבת, **ולא** חיישינן משום מראית העין, שיאמרו לצורך ישראל הוא עושה, כיון שידוע שיש לא"י חלק בו.

וההיתר גמור הוא, שיתנו מתחלה קודם שלוקחין בשותפות: עבוד אתה בשבת ותקח כפי מלאכתך הן רב או מעט, ואני אעבוד כנגדך יום אחד בחול ואטול כפי מלאכתי, **ובשעת** חלוקה יטול הא"י שכר עבור השבת, והישראל יטול יום א' כנגדו הן רב או מעט, **והטעם**, דכיון שהתנו בתחלה, לא הוטל על הישראל כלל מעיקרא לעשות בשבת, ואין הא"י שלוחו.

אבל אם לא התנו מתחלה, ובשעת חלוקה אומר לא"י: טול אתה כנגד עמלך בשבת ואני בחול, זהו ודאי אסור, **ואם** לא התנו מתחלה, ובשעת חלוקה חלקו סתם בשוה, זהו בעיא בגמרא ולא אפשיטא, ופסק

הרמב"ם לחומרא, והרא"ש לקולא, והמחבר סתם כהרמב"ם, והרמ"א פסק בהג"ה כהרא"ש במקום הפסד גדול.

ואם התנו קודם שבאו להשתתף כנ"ל, ובשעת חלוקה נתרצו לחלוק בשוה, זהו מותר אף להרמב"ם וכמש"כ בס"ב, **זהו** עיקרי הדינים שבסעיפים הראשונים, ויתר הפרטים וגם טעמיהן יבוארו לקמיה.

ישראל וא"י שיש להם שדה או תנור או מרחץ או רחיים של מים בשותפות – (היינו שהוא של שניהם בעצם, או שקבלוהו מאחד להתעסק בו בשותפות), **או שהם שותפין בחנות בסחורה, אם התנו מתחלה בשעה שבאו להשתתף, שיהיה שכר השבת לאינו יהודי לבדו, אם מעט ואם הרבה, ושכר יום א' כנגד יום השבת לישראל לבדו, מותר** - וגבי שדה צריך שיאמר לו: תעמול לזרוע ולחרוש בשבת, ותטול בשעת קצירה כנגד עמלך בשבת, ואני או שלוחי אעמול בחול, ואטול ג"כ כנגד יום שלי.

דכיון דאינם מחשבין זה כנגד זה ליטול בשוה, א"כ אינם שותפים כלל ביום שבת וביום א', רק בשאר הימים, (**ונראה** דה"ה אפילו לא פירשו כן בפירוש "אם מעט ואם הרבה", דמסתמא כן הוא), **ולאפוקי** אם מתנה עמו בשעת התנאי שלבסוף יבואו לחשבון שיהיה השכר לשניהם בשוה, דאסור, דעל כרחך הוא עמו כשותף גם ביום השבת.

ואם אח"כ בשעת חלוקה באו לחשבון, לומר: כמה נטלת אתה מרובה ואני מועט, נחלוק המותר שיהיה לשניהן בשוה, **דעת** המ"א לפסוק כדעת הראב"ד שמחמיר בזה, משום דאיגלאי מילתא למפרע דהתנאי דמעיקרא הערמה בעלמא הוי, **ויש** מקילין בזה כיון דהתנו מעיקרא, **ועיין** בא"ר שהאריך ג"כ בזה, ולבסוף נשאר בצ"ע.

ואם לא נודע אח"כ ריוח של כל אחד ואחד על יומו, כגון בחנות, רשאין לכתחלה לחלוק בשוה, [**ונראה** דבזה יכול הישראל להכריח להא"י שיחלקו בשוה, ובס"ב הוא דוקא ברצונו].

ואם לא התנו בתחלה, כשיבואו לחלוק נוטל א"י שכר השבתות כולם, והשאר חולקים אותו; ואם לא היה שכר השבת ידוע, יטול הא"י לבדו שביעית השכר, וחולקים השאר - כתב סתמא לאסור בלא התנו, אפילו אם לא אמר לו: עבוד אתה בשבת ואני בחול, **וגם** בשעת חלוקה לא הזכיר לו של שבת, אלא רוצה לחלוק עמו סתם בשוה, **אפ"ה** אסור, כיון שלא התנו קודם שנשתתפו.

הגה: ויש מתירין השכר בדיעבד, אפילו לא התנו, וחלקו סתם - היינו שבשעת חלוקה לא הזכיר לו ישראל את השבת, לומר: אתה תטול כנגד יום עמלך בשבת, ואני אטול כנגד יום עמלי בחול, אלא חלקו סתם בשוה, **וגם** מיירי שלא אמר לו בתחלה עבוד אתה בשבת ואני אעבוד כנגדך בחול, אלא הא"י עשה מעצמו שלא בצוויו, **דאל"ה** אסור לכו"ע בכל זה, דגלי דעתו דשלוחו היה על שבת, והוא עמל כנגדו בחול, כיון שמתחלה הוטל על שניהן יחד.

ונ"ל דבהפסד גדול יש לסמוך עלייהו – (ואפשר שאם נטל הא"י סתם כנגד יום השבת הן רב הן מעט, והישראל כנגדו יום חול בסתמא, ולא הזכיר שנוטל כנגד השבת, ג"כ מותר במקום הפסד גדול).

ודע, דכל הסעיף הזה מיירי שהישראל והאינו יהודי הם שותפים בגוף התנור והמרחץ, **אבל** אם אין לא"י חלק בגוף התנור, רק שהוא מקבל חלק בריוח בשביל שהוא אופה ומסיק התנור, **י"א** דלא מהני בזה אפילו כשמתנה בתחלה: טול אתה חלקך בשבת ואני יום אחד בחול, דכיון שגוף התנור הוא של ישראל, הו"ל כמשכיר לו תנורו על שבת, שיסיק לו בשביל זה השכר יום אחד של חול, ואסור ליטול שכר שבת, **ועיין** במ"א שמסיק, דיש לחוש להחמיר כדעה זו.

ודוקא באופן זה שהוא שלא בהבלעה, אבל אם הוא בהבלעה, כגון שאומר לאופה טול אתה ב' וג' ימים, שרי כשהתנה זה בתחלת השותפות, **ויש** מאחרונים שסוברין, דלא בעינן בזה שאין לא"י חלק בגוף התנור, התנו מעיקרא, כיון שהוא בהבלעה, [**ואם** הא"י נוטל חצי הריוח בכל יום עבור אפייתו, אף להמ"א לא בענין דוקא שיתנה מעיקרא, אם הוא בהבלעה, דהא הוא כאריס ממש, **ולכן** אם נתפרסם שהוא אינו שכיר יום, דתו ליכא משום מראית עין, שרי].

וי"א שכל זה לא מיירי אלא בשותפות שכל אחד עוסק ביומו - דאז כיון דהישראל עושה כל יום א', הו"ל הא"י כשלוחו לעשות כל יום השבת בשבילו, ולכך בעינן שיתנה מעיקרא וכנ"ל, **וכתבו** האחרונים דה"ה אם הא"י נתן מעות לישראל להתעסק בהם בחול, ובשבת מתעסק הוא, דאסור לישראל לקבל ממנו שכר מן הריוח שנולד בשבת, אא"כ יתנה הישראל עמו מעיקרא שלא יהיה מוטל עליו יום השבת כלל, **דאל"ה** כיון דהמלאכה הזאת מוטלת על ישראל, והא"י עושה שליחותו, אסור.

אבל כשניהם עוסקים ביחד כל ימי החול, ובשבת עסק האינו יהודי לבדו, מותר לחלוק עמו כל השכר, דאינו יהודי אדעתא דנפשיה קא עביד - בשביל חלקו, דהו"ל כאריס דמותר מדינא, וכנ"ל בריש סימן רמ"ג, דכיון שהוא לוקח בפירות עביד אדעתיה דנפשיה, וחלק הישראל נשבח ממילא, וה"ה כאן, **אלא** דשם אסור בתנור משום מראית העין, שיאמרו שכירו הוא, וכאן ליכא מ"ע, דהכל יודעין שיש לא"י חלק בו.

ואין הישראל נהנה במלאכתו בשבת, כיון שאין המלאכה מוטלת עליו לעשות - ר"ל דהנאתו הוא רק הנאה דממילא, אבל אין הא"י עושה מלאכתו בשבילו להנותו, דליהוי כשלוחו בזה, כיון דאין מוטל כלל על ישראל בזה לעשות בשבת, **דהא** בחול מחממין שניהם, ובשבת אין הא"י יכול לכופו שיעסוק עמו, משו"ה בודאי אדעתיה דנפשיה עביד.

ומ"מ לא יטול שכר שבת אלא בהבלעה עם שאר הימים - דאל"ה מחזי כשכר שבת.

סעיף ב - היכא שהתנו בתחלה, אם אח"כ בשעת חלוקה נתרצה הא"י לחלוק בשוה, מותר - ר"ל שעלה, לפי מה שהתנו הן רב או מעט, על חלק השבת יותר מיום אחד החול של

ישראל, ובשעת חלוקה נתרצה לחלוק בשוה, **אפ"ה** לא אמרינן דאיגלאי מלתא למפרע דהא"י היה שלוחו למלאכת שבת, **אלא** מתנה בעלמא הוא דיהיב ליה הא"י, כיון דהתנו מתחלה שיהיה יום השבת שייך לו לבדו.

ודוקא שריצוי של א"י שיהיה החלוקה בשוה היה בסתמא, שלא ע"י עשיית חשבון מריוח שני הימים, **אבל** אם בא ע"י עשיית חשבון, שהישראל אמר לא"י בשעת חלוקה: את שקלית בשבת ק' זוזי, ואנא שקילנא ביום החול נ' זוזי, מלא לי החסרון, ועי"ז נתרצה הא"י להשלים לו, [**וכן** להיפך, אם ריוח יום החול היה יותר מיום השבת, והא"י אמר לישראל: מלא לי], **כבר** כתבתי בס"א שיש דעות בזה.

סעיף ג - היכא שלא התנו בתחלה, יש תיקון ע"י שיחזיר המוכר להם דמי הקרקע - ובחו"מ איתא שצריך עתה קנין מחדש להקנות להמוכר, ולא סגי בזה שיחזיר לו הדמים והשטר מכירה, ועיין שם לענין קנין הא"י.

או ימכרוהו לאיש אחר, ויחזרו ויקנוהו בשותפות, ויתנו בשעת הקניה; ואם נשתתפו בחנות ולא התנו, יחזור כל אחד ויטול חלקו ויבטלו השותפות, ואחר כך יחזרו להשתתף, ויתנו בתחלה; ואם קבלו הקרקע לעשות בו מלאכה בשותפות, יבטלו השיתוף וימחלו זה לזה, ואחר כך יחזרו להשתתף ויתנו בתחלה.

הגה: ואם ירצה להשכיר לאינו יהודי חלקו בשבת, או לשכרו בקבולת, שרי – (היינו בין לא"י זה שותפו או לאחר), **וכמו שנתבאר לעיל ס"ס רמ"ד לענין מכס ומטבע דשרי, וכ"ש כאן דשרי עם שותפות אינו יהודי.**

עיין במג"א וט"ז שנתקשו בזה מאד, דלמה יהיה מותר, ואינו דומה לסימן רמ"ד, דשם שרי משום פסידא דווקא, [דבעניננו אינו דומה כלל למכס, דשם שאני שהוא עסק גדול ואדם בהול על ממונו, ולכך שרינן משום פסידא, משא"כ בזה], **ותירץ** המג"א במסקנא, דהכא איירי שמשכיר לו את חלקו בשבת בהבלעה, דהיינו שמשכיר לו כל ימי השבתות שלו עם ב' וג' ימים מימי החול, דתו ליתא כאן משום שכר שבת, **ומה** דשרי בקיבולת, מיירי ג"כ שלא ייחד לו שבת בהקיבולת, אלא בסתמא: כל אימת שתעשה בעצמך ותרויח לי כך וכך אתן לו כך וכך, **ועיקר** רבותא דהרמ"א דקמ"ל דלא חיישינן בזה למראית עין, שיאמרו לצורך ישראל הוא עושה, כיון שידוע שיש לא"י חלק בו, **ומש"כ** "כמו שנתבאר", כונתו כמו שם דלא חששו למ"ע, וכ"ש הכא דליכא מ"ע כלל, כיון שהוא בשותפות עם הא"י, **וכן** הט"ז מסיק לדינא דאינו מותר בזה אלא בהבלעה, ואעפ"כ יזהר שלא לדבר עם הא"י בהעסק בשבת, כמ"ש האחרונים בס"ס רמ"ד. [**עיין** בט"ז, דלא שרינן שלא בהבלעה אפי' במקום דא"א לו לבטל השותפות, **ודעת** המ"א לא ברירא דעתו בזה לפי המסקנא, היכא דא"א לבטל השותפות].

סעיף ד - יכול ישראל ליתן לאינו יהודי מעות להתעסק בהם, ואע"פ שהאינו יהודי נושא ונותן בהם בשבת, חולק עמו כל השכר בשוה, מפני שאין מלאכה זו מוטלת על ישראל לעשותה שנאמר שהא"י עושה שליחותו - שאם היה מוטלת עליו, אסור מדינא, כמ"ש בס"א שאם לא התנה שאסור, **ומשום** מיחזי כשכר שבת ליכא, דהרי הוא בהבלעה.

וכן אין העסק ניכר ממי הוא - ר"ל דמשום מראית העין, שיאמרו הבריות שהא"י שכירו הוא, ליכא ג"כ, דהלא אין העסק ניכר של מי הוא, **שאם** היה ניכר ונקרא על שם ישראל, היה אסור, כמ"ש סימן רמ"ג ס"א גבי מרחץ ע"ש, **ומ"מ** כ"ז אינו מותר אלא כשלא יאמר לא"י שיתעסק בהם בשבת, אלא שהא"י בעצמו עושה כן, וכמו שכתב כעין זה בס"ה.

הגה: ודוקא בכי האי גוונא שהא"י נושא ונותן לחוד עם המעות, אבל אם כל אחד עוסק ביומו, וישראל צריך לעסוק נגד מה שעסק הא"י בשבת, אסור - אם לא שהתנה עמו בזה קודם שנשתתף עמו, וכנ"ל בס"א.

וישראל שיש לו משכון מן הא"י, ע"ל סימן שכ"ה סעיף ב' וג'.

סעיף ה - מותר לישראל ליתן סחורה לא"י למכור, אם קצץ לו שכר - דאז אמרינן אדעתיה דנפשיה עביד, ואינו כשלוחו.

ובלבד שלא יאמר לו: מכור בשבת - ואם יום השוק הוא בשבת, אפילו בסתמא אסור, דהוי כאילו אמר: מכור לי בשבת.

תנור שלקחו ישראל משכון מא"י - (וה"ה בכל אחד מכל הנ"ל, ולאו דוקא תנור), **וקבל עליו האינו יהודי שמה שיעלה שכר התנור יתן לישראל ברבית מעותיו, מותר ליטול שכר שבת** - היינו אפילו שלא בהבלעה, ואין צריך להתנות כלום, **לפי שהוא ברשות האינו יהודי ואין לישראל חלק בו, וגם אין הישראל אומר לו לעסוק בשבת, והאינו יהודי כי טרח בנפשיה טרח, לקיים תנאו.**

סעיף ו - אם אפו אינו יהודי בתנורו של ישראל בשבת על כרחו, ונתנו לו פת בשכר התנור, אסור ליהנות ממנו - לאו דוקא פת, דה"ה אם נתנו לו מעות אסור לו לקבל מהם, ועובדא היה בפת.

עיין בב"ח שכתב, דאיירי דלא אפו בו רק בשבת, וע"כ אף שבע"כ אפו בו, אם יקבל את הככר נוטל שכר שבת, **אבל** אם אפו בו עוד שאר ימים, מותר לקבל מהם שכר שבת ג"כ בהבלעה, **ועיין** בביאור הלכה, דזה מותר אפילו לא היה האפיה בע"כ, דאף דעשה איסורא במה שהרשה להם, וכנ"ל בריש סי' רמ"ג, מ"מ בדיעבד אין לאסור שכרו, דהאיסור בזה הוא רק משום מראית העין, וכמ"ש בס"ס רמ"ג במ"ב.

(עיין בבגדי ישע שעל המרדכי, דדוקא לכתחלה אסור לו לקבל שכר שבת, **אבל** בדיעבד אם קבל, אין ההנאה מזה אסור, **ומלישנא** דשו"ע לא משמע כן, וצ"ע).

§ סימן רמו – דיני השאלה והשכרה לא"י בשבת §

סעיף ג - אסור להשכיר או להשאיל בהמתו לא"י - אפילו ביום ראשון ואפילו בהבלעה, **כדי שיעשה בה מלאכה בשבת** - צ"ל: "שמא יעשה בה" וכו', **שאדם מצווה על שביתת בהמתו** – (וה"ה חיות ועופות שלו, ואפילו על מינים שבים ג"כ מצווה על שביתתם), דכתיב: למען ינוח שורך וחמורך וגו', **ואע"ג** דהשכיר הבהמה לא"י, הא קי"ל דשכירות לא קניא, והו"ל בהמתו של ישראל ומצווה על שביתתה.

וי"א דלחומרא אמרינן דשכירות קניא, וע"כ אם ישראל שכר בהמה מא"י, מצווה על שביתתה, **ונכון** להחמיר כיון דהוא איסור דאורייתא, **ואם** שכרה מא"י וחזר והשכירה לא"י, שרי ממה נפשך.

ואם קנה בהמה מא"י או מכר לא"י במשיכה לחוד או בכסף לחוד, הוי ספיקא דדינא, ואזלינן לחומרא לענין שביתת בהמה.

שמא יעשה וכו' - (והיינו בבהמה גסה, אבל בהמה דקה שאינו מצוי לעשות בה מלאכה, לא חיישינן לזה, וכן איתא ברמב"ם בהדיא. **ודע** עוד, שלא הוזכר ברמב"ם לחלק בבהמה גסה גופא בין סוס לשאר בהמתו, כמו שהזכיר לענין מכירת בהמה גסה, דבסוס מותר, **והטעם**, דשם הוא רק גזרה מפני חשש שמא יבוא לשאלה ושכירות ונסיוני, ולכן בסוס דסתמא עומד לרכיבה, שאין בזה משום שביתת בהמתו לרוב הפוסקים, דחי נושא את עצמו, לא גזרו רבנן על המכירה, וכדאיתא בגמרא, **משא"כ** בשאלה ושכירות גופא דהוא נוגע לאיסור דאורייתא, בודאי יש לחוש שמא יטעינו באיזה משא, או שמא ימשוך בו בקרון, **ובפרט** במקומותינו שהסוס מיוחד ג"כ למשא, ולא כמו במקומותם שהחמור מיוחד הוא למשא והסוס רק לרכיבה, בודאי פשוט דאסור להשכיר אפילו סוס).

(**אם** מכר בהמתו לאינו יהודי וקצב לו דמים, ומסרו לו הבהמה לנסות אם יימצא בה מום יחזירה לו, ואם רוצה בה יחזיק במקחו, **כל** זמן שלא גילה הלוקח דעתו שאינו חפץ בה, הוי בחזקת הלוקח ולית ביה משום שביתת בהמתו, **ועיין** בספר תוס' ירושלים שהקשה על זה מירושלמי).

הגה: אבל יכול להשכירה או להשאילה, ולהתנות שיחזירנה לו קודם השבת; אבל לא מהני אם מתנה עם הא"י שתנוח בשבת, כי אין האינו יהודי נאמן על כך - ומירתת נמי לא מירתת לעשות בה מלאכה, כיון שהוא ברשותו ע"י שאלה או שכירות, לא נתפס עליו כגנב עי"ז, **משא"כ** ברישא כשמתנה שיחזירנה לו קודם שבת, כבר כלה השאלה והשכירות קודם השבת, ועיין לקמן סי' ש"ה סכ"ג.

ואם השאילה או השכירה לאינו יהודי, והתנה עמו להחזירה לו קודם השבת, ועיכבה בשבת, יפקירנה בינו לבין עצמו קודם השבת - שאז אינו מצווה על שביתתה, כיון שאינו שלו שכבר הפקירה, **ואע"ג** דהפקר בעינן שיהיה בפני שלשה, זהו מדרבנן, אבל מדאורייתא אפילו בינו לבין עצמו סגי, **והכא** שכבר השכירה והתנה עמו שיחזירנה ועיכבה, די בזה כדי להנצל מאיסורא דאורייתא.

ועיין בב"י שיש פוסקים שסוברין, דגם בכאן אף שהוא דיעבד בעינן דוקא תלתא, וע"כ טוב ליזהר בזה לכתחלה אם יש באפשרי, **ועכ"פ** יזהר להפקירה בפני אחד, דרבים מגדולי הפוסקים סוברים, דאף דאורייתא אינה הפקר עד שיפקירה עכ"פ בפני אדם אחד, **ואפילו** בפני אחד מאנשי ביתו די בזה.

או יאמר: בהמתי קנויה לא"י - עיין במ"א שדעתו, דדוקא אם אומר לו בפניו: בהמתי קנויה לך, שאז מתכוין הא"י לקנותה, והיא נקנית לו באמירה זו כיון שהיא ברשותו וקניא ליה חצירו, **אבל** אם אומר כן שלא בפניו, לא קנאה הא"י כלל, ואפילו אם זיכה לו ע"י ישראל אחר, ג"כ לא מהני כמבואר בחו"מ, וכן הסכים הפמ"ג ושארי אחרונים כהמ"א, **ופשוט** דאפילו באומר: בהמתי קנויה לך, בעינן שיהיה לזה ג"כ פסיקת דמים, דאל"ה אין זה מכירה כלל, וכ"כ בח"א.

כדי שינצל מאיסורא דאורייתא - ר"ל דזהו דוקא בדיעבד שכבר התנה עמו ועיכבה בשבת, **אבל** לכתחלה אסור להשכירה על דעת שכשיגיע יום השבת שיפקירנה, ואפילו אם יפקירנה בפני שלשה, שאין הכל יודעים מן ההפקר ואתי לידי חשדא, שיאמרו: בהמתו של ישראל עושה מלאכה בשבת, **ואף** במכירה אין היתר אלא כשמוכר בהמתו לא"י במכירה גמורה על כל ימי השבוע, ולא כשמוכר לו על יום השבת לחוד, מפני חשדא וכנ"ל, **והב"ח** מתיר לכתחלה להשכיר על דעת שיפקירנה בפני ג', דכיון דג' יודעים, מיפרסמא מילתא ולא יבא לידי חשדא, **ובשעת** הדחק אפשר שיש לסמוך על דבריו, ובסוף הסימן נבאר אם ירצה ה'.

הגה: ואם רוצה, יכול להפקירה לפני ג' בני אדם כדין שאר הפקר, ואפילו הכי אין שום אדם יכול לזכות בה, דודאי אין כוונתו רק כדי להפקיע מעליו איסור שבת - ר"ל שבודאי לא היה בדעתו שישאר הפקר לעולם, כי אם ליום השבת בלבד כדי להפקיע מעליו איסור שבת, ולאחר השבת יחזור לרשותו, **אבל** ביום השבת גופא בודאי הוא הפקר גמור, וגם זה מקרי בשם הפקר, וכדאיתא בגמרא, דאפילו הפקר ליום אחד הוי הפקר, **ואין** צריך לחוש שמא יזכה בה אחר בשבת גופא, שבודאי הא"י לא יניחנו כל זמן שהיא תחת ידו למלאכתו.

ודוקא בשבת, אבל ביו"ט, אין אדם מצווה על שביתת בהמתו ביום טוב - דשביתת בהמתו ילפינן ממה דכתיב: למען ינוח שורך וחמורך כמוך, והאי קרא בשבת כתיב, **ואפ"ה** לא ישכירם אלא בהבלעה, דלא יהיה שכר יו"ט.

והנה המרש"ל חולק ע"ז, ודעתו דיו"ט ושבת שוין הן בזה כמו בכל מלאכות, **ועיין** במג"א שהאריך בזה, ומביא דהב"י הביא דעות

הראשונים בזה, ומצדד לאיסור, וע"כ יש להחמיר, ובביאור הגר"א ג"כ האריך בזה, ומסיק דהעיקר כדעת מהרש"ל הנ"ל, **וגם** לקמן בסימן תצ"ה ס"ג, מפרש הגר"א מה שכתוב שם בשו"ע, דאין מוציאין משא על הבהמה ביו"ט, הטעם הוא משום שביתת בהמתו.

סעיף ד - ישראל שהשכיר שוורים לאינו יהודי לחרוש בהם, וחורש בהם, יש מתירים אם קבל עליו האינו יהודי אחריות מיתה וגזילה וגניבה ויוקרא וזולא - דעי"ז הוי הבהמה כמו של א"י, ומותר לחרוש בה בשבת, **ואע"פ** שמחזירה בעין אם לא יקרה לה כלום, מ"מ השתא ברשות הא"י קאי לגמרי, כיון דגם ליוקרא וזולא ברשותו היא, [**אבל** בלא יוקרא וזולא לא עדיף משואל, דגם הוא חייב באונסין, ואפ"ה אסור להשאיל לו].

וי"א דכיון שאין האינו יהודי יכול למכרה אם ירצה, נקראת בהמת ישראל, (ועיין למטה בסימן זה) - היינו דשני יש מתירין הכתוב שם, וגם הג"ה שבסוף הסימן, מוכח דס"ל כדעת המתירין, ועיין במה שנכתוב שם.

סעיף ה - אם ישראל ואינו יהודי שותפין בבהמה, מותר לעשות בה האינו יהודי מלאכה בשבת, על ידי שיתנה עם האינו יהודי בתחלה כשקנו אותה, שיטול הא"י בשבת וישראל ביום חול - דנמצא דלא קניה הבהמה לישראל כלל ביום השבת, **ואז** אח"כ מותרין אפילו לחלוק בשוה, ואין בזה משום שכר שבת, כמ"ש סימן רמ"ה ס"ב, **וגם** דאז אפילו אם אחריות שניהם בשוה כל ימות השבוע בין בחול ובין בשבת, מותר.

ואם לא התנו מתחלה, אסור, אע"פ שהתנו אח"כ - דלאחר שנשתתפו אמר לו: טול אתה בשבת ואני כנגדך בחול, **אף** אם נאמר שאין איסור בזה מחמת שביתת בהמתו, כיון שיש לא"י חלק בה, ועל כרחו של ישראל עושה מלאכה, **מ"מ** אסור, דהא בכל זה הוא נוטל יום אחד כנגד יום השבת, והוי שכר שבת שלא בהבלעה, [**אבל** באמת סובר השו"ע דאסור גם משום שביתת בהמתו].

מלשון זה משמע, דכ"ש דאם לא התנה כלל דאסור, **ובב"י** מצדד לומר, דאם אף לאחר שנשתתפו לא התנה לומר: טול אתה וכו', אלא חולקין סתם השכר כל השבוע בשוה, דשרי, **דהא** נוטל שכר שבת בהבלעה, ואיסור דשביתת בהמתו ס"ל דאין כאן, דהא הא"י עושה בע"כ בשבת מחמת חלקו שיש לו - **ואך** דעשה בזה איסור מתחלה כשנשתתף, שהיה לו לחוש שיעשה בהבהמה מלאכה בשבת, והו"ל להתנות מתחלה טול אתה וכו' - **אמנם** מלשון השו"ע משמע, דלא רצה לסמוך ע"ז.

ואם ילוה אותה לא"י בהלואה גמורה, שיהא רשות בידו להוציאה אם ירצה שלא ברשות ישראל, ויזקוף הדמים על הא"י, ואחריות השוורים על האינו יהודי, מותר - היינו ששם אותם בדמים כפי מה שהיא עכשיו, ואם תתיקר או תוזל יהיה הכל ברשותו, **ואפ"ה** התנה ג"כ שיהא רשות בידו להוציאה, דס"ל כדעת היש אומרים הנ"ל בס"ד, דבעינן שיהא הא"י יכול למכרה.

ויש מתירים אפי' לא יהא רשות ביד הא"י להוציאה, ע"י שיזקוף הדמים על האינו יהודי במלוה, ויחזור הא"י ויעשה אפותיקי (פירוש, אפו תהא קאי, כלומר לא יהא לך פרעון אלא מזה) לישראל - ומיירי ג"כ שהלוה אותה לא"י ושם אותה בדמים וכנ"ל, והדמים זקוף עליו במלוה, [**וכ"ש** אם מכר אותם לו במכירה גמורה, וזקף הדמים עליו במלוה, דשרי], **אלא** דבא להוסיף, דאף דעי"ז שעשה אותה הא"י אפותיקי לישראל תו אין לו רשות למכרה, אפ"ה שרי.

[**הב"י** כתב דדעה זו אתיא כהמתירין לעיל בס"ד, **אבל** י"א דאפי' האוסרים שם מודו דשרי, דהתם אין לו רשות למכרה מחמת שהיא בהמת ישראל עדיין, **אבל** הכא לגמרי הוא ברשות הא"י, רק מכח מה שמשכנה אין לו רשות למכרה, ולהכי שרי לכו"ע].

או יהרהנם (פירוש משכון בלשון ישמעאל: רהן) אצלו - פי' אע"פ שיניחם ביד הישראל למשכון, שיהיה יוכל להפרע מהם כשלא יתן מעות עבורם, ואח"כ נוטל אותם הא"י ועובד בהם, **אפ"ה** שרי, דאכתי גוף הבהמה ברשות א"י הוא.

ובלבד שלא יאמר לו: מעכשיו - היינו אפילו אם אמר לו: אם לא אתן לך המעות לזמן פלוני יהיו שלך, כיון דלא אמר לו: מעכשיו יהיו שלך, לא קנאם הישראל למפרע כשלא יפרענו הא"י, ואין לו עליהם עתה רק שעבוד בעלמא.

ויש מתירים ע"י שיזהיר [ישראל] את האינו יהודי שלא יעשה בה מלאכה בשבת, ואם יעבור ויעשה, תהיה אחריות עליו ואפילו מהאונסים - ואע"פ שאין לו לא"י רשות למכרה, אפ"ה שרי, **וסתם** בזה כדעת המתירין לעיל בס"ד, דהכא נמי מיירי שקבלה עליו ברשותו לענין יוקרא וזולא, [**דהשו"ע** לא משמע דשרי מטעם שכיון שהזהירו מירתת].

ויכתוב כן בערכאותיהם - לפרסומי מילתא שלא יבוא לידי חשדא, **דהשתא אם בא לעשות [בה] מלאכה בשבת, אינה בהמת ישראל, שהרי קנאה האינו יהודי להתחייב באונסיה.**

הגה: וכל לדדי היתרים אלו הלכתא נינהו, ויכול לעשות איזה מהן שירצה - היינו דאף קבלת אחריות בלחוד שכתב המחבר לבסוף דבריו, מהני גם בזה, אף דאין לו רשות לא"י למכרה, כיון דעומדת ברשותו לענין יוקרא וזולא, וסתם בזה כדעת היש מתירין בס"ד, **ויותר** טוב שיעשה מכירה גמורה וכדבסמוך, כדי לצאת גם דעת המחמירין שם, כי לדבריהם יש בזה חשש דאורייתא.

ואפילו אם הבהמה כולה של ישראל, דינו כאילו היתה בשותפות האינו יהודי, רק שיפרסם שעשה דרך היתר - [עיין במ"א שכתב, דדעת המחבר שלא להקל באחריות כי אם ע"י שותפות, דשלא

סימן רמו – דיני השאלה והשכרה לא"י בשבת

בשותפות יש לחוש לדעת המחמירין בס"ד, **ומה** דהקיל בשותפות, אפשר משום דצירף לזה גם דעת הריב"ש, דס"ל דבשותפות כיון דבע"ב של ישראל הוא עושה, לית בזה משום שביתת בהמתו, **ורמ"א** הכריע להקל, **וע"כ** כדי לצאת גם דעת הב"י טוב לעשות כמו שכתבנו, **אמנם** מהגר"א משמע כהיש מתירין הנ"ל].

והיותר טוב שבכל ההתירים, שיקנה אותם לו בחול במכירה גמורה, [וה"ה אם מקנה אותם לא"י אחר], ויתן לו אופגא"ב ע"ז, ויתר הדמים יזקוף עליו במלוה, ויעשם אפותיקי לישראל שיהיה בטוח במעותיו, **והנכון** שיעשה ענין המכירה בפני דייני העיר, כדי שיעשה כדין תורה, וגם שיפורסם הדבר שלא יהיה חשש מראית העין.

ואם קשה לו לעשות כל אופני ההיתר האלו, והוא שעת הדחק, כגון מי שיש לו שדות, וא"א לו להשכיר באריסות לא"י אם לא יתן לו גם שוורים לחרוש בהם, ולא יוכל למנעו שלא לחרוש בו בשבת, (**או לצורך מצוה דרבים, כגון להוליך אתרוגים**), יש לסמוך על דעת הב"ח הנ"ל, שמתיר ע"י שיפקירם בפני ג' קודם השבת, ויפורסם הדבר ולא יבוא לידי חשד, וההפקר צריך להיות בלב שלם, **אבל** בלא שעת הדחק אין לסמוך על ההפקר, וכמ"ש לעיל במ"ב, וכן הסכים בד"מ בהדיא.

והנה כ"ז הוא כשמשכירה או משאילה לו לעשות מלאכת עצמו, **אבל** לעשות מלאכת ישראל בשבת אין היתר כלל, אפילו אם מכר לו הבהמה במכירה גמורה, שהרי מ"מ עושה הא"י מלאכת ישראל בשבת בשבילו, **ולפי"ז** אם הסוסים הוא של ישראל, וגם הא"י הוא שכירו לכל המלאכות שיצטרך הישראל, אין היתר במכירת הסוסים לו, דהרי אסור לו להניח לעשות מלאכתו, **אא"כ** הוא מושכר לו רק למלאכה זו, ליסע עם הסוסים להוליך לו סחורה בכל עת שיצטרך בשנה זו, אז שרי להרמב"ם כמ"ש סי' רמ"ד ס"ה, **ואפילו** באופן זה אסור לומר לו שיסע בשבת, אלא דאם הוא נוסע מעצמו א"צ למנעו מזה.

עיין בבה"ל שהבאנו, דאין כדאי להתיר ע"י כל ההתירים אלא בשעת הדחק, ולאפוקי מאלו האנשים שמוכרים בכונה את שוריהן לא"י כדי שיעשה בהן מלאכה בשבת, והמלאכה נקראת על שם ישראל, **ואף** דאין למחות ביד המקילין בזה שיש להם ע"מ לסמוך, מ"מ כל בעל נפש יחוש לעצמו שלא לעשות זה כי אם בשעת הדחק ועל פי הוראת חכם, (**והבוטח בה' ומקיים רצון התורה ד"למען ינוח שורך וחמורך" וגו' כפשטיה, ואינו עושה שום תחבולות לענין שבת, אשריו, ובודאי הקב"ה יתן לו עבור זה הצלחה בנכסיו בששת ימי המעשה**).

ישראל שיש לו סוס, ובא המושל המכירו להשאילו או להשכירו, והוא אינו יכול למאן נגדו מפני איבה, ימכרנו לו בדבר מועט, ואז יוכל המושל לעשות בו כרצונו, **ואם** אח"כ יחזור ויתן לו הסוס וגם השכירות, מתנה בעלמא יהיב ליה.

§ סימן רמז – דין א"י המביאים כתבים בשבת §

סעיף ד - אם הא"י מוליך הכתב בחנם - פי' דאין הישראל כופה אותו על כך, אלא מעצמו הוא מתרצה להוליך האגרת, **אפי' נתנה לו בערב שבת, מותר, שהרי האינו יהודי מאליו הוא עושה זה, ואינו אלא להחזיק טובה לישראל מפני מה שקיבל ממנו, והוה ליה כאילו קצץ** - דתלינן שמה שנתרצה הוא מפני הטובה שקיבל ממנו מכבר, ואדעתיה דנפשיה קעביד.

הגה: ויש חולקים וסבירא להו דכל שעושה בחנם, אסור, וטוב להחמיר - הנה מלשון זה משמע, דרק טוב לחוש לדעה זו, וכן בט"ז משמע דדעתו כדעה הראשונה, **אבל** בד"מ משמע, דדעתו הוא כהיש חולקין, וכן בלבוש ובא"ר, **וע"כ** מהנכון שיקצוב לו עכ"פ איזה דבר מועט עבור זה, והוי כקצץ כיון שקיבל עליו שיהיה זה שכרו, וכ"כ בח"א.

אבל במקום שהאינו יהודי מתחיל עם הישראל לומר שילך לו בחנם, ודאי דעתו על הטובה שקיבל ממנו, ושרי.

סעיף ה - אם האינו יהודי הולך מעצמו למקום אחר, וישראל נותן לו אגרת, מותר בכל גוונא - היינו אפילו לא קצץ ליתן לו שכר, אלא בסתמא, דקיי"ל בס"א דאסור לשלוח על ידו כשאין קבוע בי דואר, דחיישינן שמא לא ימצאנו בביתו וילך אחריו בשבת, **אפ"ה** שרינן כאן, כיון שאין הא"י הולך בשליחותו, אלא שמעצמו הולך לשם, בודאי אם לא ימצאנו לא יחפש אחריו, **ודוקא** אם יש שהות להגיע שם מבעוד יום, אבל אם אין שהות להגיע שם מבעוד יום, אסור אף בזה, דאף דהליכתו בשביל עצמו הוא, מ"מ מה שנושא המכתב הוא בשביל ישראל.

ואם יודע שמרבה הדרך בשבילו, אסור.

ודע, דליתן לו בשבת אסור לכו"ע, אפילו בהולך מעצמו, ואפילו קצץ לו שכר מבעוד יום עבור זה, דלא מהני קציצה על שבת גופא, **וע"כ** אסור ליתן אגרת על הפאצט בשבת, אפילו במקום שיש עירוב, **ואפילו** ע"י א"י אסור דבר זה, **אך** במקום הפסד גדול יש להתיר בכה"ג, דהוי שבות דשבות במקום פסידא דמותר, **ושלא** במקום הפסד יש להחמיר אפילו בע"ש, שלא ליתן לא"י האגרת שהוא יתן אותו על הפאצט בשבת, ואפילו בקצץ, שהרי מייחד מלאכתו על שבת.

ומע"ש מותר ליתן אגרת על הפאצט, דעל הפאצט הוי תמיד קצץ, דאף אם אינו משלם כאן, מ"מ יצטרך לשלם מי שנשתלח לו.

סעיף ו - מי שיש לו שכיר א"י לשנה או יותר, אסור לשלחו ערב שבת באגרת - דמה שהוא שכירו לשנה לא נחשב כקציצה, ודינו בכל הפרטים כמבואר לעיל בס"א בלא קצץ, **אלא** דבזה מקילינן דאין אסור אלא בע"ש, (**והטעם**, דאף שהוא קוצץ לו שכרו עבור כל השנה, מ"מ לא חשבינן זה כקצץ, דעיקר טעמא דקציצה מהני, משום דאין לישראל נפקא מינה מזה, דאם לא יעשה ביום זה יעשה ביום אחר, והא"י אדעתא דנפשיה עביד למהר להשלים מלאכתו, **אבל** בענין זה שהוא שכור לכל המלאכות, קרוב לודאי שיצטרך למחר למלאכה אחרת, וא"כ מרויח הישראל במלאכת א"י בשבת, והרי הוא כשלוחו לזה, **ולפי"ז**

סימן רמז – דין א"י המביאים כתבים בשבת

היה לו להמחבר לאסור אפילו מיום ראשון, לשיטתו לעיל בס"א בלא קצץ, **אלא** דמשום דסברא זו, דזה לא חשוב כקצץ, לא פסיקא ליה כ"כ, ולכן סמך בזה איש מתירין הנזכר בס"א בהג"ה, ולא אסר אלא בע"ש).

הגה: ומיהו אם לא שכרו רק לשליחות אגרת, יש מתירין, כמו שנתבאר לעיל סי' רמ"ד - היינו דעה הראשונה שם, דס"ל דזהו נחשב כקצץ, ע"ש הטעם, **ומ"מ** אסור לומר לו שילך בשבת, כנ"ל בס"א.

§ סימן רמח – דין המפליג בספינה וההולך בשיירא בשבת §

סעיף ג - היכא דמותר להפליג מערב שבת, אם נכנס בספינה מערב שבת וקנה בה שביתה - היינו שישב שם כל בין השמשות עד שתחשך, **אע"פ שמפלגת בשבת, מותר** - פי' דהמחבר לא קאמר לעיל להתיר אפילו בנהרות הנובעים ולמעלה מעשרה, אלא להפליג בע"ש, אבל בשבת לא, וכאן אתי לאורויי דלפעמים אף בשבת מותר להפליג בהם, **והוא שלא יצא מהספינה מעת שקנה שביתה** - דאל"ה אסור ליכנס בה בשבת, מפני שנראה כשט על פני המים, וזה אסור כמ"ש סימן של"ט.

הגה: ויש אומרים דאפילו יצא מן הספינה שרי, דמאחר שקנה בה שביתה מע"ש, מותר אח"כ ליכנס בה בשבת ולהפליג - היינו דעי"ז הו"ל הספינה כביתו, ואינו נראה כשט כשנכנס בה בשבת, **ואפילו** לדעה זו, אינו מועיל הקנין שביתה אלא שיהיה מותר לכנוס בהספינה בשבת, אבל כשמגיע אח"כ ליבשה אסור לו לזוז מד' אמותיו, כמ"ש בסימן ת"ד, **אבל** אם לא יצא מהספינה מעת שקנה שביתה, מותר אח"כ לילך במקום שיגיע ליבשה עד אלפים לכל רוח, **והני** מילי כשהיתה הספינה לעולם למעלה מעשרה טפחים, וכמבואר שם, **ובספינה** גופא מהלך את כולה, אפילו אם יצא מבערב לביתו אחר שקנה שביתה, כיון ששבת באויר מחיצות מבעוד יום, **ואם** לא קנה שביתה כלל מבע"י, עיין לקמן בסי' ת"ה ס"ז במ"ב, כי שם בארנו כל פרטי הדינים האלו.

ואפילו אם חל יו"ט ע"ש, שרי לקנות שביתה, ואין בזה משום הכנה מיו"ט לשבת, **ואינו** מועיל לזה הקנין שביתה שקנה מעיו"ט, **ועיין** בסימן תט"ז באיזה אופן אין בו משום הכנה.

ויש שעושין קידוש בספינה, ואח"כ חוזרים לביתם ולנים שם, ולמחר חוזרין לספינה ומפליגין - גם לדעה זו בעינן שישב שם כל בין השמשות לקנין שביתה, **אלא** שסוברין דלכתחלה נכון לעשות שם ג"כ קידוש ולאכול מעט, כדי לפרסם הדבר שקנו שם שביתה, ולא יבואו לחשדם, **וכן נהגו בקצת מקומות ואין למחות, ועיין לקמן סימן של"ט ות"ד.**

(והנה כ"ז איירי בנהרות הנובעין דוקא, דאדברי המחבר קאי הרמ"א, **ובאיזה** מקומות נתפשט המנהג להפליג ע"י קנין שביתה אפילו בים הגדול בשבת, ולא חיישי לטעם עונג שבת, **אבל** במ"צ כתב דאין להקל נגד רוב הפוסקים, ומ"מ במקום שנהגו היתר בזה אין למחות, וכמו שכתב בב"י דיש להם על מי שיסמוכו, והוא שיטת הרמב"ן, דס"ל דטעם איסור הפלגה בספינה הוא דוקא בספינה שרובה ישראל, דאז הא"י העושים מלאכה בספינה הוא בשבילן, אבל לא כשרובה א"י, ולפי"ז אם הספינה יושביה ישראל, בודאי אסור).

סעיף ד - היוצאים בשיירא במדבר, והכל יודעים שהם צריכים לחלל שבת - אפילו באיסור דרבנן, **כי מפני הסכנה לא יוכלו לעכב במדבר בשבת לבדם, ג' ימים קודם שבת אסורים לצאת, וביום ראשון ובשני ובשלישי מותר לצאת** - כבר נתבאר הטעם, משום דהם נקראים על שם שבת העבר, ואין צריך להזהר עתה שלא יבוא לידי חילול שבת הבא, (והלילה השייך ליום ד' מקרי תוך ג' ימים לשיטה זו).

ואם אחר כך יארע לו סכנה ויצטרך לחלל שבת מפני פיקוח נפש, מותר, ואין כאן חילול - ר"ל כיון דממילא נסבב הדבר לבסוף, ובאונס של פיקוח נפש, אין כאן חילול.

ובכנה"ג כתב בשם הריב"ל, דכשיודע בודאי שיבוא לידי חילול שבת, אסור אף בכה"ג, (אפי' ביום א', בין בספינה בין בשיירא – שונה הלכות), וכ"כ הרדב"ז, **ועפי"ז** סומכין עכשיו שמסכנים בעצמם קצת שלא לחלל שבת, כדי שלא יהיה איסור למפרע על מה שיצא – (מ"א).

ופשוט דלכו"ע אסור לו להבטיח לשיירא בעת שישתתף עמם, שיסייעם באיזה עשיית מלאכה בשבת, ואפילו מלאכה דרבנן, אף שעי"ז תתבטל הנסיעה שלו שלא ירצו להשתתף עמו, ואפילו אם הוא דבר מצוה, דהרי הוא מתנה בהדיא לחלל את השבת.

והעולה לארץ ישראל, אם נזדמנה לו שיירא אפילו בערב שבת, כיון דדבר מצוה הוא, יכול לפרוש - י"א דהוא דוקא כדי להתיישב בה, **וי"א** דאפילו ע"מ לחזור, דלהלוך בה הילוך ד"א נמי הוי מצוה, **ובפרט** לפי מה שהקיל רמ"א בסוף הסימן בהג"ה, ודאי דגם זה הוא בכלל דבר מצוה.

ופוסק עמהם לשבות - והפסיקה הוא לעיכובא, ואם לא יתרצו בזה, לא ילך עמם, (**דלא** מבעיא לדעת המ"א, דסובר דגם בהפלגה בספינה הפסיקה הוא לעכובא, בודאי גם בזה הוא לעכובא, דהלא דין זה נלמד משם, **ואפילו** לדעת שארי אחרונים דס"ל דהפסיקה שם אינה מעכבת, נראה דהכא אין להקל בזה כלל, דבלא"ה מפקפקים הרבה פוסקים על דין זה דסעיף ד' שסתמו המחבר, והרמ"א לעיל בס"א בהג"ה, והוא נובע משיטת הרז"ה, שהוא תמוה, דהאיך התירו בשביל דבר מצוה לגרום את עצמו לחלל שבת בידים, ואפילו בתחלת השבוע אם הוא יודע שיצטרך לעשות מלאכה בשבת האיך התירו דבר זה, **והמעיין** בר"ף יראה שהוא מתמיה אפילו לענין תחומין בהפלגת הספינה שהוא דרבנן, האיך התירו אפילו מיום הראשון ואפילו במקום דבר

סימן רמח – דין המפליג בספינה וההולך בשיירא בשבת

מצוה, ונהי דלענין הפלגת הספינה בים שהוא מדרבנן תפסינן לדינא להקל בג' ימים הראשונים, כמו שכתב הרמ"א, או לדבר מצוה תוך ג' ימים, אבל לענין מלאכה גמורה האיך התירו דבר זה, וע"כ נראה ברור דהפסיקה בזה אפילו בדבר מצוה הוא לעיכובא, דאם לא יפסוק עמו בודאי יבא לחלול שבת, ולא דמי להפלגתו בספינה דכתבנו במ"ב דהפסיקה אינה לעכובא, דשם הוא למעלה מעשרה, ואפילו אם נקל גם בלמטה מעשרה, היינו דוקא שם בספינה דאינה רק מדרבנן לכו"ע אפילו י"ב מיל, משא"כ בזה שהוא ביבשה).

ואם אחר שיהיו במדבר לא ירצו לשבות עמו, יכול ללכת עמהם חוץ לתחום, מפני פיקוח נפש - אם מתיירא להתעכב במדבר שמא יפגשו בו חיות רעות, או יפגעו בו לסטים ויגזלו ממנו בהמתו, ולא יוכל ללכת ברגליו ויסתכן, או יקחו ממונו ולא יוכל להחיות את עצמו במדבר, או שיקחו ממנו מלבושיו בזמן הקור, כולם הוא בכלל ספק פיקוח נפש, ומותר לילך עמהם חוץ לתחום, **וה"ה** אפי' חוץ לי"ב מיל נמי שרי, עד שיגיע למקום שאין שם שוב חשש סכנת נפשות, ויפרד מהם וישבות שם, ויש לו משם אלפים אמה לכל רוח.

ואם נכנס לעיר אחת בשבת, מהלך את כולה; ואפילו הניחוהו מחוץ לעיר ורוצה ליכנס לעיר, מותר, דכיון דלדבר מצוה נפק יש לו אלפים אמה לכל רוח - דכיון דבאונס יצא חוץ לתחום מפני פיקוח נפש, וגם מתחלתו ברשות נפק, ע"כ לא הוי כשאר יצא חוץ לתחום דאין לו אלא ד"א.

וכתב המ"א, דדוקא כשהלך לדבר מצוה, אבל אם יצא מתחלה לדבר הרשות, אף שעתה היה מותר לו ללכת עמהם חוץ לתחום מפני פיקוח נפש, מ"מ כיון שעבר מתחלה על דעת חכמים במה שיצא תוך ג' ימים, הרי הוא כשאר יוצא חוץ לתחום דאין לו אלא ד"א.

ועוד כתב, דדוקא כשהלך לדבר מצוה גמורה, ולא כשהלך לסחורה, **דאף** דדעת ההג"ה שגם זה מקרי צורך מצוה, מ"מ לענין שיהיה יכול להלוך בתוך כל העיר, וכן במש"כ המחבר: ואפי' וכו' יש לו אלפים אמה לכל רוח, אין לסמוך ע"ז, כיון שהרבה פוסקים חולקין ע"ז.

ואם יצא קודם ג' ימים אפילו לדבר הרשות, כיון דהשתא היה צריך לצאת מפני פיקוח נפש, יש לו אלפים אמה לכל רוח, כמ"ש סימן ת"ז, **עוד** כתב, דאם הלך תוך ג' ימים מפני שסבר שמותר לילך תוך ג' ימים, הו"ל שוגג, ויש לו אלפים אמה לכל רוח, וכ"כ ש"א.

הגה: יש אומרים שכל מקום שאדם הולך לסחורה - אפילו יש לו מזונות, והולך לסחורה להרוחה, **או לראות פני חבירו, חשוב ככל דבר מצוה** - ולגבות מעות מא"י שהוא חולה, כל עוד שאינו גוסס לא מקרי פסידא ודאית - מ"א, **והא"ר** מיקל בזה, דלא גרע מהולך לסחורה, וע"כ מותר להפליג עבור זה בתוך ג' ימים. **ואינו חשוב דבר הרשות רק כשהולך לטייל.**

ועל כן נהגו בקצת מקומות להקל בענין הפלגת הספינות והליכת שיירא תוך ג' ימים, כי חושבים הכל לדבר מצוה - ודעת מ"א בשם כמה פוסקים, דבהליכת שיירא אין להקל, «דהא כתב לעיל דאפי' קודם ג' ימים, אם יודע שיחלל שבת, אסור – מחה"ש, «ומכ"ש אח"כ, דכל הליכת שיירא הוא מקום שיצטרך לצאת חוץ לתחום, ולא מהני מה דחשבינן לה לדבר מצוה – יד אפרים», **ואין למחות בידן, הואיל ויש להם על מי שיסמוכו** - אבל במקום שלא נהגו להקל, אין כדאי לכתחלה להקל, דכמה פוסקים סוברים דבעינן מצוה גמורה.

§ סימן רמט – דינים השייכים לערב שבת §

סעיף א - אין הולכים בערב שבת יותר מג' פרסאות - מתחלת היום, והוא קרוב לשליש היום, כפי מהלך אדם בינוני י' פרסאות ביום, **כדי שיגיע לביתו** - היינו למקום ששובת שם, **בעוד היום גדול ויוכל להכין צרכי סעודה לשבת, בין שהולך לבית אחרים בין שהולך לביתו** - ואף שהוא מכוין שבביתו יהיה לו יותר עונג שבת, מ"מ אסור, שמא לא ידעו כלל מביאתו, ולא הכינו בשבילו.

(**עיין בער"ש שמחמיר בענין זה, אפילו במוליך מזונותיו עמו, דלא פלוג חכמים בזה, אבל בא"ר חולק עליו, ומצדד להקל בזה).**

ובנוסע בעגלה או רוכב על סוס, דנוסע במהרה, יוכל ליסע הרבה יותר מג' פרסאות עד שליש היום, **ומהב"ח** משמע להקל בנוסע בעגלה, ליסע אפילו אחר חצות היום, «ושאני הולך ברגליו, דשמא יהיה עיף וימשך הרבה – פמ"ג», **ובלבד** שיעמוד לשבות בעוד היום גדול, בכדי שיוכל להכין צרכי שבת.

(לכאורה נראה, אם הולך לדבר מצוה מותר לילך עד סמוך לערב, ממה דאיתא בסימן רמ"ח ס"א ע"ש, אף שגם שם מתבטל מעונג שבת כמ"ש בס"ב, **ואולי** דבעניננו חמירא דלא הכין כלל, **ומ"מ** נראה דיש להקל בהליכה יותר מג' פרסאות בענין זה, אם הוא משער שיגיע בעוד יום גדול).

וה"מ כשהוא ביישוב, במקום שיוכל להכין צרכי שבת - ר"ל במקום שכלו הג' פרסאות, כ"כ הלבוש, ועיין בא"ר, **אבל אם במקום שהוא שם א"א לו להכין צרכי שבת, או שאינו מקום יישוב בטוח** - דעמידה בדרך אינו מקום בטוח, דכל הדרכים בחזקת סכנה, ולכן אפי' יש עמו צדה כדי צרכי שבת, **מותר לילך אפילו כמה פרסאות** - עד שיבוא למקום בטוח, **ומ"מ** יזהר שלא יתאחר לבוא עד סמוך לערב.

ואם שלח להודיעם שהוא הולך שם לשבת, מותר לילך כמה פרסאות בכל גוונא.

ובמדינות אלו רוב בני אדם מכינים צרכי שבת בריוח, ולכן אין נזהרין בזה כלל, בין כשהולך לביתו או להתארח בבית אחרים, **ובהרבה** אחרונים ראיתי שכתבו, דמ"מ צריך ליזהר לכתחלה שלא ילך או יסע עד סמוך לערב, מפני שכמה פעמים נכשלים עי"ז, ובאים לידי חילול שבת, כי בעל אושפיזא או אפילו בביתו, כשבא סמוך לשבת מוסיפין לבשל בשבילו ומחללין שבת, **וגם** כמה פעמים יארע דלא יגיע למלון ולביתו מבעוד יום עד שחשכה ממש, וכמה חילול שבת יש בהוצאה והכנסה, ויציאה מחוץ לתחום, ושביתת בהמתו, **ולכן** כל זה ישים האדם ללבו, וימהר לשבות אפילו בכפר, ולא יסיתנו היצר לומר: עוד היום גדול והדרך טוב, **אך** אם אירע שהלך עד חשיכה והיה בבה"ש בתוך תחום עיר, מותר להלוך בתוכה, כבסימן ת"ו, וצריך לירד מעגלה וסוס, עיין סימן רס"ו ושם יבואר אי"ה.

סעיף ב - אסור לקבוע בערב שבת – (ואפילו פעם אחת בימי חייו), **סעודה ומשתה שאינו רגיל בימי החול.**

ואפילו היא סעודת אירוסין - פי' אם אירס קודם לכן, אסור לעשות הסעודה בע"ש, דאף דסעודת אירוסין היא מצוה, מ"מ היה לו להקדימה, **אבל** אם אירס בע"ש, מותר לעשות הסעודה, דכיון דאירוסין שריא בע"ש משום שלא יקדמנו אחר, ממילא שרי הסעודה לזה ג"כ, וחשובה כמו סעודת מילה ופדיון הבן שזמנה קבוע, **וכן** אם היו הנשואין בע"ש, מותר לעשות הסעודה ג"כ, **ומ"מ** לכתחלה טוב ונכון אם אפשר לדחות הסעודה למחר או יום אחר, אפי' באירס בע"ש.

ודע דכ"ז בסעודת אירוסין, אבל בסעודה שעושין בשידוכין שלנו, לא הוי סעודת מצוה כ"כ, **ולפי"ז** אין לעשותה בע"ש, אפילו אם נגמר השידוך באותו יום, **ומה** שנוהגין לאכול מיני מרקחת בשעת כתיבת התנאים, לא מקרי סעודה.

מפני כבוד השבת, שיכנס לשבת כשהוא תאב לאכול - וה"ה בעיו"ט, דיו"ט נמי מצוה לענגו ולכבדו, **ואיתא** בגמרא, דהיתה משפחה בירושלים שקבעה סעודתא בע"ש ונעקרה.

וכל היום בכלל האיסור - שאף שאוכלה בבוקר, כיון שהוא מרבה בסעודתו שלא כרגילותו, שוב לא יאכל בלילה לתיאבון.

(**ובפמ"ג** מצדד, דאין הטעם משום לתיאבון, אלא דעיקר הטעם הוא מפני שמזלזל בזה כבוד שבת, שעושה ע"ש שוה בזה לימי השבת).

ויש שכתבו הטעם, שמתוך טרדת הסעודה לא יתעסקו בצרכי שבת.

(**ואפי'** אם הוא עשיר ביותר, ועושה בכל יום סעודה רחבה כמו בשבת, מ"מ בע"ש יש למנוע מלעשות כן, כדי שיאכל לתיאבון בלילה, **ואיש** כזה צריך לעשות בשבת שינוי בסעודת היום, להקדים או לאחר, כדי שיהא מינכר יום השבת משאר ימי השבוע, עיין סי' רפ"ח).

הגה: וסעודה שזמנה ערב שבת, כגון ברית מילה או פדיון הבן – (וה"ה בסיום מסכתא), **מותר, כן נ"ל וכן המנהג פשוט** - דהם ג"כ סעודות מצוה, ואין לדחותם מפני סעודת שבת, **ומ"מ** לכתחלה מצוה להקדימם בשחרית משום כבוד שבת, וכמו שמבואר בסימן תרצ"ה ס"ב לענין סעודת פורים ע"ש, **ובדיעבד** יכול לעשותם אפילו ממנחה ולמעלה.

ואפילו אם אין המילה בשמיני ללידתו, כגון שהיה חולה בשמיני ונדחית, מ"מ מקרי זמנה קבוע, דכל שעתא ושעתא זמניה הוא, דאסור להניחו ערל אפילו יום אחד, **וכן** בפדיון הבן אפילו עבר זמנו, מ"מ כיון שמן הדין אפילו אחר ל' יום כל שעתא ושעתא רמיא חיובא עליה לפדותו, ממילא מותר לעשות ג"כ הסעודה.

(עיין במ"א שהביא בשם הלבוש, דאם אפשר לקיים שתיהן מוטב, ואם לאו תדחה סעודת שבת, ור"ל דלא יוכל לקיים בלילה כלל מפני אכילה גסה, ואפ"ה אין לו לחוש לזה, כיון שהוא עוסק עתה בסעודת מצוה, ויקיים למחר הג' סעודות כמ"ש בסימן רע"ד, וכן ביאר הפמ"ג כונתו, ומ"מ לדינא יש לעיין בזה טובא, דהלא סעודת שבת בלילה היא חובה מצד הדין, משא"כ בסעודת ברית מילה ופדה"ב אינו אלא מצוה בעלמא ולא חיובא כלל, וא"כ אם משער שע"י אכילתו יתבטל לגמרי מסעודת לילה, יש לו למנוע מזה).

(**כתב** הד"מ בשם הא"ז, מצוה לאכול סעודת שבת לתיאבון, ומאחר דעיקר הסעודה הוא לחם, לכן אסור לאכול גרימז"ל בשבת קודם הסעודה, משום דשוב לא יוכל לאכול עיקר סעודת שבת לתיאבון, והד"מ חולק עליו, והמג"א הסכים עם הא"ז, **ובמקומות** דנוטלין לידים קודם קידוש שעל הכוס, פשיטא דאסור לאכול קודם המוציא, כדי שלא יהיה הפסק רב בין נטילה להמוציא, **וע"ש** עוד שהקשה דהוא גרם ברכה שאינה צריכה, וגם דאסור להקדים ברכת במ"מ קודם לברכת המוציא, והנה במקומותינו שהמנהג שאין נוטלין לידים קודם קידוש, נהגו העולם להקל בשחרית כדעת הד"מ, ואוכלין מיני מזונות לאחר קידוש קודם הסעודה, ועיין בשו"ע של הגר"ז שיישב המנהג, וכתב שאין למחות ביד המקילין, ומ"מ יש אנשי מעשה שמחמירין לעצמן במקום דאפשר כדעת המג"א, ותיכף אחר הקידוש נוטלין לידים ומברכין על הפת, ואוכלין הכל בתוך הסעודה, וכ"כ בספר שלחן עצי שטים, **ועכ"פ** לכו"ע נכון להדר שלא למלא כרסו משארי אכילות קודם סעודת הפת).

ולאכול ולשתות בלי קביעות סעודה, ‹כל היום מותר להתחיל› - ואין בכלל זה אם הוא שותה כ"כ הרבה מיני משקה עד שיהא שבע, כי הוא בודאי מקלקל תאות המאכל, והחוש יעיד ע"ז, ולפעמים יוכל להבטל ע"י שכרותו מסעודת שבת לגמרי, וע"כ מצוה להמנע מזה עכ"פ מט' שעות ולמעלה, [**ועיין** בט"ז, דבסעודה ומשתה, אם קובע עצמו לשתות, אוסר כל היום, מפני שיוכל להבטל עי"ז מסעודת שבת, **אך** בשתיה לבד, באופן זה בודאי יש להחמיר מט' שעות ולמעלה עכ"פ].

אפילו סעודה שרגיל בה בחול - היינו כמו "ואפילו", ור"ל דלא מבעיא בלי קביעת סעודה כלל, דזה ודאי מותר כל היום, ואפילו מצוה להמנע ג"כ ליכא, **ואפילו** בקביעת סעודה, כיון שאינו עושה סעודה רחבה, רק כמו שרגיל בה בחול, **כל היום מותר להתחיל מן הדין, אבל מצוה להמנע מלקבוע סעודה שנהוג**

בה בחול מט' שעות ולמעלה - היינו שעות זמניות, והוא רביעית היום עד הלילה. **ואם** התחיל אינו מפסיק.

(והיינו לאכול פת כדי שביעה כרגילותו בחול, אבל מעט להשקיט רעבונו אינו בכלל קביעת סעודה לענין זה).

ומ"מ נראה דבימות החורף בזמן שהימים קצרים מאד, מצוה להמנע מלקבוע סעודה הרגילה אפילו קודם ט' שעות, כל שהוא משער בנפשו שעי"ז לא יהיה תאב לאכול בלילה, (**דלא עדיף** דבר זה מאם היה איסטניס, דאיתא לקמן בסימן ת"ע ס"ג ובסימן תע"א ס"א בהג"ה דמחמרינן ביה, ונהי דשם לגבי מצה חמור מענינינו, היינו דלית ביה חיובא, אבל עכ"פ מצוה איכא, **ואף** שבאמת גם איסטניס א"צ להתענות בע"ש כי אם מצד מדת חסידות, היינו תענית גמור, משא"כ בנידון דידן דהוא רק בהקדמה בעלמא, בודאי מצוה לעשות כן).

סעיף ג- דרך אנשי מעשה להתענות בכל ערב שבת - כדי שיהיו תאבים לאכול בלילה, **ועיין** בב"ח ומ"א וש"א שהסכימו, דאין להתענות בע"ש, כדי שלא יכנס לשבת כשהוא מעונה, **אם** לא שהוא איסטניס כ"כ, שאם יאכל ביום לא יוכל לאכול בלילה לתאבון, אז מנהג טוב הוא, אם אין מזיק לו התענית.

סעיף ד - אם קבל עליו להתענות בע"ש, צריך להתענות עד צאת הכוכבים - וכמו אם קבל תענית סתם בשאר ימי השבוע, דדינו הוא עד צאת הכוכבים דוקא, ולא מהני במה שהתפלל תפלת ערבית מקודם, ה"ה הכא, **ואינו** נחשב לאיסור במה שנכנס לשבת כשהוא מעונה, אע"ג דביום השבת גופא אסור להתענות.

(**היינו** דוקא במי שקיבל על עצמו תענית, ומסתמא היתה כונתו לסתם תענית דדינו הוא עד צה"כ, **אבל** בת"צ כגון עשרה בטבת שחל בע"ש, משמע בב"י דמצדד להורות כהפוסקים דס"ל, דהאי מתענין ומשלימין דקאמר הגמר', היינו אם ירצה להשלים רשאי, ודלא כהכרעת הרמ"א בסמוך).

אם לא שפירש בשעת קבלת התענית, עד שישלימו הצבור תפלתן - ואז מותר אפילו עוד היום גדול, **וכן** אם התנה להתענות רק עד אחר מנחה גדולה, מהני תנאו.

הגה: וי"א דלא ישלים, אלא מיד שיוצאים מבית הכנסת, יאכל - האי י"א ס"ל, דבין בתענית יחיד ובין בת"צ, כגון עשרה בטבת שחל בע"ש, לא יתענה רק עד שיצא מבהכ"נ, דאז כבר קבלו שבת בתפלה שמתפללים מפלג המנחה ואילך, דהיינו י"א שעות זמניות חסר רביע, **ומקרי** עי"ז השלמת התענית מה שמתענה עד אחר קבלת שבת, וה"ה בעיו"ט עד אחר קבלת יו"ט, [**אבל** קודם פלג, אף שקיבל שבת קודם תפלת ערבית אחר מנחה, לא מהני, ואסור לטעום אז], **ובחול**, גם לי"א לא מקרי השלמת התענית עד צאת הכוכבים.

(**ולהאי** י"א אין נכון להמתין מעת בואו מבהכ"נ עד צה"כ, אם תאב לאכול ומתעכב מחמת התענית).

(**ומדברי** הראב"ד משמע, דתיכף משקעה חמה והוא כבר קיבל עליו שבת, אף שלא התפלל עדיין, מקרי עי"ז ג"כ השלמה).

(**ונ"ל** דהאי י"א וכן סברת הראב"ד, הוא רק במי שקבל התענית שלא בלשון נדר, רק בסתם קבלת תענית, **אבל** מי שאסר על עצמו לאכול יום א' בלשון נדר, לכו"ע אסור עד שתחשך, שאז כלה היום).

(**ונראה** פשוט לדעת המחבר, אם חיוב התענית היה עליו מכבר, ורצה לפרוע בתענית ע"ש, אינו יוצא בזה, כיון שלא השלימו כדין, וצריך לצום יום אחר, ולדעת הי"א יצא אפי' לא השלימו עד צה"כ).

ולכן בתענית יחיד לא ישלים, וטוב לפרש כן בשעת קבלת התענית; ובתענית צבור ישלים, וככי נהוג - מכריע הרמ"א, דבתענית יחיד יסמוך על הי"א דלא ישלים, ומ"מ לכתחלה טוב יותר שיפרש כן בשעת קבלת התענית, ובדיעבד אין זה לעיכובא, **ובת"צ** (כגון עשרה בטבת שחל בע"ש), חמירא מזה וצריך להשלים כדין, ואפילו תנאי לא מהני, דלאו בדידיה תליא מילתא, **וצבור** שגזרו על עצמן תענית מחדש בשביל איזה ענין, לא חמירא כ"כ ומהני תנאי.

תענית יחיד נקרא, מי שקיבל על עצמו להתענות בע"ש זה, **או** שדרכו להתענות בכל ע"ש, **או** ערב ר"ח שחל בע"ש - היינו אותם אנשים שאין אומרים יו"כ קטן ביום ה' שלפניו, דאלו האומרים מתענין ג"כ ביום ה' - **או** שמתענה יום שמת בו אביו ואמו, או כ' סיון, **או** שמתענה תעניתים המבוארים בסימן תק"פ.

כתב מ"א, דאם מתענה בכל ע"ש, והשלים פעם ראשון, צריך לנהוג כן לעולם, וה"ה בכל הנ"ל, דמסתמא כל זמן שלא התנה בפירוש שאין דעתו להשלים תמיד, אמרינן דדעתו לנהוג כן לעולם, **ולכתחלה** יותר טוב שלא ישלים בפעם ראשון כשחל בע"ש, וכמו שכתב הרמ"א, וכדי שלא יצטרך להשלים תמיד.

ואם בתחלה כשהתחיל להתענות, יום שמת בו אביו ואמו או ער"ח ושאר תעניתים הנ"ל, חל בחול, ובחול הלא משלימין, וע"כ יש פוסקים דס"ל דאפילו כשיארע אח"כ בע"ש, ג"כ צריך להשלים עד צה"כ, דמסתמא דעתו להתנהג כן תמיד, אם לא כשהתנה בפירוש שאין דעתו להתנהג כן לעולם, **ויש** חולקין ע"ז, וס"ל דמסתמא לא קבל על עצמו להשלים אף בע"ש, **וע"כ** מי שמצטער יוכל לסמוך על המקילין, ולאכול תיכף אחר יציאתו מבהכ"נ אף שהיום גדול.

ואם הוא תענית חלום, צריך להתענות עד צאת הכוכבים - ואפילו הי"א הנ"ל מודו בזה, שהרי אפילו בשבת עצמו יכול להתחיל ולהתענות תענית חלום, וכ"ש שישלים עד הלילה.

והנה יש מהפוסקים שחולקין, וסוברין דגם בתענית חלום די להמתין עד שיצא מבהכ"נ ערבית, דבזה מקרי השלמה, **אבל** האחרונים הסכימו עם השו"ע דאין להקל בזה, דכיון שהוא מפני הסכנה לבטל ולבער חלום רע, שמא לא יועיל לבטלו אם לא ישלים עד הלילה.

§ סימן רנא - שלא לעשות מלאכה בע"ש מן המנחה ולמעלה §

סעיף א - העושה מלאכה בע"ש מן המנחה ולמעלה אינו רואה סימן ברכה - מאותה מלאכה, שאף שירויח במקום זה, יפסיד במקום אחר, (**ואיסורא נמי אית בזה, רק שאינו חמיר האיסור כשארי איסורי שבות שהיה חייב ע"ז מכת מרדות, כן איתא ברמב"ם ובסמ"ג ובאו"ז, והנה הט"ז כתב דאין בו איסורא, רק דאין בו סימן ברכה**).

ופרקמטיא שרי, ומ"מ משמע מהגמרא דזמן סגירת החנויות הוא קודם זמן הדלקת הנרות, [דזמן הסגירה הוא בתקיעה שניה, והדלקה הוא בשלישית], (**ודעת האחרונים, דגם בפרקמטיא יש להחמיר עכ"פ ממנחה קטנה ולמעלה, ויש מקילין בזה בצנעא, והעולם נהגו להקל לענין סגירת החנויות, ונראה שסומכין על הט"ז הנ"ל**).

יש מפרשים: מנחה גדולה - היינו בשש ומחצה, **ויש מפרשים: מנחה קטנה** - היינו תשע ומחצה. והשעות הם זמניות, **והסומך** על המקילין לא הפסיד.

(**עיין במ"א שמסכים להמקילין, ומ"מ משמע מיניה דפועלי שדה צריכין לשבות במנחה גדולה, והנה בזמנינו לא נהגו ככה, ואפשר דהטעם הלא הוא כדי שיבאו לעיר ויכינו צרכי שבת, ובזמנינו כל אחד מהפועלים אנשי ביתו מכינין צרכי שבת, ומ"מ כל ירא שמים יראה לפסוק ממלאכתו שבשדה עכ"פ בזמן מנחה קטנה – אם לא שהוא דבר האבוד, דאז לא עדיף מחוה"מ – ורבים מחמירים אף ממלאכתו שבבית**).

וכ"ז בעושה מלאכת עצמו, אבל פועל הנשכר אצל בעה"ב בסתם, איתא בחו"מ, דזמנו הוא סמוך לשקיעת החמה, ורק כדי שילך לביתו למלאות לו חבית מים ולצלות לו דג קטן ולהדליק לו את הנר, **אם** לא במקום שיש מנהג קבוע לפסוק מקודם, [**וכ"ז** בדיעבד שנשכר ליום סתמא, אבל לכתחילה מוטל על הפועל שלא לשכור את עצמו ליום שלם בערב שבת, כי אם עד זמן מנחה קטנה].

הגה: ודוקא כשעושה המלאכה דרך קבע, אבל אם עושה אותה דרך עראי, לפי שעה, ולא קבע עליה, שרי - היינו אפי' בשכר.

ולכן מותר לכתוב אגרת שלומים וכל כיוצא בזה – (עדיפא הו"ל למכתב, דאפי' שריית דיו וסמנים, או צידת חיה ועופות, דזה בודאי אסור בחוה"מ כל שאינה צורך המועד, ג"כ מותר בערב שבת).

סעיף ב - לתקן בגדיו וכליו לצורך שבת, מותר כל היום – (ה"ה לתפור בגדים מחדש, אף דהוא מלאכה גמורה ובערב פסח אסור בזה, לענין ערב שבת מקילינן, **ומשמע** דאפילו לתפור מעשה אומן מותר, **ובביאור** הגר"א משמע דמותר רק מעשה הדיוט, ומשארי אחרונים לא משמע כן). **הגה: וכ"ה בגדי חבירו, אם הוא לצורך שבת ואינו נוטל עליו שכר.**

ואם הוא עני שאין לו מה יאכל, שרי כמו לענין חוה"מ, וה"ה כל המלאכות המותרות בע"פ ובחוה"מ, מותרות בע"ש, **ואפי'** יש לו לחם, רק הוא צריך לצרכי שבת לענגו בבשר ודגים ומשקין טובים, ג"כ י"ל דשרי, [**וכן** אפי' בעצמו כבר הכין, רק שצריך כדי ליתן לשכירו לצרכי שבת, ג"כ שרי], **אבל** בלא"ה יש ליזהר בזה מאד, כי משמע מכמה פוסקים, דמלבד דאין רואה סימן ברכה, יש חשש איסור בזה.

(**ואם הוא רואה שאם לא יביא לו הבגד על שבת, יפחות לו משכירותו מכפי מקח הנהוג לזה, או שמכאן ולהבא לא יתן לו להשתכר, אפשר דהוא בכלל דבר האבוד, ואם התחיל בזמן ההיתר, אם הוא שעת הדחק דיהיה לו עליו תרעומות אם לא יביא לו על שבת, נראה לי דיוכל לגמרו אפילו אחר זמן מנחה קטנה, אפילו בשכר, ואף שהמצאנו הרבה פרטי קולא בענין זה, מי שהוא בעל מלאכה ירא ה', יראה לכתחלה לזרז עצמו שלא יבא למדה זו שיצטרך לעשות עד סמוך לשקיעת החמה, אם לא מי שהשעה דחוקה לו, וכמו שכתבנו במ"ב**).

וה"ה למי שכותב ספרים לעצמו דרך למודו. הגה: אבל אסור לכתוב לחבירו בשכר - לכן יזהר ג"כ הכותב סת"ם, שלא יכתוב בשכר, **אם** לא שהוא צריך עתה למזוזה או ס"ת או תפלין, או שהוא דחוק לצרכי שבת וכנ"ל.

ומסתפרין כל היום, אפי' מספר ישראל - היינו אפי' אם הספר נוטל שכר, **והטעם**, דנראה לכל שעושה המסתפר לצורך שבת, ולכן שרי, **ולא** דמי לתיקון בגדים שאסור בנטילת שכר, דהתם אין ניכר בפעולה שהוא לצורך שבת, משא"כ בזה, **וע"כ** יש ליזהר מלגלח לא"י.

(**עיין בביאור הגר"א שמפקפק בזה מאד, ולפי דעתו יש ליזהר ממנחה ולמעלה אפי' בחנם, כי היא תמיד מלאכת אומן, ע"ש**).

כתב המ"א, שהאר"י ז"ל היה נזהר שלא לגלח אחר מנחה אפילו בע"ש, **וביארו** כונתו, דמש"כ "אחר מנחה", היינו אחר שהגיע זמן מנחה, אבל לא מיירי שהתפלל מנחה, **והיינו** דקאמר אפילו בע"ש, דר"ל לא מיבעיא בחול קודם שהתפלל מנחה, אלא אפילו לצורך שבת שהוא מצוה, ג"כ לא היה מגלח אחר שהגיע זמן מנחה ולא התפלל, **והעולם** שאינם נזהרים בזה אפילו אחר שהגיע זמן מנחה קטנה, י"ל דכיון שקוראין לבהכ"נ, לא חיישינן שיעבור עי"ז זמן התפלה.

ויש לאדם למעט קצת בלמודו בע"ש, כדי שיכין לצרכי שבת - לכן אין קובעין ישיבה באיזה מקומות בע"ש, **ובס'** סדר היום כתב, דאם רגיל ללמוד דבר שיש לו קצבה, או שלומד עם רבים, אל יבטלנו, **ופירש"י** על הסדרא מקרי דבר שיש לו קצבה, וע"כ לא גזרינן שמא ימשך עד הלילה, **ואם** לא ימצא אח"כ לקנות, אזי לא יקבע הלימוד בבקר, וע"ל בסי' ר"נ שהארכנו בזה בבה"ל.

ואם יש לו משרת שיכין בשבילו, אין צריך למעט בלמודו בע"ש, וכ"ש אם הכין ביום ה', בודאי יוכל ללמוד כדרכו, **מיהו** מ"מ צריך לתקן איזה דבר לכבוד שבת, ואפילו יש לו כמה עבדים, כמ"ש בסימן ר"נ.

(**אגב דאיירינן בענין תספורת, ראיתי להזכיר ענין אחד מה שאיזה מהמון נכשלין בו בעו"ה, והוא בענין איסור דהקפת פאת הראש, וכמו**

שאבאר, כי ידוע דעל איסור הקפת פאת הראש יש ג"כ לאו בתורה, והוא הלאו ד"לא תקיפו פאת ראשכם", וי"א דפאת הראש חמור עוד מפאת זקן, דעובר על הלאו אפי' אם מעבירים במספרים כעין תער, דהיינו סמוך לבשרו, **ושיעור** הפאה הוא מכנגד שער שעל פדחתו ועד למטה מן האוזן, מקום שהלחי התחתון יוצא ומתפרד שם, וכל רוחב השערות שבמקום זה לא תגע בו יד להעבירם, מצד שהוא הכל בכלל פאת הראש, ומשם ולמטה מתחלת פאת הזקן, **גם**, אחד המקיף ואחד הניקף הוא בכלל לאו זה, **ובעוה"ה** מצוי שמעבירין את הפאות עד סמוך לבשרן ממש, ואין משיירין כלל, ויש בזה חשש דאורייתא, והיה להם לשייר עכ"פ קצת מן הקצת, **וביותר** מזה, יש מהבחורים שבעת שהספר מספר ראשו הוא מגלח לו השער שאצל אזנו, והוא מחמת שמוטעין, שחושבין שפאת הראש נקרא רק מה שאנו קורין פאה, ולא כן הוא כאשר כתבנו, והוא לאו גמור דאורייתא לד"ה, וגם זה הלאו הוא אפילו על הניקף וכנ"ל, ועי"כ אפילו אם המספר הוא א"י, יש לישראל להזהירו שלא יגע בו כלל במקום ההוא, וגם במרחץ מותר להפסיק את המספר שלא יגלח במקום ההוא, אם יהיו דבריו נשמעין לו, דכדי לאפרושי מאיסורא מותר אפילו במרחץ).

§ סימן רנב – מלאכות המותרים והאסורים להתחיל בע"ש כדי שיהיו נגמרים בשבת §

סעיף ג - ואם היתה מלאכה מפורסמת וידוע שהיא של ישראל, ועושה אותה במקום מפורסם, טוב להחמיר ולאסור – (פי' שאם עושה בשבת צריך למחות בידו, אפילו קצץ, אבל לכתחלה רשאי ליתן, ולא חיישינן שיעשה בשבת, **ואם** הוא ידוע ודאי שיעשה בשבת במקום מפורסם, אסור ליתנו לו, אם לא בספק שמא לא יעשה בשבת).

דעורות לעבדן וכלים לכובס סתמן אין ידוע שהוא של ישראל, וע"כ אפילו אם הוא מעבד וכובס במקום גלוי, אין למחות בידו כשקצץ, **אבל** אם היתה המלאכה ידוע שהוא של ישראל, וגם הוא עושה אותה במקום גלוי לכל, צריך למחות בידו שלא לעשות בשבת, דהרואה אינו יודע שקצץ, ואתו למחשדיה בשכיר יום, וכנ"ל בסימן רמ"ד ס"א, **וע"ש** בס"ד דדעת השו"ע שם דמדינא אסור בזה, וע"ש בבה"ל.

ולפי"ז החלוקים שניכרים שהם של ישראל, והא"י מכבסן ע"ג הנהר שהוא מקום גלוי ומפורסם, צריך למחות בידו כשרואהו בשבת - מג"א, **אבל** בתו"ש כתב, דלא שייך בזה חשדא, דלא נודע של מי הוא, **והח"א** הקיל בזה עוד מטעם אחר, דכיון שידוע שמנהג כל בני העיר ליתן כלים לכובס בקבלנות, ע"כ אפילו אם הא"י מכבסן במקום מפורסם מותר, דאין בזה חשדא משום שכיר יום, וכעין מה שכתב בסימן רמ"ג ס"ב, **וה"ה** בכל הכלים שדרך ליתנן בקבלנות, **ואין** איסור בזה אלא כשעושה בבית ישראל, דשם לא מהני שום היתר.

סעיף ד - כל שקצץ - ובאופן שלא היה איסור בהנתינה, שהיה בזה ג"כ שארי הפרטים שצריך לקציצה, וכנ"ל בס"ב, **אע"פ שיעשה הא"י מלאכה בשבת, מותר לישראל ללבוש הכלי בשבת עצמה, דכל שקצץ, אדעתיה דנפשיה קא עביד** - ולא דמי למה שמבואר בסי' רע"ו, דא"י שהדליק הנר בשביל ישראל, אפי' אם היה על ידי קציצה, אסור להשתמש לאורה, **דהכא** אע"ג שהישראל נהנה בלבישתו ממלאכת שבת, מ"מ א"י לא עבד בשבת בשביל הנאת ישראל, רק אדעתיה דנפשיה למהר להשלים פעולתו, **משא"כ** התם הדלקתו בשבת היה כדי שישתמש בו הישראל עכשיו, ולכן אסור, [**היינו** אפי' אם התאכסן הישראל בביתו של א"י, דבבית ישראל בלא"ה לא מהני קציצה], **ולפי"ז** גם בענינו, אם הישראל אמר לא"י סמוך לחשיכה: מדוע לא גמרת מלאכתי, והשיב לו: אעשה זאת למענך בשבת, אה"נ דאפי' לדעת המחבר אסור ללבשו בשבת כמו גבי נר.

הגה: ויש אוסרין ללובשו כל שידוע שהא"י גמרו בשבת - טעמם, דאסור לישראל ליהנות מהמלאכה בשבת בכל גווני, כיון שמ"מ נעשה המלאכה בשבילו, (וטעמם שייך בכל מלאכות שהא"י עושה).

(**ודוקא** אם הוא מלאכה דאורייתא, אבל אם הוא מלאכה דרבנן, אין להחמיר).

וצריך להמתין במו"ש בכדי שיעשה - כדי שלא יהנה ממלאכת שבת, **ולפי"ז** בשני ימים טובים של גליות, אם עשה הא"י בראשון, מותר בתחלת יום שני בכדי שיעשה ממ"נ, דאם היום ראשון קודש, השני חול, ואם היום ראשון חול, בודאי מותר.

ואין חילוק בכל זה בין מי שנעשה בשבילו בין לאחרים, **ובספר** א"ר הקיל לאחרים בקצץ.

והכי נהוג לכתחלה, אם לא שצריך אליו בשבת שאז יש להקל – (היינו שאין לו בגד לשבת כי אם זה, ולא הוי כמו לצורך המועד האמור בחוה"מ).

ואם יש לתלות שנגמר בע"ש, מותר בכל ענין - דהא יש מתירין בכל ענין, **ואם** היה המנעל מתוקן בע"ש, רק שתקנו והחליקו בשבת, שרי, דהא היה יכול ללבשו בלא"ה, **וה"ה** כלי פשתן שנתן הא"י תחת המכבש בשבת, שרי ג"כ מטעם זה.

ודוקא אם שגר לו הא"י לביתו, אבל אסור ליקח כליו מבית האומן בשבת ויו"ט - ואפילו יודע ודאי שנגמר קודם שבת ויו"ט, ואפילו אם הוא לצורך שבת, **והטעם**, מפני מראית העין, דיאמרו שבשבת עשאו ומדעת ישראל, **ואיתא** בלבוש, דאפילו אם לא יביאם בידו אלא ילבשם שם בבית הא"י, ג"כ אסור מטעם זה, **וכתב** המ"א, אפשר דאפילו ע"י א"י אסור להביאו, דעובדא דחול הוא.

ואין חילוק בין אומן ישראל לא"י, (**ואם** הוא לצורך שבת באומן ישראל יש לעיין, דלפי מה שכתב הנ"י וכן הר"ן, דהטעם הוא מפני מראית העין, דיאמרו שנתן לו לתקנם במועד, אפשר דבשבת ויו"ט לא חיישינן לחשדא זו באומן ישראל, וכן לטעם רש"י שם דהוא משום טורח, כבר כתב הב"י וכן בא"ר, דלצורך שבת לא חיישינן משום טורח, **אך** לפי מה

שכתב התו"ש ופמ"ג, דלכך אסור להביא אף ע"י א"י משום עובדא דחול, ושם הלא איירי אף לצורך שבת, משמע דאסור גם בזה, וצ"ע).

(**ואם** אינו מאמינו שיונח אצלו עד לאחר שבת, הנה לענין חוה"מ מבואר הדין בסוף סימן תקל"ד, ולענין שבת אינו מבואר בפוסקים, **ונראה** דאם גם הוא צריך להבגד לצורך שבת, יש להקל בזה שיביאו בצינעה לתוך ביתו).

וכ"ז בכלים שעשה לישראל, אבל א"י שעושה מנעלים על המקח, מותר לישראל המכירו לילך וליקח ממנו בשבת ולנועלם - דהא אדעתיה דנפשיה עבד בשבת, **ואיסור** דהבאה מבית האומן, ס"ל להרמ"א דלא שייך בזה אף שהוא הולך אצלו, משום דכיון שהכל יודעים שהא"י רגיל לעשות לעצמו בשביל מקח, תו ליכא משום מראית העין שיאמרו שצוה לו לעשותם.

ובלבד שלא יקצוץ עמו דמי המקח - דהיינו שלא יזכיר לו סכום דמים, דאל"ה הוי בכלל מקח וממכר, אע"פ שאינו משלם לו עכשיו.

והמג"א ושארי הרבה אחרונים חלקו על דבריו, וס"ל דגם בזה אסור לילך אצלו וליקח ממנו כמו משאר אומן, (**ולפי"ז** אפילו יודע ודאי שנגמר אצלו בע"ש, או שהיה אומן ישראל, ג"כ אסור), **אלא** אחר שהביא לבית ישראל מותר ללבשו, דמסתמא לאו אדעתיה דישראל עבד אם הוא עיר שרובה א"י, **אך** אם הא"י הוא חנוני שאינו אומן, אפשר דיש להקל, **וגם** בזה מפקפקים התו"ש והפמ"ג, דהוי עכ"פ עובדא דחול.

(הנה בב"י הביא בשם הג"א שתי דעות, אי יש בזה משום מוקצה אם גמרן ביו"ט, ומשמע דס"ל להרמ"א להלכה כדעת המתיר, ועיין בסימן שכ"ה ס"י בבה"ל, מה שנכתוב שם דלא יסתור להך דהכא).

§ סימן רנג – דיני כירה ותנור ליתן עליה הקדירות בערב שבת §

סעיף ג - המשכים בבוקר וראה שהקדיחה תבשילו, וירא פן יקדיח יותר, יכול להסיר ולהניח קדירה ישנה ריקנית על פי הכירה - דאם יהיה בה תבשיל, אסור להשימה על הכירה מחמתה גופה.

ישנה - אבל חדשה אסור, דמתלבן ע"י החום, ונעשית כלי גמורה עי"ז, **ובקדרות** שלנו שכבר נגמר תיקונן ועשייתן בתנור של יוצרים, אפשר שיש להקל במקום הדחק.

(**ואם** הקדרה גדולה שסותמת את פי כל הכירה, אסור, דעי"ז מכבה את חום האש שבכירה).

ואז ישים הקדירה שהתבשיל בתוכה ע"ג הקדירה ריקנית - דהו"ל כירה כגרופה וקטומה, שהרי הקדרה סותמת את פי הכירה, וממילא מותר אח"כ להשים עליה הקדרה שהתבשיל בתוכה, וכדלעיל, דחזרה ע"ג גרופה וקטומה מותר.

ולפי"ז ה"ה גם בתנורים שלנו כשהאש בתוכה, ג"כ שרי ליתן למעלה ע"ג מעזיבה שעל התנור, כיון שהמעזיבה מפסיק בין הקדרה ובין האש, וה"ה כשנותן לתוך הקאכלין שבתנור, **אכן** במהרי"ל איתא, דצריך להפסיק שם על המעזיבה באיזה עץ או דף להכירא, [שאינו חפץ בחום הרבה, ולא יבא לחתות באש שלמטה לחמם התנור], וישים הקדירה עליה, וכן משמע בסוף הסימן ברמ"א, וז"ל: מותר להעמידן אצל תנור בית החורף, וכתב המ"ב: אבל עליו אסור, **ועיין** במ"א שהעתיק ג"כ כמהרי"ל, ומשמע שם דע"י היכר דבר המפסיק מותר אפילו ליתן לכתחלה בשבת, ועיין בחידושי רע"א, **וכ"ז** כשהתבשיל עדיין חם שלא נצטנן, דאל"ה אסור משום בישול, אם יוכל להתחמם שיהיה היד סולדת בו.

ויזהר שלא ישים קדירתו ע"ג קרקע - וכדלעיל בדיני חזרה, (דאם הניחן ע"ג קרקע, אין ע"ז שם חזרה כשרוצה להניחה אח"כ, וכתחלת הנחה דמיא, דאסור אפילו ע"פ כירה גרופה וקטומה, **ואפילו** הרמ"א מודה דהנחה בשבת לכתחלה אסור).

ושתהיה רותחת - עיין לעיל במ"ב, דנהגו להקל אם לא נצטנן לגמרי, (**וכבר נתבאר שנוהגים להקל אף אם נתנה על גבי קרקע**).

(**ולכאורה** סותר המחבר את עצמו, דלקמן בס"ה העתיק לדינא את דברי הרשב"א, דמותר ליתן לכתחלה בשבת, דאף שהקדרה התחתונה עומדת על האש, כיון שהיא מפסקת ומעמיד הקדרה עליה, אין דרך בשול בכך, ועדיפא מכירה גרו"ק, והוי כמעמיד נגד המדורה דמותר אף בשבת אם היה מבושל כ"צ, **אח"כ** מצאתי בפמ"ג שיישב זו הקושיא בטוב טעם, והוא דבסעיף ה' שאיירי בעומדת ע"ג קדרת חמין או תבשיל, לא נחשב כלל כעומד ע"ג כירה, ולהכי מותר אף ליתן לכתחלה בשבת, **משא"כ** בענינינו שהקדרה ריקנית ועומדת רק לסתום את חום הכירה שלא יהיה כ"כ חום, נעשית הכירה עי"ז רק כשאר כירה גרופה וקטומה, **דאסור** ליתן עליה בשבת תבשיל לכתחלה, ובאמת אם היה עומד שם מבעוד יום קדרה שיש בה תבשיל, היה מותר ליתן עליה לכו"ע קדרה זו אף בשבת לכתחלה).

סעיף ד - יש למחות ביד הנוהגים להטמין מבע"י קומקום של מים חמין - ר"ל שמכינין מבעוד יום מים חמין, פן יצטרך לערות אותן לתוך התבשיל, **ונותנים אותם לתוך הקדירה בשבת כשהתבשיל מצטמק** - ודעת השו"ע למחות בזה, דפעמים אחד היד סולדת בו, והשני אין היד סולדת בו, וכשמערה אחד לחבירו מתבשלים זה עם זה.

(וע"ל סי' ש"ח) - ועיין באחרונים שכתבו, דלפי מה שיבואר לקמן בסי' שי"ח סט"ו בהג"ה, דאנן נוהגין כהפוסקים, דאם לא נצטנן לגמרי, אפילו בדבר לח אין בו משום בישול עוד, א"כ אפילו אם אחד אין היד סולדת בו, **ויתחמם** ע"י התערובות, ג"כ שרי, **ואפשר** שלזה כוון הרמ"א, במש"כ: ועיין לקמן בסימן ש"ח, והיינו דאין להחמיר בהדבר.

וכן הוא מעשים בכל יום, שנותנין לתוך הקערה קטניות ומערין עליהן מכלי ראשון רוטב של בשר, וא"כ כיון שהקטניות בכ"ש והעירוי הוא מכ"ר, הו"ל בשול, [דאף שהקטניות הוא דבר יבש, ובו לכו"ע אין בישול אחר בישול, אפי' נצטנן לגמרי, מ"מ ע"פ רוב יש בו מרק ג"כ], אלא ע"כ דכיון שלא נצטנן לגמרי, לא שייך בו בשול, **ומ"מ** משמע ממ"א במסקנתו, דאף שאין למחות ביד הנוהגים להקל, טוב יותר לנהוג שלא לערות הרותחין מן הכ"ר לקערה על מה שבתוכו כי אם בכף, **ואם** הקטניות עם המרק שבקערה נצטנן לגמרי, בודאי יש מדינא ליזהר שלא לשפוך עליהם מכ"ר, כי אם ע"י כף, [**דבלא** מרק לא שייך בו בישול אפי' נצטנן לגמרי, וכנ"ל].

סעיף ה - מותר לתת על פי קדירת חמין בשבת - אפילו היא עומדת על האש, **תבשיל שנתבשל מע"ש כל צרכו, כגון פאנדי"ש וכיוצא בהן לחממן** - דע דדעת הרשב"א, דדבר שכבר נתבשל, אפילו אם נצטנן אח"כ לגמרי, תו לית ביה משום בשול, אפילו הוא דבר שיש בו רוטב, **אבל** השו"ע סתם לקמן בסימן שי"ח ס"ד, כדעת הרא"ש שסובר, דבדבר שיש בו מרק אם נצטנן יש בו אח"כ עוד משום בשול, **והכא** בפאנדי"ש דמיקל השו"ע לחממן, ואפילו אם יהיה היד סולדת בו, משום דהוא דבר שאין בו רוטב, כי פאנדי"ש הוא לחם אפוי הממולא בבשר, ולכו"ע לית ביה משום בישול אף אם נצטנן לגמרי, כמ"ש סימן שי"ח סט"ו.

לפי שאין דרך בישול בכך - ר"ל דאף דקי"ל שאסור ליתן לכתחלה בשבת על הכירה אפילו נתבשל כ"צ והוא דבר חם, וגם הכירה גרופה וקטומה, **התם** הטעם משום דנראה כמבשל בשבת, דדרך בישול בכך, אבל הכא אין דרך בישול בכך ע"י הפסק קדירה, ואין נראה כמבשל, **ואם** יש בה הרבה שומן שנקרש, יש להחמיר משום נולד, שנימוח השומן, כמ"ש סימן שי"ח סט"ז בהג"ה ע"ש.

אבל להטמין תחת הבגדים הנתונים ע"ג המיחם, ודאי אסור - ר"ל דאם קדרת החמין או המיחם היה מכוסה מלמעלה בבגדים, אפילו אם אין אש תחתיה, ג"כ אסור להטמין הפאנדיש תחת הבגדים, משום איסור הטמנה, דקי"ל דאסור להטמין בשבת, אפילו תבשיל שהוא מבושל כל צרכו וחם, ואפילו בדבר שאין מוסיף הבל, [**דאם** היה אש, גם הקדרה שלמטה אסור להשהותה תחת הבגדים].

הגה: וכ"ה שאסור להניחו ע"ג כירה אפי' גרופה וקטומה, דלא התירו אלא חזרה וכדרך שנתבאר - והנחה לכתחלה בשבת אסור אפילו הוא עדיין רותח ומצטמק ורע לו.

ויש מתירין ליתן לתוך תנור שאפו בו מבע"י - היינו שנותן בשבת בבוקר בתוך התנור התבשיל שנתבשל, כדי שיתחמם, **דמאחר שלא הטמינו בו רק אפו בו מבע"י, לא נשאר בו רק הבל מעט ואין לחוש לבישול** - דאף שבתוך התנור והכירה קי"ל דאפילו גרוף וקטום אסור להחזיר, דאינו מותר רק על גבה, הכא אחר שלא הטמינו בו חמין לשבת, רק אפו בו מבעוד יום, אין בו למחר רק חום מועט, ואין נראה כמבשל עי"ז, [דאף שיש חום שהיד סולדת בו, מ"מ אין דרך לבשל בתנור כזה שחומו הוא רק מאפיה דאתמול].

ומשמע דאם היה טמון בו חמין מבערב, דנפיש הבליה דתנור, היה אסור ליתן בו בבקר התבשיל שנתבשל כדי להתחמם, **וכ"ז** הוא להכל בו, אבל בד"מ, וכן מהרמ"א לעיל בס"ב בהג"ה, מוכח דנוהגים להקל להחזיר לתוך התנור בכל גווני, אלא שמסיים שם: דטוב להחמיר.

ובלבד שלא נצטנן לגמרי - דאם היה התבשיל מצטנן לגמרי, קי"ל דיש בו עוד משום בישול, ואסור להניח אפי' בתנור כזה, דשמא יגיע התבשיל עד שיהיה היסל"ב, (**ועיין במ"א שכתב, ואפי' בדבר שאין בו מרק, דלית ביה משום בשול, אסור אם נצטנן, דהו"ל כמניח לכירה לכתחלה בשבת, דאסור, דלא התירו אלא חזרה**, עכ"ל, וחידש בזה דין חדש, **אבל בביאור הגר"א כתב, דדוקא בדבר שיש בו מרק, דאם נצטנן יהיה עוד בשול, וכן משמע להמעיין בד"מ, ומזה נובע דברי הרמ"א בהג"ה זו**).

ויש מחמירין בזה - טעמם, דחזרה לתוך התנור לעולם אסור, בין אם החום שבתנור רב או מעט, דלא נתנו חכמים דבריהם לשיעורים, **ומיהו** דוקא כשיש חום בתנור שהיד סולדת בו, דאל"ה אין עליו שם תנור שהוסק כלל.

ואם החום - צ"ל: שאם החום **כל כך בתנור שהיד סולדת בו, אסור** - דאל"ה אפילו להיש מחמירין שרי, וכן סתם הרמ"א לעיל בסוף ס"ב בהג"ה, **ועיין לקמן סימן שי"ח**.

וכל הדברים שאסור לעשות מדברים אלו, אסור לומר לאינו יהודי לעשות - היינו אפילו דברים שאין בהם רק איסור דרבנן. **לכן אסור לומר לאינו יהודי להחם הקדירה אם נצטנן** - ואפילו אם לא יתנה על גבי האש או הכירה ממש, [אלא ע"ג התנור, וכל כיוצא בו שהוא תולדת האור], דשוב אין בזה משום איסור חזרה, אעפ"כ אסור משום איסור בשול, כיון שנצטנן לגמרי, כמ"ש סי' שי"ח ס"ד וסט"ו בהג"ה ע"ש.

ואם עשה כן, אסור לאכלו אפי' צונן - אף דלא נהנה ממלאכת א"י, מ"מ קנסוהו שימתין עד לערב בכדי שיעשה, הואיל ונעשה מלאכה ע"י צוויו.

ומ"מ כתבו המג"א וש"א, דבדיעבד יש להתיר התבשיל, באופן זה שלא העמידו על האש ממש כי אם על התנור, מאחר דיש פוסקין שמתירין אפי' לישראל לעשותו לכתחלה, כמו שכתוב שם בסט"ו בהג"ה. [**דאם** העמידו ע"ג האש, יש בזה איסור לכו"ע משום חזרה, ואסור אף בדיעבד כשעשה זה ע"י הא"י]. **ואע"ג** דאפי' חממו ע"ג האש לפוסקים הנ"ל עכ"פ בדיעבד מותר, **מ"מ** בזה לא רצה מ"א לסמוך עליהם, כיון דלדידן איכא איסור תורה, וגם לדעת הפוסקים איכא שבות, ולדידן ראוי לקנסו לאסור בדיעבד - מחה"ש.

סימן רנג - דיני כירה ותנור ליתן עליה הקדירות בערב שבת

ואם עשה הא"י כן מעצמו בשביל ישראל, שרי לאכול צונן, כיון שאין נהנה ממלאכתו כלל, ולא היה רוצה בכך, א"כ לאו כל כמיניה לאסרו על ישראל, **מיהו** אם ישראל רואהו, צריך למחות בידו.

(**ואפי'** דבר יבש שנתבשל מכבר ונצטנן לגמרי, אף דאין בו משום חשש בשול עוד, כמ"ש בסי' שי"ח סט"ו, אפ"ה אסור לחממו בתנור אפי' ע"י א"י, ואפי' דיעבד אסור גם בזה כשהוא חם עדיין, (דכל שישראל נהנה, אף מלאכה דרבנן אסור – פמ"ג), דכשיהיה צונן מתיר בזה הפמ"ג).

(**וכתב** הפמ"ג, דכיון דקי"ל דשבות לצורך שבת שרי לכתחלה, ובדבר יבש אין בו רק שבות דחזרה, אפשר דהמיקל בזה ע"י א"י אין גוערין בו, ועיין לקמן בסימן שי"ח בסופו מה שכתב השע"ת בשם מהרי"ט, להקל בדבר יבש שאין בו מרק ליתנו תוך התנור ע"י א"י אף לכתחלה, ובסימן זה משמע מכמה פוסקים דאין סוברין כן, ומ"מ נראה דיש לסמוך עליו לצורך שבת להקל בזה, וכנ"ל בשם הפמ"ג, ובברכי יוסף מצאתי בשם אחד מן האחרונים, שמצדד אפילו בדבר שיש בו מרק להקל להחם ע"י א"י אם נצטנן, אם אינו נותן ע"ג האש או הכירה ממש, שסומך על הפוסקים שסוברים דאין בשול אחר בשול אפילו אם נצטנן, וצ"ע אם יש לסמוך ע"ז, דמסימן זה לא משמע כן, אך אם הוא לצורך שבת ואין לו עצה אחרת, אפשר דיש לסמוך על זה).

אמנם אם לא נצטנן כ"כ, שעדיין ראויים לאכול, אם חממו אותו הא"י, מותרין לאכול - ולכן אע"ג שנהנה מהחמים, שרי בדיעבד, כיון שהיה יכול לאכול בלא החמים, ואפילו העמידו הא"י ע"ג האש ממש בצווי, אעפ"כ אין לאסור התבשיל בדיעבד, **ואפילו** חימם הא"י תבשיל ובשר ביחד, והתבשיל לא היה מתחלה ראוי לאכול מחמת צנינותו, אעפ"כ לא נאסר הבשר, כי הוא היה ראוי לאכול אף בצונן.

לכן נוהגין שהאינם יהודים מוציאין הקדירות מן התנורים שמטמינים בכן, ומושיבין אותן אצל תנור בית החורף או עליו, ומבערת השפחה אח"כ התנור ההוא, וע"י זה הקדירות חוזרים ונרתחים - אדלעיל קאי, ופירושו, דכיון שאסור לומר לא"י להחם, לכך נוהגים שהא"י נותן התבשיל שנתקרר לגמרי על התנור קודם שהוסק, שאז ליכא שום איסור כיון שאין שום אש בתנור, ומה שמסיק אח"כ את התנור, עיקר כונתו אינו אלא לחמם בית החורף דשרי, דהכל חולים הם אצל צינה, וכמ"ש בסוף סימן רע"ו, ולא לחמם את התבשיל, **ואף** דהוי פסיק רישא לגבי התבשיל שנתחמם ממילא, מ"מ באמירה לא"י דהוי שבות דלית בו מעשה, לא מחמירנן כולי האי, ושרי אף בפסיק רישא.

ודע דכ"ז באייבלי"ך שבתנור בית החורף שלנו, שאין דרך לבשל בחול מלמעלה ע"ג התנור, לכך נוכל לומר דאין עיקר כונת הא"י בההיסק רק לחמם הבית, ולא לבשל הקדרות שעומדות מלמעלה ע"ג התנור, **אבל** התנורים שקורין ענגליש"ע קיכי"ן, שדרך הכל לבשל בחול על גביהן מלמעלה, איסור גמור יש בזה להעמיד המאכל לחמם ע"י הא"י אפילו קודם הסקה, דודאי כונת הא"י בההיסק אח"כ גם בשביל בשול הקדרות.

אבל ע"י ישראל, אסור בכה"ג - ר"ל להושיב הקדרות אצל תנור בית החורף או עליו אפילו קודם ההיסק, דהו"ל כאחד נותן הקדרה ואחד האש, דהראשון פטור אבל אסור, **משא"כ** באמירה לא"י דשרי, דהא עיקר כונתם לחמם הבית דשרי.

ומזה נראה היתר, שאם נתן הא"י מים לתוך הקדרה הקבוע בתנור ונתחממו, שמותר הישראל להנות מהם להדיח בהם כלים, **ואפילו** לכתחלה מותר לצוות לו בזה, דק"ו הוא, דהא התבשיל כשנותנו ע"ג התנור כונתו לחממו, ואפ"ה שרי, כש"כ כאן שאין כונתו לחמם המים אלא שלא יבקע הקדירה, **ואפשר** דאפילו נתן הא"י המים אחר שהוסק שרי ג"כ מטעם זה, **ומ"מ** לומר לא"י נראה לאסור אחר שהסיקו, **אבל** ישראל אסור ליתן המים לתוך הקדירה אפילו קודם שהסיקו הא"י.

והא דמתירין להדיח כלים במים שנתן הא"י להקדירה, דוקא כשאינם מלוכלכים בשומן, דאל"ה אסור לשפוך הרותחים עליהם, משום שממחה השומן והוי נולד, כמ"ש סימן ש"כ סי"ד, אלא יניח הכלי תוך המים ולא יערה עליהם, דזה שרי משום דלא קעביד מעשה.

אבל אם הקדירות עדיין חמין - אפילו אין היד סולדת בהן, **מותר להעמידן אצל תנור בית החורף** - אפי' ישראל ואפילו לאחר שהוסק, [דהא הטעם הוא משום חזרה], **מאחר שנתבאר דתנורים שלנו יש להם דין כירה, וסמיכה בכירה שאינה גרופה וקטומה כדין גרופה וקטומה לענין נתינה עליה** - ר"ל וכי היכא דהתם מותר להחזיר אפילו בשבת, ה"נ מותר לסמוך בכירה ותנורים שלנו אף כשאינו גרוף.

ודוקא אצל, אבל עליו וכ"ש בתוכו אסור, כיון שאינו גרוף וקטום, ואפי' קודם היסק אסור ליתן עליו, משום חשש שמא יחתה אח"כ בגחלים להרבות חומו, שהקדירות שלמעלה יהיו נרתחים, **והעולם** נהגו היתר ליתן עליו קדרות חמין קודם היסק, ויש להם על מה שיסמוכו, וכמש"ל סוף ס"ג, (והיינו כמש"כ שם, כיון שיש הפסק מעזיבה הו"ל כגרוף וקטום, ואע"ג דכתב שם בשם מהרי"ל דבעינן שיתן שם דבר מה להפסיק משום הכירא, מ"מ קודם היסק הקילו – מחה"ש), **אבל** אחר היסק לא ינהוג כן, רק צריך ליתן איזה דף או עץ תחת הקדירה להכירא, וכנ"ל בשם מהרי"ל.

וכבר נתבאר שנהגו להקל בחזרה בשבת אפי' הניחה ע"ג קרקע, וה"ה לסמוך לתנור שאינו גרוף וקטום, הואיל והקדירה עדיין חם ומבושל כל צרכו - הוא ענין בפני עצמו, ור"ל כי היכי דלענין חזרה על גבי גרופה, נתבאר לעיל דמותר אפילו הניחן ע"ג קרקע מקודם, ה"ה לענין לחזור ולסמוך אצל תנור שאינו גרוף הנ"ל, אפילו אם העמידו מקודם ע"ג קרקע, ג"כ מותר. **וכן המנהג פשוט להתיר, ועיין לקמן סי' שי"ח** – (לפי הדגמ"ר מוכח דהרמ"א קאי על סמיכה לכתחלה בשבת, וזהו דוחק, ויותר נכון כמו שמפרש בחי' רע"א, דהרמ"א איירי לענין חזרה, וע"כ שמפרש דברי הרמ"א כמו שבארנו).

§ סימן רנט – כמה דיני הטמנה וטלטולם §

סעיף ב - הנותנים אבנים ולבנים סביב הקדירה, צריך שייחדם לכך לעולם - היינו שייחדם מע"ש להטמין בהם תמיד, דאל"ה יהיה אסור למחר לטלטלן משום מוקצה, **וכן** עצים העומדים להסקה, יזהר מלסתום בהן פי התנור בע"ש, דאל"ה יהיה אסור למחר לטלטלן בשבת משום מוקצה.

(**בב"ח** כתב, דאפי' הטמין כמה פעמים, לא מהני בזה כל זמן שלא יחדן לעולם, וזה גרוע ממוכין, ע"ש טעמו).

שהרי כל זמן שלא יחדן אינם חשובים לו ומשליכן - היינו דלאחר שנשתמש בהן, הדרך להשליכן לחוץ, שאין עליהם שם כלי ואינם חשובין, וע"כ הם בכלל מוקצה, דאדם מקצה דעתו מהם.

הילכך אסור לטלטלן, אם לא שיצניעם ומייחדן לכך - והאבנים או לבנים המונחים ע"ג הכירה תמיד, שרי לטלטלינהו, דמיוחדין לתשמיש.

סעיף ו - יו"ט שחל להיות בע"ש, יש מי שאוסר להטמין באבנים - היינו אפילו אם יחדן לכך מכבר, דלית בהן משום מוקצה, **משום דהוי כמו בנין** - היינו דסידור האבנים, דהוי כמו דופן, הוי בכלל בנין עראי ואסור מדרבנן ביו"ט.

ויש מתירים - ס"ל דמשום כבוד שבת לא גזרו, **ואם** אפשר להטמין בענין אחר, אסור לכו"ע.

ועיין בא"ר שכתב שהמנהג כהיש מתירים, וכ"כ הגר"ז.

סעיף ז - התנור שמניחין בו החמין וסותמין פיו בדף ושורקין (פי' מחליקין) אותו בטיט, מותר לסתור אותה סתימה כדי להוציא החמין - שאין זה בכלל סתירת בנין אפילו מדרבנן, כיון שלא נעשה לקיום כלל.

ולחזור ולסותמו - הוא ענין בפני עצמו, [‹דמה› דלית ביה משום בונה אין רבותא, דהא בשבת אינו מטיח בטיט, **וגם** שנימא דאין מותר כי אם כשכוונתו לחזור ולסותמו תיכף, גם זה אינו, דבכל גווני מותר לפתוח, וע"כ כמו שכתבנו]. **וקמ"ל** דלא צריך למיחש שמא יש בפנים גחלים לוחשות, וכשיסתמנו יגרום שיכבו.

ואם יש בו גחלים לוחשות, מותר ע"י א"י - אבל ע"י ישראל אסור לסתום, דמכבה הגחלים, ואע"פ שאין מתכוין לכך, אסור משום פסיק רישא, **אבל** באמירה לא"י לא קפדינן כולי האי, כמ"ש סוף סימן רנ"ג.

ואם אינו סותמו לגמרי, אפילו ע"י ישראל שרי, דאינו מכבה, **וכתב** המ"א, דדוקא כשמניחו הרבה פתוח, אבל אם מניחו רק מעט פתוח, יש לאסור משום מבעיר, דטבע הרוח להיות מפיח דרך נקב קטן, ודמי למפוח, ומבעיר יותר התנור מאלו היה פתוח לגמרי.

כתב הא"ר, דבמקום הדחק מותר הישראל לסתום התנור, אפילו ביש גחלים לוחשות, כי יש לסמוך על דעת תרומת הדשן שמיקל, וס"ל דלא הוי פסיק רישא שיכבו הגחלים ע"י הסתימה, **ואם** אש בוער בתוכו, אף לתה"ד אסור, דהסתימה גורם לאש שיכבה מהר.

ודע דכ"ז לענין סתימת התנור, אבל לענין פתיחת פי התנור, לכו"ע אסור ע"י ישראל, אם ידוע שיש גחלים לוחשות, אפילו אם אינו שרוק בטיט, דהרוח מבעיר את הגחלים, [**ואף** שלא ניחא ליה בהבערה, מ"מ הלא פ"ר דלא ניחא ליה ג"כ אסור מדרבנן].

הגה: ויש מחמירין שלא לסתור סתימת התנור הטוח בטיט ע"י ישראל, אם אפשר לעשות ע"י א"י; וכן אם אפשר לעשותו ע"י ישראל קטן לא יעשה ישראל גדול; ואם א"א, יעשה גדול ע"י שינוי קצת, והכי נהוג - טעמם, דאולי כיון שטוח בטיט, יש בזה קצת משום סתירת בנין, ולכך יש להחמיר היכא דאפשר.

וכ"ל, הא דמותר לחזור לסתום התנור, היינו ביום, דככר כל הקדירות מבושלות כל צרכן, אבל בלילה סמוך להטמנתו, יש לספק שמא הקדירות עדיין אינן מבושלות כל צרכן - היינו אפילו אם אינו יודע שכן הוא, יש לו לחוש לזה מסתמא, **אסור לסתום התנור, דגורם בישול, כמו שנתבאר סימן רנ"ז סעיף ד'** - דע"י סתימת פיו, ואפילו בלא טיחה בטיט, מוסיף חום ומתבשל במהרה, ואסור אפילו אם התנור גרוף וקטום מן הגחלים.

ואפילו בדיעבד אסור התבשיל, כדין מבשל בשבת, והוא שלא הגיע עדיין למאכל בן דרוסאי, דבהגיע אין לאסור בזה בדיעבד, [**אבל** לכתחילה, הלא כתב הרמ"א פה בעצמו, דתלוי בנתבשלו כ"צ].

ואם התנור אינו גרוף וקטום מן הגחלים, אסור לישראל לסתמו אף אם הקדרות כבר מבושלות כ"צ מבעוד יום, דבלילה מסתמא עדיין לא נתאכלו הגחלים ולוחשות הן, ויש חשש כיבוי ע"י הסתימה.

ואפי' ע"י א"י אסור - הסתימה, ואפילו בלא מירוח בטיט, דהוא מקרב הבישול ממש עי"ז, **כמו שנתבאר לעיל ס"ס רנ"ג** - וכ"ש דאסור לומר למרח הסתימה בטיט, דיש בזה משום מלאכת ממרח, ואסור אפילו היה סתום התנור מקודם. **(ושאר דיני חזרה בשבת ע"ל סי' ש"ח).**

ולענין דיעבד אם סתם הא"י התנור, אין לאסור התבשיל, דלא אהני מעשיו כ"כ, דבלא"ה היה מתבשל לבסוף.

כתבו האחרונים, דאפילו בקיץ שרגילין לצאת מבהכ"נ בעוד יום גדול, שעדיין לא חשכה ולא הגיע זמן בה"ש, ואין איסורו לישראל רק מדרבנן מפני שקיבל עליו שבת, אפ"ה יש ליזהר מלומר אז לא"י לסתום

סימן רנט – כמה דיני הטמנה וטלטולם

התנור, דיבוא לומר לו גם בחורף שיוצאים מבהכ"נ סמוך לחשיכה, ועד שיטול ידיו ויקדש ויאמר לא"י אודות התנור, יהיה לילה ממש.

בו יבואר כל עקרי הענינים של שהיה והטמנה בקיצור, ממ"א ותו"ש ושארי אחרונים.

כללא דמילתא: בזמן הזה שאנו מניחים הקדרות בתוך התנור מגולות, ואין אנו עושין שום הטמנה סביב דופנותיהן, א"כ אין להן רק דין שהיה, ולא הטמנה בדבר המוסיף הבל, **ואף** לא העמידה על הגחלים, כיון שמגולה למעלה לא מקרי הטמנה, כמ"ש רמ"א סוף סי' רנ"ג ס"א בהג"ה, **ולפיכך** אם נתבשלו כמאכל בן דרוסאי מבעוד יום, היינו כחצי בישולו וי"א שליש בישול, מותר להשהותן אע"פ שאין התנור גרוף ולא קטום.

ובשר אם נותנו חי בקדירה סמוך לחשיכה ממש, דהיינו קודם שקיעת החמה, הרי זה ג"כ מותר, **אבל** צלי ומיני בצק ומיני קטניות ופשטיד"א, לא מהני חי, וצריך שיתבשל כמאב"ד קודם שבת, **אך** אם נותן בהם חתיכת בשר חי סמוך לחשיכה, אפילו הם בתחלת בישולם, ג"כ מותר, **ובתנור** טוח בטיט הכל שרי.

ואם יודע שיש בו גחלים לוחשות, אין לפותחו כי אם ע"י א"י ולא ע"י ישראל, דמבעיר האש ע"י פתיחתו והוי פסיק רישא, **ואם** הגחלים סביב הקדירה, לא יקח ישראל הקדירה כי אם א"י, **ואם** הקדרה עומדת על הגחלים, שרי ע"י ישראל אם א"א בענין אחר, אך שיזהר שיקחהו משם בנחת ולא ינענע הגחלים, **וה"ה** בליל שבת כשלוקח הקדרה מן התנור, ג"כ צריך ליזהר בכל זה, **וע"כ** נזהרים סמוך לחשיכה כשמשהין הקדרה המבושלת לליל שבת בתנור, לנתקו קצת קודם השבת מן האש, כדי שיהיה אח"כ יכול להסירו משם בלי שום חשש.

ומותר להניח בשבת תבשיל חם שנתבשל כל צרכו סמוך לתנור על הלבזבז שלו, אפילו הוסק התנור ואינו גרוף וקטום, דסמיכה לא אסרו בזה, **ועיין** לעיל תחילת סימן רנ"ג וסופו, מחלוקת האחרונים אי שרי סמיכה בתחילה בשבת, **ועל** התנור נהגו העולם היתר אם לא הוסק עדיין, אבל אם הוסק ויש אש בתוכו, לא, **ואם** נתן לבנה או דבר אחר על התנור להפסק, ואח"כ נותן הקדרה עליה, שרי.

וכ"ז בתבשיל חם קצת, אבל בתבשיל קר לגמרי, אפילו קודם שהוסק אסור אפילו לסמוך, כי אם ע"י א"י קודם שהוסק, **ולאחר** שהוסק אפילו ע"י א"י אסור, דיש בזה חשש בישול, **ולצורך** חולה שאין בו סכנה, או לצורך קטן שאין לו מה לאכול, מותר לחמם ע"י א"י, אפילו בתוך התנור, **ודבר** שאין בו רוטב, אפילו קר כחם דמי, דבדבר יבש שנצטנן קי"ל דאין בישול אחר בישול.

ופירות חיין אף שנאכלים כך, וכן מיני משקין, דינם כתבשיל שיש בו רוטב ונצטנן לגמרי, דשייך בהם בישול.

וליתן דבר מה על הקדרה הקבוע בתנור, דינו כמו על התנור ובתוך הקאכלי"ן, **ולתת** לתוך המים שבקדרה ההיא קנקן עם משקין, פשיטא דאסור, **וישראל** אסור ליתן מים לתוך הקדירה ההיא בשבת, אפילו קודם שהוסק, **אך** אם נתנם הא"י קודם שהוסק, שרי ליהנות מהם, **גם** בע"ש סמוך לחשיכה אסור לישראל ליתן שם מים לתוך הקדירה ההיא כשהוסק אז, אא"כ שיוכלו להתחמם כחצי חומם מבע"י, **ובשעת** הדחק ששכח ליתן מקודם, ויירא שמא תבקע הקדרה מהחום, אפשר שיש להקל, **אך** שיזהר ליתנן עכ"פ קודם שקיעת החמה, וכמו שכתבתי בסוף סימן רנ"ד ע"ש.

אסור לכרוך בשבת קדרה עם מאכל חם בכרים וכסתות, אם הוא תחלת הטמנה, אבל חזרה מותר, **וכ"ז** דוקא אם הוא באותה קדרה שנתבשל בה, אבל אם פינה לקדרה אחרת, מותר לכרוך הקדירה ההיא.

§ סימן רסא – זמן הדלקת הערות לשבת §

סעיף ד - אחר עניית ברכו, אע"פ שעדיין יום הוא - ר"ל אפילו הוא זמן הרבה קודם ביה"ש, כל שהוא אחר פלג המנחה,

אין מערבין - אפילו לדבר מצוה, **ואין טומנין, משום דהא קבלו לשבת עליהן** - משום דהוא התחלת תפלת ערבית של שבת, לכך הכל פורשין אז ממלאכה, וכדלקמן בסימן רס"ג ס"י, דהוא כמי שקבל עליו קדושת שבת בפירוש, **ואסור** אז בכל הסייגים והגדרים שגדרו חז"ל לשבת, כגון לכנוס למרחץ להזיע בעלמא, וכ"ש ברחיצה בחמין, וכה"ג בכל השבותין, **ובא** המחבר להשמיענו, דאפילו אותן דברים שהתירו בבין השמשות, כגון עירובי חצרות והטמנה, דהוא בודאי לצורך שבת, וה"ה כל שבות שהוא לצורך מצוה, אפ"ה אסור כאן, **והטעם**, דכיון דקבל עליו שבת בפירוש, אף שהוא זמן הרבה קודם ביה"ש, חמור מביה"ש בלי קבלה.

ולפי"ז לא יצוייר ההיתירא דבין השמשות הנ"ל לענין עירובי חצרות והטמנה וכה"ג, רק אם הוא במקום שאין שם צבור, דאל"ה בודאי רוב הצבור קבלו כבר שבת בבין השמשות, והמיעוט נמשכין אחריהן בע"כ.

(ועיין בט"ז, דפוסק דמותר לערב אפילו אחר שקבל עליו שבת, וכן בדה"ח מצדד לפסוק, דכל שבות לצורך מצוה מותר אפילו אחר שקיבלו הצבור שבת, **ואפילו** בחצי שעה שקודם חשיכה, **והטעם**, דלא חמיר הזמן הזה מבין השמשות, ובודאי לא היה דעת הצבור לקבל על עצמם התוספת שיהא חמיר מבה"ש עצמו, **ועיין** בבאור הגר"א, ומשמע מדבריו דהוא מצדד יותר לדעת האוסרין, והביא דגם דעת הרמ"א כן בסימן רנ"ג ס"ב בהג"ה, ומ"מ נראה לענ"ד, דבהצטרף עוד איזה ספק יש להורות להקל בענין זה, כגון שהוא שתי שעות קודם חשכה, דלכמה פוסקים הוא קודם פלג המנחה ואין בקבלתו כלום).

ועיין בביאור הלכה בשם הרבה אחרונים שכתבו, דדוקא ע"י "ברכו" שהוא קבלת שבת של ציבור, **אבל** אם יחיד קבל עליו שבת מבעוד יום, לא חמיר מבין השמשות, וכן משמע ממ"א.

ולדידן הוי אמירת "מזמור שיר ליום השבת" כעניית "ברכו" לדידהו - דמסתמא כיון שמזכיר שבת הוי כקבלה, **וכתב** המגן אברהם, ועתה נוהגין לומר "מזמור שיר" וגו', ואפילו הכי עושין כל המלאכות עד "ברכו", והיינו כשהזמן הוא קודם בין השמשות, והטעם, משום דמעיקרא הכי קבלו עלייהו, ואין מתכוונים בזה לקבלה,

וכל זה בזמן המגן אברהם, אבל במקומותינו המנהג כהיום, מיד שאומרים "מזמור שיר" מקבלין הצבור שבת עלייהו, ואסור בכל המלאכות אפילו עדיין היום גדול. **וכתב** בספר דרך חכמה, דהוא הדין במקומות שנוהגין לומר "לכה דודי", ומסיימין "בואי כלה", הוי קבלת שבת ממש.

§ סימן רסג – מי ומי המדליקין, ואם טעו ביום המעונן §

סעיף ה - כשידליק, יברך: בא"י אמ"ה אקב"ו להדליק נר של שבת - ואפילו כשמדליק כמה נרות, טוב יותר שיאמר "נר", כי עיקר החיוב הוא נר אחד, **אחד האיש ואחד האשה.**

(**ואם** נסתפקה אם ברכה או לא, א"צ לברך, דספק ברכות להקל, ועוד דסרכא נקטא ואתיא, **ואם** ידעה בודאי שלא ברכה, משמע מא"ר דיש להקל לברך כל זמן שהוא שעת היתר להדליק).

גם ביו"ט צריך לברך: להדליק נר של יו"ט - ואין צריך לברך זמן על ההדלקה, **מיהו** במקום שנהגו אין למחות בידן. **ואם** חל יו"ט בשבת, אומר "של שבת ושל יו"ט".

וביוה"כ בלא שבת, יש מי שאומר שלא יברך, וע"ל סימן תר"י - דמביא שם המחבר דעת הפוסק המצריך לברך, דסבירא ליה דגם יוה"כ, אף שאין בו אכילה ושתיה ואין שייך עליו מצות עונג, אפילו הכי שייך בו משום שלום בית.

(**ועי"ל** דכונת המחבר להורות טעם על מה דס"ל שאין לברך, כי לקמן בסימן תר"י ס"א כתב המחבר, דמקום שנהגו להדליק מדליקין, ומקום שלא נהגו להדליק אין מדליקין, **ע"כ** אף דמנהגנו הוא להדליק, אפ"ה אין לברך, דאמנהגא לא מברכין).

הגה: יש מי שאומר שמברכין קודם ההדלקה - כשאר כל המצות שמברכין עליהן עובר לעשייתן.

ויש מי שאומר שמברך אחר ההדלקה - ס"ל דאם תברך הוי כאלו קבלה לשבת בפירוש, ושוב אסורה להדליק, **וא"כ** ביו"ט דלא שייך זה, לכו"ע תברך ואח"כ תדליק, **ודעת** המ"א דלא פלוג, **אבל** הרבה אחרונים ס"ל כמ"ש מתחלה.

וכדי שיהא עובר לעשייתו, לא יהנה ממנה עד לאחר הברכה, ומשימין היד לפני הנר אחר הדלקה ומברכין, ואח"כ מסלקין היד, וזה מקרי עובר לעשייה, וכן המנהג.

(**ואשה** שמתנית שאינה מקבלת שבת בהדלקה, או איש דקי"ל לקמן דאין צריך להתנות, משמע בדה"ח, דאפ"ה ידליקו ויפרסו ידיהם ואח"כ יברכו, משום דלא פלוג, וכדעת המ"א, **אבל** מדברי הגאון רע"א והח"א מוכח, דבזה יברכו ואח"כ ידליקו).

י"א כשיש חופה בע"ש, ומאחרין בה עד אחר שקיעת החמה, והאשה אינה רוצה לקבל שבת לפני החופה, פן תצטרך לעשות עוד איזה דבר האסור בשבת, **ע"כ** תדליק הנר בלא ברכה קודם החופה, ואח"כ בחשיכה תפרוס ידיה על הנרות ותברך, **או** כשהוא עדיין ביה"ש אחר החופה, תאמר לא"י להדליק, דלא גזרו על שבות בה"ש לצורך מצוה, וכנ"ל בסי' רס"א, והיא תברך.

ותמהו האחרונים ע"ז, דלא שייך ברכה בדלוקה ועומדת, ובפרט דעתה הוא זמן איסור להדליק, ואיך תאמר "וצונו להדליק", **ועל** אידך תקנה דתאמר לא"י להדליק ג"כ קשה, הא אין שליחות לא"י, וא"כ היא אינה מדלקת ואיך תברך, **ואפילו** ישראל הַמְצַוֶּה לחבירו להדליק, ג"כ דעת הדה"ח דהַמְצַוֶּה לא יברך רק המדליק, כ"ש בזה דהאשה לא תברך, **ומסקי** האחרונים עצה אחרת לזה, דהיינו לפי מה דקיי"ל דיכולה לברך ולהתנות, עכ"פ בלצורך, שאינה מקבלת שבת בהדלקה, ה"נ בענינו הוי לצורך, ותדליק ותברך קודם שהולכת לחופה, ותתנה, **וה"ה** נמי באשה שחל ליל טבילתה בע"ש, תדליק ותברך קודם הליכתה לבית הטבילה, ותתנה שאינה מקבלת שבת עד אחר רחיצה וחפיפה.

סעיף ו - בחורים ההולכים ללמוד חוץ לביתם - היינו שיש להם נשים, אלא שהולכין חוץ לביתם, **ואף** שאשתו מדלקת בביתו, אינו נפטר בברכת אשתו, כיון שיש לו חדר מיוחד במקום שמתארח שם, **וכ"ש** אם אינו נשוי דמחויב להדליק.

צריכים להדליק נר שבת בחדרם - אפילו החדר מיוחד רק ללון שם, ואוכלים בבית אחר, **ולברך עליו** - דהדלקת נר חובה משום שלום בית, שלא יכשל בעץ או באבן.

וצריך להיות הנרות ארוכים, שידלקו עד שיבואו לביתם בלילה, ובלא"ה הוי ברכה לבטלה.

ועל הירידים שמתאכסנים הרבה בעלי בתים בחדר אחד, ואין הבעל הבית עמהם בחדרם, חל עליהם חובת הדלקה בברכה, אפילו אם נשיהם מדליקין בביתם, **ע"כ** ישתתפו כולם וידליק אחד ויברך, ויכוין להוציא כולם בברכתו, וגם הם יכוונו לצאת בברכתו, **ואם** הבעה"ב ג"כ עמהם בחדרם, אין צריך להשתתף עמו בפריטי, כיון שנשיהם מדליקים בביתם, וכדלקמן בס"ז.

אבל מי שהוא אצל אשתו, א"צ להדליק בחדרו ולברך עליו, לפי שאשתו מברכת בשבילו - אבל להדליק צריך, אפילו אינו אוכל שם, כדי שלא יכשל בעץ או באבן.

(**ועתה** נסביר טעם סעיף זה וסעיף הסמוך לו, והוא: דכשיש לאיש כמה חדרים, צריך להדליק בכל החדרים משום שלום בית, **ע"כ** אם הוא בביתו אצל אשתו, והיא מברכת במקום אחד, הוי כאלו הוא היה המברך, וממילא נפטרו כל החדרים שהוא מדליק בהברכה, וכמו לענין בדיקת

חמץ, דמברך במקום אחד ועל סמך זה הוא בודק כל החדרים, משא"כ אם הוא איננו בביתו, ויש לו חדר מיוחד לעצמו, איך יפטר בהברכה שברכה שם אשתו במקום אחר, ואף דהוא אינו אוכל שם, עכ"פ משום שלום בית חייב להדליק ולברך, משא"כ בס"ז דאין לו חדר מיוחד, א"כ הסברא דמשום שלום בית אין שייך שם, שהרי בלא"ה יש שם אורה, ולא נשאר עליו כי אם במה שיש מצוה על כל איש ישראל הדלקת נר בשבת, וזה יוצא במה שאשתו מדלקת שם בביתו, ע"כ אין צריך להשתתף אז בפריטי).

סעיף ח - ב' או ג' בעלי בתים אוכלים במקום א', י"א שכל אחד מברך על מנורה שלו - דכל מה דמיתוסף אורה, יש בה שלום בית ושמחה יתירה להנאת אורה בכל זוית וזוית.

ויש מגמגם בדבר - טעמם, דבלא"ה יש שם אורה מרובה מנרות שהדליק הראשון.

ונכון ליזהר בספק ברכות ולא יברך אלא אחד. הגה: אבל אנו אין נוהגין כן - אלא כדעה הראשונה, **וכתב** המ"א בשם השל"ה, דמ"מ לא יברכו שנים במנורה אחת שיש לה קנים הרבה, **ויש** מקילין גם בזה, **וכתב** הפמ"ג, דיש לסמוך ע"ז בנשים עניות שאין להם כי אם מנורה אחת.

ואם יש לאחד מהן חדר המיוחד לו, אע"פ שאינו אוכל שם, ואינו משתמש שם שום צורך אכילה, לכו"ע יכול לברך שם, וכנ"ל בס"ו.

סעיף ט - המדליקין בזויות הבית ואוכלים בחצר, אם אין הנרות ארוכות שדולקות עד הלילה, הוי ברכה לבטלה - שכיון שאינו יכול לעשות שום תשמיש אצלן כשחוזר אח"כ לביתו בלילה, שלא יכשל בעץ ואבן, לית ביה משום שלום בית.

משמע דאם אוכל בבית, אף שאין דולקת עד הלילה, סגי ולא הוי ברכה לבטלה, שאף שעדיין יום, יש לו הנאה ושמחה בשעת אכילה מן הנרות, ‹דמ"מ כבוד שבת הוא להיות אור בשעת הסעודה – ערוה"ש›, **ומצוה** מן המובחר שיעשה נרות ארוכות, שיהיו דולקות עד הלילה, אף שרוצה לאכול מבעוד יום, ‹שיהא נר של שבת – פמ"ג›.

ואם בבית שהדליק היה קצת חשך, ומשתמש שם שום דבר לאור הנרות לצורך סעודה, ליכא איסורא, אף שאין דולקת עד הלילה, ואף שאוכל בחצר.

ואין מותר לאכול בחצר רק דוקא במצטער הרבה בביתו משום זבובים וכיוצא, הא לא"ה צריך לאכול דוקא במקום נר.

סעיף י - לבה"ג, כיון שהדליק נר של שבת חל עליו שבת ונאסר במלאכה, ועל פי זה נוהגות קצת נשים שאחר שברכו והדליקו הנרות, משליכות לארץ הפתילה שבידן שהדליקו בה, ואין מכבות אותה.

וי"א שאם מתנה קודם שהדליקה שאינה מקבלת שבת עד שיאמר החזן "ברכו", מועיל. וי"א שאינו מועיל לה.

ויש חולקים על בעל ה"ג ואומרים שאין קבלת שבת תלוי בהדלקת הנר אלא בתפלת ערבית, שכיון שאמר החזן "ברכו", הכל פורשין ממלאכתם. ולדידן, כיון שהתחילו "מזמור שיר ליום השבת" הוי כ"ברכו" לדידהו.

הגה: והמנהג, שאותה אשה המדלקת מקבלת שבת בהדלקה - ותתפלל מנחה תחלה, דהואיל דכבר קבלה שבת, שוב א"א להתפלל תפלה של חול, **ובשאין** שהות לזה, יותר טוב שתתפלל ערבית שתים וכדלקמן בסעיף ט"ו, מלכנוס ח"ו בספק חלול שבת.

אם לא שהתנה תחלה, ואפילו תנאי בלב סגי - ואין להתנות כי אם לצורך, מאחר שיש חולקין וסוברין דלא מהני תנאי וכנ"ל.

אבל שאר בני הבית מותרין במלאכה עד "ברכו".

ואם האיש מדליק, אפילו כשהוא מברך על הדלקתו וכדלעיל בסעיף ו', ליכא מנהגא ומותר במלאכה, **ומ"מ** טוב להתנות.

ועיקר הדלקה תלויה בנרות שמדליקין על השלחן, אבל לא בשאר הנרות שבבית - היינו דיברך על נרות שעל השלחן ולא על שאר הנרות, לפי שעיקר המצוה לכתחלה הן הנרות שאוכלין לאורן, וראוי שתהא הברכה עליהן, ואפילו על נר אחד סגי.

והיינו בבעה"ב, שיכול להדליק על השלחן ולברך עליו, אבל באורח אם יש לו חדר מיוחד לעצמו, אפילו אינו אוכל שם, מדליק שם נר ומברך עליו, וכנ"ל בס"ו.

ואם יש הרבה נשים, ואין לכל אחת שלחן בפני עצמה, יכולה לברך על הנרות שעומדים בבית בשאר מקומות, כגון על הנרות שדולקין על המנורה התלויה באמצע הבית וכה"ג, **דכללא** נקטינן, דבכל מקום שמדליק כדי לעשות שם איזה תשמיש, איכא משום שלום בית וראוי לברך.

וצריך להניח הנרות במקום שמדליקין, לא להדליק במקום זה ולהניח במקום אחר - היינו אפילו אם יתנה בפירוש שאינו מקבל שבת עד שיהיו הנרות על מקומם, שאסור להדליק במקום שאין משתמשין בו ולהניח הנר במקום שמשתמשין בו, **משום** דקי"ל הדלקה עושה מצוה, וכיון שהדליק במקום שאין משתמשין בו, שאינו מקום חיובא, לא מהני הדלקתו כלום, אף שמניח אח"כ במקום חיובא, **וצריך** לכבות ולחזור ולהדליק.

אבל אם הדליק בבית במקום שמשתמשין בו, מותר לטלטלם אח"כ ולהניח במקום אחר, דכל הבית הוי מקומם, **והלבוש** מחמיר אף בזה, ובמקום הצורך יש להקל, **כתב** הח"א, ‹אבל› הנשים שמדליקין בסוכה בחג, ומטלטלין לתוך הבית, לא יפה הן עושין.

סעיף יא - אע"פ שלא התפללו הקהל עדיין, אם קדם היחיד והתפלל של שבת מבע"י - היינו מפלג המנחה ולמעלה, וכדלעיל בסי' רס"א ס"ב בהג"ה, **חל עליו קבלת**

שבת ואסור בעשיית מלאכה, ואפי' אם אומר שאינו רוצה לקבל שבת - ואף דבהדלקה י"א דמהני תנאי, וכדלעיל בס"י, בתפלה שאני, כיון שהזכיר בה קדושת שבת.

סעיף יב - אם רוב הקהל קבלו עליהם שבת, המיעוט נמשכים אחריהם בעל כרחם - ואם רוב הקהל לא היו בבהכ"נ, אין נמשכין אחר המיעוט, **וכן** בעיר שיש בה בתי כנסיות הרבה, אין אחת נמשכת אחר חברתה, ואפילו אט באחת רוב, **אבל** אם עושה מנין בביתו, אפי' מנין קבוע, בטל אצל הרוב.

סעיף יג - אדם שבא לעיר בע"ש וכבר קבלו אנשי העיר עליהם שבת, אע"פ שעדיין היום גדול, אם היו עליו מעות או שום חפץ, מניחו ליפול - פי' שהולך לחדר ומניחו ליפול שם להצניעו, וכמ"ש סימן רס"ו סי"ב.

סעיף יד - אם ביום המעונן טעו צבור וחשבו שחשיכה, והדליקו נרות והתפללו תפלת ערבית של שבת, ואח"כ נתפזרו העבים וזרחה חמה, א"צ לחזור ולהתפלל ערבית, אם כשהתפללו היה מפלג המנחה ולמעלה - דלא מטרחינן צבורא אף שבטעות היתה, (ואפילו התפללו באותו היום מנחה אחר פלג המנחה, אף דהוי תרתי דסתרי, לא מטרחינן צבורא משום זה), **אבל** אם התפללו מעריב קודם פלג המנחה, אפילו צבור נמי מחזירין, דלאו זמן תפלת ערבית היא כלל.

ואם יחיד הוא שטעה בכך, צריך הוא לחזור ולהתפלל תפלת ערבית - כיון שבטעות התפלל, שסבר שכבר חשכה, (היינו אפילו התפלל אז מנחה קודם פלג המנחה, ואע"ג דבכל ערב שבת מותר באופן זה להתפלל ערבית קודם הלילה, דקיי"ל דעביד כמר עביד וכו', **אפ"ה** כיון שהוא נוהג תמיד כרבנן, ובטעות התפלל היום, שסבר שכבר חשכה, לכך צריך לחזור ולהתפלל), **והוא** הדין בחול נמי דינא הכי, כיון שהוא נוהג תמיד להתפלל מעריב בזמנו כרבנן, והיום בטעות התפלל.

ולענין עשיית מלאכה, בין ציבור בין יחיד מותרים, דקבלת שבת היתה בטעות.

וי"א שאותם שהדליקו נרות אסורים בעשיית מלאכה - אף אם לא התפללו, **ושאר אנשי הבית מותרין** - דבלא הדלקה, אף שהתפללו תפלת שבת, כיון שבטעות היתה, לא שמה קבלה.

וטעם הי"א, דסבירא להו דקבלה שהיא ע"י הדלקה עדיפא, דאית בה מעשה, (**והוא** מהב"י, ולפי"ז אם היו מקבלין על עצמן שבת ע"י אמירה, דהיינו ע"י "מזמור שיר ליום השבת", והיתה בטעות, שאח"כ נתפזרו העבים וזרחה החמה, היו מותרים לכו"ע במלאכה, **אבל** לפי מה שהסביר הגר"א בבאורו טעם הי"א, נראה דגם זה אסור להי"א, דהוא הסביר הטעם של הי"א, דס"ל דקבלה בטעות הוי קבלה, ומתפלה אין ראיה, דתפלה בטעות אינה כלום ואפילו בצבור, רק משום דלא מטרחינן להו לחזור ולהתפלל, לכן הקבלה שבאה ע"י התפלה ג"כ אינה כלום, משא"כ בקבלה דהדלקה, עכ"ד, **א"כ** לפי"ז ב"מזמור שיר", או בסתם קבלה בע"פ, דינו כמו בהדלקה).

(**עיין** בא"ר שכתב, דוקא בצבור, אבל יחיד שהדליק נרות בטעות, לא חשיב קבלה כלל, **והפמ"ג** והדה"ח מחמירין בהדלקה אף ביחיד, **וכל זה דוקא לאחר פלג המנחה**).

ועיין באחרונים שהביאו בשם כמה מגדולי הפוסקים, דס"ל דקבלת צבור בטעות אפילו רק ע"י תפלה שמה קבלה, **רק** שבזה אין המיעוט נמשכין אחר הרוב, כיון שבטעות היתה הקבלה, **ואין** להקל נגד אלו הפוסקים, **ובמקום** הדחק יש לסמוך על דעה קמייתא שבשולחן ערוך.

וי"א שאותו נר שהודלק לשם שבת אסור ליגע בו ולהוסיף בו שמן, ואפי' אם כבה אסור לטלטלו - היינו אפילו אחר שלא הדליק עדיין ולא קבל שבת, כ"כ הא"ז, **וכתב** המ"א הטעם, דאזיל לשיטתיה דקבלת צבור בטעות שמה קבלה, וא"כ הוקצה הנר למצותו, וכיון שהוקצה לבעלים הוקצה לכל, וגם אסור ליגע בו, דחיישינן שמא ישתמש בו, **ולצורך** מצוה יש להקל, (**ועיין** בשו"ע הגר"ז, שמתמיה מאד על איסור הנגיעה).

כתב הפמ"ג, מי שהדליק נר שבת בעוד היום גדול, והתנה שלא לקבל שבת, אפ"ה הוקצה הנר למצותה, ואסור להשתמש בו תשמיש חול, ואפילו אחרים אסורים, דמוקצה לבעלים אסור לכל.

סעיף טו - מי ששהה להתפלל מנחה בע"ש עד שקבלו הקהל שבת - היינו באמירת "ברכו" או ב"מזמור שיר ליום השבת", כל מקום לפי מנהגו, וכדלעיל בסי' רס"א ס"ד ע"ש, **לא יתפלל מנחה באותו בהכ"נ** - היינו אפילו עוד היום גדול, ומשום שאחרי שהקהל קדשו היום, לא יעשנו חול אצלם, **אלא ילך חוץ לאותו בהכ"נ ויתפלל תפלה של חול.**

(**ולא** קשה מסי"ב, דיחיד נגרר אחר הרוב רק לענין מלאכה, אבל לענין תפלה, כל שלא ענה עמהם "ברכו", מתפלל של חול חוץ לבהכ"נ).

והוא שלא קבל שבת עמהם, אבל אם ענה וקבל שבת עמהם - היינו שענה "ברכו", ועשהו בעצמו קודש בעניית "ברכו", **אינו יכול להתפלל תפלת חול** - דאיך יעשנה אח"כ חול, ומשו"ה לית ליה תקנתא. **אלא יתפלל ערבית שתים** - היינו מתחלה לשם שבת, ואח"כ שניה לתשלומי מנחה, **ואם** הפך אפשר דיצא, הואיל ועדיין יום הוא וזמן מנחה.

סעיף טז - אם בא לבהכ"נ סמוך לקבלת הצבור שבת, מתחיל להתפלל מנחה - ולא ימתין עד שיענה "ברכו", דאם יענה, שוב לא יוכל להתפלל אח"כ מנחה.

ואע"פ שבעודו מתפלל יקבלו הצבור שבת, אין בכך כלום, הואיל והתחיל בהיתר - ואע"פ שהיה יודע שלא יוכל לגמור אפילו חצי התפלה קודם "ברכו", מ"מ מקרי התחיל בהיתר, **לפי** שאיסור זה שלא להתפלל תפלה של חול אצל המתפללים של שבת,

אינו אלא חומרא בעלמא, **ומ"מ** טוב יותר באופן זה, שיצא לחוץ בהכ"נ ויתפלל שם.

סעיף יז - י"א שמי שקבל עליו שבת קודם שחשכה, מותר לומר לישראל חבירו לעשות לו מלאכה. הגה:

ומותר ליהנות מאותה המלאכה בשבת - דכיון שלחבירו מותר, אין איסור אמירה שייך בזה, **וסעיף** זה איירי כשיש שהות הרבה עד בה"ש, דאם הוא סמוך לבין השמשות, בודאי קבלו רוב אנשי העיר שבת, והמיעוט נגרר אחריהן בע"כ, וכדלעיל בסי"ב, ולא שייך דין זה.

כשמגיע סמוך לבין השמשות, אל ימתינו לומר "מזמור שיר ליום השבת", או שאר מזמורים הנוהגים לומר בשביל קבלת שבת, בשביל איזה אנשים העוסקים בביתם בעניניהם ומשהין לבוא לבהכ"נ.

וכל שכן במוצאי שבת, מי שמאחר להתפלל במו"ש או שממשיך סעודתו בלילה, מותר לומר לחבירו ישראל שכבר התפלל

והבדיל - היינו שהבדיל בתפלה, דבזה מותר לעשות מלאכה, וכדלקמן בסימן רצ"ט, אף שלא הבדיל על הכוס, **לעשות לו מלאכתו להדליק לו נרות ולבשל לו, ומותר ליהנות ולאכול ממלאכתו, כן נ"ל.**

וכ"ש במו"ש - פי' דהא בע"ש כבר קבל שבת וא"א לחזור, ואפ"ה שרי, וכ"ש במו"ש דכל שעה ושעה אם רוצה מתפלל ומבדיל, מכ"ש דמותר לומר.

והלבוש אוסר ליהנות אא"כ בירך והסיח דעתו מהשבת, והאחרונים הסכימו עם השו"ע, **ואם** אמר: "המבדיל בין קודש לחול" באמצע סעודתו, לכו"ע שרי, דאפי' הוא בעצמו מותר אז במלאכה, **אך** צ"ע אם יכול אח"כ לומר "רצה" בבהמ"ז, כיון שעשהו מתחלה לחול.

כתב הפמ"ג, במו"ש אין היחיד נגרר אחר הרוב, אע"פ שכולם לא התפללו ולא הבדילו, יכול הוא להבדיל ולעשות מלאכה משיגיע הזמן.

§ סימן רסו – דין מי שהחשיך לו בדרך §

סעיף י - חשכה לו בדרך ותפילין בראשו, או שיושב בבית המדרש בשדה וחשכה לו - היינו דנעשה ביה"ש, וא"א לו לישא אותם בידו לביתו מפני קדושת שבת, **ולהשאיר** אותם שם בדרך או בבה"מ א"א מפני בזיון התפלין, דבתי מדרשות שלהם היה בשדה מקום שאין משומר מפני הגנבים, **מניח ידו עליהם עד שמגיע לביתו** - התירו לו חכמים לנשאם עליו דרך מלבוש עד ביתו, **אך** צריך לכסותם, שלא יראוהו שהוא נושא עליו התפלין בשבת, **ואם יש בית סמוך לחומה שנשמרים בתוכו, מניחן שם.**

סעיף יב - הגה: ומי ששכח כיסו עליו בשבת, אם הוא בביתו, יכול לילך עמו לחדר להתיר חגורו וליפול שם להצניעו - דכיון שהמוקצה בידו, יכול לילך עמו לכל מקום שירצה, **והגר"א** בבאורו החמיר בזה, **ואם** יתיר חגורו תיכף ויפול המעות יוכל להביא לידי הפסד, אפשר שגם להגר"א מותר.

(ובדה"ח מכריע, דבכיס שיש עליה תורת כלי, והיא לא נעשה בסיס להמעות כיון שהניחה בשכחה, ומותר לטלטלה לצורך מקומה, לכן אם היה בידו יכול להוליכו לתיבה, **אבל** דברים המוקצין בגופן, כגון מעות ואבנים שאין להם שום היתר טלטול אפי' לצורך גופו או מקומו, ונטלו בידו, אסור לילך עמהן למקום אחר, רק יזרוק אותן תיכף, **מלבד** איזמל של מילה, אף שהוא מוקצה מחמת חסרון כיס, ואסור לטלטלו אפי' לצורך גופו, מ"מ כשהוא בידו יכול להניחו באותו חדר במקום שירצה, דאי יצטרך להשליך האיזמל מידו וישבר, מימנע ולא מהיל).

ואם הוא בשוק - או במקום שלא עשו ברחוב ההוא שיתופי מבואות, **אסור להביאו לביתו, רק מתיר חגורו בשוק והוא נופל, ואומר לא"י לשומרו, ואם מביאו אין לחוש** - (אפי' לדעת הי"א שמתירין גם בכיס לרוץ, ס"ל דהכא אסור, כיון שהוא בעיר ויכול לומר לעכו"ם לשומרו – מאמר מרדכי), **ואם** מתירא לסמוך עליהם, רשאי לצוותם להוליך לביתו.

ודוקא כשאין מתירא מן הא"י שמא יקחוהו, אבל אם ירא שמא יקחו אותו הא"י, (וגם אין יכול להוליכו פחות פחות מד' אמות – שונה הלכות), רשאי לרוץ עמו לביתו שלא לעמוד כלל, כדי שלא יעשה עקירה באמצע הדרך, **ובתנאי** כשנזכר כשהוא מהלך, ולא עמד לפוש, שלא עשה עקירה כלל בתחלת ריצתו, **וגם** כשבא סמוך לביתו יזרקנה תיכף כלאחר יד לביתו וכנ"ל.

ועצה (של "לצוותם להוליך לביתו"), טוב יותר בשאפשר לו מכל האופנים הנ"ל.

וע"ל סי' ש"י, אם הכיס תפור בבגדו מה דינו.

סעיף יג - מצא ארנקי בשבת, אסור ליטלו, אע"פ שירא פן יקדמנו אחר - אפילו אם יעמוד תחתיו ולא יעביר ד' אמות, אפ"ה אסור משום מוקצה, **ולא** שייך להתיר משום פסידא, כיון שעדיין לא זכה בה, (**וע"י** טלטול ברגל יש להקל).

וכתב המ"א, דאפילו לא"י אסור לומר ליטלו, **ובספר** א"ר מקיל ע"י א"י, והביאו הפמ"ג, וכן בחידושי רע"א מיקל ג"כ ע"י א"י, **אך** דהוא לא הקיל כי אם ההגבהה ע"י הא"י, דהוא רק טלטול בעלמא, אבל לא לצוותו להוליך לביתו, **אך** אם הא"י בעצמו מביאו לבית ישראל, נראה דאין למנעו לכו"ע וכנ"ל.

(**ואם** עבר והגביהו, יראה עכ"פ אח"כ לטלטלו פחות פחות מד"א, ולבסוף יזרקנו לאחריו כדי שלא יהיה הנחה).

(**ואם** הוא מקום שרוב ישראל דרין בו, ומגביה כדי להחזירו אח"כ לבעליו, היתרא דפחות מד"א בודאי לא שייך בזה לכו"ע, דאין בהול בזה כיון שהוא רק להחזירו לבעליו, **אך** לענין איסור מוקצה יש לעיין).

§ סימן רסז – דין התפלה בערב שבת

סעיף א - בתפלת המנחה בערב שבת אין נופלין על פניהם - מפני שהוא סמוך להכנסת שבת, כ"כ הלבוש, **וכתב** הפמ"ג, ונראה דה"ה כשמתפללים מנחה גדולה אחר חצות, נמי אין נופלים על פניהם, **וכן** מי שאוכל פת אחר חצות, ג"כ אין לומר "על נהרות בבל", כי אם "שיר המעלות".

סעיף ג - בברכת "השכיבנו" אינו חותם "שומר עמו ישראל" - דבשבת א"צ שמירה, כי השבת בעצמו הוא השומר אותנו, **אלא כיון שהגיע ל"ובצל כנפיך תסתירנו", אומר: "ופרוס סוכת שלום עלינו ועל ירושלים עירך"** - ר"ל דגם "כי אל שומרנו" וכו' לא יאמר, דלא כמנהגנו, והאחרונים יישבו המנהג, **"בא"י הפורס סוכת שלום עלינו ועל כל עמו ישראל ועל ירושלים".**

ואם שכח ואמר "שומר עמו ישראל" תחת "הפורס סוכת שלום", אם נזכר תכ"ד, יאמר מיד אחר תיבת "לעד", "הפורס" וכו', **ואם** שהה כדי דבור {הוא כדי שיאמר "שלום עליך רבי ומורי"} מעת שסיים תיבת "לעד", א"צ לאמרו, ולא יחזור עוד הפעם.

המנהג לומר אחר סיום הברכה, "ושמרו בני ישראל" וגו', ובמועדים "וידבר משה" וגו', בר"ה "תקעו", וביוה"כ "כי ביום הזה" וגו'.

§ סימן רסח – דין הטועה בתפלת השבת

סעיף ב - אם טעה והתחיל תפלת החול, גומר אותה ברכה שנזכר בה שטעה, ומתחיל של שבת - הטעם הוא, דבדין הוא דבעי לצלויי י"ח ברכות בשבת כמו בחול, ולהזכיר קדושת היום בעבודה כמו בר"ח וחוש"מ, ורק משום כבוד שבת לא אטרחוהו רבנן, ותקנו ברכה אחת אמצעית לשבת, **ולכן** בדיעבד שהתחיל הברכה, גומרה, שהיא ראויה לו מן הדין, ואח"כ מתחיל הברכה המיוחדת לשבת, **וה"ה** בכל זה לענין יו"ט.

לא שנא נזכר בברכת "אתה חונן", לא שנא נזכר בברכה אחת משאר הברכות, בין בערבית בין בשחרית מוסף ומנחה - דבדיעבד גם במוסף אם התפלל י"ח ברכות, ורק הוסיף בה "ונעשה לפניך חובותינו בתמידי יום ובקרבן מוסף", יצא, וכדאיתא בס"ד, לכך גם לה שייך בדיעבד הברכה של חול.

וי"א דבמוסף פוסק אפילו באמצע ברכה - דסבירא להו, דבמוסף לא שייך כלל תפלת י"ח ברכות, דאף בחול אין אומרים רק שבע ברכות, ולכך פוסק אפילו באמצע ברכה.

וכן פסקו האחרונים, משום ספק ברכה לבטלה.

סעיף ג - אם היה סבור שהוא חול והתחיל אדעתא דחול, ומיד כשאמר תיבת "אתה" נזכר קודם שאמר "חונן", הוה ליה התחיל בשל חול, וגומר אותה ברכה - דאפי' בערבית ומנחה שיכול לסיים ב"אתה קדשת" ו"אתה אחד", מ"מ כיון שכונתו היתה לתפלת חול, מקרי התחיל בשל חול, וגומר ברכת "אתה חונן" - ב"י, **והמ"א** חולק עליו וס"ל, דדוקא בתפלת שחרית שאינו מתחיל בתיבת "אתה", ומינכר בדבורו שהוא לשם חול, **אבל** בערבית ומנחה כיון דלא מינכר בדבורו, לא מקרי עי"ז התחיל בשל חול, ויאמר "אתה קדשת" ו"אתה אחד", וכן דעת הפמ"ג והדה"ח.

אבל אם היה יודע שהוא שבת, ושלא בכוונה התחיל תיבת "אתה" - ר"ל שנכשל בלשונו מחמת הרגלו דחול, אבל לא נתכוין לשם תפלת חול, **אפילו אם הוא בתפלת שחרית שאינה פותחת ב"אתה", אינו גומר ברכת "אתה חונן", דחשבינן ליה כטעה בתפלת שבת בין זו לזו. הגה: דהרי יכול לומר "אתה קדשת" או "אתה אחד"** - לפי דבתיבת "אתה" אינו מינכר שהוא לשם "אתה חונן", דהרי יכול לומר "אתה קדשת" ו"אתה אחד", **וע"כ** דינו כמו שאם היה מתחיל עתה בזמן תפלת שחרית "אתה קדשת" או "אתה אחד", ונזכר באמצע הברכה, דפוסק ומתחיל תיכף "ישמח משה", **וה"נ** כשאומר "אתה", הוי כאומר "אתה קדשת", ופוסק ומתחיל "ישמח משה", ולא הוי כאומר "אתה חונן" לגמור הברכה.

ודוקא אם התחיל רק תיבת "אתה", אבל אם אמר "אתה חונן", שמוכח שהוא לשם חול, אע"ג שהיה רק מחמת שנכשל בלשונו, גומר כל אותה הברכה, (וצ"ע).

סעיף ה - טעה והתפלל של חול בשבת, ולא הזכיר של שבת, אם עקר רגליו חוזר לראש; ואם לא עקר רגליו, אע"פ שסיים תפלתו, אינו חוזר אלא לשל שבת - ואפילו נזכר קודם "מודים", לא יכלול אותה בעבודה, לומר: "רצה נא במנוחתנו ביום השבת", דלכתחלה צריך לומר ברכה לקדושת היום, **ובדיעבד** יצא.

(וס"ל ששכח של שבת בשחרית, עיין סימן קכ"ו).

סעיף ו - הטועה בתפלת שבת והחליף של זו בזו, אינו חוזר - שעיקר ברכה רביעית היא "רצה במנוחתנו", וזה נאמר בכל הברכות של שבת, **ודוקא** כשסיים הברכה, אבל אם נזכר באמצע ברכה פוסק.

וי"א שאם החליף של מוסף באחרת, ‹חוזר› - ואפילו אם האחרת ג"כ מענין השבת, כגון "ישמח משה" וכה"ג, כיון שלא נזכר בה מענין קרבן מוסף של שבת, וכ"ש אם היא תפלה אחרת לגמרי, **ודינו** כדלעיל, דאם עקר רגליו חוזר לראש, ואם לא עקר רגליו, חוזר ל"תכנת

סימן רסח – דין הטועה בתפלת השבת

שבת", **וכתב** הח"א, דאם נזכר אחר שסיים הברכה האמצעית קודם שהתחיל "רצה", יאמר "ונעשה לפניך קרבן מוסף", ויצא בזה.

(והנה בדה"ח כתב, דכל היכי שנזכר באמצע איזה ברכה מג' אחרונות, חוזר ל"תכנת שבת", **ובח"א מצדד לומר, דכל היכי שטעה ולא הזכיר של מוסף בקדושת היום, אזי יאמר בעבודה, כשיאמר "והשב את העבודה", יאמר "ונעשה לפניך בתמידי היום ובקרבן מוסף").**

או אחרת בשל מוסף, חוזר - היינו שאמר הנוסח "תכנת שבת", וכונתו היתה לשם שחרית, **ואף** שהזכיר בהברכה מענין שבת, אעפ"כ חוזר, כיון שאומו מוסף תוך תפלתו, ושקר לפני המקום, **ודינו** ג"כ כדלעיל, דאם עקר רגליו חוזר לראש, ומתפלל תפלה אחרת כהוגן לשם שחרית, **אבל** של מוסף לא יתפלל עוד, כי כבר יצא בתפלה הראשונה ידי מוסף, אף שכונתו היתה לשל שחרית, **ואם** נזכר קודם שעקר רגליו, בכל מקום שהוא עומד, אפלו באמצע ברכה מג' אחרונות, פוסק באמצע ומתחיל "ישמח משה".

האחרונים תמהו על מה שכתוב בלשון "וי"א", דכו"ע מודים בזה.

סעיף י - א"א ברכה מעין שבע בבית חתנים ואבלים - פי' כשמתפללין בביתם במנין, **דליכא טעמא דמאחרין לבא שיהיו ניזוקין** - וכ"ש אותן שמתפללין לפרקים במנין בבית.

ובמקום שנוהגין לאמרה אין למחות בידם, כ"כ המ"א בשם הרדב"ז, **אבל** הפמ"ג מפקפק בזה, דהוי ספק ברכה לבטלה.

אבל כשיש קביעות על איזה ימים ויש ס"ת אצלם, וכמו בירידים, דומה לבהכ"נ קבוע ואומרים.

סעיף יא - אף בשבת שאחר יו"ט אומרים ברכה מעין שבע.

סעיף יב - אין לדבר בשעה שאומרים "ויכלו", ולא בשעה שאומר ש"צ ברכה מעין שבע - בטור בשם ס"ח: מעשה בחסיד א' שראה לחסיד אחר במותו {פי' בחלום} ופניו מוריקות, אמר לו למה פניך מוריקות, אמר לו מפני שהייתי מדבר ב"ויכלו" בשעה שהיה הצבור אומרים, וב"מגן אבות" וב"יתגדל", עכ"ל.

סעיף יג - אם התפלל של חול ולא הזכיר של שבת, או שלא התפלל כלל – (וכ"ש אם חיסר "משיב הרוח"), **ושמע מש"צ ברכה מעין ז' מראש ועד סוף, יצא** - משום דתפלת ערבית רשות, מקילינן בה. **ולכתחלה** יש ליזהר לומר עם הש"ץ מלה במלה, מן תחלת הברכה עד סוף "בא"י מקדש השבת".

ואם כבר אמר הש"ץ, צריך לחזור ולהתפלל, ולא יאמר ביחיד ברכת מעין שבע.

גם נכון הדבר, שאם נזכר קודם ששמע מהש"ץ הברכה הנ"ל, שלא יסמוך ע"ז, רק יתפלל עוד הפעם תפלת שבע כסדר, כי יש חולקין על עיקר הדין הזה, עיין בטור.

(וכ"ז מהני בשבת לחוד, אבל ביו"ט שחל להיות בשבת אין יוצא בברכת מעין שבע, הואיל ואין מזכיר יו"ט בברכת מעין שבע).

§ סימן רסט – דין הקידוש בבית הכנסת §

סעיף א - נוהגין לקדש בבהכ"נ, ואין למקדש לטעום מיין הקידוש, אלא מטעימו לקטן, דאין קידוש אלא במקום סעודה - היינו דאין המקדש יוצא בקידוש זה, כיון שאינו במקום סעודתו, משו"ה אסור לו לטעום כלום עד שיקדש במקום סעודתו. **(וע"ל סי' רע"ג).**

הנה י"א שיזהר ליתן רק לקטן שלא הגיע לחינוך, **אבל** המ"א כתב בשם הפוסקים, דמותר ליתן אפילו לקטן שהגיע לחינוך, היינו כבר שית כבר שבע, כל חד לפום חורפיה, **ואדרבה** אם יתן רק לקטן שלא הגיע לחינוך, יהיה ברכת המברך לבטלה, דהא לא הגיע לחנכו בברכה, **ואפילו** לפי מה שמבואר לקמן בסימן שמ"ג, דאסור להאכיל בידים לקטן אפילו דברים שאסורים מדרבנן, הכא שרי מפני כמה טעמים, עיין במ"א, **וה"ה** דמותר להאכיל לקטנים בשבת בשחרית לפני קידוש, ואסור לענותו.

כתבו האחרונים, דאם אין קטן שהגיע לחינוך בבהכ"נ, אזי ישתה כשיעור רביעית, שיהא חשוב במקום סעודה, כמש"כ סי' רע"ג ס"ה, ויוצא בזה, ויברך אח"כ ברכה אחרונה, ויחשוב בדעתו לצאת בקידוש זה, **ומ"מ** יכול אח"כ לחזור ולקדש בביתו להוציא בני ביתו.

ומהדרין אחר יין, [**ובפמ"ג** מסתפק, דבביהכ"נ אפשר דוקא איין], **ונוהגין** לקנות בדמים המצוה מי שיתן יין לבהכ"נ לקידושא ואבדלתא.

ומעיקרא לא נתקן אלא בשביל אורחים דאכלי ושתי בבי כנישתא, להוציאם י"ח - ואע"ג דהמקדש עצמו לא יצא, מוציא את האחרים, כמ"ש סימן רע"ג, דבקידוש יכול לברך לאחרים אע"פ שאינו אוכל עמהם.

ועכשיו אע"ג דלא אכלי אורחים בבי כנישתא, לא בטלה התקנה, זהו טעם המקומות שנהגו לקדש בבהכ"נ. אבל יותר טוב להנהיג שלא לקדש בבהכ"נ, וכן מנהג ארץ ישראל - ובמדינתנו נוהגין לקדש בבית הכנסת בשבת ויו"ט, מלבד בליל א' של פסח אין לקדש בבהכ"נ. **ואין** לבטל המנהג, כי הרבה גאונים יסדוהו.

הגה: ונהגו לעמוד בשעה שמקדשין בבית הכנסת - ואמרו הראשונים, שזה מועיל לעייפות הברכים.

§ סימן ער – לומר משנת במה מדליקין §

סעיף א- נוהגים לומר פרק "במה מדליקין" - לפי שיש בו דין הדלקה, וג' דברים שצריך אדם לומר בתוך ביתו ע"ש עם חשכה, **והספרדים אומרים אותו קודם תפלת ערבית, והוא הנכון** - שבמקומותם מקדימין להתפלל ערבית, וע"י קריאת פרק זה שיקרא מקודם, ידע במה מדליקין, ויזכור הג' דברים ויזהיר עליהם, **וע"כ** כתב השו"ע דהוא הנכון, דלאחר תפלת ערבית מאי נפקא מינה.

ובמקומות שנוהגין לאמרו אחר תפלת ערבית, כתב במנהגי מהרא"ק הטעם, כדי שאם יאחר אדם מלהתפלל, יהיה לו שהות להתפלל בעוד שיאמרו "במה מדליקין", **ולכן** אין אומרים אותו בשבת חוה"מ, לפי שאין מאחרין כ"כ לבוא לבהכ"נ, לפי שאין עושין בהם מלאכה.

כתב הב"ח שיש לומר "במה מדליקין" אחר קידוש, דעיולי יומא עדיף ומקדמינן ליה, **ובמקומותינו** המנהג לומר "במה מדליקין" קודם, וכתב בפרישה הטעם, דנר ביתו וקידוש היום, נר ביתו עדיף, וכדלעיל בסימן רס"ג.

סעיף ב- יש שאין אומרים אותו ביום טוב שחל להיות בערב שבת - לפי שאין יכול לומר "עשרתם", שאין מעשרין ביו"ט, **וכן** ביו"ט שחל בשבת, משום לא פלוג.

ויש שאין אומרים אותו בשבת של חנוכה - מפני שנזכר בה פסול שמנים, שהם אסורים בשבת ולא בחנוכה, **הגה: ואין נוהגין כן בחנוכה.**

ובשבת של חול המועד אין אומרים אותו. וכן ביו"ט שחל להיות בשבת אין אומרים אותו - וכן ביוה"כ שחל בשבת אין אומרים אותו.

§ סימן רעא – דיני קידוש על היין §

סעיף א- כשיבא לביתו, ימהר לאכול מיד - היינו לקדש, כדי שיזכור שבת בעת תחלת כניסתו, דכל כמה דמקדמינן ליה טפי עדיף, ומכיון שקידש, צריך לאכול מיד, כמבואר בסימן רע"ג ס"ג בהג"ה, **ואם** אינו תאב לאכול, יכול להמתין מלקדש עד שירעב, שכבר זכר את השבת בתפלתו בבהכ"נ, ויוצא בזה המ"ע דאורייתא להרמב"ם וכדלקמן, **ומ"מ** נראה דהיכא דיש בזה משום שלום בית, או שיש לו בביתו משרתים או שאר אורחים, ובפרט אורח עני, לא יאחר בכל גווני, דכיון דהם מוטלים עליו, לא יוכל לעכבם בשביל שהוא רוצה לקיים מצוה מן המובחר.

ומ"מ מהנכון לקרות ק"ש מקודם, אם מסתפק שבבהכ"נ לא קראה בזמנה, ועיין לעיל בסימן רס"ז במ"ב.

מיד – (ואפי' קודם חשכה, כ"כ הט"ז, **אבל** לפי מש"כ המ"א, יש להחמיר בתוך זמן חצי שעה דקודם לילה, משום חובת ק"ש, דלא נפיק במה שקרא מקודם בבהכ"נ להרבה פוסקים, ובפרט לדידן דנוהגין בכל יום להתפלל מעריב בזמנו, ולהתפלל מנחה אחר פלג המנחה, **וכ"ז** בתוך חצי שעה, **אבל** קודם שהגיע הזמן דחצי שעה, מותר לקדש ולאכול בשבת ע"י קידוש זה, דיוצא בו ידי קידוש כל שהוא מפלג המנחה ולמעלה, **ומ"מ** לפי מה שהתעורר המ"א להקשות, לדידן דמתפללין מעריב בזמנו ומנחה אחר פלג המנחה, אלמא דלא ס"ל כר"י, האיך אנו יוצאין בזה, **ואף** שמיישב זה, מ"מ לכתחלה יותר טוב למנוע מזה כנלענ"ד, **ואודות** דברי הט"ז הנ"ל, לענ"ד לולא דבריו הייתי אומר, דאין כונת הטור כלל במה שאמר "מיד" לזרז לדבר זה, רק שבא הטור לומר דבהגיע זמן חיוב קידוש, דהיינו אחר שהוא לילה שאז מתקדש היום, מצוה לעשות דבר זה תיכף ולא לאחר, דלשון "זכרהו על היין בכניסתו" משמע תיכף משמתקדש היום, **אבל** לא בא לומר שמצוה לזרז עצמו לקדש משום שהוא קבל מעצמו עליו השבת, דלא צריכינן לזרוזי כל זמן שלא הגיע עדיין זמן חיובא, **ואפשר** דיש לחלק בין מעט קודם חשיכה ובין הרבה, אף דהוא ג"כ אחר פלג המנחה, כי הרמב"ם משמע שס"ל, דאפי' לרבנן דר"י מותר לקדש מעט זמן קודם חשיכה, ומקרי דבר זה שכבר הגיע זמן חובת המצוה של קידוש לכו"ע, וע"כ ממילא נכון להקדים לזמן זה, **משא"כ** בזמן הרבה קודם, אף שהוא אחר פלג המנחה, ומותר לסמוך על שיטת ר"י, לא מצינו אפי' לר"י שיהא נכון להדר אחר זה).

כתב הרמב"ם: מ"ע מן התורה לקדש את יום השבת בדברים, שנאמר: זכור את יום השבת לקדשו, כלומר, זכרהו זכירת שבת וקידוש וכו', ומדברי סופרים שתהא זכירה זו על כוס של יין, (**ועיין** בחדושי רע"א שהביא, דמדברי הר"ן מוכח דס"ל דקידוש על היין או על הפת הוא דאורייתא, וכן הביא שם עוד, דמדברי הרא"ש מוכח ג"כ דס"ל דבתפלה בלבד אינו יוצא בודאי, וביותר ס"ל, דאפילו בקידוש גמור שלא במקום סעודה תיכף, ג"כ אין יוצא מה"ת, **ולדעת** רבינו יונה, בקידוש גמור יוצא המ"ע דאורייתא אפילו שלא במקום סעודה).

וכתב המ"א, דלפי (מה שמבואר מהרמב"ם, והוזכר שיטתו עוד בכמה פוסקים ראשונים), מדאורייתא בקידוש שאומר בתפלה סגי, דקרא כתיב: זכור את יום השבת, והרי זכר אותו, וקידוש במקום סעודה מדרבנן, **ע"כ** אם ספק לו אם קידש או לא, א"צ לחזור ולקדש, דספיקא דרבנן לקולא, **גם** דקטן שהגיע לחינוך, יכול להוציא לפי"ז אפילו לגדול בקידוש, אם הגדול התפלל כבר, [**ודוקא** אם הקטן לא התפלל עדיין, אבל אם התפלל אין יכול להוציא הגדול בכל גוונא, דהוא תרי דרבנן, והגדול הוא חד מדרבנן, **והח"א** חולק ע"ז].

ואולם יש לפקפק בזה הרבה, דהא קי"ל לעיל בסימן ס' ס"ד, דמצות צריכות כונה לצאת בעשיית המצוה, ומסתמא אין מדרך העולם לכוין לצאת את המ"ע ד"זכור" בתפלה, כיון שיש לו יין או פת ויכול לקדש עליהן אח"כ בברכה כדין, וטוב יותר שיצא אז המ"ע דאורייתא, משיצא עתה ויהיה בלא כוס ושלא במקום סעודה, **ועוד** כמה טעמים אחרים שיש לפקפק בזה, וכמו שבארתי בבה"ל, **ע"כ** יש למנוע מלצאת

ידי קידוש ע"י קטן, ואפילו אם יזהר השומע לומר עמו מלה במלה, ג"כ נכון למנוע מזה, (הוא משום דהלא כיון שאינו יוצא בהקידוש כלל, צריך להיות כוס לפניו, **ואפשר** לומר דכיון שהוא סומך ברעיוניו על הכוס שעומד לפני התינוק, די בזה, **אבל** בתשובת הגרע"א משמע, דאינו סובר לסברא זה כל עיקר, **ומדברי** התו"ש משמע, דכל שלא הגיע לי"ג שנה אינו מועיל אפילו אם יאמר עמו מלה במלה), **אם** לא שמונח לפניו ג"כ פת או יין בעת הקידוש וכדלקמיה.

(**עוד** ראיתי לעורר בדין זה, דהא איתא בפסחים: אמר רב אחא בר יעקב, וצריך להזכיר יציאת מצרים בקידוש היום, כתיב הכא זכור וגו', וכתיב התם למען תזכור וגו', והובא מימרא זו בר"ח שלפנינו וגם ברי"ף ורא"ש, ומשמע מהרמב"ם דהוא דאורייתא ולא אסמכתא בעלמא, **וא"כ** איך יוצא ידי קידוש בתפלה, הא לא נזכר בתפלת לילה יציאת מצרים כלל, **ועל** הרמב"ם לא קשה כלל, דמה שאמר דיוצא בזכירת דברים, היינו כשמזכיר בה גם יציאת מצרים, **אבל** על המ"א ושארי אחרונים שהעתיקו דבריו להלכה קשה, איך העלימו עין מזה, **ושמעתי** שבס' מנחת חינוך ג"כ הפליא בזה על המ"א, ומחמת זה מסיק להלכה דלא כוותיה, **ולענ"ד** יש ליישב דבריו קצת, או דסובר דהוא רק מדרבנן, והגז"ש הוא אסמכתא בעלמא, או דסובר דיוצא מן התורה במה שהזכיר יצ"מ סמוך לתפלה, ד"השכיבנו" כגאולה אריכתא דמיא, כמו שאמרו חז"ל, ולא צריכינן שיזכיר דוקא בקידושא גופא, **אבל** מ"מ הוא דוחק, דהא מפסיק בג' ראשונות, **ואולי** אפשר לומר, דכיון שמזכיר פסוק "ושמרו בני ישראל את השבת" וגו' תיכף ל"השכיבנו" שהיא גאולה אריכתא, די בזה מן התורה, שיש בזה שבחו של היום שבת, **ואף** שלא הזכיר עדיין קדושת היום, וברמב"ם נזכר "שבת וקידוש", זה הלא יזכיר תיכף אחר ג' ראשונות, ובודאי לא נגרע המ"ע במה שהפסיק בג' ראשונות, דהוא שבחו של הקב"ה, בין שבח שבת לקידושו, וזהו הנ"ל ליישב דברי המ"א מפני חומר הקושיא, **אבל** מ"מ לדינא צ"ע, דאולי כונת הגמ' שיזכיר יצ"מ בתוך הקדוש, ובנוסח תפלתנו לא מצינו זה, ומפני כל הטעמים הנ"ל כתבנו בפנים, שיש לפקפק בזה הרבה, וגם בדה"ח כתב, דלכתחלה יש לחוש לגדולי הפוסקים שס"ל, דאין יוצא דבר תורה בתפלה).

(**וראיתי** בחי' רע"א שמסתפק, דאולי יוצא המ"ע באמירת "שבתא טבא" בלבד, **ולפלא**, דהרי הרמב"ם כתב דבעינן זכירת שבת וקידוש).

(**ודע** עוד, דאם הוא נער בן י"ג שנה, אף דכתב המ"א דלא חשבינן ליה כגדול, כיון שאין ידוע לנו שהביא שתי שערות, מ"מ אם האיש כבר התפלל, נראה דיכול הנער להוציאו מכח ס"ס, אחד, דשמא הביא שתי שערות, ועוד, דפן יצא האיש בתפלה, דאף לפי סברתנו דחוששין שמא לא כוון לצאת, ועוד שארי טעמים הנ"ל, מידי ספיקא לא נפקא).

ודע, דקידוש של יו"ט הוא מדרבנן, ומ"מ יש לו כל דין קידוש של שבת, **ואם** יו"ט חל בע"ש ואין לו אלא כוס א', מניחו לשבת שהוא מן התורה, [**ומסתברא** דאפי' אם כבר התפלל, מ"מ עיקרו הוא מן התורה], **וביו"ט** יקדש על הפת, [מ"א, **ועיין** בפמ"ג דמפקפק קצת בדין המ"א].

סעיף ב - נשים חייבות בקידוש אע"פ שהוא מ"ע שהזמן גרמא, (פי' מ"ע התלויה בזמן), משום דאתקש "זכור" ל"שמור", והני נשי הואיל ואיתנהו בשמירה איתנהו בזכירה - ד"זכור את יום השבת לקדשו" האמור בדברות הראשונות, ו"שמור את יום השבת לקדשו" האמור בדברות אחרונות, שניהם בדבור אחד נאמרו, ו"זכור" קאי על מ"ע דקידוש וכנ"ל, ו"שמור" קאי על שמירה ממלאכה, וכשם שבאיסור מלאכה בודאי גם נשים מוזהרות, דבמצות לא תעשה אין חלוק בין זמן גרמא בין שאין הזמן גרמא, כן בעשה ד"זכור" גם נשים מצוות.

ופשוט דקטן אינו מוציא את האשה, דלא אתי דרבנן ומפיק דאורייתא, [ואפי' כבר התפללה ראוי להחמיר]. **ואפילו** אם הוא בן י"ג שנה, חיישינן שמא לא הביא שתי שערות, דבמילי דאורייתא לא סמכינן אחזקה, דמכיון שהגיע לכלל שנים הגיע לכלל סימני שערות, עד שיתמלא זקנו, [לאו דוקא, אלא כל שיש רבוי שער בזקנו]. **ולכן** תקדש האשה לעצמה, ואם אינה יודעת לקדש בעצמה, תאמר עמו מלה במלה מראשו ועד סופו, ולא תכוין לצאת בקידושו, **ובאופן** זה כיון שהיא אומרת הקידוש בעצמה, נכון שיהא פת או יין מונח גם לפניה בעת הקידוש, ולא תסמוך על מה שהנער אוחז הכוס או הפת בידו, כיון שאינה יוצאת בקידוש שלו, (**הוא** כדי לצאת דעת הגאון רע"א, דס"ל דאין לומר, דלענין קידוש על הכוס שהוא דרבנן, סמכינן על חזקה דרבא שהביא ב' שערות, ולגבי דאורייתא יוצאות באמירתן, **דכיון** דמברכת לעצמה, לא שייך לומר דיוצאת ג"כ בשמיעה, דאם באת לומר דיוצאת בשמיעה דשומע כעונה, א"כ ברכתה שבפיה לבטלה), **ועצה** זו מועילה אפילו אם הוא קטן ביותר.

(**ועיין** בשע"ת דכתב: אולי יש לומר בזה, דאומרת לעצמה רק נוסח הקידוש בלי פתיחה וחתימה, ומדאורייתא יוצאת בזה, דאין חיוב ברכה מדאורייתא רק להזכיר את יום השבת, ולגבי דרבנן סמכינן דהביא ב' שערות ויוצאת בשמיעתה, **וזהו** דוחק לחלק הברכות לחצאין, וגם לא תדע ליזהר בזה, וע"כ העתקתי אופן הפשוט, **ואולם** קצת נוכל לייעץ באופן אחר, **דתאמר** עמו רק פרשת "ויכלו" בלבד, ומסתבר דיוצאת בזה ידי קידוש דאורייתא, ואח"כ כששומעת הברכה, יוצאת בזה גם מצות קידוש על הכוס, **אך** לפי מה שכתבנו לעיל, דילפינן מגז"ש דצריך להזכיר יציאת מצרים בקידוש, וא"כ ב"ויכלו" ליכא עדיין יצ"מ).

וכ"ז בשלא התפללה האשה תפלת ערבית, אבל אם התפללה, דלדעת המ"א הנ"ל כבר יצאה ידי קידוש דאורייתא, **בזה** יש לסמוך על נער בן י"ג שנים שיוציאה אח"כ בקידוש, [דהוי ס"ס], דהיינו שיכוון להוציאה.

כתב בספר א"ר, שני אנשים אם רוצים להוציא בני ביתם, לא יקדשו כאחת, דתרי קלי לא משתמעי.

ומוציאות את האנשים, הואיל וחייבות מן התורה כמותם - וכן הסכימו הט"ז ומ"א והגר"א וש"א, **ומ"מ** יש להחמיר לכתחלה שלא תוציא אשה אנשים שאינם מבני ביתה, דזילא מילתא.

ולכן יכולה להוציא אפילו היא כבר יצאת ידי קידוש, וכמו באיש לקמן בסימן רע"ג ס"ד, דלענין קידוש אנשים ונשים שוין, [**עיין** בפמ"ג שמסתפק בזה, דאולי אשה אע"פ שהיא מחוייבת, אינה בכלל ערבות שתוכל להוציא כשיצאת כבר, ונשאר בספק, וגם הדגמ"ר הלך בשיטה זו שאינה יכולה להוציא, **אבל** הגרע"א חולק ומוכיח, דאשה במה שמחוייבת מן התורה היא בכלל ערבות כאיש, ויכולה להוציא].

אך לענין זמן יש חילוק, דבאיש זמן חיובו מן התורה כשהוא בן י"ג, ובאשה כשנעשית בת י"ב, דאז היא מתחייבת בכל המצוות.

ודע, דכשאחד מוציא לחבירו ידי קידוש, צריך לכוין להוציאו, והשומע צריך לכוין לצאת, **לכן** מהנכון שיזכיר בעה"ב לבני ביתו שיכוונו לצאת, **ועיין** לקמן בסימן רע"ג במ"ב סק"ל מה שנכתוב שם.

סעיף ג - אם אין ידו משגת לקנות יין לקידוש, ולהכין צרכי סעודה לכבוד הלילה ולכבוד היום ולקידוש היום, מוטב שיקנה יין לקידוש הלילה, ממה שיכין צרכי הסעודה - דקידוש הוא מ"ע דאורייתא, ולהכין צרכי סעודה הוא מצות עונג מדברי קבלה, וכדכתיב: וקראת לשבת ענג, **ואע"ג** דהמ"ע של "זכור" נוכל לקיים בזכירת דברים של קדושת שבת בלבד, ועל היין אינו אלא מד"ס וכנ"ל, אפ"ה כיון דעיקר קידוש הוא מן התורה, גם יין שלו קודם לכל, **והסכימו** האחרונים, דכ"ז דוקא כשיש לו פת לצורך הלילה ולצורך היום, אבל כשאין לו פת, מוטב שיקנה לו פת ויקדש עליו, דהא חייב לאכול פת בלילה, וכן למחר ביום השבת, [**אך** מה שכתב הט"ז דלחם משנה הוא דאורייתא, דעת המ"א אינו כן].

(**ונראה** דאם ריפתא חביבא לו יותר מיין, יותר טוב שיקדש אריפתא, ויקנה צרכי סעודה, שיקיים שתי המצות, ממה שיקנה לו יין לקידוש, ויאכל פת לבד).

או ממה שיקנה יין לצורך היום - היינו לצורך קידוש היום, והטעם, דקידוש הלילה עיקרו הוא מדאורייתא, וקידוש היום הוא רק מדרבנן, **ואע"ג** דבלילה יוכל לומר ברכת קידוש אריפתא, וביום כשלא יהיה לו על מה לקדש ישאר בלי קידוש, **מ"מ** כיון דבמקום שיש יין אין מקדשין אריפתא, דלילה עדיפא.

והא דתניא: כבוד יום קודם לכבוד לילה, היינו דוקא בשאר צרכי סעודה - כגון שיש לו מעט מיני מגדים, טוב יותר שיניחם לצורך סעודת היום, **ובספר** ים של שלמה קורא תגר על שאין נזהרים בזה, ואדרבה מוסיפין בליל שבת, **אבל אם אין לו אלא כוס אחד לקידוש, כבוד לילה קודם לכבוד יום** - היינו בין לצרכי סעודה דיום, ובין לקידוש שעושין ביום, וכמו שכתב בריש הסעיף.

ואם יש לו לקידוש לילה, ואין לו לקידוש היום ולכבוד היום, אף דמסתבר דכבוד היום עדיף מקידוש היום, מ"מ אפשר דדי לו בפת, והמותר יקנה לו יין לקידוש היום, (מ"א, **ולכאורה** הלא מצות עונג הוא מ"ע מדברי קבלה, וכדאיתא ברמב"ם, ובפת חרבה אין מקיים מצות עונג, וכדמוכח בשבת קי"ח ע"ב, ובמה מינכר כבוד היום בכך, **ואולי** דכוונתו עם כסא דהרסנא, והשאר ליין).

סעיף ד - אסור לטעום כלום קודם שיקדש - וזהו רק איסור דרבנן, והטעם, כיון דחיוב של הקידוש חל עליו מיד בכניסת שבת, ואפילו לא קבל עליו שבת בהדיא, דכיון שנעשה ספק חשיכה ממילא חל עליו שבת, ואם קבל עליו שבת, אפי' עדיין יום גדול דינא הכי. **ואם** רוצה לקבל שבת מבע"י ולקדש ולאכול, ולהתפלל ערבית אח"כ בלילה, רשאי, ובתנאי שיהיה חצי שעה קודם זמן מעריב, כדלעיל בסי' רל"ה ס"ב.

ואפילו אין לו אלא כוס אחד, יקדש עליו ויברך בהמ"ז בלא כוס, היינו אפילו למאן דס"ל בהמ"ז טעונה כוס, ולא יאכל קודם שיקדש.

אפי' מים - ושרי לרחוץ פיו במים, כיון דאינו מכוין להנאת טעימה.

ואפי' אם התחיל מבעוד יום, צריך להפסיק - ואע"ג דהתחיל בהיתר, שאני הכא דהקידוש שייך לסעודה, ולכתחלה איתקון שיקדש קודם סעודה ובמקום סעודה.

שפורס מפה - לכסות הפת עד אחר הקידוש, ואח"כ יסירנה, כי היכי דתתראה דאתא הסעודה השתא ליקרא דשבתא, **ואף** אם לא ישב עדיין לאכול, ג"כ דינא הכי דצריך פריסת מפה בעת הקידוש, וכדלקמן בס"ט, **אלא** דקמ"ל בזה דאף שהוא באמצע אכילתו, די בפריסת מפה, [דלא בעינן שיעקור השולחן לגמרי ויקבענו מחדש לכבוד שבת], **ומקדש.**

ואם היו שותים יין תחלה, אינו אומר אלא קידוש בלבד בלא ברכת היין - דכיון דבירך כבר בתוך הסעודה בתחלת שתיתו, שוב א"צ לברך עתה "בורא פה"ג" קודם הקידוש, **וה"ה** שאין צריך לברך על היין שבתוך הסעודה, דהא אין שום היסח הדעת בין שתיית הכוס של קידוש לשתיית היין שבתוך הסעודה.

ואח"כ מברך ברכת "המוציא" - היינו כשבא לגמור אח"כ סעודתו, מברך ברכת "המוציא" מחדש, דאינו יוצא ב"המוציא" שבירך בתחלת הסעודה, **לפי** שהקידוש שבינתים שהיה צריך לאמרו מפני שנאסר באכילה עד שיקדש, זה הוי הפסק, לפיכך צריך לברך שנית ברכת "המוציא", **ובהמ"ז** רק פעם א' בסוף הסעודה.

ואם אין לו יין ומקדש על הפת, אינו מברך "המוציא" - שזמן ברכת "המוציא" שלו הוא קודם קידוש, ולא היה עדיין הפסק שיהיה צריך מחמת זה לברך שנית, לכן א"צ לברך "המוציא" לכו"ע.

וי"א שאף כשמקדש על היין אינו מברך "המוציא" - דס"ל דקידוש לא הוי הפסק.

וכיון דספק ברכות להקל, יש לתפוס כהי"א.

סעיף ה - שנים שהיו שותים ואמרו: בואו ונקדש קידוש היום, נאסר עליהם לשתות עד שיקדשו - דע"י אמירת "בואו ונקדש", חלה עליהם חובת קידוש היום, ונאסר עליהם לשתות.

ומיירי הכא מבעוד יום, דאלו בספק חשיכה וכ"ש בודאי חשיכה, אפילו לא אמרו "בואו ונקדש", ממילא חל חובת קידוש, ואסור לאכול ולשתות, וכמש"כ בס"ד.

ואם רצו לחזור ולשתות קודם שיקדשו, אע"פ שאינם רשאים, צריכים לחזור ולברך תחלה בפה"ג, ואח"כ ישתו - הטעם, דאסחו דעתייהו מלשתות עוד קודם קידוש, ולכן דומה זה לאומר קודם בהמ"ז "הב לן ונברך", דצריך השותה אח"כ לחזור ולברך, **ומ"מ** על כוס של קידוש, דעת המ"א שא"צ לברך "בורא פה"ג", ויוצא בהברכה שבירך בתחלת השתיה, דהא לא אסחו דעתייהו מכוס של קידוש במה שאמרו "בואו ונקדש", **וכן** נראה דא"צ לברך ג"כ על היין שישתה אחר כוס של קידוש, דהא לא אסח דעתיה רק מהשתיה שקודם קידוש, [**ודע** דעו"ש וט"ז דעתם, שאף בכוס של קידוש גופא צריך לחזור ולברך בפה"ג], **ולפי** שיש דעות הרבה בדינים אלו, ראוי לכל בעל נפש ליזהר שלא יבוא לידי כך.

כתב הט"ז, דכשלא אמרו "בואו ונקדש", אלא שהחשיך, אם רצו לחזור ולשתות אין צריכין לחזור ולברך, אף דאסור מחמת שהוא קודם קידוש, האיסור לבד אין עושה היסח הדעת.

הגה: אדם ששכח לקדש עד לאחר שבירך ברכת "המוציא", ונזכר קודם שאכל - היינו קודם שטעם פרוסת "המוציא", **יקדש על הפת** - ר"ל שיאמר ברכת "אשר קדשנו", ולא יאמר עתה "ויכלו", רק בתוך הסעודה, **ואח"כ יאכל.**

וצריך לקדש על הפת אע"פ שיש לו יין, דאל"כ יהיה "בורא פה"ג" הפסק בין ברכת "המוציא" לאכילה, **מיהו** צריך להביא לפניו עוד לחם משנה, וזה לא מקרי הפסק, דהוי מצורך סעודה, וכדלעיל בסי' קס"ז ס"ו.

אבל אם נזכר לאחר שטעם, יקדש על היין אם יש לו, ובציור זה, בין כשאין לו יין ואומר ברכת "אשר קדשנו" על הפת, ובין כשיש לו יין ומקדש על היין, כשחוזר לאכול את הפת, א"צ לברך שנית "המוציא", [**ואפי'** לאותה דיעה דס"ד דצריך להמוציא, היינו כיון שאכל כבר מבע"י, אבל כאן שבירך המוציא אחר שנכנס שבת, ודאי לא צריך שנית להמוציא – ט"ז].

אבל בהבדלה יאכל תחלה - פי' פרוסת "המוציא", כדי שלא תהיה הברכה לבטלה, **דהכי אין מבדילין על הפת.**

ואח"כ צריך להפסיק ולהבדיל, **ועיין** מש"כ המ"א, דלהפוסקים הבדלה דרבנן, א"צ להפסיק, אלא גומר סעודתו ואח"כ מבדיל.

סעיף ו - אם גמר סעודתו - ומיירי ג"כ שנטל ידיו למים אחרונים, **וקדש היום קודם שברך בהמ"ז** - שקודם שהתחיל בבהמ"ז ראה שקידש עליו היום, **מברך בהמ"ז על כוס ראשון** - דמכיון שנטל ידיו צריך לברך תיכף.

ואח"כ אומר קידוש היום על כוס שני - אבל אין אומר שניהם על כוס אחד, דאין עושין מצות חבילות חבילות.

וצריך להזכיר של שבת בבהמ"ז, אע"פ שמברך קודם קידוש - דאזלינן בתר השתא, כיון דבשעה שהוא מברך כבר נתקדש היום, **ומ"מ** פשוט דלכו"ע אם לא הזכיר של שבת אינו חוזר.

אבל אם לא נטל ידיו, גם הדעה ראשונה ס"ל דפורס מפה ומקדש מקודם, ולא יברך בפה"ג בעת הקידוש אם שתה יין מקודם באמצע הסעודה, וכנ"ל בס"ד, **ואפי'** אמר "הב לן ונברך", ג"כ מקדש מתחלה, כיון שלא נטל ידיו עדיין, **אך** בזה צריך לברך בפה"ג בעת הקידוש, כיון שאמר "הב לן ונברך", וכנ"ל בסי' קע"ט ס"א.

הגה: וי"א דאינו מזכיר של שבת, דאזלינן בתר תחלת הסעודה - שהיה בזמן חול, **וכן עיקר, כמו שנתבאר לעיל סוף סימן קפ"ח** - וכ"ז דוקא כשלא אכל משחשכה מאומה, אבל אם אכל מעט גם משחשכה, לכו"ע צריך להזכיר של שבת.

ויש מחלוקת אם יטעום מכוס של ברכת המזון קודם שיקדש - דאית דס"ל דמברך בפה"ג וטועם תיכף, כמו בכל כוס של בהמ"ז, **ולא** חשיב טועם קודם קידוש, משום דהכוס שייך לסעודה שהיה קודם חובת קידוש, **וממילא** שוב א"צ לברך לדידהו בפה"ג על כוס שני של קידוש, רק ברכת "אשר קדשנו" בלבד, **ואית** דס"ל שאינו טועם ממנו, משום דאסור לטעום קודם קידוש, וממילא אינו יכול לברך עליו בפה"ג, **אלא** מברך תחלה בפה"ג על כוס של קידוש, ומקדש ושותהו, ואח"כ שותה כוס זה של בהמ"ז בלא ברכה.

גם אם צריך לאכול מעט אחר הקידוש כדי שיהא הקידוש במקום סעודה - די"א כיון שאכל בתחלה, הוי קידוש במקום סעודה, ושוב א"צ לאכול, **וי"א** דאינו נחשב למקום סעודה, כיון שהיתה של חול, וצריך עתה בשבת לאכול עכ"פ מעט.

וי"א דאף בגמר סעודתו אינו מברך בהמ"ז תחלה - ס"ל דע"כ צריך לאכול מיד אחר הקידוש, כדי שיהא נחשב למקום סעודה, דסעודה שאכל מתחלה אינה מועלת לזה וכנ"ל, וכיון דע"כ צריך לאכול, בהמ"ז שבינתים למה לי, ודינו כמו המקדש באמצע סעודתו הנ"ל בס"ד, שפורס מפה ומקדש.

אלא פורס מפה ומקדש, ומברך "המוציא" - ולא דמי לדלעיל בס"ד, די"א דא"צ לברך "המוציא", דהכא שאני, דהא מיירי שנטל ידיו למים אחרונים וכנ"ל, וכבר נסתלק לגמרי בזה לכו"ע מאכילה ראשונה, **ומטעם** זה גם בפה"ג צריך לברך על הכוס של קידוש, ואינו יוצא בברכת בפה"ג שבירך על היין ששתה מתחלה בתוך הסעודה, **ואם** לא נטל ידיו, דינו כמו לעיל בס"ד.

ואוכל מעט - היינו כזית עכ"פ כדי שיהא נחשב למקום סעודה, [**ולענין** לצאת בזה ידי שיעור סעודת שבת, משמע בסי' רצ"א דבעינן שיהיה כביצה], **ואח"כ מברך ברכת המזון.**

הגה: והכי נהוג להוציא את נפשיה מפלוגתות שבסברא ראשונה - היינו דאם יעשה כדעה ראשונה יפול בספיקות, אם

להזכיר של שבת, ואם יטעום מכוס בהמ"ז, ואם צריך לאכול אחר הקידוש, **ואף** דעתה אינו יוצא ידי דעה ראשונה, דס"ל דצריך לברך בהמ"ז מיד, **הא** עדיפא, דאם יעשה כדעה ראשונה, יש חשש ברכה שא"צ לדעה שניה, שיצטרך לברך בהמ"ז ב' פעמים.

סעיף ז - אע"פ שאסור לו לטעום קודם קידוש, אם טעם, מקדש - פי' כל אימת שנזכר אפילו בלילה, ולא נימא שימתין עד למחר בבוקר קודם האכילה, כדי שיהיה הקידוש קודם הטעימה, **ומשמע** בפוסקים, דלאו דוקא טעימה בעלמא, אפילו אם עבר ואכל ושתה, ג"כ צריך לקדש אח"כ.

סעיף ח - אם לא קידש בלילה, בין בשוגג בין במזיד, יש לו תשלומין למחר כל היום - עד ביה"ש, **ופשוט** דבעינן שיהיה ג"כ מקום סעודה כמו בלילה.

ובביה"ש מצדד הפמ"ג, דיאמר הנוסח של קידוש בלי הזכרת שם ומלכות בפתיחה וחתימה, [**והיינו** כשהתפלל, דחשש לדעת המ"א דיוצא בתפלה מדאורייתא, ותו הו"ל ספיקא דרבנן, **ואם** לא התפלל, יברך ברכה גמורה, דהו"ל ספיקא דאורייתא, ע"ש, **וצ"ל** דאף דהוא זמן הבדלה ואסור לטעום, ואיך יטעום מן הכוס, ואיך יאכל שיהיה הקידוש במקום סעודה, צ"ל דאיירי כשהוא באמצע סעודה שלישית, **א"נ** קידוש שמקורו מדאורייתא, דוחה לאיסור הטעימה שקודם הבדלה שהוא דרבנן].

הגה: ואומר כל הקידוש של לילה מלבד "ויכלו" - לפי שבלילה היתה גמר מלאכת השם יתברך.

סעיף ט - צריך שתהיה מפה על השולחן תחת הפת, ומפה אחרת פרוסה על גביו - בטור בשם הירושלמי, שלא יראה הפת בשתו, שאין מקדשין עליו אלא על היין, והוא יש לו דין קדימה בשארי מקומות, **ולפי"ז** אם מקדש על הפת, אין צריך לכסות עליו מפה, **אבל** לטעם אחר שכתב הטור, שהוא זכר למן, שהיה מונח בקופסא, טל למעלה וטל למטה, ממילא גם במקדש על הפת צריך לכסות במפה, וכן נוהגים.

ומשמע בפמ"ג, שלכל הטעמים די במקדש על היין שיהיה מכוסה עד אחר שגמר הקידוש, **וכן** בשחרית צריך ג"כ להיותה פת מכוסה עד אחר הקידוש מטעמים אלו, **ובח"א** משמע, דלטעם זכר למן, טוב שיהיה מכוסה עד אחר ברכת "המוציא".

כתב בא"ר ודה"ח, כשמקדש על הפת, יניח ידיו על המפה ועל הלחם משנה בשעת הקידוש, **וכשיגיע** ל"המוציא", יגלה הלחם משנה ויניח ידו עליהם ויברך "המוציא", וכשיגיע להשם, יגביה שניהם למעלה עד שיגמור השם, ואח"כ יניחם, **ואחר** גמר "המוציא" יחזור ויכסה במפה, ויניח ידו עליהם עד שיגמור הקידוש.

סעיף י - מקדש על כוס מלא יין - דכוס של קידוש והבדלה הוא בכלל שאר כוס של ברכה, דצריך שיהיה מלא, וכנ"ל בסימן קפ"ג ס"ב בהג"ה, **ואם** איננו מלא ואין לו כוס אחר לערות בתוכו, מותר לקדש עליו, כיון שיש שיעור רביעית בהיין שבתוכו, וכדמוכח לקמיה בסעיף י"א.

שלא יהיה פגום - היינו שאם שתה אחד ממנו, פגמו, ואין לקדש עליו, **ועיין** לעיל בסימן קפ"ב, ששם מבואר פרטי דיני כוס פגום, **וע"ש** בסעיף זיי"ן, דבשעת הדחק שאין לו כוס אחר, ואין לו עצה לתקן הכוס, מברכין על כוס פגום, **ועיין** באשל אברהם, דבקידוש של לילה אפשר שטוב יותר שיקדש על הפת.

וטעון כל מה שטעון כוס של בהמ"ז - היינו שיהיה הכוס שלם, ויהיה מודח היטב מבפנים ומבחוץ, וכל שאר דברים הנזכר לעיל בסימן קפ"ג לענין כוס בהמ"ז.

ואומר "ויכלו" מעומד - שהוא עדות על בריאת שמים וארץ, ועדות בעינן מעומד, **ואע"פ** שאומרו בתפלה, חוזר ואומרו כדי להוציא בניו ובני ביתו - טור, **וברוקח** הביא בשם מדרש, דצריך לומר "ויכלו" ג' פעמים, אחד בתפלה, ואחד לאחר התפלה, ואחד על הכוס.

וכתבו האחרונים, דאם שכח לומר "ויכלו" בשעת קידוש, אומרו באמצע סעודה על הכוס.

ואח"כ אומר בפה"ג ואח"כ קידוש. הגה: ויכול לעמוד בשעת הקידוש, ויותר טוב לישב - דבכה"ג מקרי טפי קידוש במקום סעודה, כיון שיושב במקום סעודתו בעת הקידוש, **וכן** הסכים בבאור הגר"א ומטעם אחר, דכיון שאחד פוטר חבירו, בעינן קביעות שיקבעו יחד, ובישיבה מקרי קביעות, וכנ"ל בסימן קס"ז, **ולפי** דבריו גם השומעים צריכין לישב, וטוב ליזהר בזה לכתחלה, ויש לומר דגם דעתו הוא רק לכתחלה, **ועכ"פ** צריך ליזהר שיקבעו השומעים עצמן יחד בעת הקידוש כדי לצאת, ולא שיהיו מפוזרים ומפורדים והולכים אחד הנה ואחד הנה, דזה לא מקרי קביעות כלל.

ונוהגים לישב אף בשעה שאומר "ויכלו" - דכיון שאמרוה כבר בבהכ"נ מעומד, אין מקפידין שוב ע"ז, ואומרים אותו מיושב כמו שאר הקידוש.

רק כשמתחילין עומדין קצת לכבוד השם, כי מתחילין "יום הששי ויכלו השמים", ונרמז השם בראשי תיבות.

וכשמתחיל יתן עיניו בנרות - והוא סגולת רפואה לעינים שכהו על ידי פסיעה גסה, **מיהו** אין מדקדקין בזה כ"כ. **ובשעת הקידוש בכוס של ברכה, וכן נראה לי, וע"ל סימן קפ"ג ס"ד** - היינו דשם מבואר זה, שיתן עיניו בכוס של ברכה שלא יסיח דעתו.

סעיף יא - אם אין לו אלא כוס אחד, מקדש בו בלילה ואינו טועם ממנו, שלא יפגימנו, אלא שופך ממנו לכוס אחר - כשיעור מלא לוגמיו, [דבפחות מזה לא יצא], **וטועם יין של קידוש מהכוס השני.**

ובמ"א הסכים לדעת התוספות, דכוס של חובה צריך להיות הטעימה דוקא מכוס שיש בו רביעית יין, **וע"כ** הנכון שיעשה כך, ישפוך מתחלה מהכוס הראשון לתוך כוס אחר, ויזהר שישאר בו רביעית יין, ויטעם מהכוס הראשון כשיעור מלא לוגמיו, ואח"כ ישפוך היין שבכוס אחר לתוך כוס זה, דבזה נתקן פגימתו, וכדלעיל בסימן קפ"ב סעיף ו"ז, ויוכל לקדש עליו אם יש בו עתה רביעית יין.

ולמחר מקדש במה שנשאר בכוס ראשון - מלשון זה משמע דמקדש בזה הכוס גופא, ואף דלעיל בס"י כתב דצריך להיות הכוס מלא, זהו רק למצוה, ואין מעכב אם אין לו, **ופשוט** דאם יש לו כוס אחר קטן מזה, צריך לשפוך היין לתוכו כדי שיהיה מלא.

ואם לא היה בו אלא רביעית בצמצום, ונחסר ממנו בלילה - לאו דוקא בצמצום, אלא ה"ה אם אפילו יש לו יותר מזה, אלא דאחר טעימת מלא לוגמיו לא ישאר לו כשיעור רביעית, **אלא** דנקט הכי לרבותא, דאפילו בזה יש לו תקנה ע"י מזיגת מים, **מוזגו למחר להשלימו לרביעית** - ומיירי כשהיה היין חזק, שאחר המזיגה יוכל לקדש עליו, וע"ל בסימן רע"ב ס"ה.

והיינו דוקא כשיש לו כוס אחר להבדלה - קאי אדלעיל, שכתב דכשיש לו כוס אחד מקדש בו בלילה, ואשמעינן דהיינו דוקא וכו', **שאל"כ מוטב שיניחנה להבדלה שא"א בפת, משיקדש עליו ולא יהא לו יין להבדלה.**

בזה איירי השו"ע שהכוס הוא שיעור מצומצם, וממוזג כבר, דאל"ה הלא יכול לקדש בלילה, ולמוזגו להשלימו גם להבדלה וכנ"ל.

וי"א דקידוש הלילה עדיף מהבדלה, **ואפילו** לדעת השו"ע, אם יש לו שכר להבדלה, מוטב לקדש על היין, דהא לכו"ע מבדילין אשיכרא, כמ"ש בסימן רצ"ו ס"ב, וקידוש אשכרא הרבה פוסקים אוסרים, וגם על הפת מחמיר ר"ת, **ולכן** אפילו בשחרית טוב יותר שיקדש על היין, אם יש לו שכר להבדלה.

מיהו מה שנהגו לקדש בבהכ"נ וגם להבדיל, בזה בודאי ההבדלה שהוא להוציא רבים י"ח, עדיף מקידוש שאינו אלא מנהג, כמ"ש סימן רס"ט, [מ"א, **ואינו** מבואר בדבריו, אם הדין כן גם כשיש לו שכר להבדלה, וצ"ע].

ואם יש לו שני כוסות מצומצמים אחר מזיגה, יקדש בלילה באחד ויבדיל על השני; ולא יקדש ביום, דקידוש דלילה עדיף - וכדלעיל בסימן זה ס"ג, ועי"ש במ"ב.

המ"א הביא בשם שכנה"ג, דטוב לקדש על כוס גדול, שיהיה בה שיעור לקדש שלש קידושין, שישייר מאותו הכוס לקידוש היום ולהבדלה, והיינו שיתקננו בכל פעם שלא יהיה פגום, ויקח בשחרית ובהבדלה כוס קטן מהקודם, כדי שיהיה מלא, **אבל** הא"ר פקפק בזה המנהג, (וז"ל: ואני אומר דעדיף לברך בכל פעם על יין המובא מחנות, כדלעיל סימן קפ"ג ס"ב, ועוד דבקושי יש לתקן פגום, ומה לנו להכניס בתחלה לזה), וכן במאמר מרדכי ממאן בזה, וכתב דטוב יותר לעשות כמנהגנו.

סעיף יב - אחר שקידש על כוס, נוטל ידיו ומברך ענט"י - ולא קודם, כדי שלא יפסיק בהקידוש בין נט"י ל"המוציא", **אבל** בני ביתו שאינם מקדשין בעצמן, אלא יוצאין בשמיעתן מבעה"ב, יוכלו ליטול ידיהם קודם.

ואם נטל ידיו קודם קידוש, גלי דעתיה דריפתא חביבא ליה - היינו דלכך נוטל ידיו, שהוא רעב וממהר לאכול פת, **ולא יקדש על היין אלא על הפת** - ודוקא הכא דאיכא ג"כ חשש הפסק, שמקדש על היין אחר נטילה, וכמו שכתבנו, **אבל** בעלמא היכא דלא נטל ידיו, מותר לקדש על היין אף דריפתא חביבא ליה יותר מיין, (**ולא** סגי ליה בטעם הפסק לחוד, **דאינו הפסק גמור**, דהוא צורך סעודה, ולכך צירף לזה זה הטעם), **וע"ל** בסימן רע"ב ס"ט בהג"ה במה שכתבנו שם.

הגה: וי"א דלכתחלה יש ליטול ידיו קודם הקידוש ולקדש על היין, וכן המנהג פשוט במדינות אלו ואין לשנות - דס"ל דאין הקידוש מקרי הפסק כיון שהוא צורך סעודה, ולכך יקדש על היין וישתה הכוס ואח"כ יברך "המוציא" ויבצע הפת, **וכיון** דאינו הפסק ס"ל לרמ"א דטוב לנהוג כן לכתחלה, משום דכשאין לו יין ומקדש על הפת, בע"כ צריך ליטול ידיו קודם הקידוש, וע"כ טוב לנהוג כן תמיד באופן אחד.

רק בליל פסח, כמו שיתבאר סי' תע"ג - משום שאז מפסיקין הרבה באמירת הגדה עד הסעודה.

ולמזוג את הכוס בחמין אחר הנטילה קודם "המוציא", ודאי אין לעשות כן לכו"ע, כיון דצריך לדקדק יפה שימזוג כדרכו, שלא יחסר ושלא יותיר, הוי היסח הדעת.

וכמה אחרונים כתבו, דטפי עדיף לכתחלה לקדש על היין קודם נט"י, וכדעת המחבר, דבזה יוצא מדינא לכל הדעות, ובכמה מקומות נהגו כדבריהם, **מיהו** אם כבר נטל ידיו קודם קידוש, בזה יש לעשות כהרמ"א, דאעפ"כ יקדש על יין.

כתב בדה"ח, אם מקדש על הפת להוציא גם השומעים, צריכין השומעים שיכוונו לצאת גם בברכת "המוציא", **דאם** לא יכוונו לברכת "המוציא", רק יכוונו לצאת בקידוש היום, וברכת "המוציא" רוצין אח"כ לברך בעצמן בשעת אכילה, עושין איסור, דמהפכין סדר הקידוש, ע"ש, **ולפי"ז** צריכין ג"כ ליזהר ליטול ידיהם בשוה עם הבעה"ב כשמקדש על הפת, דאל"ה איך יכוונו לצאת בברכת "המוציא" שלו.

סעיף יג - צריך לשתות מכוס של קידוש כמלא לוגמיו - ואם לאו לא יצא, דבעינן שיעור חשוב שתתישב דעתו עי"ז, (**והאי** דנקט לישנא דלכתחלה, **נראה דבא לאשמועינן**, **דאפי'** לכתחלה די בזה, ולא בעינן שישתה כל הכוס, כמו לקמן לענין ד' כוסות בסי' תעב).

דהיינו כל שיסלקנו לצד אחד בפיו ויראה מלא לוגמיו - ר"ל ולא בעינן שיהא מלא פיו ממש משני הצדדים.

והוא רובו של רביעית - היינו באדם בינוני מחזיק שיעורו כך, ושיעור זה די אפילו אם היה הכוס גדול שמחזיק כמה רביעיות,

אבל באדם גדול ביותר, משערינן כמלא לוגמיו דידיה לפי גדלו, ומ"מ לא בעי לשתות טפי מרביעית.

(רובו של רביעית, הוא שיטת התוס' וש"פ, **אבל** בסימן תרי"ב ס"ט העתיק המחבר, דשעורו הוא פחות מרביעית, והוא כדעת הר"ן, **ותימה** למה לא הביא המחבר כאן דעת הר"ן אפילו בשם י"א, **ואפשר** לומר דשם דמיירי לענין חיוב חטאת, נקט השעור דהוא חייב לכו"ע, דלענין איסורא אפילו כל שהוא אסור מן התורה, **אבל הכא** לענין קידוש, דשיעור הטעימה הוא מדרבנן, סמך אתוס' ושארי פוסקים, דדי ברוב רביעית לאדם בינוני, דזהו שעורו).

(**ומשמע** דבקטן לפי קטנו אף שהוא בן י"ג שנה, ולא בעינן אפי' רוב רביעית, **ולענ"ד** יש לעיין בזה, ואינו ראיה מיוה"כ, דשם טעם החיוב הוא משום יתובי דעתיה, משא"כ לענין קידוש, אפשר דתקנת חכמים הוא כך, שישתה דוקא רוב הכוס שהוא מקדש עליו, וצ"ע).

(**ודע** דלענין קטן ממש, כשמקדש משום מצות חינוך, בודאי יש לסמוך להקל דדי במלא לוגמיו דידיה, שהוא פחות מרוב רביעית).

(**ודע** עוד, דמה שכתבו הפוסקים דבגדול כמלא לוגמיו הוא כמלא לוגמיו דידיה, הוא דוקא מרווח ולא דחוק, **ולענין** יותר מרביעית אין נ"מ מזה, כמ"ש במ"ב דדי ברביעית בכל אדם, ונ"מ רק לענין פחות מרביעית).

ודע, דשיעור רביעית הוא כמעט מלא שתי קליפות מביצה בינונית של תרנגולת, והוא שיעור ביצה ומחצה עם הקליפה, דלוג הוא ששה ביצים כדאיתא בגמרא, וממילא רביעית הלוג הוא ביצה וחצי, **ויש** מחמירין מאד בענין השיעורין, והוכיחו דהביצים נתקטנו בזמנינו למחצית ממה שהיה בימי הגמרא, וע"כ שיעור רביעית הוא בכפלים, וכן נ"מ מזה לענין כזית מצה, דהוא כחצי ביצה כמבואר בסי' תפ"ו, **ועיין** בבה"ל מה שכתבנו בענין זה, דנכון לחוש לדבריהם לענין קידוש של לילה, (דלענין דאורייתא כגון כזית מצה בליל פסח, בודאי יש להחמיר כדבריהם, וכן לענין קידוש של לילה דעיקרו הוא דאורייתא), **ועכ"פ** יראה לכתחלה שיחזיק הכוס כשני ביצים, (דהנה בסוגיא דיומא מוכח, דשעור כמלא לוגמיו משני הצדדים באדם בינוני הוא יותר מרביעית, וזה כבר בחנתי ונסיתי בכמה אנשים בינונים המלא לוגמא שלהם משני הצדדים, ועלה לכל היותר רק עד שני ביצים בינונים בקליפה שלהם), **והשתיה** אף שהכוס גדול, די שישתה כמלא לוגמיו דידיה, (**ומיהו** לענין קידוש שחרית, ולשאר כוס של ברכה, יש לסמוך על מנהג העולם, **וע"כ** מי שאין לו יין כ"כ, ישתה רק כמלא לוגמיו דידיה, והיותר ישייר עד למחר, ובשחרית יכול לקדש על כוס קטן מזה).

ודע עוד, דהשיעור של מלא לוגמיו צריך לשתות בלי הפסק הרבה בינתים, דהיינו שלא ישהה מתחלת שתיה ראשונה עד סוף שתיה אחרונה יותר מכדי שתיית רביעית, ועכ"פ לא יפסיק זמן רב כדי אכילת פרס, **ואם** הפסיק בכדי אכילת פרס, אף בדיעבד לא יצא, וצריך ליזהר בזה כשמקדש בשחרית על י"ש, שאז מצוי להכשל בזה.

סעיף יד - אם לא טעם המקדש, וטעם אחד מהמסובין כמלא לוגמיו (פי' מלא פיו), יצא - דכיון שהמסובין שמעו מתחלה את הברכה, והוא כוון עליהם להוציאן, מהני טעימתן לכולם, **אבל** אם שתה אחר שלא כוון עליו בברכה, ואותו האחר בירך מחדש, משמע שאין יוצאין בטעימתו, ודינו כאלו נשפך הכוס לקמן.

ואין שתיית שנים מצטרפת למלא לוגמיו - דבעינן שיטעום בעצמו או אחד מהמסובין, שיעור הנאה שתתיישב דעתו עליו.

ומ"מ מצוה מן המובחר שיטעמו כולם - היינו טעימה בעלמא, וא"צ מלא לוגמיו רק לאחד, **וכתב** המג"א, דמי שיש לו יין מעט, מוטב שיטעום אחד כשיעור, והמסובין לא יטעמו כלל, כדי שישאר הנותר למחר לקידוש או להבדלה, [**ואף** דמצוה מן המובחר שיטעמו כולן, מוטב שידחה זה ולא ידחה טעימה כשיעור מלא לוגמיו לאחד, דדבר זה לעיכובא לכמה גדולי ראשונים].

וי"א דכיון שבין כולם טעמו כמלא לוגמיו, יצאו, דשתיית כולם מצטרפת לכשיעור - היינו בדיעבד, (**ובדה"ח** כתב, דבדיעבד מהני צירוף כל המסובין אפילו לא טעם המקדש כלל), **אבל** לכתחלה לכו"ע צריך שיטעום המקדש כשיעור.

והגאונים סוברים, שאם לא טעם המקדש לא יצא, וראוי לחוש לדבריהם - היינו ליזהר לכתחלה, **ובדיעבד** הסכימו הרבה אחרונים, דאפילו שתיית כל המסובין מצטרפין למלא לוגמיו, אך שלא ישהה על ידי שתיית כולם יותר מכדי אכילת פרס, (**ואף** שאין למחות ביד המקילין בזה אף לכתחילה, דיש להם על מה לסמוך, מכל מקום לכתחלה נכון ליזהר בזה מאד).

ודוקא בקידוש - שהוא ד"ת ואסמכו אקרא לקדש על היין, **אבל בשאר דברים הטעונים כוס, מודים הגאונים דסגי בטעימת אחר.**

סעיף טו - קידש, וקודם שיטעום הפסיק בדיבור, חוזר ומברך בפה"ג, ואין צריך לחזור ולקדש - דההפסק אינו מגרע אלא ברכת בפה"ג, מפני ששח בין ברכה לטעימה, אבל הקידוש כבר יצא, שהיה על הכוס כדין, וישתנה עתה אחר הברכה.

ואם הפסיק בדברים השייכים להסעודה, וכ"ש בדברים השייכים לקידוש, לא הוי הפסק בדיעבד, וא"צ לחזור ולברך.

וה"ה אם נשפך הכוס קודם שיטעום ממנו, יביא כוס אחר – (נראה דאפילו אם לא נשפך לגמרי, כיון שלא נשתייר בו מלא לוגמיו, צריך להביא כוס אחר), **ומברך עליו בפה"ג** - דעל אותו הכוס לא היה דעתו מתחלה.

ואם היה דעתו בתחלה בשעת ברכה לשתות יין יותר, א"צ לברך בפה"ג, אלא ישתה תיכף כוס אחר בלא ברכה, **ובלבד** שלא יפסיק בדיבור שלא מענין הקידוש.

סימן רעא – דיני קידוש על היין

וא"צ לחזור ולקדש - דכיון שקידש מתחלה על היין כדין, וגם טעם כשיעור, אע"פ שלא טעם מאותו הכוס שקידש, יצא, **ודוקא** שלא הסיח דעתו בינתים, אבל אם כבר יצא ממקומו בינתים קודם שטעם מכוס אחר, צריך לחזור ולקדש.

כתבו הפוסקים, אם קידש על הכוס וסבר שהוא יין, ונמצא שהוא חומץ או מים, יקח כוס אחר של יין ויברך בפה"ג ויקדש שנית, דכיון שלא היה יין, נמצא שלא קידש על הכוס כלל, **ומ"מ** אם היה דעתו מתחלה משעת ברכה לשתות יין יותר, א"צ לברך שנית בפה"ג, רק לקדש, **והא** דצריך לקדש שנית, דוקא שלא היה יין מוכן לפניו, אבל אם היה יין מוכן לפניו בכלי על השלחן או על הספסל בעת הקידוש, ודעתו היה לשתות ממנו אח"כ, א"צ גם לקדש שנית, דהוי כאלו קידש על כל היין שמוכן לפניו, וישתה מהן תיכף מלא לוגמיו.

וי"א עוד, דה"ה אם אין יין לפניו, והיה הפת מונח לפניו על השלחן, א"צ לקדש מחדש, אלא יבצע תיכף אחר הקידוש על הפת, ודי בברכת "המוציא" לבד, [**ודה"ח** חולק, ומסתברא כוותיה, דהא לא היה בדעתו כלל לקדש על הפת בעת ברכת הקידוש, דהא אחז הכוס בידו], **ונראה** דאם קידש קודם נט"י כמנהגנו היום, אין שייך לומר דחל הקידוש על הפת.

וכ"ז שנמצא הכוס מים וכה"ג דבר שאינו משקה כלל, אבל כשנמצא שכר או שאר משקה שהיה חמר מדינה באותו מקום, א"צ ליקח כוס אחר לקידוש, אלא יברך עליו "שהכל" וישתה.

כתב המ"א, אם קידש שחרית על שכר ונשפך הכוס, א"צ להביא אחר, כי י"א שדי במה שמברך "המוציא" על הפת, **והגר"א** חולק ע"ז, (וז"ל: לענ"ד מה תועלת במה דקידש על השכר, כיון דלא שתה בודאי לא יצא. וביותר קידוש של יום דליכא רק נוסח הברכה שעל הכוס, וכיון דלא שתה, הברכה לבטלה, וכלא בירך כלל, וכיון דודאי לא יצא בקידוש שעל הכוס, למה נסמוך על הי"א דדי בפת, ומ"ש זה מכל קידושין של יום דלכתחלה אין סומכים לקדש על הפת).

סעיף טז - לא יטעמו המסובין קודם שיטעום המקדש - היינו אף שהיו להם כוסות בפני עצמן לשתיה, **אם הם זקוקים לכוסו, ששופך ממנו לכוסות שבידם ריקנים או פגומים** - פגום נקרא כשטעם מי (שהוא) מהמשקין מתחלה, **ומבואר** בסעיף שאחר זה, דכשהכוסות של המסובין פגומין, מצוה שישפוך המקדש מעט מכוסו לתוך כוסן, שבזה יתקן כוסן שלא יהיה פגום, **והואיל** שהם זקוקין לכוסו, צריכין להמתין עליו שיטעום מתחלה.

אבל אם היו להם כוסות יין שאינם פגומים, רשאים לשתות קודם שישתה המקדש.

סעיף יז - א"צ לשפוך מכוס המקדש לכוסות יין שלפני המסובין, אא"כ היו פגומים, שאז צריך לשפוך לכל כוס וכוס - קודם שישתה המברך, **כדי שישתו כולם מכוס שאינו פגום** - [וכששותין כולם מכוס של ברכה, אע"ג דהוא שותה מתחילה, מקרי מכוס שאינו פגום, דחשובין כמקדש גופא, **ורק** כששופך מכוסו לכוסן בעינן שישפוך קודם שישתה בעצמו].

ואע"ג דשתיית כל המסובין לא מעכבא, כדלעיל בסי"ד, מ"מ מצוה לכתחלה שישתו מכוס שאינו פגום.

§ סימן ערב – על איזה יין מקדשים §

סעיף א - אין מקדשין על יין שריחו רע - היינו שמסריח קצת מחמת שמונח בכלי מאוס, **אע"ג דריחיה וטעמיה חמרא** - ואף דמברכין עליו בפה"ג, אפ"ה לקדש אסור משום "הקריבהו נא לפחתך" וגו'. **ופשוט** דה"ה על השכר שריחו רע אין מקדשין.

ואפי' אין לו יין אחר, ואפילו בדיעבד אם קידש, משמע מדברי הרמב"ן שהובא בב"י דלא יצא, (**אך לענ"ד יש לעיין בזה, וכי משום "הקריבהו נא לפחתך" יהיה פסול דיעבד, הלא אם שחט בהמה כחושה לקרבן, יש בזה ג"כ משום "הקריבהו נא לפחתך", ואפ"ה בודאי יצא בדיעבד בקרבן כזה, ד"מבחר נדריך" הוא רק מצוה לכתחלה, וה"נ לענין קידוש**).

ואם מותר להבדיל על היין כזה, עיין בחדושי רע"א שמסתפק בזה, (וכן מסתפק אי מותר לקדש בשחרית על יין כזה, **לפי מה דאיתא בב"י**, דלדעת הרמב"ן דאין מקדשין על יין לבן, אפ"ה מבדילין, משום דלא גרע משכר, אפשר דה"ה בכל הני דסימן זה, אף דאין מקדשין אפשר דמבדילין), **ולי** נראה פשוט הדבר לאיסור, (דהתם הטעם דכשר להבדלה, דאף דאין ע"ז שם יין, מ"מ לא גרע משאר חמר מדינה דכשרין להבדלה, ואיירי שהיין לבן הוא חמר מדינה, **משא"כ** בזה שהטעם הוא משום "הקריבהו נא לפחתך", מה חלוק יש בין קידוש להבדלה), **אח"כ** מצאתי בברכי יוסף שכ"כ בשם ספר בית יהודה.

(ואם אין מסריח, רק שנקלט בו ריח אחר ע"י החבית, לא מצאתי בפוסקים, **אח"כ** מצאתי קצת ראיה להחמיר ממנחות פ"ו ע"ב: אין מביאין יין לנסכים לא המתוק ולא המעושן, ופירש הרמב"ם שם בבאורו, דמעושן הוא שאם היה לכלי ריח, אותו היין היה בו הבל והוא הנקרא מעושן וכו', וכיון דלנסכים פסול אפי' דיעבד, גם לקידוש נמי פסול, **אבל** אם נפרש המשנה דיין מעושן כפשטיה, וכמו שפירשו שארי הראשונים, שוב אין ראיה לדין הנ"ל, **ואולי** דגם בזה יש משום "הקריבהו נא לפחתך" וגו', וצ"ע).

ולא על יין מגולה, אפילו האידנא דלא קפדינן אגילוי - משום שאין מצויין אצלנו נחשים, אפ"ה אסור משום "הקריבהו נא לפחתך", **מיהו** אם עמד שעה מועטת מגולה, אין להקפיד האידנא, כל זמן שלא נמר טעמו וריחו, **וכתב** הח"א, דדוקא במקום שהיין ביוקר, דלא קפדי כולי האי בגילוי מועט, אבל המקדש על השכר [בשחרית], יהיה זהיר בזה, **ונראה** דבאין לו אחר, אין להקפיד בדיעבד גם בשכר כמו ביין, [דטוב יותר לקדש ע"ז, משישאר בלי קידוש כלל].

הגה: ואין מקדשין על היין דריחיה חמרא וטעמיה חלא - דבתר טעמא אזלינן וכחלא דמי, ולכך לקמן בס"ג בטעמיה חמרא, מקדשין עליו אע"ג דריחו חלא, [**והגר"א** הסכים לדעת התוס', דהוא דבר

שאינו, דכיון דטעמיה חלא, כ"ש דריחו נעשה חלא מקודם], **וטעמיה** חלא נקרא, כל שבני אדם נמנעין לשתותו משום חמצותו, וכמ"ש סימן ר"ד ס"ד, **וכתבו** האחרונים, דלחנם העתיק הרמ"א דין זה, דגם בפה"ג אין מברכין עליו כדאיתא שם, וכ"ש שאין מקדשין.

סעיף ב - יין מגתו מקדשין עליו; וסוחט אדם אשכול של ענבים ואומר עליו קידוש היום - בזה אשמועינן רבותא טפי, אף שהוא חדש לגמרי, שזה מקרוב שסחטו קודם השבת, אפ"ה מותר לקדש עליו. **ומ"מ** מצוה מן המובחר ביין ישן, והיינו כשכבר עבר עליו מ' יום.

סעיף ג - מקדשין על יין שבפי החבית, אע"פ שיש בו קמחין - היינו נקודות לבנות, **הגה: ויש אוסרין לקדש עליו, אלא יסננו תחלה להעביר הקמחין** - אבל אם יש עליו קרום לבן אין מקדשין עליו, **וכתב** הא"ר, דכשהסיר הקרום אין להחמיר.

ועל יין שבשולי החבית ‹מקדשין›, **אע"פ שיש בו שמרים; ועל יין שחור; ועל יין מתוק** - מדסתם משמע בין שנתבשלו הענבין בחמה יותר מדאי, ועי"ז היין מתוק מאד, **ובין** שהיין מתוק מאד מחמת הפירות עצמן, שהיין הזה הוא גרוע ופסול לנסכים, ואפ"ה כשר לקידוש, (**ותמיהני**, **דהרי מסיק שם ר"א במנחות פ"ז, דהליסטוון דכשר בדיעבד לנסכים, הוא משום דחוליא דשמשא לא מאיס, ומתוק מחמת עצמו פסול, משום דחוליא דפירי מאיס, וכן פסק הרמב"ם, ואמאי כשר לקידוש במתוק מחמת עצמו, דלא מיבעיא לדעת הרמב"ם, דמבושל פסול לקידוש משום דפסול לנסכים, בודאי גם בזה פסול, ואפי' להמכשירין במבושל לקמן בס"ח, הלא טעמם מבואר בהרא"ש והר"ן, משום דס"ל דע"י הבישול אישתני למעליותא, משא"כ במתוק מחמת עצמן, הלא הטעם מבואר בגמרא דחוליא דפירי מאיס, וא"כ בקידוש נמי לפסול, ודע דבטור לא נזכר שם סתם מתוק, רק יין הליסטוון, ופי' ע"ז שהוא מתוק**).

ועל יין דריחיה חלא וטעמיה חמרא ‹מקדשין›. **ומ"מ מצוה לברור יין טוב לקדש עליו** - היינו אף דמקדשין אכל הני אף לכתחלה, מ"מ מצוה מן המובחר לברור יין טוב, **וע"כ** טוב שלא יקח מסתם יין שבמרתף לקידוש, עד שיראה מתחלה אם אינו מקולקל.

סעיף ד - מקדשין על יין לבן - ולכו"ע מצוה לכתחלה לחזר אחר יין אדום, אלא דאם אין לו אדום, או שאינו משובח, ס"ל לדעה זו דמותר לכתחלה לקדש על לבן.

והרמב"ן פוסלו לקידוש אפי' בדיעבד, אבל מבדילים עליו - אם הוא חמר מדינה שם, שהכל שותין אותו, והטעם, דלא גרע משכר, דקי"ל דמבדילין עליו אם הוא חמר מדינה, **וה"ה** דמטעם זה מותר לקדש עליו בשחרית לכו"ע, לפי מש"כ האחרונים לקמן בס"ט, דבשחרית נוהגין להקל לקדש על כל משקה שהוא חמר מדינה.

ומנהג העולם כסברא ראשונה - ובא"ר משמע, דביין שהוא לבן יותר מדאי, נכון לחוש לדעת הרמב"ן שלא לקדש עליו, אלא בשעת הדחק שאין לו אדום, [או שאינו טוב].

סעיף ה - יין חי, אפי' אם הוא חזק, דדרי (פי' שראוי למזוג) על חד תלת מיא, מקדשים עליו; ומ"מ יותר טוב למזגו - היינו שהוא מצוה מן המובחר.

ובלבד שיהא מזוג כראוי - היינו שלא יוסיפו יותר מדאי, **והמברכין** על היין שאין בו אלא מתיקות בעלמא, וטעמו כמים, מברכים לבטלה, ואינם יוצאין ידי קידוש, ועיין מה שכתבנו לקמיה.

הגה: ויינות שלנו יותר טובים בלא מזיגה.

סעיף ו - יין צמוקים מקדשין עליו - היינו שנעשה היין מענבים שנצטמקו, בין שנצטמקו מחמה או ע"י תולדות האור, **אף** דלענין נסכים אין מביאין מהן לכתחלה, מ"מ לקידוש כשר, **ואופן** עשייתן הוא, שלוקח הצמוקין וכותשן, ונותנין עליהם מים ותוסס, אז נקרא יין אחר שנשתהו ג' ימים.

[**ובתשו'** משכנות יעקב הוכיח, דצריך לסחוט הצמוקין ג"כ, ולא בשריה לבד, כדי שיצא הלחלוחית מגוף הצמוקין, ובאופן זה לא בענין תסיסה ג' ימים כלל, וכענין שאמרו: סוחט אדם אשכול של ענבים ואמר עליו קידוש היום, ובזה השיג על כמה אחרונים שסוברין היפך זה, **ולענ"ד** י"ל, דכיון שכותש אותם היטב, ושוהה ג' ימים במים אז נקלט כל גוף לחלוחית הצמוקים במים שעמהם, אף בלא סחיטה, ולכתחילה בודאי נכון ליזהר בזה].

כתב בספר בכור שור, דלפי מה שמבואר לעיל בסימן ר"ד ס"ה בהג"ה, דאחד משׁשה יין [חי] במים ודאי בטל, ואין מברכין עליו בפה"ג, **אף** בכאן צריך ליזהר ליתן צמוקים כ"כ במים, עד שיהיו הצמוקים מעט יותר מאחד משׁשה נגד המים, דאל"ה [היינו אם ששה חלקים מים, וחלק אחד מלבד צמוקין], תהיה הברכה לבטלה, דלא עדיף מאלו היו כל הצמוקים יין, **והנה** יש פוסקים שסוברים, דכל זמן שיש בו טעם יין, יין מקרי, מ"מ כל ירא שמים יזהר בזה, דכבר נפסק דבטלו באחד משׁשה במים, [**ומ"מ** נראה דאם הוא חמר מדינה שם, שמזיגת הכל הוא באופן זה, יוכל לקדש עליו בשחרית, דלא גרע משאר משקין דעלמא, **אך** לא יברך עליו בפה"ג].

(**ודעת המשכנות יעקב, שיהיה הלחלוחית אחד מד' במים, וכענין שאמרו: כל חמרא דלא דרי על חד תלת מיא לאו חמרא הוא, ע"ש, והנה אף שמי שחננו ד' שהיכולת בידו, בודאי מצוה לברור יין טוב ויפה לקידוש, כדי לצאת ידי כל החששות, וגם כדי לקיים מצוה מן המובחר, מ"מ אחרי שיש פוסקים שהחזיקו בשיטת הרא"ש והטור, דבטעם יין לבד מקרי יין, אף שאין בהם כדי מזיגה, אין לנו להחמיר יותר ממה שהעתיקו כמה גדולים דברי הבכור שור, שיהיה הצמוקים מעט יותר מא' משׁשה במים**).

וכתב הבכור שור, דמשערינן את גודל הצמוקים כמו שנתהוו אחר שנפחו ע"י המים, ולא כשעת נתינתן במים, **אבל** ביד אפרים

מפקפק עליו בזה, וכן בדרך החיים חולק עליו בפשיטות בזה, וסובר דמשערינן הצמוקין כפי עת נתינתן למים, ולא כפי נפיחתן אח"כ, דנפיחתן הוא רק ע"י המים שנכנסו בם.

(והנה דרשתי את עושי היין, ולפי מה שהציעו לפני אופן עשייתן, יש בסתם יין שיעור הזה של אחד מששה במים, ויותר, **אף** לפי מה שכתב בעל דה"ח, דמשערינן את הצמוקים כפי שעת נתינתן במים ולא אחר שנתנפחו).

(והנה לכאורה היה לנו לשער ששה פעמים מים נגד לחלוחית היוצא מהם, ולא נגד כל הצמוקים, **ואפשר** מפני שלא ידעינן כמה נפק מיניה, סמכו להקל לשער כאלו היה כל גופם יין, ודוחק, **אח"כ** מצאתי בתשובות משכנות יעקב, שדעתו באמת להחמיר לשער נגד לחלוחית היוצא מהם, ולא נגד כל הצמוקים).

(והוא שיש בהן לחלוחית קצת בלא שריה) - ר"ל שאם אינו יוצא מהם שום לחלוחית, אף אם ידרכום ברגל או יעצרום בקורה, אלא ע"י שריה בלבד, אין מקדשין עליו, ואפי' "בורא פה"ג" אין מברכין עליו.

סעיף ז - שמרי יין או חרצנים שנתן עליהם מים, אם ראוי לברך עליו בפה"ג, מקדשין עליו. (וע"ל סי' ר"ד סעיף כ') - דשם מבואר איזה שמרי יין וחרצנים שמברכין עליהן.

סעיף ח - מקדשין על יין מבושל, ועל יין שיש בו דבש - כעין קונדיטון שנעשה מיין ודבש ופלפלין, ואפילו אם נשתנה טעמיה וריחיה עי"ז. **ס"ל** דע"י כל זה אין משתנה היין לגריעותא.

וי"א שאין מקדשין עליהם - אפילו אם נתן בו דבש כל שהוא, ס"ל דמשתנה לגריעותא, ואפי' בפה"ג אין מברכין עליהם אלא "שהכל".

ואותן האנשים שמשימין מי דבש ביין למתק, או משימין שם צוקער, יש להחמיר לפי דבריו.

הגה: והמנהג לקדש עליו, אפילו יש לו יין אחר, רק שאינו טוב כמו המבושל או שיש בו דבש - דאם הם שוין, יש לחוש לדעת היש אומרים שמחמירין בזה שלא לקדש, **ולענין** ברכה, כבר נפסק לעיל בפשיטות בסימן ר"ב ס"א, דמברכין עליו בפה"ג.

וע"כ מותר לבשל הצמוקין ולסנן היין ולקדש עליו, **ויש** מחמירין, דלא נקרא יין עד שיהיה תוסס ג' ימים אחר בישול הצמוקין.

(ויין מעושן, עיין בחדושי רע"א, דלדעת התוס' פסול משום דאשתני לגריעותא ע"י העשן, ולהרמב"ן שם כשר כמו מבושל).

סעיף ט - במקום שאין יין מצוי, י"א שמקדשים על שכר ושאר משקין - ודוקא במקום דהוי חמר מדינה, דהיינו שאין יין מצוי בכל העיר בשנה הזו, ועיקר שתייתן הוא משכר ושאר משקין, **ואם** יש שם יין אלא שהוא ביוקר, מקרי מצוי, **ואם** אין יין ישראל מצוי, אע"פ שיין א"י מצוי, לא מקרי מצוי עי"ז.

וחלב ושמן אין בכלל זה, דהא אינו חמר מדינה, דאין רגילין לשתותו למשקה.

חוץ מן המים - ר"ל אף אם שתיית כל המקום ההוא הוא רק מים, אפ"ה אין דינו לקרותו חמר מדינה עי"ז, **ואודות** יין שרוף עיין לקמיה.

וי"א שאין מקדשין. ולהרא"ש, בלילה לא יקדש על השכר אלא על הפת - ומניח ידיו עליו עד גמר הקידוש, **והטעם**, דכמו שצריך לאחוז בידו הכוס של קידוש, כך צריך לאחוז הפת בידו כשמקדש על הפת.

גם הרא"ש ס"ל כהי"א הראשון, אלא דכיון שהפת בא לצורך סעודת שבת, חשיב טפי משכר לקדש בו בלילה.

ולדינא יש ליזהר לכתחלה שלא לקדש בלילה על שום משקה, חוץ מן היין, או פת אם אין יין בעיר וכדלקמיה, **דהרבה** גדולי הראשונים מחמירין שאינו יוצא בזה ידי קידוש, וגם המחבר לא הכריע בזה להלכה.

ובבקר יותר טוב לקדש על השכר, שיברך עליו "שהכל" קודם ברכת "המוציא", שאם יברך על הפת תחלה אין כאן שום שינוי, ודברי טעם הם - דבשכר, הברכה שהוא מוסיף קודם הסעודה הוא היכר שהוא לכבוד השבת, משא"כ אם יברך על הפת אין כאן היכר כלל, שהרי בבוקר אין אומרים נוסח הקידוש.

והיינו דבשכר הוא יותר טוב מעל הפת, כמו שמפרש הטעם, אבל יין במקום שהוא מצוי, ודאי יברך עליו אפילו ביום, **ומ"מ** במדינתנו שהיין ביוקר, ורוב שתיית המדינה הוא משאר משקין, לא נהגו אפילו הגדולים להדר אחר יין ביום, שהקידוש שלו הוא רק מדרבנן לכו"ע, וסומכין עצמן על דברי המקילין בזה, **ומי** שמברך גם ביום על היין, ודאי עושה מצוה מן המובחר.

ואם חביב לו יין שרוף, יכול לקדש עליו ביום לכתחלה במדינתנו שהוא חמר מדינה, **אך** שיזהר ליקח כוס מחזיק רביעית, ולשתות ממנו מלא לוגמיו שהוא רוב רביעית, **ובדיעבד** או בשעת הדחק שאין יכול לשתות כמלא לוגמיו, ואין לו יין ושאר משקין, אפילו שתיית כל המסובין מצטרפין למלא לוגמיו. **ולענין** מי דבש ושאר משקים, עיין במה שכתבנו לקמן בסימן רצ"ו במ"ב.

הגה: וכן המנהג פשוט כדברי הרא"ש. ואם יין בעיר, לא יקדש על הפת - כדי לחוש לדעת ר"ת, שסובר דאין מקדשין על הפת כלל, **ודע**, דאפילו להרא"ש ויתר הפוסקים דנקטינן כוותייהו, דמותר לקדש על הפת, ג"כ מודו דבמקום שיש יין בעיר אין מקדשין על הפת, דעיקר מצוה הוא על היין, **אך** דלדידהו אם הפת חביב לו יותר מיין, אז מותר לקדש על הפת אפילו יש לו יין, וכן פסק בדה"ח, (ודלא כהד"מ), **ואפשר** שע"ז סומכין העולם להקל בזה.

(והנה מהרמב"ם משמע דמפרש "דריפתא חביבא ליה", היינו יותר מיין, ובטור בשם רב האי משמע "דריפתא חביבא ליה", היינו שהיין אינו

מקובל ונהנה ממנו, ונראה דבאופן זה שצייר רב האי, בודאי נוכל לסמוך לקדש על הפת לכתחלה).

ומי שאינו שותה יין משום נדר, יכול לקדש עליו וישתו אחרים המסובין עמו - ובמ"א הכריע דאסור בזה לקדש ע"מ שישתו אחרים, כיון שהם יודעים לברך בעצמן בפה"ג, **אלא** הם יקדשו בעצמן, והוא יקדש על הפת.

ואם אין אחרים עמו, יקדש על הפת ולא על היין, או ישמע קידוש מאחרים - ר"ל ילך אצל מסובין אחרים שמקדשין לעצמן, [דהא איירי דאין אחרים עמו].

סעיף י - ברכת יין של קידוש פוטרת יין שבתוך הסעודה - מברכת בפה"ג, **וה"ה** שפוטרת יין שלאחר הסעודה קודם בהמ"ז. [**ואף** דקידוש קודם נט"י כמנהגינו, אף דבהבדלה י"א דאינו פוטר רק אם הבדיל אחר נטילה, הכא שאני], **דכיון** שהוא במקום הסעודה, צרכי סעודה הוא, ומחמתה הוא בא.

ואינו טעון ברכה לאחריו, דבהמ"ז פוטרתו - דכוס של קידוש הוא ג"כ בכלל דברים הבאים מחמת הסעודה, **בין שהוא על הכוס בין שאינו על הכוס.**

(ועי"ל סי' קע"ד סעיף ו') - היינו דשם מבואר, דאפילו לא היה לו יין כלל בתוך המזון, ג"כ פוטר הבהמ"ז לכוס של קידוש.

§ סימן רעג – שיהיה הקידוש במקום סעודה §

סעיף א - אין קידוש אלא במקום סעודה - דכתיב: וקראת לשבת ענג, במקום ענג שהוא הסעודה, שם תהא הקריאה של קידוש.

ובבית אחד מפנה לפנה חשוב מקום אחד, שאם קידש לאכול בפנה זו ונמלך לאכול בפנה אחרת - וכ"ש אם קידש על דעת לאכול בפנה אחרת, **אפי' הוא טרקלין גדול, א"צ לחזור ולקדש** - ומ"מ לכתחלה טוב שלא לסור ממקום שקידש, דהא יש מחמירין גם במפנה לפנה, **אם** לא שהיתה דעתו בעת שקידש לאכול בפנה אחרת, אז מסתברא דאין להחמיר בזה.

אבל אם נמלך לאכול בחדר אחר, אף שהוא באותו בית, צריך לחזור ולקדש, כיון שלא היה דעתו לזה בעת שקידש.

הגה: ומבית לסוכה חשוב כמפנה לפנה - כגון שירדו גשמים וקידש בבית, ואח"כ פסקו הגשמים ורוצה לאכול בסוכה, וה"ה להפך, שקידש בסוכה וירדו גשמים, ורוצה לאכול בבית, בכל זה אין צריך לקדש שנית, **ומיירי** שהסוכה בתוך הבית, שהוסר היציע, ואין שם הפסק מחיצה אחרת רק מחיצת הסוכה, וע"כ ס"ל דכיון שאין מחיצת הסוכה עשויה לתשמיש אלא לשם מצות סוכה, חשיב כמפנה לפנה בלא מחיצה, דקי"ל דאפי' לא היתה דעתו מתחלה לכך א"צ לקדש שנית, **אבל** אם הסוכה עשויה מחוץ לבית, שמחיצות הבית מפסיקות, הו"ל כמחדר לחדר, דכשאין דעתו מתחלה צריך לקדש שנית, **אם** לא שרואה את מקומו הראשון וכדלקמן, **זה** הוא באור דברי רמ"א לפי מה שביארו המ"א.

ומפני שיש פוסקים החולקים על כל זה, (דא"ר והגר"א ומאמר מרדכי השיגו על רמ"א המקיל במבית לסוכה, וס"ל דסוכה כיון שהיא עשויה מחיצה בפני עצמה, חשיבא כמחדר לחדר, וצריך לחזור ולקדש אם לא היתה דעתו לזה מתחלה, ומיהו בעל דה"ח העתיק לדינא את דברי הלבוש שמיקל עוד יותר בענין זה, ולהלבוש אפי' כשהסוכה עשויה חוץ לביתו, שמחיצת הבית מפסקת ביניהן, א"צ לחזור ולקדש, אפילו לא היתה דעתו לזה מתחלה, דמסתמא כיון דדרך הוא ליכנס לסוכה כשפוסקין הגשמים, לכן אע"ג דלא אתני כאתני דמי, **ואם** הסוכה עשויה בחצר, דהוי לגמרי בית אחר, מוכח מדה"ח שס"ל דבעינן ג"כ שיראה מהבית מקום הסוכה, **ובשארי** אחרונים לא ראיתי לאחד שיתפוס דברי הלבוש לדינא), **ע"כ** (לאפוקי נפשיה מידי ספיקא), טוב כשרוצה לעקור אחר קידוש את דירתו לסעודה (אולי צ"ל "לסוכה"), שישתה מתחלה רביעית יין במקום ההוא, דאז חשיב עי"ז כמקום סעודה וכדלקמן, ולכו"ע אין צריך שוב לקדש שנית, [**ואם** עוקר מקומו מסוכה לבית מחמת הגשמים, יוכל לאכול כזית פת בסוכה, דאז חשוב במקום סעודה עי"ז].

וי"א שכל שרואה מקומו, אפילו מבית לחצר, א"צ לחזור ולקדש - שכיון שיכול במקום הסעודה לראות את המקום שקידש, אפי' דרך חלון, ואפי' רק מקצת מקומו, חשיב הכל כמקום אחד.

וה"ה מבית לבית אם רואה מקומו, ואין שביל היחיד קבוע בימות החמה ובימות הגשמים מפסיק ביניהן.

ואין לסמוך על דעת הי"א הזה רק לענין דיעבד, בשעת הדחק שלא יכול לסעוד במקום הקידוש, **אבל** בלא"ה יזהר מאד שלא להקל מבית לבית ע"י ראית המקום, כי יש אחרונים שמחמירין אפילו דיעבד.

וי"א שאם קידש במקום אחד על דעת לאכול במקום אחר, שפיר דמי, (ועי"ל ריש סי' קע"ח), והוא שיהיו שני המקומות בבית אחד - היינו תחת גג אחד, אע"פ שאין רואה מקומו, **כגון מחדר לחדר או מאיגרא לארעא, (וכן עיקר).**

(ומ"מ לכתחלה לא יעשה כן אלא במקום דוחק, דהא המ"א מחמיר לכתחלה אפילו במפנה לפנה, ונהי דשם כתבנו דמסתברא דאין להחמיר בזה, מ"מ לענין מחדר לחדר בודאי נכון לחוש לכתחלה לדעת הר"ן שמחמיר בזה, מיהו אם גם רואה מקומו, נראה דיש להקל אפילו לכתחלה, אם דעתו לזה בעת הקידוש).

סעיף ב - אם קידש בבית אחד ע"מ לאכול שם, ואח"כ נמלך לאכול במקום אחר - היינו אפילו בחדר אחר שבאותו בית, כיון שלא היתה דעתו לזה מתחלה, וכדלעיל בס"א, **צריך**

לחזור ולקדש במקום שרוצה לאכול שם - ואיירי דלא אכל כזית בבית ראשון, אבל אם אכל כזית יצא, כדלקמן בסעיף ה'.

סעיף ג - אם קידש ולא סעד, אף ידי קידוש לא יצא - קמ"ל דלא תימא דוקא אם רוצה לאכול במקום אחר, הוא דלא מהני הקידוש להתיר לו באכילה, כיון שלא קידש במקום סעודה, **אבל** אם אינו רוצה לסעוד אח"כ כלל, יצא עכ"פ ידי קידוש, קמ"ל, (**ועוד** י"ל דכונת המחבר, להעתיק מימרא דשמואל בגמר', דאף ידי קידוש לא יצא, וכ"ש ידי יין).

הגה: וצריך לאכול במקום קידוש לאלתר - ולא יפסיק אפי' זמן קצר, **כתב** בשכנה"ג, דאם מאיזה סיבה קם מדוכתיה ויצא לחוץ, ואח"כ חזר למקומו, אין צריך לחזור ולקדש מחמת שיצא לחוץ, כיון שלבסוף היתה הסעודה במקום הקידוש, ע"ש, **ויש** חולקין בזה, **וע"כ** לכתחלה יזהר בזה מאד, **אך** בדיעבד, ובפרט כשהיה צריך לעשות צרכיו, נראה ודאי דאין להחמיר לקדש שנית, דהרי זה כדברים שהם צרכי סעודה.

או שיהא בדעתו לאכול שם מיד - מלשון "או" מבואר, דמעיקרא לא מיירי כשהיה בדעתו בפירוש בשעת קידוש לאכול לאלתר, אלא בסתמא, ואפ"ה יצא כיון שאכל לאלתר, **והדר** אשמועינן, דאם היה בדעתו בשעת קידוש לזה, אפי' אם ארעו אח"כ אונס ולא אכל מיד אלא אח"כ, ג"כ יצא, (**ויש שמפקפק בזה, ובפרט אם היה הפסק גדול**), **ואם** יצא גם ממקומו בינתים, דעת כמה אחרונים שצריך לחזור ולקדש. [**לא** ברירא דין זה כולי האי].

אבל בלאו הכי, אפילו אכל במקום קידוש אינו יוצא - היינו שלא היתה דעתו לאכול מיד, כגון שדעתו להפסיק בדברים אחרים, והפסיק, **אפילו** היה ההפסק אח"כ מחמת אונס, אף שאכל אחר זה במקום קידוש, לא יצא, **ונראה** דאם היה ההפסק מחמת הדברים שהם צורך סעודה, לא חשיב הפסק.

וה"ה כשהיה טרקלין גדול והלך מפנה לפנה לאכול שם, או כשקידש בחדר זה ע"מ לאכול מיד בחדר אחר שהוא תחת גג אחד, או מארעא לאגרא, ועל ידי ההליכה גופא נשתהה איזה זמן, ג"כ אין צריך לחזור ולקדש, (**כיון שהוא מצרכי הסעודה, לא חשיב שהייה כלל**).

ואם היה בדעתו שלא לאכול שם מיד, ונמלך ואכל, יצא - פי' מתחלה כשקידש היה בדעתו שלא לאכול כלל עד אחר זמן, וגם זה היה בדעתו ג"כ שלא יאכל בבית זה אלא בבית אחר, **מ"מ** כיון שאח"כ נמלך ואכל מיד במקום הקידוש, אין צריך לחזור ולקדש.

סעיף ד - יכול אדם לקדש לאחרים אע"פ שאינו אוכל עמהם - ואפילו אם כבר יצא לעצמו, **דלדידהו הוי מקום סעודה; ואע"ג דבברכת היין אינו יכול להוציא אחרים אם אינו נהנה עמהם** - דקי"ל כל ברכות הנהנין אין אדם מוציא את חבירו, אם הוא עצמו אינו נהנה אז, רק בדבר שהוא חוב, כגון קידוש וכיוצא בו, אדם מוציא חבירו, וכמבואר הכל בסימן קס"ז סי"ט וכ', **כיון דהאי בפה"ג הוא חובה לקידוש היום, כקידוש היום דמי, ויכול להוציאם אע"פ שאינו נהנה.**

וה"ה דלקטנים מותר לקדש אע"פ שאינו אוכל עמהם, כדי לחנכם במצות, [ואפי' קטנים שאינם בני ביתו], **והוא** שאינם יודעים לקדש בעצמם, וכדלקמיה לענין גדול.

הגה: ואפילו בקידוש של יום בשחרית בשבת, מותר לעשות כן - ר"ל אף דשם כל הקידוש הוא רק בפה"ג לבד, **מ"מ** כיון דהיא מצוה, ועיקרו נתקן שלא בשביל הנאה, אלא מצוה עליו כשאר מצות, משו"ה מוציא אחרים אע"פ שאינו נהנה, כקידוש הלילה, **ולא** דמי לברכת "המוציא" של שבת של כל השלש סעודות, דאינו מוציא אם אינו אוכל עמהם, **דאף** שהם חוב, אין החוב עליו משום מצוה, אלא כדי שיהנה מסעודת שבת, ואין להמצוה עצמה חוב, דהא אם הוא נהנה ממה שמתענה, א"צ לאכול, ע"כ אין מוציא אחרים אם אינו אוכל עמהם, **ואם** קידש על הפת, אז מוציא גם בברכת "המוציא", דהאי ברכת "המוציא" כברכת בפה"ג לקידוש היין דמיא.

והוא שאינם יודעים - דאם יודעים לקדש בעצמם, אינו יכול להוציאם בקידוש שלו, אם אינו יוצא אז בעצמו בהקידוש, **והפר"ח** חולק, וס"ל דבכל גווני יוכל להוציאם, **ובספר** ארצות החיים מסיק ג"כ, דמדינא יכול להוציא בכל גווני, אך לכתחלה המצוה שיקדש בעצמו כיון שהוא בקי, וגם חבירו המוציאו אינו יוצא עתה בהקידוש.

ואשה אלמנה שאינה יודעת בעצמה איך לקדש, לא תוכל ליכנס בבית אחר לשמוע קידוש, כיון שאינה סועדת שם כלל, **אלא** יכנס אחר לביתה לקדש לפניה, ומהני זה אף שהוא אינו יוצא עתה בהקידוש.

ואם עדיין לא קידש לעצמו, יזהר שלא יטעום עמהם, שאסור לו לטעום עד שיקדש במקום סעודתו.

סעיף ה - כתבו הגאונים, הא דאין קידוש אלא במקום סעודה, אפי' אכל דבר מועט - היינו עכ"פ שיעור כזית, דהאי "שחייב עליו ברכה", אתרוייהו קאי, **או שתה כוס יין** - היינו כשיעור רביעית, **שחייב עליו ברכה** - אחרונה, וסתם המחבר כאן כדעת הפוסקים דלברכה אחרונה צריך שיעור רביעית דוקא, **והפמ"ג** מצדד, דאפי' אם נאמר בעלמא דלברכה אחרונה א"צ רביעית, לענין שיהיה נקרא במקום סעודה לא חשיב בפחות מרביעית יין, **יצא ידי קידוש במקום סעודה, וגומר סעודתו במקום אחר** - ושם א"צ לברך עוד על הכוס קודם שיסעוד, דהא כבר יצא ידי קידוש.

עיין לעיל בסי' קע"ח, דלכתחלה לא יעקור ממקומו בלי בהמ"ז, **אך** בדיעבד כשעקר א"צ לברך בהמ"ז מקודם, אלא אחר גמר הסעודה.

ודוקא אכל לחם או שתה יין - וכ"ש אם אכל מיני תרגימא מה' מינים דיצא, דהם חשיבי טפי לסעודת שבת מיין, **אבל** שכר ושאר משקין, אפילו אם היו חמר מדינה, אין יוצא בם במקום סעודה, דלא סעיד הלב כמו יין.

סימן רעג – שיהיה הקידוש במקום סעודה

אבל אכל פירות, לא - דה' מינים נקרא מזון, ויין סועד הלב, אבל שאר דברים, אפי' אכל מהם הרבה, אינו חשוב סעודה כלל, **וע"כ** מה שנוהגים לילך לבית חתן או מילה, ואין שם כיסנין אחר קידוש רק מיני מגדים, אין לו לטעום שם כלל, **ולא** סגי במה שהמקדש שותה כל הכוס אף שהוא מחזיק רביעית, דזה מהני רק לשותה עצמו, אבל לא לאחרים.

והנה בשלטי גבורים כתב, דאף בפירות די, דכל סעודת שבת נחשבת קבע, אך דעת השוו ושו"ע עיקר, מ"א, **אך** אם חליש לבו קצת, ואין לו עתה מחמשת המינים לסעוד אחר הכוס, דעת איזה אחרונים דיש לסמוך על הש"ג בשחרית, **אבל** בלילה בודאי אין לסמוך עליו, דשארי פוסקים לא ס"ל כוותיה.

הגה: ולפי זה היה מותר למוהל ולסנדק לשתות מכוס של מילה בשבת בשחרית, אם שותין כשיעור - דהיינו שישתה שיעור רביעית, **אבל נהגו ליתן לתינוק.**

וי"א שאינו יוצא ידי קידוש במקום סעודה אפילו ישתה שיעור רביעית, רק צריך לשתות רביעית יין מלבד הכוס של הקידוש, [**ומ"מ** בקידוש של שחרית יש לסמוך על המקילין, אם אין לו יין כ"כ, אבל בקידוש של לילה אין להקל בזה].

[**ואפי'** ישתה עוד כוס אחר בלילה מלבד זה, ג"כ יש לעיין אם נסמוך ע"ז], **עיין** בחדושי הגרע"א ובתו"ש שהוכיחו, דלכמה ראשונים אינו יוצא ידי קידוש במקום סעודה ע"י כוס יין, **וע"כ** נראה שאין להקל בזה אלא במקום הדחק.

(**ובספר** מעשה רב כתב, שהגר"א אף בקידוש היום לא היה מקדש אלא במקום סעודה גמורה, ולא מיני תרגימא או יין).

סעיף ו - ואם קידש בביתו, ושמע שכנו ושלחנו ערוך לפניו - נראה דלאו דוקא, אלא ה"ה כשרוצה לערוך השלחן לאכול לאלתר, כיון שהיה דעתו לזה בשעת הקידוש, וכנ"ל בס"ג בהג"ה, **יוצא בו, דשפיר הוי מקום סעודה.**

וה"ה דאפילו לכתחלה יכול לקדש בביתו כדי שישמע שכנו הדר בבית אחר, מ"א, **ואם** שכנו אינו יודע בעצמו לקדש, מהני הקידוש שלו אפי' הוא אינו אוכל בעצמו, וכדלעיל בס"ד, ועיין מש"כ שם, **עוד** כתב המ"א, דה"ה כשמקדש על הפת, שיכול לברך להם "המוציא".

(**וקשה**, דלקמן בסימן רצ"ו פסק השו"ע בס"ו, דהבדלה אומר מיושב, **והטעם** כתב שם בבאור הגר"א, משום דבעינן קביעות כשהוא להוציא אחרים, והאיך יכול להוציא שכנו כשהוא בבית אחר, דלא שייך ע"ז שם קביעות כלל, **ולענין** דיעבד לא קשה מידי, דכבר פסק לעיל בסימן קס"ז סי"ג, דבדיעבד יכול להוציא אפילו בלי קביעות כלל, **כי** קשה לי, אליבא דהמ"א, דכתב דאפי' לכתחלה יכול לקדש בשביל שכנו, **אם** לא שנדחוק עצמנו, דכיון שמכוין השומע לצאת, מקרי קביעות אפילו אם הוא בבית אחר).

וכגון שנתכוין השומע לצאת, ומשמיע להוציא - לאו דוקא בענין זה, דה"ה בכל שמקדש לאחרים דינא הכי, **וכשהש"ץ** מקדש בביהמ"ד בזמנינו, [דמכוין רק משום מנהג], לא יצא השומע אפילו אם יתכוין לצאת והוא רוצה לסעוד שם אח"כ, **אא"כ** נתכוין הש"ץ להוציאו.

(**עיין** בחדושי רע"א שהעיר, לפי מה שחידש המ"א, דמצוה דרבנן א"צ כונה לצאת, א"כ לכאורה נראה בעניננו לפי מה דפסק המ"א, דמדאורייתא יוצא בתפלה, א"כ ממילא יהיה יוצא בדיעבד אם רק נתכוין לשמוע, אף שלא כוון לצאת ידי המצוה, **ואולם** לפי מה שכתב התו"ש והגרע"א, דבסתם אמרינן שאין מכוין לצאת בתפלה, משום דמצות קידוש הוא במקום סעודה, ניחא הכל, **וגם** עיקר דינא דהמ"א, מוכח בסי' רנ"ג ס"ג דהשו"ע לא ס"ל לחלק בזה, וכן במגן גבורים מפקפק בדברי המ"א מאד, וכן מהגר"א מוכח דלא ס"ל כן).

§ סימן רעד – דיני בציעת הפת בשבת §

סעיף ג - אין המסובין רשאים לטעום עד שיטעום הבוצע - היינו אע"פ שנתן הבוצע לפני כל אחד ואחד את חלקו, וכנ"ל בסימן קס"ז סעיף ט"ו עי"ש.

ואם יש לפני כל אחד לחם משנה - אז אע"פ שהוא מוציאם בברכתו, **יכולים לטעום אע"פ שעדיין לא טעם הוא** - אבל אם אין לפני כל אחד לחם משנה, אע"פ שכל אחד ככרו שיאכל ממנו הוא לפניו, כולם צריכים לסמוך על הבוצע שיש לפניו לחם משנה, ואינם רשאים לטעום קודם לו.

סעיף ד - סעודה זו ושל שחרית אי אפשר לעשותם בלא פת - ר"ל אפילו לדעת המקילין לקמן בסימן רצ"א ס"ה לענין סעודה שלישית, שאין צריך לעשותה דוקא בפת, **באלו** שתי סעודות מודו כו"ע, דהם עיקר כבוד השבת.

אם יש לו אונס שאינו יכול לקיים סעודת ערבית, ידחה הסעודה עד למחר, שיאכל ג' סעודות ביום, **ובלבד** שיקדש בלילה ויאכל מיד אחר הקידוש כזית מחמשת המינים, או שישתה רביעית יין, כמו שכתוב בסימן רע"ג.

§ סימן רעו – דיני נר שהדליק א"י בשבת §

סעיף ג - אם אומר אדם לעבדו או לשפחתו לילך עמו, והדליקו הנר, אע"פ שגם הם צריכים לו - ר"ל וא"כ הוא הוכחה שלצרכו הדליק, וכדלעיל בס"ב, **אין זה לצורך הא"י, כיון שעיקר ההליכה בשביל ישראל** - דוקא נקט "לילך עמו", אבל אם משלחם בשליחותו שילכו בעצמם, והדליקו את הנר להאיר להם, אין זה מקרי לצרכו, אף שעיקר הליכתם הוא בשבילו, **כיון** שאין גופו נהנה מהנר בעת ההדלקה, ומותר אח"כ לישראל להשתמש אצל

הנר, **וכעין** זה כתב הט"ז בסוף הסימן, וז"ל: נ"ל אותו הנר שמדלקת השפחה כדי להדיח כלי אכילה שאכלו, לא מיקרי לצורך ישראל, כיון שאין גוף הישראל נהנה ממנו, אלא כלים שלו מודחים, והיא חייבת להדיחם, לצרכה היא מדלקת, **ומותר** אח"כ ישראל להשתמש לנר זה אף צרכי גופו, כיון דבעת הדלקת הנר הדליקה לצרכה.

ומותר לסייע להשפחה גם בהדחת הכלים לפני נר זה, **דאף** שמצדד הפמ"ג להחמיר בזה, היינו כשהישראל ידיח לבדו את הכלים אחר שהדליקה השפחה הנר, ומשום דמחזי שהדליקה לצרכו, **משא"כ** בזה, אמרינן דהעיקר אדעתא דנפשה קעבדה, וכנ"ל בס"ב.

הגה: ומותר לומר לא"י לילך עמו - כגון שרוצה שילך עמו למשוך יין מן המרתף, או להביא לחם וכה"ג, **ליטול נר דלוק כבר, הואיל ואינו עושה רק טלטול הנר בעלמא** - ר"ל הואיל דהוא רק איסור מוקצה, ומוקצה שרי ע"י טלטול מן הצד, כמש"כ בסימן שי"א, וכיון דאי בעי ישראל שקיל ליה בעצמו ע"י טלטול מן הצד, כגון באחורי ידיו או בין אצילי ידיו וכי"ב, כשמביא הא"י באיסורא לית לן בה.

ואין להתיר אלא לבני תורה, דילמא אתי למיסרך ולהקל יותר.

ואין חילוק בין נר של שעוה וחלב, או של שמן, [דלא הוי פסיק רישא גם בשל שמן, כי יכול לילך בנחת], **אך** בנר של שמן נכון להחמיר שלא לומר לא"י שילך עמו במרוצה, כי אי אפשר שלא יתקרב עי"ז השמן להפתילה או יתרחק, ויש בזה משום מכבה ומבעיר אם היה הישראל בעצמו עושה זה, ע"כ אין לומר זה לא"י. **ואף** דאמירה לנכרי מותר בפ"ר [עיין סי' רנ"ז ס"ג ברמ"א ובמ"ב], **מ"מ** אסור מצד האמירה בטלטול מוקצה, דלא שייך הסברא דהיתר דאי בעי ישראל היה שקיל כלאחר יד, דהא אינו יכול לעשות כן מצד ההבערה, וליכא היתר כאן אלא מטעם דלא הוי פ"ר, והיה יכול לעשות כן לשקלו כלאחר יד – רעק"א.

ועיין במ"א, דלטלטל את הפתילה ע"י הא"י כדי שלא יגנב או שלא יפסד, אסור, ורק טלטול כשהוא צריך לו גופא וכנ"ל, או כשצריך למקומו, מותר, וכ"כ בדה"ח.

סעיף ד - אם יש נר בבית ישראל, ובא א"י והדליק נר אחר, מותר להשתמש לאורו בעוד נר ראשון דולק - ר"ל אף דעתה ע"י הנר הזה שהדליק בשביל ישראל נתגדל האור יותר, אפ"ה מותר, **ומיירי** כשהיה יכול מתחלה במקום הזה עכ"פ ליהנות קצת לאור הנר הראשון, ולכן שרי, ובלא"ה אסור, **ועיין** לעיל בס"ב, דלכתחלה לומר לא"י להדליק אסור בכל ענין.

אבל לאחר שיכבה הראשון אסור להשתמש לאור השני - וכן אם היתה מדורה שנדלקה מע"ש, ובא א"י והוסיף עצים בשבת בשביל ישראל, אסור להתחמם כנגדה לאחר שיכלו העצים הראשונים, **וקודם** שיכלו יש להתיר לעת הצורך, [הדעה קמייתא שבס"א, ובפרט דהב"ח מקיל לכו"ע], **וז"ל**: ב"י פי' דבהרבה עצים אסור לגמרי {לדעה שני} משום שמא ירבה עוד בשבילו, **ותימה** גדולה, הלא אף באלו עצים שכבר הרבה אסור לו להתחמם כנגדן מיד כשיכלו העצים הראשונים, דמעתה לא יגיע שוב להתחמם אצל העצים, וא"כ אין לחוש שירבה עוד הגוי בשבילו, **אלא** העיקר דה"ה הרבה עצים {שרי אפי' לדעה שני}.

(**ולא** דמי למה דאיתא בס"א, דאם הדליק א"י הנר לצרכו, דמותר הישראל להשתמש לאורו, ושם הלא בודאי מותר להשתמש אף לאחר שהשלים הא"י צרכיו, **דשאני** התם דלא נעשה איסור בהדלקה, משא"כ בזה שכל ההיתר הוא משום שלא נהנה ע"י מעשה הא"י, ולכן אסור אח"כ כשנהנה עי"ז, וכן במדורה נמי אסור משום זה, כשהוסיף הא"י עצים בשבת, לאחר שנכבו העצים הראשונים).

וכן אם נתן שמן בנר הדולק, מותר להשתמש עד כדי שיכלה השמן שהיה בו כבר, ואח"כ אסור - אף דע"י נתינת השמן ניתוסף האור, וכן אם עשה שאר תיקון בהנר בשביל ישראל שע"י ניתוסף האור, **אף** דבודאי איסור גמור לכתחלה לצוות לא"י לזה, אפ"ה מותר להשתמש לאורו, כיון דבלא"ה היה יכול מתחלה קצת להשתמש לאורו.

(נ"ל דבעששית שלנו שקורין לאמפ, דדרך הוא לכבות הפתילה קודם שנותנין בו השמן מחדש, א"כ הוי עתה הדלקה חדשה בשביל ישראל, ואסור להשתמש כלל לאורה, **שוב** נ"ל דזה דוקא אם עשהו בצווי ישראל, אבל שלא בצווי ישראל, אף דעשהו לצורך ישראל, יש לדון בו להקל לפי מש"כ הא"ר, דא"י שרצה למחוט ונכבה בידו, וחזר והדליקו, דמותר להשתמש לאורו, משום דהוי כמו לצרכו, כיון שנכבה בידו, א"כ ה"ה בענינינו שכבה אותו בידים, ועליו להדליקו שנית, **ולפי"ז** יהיה מותר בענינינו להשתמש עד כדי שיכלה השמן לגמרי, דהרי ההדלקה היתה בהיתר, אם לא שעשהו בצווי ישראל, דאז אסור לגמרי להשתמש לאורו).

הגה: ומותר למחות בא"י שבא להדליק נר או להוסיף שמן - דסד"א להחמיר בזה, כדי שלא לדבר בענין הדלקה כלל, **ודוקא** כשהנר של א"י, אבל כשהנר של ישראל, צריך למחות בו כשרואה שרוצה להדליק נר או להוסיף שמן בשבילו, וכנ"ל בס"א במ"ב.

ומכיון דמיחה בו והראה לו דלא ניחא ליה שיעשה בשבת בשבילו, אפילו אם אח"כ עשה המלאכה, חשוב כאלו עשה המלאכה לצרכו, ומותר להשתמש לאורו, ואפילו אם היה הנר של ישראל בבית ישראל, **וכ"ז** כשלא יערים במחאתו.

סעיף ה - בארצות קרות, מותר לא"י לעשות מדורה בשביל הקטנים - וה"ה להסיק תנור בית החורף, **ומותרין הגדולים להתחמם בו** - ר"ל כיון דהעיקר נעשה בשביל הקטנים, וכנ"ל בס"א, **אבל** אם נעשה בשביל שניהן ביחד, פוסק השו"ע לקמן בסימן שכ"ה ס"ו, דאסור.

ואפי' בשביל הגדולים מותר - ר"ל אפי' לומר בפירוש בשבת להסיק, **אם הקור גדול** - דבלא"ה אין דרך הגדולים להצטער כ"כ, **שהכל חולים אצל הקור** - וצריך להכין מבע"י הפחמים, שיהיו מזומנים בשבת לפני הא"י, כי אסור לישראל לטלטל בשבת ולהכינם לפניו.

ומ"מ להסיק אחר מנחה בשבת, שיהא למו"ש, אסור, מאחר דכבר נתחמם בבוקר, [דאם לא נתחמם שרי], **ואע"פ** שכבר נתקרר, אינו קר כ"כ שיהא האדם נחשב כחולה אצל קרירות זה, **ולכן** חייבים למחות

סימן רעו – דיני נר שהדליק א"י בשבת

לא"י שלא להסיק עוד עד אחר צאת הכוכבים, **ומ"מ** הכל תלוי לפי הקור ולפי בית החורף.

ולא כאותם שנוהגים היתר אע"פ שאין הקור גדול ביום ההוא - ומ"מ אין למחות בהם, דמוטב שיהיו שוגגין ואל יהיו מזידין. **ועכ"פ** יזהרו שלא לומר לו בשבת להסיק או לעשות המדורה, אלא יקצבו עמו בקבלנות, שיסיק לו כל ימות החורף בעת שיהיה קר, **ואז** אף אם הא"י יסיק כשאין הקור גדול, אפשר דהו"ל כאלו עשה מדעתו, וא"צ לצאת מביתו, וכמ"ש בס"א וע"ש במ"ב.

§ סימן רעט – דיני טלטול הנר בשבת §

סעיף ד - אם התנה מע"ש על נר זה שיטלטלנו משיכבה, מותר לטלטלו אחר שכבה - משום דנר עשוי להכבות, משו"ה מהני ביה תנאי, **אבל** בשאר בסיס לדבר האסור, אף לדעה ראשונה לא מהני תנאי, להתנות כשיסתלק הדבר איסור מן הבסיס שיהא מותר להשתמש.

הגה: וי"א דלא מהני תנאי, וכן נוהגין במדינות אלו. ודין התנאי ע"ל סי' תרל"ח - היינו לענין שיעשהו קודם בה"ש, כמבואר שם, **אבל** הכא אינו יכול לומר אפילו לדעה ראשונה: איני בודל מהנר כל ביהש"מ, כמו התם, דהא ביה"ש הוא דולק, ועל כרחו אסור לטלטלו - מ"א, **ומדברי** הגר"א בביאורו דכתב, דסברא הראשונה ס"ל כגירסת הרי"ף בביצה ל', משמע לכאורה דמהני ג"כ באומר: איני בודל, כידוע שיטת הרי"ף שם.

ונוהגין לטלטלו ע"י א"י - היינו אפי' אם אינו צריך לו לצורך גופו ומקומו, רק שלא יגנב או שלא יפסד.

ואין בזה משום איסור אמירה לא"י, הואיל והמנהג כך, הוי כאילו התנה עליו מתחלה ושרי, כן נ"ל - ר"ל דלטלטלו ע"י א"י מצרפינן לזה הדעה ראשונה דמהני תנאי.

ואם העמיד עששית על השלחן, ודעתו היה שידלק כל היום כולו, כמו יא"צ וכדומה, וכבה, דבזה לא שייך לומר הוי כאלו התנה, **אפשר** דאסור לטלטלו אף ע"י א"י, **והיינו** דוקא כדי שלא יגנב, אבל לצורך גופו ומקומו שרי ע"י א"י בכל גווני.

סעיף ה - נר שהדליקו בשבת לחיה ולחולה, וילדה החיה ונתרפא החולה, מותר לטלטלו אם כבה - היינו דוקא לצורך גופו או מקומו, דלא עדיפא משאר כלי שמלאכתו לאיסור.

דאין מוקצה לחצי שבת, דדוקא אם איתקצאי ביה"ש שהוא בתחלת כניסת השבת, הוא דאמרינן דאיתקצאי לכולי שבת אף לאחר שכבה, **אבל** לא בזה שהודלק מע"ש לחיה וחולה שיש בו סכנה, שהיה מותר בתחלת השבת לטלטלו, לא איתקצאי לכולי שבת לאחר שנתרפא החולה, אלא על זמן שהוא דולק בלבד, [כ"כ הפמ"ג, **דאילו** הודלק בשביל חולה שאין בו סכנה, אסור לטלטל אף לאחר שכבה, ע"ש הטעם], **וז"ל**: אע"ג דשבות מותר לחולה שאין סכנה, וטלטול הנר שבות הוא בשעה שדולק, בסיס, יש לומר שבות כזה לא התירו, **וכ"ש** אם הודלק בשבת גופא לצורך חיה וחולה, דלא היה דולק כלל ביה"ש, בודאי לא איתקצאי לכולי יומא.

וה"ה למדליק בשבת בשוגג וכבה, שמותר לטלטלו - הכל מטעם הנ"ל, דאין מוקצה לחצי שבת, שיאסר אף אחר שכבה.

נקט בשוגג, דלא איירי ברשיעא, ובאמת אפילו הדליקו במזיד, ג"כ מותר לטלטלו אחר שכבה לצורך גופו או מקומו, הואיל ולא היה מוקצה בתחלת כניסת השבת.

§ סימן רפ – תשמיש המטה בשבת §

סעיף א - תשמיש המטה מתענוגי שבת הוא, לפיכך עונת תלמידי חכמים הבריאים - לאפוקי חלושי כח אינם חייבין רק לפי כחן, **מליל שבת לליל שבת** - היינו לבד ליל טבילה.

ויהיה זהיר לקיים עונתו, וצריך להזהר שקודם שיגיע הלילה חייב להראות חבה יתירה ואהבה עם אשתו, ואין צריך לומר שלא ירגיל שום קטטה בע"ש.

מצוה לאכול שום בערב שבת או בליל שבת, [והוא מתקנת עזרא], וה"ה שאר דברים המרבים זרע, עיין סימן תר"ח, **כתב** בספר חסידים, דשומים מבטלים תאוה, רק שומים צלויים מרבים זרע, **עוד** כתב, כל דברים מלוחים ממעטים, וכן קטניות. **ועדשים** מבושלים כשאין מלוחים, מרבים.

סעיף ב - מותר לבעול לכתחלה בתולה בשבת, ואין בו משום חובל - דדם מיפקד פקיד, דהיינו שדם בתולים אינו מובלע בכותלי בית הרחם, אלא כנוס הוא שם כמופקד ומוצנע בתוך הכלי, וזה פתחו שיצא הדם מתוכו. **ולא משום צער לה** – (ולקנח אח"כ במפה דם בתולים, **עיין סימן ש"כ במ"א**, ובבגד אדום בודאי יש ליזהר).

והנה י"א דבמקום שנתפשט המנהג להחמיר בזה, אין להקל להם, **אבל** הט"ז כתב, חלילה לעשות איסור בזה, ובבירור שמעתי שהחסידים גאוני העולם נהגו בעצמם היתר בזה, ע"כ אין חשש חומרא בזה כלל, והמחמיר אינו אלא מן המתמיהין. **ועיין** לקמן סי' של"ט במ"א, דלכתחלה ראוי ליחדן אחר החופה יחוד גמור קודם השבת, די"א דחופה שלנו לא מקרי חופה, וא"כ כשיתיחדו אח"כ בשבת, יהיה אח"כ כקונה קנין בשבת.

§ סימן רפא – שלא יכרע בולך אנחנו מודים §

סעיף א- אין לשחות ב"ולך לבדך אנחנו מודים", שאין לשחות אלא במקומות שאמרו חכמים.

הגה: ונוהגים שבשבת מאחרין יותר לבא לבהכ"נ מבחול, משום דבתמיד של ימות החול נאמר "בבקר", ואלו שבת נאמר "וביום השבת", דמשמע איחור - ומ"מ צריכין ליזהר שלא לעבור זמן ק"ש, **וברש"י** משמע שגם בשבת מצוה למהר לקרוא ק"ש כותיקין.

ונוהגין להרבות בזמירות של שבת כל מקום לפי מנהגו, וכל דבר אם לא אמרו אין מחזירין אותו - היינו כל דבר שמוסיפין בשביל שבת, ואפי' "נשמת", (**ואם** נזכר כשהתחיל "ישתבח", מסתברא שעד שלא אמר "בא"י אל מלך" וכו', יחזור ל"נשמת" ויאמר כסדר, וכמו ב"זכרנו" ו"מי כמוך", **ואם איחר** לבוא לביהכ"נ, יותר טוב שידלג מפסוקי דזמרה, ולא ידלג "נשמת").

מלבד אם לא אמר: "לאל אשר שבת" וכו', מחזירין אותו - אין הכונה שמחזירין אותו לברכת "יוצר אור", אלא לאחר תפלת ח"י יאמר כך בלי ברכה, ויתחיל מ"שבח נותנים" וכו', [דאל"ה אמאי ידיה קאי], **משא"כ** שאר זמירות אם שכח אין חיוב לאמרן אחר התפלה, **ואם** נזכר קודם שאמר "בא"י יוצר המאורות" שלא אמר "לאל אשר שבת", אפשר דיש לחזור ולהתחיל מ"לאל אשר שבת", פמ"ג, ע"ש שנשאר בזה בצ"ע, **כתב** הח"א, מ"מ נ"ל שלא ידלג לכתחלה הנוסח ד"לאל אשר שבת" או "הכל יודוך" כדי להתפלל בצבור, שהרי כ"ז נזכר בזהר, ש"מ שנוסח ברכה כך היא.

ויש להאריך ולהנעים בזמירות - היינו לאמרם בנגון שיש בו נעימה, כעין שעושין בפסוקי דזמרה, **אבל** לא להאריך הרבה, וכבר הפליגו הקדמונים בגנות המשוררים המאריכים, ומפרידים אות מחברתה ותיבה מחברתה, **וביותר** מצוי קלקול ע"י הנגונים בסיום הברכה, כשעונין הקהל אמן, לפעמים עונין קודם שיסיים ממש הברכה, ולפעמים מאריכין בניגון אחר סיום התיבה, ועונין בהפסק גדול אמן.

ואין למחות במאריך בהם, אע"פ שהמוחה מכוין משום ביטול תורה - ומ"מ יש ליזהר מאד שלא לעבור זמן ק"ש ותפלה עי"ז, [ומוטב להתפלל ביחידי מלקרות ולהתפלל שלא בזמנו].

ומ"מ בשבת ויו"ט לא יאריך יותר מדאי, כדי שיאכלו קודם שעה ששית, כדלקמן סי' רפ"ח.

§ סימן רפב – קריאת התורה והמפטיר בשבת §

סעיף א- מוציאין ס"ת - יש לומר "בריך שמיה" בפתיחת הארון, בין בשבת ובין בחול, **והנותן** ס"ת והמקבלו צריך שיהא בימין, **ואפילו** אם הוא איטר יד אין לשנות בזה, [דהא הטעם משום שהתורה ניתנה בימין, שנאמר: מימינו אש דת למו, וא"כ אין לחלק בזה].

וקורים בו שבעה - והיא מצוה מדברי סופרים, והיא תקנה קדומה ממשה רבינו ע"ה, וכמ"ש בסימן קל"ה עי"ש במ"ב. **הנה** בזמן המשנה היה המנהג, שהראשון שבקרואים היה מברך הברכה לפניה, והאחרון היה מברך הברכה לאחריה, והאמצעים כולן היו יוצאין בברכתן, **ואח"כ** בזמן הגמרא התקינו, שכל אחד יברך לפניה ולאחריה כמו שנהוג היום.

ואם רצה להוסיף, מוסיף - ונכון שלא להוסיף הרבה מפני טורח הצבור, **ובמקום** שיש לחוש לתרעומות איזה אנשים כשלא יקראו להם לתורה, א"צ לדקדק בזה.

וי"א שהיום שכל אחד מהקרואים מברך לפניה ולאחריה וכנ"ל, אין כדאי להוסיף להרבות בברכות, **אך** במקום הצורך, כגון חתונה או ברית מילה וכל כה"ג, אין לחוש לזה, [**ומשום** ברכה שא"צ לא שייך, דהא הברכה נתקנה בצבור מפני כבוד התורה].

כתבו האחרונים, דבשבת שקורין ב' פרשיות, יש לקרות מנין חצי הקרואים מהשבעה בכל סדרה, דהיינו שקורא להרביעי קצת מהסדר ראשון, ומהסדר שני ג' פסוקים עכ"פ, **ואין** לחוש במה שיוסיף על השבעה בסדר שני, כיון דאין שום חיוב מן הדין להוסיף.

הגה: וה"ה ביו"ט מותר להוסיף על מנין הקרואים. וי"א דביו"ט אין להוסיף - «כדי שלא יהא שוה עם יוה"כ ושבת אם יקרא בו ו' או ז', וכן ביוה"כ אין מוסיפים על ו' שלא יהא שוה לשבת – הגר"ז». **וכן נהגו במדינות אלו, מלבד בשמחת תורה שמוסיפין הרבה** - דכדי שיזכה כל אחד לקרוא בתורה בעת סיום התורה, אוקמי אדינא כרוב הפוסקים, שמתירין להוסיף ביו"ט.

וכשחל יו"ט בשבת, לכו"ע מותר להוסיף על שבעה כמו בשאר שבתות השנה, דכי בשביל שניתוסף בו קדושת יו"ט נגרע ממנו המעלה דשאר שבתות, **אך** כשחל יוה"כ בשבת, טוב לכתחלה שלא להוסיף על שבעה, משום שראשי הפרשיות מכוונים, שמסיימים במילי דכפרה.

גם בכל יו"ט אין המפטירין ממנין הקרואים, כדלקמן - ר"ל דלמפטיר קורא פרשה בפני עצמה בחובת היום, ומזה ממילא גם כן ראיה דנקטינן לדינא כדעה א', דביו"ט מותר להוסיף על מנין הקרואים וכדלקמן.

סעיף ב- מותר לקרות עולים הרבה, אע"פ שקרא זה מה שקרא זה וחוזר ומברך, אין בכך כלום - ומ"מ אינו עולה מן המנין אם לא שהוסיף לכל הפחות שני פסוקים על מה שקרא הראשון, דאז דיעבד עולה למנין, וכמ"ש בס"ס קל"ז, [**אם** לא במקום

סימן רפב – קריאת התורה והמפטיר בשבת

דלא אפשר בענין אחר, כגון בקריאת פרי החג בימי חוה"מ, דע"כ צריך לקרות לד' מה שקרא כבר].

הגה: ויש אוסרים, וכן נהגו במדינות אלו, חוץ מבשמחת תורה שנהגו להרבות בקרואים, נוהגים כסברא הראשונה - י"א דה"ה בחתונה, **אבל** מנהגנו שלא לקרוא לזה מה שקרא כבר אחד אף בחתונה, [וה"ה כשיש חיובים אין להקל בזה], **לבד** בשמחת תורה נוהגין כרמ"א.

סעיף ג - הכל עולים למנין שבעה, אפילו אשה וקטן שיודע למי מברכין - אבל לא למנין שלשה, מ"א, **ובעולת** שבת כתב עוד, דה"ה למנין דה"ו שיש בר"ח ויו"ט ויוה"כ, ג"כ אין עולה.

ואף אם אין שם כהן אלא קטן, קורין אותו, **ודעת** המ"א שאין אנו מחויבין לקרותו, דמצות עשה ד"וקדשתו" לא נאמר על כהן קטן, דהא כתיב: כי את לחם אלהיך הוא מקריב, וקטן לאו בר עבודה הוא, [**ורעק"א** דחה, דהא בעל מום מצוה לקדשו אע"ג שאינו ראוי ג"כ לעבודה], **וכן** נוהגין בימינו, שכשאין בבהכ"נ כהן שהוא בן י"ג שנה, קורין ישראל במקום כהן, ואפילו יש שם כהן קטן.

ויותר מזה נוהגין כהיום, שאין קורין קטן כלל לשום עליה, אפילו אם כבר נשלם מנין הקרואים, אלא למפטיר.

ומ"מ אין יכול להיות מקרא את העולים, דהיינו שהוא יקרא בקול רם בס"ת, והעולים אומרים אחריו בלחש, וכל הצבור יהיו יוצאים ידי חובתן בשמיעה ממנו, עד שיביא שתי שערות, **ומשהוא** בן י"ג שנה, בחזקה שהביא שתי שערות לענין זה, **ומ"מ** כשאין שם קורא אחר ותתבטל הקריאה לגמרי, מסתפק הפמ"ג דאפשר דיש להקל באופן זה, אפילו אם לא הביא עדיין שתי שערות, **וכן** בדה"ח מיקל ג"כ בשעת הדחק.

אבל אמרו חכמים: אשה לא תקרא בצבור מפני כבוד הצבור - כתב המ"א בשם מסכת סופרים, שהנשים אע"פ שאין חייבות בת"ת, מ"מ חייבות לשמוע קריאת ספר כאנשים, **ואין** נוהגות ליזהר בזה, ואדרבה יש מקומות שנוהגות הנשים לצאת חוץ בעת הקריאה.

הגה: ואלו דוקא מצטרפים למנין הקרואים, אבל לא שיהיו כולם - או רובם **נשים או קטנים.**

ודין עבד כנעני כדין אשה, אבל אם אמו מישראל, מותר לעלות - דאז הו"ל ישראל מעליא וחייב בכל המצות.

ואסור לקרות ברגל מגולה - אפי' הוא קטן, **וכן** קטן שהוא פוחח, דהיינו שבגדיו קרועים וזרועותיו וכתפיו מגולין, אסור לקרותו לתורה, [ונ"מ לדידן לענין מפטיר].

ואין איסור לקרות ע"ה נכבד עשיר וגדול הדור, לפני ת"ח, כי אין זה בזיון לת"ח, רק כבוד לתורה שמתכבדת באנשים גדולים. וממזר מותר לעלות לס"ת - שהרי הוא חייב בכל המצות שבתורה כשאר איש ישראל.

וע"ל סימן קל"ז מסדר הקרואים.

סעיף ד - נוהגים לקרות שבעה ולגמור עמהם הפרשה ואומר קדיש, וחוזר וקורא עם המפטיר מה שקרא השביעי - דהנה מן הדין קי"ל דמפטיר עולה למנין שבעה, והיה יכול לגמור הפרשה דהיינו הסדרה עם המפטיר שהוא השביעי, ואח"כ לומר קדיש, **ואך** כדי לצאת גם דעת האומר בגמרא דאין מפטיר עולה למנין שבעה, [**טעמו**, דמה שהוא קורא בתחילה קודם שמפטיר בנביא, הלא אינו אלא מפני כבוד התורה, שלא יהיה כבודה וכבוד הנביא שוה, אם יקרא בנביא לבדו כמו שקראו מתחילה העולים הראשונים בתורה לבדה], **וע"כ** מהנכון הוא לקרות שבעה קרואים קודם שמתחיל המפטיר, [**ובזה** יוצא אף למ"ד מפטיר עולה למנין ז', דהרי מותר להוסיף בשבת לכו"ע וכנ"ל].

וכדי להודיע לכל שהמפטיר אינו ממנין העולים, תקנו ג"כ [רבנן סבוראי דבתר חבור הגמר"] שהנכון לכתחלה להפסיק בהקדיש בין קריאתו לקריאת שאר העולים, **וממילא** מוכרח לגמור הסדרה מתחלה, כדי שלא יפסיק בקדיש באמצע הקריאה, ואח"כ לחזור עם המפטיר עכ"פ ג' פסוקים ממה שקרא השביעי או האחרון.

וה"ה דיכול להוסיף עוד על השבעה, אך העיקר אשמועינן דנהגו שלא להשלים בהמפטיר את הפרשה, ואח"כ לומר קדיש, אלא יאמר קדיש קודם קריאת המפטיר, וממילא מוכרח לגמור כל הסדרה מתחלה קודם אמירת הקדיש.

מה שנהגו למכור ששי בפני עצמו, יש קצת סמך מהזוהר "שלח לך", **ואחרון** מוכרים בפני עצמו, דאחרון חביב שמסיים בו, **ומ"מ** ח"ו להתקוטט בעבור זה, שכל אותיות התורה הם כולם קדושים וטהורים, וכדכתיב: אמרות ה' אמרות טהורות וגו'.

הגה: וכן נוהגים ביו"ט שאין מפטיר ממנין הקרואים - ר"ל שגם ביו"ט, אף דמדינא היה מותר המפטיר להיות מן המנין חמשה, מ"מ נוהגים ג"כ שאין המפטיר מן המנין, אלא קורא בפני עצמו בפרשה של חובת היום, והקדיש אומר מקודם, **ומ"מ** יוצא בזה אף למ"ד דעולה מן המנין, שהרי רוב הפוסקים סוברים דמותר להוסיף, וכנ"ל בס"א, [**ומ"מ** לא דמי לגמרי לשבת, ששם המפטיר חוזר וקורא מה שקרא השביעי או האחרון, משא"כ בזה, **והטעם**, ששם הקדיש לא נוכל לומר באמצע, ומוכרח לגמור מקודם הסדרא, וע"כ ממילא מוכרח המפטיר לחזור אותן הפסוקים שקראו כבר, **משא"כ** בזה, שיכול לומר קדיש בין גמר הקריאה שבס"ת זו לס"ת אחרת].

אבל בחול שאסור להוסיף על מנין הקרואים, השלישי הוא מפטיר.

וביום שמוציאין ב' ספרים או ג' - כגון ר"ח טבת שחל בשבת, שצריך לקרות פרשת השבוע ופרשת ר"ח וענין של חנוכה, או בשמחת תורה, שצריך לקרות פרשת "וזאת הברכה" ו"בראשית" ופרשת המוספים, **המפטיר** - בלבד **קורא באחרונה** - ובין כשמשלימין המנין, או שמוסיפין על המנין, הכל עולים בשני ספרים הראשונים.

וקטן יכול לקרות בפרשת המוספין, או בד' פרשיות שמוסיפין באדר - ואע"פ שפרשת זכור היא חובה מן התורה שישמענה כל אדם מישראל, והקטן שאינו מחויב בדבר אינו יכול להוציאם י"ח, **מ"מ** הרי עכשיו הש"ץ קורא ומשמיע לצבור ומוציאם ידי חובתן, [**אבל** אם אין הש"ץ קורא, אין הקטן בעצמו יכול לקרות].

וכן נוהגים, אע"פ שיש חולקים - היינו דהחולקים ס"ל, דוקא בשבת שקורא המפטיר מה שכבר קרא השריעני, אז נוכל לקרות לקטן, **משא"כ** בכל אלו, שקורא המפטיר פרשה שלא קראו מתחלה.

ויש מחמירין בדבר שלא לקרותו לקטן לפרשת זכור, וכן לפרשת פרה שי"א שגם היא מדאורייתא, וכן הסכים בא"ר ודה"ח, **ובתשובת** פרח שושן העלה לעיקר, דהקטן לא יקרא בד' פרשיות, והביאו בחי' רע"א.

וביום א' של שבועות שקורין המרכבה למפטיר, וכן בשביעי של פסח שקורין השירה, ובשבת שובה ג"כ, נוהגין שאין קורין אותו לכתחלה למפטיר.

ואמנם גם בשאר מפטיר ג"כ, דוקא בקטן שהגיע לחינוך, שיודע לחתוך האותיות בטוב, **ודלא** כאותן שמניחים קטנים הרבה לומר ההפטרה.

(**ולענ"ד יש לעיין, אם אינו יכול הקטן לומר מלה במלה עם הש"ץ מתוך הכתב, ונהי דבגדול לא נהגו לדקדק בזה, מ"מ למה צריך להקל כ"כ בקטן לגבב כל הקולות להדדי, ובפרט בפרשת המוספין וכל הד' פרשיות, הלא באמת יש חולקים וס"ל דקטן אינו יכול להיות מפטיר בפ' המוספין וכל הד' פרשיות, שהמפטיר עולה לפרשה בפני עצמה, ועכ"פ נלענ"ד, דבפרשיות המוספין וכל הד' פרשיות, אין כדאי להקל לקרות קטן למפטיר אם אינו יודע לקרות מלה במלה עם הש"ץ מתוך הכתב**).

ואומרים קדיש קודם שעולה המפטיר - לא חידש בזה כלום על המחבר, רק לאשמועינן מה שסיים לבסוף, דאין חילוק וכו',

ואין חילוק בזה בין הוסיפו על מנין הקרואים או לא, ובין מוציאין ס"ת א' או ג' - אלא בכל פעם אומרים הקדיש קודם המפטיר דוקא.

והיינו בשבת, אבל בחול שהמפטיר ממנין הקרואים, אומרים קדיש אחר המפטיר, דהיינו אחר שמכניסין הס"ת להיכל, (היינו בתענית במנחה), ולא קודם מפטיר, דאין אומרים קדיש עד שנשלם המנין, **ובחוה"מ** פסח וכן בחוה"מ סוכות, אומרים קדיש אחר שקרא הרביעי, דאז כבר נשלם מנין הקרואים.

סעיף ה - אם לא נמצא מי שיודע להפטיר אלא אחד מאותם שעלו לקרות בתורה - וה"ה בשבת של חזון, אפילו נמצא מי שיודע להפטיר בנביא, רק שלא ידע לקונן כנהוג, ג"כ דינא הכי, **וכבר אמר ש"צ קדיש אחר קריאת הפרשה, זה שרוצה להפטיר צריך לחזור ולקרות, ויברך על קריאתו תחלה וסוף** - ואפילו השביעי רוצה להפטיר, צריך לחזור ולקרות, כיון שהפסיק בקדיש, הנכנסים לא ידעו שזה המפטיר קרא מתחלה בתורה,

ואיכא בזיון לתורה, כדאמרינן בגמרא, דהמפטיר צריך שיקרא בתורה תחלה מפני כבוד התורה, **היינו** דאי המפטיר יפטיר בנביאים ויברך עליו, ולא יקראו בתורה, הרי אנו משום דברי הנביאים לתורה בקריאה וברכה, לכן צריך לקרות המפטיר בתורה תחלה, ומזה יראו שהתורה עיקרית, **ומ"מ** נכון יותר בעניננו שהפסיק בקדיש, שיקרא המפטיר א' מן הקודמים ולא השביעי.

הגה: אבל אם לא אמר קדיש, יפטיר מי שעלה לשביעי אם יודע - היינו שיפטיר בנביא, וא"צ לחזור ולקרות בתורה, אלא מה שקרא בשביעי בסיום הפרשה, עולה גם למפטיר, דהא קי"ל דהמפטיר עולה למנין שבעה, **או** כשהוסיפו, מי שקרא באחרון עולה גם למפטיר, **והקדיש** יאמר אחר קריאת הפטרה וברכותיה.

כתב הפמ"ג, דה"ה בכל מפטיר כששכח לומר הקדיש מקודם, ונזכר אחר שכבר קרא המפטיר בתורה, לא יאמר הקדיש עד לאחר קריאת הפטרה וברכותיה.

ואם השביעי אינו יודע, ויצטרך לעלות למפטיר אחד מהקודמים, אז בכל גווני צריך לחזור ולקרות ולברך בתורה לשם מפטיר.

ואם יש אחרים שיודעים להפטיר, לא יפטיר מי שעלה כבר - ובשבת חזון, במקום שהמנהג שקוראים הרב למפטיר, לא יקראוהו מקודם לשלישי.

אם קראו לאדם לתורה בבית הכנסת אחרת, ונזדמן לו אותה הפרשה שקרא היום, צריך לחזור ולברך.

(**וביום שמוציאין ב' ס"ת, וקראו ז' בראשונה, ושניה למפטיר, ואין נמצא שם מי שיודע להפטיר, אסור לקרוא לשביעי לס"ת שניה, משום פגמו של ס"ת ראשונה, אבל** אותם הקודמים י"ל דשרי, ועיין סימן קמ"ד ס"ד, יע"ש וצ"ע).

סעיף ו - אם טעה ש"צ וסיים הפרשה עם הששי ואמר קדיש, א"צ לקרות עוד אחר - ר"ל שא"צ לקרות עוד שביעי מלבד המפטיר, דאחרי שאמר קדיש בסיום הפרשה, אינו קורא אח"כ רק לשם מפטיר לבד, כמו שרגיל תמיד אחר הקדיש, **אלא יקרא עם המפטיר מה שקרא עם הששי** - והוא יהיה עולה למנין ז', וא"צ לחזור ולומר קדיש.

דקי"ל מפטיר עולה למנין שבעה – (ואף דהגמרא מיירי היכי דשייר להמפטיר פסוקים שלא קראן מתחלה, ולכך עולה למנין, ובזה הלא כבר קראן מתחלה, **ומבואר** לעיל בסוף סימן קל"ז, דכשחוזר עם אחד מה שכבר קרא לאחר, אינו עולה מן המנין, **הכא שאני** כיון דלא אפשר בענין אחר, שכבר סיים הפרשה ששייך לשבת זו, וכמבואר שם דהיכא דלא אפשר עולה למנין).

אבל אם נזכר קודם שאמר הקדיש, אז צריך לקרות אחד לשביעי ממה שקרא כבר, ויסיים הפרשה עמו, ויאמר קדיש, **ואח"כ** יחזור לקרות איזה פסוקים למפטיר כמו שרגיל תמיד, [כדי לצאת גם דעת האומרים דאין המפטיר עולה למנין שבעה].

סעיף ז - קרא הפרשה בתפלת שחרית בשבת ודילג פסוק א' - ה"ה תיבה א', אלא שדיבר בהוה, **חוזר וקורא הוא ושנים עמו** - ויברך לפניה ולאחריה על הג' פסוקים. **ואפי' הפטיר והתפלל מוסף, חוזר וקורא** - וע"ל סי' קל"ז ס"ג, שם מבואר כל פרטי דין זה.

§ סימן רפג – למה אין מוציאין ב' ספרי תורות בשבת §

סעיף א - מה שאין מוציאין בשבת ספר שני לקרות פרשת המוספין, מפני שאין בה אלא שני פסוקים - ואין קורין בתורה פחות מג' פסוקים,וכדלעיל סי' קל"ז,ולהצטרף עמה פסוקים שלא מענינו של יום, א"א, **והתוס'** כתבו עוד טעם, לפי שצריך להפטיר בנביא בכל שבת מענינו של יום, ואי קרינן בשל שבת, א"כ יהא צריך להפטיר בדסליק מיניה, והיינו מעניני שבת, וא"כ יהיו כל ההפטרות מעין אחד.

§ סימן רפד – דיני הפטרה וברכותיה §

סעיף א - מפטירין בנביא מענינה של פרשה, ואין פוחתין מכ"א פסוקים - והטעם, מפני שפעם אחת גזרו גזירה על ישראל שלא יעסקו בתורה, וקראו בנביאים שבעה וברכו עליהם, כנגד השבעה שהיו צריכים לעלות ולקרות בתורה, ולא היו קורין עם כל אחד פחות מג' פסוקים, והרי בין כולם כ"א פסוקים, **לכך** אע"פ שהגזירה בטלה, מנהגא לא בטל, ומשו"ה תקנו שהמפטיר יקרא בנביא לא פחות מכ"א פסוקים, **ויהא** קורא בתורה תחלה מפני כבוד התורה, וכמ"ש בסימן רפ"ב במ"ב.

אא"כ סליק ענינא בבציר מהכי, כגון "עולותיכם ספו על זבחיכם".

הגה: ודוקא בשבת בעינן כ"א פסוקים, ג' פסוקים לכל א' מן הקרואים, אבל ביו"ט שקורין ה', סגי בט"ו פסוקים.

ויברך המפטיר ז' ברכות, דהיינו שתי ברכות שמברך המפטיר על התורה לפניה ולאחריה, ואחת על הנביא לפניה, [דברכת "אשר בחר בנביאים טובים" וברכת "בא"י הבוחר בתורה" וכו', ברכה אחת היא], וארבע לאחריה, כנגד ז' שקראו בתורה.

ולא נתקנה ההפטרה רק בצבור – (ואם התחילו ההפטרה בעשרה ויצאו מקצתן, אפ"ה מותר לגמרה עם ברכותיה, **אבל** אם יצאו מקצתן קודם שהתחילו ההפטרה, אף שבעת קריאת התורה היו עשרה, אין מפטירין, דהפטרה בנביא ענין אחר הוא).

אחר שקראו בתורה, אבל בלאו הכי - כגון שלא היה להם ס"ת לקרות בה, **אסור לקרות עם הברכות שלפניה ולאחריה, אבל בלא ברכה שרי** – (ואע"פ שתחלת התקנה היתה על קריאת הפטרה אפילו בלא קריאת ס"ת, וכמ"ש, **עכשיו** שנתבטלה הגזרה, לא תקנו לברך על הפטרה כי אם אחר קריאת ס"ת).

ואם קראו בס"ת ונמצאת אחר הקריאה שהיא פסולה, אפ"ה מפטירין אחריה ומברכין הברכות לפניה ולאחריה, (**ואם** מתחלה ידעו שהיא פסולה, ולא היה להם אחרת וקראו בה בלא ברכה, ורק כדי שלא תשתכח ענין קריאה בספר, וכמ"ש המג"א, משמע בפמ"ג דאפ"ה צריך אח"כ להפטיר ולברך על ההפטרה, **אבל** בחי' רע"א משמע, דבאופן זה הוי כלא קרא כלל, ואין להפטיר אח"כ בברכה, וכן מסתברא).

אם אין עירוב שיכולין להביא הנביא או החומש בבהכ"נ להפטיר, הולכין עשרה ומפטירין בבית שמונח שם, ובברכת ההפטרה ג"כ, דהרי מ"מ קראו בתורה תחלה, אע"פ שלא היה באותו מקום.

כתב הלבוש: תמהתי על שלא ראיתי נוהגין לכתוב ההפטרות כדין ספר, כי היה נ"ל שאין יוצאין כלל בקריאת ההפטרה בחומשים הנדפסין, כיון שאין נכתבין בכל הלכות הס"ת או מגילה, **והט"ז** ומ"א יישבו המנהג, וס"ל דאף שהוא ע"י דפוס, וגם על הנייר, ושלא בגלילה, מותר לענין זה, **ומ"מ** דעת המ"א, דצריך לקרות ההפטרה מתוך נביא שלם הנדפס, ולא מתוך הפטרה לבד הנדפסת בחומש, וכן ג"כ דעת הא"ר, ע"ש, [**ובתנ"ך** הידועים הנדפסין ע"י המינין, מוטב יותר שיקרא ההפטרה בחומש ולא בם], **ומ"מ** אם אין להם רק הפטרה הנדפסת בחומש, יש לסמוך להקל שלא לבטל קריאת הפטרה, **אך** לכתחלה בודאי ראוי ונכון שיהיה לכל צבור נביאים שנכתבין בקלף כדין, שאז גם השמות נכתבים בקדושה, משא"כ כשהוא על הנייר הנדפס, וכן הנהיג הגר"א בקהלתו, וכעת נתפשט זה בהרבה קהלות ישראל, ואשרי חלקם, [**ואין** למחות ביד הנוהגין להקל, משום "עת לעשות לד'", שקשה לכל ציבור לכתוב נביאים בקלף כדין, **ובודאי** הציבור שהיכולת בידם, יש להם לכתוב נביאים כדין, ובפרט בימינו שמפזרין הרבה כסף על תכשיטי בהכ"נ שאין נחוץ כ"כ, וכונתם לשם שמים כדי לקיים "זה אלי ואנוהו", בודאי מצוה להתנאות בכתיבת נביאים הקדושים].

סעיף ג - צריך לכוין לברכות הקוראים בתורה ולברכות המפטיר - וע"כ מצוה על העולים שיברכו בקול רם, כדי שכל הקהל ישמעו ויוכלו לענות אמן.

ויענה אחריהם אמן - דע"י עניית אמן חשוב כאלו היה מברך לעצמו, **ויעלו לו להשלים מנין מאה ברכות שחיסר מנינם בשבת.**

אין לענות אמן אחר "אמת וצדק" שאומרים בברכות שאחר הפטרה, שאין זה סיום ברכה, **וכן** אין לענות אמן אחר "הנאמרים באמת" שנאמר בברכה שלפני ההפטרה, דזהו ג"כ ברכה א' עם מה שנאמר אח"כ "בא"י הבוחר בתורה", דזו היא חתימתה, [ולכך אין בה מלכות].

סעיף ד - קטן יכול להפטיר. הגה: ואם קראו למפטיר מי שאינו יודע לומר ההפטרה - היינו שקרא מתחלה הקטן

בתורה לשם מפטיר, ואח"כ נמצא שאין יודע לומר ההפטרה, וכן בגדול כה"ג, **יכול אחר לאומרה** - ההפטרה וברכותיה, דאף שתקנו שהמפטיר יקרא בתורה תחלה מפני כבוד התורה, **מ"מ** בדיעבד אמרינן שגם בזה איכא כבוד לתורה, שניכר הדבר שקראו בתורה בתחלה לשם מפטיר, שהרי הפסיק בקדיש מקודם, **והפמ"ג** כתב, דאם יכול עכ"פ לומר מלה במלה כשמקרין אותו, טוב יותר שהוא בעצמו שקרא בתורה לשם מפטיר יאמר אח"כ ההפטרה וברכותיה ג"כ.

אבל לכתחלה אסור לעשות כן - היינו שאין קורין למפטיר מי שלא ידע אח"כ לקרות ההפטרה ג"כ, **ובזמנינו** שהמנהג בכמה מקומות לכתוב נביאים על קלף ובגלילה כס"ת, וא"כ הקורא בנביא הוא מוציא כל הצבור כקריאת ס"ת, **ולכן** אפילו לכתחלה מותר לקרות למפטיר אפילו מי שאינו יודע לקרות בנביא בעצמו, דהוא יאמר כל הברכות, והש"ץ יקרא ההפטרה כמו שקורא בס"ת. **וגם** במקומות שאין קורין מהקלף, אלא מספר תנ"ך או מחומש בקול, והקהל מקשיב, אין מקפידין שהעולה למפטיר בעצמו יקרא את ההפטרה בקול, אלא כל שיכול לומר עם הבעל קורא בלחש מתוך הכתב, שפיר דמי, מנח"י – פסקי תשובות.

סעיף ה - אם נשתתק המפטיר באמצע ההפטרה, הבא לסיימה לא יתחיל ממקום שפסק הראשון, אלא צריך לחזור להתחיל ממקום שהתחיל הראשון, כמו בס"ת.

ולענין ברכה לפניה, יש דעות בריש סימן ק"מ, ע"ש הטעם וה"ה הכא, **ועיין** בפמ"ג שכתב, דספק ברכות להקל, ועיין במש"כ שם בבה"ל.

ועיין שם בס"א בהג"ה, דאפילו במקום שהש"ץ קורא בס"ת, ג"כ הדין דצריך להתחיל ממקום שהתחיל הראשון, וה"ה כאן.

הגה: ושנים לא יאמרו ההפטרה בפעם אחת, דתרי קלי לא משתמעי - עיין במ"א, דדוקא בקול רם, אבל בלחש מותר לומר, שבזה לא יטריד לחבירו שלא יוכל לשמוע, **וגם** נכון לכתחלה לעשות כן לקרות בלחש מתוך הספר עם הקורא, **ועיין** בפמ"ג דמשמע, דיראה לקרות מלה במלה עם הש"ץ כדי שיציית להקורא, **ועיין** בספר מעשה רב שכתב, דהא דכתב המ"א שיראה לקרות בלחש מתוך הספר עם הקורא, היינו דוקא כשהקורא קורא מתוך החומש, אבל כשקורא מתוך הנביא, יקרא הוא לבד, וכולם יהיו שומעין, **וע"ש** עוד שכתב, דאם יקראו הכל בקול רם עם הקורא, תהיה ברכת הקורא ברכה לבטלה.

(ועיין בשער אפרים שכתב וז"ל: עיקר הדין הוא שזה שעלה למפטיר הוא בלבד יאמר ההפטרה, והצבור יאמרו ג"כ אחריו בלחש, **ובמדינותינו** נהגו שהכל אומרים ההפטרה עם המפטיר ביחד בקול רם, והוא מחסרון ידיעה, ונכון לבטל המנהג, **ולכתחלה** יש לנהוג שהמפטיר יאמר ההפטרה בקול רם כהקורא בס"ת, והצבור יאמרו אחריו בלחש, ועכ"פ טוב שיהיו עשרה עומדים סמוך להמפטיר שישמעו לקול האומר ההפטרה, **וגם** יש שמוסיפין על המנהג, ועושין שהות באמירת ההפטרה, שאף שאחר שסיים המפטיר והתחיל הברכות אין רוצים להפסיק מאמירת ההפטרה, **ולא יפה הם עושים**, שאם אומרים בקול רם, אינם שומעים קול דברים מברכות המפטיר, ולפעמים גורמים שגם אחרים הסמוכים להם אין שומעים, ואף אם מנמיכים קולם, מ"מ הם בעצמם אינם שומעים, **לכן** יש לנהוג שמיד שישמע שהמפטיר סיים ההפטרה ומתחיל הברכות, אע"פ שהוא עדיין לא סיים, ישתוק עד שיסיים המפטיר הברכות, ואח"כ יסיים הוא אמירת ההפטרה, **גם המפטיר** יהיה זהיר שלא להתחיל הברכות עד שיפסוק קול ההמון לגמרי, עכ"ל).

גם לא יהיה נקרא ההפטרה ע"י שנים, דהיינו שאחד יקרא פסוק אחד, והב' שותק עד שמסיים הפסוק, ואח"כ קורא השני פסוק אחר, **כי** המפטיר שקרא בתורה צריך שיקרא הוא לבד כל ההפטרה.

סעיף ו - אין המפטיר מפטיר עד שיגמור הגולל לגלול הס"ת - היינו שאין רשאי להתחיל לומר ההפטרה עד שיגמור וכו', **והטעם**, כדי שגם הגולל יתן לבו למה שיאמר המפטיר, שחובה היא על כל אדם לשמוע פרשת ההפטרה כמו פרשה שבס"ת, **וברש"י** שם משמע, שצריך להמתין עד שיוגלל הס"ת במטפחותיה.

אין לסלק מעל השלחן ספר הנביאים או החומש שקורין בו המפטיר, עד אחר הברכה, כדי שיראה ויברך על מה שהפטיר.

סעיף ז - בשבת שהפרשיות מחוברות, מפטירין בהפטרת פרשה שניה - שבה מסיימין את הקריאה, **הגה: ועיין לקמן סימן תכ"ח** - לענין הפטרת "אחרי" ו"קדושים" כשהן מחוברות, ויתר דיני הפטרה.

ונהגו להזכיר אחר קריאת התורה נשמת המתים - לאפוקי אחר "אשרי" לא יאמר שום דבר, דהקדיש שאומרים לפני העמוד קודם תפלת י"ח, הוא קאי על "אשרי" שאמר בתחלה, וע"כ אין להפסיק ביניהם, ו"יהללו" שאומרים אין הפסק, **ומה** שנשתרבב המנהג שכשיש חולה, אוחז החזן הס"ת בידו לאחר "אשרי" ואומר "מי שבירך", ומפסיק הרבה בין "אשרי" לקדיש שלפני העמוד, שלא כדין הוא.

(**ספרי**: "כפר לעמך ישראל", אלו החיים, "אשר פדיתה", אלו המתים, מכאן שהמתים צריכין כפרה, **וקבעו** בשבת, שהכל נמצאים בבהכ"נ, והחי יתן אל לבו).

ולברך העוסקים בצרכי צבור, כל מקום לפי מנהגו, ונוהגין לומר "יקום פורקן", ואין בזה משום איסור תחינה בשבת.

גם נוהגים לומר "אב הרחמים"; ובכל יום שאין אומרים בו "צדקתך צדק", אין אומרים אותו, וכן כשיש חתונה או מילה.

ואם חל ט"ב בשבת, אע"פ שאין אומרים "צדקתך צדק", אומרים "אב הרחמים", כ"כ א"ר, **והפמ"ג** כתב, שג"כ מזכירין בו נשמות, אותן שמזכירין בכל שבת, **אבל** בשבת שמברכין בו אב, או בשבת שחל בו ר"ח אב גופא, אין אומרים "אב הרחמים", ואין מזכירין בו נשמות.

ויש מקומות שאין אומרים אותו כשמברכין החדש - ואין מזכירין בו נשמות, **מלבד בימי הספירה** - משום שהיו הגזרות באותו זמן, **ואפ"ה** אין מזכירין בו נשמות, רק למי שנפטר באותו שבוע - מ"א, **והפמ"ג** כתב, שכדומה שאין מזכירין אז נשמות כלל.

ואפילו חל מילה בשבתות ההם, דאיכא תרתי לטיבותא, אפ"ה אומרים "אב הרחמים", דהא אומרים אותו בימי חדש ניסן כשמברכין חדש אייר, דאית ביה נמי תרתי לטיבותא, **וה"ה** אם יש מילה בניסן, דאיכא ג' לטיבותא, ג"כ אומרים אותו, דאין חילוק בין תרתי לטיבותא ובין ג' לטיבותא. **אבל** כשחל ר"ח אייר בשבת, אין אומרים אותו, **וכ"ש** שאין מזכירים בו נשמות, **וכן** בכל חודש ניסן, אף בימים שלאחר הפסח דהוא תוך הספירה, ג"כ אין מזכירין בו נשמות, **אבל** "אב הרחמים" אומרים בו, כיון שהוא בימי הספירה.

והולכין בכל זה אחר המנהג.

§ סימן רפה – לקרא הפרשה שנים מקרא ואחד תרגום §

סעיף א - אע"פ שאדם שומע כל התורה כולה כל שבת בצבור, חייב לקרות לעצמו בכל שבוע פרשת השבוע

אותו השבוע - היינו שלא יקדים לקרות קודם אותו שבוע, וגם לא יאחר, צריך להשלים פרשיותיו עם הצבור, **וכל** המשלים פרשיותיו עם הצבור, מאריכין לו ימיו ושנותיו.

שנים מקרא ואחד תרגום - אבל לא יקרא אחד מקרא ואחד תרגום, ויכוין לשמוע מהש"ץ, **אלא** צריך לקרות ב' פעמים מקרא חוץ ממה ששמע מהש"ץ, **אם** לא שקרא אז ג"כ בפיו, **ועיין** במ"א שכתב בשם לחם חמודות, דבדיעבד יוצא פעם אחת במה ששמע מהש"ץ, **ויש** אחרונים שמחמירין אפי' דיעבד.

ובענין הקריאה יש דעות בזה בין אחרונים, י"א שיקרא כל פסוק ב' פעמים ותרגום עליו, **וי"א** שיקרא כל פרשה ב' פעמים ואח"כ התרגום, היינו שיקרא כל פרשה פתוחה או סתומה ב' פעמים ואח"כ התרגום, **ובמ"א** ובשע"ת מצדדים כדעה ראשונה, **ובספר** מעשה רב איתא, שהגר"א נהג לומר התרגום אחר כל פרשה פתוחה או סתומה, או אחר מקום שנראה יותר הפסק ענין, **ודעביד** כמר עביד ודעביד כמר עביד. ‹**ויש** שקורין כל הסדרה ואח"כ פעם שני ואח"כ התרגום, **ויכול** לעשות כמו שירצה, דלכולם יש פנים בהלכה, **ואפשר** שגם יכול לעשות פעמים כך ופעמים כך – ערוה"ש›.

מי שהוא בקי בטעמים ובנקודות בעל פה, טוב להדר לקרות בס"ת גופא.

אפילו "עטרות ודיבן" - ר"ל אע"פ שאין בו תרגום, **וה"ה** "ראובן ושמעון" וכיו"ב, צריך לקרותו ג' פעמים, **ויש** מחמירין דב"עטרות ודיבן" שיש בו תרגום ירושלמי, צריך לקרות שם התרגום.

סעיף ב - אם למד הפרשה בפירוש רש"י, חשוב כמו תרגום - שהוא מפרש את המקרא כמו שמפרש התרגום ויותר ממנו, וע"כ יוצא במה שקורא שני פעמים מקרא ואחד פירוש רש"י, **ואותן** פסוקים שאין עליהם פירש"י, יקרא אותן ג' פעמים, **אבל** אם קראה בשאר לעז שהוא מפרש רק את המלות לחוד, לא יצא י"ח במקום תרגום, לפי שהתרגום מפרש כמה דברים שאין להבין מתוך המקרא.

מי שאינו בר הכי שיבין את פירש"י, ראוי לקרות בפירוש התורה שיש בלשון אשכנז בזמנינו, כגון ספר "צאינה וראינה" וכיוצא בו, המבארים את הפרשה ע"פ פירש"י ושאר חכמינו ז"ל הבנוים על יסוד התלמוד.

וירא שמים יקרא תרגום וגם פירוש רש"י - כי התרגום יש לו מעלה שניתן בסיני, וגם הוא מפרש כל מלה ומלה, **ופירש"י** יש לו מעלה, שהוא מפרש את הענין ע"פ מדרשי חז"ל יותר מהתרגום, **ובאמת** כן ראוי לנהוג לכל אדם, שילמוד בכל שבוע הסדרה עם פירש"י לבד התרגום, כי יש כמה פרשיות בתורה ובפרט בחלק ויקרא, שא"א להבינם כלל ע"י תרגום לחוד.

מי שאין בידו תרגום רק החומש לבד יש לו, יקרא שני פעמים מקרא, ואח"כ כשיזדמן לו תרגום יאמר.

לא יקרא פסוק המאוחר קודם המוקדם, אלא יקרא כסדר.

לא יקרא התרגום תחלה ואח"כ מקרא, אלא יקרא לכתחלה שנים מקרא מקודם, ואח"כ תרגום, [**ובדיעבד** יוצא אף בקורא תרגום באמצע, כדמוכח בלבוש בהדיא]. ‹**והחזו"א** נהג לקרות מקרא תרגום מקרא, שבכך יבין היטב את המקרא שקורא עוד הפעם לאחר התרגום, **אמנם** הקורא תרגום לפני שקרא אפילו פעם אחת מקרא, אפשר לא יצא כלל – פסקי תשובות›.

אם אפשר לו שלא יפסיק בשמו"ת על שום דבר, הוא טוב ויפה מאד, וכן ראיתי מהמדקדקים עושין כן, וכן ראוי לבעל נפש לעשות, [**נ"ל** דזה הוא אף בין פרשה לפרשה, **אבל** באמצע ענינא, מן הדין אסור להפסיק, וכמו שאחז"ל: הפוסק מדברי תורה ועוסק בדברי שיחה, מאכילין אותו גחלי רתמים, **ואפשר** שלזה כוון הבה"ט, שכתב: ואיסור גדול להפסיק בקריאת שמו"ת בדבור].

סעיף ג - מיום ראשון ואילך חשיב עם הצבור - כיון שמתחילין במנחתא דשבתא לקרות פרשת שבוע הבא, נחשב שוב הקורא כקורא עם הציבור, **וא"כ** מה שכתב המחבר "מיום ראשון ואילך", לאו דוקא הוא, [ובודאי יוצא מן המנחה ולמעלה].

כמה אחרונים כתבו, דמן המובחר הוא לקרותה בע"ש, ועיין בשע"ת, **ובספר** מטה יהודה כתב, דאם הוא קורא מתחלת השבוע והלאה, הוא ג"כ בכלל מצוה מן המובחר, וכמו שכתב בב"י דמוכח כן מדברי הרמב"ם, **וכן** בספר מעשה רב כתב בהנהגת הגר"א, שהיה נוהג תיכף אחר התפלה בכל יום לקרוא מקצת מהסדרה שנים מקרא ואחד תרגום, ומסיים בע"ש.

סעיף ד - מצוה מן המובחר שישלים אותה קודם שיאכל בשבת - וכדאיתא במדרש, שצוה רבי את בניו: אל תאכלו לחם בשבת עד שתגמרו את כל הפרשה, **ומ"מ** פשוט דאין לעכב מחמת זה האכילה עד אחר חצות, וכדלקמן בסימן רפ"ח, [או כשיש לו אורחים בביתו שתאבים לאכול]. דזהו רק מצוה בעלמא ולכתחלה.

סימן רפה – לקרא הפרשה שנים מקרא ואחד תרגום

מהנכון אם לא קרא שנים מקרא ואחד תרגום בע"ש, להשכים בשבת בבקר ולקרא השמו"ת קודם הליכתו לבהכ"נ, כן איתא באו"ז, וכן מוכח בתר"י.

(המ"א הביא בזה דעות, דמספר הכוונות משמע, דלכתחלה ישלים בע"ש, ורק כשהיה אנוס ישלים בשבת, ובב"י ומגיד מישרים משמע, דלכתחלה יתחיל בע"ש וישלים בשבת, ועיין מה שכתבנו במ"ב לעיל בשם האור זרוע ותר"י והגר"א).

ואם לא השלים קודם אכילה, ישלים אחר אכילה עד המנחה - דממנחה ולמעלה מתחילין הצבור לקרות פרשת שבוע הבא.

(ומה שצוה רבי שיגמרו הפרשה קודם הסעודה, הוא רק משום דחייש דלמא אגב רוב סעודת שבת משתמיט ולא יגמור).

וי"א עד רביעי בשבת - דג' ימים הראשונים שייכין עדיין קצת לשבת שעבר, וכדלקמן בסימן רצ"ט ס"ו לגבי הבדלה, לכן בדיעבד יכול להשלים.

וי"א עד שמיני עצרת - היינו בא"י, ששם עושין שמיני עצרת רק יום אחד, **(דהיינו בשמחת תורה, שאז משלימים הצבור)** - הס"ת, ולכך בדיעבד מקרי עד יום ההוא משלים פרשיותיו עם הציבור, **ויש** לו לקרות אז שנים מקרא ואחד תרגום, ודלא כאותן שקורין מקרא לחוד, כיון שחסר לו גם התרגום, [ב"י, וז"ל: ופשוט הוא, אלא שכתבו כן לאפוקי ממנהג העולם, שקורין ביום שמיני עצרת כל התורה פעם אחת מקרא לבד].

אבל לכתחלה לכו"ע לא יאחר יותר מיום השבת.

סעיף ה - יכול לקרות הפרשה שמו"ת בשעת קריאת התורה - ובמ"א הביא בשם השל"ה, שמחמיר בזה, אלא הכל צריכין לשמוע הקריאה מפי הש"ץ, וכן הוא דעת הגר"א שהובא בספר מעשה רב, דצריך לשמוע כל תיבה ותיבה ולראות בחומש, ולא יסייע להקורא כלל, **ומשמע** שתפסו העיקר כדעת השבלי לקט בשם רבו, והר"מ שהובא בהגהות מיימוני ובב"י, דרק בין גברא לגברא מותר, **ומ"מ** נראה דלקרוא בלחש מלה במלה עם הש"ץ אין להחמיר בזה, כיון שמכוין אז גם לשמוע כל תיבה מפי הש"ץ, **והמ"א** הביא שם בשם מטה משה, דלכתחלה נכון לעשות כן, וכ"כ כמה אחרונים.

(וע"ל סימן קמ"ו) - דשם מסיק המחבר בס"ב, דנכון להמדקדק בדבריו לכוין דעתו לשמעם מפי הקורא, והוא משום דחשש ג"כ לדעת המחמירים שהבאתי למעלה.

סעיף ו - מלמדי תינוקות א"צ לחזור ולקרות הפרשה בשבת - מכאן שניגון הטעמים אינו מעכב לגבי שמו"ת.

ודוקא בימיהם שהיו לומדים פירוש המקרא עם התינוקות, ולכך יוצאין בזה גם ידי תרגום, וכדלעיל בס"ב, **אבל** אם לומד פירוש המלות לחוד, לא יצא ידי תרגום, אלא השני פעמים מקרא, דבודאי קרא עם התינוקות שני פעמים, **ולכן** צריך לומר תרגום בעצמו.

סעיף ז - א"צ לקרות פרשת יו"ט - ר"ל שאין צריך לקרות לעצמו שמו"ת, דהא כבר קרא כל התורה מדי שבת בשבתו, **וביום** הו"ר יקרא שמו"ת פ' "וזאת הברכה", ואם קרא ביום שמ"ע לא הפסיד.

הגה: וכן א"ל לקרות ההפטרות, ומ"מ נהגו לקרות ההפטרה - טעם המנהג, שמא יקראוהו למחר למפטיר, ויהא בקי ורגיל בה, **משא"כ** בפרשיות של יו"ט, ששם החזן הוא הקורא.

ובשבת של חתונה יקרא ההפטרה של שבת ולא "שוש אשיש" - ר"ל שיש מנהג באיזה מקומות, שקורין בצבור לבד הפטרת הסדרה עוד איזה פסוקים מהפטרת "שוש אשיש", משום דכתיב בה: כחתן יכהן פאר וגו', **וקמ"ל** דבשעה שקורא לעצמו ההפטרה, א"צ לקרות אלו הפסוקים, משום דהוא מצוי ושגור בפי הכל, ובקי בהן בלא זו הקריאה.

ובד' פרשיות יקרא הפטרה דד' פרשיות.

§ סימן רפו – דיני תפילת מוסף בשבת §

סעיף א - זמן תפלת מוסף מיד אחר תפלת השחר - כמו קרבן מוסף שזמנו לכתחלה אחר התמיד, (וגם המתפללין כותיקין, או שמתפלל ביחיד, יתפלל מיד אחר שחרית).

ואין לאחרה יותר מעד סוף ז' שעות - דעיקר זמן הקרבת המוסף היה לכתחלה עד סוף שבע.

(ומשמע דעד שש ומחצה יכול לאחר ואח"כ להתפלל, ולכאורה לדעת המחבר לקמן בדעה א', הלא יוצרך להתפלל מנחה מקודם, ותהיה התפלה שלא כסדר הקרבה, אף אם יתפלל מוסף ג"כ בתוך שבע, וי"ל דמ"מ פושע לא מקרי, כיון שעיקר התפלה לא איחר זמנה, אבל לכתחלה בודאי נכון ליזהר שלא יבא לזה לדעה זו).

ואם התפלל אותה אחר שבע שעות, נקרא פושע, ואעפ"כ יצא י"ח, מפני שזמנה כל היום. ואם שכח ולא התפלל עד שעבר כל זמנה, אין לה תשלומין - כיון שנזכר בה קרבן מוסף, וקרבן מוסף אין לה תשלומין, **משא"כ** שארי תפלות שלא נזכר בהם קרבן כלל, יש להן תשלומין כמ"ש סי' ק"ח.

ויש בה נשיאות כפים - היינו דנושאין כפים במוסף כמו בשחרית, וכנ"ל בסי' קכ"ט.

וע"ש בסי' קכ"ח סמ"ד בהג"ה, דבכל מדינותינו אין נוהגין לישא כפים בשבת כלל.

הגה: ואם התפלל אותה קודם תפלת שחרית, יצא - דקרבן מוסף זמנו מתחלת היום עד הערב, **אלא** דאסור להקדים שום קרבן לכתחלה לקרבן תמיד של שחר, ובדיעבד יצא.

סעיף ב - כל יחיד חייב להתפלל תפלת המוספין, בין אם יש צבור בעיר או לא - דלא תימא דהואיל דהוא

במקום הקרבת הקרבן, לא הוטלה המצוה רק על הצבור שבעיר ולא על היחיד, קמ"ל דלא אמרינן הכי.

הגה: ואח"כ חוזר השליח לצבור התפלה כמו בשאר תפלות.

סעיף ג - מותר לטעום קודם תפלת המוספין, דהיינו אכילת פירות, או אפילו פת מועט - דהיינו כביצה, דכ"ז הוא בכלל אכילת עראי, **וכ"ש** אם אוכל מיני תרגימא מחמשת המינים דשרי, [**ועד** כמה נקרא אכילת ארעי, עיין בסי' תרל"ט לגבי סוכה, וה"ה הכא]. **אפילו טעימה שיש בה כדי לסעוד הלב** - דהיינו שאוכל פירות הרבה, דאכילת פירות לא מקרי קבע.

ואע"ג דלאחר תפלת שחרית כבר נתחייב בקידוש, ואסור לאכול ולשתות מקודם, ואין קידוש אלא במקום סעודה, **י"ל** דדי כשישתה כוס יין אחר הקידוש, ‹אם אין לו מה' מינים - שונה הלכות›, **דגם** זהו מקרי סעודה, כנ"ל סי' רע"ג, ואח"כ יאכל הפירות, **או** כשאין לו יין כ"כ, **יש** לסמוך [בקידוש של שחרית] על הפוסקים דס"ל, דדי כשישתה כל הכוס יין של קידוש שמחזיק רביעית, דזהו מקרי ג"כ קידוש במקום סעודה.

(**ואפילו** בכהן שצריך לישא כפיו במוסף, ג"כ מותר לשתות רביעית יין שלנו, דבודאי יש בו ג"כ מים, **ועיין** לעיל בסימן קכ"ח סל"ח, מה שכתבנו שם במ"ב אודות יין שרף).

כתב בא"ר והובא בשע"ת, דאם חלש לבו ואין לו יין ולא שאר דבר לקדש עליו, רשאי לאכול פירות וה"ה מיני תרגימא מה' מינים קודם מוסף, אף בלי קידוש, **אבל** בלא"ה אין להקל.

אבל סעודה אסורה - ונראה דאם חלש לבו, יכול גם פת לאכול עד שתתיישב דעתו, אף שהוא יותר מכביצה.

סעיף ד - היו לפניו שתי תפלות, א' של מנחה וא' של מוספין, כגון שאיחר מלהתפלל תפלת מוסף עד ז' שעות (ומהל"ג, טור), **שהוא זמן תפלת מנחה, צריך להתפלל של מנחה תחלה ואח"כ של מוסף** - שמנחה הוא תדיר.

הגה: ומיהו אם הקדים של מוסף, יצא - דהא דתדיר קודם, הוא רק למצוה ולכתחלה, ולא לעיכובא בדיעבד.

(**ואם** איחר עד סמוך לשבע, מסתפק הפמ"ג, דאולי בזה בכל גווני מוסף קודם לכו"ע, דלא יעבור על מצותו הראויה ויהיה פושע).

וי"א דהיינו דוקא שצריך עתה להתפלל שתיהן, כגון שרוצה לאכול ואסור לו לאכול עד שיתפלל מנחה, אבל אם א"צ עתה להתפלל מנחה, יכול להקדים של מוסף.

ולפי מה דמסיק הרמ"א לעיל בסימן רל"ב ס"ב בהג"ה, אין לאסור לאכול קודם מנחה כשהגיע זמן מנחה גדולה, אלא בסעודה גדולה, **וסעודת** שבת לא מקרי סעודה גדולה, כי אם סעודת נשואין או ברית מילה, ולא חיישינן שמא יפשע, **ובפרט** האידנא דסומכין על קריאה לבהכ"נ למנחה, א"צ להתפלל עתה מנחה.

הגה: ומיהו אם הגיע מנחה קטנה, יתפלל מנחה תחלה - ואם הוא סמוך לערב, ואין לו שהות להתפלל שתיהן, יתפלל מוסף, דמנחה יש לה תשלומין בערבית, משא"כ במוסף - מ"א, **ובספר** דגול מרבבה חולק עליו מהירושלמי שמפורש להיפוך, וכן הקשה עליו בספר בית מאיר, **ובחידושי** הגרע"א מיישבו בדוחק.

ויש מי שהורה שאין עושים כן בצבור להקדים תפלת מנחה לתפלת מוסף, כדי שלא יטעו - פי' בשאר ימים, להתפלל מנחה קודם מוסף אפילו קודם חצות.

סעיף ה - בשבת ויו"ט אין אומרים "ברכו" אחר קדיש בתרא, (וע"ל סי' קל"ג) - ברמ"א, דשם נתבאר היטב דין זה.

§ סימן רפח – דין תענית, ודין תענית חלום בשבת §

סעיף א - אסור להתענות בשבת עד ו' שעות - דגם בחול האוכל אחר ו' שעות הוי כזורק אבן לחמת, ע"כ נקרא כמו תענית בשבת, **ואם** טעים מידי קודם תפלת מוסף, מותר להתאחר יותר מו' שעות.

ולשם תענית אפילו שעה אחת אסור, **וע"כ** שלא כדין עושין מקצת קהלות, שמתענים בשבת עד סמוך לחצות על הגזרות.

(**ואיסור** תענית בשבת, יש דעות בפוסקים אם הוא רק מדברי קבלה, מדכתיב: וקראת לשבת ענג, **או** הוא מדאורייתא, מדכתיב: אכלוהו היום וגו', **ונראה** פשוט דתענית עד ו' שעות לכו"ע מדרבנן).

הגה: ואפילו לומד ומתפלל, אסור - ולפי"ז הש"ץ שמנגן, ואין יוצאין מבהכ"נ עד אחר שש, שלא כהוגן הוא, ובפרט בחורף שהימים קצרים, ומכ"ש ביו"ט, מלבד בר"ה - ב"ח, **ובא"ר** מצא סמך להקל בלומד ומתפלל להתאחר עד אחר חצות, ובבגדי ישע כתב ג"כ שמותר ללמוד ולהתפלל עד חצות.

סעיף ב - י"א שאדם שמזיק לו האכילה, דאז עונג הוא לו שלא לאכול, לא יאכל - וכמעט קרוב לאיסור האכילה, כיון שמשער שיזיק לו, **והיינו** אם גם כזית קשה לו לאכול, ועיין לקמן בסימן רצ"א ס"א בהג"ה.

הגה: וכן מי שיש לו עונג אם יבכה, כדי שילך הצער מלבו, מותר לבכות בשבת - כתב הט"ז, היינו דוקא אם מחמת רוב דביקותו בהקב"ה זולגים עיניו דמעות, שכן מצינו ברבי עקיבא בזוהר חדש, שהיה בוכה מאד באמרו "שיר השירים", באשר שידע היכן הדברים מגיעים, וכן הוא מצוי במתפללים בכונה, **אבל** סתם לבכות כדי שיצא הצער מלבו, לא, ע"ש, **אבל** בא"ר ותו"ש התירו, כיון שע"י בכיתו ירווח לו.

סעיף ג - אדם המתענה בכל יום, ואכילה בשבת צער הוא לו מפני שינוי וסת (פי' דבר קבוע) – (ר"ל אפילו אם יאכל מעט, דאל"ה אין לו למנוע מחמת זה), **י"א שראו כמה חסידים ואנשי מעשה שהתענו בשבת מטעם זה, וכן אמרו שכך היה עושה הר"י החסיד ז"ל.**

אבל כשאין לו צער, אף שמתענה על עונות ומחמת תשובה, אסור.

(ועיין באחרונים שכתבו, דעל הא דסעיף ב' וג', א"צ למיתב תענית לתעניתם).

סעיף ד - וצריך להתענות ביום ראשון, כדי שיתכפר לו מה שביטל עונג שבת – (וה"ה אם היה יו"ט שחל בשבת, והתענה בו תענית חלום, די ביום אחד לבד).

ואם ביום ראשון הוא תענית חובה, כגון י"ז בתמוז וכדומה, או אפילו תענית יחיד שנהג בו חובה, כגון שיש לו מנהג קבוע תמיד להתענות יום ראשון של סליחות, **אינו** עולה לו, כיון שאף אם לא היה מתענה בשבת היה מתענה יום זה, וצריך ליתן יום אחר, **ויש** חולקין ע"ז, וס"ל דאף תענית חובה שהוא ביום ראשון עולה לו, ויכוין ביום התענית חובה, שיהיה לו כפרה על מה שהתענה ביום השבת, **ומי** שקשה לו התענית, יכול לסמוך על המקילין דעולה לו.

ואם תשש כחו ואינו יכול להתענות ב' ימים רצופים, לא יתענה ביום א' ויתענה אח"כ.

הגה: וכ"ש אם היה ביום א' חנוכה או ר"ח או פורים או יו"ט, אפילו יו"ט שני של גליות, שאין להתענות עד אח"כ - וצריך בכל זה להקדים כל מה שיכול.

ודוקא אלו הימים, שמדינא אסור להתענות בהם, אבל אם יום ראשון הוא יום שאיסור התענית בו אינו אלא מנהג, כגון יומי דניסן או סיון, או אסרו חג, או בין יוה"כ לסוכות, וכה"ג, יכול להתענות בהם תענית לתעניתו, **וגם** אם התענה בהם תענית חלום, א"צ למיתב אח"כ תענית לתעניתו, **אבל** המתענה תענית חלום בר"ח וחנוכה ופורים ויו"ט שני של גליות וחוה"מ, צריך למיתב תענית לתעניתו.

או ר"ח - ודוקא שאר ראשי חדשים, אבל בר"ח ניסן, דעת המ"א דיכול להתענות בו, מפני שהוא תענית צדיקים, עיין סי' תק"פ, [**ואף** שבמ"א נזכר ג"כ ר"ח אב וערב פסח, לא העתקתי, דכדי נסבא, דלא יוכלו לחול ביום א'], **ובתו"ש** חולק עליו, דהא כתב המ"א שם לקמן, דמי שאינו רגיל להתענות תענית צדיקים, ואירע לו איזו צרה ח"ו, אל יתענה בו.

י"א מי שישן שינת צהרים וחלם לו חלום רע, יתענה מחצי היום - ואעפ"כ אינו מתפלל "עננו" אח"כ, **עד חצי הלילה, ואז יבדיל** - ויש מקילין שלא יתענה רק עד הלילה, [מי"ט הובא בא"ר], **ויש** לסמוך ע"ז כשהיה יו"ט במוצאי שבת.

(**ואם** חלם לו בשבת סמוך למנחה, ואם יצטרך להמתין י"ב שעות משעת הקיצה, יאיר היום ויוכרח להבדיל ביום א', וכן כה"ג אם חלם לו בע"ש סמוך למנחה, ואם יצטרך להמתין י"ב שעות, יאיר היום ויוכרח לקיים קידוש היום ביום שבת, יש לעיין בזה, דאף דבדיעבד יוצא בזה ידי קידוש והבדלה, מ"מ הלא לכתחלה מצות קידוש בליל שבת, וכן הבדלה במוצ"ש, ואפשר דאין לסמוך על הי"א הזה, דלאו מלתא דפסיקא הוא כולי האי, והנה לפי מה שמצאתי בא"ר בשם מי"ט, דמהר"ש מקיל שא"צ להתענות רק עד הלילה, וסמך עליו לענין אם אירע יו"ט במוצ"ש, פשוט דכ"ש בזה דיש לסמוך עליו, שלא לעקור המצות ממקומם).

וביום הראשון יתענה כאילו התענה כל יום השבת - ואפילו אם חלם לו אחר שכבר קיים סעודה ג' אחר חצי היום, וא"כ אפילו בלא החלום אי בעי שלא לאכול עוד הרשות בידו, **מ"מ** כיון שהתענה לשם תענית, עבירה היא בידו, וצריך למיתב תענית ע"ז.

(י"א דבחול אם אירע לו חלום רע בצהרים, אין שייך בו תענית כלל אפי' לאיזה שעות, ודבריהם צ"ע).

ואם חלם לו בתחלת הלילה וננער, השל"ה החמיר שלא לטעום גם בלילה, והביאו המ"א, **והא"ר** צידד להתיר, שהתענית אינו מתחיל רק כשיאור היום.

סעיף ו - המתענה בשבת, אומר "עננו" אחר סיום תפלתו - היינו קודם "יהיו לרצון", **בלא חתימה, וכוללו ב"אלהי נצור". הגה: ויאמר אחר תפלתו "רבון העולמים גלוי" וכו' כמו בחול** - כתבו האחרונים, דמותר לומר בשבת "אלהי עד שלא נוצרתי וכו', יהי רצון" וכו', **דאינו** אסור שאלת צרכיו אלא כשמבקש על חולי או פרנסה ודומה לו, שיש צער לפניו, **אבל** חרטת עונות טוב לומר בכל יום, כיון שאינו בלשון וידוי, [**ובענינינו** אפי' היה בלשון וידוי ג"כ שרי].

סעיף ח - אין מתענין על שום צרה מהצרות כלל - היינו אפי' על אותן שמבואר בסמוך שזועקין ומתחננין עליהן.

כשיש מאורע וצריך אדם לרחמים, מותר לבקש וליפול על פניו ביחיד.

סעיף ט - אין צועקים ולא מתריעין בו על שום צרה, חוץ מצרת המזונות שצועקים עליה בפה בשבת, ולא בשופר. וכן עיר שהקיפוה אנסין או נהר, וספינה המטורפת בים, ואפילו על יחיד הנרדף מפני אנסין או לסטים או רוח רעה - שנכנס בו רוח שד, ורץ והולך, שמא יטבע בנהר או יפול וימות, **או** שהוא חולה ממיני החלאים, **זועקין ומתחננין בתפלות בשבת, אבל אין תוקעין, אא"כ תוקעין לקבץ העם לעזור לאחיהם ולהצילם. (ועי"ל סי' תקע"ו סי"ג).**

סעיף י - נרדף מפני רוח רעה שאמרו, לאו דוקא, דה"ה לכל חולה שיש בו סכנת היום, זועקים ומתחננין. וכן נהגו לומר: מצלאים בשבת על חולים המסוכנים סכנת היום. הגה: וכן מותר לברך החולה המסוכן בו ביום - אבל מי

סימן רפח – דין תענית, ודין תענית חלום בשבת

שאינו מסוכן לא, **וכשעושין** "מי שבירך" לחולה שאין בו סכנה, אומר: שבת היא מלזעוק ורפואה קרובה לבוא, **ולברך** המקשה לילד, בודאי מותר, דהא בכלל מסוכנת היא, **וכן** היולדת בתוך שבוע ראשון, ג"כ נראה דלכו"ע אין להחמיר.

§ סימן רפט – סדר סעודת שחרית של שבת §

סעיף ב - במקום שאין יין מצוי, הוי שכר ושאר משקין, חוץ מן המים, חמר מדינה ומקדשין עליו - משמע דבמקום שהוא מצוי, אין לקדש על חשכר ושאר משקין, **ועיין** לעיל בסי' רע"ב במ"ב מה שכתבנו שם, דנוהגין להקל בזה בשחרית במדינותינו, **ומ"מ** מצוה מן המובחר על היין הוא, **ולענין** יין שרף ע"ש.

ומשקה שאינו חמר מדינה, הסכימו הרבה אחרונים דאין מקדשין אפי' בשחרית, דדומיא דקידוש הלילה תקנוה, [**ורק** דלענין עיקר הקידוש שנוכל לקדש על חמר מדינא, הקילו בשחרית, ומשא"כ בלילה].

ופרטי הדין של חמר מדינה מבואר לקמן בסימן רצ"ו במ"ב לענין הבדלה, וה"ה כאן.

ואם אין לו שכר ושאר משקין, אוכל בלא קידוש - פי' כשיש לו פת, ואפילו חתיכת פת ולא פת שלם, אומר "המוציא" על הפת, **ואסור** לאכול דבר אחר קודם לכן, לדעת קצת פוסקים, **ואם** אין לו גם פת, אוכל בלא קידוש, ואין לו לבטל מצות עונג שבת בשביל זה, (**ומ"מ אם הביאו לו משקה באמצע סעודתו, יקדש עליו**).

ובלילה אם אין לו חתיכת פת ויין ושאר משקין לקדש עליו, ויש לו תבשיל ופירות וכיוצא בו, **י"א** דאם מצפה שיביאו לו איזה דבר לקדש עליו, ימתין איזה שעות, ועכ"פ א"צ להמתין יותר מחצות, **ואם** הוא אדם חלש, א"צ להמתין, ויאכל מה שיש לו בלא קידוש, ויסמוך על מה שהזכיר קדושת היום בתפלה, **ולכשיביאו** לו אח"כ בלילה פת או יין, אומר עליו כל נוסח הקידוש, ויסעוד כזית עכ"פ.

§ סימן רצ – בשבת ישלים מאה ברכות בפירות §

סעיף א - ירבה בפירות ומגדים ומיני ריח, כדי להשלים מנין מאה ברכות - וגם בליל שבת קודש טוב שישלים בם המאה ברכות.

כי בכל יום מברך אדם מאה ברכות, ועתה שנחסר לו כמה ברכות, שבתפלת שבת יש רק ז' ברכות, וע"כ ישתדל להשלימם.

הגה: ואם רגיל בשינת צהרים, אל יבטלנו, כי עונג הוא לו - ומ"מ לא ירבה בו יותר מדאי, שלא יביאנו לידי ביטול תורה, **שאפילו** ת"ח שלומדים כל השבוע, שמצוה שיתענגו ביותר וכדלקמיה בהג"ה, אין הפירוש שיבלו כל היום בתענוגים, רק ימשכו יותר בתענוג משאר בני אדם.

אבל לא יאמר: נלך ונישן כדי שנוכל לעשות מלאכתנו במו"ש, שמראה בזה שנח וישן בשביל ימות החול.

כתבו הספרים בשם הזוהר, שמצוה על האדם לחדש חידושי תורה בשבת, ומי שאינו בר הכי לחדש, ילמוד דברים שלא למד עד הנה.

§ סימן רצא – דין שלש סעודות §

סעיף ד - הגה: וי"א דאסור לשתות מים בין מנחה למעריב בשבת, דאז חוזרים הנשמות לגיהנם - ר"ל דאז קרוב לזמן החזרה לגיהנם, ואיתא במדרש: כל השותה מים בשבת בין השמשות, כאלו גוזל קרוביו המתים, ועיין במרדכי פ' ע"פ באורו, (וז"ל: מפני שהם שותים כשהם רוצים לחזור לדינן).

(ואסור אפילו לא השלים עדיין הסעודה שלישית שלו, **אם כבר שקעה החמה**).

וע"כ אין לאכול סעודה שלישית בין מנחה למעריב - דפן יבוא גם לשתות, **אלא יאכל אותה קודם מנחה**.

וי"א דיותר טוב להתפלל מנחה תחלה, וכן נוהגים לכתחלה בכל מדינות אלו - דאסור לאכול עד שיתפלל, **והדעה** הראשונה ס"ל, דסעודה קטנה שרי, כמ"ש בסימן רל"ב.

ובמקום שקשה לו לקיים הסעודה לאחר מנחה, יוכל אפילו לכתחלה לקיים הסעודה קודם מנחה, אם הוא קודם זמן מנחה קטנה, [**דהא** אנן פסקינן לעיל ברל"ב, דסעודה קטנה שרי אפי' סמוך למנחה קטנה].

ומ"מ אין לשתות מים מן הנהרות - ס"ל לדעה זו, דמה דאיתא במדרש הנ"ל: דאין לשתות מים בין השמשות, היינו דוקא בשותה מן הנהרות, **אבל בבית שרי, וכ"ש שאר משקין דשרי**.

ויש אומרים דאין אסור אלא תוך י"ב חודש על אביו ואמו.

וי"א דאיסור זה של שתיית מים אינו רק בע"ש - שמפרשים מה דאיתא במדרש הנ"ל "בשבת בין השמשות", היינו בין השמשות של ליל שבת.

סעיף ד - א"צ לקדש בסעודה שלישית - דהיינו לברך על היין קודם הסעודה, דאיתקש יום ללילה לענין קידוש, מה לילה סגי בחד זימנא, אף ביום כשתקנו חכמים לקדש, סגי נמי בחד זימנא בבוקר, [**ונ"ל** פשוט, דאם לא היה לו כוס בבקר, צריך להדר לקדש קודם

סימן רצא - דין שלש סעודות

הסעודה בסעודה שלישית, דומיא דקידוש של לילה, דאם לא קידש, צריך לקדש כל היום כולו].

אבל צריך לבצוע על שתי ככרות - דכל הסעודות שאדם סועד ביום השבת שוות.

הגה: ואם סועד הרבה פעמים בשבת, צריך לכל סעודה ב' ככרות, ולפחות לא יהיה לו בסעודה שלישית פחות מככר א' שלם - דביום ששי ירד המן לכל אחד שני עמרים, ומכל עומר עשו ב' ככרות, הרי ד' לב' עמרים, אכל א' בע"ש וא' בליל שבת וא' בבוקר, הרי נשאר לו רק אחד שלם לסעודה ג'.

שלם - ואם אין לו, די בפרוסה שהיא כביצה, וכנ"ל בס"א, **דאע"ג** דמצות לחם משנה אין לו, מצות סעודה מיהא קיים.

(**ואם יש לו שלם וגם פרוסה**, פשוט דיבצע סעודה זו על הככר השלם, והפרוסה יניח על סעודת מלוה מלכה, **דסעודה** זו חשיבא הרבה יותר מסעודת מלוה מלכה, אף שגם היא מצוה, **ויש** אנשים שחושבין להיפך וטועין בזה).

ומזה פשט המנהג להקל לבצוע בסעודה שלישית רק בככר א' שלם, אבל יש להחמיר ליקח שנים - וכן ראוי לנהוג לכתחלה, כי הסברא הראשונה היא העיקר, [**וכתב** הפמ"ג שכן המנהג היום].

ואם אין לו לחם משנה לכל אחד מהמסובין, נכון לנהוג שזה שבוצע יכוין לפטור בברכת "המוציא" כל המסובין, **וגם** יאמר להמסובין שיכוונו שיצאו בברכתו, כדי שכולם יצאו בלחם משנה.

וטוב להדר לברך על היין תוך הסעודה, [לצאת בזה דעת הרמב"ם שסובר כן].

סעיף ה - צריך לעשותה בפת - כיון דילפינן ג' סעודות מג' פעמים "היום" דכתיבי גבי מן, צריך לעשותה בפת, **וגם** מצוה לכתחלה להרבות במעדנים כפי יכלתו.

וי"א שיכול לעשותה בכל מאכל העשוי מאחד מה' מיני דגן - שמברכין עליהם "בורא מיני מזונות", **וטעם** דעה זו, כיון דאין דרך לאכול סעודה ג' לתיאבון, סגי בהכי, **וזהו** ג"כ טעם שאר הדעות שמקילין בזה **וי"א שיכול לעשותה בדברים שמלפתים בהם הפת, כבשר ודגים, אבל לא בפירות; וי"א דאפילו בפירות יכול לעשותה** - ולכו"ע למצוה מן המובחר בפת ושני ככרות, וכנ"ל בס"ד, אלא דפליגי לענין דיעבד אם יצא בזה.

וסברא ראשונה עיקר, שצריך לעשותה בפת, אא"כ הוא שבע ביותר. הגה: או במקום שא"א לו לאכול פת, כגון בערב פסח שחל להיות בשבת, שאסור לו לאכול פת לאחר מנחה, כדלקמן בהלכות פסח - ע"כ יקיים אותה במיני טיגון שעושין ממצה כתושה, או בבשר ודגים או פירות.

סעיף ו - נשים חייבות בסעודה שלישית - דלכל מילי דשבת איש ואשה שוין, **ועוד** שגם הם היו בנס של המן, ועל כולם אמר "אכלוהו היום", דמזה נלמד חיוב ג' סעודות בשבת.

(וגם חייבות במצות לחם משנה).

§ סימן רצב - דין תפלת מנחה בשבת §

סעיף א - במנחה (אומרים "אשרי" "ובא לציון") - אמירת "ובא לציון" במנחה הוא במקום סדר קדושה דחול, ובשבת שמאריכין הרבה בשחרית ומוסף, הניחוה עד מנחה.

("ואני תפלתי" וגו') - הוא על פי המדרש, שאמר דוד לפני הקב"ה: רבש"ע אין אומה זו כעו"ג, ששותין ומשתכרים ופוחזים, ואנו לא כן, אע"פ שאכלנו ושתינו, ואני תפלתי וגו', **אבל** במנחה של יו"ט א"א אותו, כיון דאין קורין בתורה, שהוא עת רצון עי"ז, **ומיהו** בשבת נהגו לאמרו אף במקום שאין ס"ת, וכן אפילו ביחיד.

ומפסיקין בקדיש קודם "ואני תפלתי".

מוציאין ס"ת וקורין ג' אנשים י' פסוקים מפרשה הבאה - הוא מתקנת עזרא כדאיתא בגמרא.

במנחה א"א קדיש על הבימה לעולם, היינו בין בשבת בין בתענית, רק לפני העמוד קודם תפלת י"ח, וקאי נמי אס"ת, **דאי** יאמרו מיד על הבימה, א"כ לפני העמוד לא יאמרו קדיש, כי אין במה להפסיק בין הקדישים, "יהללו" פסוק אחד לא הוי הפסק, ואף שאומרים מזמור "לה' הארץ", אין זה מעיקר הדין, ולעולם ראוי להסמיך הקדיש לתפלת י"ח, משא"כ בשחרית יש הפסק באמירת "אשרי" בינתים, **ולפי"ז** כשאין ס"ת בשבת במנחה, לא יאמרו רק פעם אחד קדיש אחר "אשרי ובא לציון", **ופסוק** "ואני תפלתי" יאמרו אז קודם הקדיש, כדי שלא יהא הפסק בין קדיש להתפלה.

ואפילו חל יום טוב להיות בשבת, קורין בפרשה הבאה ולא בשל יו"ט - דהא הקריאה איננה בשביל יו"ט, דהא במנחה ביו"ט אין קורין.

סעיף ב - אומרים: "צדקתך" - דמתו בו יוסף משה ודוד, **ולכן** נהגו שלא לקבוע אז מדרש, כי חכם שמת כל המדרשות בטלים, **וב"ח** האריך להוכיח שלא מת משה בשבת, רק בע"ש, ולא נגנז עד שבת במנחה, בשעתא דעת רצון, וכמ"ש בזוהר, ואנו אומרים צדוק הדין עליו בזמן שנגנז, **וי"מ** דאומרים "צדקתך" להצדיק הדין על הרשעים שחוזרין לגיהנם במו"ש. **ואם חל בו יום שאילו היה חול לא היו אומרים בו במנחה נפילת אפים, אין אומרים "צדקתך"** - פי' בין שיום השבת הוא ר"ח, בין שיום א' שאחריו הוא ר"ח, וא"כ אלו היה חול לא היו אומרים במנחה נפילת אפים, שכבר חל במקצת יום שלאחריו, ולכן גם עתה אין אומרים "צדקתך".

סימן רצב – דין תפלת מנחה בשבת

הגה: ונהגו שלא לקבוע מדרש בין מנחה למעריב - היינו כשהוא סמוך לחשיכה, **ולכן** המנהג לדרוש קודם מנחה, **ואם** נמשכה הדרשה עד סמוך לחשיכה, אזי לא יאמרו "פרקים" או "שיר המעלות", כדי שיוכלו לקיים סעודה ג' בזמנה.

ואינו איסור, אלא מנהג לזכרון בעלמא, והטעם כנ"ל, **ודוקא** שלא ללמוד בחברותא, אבל שנים שנים לומדים בבתיהם, כמ"ש ביו"ד סימן שד"מ סי"ח לענין נשיא שמת.

ובא"ר איתא בשם מלבושי יו"ט, שראה לרבו מהר"ל מפראג כמה פעמים, שדרש בין מנחה למעריב, **וע"כ** נראה דבזמנינו אין למנוע זה, כידוע שמצוי בעו"ה באיזה מקומות שעוסקין אז כמה אנשים בבהמ"ד בשיחה בטלה, ובודאי טוב יותר לשמוע אז דברי מוסר, כדי שלא יבואו לזה.

אבל אומרים "פרקי אבות" בקיץ, ו"שיר המעלות" בחורף, וכל מקום לפי מנהגו - [וכתב הגר"א, שלכן נהגו לומר "פרקי אבות" בקיץ, אף דהוא ג"כ בכלל מדרש, לפי שבקיץ מתפללין בעוד יום גדול, והוא עדיין זמן בית המדרש, **ונראה** דהוא נתן טעם רק על המנהג, אבל הרמ"א בעצמו משמע מלשונו טעם אחר לזה, **ואפשר** משום דאין שונין אותו כדרך שאר לימוד, רק באמירה בעלמא].

§ סימן רצג – דיני ערבית במוצאי שבת §

סעיף ג - מי שהוא אנוס, כגון שצריך להחשיך על התחום לדבר מצוה - היינו שהולך מביתו מבע"י עד סוף התחום, ויושב שם עד הערב, כדי שמיד שיחשך ילך לדבר מצוה הנחוץ לו, **ומיירי** ששם לא ימצא לו כוס להבדיל עליו, **יכול להתפלל של מו"ש מפלג המנחה ולמעלה** - ומ"מ ימתין מלקרות ק"ש עד צה"כ, (**דדוקא** עם הציבור ראוי להתפלל ולקרות עמהם, [סי' רלה ס"א], הא יחיד טוב שיקרא ק"ש בלילה אחר צה"כ - פמ"ג), **ולהבדיל מיד, אבל לא יברך על הנר, וכן אסור בעשיית מלאכה, עד צאת הכוכבים.**

(וכדי שלא יתפלל בדרך במהלך בלבד, אין לו להקדים להתפלל בביתו, משום דהרי ימתין לקרות ק"ש עד צה"כ, ולא יסמוך גאולה לתפלה, וכבר כתב מ"א, דהעולם סומכין עכשיו אמ"ד סמיכת גאולה לתפלה עדיף מתפלה מעומד).

ומ"מ כתבו האחרונים, דאין לעשות כן, דדבר תמוה הוא לרבים, גם שמא יבואו להקל במלאכה, **ובפרט** בימינו דנוהגין לעשות תמיד כרבנן שמתפללין מנחה עד הערב, בודאי מדינא אסור להקדים מעריב במו"ש, **ואף** דבע"ש יש שמקילין, היינו משום דמצוה להוסיף מחול על הקודש, משא"כ במו"ש.

הגה: ונוהגים לומר "והוא רחום" ו"ברכו" באריכות נועם, כדי להוסיף מחול על הקודש.

§ סימן רצד – דיני הבדלה בתפלה §

סעיף ב - טעה ולא הבדיל בתפלה, ואין לו כוס בלילה, וסובר שאף למחר לא יהיה לו, צריך לחזור ולהתפלל - דאם מצפה שיהיה לו למחר, יוכל לסמוך ע"ז שיבדיל למחר על הכוס, וכדלקמן ברצ"ט ס"ו, וא"צ להחזיר התפלה.

(**ואפילו** לדעת הפוסקים לקמן ברצ"ט ס"ו, דזמנו בדיעבד עד סוף יום ג', הכא לא סמכינן ע"ז, דכולי האי איכא למיחש דלמא לא יהיה לו, **ועיין** בדה"ח שכתב, אפילו אם מצפה שיהיה לו כוס למחר בלילה, ג"כ אינו מועיל, **ולכאורה** הלא בס"ג סמכינן ע"ז, **ואולי** משום דשם א"א לו להקדים קודם, חשוב הכל כזמן מוצ"ש גופא, וכן משמע בבאור הגר"א).

צריך לחזור ולהתפלל - היינו כשעקר רגליו, או כשסיים תפלתו ואינו רגיל לומר תחנונים אחר תפלתו, דדינו ג"כ כעקר רגליו, חוזר לראש, **ואם** לא סיים עדיין תפלתו, חוזר לברכת "אתה חונן", **מיהו** אם נזכר קודם "שומע תפלה", לא יחזור, אלא יאמר "אתה חוננתנו" ב"שומע תפלה", דכשמבדילין בתפלה אומרים "אבינו מלכנו החל עלינו" וכו', דהוא בקשה, והוי מעין "שומע תפלה" דהוא כולל כל הבקשות, **מיהו** אם יש לו כוס, יסמוך על הכוס ולא יאמרנה ב"שומע תפלה", כיון דעיקרה הוא שבח, ולא שייך כ"כ ל"שומע תפלה".

סעיף ג - תשעה באב שחל להיות באחד בשבת, טעה ולא הבדיל בתפלה, א"צ לחזור ולהתפלל, כיון שמבדיל על הכוס במוצאי תשעה באב.

סעיף ד - במקום שאמרו שאינו חוזר להתפלל, מיד כשסיים הברכה - היינו שהזכיר השם של סיום הברכה, דבזה מקרי כאלו כבר סיים, **אין לו לחזור, אע"פ שלא פתח בברכה שלאחריה.**

סעיף ה - במקום שאמרו שאינו חוזר, אם רצה להחמיר על עצמו, אם סיים תפלתו רשאי - בתורת נדבה, **ועיין** לעיל בסוף סימן ק"ז, דאין להתפלל נדבה אלא מי שמכיר עצמו זריז וזהיר ושיכוון.

אבל אם עדיין לא סיים תפלתו, אינו רשאי לחזור - כיון דאינו צריך לחזור, הוי הפסק.

§ סימן רצה – הבדלה שעושה ש"ץ §

הגה: ואומרים: "ויהי נועם" - ופסוק "ויהי נועם" צריך לאומרו מעומד. **ויש** מקומות שאין אומרים "ויהי נועם" בבית האבל, רק מתחילין "יושב בסתר" וגו'. **ונוהגין** לכפול פסוק "ארך ימים".

וסדר קדושה - היינו שמתחילין מ"ואתה קדוש", ואין אומרים "ובא לציון גואל", לפי שאין גאולה בלילה, **ולכן** גם "ואני זאת בריתי" אין אומרים, לפי שסמוכים הם להדדי בספר ישעיה, **באריכות** - היינו בנעימות קול, כדי שיתארך מעט יותר, **כדי לאחר סדר קדושה** - לעכב לרשעים מלחזור לגיהנם, **שאז חוזרים רשעים לגיהנם** - דעד שישלימו ישראל סדריהם נמשכת קדושת שבת, ואח"כ חוזרים לגיהנם, **וכמו** שאחז"ל, דבמו"ש צועק הממונה על הרוחות: חזרו לגיהנם שכבר השלימו ישראל את סדריהם.

ובזמן שאין אומרים "ויהי נועם", כגון שחל יו"ט בשבוע - היינו אפילו חל ביום וי"ו, דבעינן שכל השבוע יהיה ראוי למלאכה, משום דכתיב בו "ומעשה ידינו כוננה עלינו" וגו', **ודוקא** יו"ט גמור, אבל פורים או ערב פסח שחל בימי החול, אין למנוע מלומר "ויהי נועם" במו"ש שלפניו, **אין אומרים סדר קדושה** - ד"ויהי נועם" שייך למלאכת המשכן, שבו ברך משה לישראל בשעה שסיימו מלאכת המשכן, ועי"ז שרתה שכינה, וזהו שמסמיכין פסוק "ואתה קדוש יושב תהלות ישראל", **ולכך** בזמן שאין אומרין "ויהי נועם", אין אומרים ממילא כל סדר קדושה.

אבל אומרים: "ויתן לך" - שהם פסוקים של ברכה בתחלת ימי השבוע. (ואח"כ מבדילין, ובמנהגים משמע דמבדילין קודם "ויתן לך", וכן הוא בכלבו, והמנהג כהיום דמאחרין הבדלה).

סעיף א - מבדיל ש"צ כדי להוציא מי שאין לו יין - דמי שיש לו יין, יותר טוב שיבדיל בביתו כדי להוציא את כל בני ביתו, ועמ"ש ברצ"ו ס"ז במ"ב.

הגה: ונהגו לומר ולהזכיר אליהו הנביא במו"ש, להתפלל שיבא ויבשרנו הגאולה - דאיתא בעירובין: מובטח להן לישראל שאין אליהו בא לא בע"ש ולא בערבי יו"ט מפני הטורח, שמניחין צרכי שבת והולכין להקביל פניו - רש"י, **וע"כ** אנו מתפללים כיון שעבר השבת ויכול לבוא, שיבוא ויבשרנו - טור, **ועיין** בא"ר שכתב, דהמדקדקים אומרים גם שאר פזמונים ושירים כאשר הם מצויים אצלנו, **וראוי** ליזהר לומר "רבש"ע וכו' החל את וכו'", כי הוא בירושלמי וטור סימן רצ"ט.

יש מקומות שמדליקין נרות במקום אופל, דעי"ז זכה שאול למלוכה.

§ סימן רצו – דיני הבדלה על היין §

סעיף א - הנה הרמב"ם סובר דמצות הבדלה היא דבר תורה כמו קידוש, והוא בכלל "זכור את יום השבת לקדשו", שצריך לזכור אותו ולקדשו בין בכניסתו ובין ביציאתו, בכניסה בקידוש, וביציאה בהבדלה, לומר שהוא מובדל בקדושה בראש ובסוף משאר ימים, **וי"א** שהוא מדברי סופרים ואסמכוהו אקרא, וצריך להיות ג"כ בכוס כמו בקידוש, **ואם** הבדיל בתפלה, לכו"ע הבדלה על הכוס דרבנן.

סדר הבדלה: יין, בשמים, נר, הבדלה, וסימנך: יבנ"ה.

וצריך ליזהר שלא יהא הכוס פגום - היינו שאם שתה אחד מן היין מתחלה, נפגם להבדלה, וכמו לענין קידוש לעיל בסימן רע"א ס"י, ע"ש במ"ב, **ועיין** באחרונים בסימן קפ"ג, שאם הכוס בעצמו פגום, אין להקפיד עליו אם אין לו אחר.

הגה: ונהגו לומר קודם הבדלה שעושים בבית "הנה אל ישועתי" וגו', "כוס ישועות אשא" וגו', "ליהודים היתה אורה" וגו', לסימן טוב.

ובשעת הבדלה יתנו עיניהם בכוס ובנר - היינו המבדיל, וגם השומעים העונים אמן, כדי שלא יסיחו דעתם.

ונוהגין לשפוך מכוס של יין על הארץ קודם שסיים בפה"ג, כדי שלא יהיה הכוס פגום - היינו דמשום זה אינו שופך קודם שמתחיל הברכה, כדי שלא יברך תחלת הברכה על כוס פגום שאינו מלא, **ואחר** סיום הברכה ג"כ לא יוכל לשפוך, שיש ביזוי לכוס של ברכה כששופך ממנו אחר ברכה קודם שתיה, **ולכן** שופכין קודם סיום הברכה, ועיין לקמיה.

וטעם השפיכה, דאמרינן: כל בית שלא נשפך בו יין כמים אין בו סימן ברכה, ועושין כן לסימן טוב בתחלת השבוע - והאחרונים הסכימו דלא ישפוך בשעת ברכה כלל, אלא בשעה שמוזג ישפכנו מלא על כל גדותיו, שישפך על הארץ, **וגם** זה יש למעט בחלק הנשפך, משום הפסד משקין.

גם שופכין מן הכוס לאחר הבדלה - היינו לאחר שתיה, **ומכבין בו הנר, ורוחצים בו עיניו משום חיבוב המצוה.**

ושתית הכוס תהיה בישיבה, דאין שותין מעומד לכתחלה.

נהגו הנשים שלא לשתות מכוס הבדלה.

כוס של הבדלה רגיל המבדיל לשתותו כולו, ואינו משקה ממנו בני ביתו - מ"א, **ונראה** שהטעם כדי שיוכל לברך ברכה אחרונה, דכששותה רק מלא לוגמיו, יש ספק ברכה אחרונה, וכמבואר לעיל סימן ר"י.

סעיף ב - אין מבדילין על הפת - ולא דמי לקידוש, דשאני קידוש שהוא במקום סעודה, והוי מענין הצריך לקידוש, משא"כ הבדלה.

אבל על השכר מבדילין אם הוא חמר מדינה - אם אין לו יין, **ואם** יש לו יין, הוא קודם לכל המשקין, **וחז"ל** הפליגו ג"כ בגודל המצוה, ואמרו: המבדיל על היין או שומע מאחרים שמבדילין, הקב"ה קוראהו קדוש ועושהו סגולה, שנאמר: והייתם לי סגלה מכל העמים, ואומר: ואבדיל אתכם מן העמים.

(**ומשמע** מהרמ"א לעיל בסימן קפ"ב ס"ב בהג"ה, דבמקום שהיין מצוי אף שהוא ביוקר, מקרי מצוי, ויבדיל על היין, **דלא שרי שם אלא** משום שא"א לקנות יין בכל סעודה לברך עליו, **מיהו אם השכר חביב עליו יותר מן היין, יכול להבדיל על השכר, וכדלקמיה בהג"ה**).

(**עיין לעיל בסימן רע"ב ס"ט במ"ב ובה"ל שם, מהו חמר מדינה, ואפילו** לדעת הפוסקים המחמירין לעיל בסימן רע"ב ס"ט לענין קידוש, לענין הבדלה כו"ע מודו דמבדילין, וכדאיתא בגמרא להדיא, דאמימר אבדיל על שכרא משום דחמר מדינה הוא).

(**כתב** בפמ"ג, אותן שנזהרין משתיית שכר משום חדש, **צ"ע כשאין לו יין כי אם שכר, איך יבדיל ויברך עליו, דלדעתו אסור, ואיך יברך עליו וליתן לאחרים לשתות, ע"כ ישמע מאחרים, עכ"ד, ולענ"ד** גם בזה **צ"ע, אם הוא חושש לעצמו שכוס זה הוא כוס של איסור, א"כ איך יוצא ידי הבדלה במה שאחר מברך עליו, אם** לא שקבל עליו הזהירות בתורת חומרא, ולא בתורת איסור).

וה"ה לשאר משקין - היינו משקין שרגילין לשתותו, **אבל** משקין שרגילין בפסח כגון מי לאקריץ, אינו חמר מדינה, כיון שאין רגילין לשתותו כל השנה, וה"ה כל כיוצא בזה, **ואפילו** מי דבש לא הוי חמר מדינה אלא במדינות שרגילין לשתותן, אבל במקום שאין שותין אותו אלא לפרקים, לא הוי חמר מדינה, וגרע משכר.

ועל יין שרף אין כדאי להבדיל, דהא כתב המ"א דכוס הבדלה רגיל המבדיל לשתותו כולו, ואין משקה ממנו בני הבית, ובי"ש קשה לקיים זה, **אך** כשאין לו משקה אחר, יכול להבדיל עליו, **ואך** שיזהר לשתות ממנו עכ"פ כמלא לוגמיו, שהוא רוב רביעית, ואם לאו לא יצא.

כתב בשערי תשובה בשם הברכי יוסף, דעל חלב ושמן אין להבדיל, שאין רגילין לשתותו למשקה.

חוץ מן המים - אף אם רוב שתיית המדינה הוא מן המים, משום דלא חשיב, **ועל** קווא"ס ובארשט, מוכח מט"ז וא"ר, דאף בשעת הדחק אין מברכין, דאף שההמונים שותין אותן, מ"מ לא חשיבי וכמו מים הוא, **ואף** דעת המ"א דהעתיק דעת רש"ל להקל בשעת הדחק, היינו דוקא גבי כוס בהמ"ז שאין בו חשש ברכה לבטלה, משא"כ בהבדלה, **ובח"א** כתב דבשעת הדחק יש להבדיל על משקה קווא"ס, ולא ידעתי טעמו, **ואולי** מיירי בשנעשה משקה חשוב כעין משקה שכר, **וגם** זה דוקא אם עיקר שתיית ההמון הוא מהמשקה הזה, דאל"ה לא הוי חמר מדינה.

הגה: וטוב יותר להבדיל על כוס פגום של יין מעל שכר - והמ"א מצדד, דבמקום שהשכר הוא חמר מדינה, יש לומר דעדיף מכוס יין פגום, [**ובא"ר** ותו"ש דחו ראיותיו]. **ועיין** בביאור הגר"א שכתב ג"כ, דדינא דהרמ"א הוא דוקא כשהשכר אינו חמר מדינה, [**ומסתברא** דשקולין הן].

ונהגו להבדיל במוצאי פסח על שכר ולא על יין, משום דחביב עליו - שלא שתהו כל ימי הפסח, **ודוקא** במקום שהשכר הוא חמר מדינה, אבל בארץ אשכנז דלא הוי חמר מדינה, לא מהני מה שהוא חביב, ואסור להבדיל עליו.

וביו"ט שחל להיות במו"ש, שיש בו קידוש שהוא נאמר על הפת, י"א שאגב הקידוש מבדילין ג"כ עליו - ר"ל אף דבעלמא אין מבדילין על הפת כדלעיל, הכא אגב קידוש שהוא העיקר, אומרים כל היקנה"ז על הפת.

וי"א שיותר טוב לומר הקידוש והבדלה שניהם על השכר. (הגה: והסברא ראשונה עיקר) - טעמו, משום דהרבה ראשונים ס"ל דאין מקדשין על השכר, וכדלעיל בסימן רע"ב ס"ט ע"ש, לכך טוב יותר לעשות כל היקנה"ז על הפת, **ומ"מ** נראה דבזה ידקדק לכתחלה לחפש אחר יין, אפילו אם הפת חביב לו יותר מיין, דכמה גדולי ראשונים סברי דאין אומרים "המבדיל" על הפת אפילו במו"ש שהוא יו"ט, **ואך** אם לא ימצא יין, הפת עדיף משכר.

סעיף ג - אם אין לו יין ולא שכר ושאר משקין - וה"ה אם יש לו שכר, אלא שאינו חמר מדינה, **י"א שמותר לו לאכול** - והא דאמרינן בגמרא, דאמימר איקלע לאתרא ולא היה לו על מה להבדיל, ולן בתענית עד למחר, **ס"ל** לדעה זו, דמחמיר על עצמו היה, [**וע"כ** כתב בד"מ, דממדת חסידות לכו"ע יש להתענות].

ומ"מ צריך שיתפלל תחלה, ויאמר "הבדלה" ב"חונן הדעת", ואעפ"כ כשישיג למחר כוס, חייב להבדיל כדין, וכדלקמן בסימן רצ"ט, **ויש** שרוצים לומר, שיאמר עתה ברכת "המבדיל" בלא כוס, ואין להורות כן.

וי"א שאם מצפה שיהיה לו למחר, לא יאכל עד למחר שיבדיל - היינו שיהיה לו בבקר, אבל בערב אינו מחויב להמתין כ"כ, **ואפשר** דאפילו יותר מחצות היום אינו מחויב להמתין.

ואפילו במוצאי שבת ליו"ט, ג"כ לא יאכל אם אין לו כוס - מ"א, **ומיירי** בשאין לו פת ג"כ, דאם יש לו פת, הלא הכריע רמ"א לעיל בס"ב, דיכול להבדיל על הפת.

ויש להחמיר כסברא אחרונה הזו, אם לא באדם חלש שקשה לו התענית, יכול לסמוך אדעה ראשונה.

ואם אין לו אלא כוס אחד, ואינו מצפה שיהיה לו למחר, מוטב שיאכל קודם שיבדיל, ויברך עליו בהמ"ז ואח"כ יבדיל עליו, ממה שיברך ברכת המזון בלא כוס, לדברי האומרים דבהמ"ז טעונה כוס - אבל אם מצפה שיהיה לו למחר עוד כוס, יבדיל עכשיו על כוס זה, ובאכילה ימתין עד למחר, כדי שיברך על הכוס, למ"ד דבהמ"ז טעונה כוס, **מיהו** המ"א בריש סי' קפ"ב חולק ע"ז, דבשביל כוס בהמ"ז שלא יהיה לו, אינו מחויב למנוע עצמו מלאכול.

ולדברי האומרים דאינה טעונה כוס, לא יאכל עד שיבדיל.

ומיירי שכוס זה לא היה בו אלא רביעית בצמצום, וכבר היה מזוג כדינו, שאם היה משים בו מים יותר לא היה ראוי לשתייה, שאל"כ לד"ה מבדיל תחלה ושותה ממנו מעט - היינו כמלא לוגמיו, **ומוסיף עליו להשלימו לרביעית** - היינו שימזגנו במים, **ומברך עליו בהמ"ז.**

סעיף ד - מי שאין ידו משגת לקנות יין לקידוש ולהבדלה, יקנה להבדלה, משום דקידוש אפשר בפת - דין זה מובא ג"כ לעיל בסי' רע"א סי"א דרך אגב, ועיין שם במ"ב.

סעיף ו - אומר הבדלה מיושב - מיירי כשמוציא לאחרים ידי חובתן, וע"כ כיון דאחד פוטר חבירו, יש להם לכולם לעשות קביעות, ובמעומד לא הוי קביעות.

הגה: וי"א מעומד, וכן נוהגין במדינות אלו - ס"ל, דכיון שהוא הלוית המלך, אין מלוין אלא מעומד, **ולענין** הקביעות סגי כשמזמנין הכל ועומדין ומכוונין כדי לצאת, וס"ל דמתוך שקובעין עצמן כדי לצאת ידי ברכת הבדלה, מהני נמי קביעות זו לצאת בברכת היין.

ויקנה"ז לכו"ע טוב לברך מיושב, כמו בשאר קידוש לעיל בסימן רע"א ס"י בהג"ה.

ואוחז היין בימין וההדס בשמאל, ומברך על היין - דכן בכל דבר שמברך עליו, צריך לאחוז בימינו בשעת הברכה, וכדלעיל בסימן ר"ו ס"ד. ‹**ודע** דהאחיזה בשמאל אינה חובה כלל, ולכן אצלינו אין מחזיקין הבשמים בשעת ברכת היין, אלא דהכוונה היא העיקר לאחוז היין בימין וההדס בימין בשעת ברכתם, וממילא דהדבר השני בשמאל, אבל אין זה בהכרח – ערוה"ש›.

ושוב נוטל ההדס בימין, והיין בשמאל - ואינו מניחו אז מידו, משום דכל הברכות של הבדלה מצוה להיות על הכוס, **ומברך על ההדס** - ומניחו, ורואה בצפרנים ומברך: בורא מאורי האש, **ומחזיר היין לימינו** - וגומר ההבדלה.

סעיף ז - אפי' שמעו כל בני הבית הבדלה בבהכ"נ, אם נתכונו שלא לצאת, מבדילים בבית - וכ"ש אם יש אחד מבני הבית, אפילו קטן שהגיע לחינוך, שלא שמע עדיין הבדלה, יוכל להבדיל בשבילו, אף שהוא בעצמו יצא כבר ידי חובת הבדלה בבהכ"נ, כגון שנתכוין לצאת, וכמו לענין קידוש לעיל בסימן רע"ג ס"ד, **ועיין** מה שכתבנו לקמיה לענין להוציא נשים.

כ' הלבוש, דהאידנא מסתמא מתכוין כל אחד מבני הבית שלא לצאת בהבדלה שמבדילין בבהכ"נ, שסומכין על הבדלה שבבית, והו"ל כלא הבדילו כלל ולא נפיק בה.

תלמידי חכמים אין סומכין על ההבדלה שבבהכ"נ, ומבדילין בביתם כדי שיוכלו להוציא בני ביתם - מ"א בשם סמ"ע, **וכן** ראוי לכל אדם לנהוג.

כתב המ"א, אם נתכוין לצאת בברכת הבדלה, אע"פ שלא נתכוין לברכת פה"ג, מ"מ יצא ידי הבדלה, דברכת "המבדיל" הוא העיקר, **אלא** דאסור לטעום מהיין אא"כ יברך פה"ג.

סעיף ח - נשים חייבות בהבדלה כשם שחייבות בקידוש - אע"ג דהוי מצוה שהזמן גרמא, דבדיני שבת איש ואשה שוין, דאיתקש "זכור" ל"שמור", וכמ"ש בריש סימן רע"א, והבדלה נמי בכלל "זכור" הוא למ"ד הבדלה דבר תורה, וכמ"ש בריש הסימן, **ואפי'** למ"ד הבדלה דרבנן, דומיא דקידוש תקנוה.

ויש מי שחולק - ס"ל דהבדלה כיון שהיא בחול, אינה תלויה בעניני דיני שבת, והיא בכלל שאר מצות שהזמן גרמא דנשים פטורות.

הגה: ע"כ לא יבדילו לעצמן, רק ישמעו הבדלה מן האנשים - והב"ח כתב, אפי' למ"ד שפטורות, מ"מ יכולות להמשיך על עצמן חיוב ולהבדיל לעצמן, כמו בשופר ולולב שג"כ פטורות ואפ"ה מברכות, **ומסיק** המ"א דהעיקר כדברי הב"ח, [ויכולין לסמוך ע"ז למעשה, דבלא"ה הפר"ח וכן הרב יעב"ץ הסכימו לדעה ראשונה], **והנה** לפי מש"כ המ"א, דנהגו הנשים שלא לשתות מכוס הבדלה, א"כ בלאו כל הטעמים האיך תבדיל בעצמה, והלא אינה יכולה לשתות הכוס, וכ"כ בעל דרך החיים, **אלא** כונת המ"א להקל בשאין לה ממי לצאת, דאז בע"כ תבדיל לעצמה ותשתה, כדי שלא לבטל מצות הבדלה.

רק ישמעו כו' - ואם האנשים כבר הבדילו לעצמם, או שנתכונו לצאת בבהכ"נ, לא יבדילו כדי להוציא הנשים, אם אין שם זכרים גדולים או קטנים ששומעין ממנו, דלהיש חולקין הוא ברכה לבטלה, **והנה** בס' זכור לאברהם, וכן בס' ברכ"י הביאו כמה פוסקים, דס"ל דאפי' מי שהבדיל כבר יכול להבדיל בשביל הנשים, **מ"מ** למה לנו להכניס עצמן בחשש ספק לענין ברכה, אחרי דהיא יכולה להבדיל בעצמה, וכמ"ש לעיל בסמוך.

(**עיין במ"א שכתב, דפשוט דרשאים לברך לעצמן על הבשמים ועל הכוס, דברכת הנהנין הם, והא דלא נקט המ"א ברכת הנר, דברכת הנר לאו ברכת הנאה הוא, דלא נתקן על הנאת האור, דאי הכי היה צריך לברך בכל פעם כשרואה האור, ומסתפקנא אפילו למ"ד דנשים חייבות בהבדלה, אם חייבות בברכת הנר, דבשלמא הבדלה אף שהוא זמן גרמא, נכללת במצוה ד"זכור" שהיא שייכא לשבת, ואפילו למ"ד דרבנן, דומיא דקידוש תקנוה, משא"כ נר שנתקן על בריאת האור במו"ש, שאינה שייכא לשבת כלל, והיא זמן גרמא, מנא לן דחייבות, ואין לומר כיון שנקבעת בברכת הבדלה, חדא דינא להו, דזה אינו, דהא יכולין לברך אותה בפני עצמה ג"כ, וגם אין מחויב לחזור אחר האור, כדלקמן בסי' רצ"ח, ואולי כיון דלכתחלה מצוה לסדרן ביחד, חדא דינא להו, ויותר נכון לומר דאינה חייבת בברכת הנר לכו"ע**).

§ סימן רצז – דיני בשמים להבדלה §

סעיף א - מברך על הבשמים אם יש לו - והברכה הוא "בורא מיני בשמים", על איזה מין שהוא, **אף** שבחול צריך לברך על כל מין כברכתו, דהיינו על עצי בשמים "בורא עצי בשמים", ועל עשבי בשמים "בורא עשבי בשמים", **מ"מ** במו"ש מברכין על הכל "בורא מיני בשמים", כדי שלא יבואו לטעות ההמון עם, שאין הכל בקיאין בכל ברכה המיוחדת, אבל בברכה זו יוצא על הכל, **ומ"מ** לכתחלה טוב יותר שיקח לבשמים דבר שברכתו "בורא מיני בשמים", כגון המוסק שקורין פיז"ם, או נעגילע"ך, שגם זה להרבה אחרונים ברכתו הוא "בורא מיני בשמים".

מותר לברך "בורא מיני בשמים" על פלפלין שקורין ענגילש"ע פעפע"ר, שגם זה הוא בכלל בשמים, **אבל** בסתם פלפלין יש דעות בין הפוסקים, והוי ספק ברכה, **וכן** זנגביל שקורין אינגבע"ר ‹הוי ספק›.

ואם אין לו, אין צריך לחזור אחריהם - שאין מברכין עליהם אלא להשיב הנפש, שהיא כואבת מיציאת השבת.

כתבו האחרונים, שאף מי שמתענה בשבת, צריך לברך על הבשמים במו"ש, ‹דכיון שבאת הנשמה יתירה בליל שבת, אינה הולכת עד מו"ש – שם›, **משא"כ** ביוה"כ אף כשחל בשבת, אין צריך לברך במוצאי יוה"כ, [מ"א], ‹דהתם הפסיק מבעוד יום והתחיל להתענות בכניסת שבת, ולא באה הנשמה יתירה כלל – מחה"ש›.

סעיף ב - אין מברכין על בשמים של בית הכסא, ולא על של מתים - דכל זה לאו לריחא עבידי, אלא לעבורי ריח הסרחון. **(ודוקא) הנתונים למעלה ממטתו של מת** - אבל נתונים לפני מטתו, מברכין, שאני אומר לכבוד חיים הם עשויים.

ולא על בשמים שבמסיבות עובדי כוכבים - היינו שמסובין לאכילה לסעודה, **דסתם מסיבתן לעבודת כוכבים** - אבל אם לא היו מסובין כלל, מותר לברך על בשמים שלהן, וכן מסיק הט"ז להלכה, **ומ"מ** כתב לבסוף, דטוב לכתחלה לחוש לדעת רבינו יונה, דס"ל דסתם בשמים של עובדי כוכבים עומד לבסוף למכרן לע"ג, ואין לברך עליהן, **אם** לא במקום שנראה שאין עומד לע"ג, כגון שהוא תגר שדרכו למכור אותם לאנשים הרבה, או שדרכו לשום הבשמים לתבשיל שלו, אז אין איסור לברך עליהם אפי' לדעת ר"י.

הגה: ואם בירך על בשמים אלו לא יצא, וצריך לחזור ולברך על אחרים.

סעיף ג - שקים מלאים בשמים שמשימים העובדי כוכבים תוך קנקני היין, אע"פ שמותר להריח בהם - שאין היין נותן בהם טעם, כי אין דרך שיריחו בשמים מהיין, אלא אדרבה הם נותנים טעם בהיין, **ועוד** שאין מכוון המריח לריח היין, אלא לריח התבלין, **אין מבדילין עליהם** - דמאיס הוא לגבוה.

כתב הט"ז, דאין מברכין על ריח שבכלי שנבלע בו ע"י הבשמים שהיו בו מקודם, **ואם** רואה שבשולי הכלי יש אבק משיורי הבשמים, כמו שרגילות בתיבות שמשימין בהם בשמים, מותר לברך.

סעיף ד - נהגו לברך על ההדס - פי' דשל לולב, כיון דאיתעביד ביה חדא מצוה, ליעביד ביה מצוה אחריתא, **ודוקא** בשאר ימות השנה ולא בסוכות, דהוקצה למצותו, **כל היכא דאפשר** - היינו כל היכא שיש בו עוד ריח קצת, מצוה לכתחלה להדר אחריו, וכ"כ בזוהר, **וסמך** לדבר "ותחת הסרפד יעלה הדס", וסמיך ליה "שומר שבת מחללו" וגו'.

הגה: וי"א דאין לברך על הדס היבש דאינו מריח, רק על שאר בשמים - ס"ל דכיון שנתיבש וניטל ממנו עיקר הריח, אין לברך עליו, **וכן נהגו במדינות אלו, ונ"ל דיש להניח גם הדס עם הבשמים, דאז עושין ככו"ע** - ואם אין לו, יכול לברך גם על עשבים שיש להם ריח טוב וכנ"ל.

עיין בט"ז שכתב, על מה דאיתא בטור בשם רבינו אפרים, שהיה לו זכוכית מיוחדת שהיו בה מיני בשמים, והיה מברך עליהן, **דאף** דלהלכה יש לצדד דיכול לברך "בורא מיני בשמים" גם על הבשמים שהיו מונחים בבית לצורך תבשיל, כיון שנוטלן עתה בידו להריח בהן, וכ"כ בספר תוספת שבת בפשיטות, **מ"מ** רבינו אפרים עשה זה למצוה מן המובחר, שייחד אותם מתחלה לשם ריח מצוה, **וכך** נוהגין רוב העולם, שמיחדין כלי לזה וקורין אותו "הדס", על שם שהיו מניחין שם בדורות הראשונים הדס כדי להריח.

סעיף ה - מי שאינו מריח - היינו שאין לו חוש הריח, **אינו מברך על הבשמים, אא"כ נתכוין להוציא בני ביתו הקטנים שהגיעו לחינוך** - וצריכין שיריחו תיכף אחר ברכתו.

או להוציא מי שאינו יודע - כל האחרונים חולקין ע"ז, וסוברין דוקא להוציא בני ביתו הקטנים הוא דשרי, שמוטל עליו כדי לחנכם במצות, **אבל** לא להוציא מי שאינו יודע, דכיון שהוא אינו חייב בדבר, אינו יכול להוציא אחרים ידי חובתן, **דאף** דבעצם קידוש והבדלה יכול להוציא לאחרים אע"פ שאינו חייב בדבר, כגון שיצא מכבר, שאני התם, שהן חובה על כל איש ישראל, וכל ישראל ערבים זה בזה, **משא"כ** בזה שהוא רק מנהג החכמים, ואין צריך לחזור אחריו וכדלעיל בס"א, הוא דומה לכל ברכת הנהנין, שאינו יכול להוציא אחרים בברכתו אם אינו נהנה אז בעצמו, וכדלעיל בסימן קס"ז סי"ט, **וע"כ** ה"ה מי שהבדיל כבר ויש לו חוש הריח, ובירך על הבשמים, ובא להבדיל פעם אחרת בשביל אחרים, יריח עוד בעצמו פעם אחרת, כדי שיוכל עוד הפעם לברך "בורא מיני בשמים".

ודע, דמה שנוהגין איזה אנשים שאין רוצין לצאת בברכת הנר והבשמים שאומר המבדיל, ומברכין אותן לעצמן בשעה שאומר המברך ברכת "המבדיל", **שלא** כדין הם עושין, דכיון שהם יוצאין בהבדלה, צריכין

סימן רצז – דיני בשמים להבדלה

להטות אזנים ולשמוע ברכת ההבדלה, ולא לברך אז ברכה אחרת, **ולבד** כ"ז, מצוה יותר לצאת כולם בברכתו, ד"ברוב עם הדרת מלך", ולא לברך כל אחד בפני עצמו, וכדלקמן ברצ"ח סי"ד, **אם** לא שהוא רחוק אז מן האור, ולא יוכל להשתמש לאורה, דאינו יוצא אז בברכת המברך, וכדלקמן ברצ"ח ס"ד, **ובאופן** זה לא יכוון לצאת בברכת הנר, אלא יאחר אותה לאחר הבדלה כשיהיה סמוך אצל האש.

§ סימן רחצ – דיני נר הבדלה §

סעיף א - מברך על הנר: "בורא מאורי האש", אם יש לו - משום דתחלת ברייתו הוי במו"ש, כדאמרינן בפסחים: במו"ש נתן הקב"ה דעה באדם הראשון, וטחן ב' אבנים זו בזו ויצא מהן אור.

בורא מאורי האש - דכמה נהורא איכא בנורא, לבנה אדומה וירוקה, **ואם** אמר "מאור האש", דעת הב"ח דלא יצא אפילו בדיעבד, **ואם** אמר "ברא מאורי האש", לשון עבר, יצא.

וא"צ לחזור אחריו - שאין מברכין אלא לזכר שנברא האור במו"ש וכנ"ל, **וע"כ** יוכל לברך על הכוס אפילו בלא נר, ומתי שיזדמן לו אח"כ שיראה אש ויהנה לאור, יברך "בורא מאורי האש", **ואך** דוקא בליל מו"ש ולא יותר, דעבר זמנו, וכדלקמן בסי' רצ"ט ס"ו.

והני מילי במוצאי שבת, אבל במוצאי יוה"כ י"א שמחזיר אחריו - דהא דמברכין במוצאי יוה"כ אף כשאינו חל במו"ש, מפני שהוא כעין הבדלה, שכל היום היה אסור להשתמש בזה האור אף לאוכל נפש, ולא כמו בשאר יו"ט, ועכשיו מותר, **ולכך** דעת הי"א דצריך לחזור אחריו כמו להבדלה, [**ואף** דבשבת ג"כ היה אסור להשתמש באור, ואפ"ה א"צ לחזור אחריו, **התם** הלא מותר לברך גם על האור שלא היה במציאות כלל בשבת, אלא הוציאו עתה מן האבנים, ולא שייך בו הבדלה, **משא"כ** במוצאי יוה"כ שאין מברכין על אור היוצא מאבנים, כי אם על אור ששבת מבע"י, ושייך בו הבדלה, שכל היום אסור ועכשיו מותר].

הגה: מי שאין לו כוס להבדיל, כשרואה האש מברך עליו, וכן הבשמים - ואם משער שיזדמן לו כוס בלילה, ורוצה ללמוד קודם שיבוא לידו הכוס, מצדד הגרע"א בחידושיו שלא יברך עתה על הנר, וטוב יותר שיסדרם על הכוס, [**וכן** המנהג, שהרי נוהגין לומר "ויתן לך" אצל הנר קודם שמבדילין].

סעיף ב - מצוה מן המובחר לברך על אבוקה - שאורה רב, **וטוב** להדר שיהיה של שעוה - מ"א בשם כונת האר"י.

עוד כתב בשם ס"ח, דלא יקח עצי דמשחן שקורין קי"ן בל"א, מפני שריחו רע, ונראה דהיינו אותן שנשמע מהן ריח רע של זפת, **והנה** לעיל בסימן רס"ד איתא, דגם בנר של זפת גופא מדליקין בליל שבת, וכן בעיטרן שבודאי ריחו רע, אפ"ה היו מדליקין בו, אי לאו משום שמא יניח ויצא באמצע הסעודה, ובודאי לא עדיף אור הבדלה שאין צריך לחזור אחריו, מנר שבת שהוא חובה, **ואולי** דכונת הס"ח, שאין זה מן המובחר אף שאורו רב, מפני ריחו הרע, אבל לא גריע משאר נר שאינו אבוקה, **גם** בפמ"ג כתב, שאם אין לו נר אחר, יכול לברך עליו.

ויש מי שאומר שאם אין לו אבוקה, צריך להדליק נר אחר לצורך הבדלה, חוץ מהנר המיוחד להאיר בבית - משום היכר שהוא לשם מצוה, **ונראה** דמיירי באופן שאינו יכול לקרב את הנר הזה לנר שבביתו, דאל"ה הרי יכול לקיים מצות אבוקה.

וכ"ז הוא רק למצוה בעלמא ולא לעיכובא.

הגה: ונר שיש לו שתי פתילות מיקרי אבוקה - סתם נר שבגמרא ופוסקים, היינו נר של שמן, וקמ"ל דכיון שאורותיהן מגיעין זה לזה למעלה, הוי אבוקה, **ובנר** שלנו אם מונח שם כמה פתילות, הוי כמו פתילה עבה ואינה חשובה אבוקה, **אך** אם מפריד ביניהם שעוה או חלב, כגון מה שעושין משעוה שהנרות קלועים יחד, או שמדביק יחד ב' נרות להדדי בעת הברכה, זהו ג"כ חשיב אבוקה, **ומשמע** מדברי המ"א, שיראה שיגיעו המאורות להדדי, דאז חשיב אבוקה.

(**ולפי"ז** לפני העששית של זכוכית שלנו שקורין לאמפ, אף שהיא מאירה מאד יותר מכמה נרות, אפ"ה היא רק פתילה עבה ואינה חשיבא כאבוקה, **אמנם** מדברי אגודה עצמו יש לומר דכונתו להיפך, **אמנם** מצד אחר נראה דיש למנוע לכתחלה מליקח את העששית של זכוכית בשביל אבוקה, דהרי מי שלוקח אבוקה הוא כדי לקיים מצוה מן המובחר, דמדינא סגי בנר קטן יחידי, וכדאיתא בגמרא ושו"ע, ומצוה מן המובחר נראה דודאי לית בזה, דהרי דעת השו"ע לקמן בסוף הסימן, דאין לברך "בורא מאורי האש" על הנר הטמון באספקלריא, וכפשטות לשון הירושלמי, **ונהי** דדעת האחרונים לפסוק כהרשב"א שמקיל בזה, מ"מ יש כמה ראשונים דקיימי בשיטת הב"י, ומצוה מן המובחר בודאי לית בזה, ועיין בסוף הסימן מה שנכתוב בזה).

סעיף ג - נוהגים להסתכל בכפות הידים ובצפרנים - הטעם, דהא בעינן שיוכל להכיר לאורו בין מטבע למטבע וכדלקמיה, **ולכך** נוהגים להסתכל בצפרנים, לראות אם יוכל ליהנות לאורו ולהכיר בין מטבע למטבע כמו שמכיר בין צפורן לבשר, **ועוד** שהצפרנים הן סימן ברכה, שהן פרות ורבות לעולם, **וגם** מסתכלים בכפות ידים, שיש בשרטוטי היד סימן להתברך בו.

הגה: ויש לראות בצפרני יד ימין, ולאחוז הכוס ביד שמאל, ויש לכפוף האצבעות לתוך היד - היינו הד' אצבעות על גב האגודל, **שאז רואה בצפרנים עם הכפות בבת אחת, ולא יראה פני האצבעות שבפנים** - ויש נוהגין לפשוט אח"כ הד' אצבעות, ולראות מאחריהם על הצפרנים - מ"א בשם ספר הכונות.

סעיף ד - אין מברכין על הנר עד שיאותו לאורו, דהיינו שיהיה סמוך לו בכדי שיוכל להכיר בין מטבע מדינה זו למטבע מדינה אחרת - ואפילו אם הוא עומד חוץ לבית,

כל שהאור גדול שיוכל להכיר במקום שעומד, מקרי דבר זה נהנה לאורה, ויכול לברך.

וע"כ אם הוא יוצא בברכת הבדלה מאחרים, ורוצה לצאת גם בברכת "בורא מאורי האש", יקרב עצמו אצל האש כשיעור זה, כדי שיהיה יוכל לצאת גם בברכת "בורא מאורי האש", **ועיין** מש"כ לעיל בס"ס רצ"ז.

סעיף ה - אין מברכין על הנר שלא שבת ממלאכת עבירה - היינו שהודלק באיסור בשבת, ואפילו רק בבין השמשות, ואפילו בדיעבד לא יצא, (**וכתב** בחדושי רע"א, **דצריך לחזור ולברך** בפה"ג, כיון דברכת "מאורי האש" שבירך **לא יצא**, **ממילא הוי הפסק** בין בפה"ג לטעימה).

לאפוקי אור שהודלק לחיה ולחולה, שכיון שלא הודלק לעבירה מברכין עליו - אם אין בהם סכנה, דוקא ע"י א"י, אבל ע"י ישראל כיון שאסור לו להדליק בשבילם, מקרי שלא שבת ממלאכת עבירה, **אבל** כשיש בהם סכנה, אפילו ע"י ישראל, וכ"ש ע"י א"י, **ואין** חילוק בין אם הדליק להחולה ממדורת ישראל או ממדורה של עצמו, כיון שהוא לצורך ישראל ובהיתר הודלק.

אבל אם הדליקו אינו יהודי - היינו אפילו לצורך עצמו, **בשבת** - ואפילו אם אין אנו יודעין, תלינן שמסתמא הדליקו בשבת, **כיון שאם היה מדליקו ישראל היה עובר, לא שבת ממלאכת עבירה מיקרי.**

ואין מברכין על אור של עבודת גלולים - ואפילו אם לא הודלק רק במו"ש, דהטעם, משום דהודלק לכבוד עבודת גלולים, ואסור ליהנות ממנו, **ודוקא** כשהשלהבת קשורה בנר או בגחלת של עבודת גלולים, דכיון שהגחלת יש בו ממש והשלהבת קשורה בו, חל האיסור גם על השלהבת, ולכן אין לברך עליה, **אבל** אם ישראל הדליק נר מנר של עבודת גלולים, שרי לברך עליה, דבזה אין כאן ממשו של איסור רק השלהבת לחוד, והשלהבת אין בו ממש - מ"א בשם רש"ל, **ועיין** בפמ"ג שמצדד, דמ"מ לכתחלה אסור לישראל להדליק נרו מנר של עבודת גלולים, אלא דאם הדליק רשאי לברך עליה.

סעיף ו - עובד כוכבים שהדליק במו"ש מישראל, (מברכין עליו) – וקמ"ל בזה, אף דאין מברכין על אור שהדליק הא"י מא"י אחר, אף במו"ש דהודלק בהיתר וכדלקמיה, **התם** משום דגזרינן אטו א"י ראשון שהוא הדליקו בשבת, שלא יבוא לברך על אורו, אבל הכא לא שייך זה, ולכך מותר, **ומיירי** שלא הדליק הא"י הנר מסיבת א"י אחרים, דאל"ה אמרינן סתם מסיבת עכו"ם לעבודת גלולים, ואסור לברך על הנר, וכדלעיל בסי' רצ"ז ס"ב לענין בשמים.

או ישראל מעובד כוכבים, מברכין עליו - היינו אפילו אם הא"י הדליק הנר שלו בשבת, אפ"ה שרי, **דהא** ע"י הדלקת הישראל ניתוסף אור של היתר על מקצת האור שיש בו מן האור הראשון, ועל התוספת של היתר הוא מברך, [**ואפי'** אם הא"י הדליק הנר שלו במסיבה, **אבל** לכתחילה אסור וכדלעיל].

אבל עובד כוכבים שהדליק מעובד כוכבים, אין מברכין עליו - ולא אמרינן בזה דאתוספת אור של היתר שהדליק א"י זה במו"ש הוא מברך, דגזרו אטו א"י ראשון, **ואף** דגם על הנר של הא"י הראשון היה אפשר מן הדין לברך עליו, דהא ניתוסף במו"ש עליו אור של היתר, דמטבע האש להיות ניתוסף עליו תמיד אור חדש, **גזרו** חכמים אטו עמוד ראשון, דהיינו שיבוא לברך סמוך לחשיכה מיד בעוד שלא ניתוסף ההיתר.

וכתב המ"א, דבדיעבד יצא בזה וא"צ לחזור ולברך, כיון דאינו אלא משום גזירה, וכ"כ ש"א, [**הנה** בשו"ע הגר"ז מפרש, דלהמ"א אפי' בא"י ראשון, כיון שהוא אחר עמוד ראשון מותר בדיעבד, **והתו"ש** מפרש דקאי רק אא"י שהדליק מא"י, אבל הנר הראשון שהודלק בשבת, אין לחלק בין עמוד ראשון לעמוד שני אפי' לענין דיעבד, **וכן** נראה להכריע למעשה, מאחר שהפמ"ג מפקפק על עיקר דינו של המ"א].

אם הוציא הא"י אש מעצים ואבנים במו"ש, מותר לברך "בורא מאורי האש" על אותו האש, דלא שייך למיגזר כאן, **אבל** אם הדליק הא"י נר מזה האש, יש לצדד להחמיר, דאתי למיחלף ולהתיר גם בנר שהודלק בנר שלא שבת.

ובמוצאי יוה"כ אין מברכין על נר שהדליק ישראל מעובד כוכבים - מפני שאורו של א"י נעשה בו מלאכה, שהודלק ביוה"כ, **ואף** דבמו"ש מברכין על נר זה, התם הטעם, שהוא מברך על תוספת שלהבת של היתר שניתוסף ע"י הדלקת הישראל, והתוספת הזה כיון שהוא נולד עכשיו, הו"ל כאור היוצא מעצים ואבנים במו"ש דמותר לברך עליו, **משא"כ** במוצאי יוהכ"פ, מבואר לקמיה בס"ח דאין מברכין על אור היוצא מעצים ואבנים, **(וע"ל סי' תרכ"ד ס"ה).**

סעיף ז - היה הולך חוץ לכרך וראה אור, אם רובן עובדי כוכבים, אין מברכין עליו. ואם רובן ישראל - ותלינן שהאור הוא של ישראל, **או אפילו מחצה על מחצה, מברכין עליו** - ומיירי שהוא סמוך כ"כ שיכול להשתמש לאורו, כמ"ש ס"ד.

סעיף ח - אור היוצא מהעצים ומהאבנים מברכין עליו - לפי שגם תחלת בריית האור היה במו"ש ע"י אדם הראשון על דרך זה, שהקיש אבנים זה בזה, **אבל במוצאי יוה"כ אין מברכין עליו** - דזה אין שייך במוצאי יוה"כ, שלא היה אז תחלת ברייתו, **וטעם** ברכתו הוא, לפי שכל היום היה אסור לו להשתמש בהאור, ועכשיו הותר לו, **לכן** אין לברך אלא באור ששבת, דהיינו שהיה דלוק מבע"י ושבת כל יו"כ, שלא היו יכולין להשתמש בו, ועכשיו הותר, [**וה"ה** באור שהודלק ממנו, שיש בו עדיין מקצת מהאור ששבת].

סעיף ט - גחלים הבוערות כ"כ שאילו מכניס קיסם ביניהם הוא נדלק, מברכין עליהם, והוא שעשוים להאיר - אבל אם עשויין כדי להתחמם אין מברכין עליהן, שאפילו על הנר אין לברך אם אין עשוי להאיר, וכדלקמיה בסי"א.

סעיף י - אור של כבשן - «ששורפים בו אבנים לסיד - רש"י», **בתחלת שריפת הלבנים אין מברכין עליו, שאז אינו עשוי להאיר; ואחר שנשרפו, אז עשוי להאיר ומברכין עליו** - «לאחר שנשרפו האבנים רובן מדליקין אור גדול מלמעלה למרק שרפת האבנים, ומשתמשין נמי לאורה - רש"י».

סעיף יא - נר בהכ"נ, אם יש שם אדם חשוב מברכין עליו - שעשוי להאיר לאכילתו, **ומיירי** שאוכל בבית הסמוך לבהכ"נ והחלונות פתוחים לו, דבבהכ"נ אסור לאכול, כמ"ש סימן קנ"א.

ואם לאו, אין מברכין עליו - שנעשה לכבוד השכינה, **וי"א בהיפך** - דכשיש אדם חשוב, נעשה לכבודו ולא להאיר, ובדליכא אדם חשוב שרי, דנעשה להאיר.

כתב בא"ר, דמדתלינן כאן באדם חשוב, ש"מ דכל כי האי גוונא, כגון שמדליק נר בביתו לכבוד אדם חשוב שבא אליו, אין מברכין עליו.

מיהו אם יכבנו ויחזור וידליקנו לצורך הבדלה, ודאי שרי לכו"ע בכל ענין.

איתא ברא"ש והעתיקו האחרונים, דהאידנא אין מברכין כלל על נר של בהכ"נ, שאין מדליקין בו רק לכבוד, שהרי דולקין הנרות אף ביום, **והכונה** על אותן שדולקין לפני העמוד שהם רק לכבוד, **אבל** אותן שלוקחין כל אחד בידו להאיר, מברכין, **וכמה** אנשים נכשלין בזה, שלוקחין מנרות של העמוד על הבדלה, ואין נכון לעשות כן, **ואולי** כשרוצה לצרף מהן לאבוקה אין להקפיד.

ונראה פשוט, דעל נר יארצייט אין לברך, שאינו עשוי להאיר רק לזכר נשמת המת.

איתא בבית יוסף: דבארצותינו נוהגין להדליק בבהכ"נ נר מיוחד כדי להבדיל עליו.

ונר של בהמ"ד שבימינו, מסתברא דתלוי לפי המקום, אם לומדים שם ומדליקין בשביל זה, הרי נעשה להאיר, [**אף** דבגמר' נזכר גם נר של בהמ"ד, לא מיירי באותן שמדליקין לצורך הלימוד, כי אם בהנרות שמדליקין בהמנורות, שהוא לפעמים רק לכבוד].

ואם יש שמש שאוכל שם, מברכין עליו, והוא שלא תהא לבנה זורחת שם - שאם יש לבנה א"צ השמש לאור הנר, ולא נעשה אלא לכבוד השכינה.

(**ונר שהוא עשוי לכבוד ולהאיר, עיין בפמ"ג שכתב דאין לברך עליו, ומצאתי שכ"כ גם בתר"י, אכן ברש"י משמע שאין סובר כן**).

(**נסתפקתי, נר שנדלק בתחלה לכבוד, ולבסוף משתמש בו להאיר לבד, אם יוכל לברך עליו, ויש לצדד דיכול לברך, כיון שהיא עתה** רק להאיר, דבנר של שבת שהמצוה היא הדלקה, כמו שאנו מברכין "וצונו להדליק", **שם** אזלינן בתר תחלת הדלקה, **שאם** הודלקה שלא לצורך שבת רק לענין אחר, צריך לכבותה ולחזור ולהדליקה, **משא"כ** הכא שלא בעינן כלל שידליקנה לצורך הבדלה, **וכדאיתא בגמרא:** עששית שהיתה דולקת והולכת כל היום, למו"ש מבדיל עליה, וכן על נר של א"י שהדליק מישראל, **וכ"ז** מפני שהברכה נתקנה על בריאת האור שהיתה במוצ"ש, ורק דבעינן שיהא האור עשוי כדי להאיר, וכמו שהיה אצל אדם הראשון, שהיה החושך ממשש והולך, ונטל שני רעפים והקישן זה אצל זה, מאי הוי אם בתחלה לשם כבוד הודלקה, כיון שעתה עומד האור רק להאיר, ומ"מ למעשה צ"ע, וטוב שיכבנה ויחזור וידליקנה).

סעיף יב - אין מברכין על נר של מתים, שאינו עשוי להאיר - רק שמדליקין אותן לכבוד המת, **הילכך מת שהיו מוליכין לפניו נר אילו הוציאוהו ביום, והוציאוהו בלילה בנר, אין מברכין עליו** - כיון שגם ביום היו מוליכין לפניו, א"כ הוא לכבוד, אע"פ שצריכין לו עתה בלילה, **וכתב** המ"א, דה"ה על נר שמדליקין לכבוד החתן, אין מברכין.

סעיף יג - סומא אינו מברך - דהא בעינן שיאותו לאורו עד שיהא יכול להכיר בין מטבע למטבע, וכדלעיל בס"ד, ובסומא לא שייך זה, **ועיין** בפמ"ג דנשאר בצ"ע אם יכול להוציא אחרים בברכה זו, כיון שהוא בעצמו פטור מן הדבר, **וכ"ז** דוקא בברכת "בורא מאורי האש", אבל שאר הבדלה אומר.

סעיף יד - היו יושבים בבהמ"ד והביאו להם אור, אחד מברך לכולם - ואע"ג דצריכין כולם לשתוק ולשמוע ברכתו, והוי בטול בהמ"ד, וא"כ היה טוב יותר שיברך כל אחד לעצמו, **אפ"ה** הא עדיפא משום "ברב עם הדרת מלך".

ומיירי שהבדילו מכבר, ולא היה להם אז אור בסמוך להם שיהיו נאותין לאורו, ועתה נזדמן להם, או שיודעין שלא יהיה להם כוס בלילה, **דאי** מצפין שיהיה להם כוס, מוטב שימתינו בברכת הנר ויסדרו על הכוס, וכמש"כ לעיל.

כתבו האחרונים, דאפילו מי שכבר בירך "בורא מאורי האש", יכול לחזור ולברך להוציא בני ביתו.

סעיף טו - נר בתוך חיקו - היינו שהיתה טמונה בתוך חיקו, **או בתוך פנס, (פי' כלי שנותן בו הנר שלא תכבה)** - שאינו רואה השלהבת, ולא נשתמש לאורה.

או בתוך אספקלריא, «אין מברכין עליה» - מוסיף, דאע"פ שהוא רואה את האור דרך האספקלריא, מ"מ לא מקרי זה ראיה ממש לענין ברכת "בורא מאורי האש", דבעינן שיהיה האור מגולה, (שתקנו חז"ל לברך כעיקר ברייתו שהוא בגלוי), **והמ"א** ושארי אחרונים כתבו, דדוקא בפנס שהיא של ברזל, אף שיש בה נקבים, אין רואה השלהבת להדיא, **אבל** באספקלריא של זכוכית, מקרי רואה השלהבת, ויכול לברך עליה כשהיא בסמוך לו שיוכל להשתמש לאורה, **ועיין** בביאור הלכה שהבאנו, דכמה פוסקים סוברים כדעת השו"ע, וע"כ אין כדאי לכתחלה להקל בזה, (**ואף שאין בנו כח למחות ביד המקילין בזה, דיש** להן על מי שיסמוכו, מ"מ לכתחלה בודאי נכון להחמיר בזה, שיקח בעת הברכה הזכוכית מלמעלה, דלדעת האוסרין יש בזה חשש ברכה לבטלה).

רואה את השלהבת ואינו משתמש לאורה - כגון שעומד מרחוק ולא יוכל להכיר בין מטבע למטבע, **משתמש לאורה**

ואינו רואה את השלהבת - כגון שעומד מן הצד, **אין מברכין עליה, עד שיהא רואה את השלהבת ומשתמש לאורה.**

§ סימן רצט – שלא לאכול ולא לעשות שום מלאכה קודם שיבדיל §

סעיף א - אסור לאכול שום דבר, או אפילו לשתות יין או שאר משקין חוץ ממים, משתחשך עד שיבדיל - ואפי' בספק חשיכה, [ודלא כט"ז]. **וע"ל** בסי' רס"א במ"ב, דנקטינן לספק חשיכה תיכף משעקעה החמה לענין הדלקת הנרות וכל מלאכה, **ומ"מ** נ"ל דלענין אכילת סעודה שלישית, אם לא אכל מקודם, בודאי צריך לאכול אפילו אחר שקיעה, [**כיון** שהוא דבר מצוה, יכול לסמוך על שיטת הרז"ה, ‹דמקיל בספק חשיכה›, וגם הרא"ש אפשר דסובר כן, **ואפשר** עוד, דאתי ספק עשה דרבנן ודוחה ספק איסור דרבנן, וגם מהטעמים שכתבנו בבה"ל, וגם העולם נוהגין להקל בזה]. **ואפי'** לשאר אכילה אם הוא תאב לאכול ולשתות, ג"כ אין להחמיר עד חצי שעה שקודם צה"כ, [**דנראה** דיכול לסמוך על דעת השו"ע לעיל ברס"א, דעדיין לא התחיל בה"ש].

(והנה בסעודות גדולות של נשואין, המנהג בכמה מקומות להקל ולישב בספק חשכה, והב"ח מתמה ע"ז, **ונראה** שבמקום הדחק סומכין על הרז"ה, ואין למחות בידן, **ועוד** נ"ל ליישב קצת מנהגן, דמפני שהוא רק חשש דרבנן, והוא במקום מצוה, נקטו לקולא כר' יוסי, דזמן בה"ש דידיה מאוחר מבה"ש דר' יהודה).

כתב המ"א, דמש"כ המחבר "משתחשך", מיירי כשלא התפלל ערבית, **אבל** אם התפלל ערבית, אפי' אם התפלל מבע"י {דיש אופן שמותר וכבסי' רצ"ג} חלה עליו חובת הבדלה, ואסור לאכול עד שיבדיל על הכוס, [**ואף** אם הבדיל בתפלה אסור, **והפמ"ג** כתב שאין דינו מוכרח, דלא דמי לקידוש, דע"י הקבלה הוא שבת ואסור במלאכה, שנתקדש היום אצלו, ולכן חל חובת קידוש, **משא"כ** בהבדלה, דעדיין לאו חול הוא לשום דבר].

אבל אם היה יושב ואוכל מבעוד יום וחשכה לו - ואפילו רק התחלה בעלמא, שבירך ברכת "המוציא" מבע"י, ונשתהה לאכול עד שחשכה, **א"צ להפסיק, (אפילו מסתייה).**

ואפילו לק"ש ותפלה א"צ להפסיק באמצע סעודתו, כיון שהתחיל מבע"י דהיה בהיתר, **ואין** להחמיר בזה להפסיק, שאם היה מפסיק באמצע, נראה כמגרש המלך, **ודומה** לזה דרשו במכילתא: "זכור" ו"שמור", שמרהו ביציאתו כאדם שאינו רוצה שילך אוהבו מאצלו כל זמן שיכול.

ואם הפסיק תוך הסעודה והתפלל, כתב המ"א דאפשר דחלה עליו חובת הבדלה, ואסור לאכול עד שיבדיל, [**ועיין** בא"ר שכתב דאין זה מוכרח, **ועכ"פ** במה שאמר תוך הסעודה תיבת "ברוך המבדיל בין קודש לחול", כדי שיוכל להדליק נר וכדומה, בזה לבד בודאי לא חל עליו חובת הבדלה, ומותר לגמור סעודתו].

ודוקא בזה שהתחיל לאכול בהיתר, אבל אם התחיל באיסור, פוסק ומבדיל, **אך** בלא"ה צריך לפסוק משום ק"ש של ערבית שהיא דאורייתא, אם התחיל לאכול בתוך חצי שעה שקודם צה"כ, וכדלעיל בסימן רל"ה, **ואין** לסמוך על קריאת השמע לבהכ"נ, ואפילו במקום שדרך לקרות, אלא אם רגיל לילך לבהכ"נ במו"ש.

ואם היה יושב ושותה וחשכה לו - היינו שישב לשתות מבע"י, ולא בתוך הסעודה, וחשכה לו, **צריך להפסיק** - (ולהבדיל וחוזר לשתיתו), **ואפילו** אם רק נעשה ספק חשיכה, צריך להפסיק, דשתיה לאו דבר חשוב הוא שתועיל התחלתו מבע"י.

וי"א דהני מילי בספק חשיכה, אבל בודאי חשיכה, אפילו היה יושב ואוכל, פורס מפה ומבדיל וגומר סעודתו - קאי על מש"כ בדעה קמייתא, דבהתחיל מבע"י א"צ להפסיק אפילו כשנעשה ודאי חשיכה, ולדעה זו צריך להפסיק, **אבל** לענין לכתחלה אין נ"מ בין דעה זו לדעה קמייתא, דאף לדעה קמייתא אסור להתחיל לאכול אפילו בספק חשיכה.

הגה: והמנהג פשוט כסברא הראשונה.

סעיף ב - היו שותים - היינו שהיו שותים בתוך אכילתן, והתחלת אכילה היתה מבעוד יום, **ואמרו: בואו ונבדיל, אם רצו לחזור ולשתות קודם הבדלה א"צ לחזור ולברך** - ס"ל להדעה קמייתא, דכיון שלא היו צריכין להפסיק אף שחשכה, וכדלעיל בס"א, האמירה שאמרו "בואו ונבדיל" אין מזיק לזה, ורשאין לאכול ולשתות וא"צ לחזור ולברך, שלא הסיחו דעתם ע"י אמירה זו, **אבל** כשהיו עוסקים בשתיה לבד, דצריך להפסיק כשחשכה, אם אמרו "בואו ונבדיל", לכו"ע הסיחו דעתם מהשתיה, ואם רוצים לשתות עוד, אע"פ שאינם רשאים, צריכים לחזור ולברך, [**אבל** בלא אמירה, האיסור בלבד אין עושה הפסק והיסח הדעת].

ויש מי שחולק בדבר - ס"ל דכיון שאמרו "בואו ונבדיל", צריכין לחזור ולברך, **והעיקר** כדעה קמייתא.

סעיף ג - כשמפסיק להבדיל, א"צ לברך בפה"ג על כוס של הבדלה - היינו אפילו אם היה קבוע מתחלה לשתיה לבד, דמחוייב להפסיק, אפ"ה א"צ לברך עתה בפה"ג, שנפטר בברכת בפה"ג שבירך על שתיה הראשונה, **ואצ"ל** אם קאי באמצע אכילתו שא"צ מן הדין להפסיק, ורוצה עתה להבדיל על היין, שא"צ לברך עליו בפה"ג, אם כבר בירך בפה"ג על היין שבתוך הסעודה או שלפני הסעודה, **וכן** אם מבדיל על השכר בתוך הסעודה, א"צ לברך "שהכל", אפילו אם לא בירך כלל "שהכל" מתחלה, שברכת "המוציא" פוטרת אותה, (**וגם** ברכת "המוציא" א"צ לברך לכו"ע כשחוזר לגמור סעודתו אחר הבדלה, אחרי דמדינא לא היה צריך להפסיק באמצע הסעודה להבדיל).

(וכשהיו עוסקים מתחלה בשתיה לבד, דצריך מדינא להפסיק, איירי כשלא אמרו "בואו ונבדיל", וכשאמרו, תליא זה בפלוגתת הט"ז ומ"א לעיל בסי' רע"א ס"ה, דלהט"ז שם יהיה צריך לברך בפה"ג על הכוס של הבדלה, ולהמ"א שם א"צ, אבל כשהיו עוסקים באכילה, אף כשאמרו "בואו ונבדיל", א"צ לברך גם להט"ז).

וי"א שצריך - ס"ל דכוס של הבדלה הוא ענין בפני עצמו ואין שייך לסעודה.

והעיקר כדעה א', ומ"מ טוב ליזהר לכתחלה שלא להבדיל בסעודה, לא על השכר, ולא על היין אם כבר בירך מתחלה על היין, **ואם** הוא מוכרח להפסיק ולהבדיל, כגון שהיה עוסק מתחלה בשתיה לבד, לא יברך, דהעיקר כדעה א'.

סעיף ד - כשהיה אוכל וחשכה, שאמרנו שא"צ להפסיק - ואין לו כי אם כוס אחד, **גומר סעודתו ומברך בהמ"ז על הכוס** - היינו למ"ד בהמ"ז טעונה כוס, ועיין סימן קפ"ב ס"א, **ואינו** טועמו עד אחר הבדלה, כדי שלא יפגמנו, **ואח"כ מבדיל עליו** – (ומשמע מב"ח וא"ז, דיבדיל מיד קודם התפלה, והטעם, כדי שלא יתאחר שתיית הכוס הרבה מעת שבירך עליו בהמ"ז, **אבל** אין העולם נוהגין כן, אלא מתפללין ואח"כ מבדילין, וכן משמע קצת בדה"ח).

ואם יש לו שני כוסות, מברך בהמ"ז על אחד ומבדיל על אחד - הטעם, דאין אומרים שתי קדושות על כוס אחד, ורישא דאין לו כי אם אחד שאני.

ומותר לשתות מהכוס אף שהוא קודם הבדלה, דכוס של בהמ"ז שייך לסעודה, **וכ"ז** למי שנזהר תמיד לברך על כוס, אבל למי שמברך לפעמים בלא כוס, לפי שסומך על הפוסקים שס"ל דאין בהמ"ז טעונה כוס, אסור לו לשתות עתה מהכוס של בהמ"ז קודם הבדלה - מ"א.

וכתב הח"א דזה דוקא אם הוא כבר ודאי חשיכה, אבל אם הוא ספק חשיכה, נראה דיכול לשתות מכוס של בהמ"ז, אף מי שאינו נזהר תמיד לברך על הכוס, [**דסומך** בזה על הט"ז בס"א, דמותר להתחיל בספק חשיכה, **וטעם** זה רפוי, דכמעט כל הראשונים אוסרים בזה, **אלא** דיש לצרף דעת התו"ש, שכתב דאין דברי המ"א מוכרחין, דלכו"ע מצוה מן המובחר מיהו איכא לברך על הכוס, ולכן יכול לטעום אף מי שאינו נזהר לברך על הכוס].

סעיף ה - טעה ואכל קודם שהבדיל, יכול להבדיל אח"כ - וה"ה אם הזיד ואכל, אף דעבר במזיד, מ"מ צריך להבדיל אח"כ בלילה, אלא אורחא דמילתא נקט.

סעיף ו - שכח ולא הבדיל במו"ש - וה"ה בהזיד ולא הבדיל, **מבדיל עד סוף יום ג'** - דכל אלו הג' ימים שייכים עוד לשבת העבר, ומכאן והלאה שייכים לשבת הבאה, **ומ"מ** לכו"ע לכתחלה יקדים להבדיל ביום א', דזריזין מקדימין למצות, **וגם** דאסור לו לאכול קודם שיבדיל, כיון דבידו הוא להבדיל.

כתב בחידושי רע"א בשם ספר לשון חכמים, דבמוצאי יו"ט אין להבדלה תשלומין, דבשבת שייך לומר דהג' ימים ראשונים שייכים עוד לשבת שעבר, משא"כ ביו"ט, **ומ"מ** הגרע"א מצדד שם, דכל יום א' שאחר יו"ט יכול להבדיל.

וי"א שאינו מבדיל אלא כל יום ראשון ולא יותר - דלא ס"ל הסברא הנ"ל, אך ביום הראשון הטעם הוא, דהיום הולך אחר הלילה של מו"ש.

ודוקא בפה"ג והמבדיל בין קודש לחול, אבל על הנר ובשמים אינו מברך אלא במו"ש - דברכת על האור, משום דבמו"ש הוא זמן בריאתו, ועל הבשמים נמי, משום כדי להשיב נפש הכואבת ביציאת נשמה יתירה, וכ"ז לא שייך ממו"ש ואילך.

ויש מי שאומר דהא דקי"ל טעם מבדיל, הני מילי היכא דהבדיל בליל מו"ש, אבל אם לא הבדיל בלילה, כיון שטעם שוב אינו מבדיל.

הגה: והעיקר כסברא הראשונה - ואתרוייהו יש אומרים קאי.

ומי שמתענה ג' ימים וג' לילות, ישמע הבדלה מאחרים - וה"ה דיכול להבדיל בעצמו ויתן לאחרים לשתות, וכדלעיל בסימן רע"ב ס"ט, **אך** המ"א שדי בזה שם נרגא, דזה אינו מותר רק דוקא כשאחרים בעצמן אין יודעים לברך, ולכן עצה זו עדיף טפי.

עיין באחרונים שכתבו, דה"ה אם מתענה ב' ימים וב' לילות, ואפילו יום אחד ולילו, אף דיכול לקיים מצות הבדלה בעצמו אחר תענית, מ"מ יותר טוב שישמע במו"ש הבדלה מאחרים, דקרובי אבדלתא לשבת עדיף טפי, דאז הוא עיקר מצות הבדלה, **והא** דנקט ג' ימים, משום סיפא, דבאין אחרים, יכול להבדיל מבע"י, וזהו דוקא בג' ימים, דיעבור הזמן ולא יוכל לקיים הבדלה כלל, **משא"כ** בשני ימים דלא יעבור הזמן, טוב יותר שימתין ויבדיל בלסוף שני ימים, משיבדיל מבע"י.

ואם אין אחרים אצלו, יכול להבדיל בשבת מבע"י ולשתות - היינו אחר פלג המנחה, ויתפלל ג"כ מעריב מקודם, וכדלעיל בסימן רצ"ג ס"ג, **ואפ"ה** מותר לאכול ולשתות אח"כ, ולא אמרינן דכיון דאבדיל כבר קיבל עליו את התענית ואסור בשתיה, (ואפי' כבר קיבל עליו התענית במנחה), **משום** דעיקר התענית אינו מחמת חובה כט' באב, (דחמיר, שלא יוכל להבדיל מבע"י, כשחל ט' באב ביום א', דזה נחשב לקבלה ויהיה אסור לו לשתות אח"כ), אלא מחמת נדרו, ובנדרים הולכים אחר לשון בני אדם, ובלשון בני אדם גם אחר שהבדיל מקרי יום, והתענית אינו מתחיל אלא מתחלת הלילה, ואפשר שגם בבה"ש שהוא ספק לילה, אבל לא מקודם, **וה"ה** כשמקבל עליו תענית של לילה ויום בשאר ימי החול, ג"כ אין חל עליו חובת תענית מבע"י, אף שכבר התפלל ערבית.

ולקבל אח"כ התענית עליו - אין הכונה שיקבל תענית ממש, דהא כבר קיבל עליו היום במנחה, כדרך כל תענית שצריך קבלה במנחה שלפניו, (**והדבר** פשוט דהך קבלה לאו קבלת התענית במנחה היא,

דפשיטא שכבר התפלל מנחה מקודם שהבדיל), **ואי** מיירי שיש עליו נדר מכבר להתענות כל ג' ימים שאחר שבת, ג"כ א"צ עתה קבלת תענית כלל, **אלא** ר"ל שיקבל אח"כ בדעתו שיתחיל התענית מעתה, (**שאע"פ** שהתפלל מנחה וקיבל התענית בתפלה, דהיינו שקיבל להתענות כל ג' ימים רצופים, מ"מ היה מותר לו לאכול כל הלילה כדין תענית נדבה דעלמא, שהולך ואוכל כל הלילה, אע"פ שקיבל התענית, **וכאן** שרוצה להתענות ג' ימים וג' לילות, היה מותר עכ"פ לאכול עד בין השמשות, וקאמר דמבדיל מבע"י ושותה ומקבל עליו תעניתו ליאסר באכילה ושתיה מאותה שעה, וצריך קבלה אחרת לשיאסר).

(מי שמתענה ב' ימים וב' לילות קודם ר"ה, ולא היה לו במו"ש ממי לשמוע הבדלה – דאם היה לו, דעת האחרונים דטוב יותר לעשות כך – ומבדיל בליל ג', ואירע בו ר"ה, **כתב המג"א**, דיעשה הבדלה על כוס אחד וקידוש על כוס אחר, ולא יעשה שניהם על כוס אחד, **דאין אומרים** שתי קדושות על כוס אחד, **אלא** ביו"ט שחל במו"ש דתרווייהו חדא מילתא היא, **ולענ"ד** יש לעיין בעיקר הענין טובא אם יכול עתה לעשות הבדלה, דהאיך יסיים עתה בהברכה "המבדיל בין קודש לחול" אחרי שעתה הוא קודש, **ולסיים** עתה "בין קודש לקודש" ג"כ לא יתכן, כמו ביו"ט שחל במו"ש, אחרי שזו הבדלה הוא על של ימי החול, **וכמו** דאמרינן בגמר', דאין להבדיל רק עד יום ג', משום דאח"כ כבר עבר השבת קודש שעבר, ותו מקרי יומא דקמי שבתא דלהבא, ועי"כ אין לומר "המבדיל בין קודש לחול", דכבר עבר הקודש, **וא"כ** ה"נ בענינוו, איך יאמר "המבדיל בין קודש לחול", כיון דעתה הוא קודש, וכבר עברו ימי החול, וצע"ג).

סעיף ז - המבדיל על היין על שלחנו, אפילו הבדיל קודם שנטל ידיו, פוטר היין שבתוך המזון שא"צ לברך עליו - על שלחנו לאו דוקא, ולא בא למעט אלא חדר אחר, דשם הוי ההבדלה מידי אחרינא, אבל באותו חדר חשוב על שלחנו, דהא בדעתם לשתות אח"כ בסעודה שיאכלו שם אחר זה.

וי"א דלא פטר אא"כ נטל ידיו קודם שהבדיל - שנט"י היא התחלת קביעות הסעודה, ושייכא לסעודה, **והא** דמותר להבדיל ולא חשיב הפסק בין נטילה ל"המוציא", עיין בסי' קע"ד במ"א.

הגה: ואם הבדיל תחלה, צריך לברך אחריו ברכה מעין ג' - הגה זו היא מסקנת דעת הי"א, דס"ל דמה שהבדיל קודם הנטילה, אע"פ שהוא על שלחנו, אינו שייך למה שישתה תוך המזון אח"כ, ומשו"ה צריך לברך מחדש תוך הסעודה על היין, **וע"כ** חייב לברך ברכה אחרונה קודם הסעודה.

ולהלכה, ודאי יש לפסוק ספק ברכות להקל, ופטור מברכה אחרונה, ובתוך הסעודה ג"כ פטור לברך על היין כדעה הראשונה, **ועיין** לעיל בסימן קע"ד ס"ד ובמש"כ שם במ"ב.

סעיף ח - כשפוטר היין שבתוך המזון שא"צ לברך עליו, גם א"צ לברך ברכה אחרונה על כוס של הבדלה - היינו דאז בודאי אמרינן דשתיה חדא היא, והבהמ"ז פוטר גם לכוס הבדלה מברכה אחרונה, ואפילו אם בירך בהמ"ז בלא כוס, הבהמ"ז עצמו פוטרו.

ואם אין לו אלא כוס אחד - דאין לו יין על תוך המזון, וגם אין לו כוס לבהמ"ז, שיפטור גם אותו דרך אגב בברכה אחרונה שלו, **וסבור שיביאו לו יין יותר** - דאל"ה, הלא מבואר ברצ"ו ס"ג, די"א דיאכל קודם הבדלה, ואח"כ יברך בהמ"ז ויבדיל על כוס אחד, ע"ש, **ועוד** דאל"ה, עדיף טפי לברך ברכה אחרונה תיכף אחר שתיית הכוס, ולא להמתין לברך אותה אחר שיסעוד ויברך בהמ"ז, **והבדיל על אותו כוס, ואח"כ לא הביאו לו יותר, ובירך בהמ"ז בלא כוס, יש מי שאומר שצריך לברך ברכה אחרונה על כוס של הבדלה** - ואף דגבי כוס קידוש פסק השו"ע לעיל בסימן רע"ב ס"י, דא"צ לברך ברכה אחרונה אחריו בכל גווני, דבהמ"ז פוטרתו, **קידוש** שאני שהיא צורך סעודה, דאין קידוש אלא במקום סעודה, משא"כ הבדלה.

והנה הי"א הזה הוא דעת הטור, שחילק בסברא זו שכתבנו, **ועיין** במ"א, שהוכיח דהרא"ש לא ס"ל לחלק בזה, וכן בביאור הגר"א דעתו כהמ"א, **וע"כ** נראה שאם לא בירך קודם הסעודה, לא יברך אח"כ.

(**ואם** הבדיל בתוך הסעודה, אפשר דלכו"ע א"צ לברך ברכה אחרונה, דבהמ"ז פוטרו).

סעיף ט - אם רוצה לסעוד תיכף להבדלה, צריך ליזהר שלא יביא לחם לשלחן קודם הבדלה, ואם הביא, פורס עליו מפה ומכסהו, לפי שהוא מוקדם בפסוק וצריך להקדימו אם לא יכסנו - אף דבכאן אין להקדימו, דאסור לאכול קודם הבדלה, **מ"מ** כיון שבעלמא הדין נותן להקדימו, וא"כ הוי ביזוי לפת שיקדים לו דבר אחר, לכן יש לכסותו.

אבל אם אינו סועד תיכף, א"צ לכסותו, דלא שייך קדימה בזה.

§ סימן שא – באיזה כלים מותר לצאת בשבת ואיזה מהם אסורים §

סעיף ב - בחורים המתענגים בקפיצתם ומרוצתם, מותר - אפילו לכתחלה, שזהו עונג שלהם, **וכן לראות כל דבר שמתענגים בו** - פי' שכל אדם מותר לרוץ כדי לראות דבר שמתענג בו. (והנה בטור מסיים: "ומותר לראות", ועיין בב"י שכתב דהני שתי תיבות מיותר הוא, ומשו"ה השמיט בשו"ע אלו התיבות, **ובספר חמד** משה מיישבו, דה"ק, דוקא דבר שמתענג בו ומותר לראות, לאפוקי דבר האסור לראות, כגון לילך לבתי תרטיאות וכה"ג, אסור גם בשבת לילך ולראות, דבודאי לא הותר דבר איסור משום עונג שבת).

(וכן מותר לטייל) - אפי' אם כונתו להתעמל ולהתחמם משום רפואה, מ"מ שרי, כיון דלא מוכחא מילתא שעושה כן לרפואה, **אבל** אסור

לרוץ כדי שיתחמם לרפואה, כיון דמוכחא מילתא, ואסור משום שחיקת סממנין, **ויש** מחמירין אפילו בטיול אם כונתו להתעמל לרפואה.

סעיף ד - היה הולך לדבר מצוה, כגון: להקביל פני רבו או פני מי שגדול ממנו בחכמה - וה"ה פני אביו, **יכול לעבור בה** – (היינו אפילו כשהוא לבוש, ואפילו הוא עד צווארו במים, ודוקא היכא דלא רדיפי מיא – גמרא).

ובלבד שיעשה שינוי, כגון שלא יוציא ידו מתחת שפת חלוקו, כדי שיזכור ולא יבא לידי סחיטה.

לאפוקי הרב אצל תלמידו דאסור, **ואם** הוא תלמיד שצריך לו רבו באיזה דברים, הן מצד חדודו וחריפותו, הן מצד שיש לו שמועות מגדולים אחרים, כתב הט"ז דמותר לו לעבור בנהר, דעכ"פ גדול ממנו באיזה דברים, **ובספר** תוספת שבת אסר בזה, **ואם** הרב מסתפק באיזה דבר, והולך לשאול את תלמידו שיודע בזה, מסתבר בזה כהט"ז, דלא גרע מלשאר דבר מצוה.

ועיין במג"א שכתב, דאיש ואשה שוין במצות הקבלת פנים, **ונראה** דאשה היינו דוקא ברשות בעלה.

(עיין במ"א שמחלק בין רגל לשבת, דבשבת רק מצוה, וברגל חיובא, והוא דוחק גדול להמעיין בהש"ס, **אכן** מבואר בריטב"א שכתב, ובאמת הקבלה הוא כפי קירובו לרבו, כי אם הוא בעיר, חייב לראותו בכל יום, ולא סגי בלא"ה, ואם הוא חוץ לעיר במקום קרוב, פעם אחת בשבוע או בחודש, וזהו הענין בשונמית, ואם הוא במקום רחוק, יש לו לראותו פעם אחת ברגל עכ"פ).

(וע"ל סי' תרי"ג סעיף ה' ובס"ח בהג"ה) - היינו דשם מבואר, דאפילו אם איכא דרכא אחרינא להקיף, מוטב יותר לעבור במים מלהרבות בהילוך, כיון דהוא עובר לדבר מצוה, **אבל** האחרונים הסכימו שם, דכיון דיכול להקיף, טוב יותר להקיף מלעבור במים.

ואסור לעבור בסנדלו, דכיון דאינו יכול להדקו ולקשרו יפה, חיישינן דלמא נפל ואתי לאתויי; אבל במנעלו, מותר.

סעיף ה - ההולך לדבר מצוה, מותר לעבור במים אף בחזרה, כדי שלא תהא מכשילו לעתיד לבא - שפעם אחרת לא ילכו לדבר מצוה, כיון שלא התירו לו לחזור.

סעיף ו - ההולך לשמור פירותיו, מותר לו לעבור במים בהליכה - דשמירת ממונו נמי הוי קצת מצוה, ובלבד שלא יוציא ידיו וכו', כדלעיל בס"ד, **אבל לא בחזרה** - דאינו דבר מצוה כ"כ, ומשום שלא תהא מכשילו לעתיד לבוא לא שייך בזה, דמאי איכפת לן אם ימנע ולא יחוס על ממונו, **וגם** בודאי לא ימנע מללכת לשמור, דאדם בהול על ממונו.

סעיף יא - דבר העשוי לתכשיט ולהשתמש בו, כגון מפתחות נאות של כסף כמין תכשיט, אסור,

שהרואה אומר שלצורך תשמיש מוציא - היינו אפילו אם כונתו עתה לתלות על צוארו לתכשיט ולנוי, אסור מפני הרואה, **והיינו** אפילו לדעת ר"ת והרמב"ם לעיל בס"ט, דמתיר בתכשיט לאיש, [**וע"כ** מיירי בשזה המפתח דרך לילך בו האיש לבד, דאל"ה, בעשוי לאיש ולאשה, הרי סתם המחבר בס"ט לאיסור, **ויותר** נראה שזה קאי אפי' למאי דאיתא לקמן בש"ג סי"ח, דהאידנא מקילינן לענין תכשיט אפי' דאשה], **או** דמיירי שהמפתח קבוע היטב בשלשלת שעל צוארו, ואין רקל למישלף אותו ולאחווי, אפ"ה אסור מפני מראית עין.

ויש מתירים אם הוא של כסף - דכיון דאין דרך לעשות מפתח מכסף, הרי עיקרו נעשה לתכשיט, ואע"פ שגם משתמשין בו, מ"מ עיקרו לתכשיט עשוי, ומותר כשמוציאו לשם תכשיט, [דאילו הוציאו להשתמש בו, בודאי אסור], **אבל** אם הוא עשוי מברזל ונחשת, אע"ג דעשוי לנוי כעין תכשיט, אסור לצאת בו, דעיקרו לתשמיש עשוי, שכן דרך כל המפתחות לעשות מברזל ונחשת.

[**ואם** הוא של ברזל, ותלוי בשלשלת של כסף באיזה כרס בסופו, דעת הט"ז דהמתירין מתירין גם בזה, דהכסף תכשיט והמפתח בטל לגבייהו, **והתו"ש** חולק עליו ואוסר, דכיון דהמפתח הוא תשמיש בפני עצמו, וגם אין גוף אחד עם השלשלת, אינו בטל לגביה].

והנה אף דמדברי השו"ע משמע דדעתו כהדעה ראשונה, מדקבעה בסתמא, **מ"מ** אין למחות בזה, אחרי דכתב הד"מ בשם האגור, דבאשכנז נוהגין כהמתירין בשל כסף.

הגה: ומ"מ אסור לצאת בתיק של בתי עינים שקורין ברילי"ן - היינו תיק של כסף וקבוע בשלשלת, ולתלות על צוארו לתכשיט, דאלו שמוציאם בידו בלא"ה אסור, אפילו תכשיט גמור, **אע"פ שהתיק הוא של כסף, דהבתי עינים בעצמם הם משוי** - וה"ה בנדן של כסף, אף אם הוא עשוי להתקשט בו, אם יש בו סכין, **ולא** אמרינן דהסכין יהיה בטל לגבי הנדן שהוא של כסף, או בתי עינים לגבי התיק, אלא אדרבה הסכין והבתי עינים הם עיקר, **דהא** אין אומרים: נעשה בתי עינים לתיק, אלא: נעשה תיק לבתי עינים, וה"ה נדן לסכין.

והנה כ"ז מיירי לענין לשאת התיק של הבתי עינים עם הבתי עינים שבתוכו על צוארו לתכשיט, **ולשאת** הבתי עינים גופא על חוטמו במקום שאין עירוב, בודאי אסור בלא"ה, דילמא יפלו מעליו ואתי לאתויי ד"א. (**כבר** כתבו כל האחרונים, שזה רק במשקפיים שבימיהם, שלא היו עשויים עם ידיות, ובקל היה נופל – פסקי תשובות).

ואם המפתח של נחושת וברזל, אפילו מחובר וקבוע בחגורה, אסור. ויש שכתבו שנוהגין בזה להתיר - ודוקא כשהוא מחובר וקבוע בראש החגור, ועשוי כעין זענקעל - הוא כעין קרס, או מה שאנו קורין שפראנצקעס - לחגור בו, דאז אמרינן כיון שהחגורה מדובק בברזל של המפתח, והם כחתיכה אחת, אע"פ שהברזל עשוי ג"כ כעין מפתח לנעול בו, בטל המפתח לגבי החגורה, **אבל** כשקובע ומחברו באמצע חגורה, אסור, דאין המפתח בטל לגבי האזור, דאין שייך להאזור כלל, **וע"כ** אותן האנשים שמורין לעצמן היתר לשאת בשבת,

מחמת שתלוי המפתח בברזל הקבוע בחגורה, וכ"ש במה דתלוי רק בקשר של קיימא, הוא טעות, דאין היתר אלא אם המפתח גופא עשוי מתחלתו כעין זענקעל דוקא, דאז בטל לגבי החגורה.

ואם המפתח הוא של כסף והוא קבוע בחגורה באמצע, אף דבזה אינו גוף אחד עם החגורה, מ"מ יש מתירין מצד שהוא תכשיט, ויש אוסרים, וכנ"ל.

ולשאת את המורה שעות {אוהר זייגעו} בבגדיו חוץ לעירוב, אסור לכו"ע, שאין שייך ע"ז שם תכשיט, כיון שאינו דרך מלבוש, והמוציאו לר"ה חייב חטאת, (והוא פשוט יותר מביעתא בכותחא, דאין שייך שם תכשיט בטמון בכיסו).

(**ואפי'** אם רוצה לתלותה בשלשלת על צוארו, ושיהיה המורה שעות מגולה לעין הכל, ג"כ נראה דאסור, **דהא** עיקרו נעשה לכתחלה להשתמש בו, וגם כל מי שנושאו סתמא כונתו בשביל תשמיש, לידע בעת הילוכו את השעה, אלא שממילא מתקשט בו ג"כ, **וראיה**, דבזמן שהוא מתקלקל ואינו הולך, אין דרך בני אדם לשאת אותו, **וכיון** שהוציאו להשתמש בו, אפילו בעשויה לשם תכשיט ג"כ מתחלה, מוכח בירושלמי דיש בזה חיוב חטאת, **ואפילו** אם הוציאו בפירוש לתכשיט בלבד, ג"כ אסור, דלדעה ראשונה בסי"א בודאי אסור, דהרואה יאמר לצורך תשמישו הוציאו, ואפילו לדעה שניה דמתיר, היינו דוקא בשהוא ניכר שהוא לתכשיט, דאין אדם עשוי לעשות מפתח מכסף וזהב, משא"כ במורה שעות, **וגם** יש בזה חשש דשליף ומחוי אף לאיש, שטעם הפוסקים דמתירין בתכשיט לאיש, הוא משום דאין דרך איש להראות לחבירו, משא"כ במורה שעות, ידוע דדרך להראות לחבירו את השעות, וגם לראות בעצמו, ובתוך כך יטלנו בידו ואתי לאתויי ד"א).

ואפילו אם הוא מחובר לרביד הזהב שנושא על צוארו שהוא תכשיט, ג"כ איסור גמור הוא, (**אף** שהוא חשיב יותר, וכמו שפסקו הפוסקים בנדון של סכין ותיק של בתי עינים, דאף שהם של כסף, מ"מ אין הסכין והבתי עינים בטילין לגביה, משום דאין אומרים: נעשה בתי עינים לתיק, אלא: נעשה תיק לבתי עינים, וה"ה הכא אין אומרים: נעשה מורה שעות להשלשלת, אלא: נעשה שלשלת למורה שעות, **ואפי'** הט"ז (הנ"ל בשעה"צ), פשוט דמודה בנידון דידן, דהתם סובר דהמפתח אינו חשוב כלל לגבי השלשלת של כסף, אבל בנידון דידן ודאי יש לו חשיבות גדול), דהמורה שעות יש לו חשיבות בפני עצמו, ואינו בטל לגבי רביד.

(**והארכתי** בכל זה להוציא מדעת גדול אחד, שכתב להקל בזה אגב שיטפיה, ולא הביא לדבריו שום טעם וראיה, **וביותר** אתפלא, שכתב שם בעצמו שהאחרונים אסרו דבר זה, וגם החכם צבי מכללם, ואיך חלק עליהם בסברא בעלמא, **היוצא** מדברינו, דבכל גווני אין צד להקל בזה, ובפרט דלדעת כמה פוסקים יש גם בזמנינו דין ר"ה גמורה, כמבואר לקמן בסי' שמ"ה, ויש בזה חשש חיוב חטאת, דדרך הוצאה הוא בכך, **ומצאתי** בקיצור שלחן ערוך שגם הוא כתב כדברינו, דאין להתיר אפילו ברביד זהב, והביא שגם הגאון מהר"א העלער הורה כן).

סעיף יט - מי שהוא אסור, וכבלים (פי' כעין טבעות גדולים ססוגרים בכסס הרגלים) ברגליו, מותר לצאת בהם - דנחשב לו כמו מלבוש, דדרך הליכתו הוא כן, ובטלים הם לגבי הגוף, שהוא לבוש בהן, **ולא** חיישינן דילמא נפיל מרגליו ואתי לאתויי, דמסתמא כיון דאסור בהם, בודאי הם בחוזק על רגליו ולא יפלו.

סעיף כב - יוצאים במוך וספוג שעל המכה - היינו שנתנו מבעוד יום, וכדמפרש לקמיה, **לפי שהם מרפאים הילכך הוי כמו תכשיט.**

(והנה השו"ע העתיק כל זה הלשון דסעיף זה מלשון הטור, ונראה דהטור שסיים ע"ז: לפי שהם מרפאים, ובע"כ מיירי התוספתא לדבריו, בספוג ומוך ישנים שהם מרפאים, הוא אזיל לשיטתיה, דס"ל דדבר שאינו מרפא, אע"ג דמגין על האדם מצער, הוי משאוי, ולדידיה ע"כ מיירי הברייתא בשנתנו כבר מבע"י, ולא נפל, דאל"ה אסור להחזיר בשבת משום רפואה, **אבל** לפי דעת הרמב"ם, דאף בדבר שאינו מרפא, אלא שמועיל כדי שלא ישרט המכה, ג"כ מותר לצאת בו, וכמו שכתב הגר"א בביאורו בסעיף זה, מיירי התוספתא זו גם במוך וספוג חדשים שאינם מרפאים, אלא שמועיל כדי שלא ישרט המכה, דג"כ מותר לצאת בו, וגם מותר להחזיר אותם לכתחלה בשבת).

וכן בקליפת שום ובצל או באספלנית - מטלית של בגד שמושחין אותו במשיחה, ומשימין אותו על המכה, **ומלוגמא ורטייה שעליה.**

ואם נפלו מעליה, לא יחזירם - דהוי כמו נתינה לכתחלה, דאסרו רבנן לעשות רפואה בשבת, וכדלקמן בסי' שכ"ח, **וכ"ש שלא יתנם בתחלה.**

אבל אסור לכרוך חוט או משיחה על המכה לצאת בו - וה"ה אם ירצה לכרוך אותם על המוך וספוג ורטיה, ג"כ אסור, **דכיון שאינם מרפאים, הוו משוי.**

אבל באגוד שכורך על הרטייה שלא תפול מעליו, יכול לילך בו - היינו דוקא באגד של סמרטוטין, דדרך להשליכו כשמתירו, וע"כ אינו חשיב ובטיל לגבי הרטיה, משא"כ בחוט או משיחה דחשיבי, ואינו בטיל לגבי המוך וספוג.

וקושרו ומתירו - דהלא באגד אין בה משום רפואה.

ובביאור הגר"א כתב, דלדעת הרמב"ם אינו אסור בחוט ומשיחה כי אם כשכורכו על המוך וספוג לצאת בו, דמשום דחשיבי לא בטלי, [ודוקא היציאה אסור, אבל הכריכה גופא אין איסור, כי אין החוט והמשיחה מרפא], **אבל** על המכה ממש, אפילו היה כרוך חוט ומשיחה או שאר דבר חשוב, מותר לצאת בו, דאף דאינו מרפא, מ"מ הרי מועיל שלא יסרט המכה, וע"כ לא הוי משוי, והביא ראיה לדבריו מלשון התוספתא, **ומשמע** מניה שהוא סובר כן להלכה, וכן משמע דעת כמה אחרונים, וכמו שאכתוב לקמן בסכ"ח במ"ב ע"ש.

סימן שא – באיזה כלים מותר לצאת בשבת ואיזה מהם אסורים

סעיף לז - מותר לצאת בשבת בבתי ידים הנקראים גואנטי"ש - והטעם, שהם מלבוש גמור, שעשויין להגין מפני הקור. **ויש מי שמחמיר** - משום דלפעמים צריך למשמש בידיו, להסיר ממנו כנה או פרעוש העוקצתו, וחיישינן שמא ישכח ואתי לאתויי ד"א בר"ה.

וזו היא מה שאנו קורין הענטשיך, אבל מה שאנו קורין ארבי"ל, שתוחב בו שתי ידיו, דעת הט"ז דשרי לכו"ע, דבהאי שוב ליכא למיחש שמא יסירנה מידו, דאף אם יעשה כך, הרי הוא לבוש לידו השנית, ולא מיקרי משוי, **ויש** דס"ל דאדרבה זה חמיר טפי, שבקל נופל מידו ואתי לאתויי ד"א, ועוד שרגילין לשאתו לפעמים כך ביד, **וע"כ** לפי מה שכתב השו"ע דראוי לחוש בגוואנטי"ש, ראוי לחוש גם בזה.

להצריך שיתפרם מע"ש בבתי ידים של מלבושיו, או שיקשרם בהם בקשר של קיימא יפה – (וה"ה דמותר לחברם בקרסים), דתו ליכא למיחש שמא יוציאם בידיו. (עיין בט"ז שהקשה, דכשיהיו תלויים ע"י קשר ולא יהיו על ידו, הרי יש משוי עליו, ומה יועיל לו במה שהוא קשור, דהא ודאי לא בטיל אגביה דבגד וכו', **ובביאור** הגר"א הקשה ביותר מזה, דאפילו תפירה מאי מהני, מ"ש מטלית שאין מצוייצת וכיוצא, וכמ"ש בסל"ח וסל"ט, **וראיתי** בא"ר שתירץ, דכיון שקושר בקשר יפה, מחזי כבית יד ארוך, ואין ע"ז שם משא, ולהכי מהני. **ועוד** ראיתי בספר נהר שלום וכן תו"ש שכתבו, דאף דע"י קשירה בודאי אינו בטיל לגבי הבתי ידים, מ"מ הא לעת עתה לבוש בהן דרך מלבוש, ורק משום חששא דשמא יצטרך להסירם ויביאם בידו, וכיון שהם קשורים, אף אם יוציא ידו מהם לא יפלו לגמרי דניחוש שמא יטלם בידו, רק שיהיו תלויין עליו, והוי שלא כדרך הוצאה ופטור, ולכן לא גזרינן בזה, **ואע"ג** דלפי"ז גם בקשר שאינו של קיימא היה ראוי להתיר, דתו ליכא חששא דשמא יוציאו בידו, **אפשר** דחששו שמא יותר הקשר. **וט"ז והגר"א דלא ניחא להו בתירוץ זה, משמע דס"ל דדרך הוצאה הוא**).

וראוי לחוש לדבריו - ועכשיו נהגו להקל, ואפשר משום דכיון שלהרבה פוסקים אין לנו ר"ה מדאורייתא בזה"ז, דנגזור דילמא אתי לאתויי, **ומשמע** מדברי האחרונים, דאף שאין למחות ביד המקילין, מ"מ ראוי לכל בעל נפש להחמיר.

סעיף מג - המוצא ס"ת בשדה, אם אינו שעת סכנה, יושב ומשמרו ומחשיך עליו, (לשון הרמב"ם: ובסכנה מניחו והולך לו).

ואם היו גשמים יורדים - שתתקלקל הס"ת, **מתעטף בעור וחוזר ומכסה אותו, ונכנס בו** - התירו לו להתעטף, וחוזר ומתעטף בבגדים מלמעלה ונכנס, שזהו כבודה שלא תתקלקל בגשמים.

סעיף מז - לא ישטח אדם את כליו בשבת, אפי' מן הזיעה.

§ סימן דש – על איזה עבד מצווה על שביתתו §

סעיף א - וכדי להקל על המעיין לידע טעם חלוקי הדינים המבוארים בסימן זה, אקדים הקדמה קטנה, וכפי מה שמבואר בגמרא ופוסקים, **דהנה** תרי קראי כתיבי, חד: למען ינוח עבדך ואמתך כמוך, זה קאי על עבד שמל וטבל לשם עבדות, וקבל עליו כל מצות עבדים, דהיינו כל מה שאשה חייבת, וא"כ גם מצות שבת בכלל, ואסור לעשות מלאכה בשבת, ואתי האי קרא לאורויי דשביתת העבד מוטל גם על רבו, שהוא מצווה עליו למנעו מעשות מלאכה, אפילו לצורך עצמו של העבד, **ועוד** כתיב קרא: וינפש בן אמתך והגר, ודרשו חז"ל, דקאי על עבד הקנוי לישראל קנין הגוף, אבל לא מל וטבל, רק קיבל עליו ז' מצות בני נח, דגם לזה צריך רבו למנעו מלעשות מלאכה עבורו בשבת, [**אבל** לא דמי לגמרי למל וטבל, דהתם מצווה רבו אף למנעו ממלאכת עצמו]. **וה"ה** דאסור מן התורה לכל ישראל לצוות לו לעשות מלאכה עבורם בשבת, **אבל** לעצמו מותר עבד כזה לעשות מלאכה בשבת, כיון דשבת אינו נכלל תוך ז' מצות בני נח, ודינו כגר תושב דאינו מוזהר על השבת, **ומ"מ** אסור מן התורה לישראל לצוות לו לעשות מלאכה עבורו, וכדכתיב: וינפש בן אמתך והגר, **ועבד** הקנוי לישראל קנין גוף ולא מל ולא טבל, וגם לא קיבל עליו אפילו ז' מצות בני נח, בזה נחלקו הפוסקים אם גם ע"ז מצווים אנו על שביתתו.

אדם מצווה על שביתת עבדו שמל וטבל לשם עבדות, וקבל עליו מצות הנוהגות בעבד - דהיינו כל המצות שהאשה חייבת, דמצוה על רבו לשמרו ולמנעו מעשות מלאכה אפילו לצורך עצמו וכנ"ל, **ומותר** להשכיר עבדו לא"י בימי החול, אם מתנה עמו שלא יעשה בו מלאכה בשבת, **ולא** דמי לבהמתו דמבואר לעיל בסימן רמ"ו ס"ג, דאסור להשכירה לא"י בכי האי גוונא, דאין הא"י נאמן על כך, **דהכא** הא"י לא יעשה מלאכה בע"כ של עבד, ויש לעבד נאמנות ע"ז.

אבל אם לא מל וטבל, אלא קבל עליו שבע מצות בני נח, הרי הוא כגר תושב - גר תושב מקרי, כל שקבל עליו לקיים שבע מצות בני נח, ושלא לעבוד עבודת גלולים אפילו בשיתוף.

ומותר לעשות מלאכה בשבת לעצמו - היינו מלאכת עצמו, כגון תפירת בגדיו ותיקון מנעליו וכיו"ב, **או** שעושה להשתכר כדי שיהיו לו מזונותיו בריוח יתר על הספקת אדוניו.

אבל לא לרבו - היינו אפילו לא צוהו רבו בהדיא על המלאכה ג"כ אסור, דמסתמא על דעת רבו הוא עושה, והזהירה התורה ע"ז למנעו, וכדכתיב: וינפש בן אמתך והגר וכנ"ל, **ואפילו** מלאכה דרבנן אסור ג"כ לעשות בשביל רבו, **ויש** מקילין בזה אם לא הזהירו רבו בהדיא ע"ז, כיון שהוא רק מלאכה דרבנן.

ואסור לכל ישראל לומר לו לעשות מלאכה בשבת לצורך ישראל, ואפילו מי שאינו רבו - היינו מן התורה, דכיון

סימן דש – על איזה עבד מצווה על שביתתו

דכבר קבל עליו שבע מצות, לכו"ע הוי דינו כגר תושב, דאסרה התורה לישראל לעשות מלאכה על ידו.

ואם לא קבל עליו שום מצוה, אלא עדיין הוא כותי גמור, דינו שוה לקבל עליו שבע מצות - ר"ל דה"ה ג"כ אם לא קבל עליו שום מצוה, אפ"ה כיון שהוא עבד ישראל הקנוי לו קנין הגוף, ס"ל לדעה זו דדינו שוה לקבל עליו שבע מצות, ואסור לעשות מלאכה בשביל שום ישראל וכנ"ל.

ולפי"ז צרכי חולה שאין בו סכנה, דקי"ל אומר לא"י ועושה, וכן מת ביו"ט ראשון, דקי"ל יתעסקו בו עממין, אסור לומר לעבד ישראל אפילו הוא עובד עבודת אלילים, דכיון דמלאכת העבד אסורה מן התורה, לא הותרה בדבר שאין בו פקוח נפש - דדוקא אמירה לסתם א"י שאינו אלא שבות, התירו בדברים אלו, **אבל** בעבד א"י של ישראל, שמוזהרין עליו מן התורה, אין לו היתר אלא בפיקוח נפש.

וכן מת ביו"ט ראשון וכו' אסור לומר לעבד וכו' – (עיין בסימן תקכ"ו בב"י, שדעת הרמב"ן שם לצדד להתיר בעבד שלא מל וטבל, ושיטה זו דשו"ע אתיא כדעת בה"ג שם).

ויש חולקים ומתירים בזה - היינו בזה שהעבד הוא נכרי גמור, ואפ"ה ס"ל לדעה ראשונה דהוא שוה לקבל עליו שבע מצות, דאסור אפילו לישראל אחר לומר לו לעשות לו מלאכה, **וע"ז** חולקים וס"ל, דבזה לא אסרה התורה אלא לעשות מלאכה בשביל רבו, וכדכתיב: וינפש בן אמתך, **אבל** לשאר איש ישראל לא עדיף משאר א"י דעלמא, דאינו אסור רק מדרבנן, וממילא לצורך חולה אפילו אין בו סכנה מותר.

(**ונראה** דזה דוקא אם דמי המלאכה לוקח לעצמו, **אבל** אם יתנם לרבו, נחשב זה כמלאכת רבו ואסור, וצ"ע).

ומ"מ אם היה עושה מלאכת רבו שלא מדעתו, וניכר שאינו עושה לדעתו, מותר וא"צ להפרישו, (אפילו קבל עליו שבע מצות) - היינו דאף דמבואר לעיל שמצווה על שביתת עבדו, בין כשקבל עליו ז' מצות, ובין כשלא קבל עליו, שלא יעשה מלאכה עבורו, **היינו** דוקא בדניחא ליה במלאכה זו, דאז אמרינן דמסתמא עושה על דעתו, וע"כ מחויב להפרישו מזה, **משא"כ** כשניכר שאין עושה לדעתו, הוי כמלאכת עצמו, ואינו מוטל עליו למנעו.

ולישראל אחר שאינו רבו, אפי' עושה לדעת ישראל, מותר, כל שאין שם אמירת ישראל - דדוקא גבי רבו שהוא עבדו, אמרינן דמסתמא כל מה שהוא עושה על דעת רבו עושה, **משא"כ** בזה אף שהוא עושה לדעת ישראל, כל שלא צוהו, ומתחיל העבד [בין שקבל עליו ז' מצות ב"נ או לא] או הגר תושב לעשות מאליו, אמרינן דהעיקר אדעתיה דנפשיה עביד להרויח לבסוף ממלאכתו, ואינו אסור אא"כ מצוהו לעשות וכנ"ל.

ועיין סימן רנ"ב סוף ס"ב, דלפעמים צריך למחות מדרבנן.

[**ועיין** בחי' רע"א שהביא בשם הרשב"א, שמסתפק להקל בזה בגר תושב, אפי' אם הוא שכיר שלו, כל שלא צוהו הישראל, **דכיון** שאינו קנוי לו, אמרינן דאדעתא דנפשיה עביד, כיון שאין כבוש תחת ידו כעבד, **אבל** בהגר"א משמע שתופס להחמיר].

ובלבד שלא יהנה ישראל בשבת מאותה מלאכה - והיינו מדרבנן, דלא עדיף העבד משאר אינו יהודי דעלמא שעשה מלאכה לדעת ישראל, שאסור לישראל ליהנות מאותה המלאכה בשבת, וכנ"ל בריש סימן רע"ו.

וי"א שכל שלא קבל עליו ז' מצות בני נח, כיון דעכו"ם גמור הוא, אין רבו מוזהר עליו - ס"ל דלא הזהירה התורה על עבד של ישראל לענין שבת, אלא ביש עליו עכ"פ קצת מצות, דהיינו ז' מצות בני נח, וכמבואר בב"י ע"ש, **ולפי"ז צרכי חולה שאין בו סכנה, וכן צרכי מת ביו"ט ראשון, מותר לומר להם לעשותו** - ועיין בא"ר שהביא בשם כמה פוסקים, דלמעשה יש להחמיר כסברא הראשונה.

(ומ"מ לענין ישראל אחר, אפשר דיש לדון זה לס"ס, אחד דשמא הלכה כי"א הזה, שהוא דעת הרמב"ם והרמב"ן והרה"מ, **וגם** דשמא הלכה כהיש חולקין למעלה, שדעתם דלישראל אחר בודאי מותר, **אך** אין הס"ס הזה מתהפך).

אסור לומר למומר וקראים לעשות לו מלאכה בשבת ויו"ט, דעובר משום "לפני עור".

סעיף ב - והיכא דמותר העבד לעשות מלאכה לעצמו, אם אמר לו האדון שיעשה לעצמו ויזון עצמו ביום השבת, כיון שהתנה עמו מבעוד יום - לאפוקי להתנות בשבת דאסור, **עושה הוא לצרכי מזונותיו** - שאם ירצה שלא לזונו ושיחזור העבד על הפתחים, הרשות בידו, וא"כ עושה העבד לעצמו.

ובלבד בצנעה, שלא יהא בדבר חשש רואים - ועושה אפילו בבית רבו, כיון שהוא בצינעא, **וכ"ש** אם מרויח אצל אינו יהודי, [ואפשר דגם בזה צריך צנעא, שלא יסברו שהשכירו לא"י], **אבל** לא יעשה לצורך ישראל אחר אפילו בצינעא, דהא מ"מ עבד ישראל הוא, [**כנ"ל** בריש ס"א, דאסור לכל ישראל לומר לעבד ישראל לעשות מלאכתו, **ואף** דזה סילקו מעליו בשבת, מ"מ הרי עדיין בכלל עבד ישראל הוא, כנ"ל פשוט, **ואם** לא קבל עליו הז' מצות, תליא בפלוגתא אם ישראל אחר מותר להשתמש בו, וכמו שכתב המחבר בס"א].

ואם לא אמר ליה כלל, אלא העבד עושה מעצמו ורוצה ליזון ממנו, הביא באליהו רבא בשם ספר משאת בנימין דמותר, כיון שאין הישראל אומר לו שיעשנה, **ובלבושי** שרד בריש סימן זה משמע דאין להקל בזה.

סעיף ג - א"י גמור שהוא שכיר, אין רבו מצווה על שביתתו - ואפילו אם הוא שכיר לכמה שנים, מ"מ הרי אינו קנוי לו קנין עולם, **וע"כ** אפילו אם הוא עושה מלאכת רבו אינו אסור מדאורייתא, שאיננו בכלל עבדו, **והמלאכות** המותרות לכתחלה ע"י א"י, מותר גם על ידו.

סימן דש – על איזה עבד מצווה על שביתתו

אבל אם קבל עליו הז' מצות, הלא הוא גר תושב, ואסור לעשות מלאכה לישראל, אף למי שאינו רבו וכנ"ל.

וכתב ב"י שמהרי"א נסתפק, באותן העבדים והשפחות ער"ג, שאם רצו להמיר דתן וליכנס לדת ישמעאל יוצאים לחירות, **אפשר** שאע"פ שהם עתה קנויות קנין עולם, שמחמת זה הם חשובים רק כשכיר עובד גלולים בעלמא, וצ"ע, **ודעת** האחרונים להחמיר בזה, מפני שיש בזה חשש איסור תורה, **וכ"ש** אם הוא במקום שאין לו רשות לפי דיניהם להפקיע עצמו בהמרת דתו, שבזה ודאי אסור לעשות מלאכה בשבת לישראל.

ועיין ברמב"ם, דאין מקבלין גר תושב בזמן שאין היובל נוהג, **וכן** עבד שאינו רוצה לקבל עליו מצות כי אם ז' כמו גר תושב, ג"כ אין מקבלין אותו בזמן שאין היובל נוהג, **והראב"ד** שם חולק ע"ז, [**אבל** עבד שרצונו למול ולטבול ולקבל עליו מצות שהאשה חייבת, גם בזה"ז נוהג].

במקום שהמלך ירום הודו גזר, שאין שום אדם חוץ מדתם יכולין לקנות עבד ואמה, העבדים והשפחות יכולין להבעיר אש בשבת, דהויין כשכיר בעלמא - רשד"ם וריב"ל, **אבל** יש חולקים, וס"ל דאף עתה גופן קנוי לישראל, **ועכשיו** שפורעים כרגא בעד העבדים והשפחות, לכו"ע גופן קנוי ואסורים במלאכה, **וכן** לקולא, דהיינו שיכול ממזר לישא שפחה, ועבד ממזרת.

(**כתב המ"א**, אם קבל עליו מצות הנהוגות בעבד, והוא שכיר, נ"ל דאין רבו מצווה על שביתתו כשעושה לעצמו, {פי' דאם עושה לישראל אחר, בודאי אסור מן התורה, דלא גרע מגר תושב בעלמא} דלא הזהירה התורה אלא על עבד הקנוי קנין עולם, **אבל** העבד אסור לעשות מלאכה אפילו לעצמו, דהא קבל עליו מצות הנהוגות באשה, עכ"ל, **וצע"ג**, כיון שאין קנוי לו, הלא בודאי אין גירות לחצאין, ומאי מהני קבלתו למצות הנהוגות בעבד, הלא קי"ל בבכורות: א"י שבא לקבל עליו ד"ת חוץ מדבר א' אין מקבלין אותו, **ודוקא** בעבד שגופו קנוי ויש עליו שם עבד, גילתה לנו התורה דבאיש כזה די אם יקיים רק מצות הנהוגות באשה, משא"כ באדם דעלמא, אין לנו בתורה רק או גר תושב או ישראל גמור, וזה שלא רצה לקבל עליו כל התורה, מסתברא דאין מדרגתו אלא כגר תושב בעלמא, **ומנא** ליה להמ"א שיהיה עדיף מגר תושב דהוא אסור לשבות בשבת, וזה יהיה מהני קבלתו שיהיה מחויב לעצמו להזהר במצות שבת כישראל, **וא"כ** לפי"ז ימצא איש שיוצא מכלל גר תושב בהרבה מצות יותר כפי קבלתו, ולכלל ישראל לא בא, וגם בכלל עבד אינו, ומנ"ל זה, **אחר** כתבי כ"ז התבוננתי שאפשר לקיים דבריו, דס"ל להמ"א ג"כ דאינו בר ישראל כלל, ובכלל גר תושב הוא, והכל כאשר כתבנו, אלא דס"ל דגר תושב גופא אם רצה לקבל עליו בעת תחלת גירותו עוד מצות מלבד הז', ג"כ חלה קבלתו שמחוייב אח"כ לקיים, **אלא** דמה דנקטו ז', רבותא אשמועינן, דאף שז' מצות מחוייב לקיים כל בן נח, ומאי רבותייהו, אפ"ה חלה הקבלה ובכלל גר תושב הוא לענין שמצווין להחיותו, וכ"ש אם קבל עליו יתר מצות, בודאי מהני, **ולא** תקשה ע"ז דאיך ישמור שבת, והלא גר תושב ג"כ אסור לשמור שבת, כדמוכח ביבמות, דזהו בסתם גר תושב שלא קבל עליו רק ז' מצות כנהוג, וא"כ הוא לענין שאר מצות כא"י גמור, משא"כ כשקבל עליו עוד מצות בתחלת גירותו, ובכללם היה ג"כ שבת, בודאי יכול לקיימם ומחוייב לקיימם, ומה דאיתא בבכורות: דא"י שרצה לקבל כל התורה חוץ מדבר אחד אין מקבלין אותו, היינו לענין לעשותו ישראל גמור, אבל לא לענין גר תושב).

§ סימן שה – במה בהמה יוצאה בשבת §

סעיף כא- גבינות שעושות השפחות מעצמן מחלב של ישראל, מותר, כיון שאינו אומר להן שיעשו - היינו דמסתמא אדעתא דנפשה קעבדה.

ועיין באחרונים שהשיגו ע"ז, דכיון שנוטלת החלב של ישראל, ורואה הישראל ושותק, מסתמא אדעתא דישראל קעבדה, שיודעת שניחא ליה בזה, **ואפילו** אם היתה עושה זה אח"כ בבית א"י, מחוייב למחות בידה, וכ"ש שהיא עושה זה בבית ישראל, **ועיין** בביאור הגר"א שגם הוא הקשה ע"ז עוד מטעם אחר עי"ש.

ובא"ר ובפמ"ג הסכימו, דכונת השו"ע הוא רק אם עשתה לפעמים דרך מקרה, שמותר אחר השבת ליהנות מהם, **אבל** אם היא עושה כן תמיד, מחוייב למחות, [**איני** יודע, דלפי"ז מאי רבותא דמותר אחר השבת, הלא אפי' אם צוה בהדיא לא"י לעשות לו מלאכה בשבת, ג"כ פסק המחבר בסי' ש"ז ס"כ, דמותר לערב אחר בכדי שיעשו, **ואי** דבהא מותר מיד הכל, טעמא מאי, דהלא מדבשבת אסור, מסתמא חשבינן דהוא לצורך ישראל, וקי"ל דאם עשה א"י מעצמו בשביל ישראל, ג"כ אסור לערב עד בכדי שיעשה].

סעיף כג- מותר למסור סוס או פרד או חמור לרועה אינו יהודי; ואע"פ שהאינו יהודי משתמש בהם בשבת, אין בכך כלום, כיון דשלא מדעת ישראל הוא עושה, ואינו ממתין לשכירות ממנו – (היינו שאין לו לחוש שמא ישתמש בה, דכיון דשלא מדעת ישראל הוא ואינו מקבל שכר ממנו, מירתת ובודאי לא ישתמש בה), **ר"ל** דלכך מותר למסור לכתחלה בשבת, דהרועה מירתת להשתמש בה בשבת, שלא יענש ע"ז בדיניהם, כיון שלא מסרה לו למלאכה כלל, **אבל** להשכיר ולהשאיל לא"י אסור אפילו אם מתנה עמו שתנוח בשבת, וכדלעיל בסימן רמ"ו ס"ג, **דכיון** שהשכירה לו למלאכה אינו מירתת כ"כ, כי יאמר בלבו, בעד יום השבת אראה להוסיף לו לפי ערך המגיע ליום, וכן בשאלה, הוא חושב שיעשה לו טובה כנגדו עבור זה, **משא"כ** בזה שמסרה לו רק לרעות אותה, אז מירתת לעשות בה מלאכה כלל, אף שרוצה לשלם לו, כיון שאינה עומדת לכך.

ואם רואהו משתמש בה בשבת, מוחה בידו - (לפי מה שביארו האחרונים דברי השו"ע הטעם, דמירתת), ה"ה כשנודע לו שעושה בה מלאכה, צריך למחות בידו.

(**אבל לפי מה שכתב הטעם בביאור הגר"א, וז"ל**: ועיין תוס' קכ"ב. ד"ה מעמיד כו', דיכול לא יניח אדם את בהמתו לתלוש או לעקור, ת"ל למען ינוח כו', והטעם, כיון שאין המלאכה נעשית בשבילו רק בשבילה – גר"א, **דכיון** דבהמתו עושה זאת לצרכה מותר, וה"נ במוסר לרועה לצורך בהמתו, אין לחוש אם ישתמש בה, דהרי אם ימנע מלמסור לא יהיה לה מנוח – דמשק אליעזר, משמע דאף אם יודע שעושה בו מלאכה אין לו לחוש לזה, ומה שאסור

סימן שה – במה בהמה יוצאה בשבת

ברואה, הוא מפני דמיחזי כאלו ברצונו הוא עושה ועל דעתו, וכנ"ל בסי' רנ"ב ס"ב, והנה סעיף זה מדוייק היטב לדבריו, אבל צ"ע א"כ נסתר בזה ההיא דסימן רמ"ו ס"ג, שאסרו במשכיר ומשאיל אפילו אם מתנה שתנוח בשבת, ‹מוכח דיש לבה"ל הבנה אחרת בהגר"א, ודלא כהדמשק אליעזר, ורק הטעם משום דהיה בלא ידיעתו ורשותו ובלא תועלתו של הישראל›, **ואולי** הטעם משום דלא פלוג בשכירות, וכעין זה כתב בא"ר).

הגה: וכ"ש דאין לחוש שהרועה יוליא אותה חוץ לתחום, דהא תחומין דרבנן - ואפי' אם הוא רואה אין צריך למחות, דדוקא להוציאה בידים אסור וכנ"ל. **ויש** מחמירין בדבר, שלא למסור לו בשבת, והעולם נוהגין כהיום היתר בדבר, [כנה"ג, **ולא** ידעתי כוונתו, אם אפי' כשיודע שיוציאנו חוץ לתחום, או דמיירי בסתמא]. **וכ"ז** כשהא"י מוציאה מעצמו, אבל לצוותו בשבת להוציאה חוץ לתחום לרעות שם, עיין בפמ"ג שמסתפק בזה, ‹אולי משום דהאיסור מצד הבהמה, ולא מצד המוציאו›, ונכון להחמיר, וכ"כ בח"א, **ומטעם** זה, אם מוליכין שוורים למקום אחר למכור, אסור למסור להם בשבת, אפילו אם קצץ עם הא"י כבר על זה הענין קודם שבת, דהוי כמתנה עמו להוליך חוץ לתחום, [**וכ"ש** אם מוליכין את השוורים חוץ לי"ב מיל, דבודאי נכון להחמיר בזה שלא למסור להם, דהא יש אומרים די"ב מיל הוא דאורייתא]. **אבל** למסור לו בע"ש, אפילו אם יוליכנה בשבת חוץ לשלש פרסאות ‹י"ב מיל›, שרי.

§ סימן שו – באיזה חפצים מותר לדבר בשבת §

סעיף ד - השוכר את הפועל לשמור זרעים או דבר אחר - מיירי ששכרו לימים, שבעד כל יום שישמרנו יתן לו כך וכך, והוא שמר גם בשבת, **אינו נותן לו שכר שבת** - שא"צ לשלם לו עבור יום השבת, מדרבנן, גזירה משום מקח וממכר, **ועיין** בטור דמוכח, שאפי' אם הוא רוצה ליתן לו, אסור לו להשכיר ליקח השכר, **אא"כ** הוא נותן לו דרך מתנה.

לפיכך אין אחריות שבת עליו - שאם אירע בהן קלקול בשבת, אינו חייב לשלם.

היה שכיר שבת - היינו של כל השבוע ביחד, **שכיר חודש, שכיר שנה, שכיר שבוע, נותן לו שכר שבת** - ור"ל שאפילו אם יחזור הפועל בתוך הזמן, אינו מנכה לו שכר השבתות מזמן שעבר, הואיל והוא בהבלעה עם שאר הימים, **וזהו** דקמסיים המחבר, שיוכל הפועל לומר: תן לי שכר עשרה ימים, דמיירי שחוזר הפועל באמצע שבוע שני, **וממילא** מחויב לשמור גם בשבת, **לפיכך אחריות שבת עליו** – ‹עיין בב"מ נ"ח ע"א, דדוקא בשקנו מידו, הא לאו הכי אין דין שמירה במחובר לקרקע, ואפילו אם היה שכיר שבוע או חודש, אינו חייב במחובר לקרקע כשנגנב›.

ונראה דאפילו אם לא אירע בו הפסד, אך שלא שמר ביום השבת, יכול לנכות לו משכרו, מידי דהוי אם לא שמר יום אחר.

ולא יאמר: תן לי של שבת, אלא אומר: תן לי שכר השבוע או החודש, או יאמר לו: תן לי שכר עשרה ימים.

(ואם שכרו לחודש והתנה לשלם לו כל יום כך וכך, מקרי שכיר יום) (ר"ן) - היינו שהתנה עמו שישלם לו לפי חשבון הימים, והלשון הזה מורה שיוכל הבעה"ב לחזור באמצע השבוע, ולא יצטרך לשלם לו בעד כל השבוע, אלא בעד הימים שעברו, ע"כ מיקרי שכיר יום, ואסור לו לקבל שכר שבת לבסוף, אפי' אם משלם לו עבור כל החודש ביחד.

וכתב המ"א, דכן הדין במשכיר חדר לחבירו לחודש, והתנה עם השוכר שישלם לו לפי חשבון הימים, ג"כ אסור לו ליקח שכר שבת, והטעם כנ"ל, **וה"ה** אותן המלוים ברבית לא"י לשנה או לחודש, צריכים ליזהר שלא להתנות עם הלוה בסתמא שישלם לו לפי חשבון הימים שיחזיק המעות תחת ידו, דהלשון הזה מורה שכל אימת שישלם לו, ואפי' אם ישלם לו באמצע השבוע, יחשב לו הרבית לפי חשבון הימים, ולפ"ז נחשב כל יום ויום בפני עצמו, וא"כ יצטרך לבסוף לנכות לו שכר כל השבתות, **אלא** יתנה עמו שאם ישלם לו באמצע השבוע, יפרע לו הרבית מכל השבוע זה כולו, או לא יפרע לו כלל הרבית עבור שבוע זה האחרון.

[**אבל** גם המ"א מודה, דאם הלוהו בסתם על שנה או חודש, ולא הזכיר אז כלום לפי חשבון הימים, ואח"כ בעת התשלומין אירע ששילם לו באמצע השבוע, דשרי, ולא יצטרך לנכות לו עבור השבתות שעברו, **משום** דכיון דמתחילה הלוהו על שנה או חודש שלם, לא הוי שכר שבת, ומה שמקבל ממנו אח"כ באמצע, מחילה בעלמא הוי גביה].

ובספר שבות יעקב חולק על רמ"א, וס"ל דמהר"ן אין ראיה לדין זה, דבעניננו אף שלפי דבריו יוכל לחזור ולסלקו באמצע השבוע, מ"מ מסתמא לא יחזור בו באמצע, והוי שכיר חודש, ומקרי אח"כ השכר שבת בהבלעה, ושרי, וגם בספר א"ר מצדד דיש ספק בדין זה.

(**וכ"ז דוקא אם התנה שישלם לו לפי חשבון הימים, אבל אם רק הבטיח לו לשלם בסוף כל יום, ולא בסוף שבוע או חודש כשאר שכירות שאינה משתלמת אלא בסופה, גם הרמ"א מודה דאינו יכול לסלקו באמצע, ואינו חוזר ממה שהשכירו בתחלה לחודש, ורק שהתחייב עצמו לשלם לו בסוף כל יום להפועל, וכשאר חיובים שהאדם יוכל להמשיך על עצמו, וכענין שאמרו: מתנה שומר חנם להיות כשואל**).

(**ז"ל בדק הבית: כתוב בשבולי הלקט, שאם יאמר: כך וכך תתן לי בחודש שיבוא כך ליום, הוי נמי כשכר שבת, ואין נראה כן מדברי הפוסקים שכתבתי בסמוך, עכ"ל, היינו דהשב"ל סובר, דמה שסיים "שיבוא כך ליום", הוי חזרה ממה שאמר מתחלה ששכרו לחודש, והב"י סובר דמה שסיים "שיבוא כך ליום", חשבון בעלמא הוא דקמחשב הפועל כמה ירויח לכל יום, וס"ל להב"י דזה דמי למי שאומר: תן לי שכרי של עשרה ימים, דאף שבזה מרמז על שכר יום השבת ג"כ, אפ"ה כיון דלא תבעו בהדיא השכר של כל יום ויום בפני עצמו, שרי, ה"נ בעניננו, דבודאי לבסוף כשיתבענו יתבע ממנו עבור כל החודש או השבוע, מה איכפת לן דחשב באמצע כמה מגיע לו עבור כל יום ויום**).

סימן שו – באיזה חפצים מותר לדבר בשבת

ומה שנוהגים הסוחרים לשכור יהודי בע"ש לשמור העגלות מן הגנבה, הדבר קשה, איך הסוחר עובר על לפני עור, כיון שיודע שודאי יקבל שכר שבת, **ולכן** ראוי שיתנה עם השומר שישמור גם ביום ערב שבת ובמו"ש איזה שעות, ואז הוי כשכר שבת בהבלעה ושרי.

סעיף ה - אסור לשכור חזנים להתפלל בשבת - וה"ה לשכור תוקע, משום שנוטל שכר שבת.

ויש מי שמתיר - ס"ל דבמקום מצוה לא גזרו רבנן על שכר שרוח בזה, **ומ"מ** אינו רואה סימן ברכה, **ומ"מ** אסור לשכור החזן או התוקע בשבת ויו"ט גופא, רק מערב שבת.

הגה: ואם שכרו לשנה או לחודש - פי' שיתפלל גם בימות החול, ומשלם לו לחודש או לשבוע בבת אחת, **לכו"ע שרי.**

ועיין באחרונים שכתבו, שנוהגים להקל לשכור לשבתות לחוד, **והחושש** לדברי האוסרין, לא יקצוב בתחלה, ומה שלוקח אח"כ י"ל שהוא דרך מתנה. **ומילדת** בודאי מותרת ליקח שכר שבת.

סעיף ט - אסור לומר לא"י שילך חוץ לתחום בשבת אחר קרובי המת שיבואו להספידו - דדוקא לומר לו לעשות אחר השבת מותר, משום דהוי צרכי מצוה, וכמש"כ בס"ג, אבל לא שיעשה או ילך בשבת, **וכן** אפילו אמר לו מע"ש לעשות בשבת אסור, אף שהוא לצורך כלה או מת, מ"א בשם הר"ן. **ובצ"ע** קצת, דשבות דשבות במקום מצוה מבואר בסימן ש"ז ס"ה דשרי – פמ"ג. וי"ל דמיירי בי"ב מיל, או דלא הוי מצוה כ"כ – רעק"א.

אבל חולה דתקיף ליה עלמא, ואמר שישלחו בעד קרוביו, ודאי שרי - אפילו לשכור א"י רץ שירוץ כמה פרסאות בשבת להביא קרוביו במו"ש, ג"כ שרי, כדי שלא תטרף דעתו עליו.

סעיף י - להחליף משכון לא"י בשבת, מותר אם הוא מלבוש - לאפוקי מהפוסקים שסוברים דזה מחזי כמשא ומתן.

ויוציאנו הא"י דרך מלבושו - הא לאו הכי אסור, דכיון שהוא ממושכן לישראל, הוי כאלו היא של ישראל, ואסור משום מראית עין, דמחזי שהישראל צוהו להוציאו, **(ועיין לקמן סימן שכ"ה)** - בס"ג בהג"ה, דטוב שהא"י יקח המשכון בעצמו ויניח אחר במקומו, ולא יגע בו ישראל.

סעיף יא - מותר לקנות בית בארץ ישראל מן הא"י בשבת - וסוריא כא"י לדבר זה, כ"כ הרמב"ם, ועיין במ"א מש"כ בזה.

וחותם ומעלה בערכאות. הגה: שלהם, דכתב שלהם, דאינו אסור רק מדרבנן - ר"ל הכתיבה זו היא מדרבנן, והוי שבות דשבות ע"י א"י, **ומשום ישוב א"י לא גזרו (א"ז).**

וכיצד הוא עושה, מראה לו כיסים של דינרין, והא"י חותם ומעלה בערכאות, **אבל** אסור ליתן לו מעות להדיא.

ועיין בבה"ל שביארנו, דדעת אור זרוע דעת יחידאה היא, ואין לה שום מקום בש"ס, וכל הפוסקים חולקין ע"ז, וס"ל דאף בכתב שלהם הוא איסור מדאורייתא, דבכלל לשון חייב כדאיתא במשנה שבת ק"ג, **ואפ"ה** התירו בכאן ע"י א"י משום ישוב א"י, ואף דהמחבר פסק לקמן בסימן ש"ז ס"ה, דמלאכה דאורייתא אסור ע"י א"י אפילו לצורך מצוה, זה עדיפא, **ולפי"ז** אסור לומר לא"י בשבת לכתוב מכתב אפילו לצורך מצוה, אם לא שהוא ג"כ צורך גדול אפשר דיש להקל, ועיין לעיל בסימן רע"ו ס"ב בהג"ה.

סעיף יב - מותר להכריז בשבת על אבידה - שמי שיודע בה יבוא ויגיד, דהשבת אבדה מצוה, ולומר למי שיודע ממנה שישיבנה, גם זה הוא בכלל חפצי שמים ושרי, **ונהגו** להכריז גם על אבדת א"י מפני דרכי שלום, ובמקום סכנה פשיטא דשרי, **וכתבו** האחרונים, דה"ה דמותר להכריז בשבת על גנבה.

אפי' היא דבר שאסור לטלטלו - שלא יוכל המשיב להשיב היום, אפ"ה מותר כדי לפרסם הענין בשבת, שהוא זמן כנופיא לרבים.

הגה: ומותר להתיר חרמי צבור בשבת, אע"פ שאינו לצורך שבת, הואיל והוא יום כנופיא לרבים, הוי כעסקי רבים דשרי לדבר בם.

משמע דאם הוא לצורך יחיד, להתיר לו מה שהחרימוהו הצבור, היה אסור כשאינו לצורך שבת, **אבל** ממה שכתב בבדק הבית בשם רבינו ירוחם, משמע דאפי' לצורך יחיד מתירין לו, משום דבחול לא יוכל לקבץ הקהל בקל שיתירו לו, **וכן** מצדדים האחרונים להלכה.

וה"ה אם נדוהו בחלום, מתירין לו בשבת, דצורך שבת הוא דלא לישתהי בנידויו.

כתב בב"ח, דמה שנוהגין בירידים, שהשמש קורא מתוך הכתב מי שמוחרם משום חובותיו, הוי כעסקי רבים, דלולא זה היו נפסדין החובות וכל משא ומתן, ואין כח לשום מורה לבטל זה, שנהגו להקל לפני כמה גדולים.

אבל אין מחרימין בשבת כי אם מדבר שהוא לצורך שבת - והמ"א הוכיח, דדין החרם והתרתו שוה, דליחיד אסור להחרים אם עבר עבירה, אם לא שחילל שבת, דהוי כמו לצורך שבת, **ולצורך** צבור מותר אפילו אינו לצורך שבת, דאם לא יחרימו בשבת, לא יתאספו ביום אחר ויתבטל הדבר, **ובספר** א"ר מצדד, דאף לצורך רבים אין כדאי להחרים ביום השבת, משום דכתיב בו ברכה, **ועיין** בספר זכור לאברהם שהביא משם כנה"ג, דהמנהג הפשוט הוא להקל וכדברי המ"א הנ"ל.

ובתשובות דברי ריבות איתא, דחכם יכול לנדות בשבת לכבודו.

סעיף יג - להכריז בשבת על קרקע הנמכר, שכל מי שיש לו זכות עליו יבוא ויגיד ואם לאו יאבד זכותו, אסור - דוקא בכה"ג אסור, דהוי כדן את הדין, אבל אם מכריז סתם: כל מי שיש לו זכות יבוא ויגיד, אע"פ שיש תקנה בעיר שאם לא יגיד בטלה

זכותו, מ"מ אינו כדן את הדין, **ומ"מ** לכתחלה אין לנהוג כן, דהוי כדבורא דחול, **אך** אי איכא דוכתא דנהיגי כך, לא מחינן בהו, שיש מקום לומר דהוי כצרכי רבים, אך שהוא ענין מתמיה.

ולהכריז שיש בית למכור או להשכיר בקושטנטינא, נוהגין היתר, [וטעמם, דהוי בכלל צרכי רבים], **אבל** בתשובת הגאונים אוסר אפילו בשל הקדש ויתומים.

הגה: וכן אסור להכריז יין בשבת, דהוי כמקח וממכר - היינו להודיע שיש אצל פלוני ופלוני יין למכור, **וכתב** המ"א, דדוקא במקום ששכיח יין טובא, אבל במקום שאין מצוי כ"כ, הוי הכרזה על יין צורך מצוה בשביל קידוש, **ומ"מ** אסור להזכיר סכום מקח בכל גווני, וכנ"ל בס"ג בהג"ה, **ורש"ל** כתב דיכריז קודם "ברכו", ואם שכח להכריז עד אחר "ברכו", לא יזכיר סכום מקח, [**ובשאר** משקין פשיטא דאסור, אפי' הוא צורך שבת וצורך רבים, דביין מנכר לכל שהוא צורך מצוה, אבל בסתם משקה הוי הכרזה זילותא דשבת].

סעיף יד - מי ששלחו לו שהוציאו בתו מביתו בשבת להוציאה מכלל ישראל, מצוה לשום לדרך פעמיו להשתדל בהצלתה; ויוצא אפילו חוץ לשלש פרסאות - היינו אף דיש בזה איסור דאורייתא לאיזה פוסקים, **וה"ה** אם יצטרך לחלל שבת עי"ז באיזה מל"ט מלאכות, ג"כ שפיר דמי, דכאשר תמר את הדת לגמרי, תחלל שבת ותעבוד ע"ג כל ימיה, ואם הוא יחלל שבת פעם אחת נקרא איסורא זוטא נגד זה, **ואי לא בעי, בית דין גוזרין עליו.**

אורחא דמלתא נקט, וה"ה אחר רשאי לחלל שבת כדי להצילה מהאיסור הגדול, [**ונ"ל** דנקט בתו משום סיפא, דאי לא בעי, כייפינן ליה שלא להתעלם ממנה, כי הוא גואלה וקרובה].

כתב המ"א: צ"ע אם הבת קטנה ורוצים להוציאה מכלל ישראל, אם יעשה הגדול חטא בשבילה, דהא קי"ל דאין ב"ד מצווין להפרישה מאיסור, **או** דילמא מידי דהוי אפקוח נפש שמחללין על הקטן, דאומרים: חלל עליו שבת א' כדי שישמור שבתות הרבה, ה"נ כן, **ובא"ר** דעתו להקל, דאם לא ישתדל להצילה, תשאר כן גם בגדלותה, [**ואפי'** אם היה ברצון, דפתוי קטנה אונס הוא].

וכ"ז מיירי שהוציאוה א"י מביתו באונס, וע"כ התירו לו לשום לדרך פעמיו להצילה, דקי"ל אם אינו פושע, חייב לעשות איסורא זוטא כדי שלא יעשה חבירו איסורא רבא, **אבל** אם פשעה, אין לו לאביה לחלל שבת עבורה, דאין אומרים לו לאדם: חטוא כדי שיזכה חברך, [**ופמ"ג** מסתפק, דאפשר דוקא מלאכה גמורה, אבל תחומים די"ב מילין, דאין בו לכו"ע רק לאו, מותר לדחותה מפני עבירה גדולה], **ודוקא** באיסור דאורייתא, אבל באיסור דרבנן, [כגון ללכת אחריה חוץ לתחום אלפים], דעת הא"ר דיש להקל לעבור כדי להצילה.

(וע"ל סי' שכ"ח סעיף י') - בהג"ה, דאיתא שם, דמי שרוצים לאנסו שיעבור עבירה גדולה, אין מחללין עליו שבת כדי להצילו, **ואין** סתירה לכאן, דהתם מיירי שרוצים לאנסו שיעבור עבירה פעם אחת, ולהכי אפילו אם היא עבירה גדולה, כגון לעבוד ע"ג, אין צריך לחלל שבת כדי להצילו, דמחלל שבת ג"כ כעובד ע"ג, **משא"כ** כאן שתשאר מומרת ותחלל שבת לעולם.

כתב כנה"ג, דללכת חוץ לתחום בשבת לנקום נקמת אביו מרוצחים, מותר, **ותמה** עליו המג"א וש"א, דהא לא עדיף משאר צורך מצוה, דאסור לילך חוץ לתחום עבורה.

§ סימן שז – דיני שבת התלויים בדיבור §

סעיף ג - אסור ליתן לא"י מעות מע"ש לקנות לו בשבת - וה"ה דאפילו מתחלת השבוע אסור, כיון שייחד לו על שבת, וכנ"ל בס"ב, ואפילו קצץ לא מהני בזה, **אלא** נקט מע"ש משום סיפא, דאם אומר לו: קנה לעצמך, אפילו מע"ש מותר.

(ועיין בפמ"ג שמסתפק לאסור אפילו כשאין נותן לו מעות, כיון דאומר לו שיקנה בשבילו).

אבל יכול לומר לו: קנה לעצמך, ואם אצטרך אקנה ממך לאחר השבת - מקור דין זה נלמד מהא דלקמן סימן תמ"ח ס"ד, לגבי חמץ, **ועיין** בב"ח ובא"ר שמצדדים שם, דאפילו אם מבטיחו שיקנה ממנו אח"כ, ג"כ מותר, כיון דעכשיו קונה לעצמו.

סעיף ד - מותר לתת לא"י מעות מע"ש לקנות לו, ובלבד שלא יאמר לו: קנה בשבת. הגה: וכן מותר ליתן לו בגדים למכור, ובלבד שלא יאמר לו למכרן בשבת - ודוקא בשקצץ לו שכר עבור זה, דאז עושה אדעתיה דנפשיה, דבלא"ה אסור, וכמבואר סימן רמ"ה ס"ה.

(**ואם היה אפשר לו לקנות ולמכור מבעו"י, מותר אפי' בלא קצץ, וכמו שמותר באגרת לעיל ברמ"ז – הגר"א, וכתב דבאופן זה מיירי השו"ע, ולכן לא הזכיר דוקא בשקצץ**).

ואם יום השוק שם בשבת, ובאותו מקום אינו מצוי לקנות כי אם ביומא דשוקא, כמו שרגיל בעיירות קטנות, הו"ל כמזכיר לו יום השבת בפירוש, בין שמבקשו לקנות עבורו, או שנותן לו למכור, ואפילו בתחלת השבוע אסור, **ובמקום** שמצוי קצת גם בשאר ימים, אין איסור אלא אם כן מזכיר בפירוש יום השבת, **וכן** אם אמר לו הישראל: ראה שאני צריך לילך לדרכי במו"ש, הוי ג"כ כמזכיר יום השבת בפירוש.

כתב הט"ז, דמה שהתירו אם לא זכר לו שיקנה בשבת, מ"מ לא יהנה הישראל ממנו באותה שבת, דעכ"פ עשה בשביל ישראל, דאף שמיירי בזה שקיצץ לו שכר כדלעיל, לא מהני, **אבל** הא"ר והתו"ש חולקין עליו, [**אך** בשקונה מיני מאכל, אפשר דיש להחמיר, דמסתמא כוונת הא"י שיהנה ממנו מיד].

כתב בספר חסידים, אל ידור אדם בעיר שיום השוק הוא בשבת, כי אי אפשר שלא יחטא, **ואם** השוק אינו בשכונתו, שרי.

מי ששכר א"י להוליך סחורתו, ובא הא"י ולקחה מבית ישראל בשבת, אסור - דאף שקצץ לו שכר עבור זה, ולא יחד לו שיוליכנו בשבת, וא"י אדעתא דנפשיה לוקח בשבת, אפ"ה אסור, כיון שלוקח מבית ישראל בשבת, וכדלעיל בסי' רנ"ב, **ובענייננו** שהסחורה היא של ישראל, אפי' יחד לו מקום והניח שם הסחורה, לא מהני. **והיו עונשין העושה** - לפי עשרו בממון, או במלקות אם אין לו ממון, **ואם** טעה וסבר שמותר, אין עונשין אותו, ונאמן לומר: שוגג הייתי.

אבל אם לקחה קודם שבת, אע"פ שמפליג בשבת מחוץ לתחום, שרי, כיון שקצץ לו שכר, ואדעתא דנפשיה קעביד, כמ"ש בסי' רנ"ב, [דבלא קציצה אף זה אסור].

סעיף ה - דבר שאינו מלאכה, ואינו אסור לעשותו בשבת אלא משום שבות, מותר לישראל לומר לא"י לעשותו בשבת, והוא שיהיה שם מקצת חולי - דאלו בחולי ממש הכולל כל הגוף, או שיש בו סכנת אבר, אפילו ישראל עושה שבות לחד דעה, כמ"ש סימן שכ"ח סי"ז.

או יהיה צריך לדבר צורך הרבה - עיין במ"א שמסיק, דדוקא במקום הפסד גדול, אבל בלא"ה אין להקל כלל, **ובא"ר** מפקפק אפילו באופן זה, [**ומש"כ** "צורך הרבה", אפשר דוקא בדבר שהוא צער הגוף, כמו שמסיים לרחוץ בו המצטער]. **ועיין** בסי"ט לענין סחורה הנפסדת ע"י גשמים.

או מפני מצוה; כיצד: אומר ישראל לא"י בשבת לעלות באילן להביא שופר לתקוע תקיעת מצוה - והא קימ"ל דתקיעת שופר לדידן לא דחי שבת, ע"כ צ"ל דמיירי שחל ר"ה יום שבת ויום א' שאחריו, ומביאו לצורך יום א' שהוא יום שני של ר"ה. **ויש** מזה לכאורה סתירה לדברי הט"ז סימן תרנ"ה, שכתב אע"ג דהותר אמירה לגוי להביא לולב ביו"ט, היינו דוקא לשלוח אחריו ביו"ט עצמו, אבל בשבת אין לשלוח בשביל יו"ט שאחריו, **ואפשר** דבשופר מודה ט"ז, דעדיף מלולב כו' - מחה"ש. **או להביא מים דרך חצר שלא עירבו, לרחוץ בו המצטער** - (וה"ה דרך כרמלית, דדוקא בר"ה אסור).

דכיון שהאיסור אינו אלא מדרבנן, ואיסור אמירה לא"י הוא ג"כ רק מדרבנן, והוי שבות דשבות, לא גזרו באופנים אלו.

אבל דבר שאיסורו מן התורה, אסור ע"י א"י אפי' לדבר מצוה, כדלקמן בסי' של"א, **וע"כ** אסור לומר לא"י להדליק נר כדי ללמוד ולהתפלל.

ודע, שאין מדמין דבר לדבר בענין השבותין, ואין לך בם להתיר אלא מה שאמרו חכמים, דלגבי מילה לא התירו שבות דאמירה לא"י במקום מלאכה דאורייתא, כמ"ש סימן של"א ס"ו, וגבי לוקח בית בא"י מותר, כמ"ש סימן ש"ו סי"א.

ויש אוסרין - דס"ל דוקא במילה שרי הגמרא שבות דשבות, כגון להביא דרך חצר שאינה מעורבת האיזמל ע"י א"י למול בו, משום דהיא עצמה דחיא שבת, אבל לא לצורך מצוה אחרת, **ועיין** בלבוש ובא"ר, דהלכה כדעה א', **הגה: ולקמן סי' תקפ"ו פסק להתיר.**

וע"ל סי' רע"ו, דיש מקילין אפילו במלאכה דאורייתא - ע"י א"י במקום מצוה, **וע"ש ס"ב** - מיהו כבר כתב רמ"א לעיל, דיש להחמיר בזה, וכן עיקר, כי דעה זו היא רק דעת יחידאה, והרי"ף והרא"ש והרמב"ם ועוד כמה גדולי ראשונים חולקין עליה, **ואף** לענין מילה מצדד המ"א לקמן בסי' של"א לסמוך על דעה זו.

ודע, דמה דקי"ל אמירה לא"י שבות, הוא אפילו אם אומר לא"י שיאמר לא"י אחר לעשות לו מלאכה בשבת, **והחות** יאיר מצדד להקל בזה, וכ"ש בדבר שאינו אלא משום שבות, **ועיין** בספר החיים שכתב, דבמקום הפסד גדול יש לסמוך על המקילין, **ועיין** לעיל במה שכתבתי סוף ס"ב, דשייך גם כן הכא.

סעיף יז - אסור ללמוד בשבת ויו"ט זולת בד"ת; ואפי' בספרי חכמות אסור; ויש מי שמתיר - וכן נוהגין להקל, **וכתב** בא"ר, דירא שמים ראוי להחמיר בזה, כי הרמב"ם והר"ן אוסרים.

ועל פי סברתו מותר להביט באצטרלו"ב בשבת - הוא כלי של החוזים בכוכבים, דמה לי להבין החכמה מן הספר או מן הכלי, **(ולהפכה ולטלטלה כדלקמן סי' ש"ח).**

סעיף יח - לשאול מן השד, מה שמותר בחול מותר בשבת - ר"ל דיש דברים שאסורים אף בחול, מפני שהם בכלל כשוף, [כגון על ידי מעשה], **ויש** דברים שאסורים מפני הסכנה, לדעת ר' יוסי כדאיתא בגמרא, וע"כ אמר דדברים המותרים בחול מותר אף בשבת, **ועיין** במ"א ושארי אחרונים שהסכימו, דדוקא משום רפואה שרי, אבל בלא"ה אסור משום "ממצוא חפצך".

סעיף כ - ישראל שאמר לאינו יהודי לעשות לו מלאכה בשבת, מותר לו ליהנות בה לערב בכדי שיעשו - ולא קודם, כדי שלא יבוא לומר לא"י לעשות מלאכה בשבת, **ואם** היה בפרהסיא, שידעו בו רבים שנעשה בשביל ישראל, אסור לעולם, אפילו עשה הא"י מעצמו בשבילו - מ"א בשם הרמב"ם, וכדלקמן בסימן שכ"ה סי"ד, **וע"ש** מה שכתבנו דעת הט"ז בשם הר"ן בענין זה.

סעיף כא - אסור לומר לאינו יהודי בשבת: הילך בשר זה ובשל אותו לצרכך, ואפילו אין מזונותיו עליו - דכיון שאותו דבר שאומר לא"י לעשות בשביל עצמו, הוא אינו יכול בעצמו לעשות, הוא בכלל אמירה לא"י שבות ואסור, אף על פי שאינו מתהנה הישראל כלל במלאכה זו, **ואף** בע"ש אסור ליתן לא"י ולומר לו שיבשל בשבת לעצמו.

הגה: אבל מותר לומר לו לעשות מלאכה לעצמו - כגון שיאמר לו: קח בשר שלך ובשל אותו לצרכך, וכה"ג, דכיון שלא היה הדבר מעולם של ישראל כלל, והא"י עושה אותה ג"כ רק בשביל עצמו, לא גזרו עליו איסור דאמירה לא"י.

סימן שז – דיני שבת התלויים בדיבור

(ומותר ליתן לא"י נבלה בחול לבשל ולאכול, דהתם לא שייך טעם זה, דהא מותר גם בעצמו ליתן לפיו של א"י, **ועיין בפמ"ג**, דאסור ליתן לא"י בשר וחלב בחול ולומר לו: בשל לך, כיון שאינו יכול לבשלם יחד בעצמו, הוא בכלל אמירה לא"י שבות, **ועי"ש עוד שמצדד**, דה"ה דאסור ליתן לו בשר שיבשל בכלי חולבת בת יומה, **ולא יצוייר** דינו רק אם מצוהו שיבשל בכלי זה דוקא, דאל"ה א"י כי קעביד אדעתא דנפשיה קעביד).

סעיף כב- אינם יהודים המביאים תבואה בשבת לישראל שחייבים להם, והישראל נותן לו מפתחו לאוצרו, והאינו יהודי נותנו לשם ומודדים ומונים, יש מי שמתיר, משום דא"י מלאכת עצמו עוסק, ואינו של ישראל עד אחר המדידה ושיחשוב עמו אח"כ - ר"ל קודם המדידה והחשבון אינם שלו, [ולכך לא מיחזי כקונה קנין בשבת].

אבל אם התבואה של ישראל, אסור לומר לא"י לפנותו, וה"ה בכל דבר המוקצה, דהו"ל שבות דשבות, ואין מותר כי אם לצורך מצוה או קצת חולי, וכנ"ל בס"ה - מ"א, **והט"ז** לקמן בסימן ש"ח חולק ע"ז, ‹דע"י עכו"ם שרי בכל איסור טלטול מוקצה›, **ודעת** הא"ר כהמ"א, ועיין בפמ"ג מה שכתב אודות זה, ובמה שכתבנו בסימן רע"ט ס"ד בהג"ה במ"ב.

א"י שהביא חפציו בשבת לבית ישראל, אפילו הם אסורים בטלטול, והביאם בשביל ישראל, כיון שהם ביד א"י, רשאי לומר לו לפנותן לאיזה מקום שירצה.

וכן א"י העושים גבינות בשבת והישראל רואה ויקנה אותם ממנו, דמ"מ הא"י אדעתא דנפשיה קעביד - ר"ל דאע"פ שהישראל עומד בעת עשיית גבינות, ובעת חליבת החלב, כדי שיוכל אח"כ לקנותם ממנו, אפ"ה שרי, דבעת העשייה הא"י אדעתיה דנפשיה קעביד. **ואע"פ שהישראל עומד בעדר חודש או חדשים, ואדעתא למכרם לישראל קא עביד, שרי** - ואפילו אם האינו יהודי אינו עושה הגבינות כי אם בשבת, אם הישראל מקבלם בחובו, ושאם לא יקבלם יפסיד חובו, שרי, דבעת העשייה עדיין הם שלו.

§ סימן שח – דברים המותרים והאסורים לטלטל בשבת §

סעיף יט - סולם של עלייה שהוא גדול ועשוי להטיח בו גגו - שגגותיהן אינן משופעין, וצריכין להטיחן בטיט כדי שיזובו מימיהן למטה, **אסור לטלטלו** - ‹שאין עליו תורת כלי, רמב"ם, ונ"ל דטעמא דהוי כאחד מדלתות הבית – מ"א›, ‹דכיון שהוא עשוי להטיח הגג, הוי כהבנין עצמו וכדלתות הבית – ערוה"ש›. **עיין בפמ"ג**, דלפי דעת הרמב"ם אפי' לצורך גופו ומקומו אסור. ‹**ובלבוש** פי' כהטור, שיאמרו להטיח גגו הוא צריך. **וצ"ע**, דלהטור בשבת שרי, {דבשבת ליכא חששא דלהטיח גגו הוא צריך, שאסור להוציאו לחוץ}, ורק ביו"ט אסור. **והמחבר** פסק כרמב"ם שאין תורת כלי, ומשו"ה אסור בשבת ג"כ – פמ"ג›.

(**הוא דעת הרמב"ם, והטור פוסק דיש להקל בשבת, ובביאור הגר"א, מצדד** לדינא כהרשב"א, דלא אסרו חכמים כלל רק להוליכו ממקום למקום, אבל לא בטלטול בעלמא).

אבל סולמות שבבית שעשויין לטלטל מזוית לזוית לצורך איזה תשמיש, לא אתי למימר להטיח גגו הוא צריך, ומותר לטלטלו כדי להוציא על ידו איזה דבר מן העליה או להעלותו, **ועיין** לקמן בסימן תקי"ח בט"ז, שכתב דאפילו אם הסולם הוא גדול, ג"כ מותר.

אבל של שובך מותר לנטותו ממקום למקום, אבל לא יוליכנו משובך לשובך, כדי שלא יעשה כדרך שהוא עושה בחול ויבוא לצוד.

סעיף כג- מותר לחתוך ענף מן הדקל מבע"י, ומותר להניף בו על השלחן בשבת להבריח הזבובים - ובלבד שיזהר שלא יהרגם בעת ההברחה. **ונראה** דה"ה לאיים על התינוקות.

כיון דלצורך חתכו, עשאו כלי גמור - לאו דוקא כשחתכו לצורך, דה"ה כשחתכתו לשרפה והוי מוקצה, ואח"כ יחדו לכך מבע"י, כיון דאורחיה הוא, מהני יחוד לשבת זו וכנ"ל.

אבל אסור לומר לא"י בשבת, שיתלוש לו ענף מן המכבדות שמכבדין הבית, אא"כ הוציאו מן המכבדת מבע"י, ויחדו לכך.

סעיף מג- מותר לטלטל מוקצה ע"י נפיחה, (וכבר נתבאר ריש סימן זה).

סעיף מה - אסור לשחוק בשבת ויו"ט בכדור - בין אם היא של נייר או של עץ, שאין שם כלי עליו מחמת שראוי לשחוק בו, והוי כאבן שהוא מוקצה מגופו, **ואפי'** בטלטול בעלמא אסור לדעה זו.

הגה: ויש מתירין, ונהגו להקל - אפשר שטעמם, שכיון שעשוי לכך ומיוחד לזה בתמידות, לא שייך בו שם מוקצה, וכדלעיל בסכ"ב, **ומ"מ** לכו"ע אסור לשחוק בר"ה ואפילו בכרמלית בשבת, דבקל הוא שיפול לחוץ מד' אמות, ואתי לאתויי, **אבל** ביו"ט מותר אפילו בר"ה לשחוק בו לדעה זו.

וכ"ז כששוחק שלא ע"ג קרקע, אבל ע"ג קרקע לכו"ע אסור, משום חשש אשויי גומות, וכדלקמן בסי' של"ח לענין שחיקת אגוזים, **ומ"מ** אין למחות בנשים וקטנים, דמוטב שיהיו שוגגין ואל יהיו מזידין.

סעיף מו - אסור לשאת תחת אציליו זרע התולעים שעושין המשי, מפני שאסור בטלטול, ועוד שהוא מוליד בחומו - ר"ל שע"י החום יוצאים התולעים מן הזרע, **ואע"ג** דאין מכוין לזה, מ"מ פסיק רישא הוא, ומלאכת מחשבת הוא.

סעיף מז - יש אוסרים לטלטל בגד שעטנז - מפני שאסור ללבשו, ומוקצה הוא, ואפילו לצורך גופו ומקומו אסור.

ויש מתירים - שמ"מ מלבוש הוא, ותורת כלי עליו.

והעיקר כסברא הראשונה, וע"כ משכונות של א"י אסור לטלטלן בשבת.

סימן שח – דברים המותרים והאסורים לטלטל בשבת

סעיף מח - מותר לטלטל מניפה בשבת להבריח הזבובים - ככל כלי שמלאכתו לאיסור דמותר לטלטלו לצורך גופו, ועיין מש"כ לעיל בסכ"ג.

סעיף נ - הרשב"א מתיר לטלטל האצטרלו"ב בשבת, וכן ספרי החכמות, ולדעת הרמב"ם יש להסתפק בדבר - היינו מה שכתוב לעיל בסימן ש"ז סי"ז, דאסור ללמוד בשבת בספרי החכמה, וכן להביט באצטרלו"ב, הוא כלי שחוזין בו הכוכבים, אפשר דלדידיה ה"ה דאסורים בטלטול, **ועיין** בביאור הגר"א שדעתו, דאפילו להרמב"ם מותר בטלטול, ¡ומה שמסתפק כאן, דלמא דמי לספרא דאגדתא, כמש"כ בפרק הנזקין {דאסור לטלטולי}, אבל נ"ל דלא דמי, דשם אפי' בחול אסור, משא"כ כאן, ולא גרע מקמיע שאינו מומחה ושטרי הדיוטות – גר"א, **וגם** בענין לימוד מצדד כשיטת הרשב"א, **ועיין** מה שכתבנו לעיל בסי' ש"ז סי"ז.

§ סימן שי – דיני מוקצה בשבת §

סעיף ג - בין באיסור אכילה בין באיסור טלטול, כל דבר שהיה ראוי בין השמשות, אם אירע בו דבר שנתקלקל בו ביום וחזר ונתקן בו ביום, חזר להיתרו - כגון שירדו גשמים על הצמוקים ונתפחו עד שאינן ראויין לאכילה, ואח"כ שזפתן השמש ונתיבשו עד שנעשו ראוין, חזר להיתרו, **והטעם**, דאין שייך שם מוקצה לחצי שבת, כיון שביה"ש היה ראוי.

האי "בין בין", הוי רבותא טפי ברישא לענין איסור אכילה, ור"ל דלא מיבעיא לענין טלטול בעלמא, בודאי אמרינן דאין מוקצה לחצי שבת, ומותר לטלטלו אחר שנסתלק מעליו שם מוקצה, אלא אפי' לאכלו מותר.

אבל דבר שהוקצה בין השמשות, אסור כל היום - דעיקר הכנה מבעוד יום בעי, כדכתיב: והיה ביום הששי והכינו את אשר יביאו, וזה הלא בתחלת כניסת היום הוקצה מלהשתמש בו.

כתב הט"ז, איזמל שמל בו בשבת, אין לטלטלו אחר המילה, דהא מוקצה הוא מחמת חסרון כיס, דהא אדם מקפיד שלא להשתמש בו דבר אחר, **ודלא** כהמקילין לטלטל אותו, מטעם דאין מוקצה לחצי שבת, **דהא** בין השמשות ג"כ היה מוקצה מחמת חסרון כיס, ואין לטלטלו אז לשום דבר, וע"כ אע"פ שעומד למחר למלאכת מילה, מ"מ אחר גמר צורך שלו חוזר לאיסור טלטול של בין השמשות, ע"כ יצניעו באותו חדר שהוא מל שם, **והמ"א** מסכים עמו ג"כ בעיקר הדין, אך דעתו שיש להחמיר שבעוד שהאיזמל בידו, לא יניחנו מידו עד שיניחנו במקום המשתמר, או שיוליכנו לביתו, דכל מוקצה שהוא בידו מטלטלו לאיזה מקום שירצה, וכדלעיל בסימן ש"ח ס"ג, **ואם** הוא ג"כ פורע, וצריך להניח האיזמל מידו, כתב הא"ר שיקבל אחר מידו, והוא יוליכנו שם למקום המשתמר, **ומ"מ** בדיעבד אם הניחו מידו, ויש חשש שלא יגנב שם, מצדד הא"ר דיש לסמוך על רמ"א וש"ך, דסוברים דמותר לטלטלו, והביאו החכמת אדם בהלכות מילה.

סעיף ד - גרוגרות וצמוקים שהיו מוקצים, וכשהגיע בה"ש כבר נתייבשו והם ראויים לאכילה, אע"פ שלא ידעו הבעלים באותה שעה שנתייבשו, ואח"כ נודע להם שבה"ש כבר היו יבשים - והו"א דמחמת זה חל עלייהו שם מוקצה, דהוקצה מדעתם אלו הפירות בשבת זו, **מותר** - קמ"ל דלא אמרינן הכי, דהרי הוא לא הסיח דעתו מהם אלא כדי שיתיבשו, והרי כבר נתיבש והוכן מבע"י.

סעיף ה - גרוגרות וצמוקים דחזו ולא חזו - היינו שנתיבשו קצת על הגג מבעוד יום, **דאיכא אינשי דאכלי ליה ואיכא דלא אכלי ליה, אי אזמניה, נפיק ליה מתורת מוקצה; ואי לא, לא.**

אבל אם אינם ראויים והזמינם, הזמנה לאו מלתא היא - דהרי הם כאבנים ועפר.

כתבו הפוסקים, אימתי אמרינן דאתקצאי לבין השמשות, דוקא דברים שגמרו בידי שמים, כגון גרוגרות, דאין נגמרין אלא ע"י חום החמה, ושמא יהיה יום ענן בשבת, ואסח דעתיה מנייהו, **אבל** דבר שנגמר בידי אדם, כגון תמרים שנתן עליהם מים בע"ש, אף דבודאי אינם ראוים בין השמשות לא התמרים ולא המים, דהא לא קלטו טעם התמרים שיהו ראוין לשתיה, וגם התמרים לעת עתה לא חזיין, **אפ"ה** לא אסח דעתיה מנייהו על יום השבת שיהא מוקצה מחמת זה, דהא בידו להשהותן עד למחר שיקלטו טעם התמרים.

§ סימן שיא – דיני מת בשבת ושאר טלטול מן הצד §

סעיף ג - יש מי שאומר שאם נתן על המת אחד מכלים שהוא לבוש - היינו שהיה המת לבוש בו מתחלה, וכ"ש אם נתן עליו שאר כלים שמלאכתן להיתר, **חשוב כנותן ככר או תינוק.**

(**אף** דהמחבר כתב יש מי שאומר, אין כונתו בזה שאחרים חולקין ע"ז, כמו ב"יש מי שאומר שכתב בסעיף שאחריו, **דידוע** דרכו בדבר שאינו מוצא בפוסקים אחרים בפירוש, לכתוב בלשון זה לפעמים, דבאמת הכל מודים בזה ודבר פשוט הוא, כיון שאינו לבוש המת עתה בהן, הוא כשאר כלי שמלאכתו להיתר).

סעיף ד - יש מי שאומר שלא הצריכו ככר או תינוק אלא למת ערום, אבל אם הוא בכסותו, א"צ ככר או תינוק - בסעיף זה הוסיף, דאפילו אם המת לבוש בו עכשיו, ג"כ מהני כמו ככר ותינוק, **ובב"י** הקשה ע"ז, דליהוי הכסות בטיל לגביה, **ועיין** במ"א שיישבו, דדוקא תכריכין הן בטלין אצלו, שאינו עתיד לפושטו,

סימן שיא – דיני מת בשבת ושאר טלטול מן הצד

אבל המלבושין שהיה לבוש בם מחיים, בודאי עתיד להפשיטן מעליו, ואין בטילין אצלו, (ולענ"ד יש לפקפק בדין זה טובא, חדא, דאטו הגמרא בערטילאי עסקינן, אם לא שנדחוק דאיירי שלבשוהו מבע"ש התכריכין, ולא היה פנאי לקברו, **ועוד** דבגמרא קמ"ב איתא בהדיא, דהמוציא אדם שהוא לבוש בבגדים, דפטור אף על הבגדים, מפני שהבגדים טפלים לו, וכבר הקשה כן בא"ר, וע"ש מה שדחה בשם מהר"ל, דדוקא באדם חי, אבל באדם מת הרי הוא עתיד להפשיטן מעליו, ע"כ לא בטילי לגביה, והם ככבר ותינוק, וכעין מה שכתב המ"א, **אבל** כ"ז דחוק מאד, דהלא כסותו בודאי בעת שהוא לבוש בה, צריך לה לתשמיש גופו יותר ממטתו שהוא מושכב בה אחר מיתתו, דא"א לו לשכב ערום, **ואפ"ה** גם במטתו, אף דבודאי עתיד לסלקו ממנה לבסוף, אפ"ה מוכח בגמרא דכל זמן ששוכב בה, אם רוצה לטלטלו צריך ככר או תינוק, או שיהפכנו ממטה למטה דלהוי טלטול מן הצד, ולא התירו משום המטה גופא – דהא היא לא נעשית בסיס – **אלא** ודאי אף דעתיד לסלקו ממנה, אעפ"כ כל זמן ששוכב עליה חשיבה טפלה לו ובטלה לגביה, **וא"כ** כ"ש בבגדיו כל זמן שהוא לבוש בהן טפלין לו ובטלין לגביה, כיון שהוא צריך להן עתה, ולא נחשב ככבר ותינוק).

§ סימן שיב – הנצרך לנקביו במה מקנח בשבת §

סעיף י - אבנים גדולות שמצדדין אותן כמין מושב חלול, ויושבים עליהם בשדות במקום המיוחד לביה"כ, מותר לצדדן - היינו להעמיד הדפנות שמכאן ומכאן, **אבל** להניח אבן למעלה על שתיהן, אסור משום אהל, אף דאהל עראי הוא, כ"כ מ"א, אבל הא"ר ומאמר מרדכי מתירין גם בזה. **ואע"ג דבנין עראי הוא, לא גזרו ביה רבנן משום כבוד הבריות** - י"א דוקא אם היו האבנים מוכנים מכבר לזה, דאל"ה לא הותר איסור מוקצה בשביל זה, דלא מצינו שהותר אלא לקינוח.

§ סימן שיג – טלטול דלת וחלון והמנעול בשבת §

סעיף ב - כל נגר שאמרנו - היינו אפילו יש בראשו גלוסטרא והוא קשור, **מיירי שהאסקופה גבוה, וכשנועץ אותו במפתן אינו נוקב בארץ** – (ואפשר דלדברי הרי"ף יש להקל ביש בראשו גלוסטרא, אף בנוקב בארץ).

אבל אם נפחתה האסקופה, בענין שכשמכניס הנגר בחור נוקב תחתיו בארץ, הוי בנין ואסור לנעול בו – (בגמר' איתא, משום דמחזי כבונה).

ואם עשה לו בית יד - והוא כמו גלוסטרא דלעיל, ודומה למקבת שכותשין בו בשמים, **אך** לעיל איירי דהגלוסטרא היה בו ממילא, וכאן איירינן דעשה אותו בידים - **מוכח** דכלי הוא ותו לא מחזי כבונה, דאין דרך לשקע כלי בבנין לבטלו שם, וכיון שעשה בו מעשה לעשותו כלי, שרי, ואפילו אינו קשור, כ"כ ב"י, והביא ראיה מן הרי"ף, **והגר"א** כתב בביאורו, דלדעת רש"י והטור לא מצינו היתר בנקמז, דהיינו נפחתה האסקופה, אפילו ע"י עשיית בית יד.

ואם מתחלה עשה חלל בקרקע, מקום שהנגר יהיה ראשו שם, ואינו מוסיף נקב בארץ, אין איסור, [**ובא"ר** מפקפק קצת בזה, וכן בפמ"ג], **ובזה** ניחא מה שברוב הבתים עושין נקבים בחומה אצל הדלת מכאן ומכאן, ותוחבין הבריח לשם, שהולך מקצה זה לזה, ולא אמרינן דהוי כבונה, דמה לי שנכנס בחומה או למטה בארץ, **אלא** משום שנעשה מתחלה לכך נקבים בחומה, ע"כ אין איסור, **ועוד** נראה, דכיון שעושין טבעת של ברזל באמצע הבריח, ובו אוחזין בשעת פתיחה ונעילה ומושכין את הבריח, זה הוי כעשה לו בית יד דמותר אפי' באינו קשור, אפילו בנפחתה האסקופה - ט"ז וש"א, **ונראה** דאפי' לדעת הגר"א, שמחמיר לעיל בעשה לו בית יד לדעת רש"י והטור, יש להקל בזה מפני צירוף טעם הראשון של הט"ז.

סעיף ג - רחבה שאחורי הבתים, שאין נכנסים ויוצאים בה תדיר - ר"ל וע"כ אין עשוי להפתח אלא לזמנים רחוקים, לפי שאין דרך כניסתו ויציאתו עליהם, ומחזי כמוסיף על הבנין ע"י נעילתו, אם לא באופנים המבוארים פה, דאז מנכר שהם דלת.

(ועיין בתו"ש דמצדד, דבפתח העשוי ליכנס בפחות מל' יום, הוי כפתח העשוי ליכנס בה תדיר).

אם עשה דלת לפתחה, או שתולה בה מחצלת של קנים, וכן פרצה שגדרה בקוצים כעין דלת - היינו שסתמה בחבילות של קוצים העשויה כעין דלת, ופעמים שהוא פותחה, ורוצה עתה לנועלה, **אם יש להם ציר, (פי' ציר, נוקבין הדלת וקובעים בו עץ חד, כדי להכניסו בארץ לחזור לכאן ולכאן), או אפי' אין להם עתה ציר, אלא שהיה להם ציר** - היינו שניכר שהיה להם ציר.

נועלים בהם, אפי' הם נגררים בארץ, רק שקשרם ותלאם לנעול בהם - ר"ל שקשרם ותלאם שם מבע"י כדי לנעול בהן, וע"כ מותר לנעול בהן בשבת, **שאף** שכשהן פתוחין הן נגררות בארץ, ורק כשהוא נועלן מגביהן וזוקפן על האסקופה, **מ"מ** כיון שהן קשורות ומחוברות שם מבע"י, ויש להן היכר ציר, לא מחזי כבונה בשבת.

ולא חשיב כבונה, שניכר בהם שהוא דלת כיון שהיה להם ציר. הגה: וכ"ש אם יש להם ציר עדיין; ובלבד שלא יחזיר הציר למקומו, כדרך שיתבאר לקמן סי' תקי"ט.

אבל אם אין להם ציר ולא היה להם ציר, אין נועלים בהם אא"כ היו גבוהים מן הארץ - ר"ל שהיו קשורות ותלויות מבע"י, בענין שאף כשפותחן אינן נגררות בארץ, ואפילו הן גבוהין מן

הארץ רק כמלא נימא, **והטעם**, ששוב אינו נראה כבונה בנעילה זו, אף אם אין להם היכר ציר, הואיל שאף כשהן פתוחין הן מחוברין וקבועין שם היטב שאין נגררות בארץ.

ופתח העשוי לכניסה ויציאה תדיר, נועלים בו, אפי' לא היה לו ציר מעולם והוא נגרר - בארץ כשפותחה, שכיון שמשתמשין בה תדיר, הכל יודעין שלדלת היא עשויה, ולא מחזי כבונה.

והנה מלשון המחבר משמע, דעכ"פ קשור מיהו בעינן, **אבל** מל' הג"ה בס"ד משמע, דס"ל דאפי' אינו קשור כלל שרי, אם יש לה אסקופה מלמטה, **ויש** להקל בזה.

סעיף ד - דלת העשוי מלוח אחד, או שאין לה אסקופה התחתונה, וכשפותחים שומטין אותה ועוקרים אותה, אין נועלים בה אפי' יש לה ציר - היינו לפי שאין לה תקוני הדלת כשאר דלתות, הוי כסתימה בעלמא ונראה כבונה, **ומיירי** כאן אפילו בפתח העשוי לכניסה ויציאה תדיר.

ודעת הרמב"ם דלא אסור אלא בתרתי לריעותא, דהיינו שהוא מלוח אחד, וגם אין לה אסקופה, **ובפתח** העשוי לכניסה ויציאה תדיר, מצדדים האחרונים דיש לסמוך על שיטתו להקל.

וכשפותחין וכו' - משמע מזה דהוא מיירי בשאינה קשורה, **אבל** אם היא קשורה ותלויה, אף שנגררת בארץ כשפותחה, שרי אף שאין לה תקוני דלתות כראוי, **והיינו** משום דכאן מיירי בפתח העשוי לכניסה ויציאה תדיר, [הגר"א לפי גירסת הרי"ף, **אך** לפי גרסתינו אפשר דאף בעשויה לכניסה ויציאה תדיר, ג"כ אסור בדלת אלמנה].

הגה: אבל דלת העשויה מקרשים הרבה, שרי אע"פ ששומטים אותה כשפותחה - היינו שאינה קשורה כלל, **אם יש לה אסקופה** - ואע"ג דבריש ס"ג בדלת של רחבה, שגם היא מסתמא עשויה כשאר דלתות, ואפ"ה מחמרינן שיהא קשור ותלוי מבע"י, **הכא** איירי בפתח שהוא עשוי לכניסה ויציאה תדיר, וכנ"ל, וס"ל דבזה לא בעינן קשר כלל וכדלעיל.

וה"ה במקום שנועלים בקרשים הרבה, ויש חקיקה למעלה ולמטה שמכניס בהם הקרשים - ר"ל דהחקיקה נחשבת כאסקופה, **שדינם כדלת, הואיל ואינן לוח אחד בכל הדלת** - ר"ל דאע"ג דהקרשים אינם מחוברים, והוא מכניס כל קרש בפני עצמו, אפ"ה לא נחשב כדלת של לוח אחד.

כבר כתבנו לעיל, דהאחרונים מצדדים להקל אף בלוח אחד, כיון שיש לו אסקופה, והוא עשוי לכניסה ויציאה תדיר, [**וה"ה** להיפך, באין לה אסקופה ועשויה מלוחות הרבה].

סעיף ה - שידה תיבה ומגדל שפתחיהן מן הצד, ויש להם שני צירים, אחד למעלה ואחד למטה - ויש חור במפתן שהציר נכנס לתוכו, וכנגדו יש למעלה חור אחד, שהציר העליון הוא בתוך החור.

אם יצא התחתון כולו ממקומו, אסור להחזירו, שמא יתקע - בחוזק בסכין וביתדות, שלא יוכל עוד לצאת משם, והוי מכה בפטיש.

ואפילו היכי שהחור הוא באמצע פתח התיבה, דלא שייך למגזר כ"כ שמא יתקע, אפ"ה אסור, דגזרינן באמצע אטו מן הצד, **ואפילו** בצירים שלנו שהם מברזל, אסור להחזיר דלתי הכלים, דגזרינן שמא יראה שהציר אינו תקוע יפה, ויחבר אותו במסמרים.

אבל אם יצא מקצתו, דוחקו עד שמחזירו למקומו, כיון שהעליון נשאר במקומו, בקל יכול להחזיר התחתון.

אבל כשיצא העליון - דעי"ז הוא נופל לגמרי, **אסור אפי' לדוחקו ולהחזירו למקומו** - גם הדחיקה אסור כמו חזרה, [**ואם** הוא מדאורייתא או מדרבנן, תלוי בשיטת רש"י ותוס'].

סעיף ו - חצר שנתקלקלה במימי גשמים, יכול לזרות בה תבן, ולא חשיב כמוסיף על הבנין - משום דלא מבטל ליה התם, דחזי למאכל בהמה או לטיט, **אבל** דבר דמבטל ליה התם, כמו טיט וחול וצרורות, אסור, דאיכא משום אשויי גומות, **ודוקא** הכא שבא לתקן החצר אסור, דדמי לבנין, **אבל** בענין אחר, כמו שנוהגין לפזר חול בבוקר בבית כדי לכסות הרוק, שרי, דהא שרי לכסות הרוק באפר, כמש"כ סוף סימן ש"ו, כיון שאינו מכוין לבנין.

ובלבד שישנה, שלא יזרה לא בסל ולא בקופה, אלא בשולי הקופה, שיהפכנה ויביא תבן על שוליה, דהיינו על ידי שינוי; אבל ביד אסור - משום דהוא עובדא דחול, **וע"י** אינו יהודי שרי אם יש בו צורך הרבה, ככל מידי שהוא שבות דשבות.

§ סימן שיד – דברים האסורים משום בנין וסתירה בשבת §

סעיף ז - חותמות שבכלים - הוא לשון סגירה, כלומר שהכיסוי שלהם סגור בקשרי חבלים, **כגון: שידה תיבה ומגדל, שהכיסוי שלהם קשור בהם בחבל, יכול להתירו** - דלאו קשר של קיימא הוא, שהרי להתיר תמיד הוא עשוי.

או לחתכו בסכין, או להתיר קליעתו - ולא מקרי סותר, משום דלאו סתירה גמורה היא זו, ואינו אסור בכלים לכו"ע.

עיין בבה"ל בס"ח, דלדעת הרמב"ם יש איסור להתיר קליעתו.

ודוקא כעין קשירת חבל וכיוצא בו; אבל פותחת של עץ ושל מתכת, אסור להפקיע ולשבר, דבכלים נמי שייך בנין גמור וסתירה גמורה - ושבירה פותחת של עץ ומתכת, הוי סתירה גמורה. **ומטעם זה אסור להסיר הצירים שקורים גונזי"ש שאחורי התיבות, אם נאבד המפתח** - דכשבירת פותחת דמיא,

סימן שיד – דברים האסורים משום בנין וסתירה בשבת

ויש בזה משום סתירה, **וכן** המחזיר דלת הכלי על צירה, יש בזה משום בנין.

ויש מתירים בזו - ס"ל דלא דמי לשבירת פותחת, וסתירה גרועה היא, כיון שא"צ לשבור שום דבר.

ודע, דלכו"ע אסור לקבוע הצירים או מנעול במסמרים להכלי, דהוי תיקון מנא, **ועיין** בח"א שכתב, דאפילו ע"י אינו יהודי אסור, דהוי מלאכה דאורייתא.

ושבירת פותחות של תיבות - וה"ה שאר כלים, **יש מתיר ויש אוסר** - היש מתיר ס"ל, דאין שייך שם סתירה כלל בכלים, וכמו שביארתי לעיל בס"א במשנה ברורה, דיש ראשונים שסוברין כן, **ואף** דהמחבר סתם מתחלה בסעיף זה גופא, בשבירת פותחת לאיסור, אפ"ה הביא כאן דעת היש מתירין, כדי לסמוך עליהן להקל עכ"פ ע"י א"י, וכמו שמסיים אח"כ, וכדאיתא בב"י.

ויש להתיר ע"י א"י - ויש שכתבו דדוקא בהפסד מרובה, או שנחפז הרבה לצורך מצוה.

וכ"ז בשבירת הפותחת, אבל לפתוח אותו בסכין או במחט גדול, שרי אפילו דלת של בית.

סעיף ט - מותר להפקיע ולחתוך קשרי השפוד, שקושרים בטלה או בעוף הצלויים - וה"ה פירות שקשורים או תפורים יחד בחוט, מותר להתיר או לחתוך החוט.

דפסיקת החוט מותר בדבר תלוש, כנ"ל בס"ז, ואין בו משום מלאכת מחתך, שאינו מקפיד על המדה.

כתבו הפוסקים, המבקע עצים לחתיכות גדולות, איסורו הוא רק מד"ס משום עובדא דחול, **והמבקע** לחתיכות קטנות, חייב משום טוחן, **ואם** מקפיד הוא על המדה, חייב משום מחתך, אפילו בחתיכות גדולות, [**וע"כ** מי שאנסוהו א"י לחתוך עצים בשבת, מוטב שיבקע אותם לחתיכות גדולות, ולא ינסר אותם, דעל נסירה חייב משום טוחן].

סעיף י - חותמות שבקרקע, כגון דלת של בור שקשור בו חבל, יכול להתירו, דלאו קשר של קיימא הוא, שהרי עומד להתיר; אבל לא מפקיע וחותך, משום סתירה - דכיון שהוא מחובר לקרקע, יש בו משום בנין וסתירה, (**עיין** רש"י עירובין, דס"ל דגזירה דרבנן הוא, ולא סותר ממש, **ולשיטת** התוספות שם אין זה מוכרח).

ודוקא כשעשוי לקיים על מנת שלא להסירו בשבת - אלא במוצאי שבת, **אבל** אם אין דעתו להסירו אף במוצאי שבת, גם להתירו אסור, דהוי קצת קשר של קיימא, **אבל אם אינו עשוי לקיים כלל, מותר, ומטעם זה מותר להתיר דף שמשימין אותו לפני התנור ושורקין אותו בטיט, שאינו עשוי לקיום. (וע"ל סי' רנ"ט).**

§ סימן שיח – דין המבשל בשבת §

סעיף ב - השוחט בשבת לחולה, בין שחלה מאתמול בין שחלה היום, מותר הבריא לאכול ממנו חי (בשבת) - ובלא מליחה, דאסור למלוח בשבת, והדחה בעי משום דם בעין, משא"כ דם הבלוע בו ליכא איסור כל זמן שלא פירש.

הטעם, כיון דעיקר השחיטה לצורך החולה, דאי אפשר לכזית בשר בלא שחיטה, ולא שייך בזה שמא ירבה בשבילו.

שחלה היום - ולא אמרינן דהבהמה היא מוקצה מחמת איסור, דאיתקצאי בבה"ש מחמת איסור שחיטה, שבאותו פעם לא היה חולה עדיין שיהיה דעתו עליה לשחטה, **דהא** אנן קי"ל כר"ש, דלית לו מוקצה אלא היכי דדחיה בידים, כגון נר שהדליקו עליו באותו שבת, דדחיה בידים שלא להשתמש בו באותה שבת כיון שהדליק בו, אבל גבי בהמה לא דחיה בידים, ועיין עוד בב"י.

אבל המבשל (או עשה שאר מלאכה) לחולה, אסור (בשבת) לבריא, או לחולה שאין בו סכנה - דגם הוא כבריא לענין זה, שאסור מן התורה לבשל עבורו ע"י ישראל, [**ולפי"ז** אפי' אין עו"ג לבשל עבורו, ג"כ אסור לאכול מזה, **ועיין** בפמ"ג שמפקפק בזה].

דחיישינן שמא ירבה בשבילו - ליתן בשר לתוך הקדרה, וזהו איסור דאורייתא כשמרבה בשבילו, אפילו הוא מרבה בפעם אחת קודם שיתן הקדירה על האש, **וי"א** דהוי דרבנן כיון שהוא בפעם אחת, עיין ב"י, **ועיין** בספרי אהבת חסד, שבירדנו ראיה מהגמרא דהעיקר כדעה הראשונה.

אבל במו"ש מותר מיד, ולא בעינן לזה בכדי שיעשה. **וטעימה** אם התבשיל יפה בשביל החולה, מותר גם בשבת.

הגה: ואפי' בישל ע"י אינו יהודי, אסור בשבת - לבריא ליהנות ממנו, **אבל** במו"ש מותר מיד, וטעמו, דכיון דהא"י בישל בהיתר, לא בעי להמתין בכדי שיעשו, **וגם** לא גזרו בזה משום בישולי א"י.

ואם קצץ פירות מן המחובר לחולה בשבת, אפי' היה חולה מבע"י - ר"ל והיה בדעתו מבע"י לקצוץ הפרי בשבת, **אסור לבריא בשבת, משום שגדל והולך בשבת, ויש בו משום מוקצה** - שאין הכנה מועלת כלל במחובר כיוצא בזה שהוא גדל והולך בשבת.

מ"א מקשה, דליבטל הגידולים בעיקר שהוא הרוב של היתר, ויהא מותר לבריא כשנחלה מבע"י, **ובביאור** הגר"א מצדד ג"כ כן להלכה.

אבל פרי שנגמר בשולו ושוב אין גדל והולך, מועלת בו הכנה אע"פ שהוא מחובר, **אבל** חולה שנחלה היום, אסור בכל גווני ליהנות לבריא, משום מוקצה דמחובר.

סעיף ז - יש מפרשים דהא דשרי להניח כלי שיש בו דבר חם ע"ג קדירה הטמונה, אפי' כלי התחתון על האש שרי - הטעם, דכיון שהקדרה מפסקת, איכא היכרא טובא, ואינו נראה כמבשל, **ומיירי** שהיה הכלי מבושל כל צרכה.

ויש מפרשים שאם כלי התחתון על האש, לעולם אסור - ס"ל דע"י קדרה המפסקת הוי כמו כירה גרופה, דאסור להניח עליה לכתחלה, **ועיין** מה שכתבנו לקמיה, דהלכה כדעה הראשונה.

סעיף ח - להניח דבר קר שנתבשל כל צרכו ע"ג מיחם שעל האש, י"א שדינו כמניחו כנגד המדורה - סעיף זה וסעיף זיי"ן ענין אחד הוא, ואלו השתי דעות שבסעיף זה הם עצמן שבסעיף זיי"ן, **אלא** דשם מיירי בדבר לח, דאם היה מצטנן יש בו משום בישול, לכך כתב כלי שיש בו דבר חם, **והכא** איירי בדבר יבש, דאפילו נצטנן אין בו עוד משום בישול, וכדלעיל בס"ד.

וכל דבר שמותר להניחו כנגד המדורה במקום שהיד סולדת בו, כגון שיבש - דהיינו כל מה שנתבאר בסעיף ד' דאין בו משום בישול, כגון ביבש אפילו נצטנן, ומותר לשרותו בכלי ראשון, ה"ה דמותר להניחו נגד המדורה רחוק קצת, דלא חיישינן לחיתוי, וכמבואר בסט"ו, **מותר להניחו ע"ג מיחם שעל גבי האש** - ואע"ג דאפילו בכירה גרופה מן האש, לא שרי בסימן רנ"ג אלא חזרה, אבל להניח לכתחלה אסור, כמבואר שם בס"ה בהג"ה, וא"כ הכא אע"פ שהמיחם שלמטה מפסיק בין הכלי ובין האש, מאי הוי, **צ"ל** דס"ל לדעה זו, דהפסקת המיחם אפי' באינה גרופה, עדיף מכירה גרופה, דהתם הקדרה עומדת ע"ג כירה שהוא מקום שדרך לבשל תמיד, ונראה כמבשל, **אבל** בכאן שעומדת ע"ג קדרה שאין דרך בישול בכך, ולכן שרי אף להניח לכתחלה.

וי"א דהוי כמניח ע"ג כירה לכתחלה, ואסור אפילו אם נתבשל כל צרכו, ואפילו אם מצטמק ורע לו, ואפילו אם נותנו שם לשמור חומו – (ואפילו יבש והיה רותח, ג"כ אסור).

וראשון נראה עיקר - וכן פסק הא"ר והגר"א, וקאי גם על הא דסעיף זיי"ן, דענין אחד הוא, וכמו שכתבנו למעלה.

ומ"מ אם הוא תבשיל שיש בו רוטב ומצטמק ויפה לו, אסור לד"ה - דכיון שיש בו רוטב, כבר פסק המחבר לעיל בס"ד, דבנצטנן יש בישול אחר בישול, וממילא אסור ליתנו ע"ג מיחם חם אף אם אינו ע"ג האש, וכנ"ל בס"ו, (ו"אסור לדברי הכל", ר"ל אף לסברא ראשונה, וכ"ז לדעת הרא"ש ושו"ע ס"ד, **אבל** לדעת המ"מ המובא בסט"ו בהג"ה, שאפילו דבר שיש בו רוטב ונצטנן אין בו משום בשול, כאן ג"כ מותר).

דע, דכל לשון הסעיף הזה הוא מלשון רבנו ירוחם, ואזיל לשיטתיה הנזכר לעיל בס"ד בהג"ה, דדוקא במצטמק ויפה לו אז יש בישול אחר בישול, **ולדינא** כבר כתבנו לעיל בס"ד, דהלכה כשאר פוסקים דאין מחלקין בזה, **ואף** המחבר אפשר דסובר כן כמו שסתם שם, אלא דלישנא דרבנו ירוחם נקיט ואזיל.

§ סימן שיט – דין הבורר בשבת §

סעיף ז - היו לו מלילות מע"ש, לא ינפה בקנון (ופירש"י: כלי שראשו אחד רחב והשני עשוי כמין מרזב, ונותנין הקטניות בראשו הרחב ומנענע האוכל ומתגלגל דרך המרזב, והפסולת נשאר בכלי), ותמחוי (פי' קערה גדולה) - גזירה משום נפה וכברה, דיש בזה חיוב חטאת.

ולא בשתי ידיו - דהיינו לדבק שתי ידיו כאחת, וליקח בשניהם ולנפח, **וה"ה** דמיד ליד חברתה אין נכון לדעת הרמב"ם, [**והטור** מיקל בזה, ומלשון הגמרא משמע יותר כדעת הרמב"ם]. **אלא מנפח בידו אחת בכל כחו.**

וה"ה דאפי' אם מלל מעט בשבת וכנ"ל, ג"כ מותר לנפח בידו אחת, והאי דנקט מע"ש, לאשמעינן דאפילו היו לו הרבה מלילות, ג"כ מותר לנפח בידו אחת.

סעיף טז - מים שיש בהם תולעים, מותר לשתותן ע"י מפה בשבת, דלא שייך בורר ומשמר אלא במתקן הענין קודם אכילה או שתיה, אבל אם בשעת שתיה מעכב את הפסולת שלא יכנס לתוך פיו, אין זה מעין מלאכה,

ומותר – (ורצונו לומר דלא שייך שם ברירה במה שמעכב ע"י פיו – מבה"ל סעיף ד').

והא דאינו אסור משום שמא יסחוט, כיון דאינו נשרה במים רק דבר מועט מהבגד כדי הנחת פיו, אינו חושש לסוחטו, **ומ"מ** יש ליזהר שלא ישתה דרך בית יד מכתונת שלו, דבזה חיישינן יותר שמא יסחוט, שמצטער בלבישתו.

ומשום מלבן ליכא, כיון דליכא לכלוך, וכמו שכתב בסימן ש"ב ס"ט, **וא"כ** לדעת האוסרין שם, אסור ע"י מפה, **והיינו** דוקא במים, אבל ביין ושארי משקין לכו"ע שרי, דאין המפה מתלבן ע"י שרייתן, **ובא"ר** כתב להקל אף במים אפילו לדעת האוסרין שם, [כיון שאינו נשרה כי אם דבר מועט, וטעם קלוש הוא], **ובמקום** הדחק יש להקל כיון שאינו מתכוין לכביסה, [דהסמ"ג כתב, דלא אמרינן שרייתו היא כיבוסו בדבר שאינו מתכוין, וכ"ש בזה שאינו רק מעט, בודאי לא מתכוין לכביסה, **וגם** בלא"ה רוב פוסקים סוברים, דבאין בו לכלוך לא אמרינן שרייתו היא כיבוסו].

אלא במתקן הענין קודם אכילה כו' - וע"כ כשנופל זבוב או ד"א במאכל ומשקה, לא יסיר הזבוב בין ביד בין בכלי, דהוי בורר פסולת מאוכל, **אלא** יקח קצת גם מהמאכל או המשקה עמו ויזרוק.

§ סימן שכא – דיני תולש טוחן, ודיני תיקוני מאכל, מעבד ולש בשבת §

סעיף ח - אין כותתין מלח במדוך של עץ - וכ"ש במדוך של אבן, דהוא מיוחד יותר לדיכה, **ואפי'** דעתו ליתן לאלתר המלח לתבשיל, ג"כ אסור בשניהם, כיון דהם מיוחדים לדיכה.

אבל מרסק הוא ביד של סכין ובעץ הפרור ואינו חושש - ויו"סק בקערה או ע"ג שלחן, אבל לא במדוך ומכתשת, וכנ"ל גבי פלפלין. **וכ"ש** דמותר לפרר המלח והפלפלין בידיו, **אבל** לחתכו דק דק בחורפא דסכינא, אסור.

הגה: ודוקא מלח הגס, אבל מלח שהיה דק מתחלה ונתבשל ונעשה פתיתין, מותר לחתכו בסכין כמו שחותך הפת - היינו אפי' דק דק כמו לענין חתיכת הפת, ומשום דאין טוחן אחר טוחן, **ומ"מ** במכתשת, אף מלח זה אסור לכתוש.

וכתב הפמ"ג, דצוקע"ר ג"כ דינו כמו מלח זה.

סעיף י - אסור לגרור הגבינה בשבת במורג חרוץ בעל פיפיות שקורין ראליי"ו - בל"א רי"ב אייז"ן, דכיון שהכלי מיוחד לכך, הרי זה דרך חול, ודמי לשחיקת תבלין במכתשת, וה"ה בכלי אחר המיוחד לכך, **וא"כ** אפי' לאכול מיד אסור.

אבל מותר לחתכו בסכין דק דק, וכמו לעיל בס"ט לענין בשר, דגם זה אינו גידולי קרקע, **ואפי'** קשה מאד שרי, כיון דיכולין ללעסה בקושי, ושם אוכל עליה.

וה"ה דמותר לחתכו בקרדום או במגירה, שאף שהם כלים שמלאכתם לאיסור, מותר לטלטלם לצורך גופם, כמו שנתבאר בסימן ש"ח.

דבר שאינו חפץ לאכלו ולטועמו, ולא להאכילו לתינוק, אסור ללעסו בשיניו כדי לשחקו, משום טחינה, **דאע"ג** דמשנה, מ"מ מדרבנן אסור, **דדוקא** לגבי מילה התירו כעין זה לקמן בשל"א ס"ז.

סעיף יא - מותר להשקות את התלוש - היינו ירקות תלושין, **כדי שלא יכמוש** - והטעם, כיון דהם ראויות לאכילה ביומן מותר להשקותן, **משא"כ** בדבר שאינו ראוי לאכילה, אסור לטרוח בשבילם, [אפי' אם הם ראויות לטלטל].

ולהשקות את המחובר יש בו איסור תורה, **וכלי** חרס עם עשבי בושם בבית, ג"כ אסור להשקותן בשבת.

סעיף יט - שעוה וזפת וכיוצא בהן מדברים המתמרחין, הממרח ומחליק פניהם יש בזה משום מלאכת ממחק. **הגה: ומותר להחליק האוכל בשבת, ולא הוי בזה משום ממחק, הואיל ואפשר לאכלו בלא זה** - ע"כ לאו מידי קעביד, **הא** אם אי אפשר לאכול בלא זה, אסור, דכמו דיש עיבוד באוכלין מדרבנן, ה"ה דיש בהם ממחק מדרבנן, **ואפשר** דאפי' לאותה סעודה ‹אסור›.

ומ"מ המחמיר במאכל של תפוחים וכדומה שדרכו בכך, תע"ב – (וה"ה בתפוחי אדמה וכדו', שדרך הוא ליפות ולהחליק המאכל ע"י המירוח, ומחזי כממרח, **אבל** אפשר בשאר דבר מאכל, אין לו להחמיר כלל).

ולמרח תפוחים מבושלים על הלחם, וה"ה שומן וחמאה, בודאי שרי, (וכן מותר למרח התפוחים מבושלות שבתוך הפשטיד"א, כיון שאינו עושה אלא כדי לשימם במקום שאין שם, שאין כונתו בהמירוח לעצם המירוח, רק למלא במקום הריקן, **ואף** דהוא פסיק רישא, והגם דאף במלתא דרבנן אסור, **הכא** כיון דבלא"ה יש להקל, מטעם דאפשר לאכול בלא זה, אין לו להחמיר כלל).

(**הא** דמדאורייתא אין ממחק באוכלין, היינו אם ממרח האוכל בעצמו, **אבל** אם סותם בו פי נקב החבית, וממרחו מלמעלה, שייך בו שם ממחק).

אסור לקלוף שומים ובצלים כשקולף להניח - משום בורר, וה"ה תפוחים ואגוזים ושקדים [וריבי"ן ומעהרי"ן] וכיוצ"ב, [**וצ"ע**, דקליפות התפוחים רוב העולם אוכלים אותו כך בלא דחק, וא"כ אף להניח י"ל דשרי]. **אבל לאכול לאלתר, שרי, (וע"ל סימן שי"ט)** - דבבורר מקילינן לעיל, כשבורר אוכל מן הפסולת, והוא סמוך לסעודה, (**וקשה**, דמי שקולף תפוחים ושומים ובצלים, נוטל הפסולת ומניח האוכל, **ונראה** דכיון דא"א בענין אחר, ודרך אכילתו בכך, לא מקרי פסולת מתוך אוכל, שאינו אלא לאכול התוך, וכל שהוא לאלתר שרי, **אבל** להניח אסור, דלא עדיף מאוכל מתוך פסולת). **ואם** פותח פלומי"ן וזורק הגרעינים הקשים להניח לאחר זמן, הוי בורר, ובתפוחים כה"ג י"ל ג"כ דאסור, **אבל** מיד לפה שרי ליתן, ואפשר אף לאותה סעודה שרי, [דאי אפשר בענין אחר, ולא הוי כבורר פסולת מאוכל].

§ סימן שכב – דין נולד בשבת §

סעיף ב - שבת שלאחר יו"ט, או לפניו, נולדה בזה אסורה בזה - דאם נאכלנה הוי כמכין מיום אחד לחבירו ואסור, וכנ"ל, **וממילא** כיון דלא חזיא לאכילה אסור ג"כ בטלטול. (**והיינו** ביום א' הסמוך לשבת, אבל ביום ב' שרי, וכן אם יו"ט ביום ה' וי"ו, ונולדה ביום ה', מותר בשבת, **ואינו** אסור כי אם כשנולדה ביום הסמוך לשבת, **לבד** אם הם ב' יו"ט של ר"ה, דאז חשובין שניהם כיומא אריכתא).

סעיף ג - פירות שנשרו מן האילן בשבת, אסורים בו ביום - משום שמא יעלה ויתלוש, **וגם** משום מוקצה, דכיון דאיתקצאי מדעתיה בין השמשות, דהיה אז מחובר, איתקצאי לכולי יומא. **ואפילו** אם ספק שמא נשרו בשבת, ג"כ אסור, וה"ה זרעים וירקות הנמצאים בגינות, אסור לאכלן, ואף לטלטלן, שמא נשרו היום. **ועיין** בפסחים נ"ו, דאפילו אם כונתו למצוה, להפקיר אותן לעניים שיאכלו

אותן בשני בצורת, ג"כ אסור, **דאף** שהותר להן להאכיל את העניים דמאי, מ"מ לא הותר להן לעבור על שבות דשבת ויו"ט.

ולערב מותרים מיד - וא"צ להמתין בכדי שיעשה, כיון שלא נעשה בהם מלאכה לא גזרו בזה.

ואפילו אם יודע שנשרו בע"ש, אינו מותר רק ללקט אחד אחד ולאכלו, **אבל** לאסוף כמה פירות ביחד, יש בזה איסור גמור, דכל דבר המקבץ במקום גידולו דומה למעמר, וקרוב דיש בזה חיוב חטאת.

סעיף ד - אוכלי בהמה - ר"ל דבר שראוי לאכילה לבהמה, **אין בהם משום תיקון כלי** - ומשמע בגמר' דאפי' אין עומד בשבילם, כגון עצים רכים שראוי להם לאכילה, ג"כ לא מתקריא עליהם שם כלי. **ומותר** אף בטלטול, דדבר הראוי לאכילה מוכן הוא לכל הצורך.

לפיכך מותר לקטום, אפילו בסכין, קש או תבן ולחצוץ בו שיניו - ואפילו הוא מקפיד על המדה, אין בזה שום חשש איסור מחמת מחתך, כיון דדבר אוכל הוא.

ויש שסוברין, דדוקא כגון זה, שעושה ממנו כלי בתחלה, לא שייך תיקון כלי, **אבל** אם מתקן כלי העשוי כבר בדבר אוכל, כגון שיש נקב בכלי, ונוטל חתיכת לפת וחותכו לפי מדת הנקב, שייך בזה תקון כלי, **ועיין** בנשמת אדם, דלדידיה יש בזה חיוב חטאת.

אבל קיסם שאינו אוכל בהמה, אפילו ליטלו כדי לחצוץ בו שיניו, אסור - ר"ל אפילו נטילה סתם בלי קטימה, אסור משום מוקצה כשאר עצים, **וכ"ש** אם ירצה לקטמו כדי לחצות בו שיניו, דאסור משום שבות, דהוא כעין תיקון כלי.

ואף דיש בזה משום כבוד הבריות, שפעמים שנראה הבשר שבין השינים לחוץ, וגנאי הוא לו, אעפ"כ אסור, דהיה לו להכין קיסם מאתמול במקום הסעודה, **ולפי"ז** אם הזמינו חבירו לסעודה בשבת, ולא היה אפשר לו להכין שום דבר מאתמול לחצות בו שיניו, מותר לו לטלטל קיסם לחצות בו שניו, אם אין לו דבר אחר, [**עיין** בפמ"ג שמצדד, דה"ה דמותר לקטום הקיסם ביד כדי לחצות בו שיניו, אם א"א לו לחצות בו בלא זה, דהוא רק שבות], **אך** במקום שאין נחשב לו זה לגנאי, אסור.

ודוקא אם יקטמנו ביד, דאז פטור מחטאת, משום דהיא מלאכה כלאחר יד, ואסור משום שבות, כמו שכתבנו, **אבל** אם יקטמנו בכלי כדי לחצות בו שניו, או לפתוח בו הדלת, אז היא מלאכה גמורה, שמשוהו כלי עי"ז, וחייב.

סעיף ה - מותר לטלטל עצי בשמים להריח בהם - דלא מקצה דעתיה מאלו העצים מעיקרא, **ולהניף בהם לחולה** - ה"ה לבריא, אלא אורחא דמלתא נקט.

ומוללו להריח בו - צ"ל "וקוטמו ומוללו", מלילה היינו, שמוללו בין אצבעותיו כדי להוציא ריחו, וקטימה נמי משום זה, שמקום הקטימה הוא לח וריחו נודף.

אחד קשים ואחד רכים - היינו אפילו קשים שאינם ראוים כלל למאכל בהמה, אפ"ה מותר לקטמם ולפשח בהם כל מה שירצה, בין שפושח עץ גדול או קטן, [**ואפי'** כדי ליתן לחבירו, מצדד הפמ"ג להתיר].

והסכימו הרבה אחרונים, דהא דמותר לקטום בקשים, היינו דוקא ביד, אבל לא בכלי, אף דהוא קוטם רק כדי להריח, ואינו מכוין כלל לעשותה כלי, **ולכך** אסור לקטום ההדס בסכין, גזירה דלמא אתי לקטום לחצוץ בו שניו, ובזה חייב, (**ואם מקפיד על המדה, כגון שקוטם איזה שיעור ממנו ליתן לחבירו, אסור גם ביד**). **ואפילו** ביד, אינו מותר לקטום בקשין רק להריח, אבל לחצוץ בו שניו אסור לכו"ע.

ודוקא בכל זה, שהוא רק להוסיף ריח ע"י המלילה והקטימה, **אבל** אסור להוליד ריח, כגון להניח בשמים בבגד וכדומה כדי שיהיה הבגד מריח, אסור, [**וכן** ליתן שפינגרא"ד באוכלין מוליד ריח].

המחתך עור או כל דבר שאדם מחתך, ומקפיד על מדתו, בין עץ או מתכת, או אפילו נוצות של עוף, כיון שמקפיד על מדת ארכו ורחבו, וחותך בכונה, חייב. **אבל** החותך דרך הפסד, או בלא כונה למדתו, אלא כמתעסק או כמשחק, פטור.

ומה יפה הועילו לנו הנביאים וחכמינו ז"ל, במה שאסרו לנו המקח וממכר בשבת, שפעמים שיכול לבוא לידי חיוב חטאת, כגון שמוכר איזה סחורה, ומחתך ממנו לפי מדתו הצריך לו, דחייב משום מחתך.

אם מלאכת מחתך הוא דוקא בכלי או אפילו ביד, תלוי בכל דבר לפי ענינו, דדבר שדרכו לחתכו דוקא בכלי, אין חייב כי אם בכלי, **ודבר** שדרכו להפרידו ביד, (**כמו שמצוי לענין איזה סחורה שדרך להפרידו לשנים ע"י קריעה ביד**), חייב ג"כ אפילו ביד, **ומסתברא** דאיסור דרבנן יש בכל גווני.

החותך קיסם בסכין לחצות בו שניו, חייב בזה משום תקון כלי, לדעת הרא"ש, ולהרמב"ם משום מחתך, ואפשר דחייב לדידיה שנים.

אין מלאכת מחתך שייך באוכלין.

§ סימן שכג - דיני השאלה וקנין צרכי שבת, והדחת הכלים ותיקונן וטבילתן בשבת §

סעיף א - מותר לומר לחבירו: מלא לי כלי זה - אף דמקח וממכר אסור בשבת ויו"ט, ואחד המוכר בפה או במסירה ומשיכה, וכן מדידה שאינה של מצוה ג"כ אסור, **אפ"ה** מותר לומר בלשון זה, שאינו אומר בלשון מכירה "מכור לי", ואינו מזכיר שם מדה, רק "כלי זה" סתם. **אפילו הוא מיוחד למדה** - פי' שרגיל למדוד ולמכור בו, **וה"מ כשנוטל הלוקח מדה של מוכר ומוליכו לביתו** - שאין זה דרך מקח וממכר, וגם לא מחזי כעובדין דחול, שאף המשקה חבירו בדרך מתנה, דרכו ג"כ לפעמים להשקות בכלי המיוחד למדה.

וא"צ לומר אם מביא הלוקח מתוך ביתו, ואומר לו: מלא לי כלי זה. אבל למדוד בכלי המיוחד למדה ולשפוך לתוך כליו של לוקח, אסור - מפני שזהו דרך מקח וממכר של חול.

סימן שכג - דיני השאלה וקנין צרכי שבת, והדחת הכלים ותיקונן וטבילתן בשבת

(ומינקת שקורין ליווע"ר, המיוחד למדה, ומחזיק קווארט, מותר לומר: מלא לי כלי זה, ושופך לכלי של לוקח), כי אי אפשר ליקח המינקת להוליך לבית הלוקח, ולא נראה כמזכיר סכום המדה בפירוש – פמ"ג.

הגה: ויש מקילין לומר, דכל שאינו מכוין למדה לגמרי, שממעט או מוסיף מעט, שרי - היינו דעי"ז אין איסור על המוכר למדוד בכלי מדה שלו ולשפוך לתוך כליו של לוקח, **וכן המנהג פשוט למדוד בכלי המיוחד למדה ולשפוך לכליו של לוקח** - ואין בזה משום גזל, שידוע לבעליו שהכל רגילים בכך, וכן נהגו להטיל טבעת במדה, וזה ההיתר למוכר, מ"א, [**כונתו**, אבל מה שהמנהג שהלוקח מזכיר שם מדה, אין די בהיתר זה, **ולזה** סיים הרמ"א: ועוד יתבאר וכו', היינו אף מה שמקילין להזכיר שם מדה].

ועוד יתבאר לך בסמוך טעם המקילין - היינו שמצא סמך, שלפעמים מותר להזכיר אף שם מדה.

דין הלואת שבת דינו כמו ביו"ט, וע"ל סי' תקכ"ה, ולעיל סי' ש"ז סעיף י"א.

סעיף ב - מותר לומר לחבירו: מלא לי כלי זה, ולמחר נמדוד אותו - היינו אף שהמדידה אסור בשבת ויו"ט, מ"מ מותר להזכירו, **וע"ל** סימן ש"ז ס"ח, דאסור לומר: דבר פלוני אעשה למחר, מה שאסור לעשות היום, **ואולי** משום שהוא לצורך שבת התירו.

(אבל לא יאמר: תן לי מדה פלוני) - או חציה או רביעית, כיון שמזכיר שם מדה, **אבל** מותר לומר: מלא לי כלי זה עד השנתות.

ואפילו אין קונה ממנו כלל, אלא שואל ממנו, ואומר: השאילני מדה פלונית, ג"כ אסור משום מדידה, דהוי כעובדין דחול.

סעיף ג - מותר לומר לחברו: תן לי ביצים ואגוזים במנין - היינו שאומר לו י' או כ', שכן דרך בעה"ב להיות מונה בתוך ביתו לידע כמה הוא נוטל, שלא יטול אלא כפי הצורך, הלכך לא מוכח דמשום דמים הוא דמדכר ליה, אלא להודיע כמה צריך.

סעיף ד - מותר לומר לחנוני: תן לי ד' ביצים וה' רמונים - דוקא חנוני ישראל, אבל אינו יהודי אסור ליקח ממנו ביצים, שמא נולדו היום ומוקצה הוא, **וכן** ברמונים שמא נלקטו היום מן המחובר. (**היינו הך דס"ג, ואפשר דלרבותא נקט חנוני, אף דכונתו בודאי למכירה, אפ"ה שרי כיון שלא הזכיר בפירוש**).

ובלבד שלא יזכיר לו שם דמים - כגון שאומר: תן לי בעד כך וכך פשוטים, **וכ"ש** כשמזכיר לו סכום דמים, דהיינו שעושה עמו חשבון הכולל גם ממה שנתחייב לו מכבר.

ולא סכום מדה - עיין בביאור הגר"א שכתב דט"ס הוא, וצ"ל "ולא שם מדה", דהיינו שמזכיר לו: תן לי מדה פלונית, **וכ"ש** סכום מדה, דהיינו שעושה עמו חשבון הכולל מכמה מדות שלקח ממנו מכבר.

ולא סכום מנין, לומר: הרי שיש לך בידי חמשים אגוזים, תן לי חמשים אחרים, והרי יש לך בידי מאה - דבאופן זה הוא דרך מקח וממכר, אבל מנין בעלמא כבר מבואר מקודם דשרי.

הגה: וכן בסכום דמים, אינו אסור אלא בכה"ג שאומר: תן לי בכך וכך דמים ויהיה לך בידי כך וכך, אבל בלאו הכי שרי - הוא פליג על המחבר דס"ל דסתם שם דמים אסור למדכר, והוא ס"ל דכמו במנין דוקא סרוח מנין אסור, ומנין בעלמא שרי למדכר, כן הדין לענין דמים, **והו"ל** למימר "ויש אומרים", אלא שכן דרכו לפעמים, (והלשון אינו מדויק כ"כ, והכונה, דמה שכתב בדברי המחבר "שם דמים", היינו דוקא "סכום דמים", אבל דמים בעלמא שרי).

וכן בסכום מדה, דוקא בכה"ג אסור, אבל בלאו הכי שרי - ר"ל דוקא סכום מדה, שעושה עמו חשבון הכולל גם ממדותיו שנתחייב לו מכבר, **אבל** שם מדה בעלמא, ס"ל להג"ה דמותר למדכר, דהא שהזכיר מדה הוא רק לסימנא בעלמא, להודיע לו כמה הוא צריך, ולא שימדדו דוקא. **והא** דאסר בגמרא להזכיר שם מדה, היינו בדבר שאין העולם רגילים למדוד אותו במדה, שאז אין אומרים דלסימנא בעלמא נקטיה, **והמחבר** לעיל דלא חילק בזה, ס"ל דבכל גוונא אסור גם בזה.

וזה הקולא הוא רק ללוקח, שאינו עובר במה שמזכיר שם מדה, **והיתר** למוכר שיהיה מותר למדדו וליתנו בכליו של לוקח, מבואר לעיל בס"א, שיוסיף או ימעט מעט.

ואע"ג דאסור להזכיר דמים כלל, היינו בדבר שאין מקחו ידוע - חוזר אתחילת הג"ה, וקאמר דהא דקימ"ל דאסור להזכיר דמים כלל, הוא בדבר שאין מקחו ידוע, והיינו שאין לדבר ההוא קצבה ופסיקת דמים, **שאז** לא נוכל לומר שמה שהזכיר לו "בפשוט", הוא רק להודיע לו כמה הוא צריך, ולא לפסוק לו דמים בעד המקח, שהרי אינו יודע כמה יתן לו בעד שיעור זה הדמים.

אבל בדבר שידוע רק שאומר לו כמה צריך, שרי - דאמרינן דלסימנא בעלמא נקטיה, להודיעו כמה הוא צריך, ונמצא שלא הוזכר כאן מכירה בדמים, אלא נתינה בעלמא כמה יתן, **אם לא שמזכיר לו סכום.**

ואע"ג שיש מחמירין בדבר זה, כבר פשט המנהג במדינות אלו להקל, וכסברא הנזכרת.

והנה יש כמה אחרונים שסוברין, שיש ליזהר מדינא שלא להזכיר שם דמים וכ"ש שם מדה בכל גוונא, וכדעת המחבר, **ומ"מ** אין למחות ביד הנוהג להקל, דיש לו על מי לסמוך, אבל ראוי ונכון מאד להחמיר בדבר, שלא להזכיר שם מדה או דמים, **ובפרט** שיכול לעשות בהיתר, שיכול לומר: מלא לי כלי זה ולמחר נמדוד אותו, **ובדבר** ששייך בו מנין, יוכל לומר דרך מנין: תן לי כך וכך, ולא יזכיר שם דמים כלל, ולא יבואו לחשבון עד למחר.

מה שנוהגין שכותבין מע"ש: פלוני הניח כך וכך מעות, ופלוני כך וכך, ולמחר בשבת כשנותן היין, לוקח המוכר מחט ועושה נקבים בנייר

סימן שכג – דיני השאלה וקנין צרכי שבת, והדחת הכלים ותיקונן וטבילתן בשבת

כמנין היין שלוקח, **אסור** לעשות כן, דהא אסור להסתכל באותו כתב שכתב בו סכום המעות, דהוי שטרי הדיוטות, **גם** עשיית הנקבים בנייר ג"כ אין נכון לכתחלה, ‹דאפי' רשימה בעלמא אסור לעשות לסימן, וכ"כ הרמב"ם: הרושם רשמים בכותל חייב, וא"כ כ"ש דאסור לעשות נקב לסימן – מ"א›, [**ועיין** במש"כ בסי' ש"מ בבה"ל בס"ה, דאף לדעת הרמב"ם פטור על רשימה בעלמא], ‹**באמת** הקורע נייר חייב משום קורע, ובאין קורע כדי שתי תפירות, עכ"פ מדרבנן אסור – פמ"ג›, **וה"ה** דאסור לכתוב בפתקאות מע"ש סכום מעות, ולמחר כשבא הלוקח היין, מניח חותמו או הפתקא במקום ששם האיש כתוב אצלו מכבר, דאסור לקרות בפתקאות הללו, **ולכן** נהגו ליתן גרעין או שאר דבר על שם האיש לסימן, ‹שם האיש לבדו מותר לקרות, דלא מקרי שטרי הדיוטות אלא שטר שכתוב בו איזהו עסק – מ"א›, **וגבאי** צדקה אפשר דמותרין בפתקאות ליתן על שם האיש לזכרון, משום דהוי חפצי שמים, **ומ"מ** טוב להחמיר היכא דאפשר בגרעין וכיוצא בזה, וכן נהגו הקדמונים.

סעיף ז - מותר להטביל כלי חדש - הנקח מן הא"י, **הטעון טבילה** - אפילו היה לו הכלי קודם שבת ויו"ט.

והמחבר סתם ולא הזכיר באיזה כלי מיירי, ומשמע דאפילו כלי מתכת, דהרבה פוסקים ס"ל דטבילתה הוא מן התורה, וגם המחבר סתם כן ביו"ד, ג"כ מותר להטביל, (**ולענ"ד אפשר דס"ל** דבזה **לא** שייך מתקן, **כיון דאף** אם ישתמש בכלי בלי טבילה, ג"כ **אין המאכל נאסר** בדיעבד לכו"ע).

ויש אוסרים - היינו אפי' בכלי זכוכית, ואפי' הוא לצורך שבת, מפני שנראה כמתקן הכלי ע"י הטבילה, דמתחלה היה אסור להשתמש בה, ולכך אסור מדרבנן.

ואפילו הגיע לו הכלי בשבת, שנתן לו הא"י במתנה, אסור, [**ולענין** יו"ט, משמע בפמ"ג דמסכים להקל, ‹דמכשירי אוכל נפש שא"א מערב יו"ט מותר ביו"ט›, **והשאגת** ארי' אוסר, ע"ש, ואינו מוכרח לדינא].

וירא שמים יצא את כולם, ויתן הכלי לא"י במתנה ויחזור וישאלנו ממנו, וא"צ טבילה - ומ"מ לאחר השבת צריך להטבילו, כיון דלבסוף יהיה נשקע הכלי תחת ידו, הוא כשלו, **ומ"מ** יטבילנו בלי ברכה, או יטביל כלי אחר עמו ויברך על שניהם.

ואע"ג דאסור ליתן מתנה בשבת, הכא שרי משום צורך שבת.

משמע דמצד הדין מסכים לדעה הראשונה, **ועיין** בד"מ שכתב, דמדינא יש לפסוק כדעת היש אוסרים, וכן פסק בתשו' שאגת אריה, **ומ"מ** אם עבר וטבל, אפשר דמותר להשתמש בו, כיון דיש מתירין אפילו לכתחלה, [**וה"ה** בכל כעין זה לענין מבשל בשבת, בכל דבר דאיכא פלוגתא דרבוותא, אין לאסור בדיעבד].

ואם יש לו ספק על הכלי אם היא צריכה טבילה, נ"ל דיש לסמוך על דעה הראשונה ולהטבילה לכתחלה, כשא"א לו לעשות בנקל העצות המבוארות בשו"ע.

הגה: ואם הוא כלי הראוי למלאות בו מים, ימלאנו מים מן המקוה ועלתה לו טבילה - ואינו מברך, דאז אינו מוכח שעושה לשם טבילה, **ופשוט** דזה דוקא אם אין לו כלי אחר לצורך שבת, דאל"ה אסור, מהוי ומפסיד הברכה בידים, [**ולא** עדיף ממה דקימ"ל דערום אסור לתרום מפני שאסור לברך]. (**ונדה הטובלת בשבת מברכת**).

סעיף ח - כוס ששתה בו א"י - יין, **מותר להדיחו לדברי הכל** - אף שבלא הדחה אסור להשתמש בו, אפ"ה לא מקרי מתקן ע"ז, **דהא** גוף הכלי היתר הוא והיין אוסרו, וכשמסירו אינו מתקנו, אלא כמסיר ממנו דבר המאוס.

ואם יודע שלא ישתמש בו היום, אסור להדיחו וכנ"ל, **ואפ"ה** מותר לטלטל הכוס אף בלא הדחה, ואפילו יש בכוס פרורי פת ששרה בו הא"י בהיין, אפ"ה מותר לטלטל להכוס, ולא הוי בסיס לדבר אסור, דהפירורים בטלים לגבי הכוס.

כתב בתרומת הדשן, דאין לבטל איסור בשבת, דאין לך תיקון גדול מזה, **ואף** דבזה"ד בהג"ה ס"ל, דאף בחול אין לבטל שום איסור להוסיף עליו עד ששים, אפילו אם הוא איסור דרבנן, **מ"מ** נפקא מיניה לענין יבש ביבש שנתערב חד בתרי, דבחול יכול להוסיף עליו עד ששים כדי לבשלו אח"כ, כדאיתא ביו"ד, ובשבת ויו"ט אסור משום דמקרי מתקן, **והיכא** דמקלי קלי איסורא שרי.

ומותר לשער ששים, אפילו נתערב בע"ש ולא נודע לו עד שבת, **ודוקא** לשער בדעת ובמראה עיניו, הא למדוד לא, **אע"ג** דמדידה דמצוה שרי, הכא נראה כמתקן בעושה מעשה בידים.

כתב המג"א, דיבש ביבש שנתערב חד בתרי, מותר להשליך אחד מהן להתיר האחרים, דכיון דאינו אלא חומרא בעלמא, דמדינא כל שאין נאכל לאדם אחד שרי, ע"כ לא הוי זה כמתקן.

סכין טריפה, אם רוצה לחתוך בו לחם וכדומה בצונן, דבעי הדחה, דמשמע שפשוף היטב לא הדחה בעלמא, **אין** לעשות זה בשבת, דהוי כמתקן.

סעיף י - אין חופפין כלים במלח, לפי שהמלח נמחה כשחופף בחזקה - והוא דומה לריסוק השלג והברד המבואר בסי' ש"כ, ע"ש הטעם במ"ב.

וע"כ כתבו הפוסקים, דדוקא לחוף בהמלח אסור, אבל מותר ליתן המלח להמים שמדיח בהם כלים, **ואע"ג** דנמחה ממילא, כמו שם דמותר ליתן השלג לתוך המים אע"פ שנמחה ממילא, ואינו חושש, [**רק** שיזהר שלא יהיה אסור מחמת מי מלח הנזכר בסי' שכ"א].

§ סימן שכד – דיני הכנת מאכל לבהמה בשבת §

סעיף ב - לא ימדוד אדם שעורים לתת לפני בהמתו - היינו בכלי המדה, מפני שנראה כאלו הוא מודד למכור, **אלא משער באומד דעתו** - היינו ליקח בכלי אחר, ולשער קב או קביים.

§ סימן שכה – א"י שעשה מלאכה בעד ישראל §

סעיף ב - היכא דאיכא משום דרכי שלום - כגון א"י שחלה, ושלח אחר מאכל ישראל, [**דבלא** חלה, אף דמפרנסין משום דרכי שלום, הלא יכול לבא לבית הישראל, והישראל יכול להשיב כי אינו רשאי ליתן מביתו בשבת, **אבל** חלה שאני, דהא יודעים דבשביל חולה ישראל מחללין שבת לפעמים]

או בא"י אלם - כשמבקש חפציו, ואף שאין חשש סכנה בדבר, [**דאם** היה חשש סכנה, פשיטא דשרי אף ברה"ר].

מותר לתת לו, או לשלוח לו ע"י א"י, וה"ה לצורך מצוה, כגון להוציא חמץ מביתו בפסח - כגון ערב פסח שחל בשבת.

ואף דאסור ליתן לא"י אם יודע שיוציא החפצים מביתו לר"ה בשבת, אף שלא בשליחות ישראל, וכ"ש כשהוא בשליחותו, **מ"מ** התירו בכל אלו, משום דלדידן להרבה פוסקים אין לנו ר"ה דאורייתא, ואינו אלא שבות דשבות, והתירו במקום מצוה, או מפני דרכי שלום וכה"ג, [**ואף** דהרבה פוסקים ס"ל דגם לדידן אית לן רה"ר, לענין שבות ע"י א"י סמכינן בזה על המקילין], **ומ"מ** צריך ליזהר בכל אלו שלא למסור ליד א"י, דיעשה הישראל עקירה, דהא אפשר לבקש להא"י שיקחנה בעצמו, **ואפילו** אם הא"י מבקש שיתנו לתוך כליו, יש ליזהר שיעמידנו בבית, ואחר שישפוך הישראל לתוכו יקחנו.

סעיף ג - מותר להחליף משכון בשבת אם הוא מלבוש, ויוציאנו דרך מלבוש, כי אין זה משא ומתן - ודוקא דרך מלבוש, דאל"ה אסור כשאר חפצים של ישראל, כיון שממושכנין אצלו, דיאמרו דהישראל צוה להוציאו, **מיהו** אם הא"י אלם ואינו רוצה לקחת בדרך מלבוש, מותר בכל גווני וכנ"ל.

וגם בישראל מותר בענין זה, אם הישראל צריך ללבשו.

הגה: וטוב שהא"י יקח המשכון עמו ויניח אחר במקומו, ולא יגע בו הישראל - בשום אחד מהמשכונות, לא בהישן ולא בהחדש, **שלא יהא נראה כנושא ונותן** - מיהו בישראל כה"ג יש להקל שיגע בו, דבישראל לא מחזי כמשא ומתן אלא כמשאילו.

ואם בא הא"י ליטול משכונו ואין הישראל מאמין לו, אין ישראל אחר רשאי לערב עבורו, דאסור משום "ממצוא חפצך".

כתב באגודה, ה"ה אם הא"י מניח המעות ונוטל המשכון, נמי שרי, ובלבד שלא יחשב הישראל עמו, ולא יגע בם - מ"א ותו"ש, **ובא"ר** משמע דהוא סובר, דכשמניח מעות מחזי כמשא ומתן, ולדידיה אין להקל בזה כי אם כשהא"י אלם, **ומ"מ** נראה דאם יוכל להגיע לו מזה הפסד, כגון שאין משכון שוה הכסף וכדומה, יש לסמוך על המ"א ותו"ש.

וע"ל סי' ש"ז בסופו, מדין א"י המביא בשבת איזה דבר, אם מותר לקבלו.

סעיף ד - פת שאפה א"י לעצמו בשבת - (האי "לעצמו" לאו דוקא, **דאם** הָיִינוּ יודעין שהוא לעצמו, אפילו בחול אסור לישראל לאכול ממנו, דהו"ל פת של בעה"ב ואסור לכו"ע, **אם לא** בשעת הדחק, שאין מצוי פת אחר כלל, **אלא** מיירי בפת שעושה למכור, והיא עיר שרובה א"י, דאדעתא דרובה קעביד, ומה שכתב "לעצמו", היינו שלא אפה בשביל ישראל).

יש אוסרים - שמא היתה ביה"ש קמח או עיסה שאינו ראוי לכוס, ואיתקצאי לביה"ש, **ואפי'** אם נאמר דהיו אז חטים דראוי לכוס, מ"מ אין ראוים לאכול באותו ענין שנעשו לבסוף, לאחר שנעשה בו איסורא דאורייתא שנעשה לחם, והו"ל נולד, **ויש** שאוסרין מטעם אחר, שמא יאמר לא"י לבשל, ואע"ג דא"י שהדליק נר לעצמו לא גזרינן, במידי דאכילה דלהוט ביותר גזרינן טפי.

ויש מתירים - דלא מחלקי בין מידי דבר אכילה ללאו בר אכילה, כיון שמ"מ עשהו בשביל עצמו, **ולענין** מוקצה ס"ל, כיון שהיה יכולת ביד הא"י לגמרו, אין ע"ז שם מוקצה ונולד.

ובשעת הדחק - כגון שדר בכפר יחידי, שא"א לשאול פת מחבירו, **או לצורך מצוה, כגון סעודת ברית מילה, או לצורך ברכת "המוציא"** - «איני יודע פירושו, דבשבת חייב לאכול כזית פת אף שיש לו דברים אחרים, וא"כ מה ברכת המוציא שייך כאן, ואפשר משום דבעי לחם משנה בליל שבת ושחרית כתב כן, דחשיב נמי שעת הדחק – פמ"ג». **יש לסמוך על המתירים** - ומ"מ יזהר שלא לקרוא אותו לביתו לפרוע לו דמיו, דהוי מקח וממכר.

(**לכאורה** נראה, דאם יש ספק שמא נאפה קצת מבע"י, היינו כדי קרימת פנים, יש להקל, הואיל ויש מתירין בכל ענין).

הגה: אבל אסור ליתן לו מעות מערב שבת, שיתן לו הפת בשבת, דאז אדעתא דישראל קא עביד - דזה אסור לד"ה ואפילו לצורך מצוה.

כתב ב"י בשם או"ז, שלדברי הכל אם בישל או אפה עבד ישראל בשבת, אפילו לצורך עצמו, ואפילו בשבת ראשונה ובפעם ראשונה, שאין העבד יודע אם אדונו יאכל מזה אם לאו, **אפ"ה** אסור, מפני שהוא מכירו ומרגילו לשבת אחרת.

סעיף ה - א"י שצד דגים או ליקט פירות לעצמו, אסורים לישראל - בין באכילה בין בטלטול.

שצד דגים - ובזה כו"ע מודו דאסור, משום דהוא ודאי מוקצה, שנצודו בשבת, ולא היו מזומנים מאתמול, וכ"ש האוסרין גם בפת בס"ד, **ולאו** דוקא שצדן א"י, דה"ה אם נצודו מאליהן בשבת בהמצודה שפרסו מע"ש.

או ליקט פירות - ג"כ משום מוקצה, דמחוברין היו ביה"ש, [**ואפי'** באותן פירות המוכנים לתלוש, והיה דעת הא"י עליהם מע"ש, דאין אסורים משום מוקצה, אפ"ה אסורים], דגזרינן בזה שמא יעלה ויתלוש, כמו שגזרו על פירות הנושרין בשבת, כדלעיל בסי' שכ"ב - משום דאדם להוט אחריהן, וגם בקל הוא לתולשן - וה"ה כאן שנתלשו ע"י א"י, דלא גריעי, דשניהן נתלשו שלא ע"י ישראל.

ואפי' ספק אם לקטן או צדן היום, אסורים בו ביום - דספק מוכן אסור, **ואפילו** המתירין לקמן בס"ז בספק לענין מו"ש, בזה מודי וכדלקמיה, **ודוקא** בספק הוא דאסור, דתלינן דבו ביום נצודו ונתלשו, **אבל** אם ניכר דנתלשו מע"ש, כגון פירות שנכמשו, וכן בדגים בכה"ג, שרי.

אבל לערב מותרים מיד, אפי' אם ודאי לקטן וצדן היום - דדוקא כשעשה המלאכה בשביל ישראל, הוא דגזרו לאסור בערב עד כדי שיעשו, **אבל** כשעשה לעצמו לא שייך למגזר.

סעיף ח - דבר שאין בו חשש צידה ומחובר, אלא שהובא מחוץ לתחום - כגון דברים אחרים שאין שייך בהם צידה ולקיטה, או אפילו בהני, אלא שניכרין שלא נצודו ונלקטו בשבת, **אם הביאו הא"י לעצמו, מותר אפילו בו ביום** - היינו אף באכילה, ואפי' להאוסרין בס"ד בכל המלאכות של אכילה שעשה הא"י בשביל עצמו, באיסור תחומין שרי, **ואף** בתחומין די"ב מיל וכדלקמיה.

ואם הביאו בשביל ישראל, מותר לטלטל אפילו מי שהובא בשבילו - ואף דבאכילה אסורין לאותו ישראל, כיון שלישראל אחר מותרין, אין עליהם שם מוקצה.

אבל לאכול, אסור בו ביום למי שהובא בשבילו - ה"ה לבני ביתו דאסור, וה"ה לאורחים שהיו מזומנים אצלו בשבת.

ואם הביא למכור בעיר שרובה ישראל, אסור לכל, דבשביל כולם הביא, **ובעיר** שרובה א"י מותר.

ואם הביאו בשביל ב' בני אדם, ב' דברים, אסורין להחליף כדי להתיר באכילה, **דאם** יהיו מותרין, יבואו לומר לא"י לכתחלה להביא להם.

ולמכור לאחר שלא הובא בשבילו, מותר, והיינו באופן ההיתר, **ובלבד** שלא ירויח, למכור ביוקר ממה שלקח.

אם הובא בספינה למעלה מיו"ד, שרי, דאין תחומין למעלה מיו"ד, **והיינו** שלא היה ביבשה בבין השמשות, **וגם** לא היה למטה מעשרה פעם אחד, **דאם** היה למטה פעם אחד, ויצא משם חוץ לתחום, אף שהיה אח"כ כל הדרך למעלה מעשרה, **וכ"ש** אם היה ביבשה ביה"ש, אסור לטלטל חוץ לד' אמות.

ולערב בכדי שיעשו - הכל לפי הענין שנעשה מלאכה בשבת, דאם הביא הא"י דרך רכיבה על הסוס, צריך לשער ג"כ באופן זה, **ואם** הביא ממקום רחוק הרבה ושהה ג' ימים, א"צ להמתין רק יום א' כנגד הזמן שהלך בשבת, **והיינו** בידוע מאיזה מקום הביא, אבל כשאין ידוע, משערינן לעולם כמו שהביאן חוץ לתחום.

(**וכתב המ"א**, נ"ל דאין צריך להמתין אלא מה שדרך לרכב ביום, כי בלילה מן הסתם לא רכב, **ועיין** בא"ר שכתב ע"ז: **וצ"ע, ובתו"ש** כתב דאין דבריו מוכרחין, והכל לפי הזמן).

הגה: וי"א דאין הלילה עולה מן החשבון, רק צריך להמתין ביום ראשון בכדי שיעשו - לפי שאין רגילות להביא בלילה ממקום רחוק, וא"כ אכתי נהנה הישראל במה שהביאו ביום, וע"כ צריך להמתין שיעור ההבאה למחר ביום, **ודוקא** בזה שהובאו ממקום רחוק דהוא חוץ לתחום ס"ל כן, משום דאין דרך להביאו בלילה משם, **אבל** לעיל כשהיא תוך התחום, אלא שלקטו או צדו בשבת, גם לדעה זו סגי להמתין בכדי שיעשו בלילה.

וכתב המ"א, דהיש"ש פסק כסברא ראשונה להקל, וכן מסתבר דאין להחמיר בזה, דהא להי"א השני מתירין לגמרי, **וכ"ש** לצורך אורחים או שאר דבר מצוה בודאי יש להקל, [**ושלא** לצורך אורחים, דעת הגר"ז להחמיר].

אבל אם היה בו גם איסור דאורייתא, שלקט ממחובר חוץ לתחום, יש להחמיר, [**דבזה** א"א לצרף דעת הי"א השני, כיון שיש בו איסור דאורייתא וגם חוץ לתחום], **מ"מ** לדבר מצוה, [או בשעת הדחק], יש להקל בכל גווני [כהיש"ש].

ולאחרים, מותר בו ביום - דבתחומין דרבנן לא אסרו לאחרים, רק למי שהובאו בשבילו, וכן בשאר איסור דרבנן, **ואפי'** בתחומין די"ב מיל להסוברין דהיא דאורייתא, כיון שאינו מפורש בקרא לא החמירו בו, [**בר"ן** כתב הטעם בשם הרמב"ן, משום דתחומין אין שוה לכל, דמה שלזה הוא חוץ לתחומו, לזה הוא תוך תחומו, וע"כ לא אסרו לאחרים].

וי"א דלמי שהובא בשבילו מותר לערב מיד - דס"ל דבאיסורי דרבנן א"צ להחמיר בכדי שיעשו אף למי שהובא בשבילו, **ולדינא** יש להחמיר כסברא ראשונה, וכ"ש בתחומין די"ב מיל.

והא דשרי לישראל לטלטל, אפי' כשהביאו הא"י לעצמו, דוקא בתוך ד' אמות - דכל דבר שיצא חוץ לתחום, אסור לטלטל חוץ לד"א, אף שמותר באכילה במקומם, **או בתוך העיר אם היא מוקפת חומה** - דנחשב כל העיר כד"א, וה"ה כשנתקן בצורת הפתח, דחשיב נמי כל העיר כד"א, וכ"ש בית וחצר, דנחשב כל ההיקף כד"א, **והוא שתהא מוקפת לדירה, דהיינו שישבה ולבסוף הוקפה** - דאם אינה מוקפת לדירה, או שהניח הא"י בשדה, אין להחפץ רק ד"א, **ואם** טלטל אותו אחד אמה או שתים, שוב אין רשאי אחר לטלטלו רק עד תשלום ד"א.

וסתם עיירות מוקפות לדירה; וסתם מבצרים אינם מוקפים לדירה. (וע"ל סימן ת"א) - היינו דשם כתב לכאורה היפך זה, **אבל** הט"ז כבר יישב שם דלא סתרי אהדדי.

§ סימן שכו – דיני רחיצה בשבת §

סעיף ח - אדם מותר לטבול מטומאתו בשבת - אע"ג דכלי אסור להטבילו ולטהרו מטומאתו בשבת ויו"ט, מפני שנראה כמתקן הכלי עי"ז, אדם שאני מפני שהוא נראה כמצנן עצמו במים, **ואפילו** אם העת קר וגם המים סרוחים שאין דרך לרחוץ בהם, מ"מ לפעמים כשאדם בא מן הדרך ומלוכלך בטיט וצואה, הדרך לרחוץ אף באלו, **וע"כ** מותר אפי' היה יכול לטבול קודם השבת.

ונוהגות הנשים שאינן טובלות שלא בזמנן בשבת, וכתבו הפוסקים דיפה נהגו, משום דכיון דסוף סוף המנהג בזמננו לאסור בשבת לרחוץ כל הגוף אפי' בצונן, א"כ ניכר דהוא משום טבילה ומחזי כמתקן.

וכתבו האחרונים, דמ"מ נראה דמותר לטבול לקריו, כיון דנתבטל התקנה, ומותר בתורה ובתפלה אפילו קודם טבילה, א"כ לא מחזי כמתקן ע"י הטבילה, **ויש** מחמירין וסוברין דאין לחלק בין טבילת קרי לשאר טומאות, **ומי** שנוהג להקל אין למחות בידו, כי רוב האחרונים סותמין להקל בזה, **ועכ"פ** בנטמא בשבת ויו"ט גופא נראה בודאי דאין להחמיר, וכן נתפשט המנהג להתיר, **אך** יזהר מאד שלא יבוא לידי סחיטה דהוא איסור גמור.

(**ודע עוד, דאם הוא טהור גמור, ורוצה לטבול בשבת בשחרית משום תוספת קדושה, אין בזה משום חשש מתקן מצד הדין, אך לפי מה שכתב מהרי"ל, דיפה נוהגות הנשים שאינן טובלות שלא בזמנן משום חשש סחיטה, נראה דגם טבילה כזו יש למנוע, ודי לנו במה שאנו מקילין לטבול בשבת היכא דהוא צריך לטבילה).**

סעיף י - מותר לרחוץ ידיו במורסן - וה"ה פניו אף שיש לו זקן, דמורסן הוא דבר שאין משיר שער, ומותר לשפשף בהן. **ורק** צריך ליזהר שלא יערב מתחלה המורסן במים, משום לישה, אלא יקחם בידיו הרטובות ממים, (והיינו אפילו אם הם טופח ע"מ להטפיח), **ואף** דגם בזה מתגבל קצת מורסן במים הטפוחות שעל ידיו, אין לחוש,

הגה: דגיבול כלאחר יד שרי - ואע"פ שיש להחמיר שלא לגבל אפילו ע"י שינוי בשבת, אא"כ נתן המים מע"ש, **מ"מ** כאן שאינו נותן המים ממש על המורסן, אלא שלוקחו בידים הרטובות, מותר לד"ה.

ואסור לרחוץ ידיו במלח - הטעם, דע"י רחיצתו נימוח המלח, ונולד דבר חדש, ודמי למלאכה, **אבל** לרחוץ ידיו במי מלח שרי לכו"ע.

וכ"ש בבורית שקורין זיי"ף בל"א, או בשאר חלב, שנימוח על ידיו והוי נולד - ודמי לריסוק שלג וברד שאסור ג"כ מטעם זה.

ועיין במ"א שכתב בשם שלטי גבורים, שיש מתירין בזה, דס"ל דמה שאסרו חז"ל לרסק שלג וברד, הוא משום גזירת סחיטת פירות העומדין למשקין, שאף השלג וברד למימיהם הם עומדים, **וא"כ** בורית ושאר חלב שאינם עומדים למשקין, מותר לכתחלה.

ועיין בספר תפארת ישראל שכתב, דבבורית שלנו שהיא רכה, לכו"ע אסור משום ממחק, וכעין מה דאיתא לענין שעוה, **וכן** מצאתי בספר דברי מנחם בשם המעשה רוקח, דהוא ממרח וממחק, והוא אב מלאכה ופסיק רישא וכו', והוא פשוט ויש להזהיר העם ע"ז מאד, עכ"ל, **ולבד** כ"ז משמע ברש"י, דבורית משיר השער, וכ"כ הר"ן, וכן הוא מנהג כל ישראל להחמיר בזה.

(**עיין בהגר"א, שדעתו כדעת הרבה מגדולי הפוסקים, דאף בחול אסור, דסיכה כשתיה, ועכ"פ מדרבנן אסור, ודלא כר"ת וסייעתו שהתירו בזה לגמרי, מיהו מנהג העולם לרחוץ בבורית שלנו הנעשים מחלב, ורק איזה מדקדקים זהירין בזה, ואם מצוי להשיג בורית שנעשים שלא מחלב, בודאי נכון לחוש לדעת המחמירין בזה).**

§ סימן שכח – דין חולה בשבת §

סעיף א - מי שיש לו מיחוש בעלמא, והוא מתחזק והולך כבריא, אסור לעשות לו שום רפואה - היינו אפילו דברים שאין בהם משום מלאכה ג"כ אסור, וכדלעיל בסימן שכ"ז ס"א, ולקמן בסעיף ל"ז, וכה"ג.

ואפי' ע"י א"י - היינו אפילו דברים שהוא רק משום שבות, ג"כ אסור על ידו, כיון שהוא רק מיחוש בעלמא, **גזירה משום שחיקת סמנים.**

ואם כאיב ליה טובא, וחלה כל גופו עי"ז, או שנפל למשכב, אף שאין בו סכנה, מותר לעשות בשבילו רפואה שאין בה מלאכה, וכההיא דסימן שכ"ז ס"א, וכה"ג, **וע"י** א"י מותר לעשות אפילו מלאכה גמורה.

סעיף ב - מי שיש לו חולי של סכנה, מצוה לחלל עליו את השבת; והזריז הרי זה משובח - משום דכתיב: וחי בהם ולא שימות בהם, **ובענין** שתהא הרפואה ידועה לאנשים, או ע"פ מומחה.

והשואל, הרי זה שופך דמים - אותו האיש שהוא מתחסד, וירא לחלל שבת בחולה כזה כי אם ע"י מורה, הרי הוא שופך דמים, שבעוד שהוא הולך לשאול, יחלש החולה יותר, ויוכל להסתכן, והרי הכתוב אומר: לא תעמוד וגו'.

ובירושלמי איתא: הנשאל הרי זה מגונה, פי' משום שהת"ח במקומו היה לו לדרוש בפרקא לכל, כדי שידעו כל העם ולא יצטרכו לשאלו.

ואם החולה בעצמו מתיירא שיעברו עליו את השבת, כופין אותו, ומדברים על לבו שהוא חסידות של שטות.

סעיף ג - כל מכה של חלל, דהיינו מהשינים ולפנים, ושינים עצמם בכלל - וכ"ש אם חלה מקום מושב השיניים, דהיינו החניכים, בודאי הם בכלל מכה שבתוך חלל הגוף, **מחללין עליה את**

השבת - דהיינו היכי דכאיב ליה (השינים) טובא, וחלה כל גופו עי"ז, אף שלא נפל למשכב, [ולא בעינן שיהא מכה]. **לאפוקי** חששא בעלמא בשיניו, איננו בכלל זה, וכדלקמן בסל"ב.

וכ"ש מחלת צפידנא, שמתחלת בפה ומסיימת בבני מעיים, וסימנה: כשנותן כלום לתוך פיו סביבות השיניים, יוצאין מבין השיניים דם, דמחללין עליה השבת, **והפרש** יש בינייהו, דבצפידנא אפילו החולה והרופא אומרים א"צ לחילול, אמרינן דאין בקיאין בזה, כי מקובל ביד חז"ל שסכנה היא, **ובשאר** כאב השיניים דחשיב כמכה של חלל, בסתם מחללין, וכשאומר הרופא או החולה שא"צ, אין מחללין.

ודוקא שנתקלקל אחד מהאברים הפנימים מחמת מכה או בועה וכיוצא בזה - קאי ארישא אמכה שבחלל הגוף, **אבל מיחושים אין נקראים מכה** – (והיכי דכאיב ליה טובא מבפנים בחלל הגוף, צ"ע, ומ"מ אפשר לומר, דאם כאיב ליה טובא באחד מאברים הפנימיים, ומסופק לו שמא נתקלקל שם באיזה דבר, ואין שם רופא בעיר לשאול, דמותר לחלל שבת וליסע אחר רופא).

הגה: מיהו מי שחושש בשיניו ומצטער עליו להוציאו - דכאיב ליה טובא, ומצטער כ"כ עד שחלה כל גופו עי"ז, אף שאינו נופל למשכב, (מ"א), **אומר לא"י להוציאו** - ואע"ג דהוא פותח פיו וממציא את שינו להוציאו, קי"ל דמסייע אין בו ממש, **וט"ז** דעתו להחמיר, אבל הרבה אחרונים דעתם כהשו"ע.

אבל לא ע"י ישראל לכו"ע, דהוצאת שן הוא מלאכה דאורייתא, דהא חובל לרפואה, מ"א, (ובזה חייב אפי' למ"ד מקלקל בחבורה פטור, דזה מתקן הוא).

(והגר"ז מצדד דאפשר שיהא מותר ע"י א"י אף בלא חלה כל גופו עי"ז, **ולענ"ד** ג"כ יש לעיין במה שכתב המ"א, דהא הוא אינו מכוין רק להוציא השן, והדם ממילא קאתי, ואף דהוי פס"ר, הא הוי עכ"פ פס"ר דלא איכפת ליה, ואין איסורו אלא מדרבנן, והנה למ"ד מקלקל בחבורה חייב, חייב בזה, אבל למ"ד פטור, אמאי חייב בזה, **ואף** דע"י ישראל בודאי יש ליזהר בזה, עכ"פ ע"י אינו יהודי אפשר דיש להקל, אף באינו חולה כל גופו).

ואף דמתחלה מבואר דחולי השיניים מקרי של חלל, מ"מ אינו מותר ההוצאה ע"י ישראל, **דהוצאת** השן אינה רפואה ידועה, ואדרבה לפעמים יש חשש סכנתא עי"ז, **והא** דמתיר מקודם לחלל עליהן השבת, היינו לרפאות המחלה ע"י סמים, שלא יהיה צריך להוציאן.

סעיף ד - מכה של חלל אינה צריכה אומד - אם הוא מסוכן לשעתו או לא, **שאפילו אין שם בקיאים, וחולה אינו אומר כלום, עושים לו כל שרגילים לעשות לו בחול** - ממאכלים ורפואות, **ומשמע** אע"פ שאין בו סכנה במניעת הדבר ההוא, כיון שהחולי יש בו סכנה, ויש בהדבר צורך קצת, ורגילין לעשות לו בחול, עושין גם בשבת, **וכמה** פוסקים ס"ל, שאפילו במקום שצריך חילול, אין מחללין ע"י ישראל אלא בדבר שיש לחוש בו שאם לא יעשהו לו יכבד עליו חליו, (או במניעתו יחלש ויכבד חליו), ויוכל להסתכן, (או אם ע"י פעולת החילול הזה יתחזקו אבריו, ג"כ אין למנוע דבר זה מאתו, כיון שהוא חולה שיש בו סכנה), **אבל** כל שברור שאין במניעת אותו דבר חשש סכנה, אע"פ שמ"מ צריך הוא לו, ורגילין לעשות לו, אין עושין אותו בשבת אלא ע"י א"י, כדין צרכי חולה שאין בו סכנה, **וע"כ** בודאי מהנכון להחמיר באיסור של תורה.

אבל כשיודעים ומכירים באותו חולי שממתין ואין צריך חילול - ר"ל שמכירים בבירור שלא יתגבר החולי יותר ע"י שנמתין עד הלילה במו"ש, **וכ"ש** כשהרופא או החולה אומרים שא"צ, **אסור לחלל עליו, אע"פ שהיא מכה של חלל.**

(והיכי דגונח מלבו שהוא מסוכן, והרופאים אמרו שרפואתו היא שישתה חלב רותח בכל יום, אסור לחלל שבת באיסור דאורייתא בשביל זה, דנהי דמסוכן הוא אם לא ישתה לעולם, אמנם עכ"פ אינו מסוכן בשביל פעם אחת).

סעיף ה - מכה שאינה של חלל, נשאלין בבקי ובחולה; ואין מחללין עליו שבת עד שיאמר אחד מהם שהוא צריך לחילול, או שיעשה אצל אחד מהם סכנת נפשות - צ"ל "ספק סכנת נפשות", דאפילו אומרים רק שמא יכבד עליו החולי ויסתכן, נמי שרי, וזהו שסיים הרמ"א: **(וע"ל סימן תרי"ח)** - דכן מבואר שם לענין אכילת יוה"כ, וה"ה כאן.

סעיף ז - מחללין שבת על כל מכה שנעשית מחמת ברזל - אפילו אינה בחלל הגוף, ואפילו שלא על גב היד והרגל.

(עיין תבואות שור שמסתפק, אי מיירי בהכאה בכח, או אפילו חיתוך בנחת נמי הוי מסוכן).

ועל שחין הבא בפי הטבעת, ועל סימטא, והוא הנקרא פלונקר"ו בלע"ז, ועל מי שיש בו קדחת חם ביותר - הוא הנקרא בל"א טיפו"ס וכדומה, **או עם סימור** - מלשון "תסמר שערת בשרי", והוא הנקרא שודערי"ן בל"א, שבא הקרירות והחמימות בפעם אחת, **לאפוקי** קדחת המצוי, שבא מתחלה הקרירות ואח"כ החמימות, אין זה בכלל חולה שיש בו סכנה, **ומ"מ** ע"י א"י מותר לחלל עליו שבת.

סעיף ח - מי שאחזו דם, מקיזין אותו אפילו הולך על רגליו, ואפי' ביום הראשון - אפילו ע"י ישראל, דסכנתא הוא, **ואם** אחזו דם במקצת, ומנכר שהוא רק מיחוש בעלמא, אסור.

סעיף ט - החושש בעיניו או בעינו, ויש בו ציר, או שהיו שותתות ממנו דמעות מחמת הכאב, או שהיה שותת דם, או שהיה בו רירא - בגמ' משמע דה"ה קידחא, **ותחלת אוכלא, (פי' תחלת חולי)** - וכן באמצע המחלה, **מחללין עליו את השבת** - ואע"ג דמשום סכנת אבר אין מחללין באיסור דאורייתא לכו"ע, עין שאני, דשורייקי דעינא בליבא תליא, ואיכא סכנת נפש.

אבל בסוף חולי שכבר תש מחלתו, ליכא סכנתא ע"י סימנים הללו, **וכ"ש** כשרוצה לעשות רפואה כדי להגביר אור עיניו, דבודאי אין מחללין משום זה.

סעיף י - כל חולי שהרופאים אומרים - אפילו א"י, כיון שרופא אומן הוא, **שהוא סכנה, אע"פ שהוא על הבשר מבחוץ, מחללין עליו את השבת.**

וכתב הרדב"ז: אם החולה אומר צריך אני לתרופה פלונית, והרופא אומר א"צ, שומעין לחולה, **אם** לא שרופא אומר שאותה תרופה תזיקהו, אזי שומעין לרופא, (**ולענ"ד** אין הדברים אמורים, **אלא כשאומר** מרגיש אני חולשא באבר פלוני, ע"כ יעשו לי תרופה פלונית שמועלת לחולי אבר זה, ובזה ודאי שומעין לו, ד"לב יודע מרת נפשו" שייכא בכל מילי, ואפילו רופא אומר שא"צ שום תרופה אין שומעין לו, **אבל** אם המחלה ידועה, והחולה אומר שתרופה זו מועלת למחלה זו, והרופא אומר שאינו מועיל, בזה אין סברא לשמוע לחולה לחלל שבת בחנם, **אם** לא דאיכא חשש שמא תטרף דעתו עליו, אם יראה שאינם עושים כדבריו, ומ"מ אפשר לומר, דהיכי דאומר החולה, דידוע לו שטבע גופו להתרפאות ממחלה זו כשנוטל רפואה זו, אפשר דשומעין לו, דגם בזה שייכות קצת לומר ד"אדם בקי בגופו יותר ממאה רופאים").

ואם רופא אחד אומר: צריך, ורופא אחד אומר: א"צ, מחללין - דספק נפשות להקל, (**והסכימו** כמה אחרונים, דהיינו דוקא אם שניהם שוים, אבל אם אחד מהם מופלג בחכמה, שומעין לדבריו בין להקל בין להחמיר, דכיון דבמנינם שוים הם, אזלינן בתר רוב חכמה).

ויש מי שאומר שאין צריך מומחה, דכל בני אדם חשובים מומחין קצת - היינו אפילו למכה שאינה של חלל, **וספק נפשות להקל.**

(והנה מרמב"ם ומר"ן משמע דלא ס"ל כן, אך משום דהוא סכנת נפשות, חשש המחבר לדעה זו, כמו שסיים בעצמו, **וע"כ** נראה דאם אפשר לעשות ע"י א"י, יעשה ע"י א"י, דבלא"ה יש דעות דאף אם רופא מומחה צוה לחלל, והוא יכול לעשות ע"י א"י, דיעשה ע"י א"י).

ומ"מ דוקא כשיאמר שמכיר באותו חולי, **וגם** אינו נאמן להכחיש המומחה אפילו להקל.

הגה: וי"א דוקא ישראלים - דכיון שהוא מצווה על שבת, ואומר לחללו, ודאי סומך על המחאתו, **אבל סתם א"י שאינן רופאין, לא מחזקינן אותם כבקיאים** - וכן עיקר.

סעיף יא - חולה שיש בו סכנה, שאמדוהו ביום שבת שצריך לעשות לו רפואה ידועה שיש בה מלאכת חילול שבת שמונה ימים, אין אומרים: נמתין עד הלילה ונמצא שלא לחלל עליו אלא שבת אחת, אלא יעשו מיד אע"פ שמחללין עליו שתי שבתות - ואין סתירה מזה להא דסוף ס"ד, דהתם הלא מיירי שיודע ומכיר שע"י המתנתו עד הערב לא יגיע שום ריעותא להחולה, משא"כ הכא.

ולכבות הנר בשביל שיישן, ע"ל סימן רע"ח.

סעיף יב - כשמחללין שבת על חולה שיש בו סכנה, משתדלין שלא לעשות ע"י א"י וקטנים ונשים - הטעם כתב הרא"ש, משום דזימנין דליתנייהו, ואתי ג"כ לאהדורי בתרייהו, ומתוך כך יבוא לידי סכנה, וטעם זה שייך גבי קטנים וא"י, **ואצל** נשים איכא טעם אחר, שמא יאמרו שלא ניתן שבת לדחות אף בפקוח נפש, ולכך מוסרין אותה להם, ויתעצלו בדבר, ומתוך כך יבוא לידי סכנה, **או** שמא יקילו הנשים בדבר, ויבואו לחלל שבת במקום אחר.

אלא ע"י ישראלים גדולים ובני דעת - וכשיש שם במעמד זה חכמים, מצוה לכתחלה לעשות חלול זה על ידיהם.

וכל סעיף זה מיירי שכולם עומדים באותו מעמד, אבל אי ליכא שם אנשים ויש נשים שם, בודאי אין להם להמתין, והם זריזות ונשכרות.

הגה: וי"א דאם אפשר לעשות בלא דיחוי ובלא איחור ע"י שינוי, עושה ע"י שינוי - דכל כמה דנוכל לעשות בהיתר, לא שבקי התירא ונעשה באיסור, **ונראה** דה"ה אם ע"י השינוי מתאחר הדבר מעט, רק דאין החולי בהול, נמי מתאחרים מעט כדי לעשות ע"י שינוי, דאינו אלא איסור דרבנן.

ואם אפשר לעשות ע"י א"י בלא איחור כלל, עושין ע"י א"י - וה"ה ע"י קטנים, **וכן נוהגים, אבל במקום דיש לחוש שיתעצל הא"י, אין לעשות ע"י א"י** - והט"ז כתב דלאו מנהג ותיקין הוא, דאף שיכול לעשות ע"י א"י, מ"מ הישראל יזרז בדבר יותר, ולכן אם יש אפילו ספק הצלה, ויש סכנה בבירור, כל הזריז הרי זה משובח.

סעיף יג - כל הזריז לחלל שבת בדבר שיש בו סכנה, הרי זה משובח, אפילו אם מתקן עמו דבר אחר, כגון שפירש מצודה להעלות תינוק שנפל לנהר, וצד עמו דגים, וכן כל כיוצא בזה - כגון נפל תינוק לבור, עוקר חוליא ומעלהו, אע"פ שהוא מתקן בה מדרגה בשעת עקירתו, **ננעל** הדלת בפני התינוק, שובר הדלת ומוציאו, אע"פ שהוא מפצל אותם כמין עצים שראוים למלאכה, שנעשים כמין נסרים או קסמין להדלקה, אפ"ה מותר השבירה, שמא יבעת התינוק וימות, **ולא** אמרינן שאפשר לקרקש להתינוק באגוזים מבחוץ עד שיביאו המפתח.

ואפילו אם היה צריך להחוליא ולהנסרים והקסמין, ג"כ שרי, כיון שאינו מכוין לזה, [**ובעיקר** דבר זה יש דעות בין הראשונים, כי הנה בחי' רעק"א הביא בשם הר"ן להקל בזה, אף שמכוין לזה, **אך** לכל הדעות מיירי שאינו מרבה בפעולה בשביל זה].

סעיף יד - היה חולה שיש בו סכנה וצריך בשר, שוחטים לו, ואין אומרים: נאכילנו נבילה - הרבה טעמים נאמרו

ע"ז, **י"א** משום דשבת הותרה אצל פיקוח נפש, ולכן שוחטין לו כדרך ששוחטין ביו"ט, **ואפילו** איסור דרבנן אין מאכילין אותו במקום שאפשר לו לשחוט, מטעם זה, **אבל** הרבה ראשונים כתבו דשבת רק דחויה היא, אלא הטעם הוא דשמא יהיה קץ באכילת נבילה ולא יאכל ויסתכן, **ובב"י** הביא עוד טעם בשם הר"ן, דבנבילה עובר על כל כזית ממנה, וחמיר מאיסור לאו דשבת, **ולפי"ז** בודאי מוטב לעבור ולהושיט לו איסור דרבנן, משנחלל שבת באיסור סקילה.

והנה אם החולה אומר שאין קץ באכילת נבילה, ויש נבילה מזומן לפניו, אם מותר לשחוט עבורו, עיין באחרונים, **ועכ"פ** לענין קטן, בודאי נראה דטוב יותר להאכילו בשר נבילה, ולא ישחוט אדם עבורו בשבת.

כתב בהגמ"ר, אם צריך להרתיח יין עבור חולה, ימלא ישראל ויחם הא"י, ומוטב שיתנסך היין משיתחלל שבת, **והטעם**, עיין בד"מ שכתב, כיון שאיסור סתם יינם אינו אלא מדרבנן, וגם איסורו קל, ואין החולה קץ בו, לא דמי לנבילה, ולכך מוטב שיחם הא"י אם הוא מזומן לפניו, שלא ישהא עי"ז, וכנ"ל בסי"ב בהג"ה, **ותו** דקי"ל ביו"ד, דא"י המוליך כלי פתוח וישראל משמרו שלא יתנסך, שרי, א"כ אפשר לחממו ע"י א"י בלי נסוך, **ומ"מ** המיקל בחולה שיש בו סכנה להחם בעצמו, אין למחות בידו, דיש לו על מי לסמוך.

אבל אם היה החולה צריך לאכילה לאלתר, והנבילה מוכנת מיד, והשחיטה מתאחרת לו, מאכילין אותו הנבילה.

סעיף טו - אמדוהו (פי' התבוננו במחלתו ושיערו) הרופאים שצריך גרוגרת אחת, ורצו עשרה והביאו לו כל אחד גרוגרת - מרשות הרבים, או תלשו בשבת, ומיירי דכל אחד חשב שהוא יקדים לחבירו, (ומיירי בחולי בהול, דאל"כ מסתברא שאסור להרבות בגברי), **כולם פטורים, ויש להם שכר טוב מאת ה', אפילו הבריא בראשונה** - פי' שהביאו לו בזה אחר זה, וכבר אכל ממה שהביא לו הראשון והבריא, אפ"ה כולם פטורים מחטאת, משום דכל אחד חשב שהוא יקדים, **ולא** לבד שפטורים, אלא יש להם גם שכר טוב עבור מחשבתם הטובה.

(**וראיתי** בא"ר שהביא בשם תשו' הרמ"א, דאפי' שנים יכולים לעשות מלאכה אחת כמו בחול, **ונראה** דמיירי שע"י שנים אפשר שתהא נגמרת המלאכה מהר, אבל בלא"ה אסור).

סעיף טז - אמדוהו לשתי גרוגרות, ולא מצאו אלא שתי גרוגרות בשני עוקצין, וג' בעוקץ אחד, כורתים העוקץ שיש בו ג' - דבזה ממעט החילול, שאינו קוצר אלא פעם אחת.

ואם היו ב' בעוקץ אחד וג' בעוקץ אחד, לא יכרתו אלא העוקץ שיש בו שנים - דריבוי בשיעורא שלא לצורך אסור, **ומכאן** נראה פשוט, דה"ה לענין שאר מלאכות, כגון בישול וכדומה, אפילו אם הוא בקדרה אחת, אסור לבשל ולעשות בשארי מלאכות, רק מה שצריך עכשיו בצמצום.

הגה: ואם הדבר בחול, אין מדקדקין בכך, שלא יבא לידי דיחוי ועיכוב.

סעיף כה - רטיה – (היא חתיכה של בגד שפושטין עליו המשיחה לתת אותה על המכה), **שנפלה מעל גבי המכה על גבי קרקע, לא יחזירנה** - שמא ימרח על גבה להחליק הגומות שיש בה, ומירוח רטיה מלאכה דאורייתא היא, משום שהוא בכלל ממחק, **אבל** משום שחיקת סממנים ליכא למיגזר, כיון דהיו מאתמול עליה.

נפלה על גבי כלי, יחזירנה - דכהוחלקה הרטיה ממקומה דמי, דבודאי מותר להחזירה על מקומה.

וכשמחזירה לא יאגדנה בשבת בקשר של קיימא, אלא בעניבה, [**וה"ה** אם אגודו עשוי להתיר בכל יום].

וכ"ז כשנפלה הרטיה מעצמה, אבל אם הסירה במתכוון, אסור להחזירה, **ויש** חולקים ומתירים בזה, **ואפשר** דכשהסירה ע"מ לתקן, יש לסמוך עלייהו להקל.

וע"י א"י מותר להניחה אפי' בתחלה - ומיירי כשהיה קצת חולה ע"י המכה, דאי היה רק מיחוש בעלמא, אפילו ע"י א"י אסור.

הגה: ומותר לומר לאינו יהודי לעשות רטייה על מכה או חבורה - ר"ל אע"ג דעשיית רטיה הוא מלאכה דאורייתא של ממחק, אפ"ה מותר ע"י א"י, **אבל** זה אינו מותר כי אם כשחלה כל גופו ע"י המכה, וכדלעיל בסי"ז בהג"ה, או שיש בו סכנת אבר, **דאי** רק מקצת חולה, אינו מותר לעשות מלאכה דאורייתא ע"י א"י.

ואסור ליתן עליה אפר מקלה, דמרפא, כי אם ע"י אינו יהודי - אף דהוא רק איסור דרבנן, מ"מ ע"י ישראל עצמו אסור בלא שינוי, אפי' אם חלה כל גופו, כיון שהוא חולה שאב"ס, [ר"ל שאין בו אפי' סכנת אבר].

סעיף כז - מכה שנתרפאה, נותנין עליה רטייה, שאינה אלא כמשמרה - ולא חיישינן שיבוא לידי שחיקת סממנין ומירוח, שאינו בהול כ"כ אחר שנתרפאה.

סעיף לג - גונח - מכאב לבו, שרפואתו לינק חלב רותח מהבהמה (בכל יום), **מותר לינק חלב מהבהמה, דבמקום צערא לא גזרו רבנן**, ואף דעיקר חליבת הבהמה הוא מדאורייתא, משום מפרק דהוא תולדה דדש, **מ"מ** בזה שהוא ע"י יניקה דהוא רק כלאחר יד, לא הוי רק איסור מדרבנן, והתירו בזה, **ואף** דקי"ל דבכל חולי שאין בו סכנה אומר לא"י ועושה, הכא שאני דרפואה שלו הוא לינק בעצמו.

(**ואע"פ שהוא מסוכן, אסור לחלל שבת באיסור דאורייתא, דנהי דמסוכן** הוא אם לא ישתה לעולם, אמנם עכ"פ אינו מסוכן בשביל פעם אחת – מסעיף ד').

וי"א שאם אין לו אלא צער של רעב, אסור לינק מהבהמה בשבת - דבשבת דוקא משום צער חולי התירו, אבל לא בזה, דהוא עכ"פ מפרק כלאחר יד.

אבל ביו"ט מותר, אם אין לו א"י לחלוב על ידו, **ואם** יש לו מאכל לחלוב בו, אסור לינק בפיו גם ביו"ט, אלא יחלוב לתוך המאכל.

האי לשון "י"א" אין מדוקדק, דמשמע דלסברא ראשונה מותר בשבת אפילו משום צער רעב, **ובאמת** לא הזכירו דבר זה כלל, ואפשר דלדידהו אפילו ביו"ט אסור בזה, **אלא** דין בפני עצמו הוא, דיש פוסקים שמחלקים בין שבת ליו"ט לענין צער רעב.

וכתב הב"ח וא"ר, דהלכה כהיש אומרים.

סעיף לד - לא תקל אשה חלב מדדיה לתוך הכוס או לתוך הקדירה ותניק את בנה - משום מפרק. (עיין בפמ"ג, דלחלב מאדם לתוך כלי, יש בו איסור דאורייתא משום מפרק, ואסור בשביל חולה שאין בו סכנה, אם לא ע"י א"י, ולינק בפה מאשה משום רפואה, משמע בתו"ש דיש בזה איסור דאורייתא, דלא דמי ליונק מהבהמה, דבאשה אין דרך לחלוב כי אם לינק, ולדידי צ"ע בזה).

סעיף לה - מותר לאשה לקלח מהחלב - לתוך פי התינוק, **כדי שיאחוז התינוק הדד ויניק** - [ועיין בתו"ש דס"ל דהוא מלאכה הצריכה לגופא, א"כ צריך טעמא על מה התירו בזה, דהא אינו חשיב מפרק כלאחר יד, **ואולי** משום דהוא בכלל סכנה אם לא יניק, ועם כל זה צ"ע]. **הגה: אבל אסור להתיז מחלבה על מי שנשף בו רוח רעה, דלית בו סכנה** - וצערא יתירא נמי ליכא שם, הא לא"ה שרי, דמלאכה שא"צ לגופה היא.

סעיף לו - אין לועסין מצטיכי, (עיין סי' ר"ו סעיף י"ג פירושו) - הוא מין שרף היוצא מן האילן שיש בו ריח טוב, **ולא שפין בו השינים לרפואה** - בתוספתא איתא: ולא שפין בסם, **ואם משום ריח הפה, מותר** - דמפני ריח לא מקרי רפואה.

סעיף לח - מותר לאכול שרפים מתוקים, ולגמוע ביצה חיה, כדי להנעים הקול - דלאו לרפואה הוא, דלגזור בזה משום שחיקת סממנים.

סעיף מה - לוחשים על נחשים ועקרבים בשביל שלא יזיקו, ואין בכך משום צידה - אע"ג דע"י הלחש אינו יכול לזוז ממקומו עד שנוכל לתפסו, מ"מ מותר, דאין זה צידה טבעית.

וצ"ל דהכא מיירי דליכא אלא חששא רחוקה, כגון דאינו רודף אחריו כלל וכדומה, **דאי** עושה כדי שלא ישכנו, אפילו לצוד להדיא מותר.

סעיף מו - נותנין כלי על גבי העין להקר - פי' מי שחש בעינו, נותנים כלי מתכות על העין כדי לקרר, **וה"ה** שמקיפין בטבעת או בכלי את העין, כדי שלא יתפשט הנפח, וה"ה דמותר לדחוק בסכין חבורה כדי שלא תתפשט, [**ונראה** דהטעם הוא, משום דאין דרך לעשות דברים אלו בסממנים, ולכך אין לגזור משום שחיקת סממנים], **והוא שיהא כלי הניטל בשבת.**

סעיף מח - אסור להניח בגד על מכה שיוצא ממנו דם, מפני שהדם יצבע אותו - ואע"ג דמקלקל הוא ופטור, מ"מ אסור לכתחלה, **ובבגד** אדום פשיטא דאסור, **ובמקום** הדחק יש להקל, דהוא דרך לכלוך.

ואסור להוציא דם מהמכה - הוא ענין בפני עצמו, דהיינו שאסור לדחוק בידיו על המכה כדי להוציא דם, **או** כשכורך איזה דבר על המכה, אפילו בדבר דלית ביה משום צביעה, אסור להדקה כדי שיצא דם, **דהוא** חובל והוי אב מלאכה. **ויש** שסוברין דה"ה אם מניח על המכה דבר שמושך ליחה ודם, כגון צו"ק זאל"ב וכיו"ב, ג"כ הוי מלאכה דאורייתא כיון שנתכוין לזה, **ועכ"פ** איסור בודאי יש.

המדבק שרץ עלוקה, שקורין פיאווקע"ס או אייגלי"ן, שתמצוץ דם, מצדד המ"א דיש חיוב בזה, **וע"כ** אסור בכ"ז לכו"ע לעשות ע"י ישראל לחולה שאין בו סכנה, אלא ע"י א"י.

המוצץ דם בפיו מן החבורה חייב, ולכן אסור למצוץ דם שבין השיניים.

לכך יש לרחוץ המכה במים או ביין תחלה להעביר דם שבמכה - אתחילת הסעיף קאי, (על ענין של צביעה).

וי"א שכורך קורי עכביש על המכה, ומכסה בהם כל הדם וכל החבורה, ואח"כ כורך עליו סמרטוט - בב"י מפקפק בזה משום דמרפא, ולהכי כתב זה רק בשם יש אומרים, **אבל** בא"ר בשם מלבושי יו"ט וכן בתו"ש מצדד להקל.

§ סימן שכט – על מי מחללין שבת §

סעיף א - כל פקוח נפש דוחה שבת, והזריז הרי זה משובח. אפי' נפלה דליקה בחצר אחרת, וירא שתעבור לחצר זו ויבא לידי סכנה - כגון דאיכא שם חולים או קטנים שאינם יכולים לברוח, **מכבין כדי שלא תעבור** - וה"ה דשרי להפסיק בכלים של מתכות, או בכלי חרס מלאים מים, אפי' צריך להביא הכלים דרך ר"ה, דאיכא הרבה איסורים.

כתב המ"א, אם יכול להציל את החולה וקטן לישא אותם דרך ר"ה, אעפ"כ מוטב לכבות, דלא הוי כי אם מלאכה שאצ"ל, דפטור עלה, **משא"כ** לעבור דרך ר"ה, דהרבה פוסקים סוברים דגם בזמנינו יש לנו ר"ה, **והח"א** כתב, דלדעתו מוטב לעבור דרך ר"ה משיכבה.

סעיף ב - אין הולכים בפקוח נפש אחר הרוב - לא מבעיא אם באותה חצר שהיו בה ט' א"י וחד ישראל נפל מפולת,

דבודאי מפקחין, דכל קבוע כמחצה על מחצה דמי, ואין כאן רוב א"י, אלא אפילו היו ט' וכו', **אפילו היו ט' עכו"ם וישראל א' בחצר, ופירש א' מהם לחצר אחרת ונפל עליו שם מפולת, מפקחין, כיון שנשאר קביעות הראשון במקומו, חשבינן ליה כמחצה על מחצה** - וספק נפשות להקל, **ולאו** דוקא פירש אחד, אלא אפילו פירשו רובא, כיון שנשאר קביעות הראשון.

ואע"ג דבעלמא אמרו כל דפריש מרובא פריש, אפילו היכא דהקביעות נשאר במקומו, גבי פיקוח נפש אקילא רחמנא, דכתיב: וחי בהם, ולא שימות בהם, משמע שלא יוכל לבוא בשום ענין לידי מיתת ישראל, [**אך** קצת קשה, א"כ אפי' פירש כולהו נמי].

(**והריטב"א** כתב, דלא אמרינן הכי רק היכי דזה שפירש היה דעתו לחזור לחבורה, **אבל** אם לא היה דעתו לחזור, אמרינן ביה כל דפריש מרובא פריש, **ולא** ראיתי זה בשאר פוסקים).

עיין באבן העזר, דתינוק שנמצא בעיר שרובה עו"ג, אין מחללין עליו את השבת, כיון דבכל יום ויום פורשים כולם ממקום קביעותם, אזלינן אחר הרוב, **ורמ"א** בהג"ה פליג שם, וס"ל דמפקחין עליו את הגל, דבני העיר חשיבי כקביעי, ודמיא לדינא דהכא, **ודעת** הגר"א שם לפסוק כהרמ"א, **ואם** נמצא בדרך ורוב העוברים עו"ג, לכו"ע אזלינן בתר רובא.

אבל אם נעקרו כולם - פי' שנעקרו להתפזר כל אחד לדרכו ובטלה קביעותם, **ובשעת עקירתן פירש אחד מהם לחצר אחרת ונפל עליו, אין מפקחין עליו; שכיון שנעקר קביעות הראשון ממקומו, אמרינן: כל דפריש מרובא פריש** - אבל אם יצאו תכופים יחד זה אחר זה, כיון דעדיין הם בחבורה אחת, נקרא קבוע ודינו כדמעיקרא.

(**הנה** המחבר סתם בזה כהרי"ף והרמב"ם והרא"ש, **ושיטת** רש"י בזה הוא, דכל זה היינו דוקא אם אותן האנשים לא הלכו כולם לאותו חצר השני, **אבל** אם הלכו דרך חצר השני, אע"פ שלא נתחברו ביחד דלהוי דומה כקביעי, אלא הלך כל אחד לדרכו, ונפל מפולת על אחד מהן, מפקחין, דמשום חומרא דנפשות דיינינן להו כקביעי, **ואפי'** עברו דרך החצר בזה אחר זה, ובאותו שנפל המפולת כבר עברו רובם או ט', ולא נשאר אלא א', נמי מפקחין, דכיון דפעם אחת שם היו באותו חצר, דיינינן להו כקביעי ממש, דאפי' לא נשאר אלא א' לא בטל הקביעות, **ואפשר** דגם הרמב"ם וסייעתו לא פליגי על כל זה).

סעיף ג - מי שנפלה עליו מפולת, ספק חי ספק מת, ספק הוא שם ספק אינו שם, אפילו את"ל שהוא שם, ספק עכו"ם ספק ישראל, מפקחין עליו, אע"פ שיש בו כמה ספיקות - הלשון מגומגם, דהוי ליה לחשוב בתחלה ספק ישנו, ואח"כ ספק חי, וכן איתא במשנה.

ספק הוא שם - ומיירי שהיה שם בעת המפולת, ואינו ידוע אם הספיק לצאת מתוך ההפכה, **ונראה** דה"ה אפילו לא ראינו אותו מתחלה להדיא, רק בבית זה מצוין בני אדם בעת הזאת, נמי מחללין ומפקחין את הגל.

ישראל בעל עבירות לתיאבון, כל זמן שאין כופר בתורה, נראה דמחללין עליו שבת כדי להצילו, **אבל** אם הוא להכעיס, אסור להצילו אף בחול, וכ"ש דאסור לחלל עליו שבת בפיקוח הגל או בשאר רפואה, **וה"ה** לכל הני דאיתא ביו"ד סימן קנ"ח ס"א וב'.

הבא במחתרת בענין שמותר להרגו, ובעת חתירתו נפל עליו גל, אין מפקחין אותו, דגברא קטילא הוא.

סעיף ד - אפי' מצאוהו מרוצץ, שאינו יכול לחיות אלא לפי שעה, מפקחין - (ואע"ג דלא שייך הכא הטעם "חלל שבת אחת כדי שישמור שבתות הרבה", דכל זה הוא לטעמא בעלמא, אבל לדינא לא תלוי כלל במצות, דאין הטעם דדחינן מצוה אחת בשביל הרבה מצות, אלא דחינן כל המצות בשביל חיים של ישראל, וכדיליף מ"וחי בהם", כדכתב הרמב"ם: שאין משפטי התורה נקמה בעולם, אלא רחמים וחסד ושלום בעולם).

(**ולפי"ז** ברור דאפילו קטן מרוצץ נמי מחללין, אעפ"י דלא ישמור שבתות, גם לא יתודה ולא יבוא לכלל גדול, אעפ"כ מחללין, וכן ה"ה חרש ושוטה, אע"ג דאינן בני מצות, מ"מ מחללין עליהם, דהא דלא מקיימי מצוה הוא משום אונסייהו, **דהא** אפילו נהרגין עליהם, דגם הם בכלל "איש כי יכה כל נפש", "כל דהוא נפש", כמו קטן, וגם הם בכלל "לא תעמוד על דם רעך", כשאר ישראל, ובפירוש אמרה תורה "לא תקלל חרש", ומלקין עליהן, ומלקות נמי ממיני מיתה הם).

(**וה"ה** גוסס נמי מחללין עליו בפקוח הגל, או אם רופא אומר שסממנים אלו יועילו לו להאריך רגעי חייו, דהא מרוצץ נמי גוסס הוא, וגרע מגוסס, דליכא בזה אפילו מיעוטי דמיעוט, אעפ"כ משום חיי שעה מחללין עליו, וכמו כן גוסס).

(**וראיתי** בפמ"ג שכתב, דמי שהיה חייב מיתת ב"ד ונפל עליו הגל, דמפקחין עליו, דהלא אין ממיתין אותו בשבת, וחיי שעה יש עכ"פ, **ולענ"ד** לא נהירא כלל, דהתורה חסה על חיי שעה, היינו למי שחסה על חיים שלו, לאפוקי בזה דגברא קטילא הוא מחמת רשעתו, ולא עדיף מרועי בהמה דקה, דקי"ל דאין מעלין אותו מן הבור).

ובודקים עד חוטמו; אם לא הרגישו בחוטמו חיות, אז ודאי מת - דכתיב: כל אשר נשמת רוח חיים באפיו, משמע דהרוח חיים תלוי באפיו.

לא שנא פגעו בראשו תחלה, לא שנא פגעו ברגליו תחלה - דלא נימא דכיון שאין אנו מרגישין חיות בלבו, בודאי מת ולא יפקח הגל יותר, קמ"ל דגם בזה צריך לבדוק עד חוטמו.

סעיף ה - מצא עליונים מתים, לא יאמר: כבר מתו תחתונים, אלא מפקח עליהם, שמא עדיין הם חיים.

סימן שכט – על מי מחללין שבת

סעיף ו - עכו"ם שצרו על עיירות ישראל, אם באו על עסק ממון, אין מחללין עליהם את השבת - דבשביל הפסד ממון לא הותר איסור שבת.

באו על עסקי נפשות, ואפי' סתם, יוצאים עליהם בכלי זיין ומחללין עליהם את השבת - דספק נפשות להקל.

ובעיר הסמוכה לספר שמבדלת בין גבול שישראל דרים בה לגבול העו"ג, וחיישינן שאם ילכדוה, משם תהא הארץ נוחה ליכבש לפניהם, **אפילו לא באו אלא על עסקי תבן וקש, מחללין עליהם את השבת.**

הגה: ואפילו לא באו עדיין, אלא רוצים לבא - ר"ל כשהקול יוצא שרוצים לבוא, אעפ"י שלא באו עדיין, מותר ללבוש כלי זיין לשמור, ולעשות קול בעיר כדי שלא יבואו, דאין מדקדקין בפק"נ, **ודין** זה ארישא נמי קאי.

סעיף ז - יש מי שאומר, שבזמן הזה אפי' באו על עסקי ממון מחללין, שאם לא יניחנו ישראל לשלול ולבוז ממונו, יהרגנו, והוי עסקי נפשות - והני מילי כשבאו על רבים, דבודאי יש לחוש שיעמוד אחד נגדם, ולא ירצה ליתן להם ממונו ויהרגוהו, ולכן הוי כמו שבאו על עסקי נפשות, **אבל** כשבאו על יחיד, יניח ליקח ממונו ולא יחלל את השבת.

(ומ"מ הכל לפי הענין) - היינו לפי מה שמשער כעסן ופחזותן.

ודע, דהיום כשבאו מהאומות שחוץ לגבולינו לשלול שלל ולבוז בז, בודאי מחויבים אנו לצאת בכלי זיין אפילו על עסקי ממון, וכדינא דמלכותא, **וכן** מבואר ברוקח ואגודה, דהיכא דאיכא חשש שמא יכעסו יושבי הארץ עלינו, מחללין.

סעיף ח - הרואה ספינה שיש בה ישראל המטורפת בים, וכן נהר שוטף, (וכן) יחיד הנרדף מפני עובד כוכבים - וה"ה מישראל, כשהוא משער שיבוא לידי סכנה, דהא ניתן להצילו בנפשו, **מצוה על כל אדם לחלל עליהם שבת כדי להצילם.**

וכן כשאדם נרדף מפני נחש או דוב, ג"כ מצוה להצילו, ואפילו בעשיית כמה מלאכות בשבת.

ומ"מ אם יש סכנה להמציל אינו מחויב, דחייו קודם לחיי חבירו, ואפילו ספק סכנה נמי, עדיף ספיקו דידיה מודאי דחברו, **אולם** צריך לשקול הדברים היטב אם יש בו ספק סכנה, ולא לדקדק ביותר, כאותה שאמרו: המדקדק עצמו בכך, בא לידי כך.

(ועי"ל סוף סימן ש"ו, מי שרוצים לאנסו אם מחללין עליו שבת).

סעיף ט - כל היוצאים להציל, חוזרים בכלי זיינם למקומם - כדי שלא להכשילם לעתיד לבוא, שלא ירצו להציל עוד.

§ סימן של – דיני יולדת בשבת §

סעיף ב - כותית – (וה"ה ישמעאלית), **אין מילדין אותה בשבת, אפי' בדבר שאין בו חילול שבת** - ואפילו בשכר, דבחול מילדין משום איבה, הכא אסור, משום דיכולה להשתמט ולומר: דאין מחללין שבת כי אם להה[ו]א דמנטר שבתא, **וכתב** המג"א, ובמקום דאיכא למיחש לאיבה גם בכה"ג, שרי אם אין בה חלול.

ודע, דהרופאים בזמנינו, אפי' היותר כשרים, אינם נזהרים בזה כלל, דמעשים בכל שבת שנוסעים כמה פרסאות לרפאות עובדי כוכבים ומזלות, וכותבין ושוחקין סממנים בעצמן, ואין להם על מה שיסמוכו, **דאפילו** אם נימא דמותר לחלל שבת באיסור דרבנן משום איבה בין העו"ג, אף דגם זה אינו ברור, איסור דאורייתא בודאי אסור לכו"ע, ומחללי שבת גמורים הם במזיד, השם ישמרנו.

(גר תושב מילדין אותו, מפני שאנו מצווין להחיותו, ודוקא בדברים שאינם חילול, ואפשר דאפילו באיסור דרבנן דחינן, דבכגון זה דמצווין אנו להחיותו לא גזרו. ולענין קראים, בדבר שיש בו חילול שבת, לכו"ע אין מחללין ואפילו בשכר, **ואפילו** אם החילול הוא ג"כ איסור דרבנן, מצדד הפמ"ג להחמיר).

סעיף ה - היושבת על המשבר ומתה, מביאין סכין בשבת אפי' דרך רשות הרבים, וקורעים בטנה - דבלא הבאת סכין אין רבותא, דליכא חלול שבת כלל בקריעת בטן מתה, דמחתך בשר בעלמא הוא, וליכא משום חבורה, **ומוציאין הולד, שמא ימצא חי** - ואשמועינן שאפילו ספק פיקוח נפש זה, שלא היה עדיין בחזקת חי לעולם, אפ"ה דוחה שבת.

הגה: ומה שאין נוהגין עכשיו כן אפי' בחול, משום דאין בקיאין להכיר במיתת האם בקרוב כל כך שאפשר לולד לחיות - דשמא רק נתעלפה, ואם יחתכוה ימיתוה, וצריכין אנו להמתין, ואדהכי מיית הולד.

§ סימן שלד – דיני דליקה בשבת §

סעיף ב - יש מתירים לטלטל מעות ודברים המוקצים כדי להצילם מפני הדליקה, או מאנסים הבאים לגזלם, דבמקום פסידא אין לחוש לאיסור מוקצה - טעמם, דלמדו מהא דהתירו למי שהחשיך בדרך להוליך כיסו פחות מד"א, כדי שלא יעשה איסור חמור ממנו ויוליך אותם להדיא, **ה"ה** נמי בכאן, התירו איסור טלטול מוקצה כדי שלא יבוא לכבות הדליקה, **וגם** גבי אנסים התירו כדי שלא יבוא להוציא אותם לר"ה להדיא.

היינו דוקא בבית אחר שאינם בהולים, ולא בבית הדליקה, [**ודלא** כהט"ז דרוצה לצדד, דלדעה זו שהוא דעת בה"ת, בכל גווני שרי במעות שהוא דבר חשוב, דחיישינן דאי לא שרית ליה לטלטל ולהצניע, אתי לכבויי, **ומ"מ** בודאי אין למחות ביד המקילין כמותו].

וכ"ז דוקא מפני הדליקה או הליסטים שבהול הרבה, **אבל** אם ירדו גשמים על סחורה המוקצה, ודאי אסור לטלטל ע"י ישראל.

ואיתא בספר מהרי"ל בשם מהר"ש, והביאו בא"ר, דבשעת הזעם שמתיראין שהאנסים יבואו ויחטפו את אשר לו, מותר לישראל לטלטל מעותיו ואפילו מחוץ לעירוב, **ועיין** בט"ז ובמ"א ופמ"ג, דאין מותר כי אם כשנושאן שלא כדרך הוצאה, דהיינו בין בגדו לבשרו וכה"ג.

ויש אוסרים - וטעם האוסרים, דס"ל דדוקא במי שהחשיך בדרך הוא שהתירו לו, כדי שלא יעשה איסורא רבה, **אבל** באנסים ליכא למיחש למידי, דלהוצאה ליכא למיחש, שודאי לא יוציאנה בפני האנסים, שמתיירא להראות להם, **וגם** גבי דליקה ליכא למיחש לשמא יכבה, כיון שהדליקה עדיין בבית אחרים, ואינו בהול עליהם טובא, כמ"ש ס"א.

ועיין בב"ח שהכריע כהמתירין, משום דאיכא למיחש כיון דאין אדם מעמיד עצמו על ממונו, אי לא נתיר לו, יחשוב בעצמו: בין כך ובין כך אני עושה איסור, ואתי להטמינם בקרקע ע"י חפירה, ויעשה איסור דאורייתא.

ואפילו לומר לאינו יהודי לטלטל סחורה הנפסדת מחמת גשמים, יש מי שאוסר - הוא דעת הרשב"א, **ועיין** בסימן ש"ז ס"ה, דסתם שם המחבר כדעה הראשונה ששנאה בסתמא כדעת הרמב"ם, דאיסור שבות מותר ע"י א"י במקום שהוא צריך לדבר צורך הרבה, **והמ"א** מסיק, דוקא במקום שיש הפסד גדול. **(וע"ל סי' ש"ז סעיף י"ט)** - היינו דשם סתם המחבר בדעה הראשונה, דמותר לומר: כל המציל אינו מפסיד, אע"פ שממילא מבין הא"י. {**והיינו** אפילו אם יצטרך לזה לעשות מלאכה דאורייתא - שם במ"ב}.

§ סימן שלה – דין חבית שנשברה §

סעיף ד - אם יזוב תירוש מגיגית של ענבים שעדיין לא נדרכו - דאי נדרכו, לא היה המשקה שדולף בכלל משקין שזבו, **שנמצא אותו הדלף אינו ראוי, שהרי המשקין שזבו אסורים, ואינו רשאי לשום כלי תחתיו מפני שמבטלו מהיכנו** - ומיירי שהגיגית לא נסדק לגמרי, אלא עביד טיף טיף, שעדיין אינו בהול, וכדלעיל בהג"ה, ולכך אי לא משום בטול כלי מהיכנו היה מותר להשים כלי תחתיו להציל, **דאי** נשברה לגמרי, אפי' אם היה מותר לבטל כלי מהיכנו, ג"כ היה אסור להשים כלי תחתיו, דבהול, [**ואפי'** כדי שיעור ג' סעודות ג"כ היה אסור להציל, דהלא אינו ראוי ליהנות מהם בשבת].

כיצד יעשה, יניח שם מטתו או שלחנו, ואז יהיה אותו הדלף לפניו גרף של רעי, ויכול להניח שם כלי לקבל הדלף כדי שלא יעשה שם טיט - ואע"ג דבסוף סי' של"ח כתב, דאסור לכתחלה ליתן כלי תחת דלף, דאין עושין גרף של רעי לכתחלה, הכא שרי משום פסידא, כמ"ש סי' ש"ח סל"ז.

עיין בד"מ שהסכים לעשות עוד עצה אחרת, דהיינו שיתן הכלי עם מים תחת הדלף, כדי שיתבטל היין במים ראשון ראשון, **וכתב** המ"א, שאפי' נתרבה האיסור לבסוף, שהן יותר מהמים, לית לן בה, דיש לסמוך על המקילין ביו"ד סימן קל"ד.

וכשיתמלא הכלי לא יזרקנו בכלי אחר, שלא יבטלנו מהיכנו, אלא מריקו בתוך הגיגית שזבו המשקין ממנה, שהיא מבוטלת מהיכנה ע"י משקין שבה משום משקין שזבו.

(עיין במ"א שסובר, דאם יש לו כלי אחר, יותר טוב שיביאנו ויניחנו ע"ג הכלי שעמד כבר ונתמלא, ולקבל בו את הדלף שדולף, משיטלטל המוקצה בידים להוריקו, **דאיסור** טלטול מוקצה בידים חמיר מבטול כלי מהיכנו, **ועיין** בא"ר ובפמ"ג שמפקפקין בזה, **ובחי'** רע"א מצדד כהמ"א).

§ סימן שלו – אם מותר לילך ע"ג העשבים וכן באילן §

סעיף א - אין עולים באילן, בין לח בין יבש - ואפילו אם כבר נתייבש לגמרי, שאין בו שום לחלוחית כלל, וגם נשרו עליו וענפיו ופירותיו, דלא שייך בו אח"כ שום חשש תלישה, אפ"ה אסור בכל גווני, משום סייג וגדר, **ויש** מקילין בזה בימות החמה, שמנכר לכל שהוא יבש.

ואין נתלים בו - וה"ה דאין נשענין ונסמכין בו, **ואין משתמשין במחובר לקרקע כלל** - כגון להניח חפץ על אילן, או להוריד איזה דבר מאילן, או לקשור בו בהמה וכיוצא בזה, **גזרה שמא יעלה ויתלוש** - עלים או ענפים או פירות, ויתכוין לתלשם, ואתי לידי חיוב חטאת. **ודוקא** בגבוה מן הארץ ג"ט וכדלקמן.

עלה באילן בשבת בשוגג, מותר לירד - אע"ג דבירידה זו משתמש באילן, אפע"כ אין לאסור עליו, דגם בישיבתו משתמש הוא. **במזיד, אסור לירד** - עד מו"ש, דקנסינן ליה.

ואם עלה מבעוד יום, בכל גווני מותר לירד משחשכה - פי' בין עלה על דעת לירד קודם חשכה, וחשכה לו קודם שהספיק לירד, בין עלה על דעת לישב שם בשבת, **ואע"ג** דאסור לעלות אפילו מע"ש אדעתא דליתב שם, דהא עכ"פ משתמש באילן בישיבתו, **אפ"ה** לא קנסוהו, דבשעת עליתו עלה בהיתר.

וי"א דה"מ כשהיה דעתו לירד מבעוד יום, אבל אם לא היה דעתו לירד מבעוד יום, לא ירד משחשכה, כיון שהיה דעתו לישב שם באיסור - ולענין הלכה קי"ל כסברא הראשונה.

הגה: ודוקא אדם שעלה שם - דגם בישיבתו על האילן עושה איסור, **אבל אם היה שם חפץ מבעוד יום, אסור ליטלו משם בשבת** - שאין איסור בהיות כלים מונחים מעצמם על דבר המחובר בשבת, ובנטילתו משתמש הוא בהאילן.

והטעם דאסרו ליטול בשבת מהאילן, משום דבקל יבוא עי"ז להשען עליו או על אחד מענפיו, [**ומעל** גב בהמה אין איסור ליטול].

ואסור להניח בע"ש על האילן כלים המותרים לו להשתמש בשבת, דמתוך שהוא משתמש בהם, אתי להורידם מן האילן בשבת.

וכל זה באילן וכיוצא בו - פירוש קנים או קונדסים שהם קשים, **אבל קנים הרכים כירק, מותר להשתמש בהם אעפ"י שמחוברים בקרקע, דאין איסור להשתמש בירק** - דבכלל עשבים הם, ובעשבים לא גזרו כמבואר בס"ג, **וכתבו** הפוסקים, דאעפ"כ אסור להשתמש בקלחי כרוב ודלעת, ואע"ג דגבי ירק לא גזרו חכמים, שאני הכא שהם קשים, **ועוד** דלבסוף מתקשים ונעשים כעץ.

והרבה פוסקים סוברים, שהקנים העשויין להתקשות, אפילו בְּרַכּוּתָן הרי הם כאילן ואסור, **ולא** הותר אלא הקנים הגדלים באגם, שאינן מתקשין לעולם, **ואפילו** הם גדולים יותר מג' טפחים.

ודע, דהט"ז חולק על הרמ"א והעלה לאיסור בקנים ובירק, וכן הב"ח מחמיר בזה, **אבל** בספר א"ר השיג ע"ז, והביא מכמה ראשונים דפסקו כהרמ"א, **אלא** דכתב דוקא אם הקנה הוא רך כירק, אבל אם הוא קשה, אע"פ שאינו קשה כאילן, אסור להשתמש עליו וליטול ממנו שום דבר, משום דנוח לשברו בעת שמשתמש עליו, [**אבל** בירק מתוך שהוא רך, נכפף ונכפל בעת השימוש ואין נוח להשבר].

סעיף ב - שרשי אילן - שיוצאים מן הקרקע ונראים, כמו באילנות הזקנים, **הגבוהים מן הארץ ג' טפחים, אסור להשתמש בהם** - ואע"ג דהכא לא שייך כולי האי שמא יתלוש, אפ"ה גזרו בו חכמים.

פחות מכאן, מותר להשתמש בהם, דכקרקע חשיבי - ושרי לישב עליהן, וה"ה ענף של אילן, אם הוא סמוך לקרקע פחות מג' טפחים, וכ"ש בירק שאין גבוה ג"ט בודאי מותר, **וכן** אילן קטן ובו פירות יאגדע"ס וכדומה, אפשר דמותר כל שהוא פחות מג"ט, **וי"ל** להיפך, דכל שיש פירות בכל גווני יש לגזור שלא להשתמש עליו, שמא יתלוש, **והיינו** דקאמר "שרשי אילן", שאין בו פירות, דהאיסור הוא רק משום לא פלוג, בזה מותר פחות מג"ט, **וכן** בירק הראוי לאכילה, אפשר ג"כ דאסור ואפי' בפחות מג"ט, מטעם זה - פמ"ג, [**ומסתפק** שם עוד, דמטעם זה יש לאסור בקנה רך, דהחשש הוא שמא יקטום וישבר, ‹כהשו"ע בסי' תט ס"ג – פמ"ג, אפי' בפחות מג"ט›, ‹והיינו כשאינו רך לגמרי כירק ע"ש›.

ואם באים מלמעלה ויורדים למטה, במקום שגבוהים ג' אסורים; ובמקום שאין גבוהים ג' מותרים - אע"ג שראש זה הנכפף הוא גדל ובא ממקום האסור, דהיינו מגבוה ג"ט, דלאחר שהוגבהו שלשה חזרו ונכפפו, וכשהיה שם מתחלה היה אסור להשתמש בו, אעפ"כ כשגדל יותר ונכפף למטה הותר במקום הנמוך, דכקרקע חשיבי, **ולפי"ז** כ"ש שמותר להשתמש בעיקרו של אילן בפחות מג"ט לארץ, אע"פ שהאילן גבוה מאד, שהרי מקום זה לא נאסר מעולם.

היו גבוהים שלשה וחלל תחתיהם - ר"ל שענפים יוצאים בצדו של האילן למטה, ומהם עד הקרקע יש גובה ג"ט, (**אפילו אם החלל** בעצמו לא היה גובה שלשה טפחים כי אם בצירוף הענפים, כיון שלמעלה במקום שהוא יושב על הענף או משמש עליו יש גובה ג"ט),

אע"פ שמצד אחד אין חלל תחתיהם והרי הן שוים לארץ - וכגון שהקרקע היה גבוה מצד אחד, ובאותו צד אין ממנה עד למעלה מן הענף שיעור גובה ג"ט, **אסור לישב אפי' על צד השוה לארץ.**

ודוקא מצד אחד, דבטל אותו צד לגבי השלשה צדדים, ששם נראין גובה ג"ט, **אבל** אם משני צדדין שוין לארץ, אותן הצדדין מותרין להשתמש עליהן.

סעיף ג - מותר לילך על גבי עשבים, בין לחים בין יבשים, כיון שאינו מתכוין לתלוש - ומשמע בגמרא, שאפילו אם העשבים הם ארוכות, והוא הולך יחף, שהעשבים רגילים להיות נדבקין בקשרי אצבעותיו, אפ"ה מותר, דלאו פסיק רישיה הוא שיתלש, ולכן אפילו אם יתלש ג"כ אין איסור עליו, שהוא אינו מכוין לזה, **ומ"מ** אם לאחר הליכתו מצא שנדבקו עשבים ברגליו בין אצבעותיו, או על מנעליו, יזהר שלא יסלקם בידיו, דאסורים בטלטול משום מוקצה, דביה"ש היו מחוברים.

והיכי דעשבים הם גדולים, יזהר שלא ירוץ עליהן, דהוי פס"ר שיתלש בודאי, **ואפשר** דאפילו לילך עליהן במהרה ג"כ צריך ליזהר.

אבל האוכלים בגנות, אסורים ליטול ידיהם על העשבים, שמשקים אותם, אע"פ שאינם מכוונים, פסיק רישיה הוא - דאי אפשר שלא יועיל לגדלם, והמשקה את הזרעים חייב משום זורע, דמועיל להצמיח, **וגם** משום חורש, שמרפיא הקרקע ע"י הלחלוח, [**ולפי"ז** יש ליזהר גם בקרקע שאינו זרועה, אם רק עומדת לחרישה].

ואם אוכל בגינה שאינה שלו, ולא של אדם האוהבו, יש מתירין, דס"ל כיון דפ"ר דלא ניחא ליה הוא, שרי אף לכתחלה, **והרבה** פוסקים אוסרין גם בפ"ר דלא ניחא ליה לכתחלה, וכמבואר בסוף סי' ש"כ, ע"ש.

אבל מותר להטיל בהם מי רגלים - לפי שעזים הם, ושורפים את הזרעים ומונעים אותם מלהצמיח, **או שאר משקין שאינם מצמיחין** - דהיינו כגון יין, לפי שהוא עז וחזק ושורף ג"כ הזרעים, וכן שאר משקה שהוא כעין זה, (**וקשה**, **דהמשקה מים חייב משום חורש ג"כ, ואמאי כתב דביין מותר וה"ה בשאר משקים שאינם מצמיחין, נהי דאינו מועיל להזרעים, עכ"פ מרפה הקרקע ע"י הלחלוחית, ויתחייב משום**

חורש, וצ"ע, **ודע** דבספר תפארת ישראל כתב, דבחכמת אקאנאמיע אמרו, שמי רגלים הם טובים מאד לזבל הקרקע, א"כ מזבל תולדת חורש הוא, עכ"ל, **ולא** נהגו העולם ליזהר בזה כלל).

וכתב המג"א, דלכתחלה ראוי ליזהר אף במשקים, [**ומ"מ** בצירוף לזה ג"כ שהיה בגינת חבירו, נראה שאין להחמיר], **ועיין** בא"ר שכ', דביין שהוא חזק אין ליזהר כלל.

כתב הפמ"ג, דמי דבש ושכר יש בהן מים, ובודאי מצמיחין.

הגה: ולכן טוב להחמיר שלא לאכול בגנות, אם ישתמש שם עם מים, דבקושי יש ליזהר שלא יפלו שם מים - כתב הט"ז, דבגינה שיש בה יותר משבעים אמה, דהוי כרמלית ולא מהני בה שום היקף, בלא"ה צריך ליזהר, דהא אסור בה טלטול ד"א, עכ"ל, **ולפי"ז** אפילו בגינת חבירו יש ליזהר.

סעיף ד - יש ליזהר מלהשליך זרעים במקום ירידת גשמים - ר"ל שהמקום ההוא לח מפני הגשמים שרגיל לירד שם, **וה"ה** שאר מקומות לחין כה"ג, **שסופן להצמיח** - שיצמחו מחמת הריכוך, כדרך כל תבואה כשנותנים אותה במים, **או** אפשר דבזמן מרובה ישתרש בקרקע.

ואם ישליך לתרנגולים, לא ישליך אלא כשיעור שיאכלו בו ביום או ליומים - דבזמן מועט כזה לא יצמחו, וכ"ש דלא ישרשו בקרקע, **משא"כ** לג' ימים ויותר, יצמחו הזרעים ויתחייב למפרע משום זורע, גם לחד דעה ביו"ד כל שיעור השרשה אינו אלא ג' ימים. **ודע** דמיירי דהשליך את הזרעים בפעם אחת, דאל"ה אסור להכין לימי החול.

ואם הוא במקום דריסת רגלי אדם, מותר, שאין סופו לצמוח.

סעיף ט - צנור המקלח מים מן הגג, שעלו בו קשים ועשבים - תלושין, **שסותמים ומעכבים קילוחו, ומימיו יוצאים ומתפשטים בגג ודולפים לבית, ממעכן ברגלו** - פי' דורסן ומשפילן ברגליו, **וכתב** המאירי, דלהסירם הנה והנה אסור אפילו ברגלו, **בצנעה** – (עיין בב"י שכתב, דאפשר דאפילו בפרהסיא שרי, אלא דלכתחלה כל היכי דמצי למעבד בצינעא טפי מעלי, ועיין בא"ר שנשאר בצ"ע בזה, ונ"ל שגם שארי הראשונים לא ס"ל כן).

דכיון דמתקן ע"י שינוי הוא, שאינו עושה אלא ברגליו, במקום פסידא לא גזרו רבנן.

סעיף י - הדס מחובר, מותר להריח בו - דלא שייך למגזר שמא יקוץ, כיון שאינו רוצה רק להריח, וזה יכול הוא לעשות אף במחובר, **ויש** מחמירין בזה, **וכתב** בא"ר דהעיקר כפסק השו"ע.

ולענין לטלטלו בידו, דינו כמו לעיל לענין קנים הרכים בסעיף א'.

אבל אתרוג ותפוח וכל דבר הראוי לאכילה, אסור להריח בו במחובר, שמא יקוץ אותו לאכלו - וכי תימא הא נמי יכול לנשכו בפיו מן המחובר, אין לך תלישה גדולה מזו, [**ומ"מ** חיובא לית בהו, בין אם הוא תולש ברגלו או בפיו, **אבל** איסור יש אפי' אם תלש בניצוצות הניתזין מרגליו, שהם כחו לבד].

ולכן יש למחות ביד הטועים והולכים לגנות בשבת ויו"ט, וקוטפים פירות מן המחובר ואוכלים, **ומלבד** איסור תלישה, אסורים ג"כ אח"כ באכילה לכל בשבת, **וראוי** למנות אנשים להשגיח ע"ז עד שישתקע הדבר.

סעיף יא - השורה חטים ושעורים וכיוצא בהם במים, הרי זה תולדת זורע וחייב בכל שהוא - אפילו גרגיר אחד, דמה זורע מכוין לאצמוחי פירי, אף זה כן, דשורה כדי שיתרככו ויצמיחו, כדרך ששורין איזה תבואות קודם הזריעה.

וכתב בח"א, דה"ה השורה תבואה לעשות מהן מאלצין לשכר חייב, דידוע דכונתו להצמיח.

וכתב עוד, דתיכף משנתן למים חייב, אע"ג דלא יצמיחו אלא לאחר כמה ימים.

ואעפ"כ מותר לשרות תבואה לבהמתו, דאין כונתו להצמיח, אלא לרכך הזרעונים, **וגם** לא יבוא לידי צמיחה, דקודם שיצמיחו יאכלום הבהמות.

ודע, דכ"ז בזרעונים שאין נבללים במים, אבל בזרעונים שמתערבים ונתלים זה בזה במים, כמו כרשינין וכיו"ב, שמתרככין ונימוחים שם, והמים מתעבים בסיבתם, ונעשים כמים שעיסה או קמח בלולים בתוכה, אסור לשרותן לבהמתו משום לש.

צמוקין ושאר פירות יבשים מותר לשרות בשבת, **ומ"מ** בכובש כבשים אסור.

הגה: ומותר להעמיד ענפי אילנות במים בשבת - שקוצצין בימות החמה לשמוח בהן בבית, **ור"ל** שהוכנו מאתמול לכך, אבל סתם ענפי אילן הוי מוקצה. **ובלבד שלא יהיו בהם פרחים ושושנים שהם נפתחים מלחלוחית המים.**

ועיין לקמן סימן תרנ"ד - דשם מבואר דאינו מותר בשבת כי אם להחזיר במים שעמדו בו מכבר בע"ש, ולא להוסיף עוד מים צוננים, וכ"ש שלא להחליף המים לגמרי, **ולפי"ז** הא דכתב מקודם, דמותר להעמידן, היינו להחזירן בשבת לתוכן, אפילו אם כבר ניטלו מהן, **אבל** לא להעמידן לכתחלה.

ויש אחרונים שסוברין, דמדסתם הרמ"א, משמע דאפי' לכתחלה מותר להעמידם בכד שיש בו מים מזומנים מע"ש, **ולא** אמרו אלא להוסיף עתה מים, משום טרחא יתירה, [**ואפשר** דיש לסמוך ע"ז אם שכח להעמידן מבע"י, כיון שאין בהם פרחים, ולית בזה חשש דאורייתא].

ודע, דביש בהן פרחים שנפתחים מחמת המים, אסור לכו"ע אף להחזיר במים שעמדו בהם מכבר.

סעיף יב - תאנים שיבשו באיביהן - פירוש בחיבורן בענף, **וכן אילן שיבשו פירותיו בו** - שיעור הלשון כן הוא: וכן

סימן שלו – אם מותר לילך ע"ג העשבים וכן באילן

ה"ה כל אילן שיבשו וכו', ולאו דוקא תאנה, **ובנשמת** אדם כתב שט"ס הוא, וצ"ל "וכן אילן שיבש ובו פירות", ולפי"ז מעיקרא אשמעינן דהאילן לח ורק הפירות נתיבשו, ואח"כ אשמעינן דאפילו האילן עצמו יבש, אפ"ה חשיב כמחובר, **התולש מהם בשבת חייב.**

(דע דיש פלוגתא בין הפוסקים, יש אומרים דאפילו יבשו הפירות הן ועוקציהן, וכן ה"ה יבש האילן אפילו לגמרי, דהיינו שאין גזעו מחליף, אפ"ה חייב, כיון דעכ"פ האילן מחובר, ורק ה"ה הפירות נמי מחוברים באילן, והרבה פוסקים ס"ל, דלא מחייב רק ביבשו הפירות ועוקציהן עדיין לח, ובזה אפשר דחייב אפילו יתלוש מעט מן גוף הפרי היבש, או יבש האילן ועדיין גזעו מחליף, **אבל** אם יבשו לגמרי, פטור על הפירות ועל האילן, דכתלושין דמיא).

אע"פ שהם כעקורים לענין טומאה - פירוש טומאת אוכלין, דלא מקבלי טומאה במחובר, וזה חשוב כתלוש.

כתב המג"א, דבעשבים יבשים מודו דכתלושין דמי, והתולש מהם פטור, **אבל** איסור דרבנן יש אפילו בעשבים, (**דבטומן** לפת וצנון תחת הקרקע, כשנתכוין לזריעה, אע"פ שלא השרישו, אסור עכ"פ מדרבנן להוציאן, משום דמחזי כתולש, וה"נ לא עדיפא מהתם).

(ומ"מ פשוט, דאם הוא ארעא דידיה, והוא שדה דלאו אגם, שמתיפה הקרקע עי"ז, חייב משום חורש, אפילו על תלישת עשבים כל שהוא, ואע"ג דלא מיכוין ליפות, פסיק רישא הוא. **והמ"א** איירי בארעא דלאו דידיה, או באגם שאינו צריך ליפות).

בצלים שדרכן להשתרש בעליה שיש בו עפר, ונשתרשו שם, וגם רוצה בהשרשתן, התולש חייב, אע"ג שכל הבצל מגולה, ואין דרך גידולן בכך, **אבל** אם נפלה עליהן מפולת, ונתכסו האמהות של הבצלים והעלין מגולין כדרך גידולן, ונשתרשו שם, אפילו אינו רוצה בהשרשתן חייב, כמו שאם היו נטועין בשדה.

§ סימן שלח – דברים האסורים בשבת משום השמעת קול §

סעיף א - השמעת קול בכלי שיר אסור - לאו דוקא בכלי שיר אלא אף ביד, כגון להכות כף אל כף היכא שהוא דרך שמחה ושיר, אסור, כמ"ש בסי' של"ט ס"ג, מטעם שמא יתקן כלי שיר. **ומה** דאסרו בס"ד להכות כף אל כף כשמשמר הפירות כדי להבריח עופות, אף שהוא אינו דרך שיר, **התם** הטעם שמא יטול צרור ויזרוק לרה"ר כשירצה להבריחם.

ואם ירצה להכות כף אל כף כדי לשמח התינוק ולהשתיקו, יראה לעשות זה כלאחר יד דשרי.

ואם נותן מים בכלי מלא נקבים להטיף לתוך כלי מתכות, כדי להשמיע קול נעים ע"י הנטיפה, אסור, דזה הוי ג"כ ככלי שיר, **ולחולה** כדי להרדימו שיישן שרי, **ואם** מטיף בחוזק כדי שיקיץ את הבריא משנתו, שרי, דלא הוי ככלי שיר כיון שאין עושה בנעימה ובנחת, דקול כזה אדרבה היה מרדימו יותר, אלא עושהו בחוזק כדי שייקץ ע"י הקול, וע"כ שרי.

אבל להקיש על הדלת וכיוצא בזה כשאינו דרך שיר מותר - אף שכונתו להשמיע קול כדי שיפתחו לו, מותר, **ואפי'** אם מקיש בכלי, כיון שאינו דרך שיר, [דלא אסר בהג"ה אלא בכלי המיוחד לכך].

(**ובבאור** הגר"א כתב, דהעיקר בזה כדעת הירושלמי שמחמיר בזה, ואינו מותר רק אם אינו מתכוין לקול כלל, **אך** העולם נוהגין להקל כדעת השו"ע, **ומ"מ** נראה דלהקיש על הדלת כלאחר יד מותר לכו"ע, **אף** שכונתו להשמיע הקול, דלא עדיף מלהכות כף אל כף, דגם שם כונתו כדי להשמיע קול, ואפ"ה מיקל השו"ע בשל"ט ס"ג).

הגה: וכן אם לא עביד מעשה שרי, ולכן אלו שקורין לחבריהם ומצפצפים בפיהם כמו צפור, מותר לעשותו בשבת - היינו אפילו אם מנעים הקול כעין שיר, שרי, דלא גזרו בזה היכי דעביד בפה.

ואסור להכות בשבת על הדלת בטבעת הקבוע בדלת, אע"פ שאינו מכוין לשיר, מ"מ הואיל והכלי מיוחד לכך, אסור - ר"ל שמיוחד להשמיע קול, חיישינן שמא יכוין לשיר, **וכ"ש** להשמיע קול בכלי שקורין קאמער טאן ‹מזלג קול›, פשיטא דאסור, דכלי שיר הוא, וגם הוא מכוין לשיר.

(**ואולם** דע, דבפירוש המשנה להרמב"ם משמע, דמותר להקיש על הדלת אפילו בשלשלת הקבוע שם, הואיל ואינו עושה כדרך שיר).

ובברזל שהפתח ננעל ונפתח בו, נראה דמותר להקיש בו על הדלת כדי שישמעו אנשי הבית לפתוח לו, שזה הברזל מיוחד רק לפתוח בו את הדלת או לנעול.

מזה נשמע דה"ה דאסור למשוך בחוט העינבל בשבת, כדי שישמעו אנשי הבית והחצר ויפתחו לו, שזה הכלי מיוחד להשמיע קול, והוא כונתו ג"כ לזה, (ובזה גם המ"א ‹דלקמן› מודה שאסור, הואיל שכונתו להשמיע קול).

(והנה ראיתי בספר כלכלת שבת שכתב, דבמקום הדחק כשאינו יכול לכנוס לבית או לחצר בלא זה, יש להקל, **ואפשר** משום דנוכל לסמוך על פירוש המשנה להרמב"ם דלעיל, **ועוד** יש לומר באופן אחר, דהא דפסק רמ"א דבכלי המיוחד להשמיע קול אסור, לאו משום דהוא שבות גמור, אלא משום דמיחזי כעובדא דחול, **וא"כ** לפי מאי דמבואר בסימן של"ג, דשבות מותר לצורך מצוה, והיינו דבר שהוא רק משום עובדא דחול {דבשבות גמור בודאי אסור לעשות בעצמו} **וא"כ** בענינינו כשאינו יכול לכנוס לביתו בלילה לישן, אין לך צורך שבת יותר מזה, **אך** כ"ז כתבנו למצוא אופן במקום הדחק, אבל לכתחלה צריך לזרז את עצמו שלא יבוא לזה, וגם בדיעבד אם יכול למשוך את החוט ע"י איזה שינוי, טוב יותר שיעשה כן, **היוצא** מכל זה, דלמתוח החוט של עינבל בשבת, מבואר בכמה אחרונים בהדיא לאיסור, **אך** כשאינו יכול לכנוס לחצרו לישן בלא זה, נוכל לסמוך להקל משום כבוד שבת, **אך** למתוח חוט

העינבל שעשוי בביתו כדי להשמיע למשרתת, אין להקל בזה כלל, דאפשר לו בלא"ה, ויש בזה זילותא דשבת).

ולכן אסור לשמש להכות על הדלת לקרוא לבהכ"נ ע"י הכלי המיוחד לכך, אלא מכה בידו על הדלת - ויש מקומות שלוקח השמש בשבת כלי אחר להכות בשבת. (ולענין אם מותר לטלטל אותו הכלי, אם מקרי כלי שמלאכתו לאיסור, עיין בפמ"ג שמסתפק בזה).

ומה שמכה השמש בבהכ"נ על השלחן, ומשמיע קול כדי להשקיט העם לחזרת הש"ץ, אין בזה איסור, אפילו אם הוא מכה באיזה דבר, כיון שאינו בכלי מיוחד לזה.

כתב הט"ז, דמזה מוכח דאסור לתלות בשבת אותן הפרוכות שיש בהן פעמונים להשמיע קול כשפותחין הארון, וכן לתלות הפעמונים על העצי חיים של הס"ת, כיון דעיקר עבידתיה לקלא, **והש"ך** חולק עליו, מטעם דהא קי"ל דלצורך מצוה שרי, כמ"ש סימן של"ט, דמותר לרקד בשמחת תורה לכבוד התורה, והכא נמי צורך מצוה הוא כדי שישמעו העם ויקומו, **ולא** דמי לקריאת בהכ"נ דאסור, דהתם אפשר בענין אחר, **ותו** דאותו הפותח הפרוכת אין מכוין להשמיע הקול כלל, כי אם ליטול הס"ת - מ"א, **ועיין** בשער אפרים, שדעתו דלכתחלה אין לעשות כן בשבת, ובמקומות שנהגו היתר בזה כדעת המ"א, אין למחות בידם.

וכן לענין אם מותר לפתוח הדלת כשיודע שיש בה עינבל, תלוי ג"כ בסברת הט"ז והמ"א הנ"ל, דלהט"ז אסור, ולהמ"א שרי, דהרי כשפותח הדלת בשבת אין מכוין להשמיע קול, **ומדברי** הגר"א מוכח דהוא סובר ג"כ כהט"ז, דכיון דהעינבל מיוחד להשמיע קול, אין נ"מ במה שהוא אינו מכוין לזה, **וגם** בא"ר מצדד דאין להקל מטעם זה לחוד, אלא גבי פרוכת דהוא מילתא דמצוה, **וע"כ** בודאי מהנכון שיסיר מע"ש העינבל מעל גבי הפתח, או שיפקקנו בצמר או במוכין שלא ישמע קולו, **אך** במקום הדחק, כגון ששכח ולא הסירו מע"ש וכל כי האי גוונא, נראה דיכול לסמוך על הסברא הנ"ל להקל, כיון שאינו מכוין להשמיע קול.

סעיף ב - יש מתירים לומר לעכו"ם לנגן בכלי שיר בחופות - דאיסור השמעת קול בכלי שיר אינו אלא איסור דרבנן, גזירה שמא יתקן כלי שיר, ואמירה לא"י ג"כ אינו אלא איסור דרבנן, והוי שבות דשבות, ובמקום מצוה היא, דאין שמחת חתן וכלה אלא בכלי שיר, ושרי. **ויש** מקומות שנהגו להחמיר בזה, אם לא שהכינום לזה מערב שבת, (כיון דישראל עצמו אינו אסור לנגן אלא משום גזירה – כנה"ג), ולא יאמר לו בשבת כלום, **או** שבא מעצמו לנגן.

הגה: ואפי' לומר לעכו"ם לתקן הכלי שיר, שרי משום כבוד חתן וכלה - ס"ל דשמחת חתן וכלה עדיף יותר משאר סתם דבר מצוה, וע"כ מותר האמירה אפי' בתיקון הכלי שיר דהוא מלאכה דאורייתא.

ובבאור הגר"א כתב, דדעה זו סברה כדעת המתירין לעיל ברע"ו ס"ב בכל מלאכה דאורייתא ע"י א"י לצורך מצוה, **וא"כ** לדידן דסוברין להלכה כדעת רוב הפוסקים שאוסרין, גם בזה אסור.

אבל בלא"ה, אסור - ר"ל בשאר שמחה של מצוה, כגון בסעודת מילה או בשמחת תורה, אסור אפילו לומר לא"י לנגן, **אם** לא שבאין מעצמן, או שהכינו אותם מערב שבת.

ועיין בשו"ת מהרי"א, שאוסר לנגן במנים ועוגב בשעת התפלה ע"י א"י, **ועיין** בשו"ת ח"ס שהביא ראיות לאסור אף בחול לנגן בבהכ"נ בשעת התפלה, ובפרט בשבת אין שום היתר.

ומיהו בזמן הזה נהגו להקל - ר"ל האמירה לנגן בשאר שמחה של מצוה, **מטעם שיתבאר בסי' שאחר זה לענין טפוח ורקוד** - פי' כיון דמדינא י"א דהוי לן למישרי לנגן בזמנינו בכלי שיר, דאין אנו בקיאין בעשייתן, וליכא למיגזר שמא יתקן, **ולכן** עכ"פ שרי האמירה לא"י לנגן.

ובלבוש משמע דאסור כי אם בשמחת חתן וכלה.

ועיין במ"א שהסכים, דעכ"פ אסור לומר לא"י לתקן הכלי שיר, ואפילו משום כבוד חתן וכלה.

(בכל המדינות נוהגים איסור אפילו לומר לא"י לנגן בכלי בשבת לכבוד חתן וכלה, וק"ו לומר לו לתקן כלי שיר, **ואם** הא"י בא מעצמו לנגן בכלי א"צ למחות בידו, אבל לא לומר לו לנגן, **ואפילו** בערב שבת לא יאמר לו שיבא בשבת לנגן בכלי, **וכן** המנהג הפשוט ואין לשנות – ערוה"ש).

סעיף ג - זוג המקשקש לשעות - ר"ל מורה השעות שקורין זייגער, שעשוי להשמיע קול להודיע השעות, **עשוי ע"י משקלות, מותר לערכו ולהכינו מבעוד יום כדי שילך ויקשקש כל השבת** - דלא חיישינן כשישמעו קולו יחשדוהו שהעריכו בשבת, דהכל יודעין שדרכו להעריכו מאתמול.

אבל בשבת, לא מיבעיא דאם עמד דאסור להכינו שילך, ואפילו רק בנענוע חוט הברזל שמתנענע, ויש בזה איסור תורה לכמה פוסקים דהוי בכלל תיקון מנא, [ועכ"פ מדרבנן בודאי אסור], **אלא** אפילו בעודו הולך אסור ג"כ למשוך המשקלות, או בטאשי"ן אוה"ר חוט המושך הגלגלים, שלא יפסוק הלוכו, **אם** לא לצורך חולה הצריך לכך יש להתיר להעריכו בעודו הולך, אם בקושי למצוא א"י לזה, [**אף** דבח"א מסתפק דשמא אף בעת שהוא הולך יש גם כן איסור תורה, וממילא אסור בשביל חולה שאין בו סכנה, **מ"מ** אין להחמיר כל כך, ויש לסמוך בשעת הדחק כזה על המקילין, וכן עמא דבר].

וע"י א"י יש להתיר להעריכו לצורך חולה אפילו כשנפסק הילוכו, [דאפי' מלאכה דאורייתא מותר על ידי אינו יהודי לצורך חולה שאין בו סכנה, כמבואר בסי' שכ"ח סי"ז. **ולענין** שאר דבר מצוה, משמע מח"א שאין להתיר אפי' ע"י א"י, כי אם בשעה שהוא ערוך, והיינו אפי' באותן שיש להן משקלות שמשמיעין קול השעות, **וכ"ש** באותן שקורין טאשי"ן אוה"ר, **ואפשר** בדידהו יש להתיר למשוך השלשלת שלהן ע"י א"י כשהן ערוכין, אפי' שלא לשם מצוה, וצ"ע למעשה].

ודע עוד, דאותן מורי שעות שקורין טאשי"ן אוה"ר, שרגיל לפעמים כשעומד ונפסק מהלוכו הוא מנענעו במקצת וחוזר להלוכו, צריך ליזהר שלא לנענעו בשבת.

סימן שלח – דברים האסורים בשבת משום השמעת קול

סעיף ד - המשמר פירותיו וזרעיו מפני חיה ועוף, לא יספוק כף אל כף, ולא יטפח כפיו על ירכו, ולא ירקד - ברגל, להשמיע קול להבעית העופות, **להבריחם, גזירה שמא יטול צרור ויזרוק להם** - לר"ה, **ולהפוסקים** דבזה"ז ליכא ר"ה, אפשר דשרי בכ"ז, דגזירה לגזירה היא, **וכ"ש** לספק כף אל כף כלאחר יד בודאי שרי לכו"ע, ואין לחוש שמא יטול צרור, מאחר שיש לו היכר שאין מספק להדיא.

סעיף ה - אין שוחקים באגוזים, ולא בתפוחים וכיוצא בהן - שמגלגלין אותן ומכין זו את זו, כדרך שמשחקין הנערות, **משום אשווי גומות** - שיכין דרך לגלגל האגוז. **הגה: ודוקא על גבי קרקע, אבל ע"ג שלחן שרי, דליכא למגזר שם משום גומות** - וה"ה ע"ג מחצלת או בגד או טבלא, ולא גזרינן בכל זה אטו ע"ג קרקע, דגזירה לגזירה היא, **אבל** ע"ג קרקע אפילו היא מרוצפת דלא שייך אשויי גומות, ג"כ אסור, דקרקע בקרקע מיחלף, וגזרינן אטו קרקע שאינו מרוצף.

ומותר לשחוק בעצמות שקורין טשי"ך, אע"פ שמשמיעים קול, הואיל ואינו מכוונין לשיר - ונוהגין לעשותן של כסף שיהיו מיוחדין לשבת, דאל"כ מחזי כעובדא דחול, **ומהר"א** ששון חולק וס"ל, כיון שאין תועלת בידיעת חכמת השחוק ההוא, וה"ה כל מיני שחוק, אסור, ואף בחול יזהר משום מושב לצים, **ועיין** בברכ"י שהביא בשם עוד כמה גדולים שהחמירו בזה.

וכל זה בשוחק דרך צחוק בעלמא, אבל בשוחק כדי להרויח, אסור, אפי' שוחק בתם ובחסר - פי' גרא"ד או אר"ם גרא"ד בל"א, **דהוי כמקח וממכר; ומ"מ אין למחות בנשים וקטנים, דמוטב שיהיו שוגגין ואל יהיו מזידין. ולשחוק בכדור, ע"ל סי' ש"ח סעיף מ"ה.**

סעיף ו - אסור לשאוב מים בגלגל, גזירה שמא ימלא לגנתו וחורבתו או למשרה של פשתן - מתוך שממלאים בלא טורח. **לפיכך אם לא היה שם לא גינה, ולא חורבה, ולא בריכה לשרות בה פשתן, מותר.**

וי"א שלא אסרו אלא בגלגל גדול שמוציא מים הרבה ביחד בלא טורח, והם גלגלים הקבועים בהם דליים הרבה סביב; אבל גלגלים שלנו שאין ממלאים בהם אלא מעט, מותר, דליכא למיחש למידי - כתב א"ר דכן עיקר.

§ סימן שלט – כמה דינים פרטיים הנוהגים בשבת §

סעיף א - אין רוכבין על גבי בהמה. (וע"ל סי' ש"ה סי"ח מדין הליכת קרון).

סעיף ה - הכונס את האלמנה, לא יבא עליה ביאה ראשונה לא בשבת ולא ביו"ט, (וע"ל סי' ר"פ) - הטעם, דבאלמנה וכן בגרושה, כיון שהיא בעולה, עיקר הקנין לירושתה ולמעשה ידיה היא הביאה ולא החופה, ונמצא כקונה קנין בשבת.

ועיין באבן העזר דביאר שם המחבר, דאף באלמנה לא בעינן ביאה ממש, וסגי אם היתה יחוד הראוי לביאה, לקנותה עי"ז קנין גמור למהוי כנשואה לכל דבר, וכן הסכימו הרבה פוסקים, **ולפי"ז** אם כנס אותה בע"ש והיתה טהורה, והכניסה אחר החופה לחדר מבע"י, ונתיחד עמה ולא היו שם בני אדם, קנה אותה קנין גמור ומותר אח"כ לבוא עליה בשבת, **אבל** אם לא היתה טהורה מבע"י, או שלא נתיחד עמה בחדר מיוחד מבע"י, אסור לבוא עליה בשבת.

ולכן יש ליזהר מאד כשעושין חופת אלמנה בע"ש, שיעשו את החופה מבע"י גדול, כדי שיהיה ראוי ליחד עמה אחר החופה.

ודע, דהרבה אחרונים כתבו, דאפילו בבתולה יש ליזהר לכתחלה שיתיחדו אחר החופה בע"ש מבע"י, די"א דחופה שלנו מה שמעמידין אותן תחת הכלונסאות, לא מקרי עדיין חופה, והיא כמקודשת בעלמא, וא"כ כשבא עליה בלילה ביאה הראשונה הוא קונה קנין בשבת, **ואף** דבבתולה סגי אפילו ביחוד בעלמא מבע"י, ולא בעינן דוקא יחוד הראוי לביאה, **ולכן** אפילו אם היתה נדה, או שבני אדם נכנסין ויוצאין שם באותו חדר, ולא הוי יחוד הראוי לביאה, אעפ"כ הוי חופה גמורה וקונה בבתולה קנין גמור למהוי כנשואה בכל הדברים, **וצריך** ליחד להחתן אותו החדר והוי כהכניסה לביתו, **וע"כ** אם כנס את הבתולה בע"ש, והכניס אותה לחדר מבע"י, אף שהיא עדיין לא טבלה, ובני אדם נכנסין ויוצאין באותו חדר, {דבלא"ה אסורה להתיחד עמו קודם ביאה ראשונה}, **אפ"ה** קונה אותה בזה שהביאה לחדר מיוחד לו, ואח"כ כשטובלת מותר לו לבוא עליה ביאה ראשונה בשבת, וליכא איסור משום שקונה קנין בשבת, שכבר קנה אותה מבע"י, **ולפי"ז** אפילו בחופת בתולה, יש ליזהר לכתחלה כשעושין החופה בע"ש, שיעשו החופה מבע"י גדול, [**ואין** להחמיר בדיעבד].

סעיף ו - אסור לאדם להשיט במים דבר להוליכו מאצלו או להביאו אצלו - שזהו ג"כ בכלל הגזירה שלא לשוט בשבת, **ולכן קסמים שעל פני המים, אסור להפצילן לכאן ולכאן כדי לנקות המים שיהיו יפים** - וכ"ז בנהר, אבל בכלי או בבריכה שיש לה שפה, לא גזרו, כמו שנתבאר למעלה.

§ סימן שמ – כמה דינן מדברים האסורים בשבת כעין תולדות מאבות

סעיף ב - אסור לחתוך יבלת מגופו, בין ביד בין בכלי - וה"ה בשניו, **בין לו בין לאחר** - ואפילו היא יבשה דעומדת להתפרך לבסוף מעצמה, אפ"ה אסור. **וה"ה** דאסור לתלוש שאר ציצין של עור שפירשו קצת מעל גבי ידו, או ממקומות אחרים.

וכ"ז לענין איסורא, אבל לענין חיובא אינו חייב אא"כ נוטלה כשהיא לחה ובכלי, דאז הוא בכלל גוזז.

(**ובדבר** דאורחיה לתלוש ביד, חייב על התלישה משום גוזז, **א"כ** כשיש איזה ציצין מדולדלין על שפתיו ולא פירשו רובן, אפשר דחייב חטאת התולש אפילו בידו, דדרך לתלוש אותן שם ביד ולא בכלי, **ולפי"ז** אפילו כשפירשו רובן דמתירין לתלשן ביד כשמצערות אותו, הכא אסור, דיד דהכא כיון דהוא אורחיה, ככלי דמיא).

סעיף י - המקבץ דבילה ועשה ממנה עיגול, או שנקב תאנים והכניס החבל בהם עד שנתקבצו גוף אחד, הרי זה תולדת מעמר וחייב, וכן כל כיוצא בזה - שדרכן של אותן הפירות לחברן באופן זה, **ועיין** בנשמת אדם שמצדד, דאף כשעושה כן בבית חייב משום מעמר, דבאופן כזה עשוי לעשות גם בבית כבשדה.

סעיף יא - אף על פי שנותנים שומשמין ואגוזים לדבש, לא יחבצם בידו - ר"ל שמהדק בידו האגוזים, ועי"ז מפריד הדבש מבחוץ, דהוי בורר. **ועיין** לעיל סי' שי"ט בסופו, שבררנו דבר זה.

סעיף יב - הנותן זרע פשתן או שומשמין וכיוצא בהם במים, חייב משום לש, מפני שמתערבים ונתלים זה בזה.

סעיף יג - אין שוברים החרס ואין קורעין הנייר - כדי להניח עליהם (דבר מה – שם בפמ"ג, וכה"ג), **מפני שהוא כמתקן כלי** - ומיירי בשאין מקפיד על המדה, דאל"ה יש בו גם משום מחתך, [**דגם** בקורע ביד יש בו משום מחתך, ועיין במש"כ בסי' שכ"ב בבה"ל].

ואם קורע נייר לקרעים כדי לקנח את עצמו בהן, או לשאר איזה תשמיש, חייב משום קורע, שהוא קורע ע"מ לתקן, **והמחבר** שלא הזכיר כאן הטעם משום קורע, (דלא שייך שֵם קורע ע"מ לתקן כי אם כשקורע איזה דבר באמצע, והוא צריך לתיקון שניהם, **משא"כ** כשקורע איזה דבר מהבגד מן הצד, וכונתו לתקן בזה את הבגד שהיה ארוך, או מקולקל בשפתו, והחתיכה הנקרעת לא יתוקן בזה כלל, **לא** שייך בזה שם קורע ע"מ לתקן כי אם שם אחר, דהיינו מתקן מנא, שהוא מתקן בזה את הבגד, **ולכך** בענינינו שהוא קורע איזה חתיכת נייר מדף שלם כדי להשתמש בו איזה דבר מה, ובדף שנקרע ממנו הנייר הזה אינו מתקנו כלל, **ואפשר** דמקלקלו ג"כ, אין זה בכלל קורע ע"מ לתקן, **ולפי"ז אם** קורע הנייר לכמה קרעים, וצריך לכל אחד להשתמש בו, הוא חייב, דהוא קורע ע"מ לתקן, **אבל לשיטת רש"י**, דס"ל דכל דבר שהתיקון מנכר תיכף בעת הקריעה גופא, לא שייך בזה שם קורע כלל, כיון דעושה כלי בקריעתו, א"כ הכא נמי דמשוי ליה מנא בקריעתו, לא שייך בזה שם קורע כלל).

ולקרוע אגרת המחותם, אפילו אם יזהר שלא ישבור אותיות החתימה, רק יקרע הנייר שסביבה, ג"כ אסור לכו"ע, **ואפילו** לומר לא"י יש ליזהר אם לא לצורך גדול, (**ובאבר קצת:** דהח"צ התיר ע"י א"י, ונראה דהוא סובר דהוא מלשאצ"ל, דהא אין מתקן בגוף הנייר מידי, דלהנייר הוא מקלקל גמור, והתיקון הוא מצד אחר, **ובאמת** לא ברירא סברתו, דידוע דעיקר תיקון אגרת, שעומד לקרותו, ותיקונו הוא שיוכל לקראו, וא"כ כשקורעו כדי לקרותו הוי מלאכה הצ"ל, **אכן** היכא דסגורה האגרת בתוך נייר אחר כנהוג, בודאי הקורע הנייר העליון הוא בכלל מקלקל, ופטור אפילו לר"י, וע"כ מותר ע"י א"י במקום צורך, דהוי שבות דשבות, **אולם** לפי שיטת רש"י, היכא דהוא סותר ע"מ לבנות שלא במקומו, דהוא מקלקל במקום זה ומתקן במקום אחר, חייב לר"י, **א"כ** ה"נ בזה בכל גווני הוא מלאכה דאורייתא לר"י, דהוא בכלל קורע ע"מ לתקן, (והרמב"ם פוסק כוותיה), ואפילו ע"י עו"ג יש ליזהר), **ובאגודה** כתוב, שיאמר לא"י: איני יכול לקרותו כל זמן שאין פתוח, ואם יבין הא"י מעצמו ויפתחנו, לית לן בה, (**ומ"מ** נראה דלצורך גדול יש להקל לפתחו ע"י עו"ג, **ובפרט** אם האגרת מונחת בתוך נייר אחר, ולכתחילה טוב יותר לעשות כמש"כ בשם האגודה).

סעיף יד - המדבק ניירות או עורות בקולן של סופרים וכיוצא בו, ה"ז תולדת תופר וחייב - (כי תופר ענינו הוא, דלוקח שני דברים אחדים ומחבר אותם לא', וכן הוא ע"י דיבוק, ונ"ל דה"ה כשמדבק עץ לעץ ע"י דבק כנהוג, ג"כ שם תופר עליו).

ומסתברא דשעורו ג"כ כמו בתופר, דהיינו שעור ב' תפירות לחיוב.

וכן המפרק ניירות דבוקים או עורות דבוקים, ולא נתכוין לקלקל בלבד - אלא בשביל איזה תועלת, **הרי זה תולדת קורע וחייב** - אף שלא נתכוין בזה כדי לדבקם עוד ביותר, מ"מ חייב משום קורע, דלא בעינן בקורע דוקא ע"מ לתפור, אלא בשביל איזה תיקון, כדי שלא יהיה מקלקל, (**ולא** מיבעיא לדעת התוס', דקורע על מת דידיה דאיכא תיקון דמצוה, מקרי מלאכה הצריכה לגופה, כיון שהוא צריך לה, א"כ ה"נ בכלל קורע ע"מ לתקן, **ואף** לרש"י וסייעתו, דס"ל דקורע אפילו על מת דידיה דפטור משום משאצ"ל, **היינו** דס"ל דצורך מצוה לא חשיב תיקון כ"כ, שיקרא משום זה מלאכה הצריכה לגופה, **אבל** בכל עניני תיקון שהוא צריך להן בעצמותן, כמו במפרק ניירות שצריך שיהא הנייר דק, לכו"ע הוא בכלל מלאכה הצריכה לגופה, כמו בקורע ע"מ לתפור).

וכ"ש בקורע בבגד במקום התפירה לאיזה תועלת דחייב.

ואם מכוין לקלקל בלבד, פטור ואסור לכתחלה, ככל מקלקלין דשבת.

(**אך** זה יש לעיין, לענין מפרק דחיובו הוא משום קורע, ואף דלא היה ע"מ לתפור, משום דכיון דדעתו לאיזה דבר צורך ולא לקלקל, חשיב כע"מ **לתפור, או בקורע בחמתו, אם** שייך בזה ג"כ השעור כדי לתפור ב' תפירות, **או** דילמא כי אמרינן בקורע שעור זה, הני מילי היכא דחיובו הוא משום שכונתו היה כדי לתפור, ע"כ אמרינן דבפחות משעור זה לא

סימן שמ – כמה דינין מדברים האסורים בשבת כעין תולדות מאבות

חשיב, **משא"כ** היכא דחיובו הוא משום שכונתו הוא בשביל איזה תיקון אחר, כגון בענינו שצריך שיהיה הנייר והעור חלוק, או בקורע בחמתו שהוא כדי ליישב את דעתו, או בכל קורע שהוא ע"מ לתקן, כל שיש בו התיקון שהוא מכוין בו, חייב, ולא תליא בשעור זה, וצ"ע).

ודוקא בזה שדיבוק זה נעשה לקיום, אבל היכא שנדבקו הדפין להדדי ע"י שעוה, או בשעת הקשירה, מותר לפתחן, כמש"כ סימן שי"ד, כיון דלא נעשה לקיום, כ"ש הכא דנעשה ממילא בלא מתכוין, לפיכך אינו דומה כלל לתופר, ואין בו משום קורע, **ואם** נדבקו במקום האותיות, אסור לפרקן.

ולקרוע מחדש דפין של הספרים שלא נחתכו מבעוד יום, יש בהן חיובא, ואפי' ע"י א"י אסור, (**דמלאכה** כזו הוא נכלל בשם מכה בפטיש, דידוע דדרכן של האוגדי ספרים לעיין ולחתוך לבסוף כל הדפין המחוברין זה לזה).

מי שנסתבכו בגדיו בקוצים, מפרישן בצנעה ובנחת שלא יקרע, ואם נקרע נקרע, **וכן** מותר ללבוש בגדים חדשים, ואם נקרע נקרע, שאינו מתכוין לקריעה, **ופוצעין** אגוזים במטלית, היינו שמכה על המטלית כדי לשברם, ואינו חושש שמא תקרע.

§ סימן שמא – היתר נדרים בשבת §

סעיף ב- מי שנשבע לעשות מלאכה פלונית עד זמן פלוני, ולא נזדמן לו לעשותה עד יום האחרון של אותו זמן, ואותו יום בא בשבת - ואותה המלאכה הוא דבר שאסור לעשות ביום השבת, **ויש לו פתחים להתיר נדרו, נשאלין אפילו בשבת** - שאם לא יתירו לו היום את שבועתו, יעבור על "לא יחל דברו".

וה"ה דאפילו אם אין לו פתח, אלא חרטה מעיקרו לחוד, ג"כ מתירין לו כדי שלא יעבור על נדרו, **אך** באמת הלא יכול לעשות מחרטה גופא פתח, דשואלין לו: אילו היה יודע שיתחרט לבסוף על נדרו או שבועתו, האם היה מקבל על עצמו לכתחלה דבר הזה בנדר ושבועה, וכשמשיב: לאו, מתירין לו.

(אבל אם אפשר לעשות מע"ש, צריך לעשות מע"ש, כדי שלא יצטרך להתיר לו בשבת, ומ"מ נ"ל דבדיעבד מתירין לו בכל גווני, ואף שלא היה לו לעשות כן, ודומיא דרישא דמתירין לו אע"פ שהיה לו פנאי להתיר מע"ש, **ולא נקט**: ולא נזדמן וכו', רק משום דלכתחלה אם נזדמן לו מקודם, אסור לו להתרשל לעשות ולסמוך על סמך שיתיר למחר).

סעיף ג- נהגו להתיר חרמי הקהל בשבת אע"פ שאינם לצורך השבת - לפי שאין דרך להיות כנופיא אלא בשבת, ואם לא יתירוהו לו, לא יתאספו ביום אחר, ונמצא שלא יהיה לו היתר לעולם, והוי כנדרי אשתו דשרי. **(וע"ל ס"ס ש"ו)**.

§ סימן שדמ – דין ההולך במדבר בשבת §

והנה עד סימן זה בירנו בעז"ה במ"ב כל האבות מלאכות ותולדותיהם, וגם השבותין שגדרו חז"ל להיות סייג וגדר להתורה, הנזכרים בשו"ע, לבד ממלאכת הוצאה שיבואר אי"ה בסימן הבא.

[**ואראה** קצת באיזה מקום נזכרו, ויש הרבה יותר ממה שזכרתים כאן, אך קצרה ידי בעת להעתיקם. **א)** החורש בסימן של"ז. **ב)** הזורע **ג)** הקוצר בסימן של"ו. **ד)** המעמר בסימן ש"מ. **ה)** הדש בסימן ש"כ. **ו)** הזורה בסימן שי"ט. **ז)** הבורר גם כן בסימן זה. **ח)** הטוחן בסימן שכ"א. **ט)** המרקד בסימן שכ"ד. **י)** הלש בסימן שכ"א ושכ"ד. **יא)** האופה וכן מבשל בסימן שי"ח ובסימן רנ"ג ורנ"ד ורנ"ז ורנ"ח ורנ"ט. **יב)** הגוזז בסימן ש"מ ובסימן שכ"ח סעיף ל"א. **יג)** המלבן בסימן ש"ב. **יד)** הצובע בסוף סימן ש"כ. **טו) טז)** הקושר והמתיר בסימן שי"ז. **יז) יח)** התופר והקורע בסימן ש"מ. **יט)** הצד בסימן שט"ז. **כ)** השוחט גם זה שם בסעיף ח' ט' י'. **כא)** המפשיט בסימן שכ"ז. **כב)** המולח והמעבד בסימן שכ"א ובסימן שכ"ז. **כג)** המשרטט העתקתי בסימן ש"מ. **כד)** הממחק בסימן שכ"ח סעיף כ"ו ובסימן ש"ב סעיף ח' ועוד בכמה מקומות. **כה)** המחתך בסימן שכ"ב. **כו) כז)** הכותב והמוחק בסימן ש"מ. **כח) כט)** הבונה והסותר בסימן שי"ג שי"ד שט"ו. **ל) לא)** המכבה והמבעיר בסימן רנ"ה ובסימן של"ד. **לב)** המכה בפטיש בסימן שכ"ח ובסימן ש"מ ועוד בכמה מקומות. **לג)** המוציא מרשות לרשות יבאר אם ירצה ה' מסימן שמ"ה והלאה. **ויתר** הששה אבות מלאכות בארתי אותם מעט פה בסוף סימן זה].

ולא נשאר לנו כי אם להעתיק פה עוד איזה אבות מלאכות שלא נזכרו פה בשו"ע, דהיינו: המנפץ, והטוה, והמיסך, והעושה שתי בתי נירין, והאורג שני חוטין, והפוצע שני חוטין, ונבארם אחת אחת.

א) הסורק צמר או פשתן, או שאר דברים, כמו שסורקין הפשתן והצמר, או כמו שנופצין הצמר לעשות הלבדין, **והמנפץ** הגידין, דהיינו שחובט במקל על הגידין, עד שעושה אותן כחוטין לטוות אותן, כמו שהסופרין עושין, כ"ז קרוי מנפץ וחייב, **אבל** המנפץ גבעולי פשתן וקנבוס, חייב משום דש, שהרי מוציא הפשתן והקנבוס מן הגבעולין.

ב) הטוה אורך ד' טפחים מכל דבר הנטוה, חייב, אחד הטוה את הצמר, או פשתן או נוצה, או שערות או גידין, וכן כל כיוצא בזה, **ולאו** דוקא בכלי, כמו שקורין שפי"ן רעדי"ל, אלא אפילו אם טוה בידים, שכך הדרך לטוות, כמו שטוין הנשים בידים על שפינדי"ל, ומקרא מלא הוא "בידיה טוו", **והלוקח** חוטין ושוזר אותם, שקורין איינגידריי"ט, ג"כ חייב משום טוה, **וכן** העושה הלבדין, דהיינו מה שקורין קאפעלושי"ן, או פילשצי"ן, הרי זה תולדת טוה וחייב.

ג) העושה שתי בתי נירין חייב, העושה נפה או כברה, או סל או סבכה, או שארג מטה בחבלים, וה"ה בקש ובכל דבר, הרי זה תולדת עושה נירין, ומשיעשה שני בתים חייב, **ופירש"י** דהנך (נפה וכברה) לאו נירין ממש, אלא שמשרשר ומרכיב חוט אחד בשתי מלמטה ואחד מלמעלה, ומעמיד השתי בהן כתיקונו.

סימן שדמ - דין ההולך במדבר בשבת

ד) דרך האורגין שמותחין החוטין תחלה באורך היריעה וברחבה, ושנים אוחזין זה מכאן וזה מכאן, ואחד שובט בשבט על החוטין, ומתקן אותם זה בצד זה, עד שתעשה כולה שתי או ערב, ומתיחת החוטין כדרך האורגין נקרא מיסך, וכשכופלין אותה ומתחיל להכניס השתי בערב, נקרא אורג.

ה) המיסך חייב, והשובט על החוטין עד שיתפרקו ויתקנם, ה"ז תולדת מיסך, והמדקדק את החוטין ומפרידן בעת האריגה, ה"ז תולדת אורג.

ו) אחד האורג בבגד או בקנים, או שעושין חלונות מחתיכת עץ, כמו שעושין לסכך עליו, או בשערות או בכל דבר, חייב, **והקולע** נימין ושערות וכל דבר, הרי זה תולדת אורג וחייב, **והני** מילי בתלוש, אבל הקולע שערות ראש במחובר, אינו כאורג, דאין דרך אריגה במחובר בראש, וגם אין סופה להתקיים, **אבל** עכ"פ איסור יש בזה, לקלוע או להתיר קליעתו.

ז) הפוצע שני חוטין, לרמב"ם שמוציא השתי מן הערב או להיפוך, **ולראב"ד** שחתך שני חוטין אחר האריגה מן המסכת, חייב, **וצריכין** רופאי ישראל **ליזהר**, כשצריכין חוטין מפורדין שקורין קנייטי"ן ליתן על המכה, ולוקחין חתיכת בגד פשתן ומפרידין החוטין, והוי מלאכה דאורייתא.

תם ונשלם חלק ג' מספר משנה ברורה